Wander Garcia e Renan Flumian

Coordenadores

TUDO em UM

PARA CONCURSOS DE

DEFENSORIA

2014

DOUTRINA COMPLETA + QUESTÕES COMENTADAS

Coordenadores: Renan Flumian e Wander Garcia
Autores: Wander Garcia, Ana Paula Garcia, André Borges de Carvalho Barros, Anna Carolina Bontempo, Arthur Trigueiros, Bruna Vieira, Camilo Caldas, Eduardo Dompieri, Fábio Tavares Sobreira, Fernando Leal Neto, Henrique Subi, Hermes Cramacon, Luiz Dellore, Márcio Pereira, Marcos Destefenni, Murilo Sechieri, Pedro Davoglio, Renan Flumian, Robinson Sakiyama Barreirinhas, Rodrigo Saber, Savio Chalita, Sávio Copetti, Teresa Melo, Tiago Queiroz, Vanessa Tonolli Trigueiros, Vivian Calderoni.
Editor: Márcio Dompieri
Gerente Editorial: Paula Tseng
Equipe Editora Foco: Érica Coutinho, Georgia Dias e Ivo Shigueru Tomita
Capa: Wilton Garcia e R2 Editorial
Projeto gráfico e Digramação: R2 Editorial

Dados Internacionais de Catalogação na Publicação (CIP)
(Câmara Brasileira do Livro, SP, Brasil)

Tudo em um para concursos de defensoria : doutrina e questões comentadas / Wander Garcia e Renan Flumian coordenadores.-- 1. ed. -- Indaiatuba, SP : Editora Foco Jurídico, 2014. -- (Coleção tudo em um)

1. Concursos públicos - Brasil 2. Defensoria pública I. Wander, Garcia. II. Série.

ISBN 978-85-8242-073-7

13-09808 CDU-35(81)(079.1)

Índices para catálogo sistemático:

1. Brasil : Defensoria pública : Concursos públicos : Direito administrativo
35(81)(079.1)

Atualizações e erratas: A presente obra é vendida como está, sem garantia de atualização futura. Porém, atualizações voluntárias e erratas são disponibilizadas no site www.editorafoco.com.br, na seção *Atualizações*. Esforçamo-nos ao máximo para entregar ao leitor uma obra com a melhor qualidade possível e sem erros técnicos ou de conteúdo. No entanto, nem sempre isso ocorre, seja por motivo de alteração de software, interpretação ou falhas de diagramação e revisão. Sendo assim, disponibilizamos em nosso site a seção mencionada (*Atualizações*), na qual relataremos, com a devida correção, os erros encontrados na obra. Solicitamos, outrossim, que o leitor faça a gentileza de colaborar com a perfeição da obra, comunicando eventual erro encontrado por meio de mensagem para contato@editorafoco.com.br.

Impresso no Brasil (04.2014)
Data de Fechamento (03.2014)

2014

Editora Foco Jurídico Ltda
Al. Júpiter 578 - Galpão 01 – American Park Distrito Industrial
CEP 13347-653 – Indaiatuba – SP
E-mail: contato@editorafoco.com.br

www.editorafoco.com.br

AUTORES

Wander Garcia – @wander_garcia
Procurador do Município de São Paulo. Professor e coordenador do IEDI. Doutor e Mestre em Direito pela PUC/SP.

Ana Paula Garcia
Procuradora do Estado de São Paulo. Professora do IEDI. Pós-graduada em Direito.

André Borges de Carvalho Barros – @ProfAndreBarros
Advogado. Mestre em Direito Civil Comparado pela PUC/SP. Professor de Direito Civil e de Direito do Consumidor exclusivo da Rede LFG. Membro do IBDFAM.

Anna Carolina Bontempo
Advogada. Professora e Gerente de Ensino a Distância no curso IEDI. Pós-graduada em Direito Público na Faculdade de Direito Prof. Damásio de Jesus.

Arthur Trigueiros – @proftrigueiros
Procurador do Estado de São Paulo. Professor da Rede LFG, do IEDI e do PROORDEM. Autor de diversas obras de preparação para Concursos Públicos e Exame de Ordem. Pós-graduado em Direito.

Bruna Vieira – @profa_bruna
Advogada. Professora do IEDI, PROORDEM, LEGALE, ROBORTELLA e ÊXITO. Palestrante e professora de Pós-Graduação em Instituições de Ensino Superior. Autora de diversas obras de preparação para Concursos Públicos e Exame de Ordem. Pós-graduada em Direito.

Camilo Caldas
Bacharel em Filosofia pela Faculdade de Filosofia, Letras e Ciências Humanas da Universidade de São Paulo (FFLCH/USP). Bacharel em Direito pela Faculdade de Direito da Universidade Presbiteriana Mackenzie. Mestre em Direito Político e Econômico pela Faculdade de Direito da Universidade Presbiteriana Mackenzie. Doutor em Filosofia e Teoria Geral do Direito pela Faculdade de Direito da Universidade de São Paulo (USP). Professor da Universidade São Judas Tadeu, docente em cursos da Escola Paulista de Direito (EPD), da Escola de Governo (conveniada com a USP) e da Fundação Escola de Sociologia e Política de São Paulo (FESPSP). Advogado, Diretor executivo do Instituto Luiz Gama, instituição com atuação na área de Direitos Humanos e defesa de minorias.

Eduardo Dompieri – @eduardodompieri
Professor do IEDI. Autor de diversas obras de preparação para Concursos Públicos e Exame de Ordem. Pós-graduado em Direito.

Fábio Tavares Sobreira – @fabiottavares
Advogado atuante nas áreas de Direito Público. Professor Exclusivo de Direito Constitucional, Educacional e da Saúde da Rede de Ensino LFG, do Grupo Anhanguera Educacional Participações S.A. e do Atualidades do Direito. Pós-Graduado em Direito Público. Especialista em Direito Constitucional, Administrativo, Penal e Processual Civil. Palestrante e Conferencista. Autor de obras jurídicas.

Fernando Leal Neto – @fclneto
Advogado e Coordenador de Extensão da Faculdade Baiana de Direito e Gestão (Salvador - BA).

Henrique Romanini Subi – @henriquesubi
Agente da Fiscalização Financeira do Tribunal de Contas do Estado de São Paulo. Mestrando em Direito Político e Econômico pela Universidade Presbiteriana Mackenzie. Especialista em Direito Empresarial pela Fundação Getúlio Vargas e em Direito Tributário pela UNISUL. Professor de cursos preparatórios para concursos desde 2006. Coautor de mais de 20 obras voltadas para concursos, todas pela Editora Foco.

Hermes Cramacon – @hermescramacon
Advogado. Professor do Complexo Damásio de Jesus e do IEDI. Pós-Graduado em Direito.

Luiz Dellore – @dellore
Advogado concursado da CEF. Ex-Assessor de Ministro do STJ. Professor especializado em Exame de Ordem e Concursos Públicos e em cursos como IEDI, DAMÁSIO, PRAETORIUM e EXORD. Professor de Graduação (Mackenzie) e Pós-Graduação (EPD). Doutor e Mestre em Direito Processual Civil pela USP e Mestre em Direito Constitucional pela PUC/SP. Autor de livros e artigos jurídicos. Membro do IBDP e da Comissão de Processo Civil da OAB/SP.

Márcio Pereira – @marciofrpereira
Advogado. Mestre pela UFBA. Professor Assistente da Universidade Federal do Ceará (UFC), foi Professor de Processo Penal da UCSAL (BA), da Faculdade 2 Julho (BA), do IEDI e da Rede LFG. Ex-Professor do Curso JusPodivm. Autor do livro "Questões Polêmicas de Processo Penal" (Edipro).

Marcos Destefenni – @destefenni
Promotor de Justiça em São Paulo. Mestre e Doutor pela PUC/SP, Mestre pela PUC de Campinas e Mestre em Direito Penal pela UNIP. Professor da Rede LFG.

Murilo Sechieri
Advogado. Ex-Procurador do Estado de São Paulo. Professor do Complexo Damásio de Jesus. Mestre em Direito pela PUC/SP.

Pedro Davoglio
Bacharel em Direito pela Universidade Federal de Santa Catarina. Mestrando em Direito Político e Econômico na Universidade Presbiteriana Mackenzie. Professor e conferencista na área de Filosofia do Direito, Teoria Geral do Direito e Ciência Política.

Renan Flumian – @renanflumian
Advogado. Professor e Coordenador Acadêmico do IEDI. Mestre em Filosofia do Direito pela Universidad de Alicante, cursou a *Session Annuelle D'enseignement do Institut International des Droits de L'Homme*, a Escola de Governo da USP e a Escola de Formação da Sociedade Brasileira de Direito Público. Autor e coordenador de diversas obras de preparação para Concursos Públicos e o Exame de Ordem.

Robinson Sakiyama Barreirinhas – robinson.barreirinhas@gmail.com
Procurador do Município de São Paulo. Professor do IEDI. Autor e coautor de mais de 20 obras de preparação para concursos e OAB.

Rodrigo Saber
Advogado. Graduado em Direito pela PUC de São Paulo e Especialista em Direito Processual Civil pela UNESP de Franca. Aprovado nos Concursos para Defensor Público do Estado de Santa Catarina e do Distrito Federal.

Savio Chalita
Advogado e Professor de cursos preparatórios para Exame de Ordem e Concursos Públicos. Mestrando em Direitos Sociais. Editor do blog www.comopassarnaoab.com.

Sávio Copetti
Defensor Público do Estado de Mato Grosso. Pós-Graduado em Direito.

Teresa Melo
Procuradora Federal e Assessora de Ministro do STJ. Professora do IEDI.

Tiago Queiroz
Diretor de Cartório Judicial e Pós-Graduado em Direito.

Vanessa Tonolli Trigueiros
Analista de Promotoria. Assistente Jurídico do Ministério Público do Estado de São Paulo. Graduada em Direto pela PUC-Campinas. Pós-Graduada em Direito Processual Civil pela UNISUL e em Direito Processual Civil e Civil pela UCDB.

Vivian Calderoni
Professora do IEDI e de cursos preparatórios. Mestre em Direito Penal e Criminologia pela Universidade de São Paulo – USP e bacharel em Direito pela mesma Universidade. Advogada do Programa de Justiça da ONG Conectas Direitos Humanos.

COMO USAR O LIVRO

Para que você consiga um ótimo aproveitamento deste livro, atente para as seguintes orientações:

1º Tenha em mãos um ***vademecum*** ou **um computador** no qual você possa acessar os textos de lei citados.

2º Para cada ponto da matéria, **você deve primeiro começar pela teoria**, ou seja, começar pela leitura do resumo. **Em seguida, deve fazer as questões correspondentes**. Um exemplo vai deixar mais claro qual é o procedimento. Imagine que você comece a estudar por Direito Administrativo. Você deverá ler os resumos de "regime-administrativo" e de "princípios administrativos" (matérias conexas) e, em seguida, resolver as questões desses mesmos temas. Após, deve ler o resumo de "poderes administrativos" e, em seguida, resolver as questões de "poderes administrativos". E assim por diante. O foco é esse: revisão da teoria e treinamento, revisão da teoria e treinamento, revisão da teoria e treinamento! Você pode estudar uma disciplina inteira e ir até o fim ou estudar várias disciplinas ao mesmo tempo (por exemplo, duas disciplinas por dia). Mas você não pode deixar de seguir a regra de revisar a teoria e logo em seguida resolver as questões de cada ponto de cada disciplina. Vai mais uma dica: alterne capítulos de acordo com suas preferências; leia um capítulo de uma disciplina que você gosta e, depois, de uma disciplina que você não gosta tanto ou não sabe muito, e assim sucessivamente. Dessa forma, você será sempre premiado ao terminar uma disciplina mais complicada pra você.

3º **Quando estiver lendo o resumo, grife os trechos que você considerar mais importantes**. Esses trechos serão lidos novamente quando faltar uma semana para a prova, junto com outras anotações que você fará quando estiver resolvendo as questões.

4º Iniciada a resolução das questões, tome o cuidado de ler cada uma delas **sem olhar para o gabarito e para os comentários**; se a curiosidade for muito grande e você não conseguir controlar os olhos, tampe os comentários e os gabaritos com uma régua ou um papel; na primeira tentativa, é fundamental que resolva a questão sozinho; só assim você vai identificar suas deficiências e "pegar o jeito" de resolver as questões; marque com um lápis a resposta que entender correta, e só depois olhe o gabarito e os comentários.

5º **Leia com muita atenção o enunciado das questões**. Ele deve ser lido, no mínimo, duas vezes. Da segunda leitura em diante, começam a aparecer os detalhes, os pontos que não percebemos na primeira leitura.

6º **Grife as palavras-chave, as afirmações e a pergunta formulada.** Ao grifar as palavras importantes e as afirmações você fixará mais os pontos-chave e não se perderá no enunciado como um todo. Tenha atenção especial com as palavras "correto", "incorreto", "certo", "errado", "prescindível" e "imprescindível".

7º Leia os comentários e também **leia também cada dispositivo legal** neles mencionados; não tenha preguiça; abra o *vademecum* e leia os textos de leis citados, tanto os que explicam as alternativas corretas, como os que explicam o porquê de ser incorreta dada alternativa; você tem que conhecer bem a letra da lei, já que mais de 90% das respostas estão nela; mesmo que você já tenha entendido determinada questão, reforce sua memória e leia o texto legal indicado nos comentários.

8º Leia também os **textos legais que estão em volta** do dispositivo; por exemplo, se aparecer, em Direito Penal, uma questão cujo comentário remete ao dispositivo que trata da falsidade ideológica, aproveite para ler também os dispositivos que tratam dos outros crimes de falsidade; outro exemplo: se aparecer uma questão, em Direito Constitucional, que trate da composição do Conselho Nacional de Justiça, leia também as outras regras que regulamentam esse conselho.

9º Depois de resolver sozinho a questão e de ler cada comentário, você deve fazer uma **anotação ao lado da questão**, deixando claro o motivo de eventual erro que você tenha cometido; conheça os motivos mais comuns de erros na resolução das questões:

DL – "desconhecimento da lei"; quando a questão puder ser resolvida apenas com o conhecimento do texto de lei;

DD – "desconhecimento da doutrina"; quando a questão só puder ser resolvida com o conhecimento da doutrina;

DJ – "desconhecimento da jurisprudência"; quando a questão só puder ser resolvida com o conhecimento da jurisprudência;

FA – "falta de atenção"; quando você tiver errado a questão por não ter lido com cuidado o enunciado e as alternativas;

NUT - "não uso das técnicas"; quando você tiver se esquecido de usar as técnicas de resolução de questões objetivas, tais como as da **repetição de elementos** ("quanto mais elementos repetidos existirem, maior a chance de a alternativa ser correta"), das **afirmações generalizantes** ("afirmações generalizantes tendem a ser incorretas" - reconhece-se afirmações generalizantes pelas palavras *sempre, nunca, qualquer, absolutamente, apenas, só, somente exclusivamente* etc.), dos **conceitos compridos** ("os conceitos de maior extensão tendem a ser corretos"), entre outras.

obs: se você tiver interesse em fazer um Curso de "Técnicas de Resolução de Questões Objetivas", recomendamos o curso criado a esse respeito pelo IEDI Cursos Online: www.iedi.com.br.

10ª Confie no **bom-senso**. Normalmente, a resposta correta é a que tem mais a ver com o bom-senso e com a ética. Não ache que todas as perguntas contêm uma pegadinha. Se aparecer um instituto que você não conhece, repare bem no seu nome e tente imaginar o seu significado.

11ª Faça um levantamento do **percentual de acertos de cada disciplina** e dos **principais motivos que levaram aos erros cometidos**; de posse da primeira informação, verifique quais disciplinas merecem um reforço no estudo; e de posse da segunda informação, fique atento aos erros que você mais comete, para que eles não se repitam.

12ª Uma semana antes da prova faça uma **leitura dinâmica** de todos os **grifos** e **anotações** que você fez.

13ª Para que você consiga ler o livro inteiro, faça um bom **planejamento**. Por exemplo, se você tiver 30 dias para ler a obra, divida o número de páginas do livro pelo número de dias que você tem, e cumpra, diariamente, o número de páginas necessárias para chegar até o fim. Se tiver sono ou preguiça, levante um pouco, beba água, masque chiclete ou leia em voz alta por algum tempo.

14ª Desejo a você, também, muita **energia**, **disposição**, **foco**, **organização**, **disciplina**, **perseverança**, **amor** e **ética**!

Renan Flumian e Wander Garcia
Coordenadores

APRESENTAÇÃO

A experiência diz que aquele que quer ser aprovado em concursos de ponta precisa ENTENDER A TEORIA e TREINAR MUITO.

A presente obra traz solução completa nesse sentido.

Na primeira parte do livro você vai ENTENDER A TEORIA a partir de uma SUPER-REVISÃO com 1.440 páginas de resumos altamente sistematizados e atualizados com a doutrina e a jurisprudência do momento.

Na segunda parte da obra você vai TREINAR MUITO, resolvendo mais de 2.350 questões comentadas, alternativa por alternativa, inclusive com a indicação de dispositivos legais e jurisprudenciais a serem compreendidos sempre que necessários.

O livro traz a revisão e o treinamento de praticamente todas as disciplinas que caem nos concursos das Defensorias Estaduais e da Defensoria Pública da União, e você ainda ganha acesso, pela internet, a uma COLETÂNEA DE LEGISLAÇÕES ESPECÍFICAS DA DEFENSORIA.

Mesmo sendo um obra de revisão, num volume apenas, buscou-se a todo tempo apresentar o conteúdo mais forte possível, com jurisprudência atualizada e altíssima sistematização, tornando o livro um material com excelentes conteúdo e qualidade.

A obra nasceu da experiência prática dos Coordenadores da Coleção, que, por muitos anos como Professor ou Coordenador dos maiores Cursos Preparatórios do País, perceberam que os examinandos, com a aproximação das prova de concursos (em qualquer das fases: objetiva, discursiva ou oral), precisavam de um material que pudesse condensar as principais informações para o exame, em texto sistematizado e passível de ser lido em sua completude em tempo hábil para uma sólida preparação.

É por isso que podemos dizer que, agora, você tem em suas mãos a REVISÃO e o TREINAMENTO dos SONHOS para fazer Concursos de Defensoria. Revisão e treinamento esses que certamente serão decisivos para a sua APROVAÇÃO!

Renan Flumian e Wander Garcia
Coordenadores

SUMÁRIO

5. CRIMINOLOGIA 471

6. DIREITO CIVIL 495

7. DIREITO PROCESSUAL CIVIL 661

8. DIREITO EMPRESARIAL 751

10. DIREITO TRIBUTÁRIO 1809

11. DIREITO PROCESSUAL COLETIVO 1829

TUDO em UM

PARA CONCURSOS DE DEFENSORIA

DOUTRINA COMPLETA

1. Direito Constitucional

Bruna Vieira

1. Introdução

O estudo do Direito Constitucional é de fundamental importância para a vida do profissional do Direito, pois, além de ser o alicerce, a estrutura de todo o ordenamento jurídico, cada vez mais o sistema atua em prol da constitucionalização dos demais ramos do Direito. Isso significa que se não estudarmos a Constituição de forma minuciosa fatalmente encontraremos dificuldades de compreensão do Direito como um todo.

Sabemos que o Direito é uno e indivisível, mas que há, ainda que didaticamente, subdivisões em ramos para facilitar o estudo e a compreensão dos institutos jurídicos. Todos os ramos do Direito, como Direito Civil, Direito Penal, Direito Processual, Direito Tributário, dentre outros, submetem-se à Constituição Federal, fortalecendo a importância desse estudo.

Dentro dessas subdivisões acadêmicas, o Direito Constitucional pertence ao ramo do Direito Público (é o núcleo do Direito Público interno). Cientes de que a Constituição é *o fundamento de validade de todas as normas jurídicas*, inclusive das suas próprias normas, porque tem o dever de preservar a soberania do Estado que a promulgou, não seria adequado pensar de forma diversa. Incidiríamos em erro ao imaginar que o Direito Constitucional pudesse estar alocado no ramo do Direito Privado, geralmente destinado a cuidar dos interesses particulares, subjetivos.

Vale lembrar que "o Direito Constitucional não é apenas um sistema em si, mas uma forma – na verdade, a forma adequada – de ler e interpretar as normas dos demais ramos do Direito, isto é, todas as normas infraconstitucionais. Além disso, no caso brasileiro, em que vige uma Constituição especialmente analítica, nela se encontram os grandes princípios dos diferentes domínios jurídicos" (BARROSO, Luís Roberto, **Curso de Direito Constitucional Contemporâneo**, 3ª edição, p. 74).

É importante ter em mente que o Direito Constitucional está totalmente relacionado com a ideia de poder. Dispõe o artigo 1º, parágrafo único, da Constituição Federal que "todo poder emana do povo, que o exerce por meio de representantes eleitos ou diretamente". Desse modo, embora haja momentos em que o povo transfira o exercício desse poder a alguém, e isso só é possível porque a própria Constituição assim determina, o detentor do poder continua sendo ele, povo. A essa delegação dá-se o nome de democracia indireta.

O Brasil adotou um sistema misto, ou híbrido, de democracia, no qual existe a democracia direta, ou seja, o povo exercendo o poder que lhe é atribuído de forma direta, por exemplo, quando se inicia um projeto de lei a partir de manifestação popular; e a democracia indireta, aquela em que o exercício do poder do povo se dá por meio de representantes eleitos.

Em suma, podemos dizer que o exercício da democracia se externa de duas maneiras: por meio da democracia direta, ou participativa, e pela democracia indireta:

a) **democracia direta ou participativa**: aquela em que o povo exerce diretamente o poder que detém sem a necessidade de intermediários. Para tanto, vale-se de instrumentos previstos constitucionalmente, também chamados de mecanismos de democracia direta ou participativa, quais sejam: o plebiscito, o referendo, a iniciativa popular das leis e a ação popular;

b) **democracia indireta:** aquela em que o povo exerce seu poder por meio de representantes eleitos. Os governantes são eleitos para que exerçam o poder em nome daquele. É importante ressaltar um detalhe: o voto necessariamente deve ser direto, pois essa forma de votar está contida no inciso II, § 4º, do artigo 60 da Constituição Federal, ou seja, é uma das cláusulas pétreas. Embora o voto seja direto, seu exercício é um exemplo de instrumento de democracia indireta. Indireta porque o povo, após eleger determinado governante de forma direta, indo efetivamente até à urna para votar, delega seu poder a quem elegeu. Nesse momento, quem concretamente passa a exercer o poder, em nome do povo, é o governante eleito.

2. Histórico das Constituições brasileiras

2.1. Primeira Constituição do Brasil – Imperial de 1824

A primeira Constituição do nosso país foi a Constituição do Império (ou Constituição Imperial), outorgada pelo imperador Dom Pedro I. O fato marcante que a antecedeu foi a Declaração de Independência do Brasil, ocorrida em 7 de setembro de 1822. Dom Pedro I, após ter dissolvido a Assembleia Constituinte, na qual havia representação de São Paulo, Santos e Taubaté, impôs, outorgou (de forma unilateral), essa Constituição. Tal fato ocorreu após um ano e meio da formalização da independência do Brasil, no dia 25 de março de 1824.

A Constituição de 1824, ou Constituição do Império, foi a que teve maior tempo de vigência. Perdurou até a Proclamação da República, que ocorreu em 1889, ou seja, vigorou por 65 anos.

A primeira Constituição foi a única monárquica e semirrígida. Todas as outras foram republicanas. A Constituição do Império foi a única que tivemos classificada como semirrígida porque o artigo 178 dispunha: "é só constitucional o que diz respeito aos limites e atribuições respectivos dos poderes políticos, e os Direitos políticos e individuais do cidadão; tudo o que não é constitucional pode ser alterado, sem as formalidades referidas [nos artigos 173 a 177], pelas legislaturas ordinárias". O dispositivo citado deixava claro que a Constituição continha uma parte rígida (difícil de alterar) e outra flexível (processo de modificação mais simplificado).

Em relação à organização dos poderes, havia um quarto poder, chamado de moderador (sistema quadripartite). Portanto, além do executivo, legislativo e judiciário existia o moderador que, segundo Benjamin Constant, era um "fator de equilíbrio entre os demais poderes". Tinha por finalidade assegurar a independência e harmonia dos outros três. Ocorre que esse poder ficava totalmente nas mãos do chefe supremo da nação que, naquele momento, era o Imperador.

No tocante à organização do Estado, o que existiam eram apenas províncias desprovidas de autonomia. Os presidentes das províncias eram nomeados pelo Imperador, que podia exonerá-los no momento em que quisesse. Ele próprio fazia o juízo de conveniência e oportunidade. O Estado era unitário e o poder ficava centralizado nas mãos do Imperador.

Nessa época, havia no Brasil uma religião oficial, que era a Católica Apostólica Romana. O Brasil era um país que professava uma religião oficial (Estado Confessional). O artigo 5º da Constituição do Império é que dava guarida a esse entendimento.

Outra peculiaridade da Constituição Imperial é que ela, em momento algum, instituiu um controle judicial de constitucionalidade, portanto, não era possível analisar se uma lei estava ou não de acordo com a Constituição.

É característica dessa época o sufrágio censitário. Nele exigia-se, para votar, a obtenção de renda mínima anual e, além disso, essa oportunidade só era dada aos homens. Mulheres eram proibidas de votar ou serem eleitas. Para um homem ser eleito, a renda por ele obtida era maior do que a exigida para ele simplesmente votar. Essa renda variava de acordo com o cargo: quanto mais alto, maior a renda a ser comprovada. É a denominada plutocracia (governo dos ricos).

2.2. Segunda Constituição do Brasil – Constituição de 1891

A força militar passou a ter relevância na política. Os militares rejeitavam a posição de subordinação ao antigo chefe supremo da nação, o Imperador. Foram eles que, no dia 15 de novembro de 1889, baniram a família imperial do nosso país e proclamaram a república.

Embora a Constituição de 1891 tenha sido a segunda do Brasil, foi a primeira republicana. Justamente por ter sido mudada a forma de governo, a manutenção de uma Constituição imposta por um Imperador passou a ser insustentável. Assim, foi preciso convocar uma Assembleia Nacional Constituinte para que fosse providenciada a feitura da nova Constituição.

Os representantes se reuniram no Rio de Janeiro e quem presidiu a Assembleia foi o paulista Prudente de Moraes. Votaram-na por meio de um processo de convenção e, sob a inspiração da Constituição norte-americana, foi promulgada a segunda Constituição do Brasil. A influência americana foi tanta que até o nome do Estado copiou-se: passamos a ser denominados "Estados Unidos do Brasil".

Com essa nova Constituição, o Estado, antes unitário, passou a ser um Estado Federal, caracterizado pela autonomia e pela verdadeira descentralização do poder.

Havia rígida separação de competências. Os estados ficavam com parcela da competência e a União com outra parcela. Os governadores dos estados passaram a ter poder.

As antigas províncias foram suprimidas, em virtude da existência de Estados-membros que passaram a dispor de leis próprias e até de Constituições estaduais próprias.

O Estado não mais professava uma religião oficial. Ele, antes Estado Confessional, no qual a religião obrigatória e oficial era a Católica Apostólica Romana, transformou-se um estado leigo ou laico. A palavra que melhor se adequa ao estado leigo é a neutralidade. Havia considerável liberdade de culto. As pessoas podiam livremente escolher suas religiões e cultuá-las da maneira que desejassem.

Também deixou de existir, com a Constituição de 1891, o quarto poder, denominado moderador, consequência lógica e automática advinda do banimento da família imperial. Se não mais existia imperador, e ele era quem detinha, quem dominava esse quarto poder, não havia mais razão para sua existência. Foi neste momento que se instaurou a clássica tripartição de poderes políticos (poderes executivo, legislativo e judiciário), ou melhor, tripartições de funções, pois sabemos que o poder é uno e indivisível.

A Constituição de 1891 foi a que instituiu o Supremo Tribunal Federal e o primeiro sistema judicial de controle de constitucionalidade (controle difuso). Foi ainda a que ampliou os direitos individuais, trazendo, inclusive, pela primeira vez no ordenamento jurídico brasileiro, a previsão do remédio constitucional, hoje muito conhecido, denominado *habeas corpus*.

2.3. Terceira Constituição do Brasil – Constituição de 1934

Getúlio Vargas assume o poder em 1930. Começa a dizer em seus discursos que em breve convocará uma Assembleia Constituinte para feitura de uma nova Constituição; o tempo decorre, mas Vargas não concretiza sua promessa. Por conta disso é realizada, em São Paulo, uma revolução, em 1932, conhecida como Revolução Constitucionalista.

Tal revolução, segundo o Prof. Augusto Zimmermann, "ainda que tenha se revelado um completo fracasso do ponto de vista militar (os seus líderes foram presos pelas forças governistas), foi um sucesso absoluto do ponto de vista político, porque Getúlio Vargas se sentiu forçado a consentir na elaboração de uma nova Constituinte, em 1933, que marcaria o retorno à normalidade constitucional" (**Curso de Direito Constitucional**, 4ª edição, p. 205).

Nossa terceira Constituição, elaborada por um processo de convenção (votação), teve grande influência da Constituição Alemã de Weimar, de 1919. Foi a primeira Constituição Social do Brasil. Entre suas características, destacamos as principais: a forma federativa de governo, a não existência de religião oficial, a tripartição dos poderes e as mais marcantes – a admissão do voto pela mulher e a introdução, no texto constitucional, de direitos trabalhistas.

A Constituição que teve menor vigência no nosso país foi esta, de 1934, porque em 1937 ocorreu o golpe militar que rompeu toda a ordem jurídica.

2.4. Quarta Constituição do Brasil – Constituição de 1937

À época de sua criação, havia ditadura em vários países (Alemanha, Itália e outros).

Getúlio Vargas, ainda mantido no poder, solicita a elaboração de uma nova Constituição a Francisco Ramos. Por meio de um golpe de Estado, acaba outorgando a Constituição de 1937.

As principais regras trazidas pela nova Constituição tinham caráter ditatorial, impositivo. Como exemplo, podemos mencionar a concentração das funções legislativas e executivas, a supressão da autonomia dos estados-membros, a destituição dos governadores, com a consequente nomeação de interventores, e a criação de serviços de informações para que o Presidente controlasse o povo, o Poder Judiciário e, principalmente, a imprensa.

O argumento utilizado para a manutenção dessas normas preconizava que a expansão do fascismo e comunismo pelo mundo enfraquecia as instituições nacionais e que, portanto, impunha medidas duras para a manutenção do poder central, ainda que o pacto federativo não pudesse ser totalmente respeitado.

Em decorrência da doutrina e da enorme concentração dos poderes nas mãos do Presidente, da mesma forma que ocorria na Constituição da Polônia na época, a Constituição de 1937 passou a ser chamada, pejorativamente, de "Constituição polaca".

2.5. Quinta Constituição do Brasil – Constituição de 1946

Fruto da redemocratização do Brasil, em 18 de setembro de 1946, promulgou-se a quinta Constituição. Seu texto demonstrou claramente uma reação contra a ditadura e os regimes centralizadores. Por conta dos inúmeros acontecimentos mundiais, repudiando os sistemas totalitaristas, o presidente da época, Getúlio Vargas, não podia mais manter a ditadura.

Embora tentasse subterfúgios para se manter no poder, como a nomeação de seu irmão para a chefia da polícia de Guanabara, Vargas acabou sendo destituído por aqueles que temiam sua intenção de permanecer no cargo.

Em decorrência da destituição de Vargas, foi instalada nova Assembleia Constituinte. Nessa época, é eleito Eurico Gaspar Dutra como presidente e, em 1946, é promulgada a nova Constituição.

Em 1950, Vargas retorna como sucessor de Dutra e acaba suicidando-se em 1954. Nesse ano, Café Filho, Vice-Presidente, assume o poder.

2.6. Sexta Constituição do Brasil – Constituição de 1967

Em 31.03.1964, o Presidente da República, João Goulart (conhecido como "Jango"), foi derrubado por um golpe militar, pois fora acusado de estar envolvido com o "comunismo internacional"; era o começo da instalação da ditadura, que acabou em 1985.

A Constituição foi outorgada em 24.01.1967: em que pese alguns doutrinadores entenderem pela legitimidade do golpe e sustentarem a promulgação do texto, não é o posicionamento predominante.

A nova ordem constitucional preocupava-se especialmente com a Segurança Nacional, e diversos poderes foram concedidos à União e ao Poder Executivo. Foram emitidos Atos Institucionais que suprimiram paulatinamente os direitos e garantias individuais.

2.7. Sétima Constituição do Brasil ou Emenda Constitucional 1/1969

A Emenda Constitucional 1/1969 é considerada por parte da doutrina como uma nova Constituição. Foi outorgada pelos militares em 17.10.1969. O Congresso Nacional estava fechado. As eleições continuaram sendo indiretas. O mandato do presidente passou a ser de 5 anos e nova denominação foi dada ao texto. A Constituição do Brasil passou a ser chamada de Constituição da República Federativa do Brasil.

A EC 1/69 não foi assinada pelo Presidente da República Costa e Silva, que estava impossibilitado de governar por motivos de saúde, e nem por seu Vice, Pedro Aleixo, pois por meio do Ato Institucional 12 foi consagrado um governo de Juntas Militares que permitia que os Ministros da Marinha de Guerra, do Exército e da Aeronáutica Militar governassem enquanto o Presidente estivesse afastado.

2.8. Oitava Constituição do Brasil – Constituição de 1988

Em 05.10.1988, foi promulgada a Constituição da República Federativa do Brasil. Os membros da Câmara dos Deputados e do Senado Federal, convocados por meio da EC 26, formaram a Assembleia Nacional Constituinte e aprovaram o texto em dois turnos de votação, por maioria absoluta dos membros. É uma Constituição absolutamente voltada para a proteção dos direitos individuais dos cidadãos, sendo fruto de processo de transição do regime militar para o regime democrático.

3. Considerações preliminares

3.1. Elementos fundamentais

O Estado possui três elementos fundamentais, a saber: povo, território e soberania. *Povo* significa o conjunto de indivíduos ligados jurídica e politicamente ao Estado. Daí falar-se que povo é o elemento humano do Estado. *Território* traz um conceito jurídico contemplando a área na qual o Estado exerce efetivamente a supremacia e o poder que detém sobre bens e pessoas. Já a *soberania pode ser vista sob dois aspectos: interno e externo. Pelo primeiro, o Estado é quem elabora as suas próprias normas, é quem comanda o país, portanto, dotado de autoridade máxima em seu território. O segundo significado diz respeito à igualdade que deve existir entre os países, independentemente de condições, espaço territorial, poder econômico etc. Aos Estados soberanos são dadas garantias como a não intervenção em assuntos internos e a independência nacional.*

3.2. Conceito de Constituição

Uma Constituição pode ser conceituada de diferentes modos tendo por base seus diversos significados. De acordo com José Afonso da Silva, "A Constituição é algo que tem, como forma, um complexo de normas (escritas ou costumeiras), como conteúdo, a conduta humana motivada pelas relações sociais (econômicas, políticas, religiosas etc.), como fim, a realização dos valores que apontam para o existir da comunidade, e, finalmente, como causa criadora e recriadora, o poder que emana do povo" (**Curso de Direito Constitucional Positivo**, 35ª ed., p. 39).

Desse modo, vejamos os conceitos dados por grandes doutrinadores:

3.2.1. Concepção sociológica (Ferdinand Lassalle)

Sustentava esse autor que "os problemas constitucionais não são problemas de Direito, mas do poder; a verdadeira Constituição de um país somente tem por base os fatores reais e efetivos do poder que naquele país vigem e as constituições escritas não têm valor nem são duráveis a não ser que exprimam fielmente os fatores do poder que imperam na realidade social" (**A essência da Constituição**, p. 40).

Portanto, somente terá valia a Constituição se efetivamente expressar a realidade social e o poder que a comanda. Os fatores reais de poder são identificados, no nosso país, por exemplo, nos movimentos dos sem-terra, nas corporações militares e outras forças que delimitam o conteúdo da Constituição.

O autor citado também mencionava que "de nada serve o que se escreve numa folha de papel se não se ajusta à realidade, aos fatores reais de poder".

3.2.2. Concepção política (Carl Schmitt)

Em oposição a Lassale, Carl Schmitt defendeu o conceito de que a Constituição é a decisão política fundamental de um povo, visando sempre dois focos estruturais básicos – organização do Estado e efetiva proteção dos direitos fundamentais.

Para esse autor há divisão clara entre Constituição e lei constitucional. Na primeira, encontraríamos as matérias constitucionais, ou seja, organização do Estado e garantia dos direitos fundamentais, sempre com o objetivo de limitar a atuação do poder. Já as leis constitucionais seriam aqueles assuntos tratados na Constituição, mas que materialmente não teriam natureza de norma constitucional. Na verdade, esses assuntos nem deveriam constar da Constituição. Na nossa atual Carta Magna, visualizamos um exemplo no artigo 242, § 2º, que determina que o Colégio Pedro II, localizado na cidade do Rio de Janeiro, será mantido na órbita federal. Esse dispositivo é uma norma apenas formalmente constitucional, pois está dentro da Constituição, mas não trata de matéria tipicamente constitucional.

As leis constitucionais, para Schmitt, como a mencionada no exemplo dado acima, formam o que se denomina Constituição formal, ou seja, apenas são consideradas normas constitucionais pelo fato de estarem alocadas na Constituição, por terem forma de Constituição.

A Constituição Federal de 1988, em seu artigo 1º, trata da organização do Estado, enquanto o artigo 5º dispõe sobre os direitos fundamentais. Se terminasse aqui, já seria suficiente para Schmitt denominá-la como uma verdadeira Constituição.

3.2.3. Concepção jurídica ou formal (Hans Kelsen e Konrad Hesse)

Hans Kelsen pensava de modo diverso, mencionava que o fundamento de validade da Constituição era encontrado na dimensão jurídica e não sociológica ou política.

Esse autor representava o ordenamento jurídico por meio de uma pirâmide, na qual a Constituição se encontrava no ápice e abaixo estavam todos os demais atos normativos. As leis ordinárias, complementares, delegadas e também as medidas provisórias, por terem como fundamento imediato de validade a Constituição, ficavam no segundo degrau da pirâmide. Já os regulamentos, portarias, decretos, entre outros, por se fundamentarem primeiro na lei e depois na Constituição, localizavam-se no terceiro degrau da pirâmide.

Portanto, juridicamente, a Constituição localiza-se no mais elevado degrau da pirâmide e é exatamente em decorrência disso que é fundamentada sua normatividade.

As normas infraconstitucionais (que são todas aquelas que se encontram nos degraus abaixo da Constituição) são submissas às regras determinadas pela Lei Maior e devem ser com ela compatíveis. A isso se deu o nome de relação de compatibilidade vertical.

Tal autor obteve reconhecimento mundial com a elaboração da obra "Teoria Pura do Direito", doutrina que propugna o conteúdo puro do direito, sem interferências de cunhos sociológico, político, valorativo ou econômico. A Constituição, conforme Kelsen, apresenta o aspecto lógico-jurídico, segundo o qual é a 'norma fundamental hipotética', ou seja, traz um comando que impõe obediência obrigatória e é tida como o verdadeiro sentido de justiça, e o aspecto jurídico-positivo, em que a Constituição é a norma positiva superior em que as demais regras jurídicas encontram os seus fundamentos de validade. Sua modificação deve observar um procedimento específico e solene.

3.2.4. Concepção culturalista

Segundo a essa corrente, a Constituição engloba todas as regras fundamentais advindas da cultura histórica e também "as emanadas pela vontade existencial da unidade política e regulamentadora da existência, estrutura e fins do Estado e do modo de exercício e limites do poder político" (J. H. Meirelles Teixeira, **Curso de Direito Constitucional**, p. 77 e 78)

3.3. Constitucionalismo

Tradicionalmente, a doutrina faz uso da expressão constitucionalismo ou movimentos constitucionais em mais de um sentido. Vejamos os dois mais comuns.

A primeira concepção é utilizada para definir a ideologia que afirma que o poder político deve necessariamente ser limitado para que efetivamente sejam garantidos e prestigiados os direitos fundamentais. Nesse primeiro sentido, o constitucionalismo é considerado uma teoria normativa da política. A doutrina divide-o em constitucionalismo social e liberal, com base na maior ou menor intervenção do Estado nos interesses privados. Quando há grande intervenção do Estado no mundo privado, é conhecido como social e quando a intervenção é pequena, fala-se em constitucionalismo liberal.

A segunda concepção da expressão constitucionalismo teve origem numa reação contra o Estado Absolutista da Idade Moderna, por volta do século XVIII. A Revolução Francesa também é considerada um marco aqui. A ideia era frisar que a Constituição, além de estabelecer regras sobre organização do Estado, do poder, deveria fazer uma necessária modificação política e social, orientando as ações políticas e tendo atuação direta. Foi a partir deste momento que veio à tona o termo *supremacia constitucional*. A partir dessa concepção, passou a ser necessária a criação de constituições escritas, de origem popular, para efetivamente limitar o poder, organizar o Estado e garantir a proteção dos direitos individuais.

3.4. Estrutura da Constituição Federal de 1988

A CF/1988 é composta das seguintes partes: preâmbulo, corpo das disposições permanentes, ato das disposições constitucionais transitórias e emendas constitucionais (de revisão e propriamente ditas).

3.4.1. Preâmbulo

A Constituição não começa pelo seu artigo 1º, mas sim por um preâmbulo que dispõe: "Nós, representantes do povo brasileiro, reunidos em Assembleia Nacional Constituinte para instituir um Estado Democrático, destinado a assegurar o exercício dos direitos sociais e individuais, a liberdade, a segurança, o bem-estar, o desenvolvimento, a igualdade e a justiça como valores supremos de uma sociedade fraterna, pluralista e sem preconceitos, fundada na harmonia social e comprometida, na ordem interna e internacional, com a solução pacífica das controvérsias, promulgamos, sob a proteção de Deus, a seguinte CONSTITUIÇÃO DA REPÚBLICA FEDERATIVA DO BRASIL".

Há diversos princípios no preâmbulo constitucional, como a da igualdade, da liberdade, da solução pacífica das controvérsias etc. Tais comandos servem como diretrizes ideológicas, políticas e filosóficas que devem ser observadas pelo intérprete das normas constitucionais.

Todavia, embora o preâmbulo tenha de ser utilizado como alicerce, segundo o Supremo, ele não tem força normativa, não cria direitos e obrigações e não pode ser utilizado como parâmetro para eventual declaração de inconstitucionalidade. Por exemplo: uma lei que fira tão somente o preâmbulo constitucional não pode ser objeto de ação direta de inconstitucionalidade no STF e nem de outro mecanismo de controle de constitucionalidade.

Além disso, já definiu a Corte Maior (ADI 2076/AC, Rel. Min. Carlos Velloso) que o preâmbulo não é tido como norma de reprodução obrigatória pelas Constituições dos estados-membros.

3.4.2. Disposições permanentes

O corpo das disposições permanentes é composto pelas normas constitucionais que, em regra, possuem maior durabilidade. Essa parte inicia-se no artigo 1º e termina no artigo 250 e é formada pelos seguintes títulos: Princípios Fundamentais, Direitos e Garantias Fundamentais, Organização do Estado, Organização dos Poderes, Defesa do Estado e das Instituições Democráticas, Tributação e Orçamento, Ordem Econômica e Financeira, Ordem Social e Disposições Constitucionais Gerais.

Para serem alteradas, é necessária a observância do processo legislativo das emendas constitucionais, previsto no artigo 60 da Constituição.

3.4.3. Disposições transitórias

Denominado Ato das Disposições Constitucionais Transitórias (ADCT), tem por finalidade tratar de assuntos de direito intertemporal. O ADCT é composto de normas criadas para executarem um determinado papel que, sendo cumprido, passam a não ter mais utilidade. É por esse motivo que tais normas são conhecidas como de eficácia esgotada ou exaurida. Cumprido o encargo para o qual foram criadas, não possuem mais utilidade alguma.

As disposições transitórias, embora integrem o texto constitucional e para serem modificadas também seja necessário o processo das emendas constitucionais, elas ficam ao final da Constituição e possuem numeração própria (artigos 1º ao 97). Isso é assim pois não seria técnico deixar no corpo das disposições permanentes algo que, mais dia menos dia, não terá mais utilidade alguma.

Vale lembrar que as normas constantes do ADCT possuem o mesmo grau de eficácia que as demais normas constitucionais.

3.4.4. Emendas constitucionais

As emendas integram a constituição e possuem duas naturezas distintas: emendas de revisão e emendas constitucionais propriamente ditas. As primeiras foram feitas quando da revisão constitucional, em 1994. Em tal ano, seis emendas foram elaboradas (ECR 1 a 6). O art. 3º do ADCT determinava que a revisão, que se daria uma única vez, ocorresse após cinco anos da promulgação da Constituição, pelo voto da maioria absoluta dos membros do Congresso Nacional, em sessão unicameral. Atualmente, para se modificar a Constituição, só por meio das emendas constitucionais propriamente ditas, que podem ser feitas desde que sejam obedecidas às regras previstas no art. 60 da CF.

3.5. Supremacia constitucional

A noção de supremacia da Constituição talvez seja a mais importante de todo o estudo do Direito Constitucional. Pautado nesse entendimento, é possível verificar os motivos pelos quais os demais ramos, os atos normativos em geral e a atuação dos poderes estão limitados ao texto constitucional.

A Constituição Federal é a lei máxima do ordenamento jurídico brasileiro. É fundamento de validade de todos os demais atos normativos. Está no ápice da pirâmide normativa e determina as regras que devem ser observadas. Todas as normas infraconstitucionais devem guardar relação de compatibilidade com a Constituição.

Ressalta-se que o princípio da supremacia constitucional somente existe nos países que adotam Constituição do tipo *rígida*, ou seja, aquelas que possuem um processo de alteração mais complexo, mais solene, mais dificultoso que o processo de mudança dos demais atos normativos.

3.6. Princípios fundamentais (artigos 1º a 4º da CF)

O artigo 1º da CF, após definir o Pacto Federativo, traz os *fundamentos* da República Federativa do Brasil, que são os seguintes:

I. Soberania;

II. Cidadania;

III. Dignidade da pessoa humana;

IV. Valores sociais do trabalho e da livre-iniciativa; e

V. Pluralismo político.

Os fundamentos equivalem aos principais valores e diretrizes adotados pelo Estado brasileiro. Com base neles é que a Constituição Federal de 1988 foi produzida.

Sem sombra de dúvida, podemos dizer que um fundamento de grande relevo é o que diz respeito à *dignidade da pessoa humana*. Para que o ser humano possua dignidade, deve a ele ser dado acesso a requisitos mínimos de uma vida digna como, por exemplo, alimentação (EC 64/2010), moradia, saúde, higiene, educação, lazer etc.

Para que as normas constitucionais sejam devidamente interpretadas é necessária a observância do princípio central que é o da dignidade.

Além disso, tal princípio é um fundamento da República Federativa do Brasil, previsto no inciso III do artigo 1º da Constituição Federal.

A Súmula Vinculante n. 11 relaciona-se diretamente com esse princípio. Essa súmula restringe o uso de algemas aos casos de resistência e de fundado receio de fuga ou de perigo à integridade física própria ou alheia, por parte do preso ou de terceiros. Além disso, o uso deve, necessariamente, ser justificado por escrito, sob pena de responsabilidade disciplinar, civil e penal do agente ou da autoridade e de nulidade da prisão ou do ato processual a que se refere, sem prejuízo da responsabilidade civil do Estado.

Desse modo, é possível afirmar que o uso de algemas requer um juízo de ponderação da necessidade e só deve ser utilizado de forma excepcional.

Vale lembrar que o STF, no julgamento do ARE 653.964-AgR, Rel. Min. Luiz Fux, julgamento em 28.02.2012, Primeira Turma, *DJE* de 13.03.2012, decidiu que o enunciado da Súmula Vinculante 11 da Suprema Corte **não** é aplicável, face ao uso de algemas durante a sessão, máxime quando o julgamento pelo Tribunal do Júri se deu em data anterior à sua publicação.

Também tem relação com a dignidade da pessoa humana o princípio da individualização da pena. Assim, a falta de indicação da conduta individualizada dos acusados pela prática de crimes societários fere não só o devido processo legal, a ampla defesa e o contraditório, mas também a dignidade da pessoa humana.

Por fim, o STF, em julgamento realizado pelo plenário, na ADI 3.510, declarou a constitucionalidade do art. 5º da Lei de Biossegurança (Lei 11.105/2005), por entender que as pesquisas com células-tronco embrionárias não violam o direito à vida ou o princípio da dignidade da pessoa humana.

A *soberania* é uma qualidade do Estado independente. Fala-se em soberania externa e interna. A primeira refere-se à representação dos Estados em âmbito internacional. A segunda é determinada pela demarcação da supremacia do Estado em relação aos seus cidadãos. É necessário mencionar que Estado Federal possui soberania e os entes federativos autonomia.

A *cidadania*, quando analisada como um dos fundamentos da República Federativa do Brasil, deve ser compreendida de forma abrangente, contemplando a possibilidade do exercício dos direitos fundamentais constitucionalmente assegurados, em especial, os relacionados ao trabalho, à educação e à saúde.

Para que o Estado cresça economicamente, identificou-se que os *valores sociais do trabalho e da livre-iniciativa* necessitavam ser compatibilizados. Assim, a Constituição de 1988 contemplou tais valores, focando sempre no desenvolvimento da ordem econômica do Estado.

O *pluralismo político* prestigia a democracia moderna, fazendo com que o eleitor tenha acesso à diversidade de candidatos e a vários partidos políticos. Os preceitos eleitorais devem ser definidos de forma clara e objetiva para que todos os partidos, independentemente de serem pequenos ou grandes, tenham os mesmos direitos.

O artigo 2º da CF trata da tripartição dos poderes, dispondo que são Poderes da União, independentes e harmônicos entre si, o Legislativo, o Executivo e o Judiciário.

Já o artigo 3º contempla os objetivos fundamentais da República Federativa do Brasil. Percebam que os objetivos fundamentais não se confundem com os fundamentos. Estes vêm previstos no art. 1º, enquanto que aqueles, no artigo 3º.

Os *objetivos fundamentais* do nosso país são os seguintes: I – construir uma sociedade livre, justa e solidária; II – garantir o desenvolvimento nacional; III – erradicar a pobreza e a marginalização e reduzir as desigualdades sociais e regionais; IV – promover o bem de todos, sem preconceitos de origem, raça, sexo, cor, idade e quaisquer outras formas de discriminação.

Ainda tratando do capítulo que cuida dos princípios fundamentais, a Constituição, em seu artigo 4º, contempla aqueles que regem o país nas suas relações internacionais, dentre os quais se destacam: a independência nacional, a prevalência dos direitos humanos, a igualdade entre os Estados, a defesa da paz e a cooperação entre os povos para o progresso da humanidade.

4. Elementos da Constituição

Nossa Constituição Federal trata de diversos assuntos. Com a finalidade de sistematizar e de organizar esses assuntos, a Norma Suprema uniu matérias afins e, a partir dessa união, foram contemplados doutrinariamente os elementos constituintes. O Prof. José Afonso da Silva é quem melhor faz a divisão clássica (**Curso de Direito Constitucional Positivo**, 35ª Edição, p.44 e 45). Tendo por base a divisão feita por esse autor, podemos falar que os grupos de elementos são:

4.1. Elementos orgânicos

Contemplam as normas estruturais da Constituição. Englobam as normas de organização do Estado, organização do poder, o orçamento público e a tributação, as forças armadas e a segurança pública. Os temas mencionados se encontram nos capítulos II e III do título V e nos títulos III, IV e V da nossa Constituição Federal.

4.2. Elementos limitativos

Como o próprio nome menciona, são normas que existem para limitar o poder de atuação do Estado. As normas que definem os direitos e garantias fundamentais são as que melhor limitam o poder, pois, ao enunciar determinado direito a alguém, implícita e automaticamente, há o comando impondo ao Estado o dever de não invadir aquele direito constitucionalmente previsto. A exceção se dá em relação aos direitos sociais porque eles exigem condutas positivas do Estado, não possuem somente o mero caráter limitador do eventual exercício arbitrário do poder. Os elementos limitativos contemplam as normas que tratam dos direitos individuais e coletivos, direitos políticos e direito à nacionalidade, todas encontradas no título II da Constituição Federal.

4.3. Elementos socioideológicos

O nome desses elementos já nos encaminha para sua conceituação: podemos dizer que eles definem ou demonstram a ideologia adotada pelo texto constitucional. As normas que compõem os elementos socioideológicos são as que tratam dos direitos sociais, as que compõem a ordem econômica e financeira e a ordem social. Encontramos essas normas no capítulo II do título II e nos títulos VII e VIII da Constituição Federal.

4.4. Elementos de estabilização constitucional

As normas que se encontram nessa divisão são as que visam à superação dos conflitos constitucionais, ao resguardo da estabilidade constitucional, à preservação da supremacia da Constituição, à proteção do Estado e das instituições democráticas e à defesa da Carta Política. Citamos como exemplo as normas que tratam da intervenção federal e estadual (artigos 34 a 36 da CF), as normas que tratam dos estados de sítio e de defesa e as demais integrantes do título V da CF (com exceção dos capítulos II e III, porque eles integram os elementos orgânicos), as normas que tratam do controle de constitucionalidade e, ainda, as que cuidam do processo de emendas à Constituição.

4.5. Elementos formais de aplicabilidade

Formais, porque não possuem conteúdo material e de aplicabilidade, porque servem para auxiliar a efetiva aplicação das normas constitucionais. São normas orientadoras, como, por exemplo, o preâmbulo da Constituição, que não serve como paradigma para controle de constitucionalidade, mas estabelece princípios norteadores de todo ordenamento jurídico brasileiro.

Também se encontram nessa categoria as disposições transitórias, reguladoras do direito intertemporal. Essas normas estão contidas no ADCT (Ato das Disposições Constitucionais Transitórias), que é parte integrante da Constituição Federal, embora fique separado do corpo das normas permanentes e tenha numeração própria apenas por questão de técnica legislativa. Como as normas contidas no ADCT são normas transitórias, passageiras, assim que produzirem todos os efeitos que delas se esperam se esgotarão, não terão mais utilidade alguma. Desse modo, é razoável que fiquem fora do corpo de normas permanentes da Constituição. Para aclarar o exposto, é indicada a leitura dos artigos 3º e 4º do ADCT, que já produziram seus efeitos e que atualmente são normas de eficácia exaurida, esgotada, não mais têm utilidade alguma. Outro exemplo: a previsão constitucional da realização de um plebiscito para a escolha da forma de governo (República ou Monarquia) e o sistema de governo (Parlamentarismo ou Presidencialismo), cinco anos após a promulgação da Constituição de 1988 (artigo 2º do ADCT).

Ainda sobre as normas do ADCT, é interessante pontuar que elas podem ser alteradas por emenda constitucional. Um exemplo é o trazido pela EC nº 68, de 21 de dezembro de 2011, que alterou o art. 76 do Ato das Disposições Constitucionais Transitórias (ADCT), prorrogando, por mais 4 (quatro) anos, a Desvinculação das Receitas da União (DRU), até 31.12.2015.

O § 1º do artigo 5º da Constituição Federal também é um elemento formal de aplicabilidade. Dispõe que "as normas definidoras dos direitos e garantias fundamentais têm aplicação imediata".

5. Classificação das Constituições

As constituições são classificadas pela doutrina de diversas maneiras. Essas classificações visam à melhor compreensão da Constituição como um todo. Por exemplo, sabendo nós que a Constituição de 1988, quanto à sua extensão, foi classificada como prolixa, é possível imaginar que essa Constituição é extensa, longa, numerosa; diferente seria tivesse sido classificada como concisa (básica, breve). Nesse caso, mesmo que nunca tivéssemos visto a Constituição mencionada, já teríamos uma ideia de como ela seria. É justamente para isso que servem as classificações.

No entanto, é preciso lembrar que há muitas classificações feitas pela doutrina e, a partir de agora, abordaremos as mais relevantes.

5.1. Quanto à forma, as Constituições podem ser classificadas em:

a) **escritas** – aquelas sistematizadas num único texto, criadas por um órgão constituinte. Esse texto único é a única fonte formal do sistema constitucionalista. Exemplo: Constituição Federal de 1988;

b) **não escritas** – aquelas cujas normas não estão sistematizadas e codificadas num único texto. São baseadas em textos esparsos, jurisprudências, costumes, convenções, atos do parlamento etc. Há várias fontes formais do direito constitucional no país de Constituição não escrita. Exemplo: Constituição Inglesa.

5.2. Quanto ao modo de elaboração, as Constituições podem ser classificadas em:

a) **dogmáticas** – partem da aceitação de dogmas, considerados o núcleo de uma doutrina. A constituição dogmática necessariamente é uma constituição escrita. As constituições escritas pressupõem a aceitação de dogmas ou de opiniões sobre a política do momento. Exemplo: Constituição Federal de 1988;

b) **históricas ou costumeiras** – diferentemente das constituições dogmáticas que sempre são escritas, as constituições históricas devem ser não escritas. Resultam da formação histórica, dos fatos sociais, da evolução das tradições. Exemplo: Constituição Inglesa.

5.3. Quanto à origem, as Constituições podem ser classificadas em:

a) **outorgadas** – aquelas elaboradas e impostas por uma pessoa ou por um grupo sem a participação do povo. As constituições outorgadas, na verdade, devem ser denominadas Cartas Constitucionais e não Constituições, pois a primeira denominação é a que corretamente designa a origem outorgada. A segunda nomenclatura diz respeito àquelas Constituições que tiveram como origem a democracia, foram promulgadas. Vale lembrar que muitos doutrinadores tratam essas expressões, Carta e Constituição, como sinônimas, embora não o sejam.

As Constituições outorgadas que tivemos no Brasil foram as seguintes:

- ✔ Constituição do Império de 1824 (o correto é Carta de 1824);
- ✔ Carta de 1937 (Vargas);
- ✔ Carta de 1967 (ditadura militar).

Há ainda aqueles que sustentam que a Emenda Constitucional n. 1/1969 deve ser considerada uma verdadeira Constituição outorgada, imposta pelo Comando Militar;

b) **promulgadas, populares ou democráticas** – são aquelas advindas de uma Assembleia Constituinte composta por representantes do povo. Sua elaboração se dá de maneira consciente e livre, diferentemente das Constituições outorgadas, que são criadas de forma imposta;

c) **cesaristas, plebiscitárias, referendárias ou bonapartistas** – são aquelas constituições que, embora elaboradas de maneira unilateral, impostas, após sua criação são submetidas a um referendo popular. Essa participação do povo não pode ser considerada democrática, pois apenas tem a finalidade de confirmar a vontade daquele que a impôs. Os nomes dados a essa Constituição têm por fundamento o caminho utilizado por Napoleão Bonaparte nos chamados plebiscitos napoleônicos.

5.4. Quanto à estabilidade ou processo de mudança, as Constituições podem ser classificadas em:

a) **rígidas** – aquelas alteráveis somente por um processo mais solene, mais dificultoso que o processo de alteração das demais normas jurídicas. O exemplo que podemos dar é a Constituição Federal de 1988, na qual, em seu artigo 60 (processo legislativo das emendas), encontramos o fundamento da rigidez constitucional;

b) **flexíveis** – aquelas modificáveis livremente pelo legislador, observando-se o mesmo processo de elaboração e modificação das leis;

c) **semirrígidas** – aquela Constituição que possui uma parte rígida e outra flexível. A parte rígida será alterável por um processo mais dificultoso que o das demais normas jurídicas e a parte flexível, alterável pelo mesmo processo de elaboração e modificação das leis. No Brasil, a única Constituição que tivemos classificada como semirrígida foi a de 1824. O artigo 5º desta Constituição fundamentava seu caráter semirrígido;

d) **super-rígidas** – alguns doutrinadores sustentam que a Constituição de 1988 é classificada como super-rígida pelo fato de conter núcleos essenciais intangíveis (cláusulas pétreas – artigo 60, § 4º, da CF).

Obs.: prevalece o entendimento de que a Constituição de 1988 é classificada como rígida.

5.5. Quanto à extensão as Constituições podem ser classificadas em:

a) **concisas** – são as constituições sucintas, pequenas. Cuidam apenas de regras gerais, estruturais, do ordenamento jurídico estatal. O melhor exemplo de constituição concisa é a norte-americana, que contém apenas os princípios fundamentais e estruturais do Estado. A característica de uma Constituição concisa é o fato de ela ser mais estável que uma Constituição prolixa. A norte-americana, por exemplo, já conta com mais de 200 anos e foi emendada apenas 27 vezes;

b) **prolixas** – são as constituições longas, numerosas. Essas constituições não se restringem a tratar somente de normas materialmente constitucionais, normas estruturais, de organização do poder, de funcionamento do Estado. Cuidam de assuntos diversos, que poderiam certamente estar dispostos em legislações infraconstitucionais. São assim por pretenderem proteger institutos considerados importantes. O maior problema de uma constituição prolixa é que, por ser expansiva, torna-se muito mais instável do que a Constituição concisa.

O exemplo de Constituição prolixa é a nossa, Constituição Federal de 1988. Ela possui em seu corpo permanente 250 artigos e em pouco mais de 25 anos de vigência já foi alterada mais de 70 vezes.

5.6. Quanto ao conteúdo as Constituições podem ser classificadas em:

a) **materiais** – relacionam-se ao conteúdo criado para ser tratado especificamente numa constituição. São normas que cuidam de matéria constitucional. A matéria constitucional geralmente gira em torno do poder. Exemplificando, as normas que organizam o poder, que organizam o Estado e as que tratam dos direitos individuais são normas materialmente constitucionais.

Um exemplo de norma que, embora prevista na CF de 1988, **não** tem conteúdo materialmente constitucional, é o artigo 242, § 2º, da CF que trata do Colégio Pedro II. Tal dispositivo determina que o Colégio localiza-se na cidade do Rio de Janeiro e é mantido na órbita federal;

b) **formais** – indicam o conjunto de regras dispostas formalmente na Constituição escrita. As normas inseridas na constituição, ainda que não tratem de matéria constitucional, como o exemplo do Colégio Pedro II acima mencionado, são normas formalmente constitucionais. O fato de estarem alocadas na constituição escrita dá a elas a força de norma constitucional. São regidas pelo princípio da supremacia constitucional e só podem ser alteradas pelo processo legislativo das emendas (artigo 60 da CF).

É relevante que se diga que a Constituição Federal determina que o grau máximo de eficácia das normas decorre da forma e não da matéria. Isso significa dizer que o que importa realmente é se a norma está ou não inserida no texto da Constituição. Se tiver conteúdo constitucional, mas não estiver contemplada no Texto Maior, certamente terá menos eficácia que as normas lá inseridas.

6. Fenômenos que ocorrem com a entrada em vigor de uma nova Constituição

6.1. Recepção

É o fenômeno jurídico pelo qual se resguarda a continuidade do ordenamento jurídico anterior e inferior à nova constituição, desde que se mostre compatível materialmente com seu novo fundamento de validade (justamente a nova constituição).

Para melhor compreensão, acompanhem o exemplo: é sabido que o fundamento de validade de uma lei é a constituição vigente. Dessa forma, imaginemos que tenha sido editada uma lei na época em que vigia a Constituição de 1969. A essa lei fora atribuído o n. 5.869/1973. Para que a lei mencionada fosse considerada válida, ela, necessariamente, teria que estar em conformidade com a Constituição de 1969, pois este era seu fundamento de validade. Em 1988, foi promulgada uma nova constituição, a Constituição da República Federativa do Brasil de 5 de outubro de 1988. Pergunta-se: a Lei n. 5.869/1973 continuou vigente, mesmo após a promulgação de uma nova Constituição? A resposta é depende. Se essa lei for materialmente compatível com a nova constituição sim, ela será preservada e passará a ter um novo fundamento de validade (que é a nova constituição). Agora, se a lei editada à época da vigência da antiga constituição se mostrar materialmente incompatível com a nova, ela não será recepcionada.

A lei referida no exemplo acima é o nosso atual Código de Processo Civil. O CPC é de 1973, a nossa Constituição é de 1988. Na época em que foi promulgada a Constituição de 1988, ocorreu o fenômeno da recepção em relação a todos os dispositivos do CPC que se mostraram materialmente compatíveis com ela.

Outro fator importante a respeito do fenômeno da recepção é que não importa a roupagem originalmente assumida pela lei, o que se verifica é o conteúdo da norma e não a forma pela qual ela foi exteriorizada. O Código Tributário Nacional (CTN) é um exemplo disso. Na época de sua elaboração, foi editado como lei ordinária, mas, como a CF/1988, em seu artigo 146, determinou que as normas gerais em matéria de legislação tributária fossem disciplinadas por lei complementar, ele foi por ela recepcionado como se lei complementar fosse. Hoje, para se alterar o CTN, é necessária uma lei complementar.

O Código Penal, quando de sua elaboração, foi criado como um Decreto-Lei (n. 2.848/1940). Entretanto, a Constituição de 1988 determinou que a matéria Direito Penal fosse regulamentada por lei ordinária. Desse modo, os dispositivos do Código que guardavam relação de compatibilidade material com a Constituição foram por ela recepcionados como lei ordinária. Atualmente, para alterar o CP, basta uma lei ordinária.

Outra lembrança relevante no tocante ao fenômeno da recepção é o fato de, após a promulgação da Constituição, serem editadas emendas constitucionais. As leis também devem guardar relação de compatibilidade material com o disposto nas emendas constitucionais? Sim, necessariamente as leis promulgadas antes ou mesmo depois da edição da Constituição devem ser materialmente compatíveis tanto com as normas advindas do poder constituinte ordinário quanto das decorrentes de emendas constitucionais. O fundamento para isto é que as emendas constitucionais, como o próprio nome indica, têm natureza de normas constitucionais. Estão, juntamente com as demais normas da Constituição, no ápice da pirâmide de Kelsen.

O princípio que fundamenta a utilização do fenômeno da recepção é o da continuidade das normas.

6.2. Desconstitucionalização

O fenômeno da desconstitucionalização tem origem francesa. É um instituto pouco usado na prática. No Brasil não utilizamos esse instituto porque a edição de uma nova Constituição produz o efeito de revogar por inteiro a antiga. A revogação total é denominada *ab-rogação*, já a parcial é conhecida como *derrogação*.

A antiga Constituição seria, valendo-nos do fenômeno da desconstitucionalização, recebida pelo novo ordenamento, ou seja, pela nova Constituição, com *status* de legislação infraconstitucional (seria recebida como se fosse lei). Esse fenômeno não é permitido no Brasil.

6.3. Repristinação

É o fenômeno jurídico pelo qual se restabelece a vigência de uma lei que foi revogada pelo fato de a lei revogadora ter sido posteriormente revogada. Tal instituto interessa não apenas ao Direito Constitucional, mas ao Direito como um todo. Terá ligação com o direito constitucional se estiver associado ao instituto da recepção.

Vamos ao exemplo: imaginemos três constituições. Constituição "A", Constituição "B" e Constituição "C". A primeira é a mais antiga. A Constituição "A" determinou que o assunto X, garantido por ela, fosse disciplinado por lei infraconstitucional. Na época, sobreveio a lei disciplinando o assunto X. Passado um tempo, foi editada nova constituição, a Constituição "B". Ela não mais tratou do assunto X. Portanto, a lei editada na vigência da Constituição "A", que serviria para regulamentar o assunto X, não foi recepcionada (foi revogada) pela Constituição "B". Passado mais um tempo, outra nova Constituição foi editada, a Constituição "C". Essa Constituição voltou a prever o assunto X. Nesse caso, a lei que regulamentava o assunto X, editada na vigência da Constituição "A", seria restabelecida pela nova Constituição simplesmente pelo fato dela prever novamente o assunto X? A resposta é não. No ordenamento jurídico brasileiro não há repristinação automática. Se o legislador, por ventura, quiser restabelecer a vigência de uma lei anteriormente revogada por outra, terá que fazê-lo expressamente, conforme dispõe o § 3º do artigo 2º da Lei de Introdução às Normas do Direito Brasileiro (denominação dada pela Lei n. 12.376/2010 à antiga "LICC" – Lei de Introdução ao Código Civil).

6.4. Mutação constitucional

A palavra mutação significa mudança. Também conhecida como interpretação constitucional evolutiva, a mutação constitucional tem relação não com o aspecto formal do texto constitucional, mas sim com a interpretação dada à Constituição. Não são necessárias técnicas de revisão ou reforma constitucional para que o fenômeno se opere. A mudança social, que se dá com o passar do tempo, já faz com que a interpretação seja modificada.

6.5. *Vacatio constitucionis*

Pode ser conceituada como o período de transição entre uma Constituição e outra. Em regra, ao ser elaborada, promulgada e publicada, a nova Constituição entra em vigor imediatamente. Pelo fenômeno da *vacatio constitucionis*, que se assemelha ao instituto da *vacatio legis*, haveria um prazo, fixado pelo próprio poder constituinte, ou seja, por aqueles que estão elaborando a nova constituição, para que o texto constitucional entrasse em vigor. No Brasil as constituições, ao serem promulgadas e publicadas, já entram em vigor; não visualizamos aqui o fenômeno da *vacatio constitucionis*.

7. Eficácia jurídica das normas constitucionais e hermenêutica constitucional

Eficácia jurídica é a aptidão que as normas têm para produzirem efeitos no mundo jurídico. Essa eficácia, por vezes, será graduada conforme a classificação das normas constitucionais.

Segundo a teoria clássica, as normas constitucionais podem ser classificadas em:

a) Normas constitucionais de eficácia plena;

b) Normas constitucionais de eficácia contida; e

c) Normas constitucionais de eficácia limitada.

7.1. Eficácia plena

As normas de eficácia *plena* são aquelas que, por si só, produzem todos os seus efeitos no mundo jurídico e de forma imediata. Não dependem da interposição do legislador para que possam efetivamente produzir efeitos. Além disso, a norma de eficácia plena não admite que uma norma infraconstitucional limite, reduza seu conteúdo.

São exemplos dessa espécie de norma os artigos: 1º – que trata dos fundamentos da República Federativa do Brasil; 2º – que trata da independência e harmonia que deve existir entre os poderes Legislativo, Executivo e Judiciário; 13 – que diz que a língua portuguesa é o idioma oficial do Brasil; 18, § 1º, que menciona que Brasília é a capital do Brasil, dentre outros.

7.2. Eficácia contida

Já as normas de eficácia *contida* são aquelas que produzem a integralidade de seus efeitos, mas que dão a possibilidade de outra norma restringi-los. Desse modo, até que outra norma sobrevenha e limite a produção de efeitos, a norma de eficácia contida é semelhante à norma de eficácia plena. O principal exemplo de norma de eficácia contida previsto na Constituição é o artigo 5º, XIII, que diz que é livre o exercício de qualquer trabalho, ofício ou profissão, atendidas as qualificações profissionais que a lei estabelecer. Vejam que a Constituição, num primeiro momento, diz que há liberdade para o exercício da profissão, mas, num segundo, deixa aberta a possibilidade de o legislador infraconstitucional estabelecer qualificações. O Estatuto da OAB, Lei n. 8.906/1994, em seu artigo 8º, incisos IV e VII, estabelece a obrigatoriedade do bacharel em Direito de prestar e ser aprovado no exame de ordem e de prestar compromisso perante a OAB para exercer a profissão de advogado. A lei infraconstitucional (Estatuto da OAB) conteve a abrangência da norma constitucional prevista no artigo 5º, XIII, da CF, no que tange ao exercício da advocacia.

7.3. Eficácia limitada

As últimas, segundo a classificação de José Afonso da Silva, são as normas de eficácia *limitada*, ou seja, aquelas que, para produzirem seus efeitos, dependem da atuação do legislador infraconstitucional, necessitam de regulamentação. Tais normas possuem aplicabilidade postergada, diferida ou mediata. Somente após a edição da norma regulamentadora é que efetivamente produzirão efeitos no mundo jurídico. São exemplos de normas constitucionais de eficácia limitada os artigos: 88 – que trata da criação e extinção de Ministérios e órgãos da Administração pública, devendo ser feitas por lei; 7º, XXVII – que trata da proteção do trabalhador em face da automação, para a qual também é necessária lei regulamentando o assunto; 102, § 1º – que cuida da Arguição de Descumprimento de Preceito Fundamental, hoje regulamentada pela Lei n. 9.882/1999.

Maria Helena Diniz também faz a classificação das normas constitucionais, só que com algumas peculiaridades. Vejamos essa classificação, pois é também bastante conhecida pela doutrina.

Tomando por base a produção de efeitos concretos, a mencionada autora diz que as normas constitucionais podem ser classificadas em:

a) normas supereficazes ou com eficácia absoluta;

b) normas com eficácia plena;

c) normas com eficácia relativa restringível; e

d) normas com eficácia complementável ou dependente de complementação legislativa.

As primeiras são aquelas em que não se pode tocar, nem mesmo por meio de emenda à Constituição. As normas com eficácia absoluta são encontradas no § 4º do artigo 60 da CF, as denominadas cláusulas pétreas. Englobam a forma federativa de Estado, o voto secreto, direto, universal e periódico, a separação dos Poderes e os direitos e garantias individuais (que são espécies do gênero direitos fundamentais, como veremos adiante).

Já as normas com eficácia plena são as que contêm, em seu corpo, todos os recursos que as possibilitem produzir a integralidade de seus efeitos no mundo jurídico. Ainda que possam ser modificadas ou suprimidas por emendas constitucionais, estão aptas a produzirem todos os seus efeitos, sem a necessidade da interposição do legislador. Essa classificação é muito semelhante à que adota José Afonso da Silva, conforme analisado anteriormente. Alguns exemplos nós podemos visualizar nos artigos 14, § 2º, 17, § 4º, 22, 37, III, 155, todos da Constituição Federal.

Ainda analisando os critérios da Maria Helena Diniz, há as normas com eficácia relativa restringível. Elas equivalem às normas de eficácia contida na classificação de José Afonso da Silva. Desse modo, remeto à releitura do início do capítulo se a memória não lhes trouxer a lembrança desse conceito.

As últimas, segundo Maria Helena Diniz, são as normas com eficácia relativa complementável ou dependente de complementação legislativa. São as que, como o próprio nome indica, dependem necessariamente de lei para que possam efetivamente produzir efeitos positivos no ordenamento jurídico.

Para completar, trazemos a informação de que estas últimas normas que analisamos se subdividem em *programáticas e de princípio institutivo*. Estas são as que fazem a previsão da existência de um órgão ou instituição, mas que só passariam a existir no plano da realidade após a atuação do legislador infraconstitucional, quando da feitura da lei pertinente. Aquelas, programáticas, são as que trazem em seu corpo programas a serem, necessariamente, concretizados pelos governantes e órgãos estatais. Ainda que tais programas não tenham sido implementados, essas regras são dotadas de eficácia mínima, pois impedem, por exemplo, que sejam editadas leis contrárias aos comandos da Lei Maior. As Constituições marcadas pelas normas programáticas são conhecidas pela doutrina como Constituições dirigentes. Os exemplos que se seguem são: artigos 25, § 3º, 43, § 1º, 224, entre outros da CF – normas de princípio institutivo; artigos 211, 215, 226, § 2º da CF – normas programáticas.

Segundo Uadi Lammêgo Bulos, podemos falar também em normas de eficácia *exaurida* ou *esgotada*, que seriam as que, após produzir os efeitos que delas se esperam, não servirão mais para nada. Muitas das normas que constam do ADCT – Ato das Disposições Constitucionais Transitórias – possuem eficácia exaurida. Exemplo: o artigo 2º, que determinava a realização, em 1993, de um plebiscito para definir a forma de Estado – república ou monarquia constitucional – e o sistema de governo, que poderia ser parlamentarismo ou presidencialismo. O eleitorado manteve, nesse plebiscito, a forma republicana e o sistema presidencialista.

7.4. Princípios de hermenêutica constitucional

As normas constitucionais devem ser interpretadas, ou seja, delas devem ser extraídas seus exatos sentidos. Interpretar significa aclarar o sentido de algo, fazendo com que o conteúdo seja devidamente explanado.

A hermenêutica é a técnica de interpretar, composta de mecanismos próprios como por exemplo, os métodos literal, sistemático, gramatical, histórico etc. Tais institutos são aplicáveis a todos os ramos do direito. Ocorre que a interpretação constitucional exige, pelo grau hierárquico que as normas constitucionais possuem no ordenamento jurídico brasileiro, mecanismos específicos, além dos tradicionalmente estudados.

Desse modo, para interpretar a Constituição é necessário valer-se dos seguintes **princípios**: unidade da Constituição, efeito integrador, máxima efetividade, harmonização ou concordância prática, força normativa da Constituição e correção funcional.

7.4.1. Unidade da Constituição

A Constituição deve ser analisada de forma integrada. Normas constitucionais formam um conjunto de regras que não devem ser vistas isoladamente. Sempre que possível, os comandos constitucionais não devem ser separados do todo.

É necessário que todos aqueles que interpretam a Constituição o façam de modo a impedir, ou pelo menos evitar, a existência de contradições com outras normas dispostas na própria Constituição.

Decorre também da ideia de unidade da Constituição o fato de não haver hierarquia formal entre as normas constitucionais.

7.4.2. Efeito integrador ou eficácia integradora

Tal princípio está relacionado com o primeiro e nos ensina que a análise dos conflitos jurídico-constitucionais deve se dar à luz dos critérios que beneficiam a integração política e social. A eficácia integradora reforça o princípio da unidade da Constituição.

7.4.3. Máxima efetividade

Técnica de interpretação constitucional também conhecida como eficiência ou interpretação efetiva, ela dispõe que as normas constitucionais devem ser interpretadas privilegiando sua maior eficiência. Por exemplo, quando se estiver diante de duas ou mais interpretações possíveis em relação a algum direito fundamental, deve-se optar por aquela que reflete a maior eficácia do dispositivo.

7.4.4. Harmonização ou concordância prática

Harmonizar significa colocar em harmonia, conciliar. É justamente esse o significado dessa técnica interpretativa. As normas constitucionais devem ser conciliadas para que possam coexistir sem que uma tenha de ser privilegiada em detrimento de outra.

Tal princípio também tem relação com o da unidade da constituição e com o princípio da igualdade, pois o todo é que deve ser analisado e de forma harmônica, evitando-se, ao máximo, a anulação de um direito por conta de outro. Vejam que a análise interpretativa deve ser feita *a priori* para que seja evitado esse sacrifício de um em detrimento de outro.

A concordância prática reforça a ideia de inexistência de hierarquia entre os princípios constitucionais.

7.4.5. Força normativa da Constituição

Pela força normativa, a interpretação constitucional deve priorizar a atualidade normativa do texto, fortalecendo tanto sua eficácia como sua permanência.

7.4.6. Correção funcional

Esse princípio interpretativo está relacionado com o sistema organizacional da Constituição. Por meio da correção funcional, conformidade funcional ou ainda princípio da justeza, aqueles que interpretam a Constituição devem se atentar fielmente às regras sobre separação dos poderes e repartição constitucional de competências.

7.4.7. Interpretação conforme a Constituição

A interpretação conforme a Constituição, como o próprio nome expressa, indica que as normas devem ser interpretadas de acordo com o que dispõe a Constituição Federal.

É, a um só tempo, mecanismo utilizado no controle de constitucionalidade, conforme veremos adiante, e técnica de interpretação da Constituição.

Tratando da "interpretação conforme" como técnica de interpretação, devemos lembrar que ela é utilizada quando estamos diante de normas que possuem mais de um significado. As conhecidas normas polissêmicas ou plurissignificativas.

Desse modo, se determinado dispositivo possui dois significados, o sentido que terá de ser atribuído à norma é o que encontra respaldo constitucional, devendo ser descartado aquele que vai de encontro ao Texto Maior, ou seja, aquele que vai contra a Constituição.

Cabe a observação de que o mecanismo da interpretação conforme a Constituição não dá ao intérprete a possibilidade de atuar como legislador, criando normas gerais e abstratas.

7.5. Métodos de interpretação da Constituição

Segundo Canotilho (J. J. Canotilho, **Direito constitucional e teoria da Constituição**, 6º Ed., p. 212 e 213), os métodos de interpretação são: *método jurídico ou hermenêutico-clássico, método tópico-problemático, método hermenêutico-concretizador, método científico-espiritual e o método normativo-estruturante.*

7.5.1. Método jurídico

De acordo com o método jurídico, a norma suprema é tida como uma lei e, portanto, a ela devem ser aplicados os mecanismos de interpretação convencional, quais sejam, literal, histórico, sistemático e teleológico. Ocorre que pelo grau de eficácia das normas constitucionais essa forma de interpretar seria insuficiente.

7.5.2. Método tópico-problemático

Segundo esse método, a interpretação, ao contrário do comumente aplicado, deve partir do caso concreto para a norma. Tem por fundamento os aspectos práticos e não o texto em si. É criticado pela doutrina, pois daria margem a diversas interpretações subjetivas. Tais condutas causariam insegurança jurídica e falta de limites.

7.5.3. Método hermenêutico-concretizador

Conforme ensinamentos de Canotilho, o método hermenêutico-concretizador enfatiza alguns aspectos da interpretação como os pressupostos subjetivos, pois cabe àquele que vai interpretar fazer uma análise primária de todo o texto constitucional, os pressupostos objetivos, por conta da atuação de mediador que o intérprete deve ter entre o texto constitucional e o caso prático. O objetivo desse método é, após a verificação do texto em seu conjunto e, portanto, de uma análise prévia, concretizar a aplicação da norma constitucional ao caso prático.

7.5.4. Método científico-espiritual

A análise interpretativa do texto constitucional não pode se ater às letras, deve levar em conta os verdadeiros valores que estão por trás das normas constitucionais.

7.5.5. Método normativo-estruturante

O texto literal deve ser analisado de acordo com a realidade social.

8. Poder constituinte

Pode ser conceituado como o poder de estabelecer um novo ordenamento jurídico, por meio da criação de uma nova constituição ou pela modificação das regras existentes.

Toda e qualquer constituição é fruto de um poder maior que os poderes que ela própria instituiu. Por exemplo, citamos os poderes Executivo, Legislativo e Judiciário, todos *constituídos* pela Constituição. Esses, embora denominados desta forma, têm menos força que o poder que os instituiu, que é o *constituinte*. Este último, necessariamente, terá um titular e será composto por aqueles que exercitarão o poder, sempre em nome de seu titular.

Atualmente prevalece o entendimento de que o povo é o verdadeiro titular do poder. Esse posicionamento é respaldado pelo parágrafo único do artigo 1º da CF, ao dispor que "todo o poder emana do *povo* que o exerce por meio de representantes eleitos ou direta ou indiretamente, nos termos desta Constituição".

Não podemos confundir titularidade com exercício do poder. O titular, como já mencionado, é sempre o povo. O exercente poderá ser uma Assembleia Constituinte (que é um órgão colegiado) ou um grupo de pessoas que se invistam desse poder. Essa distinção está diretamente relacionada com o processo de positivação da Constituição. No primeiro caso, ela advirá de uma convenção (votação); no segundo, de uma outorga (imposição).

8.1. Poder constituinte originário

O poder constituinte originário, genuíno, ou de primeiro grau, é aquele que cria a primeira constituição de um Estado ou a nova constituição de um Estado. No primeiro caso, é conhecido como poder constituinte *histórico*. Tem a função de instaurar e estruturar, pela primeira vez, o Estado. No segundo, é conhecido como poder constituinte *revolucionário*, porque ele rompe a antiga e existente ordem jurídica de forma integral, instaurando uma nova. Em ambos os casos, o poder constituinte impõe uma nova ordem jurídica para o Estado.

Podemos falar que esse poder é: inicial, autônomo, incondicionado e ilimitado.

É *inicial* porque não se fundamenta em outro poder que o anteceda. Nem mesmo a existência de um ato convocatório (Assembleia Constituinte para deliberar a respeito de uma nova constituição) retira essa característica do poder constituinte originário. Ele rompe integralmente a ordem jurídica precedente.

A *autonomia* do poder constituinte de primeiro grau é marcada pela opção do seu titular em escolher o conteúdo da nova constituição, aquele a quem o exercício do poder incumbe de determinar as regras autonomamente.

É também *incondicionado e ilimitado* porque esse poder não encontra condições, limitações, regras preestabelecidas pelo ordenamento jurídico anterior.

Por fim, é necessário lembrar que embora o poder constituinte originário seja considerado ilimitado essa concepção não é absoluta. Há, por exemplo, a determinação de que a atuação desse poder esteja vinculada a um território específico. É o que se denomina de limitação geográfica.

8.2. Poder constituinte derivado

O poder derivado, também denominado de instituído ou de 2º grau, como seu nome indica, decorre de algo. Fundamenta-se e decorre do poder que o criou, que é o constituinte originário.

Diferente do primeiro, o poder constituinte derivado é: secundário, não detém autonomia, é condicionado e limitado.

É secundário porque decorre do primeiro; limitado e condicionado, pois se sujeita às normas preestabelecidas por aquele que o criou.

É divido em:

- ✔ poder constituinte derivado reformador;
- ✔ poder constituinte derivado decorrente; e
- ✔ poder constituinte derivado revisor (atualmente não aplicável).

Vejamos cada um deles:

8.2.1. Poder constituinte derivado reformador

Depende necessariamente da existência do constituinte originário, porque dele deriva e é subordinado. Tem por finalidade a reforma, a alteração do texto constitucional. A CF/1988 é classificada como rígida e possui um processo de modificação específico.

O procedimento mencionado vem previsto no artigo 60 da Constituição Federal. Por meio de emendas à Constituição é que o poder constituinte derivado *reformador* será exercido. Nos incisos I, II e III desse artigo, há o rol de legitimados para a propositura de emendas constitucionais, no qual encontramos: o Presidente da República; um terço, no mínimo, dos membros da Câmara dos Deputados ou do Senado Federal; e mais da metade das Assembleias Legislativas das unidades da Federação. Somente eles poderão efetuar proposta de emenda constitucional.

O § 2º do mesmo artigo trata do quórum para aprovação da emenda, que tem de ser de três quintos em cada casa, e ainda menciona que a emenda precisa, necessariamente, ser aprovada em dois turnos de votação.

Além disso, o poder constituinte originário traz, no § 4º do artigo 60 da Constituição Federal, as chamadas cláusulas pétreas, ou núcleo material intangível, que são matérias que não podem ser suprimidas nem mesmo por meio do procedimento das emendas constitucionais.

Ademais, há previsão expressa na Constituição, trazida pelo poder constituinte originário, proibindo a edição de emendas constitucionais na vigência de intervenção federal ou dos estados de exceção (estado de sítio e estado de defesa).

O principal tema, no que tange ao poder constituinte derivado reformador, é o que cuida das limitações impostas pelo poder originário. Essa preocupação se dá pelo fato da possibilidade de existência de norma constitucional inconstitucional. Somente normas advindas do poder derivado é que poderão, eventualmente, ser declaradas inconstitucionais pelo Supremo Tribunal Federal. Tais limitações que foram citadas no parágrafo anterior serão analisadas detalhadamente no capítulo que trata das emendas constitucionais.

8.2.2. Poder constituinte derivado decorrente

É o poder que cada Estado tem de elaborar sua própria constituição, em virtude da sua capacidade de auto-organização. Tem previsão constitucional no artigo 11 do ADCT e no artigo 25 da Constituição Federal. O primeiro determinava que cada Assembleia Legislativa, com poderes constituintes, deveria elaborar a Constituição do seu Estado no prazo de um ano, contado da promulgação da Constituição Federal, sempre observados os princípios por ela estabelecidos. O segundo, artigo 25 da CF, reforça a ideia de simetria constitucional, dispondo que os Estados-membros se organizam pelas leis e constituições que adotarem, sempre respeitando seus princípios.

Assim, os Estados, quando da elaboração de suas Constituições Estaduais, tiveram de ater-se aos preceitos estabelecidos na Constituição Federal, respeitando as limitações por ela impostas.

8.2.3. Poder constituinte derivado revisor

Hoje não há mais possibilidade de utilização desse poder. Segundo o art. 3º do ADCT, a revisão constitucional, portanto uma revisão apenas, teve de ser realizada após cinco anos da data da promulgação da Constituição, em sessão unicameral e pelo voto da maioria absoluta dos membros do Congresso Nacional.

Atualmente, para alterar a Constituição, somente pelo processo legislativo das emendas constitucionais previsto no artigo 60.

Vejam que, no poder de revisão, não se exigiu o processo solene das emendas constitucionais (aprovação por 3/5 dos membros, nas duas casas e em 2 turnos), foi realizado uma única vez, em sessão unicameral e pelo voto da maioria absoluta dos membros. Seis emendas constitucionais de revisão foram fruto da manifestação desse poder (1 a 6/1994).

8.3. Poder Constituinte Supranacional

O poder constituinte supranacional pode ser definido como um poder que possui supremacia e que, por conta disso, seria dotado de capacidade para fazer com que as constituições dos diversos países se submetessem a ele.

Pedro Lenza, em Direito Constitucional Esquematizado, 17ª Ed., 2013, p. 212, dispõe que "o poder constituinte supranacional busca a sua fonte de validade na cidadania universal, no pluralismo de ordenamentos jurídicos, na vontade da integração e em um conceito remodelado de soberania".

Maurício Nadreiuolo Rodrigues, citado por Pedro Lenza na obra mencionada, afirma que o poder constituinte supranacional "faz as vezes do poder constituinte porque cria uma ordem jurídica de cunho constitucional, na medida em que reorganiza a estrutura de cada um dos Estados ou adere ao direito comunitário de viés supranacional por excelência, com capacidade, inclusive, para submeter as diversas constituições nacionais ao seu poder supremo. Da mesma forma, e em segundo lugar, é supranacional porque se distingue do ordenamento do ordenamento jurídico positivo interno assim como do direito internacional.

9. Direitos e garantias fundamentais – Aspectos gerais

Os direitos fundamentais são gênero do qual são espécies os direitos individuais, os direitos sociais e os direitos políticos.

O gênero *direitos fundamentais* é tratado pela doutrina com diversas nomenclaturas: direitos públicos subjetivos; liberdades públicas; direitos humanos; direitos do homem. Na doutrina internacionalista, há autores que fazem a seguinte diferença: a) direitos do homem – têm a ver com o direito natural, com a corrente jusnaturalista. São os direitos que estão além da regra positivada; b) direitos fundamentais - relacionam-se tipicamente com o direito constitucional. São os direitos positivados no ordenamento jurídico interno de determinado Estado. No Brasil, em especial, são aqueles direitos previstos no artigo 5º da CF; e, por fim, c) direitos humanos – têm a ver com o direito internacional público. São, portanto, aqueles inseridos em normas consuetudinárias (no âmbito da comunidade internacional) e em tratados internacionais.

Vale observar o disposto no § 2º do artigo 5º da CF: "os direitos e garantias expressos nesta Constituição não excluem outros decorrentes do regime e dos princípios por ela adotados, ou dos tratados internacionais em que a República Federativa do Brasil seja parte".

Por conta desse comando, o guardião da Constituição, Supremo Tribunal Federal, já afirmou reiteradas vezes que os direitos e garantias fundamentais não se esgotam no artigo 5º da Lei Maior, podendo ser encontrados em diversos dispositivos inseridos na Constituição, como por exemplo, o sistema tributário constitucional, a partir do artigo 145 da CF. Também podem ser encontrados em tratados internacionais, como a proibição da prisão do depositário infiel, prevista no pacto São José da Costa Rica. Atualmente, temos a Súmula Vinculante n. 25 do STF, que corroborou o texto do tratado mencionando que é ilícita a prisão civil de depositário infiel, qualquer que seja a modalidade do depósito. E a Súmula 419 do Superior Tribunal de Justiça – STJ, que trouxe disposição no mesmo sentido: "descabe a prisão civil do depositário judicial infiel".

Outra observação é a de que nenhum direito ou garantia individual pode ser retirado, suprimido do ordenamento jurídico brasileiro, por conta de serem considerados cláusulas pétreas, previstas no § 4º do artigo 60 da CF. Mas tal vedação se refere apenas à supressão de direito; desse modo, a inclusão de novos direitos individuais é plenamente cabível. O exemplo, trazido pela EC 45/2004, foi a inserção de um novo inciso ao rol do artigo 5º, tornando constitucional o princípio da razoável duração do processo (artigo 5º, LXXVIII, CF).

Embora os direitos fundamentais não possam ser suprimidos do texto constitucional, há situações em que poderá ocorrer a suspensão ou restrição temporária de tais direitos e garantias. Isso ocorrerá quando o país estiver passando por um dos denominados "estados de exceção", ou seja, na vigência de estado de defesa, de sítio (artigos 136 e 137 da CF) e intervenção federal.

No que se refere aos direitos sociais, além dos direitos trabalhistas previstos nos arts. 7º e 8º da CF, é necessário mencionar que o Constituinte trata de direitos relativos à educação, à saúde, à alimentação, à moradia, ao lazer, à segurança, à previdência social, à proteção à maternidade e à infância e à assistência aos desamparados. Tais direitos dependem de prestações positivas do Estado, geram custos, mas isso não significa que os governantes podem deixar de implementá-los. Ainda que seja alegada, por parte do Poder Público, a "reserva do possível", o Judiciário deve, diante do caso concreto, se valer do princípio da razoabilidade e verificar se esse argumento não está sendo utilizado pelos governantes apenas como de forma a se escusar da prestação efetiva desses direitos.

Além disso, as normas relativas aos direitos sociais, ainda que não completamente implementadas, têm o condão de servir de padrão interpretativo e de revogar aquilo que com ela colidir.

Ainda sobre o tema direitos sociais, é importante mencionar que a **EC n. 72**, de 2 de abril de 2013, estendeu aos trabalhadores domésticos os seguintes direitos dados aos trabalhadores urbanos e rurais: a) proteção contra despedida arbitrária ou sem justa causa; b) seguro-desemprego; c) fundo de garantia do tempo de serviço; d) garantia de salário mínimo, quando a remuneração for variável; e) remuneração do trabalho noturno superior ao diurno; f) proteção do salário, constituindo crime sua retenção dolosa; g) salário-família; h) jornada de trabalho de oito horas diárias e quarenta e quatro semanais; i) adicional de serviço extraordinário; j) redução dos riscos inerentes ao trabalho; k) creches e pré-escolas para filhos e dependentes até seis anos de idade; l) reconhecimento dos acordos e convenções coletivas; m) seguro contra acidentes de trabalho; n) proibição de discriminação de salário, de função e de critério de admissão; o) proibição de discriminação em relação à pessoa com deficiência e p) proibição de trabalho noturno, perigoso ou insalubre a menores de dezesseis anos.

Sendo assim, além dos direitos ao salário mínimo, irredutibilidade de salários, 13º salário, repouso semanal remunerado, preferencialmente aos domingos, um terço a mais de salário nas férias; licenças maternidade e paternidade e aviso-prévio que já estavam assegurados no texto constitucional, a nova regra acrescenta outros.

9.1. Direitos fundamentais e suas gerações

Fala-se, na doutrina, em gerações ou dimensões dos direitos fundamentais. Isso se deve ao fato de o nascimento desses direitos ter se dado ao longo do tempo, de forma gradativa.

As gerações indicam normalmente o momento em que os direitos foram devidamente reconhecidos.

Cada dimensão comporta certos direitos, mas uma não exclui a outra. Esses direitos se somam e convivem de forma harmônica.

Os direitos previstos nas primeiras gerações já estão sedimentados, consolidados no ordenamento. Já os advindos das últimas gerações ainda são objeto de discussão e dúvida por parte da doutrina, justamente pelo fato de inovarem certos aspectos ainda não cristalizados na sociedade.

A classificação das gerações dos direitos fundamentais pode ser resumida da seguinte forma:

- ✔ **1ª Geração**: consubstancia-se fundamentalmente nas *liberdades públicas*. A finalidade dessa dimensão foi limitar o poder de atuação do Estado, impondo a ele o dever de não intervenção, de abstenção. Por conta disso, tais direitos também são conhecidos pela doutrina como *direitos negativos*. As revoluções francesa e norte-americana influenciaram, e muito, no surgimento dos direitos individuais. Os direitos políticos também se encontram nessa dimensão;
- ✔ **2ª Geração**: a revolução industrial europeia, ocorrida no século XVIII, pode ser tida aqui como um marco. Valores ligados à igualdade eram prestigiados. As lutas trabalhistas, visando a melhores condições, também. Diferentemente dos direitos de primeira geração, os de *segunda exigiram uma conduta positiva do Estado, uma ação propriamente dita e, por conta disso, também são chamados de direitos positivos*. Encontram-se assegurados, aqui, os chamados *direitos sociais*, ou seja, aqueles *relacionados ao trabalho, à educação e à saúde;*
- ✔ **3ª Geração**: a partir da concepção de que o indivíduo faz parte de uma coletividade e que necessita, para a própria subsistência, de um ambiente saudável,

equilibrado, é exigida a participação dos indivíduos na busca efetiva dos *direitos da coletividade* e não apenas dos direitos individuais. Encontram-se aqui os denominados direitos transindividuais que abarcam, por exemplo, o direito ao *meio ambiente ecologicamente equilibrado, os direitos do consumidor e o direito à paz;*

- ✔ **4ª Geração**: para aqueles que sustentam a existência de uma quarta dimensão dos direitos fundamentais, são aqui mencionados os direitos relacionados à biogenética;
- ✔ **5ª Geração**: para aqueles que sustentam a existência de uma quinta dimensão dos direitos fundamentais, são aqui mencionados os direitos relacionados à *internet*.

9.2. Diferença entre direitos e garantias

Os *direitos* são *vantagens conferidas às pessoas e que limitam o Estado em caso de atuação desgovernada*. São fundamentais aqueles inerentes ao ser humano. Para que o Estado não adentre em algo inerente à dignidade de cada um é que são estabelecidos os direitos fundamentais.

Já as *garantias* podem ser definidas como *mecanismos assecuratórios dos direitos* citados. Têm por objetivo garantir seu exercício e, ainda, sanar a lesividade quando os direitos não estiverem sendo respeitados. A garantia facilita a defesa do direito fundamental assegurado constitucionalmente. Para cada direito previsto, há uma garantia. Exemplo: a Constituição garante a liberdade de locomoção, que, sendo violada, poderá ser restaurada com o mecanismo assecuratório correspondente, que é o *habeas corpus*. Tal instrumento é um remédio constitucional, considerado espécie do gênero garantia.

9.3. Características dos direitos fundamentais

- ✔ **9.3.1. Universalidade** – significa que os direitos fundamentais são destinados a todas as pessoas, indistintamente. Não podem ser estabelecidos ou dirigidos a determinada pessoa, grupo ou categoria. A forma universal é a única admitida quando da aplicação desses direitos. Vale lembrar que tanto as pessoas naturais como as jurídicas são titulares de direitos e garantias fundamentais;
- ✔ **9.3.2. Historicidade** – significa que a formação dos direitos fundamentais se dá no decorrer da história. A origem desses direitos tem por base movimentos como o constitucionalismo. Sua evolução concreta é demonstrada ao longo do tempo. As conhecidas gerações ou dimensões dos direitos fundamentais se fundamentam especificamente nessa característica;
- ✔ **9.3.3. Limitabilidade ou caráter relativo** – significa que ainda que sejam considerados fundamentais, não são direitos absolutos. Não há direito absoluto. Na crise advinda do confronto entre dois ou mais direitos fundamentais, ambos terão de ceder. Às vezes será necessário fazer prevalecer um em detrimento do outro naquela situação específica. Um exemplo é o choque entre a liberdade de informação e o direito à vida privada. Até que momento a imprensa, a informação jornalística, deve ser prestigiada em detrimento da vida privada? Esse é um dos grandes questionamentos doutrinários e jurisprudenciais. Somente após análise do caso concreto é possível fazer apontamentos mencionando o que deve prevalecer;
- ✔ **9.3.4. Cumulatividade ou concorrência dos direitos fundamentais** – significa que os direitos fundamentais não se excluem, na verdade se somam. Para o exercício de um, não é necessário que outro seja eliminado. Como o próprio nome da característica indica, esses direitos são cumuláveis, podem ser exercidos de forma simultânea;
- ✔ **9.3.5. Irrenunciabilidade** – significa que ninguém pode recusar, abrir mão de um direito fundamental. O exercício desses direitos pode não ser efetivado por aquele que não o deseja, mas, ainda que não colocados em prática, pertencem ao seu titular. O Estado é o garantidor;
- ✔ **9.3.6. Irrevogabilidade** – significa que nem mesmo pelo processo de alteração da Constituição (emendas constitucionais) é possível revogar um direito fundamental. Essa afirmação é pacífica, no tocante aos direitos inseridos no texto constitucional pelo poder constituinte *originário*. Em relação aos trazidos pelo poder constituinte derivado reformador, ou seja, advindos de emendas à Constituição, a doutrina diverge, há quem sustente que podem sim ser revogados, desde que por meio de uma nova emenda. É o caso do princípio da celeridade processual, artigo 5º, LXXVIII, que foi introduzido no ordenamento jurídico pela Emenda Constitucional n. 45;
- ✔ **9.3.7. Imprescritibilidade** – os direitos fundamentais, por serem inerentes à pessoa humana, não prescrevem. Os titulares desses direitos, mesmo que não os exerçam, não os perdem;
- ✔ **9.3.8. Indivisibilidade** – significa que os direitos fundamentais não podem ser vistos de forma isolada, são interdependentes.

9.4. Direitos fundamentais em espécie

Encontram-se previstos no artigo 5º da CF e ao longo de todo o texto constitucional, além daqueles derivados do regime e dos princípios adotados pela nossa Carta Maior e, ainda, dos tratados internacionais de que o Brasil seja parte, nos termos do § 2º do artigo 5º da CF, conforme já mencionado.

Vale lembrar que não há que se falar em hierarquia entre as normas definidoras dos direitos e garantias fundamentais e os demais comandos previstos na Constituição.

Direito à vida e à integridade: previsto no contexto do art. 5º, "*caput*", estabelece que "todos são iguais perante a lei, sem distinção de qualquer natureza, garantindo-se aos brasileiros e aos estrangeiros residentes no país a inviolabilidade do direito à vida, à liberdade, à igualdade, à segurança e à propriedade". A jurisprudência da Corte Maior entende que aos estrangeiros não residentes no Brasil são também assegurados os direitos e as garantias fundamentais. Outro entendimento não seria coerente com uma das características desses direitos que é a universalidade.

Vale lembrar que, excepcionalmente, a CF admite a pena de morte em caso de guerra externa declarada, nos termos do artigo 84, XIX (artigo 5º, XLVII, "a").

O STF, ao julgar a ADI 3.4510, declarou que o artigo 5º da Lei de Biossegurança (Lei 11.105/2005) é constitucional, autorizando, portanto, as pesquisas com células-tronco. A discussão era no sentido de que tais procedimentos violariam o direito à vida e princípio da dignidade da pessoa humana.

Outra decisão relevante da Corte Suprema (STF) é a relacionada ao feto anencéfalo. As mães que optam por interromper a gravidez de fetos anencefálicos e os médicos que executam tal ato não praticam crime. Os votos vencedores se pautaram no entendimento de que um feto que possui anencefalia é considerado natimorto e, por isso, a interrupção da gravidez nessa hipótese não é tida como aborto (ato considerado fato típico pelo Código Penal – arts. 124, 126 e 128, incisos I e II). Tal ensinamento é extraído do julgamento da ADPF n. 54-DF (Inform. STF 704).

Princípio da igualdade ou isonomia (art. 5º, I): todos são iguais perante a lei, sem distinção de qualquer natureza. A realização efetiva da justiça busca o tratamento igual para os iguais, mas para tanto é preciso dar tratamento desigual aos desiguais, na exata medida da desigualdade; isso tem como objetivo a superação da igualdade meramente formal (perante a lei) e o alcance da igualdade material (real).

É decorrência do princípio da igualdade o entendimento da Suprema Corte de que o limite de idade para a inscrição em concurso público só se legitima em face do artigo 7º, XXX, da Constituição, o qual proíbe diferença de salários, de exercício de função e de critérios de admissão por motivo de sexo, idade, cor ou estado civil, a não ser que esta desigualdade possa ser justificada pela natureza das atribuições do cargo a ser preenchido (Súmula n. 683 do STF).

Há, ainda, um exemplo de tratamento desigual, admitido pela Constituição, que é o extraído da decisão do Supremo que menciona que a adoção de critérios diferenciados para o licenciamento dos militares temporários, em razão do sexo, não viola o princípio da isonomia (AI 511.131-AgR, de 15.04.2005).

Também não se pode esquecer, quando o assunto é igualdade, do enunciado da Súmula Vinculante n. 13. Tal mandamento prestigiou o princípio da isonomia, pondo fim ao nepotismo, que tem a ver com a possibilidade de contratação, sem concurso público, de parentes dos ocupantes dos Poderes Legislativo, Executivo e Judiciário.

Ainda em relação ao princípio da isonomia, o Supremo definiu que há violação de tal regra quando, em um concurso público, o mero exercício de função pública é atribuído como título (prova de títulos) (ADI 3.443, Rel. Min. Carlos Velloso, julgamento em 08.09.2005, Plenário, *DJ* de 23.09.2005.) No mesmo sentido: ADI 4.178-MC-REF, Rel. Min. Cezar Peluso, julgamento em 04.02.2010, Plenário, *DJE* de 07.05.2010; ADI 3.522, Rel. Min. Marco Aurélio, julgamento em 24.11.2005, Plenário, *DJ* de 12.05.2006. Vide, ainda, AI 830.011-AgR, rel. Min. Luiz Fux, julgamento em 26.06.2012, Primeira Turma, *DJE* de 14.08.2012.

Por fim, a decisão do STF sobre a possibilidade da união estável entre parceiros homoafetivos pode ser tida como um marco e quebra de paradigmas. Vale a leitura da ementa: "Proibição de discriminação das pessoas em razão do sexo, seja no plano da dicotomia homem/mulher (gênero), seja no plano da orientação sexual de cada qual deles. A proibição do preconceito como capítulo do constitucionalismo fraternal. Homenagem ao pluralismo como valor sócio-político-cultural. Liberdade para dispor da própria sexualidade, inserida na categoria dos direitos fundamentais do indivíduo, expressão que é da autonomia de vontade. Direito à intimidade e à vida privada. Cláusula pétrea. O sexo das pessoas, salvo disposição constitucional expressa ou implícita em sentido contrário, não se presta como fator de desigualação jurídica. Proibição de preconceito, à luz do inciso IV do art. 3º da CF, por colidir frontalmente com o objetivo constitucional de 'promover o bem de todos'. Silêncio normativo da Carta Magna a respeito do concreto uso do sexo dos indivíduos como saque da kelseniana 'norma geral negativa', segundo a qual 'o que não estiver juridicamente proibido, ou obrigado, está juridicamente permitido'. Reconhecimento do direito à preferência sexual como direta emanação do princípio da 'dignidade da pessoa humana': direito a autoestima no mais elevado ponto da consciência do indivíduo. Direito à busca da felicidade. Salto normativo da proibição do preconceito para a proclamação do direito à liberdade sexual. O concreto uso da sexualidade faz parte da autonomia da vontade das pessoas naturais. Empírico uso da sexualidade nos planos da intimidade e da privacidade constitucionalmente tuteladas. Autonomia da vontade. Cláusula pétrea. (...) Ante a possibilidade de interpretação em sentido preconceituoso ou discriminatório do art. 1.723 do CC, não resolúvel à luz dele próprio, faz-se necessária a utilização da técnica de 'interpretação conforme à Constituição'. Isso para excluir do dispositivo em causa qualquer significado que impeça o reconhecimento da união contínua, pública e duradoura entre pessoas do mesmo sexo como família. Reconhecimento que é de ser feito segundo as mesmas regras e com as mesmas consequências da união estável heteroafetiva." (ADI 4.277 e ADPF 132, Rel. Min. Ayres Britto, julgamento em 05.05.2011, Plenário, *DJE* de 14.10.2011.) No mesmo sentido: RE 477.554-AgR, Rel. Min. Celso de Mello, julgamento em 16.08.2011,Segunda Turma, *DJE* de 26.08.2011.

Princípio da legalidade (art. 5º, II): ninguém será obrigado a fazer ou deixar de fazer alguma coisa senão em virtude de lei; tal regra pressupõe que o Poder Público não pode impor qualquer exigência às pessoas sem previsão legal.

Decorre de tal princípio a edição de três súmulas por parte do Supremo Tribunal Federal. A primeira é a 711 que dispõe que "a lei penal mais grave aplica-se ao crime continuado e ao permanente se a sua vigência é anterior à cessação da continuidade ou da permanência". A segunda, 686, diz respeito à exigência de exame psicotécnico para a habilitação de candidato a cargo público, que só poderá existir se houver lei disciplinando o assunto. E a terceira, 636, menciona que não cabe recurso extraordinário por contrariedade a esse princípio quando sua verificação pressuponha a revisão de interpretação dada a normas infraconstitucionais.

É importante mencionar que o princípio da legalidade não se confunde com o da reserva legal. O primeiro está previsto no artigo 5º, inciso II, da CF e tem sentido amplo, abrangendo todas as espécies normativas, previstas no artigo 59 da CF. Já o da reserva legal pressupõe somente a lei em sentido estrito, ou seja, lei ordinária ou complementar.

Direito de resposta (art. 5º, V): é assegurado o direito de resposta, proporcional ao agravo, além da indenização por dano material, moral ou à imagem.

Esse direito está totalmente relacionado com o que dispõe o artigo 220 da CF, que trata da manifestação de pensamento, de informação e da vedação à censura política, ideológica ou artística.

Ocorre que o mencionado dispositivo deve ser aplicado em consonância com o artigo 5º. No julgamento da ADPF n. 130, o Supremo menciona que o direito de resposta atua *a posteriori*, para inibir excessos, mas que as altas indenizações por danos morais ou materiais restringem a liberdade de imprensa e ferem o princípio da proporcionalidade. (**ADPF 130**, Rel. Min. Ayres Britto, julgamento em 30.04.2009, Plenário, *DJE* de 06.11.2009. **No mesmo sentido:** AI 787.215-AgR, Rel. Min. Cármen Lúcia, julgamento em 24.08.2010, Primeira Turma, *DJE* de 24.09.2010).

Princípio da liberdade religiosa (art. 5º, VI): o nosso país é considerado laico ou leigo (sem religião oficial); a CF garante o respeito à liberdade religiosa, que abrange a liberdade de crença e a liberdade de culto.

Fortificando essa liberdade, o artigo 150, VI, "b", da CF traz imunidades tributárias aos templos de qualquer culto. O STF já decidiu que tais benefícios abrangem também os cemitérios, que são considerados extensões de entidades de cunho religioso (RE 578.562, Rel. Min. Eros Grau, julgamento em 21.05.2008, Plenário, *DJE* de 12.09.2008).

Liberdade de pensamento e manifestação (art. 5º, IX): é livre a expressão da atividade intelectual, artística, científica e de comunicação, independentemente de censura ou licença. Essa garantia abrange também o direito de opinião, de informação e de escusa de consciência.

Julgamentos importantes devem ser mencionados aqui. O primeiro é o RE 511.961, que declarou como não recepcionado pela Constituição o artigo 4º, V, do Decreto-Lei 972/1969, que exigia diploma de curso superior para o exercício da profissão de jornalista; e o segundo é dado na ADPF 130 ao considerar como não recepcionada toda a Lei de Imprensa (Lei 5.250/1967).O terceiro julgamento, ADPF 187/DF (informativo 621 do STF), guarda relação com a denominada "marcha da maconha". O STF, em decisão unânime, liberou a ocorrência de manifestantes favoráveis à descriminalização da droga. A livre expressão do pensamento e o direito de reunião protegem a realização dessas marchas. Algumas premissas, como a não incitação ao consumo de drogas, a não estimulação à prática de atos ilegais, a ausência de crianças e adolescentes e a proteção do Estado, por meio de cautelas que visam a evitar abusos, foram mencionadas pelos ministros quando decidiram favoravelmente à marcha.

Direito à privacidade e à preservação da imagem (art. 5º, X): são invioláveis a intimidade, a vida privada, a honra e a imagem das pessoas, assegurado o direito à indenização pelo dano material ou moral decorrente de sua violação.

A Súmula Vinculante n. 11 restringe o uso de algemas aos casos de resistência e de fundado receio de fuga ou de perigo à integridade física própria ou alheia por parte do preso ou de terceiros, desde que justificada por escrito, sob pena de responsabilidade. Isso decorre da preservação da imagem.

Princípio da inviolabilidade domiciliar (art. 5º, XI): casa é asilo inviolável do indivíduo, ninguém nela podendo penetrar sem consentimento do morador, salvo em caso de flagrante delito ou desastre, ou para prestar socorro, ou, durante o dia, por determinação judicial. Segundo a doutrina que adota a predeterminação do horário, entende-se como noite das 18 até às 6 horas; durante este horário somente é permitido ingressar em casa alheia em situações emergenciais e de urgência (desastre, flagrante delito, prestação de socorro).

O Supremo já decidiu que o mandado judicial de busca e apreensão em escritório de advocacia não pode ser expedido de modo genérico, mesmo sendo o advogado o investigado. Afirmou ainda que não se justifica e nem é jurídica a devassa indiscriminada em escritórios para recolher objetos que nada têm a ver com a causa. (HC 91.610, Rel. Min. Gilmar Mendes, julgamento em 08.06.2010, Segunda Turma, Informativo 590).

Além disso, de acordo com a jurisprudência do Supremo, os quartos de hotel fazem parte do conceito de casa e, portanto, são abrangidos pela garantia da inviolabilidade domiciliar (RHC 90.376, Rel. Min. Celso de Mello). Tal garantia se estende também, por exemplo, ao escritório de contabilidade que funcione no próprio domicílio.

Garantia do sigilo da correspondência (art. 5º, XII): é inviolável o sigilo de correspondência e das comunicações telegráficas, de dados e das comunicações telefônicas. A Lei 9.296/1996 permite, de forma excepcional, a interceptação telefônica para fins de investigação criminal ou instrução processual penal e desde que por ordem judicial (cláusula de reserva jurisdicional).

Antes da Lei 9.296/1996, o entendimento do STF era no sentido da não possibilidade de interceptação telefônica, mesmo que houvesse autorização judicial, em investigação criminal ou instrução processual penal, levando em conta a não recepção do art. 57, II, "e", da Lei 4.117/1962 (Código Brasileiro de Telecomunicações).

Depois, foram estabelecidos nortes e regras para a realização dessa interceptação, sendo, portanto, possível, observados os requisitos constitucionais e legais; tal procedimento não afeta o direito ao silêncio, segundo o STF. (HC 103.236, voto do Rel. Min. Gilmar Mendes, julgamento em 14.06.2010, Segunda Turma, *DJE* de 03.09.2010).

Vale lembrar que o Supremo admite que sejam utilizadas as gravações feitas na instrução processual penal como prova emprestada nos processos civil e administrativo.

Outra decisão em andamento no STF tem a ver com a possibilidade de o Banco Central do Brasil – Bacen fornecer ao Ministério Público, sem autorização judicial, dados bancários. No julgamento, o Min. Marco Aurélio, relator, "explicitou que se, de um lado a notícia da prática de crime seria dever de todo o cidadão e, com base maior, de entidade como o Bacen, de outro, o afastamento do sigilo de dados, consoante disposto no inciso XII do art. 5º da CF (é inviolável o sigilo da correspondência e das comunicações telegráficas, de dados e das comunicações telefônicas, salvo no último caso, por ordem judicial, nas hipóteses e na forma que a lei estabelecer para fins de investigação criminal ou instrução processual penal) somente se faria possível mediante ato de órgão judicial (HC 99223-Pr, rel. Min. Marco Aurélio, 06.11.2012 – Inform. STF 687).

Ainda sobre o sigilo bancário, se faz necessário mencionar que o Tribunal de Contas da União (TCU) não detém legitimidade para requisitar diretamente informações que importem quebra de sigilo bancário (HC 96986/MG, rel. Gilmar Mendes 15.0512 – Inform. STF 666).

Direito de exercer qualquer profissão (art. 5º, XIII): é livre o exercício de qualquer trabalho, ofício ou profissão, atendidas as qualificações profissionais que a lei estabelecer.

De acordo com Plenário do STF (RE n. 603.583), a exigência de **aprovação prévia em exame da Ordem dos Advogados do Brasil (OAB)** para que bacharéis em direito possam exercer a advocacia foi **considerada constitucional**. Os ministros, em decisão unânime, negaram provimento ao Recurso Extraordinário mencionado que impugnava a obrigatoriedade do exame. Vale lembrar que tal recurso teve repercussão geral reconhecida, de modo que a decisão será aplicada a todos os demais processos que possuam pedido idêntico.

De outro modo, a Suprema Corte, ao julgar o RE n. 511.961/SP (Informativo 551), definiu que o exercício da atividade de jornalismo **não depende de prévia obtenção de diploma** universitário.

Também decidiu o STF (RE n. 414426/SC), que o **músico**, para exercer a sua atividade profissional, **não necessita de registro** em entidade de classe. O precedente adveio Santa Catarina. Um músico do respectivo estado ingressou com uma ação alegando na Justiça que só poderia atuar se estivesse vinculado à Ordem de Músicos do Brasil. O Supremo decidiu que não havia tal necessidade. A decisão, por se tratar de controle difuso, tem eficácia para o caso específico, mas os ministros decidiram que, ainda que de forma monocrática, essa será a solução adotada. Assim, se os estados continuarem exigindo, para o exercício da atividade de músico, o registro profissional, este será revertido quando chegar à Corte Suprema.

Direito de reunião (art. 5º, XVI): todos podem reunir-se pacificamente, sem armas, em locais abertos ao público, independentemente de autorização, desde que não frustrem outra reunião anteriormente convocada para o mesmo local, sendo apenas exigido prévio aviso à autoridade competente.

Segundo o Supremo, a liberdade de reunião e de associação para fins lícitos constitui uma das mais importantes conquistas da civilização. A restrição a esses direitos entraria em confronto com a vontade da Constituição (ADI 1.969, Rel. Min. Ricardo Lewandowski, julgamento em 28.06.2007, Plenário, *DJ* de 31.08.2007).

Além disso, se for violado o direito de reunião, a tutela adequada para resguardar tal direto se efetiva por meio do mandado de segurança.

Direito de associação (art. 5º, XVII a XXI): é plena a liberdade de associação para fins lícitos, vedada a de caráter paramilitar. A criação de associações e, na forma da lei, a de cooperativas independe de autorização, sendo inclusive vedada a interferência estatal em seu funcionamento. As associações só poderão ser compulsoriamente dissolvidas ou ter atividades suspensas por decisão judicial, exigindo-se, no primeiro caso, o trânsito em julgado. Ademais, ninguém poderá ser compelido a associar-se ou a permanecer associado.

Em decisão, o Supremo definiu que a obrigatoriedade do visto de advogado para o registro de atos e contratos constitutivos de pessoas jurídicas (art. 1º, § 2º, da Lei 8.906/1994) não ofende os princípios constitucionais da isonomia e da liberdade associativa (ADI 1.194, Rel. p/ o ac. Min. Cármen Lúcia, julgamento em 20.05.2009, Plenário, *DJE* de 11.09.2009).

Vale lembrar que a Súmula 629 do STF dispensa a autorização dos associados quando a entidade de classe impetrar mandado de segurança coletivo em favor deles próprios.

Direito de propriedade (art. 5º, XXII a XXV): é garantido o direito de propriedade, desde que ela atenda à sua função social (art. 5º, XXIII). Ressalta-se que há limites a esse direito, pois a lei estabelecerá o procedimento para *desapropriação* por necessidade ou utilidade pública, ou por interesse social, mediante justa e prévia indenização em dinheiro, ressalvados os casos previstos na própria CF. Além disso, no caso de iminente perigo público, a autoridade competente poderá *usar de propriedade particular*, assegurada ao proprietário indenização ulterior, se houver dano. É o caso da denominada requisição administrativa.

É decisão recente da Suprema Corte que o direito de propriedade não se revela absoluto. Está relativizado pela Carta da República – artigos 5º, incisos XXII, XXIII e XXIV, e 184 (MS 25.284, Rel. Min. Marco Aurélio, julgamento em 17.06.2010, Plenário, *DJE* de 13.08.2010).

Direito do autor (art. 5º, XXVII e XXIX): aos autores pertence o direito exclusivo de utilização, publicação ou reprodução de suas obras, transmissível aos herdeiros pelo tempo que a lei fixar. Escrito é qualquer texto expressado graficamente, seja em meio impresso, seja em meio eletrônico. Se o escrito for texto de obra literária, artística ou científica, haverá proteção especial na Lei 9.610/1998 (Lei de Direitos Autorais). Ademais, a lei assegurará aos autores de inventos industriais privilégio temporário para sua utilização, bem como proteção às criações industriais, à propriedade das marcas, aos nomes de empresas e a outros signos distintivos, tendo em vista o interesse social e o desenvolvimento tecnológico e econômico do País.

Dispositivo análogo ensejou a edição da Súmula 386 do Supremo que dispõe que "pela execução de obra musical por artistas remunerados é devido direito autoral, não exigível quando a orquestra for de amadores".

Direito de herança (art. 5º, XXX e XXXI): é garantido o direito de herança. A sucessão de bens de estrangeiros situados no País será regulada pela lei brasileira em benefício do cônjuge ou dos filhos brasileiros sempre que não lhes seja mais favorável a lei pessoal do *de cujus*.

A capacidade para suceder é verificada no momento da abertura da sucessão (RE 162.350, Rel. Min. Octavio Gallotti, julgamento em 22.08.1995, Primeira Turma, *DJ* de 22.09.1995).

Direito do consumidor (art. 5º, XXXII): dispõe a Constituição que o Estado promoverá, na forma da lei, a defesa do consumidor; o Código de Defesa do Consumidor (Lei 8.078/1990) regulamentou este dispositivo.

O Supremo já decidiu que o CDC se aplica nos casos de indenização por danos morais e materiais por má prestação de serviço em transporte aéreo (RE 575.803-AgR, Rel. Min. Cezar Peluso, julgamento em 01.12.2009, Segunda Turma, *DJE* de 18.12.2009). *Vide também*: RE 351.750, Rel. p/ o ac. Min. Ayres Britto, julgamento em 17.03.2009, Primeira Turma, *DJE* de 25.09.2009.

Direito à informação (art. 5º, XXXIII): a Constituição garante que todos obtenham dos órgãos públicos informações de seu interesse particular, ou de interesse coletivo ou geral, com exceção daquelas cujo sigilo seja indispensável à segurança da sociedade e do Estado.

Vale lembrar que a Lei n. 12.527/2011 regulamentou o **acesso a informações** impondo às entidades públicas e aos órgãos da Administração Pública em geral, além das entidades privadas sem fins lucrativos que recebam, para realização de ações de interesse público, recursos públicos diretamente do orçamento ou mediante subvenções sociais, contrato de gestão, termo de parceria, convênios, acordo, ajustes ou outros instrumentos congêneres (art. 2º), o dever de autorizar ou conceder o **acesso imediato** à informação disponível.

De acordo com o § 1º do art. 11 da Lei nº 12.527/2011, caso não haja possibilidade da concessão do acesso imediato, o órgão ou entidade que receber o pedido deverá, em prazo não superior a 20 (vinte) dias: I – comunicar a data, local e modo para se realizar a consulta, efetuar a reprodução ou obter a certidão; II – indicar as razões de fato ou de direito da recusa, total ou parcial, do acesso pretendido; ou III – comunicar que não possui a informação, indicar, se for do seu conhecimento, o órgão ou a entidade que a detém, ou, ainda, remeter o requerimento a esse órgão ou entidade, cientificando o interessado da remessa de seu pedido de informação.

Tal prazo, conforme o § 2º do mesmo dispositivo, poderá ser prorrogado por mais 10 (dez) dias, mediante justificativa expressa, da qual será cientificado o requerente.

Como demonstrado, a lei tem por objetivo assegurar o direito fundamental de acesso à informação. Desse modo, a execução dos atos deve ser feita em conformidade com os princípios básicos da administração pública e com as seguintes diretrizes (art. 3º): I – observância da publicidade como preceito geral e do sigilo como exceção; II – divulgação de informações de interesse público, independentemente de solicitações; III – utilização de meios de comunicação viabilizados pela tecnologia da informação; IV – fomento ao desenvolvimento da cultura de transparência na administração pública; V – desenvolvimento do controle social da administração pública.

A proteção do direito à informação também encontra respaldo nas decisões do STF, por exemplo, a trazida pela Súmula Vinculante n. 14 que assegura o direito do defensor, sempre visando ao interesse do representado, de ter acesso amplo aos elementos de prova que, já documentados em procedimento investigatório realizado por órgão com competência de polícia judiciária, digam respeito ao exercício do direito de defesa.

Outra decisão importante consta do informativo n. 610 do STF. A Corte Suprema decidiu que a quebra de sigilo bancário, pela Receita Federal, não é possível. Tal mandamento depende de ordem judicial.

Além disso, o Supremo entende (ADI 3741, Rel. Min. Ricardo Lewandowski) que ofende o direito à informação e à liberdade de expressão lei que determine a proibição da divulgação de pesquisas eleitorais quinze dias antes do pleito.

Princípio do livre acesso ao Judiciário (art. 5º, XXXV): a lei não excluirá da apreciação do Poder Judiciário lesão ou ameaça a direito. É o denominado princípio da inafastabilidade do controle jurisdicional.

Algumas súmulas editadas pelo Supremo decorrem desse princípio. Dispõe a de n. 667 que a taxa judiciária calculada sem limite sobre o valor da causa viola a garantia constitucional do acesso à justiça. A Súmula Vinculante n. 28 trata do depósito prévio como requisito de admissibilidade de ação judicial na qual se pretenda discutir a exigibilidade do crédito tributário, deixando claro que tal exigência é tida como inconstitucional.

Além disso, segundo o Supremo, "a garantia constitucional relativa ao acesso ao Judiciário – inciso XXXV do art. 5º da Carta de 1988 – é conducente a assentar-se, vencedora a parte, o direito aos honorários advocatícios. (...) A exclusão dos honorários advocatícios prevista no art. 29-C da Lei 8.036/1990 surge conflitante com a CF, com o princípio segundo o qual o cidadão compelido a ingressar em juízo, se vencedor, não deve sofrer diminuição patrimonial" (RE 384.866, rel. Min. Marco Aurélio, julgamento em 29.06.2012, Plenário, *DJE* de 23.08.2012).

Princípio da irretroatividade da lei (art. 5º, XXXVI): a lei não prejudicará o direito adquirido, o ato jurídico perfeito e a coisa julgada (segurança das relações jurídicas).

O inciso é curto, mas diversas ações judiciais decorrem da violação a esse princípio. Tanto é assim que posicionamentos diversos foram adotados e, por conta disso, muitas súmulas tiveram que ser editadas na intenção de sedimentar entendimentos jurisprudenciais. Vejamos:

Súmula Vinculante 9 – "O disposto no art. 127 da Lei 7.210/1984 (Lei de Execução Penal) foi recebido pela ordem constitucional vigente, e não se lhe aplica o limite temporal previsto no *caput* do art. 58."

Súmula Vinculante 1 – "Ofende a garantia constitucional do ato jurídico perfeito a decisão que, sem ponderar as circunstâncias do caso concreto, desconsidera a validez e a eficácia de acordo constante de termo de adesão instituído pela LC 110/2001."

Súmula 725 do STF – "É constitucional o § 2º do art. 6º da Lei 8.024/1990, resultante da conversão da Medida Provisória 168/1990, que fixou o BTN fiscal como índice de correção monetária aplicável aos depósitos bloqueados pelo Plano Collor I."

Súmula 678 do STF – "São inconstitucionais os incisos I e III do art. 7º da Lei 8.162/1991, que afastam, para efeito de anuênio e de licença-prêmio, a contagem do tempo de serviço regido pela Consolidação das Leis do Trabalho dos servidores que passaram a submeter-se ao regime jurídico único."

Súmula 654 do STF – "A garantia da irretroatividade da lei, prevista no art. 5º, XXXVI, da Constituição da República, não é invocável pela entidade estatal que a tenha editado."

Súmula 524 do STF – "Arquivado o inquérito policial, por despacho do juiz, a requerimento do promotor de justiça, não pode a ação penal ser iniciada, sem novas provas."

Súmula 343 do STF – "Não cabe ação rescisória por ofensa a literal disposição de lei, quando a decisão rescindenda se tiver baseado em texto legal de interpretação controvertida nos tribunais."

Súmula 239 do STF – "Decisão que declara indevida a cobrança do imposto em determinado exercício não faz coisa julgada em relação aos posteriores."

Princípio da reserva legal ou da legalidade penal (art. 5º, XXXIX): não há crime sem lei anterior que o defina, nem pena sem prévia cominação legal; tal princípio foi regulamentado pelo artigo 1º do Código Penal.

O Supremo já decidiu, prestigiando o princípio da legalidade penal, que a incidência de duas circunstâncias qualificadoras não determina, necessariamente, a fixação de regime de pena mais gravoso do que o estabelecido na lei nem a vedação da substituição da pena privativa de liberdade por restritiva de direitos. Somente o legislador penal pode estabelecer proibições para a fixação do regime aberto de cumprimento da pena e para a substituição da pena. (RHC 100.810, Rel. Min. Joaquim Barbosa, julgamento em 02.02.2010, Segunda Turma, *DJE* de 12.03.2010).

Princípio da retroatividade benéfica (art. 5º, XL): a lei penal não retroagirá, salvo para beneficiar o réu. Nesse sentido, preconiza o parágrafo único do artigo 2º do Código Penal que, se a lei posterior de qualquer modo favorecer o agente, aplica-se aos fatos anteriores, ainda que decididos por sentença condenatória transitada em julgado.

Ocorre que há situações em que o Supremo entende de outra forma, por exemplo, a Súmula 711 determina que a lei penal mais grave seja aplicada ao crime continuado ou ao crime permanente se sua vigência é anterior à cessação da continuidade ou da permanência.

A aplicação da norma mais favorável, após o trânsito em julgado, é da competência do juízo das execuções penais, conforme nos ensina a Súmula 611 do STF.

Princípio do juiz natural (art. 5º, XXXVII e LIII): ninguém será processado nem sentenciado senão pela autoridade competente (a lei deve trazer regras objetivas de competência). É vedada, também, a criação de tribunal de exceção, que seria aquele que não faz parte do Poder Judiciário, constituído após um fato e para julgá-lo; o maior exemplo foi o Tribunal de Nuremberg. Esses dois incisos completam o princípio do juiz natural, garantindo a imparcialidade do Estado-juiz.

Dispõe a Súmula 704 do STF que não viola as garantias do juiz natural, da ampla defesa e do devido processo legal a atração por continência ou conexão do processo do corréu ao foro por prerrogativa de função de um dos denunciados.

Princípio do contraditório e da ampla defesa (art. 5º, LV): aos litigantes, em processo judicial ou administrativo, e aos acusados em geral, são assegurados o contraditório e a ampla defesa, com os meios e recursos a ela inerentes.

Vale lembrar que a Súmula Vinculante n. 3 do STF dispõe que "nos processos perante o Tribunal de Contas da União asseguram-se o contraditório e a ampla defesa quando da decisão puder resultar anulação ou revogação de ato administrativo que beneficie o interessado, excetuada a apreciação da legalidade do ato de concessão inicial de aposentadoria, reforma e pensão".

Outra súmula vinculante importante é a de n. 5 que determina que a falta de defesa técnica por advogado no processo administrativo disciplinar não ofende a Constituição. Tal súmula, por conta de seu caráter vinculante, tornou inaplicável o mandamento da Súmula 343 do STJ que dispunha de forma diversa.

Princípio do devido processo legal (art. 5º, LIV): ninguém será privado da liberdade ou de seus bens sem o devido processo legal. Este princípio abrange as seguintes garantias: direito a um órgão julgador imparcial, direito à ampla defesa, direito de igualdade entre as partes, direito ao contraditório e vedação ao uso de provas ilícitas.

A garantia constitucional mencionada sempre é trazida à tona nos julgamentos realizados pelo guardião da Constituição. Diversas súmulas já foram editadas pela Corte visando a fixar diretrizes na aplicação do devido processo legal.

Dentre os diversos julgamentos, destacam-se os seguintes entendimentos:

Súmula Vinculante 24 – "Não se tipifica crime material contra a ordem tributária, previsto no art. 1º, I a IV, da Lei 8.137/1990, antes do lançamento definitivo do tributo."

Súmula Vinculante 14 – "É direito do defensor, no interesse do representado, ter acesso amplo aos elementos de prova que, já documentados em procedimento investigatório realizado por órgão com competência de polícia judiciária, digam respeito ao exercício do direito de defesa."

Súmula 704 do STF – "Não viola as garantias do juiz natural, da ampla defesa e do devido processo legal a atração por continência ou conexão do processo do corréu ao foro por prerrogativa de função de um dos denunciados."

Súmula 547 do STF – "Não é lícito à autoridade proibir que o contribuinte em débito adquira estampilhas, despache mercadorias nas alfândegas e exerça suas atividades profissionais."

Súmula 323 do STF – "É inadmissível a apreensão de mercadorias como meio coercitivo para pagamento de tributos."

Súmula 70 do STF – "É inadmissível a interdição de estabelecimento como meio coercitivo para cobrança de tributo."

Princípio da inadmissibilidade das provas ilícitas (art. 5º, LVI): são inadmissíveis, no processo, as provas obtidas por meios ilícitos. Prova ilícita, ou ilicitamente obtida, entende-se como a prova colhida com infração de normas ou princípios de direito material – sobretudo de ordem constitucional e as que delas derivarem (teoria dos frutos da árvore envenenada – adotada pelo STF).

O Supremo já decidiu, reiteradas vezes, que é lícita a gravação de conversa telefônica feita por um dos interlocutores, ou com sua autorização, sem ciência do outro, quando há investida criminosa deste último. (HC 75.338, Rel. Min. Nelson Jobim, julgamento em 11.03.1998, Plenário, *DJ* de 25.09.1998). No mesmo sentido: AI 578.858-AgR, Rel. Min. Ellen Gracie, julgamento em 04.08.2009, Segunda Turma, *DJE* de 28.08.2009; HC 74.678, Rel. Min. Moreira Alves, julgamento em 10.06.1997, Primeira Turma, *DJ* de 15.08.1997; RE 212.081, Rel. Min. Octavio Gallotti, julgamento em 05.12.1997, Primeira Turma, *DJ* de 27.03.1998.

Princípio da presunção de inocência (art. 5º, LVII): ninguém será considerado culpado até o trânsito em julgado de sentença penal condenatória.

As observações feitas em relação à Súmula Vinculante n. 11, que só admite o uso de algema em casos excepcionais, valem aqui, pois tais diretrizes também encontram abrigo no princípio da presunção de inocência.

Vale lembrar que o Plenário do STF, ao julgar o HC 84.078, sedimentou o entendimento de que a execução da pena privativa de liberdade, antes do trânsito em julgado da sentença condenatória, viola o artigo 5º, LVII, da Constituição.

Hipóteses de prisão civil (art. 5º, LXVII): não haverá prisão civil por dívida, salvo a do responsável pelo inadimplemento voluntário e inescusável de obrigação alimentícia e a do depositário infiel. O STF decidiu que é ilegal a prisão do depositário infiel, ou seja, a partir de agora, a única prisão por dívida admitida pela Corte é a decorrente de inadimplência de pensão alimentícia (*vide* Súmula Vinculante n. 25 do STF – e Súmula 419 do STJ).

Direito à assistência jurídica (art. 5º, LXXIV): o Estado prestará assistência jurídica integral e gratuita aos que comprovarem insuficiência de recursos.

Nesse sentido já decidiu o Supremo que "a omissão do Poder Judiciário sobre pedido de concessão do benefício da assistência judiciária não pode prejudicar a parte, especialmente quando não houver qualquer impugnação à concessão desse benefício" (RE 231.705-ED, Rel. Min. Joaquim Barbosa, julgamento em 29.09.2009, Segunda Turma, *DJE* de 29.10.2009).

Direito à celeridade processual (art. 5º, LXXVIII): regra trazida pela EC 45/2004 (reforma do poder judiciário) assegura a todos, no âmbito judicial e administrativo, a razoável duração do processo. Além disso, o dispositivo também menciona que devem ser resguardados meios que facilitem e garantam a celeridade processual.

Observação: segundo o Supremo Tribunal Federal, o duplo grau de jurisdição não está previsto expressamente na Constituição; trata-se de uma garantia implícita, decorrente do próprio sistema.

9.5. Remédios constitucionais

Com a finalidade de promover a garantia dos direitos fundamentais previstos na Constituição, previu-se a existência dos chamados "remédios constitucionais", institutos que têm a função de impedir a violação desses direitos constitucionais. Assim, para cada direito desrespeitado, cabe a utilização de um "remédio".

Os "remédios constitucionais" podem ser classificados em administrativos e judiciais de acordo com a esfera em que forem impetrados.

9.5.1. Remédios constitucionais administrativos (direito de petição e direito de certidão)

De acordo com o artigo 5°, inciso XXXIV, são a todos assegurados, independentemente do pagamento de taxas:

a) o direito de *petição* aos Poderes Públicos em defesa de direitos ou contra *ilegalidade ou abuso de poder.*

Nesse sentido, editou-se a Súmula Vinculante n. 21 a qual diz ser inconstitucional exigir depósito ou arrolamento prévios de dinheiro ou bens para admissibilidade de recurso administrativo;

b) a obtenção de *certidões* sem repartições públicas para *defesa de direitos e esclarecimento de situações de interesse pessoal.*

O direito à certidão, segundo o STF, "traduz prerrogativa jurídica, de extração constitucional, destinada a viabilizar, em favor do indivíduo ou de uma determinada coletividade (como a dos segurados do sistema de previdência social), a defesa (individual ou coletiva) de direitos ou o esclarecimento de situações. A injusta recusa estatal em fornecer certidões, não obstante presentes os pressupostos legitimadores dessa pretensão, autorizará a utilização de instrumentos processuais adequados, como o mandado de segurança ou a própria ação civil pública. O Ministério Público tem legitimidade ativa para a defesa, em juízo, dos direitos e interesses individuais homogêneos, quando impregnados de relevante natureza social, como sucede com o direito de petição e o direito de obtenção de certidão em repartições públicas." (RE 472.489-AgR, Rel. Min. Celso de Mello, julgamento em 29.04.2008, Segunda Turma, *DJE* de 29.08.2008). No mesmo sentido: RE 167.118-AgR, Rel. Min. Joaquim Barbosa, julgamento em 20.04.2010, Segunda Turma, *DJE* de 28.05.2010.

A Constituição assegurou que a Administração, na execução de suas funções precípuas, deve respeitar os direitos fundamentais do indivíduo, garantindo-lhe o direito a petição em caso de ilegalidade ou abuso de poder, de forma que a violação de um direito possa ser sanada pela própria Administração Pública. Garante também o direito de certidão, possibilitando à pessoa que faz uso desse direito tomar conhecimento de informações a seu respeito.

Segundo o Supremo, "é inconsistente a postulação que, apoiada no direito de petição, formula pedido que constitui, na realidade, verdadeiro sucedâneo, legalmente não autorizado, da ação rescisória, eis que já transitada em julgado a decisão impugnada. (...) A mera invocação do direito de petição, por si só, não tem o condão de permitir que a parte interessada, mediante utilização de meio impróprio, busque desconstituir o acórdão (*judicium rescindens*) e obter o rejulgamento da causa (*judicium rescissorium*), em situação na qual a decisão questionada – embora transitada em julgado – não se reveste da autoridade da coisa julgada em sentido material." (**AI 223.712-AgR-AgR**, Rel. Min. Celso de Mello, julgamento em 08.02-2000, Segunda Turma, *DJE* de 05.03.2010.)

Os direitos de petição e de obtenção de certidões *são gratuitos* e podem ser exercidos sem a assistência de um advogado, ou seja, *independem de capacidade postulatória*, uma vez que ocorrem em âmbito administrativo.

9.5.2. Remédios constitucionais judiciais

Essa classe de remédios é impetrada em via judicial.

São cinco os remédios constitucionais judiciais: *habeas corpus*, *habeas data*, mandado de injunção, ação popular e mandado de segurança. Cada um desses institutos tem como objetivo proteger um ou mais direitos fundamentais.

9.5.2.1. *Habeas corpus*

É uma ação de natureza constitucional-penal que tem por finalidade a proteção da **liberdade de locomoção** contra abuso de poder ou ilegalidade. Tem por principal característica a informalidade.

Antigamente era utilizado não só para proteção da liberdade física, mas também contra qualquer ato que, de alguma forma, impedia ou restringia a locomoção em sentido amplo. Rui Barbosa e diversos constitucionalistas conferiam a esse remédio tanta amplitude que mencionavam que ele poderia ser utilizado mesmo quando não houvesse risco à liberdade de locomoção. Atualmente, só a liberdade de ir, vir e permanecer é resguardada pelo *habeas corpus*.

Foi a partir da Constituição de 1891 que esse remédio ganhou *status* constitucional. Hoje, vem previsto no capítulo que trata dos direitos fundamentais (artigo 5º, inciso LXVIII) do texto constitucional, que dispõe: "conceder-se-á 'habeas-corpus' sempre que alguém sofrer ou se achar ameaçado de sofrer violência ou coação em sua liberdade de locomoção, por ilegalidade ou abuso de poder".

Dessa forma, o *habeas corpus* visa a proteger o disposto no inciso XV do mesmo artigo, ou seja, a liberdade de locomoção. A todo indivíduo é assegurado o direito de ir, vir e permanecer. Sempre que este direito sofrer *violação, ou ameaça de violação*, o *habeas corpus* pode ser usado a fim de que seja revista a ofensa à liberdade de locomoção.

Com base na Súmula 395 do Supremo Tribunal Federal, não se conhecerá de recurso de *habeas corpus* cujo objeto seja resolver sobre o ônus das custas, por não estar mais em causa a liberdade de locomoção.

Quanto ao momento no qual o *habeas corpus* é impetrado, pode ser classificado da seguinte forma:

a) **Preventivo ou salvo-conduto:** não é necessário que um indivíduo sofra, de fato, a violação em sua liberdade de locomoção para impetrar o *habeas corpus*. Basta que se sinta ameaçado (justificadamente) em seu direito de ir, vir e permanecer para que possa fazer uso desse "remédio", impedindo que seja restringida sua liberdade. Desse modo, o HC preventivo visa a resguardar o indivíduo contra a ameaça a sua liberdade de locomoção;

b) **Repressivo ou liberatório:** é cabível quando o direito fundamental já foi violado. A partir desde momento, a medida pode ser utilizada para reprimir a ofensa à liberdade de locomoção.

c) **Suspensivo:** é cabível quando a ordem de prisão já tenha sido expedida, mas o seu cumprimento ainda não fora efetivado. Nesse caso, o pedido a ser formulado é o contramandado de prisão.

Em síntese, se o *habeas corpus* é concedido em momento anterior à violação, este é preventivo; se concedido em momento posterior, é repressivo. Por fim, é suspensivo se já há ordem de prisão, mas ainda foi não cumprida.

Vale mencionar que é possível a concessão de *habeas corpus* **de ofício (independe de provocação)** pelo juiz, quando verificadas as hipótese de restrição ilegal ou ameaça de violação à liberdade de locomoção.

A Constituição, em seu artigo 142, § 2º, traz uma hipótese em que não é cabível a utilização do *habeas corpus*, que se dá no caso de **punições disciplinares militares**. Com isso, permite-se a existência de regras especiais de conduta, por vezes mais rígidas no âmbito militar, quando comparadas ao âmbito civil.

É necessário mencionar que o STF admite o *habeas corpus*, na hipótese acima mencionada, se a discussão for sobre a legalidade do procedimento aplicado e ou sobre a competência da autoridade responsável pela expedição da ordem.

Quanto à legitimação, o *habeas corpus* pode ser impetrado por qualquer interessado, independentemente de sua capacidade civil, sendo legítimo até mesmo ao menor de idade. A medida é gratuita e não necessita de assistência de um advogado, ou seja, independe de capacidade postulatória.

Embora o remédio heroico possa ser impetrado por qualquer pessoa, justamente pela relevância do bem jurídico protegido, a nomenclatura correta a ser utilizada é a seguinte:

- ✔ Legitimado ativo: impetrante
- ✔ Legitimado passivo: impetrado ou autoridade coatora
- ✔ Beneficiário: paciente

Ressalta-se que a figura do impetrante pode se confundir com a figura do paciente, pois o beneficiário do remédio pode ser ao mesmo tempo paciente e impetrante. Ex.: alguém ingressando com o HC em nome próprio.

Outra observação deve ser feita com base na decisão dada pela 1ª Turma do STF, no HC 88747 AgR/ES, no sentido de que não há possibilidade de impetração de *habeas corpus* em que o beneficiário seja pessoa jurídica, pois tal remédio protege a liberdade de locomoção.

Além disso, o STF já decidiu que o *habeas corpus* não é cabível para impugnar o pedido de retirada de informações veiculadas no sítio do Conselho Nacional de Justiça, pois não coloca em risco o direito à liberdade de locomoção física (HC n. 117.296-DF – Informativo 707, STF).

Cabe HC em varas cíveis?

Sim, se houver risco à liberdade de locomoção em decorrência de eventual decretação de prisão civil.

Competência para análise do *habeas corpus*

Em regra, a competência para o julgamento de *habeas corpus* é determinada em razão da pessoa que figura no polo passivo (a autoridade coatora) e daquele que figura como paciente.

O artigo 102, inciso I, alínea "d", da CF, diz que o *habeas corpus* será da competência originária do Supremo Tribunal Federal quando o paciente for, por exemplo, Presidente da República, Ministro de Estado, comandantes do exército, marinha e aeronáutica, entre outros.

9.5.2.2. *Habeas data*

Reza o inciso LXXII do artigo 5°: "conceder-se-á *habeas data*:

a) para assegurar o conhecimento de informações relativas à pessoa do impetrante, constantes de registros ou bancos de dados de entidades governamentais ou de caráter público;

b) para a retificação de dados, quando não se prefira fazê-lo por processo sigiloso, judicial ou administrativo".

A ação tem como objetivo permitir ao interessado acesso às *informações a seu respeito*, presentes em banco de dados de caráter público. O banco de dados pode pertencer a entidades públicas ou privadas, mas, desde que tenha caráter público, o acesso é garantido. Assim, se entidade privada que visa à proteção ao crédito contiver registros ao qual se deseja ter acesso, cabe *habeas data* a fim de se ver o direito preservado.

Vale lembrar que, atualmente, existe o Cadastro Nacional de Adimplentes. As informações contidas nesse banco de dados também têm caráter público, portanto aplicam-se a elas as mesmas regras relativas ao *habeas data*.

Outra observação importante é a de que a ação de *habeas data*, por ter por objeto informações relativas à pessoa do impetrante, **não** pode ser impetrada em favor de terceiros. Desse modo, embora haja decisão do STJ admitindo a impetração de *habeas data* em favor de terceiro, prevalece o entendimento de que a ação não é cabível nessa hipótese.

Além disso, é entendimento pacífico que a ação de *habeas data* visa à proteção da privacidade do indivíduo contra abuso no registro e/ou revelação de dados pessoais falsos ou equivocados. O *habeas data, por outro lado,* não se revela meio idôneo para se obter vista de processo administrativo (HD 90-AgR, Rel. Min. Ellen Gracie, julgamento em 18.02.2010, Plenário, *DJE* de 19.03.2010). No mesmo sentido: HD 92-AgR, Rel. Min. Gilmar Mendes, julgamento em 18.08.2010, Plenário, *DJE* de 03.09.2010.

A Constituição Federal assegura duas formas de acesso aos registros:

a) **Conhecimento**: deseja-se apenas estar ciente das informações contidas no banco de dados;

b) **Retificação**: sabe-se que a informação presente no banco de dados é incorreta e deseja-se que o registro seja corrigido.
Desde 1997, com a sanção da Lei n. 9507, passou a ser prevista uma nova forma de acesso;

c) **Complementação ou anotação**: a informação está correta, porém incompleta. Deseja-se adicionar novos fatos relevantes ao registro a fim de que seja apresentado ao público de forma completa. Exemplo: existência de pendência judicial ou administrativa sobre o fato informado que possa modificar a informação ali constante.

Diferentemente do acesso comum ao Poder Judiciário, que pode ser provocado a qualquer momento, independentemente da existência de processo administrativo, o *habeas data* possui uma particularidade: *a ação só pode ser impetrada quando esgotada a via administrativa*. Assim, a medida poderá ser usada somente quando houver recusa por parte da entidade detentora do banco de dados em fornecer acesso às informações ou indeferimento do pedido. É necessário prova de tal recusa ou indeferimento para que se impetre o *habeas data*, sob pena de falta de interesse de agir e consequente indeferimento da petição por carência de ação (STJ, Súmula n. 2).

Sobre esse assunto, o art. 8º, parágrafo único, da Lei n. 9.507/1997 (que estabelece o procedimento do *habeas data*) determina que a inicial deva ser instruída com a recusa ao acesso às informações ou do decurso de mais de dez dias sem decisão; a recusa em fazer-se a retificação ou do decurso de mais de quinze dias, sem decisão; ou a recusa em fazer-se a anotação ou do decurso de mais de quinze dias sem decisão.

Já decidiu o STJ, no *Habeas Data* n. 149, que a informação incompleta equivale à recusa.

São legitimados para impetrar *habeas data* pessoas físicas ou jurídicas. A ação é gratuita, ou seja, isenta de custas, mas é necessária assistência de advogado para impetração.

Segundo a Suprema Corte, há hipóteses de não cabimento do "remédio" como, por exemplo, para pedir informações sobre autores de agressões contra o interessado (seria informação de terceiro).

9.5.2.3. Mandado de injunção

Dispõe o inciso LXXI do artigo 5º que: "conceder-se-á mandado de injunção sempre que a falta de norma regulamentadora **torne inviável o exercício dos direitos e liberdades constitucionais e das prerrogativas inerentes à nacionalidade, à soberania e à cidadania"**.

O mandado de injunção tem como objetivo atuar na inércia do legislador. Alguns dos direitos previstos pela Constituição podem ser exercidos somente após regulamentação em lei. Trata-se das normas de eficácia limitada. O legislador tem obrigação imposta pela CF/1988 de regulamentar; entretanto, por inércia, não o faz. Com isso, o interessado fica impedido de exercer um direito garantido constitucionalmente.

Um exemplo é o que acontece com a previsão do inciso VII do artigo 37 que determina que o direito de greve do servidor público deva ser exercido nos termos e nos limites definidos em lei específica.

Embora este direito tenha sido garantido pela CF/1988, até o presente momento nenhuma lei foi editada com o objetivo de regulamentar o direito previsto neste dispositivo, fazendo com que não seja possível exercê-lo. Em casos como esse, é cabível a impetração de mandado de injunção.

Vale lembrar que o STF, após decisão dada em sede de mandado de injunção, reconheceu o direito de greve aos servidores públicos sem que haja a edição de lei específica, se valendo, por analogia, da lei de greve da iniciativa privada (Lei n. 7.783/1989).

Cabe ressaltar que a ação pode ser ajuizada somente com relação à falta de regulamentação de dispositivo presente na Constituição. Portanto, este remédio constitucional não pode ser usado em face da existência de dispositivo presente em norma infraconstitucional (lei ordinária, lei complementar, medida provisória) não regulamentado.

Devido ao princípio da separação dos poderes, o Poder Judiciário não pode legislar ativamente. Com isso, por muito tempo prevaleceu o entendimento de que caso um mandado de injunção fosse julgado procedente, o resultado seria meramente de informar o órgão responsável pela solução de sua mora em legislar.

Sempre se entendeu que o mandado de injunção era ação constitutiva e não condenatória, não se prestando, portanto, a condenar o Congresso ao cumprimento de obrigação de fazer. Não cabia, assim, a cominação de pena pecuniária pela continuidade da omissão legislativa (MI 689, Rel. Min. Eros Grau, julgamento em 07.06.2006, Plenário, *DJ* de 18.08.2006).

Ocorre que tal entendimento vem sendo modificado pela Suprema Corte. Sob o argumento do combate à "síndrome da inefetividade" das normas constitucionais que possuem eficácia limitada, ou seja, aquelas que dependem de regulamentação, o STF tem tornado o mandado de injunção um remédio que visa a concretizar direitos fundamentais. O fundamento de que se vale é o § 1º do artigo 5º da CF que determina a aplicação imediata dos direitos e garantias fundamentais.

Vejam a ementa da decisão: "Mandado de injunção. Natureza. Conforme disposto no inciso LXXI do artigo 5º da Constituição Federal, conceder-se-á mandado de injunção quando necessário ao exercício dos direitos e liberdades constitucionais e das prerrogativas inerentes à nacionalidade, à soberania e à cidadania. Há ação mandamental e não simplesmente declaratória de omissão. A carga de declaração não é objeto da impetração, mas premissa da ordem a ser formalizada. Mandado de injunção. Decisão. Balizas. Tratando-se de processo subjetivo, a decisão possui eficácia considerada a relação jurídica nele revelada. Aposentadoria. Trabalho em condições especiais. Prejuízo à saúde do servidor. Inexistência de lei complementar. Artigo 40, § 4.º, da Constituição Federal. Inexistente a disciplina específica da aposentadoria especial do servidor, impõe-se a adoção, via pronunciamento judicial, daquela própria aos trabalhadores em geral – artigo 57, § 1º, da Lei n. 8.213/1991" (MI 758, Rel. Min. Marco Aurélio, j. 1º.07.2008, Plenário, *DJE* de 26.09.2008).

A doutrina sistematiza algumas posições quanto à natureza jurídica das decisões dadas em sede de mandado de injunção. Vejamos:

1ª – **Concretista geral**: segundo esse entendimento, o Supremo, ao analisar o pedido em um mandado de injunção, pode atuar normatizando aquilo que está pendente de regulamentação. Os efeitos produzidos por sua decisão têm de ser para todas as pessoas (*erga omnes*), pois a função normativa é geral, abstrata e genérica.

Desse modo, enquanto o Legislativo não produzir a norma que falta para concretizar o direito constitucionalmente assegurado em uma disposição de eficácia limitada, a decisão valerá, e para todos;

2ª – Concretista individual direta: como o próprio nome identifica, com base nesse entendimento a decisão é válida apenas para aquele que ingressou com o mandado de injunção. A função normativa que o STF realiza se restringe ao autor da ação;

3ª – Concretista individual intermediária: na decisão, o Supremo determina um prazo para que o Legislativo, que está em mora, formule a regulamentação. Se o órgão competente não cumprir a decisão, não produzir a norma, gera ao autor a possibilidade de se valer do direito constitucionalmente assegurado em norma de eficácia limitada;

4ª – Não concretista: o Supremo, ao decidir, apenas atesta, formalmente, que o órgão omisso está em mora, mas não resolve concretamente a situação posta em juízo.

Por muito tempo foi esse último entendimento (não concretista) que prevaleceu no STF. Hoje há nítida mudança jurisprudencial, conforme se extrai do julgamento dos seguintes mandados de injunção: MI 828/DF, MI 841/DF, MI 850/DF, MI 857/DF, MI 879/DF, MI 905/DF, MI 927/DF, MI 938/DF, MI 962/DF, MI 998/DF.

Com base nos novos entendimentos, a natureza jurídica do mandado de injunção passou a ser mandamental. Desse modo, o remédio visa a integrar a norma constitucional de eficácia limitada, por conta da ausência de regra que lhe possibilite o pleno exercício.

A ação de mandado de injunção pode ser impetrada por pessoas físicas e jurídicas, não está isenta de custas judiciais e necessita da assistência de um advogado, ou seja, só pode ser proposta por aquele que detém capacidade postulatória.

9.5.2.4. Ação popular

O inciso LXXIII do art. 5º da CF assegura que qualquer cidadão é parte legítima para propor ação popular que vise a anular ato lesivo ao patrimônio público ou de entidade de que o Estado participe, à moralidade administrativa, ao meio ambiente e ao patrimônio histórico e cultural, *ficando o autor, salvo comprovada má-fé, isento de custas judiciais e do ônus da sucumbência.*

De forma esquemática, conclui-se que a ação popular tem como objetivo proteger 3 elementos fundamentais:

1) o patrimônio público ou de entidade de que o Estado participe;

2) a moralidade administrativa;
3) o meio ambiente e o patrimônio histórico e cultural.

Com isso, o legislador constituinte pretende promover a cidadania, fazendo cada cidadão responsável pela fiscalização dos elementos protegidos pela ação popular.

Vale lembrar que a lei que regulamenta tal ação – Lei n. 4.717/1965 – traz algumas regras, como por exemplo, a de que a lesão à moralidade não pressupõe lesividade material, ou seja, não é necessário dano patrimonial para que a ação com fundamento na proteção à moralidade administrativa seja proposta.

Outra observação é a de que a ação popular não tem por objetivo a defesa do interesse individual e, além disso, não tem o condão de substituir a ação direta de inconstitucionalidade. Esta visa a anular ato normativo, que é abstrato, genérico e que encontra fundamento de validade direto na CF/1988.

De acordo com a Súmula 101 do STF, o mandado de segurança não substitui a ação popular.

É parte legítima para propor ação popular o *cidadão*, restringindo a proposição apenas àqueles que têm capacidade eleitoral ativa, ou seja, àqueles que já se alistaram e podem votar.

Ademais, vale ressaltar que, conforme a Súmula 365 do Supremo Tribunal Federal, pessoa jurídica não tem legitimidade para propor ação popular.

É bom lembrar que em caso de desistência ou absolvição de instância (ocorre quando o autor é desidioso, não dá andamento à ação), qualquer cidadão ou o Ministério Público podem prosseguir no polo ativo.

A ação popular é gratuita, salvo comprovação de má-fé, mas a assistência de advogado é necessária; depende, portanto, de capacidade postulatória.

9.5.2.5. Mandado de segurança

A Constituição de 1934 foi a primeira a prever expressamente a possibilidade da impetração de mandado de segurança. Depois disso, as Constituições que se seguiram trataram do tema, com exceção da de 1937 (da época de Getúlio Vargas).

O MS pode ser conceituado como uma ação de natureza constitucional que tem por finalidade resguardar direito líquido e certo contra abuso de poder ou ilegalidade, praticado por autoridade pública ou por quem lhe faça as vezes, desde que tal direito não esteja protegido por *habeas corpus* ou *habeas data*.

Importante definição que deve ser trazida nesse momento é a de direito líquido e certo. Conforme ensinamento de Hely Lopes Meireles (Mandado de Segurança, 27ª Edição, p. 36 e 37), "direito líquido e certo é o que se apresenta manifesto na sua existência, delimitado na sua extensão e apto a ser exercitado no momento da impetração".

Em suma, líquido e certo é aquele direito em que há prova documental pré-constituída, que, de plano, é possível comprovar, não havendo necessidade de dilação probatória.

Para a proteção de tal direito cabe a impetração do mandado de segurança. Ele possui caráter **residual** e vem previsto no inciso LXIX e LXX do artigo 5º da Constituição.

Desse modo, o mandado de segurança atua complementando a proteção dos direitos e garantias constitucionais quando nenhum outro remédio é cabível. Diz o inciso LXIX: "conceder-se-á mandado de segurança para proteger direito líquido e certo, não amparado por 'habeas-corpus' ou 'habeas-data', quando o responsável pela ilegalidade ou abuso de poder for autoridade pública ou agente de pessoa jurídica no exercício de atribuições do Poder Público".

Assim, não será cabível mandado de segurança para proteger o direito à liberdade de locomoção, pois esta proteção é feita pelo *habeas corpus*. Do mesmo modo, não cabe mandado de segurança para anular ato lesivo ao patrimônio público, pois esta requisição deve ser feita em via de ação popular.

Um exemplo de possibilidade de impetração desse remédio ocorre quando alguém, que não pretende efetuar o pagamento determinado imposto, por considerar que a lei que criou o mencionado tributo é inconstitucional ajuíza mandado de segurança.

Importante saber que não cabe condenação em honorários de advogado na ação de mandado de segurança, conforme Súmula 512 do STF.

Ainda, não é possível a impetração de mandado de segurança contra ato judicial passível de recurso ou correição (Súmula 267 do STF).

São legitimadas para impetrar mandado de segurança pessoas físicas ou jurídicas. A ação não está isenta de custas perante o Poder Judiciário, e a assistência de advogado é necessária.

Sobre a legitimidade passiva, vale lembrar que o STJ decidiu, por maioria, "o Presidente do Tribunal de Justiça estadual que executa decisão proferida pelo CNJ não pode ser considerado autoridade coatora para fins de impetração de mandado de segurança. No caso, o presidente do tribunal determinou o afastamento dos titulares de serventias que extrajudiciais efetivados sem concurso público após a CF com base no Pedido de Providências n. 861 do CNJ. Sabe-se que, no mandado de segurança, a autoridade coatora é aquela que ordena a execução do ato impugnado e quem cumpre a ordem é o mero executor. Portanto, como o ato coator emanou do CNJ, o presidente do tribunal não tem legitimidade para figurar no polo passivo da ação mandamental. Assim, não cabe ao Judiciário substituir a autoridade erroneamente indicada na petição inicial como coatora, além do que, sendo o STF competente para o julgamento do *mandamus*, haveria indevida alteração da competência absoluta (RMS 30.561-GO, Rel. Teori Albino Zavascxi, julgado em 14.08.2012. Inform. STJ 502).

Vale lembrar que, corroborando algo que já existia, a nova lei do mandado de segurança, Lei n. 12.016/2009, em seu artigo 23, traz o prazo decadencial de **120 dias** para que o sujeito ingresse com a ação de mandado de segurança, contados da ciência do ato impugnado. A constitucionalidade de tal prazo já foi questionada no Supremo, mas ele entendeu que o prazo é constitucional (Súmula 632).

Outro tema já sedimentado é no sentido de que o pedido de reconsideração feito na via administrativa não tem o condão de interromper o prazo para a impetração do mandado de segurança.

Com base na Súmula 625 do STF, controvérsia sobre matéria de direito não impede a concessão de mandado de segurança.

Além disso, de acordo com a Súmula 624 do STF, não cabe ao Pretório Excelso conhecer originariamente mandado de segurança contra atos de outros tribunais. Também, a Súmula 266 do STF determina que não é possível a impetração de mandado de segurança contra lei em tese.

A Constituição admite também a impetração de **mandado segurança coletivo**, conforme se verifica no inciso LXX do artigo 5º da CF: "o mandado de segurança coletivo pode ser impetrado por:

a) partido político com representação no Congresso Nacional;

b) organização sindical, entidade de classe ou associação legalmente constituída e em funcionamento há pelo menos um ano, em defesa dos interesses de seus membros ou associados."

Entende o STF que a entidade de classe tem legitimação para o mandado de segurança, ainda quando a pretensão veiculada interesse apenas a uma parte da respectiva categoria (art. 21 da Lei 12.016/2009 e Súmula 630). Também é jurisprudência da Suprema Corte (Súmula 629) que a impetração de mandado de segurança coletivo por entidade de classe em favor dos associados independe de autorização deles.

De acordo com o Supremo, o mandado de segurança coletivo, quando impetrado pela Ordem dos Advogados do Brasil, deve ser proposto perante a Justiça Federal. Vale a leitura do julgado: "Presente a Ordem dos Advogados do Brasil – autarquia federal de regime especial – no polo ativo de mandado de segurança coletivo impetrado em favor de seus membros, a competência para julgá-lo é da Justiça Federal, a despeito de a autora não postular direito próprio" (RE 266.689-AgR, Rel. Min. Ellen Gracie, julgamento em 17.08.2004, *DJ* de 03.09.2004).

De acordo com o art. 22 da lei do mandado de segurança, quando o remédio for impetrado na modalidade coletiva, a sentença fará coisa julgada limitadamente aos membros do grupo ou categoria substituídos pelo impetrante. Desse modo, não produz efeitos *erga omnes*.

O § 1º do mesmo dispositivo determina que o mandado de segurança coletivo não induz litispendência para as ações individuais, mas os efeitos da coisa julgada não beneficiarão o impetrante a título individual se não requerer a desistência de seu mandado de segurança no prazo de 30 (trinta) dias a contar da ciência comprovada da impetração da segurança coletiva.

Outro tópico importante sobre o MS coletivo diz respeito à liminar. De acordo com o § 2º do art. 22 da Lei 12.016/2009 ela só poderá ser concedida após a audiência do representante judicial da pessoa jurídica de direito público, que deverá se pronunciar no prazo de 72 (setenta e duas) horas.

Por fim, ressaltamos que, de acordo com o art. 25 da lei do MS, não cabem, no processo de mandado de segurança, a interposição de embargos infringentes e a condenação ao pagamento dos honorários advocatícios, sem prejuízo da aplicação de sanções no caso de litigância de má-fé.

9.6. Nacionalidade

Nacionalidade pode ser conceituada como o vínculo de natureza jurídica e política que integra o indivíduo a um determinado Estado. Após isso, o sujeito passa a fazer parte do elemento pessoal do Estado e é denominado de nacional.

Os países são responsáveis pela elaboração das normas jurídicas que cuidam das formas de aquisição, perda e das espécies de nacionalidade. É atribuição de cada Estado definir quem são os seus nacionais.

É importante verificar-se os conceitos de povo, população, nação e cidadania:

a) **Povo** – é o conjunto de pessoas que tem o vínculo da nacionalidade com o Estado. É o conjunto de nacionais;

b) **População** – o conceito é demográfico. Pode ser conceituada como o conjunto de habitantes de cada território. Aqui se enquadram os nacionais e os estrangeiros. A diferença de população e povo é que no último só se inclui no conceito os nacionais, ou seja, natos ou naturalizados;

c) **Nação** – é o conjunto de pessoas ligadas por semelhanças, afinidades de etnia, costumes, idioma. Os nacionais se enquadram na definição de nação. Os estrangeiros não, pois cada país tem seus hábitos, costumes, cultura, tradição etc.;

d) **Cidadania** – a definição é taxativa, dá-se por meio de alistamento eleitoral; só o nacional pode ser detentor de direitos políticos. Portanto, diz-se que a nacionalidade é um requisito importante, mas não suficiente para a cidadania, haja vista a necessidade da obtenção do título de eleitor.

O Pacto São José da Costa Rica, tratado internacional sobre direitos humanos, reconhece o direito à nacionalidade como direito fundamental do indivíduo em seu artigo 20.

Os nacionais são divididos em natos ou naturalizados. O § 2º do artigo 12 da Constituição proíbe que existam diferenças entre brasileiros natos e naturalizados, com exceção dos casos em que ela própria faz distinção. Desse modo, as diferenças só serão admitidas se decorrentes do texto constitucional.

9.6.1. Nato e naturalizado: distinções

9.6.1.1. Cargos privativos (art. 12, § 3º, CF)

O § 3º do artigo 12 traz o rol taxativo dos *cargos privativos* de brasileiro nato. São eles:

- ✔ Presidente e Vice-Presidente da República;
- ✔ Presidente da Câmara de Deputados;
- ✔ Presidente do Senado Federal;
- ✔ Ministro do Supremo Tribunal Federal;
- ✔ Carreira diplomática;
- ✔ Oficial das Forças Armadas;
- ✔ Ministro de Estado da Defesa.

Os cargos de Presidente, Vice, Presidente da Câmara, do Senado e Ministro do Supremo Tribunal Federal devem ser preenchidos por natos por conta da Constituição não admitir que brasileiro naturalizado se torne Presidente da República. Dessa maneira, como esses indivíduos eventualmente ocuparão o cargo de Chefe do Poder Executivo, eles devem possuir nacionalidade brasileira originária, ou seja, devem ser natos.

Passemos então para as outras hipóteses de distinção entre brasileiros natos e naturalizados, admitidas pela constituição.

9.6.1.2. Impossibilidade de extradição de brasileiro nato (art. 5º, LI, CF)

O artigo 5º, LI, da CF dispõe que "nenhum brasileiro será extraditado, salvo o naturalizado, em caso de crime comum, praticado antes da naturalização, ou de comprovado envolvimento em tráfico ilícito de entorpecentes e drogas afins, na forma da lei". Dessa maneira, somente o naturalizado poderá ser extraditado e desde que configure uma das hipóteses mencionadas.

Vale lembrar que de acordo com o art. 5º, LII, da CF, o Brasil não pode conceder a extradição de estrangeiro por crime político ou de opinião. Assim, se um sujeito é acusado da prática de crime político, não poderá ser extraditado, independentemente de sua nacionalidade.

9.6.1.3. Situação que gera perda da nacionalidade apenas ao naturalizado (art. 12, § 4º, I, CF)

O inciso I do § 4º do artigo 12 da CF menciona que aquele que tiver sua naturalização cancelada por sentença judicial, em decorrência da prática de atividade nociva ao interesse nacional, perde sua nacionalidade.

9.6.1.4. Conselho da República: membros

Dentre as cadeiras destinadas às pessoas que fazem parte do Conselho da República, conforme o artigo 89, inciso VII, da CF, seis são destinadas a brasileiros natos. Assim, esses lugares não poderão ser ocupadas por naturalizados. O Conselho da República é um órgão de consulta do Presidente da República.

9.6.1.5. Empresa jornalística e de radiodifusão: propriedade

Dispõe o artigo 222 da Constituição Federal que brasileiros naturalizados podem ser proprietários dessas empresas, desde que tenham adquirido a nacionalidade brasileira há mais de dez anos.

9.6.2. Formas de aquisição da nacionalidade brasileira: originária ou secundária

9.6.2.1. Nacionalidade originária, primária ou involuntária

É a que o indivíduo detém por meio do nascimento. Existem critérios para a atribuição dessa nacionalidade: o territorial (*ius soli*) e sanguíneo (*ius sanguinis*). A Constituição de 1988 adotou ambos, conhecido como critério misto. Assim, em alguns momentos utiliza-se do local de nascimento para identificar o nato e em outros do critério sanguíneo.

Há quatro situações em que o sujeito é considerado brasileiro nato, vejamos:

9.6.2.1.1. Artigo 12, inciso I, alínea "a", da Constituição Federal (critério territorial)

A primeira situação é aquela em que são considerados brasileiros natos *os nascidos* no território da República Federativa do Brasil, ainda que de pais estrangeiros, desde que estes não estejam a serviço de seu país.

Desse modo, nasceu no Brasil é considerado brasileiro nato, com exceção do indivíduo que possua pais estrangeiros que estejam no Brasil a serviço do país de origem. Basta que um dos pais esteja a serviço do país de origem para que o filho nascido no Brasil *não* seja considerado brasileiro nato.

9.6.2.1.2. Artigo 12, inciso I, alínea "b", da Constituição Federal (critério sanguíneo)

O dispositivo considera nato aquele nascido no estrangeiro, de pai ou de mãe brasileira, desde que qualquer deles esteja a serviço da República Federativa do Brasil.

A expressão "a serviço de seu país" deve ser interpretada de forma a favorecer o indivíduo, o significado é amplo. Um dos pais ou os dois devem estar em território estrangeiro, a serviço do Brasil (critério funcional).

9.6.2.1.3. Artigo 12, inciso I, alínea "c", da Constituição Federal (primeira parte)

O dispositivo mencionado teve sua redação alterada pela Emenda Constitucional n. 54 de 2007.

A primeira parte menciona que são considerados brasileiros natos os indivíduos nascidos no estrangeiro, de pai ou mãe brasileira, desde que registrados na repartição brasileira competente (consular ou diplomática).

Essa hipótese constava do texto original da Constituição Federal de 1988. Só que em 1994, após a revisão constitucional, foi suprimida. A revogação da norma se deu em virtude de problemas gerados pela regra, como a existência de muitos brasileiros natos espalhados pelo mundo que não tinham relação alguma com o Brasil. A tentativa de sanar tais problemas restou infrutífera, gerando outro problema pior que era a existência de apátridas.

Exemplo: um casal brasileiro faz uma viagem a passeio para a Itália. A mulher, grávida de 8 meses, passa mal e acaba tendo o filho na Itália. Esse indivíduo será considerado brasileiro, italiano, apátrida? Italiano não, pois na Itália o critério adotado para definir quem é considerado italiano é o *ius sanguinis*, somente filhos de pais italianos possuem a nacionalidade italiana. Será o sujeito, então, brasileiro? Não, porque os pais não estavam a serviço do Brasil, e sim numa viagem turística. Essa era uma hipótese em que a criança seria considerada um apátrida.

Por conta disso é que a Emenda Constitucional n. 54 de 2007 admite o registro desse indivíduo no consulado ou repartição diplomática competente, pondo fim à situação de apátrida; com o registro o sujeito será considerado brasileiro nato.

9.6.2.1.4. Artigo 12, inciso I, alínea "c", da Constituição Federal (segunda parte)

Dispõe que são considerados brasileiros natos os indivíduos nascidos no estrangeiro, de pai brasileiro ou mãe brasileira, que venham a residir no Brasil e, uma vez atingida a maioridade, optem pela nacionalidade brasileira (três requisitos: residência no Brasil, maioridade e opção). Após o cumprimento dessas formalidades, o indivíduo detém a nacionalidade originária potestativa, isto é, o Brasil não possui competência para negar esse reconhecimento. Essa hipótese ocorrerá se os pais não tiverem registrado o filho em repartição brasileira competente.

Ressalta-se que a opção pela nacionalidade brasileira é ato personalíssimo, e, por conta disso, a Constituição exige a maioridade para a sua efetivação. Até esse momento é dada ao sujeito uma nacionalidade provisória.

9.6.2.2. Nacionalidade derivada, secundária, voluntária ou adquirida

É a que o indivíduo adquire, após o nascimento, por meio do processo de naturalização, por um ato voluntário. A pessoa manifesta sua intenção em se naturalizar, cumpre os requisitos previstos na Constituição e normas infraconstitucionais e faz o pedido de naturalização.

De forma discricionária, o Brasil concederá a nacionalidade o estrangeiro que formulou pedido de naturalização. Conforme dispõe o artigo 111 da Lei 6.815/1980 (Estatuto do Estrangeiro), a atribuição é do Poder Executivo, por meio do Ministro da Justiça e, segundo a jurisprudência do Supremo, a efetivação será após a entrega de certificado de naturalização, que será feita pelo juiz federal.

A naturalização será feita de maneira ordinária ou extraordinária:

a) **Ordinária (art. 12, II, "a", CF)** É aquela obtida após o regular procedimento previsto nos arts. 111 a 121 do Estatuto do Estrangeiro. Vale ressaltar que aos estrangeiros que vierem de países que falam a língua portuguesa, a Constituição exige apenas o cumprimento de dois requisitos: um ano de residência ininterrupta no Brasil e demonstração de idoneidade moral. Para os demais estrangeiros, a Lei n. 6.815/1980 (Estatuto do Estrangeiro), em seu artigo 112, determina o cumprimento de outros requisitos, quais sejam:

✔ capacidade civil, conforme as disposições previstas no Código Civil Brasileiro;

✔ demonstração da capacidade de ler e escrever a língua portuguesa, sempre levando em conta as condições do naturalizando;

✔ residência contínua no território nacional, pelo prazo mínimo de quatro anos, imediatamente anteriores ao pedido de naturalização;

✔ exercício de profissão ou posse de bens suficientes à manutenção própria e de sua família; e

✔ demonstração de bom procedimento;

b) **Extraordinária (art. 12, II, "b", CF)** É aquela decorrente de largo lapso temporal de residência no país, o qual autoriza a presunção de que o estrangeiro possui fortes vínculos com o Brasil. Os requisitos constitucionais são: residência no Brasil fixa e ininterrupta há mais de 15 anos e não possuir condenação criminal.

Além disso, de acordo com o Supremo, "não se revela possível, em nosso sistema jurídico-constitucional, a aquisição da nacionalidade brasileira *jure matrimoni*, vale dizer, como efeito direto e imediato resultante do casamento civil. Magistério da doutrina." (Ext 1.121, Rel. Min. Celso de Mello, julgamento em 18.12.2009, Plenário, *DJE* de 25.06.2010.)

9.6.3. Competência

A disciplina do tema nacionalidade é dada apenas pela Constituição quando se tratar de nacionalidade originária (natos) e da Constituição Federal e da lei infraconstitucional federal quando a nacionalidade for do tipo derivada (naturalizados). Tem de ser lei federal, pois a atribuição legislativa é da União (artigo 22, XIII, da CF).

Vale lembrar que medida provisória não pode dispor sobre nacionalidade, por conta do comando constitucional, previsto no artigo 62, § 1º, I, *a*.

9.6.4. Perda da nacionalidade brasileira

As situações taxativas de perda da nacionalidade estão previstas no § 4º do artigo 12 da Constituição. Existem situações aplicáveis ao nato e ao naturalizado e outras relacionadas apenas ao segundo. São as abaixo tratadas:

9.6.4.1. Cancelamento judicial da naturalização

Pode ocorrer em virtude da prática de atividade nociva ao interesse nacional. Na prática quase não é utilizada. O procedimento vem previsto nos artigos 24 a 34 da Lei n. 818/1949. A reaquisição da nacionalidade pode se dar por meio de ação rescisória, desde que respeitadas as regras trazidas no Código de Processo Civil.

9.6.4.2. Aquisição voluntária de outra nacionalidade

A perda nessa hipótese é aplicável tanto ao brasileiro nato como ao naturalizado. Deve ocorrer após procedimento administrativo, no qual tenham sido assegurados a ampla defesa e o contraditório, sendo necessário um decreto do Presidente da República declarando a perda.

É importante lembrar que o § 4º, inciso II, alíneas "a" e "b" da Constituição Federal traz duas hipóteses de aquisição de nova nacionalidade, mas que não geram perda da brasileira:

- **a)** quando há reconhecimento da nacionalidade *originária* pela lei estrangeira. Exemplo: a Itália reconhece originariamente como italianos os filhos e netos de italianos. Nesse caso o sujeito pode cumular as nacionalidades;
- **b)** imposição de naturalização pela lei estrangeira como condição de permanência ou para o exercício dos direitos civis. Exemplo: os jogadores de futebol que residem no exterior e, como condição de permanência, o país impõe que se naturalizem.

Nas hipóteses explicitadas, ou seja, nos casos de cumulação de mais de uma nacionalidade, o indivíduo é chamado de polipátrida – muitas pátrias ou mais de uma pátria. Diferente, portanto, do apátrida, que é aquele que não possui nacionalidade. Frise-se que esta última situação está, atualmente, banida pela Declaração Universal dos Direitos do Homem.

9.6.5. Portugueses residentes no Brasil

A Constituição Federal determina que, havendo reciprocidade em favor dos brasileiros que residam em Portugal, sejam atribuídos aos portugueses com residência permanente no Brasil os mesmos direitos inerentes aos brasileiros naturalizados.

Tal hipótese não configura naturalização; o português apenas possui os direitos atribuídos ao naturalizado. Para tanto, são necessários dois requisitos: que o português resida de forma permanente no Brasil; e que haja igual tratamento, ou seja, reciprocidade, aos brasileiros que estejam permanentemente residindo em Portugal.

O Estatuto da Igualdade, tratado internacional de amizade e cooperação entre Brasil e Portugal, regulamenta esse assunto, fixando, dentre outras, as regras sobre a inviolabilidade da nacionalidade originária, as facilidades em relação à expedição de documentos pessoais, a proibição da concessão de extradição de portugueses e brasileiros, exceto se o solicitante for o Governo da nacionalidade do indivíduo.

De acordo com o Supremo, "a norma inscrita no art. 12, § 1º, da Constituição da República – que contempla, em seu texto, hipótese excepcional de quase nacionalidade – não opera de modo imediato, seja quanto ao seu conteúdo eficacial, seja no que se refere a todas as consequências jurídicas que dela derivam, pois, para incidir, além de supor o pronunciamento aquiescente do Estado brasileiro, fundado em sua própria soberania, depende, ainda, de requerimento do súdito português interessado, a quem se impõe, para tal efeito, a obrigação de preencher os requisitos estipulados pela Convenção sobre Igualdade de Direitos e Deveres entre brasileiros e portugueses." (Ext 890, Rel. Min. Celso de Mello, julgamento em 05.08.2004, Primeira Turma, *DJ* de 28.10.2004.) No mesmo sentido: HC 100.793, Rel. Min. Marco Aurélio, julgamento em 02.12.2010, Plenário, *DJE* de 1º.02.2011.

9.7. Direitos políticos

Os direitos políticos podem ser conceituados como o grupo ou conjunto de normas que disciplinam a atuação da soberania popular. Estão previstos nos artigos 14, 15 e 16 da Constituição Federal. O fundamento dessas normas advém do artigo 1º da citada Constituição. Seu *caput* define o pacto federativo, seus incisos trazem os fundamentos da República Federativa do Brasil e seu parágrafo único indica quem é o titular do poder, o povo. Consagra, portanto, a *soberania popular.*

A doutrina divide os direitos políticos em *positivos* e *negativos*. Os primeiros dizem respeito à possibilidade das pessoas de votarem e serem votadas, ou seja, de participar das eleições tanto como eleitoras quanto como candidatas. São também conhecidos como direito de sufrágio ou capacidade eleitoral ativa e passiva. Tal direito é exercido nas eleições e por meio das consultas populares (plebiscito e referendo). É considerado o núcleo dos direitos políticos. Os segundos, direitos políticos negativos, estão relacionados aos impedimentos, aos fatos que impossibilitam a participação no processo eleitoral. Englobam tanto as inelegibilidades como a privação dos direitos políticos que se dá com a perda ou suspensão desses direitos.

Analisaremos, em primeiro lugar, os direitos políticos positivos.

O exercício da soberania popular se dá de forma direta ou indireta. A forma indireta é aquela exercida por meio da democracia representativa, ou seja, por meio de representantes eleitos periodicamente; ao passo que a forma direta é a exercida mediante plebiscito, referendo e iniciativa popular das leis.

O plebiscito e o referendo são formas de consulta ao povo. As consultas visam à deliberação de matérias de grande relevância. A diferença entre os dois institutos diz respeito ao *momento* em que essa consulta é realizada.

No plebiscito, há a convocação do povo para se manifestar; a consulta à população sobre matéria de grande relevância se dá de forma *prévia*, ou seja, anteriormente à edição do ato normativo que tratará do assunto, podendo, ou não, autorizar o início do processo legislativo sobre o tema. O exemplo que temos é o que ocorreu em 1993, nos termos do artigo 2º do ADCT, quando o povo foi convocado para decidir sobre a forma (república ou monarquia) e o sistema de governo (parlamentarismo ou presidencialismo). Naquele momento, o povo – titular do poder – decidiu que a forma de governo seria a república e o sistema continuaria sendo o presidencialismo. Vejam que a forma e o sistema de governo adotados no Brasil não são considerados cláusulas pétreas. Outro exemplo, aliás, um caso em que é imprescindível a realização da consulta popular prévia diz respeito à formação de novos Estados ou de novos Municípios. Sempre que se falar em incorporação, fusão ou desmembramento de Estados e Municípios, tais atos somente terão validade se esta for a vontade do povo, e isso será verificado após a realização prévia de um plebiscito (artigo 18, §§ 3º e 4º, da CF).

Diferentemente ocorre no referendo. Aqui a consulta ao povo é *posterior* ao ato legislativo. O referendo é uma forma de o povo ratificar (confirmar), ou não, o ato legislativo produzido. No ano de 2000, tivemos um exemplo dessa forma de consulta popular quando houve a convocação do povo para decidir sobre a possibilidade, ou não, da comercialização de armas de fogo. Nesse momento, o povo optou por autorizar a comercialização, confirmando a validade do dispositivo legal previsto no Estatuto do Desarmamento.

Ressalta-se que é da competência exclusiva do Congresso Nacional, conforme artigo 49, XV, da CF, autorizar referendo e convocar plebiscito.

Em síntese, o plebiscito é uma consulta popular que se dá de forma prévia, ao passo que o referendo se dá posteriormente à edição do ato normativo.

Os direitos políticos mantêm estrita relação com a cidadania. Aliás, ela é atributo para o exercício de tais direitos. Tecnicamente, *cidadão* é aquele que possui título de eleitor, que já efetuou seu alistamento eleitoral por meio de inscrição perante a Justiça Eleitoral e que está no gozo de seus direitos políticos, ou seja, não houve perda ou não está com esses direitos suspensos. Fala-se, portanto, que esse sujeito é dotado de capacidade eleitoral ativa.

O *alistamento eleitoral*, inscrição na Justiça Eleitoral, é *obrigatório* para os brasileiros maiores de 18 anos de idade. Para que não fique sujeito ao pagamento de multa, o brasileiro nato deve se alistar até um ano, contado da data em que completar 18 anos, ou seja, deve se inscrever perante a Justiça Eleitoral até os 19 anos de idade. Os naturalizados, para se livrarem da multa, também têm um ano, a contar da aquisição da nacionalidade brasileira, para efetivar o alistamento eleitoral.

Para os maiores de 16 e menores de 18, os maiores de 70 anos e os analfabetos, o alistamento eleitoral e o voto são *facultativos*, conforme dispõe o inciso II do § 1º do artigo 14 da Constituição Federal.

O mesmo artigo traz, em seu § 2º, algumas pessoas que são *inalistáveis* e que, portanto, não podem ser eleitores: os estrangeiros e os conscritos. Os últimos são aqueles convocados para prestar o serviço militar obrigatório; durante esse período, não podem se alistar. São incluídos aqui, de acordo com a Lei 5.292/1967, os dentistas, médicos, farmacêuticos e veterinários que prestarão o serviço após a conclusão da graduação. Tais pessoas, se já tiverem se alistado antes da prestação do serviço obrigatório, continuarão com a inscrição eleitoral, mas não poderão votar até que concluam o serviço militar obrigatório.

Por fim, se após o cumprimento do período obrigatório o indivíduo ocupar o serviço militar de natureza permanente, a Constituição determina que seja feito o alistamento eleitoral.

Além do alistamento, ou capacidade eleitoral ativa, existe a capacidade eleitoral passiva, ou *elegibilidade*, que compreende o direito de ser votado. Para que se adquira tal capacidade, é necessário o cumprimento de alguns requisitos. Conforme dispõe o § 3º do artigo 14 da Constituição Federal, são condições de elegibilidade:

a) a nacionalidade brasileira;

b) o alistamento eleitoral;

c) o pleno exercício dos direitos políticos;

d) o domicílio eleitoral na circunscrição;

e) a filiação partidária (sobre esse tema, é importante ressaltar o STF, no julgamento das ADI 3.999 e 4.086, confirmou a constitucionalidade da Resolução 22.610/2007 do TSE, que trata do processo de perda de mandato eletivo por infidelidade partidária);

f) a idade mínima de: 18 anos para Vereador; 21 anos para Deputado Federal, Deputado Estadual ou Distrital, Prefeito, Vice-Prefeito e juiz de paz; 30 anos para Governador e Vice-Governador de Estado e do Distrito Federal; e 35 anos para Presidente e Vice-Presidente da República e Senador. Tais idades serão verificadas no momento da posse.

Quanto à *nacionalidade*, conclui-se que tanto o nato quanto o naturalizado são elegíveis, exceto em relação aos cargos de Presidente e Vice-Presidente, pois o § 3º do artigo 12 da CF determina que tais cargos devem ser ocupados exclusivamente por brasileiros natos. Outra observação diz respeito àqueles que detêm a condição de portugueses equiparados: como a eles são atribuídos os direitos relativos aos brasileiros naturalizados, também não podem se candidatar aos cargos de Presidente e Vice-Presidente da República.

Fala-se que o sujeito está em *pleno exercício dos seus direitos políticos* quando ele pode não só votar, mas também ser votado. Tal plenitude é conhecida também como direito de sufrágio. Assim, fala-se que aquele que detém capacidade eleitoral ativa e passiva, ou seja, está em pleno exercício dos direitos políticos, possui o denominado direito de sufrágio.

Sabemos que, segundo a CF/1988, o sufrágio é universal, a capacidade eleitoral é dada a todos os nacionais, indiscriminadamente. Aliás, a universalidade é uma característica do voto que consta das cláusulas pétreas (artigo 60, § 4º, II, da CF). Opõe-se ao sufrágio universal a forma restrita que seria aquela em que apenas sujeitos que possuíssem condição econômica favorável (voto censitário) ou que detivessem alguma capacidade especial é que poderiam votar. Tal forma é proibida pela Constituição. Nem por emenda constitucional poderá haver discriminações quanto ao exercício do direito de voto.

Partindo da premissa de que para ser elegível o indivíduo precisa deter capacidade eleitoral ativa e passiva, conclui-se que os inalistáveis (estrangeiros e conscritos, durante o serviço militar obrigatório) são também inelegíveis, pois lhes falta o primeiro requisito para a plenitude de seus direitos políticos, que é o direito de votar, isto é, a capacidade eleitoral ativa.

Outra condição de elegibilidade (capacidade eleitoral passiva), conforme já mencionado, é o domicílio eleitoral na circunscrição equivalente ao cargo que pretende. Ressalta-se que o Tribunal Superior Eleitoral considera domicílio eleitoral de forma ampla, mencionando que pode ser o local onde o candidato possui vínculos políticos, sociais, profissionais, econômicos e até comunitários. Desse modo, domicílio eleitoral difere do domicílio civil, previsto no artigo 70 do Código Civil. Este último é considerado o lugar onde a pessoa estabelece sua residência com o ânimo definitivo.

Dispõe o artigo 60, § 4º, inciso II, da CF que o voto tem de ser direto, secreto, universal e periódico. Tomando por base as disposições trazidas, podemos dizer que o voto possui as seguintes características:

1) é ato **direto**: o eleitor não vota em alguém para que esse alguém escolha quem o representará, não há intermediários, vota-se diretamente naquele que o representará. O voto direto é cláusula pétrea, ou seja, nem mesmo pelo poder constituinte derivado reformador (por emenda constitucional) isso poderá ser modificado. Vale lembrar que, conforme já mencionado, embora o voto seja direito, seu exercício é um exemplo de democracia indireta, pois o povo delega seu poder para o governante eleito para que ele o represente;

2) é ato **secreto**: o exercício do direito de voto é algo sigiloso, a opção do sujeito sobre qual candidato escolheu ou escolherá não precisa ser externada. O voto secreto é cláusula pétrea, não pode ser suprimido do texto constitucional. De acordo com o Supremo o sigilo do voto é direito fundamental do cidadão. Assim, decidiu a Suprema Corte que a exigência legal do voto impresso no processo de votação, contendo número de identificação associado à assinatura digital do eleitor, vulnera o segredo do voto, garantia constitucional expressa. A garantia da inviolabilidade do voto põe a necessidade de se garantir ser impessoal o voto para garantia da liberdade de manifestação, evitando-se qualquer forma de coação sobre o eleitor. A manutenção da urna em aberto põe em risco a segurança do sistema, possibilitando fraudes, impossíveis no atual sistema, o qual se harmoniza com as normas constitucionais de garantia do eleitor. Cautelar deferida para suspender a eficácia do art. 5º da Lei 12.034/2002." (ADI 4.543-MC, Rel. Min. Cármen Lúcia, julgamento em 03.11.2011, Plenário, *DJE* de 02,03.2012).

3) é ato **universal**: conforme já estudado, a capacidade eleitoral é dada a todos os nacionais, indiscriminadamente. A universalidade também consta das cláusulas pétreas;

4) é ato **periódico**: os governantes detêm mandatos por um período determinado. Assim, sempre que houver troca de governante, o povo deve ser chamado às urnas para exercer, de modo periódico, o direito de voto. A periodicidade do voto é uma das cláusulas pétreas;

5) é ato **personalíssimo**: significa que só pode ser exercido pela própria pessoa, não há possibilidade de se passar uma procuração para que outra pessoa vote em seu nome, o voto não pode ser efetivado por mandato;

6) é ato **obrigatório**: embora a obrigatoriedade do voto não seja considerada uma cláusula pétrea, ou seja, por emenda constitucional, tal determinação pode ser modificada, enquanto não houver mudança nessa regra, o eleitor tem obrigação de ir até o local determinado e efetivamente votar. É claro que há a possibilidade de votar em branco ou anular seu voto, mas isso não significa que o sujeito possa deixar de comparecer fisicamente ao local, dia e horário determinados;

7) é **ato livre**: o conteúdo do voto é livre, por conta disso que as pessoas, além de poderem escolher em qual candidato votar, podem anular seu voto.

Passemos à análise dos direitos políticos negativos.

Os direitos políticos negativos dizem respeito às circunstâncias que impedem a participação no processo eletivo, são as inelegibilidades e a perda e suspensão dos direitos políticos.

Inelegibilidades: significam impedimentos relativos ou absolutos que atingem o direito de sufrágio, especificamente em relação à elegibilidade, à capacidade eleitoral passiva, ou seja, ao direito de ser votado.

Segundo o artigo 14, § 4º, da CF são *absolutamente* inelegíveis os inalistáveis e os analfabetos. Os inalistáveis não podem se alistar, portanto, não votam. Se não podem o menos, que é votar, não poderão o mais, que é serem votados. Desse modo, é possível concluir que a inalistabilidade impede a elegibilidade, já que a primeira é pressuposto para aquisição da segunda.

Ocorre que o dispositivo menciona que também são inelegíveis os analfabetos. Vejam, eles detêm capacidade eleitoral ativa, os analfabetos podem votar, o que a Constituição proíbe é a elegibilidade. Assim, poderão votar, mas não poderão ser eleitos, pois não possuem capacidade eleitoral passiva, não são elegíveis.

Em suma, a inelegibilidade absoluta atinge os inalistáveis (estrangeiros e os conscritos, durante o serviço militar obrigatório) e os analfabetos.

Vale observar a seguinte decisão do Supremo: "as condições de elegibilidade (CF, art. 14, § 3º) e as hipóteses de inelegibilidade (CF, art. 14, § 4º a § 8º), inclusive aquelas decorrentes de legislação complementar (CF, art. 14, § 9º), aplicam-se de pleno direito, independentemente de sua expressa previsão na lei local, à eleição indireta para Governador e Vice-Governador do Estado, realizada pela Assembleia Legislativa em caso de dupla vacância desses cargos executivos no último biênio do período de governo." (ADI 1.057-MC, Rel. Min. Celso de Mello, julgamento em 20.04.1994, Plenário, *DJ* de 06.04.2001.) **No mesmo sentido**: ADI 4.298-MC, Rel. Min. Cezar Peluso, julgamento em 07.10.2009, Plenário, *DJE* de 27.11.2009.

Passemos ao estudo da inelegibilidade relativa.

As inelegibilidades *relativas* não têm relação específica com a pessoa que quer se candidatar, mas sim com fatores externos, ou ainda, com pessoas ligadas àquela que pretende disputar o pleito eleitoral. Como o próprio nome esclarece, são obstáculos relativos ao direito de ser votado. Em princípio, o sujeito é elegível, mas para determinados cargos ou funções, haverá impedimento.

Os motivos que levam à inelegibilidade relativa podem ser:

- ✔ funcionais (art. 14, §§ 5º e 6º, da CF);
- ✔ casamento, parentesco ou afinidade (art. 14, § 7º, da CF);
- ✔ legais (art. 14, § 9º, da CF);
- ✔ militares (art. 14, § 8º, da CF); e
- ✔ domicílio eleitoral.

Motivo funcional: o § 5º do artigo 14 da CF traz a regra da reeleição dispondo que o Presidente da República, os Governadores de Estado e do Distrito Federal, os Prefeitos e quem os houver sucedido, ou substituído no curso dos mandatos, poderão ser reeleitos para um único período subsequente. Se o sujeito for reeleito após o término do primeiro mandato, será considerado inelegível para a próxima eleição. Verifica-se que há a impossibilidade de um terceiro mandato subsequente ao segundo. Tal proibição não impede que o sujeito ocupe o cargo de Chefe do Executivo por mais de duas vezes, apenas veda que essa ocupação se dê de forma sucessiva. Trata-se de hipótese de inexigibilidade por motivo funcional.

Sobre o art. 14, § 5º, da CF, é interessante notar o seguinte julgado do STF: "O instituto da reeleição tem fundamento não somente no postulado da continuidade administrativa, mas também no princípio republicano, que impede a perpetuação de uma mesma pessoa ou grupo no poder. O princípio republicado condiciona a interpretação e a aplicação do próprio comando da norma constitucional, de modo que a reeleição é permitida por apenas uma única vez. Esse princípio impede a terceira eleição não apenas no mesmo município, mas em relação a qualquer outro município da federação. Entendimento contrário tornaria possível a figura do denominado "prefeito itinerante" ou do "prefeito profissional", o que claramente é incompatível com esse princípio, que também traduz um postulado de temporiedade/ alternância do exercício do poder. Portanto, ambos os princípios – continuidade administrativa e republicanismo – condicionam a interpretação e aplicação teleológicas do art. 14, § 5º, da CF. O cidadão que exerce dois mandatos consecutivos como o prefeito de determinado município fica inelegível para o cargo da mesma natureza em qualquer outro município da federação" (RE n. 637.485-RJ, de 1º de agosto de 2012, rel. Min. Gilmar Mendes).

Outra decisão sobre o tema reeleição, agora quanto a sua possibilidade, tem a ver com o vice-governador eleito duas vezes para o cargo de vice-governador. No segundo mandato de vice, sucedeu o titular. Certo que, no seu primeiro mandato de vice, teria substituído o governador. Possibilidade de reeleger-se ao cargo de governador, porque o exercício da titularidade do cargo dá-se mediante eleição ou por sucessão. Somente quando sucedeu o titular é que passou a exercer o seu primeiro mandato como titular do cargo. Inteligência do disposto no § 5º do art. 14 da CF." (RE 366.488, Rel. Min. Carlos Velloso, julgamento em 04.10.2005, Segunda Turma, *DJ* de 28.10.2005.) **No mesmo sentido**: AI 782.434-AgR, Rel. Min. Cármen Lúcia, julgamento em 08.02.2011, Primeira Turma, *DJE* de 24.03.2011.

Outra situação em que se verifica a inelegibilidade por motivo funcional é a constante no § 6º do artigo 14 da CF que dispõe que, para concorrerem a outros cargos, o Presidente da República, os Governadores de Estado e do Distrito Federal e os Prefeitos devem renunciar aos respectivos mandatos até seis meses antes do pleito. É a denominada regra da *desincompatibilização*.

Vale lembrar que apenas para outros cargos eletivos, e não para uma futura reeleição, é que é exigida, do Chefe do Executivo, a desincompatibilização, ou seja, o afastamento temporário ou a renúncia nos seis meses que antecedem o pleito eleitoral.

Casamento, parentesco ou afinidade: o § 7º do artigo 14 da CF dispõe que são inelegíveis no território de jurisdição do titular o cônjuge e os parentes consanguíneos ou afins até o segundo grau, ou por adoção, do Presidente da República, de Governador de Estado ou Território, do Distrito Federal, de Prefeito ou de quem os haja substituído dentro dos seis meses anteriores ao pleito, salvo se já titular de mandato eletivo e candidato à reeleição. Trata-se da denominada *inelegibilidade reflexa.*

Em suma, pela inelegibilidade reflexa as pessoas relacionadas ao prefeito não poderão ser candidatas a vereador ou prefeito no mesmo município. Aquelas que têm relação com o governador não poderão concorrer aos cargos de vereador, deputado estadual, deputado federal, senador ou governador do respectivo estado. E, por último, os ligados ao Presidente não poderão ser candidatos a qualquer cargo eletivo no país.

Vale lembrar que o Supremo Tribunal Federal editou a Súmula Vinculante n. 18, que determina que a dissolução da sociedade ou do vínculo conjugal, no curso do mandato, não afasta a inexigibilidade prevista no § 7º do artigo 14 da CF. Desse modo, não adianta os governantes, durante seus mandatos, romperem suas relações matrimoniais para que seus futuros "ex-cônjuges" escapem da inexigibilidade reflexa.

Motivos legais: o § 9º do artigo 14 da CF deixa claro que outros casos de inelegibilidade relativa poderão ser criados por meio de lei complementar. Assim, o rol de motivos previstos na CF é meramente exemplificativo.

Motivos militares: embora o § 8º do artigo 14 da CF mencione que o militar alistável é também elegível, o artigo 142, § 3º, V, do Texto Maior proíbe sua filiação a partido político enquanto estiver na ativa. Por conta disso, o Tribunal Superior Eleitoral decidiu que nesse caso é dispensável a filiação partidária, que será sanada pelo registro da candidatura feita pelo partido político.

Além disso, o militar, para ser elegível, deverá obedecer às seguintes regras:

1) se contar com **menos de 10** anos de serviço, deverá **afastar-se** da atividade;
2) se contar com **mais de 10** anos de serviço, será **agregado** pela autoridade superior e, **se eleito**, passará automaticamente, no ato da diplomação, para a **inatividade.**

Vale lembrar que o Supremo já decidiu que "diversamente do que sucede ao militar com mais de dez anos de serviço, deve afastar-se definitivamente da atividade o servidor militar que, contando menos de dez anos de serviço, pretenda candidatar-se a cargo eletivo." (RE 279.469, Rel. p/ o ac. Min. Cezar Peluso, julgamento em 16.03.2011, Plenário, *DJE* de 20.06.2011).

"Ficha limpa" – Lei Complementar n. 135/2010

A Lei da "Ficha Limpa" teve origem por iniciativa popular, com mais de um milhão e meio de assinaturas; foi sancionada como Lei Complementar n. 135, no dia 4 de junho de 2010. Sua aprovação é fruto da mobilização de milhões de cidadãos e se tornou um marco fundamental para a democracia e a luta contra a corrupção e a impunidade no Brasil.

Em suma, a lei em comento altera a Lei Complementar n. 64, de 18 de maio de 1990, que estabelece, de acordo com o § 9º do artigo 14 da Constituição Federal, casos de inelegibilidade, prazos de cessação e determina outras providências para incluir hipóteses de inelegibilidade que visam a proteger a probidade administrativa e a moralidade no exercício do mandato.

Entre outras restrições, a lei proíbe a candidatura de pessoas com condenação criminal por decisão colegiada da Justiça. Porém, a polêmica questão que girava acerca do tema, acalorando o debate, é se tal lei seria ou não constitucional. O Supremo entendeu que a referida lei é constitucional uma vez que o princípio da presunção de inocência só se aplica ao âmbito penal, enquanto que no direito eleitoral se aplica o princípio da prevenção, conforme entendimento de juristas como Fábio Konder Comparato e Celso Antônio Bandeira de Mello.

Ao analisar recurso de Jader Barbalho (PMDB-PA), segundo colocado na eleição para senador no Estado do Pará, o STF, mantendo a decisão do TSE, definiu que a lei já seria aplicada na eleição do ano de 2010, inclusive em todos os casos de políticos que renunciaram ao mandato para fugir de processo de perda da função.

Posteriormente, ao apreciar o recurso apresentado pelo ex-deputado estadual Leonídio Bouças (PMDB-MG), que havia sido impedido por conta de uma condenação advinda de uma ação de improbidade administrativa, o STF mudou o seu entendimento.

Com fundamento no art. 16 da Constituição Federal, que determina que a lei que alterar o processo eleitoral entra em vigor na data de sua publicação, **não se aplicando à eleição que ocorra até um ano da data de sua vigência** (princípio da anualidade) e em princípios basilares que resguardam o estado democrático de direito, como o da **segurança jurídica**, o STF decidiu que a lei **da ficha limpa vale a partir de 2012.**

Segundo a Corte Maior, "a elegibilidade é a adequação do indivíduo ao regime jurídico – constitucional e legal complementar – do processo eleitoral, razão pela qual a aplicação da Lei Complementar 135/2010 com a consideração de fatos anteriores não pode ser capitulada na retroatividade vedada pelo art. 5º, XXXV, da Constituição, mercê de incabível a invocação de direito adquirido ou de autoridade da coisa julgada (que opera sob o pálio da cláusula *rebus sic stantibus*) anteriormente ao pleito em oposição ao diploma legal retromencionado (...) **A razoabilidade da expectativa de um indivíduo de concorrer a cargo público eletivo, à luz da exigência constitucional de moralidade para o exercício do mandato (art. 14, § 9º), resta afastada em face da condenação**

prolatada em segunda instância ou por um colegiado no exercício da competência de foro por prerrogativa de função, da rejeição de contas públicas, da perda de cargo público ou do impedimento do exercício de profissão por violação de dever ético-profissional. A presunção de inocência consagrada no art. 5º, LVII, da Constituição Federal deve ser reconhecida como uma regra e interpretada com o recurso da metodologia análoga a uma redução teleológica, que reaproxime o enunciado normativo da sua própria literalidade, de modo a reconduzi-la aos efeitos próprios da condenação criminal (que podem incluir a perda ou a suspensão de direitos políticos, mas não a inelegibilidade), sob pena de frustrar o propósito moralizante do art. 14, § 9º, da Constituição Federal. Não é violado pela Lei Complementar 135/2010 o princípio constitucional da vedação de retrocesso, posto não vislumbrado o pressuposto de sua aplicabilidade concernente na existência de consenso básico, que tenha inserido na consciência jurídica geral a extensão da presunção de inocência para o âmbito eleitoral. O direito político passivo (*ius honorum*) é possível de ser restringido pela lei, nas hipóteses que, *in casu*, não podem ser consideradas arbitrárias, porquanto se adequam à exigência constitucional da razoabilidade, revelando elevadíssima carga de reprovabilidade social, sob os enfoques da violação à moralidade ou denotativos de improbidade, de abuso de poder econômico ou de poder político. **O princípio da proporcionalidade resta prestigiado pela Lei Complementar 135/2010, na medida em que: (i) atende aos fins moralizadores a que se destina; (ii) estabelece requisitos qualificados de inelegibilidade e (iii) impõe sacrifício à liberdade individual de candidatar-se a cargo público eletivo que não supera os benefícios socialmente desejados em termos de moralidade e probidade para o exercício de referido *munus* público.O exercício do *ius honorum* (direito de concorrer a cargos eletivos), em um juízo de ponderação no caso das inelegibilidades previstas na Lei Complementar 135/2010, opõe-se à própria democracia, que pressupõe a fidelidade política da atuação dos representantes populares.** A Lei Complementar 135/2010 também não fere o núcleo essencial dos direitos políticos, na medida em que estabelece restrições temporárias aos direitos políticos passivos, sem prejuízo das situações políticas ativas. O cognominado desacordo moral razoável impõe o prestígio da manifestação legítima do legislador democraticamente eleito acerca do conceito jurídico indeterminado de vida pregressa, constante do art. 14, § 9º, da Constituição Federal. O abuso de direito à renúncia é gerador de inelegibilidade dos detentores de mandato eletivo que renunciarem aos seus cargos, posto hipótese em perfeita compatibilidade com a repressão, constante do ordenamento jurídico brasileiro (v.g., o art. 53, § 6º, da Constituição Federal e o art. 187 do Código Civil), ao exercício de direito em manifesta transposição dos limites da boa-fé. A inelegibilidade tem as suas causas previstas nos §§ 4º a 9º do art. 14 da Carta Magna de 1988, que se traduzem em condições objetivas cuja verificação impede o indivíduo de concorrer a cargos eletivos ou, acaso eleito, de os exercer, e não se confunde com a suspensão ou perda dos direitos políticos, cujas hipóteses são previstas no art. 15 da Constituição da República, e que importa restrição não apenas ao direito de concorrer a cargos eletivos (*ius honorum*), mas também ao direito de voto (*ius sufragii*). Por essa razão, não há inconstitucionalidade na cumulação entre a inelegibilidade e a suspensão de direitos políticos. A extensão da inelegibilidade por oito anos após o cumprimento da pena, admissível à luz da disciplina legal anterior, viola a proporcionalidade numa sistemática em que a interdição política se põe já antes do trânsito em julgado, cumprindo, mediante interpretação conforme a Constituição, deduzir do prazo posterior ao cumprimento da pena o período de inelegibilidade decorrido entre a condenação e o trânsito em julgado." (ADC 29; ADC 30 e ADI 4.578, Rel. Min. Luiz Fux, julgamento em 16.02.2012, Plenário, *DJE* de 29.06.2012).

O STF também já definiu que "(...) a perda da elegibilidade constitui situação impregnada de caráter excepcional, pois inibe o exercício da cidadania passiva, comprometendo a prática da liberdade em sua dimensão política, eis que impede o cidadão de ter efetiva participação na regência e na condução do aparelho governamental." (AC 2.763-MC, Rel. Min. Celso de Mello, decisão monocrática, julgamento em 16.12.2010, *DJE* de 1º.02.2011).

Privação ou restrição dos direitos políticos

Há duas formas de restringir os direitos políticos: temporária ou definitivamente. A primeira é denominada suspensão dos direitos políticos e a segunda é conhecida como perda de tais direitos.

Ressalta-se que a Constituição proíbe a cassação dos direitos políticos em seu artigo 15 e admite, em algumas hipóteses, a perda e a suspensão, conforme analisaremos adiante.

É da competência do Poder Judiciário, conforme dispõe o inciso XXXV do artigo 5º da CF, analisar e decidir as questões relacionadas à perda e suspensão dos direitos políticos.

As hipóteses de *suspensão* são as seguintes: a) incapacidade civil absoluta; b) condenação criminal transitada em julgado, enquanto durarem seus efeitos; e c) prática de atos de improbidade administrativa, conforme artigo 37, § 4º, da CF.

De outra parte, haverá *perda* dos direitos políticos: a) quando houver cancelamento da naturalização por sentença transitada em julgado; e b) quando houver recusa em cumprir obrigação a todos imposta ou prestação alternativa, segundo artigo 5º, VIII, da CF. Nesta última hipótese, há quem entenda que é suspensão e não de perda dos direitos políticos, por conta do artigo 4º, § 2º, da Lei 8.239/1991.

Nesse tópico, há decisão do Supremo no sentido de que a inelegibilidade tem as suas causas previstas nos §§ 4º a 9º do art. 14 da Carta Magna de 1988, que se traduzem em condições objetivas cuja verificação impede o indivíduo de concorrer a cargos eletivos ou, acaso eleito, de os exercer, **e não se confunde com a suspensão ou perda dos direitos políticos, cujas hipóteses são previstas no art. 15 da Constituição da República, e que importa restrição não apenas ao direito**

de concorrer a cargos eletivos (*ius honorum*), mas também ao direito de voto (*ius sufragii*). Por essa razão, não há inconstitucionalidade na cumulação entre a inelegibilidade e a suspensão de direitos políticos." (ADC 29; ADC 30 e ADI 4.578, Rel. Min. Luiz Fux, julgamento em 16.02.2012, Plenário, *DJE* de 29.06.2012).

Outro tema relevante diz respeito ao mandato imperativo e ao *recall*. Pelo primeiro, os parlamentares só poderiam ser eleitos de acordo com a forma estabelecida pelo povo que, além de decidir a forma, deveria ser consultado sobre a manutenção ou a revogação de um mandato conferido a alguém. Já o *recall* seria um método de revogação popular do mandato, como por exemplo, se os governantes não honrassem seus projetos divulgados em campanha eleitoral. Ambos não existem no ordenamento jurídico brasileiro.

Princípio da anterioridade ou anualidade eleitoral: dispõe o artigo 16 da CF que a lei que alterar o processo eleitoral entrará em vigor na data de sua publicação, não se aplicando à eleição que ocorra até um ano da data de sua vigência.

De acordo com o STF, informativo 707, "A importância fundamental do princípio da segurança jurídica para o regular transcurso dos processo eleitorais está plasmada no princípio da anterioridade eleitoral positivado no art. 16 da CF. O STF fixou a interpretação desse art. 16, entendo-o como uma garantia constitucional (1) do devido processo legal eleitoral, (2) da igualdade de chances e (3) das minorias (RE 633.703). Em razão do caráter especialmente peculiar dos atos judiciais emanados do Tribunal Superior Eleitoral (TSE), os quais regem normativamente todo o processo eleitoral, é razoável concluir que a CF também alberga uma norma, ainda que implícita, que traduz o postulado da segurança jurídica como princípio da anterioridade ou anualidade em relação à alteração da jurisprudência do TSE. Assim, as decisões do TSE que, no curso do pleito eleitoral (ou logo após o seu encerramento), impliquem mudança de jurisprudência (e dessa forma repercutam sobre a segurança jurídica) não têm aplicabilidade imediata ao caso concreto e somente terão eficácia sobre outros casos no pleito eleitoral posterior" (informativo 707 do STF).

Desincompatibilização: os Chefes do Executivo (Presidente da República, Governadores de Estado e do Distrito Federal ou Prefeitos) que pretendam concorrer à próxima eleição, segundo o § 6º do artigo 14 da CF, deverão renunciar aos respectivos mandatos até seis meses antes do pleito. Nesses casos, os governantes terão de se afastar dos seus cargos de forma definitiva. Vale lembrar que há casos em que será necessário apenas o licenciamento; por exemplo, nas hipóteses de agentes administrativos e autoridades policiais que pretendam disputar o pleito eleitoral.

Reaquisição dos direitos políticos: no caso de suspensão dos direitos políticos, se os motivos que levaram à suspensão não mais persistirem, haverá reaquisição. Já nas hipóteses de perda, é necessário fazer uma divisão: se a perda se deu em razão de cancelamento da naturalização, em virtude de atividade nociva ao interesse nacional reconhecida em sentença transitada em julgado, a reaquisição somente ocorrerá mediante ação rescisória; se a perda decorreu da recusa em cumprir obrigação a todos imposta, o sujeito poderá readquirir os direitos políticos se cumprir tal obrigação ou, na hipótese de serviço militar obrigatório, o cumprimento da prestação de serviço alternativo.

Partidos políticos

Os partidos políticos têm por função assegurar a autenticidade do sistema representativo, além de defender o estado democrático, os direitos e garantias fundamentais. Podemos considerá-los como o agrupamento de pessoas que possuem os mesmos ideais e objetivos e que pretendem assumir o poder para fazer valer tais preceitos.

Segundo o artigo 17 da CF, é livre a criação, fusão, incorporação e extinção de partidos políticos, resguardados a soberania nacional, o regime democrático, o pluripartidarismo e os direitos fundamentais da pessoa humana. O mesmo dispositivo constitucional menciona que devem ser observados os seguintes preceitos: I – caráter nacional; II – proibição de recebimento de recursos financeiros de entidade ou governo estrangeiros ou de subordinação a estes; III – prestação de contas à Justiça Eleitoral; IV – funcionamento parlamentar de acordo com a lei.

Desse modo, verifica-se que o princípio da liberdade partidária não é ilimitado e irrestrito: há condições para criação, fusão, incorporação e extinção dos partidos políticos.

É importante frisar que os partidos políticos possuem natureza jurídica de direito privado, pois adquirem personalidade jurídica na forma da lei civil. Após tal aquisição, devem registrar seus estatutos no Tribunal Superior Eleitoral. Cumpridas essas formalidades, os partidos serão sujeitos de direito, podendo atuar em juízo.

A Constituição assegura, ainda, a autonomia dos partidos, mencionando que eles definirão sua estrutura interna, organização e funcionamento e poderão adotar os critérios de escolha e o regime de suas coligações eleitorais.

É importante mencionar que a EC 52/2006 constitucionalizou a *quebra da verticalização*, dispondo que não há mais a obrigatoriedade de vinculação entre as candidaturas em âmbito nacional, estadual, distrital ou municipal, devendo os estatutos dos partidos, de forma autônoma, estabelecerem as normas de disciplina e fidelidade partidária.

O § 3º do artigo 17 da CF estabelece que os partidos políticos têm direito a recursos do fundo partidário e acesso gratuito ao rádio e à televisão na forma da lei. Como o dispositivo não faz distinção entre partidos, não se pode concluir que apenas aqueles que tenham representação no Congresso Nacional detêm tais direitos.

Por fim, a Constituição menciona que é proibida a utilização, pelos partidos políticos, de organização paramilitar.

10. Controle de constitucionalidade

10.1. Conceito

É o mecanismo de verificação da compatibilidade de um ato normativo em face da Constituição Federal. Todo o ordenamento jurídico brasileiro, ou seja, todas as regras existentes no Brasil devem guardar relação de compatibilidade vertical com o Texto Maior. Não sendo consonantes com o que preconiza a Constituição, devem ser banidas do ordenamento, por meio do instituto denominado controle de constitucionalidade.

10.2. Fundamento

O controle de constitucionalidade tem por fundamento o princípio da *Supremacia Constitucional*, o qual dispõe que as normas constitucionais estão no ápice da pirâmide hierárquica de Kelsen. Todas as normas infraconstitucionais encontram seu fundamento de validade na Constituição Federal. Desse modo, os atos normativos em geral, por estarem abaixo da Constituição, devem ser compatíveis com o ordenamento jurídico maior.

10.3. Objeto

Podem ser objeto de controle tanto os atos legislativos quanto os atos normativos. Os primeiros estão previstos no artigo 59 da Constituição Federal. São eles: emendas constitucionais, leis complementares, leis ordinárias, medidas provisórias, decretos legislativos e resoluções. Os segundos, atos normativos ou administrativos, são os decretos, portarias etc.

É importante mencionar que o ato passível de controle, além de ser dotado de abstração e generalidade, tem de encontrar fundamento de validade diretamente na Constituição e não em norma infraconstitucional.

Além disso, segundo o STF, as normas advindas do poder de revisão (emendas constitucionais de revisão) também são passíveis de controle de constitucionalidade.

As súmulas vinculantes, ao contrário, não podem ser objeto de controle de constitucionalidade, pois não possuem caráter normativo (ADI 594/DF).

10.4. Formas de inconstitucionalidade

10.4.1. Por omissão

Verifica-se a inconstitucionalidade por omissão quando estamos diante de uma norma constitucional de eficácia limitada – aquela que depende de regulamentação por parte do legislador – e não há a edição dessa norma regulamentadora. Aquele que detém competência para elaborá-la não o faz, omite-se. Tal conduta é tida como inconstitucional, pois inviabiliza o exercício de um direito garantido constitucionalmente. Daí falar-se que estamos diante de uma omissão inconstitucional ou uma inconstitucionalidade por omissão.

Ressalta-se que, quando há um direito previsto na Constituição, em uma norma de eficácia limitada, implicitamente há um comando constitucional para que o legislador produza a devida regulamentação. Não é uma faculdade, mas uma ordem que, sendo descumprida, gera inconstitucionalidade. Exemplo: o artigo 7º, XXVII, da Constituição prevê que a proteção dos trabalhadores em face da automação deve ser garantida, na forma da lei. É necessária a edição da referida lei para que o direito possa ser exercitado; enquanto não sobrevém a norma, fala-se que há inconstitucionalidade por omissão.

Outro exemplo é o direito de greve do servidor público, garantido constitucionalmente pelo inciso VII do artigo 37. Dispõe tal comando que o direito de greve será exercido nos termos e nos limites definidos em lei específica. Há uma lei que regulamenta a greve para os empregados, ou seja, para as pessoas sujeitas ao regime celetista. Ocorre que para o servidor público ainda não há lei específica regulamentando a greve. Assim, pergunta-se: pode o servidor público fazer greve? Se sim, por quanto tempo? Quais os limites aplicáveis à greve no serviço público? O Supremo Tribunal Federal, ao analisar dois mandados de injunção impetrados por associações de servidores públicos, deu uma decisão inédita, determinando que enquanto não sobrevier a lei específica que tem por finalidade regulamentar a greve no serviço público, o servidor poderá fazer greve tomando por base as diretrizes estabelecidas pela lei geral de greve, ou seja, a lei que regulamenta a greve para os regidos pela CLT.

Analisaremos, mais adiante, as medidas judiciais cabíveis para sanar o problema gerado pela inconstitucionalidade por omissão que são: o mandado de injunção – meio em que se faz controle difuso de constitucionalidade (art. 5º, LXXI, da CF) - e a Ação Direta de Inconstitucionalidade por Omissão – mecanismo de controle abstrato de constitucionalidade (art. 103, § 2º, da CF).

A inconstitucionalidade por omissão pode se dar de duas formas: parcial ou total. Na primeira hipótese, a norma constitucional de eficácia limitada é regulamentada, mas apenas parcialmente, ou seja, o direito garantido constitucionalmente não foi regulamentado em sua plenitude. Na segunda, nenhuma norma foi produzida a fim de regulamentar o direito. Não existe sequer norma incompleta tratando do assunto, impossibilitando qualquer forma de efetivo exercício do direito.

10.4.2. Por ação

Verifica-se a inconstitucionalidade por ação quando a lei o ou ato normativo está em desacordo com a Constituição. A lei nasceu, mas emanada com vício de inconstitucionalidade. O ato do legislador de produzir uma norma em desacordo com a Carta Magna gera inconstitucionalidade por ação.

Aos três poderes pode ser atribuída tanto a inconstitucionalidade por ação quanto a por omissão.

A por ação pode ser: material ou formal.

10.4.2.1. Inconstitucionalidade material

Ocorre quando o conteúdo da norma fere as disposições e princípios trazidos pela Constituição. A matéria disciplinada pelo ato normativo está em desacordo com o ordenamento jurídico maior. Tal inconstitucionalidade pode se dar por violação às cláusulas pétreas – aquelas previstas no § 4º do artigo 60 da Constituição: I – forma federativa de Estado; II – o voto direto, secreto, universal e periódico; III – a separação dos Poderes; e IV – os direitos e garantias individuais; ou quando viola um direito materialmente garantido pela Constituição. Exemplo: uma lei que estabeleça a pena de morte, pois a Constituição, em seu artigo 5º, inciso XLVII, *a*, veda a imposição de tal penalidade.

10.4.2.2. Inconstitucionalidade formal

Ocorre quando é descumprido algum dos requisitos exigidos quando da elaboração de um ato normativo. As leis, ao serem produzidas, devem seguir um procedimento específico, denominado processo legislativo; se tal procedimento é violado, estamos diante de uma inconstitucionalidade formal. Aliás, o nome do instituto jurídico já nos ajuda a defini-lo, ou seja, a forma, o modo de elaboração é que é violado nessa modalidade de inconstitucionalidade.

Exemplo: um projeto de lei *complementar* aprovado pelo voto da maioria relativa é considerado formalmente inconstitucional, pois para que a lei complementar seja aprovada o quórum exigido, ao contrário do mencionado, é de maioria absoluta.

Outra hipótese de violação de regra de procedimento ocorre quando determinado projeto de lei, de iniciativa privativa, é instaurado, iniciado, por quem não detém competência para tanto; por exemplo, projeto de lei que disponha sobre a criação de cargos, funções ou empregos públicos na administração direta e autárquica ou aumento de sua remuneração iniciado por um Deputado. A competência para iniciar projeto de lei sobre esse tema é privativa do Presidente da República, conforme preconiza o artigo 61, § 1º, II, *a*, da Constituição Federal.

Observação: parte da doutrina também fala em inconstitucionalidade formal "orgânica", que é a que ocorre quando há vício de iniciativa. O problema é de competência, o sujeito ou o órgão que iniciou um projeto de lei não era competente para tanto.

10.4.3. Inconstitucionalidade por arrastamento

De acordo com o STF (ADI 1923), é possível que seja declarada a inconstitucionalidade de dispositivos que, muito embora não tenham sido objeto de impugnação, estão relacionados com as normas declaradas inconstitucionais. Os preceitos não impugnados e que encontrem fundamento de validade na norma tida como inconstitucional serão, "por arrastamento", "por reverberação normativa", "por atração" ou "por inconstitucionalidade consequente de preceitos não impugnados", declarados inconstitucionais. É o que ocorre, por exemplo, com um regulamento de uma lei que teve sua aplicação afastada do ordenamento jurídico, após ser declarada inconstitucional pelo STF. A inconstitucionalidade por reverberação normativa é nomeada pela doutrina de diversas maneiras, conforme acima exemplificado.

Vale lembrar que no controle concentrado de constitucionalidade o Supremo, por não estar adstrito ao pedido, não deve submissão ao princípio da congruência ou da correlação.

10.4.4. "Inconstitucionalidade superveniente"

O Supremo não adota a teoria da inconstitucionalidade superveniente. As normas editadas antes da vigência da CF/1988 que não se mostrem de acordo com o texto não são recepcionadas ou meramente "revogadas". Nesse caso, utilizam-se as regras relativas ao direito intertemporal, em especial as atinentes ao fenômeno da recepção.

10.4.5. Bloco de constitucionalidade

É um instituto que tem por finalidade ampliar o padrão de controle de constitucionalidade. Tudo que é tido como conteúdo constitucional, até mesmo princípios e regras implícitas, integram o denominado bloco de constitucionalidade. Tal assunto possibilita a expansão dos preceitos constitucionais como liberdades públicas, direitos e garantias Em sentido amplo, o bloco abrange princípios, normas, além de direitos humanos reconhecidos em tratados e convenções internacionais incorporados no ordenamento jurídico. De acordo com o Supremo, "a definição do significado de bloco de constitucionalidade – independentemente da abrangência material que se lhe reconheça – reveste-se de fundamental importância no processo de fiscalização normativa abstrata, pois a exata qualificação conceitual dessa categoria jurídica projeta-se como fator determinante do caráter constitucional, ou não, dos atos estatais contestados em face da Carta Política. – A superveniente alteração/supressão das normas, valores e princípios que se subsumem à noção conceitual de bloco de constitucionalidade, por importar em descaracterização do parâmetro constitucional de confronto, faz instaurar, em sede de controle abstrato, situação configuradora de prejudicialidade da ação direta, legitimando, desse modo – ainda que mediante decisão monocrática do Relator da causa (RTJ 139/67) – a extinção anômala do processo de fiscalização concentrada de constitucionalidade" (Informativo 295).

10.5. Classificação do controle de constitucionalidade

10.5.1. Quanto ao momento (preventivo ou repressivo)

Segundo essa classificação, o controle de constitucionalidade pode ser exercido de forma *prévia* ou *preventiva* e *posterior* ou *repressiva* à edição do ato normativo.

Será *prévio ou preventivo* quando o ato normativo impugnado ainda não estiver em vigor. O projeto de lei, e não a lei, é objeto de questionamento, é ele que tem sua constitucionalidade questionada. Exemplo: no trâmite do processo legislativo, há uma fase na qual o projeto é encaminhado ao Presidente da República para que ele o sancione ou o vete, a denominada deliberação executiva. Caso o projeto de lei seja vetado por razões de inconstitucionalidade, estaremos diante do *veto jurídico*, previsto no artigo 66, § 1º, da Constituição Federal. Nessa hipótese o Presidente da República realiza controle preventivo de constitucionalidade.

Outro exemplo se dá na fase de deliberação legislativa, quando a Comissão de Constituição e Justiça (CCJ) analisa a constitucionalidade de um projeto de lei, expedindo parecer. Tal ato, em regra, tem natureza terminativa e a proposta de lei tida como inconstitucional será rejeitada e arquivada.

Excepcionalmente, o Poder Judiciário pode fazer controle preventivo de constitucionalidade, por exemplo, ao julgar mandado de segurança impetrado por parlamentares contra a continuidade de um processo legislativo em que esteja sendo deliberado assunto tendente a abolir uma das cláusulas pétreas. Segundo o Supremo, os deputados e senadores possuem o direito líquido e certo ao chamado devido processo legislativo. Por conta disso, podem impetrar mandado de segurança quanto há violação das regras procedimentais, ainda que o processo legislativo não tenha sido concluído. Vale lembrar que a impetração do remédio com esta finalidade específica é dada apenas aos congressistas.

Será *posterior ou repressivo (controle superveniente)* quando o ato normativo eivado de vício de inconstitucionalidade já tenha sido editado. A lei, a ser ou não declarada inconstitucional, já produz efeitos no mundo jurídico.

Normalmente quem faz controle repressivo de constitucionalidade é o Poder Judiciário e o faz pelas vias difusa e concentrada, tema que será abordado adiante. Vale destacar que a Constituição admite, de forma excepcional, que o Poder Legislativo também faça esse controle, por exemplo, na hipótese do artigo 62, § 5º, da CF, em que ele rejeita medida provisória por considerá-la inconstitucional. Outra situação ocorre quando o Congresso Nacional susta, por meio de decreto legislativo, atos normativos do Poder Executivo que exorbitaram seu poder regulamentar ou excederam os limites da delegação legislativa, conforme disposição prevista nos artigos 49, V, 84, IV, e 68, todos da CF.

10.5.2. Quanto ao órgão competente (político ou judiciário)

O *controle político* é aquele realizado por alguém que não integra o Poder Judiciário. Exemplos: controle prévio realizado pelo Presidente da República ao vetar um projeto de lei inconstitucional; controle realizado pelas Comissões de Constituição e Justiça, no âmbito do Poder Legislativo.

Já o *controle judiciário é* aquele realizado por algum órgão do Poder Judiciário. Pode ser feito de duas maneiras: pela via difusa (via de exceção ou defesa) ou concreta (via de ação).

10.6. Controle difuso (via de exceção ou defesa)

É aquele realizado por qualquer juiz ou tribunal num caso concreto. Os magistrados, quando do julgamento de processos, podem fazer esse controle. É também denominado de controle incidental, pois a declaração de inconstitucionalidade se dá não de forma principal, mas incidentalmente, no processo. O pedido principal não é a declaração de inconstitucionalidade, mas um provimento jurisdicional num caso concreto, que depende da apreciação da constitucionalidade do ato normativo.

Exemplo: alguém não quer pagar um determinado imposto, pois acredita que a lei na qual o Fisco se baseia para cobrar tal tributo é inconstitucional. Desse modo, ingressa com uma ação perante o Judiciário para obter uma declaração de que não deve pagar o tributo. Vejam: o pedido principal é a declaração do não pagamento do tributo. A causa de pedir, ou seja, o fundamento do pedido é a declaração de inconstitucionalidade.

Outro exemplo admitido ocorre quando há controle incidental exercido por meio de uma ação civil pública. Nesse caso, segundo o Supremo, a declaração de inconstitucionalidade não será o pedido principal, mas apenas a causa de pedir e também não poderá ser o único objetivo da ação. Os efeitos serão, em regra, *inter partes*.

Embora a atribuição de fazer controle difuso seja dada a qualquer juiz ou tribunal, este último, ao fazê-lo, terá de observar o instituto previsto no artigo 97 da Constituição Federal, denominado *cláusula de reserva de plenário*. Dispõe tal artigo que, se o controle de constitucionalidade for realizado por um tribunal, somente pela *maioria absoluta* dos seus membros ou dos membros do respectivo órgão especial é que poderá ser declarada a inconstitucionalidade de uma lei.

Vale lembrar o enunciado da Súmula Vinculante n. 10, que prevê a violação da cláusula de reserva de plenário pela decisão de órgão fracionário de tribunal que, embora não declare expressamente a inconstitucionalidade de lei ou ato normativo do poder público, afasta sua incidência, no todo ou em parte.

Isso significa que os órgãos fracionários de um determinado tribunal, por exemplo, as Turmas e as Câmaras, não poderão declarar, sozinhas, a inconstitucionalidade de uma norma. Para que o façam, é necessário o voto da maioria absoluta de seus membros ou de seu órgão especial, quando existir.

Desse modo, para que a questão seja analisada, a Turma ou a Câmara do Tribunal deverá afetar a matéria ao pleno, ou seja, remeter a questão para ser julgada pelo plenário ou órgão especial. Tal ato só não será dessa maneira quando a Turma ou Câmara já tiver se manifestado sobre a questão ou quando o Supremo Tribunal Federal já tiver decidido sobre a matéria. É o que dispõe o parágrafo único do artigo 481 do CPC. Ou seja, nessas situações os órgãos fracionários não precisarão remeter ao pleno ou ao órgão especial a arguição de inconstitucionalidade.

Os *efeitos* produzidos, em sede de controle difuso, são, em regra, segundo o artigo 468 do CPC, *inter partes*. Atingem somente as partes que participaram do processo. Se existirem pessoas em situação idêntica, elas próprias deverão ingressar com suas ações para que obtenham provimento jurisdicional semelhante.

Tais efeitos também são, em regra, *ex tunc*, ou seja, retroagem à data da expedição do ato normativo viciado. Diz-se "em regra", pois há um procedimento hábil para modificar esses efeitos. Dispõe o artigo 52, X, da CF que compete privativamente ao Senado Federal *suspender*a execução, no todo ou em parte, de lei declarada inconstitucional por decisão definitiva do Supremo Tribunal Federal. Assim, pode o Supremo, após o trânsito em julgado da decisão, comunicar ao Senado os termos de sua deliberação para que ele, se desejar, edite uma resolução determinando a suspensão da execução da norma declarada inconstitucional a partir desse momento. Fazendo isso, os efeitos, que antes eram *inter partes* e *ex tunc*, passarão a ser *erga omnes*, ou seja, a lei ficará suspensa para todas as pessoas; e *ex nunc ou pro futuro*, isto é, terá efeitos a partir do momento da expedição da resolução.

Por fim, é possível, em sede de controle difuso, a aplicação analógica do art. 27 da Lei 9.868/1999, que determina que ao declarar a inconstitucionalidade de lei ou ato normativo, e tendo em vista razões de segurança jurídica ou de excepcional interesse social, poderá o Supremo Tribunal Federal, por maioria de dois terços de seus membros, restringir os efeitos daquela declaração ou decidir que ela só tenha eficácia a partir de seu trânsito em julgado ou de outro momento que venha a ser fixado.

10.7. Controle concentrado (via de ação)

O controle por via de ação é aquele exercido por meio de uma ação própria, em que o pedido principal é a declaração da inconstitucionalidade ou da constitucionalidade de uma lei ou ato normativo. É o controle abstrato da lei por meio de um processo que será julgado pelo STF. Assim, a Corte somente irá apreciar a lei em tese e não esta diante de um caso concreto.

Diferentemente ocorre no controle por via de exceção, em que o pedido principal não é a declaração de inconstitucionalidade ou de constitucionalidade, onde tais argumentos são utilizados apenas com o intuito de defesa, ou seja, o sujeito para ver seu pedido acolhido se defende alegando a inconstitucionalidade da norma.

O controle concentrado pode ser realizado por meio das seguintes ações: Ação Direta de Inconstitucionalidade (ADI) – genérica, por omissão e interventiva, Ação Declaratória de Constitucionalidade (ADC) e Arguição de Descumprimento de Preceito Fundamental (ADPF).

Segundo o Supremo, se os requisitos dessas ações forem cumpridos, é possível a aplicação do princípio da fungibilidade, podendo uma ser recebida como outra.

10.7.1. Ação Direita de Inconstitucionalidade – ADI

10.7.1.1. Conceito e objeto

A ADI está prevista no artigo 102, I, "a", da CF e também na Lei n. 9.868/1999. É uma ação constitucional que tem por objetivo verificar se uma lei ou ato normativo *federal* ou *estadual* está em conformidade com o que dispõe a Constituição Federal. Assim, o objeto da ADI pode ser uma lei estadual ou federal, entendida em sentido amplo, abarcando todas as espécies legislativas previstas no artigo 59 da CF, quais sejam, emendas constitucionais, leis complementares, leis ordinárias, leis delegadas, medidas provisórias, decretos legislativos e resoluções.

Vale lembrar que a causa de pedir na ADI é aberta, ou seja, o STF não está vinculado à fundamentação jurídica trazida pelo autor. A norma impugnada é analisada em face de toda a Constituição.

Além disso, uma norma revogada, de eficácia exaurida, ou que seja revogada quando a ADI estiver em andamento, por não produzir mais efeitos, faz com que a ação perca o objeto. O prosseguimento da ADI nessa hipótese ou a sua propositura, no caso de norma já revogada, não seria útil.

10.7.1.2. Legitimados

O artigo 103 da Constituição Federal dispõe que são legitimados para propor a ação direta de inconstitucionalidade e a ação declaratória de constitucionalidade as seguintes pessoas ou órgãos:

I. o Presidente da República;
II. a Mesa do Senado Federal;
III. a Mesa da Câmara dos Deputados;

IV. a Mesa de Assembleia Legislativa ou da Câmara Legislativa do Distrito Federal;

V. o Governador de Estado ou do Distrito Federal;

VI. o Procurador-Geral da República;

VII. o Conselho Federal da Ordem dos Advogados do Brasil;

VIII. partido político com representação no Congresso Nacional;

IX. confederação sindical ou entidade de classe de âmbito nacional.

Dentre as pessoas e órgãos mencionados há os que possuem legitimidade *universal* ou neutra e os legitimados especiais, *temáticos* ou interessados, que são aqueles que precisam demonstrar *pertinência temática* ao ingressar com essas ações, ou seja, o conteúdo do ato deve ser pertinente aos interesses do legitimado, sob pena de carência da ação (falta de interesse de agir).

Devem vir acompanhadas de tal requisito as ações propostas pelos seguintes legitimados : a Mesa de Assembleia Legislativa ou da Câmara Legislativa do Distrito Federal (inciso IV); o Governador de Estado ou do Distrito Federal (inciso V); e confederação sindical ou entidade de classe de âmbito nacional (inciso IX). O Supremo já definiu que pertinência temática significa que a ação proposta pelo ente tem de estar de acordo com sua finalidade institucional.

Ainda quanto aos legitimados, é necessário observar a decisão do Plenário do Supremo, no julgamento da ADI 3.153-AgR, que retomou o entendimento de que as "associações de associações" de âmbito nacional possuem legitimidade para propor ação direta de inconstitucionalidade.

Por fim, de acordo com o STF, "descabe confundir a legitimidade para a propositura da ação direta de inconstitucionalidade com a capacidade postulatória. Quanto ao governador do Estado, cuja assinatura é dispensável na inicial, tem-na o procurador-geral do Estado." (ADI 2.906, Rel. Min. Marco Aurélio, julgamento em 1º.06.2011, Plenário, *DJE* de 29.06.2011).

10.7.1.3. Regras trazidas pela Lei Federal 9.868/1999

10.7.1.3.1. Possibilidade de cautelar em ADI (art. 10)

A cautelar numa ADI é uma decisão de caráter provisório e que tem por finalidade antecipar os efeitos que serão dados quando do julgamento do mérito da ADI. Para que seja concedida, a votação no STF tem que se dar pelo quórum de maioria absoluta. Sendo deferida, a consequência prática é a suspensão da execução da lei, objeto de questionamento no Supremo. Nesse caso, havendo legislação anterior à lei questionada, ela passará a ter aplicação até que sobrevenha a decisão de mérito. Essa situação está prevista no § 2º do artigo 11 da Lei 9.868/1999 e é denominada pela doutrina de *efeito repristinatório.*

A medida cautelar tem eficácia *erga omnes* e efeito *ex nunc*, ressalvada a hipótese da Corte entender que deve conceder eficácia *ex tunc* (retroativa).

Vale lembrar que se a cautelar for indeferida, isso não significa que a constitucionalidade da lei foi confirmada.

10.7.1.3.2. Possibilidade de participação do *amicus curiae*

Tal expressão significa literalmente amigo da corte. O § 2º do artigo 7º da Lei 9.868/1999 traz a possibilidade do relator do processo, considerando a relevância da matéria e a representatividade dos legitimados, admitir a manifestação de outros órgãos ou entidades. Esta participação permitirá que a Corte profira uma decisão fundamentada não só com base técnica jurídica, mas também com subsídios específicos relacionados a outra áreas, como, por exemplo, a medicina, engenharia etc. O Supremo entende que a figura do *amicus curiae* tem por principal finalidade pluralizar o debate constitucional.

Um exemplo desta figura se deu quando do julgamento da possibilidade de utilização das células-tronco embrionárias para tratamento de doenças e pesquisas medicinais.

Por fim, de acordo com o Supremo (ADI 3615), o amigo da corte não pode interpor recursos, exceto se for discutir sobre a sua própria intervenção no processo.

10.7.1.3.3. Defesa promovida pelo Advogado-Geral da União

Em razão do princípio da presunção de constitucionalidade das leis, incumbe ao Advogado-Geral da União a defesa da lei ou ato normativo (curador especial). No entanto, caso haja decisão pela inconstitucionalidade proferida em controle na via de exceção pelo Pretório Excelso, este tem admitido que o AGU deixe de defender a lei em questão. A mesma regra, por conta do princípio da simetria, vale para o Procurador-Geral do Estado que também pode, nesse caso, deixar de defender a constitucionalidade da norma.

O Procurador-Geral da República será sempre ouvido na ADI, de acordo com o §1º do art. 103 da Constituição, após o AGU.

10.7.1.3.4. Possibilidade de realização de audiência pública

O artigo 9º, § 1º, também da Lei n. 9.868/1999 autoriza que, em caso de necessidade de esclarecimento de matéria ou circunstância de fato ou de notória insuficiência das informações existentes nos autos, o relator requisite informações adicionais, designe perito ou comissão de peritos para que emita parecer sobre a questão, ou, ainda, realize *audiência pública* para ouvir depoimentos de pessoas com experiência e autoridade na matéria. As primeiras audiências públicas, algo inédito na Suprema Corte, ocorreram recentemente e tiveram origem quando da análise da possibilidade ou não do uso das células-tronco para pesquisas.

10.7.1.3.5. Votação

Os artigos 22 e 23 da Lei 9.868/1999 exigem que a decisão da ação direta de inconstitucionalidade seja efetivada por pelo menos seis ministros (maioria absoluta) e desde que presentes na sessão o mínimo de oito ministros.

10.7.1.3.6. Efeitos

Quando declarada a constitucionalidade, o efeito sempre será *ex tunc*, ou seja, retroage à data da edição do ato normativo. Já se houver declaração da inconstitucionalidade, em regra, também produzirá efeitos *ex tunc*. Todavia, por motivos de *segurança jurídica* ou de excepcional *interesse social*, o STF poderá conceder eficácia *ex nunc* (a partir do trânsito em julgado da decisão ou de outro momento que venha a ser fixado), ou, ainda, restringir os efeitos da decisão, mediante votação por maioria de 2/3 de seus membros. É denominada pela doutrina de *modulação dos efeitos da decisão*.

Ademais, a decisão sempre terá eficácia *erga omnes* e será vinculante aos órgãos do Poder Judiciário e à Administração direta e indireta, nas esferas federal, estadual e municipal.

Vale lembrar que pela **teoria da transcendência dos motivos determinantes** os fundamentos das decisões proferidas pelo Supremo em sede de controle de constitucionalidade também possuem efeito vinculante.

Frisa-se que a decisão é irrecorrível, não podendo nem ser objeto de ação rescisória; só é possível a utilização dos embargos de declaração.

Por fim, de acordo com o STF (Rcl 1880, Rel. Min. Maurício Correa), todos aqueles que demonstrarem ter sofrido prejuízo por conta de decisão judicial ou ato administrativo que colida com decisão definitiva dada em sede de controle concentrado poderão ingressar com **reclamação** no STF.

10.7.2. Ação Declaratória de Constitucionalidade – ADC

10.7.2.1. Conceito e objeto

A ADC também está prevista nos artigos 102, I, "a", e 103, I a IX, da CF e na Lei n. 9.868/1999. É uma ação constitucional que tem por objetivo verificar a constitucionalidade de uma lei ou ato normativo *federal*.

A dúvida que pode surgir é a seguinte: se as leis são presumidamente constitucionais, por que existe uma ação para declarar a constitucionalidade de uma norma? Exatamente por conta de tal presunção, a Lei 9.868/1999 traz em seu artigo art. 14, III, a necessidade da observância de um requisito para a propositura dessa ação, qual seja, é imprescindível que haja *controvérsia judicial relevante* em relação à constitucionalidade da norma objeto de questionamento no Supremo. Sem a prova da existência de importante divergência jurisprudencial sobre a aplicação ou não de determinada norma a ADC não poderá ser conhecida.

Desse modo, ao ser editada uma norma, não há como, nos dias posteriores à edição, ingressar com tal ação, pois sequer houve tempo hábil para a existência de uma controvérsia judicial relevante – requisito indispensável para que a ação seja proposta.

Também se fala que a presunção de constitucionalidade de que todas as normas gozam é uma presunção relativa – *juris tantum*, ou seja, aquela que admite prova em contrário.

10.7.2.2. Legitimados

São os mesmos da ADI – art. 103 da CF. Todas as observações que foram feitas em relação aos legitimados universais e aos temáticos ou especiais servem aqui.

10.7.2.3. Possibilidade de cautelar em ADC

O artigo 21 da Lei n. 9.868/1999 admite a cautelar em ADC, desde que concedida por decisão da maioria absoluta dos membros do Supremo Tribunal Federal. O efeito produzido pela decisão que acolhe a cautelar será o de suspender, por 180 dias, o julgamento de todos os processos que envolvam a aplicação da norma objeto de questionamento.

10.7.2.4. Defesa promovida pelo Advogado-Geral da União

Não há defesa pelo Advogado-Geral da União.

Observação: a doutrina menciona que a ADI e a ADC são ações de natureza dúplice, ambivalentes ou de sinais trocados porque a procedência em qualquer delas equivale à improcedência da outra.

O julgamento final de uma ADI, dando-a por procedente, faz com que a norma impugnada seja declarada inconstitucional. Agora, se uma ADI for julgada improcedente significa que a norma impugnada é declarada constitucional. Na ADC é o oposto; se ela for julgada procedente significa que a norma objeto de questionamento no Supremo é tida como constitucional. Já se for julgada improcedente a norma impugnada é declarada inconstitucional.

Por ser assim, a doutrina denomina tais ações de natureza dúplice, ambivalentes ou de sinais trocados. Quando uma for declarada procedente a outra, necessariamente, tem de ser declarada improcedente e vice-versa. Corroborando tal entendimento, o artigo 24 da Lei Federal 9.868/1999 menciona que, proclamada a constitucionalidade, julgar-se-á improcedente a ação direta ou procedente eventual ação declaratória; e, proclamada a inconstitucionalidade, julgar-se-á procedente a ação direta ou improcedente eventual ação declaratória.

10.7.2.5. Efeitos

Valem aqui todos os comentários feitos sobre os efeitos da ADI, diante da natureza dúplice das ações.

10.7.3. Arguição de Descumprimento de Preceito Fundamental – ADPF

10.7.3.1. Conceito e objeto

A ADPF está prevista no artigo 102, § 1º, da CF e na Lei n. 9.882/1999. É uma ação constitucional que tem por objetivo verificar se uma lei ou ato normativo viola um preceito fundamental previsto na Constituição. Tal ação surgiu com a finalidade de complementar o sistema de controle já existente.

O objeto da ADPF é o mais abrangente de todas as ações de controle concentrado. Desse modo, cabe tal ação quando uma lei ou ato normativo federal, estadual, municipal e ainda norma pré-constitucional, ou seja, normas editadas antes da vigência da constituição, violem preceitos fundamentais.

Vale lembrar que a impugnação de lei municipal em face da CF, em sede de controle concentrado, só pode ocorrer por meio de ADPF. Mas, em sede de controle difuso, a lei municipal eivada do vício de inconstitucionalidade pode ser levada ao Supremo por meio do recurso extraordinário.

Outra observação relevante é que esta ação admite o controle de normas de efeitos concretos (ADI 4048/MC).

10.7.3.2. Legitimados

São os mesmos da ADI e ADC, que estão no art. 103 da CF.

10.7.3.3. Peculiaridades da Lei 9.882/1999

10.7.3.3.1. Caráter subsidiário

Segundo o § 1º do art. 4º, a ADPF só será cabível quando não houver outro meio eficaz para sanar a lesividade. Havendo a possibilidade de solucionar o problema da violação da constituição por outro meio, inclusive com o ajuizamento de ADI ou ADC, será este outro meio que deverá ser utilizado.

10.7.3.3.2. Ausência de conceito de preceito fundamental

Não há uma definição legal de preceito fundamental. O Supremo Tribunal Federal que, ao conhecer das ADPFs propostas, determinará o que é e o que não é assim considerado.

10.7.3.3.3. Possibilidade de cautelar

O art. 5º da Lei 9.882/1999 prevê a possibilidade de concessão de medida cautelar, que será declarada pela maioria absoluta dos membros do STF.

10.7.3.3.4. Defesa do AGU

A Lei n. 9.882/1999 não exige a defesa do ato impugnado pelo Advogado-Geral da União.

O Procurador-Geral da República, quando não for o autor da ação, será ouvido.

10.7.3.3.5. Efeitos

Julgada a ação, far-se-á comunicação às autoridades ou órgãos responsáveis pela prática dos atos questionados, fixando-se as condições e o modo de interpretação e aplicação do preceito fundamental.

A decisão terá eficácia *erga omnes* e efeito vinculante relativamente aos demais órgãos do Poder Público.

10.7.4. ADI por omissão ou ADO

10.7.4.1. Conceito e objeto

A ADI por omissão está prevista no artigo 103, § 2º, da CF e no Capítulo II-A da Lei n. 9.868/1999. Tal capítulo foi acrescentado pela Lei Federal 12.063 de 27 de outubro de 2009.

É uma ação constitucional que tem por objetivo sanar uma inconstitucionalidade por omissão ou, como também denominada, uma omissão inconstitucional.

Conforme já analisamos, as normas constitucionais podem ter eficácia plena, contida e limitada. A última, ou seja, aquela que depende de regulamentação para que o exercício do direito por ela garantido traz, implicitamente, um comando normativo para que o legislador infraconstitucional produza a norma regulamentadora. Quando ele não o faz, estamos diante de uma inconstitucionalidade por omissão. Fala-se que o legislador, nesta hipótese, encontra-se em mora, em atraso, pois não cumpre o comando constitucional de elaborar a norma para possibilitar o exercício de um direito constitucionalmente assegurado.

A omissão pode ser total ou parcial, conforme já estudado.

10.7.4.2. Legitimados

Segundo o artigo 12-A da Lei 9.868/1999, podem propor ADI por omissão os mesmos legitimados à propositura da ação direita de inconstitucionalidade (genérica) e da ação declaratória de constitucionalidade. Desse modo, todas as observações feitas em relação aos legitimados no item da ADI genérica valem aqui.

10.7.4.3. Possibilidade de cautelar em ADI por comissão

Havendo excepcional urgência e relevância da matéria poderá ser concedida medida cautelar em sede de ADI por omissão. O Tribunal, pelo voto da maioria absoluta dos membros e após a audiência dos órgãos ou autoridades responsáveis pela omissão, é competente para conceder a cautelar. Sendo concedida será aberto o prazo de cinco dias para que os responsáveis pela omissão se manifestem. Vale lembrar que essa possibilidade foi trazida pela Lei 12.063 de 27 de outubro de 2009 que acrescentou, além de outros dispositivos, o artigo 12-F à Lei 9.868/1999.

É importante ressaltar que a medida cautelar, quando estivermos diante de uma omissão parcial, fará com que seja suspensa a aplicação da lei ou do ato normativo impugnado. Tal medida também poderá resultar na suspensão de processos judiciais ou de procedimentos administrativos em andamento, ou ainda, numa outra providência fixada pelo próprio Tribunal.

10.7.4.4. Defesa do AGU

Não há defesa pelo Advogado-Geral da União, devido à ausência de norma.

O Procurador-Geral da República será ouvido apenas se o relator do processo considerar indispensável. Se isso ocorrer, deverá ser feito dentro do prazo de 3 dias, conforme § 2º do artigo 12-F da Lei 9.868/1999.

10.7.4.5. Efeitos

Declarada a inconstitucionalidade por omissão, será dada ciência ao Poder competente para a adoção das providências necessárias e, em se tratando de órgão administrativo, para fazê-lo em 30 dias ou em prazo razoável a ser estipulado excepcionalmente pelo Tribunal, tendo em vista as circunstâncias específicas do caso e o interesse público envolvido (art. 12-H da Lei 9.868/1999).

10.8. Mecanismos de interpretação utilizados no controle de constitucionalidade

10.8.1. Interpretação conforme a constituição ou apenas "interpretação conforme"

É um mecanismo de interpretação utilizado pelo Supremo que tem por finalidade "salvar" a norma, não a declarando inconstitucional e consequentemente banindo-a do ordenamento jurídico brasileiro. Tem por fundamento o princípio da conservação ou da preservação das normas. Aqui, o Supremo fixa uma interpretação que deve ser seguida. Em vez de declarar a norma inconstitucional, determina que a lei é constitucional desde que interpretada de tal maneira. Há apenas uma interpretação possível para aquela norma, que é a fixada por ele quando da análise de sua constitucionalidade.

10.8.2. Declaração de inconstitucionalidade parcial sem redução de texto

Também é considerado um mecanismo de interpretação utilizado pelo Supremo que tem por finalidade "salvar" a norma.

Da mesma maneira que a interpretação conforme, na declaração parcial a Corte não declara a norma inconstitucional e retira-a do ordenamento jurídico, mas apenas declara que determinada interpretação (parte) dada à norma é inconstitucional.

Sabemos que uma lei pode ser interpretada de mais de uma maneira e que, às vezes, uma interpretação dada não está de acordo com o que diz a Constituição. É exatamente nessa hipótese que o STF se vale da declaração parcial sem redução de texto. Em vez de declarar a norma inconstitucional, determina que uma interpretação, dentre as diversas que possam existir, é inconstitucional. Assim, a declaração não é total e sim parcial, haja vista que há mais de uma interpretação para aquela lei.

É, ainda "sem redução de texto", pois a norma em si é preservada, o que é declarado parcialmente inconstitucional é a interpretação dada a ela. Também tem escopo no princípio da conservação ou preservação das normas.

10.8.3. Parcelaridade

Significa que o Supremo, ao analisar uma norma que esteja sendo impugnada por razões de inconstitucionalidade, pode declarar inconstitucional todo o seu conteúdo ou apenas parte dele. Exemplo: o Supremo, ao analisar a constitucionalidade do artigo 7º, § 2º, do Estatuto da Ordem dos Advogados do Brasil, declarou inconstitucional apenas a expressão "desacato". Desse modo, pelo princípio da parcelaridade, o Supremo não fica adstrito ao texto de uma lei inteira ou um artigo, um inciso, um parágrafo ou uma alínea – pode entender que é inconstitucional apenas uma palavra, por exemplo. Diferentemente ocorre quando o Presidente da República veta uma lei. Nesse caso, somente poderá vetar juridicamente uma lei inteira ou um ou mais artigos, incisos, parágrafos ou alíneas. Não pode vetar apenas uma palavra, pois isso poderia fazer com que todo o sentido da lei fosse modificado.

10.8.4. Modulação dos efeitos produzidos pelo controle de constitucionalidade ou apenas "modulação de efeitos"

O nome do instituto já dá ideia do que venha a ser – modular significa mudar, alterar. Em regra, os efeitos produzidos no controle difuso são *inter partes* e *ex tunc*; no controle concentrado são *erga omnes*, vinculantes e *ex tunc*. A modulação serve justamente para que esses efeitos sejam modificados, conforme já estudado.

10.9. Controle de constitucionalidade estadual

O artigo 125, § 2º, da CF traz a possibilidade dos Estados instituírem a representação de inconstitucionalidade de leis ou atos normativos estaduais ou municipais em face da Constituição Estadual. Trata-se do controle estadual de constitucionalidade das leis, que visa ao exame da compatibilidade formal e material das normas estaduais e municipais em face das Constituições Estaduais.

A ação de inconstitucionalidade deve ser proposta perante Tribunal de Justiça do Estado. Para tanto, deve haver previsão e regulamentação nas próprias Constituições Estaduais, que não poderão atribuir a legitimação para agir a um único órgão, de acordo com a parte final do artigo 125, § 2º, da CF.

Caso a norma estadual ou municipal contrarie, simultaneamente, o disposto na Constituição Estadual e na Federal, o Tribunal não poderá se manifestar quanto à constitucionalidade ou não de tal norma em face da Constituição Federal, sob pena de usurpação de função, pois somente o STF pode fazer o controle em comento. Diferentemente ocorre se a norma tomada como padrão é dispositivo de reprodução obrigatória pelas Constituições Estaduais.

Desse modo, quando houver simultaneidade de ações (ação direta de inconstitucionalidade impugnando lei estadual perante o Supremo e o Tribunal de Justiça respectivo), a ação de âmbito estadual deve ter o seu curso suspenso até que a Corte Maior decida.

Destaca-se que não é possível a propositura de ADI e ADC de lei municipal em face da Constituição Federal, devendo o controle ser realizado por meio de ADPF ou via controle difuso.

Ademais, nos termos da Súmula 642 do STF, não cabe ADI perante o Pretório Excelso de lei do Distrito Federal decorrente de sua competência legislativa municipal.

11. Organização do Estado

11.1. Introdução

O Estado é formado por três elementos, quais sejam, o povo (indivíduos que habitam o mesmo local), o território (local que abriga os indivíduos) e a soberania.

Quanto à forma, fala-se que o Estado pode ser classificado em Unitário ou Federal. Unitário é aquele em que as capacidades legislativa, política e administrativa se concentram nas mãos de um único centro, de um único governo. A doutrina denomina os Estados Unitários, como Cuba e França, de Estados Simples. Já o Federal é aquele em que há repartição de competências e as capacidades mencionadas estão divididas em vários centros. É denominado pela doutrina de Estado Composto. O Brasil, a Alemanha e os Estados Unidos são alguns exemplos de Estado Federal ou Estado Composto.

A forma de governo é justamente a relação existente entre aqueles que governam e os que são governados. Por meio dela é que se verifica como é feita a instituição do poder. Fala-se em República ou Monarquia. Na primeira os governantes são eleitos, direta ou indiretamente, para que exerçam o poder por um período determinado. Já na segunda, monarquia, o poder advém da família, é vitalício e os governantes não precisam prestar contas para os governados.

Os sistemas de governo dizem respeito à maneira pela qual as funções legislativa, executiva e judiciária são relacionadas. No presidencialismo, além da independência entre os poderes, que são harmônicos entre si, o detentor do poder cumula as funções de chefe de Estado e chefe de governo. Normalmente nas repúblicas adota-se o presidencialismo. No parlamentarismo existe apoio e colaboração entre as funções e o poder é dividido. O presidente não cumula as funções de chefe de Estado e de governo, apenas chefia o Estado e delega a atribuição de cuidar do governo ao primeiro-ministro. Este, por sua vez, para comandar o país tem de ter o apoio do parlamento.

O artigo 1º da Constituição dispõe que o Brasil constitui-se numa república federativa, ou seja, tal dispositivo constitucional afirma que a forma federativa de Estado é a que foi adotada por nós. Além disso, o mesmo dispositivo nos ensina que somos um Estado republicano e democrático.

As pessoas políticas que integram a federação, segundo o artigo 18, *caput*, da Constituição Federal, são: a União, os Estados-membros, o Distrito Federal e os Municípios.

Fortificando o pacto federativo e a autonomia dos entes que o compõem, o Supremo editou a Súmula 681, que dispõe que é inconstitucional a vinculação do reajuste de vencimentos de servidores estaduais ou municipais a índices federais de correção monetária.

11.2. União

No âmbito interno, é considerada pessoa jurídica de direito público, dotada de autonomia, pois detém tripla capacidade: a) auto-organização, b) autogoverno; e c) auto-administração. No âmbito internacional, a União tem por finalidade representar a República Federativa do Brasil, ou seja, tem por missão assegurar a soberania do país.

O artigo 20 da Constituição Federal traz uma enumeração dos bens pertencentes à União, dentre eles estão, por exemplo, o mar territorial, os terrenos de marinha e seus acrescidos, os potenciais de energia elétrica, os recursos minerais, inclusive os do subsolo e as terras tradicionalmente ocupadas pelos índios. Vale lembrar que, conforme a Súmula 650 do STF, os incisos I e XI do art. 20 da CF não alcançam terras de aldeamentos extintos, ainda que ocupadas por indígenas em passado remoto.

O artigo 153 do mesmo diploma legal enumera os impostos de competência da União, ou seja, os impostos federais. São os seguintes: imposto de importação (II), imposto de exportação (IE), imposto de renda e proventos de qualquer natureza (IR), imposto sobre produtos industrializados (IPI), imposto sobre operações de crédito, câmbio e seguro, ou relativas a títulos ou valores mobiliários (IOF), imposto sobre a propriedade territorial rural (ITR) e o imposto sobre grandes fortunas (IGF).

O Poder Executivo da União é composto pelo Presidente da República, Vice-Presidente, Ministros, Conselho da República e Conselho de Defesa Nacional, conforme dispõem os artigos 76 a 91 da Constituição Federal.

Já o Poder Judiciário da União é tratado a partir do artigo 101 até o 124 da Constituição. Dentre as matérias de competência dos juízes federais podemos destacar, conforme artigo 109 da Constituição, as seguintes: as causas em que a União, entidade autárquica ou empresa pública federal forem interessadas na condição de autoras, rés, assistentes ou oponentes, exceto as de falência, as de acidentes de trabalho e as sujeitas à Justiça Eleitoral e à Justiça do Trabalho; os crimes políticos e as infrações penais praticadas em detrimento de bens, serviços ou interesses da União; as causas fundadas em tratados internacionais; os crimes cometidos a bordo de aeronaves, ressalvada a competência da justiça militar; e a disputa sobre direitos indígenas.

O Poder Legislativo da União é representado pelo Congresso Nacional (Câmara de Deputados e Senado Federal).

11.2.1. Competências da União

As competências da União podem ser de duas naturezas distintas:

11.2.1.1. Competências não legislativas

São também chamadas de competências administrativas ou materiais. Por meio delas é possível identificar o âmbito de atuação de cada ente federativo. Tais competências se dividem em exclusiva e comum.

A primeira, *exclusiva*, está prevista no artigo 21 da Constituição Federal, o qual dispõe que compete à União, por exemplo, manter relações com Estados estrangeiros e participar de organizações internacionais; manter o serviço postal e o correio aéreo nacional; conceder anistia; permitir, nos casos previstos em lei complementar, que forças estrangeiras transitem pelo território nacional ou nele permaneçam temporariamente etc. Essas atribuições, dadas pela competência exclusiva, são *indelegáveis*, ou seja, somente a União poderá efetivá-las.

É importante ressaltar que o STF, em sessão plenária, no julgamento da ADPF 46, declarou como recepcionada pela Constituição de 1988 a Lei 6.538/1978, que dispõe sobre o monopólio da Empresa Brasileira de Correios e Telégrafos na exploração dos serviços postais, emprestando interpretação conforme à Constituição ao seu art. 42.

Desse modo, a Corte Suprema determina que "a CF confere à União, em caráter exclusivo, a exploração do serviço postal e o correio aéreo nacional (art. 21, X). O serviço postal é prestado pela Empresa Brasileira de Correios e Telégrafos (ECT), empresa pública, entidade da administração indireta da União, criada pelo Decreto-Lei 509, de 10.03.1969." (ADPF 46, Rel. p/ o ac. Min. Eros Grau, julgamento em 05.08.2009, Plenário, *DJE* de 26.02.2010).

A competência *comum*, também denominada de paralela, concorrente ou cumulativa, tem a ver com as atribuições dadas a todos os entes da federação (União, Estados, Distrito Federal e Municípios). O artigo 23 da Constituição Federal traz o rol de assuntos que serão tratados pelas pessoas políticas mencionadas. O parágrafo único do mesmo artigo, com redação dada pela Emenda Constitucional n. 53 de 2006, dispõe que leis complementares fixarão normas para a cooperação entre a União, os Estados, o Distrito Federal e os Municípios, tendo em vista o equilíbrio do desenvolvimento e do bem-estar em âmbito nacional. Agora, se mesmo focadas no objetivo mencionado, houver conflito de competência entre elas, tal problema deverá ser sanado com base no princípio da preponderância ou prevalência do interesse.

11.2.1.2. Competências legislativas

A constituição atribui, a cada ente político, competência para elaborar leis. A União pode editar normas sobre diversos assuntos. Fala-se que tal competência pode ter três naturezas distintas: privativa, concorrente e residual.

O parágrafo único do artigo 22 da Constituição Federal, ao tratar da competência legislativa *privativa*, diz que a União, por meio de lei complementar, poderá autorizar os Estados a legislar sobre questões específicas das matérias relacionadas neste artigo. Desse modo, a competência privativa é delegável.

Segundo a Súmula 722 do STF, são da competência legislativa da União a definição dos crimes de responsabilidade e o estabelecimento das respectivas normas de processo e julgamento.

Já foi decidido, também pela Suprema Corte, que a Lei 10.826/2003 (Estatuto do Desarmamento) não é formalmente inconstitucional, pois não ocorreu invasão da competência residual dos Estados. Cabe à União legislar sobre matérias de predominante interesse geral (ADI 3.112, Rel. Min. Ricardo Lewandowski, julgamento em 02.05.2007, Plenário, *DJ* de 26.10.2007).

Ainda tratando de competência legislativa da União, de acordo com o STF, a competência para legislar sobre a **gratuidade dos estacionamentos em estabelecimentos privados**, como em instituições de ensino, **shopping**, mercados etc. é da **União**. O assunto se enquadra no art. 22, I, da CF, pois diz respeito ao **direito civil**, especificamente sobre o direito de **propriedade e suas limitações** (ADI 3.710/GO).

Outro tema que também é extraído do art. 22 da CF, assuntos da competência privativa da União, é a legislação sobre **trânsito** (art. 22, XI, CF). Desse modo, se uma lei estadual regulamentar serviço de **mototáxi,** essa lei será tido como inconstitucional por ter o Estado usurpado da competência legislativa federal.

A competência *concorrente*, como o próprio nome menciona, é aquela em que mais de um ente político pode legislar. Está prevista no art. 24 da CF e são exemplos dessa competência a legislação sobre os seguintes temas: direito tributário, financeiro, penitenciário, econômico, urbanístico, educação, cultura, procedimentos em matéria processual, defesa dos recursos naturais etc. Nessas hipóteses a União edita normas gerais e os Estados e o Distrito Federal, normas específicas. Diz o § 3º do artigo 24 da Constituição Federal que, inexistindo lei federal sobre normas gerais, os Estados terão competência legislativa plena, ou seja, editarão tanto normas gerais quanto normas específicas. É a denominada competência suplementar dos Estados. Já o § 4º do mesmo dispositivo nos ensina que a superveniência de lei federal sobre normas gerais **suspende** a eficácia da lei estadual no que com ela colidir. É importante ressaltar que a suspensão não se confunde com a revogação.

Desse modo, enquanto a lei geral não for editada, a lei estadual continua valendo, mas, após a edição, pela União, da lei que trata de normas gerais, a lei estadual fica com sua eficácia suspensa naquilo que lhe for contrário. Isso significa que, se a norma geral da União for revogada, a lei estadual volta a valer em sua plenitude, pois não terá mais sua eficácia suspensa. A norma da União, por ter sido revogada, não tem mais força de suspender a eficácia de outra lei.

De acordo com a ADI 2.875, Rel. Min. Ricardo Lewandowski, lei distrital que obriga os médicos públicos e particulares do Distrito Federal a notificarem a Secretaria de Saúde sobre os casos de câncer de pele não é inconstitucional, pois a matéria, defesa da saúde, é de competência concorrente entre a União, Estados-membros e Distrito Federal.

A competência *residual* tem natureza tributária e é dada pela Constituição à União, conforme dispõe seu artigo 154, I. Esse dispositivo menciona que a União poderá instituir, por meio de lei complementar, impostos não previstos no artigo 153 – que define quais são os impostos federais – desde que sejam não cumulativos e não tenham fato gerador ou base de cálculo próprios dos determinados na Constituição Federal.

No campo do direito tributário também encontramos as competências tributárias expressas, que são as que cada ente da federação possui para criar seus impostos, e a competência tributária extraordinária, que é dada à União para instituir, na hipótese de iminência ou no caso de guerra externa, impostos extraordinários (artigo 154, II, da Constituição Federal).

Ainda em relação ao tema competência legislativa da União, o STF, ao analisar a ADI 4.369 (Informativo 592), mencionou que o Estado de São Paulo, ao editar a Lei n. 13.854/2009, que proibia a cobrança de assinatura mensal de telefonia fixa, teria usurpado a competência privativa da União para dispor sobre telecomunicações (art. 22, IV, CF).

Desse modo, se somente a União é competente para disciplinar tal assunto, a lei paulista é tida como inconstitucional.

A Suprema Corte, conforme já mencionado, também já definiu pela manutenção do monopólio da União em relação às atividades postais prestadas pela Empresa Brasileira de Correios e Telégrafos (Informativo 554). Assim, os cartões postais, as cartas comerciais, pessoais e os denominados malotes devem ser transportados somente pelos Correios.

Além disso, no julgamento da ADI 3.897/DF (Informativo 537), o STF, por verificar violação ao artigo 22, XI, da CF (legislação sobre trânsito e transporte), declarou inconstitucional a Lei Distrital n. 3.918/2006, que tratava de instalação de radares nas vias do Distrito Federal.

Por fim, o STF já decidi que "o estado-membro não tem competência para legislar sobre o uso de armas de fogo apreendidas." Afirmou ainda que a norma estadual impugnada "incorporaria ao ordenamento jurídico estadual regras de competência privativa da União, a quem caberia legislar sobre comércio de material bélico e direito processual penal" (ADI 3193/SP, rel. Min. Marco Aurélio, 09.05.2013).

11.3. Estados

Os Estados são pessoas políticas dotadas de autonomia. Tal autonomia é marcada pelo fato de a Constituição Federal determinar que os Estados devam elaborar suas próprias Constituições Estaduais. É claro que os princípios e as normas trazidas pela Constituição Federal devem servir de diretrizes para os Estados quando da elaboração de suas Constituições, ou seja, só podem elaborar Constituições que estejam de acordo com a Federal e com base nas suas diretrizes. Deve haver, necessariamente, um paralelismo entre a Constituição Federal e as Constituições Estaduais. Daí falar-se em *princípio da simetria.*

O artigo 26 da Constituição traz quais são os bens pertencentes aos Estados. Dentre eles podemos destacar as terras devolutas não compreendidas entre as da União e as ilhas fluviais e lacustres também não pertencentes à União.

O Poder Executivo dos Estados é composto pelo Governador e Vice-Governador. Cada Estado elegerá seu governador e vice. O artigo 28 da Constituição Federal nos ensina que o mandato dessas pessoas é de 4 anos, que as eleições ocorrem no primeiro domingo de outubro (1º turno) e no último domingo de outubro (2º turno, se houver), e que a posse se dá em primeiro de janeiro do ano subsequente.

Os §§ 3º e 4º do artigo 18 da Constituição trazem regras sobre a criação e a extinção dos Estados. Fala-se em incorporação (ou fusão), subdivisão (ou cisão) e desmembramento. Para todas as hipóteses há alguns requisitos comuns e cumulativos. São os seguintes:

a) realização de um **plebiscito**: significa que a população interessada deve, necessariamente, aprovar, por meio de um plebiscito, a formação de um novo Estado. Somente após essa aprovação é que será possível que o segundo requisito seja verificado. Desse modo, fala-se que a realização do plebiscito é condição essencial à fase posterior.

b) existência de um projeto de **lei complementar**: a Lei n. 9.709/1998, que regulamentou as formas de execução da democracia direta (plebiscito, referendo e iniciativa popular das leis), determina que, após a aprovação pelo plebiscito, deve ser proposto um projeto de lei complementar que terá início ou na Câmara de Deputados ou no Senado Federal, ou seja, em qualquer das Casas do Congresso Nacional;

c) **audiência nas Assembleias Legislativas**: dispõe o § 2º do artigo 4º da Lei n. 9.709/1998 que a Casa em que o projeto tenha iniciado deverá realizar a audiência para futura expedição de um parecer. É interessante lembrar que tal parecer é meramente opinativo, portanto não tem caráter vinculativo (artigo 48, VI, da Constituição Federal). Assim, o processo pode continuar ainda que o parecer dado pelas Assembleias Legislativas tenha sido desfavorável à formação de um novo Estado. Vejam que isso não ocorre em relação ao resultado do plebiscito. Tal consulta tem sim caráter vinculativo, portanto é condição prévia para as demais fases;

d) **aprovação por parte do Congresso Nacional**: passadas as fases anteriores, o Congresso Nacional tem de aprovar o projeto de lei complementar. Para tanto, necessita do quórum de maioria absoluta, conforme determina o artigo 69 da Constituição Federal. Essa aprovação e a eventual sanção do projeto, pelo Presidente da República, são atos discricionários. Nessa fase, nem a manifestação favorável dada durante a realização do plebiscito obriga o Legislativo a aprovar o projeto e o Executivo a sancioná-lo. O Presidente, ao decidir se sanciona ou veta o projeto, é quem avalia a conveniência e a oportunidade do ato, sempre pautado pelo interesse público.

Passemos à análise de cada uma das modalidades de criação e extinção de Estados:

11.3.1. Fusão

Ocorre quando dois ou mais Estados se incorporam geograficamente, formando um novo, diferente dos demais. Aqueles que se uniram, consequentemente, perderão suas personalidades originárias, desaparecerão. Exemplo: suponham que existam os Estados "x", "y" e "z" e que os três sejam incorporados. Após a união, nasce o Estado "w", fruto da junção dos três.

11.3.2. Cisão

Ocorre quando um Estado existente subdivide-se para formar dois ou mais Estados novos, que terão personalidades distintas. Desse modo, o Estado que foi subdividido não mais deterá personalidade, desaparecerá. Exemplo: suponha que exista o Estado "x" e que ele seja subdividido formando os Estados "w", "y" e "z". Vejam que o estado originário "x" desaparece para que outros três sejam criados.

11.3.3. Desmembramento

Ocorre quando um ou mais Estados destinam parte de seu território com a finalidade de formar um novo Estado ou Território ou ainda para se anexarem a outro.

Na hipótese de desmembramento, em regra, o Estado que destina parte de seu território não deixa de existir. Aliás, como o próprio conceito nos ensina, destina "parte", apenas parte de seu território. Foi exatamente o que ocorreu com o Mato Grosso em relação ao Estado do Mato Grosso do Sul e o Estado de Goiás em relação a Tocantins, conforme o artigo 13 do Ato das Disposições Constitucionais Transitórias.

De acordo com o STF (ADI 2650 – Informativo 637), quando tiver de ser realizado o desmembramento de um Estado, é necessário que os dois territórios sejam ouvidos, tanto o da área desmembrada, como o da área remanescente.

11.3.4. Competência dos Estados

As competências dos Estados também podem ser legislativas ou não legislativas.

11.3.4.1. Competências não legislativas

Também chamadas de administrativas ou materiais, dividem-se em comuns e residuais.

A **comum** vem prevista no artigo 23 da Constituição Federal e é dada indistintamente a todos as pessoas políticas, União, Estados, Distrito Federal e Municípios, e já fora objeto de estudo quando da análise da competência da União.

A **residual** é dada aos Estados para tratar de assuntos que não sejam da competência da União (art. 21 da CF), do Distrito Federal (art. 23 da CF) e dos Municípios (art. 30 da CF). É também chamada de competência remanescente ou reservada aos Estados e vem prevista no § 1º do artigo 25 da Constituição Federal que menciona que "são reservadas aos Estados as competências que não lhe sejam vedadas por esta Constituição". Em suma: o resíduo, aquilo que sobra, que não é de atribuição de outro ente político, pode ser disciplinado pelos Estados.

11.3.4.2. Competências legislativas

Tema já abordado quando analisamos as competências da União, momento em que também fizemos menção às dos Estados.

11.4. Distrito Federal

Constitui ente político autônomo, dotado de capacidade de auto-organização, autogoverno, autoadministração e autolegislação. Diferente do que ocorre com os Estados, que são regidos por Constituições Estaduais, o Distrito Federal é regido por Lei Orgânica. Tal lei deve ser aprovada em dois turnos, com um intervalo mínimo de 10 (dez) dias, pelo voto de 2/3 da Câmara Legislativa do DF, conforme dispõe o artigo 32 da Constituição Federal.

A característica do autogoverno é marcada pela eleição de Governador, Vice-Governador e Deputados Distritais, conforme dispõem os §§ 2º e 3º do artigo 32 da Constituição.

11.4.1. Competência do Distrito Federal

O Distrito Federal cumula duas competências: pode legislar tanto sobre matérias reservadas aos Estados, como as atribuídas aos Municípios. É o que se depreende do § 1º do artigo 32 da Constituição Federal.

11.5. Municípios

Os Municípios são entes políticos dotados de capacidade administrativa, política e de auto-organização. A primeira tem a ver com as competências legislativas e administrativas dadas aos Municípios. A capacidade política é determinada pela eleição direta do Prefeito, Vice-Prefeito e Vereadores. E a capacidade de auto-organização é marcada pelo fato dos Municípios serem regidos por suas próprias Leis Orgânicas Municipais, conforme dispõe o *caput* do artigo 29 da Constituição Federal. Tais leis devem ser votadas em dois turnos, com um interstício (intervalo) mínimo de dez dias, e aprovadas pelo voto de 2/3 dos membros da Câmara Municipal.

A autonomia municipal deve ser respeitada sob pena de intervenção federal. Desse modo, se um Estado desrespeitar a autonomia municipal, conforme o artigo 34, inciso VII, alínea "c", da Constituição Federal, caberá intervenção naquele Estado.

As regras sobre criação, incorporação, fusão e desmembramento de Municípios são trazidas pelo § 4º do artigo 18 da Constituição Federal. É necessário:

a) uma lei complementar federal determinando o período e o procedimento para a criação, incorporação, fusão ou desmembramento do município;

b) divulgação de estudos de viabilidade municipal;

c) realização de consulta prévia às populações diretamente interessadas, por meio de plebiscito (artigo 7º da Lei n. 9.709/1998) – tal consulta somente ocorrerá se os estudos de viabilidade demonstrarem a possibilidade de criação, incorporação, fusão ou desmembramento do município; e

d) existência de lei estadual, dentro do período determinado pela lei complementar federal, desde que os requisitos anteriores tenham sido devidamente cumpridos.

Um ponto importante a ser lembrado é o trazido pela Emenda Constitucional n. 57 de 2008. Com essa emenda foi acrescentado o artigo 96 ao Ato das Disposições Constitucionais Transitórias, que assim dispõe: "ficam convalidados os atos de criação, fusão, incorporação e desmembramento de Municípios, cuja lei tenha sido publicada até 31 de dezembro de 2006, atendidos os requisitos estabelecidos na legislação do respectivo Estado à época de sua criação". Esse dispositivo é na verdade um pedido ao Poder Legislativo para que elabore a tal lei complementar, exigida constitucionalmente, pois sem ela não há possibilidade de criação, fusão, incorporação e desmembramento de municípios. Desse modo, como muitos já haviam sido criados, sem a existência da lei complementar, eles foram convalidados para que a própria ordem constitucional não fosse posta em risco.

Vale lembrar que a EC 15/1996 deu nova redação ao § 4º do artigo 18 da CF, modificando os requisitos constitucionais para criação, fusão, incorporação e desmembramento de municípios. Houve controle da constitucionalidade da atuação do poder constituinte de reforma, entretanto decidiu-se pela inexistência de afronta à cláusula pétrea da forma federativa do Estado, decorrente da atribuição, à lei complementar federal, para fixação do período dentro do qual poderão ser efetivadas a criação, a incorporação, a fusão e o desmembramento de Municípios. (ADI 2.395, Rel. Min. Gilmar Mendes, julgamento em 09.05.2007, Plenário, *DJE* de 23.05.2008). No mesmo sentido: ADI 2.381-MC, Rel. Min. Sepúlveda Pertence, julgamento em 20.06.2001, Plenário, *DJ* de 14.12.2001.

Além disso, é importante que a Súmula 646 do STF determina que "ofende o princípio da livre concorrência lei municipal que impede a instalação de estabelecimentos comerciais do mesmo ramo em determinada área".

11.5.1. Competência dos municípios

Podem ser comuns ou enumeradas. As primeiras são as que todos os entes políticos possuem, de acordo com o artigo 23 da Constituição, conforme já analisado. Já as segundas, as enumeradas, encontram abrigo no artigo 30 da Constituição e têm por finalidade, principalmente, tratar de assuntos de interesse local e suplementar à legislação federal e estadual, no que for cabível.

Vale lembrar que os municípios têm competência para regular o horário do comércio local, desde que não infrinjam leis estaduais ou federais, conforme inteligência da Súmula n. 419 da Suprema Corte.

11.6. Territórios federais

Os territórios federais, conforme dispõe o § 2º do artigo 18 da CF, pertencem à União. Somente por meio de lei complementar é que poderão ser criados, transformados em Estado ou reintegrados ao Estado de origem. É dessa maneira, porque os territórios não possuem autonomia política, apenas administrativa.

Frisa-se que atualmente *não* existem territórios federais no Brasil; os últimos que existiram foram extintos pelos artigos 14 e 15 do Ato das Disposições Constitucionais Transitórias. Os territórios de Roraima e Amapá foram transformados em Estados (art.14 do ADCT) e o de Fernando de Noronha teve sua área incorporada ao Estado de Pernambuco (art. 15 do ADCT).

Os territórios, embora pertencentes à União, podem ser divididos em municípios. Se forem criados (os territórios), possuirão governador, nomeado pelo Presidente da República, após aprovação do Senado Federal, conforme dispõe o artigo 84, XIV, da CF, e também poderão eleger quatro deputados federais, conforme determinação do § 2º do artigo 45 da CF.

11.7. Intervenção federal e intervenção estadual

É possível extrair do texto constitucional que a regra é a autonomia das pessoas políticas. Desse modo, a União, os Estados, o Distrito Federal e os Municípios são independentes e autônomos, não podendo, como regra, um intervir no outro.

Já a intervenção é uma medida de exceção, consistente na supressão temporária das prerrogativas dos Estados e dos Municípios. Quando há intervenção, prevalece a vontade daquele que a concretizou, que poderá ser a União ou os Estados. Por ser medida de caráter excepcional (a regra é a não intervenção), somente poderá ser decretada nos casos taxativamente previstos na Constituição. Tem por principal finalidade assegurar o pacto federativo.

A intervenção federal somente pode se dar nos Estados e no Distrito Federal. Assim, não é correto afirmar que a União interveio num determinado município pertencente a um Estado. Em regra, somente um Estado pode intervir no município – intervenção estadual. O que poderá ocorrer é a União intervir num município que está localizado em um Território, mas isso só acontecerá se forem criados territórios federais, neles houver municípios e ainda se alguma hipótese de intervenção, taxativamente prevista na CF, estiver devidamente configurada.

Há duas formas de intervenção: a espontânea e a provocada. Será *espontânea* nas seguintes hipóteses:

I. para manter a integridade nacional;

II. para repelir invasão estrangeira ou de uma unidade da Federação em outra;

III. para pôr termo a grave comprometimento da ordem pública;

IV. para reorganizar as finanças da unidade da Federação que: a) suspender o pagamento da dívida fundada por mais de dois anos consecutivos, salvo motivo de força maior; b) deixar de entregar aos Municípios receitas tributárias fixadas na Constituição dentro dos prazos estabelecidos em lei.

Nesses casos, o Presidente da República age de ofício, sem a necessidade de provocação.

Há também os casos em que a intervenção federal será decretada após provocação. São hipóteses de *intervenção provocada* as seguintes:

I. para garantir o livre exercício de qualquer dos Poderes nas unidades da Federação. Nesse caso, se a coação for exercida contra os Poderes Executivos ou Legislativos dos Estados, a intervenção dependerá de solicitação do poder coagido ou impedido. Agora, se for exercida contra o Poder Judiciário, dependerá de requisição do STF;

II. para prover a execução de lei federal, ordem ou decisão judicial. Podemos desmembrar essa hipótese para melhor análise. Se houver desobediência à ordem ou decisão judiciária, a intervenção dependerá de requisição do STF, do STJ ou do TSE. Já para prover a execução de lei federal, a intervenção dependerá de requisição do STF, em caso de provimento de representação do Procurador-Geral da República;

III. para assegurar a observância dos *princípios constitucionais sensíveis,* que são os seguintes:

a) forma republicana, sistema representativo e regime democrático;

b) direitos da pessoa humana;

c) autonomia municipal;

d) prestação de contas da administração pública;

e) aplicação do mínimo exigido da receita resultante de impostos estaduais, compreendida a proveniente de transferências, na manutenção e desenvolvimento do ensino e nas ações e serviços públicos de saúde.

Nas hipóteses de violação a princípios constitucionais sensíveis, a intervenção deve ser antecedida por uma ação – **ADI Interventiva ou representação interventiva perante o STF**. É necessária a requisição do STF, após ter dado provimento à representação do Procurador-Geral da República, que se materializa por meio da ADI Interventiva.

A Lei 12.562/2011, ao regulamentar o inciso III do art. 36 da Constituição Federal, tratou do processo e julgamento da **representação interventiva** perante o Supremo Tribunal Federal. Assim, a ADI interventiva deve seguir o procedimento trazido por essa norma.

De acordo com o art. 2º, a representação deve ser proposta pelo Procurador-Geral da República, em caso de violação aos princípios referidos no inciso VII do art. 34 da Constituição Federal, ou de recusa, por parte de Estado-Membro, à execução de lei federal.

A inicial, apresentada em duas vias, deve conter: I – a indicação do princípio constitucional que se considera violado ou, se for o caso de recusa à aplicação de lei federal, das disposições questionadas; II – a indicação do ato normativo, do ato administrativo, do ato concreto ou da omissão questionados; III – a prova da violação do princípio constitucional ou da recusa de execução de lei federal; e IV – o pedido, com suas especificações (art. 3º da mencionada lei).

Conforme o art. 5º da Lei 12.562/2011, é possível pedido de liminar solicitando a determinação de que se suspenda o andamento de processo ou os efeitos de decisões judiciais ou administrativas ou de qualquer outra medida que apresente relação com a matéria objeto da representação interventiva. O STF poderá deferir tal pedido por decisão da maioria absoluta de seus membros.

Julgada a liminar ou após o recebimento da inicial, quando não houver pedido de liminar, o relator, de acordo com o art. 6º da Lei 12.562/2011, solicitará as informações às autoridades responsáveis pela prática do ato questionado, que as prestarão em até 10 (dez) dias.

Serão ouvidos também, sucessivamente, o Advogado-Geral da União e o Procurador-Geral da República, que deverão manifestar-se, cada qual, no prazo de 10 (dez) dias.

De acordo com os arts. 9º e 10 da Lei 12.562/2011, a decisão sobre a representação interventiva somente será tomada se presentes na sessão pelo menos 8 (oito) Ministros e a procedência ou improcedência do pedido pela manifestação de pelo menos 6 (seis) Ministros.

Caso o pedido seja julgado procedente, o Presidente do Supremo Tribunal Federal, publicado o acórdão, levá-lo-á ao conhecimento do Presidente da República para, no prazo improrrogável de até 15 (quinze) dias, dar cumprimento aos §§ 1º e 3º do art. 36 da Constituição Federal (art. 11 da Lei 12.562/2011).

Por fim, ressalta-se que a decisão é irrecorrível, sendo insuscetível de impugnação por ação rescisória (art. 11).

Voltando para a Constituição, os casos de intervenção provocada vêm previstos nos incisos IV, VI e VII do artigo 34 da CF. Em tais situações, o Chefe do Executivo poderá agir de forma discricionária ou vinculada, conforme as peculiaridades de cada caso.

O decreto do Presidente da República, que concretizará a intervenção, deverá especificar a amplitude, o prazo e as condições de execução. Também deve constar a nomeação de um interventor, quando couber. O Congresso Nacional fará um controle político da intervenção, apreciando o ato em até 24 horas após sua edição. Se estiver em recesso, será feita convocação extraordinária, exceto nas hipóteses dos incisos VI e VII do artigo 34 da CF.

Os casos de *intervenção estadual* também estão taxativamente previstos e são os seguintes:

I. quando deixar de ser paga, sem motivo de força maior, por dois anos consecutivos, a dívida fundada;
II. quando não forem prestadas as contas devidas, na forma da lei;
III. quando não tiver sido aplicado o mínimo exigido da receita municipal na manutenção e desenvolvimento do ensino e nas ações e serviços de saúde.

Nessas três situações mencionadas a intervenção estadual será espontânea;

IV. para assegurar a observância de princípios indicados na Constituição Estadual (depende de provimento de representação pelo Tribunal de Justiça);
V. para prover a execução de lei, de ordem ou de decisão judicial (depende de provimento de representação pelo TJ).

12. Organização dos poderes

O artigo 2º da Carta Magna consagra a regra da separação dos poderes: "são poderes da União, independentes e harmônicos entre si, o Legislativo, o Executivo e o Judiciário".

Para evitar os abusos cometidos pelos detentores do poder, ou seja, a concentração do poder nas mãos de uma única pessoa ou órgão, foi necessário dividir as funções estatais. Isso se consagrou por meio do sistema dos freios e contrapesos (*checks and balances*), que menciona que os três Poderes são autônomos e independentes, porém subordinados ao princípio da harmonia. Tal regra resulta na técnica em que o poder é contido pelo próprio poder, sendo, portanto, uma garantia do povo contra o arbítrio e o despotismo.

12.1. Poder Legislativo

Suas funções típicas são a legislativa, ou seja, *legislar*, fazer as leis, e *fiscalizar* a Administração Pública. Esta última é efetivada pelo Poder Legislativo, com o auxílio dos Tribunais de Contas que, vale lembrar, embora levem o nome de "Tribunal", são órgãos do Poder Legislativo. Há quem entenda que a função fiscalizatória seria atípica.

Na União, o Poder Legislativo é um órgão bicameral, pois é formado por duas casas legislativas – a Câmara de Deputados, que representa o povo, e o Senado Federal, que representa os Estados. A junção dessas duas casas formam o denominado Congresso Nacional, conforme dispõe o artigo 44 da Constituição Federal.

Nos Estados, diferente do que ocorre na União, o Poder Legislativo é unicameral, pois é formado por apenas uma casa, que é a Assembleia Legislativa, conforme previsão do artigo 27 da Constituição Federal.

No Distrito Federal, como nos Estados, o Poder Legislativo também é unicameral. O órgão legislativo do DF é denominado Câmara Legislativa. Nos Municípios o Poder Legislativo também é unicameral e é chamado de Câmara Municipal ou Câmara de Vereadores.

O funcionamento do Poder Legislativo é regido pelos artigos 57 e 44 da Constituição Federal. O artigo 57 trata da *sessão legislativa*, que deve ser compreendida como o período de um ano de funcionamento do órgão. Diz o referido artigo 57 que a sessão legislativa se inicia no dia 02 de fevereiro e vai até 17 de julho e depois reinicia-se no dia 1º de agosto e vai até o dia 22 de dezembro do mesmo ano.

O conceito de sessão legislativa difere do de *legislatura*, esta corresponde ao período de 4 (quatro) anos de funcionamento do Poder Legislativo, conforme disposto no parágrafo único do artigo 44 da Constituição Federal.

Os períodos em que o Legislativo não funciona são denominados *recesso parlamentar*. Ocorrem do dia 18 de julho ao dia 31 do mesmo mês e do dia 23 de dezembro a 1º de fevereiro de cada ano (artigo 57 da Constituição Federal, conforme redação dada pela EC n. 50 de 2006).

Sessão ordinária: dentro da sessão legislativa ocorrem diversas sessões ordinárias. Cada uma corresponde a um dia de funcionamento do Poder Legislativo. Para que os parlamentares participem da sessão ordinária, existe a *convocação* ordinária, que é o ato formal pelo qual eles são chamados a participar das sessões.

Sessão extraordinária: como o próprio nome menciona, extraordinariamente os parlamentares podem ser convocados; tais sessões ocorrem fora do período comum, ordinário, ocorrem fora do período destinado à sessão legislativa. Têm por finalidade a deliberação de uma matéria específica, conforme determina o § 7º do artigo 57 da Constituição Federal.

O § 6º do mesmo artigo traz as hipóteses de cabimento de convocação da sessão extraordinária, quais sejam:

a) pelo Presidente do Senado Federal, em caso de decretação de estado de defesa ou de intervenção federal, de pedido de autorização para a decretação de estado de sítio e para o compromisso e a posse do Presidente e do Vice-Presidente da República;

b) pelo Presidente da República, pelos Presidentes da Câmara dos Deputados e do Senado Federal ou a requerimento da maioria dos membros de ambas as Casas, em caso de urgência ou interesse público relevante, em todas as hipóteses com a aprovação da maioria absoluta de cada uma das Casas do Congresso Nacional.

12.1.1. Composição dos Poderes Legislativos

No âmbito federal, a Câmara de Deputados, representante do povo, conforme já mencionado, é composta por Deputados Federais em número proporcional à população de cada Estado e do Distrito Federal (art. 45, § 1º, CF). Cada Estado ou o DF terá no *mínimo 8 (oito)* e no *máximo 70* (setenta) deputados federais, com mandato de 4 (quatro) anos.

O deputado federal deve ser brasileiro (nato ou naturalizado), maior de 21 anos e estar no exercício dos direitos políticos.

O artigo 51 do Texto Maior estabelece as competências privativas da Câmara dos Deputados; essas competências são exercidas, sem a sanção do Presidente da República, através de Resolução.

Sabemos que atualmente não existem territórios federais, mas como é possível sua criação, se existirem, poderão eleger quatro deputados.

O Senado Federal representa os Estados e o Distrito Federal, segundo o artigo 46 da Constituição Federal. Cada Estado e o Distrito Federal elegerão3 Senadores, que terão mandato de oito anos, e a representação será renovada de quatro em quatro anos, alternadamente, por um e dois terços, conforme nos ensina os parágrafos do artigo 46. Outra informação extraída do § 3º é a de que cada Senador será eleito com dois suplentes.

O senador deve ser brasileiro (nato ou naturalizado), maior de 35 anos e estar no exercício dos direitos políticos.

O artigo 52 da Carta Magna traz as competências privativas do Senado Federal, que são exercidas sem a sanção do Presidente da República, por meio de Resolução.

Por fim, verificamos que o sistema de eleição dos Deputados Federais e dos Senados são diferentes. Os primeiros seguem o *sistema proporcional*, que pretende consagrar o pluripartidarismo e a constante dialética entre ideais políticos diversos. Os segundos são eleitos pelo *sistema majoritário*, no qual se consideram eleitos os candidatos com maior número de votos.

12.1.2. Comissões

São subconjuntos de parlamentares organizados com o fim de tratar de um assunto específico. Podem ser:

12.1.2.1. Permanentes

Quando seu início se dá ao começo de cada legislatura. Analisa projeto de lei quanto a determinadas especificidades. Exemplo: Comissão de Constituição e Justiça (CCJ), que tem por função verificar a constitucionalidade do projeto de lei.

12.1.2.2. Provisórias ou temporárias

Quando um grupo de parlamentares se reúne provisoriamente para tratar de um assunto específico. Exemplo: comissão reunida para tratar do novo Código de Processo Civil e a Comissão Parlamentar de Inquérito (CPI).

12.1.2.3. Representativas

São aquelas reunidas durante o período de recesso parlamentar para que não sejam interrompidas as atividades do Congresso Nacional. Estão previstas no § 4º do artigo 58 da Constituição.

12.1.2.4. Comissão Parlamentar de Inquérito – CPI

As CPIs encontram respaldo no § 3º do artigo 58 da CF e têm por função apurar um *fato determinado*, por um *prazo certo*. São criadas no âmbito do Poder Legislativo, portanto são órgãos desse Poder e possuem natureza de comissão provisória ou temporária, pois, após ter sido apurado o fato, a comissão é desfeita.

A doutrina menciona que fato determinado é aquele em que é possível verificar seus requisitos essenciais. Por exemplo: não há como investigar de forma abstrata a corrupção no Brasil, tem de ser especificado o fato determinado para que o procedimento se inicie. O prazo certo, ou seja, aquele que tem início e fim, terá de ser fixado pelos regimentos internos das Casas, já que a CPI é uma comissão temporária e não permanente.

De acordo com o Supremo (HC 71.193/SP), a expressão "prazo certo" não impede prorrogações, desde que tais atos ocorram na mesma legislatura.

Essas comissões são formadas ou instaladas pelo requerimento de 1/3 dos membros. Podem ser criadas separadamente tanto pela Câmara de Deputados, quanto pelo Senado Federal ou, ainda, conjuntamente pelas duas casas. Nesse caso, teremos uma CPI mista, que será instalada após assinatura de 1/3 dos Deputados Federais e Senadores conjuntamente.

As CPIs têm poderes próprios das autoridades judiciais e não de autoridades policiais. Tomando por base a jurisprudência do STF, é possível concluir que elas podem:

1) convocar testemunhas, investigados e autoridades para prestarem esclarecimentos, mesmo que de forma coercitiva. Aliás, o artigo 50 da CF determina que os Ministros de Estado ou quaisquer titulares de órgãos diretamente subordinados à Presidência da República devem comparecer para prestarem informações, quando convocados, sob pena de responderem por crime de responsabilidade, na hipótese de ausência injustificada;
2) determinar a realização de certas perícias, necessárias à instrução da investigação;
3) determinar as buscas que sejam imprescindíveis à instrução da investigação;
4) quebrar sigilo fiscal, bancário, financeiro e telefônico (nessa última hipótese ocorrerá apenas a quebra em relação aos dados telefônicos, ou seja, as contas telefônicas). É imprescindível, segundo o Supremo, que o ato seja devidamente fundamentado e que haja efetiva necessidade para a da adoção da medida.

De outra parte, é possível verificar que a CPI possui limites, há assuntos que estão resguardados pela denominada cláusula de reserva jurisdicional, ou seja, somente por ordem judicial tais atos podem ser determinados, em especial as medidas restritivas de direito. Desse modo, as CPIs não podem:

1) determinar a quebra do sigilo das comunicações telefônicas, ou seja, a CPI não pode determinar a interceptação telefônica, pois, segundo o art. 5º, XII, da CF, somente para fins de investigação criminal ou instrução processual penal é que poderá haver tal diligência. Ressalta-se que o acesso às contas telefônicas (dados telefônicos) não se confunde com quebra de comunicação telefônica (que é a interceptação ou escuta). A primeira se inclui nos poderes da CPI, já a segunda é acobertada pela cláusula de reserva de jurisdição e, portanto, não cabe à CPI determiná-la.
   Outro detalhe: o STF já afirmou que, embora haja a vedação mencionada, se a interceptação foi realizada num processo criminal e a CPI quer emprestar a prova lá produzida, para ajudar nas suas investigações, isso poderá ser feito;
2) determinar e efetivar a busca domiciliar, que também depende de ordem judicial, conforme dispõe o inciso XI do artigo 5º da CF;
3) decretar a prisão, ressalvadas as hipóteses de flagrante delito, conforme inciso LXI da art. 5º da CF, pois nesses casos não só a CPI, mas qualquer um do povo pode prender. Dispõe o art. 301 do Código de Processo Penal que qualquer pessoa do povo poderá e as autoridades policiais e seus agentes deverão prender quem quer que seja encontrado em flagrante delito.

De acordo com o STF, em decisão monocrática, "a estratégia inquisitiva relativa às testemunhas que invocarem o direito constitucional ao silêncio – dispensa do depoimento – foi objeto de específica deliberação e subsequente encaminhamento de votação no âmbito daquele órgão investigativo colegiado. Não obstante seja imperativo o respeito, tanto na organização quanto na dinâmica das comissões parlamentares de inquérito, das prerrogativas e direitos inerentes ao mandato parlamentar, titularizados pelos seus membros e individualmente exercíveis e exigíveis, estes **não se confundem com aquelas prerrogativas e poderes que a**

Carta Política assegura às próprias comissões, na qualidade de órgãos colegiados. A prerrogativa de solicitar depoimentos de qualquer autoridade ou cidadão (art. 58, § 2º, V) e os poderes de investigação próprios das autoridades judiciais (art. 58, § 3º) são outorgados pelo texto da Lei Maior às comissões parlamentares de inquérito, colegiados, e não aos seus membros individualmente considerados. Nessa medida, desde que preservada a integridade da premissa maior contida no Texto Constitucional, as questões vinculadas aos específicos arranjos normativos conformadores de tais institutos extravasam da dimensão estritamente constitucional e judicialmente tutelável da matéria. (...) a verificação de eventual afronta aos preceitos constitucionais invocados está ligada à prévia aferição da inobservância de normas regimentais do Congresso Nacional, a caracterizar, portanto, assunto *interna corporis* do Poder Legislativo." (MS 31.475, rel. min. Rosa Weber, decisão monocrática, julgamento em 07.08.2012, *DJE* de 10.08.2012).

Conforme a Suprema Corte (HC n. 100.341-AM), a existência de procedimento penal investigatório, em tramitação no órgão jurisdicional competente, não impede a realização de atividade apuratória por uma Comissão Parlamentar de Inquérito, ainda que seus objetos sejam correlatos, pois cada qual possui amplitude distinta, delimitada constitucional e legalmente, além de finalidades diversas.

No mesmo julgado, o STF definiu que a CPI pode estender o âmbito de sua apuração a fatos ilícitos ou irregulares que, no curso do procedimento investigatório, revelarem-se conexos à causa determinante da comissão.

Além disso, reiteradas vezes, a Suprema Corte tem garantido ao convocado a depor numa CPI o privilégio contra a autoincriminação, o direito ao silêncio e que possa comunicar-se com o seu advogado.

Outra decisão relevante do Supremo sobre as CPIs é a de que elas, "no desempenho de seus poderes de investigação, estão sujeitas às mesmas normas e limitações que incidem sobre os magistrados, quando no exercício de igual prerrogativa. Vale dizer: as CPIs somente podem exercer as atribuições investigatórias que lhes são inerentes, desde que o façam nos mesmos termos e segundo as mesmas exigências que a Constituição e as leis da República impõem aos juízes, especialmente no que concerne ao necessário respeito às prerrogativas que o ordenamento positivo do Estado confere aos advogados. (...) a presença do advogado em qualquer procedimento estatal, independentemente do domínio institucional em que esse mesmo procedimento tenha sido instaurado, constitui fator inequívoco de certeza de que os órgãos do Poder Público (Legislativo, Judiciário e Executivo) não transgredirão os limites delineados pelo ordenamento positivo da República, respeitando-se, em consequência, como se impõe aos membros e aos agentes do aparelho estatal, o regime das liberdades públicas e os direitos subjetivos constitucionalmente assegurados às pessoas em geral, inclusive àquelas eventualmente sujeitas, qualquer que seja o motivo, a investigação parlamentar, ou a inquérito policial, ou, ainda, a processo judicial. (...) não se revela legítimo opor, ao advogado, restrições, que, ao impedirem, injusta e arbitrariamente, o regular exercício de sua atividade profissional, culminem por esvaziar e nulificar a própria razão de ser de sua intervenção perante os órgãos do Estado, inclusive perante as próprias CPIs." (MS 30.906-MC, Rel. Min. Celso de Mello, decisão monocrática, julgamento em 05.10.2011, *DJE* de 10.10.2011).

Sobre a utilização de documentos oriundos de inquérito sigiloso numa CPI, o Supremo também já decidiu pela possibilidade (HC 100.341, Rel. Min. Joaquim Barbosa, julgamento em 04.11.2010, Plenário, *DJE* de 02;12;2010).

Vale lembrar que a CPI não promove responsabilidades. Ao final das apurações, ela encaminha seus relatórios conclusivos ao Ministério Público para que este órgão, se entender pertinente, promova a responsabilização civil ou criminal dos investigados.

Por último, cumpre mencionar que são cabíveis os remédios constitucionais, em especial mandado de segurança e *habeas corpus,* sempre que houver abusos no decorrer dos trabalhos realizados pelas comissões. A competência para o julgamento dessas ações dependerá da autoridade que pratica o ato abusivo. Se forem representantes do Congresso Nacional, o foro competente é o STF; se forem membros das Assembleias Legislativas ou da Câmara Legislativa do DF, o órgão destinado ao julgamento é o Tribunal de Justiça do respectivo Estado ou o Distrito Federal; e, se forem representantes de Câmara Municipal, o juiz de direito da Comarca respectiva é quem deverá julgar o remédio.

12.1.3. Imunidades

Os parlamentares possuem garantias em razão da função que exercem. Tais prerrogativas têm por finalidade resguardar a liberdade e a independência durante o exercício do mandato eletivo. Bem, se o objetivo é garantir a independência e a liberdade dos parlamentares no período em que exercem seus mandatos, é correto afirmar que elas só se iniciam com a diplomação do sujeito. Esse ato, realizado pelo Tribunal Eleitoral, tem por fim validar o processo eletivo e, após, autorizar a posse do parlamentar. Da mesma maneira, o término do mandato, que pode se dar de diversas maneiras, por exemplo, pelo transcurso do prazo, pela renúncia etc., faz com que as imunidades não sejam mais cabíveis.

De acordo com a Súmula 245 do STF a imunidade parlamentar não se estende ao corréu sem essa prerrogativa.

Também é importante ressaltar que o Supremo determina que a cláusula de inviolabilidade constitucional, que impede a responsabilização penal e/ou civil do membro do Congresso Nacional, por suas palavras, opiniões e votos, também abrange, sob seu manto protetor, as entrevistas jornalísticas, a transmissão, para a imprensa, do conteúdo de pronunciamentos ou de relatórios produzidos nas Casas Legislativas e as declarações feitas aos meios de comunicação social, eis que tais manifestações – desde que vinculadas ao desempenho do mandato – qualificam-se como natural projeção do exercício das atividades parlamentares." (Inq 2.332-AgR, Rel. Min. Celso de Mello, julgamento em 10.02.2011, Plenário, *DJE* de 1º.03.2011).

As imunidades podem ser de duas naturezas: material ou processual.

12.1.3.1. Imunidade material

Segundo o artigo 53 da Constituição Federal, a imunidade material é aquela pela qual o parlamentar se torna inviolável civil e penalmente, por quaisquer palavras, opiniões e votos que proferir no curso de seu mandato. Todos os parlamentarem gozam de imunidade material.

No entanto, em relação aos Vereadores há uma particularidade, qual seja, a imunidade material é limitada, restringe-se à circunscrição do Município, conforme dispõe o inciso VIII do artigo 29 da Constituição Federal. Esse entendimento é, também, o adotado pela Suprema Corte: "a proteção constitucional inscrita no art. 29, VIII, da Carta Política estende-se – observados os limites da circunscrição territorial do Município – aos atos dos Vereadores praticados *ratione officii*, qualquer que tenha sido o local de sua manifestação (dentro ou fora do recinto da Câmara Municipal)" (HC 74.201/MG, Rel. Celso de Melo, RTJ, 169/969).

12.1.3.2. Imunidade processual

Está relacionada a garantias relativas à prisão do parlamentar e ao processo criminal que corra contra ele. Ressalta-se que esta imunidade contempla apenas os crimes praticados *após a diplomação* do parlamentar, conforme § 3º do artigo 53.

Outra peculiaridade de extrema importância é a de que os Vereadores não são beneficiados por essa garantia, ou seja, não gozam da imunidade processual, mas somente da material.

Para melhor compreensão é necessário separar a garantia relativa à impossibilidade de *prisão* da relacionada ao *processo criminal*.

Em relação à *prisão*, a Constituição diz que os membros do parlamento não poderão ser presos, desde a diplomação, exceto nos casos de prisão em flagrante por crime inafiançável. Aliás, nesta hipótese, conforme dispõe o § 2º do artigo 53 da CF, os autos deverão ser remetidos dentro de 24 horas à Casa respectiva para que, pelo voto da maioria de seus membros, ela resolva sobre a prisão. Assim, o órgão legislativo que o parlamentar integra é quem vai decidir se o manterá preso ou solto.

No tocante ao *processo criminal*, o § 3º do artigo 53 da CF determina que, recebida a denúncia contra o Senador ou Deputado, por crime ocorrido **após a diplomação**, o Supremo Tribunal Federal dará ciência à Casa respectiva, que, por iniciativa de partido político nela representado e pelo voto da maioria de seus membros, poderá, até a decisão final, suspender o andamento da ação. Assim, se o crime for praticado por um Deputado, a Câmara de Deputados é que poderá suspender o curso da ação; se o crime for praticado por um Senador, será o Senado Federal o órgão competente para tanto. Vale ressaltar que a Casa terá de apreciar o pedido dentro do prazo improrrogável de 45 dias, contados do seu recebimento pela Mesa Diretora, conforme § 4º do mesmo dispositivo.

Desse modo, se os parlamentares decidirem pela suspensão dos processos, a prescrição das infrações penais que estavam sendo apuradas também ficarão suspensas. É o que determina o § 5º do artigo 53 da CF. Tal suspensão valerá enquanto durar o mandato eletivo.

12.1.4. Limitação ao dever de testemunhar

O artigo 53, § 6º, da CF estabelece que os parlamentares não serão obrigados a testemunhar sobre informações recebidas ou prestadas em razão do exercício do mandato nem sobre as pessoas que lhes confiaram ou deles receberam informações.

12.1.5. Prerrogativa de foro

Além das imunidades, os Deputados e Senadores gozam de prerrogativa de foro para julgamento dos processos criminais em que estejam litigando. Isso quer dizer que, desde a expedição do diploma, os membros do Congresso Nacional serão submetidos a julgamento perante o Supremo Tribunal Federal (artigos 53, § 1º, e 102, I, "b", ambos da Constituição).

Ao contrário do que ocorre com as imunidades parlamentares, a prerrogativa de foro vigora durante o mandato, ainda que o **processo criminal** tenha sido iniciado **antes da expedição do diploma.** Então, os processos instaurados em desfavor de Deputados ou Senadores iniciados antes ou depois da diplomação, serão remetidos ao STF e encaminhados, após o término do mandato, à instância comum, caso ainda não tenham sido encerrados.

No âmbito estadual, em razão da isonomia, as Constituições Estaduais e a Lei Orgânica do Distrito Federal poderão atribuir aos Tribunais de Justiça respectivos a competência por prerrogativa de função para julgamento dos processos criminais contra Deputados estaduais e distritais, consoante os artigos 27, § 1º, e 32, § 3º, ambos da CF.

Em contrapartida, em nível municipal, os Vereadores não têm a prerrogativa de foro em razão da função, sendo processados e julgados perante a justiça comum, de primeiro grau, mesmo durante o curso dos seus mandatos.

12.1.6. Vedações

O artigo 54 da CF enumera vedações impostas aos Deputados e Senadores, vejamos:

a) desde a *diplomação* não poderão os parlamentares:

✔ firmar ou manter contrato com pessoa jurídica de direito público, autarquia, empresa pública, sociedade de economia mista ou empresa concessionária de serviço público, salvo quando o contrato obedecer a cláusulas uniformes;

✔ aceitar ou exercer cargo, função ou emprego remunerado, inclusive os de que sejam demissíveis *ad nutum*, nas entidades constantes da alínea anterior;

b) desde a *posse* também não poderão os parlamentares:

✔ ser proprietários, controladores ou diretores de empresa que goze de favor decorrente de contrato com pessoa jurídica de direito público, ou nela exercer função remunerada;

✔ ocupar cargo ou função de que sejam demissíveis *ad nutum*, nas entidades referidas no primeiro item da letra "a";

✔ patrocinar causa em que seja interessada qualquer das entidades a que se refere o primeiro item da letra "a";

✔ ser titulares de mais de um cargo ou mandato público eletivo.

12.1.7. Perda do mandato

O artigo 55 da CF enumera seis hipóteses de perda do mandato do parlamentar. Dentre essas situações, a doutrina distingue os casos de cassação e extinção do mandato. A cassação diz respeito à perda do mandato em virtude do parlamentar ter cometido falta funcional; já a extinção relaciona-se com a ocorrência de ato ou fato que torne automaticamente inexistente o mandato, como por exemplo, renúncia, morte, ausência injustificada etc.

Nos casos de cassação (*violação das proibições estabelecidas no art. 54 da CF, falta de decoro parlamentar e condenação criminal transitada em julgado* – **art. 55, I, II e VI), a perda do mandato dependerá da deliberação da maioria absoluta da respectiva Casa Legislativa, mediante voto secreto (art. 55, § 2º, CF).**

Nas outras três situações de extinção (*deixar de comparecer injustificadamente a 1/3 das sessões ordinárias em cada sessão legislativa, perder ou tiver suspensos os direitos políticos e por decisão da Justiça Eleitoral* – **art. 55, III, IV e V), a perda do mandato independe de votação da Casa, sendo declarada pela Mesa respectiva de ofício ou por provocação (art. 55, § 3º, CF).**

Frisa-se que em ambas as hipóteses é assegurada a ampla defesa.

12.1.7.1. Decoro parlamentar

Como visto acima, a quebra do decoro parlamentar, prevista no inciso II do art. 55 da CF, é uma das hipóteses de perda do mandato do parlamentar que depende de votação da Casa Legislativa e é caracterizada pelo abuso das prerrogativas parlamentares ou pela percepção de vantagens indevidas, além dos casos definidos nos respectivos Regimentos Internos de cada Casa Legislativa (art. 55, § 1º, CF).

12.1.8. Processo legislativo

Para a criação de atos normativos, o art. 59 da CF determina um processo formal que deverá ser seguido pelos órgãos e pessoas que têm a função de elaborar as normas jurídicas, sob pena de, sendo violado, tornar a lei formalmente inconstitucional. As regras que integram o denominado processo legislativo vêm previstas nos artigos 59 a 69 da CF.

Vale lembrar que o Supremo já definiu que são de reprodução obrigatória pelas Constituições Estaduais e leis orgânicas as normas básicas relativas ao processo legislativo (ADI 805/RS, Rel. Min. Sepúlveda Pertence).

O procedimento de elaboração das normas normalmente obedecerá a três fases distintas: instrutória, constitutiva e complementar.

12.1.8.1. Fase instrutória

É composta da denominada *iniciativa* do projeto – o início do processo de construção de uma lei está condicionado a sua apresentação por alguém competente, possuidor de iniciativa legislativa. O rol dos órgãos e pessoas que podem deflagrar projetos de lei está estabelecido no art. 61 da CF e contempla: quaisquer membros ou Comissões do Congresso Nacional, do Senado Federal ou da Câmara dos Deputados; o Presidente da República; o Supremo Tribunal Federal; os Tribunais Superiores; o Procurador-Geral da República e até os cidadãos comuns.

Nessa última hipótese, quando os cidadãos deflagram o processo legislativo, estamos diante da *iniciativa popular das leis*, prevista no artigo 61, § 2º, da CF, que exige que o projeto seja subscrito por, no mínimo, um por cento do eleitorado nacional, distribuído pelo menos por cinco Estados, com não menos de três décimos por cento dos eleitores de cada um deles.

Conforme os artigos 61, § 2º, e 64, da CF, os projetos de lei apresentados pelo Presidente da República, pelo Supremo Tribunal Federal, pelos Tribunais Superiores e pelos cidadãos terão obrigatoriamente início na Câmara dos Deputados (casa iniciadora) e concluído no Senado Federal (casa revisora). Seguirá tramitação idêntica, iniciando-se na Câmara, se o projeto for apresentado pelo Procurador-Geral da República, de acordo com o art. 109, § 1º, VII, do Regimento Interno da Câmara dos Deputados. Essas são os projetos de iniciativa *extraparlamentar* ou iniciativa "fora das casas".

Em relação aos projetos de lei de iniciativa *parlamentar*, a regra é clara: iniciam-se nas casas que abrigam seus propositores. Se proposto por membro ou Comissão da Câmara, iniciam-se na Câmara; se por membro ou Comissão do Senado, no Senado Federal.

Vale observar que, segundo o STF, o **retorno** do projeto de lei à casa iniciadora deve se dar **apenas quando houver alteração no sentido jurídico da norma**. Uma emenda que visa apenas corrigir uma impropriedade técnica ou aprimorar a redação do projeto de lei não precisa voltar à casa iniciadora.

Além disso, o **vício de iniciativa não é convalidado por posterior sanção presidencial**, ainda que o projeto seja de iniciativa do próprio Presidente da República.

12.1.8.2. Fase constitutiva

É composta por deliberações que ocorrerão tanto no âmbito do Poder Legislativo (deliberação parlamentar) quanto no do Poder Executivo (deliberação executiva).

12.1.8.2.1. Deliberação parlamentar ou legislativa

Nessa fase os projetos passam por algumas comissões, em especial pela comissão temática, de acordo com o conteúdo do projeto, e pela comissão de constituição e justiça, que dará parecer terminativo quanto a sua constitucionalidade. Além disso, os projetos são deliberados e votados nesse momento.

Em relação às leis federais, essa deliberação ocorrerá de forma bicameral, ou seja, uma das casas será a iniciadora e a outra revisora. O projeto será debatido e votado em ambas. Primeiro na iniciadora e, se aprovado, terá o mesmo procedimento na casa revisora.

As discussões iniciam-se nas Comissões que abrangem a matéria tratada no projeto de lei, de acordo com o art. 58, § 2º, I, da CF.

Em seguida o projeto é votado em plenário para aprovação da casa iniciadora. Após esse processo, conforme artigo 65 da CF, o texto aprovado deve ser remetido à casa revisora, também para discussão e votação. Nessa fase, o projeto poderá ser rejeitado, aprovado ou emendado. Na primeira hipótese será arquivado; na segunda, deverá ser encaminhado ao Executivo para sanção ou veto; na terceira, havendo emendas apostas pela casa revisora, elas deverão ser enviadas à apreciação da casa iniciadora, que poderá concordar ou discordar, mas não criar subemendas nem modificar o novo texto. Vale lembrar que o artigo 67 da CF determina que o projeto de lei rejeitado só possa ser reapresentado, na mesma sessão legislativa, por iniciativa da maioria absoluta dos membros de quaisquer das casas, Câmara ou Senado.

Aprovado o projeto, a Casa na qual a votação foi concluída deve encaminhá-lo ao Presidente da República para que ele o sancione ou vete.

12.1.8.2.2. Deliberação executiva

O veto poderá ter por fundamento dois motivos: inconstitucionalidade (é o denominado veto jurídico) ou contrariedade ao interesse público (o chamado veto político), conforme artigo 66, § 1º, da CF.

Após o veto, o Presidente da República tem 48 horas para comunicar seus motivos ao Presidente do Senado Federal (art. 66, § 1º, *in fine*), que colocará a matéria para ser apreciada e votada em sessão conjunta, podendo ser mantido ou rejeitado pelo Congresso Nacional, dentro de 30 dias contados de seu recebimento, conforme redação do § 4º do artigo 66 da CF.

Ressalta-se para que o Congresso derrube o veto do Presidente, é obrigatório o voto da maioria absoluta de seus membros, em votação secreta.

Derrubado o veto, o projeto volta ao Presidente da República para sua promulgação, segundo o § 5º do artigo 66 da CF. A situação é peculiar, pois, embora a opinião do Presidente tenha sido no sentido de vetar o projeto, ele terá de promulgá-lo.

Se o veto for mantido, arquiva-se o projeto ou, se houver decisão da maioria absoluta dos membros de quaisquer das Casas (Câmara ou Senado), ele poderá ser submetido à nova votação, na mesma sessão (art. 67).

Sancionado o projeto de lei adentra-se à fase complementar. Tal dispositivo também prevê a sanção tácita do projeto caso o Presidente não se manifeste dentro do prazo de 15 dias.

12.1.8.3. Fase complementar

Essa fase compreende a *promulgação* e a *publicação* oficial do projeto de lei, ambas de competência do Presidente da República (art. 84, IV, CF). Promulgar significa ratificar o processo legislativo, validando a lei no ordenamento jurídico. É com a promulgação que a lei "cria vida jurídica".

Então a lei é publicada no Diário Oficial, ato que torna obrigatório seu cumprimento e vigora a presunção de conhecimento geral pelas pessoas. Contudo, sua eficácia está condicionada a *vacatio legis*, que é o período entre a publicação e a entrada em vigor da norma. Conforme o art. 1º da Lei de Introdução às Normas do Direito Brasileiro – LINDB, via de regra, em 45 dias a lei passa a vigorar em todo o território nacional e em três meses estabelece-se sua vigência no estrangeiro (art. 1º, § 1º, da LINDB). Esses prazos podem ser alterados (com supressão, redução ou ampliação) se dispostos na norma, conforme determina o art. 8º da Lei Complementar n. 95/1998.

12.1.8.4. Espécies normativas

As espécies legislativas ou normativas estão enumeradas no artigo 59 da Constituição Federal. São elas: *emendas constitucionais, leis complementares, leis ordinárias, leis delegadas, medidas provisórias, decretos legislativos e resoluções.*

12.1.8.4.1. Emendas constitucionais

Conforme já exposto, nossa Constituição é classificada, quanto ao seu processo de alteração, como rígida, ou seja, para ser modificada depende de um procedimento mais solene, mais dificultoso que o processo de alteração das demais normas, ditas infraconstitucionais. Sendo assim, o mecanismo hábil para que se altere uma norma constitucional não é uma lei, mas sim a emenda constitucional.

Existem limitações para o exercício do poder de reforma que são determinadas pelo poder constituinte originário. São elas:

a) Limitações procedimentais ou formais

Como o próprio nome indica, essas limitações têm a ver com a forma, com as regras previstas na Constituição para sua alteração. Esse processo é complexo e compreende quatro partes: iniciativa, quórum, promulgação e rejeição (art. 60 da CF).

Passemos à análise de cada uma delas. Para que se altere a Constituição é necessária que seja proposta uma PEC – proposta de emenda constitucional. Somente algumas pessoas detêm competência para *iniciar* esse projeto. São elas: um terço da Câmara dos Deputados ou do Senado Federal, Presidente da República e mais da metade das Assembleias Legislativas – manifestando-se, cada qual, pelo voto da maioria relativa de seus membros.

Iniciado o projeto, há outra limitação que é relativa ao quórum de votação. É imprescindível que o projeto seja aprovado nas duas Casas do Congresso Nacional (Câmara de Deputados e Senado Federal), em dois turnos, e pelo voto de 3/5 dos membros.

Sendo aprovada a PEC, para que efetivamente se transforme em emenda constitucional, ela precisa ser *promulgada* pelas Mesas da Câmara dos Deputados e do Senado Federal.

Há ainda outra limitação formal ou procedimental que se refere à *rejeição* da PEC. A proposta de emenda rejeitada ou havida por prejudicada não poderá ser objeto de nova proposta na mesma sessão legislativa. Assim, somente na próxima sessão legislativa é que os membros do Legislativo poderão colocar em pauta novamente uma PEC que tenha sido rejeitada.

Por fim, frise-se que essa limitação tem a ver apenas com a proposta de emenda e não com projeto de lei. Desse modo, não há impedimento para a deliberação, por emenda, de tema discutido em projeto de lei anteriormente rejeitado.

b) Limitações circunstanciais

Em determinadas circunstâncias, em situações de anormalidade, é proibida a edição de emendas constitucionais. Diz a Constituição que ela não poderá ser emendada na vigência de intervenção federal, de estado de defesa ou de estado de sítio (são os denominados "estados de exceção"). Nesses momentos, diz-se que a Constituição fica imutável.

c) Limitações materiais

Há algumas matérias que não poderão ser abolidas do texto constitucional, aliás, sequer poderão ser objeto de deliberação. O § 4º do artigo 60 da Constituição traz as denominadas cláusulas pétreas ou núcleos essenciais intangíveis. O nome sempre nos ajuda a compreender o instituto jurídico. "Pétreas" vêm de pedra, algo tão consistente e rígido que é comparado a uma pedra. A outra nomenclatura utilizada pela doutrina também tem fundamento: núcleos, ou seja, apenas uma parte da constituição, um núcleo, é que é dotado dessa impossibilidade de supressão. Além disso, um núcleo essencial, ou seja, aquele relacionado com matérias tipicamente, essencialmente constitucionais, ou seja, as que giram em torno do poder. E mais, algo intangível é algo não modificável.

As denominadas cláusulas pétreas são as seguintes: forma federativa de Estado; o voto secreto, direto, universal e periódico; a separação dos Poderes; e os direitos e garantias individuais.

12.1.8.4.2. Leis complementares

As leis complementares se diferenciam das ordinárias por possuírem duas características. A primeira está relacionada ao quórum de aprovação. Para ser aprovada é necessário o voto da maioria absoluta (art. 69 da CF). A segunda diferença se dá quanto ao conteúdo disciplinado. Somente será exigida a aprovação por meio de lei complementar em relação às matérias que a Constituição expressamente exige.

Assim, quando a constituição trata de um assunto e menciona que tal assunto deve ser regulamentado por lei, sem qualificar essa lei como "complementar", diz-se que não é necessário o voto da maioria absoluta, ou seja, presume-se que é lei ordinária.

Por ser a lei complementar dotada das características mencionadas, alguns doutrinadores mencionam que há hierarquia entre ela e a lei ordinária, prevalecendo a complementar em relação à ordinária. Prevalece a segunda corrente que sustenta apenas a existência de âmbito de atuação diferente e quórum diferenciado, não havendo hierarquia entre ambas.

12.1.8.4.3. Leis ordinárias

Espécie normativa responsável pela edição de normas gerais e abstratas. A denominação ordinária vem de algo que é comum. Em âmbito federal será elaborada pelo Congresso Nacional, na esfera estadual pelas Assembleias Legislativas dos Estados e na municipal pelas Câmaras de Vereadores. Tudo que não for disciplinado por lei complementar deve ser tratado por lei ordinária. O quórum para sua aprovação é de maioria simples, ou seja, basta aprovação por maioria dos votos, desde que presente a maioria absoluta dos membros da Casa. O que se leva em conta para apurar a maioria simples é o número de parlamentares presentes na sessão.

12.1.8.4.4. Leis delegadas

São leis elaboradas pelo Presidente da República, quando ele exerce, atipicamente, a função legislativa. Segundo o artigo 68 da CF, para que o Presidente elabore essa lei deve solicitar a delegação ao Congresso Nacional. O ato que formaliza a autorização dada pelo Legislativo é uma resolução que deve especificar o conteúdo e os termos de seu exercício.

A lei delegada é tida como uma delegação *externa corporis*, pois o Legislativo transmite a sua função a outro Poder. Configura exceção ao princípio da indelegabilidade.

Ressalta-se que, segundo o § 1º do artigo 68 da CF, não podem ser objetos de delegação os atos de competência exclusiva do Congresso Nacional, os de competência privativa da Câmara dos Deputados ou do Senado Federal, a matéria reservada à lei complementar, nem a legislação sobre: I – organização do Poder Judiciário e do Ministério Público, a carreira e a garantia de seus membros; II – nacionalidade, cidadania, direitos individuais, políticos e eleitorais; III – planos plurianuais, diretrizes orçamentárias e orçamentos.

A resolução do Congresso também pode mencionar que o projeto de lei, elaborado pelo Presidente, passe por sua apreciação; nessa hipótese, conforme o § 3º do artigo 68 da CF, a verificação se dará em votação única e o Congresso não poderá fazer emendas ao texto.

12.1.8.4.5. Medida provisória

A possibilidade de edição de medidas provisórias pelo Chefe do Executivo vem prevista no artigo 62 da CF. Desse modo, havendo *relevância* e *urgência*, o Presidente da República poderá adotar medidas provisórias, com *força de lei*, devendo submetê-las imediatamente ao Congresso Nacional.

De acordo com o Supremo, os pressupostos da relevância e da urgência, embora conceitos jurídicos relativamente indeterminados e fluidos, mesmo expondo-se inicialmente à avaliação discricionária do Presidente da República, estão sujeitos, ainda que excepcionalmente, ao controle do Poder Judiciário, porque compõem a própria estrutura constitucional que disciplina as medidas provisórias, qualificando-se como requisitos legitimadores e juridicamente condicionantes do exercício, pelo Chefe do Executivo, da competência normativa primária. A Suprema Corte prossegue afirmando que a possibilidade de controle jurisdicional, mesmo sendo excepcional, apoia-se na necessidade de impedir que o Presidente da República, ao editar medidas provisórias, incida em excesso de poder ou em situação de manifesto abuso institucional, pois o sistema de limitação de poderes não permite que práticas governamentais abusivas venham a prevalecer sobre os postulados constitucionais que informam a concepção democrática de poder e de Estado, especialmente naquelas hipóteses em que se registrar o exercício anômalo e arbitrário das funções estatais (ADI 2213 MC, Min. Celso de Mello).

A votação da medida provisória, segundo § 8º do artigo 62 da CF, terá início na Câmara dos Deputados que deverá, antes de deliberar sobre seu mérito, verificar se os pressupostos constitucionais da medida (relevância e urgência) foram atendidos. O mesmo vale para a votação no Senado Federal. É o que dispõe o § 5º do artigo 62.

Além disso, a comissão mista de Deputados e Senadores deverá examinar e emitir parecer acerca das medidas provisórias, antes de serem apreciadas, em sessão separada, pelo plenário de cada uma das Casas do Congresso Nacional, conforme § 9º do artigo 62.

Ressalta-se que há matérias, segundo o § 1º, inciso I, do artigo 62 da CF, que *não* podem ser objeto de medida provisória. São as seguintes: a) nacionalidade, cidadania, direitos políticos, partidos políticos e direito eleitoral; b) direito penal, processual penal e processual civil; c) organização do Poder Judiciário e do Ministério Público, a carreira e a garantia de seus membros; d) planos plurianuais, diretrizes orçamentárias, orçamento e créditos adicionais e suplementares, ressalvado o previsto no art. 167, § 3º, da CF.

O inciso II do mesmo dispositivo constitucional menciona que também é vedada a edição de medida provisória que vise a detenção ou sequestro de bens, de poupança popular ou qualquer outro ativo financeiro, além das matérias reservadas à lei complementar e as já disciplinadas em projeto de lei aprovado pelo Congresso Nacional e pendente de sanção ou veto do Presidente da República.

De acordo com o § 3º do art. 167 da CF, a abertura de crédito extraordinário somente será admitida para atender a despesas imprevisíveis e urgentes, como as decorrentes de guerra, comoção interna ou calamidade pública, observado o disposto no art. 62. Ou seja, **há possibilidade, ainda que excepcional, de abertura de créditos extraordinários por meio de medida provisória.**

O prazo das medidas provisórias, contado a partir da publicação, é de 60 (sessenta) dias, prorrogável, uma única vez, por igual período (60 + 60). Esse prazo ficará suspenso durante o período de recesso do Congresso. Ressalta-se que a prorrogação ocorrerá se a medida não tiver sua votação encerrada nas duas Casas do Congresso dentro do prazo inicial de 60 dias, conforme § 7º do artigo 62.

Não sendo convertidas em lei dentro desse período, conforme dispõe o § 3º do artigo 62 da CF, as medidas *perderão sua eficácia*, desde a edição. Nessa hipótese, deve o Congresso Nacional, por meio de decreto legislativo, regulamentar as relações jurídicas formadas durante o período em que a medida vigorou.

Exceções à regra de perda de eficácia da medida provisória:

1ª Se o decreto legislativo, que disciplinaria as relações formadas durante a vigência da medida, não tiver sido editado até (60) sessenta dias após sua rejeição ou perda de eficácia, as relações jurídicas constituídas e decorrentes de atos praticados naquele período continuarão sendo regidas pela medida provisória, conforme dispõe o § 11 do artigo 62;

2ª Se o projeto de lei de conversão da medida provisória for aprovado, mas alterando o texto original, ela também permanecerá em vigor até que ele seja sancionado ou vetado, conforme § 12 do artigo 62.

Vale lembrar que, segundo o STF, se houver previsão na Constituição do Estado e as limitações e princípios trazidos pela CF forem observados, poderá o Governador do respectivo Estado editar medidas provisórias.

12.1.8.4.5.1. Regime de urgência ou trancamento de pauta

A medida provisória, conforme já mencionado, tem prazo de validade de 60 dias. Ocorre que há outro prazo, que é de 45 dias, para que ela seja apreciada sem que cause prejuízos. Assim, se não for apreciada em até quarenta e cinco dias contados de sua publicação, entrará em regime de urgência, subsequentemente, em cada uma das Casas do Congresso Nacional, ficando sobrestadas todas as demais deliberações legislativas da Casa em que estiver tramitando até que seja concluída sua votação. É o que determina o § 6º do artigo 62 da CF.

Frisa-se que é expressamente proibida a reedição de medidas provisórias na mesma sessão legislativa em que ela tenha sido rejeitada ou que tenha perdido sua eficácia por decurso de prazo, conforme § 10 do artigo 62 da CF.

Por fim, o § 2º do mesmo dispositivo constitucional determina que a medida provisória que implique instituição ou majoração de impostos, exceto os previstos nos arts. 153, I, II, IV, V, e 154, II, só produzirá efeitos no exercício financeiro seguinte se houver sido convertida em lei até o último dia daquele em que foi editada.

12.1.8.4.6. Decreto legislativo

As matérias de *competência exclusiva* do Congresso Nacional, previstas no artigo 49 da CF, devem ser normatizadas por meio de decreto legislativo. Exemplo: quando o Congresso Nacional quiser sustar os atos normativos do Poder Executivo que exorbitem o poder regulamentar, poderá fazê-lo por meio de decreto legislativo. Outro exemplo seria o Congresso autorizando a realização de um referendo ou convocando um plebiscito. Tais atos serão formalizados por decreto legislativo.

Exceção: o Congresso Nacional, ao delegar a competência legislativa ao Presidente da República para que ele elabore uma lei delegada, o faz por meio de *resolução* e não por decreto legislativo, pois a Constituição assim determina.

Vale lembrar que o Presidente do Senado Federal é quem promulga um decreto legislativo, não passando por deliberação executiva (sanção ou veto presidencial).

12.1.8.4.7. Resolução

Tem por finalidade normatizar as matérias *de competência privativa da Câmara de Deputados* (art. 51 da CF), do *Senado Federal* (art. 52 da CF) e, ainda, algumas atribuições do *Congresso* Nacional, por exemplo, a delegação ao Presidente da República para que ele edite lei delegada (art. 68, § 2º, da CF).

Quem promulga uma resolução é a Mesa da Casa Legislativa responsável por sua edição. Do mesmo modo que ocorre com o decreto legislativo, as resoluções não estão sujeitas a deliberação executiva (sanção ou veto presidencial).

12.1.8.4.8. Fiscalização contábil, financeira e orçamentária

Conforme dispõe o artigo 70 da CF, a fiscalização contábil, financeira, orçamentária, operacional e patrimonial da União e das entidades da administração direta e indireta, quanto à legalidade, legitimidade, economicidade, aplicação das subvenções e renúncia de receitas, será exercida pelo Congresso Nacional, mediante controle externo, e pelo sistema de controle interno de cada Poder.

Todos os órgãos, pessoas, públicos ou privados, que utilizem, arrecadem, guardem, cuidem ou administrem o patrimônio público, têm o dever de prestar contas.

Para tanto, é necessária a realização de controle, que pode ser interno ou externo. O primeiro, como já mencionado, é aquele realizado pelo próprio poder. Já o controle externo é feito pelo Congresso Nacional com o auxílio do Tribunal de Contas da União, ao qual compete, dentre outras atribuições:

– apreciar as contas prestadas anualmente pelo Presidente da República.

- ✔ Nesse tópico, o Supremo já decidiu, por não estar em conformidade com os parâmetros trazidos pela CF, que é inconstitucional norma de natureza estadual determinando que o Governador preste contas trimestralmente à Assembleia Legislativa (ADI 2.472/MC, Rel. Min. Maurício Corrêa);
- ✔ julgar as contas dos administradores e demais responsáveis por dinheiros, bens e valores públicos da administração direta e indireta, incluídas as fundações e sociedades instituídas e mantidas pelo Poder Público federal, e as contas daqueles que derem causa a perda, extravio ou outra irregularidade de que resulte prejuízo ao erário;
- ✔ realizar inspeções e auditorias de natureza contábil, financeira, orçamentária, operacional e patrimonial, nas unidades administrativas dos Poderes Legislativo, Executivo e Judiciário;
- ✔ fiscalizar a aplicação de quaisquer recursos repassados pela União mediante convênio, acordo, ajuste ou outros instrumentos congêneres, a Estado, ao Distrito Federal ou a Município;

- ✔ prestar as informações solicitadas pelo Congresso Nacional, por qualquer de suas Casas, ou por qualquer das respectivas Comissões, sobre a fiscalização contábil, financeira, orçamentária, operacional e patrimonial e sobre resultados de auditorias e inspeções realizadas;
- ✔ aplicar aos responsáveis, em caso de ilegalidade de despesa ou irregularidade de contas, as sanções previstas em lei;
- ✔ assinar prazo para que o órgão ou entidade adote as providências necessárias ao exato cumprimento da lei, se verificada ilegalidade;
- ✔ sustar, se não atendida, a execução do ato impugnado, comunicando a decisão à Câmara dos Deputados e ao Senado Federal;
- ✔ representar ao Poder competente sobre irregularidades ou abusos apurados.

É necessário ressaltar, conforme dispõe a Súmula Vinculante n. 3 do STF, que nos processos perante o Tribunal de Contas da União asseguram-se o contraditório e a ampla defesa quando da decisão puder resultar anulação ou revogação de ato administrativo que beneficie o interessado, excetuada a apreciação da legalidade do ato de concessão inicial de aposentadoria, reforma e pensão.

Além disso, de acordo com a jurisprudência do Supremo, os Tribunais de Contas gozam de autogoverno, autonomia e iniciativa reservada quanto à instauração de processo legislativo que pretenda alterar a sua organização e funcionamento. Sendo assim, é tida como inconstitucional lei estadual de iniciativa parlamentar que vise a alterar ou revogar dispositivos que cuidem de preceitos como competências, formas de atuação e organização do órgão, constantes de leis orgânicas das Cortes de Contas Estaduais (ADI 4.418-MC, Rel. Min. Dias Toffoli).

Outra decisão relevante diz respeito à execução de multa aplicada por Tribunal de Contas Estadual segundo a qual "o estado-membro não tem legitimidade para promover execução judicial para cobrança de multa imposta por Tribunal de Contas Estadual à autoridade municipal, uma vez que a titularidade do crédito é do próprio ente público prejudicado, a quem compete a cobrança, por meio de seus representantes judiciais" (RE 580.943, rel. Min Ricardo Lewandowski, de 18.06.2013).

Conforme dispõe o § 3º do artigo 71 da CF, que as decisões do Tribunal de Contas que decorram de imputação de débito ou multa valem como título executivo.

Além do exposto, deve o Tribunal de Contas enviar relatórios de suas atividades, trimestral e anualmente, ao Congresso Nacional.

Ressalta-se que, de acordo com o art. 130 da CF, o Tribunal de Contas possui Ministério Público próprio, que detém carreira diversa das que integram o MP da União e dos Estados.

É da competência originária do STF o processo e julgamento dos membros dos Tribunais de Contas da União e, do STJ, os processos relativos aos membros dos Tribunais de Contas Estaduais e do Distrito Federal (artigos 102, I, "c", e 105, I, "a", ambos da CF).

Vale lembrar que a Súmula 653 do STF determina que o Tribunal de Contas Estadual é composto por sete conselheiros dentre os quais quatro são escolhidos pela Assembleia Legislativa e três pelo Chefe do Executivo Estadual, cabendo a este indicar um dentre auditores, outro dentre membros do Ministério Público e um terceiro a sua livre escolha. Assim, verifica-se que a composição dos Tribunais de Contas Estaduais devem tomar por base a do Tribunal de Contas da União.

12.2. Poder Executivo

A função típica do Poder Executivo é a de administrar. No Brasil, como adotamos o sistema presidencialista de governo, o Chefe do Executivo cumula as atribuições de chefe de estado (representa a República Federativa do Brasil perante a comunidade internacional) e chefe de governo (comanda e administra o país no âmbito interno).

De forma atípica, o Chefe do Executivo realiza funções legislativas ao vetar ou sancionar uma lei, ao iniciar um projeto de lei, nas hipóteses de sua competência, e, ainda, ao editar medidas provisórias e leis delegadas.

Em todas as unidades federativas há o exercício do Poder Executivo. No âmbito federal, conforme artigo 76 da CF, o Executivo é chefiado pelo Presidente da República, que se vale do auxílio dos Ministros de Estado. Para concorrer ao cargo de Presidente o sujeito precisa ser brasileiro nato e contar com mais de 35 anos (art. 14, § 3º, VI, "a", da CF). Já os Ministros que auxiliam o Chefe do Executivo são escolhidos e nomeados por ele, desde que contenham os seguintes requisitos: sejam brasileiros, maiores de vinte e um anos e estejam no exercício dos direitos políticos (artigo 87 da CF).

Dentre os diversos ministros que auxiliam o Presidente da República, apenas um deles a Constituição exige que seja brasileiro *nato*, que é o Ministro de Estado da Defesa (art. 12, § 3º, VII). Os demais cargos de Ministros podem ser ocupados tanto por brasileiros natos quanto por naturalizados, conforme nos ensina os artigos 87 e 12, § 2º, ambos da CF.

No âmbito estadual, o Executivo é chefiado pelo Governador do Estado (artigo 28 da CF). Tal cargo deve ser ocupado por um brasileiro que possua mais de 30 anos, segundo o artigo 14, § 3º, VI, "b", da CF. Auxiliam o Chefe do Executivo estadual o Vice-Governador e os Secretários Estaduais. No Distrito Federal também é o Governador quem chefia o Executivo, valendo-se, para tanto, do auxílio dos seus Secretários Distritais (artigo 32, § 2º, da CF).

No âmbito municipal, o Executivo é comandado pelo Prefeito, conforme artigo 29, I, da CF. Para que alguém concorra ao cargo de Prefeito é necessário que seja brasileiro e que possua, pelo menos, 21 anos (artigo 14, § 3º, VI, "c", da CF). O Vice-Prefeito e os Secretários Municipais auxiliam diretamente os Prefeitos.

12.2.1. Mandato e sistemas eleitorais

Os Chefes do Executivo possuem um **mandato** de quatro anos, admitida uma reeleição para um único período subsequente (art. 14, § 5º, CF). Segundo o art. 77 da CF, a eleição do Presidente e do Vice-Presidente ocorre no primeiro domingo de outubro, em primeiro turno, e, havendo a necessidade de um segundo turno, ou seja, quando nenhum dos candidatos que participou do primeiro turno obtiver a maioria absoluta dos votos válidos, tal votação se dará no último domingo de outubro do ano anterior ao término do mandato presidencial vigente.

Conforme o § 3º do artigo 77 da Constituição, os dois candidatos mais votados no primeiro turno concorrem à vaga.

Além disso, no âmbito dos municípios só haverá segundo turno se o número de eleitores for superior a duzentos mil (art. 29, II, da CF).

Quanto aos **sistemas eleitorais**, utiliza-se o *majoritário absoluto* no caso do Presidente da República (Chefe do Executivo Federal), dos Governadores de Estado (Chefes dos Executivos Estaduais), do Governador do DF (Chefe do Executivo Distrital) e dos Prefeitos de municípios com mais de 200 mil eleitores. Nessas hipóteses, após a votação, considerar-se-á eleito o candidato que obtiver a maioria absoluta dos votos válidos, em primeiro ou segundo turno, não sendo computados os votos em branco e os nulos (art. 77, § 2º, da CF).

Nos municípios que possuem até 200 mil eleitores, o sistema eleitoral é o *majoritário simples*. Há apenas um turno de votação, portanto, será eleito aquele que obtiver mais votos.

A posse do novo governante ocorrerá no dia primeiro de janeiro do ano seguinte à sua eleição. O parágrafo único do artigo 78 dispõe que passados dez dias da data fixada para a posse e o governante, salvo motivo de força maior, não tiver assumido o cargo, este será declarado *vago*.

As regras sobre sucessão e substituição do Presidente da República estão previstas nos artigos 79, 80 e 81 da CF e serão analisadas abaixo.

12.2.2. Sucessão

Nas hipóteses de sucessão presidencial, a ausência do Presidente se dá de forma definitiva, ou seja, ele sai do cargo e não volta mais. Os exemplos mais comuns são: morte do Presidente, afastamento em virtude de um processo de *impeachment*, invalidez permanente etc.

12.2.3. Substituição

Nas hipóteses de substituição presidencial, a ausência do Presidente se dá não de forma definitiva, mas de forma transitória, passageira, ou seja, ele sai e posteriormente retorna ao cargo. Isso ocorre, por exemplo, em virtude de um afastamento médico para eventual tratamento de doença ou se houverem sido suspensas suas funções em decorrência de um processo judicial etc. São as hipóteses em que o Presidente fica impedido de atuar.

Segundo o artigo 80 da CF, o Presidente será substituído, em primeiro lugar, pelo Vice-Presidente, se ele também ficar impedido de assumir o cargo, será chamado ao exercício da Presidência da República o Presidente da Câmara, depois o Presidente do Senado e por último o Presidente do Supremo, sucessivamente. Vejam que na ordem de sucessão o Presidente da Câmara antecede o do Senado, pois este representa os Estados e aquele é quem representa o povo.

Apenas o Vice-Presidente poderá ocupar o cargo da Presidência de forma definitiva. Os demais somente substituirão o Presidente de forma temporária, provisória. Determina o artigo 81 da CF que, vagando os cargos de Presidente e de Vice, deverá ser realizada nova eleição, depois de aberta a última vaga. Tal pleito se dará de duas formas:

1º ocorrendo a vacância dos cargos de Presidente e Vice-Presidente da República nos dois primeiros anos do mandato presidencial, novas eleições diretas deverão ser feitas dentro do prazo de 90 dias, depois de aberta a última vaga (art. 81, *caput, CF*);

2º ocorrendo a vacância dos dois cargos (Presidente e Vice) nos últimos dois anos do mandato presidencial, o Congresso Nacional é que escolherá o novo Presidente e Vice-Presidente da República, por meio de uma eleição que se dará dentro do prazo de 30 dias depois de aberta a última vaga (art. 81, § 1º, CF). É importante destacar que é o único caso de *eleição indireta* previsto na Constituição Federal. É indireta e não direta, pois não será o povo quem escolherá o novo governante, mas sim seus representantes (Deputados Federais e Senadores). Haverá intermediários na escolha do novo Presidente e Vice.

Nas duas hipóteses os eleitos, segundo o § 2º do artigo 81, cumprirão tão somente o período que falta para terminar o mandato de seus antecessores. É a hipótese do chamado mandato-tampão.

Lembramos que os casos de novas eleições, diretas ou indiretas, ocorrerão somente nos casos de vacância, ou seja, nos casos em que o Presidente e o Vice se afastam do cargo de forma definitiva.

De acordo com a ADI 2.709, Rel. Min. Gilmar Mendes, norma estadual que suprima a eleição indireta no caso de dupla vacância dos cargos de Governador e Vice-Governador do Estado, nos dois últimos anos do mandato é inconstitucional, pois viola os parâmetros estabelecidos no âmbito federal.

Além disso, dispõe o artigo 83 da CF que o Presidente e o Vice-Presidente não poderão ausentar-se do país por período superior a 15 dias, salvo se tiverem autorização do Congresso Nacional, sob pena de perderem o cargo.

12.2.4. Atribuições do Presidente da República

O artigo 84 da CF traz as competências do Chefe do Executivo, cuja enumeração é meramente exemplificativa. Tais atribuições são, em regra, indelegáveis. Apenas as previstas nos incisos VI, XII e XXV, primeira parte, podem ser delegadas. Dentre as competências previstas no dispositivo mencionado, destacam-se as seguintes:

12.2.4.1. Regulamentar normas

É de competência do Presidente, mediante decreto, sempre focado na fiel execução da lei, a regulamentação de normas.

Vale lembrar que o STF já definiu que "a exigência constitucional de lei formal para fixação do valor do salário mínimo está atendida pela Lei 12.382/2011. A utilização de decreto presidencial, definida pela Lei 12.382/2011 como instrumento de anunciação e divulgação do valor nominal do salário mínimo de 2012 a 2015, não desobedece ao comando constitucional posto no inciso IV do art. 7º. A Lei 12.382/2011 definiu o valor do salário mínimo e sua política de afirmação de novos valores nominais para o período indicado (arts. 1º e 2º). Cabe ao presidente da República, exclusivamente, aplicar os índices definidos legalmente para reajuste e aumento e divulgá-los por meio de decreto, pelo que não há inovação da ordem jurídica nem nova fixação de valor." (ADI 4.568, Rel. Min. Cármen Lúcia, julgamento em 03.11.2011, Plenário, *DJE* de 30.03.2012).

12.2.4.2. Relacionar-se com Estados estrangeiros, atuando no âmbito internacional

Cabe ao Presidente manter relações com os Estados estrangeiros; acreditar seus representantes diplomáticos; celebrar tratados, convenções e atos internacionais, sujeitos a referendo do Congresso Nacional; e permitir, nos casos previstos em lei complementar, que forças estrangeiras transitem pelo território nacional ou nele permaneçam temporariamente.

12.2.4.3. Nomear autoridades para ocuparem cargos

Ao Presidente é dada a atribuição de nomear e exonerar os Ministros de Estado (art. 84, I, CF); nomear, após aprovação pelo Senado Federal, os Ministros do Supremo Tribunal Federal e dos Tribunais Superiores, os Governadores de Territórios, o Procurador-Geral da República, o presidente e os diretores do banco central e outros servidores, quando determinado em lei (art. 84, XIV, CF); nomear os Comandantes da Marinha, do Exército e da Aeronáutica, promover seus oficiais-generais e nomeá-los para os cargos que lhes são privativos (art. 84, XIII, CF); nomear, observado o disposto no art. 73, os Ministros do Tribunal de Contas da União (art. 84, XV, CF); nomear os magistrados, nos casos previstos na Constituição, e o Advogado-Geral da União (art. 84, XVI, CF); e nomear membros do Conselho da República, nos termos do art. 89, VII.

De acordo com a Súmula 627 do STF, "no mandado de segurança contra a nomeação de magistrado da competência do presidente da República, este é considerado autoridade coatora, ainda que o fundamento da impetração seja nulidade ocorrida em fase anterior ao procedimento".

Além disso, segundo o Supremo, "estando o presidente da República de posse de lista tríplice destinada ao preenchimento de vaga de magistrado de TRT, podendo nomear, a qualquer momento, aquele que vai ocupar o cargo vago, configura-se a competência desta Corte para o julgamento do mandado de segurança que impugna o processo de escolha dos integrantes da lista, nos termos da jurisprudência do STF, consolidada na Súmula 627 desta Corte." (MS 27.244-QO, Rel. Min. Joaquim Barbosa, julgamento em 13.05.2009, Plenário, *DJE* de 19.03.2010).

12.2.4.4. Atuações no processo de formação das leis (processo legislativo)

O Presidente da República inicia projetos de lei e de emendas constitucionais, nos casos determinados pela Constituição. Também participa, quando da edição de leis, da fase deliberativa, vetando ou sancionando os respectivos projetos. O veto pode ser motivado por razões de interesse público (veto político) ou por inconstitucionalidade (veto jurídico). Além dessas atuações, ao promulgar e mandar publicar as leis, o Presidente atua no processo legislativo na fase complementar. E, por último, ao *editar medidas provisórias* (art. 84, XXVI, CF) e leis delegadas (art. 68 da CF), o Presidente está exercendo uma função atípica, nesse caso, a legislativa.

12.2.4.5. Atuações nos "estados de exceção"

Ao Chefe do Executivo é dada a atribuição de decretar o estado de defesa e o estado de sítio (art. 84, IX, da CF); decretar e executar a intervenção federal (art. 84, X, da CF);

declarar guerra, no caso de agressão estrangeira, autorizado pelo Congresso Nacional ou referendado por ele, quando ocorrida no intervalo das sessões legislativas; e, nas mesmas condições, decretar, total ou parcialmente, a mobilização nacional (art. 84, XXI, da CF).

12.2.4.6. Direção superior da administração federal

Cabe ao Presidente da República exercer tal função, auxiliado pelos Ministros de Estado.

12.2.4.7. Disciplinar por meio de decreto

a) a organização e funcionamento da administração federal quando não implicar aumento de despesa nem criação ou extinção de órgãos públicos; e **b)** extinção de funções ou cargos públicos, quando vagos.

Nessas hipóteses, os decretos encontrarão fundamento de validade direto na CF. Por conta disso, tais normas são conhecidas como decretos autônomos.

12.2.4.8. Conceder indulto e comutar penas

É da competência do Chefe do Executivo conceder tais benefícios por meio da expedição de decreto.

O indulto é normalmente concedido nos finais de ano, quando da comemoração do natal. Segundo o Supremo, "a concessão do benefício do indulto é uma faculdade atribuída ao Presidente da República. Desse modo, é possível a imposição de condições para tê-lo como aperfeiçoado, desde que em conformidade com a CF." (AI 701.673-AgR, Rel. Min. Ricardo Lewandowski, julgamento em 05.05.2009, Primeira Turma, *DJE* de 05.06.2009).

Também, segundo a Corte Suprema, "o art. 5º, XLIII, da Constituição, que proíbe a graça, gênero do qual o indulto é espécie, nos crimes hediondos definidos em lei, não conflita com o art. 84, XII, da Lei Maior. O decreto presidencial que concede o indulto configura ato de governo, caracterizado pela ampla discricionariedade." (HC 90.364, Rel. Min. Ricardo Lewandowski, julgamento em 31.10.2007, Plenário, *DJ* de 30.11.2007). No mesmo sentido: HC 81.810, Rel. Min. Cezar Peluso, julgamento em 16.04.2009, Plenário, *DJE* de 07.08.2009.

A anistia, em regra, é aplicada aos crimes políticos e depende de lei. De acordo com o STF, "tal instituto configura ato político, com natureza política e, excepcionalmente, estende-se a crimes comuns, certo que, para estes, há o indulto e a graça, institutos distintos da anistia (CF, art. 84, XII)." (ADI 1.231, Rel. Min. Carlos Velloso, julgamento em 15.12.2005, Plenário, *DJ* de 28.04.2006).

12.2.4.9. Comandar as forças armadas

O Presidente da República comanda as forças armadas. Elas têm por finalidade a proteção militar do país e a defesa da ordem interna, além de protegerem a lei e atuarem de acordo com o que ela determina.

12.2.4.10. Convocar e presidir Conselhos

O Chefe do Executivo é quem convoca e preside o Conselho da República e o Conselho de Defesa Nacional.

12.2.4.11. Celebrar a paz

O Congresso Nacional pode autorizar o Presidente a celebrar a paz ou referendar uma determinação já formulada por ele.

12.2.4.12. Demais atribuições

Cabe ainda ao Chefe do Executivo enviar ao Congresso Nacional o plano plurianual, o projeto de lei de diretrizes orçamentárias e as propostas de orçamento previstas na Constituição; prestar, anualmente, ao Congresso Nacional, dentro de 60 (sessenta) dias após a abertura da sessão legislativa, as contas referentes ao exercício anterior; prover e extinguir os cargos públicos federais, na forma da lei; além de outras atribuições dispostas na Constituição.

Vale lembrar que o parágrafo único do art. 84 da CF dispõe que o Presidente poderá delegar aos Ministros de Estado, ao Procurador-Geral da República ou ao Advogado-Geral da União, desde que observados os limites traçados nas respectivas delegações, as seguintes atribuições:

a) disposição, por meio de decreto, sobre a organização e funcionamento da administração federal, quando **não** implicar aumento de despesa nem criação ou extinção de órgãos públicos (art. 84, VI, "a", CF) e sobre a extinção de funções ou cargos públicos, quando vagos (art. 84, VI, "b", CF).

b) concessão de indulto e comutação de penas (art. 84, XII, CF); e

c) provimento dos cargos públicos federais, na forma da lei (art. 84, XXV, primeira parte, CF).

Em suma, o Presidente pode delegar a atribuição de prover e a de desprover funções ou cargos públicos. Quanto à possibilidade de extinguir tais cargos, só poderá haver delegação quando as funções ou cargos públicos estiverem **vagos**.

De acordo com a Súmula 510 do STF, se o ato for praticado por autoridade no exercício de competência delegada, contra ela cabe o mandado de segurança ou a medida judicial.

Por fim, o STF firmou orientação no sentido da "legitimidade de delegação a ministro de Estado da competência do chefe do Executivo Federal para, nos termos do art. 84,

XXV, e parágrafo único, da CF, aplicar pena de demissão a servidores públicos federais. (...) Legitimidade da delegação a secretários estaduais da competência do governador do Estado de Goiás para (...) aplicar penalidade de demissão aos servidores do Executivo, tendo em vista o princípio da simetria." (RE 633.009-AgR, Rel. Min. Ricardo Lewandowski, julgamento em 13.09.2011, Segunda Turma, *DJE* de 27.09.2011).

12.2.5. Responsabilidade do Presidente da República

Conforme dispõe o artigo 86 da CF, o Chefe do Executivo federal pode ser responsabilizado pela prática de crime comum e por crime de responsabilidade. Pelo primeiro terá de responder perante o Supremo Tribunal Federal, já, pelo segundo, crime de responsabilidade, estará sujeito a julgamento perante o Senado Federal.

De acordo com o enunciado da Súmula 722 do STF, a definição dos crimes de responsabilidade e o estabelecimento das respectivas normas de processo e julgamento são da competência legislativa da União.

Os atos que atentem contra a Constituição Federal, em especial contra a existência da União, contra o livre exercício dos poderes, contra o exercício dos direitos políticos, individuais e sociais, contra a segurança interna do País, contra a probidade na administração, contra a lei orçamentária e contra o cumprimento das leis e das decisões judiciais são considerados *crimes de responsabilidade*. A definição de tais crimes é dada pelo artigo 4º da Lei n. 1.079/1950.

O procedimento para apuração e julgamento dos crimes praticados pelo Presidente, tanto dos crimes comuns quanto dos crimes de responsabilidade, obedece a um sistema bifásico no qual, em um primeiro momento, é necessária a autorização da Câmara dos Deputados (juízo de admissibilidade do processo), pelo voto de dois terços dos membros, conforme o *caput* do artigo 86 da CF. Somente se a Câmara autorizar o julgamento é que haverá a segunda fase do procedimento bifásico, o julgamento propriamente dito. Fala-se que o Presidente possui imunidade formal no tocante à formação do processo, por conta da necessidade dessa autorização da Câmara. É necessário salientar que a imunidade mencionada não se aplica aos membros do Poder Legislativo.

Ao adentrarmos na segunda fase do procedimento bifásico, é necessário diferenciarmos crime comum de crime de responsabilidade, pois cada um obedece a um trâmite processual diferente.

Se o Presidente praticar um crime de natureza *comum*, ou seja, aqueles crimes previstos na legislação penal, conforme dispõem os artigos 86 e 102, I, "b", da CF, será processado e julgado, conforme já mencionado, perante o Supremo Tribunal Federal. Se a denúncia ou queixa for recebida pelo Supremo, o Presidente ficará suspenso de suas funções pelo prazo de 180 dias. Após esse período, se o processo ainda não tiver chegado ao fim, o Presidente deverá retomar suas funções (art. 86, § 1º, I, e § 2º, da CF).

Se o Presidente for condenado, além das sanções previstas na lei penal, poderá perder o cargo se a pena aplicada for privativa de liberdade por tempo igual ou superior a um ano e o crime for praticado com abuso de poder ou violação de dever para com a Administração Pública (art. 92, I, "a", do CP). Nessa hipótese a perda do cargo é um efeito da condenação criminal.

O § 3º do artigo 86 nos ensina que, durante a vigência do mandato, se o Presidente praticar um crime comum, enquanto não houver sentença condenatória ele não poderá ser levado à prisão (imunidade formal no tocante às prisões de natureza cautelar). Desse modo, o Presidente não poderá ter restrita sua liberdade por nenhuma das modalidades de prisão cautelar, ou seja, não poderá ser preso em flagrante, preventiva ou provisoriamente, mesmo que presentes os requisitos para a decretação de tais custódias. Essas modalidades de prisão são decretadas de forma cautelar, isto é, sem que haja uma decisão condenatória transitada em julgado.

Vale lembrar que o STF já definiu, "no que concerne ao art. 86, § 3º e § 4º, da Constituição, na ADI 1.028, de referência à imunidade à prisão cautelar e à persecução penal como prerrogativa exclusiva do presidente da República, insuscetível de estender-se aos governadores dos Estados, que institucionalmente, não a possuem." (ADI 1.634-MC, Rel. Min. Néri da Silveira, julgamento em 17.09.1997, Plenário, *DJ* de 08.09.2000).

Em 2010, o Governador do Distrito Federal foi preso, o que corrobora a regra de que a imunidade relativa à prisão cautelar não se aplica aos demais Chefes do Executivo.

Também segundo o § 4º do artigo 86 da CF, durante a vigência do mandato, o Presidente não poderá ser responsabilizado por atos estranhos ao exercício de suas funções. Dessa maneira, só responderá por crime comum perante o Supremo se o crime tiver ligação com o exercício das atividades presidenciais.

Assim, crimes comuns praticados pelo Presidente que não tenham relação com o exercício de suas funções só serão julgados após o fim do mandato, perante a justiça comum e não perante o Supremo Tribunal Federal.

Salienta-se, ainda, que o Chefe do Executivo federal, diferentemente dos parlamentares, não possui a denominada imunidade material, ou seja, não é inviolável por suas palavras, opiniões e votos durante o curso do mandato.

O Presidente pode ser responsabilizado não apenas pela prática de crime comum, mas também em virtude da prática de crime de responsabilidade. A natureza jurídica de tal delito é controvertida na doutrina, mas a maioria entende que é de infração político-administrativa. Se o *Presidente* praticar *crime de responsabilidade*, ou seja, aqueles descritos no artigo 85 da CF e regulamentados pela Lei n. 1.079/1950, terá de se sujeitar ao chamado processo de *impeachment*.

Da mesma maneira que ocorre quando ele pratica um crime comum, é necessário o juízo de admissibilidade da Câmara. Somente após ter sido autorizado o julgamento do Presidente é que passaremos para a segunda fase do procedimento.

Nesse momento, o processo é instaurado no Senado Federal, que terá na presidência da sessão de julgamento o Presidente do Supremo Tribunal Federal (art. 52, parágrafo único, da CF). Ressalta-se que ao Senado não é dado juízo de discricionariedade; sendo o julgamento autorizado pela Câmara, o Senado tem de instaurar o processo.

São assegurados ao Presidente os princípios constitucionais da ampla defesa, contraditório e devido processo legal durante todo o trâmite do processo de *impeachment*.

Segundo o inciso II do § 1º do artigo 86, a instauração do processo por crime de responsabilidade pelo Senado Federal faz com que o Presidente fique suspenso de suas funções. Se optarem por absolver o Presidente, o processo de *impeachment* será arquivado. Agora, para que o Chefe do Executivo federal seja condenado, é necessário o voto de dois terços dos membros da casa.

Vejam: o art. 86, § 1º, I e II, da CF determina dois momentos para o início da suspensão das funções do Presidente. Se o crime for comum, após o recebimento da denúncia ou queixa-crime pelo STF; se o crime for de responsabilidade, após a instauração do processo pelo Senado Federal.

As penas impostas, no caso de condenação do Presidente por crime de responsabilidade, são autônomas e aplicadas de forma cumulativa. São as seguintes: 1 – perda do cargo; 2 – inabilitação para o exercício de função pública por oito anos (art. 52, parágrafo único, da CF).

O julgamento dos Chefes do Executivo dos Estados, do Distrito Federal e dos Municípios é semelhante ao do âmbito federal. Vejamos.

Nos Estados e no Distrito Federal, os *Governadores* também podem ser responsabilizados por crimes comuns ou de responsabilidade. Pelos primeiros são julgados pelo Superior Tribunal de Justiça (art. 105, I, "a"). Pelos segundos são julgados pelo Tribunal de Justiça do Estado do qual são governantes. A composição desse Tribunal, especificamente para o julgamento do Governador, é dada pelo § 3º do artigo 78 da Lei n. 1.079/1950, que determina que o órgão será presidido pelo Presidente do próprio Tribunal e composto por cinco Deputados Estaduais e cinco Desembargadores.

Nos Municípios, os *Prefeitos* estão também sujeitos à responsabilização por crimes comuns e de responsabilidade. Pela prática de crime comum, conforme inciso X do art. 29 da CF, os Chefes do Executivo municipal são processados e julgados pelo Tribunal de Justiça do Estado de que o Município faz parte. Por crimes de responsabilidade, os prefeitos poderão ser responsabilizados de duas maneiras: se o crime de responsabilidade for próprio, isto é, tipificado no artigo 4º do Decreto-Lei 201/1967, a Câmara de Vereadores é quem fará o julgamento; já se for um crime de responsabilidade impróprio, ou seja, aqueles não de natureza política, mas penal tão somente, é o Tribunal de Justiça do Estado respectivo o órgão competente para julgamento (art. 1º do Decreto-Lei 201/1967). Por fim, se o crime praticado for eleitoral, a competência será do Tribunal Regional Eleitoral (arts. 29, X e 96, III, ambos da CF).

12.3. Poder Judiciário

Um dos importantes princípios que regem esse poder é o da **imparcialidade.** Significa que o juiz, ao analisar os processos que foram a ele submetidos, deve agir com neutralidade.

Além disso, a jurisdição, em regra, pressupõe a existência de uma lide. Ela é inerte, depende de provocação da parte interessada, e é dotada da característica da definitividade, ou seja, transitada em julgado e passado o prazo para a propositura de ação rescisória, a decisão não poderá mais ser modificada.

De acordo com o art. 93, I, da CF, o ingresso na carreira da magistratura, cujo cargo inicial será o de juiz substituto, se dá mediante aprovação em concurso público de provas e títulos, com a participação da OAB em todas as fases. Além disso, o bacharel em Direito tem de comprovar três anos de atividade jurídica para ingressar na magistratura. É a chamada "**quarentena de entrada**", instituto inserido na CF pela EC 45/2004 (reforma do Poder Judiciário).

Segundo o STF (ADI 3.460/DF), os três anos de atividade jurídica são contados da data de conclusão do curso, pois as atividades que terão de ser demonstradas são aquelas privativas do bacharel em Direito. Desse modo, os tempos de estágio, realizados durante o curso de direito, não são computados para esse fim.

O assunto mencionado foi objeto de regulamentação pela Resolução n. 75/2009 do Conselho Nacional de Justiça. O seu art. 59 menciona que pode ser computada como tempo de "atividade jurídica", dentre outras atividades, o efetivo exercício da advocacia, magistério superior, desde que predominantemente requeira a utilização de conhecimento jurídico, função de conciliador, mediador ou árbitro na composição de litígios etc.

12.3.1. Funções, órgãos e principais institutos

A Constituição Federal traz em seus artigos 92 ao 126 a organização do Poder Judiciário.

O Poder Judiciário tem como função típica a jurisdicional (solução de interesses por meio do devido processo legal). Realiza, de forma atípica, outras funções, como a de natureza *legislativa* (por exemplo, a elaboração do seu regimento interno) e de natureza *executivo-administrativa*, como a organização de suas secretarias.

Nos termos do artigo 92 do Texto Maior, são órgãos do Poder Judiciário:

- ✔ o Supremo Tribunal Federal;
- ✔ o Conselho Nacional de Justiça;
- ✔ o Superior Tribunal de Justiça;
- ✔ os Tribunais Regionais Federais e os Juízes Federais. Com a aprovação da **EC n. 73** de 6 de abril de 2013 foram criados os Tribunais Regionais Federais da 6ª, 7ª, 8ª e 9ª Regiões. Ocorre que a Associação Nacional dos Procuradores Federais – ANPAF ajuizou ação direta de inconstitucionalidade, com pedido de medida liminar, contra a Emenda Constitucional 73/2013 Em decisão monocrática, a ação teve a medida cautelar deferida, o que acarretou a suspensão dos efeitos da EC 73/2013.
- ✔ os Tribunais e Juízes do Trabalho;
- ✔ os Tribunais e Juízes Eleitorais;
- ✔ os Tribunais e Juízes Militares;
- ✔ os Tribunais e Juízes dos Estados e do Distrito Federal e Territórios.

O Supremo Tribunal Federal, os Tribunais Superiores e o Conselho Nacional de Justiça têm sede na Capital Federal (Brasília) e os dois primeiros têm jurisdição em todo território nacional.

De acordo com o Supremo, "a Constituição não arrola as turmas recursais dentre os órgãos do Poder Judiciário, os quais são por ela discriminados, em *numerus clausus*, no art. 92. Apenas lhes outorga, no art. 98, I, a incumbência de julgar os recursos provenientes dos juizados especiais. Vê-se, assim, que a Carta Magna não conferiu às turmas recursais, sabidamente integradas por juízes de primeiro grau, a natureza de órgãos autárquicos do Poder Judiciário, e nem tampouco a qualidade de tribunais, como também não lhes outorgou qualquer autonomia com relação aos TRFs. É por essa razão que, contra suas decisões, não cabe recurso especial ao STJ, a teor da Súmula 203 daquela Corte, mas tão somente recurso extraordinário ao STF, nos termos de sua Súmula 640. Isso ocorre, insisto, porque elas constituem órgãos recursais ordinários de última instância relativamente às decisões dos juizados especiais, mas não tribunais, requisito essencial para que se instaure a competência especial do STJ." (RE 590.409, voto do Rel. Min. Ricardo Lewandowski, julgamento em 26.08.2009, Plenário, *DJE* de 29.10.2009, com repercussão geral).

De acordo com a súmula 376 do STJ, compete à turma recursal processar e julgar o mandado de segurança contra ato de juizado especial.

Vale lembrar que, em relação ao Poder Judiciário, os temas recorrentes em provas e exames são os atinentes à EC 45/2004 (reforma de Poder Judiciário) dentre os quais se destacam os seguintes:

a) inserção do inciso LXXVIII no art. 5º da CF – princípio da **razoável duração do processo ou celeridade processual** no âmbito judicial e administrativo. Configura uma ampliação do rol de direitos e garantias fundamentais;

b) criação de um novo órgão no poder judiciário: CNJ – **Conselho Nacional de Justiça** (art.103-B da CF);

c) fortificação do princípio da **imparcialidade**, pela criação de vedações ao membros da magistratura, como a proibição do exercício da advocacia no juízo ou tribunal ao qual se afastou pelo prazo de 3 anos;

d) criação de mais um requisito de admissibilidade ao recurso extraordinário: instituto da **repercussão geral**;

e) alterações nas **regras de competência,** em especial em relação à Justiça do Trabalho;

f) criação do instituto denominado **súmula vinculante** (art. 103-A da CF, regulamentado pela Lei n. 11.417/2006).

Súmula Vinculante

Dispõe a CF, em seu art. 103-A, que o Supremo Tribunal Federal, e só ele, poderá, de ofício ou por provocação, por exemplo, dos legitimados à propositura de ação direta de inconstitucionalidade (art. 103 da CF), aprovar súmula vinculante, mediante decisão de **dois terços** dos seus membros, após **reiteradas decisões** sobre **matéria constitucional**.

De acordo com o art. 3º da Lei 11.417/2006 (norma que regulamentou a súmula vinculante), são legitimados a propor a edição, a revisão ou o cancelamento de enunciado de súmula vinculante:

I. o Presidente da República;
II. a Mesa do Senado Federal;
III. a Mesa da Câmara dos Deputados;
IV. o Procurador-Geral da República;
V. Conselho Federal da Ordem dos Advogados do Brasil;
VI. o Defensor Público-Geral da União;
VII. partido político com representação no Congresso Nacional;
VIII. confederação sindical ou entidade de classe de âmbito nacional;
IX. a Mesa de Assembleia Legislativa ou da Câmara Legislativa do Distrito Federal;
X. Governador de Estado ou do Distrito Federal;
XI. os Tribunais Superiores, os Tribunais de Justiça de Estados ou do Distrito Federal e Territórios, os Tribunais Regionais Federais, os Tribunais Regionais do Trabalho, os Tribunais Regionais Eleitorais e os Tribunais Militares.

O § 1º do mesmo dispositivo indica que o Município poderá propor a edição, a revisão ou o cancelamento de enunciado de súmula vinculante, mas incidentalmente ao curso de processo em que seja parte, o que não autorizará a suspensão do processo.

Tal súmula, a partir da publicação na imprensa oficial, terá **efeito vinculante** em relação aos demais órgãos do Poder Judiciário e à administração pública direta e indireta, nas esferas federal, estadual e municipal.

Desse modo, havendo descumprimento do mandamento trazido pela súmula vinculante, ou aplicação indevida, caberá **reclamação ao STF** que, julgando-a procedente, anulará o ato administrativo ou cassará a decisão judicial reclamada, e determinará que outra seja proferida com ou sem a aplicação da súmula, conforme o caso (art. 103-A, § 3º, da CF).

Além disso, cabe ao STF não só editar, como proceder a revisão ou cancelamento da súmula, na forma estabelecida em lei. Como mencionado anteriormente, a lei que regulamentou a súmula vinculante foi a de n. 11.417/2006.

É importante ressaltar ainda que o objetivo da súmula vinculante será a validade, a interpretação e a eficácia de normas determinadas, acerca das quais haja **controvérsia atual** entre órgãos judiciários ou entre esses e a administração pública que acarrete grave insegurança jurídica e relevante multiplicação de processos sobre questão idêntica (art. 103-A, § 1º, da CF).

Por fim, no procedimento de edição, revisão ou cancelamento de enunciado da súmula vinculante, o relator poderá admitir, por decisão irrecorrível, a **manifestação de terceiros** na questão, nos termos do Regimento Interno do Supremo Tribunal Federal (art. 3º, § 2º, da Lei n. 11.417/2006).

12.3.2. Estatuto da Magistratura

O artigo 93 da Constituição Federal dispõe que cabe à *lei complementar*, de iniciativa do Supremo Tribunal Federal, dispor sobre o Estatuto da Magistratura (regulamentado pela Lei Complementar 35/1979), devendo observar os princípios constitucionais elencados nos respectivos incisos.

a) **Ingresso na carreira (inc. I):** o cargo de juiz substituto se dá mediante concurso público de provas e títulos, com a participação da OAB em todas as fases, sendo exigido do bacharel em direito no mínimo *três anos de atividade jurídica*;

b) **Residência do juiz titular (inc. VII):** o juiz titular deve *residir* na respectiva *comarca*, salvo se houver autorização do tribunal;

c) **Remoção, disponibilidade e aposentadoria por interesse público (inc. VIII):** o quórum para determinar a remoção, a disponibilidade ou a aposentadoria do magistrado por interesse público é de *maioria absoluta* do respectivo tribunal ou do Conselho Nacional de Justiça, assegurando-se ao juiz a ampla defesa;

d) **Publicidade (inc. IX):** todos os julgamentos dos órgãos do Poder Judiciário serão públicos, e fundamentadas todas as decisões, sob pena de nulidade, podendo a lei limitar a presença, em determinados atos, às próprias partes e a seus advogados, ou somente a estes, em casos nos quais a preservação do direito à intimidade do interessado no sigilo não prejudique o interesse público à informação;

e) **Decisões administrativas dos Tribunais (inc. X):**devem ser motivadas e tomadas em sessão pública, devendo as de natureza disciplinar ser tomadas pelo voto da maioria dos seus membros. Nesse item, vale anotar que o STF, no julgamento da ADI 4638, ressaltou que o respeito ao Poder Judiciário não poderia ser obtido por meio de blindagem destinada a proteger do voto público os juízes e o órgão sancionador, o que seria incompatível com a liberdade de informação e com a ideia de democracia. Determinou, portanto, que a Resolução 135/2011 do CNJ, ao prever a publicidade das sanções disciplinares e da sessão de julgamento, não extrapolara os limites normativos nem ofendera garantia da magistratura, visto que, a rigor, essas normas decorreriam diretamente da Constituição, sobretudo, posteriormente à edição da EC 45/2004." (ADI 4.638-REF-MC, Rel. Min. Marco Aurélio, julgamento em 02.02.2012, Plenário, Informativo 653);

f) **Composição do órgão especial (inc. XI):** os Tribunais com número superior a 25 julgadores poderão constituir órgão especial com no mínimo 11 e no máximo 25 membros para exercício das atribuições administrativas e jurisdicionais, sendo a metade deles provida por antiguidade e a outra metade por eleição pelo tribunal pleno;

g) **Férias forenses (inc. XII):** a atividade jurisdicional será ininterrupta, sendo vedadas férias coletivas nos juízos e tribunais de segundo grau, nos quais deverão funcionar juízes em plantão permanente nos dias em que não houver expediente forense normal;

h) **Número de juízes (inc. XIII):** deve ser proporcional à demanda e à população da unidade jurisdicional;

i) **Delegação de atos (inc. XIV):** os servidores devem receber delegação para a prática de atos de administração e atos de mero expediente sem caráter decisório;

j) **Distribuição de processos (inc. XV):** deve ser imediata, em todos os graus de jurisdição

De acordo com o artigo 93, III, da CF, o acesso aos tribunais de segundo grau far-se-á por antiguidade e merecimento, alternadamente, apurados na última ou única entrância. O STF, analisando tal dispositivo, em decisão plenária, concedeu mandado de segurança a fim de anular decreto de Presidente da República que, ao nomear magistrado para o cargo de juiz federal do TRF 2ª Região, preterira indicado pela terceira vez consecutiva em lista tríplice para promoção por merecimento. Na espécie, discutia-se se, na promoção de magistrado federal, por merecimento, que figurasse na lista por três vezes consecutivas ou cinco alternadamente, a Presidência da República disporia de discricionariedade ou estaria vinculada ao nome que constasse, de forma reiterada, na mencionada listagem – v. Informativo 672. Asseverou-se, em suma, que o Chefe do Poder Executivo teria que, obrigatoriamente, sufragar o nome do magistrado que figurasse no mencionado rol. Reputou-se que a inserção, nos moldes referidos, na lista de merecimento, aferível pelo próprio Tribunal, segundo os critérios constitucionais, seria direito subjetivo público encartado por garantia impostergável da magistratura, que diria respeito à própria independência do Poder Judiciário. Destarte, determinou-se fosse respeitada a regra contida no art. 93, II, a, da CF." (MS 30.585, rel. min. Ricardo Lewandowski, julgamento em 12.09.2012, Plenário, Informativo 679).

12.3.3. Quinto Constitucional

O quinto constitucional (art. 94 da CF) consiste na composição de um quinto (20%) dos Tribunais Regionais Federais e dos Tribunais de Justiça dos Estados por promotores de justiça e advogados de notório saber jurídico e de reputação ilibada, com mais de dez anos de efetiva atividade profissional.

Os órgãos de representação das respectivas classes indicarão uma lista sêxtupla. O Tribunal reduzirá esta para uma lista tríplice, encaminhando-a para o Chefe do Poder Executivo respectivo (Presidente da República, no caso dos Tribunais Regionais Federais, e Governador, na hipótese dos Tribunais de Justiça dos Estados), que terá 20 dias para a escolha e nomeação de um.

Ressalta-se que o magistrado nomeado pelo quinto constitucional faz jus, desde logo, à sua vitaliciedade.

12.3.4. Garantias dadas aos membros do poder judiciário

O artigo 95 da Constituição Federal assegura três garantias aos juízes, desembargadores e ministros, quais sejam:

a) **Vitaliciedade:** garante aos magistrados a manutenção no cargo, cuja perda somente se dá por sentença judicial transitada em julgado. Essa garantia é adquirida após dois anos do estágio probatório, em relação aos que foram aprovados em concurso público, ou no momento da posse, na hipótese daqueles que ingressaram pela regra do quinto constitucional ou foram nomeados para atuar nos Tribunais Superiores;

b) **Inamovibilidade:** atribui a garantia aos juízes de não serem removidos de um lugar para outro, sem prévio consentimento, exceto por motivo de interesse público, desde que pelo voto da maioria absoluta do tribunal ou Conselho Nacional de Justiça, assegurando-se a ampla defesa, conforme dispõe o art. 93, VIII, da CF;

c) **Irredutibilidade de subsídio:** esta garantia impede a redução dos subsídios, que é a forma de remuneração dos magistrados (ressalvado o disposto nos arts. 37, X e XI, 39, § 4º, 150, II, 153, III e 153, § 2º, I).

12.3.5. Vedações impostas aos membros do Poder Judiciário

O parágrafo único do artigo 95 do Texto Maior traz cinco vedações. Vejamos:

a) vedação de exercício de outro cargo ou função, salvo uma de magistério;

b) proibição quanto ao recebimento, a qualquer título ou pretexto, de custas ou participação em processo;

c) vedação de dedicação à atividade político-partidária;

d) proibição do recebimento, a qualquer título ou pretexto, de auxílios ou contribuições de pessoas físicas, entidades públicas ou privadas, ressalvadas as previstas em lei;

e) proibição de exercício da advocacia antes de decorridos três anos do afastamento por aposentadoria ou exoneração no juízo ou tribunal do qual se afastou – denominada "quarentena de saída", não impede que o magistrado afastado possa advogar, mas tão somente que este não poderá exercê-lo no juízo ou tribunal do qual se afastou ou exonerou antes de decorridos três anos do encerramento de sua função.

12.3.6. Supremo Tribunal Federal

O Supremo Tribunal Federal tem como função principal a guarda da Constituição.

O artigo 101 da Carta Maior regula a composição do STF dispondo que a Corte Maior é integrada por 11 Ministros, escolhidos pelo Presidente da República dentre brasileiros natos, que tenham entre 35 e 65 anos de idade, notório saber jurídico e reputação ilibada. Segundo o parágrafo único do referido dispositivo, compete ao Senado Federal aprovar a indicação do Presidente da República por maioria absoluta de votos.

Vale lembrar que como os cargos são de livre nomeação não se aplica a regra do quinto constitucional.

As competências do STF estão traçadas no art. 102 da CF. Cabe a tal Corte, por exemplo, processar e julgar, originariamente, a ação direta de inconstitucionalidade de lei ou ato normativo federal ou estadual e a ação declaratória de constitucionalidade de lei ou ato normativo federal.

Por fim, observa-se que, nos casos de impedimento do Presidente da República, integra o Presidente do STF a linha sucessória, conforme o art. 80 da CF.

12.3.7. Superior Tribunal de Justiça

O Superior Tribunal de Justiça compõe-se de, no mínimo, 33 Ministros, devendo sua composição obedecer aos seguintes percentuais:

a) um terço será composto por membros dos Tribunais Regionais Federais, indicados em lista tríplice pelo próprio Tribunal;

b) um terço será formado por membros dos Tribunais de Justiça dos Estados, indicados em lista tríplice pelo próprio Tribunal;

c) um terço será composto por advogados e promotores, indicados pela regra do quinto constitucional, estabelecida no artigo 94 da CF (cabe aos respectivos órgãos de classe elaborar uma lista sêxtupla de representantes, cabendo ao STJ a indicação de uma lista tríplice dentre os apontados, enviando-a ao Presidente da República, que nomeará um dentre os três indicados). Por conta de ser destinado um terço das vagas aos advogados e promotores, em vez de "quinto constitucional", fala-se em "terço constitucional" ou "regra do terço".

Em qualquer das hipóteses descritas, incumbe ao Senado Federal aprovar por maioria absoluta a indicação do Presidente da República.

Em suma, os requisitos para o cargo de Ministro do STJ são os seguintes: (i) ser brasileiro nato ou naturalizado; (ii) ter entre 35 e 65 anos de idade; (iii) ter notório saber jurídico; (iv) ter reputação ilibada.

12.3.8. Conselho Nacional de Justiça

O artigo 103-B, com redação dada pela EC 45/2004 e alterada pela EC 61/09, instituiu o Conselho Nacional de Justiça (CNJ), que tem por função a fiscalização do Poder Judiciário quanto ao cumprimento dos deveres funcionais dos juízes e à administração financeira desse poder. Ressalta-se que **o CNJ**, contudo, **não tem funções jurisdicionais.** É um órgão nacional que exerce uma espécie de controle interno e que possui competências em relação à justiça federal e à estadual.

O CNJ compõe-se de 15 membros, com mandato de dois anos (admissível somente uma recondução), sendo:

a) o Presidente do STF;

b) um Ministro do STJ, indicado pelo próprio Tribunal;

c) um Ministro do TST, indicado pelo próprio Tribunal;

d) um desembargador de Tribunal de Justiça, indicado pelo STF;

e) um juiz estadual, indicado pelo STF;

f) um juiz do TRF, indicado pelo STJ;

g) um juiz federal, indicado pelo STJ;

h) um juiz de Tribunal Regional do Trabalho, indicado pelo TST;

i) um juiz do trabalho, indicado pelo TST;

j) um membro do Ministério Público da União, indicado pelo PGR;

k) um membro do Ministério Público estadual, escolhido pelo PGR dentre os nomes indicados pelo órgão competente de cada instituição estadual;

l) dois advogados, indicados pelo Conselho Federal da OAB;

m) dois cidadãos, de notável saber jurídico e reputação ilibada, indicados um pela Câmara dos Deputados e um pelo Senado Federal.

Os membros do CNJ serão nomeados pelo Presidente da República, após a aprovação da escolha pelo Senado Federal, por votação de maioria absoluta (§ 2º do art. 103-B da CF).

Vale lembrar que a EC 61/2009 alterou o § 1º do artigo em comento estabelecendo que a presidência do CNJ incumbe ao Presidente do STF e, nas suas ausências e impedimentos, ao Vice-Presidente da citada Corte.

É importante salientar que o CNJ – embora incluído na estrutura constitucional do Poder Judiciário – qualifica-se como órgão de caráter eminentemente administrativo, não dispondo de atribuições institucionais que lhe permitam exercer fiscalização da atividade jurisdicional dos magistrados e Tribunais (MS 27.148, Rel. Min. Celso de Mello, decisão monocrática, julgamento em 20.05.2010, *DJE* de 26.05.2010). No mesmo sentido: MS 28.611-MC, Rel. Min. Celso de Mello, decisão monocrática, julgamento em 08.06.2010, *DJE* de 14.06.2010.

Além disso, sabe-se que o CNJ é absolutamente incompetente, não obstante seja órgão de controle interno do Poder Judiciário, para intervir em processos de natureza jurisdicional.

Já decidiu o Supremo sobre a "impossibilidade constitucional de o CNJ (órgão de caráter eminentemente administrativo) fiscalizar, reexaminar e suspender os efeitos decorrentes de ato de conteúdo jurisdicional, como aquele que concede mandado de segurança. Precedentes do STF. Magistério da doutrina." (MS 28.611-MC, Rel. Min. Celso de Mello, decisão monocrática, julgamento em 08.06.2010, *DJE* de 14.06.2010).

Outra decisão relevante foi dada pelo Supremo no julgamento da (ADI 4.638-REF-MC, Rel. Min. Marco Aurélio, julgamento em 08.02.2012, Plenário). Nessa oportunidade, "o plenário concluiu julgamento de referendo em medida cautelar em ação direta de inconstitucionalidade ajuizada (...) contra a Resolução 135/2011 do Conselho Nacional de Justiça – CNJ." "Quanto ao art. 2º (...), o STF, por maioria, referendou o indeferimento da liminar. Consignou-se que o CNJ integraria a estrutura do Poder Judiciário, mas não seria órgão jurisdicional e não interviria na atividade judicante. Este Conselho possuiria, à primeira vista, caráter eminentemente administrativo e não disporia de competência para, mediante atuação colegiada ou monocrática, reexaminar atos de conteúdo jurisdicional, formalizados por magistrados ou tribunais do país. Ressaltou-se que a escolha pelo constituinte derivado do termo 'Conselho' para a instituição interna de controle do Poder Judiciário mostrar-se-ia eloquente para evidenciar a natureza administrativa do órgão e para definir, de maneira precisa, os limites de sua atuação. Sublinhou-se que o vocábulo 'Tribunal' contido no art. 2º em tela revelaria tão somente que as normas seriam aplicáveis também ao CNJ e ao CJF." (ADI 4.638-REF-MC, Rel. Min. Marco Aurélio, julgamento em 02.02.2012, Plenário, Informativos 653 e 654).

Vale lembrar que as atribuições do CNJ estão previstas no § 4º do artigo 103-B da CF, além das conferidas pelo Estatuto da Magistratura e, dentre elas, destacam-se as seguintes:

I. **zelar pela autonomia do Poder Judiciário** e pelo cumprimento do Estatuto da Magistratura, podendo expedir atos regulamentares, no âmbito de sua competência, ou recomendar providências;

II. zelar **pela observância do art. 37 da CF** e apreciar, de ofício ou mediante provocação, a legalidade dos atos administrativos praticados por membros ou órgãos do Poder Judiciário, podendo desconstituí-los, revê-los ou fixar prazo para que se adotem as providências necessárias ao exato cumprimento da lei, sem prejuízo da competência do Tribunal de Contas da União. Um exemplo de atuação do CNJ com base nesse dispositivo se deu com a edição da Resolução 7/2005, que vedou a prática de nepotismo em relação a todos os órgãos do Poder Judiciário;

III. **receber e conhecer das reclamações contra membros ou órgãos do Poder Judiciário**, inclusive contra seus serviços auxiliares, serventias e órgãos prestadores de serviços notariais e de registro que atuem por delegação do poder público ou oficializados, sem prejuízo da competência disciplinar e correicional dos tribunais, podendo avocar processos disciplinares em curso e determinar a remoção, a disponibilidade ou a aposentadoria com subsídios ou proventos proporcionais ao tempo de serviço e aplicar outras sanções administrativas, assegurada ampla defesa;

IV. **representar ao Ministério Público**, no caso de crime contra a administração pública ou de abuso de autoridade;

V. **rever**, de ofício ou mediante provocação, os *processos disciplinares* de juízes e membros de tribunais julgados há menos de um ano;

VI. **elaborar** semestralmente *relatório estatístico* sobre processos e sentenças prolatadas, por unidade da Federação, nos diferentes órgãos do Poder Judiciário;

VII. **elaborar relatório anual**, propondo as providências que julgar necessárias, sobre a situação do Poder Judiciário no País e as atividades do Conselho, o qual deve integrar mensagem do Presidente do Supremo Tribunal Federal a ser remetida ao Congresso Nacional, por ocasião da abertura da sessão legislativa.

Ressalta-se que não é da competência do CNJ julgar magistrados por crime de responsabilidade, até porque tal órgão não tem função jurisdicional.

O STF tem analisado várias questões relacionadas ao CNJ, dentre as quais se destacam as seguintes:

- ✔ o CNJ tem legitimidade para apuração administrativa de responsabilidades disciplinares dos membros da magistratura, nos casos de inércia, simulação investigatória, procrastinação indevida e/ ou incapacidade de atuação;
- ✔ o CNJ não pode, por conta do conteúdo nitidamente jurisdicional, suspender, fiscalizar e reexaminar decisão concessiva de mandado de segurança;
- ✔ o CNJ integra o Poder Judiciário, mas encontra-se hierarquicamente abaixo do Supremo Tribunal Federal.

Outro tema relevante que foi regulamentado pelo CNJ diz respeito à realização de concursos para a outorga de Delegações de Notas e de Registros. De acordo com o art. 236, § 3º, da CF o ingresso na atividade notarial e de registro depende de concurso público de provas e títulos, não se permitindo que qualquer serventia fique vaga, sem abertura de concurso de provimento ou de remoção, por mais de seis meses. A Resolução de n. 81 do CNJ, em seu art. 2º, determinou que os concursos sejam realizados semestralmente ou, por conveniência da Administração, em prazo inferior, caso estiverem vagas ao menos três deles delegações de qualquer natureza.

12.3.9. Tribunais Regionais Federais e Juízes Federais

São órgãos da Justiça Federal: os Tribunais Regionais Federais e os Juízes Federais, que estão regulamentados nos artigos 106 a 110 da Constituição Federal. A competência dos Tribunais Regionais Federais está no artigo 108 e no artigo 109 a dos juízes federais.

Embora já mencionado, vale lembrar que com a aprovação da EC n. 73, de 6 de abril de 2013, foram criados os Tribunais Regionais Federais da 6ª, 7ª, 8ª e 9ª Regiões. O TRF da 6.ª Região, com sede em Curitiba, tem jurisdição sobre os Estados de Santa Catarina e Mato Grosso do Sul. Além dele, também foram incluídos pela emenda os Tribunais Regionais Federais do Amazonas, Minas Gerais e Bahia.

Ocorre que, por conta do deferimento da cautelar na ADI 5710 - DF, os efeitos da EC 73/2013 estão suspensos. Os principais argumentos utilizados para a declaração de inconstitucionalidade da emenda mencionada foram: 1) "a criação dos novos tribunais regionais federais irá afetar profundamente a carreira dos procuradores federais. Devido à competência da Justiça Federal (arts. 108 e 109 da Constituição), a União será obrigada a alocar seus procuradores para atuação nos quatro novos tribunais. Para a requerente, essa necessidade de alocação abrupta irá desorganizar a estruturação da carreira e a expectativa de seus integrantes quanto às remoções; 2) Há vício de iniciativa, na medida em que qualquer modificação da estrutura da Justiça depende de projeto de iniciativa do Supremo Tribunal Federal ou dos Tribunais Superiores (art. 96, II, a e d da Constituição), requisito que não poderia ser burlado nem sequer com o uso de emenda constitucional; 3) Inexiste prévia dotação orçamentária para criação dos novos tribunais, com custo estimado de R$ 922 milhões ao ano pelo Instituto de Pesquisas Econômicas Aplicadas – IPEA, além dos custos iniciais necessários para estruturação física e funcional desses órgãos jurisdicionais; 4) A obrigatoriedade de aplicação de recursos numa finalidade fixada sem a iniciativa própria viola a autonomia administrativa e orçamentária do Judiciário; 5) A criação de novos tribunais é medida ineficiente e irracional para resolver o problema da celeridade da prestação jurisdicional (os quatro tribunais serão responsáveis apenas por 5,3% do total da carga enfrentada pela Justiça Federal); 6) O descaso com os Juizados Especiais Federais será potencializado com a canalização inadequada de recursos para a segunda instância, de forma a prejudicar ainda mais o jurisdicionado que depende da Justiça para obter a prestação mais básica da União; 7) Há o risco de que a tolerância para com a criação de tribunais pela iniciativa do Legislativo crie precedente para algo mais gravoso à independência da Magistratura, a extinção de órgãos do Judiciário. h) A falta de previsão orçamentária impediria as mudanças necessárias para que os advogados públicos, essenciais à Justiça, pudessem defender os interesses da União perante esses tribunais".

Os Tribunais Regionais Federais compõem-se de, no mínimo, 7 juízes, recrutados, quando possível, na respectiva região e nomeados pelo Presidente da República dentre brasileiros com mais de 30 e menos de 65 anos, sendo:

- **a)** um quinto dentre advogados com mais de 10 anos de efetiva atividade profissional e membros do Ministério Público Federal com mais de 10 anos de carreira;
- **b)** os demais, mediante promoção de juízes federais com mais de cinco anos de exercício, por antiguidade e merecimento, alternadamente.

Importante alteração trazida pela EC 45/2004 foi a denominada "federalização", que estabelece a possibilidade do deslocamento de competência por violação de direitos humanos. De acordo com o § 5º do art. 109 da CF, nas hipóteses de *grave violação de direitos humanos*, o Procurador-Geral da República, com a finalidade de assegurar o cumprimento de obrigações decorrentes de tratados internacionais de direitos humanos dos quais o Brasil seja parte, poderá suscitar, perante o STJ, em qualquer fase do inquérito ou processo, incidente de deslocamento de competência para a Justiça Federal.

De acordo com o art. 107, § 2º, da CF os Tribunais Regionais Federais instalarão a justiça itinerante, com a realização de audiências e demais funções da atividade jurisdicional, nos limites territoriais da respectiva jurisdição, servindo-se de equipamentos públicos e comunitários.

O § 3º do mesmo dispositivo indica que os TRFs poderão funcionar de forma descentralizada constituindo Câmaras regionais, a fim de assegurar o pleno acesso do jurisdicionado à justiça em todas as fases do processo.

Por fim, de acordo com a Súmula 428 do STJ, compete ao Tribunal Regional Federal decidir os conflitos de competência entre juizado especial federal e juízo federal da mesma seção judiciária.

12.3.10. Tribunais e Juízes do Trabalho

São órgãos da Justiça do Trabalho: o Tribunal Superior do Trabalho, os Tribunais Regionais do Trabalho e os Juízes do Trabalho, que estão regulados nos artigos 111 a 116 da Constituição Federal. O artigo 114 estabelece a competência da Justiça do Trabalho.

O Tribunal Superior do Trabalho compõe-se de 27 Ministros, escolhidos dentre brasileiros com mais de 35 e menos de 65 anos, nomeados pelo Presidente da República após aprovação pela maioria absoluta do Senado Federal, sendo:

- **a)** um quinto dentre advogados com mais de 10 anos de efetiva atividade profissional e membros do Ministério Público do Trabalho com 10 (dez) anos de efetivo exercício, observado o disposto no art. 94;
- **b)** os demais dentre juízes dos Tribunais Regionais do Trabalho, oriundos da magistratura da carreira, indicados pelo próprio Tribunal Superior.

Os Tribunais Regionais do Trabalho compõem-se de no mínimo 7 juízes, recrutados, quando possível, na respectiva região, e nomeados pelo Presidente da República dentre brasileiros com mais de 30 e menos de 65 anos, sendo:

- **a)** um quinto dentre advogados com mais de 10 anos de efetiva atividade profissional e membros do Ministério Público do Trabalho com mais de 10 anos de efetivo exercício, observado o disposto no art. 94;
- **b)** os demais, mediante promoção de juízes do trabalho por antiguidade e merecimento, alternadamente.

De acordo com o Supremo (Súmula Vinculante n. 22), a Justiça do Trabalho é competente para processar e julgar as ações de indenização por danos morais e patrimoniais decorrentes de acidente de trabalho propostas por empregado contra empregador, inclusive aquelas que ainda não possuíam sentença de mérito em primeiro grau quando da promulgação da EC 45/2004.

12.3.11. Tribunais Regionais Eleitorais e Juízes Eleitorais

São órgãos da Justiça Eleitoral: o Tribunal Superior Eleitoral, os Tribunais Regionais Eleitorais, os Juízes Eleitorais e as Juntas Eleitorais, que são regulamentados nos artigos 118 a 121 da Constituição Federal.

Segundo o artigo 121 do Texto Maior, lei complementar disporá sobre a organização e competência dos tribunais, dos juízes de direito e das juntas eleitorais.

O Tribunal Superior Eleitoral compor-se-á, no mínimo, de sete membros, escolhidos:

a) mediante eleição, pelo voto secreto:

✔ três juízes dentre os Ministros do STF;

✔ dois juízes dentre os Ministros do STJ;

b) por nomeação do Presidente da República, dois juízes dentre seis advogados de notável saber jurídico e idoneidade moral, indicados pelo STF.

As decisões do Tribunal Superior Eleitoral são irrecorríveis, salvo as que contrariarem esta Constituição e as denegatórias de *habeas corpus* ou mandado de segurança, das quais caberá recurso para o STF.

Os Tribunais Regionais Eleitorais são previstos em todos os Estados e no Distrito Federal e funcionarão nas Capitais. Esses tribunais compor-se-ão:

a) mediante eleição, pelo voto secreto:

✔ de dois juízes dentre os desembargadores do Tribunal de Justiça;

✔ de dois juízes, dentre juízes de direito, escolhidos pelo Tribunal de Justiça.

b) de um juiz do Tribunal Regional Federal com sede na Capital do Estado ou no Distrito Federal, ou, não havendo, de juiz federal, escolhido, em qualquer caso, pelo Tribunal Regional Federal respectivo;

e) por nomeação, pelo Presidente da República, de dois juízes dentre seis advogados de notável saber jurídico e idoneidade moral, indicados pelo Tribunal de Justiça.

Os juízes dos tribunais eleitorais, salvo motivo justificado, servirão por dois anos, no mínimo, e nunca por mais de dois biênios consecutivos, sendo os substitutos escolhidos na mesma ocasião e pelo mesmo processo, em número igual para cada categoria.

12.3.12. Tribunais e Juízes Militares

São órgãos da Justiça Militar: o Superior Tribunal Militar e os Tribunais e Juízes Militares instituídos por lei, trazidos nos artigos 122 a 124 da Constituição Federal.

De acordo com o artigo 124, compete à Justiça Militar processar e julgar os crimes militares definidos em lei. A lei disporá sobre a organização, o funcionamento e a competência da Justiça Militar.

O Superior Tribunal Militar compor-se-á de 15 Ministros vitalícios, nomeados pelo Presidente da República, depois de aprovada a indicação pelo Senado Federal, sendo:

a) três dentre oficiais-generais da Marinha (da ativa e do posto mais elevado da carreira);

b) quatro dentre oficiais-generais do Exército (da ativa e do posto mais elevado da carreira);

c) três dentre oficiais-generais da Aeronáutica (da ativa e do posto mais elevado da carreira);

d) cinco civis, que serão escolhidos pelo Presidente da República dentre brasileiros maiores de 35 anos, sendo:

✔ três advogados de notório saber jurídico e conduta ilibada, com mais de 10 (dez) anos de efetiva atividade profissional;

✔ dois, por escolha paritária, dentre juízes auditores e membros do Ministério Público da Justiça Militar.

12.3.13. Tribunais e Juízes dos Estados

Os Estados organizarão sua Justiça, observados os princípios estabelecidos nesta Constituição, e a competência dos tribunais será definida na Constituição do Estado, sendo a lei de organização judiciária de iniciativa do Tribunal de Justiça.

Mediante proposta do Tribunal de Justiça do Estado, a lei estadual pode criar a Justiça Militar estadual, constituída, em primeiro grau, pelos juízes de direito e pelos Conselhos de Justiça e, em segundo grau, pelo próprio Tribunal de Justiça, ou por Tribunal de Justiça Militar nos Estados em que o efetivo militar seja superior a vinte mil integrantes.

Compete à Justiça Militar estadual processar e julgar os militares dos Estados, nos crimes militares definidos em lei e as ações judiciais contra atos disciplinares militares, ressalvada a competência do júri quando a vítima for civil, cabendo ao tribunal competente decidir sobre a perda do posto e da patente dos oficiais e da graduação das praças.

Frisa-se que é *residual* a competência da Justiça Estadual, portanto, não sendo matéria de competência das justiças especializadas (Eleitoral, Trabalhista e Militar) nem da Justiça Federal, será da Estadual.

12.3.14. Regime de precatórios (EC 62/2009)

Os valores devidos pelas Fazendas Públicas, em razão do regime de impenhorabilidade dos bens públicos, são pagos por meio da expedição de precatórios judiciais.

O procedimento para o pagamento desses valores vem previsto no art. 100 e seguintes da CF, normas alteradas pela EC 62/2009. Tal emenda também acrescentou o art. 97 ao Ato das Disposições Constitucionais Transitórias, criando um regime especial para o pagamento de precatórios pelos Estados, o Distrito Federal e os Municípios.

As principais regras, conforme os parágrafos do art. 100 da CF, são:

a) os titulares de precatórios de natureza alimentar que possuam **60 anos ou mais** na data em que foi expedido o precatório ou que sejam portadores de doença grave, conforme definido em lei, terão preferência sobre outros débitos, até o total equivalente ao triplo do fixado em lei como precatórios de pequeno valor, admitido o fracionamento para essa finalidade, sendo que o restante será pago na ordem cronológica de apresentação do precatório;

b) independentemente de regulamentação, quando forem expedidos os precatórios deles deverá ser **abatido**, a título de compensação, valor correspondente aos débitos líquidos e certos, inscritos ou não em dívida ativa e constituídos contra o credor original pela Fazenda devedora, incluídas parcelas vincendas de parcelamentos, ressalvados aqueles cuja execução esteja suspensa em virtude de contestação administrativa ou judicial. Para isso, antes da expedição, o Tribunal solicitará à Fazenda Pública devedora, para resposta em até 30 (trinta) dias, sob pena de perda do direito de abatimento, informação sobre os débitos que preencham as condições estabelecidas;

c) de acordo com o estabelecido em lei do ente federativo devedor, fica facultado ao credor a entrega de créditos em precatórios para **compra de imóveis públicos** do respectivo ente federado;

d) a partir da promulgação da EC 62/2009, a **atualização de valores de requisitórios**, após sua expedição, até o efetivo pagamento, independentemente de sua natureza, será feita pelo índice oficial de remuneração básica da caderneta de poupança, e, para fins de compensação da mora, incidirão juros simples no mesmo percentual de juros incidentes sobre a caderneta de poupança, ficando excluída a incidência de juros compensatórios;

e) o credor **poderá ceder seus créditos** em precatórios a terceiros, total ou parcialmente, independentemente da concordância do devedor, não se aplicando ao cessionário a preferência no pagamento e eventual dispensa de precatório;

f) A **União**, a seu critério exclusivo e na forma de lei, poderá **assumir débitos**, oriundos de precatórios, de Estados, Distrito Federal e Municípios, refinanciando-os diretamente.

13. Funções essenciais à justiça

As funções essenciais à justiça vêm previstas a partir do artigo 127 da Constituição Federal. Os órgãos que têm por atribuição exercer tais funções não são chamados de poderes, não fazem parte dos três poderes, atuam ao lado do Executivo, Legislativo e Judiciário, mas não os compõem. Integram tais funções o Ministério Público, as Advocacias Públicas e Privadas e as Defensorias Públicas.

13.1. Ministério Público

O Ministério Público, segundo o artigo 127 da Constituição Federal, constitui uma instituição de caráter permanente, que tem por função a defesa da ordem jurídica, do regime democrático e dos interesses sociais e individuais indisponíveis.

13.1.1. Princípios

Os princípios que regem a instituição do Ministério Público são: a unidade, a indivisibilidade e a independência funcional. Vejamos:

a) **Unidade**: os membros do Ministério Público integram um só órgão, sob uma mesma chefia do Procurador-Geral da República (área federal) e do Procurador-Geral de Justiça (área estadual);

b) **Indivisibilidade**: os membros do Ministério Público atuam somente e sempre em nome da toda a instituição;

c) **Independência funcional**: os membros do Ministério Público devem atuar em consonância com a lei e sua convicção, não estando sujeitos às imposições dos órgãos da administração superior da instituição.

Além de ser regido pelos princípios institucionais mencionados, o Ministério Público detém autonomia funcional e administrativa. Havendo dotação orçamentária e autorização legislativa, cabe a ele propor ao Poder Legislativo a criação e extinção de seus cargos e serviços auxiliares, os quais serão providos por concurso público.

É de atribuição da instituição a elaboração de proposta orçamentária, sempre respeitados os limites estabelecidos na lei de diretrizes orçamentárias.

De acordo com o STF, "o Poder Judiciário tem por característica central a estática ou o não agir por impulso próprio (*ne procedat iudex ex officio*). Age por provocação das partes, do que decorre ser próprio do Direito Positivo este ponto de fragilidade: quem diz o que seja 'de Direito' não o diz senão a partir de impulso externo. Não é isso o que se dá com o Ministério Público. Este age de ofício e assim confere ao Direito um elemento de dinamismo compensador daquele primeiro ponto jurisdicional de fragilidade. Daí os antiquíssimos nomes de 'promotor de justiça' para designar o agente que pugna pela realização da justiça, ao lado da 'procuradoria de justiça', órgão congregador de promotores e procuradores de justiça. Promotoria de justiça, promotor de justiça, ambos a pôr em evidência o caráter comissivo ou a atuação de ofício dos órgãos ministeriais públicos. Duas das competências constitucionais do Ministério Público são particularmente expressivas dessa índole ativa que se está a realçar. A primeira reside no inciso II do art. 129 (...). É dizer: o Ministério Público está autorizado pela Constituição a promover todas as medidas necessárias à efetivação de todos os direitos assegurados pela Constituição. A segunda competência está no inciso VII do mesmo art. 129 e traduz-se no 'controle externo da atividade policial'. Noutros termos: ambas as funções ditas 'institucionais' são as que melhor tipificam o Ministério Público enquanto instituição que bem pode tomar a dianteira das coisas, se assim preferir." (HC 97.969, Rel. Min. Ayres Britto, julgamento em 1º.02.2011, Segunda Turma, *DJE* de 23.05.2011).

Outra decisão importante se deu no julgamento do ACO-AgR 1.233, em que o STF determinou que é da competência do Ministério Público Estadual agir nas hipóteses em que são averiguados atos de improbidade administrativa praticados por agentes públicos no âmbito de sociedade de economia mista federal.

13.1.2. Composição

O artigo 128 da CF traz os órgãos que compõem o Ministério Público. Fala-se em Ministério Público da União, o qual engloba o MP Federal, o MP do Trabalho, o MP Militar e o MP do Distrito Federal e Territórios; e em MP Estaduais.

O Chefe do Ministério Público da União é o Procurador--Geral da República. O Presidente da República é quem o nomeia, após aprovação pela maioria absoluta dos membros do Senado Federal. Para tanto, deve o Procurador-Geral da República possuir mais de 35 anos e ser integrante da carreira do Ministério Público.

Após ser nomeado, cumprirá um mandato de dois anos, admitida uma recondução. Durante o mandato, poderá ser destituído por iniciativa do Presidente da República, desde que haja autorização da maioria absoluta do Senado Federal.

O Chefe dos Ministérios Públicos dos Estados e do Distrito Federal e Territórios é o Procurador-Geral de Justiça. É atribuição dos membros dos citados Ministérios Públicos elaborarem lista tríplice, indicando os nomes, dentre integrantes da carreira, que possivelmente ocuparão o cargo de Procurador-Geral de Justiça. Feita tal lista, deve ser encaminhada ao Chefe do Executivo do respectivo Estado ou do Distrito Federal, pois a ele caberá a escolha e nomeação do novo Procurador. Do mesmo modo que ocorre no âmbito da União, o mandato do Procurador é de dois anos, admitida uma recondução.

De acordo com o art. 9º, § 4º, da Lei 8.625/1993 (Lei Orgânica Nacional do Ministério Público -LONMP), caso o Chefe do Poder Executivo não efetive a nomeação do Procurador-Geral de Justiça nos quinze dias que se seguirem ao recebimento da lista tríplice, será investido automaticamente no cargo o membro do Ministério Público mais votado para exercício do mandato.

A destituição do Procurador-Geral de Justiça dos Estados e do DF e Territórios será realizada na forma da lei complementar regulamentadora após a deliberação da maioria absoluta dos membros do Poder Legislativo respectivo.

13.1.3. Funções institucionais

O artigo 129 da CF traz as atribuições do Ministério Público, das quais se destacam as seguintes:

- ✔ promover, privativamente, a ação penal pública (art. 129, I);
- ✔ promover o inquérito civil e a ação civil pública para a tutela dos interesses difusos e coletivos (art. 129, III);
- ✔ promover a ação de inconstitucionalidade ou representação para fins de intervenção da União e dos Estados, nos casos previstos nesta Constituição (art. 129, IV);
- ✔ defender judicialmente os direitos e interesses das populações indígenas (art. 129, V).

13.1.4. Forma de ingresso na carreira

Em virtude de regra trazida pela Emenda Constitucional 45/2004, além da aprovação em concurso público de provas e títulos, é exigida do bacharel em Direito a comprovação de três anos de atividade jurídica. É a denominada "quarentena de entrada".

13.1.5. Garantias

Os membros do Ministério Público gozam das mesmas garantias atribuídas aos membros do Poder Judiciário. São as seguintes:

a) **Vitaliciedade:** garante aos membros do Ministério Público a sujeição à perda do cargo somente por sentença judicial transitada em julgado. Esta garantia só é adquirida após dois anos do estágio probatório (art. 128, § 5º, I, "a");

b) **Inamovibilidade:** atribui a garantia aos membros do Ministério Público de não serem removidos, a não ser por motivo de interesse público, por voto da maioria absoluta do órgão colegiado competente, assegurando-se a ampla defesa (art. 128, § 5º, I, "b");

c) **Irredutibilidade de subsídios:** esta garantia impede a redução dos subsídios, que é a forma de remuneração dos membros do MP (ressalvado o disposto nos arts. 37, X e XI, 39, § 4º, 150, II, 153, III, e 153, § 2º, I), conforme o disposto na alínea "c" do § 5º do art. 128 da CF.

Sobre a garantia da vitaliciedade é importante mencionar o disposto no art. 12, X, da Lei 8.625/1993,que determina a competência do Colégio de Procuradores para deliberar, por iniciativa de um quarto de seus integrantes ou do Procurador-Geral de Justiça, que este ajuíze ação cível de decretação de perda do cargo de membro vitalício do Ministério Público, nos casos previstos nesta lei. Já o pedido de não vitaliciamento de membro do Ministério Público que não cumprir as exigências do estágio probatório, conforme o art. 17, III, da mesma lei, é feito pelo Corregedor-Geral ao Conselho Superior do Ministério Público.

13.1.6. Vedações

O inciso II do artigo 128 da Constituição Federal traz as vedações aplicáveis aos membros do Ministério Público, quais sejam:

a) receber, a qualquer título e sob qualquer pretexto, honorários, percentagens ou custas processuais;

b) exercer a advocacia;

c) participar de sociedade comercial, na forma da lei;

d) exercer, ainda que em disponibilidade, qualquer outra função pública, salvo uma de magistério;

e) exercer atividade político-partidária;

f) receber, a qualquer título ou pretexto, auxílios ou contribuições de pessoas físicas, entidades públicas ou privadas, ressalvadas as exceções previstas em lei.

13.1.7. Conselho Nacional do Ministério Público (CNMP)

É órgão de fiscalização do Ministério Público que atua no controle da atuação administrativa e financeira da instituição e do cumprimento dos deveres funcionais de seus membros, com as atribuições definidas no § 2º do artigo 130-A do Texto Maior.

Já foi decidida pelo STF a impossibilidade do exercício de cargo de diretor de planejamento, administração e logística do IBAMA ser ocupado por promotor de justiça. Essa impossibilidade se dá por ser membro do MP, que ingressou após a promulgação da CF/1988, já que não poderia ele exercer cargo ou função pública em órgão diverso da organização do MP. Essa vedação foi trazida pelo artigo 128, § 5º, inciso II, alínea "d", da Constituição Federal vigente (MS 26595, Rel. Min. Cármen Lúcia, Pleno, julgamento em 07.04.2010, *DJe* 10.06.2010).

Vale lembrar que o CNMP atua na esfera administrativa e só pode rever atos desta natureza, avaliando as questões de legalidade. Não cabe ao órgão adentrar o mérito.

Composição: o CNMP é integrado por 14 membros, nomeados pelo Presidente da República, após votação pela maioria absoluta do Senado Federal, para um mandato de dois anos, admitida uma recondução, oriundos do próprio Ministério Público, da Magistratura, da Advocacia e da sociedade (2 cidadãos de notável saber jurídico e reputação ilibada, indicados um pela Câmara dos Deputados e outro pelo Senado Federal).

13.2. Advocacia pública

As instituições representadas por advogados públicos integram o que chamamos de advocacia pública. Tais órgãos visam a defender os interesses do Estado em juízo e extrajudicialmente, bem como prestar consultoria e assessoramento jurídico.

13.2.1. Advocacia-Geral da União

Segundo o artigo 131 da Constituição Federal, a União é representada judicial e extrajudicialmente pela Advocacia-Geral da União, cabendo-lhe também as atividades de consultoria e assessoramento jurídico do Poder Executivo. A atuação da AGU se dá de forma direta.

O ingresso na carreira depende da aprovação em concurso público de provas e títulos, conforme o § 2º do artigo 131 do Texto Maior, salvo o cargo de chefia. Diferente do que ocorre com os concursos da Magistratura e do Ministério Público, em que é necessária a participação de membros da OAB, a Constituição não exige a participação da OAB nos concursos para as carreiras da AGU.

A instituição tem por chefe o Advogado-Geral da União, de livre nomeação pelo Presidente da República, dentre cidadãos maiores de 35 anos de notável saber jurídico e reputação ilibada. Salienta-se que o cargo em comento não precisa ser ocupado por integrantes da carreira, já que a nomeação se dá livremente pelo Chefe do Executivo.

13.2.2. Procuradoria-Geral do Estado

Os Procuradores do Estado e do Distrito Federal, além de representarem judicialmente as respectivas unidades federadas, prestam consultoria jurídica e assessoramento.

Igualmente como ocorre no modelo federal, o cargo de chefia é ocupado por pessoa de livre nomeação pelo Governador do Estado. No julgamento da ADI 2682/AP, de relatoria do Min. Gilmar Mendes, o Supremo definiu que "a forma de provimento do cargo de Procurador-Geral do Estado, não prevista pela Constituição Federal (art. 132), pode ser definida pela Constituição Estadual, competência esta que se insere no âmbito de autonomia de cada Estado-membro".

O ingresso na carreira, exceto o do cargo de chefia, conforme mencionado, depende de aprovação em concurso público de provas e títulos, com a participação da Ordem dos Advogados do Brasil em todas as suas fases.

É assegurada a estabilidade aos procuradores, depois de três anos de efetivo exercício, mediante aprovação em avaliação de desempenho perante os órgãos próprios. Isso após relatório circunstanciado das corregedorias (art. 132, parágrafo único, da CF).

Conforme a jurisprudência da Suprema Corte, no julgamento definitivo da ADI 175/PR, Rel. Min. Octavio Gallotti, "foi declarada a constitucionalidade do art. 56 e parágrafos do ADCT do Estado do Paraná, de 05.10.1989, que autorizou a permanência, em carreiras especiais criadas por lei, dos que já ocupavam com estabilidade, naquele momento, cargos e empregos públicos de advogados, assessores e assistentes jurídicos, para o exercício do assessoramento jurídico nos Poderes Executivo, Legislativo e Judiciário e da representação judicial das autarquias e fundações públicas. Os diplomas legais ora impugnados, ao reunirem numa única carreira os então ocupantes de empregos e cargos públicos preexistentes que já exerciam as mesmas funções de assessoramento jurídico ao Poder Executivo e de representação judicial das autarquias, nada mais fizeram do que atender ao comando expresso no mencionado art. 56 do ADCT paranaense, tratando-se, por certo, de hipótese de subsistência excepcional e transitória autorizada pelo art. 69 do ADCT da CF. A previsão de concurso público de provas e títulos para ingresso na nova carreira, contida no art. 5º da Lei estadual 9.422/1990, destinou-se, exclusivamente, àqueles que já eram, no momento de edição da norma constitucional transitória, ocupantes estáveis de cargos e empregos públicos de advogados, assessores e assistentes jurídicos e que viriam a preencher, mediante aproveitamento, os 295 cargos criados pelo art. 2º do mesmo diploma. Impossibilidade, na vacância, de provimento dos cargos da carreira especial de advogado do Estado do Paraná por outros servidores e, por conseguinte, de realização de novos concursos públicos para esse fim. Necessidade de obediência ao art. 132 da CF." (ADI 484, Rel. p/ o ac. Min. Ricardo Lewandowski, julgamento em 10.11.2011, Plenário, *DJE* de 1º.02.2012).

13.2.3. Defensoria Pública

Os defensores públicos têm por função institucional a orientação jurídica e a defesa, em todos os graus, dos necessitados, na forma do art. 5º, LXXIV, da Constituição.

Às Defensorias Públicas Estaduais são asseguradas autonomia funcional e administrativa e a iniciativa de sua proposta orçamentária dentro dos limites estabelecidos na lei de diretrizes orçamentárias e subordinação ao disposto no art. 99, § 2º, CF (art. 134, § 2º).

O ingresso na carreira depende de aprovação em concurso público de provas e títulos. É assegurada a seus integrantes a garantia da inamovibilidade e vedado o exercício da advocacia fora das atribuições institucionais.

De acordo com o Supremo, "a representação processual pela Defensoria Pública, *in casu*, Defensoria Pública da União, faz-se por defensor público integrante de seu quadro funcional, independentemente de mandato, ressalvados os casos nos quais a lei exija poderes especiais, consoante dispõe o art. 128, inciso XI, da LC 80/1994." (AI 616.896-AgR, voto do Rel. Min. Gilmar Mendes, julgamento em 14.06.2011, Segunda Turma, *DJE* de 29.06.2011).

Sobre as recentes normas que tratam do tema defensoria pública, é necessário lembrar que a **EC n. 69** de 29 de março de 2012 alterou a redação dos artigos 21, 22 e 48 da Constituição Federal, para transferir da União para o Distrito Federal as atribuições de organizar e manter a Defensoria Pública do Distrito Federal.

Tal emenda, oriunda da proposta n. 445/2009, concede competência ao Distrito Federal para organizar e manter a sua Defensoria Pública. Com base na regra antiga, competia à União a organização e manutenção a Defensoria Pública do Distrito Federal. Além disso, também era atribuição da União a competência para legislar sobre essa instituição. Desse modo, o Distrito Federal não possuía autonomia quanto à Defensoria Pública, embora pudesse, com fulcro no art. 24, XIII, primeira parte, da CF, legislar sobre assistência jurídica, o que o fez, por exemplo, instituindo o CEAJUR – Centro de Assistência Jurídica gratuita. Com a aprovação da EC n. 69/2012, a organização, manutenção da Defensoria Pública do Distrito Federal passou a ser de competência deste ente federativo e não mais da União. Foi excluída da competência da União a atribuição para organizar, manter e legislar sobre a Defensoria do Distrito Federal.

Além disso, a **EC n. 74**, de 6 de agosto de 2013, acrescentou o § 3º ao art. 134, o qual estendeu as mesmas prerrogativas das Defensorias Públicas Estaduais à Defensoria Pública da União (DPU) e à do Distrito Federal. O § 2º do art. 134 da CF, assegura às Defensorias Públicas Estaduais (DPEs) autonomia funcional e administrativa e a iniciativa de sua proposta orçamentária dentro dos limites estabelecidos na Lei de Diretrizes Orçamentárias. O mesmo dispositivo não concedia tal autonomia e nem tal iniciativa à Defensoria Pública da União e do Distrito Federal. Com a alteração, portanto, ficam asseguradas às Defensorias Públicas da União, dos Estados e do Distrito Federal a autonomia funcional e administrativa e a iniciativa de sua proposta orçamentária dentro dos limites estabelecidos na lei de diretrizes orçamentárias.

13.3. Advocacia privada

Prescreve a Constituição da República em seu artigo 133 que "o advogado é indispensável à administração da justiça, sendo inviolável por seus atos e manifestações no exercício da profissão, nos limites da lei".

O advogado é o bacharel em Direito e inscrito na Ordem dos Advogados do Brasil (art. 8º da Lei 8.906/1994 – EOAB).

De acordo com o art. 6º do diploma legal citado, não há hierarquia entre os advogados, magistrados e membros do Ministério Público, devendo haver consideração e respeito entre eles.

Ao advogado é assegurada a inviolabilidade material, tendo em vista que no exercício da atividade profissional não pode ser punido por seus atos ou manifestações, ainda que constituam injúria ou difamação, sem prejuízo das sanções disciplinares perante a OAB pelos eventuais excessos que cometer (art. 7º, § 2º, EOAB).

Em consagração à essencialidade da função do advogado, foi editada a Súmula Vinculante 14, a qual prolata que é direito do defensor, no interesse do representado, ter acesso amplo aos elementos de prova que, já documentados em procedimento investigatório realizado por órgão com competência de polícia judiciária, digam respeito ao exercício do direito de defesa.

Muito importante ainda esclarecer que a OAB, mesmo prestando serviço público federal, não consubstancia uma entidade da administração indireta. Não está, assim, sujeita ao controle da Administração, nem a qualquer das suas partes está vinculada. Essa não vinculação é formal e materialmente necessária. A OAB ocupa-se de atividades atinentes aos advogados, que exercem função constitucionalmente privilegiada, na medida em que são indispensáveis à administração da Justiça, conforme inteligência do artigo 133 da Constituição Federal. É entidade cuja finalidade é afeita a atribuições, interesses e seleção de advogados. Não há ordem de relação ou dependência entre a OAB e qualquer órgão público (ADI 3.026, Rel. Min. Eros Grau, julgamento em 08.06.2006, Plenário, *DJ* de 29.09.2006).

14. Estados de exceção

Os estados de exceção (estado de sítio e de defesa) configuram situações de anormalidade institucional, momentos de crise em que o próprio texto constitucional autoriza que o Estado adote medidas de repressão, limitando algumas garantias fundamentais.

Tanto no estado da defesa como no estado de sítio é necessária a existência de uma comissão que tem por função o acompanhamento e a fiscalização das medidas tomadas durante este período de anormalidade. Tal comissão, designada pela Mesa do Congresso, após a oitiva dos líderes partidários, será composta por 5 (cinco) membros.

14.1. Estado de defesa

O estado de defesa é decretado para preservar ou prontamente restabelecer, em locais restritos e determinados, a ordem pública ou a paz social ameaçadas por grave e iminente instabilidade institucional ou atingidas por calamidades de grandes proporções na natureza.

O Presidente da República, após ouvir o Conselho da República e o Conselho de Defesa, é quem decreta o estado de defesa. Vale lembrar que esse decreto, obrigatoriamente, deve conter o tempo de duração da medida, que não será superior a 30 dias, prorrogável uma vez por igual período, também deve constar as áreas abrangidas e ainda as medidas coercitivas que vigorarão neste período, dentre as seguintes:

a) restrições aos direitos de reunião (ainda que em associações);

b) sigilo de correspondência, de comunicação telegráfica e telefônica;

c) ocupação e uso temporário de bens e serviços públicos (caso de calamidade).

O decreto deve ser encaminhado em 24 horas para o Congresso Nacional, com as respectivas justificativas, que, no prazo de 10 (dez) dias, deverá aprová-lo ou rejeitá-lo por maioria absoluta. Rejeitado o decreto, cessa de imediato o estado de defesa.

Caso o congresso esteja em recesso, será convocado, extraordinariamente, no prazo de 5 (cinco) dias.

Durante a vigência do estado de defesa, qualquer crime cometido contra o Estado deverá ser comunicado imediatamente ao juiz competente pelo executor da medida; o juiz poderá relaxar a prisão caso esta seja ilegal, sendo facultado ao preso requerer exame de corpo de delito.

A comunicação da prisão será acompanhada de declaração, pela autoridade competente, do estado físico e mental do detido no momento de sua prisão, que não poderá ser superior a 10 (dez) dias, salvo quando autorizada pelo juízo competente.

É importante ressaltar que é vedada a incomunicabilidade do preso.

14.2. Estado de sítio

O estado de sítio é decretado nas hipóteses de comoção grave de repercussão nacional, ineficácia do estado de defesa, declaração de estado de guerra ou resposta a agressão estrangeira armada.

Do mesmo modo que o estado de defesa, o de sítio é decretado pelo Presidente da República, desde que sejam ouvidos os Conselhos da República e de Defesa Nacional. Além disso, nesse caso, é necessária a prévia autorização do Congresso Nacional pelo voto da maioria absoluta.

Assim, diferentemente do que ocorre no estado de defesa, no estado de sítio o Presidente deve primeiro solicitar a autorização do Congresso Nacional e, sendo esta deferida, então decretar a medida.

Se o Congresso estiver em recesso e for solicitada essa autorização para decretar o estado de sítio, o Presidente do Senado Federal, de imediato, deve fazer a convocação extraordinária para que se reúnam dentro de 5 (cinco) dias e apreciem o ato, permanecendo em funcionamento até o término das medidas coercitivas.

O prazo de duração é de no máximo 30 (trinta) dias, prorrogáveis, por igual período, indefinidamente, mas sempre com a prévia autorização do Congresso Nacional.

Além do prazo, o decreto presidencial deve conter as normas necessárias a sua execução e as garantias constitucionais que ficarão suspensas tais como:

a) obrigação de permanência em localidade determinada;

b) detenção em edifício não destinado a acusados ou condenados por crimes comuns;

c) restrições relativas à inviolabilidade da correspondência, ao sigilo das comunicações, à prestação de informações e à liberdade de imprensa, radiodifusão e televisão, na forma da lei (obs.: dispõe a Constituição que a difusão de pronunciamentos de parlamentares efetuados em suas Casas Legislativas, desde que liberada pela respectiva Mesa, não se inclui dentre essas restrições);

d) suspensão da liberdade de reunião;

e) busca e apreensão em domicílio;

f) intervenção nas empresas de serviços públicos;

g) requisição de bens.

14.3. Disposições gerais

Ao término dos estados de defesa e sítio, os efeitos por eles produzidos cessarão, mas os ilícitos praticados pelos agentes e executores da medida poderão ser apurados para que sejam determinadas eventuais responsabilizações.

O Presidente da República, assim que cessarem os estados de exceção, deve relatar ao Congresso Nacional as medidas que foram tomadas durante o período de anormalidade especificando e justificando as providências tomadas, indicando as restrições aplicadas.

15. Ordem econômica

Determina a Constituição que a ordem econômica tem por fundamento a valorização do trabalho humano e a livre-iniciativa, visando a assegurar a todos existência digna, conforme os ditames da justiça social.

Tais determinações estão previstas no final da Constituição, no capítulo da ordem econômica, que vai do artigo 170 ao 192, mas decorre do início da Constituição, precisamente do artigo 1º, inciso III, que trata da dignidade da pessoa humana.

A República Federativa do Brasil, Estado Democrático de Direito, é composta por diversos fundamentos, mas certamente o mais importante é a dignidade da pessoa humana.

15.1. Princípios

O artigo 170 do texto constitucional enumera os princípios que regem a ordem econômica. São os seguintes:

I. soberania nacional;

II. propriedade privada;

III. função social da propriedade;

IV. livre concorrência;

V. defesa do consumidor;

VI. defesa do meio ambiente;

VII. redução das desigualdades regionais e sociais;

VIII. busca do pleno emprego;

IX. tratamento favorecido para as empresas de pequeno porte constituídas sob as leis brasileiras e que tenham sua sede e administração no País.

Analisemos cada um deles.

15.1.1. Soberania nacional

Quando estudamos tal tema, temos de ter como pressuposto a ideia de não imposição, não subordinação entre os países. Cada um dos Estados detém capacidade para tomar decisões sobre seu próprio governo, não se submetendo a qualquer tipo de imposição determinada por outrem.

15.1.2. Propriedade privada

Tem como fundamento o fato de o Brasil ser um país capitalista. Antigamente, essa propriedade tinha caráter absoluto; atualmente não se pode mais pensar assim, pois há muitas limitações. A função social da propriedade é a principal delas. Não basta ser dono, tem de dar utilidade sob pena de uma série de sanções como, por exemplo, IPTU progressivo no tempo, desapropriação etc.

15.1.3. Função social da propriedade

Está prevista nos incisos XXII e XXIII do artigo 5º e nos artigos 182, § 2º, e 186, todos da Constituição. Consubstancia uma limitação imposta ao direito de propriedade, garantido constitucionalmente. Quando não for cumprida a chamada função social poderão ser impostas penalidades, como por exemplo, o parcelamento ou edificação compulsórios e a desapropriação do imóvel. Desse modo, o direito à propriedade não é absoluto, para que o sujeito exerça plenamente esse direito, ele deve dar função social ao seu bem.

15.1.4. Livre concorrência

O Estado tem o dever constitucional de participar preventiva e repressivamente no mercado econômico, atuando de forma a banir qualquer tipo de abuso, dominação de empresas etc. A concentração de poder numa mesma empresa ou grupo de empresas não está de acordo com o texto constitucional, pois diminui a livre concorrência, gera menos renda e fere a existência digna e o princípio da igualdade.

Dispõe o artigo 173, § 4º, da Constituição que o abuso do poder econômico que vise à dominação de mercados, à eliminação da concorrência e ao aumento arbitrário dos lucros será reprimido, na forma da lei.

O § 5º do mesmo dispositivo determina que a lei estabeleça a responsabilidade das empresas nos atos praticados contra a ordem econômica e financeira e contra a economia popular, sujeitando-a às punições compatíveis com sua natureza e tudo isso sem prejuízo da responsabilidade individual dos dirigentes da pessoa jurídica.

É importante trazer aqui o enunciado da Súmula 646 do STF que trata do tema livre concorrência e dispõe que ofende tal princípio lei municipal que impede a instalação de estabelecimentos comerciais do mesmo ramo em determinada área.

15.1.5. Defesa do consumidor

Não só o lucro deve ser protegido, mas também a parte vulnerável que é, segundo o CDC, presumidamente, o consumidor. É princípio da ordem econômica também a promoção da sua defesa.

15.1.6. Defesa do meio ambiente

Vejam, assim como a defesa do consumidor, a proteção ao meio ambiente configura princípio básico da ordem econômica. Tamanha é a importância disso que a Constituição destinou um capítulo para tratar do meio ambiente.

É direito de todos e dever do Estado a existência de um meio ambiente ecologicamente equilibrado, bem como a sadia qualidade de vida. Desse modo, tanto o Poder Público como toda a população e as empresas têm o dever constitucional de preservá-lo para as presentes e futuras gerações.

O mercado não pode apenas fortalecer economicamente o país, tem também o dever de promover um desenvolvimento sustentável. É exemplo disso a regra trazida no inciso VI do artigo 170 que dá tratamento diferenciado às empresas, conforme o impacto ambiental dos produtos e serviços que criam.

15.1.7. Redução das desigualdades regionais e sociais

Essa ordem decorre do artigo 3º, inciso III, da Constituição que, ao tratar dos objetivos fundamentais do Brasil, dispõe que um deles é erradicar a pobreza e a marginalização, além de reduzir as desigualdades sociais e regionais existentes.

15.1.8. Busca do pleno emprego

As empresas devem atuar e incentivar a busca pelo pleno emprego, satisfazendo as exigências da coletividade.

15.1.9. Tratamento favorecido para as empresas de pequeno porte

Um exemplo de concretização desse princípio é a lei que cuida das micro e pequenas empresas, Lei Complementar n. 123/2006.

15.2. Atuação estatal no domínio econômico

A atividade econômica é exercida, em regra, independentemente de autorização, conforme dispõe o parágrafo único do artigo 170 da Constituição.

Vale mencionar que, embora a iniciativa privada é quem efetivamente deve atuar no mercado, o Estado também atua na atividade econômica. Isso ocorre de forma residual, subsidiária. Assim, determina o ordenamento que o Estado participa quando há relevante interesse coletivo ou quando o exista imperativo de segurança nacional, como por exemplo, fabricação de material bélico.

O artigo 177 do texto constitucional enumera atividades consideradas monopólio da União. Genericamente, são temas relacionados ao gás natural, petróleo e minérios. Segue a lista de atividades que constituem monopólio da União:

I. a pesquisa e a lavra das jazidas de petróleo e gás natural e outros hidrocarbonetos fluidos;

II. a refinação do petróleo nacional ou estrangeiro;

III. a importação e exportação dos produtos e derivados básicos resultantes das atividades previstas nos incisos anteriores;

IV. o transporte marítimo do petróleo bruto de origem nacional ou de derivados básicos de petróleo produzidos no País, bem assim o transporte, por meio de conduto, de petróleo bruto, seus derivados e gás natural de qualquer origem;

V. a pesquisa, a lavra, o enriquecimento, o reprocessamento, a industrialização e o comércio de minérios e minerais nucleares e seus derivados, com exceção dos radioisótopos cuja produção, comercialização e utilização poderão ser autorizadas sob regime de permissão, conforme as alíneas "b" e "c" do inciso XXIII do *caput* do art. 21 da Constituição Federal.

As disposições trazidas nos incisos I a IV podem ser repassadas, pela União, a empresas estatais ou privadas, desde que sejam respeitadas certas condições, conforme dispõe o § 1º do artigo 177 da Constituição Federal.

16. Ordem social

A ordem social é disciplinada a partir do artigo 193 da Constituição e aborda diversos assuntos como por exemplo, a seguridade social, a educação, a cultura, o desporto, o meio ambiente e a proteção à família, à criança, ao adolescente e ao idoso.

Conforme o artigo 193 da CF, tal ordem tem como base o primado do trabalho e como objetivo o bem-estar e a justiça sociais.

Analisemos, então, os principais assuntos resguardados nesse capítulo da Constituição. São os seguintes: seguridade social, educação, cultura, desporto, meio ambiente e família.

16.1. Seguridade Social

A primeira observação a ser feita aqui é a de que a denominada seguridade social é composta por três assuntos importantes, quais sejam, a previdência social, a saúde e a assistência social. Hoje o sistema de previdência social é contributivo e não mais retributivo.

São princípios e objetivos que norteiam a seguridade social:

I. universalidade da cobertura e do atendimento;

II. uniformidade e equivalência dos benefícios e serviços às populações urbanas e rurais;

III. seletividade e distributividade na prestação dos benefícios e serviços;

IV. irredutibilidade do valor dos benefícios;

V. equidade na forma de participação no custeio;

VI. diversidade da base de financiamento;

VII. caráter democrático e descentralizado da administração, mediante gestão quadripartite, com participação dos trabalhadores, dos empregadores, dos aposentados e do Governo nos órgãos colegiados.

É possível observar que os recursos destinados à seguridade advirão de diversas fontes, como por exemplo, da folha de salário dos empregados, da receita ou do faturamento das empresas etc.

16.1.2. Saúde

A Constituição garante a todos o direito à saúde, atribuindo ao Estado o dever de prestá-la, valendo-se, para tanto, de políticas públicas sociais e econômicas. É missão do Estado buscar reduzir o risco de doenças, promovendo campanhas públicas de prevenção, vacinação, dentre outras.

Além disso, o acesso ao sistema único de saúde deve ser universal e igualitário, ou seja, não podem ser feitas imposições e distinções para que se promova o atendimento à saúde.

A regulamentação, a fiscalização, o controle e a execução das ações e serviços de saúde cabem ao Poder Público. A última pode ser prestada de forma direta pelo próprio Estado ou indiretamente pelo particular.

A LC 141, de 13.1.2012, ao regulamentar o § 3º do art. 198 da CF, determinou valores mínimos a serem aplicados anualmente pela União, Estados, Distrito Federal e Municípios em ações e serviços públicos de saúde. Além disso, estabeleceu os critérios de rateio dos recursos de transferências para a saúde e as normas de fiscalização, avaliação e controle das despesas com saúde nas 3 (três) esferas de governo.

Por fim, o sistema único de saúde, financiado com recursos advindos do orçamento da seguridade social, da União, dos Estados, do Distrito Federal e dos Municípios e de outras fontes, é balizado pelas seguintes regras:

I. descentralização, com direção única em cada esfera de governo;

II. atendimento integral, com prioridade para as atividades preventivas, sem prejuízo dos serviços assistenciais; e

III. participação da comunidade.

16.1.3. Previdência social

Conforme mencionado, a previdência é estruturada pelo regime contributivo e a filiação a ela é obrigatória. É essa instituição que possui o denominado regime geral de previdência. Dispõe o artigo 201 da Constituição que, respeitados os critérios que preservem o equilíbrio financeiro e atuarial, a previdência dará cobertura aos eventos de doença, invalidez, morte, idade avançada, desemprego involuntário, maternidade e prisão.

A concessão de aposentadorias por parte da previdência não pode adotar requisitos e critérios diferenciados, exceto em relação às atividades exercidas sob condições especiais; é o que se pode extrair do § 1º do artigo 201 da CF.

Vale lembrar a regra de que os valores dos benefícios concedidos pelo Instituto Nacional de Seguridade Social (INSS), desde que substituam o rendimento do trabalho do segurado, não poderão ser inferiores ao salário mínimo vigente.

16.1.3.1. Aposentadoria – Regras constitucionais

a) **Aposentadoria por tempo de contribuição:** homens – 35 (trinta e cinco) anos de contribuição; mulheres – 30 (trinta) anos de contribuição;

b) **Aposentadoria por idade:** regra – homens 65 (sessenta e cinco) anos; mulheres – 60 (sessenta) anos;

c) **Trabalhadores rurais e trabalhadores em regime de economia familiar:** homens – 60 (sessenta) anos de idade; mulheres – 55 (cinquenta e cinco) anos de idade;

d) **Professores:** homens – 30 (trinta) anos de contribuição; mulheres – 25 (vinte e cinco) anos de contribuição, desde que exclusivamente no exercício do magistério na educação infantil, ensino fundamental e médio.

Vale ressaltar que a Constituição assegura também o regime de previdência privada para complementar o regime geral, devendo seguir, dentre outras, as seguintes diretrizes: facultatividade, autonomia, disciplina por meio de lei complementar e independência financeira.

Em relação ao regime de previdência aplicado aos servidores públicos é interessante mencionar que a **EC 70, de 29 de março de 2012**, alterou a Lei n. 10.887/2004 e, com isso, determinou que a União, Estados e Municípios, no prazo de cento e oitenta dias, façam uma revisão das aposentadorias por invalidez, concedidas a servidores públicos a partir de 1º de janeiro de 2004. Os reajustes não serão retroativos, os efeitos financeiros da revisão vão valer a partir da data de promulgação da emenda ("ex nunc").

Desse modo, o servidor aposentado por invalidez terá assegurado o salário que recebia quando em atividade. Pela regra anterior a aposentadoria por invalidez permanente significava proventos proporcionais ao tempo de contribuição.

Tal emenda concede paridade para as modalidades de aposentadorias, quais sejam, proporcional e integral e altera a forma de cálculo que passa a ser com base na remuneração do cargo efetivo que se der a aposentadoria, na forma da lei. A emenda só vale para quem ingressou no serviço público até o fim de 2003.

Ainda sobre novidades relacionadas a aposentadorias, é importante mencionar a LC 142, de 08.05.2013, que regulamentou o § 1º do art. 201 da CF, no tocante à aposentadoria da pessoa com deficiência segurada do Regime Geral de Previdência Social – RGPS.

O § 1º do art. 201 da CRFB/ 88 determina que é proibida a adoção de requisitos e critérios diferenciados para a concessão de aposentadoria aos beneficiários do regime geral de previdência social, ressalvados os casos de atividades exercidas sob condições especiais que prejudiquem a saúde ou a integridade física e quando se tratar de segurados portadores de deficiência, nos termos definidos em lei complementar".

O trabalhador que tem deficiência física foi enquadrado em três níveis diferentes de comprometimento, quais sejam: deficiência grave, moderada e leve. Para a determinação do tempo reduzido de contribuição foi necessário o cruzamento dos critérios da condição física (graduação da deficiência) com o já determinado critério de gênero.

16.1.4. Assistência social

Completando o que chamamos de "seguridade social" (saúde, previdência e assistência), cabe a análise da assistência social.

A primeira observação importante é que ela deve ser prestada a todos aqueles que dela necessitarem, de forma gratuita, independentemente de contribuição. As próprias verbas destinadas ao gênero seguridade social é que mantêm a assistência social.

Conforme o artigo 203 da Constituição, são objetivos da assistência social:

I. a proteção à família, à maternidade, à infância, à adolescência e à velhice;

II. o amparo às crianças e adolescentes carentes;

III. a promoção da integração ao mercado de trabalho;

IV. a habilitação e reabilitação das pessoas portadoras de deficiência e a promoção de sua integração à vida comunitária;

V. a garantia de um salário mínimo de benefício mensal à pessoa portadora de deficiência e ao idoso que comprovem não possuir meios de prover a própria manutenção ou de tê-la provida por sua família. A Lei n. 8.742/1993, conhecida como LOAS – Lei Orgânica da Assistência Social, é quem disciplina esse benefício.

Conforme mencionado, os recursos advindos da seguridade social são destinados também à assistência. Mas, além disso, ela será mantida por outras fontes, organizadas com base na descentralização político-administrativa e na participação popular. A formulação de políticas públicas e fiscalização de tais ações cabem ao Estado e à população.

O parágrafo único do artigo 204 da Constituição faculta aos Estados e ao Distrito Federal a vinculação de programa de apoio à inclusão e promoção social até cinco décimos por cento de sua receita tributária líquida, vedada a aplicação desses recursos no pagamento de despesas com pessoal e encargos sociais, serviço da dívida ou qualquer outra despesa corrente não vinculada diretamente aos investimentos ou ações apoiados.

16.2. Educação

Direito de todos e dever do Estado, conforme o artigo 206 da Constituição, devem ser promovidos com base nos seguintes princípios:

I. igualdade de condições para o acesso e permanência na escola;

II. liberdade de aprender, ensinar, pesquisar e divulgar o pensamento, a arte e o saber;

III. pluralismo de ideias e de concepções pedagógicas, e coexistência de instituições públicas e privadas de ensino;

IV. gratuidade do ensino público em estabelecimentos oficiais;

V. valorização dos profissionais da educação escolar, garantidos, aos das redes públicas, na forma da lei, planos de carreira, com ingresso exclusivamente por concurso público de provas e títulos;

VI. gestão democrática do ensino público, na forma da lei;

VII. garantia de padrão de qualidade;

VIII. piso salarial profissional nacional para os profissionais da educação escolar pública, nos termos de lei federal. Tal regra é fruto da EC 59/2009.

O inciso IV determina a gratuidade do ensino público em estabelecimentos oficiais. Por conta dessa disposição, foi editada pelo STF a Súmula Vinculante n. 12, que determina que a cobrança de taxa de matrícula nas universidades públicas viola o disposto no art. 206, IV, da CF.

Por fim, dispõe o § 1º do art. 208 que o acesso ao ensino obrigatório e gratuito é direito público subjetivo.

16.3. Cultura

É dever do Estado garantir o pleno exercício dos direitos culturais e o acesso às fontes da cultura nacional. Cabe a ele dar suporte e incentivar a valorização e difusão das manifestações culturais (art. 215 da CF).

São considerados patrimônio cultural brasileiro, além dos bens de natureza material e imaterial, tomados, as formas de expressão, os modos de criar, fazer e viver, as criações científicas, artísticas e tecnológicas, as obras, objetos, documentos, edificações e demais espaços destinados às manifestações artístico-culturais e os conjuntos urbanos e sítios de valor histórico, paisagístico, artístico, arqueológico, paleontológico, ecológico e científico (art. 216 da CF).

A promoção e a proteção do patrimônio cultural brasileiro é dever não apenas do Poder Público, mas também de toda a comunidade, conforme os ditames do § 1º do artigo 216 da Constituição. São formas de proteção, dentre outras, o tombamento, a vigilância e os registros.

Vale lembrar que a **EC n. 71** de 29 de novembro de 2012, ao acrescentar o art. 216-A ao texto Constitucional, criou o **Sistema Nacional de Cultura** que tem por finalidade instituir um processo de gestão e promoção conjunta de políticas públicas de cultura, democráticas e permanentes, pactuadas entre os entes da Federação e a sociedade. Essas políticas objetivam promover o desenvolvimento humano, social e econômico com pleno exercício dos direitos culturais, além de prestigiar a transparência na aplicação de recursos para a cultura. Os entes terão maior autonomia, em regime de colaboração, e poderão integrar, articular e organizar a gestão neste setor.

Os princípios que regem o Sistema Nacional de Cultura, de acordo com o art. 216-A, § 1º, são: I – diversidade das expressões culturais; II – universalização do acesso aos bens e serviços culturais; III – fomento à produção, difusão e circulação de conhecimento e bens culturais; IV – cooperação entre os entes federados, os agentes públicos e privados atuantes na área cultural; V – integração e interação na execução das políticas, programas, projetos e ações desenvolvidas; VI – complementaridade nos papéis dos agentes culturais; VII – transversalidade das políticas culturais; VIII – autonomia dos entes federados e das instituições da sociedade civil; IX – transparência e compartilhamento das informações; X – democratização dos processos decisórios com participação e controle social; XI – descentralização articulada e pactuada da gestão, dos recursos e das ações; XII – ampliação progressiva dos recursos contidos nos orçamentos públicos para a cultura.

16.4. Meio ambiente

Todas as pessoas têm direito ao meio ambiente ecologicamente equilibrado, sendo obrigação de todos defendê-lo e preservá-lo para as presentes e futuras gerações.

A Constituição trata do tema no artigo 225. Há diversas normas infraconstitucionais cuidando do assunto, em especial a Lei n. 9.605/1998, que dispõe sobre os crimes ambientais, possibilitando a responsabilização penal da pessoa jurídica, tema polêmico doutrinária e jurisprudencialmente.

16.5. Família

Dentre as principais regras constitucionais sobre o tema, é necessário observar as trazidas pelas Emendas Constitucionais n. 65 e 66, que são as seguintes: extensão ao jovem das proteções existentes às crianças e aos adolescentes e a possibilidade de divórcio direito, sem a necessidade da observância do prazo de dois anos contados da separação.

Sendo assim, a EC n. 65/2010 alterou a denominação do Capítulo VII do Título VIII da Constituição Federal e modificou o art. 227 da CF, para cuidar dos interesses da juventude e a EC n. 66/2010, emenda unicelular por conter apenas um artigo, promoveu a alteração do § 6º do artigo 226 da CRFB/1988, suprimindo o requisito de separação judicial prévia, por mais de um ano ou a exigência de separação de fato por mais de dois anos, para a concessão do divórcio. Nos termos da legislação atual, portanto, nada impede que um casal contraia matrimônio em um dia e se divorcie logo após.

17. Sistema Tributário Nacional

17.1. Definição de tributo

Conforme o artigo 3º do Código Tributário Nacional: "Tributo é toda prestação pecuniária compulsória, em moeda ou cujo valor nela se possa exprimir, que não constitua sanção de ato ilícito, instituída em lei e cobrada mediante atividade administrativa plenamente vinculada."

Sendo assim, tributo é prestação pecuniária, é compulsório, é instituído por lei, é cobrado por lançamento e não é multa.

17.2. Espécies de tributos

Vigora em nosso ordenamento a teoria pentapartida (pentapartite ou quinquipartida), a qual diferencia 5 (cinco) espécies de exações: impostos, taxas, contribuição de melhoria, empréstimos compulsórios e contribuições.

O respectivo entendimento nos foi trazido por meio do voto do Ministro do STF Carlos Velloso, em 1º.07.1992, no RE n. 138. 284/CE (Pleno).

Passemos então ao breve estudo das espécies tributárias.

17.2.1. Impostos

São conhecidos como tributos não vinculados a uma prestação estatal. Possuem como fato gerador uma situação independente de qualquer atividade estatal específica, relativa somente à vida, patrimônio e atividades do contribuinte.

Todos os entes políticos, União, Estados, Distrito Federal e Municípios podem ser sujeitos ativos dessa espécie tributária.

17.2.2. Taxas

São tributos vinculados à ação estatal, relacionado à atividade pública e não a qualquer ação do particular. Podem ser cobradas em função do exercício do poder de polícia ou pela utilização, efetiva ou potencial, de serviços públicos específicos e divisíveis prestados ao contribuinte ou postos à sua disposição.

Vale lembrar que a Súmula Vinculante n. 19 determina que a taxa cobrada exclusivamente em razão de serviços públicos de coleta, remoção e tratamento ou destinação de lixo ou resíduos provenientes de imóveis, não viola o art. 145, II, da CF.

17.2.3. Contribuição de melhoria

Essa contribuição pressupõe uma obra pública (e não um serviço público) e depende da valorização do bem imóvel. Subordina-se ao princípio do custo-benefício, da capacidade contributiva do contribuinte e da equidade.

A cobrança de tal tributo se deve ao fato de que o Estado tem de ser indenizado por ter realizado uma vantagem econômica especial aos imóveis de certas pessoas, ainda que não a tenha querido.

Desse modo, se da obra pública decorre valorização mobiliária, é devida a cobrança da contribuição de melhoria que será cobrada, justamente, daqueles que se beneficiaram dessa valorização.

O fato gerador desse tributo é a valorização imobiliária decorrente de uma obra pública.

17.2.4. Empréstimos compulsórios

O empréstimo compulsório é um tributo federal em que a Constituição apresenta critérios materiais e formais para sua instituição. São pressupostos para sua cobrança: despesas extraordinárias decorrentes de calamidade pública, guerra externa ou sua iminência ou investimento público de caráter urgente e relevante interesse social (artigo 148, I e II, CF).

17.2.5. Contribuições

O que caracteriza tal espécie tributária é que as contribuições financiam atividades de interesse público, beneficiando determinado grupo e, direta ou indiretamente, o contribuinte.

É possível visualizar aqui a ideia de parafiscalidade – o que quer dizer "aquele que fica ao lado do Estado", um "quase Estado", já que a contribuição parafiscal é devida a entidades que desempenham atividades especiais, paralelas às da Administração.

Conforme dispõe o artigo 149 da CF, as contribuições federais são as seguintes: contribuições de interesse das categorias profissionais ou econômicas; contribuições de intervenção no domínio econômico e contribuições sociais.

17.3. Competência tributária

Nas palavras de Luciano Amaro, "competência tributária é a aptidão para criar tributos. (...) O poder de criar tributo é repartido entre os vários entes políticos, de modo que cada um tem competência para impor prestações tributárias, dentro da esfera que lhe é assinalada pela Constituição" (Amaro, Luciano. Direito Tributário Brasileiro, 14ª Edição, p. 93).

A competência tributária é política, irrenunciável, indelegável, intransferível e facultativa, uma vez que o ente político pode ou não exercê-la. Tal competência é classificada em: privativa, comum, cumulativa, especial e residual.

Vale lembrar que de acordo com o art. 151, III, da CF é vedada a denominada isenção heterônoma que é aquela em que um ente, que não detém a titularidade da competência tributária, concede isenção a outro.

17.3.1. Privativa

É o poder que todos os entes políticos têm para instituir os tributos enumerados pela própria Constituição Federal.

17.3.2. Comum

Refere-se aos tributos vinculados, quais sejam as taxas e contribuições de melhoria. A competência é comum uma vez que União, Estados, Municípios e Distrito Federal podem ser sujeitos ativos dos referidos tributos.

17.3.3. Cumulativa

Indica que a União tem competência para instituir impostos estaduais e municipais nos Territórios (artigo 147 da CF), assim como compete ao Distrito Federal os impostos municipais e estaduais (artigo 155 da CF).

17.3.4. Especial

Refere-se ao poder de instituir empréstimos compulsórios (artigo 148 da CF) e contribuições especiais (artigo 149 da CF).

17.3.5. Residual

É o poder de criar tributos diversos dos existentes, aqueles que podem ser instituídos sobre situações não previstas (artigos 154, I e 195, § 4º da CF).

17.4. Capacidade tributária ativa

As atribuições das funções de arrecadar ou fiscalizar tributos, ou de executar leis, serviços, atos ou decisões administrativas, em matéria tributária, podem ser delegadas de uma pessoa jurídica de direito público a outra.

Exemplo disso são as autarquias como CREA, CRC, CRECI etc., que recebem a atribuição de exigir um tributo (contribuição profissional) dos profissionais vinculados a estas entidades corporativas.

É, portanto, delegável, diferentemente da competência tributária.

17.5. Dos Princípios Gerais

A Constituição Federal traz em si os princípios norteadores do ramo tributário.

Os entes políticos poderão instituir impostos, taxas (em razão do exercício do poder de polícia ou pela utilização de serviços públicos específicos e divisíveis) e contribuição de melhoria decorrente de obras públicas.

Somente por meio de lei complementar:

– que se pode dispor sobre conflitos de competência em matéria tributária entre a União, os Estados, os Municípios e o Distrito Federal;

- ✔ regulam-se as limitações constitucionais ao poder de tributar;
- ✔ estabelecem-se normas gerais de Direito Tributário.

Ademais, para prevenir desequilíbrios da concorrência, lei complementar poderá estabelecer critérios especiais de tributação, sem prejuízo da competência de a União, por lei, estabelecer normas de igual objetivo.

É muito importante lembrar que a União por lei complementar poderá instituir empréstimos compulsórios:

- ✔ para atender a despesas extraordinárias, decorrentes de calamidade pública, de guerra externa ou sua iminência;
- ✔ no caso de investimento público urgente e de relevante interesse nacional (desde que não seja no mesmo exercício financeiro em que haja sido publicada a lei que os instituiu).

Compete exclusivamente à União instituir contribuições sociais, de intervenção no domínio econômico e de interesse das categorias profissionais ou econômicas, como instrumento de sua atuação nas respectivas áreas.

Vale ressaltar que os Municípios e o Distrito Federal poderão instituir contribuição para custeio do serviço de iluminação pública, observados princípios da legalidade e anterioridade.

17.6. Das Limitações do Poder de Tributar

O poder do Estado-Administração de tributar é disciplinado pelas normas de direito público, que, em sua atividade financeira, capta recursos materiais para manter sua estrutura e permitir ao cidadão-contribuinte os serviços que lhe compete.

Porém, há certos limites para que em sua função de arrecadar o Estado não se exceda. Nesse passo, determinados princípios devem ser respeitados. Vejamos:

I. Princípio da Legalidade Tributária

No plano do Direito Tributário, em defesa da ideia de segurança jurídica, ressalta-se o artigo 150, I, CF/1988, o qual indica o princípio da legalidade tributária. Observe-o: "Art. 150 Sem prejuízo de outras garantias asseguradas ao contribuinte, é vedado à União, aos Estados, aos Municípios e ao Distrito Federal:

> I – exigir ou aumentar tributo sem lei que o estabeleça. (...)"

Dessa forma, para ser instituído ou majorado (ou até reduzido) o tributo depende de lei. Este e tão somente este é o veículo normativo possível.

II. Princípio da Anterioridade Tributária

Este princípio tem duas facetas: a anterioridade anual ou comum (artigo 150, III, "b", CF) e a anterioridade nonagesimal ou privilegiada (artigo 150, III, "c", CF).

Tem como fundamento o sobreprincípio da segurança das relações jurídicas entre a Administração Pública e seus administrados, evitando que inesperadamente apareçam cobranças tributárias. É garantia individual do contribuinte.

III. Princípio da Isonomia Tributária

Expresso no artigo 150, II, da Constituição Federal, este postulado veda o tratamento tributário desigual a contribuintes que se encontrem em situação de equivalência.

Assim como o *caput* do artigo 5º da Constituição trata da igualdade de forma genérica, o supracitado artigo explora-o de forma específica ao ramo tributário.

IV. Princípio da Irretroatividade Tributária

O artigo 150, III, "a", da Constituição Federal prevê expressamente tal princípio. Para Luciano Amaro, o que a Constituição pretende, obviamente, é vedar a aplicação da lei nova, que criou ou aumentou o tributo, a fato pretérito, que, portanto, continua sendo não gerador de tributo, ou permanece como gerador de menor tributo, segundo a lei da época de sua ocorrência (Amaro, Luciano. Direito Tributário Brasileiro, 14 Edição, p.118).

É isso que dá confiança e certeza na relação Fisco-contribuinte, uma vez que, se retroagissem leis cobrando tributos, insegura seria tal relação.

V. Princípio da Vedação ao Confisco

Tem se entendido que terá efeito confiscatório o tributo que exceder a capacidade contributiva do contribuinte. Entretanto, o artigo 150, IV, da Constituição não traz critérios objetivos.

Sendo assim, cabe ao intérprete a tarefa de delimitar o "efeito de confisco", com base no conteúdo e alcance dos elementos descritos em cada caso concreto. Nesse passo, deve-se lembrar que proporcionalidade e razoabilidade são caracteres que devem ser levados em conta.

VI. Princípio da Não Limitação ao Tráfego de Pessoas e Bens

Segundo esse princípio (artigo 150, V, da CF), as divisas municipais e estaduais não podem ser fatos geradores de quaisquer tributos (federais, estaduais ou municipais).

O tráfego de pessoas e bens tem proteção constitucional decorrente da unidade política do território brasileiro.

Ademais, já no artigo 5º, XV, da Constituição Federal é prescrito que "é livre a locomoção no território nacional em tempo de paz, podendo qualquer pessoa, nos termos da lei, nele entrar, permanecer ou dele sair com seus bens;".

17.7. Da Emenda Constitucional n. 75 de 15 de outubro de 2013.

A EC 75/2013 acrescentou a alínea "e" ao inciso VI do art. 150 da Constituição Federal, instituindo imunidade tributária sobre os fonogramas e videofonogramas musicais produzidos no Brasil contendo obras musicais ou lítero musicais de autores brasileiros e/ou obras em geral interpretadas por artistas brasileiros bem como os suportes materiais ou arquivos digitais que os contenham.

Em suma, a regra, que passou a vigorar a partir do dia 16 de outubro de 2013 e que teve por finalidade diminuir o valor dos CDs e DVDs, possibilitando ao consumidor final acesso à cultura com um menor custo, faz com que não incida ICMS e ISS sobre os citados produtos.

2. Direitos Humanos

Renan Flumian

1. Introdução

Os direitos humanos são compostos de princípios e regras – positivadas ou costumeiras – que têm como função proteger a dignidade da pessoa humana. Dignidade se traduz na situação de mínimo gozo garantido dos direitos pessoais, civis, políticos, judiciais, de subsistência, econômicos, sociais e culturais. Ou ainda de forma mais analítica nas palavras Ingo Wolfgang Sarlet: "Temos por dignidade da pessoa humana a qualidade intrínseca e distintiva de cada ser humano que o faz merecedor do mesmo respeito e consideração por parte do Estado e da comunidade, implicando, neste sentido, um complexo de direitos e deveres fundamentais que assegurem a pessoa tanto contra todo e qualquer ato de cunho degradante e desumano, como venham a lhe garantir as condições existenciais mínimas para uma vida saudável, além de propiciar e promover sua participação ativa corresponsável nos destinos da própria existência e da vida em comunhão dos demais seres humanos[1]."

Podem-se apontar a democracia ateniense (501-338 a.C.) e a República romana (509-27 a.C.) como os primeiros grandes exemplos, na história política da humanidade, de respeito aos direitos humanos, no sentido de limitar o poder público em prol dos governados[2].

A democracia ateniense era balizada pela preeminência das leis e pela participação direta dos cidadãos[3] na Assembleia. Dessa maneira, o poder dos governantes foi limitado por sua subordinação ao mandamento legal e pelo controle popular. O papel do povo era marcante, pois este elegia os governantes e decidia, em assembleia e de forma direta, os assuntos mais importantes. Ademais, o povo tinha competência para julgar os governantes e os autores dos principais crimes. É dito que pela primeira vez na história o povo governou a si mesmo[4].

1. **Dignidade da pessoa humana e Direitos Fundamentais**. Porto Alegre: Livraria do Advogado, 2001. p. 60.
2. "A clássica concepção de matriz liberal-burguesa dos direitos fundamentais informa que tais direitos constituem, em primeiro plano, direitos de defesa do indivíduo contra ingerências do Estado em sua liberdade pessoal e propriedade. Essa definição de direitos fundamentais – apesar de ser pacífico na doutrina o reconhecimento de diversas outras – ainda continua ocupando lugar de destaque na aplicação dos direitos fundamentais. Essa ideia, sobretudo, objetiva a limitação do poder estatal a fim de assegurar ao indivíduo uma esfera de liberdade. Para tanto, outorga ao indivíduo um direito subjetivo que lhe permite evitar interferências indevidas no âmbito de proteção do direito fundamental ou mesmo a eliminação de agressões que esteja sofrendo em sua esfera de autonomia pessoal" (MENDES, Gilmar Ferreira. **Curso de Direito Constitucional**. 6. ed. São Paulo: Saraiva, 2011. p. 673).
3. Vale asseverar que apenas uma pequena parcela dos homens eram considerados cidadões, isto é, somente aqueles que integravam a *polis* (espaço público). A maioria restante vivia em função do suprimento de suas necessidade vitais e básicas, ficando apenas na *oikia* (espaço privado). Na *oikia* o homem é escravo da necessidade. A liberdade política significa libertar-se dessa espécie da coação, significa liberar-se das necessidades da vida para o exercício da cidadania na *polis*, que constitui privilégio apenas de alguns homens. A *polis* é o local do encontro dos iguais, dos homens que se libertaram da labuta; em virtude disto, são considerados livres e também é livre a atividade que eles exercem. Esta distinção entre público (*polis*) e privado (*oikia*) que caracteriza a sociedade democrática grega, sofre durante séculos muitas modificações; todavia, fincou-se o princípio de que o espaço público é um pressuposto para o desenvolvimento das práticas democráticas.
4. É muito conhecida a definição da democracia ateniense como "o governo do povo, pelo povo e para o povo".

Já a República romana limitou o poder político por meio da instituição de um sistema de controles recíprocos entre os órgãos políticos.

Além desses dois exemplos, é possível apontar no desenvolver da história outro acontecimento de grande importância para a consolidação dos direitos humanos. Trata-se da Magna Carta de 1215 (subitem 2.1), conhecida por limitar o poder dos monarcas ingleses, impedindo assim o exercício do poder absoluto.

Seguindo tal exercício[5], as liberdades pessoais foram garantidas de forma mais geral e abstrata (em comparação com a Magna Carta de 1215) pelo *Habeas Corpus Act* de 1679 (subitem 2.3) e pelo *Bill of Rights* de 1689 (subitem 2.4).

A concepção contemporânea dos direitos humanos, por sua vez, foi inaugurada pela Declaração Universal dos Direitos Humanos de 1948 e reforçada pela Declaração de Direitos Humanos de Viena de 1993. Importantes também nesse processo foram a Declaração de Direitos americana, conhecida como Declaração de Direitos do Bom Povo da Virgínia (subitem 2.5) e a Declaração de Direitos francesa (subitem 2.6), impulsionada pela Revolução Francesa de 1789, ambas do século XVIII.

A Organização das Nações Unidas (ONU) e a Declaração Universal dos Direitos Humanos criaram um verdadeiro sistema de proteção global da dignidade humana. É importante ter em mente que o processo recente de internacionalização dos direitos humanos é fruto do pós-guerra e da ressaca moral da humanidade ocasionada pelo excesso de violações perpetradas pelo nazifascismo.

Cada Estado estabelece suas próprias regras de direitos humanos ("direitos fundamentais") e executa sua própria política de proteção e efetivação dos direitos humanos[6].

5. Nesses primeiros exemplos fica nítida a eficácia vertical dos direitos humanos, ou seja, oponíveis contra o Estado. Todavia, deve-se apontar que os direitos humanos são oponíveis também entre os particulares, nas relações privadas, que caracterizam a eficácia horizontal dos direitos humanos. E essa eficácia horizontal é alcunhada, no alemão, de Drittwirkung.

6. "Vinculados à concepção de que ao Estado incumbe, além da não intervenção na esfera da liberdade pessoal dos indivíduos, garantida pelos direitos de defesa, a tarefa de colocar à disposição os meios materiais e implementar as condições fáticas que possibilitem o efetivo exercício das liberdades fundamentais, os direitos fundamentais a prestações objetivam, em última análise, a garantia não apenas da liberdade-autonomia (liberdade perante o Estado), mas também da liberdade por intermédio do Estado, partindo da premissa de que o indivíduo, no que concerne à conquista e manutenção de sua liberdade, depende em muito de uma postura ativa dos poderes públicos. Assim, enquanto direitos de defesa (*status libertatis* e *status negativus*) dirigem-se, em princípio, a uma posição de respeito e abstenção por parte dos poderes públicos, os direitos a prestações, que, de modo geral, ressalvados os avanços registrados ao longo do tempo, podem ser reconduzidos ao *status positivus* de Jellinek, implicam uma postura ativa do Estado, no sentido de que este se encontra obrigado a colocar à disposição dos indivíduos prestações de natureza jurídica e material" (MENDES, *op. cit.*, p. 675).

Todavia, o que se percebe é a mitigação da soberania dos Estados em função da característica de universalidade dos direitos humanos. Isto é, a comunidade internacional fiscaliza a situação dos direitos humanos em cada país e opina sobre o assunto, podendo até sancionar em determinadas situações.

Antes de avançarmos no estudo da matéria, cabe uma pequena distinção entre direitos humanos e direitos fundamentais. A doutrina atual, principalmente a alemã, considera como direitos fundamentais[7] os valores éticos sobre os quais se constrói determinado sistema jurídico nacional, ao passo que os direitos humanos existem mesmo sem o reconhecimento da ordem jurídica interna de um país, pois possuem vigência universal. Mas, na maioria das vezes, os direitos humanos são reconhecidos internamente pelos sistemas jurídicos nacionais, situação que os torna também direitos fundamentais, ou seja, os direitos humanos previstos na Constituição de um país são denominados direitos fundamentais.

Passemos agora ao estudo dos principais documentos normativos de proteção dos direitos humanos anteriores à Declaração Universal dos Direitos Humanos de 1948, os quais se inserem no marco antigo de proteção dos direitos humanos.

2. Principais documentos normativos do marco antigo dos direitos humanos[8]

2.1. Magna Carta de 1215

O século XII marcou o início de uma onda de centralização de poder, tanto em nível civil como eclesiástico. É importante ter em mente tal consideração, pois ela é o motivador da assinatura da Magna Carta. A título histórico, cabe lembrar que já em 1188 havia sido feita a declaração das cortes de Leão, na Espanha. Depois dessa declaração, os senhores feudais espanhóis continuaram se manifestando, mediante declarações e petições, contra a instalação do poder real soberano.

7. "Os direitos fundamentais são, a um só tempo, direitos subjetivos e elementos fundamentais da ordem constitucional objetiva. Enquanto direitos subjetivos, os direitos fundamentais outorgam aos seus titulares a possibilidade de impor os seus interesses em face de órgãos obrigados. Na sua dimensão como elemento fundamental da ordem constitucional objetiva, os direitos fundamentais – tanto aqueles que não asseguram, primariamente, um direito subjetivo quanto aqueles outros, concebidos como garantias individuais – formam a base do ordenamento jurídico de um Estado de Direito democrático" (MENDES, *op. cit.*, p. 671).

8. O principal livro no Brasil que cuida da perspectiva histórica dos dos Direitos Humanos é A Afirmação Histórica dos Direitos Humanos do Prof. Fábio Konder Comparato, Ed. Saraiva, VII edição, 2010. Esse livro foi utilizado para dar embasamento ao capítulo 2.

A Magna Carta é um documento de 1215 que limitou o poder dos monarcas da Inglaterra, impedindo o exercício do poder absoluto. Ela resultou de desentendimentos entre o rei João I (conhecido como "João Sem Terra"), o papa e os barões ingleses acerca das prerrogativas do soberano. Essas discordâncias tinham raízes diversas. A contenda com os barões foi motivada pelo aumento das exações fiscais, constituídas para financiar campanhas bélicas, pois o rei João Sem Terra acabara de perder a Normandia – que era sua por herança dinástica – para o rei francês Filipe Augusto.

A desavença com o papa surgiu de seu apoio às pretensões territoriais do imperador Óton IV, seu sobrinho, em prejuízo do papado. Ademais, o rei João I recusara a escolha papal de Stephen Langton como cardeal de Canterbury, o que lhe rendeu a excomunhão, operada pelo papa Inocêncio III.

A Magna Carta só foi assinada pelo rei quando a revolta armada dos barões atingiu Londres, sendo sua assinatura condição para o cessar-fogo. Todavia, ela foi reafirmada solenemente (pois tinha vigência determinada de três meses) em 1216, 1217 e 1225, quando se tornou direito permanente. Como curiosidade, cabe apontar que algumas de suas disposições se encontram em vigor ainda nos dias de hoje.

Sua forma foi de promessa unilateral, por parte do monarca, de conceder certos privilégios aos barões, mas é possível entendê-la como uma convenção firmada entre os barões e o rei. Além disso, segundo os termos do documento, o rei deveria renunciar a certos direitos e respeitar determinados procedimentos legais (apontado, pela historiologia jurídica, como a origem do devido processo legal), bem como reconhecer que sua vontade estaria sujeita à lei.

Considera-se a Magna Carta o primeiro capítulo de um longo processo histórico que levaria ao surgimento do constitucionalismo[9] e da democracia moderna. Em síntese, o documento é uma limitação institucional dos poderes reais.

2.2. *Petition of Rights* de 1628

A Petição de Direitos foi um documento constitucional de grande importância para a história política inglesa, aprovado pelo Parlamento em maio de 1628 e depois apresentado ao rei Carlos I, que a aprovou temporariamente. Sua função era limitar os poderes dos monarcas.

A Petição de Direitos é notável por algumas de suas determinações, como a de que os impostos só podem ser aumentados por decisão do Parlamento e que os prisioneiros podem discutir a legitimidade de suas detenções mediante *habeas corpus*.

9. O constitucionalismo pode ser conceituado como o movimento político, social e jurídico cujo objetivo é limitar o poder do Estado por meio de uma Constituição. Já o neoconstitucionalismo surge depois da Segunda Guerra Mundial e tem por objetivo principal conferir maior efetividade aos comandos constitucionais, notadamente os direitos fundamentais.

2.3. *Habeas Corpus Act* de 1679

Os Stuart detiveram o trono da Escócia e depois a coroa inglesa, e ficaram conhecidos, entre outros motivos, por serem os últimos soberanos católicos da Inglaterra. Esse último fato teve grande importância, pois o Parlamento, majoritariamente protestante, buscava uma saída para limitar o poder real, sobretudo quanto à possibilidade de prender os opositores políticos sem a necessidade de prévio processo legal.

O *habeas corpus* já existia havia bastante tempo na Inglaterra, mas sua eficácia era muito reduzida, em razão da falta de regras processuais que bem disciplinassem seu manuseio. Assim, para regular a utilização desse remédio judicial e torná-lo efetivo, foi aprovado, pelo Parlamento inglês, no reinado de Carlos II, o *Habeas Corpus Act* de 1679, que definiu e ampliou as prerrogativas concedidas pelo remédio *habeas corpus*.

2.4. *Bill of Rights* de 1689

A Revolução Gloriosa ocorreu no Reino Unido, de 1688 a 1689, e teve por consequência a queda e posterior fuga do rei Jaime II, da dinastia Stuart. O trono, depois de declarado vago pelo Parlamento, foi oferecido, conjuntamente, ao genro do rei, o nobre neerlandês Guilherme, Príncipe de Orange, e à filha do rei, Maria Stuart. Mas tal oferta comportava uma condição: se a coroa inglesa fosse aceita, também estaria aceita a Declaração de Direitos (*Bill of Rights*) votada pelo Parlamento. O trono e a declaração foram aceitos, e os novos soberanos passaram a chamar-se Guilherme III e Maria II.

É importante frisar que o estopim pré-revolução foi o nascimento de um herdeiro do trono, o que possibilitaria a continuidade da religião católica na coroa. Isso porque a herdeira até então, Maria Stuart, era protestante.

Influenciada diretamente pelas ideias de John Locke, a Declaração de Direitos de 1689 é um documento legal confeccionado pelo Parlamento inglês, que, entre outras coisas, limitou os poderes do rei, disciplinou os direitos relacionados com o Parlamento – como, por exemplo, a liberdade de expressão dos parlamentares e o estabelecimento de eleições regulares para o Parlamento –, determinou que todos os súditos tinham direito de petição ao rei e tornou o Parlamento competente para legislar e criar tributos, funções antes exercidas pelo monarca. Tais medidas asseguraram certo poder para o Parlamento no Reino Unido e representaram a instauração institucional da separação de poderes, mais tarde reconhecida e elogiada por Montesquieu. A propriedade privada também foi regulada e garantida.

A Declaração de Direitos de 1689, como o *Act of Settlement* de 1701, figura como um dos textos constitucionais mais importantes do Reino Unido, sendo ainda hoje uma das principais leis sobre sucessão de trono no país.

A maior importância do *Bill of Rights* para os direitos humanos reside, sem dúvida, na separação institucional dos poderes acima apontada. Isto é, a partir de tal momento, tem-se uma garantia institucional (em teoria) de que o interesse dos governados guiará a formulação das leis e que o Parlamento é o órgão encarregado de proteger os súditos perante o rei.

2.5. Declaração de Direitos do Bom Povo da Virgínia de 1776

A independência das 13 colônias inglesas da América do Norte se deu em 1776. Elas adquiriram o formato de uma confederação, o que logo foi modificado para constituírem um Estado federal, configuração mantida até hoje nos EUA.

Uma das causas principais para a independência americana foi a elevação de impostos colocada em prática pelo governo inglês, o qual necessitava de mais recursos para fazer frente aos gastos dispensados na guerra contra a França pela conquista do território canadense. Tal conflito insere-se na chamada Guerra dos Sete Anos. Outras causas específicas são as leis do Selo e do Açúcar aprovadas pelo Parlamento inglês, como também a Festa do Chá de Boston.

Contemporânea dessa atmosfera de revolução e independência é a Declaração de Direitos americana, ou Declaração de Direitos do Bom Povo da Virgínia, a qual precede a Declaração de Independência dos EUA. É muito importante frisar que existiram inúmeras declarações de direitos nos EUA, cada uma proveniente de um estado, das quais a Declaração de Direitos do estado da Virgínia é a de maior destaque.

A Declaração de Direitos da Virgínia de 1776 é considerada por muitos a primeira *declaração de direitos* a reconhecer a existência de direitos adstritos à condição humana, ou seja, independentemente de qualquer condição, o ser humano possui direitos inatos. Ademais, ela demonstra preocupação com a estruturação de um governo democrático (*soberania popular*). No entanto, não faz nenhuma menção aos direitos econômicos e sociais – estes só aparecerão na Declaração de Direitos da Constituição francesa de 1791.

2.6. Declaração dos Direitos do Homem e do Cidadão de 1789

A Revolução Francesa[10] é apontada como o marco inicial da civilização europeia contemporânea, pois os conceitos atuais de nação, cidadania, radicalismo, igualdade e democracia surgiram depois desse processo histórico.

Influenciada diretamente pela Revolução Francesa e pela Revolução Americana de 1776, a Declaração dos Direitos do Homem e do Cidadão foi adotada pela Assembleia Constituinte da França em 1789. Pela primeira vez tem-se uma declaração generalizante, isto é, com o propósito de fazer referência não só aos seus cidadãos, mas a toda a humanidade, por isso a menção aos direitos do *homem* também.

A Declaração teve por base os conceitos de *liberdade, igualdade, fraternidade, propriedade, legalidade* e *garantias individuais* (síntese do pensamento iluminista liberal e burguês), mas seu ponto central era a supressão dos privilégios especiais ("acabar com as desigualdades"), outrora garantidos para os estamentos do clero e da nobreza.

A Declaração dos Direitos do Homem e do Cidadão, juntamente com declarações de direitos constantes das Constituições francesas de 1791 e 1793, reproduz claramente as ideias de Montesquieu e de Jean-Jacques Rousseau: o primeiro afirma a necessidade de uma limitação institucional dos poderes do governo, ao passo que o segundo defende que a legitimidade do governo provenha apenas da vontade geral do povo.

É importante saber que as origens do sistema de representação política moderno (que vigora no Brasil e em boa parte do mundo) são a Constituição americana e a Revolução Francesa.

Além disso, é preciso apontar que os direitos constantes da Declaração dos Direitos do Homem e do Cidadão foram ampliados pela Convenção Nacional em 1793 (no contexto revolucionário do governo jacobino). Essa reformulação, e seu corolário de ampliação de direitos, já havia ocorrido antes, por ocasião da promulgação da Constituição de 1791.

Para melhor entendermos a amplitude de proteção conferida pelos direitos humanos, é fundamental ter em mente o processo de sua afirmação (ainda não findo). Passemos então ao estudo da divisão didática dos direitos humanos em gerações.

3. Direitos Humanos sob a ótica geracional

A divisão dos direitos humanos em gerações[11], idealizada por Karel Vasak[12], tem por finalidade permitir uma análise

10. "A verdade, contudo, é que foi a Revolução Francesa – e não a americana ou a inglesa – que se tornou o grande divisor histórico, o marco do advento do Estado liberal. Foi a Declaração dos Direitos do Homem e do Cidadão, de 1789, com seu caráter universal, que divulgou a nova ideologia, fundada na Constituição, na separação dos Poderes e nos direitos individuais" (BARROSO, Luís Roberto. **Curso de Direito Constitucional Contemporâneo**. São Paulo: Saraiva, 2009. p. 76).

11. Tal análise perde um pouco de seu sentido quando o enfoque recai sobre países ditos novos, como o Brasil e a Austrália, pois a maioria dos tipos de direitos humanos foram reconhecidos, logo disciplinados, de uma só vez em suas respectivas Constituições. Mas quando a análise leva em conta os países europeus, por exemplo, entende-se muito bem que o reconhecimento dos direitos humanos é um processo que perpassa vários séculos. Assim, os direitos civis apareceram no século XVIII para garantir a liberdade do indivíduo perante o Estado (opressor). Essa maior liberdade permitiu uma atuação mais ativa por parte das pessoas, o que eclodiu no reconhecimento dos direitos políticos no século XIX, ou seja, esse direito, antes exclusivo de poucos, foi estendido para grande parcela da população masculina, incluindo os trabalhadores. E o exercício desses direitos políticos, sobretudo pela classe trabalhadora, permitiu a constituição dos direitos sociais no século XX (MARSHALL, Thomas. **Cidadania, classe social e status**. Rio de Janeiro: Zahar, 1967. p. 57 a 114).

12. **The international dimensions of human rights**. Unesco, 1982.

precisa de sua amplitude, além de uma ampla compreensão sobre a causa de seu surgimento e seu contexto.

A análise das gerações deve ter por fundamento não a ótica sucessória (de substituição da anterior pela posterior), mas sim a interacional (de complementação da anterior pela posterior). Em função dessa ideia, alguns autores preferem classificar como gestações ou dimensões e não gerações de direitos, tudo para reforçar a noção de continuidade.

3.1. Primeira geração

A primeira geração trata dos direitos civis (liberdades individuais) e políticos. A titularidade desses direitos é atribuída ao indivíduo, por isso são conhecidos como direitos individuais. Seu fundamento é a ideia de *liberdade*.

Sobre tais direitos, é interessante a verificação de que sua defesa foi feita sobretudo pelos EUA. Estes defendiam a perspectiva liberal dos direitos humanos, consagrados no Pacto Internacional de Direitos Civis e Políticos.

3.2. Segunda geração

A segunda geração trata dos direitos sociais, culturais e econômicos. A titularidade desses direitos é atribuída à coletividade, por isso são conhecidos como direitos coletivos. Seu fundamento é a ideia de *igualdade*.

O grande motivador do aparecimento desses direitos foi o movimento antiliberal, notadamente após a Primeira Guerra Mundial. É importante apontar o papel da URSS, que defendia veementemente a perspectiva social dos direitos humanos. Essa linha foi consagrada no Pacto Internacional de Direitos Econômicos, Sociais e Culturais.

Cabe destacar que tais direitos aparecerem em primeiro lugar na Constituição mexicana de 1917 e na Constituição alemã de 1919 ("Constituição de Weimar").

3.3. Terceira geração

A terceira geração trata dos direitos à paz, ao desenvolvimento, ao meio ambiente, à propriedade do patrimônio cultural. A titularidade desses direitos é atribuída, geralmente, à humanidade e são classificados doutrinariamente como difusos, todavia pode-se destacar a sua faceta de direito individual também, como expressamente prevista na Declaração da ONU sobre o Direito ao Desenvolvimento, de 1986. Seu fundamento é a ideia de *fraternidade* ou *solidariedade*.

Esses direitos provieram em grande medida da polaridade Norte/Sul, da qual surgiu o *princípio da autodeterminação dos povos*, fundamento do processo de descolonização e de inúmeros outros exemplos, consoante os já indicados acima, que exteriorizam a busca por uma nova ordem política e econômica mundial mais justa e solidária.

Os direitos de terceira geração foram consagrados na Convenção para a Proteção do Patrimônio Mundial, Cultural e Natural, de 1972, na Convenção sobre a Diversidade Biológica, de 1992 e, como já apontado, na Declaração sobre o Direito ao Desenvolvimento, de 1986. Cabe apontar que são classificados pelo STF como novíssimos direitos.

3.4. Quarta e quinta gerações

Existem posicionamentos doutrinários que pouco se assemelham na tentativa de categorizar quais seriam os direitos componentes da quarta e da quinta gerações.

Por exemplo, a Ministra Eliana Calmon defende que a quarta geração seria composta de direitos referentes à manipulação do patrimônio genético, como os alimentos transgênicos, fertilização *in vitro* com escolha do sexo e clonagem. Já para o professor Paulo Bonavides todos os direitos relacionados à globalização econômica fariam parte da quarta geração, enquanto que o direito à paz seria de quinta. Outros, como Alberto Nogueira que relaciona a quarta geração com os direitos à uma tributação justa, e Ricardo Lorenzetti, ministro da Suprema Corte Argentina, que define a quarta geração como sendo aquela do "direito a ser diferente", isto é, a tutela de todos tipos de diversidade – sexual, étnica etc. Além de José Alcebiades de Oliveira Júnior[13], que faz coro com Eliana Calmon em relação à quarta geração e assinala que a quinta é ligada ao direito cibernético.

Percebe-se que resta impossível categorizar cabalmente quais os direitos componentes da quarta e da quinta gerações, mas o importante é apontar possíveis interpretações e sublinhar a natureza dinâmica dos direitos humanos, os quais sempre estarão em construção.

Para bem lembrar, a Declaração Universal dos Direitos do Homem elevou o homem à condição de sujeito de direito internacional, assim, é possível colocar o Estado como réu, perante instâncias internacionais, caso algum direito do ser humano seja ceifado ou impossibilitado de gozo.

A título conclusivo, pode-se afirmar que toda regra, convencional ou não, que promova ou proteja a dignidade da pessoa humana se refere a "direitos humanos". Portanto, as cinco gerações trazem exemplos de direitos humanos que foram confeccionados em conformidade com a in/evolução da vida humana.

A constante criação de "novos" direitos humanos torna impossível sua tipificação fechada, portanto, é necessária uma tipificação aberta para permitir a inserção de novos conceitos protetores da dignidade humana na medida em que aparecerem.

13. JUNIOR, José Alcebíades de Oliveira. **Teoria Jurídica e novos direitos**. Rio de Janeiro: Lumen Juris, 2000. p. 85/86.

4. Características dos Direitos Humanos

4.1. Historicidade

A amplitude de proteção conferida pelos direitos humanos é marcada por sua contínua majoração, o que os tornam direitos históricos, pois no evolver da história novos direitos são reconhecidos como direitos humanos – um processo não findo.

A história dos direitos humanos é marcada pela luta por seu reconhecimento, umbilicalmente relacionada com a luta por justiça e liberdade.

4.2. Universalidade

A Declaração Universal dos Direitos Humanos de 1948 universalizou a noção de direitos humanos. Muito importante foi seu papel, pois antes disso a proteção dos direitos humanos era relegada a cada Estado, que, com suporte em sua intocável soberania, tinha autonomia absoluta para determinar e executar as políticas relacionadas à proteção da dignidade da pessoa humana. Todavia, obras de horror, como o nazifascismo, demonstraram que a proteção do ser humano não pode ficar somente nas "mãos de governos".

Assim, um dos grandes objetivos perseguidos com a criação da ONU foi buscar a proteção dos direitos humanos em nível universal. Grande passo foi dado nesse sentido com a promulgação da Declaração Universal dos Direitos Humanos. Assim, "o direito a ter direitos" de Hannah Arendt passaria a ter tutela internacional.

As críticas referentes à leitura de *universalização* por *ocidentalização* não procedem, porque os direitos humanos transcendem às criações culturais no sentido lato (religião, tradição, organização política etc.) por serem adstritos à condição humana. Destarte, particularidades regionais e nacionais devem ser levadas em conta, mas nunca impedir a proteção mínima dos direitos humanos, até porque estes fazem parte do *jus cogens*. Assim, o *universalismo* derrota o *relativismo*.

Importante lembrar que o *jus cogens* (normas cogentes de direito internacional) é calcado no reconhecimento da existência de direitos e de obrigações naturais, independentemente da existência de algum tratado internacional. O *jus cogens* seria como um qualificador de regras consideradas basilares para a ordenação e a viabilidade da comunidade internacional. Portanto, a compreensão da existência de uma comunidade internacional e de interesses que advêm dela (sobretudo para sua existência – como, por exemplo, na proteção internacional do meio ambiente), e não somente de Estados em sua individualidade, deu suporte para o aparecimento do *jus cogens*.

4.2.1. Hermenêutica diatópica

Em seu artigo intitulado Para uma concepção intercultural dos direitos humanos, Boaventura de Sousa Santos tenta apontar as condições que permitem conferir aos direitos humanos tanto um escopo global como uma legitimidade local, para, assim, fundar uma política progressista de direitos humanos. Em outras palavras, busca construir uma proposta para superação do debate sobre universalismo e relativismo cultural.

Importante ter em mente a profunda ligação que o autor estabelece entre ambiente cultural e conceituação dos direitos humanos. Assim, Boaventura pondera que os direitos humanos podem ser produzidos e interpretados dentro do paradigma da globalização hegemônica ou da globalização contra-hegemônica. Sem esconder sua preferência pelo último enfoque, o pensador português assim diz: "A minha tese é que, enquanto forem concebidos como direitos humanos universais em abstracto, os direitos humanos tenderão a operar como localismo globalizado e, portanto, como uma forma de globalização hegemónica. Para poderem operar como forma de cosmopolitismo insurgente, como globalização contra-hegemónica, os direitos humanos têm de ser reconceptualizados como interculturais[14]".

Para entender o funcionamento da hermenêutica diatópica, a qual permitirá o diálogo intercultural, cabe ter por base o conceito de *topoi*. De forma geral, os *topoi* são os lugares comuns retóricos mais abrangentes de determinada cultura. Funcionam como premissas de argumentação, logo não podem ser discutidas, devido sua evidência.

Na prática, a hermenêutica diatópica assim funcionaria: "A hermenêutica diatópica baseia-se na ideia de que os topoi de uma dada cultura, por mais fortes que sejam, são tão incompletos quanto a própria cultura a que pertencem. Tal incompletude não é visível a partir do interior dessa cultura, uma vez que a aspiração à totalidade induz a que se tome a parte pelo todo. O objectivo da hermenêutica diatópica não é, porém, atingir a completude – um objectivo inatingível – mas, pelo contrário, ampliar ao máximo a consciência de incompletude mútua através de um diálogo que se desenrola, por assim dizer, com um pé numa cultura e outro, noutra. Nisto reside o seu carácter dia-tópico[15]".

Mediante a aplicação da hermenêutica diatópica seria possível a aproximação do *topos* dos direitos humanos da cultura ocidental com o *topos* do dharma da cultura hindu e com o *topos* da uma da cultura islâmica. E o resultado seria, nas palavras do autor, a formatação de uma concepção híbrida da dignidade humana, ou seja, uma concepção mestiça dos direitos humanos. Esse processo desaguaria numa alternativa à teoria geral de aplicação pretensamente universal, a qual não é mais que uma versão peculiar de

14. **Revista Contexto Internacional**, vol. 23, n 1º, 2001, pág. 14.
15. **Revista Contexto Internacional**, vol. 23, n 1º, 2001, pág. 21.

universalismo que concebe como particularismo tudo o que não coincide com ele.

Por todo o dito, percebe-se que a hermenêutica diatópica exige uma produção de conhecimento coletiva, participativa, interativa, intersubjetiva e reticular.

4.3. Indivisibilidade

Todos os direitos humanos se retroalimentam e se complementam, assim, é infrutífero buscar a proteção e a promoção de apenas uma parcela deles.

Veja-se o exemplo do direito à vida, núcleo dos direitos humanos. Este compreende o direito de o ser humano não ter sua vida ceifada (atuação estatal negativa), como também o direito de ter acesso aos meios necessários para conseguir sua subsistência e uma vida digna (atuação estatal positiva). Percebe-se a interação dos direitos pessoais com os direitos econômicos, sociais e culturais para garantir a substancial implementação do direito à vida.

4.4. Interdependência

Conforme dito acima, os direitos humanos se retroalimentam e se complementam, destarte, cada direito depende dos outros para ser substancialmente realizado.

4.5. Normatividade indiscutível

Os direitos humanos estão disciplinados por sistemas nacionais, regionais e globais de proteção, além de serem normas imperativas de direito internacional (*jus cogens*). Cabe frisar que os sistemas de proteção se interconectam para garantir a maior proteção possível da dignidade humana.

4.6. Irrenunciabilidade

Por serem direitos adstritos à condição humana, estes não podem ser renunciáveis, pois formam o indivíduo em sua plenitude. Assim, são indisponíveis tanto pelo Estado como pelo particular. Tal característica se confirma pelo fato de os direitos humanos fazerem parte do *jus cogens*, isto é, inderrogáveis por ato volitivo.

Para corroborar tal característica, cabe relembrar o paradigmático caso Morsang-sur-Orge, ocasião em que o Conselho de Estado francês, com fundamento na dimensão objetiva da dignidade humana (o respeito à dignidade humana como um dos componentes da ordem pública), manteve ato administrativo que interditou a atividade conhecida como lançamento de anão (*lancer de nain*), apesar de recurso do próprio arremessado e da casa noturna que o empregava.

4.7. Imprescritibilidade

Os direitos humanos são atemporais, pois, como dito, são adstritos à condição humana. Assim, não são passíveis de prescrição, ou seja, não caducam com o transcorrer do tempo.

4.8. Inalienabilidade

Os direitos humanos não podem ser alienados, isto é, objeto de transação.

4.9. Complementaridade solidária

O princípio da complementaridade solidária dos direitos humanos de qualquer espécie dialoga com a universalidade, a interdependência e a indivisibilidade. Ele foi proclamado solenemente na 2ª Conferência Mundial de Direitos Humanos, realizada em Viena em 1993.

É importante transcrever o ponto 5 da Declaração de Direitos Humanos de Viena, que sintetiza as características dos direitos humanos de modo geral:

> "Todos os direitos humanos são universais, indivisíveis, interdependentes e inter-relacionados. A comunidade internacional deve tratar os direitos humanos de forma global, justa e equitativa, em pé de igualdade e com a mesma ênfase. Embora particularidades nacionais e regionais devam ser levadas em consideração, assim como diversos contextos históricos, culturais e religiosos, é dever dos Estados promover e proteger todos os direitos humanos e liberdades fundamentais, sejam quais forem seus sistemas políticos, econômicos e culturais".

5. Classificação

Para bem compreender todos os tipos de direitos que compõem os direitos humanos, lancemos mão da classificação idealizada por Jack Donnely[16].

5.1. Direitos pessoais

São exemplos o direito à vida, à nacionalidade, ao reconhecimento perante a lei, à proteção contra tratamentos ou punições cruéis, degradantes ou desumanas, e à proteção contra a discriminação racial, étnica, sexual e religiosa (artigos 2º a 7º e 15 da Declaração Universal dos Direitos Humanos).

16. **Universal human rights in theory and practice**. 2. ed. Cornell University Press, 2003.

5.2. Direitos judiciais

São exemplos o direito de ação, a presunção de inocência, a garantia do processo justo e imparcial, a irretroatividade das leis penais, a proteção contra prisão, detenção ou exílio arbitrários, e contra a interferência no lar e na reputação (artigos 8º a 12 da Declaração Universal dos Direitos Humanos).

5.3. Direitos civis

São exemplos as liberdades de pensamento, consciência e religião, de opinião e expressão, de movimento e residência, e de reunião e de associação pacífica (artigos 13 e 18 a 20 da Declaração Universal dos Direitos Humanos).

5.4. Direitos políticos

São exemplos principalmente os direitos a tomar parte no governo e às eleições legítimas com sufrágio universal e igual (artigo 21 da Declaração Universal dos Direitos Humanos).

5.5. Direitos de subsistência

São exemplos principalmente os direitos à alimentação e a um padrão de vida adequado à saúde e ao bem-estar próprio e da família (artigo 25 da Declaração Universal dos Direitos Humanos).

5.6. Direitos econômicos

São exemplos principalmente os direitos ao trabalho, ao repouso e ao lazer e à segurança social (artigos 22 a 25 da Declaração Universal dos Direitos Humanos).

5.7. Direitos sociais e culturais

São exemplos principalmente os direitos à instrução e à participação na vida cultural da comunidade (artigos 26 e 27 da Declaração Universal dos Direitos Humanos).

A título comparativo e para clarificar ainda mais os direitos considerados concretamente como sociais, cabe reproduzir o artigo 6º da CF: "São direitos sociais a educação, a saúde, a alimentação, o trabalho, a moradia, o lazer, a segurança, a previdência social, a proteção à maternidade e à infância, a assistência aos desamparados, na forma desta Constituição".

Percebe-se que se trata de uma divisão bem detalhada, mas podemos reunir todos esses direitos na primeira (direitos civis e políticos) e na segunda (direitos econômicos, sociais e culturais) geração de direitos humanos. Fazem parte da primeira geração os direitos pessoais, civis, judiciais e políticos, e da segunda geração os direitos de subsistência, econômicos, sociais e culturais.

6. Mitigação da soberania

Conforme já anunciado no capítulo introdutório, a ideia de soberania absoluta encontra-se há muito superada, e tal constatação ficou clara com o estudo das características dos direitos humanos.

Assim, o Estado que violar direitos humanos poderá ser responsabilizado perante a comunidade internacional, como, por exemplo, por intermédio de cortes regionais (ex.: Corte Interamericana de Direitos Humanos) ou de comitês internacionais (ex.: Comitê dos Direitos Humanos criado pelo Pacto Internacional dos Direitos Civis e Políticos). Por essa lógica, o indivíduo que tiver sua dignidade violada e não conseguir a efetiva tutela poderá dirigir-se (direta ou indiretamente), quando previsto, a cortes e comitês internacionais para buscar sua devida proteção. Sobre a responsabilização de Estado, é importante dizer que o artigo 28 da Convenção Americana de Direitos Humanos estabelece a cláusula federal, que em seu ponto 2 determina:

"No tocante às disposições relativas às matérias que correspondem à competência das entidades componentes da federação, o governo nacional deve tomar imediatamente as medidas pertinentes, em conformidade com sua Constituição e com suas leis, a fim de que as autoridades competentes das referidas entidades possam adotar as disposições cabíveis para o cumprimento desta Convenção".

Ademais, sempre é o governo central que responderá perante a comunidade internacional, pois é o representante do Estado como um todo, o único detentor de personalidade jurídica internacional. Em outras palavras, a Federação de Estados ou Estado Federal é a união permanente de dois ou mais estados, dos quais cada um conserva apenas a autonomia interna, pois a soberania externa é exercida por um órgão central, normalmente denominado *governo federal*. O Brasil é Estado Federal desde a Constituição Federal de 1891. Por fim, pode-se afirmar que a divisão de autonomias em relação às competências internas não interfere na responsabilização internacional.

E o dirigente político que conduzir o país à prática de crimes contra a humanidade também poderá ser julgado e condenado pelo Tribunal Penal Internacional (TPI).

Sobre esse processo de mitigação da soberania, é imprescindível apontar o papel do Tribunal de Nurembergue[17], pois com a instalação desse tribunal *ad hoc* ficou demonstrada

17. O Tribunal de Nurembergue foi instituído para julgar os crimes de guerra e contra a humanidade perpetrados durante a Segunda Guerra Mundial pelos líderes nazistas (o julgamento começou em 20 de novembro de 1945). Idealizado pelos Aliados (sobretudo EUA, URSS, Reino Unido e França), escalou o Chefe da Justiça americana, Robert Jackson, para ser seu coordenador. Cabe lembrar que a experiência de Nurembergue marca a primeira vez em que crimes de guerra foram julgados por um tribunal internacional. Uma crítica que se faz ao Tribunal é que se trata de uma "justiça dos vencedores".

a necessária flexibilização da noção de soberania para bem proteger os direitos humanos. Por outro lado, ficou comprovado o reconhecimento de direitos do indivíduo pelo direito internacional. Antes do Tribunal de Nurembergue, podemos citar o Direito Humanitário, a Liga das Nações e a Organização Internacional do Trabalho como exemplos de limitação, oriunda da comunidade internacional, que os Estados sofreram em sua inabalável soberania.

É importante destacar o caráter *complementar* e *subsidiário* dos sistemas internacionais, porque estes apenas serão acionados caso o sistema jurídico nacional tenha sido incapaz ou não tenha demonstrado interesse em julgar o caso.

Sob outro aspecto, não se configuraria vilipêndio à soberania, pois, na maioria dos casos, o Estado, com suporte no *princípio da autodeterminação dos povos*, aquiesceu à competência de cortes e comitês internacionais. Isto é, com supedâneo em sua soberania escolheu fazer parte de certo sistema de proteção internacional, e qualquer determinação ou punição que provier desse sistema já é aceita de antemão pelo Estado.

Agora que se tem boa compreensão da função e das características dos direitos humanos, é importante estudar pontualmente o Direito Humanitário e o Direito dos Refugiados para, dessa forma, completarmos a tríade protetiva do ser humano.

7. Direito Humanitário

O Direito Humanitário é composto de princípios e regras – positivadas ou costumeiras – que têm como função, por questões humanitárias, limitar os efeitos do conflito armado. Mais especificamente, o Direito Humanitário protege as pessoas que não participam ou não mais participam das hostilidades e restringe os meios e os métodos de guerra. Tal conceito permite-nos encará-lo como Direito Internacional dos Conflitos Armados ou Direito da Guerra.

É considerado por muitos a primeira limitação internacional que os Estados sofreram na sua soberania[18], pois, na hipótese de conflito armado, estes teriam de respeitar certas regras que visam proteger as vítimas civis e os militares fora de combate. Assim, teve-se início o processo de internacionalização dos direitos humanos.

O Direito Internacional Humanitário é principalmente fruto das quatro Convenções de Genebra de 1949 (em 1949 foram revistas as três Convenções anteriores – 1864, 1906 e 1929 – e criada uma quarta, relativa à proteção dos civis em período de guerra) e seus Protocolos Adicionais, os quais formam o conjunto de leis para reger os conflitos armados e buscar limitar seus efeitos (Direito de Genebra). A proteção recai sobre as pessoas que não participam dos conflitos (civis, profissionais da saúde e de socorro) e os que não mais participam das hostilidades (soldados feridos, doentes, náufragos e prisioneiros de guerra).

As Convenções e seus Protocolos apelam para que sejam tomadas medidas para evitar ou para encerrar todas as violações. Eles contêm regras rigorosas para lidar com as chamadas "violações graves", devendo seus responsáveis serem julgados ou extraditados, independentemente de sua nacionalidade.

Em seus 64 artigos, a 1ª Convenção de Genebra protege feridos e enfermos das forças armadas em campanha, além do pessoal médico e religioso, as unidades e os transportes médicos. A Convenção também reconhece os emblemas distintivos.

A 2ª Convenção de Genebra, que substitui a Convenção de Haia de 1907 sobre a Adaptação dos Princípios da Convenção de Genebra de 1864 a Guerras Marítimas, protege feridos, enfermos e náufragos das forças armadas no mar. Ela segue as disposições da 1ª Convenção de Genebra em termos de estrutura e conteúdo. Seus 63 artigos se aplicam especificamente a guerras marítimas, por exemplo, protegendo os navios-hospitais.

A 3ª Convenção de Genebra, que substitui a Convenção sobre Prisioneiros de Guerra de 1929, se aplica aos prisioneiros de guerra. Contém 143 artigos, enquanto a de 1929 continha apenas 97. As categorias de pessoas com direito ao status de prisioneiras de guerra foram ampliadas. As condições e os locais de cativeiro também foram definidos com mais precisão, em particular com relação ao trabalho de prisioneiros de guerra, seus recursos pecuniários, o socorro que recebem e os processos judiciais contra eles. A Convenção estabelece que os prisioneiros de guerra devem ser liberados e repatriados sem demora após o término das hostilidades ativas.

As Convenções de Genebra adotadas antes de 1949 preocupavam-se apenas com os combatentes, não com os civis. Os eventos da Segunda Guerra Mundial, no entanto, mostraram as consequências desastrosas da ausência de uma convenção para proteger os civis em tempos de guerra – e essa experiência foi levada em consideração na 4ª Convenção de Genebra, adotada em 1949, que protege os civis, inclusive em territórios ocupados. Ela é composta de 159 artigos e contém uma pequena seção referente à proteção geral das populações contra certas consequências da guerra, sem tratar da conduta das operações militares, que foi examinada depois nos Protocolos Adicionais de 1977. Ademais, a 4ª Convenção esclarece as obrigações da potência ocupante com relação à população civil e contém disposições detalhadas sobre o socorro humanitário em território ocupado.

Merece destaque o artigo 3º, que é comum às quatro Convenções de Genebra e marca um avanço ao disciplinar, pela primeira vez, os conflitos armados não internacionais. Esses tipos de conflito variam muito. Eles incluem guerras

18. A Liga das Nações e a Organização Internacional do Trabalho são os outros exemplos dessa primeira limitação, oriunda da comunidade internacional, que os Estados sofreram em sua inabalável soberania.

civis tradicionais, conflitos armados internos que se expandem para outros Estados ou conflitos internos nos quais um terceiro Estado ou uma força multinacional intervém junto com o governo. O artigo 3º estabelece regras fundamentais que não podem ser derrogadas e funciona como uma miniconvenção dentro das Convenções, pois contém as regras essenciais das Convenções de Genebra em um formato condensado e as torna aplicáveis aos conflitos de caráter não internacional.

Por fim, nas duas décadas após a adoção das Convenções de Genebra, o mundo testemunhou um aumento no número de conflitos armados não internacionais e de guerras por independência. Em resposta a isso, foram adotados em 1977 dois Protocolos Adicionais às Convenções de Genebra de 1949. Eles fortalecem a proteção das vítimas de conflitos armados internacionais (Protocolo I) e não internacionais (Protocolo II) e determinam limites aos métodos de guerra. O Protocolo II foi o primeiro tratado internacional exclusivamente dedicado às situações de conflitos armados não internacionais. Em 2007, um terceiro Protocolo Adicional foi adotado, criando um emblema adicional, o Cristal Vermelho, que tem o mesmo status internacional dos emblemas da Cruz Vermelha e do Crescente Vermelho.

A outra parte das regras do Direito Internacional Humanitário provém do Direito de Haia (Convenções de Haia de 1899 e de 1907), as quais regulam especificamente o meio e os métodos utilizados na guerra, ou, em outras palavras, a condução das hostilidades pelos beligerantes e as Regras de Nova Iorque[19], que cuidam da proteção dos direitos humanos em período de conflito armado. Pode-se apontar ainda o Tribunal Penal Internacional[20] como um dos destaques na tutela do Direito Internacional Humanitário.

Existem três princípios norteadores do Direito de Haia: **a)** princípio da humanidade: combatentes devem usar armamento que permita o menor sofrimento possível; **b)** princípio da necessidade: todo ataque armado deve destinar-se à execução de um objetivo militar; **c)** princípio da proporcionalidade: um ataque armado não pode causar danos desproporcionais à vantagem obtida.

Relacionado ao Direito de Haia, cabe destacar a *cláusula Martens*, essa aparece na Convenção de Haia, de 1907, sobre os Costumes da Guerra Terrestre e faz alusão ao nome do Ministro das Relações Exteriores do Czar Alexandre, da Rússia. Sua aplicação ocorre nas situações não previstas, ou melhor, não regulamentas por qualquer tratado, e determina que tanto os combatentes, quanto os civis, ficam sob a proteção e a autoridade dos princípios do direito internacional. Assim, nunca ocorrerá uma situação de ausência de proteção dos combatentes e civis, pois quando não houver regras específicas para serem aplicadas à certos conflitos, o Direito Internacional dos Direitos Humanos será aplicado diretamente.

Um papel de destaque na tutela do Direito Humanitário é exercido pelo Comitê Internacional da Cruz Vermelha e pela Anistia Internacional. É importante destacar que a personalidade jurídica internacional do Comitê Internacional da Cruz Vermelha foi reconhecida, de forma especial, pela comunidade internacional, em função de essa organização prestar verdadeiro serviço público internacional – o que é confirmado pelos tratados firmados e pelo exercício do direito de legação. Portanto, o Comitê Internacional da Cruz Vermelha pode relacionar-se diretamente com os Estados e as organizações intergovernamentais nas matérias abrangidas por seu campo específico de atuação.

Em relação à matéria, é importante tratar de dois conceitos que apresentam proximidade apenas etimológica. São eles: **a)** assistência humanitária: auxílio às vítimas de conflitos armados nacionais ou internacionais. O auxílio é executado mediante meio pacífico – por exemplo, o envio de remédios e alimentos. Essa prática não encontra objeção no direito internacional. Ex.: em 2010, o Brasil doou 200 mil dólares para a assistência humanitária em saúde ao Sudão, em especial à região de Darfur, por meio do Unicef. Cabe reforçar que a assistência humanitária pode ser levada a cabo por Estados, organizações internacionais e organizações não governamentais; **b)** intervenção humanitária: ação de força contra Estado ou movimento armado no interior de algum Estado. A justificativa da agressão é a tentativa de fazer cessar a violação aos direitos humanos de certa parcela da população. Essa prática não tem acolhida fácil, sendo aceita em situações bem específicas e desde que preenchidos certos requisitos. Ex.: em 2011, o Conselho de Segurança das Nações Unidas aprovou pela Resolução 1.973 a intervenção humanitária na Líbia para impedir o massacre de civis por tropas do então ditador Muamar Kadafi.

Os principais requisitos autorizadores da intervenção humanitária seriam: **a)** esgotamento dos meios alternativos; **b)** diversidade dos executores da intervenção; **c)** pertinência com o objetivo humanitário perseguido; **d)** compromisso com a proteção de civis e a integridade do território, entre outros.

Percebe-se que a legitimidade de uma intervenção humanitária não é facilmente alcançada.

Por fim, o objetivo do Direito Humanitário é a tutela da pessoa humana, mas numa situação específica, qual seja, quando ela é vítima de conflito armado nacional ou internacional.

De todo o dito, nota-se que o Direito Internacional Humanitário e o Direito Internacional dos Direitos Humanos são complementares, apesar de serem dois conjuntos de leis distintas, pois ambos buscam proteger o indivíduo de ações arbitrárias e de abusos. Os direitos humanos são inerentes ao ser humano e protegem os indivíduos sempre, seja em tempos de guerra ou de paz. O Direito Internacional Huma-

19. Resolução 2.444 (XXIII) adotada em 1968 pela Assembleia Geral das Nações Unidas.
20. Vamos estudar brevemente no subitem 10.8.

nitário se aplica apenas em situações de conflitos armados internacionais e não internacionais. Portanto, em tempos de conflitos armados, o Direito Internacional dos Direitos Humanos e o Direito Internacional Humanitário se aplicam de maneira complementar.

7.1. Proteção dos bens culturais

Os bens culturais, que nada mais são que bens civis, são protegidos de uma forma geral pela tutela do Direito Humanitário quando no contexto de Guerra. Mas também possuem uma proteção específica: Convenção da Haia para a Proteção de Bens Culturais durante os Conflitos Armados, de 1954. Essa Convenção tem por base o reconhecimento da herança cultural de todos os povos. Posteriormente, a tutela dos bens culturais foi complementada pelos Protocolos Adicionais às Convenções de Genebra de 1977[21] e pelo Protocolo Adicional à Convenção da Haia para a Proteção de Bens Culturais durante os Conflitos Armados de 1999.

Interessante também notar que o grande motivador dessa Convenção foi a destruição de inúmeros bens culturais durante a Segunda Guerra Mundial, situação que levou a comunidade internacional a se conscientizar e prever proteção jurídica específica.

De acordo com a Convenção da Haia, de 1954, cada Estado deverá agir para salvaguardar seus próprios bens culturais contra ataques armados. Isso pode ser feito, por exemplo, ao remover os bens para longe da ação militar potencial ou real e, no caso de sítios históricos, ao evitar colocar objetivos militares nas suas proximidades.

As partes de um conflito armado não têm permissão para dirigir hostilidades contra os bens culturais, devendo evitar causar-lhes danos acidentais.

A Convenção da Haia, contudo, reconhece as situações em que um ataque contra bens culturais pode ser lícito, especialmente se o bem tiver sido convertido em objetivo militar, sendo que, nesse caso, um ataque seria necessário devido a uma *imperiosa necessidade militar*.

As potências ocupantes deverão proteger os bens culturais sob seu controle contra roubos, pilhagem ou apropriação indevida. Se um bem cultural for removido do território ocupado para sua própria proteção, deverá ser devolvido ao final das hostilidades.

E outra consequência da Segunda Guerra Mundial foi o impedimento de se utilizar da destruição dos bens culturais como uma forma de intimidar as pessoas sob ocupação ou como represália.

As Partes da Convenção da Haia são responsáveis por implementar as disposições e incorporar a proteção dos bens culturais na sua legislação interna. Também devem reforçar as disposições em caso de violação das normas. No âmbito internacional, a UNESCO possui a responsabilidade particular de monitorar o respeito e de ajudar a proteger e preservar os bens culturais.

21. Mais especificamente o art. 53 do Protocolo I Adicional às Convenções de Genebra e o art. 16 do Protocolo II Adicional às Convenções de Genebra.

8. Direito dos Refugiados

O Direito dos Refugiados é composto de princípios e regras – positivadas ou costumeiras – que têm como função proteger e auxiliar o indivíduo considerado refugiado.

Refugiado é o indivíduo que, perseguido devido à sua raça, religião, nacionalidade, opinião política ou por sua ligação com certo grupo social, se encontra fora de seu país de nacionalidade e não pode ou não quer, por temor, regressar ao seu país; ou o apátrida que, perseguido devido à sua raça, religião, nacionalidade, opinião política ou por sua ligação com certo grupo social, se encontra fora do país onde teve sua última residência habitual e não pode ou não quer, por temor, regressar a tal país. Ainda, é possível considerar refugiado todo aquele que é vítima de grave e generalizada violação de direitos humanos. Lembrando que apátrida é a condição do indivíduo que não possui nenhuma nacionalidade.

Os efeitos da condição do *status* de refugiado são extensivos ao cônjuge, aos ascendentes e descendentes, assim como aos demais membros do grupo familiar que do refugiado dependerem economicamente, desde que se encontrem em território nacional.

Em 1951, foi convocada uma Conferência de Plenipotenciários das Nações Unidas para Genebra com o objetivo de redigir uma convenção regulatória do *status* legal dos refugiados. Como resultado, a Convenção das Nações Unidas relativa ao Estatuto dos Refugiados foi adotada em 28 de julho de 1951, entrando em vigor internacional em 22 de abril de 1954. No Brasil, foi promulgada por meio do Decreto nº 50.215, de 28 de janeiro de 1961.

A Convenção deve ser aplicada sem discriminação de raça, religião, sexo e país de origem. Além disso, estabelece cláusulas consideradas essenciais, às quais nenhuma reserva pode ser apresentada. Entre essas cláusulas, incluem-se a definição do termo "refugiado" e o princípio de *non-refoulement* ("não devolução"), disciplinado no artigo 33 da Convenção de 1951, o qual define que nenhum país deve expulsar ou "devolver" (*refouler*) um refugiado contra sua vontade, em quaisquer ocasiões, para um território onde ele sofra perseguição. Estabelece ainda providências para a disponibilização de documentos, como os documentos de viagem específicos para refugiados na forma de um "passaporte".

A definição do termo "refugiado" no artigo 1º engloba um grande número de pessoas. No entanto, a Convenção só é aplicada a fatos ocorridos antes de 1º de janeiro de 1951.

Com o tempo e a emergência de novas situações geradoras de conflitos e perseguições, tornou-se crescente a necessidade de providências que colocassem os novos fluxos de refugiados sob a proteção das provisões da Convenção. Assim, um protocolo relativo ao Estatuto dos Refugiados foi preparado e submetido à Assembleia Geral das Nações Unidas em 1966. Assinado pelo presidente da Assembleia Geral e o secretário-geral no dia 31 de janeiro de 1967 e transmitido aos governos, o Protocolo entrou em vigor internacional em 4 de outubro de 1967 e foi promulgado no Brasil em 7 de agosto de 1972 pelo Decreto nº 70.946.

Com a ratificação do Protocolo, os países foram levados a aplicar as provisões da Convenção de 1951 para todos os refugiados enquadrados na definição da carta, *mas sem limite de datas e de espaço geográfico*. Embora relacionado com a Convenção, o Protocolo é um instrumento independente cuja ratificação não é restrita aos Estados signatários da Convenção de 1951 (os EUA só assinaram o Protocolo de 1967). A Convenção e o Protocolo são os principais instrumentos internacionais estabelecidos para a proteção dos refugiados.

Ao ratificarem a Convenção e/ou o Protocolo, os Estados signatários aceitam cooperar com o Alto Comissariado das Nações Unidas para os Refugiados (Acnur[22]) no desenvolvimento de suas funções e, em particular, facilitar a função específica de supervisionar a aplicação das provisões desses instrumentos.

A Convenção de 1951 e o Protocolo de 1967 asseguram que qualquer pessoa, em caso de necessidade, pode exercer o direito de procurar e de gozar de refúgio em outro país, lembrando que *refúgio é o acolhimento, pelo Estado, em seu território, de indivíduo perseguido por motivos de raça, religião, nacionalidade, grupo social ou opiniões políticas*.

Por fim, percebe-se que o Direito Internacional dos Refugiados e o Direito Internacional dos Direitos Humanos são complementares, apesar de serem dois conjuntos de leis distintas, pois ambos buscam proteger o indivíduo de ações arbitrárias e de abusos. Os direitos humanos são inerentes ao ser humano e protegem os indivíduos sempre, sejam estes considerados refugiados ou não. O Direito Internacional dos Refugiados se aplica apenas em situações que envolvem refugiados. Portanto, o Direito Internacional dos Direitos Humanos e o Direito Internacional dos Refugiados se aplicam de maneira complementar, sempre que o contexto fático englobar alguma consideração sobre refugiados.

22. "O Acnur iniciou suas atividades em 1º de janeiro de 1951. Nos dias de hoje o Acnur oferece proteção a, aproximadamente, 33,9 milhões de pessoas ao redor do mundo, entre elas 10,5 milhões de refugiados, 14,7 milhões de deslocados internos (*internal displaced people*), 3 milhões de "retornados" (inclui refugiados e deslocados internos), 3,5 milhões de apátridas e 1 milhão de solicitantes do estatuto de refugiado e 1,2 milhão de pessoas que não se incluem nas categorias anteriormente mencionadas. O instrumento jurídico marco normativo do Acnur é a Convenção de 1951 sobre o Estatuto do Refugiado complementada pelo Protocolo de 1967" (ALMEIDA, Guilherme Assis de. "*Conflitos interpessoais, constituição do sujeito de direito e promoção dos direitos humanos*". **Revista Brasileira de Segurança Pública**, ano 1, ed. 2, p. 32, 2007).

8.1. Procedimento no Brasil

O reconhecimento e a declaração da condição de refugiado no Brasil são da competência do Comitê Nacional para os Refugiados (Conare[23]). Além disso, o Conare tem competência para decidir a cessação, em primeira instância, *ex officio* ou mediante requerimento das autoridades competentes, da condição de refugiado e para determinar a perda, em primeira instância, da condição de refugiado.

O Conare é composto de: **a)** um representante do Ministério da Justiça, que o preside; **b)** um representante do Ministério das Relações Exteriores; **c)** um representante do Ministério do Trabalho; **d)** um representante do Ministério da Saúde; **e)** um representante do Ministério da Educação e do Desporto; **f)** um representante do Departamento de Polícia Federal; e **g)** um representante de organização não governamental que se dedique a atividades de assistência e proteção de refugiados no país.

Os membros do Conare são designados pelo presidente da República, mediante indicações dos órgãos e da entidade que o compõem. O Conare reúne-se com quórum de quatro membros com direito a voto, deliberando por maioria simples e, em caso de empate, é considerado como voto decisivo o do presidente do Comitê. Por fim, o Acnur é sempre membro convidado para as reuniões do Conare, com direito a voz, mas sem voto.

Em termos gerais, o procedimento para obtenção do *status* de refugiado no Brasil segue estas etapas: **a)** autorização de residência provisória: recebida a solicitação de refúgio, o Departamento de Polícia Federal emite um protocolo em favor do solicitante e de seu grupo familiar que se encontre no território nacional, autorizando a estada até a decisão final do processo (artigo 21 da Lei nº 9.474/1997); **b)** instrução e relatório: finda a instrução, a autoridade competente elabora, de imediato, relatório, que será enviado ao Secretário do Conare para inclusão na pauta da próxima reunião desse Colegiado (artigo 24 da Lei nº 9.474/1997); **c)** decisão: a decisão pelo reconhecimento da condição de refugiado é considerada ato declaratório e deve estar devidamente fundamentada (artigo 26 da Lei nº 9.474/1997); **d)** recurso: em caso de decisão negativa, esta deve ser fundamentada na notificação ao solicitante, cabendo direito de recurso ao ministro da Justiça, no prazo de 15 dias, contados do recebimento da notificação. A decisão do ministro da Justiça não é passível de recurso (artigos 29 e 31 da Lei nº 9.474/1997). Importante destacar que, consoante jurisprudência do STJ, o Poder Judiciário, em regra, deve limitar-se à verificação da legalidade do procedimento do CONARE que tenha decidido pelo indeferimento de refúgio de estrangeiro.

23. Órgão encarregado de fazer a análise relacional entre o receio de perseguição e o dado objetivo ligado à situação sociopolítica do país de origem.

No caso de recusa definitiva de refúgio, fica o solicitante sujeito à legislação de estrangeiros, não devendo ocorrer sua transferência para seu país de nacionalidade ou de residência habitual, enquanto permanecerem as circunstâncias que põem em risco sua vida, integridade física e liberdade, exceto se o solicitante tiver cometido crime contra a paz, crime de guerra, crime contra a humanidade, crime hediondo, participado de atos terroristas ou tráfico de drogas ou seja considerado culpado de atos contrários aos fins e princípios das Nações Unidas.

É importante destacar os ditos efeitos do *status* de refugiado sobre a extradição e a expulsão. O artigo 34 da Lei nº 9.474/1997 assim dispõe: "A solicitação de refúgio suspenderá, até decisão definitiva, qualquer processo de extradição pendente, em fase administrativa ou judicial, baseado nos fatos que fundamentaram a concessão de refúgio". Por consequência, o artigo 33 arremata: "O reconhecimento da condição de refugiado obstará o seguimento de qualquer pedido de extradição baseado nos fatos que fundamentaram a concessão de refúgio". E não será expulso do território nacional o refugiado que estiver regularmente registrado, salvo por motivos de segurança nacional ou de ordem pública (artigo 36 da Lei nº 9.474/1997).

Depois da breve elucidação sobre o conceito e o conteúdo do Direito Humanitário e do Direito dos Refugiados, passemos à análise dos sistemas regionais e globais de proteção dos direitos humanos.

9. Sistema global de proteção

Abalados pelas barbáries deflagradas nas duas Grandes Guerras e desejosos de construir um mundo sobre novos alicerces ideológicos, os dirigentes das nações que emergiram como potências no período pós-guerra, lideradas por URSS e EUA, estabeleceram na Conferência de Yalta, na Ucrânia, em 1945, as bases de uma futura "paz". Para isso definiram as áreas de influência das potências e acertaram a criação de uma organização multilateral que promovesse negociações sobre conflitos internacionais, com o objetivo de evitar guerras, construir a paz e a democracia, além de fortalecer os direitos humanos.

Teve aí sua origem a ONU, uma organização internacional que tem por objetivo facilitar a cooperação em matéria de direito e segurança internacionais, desenvolvimento econômico, progresso social, direitos humanos e a realização da paz mundial. Por isso, diz-se que é uma organização internacional de vocação universal.

Sua lei básica é a Carta das Nações Unidas, elaborada em São Francisco de 25 de abril a 26 de junho de 1945. Essa Carta tem como anexo o Estatuto da Corte Internacional de Justiça.

Uma das preocupações da ONU é a proteção dos direitos humanos mediante a cooperação internacional. A Carta das Nações Unidas é o exemplo mais emblemático do processo de internacionalização dos direitos humanos ocorridos no pós-guerra. Aliás, conforme dito no capítulo introdutório, é importante lembrar que esse processo recente de internacionalização dos direitos humanos é fruto da ressaca moral da humanidade ocasionada pelo excesso de violações perpetradas pelo nazifascismo.

Dentro do organograma da ONU, o órgão com atuação destacada no que se refere aos direitos humanos é o Conselho Econômico e Social, o qual, segundo o artigo 62 da Carta das Nações Unidas, tem competência para promover a cooperação em questões econômicas, sociais e culturais, incluindo os direitos humanos.

No que tange aos direitos humanos, o Conselho Econômico e Social tem competência para fazer recomendações com o fito de promover o respeito aos direitos humanos e confeccionar projetos de convenções que serão submetidos à Assembleia Geral.

Dentro dessas competências, o Conselho Econômico e Social pode criar comissões para melhor executar suas funções. Com suporte em tal competência, a Comissão de Direitos Humanos da ONU foi criada em 1946. Todavia, conviveu com pesadas críticas, sendo por fim substituída em 16 de junho de 2006 pelo Conselho de Direitos Humanos (CDH) por meio da Resolução 60/251, adotada pela Assembleia Geral.

Cabe aqui também apontar que a criação do CDH é uma tentativa simbólica de conferir paridade ao tema dos direitos humanos em relação aos temas da segurança internacional e da cooperação social e econômica, os quais têm conselhos específicos: respectivamente, o Conselho de Segurança e o Conselho Econômico e Social.

O CDH é um órgão subsidiário da Assembleia Geral e tem como principais competências: **a)** promover a educação e o ensino em direitos humanos; **b)** auxiliar os Estados na implementação das políticas de direitos humanos assumidas em decorrência das Conferências da ONU, como também sua devida fiscalização; **c)** submeter um relatório anual à Assembleia Geral; e **d)** propor recomendações acerca da promoção e proteção dos direitos humanos.

Pode-se afirmar que o CDH se insere no sistema global[24] de proteção dos direitos humanos como um mecanismo não convencional, destoando dos mecanismos convencionais de proteção instituídos pelas Convenções da ONU. A fonte material do sistema não convencional são as resoluções elaboradas pelos órgãos da ONU (notadamente o Conselho de Direitos Humanos, a Assembleia Geral e o Conselho Econômico e Social).

Sua composição é determinada pelo voto direto e secreto da maioria da Assembleia Geral, que elege 47 Estados-membros, respeitada a distribuição geográfica equitativa. É interessante apontar que o respeito à distribuição geográfica possibilitou que países pobres e em desenvolvimento contassem com uma expressiva maioria.

24. Também denominado Sistema das Nações Unidas.

Outro órgão da ONU com grande atuação nos direitos humanos é a Assembleia Geral, pois, consoante o artigo 13, *b*, da Carta das Nações Unidas, ela inicia estudos e propõe recomendações para promover a cooperação internacional nos terrenos econômico, social, cultural, educacional e sanitário e favorecer o pleno gozo dos direitos humanos e das liberdades fundamentais, por parte de todos os povos, sem distinção de raça, sexo, língua ou religião.

Também devemos destacar o Escritório do Alto Comissário[25] das Nações Unidas para Direitos Humanos (EACDH), que representa o compromisso do mundo para com os ideais universais da dignidade humana. O Alto Comissariado é o principal órgão de direitos humanos das Nações Unidas e coordena os esforços da ONU sobre essa questão, além de supervisionar o Conselho de Direitos Humanos. Sua criação é consequência das recomendações formuladas no seio da 2ª Conferência Mundial de Direitos Humanos (Conferência de Viena), pela Resolução 48/141 da Assembleia Geral da ONU, em 20 de dezembro de 1993.

De maneira mais detalhada, o Alto-Comissário tem a função primordial de promover os direitos humanos e lidar com as questões de direitos humanos da ONU, além de manter diálogo com todos os Estados membros sobre temas relacionados aos direitos humanos. As responsabilidades do Alto-Comissário incluem: a resolução de conflitos; prevenção e alerta de abusos, assistência aos Estados em períodos de transição política; promoção de direitos substantivos aos Estados; coordenação e racionalização de programas em direitos humanos.

O problema da Carta das Nações Unidas é que ela não definia o conteúdo dos direitos humanos. Assim, em 1948, foi proclamada a Declaração Universal dos Direitos Humanos com a função de resolver essa lacuna.

9.1. Declaração Universal dos Direitos Humanos de 1948

A Declaração Universal dos Direitos Humanos foi aprovada pela Resolução 217 A (III) da Assembleia Geral da ONU, em 10 de dezembro de 1948, por 48 votos a zero e oito abstenções[26]. Em conjunto com os dois Pactos Internacionais – sobre Direitos Civis e Políticos e sobre Direitos Econômicos, Sociais e Culturais –, constitui a denominada Carta Internacional de Direitos Humanos ou *International Bill of Rights*.

A Declaração é fruto de um consenso sobre valores de cunho universal a serem seguidos pelos Estados e do reconhecimento do indivíduo como sujeito direto do direito internacional, tendo sofrido forte influência iluminista, sobretudo do liberalismo e do enciclopedismo vigente no período de transição entre a idade moderna e a contemporânea. É importante esclarecer que a Declaração é um exemplo de *soft law*, já que não supõe mecanismos constritivos para a implementação dos direitos previstos. Em contrapartida, quando um documento legal prevê mecanismos constritivos para a implementação de seus direitos, estamos diante de um exemplo de *hard law*.

Revisitando o direito a ter direitos de Hannah Arendt, segundo a Declaração, a condição de pessoa humana é requisito único e exclusivo para ser titular de direitos[27]. Com isso corrobora-se o caráter universal dos direitos humanos, isto é, todo indivíduo é cidadão do mundo e, dessa forma, detentor de direitos que salvaguardam sua dignidade[28].

Em seu bojo encontram-se direitos civis e políticos (artigos 3º a 21) e direitos econômicos, sociais e culturais (artigos 22 a 28), o que reforça as características da indivisibilidade e interdependência dos direitos humanos (reler os itens 4.3. e 4.4.).

É importante esclarecer que a Declaração é um exemplo de *soft law*, já que não supõe mecanismos constritivos para a implementação dos direitos previstos. Em contrapartida, quando um documento legal prevê mecanismos constritivos para a implementação de seus direitos, estamos diante de um exemplo de *hard law*. Portanto, a Declaração Universal dos Direitos Humanos não tem força legal (funcionaria como uma *recomendação*), mas sim material.

25. O primeiro a ocupar o posto de Alto-Comissário para os Direitos Humanos foi o Sr. José Ayala-Lasso, do Equador.

26. Os países que se abstiveram foram Arábia Saudita, África do Sul, URSS, Ucrânia, Bielorrússia, Polônia, Iugoslávia e Tchecoslováquia.

27. De maneira sintética, os direitos previstos na Declaração Universal dos Direitos Humanos são: igualdade, vida, não escravidão, não tortura, não discriminação, personalidade jurídica, não detenção/prisão/exílio arbitrário, judiciário independente e imparcial, presunção de inocência, anterioridade penal, intimidade, honra, liberdade, nacionalidade, igualdade no casamento, propriedade, liberdade de pensamento/consciência/religião, liberdade de opinião/expressão, liberdade de reunião/associação pacífica, voto, segurança social, trabalho, igualdade de remuneração, repouso/lazer, saúde/bem-estar, instrução etc.

28. "O advento do Direito Internacional dos Direitos Humanos [DIDH], em 1945, possibilitou o surgimento de uma nova forma de cidadania. Desde então, a proteção jurídica do sistema internacional ao ser humano passou a independer do seu vínculo de nacionalidade com um Estado específico, tendo como requisito único e fundamental o fato do nascimento. Essa nova cidadania pode ser definida como cidadania mundial ou cosmopolita, diferenciando-se da cidadania do Estado-Nação. A cidadania cosmopolita é um dos principais limites para a atuação do poder soberano, pois dá garantia da proteção internacional na falta da proteção do Estado Nacional. Nesse sentido, a relação da soberania com o DIDH é uma relação limitadora" (ALMEIDA, Guilherme Assis de. "Mediação, proteção local dos direitos humanos e prevenção de violência". **Revista Brasileira de Segurança Pública**, ano 1, ed. 2, p. 137-138, 2007).

Mas alguns autores defendem que seria inderrogável por fazer parte do *jus cogens*. E ainda pode-se até advogar que a Declaração, por ter definido o conteúdo dos direitos humanos insculpidos na Carta das Nações Unidas, tem força legal vinculante, visto que os Estados-membros da ONU se comprometeram a promover e proteger os direitos humanos. Por esses dois últimos sentidos, chega-se à conclusão de que a Declaração Universal dos Direitos Humanos gera obrigações aos Estados, isto é, tem força obrigatória (por ser legal ou por fazer parte do *jus cogens*)[29].

Todavia, do ponto de vista estritamente formal, a Declaração Universal dos Direitos Humanos é parte do assim denominado *soft law* ("direito suave"), não vinculante, mas mesmo assim importante para a regência das relações internacionais. O que nos leva a asseverar que sua violação, em tese, não deveria implicar a responsabilidade internacional do Estado, mas, por outro, sujeitaria o recalcitrante a sanções de ordem moral. Estas têm sua autoridade na própria dimensão política da declaração, como documento acolhido pela quase unanimidade dos Estados então representados na Assembleia Geral e, depois, invocado em constituições domésticas de inúmeros países e em diversos documentos de conferências internacionais[30]".

Antes de passarmos ao estudo do Pacto Internacional dos Direitos Civis e Políticos, deve-se dizer que, para a doutrina internacional, os Estados têm uma tripla obrigação para com todos os direitos humanos: proteger (*to protect*), respeitar (*to respect*) e realizar (*to fulfill*).

9.2. Pacto Internacional dos Direitos Civis e Políticos

Esse tratado foi adotado em 1966 pela Resolução 2.200 A (XXI) da Assembleia Geral das Nações Unidas, mas, devido à grande resistência que sofreu, somente adquiriu as ratificações necessárias para entrar em vigor internacional no ano de 1976. Seu grande objetivo é expandir e tornar obrigatórios e vinculantes os direitos civis e políticos elencados na Declaração Universal dos Direitos Humanos. É um exemplo de *hard law*. No Brasil, o Pacto foi ratificado em 24 de janeiro de 1992.

O Pacto Internacional dos Direitos Civis e Políticos impôs aos Estados-membros sua imediata aplicação (autoaplicabilidade), diferentemente, como veremos, do Pacto Internacional dos Direitos Econômicos, Sociais e Culturais, que determinou sua aplicação progressiva.

Conforme determina seu artigo 40, os Estados que aderirem ao Pacto se comprometem a *submeter relatórios* sobre as medidas por eles adotadas para tornar efetivos os direitos reconhecidos no citado Pacto e sobre o progresso alcançado no gozo desses direitos.

O Pacto apresenta também um sistema, opcional, de *comunicações interestatais* ou *actio popularis*, por meio do qual um Estado-parte pode denunciar outro que incorrer em violações dos direitos humanos. Mas, para a denúncia ter validade, os dois Estados, denunciante e denunciado, devem ter expressamente declarado a competência do Comitê de Direitos Humanos para processar tais denúncias.

O processamento das comunicações interestatais deve seguir o rito descrito no artigo 41 do Pacto Internacional de Direitos Civis e Políticos: **a)** se um Estado-parte do Pacto considerar que outro Estado-parte não vem cumprindo as disposições da Convenção, poderá, mediante comunicação escrita, levar a questão ao conhecimento deste Estado-parte. Dentro de um prazo de três meses, a contar da data do recebimento da comunicação, o Estado destinatário fornecerá ao Estado que enviou a comunicação explicações ou quaisquer outras declarações por escrito que esclareçam a questão, as quais devem fazer referência, até onde seja possível e pertinente, aos procedimentos nacionais e aos recursos jurídicos adotados, em trâmite ou disponíveis sobre a questão; **b)** se, dentro de um prazo de seis meses, a contar da data do recebimento da comunicação original pelo Estado destinatário, a questão não estiver dirimida satisfatoriamente para ambos os Estados-partes interessados, tanto um como o outro terão o direito de submetê-la ao Comitê, mediante notificação endereçada ao Comitê ou outro Estado interessado; **c)** o Comitê tratará de todas as questões que se lhe submetam somente após ter-se assegurado de que todos os recursos jurídicos internos disponíveis tenham sido utilizados e esgotados, em consonância com os princípios do direito internacional geralmente reconhecidos. Não se respeitará essa regra quando a aplicação dos mencionados recursos se prolongar injustificadamente; **d)** o Comitê realizará reuniões confidenciais quando estiver examinando as comunicações previstas nesse artigo; **e)** sem prejuízo das disposições da alínea *c*, o Comitê colocará seus bons ofícios à disposição dos Estados-partes interessados, no intuito de alcançar uma solução amistosa para a questão, baseada no respeito aos direitos humanos e a liberdades fundamentais reconhecidos no Pacto Internacional dos Direitos Civis e Políticos; **f)** em todas as questões que se lhe submetem em virtude do artigo 41, o Comitê poderá solicitar aos Estados-partes interessados, a que se faz referência na alínea *b*, que lhe forneçam quaisquer informações pertinentes; **g)** os Estados-partes interessados, a que se faz referência na alínea *b*, terão o direito de fazer-se representar quando as questões forem examinadas no Comitê e de apresentar suas observações verbalmente e/ou por escrito; **h)** o Comitê, dentro dos 12 meses seguintes à data

29. Tal ilação pode ser adotada em prova dissertativa. Mas em prova objetiva, com exceção da Defensoria, deve ser apontado que a Declaração Universal dos Direitos Humanos não tem força legal, funcionando apenas como uma recomendação.
30. ARAGÃO, Eugênio José Guilherme. "A Declaração Universal dos Direitos Humanos: mera declaração de propósitos ou norma vinculante de direito internacional?" **Revista Eletrônica do Ministério Público Federal**.

de recebimento da notificação mencionada na *b*, apresentará relatório em que: i) se houver sido alcançada uma solução nos termos da alínea *e*, o Comitê restringir-se-á, em seu relatório, a uma breve exposição dos fatos e da solução alcançada; ii) se não houver sido alcançada solução alguma nos termos da alínea *e*, o Comitê restringir-se-á, em seu relatório, a uma breve exposição dos fatos; serão anexados ao relatório o texto das observações escritas e as atas das observações orais apresentadas pelos Estados-partes interessados.

O Comitê de Direitos Humanos, conforme determina o artigo 28 do Pacto, é o órgão criado com o objetivo de controlar a aplicação, pelos Estados-partes, das disposições desse instrumento. Essa fiscalização é denominada controle de convencionalidade internacional[31]. Deve-se destacar que o citado controle pode ser exercido até em face das Constituições nacionais[32], podendo gerar as chamadas normas constitucionais inconvencionais[33]. Isto é, engloba todos os atos estatais, inclusive as omissões.

O citado controle é assim definido por André de Carvalho Ramos: "O controle de convencionalidade *internacional* é atividade de fiscalização dos atos e condutas dos Estados em confronto com seus compromissos internacionais. Em geral, o controle de convencionalidade é atribuído a órgãos compostos por julgadores independentes, criados por tratados internacionais, o que evita que os próprios Estados sejam, ao mesmo tempo, fiscais e fiscalizados[34]".

Em termos práticos, o Comitê vai analisar a conformidade dos atos estatais em relação às obrigações internacionais assumidas no momento da ratificação do Pacto Internacional dos Direitos Civis e Políticos.

31. "Há ainda o controle de convencionalidade nacional, que vem a ser o exame de compatibilidade do ordenamento interno às normas internacionais feito pelos Tribunais internos" (RAMOS, André de Carvalho. **Teoria geral dos direitos humanos na ordem internacional**. 2. ed. São Paulo: Saraiva, 2012. p. 250). Esse controle será estudado no item 14.5.
32. *Vide* o caso "A última tentação de Cristo" *versus* Chile – Corte Interamericana de Direitos Humanos.
33. "(...) também é possível admitir que existam normas constitucionais inconvencionais, por violarem direitos humanos provenientes de tratados, direitos estes que (justamente por terem *status* constitucional) também pertencem ao bloco das cláusulas pétreas. Seria o caso daquelas normas da Constituição, alocadas à margem do bloco de constitucionalidade, ou seja, que não integrem o núcleo intangível constitucional, que estão a violar normas de tratados de direitos humanos (as quais, por serem normas de 'direitos humanos', já detêm primazia sobre quaisquer outras, por pertencerem ao chamado 'bloco de constitucionalidade'" (MAZZUOLI, Valerio de Oliveira. **O controle jurisdicional da convencionalidade das leis**. 2. ed. São Paulo: Ed. RT, 2011. p. 149-150).
34. RAMOS, André de Carvalho. **Teoria geral dos direitos humanos na ordem internacional**. 2. ed. São Paulo: Saraiva, 2012. p. 250.

9.2.1. Protocolo Facultativo ao Pacto Internacional dos Direitos Civis e Políticos

O Protocolo Facultativo[35], adotado em 16 de dezembro de 1966, cria um importante mecanismo para melhorar o controle sobre a aplicação, pelos Estados-partes, das disposições do Pacto Internacional dos Direitos Civis e Políticos. Trata-se do sistema das *petições individuais*, que permite ao indivíduo "lesionado" enviar petições ao Comitê de Direitos Humanos, com o fito de denunciar as violações sofridas contra os direitos consagrados no Pacto. Vale apontar que o Comitê definiu que as petições também podem ser enviadas por terceiras pessoas ou organizações não governamentais que representem o indivíduo lesionado.

Tal sistema coroa a capacidade processual internacional do indivíduo, mas devemos lembrar que ele só terá funcionalidade se o Estado violador tiver ratificado o Pacto e o Protocolo Facultativo. Ademais, é importante ter em mente os requisitos para a admissão das petições individuais e das comunicações interestatais (artigo 5º do Protocolo Facultativo). Só serão aceitas as petições em que ficarem comprovados a inexistência de litispendência internacional e o esgotamento de todos os recursos internos disponíveis, com a ressalva de que a regra não será aplicada quando o indivíduo for privado de seu direito de ação pela jurisdição doméstica ou lhe forem ceifadas as garantias do devido processo legal e, ainda, se os processos internos forem excessivamente demorados. Cabe ainda frisar, segundo a jurisprudência das cortes internacionais, que o ônus da prova da existência de um recurso acessível e suficiente recai sobre o Estado demandado.

Por fim, o Comitê de Direitos Humanos, com suporte na denúncia e nas possíveis informações adicionais da vítima e nos esclarecimentos do Estado violador, emitirá decisão que será publicada no relatório anual do Comitê à Assembleia Geral. Nesta decisão, além de declarar a existência ou não da violação de direitos humanos insculpidos no Pacto, poderá determinar a reparação da violação, como também a adoção de medidas para efetivar os direitos do Pacto. Lembremos que a decisão do Comitê não é vinculante, isto é, não obriga legalmente o Estado. Todavia, os efeitos políticos e morais de uma decisão do Comitê podem ser suficientemente eloquentes ao ponto de o Estado cumpri-la.

9.2.2. Segundo Protocolo Facultativo ao Pacto Internacional dos Direitos Civis e Políticos com Vista à Abolição da Pena de Morte

O 2º Protocolo, adotado pela ONU em 15 de dezembro de 1989, tem por fundamento a consciência de que a abolição da pena de morte contribui para a promoção da dignidade

35. O procedimento de ratificação no Brasil ainda não foi finalizado.

humana e para o desenvolvimento progressivo dos direitos do homem. Ademais, devem-se considerar todas as medidas de abolição da pena de morte como um progresso no gozo do direito à vida.

Os Estados-partes têm a obrigação de tomar as medidas adequadas para abolir a pena de morte no âmbito da sua jurisdição.

Por fim, é importante apontar que não é admitida qualquer reserva ao Protocolo, exceto a formulada no momento da ratificação ou adesão prevendo a aplicação da pena de morte em tempo de guerra, em virtude de condenação por infração penal de natureza militar de gravidade extrema, desde que cometida em tempo de guerra.

9.3. Pacto Internacional dos Direitos Econômicos, Sociais e Culturais

Esse tratado também foi aprovado em 1966 pela Assembleia Geral das Nações Unidas, mas, devido à grande resistência que sofreu, somente adquiriu as ratificações necessárias para entrar em vigor no ano de 1976[36]. Seu grande objetivo é expandir e tornar obrigatórios e vinculantes os direitos econômicos, sociais e culturais elencados na Declaração Universal dos Direitos Humanos. É um exemplo de *hard law*.

Como vimos, o Pacto Internacional dos Direitos Econômicos, Sociais e Culturais determinou uma aplicação progressiva de seus preceitos partindo de um *mínimo essencial*. Isso porque grande parte dos Estados não teria os meios materiais necessários para garantir a máxima efetivação dos direitos econômicos, sociais e culturais de suas populações.

Essa progressividade na implementação dos direitos do Pacto criou, como consequência, o *princípio ou cláusula da proibição/vedação do retrocesso social ou da evolução reacionária*[37]. Isto é, os Estados somente podem avançar na implementação dos direitos do Pacto, e nunca recuar (leia-se eliminar direitos já garantidos ou diminuir a proteção conferida por eles). Num sentido amplo, essa vedação se estende aos novos tratados de direitos humanos, assim, não é possível a diminuição protetiva e a restrição para o gozo dos direitos humanos por meio da edição de um novo tratado. Fica nítido o caráter vinculativo do *princípio ou cláusula da proibição/vedação do retrocesso social ou da evolução reacionária*.

Outra consequência importante dessa cláusula se dá no Direito dos Tratados, pois sua inteligência impede a denúncia dos tratados internacionais de direitos humanos. É como se esse instituto de Direito Internacional não tivesse aplicação no âmbito internacional de proteção dos direitos humanos.

Hodiernamente, pode-se defender que essa regra deve ser aplicada como garantia para a efetividade de todos os tipos de direitos humanos e não somente em relação aos direitos econômicos, sociais e culturais. Cabe aqui reproduzir o importante artigo 29 da Convenção Americana dos Direitos Humanos, que corrobora tal colocação: "Nenhuma disposição da presente Convenção pode ser interpretada no sentido de: a) permitir a qualquer dos Estados-partes, grupo ou indivíduo, suprimir o gozo e o exercício dos direitos e liberdades reconhecidos na Convenção ou limitá-los em maior medida do que a nela prevista; b) limitar o gozo e exercício de qualquer direito ou liberdade que possam ser reconhecidos em virtude de leis de qualquer dos Estados-partes ou em virtude de Convenções em que seja parte um dos referidos Estados; c) excluir outros direitos e garantias que são inerentes ao ser humano ou que decorrem da forma democrática representativa de governo; d) excluir ou limitar o efeito que possam produzir a Declaração Americana dos Direitos e Deveres do Homem e outros atos internacionais da mesma natureza". No mesmo sentido é o conhecido voto em separado do juiz Piza Escalante, no Parecer Consultivo 04/84 da Corte Interamericana de Direitos Humanos, que defende a aplicação do princípio da proibição do retrocesso também para os direitos civis e políticos.

No que tange à sistemática de controle sobre a aplicação das disposições do Pacto Internacional dos Direitos Econômicos, Sociais e Culturais, foi adotado apenas o envio de relatórios pelos Estados-partes. Tais relatórios devem ser enviados ao secretário-geral, que os encaminhará ao Conselho Econômico e Social. Para analisá-los e assim proceder ao controle de convencionalidade internacional, o Conselho Econômico e Social criou o Comitê sobre Direitos Econômicos, Sociais e Culturais.

9.3.1. Protocolo Facultativo ao Pacto Internacional dos Direitos Econômicos, Sociais e Culturais

O Protocolo Facultativo, adotado em 10 de dezembro de 2008 (ainda não entrou em vigor), cria importantes mecanismos para melhor controlar a aplicação, pelos Estados-partes, das disposições do Pacto Internacional dos Direitos Econômicos, Sociais e Culturais (controle de convencionalidade internacional).

Um dos mecanismos criados pelo Protocolo é a possibilidade de o indivíduo "lesionado" enviar *petições* ao Comitê de Direitos Econômicos, Sociais e Culturais com o fito de denunciar as violações sofridas contra os direitos consagrados no Pacto Internacional dos Direitos Econômicos, Sociais e Culturais. Também é possível que as petições sejam enviadas por terceiras pessoas ou organizações que representem o indivíduo lesionado.

36. Foi promulgado, no Brasil, pelo Decreto nº 591 de 6 de julho de 1992.
37. Ou ainda a vedação da contrarrevolução social nas palavras de José Gomes Canotilho (**Direito constitucional e teoria da Constituição**. 7. ed. Coimbra: Almedina, 2003). Outro termo utilizado para conceituar tal regra é *efeito cliquet*. Lembrando que *cliquet* é uma expressão utilizada por alpinistas e significa a impossibilidade de retroceder no percurso, ou seja, o alpinista deve continuar subindo e nunca descer.

Outro sistema implantado pelo Protocolo é o das *comunicações interestatais*. Por esse sistema, um Estado-parte pode denunciar outro que incorrer em violações dos direitos humanos. Mas, para a denúncia ter validade, os dois Estados, denunciante e denunciado, devem ter expressamente declarado a competência do Comitê de Direitos Econômicos, Sociais e Culturais para processar tais denúncias.

Uma ferramenta muito interessante criada pelo Protocolo determina a realização de investigações *in loco*, determinadas quando um Estado-parte for acusado de grave e sistemática violação dos direitos elencados no Pacto Internacional dos Direitos Econômicos, Sociais e Culturais.

Por fim, pode-se apontar o artigo 5º do Protocolo, que trata das medidas provisórias. O Comitê, ao receber uma denúncia e verificar o risco de dano irreparável à vítima ou às vítimas, pode entrar em contato com o Estado denunciado para que este adote, com urgência, medidas provisórias antes da análise do mérito da denúncia.

É interessante apontar a peculiaridade dos tratados internacionais de direitos humanos, pois, diferentemente dos tradicionais, que visam compor os interesses dos Estados, aqueles buscam garantir o exercício de direitos por indivíduos. Percebe-se também que o sistema global de proteção não conta com uma corte internacional de direitos humanos.

10. Sistema global de proteção específica

Antes de analisarmos pontualmente alguns instrumentos internacionais de proteção específica dos direitos humanos, cabe esclarecer que eles são considerados específicos por protegerem indivíduos determinados, e não todos os seres humanos. Nas palavras de Norberto Bobbio, é o processo de *especificação* dos sujeitos titulares de direitos[38].

10.1. Convenção Internacional sobre a Eliminação de Todas as Formas de Discriminação Racial

A Convenção, adotada pela ONU por meio da Resolução 2.106 (XX) da Assembleia Geral em 21 de dezembro de 1965 e promulgada no Brasil em 8 de dezembro de 1969 pelo Decreto nº 65.810, tem por fundamento a consciência de que a discriminação entre as pessoas por motivo de raça, cor ou origem étnica é um obstáculo às relações amistosas e pacíficas entre as nações e é capaz de perturbar a paz e a segurança entre os povos e a harmonia de pessoas vivendo lado a lado, até dentro de um mesmo Estado.

Os Estados-partes, atualmente[39] 176, têm a obrigação de implementar políticas públicas que assegurem efetivamente a progressiva eliminação da discriminação racial. Percebe-se que o ideal de igualdade não vai ser atingido somente por meio de políticas repressivas que proíbam a discriminação – é necessária uma comunhão da proibição da discriminação (igualdade formal) com políticas promocionais temporárias (igualdade material). Aliás, o artigo 1º, ponto 4, da Convenção dispõe que as ações afirmativas não serão consideradas como discriminação racial. Tal dualidade de ação faz-se necessária, pois a parcela populacional vítima de discriminação racial coincide com a parcela socialmente vulnerável.

Para monitorar o cumprimento pelos Estados-partes das obrigações constantes na Convenção, foi criado o Comitê sobre a Eliminação da Discriminação Racial, responsável por receber as petições individuais, os relatórios confeccionados pelos Estados-partes e as comunicações interestatais. A decisão do Comitê não tem força vinculante, mas será publicada no relatório anual, o qual é encaminhado à Assembleia Geral da ONU.

10.2. Convenção Internacional sobre a Eliminação de Todas as Formas de Discriminação contra a Mulher

A Convenção, adotada pela ONU em 18 de dezembro de 1979 e promulgada no Brasil em 13 de setembro de 2002 pelo Decreto nº 4.377[40], tem por fundamento a consciência de que a discriminação contra a mulher viola os princípios da igualdade de direitos e do respeito da dignidade humana, dificulta a participação da mulher, nas mesmas condições que o homem, na vida política, social, econômica e cultural de seu país, constitui um obstáculo ao aumento do bem-estar da sociedade e da família e dificulta o pleno desenvolvimento das potencialidades da mulher para prestar serviço a seu país e à humanidade.

Os Estados-partes, atualmente 187, têm a obrigação de progressivamente eliminar a discriminação e promover a igualdade de gênero. Assim, consoante visto na Convenção Internacional sobre a Eliminação de Todas as Formas de Discriminação Racial, os Estados, além de proibirem a discriminação, podem adotar medidas promocionais temporárias para acelerar o processo de obtenção do ideal de igualdade de gênero.

38. BOBBIO, Norberto. **A era dos direitos**. Rio de Janeiro: Elsevier, 2004. Mais detidamente: "Essa especificação ocorreu com relação seja ao gênero, seja às várias fases da vida, seja à diferença entre estado normal e estados excepcionais na existência humana. Com relação ao gênero, foram cada vez mais reconhecidas as diferenças específicas entre a mulher e o homem. Com relação às várias fases da vida, foram-se progressivamente diferenciando os direitos da infância e da velhice, por um lado, e os do homem adulto, por outro. Com relação aos estados normais e excepcionais, fez-se valer a exigência de reconhecer direitos especiais aos doentes, aos deficientes, aos doentes mentais etc." (p. 59).

39. Dados atualizados em 16.07.2013.

40. Que também revoga o Decreto nº 89.460, de 20 de março de 1984.

Para monitorar o cumprimento pelos Estados-partes das obrigações constantes na Convenção, foi criado o Comitê sobre a Eliminação da Discriminação contra a Mulher, responsável por receber os relatórios confeccionados pelos Estados-partes. As petições individuais e a possibilidade de realizar investigações *in loco* só foram possibilitadas, como mecanismos de controle e fiscalização (controle de convencionalidade internacional), com a adoção do Protocolo Facultativo à Convenção Internacional sobre a Eliminação de Todas as Formas de Discriminação contra a Mulher.

A decisão do Comitê não tem força vinculante, mas será publicada no relatório anual, o qual é encaminhado à Assembleia Geral da ONU.

10.3. Convenção contra a Tortura e outros Tratamentos ou Penas Cruéis, Desumanos ou Degradantes

A Convenção, adotada pela ONU por meio da Resolução 39/46 da Assembleia Geral em 28 de setembro de 1984 e promulgada no Brasil em 15 de fevereiro de 1991 pelo Decreto nº 40, tem por fundamento a obrigação que incumbe os Estados – em virtude da Carta, em particular do artigo 55 – de promover o respeito universal e a observância dos direitos humanos e das liberdades fundamentais. Ademais, o artigo 5º da Declaração Universal dos Direitos Humanos e o artigo 7º do Pacto Internacional sobre Direitos Civis e Políticos determinam que ninguém será sujeito a tortura ou a pena ou tratamento cruel, desumano ou degradante.

Os Estados-partes, atualmente 153, têm a obrigação de proibir a tortura, esta não podendo ser praticada nem mesmo em circunstâncias excepcionais. A Convenção contra a Tortura e outros Tratamentos ou Penas Cruéis, Desumanos ou Degradantes estabeleceu jurisdição compulsória e universal para julgar os acusados de tortura. A compulsoriedade determina que os Estados-partes devem punir os torturadores, independentemente do local onde o crime foi cometido e da nacionalidade do torturador. A universalidade determina que os Estados-partes processem ou extraditem o suspeito da prática de tortura, independentemente da existência de tratado prévio de extradição.

Sobre a Convenção, cabe esclarecer, com base em seu artigo 1º, que a tortura é crime próprio, pois as dores ou os sofrimentos são infligidos por um funcionário público ou outra pessoa no exercício de funções públicas, ou por sua instigação, ou com seu consentimento ou aquiescência. É importante também notar que a definição dada pela Convenção não restringe qualquer instrumento internacional ou legislação nacional que contenham ou possam conter dispositivos de alcance mais amplo – artigo 1º, *in fine*, da Convenção. Ademais, a Convenção define o termo tortura como *qualquer ato pelo qual dores ou sofrimentos agudos, físicos ou mentais, são infligidos intencionalmente a uma pessoa a fim de obter, dela ou de terceira pessoa, informações ou confissões; de castigá-la por ato que ela ou terceira pessoa tenha cometido ou seja suspeita de ter cometido; de intimidar ou coagir essa pessoa ou outras pessoas; ou por qualquer motivo baseado em discriminação de qualquer natureza*. Pelo conceito, percebe-se que a finalidade é determinante para caracterização da tortura.[41]

Há diferenças entre o conceito de tortura adotado na Convenção e o adotado na legislação interna. Por exemplo, pela lei brasileira o sujeito ativo da tortura pode ser qualquer pessoa, enquanto que pela Convenção somente pode ser sujeito ativo o funcionário público. Por outro lado, no que se refere à tortura motivada pela discriminação, a Convenção é mais abrangente, pois diz que essa pode ser de qualquer natureza, enquanto a lei brasileira aponta apenas a racial e a religiosa.

Para monitorar o cumprimento pelos Estados-partes das obrigações constantes na Convenção e assim exercer o controle de convencionalidade internacional, foi criado o Comitê contra a Tortura, responsável por receber as petições individuais, os relatórios confeccionados pelos Estados-partes e as comunicações interestatais. O Estado-parte tem de declarar expressamente que aceita a competência do Comitê para receber as comunicações interestatais e as petições individuais (artigos 21, ponto I, e 22, ponto I, da Convenção), mas cabe enfatizar que sempre serão consideradas inadmissíveis as petições apócrifas (art. 22, ponto 2, da Convenção). Ademais, o Comitê contra a Tortura poderá instaurar investigação, desde que tenha informações que levantem fortes indícios de que certo país está incorrendo em prática sistemática de tortura (artigo 20, ponto I, da Convenção), entendida como prática não fortuita, mas habitual, extensa e deliberada, ao menos em parte do território do estado sob análise.

41. O crime de tortura está assim disciplinado pela legislação nacional (Lei nº 9.455/1997):
"Art. 1º Constitui crime de tortura:
I – constranger alguém com emprego de violência ou grave ameaça, causando-lhe sofrimento físico ou mental:
a) com o fim de obter informação, declaração ou confissão da vítima ou de terceira pessoa;
b) para provocar ação ou omissão de natureza criminosa;
c) em razão de discriminação racial ou religiosa.
II – submeter alguém, sob sua guarda, poder ou autoridade, com emprego de violência ou grave ameaça, a intenso sofrimento físico ou mental, como forma de aplicar castigo pessoal ou medida de caráter preventivo.
Pena – reclusão, de dois a oito anos.
§ 1º Na mesma pena incorre quem submete pessoa presa ou sujeita a medida de segurança a sofrimento físico ou mental, por intermédio da prática de ato não previsto em lei ou não resultante de medida legal.
§ 2º Aquele que se omite em face dessas condutas, quando tinha o dever de evitá-las ou apurá-las, incorre na pena de detenção de um a quatro anos (...)".

A decisão do Comitê não tem força vinculante, mas será publicada no relatório anual, o qual é encaminhado à Assembleia Geral da ONU.

Cabe aqui sublinhar que essa Convenção trata de um tema específico de proteção, ou seja, no qual pode ser vítima (e, assim, necessitar de proteção) qualquer indivíduo, enquanto as outras estudadas no sistema global de proteção específica dos direitos humanos cuidam de um determinado grupo vulnerável de pessoas.

Por fim e a título de curiosidade, os últimos Relatórios enviados pelo Brasil no tocante à esta importante Convenção foram apreciados e julgados pelo Comitê de Fiscalização como parcialmente aceitáveis, pois, de um lado, o Comitê elogiou a disposição do governo brasileiro para tentar resolver o problema da tortura no Brasil; mas, por outro, também repreendeu o país por entender que existe uma certa cultura de aceitação popular da tortura, principalmente em relação a presídios, casas de detenção e delegacias, o que foi duramente criticado e repreendido pelo Comitê, gerando, de um modo geral, um relatório final desfavorável ao Brasil no que tange à aplicação efetiva de meios administrativos e legais para cumprimento dos termos e preceitos da Convenção.

10.4. Convenção sobre os Direitos da Criança

A Convenção, adotada pela ONU por meio da Resolução 44/25 da Assembleia Geral em 20 de novembro de 1989 e promulgada no Brasil em 21 de novembro de 1990 pelo Decreto nº 99.710, tem por fundamento a consciência de que a criança, em virtude de sua falta de maturidade física e mental, necessita de proteção e cuidados especiais, inclusive a devida proteção legal, tanto antes quanto após seu nascimento. É importante apontar que a Convenção, no artigo 1º, *determina que criança é todo ser humano com menos de 18 anos de idade, a não ser que, em conformidade com a lei aplicável à criança, a maioridade seja alcançada antes.*

Os Estados-partes, atualmente 193 (Convenção com o maior número de Estados-partes), têm a obrigação de proteger a criança contra todas as formas de discriminação e garantir-lhe a assistência apropriada em diversas áreas.

Para monitorar o cumprimento pelos Estados-partes das obrigações constantes na Convenção, foi criado o Comitê sobre os Direitos da Criança, responsável por receber os relatórios confeccionados pelos Estados-partes. A decisão do Comitê não tem força vinculante, mas será publicada no relatório anual, o qual é encaminhado à Assembleia Geral da ONU.

10.5. Convenção sobre os Direitos das Pessoas com Deficiência

A Convenção, adotada pela ONU por meio da Resolução 61/106 da Assembleia Geral em 13 de dezembro de 2006 e promulgada no Brasil em 25 de agosto de 2009 pelo Decreto nº 6.949, tem por fundamento a consciência de que a deficiência é um conceito em evolução e resulta da interação entre pessoas com deficiência, e que as barreiras devidas às atitudes e ao ambiente impedem a plena e efetiva participação dessas pessoas na sociedade em igualdade de oportunidades com os demais indivíduos. Ademais, a discriminação contra qualquer pessoa, por motivo de deficiência, configura violação da dignidade e do valor inerentes ao ser humano.

Cabe destacar que essa Convenção e seu respectivo Protocolo Facultativo foram internalizados, no Brasil, em conformidade com o artigo 5º, § 3º, da Constituição, isto é, têm hierarquia constitucional tanto pelo aspecto formal quanto pelo material. Em outras palavras, possuem hierarquia de emenda constitucional. Assim, dará azo, como iremos posteriormente estudar[42], ao controle concentrado de convencionalidade (nacional).

Os Estados-partes, atualmente 132, têm a obrigação de proteger e promover o pleno exercício dos direitos humanos das pessoas com deficiência. Ou seja, o Estado tem de arquitetar políticas públicas que permitam à pessoa com deficiência exercer seus direitos em igualdade de condições com os demais cidadãos. A atuação estatal deverá ter duas frentes: uma repressiva, que proíba a discriminação (igualdade formal), e outra promocional, que estabeleça ações afirmativas temporárias (igualdade material).

Para monitorar o cumprimento pelos Estados-partes das obrigações constantes na Convenção e assim exercer o controle de convencionalidade internacional, foi criado o Comitê para os Direitos das Pessoas com Deficiência, responsável por receber os relatórios[43] confeccionados pelos Estados-partes. As petições individuais e a possibilidade de realizar investigações *in loco* são possíveis, como mecanismos de controle e fiscalização, mediante a adoção do Protocolo Facultativo à Convenção sobre os Direitos das Pessoas com Deficiência.

A decisão do Comitê não tem força vinculante, mas será publicada no relatório anual, o qual é encaminhado à Assembleia Geral da ONU.

10.6. Convenção Internacional para a Proteção de Todas as Pessoas contra o Desaparecimento Forçado

A Convenção, adotada pela ONU por meio da Resolução 61/177 da Assembleia Geral em 20 de dezembro de 2006 e ratificada pelo Brasil em 29 de novembro de 2010 (ainda não

42. O tema será abordado no item 14.5.

43. No dia 30.05.2012 o Brasil apresentou seu primeiro Relatório de Monitoramento da Convenção das Nações Unidas sobre os Direitos das Pessoas com Deficiência, no qual foram apresentadas as ações do governo, entre 2008 e 2010, em cumprimento das disposições da Convenção. É um relatório periódico sobre os progressos alcançados em matéria de aplicação da Convenção, firmado na Conferência dos Estados-partes para ratificação do tratado.

promulgada), tem por fundamento o direito de toda pessoa a não ser submetida ao desaparecimento forçado e o direito das vítimas à justiça e à reparação. *Desaparecimento forçado é a prisão, a detenção, o sequestro ou qualquer outra forma de privação de liberdade que seja perpetrada por agentes do Estado ou por pessoas ou grupos de pessoas agindo com a autorização, apoio ou aquiescência do Estado, e a subsequente recusa em admitir a privação de liberdade ou a ocultação do destino ou do paradeiro da pessoa desaparecida, privando-a assim da proteção da lei* (artigo 2º). A Convenção, no artigo 1º, ponto 2, deixa claro que "nenhuma circunstância excepcional, seja estado de guerra ou ameaça de guerra, instabilidade política interna ou qualquer outra emergência pública, poderá ser invocada como justificativa para o desaparecimento forçado".

Os Estados-partes, atualmente 39, têm a obrigação de adotar todas as medidas necessárias para proceder à investigação dos casos de desaparecimento forçado e punir seus responsáveis, como também tornar o desaparecimento forçado um crime tipificado pelo direito penal de cada país (artigos 3º e 4º da Convenção).

Para monitorar o cumprimento pelos Estados-partes das obrigações constantes na Convenção e assim exercer o controle de convencionalidade internacional, foi criado o Comitê contra Desaparecimentos Forçados (artigo 26), responsável por receber os relatórios confeccionados pelos Estados-partes. Também receberá, em regime de urgência, pedidos de busca e localização de uma pessoa desaparecida feitos por familiares ou qualquer pessoa por eles autorizada (artigo 30). As petições individuais e as comunicações interestatais são possíveis, como mecanismos de controle e fiscalização, mediante a declaração do Estado-parte reconhecendo a competência do Comitê para recebê-las (artigos 31 e 32). Ademais, se o Comitê receber informação confiável de que um Estado-parte está incorrendo em grave violação dos direitos disciplinados na Convenção Internacional para a Proteção de Todas as Pessoas contra o Desaparecimento Forçado, poderá entrar em contato com tal Estado a fim de agendar uma visita (artigo 33).

O artigo 34 assim determina:

"Caso receba informação que pareça conter indicações bem fundamentadas de que desaparecimentos forçados estão sendo praticados de forma generalizada ou sistemática em território sob a jurisdição de um Estado-parte, o Comitê poderá, após solicitar ao Estado-parte todas as informações relevantes sobre a situação, levar urgentemente o assunto à atenção da Assembleia Geral das Nações Unidas, por intermédio do secretário-geral das Nações Unidas".

Por fim, o Comitê tem competência somente em relação a desaparecimentos forçados ocorridos após a entrada em vigor da Convenção Internacional para a Proteção de Todas as Pessoas contra o Desaparecimento Forçado (artigo 35). A decisão do Comitê não tem força vinculante, mas será publicada no relatório anual, o qual é encaminhado à Assembleia Geral da ONU.

Aqui também cabe sublinhar que se trata de um tema específico de proteção, ou seja, no qual pode ser vítima (e, assim, necessitar de proteção) qualquer indivíduo, enquanto as outras convenções estudadas no sistema global de proteção específica dos direitos humanos cuidam de um determinado grupo vulnerável de pessoas.

10.7. Convenção Internacional sobre a Proteção dos Direitos de Todos os Trabalhadores Migrantes e dos Membros de suas Famílias

A Convenção adotada pela ONU, por meio da resolução 45/158 da Assembleia Geral, em 18 de dezembro de 1990 e não ratificada pelo Brasil, tem por fundamento a importância e a extensão do fenômeno da migração, que envolve milhares de pessoas e afeta um grande número de Estados na comunidade internacional, como também o efeito das migrações de trabalhadores nos Estados e nas populações interessadas. Tem por objetivo estabelecer normas que possam contribuir para a harmonização das condutas dos Estados mediante a aceitação de princípios fundamentais relativos ao tratamento dos trabalhadores migrantes e dos membros das suas famílias, pessoas que frequentemente se encontram em situação de vulnerabilidade. É importante apontar que a Convenção, no seu art. 2º, determina que trabalhador migrante é a pessoa que vai exercer, exerce ou exerceu uma atividade remunerada num Estado de que não é nacional.

O tema, de certo modo, já tinha sido abordado no seio da Organização Internacional do Trabalho (OIT). A Convenção 97/1949 da OIT (ratificada pelo Brasil em 18 de junho de 1965) tratou de forma geral sobre os trabalhadores migrantes e a Convenção 143/1975 da OIT (não ratificada pelo Brasil) tratou das migrações em condições abusivas e da promoção da igualdade de oportunidades e de tratamento para os trabalhadores migrantes.

No seio da ONU, antes dessa Convenção o tema apareceu algumas vezes em resoluções do Conselho Econômico e Social e da Assembleia Geral, como também dentro de relatórios.

Mas, agora, os Estados-partes, atualmente 46, têm a obrigação de fixar parâmetros protetivos mínimos em benefício dos trabalhadores migrantes e de seus familiares. Ou seja, o Estado tem que arquitetar políticas públicas que possibilitem a efetiva proteção dos trabalhadores migrantes e de suas famílias em seu território, para, assim, garantir que esses exerçam seus direitos em igualdade de condições com os demais trabalhadores. É importante frisar o art. 82 da Convenção, porque impede a renúncia, por parte do trabalhador, dos seus direitos de trabalhador migrante e dos seus familiares.

A Convenção regula também a situação específica dos trabalhadores migrantes que se encontrem em situação irregular, isto é, sem a devida documentação. Tais trabalhadores são geralmente as maiores vítimas das violações de direitos humanos. Nestes casos, o Estado-parte, além de fixar parâmetros protetivos mínimos, deverá combater (prevenir) o tráfico de trabalhadores migrantes.

Mas cabe destacar que a parte IV da Convenção cuida apenas dos direitos dos trabalhadores migrantes e dos membros das suas famílias que se encontram documentados ou em situação regular. Ou seja, os trabalhadores migrantes e os membros das suas famílias que se encontram documentados ou em situação regular no Estado de emprego gozam dos direitos enunciados na parte IV da Convenção, para além dos direitos previstos na parte III.

Outro ponto de destaque é o disciplinado pelo art. 3º da Convenção, pois dispõe quando a Convenção não será aplicada, a saber: a) às pessoas enviadas ou empregadas por organizações e organismos internacionais, nem às pessoas enviadas ou empregadas por um Estado fora do seu território para desempenharem funções oficiais, cuja admissão e estatuto são regulados pelo direito internacional geral ou por acordos internacionais ou convenções internacionais específicas; b) às pessoas enviadas ou empregadas por um Estado ou por conta desse Estado fora do seu território que participam em programas de desenvolvimento e noutros programas de cooperação, cuja admissão e estatuto são regulados por acordo celebrado com o Estado de emprego e que, nos termos deste acordo, não são consideradas trabalhadores migrantes; c) às pessoas que se instalam num Estado diferente do seu Estado de origem na qualidade de investidores; d) aos refugiados e apátridas, salvo disposição em contrário da legislação nacional pertinente do Estado Parte interessado ou de instrumentos internacionais em vigor para esse Estado; e) aos estudantes e estagiários; f) aos marítimos e aos trabalhadores de estruturas marítimas que não tenham sido autorizados a residir ou a exercer uma actividade remunerada no Estado de emprego.

E para monitorar o cumprimento, pelos estados partes, das obrigações constantes na Convenção e assim exercer o controle de convencionalidade internacional, foi criado o Comitê para a proteção dos Direitos de Todos os Trabalhadores Migrantes e dos membros das suas Famílias. Esse será responsável para receber os relatórios confeccionados pelos Estados-partes. As petições individuais e as comunicações interestatais são possíveis como mecanismos de controle e fiscalização, mediante a declaração do Estado-parte que reconhece a competência do Comitê para recebê-las.

A decisão do Comitê não tem força vinculante, mas será publicada no relatório anual, o qual é encaminhado para a Assembleia Geral da ONU.

10.8. Tribunal Penal Internacional (TPI)

Pode-se inserir o Tribunal Penal Internacional (TPI) no sistema global de proteção dos direitos humanos. Todavia, cabe fazer algumas ponderações sobre sua competência e funcionalidade.

O TPI foi constituído na Conferência de Roma, em 17 de julho de 1998, na qual se aprovou o Estatuto de Roma (tratado que não admite a apresentação de reservas), que só entrou em vigor internacional em 1º de julho de 2002 e passou a vigorar no Brasil em 1º de setembro de 2002. A partir de então, tem-se um tribunal permanente para julgar *indivíduos* acusados da prática de crimes de genocídio, de crimes de guerra, de crimes de agressão e de crimes contra a humanidade. Deve-se apontar que *indivíduos* diz respeito a quaisquer indivíduos, independentemente de exercerem funções governamentais ou cargos públicos (artigo 27 do Estatuto de Roma), desde que, à data da alegada prática do crime, tenham completado 18 anos de idade.

A criação do TPI corrobora a ideia de responsabilidade internacional do indivíduo, consoante o que se iniciou com os tribunais *ad hoc* de Nurembergue e de Tóquio[44], e depois de Ruanda e da Iugoslávia.

A grande característica desse tribunal é sua *complementaridade*, isto é, a jurisdição do TPI somente será exercida caso a Seção de Instrução verificar que existem provas suficientes para o acusado ser levado para julgamento e concluir que algum sistema jurídico nacional tenha sido incapaz ou não tenha demonstrado interesse em julgar o caso. Esse último requisito pode ser verificado quando ocorrer demora injustificada no procedimento, falta de independência do Poder Judiciário e até falta de capacidade para realizar a justiça penal. Cabe também destacar, consoante o que dispõe o artigo 29 do Estatuto de Roma, que os crimes da competência do TPI não prescrevem.

A acusação, referente à prática de algum dos crimes tipificados no artigo 5º do Estatuto de Roma, poderá ser levada ao conhecimento do TPI, que tem jurisdição para julgar os crimes cometidos nos territórios dos Estados-partes ou dos Estados que reconheçam sua competência, por meio de algum Estado-parte, pelo Conselho de Segurança (nos termos do Capítulo VII da Carta da ONU) ou pelo procurador-geral do TPI.

Infelizmente, ainda hoje se vivem situações em que países são guiados por ditadores (mesmo após a caída de alguns deles por consequência da Primavera Árabe), que os dirigem para atingir seus próprios objetivos materiais e egotistas. Dessa forma, responsabilizar tais países por graves violações de direitos humanos seria aplicar uma pena moral, e em algumas situações pecuniária, a países que já tanto sofrem e pouca culpa têm. Tendo por base tal raciocínio, é

44. O Tribunal de Tóquio, assim como o de Nurembergue (vide nota 13), foi instituído para julgar os crimes de guerra e contra a humanidade perpetrados durante a Segunda Guerra Mundial. O Tribunal de Tóquio (ou Tribunal Militar Internacional para o Extremo Oriente), também idealizado pelos Aliados, tinha por missão julgar os líderes do Império japonês (o julgamento começou em 3 de maio de 1946). Da mesma forma que o de Nurembergue, o de Tóquio foi criticado por fazer uma "justiça dos vencedores".

muito válida a ação do TPI, pois julga os indivíduos (geralmente os ditadores) que muitas vezes, por meio de práticas corruptivas desenfreadas, esvaziaram a poupança de seus países, piorando ainda mais o quadro de falência do Estado.

Em dadas situações, o dito controle sobre o Estado é absoluto, gerando sua personificação. Portanto, a atuação do TPI completa o sistema global de proteção dos direitos humanos.

11. Sistema regional de proteção

O sistema regional de proteção junta-se ao global para formar o sistema internacional de proteção dos direitos humanos. Em determinadas situações ocorrerá uma sobreposição de normas (oriundas do sistema global e do regional), todavia, isso não se reflete em problema, pois o que se busca é a substancial proteção dos direitos humanos. Destarte, o sistema que estiver mais bem organizado para proteger o indivíduo naquele caso será o aplicado, ou seja, os sistemas não competem, mas se completam.

A vantagem indiscutível dos sistemas regionais é terem sido arquitetados conforme valores culturais, políticos e econômicos compartilhados pelos países geograficamente próximos. Essa coesão cultural, política, econômica e geográfica facilita a formulação e o monitoramento das regras protetivas dos indivíduos.

Passemos à análise pontual dos sistemas regionais de proteção, com atenção especial ao sistema americano.

11.1. Sistema americano

O sistema protetivo americano está principalmente alicerçado em torno da Organização dos Estados Americanos (OEA), organização internacional que tem por objetivo garantir a paz e a segurança no continente americano. Por isso, diz-se que é uma organização internacional de vocação regional, considerada organismo regional das Nações Unidas.

O sistema protetivo americano foi instalado em 1948 pela Carta da Organização dos Estados Americanos, que, por sua vez, foi adotada na 9ª Conferência Internacional Americana, que se reuniu em Bogotá, na Colômbia. Na mesma Conferência, foi adotada a Declaração Americana dos Direitos e Deveres do Homem, que foi o primeiro acordo internacional sobre direitos humanos, antecipando a Declaração Universal dos Direitos Humanos, escrita seis meses depois. O sistema protetivo americano não contava com mecanismo constritivo de proteção dos direitos humanos, mas apenas com uma declaração (*soft law*) de que os Estados-membros deveriam proteger os direitos humanos.

Em 22 de novembro de 1969, na Conferência de San José da Costa Rica, foi adotada a Convenção Americana de Direitos Humanos[45] (Pacto de San José da Costa Rica), a qual só entrou em vigor internacional em 18 de julho de 1978 (quando atingiu as 11 ratificações necessárias) e é o principal instrumento protetivo do sistema americano. No Brasil, a Convenção passou a ter vigência por meio do Decreto nº 678 de 6 de novembro de 1992. Cabe destacar que o artigo 2º desse decreto dispõe sobre a declaração interpretativa do governo brasileiro: "O Governo do Brasil entende que os arts. 43 e 48, *d*, não incluem o direito automático de visitas e inspeções in loco da Comissão Interamericana de Direitos Humanos, as quais dependerão da anuência expressa do Estado". Tal declaração interpretativa funciona como uma ressalva que limita os poderes da Comissão Interamericana de Direitos Humanos[46].

Como órgãos de fiscalização e julgamento (controle de convencionalidade internacional) do sistema americano de proteção dos direitos humanos, a Convenção instituiu a Comissão e a Corte Interamericana de Direitos Humanos, dotando-o, dessa maneira, de mecanismos constritivos de proteção dos direitos humanos (*hard law*). Ao mesmo tempo, os Estados-partes comprometem-se a adotar, de acordo com as suas normas constitucionais e com as disposições desta Convenção, as medidas legislativas ou de outra natureza que forem necessárias para tornar efetivos (art. 2º da CADH) os direitos e liberdades reconhecidos na Convenção Americana de Direitos Humanos. Importante sublinhar que o texto convencional obriga não somente o Poder Legislativo, mas também os poderes Executivo e Judiciário dos Estados-partes.

Na Convenção só é permitida a participação dos países-membros da OEA. Ao longo da Convenção é possível identificar inúmeros direitos civis e políticos (ditos de primeira geração), nos moldes do Pacto Internacional de Direitos Civis e Políticos. A única menção aos direitos econômicos, sociais e culturais é encontrada no artigo 26, que se limita a determinar que os Estados se engajem em progressivamente implementar tais direitos (em sua dimensão negativa e positiva), ditos de segunda geração. Tal escolha (de só regular os direitos políticos e civis) foi direcionada para obter a adesão dos EUA.

Essa situação modificou-se com a adoção, na Conferência Interamericana de San Salvador, em 17 de novembro de 1988, do Protocolo Adicional à Convenção, conhecido como

---

45. É de suma importância sublinhar que a Convenção Americana de Direitos Humanos é autoaplicável. Tal definição provém do Parecer Consultivo 07/86 da Corte Interamericana de Direitos Humanos. Assim, uma vez internalizada, estará apta a irradiar seus efeitos diretamente na ordem interna do país-parte, isto é, não necessitará de lei que regulamente sua incidência nos países que aderiram a seus mandamentos.

46. Todavia, deve-se apontar, como uma das consequências do princípio *pro homine*, que a interpretação das limitações de direitos estabelecidos nos tratados internacionais de direitos humanos deve ser restritiva – tudo para impedir ao máximo a diminuição da proteção da pessoa humana. Aliás, nesse sentido é o Parecer Consultivo 02, de 24 de setembro de 1982, da Corte Interamericana de Direitos Humanos.

Protocolo de San Salvador[47]. A partir de então, tem-se uma enumeração dos direitos econômicos, sociais e culturais que os países americanos – membros da OEA – obrigaram-se a implementar progressivamente. Lembrando-se sempre da tripla obrigação dos Estados para com todos os direitos humanos: proteger, respeitar e realizar[48].

A Corte Interamericana tem competência para interpretar e aplicar o Protocolo Adicional à Convenção Americana de Direitos Humanos (Protocolo de San Salvador) somente em relação ao artigo 8º, ponto 1, alínea a (direitos sindicais dos trabalhadores) e ao artigo 13 (direito à educação). Tudo em conformidade com o artigo 19, ponto 6, do mencionado Protocolo, o qual determina que são esses os únicos direitos passíveis de ser acionados perante a Corte (justiciabilidade), entre um amplo conjunto de direitos econômicos, sociais e culturais de que trata esse Protocolo.

Entretanto, o que se percebe no campo prático é uma jurisprudência criativa que permite uma implementação indireta dos direitos econômicos, sociais e culturais. Uma das grandes contribuições para essa substancial evolução foi a construção jurisprudencial de um conceito amplo ou *lato sensu* do direito de acesso à justiça[49] (artigo 25 da Convenção Americana), o que permite o acionamento da Corte para proteção de todos os direitos humanos, inclusive os econômicos, sociais e culturais. Cabe destacar também a construção jurisprudencial da Corte, que qualificou de *jus cogens* os princípios da equidade e da não discriminação, os quais são, logicamente, aplicados em relação a todos os direitos humanos. Por fim, devemos mencionar o estabelecimento, pela Corte, de um conceito amplo do direito à vida, o qual exige a proteção e a implementação dos direitos econômicos, sociais e culturais para sua satisfatória efetivação (consoante o comentado no subitem 4.3).

Em 8 de junho de 1990, foi adotado, em Assunção, no Paraguai, outro Protocolo Facultativo à Convenção, dessa vez sobre a abolição da pena de morte. Os Estados que aderem ao Protocolo ficam impedidos, em qualquer hipótese, de aplicar a pena de morte; assim, estão revogadas as disposições de direito interno que prevejam a pena capital. Esse Protocolo foi influenciado diretamente pelo Segundo Protocolo Facultativo ao Pacto Internacional dos Direitos Civis e Políticos de 1989.

Em relação ao tema pena de morte, cabe esclarecer que esta é admitida no Brasil, desde que cumpridas certas condições (artigo 5º, XLVII, *a*, c/c artigo 84, XIX, ambos da CF): **a)** existência de guerra declarada em virtude de agressão externa; e **b)** a prática, por brasileiro ou estrangeiro, do crime de alta traição (disciplinado no Código Penal Militar – CPM). Logo, em tempos de paz não é possível a aplicação da pena capital no país, a qual também está abolida para todos os crimes não militares. A título de curiosidade, o CPM disciplina que a execução da pena capital será por fuzilamento.

Agora cabe analisar a estrutura e a função da Comissão e da Corte Interamericana de Direitos Humanos.

11.1.1. Comissão Interamericana de Direitos Humanos

A Comissão Interamericana de Direitos Humanos é o órgão administrativo do sistema regional de proteção americano. É composta de sete membros, que devem ser pessoas de alta autoridade moral e de reconhecido saber em matéria de direitos humanos. Esses membros são eleitos, a título pessoal, pela Assembleia Geral da OEA, a partir de uma lista de candidatos propostos pelos governos dos Estados-membros, e cumprem mandato de quatro anos, com a possibilidade de uma reeleição. Vale lembrar que não pode fazer parte da Comissão mais de um nacional de um mesmo país.

47. O Congresso Nacional aprovou o Protocolo por meio do Decreto Legislativo nº 56, de 19 de abril de 1995. Mas o Protocolo só entrou em vigor internacional em 16 de novembro de 1999, momento em que também passou a viger no Brasil, pois o Governo brasileiro tinha depositado o Instrumento de Adesão do referido ato em 21 de agosto de 1996. O Decreto de promulgação é o 3.321/1999.

48. Para ilustrar, segue um trecho da importante sentença da Corte Interamericana de Direitos Humanos exarada no caso Velásquez Rodríguez, ocasião em que foi explicitada a obrigação de os Estados-partes garantirem o livre e o pleno exercício dos direitos reconhecidos na Convenção Americana de Direitos Humanos: "Esta obrigação implica o dever dos Estados-partes de organizar todo o aparato governamental e, em geral, todas as estruturas por meio das quais se manifesta o exercício do poder público, de maneira que sejam capazes de assegurar juridicamente o livre e pleno exercício dos direitos humanos. Como consequência dessa obrigação, os *Estados devem prevenir, investigar e sancionar toda violação dos direitos reconhecidos pela Convenção* e procurar, ademais, o restabelecimento, se possível, do direito violado e também a reparação dos danos produzidos pela violação dos direitos humanos" (tradução minha). O caso analisado trata de um estudante universitário de Honduras – Velásquez Rodríguez – que foi detido por autoridades policiais hondurenhas, sendo, posteriormente, vítima de tortura até ser tido como desaparecido. Em sentença de 29 de julho de 1988, a Corte Interamericana de Direitos Humanos declarou, por unanimidade, que Honduras violou, em prejuízo de Velásquez Rodríguez, o direito à liberdade pessoal (artigo 7º da Convenção), o direito à integridade pessoal (artigo 5º da Convenção) e o direito à vida (artigo 4º da Convenção), todos em conexão com o artigo 1º, ponto 1, da Convenção. A Corte declarou ainda, também por unanimidade, que Honduras deveria pagar uma justa indenização compensadora para os familiares da vítima, mas não fixou os parâmetros para o pagamento, apenas ressalvou que, se a Comissão Interamericana de Direitos Humanos e Honduras não chegassem a um acordo, a Corte seria responsável por estabelecer a forma e a quantia da indenização.

49. Nesse sentido, cabe transcrever o ponto 1 da Resolução 2.656/11 da OEA: "Afirmar que o acesso à justiça, como direito humano fundamental, é, ao mesmo tempo, o meio que possibilita que se restabeleça o exercício dos direitos que tenham sido ignorados ou violados".

A principal função da Comissão é promover o respeito aos direitos humanos no continente americano. Destarte, tem competência para enviar recomendações aos Estados-partes da Convenção Americana de Direitos Humanos ou até mesmo para os Estados-membros da OEA.

Em sua competência inserem-se também a possibilidade de realizar estudos, solicitar informações aos Estados no que tange à implementação dos direitos humanos insculpidos na Convenção e confeccionar um relatório anual[50] para ser submetido à Assembleia Geral da OEA. A parte do relatório anual, a Comissão pode confeccionar relatórios especiais ou gerais sobre a situação dos direitos humanos nos Estados membros sempre que considerar necessário (art. 59, ponto 1, *h*, do Regulamento da Comissão Interamericana de Direitos Humanos). Cabe lembrar que as recomendações e os relatórios (tanto o anual e o alicerçado em alguma acusação[51]) da Comissão não têm poder vinculante, isto é, não vinculam os Estados destinatários.

Um aspecto importante de sua competência é a possibilidade de receber petições do indivíduo "lesionado", de terceiras pessoas ou de organizações não governamentais legalmente reconhecidas em um ou mais Estados-membros da OEA que representem o indivíduo lesionado[52]. Entrementes, essa competência só poderá ser exercida se o Estado violador tiver aderido à Convenção Americana de Direitos Humanos. Percebe-se que não é necessária a expressa aceitação da competência da Comissão para receber petições, bastando que o Estado tenha aderido à Convenção.

A Comissão também tem competência para receber comunicações interestatais. Conforme já visto no sistema global de proteção, nesse mecanismo um Estado-parte pode denunciar o outro que incorrer em violação dos direitos humanos. Mas, para a denúncia ter validade, os dois Estados, denunciante e denunciado, devem ter expressamente declarado a competência da Comissão Interamericana de Direitos Humanos para tanto.

Figuram aqui os mesmos requisitos de admissibilidade verificados quando da análise do procedimento de apresentação de petições individuais e de comunicações interestatais no sistema global de proteção. Ou seja, só são aceitas as petições ou as comunicações que comprovarem a inexistência de litispendência internacional, ausência de coisa julgada internacional e o esgotamento de todos os recursos internos disponíveis[53]. Ademais, o artigo 46 da Convenção Americana de Direitos Humanos exige que a petição ou a comunicação seja apresentada dentro do prazo de seis meses, a partir da data em que o presumido prejudicado em seus direitos tenha sido notificado da decisão definitiva exarada no sistema protetivo nacional e a petição a ser interposta deve conter o nome, a nacionalidade, a profissão, o domicílio e a assinatura da pessoa ou pessoas ou do representante legal da entidade que submeter a petição. Importante destacar que **não** é necessária a manifestação expressa de concordância da vítima ou vítimas da alegada violação aos direitos humanos.

O sistema americano impõe a mesma ideia de ressalva existente no sistema global. As regras de esgotamento de todos os recursos internos disponíveis e do prazo de seis meses para a apresentação da petição ou comunicação não serão aplicadas quando o indivíduo for privado de seu direito

50. Segue a redação do art. 59, ponto 1, do Regulamento da Comissão Interamericana de Direitos Humanos: "O Relatório Anual à Assembleia Geral da Organização incluirá o seguinte: a) uma análise da situação dos direitos humanos no Hemisfério, acompanhada das recomendações aos Estados e aos órgãos da Organização sobre as medidas necessárias para fortalecer o respeito aos direitos humanos; b) um breve relato referente à origem, às bases jurídicas, à estrutura e e aos fins da Comissão, bem como ao estado da Convenção Americana e dos demais instrumentos aplicáveis; c) informação sucinta dos mandatos conferidos e recomendações formuladas à Comissão pela Assembleia Geral e pelos outros órgãos competentes, bem como da execução de tais mandatos e recomendações; d) uma lista das sessões realizadas no período abrangido pelo relatório e de outras atividades desenvolvidas pela Comissão em cumprimento de seus fins, objetivos e mandatos; e) uma súmula das atividades de cooperação da Comissão com outros órgãos da Organização, bem como com organismos regionais ou mundiais da mesma natureza, e dos resultados alcançados em suas atividades; f) os relatórios sobre petições e casos individuais cuja publicação haja sido aprovada pela Comissão, e uma relação das medidas cautelares concedidas e estendidas e das atividades desenvolvidas perante a Corte Interamericana; g) uma exposição sobre o progresso alcançado na consecução dos objetivos estabelecidos na Declaração Americana dos Direitos e Deveres do Homem e na Convenção Americana sobre Direitos Humanos e nos demais instrumentos aplicáveis; h) os relatórios gerais ou especiais que a Comissão considerar necessários sobre a situação dos direitos humanos nos Estados membros e, se pertinente, os relatórios de seguimento, destacando-se nos mesmos os progressos alcançados e as dificuldades que houverem surgido para uma efetiva observância dos direitos humanos; i) qualquer outra informação, observação ou recomendação que a Comissão considerar conveniente submeter à Assembleia Geral e qualquer nova atividade ou projeto que implique despesa adicional".

51. A acusação é feita mediante petição individual ou comunicação interestatal.

52. Como exemplo pode-se citar o conhecido caso Maria da Penha.

53. Cabe apontar, consoante jurisprudência da Corte Interamericana, que o Estado-parte tem direito de renunciar a regra do prévio esgotamento dos recursos internos. Na decisão de 13 novembro de 1981 (caso Viviana Gallardo e outras), a Corte Interamericana, invocando precedente da Corte Europeia de Direitos Humanos (De Wilde, Ooms and Versyp Cases – "Vagrancy" Cases), apontou que segundo os princípios do Direito Internacional geralmente reconhecidos e a prática internacional, a regra que exige o prévio esgotamento dos recursos internos foi concebida no interesse do Estado, pois busca dispensá-lo de responder perante um órgão internacional por atos a ele imputado, antes de ter a oportunidade de resolvê-los com seus próprios instrumentos. Essa regra é considerada como meio de defesa e como tal, renunciável, ainda que de modo tácito. Essa renúncia, uma vez anunciada, é irrevogável.

de ação pela jurisdição doméstica, ou lhe forem ceifadas as garantias do devido processo legal, ou, ainda, se os processos internos forem excessivamente demorados. E o ônus da prova da existência de um recurso acessível e suficiente recai sobre o Estado demandado.

De posse da acusação, a Comissão assim agirá: **a)** buscará uma solução amistosa entre o indivíduo denunciante e o Estado violador; **b)** se não se chegar a uma solução, e dentro do prazo que for fixado pelo Estatuto da Comissão, esta redigirá um relatório no qual exporá os fatos e suas conclusões; **c)** o relatório será encaminhado aos Estados interessados, aos quais não será facultado publicá-lo; **d)** ao encaminhar o relatório, a Comissão pode formular as proposições e as recomendações que julgar adequadas; **e)** se, no prazo de três meses a partir da remessa aos Estados interessados do relatório da Comissão, o assunto não tiver sido solucionado ou submetido à decisão da Corte pela Comissão (chamada remessa automática) ou pelo Estado interessado, aceitando sua competência, a Comissão poderá emitir, pelo voto da maioria absoluta de seus membros, sua opinião e conclusões sobre a questão submetida à sua consideração; **f)** a Comissão fará as recomendações pertinentes e fixará um prazo dentro do qual o Estado deve tomar as medidas que lhe competir para remediar a situação examinada; **g)** transcorrido o prazo fixado, a Comissão decidirá, pelo voto da maioria absoluta de seus membros, se o Estado tomou ou não as medidas adequadas e se publica ou não seu relatório.

Importante aclarar que na Opinião Consultiva 13/1993[54], a Corte asseverou que os artigos 50 e 51 da Convenção contemplam relatórios separados, cujo conteúdo pode ser similar, mas o primeiro não pode ser publicado. Já o segundo pode ser, desde que haja prévia decisão da Comissão por maioria absoluta de votos depois de transcorrido o prazo que foi conferido ao Estado para tomar as medidas adequadas.

Vale frisar que o envio à Corte apenas será permitido se o Estado violador tiver aquiescido de forma expressa e inequívoca em relação à competência da Corte Interamericana de Direitos Humanos para solucionar os casos de violação dos direitos humanos insculpidos na Convenção e em outros tratados do sistema americano de proteção.

Por fim, a Comissão, por iniciativa própria (*ex officio*) ou depois de receber uma denúncia, poderá entrar em contato com o Estado denunciado para que este adote, com urgência, medidas cautelares de natureza individual ou coletiva antes da análise do mérito da denúncia, desde que verificado risco de dano irreparável à vítima ou às vítimas. Dentro dessa ótica, poderá também solicitar que a Corte adote medidas provisórias mesmo antes da análise do mérito do caso, desde que o caráter de urgência e de gravidade as justifique.

54. Essa OC será analisada com mais detalhes no subitem **11.1.4.13.**

11.1.1.1. Caso Maria da Penha

Importante mencionar que a conhecida Lei Maria da Penha (11.340/2006), que criou mecanismos para coibir e prevenir a violência doméstica e familiar contra a mulher, foi fruto de uma interferência interna-cional benigna sobre a ordem jurídica interna.

A história de Maria da Penha Maia Fernandez é conhecida de todos: trata-se de uma repetição de atos de violência doméstica – infelizmente uma realidade diuturna – em conjunto com a falta de uma legislação específica a dar suporte ao devido julgamento do infrator – deve-se lembrar que o infrator (na época marido) apenas foi preso 19 anos depois de ter cometido os crimes categorizados como de violência doméstica e cumpriu somente dois anos em regime fechado.

Em função de tal quadro, o Centro para a Justiça e o Direito Internacional – CEJIL – formalizou, em conjunto com Maria da Penha e o Comitê Latino-Americano e do Caribe para a Defesa dos Direitos da Mulher – CLADEM, uma denúncia (petição individual) na Comissão Interamericana de Direitos Humanos contra a procrastinação em se obter uma decisão sobre o caso, tendo em vista que isso demorou 19 anos para acontecer.

Os peticionários apontaram a violação dos arts. 8º (Garantias judiciais), 24 (Igualdade perante a lei) e 25 (Proteção judicial) da Convenção Americana de Direitos Humanos com relação à obrigação estabelecida no artigo 1º, ponto 1 (obrigação de respeitar os direitos), do mesmo instrumento, como também dos artigos II e XVIII da Declaração Americana dos Direitos e Deveres do Homem e dos artigos 3º, 4º, *a*, *b*, *c*, *d*, *e*, *f*, e *g*, 5º e 7º da Convenção Interamericana para Prevenir, Punir e Erradicar a Violência contra a Mulher (conhecida como Convenção de Belém do Pará).

Com base em tal denúncia, a Comissão Interamericana de Direitos Humanos publicou o Relatório nº 54/2001, que condenou o Brasil por dilação injustificada e tramitação negligente, pois o Estado brasileiro descumpriu o dever de garantir às pessoas sujeitas à sua jurisdição o exercício livre e pleno de seus direitos humanos. Por meio desse relatório, a Comissão fez recomendações ao Brasil e uma dessas foi acatada, dando origem a produção da Lei 11.340/2006 (Lei Maria da Penha). Essa lei foi confeccionada tendo por base o art. 226, § 8º, da CF, a Convenção sobre a Eliminação de Todas as Formas de Discriminação contra a Mulher (*vide* item 10.2) e a Convenção Interamericana para Prevenir, Punir e Erradicar a Violência contra a Mulher (*vide* item 12.3).

Outra recomendação que merece destaque é aquela no sentido de que o Brasil simplificasse os procedimentos judiciais penais.

11.1.2. Corte Interamericana de Direitos Humanos

A Corte é o órgão jurisdicional do sistema regional de proteção americano. Sua composição é de sete juízes, os quais são nacionais dos países-membros da OEA e escolhidos pelos Estados-partes da Convenção. Vale sublinhar que essa escolha é realizada a título pessoal entre juristas da mais alta autoridade moral, de reconhecida competência em matéria de direitos humanos e que reúnam as condições requeridas para o exercício das mais elevadas funções judiciais, de acordo com a lei do Estado do qual sejam nacionais ou do Estado que os propuser como candidatos. Não deve haver dois juízes da mesma nacionalidade.

Um traço marcante é que a Corte só pode ser acionada pelos Estados-partes ou pela Comissão; o indivíduo, conforme artigo 61 da Convenção, é proibido de apresentar petição à Corte. Entretanto, pessoas e ONGs podem, excepcionalmente, peticionar à Corte, nos casos em que já sejam partes, para que esta adote medidas provisórias em casos de extrema gravidade e urgência, desde que verificado risco de dano irreparável à vítima ou às vítimas, nos termos do artigo 63, ponto 2, da Convenção Americana de Direitos Humanos. Se o assunto ainda não estiver submetido ao conhecimento da Corte, a Comissão poderá solicitar que esta adote medidas provisórias mesmo antes da análise do mérito do caso, desde que o caráter de urgência e de gravidade as justifique.

De maneira mais ampla ainda (o que engloba as medidas provisórias citadas no parágrafo acima), o regulamento desse tribunal admite a participação direta dos indivíduos demandantes em todas as etapas do procedimento, após a apresentação do caso pela Comissão Interamericana (art. 23, ponto 1, do Regulamento da Corte Interamericana de Direitos Humanos).

No que se refere à sua competência, identifica-se uma atuação *consultiva* e *contenciosa*. Antes de analisar tais atuações, deve-se destacar que o quórum para as deliberações da Corte é de cinco juízes (artigo 56 do Pacto de San José da Costa Rica e art. 14 do Regulamento da Corte Interamericana).

A competência consultiva[55] da Corte é marcada por sua grande finalidade de uniformizar a interpretação da Convenção Americana de Direitos Humanos e dos tratados de direitos humanos confeccionados no âmbito da OEA. Dentro dessa competência, qualquer Estado-membro ou órgão[56] da OEA pode pedir que a Corte emita parecer que indique a correta interpretação da Convenção e dos tratados concernentes à proteção dos direitos humanos nos Estados Americanos (art. 64, ponto 1, da Conveção Americana de Direitos Humanos).

Os órgãos da OEA também desfrutam o direito de solicitar opiniões consultivas, mas somente em suas esferas de competência. Assim, enquanto os Estados-membros da OEA têm direito absoluto a pedir opiniões consultivas, os órgãos apenas podem fazê-lo dentro dos limites de sua competência. O direito dos órgãos de pedir opiniões consultivas está restrito a assuntos em que tenham um legítimo interesse institucional[57].

Ademais, a Corte pode fazer análise de compatibilidade entre a legislação doméstica de um país-membro da OEA e o sistema protetivo americano, com o intuito de harmonizá-los.

Sintetizando, "na jurisdição consultiva não há partes, no seu sentido material, pois não há Estados requeridos e nem uma sanção judicial é prevista[58]".

Já a competência contenciosa só será exercida em relação aos Estados-partes da Convenção que expressem e inequivocamente tenham aceitado essa competência da Corte (artigo 62 da Convenção Americana de Direitos Humanos). A declaração de aceite da competência da Corte pode ser feita incondicionalmente ou sob condição de reciprocidade, por prazo determinado ou ainda somente para casos específicos.

Em síntese, pode-se dizer que a jurisdição contenciosa da Corte está limitada em razão das partes que intervêm no procedimento (*ratione personae*), em razão da matéria objeto da controvérsia (*ratione materiae*) e em razão do tempo transcorrido desde a notificação aos Estados do relatório da Comissão (*ratione temporis*).

É limitada *ratione personae* porque só os Estados-partes ou a Comissão podem acioná-la; é limitada *ratione materiae* porque apenas pode conhecer de casos que tenham por supedâneos a Convenção Americana de Direitos Humanos, o Protocolo de San Salvador (somente em relação aos artigos 8º, ponto 1, alínea *a*, e 13), a Convenção Interamericana para Prevenir e Punir a Tortura (conforme o que dispõe o artigo 8º) e a Convenção Interamericana sobre o Desaparecimento Forçado de Pessoas (conforme o que dispõe o artigo 13); e, por fim, é limitada *ratione temporis* porque o caso tem de ser tanto submetido à Corte no prazo de três meses contados da data de envio do relatório, pela Comissão, aos Estados interessados, como também as alegadas violações devem datar de momento posterior ao reconhecimento da competência contenciosa da Corte pelo Estado.

No tocante à Convenção Americana de Direitos Humanos, cabe apontar que a Corte tem competência para analisar não somente os direitos por ela disciplinados, mas também as normas que regulam o processo (competência ampla).

Se no exercício de sua competência contenciosa ficar comprovada a violação de direitos humanos da(s) vítima(s),

55. Todas as opiniões consultivas da Corte Interamericana de Direitos Humanos serão elencadas e brevemente comentadas no item 11.1.4.
56. Os órgãos estão elencados no capítulo X da Carta da Organização dos Estados Americanos.
57. Conforme ponto 14 da Opinião Consultiva 02/82 da Corte Interamericana de Direitos Humanos.
58. RAMOS, André de Carvalho. **Teoria geral dos direitos humanos na ordem internacional**. 2. ed. São Paulo: Saraiva, 2012. p. 242.

a Corte determinará a adoção, pelo Estado agressor[59], de medidas que façam cessar a violação e restaurar o direito vilipendiado (*restitutio in integrum*), além de poder condenar o Estado agressor ao pagamento de indenização (tendo por base o plano material e o imaterial) à(s) vítima(s). A obrigação de reparar, que se regulamenta em todos os aspectos (alcance, natureza, modalidades e determinação dos beneficiários) pelo direito internacional, não pode ser modificada ou descumprida pelo Estado obrigado, mediante a invocação de disposições de seu direito interno.

O cumprimento da sentença da Corte se dá geralmente de maneira voluntária pelos Estados. Caso isso não ocorra, por exemplo, no Brasil, o cumprimento se dará mediante execução da sentença, como título executivo judicial, perante a justiça federal, consoante disposto no artigo 109, I, da CF. Mas deve-se saber que os Estados-partes da Convenção se comprometem a cumprir a decisão da Corte em todo caso em que forem parte (artigo 68 da Convenção Americana de Direitos Humanos). Ademais, caso o Estado levante óbices jurídicos para viabilizar a execução da sentença em conformidade com o processo interno vigente, estará incorrendo em violação adicional da CADH (art. 2º), por não adotar providências no sentido de adequar o seu direito interno às obrigações internacionalmente assumidas.

Em relação à sentença da Corte Interamericana, resta ainda informar que ela será sempre fundamentada, definitiva e inapelável (artigos 66 e 67 da Convenção Americana de Direitos Humanos), todavia, em caso de divergência sobre o sentido ou alcance da sentença, a Corte interpretá-la-á, a pedido de qualquer das partes[60], desde que o pedido seja apresentado dentro de 90 dias a partir da data da *notificação* da sentença. Ainda é possível apontar que a Corte admitiu, em casos excepcionais, o recurso de revisão contra sentenças que colocam fim ao processo, com o propósito de evitar que a coisa julgada mantenha uma situação de evidente injustiça, devido ao descobrimento de um fato que se houvesse sido conhecido no momento da confecção da sentença teria o condão de alterar seu resultado, o que demonstraria a existência de um vício substancial na sentença[61].

É importante apontar que a competência de uma Corte internacional se baseia no fato de o país, no momento da ratificação de um tratado, ter assumido responsabilidades perante a comunidade internacional. Assim, no caso dos direitos humanos, o país americano que adere à Convenção assume a responsabilidade de implementar (aspecto positivo e negativo da atuação estatal) os direitos humanos perante o sistema regional protetivo. Tal noção, por si só, afasta considerações esdrúxulas de violação de soberania nacional.

Diferentemente do sistema global, percebe-se que o sistema americano de proteção (o europeu também) dispõe de uma Corte de Direitos Humanos. Tal fato possibilita que o sistema conte, para seu bom funcionamento, com decisões jurídicas vinculantes e obrigatórias. Assim, espera-se que esses sistemas acabem logrando uma maior efetividade na tarefa de bem proteger o ser humano.

O Brasil reconheceu a competência obrigatória da Corte em 8 de novembro de 2002 (Decreto nº 4.463). O reconhecimento foi feito por prazo indeterminado, mas abrange fatos ocorridos após 10 de dezembro de 1998.

11.1.2.1. Casos contenciosos do Brasil

Como o Brasil aceitou a competência da Corte (Decreto nº 4.463), ele é passível de ser condenado nessa instância internacional e já o foi. Antes de comentarmos pontualmente os casos contenciosos que envolvem o Brasil, cabe frisar que existem três tipos de sentença: sentenças de exceções preliminares, de mérito e de reparações e custas. Ademais, a Corte pode resolver numa única sentença as exceções preliminares, o mérito e as reparações e custas do caso.

Apesar de a Convenção Americana de Direitos Humanos e o Regulamento da Corte não explicarem o conceito de "exceção preliminar", em sua jurisprudência a Corte tem reiteradamente afirmado que por esse meio se questiona a admissibilidade de uma demanda ou a competência do Tribunal para conhecer determinado caso ou algum de seus aspectos, em razão da pessoa, da matéria, do tempo ou do lugar. Dessa forma, a Corte tem asseverado que uma exceção preliminar tem por finalidade obter uma decisão que previna ou impeça a análise do mérito do aspecto questionado ou do caso como um todo[62]. Relacionado ao tema, cabe enfatizar

59. Como já dito no item 6 sobre a responsabilização de Estado, é importante dizer que o artigo 28 da Convenção Americana de Direitos Humanos estabelece a cláusula federal, que em seu ponto 2 determina: "No tocante às disposições relativas às matérias que correspondem à competência das entidades componentes da federação, o governo nacional deve tomar imediatamente as medidas pertinentes, em conformidade com sua Constituição e com suas leis, a fim de que as autoridades competentes das referidas entidades possam adotar as disposições cabíveis para o cumprimento desta Convenção". Ademais, sempre o governo central responderá perante a comunidade internacional, pois é o representante do Estado como um todo, que é o único detentor de personalidade jurídica internacional. Em outras palavras, a Federação de estados ou Estado Federal é a união permanente de dois ou mais estados, na qual cada um conserva apenas a autonomia interna, pois a soberania externa é exercida por um órgão central, normalmente denominado *governo federal*. O Brasil é Estado Federal desde a Constituição Federal de 1891. Por fim, a título conclusivo, pode-se afirmar que a divisão de autonomias em relação às competências internas não interfere na responsabilização internacional.
60. Funciona como os embargos de declaração.
61. Caso Genie Lacayo, Solicitação de Revisão da sentença de 29 de janeiro de 1997 (Resolução de 13 de setembro de 1997, item 10).
62. Assim, as alegações que não tenham tal natureza, como por exemplo as que se referem ao mérito de um caso, podem ser formuladas mediante outros atos processuais previstos na Convenção Americana, mas não sob a figura de uma exceção preliminar.

que o momento processual oportuno para apresentação de exceção preliminar embasada no descumprimento do requisito de esgotamento dos recursos internos é aquele anterior à adoção do Relatório de Admissibilidade pela Comissão Interamericana, logo é considerado que se nada foi alegado junto à Comissão, fica caracterizado a desistência tácita dessa objeção.

E se mesmo assim o Estado insistir em alegar o descumprimento do requisito de esgotamento dos recursos internos perante à Corte, ficará configurado o vilipêndio ao princípio de *stoppel*, que determina a proibição de se comportar de forma contrária a sua conduta anterior (*non concedit venire contra factum proprium*). Em outras palavras, o Estado requerido estaria obrigado a levantar a objeção no primeiro momento em que fosse chamado perante a Comissão Interamericana, sob pena de ficar impedido de invocar o não esgotamento no julgamento perante a Corte Interamericana (*estoppel)*.

Cabe ainda reafirmar o dito quando do estudo do sistema global de proteção, o ônus da prova da existência de um recurso acessível e suficiente recai sobre o Estado demandado.

Ainda, no caso Escher e Outros vs. Brasil, a Corte Interamericana asseverou que o descumprimento de prazo estabelecido para apresentação de argumentos pelas partes não constitui exceção preliminar válida. Isso porque não impugna a admissibilidade da demanda nem impede que o Tribunal conheça o caso. Em outras palavras, mesmo que o Tribunal resolvesse, hipoteticamente, aceitar o pedido do Estado, não afetaria de forma alguma a competência da Corte para conhecer o mérito da controvérsia.

Cabe apontar ainda que as custas e os gastos estão compreendidos no conceito de reparação consagrado no artigo 63, ponto 1, da Convenção Americana. A Corte busca na resolução dos casos à ela submetidos a *reparação integral*, assim asseverou, na Resolução de Supervisão de Cumprimento de Sentença do caso Escher e Outros vs. Brasil, que, em determinados casos, a publicação da Sentença constitui uma medida de satisfação, a qual tem uma repercussão pública e uma natureza distinta das medidas de compensação, como a indenização pelos danos morais ordenada em beneficio das vítimas. O conteúdo da sentença deve ter uma repercussão pública proporcional ao vilipêndio sofrido. Assim, a publicação da sentença faria parte do conceito de reparação integral.

a) Caso Ximenes Lopes *versus* Brasil

Analisaremos a sentença (de 4 de julho de 2006) que resolve o mérito e as reparações e custas, todavia, deve-se lembrar que a Corte prolatou, anteriormente e em separado, uma sentença de exceção preliminar nesse caso.

A Corte foi acionada pela Comissão Interamericana de Direitos Humanos, a qual havia recebido anteriormente a denúncia. A demanda foi apresentada para que a Corte decidisse se o Brasil era responsável pela violação dos direitos consagrados nos artigos 4º (direito à vida), 5º (direito à integridade pessoal), 8º (garantias judiciais) e 25 (proteção judicial) da Convenção Americana, com relação à obrigação estabelecida no artigo 1º, ponto 1 (obrigação de respeitar os direitos), do mesmo instrumento, em detrimento do senhor Damião Ximenes Lopes, portador de deficiência mental, pelas supostas condições desumanas e degradantes de sua hospitalização; pelos alegados golpes e ataques contra a integridade pessoal; por sua morte enquanto se encontrava submetido a tratamento psiquiátrico; bem como pela suposta falta de investigação e garantias judiciais que caracterizam seu caso e o mantém na impunidade.

A Corte decidiu, no mérito e por unanimidade, pelo reconhecimento parcial da responsabilidade internacional do Brasil. Dessa maneira, declarou que o Brasil violou os direitos à vida e à integridade pessoal consagrados nos artigos 4º, ponto 1, e 5º, pontos 1 e 2, da Convenção, em relação à obrigação geral de respeitar e garantir os direitos estabelecida no artigo 1º, ponto 1, desse tratado. Por fim, violou os direitos às garantias judiciais e à proteção judicial consagrados nos artigos 8º, ponto 1, e 25, ponto 1, da Convenção, em relação ao artigo 1º, ponto 1, desse tratado.

b) Caso Nogueira de Carvalho e outro *versus* Brasil

Nesse caso, a Corte prolatou uma sentença (de 28 de novembro de 2006) que resolve as exceções preliminares e o mérito.

A Corte foi acionada pela Comissão Interamericana de Direitos Humanos, a qual havia recebido anteriormente a denúncia. A demanda foi apresentada para que a Corte decidisse se o Brasil era responsável pela violação dos direitos consagrados nos artigos 8º (garantias judiciais) e 25 (proteção judicial) da Convenção Americana, com relação à obrigação estabelecida no artigo 1º, ponto 1 (obrigação de respeitar os direitos), do mesmo instrumento, pela presumida falta de devida diligência no processo de investigação dos fatos e punição dos responsáveis pela morte de Francisco Gilson Nogueira de Carvalho e da falta de provisão de um recurso efetivo no caso.

A Corte rechaçou as exceções preliminares (incompetência *ratione temporis* da Corte para conhecer desse caso e não esgotamento dos recursos da jurisdição interna) interpostas pelo Estado e, no mérito, decidiu, por unanimidade, pelo arquivamento do expediente, pois, em virtude do limitado suporte fático de que dispõe a Corte, não ficou demonstrado que o Brasil tenha violado no citado caso os direitos às garantias judiciais e à proteção judicial consagrados nos artigos 8º e 25 da Convenção Americana de Direitos Humanos.

c) Caso Escher e outros *versus* Brasil

Nesse caso, a Corte prolatou uma sentença (de 6 de julho de 2009) que resolve as exceções preliminares, o mérito e as reparações e custas.

A Corte foi acionada pela Comissão Interamericana de Direitos Humanos, a qual havia recebido anteriormente uma petição apresentada pelas organizações Rede Nacional de Advogados Populares e Justiça Global em nome dos membros das organizações Cooperativa Agrícola de Conciliação Avante Ltda. (Coana) e Associação Comunitária de Trabalhadores Rurais (Adecon), em função da alegada interceptação e monitoramento ilegal de linhas telefônicas, realizada pela Polícia Militar do estado do Paraná, bem como a divulgação das conversas telefônicas, a denegação de justiça e de reparação adequada.

A demanda foi apresentada para que a Corte decidisse se o Brasil era responsável pela violação dos artigos 8º, ponto 1 (garantias judiciais), 11 (proteção da honra e da dignidade), 16 (liberdade de associação) e 25 (proteção judicial) da Convenção Americana, em relação à obrigação geral de respeito e garantia dos direitos humanos e ao dever de adotar medidas de direito interno, previstos, respectivamente, nos artigos 1º, ponto 1, e 2º do referido tratado, também em consideração às diretrizes emergentes da cláusula federal contida no artigo 28 do mesmo instrumento.

O Brasil interpôs três exceções preliminares; a Corte descaracterizou uma e rechaçou as outras, declarando-se, assim, competente para conhecer o caso. No mérito, a Corte decidiu, por unanimidade, que o Brasil violou o direito à vida privada e o direito à honra e à reputação reconhecidos no artigo 11 em relação com o artigo 1º, ponto 1, da Convenção Americana, pela interceptação, gravação e divulgação das conversas telefônicas; o direito à liberdade de associação reconhecido no artigo 16 em relação com o artigo 1º, ponto 1, da Convenção; os direitos às garantias judiciais e à proteção judicial reconhecidos nos artigos 8º, ponto 1, e 25 em relação com o artigo 1º, ponto 1, da Convenção; e, por fim, decidiu que o Brasil não descumpriu a cláusula federal estabelecida no artigo 28 em relação com os artigos 1º, ponto 1, e 2º da Convenção.

Cabe lembrar que, depois dessa sentença, foi feito um pedido para que a Corte interpretasse o alcance de um ponto resolutivo da sentença, pois, como já dito, em caso de divergência sobre o sentido ou alcance da sentença, a Corte interpretá-la-á, a pedido de qualquer das partes, desde que este seja apresentado dentro de 90 dias a partir da data da notificação da sentença.

d) Caso Garibaldi *versus* Brasil

Nesse caso, a Corte prolatou uma sentença (de 23 de setembro de 2009) que resolve as exceções preliminares, o mérito e as reparações e custas.

A Corte foi acionada pela Comissão Interamericana de Direitos Humanos, a qual havia recebido anteriormente uma petição apresentada pelas organizações Justiça Global, Rede Nacional de Advogados e Advogadas Populares (Renap) e Movimento dos Trabalhadores Rurais Sem Terra (MST) em nome de Sétimo Garibaldi e seus familiares.

A demanda foi apresentada para que a Corte decidisse se o Brasil era responsável pela violação dos artigos 8º (garantias judiciais) e 25 (proteção judicial) da Convenção Americana, com relação à obrigação geral de respeito e garantia dos direitos humanos e ao dever de adotar medidas legislativas e de outro caráter no âmbito interno, previstos, respectivamente, nos artigos 1º, ponto 1, e 2º do referido tratado, também em consideração às diretrizes emergentes da cláusula federal contida no artigo 28 do mesmo instrumento.

O Brasil interpôs quatro exceções preliminares; a Corte admitiu parcialmente a exceção preliminar de incompetência *ratione temporis* para examinar supostas violações ocorridas antes do reconhecimento de sua competência pelo Brasil[63] e não aceitou as outras.

No mérito, a Corte decidiu, por unanimidade, que o Brasil violou os direitos às garantias judiciais e à proteção judicial reconhecidos nos artigos 8º, ponto 1, e 25, ponto 1, em relação com o artigo 1º, ponto 1, da Convenção Americana, e não descumpriu a cláusula federal estabelecida no artigo 28 em relação com os artigos 1º, ponto 1, e 2º da Convenção Americana.

e) Caso Gomes Lund e outros (Guerrilha do Araguaia) *versus* Brasil

Nesse caso, a Corte prolatou uma sentença (de 24 de novembro de 2010) que resolve as exceções preliminares, o mérito e as reparações e custas.

A Corte foi acionada pela Comissão Interamericana de Direitos Humanos, a qual havia recebido anteriormente uma petição apresentada pelo Centro pela Justiça e o Direito Internacional (Cejil) e pela *Human Rights Watch/Americas*, em nome de pessoas desaparecidas no contexto da Guerrilha do Araguaia e seus familiares.

Essa demanda se refere à alegada responsabilidade do Brasil pela detenção arbitrária, tortura e desaparecimento forçado de 62 pessoas, entre membros do Partido Comunista do Brasil e camponeses da região, resultado de operações do Exército brasileiro empreendidas entre 1972 e 1975 com o objetivo de erradicar a Guerrilha do Araguaia, no contexto da ditadura militar (1964-1985). Assim, foi apresentada para que a Corte decidisse se o Brasil era responsável pela violação dos direitos estabelecidos nos artigos 3º (direito ao reconhecimento da personalidade jurídica), 4º (direito à vida), 5º (direito à integridade pessoal), 7º (direito à liberdade pessoal), 8º (garantias judiciais), 13 (liberdade de pensamento e expressão) e 25 (proteção judicial), da Convenção Americana de Direitos Humanos, em conexão com as obrigações previstas nos artigos 1º, ponto 1 (obrigação geral de respeito e garantia dos direitos humanos), e 2º (dever de adotar disposições de direito interno) da mesma Convenção.

O Brasil interpôs quatro exceções preliminares; a Corte admitiu parcialmente a exceção preliminar de falta de competência temporal da Corte para examinar supostas violações ocorridas antes do reconhecimento de sua competência pelo Brasil e não aceitou as outras.

63. Lembrando que o Brasil reconheceu a competência obrigatória da Corte em 08.11.2002 (Decreto nº 4.463). O reconhecimento foi feito por prazo indeterminado, mas abrange fatos ocorridos após 10.12.1998.

Antes de comentarmos a decisão sobre o mérito, cabe apontar que o caráter contínuo ou permanente do desaparecimento forçado de pessoas foi reconhecido de maneira reiterada pelo Direito Internacional dos Direitos Humanos, no qual o ato de desaparecimento e sua execução se iniciam com a privação da liberdade da pessoa e a subsequente falta de informação sobre seu destino, e permanecem até quando não se conheça o paradeiro da pessoa desaparecida e os fatos não tenham sido esclarecidos. A Corte, portanto, é competente para analisar os alegados desaparecimentos forçados das supostas vítimas a partir do reconhecimento de sua competência contenciosa efetuado pelo Brasil; só não foi em relação à alegada execução extrajudicial da senhora Maria Lúcia Petit da Silva, cujos restos mortais foram identificados em 1996, ou seja, dois anos antes de o Brasil reconhecer a competência contenciosa da Corte.

No mérito, a Corte decidiu, por unanimidade, que as disposições da Lei de Anistia brasileira (nº 6.683/1979) que impedem a investigação e sanção de graves violações de direitos humanos são incompatíveis com a Convenção Americana[64] (controle de convencionalidade internacional), como também que o Brasil é responsável pelo desaparecimento forçado e, portanto, pela violação dos direitos ao reconhecimento da personalidade jurídica, à vida, à integridade pessoal e à liberdade pessoal em relação com o artigo 1º, ponto 1, desse instrumento. Ademais, decidiu que o Brasil descumpriu a obrigação de adequar seu direito interno à Convenção Americana de Direitos Humanos, contida em seu artigo 2º, em relação aos artigos 8º, ponto 1, 25 e 1º, ponto 1, do mesmo instrumento. E ainda declarou o Brasil responsável pela violação do direito à liberdade de pensamento e de expressão consagrado no artigo 13 da Convenção, em relação com os artigos 1º, ponto 1, 8º, ponto 1, e 25 desse instrumento. Também foi declarada a responsabilidade do Brasil pela violação do direito à integridade pessoal, consagrado no artigo 5º, ponto 1, da Convenção, em relação com o artigo 1º, ponto 1, desse mesmo instrumento, em prejuízo dos familiares.

Cabe sublinhar que nessa decisão a Corte definiu que o dever de investigar e punir os responsáveis pela prática de desaparecimentos forçados possui caráter de *jus cogens*.

Por fim, Roberto Caldas, juiz *ad hoc* indicado pelo Brasil, destacou, em seu voto concordante em separado, o papel da Corte no controle de convencionalidade internacional: "se aos tribunais supremos ou aos constitucionais nacionais incumbe o controle de constitucionalidade e a última palavra judicial no âmbito interno dos Estados, à Corte Interamericana de Direitos Humanos cabe o controle de convencionalidade e a última palavra quando o tema encerre debate sobre direitos humanos. É o que decorre do reconhecimento formal da competência jurisdicional da Corte por um Estado, como o fez o Brasil[65]".

11.1.3. Resumo dos prazos

Para facilitar a memorização dos prazos que limitam a utilização do sistema protetivo americano, faremos um esquema explicitando-os didaticamente:

- ✔ **Provocação da Comissão Interamericana de Direitos Humanos:** a comunicação do Estado-parte ou a petição do indivíduo (considerando terceiras pessoas ou organizações que representem o indivíduo lesionado) devem ser apresentadas *dentro do prazo de seis meses*, a partir da data em que o presumido prejudicado em seus direitos tenha sido notificado da decisão definitiva exarada no sistema protetivo nacional.
- ✔ **Provocação da Corte Interamericana de Direitos Humanos:** a submissão do caso pelo Estado ou pela Comissão deve ocorrer *dentro do prazo de três meses* contados da data de envio do relatório, pela Comissão, aos Estados interessados.
- ✔ **Provocação da Corte Interamericana de Direitos Humanos II:** o pedido de interpretação da sentença (poderá ser formulado em relação às exceções preliminares, mérito ou reparações e custas), feito por qualquer das partes, deve ocorrer *dentro do prazo de 90 dias* a partir da data da notificação da sentença.

11.1.4. Opiniões consultivas[66]

A Convenção Americana de Direitos Humanos, ao permitir que os Estados-membros e os órgãos da OEA solicitem opiniões consultivas, cria um sistema paralelo ao do artigo 62 da Convenção e oferece um método judicial alternativo de caráter consultivo, destinado a ajudar os Estados e os órgãos a cumprir e a aplicar tratados em matéria de direitos humanos, sem submeter-se ao formalismo e ao sistema de sanções que caracteriza o processo contencioso[67]. Mais especificamente e consoante já dito a respeito da competência consultiva, "a Corte Interamericana de Direitos Humanos emite pareceres consultivos (ou opiniões consultivas) de duas espécies: os pareceres interpretativos de tratados de direitos humanos do

64. A Corte já tinha decidido nesse sentido, onde ganha destaque o conhecido caso Barrios Altos do Peru. Na sentença prolatada no mencionado caso, datado do dia 14 de maio de 2001, pode-se sublinhar a seguinte passagem: "são inadmissíveis as disposições de anistia, as de prescrição e o estabelecimento de leis excludentes de responsabilidade que pretendam impedir a investigação e sanção dos responsáveis pelas violações graves de direitos humanos, tais como a tortura, as execuções sumárias, extralegais ou arbitrárias e os desaparecimentos forçados, todos eles proibidos por transgredir direitos inderrogáveis reconhecidos pelo Direito Internacional dos Direitos Humanos". (tradução minha)

65. Página 3, ponto 5, do voto concordante em separado do juiz *ad hoc* Roberto Caldas.

66. Função exercida com base no artigo 64, pontos 1 (consulta geral) e 2 (consulta particular), da Convenção Americana de Direitos Humanos.

67. Opinião Consultiva 3/83, de 8 de setembro de 1983, item 43.

sistema interamericano e os pareceres sobre a compatibilidade entre leis ou projetos de lei internos (segundo a decisão da Corte no Parecer Consultivo n. 12/91) e a Convenção Americana de Direitos Humanos[68]".

Em relação ao dito acima, cabe reproduzir importante distinção arquitetada por André de Carvalho Ramos: "Os pareceres interpretativos de normas americanas de direitos humanos *compõem o controle de interpretação* das citadas normas, demonstrando a orientação em *abstrato* da Corte para os operadores internos do Direito. Já os pareceres sobre a compatibilidade de leis ou projetos de leis internos com a Convenção formam o *controle de convencionalidade em abstrato* estipulado pelo Pacto de San José. Ambos os controles prescindem de litígio ou de vítimas, mas, em contrapartida, os pareceres são considerados como não vinculantes[69]".

Sem embargo, a Corte já reconheceu que considera inadmissível solicitação de consulta que conduza ao desvirtuamento da jurisdição contenciosa da Corte ou, em geral, à debilitação ou alteração do sistema previsto pela Convenção, de maneira a tornar mitigados os direitos das vítimas de eventuais violações de direitos humanos[70].

Por fim, o artigo 15, ponto 1, do Regulamento da Corte dispõe expressamente que o voto de cada juiz será afirmativo ou negativo, sem abstenções. Essa circunstância descarta totalmente a possibilidade de uma abstenção sobre o mérito. No mais, as decisões da Corte serão adotadas por maioria dos juízes presentes no momento da votação (ponto 3 do art. 15) e em caso de empate o voto do Presidente decidirá o caso (ponto 4 do art. 15)[71].

Seguem breves análises sobre as opiniões consultivas já confeccionadas pela Corte Interamericana de Direitos Humanos.

11.1.4.1. Opinião Consultiva 01/1982

Foi solicitada pelo governo do Peru com o objetivo de esclarecer o significado da frase "ou de outros tratados concernentes à proteção dos direitos humanos nos Estados americanos", constante do artigo 64 da Convenção Americana de Direitos Humanos.

De maneira mais específica, o governo peruano formulou a pergunta e enumerou três possíveis respostas: **a)** somente os tratados adotados dentro do marco do sistema interamericano; **b)** ou os tratados concluídos unicamente entre os Estados americanos, ou seja, a referência está limitada aos tratados de que são partes exclusivamente os Estados americanos; **c)** ou todos os tratados de que um ou mais Estados americanos são partes.

Essa consulta teve por escopo último a determinação do âmbito de abrangência da competência consultiva da Corte, isto é, saber quais são os limites dessa competência.

A Corte, por unanimidade, decidiu que possui competência consultiva sobre toda disposição, concernente à proteção dos direitos humanos, de qualquer tratado internacional aplicável aos Estados americanos, independentemente de ser bilateral ou multilateral, de qual seja seu objeto principal ou de que tenha ou possa ter Estados-partes estranhos ao sistema interamericano. Também decidiu, por unanimidade, que, por razões determinantes expressas em decisão motivada, a Corte poderá abster-se de responder a uma consulta se averiguar que, nas circunstâncias do caso, a petição exceda os limites de sua função consultiva, seja porque o assunto indagado se refere principalmente a compromissos internacionais contraídos por um Estado não americano ou à estrutura de funcionamento de órgãos ou organismos internacionais estranhos ao sistema interamericano, cujo trâmite da solicitação possa conduzir a uma alteração ou debilitação, em prejuízo do ser humano, do regime previsto pelo Pacto de San José da Costa Rica; ou até por outra razão análoga.

11.1.4.2. Opinião Consultiva 02/1982

Foi solicitada pela Comissão Interamericana de Direitos Humanos com o objetivo de obter respostas para a seguinte indagação: a partir de que momento se entende que um Estado é parte da Convenção Americana de Direitos Humanos? Quando ratificar ou aderir à Convenção com uma ou mais reservas; a partir da data do depósito de seu instrumento de ratificação ou adesão; ou após o termo do prazo previsto no artigo 20 da Convenção de Viena sobre o Direito dos Tratados?

A Comissão sustentava a necessidade de interpretação dos artigos 74 e 75 da Convenção Americana de Direitos Humanos para o perfeito cumprimento dessa solicitação.

Antes de qualquer definição sobre o tema suscitado, a Corte reforçou, com base no artigo 64 da Convenção Americana de Direitos Humanos, sua competência para emitir a opinião consultiva solicitada pela Comissão. Cabe aqui destacar que o artigo 1º do Estatuto da Corte determina que a Corte é uma instituição judicial autônoma cujo objetivo é a interpretação e aplicação da Convenção Americana de Direitos Humanos.

Outra questão preliminar é a legitimidade da Comissão para formular dado pedido de opinião consultiva. A Corte apontou, sem maiores discussões, a existência de tal legitimidade e, por unanimidade, decidiu que a Convenção entra em vigência, no Estado que a tenha ratificado ou a ela aderido com ou sem reservas, na data do depósito do instrumento de ratificação ou adesão.

11.1.4.3. Opinião Consultiva 03/1983

Foi solicitada pela Comissão Interamericana de Direitos Humanos e teve por fito a determinação da correta interpretação do artigo 4º da Convenção Americana de Direitos Humanos.

68. RAMOS, André de Carvalho. **Teoria geral dos direitos humanos na ordem internacional**. 2. ed. São Paulo: Saraiva, 2012. p. 244.
69. **Teoria geral dos direitos humanos na ordem internacional**. 2. ed. São Paulo: Saraiva, 2012. p. 244.
70. Opinião Consultiva 1/82, de 24 de setembro de 1982, item 31.
71. Essa regulação das decisões e votações também é observada no exercício da competência contenciosa da Corte.

De maneira mais específica, foram formuladas estas perguntas: **a)** pode um governo aplicar a pena de morte para delitos que ainda não tivessem previsto a dita sanção na legislação interna, no momento da entrada em vigor da Convenção Americana de Direitos Humanos nesse Estado?; **b)** pode um governo, com base numa reserva feita, no momento da ratificação, ao artigo 4º, ponto 4, da Convenção, legislar depois da entrada em vigor da Convenção para impor a pena de morte aos delitos que não comportavam essa sanção quando foi efetuada a ratificação?

O governo da Guatemala[72] apresentou objeção à competência da Corte em exarar opinião consultiva nesse caso, pois se trata de verdadeiro "contencioso encoberto" e sabe-se que a competência contenciosa da Corte só pode ser exercida em relação aos Estados-partes da Convenção que expressa e inequivocamente tenha aceitado essa competência da Corte (artigo 62 da Convenção Americana de Direitos Humanos). Mas a Corte afastou tal pretensão e demonstrou que essa política decisória está em consonância com a jurisprudência da Corte Internacional de Justiça (CIJ). Cabe transcrever o trecho que caracteriza bem a jurisprudência da CIJ:

> "Com essa procedência, a Corte de Haia reconheceu que a opinião consultiva poderia eventualmente afetar os interesses de Estados que não tenham aceitado a competência contenciosa e que não estejam dispostos a litigar sobre o assunto. A questão decisiva sempre foi saber se o órgão solicitante tem interesse legítimo na obtenção da opinião com a finalidade de orientar suas ações futuras[73]".

A Comissão possui legítimo interesse porque uma de suas funções é enviar recomendações aos Estados-partes da Convenção Americana de Direitos Humanos ou até mesmo aos Estados-membros da OEA.

Por unanimidade, a Corte assim respondeu às perguntas formuladas pela Comissão: **a)** a Convenção Americana de Direitos Humanos proíbe peremptoriamente a extensão da pena de morte. Assim, não pode o governo de um Estado-parte aplicar a pena de morte a delitos para os quais não estava prevista essa sanção na legislação interna; **b)** uma reserva limitada por seu próprio texto ao artigo 4º, ponto 4, da Convenção não permite que governo de um Estado-parte legisle posteriormente para estender a aplicação da pena de morte a delitos que não comportavam tal sanção.

O juiz hondurenho Carlos Roberto Reina exarou opinião separada. Em seu voto, concordou com a posição da Corte, mas apresentou proposta de redação para a segunda resposta da Corte: "uma reserva limitada por seu próprio texto ao artigo 4º, ponto 4, da Convenção não permite que o governo de um Estado-parte, como pretendia o da Guatemala, legisle posteriormente para estender a aplicação da pena de morte a delitos que não comportavam tal sanção".

Também apresentou opinião separada o juiz costa-riquenho Rodolfo Piza Escalante, concordando com a posição da Corte e proferindo uma resposta mais completa e direta. Ele fechou seu voto afirmando que a reserva formulada pelo governo da Guatemala no momento da ratificação da Convenção somente permite ao país aplicar a pena de morte aos delitos comuns conexos com os políticos que já contemplavam referida sanção e não pode o governo invocar tal reserva para estender sua aplicação a novos delitos, independentemente da natureza que possuírem.

11.1.4.4. Opinião Consultiva 04/1984

Foi solicitada pelo governo da Costa Rica com o objetivo de esclarecer se era compatível com o sistema protetivo americano a alteração de certos dispositivos (artigos 14 e 15 – "nacionalidade") da Constituição Política da Costa Rica.

Como visto, a Corte pode fazer análise de compatibilidade entre a legislação doméstica de um país-membro da OEA e o sistema protetivo americano, com o escopo de harmonizá-los.

Mais precisamente, o governo da Costa Rica, originariamente indagado pela Comissão de Reforma dos artigos 14 e 15 da Constituição, buscava saber se existia alguma incompatibilidade entre as reformas propostas[74] e os artigos 17, ponto 4, 20, pontos 1, 2 e 3, e 24 da Convenção Americana de Direitos Humanos.

72. O governo da Guatemala apresentou reserva ao artigo 4º, ponto 4, da Convenção Americana de Direitos Humanos no momento de sua ratificação.
73. Trecho do ponto 40 da Opinião Consultiva 03/83 da Corte Interamericana de Direitos Humanos.

74. Segue a proposta de reforma constitucional dos artigos 14 e 15 da Constituição da Costa Rica:
"Artigo 14 – São costa-riquenhos por naturalização:
1) Os que tenham adquirido essa qualidade em virtude de leis anteriores;
2) Os nacionais de outros países da América Central, os espanhóis e os latino-americanos por nascimento, com cinco anos de residência oficial no país e que cumpram com os demais requisitos que determina a lei;
3) Os nacionais de outros países da América Central, os espanhóis e os latino-americanos que não sejam por nascimento e os demais estrangeiros que tenham residido oficialmente por um período mínimo de sete anos e que cumpram com os demais requisitos que determina a lei;
4) A mulher estrangeira que, ao se casar com um costa-riquenho perde sua nacionalidade ou que estando casada dois anos com um costa-riquenho e tenha esse mesmo período de residência no país, manifeste seu desejo de adquirir nossa nacionalidade; e
5) Aqueles que receberam a nacionalidade honorífica da Assembleia Legislativa.
Artigo 15 – Quem solicita a naturalização deve provar ter boa conduta, demonstrar que tem trabalho ou meio de viver conhecido, que sabe falar, escrever e ler no idioma espanhol. E se submeterá a um exame compreensivo sobre a história do país e seus valores, devendo, mesmo assim, prometer que residirá no território nacional de modo regular e jurar que respeitará a ordem constitucional da República.
Por meio de lei se estabelecerão os requisitos e a forma de tramitação do pedido de naturalização".

Dentro dessa indagação geral de aferimento de compatibilidade, o governo da Costa Rica formulou as seguintes perguntas específicas: **a)** o direito de toda pessoa ter uma nacionalidade estipulado no artigo 20, ponto 1, da Convenção é afetado pelas modificações propostas nos artigos 14 e 15 da Constituição da Costa Rica?; **b)** a reforma proposta no ponto 4 do artigo 14 é compatível com o artigo 17, ponto 4, da Convenção Americana de Direitos Humanos, no tocante à igualdade entre os cônjuges?

Na apreciação da admissão do pedido de análise de compatibilidade, a Corte pela primeira vez definiu certas posições. Por exemplo, a expressão "leis internas", sem qualquer ressalva ou sem que do seu contexto resulte um sentido mais restringido, significa toda a legislação nacional e todas as normas jurídicas, independentemente de sua natureza, incluindo disposições constitucionais.

Também enfrentou a questão sobre a possibilidade de o pedido de análise de compatibilidade versar sobre um projeto de reforma constitucional, e não sobre uma lei interna vigente. Nesse caso, decidiu-se, por bom senso, pela possibilidade de dada consulta, até porque, conforme assinalado na Opinião Consultiva 03/83, o processo consultivo está destinado a ajudar os Estados e os órgãos da OEA no cumprimento e na aplicação dos tratados de direitos humanos, sem submetê-los ao formalismo e ao sistema de sanções que caracteriza o processo contencioso.

A Corte assim decidiu:

<u>Em relação ao artigo 20 da Convenção,</u>

a) por cinco votos contra um[75], que o direito à nacionalidade, reconhecido pelo artigo 20 da Convenção, não foi respeitado pelo projeto de reforma constitucional, objeto da consulta.

<u>Em relação aos artigos 24 e 17, ponto 4, da Convenção,</u>

b) por unanimidade, que não constitui discriminação contrária à Convenção Americana estipular condições preferenciais para obtenção da nacionalidade costa-riquenha, por naturalização, em benefício dos americanos, latino-americanos e espanhóis, em detrimento dos demais estrangeiros.

c) por cinco votos contra um[76], que não constitui discriminação contrária à Convenção Americana limitar essa preferência aos americanos, latino-americanos e espanhóis de nascimento.

d) por cinco votos contra um[77], que não constitui, em si, discriminação contrária à Convenção Americana agregar os requisitos do artigo 15 do projeto ao procedimento para obtenção da nacionalidade costa-riquenha por naturalização.

e) por unanimidade, que constitui discriminação incompatível com os artigos 17, ponto 4, e 24 da Convenção Americana estipular no artigo 14, ponto 4, do projeto de reforma constitucional condições preferenciais para a naturalização por matrimônio em benefício de apenas um dos cônjuges.

O juiz estadunidense Thomas Buergenthal exarou voto divergente em relação ao item *c* da decisão da Corte, argumentando que o projeto de reforma constitucional, se for adotado, violará o artigo 24 da Convenção Interamericana por estabelecer uma distinção discriminatória entre os americanos, espanhóis e latino-americanos que possuem essas nacionalidades por nascimento e aqueles que adquiriram por naturalização. Assim, a distinção feita no artigo 14 do projeto de reforma constitucional entre nacionais por nascimento e nacionais por naturalização é incompatível com o artigo 24 da Convenção Americana.

Também apresentou voto divergente o juiz costa-riquenho Rodolfo Piza Escalante em relação aos itens *a* e *d* e acrescentou uma consideração não enfrentada pela Corte. Seguem algumas considerações do juiz em seu voto apartado: configura discriminação contrária à Convenção exigir o conhecimento do idioma espanhol para fins de leitura e escrita, assim como o requisito adicional de realização de uma prova sobre a história do país e seus valores. Sua aplicação levaria a exclusões e distinções arbitrárias entre pessoas e grupos humanos determinados. Também configura discriminação incompatível com os artigos 17, ponto 4, e 24 da Convenção Americana a estipulação de condições preferenciais para a naturalização por matrimônio em favor de apenas um dos cônjuges. Essa discriminação estaria superada mediante a substituição do termo "mulher estrangeira" por "pessoa estrangeira".

Para o juiz costa-riquenho, não configura, em si, discriminação contrária à Convenção, embora seja uma pouco convincente regressão, condicionar a concessão da naturalização voluntária em função do matrimônio a requisitos adicionais de dois anos de matrimônio e de residência no país, concorrentemente. No entanto, essa proposição parece incorrer diretamente em incompatibilidade com o direito de nacionalidade reconhecido no artigo 20, ponto 1, da Convenção Americana, assim como também em relação ao princípio da unidade da família, referido nos direitos consagrados no artigo 17, pontos 1 e 2, da mesma Convenção, ao impor por dois anos um impedimento desarrazoado e um obstáculo grave ao interesse natural dos cônjuges no fortalecimento daquela unidade familiar.

11.1.4.5. Opinião Consultiva 05/1985

Foi solicitada pelo governo da Costa Rica com o objetivo de aclarar a correta interpretação dos artigos 13 e 29 da Convenção Americana de Direitos Humanos, tendo por base o licenciamento obrigatório dos jornalistas e a

75. O juiz costa-riquenho Rodolfo E. Piza Escalante apresentou voto divergente.
76. O juiz estadunidense Thomas Buergenthal apresentou voto divergente.
77. O juiz costa-riquenho Rodolfo E. Piza Escalante apresentou voto divergente.

compatibilidade da Lei nº 4.420/1969[78] (Lei Orgânica do Sindicato de Jornalistas da Costa Rica) com os artigos 13 e 29 do Pacto de San José da Costa Rica.

A questão era saber se o licenciamento obrigatório como condição para o exercício do jornalismo estava permitido ou compreendido nas limitações à liberdade de pensamento e expressão contidas nos artigos 13 e 29 da Convenção. Ou seja, se havia compatibilidade entre as normas internas e os artigos da Convenção.

Em primeiro lugar, a Corte decidiu, por unanimidade, que o licenciamento obrigatório de jornalistas, enquanto impeça o acesso de qualquer pessoa ao uso pleno dos meios de comunicação social como veículo para expressar-se ou transmitir opinião, é incompatível com o artigo 13 da Convenção Americana de Direitos Humanos.

Por último, a Corte também decidiu por unanimidade que a Lei nº 4.420/1969, enquanto impeça certas pessoas de pertencer ao Sindicato de Jornalistas e, por consequência, o uso pleno dos meios de comunicação social como veículo para expressar-se e transmitir opinião, é incompatível com o artigo 13 da Convenção Americana de Direitos Humanos.

O juiz colombiano Rafael Nieto Navia exarou opinião separada em que estabelece outro paradigma (artigo 16 da Convenção) para análise de compatibilidade da Lei nº 4.420/1969 diante da Convenção Americana de Direitos Humanos. Assim, termina seu voto separado defendendo, como o fez a Corte, a incompatibilidade da Lei nº 4.420/1969 em relação à Convenção, mais precisamente em seu artigo 16 (liberdade de associação), pois cria restrições não permitidas pelo citado artigo.

Também apresentou opinião separada o juiz costa-riquenho Rodolfo Piza Escalante, em que concordou com as duas conclusões da Corte, mas acrescentou, em caráter de opinião separada, outras considerações. A primeira assevera que o licenciamento dos jornalistas em geral e o que estabelece a Lei nº 4.420/1969 em particular são incompatíveis também com o artigo 13 da Convenção enquanto impõe uma licença ou autorização prévia para o exercício da profissão, que equivale a uma restrição prévia ao exercício da liberdade de expressão (não autorizada pelo artigo 13, ponto 2, da Convenção). A outra consideração tem o condão de mostrar as outras violações à liberdade de expressão que o licenciamento obrigatório ocasiona e em especial a Lei nº 4.420/1969 suscita. São elas: **a)** a outorga ao Sindicato de Jornalistas de atribuições para estabelecer restrições e sanções que não estão taxativamente definidas em lei viola o artigos 13, ponto 2, e 9º (legalidade penal), ambos da Convenção Americana de Direitos Humanos; **b)** não se justifica a imposição de restrições derivadas da obrigação de associar-se para fins sindicais e outras que não são necessárias para assegurar o respeito aos direitos ou a reputação dos demais, nem para a proteção da segurança nacional, da ordem pública ou da saúde ou moral públicas em uma sociedade democrática, como dispõe de forma restritiva o artigo 13, ponto 2, da Convenção, em sintonia com os valores fundamentais do sistema protetivo inaugurado pela Convenção Americana de Direitos Humanos.

Por fim, e em razão do dito no item *b* de sua conclusão, o juiz Escalante aderiu também à opinião separada confeccionada pelo juiz Nieto, com a ressalva de que o Sindicato de Jornalistas exerce funções de caráter público que não estão enumeradas no artigo 1º de sua Lei Orgânica.

11.1.4.6. Opinião Consultiva 06/1986

Foi solicitada pelo governo da República Oriental do Uruguai com o objetivo de aclarar o alcance da expressão "leis" empregada no artigo 30 da Convenção Americana de Direitos Humanos. Mais precisamente, buscava-se saber se a expressão "leis" se referia a um sentido formal – norma jurídica emanada do Legislativo e promulgada pelo Poder Executivo, respeitados os procedimentos estabelecidos na Constituição – ou a um sentido material, como sinônimo de ordenamento jurídico, prescindindo do procedimento de elaboração e da classificação normativa que poderia ter na escala hierárquica da respectiva ordem jurídica.

A Corte, por unanimidade, decidiu que a palavra "leis" constante do artigo 30 da Convenção significa norma jurídica de caráter geral, ligada ao bem comum, emanada dos órgãos legislativos constitucionalmente previstos e democraticamente eleitos, além de elaborada segundo o procedimento estabelecido pelas constituições dos Estados-partes para a formação das leis.

11.1.4.7. Opinião Consultiva 07/1986

Foi solicitada pelo governo da Costa Rica com o objetivo de aclarar a devida interpretação e alcance do artigo 14, ponto 1, da Convenção Americana de Direitos Humanos, tendo por base os artigos 1º, ponto 1, e 2º da mesma Convenção.

A Corte esclareceu que a consulta comportava duas questões com significados diversos. A primeira reside em precisar a interpretação do artigo 14, ponto 1, da Convenção, tendo por base o artigo 1º, ponto 1. Por sua vez, a outra questão tem a ver com a aplicação do artigo 14, ponto 1, no âmbito jurídico interno da Costa Rica. A Corte apenas respondeu a primeira questão em função do disposto no artigo 64, ponto 1, da Convenção. Ou seja, a segunda questão encontrava-se fora do âmbito da competência consultiva da Corte.

A Corte decidiu, por quatro votos contra três[79], admitir a consulta formulada pelo governo da Costa Rica.

Em relação ao mérito, a Corte decidiu que:

a) por unanimidade, o artigo 14, ponto 1, da Convenção reconhece um direito de retificação ou resposta internacionalmente exigível. E, em respeito ao artigo

78. Essa lei estabelece o licenciamento obrigatório de seus membros para poder exercer o jornalismo.

79. Discordam os juízes Buergenthal, Nieto Navia e Nikken.

1º, ponto 1, da Convenção, os Estados-partes têm a obrigação de respeitar e garantir seu livre e pleno exercício a todas as pessoas que estejam sob sua jurisdição;

b) por unanimidade, quando o direito consagrado no artigo 14, ponto 1, da Convenção não puder ser efetivo dentro do ordenamento jurídico de um Estado-parte, esse Estado tem a obrigação, em virtude do artigo 2º da Convenção, de adotar, com supedâneo em seus procedimentos constitucionais e das disposições da própria Convenção, as medidas legislativas ou de outro caráter necessárias para dar efetividade ao mandamento do artigo 14, ponto 1;

c) por seis votos contra um[80], a palavra "lei", tal como empregada no artigo 14, ponto 1, está relacionada às obrigações assumidas pelos Estados-partes no artigo 2º e, por conseguinte, as medidas que o Estado-parte deve adotar compreendem todas as disposições internas adequadas, consoante o respectivo sistema jurídico, para garantir o livre e pleno exercício do direito consagrado no artigo 14, ponto 1. Mas, quando tais medidas restringirem um direito reconhecido pela Convenção, será necessária a existência de uma lei formal.

O juiz uruguaio Héctor Gros Espiell exarou opinião separada em que reafirmou sua concordância com a opinião consultiva emitida pela Corte no caso. Mas ressalvou que a Corte deveria ter analisado outros critérios no desenvolvimento de sua fundamentação. Mais precisamente, elucidou que o direito de retificação ou resposta seria mais bem definido e compreendido quando relacionado com outros direitos reconhecidos pela Convenção, tendo por base as obrigações que os Estados-partes assumiram, como corolário do disposto nos artigos 1º, ponto 1, e 2º da Convenção Americana de Direitos Humanos.

Os juízes Rafael Nieto Navia e Pedro Nikken apresentaram opinião divergente conjunta no que tange à admissibilidade da consulta. As razões por eles apresentadas são as seguintes:

a) a função da Corte não é interpretar o direito interno, mas o direito internacional. No caso da jurisdição contenciosa, o âmbito de análise são as próprias disposições da Convenção; no caso da competência consultiva, o âmbito é formado pela Convenção e outros tratados concernentes à proteção dos direitos humanos nos Estados americanos (em conformidade com a Opinião Consultiva n. 01/82, p. 42);

b) não obstante o dito no item anterior, deve-se reconhecer que o direito interno dos Estados americanos não é completamente alheio à consideração da Corte. No âmbito de sua competência contenciosa, a Corte pode ser chamada a decidir tendo por base o direito interno de um Estado-parte, na medida em que sua aplicação pode dar causa a determinada violação das obrigações que o mesmo Estado assumiu em virtude da Convenção. Todavia, para resolver a questão central, deveria a Corte decidir se a Convenção foi violada ou não, de modo que são as regras da Convenção que deveriam ser interpretadas para a correta definição de seu alcance e determinação da ocorrência ou não de violação;

c) também no âmbito de sua competência consultiva, conforme o que dispõe o artigo 64, ponto 2, da Convenção, a Corte tem a função, diante da solicitação de qualquer Estado-membro da OEA, de pronunciar-se sobre a compatibilidade de determinada lei de certo Estado com a Convenção Americana de Direitos Humanos ou outros tratados concernentes à proteção dos direitos humanos nos Estados americanos. Trata-se de uma função que tem o propósito de ajudar os Estados-membros da OEA no cumprimento de suas obrigações internacionais em relação aos direitos humanos, especificamente no que tange à adequação de seu ordenamento interno à Convenção Americana de Direitos Humanos;

d) mas, mesmo nesse caso, a interpretação da Corte tem de se referir, no essencial, à Convenção ou a outros tratados referentes à proteção dos direitos humanos, ou seja, ao direito internacional. Trata-se, novamente, de estabelecer o alcance da garantia oferecida pelo tratado submetido à interpretação. Realizada essa tarefa, cabe comparar o resultado da interpretação com o conteúdo de uma lei interna para determinar em que medida existe contradição entre essa lei e o compromisso internacional assumido pelo Estado solicitante;

e) no caso em questão, é de interesse especial determinar se a consulta solicitada se refere à interpretação da Convenção ou, pelo contrário, busca apontar uma possibilidade interpretativa do direito costa-riquenho. No primeiro caso, a Corte teria competência para responder à consulta, mas, no segundo, a interpretação solicitada estaria fora do âmbito de competência da Corte, sendo, por consequência, inadmissível. Esta última é a posição dos juízes no caso.

O juiz estadunidense Thomas Buergenthal também apresentou opinião divergente para expressar sua concordância com a posição dos juízes Rafael Nieto Navia e Pedro Nikken.

Por fim, o juiz costa-riquenho Rodolfo Piza Escalante confeccionou uma opinião separada que apresentou, sinteticamente, as seguintes considerações:

a) a solicitação deve ser admitida pela Corte tanto como consulta geral, com supedâneo no artigo 64, ponto 1, quanto como consulta particular, com base no artigo 64, ponto 2, da Convenção;

80. Discordou o juiz Piza Escalante.

b) a admissibilidade provém do fato de que se perscrutava a interpretação do artigo 14, ponto 1, relacionado com os artigos 1º, ponto 1, e 2º, todos da Convenção Americana de Direitos Humanos e a compatibilidade do ordenamento jurídico costa-riquenho com essas normas internacionais.

Depois teceu considerações sobre o mérito da consulta.

11.1.4.8. Opinião Consultiva 08/1987

Foi apresentada pela Comissão Interamericana de Direitos Humanos com o objetivo de aclarar a devida interpretação dos artigos 25, ponto 1, e 7º, ponto 6, da Convenção Americana de Direitos Humanos relacionados com a última frase do artigo 27, ponto 2, da mesma Convenção.

A Corte decidiu, por unanimidade, que os procedimentos jurídicos consagrados nos artigos 25, ponto 1, e 7º, ponto 6, da Convenção Americana de Direitos Humanos não podem ser suspensos conforme o disposto no artigo 27, ponto 2, da mesma Convenção, pois constituem garantias judiciais indispensáveis para proteger direitos e liberdades que tampouco podem ser suspensas, segundo preceitua o já citado artigo 27, ponto 2, da Convenção.

11.1.4.9. Opinião Consultiva 09/1987

Foi solicitada pelo governo da República Oriental do Uruguai com o objetivo de especificar o correto alcance da proibição de suspensão das garantias judiciais indispensáveis para a proteção dos direitos mencionados no artigo 27, ponto 2, da Convenção Americana de Direitos Humanos. Mais precisamente, o governo uruguaio desejava que a Corte opinasse especificamente sobre: **a)** quais eram essas garantias judiciais indispensáveis; e **b)** qual era a relação do artigo 27, ponto 2, da Convenção com os artigos 25 e 8º da mesma Convenção.

A Corte decidiu, por unanimidade, que devem ser considerados garantias judiciais indispensáveis, conforme o estabelecido no artigo 27, ponto 2, da Convenção, o *habeas corpus* (artigo 7º, ponto 6), o amparo[81] ou qualquer outro recurso efetivo perante os juízes ou tribunais competentes (artigo 25, ponto 1), destinado a garantir o respeito aos direitos e liberdades cuja suspensão não está autorizada pela Convenção Americana de Direitos Humanos.

Também decidiu, por unanimidade, que devem ser considerados garantias judiciais indispensáveis que não podem ser suspensas os procedimentos judiciais inerentes à forma democrática representativa de governo (artigo 29, *c*), previstos no direito interno dos Estados-partes como idôneos para garantir a plenitude do exercício dos direitos a que se refere o artigo 27, ponto 2, da Convenção e cuja supressão ou limitação comportem a falta de defesa de tais direitos.

Por fim, decidiu, também por unanimidade, que as mencionadas garantias judiciais devem ser exercitadas conforme o princípio do devido processo legal, esculpido no artigo 8º da Convenção Americana de Direitos Humanos.

11.1.4.10. Opinião Consultiva 10/1989

Foi solicitada pelo governo da República da Colômbia com o objetivo de aclarar a correta interpretação do artigo 64 da Convenção Americana de Direitos Humanos, tendo por referência a Declaração Americana dos Direitos e Deveres do Homem. Mais precisamente, o governo colombiano buscava uma resposta para a seguinte indagação: o artigo 64 da Convenção autoriza a Corte Interamericana de Direitos Humanos a confeccionar opiniões consultivas, desde que solicitado por algum Estado-membro da OEA ou por algum dos órgãos do sistema interamericano, sobre a interpretação da Declaração Americana dos Direitos e Deveres do Homem?

Requereu também que a Corte determinasse o *status* normativo que a Declaração tem no sistema interamericano de proteção dos direitos humanos. Por último, perguntou, desde que a Corte afirmasse possuir jurisdição para interpretar a Declaração, qual era a extensão da jurisdição da Corte para interpretar a Declaração tendo por base o artigo 64 da Convenção.

Em sua fundamentação, a Corte asseverou que a circunstância de a Declaração Americana de Direitos e Deveres do Homem não ser um tratado não significa que ela não produza efeitos jurídicos nem que a Corte esteja impossibilitada de interpretá-la.

Mais precisamente, a Corte fez a seguinte diferenciação: **a)** para os Estados-membros da OEA, a Declaração é o texto que determina quais são os direitos humanos a que se refere a Carta. Além disso, os artigos 1º, ponto 2, *b*, e 20 do Estatuto da Comissão Interamericana de Direitos Humanos definem a competência da Comissão sobre os direitos humanos enunciados na Declaração. Ou seja, para esses Estados, a Declaração Americana constitui, em relação à Carta da OEA, uma fonte de obrigações internacionais; e **b)** para os Estados-partes da Convenção Americana de Direitos Humanos, a fonte concreta de suas obrigações, no tocante à proteção dos direitos humanos, é a própria Convenção. Contudo, há que levar em conta o artigo 29, *d*, da Convenção, logo, os Estados-membros da OEA devem respeitar as obrigações que derivam da Declaração também.

Prosseguindo, a Corte decidiu, por unanimidade, que é competente para analisar a opinião consultiva em questão. E, por unanimidade, decidiu que o artigo 64, ponto 1, da Convenção Americana de Direitos Humanos autoriza a Corte, desde que solicitado por algum Estado-membro da

81. O amparo é uma ação adotada por inúmeros países, muitos da América do Sul, como também Portugal, Espanha e Alemanha. Trata-se de uma ação constitucional que tem por fito proteger todos os direitos fundamentais, menos os que tutelam a liberdade física e a locomoção (já protegidos pelo *habeas corpus*).

OEA ou, dentro de seu interesse de atuação, por algum dos órgãos do sistema interamericano, a confeccionar opiniões consultivas sobre a interpretação da Declaração Americana dos Direitos e Deveres do Homem, dentro dos limites de sua competência, conforme definido na Carta da OEA e na Convenção Americana de Direitos Humanos ou em outros tratados de direitos humanos com incidência nos países americanos.

11.1.4.11. Opinião Consultiva 11/1990

Foi apresentada pela Comissão Interamericana de Direitos Humanos com o objetivo de aclarar algumas questões sobre o artigo 46, pontos 1 e 2, da Convenção Americana de Direitos Humanos. De forma mais precisa, a solicitação formulou duas perguntas: **a)** o requisito de esgotamento dos recursos jurídicos internos é aplicado a um indigente que, em razão de circunstâncias econômicas, não é capaz de fazer uso dos recursos jurídicos existentes em certo país?; e **b)** no caso de eximir os indigentes desse requisito, quais critérios a Comissão deve considerar para decidir sobre a admissibilidade de tais casos?

A Corte decidiu, por unanimidade, que, se por razões de indigência ou por temor generalizado dos advogados em lhe patrocinar legalmente, um reclamante perante a Comissão foi impedido de utilizar os recursos internos necessários para proteger um direito garantido pela Convenção, o requisito de esgotamento dos recursos não precisa ser verificado. Também decidiu por unanimidade que se, diante das hipóteses levantadas, um Estado-parte provou a disponibilidade dos recursos internos, o reclamante deverá demonstrar que são aplicáveis as exceções disciplinadas no artigo 46, ponto 2, da Convenção e que ficou impedido de obter a assistência legal necessária para a proteção ou garantia dos direitos reconhecidos na Convenção.

11.1.4.12. Opinião Consultiva 12/1991

Foi solicitada pelo governo da República da Costa Rica com o objetivo de verificar a compatibilidade do projeto de lei de reforma de dois artigos do Código de Procedimentos Penais e da criação do Tribunal Superior de Cassação Penal em trâmite na Assembleia Legislativa com o artigo 8º, ponto 2, *h*, da Convenção Americana de Direitos Humanos.

Mais precisamente, foram elaboradas as seguintes perguntas: **a)** a criação de um Tribunal de Cassação Penal é adequada diante do disposto no artigo 8º, ponto 2, *h*, da Convenção, mais especificamente do "direito de recorrer da decisão perante um juiz ou Tribunal Superior"?; **b)** no artigo 8º, ponto 2, *h*, da Convenção faz-se referência unicamente ao termo "delitos". Qual é a posição a ser seguida no que concerne às contravenções?

A Corte, por unanimidade, decidiu não responder à solicitação do governo da Costa Rica. Em sua fundamentação, a Corte expressou que uma resposta à citada consulta poderia ter como resultado uma solução encoberta, sob a forma de uma opinião consultiva, de assuntos litigiosos ainda não submetidos à consideração da Corte e sem que as vítimas tenham oportunidade de participar do processo. Isso resultaria na distorção do sistema. O procedimento contencioso é, por definição, uma oportunidade na qual os assuntos são discutidos e confrontados de maneira muito mais direta que no processo consultivo. E os indivíduos são representados no processo contencioso perante a Corte pela Comissão, cujos interesses podem ser de outra ordem no processo consultivo.

11.1.4.13. Opinião Consultiva 13/1993

Foi solicitada pelos governos da República da Argentina e da República Oriental do Uruguai com o objetivo de definir a correta interpretação dos artigos 41, 42, 44, 46, 47, 50 e 51 da Convenção Americana de Direitos Humanos, com base "na situação e nas circunstâncias concretas" trazidas à análise.

A Corte decidiu, por unanimidade, que é competente para emitir a opinião consultiva em questão. Decidiu também, por unanimidade, que a Comissão Interamericana de Direitos Humanos é competente, nos termos dos artigos 41 e 42 da Convenção, para qualificar qualquer norma do direito interno de um Estado-parte como violadora das obrigações que este assumiu no momento da ratificação da Convenção Americana de Direitos Humanos, mas não é competente para dizer se essa norma contradiz ou não o ordenamento jurídico interno desse mesmo Estado. Assim, uma norma interna pode ser considerada violadora da Convenção por ser irrazoável ou por não estar em conformidade com ela; portanto, uma lei que contraria as obrigações de um Estado derivadas da Convenção não pode ser considerada "razoável" nem "conveniente". Nessa opinião, a Corte fez menção direta ao controle de convencionalidade internacional exercido por ela.

Também por unanimidade, a Corte decidiu que, sem olvidar as outras atribuições que o artigo 41 da Convenção conferiu à Comissão, uma vez declarada inadmissível uma petição ou comunicação de caráter individual (artigo 41, *f*, combinado com os artigos 44 e 45, ponto 1, da Convenção), não cabe qualquer pronunciamento sobre seu mérito.

Por fim, decidiu, por unanimidade, que os artigos 50 e 51 da Convenção contemplam relatórios separados, cujo conteúdo pode ser similar, mas o primeiro não pode ser publicado. Já o segundo pode ser, desde que haja prévia decisão da Comissão por maioria absoluta de votos depois de transcorrido o prazo que foi conferido ao Estado para tomar as medidas adequadas.

11.1.4.14. Opinião Consultiva 14/1994

Foi solicitada pela Comissão Interamericana de Direitos Humanos com o objetivo de obter resposta para as seguintes indagações: **a)** quando um Estado-parte da Convenção

Americana de Direitos Humanos produz uma lei que viola manifestamente as obrigações que o Estado contraiu ao ratificar a Convenção, quais seriam, nesse caso, os efeitos jurídicos dessa lei em face das obrigações internacionais do Estado?; **b)** quando um Estado-parte da Convenção Americana de Direitos Humanos produz uma lei cujo cumprimento por parte dos agentes ou funcionários desse Estado se traduz em uma violação manifesta da Convenção, quais são as obrigações e responsabilidades dos ditos agentes ou funcionários? As perguntas têm por base o disposto no artigo 4º, pontos 2 e 3, da Convenção em relação ao cotejo do artigo 235 da antiga Constituição peruana[82] e do artigo 140 da nova Constituição peruana[83].

A Corte decidiu, por unanimidade, que é competente para emitir a opinião consultiva. Também decidiu por unanimidade nos seguintes termos: **a)** a produção de uma lei manifestamente contrária às obrigações assumidas por um Estado ao ratificar ou aderir à Convenção constitui uma violação desse diploma internacional, e, caso essa violação afete direitos e liberdades protegidos de indivíduos determinados, dará azo à responsabilidade internacional de tal Estado; **b)** o cumprimento por parte de agentes ou funcionários do Estado de uma lei manifestamente violadora da Convenção dará ensejo à responsabilidade internacional desse Estado. E, no caso de o ato de cumprimento constituir por si só um crime internacional, gerará também a responsabilidade internacional dos agentes ou funcionários que executaram o ato.

11.1.4.15. Opinião Consultiva 15/1997

Foi solicitada pelo Estado chileno com o objetivo de obter resposta para as seguintes indagações: **a)** pode a Comissão Interamericana de Direitos Humanos, tendo adotado os dois relatórios a que se referem os artigos 50 e 51 da Convenção e dado o caráter definitivo ao segundo, modificar substancialmente esses relatórios e emitir um terceiro?; **b)** no caso de a Comissão Interamericana de Direitos Humanos, de acordo com a Convenção, não estar possibilitada de modificar seu relatório definitivo, qual dos relatórios deverá ser considerado válido para o Estado?

Essas perguntas têm por supedâneos os seguintes antecedentes: **a)** no dia 14 de setembro de 1995 a Comissão aprovou, de acordo com o artigo 50 da Convenção, o relatório 20/95 sobre o caso Martorell e o transmitiu ao Estado chileno, o qual respondeu no dia 8 de fevereiro de 1996. No dia 19 de março do mesmo ano, a Comissão colocou ao conhecimento do Estado chileno o relatório 11/96 e o comunicou que a Comissão deu sua aprovação final ao relatório e ordenou sua publicação; **b)** no dia 2 de abril de 1996, a Comissão informou o Estado chileno que havia concordado em atrasar a publicação do relatório 11/96, em função de informação alusiva a novos fatos que os peticionários levaram ao conhecimento da Comissão nos dias 27 e 29 de março de 1996; e **c)** no dia 2 de maio de 1996 foi celebrada uma audiência por pedido dos peticionários, da qual participaram estes e os representantes do Estado chileno, e, no dia 3 de maio de 1996, a Comissão adotou um novo relatório sobre o caso, que foi transmitido ao Chile por se tratar de "uma cópia do relatório com as modificações aprovadas pela Comissão na sessão celebrada no dia 3 de maio do ano corrente".

A Corte decidiu, por unanimidade, que tem competência para emitir a opinião consultiva em questão e que a solicitação do Estado chileno era admissível. Decidiu também, por seis votos contra um[84], nos seguintes termos: **a)** a Comissão Interamericana de Direitos Humanos, no exercício das atribuições conferidas pelo artigo 51 da Convenção Americana de Direitos Humanos, não pode modificar as opiniões, conclusões e recomendações transmitidas a um Estado-membro, salvo diante de circunstâncias excepcionais. Uma das circunstâncias excepcionais seria a existência, no relatório, de erros materiais sobre os fatos do caso. Finalmente, outra hipótese seria a descoberta de fatos que não eram conhecidos no momento da emissão do relatório e que tiveram uma influência decisiva em seu conteúdo[85]. O pedido de modificação somente pode ser promovido pelas partes interessadas, quer dizer, os peticionários e o Estado, desde que antes da publicação do próprio relatório e dentro de um prazo razoável a contar de sua notificação. Nessa hipótese, será outorgada às partes interessadas a oportunidade de debater sobre os fatos ou erros materiais que motivaram sua petição, em conformidade com o princípio da equidade processual. Em nenhuma circunstância a Comissão está autorizada, pela Convenção, a emitir um terceiro relatório; **b)** pela forma como foi respondida a primeira pergunta, não é necessário responder à segunda.

O juiz chileno Máximo Pacheco Gómez apresentou opinião divergente para demonstrar que a Corte deveria ter respondido à solicitação de opinião consultiva formulada pelo Chile da seguinte maneira: **a)** a Comissão Interamericana de Direitos Humanos, uma vez que adotou os dois relatórios a que se referem os artigos 50 e 51 da Convenção Americana de Direitos Humanos e notificou o Estado acerca de que o último desses relatórios tem caráter definitivo, não pode modificar o relatório de caráter definitivo; **b)** por não poderem modificar o relatório definitivo, o Estado e as partes devem considerá-lo válido.

Por fim, o juiz brasileiro Antônio Augusto Cançado Trindade emitiu voto concorrente em relação à decisão de competência e admissibilidade. Ele ponderou que um tribunal internacional não pode *ex officio* emitir uma opinião

82. "Não há pena de morte, exceto por traição à pátria em caso de guerra externa."
83. "A pena de morte somente pode ser aplicada por delito de traição à pátria em caso de guerra e por terrorismo, conforme as leis e os tratados em que o Peru é parte obrigada."
84. O voto divergente foi do juiz chileno Máximo Pacheco Gómez.
85. Em outro sentido, não se pode reabrir o debate sobre os mesmos fatos anteriores nem sobre as considerações de direito.

consultiva, pois isso equivaleria a transformá-lo, *ultra vires*, em um legislador internacional. Sem embargo, um tribunal como a Corte Interamericana, uma vez consultado por um Estado ou órgão internacional, assume jurisdição internacional sobre o assunto e pode e deve determinar *ex officio* se emitirá ou não a opinião consultiva solicitada, embora a solicitação tenha sido retirada. O tribunal internacional tem a *Kompetenz-Kompetenz* (*compétence de la compétence*), cujo exercício corresponde a um juízo de discricionariedade (conhecido como *judicial propriety*) inteiramente distinto da questão de competência original para emitir a opinião consultiva.

Nesse sentido, no procedimento em questão a Corte manteve corretamente sua jurisdição e determinou o alcance de sua competência, apesar de o pedido ter sido retirado; da mesma forma, o caso em consideração manteve seu caráter jurídico e importância prática para todos os Estados-partes da Convenção e dos dois órgãos de supervisão da Convenção, apesar de o pedido ter sido retirado. Consequentemente, a retirada do pedido não produziu efeitos jurídicos, e a Corte, com toda propriedade e tendo por base o artigo 63 de seu regulamento, entendeu que tinha a faculdade e o dever de pronunciar-se sobre a matéria submetida a seu conhecimento, no exercício da função consultiva que lhe foi atribuída pelo artigo 64 da Convenção Americana. Terminou seu voto concorrente afirmando que a função consultiva da Corte Interamericana é matéria de ordem pública (*ordre public*) internacional.

11.1.4.16. Opinião Consultiva 16/1999

Foi solicitada pelos Estados Unidos Mexicanos com o objetivo de obter resposta para as seguintes indagações, tendo como suporte a Convenção de Viena sobre Relações Consulares: **a)** no marco do artigo 64, ponto 1, da Convenção Americana, deve-se entender o artigo 36 da Convenção de Viena sobre Relações Consulares no sentido de conter disposições concernentes à proteção dos direitos humanos nos Estados americanos?; **b)** do ponto de vista do direito internacional, está subordinada a exigibilidade dos direitos individuais conferidos pelo citado artigo 36, requerida pelos interessados junto ao Estado receptor, à manifestação do Estado de sua nacionalidade?; **c)** tendo por base o objeto e o fim almejado pelo artigo 36, ponto 1, *b*, da Convenção de Viena, deve-se interpretar a expressão "sem dilação", contida no citado preceito, no sentido de requerer que as autoridades do Estado receptor informem a todo estrangeiro detido pelos delitos apenados com a pena capital os direitos que possuem, consoante o disposto no artigo 36, ponto 1, *b*, da Convenção de Viena, no momento da prisão e em todo caso antes que o detento dê qualquer declaração ou confissão perante as autoridades policiais ou judiciais?; **d)** do ponto de vista do direito internacional e tratando-se de pessoas estrangeiras, quais devem ser as consequências jurídicas da imposição e da execução da pena de morte sem a notificação disciplinada no artigo 36, ponto 1, *b*, da Convenção de Viena?

O México também formulou as seguintes perguntas, com suporte no Pacto Internacional dos Direitos Civis e Políticos: **a)** no marco do artigo 64, ponto 1, da Convenção Americana, devem ser entendidos os artigos 2º, 6º, 14 e 50 do Pacto no sentido de conter disposições concernentes à proteção dos direitos humanos nos Estados americanos?; **b)** no marco do artigo 14 do Pacto, deve ser entendido que o próprio artigo 14 deve ser aplicado e interpretado à luz da expressão "todas as garantias possíveis para assegurar um juízo justo", contida no ponto 5 das respectivas salvaguardas das Nações Unidas e que, tratando-se de estrangeiros acusados ou culpados pela prática de delitos apenados com a pena capital, a dita expressão inclui a imediata notificação do detento ou processado, pelo Estado receptor, acerca dos direitos conferidos pelo artigo 36, ponto 1, *b*, da Convenção de Viena?; **c)** por tratar-se de pessoas estrangeiras acusadas ou culpadas pela prática de delitos apenados com a pena capital, há conformidade entre a omissão do Estado receptor em notificar os interessados de seus direitos (artigo 36, ponto 1, *b*, da Convenção de Viena) e o direito destes em dispor dos "meios adequados para a preparação de sua defesa" em consonância com o disposto no artigo 14, ponto 3, do Pacto?; **d)** por tratar-se de pessoas estrangeiras acusadas ou culpadas pela prática de delitos apenados com a pena capital, deve ser entendido que as expressões "garantias mínimas" (contida no artigo 14, ponto 3, do Pacto) e "equiparadas como o mínimo" (contida no ponto 5 das salvaguardas das Nações Unidas) livram o Estado receptor do imediato cumprimento das disposições disciplinadas no artigo 36, ponto 1, *b*, da Convenção de Viena sobre Relações Consulares?; **e)** os países americanos, constituídos como Estados federais, que são partes no Pacto de Direitos Civis e Políticos e com base nos artigos 2º, 6º, 14 e 50 deste, estão obrigados a garantir a notificação oportuna (artigo 36, ponto 1, *b*, da Convenção de Viena) a todo indivíduo de nacionalidade estrangeira preso, detido ou processado em seu território por delitos apenados com a pena capital e a adotar disposições, conforme previsão de seu direito interno, para fazer efetiva nesses casos a notificação oportuna, caso já não esteja garantida por lei ou por outro meio para dar plena eficácia aos direitos e garantias consagrados no Pacto?; **f)** no marco do Pacto e tratando-se pessoas estrangeiras, quais devem ser as consequências jurídicas da imposição e execução da pena de morte sem a notificação disciplinada no artigo 36, ponto 1, *b*, da Convenção de Viena sobre Relações Consulares?

Por fim, o México formulou as seguintes questões, com supedâneo na Carta da Organização dos Estados Americanos e na Declaração Americana dos Direitos e Deveres do Homem: **a)** tratando-se de prisões e detenções de estrangeiros por delitos apenados com a pena capital e tendo por base os artigos 3º, ponto 1, da Carta e o 2º da Declaração, há compatibilidade entre a omissão do Estado receptor em notificar os interessados, sem dilação, de seus direitos (artigo 36, ponto 1, *b*, da Convenção de Viena) e a proclamação da Carta de Direitos Humanos, sem distinção por motivos de nacionalidade, e o reconhecimento na Declaração do direito de igualdade diante da lei sem distinção alguma?; **b)** tratando-se de pessoas estrangeiras e tendo por base os artigos 3º, ponto 1, da Carta e os 1º, 2º e 26 da Declaração, quais são as consequências jurídicas da imposição e execução da pena de morte sem a notificação disciplinada no artigo 36, ponto 1, *b*, da Convenção de Viena?

A Corte decidiu, por unanimidade, que:

- ✔ é competente para emitir a opinião consultiva;
- ✔ o artigo 36 da Convenção de Viena sobre Relações Consulares reconhece direitos individuais ao detido estrangeiro, entre eles o direito à informação sobre a assistência consular, aos quais correspondem deveres correlatos a cargo do Estado receptor;
- ✔ o artigo 36 da Convenção de Viena sobre Relações Consulares cuida da proteção dos direitos do nacional do Estado que envia e está em consonância com a ordem internacional dos direitos humanos;
- ✔ a expressão "sem dilação", constante do artigo 36, ponto 1, *b*, da Convenção de Viena, significa que o Estado deve cumprir com seu dever de informar o detido sobre seus direitos no momento da privação da liberdade e em todo caso antes que dê sua primeira declaração perante a autoridade;
- ✔ a observância dos direitos do indivíduo disciplinados no artigo 36 da Convenção de Viena não está subordinada à manifestação do Estado que o envia;
- ✔ os artigos 2º, 6º, 14 e 50 do Pacto Internacional de Direitos Civis e Políticos são aplicados aos Estados americanos;
- ✔ o direito individual à informação (artigo 36, ponto 1, *b*, da Convenção de Viena) é condição para que o direito ao devido processo legal (artigo 14 do Pacto Internacional de Direitos Civis e Políticos) adquira eficácia no caso concreto e que esse direito (artigo 14 do Pacto Internacional de Direitos Civis e Políticos) estabelece garantias mínimas suscetíveis de expansão via outros instrumentos internacionais, como a Convenção de Viena sobre Relações Consulares, que ampliam o horizonte protetivo dos justiçáveis.

Por seis votos contra um[86], a Corte decidiu que a observância do direito à informação do detido estrangeiro (artigo 36, ponto 1, *b*, da Convenção de Viena) reflete nas garantias do devido processo legal, e, nessa circunstância, a imposição da pena de morte constitui uma violação do direito a não ser privado de sua vida "arbitrariamente", nos termos de importantes preceitos alocados em tratados de direitos humanos (*v.g.* Convenção Americana de Direitos Humanos, artigo 4º; Pacto Internacional sobre Direitos Civis e Políticos, artigo 6º). Assim, ficará caracterizada a responsabilidade internacional do Estado e seu correlato dever de indenizar.

86. O voto divergente foi do juiz barbadense Oliver Jackman.

Ao final e por unanimidade, a Corte decidiu que as disposições internacionais que tratam da proteção dos direitos humanos nos Estados americanos, inclusive o disposto no artigo 36, ponto 1, *b*, da Convenção de Viena, devem ser respeitadas pelos Estados americanos partes nas respectivas convenções, independentemente de possuírem estrutura federal ou unitária.

O juiz barbadense Oliver Jackman apresentou opinião parcialmente divergente. De forma sucinta, entendeu não ser possível classificar como arbitrário um processo de aplicação de pena de morte pelo simples fato de não ter sido observado o benefício da assistência consular.

Por fim, o juiz brasileiro Antônio Augusto Cançado Trindade e o juiz mexicano Sergio García Ramírez apresentaram votos concorrentes que acompanharam a opinião consultiva.

Cabe terminar este comentário com a bela ponderação do jurista brasileiro Cançado Trindade:

> "Neste final de século, temos o privilégio de testemunhar o processo de humanização do direito internacional, que hoje alcança também o campo das relações consulares. A confluência das relações consulares com os direitos humanos deu azo à produção do direito individual subjetivo à informação sobre a assistência consular, de que são titulares todos os seres humanos que estejam perante uma situação de necessidade de seu exercício. Esse direito individual, situado no universo conceitual dos direitos humanos, é hoje respaldado tanto pelo direito internacional convencional como pelo direito internacional consuetudinário[87]".

11.1.4.17. Opinião Consultiva 17/2002

Foi solicitada pela Comissão Interamericana de Direitos Humanos com o escopo de definir a correta interpretação dos artigos 8º e 25 da Convenção Americana de Direitos Humanos e determinar se as medidas especiais estabelecidas no artigo 19 da mesma Convenção constituem "limites ao arbítrio ou a discricionariedade dos Estados" em relação às crianças. Também se solicitou a formulação de critérios gerais válidos sobre as matérias dentro do marco da Convenção Americana.

A Comissão incluiu na consulta a solicitação de que a Corte se pronunciasse especificamente sobre a compatibilidade das seguintes medidas especiais adotadas por alguns Estados com os artigos 8º e 25 da Convenção Americana: **a)** a separação dos jovens de seus pais e/ou família por se considerar, pelo arbítrio do órgão competente e sem o devido processo legal, que estes últimos não possuem condições para a educação e cuidados no geral de seus filhos; **b)** a supressão da liberdade mediante a internação de menores em estabelecimentos de guarda ou custódia, por considerá-los abandonados ou propensos a se envolver em situações

87. Voto concorrente na Opinião Consultiva 16/1999, p. 96.

de risco ou ilegalidade; **c)** a aceitação, em sede penal, de confissões de menores obtidas sem as devidas garantias; **d)** a tramitação de ações ou procedimentos administrativos que infrinjam direitos fundamentais do menor sem a garantia de defesa; **e)** a definição, em procedimentos administrativos e judiciais, de direitos e liberdades sem a garantia do direito de ser ouvido pessoalmente e a não consideração da opinião e preferências do menor nessa definição.

A corte decidiu, por seis votos contra um[88], que é competente para emitir a opinião consultiva e que a solicitação da Comissão Interamericana de Direitos Humanos era admissível. Ademais, declarou que, para os efeitos dessa opinião consultiva, criança ou menor de idade é toda pessoa que não tenha completado 18 anos, salvo se tenha alcançado antes a maioridade por determinação legal.

No mérito, a Corte decidiu da seguinte maneira:

a) em conformidade com a normativa contemporânea do direito internacional dos direitos humanos, na qual se situa o artigo 19 da Convenção Americana de Direitos Humanos, as crianças são titulares de direitos, e não somente objeto de proteção;

b) a expressão "interesse superior da criança", consagrada no artigo 3º da Convenção sobre os Direitos das Crianças, implica que o desenvolvimento da criança e o exercício pleno de seus direitos devem ser considerados critérios orientadores para a elaboração de normas e a aplicação destas em todas as facetas relativas à vida da criança;

c) o princípio da igualdade disciplinado no artigo 24 da Convenção Americana de Direitos Humanos não impede a adoção de regras e medidas específicas em relação às crianças, as quais requerem um tratamento diferenciado em função de suas condições especiais. Esse tratamento deve ser direcionado à proteção de seus direitos e interesses;

d) a família constitui o âmbito preferencial para o desenvolvimento da criança e o exercício de seus direitos. Por isso, o Estado deve apoiar e fortalecer a família, por meio de diversas medidas tendentes a auxiliar o cumprimento de sua função natural;

e) devem ser dadas preferência e a respectiva facilitação para a permanência da criança em seu núcleo familiar, salvo se existirem razões determinantes para separá-la de sua família. A separação deverá ser excepcional e preferencialmente temporária;

f) para o correto cuidado com as crianças, o Estado deve se valer de instituições que disponham de pessoal adequado e instalações suficientes para o desempenho de tarefas desse gênero;

g) o respeito ao direito à vida, em relação às crianças, abarca não somente as proibições, entre elas, da privação arbitrária, estabelecidas no artigo 4º da Convenção Americana de Direitos Humanos, mas também a obrigação de adotar medidas necessárias para que a existência das crianças se desenvolva em condições dignas;

h) a verdadeira e plena proteção das crianças significa a possibilidade de poderem desfrutar amplamente todos os seus direitos, entre eles os econômicos, sociais e culturais, previstos em diversos instrumentos internacionais. Os Estados-partes nos tratados internacionais de direitos humanos têm a obrigação de adotar medidas positivas para assegurar a proteção de todos os direitos da criança;

i) os Estados-partes na Convenção Americana têm o dever, consoante o disposto nos artigos 17 e 19, combinado com o artigo 1º, ponto 1, da mesma Convenção, de tomar todas as medidas positivas que assegurem a proteção das crianças contra maus-tratos, seja em sua relação com as autoridades públicas, seja nas relações interindividuais ou com entes não estatais;

j) nos procedimentos judiciais ou administrativos referentes a direitos das crianças devem ser observados os princípios e as regras do devido processo legal. Isso abarca as regras correspondentes a juiz natural – competente, independente e imparcial –, duplo grau de jurisdição, presunção de inocência, contraditório e ampla defesa, respeitando as particularidades das crianças;

k) os menores de 18 anos que recebam a imputação de uma conduta delituosa devem se sujeitar a órgãos judiciais distintos dos correspondentes aos maiores de idade;

l) a conduta que motive a intervenção do Estado nos casos de delitos perpetrados por menores de idade deve estar descrita na lei penal. Outros casos, como os de abandono, desamparo, risco ou enfermidade, devem ser atendidos de forma diferente, e não com os mesmos procedimentos aplicáveis aos menores que incorreram em conduta típica. Contudo, nesses casos é preciso observar, igualmente, os princípios e as normas do devido processo legal, tanto em relação aos menores como em relação às pessoas que exerçam direitos sobre eles;

m) é possível empregar vias alternativas de solução de controvérsias que afetam as crianças, mas é preciso regular com especial cuidado a aplicação desses meios para que não alterem ou diminuam seus direitos.

O juiz barbadense Oliver Jackman apresentou voto divergente, pois para ele a opinião consultiva era pura especulação acadêmica. Dessa forma, votou de forma totalmente contrária ao decidido pela Corte no exercício de sua função consultiva.

Por fim, o juiz brasileiro Antônio Augusto Cançado Trindade e o juiz mexicano Sergio García Ramírez apresentaram votos concorrentes que acompanharam a opinião consultiva em questão.

88. O voto divergente foi do juiz barbadense Oliver Jackman.

11.1.4.18. Opinião Consultiva 18/2003

Foi solicitada pelos Estados Unidos Mexicanos com o objetivo de obter a posição da Corte sobre a privação do gozo e exercício de certos direitos laborais (aos trabalhadores imigrantes) e sua compatibilidade com a obrigação dos Estados americanos de garantir a observância dos princípios da igualdade jurídica, não discriminação e proteção igual e efetiva da lei consagrados nos instrumentos internacionais de proteção dos direitos humanos, assim como a subordinação ou condicionamento da observância das obrigações impostas pelo direito internacional dos direitos humanos, incluídas aquelas oponíveis *erga omnes*, na consecução de certos objetivos de política interna de um Estado americano. Ademais, a consulta trata do caráter que os princípios da igualdade jurídica, não discriminação e proteção igual e efetiva da lei alcançaram no contexto de desenvolvimento progressivo do direito internacional dos direitos humanos e de sua codificação.

As normas cuja interpretação o México solicitou ao Tribunal foram as seguintes: os artigos 3º, ponto 1, e 17 da Carta da OEA; o artigo 2º da Declaração Americana de Direitos e Deveres do Homem; os artigos 1º, ponto 1, 2º e 24 da Convenção Americana de Direitos Humanos; os artigos 1º, 2º, ponto 1, e 7º da Declaração Universal de Direitos Humanos; e os artigos 2º, pontos 1 e 2, 5º, ponto 2, e 26 do Pacto Internacional de Direitos Civis e Políticos.

A Corte decidiu, por unanimidade, que é competente para emitir a opinião consultiva. E, no mérito, decidiu da seguinte maneira e também de forma unânime: **a)** os Estados têm a obrigação geral de respeitar e garantir os direitos fundamentais, devendo, assim, adotar medidas positivas e evitar tomar iniciativas que limitem ou infrinjam um direito fundamental, além de suprimir as medidas e práticas que restrinjam ou vulnerem um direito fundamental; **b)** o descumprimento pelo Estado, mediante qualquer tratamento discriminatório, da obrigação geral de respeitar e garantir os direitos humanos gera responsabilidade internacional; **c)** o princípio da igualdade e não discriminação possui um caráter fundamental para a salvaguarda dos direitos humanos tanto no direito internacional como no interno; **d)** o princípio fundamental da igualdade e não discriminação faz parte do direito internacional geral, por ser aplicável a todo Estado, independentemente de ser parte ou não de determinado tratado internacional. Na atual etapa de evolução do direito internacional, o princípio fundamental da igualdade e da não discriminação tornou-se parte do domínio do *jus cogens*; **e)** o princípio fundamental da igualdade e não discriminação, de caráter peremptório, acarreta obrigações *erga omnes* de proteção que se vinculam a todos os Estados e geram efeitos em relação a terceiros, inclusive particulares; **f)** a obrigação geral de respeitar e garantir os direitos humanos vincula os Estados, independentemente de qualquer circunstância ou consideração, inclusive o *status* migratório das pessoas; **g)** o direito ao devido processo legal deve ser reconhecido no marco das garantias mínimas que se devem garantir a todo imigrante, independentemente de seu *status* migratório. O amplo alcance da intangibilidade do devido processo legal compreende todas as matérias e todas as pessoas, sem qualquer discriminação; **h)** a qualidade migratória de uma pessoa não pode constituir uma justificação para privá-la do gozo e exercício de seus direitos humanos, entre eles os de caráter laboral. O imigrante, ao assumir uma relação de trabalho, adquire direitos, por ser trabalhador, que devem ser reconhecidos e garantidos, independentemente de sua situação regular ou irregular no país de emprego. Esses direitos são consequências da relação laboral; **i)** o Estado tem a obrigação de respeitar e garantir os direitos humanos laborais de todos os trabalhadores, independentemente de sua condição de nacional ou estrangeiro, e não pode tolerar situações de discriminação em prejuízo destes nas relações laborais que se estabeleçam entre particulares (empregador-empregado). O Estado não deve permitir que os empregadores privados violem os direitos dos trabalhadores nem que a relação contratual vulnere as normas mínimas internacionais; **j)** os trabalhadores, titulares dos direitos laborais, devem contar com todos os meios adequados para exercê-los. Os trabalhadores imigrantes ilegais possuem os mesmos direitos laborais que correspondem aos demais trabalhadores do Estado de emprego, e este último deve tomar todas as medidas necessárias para que sejam reconhecidos e garantidos na prática; **k)** os Estados não podem subordinar ou condicionar a observância do princípio da igualdade perante a lei e da não discriminação à consecução dos objetivos de suas políticas públicas, quaisquer que sejam estas, incluídas as de caráter migratório.

O juiz brasileiro Antônio Augusto Cançado Trindade, o juiz mexicano Sergio García Ramírez, o juiz equatoriano Hernán Salgado Pesantes e o juiz venezuelano Alirio Abreu Burelli apresentaram votos concorrentes que acompanharam a opinião consultiva em questão.

Mais uma vez, encerramos este comentário com uma reflexão do jurista brasileiro Cançado Trindade:

> "Uma das contribuições significativas da presente Opinião Consultiva n. 18 sobre a *Condição Jurídica e os Direitos dos Imigrantes Ilegais* reside em sua determinação do amplo alcance do devido processo legal. Na Opinião Consultiva anterior, sobre o *Direito à Informação sobre a Assistência Consular no Marco das Garantias do Devido Processo Legal* (n. 16), a Corte Interamericana sublinhou a evolução histórica do devido processo legal no sentido de sua expansão *ratione materiae*, enquanto na presente Opinião Consultiva n. 18 se examina a dita expansão *ratione personae* e se determina que o direito ao devido processo deve ser reconhecido no marco das garantias mínimas que devem ser garantidas a todo imigrante, independentemente de seu *status* migratório. A acertada conclusão da Corte, no sentido de que o amplo alcance da intangibilidade do devido processo compreende todas as matérias e todas as pessoas sem discriminação, atende efetivamente as exigências e os imperativos do bem comum[89]".

89. Voto concorrente na Opinião Consultiva 18/2003, p. 147.

11.1.4.19. Opinião Consultiva 19/2005

Foi solicitada pela República Bolivariana da Venezuela com o objetivo de saber se existe um órgão dentro do sistema interamericano de proteção dos direitos humanos que disponha das competências necessárias para exercer o controle de legalidade das atuações da Comissão, para o qual possam recorrer os Estados-partes da Convenção na defesa da legalidade. No caso de existir tal órgão, o Estado desejaria saber qual é ele e quais são suas atribuições.

Pela interpretação dos artigos 41 e 44 a 51 da Convenção Americana de Direitos Humanos referentes à atuação da Comissão Interamericana de Direitos Humanos, a Corte decidiu, por unanimidade, que é competente para emitir a opinião consultiva.

No mérito, decidiu, por unanimidade, da seguinte maneira: **a)** a Comissão Interamericana de Direitos Humanos, como órgão do sistema interamericano de proteção dos direitos humanos, tem plena autonomia e independência no exercício de seu mandato, conforme disciplinado na Convenção Americana de Direitos Humanos; **b)** a Comissão Interamericana de Direitos Humanos atua dentro do marco legal, estabelecido pela Convenção Americana de Direitos Humanos, no exercício das funções de sua competência no trâmite dos procedimentos relativos às petições individuais (artigos 44 a 51 da Convenção Americana), assim como no exercício das outras atribuições destinadas à promoção e proteção dos direitos humanos, consagradas no artigo 41 da Convenção; **c)** a Corte Interamericana de Direitos Humanos, no exercício de suas funções, efetua o controle de legalidade das atuações da Comissão Interamericana no que se refere ao trâmite dos assuntos que estejam sob sua jurisdição, conforme sua competência determinada pela Convenção Americana e outros instrumentos interamericanos de proteção dos direitos humanos.

11.1.4.20. Opinião Consultiva 20/2009

Foi solicitada pela República da Argentina com o escopo de definir a correta interpretação do artigo 55 da Convenção Americana de Direitos Humanos, tendo por base a figura do juiz *ad hoc* e da igualdade de armas no processo perante a Corte Interamericana, no contexto de um caso oriundo de uma petição individual, assim como levando em conta a nacionalidade dos magistrados da Corte e o direito a um juiz independente e imparcial.

Pela interpretação do artigo 55, pontos 1 e 3, da Convenção Americana de Direitos Humanos, a Corte decidiu, por unanimidade, que é competente para emitir a opinião consultiva.

No mérito, decidiu, por unanimidade, que, conforme o que dispõe o artigo 55, ponto 3, da Convenção Americana de Direitos Humanos, a possibilidade de os Estados-partes, no caso submetido à Corte, nomearem um juiz *ad hoc* para integrar esse Tribunal quando não se tenha um juiz de sua nacionalidade, fica restrita aos casos originados em comunicações interestatais (artigo 45 da Convenção Americana de Direitos Humanos); que não é possível o exercício desse direito em favor dos Estados-partes quando o caso for oriundo de uma petição individual (artigo 44 da Convenção Americana); e que o juiz nacional do Estado demandado não deve participar do julgamento dos casos contenciosos originados em petições individuais.

Por fim, o juiz mexicano Sergio García Ramírez apresentou voto concorrente que acompanhou a opinião consultiva.

11.1.5. Assembleia Geral – AG/RES 2.714 (XLII-O/12)

A Assembleia Geral é o órgão superior da OEA, composto dos representantes de todos os Estados-membros, os quais têm direito a um voto cada. Reúne-se anualmente.

Segundo o art. 59 da Carta da OEA, as decisões da Assembleia Geral serão adotadas pelo voto da maioria absoluta dos Estados membros, salvo nos casos em que é exigido o voto de dois terços, de acordo com o disposto na Carta, ou naqueles que determinar a Assembleia Geral, pelos processos regulamentares.

Respeitando-se o quórum acima disposto, a AG poderá emitir resoluções. Uma resolução que nos interessa é a 2.714 (XLII-O/12)[90] – Defensoria Pública como garantia do acesso à justiça de pessoas em condições de vulnerabilidade –, aprovada na segunda sessão plenária, no dia 04 de junho de 2012.

A resolução supracitada, dentre outras considerações, assim dispõe:

> "1. Afirma que o acesso à justiça, enquanto direito fundamental, é o meio que permite restabelecer o e-xercício daqueles direitos que foram ignorados ou violados.
>
> 2. Apoia o trabalho que vem sendo desenvolvido pelos Defensores Públicos dos Estados do Hemisfério Sul, o qual constitui um aspecto essencial para o fortalecimento do acesso à justiça e para a consolidação da democracia.
>
> 3. Afirma a importância fundamental que tem o serviço de assistência gratuita prestado pelos Defensores Públicos para a promoção e proteção do direito de acesso à justiça de todas as pessoas, em especial daquelas que se encontram em situação especial de vulnerabilidade.
>
> 4. Reitera aos Estados-membros que já possuem o serviço de assistência gratuita que adoten ações tendentes a garantir que os defensores públicos gozem de independência e autonomia funcional.

90. No mesmo sentido, AG/RES 2.656 (XLI-O/11), aprovada na quarta sessão plenária, no dia 07 de junho de 2011.

5. Encoraja os Estados, que ainda não possuam a instituição da Defensoria Pública, à considerar a possibilidade de criá-la no âmbito de seus ordenamentos jurídicos.

6. Insta os Estados a promoverem oportunidades de cooperação internacional para o intercâmbio de experiências e boas práticas na matéria.

7. Encoraja os Estados e os órgãos do sistema interamericano a promoverem a celebração de convênios para a realização de treinamentos e capacitação dos defensores públicos." (tradução nossa)

A resolução reproduzida parcialmente acima é taxativa em seu considerando: "os Estados-membros têm a obrigação de respeitar e garantir o exercício dos direitos reconhecidos nos tratados internacionais dos quais são partes e em suas legislações internas, eliminando-se os obstáculos que afetam ou limitam o acesso à Defensoria Pública, de maneira a garantir o livre e pleno acesso à justiça".

11.2. Sistema Europeu

O sistema protetivo europeu está principalmente alicerçado em torno do Conselho da Europa. *O Conselho da Europa é uma organização internacional que tem por objetivo garantir a defesa dos direitos humanos, o desenvolvimento democrático e a estabilidade político-social no continente. Por isso, diz-se que é uma organização internacional de vocação regional.*

O Conselho da Europa foi fundado, em 5 de Maio de 1949, pelo Tratado de Londres e é composto atualmente por 47 Estados-membros.

Seu principal instrumento protetivo é a Convenção Europeia de Direitos Humanos de 1950, que entrou em vigor em 03 de setembro de 1953 (data do depósito do décimo instrumento de ratificação) e que instituiu a Comissão Europeia de Direitos Humanos e a Corte Europeia. Mas, por meio do Protocolo n. 11, a Comissão e a Corte foram substituídas por uma Corte de Direitos Humanos reformulada. Tal reformulação teve por objetivo dotar o sistema europeu de maior compulsoriedade.

Esse mesmo protocolo tornou a Corte competente para receber petições individuais. Essa possibilidade tem contribuído em muito para o evolver do sistema protetivo europeu, pois democratiza seu manejo e aumenta a capilaridade de seu monitoramento.

O único problema é que a Convenção Europeia dos Direitos Humanos apenas trata dos direitos civis e políticos. Destarte, o outro instrumento protetivo de suma importância para o sistema europeu é a Carta Social Europeia, pois essa cuida dos direitos econômicos, sociais e culturais.

A Carta Social Europeia foi adotada em 1961 e a Carta Social Europeia Revisada foi adotada em 1996. A Carta conta com o Comitê Europeu dos Direitos Sociais para auxiliar sua implementação. Percebe-se que a Corte Europeia de Direitos Humanos cuida somente da aplicação da Convenção Europeia de Direitos Humanos (direitos civis e políticos).

11.3. Sistema Africano

A União Africana foi fundada em 2002 e é a organização que sucedeu a Organização da Unidade Africana.

Seu principal instrumento protetivo é a Carta Africana dos Direitos Humanos e dos Povos de 1981, a qual instituiu a Comissão Africana de Direitos Humanos. A Corte Africana de Direitos Humanos só foi instituída em 1998 pelo Protocolo à Carta (Protocolo Burkina Faso). E em 11 de julho de 2003 foi adotado o Protocolo sobre os Direitos das Mulheres Africanas, o qual detalhou e expandiu os direitos das mulheres (principalmente os que combatem a discriminação de gênero).

É importante apontar que a Carta Africana é o único tratado regional de proteção dos direitos humanos que prevê conjuntamente os direitos civis e políticos como também os econômicos, sociais e culturais. A Carta também trata o direito ao desenvolvimento (direito coletivo, isto é, direito do povo) como direito humano e não prevê a cláusula geral de derrogação (comum nos tratados de direitos humanos), que permite ao Estado se desobrigar dos compromissos, assumidos por meio de tratado, em tempos de "emergência". Exemplos de emergência são a guerra, o perigo público, ou qualquer outra situação que ameace a independência ou segurança do Estado.

11.4. Sistema Árabe

A Liga de Estados Árabes é uma organização de estados árabes fundada em 1945.

Seu principal instrumento protetivo é a Carta Árabe de Direitos Humanos, a qual instituiu a Comissão Árabe de Direitos Humanos e a Corte Árabe.

12. Sistema americano de proteção específica

Passemos à análise pontual dos instrumentos regionais de proteção específica dos direitos humanos. Conforme dito no capítulo 10, tais instrumentos são considerados específicos por protegerem indivíduos determinados, e não todos os seres humanos.

12.1. Convenção Interamericana para Prevenir e Punir a Tortura

A Convenção, adotada em 9 de dezembro de 1985, em Cartagena, na Colômbia, e promulgada no Brasil em 9 de dezembro de 1989 pelo Decreto nº 98.386, tem por fundamento a consciência de que todo ato de tortura ou outros tratamentos ou penas cruéis, desumanos ou degradantes constituem uma ofensa à dignidade humana.

Os Estados-partes têm obrigação de proibir a tortura, esta não podendo ser praticada nem mesmo em circunstâncias excepcionais. Por tortura entende-se todo ato pelo qual são infligidos intencionalmente a uma pessoa penas ou sofrimentos físicos ou mentais, com fins de investigação criminal, como meio de intimidação, como castigo pessoal, como medida preventiva, como pena ou com qualquer outro fim. Entende-se também como tortura a aplicação em uma pessoa de métodos tendentes a anular a personalidade da vítima ou a diminuir sua capacidade física ou mental, embora não causem dor física ou angústia psíquica (artigo 2º da Convenção).

E consoante ao artigo 3º, *a* e *b*, da Convenção, apenas os funcionários ou empregados públicos, ou ainda os particulares, desde que instigados pelos dois primeiros, podem ser sujeitos ativos do crime de tortura.

É muito importante a ressalva do artigo 4º: "O fato de haver agido por ordens superiores não eximirá da responsabilidade penal correspondente".

Outro ponto que merece destaque é o que se encontra disposto no artigo 10 da Convenção: "as declarações obtidas por meio de tortura não podem ser admitidas como prova em processo, salvo em processo instaurado contra a pessoa acusada de havê-las obtido mediante atos de tortura e unicamente como prova de que, por esse meio, o acusado obteve tal declaração".

Igualmente ao previsto na Convenção da ONU contra a Tortura e outros Tratamentos ou Penas Cruéis, Desumanos ou Degradantes, os Estados-partes se obrigam a punir os torturadores, independentemente do país em que a tortura tenha sido realizada e da nacionalidade do torturador. Percebe-se que a Convenção Interamericana também estabeleceu jurisdição compulsória e universal para julgar os acusados de tortura. Consoante o comentado no subitem 10.3, a compulsoriedade da jurisdição determina que os Estados-partes devem punir os torturadores, independentemente do local onde o crime foi cometido e da nacionalidade do torturador e da vítima. E a universalidade da jurisdição determina que os Estados-partes processem ou extraditem o suspeito da prática de tortura, independentemente da existência de tratado prévio de extradição.

Para monitorar o cumprimento das obrigações constantes na Convenção, a Comissão Interamericana de Direitos Humanos recebe relatórios confeccionados pelos Estados-partes, os quais auxiliam a confecção do relatório anual da Comissão.

12.2. Convenção Interamericana sobre o Desaparecimento Forçado de Pessoas

A Convenção, adotada em 9 de junho de 1994, em Belém do Pará, no Brasil, e ainda não ratificada pelo Brasil, tem por fundamento a consciência de que o desaparecimento forçado de pessoas viola múltiplos direitos essenciais da pessoa humana, de caráter irrevogável.

Os Estados-partes têm obrigação de não praticar (atuação estatal negativa) e punir (atuação estatal positiva) o desaparecimento forçado de pessoas. Por desaparecimento forçado entende-se a privação da liberdade de uma ou mais pessoas, seja de que forma for, praticada por agentes do Estado ou por pessoas ou grupos de pessoas que atuem com autorização, apoio ou consentimento do Estado, seguida de falta de informação ou da recusa em reconhecer a privação de liberdade ou informar sobre o paradeiro do desaparecido, impedindo assim o exercício dos recursos legais e das garantias processuais pertinentes (artigo 2º da Convenção). O artigo 3º dispõe que o desaparecimento forçado será considerado delito continuado ou permanente enquanto não se estabelecer o destino ou o paradeiro da vítima.

Igualmente ao previsto na Convenção da ONU contra a Tortura e outros Tratamentos ou Penas Cruéis, Desumanos ou Degradantes e na Convenção Interamericana para Prevenir e Punir a Tortura, os Estados-partes se obrigam a punir os participantes no delito de desaparecimento forçado, independentemente do país em que o desaparecimento tiver sido realizado e da nacionalidade do autor do delito. Percebe-se que a Convenção Interamericana sobre o Desaparecimento Forçado de Pessoas também estabeleceu jurisdição compulsória e universal para julgar os acusados desse delito. A compulsoriedade da jurisdição determina que os Estados-partes devem punir os autores do delito, independentemente do local onde o crime foi cometido e da nacionalidade do violador e da vítima. E a universalidade da jurisdição determina que os e Estados-partes processem ou extraditem o suspeito da prática de desaparecimento forçado, independentemente da existência de tratado prévio de extradição.

Para monitorar o cumprimento, pelos Estados-partes, das obrigações constantes na Convenção, a Comissão Interamericana de Direitos Humanos receberá petições individuais e comunicações interestatais sobre um suposto desaparecimento forçado.

12.3. Convenção Interamericana para Prevenir, Punir e Erradicar a Violência contra a Mulher

A Convenção Interamericana para Prevenir, Punir e Erradicar a Violência contra a Mulher (também conhecida como Convenção de Belém do Pará), adotada em 9 de junho de 1994, em Belém do Pará, no Brasil, e promulgada no Brasil em 1º de agosto de 1996 pelo Decreto nº 1.973, tem por fundamento a consciência de que a eliminação da violência contra a mulher é condição indispensável para seu desenvolvimento individual e social e sua plena e igualitária participação em todas as esferas da vida.

Os Estados-partes têm a obrigação de punir todas as formas de violência contra a mulher e de adotar políticas destinadas a prevenir e erradicar tal violência. Por violência contra a mulher entende-se qualquer ato ou conduta baseados no gênero, que causem morte, dano ou sofrimento físico, sexual ou psicológico à mulher, tanto na esfera pública como na esfera privada (artigo 1º da Convenção).

A Convenção, em seu artigo 2º, define de maneira mais exata as três situações em que a violência contra a mulher pode ser configurada: **a)** dentro da família ou unidade doméstica ou em qualquer outra relação interpessoal, em que o agressor conviva ou tenha convivido no mesmo domicílio que a mulher e que compreende, entre outros, estupro, violação, maus-tratos e abuso sexual; **b)** na comunidade e seja perpetrada por qualquer pessoa e que compreende, entre outros, violação, abuso sexual, tortura, maus-tratos de pessoas, tráfico de mulheres, prostituição forçada, sequestro e assédio sexual no lugar de trabalho, bem como em instituições educacionais, estabelecimentos de saúde ou qualquer outro lugar; e **c)** perpetrada ou tolerada pelo Estado ou seus agentes, onde quer que ocorra.

Para monitorar o cumprimento das obrigações constantes na Convenção, a Comissão Interamericana de Mulheres receberá relatórios confeccionados pelos Estados-partes (artigo 10 da Convenção) e a Comissão Interamericana de Direitos Humanos receberá petições individuais. Esse último sistema permite que qualquer pessoa, grupo de pessoas ou entidade não governamental juridicamente reconhecida em um ou mais Estados-membros da Organização enviem à Comissão Interamericana de Direitos Humanos petições com o fito de denunciar as violações contra os direitos consagrados na Convenção Interamericana para Prevenir, Punir e Erradicar a Violência contra a Mulher.

12.4. Convenção Interamericana para a Eliminação de Todas as Formas de Discriminação contra as Pessoas Portadoras de Deficiência

A Convenção, adotada em 7 de junho de 1999, na Cidade da Guatemala, na Guatemala, e promulgada pelo Brasil em 8 de outubro de 2001 pelo Decreto nº 3.956, tem por fundamento a consciência de que as pessoas portadoras de deficiência têm os mesmos direitos humanos e liberdades fundamentais que outras pessoas e que esses direitos, inclusive o de não serem submetidas à discriminação com base na deficiência, emanam da dignidade e da igualdade que são inerentes a todo ser humano.

Os Estados-partes têm obrigação de eliminar todas as formas de discriminação contra as pessoas portadoras de deficiência e de propiciar sua plena integração à sociedade. Por deficiência entende-se a restrição física, mental ou sensorial, de natureza permanente ou transitória, que limita a capacidade de exercer uma ou mais atividades essenciais da vida diária, causada ou agravada pelo ambiente econômico e social (artigo 1º da Convenção).

Para monitorar o cumprimento das obrigações constantes na Convenção e exercer o controle de convencionalidade internacional, foi criada a Comissão para a Eliminação de Todas as Formas de Discriminação contra as Pessoas Portadoras de Deficiência, que recebe relatórios confeccionados pelos Estados-partes, os quais auxiliam a confecção dos relatórios da Comissão.

12.5. Convenção Interamericana contra a Corrupção

A Convenção, adotada em 29 de março de 1996, na cidade da Caracas, na Venezuela, e promulgada no Brasil em 7 de outubro de 2002 pelo Decreto nº 4.410, tem por fundamento a consciência de que a corrupção solapa a legitimidade das instituições públicas e atenta contra a sociedade, a ordem moral e a justiça, bem como contra o desenvolvimento integral dos povos, e de que a democracia representativa, condição indispensável para a estabilidade, a paz e o desenvolvimento da região, exige, por sua própria natureza, o combate a toda forma de corrupção no exercício das funções públicas e aos atos de corrupção especificamente vinculados a seu exercício.

O artigo 2º lista os dois grandes propósitos dessa Convenção: **a)** promover e fortalecer o desenvolvimento, por cada um dos Estados-partes, dos mecanismos necessários para prevenir, detectar, punir e erradicar a corrupção; e **b)** promover, facilitar e regular a cooperação entre os Estados-partes a fim de assegurar a eficácia das medidas e ações adotadas para prevenir, detectar, punir e erradicar a corrupção no exercício das funções públicas, bem como os atos de corrupção especificamente vinculados a seu exercício.

Os Estados-partes têm a obrigação de adotar as medidas que forem necessárias para estabelecer sua jurisdição sobre os delitos tipificados nessa Convenção, quando estes forem cometidos em seu território, ou por um de seus cidadãos, ou por uma pessoa que tenha sua residência habitual em seu território, ou ainda quando o suspeito se encontrar em seu território e a referida parte não o extraditar para outro país por motivo da nacionalidade do suspeito (artigo 5º da Convenção). Percebe-se que a Convenção Interamericana contra a Corrupção também estabeleceu jurisdição compulsória e universal para julgar os acusados desse delito. A compulsoriedade da jurisdição determina que os Estados-partes devem punir os autores do delito, independentemente do local onde o crime tiver sido cometido e da nacionalidade do violador e da vítima. E a universalidade da jurisdição determina que os Estados-partes processem ou extraditem o suspeito da prática de desaparecimento forçado, independentemente da existência de tratado prévio de extradição.

Por sua vez, os atos de corrupção são tipificados pelo artigo 6º, ponto 1, da Convenção contra a Corrupção: **a)** a solicitação ou a aceitação, direta ou indiretamente, por um funcionário público ou pessoa que exerça funções públicas de qualquer objeto de valor pecuniário ou de outros benefícios como dádivas, favores, promessas ou vantagens para si mesmo, para outra pessoa ou para entidade em troca da realização ou omissão de qualquer ato no exercício de suas funções públicas; **b)** a oferta ou outorga, direta ou indiretamente, a um funcionário público ou pessoa que exerça funções públicas de qualquer objeto de valor pecuniário ou de outros benefícios como dádivas, favores, promessas ou vantagens a esse funcionário público, outra pessoa ou entidade em troca da realização ou omissão de qualquer ato no exercício de suas funções públicas; **c)** a realização, por parte de um funcionário público ou pessoa que exerça funções públicas, de qualquer ato ou omissão no exercício de suas funções, a fim de obter ilicitamente benefícios para si mesmo ou para um terceiro; **d)** o aproveitamento doloso ou a ocultação de bens provenientes de qualquer dos atos a que se refere o citado artigo; e **e)** a participação, como autor, coautor, instigador, cúmplice, acobertador ou mediante qualquer outro modo na perpetração, na tentativa de perpetração ou na associação ou confabulação para perpetrar qualquer dos atos a que se refere o artigo.

O artigo 20 assim determina:

> "Nenhuma das normas desta Convenção será interpretada no sentido de impedir que os Estados-partes prestem, reciprocamente, cooperação com base no previsto em outros acordos internacionais, bilaterais ou multilaterais, vigentes ou que forem celebrados no futuro entre eles, ou em qualquer outro acordo ou prática aplicável".

É importante notar que essa Convenção não estatui mecanismo de controle da aplicação de seus preceitos, ou seja, o controle de convencionalidade internacional não poderá ser exercitado.

13. Interpretação e aplicação

Após termos analisado os sistemas internacionais de proteção dos direitos humanos, podemos perceber que em determinadas situações ocorre uma sobreposição de normas (oriundas do sistema global, do regional e do nacional). Mas, como já anunciado, isso não se reflete em problema, pois o que se busca é a substancial proteção dos direitos humanos. Destarte, o sistema que estiver mais bem organizado para proteger o indivíduo no caso será o aplicado. Em outras palavras, os sistemas não competem, mas se completam.

Isso quer dizer que, em se tratando de interpretação e de aplicação das regras protetivas de direitos humanos, deve-se ter por fundamento o *princípio da primazia da norma mais favorável à vítima*, o qual determina a busca da maior efetividade possível na proteção dos direitos humanos.

Portanto, de modo geral, os sistemas protetivos global, regional e nacional interagem e complementam-se para melhor proteger o indivíduo dos abusos perpetrados contra sua dignidade humana. Esse exercício foi denominado por Erik Jaime[91] o *diálogo das fontes*[92], ou seja, os diversos sistemas de proteção (fontes heterogêneas) são coordenados para garantir a maior tutela possível da dignidade da pessoa humana – dessa forma, o sistema com maiores possibilidades de garantir a proteção no caso específico será o eleito, podendo até haver uma aplicação conjunta dos sistemas, desde que apropriada. A Constituição brasileira traz previsão expressa da "cláusula de diálogo ou dialógica" no seu art. 4º, II.

Além disso, nenhuma lei ou norma de direito interno, como as disposições de anistia, as regras de prescrição e outras excludentes de responsabilidade, podem impedir que um Estado cumpra essa obrigação, especialmente quando se tratar de graves violações de direitos humanos que constituam crimes contra a humanidade, como os de lesa-humanidade, pois são inanistiáveis e imprescritíveis.

De outra perspectiva, há o importante *princípio pro homine*, segundo o qual a interpretação das regras protetivas dos direitos humanos deve ser sempre favorável ao seu destinatário, ou seja, o indivíduo, e nunca em prol dos Estados, que se beneficiariam de interpretações restritivistas. Aliás, conforme já apontado no item 9.3.1., a especificidade dos tratados de direitos humanos – ao contrário dos tradicionais, que visam compor os interesses dos Estados – está na garantia do exercício de direitos pelos indivíduos.

Esse princípio deu azo à construção de três linhas interpretativas pela jurisprudência internacional: **a)** interpretação sistemática dos direitos: objetiva o reconhecimento de direitos implícitos mediante a análise holística das regras protetivas dos direitos humanos[93]; **b)** interpretação restritiva das limitações de direitos: tudo para impedir ao máximo a diminuição da proteção da pessoa humana; e **c)** preenchimento de lacunas e omissões em benefício do indivíduo[94].

---

91. **Identité culturelle et integration: le droit international privé postmoderne.** Séries Recueil des Cours de l'Académie de Droit International de la Haye 251, 1995.

92. O citado diálogo também é previsto expressamente no artigo 29, *b*, da Convenção Americana de Direitos Humanos.

93. André de Carvalho Ramos (*op. cit.*, p. 82-83) cita a decisão da Corte Europeia dos Direitos Humanos no caso Golder como emblemático dessa linha interpretativa alicerçada no princípio *pro homine*.

94. "(...) No caso da 'denúncia' peruana do reconhecimento da jurisdição obrigatória da Corte Interamericana de Direitos Humanos de 1999, a Corte, em decisões históricas, considerou desprovido tal ato, uma vez que a Convenção Americana de Direitos Humanos, apesar de omissa quanto à possibilidade de denúncia do reconhecimento de jurisdição obrigatória, possui dispositivo expresso que veda o retrocesso ou qualquer diminuição na proteção já acordada ao indivíduo" (RAMOS, *op. cit.*, p. 83-84).

Outro princípio que merece ser citado é o da *máxima efetividade*, que propugna o papel da interpretação dos direitos humanos no atingimento da plena aplicabilidade de seus preceitos, conferindo, dessa forma, maior proteção à pessoa humana, posto que efetiva. Mediante tal princípio interpretativo, o argumento reacionário de que os direitos humanos são meras normas programáticas cairia por terra.

Por sua vez, o *princípio da interpretação autônoma* defende que "os conceitos e termos inseridos nos tratados de direitos humanos podem possuir sentidos *próprios*, distintos dos sentidos a eles atribuídos pelo direito interno, para dotar de maior efetividade os textos internacionais de direitos humanos[95]". Essa colocação pode ser aplicada na interpretação dos textos "nacionais" de direitos humanos também, sempre em respeito à especificidade do campo de conhecimento destes e à necessidade de garantir a máxima efetividade de seus preceitos protetivos e emancipadores da pessoa humana. Esse princípio é de grande utilização pela Corte Europeia dos Direitos Humanos.

A interpretação dos direitos humanos deve também ter por base o *princípio da interpretação evolutiva dos direitos humanos*. Esse princípio é de grande razoabilidade, pois os direitos humanos contam com inúmeros termos de conceito fluido, que demandam uma interpretação atual para sua pertinente aplicação. Sabe-se que o direito é apenas uma parcela da cultura geral, criada pelo e para o bem do homem, logo se trata de uma construção dinâmica, que assume novas formas ao longo do tempo. Por isso, os direitos humanos devem ser interpretados e aplicados em consonância com os valores atuais de determinada sociedade.

13.1. Teoria da margem de apreciação

A teoria da margem de apreciação é muito utilizada na interpretação dos direitos humanos, sobretudo pela Corte Europeia dos Direitos Humanos. Ela funciona como um freio para os juízes internacionais, pois impede a análise de uma situação concreta de desrespeito dos direitos da pessoa humana em função das características de complementaridade e subsidiariedade que os sistemas protetivos internacionais dos direitos humanos possuem.

Essa teoria permite a diferenciação de temas nos direitos humanos, pois alguns não poderiam ser processados nos sistemas internacionais por dizerem respeito à matéria de grande sensibilidade nacional (umbilicalmente relacionada ao interesse público), que, por essa razão, deve ser analisada internamente pelos juízes nacionais.

Em poucas palavras, a equação interesse público/direitos humanos deve ser preferencialmente balanceada pelo próprio Estado (inserida em sua margem de apreciação), mesmo que disso surja qualquer violação dos direitos humanos, pois estando em contato direto com a realidade de seus países, as autoridades nacionais estão, em princípio, melhor situadas que a jurisdição internacional para avaliar as sensibilidades e contextos locais. Assim, a mitigação destes últimos em prol do interesse público em dado caso é obra exclusiva do Estado pela teoria da margem de apreciação.

Mas essa teoria não pode ser adotada cruamente. Nesse sentido, reproduzo consideração de André de Carvalho Ramos:

> "o uso da margem de apreciação é controlado pela Corte Europeia dos Direitos Humanos, sendo sempre ponderado pelo princípio da proporcionalidade. No caso de condutas estatais restritivas de direitos protegidos desproporcionais e irrazoáveis, pode a Corte Europeia declarar a violação da Convenção Europeia de Direitos Humanos[96]".

O perigo da teoria da margem de apreciação reside em relativizar a proteção dos direitos humanos, pois tais poderiam ser desrespeitados em dado momento pela concordância majoritária de certa sociedade sobre o alcance de seu interesse público. Afortunadamente, essa teoria não tem a mesma acolhida na Corte Interamericana de Direitos Humanos.

14. Direitos Humanos no Brasil

A Constituição Federal de 1998 torna nuclear o tema dos direitos humanos. Nunca na história brasileira os direitos fundamentais foram tratados de maneira tão ampla e minuciosa por um diploma constitucional. Antes de analisarmos o tratamento conferido pela CF 88, vamos trazer um rápido histórico do tratamento dispensado aos direitos fundamentais pelas constituições brasileiras.

14.1. Histórico das Constituições

Faremos uma explanação evolutiva de caráter acumulativo, isto é, sobre os direitos incorporados por um texto constitucional, sem repetir os já citados, enfocando assim as novidades, os avanços e os retrocessos das Constituições.

14.1.1. Constituição de 1824

Trata-se da primeira Constituição brasileira, a qual se inscreve de maneira muito importante no processo de consolidação da independência e de construção do Estado brasileiro. Trata, em seu título 8º, das disposições gerais e das garantias dos direitos civis e políticos dos cidadãos brasileiros.

Essa Constituição é conhecida por ter sida outorgada pelo imperador D. Pedro I, após ter dissolvido a Assembleia

95. RAMOS, *op. cit.*, p. 87.

96. RAMOS, *op. cit.*, p. 96.

Constituinte que fora instalada para a confecção da primeira Constituição brasileira, e por criar um sistema político monárquico, hereditário e constitucional, além de manter a religião católica apostólica romana como oficial, permitindo--se apenas o culto particular de outras religiões – apesar dessa previsão, na prática a liberdade religiosa era total. Outros pontos de destaque dessa Constituição são o estabelecimento do voto indireto e censitário (com exclusão das mulheres e dos analfabetos) e a divisão política do país em províncias, sendo o presidente de cada uma escolhido pelo imperador (configuração de um Estado unitário).

O ponto mais inovador da Constituição de 1824 foi a instituição do Poder Moderador (que compunha a divisão do poder político juntamente com o Executivo, o Legislativo e o Judiciário), cujo surgimento na letra da lei foi atribuída a Martim Francisco de Andrada, um grande admirador de Benjamin Constant. Esse poder serviria para resolver impasses e assegurar o funcionamento do governo mediante a concentração das atribuições nas mãos do imperador.

14.1.2. Constituição de 1891

No dia 25 de novembro de 1889 foi fundada a República brasileira, isto é, passou-se do regime monárquico para o republicano, o que foi visto historicamente como um golpe militar, pois a transição foi arquitetada pela elite do Exército em conjunto com os ricos cafeicultores.

Em 1891 foi promulgada a Constituição da República dos Estados Unidos do Brasil[97], que, nos artigos 72 a 78, traz uma declaração de direitos. Entre eles, podemos destacar a total liberdade religiosa – o Brasil tornou-se um estado laico. Também foi instituído o voto direto e universal (contra o antigo indireto e censitário), mas os analfabetos e as mulheres continuavam sem o direito de votar.

Como já apontamos em relação à forma de governo (República), a Constituição também inovou quando instituiu a Federação como forma de Estado (contra o antigo Estado unitário) e estabeleceu o regime de governo presidencialista. Ato-consequência da mudança da forma de Estado foi a substituição das províncias por estados-membros.

Por fim, o Poder Moderador foi extinto e remanesceram apenas o Executivo, o Legislativo e o Judiciário, consoante preconizara Montesquieu.

14.1.3. Constituição de 1934

A Constituição promulgada em 1934 não difere substancialmente de sua antecessora e foi confeccionada tendo por inspiração a Constituição alemã de 1919 ("Constituição de Weimar").

Seu título III traz dois capítulos: um denominado Dos Direitos Políticos, e o outro, Dos Direitos e Das Garantias Individuais. De forma inovadora, essa Constituição inclui ainda títulos que cuidam da ordem econômica e social (IV), da família, educação e cultura (V) e da segurança nacional (VI). Há nela um nítido caráter social, sendo a primeira Constituição brasileira a mencionar os direitos sociais em seu texto.

A Constituição de 1934 é constantemente lembrada por ter estendido o direito de voto às mulheres e o tornado secreto. Podemos destacar também os avanços alcançados nos direitos trabalhistas e a adoção do princípio do ensino primário gratuito e de frequência obrigatória.

14.1.4. Constituição de 1937

O ano de 1937 foi marcado pelo golpe de Getúlio Vargas, que utilizou o Plano Cohen como estopim para a instalação do Estado Novo. Deve-se dizer que o Estado Novo representou, nas palavras de Boris Fausto, "uma aliança da burocracia civil e militar e da burguesia industrial, cujo objetivo comum imediato era o de promover a industrialização do país sem grandes abalos sociais[98]".

A Constituição outorgada em 1937 ("Constituição Polaca") previu direitos fundamentais, todavia, o artigo 186 assim dispunha: "É declarado em todo o País o estado de emergência". Isto é, os direitos fundamentais ficavam muito limitados em função desse "estado de emergência duradouro".

Essa Constituição tem nítido caráter ditatorial e se aproxima muito das Constituições fascistas europeias.

14.1.5. Constituição de 1946

Com o fim do Estado Novo, o Brasil reinstaurou o regime de governo presidencialista e elegeu Eurico Gaspar Dutra em 1945.

A Constituição promulgada em 1946 é nitidamente de roupagem liberal-democrática, assim, afasta-se da Constituição anterior, de 1937, apesar de manter algumas similaridades com esta. Em relação à ordem social, a Constituição de 1946 manteve, de certa forma, os benefícios mínimos assegurados na de 1934. Cabe destacar que foi a Constituição de 1946 que conferiu, no plano dos direitos políticos, a igualdade entre homens e mulheres, pois, por exemplo, na Constituição de 1934 só algumas mulheres podiam votar.

14.1.6. Constituição de 1967

Em 1964 foi desferido o golpe militar para cumprir com os propósitos de modernização conservadora da elite brasileira.

97. O nome é mais um indicativo da escolha da Constituição dos Estados Unidos da América como paradigma inspirador.

98. FAUSTO, Boris. **História concisa do Brasil**. São Paulo: Edusp/ Imprensa Oficial do Estado, 2001. p. 201.

A Constituição de 1967 escolheu a segurança nacional exacerbada em prejuízo dos direitos fundamentais. A situação piorou com a edição dos Atos Institucionais, notadamente o de nº 5, que inaugurou a fase "dos anos de chumbo" ou da "ditadura escancarada", na acepção de Elio Gaspari. Além disso, desde 1964, com o Ato Institucional nº 1, as eleições para presidente da República tornaram-se indiretas e, com o Ato Institucional nº 3, de 1966, as eleições para governadores também se tornaram indiretas (artigo 1º):

> "A eleição de Governador e Vice-Governador dos Estados far-se-á pela maioria absoluta dos membros da Assembleia Legislativa, em sessão pública e votação nominal.
>
> § 1º – Os Partidos inscreverão os candidatos até quinze dias antes do pleito perante a Mesa da Assembleia Legislativa e, em caso de morte ou impedimento insuperável de qualquer deles, poderão substituí-los até vinte e quatro horas antes da eleição.
>
> § 2º – Se não for obtido o *quorum* na primeira votação, repetir-se-ão os escrutínios até que seja atingido, eliminando-se, sucessivamente, do rol dos candidatos, o que obtiver menor número de votos.
>
> § 3º – Limitados a dois os candidatos ou na hipótese de só haver dois candidatos inscritos, a eleição se dará mesmo por maioria simples".

As eleições diretas para governadores foram restabelecidas em 1982, enquanto as para presidente da República somente em 1990, com a eleição de Fernando Collor de Mello.

14.1.6.1. Constituição de 1969 ou Emenda Constitucional nº 1

Há uma grande discussão sobre a EC nº 1 ser ou não considerada uma Constituição, por ter mudado radicalmente a Constituição de 1967, alterando inclusive seu epíteto para Constituição da República Federativa do Brasil.

14.2. Constituição Cidadã de 1988

Fruto da redemocratização, a Constituição Federal (CF) de 1988 torna a dignidade da pessoa humana um dos fundamentos da República Federativa do Brasil (artigo 1º, III, da CF). Outros fundamentos que reforçam o *status* dos direitos humanos no Brasil são a cidadania, os valores sociais do trabalho e o pluralismo político (respectivamente artigo 1º, II, IV e V, da CF).

O parágrafo único do artigo 1º da CF aponta que o regime de governo, no Brasil, será uma democracia, pois todo o poder emana do povo (soberania popular) e este poderá exercê-lo indiretamente por meio de seus representantes ou diretamente. Os mecanismos de democracia direta encontram-se listados no artigo 14, I, II e III, da CF (plebiscito, referendo e iniciativa popular).

> "Ademais, a Constituição de 1988 conferiu significado ímpar ao direito de acesso à justiça e criou mecanismos especiais de controle da omissão legislativa (ação direta por omissão e mandado de injunção), destinados a colmatar eventuais lacunas na realização de direitos, especialmente na formulação de políticas públicas destinadas a atender às determinações constitucionais.[99]"

Um dos objetivos fundamentais do Brasil, segundo a CF, é a promoção do bem de todos, sem preconceitos de origem, raça, sexo, cor, idade e quaisquer outras formas de discriminação (artigo 3º, IV). Outro objetivo que posiciona nuclearmente os direitos humanos no Brasil é o que determina a erradicação da pobreza e da marginalização e a redução das desigualdades sociais e regionais (artigo 3º, III). E, ainda, o Brasil tem por objetivo a construção de uma sociedade livre, justa, solidária (artigo 3º, I) e desenvolvida economicamente (artigo 3º, II).

O outro fator que sacramenta a nuclearidade dos direitos humanos no Brasil é o que dispõe o artigo 4º, II, da CF. Ou seja, as relações internacionais do Brasil serão regidas, entre outros, pelo *princípio da prevalência dos direitos humanos*. Outros incisos do artigo 4º da CF que corroboram a dita nuclearidade dos direitos humanos são: **a)** repúdio ao terrorismo e ao racismo (inciso VIII); **b)** cooperação entre os povos para o progresso da humanidade (inciso IX); e **c)** concessão de asilo político (inciso X).

Ora, além de os direitos humanos fundamentarem a existência da República brasileira, são vetores para o estabelecimento da política nacional e externa. Ademais, podem-se considerar os direitos humanos até como limitadores do poder constituinte originário:

> "É fora de dúvida que o poder constituinte é um fato político, uma força material e social, que não está subordinado ao Direito positivo preexistente. Não se trata, porém, de um poder ilimitado ou incondicionado. Pelo contrário, seu exercício e sua obra são pautados tanto pela realidade fática como pelo Direito, âmbito no qual a dogmática pós-positivista situa os valores civilizatórios, os direitos humanos e a justiça[100]".

Outro ponto de destaque é a inclusão dos direitos da pessoa humana na lista dos princípios sensíveis da Constituição (artigo 34, VII, *b*, da CF), os quais autorizam, diante de suas

99. MENDES, *op. cit.*, p. 681. Também: "A Constituição de 1988 é a primeira Carta brasileira a consagrar o direito fundamental de proteção à saúde. Textos constitucionais anteriores possuíam apenas disposições esparsas sobre a questão, como a Constituição de 1824, que fazia referência à proteção de socorros públicos (artigo 179, XXXI)" (p. 685).

100. BARROSO, *op. cit.*, p. 110.

violações, a medida extrema da intervenção[101]. Isso significa que se um estado federado incidir em grave violação dos direitos humanos e nada fizer para mudar essa situação lamentável, a União intervirá[102] nessa unidade federada para restabelecer o respeito integral dos direitos da pessoa humana.

O STF já se pronunciou sobre um pedido de intervenção federal que teve por base a grave violação dos direitos da pessoa humana (artigo 34, VII, *b*, da CF). Foi a IF 114-5/MT, ocasião em que o STF sublinhou que a gravidade do fato por si só (violação dos direitos da pessoa humana) não é motivo suficiente para intervenção federal. É necessária a cabal demonstração de que o estado não pode dar uma resposta efetiva ao fato grave ocorrido, ou seja, somente será possível a intervenção federal nesses casos se o estado não possuir uma estrutura mínima que lhe permita responder ao fato danoso – na maioria dos casos, estrutura para movimentar efetivamente a persecução penal[103].

101. "A intervenção federal pelo inciso VII do artigo 34 busca resguardar a observância dos chamados princípios constitucionais sensíveis. Esses princípios visam assegurar uma unidade de princípios organizativos tidos como indispensáveis para a identidade jurídica da federação, não obstante a autonomia dos Estados-membros para se autoorganizarem" (MENDES, *op. cit.*, p. 835).

102. O STF entende que a intervenção é medida extrema e, para ser decretada, precisa observar a proporcionalidade (IF 2.915/SP, rel. min. Marco Aurélio).

103. Cabe aqui transcrever a ementa da IF 114-5/MT, rel. min. Néri da Silveira:
"Intervenção Federal.
2. Representação do Procurador-Geral da República pleiteando intervenção federal no Estado de Mato Grosso, para assegurar a observância dos 'direitos da pessoa humana', em face de fato criminoso praticado com extrema crueldade a indicar a inexistência de 'condição mínima', no Estado, 'para assegurar o respeito ao primordial direito da pessoa humana, que é o direito à vida'. Fato ocorrido em Matupá, localidade distante cerca de 700 km de Cuiabá.
3. Constituição, arts. 34, VII, letra *b*, e 36, III.
4. Representação que merece conhecida, por seu fundamento: alegação de inobservância pelo Estado-membro do princípio constitucional sensível previsto no art. 34, VII, alínea *b*, da Constituição de 1988, quanto aos 'direitos da pessoa humana'. Legitimidade ativa do Procurador-Geral da República (Constituição, artigo 36, III).
5. Hipótese em que estão em causa 'direitos da pessoa humana', em sua compreensão mais ampla, revelando-se impotentes as autoridades policiais locais para manter a segurança de três presos que acabaram subtraídos de sua proteção, por populares revoltados pelo crime que lhes era imputado, sendo mortos com requintes de crueldade.
6. Intervenção Federal e restrição à autonomia do Estado-membro. Princípio federativo. Excepcionalidade da medida interventiva.
7. No caso concreto, o Estado de Mato Grosso, segundo as informações, está procedendo à apuração do crime. Instaurou-se, de imediato, inquérito policial, cujos autos foram encaminhados à autoridade judiciária estadual competente que os devolveu, a pedido do Delegado de Polícia, para o prosseguimento das diligências e averiguações.

Cabe também mencionar a obrigação, preponderantemente atribuída ao Legislativo brasileiro, que o inciso XLI do artigo 5º da CF criou: "a lei punirá qualquer discriminação atentatória dos direitos e liberdades fundamentais".

O destaque indicado até aqui pelas previsões constitucionais analisadas, ganhou corpo com a inclusão do § 5º ao artigo 109 da CF pela EC nº 45 de 2004. Segue a redação legal do mencionado parágrafo:

> "Nas hipóteses de grave violação de direitos humanos, o Procurador-Geral da República, com a finalidade de assegurar o cumprimento de obrigações decorrentes de tratados internacionais de direitos humanos dos quais o Brasil seja parte, poderá suscitar, perante o Superior Tribunal de Justiça, em qualquer fase do inquérito ou processo, incidente de deslocamento de competência para a Justiça Federal".

Trata-se da denominada *federalização* dos crimes contra os direitos humanos, e um caso conhecido é o IDC 2-DF/STJ de relatoria da ministra Laurita Vaz, pois o caso tinha como pano de fundo a atuação de um grupo de extermínio e o incidente de deslocamento de competência foi parcialmente acolhido[104]. É importante asseverar, com base na jurisprudência do STJ, que o incidente de deslocamento só será provido se ficar comprovado que a justiça estadual constitui verdadeira barreira ao cumprimento dos compromissos internacionais de proteção dos direitos humanos assumidos pelo Brasil.

Dito de outra forma e agora com ênfase na razão de ser do instituto, deve-se ter consciência de que um caso de grave violação dos direitos humanos previstos em tratados internacionais em que o Brasil seja parte, embora ocorrido no âmbito de um estado-membro da federação, é capaz de ensejar no cenário internacional a responsabilidade do Estado brasileiro, de modo que o deslocamento de competência para a órbita federal, em casos como esse, dá a oportunidade, no plano interno, para o órgão de Justiça da União examinar e decidir a questão, antes de arcar com o pesado ônus dessa violação.

Para corroborar a importância de tudo o que foi dito, é mister asseverar que é regra básica da hermenêutica jurídica

8. Embora a extrema gravidade dos fatos e o repúdio que sempre merecem atos de violência e crueldade, não se trata, porém, de situação concreta que, por si só, possa configurar causa bastante a decretar-se intervenção federal no Estado, tendo em conta, também, as providências já adotadas pelas autoridades locais para a apuração do ilícito.
9. Hipótese em que não é, por igual, de determinar-se intervenha a Polícia Federal, na apuração dos fatos, em substituição à Polícia Civil de Mato Grosso. Autonomia do Estado-membro na organização dos serviços de justiça e segurança, de sua competência (Constituição, arts. 25, § 1º; 125 e 144, § 4º).
10. Representação conhecida mas julgada improcedente".

104. IDC 2-DF, rel. min. Laurita Vaz, julgado em 27.10.2010. (Inform. STJ 453)

aquela que determina que a aplicação da lei deverá levar em conta os valores constitucionais que irradiam sobre todo o ordenamento jurídico. Vimos que os direitos humanos ocupam lugar central na CF (logo, direitos fundamentais), destarte, toda interpretação e aplicação de alguma norma do ordenamento jurídico brasileiro devem ser balizadas pela dignidade da pessoa humana. Assim, a interpretação que violar a dignidade da pessoa humana não é válida, ou melhor, é inconstitucional.

14.3. Artigo 5º da CF

Da análise do artigo 5º da CF percebe-se que o legislador constituinte regrou direitos civis e políticos, como também os econômicos, sociais e culturais como fundamentais. Tal atitude afirma a indivisibilidade e a interdependência dos direitos humanos, consoante o que estudamos no capítulo 4. A Constituição ainda traçou certos direitos coletivos e difusos como fundamentais.

É importante frisar, como já mencionado no capítulo introdutório, que a doutrina atual, principalmente a alemã, considera os direitos fundamentais os valores éticos sobre os quais se constrói determinado sistema jurídico nacional, ao passo que os direitos humanos existem mesmo sem o reconhecimento da ordem jurídica interna de um país, pois estes possuem vigência universal. Mas, na maioria das vezes, os direitos humanos são reconhecidos internamente pelos sistemas jurídicos nacionais, situação que os torna também direitos fundamentais, ou seja, os direitos humanos previstos na Constituição de um país são denominados direitos fundamentais.

Ponto relevante é a determinação de que as normas definidoras dos direitos e garantias fundamentais têm aplicação imediata (artigo 5, § 1º, da CF). Isto é, o juiz pode aplicar diretamente os direitos fundamentais, sem necessidade de qualquer lei que os regulamente. Tal regra tem por base o *princípio da força normativa da Constituição*, idealizado por Konrad Hesse, e "a ideia de que os direitos individuais devem ter eficácia imediata ressalta a vinculação direta dos órgãos estatais a esses direitos e o seu dever de guardar-lhes estrita observância[105]".

O § 2º é enfático: "Os direitos e garantias expressos nesta Constituição não excluem outros decorrentes do regime e dos princípios por ela adotados, ou dos tratados internacionais em que a República Federativa do Brasil seja parte". Tal estipulação possibilita a ampliação progressiva dos direitos fundamentais, pois o Brasil poderá aumentar seu catálogo de direitos à medida que internaliza tratados internacionais de direitos humanos[106].

105. MENDES, *op. cit.*, p. 671.

106. No mesmo sentido: "Trata-se de evidente cláusula de abertura do rol de direitos fundamentais, a permitir a inclusão de outros direitos e garantias àqueles já previstos na Lei Maior, desde que consoantes com os princípios constitucionais". WEIS, Carlos. **Estudo sobre a obrigatoriedade de apresentação imediata da pessoa presa ao juiz: comparativo entre as previsões dos tratados de direitos humanos e do projeto de Código de Processo Penal.** Defensoria Pública do Estado de São Paulo, 2011. p. 7.

Assim, a comunhão dos §§ 1º e 2º permite-nos concluir que um tratado de direitos humanos internalizado pelo Brasil faz parte de seu bloco de constitucionalidade[107] e, assim, pode ser aplicado direta e imediatamente pelo juiz. Lembrando que o bloco de constitucionalidade é composto de todas as normas do ordenamento jurídico que possuem *status* constitucional[108].

Tal ilação suscita muitas discussões, assim, procederemos no próximo item ao estudo do instituto da incorporação de tratado internacional no Brasil e sua posterior ocupação hierárquica no ordenamento jurídico brasileiro.

14.4. Incorporação no direito brasileiro

Há inúmeras discussões doutrinárias sobre o relacionamento do direito internacional com o nacional. Desse debate surgiu de um lado a tese *monista* e de outro a *dualista*.

Segundo a tese monista, o direito internacional e o nacional fazem parte do mesmo sistema jurídico, ou seja, incidem sobre o mesmo espaço. A tese dualista, ao contrário, advoga que cada um pertence a um sistema distinto e, por assim dizer, incidem sobre espaços diversos.

A tese monista ainda se subdivide em: **a)** *monismo radical: prega a preferência pelo direito internacional em detrimento do direito nacional;* e **b)** *monismo moderado: prega a equivalência entre o direito internacional e o nacional.* É importante apontar que a jurisprudência internacional aplica o monismo radical, uma escolha respaldada pelo artigo 27 da Convenção de Viena sobre Direito dos Tratados: "Uma parte não pode invocar as disposições de seu direito interno para justificar o inadimplemento de um tratado".

O dualismo também se subdivide em: **a)** *dualismo radical: impõe a edição de uma lei distinta para incorporação do tratado;* e **b)** *dualismo moderado ou temperado: não exige lei para incorporação do tratado, apenas um procedimento formal.* No Brasil o procedimento é complexo, tomando corpo com a aprovação do Congresso e a promulgação do Executivo.

A Constituição Federal silenciou sobre esse aspecto, e, em virtude da omissão constitucional, a doutrina defende, como já salientado, que o Brasil adotou a corrente dualista, ou, melhor dizendo, a corrente dualista moderada. Isso porque o tratado só passará a ter validade interna após ter sido aprovado pelo Congresso Nacional e ratificado e promulgado pelo presidente da República. Devemos lembrar que a promulgação é efetuada mediante decreto presidencial.

107. O termo bloco de constitucionalidade já foi citado, pelo STF, nas ADIns 595 e 514, de relatoria do Min. Celso de Mello, mas nunca foi aplicado no Brasil.

108. De forma geral e conforme o artigo 5º, § 2º, da CF, o bloco de constitucionalidade é formado pelo texto constitucional, pelos princípios dele decorrentes e pelos tratados internacionais de direitos humanos.

Depois de internalizado, o tratado é equiparado hierarquicamente à norma ordinária infraconstitucional[109-110]. Assim, as normas infraconstitucionais preexistentes ao tratado serão derrogadas quando com ele colidirem (critério cronológico) ou quando forem gerais e os tratados forem especiais (critério da especialidade). Percebe-se que por se tratar de normas de mesma hierarquia (o tratado e a lei interna), em caso de conflito deve-se utilizar os critérios de solução de antinomias aparentes. Por outro lado, é muito defendida a tese que confere prevalência ao tratado sobre a lei interna (especialmente com supedâneo no art. 27 da Convenção de Viena sobre Direitos dos Tratados), apesar de o tema não ser pacífico, em matéria tributária adotou-se expressamente a prevalência do tratado sobre o direito interno (art. 98 do Código Tributário Nacional - CTN), determinando que a legislação tributária posterior ao tratado lhe deve obediência.

Com a edição da EC nº 45, os tratados de direitos humanos que forem aprovados, em cada Casa do Congresso Nacional, em dois turnos, por três quintos dos votos dos respectivos membros, serão equivalentes às emendas constitucionais[111] – conforme o que determina o artigo 5º, § 3º, da CF[112-113]. Ou seja, tais tratados terão hierarquia constitucional quando aprovados por maioria qualificada no Congresso Nacional e forem ratificados e posteriormente publicados pelo presidente da República.

Importante sublinhar que cabe ao Congresso Nacional decidir quando aprovará o tratado internacional de direitos humanos pelo quórum especial. Ou seja, ele não tem o dever de sempre aprovar os tratados de direitos humanos por maioria qualificada, mas tem o poder discricionário de decidir quando assim o fará.

109. Conforme a ADI-MC 1.480/DF.

110. Os tratados e as convenções de direitos humanos não poderão ter *status* de lei complementar pela simples escolha do rito adotado para sua incorporação no direito brasileiro, isso porque a Constituição explicitamente elencou quais matérias devem ser exclusivamente tratadas por via de Lei Complementar.

111. Mas não possuirão *status* de norma constitucional originária. Ou seja, é obra do Poder Constituinte Derivado Reformador e não do Poder Constituinte Originário.

112. Bem fundamentada é a crítica formulada por Valerio de Oliveira Mazzuoli ao mencionado § 3º do artigo 5º da CF: "também rompe a harmonia do sistema de integração dos tratados de direitos humanos no Brasil, uma vez que cria *categorias* jurídicas entre os próprios instrumentos internacionais de direitos humanos ratificados pelo governo, dando tratamento diferente para normas internacionais que têm o mesmo fundamento de validade, ou seja, hierarquizando diferentemente tratados que têm o mesmo conteúdo ético, qual seja, a proteção internacional dos direitos humanos. Assim, essa *desigualação dos desiguais* que permite o § 3º ao estabelecer ditas *categorias de tratados* é totalmente injurídica por violar o princípio (também constitucional) da *isonomia*" (*op. cit.*, p. 29).

113. Esse § 3º é denominado de cláusula holandesa pelo Prof. Francisco Rezek.

Muito se discutiu em relação à hierarquia dos tratados de direitos humanos que foram internalizados anteriormente à edição da EC nº 45. Em 3 de dezembro de 2008, o Ministro Gilmar Mendes, no RE 466.343-SP, defendeu a tese da supralegalidade de tais tratados, ou seja, superior às normas infraconstitucionais e inferior às normas constitucionais. O voto do Ministro Gilmar Mendes foi acompanhado pela maioria (posição atual do STF). Portanto, todo tratado de direitos humanos que for internalizado sem observar o procedimento estabelecido no artigo 5º, § 3º, da CF, tem *status* de norma supralegal.

Todavia, tal assunto desperta calorosas discussões: no mesmo recurso extraordinário em que foi exarada a tese da supralegalidade, por exemplo, o Ministro Celso de Mello defendeu o caráter constitucional dos tratados de direitos humanos independentemente do quórum de aprovação.

Apesar de a tese da supralegalidade ser um avanço da jurisprudência brasileira, deve-se apontar que uma leitura mais acurada da CF já permitiria apontar que os tratados de direitos humanos internalizados sem o procedimento especial teriam *status* constitucional, já que o § 2º do artigo 5º da CF inclui os direitos humanos provenientes de tratados entre seus direitos protegidos, ampliando seu bloco de constitucionalidade, o qual é composto de todas as normas do ordenamento jurídico que possuem *status* constitucional.

Com o mesmo pensar preleciona Valerio de Oliveira Mazzuoli:

> "Da análise do § 2º do art. 5º da Carta brasileira de 1988, percebe-se que três são as vertentes, no texto constitucional brasileiro, dos direitos e garantias individuais: a) direitos e garantias *expressos* na Constituição, a exemplo dos elencados nos incisos I a LXXVIII do seu art. 5º, bem como outros fora do rol de direitos, mas dentro da Constituição, como a garantia da anterioridade tributária, prevista no art. 150, III, *b*, do Texto Magno; b) direitos e garantias *implícitos*, subtendidos nas regras de garantias, bem como os decorrentes do regime e dos princípios pela Constituição adotados, e c) direitos e garantias inscritos nos tratados internacionais em que a República Federativa do Brasil seja parte[114]".

E continua o supracitado jurista:

> "O que se deve entender é que o *quorum* que o § 3º do art. 5º estabelece serve tão somente para atribuir eficácia *formal* a esses tratados no nosso ordenamento jurídico interno, e não para atribuir-lhes a índole e o nível *materialmente* constitucionais que eles já têm em virtude do § 2º do art. 5º da Constituição[115]".

114. MAZZUOLI, Valerio de Oliveira. **O controle jurisdicional da convencionalidade das leis.** 2. ed. São Paulo, p. 39-40.

115. MAZZUOLI, *op. cit.*, p. 51.

14.5. Controle de convencionalidade e supralegalidade

No Brasil, o controle jurisdicional de convencionalidade das leis ganhou formato específico por obra de Valerio de Oliveira Mazzuoli. O citado controle tem a função de compatibilizar a legislação interna (objeto) com os tratados internacionais de direitos humanos em vigor no Brasil (paradigma ou parâmetro)[116] – o que o difere do já mencionado controle de convencionalidade internacional (exercido pelos órgãos internacionais) é o fato de ser exercido por tribunais internos.

Antes de analisar o citado controle, cabe mencionar que André de Carvalho Ramos considera somente o controle de convencionalidade internacional como autêntico, principalmente pelo fato da decisão nacional não ter o condão de vinvular o juiz internacional (intérprete autêntico). Além dessa consideração, o citado autor deduz algumas diferenças entre os controles, dentre as quais destaco as duas seguintes: a) o controle internacional pode fiscalizar o Poder Constituinte Originário e o nacional não; b) o controle nacional fica dependente da hierarquia conferida ao tratado-parâmetro pelo próprio ordenamento jurídico. No caso brasileiro, temos três possibilidades: legal, supralegal e constitucional[117].

Para compreender a funcionalidade do controle de convencionalidade, cabe entender como Mazzuoli concebe a alocação hierárquica dos tratados de direitos humanos no ordenamento pátrio após internalização. Em apertada síntese e como já assinalado no final do item anterior, os tratados de direitos humanos que foram incorporados pelo *procedimento simples* (artigo 5º, § 2º, da CF) terão *status* constitucional, melhor dizendo, materialmente constitucional. Por outro lado, quando o procedimento adotado para a incorporação for o *especial* (artigo 5º, § 3º, da CF), os tratados de direitos humanos serão formal e materialmente constitucionais (equivalentes às emendas constitucionais). E os outros tratados terão *status* supralegal (artigo 27 da Convenção de Viena sobre Direito dos Tratados) e servirão de paradigma para o controle de supralegalidade da legislação infraconstitucional.

> "Em suma, doravante se falará em controle de constitucionalidade apenas para o estrito caso de (in)compatibilidade vertical das leis com a Constituição, e em controle de convencionalidade para os casos de (in) compatibilidade legislativa com os tratados de direitos humanos (formalmente constitucionais ou não) em vigor no país.[118]"

Em outras palavras, criou-se um controle vertical material de validade[119] da legislação interna.

Em termos gerais, o citado autor defende que a produção normativa interna apenas será válida quando passar por dois limites verticais materiais. O primeiro é a Constituição (controle de constitucionalidade) e os tratados de direitos humanos que possuem natureza constitucional (controle de convencionalidade); o outro são os demais tratados que possuem *status* supralegal (controle de supralegalidade).

Com maiores detalhes, o controle de convencionalidade e de supralegalidade será exercido de forma difusa, isto é, por todos os juízes e tribunais no caso concreto. Nesse caso, são aplicadas todas as considerações referentes ao controle de constitucionalidade difuso. Por outro lado, só existirá controle concentrado de convencionalidade na hipótese de o paradigma de verificação ser um tratado de direitos humanos formal e materialmente constitucional (internalizado consoante o disciplinado no artigo 5º, § 3º, da CF). Portanto,

> "o controle de *supralegalidade* é sempre exercido pela via de exceção, ou seja, é sempre *difuso*; já o controle de *convencionalidade* poderá ser *difuso* ou *concentrado*, neste último caso quando o tratado de direitos humanos for aprovado pela sistemática do art. 5º, § 3º, da Constituição e entrar em vigor no Brasil (entenda-se, após ratificado...) com a equivalência de emenda constitucional[120]".

Todas as ponderações sobre o controle de constitucionalidade concentrado são aplicadas ao controle de convencionalidade concentrado, inclusive no tocante à utilização das ações destinadas ao controle abstrato de constitucionalidade – ADIn, Adecon, ADO e ADPF[121] – e os respectivos entes/pessoas detentores de competência para seu manuseio (artigo 103 da CF). A razão de ser reside no fato de a análise de compatibilidade de legislação interna (objeto) ser feita com base em tratado de direitos humanos internalizados pelo procedimento especial (paradigma ou parâmetro), que é equivalente a uma emenda constitucional (formal e materialmente constitucional).

O autor também menciona a possibilidade de lançar mão do controle de convencionalidade preventivamente, tanto

116. É o controle de convencionalidade nacional, nas palavras de André de Carvalho Ramos.

117. RAMOS, André de Carvalho. **Teoria geral dos direitos humanos na ordem internacional**. 2. ed. São Paulo: Saraiva, 2012. p. 250-251.

118. MAZZUOLI, *op. cit.*, p. 74.

119. "Em suma, a validade das normas jurídicas, nesse novo contorno que o constitucionalismo contemporâneo lhe traz, não é mais uma conotação meramente formal, a depender somente da regularidade do seu processo de produção (conforme defendido por Hobbes, posteriormente por Bentham e Austin, até chegar a Kelsen e Bobbio). Tornou-se ela também (como explica Ferrajoli) um fato *substancial*, dependente dos *conteúdos das decisões*, as quais serão inválidas se contrastarem com os novos princípios positivos do direito internacional" (MAZZUOLI, *op. cit.*, p. 105-106).

120. MAZZUOLI, *op. cit.*, p. 136.

121. Podendo se falar também do Mandado de Injunção.

pelo Congresso Nacional, quando julgar inconvencional um projeto de lei (especialmente por obra da Comissão de Constituição e Justiça – CCJ), como pelo presidente da República, quando vetar o projeto de lei considerado inconvencional.

Para ficar claro o objeto do dito controle de convencionalidade, o autor sublinha que ele entrará em ação quando a lei interna (objeto) estiver em sintonia com a Constituição, mas em desarmonia com o tratado de direitos humanos (paradigma ou parâmetro) – tanto no controle concentrado como no difuso. Do contrário, seria feito o controle de constitucionalidade. Dito de outra forma, se o paradigma de verificação de compatibilidade for a Constituição, estará em jogo o controle de constitucionalidade (difuso ou concentrado); por sua vez, quando o paradigma for o tratado de direitos humanos, entrará em cena o controle de convencionalidade (difuso ou concentrado) – desde que previamente se tenha atestado a compatibilidade da lei com a Carta Magna. Percebe-se que o controle de convencionalidade ocasiona o fenômeno chamado doutrinariamente de ampliação de parametricidade constitucional.

Por fim,

> "ambas essas supernormas (Constituição e tratados) é que irão se *unir* em prol da construção de um direito infraconstitucional compatível com ambas, sendo certo que a incompatibilidade desse mesmo direito infraconstitucional com apenas uma das supernormas já o invalida por completo. Com isto, possibilita-se a criação de um Estado Constitucional e Humanista de Direito em que *todo* o direito doméstico guarde total compatibilidade tanto com a Constituição quanto com os tratados internacionais de direitos humanos ratificados pelo Estado, chegando-se, assim, a uma ordem jurídica interna *perfeita*, que tem no valor dos direitos humanos sua maior racionalidade, principiologia e sentido[122]".

14.6. PNDH3

O art. 84, VI, *a*, da CF permite que o Presidente da República utilize o instrumento *decreto* para dispor sobre "organização e funcionamento da administração federal, quando não implicar aumento de despesa nem criação ou extinção de órgãos públicos", possibilidade incluída pela EC 32/2001.

Com base em tal permissão constitucional, foi editado o Decreto nº 7.037 de 2009, o qual, por sua vez, aprova o Programa Nacional de Direitos Humanos – PNDH3.

O PNDH3 será implementado de acordo com seus seis eixos orientadores e suas respectivas diretrizes, os quais são os seguintes:

a) Eixo Orientador I – Interação democrática entre Estado e sociedade civil:

- **a.1)** Diretriz 1: Interação democrática entre Estado e sociedade civil como instrumento de fortalecimento da democracia participativa;
- **a.2)** Diretriz 2: Fortalecimento dos Direitos Humanos como instrumento transversal das políticas públicas e de interação democrática; e
- **a.3)** Diretriz 3: Integração e ampliação dos sistemas de informações em Direitos Humanos e construção de mecanismos de avaliação e monitoramento de sua efetivação;

b) Eixo Orientador II – Desenvolvimento e Direitos Humanos:

- **b.1)** Diretriz 4: Efetivação de modelo de desenvolvimento sustentável, com inclusão social e econômica, ambientalmente equilibrado e tecnologicamente responsável, cultural e regionalmente diverso, participativo e não discriminatório;
- **b.2)** Diretriz 5: Valorização da pessoa humana como sujeito central do processo de desenvolvimento; e
- **b.3)** Diretriz 6: Promover e proteger os direitos ambientais como Direitos Humanos, incluindo as gerações futuras como sujeitos de direitos;

c) Eixo Orientador III – Universalizar direitos em um contexto de desigualdades:

- **c.1)** Diretriz 7: Garantia dos Direitos Humanos de forma universal, indivisível e interdependente, assegurando a cidadania plena;
- **c.2)** Diretriz 8: Promoção dos direitos de crianças e adolescentes para o seu desenvolvimento integral, de forma não discriminatória, assegurando seu direito de opinião e participação;
- **c.3)** Diretriz 9: Combate às desigualdades estruturais; e
- **c.4)** Diretriz 10: Garantia da igualdade na diversidade;

d) Eixo Orientador IV – Segurança Pública, Acesso à Justiça e Combate à Violência:

- **d.1)** Diretriz 11: Democratização e modernização do sistema de segurança pública;
- **d.2)** Diretriz 12: Transparência e participação popular no sistema de segurança pública e justiça criminal;
- **d.3)** Diretriz 13: Prevenção da violência e da criminalidade e profissionalização da investigação de atos criminosos;
- **d.4)** Diretriz 14: Combate à violência institucional, com ênfase na erradicação da tortura e na redução da letalidade policial e carcerária;
- **d.5)** Diretriz 15: Garantia dos direitos das vítimas de crimes e de proteção das pessoas ameaçadas;

---

122. MAZZUOLI, *op. cit.*, p. 142.

d.6) Diretriz 16: Modernização da política de execução penal, priorizando a aplicação de penas e medidas alternativas à privação de liberdade e melhoria do sistema penitenciário; e

d.7) Diretriz 17: Promoção de sistema de justiça mais acessível, ágil e efetivo, para o conhecimento, a garantia e a defesa de direitos;

e) Eixo Orientador V – Educação e Cultura em Direitos Humanos:

e.1) Diretriz 18: Efetivação das diretrizes e dos princípios da política nacional de educação em Direitos Humanos para fortalecer uma cultura de direitos;

e.2) Diretriz 19: Fortalecimento dos princípios da democracia e dos Direitos Humanos nos sistemas de educação básica, nas instituições de ensino superior e nas instituições formadoras;

e.3) Diretriz 20: Reconhecimento da educação não formal como espaço de defesa e promoção dos Direitos Humanos;

e.4) Diretriz 21: Promoção da Educação em Direitos Humanos no serviço público; e

e.5) Diretriz 22: Garantia do direito à comunicação democrática e ao acesso à informação para consolidação de uma cultura em Direitos Humanos;

f) Eixo Orientador VI – Direito à Memória e à Verdade:

f.1) Diretriz 23: Reconhecimento da memória e da verdade como Direito Humano da cidadania e dever do Estado;

f.2) Diretriz 24: Preservação da memória histórica e construção pública da verdade; e

f.3) Diretriz 25: Modernização da legislação relacionada com promoção do direito à memória e à verdade, fortalecendo a democracia.

Por sua parte, cada diretriz contém objetivos estratégicos, os quais se encontram no Anexo do Decreto nº 7.037/2009.

Para facilitar a implementação das diretrizes e seus respectivos objetivos estratégicos, foi criado o Comitê de Acompanhamento e Monitoramento do PNDH3. O Comitê terá as seguintes atribuições: **a)** promover a articulação entre os órgãos e entidades envolvidos na implementação das suas ações programáticas; **b)** elaborar os Planos de Ação dos Direitos Humanos; **c)** estabelecer indicadores para o acompanhamento, monitoramento e avaliação dos Planos de Ação dos Direitos Humanos; **d)** acompanhar a implementação das ações e recomendações; e **e)** elaborar e aprovar seu regimento interno (art. 4º do Decreto nº 7.037/2009).

Cabe, por fim, dizer que o Decreto nº 7.177/2010 alterou alguns pontos do Decreto nº 7.037/2009.

14.7. Conselho de Defesa dos Direitos Humanos

Tratemos agora do Conselho de Defesa dos Direitos da Pessoa Humana – CDDPH. O Conselho é um órgão colegiado[123], criado pela Lei nº 4.319 de 1964, com representantes de setores representativos ligados aos Direitos Humanos e com importância fundamental na promoção e defesa desses no País.

O Conselho tem por principal atribuição receber denúncias e investigar, em conjunto com as autoridades competentes locais, violações de Direitos Humanos de especial gravidade com abrangência nacional, como chacinas, extermínio, assassinatos de pessoas ligadas à defesa dos Direitos Humanos, massacres, abusos praticados por operações das polícias militares etc. Para tanto, o Conselho constitui comissões especiais de inquérito e atua por meio de resoluções. O CDDPH também promove estudos para aperfeiçoar a defesa e a promoção dos Direitos Humanos e presta informações a organismos internacionais congêneres.

123. O Conselho de Defesa dos Direitos da Pessoa Humana (CDDPH), será integrado dos seguintes membros: Ministro da Justiça, representante do Ministério das Relações Exteriores, representante do Conselho Federal de Cultura, representante do Ministério Público Federal, Presidente do Conselho Federal da Ordem dos Advogados do Brasil, Professor Catedrático de Direito Constitucional e Professor Catedrático de Direito Penal de uma das Faculdades Federais, Presidente da Associação Brasileira de Imprensa, Presidente da Associação Brasileira de Educação, Líderes da Maioria e da Minoria na Câmara dos Deputados e no Senado Federal (Art. 2º da Lei 4.319/64).

3. Direito Penal

Arthur Trigueiros

PARTE GERAL

1. Considerações iniciais sobre o Direito Penal

1.1. Introdução ao Direito Penal

1.1.1. Considerações iniciais

Desde os primórdios da vida em sociedade, o homem passou a encontrar dificuldades de relacionamento, seja entre dois indivíduos, seja entre um indivíduo e um grupo, seja entre grupos distintos.

Por esse motivo, a criação do direito tornou-se um imperativo de sobrevivência harmônica, sem o qual o respeito ao próximo e as limitações dos direitos individuais constituiriam barreira intransponível ao regular desenvolvimento do corpo social.

Os conflitos, é certo, sempre existiram, em maior ou menor intensidade. Sem sombra de dúvida, a forma de litígio mais grave sempre foi aquela que envolveu bens jurídicos protegidos pelo **Direito Penal**. Em outras palavras, das formas de ilícito, **o mais grave deles é o penal**, já que ofende os direitos mais caros à sociedade, tais como: a vida, a honra, a liberdade, o patrimônio etc..

Daí o motivo de surgir o Direito Penal: para a proteção da sociedade contra os ilícitos de índole criminal.

1.1.2. Denominação

Inúmeras denominações surgiram para designar o ramo do direito responsável pelo estudo criminal, a saber: Direito Criminal, Direito Repressivo, Direito Punitivo, Direito Sancionador, Direito Protetor dos Criminosos, dentre outros.

Todavia, é de reconhecimento comum que o designativo mais aceito pelos doutrinadores é o Direito Penal. Tanto é assim que temos um Código Penal, um Código de Processo Penal, as Leis Penais Especiais...

Porém, na prática forense, deparamo-nos com as Varas Criminais, com as Varas de Execuções Criminais (VECs), destoando, portanto, da designação amplamente acolhida pelos juristas.

1.1.3. Definição/ conceito

O *conceito* de Direito Penal é trazido, de maneira peculiar, por cada doutrinador que almeja traduzir da melhor forma esse ramo do direito.

Assim, Basileu Garcia já o definiu como o "conjunto de normas jurídicas que o Estado estabelece para combater o crime, através das penas e das medidas de segurança" (**Instituições de Direito Penal**).

Segundo Edgard Magalhães Noronha, "direito penal é o conjunto de normas jurídicas que regulam o poder punitivo do Estado, tendo em vista os fatos de natureza criminal e as medidas aplicáveis a quem os pratica" (**Direito Penal**, vol. 1).

Por fim, a magistral lição de José Frederico Marques, para quem o Direito Penal é o "conjunto de normas que ligam ao crime, como fato, a pena como consequência, e disciplinam também as relações jurídicas daí derivadas, para estabelecer a aplicabilidade das medidas de segurança e a tutela do direito e liberdade em face do poder de punir do Estado" (**Curso de Direito Penal**, vol. 1).

Em suma, o Direito Penal é o ramo do *direito público* cujo objeto corresponde às *infrações penais* e às *respectivas sanções*, aplicáveis aos infratores da lei penal.

1.1.4. Objetos de estudo do Direito Penal

Como já dissemos, são dois:

a) **infrações penais**; e

b) **sanções penais**.

Em matéria de infrações penais, o Brasil adotou o *critério dicotômico*, dividindo-as em *crimes ou delitos e contravenções penais*, definidos no art. 1º da Lei de Introdução ao Código Penal (LICP).

Em breves e singelas distinções, o crime (ou delito) é espécie de infração penal mais grave do que a contravenção penal (denominada, por tal motivo, de crime-anão por Nelson Hungria), punida pelo Estado, portanto, com menor rigor.

Não há, no Brasil, diferença entre os termos "crime" e "delito", considerados como sinônimos, o que não ocorria na antiguidade.

No tocante ao segundo objeto do Direito Penal, temos que as sanções penais são gênero do qual são espécies:

a) **penas**;

b) **medidas de segurança**.

No momento oportuno, estudaremos cada uma das espécies referidas. Por ora, é suficiente saber que as medidas de segurança somente são aplicadas àquelas pessoas que possuem algum problema mental, ao passo que as penas são exclusivas das pessoas dotadas de discernimento (total ou parcial), desde que maiores de 18 anos.

Aos menores de 18 anos (denominados pela lei de *inimputáveis*), não se pode aplicar pena, mas sim as regras específicas do Estatuto da Criança e do Adolescente (ECA – Lei 8.069/1990).

1.1.5. Diplomas normativos aplicáveis ao Direito Penal

Ao Direito Penal aplicam-se inúmeros diplomas normativos, a saber:

a) a Constituição Federal (especialmente a parte dos direitos e garantias fundamentais);

b) o Código de Processo Penal (ex.: regras aplicáveis à ação penal);

c) o Código Civil (ex.: conceitos como casamento e morte);

d) a Legislação de Direito Comercial (ex.: títulos de crédito, falência...);

e) a Legislação de Direito Tributário (ex.: crimes contra a ordem tributária);

f) as regras de Direito Internacional (tratados que versam sobre Direito Penal);

g) a Lei de Execuções Penais (especialmente no tocante às formas de cumprimento de pena), etc.

É importante registrar que o Direito Penal não se esgota num Código Penal, mas se serve de inúmeros outros diplomas normativos que o completam.

1.1.6. Ciências correlatas ao Direito Penal

Iremos mencionar apenas algumas ciências auxiliares ao Direito Penal:

a) medicina legal: conhecimentos médicos aplicáveis à solução e demonstração da ocorrência de crimes e suas causas (ex.: exames de corpo de delito);

b) psiquiatria forense: tem por objetivo aferir se o criminoso (agente), no momento do crime, tinha capacidade de entender o que estava fazendo;

c) polícia técnica ou científica: reunindo conhecimento de várias ciências, contribui para a descoberta de crimes e seus autores (ex.: engenharia química, genética...);

d) sociologia: analisa o crime como fenômeno social;

e) criminologia: busca estudar os processos de gênese da criminalidade e do criminoso.

1.1.7. Estrutura do Código Penal

O diploma legal básico do Direito Penal é exatamente o Código Penal.

Fundamentalmente, vem estruturado em 2 partes: **a) Parte Geral (arts. 1º a 120); e b) Parte Especial (arts. 121 a 361).**

A Parte Geral do Código Penal, como o nome diz, contém as *regras* sobre Direito Penal, aplicáveis de modo geral a todo crime (salvo se houver regra expressa em outras leis). Não existem, na parte geral do CP, *crimes*.

Já a Parte Especial do Código Penal contém, basicamente, *artigos que definem crimes e cominam penas*. Todavia, nem todo artigo desta parte específica diz respeito a crimes (existem, portanto, normas de índole não criminal, denominadas não incriminadoras).

1.1.8. O Direito Penal e as Leis Especiais

Com a evolução social e o surgimento de novos problemas e conflitos, torna-se impossível que um só diploma normativo regule todos os temas de interesse penal.

É verdade que o Código Penal é a "lei básica" do Direito Penal, mas podemos assegurar que se trata de uma pequena parte desse ramo do direito, já que existem centenas de leis que tratam do mesmo assunto, definindo crimes e cominando penas.

Apenas para exemplificar, podemos encontrar regras de Direito Penal nas seguintes leis:

a) Decreto-Lei 3.688/1941 – Lei das Contravenções Penais;

b) Lei 8.072/1990 – Lei dos Crimes Hediondos;

c) Lei 8.069/1990 – Estatuto da Criança e do Adolescente;

d) Lei 8.078/1990 – Código de Defesa do Consumidor;

e) Lei 9.503/1997 – Código de Trânsito Brasileiro;

f) Lei 9.605/1998 – Lei dos Crimes Ambientais;

g) Lei 8.137/1990 – Crimes tributários e contra as relações de consumo;

h) Lei 4.898/1965 – Lei do Abuso de Autoridade;

i) Lei 11.343/2006 – Lei de Drogas; etc.

Embora existam, como já dissemos, centenas de leis de índole penal, o Código Penal aplica-se aos casos em que não houver disposição expressa em contrário (art. 12 do CP).

1.1.9. As escolas penais

Para os fins da presente obra, traremos algumas breves considerações sobre as Escolas Penais. Vamos aos estudos!

1.1.9.1. Escola Clássica

Nasceu no final do século XVIII, em reação ao totalitarismo do Estado Absolutista, durante o período do Iluminismo.

A Escola Clássica pautou-se nos estudos de *Beccaria*, sendo um de seus principais expoentes *Francesco Carrara*.

Utilizava-se o método racionalista e dedutivo (lógico).

Em regra, os pensadores desta escola eram jusnaturalistas.

Os pontos marcantes são: a) crime era visto como sendo um conceito meramente jurídico; b) predominava o livre-arbítrio; c) a função da pena era retributiva.

"Foi sob a influência dos pensamentos de Kant e Hegel que a concepção retribucionista do Direito Penal se desenvolveu. Ou seja, a única finalidade da pena consistia na aplicação de um mal ao infrator da lei penal. A sanção penal era, na verdade, um castigo necessário para o restabelecimento do Direito e da Justiça. (...) Em decorrência do ideal iluminista, prevaleceu a tendência de eliminar as penas corporais e os suplícios (...)" (MASSON, Cleber. **Direito Penal Esquematizado** – Parte Geral. Editora Método, 2ª edição).

1.1.9.2. Escola Positiva

Surge o denominado Positivismo Criminológico.

Um dos principais expoentes da Escola Positiva, juntamente com Enrico Ferri e Rafael Garafalo, foi *Cesare Lombroso*, "por sua construção do 'criminoso nato', indivíduo essencialmente voltado à delinquência e passível de identificação anatômica" (CUNHA, Rogério Sanches. **Manual de Direito Penal**. Parte Geral. Editora JusPodivm).

Inicia-se a fase antropológica, com a aplicação do método experimental no estudo da criminalidade.

Para *Lombroso*, o homem não era livre em sua vontade, já que sua conduta era predeterminada por forças inatas e por características antropológicas. Inicia-se, assim, a fase antropológica, com a aplicação do método experimental no estudo da criminalidade.

Não há livre-arbítrio, já que o criminoso é um ser anormal, sob as óticas biológica e psicológica.

Por sua vez, na fase sociológica, *Ferri* passou a levar em conta fatores físicos, naturais e sociais, juntamente com características antropológicas do criminoso.

Por fim, na fase jurídica da Escola Positiva, *Garofalo* utilizou a expressão "Criminologia", conferindo aspectos estritamente jurídicos.

1.1.9.3. Correcionalismo penal

Para a Escola Correcionalista, preconizada por *Karl David August Röeder*, o crime não é um fato natural, mas uma criação da sociedade, onde o criminoso possui uma vontade reprovável.

A pena busca a ressocialização do criminoso, pois é instrumento de correção de sua vontade.

Desse modo, a sanção penal deve ser indeterminada, até que cesse a sua necessidade.

A finalidade da pena é a prevenção especial, já que se busca corrigir o criminoso.

"A Escola Correcionalista sustenta que o direito de reprimir os delitos deve ser utilizado pela sociedade com fim terapêutico, isto é, reprimir curando. Não se deve pretender castigar, punir, infligir o mal, mas apenas regenerar o criminoso". (...) "Modernamente, pode-se dizer que o correcionalismo idealizado por Röeder, transfundido e divulgado nas obras de Dorado Montero e Concépcion Arenal, teve em Luis Jiménez de Asúa seu maior entusiasta e o mais eficiente dos expositores, ao defender a ressocialização como finalidade precípua da sanção penal" (MASSON, Cleber. **Direito Penal Esquematizado** – Parte Geral. Editora Método, 2ª edição).

1.1.9.4. Tecnicismo jurídico-penal

Aproxima-se da Escola Clássica.

Utilizou-se o método positivo, pois o Direito Penal estava restrito às leis vigentes, com conteúdo dogmático, sem qualquer caráter antropológico ou filosófico.

O Tecnicismo jurídico-penal caracterizava-se por se utilizar da exegese (para buscar o alcance e a vontade da lei), da dogmática (para a integração do Direito Penal, por meio da sistematização dos princípios) e da crítica (para propostas de reforma, como ocorre na política criminal).

1.1.9.5. A defesa social

Para a Escola da Nova Defesa Social, o crime desestabiliza a ordem social, motivo pelo qual o criminoso precisa cumprir uma pena, a fim de que seja adaptado socialmente.

Tal doutrina busca proteger a sociedade contra o crime.

Tem caráter humanista.

"O Estado não deve punir, pois sua função é melhorar o indivíduo. A causa da antissocialidade está na organização social. Contra ela o Estado deve operar preventivamente e não somente pela repressão. Os cárceres são inúteis e prejudiciais, devendo ser abolidos. As penas devem ser substituídas por medidas educativas e curativas. O violador da lei não perigoso pode ser perdoado, não necessitando sanção. A pena, como medida de defesa social, deve ser fixa ou dosada, não na base do dano, mas segundo a personalidade do agente" (MASSON, Cleber. **Direito Penal Esquematizado** – Parte Geral. Editora Método, 2ª edição).

1.2. A evolução histórica do Direito Penal

1.2.1. Povos primitivos. Vingança divina

Na sociedade primitiva, a conduta do homem regulava-se pelo temor religioso ou mágico. Baseava-se no *totens*, divindades que influenciavam o comportamento das pessoas, em razão da crença da premiação ou do castigo, assumindo variadas formas (animal, vegetal ou fenômeno natural). Tais sociedades eram chamadas de totêmicas.

"Pelo fato de que para esses povos a lei tinha origem divina e, como tal, sua violação consistia numa ofensa aos deuses, punia-se o infrator para desagravar a divindade, bem como para purgar o seu grupo das impurezas trazidas pelo crime. Uma das reações contra o criminoso era a expulsão do grupo (desterro), medida que se destinava, além de eliminar aquele que se tornara um inimigo da comunidade e dos seus deuses e forças mágicas, a evitar que a classe social fosse contagiada pela mácula que impregnava o agente, bem como as reações vingativas dos seres sobrenaturais a que o grupo estava submetido" (MASSON, Cleber. **Direito Penal Esquematizado** – Parte Geral. Editora Método, 2ª edição).

1.2.2. Vingança privada

A infração era vista como uma ofensa ao próprio grupo ao qual o ofensor pertencia. Assim, o ofendido ou qualquer pessoa do grupo – e não mais a divindade – voltava-se contra o ofensor, fazendo "justiça pelas próprias mãos", disseminando o ódio e provocando guerras, inexistindo qualquer proporção entre o delito praticado e a pena imposta.

Neste contexto, surge a Lei do Talião, adotado pelo Código de Hamurabi (Babilônia), pelo Êxodo (hebreus) e pela Lei das XII Tábuas (romanos).

1.2.3. Vingança pública

Nessa fase há um fortalecimento do Estado, tendo em vista que as autoridades competentes passam a ter legitimidade para intervir nos conflitos sociais. A pena assume um caráter público, tendo por finalidade a proteção do Estado Soberano. Um dos principais crimes era o da lesa-majestade, bem como aqueles que atingissem a ordem pública e os bens religiosos.

"Cabia a uma terceira pessoa, no caso o Estado – representante da coletividade e em tese sem interesse no conflito existente –, decidir impessoalmente a questão posta à sua análise, ainda que de maneira arbitrária. Nessa época, as penas ainda eram largamente intimidatórias e cruéis, destacando-se o esquartejamento, a roda, a fogueira, a decapitação, a forca, os castigos corporais e amputações, entre outras" (MASSON, Cleber. **Direito Penal Esquematizado** – Parte Geral. Editora Método, 2ª edição).

1.2.4. Idade Antiga

1.2.4.1. Direito Penal grego

Conforme explicitado por Rogério Sanches Cunha, "na Grécia não existem escritos a propiciar análise aprofundada da legislação penal então existente, senão algumas passagens em obras filosóficas. Por meio dessas obras, pôde-se notar que o direito penal grego evoluiu da vingança privada, da vingança religiosa para um período político, assentado sobre uma base moral e civil" (**Manual de Direito Penal**. Parte Geral. Editora JusPodivm). Assim, passou-se a discutir o fundamento do direito de punir e a finalidade da pena.

1.2.4.2. Direito Penal romano

O Direito Penal era exclusivo do cidadão romano, excluindo-se as mulheres, os escravos e os estrangeiros. As decisões passaram a ser fundamentadas, gerando maior segurança jurídica, muito embora não existisse o princípio da reserva legal.

Passou-se a dividir os delitos em públicos – aqueles que envolviam a traição ou a conspiração política contra o Estado e o assassinato – e em privados – os demais. "O julgamento dos crimes públicos era atribuição do Estado, por meio de um magistrado, e realizado por tribunais especiais. A sanção aplicada era a pena capital. Já o julgamento dos crimes privados era confiado ao particular ofendido, interferindo o Estado apenas para regular o seu exercício" (MASSON, Cleber. **Direito Penal Esquematizado** – Parte Geral. Editora Método, 2ª edição).

1.2.5. Idade Média

1.2.5.1. Direito Penal germânico

Neste período não havia leis escritas, sendo que o Direito Penal se pautava no direito consuetudinário. Posteriormente, adotou-se a Lei do Talião e o sistema da composição pecuniária, em que predominava a responsabilidade penal objetiva.

Isso porque, "o delinquente, quando sua infração ofendia os interesses da comunidade, perdia seu direito fundamental a vida, podendo qualquer cidadão matá-lo. Quando a infração atingia apenas uma pessoa ou família, o direito penal germânico fomentava o restabelecimento da paz social por via da reparação, admitindo também a vingança de sangue" (CUNHA, Rogério Sanches. **Manual de Direito Penal**. Parte Geral. Editora JusPodivm).

Adotou-se, ainda, o sistema de prova das ordálias ou juízos de deus, cuja prova da inocência se baseava em superstições e atos cruéis (ex.: caminhar sofre o fogo ou mergulhar em água fervente sem suportar ferimentos para que fosse provada a inocência do réu), o que gerava punições injustas.

1.2.5.2. Direito Penal canônico

É o Ordenamento Jurídico da Igreja Católica Apostólica Romana. Aplicava-se a religiosos e leigos, desde que os fatos tivessem conotação religiosa.

Importante ressaltar que o Direito Penal Canônico serviu para o procedimento de inquisição, no qual filósofos, cientistas e pensadores que divergissem do pensamento católico eram condenados a sanções cruéis.

A pena se destinava à cura do delinquente, buscando o seu arrependimento perante a divindade. "O cárcere, como instrumento espiritual de castigo, foi desenvolvido pelo Direito Canônico, uma vez que, pelo sofrimento e pela solidão, a alma do homem se depura e purga o pecado. A penitência visava aproximar o criminoso de Deus" (MASSON, Cleber. **Direito Penal Esquematizado** – Parte Geral. Editora Método, 2ª edição).

1.2.6. Idade Moderna

Desenvolveu-se o período humanitário, durante o Iluminismo, no século XVIII, tendo como principal expoente o marquês de Beccaria, o qual escreveu a clássica obra "Dos delitos e das penas". Pugnava pela abolição da pena de morte, antecipando as ideias consagradas na Declaração Universal dos Direitos do Homem e do Cidadão.

Baseia seu pensamento no "contrato social" de Rousseau, sendo o criminoso reputado como violador do pacto social.

Preconiza que a pena deve ser legalmente prevista, já que o indivíduo tem o livre-arbítrio de praticar ou não um crime, estando consciente de seus atos e suas consequências.

Ainda, a pena deve ser proporcional, sendo as leis certas, claras e precisas.

"Finalmente, para que cada pena não seja uma violência de um ou de muitos contra um cidadão privado, deve ser essencialmente pública, rápida, necessária, a mínima possível nas circunstâncias dadas, proporcional aos delitos e ditadas pelas leis" (MASSON, Cleber. **Direito Penal Esquematizado** – Parte Geral. Editora Método, 2ª edição).

Após o período Iluminista, surgiram as Escolas Penais.

1.3. Histórico do Direito penal brasileiro

Com o descobrimento do Brasil, a partir de 1500, passou a vigorar o Direito Lusitano.

Inicialmente, vigoravam as Ordenações Afonsinas (promulgadas em 1446 por D. Afonso V), as quais foram revogadas pelas Ordenações Manuelinas (promulgadas em 1514 por D. Manuel). Em ambas predominava a arbitrariedade do juiz, já que tais ordenações não definiam a quantidade da pena. Assim, esse período foi marcado pela crueldade das penas, bem como pela ausência dos princípios da legalidade e da ampla defesa.

Posteriormente surgiu o Código Sebastiânico, em razão da compilação de leis esparsas realizada por D. Duarte Nunes Leão.

Em substituição, surgiram as Ordenações Filipinas (promulgadas em 1603 pelo Rei Filipe II), as quais eram fundadas em preceitos religiosos, sendo que as penas continuavam a ser cruéis e desumanas, com arbitrariedade do juiz e ausência dos princípios da legalidade e da ampla defesa.

Com a Proclamação da Independência e com a Constituição de 1824, surgiu o Código Criminal do Império de 1830, de cunho penal protetivo e humanitário, com a primeira manifestação do princípio da personalidade da pena no Brasil.

Com a Proclamação da República, surgiu o Código Criminal da República de 1890.

Em 1934, com o escopo de compilar leis penais extravagantes, surge a Consolidação das Leis Penais – Consolidação de Piragibe (Dec. 22.213/1932).

Por fim, em 1942, surge o atual Código Penal (Decreto-lei 2.848/1940), o qual passou por uma reforma em sua parte geral, com o advento da Lei 7.209/1984.

2. Direito penal e sua classificação. Princípios

2.1. Classificação do Direito Penal

2.1.1. Direito Penal objetivo e Direito Penal subjetivo

Segundo Guilherme de Souza Nucci (**Manual de Direito Penal**, 3ª ed., Editora RT, pág. 53-54), *direito penal objetivo* "é o corpo de normas jurídicas destinado ao combate à criminalidade, garantindo a defesa da sociedade".

Já *direito penal subjetivo* corresponde ao "direito de punir" do Estado, ante a violação do direito penal objetivo. Em outras palavras, praticada uma infração penal, surgiria o *jus puniendi* (direito de punir) estatal.

Essa segunda classificação é criticada por Aníbal Bruno, para quem a denominação de "direito penal subjetivo" desnatura a ideia de poder soberano do Estado em punir. Na realidade, não se trata de um simples "direito" de punir, mas sim *poder-dever* de punir, eis que é sua função coibir a criminalidade.

2.2. Princípios do Direito Penal

A palavra "princípio" é designativa de "origem", "fonte", "causa".

Assim, em matéria penal, temos que os princípios são regras explícitas ou implícitas inspiradoras da criação de regras jurídicas positivas e da aplicação do Direito Penal ao caso concreto.

Alguns princípios estão expressamente previstos na CF e em legislação infraconstitucional, ao passo que outros são implícitos, decorrem do sistema jurídico como um todo.

Vejamos alguns dos mais importantes:

a) **Princípio da legalidade**: previsto no art. 5º, inc. XXXIX, da CF, traduz a regra segundo a qual nenhum crime ou pena podem ser criados senão em virtude de lei. Vem repetido no art. 1º do CP, sob a rubrica "anterioridade penal";

b) **Princípio da anterioridade**: corolário do princípio da legalidade, expressa a garantia de que o cidadão não poderá ser criminalmente responsabilizado se a sua conduta não estiver expressa em lei anterior à prática do fato (não há crime sem *lei anterior* que o defina – art. 5º, XXXIX, da CF);

c) **Princípio da retroatividade penal benéfica**: em regra aplicam-se ao fato as leis vigentes à época de sua ocorrência (*tempus regit actum*). Ocorre que, em matéria penal, é possível que o agente seja beneficiado por leis anteriores ou posteriores ao fato criminoso que tenha praticado (art. 5º, XL, da CF). Impõe-se, aqui, o estudo da atividade da lei penal, que será posteriormente por nós analisada;

d) **Princípio da personalidade ou da responsabilidade pessoal**: previsto no art. 5º, XLV, da CF, expressa que a punição criminal jamais poderá passar da pessoa do condenado, afetando, por exemplo, seus parentes. Isso não significa que terceiros que não o próprio criminoso não devam arcar com a responsabilidade *civil* decorrente do ilícito;

e) **Princípio da individualização da pena**: não se pode criar uma "tabela fixa" de punição às pessoas que tenham praticado a mesma conduta criminosa. Deve-se garantir que cada um responda na exata medida de sua culpabilidade, conforme preconiza o art. 5º, XLVI, da CF. Foi com base nesse princípio que o STF, no julgamento do HC 82.959-SP, declarou inconstitucional o art. 2º, §1º, da Lei 8.072/1990 (Lei dos Crimes Hediondos), que previa o regime integralmente fechado de cumprimento de pena;

f) **Princípio da humanidade**: embora criminosos, os agentes delitivos devem ser tratados de maneira digna, e não como seres inanimados (coisas). Embora tenham errado e devam responder por seus atos, devem ser tratados com um mínimo de humanidade. Daí porque a CF, em seu art. 5º, XLVII, veda as penas de morte (salvo em caso de guerra declarada), de caráter perpétuo, de trabalhos forçados, de banimento e as cruéis (castigos físicos, por exemplo);

g) **Princípio da intervenção mínima**: o Direito Penal deve intervir minimamente na esfera do indivíduo, já que a CF garante o direito à liberdade como uma regra a ser observada. Em maior ou menor grau, o Direito Penal é sinônimo de violência, embora institucionalizada. Daí por que esse ramo do direito deve ser encarado como de *ultima ratio*, e não de *prima ratio*. Em outras palavras, o legislador somente deve criar leis de índole penal quando não houver solução mais branda para proteger direitos. Se outros ramos do direito forem suficientes para coibir a violação às regras da sociedade, o direito penal não deverá intervir;

h) **Princípio da fragmentariedade**: como consequência da intervenção mínima, a fragmentariedade do Direito Penal significa que esse ramo do direito é apenas uma parcela, um fragmento do ordenamento jurídico, que somente deve se ocupar das situações mais graves que aflijam a sociedade. Em razão da força negativa que o Direito Penal pode tomar para aqueles que a ele se submeterem, deverá intervir minimamente. É o caso das infrações de trânsito, que não precisam ser sempre punidas pelo Direito Penal, sendo suficiente para disciplinar a conduta dos motoristas o Direito Administrativo (ex.: multas);

i) **Princípio da insignificância ou bagatela**: se o Direito Penal somente deve intervir em casos importantes/relevantes, não é admitido que atue diante de fatos insignificantes, de somenos importância. Se a conduta do agente lesar ou expuser a perigo de lesão infimamente bens jurídicos de terceiros, não deverá o Direito Penal ser aplicado ao caso concreto, sob pena de transformá-lo em conjunto de regras de *prima ratio*, e não de *ultima ratio*. Temos como exemplo o furto de um botão de camisa, ou de uma moeda de cinquenta centavos, ou de um arranhão no braço de um adulto. Se as lesões forem muito pequenas, não chegando, de fato, a atingir o bem jurídico protegido pela norma penal, não poderá o juiz condenar o agente, mas sim absolvê-lo. De acordo com a doutrina e jurisprudência majoritárias, o princípio da insignificância atua como causa de exclusão da tipicidade penal (material). Questão interessante para concursos públicos é aquela que diz respeito à possibilidade – ou não – de aplicação da insignificância penal para réus reincidentes. Confiram-se os excertos a seguir:

Contrabando: princípio da insignificância e reincidência

"A 1ª Turma denegou *habeas corpus* em que se requeria a incidência do princípio da insignificância. Na situação dos autos, a paciente, supostamente, internalizara maços de cigarro sem comprovar sua regular importação. De início, assinalou-se que não se aplicaria o aludido princípio quando se tratasse de parte reincidente, porquanto não haveria que se falar em reduzido grau de reprovabilidade do comportamento lesivo. Enfatizou-se que estariam em curso 4 processos-crime por delitos de mesma natureza, tendo sido condenada em outra ação penal por fatos análogos. Acrescentou-se que houvera lesão, além de ao erário e à atividade arrecadatória do Estado, a outros interesses públicos, como à saúde e à atividade industrial interna. Em seguida, asseverou-se que a conduta configuraria contrabando e que, conquanto houvesse sonegação de tributos com o ingresso de cigarros, tratar-se-ia de mercadoria sob a qual incidiria proibição relativa, presentes as restrições de órgão de saúde nacional. Por fim, reputou-se que não se aplicaria, à hipótese, o postulado da insignificância — em razão do valor do tributo sonegado ser inferior a R$ 10.000,00 — por não se cuidar de delito puramente fiscal. O Min. Marco Aurélio apontou que, no tocante ao débito fiscal, o legislador teria sinalizado que estampa a insignificância, ao revelar que executivos de valor até R$ 100,00 seriam extintos." HC 100367/RS, rel. Min. Luiz Fux, 9.8.2011. (HC-100367) (**Inform. STF** 635)

Reincidência e princípio da insignificância

"Ante o empate na votação, a 2ª Turma deferiu *habeas corpus* impetrado em favor de condenado à pena de 10 meses de reclusão, em regime semiaberto, pela prática do crime de furto tentado de bem avaliado em R$ 70,00. Reputou-se, ante a ausência de tipicidade material, que a conduta realizada pelo paciente não configuraria crime. Aduziu-se que, muito embora ele já tivesse sido condenado pela prática de delitos congêneres, tal fato não poderia afastar a aplicabilidade do referido postulado, inclusive porque estaria pendente de análise, pelo Plenário, a própria constitucionalidade do princípio da reincidência, tendo em vista a possibilidade de configurar dupla punição ao agente. Vencidos os Ministros Joaquim Barbosa, relator, e Ayres Britto, que indeferiam o *writ*, mas concediam a ordem, de ofício, a fim de alterar, para o aberto, o regime de cumprimento de pena." HC 106510/MG, rel. orig. Min. Joaquim Barbosa, red. p/o acórdão Min. Celso de Mello, 22.3.2011. (HC-106510) (**Inform. STF** 620).

Outra questão relevante diz respeito à possibilidade – ou não – de aplicação do princípio da insignificância quando se está diante de crime perpetrado em detrimento da Administração Pública. Confira-se:

PRINCÍPIO. INSIGNIFICÂNCIA. ADMINISTRAÇÃO PÚBLICA.

"Na impetração, foi requerida a alteração da capitulação legal atribuída na denúncia, o que é inviável no *habeas corpus*, uma vez que exige o revolvimento do conjunto fático-probatório. No caso, a acusação descreve fato criminoso com todas as circunstâncias, satisfazendo os requisitos do art. 77 do CPPM. De acordo com a peça acusatória, os fatos revelam indícios suficientes para justificar apuração mais aprofundada do caso. Mesmo que a capitulação esteja equivocada, como alegam os impetrantes, o que somente será verificado na instrução criminal, a defesa deve combater os fatos indicados na denúncia e não a estrita capitulação legal, não havendo assim qualquer prejuízo ao exercício da ampla defesa e do contraditório. Quanto ao princípio da insignificância, a Turma entendeu não ser possível sua aplicação aos crimes praticados contra a Administração, pois se deve resguardar a moral administrativa. Embora o crime seja militar, em última análise, foi praticado contra a Administração Pública." Precedentes citados: HC 154.433-MG, DJe 20/9/2010, e HC 167.915-MT, DJe 13/9/2010. HC 147.542-GO, Rel. Min. Gilson Dipp, julgado em 17/5/2011. (**Inform. STJ** 473).

Ainda, releva trazer à baila entendimento do STF acerca da inaplicabilidade do princípio da insignificância para o crime de moeda falsa, tendo em vista o bem jurídico tutelado (fé pública). Vale a transcrição da ementa veiculada no Informativo 622 de referida Corte:

Princípio da insignificância e moeda falsa

"A 2ª Turma indeferiu *habeas corpus* no qual pretendida a aplicação do princípio da insignificância em favor de condenado por introduzir duas notas falsas de R$ 10,00 em circulação (CP, art. 289, § 1º). Na espécie, a defesa sustentava atipicidade da conduta em virtude do reduzido grau de reprovabilidade da ação, bem como da inexpressiva lesão jurídica provocada. Afastou-se, inicialmente, a hipótese de falsificação grosseira e considerou-se que as referidas cédulas seriam capazes de induzir a erro o homem médio. Aduziu-se, em seguida, que o valor nominal derivado da falsificação de moeda não seria critério de análise de relevância da conduta, porque o objeto de proteção da norma seria supra-individual, a englobar a credibilidade do sistema monetário e a expressão da própria soberania nacional." HC 97220/MG, rel. Min. Ayres Britto, 5.4.2011. (HC-97220) (**Inform. STF** 622).

Por derradeiro, e especificamente para concursos de Defensoria Pública, muito interessante o entendimento do STJ acerca da inexistência de um critério quantitativo fixo para o reconhecimento da insignificância penal:

INSIGNIFICÂNCIA. VALOR MÁXIMO. AFASTAMENTO.

"A Turma afastou o critério adotado pela jurisprudência que considerava o valor de R$ 100,00 como limite para a aplicação do princípio da insignificância e deu provimento ao recurso especial para absolver o réu condenado pela tentativa de furto de duas garrafas de bebida alcoólica (avaliadas em R$ 108,00) em um supermercado. Segundo o Min. Relator, a simples adoção de um critério objetivo para fins de incidência do referido princípio pode levar a conclusões iníquas quando dissociada da análise do contexto fático em que o delito foi praticado – importância do objeto subtraído, condição econômica da vítima, circunstâncias e resultado do crime – e das características pessoais do agente. No caso, ressaltou não ter ocorrido repercussão social ou econômica com a tentativa de subtração, tendo em vista a importância reduzida do bem e a sua devolução à vítima (pessoa jurídica)." Precedentes citados: REsp 778.795-RS, DJ 5/6/2006; HC 170.260-SP, DJe 20/9/2010, e HC 153.673-MG, DJe 8/3/2010. REsp 1.218.765-MG, Rel. Min. Gilson Dipp, julgado em 1º/3/2011. (**Inform. STJ** 465)

j) **Princípio da culpabilidade ou da responsabilidade subjetiva**: não é possível que alguém seja punido se não houver atuado com dolo ou culpa. Em outras palavras, não se admite, como regra, em Direito Penal, a responsabilidade objetiva;

l) **Princípio da taxatividade**: não se admite, em Direito Penal, que as leis que criem crimes sejam muito genéricas (pouco detalhadas). Deve o legislador editar leis que veiculem crimes bem definidos, sem que se possam gerar dúvidas quanto à sua aplicação e alcance. Em suma: as leis penais devem ser claras e precisas. Trata-se de princípio dirigido especificamente ao legislador. É uma decorrência lógica do princípio da legalidade. Afinal, cabe à lei definir os crimes. Definir indica pormenorizar, detalhar;

m) **Princípio da proporcionalidade**: a sanção penal deve ser proporcional ao gravame causado pelo agente. Assim, deve existir uma proporcionalidade entre a conduta do agente e a resposta estatal que lhe será imposta. Para um crime de furto simples, atentaria contra a proporcionalidade a condenação de 15 anos de reclusão. O mesmo ocorreria se, para um estupro, o legislador fixasse pena de 2 meses de detenção, ou multa;

n) **Princípio da vedação da dupla punição** (*ne bis in idem*): constituiria abuso por parte do Estado se pudesse punir alguém, pelo mesmo fato, duas ou mais vezes. Assim, veda-se que alguém seja duplamente apenado (ou processado) pela mesma infração penal. Se "A" foi absolvido de um estupro, não poderá ser novamente processado caso sejam descobertas novas provas que o incriminam.

3. Fontes do Direito Penal

3.1. Fontes do Direito Penal

A origem de um ramo do direito, ou de normas jurídicas, corresponde ao conceito de *fonte*, que vem do latim *fons, fontanus* e *fontis*. Significa, portanto, etimologicamente, nascente, nascedouro ou manancial.

As fontes podem ser analisadas sob dois aspectos ou enfoques: a) origem legislativa das normas; b) conteúdos ou formas de manifestação das normas jurídicas.

Esses dois aspectos dão margem à criação da classificação das fontes em espécies:

a) **fontes materiais, substanciais ou de produção; e**
b) **fontes formais, de cognição ou de revelação.**

3.2. Espécies de fontes

3.2.1. Fontes materiais, de produção ou substanciais

Para essa espécie de fonte, leva-se em conta a *entidade criadora das normas jurídicas penais*. Assim, compete à *União* legislar sobre Direito Penal (art. 22, I, da Constituição

Federal). Todavia, o parágrafo único do referido dispositivo constitucional permite que a União, mediante lei complementar, autorize os Estados a legislar em qualquer matéria nele prevista, inclusive direito penal. Porém, não se tem notícia de situação como esta.

Assim, as normas penais decorrem da atividade legislativa federal (União), em regra pela edição de leis ordinárias, que devem ser aprovadas pela Câmara dos Deputados e Senado Federal.

3.2.2. Fontes formais, de cognição ou de revelação

Para essa espécie de fonte, levam-se em conta os *meios de exteriorização das normas jurídicas*, ou seja, a forma pela qual surgem no ordenamento jurídico.

As fontes formais podem ser subdivididas em:

- ✔ **fonte formal direta ou imediata** = é a *lei* (aqui entendida em sua forma mais ampla, ou seja, como atividade legislativa do Poder Público). Temos como exemplos de fontes formais diretas do direito penal: a) Código Penal; b) Leis extravagantes em matéria penal (são as denominadas Leis Penais Especiais, tais como a Lei de Drogas, a Lei dos Crimes Hediondos, a Lei dos Crimes Ambientais, etc.; c) Constituição Federal.
- ✔ **fonte formal indireta ou mediata** = *a) costumes; b) princípios gerais de direito; e c) atos administrativos.*

Os *costumes* constituem um conjunto de normas comportamentais, obedecidas pelas pessoas como se fossem obrigatórias. Podem influenciar diretamente o direito penal, como, por exemplo: conceito de *repouso noturno* como majorante no crime de furto.

Os *princípios gerais de direito* são regras éticas que inspiram a criação das normas e sua aplicação ao caso concreto. Esses princípios, evidentemente, não estão expressos no ordenamento jurídico.

Segundo Guilherme de Souza Nucci, um princípio geral de direito é o de que *ninguém pode beneficiar-se da própria torpeza ou má-fé*. Assim, se o juiz verificar que o réu está arrolando testemunhas em outros Estados apenas para que atinja a prescrição do crime, poderá fixar um prazo para o retorno de seus depoimentos (cartas precatórias). Se não retornarem, poderá julgar o acusado ainda assim, se perceber que sua finalidade era apenas aquela (arrolar testemunhas fora da comarca para que, em razão da demora, fosse reconhecida a prescrição).

Também compete à União (Presidente da República) celebrar *tratados e convenções internacionais* que eventualmente poderão dispor sobre Direito Penal. Temos como exemplo a Convenção Americana dos Direitos Humanos (Pacto de São José da Costa Rica – Decreto 678/1992), que, após referendado pelo Congresso Nacional, criou algumas garantias em matéria processual penal, dentre elas: a) direito de julgamento do réu por um juiz ou tribunal imparcial; b) vedação de mais de um processo pelo mesmo fato (*ne bis in idem*). O próprio Código de Processo Penal, em seu art. 1º, I, admite a aplicação de regras processuais oriundas de tratados e convenções internacionais.

Os tratados internacionais, após ingressarem no ordenamento jurídico, ganham *status* de lei ordinária, segundo entendimento do STF. Logo, também são fontes formais do processo penal, embora secundárias (**Curso de processo penal**, Ed. Saraiva – Edilson Mougenot Bonfim).

Por fim, os *atos administrativos* constituem, no mais das vezes, o complemento das chamadas *normas penais em branco*, assim denominadas aquelas cujos preceitos primários são incompletos. É o caso do art. 33 da Lei 11.343/2006 (Lei de Drogas), que traz o tipo penal de tráfico de drogas, sem, contudo, explicitar o que vem a ser "droga". Esta expressão, por não constar na lei, exige que o intérprete-aplicador do direito se socorra da Portaria 344/1998 da SVS/MS, que é, em suma, um ato administrativo.

3.2.3. A súmula vinculante e o Direito Penal

A Constituição Federal, em seu art. 103-A (inserido pela EC nº 45/2004), prevê a denominada *súmula vinculante*.

O STF poderá "de ofício ou por provocação, mediante decisão de dois terços de seus membros, após reiteradas decisões sobre matéria constitucional, aprovar súmula que, a partir de sua publicação na imprensa oficial, terá efeito vinculante em relação aos demais órgãos do Poder Judiciário e à administração pública direta e indireta, nas esferas federal, estadual e municipal".

A súmula vinculante veio a ser regulamentada pela Lei 11.417, de 19 de dezembro de 2006.

Assim, poderá o STF, de acordo com o texto constitucional, editar súmulas em matéria penal com o intuito de uniformizar o entendimento sobre certos temas, dando maior celeridade à prestação jurisdicional.

Serão elas, sem sombra de dúvida, fontes formais do Direito Penal.

4. Interpretação do Direito Penal

4.1. Interpretação. Conceito

Segundo Mirabete, a interpretação "é o processo lógico que procura estabelecer a vontade da lei, que não é, necessariamente, a vontade do legislador".

Prossegue dizendo que "na interpretação da lei, deve-se atender aos fins sociais a que ela se dirige e às exigências do bem comum", nos termos do art. 5º da antiga LICC. Compreende-se nos imperativos do bem comum a tutela da liberdade individual. Deve-se lembrar que o art. 1º da LEP preconiza que o fim da pena é promover a integração social do condenado.

A ciência que se ocupa da interpretação da lei chama-se *hermenêutica*.

Em suma, interpretar é *buscar a finalidade e o alcance das leis*. Antecede, portanto, à aplicação da norma jurídica. Afinal, sem interpretá-la, impossível aplicá-la.

O brocardo latino *in claris cessat interpretatio* não tem razão, uma vez que, por mais simples que possa parecer uma norma jurídica, ela será objeto de interpretação.

4.2. Finalidades da interpretação

Segundo Edílson Mougenot Bonfim (**Curso de Processo Penal** – editora Saraiva), dois são os aspectos que conduzem o estudo da finalidade da interpretação. São eles:

a) **Teoria subjetivista ou da vontade:** para os que adotam essa teoria, o intérprete deverá buscar o conteúdo da vontade do *legislador*. Em outras palavras, ao interpretar a norma jurídica, deve-se tentar buscar a vontade do legislador, reconstruindo suas intenções (é a chamada *mens legislatoris*);

b) **Teoria objetivista:** deve o intérprete buscar não a vontade do legislador, mas a *vontade da própria norma*. Em razão do dinamismo social, por vezes a vontade do legislador, ao criar a lei, afasta-se de seu conteúdo com o passar do tempo. Em suma, a lei ganha "vida própria" com o decurso do tempo. Deve-se buscar, portanto, a *mens legis* (vontade da lei).

4.3. Espécies de interpretação

4.3.1. Sujeito

Quanto ao **sujeito** que realiza a interpretação, ela pode ser:

a) autêntica;

b) jurisprudencial;

c) doutrinária.

Considera-se *interpretação autêntica* aquela cuja origem é a mesma da norma interpretada (lei), portanto tem força vinculante. Afinal, se a interpretação (busca do alcance da lei) decorre da mesma fonte, obviamente deverá ser observada. Temos como exemplo o conceito de "casa", previsto no art. 150, parágrafo 4º, do Código Penal.

Considera-se *interpretação jurisprudencial* (ou judicial) aquela que decorre do entendimento dos tribunais acerca do alcance e finalidade de determinadas normas jurídicas. Lembre-se que jurisprudência corresponde a decisões reiteradas dos tribunais acerca de determinado tema, pacificando o entendimento. Deve-se ressaltar que tal forma interpretativa *não tem força vinculante*, ou seja, os juízes e tribunais não são obrigados a julgar de acordo com a jurisprudência. Porém, em se tratando de *súmula vinculante*, já dissemos que, como fonte do direito, será obrigatoriamente observada (*vide* art. 103-A da Constituição Federal e a EC nº 45/2004).

Considera-se *interpretação doutrinária* aquela proveniente do entendimento conferido por juristas às normas jurídicas. É a denominada *communis opinio doctorum*. Obviamente não tem força vinculante.

4.3.2. Meio empregado

Quanto ao **meio empregado**, a interpretação pode ser:

a) gramatical (literal);

b) teleológica.

Considera-se *interpretação gramatical* aquela decorrente da análise da "letra da lei", ou seja, de seu sentido no léxico. Em outras palavras, a lei é interpretada tal como decorre do vernáculo (conjunto de palavras componentes de uma língua). É o caso do termo "autoridade", previsto no art. 10, parágrafos 1º, 2º e 3º, do Código de Processo Penal, que indica para "autoridade policial". Igualmente, o termo "queixa", previsto no art. 41 do Código de Processo Penal, deve ser interpretado não em seu sentido literal, mas como petição inicial nos crimes de ação penal privada.

Considera-se *interpretação teleológica* aquela que se vale da lógica para que se busque o alcance e finalidade das leis. Assim, deve-se buscar não apenas a literalidade da norma, mas sua *finalidade*.

4.3.3. Resultados

Quanto aos **resultados** decorrentes da interpretação, temos:

a) declarativa;

b) restritiva;

c) extensiva.

Considera-se *interpretação declarativa* aquela que não exige do intérprete ir além ou aquém do texto legal fornecido. É o caso de interpretar a expressão "*casa habitada*", no art. 248 do Código de Processo Penal, entendendo-se como tal todo compartimento em que viva uma ou mais pessoas.

Considera-se *interpretação restritiva* aquela que exigirá do intérprete uma restrição ou redução ao alcance da lei, buscando sua real vontade.

Considera-se *interpretação extensiva* aquela em que o intérprete deve ampliar o alcance da norma jurídica, que disse menos do que deveria ter dito. É o caso, por exemplo, da interpretação a ser conferida ao delito de bigamia – art. 235 do CP (que, por óbvio, também pune o agente por poligamia) ou mesmo ao delito de outras fraudes – art. 176 do

CP (que pune, também, a conduta daquela pessoa que toma refeição sem dispor de recursos para efetuar o pagamento não apenas em restaurantes, conforme enuncia a lei, mas em pensões, bares, boates...).

4.3.4. Outras classificações

Temos, ainda, a *interpretação progressiva*, que se verifica em razão da evolução da sociedade e do próprio Direito. Assim, algumas expressões constantes na lei devem ser interpretadas de acordo com a atualidade, como é o caso do chamado "Tribunal de Apelação", que hoje é o Tribunal de Justiça, ou o "Chefe de Polícia", atualmente interpretado como Secretário de Segurança Pública.

Fala-se, também, em *interpretação analógica*, que se verifica quando a lei, após uma enumeração casuística, fornece uma cláusula genérica, que, por similitude às anteriores, será extraída por analogia. É o caso do art. 6º, inciso IX, do Código de Processo Penal.

Por fim, Edílson Mougenot Bonfim (obra citada) trata da *interpretação conforme* (à Constituição). Trata-se da regra básica de que o texto constitucional é hierarquicamente superior às demais espécies normativas, razão pela qual estas devem ser interpretadas em harmonia (conforme, portanto) com a Carta Magna. Segundo Canotilho, jurista português, trata-se do *princípio da conformidade*, que determina ao intérprete que, ao ler um dispositivo legal, se forem possíveis duas ou mais interpretações, deverá adotar aquela que guardar compatibilidade com a Constituição Federal.

4.4. Analogia

Não se pode dizer que a analogia é uma forma de interpretação da lei penal, mas sim de autointegração do sistema. Em outras palavras, não havendo norma específica para regular um caso concreto, aplica-se uma norma incidente a outro caso, porém semelhante (análogo).

Consiste a analogia, portanto, em "criar uma norma penal onde, originalmente, não existe" (Guilherme de Souza Nucci – **Manual de Direito Penal** – ed. RT, pág. 82).

A doutrina majoritária defende a impossibilidade de se adotar a analogia em prejuízo do réu (denominada de analogia *in malam partem*), mas apenas para beneficiá-lo. Ademais, não se pode olvidar que o direito penal é fortemente regido pelo princípio da legalidade (*não há crime sem lei que o defina*), motivo pelo qual não se pode utilizar da analogia para criar situações não previstas em lei, de modo a prejudicar o agente delitivo.

Já o emprego da analogia em benefício do réu é largamente aceito pela doutrina e jurisprudência, mas apenas em casos excepcionais, também por força do princípio da legalidade. Nesse caso, denomina-se de analogia *in bonam partem* a situação em que é possível a criação de norma não prevista expressamente, com o escopo de beneficiar e até mesmo absolver o réu.

5. Aplicação da lei penal

5.1. Aplicação da lei penal

5.1.1. Considerações iniciais

Para o estudo da aplicação da lei penal, impõe-se o conhecimento de um princípio basilar do Direito Penal: o princípio da *legalidade*.

Expresso pelo brocardo latino *nullum crimen nulla poena sine praevia lege*, da lavra de Feurbach, a doutrina mais moderna costuma dividi-lo em dois subprincípios, a saber: **a) reserva legal**; **b) anterioridade**.

Antes de ingressarmos na análise do princípio da legalidade e seus desdobramentos, é importante ressaltar que referido princípio vem definido *no art. 5º, XXXIX, da Constituição Federal*, com a seguinte redação: "não há crime sem lei anterior que o defina, nem pena sem prévia cominação legal".

O *Código Penal*, em seu *art. 1º*, basicamente repete, *ipsis literis*, a redação do dispositivo constitucional mencionado, sob a rubrica "Anterioridade da lei".

Discordamos do *nomen juris* conferido ao disposto no art. 1º, do aludido diploma legal, na medida em que reflete apenas uma parcela do princípio da legalidade.

Com efeito, reza a Constituição Federal que "nenhum crime ou pena podem ser criados sem a existência de lei anterior que os defina e comine". Em outras palavras, a criação de crimes (infrações penais) e penas (espécie de sanção penal) depende da existência de *lei*. É aqui que encontramos o *princípio da reserva legal*: não há crime nem cominação de pena sem *lei*.

Todavia, não basta a existência de *lei* criando um crime e cominando uma pena. É indispensável que essa *lei* seja *anterior* ao fato praticado pelo agente. Aqui estudamos o princípio da anterioridade da lei penal: *crime somente é a conduta descrita em lei anterior ao seu cometimento.*

5.1.2. Características específicas da lei penal decorrentes do princípio da legalidade

O princípio da legalidade preleciona que o *crime* deve ser *definido* por lei. A palavra "definição" revela muito mais do que um simples "conjunto de palavras" previstos em uma lei.

Definir, no sentido ora estudado, significa delinear os contornos da conduta criminosa, pormenorizando-a ou, ao menos, conferindo todas as circunstâncias essenciais à caracterização do crime. Daí resultam algumas características peculiares da lei penal, a saber: a) a lei penal deve ser *certa*; b) a lei penal deve ser *minuciosa*.

Diz-se que a lei penal deve ser certa para que não crie situações em que seja difícil constatar o que quis dizer o legislador, tornando insegura a aplicação do diploma legal.

5.1.3. O tipo penal

Chama-se de *tipo penal* o "modelo legal de conduta" descrita em lei como proibida (imperativos de proibição) ou como necessária (imperativos de comando).

Assim, todos os crimes previstos, por exemplo, no Código Penal (arts. 121 e seguintes), vêm definidos em **tipos penais** (ex.: art. 121: "matar alguém"; art. 155: "subtrair, para si ou para outrem, coisa alheia móvel"; art. 317: "solicitar ou receber, para si ou para outrem, direta ou indiretamente, ainda que fora da função, ou antes de assumi-la, mas em razão dela, vantagem indevida, ou aceitar promessa de tal vantagem").

5.1.4. O que se entende por "lei"?

Dissemos que é o princípio da legalidade que rege o Direito Penal, sendo que a criação de crimes e cominação de penas depende da existência de lei.

Deve-se, aqui, entender por lei a *atividade que decorre do Poder Legislativo Federal* (afinal, a fonte material do Direito Penal é a União – art. 22, I, Constituição Federal).

Assim, podem criar crimes e cominar penas as seguintes espécies normativas:

a) **Lei Complementar**;

b) **Lei Ordinária**.

Lei Delegada, Medida Provisória, Decreto-legislativo e Resoluções *não podem criar crimes e cominar penas!*

5.1.5. O princípio da retroatividade benéfica (ou irretroatividade prejudicial)

5.1.5.1. Lei penal no tempo

Nos termos da CF, art. 5º, XL, a **lei penal não retroagirá, salvo para beneficiar o réu**. Assim, a regra é a de que a lei penal é *irretroativa*, segundo o princípio *tempus regit actum*, ou seja, aplica-se a lei do momento do fato (o tempo rege o ato).

Todavia, a CF manda que a lei benéfica retroaja em benefício do réu. Nesse compasso, é possível a ocorrência do chamado *conflito intertemporal de leis*, ou *conflito de leis penais no tempo*.

Em outras palavras, poderá o juiz deparar-se com situações em que a lei vigente à época do crime fosse uma, e, no momento de sentenciar, outra estivesse em vigor. Que lei deverá aplicar? Para tal questionamento, estuda-se o já mencionado *conflito de leis penais no tempo*, existindo quatro regras que o resolverão.

Quatro são as hipóteses, portanto, de conflitos:

- ✔ *abolitio criminis*: também chamada *de lei posterior supressiva de incriminação*. Pressupõe a edição de lei posterior que deixa de considerar o fato como crime (art. 2º do CP), por isso *retroagirá* em favor do réu, seja na fase de processo (ação penal) ou da execução penal, e mesmo após o trânsito em julgado;
- ✔ *novatio legis in mellius*: é a *lei posterior mais benéfica*, mantendo-se, no entanto, a incriminação. Poderá *retroagir* em benefício do réu em qualquer fase, mesmo após o trânsito em julgado (parágrafo único, art. 2º do CP);
- ✔ *novatio legis in pejus*: é a lei posterior que, embora mantenha a incriminação, é *prejudicial* ao réu. Por isso, é *irretroativa*, aplicando-se a lei anterior mais benéfica, que terá a característica da *ultratividade*.
- ✔ *novatio legis incriminadora*: é a lei que passa a considerar um fato criminoso. Por óbvio, não retroagirá, até porque a prática do fato, até então, não tem amparo legal.

Obs.: **CUIDADO** – as leis processuais, conforme art. 2º do CPP, aplicam-se desde logo, ficando preservados os atos processuais praticados até então. Pouco importa se são benéficas ou prejudiciais ao réu. Em relação a elas, vigora o *tempus regit actum*. Situação diversa ocorre no Direito Penal. Lembre-se que se uma lei penal posterior ao fato for benéfica ao réu, haverá retroatividade dela; caso contrário, será irretroativa.

5.1.6. Leis excepcionais e temporárias

São leis com *vigência temporária*, também chamadas de leis intermitentes. São autorrevogáveis, sem necessidade de que lei posterior as revogue. Vêm descritas no artigo 3º do CP.

A *lei excepcional* é aquela que *vigora durante um período de exceção*, como, por exemplo, em período de guerra, calamidades, etc. Quando cessar o período de exceção, as leis excepcionais serão revogadas automaticamente.

A *lei temporária* é aquela que contém, em seu próprio texto, o *período de vigência*. São leis "marcadas para morrer", com contagem regressiva de "vida" (vigência). Atingindo o termo final, cessará sua vigência.

Em ambas as leis, aplica-se a *ultratividade*, ou seja, ainda que revogadas, atingirão os agentes delitivos em momento ulterior à revogação.

5.2. Conflito aparente de leis penais (ou conflito aparente de normas)

É possível que, apenas no *plano da aparência*, duas ou mais leis penais incidam sobre um mesmo fato. Na realidade, apenas uma delas deverá reger o ato praticado pelo agente. É o que se denomina *conflito aparente de leis ou conflito aparente de normas.*

Para a resolução desse conflito, quatro princípios serão utilizados:

a) **princípio da especialidade**: a lei especial prevalece sobre a geral. Será especial a lei que contiver todos os elementos da geral e mais alguns denominados especializantes. Ex.: homicídio (lei geral) e infanticídio (lei especial);

b) **princípio da subsidiariedade**: a lei primária prevalece sobre a subsidiária. Lei subsidiária é aquela que descreve um grau menor de violação de um mesmo bem jurídico integrante da descrição típica de outro delito mais grave. Ex.: lesão corporal (lei primária) e periclitação da vida ou saúde de outrem (lei subsidiária);

c) **princípio da consunção ou absorção**: o crime mais grave absorve outro menos grave quando este integrar a descrição típica daquele (quando for meio de execução de outro mais grave). É verificado em 3 hipóteses:

✔ **crime progressivo**: dá-se quando o agente pretende, desde o início, produzir resultado mais grave, praticando sucessivas violações ao mesmo bem jurídico. Ex.: querendo matar, o agente dá golpes de taco de beisebol em todo o corpo da vítima até matá-la. Pratica, portanto, lesões corporais até chegar ao resultado morte;

✔ **crime complexo**: é aquele composto de vários tipos penais autônomos. Prevalece o fato complexo sobre os autônomos. Ex.: para roubar, o agente furta o bem e emprega violência ou grave ameaça. Não responderá por furto, lesões corporais e/ou ameaça, mas só pelo roubo;

✔ **progressão criminosa**: o agente, de início, pretende produzir resultado menos grave. Contudo, no decorrer da conduta, decide por produzir resultado mais grave. Ex.: primeiro o agente pretendia lesionar e conseguiu seu intento. Contudo, após a prática das lesões corporais, decide matar a vítima, o que efetivamente faz. Nesse caso, o resultado final (mais grave) absorve o resultado inicial (menos grave).

Atenta a doutrina, ainda, para o *princípio da alternatividade*, que, em verdade, não soluciona conflito aparente de normas, mas um *conflito interno* de normas. É o que ocorre nos *crimes de ação múltipla, de tipo alternativo misto ou de conteúdo variado*, que são aqueles formados por várias condutas típicas possíveis (vários verbos), tais como o art. 33 da Nova Lei de Drogas (tráfico de drogas), ou o art. 180, do CP (receptação). Se o agente praticar dois ou mais verbos do mesmo tipo penal, responderá por um único crime (ex.: Se "A" importar dez quilos de cocaína e vendê-los a "B", não responderá por dois tráficos de drogas, mas por um só crime de tráfico).

5.3. Aplicação da lei penal no tempo

O estudo da aplicação da lei penal no tempo responde às seguintes indagações: *Qual o momento do crime? Quando é que se considera praticado um crime?*

O art. 4º do Código Penal trata exatamente da aplicação da lei penal no tempo, ao prescrever: "Considera-se praticado o crime no **momento** da ação ou omissão, ainda que outro seja o **momento** do resultado".

Grifamos a palavra "momento" para demonstrar que referido dispositivo legal trata da aplicação da lei penal no *tempo*.

Acerca disso, a doutrina nos traz três teorias, a saber:

a) **teoria da atividade**: considera-se praticado o crime no momento da ação ou da omissão, pouco importando o momento do resultado;

b) **teoria do resultado**: considera-se praticado o crime no momento em que se verifica o resultado, independentemente do momento da ação ou omissão; 185

c) **teoria mista ou da ubiquidade**: considera-se praticado o crime tanto no momento da ação ou omissão, quanto no momento do resultado.

O Código Penal, em seu art. 4º, adotou a **teoria da atividade**, querendo o legislador, com isso, definir que o **tempo do crime** é o da *atividade do agente* (ação ou omissão), independentemente do momento em que o resultado ilícito se verificar.

Temos como exemplo o seguinte: "*A, em 10/03/12, efetuou três disparos de arma de fogo contra B, que faleceu apenas em 17/03/12, após uma semana na UTI*".

No exemplo citado, verificam-se <u>dois momentos distintos</u>: o dos disparos (*atividade*) e o da morte (*resultado*). Considera-se, de acordo com o art. 4º do Código Penal, praticado o homicídio (art. 121) **no momento dos disparos** (10/03/2012 – ação), e não no momento da morte da vítima (17/03/2012 – resultado).

A análise do tempo do crime é relevante para a aferição da **imputabilidade penal** (capacidade pessoal do agente para entender o caráter ilícito do fato – ex.: menoridade penal), bem como para a análise de **qual lei é mais ou menos benéfica para o agente** (princípio da irretroatividade prejudicial).

5.4. Aplicação da lei penal no espaço

5.4.1. Considerações iniciais

O estudo da **aplicação da lei penal no espaço** é relevante para que seja possível a **resolução de conflitos de soberania** entre dois ou mais países, especialmente quando um crime violar interesses deles, seja porque a conduta criminosa teve início no nosso território nacional e o resultado ocorreu em outro país, seja pelo fato de o início da execução do crime ter ocorrido no exterior e o resultado em nosso território nacional.

5.4.2. Princípios relacionados com a aplicação da lei penal no espaço

A doutrina nos traz cinco princípios relativos à aplicação da lei penal no espaço, apresentando, assim, a solução para possíveis conflitos entre dois ou mais países em matéria criminal. São eles:

a) **princípio da territorialidade**: versa que a lei nacional será aplicada aos fatos (crimes ou contravenções penais) praticados em território nacional (art. 5º do Código Penal);

b) **princípio da nacionalidade**: também denominado de princípio da personalidade, define que a lei penal de um país será aplicada ao seu cidadão, ainda que fora do território nacional;

c) **princípio da defesa**: também conhecido como princípio real ou princípio da proteção, dita que será aplicada a lei do país do bem jurídico lesado ou ameaçado de lesão, independentemente da nacionalidade do agente ou do local da infração penal;

d) **princípio da justiça penal universal**: também denominado de princípio universal, princípio da universalidade da justiça, ou princípio da justiça cosmopolita, designa que o sujeito que tenha praticado uma infração penal deverá ser punido pela justiça do local onde se encontre, ainda que tenha outra nacionalidade ou o interesse do bem jurídico lesionado seja de outro território;

e) **princípio da representação**: também conhecido como princípio da bandeira (lei da bandeira) ou do pavilhão, reza que o agente deverá ser punido por infração praticada no estrangeiro pelo país de origem de embarcações e aeronaves privadas, quando praticadas em seu interior, e desde que não tenha sido punido no país em que tenha praticado a infração penal.

O Brasil adotou, como regra, o **princípio da territorialidade**, ao prescrever: "Aplica-se a lei brasileira, sem prejuízo de convenções, tratados e regras de direito internacional, ao crime cometido no território nacional". Porém, também albergou os demais princípios, de maneira excepcional, no art. 7º do CP, que trata da extraterritorialidade da lei penal (aplicação da lei penal brasileira a crimes praticados no estrangeiro).

5.4.3. A territorialidade temperada e o art. 5º do CP

Como já dissemos anteriormente, o CP adotou, em seu art. 5º, o princípio da territorialidade, segundo o qual a lei brasileira será aplicada aos crimes cometidos em território nacional. Todavia, referido dispositivo legal não traduz uma territorialidade absoluta, mas relativa, ou ***temperada***, como enuncia a doutrina. Quer-se dizer que, como regra, aos crimes praticados em território nacional, aplicar-se-á a lei local, ressalvadas as **convenções, tratados e regras de direito internacional**.

5.4.4. Conceito de território

O art. 5º do CP faz menção ao "território" nacional. E o que vem a ser **território**? Tal deve ser entendido em seu **sentido jurídico**, entendendo-se como todo o ***espaço terrestre, marítimo, aéreo* e *fluvial***, base esta na qual a **soberania nacional** será amplamente exercida (salvo nos casos de tratados, convenções e regras de direito internacional!).

Entende-se por **espaço terrestre** toda a extensão até as fronteiras territoriais, abarcando, nesse conceito, o **solo** e o **subsolo**.

Já o **espaço aéreo** é aquele correspondente à **coluna atmosférica acima do espaço terrestre**, nos termos do disposto no Código Brasileiro de Aeronáutica (Lei 7.565/1966, art. 11).

Por **espaço marítimo** deve-se entender a *extensão do mar territorial*, que corresponde a uma faixa de **12 (doze) milhas marítimas**, conforme art. 1º, *caput*, da Lei 8.617/1993.

Por derradeiro, entende-se por **espaço fluvial** todo o conjunto de **rios** pertencentes ao território nacional.

5.4.5. Conceito de território por equiparação (ou território ficto)

Os parágrafos 1º e 2º, ambos do art. 5º do CP, ampliando o conceito de território, prescrevem que, para efeitos penais, consideram-se como **extensão** do território nacional as **embarcações** e **aeronaves brasileiras**, de natureza **pública** ou a **serviço do governo brasileiro** onde quer que se encontrem, bem como as **aeronaves** e as **embarcações brasileiras**, **mercantes** ou de **propriedade privada**, que se achem, respectivamente, no **espaço aéreo correspondente** ou em **alto-mar**.

Ainda, as **aeronaves** ou **embarcações estrangeiras de propriedade privada**, mas que se achem aquelas em **pouso no território nacional** ou em **voo** no **espaço aéreo correspondente**, e estas em **porto** ou **mar territorial** brasileiros, serão consideradas, para efeitos penais, ***território nacional***.

Em suma:

- ✔ embarcações e aeronaves brasileiras públicas ou a serviço do governo brasileiro = *território nacional;*
- ✔ embarcações e aeronaves brasileiras mercantes ou de propriedade privada em espaço aéreo correspondente ou alto-mar = *território nacional;*
- ✔ embarcações e aeronaves estrangeiras de propriedade privada, pousadas ou em voo no espaço aéreo nacional, ou em porto ou mar territorial = *território nacional.*

5.4.6. Lugar do crime (art. 6º do CP)

Estudado o conceito de território nacional, o art. 6º do CP define o "lugar do crime", vale dizer, **onde** foi praticada a infração penal.

Impõe-se o alerta de que referido dispositivo não cuida de definir o **foro competente** para o julgamento do agente delitivo, questão tratada no estudo da **competência no processo penal** (arts. 69 e seguintes do CPP). Aqui, estudamos o **território** ou o **país** com soberania para aplicar sua legislação penal.

Assim, o art. 6º do CP somente é aplicado na hipótese de uma infração penal **ter início em nosso território nacional,** e o **resultado ocorrer em outro** (exterior), ou vice-versa. Tal situação é denominada pela doutrina como **crime à distância** ou de **espaço máximo,** que é aquele cuja execução se inicia em um país, mas o resultado é verificado em outro.

Voltando ao lugar do crime, a legislação pátria o definiu com base na **teoria mista** ou da **ubiquidade**, segunda a qual se considera como lugar do crime tanto o da ação ou omissão quanto o daquele em que se verificar o resultado. Ex.: "A" ministra veneno na xícara de café que "B" ingeriu em um trem, que partiu do Brasil rumo à Bolívia. Se "B" morrer na Bolívia, ainda assim o Brasil poderá aplicar a lei penal a "A". Se o contrário ocorresse ("A" tivesse envenenado "B" na Bolívia e o resultado morte se verificasse no Brasil), ainda assim nossa legislação poderia ser aplicada.

5.4.7. Extraterritorialidade (art. 7º do CP)

Por vezes, ainda que uma infração penal seja praticada fora do território nacional, a lei penal brasileira poderá ser aplicada ao agente que a tiver realizado, por força da denominada **extraterritorialidade**.

O art. 7º do CP distingue duas formas de extraterritorialidade: a incondicionada e a condicionada.

O **inciso I**, de referido dispositivo legal, cristaliza a **extraterritorialidade incondicionada**, segundo a qual a mera prática do delito em outro país que não o Brasil já é suficiente para provocar a aplicação da lei penal brasileira, independentemente de qualquer requisito. Assim, será o caso de ser aplicada a lei nacional, embora o crime tenha sido praticado no estrangeiro, ainda que o agente seja absolvido ou condenado no estrangeiro, aos crimes contra:

a) a vida ou a liberdade do Presidente da República;

b) o patrimônio ou a fé pública da União, do DF, de Estado, Território, Município, de empresa pública, sociedade de economia mista, autarquia ou fundação instituída pelo Poder Público;

c) a administração pública, por quem está a seu serviço;

d) de genocídio, quando o agente for brasileiro ou domiciliado no Brasil.

Já o inciso II do mesmo artigo traz-nos as hipóteses de **extraterritorialidade condicionada**, que, como o próprio nome diz, somente admitirá a aplicação da lei penal brasileira se satisfeitas algumas condições (definidas no § 2º). São os seguintes casos:

a) crimes que, por tratado ou convenção, o Brasil se obrigou a reprimir;

b) crimes praticados por brasileiro;

c) crimes praticados em aeronaves ou embarcações brasileiras, mercantes ou de propriedade privada, quando em território estrangeiro e aí não sejam julgados.

As **condições** para a aplicação da lei penal nos casos acima mencionados são:

a) entrar o agente no território nacional;

b) ser o fato punível também no país em que foi praticado;

c) estar o crime incluído entre aqueles pelos quais a lei brasileira autoriza a extradição;

d) não ter sido o agente absolvido no estrangeiro ou não ter aí cumprido a pena;

e) não ter sido o agente perdoado no estrangeiro ou, por outro motivo, não estar extinta a punibilidade, segundo a lei mais favorável.

Por fim, o parágrafo 3º, complementando o rol de condições para a aplicação da lei penal se o crime foi praticado fora do Brasil, determina que **nossa lei será aplicada ao estrangeiro que tenha praticado crime contra brasileiro** no exterior, se:

a) não foi pedida ou negada a extradição;

b) houve requisição do Ministro da Justiça.

5.5. Aplicação da lei penal com relação às pessoas (imunidades)

Em decorrência do disposto nos arts. 5º e 7º do CP, combinados com o art. 1º do CPP, em princípio, todas as regras de processo penal deverão ser aplicadas a qualquer pessoa que deva se submeter à jurisdição brasileira. Entretanto, a Constituição Federal e o art. 1º, I e II, do CPP arrolam as pessoas que, excepcionalmente, terão regras próprias para a verificação da sua culpabilidade. Tais regras são denominadas imunidades.

A imunidade é uma prerrogativa conferida a certas pessoas em virtude das atividades por elas desempenhadas como forma de garantir, assim, o livre exercício de suas funções. A imunidade pode ser *diplomática* ou *parlamentar*.

5.5.1. Imunidade diplomática

A imunidade diplomática é aplicada a qualquer delito praticado por agente diplomático (embaixador, secretários da embaixada, pessoal técnico e administrativo das representações), estendendo-se à sua família, a funcionários de organismos internacionais em serviço (exemplos: ONU, OEA) e quando em visita oficial. Trata-se de uma imunidade irrenunciável. Os chefes de Estados estrangeiros e os membros de sua comitiva também estão acobertados pela imunidade diplomática.

O agente diplomático não é obrigado a prestar depoimento como testemunha, salvo se o depoimento estiver relacionado com o exercício de suas funções.

5.5.2. Imunidade parlamentar

Essa espécie de imunidade garante ao parlamentar (deputado federal e senador) a ampla liberdade de palavra no exercício de suas funções (denominada imunidade material – art. 53, *caput*, da CF), bem como a garantia de que não possam ser presos, exceto em flagrante por delito inafiançável (art. 53, parágrafo 2º, 1ª parte, da Constituição Federal – é a denominada imunidade formal). Por decorrerem da função exercida e não da figura (pessoa) do parlamentar, não se admite a sua renúncia (é, portanto, irrenunciável).

Estende-se também (a imunidade material) aos vereadores se o crime foi praticado no exercício do mandato e na circunscrição do Município. Porém, referidos membros do Poder Legislativo não gozam de imunidade formal (também denominada processual ou relativa).

Resumindo:

✔ **Imunidade parlamentar (gênero)**:

a) *imunidade material* (absoluta) = deputados (federais e estaduais), senadores e vereadores (só nos limites do município);

b) *imunidade formal* (relativa ou processual) = deputados (federais e estaduais) e senadores (vereadores não a têm).

6. Teoria Geral do Crime

6.1. Teoria do Crime

6.1.1. Considerações iniciais

O estudo da denominada **Teoria do Crime** tem por objetivo destacar os aspectos jurídicos acerca deste fenômeno social que, infelizmente, assola a sociedade.

Para tanto, iniciaremos com as seguintes noções, a partir de agora enfrentadas.

6.1.2. Critério dicotômico

O Brasil, em matéria de **infração penal**, adotou o critério denominado pela doutrina de **dicotômico,** eis que aquela é gênero que comporta **duas espécies**, a saber:

a) **crimes** (ou delitos – são sinônimos); e

b) **contravenções penais**.

Em um primeiro momento, basta saber que, intrinsecamente, crimes e contravenções penais não guardam diferenças entre si. Não é demais lembrar que ambos dependem de **lei** para sua criação (princípio da legalidade – art. 5º, XXXIX, da Constituição Federal).

Aqui, o legislador, ao criar uma infração penal, deverá sopesar os bens jurídicos protegidos por ela e escolher se prefere criar um crime ou uma contravenção penal. De qualquer forma, importa destacar que esta é mais branda do que aquele, vale dizer, a resposta estatal pela prática do primeiro é mais rígida do que pela segunda.

6.1.3. Conceitos de crime

Melhor ingressando no estudo da teoria do crime, faz-se necessária a colação de três conceitos ou concepções de crime definidas pela doutrina. São elas:

a) **conceito material**: crime é todo comportamento humano que **lesa** ou **expõe a perigo de lesão** bens jurídicos tutelados pelo Direito Penal. Trata-se de conceito que busca traduzir a essência de crime, ou seja, busca responder à seguinte indagação: o que é um crime?

b) **conceito formal**: crime corresponde à **violação da lei penal**. Em outras palavras, corresponde à relação de subsunção ou de concreção entre o fato e a norma penal incriminadora (ex.: Se "A" matar "B", terá violado a norma penal inserida no art. 121 do Código Penal);

c) **conceito analítico**: se se adotar a **concepção bipartida** (defendida por Damásio de Jesus, Julio Mirabete e Fernando Capez, por exemplo), crime é **fato típico e antijurídico.** Já se for adotada a concepção tripartida (defendida pela doutrina majoritária), **crime é fato típico, antijurídico e culpável**.

Partindo-se do pressuposto que crime é fato típico e antijurídico, a culpabilidade será elemento estranho à sua caracterização, sendo imprescindível sua análise apenas para que seja possível, verificada a reprovação da conduta praticada pelo agente, a aplicação de sanção penal ao infrator.

6.2. Fato típico

O fato típico é o primeiro requisito do crime. Portanto, podemos afirmar que não existe crime se não houver um **fato típico**. E o que vem a ser isso?

Pode-se afirmar que fato típico é o **fato material** descrito em lei como **crime**.

A **estrutura** do fato típico é a seguinte:

a) conduta;

b) resultado;

c) nexo causal (ou de causalidade, ou, ainda, relação de causalidade);

d) tipicidade.

Conduta, resultado, nexo causal e tipicidade são os **elementos** do fato típico. Os três primeiros correspondem ao que denominamos de **fato material.** Já o último será o responsável pela **descrição** deste fato material em **lei**.

Em verdade, estudar o fato típico nada mais é do que estudar seus elementos constitutivos. Vamos a eles.

6.2.1. Conduta

Tem como clássica definição ser **todo comportamento humano, positivo ou negativo, consciente e voluntário, dirigido a uma finalidade específica.**

Evidentemente, não é possível imaginarmos crime sem conduta (*nullum crimen sine conducta*). É ela a responsável pelo "atuar" do homem, causador de uma lesão ou perigo de lesão ao bem jurídico tutelado pela norma penal incriminadora.

Diz-se que a conduta é um **comportamento humano** na medida em que somente o homem, ser racional que é, pode agir ou deixar de agir, causando com isso uma lesão ou ameaça de lesão ao bem da vida que o legislador tencionou proteger.

O que muito se discute é a possibilidade da prática de **crimes por pessoas jurídicas**, que são entes fictícios criados pela lei com o objetivo maior de separar o patrimônio dos sócios que as compõem com os da sociedade. Discussões à parte, a doutrina majoritária entende que pessoa jurídica somente pode praticar crimes ambientais, por força do art. 225, parágrafo 3º, da Constituição Federal, regulamentado pela Lei 9.605/1998 (Lei dos Crimes Ambientais).

Retornando ao conceito de conduta, a par de ser um comportamento humano, é certo que sua expressão no mundo fenomênico poderá decorrer de uma **ação** (daí o comportamento ser positivo, gerador dos **crimes comissivos**) ou de uma **omissão** (comportamento negativo, gerador dos crimes **omissivos**). Boa parte dos crimes é praticada mediante ação (que corresponde a um fazer, a um atuar positivamente). Excepcionalmente, quando o legislador expressamente previr, será possível que um crime seja praticado por uma inação, uma conduta negativa, uma omissão (ex.: omissão de socorro – art. 135 do Código Penal). Isso porque, como regra, uma inação, um não fazer, não gera qualquer efeito ("do nada, nada vem").

No tocante à **omissão**, esta pode ser de **duas espécies**:

a) **omissão própria** (*crimes omissivos próprios ou puros*) – vem descrita na lei. O dever de agir deriva da própria norma. Frise-se que os crimes omissivos próprios não admitem tentativa, visto que basta a omissão para o crime se consumar. Ex.: omissão de socorro (art. 135, CP);

b) **omissão imprópria** (*crimes omissivos impróprios, impuros, espúrios ou comissivos por omissão*) – o agente tem o dever jurídico de agir para evitar um resultado. Não o fazendo, responderá por sua omissão (art. 13, §2º, CP). O agente somente responderá por crime omissivo impróprio se tiver o **dever de agir e puder** agir. Na *omissão imprópria*, o **dever jurídico de agir** do agente decorrerá de uma das seguintes situações:

i. quando tenha por **lei** obrigação de cuidado, proteção ou vigilância (ex.: dever dos pais de zelar pela integridade dos filhos, decorrente do poder familiar, expresso no Código Civil);

ii. quando, de **outra forma**, assumiu a responsabilidade de impedir o resultado, assumindo a posição de *garante* ou *garantidor* (ex.: enfermeira contratada para cuidar de pessoa idosa, tendo por incumbência ministrar-lhe medicamentos);

iii. quando, com o seu **comportamento anterior**, criou o risco da ocorrência do resultado. Trata-se do que a doutrina denomina de *dever de agir por ingerência na norma* (ex.: veteranos arremessam calouro em piscina, não sabendo este nadar. Terão o dever de salvá-lo, sob pena de responderem pelo resultado que não evitaram).

Em prosseguimento aos elementos da conduta, esta deve corresponder a um comportamento humano **consciente e voluntário**, ou seja, o indivíduo deve saber o que está fazendo, bem como ter liberdade locomotora para agir (ou deixar de agir). Portanto, excluirá a conduta (e, via de consequência, inexistirá fato típico) as seguintes situações mencionadas pela doutrina:

a) atos reflexos;

b) sonambulismo e hipnose;

c) coação física irresistível;

d) caso fortuito; e

e) força maior.

Por fim, à luz da teoria finalista da ação, adotada por boa parte da doutrina, **não há conduta que não tenha uma finalidade**. O agir humano é sempre voltado à realização de algo, lícito ou ilícito.

6.2.2. Resultado

A consequência ou decorrência natural da conduta humana é o **resultado**. A doutrina costuma classificá-lo de duas formas: a) resultado naturalístico e; b) resultado normativo (ou jurídico).

Segundo Damásio E. de Jesus, **resultado naturalístico** é a modificação do mundo exterior provocada pela conduta. Em outras palavras, é a percepção dos efeitos do crime pelos sentidos humanos (ex.: morte, redução patrimonial, destruição de coisa alheia, etc.). Todavia, nem todo crime acarreta um resultado naturalístico, como é o caso da violação de domicílio ou do ato obsceno, que não geram qualquer resultado perceptível pelos sentidos humanos. Daí a doutrina, considerando-se o resultado naturalístico, distinguir os crimes em três espécies:

a) **crimes materiais (ou de resultado)** – são os que exigem resultado (ex.: homicídio, furto, roubo);

b) **crimes formais (ou de consumação antecipada)** – são os que, embora possam ter um resultado, restarão caracterizados mesmo sem sua verificação (ex.: extorsão mediante sequestro – basta o arrebatamento da vítima para a consumação do crime, ainda que o resgate não seja pago pelos familiares);

c) **crimes de mera conduta (ou de simples atividade)** – como o próprio nome diz, são aqueles que não têm resultado naturalístico, que é impossível de acontecer (ex.: violação de domicílio e ato obsceno).

6.2.3. Nexo de causalidade

O nexo causal (ou de causalidade) corresponde ao terceiro elemento do fato típico.

Nada mais é do que o **elo entre a conduta praticada pelo indivíduo e o resultado dela decorrente**.

O art. 13, primeira parte, do Código Penal determina que "o resultado de que depende a existência do crime somente é imputável a quem lhe deu causa". Em outras palavras, somente é possível imputar (atribuir) a uma pessoa um resultado se este for **causado** por ela.

Considerando o conceito de **resultado naturalístico** (e o art. 13 do Código Penal somente pode ser aplicável aos crimes materiais!), este somente pode ser atribuído a alguém se for o seu causador.

6.2.3.1. Causas

Para o Direito Penal, não existe diferença entre causa ou condição. Enfim, tudo o que concorrer para a existência de um resultado será considerado causa. Daí a segunda parte do referido dispositivo legal salientar: "considera-se causa toda ação ou omissão sem a qual o resultado não se produziria".

Em matéria de nexo causal, o Código Penal adotou a chamada teoria da *conditio sine qua non*, ou **teoria da equivalência dos antecedentes.**

Todavia, embora tudo o que concorrer para o crime possa, em princípio, ser considerado causa, se esta for **superveniente** (à conduta do agente) e, **por si só, produzir o resultado**, este não poderá ser atribuído ao indivíduo, posto que a situação estará fora da linha de desdobramento normal da conduta. É caso de "A" que, querendo matar "B", atira em sua direção produzindo-lhe lesões corporais graves. Este é socorrido por uma ambulância que, em alta velocidade, colide com um caminhão, o que foi o efetivo motivo da morte de "B". Portanto, embora "B" tenha morrido somente pelo fato de estar em uma ambulância que o socorreu por força de disparo de arma de fogo desferido por "A", o que configuraria a causa de sua morte, o fato é que este evento acidental não pode ser atribuído ao atirador. Portanto, a solução dada pelo Código Penal é a de que o sujeito responderá apenas pelos atos até então praticados (tentativa de homicídio, no caso).

No caso de verificação de causa superveniente (art. 13,§ 1º, do Código Penal), a doutrina aponta que o Código Penal adotou a **teoria da causalidade adequada**, e não da equivalência dos antecedentes.

Apenas para reforçar, nos crimes formais e de mera conduta, nos quais não se exige a ocorrência de resultado (naturalístico), não haverá que se falar em nexo causal, já que este é o elo entre a conduta e o **resultado.** Se referidos tipos de crimes não exigem resultado, evidentemente não existirá nexo causal.

Em resumo:

I. **Causas dependentes:** São aquelas que decorrem (dependem) diretamente da *conduta* do agente. Ex.: "A" atira em "B", que morre em razão da perfuração. A causa do resultado dependeu da conduta do agente;

II. **Causas independentes:** São aquelas que produzem o resultado, guardando alguma ou nenhuma relação com a *conduta* do agente. Subdividem-se em:

a) **Absolutas** (ou absolutamente independentes) = são aquelas que por si sós produzem o resultado, independentemente da conduta do agente. A consequência é que o agente não responderá pelo resultado. Ex.: "A" quer matar "B" envenenado. Para tanto, coloca veneno em sua comida. No entanto, antes de "B" comer, morre por ataque cardíaco. O agente, no máximo, responderá por tentativa de homicídio, desde que tenha iniciado a execução do crime;

b) **Relativas** (ou relativamente independentes) = são aquelas que por si só não produzem o resultado, sendo a conduta do agente decisiva para a sua produção. A consequência é que o agente responderá, em regra, pelo resultado. Ex.: "A", sabendo que "B" é portador de hemofilia (concausa), neste provoca uma lesão corporal, da qual advém a morte em razão de uma hemorragia. "A" responderá por homicídio, visto que sua conduta (lesão corporal), aliada à concausa (hemofilia), foi decisiva para o resultado naturalístico.

Exceção: **causas supervenientes relativamente independentes** que por si só produzem o resultado. O agente *não responderá pelo resultado*, mas, apenas, pelo que efetivamente causou (art. 13, §1º, CP). Ex.: "A" atira em "B", querendo matá-lo. No entanto, "B", socorrido por uma ambulância, morre em virtude da explosão desta, envolvida em um acidente automobilístico. Se o acidente tiver sido a causa efetiva da morte de "B", este resultado não será imputado a "A", que somente responderá por tentativa de homicídio. Não se aplica, aqui, a teoria da *conditio sine qua non*, mas, sim, a **teoria da causalidade adequada,** segundo a qual causa é tudo aquilo apto e suficiente à produção de um resultado.

6.2.4. Tipicidade

Finalmente, o último elemento do fato típico é a **tipicidade**, que nada mais é do que a subsunção (adequação) entre o fato concreto e a norma penal incriminadora.

Em outras palavras, haverá **tipicidade penal** quando a ação ou omissão praticada pelo indivíduo tiver **previsão legal** (ex.: Se "A" mata "B", realizou o fato descrito no art. 121 do Código Penal; se "A" subtrair (furtar) o carro de "B", terá realizado o fato descrito no art. 155 do Código Penal).

Quando houver a descrição de uma conduta proibida em lei, estaremos diante do chamado **tipo penal,** que é um **modelo legal e abstrato** daquela conduta que deve ou não ser realizada pelo agente.

É importante salientar que toda conduta realizada pelo homem deverá ser preenchida por um elemento subjetivo, qual seja o **dolo** ou a **culpa.**

Portanto, se um crime for doloso, significa que a conduta praticada pelo agente terá sido dolosa. Já se o crime for culposo, a conduta terá sido culposa.

Passaremos, mais adiante, ao estudo do dolo e da culpa. Porém, antes disso, é mister trazermos algumas explicações sobre as espécies de tipos penais e seus elementos.

6.2.4.1. Categorias de tipos penais

Os tipos penais são divididos em duas grandes categorias:

a) **Tipos penais incriminadores** (ou legais) = são aqueles que descrevem a figura criminosa ou contravencional, cominando as respectivas penas;

b) **Tipos penais permissivos** (ou justificadores, ou justificantes) = são aqueles que descrevem a forma pela qual a conduta humana será considerada lícita. Traduzem-se nas causas excludentes da ilicitude ou antijuridicidade (ex.: legítima defesa – art. 25, CP; estado de necessidade – art. 24, CP).

6.2.4.2. Elementos dos tipos penais incriminadores

Os tipos penais incriminadores ou legais podem conter os seguintes elementos:

a) **Objetivos** = também chamados de descritivos, são aqueles que traduzem as circunstâncias em que a conduta criminosa ou contravencional é praticada. São elementos que podem ser compreendidos de forma bastante simples, sem que se necessite de qualquer juízo de valor. Ex.: no homicídio, temos o verbo "matar", seguido da expressão "alguém". Esta é considerada elemento objetivo do tipo, visto que de fácil assimilação e compreensão;

b) **Subjetivos** = são aqueles que dizem respeito à intenção do agente. Nem todo tipo penal contém elementos subjetivos. Ainda que impropriamente, a doutrina diz que o elemento subjetivo do tipo é o "dolo específico", ou, ainda, o "especial fim de agir do agente". Ex.: no crime de furto, não basta ao agente agir com dolo na subtração da coisa alheia móvel, sendo imprescindível que atue com *animus rem sibi habendi*, ou seja, com a intenção de assenhorear-se definitivamente da coisa furtada;

c) **Normativos** = são aqueles que não conseguirão ser compreendidos sem a emissão de um juízo de valor. Os elementos normativos podem exigir uma compreensão puramente *jurídica* (**elementos normativos jurídicos**), traduzindo-se em expressão que são explicadas pelo direito (ex.: conceito de documento para fins de caracterização do crime de falsificação de documento), ou, ainda, extrajurídica (moral, cultural), redundando nos **elementos normativos extrajurídicos**. É o que ocorre, por exemplo, com o crime de ato obsceno. A expressão "obsceno" exige, para sua compreensão, um juízo de valor moral (extrajurídico).

Os tipos penais que somente contiverem elementos objetivos serão denominados de **tipos normais**. Já aqueles que contiverem elementos subjetivos e/ou normativos são chamados de **tipos anormais**.

6.2.4.3. Crime doloso

O conceito de dolo é bastante simples: corresponde à **vontade livre e consciente do sujeito ativo (agente) em realizar os elementos do tipo**.

O CP, art. 18, I, adotou, quanto ao dolo, a **teoria da vontade** e a **teoria do assentimento**. Diz-se o crime doloso quando o agente **quis** produzir o resultado (dolo direto) ou **assumiu o risco** de produzi-lo (dolo eventual).

Apenas para frisar, o dolo pode ser **direto**, quando o agente tem a vontade livre e consciente de produzir o resultado, ou **indireto**, que se subdivide em **eventual** (o agente assume o risco de produzir o resultado, não se importando que ele ocorra) e **alternativo** (o agente não se importa em produzir um ou outro resultado). O CP não tratou do dolo alternativo, mas, apenas, do eventual.

6.2.4.4. Crime culposo

O CP, art. 18, II, considera culposo o crime quando o agente dá causa ao resultado por **imprudência, negligência ou imperícia**. Essas são as **modalidades** de culpa.

Assim, um crime será considerado culposo quando o agente, *mediante uma conduta inicial voluntária, produzir um resultado ilícito involuntário, previsto ou não, decorrente da violação de um dever objetivo de cuidado.*

A **imprudência,** primeira modalidade de culpa, corresponde a um **agir perigosamente** (portanto, uma ação). A **negligência**, que corresponde à segunda modalidade de culpa, estará verificada quando o sujeito **deixar de fazer algo que deveria ter feito** (portanto, uma omissão). Por fim, a **imperícia** somente se verifica quando o sujeito realiza algo **sem aptidão técnica para tanto**. É a denominada **culpa profissional**.

O crime culposo apresenta os seguintes **elementos**:

- **a)** conduta inicial voluntária (o agente age sem ser forçado);
- **b)** quebra do dever objetivo de cuidado (o agente rompe o dever de cuidado ao agir com imprudência, negligência ou imperícia);
- **c)** resultado involuntário (sobrevém da quebra do dever objetivo de cuidado em relação aum resultado não querido pelo agente);
- **d)** nexo de causalidade (entre a conduta voluntária e o resultado involuntário deve existir relação de causalidade);
- **e)** tipicidade (a forma culposa do delito deve estar expressamente prevista em lei – art. 18, parágrafo único, CP);
- **f)** previsibilidade objetiva (terceira pessoa, que não o agente, dotada de prudência e discernimento medianos, conseguiria prever o resultado);
- **g)** ausência de previsão (apenas na culpa inconsciente).

Ainda quanto à culpa, destacamos duas **espécies** ou **tipos**:

- **a) culpa consciente**: é aquela em que o agente acredita sinceramente que o resultado não se produzirá, embora o preveja. É a exceção. Difere do **dolo eventual**, visto que neste o agente não só prevê o resultado, mas *pouco se importa com sua produção*, ou seja, consente com o resultado. Já na culpa consciente, ainda que o agente preveja o resultado, *acredita sinceramente que este não ocorrerá;*
- **b) culpa inconsciente**: é aquela em que o agente não prevê o resultado, embora seja previsível. É a regra.

Por fim, no Direito Penal não existe **compensação de culpas**, critério que se verifica no Direito Civil. É possível, todavia, a **concorrência de culpas**, ou seja, duas ou mais pessoas concorrerem culposamente para a produção de um resultado naturalístico. Neste caso, todos responderão na medida de suas culpabilidades.

Impõe referir que os **crimes culposos não admitem tentativa**, visto que esta somente é compatível com os crimes dolosos. Afinal, nestes, o resultado decorre da vontade livre e consciente do agente, que o quer ou assume o risco de produzi-lo, o que não se verifica nos crimes culposos.

6.2.4.5. Crime preterdoloso (ou preterintencional)

É um misto de dolo e culpa. Há dolo na **conduta antecedente** e culpa no **resultado consequente**. Trata-se de uma das espécies de crimes qualificados pelo resultado (art. 19 do CP).

O crime preterdoloso também é chamado de **preterintencional**.

Pelo fato de o **crime preterdoloso** ser formado por um resultado culposo agravador (culpa no consequente), é **inadmissível a tentativa**. Se esta não é cabível para os crimes culposos, pela mesma razão é incompatível com os crimes preterdolosos, que necessariamente são materiais (exige-se o resultado naturalístico para sua produção).

6.3. *Iter criminis*

Todo crime passa (ou pode passar) por pelo menos **quatro fases**. Em latim, diz-se que o caminho percorrido pelo crime é o ***iter criminis***, composto das seguintes etapas:

- **a)** cogitação (fase interna);
- **b)** preparação (fase externa);
- **c)** execução (fase externa);
- **d)** consumação (fase externa).

A **cogitação**, por ter relação direta com o aspecto volitivo (vontade) do agente, é impunível, correspondendo à **fase interna** do *iter criminis*. Em outras palavras, não se pode punir o simples **pensamento**, ainda que corresponda a um crime (ex.: "A" cogita matar "B", seu desafeto).

A **preparação**, primeira etapa da **fase externa** do *iter criminis*, corresponde, como o nome diz, à tomada de providências pelo agente para ser possível a realização do crime.

Portanto, prepara todas as circunstâncias que antecedam à prática criminosa. Em regra, a mera preparação de um crime é impunível, na medida em que a infração penal toma corpo a partir do momento em que se inicia sua execução, saindo os atos da esfera do agente e ingressando na esfera da vítima. Por vezes o Código Penal, aparentemente, incrimina típicos atos preparatórios, como o crime de quadrilha ou bando (art. 288), cuja denominação, a partir do advento da "Nova Lei do Crime Organizado" (Lei 12.850/2013), passou a ser o de *associação criminosa.*

A **execução** se verifica quando da prática do **primeiro ato idôneo e inequívoco**, hábil a consumar o crime. Trata-se, evidentemente, de **fase externa** do delito.

Por fim, a **consumação** é a última etapa do *iter criminis*, verificando-se de acordo com cada crime (material, formal, mera conduta...). Também pertence à **fase externa** do ilícito penal.

E como saber a diferenciação entre atos preparatórios e executórios?

Pois bem. O *iter criminis* somente passa a ter relevância penal quando o agente sai da etapa preparatória e inicia a executória. Mas quando é que se inicia a execução do crime? Três são os critérios trazidos pela doutrina:

a) **critério material**: quando iniciada a lesão ou perigo ao bem jurídico;
b) **critério formal**: quando iniciada a execução do verbo (ação nuclear) do tipo. É o que prevalece;
c) **critério objetivo-individual**: atos imediatamente anteriores à execução da conduta típica, mas voltados à realização do plano criminoso do agente.

6.3.1. Crime consumado

Nos termos do art. 14, I, CP, diz-se que o crime foi consumado quando **nele se reunirem todos os elementos de sua definição legal (tipo penal)**.

Ter-se-á por consumado o crime quando o fato concreto se amoldar ao tipo abstratamente previsto pela lei penal.

Os crimes materiais consumam-se no momento em que se verificar o resultado naturalístico. Já os crimes formais, ou de consumação antecipada, consumam-se independentemente de o agente delitivo alcançar seu intento. Finalmente, os crimes de mera conduta, como o próprio nome sugere, consumam-se com a simples atividade.

6.3.2. Crime tentado (*conatus*)

Nos termos do art. 14, II, CP, diz-se que o crime é tentado quando, iniciada sua execução, não se consumar por **circunstâncias alheias à vontade do agente**. Portanto, embora o sujeito ativo do crime a este dê início, revelando sua intenção (dolo), não conseguirá prosseguir em seu intento por circunstâncias estranhas à sua vontade (ex.: a vítima foge; a polícia impede a consumação do crime; populares não permitem o prosseguimento da infração penal).

O agente será punido com a mesma pena do crime consumado, mas reduzida de 1/3 a 2/3. Adota o Código Penal, em matéria de tentativa, a denominada **teoria objetiva,** segundo a qual não se pode punir o agente com o mesmo rigor (pena) em caso de consumação da infração. Contrapõe-se à **teoria subjetiva**, que preconizava que a punição pela tentativa deveria ser a mesma correspondente à do crime consumado.

Excepcionalmente, o crime tentado será punido com o mesmo rigor do consumado, tal como ocorre no art. 352 do CP (evasão de preso). É o que se denomina de *crime de atentado.*

Quanto ao *iter criminis* percorrido, a doutrina divide a tentativa nas seguintes espécies:

a) **tentativa imperfeita (ou inacabada)**: é aquela em que o agente é interrompido na execução do crime enquanto ainda o praticava, por circunstâncias alheias a sua vontade, não conseguindo esgotar todo o seu potencial ofensivo;
b) **tentativa perfeita (ou acabada, ou crime falho)**: é aquela em que o agente esgota toda sua potencialidade ofensiva, indo até o fim com os atos executórios. Contudo, o crime não se consuma por circunstâncias alheias à vontade do agente.

Quanto ao grau de lesividade, a tentativa subdivide-se em:

c) **tentativa branca (ou incruenta)**: é aquela em que o objeto material (pessoa ou coisa sobre a qual recai a conduta) não é atingido;
d) **tentativa vermelha (ou cruenta)**: é aquela em que o objeto material é atingido, mas mesmo assim o crime não se consuma.

Algumas infrações penais **não admitem tentativa**:

a) crimes culposos;
b) crimes preterdolosos;
c) contravenções penais (art. 4º da LCP);
d) crimes omissivos próprios;
e) crimes unissubsistentes;
f) crimes habituais;
g) crimes condicionados, em que a lei exige a ocorrência de um resultado (ex.: art. 122, CP);
h) crimes de atentado ou de empreendimento, cuja figura tentada recebe a mesma pena do crime consumado (ex.: art. 352, CP).

6.3.3. Desistência voluntária e arrependimento eficaz

São espécies da chamada **tentativa abandonada**. Vêm previstos no artigo 15 do CP.

Aquele que, **voluntariamente**, desiste de prosseguir na execução do crime só responderá pelos atos **anteriormente praticados**. É a denominada **desistência voluntária**. O agente inicia a execução do crime, mas não o leva à consumação porque desiste voluntariamente de prosseguir no intento criminoso. Nesse caso, só são puníveis os atos até então praticados, sendo **atípica a tentativa do crime inicialmente visado**.

Já o agente que, **esgotando os atos executórios**, toma atitude e **impede** a consumação do crime, não responde pela tentativa do crime inicialmente visado, mas apenas pelos atos já praticados. Aqui há o **arrependimento eficaz**. Caso o agente se arrependa, tentando impedir o resultado decorrente de sua conduta, mas este é verificado, o arrependimento terá sido **ineficaz**. A consequência é a mesma da desistência voluntária: a tentativa do crime inicialmente visado pelo agente é atípica, remanescendo apenas os atos que efetivamente haja praticado.

Em resumo:

I. Desistência voluntária:

a) início de execução do crime;

b) não consumação do crime;

c) ato voluntário do agente que abandona a execução

I.I. Consequência: **não responde pela tentativa** do crime inicialmente executado, mas, apenas, pelos **atos efetivamente praticados** (Ex.: "A", querendo matar "B", inicia a execução de um homicídio. Tendo efetuado um disparo, podendo efetuar outros, desiste de prosseguir em seu intento criminoso, abandonando o local. Se "B" não morrer, "A" responderá apenas por lesões corporais);

II. Arrependimento eficaz:

a) início de execução do crime;

b) não consumação do crime;

c) ato voluntário do agente que impede a consumação;

II.I. Consequência: **não responde pela tentativa** do crime inicialmente executado, mas, apenas, pelos **atos efetivamente praticados** (Ex.: "A", querendo matar "B", inicia a execução de um homicídio. Tendo efetuado todos os disparos, arrepende-se e socorre a vítima, levando-a ao hospital. Se "B" não morrer, "A" responderá apenas por lesões corporais).

6.3.3.1. Diferença entre desistência voluntária e arrependimento eficaz

Na **desistência voluntária**, o agente **não esgota todos os atos executórios** tendentes à consumação do crime. Já no **arrependimento eficaz**, o agente **pratica todos os atos executórios** aptos à consumação. No entanto, arrependido, pratica conduta suficiente a impedir a consumação.

Seja na desistência voluntária ou no arrependimento eficaz, caso a consumação ocorra, o agente responderá pelo crime em sua forma consumada. Nesse caso, de nada teria adiantado a desistência ou o arrependimento. Ambos devem ser **eficazes**.

6.3.4. Arrependimento posterior

Vem previsto no art. 16 do CP. Pressupõe os seguintes **requisitos:**

a) crime cometido sem violência ou grave ameaça à pessoa;

b) reparação integral do dano ou restituição da coisa;

c) conduta voluntária – não se exige espontaneidade;

d) reparação do dano ou restituição da coisa até o recebimento da denúncia ou queixa – se for feito posteriormente, incidirá uma atenuante genérica, prevista no art. 65, III, do CP.

Trata-se de causa genérica de **diminuição de pena**. A intenção do legislador foi "premiar" o agente que, embora tenha cometido um crime, arrepende-se e procure minorar os efeitos do ilícito praticado.

Todavia, não se admite a incidência do instituto em comento em qualquer crime, mas apenas naqueles cometidos **sem violência ou grave ameaça à pessoa** (ex.: roubo, extorsão, extorsão mediante sequestro).

Aponta a doutrina, ainda, que a **reparação do dano** não pode ser parcial, mas sim **integral**. Se "A" causou um prejuízo de mil reais a "B", deve restituí-lo integralmente das perdas. Pode-se, em determinadas hipóteses, restituir-se a própria coisa (ex.: no furto de um DVD, por exemplo, pode-se devolvê-lo *in specie* ao seu dono). Neste caso, não poderá estar danificado, sob pena de o agente não ver sua pena reduzida.

Por fim, tencionou o legislador "premiar" o sujeito que repara o dano até determinado lapso temporal expressamente definido no art. 16 do Código Penal: até o **recebimento da denúncia ou queixa**. Se a reparação for **posterior** ao referido ato processual, o agente, quando da fixação de sua pena, terá direito apenas à incidência de uma **circunstância atenuante**, certamente **inferior à diminuição** prevista para o **arrependimento posterior** (se é que poderá incidir, já que, se a pena-base for fixada no piso legal, aponta a jurisprudência majoritária, bem como a doutrina, pela sua não aplicação, o que conduziria a pena aquém do mínimo legal).

Em determinados crimes, a reparação do dano poderá gerar efeitos outros que não a mera redução de pena. É o caso do peculato culposo (art. 312, parágrafo 3º, 1ª parte do CP), no qual a reparação do dano **antes da sentença irrecorrível** é **causa extintiva da punibilidade** e, **após referido ato decisório**, é causa de **diminuição da pena**, à base de 1/2 (art. 312, § 3º, 2ª parte, do CP).

6.3.5. Crime impossível

Vem previsto no art. 17 do CP. É também chamado de **tentativa impossível, tentativa inidônea, tentativa inadequada ou quase-crime**.

É verificado quando a consumação do crime tornar-se impossível em virtude da **absoluta ineficácia do meio empregado** ou pela **impropriedade absoluta do objeto material do crime**.

Trata-se, segundo aponta a doutrina, de hipótese de **atipicidade da tentativa do crime inicialmente visado pelo agente**.

Como definiu o legislador, somente haverá crime impossível por força de duas circunstâncias:

a) **ineficácia absoluta do meio**: quando o agente valer-se de meio para a prática do crime que jamais poderia levar à sua consumação, estar-se-á diante de meio absolutamente ineficaz. É o caso de ser ministrada água, em um copo de suco, para matar a vítima, ou dose absolutamente inócua de substância apontada como veneno, que jamais causaria sua morte;

b) **impropriedade absoluta do objeto**: quando a ação criminosa recair sobre objeto que absolutamente não poderá sofrer lesão em face da conduta praticada pelo agente, estar-se-á diante de objeto absolutamente impróprio. É o caso de "A" que atira em "B", morto há duas horas, ou de uma mulher que pratica manobras abortivas (ex.: toma medicamento abortivo) não estando grávida.

Ressalva a doutrina, contudo, que, se a impropriedade for **relativa**, o agente responderá pela tentativa do crime que tiver iniciado, não havendo que se falar em crime impossível. É o caso de "A" que, querendo matar "B", coloca em sua comida quantidade de veneno insuficiente para a morte, mas cuja substância seria apta a provocá-la. Embora o meio para o homicídio tenha sido ineficaz, certo é que não o foi absoluta, mas sim relativamente impróprio, não se podendo afastar a tentativa (inocorrência da consumação por circunstâncias alheias à vontade do agente).

6.4. Erro de tipo

Entende-se por **erro** uma *falsa percepção da realidade*. Quando essa "falsa percepção" recair em algum elemento do tipo penal, estaremos diante do denominado **erro de tipo**.

O erro de tipo pode ser:

I. **ESSENCIAL** = é aquele que irá recair sobre *elementares* (dados essenciais do tipo) e *circunstâncias* (dados acessórios do tipo, que somente refletem na pena). O erro de tipo essencial se subdivide em:

a) **incriminador:** afasta o dolo e a culpa, se invencível; afasta o dolo se vencível, remanescendo a culpa, se admissível for;

b) **permissivo:** afasta o dolo, remanescendo a culpa se o erro for vencível – é a chamada *culpa imprópria*. Recai sobre os pressupostos fáticos de uma causa excludente da ilicitude – ex.: legítima defesa e estado de necessidade, dando azo ao surgimento das descriminantes putativas por erro de tipo.

Obs.: o erro de tipo essencial afastará sempre o dolo, remanescendo a culpa se houver previsão legal da modalidade culposa da infração penal. Se o agente incidir em erro de tipo essencial, poderá ser afastada completamente a possibilidade de ser criminalmente responsabilizado;

II. **ACIDENTAL** = é aquele que recai sobre dados acidentais, vale dizer, irrelevantes para a caracterização do crime ou contravenção. Subdividem-se em:

a) *aberratio ictus* – erro na execução (o agente, por falha de pontaria, por exemplo, atinge uma pessoa diversa da pretendida, respondendo como se houvesse atingido a vítima visada);

b) *aberratio criminis* – resultado diverso do pretendido (o agente, por erro na execução, atinge bem jurídico diverso do inicialmente pretendido, motivo pelo qual responderá pela forma culposa, se existir, do resultado efetivamente provocado por sua conduta);

c) *aberratio causae* – erro quanto ao nexo causal (o agente acredita, com sua conduta, haver causado o resultado quando, em verdade, outra foi a causa efetiva do resultado);

d) *error in persona* – erro quanto a pessoa (o agente, por equívoco, acredita que a vítima seja "A" quando, em verdade, a "vítima correta" seria "B", motivo pelo qual responderá como se houvesse praticado o crime contra a vítima visada – "A", no caso);

e) *error in objecto* – erro quanto ao objeto (o agente acredita que o objeto do crime seja um, quando, em verdade, é outro – ex: "A" furta 1kg de sal acreditando tratar-se de açúcar).

OBS.: o erro de tipo acidental, como o nome diz, é meramente acidental, remanescendo a responsabilidade penal do agente.

6.5. Antijuridicidade

6.5.1. Conceito

Corresponde a ilicitude à relação de **contradição entre a conduta praticada pelo agente e o ordenamento jurídico**. Assim, ilicitude (ou antijuridicidade) é a contrariedade entre o comportamento praticado pelo agente e aquilo que o ordenamento jurídico prescreve (proíbe ou fomenta).

É importante recordar que, pela concepção bipartida, crime é **fato típico e antijurídico**. Portanto, ausente a antijuridicidade, não há que se falar em crime.

6.5.2. Caráter indiciário da ilicitude

Diz a doutrina que a tipicidade é um indício de antijuridicidade. Em outras palavras, em princípio, todo fato típico é antijurídico (contrário ao direito). A isso se dá o nome de **caráter indiciário da ilicitude**.

Podemos dizer, portanto, que todo fato típico é, em regra, antijurídico. Somente não o será se estiver presente uma das causas excludentes da antijuridicidade, previstas no art. 23 do Código Penal.

Estudar a antijuridicidade é, portanto, estudar as causas que a excluem. Verificada qualquer delas, embora possa existir fato típico, não se cogitará da ocorrência de crime, que exige a presença de referido elemento.

6.5.3. Causas excludentes da antijuridicidade (ou ilicitude)

O art. 23 do Código Penal é bastante claro ao definir que "não há crime" se o fato for praticado em estado de necessidade, legítima defesa, estrito cumprimento de dever legal ou em exercício regular de um direito.

Portanto, inegavelmente a antijuridicidade é requisito indispensável à caracterização do crime. Tanto é verdade que, presente uma causa que a exclua, o próprio legislador apontou a inexistência de crime ("não há crime..." - art. 23, Código Penal).

Conforme já referimos, são causas de exclusão da ilicitude as hipóteses previstas em referido dispositivo legal, também chamadas de **causas justificantes ou excludentes da criminalidade**:

a) legítima defesa;

b) estado de necessidade;

c) estrito cumprimento do dever legal;

d) exercício regular de um direito.

6.5.3.1. Estado de necessidade (EN)

Traduz a ideia de um conflito de interesses penalmente protegidos. Contudo, diante de uma **situação de perigo**, permite-se o sacrifício de um bem jurídico para a proteção de outro, desde que haja **razoabilidade**.

Não sendo razoável exigir-se o sacrifício do bem efetivamente lesado (bem ameaçado é de valor inferior ao bem lesado), não se pode falar em **estado de necessidade**. Contudo, o **art. 24, §2º**, do CP, prevê a possibilidade de **redução de pena** de **1/3 a 2/3**.

Assim, para que se possa validamente invocar o EN, são necessários os seguintes requisitos:

a) **subjetivo**: o agente que invoca o EN deve saber que sua conduta é voltada à proteção de um bem jurídico próprio ou alheio;

b) **objetivos**: são aqueles previstos no art. 24 do CP

✔ **perigo atual** (a doutrina também entende que o **iminente** pode ensejar o EN). Este perigo pode derivar de conduta humana, ato animal ou eventos da natureza;

✔ **existência de ameaça a bem jurídico próprio** (EN próprio) ou de **terceiro** (EN de terceiro);

✔ **perigo não causado pela vontade de quem invoca o** EN – a doutrina admite que o perigo culposamente provocado por alguém não afasta a possibilidade de invocar o EN;

✔ **inexigibilidade de sacrifício do direito ameaçado** – o bem jurídico que se pretende salvar do perigo deve ser de igual ou maior relevância do que aquele que será sacrificado;

✔ **inexistência do dever legal de enfrentar o perigo** – não pode invocar o EN aquela pessoa que, por força de lei, tiver o dever de enfrentar a situação de perigo (ex.: bombeiros e policiais).

6.5.3.1.1. EN próprio e de terceiro; EN real e putativo; EN defensivo e agressivo

Fala-se em **EN próprio** quando quem invocar a excludente da ilicitude em tela agir para salvaguardar direito próprio. Já se a excludente for invocada por pessoa que atuar para a salvaguarda de direito alheio, estaremos diante do **EN de terceiro**.

Diz-se que o **EN é real** quando os requisitos objetivos da causa excludente estão presentes no caso concreto. No entanto, será **putativo** se quem o invocar acreditar que se encontra amparado pela excludente (art. 20, §1º, CP).

Finalmente, o **EN defensivo** dá-se quando o bem jurídico lesado pertence ao causador da situação de perigo. Será **agressivo** quando o bem jurídico lesado pertencer a pessoa diversa da causadora da situação de perigo.

6.5.3.1.2. Excesso no EN

Havendo excesso na excludente analisada, o agente responderá pelo resultado a título de dolo ou culpa.

6.5.3.2. Legítima defesa (LD)

A ideia da legítima defesa é vinculada à de *agressão injusta*. Assim, a pessoa que a invocar, para fazer cessar a agressão injusta, ataca bem jurídico alheio, repelindo o ataque a bem jurídico próprio ou de terceiro.

Contudo, primordial é que a pessoa que invocar a legítima defesa utilize moderadamente dos meios necessários, suficiente à cessação da agressão injusta a direito próprio ou de terceiro.

São necessárias duas ordens de requisitos:

a) **subjetivo**: ciência da situação de agressão injusta e a atuação voltada a repelir tal situação;
b) **objetivos**: são aqueles descritos no art. 25 do CP, a saber:

✔ **agressão injusta atual ou iminente** – a agressão sempre deriva de conduta humana, jamais de animal ou evento natural;

✔ **direito próprio ou alheio agredido ou próximo de sê-lo** – admite-se a legítima defesa própria ou de terceiro;

✔ **uso dos meios necessários** – para repelir a agressão injusta, atual ou iminente, a pessoa deverá valer-se dos meios indispensáveis à cessação da agressão;

✔ **moderação no uso dos meios necessários** – ao escolher o meio (havendo mais de um deve-se optar pelo menos lesivo), a pessoa que invocar a legítima defesa deve ser moderada na sua utilização, atuando com razoabilidade.

6.5.3.2.1. LD própria ou de terceiro; LD real ou putativa; LD recíproca; LD sucessiva

Chama-se de **LD própria** aquela em que a pessoa que a invoca repele agressão injusta a direito ou bem jurídico próprio, ao passo que a **LD de terceiro** pressupõe que haja agressão a bem jurídico alheio e a pessoa rechace a agressão, defendendo, pois, um terceiro.

A **LD será real** quando, de fato, estiverem presentes os requisitos do art. 25 do CP, ao passo que será **putativa** se o agente, pelas circunstâncias de fato, acreditar que se encontra amparado pela legítima defesa (**art. 20, §1º, CP**).

Quanto à **LD recíproca**, tal é **inviável em nosso ordenamento**, tendo em vista que é impossível que, ao mesmo tempo, uma pessoa esteja agredindo a outra injustamente e vice-versa. Ou uma está sendo agredida, e poderá invocar a LD, ou a outra estará sofrendo agressão, quando, então, poderá agir amparada pela excludente em apreço.

Finalmente, **LD sucessiva**, perfeitamente admissível, ocorre em caso de **excesso**. Assim, inicialmente, alguém é vítima de agressão injusta. Para tanto, passa a atacar o agressor. No entanto, utiliza-se imoderamente dos meios necessários, excedendo-se no revide, deixando de ser agredido e passando a ser agressor.

6.5.3.3. Estrito cumprimento de um dever legal (ECDL) e exercício regular de direito (ERD)

As causas excludentes acima referidas não estão detalhadas no Código Penal. A explicação sobre seus conteúdos decorre de ensinamentos da doutrina e jurisprudência.

No tocante ao ECDL, geralmente esta é causa excludente da ilicitude invocada por **agentes públicos**, cujas condutas, muitas vezes, estão pautadas (e determinadas) por lei. É o caso, por exemplo, do policial, que tem o dever de prender quem se encontre em flagrante delito (art. 301 do CPP). Em caso de resistência, o uso da força poderá ocorrer, desde que nos limites do razoável. Nesse caso, terá atuado em ECDL para que efetive a prisão.

Já quanto ao ERD, temos a regra de que **podemos fazer tudo o que a lei permite ou não proíbe**. Assim, se agirmos de forma regular no exercício de um direito, ainda que isto seja tipificado em lei (fato típico), não será contrário ao direito (antijurídico).

É o caso, por exemplo, das **intervenções cirúrgicas** e das **práticas desportivas**.

6.5.4. Descriminantes putativas

É possível que alguém, pela análise das circunstâncias concretas, acredite que se encontre amparado por alguma das causas excludentes da ilicitude já vistas. Se, supondo sua existência por uma falsa percepção da realidade (erro), o agente viole bem jurídico alheio, ainda assim não responderá criminalmente pelo fato, desde que o erro seja plenamente justificado.

É o que vem previsto no art. 20, § 1º, do Código Penal.

Temos como clássico exemplo a **legítima defesa putativa** verificada por "A", inimigo de "B", quando este, prometendo-lhe a morte, enfiou, de repente, a mão em sua blusa, fazendo crer que iria sacar um revólver. Ato seguinte, "A", acreditando estar diante de uma agressão injusta iminente, saca uma arma e atira em "B", que, em verdade, iria tirar do bolso uma carta com pedido de desculpas.

Se o erro em que incorreu "A" for plenamente justificável pelas circunstâncias, terá incidido em erro de tipo permissivo (no caso, legítima defesa putativa), respondendo apenas por **homicídio culposo**.

Embora discutível a **natureza jurídica das descriminantes putativas**, prevalece o seguinte entendimento:

a) se o erro recair sobre os pressupostos fáticos de uma causa excludente da ilicitude, estaremos diante de um erro de tipo (permissivo). É o caso do agente que, acreditando piamente ser vítima de uma agressão injusta atual ou iminente, mata seu suposto agressor. Nesse caso, terá incidido em um erro de tipo permissivo, que irá recair sobre o pressuposto fático da excludente (no caso, a agressão injusta, indispensável ao reconhecimento da legítima defesa);

b) se o erro recair sobre a existência de uma causa excludente da ilicitude, configurar-se-á o erro de proibição. É o que se verifica quando o agente, crendo que sua conduta é permitida pelo direito (portanto, uma conduta que não seja antijurídica), pratica um fato típico. Nesse caso, faltará ao agente a potencial consciência da ilicitude, pelo que será afastada a culpabilidade; e

c) se o erro recair sobre os limites de uma causa excludente da ilicitude, igualmente restará configurado o erro de proibição. Ocorrerá nos casos em que o agente incidir em excesso (por exemplo, na legítima defesa, quando, após cessada a agressão injusta, o agente prosseguir no contra-ataque ao agressor original acreditando que ainda está agindo em LD).

As conclusões acima decorrem da adoção, pelo Código Penal, da teoria limitada da culpabilidade.

6.6. Culpabilidade

Trata-se de **pressuposto de aplicação da pena**. Se adotada a **concepção bipartida** (crime enquanto fato típico e antijurídico), não integra o conceito de crime, estando **fora de sua estrutura básica**.

Contudo, não sendo o agente culpável, é absolutamente inviável a inflição de pena. No entanto, mesmo ao **inculpável**, admissível será a aplicação de **medida de segurança** (ex.: ao inimputável por doença mental não se aplica pena, mas medida de segurança).

6.6.1. Elementos/requisitos que integram a culpabilidade

A culpabilidade é formada pelos seguintes elementos/requisitos:

a) **imputabilidade;**

b) **potencial consciência da ilicitude;**

c) **exigibilidade de conduta diversa.**

Os elementos acima são **cumulativos**. Em outras palavras, se algum deles "falhar" (leia-se: estiver ausente), ao agente não se poderá impor pena.

As situações em que os elementos da culpabilidade serão afetados (causas excludentes da culpabilidade) estão logo a seguir.

6.6.1.1. Causas excludentes da imputabilidade (primeiro elemento da culpabilidade)

São as seguintes:

a) **inimputabilidade** por doença mental ou desenvolvimento mental incompleto ou retardado – art. 26 do CP. Adotou-se o **critério biopsicológico**. Não basta a doença mental (**critério biológico**), sendo indispensável que, em razão dela, o agente no momento da ação ou omissão seja inteiramente incapaz de **entender** o caráter ilícito do fato ou de **determinar-se de acordo com esse entendimento** (**critério psicológico**);

b) **menoridade** – o menor de 18 anos é penalmente inimputável. Trata-se de presunção absoluta. Aqui, o legislador adotou o **critério biológico** (não se leva em conta se o adolescente entendia o caráter ilícito do fato). O adolescente que praticar crime ou contravenção terá cometido ato infracional, de acordo com o art. 103 do ECA, apurado pela Vara da Infância e Juventude;

c) **embriaguez completa, decorrente de caso fortuito ou força maior** – art. 28, §1º, CP. Apenas a embriaguez involuntária e completa retira a capacidade do agente de querer e entender, tornando-o inimputável. Se a embriaguez for incompleta, o agente será penalmente responsabilizado, porém com possibilidade de pena reduzida. Acerca da embriaguez, o CP adotou a teoria da *actio libera in causa*. Se o agente deliberadamente (voluntariamente) ingeriu álcool ou substância com efeitos análogos, ainda que no momento da prática da infração não tenha capacidade de entendimento e autodeterminação, ainda assim será responsabilizado (art. 28, II, CP). Apenas se a embriaguez for involuntária, e desde que completa, ficará o agente isento de pena.

Pela relevância do item "b" acima, sem nos olvidarmos à finalidade precípua da presente obra, que é a de trabalharmos com os principais aspectos dos editais dos concursos, faremos algumas breves considerações acerca do ato infracional.

Primeiramente, o **ato infracional** corresponde à conduta prevista como **crime** ou **contravenção**, praticada por criança ou adolescente, nos termos do art. 103 do ECA. Caso o ato infracional seja praticado por **criança**, ser-lhe-á aplicada **medida de proteção**, pouco importando a gravidade da infração. Por outro lado, caso o ato infracional seja praticado por **adolescente**, a ele serão aplicadas **medidas socioeducativas**.

São **pressupostos** da aplicação da medida socioeducativa:

i) existência do fato;

ii) certeza da autoria;

iii) inescusabilidade da conduta.

Ainda, alguns **princípios** devem ser analisados pelo juiz para aplicação das medidas socioeducativas, a saber:

i) estrita legalidade

ii) princípio da proporcionalidade (art. 112, § 1º, do ECA)

iii) princípio da impossibilidade das medidas infamantes (art. 112, § 2º, do ECA)

iv) critério da cumulatividade (art. 113 do ECA)

v) princípio da substitutividade (art. 113 do ECA)

vi) Prescrição

As medidas socioeducativas podem ser:

a) de meio aberto; e

b) restritiva da liberdade.

Vejamos.

a) **Medidas socioeducativas de meio aberto:**

i) ***prestação de serviços à comunidade*** – nos termos do art. 117 do ECA, a prestação de serviços à comunidade consiste na realização de tarefas gratuitas de interesse geral, por período não excedente a seis meses, junto a entidades assistenciais, hospitais, escolas e outros estabelecimentos congêneres, bem como em programas comunitários ou governamentais. Importante ressaltar que as tarefas serão atribuídas conforme as aptidões do adolescente, devendo ser cumpridas durante jornada máxima de oito horas semanais, aos sábados, domingos e feriados ou em dias úteis, de modo a não prejudicar a frequência à escola ou à jornada normal de trabalho.

ii) ***liberdade assistida*** – a liberdade assistida pauta-se fundamentalmente na figura do orientador, cujo papel é o de promover o adolescente socialmente, conduzindo-o para a prática de boas condutas pessoais. A liberdade assistida não tem prazo determinado, mas deve ser aplicada por no mínimo 06 meses.

iii) ***obrigação de reparar o dano*** – a obrigação de reparar o dano tem como finalidade o ressarcimento da vítima ou, em não sendo possível, a compensação do dano.

b) **Medidas socioeducativas restritivas de liberdade:**

i) ***regime de semiliberdade*** – o regime de semiliberdade insere o adolescente em entidade que desenvolva o programa, com permissão para sua saída apenas nas hipóteses de trabalho ou estudo. A medida de semiliberdade pode ser aplicada desde o início ou como forma de transição para medidas socioeducativas em meio aberto.

ii) ***internação*** – internação significa a "reclusão" do adolescente em estabelecimento adequado e que desenvolva o programa. Há cerceamento total de sua liberdade de ir e vir. Nos termos do art. 227, § 3º, V, da CF os princípios que regem a medida socioeducativa de internação são: brevidade, excepcionalidade e respeito à condição peculiar.

6.6.1.2. Causa excludente da potencial consciência da ilicitude (segundo elemento da culpabilidade)

Apenas o **erro de proibição** (art. 21 do CP) é causa excludente da potencial consciência da ilicitude.

Um agente somente poderá sofrer pena se puder saber que sua conduta é profana, contrária ao direito, ainda que não saiba que se trata de crime ou contravenção penal. Afinal, ninguém pode escusar-se de cumprir a lei alegando ignorância (art. 3º da LINDB).

Assim, a depender das condições socioculturais do agente, poderá ele, de fato, desconhecer que sua conduta é errada, profana, contrária às regras usuais da sociedade. Nesse caso, se faltar potencial consciência da ilicitude, o agente ficará isento de pena.

Temos duas modalidades de erro de proibição:

a) **invencível, inevitável ou escusável**: aqui, é impossível que o agente pudesse superar o erro sobre a ilicitude do fato. Neste caso, ficará **isento de pena;**

b) **vencível, evitável ou inescusável**: nesse caso, se o agente tivesse sido um pouco mais diligente, poderia superar o erro. Responderá criminalmente, porém com **pena reduzida de 1/6 a 1/3**.

6.6.1.3. Causas excludentes da exigibilidade de conduta diversa (terceiro elemento da culpabilidade)

Somente será culpável a pessoa da qual se puder exigir uma conduta diversa da praticada, vale dizer, seu comportamento poderia ter sido de acordo com o direito, mas não foi.

Todavia, há duas situações em que é *inexigível conduta diversa* da praticada pelo agente, a saber:

a) **coação moral irresistível** – art. 22 do CP – aqui, o agente (ou familiares ou pessoas muito próximas) é vítima de coação irresistível (não física, que afastaria a conduta, mas moral), não lhe sendo exigível conduta diversa da praticada. É o caso do gerente de banco cujos familiares são sequestrados. A libertação apenas ocorrerá se subtrair dinheiro do cofre do banco em que trabalha. Sabendo da senha, subtrai o montante e entrega aos sequestradores. Nesse caso, o gerente de banco ficará isento de pena, respondendo pelo crime os coatores (sequestradores);

b) **obediência hierárquica a ordem não manifestamente ilegal** – art. 22 do CP – nesse caso, será imprescindível a existência de uma relação de direito público entre superior hierárquico e subordinado. Este, por força da hierarquia, tem o dever de cumprir as ordens de seus superiores, sob pena de incorrer em falta disciplinar. Assim, se o subordinado receber ordem do superior hierárquico e cumpri-la, ficará isento de pena caso sua execução redunde na prática de um crime. Contudo, somente se a ordem não for *manifestamente ilegal* é que poderá socorrer-se da causa excludente da culpabilidade. Caso contrário, se cumprir ordem ilegal, responderá por sua ação ou omissão.

6.7. Concurso de pessoas

6.7.1. Conceito

Concurso de pessoas, ou concurso de agentes, codelinquência ou concurso de delinquentes, consiste na *reunião consciente e voluntária, de duas ou mais pessoas, para a prática de infrações penais.*

Tem como requisitos (**PRIL**):

a) **P**luralidade de agentes (cada pessoa tem comportamento próprio);

b) **R**elevância causal de cada uma das ações;

c) **I**dentidade de fato (ou identidade de crime); e

d) **L**iame subjetivo ou vínculo psicológico entre os agentes (todos devem visar a um mesmo objetivo, um aderindo à conduta dos outros – não se exige, contudo, o ajuste prévio, ou seja, o acordo de vontades anterior à prática do crime).

A *falta do liame subjetivo* acarreta o que a doutrina chama de *autoria colateral*. Nesta, duas ou mais pessoas, desconhecendo a existência da(s) outra(s), praticam atos executórios com o mesmo objetivo. Nesse caso, não haverá concurso de agentes, sendo que cada um responderá pelos atos que cometeu. Havendo dúvida acerca de qual dos agentes deu causa ao resultado, mas sendo constatada a prática de atos executórios, cada qual responderá pela tentativa (ex.: homicídio). É a denominada *autoria incerta*.

6.7.2. Classificação dos crimes quanto ao concurso de pessoas

De acordo com o número de pessoas que concorram de qualquer modo para o crime, este pode receber os seguintes rótulos:

a) **crimes unissubjetivos** (ou monossubjetivos, ou de concurso eventual): são aqueles que podem ser perpetrados por um ou mais agentes, não fazendo o tipo penal qualquer distinção. Ex.: roubo, furto, estelionato, homicídio;

b) **crimes plurissubjetivos** (ou crimes coletivos, ou de concurso necessário): são aqueles que, para sua própria tipificação, exigem a presença de dois ou mais agentes delitivos. Ex.: associação criminosa (denominado de quadrilha ou bando antes do advento da Lei 12.850/2013), que exige, pelo menos, três pessoas (art. 288 do CP); rixa, que também exige um mínimo de três pessoas (art. 137 do CP); associação para o tráfico, a exigir, pelo menos, duas pessoas (art. 35 da Lei 11.343/2006).

6.7.3. Autoria

Existem três teorias acerca da autoria, a saber:

a) **teoria material-objetiva** (ou extensiva): autor é aquele que concorre com qualquer causa para o implemento de um resultado, e não só o que realiza o verbo-núcleo do tipo penal incriminador. Assim, não há distinção entre autor, coautor e partícipe;

b) **teoria formal-objetiva** (ou restritiva): autor é somente aquela pessoa que pratica a conduta típica descrita em lei (matar, subtrair, constranger...), executando o verbo-núcleo do tipo. Toda ação que não for propriamente a correspondente ao verbo do tipo será acessória. Contudo, se, de qualquer modo, concorrer para a prática do crime, a pessoa será considerada partícipe. **Esta é a teoria adotada pelo CP, mas com algumas críticas, por não abranger a autoria mediata;**

c) **teoria normativa-objetiva** (ou do domínio do fato): autor é aquele que tem o controle final do fato, ou seja, domina finalisticamente a empreitada criminosa. Enfim, é o "chefe", que determina cada passo do crime. Será partícipe aquele que colaborar com o autor, mas sem ter o domínio final do fato.

A teoria do domínio do fato consegue explicar a autoria mediata, motivo pelo qual deve ser agregada à teoria restritiva.

6.7.3.1. Autoria mediata

De acordo com a teoria do domínio do fato, **autor mediato** (ou indireto) *é aquele que é "usado" pelo agente para realizar o verbo-núcleo do tipo*. Nesse caso, o executor material do crime não responderá por nada.

Exemplo: uma pessoa, querendo matar outra, pede a um louco que a esfaqueie, o que é por este cumprido. O louco (executor material) não responderá pelo homicídio, mas apenas seu mandante.

A autoria mediata pode resultar das seguintes hipóteses:

a) *ausência de capacidade mental* da pessoa utilizada como instrumento (inimputável);

b) *coação moral irresistível*;

c) *provocação de erro de tipo escusável* (ex.: médico que quer matar paciente e determina que a enfermeira aplique uma injeção de "medicamento", mas que, na realidade, é veneno);

d) *obediência hierárquica* a ordem não manifestamente ilegal.

Em qualquer caso, responderá pelo crime não o executor deste, mas o autor mediato.

6.7.4. Formas do concurso de agentes

A participação, em sentido amplo, é assim dividida:

a) **coautoria**: será coautor aquele que, juntamente com o autor do crime, com ele colaborar diretamente, de forma consciente e voluntária, para a realização do verbo-núcleo do tipo. A coautoria pode ser *parcial*, quando cada um dos agentes realizar atos executórios diversos, mas que, somados, redundem na consumação do crime (ex.: enquanto "A" segura a vítima, com uma faca em sua barriga, "B" subtrai seus pertences. Ambos respondem por roubo, em coautoria), ou a coautoria pode ser *direta*, quando todos os agentes praticarem a mesma conduta típica (ex.: "A" e "B", cada um com um revólver, atiram na vítima "C". Serão coautores no homicídio);

b) **participação**: será partícipe aquele que não realizar o verbo-núcleo do tipo, mas, de qualquer modo, concorrer para o crime. A participação pode ser:

✔ ***moral***: corresponde ao induzimento ou instigação do autor à prática de um crime;

✔ ***material***: corresponde ao auxílio.

Quanto à participação, adotou-se a **teoria da acessoriedade limitada**. Só será partícipe aquele que realizar conduta acessória (não realização do verbo-núcleo do tipo) à do autor e desde que esse pratique conduta típica e ilícita.

6.7.5. Teorias acerca do concurso de pessoas

São três:

a) **teoria unitária** (monista ou monística): ainda que duas ou mais pessoas realizem condutas diversas e autônomas, considera-se praticado um só crime (o mesmo, para todas). Contudo, o art. 29, §1º, do CP, prevê a figura da *participação de menor importância*, que acarreta na diminuição da pena do agente. Já o art. 29, §2º, também do CP, traz a figura da *cooperação dolosamente distinta*, segundo a qual o agente que se desviar do "plano original" e praticar crime diverso, por este responderá, enquanto que o coautor ou partícipe responderá pelo crime "originalmente combinado", sendo que sua pena poderá ser aumentada de metade caso o resultado mais grave fosse previsível. Pela relevância do tema, confira-se:

Concurso de Pessoas: Teoria Monista e Fixação de Reprimenda mais Grave a um dos Corréus

"Por reputar não observada a teoria monista adotada pelo ordenamento pátrio (CP, art. 29) — segundo a qual, havendo pluralidade de agentes e convergência de vontades para a prática da mesma infração penal, todos aqueles que contribuem para o crime incidem nas penas a ele cominadas, ressalvadas as exceções legais —, a Turma deferiu *habeas corpus* cassar decisão do STJ que condenara o paciente pela prática de roubo consumado. No caso, tanto a sentença condenatória quanto o acórdão proferido pelo tribunal local condenaram o paciente e o corréu por roubo em sua forma tentada (CP, art. 157, § 2º, I e II, c/c o art. 14, II). Contra esta decisão, o Ministério Público interpusera recurso especial, apenas contra o paciente, tendo transitado em julgado o acórdão da Corte estadual relativamente ao corréu. Assentou-se que o acórdão impugnado, ao prover o recurso especial, para reconhecer que o paciente cometera o crime de roubo consumado, provocara a inadmissível situação consistente no fato de se condenar, em modalidades delitivas distintas quanto à consumação, os corréus que perpetraram a mesma infração penal. Destarte, considerando que os corréus atuaram em acordo de vontades, com unidade de desígnios e suas condutas possuíram relevância causal para a produção do resultado decorrente da prática do delito perpetrado, observou-se ser imperioso o reconhecimento uniforme da forma do delito cometido. Assim, restabeleceu-se a reprimenda anteriormente fixada para o paciente pelo tribunal local." **HC 97652/RS, rel. Min. Joaquim Barbosa, 4.8.2009**. (HC-97652) (Inform. STF 554).

b) **teoria pluralística**: para esta teoria, cada agente responde por um crime, independentemente do outro. Excepcionalmente, o Código Penal adota exceções pluralísticas ao princípio monístico. É o caso do binômio corrupção ativa/corrupção passiva e aborto com o consentimento da gestante e o terceiro que o provocou;

c) **teoria dualística**: para esta teoria, há um crime para os autores e outro crime para os partícipes. Não foi adotada pelo CP.

Apenas para não haver dúvidas, o CP adotou a *teoria unitária* ou *monista*.

6.7.6. Comunicabilidade e incomunicabilidade de elementares e circunstâncias

Considerando que o CP adotou, como regra, a **teoria unitária** de concurso de pessoas, nada mais "justo" do que todos os agentes que concorrerem para o mesmo fato respondam pela mesma infração penal.

No entanto, em algumas situações, a imputação de um mesmo crime a duas ou mais pessoas pode soar estranho. É o caso de "A", em estado puerperal, durante o parto, auxiliada por "B", matar o próprio filho. Não há dúvidas de que "A" deverá responder por infanticídio (art. 123 do CP). E quanto a "B", responderá por qual delito? Também por infanticídio!

O mesmo ocorre quando "A", funcionário público, valendo-se dessa condição, apropria-se de um computador do Estado, por ele utilizado em seu dia a dia na repartição pública em que trabalha, cometendo, assim, o crime de peculato (art. 312 do CP). Se "B", particular (leia-se: não funcionário), auxiliar "A" em seu intento criminoso, responderá por qual delito? Também por peculato!

Assim, a regra do art. 30 do CP é a de que as **condições de caráter pessoal, somente quando elementares do tipo** (leia-se: dados essenciais à caracterização do crime), **comunicam-se aos coautores ou partícipes.**

Temos, pois, **três regras**, extraídas, ainda que implicitamente, do já citado dispositivo legal:

a) as elementares comunicam-se aos demais agentes (coautores ou partícipes), desde que conhecidas por estes;

b) as circunstâncias objetivas (reais ou materiais) comunicam-se aos demais agentes (coautores ou partícipes);

c) as circunstâncias subjetivas (de caráter pessoal) jamais se comunicam aos demais agentes (coautores ou partícipes) quando não forem elementares.

7. Das penas

7.1. Penas

7.1.1. Conceito

Pena é a *consequência jurídica do crime*. A prática de qualquer ato ilícito, em nosso ordenamento jurídico, deve gerar uma sanção, sob pena de nenhuma pessoa ser desestimulada a delinquir. Na seara penal, não poderia ser diferente.

Importa lembrar que **pena** é *espécie de sanção penal*, ao lado das **medidas de segurança**.

7.1.2. Finalidades das penas

São três:

a) retributiva: é a retribuição do mal pelo mal;

b) preventiva: a cominação abstrata de uma pena impõe à coletividade um temor (prevenção geral) e sua efetiva aplicação ao agente delitivo tem por escopo impedir que venha a praticar novos delitos (prevenção especial);

c) ressocializadora: a imposição de pena tem por escopo a readaptação do criminoso à vida em sociedade.

7.1.3. Classificação ou espécies de penas

De acordo com o art. 32 do CP, as penas podem ser:

a) privativas de liberdade (PPL): restringem a plena liberdade de locomoção do condenado. São de 3 espécies: *reclusão, detenção e prisão simples*;

b) restritivas de direitos (PRD): são sanções *autônomas* que substituem as penas privativas de liberdade. Não são, como regra, cominadas abstratamente em um tipo penal incriminador;

c) multa: consiste no pagamento ao FUNPEN de quantia fixada na sentença e calculada em dias-multa (art. 49 do CP).

7.2. As penas privativas de liberdade (PPLs)

As PPLs se subdividem em:

a) reclusão (apenas para os crimes);

b) detenção (apenas para os crimes);

c) prisão simples (apenas para as contravenções penais).

Quem comete crime punido com **reclusão** poderá iniciar o cumprimento da pena em **regime fechado**, **semiaberto** ou, desde logo, **aberto**. Assim, não pode o candidato se equivocar e imaginar que o agente que comete crime punido com reclusão iniciará o cumprimento da pena, obrigatoriamente, em regime fechado. Trata-se de uma falsa impressão decorrente do próprio nome da PPL: reclusão. Ao falarmos em reclusão, vem à nossa mente a ideia do regime fechado. No entanto, reafirma-se, um delito punido com reclusão pode impor que o condenado inicie, desde logo, o cumprimento da pena em regime semiaberto ou até aberto.

Já para os crimes punidos com **detenção**, os regimes iniciais de cumprimento de pena podem ser o **semiaberto** ou o **aberto**. Assim, não se pode impor ao condenado por crime punido com detenção o regime inicial fechado.

Por fim, a **prisão simples**, espécie de PPL cabível **apenas** para as **contravenções penais**, será cumprida em regime **semiaberto** ou **aberto**, sem rigor penitenciário (art. 6º, *caput*, e §1º, da LCP). Não há, pois, regime fechado para essa espécie de pena.

Em suma:

a) Reclusão = regime *fechado, semiaberto ou aberto;*

b) Detenção = regime *semiaberto ou aberto*;

c) Prisão Simples = regime *semiaberto ou aberto* (apenas para as contravenções penais).

Para que se entenda completamente as diferenças entre as espécies de PPL, mister que se entenda, primeiramente, que cada uma delas traz regras próprias quanto aos regimes penitenciários, o que já se viu no presente item. No entanto, para uma melhor compreensão, precisamos passar ao estudo dos regimes de cumprimento de pena, bem assim dos estabelecimentos penais em que eles serão cumpridos.

7.2.1. Regimes de cumprimento de pena (ou regimes penitenciários)

São três, a saber:

a) **Fechado**: somente pode ser o regime inicial fixado quando a pena privativa de liberdade cominada for de **reclusão**. Contudo, ainda que se trate de detenção, será possível o regime fechado a título de regressão de regime (o que será visto mais à frente). Será o regime inicial fechado indicado ao agente condenado a **pena superior a 8 (oito anos)**, *reincidente ou não*. Também será este o regime quando a pena aplicada for de reclusão, **superior a 4 (quatro) e inferior a 8 (oito anos) anos**, mas sendo o condenado *reincidente* (art. 33, § 2º, "b", CP). O regime fechado deve ser cumprido em **estabelecimentos penais de segurança máxima ou média** (art. 33, §1º, "a", CP). De acordo com o art. 2º, §1º, da Lei 8.072/1990 (Lei dos Crimes Hediondos), será o regime inicial fechado obrigatório a todos aqueles que cometerem crimes hediondos ou equiparados. Contudo, o **STF**, no julgamento do **HC 111.840**, em 2012, **declarou incidentalmente a inconstitucionalidade** do referido dispositivo legal, reconhecendo que até mesmo o regime inicialmente fechado não pode ser obrigatório, sob pena de ofensa ao princípio da individualização da pena (art. 5º, XLVI, CF). Em suma, até aos condenados por crimes hediondos ou equiparados admitir-se-ão os regimes semiaberto e aberto, desde que satisfeitos os requisitos legais;

b) **Semiaberto**: é o regime inicial mais gravoso dos crimes punidos com **detenção**. Também poderá ser imposto, desde logo, aos condenados punidos com delito apenado com **reclusão**. Será também escolhido quando a pena aplicada ao condenado for **superior a 4 (quatro) e inferior a 8 (oito) anos**, desde que *não seja reincidente* (art. 33, §2º, "b", CP). Será cumprido em **colônia penal agrícola, industrial ou estabelecimento similar** (art. 33, §1º, "b", CP);

c) **Aberto**: poderá ser imposto esse regime, desde logo, aos agentes condenados por crimes punidos com **reclusão** ou **detenção**, desde que a pena seja **igual ou inferior a 4 (quatro) anos** e que o condenado *não seja reincidente* (art. 33, §2º, "c", CP). Será cumprido em Casa do Albergado ou estabelecimento adequado (art. 33, §1º, "c", CP).

Perceba você que a **reincidência**, *independentemente da quantidade de pena*, imporá ao condenado, em princípio, o cumprimento da pena em regime inicial mais gravoso.

Em resumo:

I. **Regime Fechado**

a) cumprido em estabelecimento penal de segurança máxima ou média;
b) regime penitenciário mais gravoso para os crimes punidos com reclusão;
c) regime inicial obrigatório para os condenados por crimes hediondos ou equiparados (lembre-se, porém, do HC 111.840, julgado pelo STF em 2012, reconhecendo-se a inconstitucionalidade do regime inicialmente fechado obrigatório!);
d) será imposto quando a PPL for superior a 8 (oito) anos;

II. **Regime Semiaberto**

a) cumprido em colônia agrícola, industrial ou estabelecimento similar;
b) regime penitenciário mais gravoso para os crimes punidos com detenção (exceto se cometido por organizações criminosas, caso em que o regime inicial será fechado);
c) será imposto quando a PPL for superior a 4 (quatro) e não exceder a 8 (oito), desde que o condenado não seja reincidente;

III. **Regime Aberto**

a) cumprido em Casa do Albergado ou estabelecimento adequado;
b) regime penitenciário mais benigno, cabível desde logo tanto para os crimes punidos com reclusão ou detenção;
c) somente será fixado se o condenado tiver sido punido com PPL igual ou inferior a quatro anos e desde que não seja reincidente.

As regras acima devem ser adotadas como um **padrão.** No entanto, algumas circunstâncias poderão intervir no momento da fixação do regime inicial de cumprimento de pena, quais sejam:

a) **Análise do art. 59 do CP (circunstâncias judiciais)** = independentemente da quantidade de pena imposta, respeitadas, porém, as espécies de PPL (reclusão, detenção ou prisão simples), a culpabilidade, os antecedentes, a conduta social e a personalidade do agente, bem como os motivos, circunstâncias e consequências do crime e o comportamento da vítima, poderão ser levados em consideração pelo magistrado para a escolha do regime inicial de cumprimento de pena. A título de exemplo, ainda que "A" tenha praticado o crime de roubo com emprego de arma de fogo, que, em tese, poderia redundar em uma pena de reclusão de 5 (cinco) anos e 4 (quatro) meses, a depender do grau de reprovabilidade da conduta, o juiz poderá impor-lhe regime inicial fechado, ainda que, em princípio, a PPL superior a 4 (quatro) e inferior a 8 (oito) anos devesse gerar a imposição de regime semiaberto. Confira-se, por oportuno, o entendimento jurisprudencial:

FIXAÇÃO. PENA-BASE. SUPERIOR. MÍNIMO. CABIMENTO.

"A Turma reiterou o entendimento de que, conforme o grau de reprovabilidade da conduta e a existência de circunstâncias desfavoráveis, é cabível a fixação de regime mais severo aos condenados à pena inferior a oito anos desde que devidamente fundamentada a decisão. E considera-se devidamente fundamentada a sentença que estabeleceu regime fechado para o cumprimento de pena com base no nível de organização do bando criminoso, na quantidade de drogas e armamentos apreendidos, na nítida desproporção entre uma tentativa de homicídio realizada por meios de explosivos em estabelecimento jornalístico e sua motivação (veiculação de reportagem cujo conteúdo desagradou a um dos membros do grupo criminoso), no *modus operandis* do delito e na especial reprovação da vingança privada devido à tentativa de cerceamento da imprensa. Com esse entendimento, a Turma denegou a ordem." HC 196.485-SP, Rel. Min. Gilson Dipp, julgado em 1º/9/2011. (**Inform. STJ** 482)

b) Súmulas 269 e 440 do STJ

- ✔ Súm. 269: "é admissível a adoção do regime prisional semiaberto aos reincidentes condenados a pena igual ou inferior a quatro anos se favoráveis as circunstâncias judiciais".
- ✔ Súm. 440: "fixada a pena-base no mínimo legal, é vedado o estabelecimento de regime prisional mais gravoso do que o cabível em razão da sanção imposta, com base apenas na gravidade abstrata do delito".

c) Súmulas 718 e 719 do STF

- ✔ Súm. 718: "a opinião do julgador sobre a gravidade em abstrato do crime não constitui motivação idônea para a imposição de regime mais severo do que o permitido segundo a pena aplicada".
- ✔ Súm. 719: "a imposição do regime de cumprimento mais severo do que a pena aplicada permitir exige motivação idônea".

Confira-se o excerto abaixo:

CIRCUNSTÂNCIAS JUDICIAIS DESFAVORÁVEIS. REGIME FECHADO.

"A Turma denegou a ordem de *habeas corpus* e reafirmou que as circunstâncias judiciais desfavoráveis – *in casu*, culpabilidade, circunstâncias do crime e maus antecedentes (duas condenações transitadas em julgado) – autorizam a adoção do regime inicial fechado para o cumprimento da reprimenda, ainda que o paciente tenha sido condenado à pena de cinco anos e oito meses de reclusão (homicídio tentado). Precedente citado: HC 126.311-SP, DJe 15/6/2009. HC 193.146-MG, Rel. Min. Napoleão Nunes Maia Filho, julgado em 24/5/2011". (**Inform. STJ** 474)

Por fim, cabe trazermos algumas regras sobre cada um dos regimes penitenciários:

a) Regras Específicas do Regime Fechado

Conforme reza o artigo 34 do Código Penal, o condenado a cumprir pena em regime fechado será submetido inicialmente a exame criminológico a fim de que seja possível a classificação e individualização da pena.

Um dos deveres do preso no regime fechado é o trabalho durante o dia, recolhendo-se à noite a cela individual. Portanto, a ideia do legislador foi a de submeter o preso a um isolamento mais rigoroso.

Contudo, durante o dia trabalhará com os demais detentos em lugar comum. É admissível o trabalho externo do preso durante o cumprimento da pena em regime fechado em serviços ou obras públicas;

b) Regras do Regime Semiaberto

São semelhantes às regras do regime fechado, submetendo-se o condenado a trabalho em comum durante o dia em colônias penais agrícolas, industriais ou similares. É admissível o trabalho externo e também que os condenados frequentem cursos profissionalizantes. Durante a noite os condenados serão recolhidos às celas coletivas;

c) Regras do Regime Aberto

A ideia central deste regime é a de testar a autodisciplina do condenado e seu senso de responsabilidade. Será dever do condenado exercer trabalho, frequentar curso ou outras atividades autorizadas durante o dia, recolhendo-se à noite e nos dias de folga às casas do albergado.

7.2.2. Progressão de regime penitenciário

A legislação penal brasileira adota, atualmente, o sistema progressivo de penas, materializado no art. 112 da LEP e art. 33, §2º, do CP. Assim, a pessoa condenada a cumprir sua pena em determinado regime, desde que preenchidos alguns requisitos, poderá migrar para o mais benigno, até que, com o cumprimento total da pena, esta restará extinta.

Para que se admita a progressão de regime penitenciário, é necessária a satisfação de dois requisitos:

a) Objetivo = cumprimento de parte da pena privativa de liberdade;

b) Subjetivo = mérito do condenado.

O **requisito objetivo**, a depender da natureza do crime praticado, poderá variar. Assim, temos a seguinte situação:

i) para os **crimes "comuns"**, o condenado deverá cumprir **1/6 (um sexto)** da pena para poder migrar para o regime mais benigno;

ii) para os **crimes hediondos** (assim definidos no art. 1º da Lei 8.072/1990) e **equiparados** (tráfico de drogas, tortura e terrorismo), o condenado deverá cumprir **2/5 (dois quintos)** da pena, se **primário**, ou **3/5 (três) quintos** da pena, se **reincidente**.

Ao lado disso, é indispensável que o condenado satisfaça o **requisito subjetivo**, qual seja, o **bom comportamento carcerário**, assim consignado em atestado emitido pela autoridade administrativa competente (diretor do estabelecimento penal).

A questão que se coloca é: *exige-se, para a progressão de regime, que o condenado obtenha parecer favorável em exame criminológico?*

Desde a edição da Lei 10.792/2003, o exame criminológico, mencionado no art. 112 da LEP, deixou de ser requisito indispensável à progressão de regime. Assim, em uma leitura mais apressada do dispositivo legal, poder-se-ia concluir que jamais se poderia exigir aludido exame (perícia multidisciplinar) para a admissão do benefício.

Contudo, mais recentemente, o STF, após editar a **Súmula vinculante nº 26**, passou a admitir a exigência de exame criminológico àqueles condenados por crimes hediondos, desde que as peculiaridades do caso indiquem que a medida é necessária. O mesmo se deu no âmbito do STJ, que editou a **Súmula 439**, que, em suma, prevê ser admissível o exame criminológico, desde que as peculiaridades do caso indiquem que seja necessário e desde que haja decisão motivada nesse sentido.

Portanto, podemos assim concluir: **como regra, não se exigirá o exame criminológico** como condição para a progressão de regime, **salvo se as peculiaridades do caso indicarem que sua realização seja necessária**, desde que haja **motivação idônea em decisão judicial**.

Com relação aos **crimes cometidos contra a administração pública** (ex.: peculato, art. 312 do CP), a progressão de regime, consoante determina o art. 33, §4º, do CP, somente será admissível após o condenado haver **reparado o dano causado** ao erário ou devolvido o produto do ilícito cometido, com os devidos acréscimos legais.

No tocante aos **crimes hediondos e equiparados**, após o advento da Lei 11.464/2007, inspirada no julgamento, pelo STF, do HC 82.959-SP, no qual se declarou incidentalmente a inconstitucionalidade do regime integralmente fechado previsto, àquela ocasião, no art. 2º, §1º, da Lei 8.072/1990, não mais se pode falar em vedação à progressão de regime. Apenas se imporá ao condenado o **regime inicialmente fechado**, admitindo-se a progressão após o cumprimento de 2/5 ou 3/5 da pena, a depender, respectivamente, de ser primário ou reincidente. Ressalte-se, porém, que o STF, ao julgar, em 2012, o **HC 111.840**, impetrado pela Defensoria Pública do Espírito Santo em favor de paciente condenado por tráfico de drogas, declarou, incidentalmente, a **inconstitucionalidade do regime inicial fechado obrigatório** aos condenados por crimes hediondos ou equiparados. Assim, a despeito da existência de norma impositiva do regime inicialmente fechado obrigatório (art. 2º, §1º, da Lei 8.072/1990 – Lei dos Crimes Hediondos), pode-se sustentar, como visto, sua inconstitucionalidade, motivo pelo qual se poderá admitir regime inicial semiaberto ou até aberto aos condenados por crimes hediondos e equiparados.

A doutrina majoritária, bem assim a jurisprudência, objetam a ideia de uma **"progressão por salto"**, vale dizer, o condenado que cumpre pena no regime fechado migrar, diretamente, para o regime aberto, sem passar pelo semiaberto. É o que restou estampado, inclusive, na **Súmula 491 do STJ**: "é inadmissível a chamada progressão *per saltum* de regime prisional".

No entanto, em situações excepcionais, poderá ser admitido, na prática, o "salto" ao regime mais brando. É o que ocorre, por exemplo, com um condenado em regime fechado que já tenha satisfeito os requisitos para a progressão ao semiaberto e neste não haja vagas. A ineficiência estatal não pode ser um óbice à progressão de regime. Destarte, o condenado será transferido do regime fechado ao aberto, até que surja uma vaga no semiaberto, oportunidade em que será "realocado" à condição juridicamente correta.

Por fim, de acordo com a **Súmula 493 do STJ**, é inadmissível a fixação de pena substitutiva (art. 44, CP) como condição especial ao regime aberto, medida muito utilizada por juízes da execução penal. Ora, não se pode admitir que um condenado, para progredir de regime prisional, seja submetido a mais uma pena, ainda que alternativa à prisão!

7.2.3. Regressão de regime penitenciário, remição e detração

A **regressão** de regime penitenciário é o oposto da **progressão**. Nosso sistema penitenciário é o progressivo. Contudo, o condenado poderá ser transferido de regime mais benigno para outro mais gravoso quando (art. 118 da LEP):

a) cometer crime doloso ou falta grave;

b) sofrer condenação por crime anterior, cuja pena, somada àquela que está sendo executada, supere o teto permitido para aquele regime em que estiver o condenado;

c) o condenado frustrar os fins da execução ou não pagar, podendo, a multa cumulativamente imposta;

d) **o condenado submetido à vigilância indireta eletrônica (monitoração eletrônica) deixar de adotar os cuidados necessários com o equipamento, bem como não observar os deveres que lhe são inerentes (art. 146-C da LEP).**

Admite-se a regressão do regime aberto, por exemplo, para o fechado, diretamente, o que não ocorre na progressão de regime, que não pode ser "por salto". Em outras palavras, admite-se a "regressão por salto", o que, como regra, não se pode admitir na progressão.

Ressalte-se que o condenado que esteja cumprindo pena por crime punido com **detenção**, muito embora esta espécie de PPL não admita, como regra, a imposição de regime inicial fechado, poderá regredir a este regime. Assim não fosse, quem cumprisse pena de detenção, caso cometesse, por exemplo, falta grave em regime semiaberto, não sofreria qualquer penalidade, o que serviria até de estímulo ao cometimento de transgressões disciplinares.

A **remição** é benefício a que o condenado faz jus, desde que esteja cumprindo a pena em *regime fechado* ou *semiaberto*, reduzindo-se sua pena em razão do trabalho ou do estudo. De acordo com o art. 126, §1º, da LEP, alterado pela Lei nº 12.433, de 29 de junho de 2011, com vigência a partir de sua publicação no dia seguinte, a contagem do prazo, para fins de remição, será feito da seguinte maneira:

a) 1 (um) dia de pena a cada 12 (doze) horas de frequência escolar – atividade de ensino fundamental, médio, inclusive profissionalizante, ou superior, ou ainda de requalificação profissional – divididas, no mínimo, em 3 (três) dias;

b) 1 (um) dia de pena a cada 3 (três) dias de trabalho.

O estudo, nos termos do art. 126, §2º, da LEP, já com as alterações promovidas pelo diploma legal acima referido, poderá ser desenvolvido de forma presencial ou por metodologia de ensino a distância, sendo de rigor a certificação pelas autoridades educacionais competentes dos cursos frequentados.

Será perfeitamente possível a cumulação do trabalho e do estudo do preso para fins de remição (ex.: trabalho na parte da manhã e estudo à noite). Nesse caso, a cada 3 dias de estudo e trabalho, será recompensado com o abatimento de dois dias de pena.

Ainda, deve-se registrar que o preso impossibilitado, por acidente, de prosseguir no trabalho ou nos estudos, continuará a beneficiar-se com a remição (art. 126, §4º, LEP).

Ao preso que, durante o cumprimento da pena, concluir o ensino fundamental, médio ou superior, desde que haja certificado expedido pelo órgão competente, terá acrescido 1/3 (um terço) às horas de estudo que serão utilizadas para a remição (art. 126, §5º, LEP).

Em caso de falta grave, o juiz poderá revogar até 1/3 (um terço) do tempo remido, recomeçando a contagem a partir da data da infração disciplinar (art. 127, LEP). Assim, a Súmula Vinculante nº 9 do STF, que afirmava que o condenado perderia, em razão da falta grave, todos os dias remidos, está tacitamente revogada pela Lei 12.433/2011, que alterou a redação do art. 127 da LEP.

Por oportuno, e tratando-se de inovação, deve-se destacar que a remição, até o advento da já citada Lei 12.433/2011, somente era admissível aos condenados que cumprissem pena em regime fechado ou semiaberto, visto que o trabalho era requisito indispensável à progressão ao regime aberto. No entanto, acrescentado o estudo do preso como fator de remição, mesmo ao condenado que cumpra pena em regime aberto ou semiaberto, bem assim ao que usufrui do livramento condicional, poderá beneficiar-se da remição pela frequência a curso de ensino regular ou de educação profissional (a cada 12 horas de estudo, divididas em no mínimo três dias, verá descontado 1 dia de sua pena, ou, ainda, 1 dia do período de prova do livramento condicional).

Para que se implemente os novos comandos da LEP, a Lei 12.245/2010 determinou a **instalação de salas de aula** nos estabelecimentos penais, destinadas a **cursos do ensino básico e profissionalizante**.

A **detração, por sua vez,** é o cômputo (ou desconto, ou abatimento), na pena privativa de liberdade ou na medida de segurança, do tempo de prisão provisória ou de internação, cumprida no Brasil ou no estrangeiro (art. 42, CP). Assim, aquele tempo em que o agente ficou preso ou internado cautelarmente será descontado, abatido, do tempo definitivo de pena privativa de liberdade ou, no caso de medida de segurança, em seu tempo mínimo de duração.

Questão bastante relevante para concursos públicos diz respeito à possibilidade – ou não – de uma prisão cautelar decretada ou mantida em determinado processo-crime ser utilizada como "abatimento" em outro processo-crime. Confira-se a posição consolidada da doutrina e jurisprudência estampada nos excertos a seguir:

DETRAÇÃO. CUSTÓDIA CAUTELAR.

"A Turma denegou a ordem de *habeas corpus* e reafirmou ser inviável aplicar o instituto da detração penal nos processos relativos a crimes cometidos após a custódia cautelar". Precedentes citados do STF: HC 93.979-RS, DJe 19/6/2008; do STJ: REsp 1.180.018-RS, DJe 4/10/2010; HC 157.913-RS, DJe 18/10/2010, e REsp 650.405-RS, DJ 29/8/2005. HC 178.129-RS, Rel. Min. Og Fernandes, julgado em 7/6/2011. (Inform. STJ 476)

DETRAÇÃO PENAL. CRIME POSTERIOR. PRISÃO CAUTELAR.

"A Turma denegou a ordem de *habeas corpus*, reafirmando a jurisprudência deste Superior Tribunal de ser inviável a aplicação da detração penal em relação aos crimes cometidos posteriormente à custódia cautelar. No *writ*, a Defensoria sustentava constrangimento ilegal na decisão de não concessão da detração ao paciente que permaneceu preso cautelarmente em outro feito criminal no período de 27/9/2006 a 7/9/2007 e buscava a detração da pena pela prática de crime perpetrado em 27/11/2007". Precedentes citados do STF: HC 93.979-RS, DJe 19/6/2008; do STJ: REsp 650.405-RS, DJ 29/8/2005; HC 157.913-RS, DJe 18/10/2010, e REsp 1.180.018-RS, DJe 04/10/2010. HC 197.112-RS, Rel. Min. Og Fernandes, julgado em 19/5/2011. (Inform. STJ 473)

7.2.4. Fixação das PPLs (dosimetria da pena)

Nosso CP, em seu art. 68, consagrou o denominado sistema trifásico de fixação de pena, idealizado pelo grande mestre penalista Nelson Hungria.

Como o próprio nome sugere, o magistrado, no momento em que for aplicar a pena ao agente, deverá fazê-lo em três etapas:

a) **Primeira fase**: análise das **circunstâncias judiciais** do art. 59 do CP. Aqui, o juiz irá verificar a *culpabilidade, os antecedentes, a conduta social, a personalidade do agente, os motivos, as circunstâncias e as consequências do crime*, bem como o *comportamento da vítima*, a fim de que se fixe a **pena-base**. Quanto aos maus antecedentes, é mister ressaltar que o STJ, ao editar a **Súmula 444**, assentou ser **vedada a utilização de inquéritos policiais e ações penais em curso para agravar a pena-base**. Isso, é certo, decorre do princípio constitucional da presunção de inocência (ou de não culpabilidade);

b) **Segunda fase**: análise das **circunstâncias atenuantes e agravantes genéricas** (previstas na Parte Geral do CP), que vêm indicadas, respectivamente, nos arts. 65, 66, 61 e 62, todos do CP.

As **circunstâncias atenuantes** previstas no art. 65 do CP são as seguintes:

> I – ser o agente menor de 21 (vinte e um), na data do fato, ou maior de 70 (setenta) anos, na data da sentença;
>
> II – o desconhecimento da lei;
>
> III – ter o agente:
>
> a) cometido o crime por motivo de relevante valor social ou moral;
>
> b) procurado, por sua espontânea vontade e com eficiência, logo após o crime, evitar-lhe ou minorar-lhe as consequências, ou ter, antes do julgamento, reparado o dano;
>
> c) cometido o crime sob coação a que podia resistir, ou em cumprimento de ordem de autoridade superior, ou sob a influência de violenta emoção, provocada por ato injusto da vítima;
>
> d) confessado espontaneamente, perante a autoridade, a autoria do crime;
>
> e) cometido o crime sob a influência de multidão em tumulto, se não o provocou.

O **art. 66 do CP** trata das atenuantes inominadas:

> A pena poderá ser ainda atenuada em razão de circunstância relevante, anterior ou posterior ao crime, embora não prevista expressamente em lei.

As **circunstâncias agravantes** do art. 61 do CP são:

> I – a reincidência;
>
> II – ter o agente cometido o crime:
>
> a) por motivo fútil ou torpe;
>
> b) para facilitar ou assegurar a execução, a ocultação, a impunidade ou vantagem de outro crime;
>
> c) à traição, de emboscada, ou mediante dissimulação, ou outro recurso que dificultou ou tornou impossível a defesa do ofendido;
>
> d) com emprego de veneno, fogo, explosivo, tortura ou outro meio insidioso ou cruel, ou de que podia resultar perigo comum;
>
> e) contra ascendente, descendente, irmão ou cônjuge;
>
> f) com abuso de autoridade ou prevalecendo-se de relações domésticas, de coabitação ou de hospitalidade, ou com violência contra a mulher na forma da lei específica;
>
> g) com abuso de poder ou violação de dever inerente a cargo, ofício, ministério ou profissão;
>
> h) contra criança, maior de 60 (sessenta) anos, enfermo ou mulher grávida;
>
> i) quando o ofendido estava sob a imediata proteção da autoridade;
>
> j) em ocasião de incêndio, naufrágio, inundação ou qualquer calamidade pública, ou de desgraça particular do ofendido;
>
> l) em estado de embriaguez preordenada.

O art. 62 do CP trata de **circunstâncias agravantes** que somente se aplicam em caso de concurso de pessoas. Vejamos:

> I – promove, ou organiza a cooperação no crime ou dirige a atividade dos demais agentes;
>
> II – coage ou induz outrem à execução material do crime;
>
> III – instiga ou determina a cometer o crime alguém sujeito à sua autoridade ou não punível em virtude de condição ou qualidade pessoal;
>
> IV – executa o crime, ou nele participa, mediante paga ou promessa de recompensa.

Havendo o concurso de circunstâncias atenuantes e agravantes, caberá ao juiz impor a pena que se aproxime do limite indicado pelas **circunstâncias preponderantes**, entendendo-se como tais as que resultam dos motivos determinantes do crime, da personalidade do agente e da reincidência (art. 67, CP). A jurisprudência entende que a **menoridade relativa** (agente maior de dezoito anos, mas menor de vinte e um) prevalece sobre as demais.

Finalmente, de acordo com a **Súmula 231 do STJ**, a incidência de circunstância atenuante não pode conduzir à redução da pena abaixo do mínimo legal. Por evidente, o mesmo se aplica às agravantes, que não podem conduzir ao aumento da pena acima do máximo legal.

c) **Terceira fase**: análise das causas de diminuição (minorantes) e aumento (majorantes) de pena. Podem ser genéricas, quando previstas na Parte Geral do CP, ou específicas, quando na Parte Especial ou legislação extravagante. São representadas por ***frações*** (1/6, 1/3, 1/2, 2/3 ...).

Diversamente do que ocorre com as atenuantes e agravantes, as causas de diminuição e aumento de pena podem, respectivamente, conduzir à fixação de reprimenda **abaixo do mínimo ou acima do máximo** previsto em lei.

7.3. As penas restritivas de direitos (PRDs)

7.3.1. Características

Também conhecidas como *penas alternativas*, visto que são uma alternativa à pena de prisão, as PRDs são **autônomas**, eis que têm regras e princípios próprios, não podendo coexistir com as PPLs, bem como **substitutivas**, ou seja, substituem as PPLs impostas em sentença.

Cabe mencionar que o crime de porte de drogas para consumo pessoal, tipificado no art. 28 da Lei de Drogas (Lei 11.343/2006), prevê, já abstratamente, penas alternativas à prisão (advertência, prestação de serviços à comunidade e comparecimento a programa ou curso educativo), tratando-se de uma exceção à regra que dita que as PRDs têm caráter substitutivo.

7.3.2. Requisitos para a substituição da PPL por PRD

A PRD somente poderá substituir uma PPL imposta em sentença se preenchidos os seguintes **requisitos**, de **forma cumulativa**, previstos no art. 44, I a III, do CP:

A) **Requisitos objetivos:**

✔ crime cometido sem violência ou grave ameaça à pessoa;

✔ que a PPL a ser substituída seja de até 4 (quatro) anos, e, quanto aos crimes culposos, qualquer que seja a quantidade de pena imposta;

B) **Requisitos subjetivos:**

✔ *réu não reincidente em crime doloso* (não se tratando de **reincidência específica**, ou seja, não tendo o agente sido condenado em virtude da prática do mesmo crime, até **será possível a substituição** da PPL por PRD, desde que a **medida seja socialmente recomendável** – art. 44, §3º, CP);

✔ *a culpabilidade, os antecedentes, a conduta social, a personalidade do agente, bem como os motivos e as circunstâncias do crime indiquem que a substituição é suficiente*. É o que se convencionou chamar de **princípio da suficiência**.

7.3.3. Espécies de PRDs

As PRDs estão previstas, em rol taxativo, no **art. 43 do CP**, a saber:

I. Prestação pecuniária (art. 45, §1º, CP);
II. Perda de bens e valores (art. 45, §3º, CP);
III. Prestação de serviços à comunidade ou a entidades públicas (art. 46, CP);
IV. Interdição temporária de direitos (art. 47, CP); e
V. Limitação de fim de semana (art. 48).

7.3.3.1. Prestação pecuniária

Consiste no **pagamento em dinheiro** à *vítima, a seus dependentes ou a entidade pública ou privada com destinação social*, de importância fixada pelo juiz, não inferior a **1 (um) salário mínimo**, nem superior a **360 (trezentos e sessenta) salários mínimos**. O valor será deduzido do montante de eventual ação de reparação civil, desde que coincidentes os beneficiários. A prestação pecuniária poderá ser substituída por prestação de outra natureza desde que haja aceitação, nesse sentido, do beneficiário (art. 45, §2º, CP).

Diversamente do que ocorre com a pena de multa, que é considerada dívida de valor (art. 51 do CP), se o condenado não cumprir a prestação pecuniária imposta, esta será convertida em PPL, conforme se depreende da regra geral imposta no art. 44, §4º, do CP.

7.3.3.2. Perda de bens e valores

Consiste no "confisco" (retirada compulsória) de bens e valores que componham o **patrimônio lícito** do condenado, em favor do FUNPEN (Fundo Penitenciário Nacional), ressalvada a legislação especial. Será correspondente, ao que for maior, ao **montante do prejuízo** causado ou ao **proveito** obtido pelo agente com a **prática do crime** (art. 45, §3º, CP).

7.3.3.3. Prestação de serviços à comunidade ou a entidades públicas

Trata-se de PRD que impõe ao condenado o cumprimento de **tarefas gratuitas** em *entidades assistenciais, hospitais, escolas, orfanatos e outros estabelecimentos congêneres, em programas comunitários e estatais* (art. 46, *caput*, e §§ 1º e 2º, CP).

Somente é aplicável essa espécie de pena restritiva às **condenações que superarem 6 (seis) meses de PPL.**

As tarefas não poderão atrapalhar a jornada de trabalho normal do condenado, motivo pelo qual corresponderão a **1 (uma) hora de tarefa por dia de condenação** (art. 46, §3º, CP). Em caso de a PPL substituída **superar 1 (um) ano**, o condenado poderá cumprir a prestação de serviços à comunidade ou entidades públicas em **tempo menor**, respeitado, é bom que se diga, período jamais **inferior à metade** da pena privativa de liberdade substituída (art. 46, §4º, CP).

7.3.3.4. Interdição temporária de direitos

Esta espécie de PRD somente será imposta quando o crime **violar deveres inerentes a cargo, atividade, ofício ou função pública**.

São elas:

I. proibição para o exercício de cargo, função ou atividade pública, bem como mandato eletivo;
II. proibição do exercício de profissão, atividade ou ofício que dependam de habilitação especial, de licença ou autorização do poder público;
III. suspensão de CNH (somente para os crimes culposos de trânsito);
IV. proibição de frequentar determinados lugares (art. 47, CP); e
V. proibição de inscrever-se em concurso, avaliação ou exames públicos (inovação trazida pela Lei 12.550/11).

7.3.3.5. Limitação de fim de semana

Consiste na obrigação de o condenado permanecer, por **5 (cinco) horas diárias**, aos **sábados e domingos**, em Casa do Albergado, para que ouça palestras ou realize atividades educativas e participe de cursos (art. 48, parágrafo único, CP).

7.3.4. Descumprimento das PRDs

Conforme enuncia o art. 44, §4º, do CP, a pena restritiva de direitos **converte-se** em privativa de liberdade quando ocorrer o **descumprimento injustificado** da restrição imposta. Trata-se da conversão ou reconversão da PRD pela PPL.

É claro que antes da decretação da conversão/reconversão é mister a prévia oitiva do condenado, em respeito ao contraditório e ampla defesa.

Em caso de condenação a PPL por outro crime, o juiz da execução penal decidirá sobre a conversão, podendo deixar de aplicá-la se for possível ao condenado cumprir a pena substitutiva anterior. Trata-se de **conversão ou reconversão facultativa**, visto que, se for possível ao condenado prosseguir no cumprimento da PRD anterior e cumprir, concomitantemente, a nova PRD imposta pela prática de outro crime, não haverá razões para a conversão da primeira.

7.4. A pena de multa

A pena de multa é de cunho eminentemente **pecuniário**. Consiste no **pagamento de um certo montante** ao Fundo Penitenciário Nacional (FUNPEN), fixado em sentença e calculado em **dias-multa**.

7.4.1. Sistema de aplicação da multa

Conforme a doutrina nos ensina, a multa segue um **sistema bifásico**, visto que, primeiramente, será estabelecido o **número de dias-multa**, seguindo-se ao cálculo de seu **valor unitário**.

Assim, na primeira fase, o juiz fixará a quantidade da multa entre **10 (dez)** e **360 (trezentos e sessenta) dias-multa.** Em ato seguinte, fixará o valor de cada dia-multa, que não poderá ser inferior a **1/30 (um trigésimo)** do salário mínimo, nem superior a **5 (cinco)** vezes esse valor, levando-se em conta a **capacidade econômica do réu** (arts. 49 e 60, ambos do CP).

Se o magistrado entender que o poder econômico do réu poderá revelar **ineficácia** da sanção penal, o valor da multa poderá ser elevado até o **triplo** (art. 60, §1º, CP).

7.4.2. Natureza jurídica e execução da multa

Conforme preconiza o art. 51 do CP, transitada em julgado a sentença condenatória, a **multa** será considerada **dívida de valor**, aplicando-se-lhe as normas da legislação relativa à **dívida ativa da Fazenda Pública**, inclusive no que concerne às causas interruptivas e suspensivas da prescrição.

Em outras palavras, caso o condenado não pague a pena de multa imposta, esta não poderá ser convertida em PPL, visto que o CP a considera mera dívida de valor.

Prevalece o entendimento doutrinário e jurisprudencial de que **a execução da pena de multa**, caso não ocorra o pagamento voluntário no prazo de 10 (dez) dias após o trânsito em julgado da sentença condenatória (art. 50, CP), deve ser promovida pela **Fazenda Pública** federal ou estadual, a depender da competência jurisdicional (crimes federais ou estaduais), nas **Varas das Execuções Fiscais**.

Caso sobrevenha ao condenado doença mental, suspende-se a execução da pena de multa, conforme determina o art. 52 do CP.

8. Concurso de crimes

8.1. Conceito

Concurso de crimes ocorre quando o(s) agente(s), mediante a prática de **uma ou várias condutas**, pratica(m) **dois ou mais crimes**. Pressupõe, portanto, **pluralidade de fatos**.

8.2. Espécies de concurso de crimes

Os arts. 69, 70 e 71 do CP trazem, respectivamente, o **concurso material**, o **concurso formal** e o **crime continuado**.

8.2.1. Concurso material (ou real)

Previsto no art. 69 do CP, resta caracterizado quando o agente, mediante **mais de uma ação ou omissão**, pratica **dois ou mais crimes, idênticos ou não**. Como consequência, serão aplicadas, cumulativamente, as penas privativas de liberdade em que haja incorrido.

Assim, são **requisitos do concurso material**: *pluralidade de condutas e pluralidade de crimes.*

Reconhecida essa espécie de concurso, o juiz, na sentença, fixará as penas de cada uma das infrações penais separadamente para, somente então, somá-las. Isso é importante para fins de análise de prazo prescricional, que corre separadamente para cada crime (art. 119 CP).

Aplica-se no concurso material o **sistema do cúmulo material** (soma das penas).

Caso o agente tenha praticado diversos crimes em concurso material ou real, e havendo penas privativas de liberdade distintas (reclusão e detenção, por exemplo), a execução ocorrerá primeiramente da mais grave (reclusão, *in casu*).

8.2.2. Concurso formal (ou ideal)

Previsto no art. 70 do CP, resta caracterizado quando o agente, mediante **uma só ação ou omissão**, pratica **dois ou mais crimes, idênticos ou não**, aplicando-se a pena mais grave, se distintas, ou, se idênticas, qualquer uma delas, mas, em qualquer caso, aumentada de 1/6 (um sexto) até 1/2 (metade).

São **requisitos**, portanto, **do concurso formal**: *unidade de conduta e pluralidade de crimes.*

A depender dos crimes cometidos, existem 2 (duas) espécies de concurso formal:

a) **concurso formal homogêneo:** verifica-se quando os crimes cometidos forem **idênticos** (ex.: dois homicídios culposos de trânsito, praticados mediante uma só ação imprudente do condutor do veículo automotor);

b) **concurso formal heterogêneo:** verifica-se na hipótese de o agente, mediante uma só ação ou omissão, praticar dois ou mais **crimes distintos** (ex.: dirigindo imprudentemente, o condutor do veículo mata um pedestre e provoca lesões corporais em outro).

Ainda, quanto ao desígnio do agente para o cometimento dos crimes, classifica-se o concurso formal em:

a) **concurso formal perfeito** (ou próprio – é a regra): dá-se quando o agente, mediante uma só ação ou omissão, pratica dois ou mais crimes, idênticos ou não, mas com **unidade de desígnio.** É o caso do atropelamento culposo de 3 (três) pessoas;

b) **concurso formal imperfeito** (ou impróprio): dá-se quando o agente, mediante uma só ação ou omissão, pratica dois ou mais crimes, mas com **pluralidade de desígnios** (mais de uma vontade). É o caso do homem que efetua um só disparo, matando cinco pessoas enfileiradas.

No primeiro caso (concurso formal perfeito), a pena será acrescida de 1/6 a 1/2, aplicando-se o chamado **critério ou sistema da exasperação.** Já em caso de concurso formal imperfeito, dada a pluralidade de desígnios, as penas serão somadas, aplicando-se o critério ou sistema do cúmulo material.

Se da **exasperação da pena** (1/6 a 1/2) decorrer pena **superior** àquela que seria verificada com a soma das penas, aplicar-se-á a regra do **cúmulo material benéfico**, ou seja, as penas serão somadas (art. 70, parágrafo único, CP). Afinal, a regra do concurso formal objetivo, em última análise, beneficia o réu: em vez de sofrer condenação por cada um dos crimes, responderá, na prática, pela pena de um deles, acrescida de 1/6 a 1/2. No entanto, se referida regra se afigurar prejudicial, as penas dos crimes serão somadas.

8.2.3. Crime continuado (ou continuidade delitiva)

Previsto no art. 71 do CP, resta configurado quando o agente, mediante **mais de uma ação ou omissão**, pratica **dois ou mais crimes da mesma espécie,** em que, pelas *circunstâncias de tempo, lugar, maneira de execução e outras semelhantes, devem os subsequentes ser havidos como continuação do primeiro*, hipótese em que será aplicada a pena de um só dos crimes, se idênticas, ou a mais grave, se diversas, aumentadas, em qualquer caso, de 1/6 (um sexto) a 2/3 (dois terços). Aplica-se, aqui, o **critério ou sistema da exasperação.**

O art. 71, parágrafo único, do CP traz a regra do **crime continuado qualificado ou específico**, pela qual o juiz poderá aumentar a pena até o **triplo** na hipótese de terem sido cometidos **crimes dolosos com violência ou grave ameaça à pessoa, contra vítimas diferentes.** Todavia, deve-se observar, em qualquer caso, o cúmulo material benéfico (se a exasperação revelar-se prejudicial, as penas deverão ser somadas).

Como se vê da redação do art. 71, *caput*, do CP, a continuidade delitiva depende do reconhecimento de uma **tríplice semelhança** entre os crimes praticados, qual seja:

a) **circunstâncias de tempo semelhantes**: de acordo com a doutrina e jurisprudência majoritárias, entre um crime e outro não pode transcorrer lapso superior a 30 (trinta) dias;

b) **circunstâncias de lugar semelhantes**: os crimes devem ser perpetrados na mesma cidade ou cidades vizinhas (contíguas); e

c) **modo de execução semelhante**: os crimes devem ser praticados com um mesmo padrão (*modus operandi*).

Se não houver o preenchimento das três condicionantes acima, em **caráter cumulativo**, não será possível o reconhecimento da continuidade delitiva.

8.3. Pena de multa em caso de concurso de crimes

De acordo com o art. 72 do CP, no concurso de crimes (material, formal ou continuado), as penas de multa serão aplicadas distinta e integralmente. Em outras palavras, independentemente do critério a ser adotado (exasperação ou cúmulo material), a pena de multa eventualmente fixada subsistirá para cada um dos crimes de forma integral.

8.4. Limite das penas (art. 75 do CP)

Nos termos do art. 5º, XLVII, "b", da CF, nenhuma pena terá caráter perpétuo, submetendo-se ao lapso temporal máximo de **30 (trinta) anos**.

No entanto, na sentença condenatória, em virtude do concurso de crimes, o juiz poderá condenar o réu a uma pena superior aos referidos 30 (trinta) anos. Imaginemos um *serial killer* condenado por 10 (dez) homicídios dolosos qualificados em concurso material. Ainda que tenha sido condenado à pena mínima (doze anos de reclusão) por cada um deles, a soma delas resultará em 120 (cento e vinte) anos de reclusão.

A condenação é perfeitamente possível no caso acima relatado. Contudo, em sede de execução penal, a pena deverá ser **unificada**, a fim de que se respeite o lapso temporal máximo de 30 (trinta) anos, consoante determina o art. 75, *caput* e §1º, CP.

Nas contravenções penais, o tempo máximo de prisão simples é de **5 (cinco) anos** (art. 10 da LCP).

Para evitar impunidade, o STF editou a Súmula nº 715, que determina que para a concessão de benefícios legais (livramento condicional e progressão de regimes), será levada em conta não a pena unificada na execução, mas a pena aplicada na decisão condenatória. Apenas para ilustrar: se o já mencionado *serial killer* foi condenado a cento e vinte anos, somente poderá obter a progressão de regime após o cumprimento de 2/5 de 120 (cento e vinte) anos, se primário, ou 3/5 de 120 (cento e vinte) anos, se reincidente. Não se levará em conta a pena unificada para atingir o limite máximo de execução (30 anos), mas sim a pena aplicada (120 anos).

9. Suspensão condicional da pena (*sursis*)

9.1. Conceito de *sursis*

Sursis, do francês *surseoir*, consiste na suspensão da execução da pena privativa de liberdade imposta ao condenado mediante o cumprimento de certas **condições**. Daí ser chamado de **suspensão condicional da pena.**

9.2. Sistemas

São dois os sistemas de *sursis* mais conhecidos no mundo:

a) ***probation system* (sistema angloamericano)**: o juiz reconhece a culpabilidade do réu, mas não profere sentença condenatória, suspendendo o processo;

b) ***franco-belga* (ou belga-francês, ou europeu continental)**: o juiz não só reconhece a culpabilidade como condena o réu. Todavia, preenchidas as condições impostas por lei, suspende a execução da pena. **É o sistema adotado pelo nosso CP.**

9.3. Concessão e audiência admonitória

O *sursis* é concedido pelo juiz na própria sentença. Haverá a condenação do réu a uma PPL, mas o juiz, no mesmo ato, desde que presentes os requisitos legais, concede a suspensão condicional da pena ao réu. Para tanto, será de rigor que, na hipótese, **não seja cabível a substituição da PPL por PRD ou por multa** (art. 77, III, do CP).

Transitada em julgado a sentença que impôs o *sursis*, o condenado será intimado a comparecer a uma audiência de advertência (também chamada de **admonitória**), oportunidade em que será avisado das condições impostas e alertado das consequências de seu descumprimento. Se o condenado não comparecer à audiência admonitória, o *sursis* será **cassado**, impondo-lhe, portanto, o cumprimento da PPL que lhe fora imposta.

9.4. Requisitos para o *sursis* (art. 77 CP)

São de duas ordens:

a) **objetivos:**

- ✔ condenação a PPL não superior a 2 (dois) anos (em regra);
- ✔ impossibilidade de substituição da PPL por PRD.

b) **subjetivos:**

- ✔ não ser reincidente em crime doloso (exceto se a condenação anterior foi exclusivamente à pena de multa – art. 77, §1º, CP e Súmula 499 do STF);

- ✔ circunstâncias judiciais favoráveis (culpabilidade, antecedentes, conduta social e personalidade do agente, assim como os motivos e as circunstâncias do crime autorizarem a concessão do *sursis*).

9.5. Espécies de *sursis*

São 4 (quatro):

a) ***sursis* simples ou comum** (art. 77, CP): aplicável aos condenados, não reincidentes, a PPL não superior a 2 (dois) anos. Será cabível quando o condenado não houver reparado o dano, salvo se tiver comprovado a impossibilidade de fazê-lo e/ou as circunstâncias judiciais previstas no art. 59 do CP não lhe forem completamente favoráveis. É a regra. O período de prova, que será explicado mais à frente, será de 2 (dois) a 4 (quatro) anos;

b) ***sursis* especial** (art. 78, §2º, CP): aplicável aos condenados, não reincidentes, a PPL não superior a 2 (dois) anos, desde que as circunstâncias judiciais do art. 59 do CP lhe sejam completamente favoráveis, bem como se houver reparado o dano, salvo impossibilidade justificada. Seus requisitos são mais rígidos do que para o *sursis* simples, mas as condições são mais brandas. O período de prova será de 2 (dois) a 4 (quatro) anos;

c) ***sursis* etário** (art. 77, §2º, CP): aplicável aos condenados que contarem com mais de **70 (setenta) anos** de idade na data da sentença, cuja PPL imposta não seja superior a 4 (quatro) anos. Contudo, o período de prova será de 4 (quatro) a 6 (seis) anos;

d) ***sursis* humanitário** (art. 77, §2º, CP): aplicável aos condenados a PPL não superior a 4 (quatro) anos, desde que o estado de saúde justifique a suspensão da pena (pacientes terminais). O período de prova será de 4 (quatro) a 6 (seis) anos.

9.5.1. Condições para o *sursis*

Para o ***sursis* simples**, impõem-se as seguintes **condições**:

- ✔ prestação de serviços à comunidade <u>ou</u> limitação de fim de semana (primeiro ano do período de prova – art. 78, §1º, CP).

Para o ***sursis* especial**, impõem-se as seguintes **condições**, cumulativamente:

- ✔ proibição de frequentar determinados lugares;
- ✔ proibição de se ausentar da comarca sem a autorização do juiz; e
- ✔ comparecimento pessoal mensalmente para justificar as atividades exercidas.

Essas são as chamadas **condições legais**, ou seja, impostas pela lei. Há, ainda, as **condições judiciais**, nos termos do art. 79 do CP, que poderão ser impostas pelo juiz, além daquelas que a lei determinar.

Por fim, há as **condições legais indiretas**, que são aquelas causas ensejadoras da revogação do *sursis* (art. 81, CP), conforme veremos mais à frente.

9.5.2. Período de prova

É o lapso temporal dentro do qual o condenado beneficiado pelo *sursis* deverá **cumprir as condições impostas**, bem como demonstrar **bom comportamento**. É também denominado de **período depurador**.

Como já foi dito, o período de prova será de **2 (dois) a 4 (quatro) anos** nos *sursis* simples e especial, e de **4 (quatro) a 6 (seis) anos** nos *sursis* etário e humanitário.

9.5.3. Revogação do *sursis*

Poderá ser obrigatória (art. 81, I a III, CP) ou facultativa (art. 81, §1º, CP).

Será **obrigatória a revogação** do *sursis* se:

- ✔ o beneficiário vier a ser condenado irrecorrivelmente por crime doloso;
- ✔ não reparar o dano, salvo motivo justificado;
- ✔ descumprir as condições do sursis simples.

Será **facultativa a revogação** do *sursis* se:

- ✔ o beneficiário vier a ser condenado irrecorrivelmente por contravenção ou crime culposo, salvo se imposta pena de multa;
- ✔ descumprir as condições do sursis especial;
- ✔ descumprir as condições judiciais.

9.5.4. Prorrogação do período de prova

Conforme reza o art. 81, § 2º, do CP, se o beneficiário estiver sendo processado por outro crime ou contravenção, considerar-se-á prorrogado o prazo da suspensão até o julgamento definitivo.

Ainda, o § 3º do precitado dispositivo legal aduz que, quando facultativa a revogação, o juiz pode, em vez de decretá-la, prorrogar o período de prova até o máximo, se este não foi o fixado.

9.5.5. Extinção da punibilidade

Com a expiração do prazo (período de prova) sem que tenha havido revogação, considerar-se-á extinta a pena privativa de liberdade suspensa (art. 82, CP).

10. Livramento condicional

10.1. Conceito

É a **libertação antecipada do condenado**, mediante o cumprimento de certas condições, pelo prazo restante da pena que deveria cumprir. Trata-se, segundo a doutrina, de **direito público subjetivo do condenado,** ou seja, não pode ser negado por mera discricionariedade do magistrado. Preenchidos os requisitos, deverá ser concedido.

A competência para a concessão do livramento condicional (LC), ao contrário do *sursis* (em regra), é do **juiz da execução penal**.

10.2. Requisitos para a concessão do LC

São de 2 ordens:

a) **Objetivos:**

✔ condenação a PPL igual ou superior a 2 (dois) anos (art. 83 CP);

✔ reparação do dano, salvo impossibilidade de fazê-lo (art. 83, IV, CP);

✔ cumprimento de parte da pena (art. 83, I e II, CP):

i) mais de 1/3, para condenado de bons antecedentes e primário;

ii) mais de 1/2, se o condenado for reincidente em crime doloso;

iii) entre 1/3 e 1/2, se o condenado não for reincidente em crime doloso, mas tiver maus antecedentes;

iv) mais de 2/3, se condenado por crime hediondo ou assemelhado, desde que não seja reincidente específico (nesse caso, não fará jus ao LC).

b) **Subjetivos**:

✔ comportamento satisfatório durante a execução da pena;

✔ bom desempenho no trabalho;

✔ aptidão para prover a própria subsistência mediante trabalho honesto;

✔ prova da cessação de periculosidade para os condenados por crime doloso cometido com violência ou grave ameaça.

10.2.1. Condições para o LC

Podem ser:

a) **Obrigatórias**

✔ obter o condenado ocupação lícita;

✔ comunicar periodicamente ao juiz sua ocupação;

✔ não mudar da comarca da execução sem prévia autorização;

b) **Facultativas (ou Judiciais)**

✔ não mudar de residência sem comunicar o juízo;

✔ recolher-se à habitação em hora fixada;

✔ não frequentar determinados lugares;

c) **Legais indiretas** – ausências das causas geradoras de revogação do benefício.

10.2.2. Revogação do LC

Pode ser:

a) **Obrigatória**: condenação irrecorrível a PPL pela prática de crime havido **antes** ou **durante o benefício** (art. 86, I e II, CP);

b) **Facultativa**: condenação irrecorrível, por crime ou contravenção, à pena não privativa de liberdade ou se houver descumprimento das condições impostas (art. 87, CP).

10.2.3. Período de prova no LC

É o período em que o condenado observará as condições impostas, pelo prazo restante da PPL que havia para cumprir. Findo este período **sem revogação** do LC, o juiz **julgará extinta a punibilidade** do agente (art. 90, CP).

10.2.4. Prorrogação do período de prova

Se durante o período de prova o liberado (condenado) responder a ação penal por **crime** (e não contravenção penal!) **havido durante a vigência** do livramento condicional, deverá o juiz da execução penal prorrogar o período de prova até o trânsito em julgado, não podendo declarar extinta a punibilidade enquanto isso (art. 89, CP).

A prorrogação ora tratada **não é automática**, consoante doutrina e jurisprudência majoritárias, exigindo-se, pois, **decisão judicial** nesse sentido.

11. Efeitos da condenação e reabilitação

11.1. Conceito

Diz-se que são efeitos da condenação todas as consequências advindas de uma sentença penal condenatória transitada em julgado.

11.1.1. Efeitos da condenação

De forma bastante didática, a doutrina divide os efeitos da condenação em dois grandes grupos, a saber: **efeitos principais** e **efeitos secundários**.

11.1.2. Efeitos principais

Decorrem, como dito, de sentença penal condenatória transitada em julgado, resumindo-se à **imposição das penas**, sejam elas privativas de liberdade, restritivas de direitos ou multa.

Mister mencionar que os efeitos ora tratados são impostos aos **imputáveis** e **semi-imputáveis** que revelarem periculosidade, os quais serão condenados a uma pena reduzida (art. 26, parágrafo único, do CP), substituída por medida de segurança. Aos inimputáveis (art. 26, *caput*, do CP), aplicam-se as medidas de segurança, fruto de **sentença absolutória imprópria**.

Em suma, apenas a sentença condenatória gera, evidentemente, os efeitos da condenação, os quais não ocorrem na sentença absolutória.

11.1.3. Efeitos secundários

Os efeitos secundários podem ser de **natureza penal** ou **extrapenal**.

a) **Efeitos secundários de natureza penal:**

- ✔ reincidência;
- ✔ impede a concessão do *sursis*;
- ✔ revoga o *sursis* se o crime for doloso;
- ✔ revoga o LC se o crime redundar em PPL;
- ✔ aumenta o prazo da prescrição da pretensão executória etc.;

b) **Efeitos secundários de natureza extrapenal:**

b1. Genéricos – são automáticos, sem necessidade de constar da sentença (art. 91, CP):

i. torna certa a obrigação de reparar o dano, sendo que a sentença penal condenatória trânsita é título executivo no cível;

ii. confisco, pela União, dos instrumentos ilícitos e produtos do crime;

iii. suspensão dos direitos políticos (art. 15, III, CF);

b2. Específicos – não automáticos, devendo constar da sentença (art. 92, CP):

i. perda do cargo, função pública ou mandato eletivo em virtude da prática de crimes funcionais (pena igual ou superior a 1 ano) ou em crimes de qualquer natureza se a pena for superior a 4 anos;

ii. incapacidade para o exercício do poder familiar (antigo pátrio poder), tutela ou curatela se o agente praticar o crime contra filho, tutelado ou curatelado;

iii. inabilitação para dirigir veículo desde que o crime seja doloso e que o veículo tenha sido usado como instrumento do crime (difere da suspensão de CNH, nos delitos culposos de trânsito).

11.2. Reabilitação

É o instituto pelo qual o condenado terá **restabelecida parte dos direitos atingidos pela condenação**, assegurando **sigilo dos registros** sobre seu processo (arts. 93 a 95, CP).

Especificamente quanto ao sigilo, é verdade que o art. 202 da LEP (Lei 7.210/1984) assegura, de forma automática, o sigilo quanto à "folha de antecedentes" do condenado. Contudo, trata-se de efeito mais amplo, visto que qualquer autoridade judiciária, membro do Ministério Público ou autoridade policial terá acesso àquele antecedente. Já com a reabilitação, o sigilo será mais restrito, somente podendo ser "quebrado" por juiz criminal, mediante requisição.

11.2.1. Requisitos para a reabilitação

São **quatro** os requisitos para que o condenado obtenha sua reabilitação:

a) Decurso de dois anos do dia em que tiver sido extinta, de qualquer modo, a pena ou terminar sua execução;

b) Ter tido domicílio no país no prazo acima mencionado;

c) Demonstrar efetivamente constante bom comportamento público e privado; e

d) Ter ressarcido o dano, ou demonstrado a impossibilidade de fazê-lo, até o dia do pedido, ou que exiba documento comprobatório de que a vítima renunciou ao direito de ser indenizada ou que tenha havido novação da dívida.

11.2.2. Juízo competente para conceder a reabilitação

Compete ao juízo de 1º grau, e não ao da execução penal, como se poderia imaginar, a apreciação do pedido de reabilitação.

11.2.3. Revogação da reabilitação

A reabilitação poderá ser revogada se o reabilitado vier a ser condenado irrecorrivelmente, como reincidente, a pena que não seja de multa (art. 95, CP).

11.2.4. Possibilidade de novo pedido de reabilitação

Conforme preleciona o art. 94, parágrafo único, do CP, negada a reabilitação, poderá ela ser requerida novamente, a qualquer tempo, desde que o pedido seja instruído com novos elementos dos requisitos necessários.

Significa dizer que o indeferimento de um pedido de reabilitação não faz coisa julgada material, admitindo-se a renovação do pedido, desde que, desta feita, seja instruído com as provas necessárias à sua concessão.

12. Medidas de segurança

12.1. Conceito

É **espécie de sanção penal** imposta pelo Estado a um **inimputável** ou **semi-imputável** com reconhecida periculosidade, desde que se tenha praticado um fato típico e antijurídico.

12.2. Natureza jurídica e objetivo

Como se viu no item anterior, a medida de segurança é **espécie do gênero sanção penal.** Não se trata de pena, que também é modalidade de sanção penal, visto que aquela pressupõe culpabilidade; já esta pressupõe periculosidade (prognóstico de que a pessoa portadora de um déficit mental poderá voltar a delinquir).

Diversamente das penas, que apresentam forte caráter retributivo, as medidas de segurança objetivam a **cura** do inimputável ou semi-imputável. Trata-se aqui de forte **aspecto preventivo**.

12.3. Sistema vicariante

Após a reforma da Parte geral do CP, que ocorreu com o advento da Lei 7.209/1984, adotou-se o **sistema vicariante**, pelo qual se aplica aos semi-imputáveis **pena reduzida** *ou* **medida de segurança**, desde que, neste último caso, verifique-se a periculosidade real mediante perícia. Antes de referida legislação, admitia-se a imposição de pena e medida de segurança àquelas pessoas que revelassem periculosidade. Era o **sistema do duplo binário**, substituído pelo vicariante.

12.4. Natureza jurídica da sentença que impõe medida de segurança

A sentença que impõe medida de segurança, com fundamento no art. 26, *caput*, do CP, é denominada pela doutrina de **absolutória imprópria** (art. 386, VI, CPP). É **absolutória,** pois a inimputabilidade é **causa que isenta o réu de pena; imprópria,** pois a sentença, embora absolva o réu, impõe-lhe **sanção penal** (medida de segurança).

Já se estivermos falando de réu **semi-imputável** (art. 26, parágrafo único, do CP), o juiz proferirá **sentença condenatória**, seja para aplicar-lhe pena reduzida de um a dois terços, seja para substituí-la por medida de segurança.

12.5. Espécies de medidas de segurança

São duas:

a) **detentiva**: será imposta em caso de o crime cometido ser apenado com **reclusão** (crimes mais graves). Consiste na **internação** do inimputável ou semi-imputável em **hospital de custódia e tratamento psiquiátrico** ou em outro estabelecimento adequado;

b) **restritiva**: será imposta em caso de o crime cometido ser apenado com detenção, consistindo na sujeição do inimputável ou semi-imputável a **tratamento ambulatorial**.

12.5.1. Prazo de duração da medida de segurança

As medidas de segurança apresentam dois prazos de duração:

a) **mínimo**: variável de **1 (um) a 3 (três) anos**, conforme art. 97, §1º, parte final, do CP. Ao término desse prazo, que deverá expressamente constar na sentença, o agente deverá ser submetido a exame de cessação de periculosidade;

b) **máximo**: pelo texto legal (art. 97, §1º, CP), a medida de segurança poderia ser eterna, visto que seu prazo seria **indeterminado.** No entanto, o STF, à luz da regra constitucional que veda as **penas de caráter perpétuo**, convencionou que o prazo máximo de duração é de **30 (trinta) anos**. Já o STJ decidiu, com base no princípio da proporcionalidade e isonomia, que a duração da medida de segurança **não pode superar o limite máximo de PPL** cominada à infração penal. Trata-se de **posição mais garantista**, interessante para ser sustentada em **concursos de Defensoria Pública.**

A fim de complementarmos o tema em discussão, confira-se:

Medida de segurança e hospital psiquiátrico

"A 1ª Turma deferiu parcialmente *habeas corpus* em favor de denunciado por homicídio qualificado, perpetrado contra o seu próprio pai em 1985. No caso, após a realização de incidente de insanidade mental, constatara-se que o paciente sofria de esquizofrenia paranoide, o que o impedira de entender o caráter ilícito de sua conduta, motivo pelo qual fora internado em manicômio judicial. Inicialmente, afastou-se a alegada prescrição e a consequente extinção da punibilidade. Reafirmou-se a jurisprudência desta Corte no sentido de que o prazo máximo de duração de medida de segurança é de 30 anos, nos termos do art. 75 do CP. Ressaltou-se que o referido prazo não fora alcançado por haver interrupção do lapso prescricional em face de sua internação, que perdura há 26 anos. No entanto, com base em posterior laudo que atestara a periculosidade do paciente, agora em grau atenuado, concedeu-se a ordem a fim de determinar sua internação em hospital psiquiátrico próprio para tratamento ambulatorial". HC 107432/RS, rel. Min. Ricardo Lewandowski, 24.5.2011. (HC-107432) (**Inform. STF 628**)

MEDIDA. SEGURANÇA. DURAÇÃO.

"A Turma concedeu a ordem de *habeas corpus* para limitar a duração da medida de segurança à pena máxima abstratamente cominada ao delito praticado pelo paciente, independentemente da cessação da periculosidade, não podendo ainda ser superior a 30 anos, conforme o art. 75 do CP". Precedentes citados: HC 135.504-RS, DJe 25/10/2010; HC 113.993-RS, DJe 4/10/2010; REsp 1.103.071-RS, DJe 29/3/2010, e HC 121.877-RS, DJe 8/9/2009. HC 147.343-MG, Rel. Min. Laurita Vaz, julgado em 5/4/2011. (Inform. STJ 468)

12.5.2. Cessação de periculosidade

Ao término do prazo mínimo de duração da medida de segurança, deverá ser aferida a **cessação da periculosidade** do agente. Em outras palavras, deverá ser submetido a um **exame** a fim de que se constate se houve sua cessação. Em caso positivo, o juiz deverá determinar a **suspensão da execução da medida de segurança e** a desinternação (medida de segurança detentiva) ou liberação (medida de segurança restritiva) do indivíduo. Em caso negativo, a medida de segurança persistirá. Após essa primeira, anualmente novas perícias (exames de cessação de periculosidade) deverão ser realizadas.

Importa ressaltar que as referidas desinternação e liberação são **condicionais**, tal como ocorre com o livramento condicional, devendo o agente atentar às mesmas condições daquele benefício, nos termos do art. 178 da LEP.

12.5.3. Revogação da desinternação ou liberação

Considerando que a desinternação ou a liberação do agente serão condicionadas, é certo que, se antes do decurso de **1 (um) ano ele praticar fato indicativo de que a periculosidade persiste**, deverá retornar ao *status quo ante*, ou seja, a medida de segurança será **restabelecida**.

12.5.4. Desinternação progressiva

Embora não exista expressa previsão legal, a **desinternação progressiva** vem sendo admitida pela doutrina mais moderna e pela jurisprudência. Em síntese, consiste na **transferência** do agente do regime de internação em hospital de custódia e tratamento psiquiátrico para o **tratamento ambulatorial**, especialmente quando aquela espécie de medida de segurança se revelar desnecessária.

Assemelha-se a desinternação progressiva à progressão de regime penitenciário.

12.5.5. Possibilidade de conversão de PPL em medida de segurança

Se durante a execução da PPL sobrevier ao condenado **doença ou perturbação mental permanente**, o art. 183 da LEP determina que o juiz da execução penal, de ofício ou a requerimento do Ministério Público, da Defensoria Pública ou autoridade administrativa, **substitua a pena por medida de segurança,** persistindo pelo restante da pena que deveria ser cumprida.

Se estivermos diante de **doença ou perturbação mental transitória ou temporária**, aplicar-se-á o art. 41 do CP, que determina que seja o condenado recolhido a hospital de custódia e tratamento psiquiátrico ou estabelecimento adequado pelo prazo máximo de 30 (trinta) anos (posição do STF) ou pelo máximo da PPL cominada (posição do STJ), ou, ainda, por prazo indeterminado (art. 97, §1º, parte final, CP).

13. Punibilidade e suas causas extintivas

13.1. Conceito de punibilidade

É a possibilidade jurídica de se impor a um agente culpável uma pena. Não integra a punibilidade o conceito de crime, que, analiticamente, é fato típico e antijurídico (concepção bipartida). Importa ressaltar que, para a maioria dos doutrinadores, a punibilidade é mera consequência jurídica da prática de uma infração penal (crimes e contravenções penais).

13.2. Surgimento da punibilidade

A punibilidade existe em estado latente, ou seja, abstratamente, até que um agente pratique um crime ou uma contravenção penal. A partir deste momento, a punibilidade se transmuda para um direito de punir concreto (*jus puniendi* estatal), tendo por objetivo a imposição da pena.

13.3. Causas extintivas da punibilidade

Nem sempre após a prática de um fato típico e antijurídico, verificada a culpabilidade, o Estado poderá, automaticamente, impor a respectiva pena ao agente delitivo. Por vezes, ainda que o direito de punir em concreto surja, falecerá ao Estado a possibilidade de imposição ou de execução da pena.

É nesse momento que o exercício do direito de punir sofre restrições, dentre elas as causas extintivas da punibilidade, previstas, exemplificativamente, no art. 107 do CP.

13.3.1. Estudo das causas extintivas da punibilidade em espécie

Conforme dito alhures, as causas extintivas da punibilidade não se esgotam no art. 107 do CP, embora seja este dispositivo legal aquele que agrega as mais importantes delas. Vamos estudá-las!

13.3.1.1. Morte do agente (art. 107, I, CP)

Por evidente, com a morte do acusado no processo penal, a ação penal perderá seu objeto, qual seja, a pessoa do agente. Se todo o processo tem por escopo a aplicação de uma pena ao agente delitivo, com a morte deste, a persecução penal resta prejudicada.

Ademais, reza o art. 5º, XLV, da CF, que nenhuma pena passará da pessoa do condenado. Quer isso dizer que, diferentemente do processo civil, em que, proposta uma ação, se seu autor falecer, poderão os parentes sucedê-lo, salvo se se tratar de lide personalíssima, no processo penal isso não será possível. Em outras palavras, morto o acusado, não poderão seus parentes sofrer os efeitos de uma pena criminal. Todavia, a obrigação de reparar o dano e o perdimento de bens poderão se estender aos sucessores nos limites das forças da herança.

Assim, a morte do agente faz ser extinta a punibilidade. A prova da morte faz-se por certidão de óbito a ser juntada nos autos.

13.3.1.2. Anistia, graça ou indulto (art. 107, II, CP)

A **anistia** consiste na edição, pelo Congresso Nacional, de uma lei, de âmbito federal, capaz de promover a exclusão do crime imputado ao agente delitivo, atingindo todos os efeitos penais da condenação, subsistindo, contudo, os extrapenais (genéricos e específicos – arts. 91 e 92 do CP).

A anistia pode atingir crimes políticos (denominada *anistia especial*) ou crimes não políticos (*anistia comum*). Outrossim, poderá ser concedida antes (*anistia própria*) ou após o trânsito em julgado da sentença condenatória (*anistia imprópria*). Pode, por fim, ser *condicionada* (quando a lei anistiadora impuser algum encargo ao agente) ou *incondicionada* (quando nada exigir do criminoso para produzir efeitos).

A **graça** (denominada pela LEP de indulto individual) consiste no benefício por meio do qual o agente terá excluído o efeito principal da condenação, qual seja, a pena, remanescendo os efeitos penais e extrapenais (lembre-se de que, na anistia, subsistem apenas os extrapenais). Dependerá a graça de pedido do condenado, do MP, Conselho Penitenciário ou da autoridade administrativa (art. 187 da LEP) e será concedida mediante despacho do Presidente da República, que poderá delegar tal mister a Ministros de Estado (geralmente Ministro da Justiça), Procurador-Geral da República (PGR) e Advogado-Geral da União (AGU).

O **indulto**, diferentemente da graça, tem caráter coletivo, sendo concedido mediante decreto presidencial. Atingirá, também, os efeitos principais da condenação (penas), subsistindo os efeitos secundários de natureza penal e extrapenal.

Graça e indulto devem ser concedidos somente após o trânsito em julgado da sentença condenatória, diferentemente da anistia, que poderá ser concedida antes ou após tal marco processual.

13.3.1.3. *Abolitio criminis* (art. 107, III, CP)

É a **lei posterior ao fato que deixa de considerá-lo como criminoso**. É também denominada de **lei supressiva de incriminação**, gerando, por ser **benéfica**, efeitos retroativos (*ex tunc*).

Com a *abolitio criminis*, que pode ocorrer durante a ação penal ou mesmo no curso da execução, será declarada extinta a punibilidade do agente, fazendo desaparecer todos os efeitos penais da condenação (inclusive a pena – efeito principal), remanescendo apenas os efeitos civis (ex.: obrigação de reparar o dano).

Ainda é mister ressaltar que somente haverá *abolitio criminis* se houver uma dupla revogação do crime: a) revogação do tipo penal (revogação formal); e b) revogação da figura típica (revogação material). Não basta, portanto, a simples revogação do tipo penal, sendo imprescindível que a figura criminosa tenha "desaparecido" do mundo jurídico. Tal não ocorreu, por exemplo, com o crime de atentado violento ao pudor. Embora a Lei 12.015/2009 tenha revogado o art. 214 do CP, a figura criminosa "constranger alguém, mediante violência ou grave ameaça, a praticar ou permitir que com ele se pratiquem atos libidinosos diversos de conjunção carnal" migrou para o art. 213 do CP (crime de estupro). Não houve, portanto, *abolitio criminis* no caso relatado.

13.3.1.4. Decadência, perempção e prescrição (art. 107, IV, CP)

A **decadência** consiste na perda do direito de intentar a queixa ou oferecer a representação pelo decurso do prazo. Em regra, esse lapso temporal é de **6 (seis) meses**, contados do **conhecimento da autoria delitiva** pelo ofendido, seu representante legal, ou CADI (cônjuge, ascendente, descendente ou irmão – art. 38, CPP e 103, CP).

A decadência é, portanto, instituto que se verifica somente nos crimes de ação penal privada ou pública condicionada à representação.

Importa ressaltar que o **prazo decadencial** tem **natureza penal**, vale dizer, é contado nos termos do art. 10 do CP (inclui-se o dia do começo e exclui-se o dia do vencimento). Trata-se, ainda, de prazo fatal, ou seja, é improrrogável, não se suspende ou se interrompe.

A **perempção** é a perda do direito de prosseguir com a ação penal em virtude de negligência ou desídia processual. Somente será cabível na ação penal privada propriamente dita (ou exclusivamente privada), já que, na ação privada subsidiária da pública, a perempção não acarretará a extinção da punibilidade em favor do querelado, mas a retomada da titularidade da ação pelo Ministério Público.

As causas de perempção vêm previstas no art. 60 do CPP, a saber:

i) abandono processual (mais de 30 dias sem andamento da ação pelo querelante);

ii) inocorrência de sucessão processual (no caso de falecimento do querelante, ou sobrevindo sua incapacidade, não se habilitarem no processo, em 60 dias, o CADI – cônjuge, ascendente, descendente ou irmão);

iii) falta de comparecimento injustificado a qualquer ato do processo em que a presença do querelante seja necessária;

iv) inexistência de pedido de condenação em alegações finais (a falta de apresentação delas também redunda em perempção); e

v) sendo o querelante pessoa jurídica, esta se extinguir sem deixar sucessor.

Com relação à **prescrição**, temos que esta consiste na **perda do direito de punir** (*jus puniendi*) ou **de executar a pena** (*jus punitionis*) do Estado **pelo decurso de determinado lapso de tempo previsto em lei**.

A prescrição, portanto, deve ser contada, salvo disposição especial em contrário, de acordo com a "tabela" do art. 109 do CP, que fixa o prazo prescricional mínimo de **3 (três) anos**, consoante nova redação dada ao inciso VI pela Lei 12.234/2010, e máximo de **20 (vinte anos) anos**, de acordo com a pena prevista para o crime. Insta ressaltar que o prazo prescricional tem **natureza penal**, motivo pelo qual conta-se nos termos do art. 10 do CP (inclui o dia do começo e exclui o do vencimento).

A prescrição comporta duas grandes espécies, quais sejam: **prescrição da pretensão punitiva (PPP)** e **prescrição da pretensão executória (PPE).**

Com relação à PPP, temos três possibilidades:

a) **Prescrição da pretensão punitiva propriamente dita** (ou pura) = rege-se nos termos do precitado art. 109 do CP. É calculada levando-se em conta o máximo da pena privativa de liberdade abstratamente cominada ao crime. Ex.: para o homicídio simples, cuja pena é de 6 a 20 anos, calcular-se-á a prescrição tomando por base a pena máxima cominada ao delito, qual seja, 20 anos. Comparando aquela quantidade de pena (20 anos) com a "tabela" do art. 109 do CP, verifica-se que a prescrição ocorrerá em 20 anos. É importante frisar que a prescrição pura deverá ser verificada enquanto não houver pena aplicada, ou seja, até momento anterior à sentença penal condenatória;

b) **Prescrição da pretensão punitiva intercorrente** (ou superveniente) = ocorre somente após a publicação da sentença penal condenatória, em que haverá uma pena fixada (pena em concreto, e não mais em abstrato, como na prescrição pura). Assim, se entre a publicação da sentença condenatória e o trânsito em julgado para a acusação decorrer lapso de tempo superior ao previsto no art. 109 do CP (aqui, frise-se, levamos em conta a pena aplicada!), ocorrerá a prescrição superveniente, rescindindo os efeitos da condenação. A previsão legal da prescrição intercorrente (ou superveniente) consta do art. 110, §1º, do CP;

c) **Prescrição da pretensão punitiva retroativa** = pressupõe, sempre, a fixação de uma pena em concreto (sentença penal condenatória), tendo por pressuposto o trânsito em julgado para a acusação. Também aqui temos como parâmetro a tabela do art. 109 do CP. Importa ressaltar que, ao contrário da prescrição intercorrente, que se verifica após a sentença condenatória, a prescrição retroativa deve ser verificada em momento **anterior** à publicação da sentença, mas analisada, no máximo, até a denúncia ou queixa, consoante nova redação dada ao art. 110, §1º, do CP. Daí ser chamada de **retroativa**. Frise-se que o STJ, ao editar a **Súmula 438**, pacificou o entendimento segundo o qual não se admite a extinção da punibilidade pela prescrição da pretensão punitiva com fundamento em pena hipotética, independentemente da existência ou sorte do processo penal. O que tratou, aqui, aludida Corte, foi de objetar a denominada "prescrição virtual", que levava em consideração uma condenação eventual do réu, com base em pena hipotética.

Temos, ainda, a **prescrição da pretensão executória (PPE)**, segunda espécie de prescrição, que não se confunde com a prescrição da pretensão punitiva. Enquanto esta é verificada *antes do trânsito em julgado* da condenação (conhecida por prescrição da ação), aquela somente pode ocorrer *após o trânsito em julgado*. Daí ser chamada de prescrição da pena.

Também na prescrição executória leva-se em conta a tabela do art. 109 do CP e a pena aplicada em concreto. Contudo, começará a fluir não do trânsito em julgado para ambas as partes processuais (acusação e defesa), mas a partir do trânsito em julgado para a acusação. Este é seu marco inicial. Se do trânsito em julgado para a parte acusatória e o efetivo trânsito em julgado para ambas as partes (defesa, portanto) transcorrer lapso de tempo superior ao correspondente à pena aplicada, opera-se a prescrição executória, não podendo mais o Estado executar a pena imposta ao agente delitivo na sentença.

Impõe ressaltar que o prazo prescricional admite situações em que será interrompido, ou seja, recomeçará sua contagem (art. 117, CP), bem como circunstâncias em que ficará suspenso (art. 116, CP).

No tocante às causas interruptivas da prescrição, vale citar quais são as hipóteses legais: I – pelo recebimento da denúncia ou da queixa; II – pela pronúncia; III – pela decisão confirmatória da pronúncia; IV – pela publicação da sentença ou acórdão condenatórios recorríveis; V – pelo início ou continuação do cumprimento da pena; VI – pela reincidência.

Interessante anotar a posição jurisprudencial (STF) acerca da interrupção da prescrição pelo recebimento da denúncia, ainda que o despacho que tenha recebido a prefacial acusatória tenha sido exarado por autoridade judiciária incompetente. Confira-se:

Prescrição: recebimento da denúncia e autoridade incompetente

"O recebimento da denúncia por magistrado absolutamente incompetente não interrompe a prescrição penal (CP, art. 117, I). Esse o entendimento da 2ª Turma ao denegar *habeas corpus* no qual a defesa alegava a consumação do lapso prescricional intercorrente, que teria acontecido entre o recebimento da denúncia, ainda que por juiz incompetente, e o decreto de condenação do réu. Na espécie, reputou-se que a prescrição em virtude do interregno entre os aludidos marcos interruptivos não teria ocorrido, porquanto apenas o posterior acolhimento da peça acusatória pelo órgão judiciário competente deteria o condão de interrompê-la". HC 104907/PE, rel. Min. Celso de Mello, 10.5.2011. (HC-104907) (**Inform. STF** 626)

Há, também, as situações previstas no art. 111, CP, que dizem respeito ao termo inicial de contagem da prescrição da pretensão punitiva, a saber:I – do dia em que o crime se consumou; II – no caso de tentativa, do dia em que cessou a atividade criminosa; III – nos crimes permanentes, do dia em que cessou a permanência;IV – nos de bigamia e nos de falsificação ou alteração de assentamento do registro civil, da data em que o fato se tornou conhecido; V – nos crimes contra a dignidade sexual de crianças e adolescentes, previstos no Código Penal ou em legislação especial, da data em que a vítima completar 18 (dezoito) anos, salvo se a esse tempo já houver sido proposta a ação penal.

O inciso V do art. 111 foi inserido pela Lei 12.650/2012, que inovou nosso ordenamento jurídico ao prever que não começará a correr a prescrição nos crimes contra a dignidade sexual de crianças e adolescentes antes de a vítima completar a maioridade penal, salvo se a ação penal há houver sido proposta. Assim, como exemplo, se uma criança de seis anos for estuprada, a prescrição somente começará a fluir a partir do dia em que completar dezoito anos (salvo, repita-se, se a ação penal já houver sido proposta antes disso, caso em que a prescrição começará a fluir, segundo entendemos, a partir do recebimento da denúncia).

Finalmente, importa destacar que o art. 115 do CP trata de situações em que o prazo prescricional será reduzido pela metade:

a) se o agente, à época do fato, contar com mais de dezoito anos, porém, menos de vinte e um anos;

b) se o agente, à época da sentença, for maior de setenta anos.

Pela relevância do tema, confira-se:

Prescrição e art. 115 do CP

"A causa de redução do prazo prescricional constante do art. 115 do CP ("*São reduzidos de metade os prazos de prescrição quando o criminoso era, ao tempo do crime, menor de vinte e um anos, ou, na data da sentença, maior de setenta anos*") deve ser aferida no momento da sentença penal condenatória. Com base nesse entendimento, a 2ª Turma indeferiu *habeas corpus* em que se pleiteava o reconhecimento da prescrição da pretensão punitiva em favor de condenado que completara 70 anos entre a data da prolação da sentença penal condenatória e a do acórdão que a confirmara em sede de apelação". HC 107398/RJ, rel. Min. Gilmar Mendes, 10.5.2011. (HC-107398) (**Inform. STF** 626)

13.3.1.5. Renúncia do direito de queixa e perdão aceito (art. 107, V, CP)

Dá-se a **renúncia do direito de queixa** quando o ofendido, em **crime de ação penal privada**, toma determinada atitude incompatível com a vontade de ver o agente delitivo processado.

A renúncia poderá decorrer de **ato expresso** (ex.: mediante petição escrita e assinada) ou **tácito** (ex.: o ofendido passa a andar diariamente com seu ofensor).

É importante ressaltar que se a renúncia é o **ato unilateral** pelo qual o ofendido (ou seu representante legal, ou procurador com poderes especiais) dispõe do direito de oferecer a queixa-crime, tal só poderá ocorrer **antes do oferecimento da ação.** No curso desta terá vez o perdão do ofendido, que, frise-se, é ato bilateral.

No JECRIM (Juizado Especial Criminal), o recebimento de indenização (composição civil) em crimes de menor potencial ofensivo, de ação penal privada, importa em **renúncia tácita ao direito de queixa**, conforme art. 74 da Lei 9.099/1995, situação que já não se verifica com relação aos crimes "comuns" (leia-se: os que não são considerados infrações de menor potencial ofensivo), consoante prescreve o art. 104, parágrafo único, parte final, CP.

A renúncia ao direito de queixa quanto a um dos autores do crime, a todos os demais (se existirem) se estenderá, vendo todos eles extintas suas punibilidades (art. 49, CPP). Portanto, pode-se dizer ser a renúncia **indivisível**.

O **perdão do ofendido**, que somente pode ser admitido nos crimes de ação penal privada, diversamente da renúncia, é **ato bilateral**, visto que somente produz efeitos se for aceito. Será possível apenas após o início da ação penal, mas desde que antes do trânsito em julgado (art. 106, §2º, CP). Consoante prevê o art. 51 do CPP, o perdão concedido a um dos querelados irá estender-se aos demais. Contudo, somente produzirá efeitos (leia-se: extinguirá a punibilidade) com relação àqueles que o aceitarem.

O perdão deve ser aceito pelo querelado no prazo de 3 (três) dias após ser cientificado (art. 58, *caput*, CPP). Se ficar silente no tríduo legal, a inércia implicará aceitação. Findo o prazo sem manifestação, ou tendo havido a aceitação do perdão, o juiz decretará extinta a punibilidade (art. 58, parágrafo único, CPP).

13.3.1.6. Retratação do agente nos casos em que a lei admite (art. 107, VI, CP)

Retratar-se é o mesmo que **desdizer**, ou, pedindo escusas pelo pleonasmo, **"voltar atrás"**. Assim, em determinados crimes, a retratação do agente irá causar a extinção de sua punibilidade. É o que ocorre, por exemplo, com os crimes de calúnia e difamação (art. 143, CP), bem como com o falso testemunho (art. 342, §2º, CP).

Indispensável que haja **expressa previsão legal** da admissibilidade da retratação.

13.3.1.7. Perdão judicial nos casos previstos em lei

O perdão judicial é causa extintiva da punibilidade aplicável apenas por magistrados (daí o nome perdão judicial). No entanto, não se trata de medida discricionária da autoridade judiciária, exigindo **expressa previsão legal** para sua aplicabilidade.

Em geral, identificamos o perdão judicial pela previsão, em lei, da seguinte expressão: "**o juiz poderá deixar de aplicar a pena**". É o que se vê, por exemplo, no art. 121, §5º, do CP, que admite o perdão judicial em caso de homicídio culposo, situação em que o juiz poderá deixar de aplicar a pena se as consequências do crime atingirem o agente de forma tão grave que a imposição daquela se afigure desnecessária.

Conforme o entendimento do STJ, consagrado na Súmula 18, a sentença concessiva do perdão judicial tem natureza **declaratória** de extinção da punibilidade. Tanto é verdade que o art. 120 do CP prevê que o perdão judicial não será considerado para efeitos de reincidência.

PARTE ESPECIAL

1. Classificação doutrinária dos crimes. Introdução à Parte Especial do CP

1.1. Introdução aos crimes em espécie

Antes de ingressarmos no estudo propriamente dito dos crimes (Parte Especial do CP), entendemos ser necessário trazer à baila algumas classificações doutrinárias, bem como fazermos o resgate de alguns conceitos analisados no início do presente trabalho.

1.2. Classificação geral dos crimes

1.2.1. Com relação ao sujeito ativo

a) crime comum: é aquele que pode ser praticado por qualquer pessoa, não se exigindo nenhuma qualidade especial do agente delitivo (sujeito ativo). Ex.: homicídio (art. 121, CP);

b) crime próprio: é aquele que não pode ser praticado por qualquer pessoa, mas somente por aquelas que apresentem algumas qualidades específicas determinadas pela lei. O crime próprio admite coautoria e participação, desde que o terceiro tenha conhecimento da condição especial do agente (ex.: funcionário público). Ex.: peculato (art. 312, CP);

c) crime de mão própria: é aquele que, além de exigir qualidades especiais do sujeito ativo, demandam uma atuação pessoal, sendo incabível a coautoria. Trata-se de crime de atuação personalíssima, não podendo o agente ser substituído por terceiro. No entanto, é admissível a participação. Ex.: autoaborto (art. 124, CP).

1.2.2. Com relação aos vestígios do crime

a) crime transeunte: é aquele que, uma vez praticado, não deixa vestígios materiais. Ex.: injúria praticada verbalmente (art. 140, CP);

b) crime não transeunte: é aquele cuja prática deixa vestígios materiais. Ex.: homicídio praticado mediante disparo de arma de fogo (art. 121, CP).

1.2.3. Com relação ao momento consumativo

a) crime instantâneo: é aquele em que a consumação ocorre em um determinado momento, sem continuidade no tempo. Ex.: injúria verbal (art. 140, CP);

b) crime permanente: é aquele cuja consumação se prolonga no tempo por vontade do agente delitivo. Ex.: extorsão mediante sequestro (art. 159, CP);

c) crime instantâneo de efeitos permanentes: é aquele que se consuma num dado instante, mas seus resultados são irreversíveis. Ex.: homicídio (art. 121, CP).

1.2.4. Com relação à quantidade de atos

a) crime unissubsistente: é aquele cuja conduta dá-se por um só ato. Ex.: injúria verbal (art. 140, CP);

b) crime plurissubsistente: é aquele cuja conduta dá-se por dois ou mais atos executórios. Ex.: homicídio em que a vítima é diversas vezes esfaqueada (art. 121, CP).

1.2.5. Com relação à exposição de lesão ao bem jurídico

a) **crime de dano**: é aquele que, para atingir a consumação, exige um dano efetivo ao bem jurídico. Ex.: homicídio (art. 121, CP);

b) **crime de perigo**: é aquele que, para ser consumado, exige a mera probabilidade da ocorrência de dano. Pode ser crime de **perigo concreto** (presunção relativa), que exige a **demonstração efetiva** do perigo de lesão, ou **crime de perigo abstrato** (presunção absoluta), que não exige a demonstração da situação de perigo, que é presumida. Ex.: periclitação da vida ou saúde (art. 132, CP).

1.2.6. Com relação ao tipo de conduta

a) **crime comissivo**: é aquele praticado mediante um comportamento positivo, vale dizer, por ação. Ex.: roubo (art. 157, CP);

b) **crime omissivo**: é aquele praticado mediante um comportamento negativo, vale dizer, por omissão. Pode ser **omissivo próprio**, quando a própria lei previr o comportamento negativo (ex.: omissão de socorro – art. 135, CP), ou **omissivo impróprio**, quando o crime for cometido por alguém que tenha o dever jurídico de agir para impedir o resultado (art. 13, §2º, CP). Ex.: a mãe que deixa de amamentar o filho recém-nascido responderá por homicídio – art. 121, c.c. art. 13, §2º, "a", CP.

1.2.7. Outras classificações

a) **crime vago**: é aquele cujo sujeito passivo é um ente desprovido de personalidade jurídica. Ex.: tráfico de drogas (art. 33, Lei 11.343/2006);

b) **crime habitual**: é aquele que exige uma reiteração de atos que, reunidos, traduzem um modo de vida do sujeito ativo. Ex.: manter casa de prostituição (art. 229, CP).

1.3. Introdução à Parte Especial do Código Penal

O CP é dividido em dois Livros. O Livro I trata da Parte Geral, enquanto o Livro II traz a Parte Especial.

Na Parte Especial, a maior parte das normas tem natureza *incriminadora*, vale dizer, encerram descrições de **condutas típicas e as respectivas penas**. Todavia existem também, na mesma Parte Especial *normas penais permissivas*, que são aquelas que autorizam alguém a realizar uma conduta típica, mas sem incriminá-lo posteriormente. É o caso do art. 128 do CP (aborto legal).

Por fim, a Parte Especial traz, ainda, *normas penais explicativas*, que são aquelas que **esclarecem outras normas ou limitam o âmbito de sua aplicação**. É o caso do art. 327 do CP, que encerra o conceito de funcionário público para fins de tipificação dos delitos previstos nos arts. 312 a 326.

Por essas considerações, verificamos que a Parte Especial não traz apenas crimes, mas também contém outras espécies de normas penais.

1.3.1. Normas penais incriminadoras

As normas penais incriminadoras são dotadas de duas partes, denominadas **preceitos**. O **preceito primário** da norma penal incriminadora diz respeito à *conduta descrita pelo legislador como criminosa* (ex.: art. 121: *matar alguém*). Já o **preceito secundário** traz a respectiva *pena cominada abstratamente ao delito* (ex.: Pena – *reclusão, de 6 a 20 anos*).

O preceito primário, quando for incompleto e depender de outra norma para ser completado, trará à cena a *norma penal em branco*. Já o preceito secundário jamais poderá ser incompleto. Afinal, não há crime sem pena!

1.3.2. Conceitos básicos para o estudo dos crimes

É importante para o estudo da Parte Especial o conhecimento de alguns conceitos básicos, a saber:

a) **Objetos do crime**

Dois podem ser os objetos de um crime:

- ✔ **objeto material** = *é a pessoa ou coisa sobre a qual recai a conduta típica*. Ex.: no furto (art. 155 do CP), é o bem subtraído; no homicídio (art. 121 do CP), é a vítima, a pessoa;
- ✔ **objeto jurídico** = *é o bem jurídico tutelado pela lei penal*. Ex.: no furto (art. 155 do CP), é o patrimônio móvel alheio; no homicídio (art. 121 do CP), é a vida humana extrauterina;

b) **Sujeitos do crime**

- ✔ **sujeito ativo** = *é aquele que direta ou indiretamente pratica a conduta típica ou concorre para sua prática*. Ex.: "A" desfere um tiro em "B", praticando, pois, a conduta típica prevista no art. 121 do CP (matar alguém). Logo, "A" foi sujeito ativo do crime de homicídio, já que ele realizou a conduta descrita no tipo penal;
- ✔ **sujeito passivo** = *é aquele titular do bem jurídico lesado ou exposto a perigo de lesão*. Ex.: no exemplo acima, enquanto "A" foi sujeito ativo, "B" é o sujeito passivo do homicídio, já que é o titular do bem jurídico lesado, qual seja, a própria vida.

Quando o tipo penal incriminador não exigir nenhuma qualidade especial do sujeito ativo do crime, estaremos diante de um **crime comum**, ou seja, *aquele que pode ser praticado por qualquer pessoa*. Já se o tipo penal trouxer alguma qualidade específica do sujeito ativo do crime, sem a qual a conduta será atípica, estaremos diante de um **crime próprio** ou de **mão própria**. Essas duas classificações não se confundem. Enquanto o crime próprio pode ser praticado por duas ou mais pessoas ao mesmo tempo, em coautoria ou participação (ex.: peculato doloso – art. 312 do CP), o crime de mão própria admite apenas a participação, jamais a coautoria, já que se trata de crime de atuação pessoal (ex.: falso testemunho – art. 342 do CP);

c) **Tipo objetivo**

O tipo objetivo corresponde à descrição dos **elementos objetivos do tipo;**

d) **Tipo subjetivo**

Corresponde à descrição do **elemento subjetivo do crime**, qual seja, o dolo (crimes dolosos) ou a culpa (crimes culposos). O tipo subjetivo não se confunde com o **elemento subjetivo do tipo**, ou, como dizem alguns, "dolo específico". Nem todo tipo penal tem elemento subjetivo, visto ser este um "especial fim de agir do agente", tal como ocorre com o crime de furto (não basta o dolo na subtração da coisa alheia móvel, sendo necessário, ainda, um "especial fim de agir do agente", qual seja, o de subtrair a coisa "para si ou para outrem");

e) **Consumação e tentativa**

A consumação de um crime nem sempre é igual em todos os casos. Se o **crime for material**, *a consumação somente restará configurada com a ocorrência do resultado naturalístico*. Já se o **crime for formal** ou de **mera conduta**, *bastará a conduta do agente delitivo* (prática da ação ou omissão prevista em lei) para que se atinja o momento consumativo.

De outra borda, veremos mais à frente que nem todo crime admite tentativa, especialmente os culposos e os preterdolosos, ou, ainda, aqueles que somente se consumarem após a verificação de determinado resultado.

2. Crimes contra a vida

2.1. Homicídio (art. 121, CP)

2.1.1. Considerações iniciais

Trata-se do mais grave crime previsto no Código Penal, não necessariamente na pena que lhe é cominada, mas no bem jurídico atacado pelo agente: **a vida humana**.

Corresponde, portanto, à conduta do agente de exterminar a vida humana extrauterina, agindo com vontade livre e consciente (no caso do homicídio doloso) de eliminá-la, embora seja possível a prática de tal delito por negligência, imprudência ou imperícia, situações configuradoras do homicídio culposo.

Vem o homicídio previsto no art. 121 do Código Penal, embora, especificamente em matéria de trânsito, o homicídio também venha previsto no Código de Trânsito Brasileiro (Lei n. 9.503/1997), desde que praticado culposamente. Isso porque a morte de alguém causada pelo agente, na condução de veículo automotor, querendo tal resultado, não configura delito de trânsito, aplicando-se, pois, o Código Penal.

2.1.2. Espécies de homicídio

O CP prevê seis **hipóteses/espécies de homicídio**, a saber:

a) homicídio doloso simples (previsto no *caput* do art. 121 do CP);

b) homicídio doloso privilegiado (previsto no § 1º);

c) homicídio doloso qualificado (previsto no § 2º);

d) homicídio culposo (previsto no § 3º);

e) homicídio culposo majorado (previsto no § 4º, 1ª parte);

f) homicídio doloso majorado (previsto no § 4º, 2ª parte e § 6º).

2.1.2.1. Homicídio doloso simples (art. 121, *caput*, CP)

Corresponde à forma básica do crime, vale dizer, ao tipo fundamental. É punido o agente que o praticar com a pena de 6 a 20 anos de reclusão.

O **sujeito ativo** do crime pode ser qualquer pessoa. Trata-se, portanto, de **crime comum** (pode, frise-se, ser praticado por qualquer pessoa).

Já o **sujeito passivo** do homicídio é o ser humano vivo, com **vida extrauterina**. Inicia-se a vida extrauterina quando tem início o parto, ou seja, com a ruptura do saco amniótico em que se encontrava o feto.

O **tipo objetivo**, ou seja, a **conduta típica**, consiste no verbo "matar", que significa eliminar, exterminar a vida humana da vítima cujo parto já teve início. Pouco importa se teria horas ou minutos de sobrevida. Caracteriza-se como homicídio a simples aceleração ou antecipação de uma morte futura, ainda que iminente.

Se a tentativa de eliminação recair sobre um cadáver, ocorrerá exemplo típico de **crime impossível**, dada a absoluta impropriedade do objeto, nos termos do art. 17 do CP.

A morte da vítima pode ser realizada por qualquer maneira, seja mediante uma ação (ex.: disparos de arma de fogo) ou omissão (ex.: mãe que deixa de alimentar o filho recém-nascido). Trata-se, portanto, de **crime de ação livre**. Dependendo da forma utilizada pelo agente para a prática do delito em tela, poderemos verificar hipóteses da modalidade qualificada (ex.: homicídio por meio de veneno, fogo, explosivo...). É possível matar até por meio de violência psíquica, como palavras de terror, susto, etc.

O **tipo subjetivo** é o dolo, ou seja, o agente age, de forma livre e consciente, querendo a morte do agente (é o denominado *animus necandi*).

Consuma-se o crime com a morte do agente, pelo que o homicídio é doutrinariamente reconhecido como **material** (exige-se o resultado, portanto).

A **tentativa** é plenamente possível, já que o *iter criminis* é fracionável, tratando-se, pois, de delito plurissubsistente.

Frise-se que será considerado **hediondo** o homicídio doloso simples, desde que **praticado em atividade típica de grupo de extermínio**, ainda que por uma só pessoa (art. 2º, I, da Lei 8.072/1990 – Lei dos Crimes Hediondos).

2.1.2.2. Homicídio doloso privilegiado (art. 121, §1º, CP)

Previsto no § 1º, do art. 121, do CP, trata-se de crime cuja pena será reduzida de 1/6 a 1/3, por situações ligadas à motivação do crime.

Assim, considera-se privilegiado o homicídio praticado por:

a) **relevante valor social** – é o motivo relacionado com os interesses de uma coletividade (daí ser mencionado o "valor social");

b) **relevante valor moral** – é o motivo relacionado com os interesses individuais do criminoso, tais como o ódio, misericórdia, compaixão. É o caso da eutanásia, que é punida no Brasil;

c) **domínio de violenta emoção, logo em seguida a injusta provocação da vítima** – trata-se de homicídio praticado pelo agente que se encontra com estado anímico bastante abalado (a emoção deve ser violenta, e não simplesmente passageira). No caso de violenta emoção, o agente atua em verdadeiro "choque emocional". O CP exige que a reação seja imediata à provocação da vítima, vale dizer, sem um interstício longo. Assim não fosse, o Direito Penal estaria privilegiando a vingança (a reação efetivada muito tempo após a provocação da vítima configura vingança, pensada e planejada).

No caso de concurso de agentes, as "privilegiadoras" previstas no dispositivo legal analisado são incomunicáveis aos coautores e partícipes por se tratarem de circunstâncias de caráter pessoal não elementares do crime de homicídio.

Por fim, a natureza jurídica do privilégio é de causa especial/específica de diminuição de pena, incidente na terceira fase do esquema trifásico de sua aplicação.

2.1.2.3. Homicídio qualificado (art. 121, §2º, CP)

Vem previsto no art. 121, § 2º, do CP, sendo punido o agente com pena que varia entre 12 e 30 anos de reclusão. São 5 as hipóteses, a saber:

I. ***mediante paga ou promessa de recompensa, ou por outro motivo torpe*** – trata-se de qualificadora considerada de **caráter subjetivo**, já que ligada à motivação do agente para a prática do crime. Enquanto a "paga" pressupõe o prévio acertamento do agente com o executor da morte (ex.: entrega de dinheiro, bens suscetíveis de apreciação econômica ou mesmo vantagens econômicas, como promoções no emprego), a promessa de recompensa traduz a ideia de pagamento futuro, ainda que não se verifique de fato. Em matéria de concurso de agentes, fica evidente que a qualificadora em comento exige a intervenção de duas pessoas, pelo que configurada a situação de concurso necessário (delito plurissubjetivo, portanto): um mandante e um executor. Pela doutrina majoritária, ambos responderão com a mesma pena (inclusive o mandante, que não executa a morte), por força do art. 30 do CP. Por fim, o motivo torpe significa um motivo vil, abjeto, repugnante, revelador da personalidade distorcida do agente. Tem-se, como exemplo, o caso de um homicídio praticado para recebimento de herança;

II. ***por motivo fútil*** – trata-se, também, de qualificadora de **caráter subjetivo**, já que vinculada à motivação do delito. É a morte provocada por um motivo de somenos importância, ínfimo, desproporcional, desarrazoado. É necessário que se demonstre a existência de um motivo "pequeno" para a morte, sob pena de, não sendo encontrado qualquer motivo para o crime, não restar configurada a qualificadora em comento. É exemplo de motivo fútil aquele causado por uma brincadeira da vítima, por um "tapinha nas costas", por uma refeição ruim servida ao agente;

III. ***com emprego de veneno, fogo, explosivo, asfixia, tortura ou outro meio insidioso ou cruel, ou de que possa resultar perigo comum*** – trata-se de qualificadora considerada de **caráter objetivo**, uma vez que não está vinculada à motivação do crime, mas sim ao modo/meio de execução de que se vale o agente para a sua prática. Considera-se "meio insidioso" aquele disfarçado, utilizado pelo criminoso "às escondidas", camuflando o futuro fato (ex.: remoção das pastilhas dos freios de um veículo);

IV. ***à traição, de emboscada, ou mediante dissimulação ou outro recurso que dificulte ou torne impossível a defesa do ofendido*** – trata-se de qualificadora de caráter objetivo, já que, igualmente ao inciso anterior, não está ligada aos motivos do crime, mas à forma como será praticado. Nas circunstâncias previstas nessa qualificadora, o agente se prevalece de situações que dificultam a defesa da vítima, como no caso da traição (o agente e a vítima já guardam alguma relação de confiança, o que possibilita a ação daquele – ex.: matar a namorada enquanto dorme).

Já na emboscada, o agente age sem que a vítima o perceba, eis que se encontra escondido (tocaia). Por fim, a dissimulação consiste em ser utilizado algum recurso pelo agente que engane a vítima (ex.: uso de uma fantasia/disfarce; agenciador de modelos – foi o caso do "maníaco do parque");

V. ***para assegurar a execução, a ocultação, a impunidade ou vantagem de outro crime*** – trata-se de qualificadora de **caráter subjetivo**, uma vez que também está relacionada com a motivação do crime. *In casu*, o agente pratica o homicídio como forma de assegurar a **execução** de outro crime (conexão teleológica – ex.: para estuprar uma mulher famosa, o agente mata, antes de ingressar em seu quarto, o segurança da residência), ou ainda para a garantia da **ocultação, impunidade ou vantagem** de outro crime. Nesses três casos (ocultação, impunidade e vantagem), existe a denominada conexão consequencial, já que o agente primeiramente pratica outro crime para, somente então, cometer o homicídio. É hipótese de ocultação de crime antecedente a situação do funcionário público corrupto que, após receber vantagem indevida em razão da função pública que ocupa, mata o cinegrafista que filmou o momento do "suborno". Terá o agente matado alguém para ocultar delito antecedente. Verifica-se a situação da impunidade quando o agente não quer ocultar o crime, mas garantir que fique impune, como no caso de matar uma mulher após estuprá-la. Por fim, configura homicídio qualificado quando o agente pratica um homicídio como forma de assegurar a vantagem (os proveitos) de outro crime, como no caso de um roubador matar o comparsa para ficar com todo o produto do dinheiro subtraído de um banco.

Cabe consignar, ainda, que é possível a prática de **homicídio qualificado privilegiado**, situação compatível apenas com as **qualificadoras de caráter objetivo** (ex.: eutanásia praticada com emprego de veneno). Não se admitiria, até pela absoluta incompatibilidade, a coexistência de uma das "privilegiadoras", todas de caráter subjetivo, com as qualificadoras de igual roupagem (ex.: homicídio praticado por relevante valor moral qualificado pelo motivo fútil).

Por fim, interessante anotar a posição do Min. Joaquim Barbosa (STF) acerca da incompatibilidade do dolo eventual com as qualificadoras relativas ao modo de execução do homicídio. Segue a notícia:

HC N. 95.136-PR – RELATOR: MIN. JOAQUIM BARBOSA

EMENTA: "*Habeas Corpus*. Homicídio qualificado pelo modo de execução e dolo eventual. Incompatibilidade. Ordem concedida.

O dolo eventual não se compatibiliza com a qualificadora do art. 121, § 2º, inc. IV, do CP ("traição, emboscada, ou mediante dissimulação ou outro recurso que dificulte ou torne impossível a defesa do ofendido"). Precedentes. Ordem concedida". (Inform. STF 621) – noticiado no Informativo 618.

Dolo eventual e qualificadora: incompatibilidade

"São incompatíveis o dolo eventual e a qualificadora prevista no inciso IV do § 2º do art. 121 do CP ("§ 2º Se o homicídio é cometido: ... IV – à traição, de emboscada ou mediante dissimulação ou outro recurso que dificulte ou torne impossível a defesa do ofendido"). Com base nesse entendimento, a 2ª Turma deferiu habeas corpus impetrado em favor de condenado à pena de reclusão em regime integralmente fechado pela prática de homicídio qualificado descrito no artigo referido. Na espécie, o paciente fora pronunciado por dirigir veículo, em alta velocidade, e, ao avançar sobre a calçada, atropelara casal de transeuntes, evadindo-se sem prestar socorro às vítimas. Concluiu-se pela ausência do dolo específico, imprescindível à configuração da citada qualificadora e, em consequência, determinou-se sua exclusão da sentença condenatória". Precedente citado: HC 86163/SP (DJU de 3.2.2006). HC 95136/PR, rel. Min. Joaquim Barbosa, 1º.3.2011. (HC-95136) (**Inform. STF** 618)

2.1.2.4. Homicídio culposo (art. 121, §3º, CP)

Previsto no art. 121, § 3º, do CP, é punido com detenção de 1 a 3 anos. Será verificado quando o agente não querendo ou não assumindo o risco, produzir a morte de alguém **por imprudência, negligência ou imperícia**.

2.1.2.5. Homicídio majorado (se culposo – art. 121, §4º, CP)

Vem prevista no art. 121, § 4º, do CP, em sua 1ª parte, a situação de, no **homicídio culposo**, o *agente não observar regra técnica de profissão, arte ou ofício*, ou se o agente *deixa de prestar imediato socorro à vítima, não procura diminuir as consequências do seu ato, ou foge para evitar prisão em flagrante*.

Nesses casos, sua **pena será aumentada** em **1/3**. Verifique que a situação acima transcrita somente incidirá se o homicídio for *culposo*.

Ex.: "A", limpando um revólver, não verificou se estava municiado, ocasião em que, acionando o gatilho por engano, efetuou um disparo e acertou pessoa que passava próximo ao local. Em vez de socorrê-la imediatamente, foge do local temendo sua prisão.

2.1.2.6. Homicídio majorado (se doloso – art. 121, §§ 4º e 6º, CP)

No mesmo § 4º do art. 121 do CP, vem prevista a situação de o **homicídio doloso** ser praticado contra *pessoa menor de 14 ou maior de 60 anos.*

Nesses casos, a pena será aumentada também em 1/3, seja o homicídio simples, privilegiado ou qualificado.

Porém, **deverá o agente saber que a vítima conta com menos de 14 ou mais de 60 anos**, sob pena de ser punido objetivamente, vale dizer, sem a exata consciência da condição do sujeito passivo.

Ainda, o §6º do art. 121 do CP, inserido pela Lei 12.720/2012, passou a prever aumento de pena de 1/3 até a 1/2 se o homicídio for praticado por milícia privada, sob o pretexto de prestação de serviço de segurança, ou por grupo de extermínio. Entende-se por "**milícia privada**" o grupo de pessoas que se instala, geralmente, em comunidades carentes, com o suposto objetivo de restaurar a "paz" e a "tranquilidade" no local, criando, com isso, verdadeiro "grupo paralelo de segurança pública". Já por "**grupo de extermínio**" entende-se a reunião de pessoas popularmente chamadas de "justiceiros", cujo objetivo é a eliminação de pessoas identificadas supostamente como "perigosas" ao corpo social.

2.1.3. Perdão judicial

Trata-se de **causa extintiva da punibilidade**, conforme art. 107, IX, do CP.

Irá incidir quando as **consequências da infração atingirem o próprio agente de forma tão grave que a sanção penal se torne desnecessária.**

Assim verificando, o **juiz poderá (deverá) deixar de aplicar a pena**.

É o caso de um pai atingir o próprio filho por um disparo acidental de arma de fogo. As consequências para ele são tão gravosas que a maior pena é a perda do ente querido. O mesmo se diga se um pai, por imprudência, atropela o próprio filho, ao sair de sua garagem.

A **Súmula 18 do STJ**, tratando do perdão judicial, prescreve que "a sentença concessiva do perdão judicial tem natureza declaratória da extinção da punibilidade, não subsistindo qualquer efeito condenatório". Assim, a sentença do juiz, em caso de perdão judicial, **não tem natureza condenatória**, mas **declaratória**, pelo que não pode remanescer qualquer dos efeitos da condenação (ex.: obrigação de reparar o dano, reincidência, lançamento do nome do réu no rol dos culpados etc.).

2.2. Induzimento, instigação ou auxílio a suicídio (art. 122 do CP)

2.2.1. Considerações iniciais

O Direito Penal não pune aquela pessoa que quer dar cabo de sua própria vida, mas sim o agente que induz, instiga ou auxilia alguém a praticar suicídio. Em outras palavras, a atividade do suicida é atípica, já que, em regra, não se pode punir a destruição de um bem próprio, somente alheio (princípio da alteridade). Daí explicar-se que a autolesão é impunível, já que o agente pode fazer o que bem quiser de seu corpo (desde que não o faça para recebimento de seguro contra acidentes pessoais, o que configuraria fraude).

Embora o *nomen juris* do crime ora analisado seja de "induzimento, instigação ou auxílio" a suicídio (art. 122 do CP), não se trata de situação semelhante à participação, espécie de concurso de pessoas. Isso porque o partícipe é aquele que tem conduta acessória para a prática de um crime realizado por um executor do verbo do tipo (autor).

No caso em tela, **a participação do agente consiste na atuação principal**, e não acessória, como no caso do concurso de pessoas. Quem induzir, instigar ou auxiliar alguém a tirar sua própria vida será **autor** do crime e **não partícipe**.

Trata-se de crime contra a vida.

2.2.2. Tipo objetivo

O CP prevê, em seu art. 122, o delito de "induzimento, instigação ou auxílio a suicídio", com a seguinte redação: "induzir ou instigar alguém a suicidar-se ou prestar-lhe auxílio para que o faça. Pena: reclusão, de 2 a 6 anos, se o suicídio se consuma; ou reclusão de 1 a 3 anos, se da tentativa de suicídio resulta lesão corporal de natureza grave".

Verifica-se, portanto, que o crime em tela pode ser cometido por três maneiras, que correspondem às condutas típicas (verbos do tipo):

a) **induzir** – nesse caso, o agente faz nascer na mente da vítima a ideia de praticar suicídio;

b) **instigar** – aqui, o agente apenas reforça a ideia, que já existia no espírito da vítima, de realizar o suicídio;

c) **auxiliar** – trata-se da ajuda material para a concretização do suicídio pela vítima. É o caso de fornecimento dos instrumentos para que a vítima ceife sua própria vida (ex.: faca, revólver). Esse "auxílio" deve ter uma **relação acessória** com o suicídio e não positiva nos atos de execução, sob pena de o agente responder por homicídio (ex.: "A" empresta a "B" um revólver, e a seu pedido o "auxilia", apertando o gatilho. Terá, então, matado "B", situação configuradora do crime de homicídio).

O crime poderá ser praticado por ação ou mesmo por omissão (neste último caso, desde que o sujeito ativo tenha o dever jurídico de agir, o que configura a omissão imprópria).

2.2.3. Tipo subjetivo

É o dolo, ou seja, a vontade livre e consciente do agente em induzir, instigar ou auxiliar alguém a suicidar-se.

Admite-se, inclusive, a forma eventual (dolo eventual), ou seja, o agente pode praticar o crime em tela, embora não querendo que a vítima se suicide, assumindo o risco de que o faça. É o caso do pai que, sabendo das tendências suicidas da filha, a expulsa de casa, fazendo com que ela, desamparada, dê cabo de sua própria vida.

2.2.4. Sujeito passivo

É considerada vítima do crime a pessoa com um mínimo de discernimento e poder de resistência. Assim não sendo, estaremos diante de homicídio (ex.: o pai induz o filho de 4 anos de idade a pular da janela, eis que, com a capa do Super-Homem, conseguirá voar).

2.2.5. Consumação e tentativa

Parte da doutrina diz que não se admite a tentativa do crime previsto no art. 122 do CP, o que se extrai do preceito secundário do tipo: se o suicídio efetivamente ocorre, a pena do sujeito ativo será de 2 a 6 anos de reclusão; já se resultar lesão corporal grave, será de 1 a 3 anos de reclusão.

Em outras palavras, o crime estaria consumado com a efetiva morte da vítima ou no caso de sofrer lesão corporal de natureza grave.

Já outros doutrinadores, como Cezar Bittencourt, admitem a punição do crime a título de tentativa, mas que já foi prevista no próprio tipo penal (pena de 1 a 3 anos de reclusão). Trata-se, segundo ele, de uma "tentativa qualificada", já que o agente do crime deve ser punido com menor rigor quando a vítima não conseguir tirar sua própria vida, mas sofrer, em decorrência da tentativa, lesões corporais de natureza grave.

De qualquer forma, se a vítima tentar se matar, mas sofrer apenas lesões leves, o fato será atípico (ou a vítima consegue suicidar-se, configurando a modalidade consumada, ou sofre lesões corporais graves, com o que o delito será tentado).

2.2.6. Causas de aumento de pena

Se o crime for cometido por motivo egoístico, a pena será duplicada.

O mesmo será verificado se a vítima for menor (maior de 14 e menor de 18 anos, segundo Guilherme Nucci, pois, nesse caso, se sequer pode consentir para um ato sexual, com muito mais razão não poderá decidir sobre sua vida, sendo o caso de homicídio).

Por fim, a pena será igualmente duplicada quando a vítima tiver reduzida, por qualquer motivo, a capacidade de resistência. É o caso de alguém embriagado, ou com algum déficit mental (não completo, pois, nesse caso, haverá homicídio), ou no caso de senilidade (idade avançada).

2.3. Infanticídio (art. 123 do CP)

2.3.1. Considerações iniciais

Trata-se de crime doloso contra a vida.

Corresponde à eliminação, pela própria mãe, durante ou logo após o parto, do próprio filho, estando ela sob influência do estado puerperal.

Intrinsecamente, não há diferença entre o infanticídio e o homicídio. Afinal, ocorre a morte de alguém. Porém, esse "alguém" não é qualquer pessoa, mas o próprio filho da genitora, que é quem realiza os elementos do tipo penal.

2.3.2. Tipo objetivo

A conduta nuclear (verbo do tipo) é a mesma do homicídio, qual seja, **matar.** Ocorre, portanto, a eliminação da vida humana extrauterina. Indispensável é, portanto, que o nascente esteja vivo no momento da ação ou omissão da genitora.

Difere o infanticídio do homicídio por uma situação anímica em que se encontra o agente, vale dizer, a mãe: o estado puerperal.

Segundo Guilherme de Souza Nucci, "estado puerperal é aquele que envolve a parturiente durante a expulsão da criança do ventre materno. Há profundas alterações psíquicas e físicas, que chegam a transformar a mãe, deixando-a sem plenas condições de entender o que está fazendo. (...) O puerpério é o período que se estende do início do parto até a volta da mulher às condições de pré-gravidez" (**Manual de Direito Penal** – 3ª edição – editora RT – pág. 621).

O tipo penal exige que a mãe esteja sob "influência" do estado puerperal. Que toda mãe passa pelo puerpério, isto é fato incontroverso. Porém, deve-se demonstrar que tal estado anímico tirou-lhe a plena capacidade de entendimento, levando-a a cometer o homicídio do próprio filho.

Ademais, o elemento cronológico do tipo ("durante o parto ou logo após") é algo a ser analisado, revelando que o legislador impõe reprimenda mais branda à mãe que matar o próprio filho quase que numa "imediatidade" ao parto (simultaneamente a este, ou logo após). Todavia, é possível que a acusação comprove que, mesmo transcorrido um lapso considerável de tempo, a mãe estivesse, ainda, sob influência do estado puerperal, o que não descaracterizaria o delito.

Porém, quanto mais tempo passar do parto, menor é a chance de que a mãe sofra com as alterações que o puerpério lhe acomete. Daí haver uma "inversão" do ônus da prova, no sentido de que caberá à defesa demonstrar, transcorrido tempo razoável do parto, que a mãe ainda se encontrava influenciada pela alteração anímica.

2.3.3. Tipo subjetivo

É o dolo, não sendo punida a modalidade culposa do infanticídio. Se tal situação ocorrer, poderá ser verificado o homicídio culposo, ainda que a mãe esteja sob influência do estado puerperal (é o posicionamento de Cezar Roberto Bittencourt).

Já Damásio de Jesus entende que a mulher, influenciada pelo estado puerperal, não tem a diligência normal que a todos se impõe, razão pela qual sequer por homicídio culposo poderia responder, caso viesse a matar o próprio filho por imprudência ou negligência. É que, explica o doutrinador, nesse caso, seria inviável a demonstração da ausência de prudência normal na mulher que, pelo momento peculiar de sua vida, padece de certo desequilíbrio psíquico.

2.3.4. Sujeitos do crime

O **sujeito ativo** do crime é a mãe (parturiente), que, influenciada pelo estado puerperal, mata o próprio filho. Trata-se, pois, de **crime próprio**.

Já o **sujeito passivo** é o recém-nascido (neonato) ou aquele que ainda está nascendo (nascente). Isso é extraído do próprio tipo penal: "durante o parto (nascente) ou logo após (neonato)".

Embora o estado puerperal seja algo típico da mulher que está em trabalho de parto ou que há pouco tempo a ele se submeteu, tal situação configura uma **circunstância pessoal**, que, por ser elementar, comunica-se aos coautores ou partícipes, nos termos do art. 30 do CP.

Se a mãe, por engano, influenciada pelo estado puerperal, dirige-se até o berçário do hospital e mata um bebê que não o seu filho, ainda assim responderá por infanticídio, já que presente um erro de tipo acidental (erro quanto à pessoa – art. 20, § 3º, do CP).

2.3.5. Consumação e tentativa

O crime de infanticídio exige, para sua consumação, a morte do neonato ou do nascente (crime material). Caso isso não ocorra, estaremos diante da tentativa.

2.4. Aborto (arts. 124 a 128 do CP)

2.4.1. Considerações iniciais

Por primeiro, cabe ressaltar que o termo "aborto" não corresponde à ação de se eliminar a vida de um feto, mas sim o resultado da ação criminosa. A lei trocou, conforme explica Rogério Sanches Cunha, *a ação pelo seu produto* (Direito Penal – Parte Especial – ed. RT, pág. 52). Melhor seria falar-se em "abortamento".

Assim, o "aborto" corresponde à eliminação do produto da concepção, tutelando a lei a **vida humana intrauterina**.

A lei trata de **5 (cinco) espécies** de aborto:

a) autoaborto (art. 124, 1ª parte, do CP);

b) aborto consentido (art. 124, 2ª parte, do CP);

c) aborto provocado por terceiro com o consentimento da gestante (art. 126 do CP);

d) aborto provocado por terceiro sem o consentimento da gestante (art. 125 do CP);

e) aborto qualificado (art. 127 do CP).

2.4.2. Autoaborto

Vem definido no art. 124, 1ª parte, do CP: "provocar aborto em si mesma...".

Trata-se de **crime de mão própria** (segundo Cezar Roberto Bittencourt, por exemplo), já que é a própria mãe quem irá realizar o abortamento, efetivando ela própria as manobras abortivas (ex.: ingestão de medicamentos abortivos; inserção, no útero, de agulhas ou curetas etc.). Admite-se, portanto, apenas a **participação** (conduta acessória), jamais a coautoria.

Se terceiro realiza manobras abortivas junto com a gestante, ela responderá por autoaborto e ele pelo crime do art. 126 do CP (aborto provocado por terceiro com o consentimento da gestante).

O **sujeito passivo** do crime é o feto (produto da concepção), ainda que, para a lei civil, não tenha personalidade jurídica (que se adquire com o nascimento com vida). Por esse motivo, alguns doutrinadores chegam a declarar que a vítima é a sociedade, já que o feto não é considerado "pessoa".

Consuma-se o crime com a morte do feto ou a destruição do produto da concepção, ainda que não seja expelido pelo corpo da mulher. Mesmo que o feto nasça com vida após as manobras abortivas, mas venha a morrer em decorrência de uma "aceleração do parto", a mãe responderá por autoaborto.

Admite-se a **tentativa**, já que se trata de crime material e plurissubsistente (vários atos).

2.4.3. Aborto consentido

Corresponde à 2ª parte do art. 124, do CP: "... ou consentir que outrem lho provoque".

Trata-se de conduta omissiva (a gestante permite que terceira pessoa pratique manobras abortivas, provocando a morte do feto ou do produto da concepção).

Também, aqui, o crime é de mão própria, cujo sujeito ativo é apenas a gestante. O terceiro responderá pelo crime do art. 126 do CP.

2.4.4. Aborto provocado por terceiro sem o consentimento da gestante (art. 125 do CP)

O crime, descrito no art. 125 do CP, consiste na ação de "provocar aborto" (tipo objetivo), havendo **dissenso real** (violência física) ou **presumido** (quando a gestante não é maior de 14 anos, ou é alienada ou débil mental, ou se o consentimento é obtido mediante fraude, grave ameaça ou violência – art. 126, parágrafo único, do CP).

Trata-se da forma mais grave de aborto, punida com 3 a 10 anos de reclusão.

O **sujeito ativo** pode ser qualquer pessoa (crime comum). Já o **sujeito passivo** é o feto ou produto da concepção e a gestante (dupla subjetividade passiva).

O crime é **material**, consumando-se com a morte do feto ou produto da concepção.

2.4.5. Aborto provocado por terceiro com o consentimento da gestante (art. 126 do CP)

O crime em tela vem descrito no art. 126 do CP, configurando nítida **exceção pluralística à teoria unitária**, eis que o agente responderá por crime diverso da gestante que consentiu com o aborto (art. 124, 2ª parte, do CP).

Em outras palavras, o provocador do aborto responderá pelo crime do art. 126, ao passo que a gestante que consentiu com tal ação responderá por aborto consentido (art. 124, 2ª parte, do CP).

Trata-se de **crime comum**, ou seja, pode ser praticado por qualquer pessoa.

O crime em tela somente estará configurado se houver **consentimento válido** da gestante, ou seja, se ausente qualquer das hipóteses do **parágrafo único do art. 126 do CP**. Se assim não ocorrer, responderá o agente pelo crime do art. 125 do CP (aborto sem consentimento da gestante), enquanto que a gestante ficará isenta de pena (se alienada ou débil mental, ou não maior de 14 anos, presumindo-se a invalidade de seu consentimento nesses casos).

Consuma-se o crime com a morte do feto/produto da concepção (crime material), admitindo-se a **tentativa**.

2.4.6. Aborto qualificado (art. 127 do CP)

A pena será aumentada em 1/3 caso a gestante sofra lesão corporal de natureza grave, resultando dos meios empregados para o aborto ou como sua consequência.

No caso de morte da gestante, as penas serão duplicadas.

O art. 127 do CP somente pode ser aplicado aos crimes previstos nos arts. 125 e 126, já que o art. 124 é próprio da gestante, não podendo ela ser mais gravemente punida se sofrer lesão corporal grave (a lei não pune a autolesão) ou morte (hipótese em que haverá extinção da punibilidade – art. 107, I, do CP).

A ocorrência de lesão corporal leve não acarreta a exacerbação da pena, eis que implicitamente vem prevista no tipo penal. Afinal, abortamento sem um mínimo de lesão é quase impossível.

Em qualquer hipótese (lesão corporal grave ou morte da gestante), o delito será preterdoloso, ou seja, o resultado agravador terá sido praticado pelo agente a título de culpa. Por se tratar de delito preterdoloso, não se admite tentativa, respondendo o agente, segundo Fernando Capez, pela forma consumada do crime, ainda que não ocorra o aborto, mas a gestante morra ou sofra lesão corporal grave.

Se quiser a morte ou lesão corporal grave na gestante, além do aborto, responderá o agente em concurso de crimes.

2.4.7. Aborto legal (art. 128 do CP)

O CP admite, em duas situações, a prática do aborto:

a) se a gravidez gerar risco de vida à gestante;
b) se a gravidez resultou de estupro, desde que a gestante consinta com o abortamento, ou, se incapaz, haja autorização do representante legal.

A primeira hipótese é denominada **aborto terapêutico ou necessário**, já que praticado para que não se sacrifique a vida da gestante, em risco por conta da gravidez.

Já a segunda hipótese é chamada de **aborto humanitário, sentimental ou ético,** eis que a lei admite que a mulher estuprada não leve a cabo uma gravidez cujo produto resulta de ato violento contra sua liberdade sexual.

Em qualquer caso, somente poderá realizar o abortamento o *médico*, conforme reza o art. 128, *caput*, do CP ("não se pune o aborto praticado por médico").

Se terceira pessoa, que não médico, realizar o aborto na primeira hipótese, poderá ser excluído o crime se a gestante correr perigo de vida atual, caracterizador do **estado de necessidade**.

No caso do **aborto humanitário**, é imprescindível que haja **autorização da gestante para sua prática, ou de seu representante legal**, caso incapaz. A lei não exige que o estuprador tenha sido irrecorrivelmente condenado, nem mesmo autorização judicial para que seja efetivado.

Todavia, na prática, é bom que o médico se cerque de alguns cuidados, como a exigência de boletim de ocorrência, declarações de testemunhas etc..

2.4.8. O aborto eugênico (feto anencefálico)

Não vem definida no CP a possibilidade de realizar o aborto se o feto possuir má formação ou mesmo anencefalia (ausência de tronco cerebral).

O STF, na ADPF 54 (Arguição de Descumprimento de Preceito Fundamental), decidiu pela possibilidade de realização do aborto do anencéfalo, desde que haja laudo médico dando conta da situação do feto.

Entendeu-se que a vedação ao aborto, nesse caso, atenta contra a dignidade humana, impondo à gestante um sofrimento desnecessário e cruel, visto que a anencefalia culminará, necessariamente, com a morte do feto. Pode-se, aqui, argumentar, que a vida se encerra com a cessação da atividade encefálica, nos termos do art. 3º da Lei 9.434/1997, razão pela qual o fato (aborto de feto anencefálico) é atípico.

3. Lesão corporal

3.1. Lesão corporal (art. 129 do CP)

3.1.1. Considerações iniciais

Embora o crime de lesões corporais atente contra a pessoa, não se trata de infração que ofenda a vida, mas a integridade física ou a saúde corporal.

Para que se verifique o crime em tela, é imprescindível que a vítima sofra uma efetiva alteração de seu corpo ou saúde, de modo a causar-lhe um dano. É importante mencionar que a causação de dor, por si só, é insuficiente à configuração de lesões corporais. É possível, inclusive, praticar este crime sem que se cause dor no ofendido (ex.: corte, contra a vontade da vítima, de seus cabelos).

3.1.2. Espécies de lesão corporal

A lesão corporal, vale frisar de início, pode ser praticada nas formas dolosa ou culposa, podendo ser classificada da seguinte forma:

a) leve (*caput*)
b) grave (§ 1º);
c) gravíssima (§ 2º);
d) seguida de morte (§ 3º);
e) privilegiada (§ 4º)
f) culposa (§ 6º)
g) majorada (§§ 7º, 10 e 11)
h) qualificada pela violência doméstica (§ 9º)

3.1.3. Tipo objetivo

O CP prevê, em seu art. 129, o delito de "lesão corporal", com a seguinte redação: "ofender a integridade corporal ou a saúde de outrem".

Verifica-se, portanto, que o verbo do tipo (conduta típica) é *ofender*, que pressupõe causação de dano ao corpo (integridade corporal) ou à saúde (segundo Bento de Faria, "dano à saúde é a desordem causada às atividades psíquicas ou ao funcionamento regular do organismo" – **Código Penal Brasileiro Comentado** – Parte Especial – v. 4, p. 67-68).

Embora um dano à integridade física ou à saúde alheia venha, de regra, acompanhado de dor, tal circunstância não consta como elementar do tipo penal em estudo, pelo que se torna dispensável no caso concreto.

Como já dissemos, a depender da intenção do agente, é possível que o corte de cabelo da vítima configure lesão corporal, o que, por certo, não causa dor.

A pluralidade de ofensas à integridade física ou à saúde de terceiro caracteriza *crime único* e não vários crimes (ex.: 1 ou 10 facadas na vítima, com a intenção de lesionar, caracteriza o mesmo delito – lesões corporais – e não dez crimes idênticos). Todavia, o magistrado, ao fixar a pena do agente, irá levar em conta a pluralidade de lesões provocadas na vítima (o art. 59 do CP, que trata da fixação da pena-base, determina ao magistrado, dentre outras circunstâncias, que analise a personalidade do agente, bem como as consequências do crime).

A ofensa à integridade corporal é de fácil entendimento: provocação de hematomas, equimoses, perfurações, quebradura de ossos etc..

Um pouco mais difícil de se avaliar é a ofensa à saúde, que, conforme já mencionamos, consiste no conjunto de atividades psíquicas ou o funcionamento regular dos órgãos. Assim, configurada estará uma lesão corporal se o agente provocar falta de ar na vítima (ex.: deitar-se em seu tórax; atirar um gás que cause irritação nasal) ou mesmo se redundar em vômitos (regular funcionamento do sistema digestivo – ex.: dar comida estragada ao ofendido).

Questão que se coloca na doutrina é a respeito do grau de disponibilidade do bem jurídico protegido pelo crime de lesão corporal: a integridade física ou a saúde. Seria ele disponível ou indisponível?

Para um entendimento mais ultrapassado, a integridade física e a saúde são indisponíveis, não cabendo qualquer consentimento da vítima como forma de exclusão do crime. Já para o entendimento mais moderno, encampado, inclusive, por Cezar Roberto Bittencourt (**Tratado de Direito Penal** – vol. 2, ed. Saraiva), trata-se de bem relativamente disponível, vale dizer, o consentimento da vítima na produção de lesões é válida, desde que não contrarie os bons costumes e não se caracterize como algo extremamente grave.

Em outras palavras, a provocação de pequenas lesões, desde que contem com o consentimento do ofendido, não caracteriza crime de lesão corporal. É o caso de colocação de brincos e *piercings*. Quem o faz não comete crime!

E o médico que pratica cirurgia plástica, quebrando cartilagens (nariz, por exemplo), ou retirando ossos e tecidos, comete lesão corporal? Entende-se que não, visto que não tem o dolo de causar um *dano* à vítima, mas, ao contrário, de melhorar seu corpo ou saúde.

3.1.4. Tipo subjetivo

A lesão corporal pode ser punida por três formas: dolo, culpa e preterdolo.

A lesão corporal culposa vem prevista no art. 129, § 6º, do CP, ao passo que a preterdolosa típica é a lesão corporal seguida de morte (art. 129, § 3º, do CP), mas também admitida tal modalidade nas formas grave e gravíssima, conforme veremos a seguir.

De qualquer forma, na lesão dolosa, o agente tem a intenção (dolo direito) ou assume o risco de produzir um dano à integridade física ou à saúde de outrem. Age, portanto, com o chamado *animus laedendi*.

Se "A" atinge "B" com uma pedra, com a intenção de matá-lo (*animus necandi*), mas a morte não se verifica, responderá por tentativa de homicídio e não por lesão corporal dolosa consumada. Afinal, deve-se verificar a intenção do agente.

3.1.5. Sujeitos do crime

O sujeito ativo da lesão corporal pode ser qualquer pessoa (salvo no caso de violência doméstica, o que veremos mais à frente). Trata-se, em regra, de crime comum.

Adverte Rogério Sanches Cunha (**Direito Penal** – Parte Especial – ed. RT) que, se o agressor for policial militar, caberá à Justiça Militar processá-lo pelas lesões corporais, sem prejuízo do delito de abuso de autoridade, que será de competência da Justiça Comum.

O Direito Penal não pune a autolesão, ou seja, se o agente ofender sua própria integridade física ou saúde, não poderá referido ramo do Direito intervir para puni-lo.

Porém, se alguém se vale de um inimputável (menor de idade), ou de alguém que tenha a capacidade de discernimento reduzida ou suprimida (doente mental, ébrio), determinando-lhe a causar em si próprio uma lesão, haverá situação de autoria mediata. Assim, quem induzir ou instigar a pessoa a praticar autolesão responderá pelas ofensas que se verificarem na vítima (ex.: "A" induz "B", embriagado, a cravar uma faca na própria mão, o que é feito. "A" é autor mediato da lesão corporal provocada por "B" em si mesmo).

Por fim, em algumas situações, o sujeito passivo do crime em estudo será especial, como é o caso da lesão corporal que causa aceleração do parto (lesão grave) ou aborto (lesão gravíssima), tendo por vítima a mulher grávida. O mesmo se pode dizer com relação ao § 7º do art. 129 do CP, que prevê causa de aumento de pena quando a vítima for menor de 14 ou maior de 60 anos.

3.1.6. Consumação e tentativa

A lesão corporal é crime material, vale dizer, somente se consuma com a efetiva ofensa à integridade corporal ou à saúde de outrem. Logo, é perfeitamente possível a tentativa quando se tratar de lesões dolosas, embora seja de difícil comprovação na prática (como condenar alguém por tentativa de lesões corporais graves ou gravíssimas?).

3.1.7. Lesão corporal dolosa leve

Vem prevista no art. 129, *caput*, do CP.

Estará caracterizada quando não se verificar qualquer das outras espécies de lesão corporal (grave, gravíssima, seguida de morte).

A pena é de detenção de 3 meses a 1 ano.

O art. 88 da Lei nº 9.099/95, determina que a vítima represente (condição de procedibilidade da ação penal) quando se tratar de lesão corporal leve, sob pena de decadência, o que implicará a impossibilidade de o Ministério Público oferecer denúncia e a consequente extinção da punibilidade em favor do agente (art. 107, IV, do CP). Frise-se que se se tratar de lesão corporal praticada contra mulher, em **violência doméstica e familiar**, a jurisprudência já pacificou o entendimento de que não será aplicado o referido art. 88 da Lei do JECRIM, tratando-se, pois, de crime de **ação penal pública incondicionada**.

O caráter residual da lesão corporal leve (tudo o que não configurar lesão grave, gravíssima ou seguida de morte) não comporta reconhecimento de adequação típica quando a ofensa à integridade corporal for levíssima (ex.: um microfuro provocado por "A" em "B", por meio de uma agulha; um arranhão de unha produzido por "A" em "B"). Aqui, é de ser aplicado o princípio da insignificância penal.

3.1.8. Lesão corporal grave

A pena para as situações previstas no § 1º do art. 129, do CP, varia de 1 a 5 anos de reclusão.

Será verificada tal espécie de lesão corporal quando:

a) **resultar incapacidade para as ocupações habituais, por mais de 30 (trinta) dias**: aqui, tal incapacidade pode ser física ou mental. Pressupõe que a vítima, em razão da ofensa à sua integridade corporal ou à sua saúde, não consiga, por lapso superior a 30 dias, realizar as tarefas do dia a dia, não necessariamente relacionadas com o trabalho (ex.: tomar banho, vestir-se sozinha, erguer peso, andar normalmente).

Deve-se ressaltar que a vergonha da vítima em realizar as suas ocupações habituais, em razão das lesões, não configura a qualificadora em análise. É o que ensina Damásio E. de Jesus. Exemplifica a situação da vítima que, ferida no rosto, tem vergonha de realizar suas ocupações habituais (trabalho) por mais de 30 dias.

Por fim, a comprovação da qualificadora em comento depende de um exame pericial complementar, a ser realizado no trigésimo dia subsequente ao dia do crime (art. 168, § 2º, do CPP):

b) **resultar perigo de vida**: tal qualificadora exige que, em razão da lesão causada à vítima, experimente ela um efetivo perigo de morte, com probabilidade concreta de ocorrência. Tal situação deve ser constatada em exame de corpo de delito, devendo o médico legista apontar qual foi o perigo causado ao ofendido, não bastando mencionar que as lesões causaram perigo de morte. Trata-se de qualificadora atribuída ao agente a título de preterdolo, eis que, quisesse ele o risco de morte da vítima, deveria responder por tentativa de homicídio;

c) **resultar debilidade permanente de membro, sentido ou função**: entende-se por membro todos os apêndices ligados ao corpo humano (braços, pernas, mãos, pés), responsável pelos movimentos. Já o sentido pode ser definido como tudo o quanto permita ao homem ter sensações (visão, audição, paladar, tato e olfato). Por fim, função é todo o complexo de órgãos responsáveis por atividades específicas em nosso organismo (sistema respiratório, circulatório, digestivo, reprodutivo).

A qualificadora estará presente se das lesões sofridas pela vida resultar a diminuição ou o enfraquecimento de membros, sentidos ou funções. Entende-se por debilidade não uma situação que se perdura para sempre, mas que seja de difícil ou incerta recuperação.

Pergunta-se: um soco na boca da vítima, do qual resulte a perda de 3 dentes, pode ser considerada lesão corporal grave? Resposta: depende do laudo pericial. A função mastigatória pode ser seriamente abalada pela perda de determinados dentes, mas de outros, não (ex.: queda do último dente molar);

d) **se resultar aceleração de parto**: se em decorrência das lesões, o agente provoca, em mulher grávida, a aceleração do parto (nascimento adiantado do feto), sem que disso haja a morte da criança, configurada estará a qualificadora em tela.

Indispensável que o agente, no momento de praticar as lesões na mulher, saiba do seu estado gravídico, sob pena de ser verificada responsabilidade objetiva, vedada no Direito Penal. Caso desconheça a gravidez da vítima, responderá por lesões corporais leves (desde que não se configure qualquer outra qualificadora).

3.1.9. Lesão corporal gravíssima

Vem prevista no § 2º, do art. 129, do CP, cuja pena varia de 2 a 8 anos de reclusão.

Temos as seguintes qualificadoras caracterizadoras dessa espécie de lesão corporal:

a) **incapacidade permanente para o trabalho**: diferentemente da lesão corporal grave da qual resulta incapacidade para as ocupações habituais por mais de trinta dias, aqui a vítima, em razão das lesões, ficará incapacitada (recuperação impossível ou sem previsão de cessação) para o trabalho.

A doutrina majoritária defende que a incapacidade deve ser para qualquer tipo de trabalho e não necessariamente para o desempenhado pela vítima antes de sofrer as lesões. Já para a doutrina minoritária, basta a incapacidade para o trabalho até então desempenhado para que se configure a qualificadora em comento;

b) **enfermidade incurável**: verifica-se essa qualificadora quando a vítima, em razão das lesões à sua saúde, adquire doença para a qual não exista cura. A transmissão da patologia, nesse caso, deve ser intencional (o agente deve querer que a vítima adquira enfermidade incurável).

Não importa se, anos após a transmissão da doença, a medicina tenha a cura. O que importa é que, no momento do crime, não havia tratamento para a enfermidade.

A doutrina entende, ainda, que a enfermidade que somente possa ser extirpada por intervenção cirúrgica configura a qualificadora, já que não se pode obrigar a vítima a se submeter a tais procedimentos difíceis ou a tratamentos incertos, ainda não implantados e testados exaustivamente pela medicina;

c) **perda ou inutilização de membro, sentido ou função**: perda de membro, sentido ou função pressupõe a amputação ou mutilação de um deles, ao passo que a inutilização corresponde à perda da sua capacidade, ainda que ligado ao corpo.

Assim, furar os 2 olhos da vítima configura a inutilização de um sentido (visão). Arrancar uma perna do ofendido, amputando-a, também configura a perda de um membro. Também configura a qualificadora em análise a amputação total ou parcial do pênis do homem (perda da função reprodutora).

No tocante aos órgãos duplos (olhos, rins, orelhas, pulmões), a supressão ou inutilização de apenas um deles acarreta debilidade permanente de membro, sentido ou função, que configura lesão corporal grave e não gravíssima (perda ou inutilização de membro, sentido, ou função);

d) **deformidade permanente**: trata-se de qualificadora ligada ao dano estético permanente, provocado pelas lesões corporais causadas pelo agente à vítima. Não é qualquer dano, ainda que perene, que se enquadrará na circunstância em análise. Deve ser um dano sério, capaz de gerar constrangimento à vítima e a quem a cerca.

Há quem sustente que a deformidade permanente deva ser analisada no caso concreto, diferenciando-se vítima a vítima (ex.: uma marca permanente no rosto de uma jovem Miss Universo ou no rosto de um indigente idoso desprovido de beleza);

e) **aborto**: se as lesões corporais provocarem a morte do feto, a título de preterdolo, configurada estará a qualificadora. Exige-se, por evidente, que o agente tenha conhecimento do estado gravídico da vítima e que não queria ou assumiu o risco de provocar-lhe o abortamento. Assim não sendo, responderá por aborto (art. 125 do CP).

3.1.10. Lesão corporal seguida de morte

Prevista no § 3º do art. 129, do CP, pressupõe que o agente atue com dolo na causação das lesões corporais e com culpa na produção do resultado agravador (morte).

O próprio tipo penal já exclui tal crime se o agente atuar querendo a morte da vítima ou assumindo o risco de produzi-la. Trata-se, portanto, de típico exemplo de crime preterdoloso.

Se o evento antecedente à morte não for lesão corporal, mas qualquer outra conduta (ex.: ameaça, vias de fato), não se verificará a lesão corporal seguida de morte, mas sim o homicídio culposo.

Impossível a modalidade tentada do crime em tela, eis que o resultado agravador, produzido a título de culpa, impede tal figura (afinal, a culpa é incompatível com a tentativa).

3.1.11. Lesão corporal privilegiada

Nos mesmos termos já estudados no tocante ao homicídio, se o agente age por motivo de relevante valor moral ou social, ou sob o domínio de violenta emoção, logo em seguida a injusta provocação da vítima, o magistrado poderá reduzir a pena de um sexto a um terço.

3.1.12. Substituição da pena

Nos casos de lesão corporal privilegiada, poderá o juiz, não sendo grave, substituir a pena de detenção pela de multa. Também poderá fazê-lo quando houver lesões recíprocas.

3.1.13. Lesão corporal culposa

O art. 129, § 6º, do CP trata da lesão corporal culposa, punida com 2 meses a 1 ano de detenção.

Qualquer situação em que o agente atue com imprudência, negligência ou imperícia, causando ofensa à integridade corporal ou à saúde de outrem, será caracterizadora do crime em tela.

Por se tratar de crime culposo, inadmissível a tentativa.

Se a lesão corporal culposa for praticada na direção de veículo automotor, não será aplicado o CP, mas sim o CTB (Lei 9.503/1997, art. 303).

3.1.14. Lesão corporal majorada e perdão judicial

O art. 129, § 7º, do CP, bem assim o § 8º, recebem a mesma disciplina do homicídio culposo e doloso majorados e perdão judicial.

No tocante à majoração da pena em 1/3 (um terço) do crime em estudo, remetemos o leitor aos itens 2.1.2.5 e 2.1.2.6, *supra*.

3.1.15. Lesão corporal e violência doméstica

A Lei 10.886/2004 introduziu ao art. 129 os §§ 9º e 10, que receberam o nome de "violência doméstica".

Ocorre que a Lei 11.340/2006 (Lei Maria da Penha) alterou a pena da lesão corporal quando praticada com violência doméstica, que passou a ser de 3 meses a 3 anos de detenção (e não mais 6 meses a 1 ano de detenção!).

Assim, quando a lesão corporal for praticada contra ascendente (pais, avós), descendente (filhos, netos, bisnetos), irmão (colateral em segundo grau), cônjuge (pressupõe casamento), companheiro (união estável), ou com quem o agente conviva ou tenha convivido, ou prevalecendo-se ele das relações domésticas, de coabitação ou de hospitalidade, responderá pelo crime denominado "violência doméstica".

Saliente-se, por oportuno, que a figura típica ora analisada incidirá não apenas se a vítima for mulher, mas também para os homens. Afinal, os §§ 9º e 10 do art. 129 não fizeram distinção de gênero, tal como se tem na Lei Maria da Penha.

3.1.16. Causa de aumento de pena

A Lei Maria da Penha inseriu mais um parágrafo ao art. 129, o de número 11, prevendo aumento da pena em um terço se, no caso de violência doméstica (§ 9º), for a vítima deficiente (física ou mental). Também, aqui, pouco importa se a vítima for homem ou mulher!

4. Crimes de perigo individual

4.1. Crimes de perigo. Considerações iniciais

O Código Penal, a partir do art. 130, passa a tratar dos denominados "crimes de perigo", nos quais o agente atua não com a intenção de causar um efetivo dano ao bem jurídico protegido pela norma penal incriminadora, mas apenas com **"dolo de perigo"**, vale dizer, pratica a conduta querendo causar um risco ao objeto jurídico do crime.

Dentre os chamados "crimes de perigo", a doutrina distingue os de:

a) **perigo abstrato**: a lei presume, de maneira absoluta, o perigo provocado pela conduta do agente, não se exigindo demonstração efetiva do risco causado pela conduta típica;

b) **perigo concreto**: a lei exige que se comprove, concretamente, o perigo provocado pela conduta do agente, sem o que o fato será atípico.

A doutrina penal mais comprometida com os postulados constitucionais chega a defender a inadmissibilidade dos crimes de perigo abstrato, na medida em que todo crime deve provocar uma lesão ou probabilidade efetiva de lesão ao bem jurídico protegido pelo tipo incriminador. Sustenta-se o adágio *nullum crimen sine injuria*, ou seja, não há crime sem lesão.

Infelizmente, trata-se de corrente minoritária na doutrina e jurisprudência, embora o STF já tenha decidido que o crime de porte ilegal de arma (crime de perigo) não se configura se não estiver municiado referido artefato ou se o agente não dispuser de projéteis ao seu alcance para rápido municiamento. Entendeu o Pretório Excelso que a ausência de potencialidade lesiva faz tornar atípica a conduta de portar arma sem a respectiva munição.

4.2. Perigo para a vida ou saúde de outrem (art. 132 do CP)

4.2.1. Considerações iniciais

O art. 132 do CP pune a conduta do agente que simplesmente expõe a perigo direto e iminente a vida ou a saúde de outrem, tratando-se, pois de **crime de perigo concreto**.

Tenciona o legislador, portanto, proteger a vida ou saúde alheia não contra um risco efetivo, mas meramente potencial.

4.2.2. Tipo objetivo

A conduta típica corresponde ao verbo "expor", vale dizer, deve o agente, para praticar o crime em comento, colocar em risco/perigo efetivo, direto, a vida ou a saúde de outrem. Entende a doutrina que se deve colocar em perigo a vida ou saúde de pessoa ou pessoas **certas e determinadas**, não de uma coletividade.

Admite-se, inclusive, a prática do crime por conduta omissiva (ex.: o patrão que, explorando uma atividade de risco, não fornece aos empregados equipamentos para o trabalho, ficando os obreiros expostos a perigo de vida ou saúde direto e iminente).

Pelo fato de o tipo penal constar expressamente em seu preceito secundário que a pena é de 3 meses a 1 ano de detenção, se o fato não constitui crime mais grave, a doutrina denomina o crime em análise de **subsidiário**. Ou seja, somente restará configurado o crime de perigo para a vida ou saúde de outrem se não constituir meio de execução de infração mais gravosa (ex.: tentativa de homicídio; tentativa de lesão corporal).

Por esse motivo, ensina a doutrina que é **inadmissível o concurso de crimes** (ao menos entre o crime principal e o subsidiário – ex.: art. 132 e art. 121 c.c. art. 14, II, todos do CP), salvo se várias forem as vítimas do crime de perigo em tela (mediante mais de uma ação, o agente expõe a vida de várias pessoas determinadas a risco direto e iminente – *vide* art. 70 do CP).

4.2.3. Tipo subjetivo

O crime do art. 132 do CP é doloso. Lembre-se que, *in casu*, o dolo é de perigo, já que o agente não quer causar uma lesão efetiva à vida ou saúde de outrem, mas apenas colocá-las em risco direto e iminente (dolo de perigo e não dolo de dano!).

Não se admite a modalidade culposa do crime em estudo.

4.2.4. Sujeitos do crime

Qualquer pessoa pode ser autora do crime de perigo para a vida ou saúde de outrem, o mesmo valendo para a vítima.

Porém, ensina a doutrina que o sujeito passivo do delito deve ser pessoa certa e determinada e não uma coletividade (sob pena de restar configurado crime de perigo comum, previsto entre os arts. 250 a 259 do CP).

4.2.5. Consumação e tentativa

O crime atinge a consumação quando, com a conduta do agente, a vida ou a saúde da vítima é efetivamente posta em perigo direto e iminente.

Somente se admite a tentativa na forma comissiva do crime (ex.: "A", quando esticava o braço para atirar uma pedra na direção de "B", querendo apenas provocar um perigo à integridade corporal deste, é impedido por um transeunte).

Na modalidade omissiva, é inadmissível a tentativa.

4.2.6. Crime majorado

Nos termos do parágrafo único do art. 132 do CP, a pena é aumentada de 1/6 a 1/3 se a exposição da vida ou da saúde de outrem a perigo decorre do transporte de pessoas para a prestação de serviços em estabelecimentos de qualquer natureza, em desacordo com as normas legais.

Segundo Julio F. Mirabete, o espírito da lei foi o de proteger os boias-frias, que transitam em transportes sem o mínimo de segurança, em direta violação ao Código de Trânsito Brasileiro (arts. 26 a 67 e 96 a 113 – Lei 9.503/1997).

Todavia, não basta a mera violação de regras de segurança no transporte, sendo imprescindível que, em razão disso, os passageiros corram um risco efetivo de vida ou à saúde.

4.3. Abandono de incapaz (art. 133 do CP)

4.3.1. Considerações iniciais

Pretendeu o legislador, na edição do art. 133 do CP, proteger a integridade física e psíquica de determinadas pessoas, que, conforme o próprio *nomen juris* demonstra, são incapazes de, sozinhas, manterem íntegras a própria vida ou saúde.

4.3.2. Tipo objetivo

O verbo do tipo é "abandonar", ou seja, deixar ao desamparo, sem assistência. Assim, pratica o crime em tela o agente que abandona determinadas pessoas, incapazes de defender-se dos riscos resultantes de tal ato.

O crime pode ser praticado de maneira comissiva (mediante ação, portanto) ou omissiva (obviamente por omissão).

A questão que se coloca é o "tempo" do abandono. Por qual espaço de tempo o agente deve abandonar a vítima para que o crime esteja caracterizado? Responde a doutrina que deve ser por período "juridicamente relevante", ou seja, pelo tempo suficiente para que o sujeito passivo da conduta corra um risco efetivo de sua integridade física ou psíquica.

Por se tratar de crime de perigo concreto, deve-se comprovar o risco efetivo à vítima abandonada. Daí porque não configura o crime de abandono de incapaz a conduta daquela pessoa que abandona, por exemplo, a vítima, sendo que o local é rodeado de pessoas que podem prestar-lhe assistência (ex.: o filho abandona o pai, idoso e doente, ao lado de um hospital movimentado). Também não configura o crime se o agente abandona a vítima e aguarda que seja socorrida por terceiros.

4.3.3. Tipo subjetivo

O crime em tela é doloso, agindo o agente com a intenção de colocar a vítima em perigo, abandonando-a (dolo de perigo).

Se tiver o autor do delito a intenção de, mediante o abandono, provocar efetivo dano à integridade física ou à saúde da vítima, poderá responder por tentativa de homicídio, de lesão corporal, de infanticídio etc..

4.3.4. Sujeitos do crime

O *caput* do art. 133 do CP revela que o sujeito ativo do crime não pode ser qualquer pessoa, mas sim aquela que guardar alguma relação com a vítima: a) cuidado; b) guarda; c) vigilância; e d) autoridade.

Verifica-se que essas "qualidades" do sujeito ativo denotam uma obrigação que ele tem para com a vítima (deve dela cuidar, ser guardião, vigiar ou estar em posição de autoridade). Trata-se de verdadeiro "garantidor" do sujeito passivo, sendo o crime denominado **próprio.**

Já a vítima deve ser a pessoa que está sob os cuidados, a guarda, a vigilância ou a autoridade do sujeito ativo, de tal modo que dependa dela. Se do abandono sofrer riscos para a saúde ou integridade física, caracterizado estará o crime em comento.

4.3.5. Consumação e tentativa

O delito se consuma com o abandono da pessoa que deve estar sob o resguardo do sujeito ativo, independentemente de resultado naturalístico. Adverte-se que, se do abandono não advier um perigo concreto à vida ou saúde do sujeito passivo, não se configura o crime.

Admissível a tentativa se o crime for praticado por ação.

4.3.6. Formas qualificadas

O § 1º do art. 133 do CP traduz a forma qualificada do crime, punido com reclusão de 1 a 5 anos se, em razão do abandono, a vítima sofrer lesão corporal de natureza grave. O resultado agravador, nesse caso, é atribuído ao agente a título de culpa (trata-se de crime preterdoloso). Impossível que iniciasse o agente um crime com dolo de perigo e o encerrasse com dolo de dano (querendo as lesões corporais).

Se, em razão do abandono, a vítima morrer, a pena do agente será de 4 a 12 anos. Aqui, igualmente, o resultado agravador não pode ser imputado ao autor do crime a título de dolo, mas sim de culpa (crime preterdoloso).

4.3.7. Formas majoradas

As penas serão aumentadas em 1/3 se:

a) **o abandono ocorre em lugar ermo**: se o lugar em que o agente abandonar a vítima for pouco frequentado ou desabitado no momento do abandono, aumenta-se a pena, eis que a chance de o perigo se concretizar é mais elevado. Todavia, se o lugar for absolutamente inóspito (ex.: lugar com forte nevasca ou deserto), muito provavelmente a intenção do agente será de causar risco efetivo (e não meramente potencial) à vida ou saúde de pessoa sob seu resguardo;

b) **se o agente é ascendente ou descendente, cônjuge, irmão, tutor ou curador da vítima**: trata-se de pessoas que têm um maior dever de vigilância para com as vítimas (pai em relação ao filho, filho em relação ao pai, marido e mulher, irmãos, tutor para com o tutelado e o curador para com o curatelado). Não se admite analogia (ex.: agente que abandona mulher doente, vivendo com ela em união estável);

c) **se a vítima é maior de 60 anos** (majorante acrescentada pelo *Estatuto do Idoso – Lei 10.741/2003*): tal majorante tem plena razão para existir, eis que as pessoas com idade mais avançada têm maior dificuldade na sua própria defesa se abandonadas.

4.4. Omissão de socorro (art. 135)

4.4.1. Considerações iniciais

No delito que será objeto de comentário a partir de agora, tencionou o legislador punir a conduta daquela pessoa que demonstra insensibilidade perante terceiros que se vejam em situação de perigo, desde que possam agir sem risco à própria vida ou integridade corporal.

A todos existe um dever geral de solidariedade humana, conforme as palavras de Magalhães Noronha. Não se trata de conduta que a lei proíbe (em regra os crimes se traduzem em condutas proibidas – ex.: matar, furtar, estuprar, roubar), mas que impõe um "fazer" (imperativo de comando).

Não se incrimina apenas a conduta daquela pessoa que, podendo agir, deixa de prestar assistência a determinadas pessoas, mas também aquela que, não podendo fazê-lo sem risco pessoal, deixa de pedir o necessário socorro à autoridade pública.

4.4.2. Sujeitos do crime

No tocante ao sujeito ativo, o crime é considerado **comum**, eis que qualquer pessoa pode praticar a conduta descrita no *caput* do art. 135 do CP.

Já as pessoas que deveriam ser assistidas pelo sujeito ativo, mas que não o foram, são:

a) criança abandonada ou extraviada;

b) pessoa inválida ou o ferido desamparado;

c) pessoa que se encontre em grave e iminente perigo.

Considera-se *criança abandonada*, segundo Rogério Sanches Cunha (**Direito Penal** – Crimes contra a pessoa – ed. RT, pág. 115), a que foi deixada sem os cuidados de que necessitava para a sua subsistência. Já *criança extraviada* é a que se perdeu, sem saber retornar à sua residência.

Pessoa inválida, ao desamparo, é aquela, segundo o mesmo autor, sem vigor físico, ou adoentada. Por fim, *pessoa que se encontre em grave e iminente perigo* é aquela que se vê diante de algum mal sério, de grandes proporções, prestes a se verificar.

4.4.3. Tipo objetivo

O crime em tela se verifica quando o agente "deixar de prestar assistência". Trata-se de *crime omissivo puro*, ou seja, o sujeito ativo responde por "nada fazer", sendo que a lei, como já dissemos anteriormente, impõe a todos um dever de solidariedade diante daquelas pessoas descritas no tipo penal (criança abandonada ou extraviada; pessoa inválida ou ferida ao desamparo; pessoa que se encontre em grave e iminente perigo).

A omissão caracterizadora do crime em comento pode ser praticada de duas formas:

1ª – o agente, podendo auxiliar as pessoas descritas no *caput* do art. 135 do CP, não o faz;

2ª – o agente, não podendo ajudá-las sem que sofra um risco pessoal, não solicita socorro à autoridade pública.

4.4.4. Tipo subjetivo

Trata-se de crime doloso, ou seja, o agente, agindo de forma livre e consciente, deixa de prestar socorro a determinadas pessoas em situações periclitantes, ou, não podendo fazê-lo, deixa de solicitar socorro à autoridade pública competente.

Segundo a doutrina, o dolo pode ser **direto** ou **eventual**.

Inexiste a modalidade culposa da omissão de socorro, situação que, se verificada no caso concreto, tornaria a conduta atípica (princípio da excepcionalidade do crime culposo).

4.4.5. Consumação e tentativa

Consuma-se o delito, esgotando-se o *iter criminis*, quando o agente efetivamente deixa de prestar assistência a quem a precisa ou não comunicar a autoridade pública competente. Enfim, *consuma-se o crime com a omissão do sujeito ativo*.

Por se tratar de crime omissivo próprio (ou puro), *inadmissível a tentativa*, por se tratar de *crime unissubsistente* (o *iter criminis* não é fracionável).

4.4.6. Forma majorada de omissão de socorro

O parágrafo único do art. 135 do CP pune mais gravosamente o agente que, em razão da omissão, provocar **lesão corporal de natureza grave** na vítima (aumenta-se de **metade** a reprimenda).

Já se resultar a **morte** do ofendido, a pena é **triplicada.**

Em ambas as hipóteses, o crime será **preterdoloso** (dolo na omissão e culpa no tocante ao resultado agravador – lesão corporal grave ou morte).

4.5. Condicionamento de atendimento médico hospitalar emergencial (art. 135-A do CP)

4.5.1. Considerações iniciais

Trata-se de nova figura típica inserida no CP pela Lei 12.653/2012, muito semelhante, em verdade, ao crime estudado anteriormente. Estamos, na prática, diante de uma nova modalidade de omissão de socorro, mas com elementares e características próprias. Vamos aos estudos!

4.5.2. Sujeitos do crime

O crime em tela, embora não haja expressa previsão na redação típica, será cometido por administradores ou funcionários do hospital, visto que a conduta será a de "*exigir* cheque-caução, nota promissória ou qualquer garantia, bem como o preenchimento prévio de formulários administrativos, como condição para o atendimento médico hospitalar emergencial".

Ora, emerge nítido que a exigência de "burocracias" e/ou de garantia antecipada de pagamento dos serviços hospitalares somente poderá ser feita por funcionários ou administradores do hospital, motivo pelo qual entendemos que se trata de um crime próprio, visto ser necessária uma qualidade especial do agente (ser funcionário ou administrador da entidade hospitalar).

4.5.3. Tipo objetivo

O crime em comento restará caracterizado quando o agente delitivo *condicionar* o atendimento médico hospitalar emergencial ao próprio paciente ou seus familiares, em caso de impossibilidade daquele, exigindo:

- ✔ *cheque-caução* – trata-se de um título de crédito (ordem de pagamento à vista) emitido como garantia do pagamento dos serviços médicos e hospitalares prestados;
- ✔ *nota promissória* – trata-se, também, de um título de crédito (promessa futura de pagamento), dado como garantia do pagamento dos serviços médicos e hospitalares prestados;
- ✔ *qualquer garantia* – aqui, o legislador, em exercício de interpretação analógica, após enumeração casuística (cheque-caução e nota promissória), inseriu uma "cláusula genérica", a fim de garantir que haverá tipicidade penal se, por exemplo, o agente delitivo exigir, como condição do atendimento ao paciente, qualquer outra garantia, tais como endosso de uma duplicata ou letra de câmbio (Rogério Sanches Cunha – **Curso de Direito Penal**, vol. 2 – pág. 156 – Ed. JusPodivm).

Repare que a "omissão de socorro" por parte do agente delitivo fica nítida: caso a exigência não seja atendida (cheque-caução, nota promissória ou qualquer outra garantia), não haverá a prestação do serviço médico hospitalar de emergência!

Frise-se que a simples exigência de garantia do pagamento dos serviços hospitalares e médicos de emergência será fato atípico quando não houver o condicionamento prévio ao atendimento do paciente.

4.5.4. Tipo subjetivo

O crime em comento é doloso, vale dizer, impõe que o agente delitivo, de forma livre e consciente, condicione ao paciente ou aos familiares deste o atendimento médico hospitalar emergencial à emissão de um cheque-caução, ou a assinatura de uma nota promissória ou qualquer outra garantia.

4.5.5. Consumação e tentativa

Haverá consumação do crime ora estudado no exato momento em que o agente fizer ao paciente, ou aos seus familiares, a exigência, condicionando o atendimento emergencial à entrega de um cheque-caução, ou à assinatura de uma nota promissória ou qualquer outra forma de garantia do pagamento dos serviços médicos hospitalares de emergência.

4.5.6. Formas majoradas

A pena, que é de 3 meses a 1 ano, e multa, será aumentada até o dobro se, em razão da omissão (negativa de atendimento médico hospitalar de emergência), resultar **lesão corporal grave** à vítima-paciente. Porém, se da negativa advier a **morte** do ofendido, a pena será aumentada até o triplo. Estamos, aqui, diante de figuras preterdolosas (dolo na negativa de atendimento e culpa na lesão corporal grave ou morte).

4.6. Maus-tratos (art. 136 do CP)

4.6.1. Considerações iniciais

Trata-se de crime que atenta contra a incolumidade física de determinadas pessoas descritas no tipo penal. Apenas a título de curiosidade, foi o Código de Menores, de 1927, que pela primeira vez tratou do delito de maus-tratos contra menores de 18 anos.

4.6.2. Sujeitos do crime

Conforme enuncia o tipo penal, o crime de maus-tratos não pode ser praticado por qualquer pessoa, mas apenas por aquelas que tenham alguma relação (de subordinação, diga-se de passagem) com a vítima.

Logo, pode-se afirmar que se trata de **crime próprio**, já que será praticado:

a) por quem exercer autoridade sobre alguém;
b) pelo guardião de alguém;
c) por quem exercer vigilância sobre alguém.

Ressalte-se que a relação existente entre sujeito ativo e passivo pode ser de direito público ou privado (ex.: o diretor do presídio e o detento; a mãe em relação ao filho).

Salienta-se que o crime é bipróprio, já que tanto do autor quanto da vítima são exigidas qualidades especiais (a vítima deve estar sob a autoridade, guarda ou vigilância de alguém).

4.6.3. Tipo objetivo

A conduta típica é a de "expor a perigo a vida ou a saúde" de determinadas pessoas (pessoa que esteja sob a guarda, autoridade ou vigilância do sujeito ativo do crime).

Portanto, exige-se que o agente inflija maus-tratos à vítima, mediante os seguintes meios executórios (o que transforma a figura ora estudada em crime de ação vinculada):

a) privação de alimentação (conduta omissiva);

b) privação de cuidados indispensáveis (conduta omissiva);

c) sujeição a trabalho excessivo (conduta comissiva);

d) sujeição a trabalho inadequado (conduta comissiva);

e) abuso dos meios de correção (conduta comissiva);

f) abuso dos meios de disciplina (conduta comissiva).

Enfim, o agente exporá a risco a vida ou a saúde da vítima, realizando umas das ações acima mencionadas, seja por omissão (letras "a" e "b"), seja por ação (letras "c" a "f").

Especialmente quanto ao abuso dos meios de correção e disciplina, adverte-se que o "guardião" (pai, mãe e família substituta) tem o direito de corrigir e impor disciplina ao que está sob sua guarda. O que pune a lei é o excesso nos meios de correção e disciplina, expondo, em razão disso, a vida ou a saúde da vítima a perigo de dano.

Atu o agente não com dolo de dano, mas com dolo de perigo ao abusar desses meios.

Frise-se que, quando os maus-tratos se devem à correção, por exemplo, do próprio filho, excedendo-se os pais em tal situação, não responderão por lesões corporais se tiverem agido com *animus corrigendi*. Todavia, se a intenção for a de lesionar, responderão pelo referido delito.

Por fim, o abuso nos meios de correção deve ser apto a causar um perigo de dano à vida ou saúde da vítima, não restando configurado se causar apenas simples "vergonha" (ex.: a mãe, querendo "emendar" a filha, raspa-lhe os cabelos, em razão de ser "menina fácil").

4.6.4. Tipo subjetivo

O crime é doloso, exigindo-se do agente que atue com a consciência de que sua conduta expõe a risco a vida ou saúde da vítima, excedendo-se da normalidade.

Não se pune a forma culposa do crime.

4.6.5. Consumação e tentativa

Consuma-se o crime quando a vítima efetivamente sofrer um risco à sua integridade física (vida ou saúde).

As modalidades comissivas admitem tentativa, ao passo que as omissivas, não.

4.6.6. Formas qualificadas e majorada

Os §§ 1º e 2º do art. 136 do CP **punem mais gravosamente** o agente que, em razão dos **maus-tratos, causa na vítima lesão** corporal de natureza grave (**1 a 4 anos de reclusão**) ou morte (4 a 12 anos de reclusão).

Evidentemente que qualquer das qualificadoras aponta para a ocorrência de crime preterdoloso, atribuindo-se o resultado agravador (lesão corporal grave ou morte) ao agente a título de culpa. Assim não fosse, responderia por lesão corporal consumada ou homicídio.

Por fim, o § 3º do precitado artigo determina o aumento da pena em 1/3 se o crime for praticado contra menor de 14 anos (dispositivo acrescentado pelo ECA).

Se o crime for praticado contra idoso (mais de 60 anos), o crime não é o de maus-tratos do CP, mas o do Estatuto do Idoso (art. 99 da Lei 10.741/2003).

4.7. Rixa (art. 137 do CP)

4.7.1. Considerações iniciais

Considera-se rixa a briga ou a contenda travada entre mais de duas pessoas (no mínimo, portanto, três!), **sem que se possa identificar, de maneira individualizada, agressor e agredido.**

Embora possa parecer contraditório, na rixa o **sujeito ativo e o sujeito passivo se confundem** (agressor pode ser agredido e vice-versa).

Trata-se de crime que protege, a um só tempo, a **incolumidade física** dos próprios contendores, bem assim a **incolumidade pública**, que pode ser posta em xeque em uma briga generalizada.

4.7.2. Sujeitos do crime

Qualquer pessoa pode ser sujeito ativo do delito em questão.

Pela particularidade de exigir, no mínimo, três pessoas para que a conduta seja típica, temos um crime de **concurso necessário** (ou **plurissubjetivo**).

O sujeito passivo do crime pode ser o próprio participante da rixa, bem como terceiras pessoas que venham a se ferir com o tumulto.

4.7.3. Tipo objetivo

O crime de rixa, previsto no art. 137 do CP, prevê como conduta típica "participar da rixa", ou seja, **tomar parte** na contenda travada entre, pelo menos, três pessoas.

Pune-se o delito, em sua forma simples, com detenção de 2 meses a 1 ano, ou multa (trata-se de **infração penal de menor potencial ofensivo – Lei 9.099/1995**).

O delito que ora se comenta somente restará caracterizado se houver um tumulto generalizado, sem que se possa identificar/individualizar agressores e agredidos. Se houver tal possibilidade (constatação individual de cada contendor e agredido), tratar-se-á de lesões corporais recíprocas, não rixa.

Pode-se tomar parte na rixa diretamente (ou seja, sendo um dos rixosos), ou mediante participação moral (partícipe da rixa – art. 29 do CP), induzindo ou instigando os contendores a tomarem parte na briga generalizada.

A doutrina faz menção a dois tipos de rixa:

a) *ex proposito* – é a rixa preordenada, na qual dois ou mais grupos de contendores, de maneira prévia, ajustam a "briga" generalizada. Nesse caso, sendo possível a identificação de cada um, não se poderia falar em crime de rixa, mas de lesões corporais qualificadas;

b) *ex improviso* – é a rixa que ocorre sem um prévio ajuste, de inopino, subitamente. Para alguns doutrinadores, essa é a típica rixa.

4.7.4. Tipo subjetivo

O delito de rixa é doloso, mas não agem os rixosos com dolo de lesionar (dolo de dano), mas sim de causar perigo à integridade física de terceiros (**dolo de perigo**).

Trata-se, portanto, de mais um **crime de perigo**, segundo a doutrina, abstrato (presume-se o perigo, não se exigindo sua comprovação em concreto).

O terceiro que apenas ingressa na contenda para "separar" os rixosos, por falta de dolo, não responderá pelo crime, exceto se, durante sua intervenção, passar a agredir os partícipes do tumulto.

4.7.5. Consumação e tentativa

Consuma-se o crime com a efetiva participação do agente na contenda generalizada, trocando agressões com os demais partícipes do evento.

Segundo a doutrina majoritária, inadmissível a tentativa, já que o delito se consuma com o ingresso do contendor no tumulto, exaurindo-se a infração simultaneamente com o início da execução (delito unissubsistente e instantêneo).

Para outros, admite-se a tentativa apenas na rixa *ex proposito* (preordenada).

Ademais, se o tumulto sequer tivesse início, não ocorreria a forma tentada do delito, mas sim meros atos preparatórios.

4.7.6. Rixa qualificada

Conforme o parágrafo único do art. 137 do CP, se ocorrer morte ou lesão corporal de natureza grave, a pena será de 6 meses a 2 anos de detenção.

Trata-se de dispositivo que pune objetivamente (independentemente de comprovação de dolo ou culpa) o participante da rixa se do tumulto decorrer resultado mais grave do que simples vias de fato ou lesões corporais leves.

Em suma, ainda que o rixoso não tenha diretamente provocado a lesão corporal grave ou a morte de outro contendor, o só fato de participar do tumulto já será suficiente para receber reprimenda mais gravosa.

Se um dos contendores for o que sofrer a lesão corporal grave, ele próprio responderá por rixa qualificada.

5. Crimes contra a honra

5.1. Crimes contra a honra (arts. 138 a 145, CP). Considerações iniciais

A honra é bem jurídico constitucionalmente protegido, conforme se infere do art. 5º, X, da CF: "são invioláveis a intimidade, a vida privada, a honra e a imagem das pessoas, assegurado o direito a indenização pelo dano material e moral decorrente de sua violação".

A doutrina costuma dividir a honra sob dois aspectos: um objetivo e outro subjetivo.

Sob o enfoque objetivo, que dá ensejo à denominada **honra objetiva**, diz-se que se trata daquilo que terceiros pensam do sujeito. Em outras palavras, a honra objetiva condiz com o conceito que a pessoa goza de seu meio social (reputação).

Já no tocante ao aspecto subjetivo, do qual se origina a **honra subjetiva**, diz-se que se trata daquilo que a pessoa pensa de si própria, um sentimento sobre a própria dignidade.

Embora a doutrina costume diferenciar honra objetiva de subjetiva, é certo que não se pode tratá-las de forma estanque, eis que, por vezes, segundo adverte Rogério Greco, "uma palavra que pode ofender a honra subjetiva do agente também pode atingi-lo perante a sociedade da qual faz parte. Chamar alguém de mau-caráter, por exemplo, além de atingir a dignidade do agente, macula sua imagem no meio social" (**Curso de Direito Penal** – vol. 2 – Parte Especial – ed. Impetus).

A distinção a que ora fazemos referência guarda importância apenas para a distinção dos três tipos penais incriminadores que serão doravante estudados (bem como os momentos consumativos): a **injúria** (que ofende a *honra subjetiva* da vítima), a **calúnia** e a **difamação** (ambas ofendendo a *honra objetiva* do sujeito passivo das condutas ilícitas).

5.2. Calúnia (art. 138 do CP)

5.2.1. Considerações iniciais

O art. 138 do CP prevê o crime de calúnia, que, como já dito anteriormente, ofende a **honra objetiva** da vítima, vale dizer, sua reputação e fama perante terceiros.

5.2.2. Tipo objetivo

A conduta típica é *caluniar*, ou seja, fazer uma falsa acusação, tendo o agente, com tal conduta, a intenção de afetar a reputação da vítima perante a sociedade.

O tipo penal em comento enuncia: "caluniar alguém, imputando-lhe falsamente fato definido como crime".

Guilherme de Souza Nucci (**Manual de Direito Penal** – Parte Geral e Parte Especial – 3ª ed., editora RT, pág. 657), criticando a redação do art. 138 do CP, faz a seguinte ressalva: "portanto, a redação feita no art. 138 foi propositadamente repetitiva (fala duas vezes em *'atribuir'*: caluniar significa *atribuir* e imputar também significa *atribuir*). Melhor seria ter nomeado o crime como sendo 'calúnia', descrevendo o modelo legal de conduta da seguinte forma: *'Atribuir a alguém, falsamente, fato definido como crime'*. Isto é caluniar".

Em suma, o crime de calúnia fica caracterizado quando o agente atribui, imputa a alguém, *falsamente*, fato definido como crime.

Deve o agente delitivo, portanto, imputar um **fato determinado**, e não genérico, sob pena de restar descaracterizada a calúnia, tipificando, eventualmente, a conduta prevista no art. 140 do CP (injúria). Exemplo de fato determinado: "João foi quem ingressou no Banco Real, na semana passada, e comandou o roubo à agência". Nesse caso, verifica-se a atribuição de um fato determinado (no espaço e no tempo), que somente configura o crime em comento se for falso.

Considera-se falso o fato atribuído à vítima se ele sequer ocorreu ou, tendo ocorrido, não teve como autor, coautor ou partícipe, o ofendido.

Se o agente atribuir à vítima fato definido como contravenção penal (ex.: "João é o dono da banca do jogo do bicho do bairro "X", tendo recebido, somente na semana passada, mais de 300 apostas em sua banca"), não se configura o crime de calúnia, que pressupõe a falsa imputação de fato *criminoso*. No exemplo dado, poderíamos estar diante de uma difamação (art. 139 do CP).

5.2.3. Tipo subjetivo

O elemento subjetivo da conduta é o dolo, ou seja, a vontade livre e consciente do agente de atribuir a alguém, sabendo ser falso, um fato definido como crime.

Exige-se, ainda, o elemento subjetivo do tipo específico (dolo específico), qual seja, o *animus diffamandi*, a intenção de ofender a honra da vítima.

5.2.4. Sujeitos do crime

O **sujeito ativo** do crime pode ser qualquer pessoa, razão pela qual a calúnia é doutrinariamente qualificada como **crime comum**.

O **sujeito passivo** também pode ser **qualquer pessoa**.

Diverge a doutrina acerca da possibilidade de **pessoa jurídica** ser vítima de calúnia. Entende-se que sim, apenas em se tratando de **crimes ambientais**, nos quais a pessoa jurídica pode ser autora da conduta típica (vide Lei 9.605/1998).

Se a vítima for o Presidente da República e o crime tiver conotação política o fato será regulado pela Lei de Segurança Nacional (Lei 7.170/1983).

Antes do julgamento, pelo STF, da ADPF nº 130, no mês de abril de 2009, se o meio de dispersão da calúnia à sociedade fosse a imprensa (escrita ou falada), o delito seria aquele previsto na Lei de Imprensa (Lei 5.250/1967). Frise-se que referido diploma legal foi declarado não recepcionado pela nova ordem constitucional. Nesse sentido, confira-se parte da ementa do julgado:

> *ARGUIÇÃO DE DESCUMPRIMENTO DE PRECEITO FUNDAMENTAL (ADPF). LEI DE IMPRENSA. ADEQUAÇÃO DA AÇÃO. REGIME CONSTITUCIONAL DA "LIBERDADE DE INFORMAÇÃO JORNALÍSTICA", EXPRESSÃO SINÔNIMA DE LIBERDADE DE IMPRENSA. A "PLENA" LIBERDADE DE IMPRENSA COMO CATEGORIA JURÍDICA PROIBITIVA DE QUALQUER TIPO DE CENSURA PRÉVIA.*
>
> *(...)*
>
> *10. NÃO RECEPÇÃO EM BLOCO DA LEI 5.250 PELA NOVA ORDEM CONSTITUCIONAL*
>
> *(...)*
>
> *12. PROCEDÊNCIA DA AÇÃO. Total procedência da ADPF, para o efeito de declarar como não recepcionado pela Constituição de 1988 todo o conjunto de dispositivos da Lei federal nº 5.250, de 9 de fevereiro de 1967.*

Atualmente (leia-se: desde o julgamento da já citada ADPF nº 130), se o crime de calúnia for perpetrado por meio da imprensa, aplicar-se-ão as regras "comuns" do Código Penal.

5.2.5. Consumação e tentativa

Consuma-se o crime de calúnia no momento em que a falsa atribuição de fato criminoso **chegar ao conhecimento de terceiros** (ainda que a só uma pessoa), independentemente de a circunstância macular a honra da vítima.

Assim, ainda que, de fato, a reputação do ofendido não seja abalada, entende-se consumado o delito (trata-se, pois, de **crime formal**).

É **possível a tentativa** se, por exemplo, os atos executórios ocorrerem por escrito e os papéis caluniadores não chegarem ao conhecimento de terceiros.

5.2.6. Propalar ou divulgar a calúnia

O § 1º do art. 138 do CP também pune a conduta daquele que simplesmente propala ou divulga a falsa imputação de fato definido como crime, desde que saiba ser falsa.

Nesse caso, aquele que simplesmente repassar a calúnia estará, por óbvio, caluniando a vítima, eis que a ele estará atribuindo fato definido como crime, sabendo-o falso.

5.2.7. Calúnia contra os mortos

O § 2º do art. 138 do CP também pune a **calúnia contra os mortos**. Nesse caso, como as pessoas já morreram, as vítimas não serão propriamente elas, que já sequer contam com personalidade jurídica (que se encerra, para as pessoas naturais, com a morte), mas seus **familiares**.

5.2.8. Calúnia contra inimputáveis. É possível?

Aos adeptos da teoria tripartida de crime (**fato típico, antijurídico e culpável**), o inimputável por doença mental, desenvolvimento mental incompleto ou desenvolvimento mental retardado (art. 26 do CP), embora pratique os dois primeiros elementos do crime, é isento de pena, pelo que a culpabilidade estaria afastada. Em outras palavras, o "louco" não praticaria *crime*.

O mesmo se pode dizer com relação aos inimputáveis por idade (menores de dezoito anos), que não se submetem ao Código Penal, mas apenas à legislação específica (ECA).

Entende a maioria, entretanto, que contra os inimputáveis é possível a prática de calúnia, embora não possam *praticar crime*.

É que o legislador utilizou os termos "fato definido como crime", e não "prática de crime". Dessa forma, é possível que se atribua a um "louco", ou a um menor de idade, um *fato* definido em lei como crime (ex.: homicídio, aborto, roubo, furto etc.).

Concluindo, percebe-se que é possível, portanto, que inimputáveis, embora não pratiquem crime (em seu sentido técnico-jurídico), possam ser vítima de calúnia.

5.2.9. Exceção da verdade

O § 3º do art. 138 do CP prevê o instituto da "exceção da verdade". Trata-se de um incidente processual, que deve ser obrigatoriamente enfrentado pelo magistrado antes da sentença final, visto que pode conduzir à absolvição do suposto agente delitivo.

A lei penal admite que a pessoa que atribui a terceiro fato definido como crime comprove a *veracidade* da imputação. Logo, se o crime de calúnia pressupõe a atribuição falsa de um fato definido como crime, a exceção (defesa) da verdade pode tornar a conduta atípica.

Assim, pode o autor da suposta calúnia provar que a pretensa vítima realmente praticou o fato definido como crime, razão pela qual a imputação seria verdadeira e não falsa.

Todavia, a lei previu algumas situações em que **a exceção da verdade é vedada**:

a) **inciso I** – se, constituindo o fato imputado crime de ação privada, o ofendido não foi condenado por sentença irrecorrível: aqui, se o crime for de ação privada e a vítima sequer intentou a competente queixa-crime, torna-se impossível que um terceiro, que não a própria vítima, queira provar a ocorrência de um crime que o diretamente interessado não teve interesse de demonstrar. Outra situação ocorre se o autor da calúnia atribui a alguém um fato definido como crime de ação privada e ainda não houve a condenação definitiva (irrecorrível);

b) **inciso II** – se o fato é imputado a qualquer das pessoas indicadas no nº I do art. 141: referido dispositivo faz alusão ao Presidente da República e a chefe de governo estrangeiro. Nesse caso, ainda que referidas pessoas houvessem praticado crime, o CP não admite sua comprovação. Há quem sustente que essa vedação à exceção da verdade viola o princípio constitucional da ampla defesa, entendimento que também comungamos;

c) **inciso III** – se do crime imputado, embora de ação pública, o ofendido foi absolvido por sentença irrecorrível: no caso em tela, se a Justiça já absolveu, de maneira irrecorrível, a vítima do crime de calúnia, não poderá o agente querer provar algo sobre o qual não mais cabe discussão (coisa julgada).

5.3. Difamação (art. 139 do CP)

5.3.1. Considerações iniciais

Trata-se de crime que atenta contra a **honra objetiva** da vítima, vale dizer, sua reputação e fama no meio social. É esse, portanto, o **objeto jurídico** do crime em comento.

5.3.2. Tipo objetivo

A conduta típica corresponde ao verbo do tipo **difamar**, que significa desacreditar uma pessoa, maculando sua reputação no meio social. Parecida com a calúnia, a difamação pressupõe que haja imputação de um **fato** (não definido como crime, mas que tenha a possibilidade de ofender a reputação da vítima).

O tipo penal, segundo Guilherme de Souza Nucci (op. cit., pág. 659), também foi repetitivo, já que difamar significa exatamente imputar um fato "desairoso", silenciando a respeito da veracidade ou falsidade dele.

Em suma, difamar a vítima significa imputar-lhe fatos maculadores de sua fama (honra objetiva), ainda que verídicos (ex.: "João, todas as sextas-feiras, sai com um travesti com ponto no viaduto da Rua 'X'").

5.3.3. Tipo subjetivo

É o dolo, ou seja, a vontade livre e consciente do agente em atribuir a alguém (ainda que verdadeiramente) fato ofensivo à reputação. Além disso, exige-se o elemento subjetivo do tipo (dolo específico), qual seja, o *animus diffamandi*.

5.3.4. Sujeitos do crime

A difamação pode ser praticada por qualquer pessoa, tratando-se, pois, de crime comum. A vítima também pode ser qualquer pessoa.

Antes do julgamento, pelo STF, da ADPF nº 130, no mês de abril de 2009, se o meio de dispersão da difamação à sociedade fosse a imprensa (escrita ou falada), o delito seria aquele previsto na Lei de Imprensa (Lei 5.250/1967). Frise-se que referido diploma legal foi declarado não recepcionado pela nova ordem constitucional. Nesse sentido, confira-se parte da ementa do julgado:

> *ARGUIÇÃO DE DESCUMPRIMENTO DE PRECEITO FUNDAMENTAL (ADPF). LEI DE IMPRENSA. ADEQUAÇÃO DA AÇÃO. REGIME CONSTITUCIONAL DA "LIBERDADE DE INFORMAÇÃO JORNALÍSTICA", EXPRESSÃO SINÔNIMA DE LIBERDADE DE IMPRENSA. A "PLENA" LIBERDADE DE IMPRENSA COMO CATEGORIA JURÍDICA PROIBITIVA DE QUALQUER TIPO DE CENSURA PRÉVIA.*
>
> *(...)*
>
> *10. NÃO RECEPÇÃO EM BLOCO DA LEI 5.250 PELA NOVA ORDEM CONSTITUCIONAL*
>
> *(...)*
>
> *12. PROCEDÊNCIA DA AÇÃO. Total procedência da ADPF, para o efeito de declarar como não recepcionado pela Constituição de 1988 todo o conjunto de dispositivos da Lei federal nº 5.250, de 9 de fevereiro de 1967.*

Atualmente (leia-se: desde o julgamento da já citada ADPF nº 130), se o crime de difamação for perpetrado por meio da imprensa, aplicar-se-ão as regras "comuns" do Código Penal.

Questiona-se se a **pessoa jurídica pode ser vítima de difamação**. Entende-se, majoritariamente, que **sim**, eis que as empresas gozam de reputação no mercado. Em suma, as pessoas jurídicas têm uma imagem a ser preservada, pelo que sua "honra objetiva" pode ser maculada (ex.: "a empresa 'Y' trata muito grosseiramente seus empregados, especialmente o Joaquim, que foi escorraçado de seu posto de trabalho na semana passada").

Interessante para os concursos públicos que se conheça a posição do STF acerca de difamação perpetrada por advogado, que, de acordo com o art. 7º, §2º, do Estatuto da OAB (Lei 8.906/1994) é imune por suas manifestações em juízo ou fora dele, desde que no exercício da profissão, a referido crime. Confira-se:

> ***Difamação e imunidade profissional de advogado***
>
> "A 1ª Turma, por maioria, denegou *habeas corpus* em que se pleiteava o trancamento da ação penal. Na espécie, a paciente — condenada pelo crime de difamação — teria ofendido a reputação de magistrada, desmerecendo a sua capacitação funcional, diante dos serventuários e demais pessoas presentes no cartório da vara judicial. De início, aduziu-se que as alegações de atipicidade da conduta e de inexistência de dolo não poderiam ser apreciadas nesta via, uma vez que, para chegar a conclusão contrária à adotada pelas instâncias ordinárias, seria necessário o reexame do conjunto fático-probatório, não admissível nesta sede. Em seguida, ponderou-se estar diante de fato, em tese, típico, ilícito e culpável, revestido de considerável grau de reprovabilidade. Ressaltou-se que o comportamento da paciente amoldar-se-ia, em princípio, perfeitamente à descrição legal da conduta que a norma visaria coibir (CP, art. 139). Desse modo, afirmou-se que não haveria falar em atipicidade da conduta. Ante as circunstâncias dos autos, reputou-se, também, que não se poderia reconhecer, de plano, a ausência do *animus difamandi*, identificado na sentença condenatória e no acórdão que a confirmara. No tocante à alegação de que teria agido acobertada pela imunidade conferida aos advogados, asseverou-se que seria inaplicável à espécie a excludente de crime (CP, art. 142), haja vista que a ofensa não teria sido irrogada em juízo, na discussão da causa. Acrescentou-se que a mencionada excludente não abrangeria o magistrado, que não poderia ser considerado parte na relação processual, para os fins da norma. Frisou-se, também, que a jurisprudência e a doutrina seriam pacíficas nesse sentido, na hipótese de ofensa a magistrado. O Min. Luiz Fux enfatizou que a frase proferida pela advogada encerraria uma lesão penal bifronte. Vencidos os Ministros Marco Aurélio, relator, e Dias Toffoli, que concediam a ordem. Aquele, para assentar a atipicidade da conduta da paciente sob o ângulo penal; este, porquanto afirmava que a difamação estaria expressamente imunizada pelo § 2º do art. 7º do Estatuto da Advocacia". HC 104385/SP, rel. orig. Min. Marco Aurélio, red. p/ o acórdão Min. Ricardo Lewandowski, 28.6.2011. (HC-104385) (Inform. STF 633).

5.3.5. Consumação e tentativa

Consuma-se o crime de difamação quando a ofensa à reputação da vítima chega ao conhecimento de terceiros (ainda que a uma só pessoa), independentemente de haver um resultado lesivo à sua fama. Trata-se, portanto, de crime formal, que independe de resultado naturalístico.

Admissível a tentativa, por exemplo, se a difamação for feita por escrito e não chegar ao conhecimento de terceiros por extravio dos papéis.

5.3.6. Exceção da verdade (parágrafo único)

Somente é admitida a exceção (defesa) da verdade se o agente tentar comprovar que o fato ofensivo à reputação de funcionário público foi efetivamente praticado se tiver relação direta com o exercício de suas funções.

Diz-se que a Administração Pública admite a exceção da verdade nesses casos pelo fato de que tem entre seus princípios informadores o da moralidade e o da eficiência.

Imagine que "A" imputa a "B", juiz de direito, o seguinte fato: "o Dr. 'B', juiz da vara criminal da cidade 'X', ao invés de presidir a audiência do dia 20 de março de 2007, na qual eu era advogado do autor, ficou bebendo no bar da esquina".

Se o juiz ingressasse com queixa-crime contra o advogado, dizendo-se vítima de difamação, poderia ele demonstrar a verdade do fato atribuído ao magistrado. Como dissemos, a lei tem o interesse de provar um fato desonroso atribuído a um funcionário público que o tenha praticado no exercício de suas funções. Quer-se, com isso, proteger a própria imagem da Administração Pública, que pode ser maculada por um funcionário que aja de maneira vexatória, já que sua imagem, querendo ou não, acaba sendo vinculada ao Poder Público.

5.4. Injúria (art. 140 do CP)

5.4.1. Considerações iniciais

Trata-se de crime que ofende a **honra subjetiva** da vítima, vale dizer, sua dignidade ou seu decoro ("autoimagem da pessoa, isto é, a avaliação que cada um tem de si mesmo" – Guilherme de Souza Nucci – op. cit., pág. 661).

Portanto, o objeto jurídico do crime em estudo é a honra subjetiva, e não a objetiva, protegida pelos delitos de calúnia e difamação.

5.4.2. Tipo objetivo

Enquanto nos delitos de calúnia e difamação o agente imputa um fato (definido como crime, na primeira, ou ofensivo à reputação, na segunda), na injúria este não se verifica.

No crime previsto no art. 140 do CP, o agente ofende a vítima atribuindo-lhe uma **qualidade negativa**, infamante àquilo que ela pensa de si mesma, ofendendo sua autoestima.

5.4.3. Tipo subjetivo

Além do dolo (vontade livre e consciente de ofender a honra subjetiva da vítima), exige-se o elemento subjetivo do tipo, ou seja, o *animus injuriandi*, a intenção de, com sua fala, gesto ou escrito, lesar a autoestima do ofendido.

5.4.4. Sujeitos do crime

O sujeito ativo da injúria pode ser qualquer pessoa, tratando-se, pois, de crime comum.

Em tese, o sujeito passivo também pode ser qualquer pessoa. Dizemos "em tese" pelo fato de o crime em análise depender da ofensa à dignidade ou decoro da vítima. Em algumas circunstâncias, torna-se impossível que o ofendido entenda que sua autoestima foi ferida (ex.: crianças de tenra idade; doentes mentais sem capacidade de discernimento).

Lembremos que o crime pressupõe que a vítima se veja (e entenda) lesada em sua autoimagem, o que nem sempre é possível.

Não se admite crime de injúria contra pessoa jurídica, já que a honra subjetiva é própria de pessoas naturais e não de uma ficção legal.

Até mesmo aos "desonrados" é possível a configuração de injúria. Diz-se que sempre há uma gota de dignidade ou decoro a se resguardar, por mais "desonrada" que seja a pessoa (ex.: pode-se injuriar uma prostituta, ainda que se tente ofender sua autoimagem no que tange à atividade sexual).

5.4.5. Consumação e tentativa

Consuma-se o crime no momento em que a imputação de qualidades negativas **chega ao conhecimento da própria vítima**, e não de terceiros, como na calúnia e difamação.

Não se exige que a pessoa se sinta, de fato, ofendida, bastando a potencialidade lesiva da conduta, chamando-se o delito em estudo de **formal** (ex.: chamar alguém de verme fétido e imundo tem potencialidade de causar um dano à autoestima, ainda que, no caso concreto, não se verifique).

Admite-se a forma **tentada**, por exemplo, se a injúria for **por escrito** e o papel não chegar às mãos da vítima por extravio.

5.4.6. Exceção da verdade

Obviamente não é admitida. Seria absurdo, por exemplo, imaginar-se a prova de que a vítima é, de fato, um verme fétido e imundo.

Como no crime de injúria não se atribuem fatos, mas qualidades, torna-se impossível querer prová-las verdadeiras, diferentemente da calúnia e difamação (nelas se atribuem fatos, os quais podem não ter ocorrido).

5.4.7. Perdão judicial

Poderá o juiz deixar de aplicar a pena (perdão judicial – causa extintiva da punibilidade – v. art. 107, IX, do CP) nas seguintes hipóteses, previstas no § 1º do art. 140:

a) quando o ofendido, de forma reprovável, provocou diretamente a injúria (inc. I);

b) quando houver retorsão imediata, que consista em outra injúria (inc. II).

No primeiro caso, a vítima, dadas as provocações, cria no espírito do agente a raiva, combustível para que o injurie.

Na segunda hipótese, embora o agente injurie a vítima, esta revida imediatamente (logo após a injúria), de tal forma que também atribua ao seu "agressor inicial" um fato ofensivo à dignidade ou decoro. Com a devida vênia, aqui se aplica perfeitamente a famosa frase: "chumbo trocado não dói". Nesse caso, ninguém responderá por injúria, dada a incidência do perdão judicial, causa extintiva da punibilidade.

5.4.8. Injúria qualificada

5.4.8.1. Injúria real

Vem prevista no § 2º do art. 140 do CP. Ocorre quando o agente, valendo-se de lesões corporais ou vias de fato, tenciona não diretamente atingir a integridade corporal ou a saúde da vítima, mas atingir-lhe a dignidade ou o decoro.

Opta o agente, em vez de injuriar a vítima com palavras ou escritos, produzir-lhe um insulto de maneira mais agressiva (ex.: tapa no rosto; cusparada na face; empurrão diante de várias pessoas). Contudo, de tal situação, deve-se vislumbrar que a intenção do agente foi a de ofender a autoestima da vítima. Daí a palavra "aviltante" prevista na qualificadora ora analisada.

De qualquer modo, o legislador irá punir o agente pela violência de maneira autônoma (ex.: se do tapa, a boca da vítima fica machucada e sangra, além da injúria qualificada, irá responder o agente por lesão corporal leve). No tocante às vias de fato, a doutrina defende que serão absorvidas pelo crime contra a honra.

5.4.8.2. Injúria qualificada pelo preconceito de raça ou cor (ou injúria racial)

Prevista na primeira parte do § 3º do art. 140 do CP, restará configurada quando o agente, para injuriar a vítima, utilizar-se de elementos referentes a **raça**, **cor**, **etnia**, **religião** ou **origem.**

Assim, estaremos diante da qualificadora em comento se o agente, por exemplo, injuriar um judeu dizendo que "todo judeu é corrupto e mão de vaca", ou um negro dizendo que "todo negro é ladrão e desonesto".

5.4.8.3. Injúria qualificada contra idoso ou deficiente

Quando, para cometer a injúria, o agente ofender a vítima em razão de ser **pessoa idosa ou portadora de deficiência,** a pena será de 1 a 3 anos de reclusão, a mesma prevista para a injúria racial.

Tal proteção no CP foi inserida pelo Estatuto do Idoso.

Guilherme Nucci cita, como exemplo de injúria qualificada contra idoso ou deficiente, as seguintes situações: "não atendemos múmias neste estabelecimento" ou "aleijado só dá trabalho" (op. cit., pág. 663).

5.5. Disposições gerais dos crimes contra a honra (arts. 141 a 145 do CP)

5.5.1. Formas majoradas

As penas são aumentadas de 1/3 se os crimes já estudados (calúnia, difamação ou injúria) forem praticados:

a) contra Presidente da República ou chefe de governo estrangeiro (inc. I, art. 141);

b) contra funcionário público, em razão de suas funções (inc. II, art. 141);

c) na presença de várias pessoas, ou por meio que facilite a divulgação da calúnia, da difamação ou da injúria (inc. III, art. 141);

d) contra pessoa maior de 60 (sessenta) anos ou portadora de deficiência, exceto no caso de injúria (inc. IV, art. 141).

Na última hipótese *supra*, excetuou-se a injúria pelo fato de o art. 140, § 3º, do CP, punir mais gravosamente a injúria contra pessoa idosa ou deficiente. Assim não fosse, estaríamos diante de inegável *bis in idem*. Prevalece, contudo, para os crimes de calúnia e difamação.

Por fim, o parágrafo único do art. 141 do CP menciona a aplicação de pena em dobro se o crime é cometido mediante paga ou promessa de recompensa. Trata-se de situação mais duramente punida pela lei, tendo em vista a torpeza do crime, demonstrada no fato de que o agente, por dinheiro ou sua mera expectativa, ofende a honra de terceiros.

5.5.2. Exclusão do crime

O art. 142 do CP traz algumas causas específicas de exclusão do crime (excludentes de ilicitude), apenas no tocante à **difamação e à injúria**, a saber:

a) a ofensa irrogada (atribuída, praticada) em juízo, na discussão da causa (limite material da excludente), pela parte ou por seu procurador (advogado);

b) a opinião desfavorável da crítica literária, artística ou cientifica, salvo quando inequívoca a intenção de injuriar ou difamar;

c) o conceito desfavorável emitido por funcionário público, em apreciação ou informação que preste no cumprimento do dever de ofício (ex.: certidão assinada por um escrivão, dando conta da existência dos maus antecedentes do réu).

Nos casos das letras "a" e "c", pune-se o terceiro que dá publicidade aos fatos ocorridos (parágrafo único do art. 142 do CP).

5.5.3. Retratação (art. 143 do CP)

Extingue-se a punibilidade daquela pessoa que atribuiu a alguém um falso fato definido como crime (calúnia) ou desonroso (difamação) se, até a sentença de 1º grau, retratar-se do que fez, vale dizer, "voltar atrás", desmentir-se.

Se o faz até a prestação jurisdicional ser efetivada em 1ª instância, o querelado (réu na ação penal privada) ficará isento de pena. Tal instituto tem por objetivo restabelecer a **honra objetiva** da vítima, que se vê, com a atitude do réu, "livre" da má reputação conferida pelo agente.

Antes do julgamento, pelo STF, da ADPF nº 130, no mês de abril de 2009, se o meio de dispersão da injúria à sociedade fosse a imprensa (escrita ou falada), o delito seria aquele previsto na Lei de Imprensa (Lei 5.250/1967). Frise-se que referido diploma legal foi declarado não recepcionado pela nova ordem constitucional. Nesse sentido, confira-se parte da ementa do julgado:

> *ARGUIÇÃO DE DESCUMPRIMENTO DE PRECEITO FUNDAMENTAL (ADPF). LEI DE IMPRENSA. ADEQUAÇÃO DA AÇÃO. REGIME CONSTITUCIONAL DA "LIBERDADE DE INFORMAÇÃO JORNALÍSTICA", EXPRESSÃO SINÔNIMA DE LIBERDADE DE IMPRENSA. A "PLENA" LIBERDADE DE IMPRENSA COMO CATEGORIA JURÍDICA PROIBITIVA DE QUALQUER TIPO DE CENSURA PRÉVIA.*
>
> *(...)*
>
> *10. NÃO RECEPÇÃO EM BLOCO DA LEI 5.250 PELA NOVA ORDEM CONSTITUCIONAL*
>
> *(...)*
>
> *12. PROCEDÊNCIA DA AÇÃO. Total procedência da ADPF, para o efeito de declarar como não recepcionado pela Constituição de 1988 todo o conjunto de dispositivos da Lei federal nº 5.250, de 9 de fevereiro de 1967.*

Atualmente (leia-se: desde o julgamento da já citada ADPF nº 130), se o crime de injúria for perpetrado por meio da imprensa, aplicar-se-ão as regras "comuns" do Código Penal.Logo, não mais se pode admitir que a injúria praticada pela imprensa admita a retratação, o que era possível pelo art. 26 da Lei 5.250/1967, a qual, como se sabe, foi declarada não recepcionada pelo STF.

5.5.4. Pedido de explicações (art. 144 do CP)

Não havendo certeza da intenção do agente ao proferir impropérios contra alguém, poderá o suposto ofendido pedir explicações em juízo ao suposto ofensor, a fim de que se tenha certeza ou probabilidade de que tenha havido injúria, calúnia ou difamação.

Se o suposto ofensor não comparecer em juízo para prestar esclarecimentos, ou, a critério do juiz, não der as explicações de maneira satisfatória, poderá vir a ser criminalmente processado.

Exemplo seria dizer a uma mulher "extravagante", em uma roda de pessoas: "Fulana, você é uma mulher cara". Ora, essa frase poderia tanto significar que a mulher "cobra caro" em seus serviços, ou é uma pessoa dileta, querida. Havendo dúvidas, poderá a mulher formular pedido de explicações ao suposto agressor de sua honra.

5.5.5. Ação penal

Em regra, os crimes contra a honra (calúnia, difamação e injúria) exigem atuação da vítima, que deverá, no prazo legal, oferecer a competente queixa-crime. Trata-se, portanto, de crimes de **ação penal privada**.

Todavia, poderá a **ação ser pública** no caso de injúria real (praticada com violência ou vias de fato).

Já se o crime for praticado contra o Presidente da República ou chefe de governo estrangeiro, a ação será **pública condicionada à requisição do Ministro da Justiça.**

Em se tratando de crime contra a honra de funcionário público em razão de suas funções, a ação será **pública condicionada à representação**. Todavia, o STF, ao editar a Súmula 714, permite a legitimidade concorrente do ofendido, mediante queixa, e do Ministério Público, mediante denúncia, desde que haja representação, quando o crime for contra a honra de servidor público em razão do exercício de suas funções. Trata-se de entendimento jurisprudencial consolidado na mais alta corte de nosso país, embora seja nitidamente *contra legem*.

Por fim, a **injúria racial** (art. 140, §3º, CP), igualmente, é crime de **ação penal pública condicionada à representação**.

6. Crimes contra a liberdade pessoal

6.1. Constrangimento ilegal (art. 146 do Código Penal)

6.1.1. Considerações iniciais

O art. 146 do Código Penal vem inserido no capítulo dos **crimes contra a liberdade pessoal**.

Segundo Rogério Sanches Cunha, "liberdade significa, em síntese, **ausência de coação**. Com esse conceito amplo, protege-se, neste capítulo, **a faculdade do homem de agir ou não agir, querer ou não querer, fazer ou não fazer aquilo que decidir, sem constrangimento**, prevalecendo a sua autodeterminação" (**Direito Penal** – Parte Especial – ed. RT, pág. 167).

No tocante ao crime de constrangimento ilegal, tencionou o legislador proteger o **livre arbítrio** do ser humano, que não pode ser compelido a fazer ou deixar de fazer alguma coisa senão em virtude de lei (v. art. 5º, II, da Constituição Federal).

6.1.2. Objeto jurídico

O art. 146 do Código Penal protege a liberdade individual da pessoa, que, como já dissemos, não pode ser obrigada a fazer ou deixar de fazer algo senão de acordo com sua própria vontade ou quando a lei dispuser em tal ou qual sentido.

6.1.3. Sujeitos do crime

O constrangimento ilegal é crime que pode ser praticado por qualquer pessoa. Logo, trata-se de **crime comum**.

Com relação ao **sujeito passivo**, diz-se que deve ser pessoa que possua capacidade de autodeterminação, ou seja, com capacidade de "decidir sobre os seus atos" (Rogério Sanches Cunha, op. cit., pág. 169).

Assim, não podem ser vítimas as pessoas de pouca idade, os loucos, os embriagados, já que não têm capacidade de "vontade natural".

6.1.4. Tipo objetivo

Estará configurado o crime de constrangimento ilegal quando o sujeito ativo "constranger" a vítima a fazer algo ou a não fazer algo, mediante violência, grave ameaça ou qualquer outro meio que reduza a capacidade de resistência.

Portanto, a conduta típica é "constranger", vale dizer, *obrigar*, *forçar*, *coagir*.

O legislador trouxe três hipóteses (meios executórios) de o crime em estudo ser praticado:

a) **mediante violência**: lesões corporais, vias de fato (é a denominada *vis corporalis* ou *vis absoluta*);
b) **mediante grave ameaça**: corresponde à violência moral (*vis compulsiva*), ou seja, à promessa de um mal injusto e grave;
c) **mediante qualquer outro meio que reduza a capacidade de resistência da vítima**: é o que se denomina de *violência imprópria*. Trata-se de meio executório subsidiário, que importe em uma redução da capacidade de autodeterminação ou resistência do ofendido. Exemplo disso é o uso da hipnose, de álcool ou substância de efeitos análogos, situações estas que excluiriam a maior chance de a vítima resistir à vontade do agente.

Salienta a doutrina que, se o constrangimento tiver por objetivo uma **pretensão legítima** do sujeito ativo, não se poderá falar em constrangimento ilegal, mas sim em **exercício arbitrário das próprias razões**, nos termos do art. 345 do Código Penal (ex.: "A", empregado de "B", demitido sem justa causa, ao ver que seu patrão não iria pagar seus direitos trabalhistas, mediante emprego de socos e pontapés, obriga-o a assinar um cheque com o exato valor das verbas rescisórias).

O sujeito ativo irá constranger, portanto, a vítima, mediante violência, grave ameaça ou qualquer outro meio que reduza sua resistência a:

a) **fazer algo**: pressupõe uma atuação não querida pelo ofendido, que é levado a realizar alguma coisa contra sua vontade. Ex.: viagem, dirigir veículo, escrever uma carta;
b) **não fazer algo**: pressupõe que o agente constranja a vítima a não fazer alguma coisa, ou a tolerar que o próprio sujeito ativo faça algo.

6.1.5. Tipo subjetivo

O elemento subjetivo da conduta é o dolo. Em outras palavras, o crime de constrangimento ilegal é doloso, não admitindo a modalidade culposa.

Age o agente sabendo que aquilo que constrange a vítima a fazer ou deixar de fazer é ilegítimo.

6.1.6. Consumação e tentativa

Consuma-se o crime em análise no instante em que a vítima faz ou deixa de fazer algo, atuando, portanto, contra a sua vontade, em observância ao imposto pelo agente.

Admissível a tentativa se a vítima, coagida a fazer ou deixar de fazer algo, desatende à determinação do sujeito ativo.

6.1.7. Constrangimento ilegal e concurso com outros crimes

Se o sujeito ativo coage a vítima, mediante violência ou grave ameaça, a fazer algo considerado pela lei como crime, responderá pelo crime de constrangimento ilegal (art. 146 do Código Penal) em concurso com o outro delito praticado por aquela.

A depender da violência ou ameaça impingidas à vítima, poderá ficar caracterizada a **tortura**, prevista no art. 1º, I, "b", da Lei 9.455/1997.

Já se a coação à vítima for para que ela pratique contravenção penal, estaremos diante de concurso material entre o delito de constrangimento ilegal e a infração penal por ela praticada.

6.1.8. Aumento de pena

O **§ 1º** do art. 146 do Código Penal prevê duas situações em que a pena será aplicada cumulativamente e em dobro:

a) **se para a execução do crime se reúnem mais de três pessoas**: nesse caso, se pelo menos quatro pessoas se reúnem para o cometimento do crime de constrangimento ilegal, dificultando ainda mais a possibilidade de resistência da vítima, o legislador entendeu por bem exacerbar a resposta penal, o que fez com acerto;

b) **se para a execução do crime há emprego de armas**: parte da doutrina exige que haja o efetivo emprego (uso) da arma para o cometimento do crime, não bastando o mero porte da arma. Deve-se entender por "arma" todo artefato, bélico ou não, com potencialidade lesiva (ex.: armas de fogo, facas, foices, machado, canivete etc.). Não se pode considerar como "arma" o simulacro de arma de fogo, ou seja, a réplica de brinquedo do artefato bélico, mormente com o cancelamento da Súmula 174 do STJ.

No caso do **§ 2º** do art. 146 do Código Penal, diz-se que, além da pena do constrangimento ilegal, **serão aplicadas as correspondentes à violência** (leia-se: lesões corporais). Assim, será o caso de concurso material entre o art. 146 e o art. 129, ambos do Código Penal, somando-se, pois, as penas.

6.1.9. Causas de exclusão do crime

O § 3º do art. 146 do Código Penal traz duas situações em que não ficará configurado o crime de constrangimento ilegal. Entende-se majoritariamente que são duas as causas excludentes da antijuridicidade, a saber:

a) intervenção médica ou cirúrgica, sem o consentimento do paciente ou de seu representante legal, se justificada por iminente perigo de vida;

b) se a coação é exercida para impedir suicídio.

6.2. Ameaça (art. 147 do Código Penal)

6.2.1. Considerações iniciais

O crime de ameaça ofende, assim como o constrangimento ilegal, a liberdade pessoal da vítima, que, *in casu*, vê-se abalada com o prenúncio de um mal injusto e grave que lhe foi atribuído pelo sujeito ativo.

Pretendeu o legislador, portanto, punir a conduta que perturba a tranquilidade e a sensação de segurança da vítima, que deixa de ter sua autodeterminação (ir e vir, fazer ou não fazer) intocada.

6.2.2. Sujeitos do crime

Pode ser autor do delito em tela qualquer pessoa, tratando-se, pois, de **crime comum**.

Já a vítima deve ser pessoa certa e determinada com a capacidade de atinar para o mal injusto e grave que lhe tenha sido prometido. Quer-se dizer que somente pode ser sujeito passivo de ameaça a pessoa que possa reconhecer o caráter intimidatório do mal injusto e grave prenunciado pelo agente.

Não se admite, portanto, que se considere vítima de ameaça uma criança de tenra idade, sem a menor possibilidade de compreender a violência moral, bem como os doentes mentais, os ébrios ou pessoas indeterminadas. Ressalte-se que a lei prescreve "ameaçar *alguém*", do que se infere que somente pode ser pessoa certa e determinada.

6.2.3. Tipo objetivo

O verbo do tipo é "ameaçar", que significa intimidar, prometer um malefício.

O art. 147 do Código Penal descreve, como meios executórios do mal prometido, os seguintes:

a) **palavra**: pode-se ameaçar alguém por meio de palavras, faladas ou escritas;

b) **escrito**: são palavras graficamente materializadas;

c) **gesto**: são sinais feitos com movimentos corporais ou com o emprego de objetos;

d) **qualquer outro meio simbólico**: trata-se de hipótese residual, não abarcada pelas três situações anteriores.

Vê-se, portanto, que o crime em análise pode ser praticado por diversas formas, desde que aptas a amedrontar a vítima. Trata-se, pois, de crime de **ação livre**.

O mal prometido à vítima, segundo exige a lei, deve ser *injusto e grave*.

Não basta, portanto, a injustiça do malefício prometido, devendo ser grave. Também, não basta a gravidade do mal prometido, devendo ser injusto (ex.: prometer ao furtador de sua carteira que irá requerer instauração de inquérito policial).

A doutrina ensina, ainda, que o mal prometido deve ser iminente (prestes a ocorrer) e verossímil (crível). Não configuraria o crime de ameaça, por exemplo, prometer que irá pedir ao *diabo* que mate a vítima, ou que irá despejar toda a água dos oceanos em sua casa, para que morra afogada.

Deve a promessa de mal injusto e grave ser, repita-se, crível e apta a intimidar, ainda que a vítima, de fato, não se sinta intimidada. Nesse particular, estamos diante de **crime formal**.

6.2.4. Tipo subjetivo

É o dolo, ou seja, a vontade livre e consciente do agente em ameaçar a vítima, prometendo-lhe, mediante palavra, escrito, gesto ou qualquer outro meio, mal injusto e grave.

Ainda que o sujeito profira a ameaça, sabendo que não irá cumpri-la, caracterizado estará o crime em análise.

Inadmissível a modalidade culposa de ameaça.

Alerta a doutrina que o crime de ameaça exige seriedade de quem a profere, não se coadunando em momentos de cólera, raiva, ódio, enfim, desequilíbrio emocional.

Há quem sustente que a embriaguez do sujeito ativo retira a plena seriedade do mal injusto e grave prometido.

Todavia, o art. 28, II, do Código Penal, prescreve que não exclui a imputabilidade a embriaguez. Portanto, o crime remanesceria, mesmo que o agente esteja embriagado.

6.2.5. Consumação e tentativa

A ameaça é crime que se consuma quando a vítima toma conhecimento do mal injusto e grave prometido pelo agente, ainda que com ele não se intimide. Trata-se, pois, de **crime formal**.

É possível a forma **tentada** do crime se praticado por **meio escrito**. Por palavras ou gestos, o delito é unissubsistente, não admitindo fracionamento no *iter criminis*.

6.2.6. Ação penal

O parágrafo único do art. 147 do Código Penal exige a representação da vítima para a instauração da *persecutio criminis in judicio*. Assim, sem a manifestação de vontade da vítima, no sentido de ver o agente processado, não poderá o Ministério Público dar início à ação penal.

Trata-se, portanto, de crime de **ação penal pública condicionada**.

6.3. Sequestro e cárcere privado (art. 148 do Código Penal)

6.3.1. Considerações iniciais

Tutela o art. 148 do Código Penal a **liberdade de locomoção** do ser humano, vale dizer, seu livre-arbítrio, sua vontade de ir, vir ou permanecer onde bem entender, sem intromissão de quem quer que seja. Daí o crime em análise estar inserido no capítulo dos crimes contra a liberdade pessoal.

6.3.2. Sujeitos do crime

Pode ser **sujeito ativo** do crime **qualquer pessoa** (crime comum).

Já o sujeito passivo, segundo parte da doutrina, somente pode ser aquela pessoa que tenha a capacidade de ir e vir livremente, não se incluindo, em tese, os paralíticos, os portadores de doenças graves, ou aqueles que não tenham a compreensão do que vem a ser a privação de sua liberdade.

Todavia, Magalhães Noronha já advertiu que "a liberdade de movimento não deixa de existir quando se exerce à custa de aparelhos ou com o auxílio de outrem. Por outro lado, não é menos certo que o incapaz, na vida em sociedade, goza dessa liberdade corpórea, tutelada pela lei incondicional e objetivamente" (citação feita por Rogério Sanches Cunha, op. cit., pág. 178).

Se o sujeito ativo do crime for **funcionário público**, no exercício de suas funções, poderá praticar **abuso de autoridade**, não sequestro (v. Lei 4.898/1965).

6.3.3. Tipo objetivo

A conduta típica corresponde ao verbo "**privar**", ou seja, reduzir à total ou parcial impossibilidade a liberdade de locomoção da vítima, que se vê, em maior ou menor grau, impedida de seu direito de ir e vir, não conseguindo se "desvencilhar do sequestrador sem que corra perigo pessoal" (Fernando Capez. **Curso de Direito Penal**, vol. 3, pág. 305, ed. Saraiva).

A privação da liberdade da vítima, segundo o art. 148 do Código Penal, far-se-á mediante **sequestro** ou **cárcere privado**.

Na prática, sequestro e cárcere privado não ostentam diferenças relevantes, já que o agente responderá pelo crime em análise. Todavia, a doutrina cuidou de diferenciar ambas as formas de privação da liberdade da vítima.

Entende-se por **sequestro** a privação de liberdade que **não implica confinamento** da vítima (ex.: manter a pessoa em um apartamento, em uma casa, em uma chácara, sem que consiga se desvencilhar normalmente do sequestrador).

Já **cárcere privado** traduz a ideia de privação da liberdade da vítima em local fechado, havendo, portanto, **confinamento** (ex.: manter a vítima em um quarto, em uma solitária, em uma cela, em um buraco).

Podemos dizer, seja no tocante ao sequestro ou ao cárcere privado, que ambas as formas de privação da liberdade de locomoção da vítima implicam a existência de violência. A só privação da liberdade já configura forma de **violência**.

O **tempo de privação da liberdade** da vítima não vem previsto em lei como elementar do tipo. Porém, doutrina e jurisprudência divergem a respeito, entendendo-se que a curta privação já é suficiente à caracterização do crime, ou que, nesse caso, não se pode falar no tipo penal em comento.

6.3.4. Tipo subjetivo

Trata-se de crime doloso. Se a finalidade do agente na privação da vítima for o recebimento de alguma vantagem (dinheiro, por exemplo), estaremos diante do crime de extorsão mediante sequestro (art. 159 do Código Penal).

6.3.5. Consumação e tentativa

Consuma-se o crime no momento em que a vítima é privada de sua liberdade de locomoção, total ou parcialmente.

Trata-se de **crime permanente**, ou seja, somente tem fim quando cessar a privação da liberdade. Logo, admite-se a prisão em flagrante do sequestrador enquanto mantiver a vítima sequestrada ou em cárcere privado.

Admite-se a **tentativa**, já que o *iter criminis* é fracionável.

No caso de sobrevir **legislação mais rígida** a respeito do sequestro ou cárcere privado, impondo, por exemplo, pena mais gravosa ao agente que o cometer, será aplicada mesmo em prejuízo do réu. Isso porque estamos diante, como já dissemos, de **crime permanente**, que se protrai no tempo pela vontade do próprio agente.

Tal é o entendimento da Súmula 711 do STF: "a lei penal mais grave aplica-se ao crime continuado ou ao crime permanente, se a sua vigência é anterior à cessação da continuidade ou da permanência".

Pelo fato de o sequestro ou cárcere privado ser considerado **crime permanente** (repita-se: aquele cuja consumação se protrai no tempo por vontade do agente), nada mais justo do que o agente ser mais gravosamente punido por legislação superveniente ao momento em que a vítima foi arrebatada, se, ainda assim, a mantiver com sua liberdade restringida.

6.3.6. Formas qualificadas

O § 1º do art. 148 do Código Penal traz formas qualificadas do crime de sequestro ou cárcere privado, nas seguintes hipóteses:

a) se a vítima é ascendente, descendente, cônjuge do agente ou maior de 60 anos;

b) se o crime é praticado mediante internação da vítima em casa de saúde ou hospital;

c) se a privação da liberdade dura mais de 15 dias;

d) se o crime é praticado contra menor de 18 anos;

e) se o crime é praticado com fins libidinosos (inovação da Lei 11.106/05).

Nos cinco casos acima, a pena será de 2 a 5 anos de reclusão.

Já na situação prevista no § 2º do mesmo artigo, a pena variará de 2 a 8 anos de reclusão se, em razão dos maus-tratos ou da natureza da detenção, a vítima experimentar **grave sofrimento físico ou moral**. A depender da intenção do agente, poderá ficar configurado o crime de tortura (Lei 9.455/1997).

6.4. Violação de domicílio (art. 150 do Código Penal)

6.4.1. Considerações iniciais

Tencionou o legislador proteger a **inviolabilidade do domicílio**, constitucionalmente garantido no art. 5º, XI, da Carta Magna. A objetividade jurídica do crime em tela não é a proteção da posse ou da propriedade, mas da tranquilidade e da liberdade doméstica, punindo-se aquele que a perturbar.

6.4.2. Sujeitos do crime

O **sujeito ativo** do crime pode ser qualquer pessoa. Alerta a doutrina que o proprietário do bem imóvel também pode ser autor do crime de violação de domicílio se ingressar na casa habitada pelo inquilino sem o seu consentimento (protege-se, portanto, a tranquilidade doméstica e não a propriedade).

Sujeito passivo é o **morador**, a pessoa que ocupa o bem imóvel, não necessariamente o proprietário.

No caso de habitações coletivas, prevalece a vontade de quem proibiu o ingresso ou permanência de determinada pessoa no local (ex.: república de estudantes).

No caso de residências familiares, prevalece a vontade do dono (*dominus*) do imóvel. Em relação aos demais moradores, suas vontades valem nos limites de seus aposentos.

6.4.3. Tipo objetivo

Duas são as condutas típicas (verbos) caracterizadoras do crime de violação de domicílio:

a) entrar; ou

b) permanecer.

No **primeiro caso** (letra "a"), o agente **invade**, ingressa em casa alheia, seja em sua totalidade, seja em determinadas dependências. Já no **segundo caso** (letra "b"), o agente já se encontrava em casa alheia, mas, cessada a autorização para lá estar, **permanece contra a vontade da vítima**, deixando de se deslocar para fora do imóvel.

A entrada ou permanência do agente em casa alheia deve dar-se:

a) **clandestinamente**: o agente ingressa na casa da vítima sem que ela saiba ou perceba sua presença;

b) **astuciosamente**: o agente emprega alguma fraude (ex.: o agente ingressa ou permanece em casa alheia disfarçado de funcionário dos correios ou de companhia telefônica);

c) **contra a vontade expressa de quem de direito**: manifestação induvidosa, clara, do morador, que dissente com a entrada ou permanência do agente em sua casa;

d) **contra a vontade tácita de quem de direito**: manifestação implícita do morador de dissentir o ingresso ou permanência do agente em sua casa, o que se pode deduzir das circunstâncias.

Protege a lei, portanto, a perturbação doméstica, que pode se dar pelo ingresso ou permanência de alguém em casa alheia ou em suas dependências.

6.4.4. Tipo subjetivo

O crime que ora se estuda é doloso, não admitindo, portanto, a modalidade culposa.

6.4.5. Consumação e tentativa

A violação de domicílio é considerada pela doutrina como **crime de mera conduta**, do qual não se pode extrair um resultado naturalístico (modificação do mundo exterior provocada pelo ato).**Consuma-se**, portanto, no momento em que o agente entra completamente (e não apenas com parte do corpo) em casa alheia ou nela permanece contra a vontade de quem de direito. Nesse último caso, estaremos diante de um **crime permanente**.

Por se tratar de crime de mera conduta, inadmissível a tentativa, até mesmo pelo fato de o delito não permitir a ocorrência de resultado: ou se entra ou permanece em casa alheia ou, assim não sendo, não se pode falar em crime, sequer tentado.

6.4.6. Caráter subsidiário do crime de violação de domicílio

Se a violação de domicílio for meio de execução para a prática de crime mais grave, por este ficará absorvida (ex.: violação de domicílio para o furto de bens que guarnecem o imóvel).

6.4.7. Formas qualificadas

A violação de domicílio será punida de 6 meses a 2 anos de detenção, sem prejuízo da pena correspondente à violência, quando:

I. **for praticada durante a noite**: a palavra "noite" designa a inexistência de luz solar. Assim, pune-se com maior rigor o agente nessa hipótese, eis que a probabilidade de se consumar seu intento criminoso será maior, dada a menor vigilância sobre a casa nesse período;
II. **for praticada em lugar ermo**: se a violação de domicílio ocorre em local despovoado, a pena será maior, eis que a probabilidade de lesão ao bem jurídico é incrementada pelo fato de o local contar com poucos habitantes;
III. **se houver emprego de violência**: aqui, tanto física (empregada contra pessoa) quanto contra a própria coisa;
IV. **se houver o emprego de arma**: entende-se por "arma" tanto aquela previamente construída para o ataque (revólver, por exemplo) quanto o artefato que ostente potencialidade lesiva (faca, machado, facão, por exemplo);
V. **se o crime for praticado por duas ou mais pessoas.**

6.4.8. Causa de aumento de pena

O § 2º do art. 150 do Código Penal traz que a pena será aumentada em um terço se o crime for praticado por funcionário público, fora dos casos previstos em lei, ou com abuso de poder.

Fernando Capez entende que tal circunstância foi revogada pela Lei de Abuso de Autoridade (Lei 4.898/1965), por força do princípio da especialidade.

6.4.9. Exclusão do crime

Não se configura a violação de domicílio nas hipóteses previstas no § 3º do art. 150 do Código Penal, excluindo-se, portanto, a ilicitude da conduta praticada pelo agente.

São as hipóteses:

I. durante o dia, com observância das formalidades legais, para efetuar prisão ou outra diligência;
II. a qualquer hora do dia ou da noite, quando algum crime está sendo ali praticado, ou na iminência de o ser.

Além dessas hipóteses, **outras podem ser invocadas como forma de exclusão do crime em tela**: a legítima defesa, o estado de necessidade, o estrito cumprimento do dever legal, o exercício regular de direito (todas previstas no **art. 23 do Código Penal**), em caso de desastre ou para prestar socorro (estas duas últimas hipóteses vêm consagradas na Constituição Federal – **art. 5º, XI**).

6.4.10. Conceito de casa

Os §§ 4º e 5º do art. 150 do Código Penal, em típico exemplo de normas penais não incriminadoras explicativas, definem o conceito (positivo e negativo) de "casa" para fins de caracterização do crime de violação de domicílio.

7. Crimes contra o patrimônio

7.1. Crime de furto (art. 155, CP). Considerações iniciais

O crime de **furto**, previsto no art. 155 do CP, é a primeira figura inserida no Capítulo dos **crimes contra o patrimônio**, que se encerra com o art. 184 do mesmo diploma legal.

Trata-se de infração penal cuja **objetividade jurídica** é a **proteção do patrimônio alheio**, mais especificamente dos bens móveis alheios.

7.1.1. Tipo objetivo

O verbo do tipo (conduta típica) é **"subtrair"**, que corresponde à ação do agente de tirar alguma coisa da vítima, desapossá-la, apoderando-se dos bens a ela pertencentes.

A subtração exige, portanto, a **inexistência de consentimento da vítima**, já que o patrimônio é **bem jurídico disponível**, podendo ser suprimido por sua própria vontade.

Ainda, ressalta a doutrina que a subtração tem implícita em si a intenção do agente em se apoderar dos bens, seja para si, seja para outrem, de modo **definitivo**.

Atentam os doutrinadores, também, que a **subtração** abarca não só a retirada do bem da vítima sem o seu consentimento, mas a situação em que é entregue ao agente pelo ofendido, espontaneamente, e ele, sem permissão, retira-o da **esfera de vigilância** da vítima (ex.: "A", em uma loja, solicita um produto para manuseio, o que é feito por "B", vendedora. No entanto, sem o consentimento dela, "A" foge do local em poder do produto).

Ademais, não se exige, para a caracterização do furto, que a vítima esteja presente no momento da subtração. Em outras palavras, presenciando ou não a subtração, haverá o crime de furto.

Também configura elementar do tipo que a **coisa** subtraída seja **alheia** e **móvel**. Entende-se por "coisa" todos os bens suscetíveis de **apreciação econômica** (afinal, o furto protege o **patrimônio** alheio).

Outrossim, não basta que o agente subtraia um bem, devendo este pertencer, obviamente, a **terceira pessoa** (não se poderia cogitar de furto de coisa própria!).

Por fim, somente **bens móveis** podem ser objeto do crime em estudo, conforme determina a lei penal. Ainda que assim não estivesse previsto, se o furto pressupõe a retirada do bem da esfera de vigilância da vítima, somente os passíveis de mobilização é que podem ser literalmente "removidos", "retirados" de um local para outro. **Impossível, portanto, furto de bem imóvel.**

Se eventualmente a lei civil considera, por ficção, um bem móvel como imóvel (ex.: navios e aeronaves), ainda assim poderão ser objeto material do crime em comento. Basta que possam ser transportados de um lugar a outro.

Até mesmo os animais (semoventes) podem ser objeto de furto, desde que tenham um proprietário (ex.: gados, cachorros etc.). Especificamente quanto ao furto de gado, a doutrina o denomina de **abigeato.**

Coisas de uso comum não podem ser objeto de furto (ex.: água de rios, mares, ar), salvo se destacados de seu meio natural e exploradas por alguém (ex.: água encanada; gás).

Também não podem ser furtadas as **coisas que não têm ou nunca tiveram dono** (é a chamada *res nullius*). Igualmente ocorre com as **coisas abandonadas** (*res derelicta*), que nos termos da lei civil serão de propriedade de quem as encontrar (ex.: embora com alto valor econômico, se um cachorro *pit bull* for abandonado, não poderá ser objeto de furto se alguém o encontrar e o levar para sua casa).

O § 3º do art. 155 do CP **equipara** a **"coisa alheia"** a energia elétrica, bem assim outras formas de energia, o que veremos mais a frente.

E o cadáver, pode ser objeto de furto? Segundo aponta a doutrina, se ele pertencer a uma universidade, ou a um laboratório, por exemplo, terá apreciação econômica, podendo ser considerado objeto material do crime em análise. Em qualquer outra hipótese, a subtração de cadáver configurará o crime previsto no art. 211 do CP.

A **subtração de órgão humanos**, para fins de transplante, configura crime específico definido na **Lei 9.434/1997** (Lei de remoção de órgãos e tecidos).

7.1.2. Tipo subjetivo

Além do **dolo** (vontade livre e consciente do agente em subtrair coisa alheia móvel), exige-se o **elemento subjetivo do tipo (dolo específico)**, vale dizer, o sujeito ativo deve ter a intenção de apoderar-se definitivamente do bem subtraído, ou de fazê-lo para que terceira pessoa dele se apodere em caráter definitivo.

O elemento subjetivo do tipo, no crime de furto, é denominado *de animus rem sibi habendi.* Em outras palavras, o agente deve subtrair o bem com o fim de **assenhoreamento definitivo.**

A exigência do "dolo específico" pode vir a desnaturar o crime de furto se o agente **subtrai o bem temporariamente, sem a intenção de ficar com ele indefinidamente**.

Assim, se o furtador subtrai um carro, por exemplo, com a simples intenção de utilizá-lo e posteriormente restituí-lo ao seu legítimo proprietário, estaremos diante de fato atípico, dada a inexistência do *animus rem sibi habendi.* Tal figura é denominada pela doutrina de **furto de uso**.

Para a verificação do furto de uso, verifica-se a necessidade de existência de dois requisitos:

a) **subjetivo:** intenção, *ab initio*, de utilizar temporariamente o bem subtraído, sem a intenção, portanto, de permanecer indefinidamente com ele;

b) **objetivo:** deve-se restituir a coisa subtraída com um interstício de tempo não muito longo (cláusula aberta), bem como em sua integralidade e sem danos.

Se a subtração de uma coisa alheia ocorrer para a superação de uma **situação de perigo**, nem mesmo podemos aventar furto de uso, mas sim de estado de necessidade, que afasta a criminalidade da conduta (**causa excludente da antijuridicidade**).

7.1.3. Sujeitos do crime

O **sujeito ativo** do crime de furto pode ser qualquer pessoa, desde que não seja o proprietário ou possuidor da coisa subtraída (o tipo penal exige que a coisa subtraída seja **alheia**).

Se se tratar o furtador de **funcionário público**, no exercício das funções ou em razão delas, poderá praticar o crime de peculato (art. 312 do CP).

Já o **sujeito passivo** do crime de furto é o proprietário, possuidor ou detentor do bem subtraído. Poderá ser pessoa natural ou pessoa jurídica.

7.1.4. Consumação e tentativa

Predomina na jurisprudência, quanto ao momento consumativo do furto, a denominada **teoria da *amotio (apprehensio)*.** Assim, para referida teoria, a consumação exige, além do contato, a apreensão da coisa alheia, independentemente do seu deslocamento, desde que a vítima não possa mais exercer o poder de livre disposição da coisa.

Segundo parte da doutrina, consuma-se o furto com a **inversão da posse do bem subtraído**. Não basta, portanto, a mera subtração da coisa alheia móvel, exigindo-se que o objeto seja, de fato, retirado da esfera de vigilância (ou de disponibilidade) da vítima, ainda que por breve espaço de tempo. Não se exige a posse mansa e pacífica da coisa furtada. É a posição, inclusive, do STJ e STF.

Logo, ocorrerá **tentativa** se o bem for subtraído da vítima e esta iniciar perseguição ao furtador, conseguindo reaver seu bem. A **inexistência de retirada do bem da esfera de disponibilidade da vítima** enseja o reconhecimento, pois, da tentativa de furto.

Doutrinariamente, o furto é denominado crime material já que para sua consumação é exigido o resultado naturalístico (retirada do bem da vítima e consequente redução patrimonial).

7.1.5. Crime impossível

Se a vítima não carregar nenhum objeto de valor consigo e o agente der início à execução do crime, abrindo, por exemplo, sua bolsa, sem nada encontrar, estaremos diante de **crime impossível (art. 17 do CP)**. Essa é a concepção de Celso Delmanto e Damásio de Jesus.

Já para Nelson Hungria e Heleno Fragoso, a inexistência de objeto material no momento do furto é questão *acidental* (circunstâncias alheias à vontade do agente), configurando-se a **tentativa**.

7.1.6. Forma majorada (repouso noturno)

O § 1º do art. 155 do CP pune mais gravosamente o furto praticado durante o **repouso noturno**.

Segundo a doutrina majoritária, somente se aplica a causa de aumento de pena em comento ao furto simples (*caput*), não incidindo nas demais modalidades.

Entende-se por repouso noturno o período de descanso das pessoas, o que deve ser interpretado de região a região. Há quem entenda que o período noturno vai das 18hs às 6hs, o que não deve ser o melhor conceito, eis que o conceito de "noite" melhor coaduna com ausência de luz solar.

Todavia, tencionou o legislador punir mais gravosamente o furto cometido durante o período de descanso/repouso das pessoas. Tal situação deve ser interpretada no caso concreto, levando em conta as peculiaridades de cada região do Brasil (ex.: no meio rural, certamente o repouso noturno é bem mais cedo do que no meio urbano).

Não se deve confundir **repouso noturno** com **noite**, eis que, como já se disse, o crime deve ser cometido durante o *repouso* noturno, ou seja, nos momentos de menor vigília por parte das pessoas.

Na jurisprudência, bem assim para boa parte da doutrina, prevalece o entendimento de que a causa de aumento de pena em análise incide não somente se o furto for praticado em **casa ou suas dependências, mas, também, estabelecimentos comerciais ou mesmo em locais desabitados**. O que importa para a incidência da majorante é o **período** em que o delito é praticado e não as condições do local (se habitado, desabitado, se residencial ou comercial).

7.1.7. Forma privilegiada (furto privilegiado)

O § 2º do art. 155 do CP, cuja natureza jurídica é de **causa especial de diminuição de pena**, é denominado pela doutrina de **furto privilegiado**.

Incidirá quando o agente for **primário** (ausência de reincidência – art. 64, I, CP – **aspecto subjetivo**) e a coisa furtada for de pequeno valor (**aspecto objetivo**). Entende a doutrina e jurisprudência majoritárias como de **pequeno valor** o bem que não ultrapasse **um salário mínimo** no momento do crime.

Verificados os dois requisitos (primariedade e pequeno valor da coisa), o juiz poderá (em realidade, *deverá* – trata-se de direito subjetivo do acusado) **substituir a pena de reclusão pela de detenção, diminuí-la de um a dois terços ou aplicar somente a pena de multa.**

Dentre as opções grifadas, sem dúvida **a mais benéfica é a aplicação da *pena de multa***, eis que o seu descumprimento não poderá ensejar a restrição da liberdade do agente, mas ser cobrada como dívida de valor (*vide* art. 51 do CP).

Se o bem subtraído for de *ínfimo valor* (e não apenas de pequeno valor), pode-se sustentar a **insignificância penal**, por ausência de lesividade ao bem jurídico protegido pelo crime (ex.: furto de um botão de camisa ou de uma agulha em uma loja).

Frise-se que há diversas decisões dos Tribunais Superiores admitindo a incidência do privilégio mesmo para o furto qualificado, conforme será melhor visto no item a seguir.

7.1.8. Formas qualificadas

O § 4º do art. 155 do CP pune o crime de furto de 2 a 8 anos de reclusão nas seguintes hipóteses:

a) **inciso I** – se o furto for cometido com **destruição ou rompimento de obstáculo** à subtração da coisa: deve haver, nessa hipótese, efetiva destruição daquilo que pode ser considerado como obstáculo à subtração do bem efetivamente visado (ex.: a janela de um carro; as portas de uma residência). Não configura a qualificadora em comento se a destruição ou o rompimento ocorre na própria coisa para a sua subtração (ex.: quebrar o vidro do carro para, posteriormente, subtraí-lo). Acerca da imprescindibilidade de perícia para a configuração da qualificadora em comento, confira o entendimento do STJ:

FURTO. ROMPIMENTO. OBSTÁCULO. PERÍCIA.

"A Turma reiterou que, tratando-se de furto qualificado pelo rompimento de obstáculo, de delito que deixa vestígio, torna-se indispensável a realização de perícia para a sua comprovação, a qual somente pode ser suprida por prova testemunhal quando desaparecerem os vestígios de seu cometimento ou esses não puderem ser constatados pelos peritos (arts. 158 e 167 do CPP). No caso, cuidou-se de furto qualificado pelo arrombamento de porta e janela da residência, porém, como o rompimento de obstáculo não foi comprovado por perícia técnica, consignou-se pela exclusão do acréscimo da referida majorante". Precedentes citados: HC 136.455-MS, DJe 22/2/2010; HC 104.672-MG, DJe 6/4/2009; HC 85.901-MS, DJ 29/10/2007, e HC 126.107-MG, DJe 3/11/2009. HC 207.588-DF, Rel. Min. Og Fernandes, julgado em 23/8/2011. (Inform. STJ 481);

b) **inciso II** – se o furto for cometido com **abuso de confiança**, ou mediante **fraude, escalada ou destreza**: no primeiro caso (abuso de confiança), a vítima deve ter uma ligação com o agente delitivo (amizade, parentesco, relações profissionais), sob pena de não ficar caracterizada a qualificadora. O mero vínculo empregatício não a configura, exigindo-se do empregado *confiança* para o desempenho de determinada função, diminuindo, consequentemente, a vigilância do bem por parte do patrão.

O furto mediante fraude (segunda hipótese) exige que o agente se valha de um meio enganoso, de um artifício, capaz de reduzir a vigilância da vítima sobre o bem, o que permitirá sua subtração com menores dificuldades (o bem é subtraído da vítima sem que ela perceba). É o caso do falso funcionário de concessionárias de energia elétrica ou de empresa telefônica, que, sob o argumento de serem funcionários das citadas empresas, ingressam em casa alheia e subtraem bens que as guarneçam.

Por fim, a terceira hipótese é a do furto mediante escalada (utilização de via anormal para o ingresso em determinado lugar, exigindo um esforço incomum do agente – ex.: escalar muro de 5m e ingressar em casa alheia, subtraindo bens de seu interior) ou mediante destreza (é a habilidade que permite ao agente subtrair bens sem que a vítima perceba – ex.: punguista);

c) **inciso III** – se o furto for cometido com **emprego de chave falsa**. Entende-se como "chave falsa" a imitação da verdadeira (cópia executada sem autorização de seu dono) ou qualquer instrumento que faça as vezes da chave, mas que não seja ela, capaz de abrir fechaduras sem arrombamento (ex.: chave "mixa"). Se for utilizada a chave verdadeira, anteriormente subtraída do dono, não estaremos diante dessa qualificadora, mas, eventualmente, daquela em que se emprega fraude;

d) **inciso IV** – se o furto for cometido em **concurso de duas ou mais pessoas**. Nessa situação, basta que duas ou mais pessoas (ainda que uma ou mais sejam inimputáveis – ex.: doença mental ou menoridade) concorram para a subtração. O STJ já chegou a entender que, se um maior de dezoito anos e um menor de idade, juntos, cometerem um furto, não se configura a qualificadora, em razão da inimputabilidade deste último. Não concordamos, pois a lei exige a concorrência de *pessoas* e não de *imputáveis*.

Questão interessante diz respeito à possibilidade – ou não – da conjugação do furto qualificado (art. 155, §4º, CP) com a figura do privilégio (art. 155, §2º, CP). A despeito da disposição topográfica (para parte da doutrina, seria inviável o furto ser, concomitantemente, qualificado e privilegiado, visto que referido privilégio vem previsto no §2º do art. 155, ao passo que as qualificadoras vêm dispostas mais "abaixo", vale dizer, no §4º), a jurisprudência dos Tribunais Superiores admitem a conjugação dos dispositivos em comento. Confira-se:

FURTO QUALIFICADO. PRIVILÉGIO. PRIMARIEDADE. PEQUENO VALOR. RES FURTIVA.

"A Seção, pacificando o tema, julgou procedente os embargos de divergência, adotando orientação de que o privilégio estatuído no § 2º do art. 155 do CP mostra-se compatível com as qualificadoras do delito de furto, desde que as qualificadoras sejam de ordem objetiva e que o fato delituoso não seja de maior gravidade. Sendo o recorrido primário e de pequeno valor a *res furtiva*, verificando-se que a qualificadora do delito é de natureza objetiva – concurso de agentes – e que o fato criminoso não se revestiu de maior gravidade, torna-se devida a incidência do benefício legal do furto privilegiado, pois presente a excepcionalidade devida para o seu reconhecimento na espécie". Precedentes citados do STF: HC 96.843-MS, DJe 23/4/2009; HC 100.307-MG, DJe 3/6/2011; do STJ: AgRg no HC 170.722-MG, DJe 17/12/2010; HC 171.035-MG, DJe 1º/8/2011, e HC 157.684-SP, DJe 4/4/2011. EREsp 842.425-RS, Rel. Min. Og Fernandes, julgados em 24/8/2011. (Inform. STJ 481)

Por fim, o § 5º do art. 155 do CP comina pena de 3 a 8 anos se a subtração for de **veículo automotor que venha a ser transportado para outro Estado ou para o exterior**. Trata-se de qualificadora que leva em conta não o meio de execução do crime (como as definidas no § 4º), mas sim o resultado obtido com o furto.

7.1.9. Equiparação de coisa alheia móvel

O §3º do art. 155 do CP equipara a coisa alheia móvel, para fins de caracterização do crime de furto, a energia elétrica ou qualquer outra que tenha valor econômico.

Assim, a energia elétrica, ainda que impalpável, imaterial, é considerada "coisa alheia móvel", podendo, pois, ser objeto material do crime de furto. O mesmo se pode dizer com relação à energia solar, radioativa, genética (de animais reprodutores) etc., desde que tenham valor econômico.

Interessante o entendimento do STF acerca do "furto" de sinal de TV a cabo. Veja-se:

Furto e ligação clandestina de TV a cabo

"A 2ª Turma concedeu *habeas corpus* para declarar a atipicidade da conduta de condenado pela prática do crime descrito no art. 155, § 3º, do CP ("*Art. 155 – Subtrair, para si ou para outrem, coisa alheia móvel: ... § 3º – Equipara-se à coisa móvel a energia elétrica ou qualquer outra que tenha valor econômico.*"), por efetuar ligação clandestina de sinal de TV a cabo. Reputou-se que o objeto do aludido crime não seria "energia" e ressaltou-se a inadmissibilidade da analogia *in malam partem* em Direito Penal, razão pela qual a conduta não poderia ser considerada penalmente típica". HC 97261/RS, rel. Min. Joaquim Barbosa, 12.4.2011. (HC-97261) (Inform. STF 623)

7.2. Roubo (art. 157, CP). Considerações iniciais

O crime de **roubo**, previsto no art. 157 do CP, é um dos mais violentos ilícitos contra o patrimônio, já que, conforme veremos mais à frente, tem como elementares a violência ou a grave ameaça contra a vítima, que se vê acuada diante do roubador.

Trata-se de infração penal cuja **objetividade jurídica imediata** é a **proteção do patrimônio alheio**, mais especificamente dos bens móveis alheios. Todavia, também tutela, a um só tempo, a **liberdade individual** e a **integridade corporal**.

Por proteger, portanto, dois bens jurídicos (patrimônio e liberdade individual/integridade pessoal), a doutrina denomina o roubo de **crime pluriofensivo** (ofende mais de um bem).

A doutrina também aponta o roubo como um **crime complexo,** já que sua conformação típica pressupõe a existência de duas figuras que, isoladas, configuram crimes autônomos: **furto + violência** (vias de fato – contravenção penal; lesões corporais – crime) ou **furto + grave ameaça.**

7.2.1. Tipo objetivo

O verbo do tipo (conduta típica) é o mesmo do furto, qual seja, "subtrair", que corresponde à ação do agente de tirar alguma coisa da vítima, desapossá-la, apoderando-se dos bens a ela pertencentes.

A subtração exige, portanto, a **inexistência de consentimento da vítima**, já que o patrimônio é **bem jurídico disponível**, podendo ser suprimido pela sua própria vontade.

Ainda ressalta a doutrina que a subtração tem implícita em si a intenção do agente em se apoderar dos bens, seja para si, seja para outrem, de modo **definitivo**.

Três podem ser os meios de execução do roubo, tendentes à **subtração** de coisa alheia móvel:

a) **grave ameaça** – corresponde à **violência moral**, ou seja, a promessa, à vítima, de um mal injusto e grave;
b) **violência** – corresponde ao emprego de **força física** contra a vítima, seja por meio de vias de fato, seja mediante lesões corporais (leves, graves ou gravíssimas). A jurisprudência admite que mesmo fortes empurrões, efetuados com a finalidade de subtrair bens da vítima, são aptos a caracterizar o roubo. Porém, as "trombadas" leves, que somente objetivam um desvio de atenção da vítima, caracterizariam, se tanto, o delito de furto;
c) **qualquer meio que reduza ou impossibilite a resistência da vítima** – trata-se do emprego da **interpretação analógica** no tipo incriminador, cuja intenção é a de conferir maior proteção à vítima, **ampliando o espectro de incidência da norma penal**. São exemplos típicos o emprego de **narcóticos** ou **anestésicos** contra a vítima, tornando-a "presa fácil", já que, sob o efeito de referidas substâncias, sua capacidade de resistência à ação alheia fica bastante diminuída (ou até mesmo eliminada). Aqui, tem-se a denominada **violência imprópria**.

Também configura elementar do tipo que a **coisa** subtraída seja **alheia** e **móvel**. Entende-se por "coisa" todos os bens suscetíveis de **apreciação econômica** (afinal, o roubo, assim como o furto, protege o **patrimônio** alheio).

Outrossim, não basta que o agente subtraia um bem, devendo este pertencer, obviamente, a **terceira pessoa** (não se poderia cogitar de roubo de coisa própria!).

Por fim, somente **bens móveis** podem ser objeto do crime em estudo, conforme determina a lei penal. Ainda que assim não estivesse previsto, se o roubo pressupõe a retirada do bem da esfera de disponibilidade da vítima, somente os passíveis de mobilização é que podem ser literalmente "removidos", "retirados" de um local para outro. **Impossível, portanto, roubo de bem imóvel.**

Se eventualmente a lei civil considera, por ficção, um bem móvel como imóvel (ex.: navios e aeronaves), ainda assim poderão ser objeto material do crime em comento. Basta que possam ser transportados de um lugar a outro.

Até mesmo os animais (semoventes) podem ser objeto de roubo, desde que tenham um proprietário (ex.: gados, cachorros etc.).

7.2.2. Tipo subjetivo

Além do **dolo** (vontade livre e consciente do agente em subtrair coisa alheia móvel), exige-se o **elemento subjetivo do tipo** (**dolo específico**), vale dizer, o sujeito ativo deve ter a intenção de apoderar-se definitivamente do bem subtraído, ou de fazê-lo para que terceira pessoa dele se apodere em caráter definitivo.

O elemento subjetivo do tipo, no crime de roubo, é denominado de *animus rem sibi habendi*. Em outras palavras, o agente deve subtrair o bem com o fim de **assenhoreamento definitivo**.

A exigência do "dolo específico" pode vir a desnaturar o crime de roubo se o agente **subtrai o bem temporariamente,**

sem a intenção de ficar com ele indefinidamente.

Assim, se o roubador subtrai um carro, por exemplo, com a simples intenção de utilizá-lo e posteriormente restituí-lo ao seu legítimo proprietário, estaremos diante de fato atípico, dada a inexistência do *animus rem sibi habendi*. Tal figura é denominada pela doutrina de **roubo de uso,** à semelhança do furto de uso. Contudo, trata-se de entendimento minoritário, seja na doutrina, seja na jurisprudência, pelo fato de se tratar de crime complexo, que ofende a integridade física ou a liberdade individual da vítima.

Se a subtração de uma coisa alheia ocorrer para a superação de uma **situação de perigo**, podemos invocar o estado de necessidade, que afasta a criminalidade da conduta (**causa excludente da antijuridicidade**), ainda que contra a vítima seja empregada violência ou grave ameaça. Nessa situação, embora típica, a conduta não será antijurídica.

7.2.3. Sujeitos do crime

O **sujeito ativo** do crime de roubo pode ser qualquer pessoa, desde que não seja o proprietário ou possuidor da coisa subtraída (o tipo penal exige que a coisa subtraída seja **alheia**).

Já o **sujeito passivo** do crime em tela é o proprietário, possuidor ou detentor do bem subtraído. Poderá ser pessoa natural ou pessoa jurídica. Admite-se, ainda, que **existam duas ou mais vítimas e a ocorrência de um só roubo**, na hipótese em que terceiros sejam atingidos pela violência ou grave ameaça, ainda que não sejam os donos do bem subtraído. Ex.: João aluga seu veiculo a José, que, em determinado semáforo da cidade, é abordado e, mediante grave ameaça e violência física, vê o veículo ser subtraído pelos roubadores. No caso, João foi vítima do crime em razão do desfalque patrimonial sofrido e José por ter suportado a ação delituosa (meios executórios).

7.2.4. Consumação e tentativa

Apontam a doutrina e jurisprudência, basicamente, **duas** situações caracterizadoras da **consumação do roubo (próprio)**:

a) retirada do bem da esfera de vigilância da vítima, existindo a inversão da posse da *res*, à semelhança do que ocorre com o furto;

b) com o apoderamento do bem subtraído, logo após empregar a violência ou a grave ameaça para consegui-lo. Nesse caso, não se exige a posse tranquila, havendo a consumação ainda que a polícia chegue ao local em seguida ao apoderamento da *res*. Trata-se da posição adotada pelo STF.

Admissível, evidentemente, a **tentativa** do crime de roubo, seja pelo fato de o agente não ter obtido a posse tranquila do bem (primeira corrente), seja porque não conseguiu apoderar-se do bem da vítima, ainda que haja empregado violência ou grave ameaça.

Para concursos de Defensorias Públicas, muito interessante a posição do STF que segue abaixo (diz respeito ao acompanhamento da ação delituosa por policiais, caracterizando-se a tentativa):

Roubo e momento consumativo

"A 1ª Turma, por maioria, deferiu *habeas corpus* para desclassificar o crime de roubo na modalidade consumada para a tentada. Na espécie, os pacientes, mediante violência física, subtraíram da vítima quantia de R$ 20,00. Ato contínuo, foram perseguidos e presos em flagrante por policiais que estavam no local do ato delituoso. Inicialmente, aludiu-se à pacífica jurisprudência da Corte no sentido da desnecessidade de inversão de posse mansa e pacífica do bem para haver a consumação do crime em comento. Entretanto, consignou-se que essa tese seria inaplicável às hipóteses em que a conduta fosse, o tempo todo, monitorada por policiais que se encontrassem no cenário do crime. Isso porque, no caso, ao obstar a possibilidade de fuga dos imputados, a ação da polícia teria frustrado a consumação do delito por circunstâncias alheias à vontade dos agentes ("*Art. 14. Diz-se o crime: ... II – tentado, quando, iniciada a execução, não se consuma por circunstâncias alheias à vontade do agente*"). Vencida a Min. Cármen Lúcia, por reputar que, de toda sorte, os réus teriam obtido a posse do bem, o que seria suficiente para consumação do crime". Precedente citado: HC 88259/SP (DJU de 26.5.2006). HC 104593/MG, rel. Min. Luiz Fux, 8.11.2011. (HC-104593) (**Inform. STF** 647).

Doutrinariamente, é bom que se diga, o roubo é denominado crime material, já que para sua consumação é exigido o resultado naturalístico (retirada do bem da vítima e consequente redução patrimonial).

Quanto ao momento consumativo do roubo impróprio, veremos no item próprio dessa modalidade.

7.2.5. Espécies de roubo

A doutrina aponta duas espécies ou tipos de roubo:

a) **roubo próprio** – é o previsto no art. 157, *caput*, do Código Penal;

b) **roubo impróprio** – é o estabelecido no § 1º do mesmo dispositivo legal. Trata-se de crime que, inicialmente, assemelha-se ao furto (subtração de coisa alheia móvel). Todavia, para a consumação, visando o agente a **assegurar a impunidade ou a garantia da subtração** da coisa, **emprega violência ou grave ameaça contra a vítima.**

No caso de roubo impróprio, há o entendimento de que se **consuma** com o efetivo **emprego da violência ou grave ameaça, não se admitindo a tentativa (Damásio de Jesus, por exemplo)**. Porém, há quem sustente ser admissível, sim, a tentativa de roubo impróprio, desde que o agente, após o apoderamento da coisa, não consiga, por circunstâncias alheias à sua vontade, empregar a grave ameaça ou a violência física. No mais, todas as características do roubo próprio são aplicáveis ao impróprio (sujeitos do crime, objeto jurídico, tipo objetivo, tipo subjetivo). Frise-se, porém, que, para o cometimento do roubo impróprio, é inadmissível o emprego de violência imprópria, admitida apenas no *caput* do art. 157 do CP, mas não em seu §1º.

7.2.6. Formas majoradas (causas de aumento de pena – art. 157, § 2º, do CP)

O § 2º do art. 157 do CP pune mais gravosamente (exacerbação de **um terço à metade da pena**) o roubo nas hipóteses previstas em seus cinco incisos, a saber:

a) **inciso I – se a violência ou ameaça é exercida com emprego de arma**: neste caso, pune mais severamente o legislador o agente que se vale do emprego de um artefato que garanta maior facilidade para a subtração, reduzindo-se ainda mais as chances de a vítima resistir à agressão ao seu patrimônio. Deve-se entender por arma tanto os artefatos previamente confeccionados para o ataque ou defesa (**arma própria** – ex.: revólver, espingarda, pistola, metralhadora etc.) quanto qualquer objeto que tenha potencialidade lesiva (**arma imprópria** – ex.: faca, machado, cutelo, foice, punhal etc.). No caso do emprego de arma de brinquedo, embora tenha esta chance de causar maior temor à vítima, não resultará em reconhecimento da circunstância ora estudada. Tanto é verdade que o STJ cancelou a antiga Súmula 174, pacificando-se o entendimento de que quis o legislador agravar a reprimenda do agente que se vale de uma *arma*, com **maior potencialidade ofensiva à vítima (aspecto objetivo)**, pouco importando o aspecto intimidativo (**aspecto subjetivo**). A exibição de arma de brinquedo em um roubo caracterizará, tão somente, a modalidade simples (art. 157, *caput*, do CP), já que sua exibição perfaz a elementar "grave ameaça". Acerca da (des)necessidade de apreensão da arma para a configuração da majorante em comento, confira-se a posição do STF e, na sequência, a do STJ:

HC N. 105.263-MG – RELATOR: MIN. DIAS TOFFOLI

EMENTA: ***Habeas corpus*. Penal. Sentença penal condenatória. Crime do art. 157, § 2º, inciso I, do CP. Incidência da majorante em razão do emprego da arma. Precedentes.**

1. Firmado nesta Corte Suprema o entendimento de que a incidência da majorante do inciso I do § 2º do artigo 157 do Código Penal prescinde da apreensão da arma, se comprovado, por outros meios, o seu emprego.
2. *Habeas corpus* denegado. (**Inform. STF 619**);

ARMA. FOGO. INIDONEIDADE. PERÍCIA. OUTROS MEIOS. PROVA.

"A Turma, entre outras questões, reiterou o entendimento adotado pela Terceira Seção, com ressalva da Min. Relatora, de que é prescindível a apreensão e perícia de arma de fogo para a aplicação da causa de aumento de pena prevista no art. 157, § 2º, I, do CP, impondo-se a verificação, caso a caso, da existência de outras provas que atestem a utilização do mencionado instrumento. No caso, o magistrado de primeiro grau e a corte estadual assentaram a existência de prova pericial suficiente a demonstrar a inidoneidade da arma de fogo utilizada pelo réu, dada sua ineficácia para a realização dos disparos. Assim, a Turma concedeu a ordem a fim de afastar a causa de aumento prevista no art. 157, § 2º, I, do CP e reduziu a pena para cinco anos e quatros meses de reclusão a ser cumprida inicialmente no regime semiaberto, mais 13 dias-multa". HC 199.570-SP, Rel. Min. Maria Thereza de Assis Moura, julgado em 21/6/2011. (**Inform. STJ 478**);

b) **inciso II – se há o concurso de duas ou mais pessoas:** andou bem o legislador ao punir com maior rigor o roubo praticado por duas ou mais pessoas em concurso. Isto porque a vítima, diante de uma pluralidade de pessoas, terá menores chances de resistir à ação criminosa, ficando mais desprotegida. Pouco importa se, no "grupo", existirem pessoas maiores (imputáveis) ou menores de idade (inimputáveis). Tratou a lei de prever o concurso de duas ou mais **pessoas e não dois ou mais imputáveis.** Todavia, o STJ já proferiu entendimento no sentido de que o concurso de um maior de idade e um adolescente desnatura a causa de aumento de pena em estudo, eis que o Código Penal é um diploma normativo aplicado apenas aos imputáveis. Trata-se de posição isolada;

c) **inciso III – se a vítima está em serviço de transporte de valores e o agente conhece tal circunstância**: trata-se de causa de aumento de pena que nitidamente visa a proteger as pessoas que se dedicam ao transporte de valores (bancos e joalherias, p.ex.). Exige-se, *in casu*, que o agente saiba que a vítima labora na área de transporte de valores (dolo direto), não se admitindo o dolo eventual (assunção do risco);

d) **inciso IV – se a subtração for de veículo automotor que venha a ser transportado para outro Estado ou para o exterior**: neste caso, é imprescindível que o veículo, de fato, saia dos limites de um Estado e ingresse em outro, ou saia do país e ingresse no exterior, transpondo as fronteiras;

e) **inciso V – se o agente mantém a vítima em seu poder, restringindo sua liberdade:** inserido pela Lei 9.426/96, colocou-se um fim à celeuma que envolvia o roubo e a restrição de liberdade da vítima. Prevalece, hoje, o entendimento de que incide a causa de aumento de pena ora analisada se o agente, para a subtração dos bens, mantém a vítima privada de sua liberdade pelo espaço de tempo suficiente à consumação do roubo ou para evitar a ação policial. Todavia, se desnecessária a privação de liberdade do sujeito passivo, já tendo se consumado o roubo, é possível o concurso entre o roubo e o sequestro ou cárcere privado (art. 148 do Código Penal).

7.2.7. Formas qualificadas (roubo qualificado)

O § 3º do art. 157 do CP elenca situações cuja natureza jurídica não são de **causas especiais de aumento de pena**, mas sim de **qualificadoras.**

Verificamos, pois, as seguintes hipóteses:

a) **Se da violência resulta lesão corporal de natureza grave – pena de reclusão de 7 a 15 anos, além da multa:** neste caso, pune o legislador com maior rigor a intensificação, por parte do agente, de sofrimento físico à vítima da subtração, que suporta lesões corporais graves para ser despojada de seus bens. As **lesões corporais leves** serão absorvidas pelo roubo simples (art. 157, *caput*, do Código Penal), não configurando a qualificadora em comento. As lesões corporais graves poderão ser causadas a vítima a título de dolo ou culpa (neste último caso, a figura será preterdolosa);

b) **Se resulta morte – reclusão de 20 a 30 anos, sem prejuízo da multa**: trata-se do denominado **latrocínio,** considerado **crime hediondo** pela Lei 8.072/1990, daí advindo efeitos penais mais severos ao agente (insuscetibilidade de anistia, graça, indulto, progressão de regime mais demorada, livramento condicional mais demorado). A **morte da vítima** poderá ser **dolosa** ou **culposa** (neste caso, o resultado agravador configurará hipótese preterdolosa de latrocínio). No tocante à **tentativa de latrocínio**, podemos verificar **quatro situações**: 1ª) roubo e morte consumados – evidentemente haverá latrocínio consumado; 2ª) roubo e morte tentados – latrocínio tentado; 3ª) roubo tentado e morte consumada – latrocínio consumado (Súmula 610 do STF); 4ª) roubo consumado e morte tentada – latrocínio tentado (entendimento do STF). Se o agente, por erro na execução (*aberratio ictus*), mata o comparsa no roubo, tendo mirado a vítima, responderá por latrocínio. Por fim, ainda que a morte causada à vítima seja dolosa, o crime de latrocínio **não será julgado pelo Tribunal do Júri**, mas sim por juízo criminal comum, exatamente por se tratar de crime contra o patrimônio e **não contra a vida**. Por fim, confira-se a posição do STJ acerca da imputação a coautor de roubo seguido de morte da vítima, ainda que não tenha efetuado os disparos:

ROUBO ARMADO. DISPAROS. COAUTORIA.

"A Turma entendeu, entre outras questões, que o paciente condenado por roubo armado seguido de morte responde como coautor, ainda que não tenha sido o responsável pelos disparos que resultaram no óbito da vítima. Na espécie, ficou demonstrado que houve prévio ajuste entre o paciente e os outros agentes, assumindo aquele o risco do evento morte". Precedentes citados: REsp 622.741-RO, DJ 18/10/2004; REsp 418.183-DF, DJ 4/8/2003, e REsp 2.395-SP, DJ 21/5/1990. HC 185.167-SP, Rel. Min. Og Fernandes, julgado em 15/3/2011. (Inform. STJ 466)

7.3. Extorsão (art. 158, CP)

7.3.1. Considerações iniciais

O crime de **extorsão**, previsto no art. 158 do CP, consiste em **constranger alguém**, mediante **violência** ou **grave ameaça**, e com o **intuito de obter** para si ou para outrem **indevida vantagem econômica**, a fazer, deixar de fazer ou tolerar que se faça algo.

Trata-se de infração penal cuja **objetividade jurídica imediata** é a **proteção do patrimônio alheio**, mais especificamente dos bens móveis alheios. Todavia, também tutela, a um só tempo, a **liberdade individual** e a **integridade corporal**.

Por proteger, portanto, dois bens jurídicos (patrimônio e liberdade individual/integridade pessoal), a doutrina denomina a extorsão de **crime pluriofensivo** (ofende mais de um bem jurídico), assim como ocorre com o roubo.

A doutrina também aponta a extorsão como um **crime complexo,** já que sua conformação típica pressupõe a existência de duas figuras que, isoladas, configuram crimes autônomos: **constrangimento ilegal + violência** (vias de fato – contravenção penal; ou lesões corporais – crime) ou **constrangimento ilegal + grave ameaça**.

7.3.2. Tipo objetivo

O verbo do tipo (conduta típica) é o mesmo do constrangimento ilegal, qual seja, "constranger", **coagir, obrigar** a vítima a fazer, deixar de fazer ou tolerar que se faça algo mediante violência ou grave ameaça. Todavia, enquanto no constrangimento ilegal busca-se a restrição da liberdade, na extorsão a finalidade é o locupletamento ilícito.

O constrangimento exige, portanto, a **inexistência de consentimento da vítima,** a qual é obrigada a fazer alguma coisa (ex.: entregar dinheiro, efetuar depósito bancário etc.), deixar de fazer algo (ex.: devedor que ameaça o credor para que ele não promova a execução) ou tolerar que se faça algo (ex.: tolerar o uso de um imóvel que lhe pertence sem cobrar aluguel).

Assim, a vítima pode ter uma conduta **comissiva** (fazer) ou **omissiva** (deixar de fazer ou tolerar), enquanto que o autor do crime de extorsão sempre realiza uma **ação** (constranger, mediante violência ou grave ameaça).

Dois podem ser os meios de execução da extorsão, para obtenção da indevida vantagem econômica, após o constrangimento da vítima:

a) **grave ameaça** – corresponde à **violência moral**, ou seja, a promessa, à vítima, de um mal injusto e grave;
b) **violência** – corresponde ao emprego de **força física** contra a vítima, seja por meio de vias de fato, seja mediante lesões corporais (leves, graves ou gravíssimas).

É oportuno frisar que, se a indevida vantagem econômica for obtida mediante **fraude, artifício ou ardil,** poderá restar configurado o crime de estelionato.

Também configura elementar do tipo que a obtenção da **indevida vantagem econômica** seja para **si** ou para **outrem**. Entende-se por "indevida vantagem econômica" toda vantagem suscetível de **apreciação econômica** (afinal, a extorsão, assim como o furto e o roubo, protege o **patrimônio** alheio).

7.3.3. Tipo subjetivo

Além do **dolo** (vontade livre e consciente do agente em constranger a vítima), exige-se o **elemento subjetivo do tipo (dolo específico)**, vale dizer, o sujeito ativo deve ter a intenção de obter para si ou para outrem **indevida vantagem econômica**.

A exigência do "dolo específico" (**especial fim de agir**) pode vir a desnaturar o crime de extorsão. Se a intenção for a de obter vantagem econômica devida, o crime será o exercício arbitrário das próprias razões. Por outro lado, se a vantagem não for econômica, mas moral, o crime será o constrangimento ilegal; se sexual, poderá caracterizar crime contra a liberdade sexual (estupro, por exemplo).

7.3.4. Sujeitos do crime

O **sujeito ativo** do crime de extorsão pode ser qualquer pessoa, não se exigindo nenhuma qualidade especial (crime comum). Já o **sujeito passivo** do crime em tela é aquele que suporta diretamente a violência ou a grave ameaça, bem como o titular do patrimônio visado.

7.3.5. Consumação e tentativa

O crime de extorsão **consuma-se** no momento em que a **vítima faz, deixa de fazer ou tolera** que se faça algo. Ou seja, não basta o mero constrangimento da vítima, sendo imprescindível que haja uma ação ou omissão.

Entretanto, para a consumação do delito se dispensa a obtenção da indevida vantagem econômica (**Súmula 96, STJ**). A obtenção do enriquecimento ilícito constitui **exaurimento do crime**. Portanto, doutrinariamente, a extorsão é denominada **crime formal (ou de consumação antecipada)**, já que para sua consumação não é exigido o resultado naturalístico (obtenção da indevida vantagem econômica).

Há **tentativa** do crime de extorsão quando, apesar da exigência realizada pelo autor do delito, mediante o emprego de violência ou grave ameaça, a vítima não realiza a conduta que lhe fora exigida, por circunstâncias alheias à sua vontade.

Em suma, quando houver mera exigência, o crime será tentado. Mas se a vítima realizar o que lhe fora exigido, haverá crime consumado. E, por fim, se o agente obtiver a indevida vantagem econômica, haverá exaurimento do crime.

7.3.6. Espécies de extorsão

A extorsão pode ser:

a) **simples**: art. 158, *caput*, CP;
b) **majorada**: quando presente uma das causas de aumento de pena – art. 158, § 1º, do CP;
c) **qualificada**: art. 158, §§ 2º e 3º, do CP.

7.3.7. Formas majoradas (causas de aumento de pena – art. 158, § 1º, do CP)

O § 1º do art. 158 do CP pune mais gravosamente (exacerbação de **um terço à metade da pena)** a extorsão:

a) **se cometida por duas ou mais pessoas**: aplica-se aqui o que já fora explicitado no crime de roubo;

b) **se cometida mediante o emprego de arma**: de igual modo aplica-se o que já fora explicitado no crime de roubo, quanto ao conceito de arma.

7.3.8. Extorsão qualificada (art. 158, §2º, CP)

Há duas espécies de extorsão qualificada previstas no artigo 158, § 2º do Código Penal:

a) **extorsão qualificada pela lesão corporal de natureza grave;**

b) **extorsão qualificada pelo resultado morte.** Neste caso, estaremos diante de **crime hediondo**.

Tudo o que foi dito a respeito do roubo qualificado pela lesão grave ou morte (art. 157, § 3º, CP) aplica-se ao crime de extorsão qualificada. Frisa-se que as formas qualificadas de extorsão configuram **crimes preterdolosos**.

Como se verá mais adiante, há, ainda, outras formas qualificadas de extorsão, previstas no § 3º também do art. 158 do CP, que prevê que a pena será de reclusão de 6 a 12 anos, além da multa, se o crime é cometido com restrição da liberdade da vítima e essa condição é necessária para a obtenção da vantagem econômica (sequestro-relâmpago). Se resultar, porém, lesão corporal grave ou morte, as penas serão aquelas cominadas aos parágrafos 2º e 3º, respectivamente, do art. 159 do CP.

7.3.9. Diferença entre extorsão e roubo

Para a doutrina amplamente majoritária, a diferença havida entre os crimes acima referidos é que no roubo **o bem é retirado da vítima** enquanto que na extorsão ela própria é quem o **entrega ao agente**.

Assim, a principal distinção entre o crime de extorsão e o de roubo se faz pela colaboração da vítima. Se for **imprescindível a colaboração** para o agente obter a vantagem econômica, tem-se o **crime de extorsão**. No entanto, se for **dispensável a colaboração** da vítima, ou seja, mesmo que a vítima não entregue o bem o agente iria subtraí-lo, aí há o **crime de roubo**.

Há crime de roubo, portanto, quando o próprio agente subtraiu o bem ou quando o agente poderia ter subtraído, mas determinou que a vítima lhe entregasse o bem após empregar violência ou grave ameaça.

7.3.10. "Sequestro relâmpago" (art. 158, § 3º, CP)

Essa distinção entre extorsão e roubo tinha relevância na doutrina quando se discutia sobre o denominado "sequestro relâmpago". Mas, com a Lei nº 11.923/2009, o legislador colocou fim à discussão, com a tipificação do art. 158, § 3º, CP.

Em verdade, o "sequestro relâmpago" é uma modalidade de crime de extorsão cometido mediante a **restrição da liberdade** da vítima (e não a privação total), necessária para a obtenção da vantagem econômica.

A **colaboração** da vítima se torna **imprescindível** para que ocorra a vantagem, como, por exemplo, no caso típico em que o agente aborda a vítima, restringindo-lhe a liberdade e a conduzindo até um caixa eletrônico para que efetue o saque de dinheiro, que somente será realizado com a utilização da senha do cartão bancário. A colaboração da vítima é indispensável, pois o agente não poderia adivinhar a senha do cartão, sem a qual não seria possível a realização do saque.

Outrossim, cumpre ressaltar a discussão a respeito de ser ou não crime hediondo o "sequestro relâmpago" qualificado pela lesão corporal grave ou morte. Para uma corrente, não há que se falar em hediondez, na medida em que o critério adotado pelo legislador foi o legal e, no caso, não se incluiu a extorsão qualificada (art. 158, § 3º, CP) no rol taxativo do art. 1º da Lei nº 8.072/1990. Todavia, para outra corrente seria possível sustentar o tratamento mais rigoroso dos crimes hediondos, na medida em que o § 3º do art. 158, CP faz alusão ao art. 159, §§ 2º e 3º, do CP, o qual foi expressamente previsto na Lei dos Crimes Hediondos.

7.4. Extorsão mediante sequestro (art. 159, CP)

7.4.1. Considerações iniciais

Trata-se de crime previsto no art. 159, CP, modalidade de extorsão, qualificada, porém, pelo sequestro, consistente na **privação da liberdade** da vítima para o **fim de obter, para si ou para outrem, qualquer vantagem, como condição ou preço do resgate**.

Trata-se de **crime pluriofensivo**, em que são tutelados vários bens jurídicos: liberdade de locomoção, integridade física e patrimônio.

7.4.2. Tipo objetivo

O núcleo do tipo é **sequestrar,** o que significa privar a liberdade de **alguém** por tempo juridicamente relevante.

Muito embora o tipo penal faça alusão a "qualquer vantagem", prevalece o entendimento doutrinário no sentido de que a vantagem deve ser **econômica,** haja vista se tratar de crime contra o patrimônio. Caso a natureza da vantagem seja outra, poderá restar caracterizado o crime de sequestro (art. 148, CP).

Ainda, a jurisprudência exige que a vantagem, além de econômica, deve ser **indevida**, apesar da omissão do legislador. Isso porque, se a vantagem visada pelo sequestrador for devida, poderá configurar o exercício arbitrário das próprias razões (art. 345, CP), em concurso formal com o crime de sequestro (art. 148, CP).

7.4.3. Tipo subjetivo

Além do **dolo** (vontade livre e consciente de sequestrar a vítima), exige-se o **elemento subjetivo do tipo** (**dolo específico**), vale dizer, o sujeito ativo deve ter a intenção de obter para si ou para outrem **indevida vantagem econômica,** como condição ou preço do resgate.

7.4.4. Sujeitos do crime

O **sujeito ativo** pode ser qualquer pessoa (**crime comum**). De igual modo, o sujeito passivo pode ser qualquer pessoa, mas necessariamente deve ser **pessoa**. Ou seja, se houver o sequestro de um animal para o fim de se exigir resgate, não se caracterizará o crime de extorsão mediante sequestro, mas simplesmente o crime de extorsão (art. 158, CP). Será **sujeito passivo** tanto a pessoa que teve a sua liberdade de locomoção tolhida como aquela que sofreu a lesão patrimonial.

7.4.5. Consumação e tentativa

O crime se **consuma** com a **privação da liberdade**, ou seja, no momento em que há a captura da vítima, sendo que o **pagamento do resgate** (obtenção da indevida vantagem econômica) é mero **exaurimento** do crime. Daí dizer-se que se trata de **crime formal** (ou de consumação antecipada).

Ainda, trata-se de **crime permanente**, visto que, enquanto a vítima é privada de sua liberdade, a infração se consuma a cada instante, motivo pelo qual é admitida a **prisão em flagrante** a qualquer tempo.

A **tentativa** é **admissível**, desde que o agente já tenha iniciado os atos executórios do crime (privação da liberdade da vítima), o qual somente não se consumou por circunstâncias alheias à sua vontade.

7.4.6. Espécies de extorsão mediante sequestro

São **espécies** de extorsão mediante sequestro:

a) **simples**: art. 159, *caput*, CP;

b) **qualificada**:

b.1) art. 159, § 1º, CP:

b.1.1) se o sequestro dura mais de 24 horas;

b.1.2) se o sequestrado é menor de 18 anos ou maior de 60 anos;

b.1.3) se o crime é cometido por bando ou quadrilha (não haverá concurso com o crime previsto no art. 288, CP, pois haveria *bis in idem*);

b.2) art. 159, § 2º, CP: se do fato resulta **lesão corporal de natureza grave**, dolosa ou culposa;

b.3) art. 159, § 3º, CP: se resulta **morte**, dolosa ou culposa.

Quanto às qualificadoras relativas à lesão corporal grave e à morte, cumpre salientar que somente serão aplicadas quando tais resultados ocorrerem na própria pessoa sequestrada. Se outra pessoa for atingida, haverá crime autônomo.

Como o legislador não restringiu, tais qualificadoras ocorrem tanto no caso de lesão corporal/morte dolosa como culposa, assim como ocorre com o latrocínio.

Ainda, se no caso concreto a conduta dos sequestradores se enquadrar em todos os parágrafos das qualificadoras mencionadas acima, a subsunção será feita no § 3º, cuja pena é maior e mais grave, sendo que as demais qualificadoras serão consideradas como circunstâncias judiciais, quando da fixação da pena-base pelo juiz.

Todas as espécies de extorsão mediante sequestro são consideradas **hediondas** (simples ou qualificadas).

7.4.7. Delação premiada na extorsão mediante sequestro

Se o crime é cometido em **concurso**, o concorrente que o **denunciar** à autoridade, **facilitando a liberação da vítima**, terá sua pena diminuída de **1/3 a 2/3** – art. 159, § 4º, CP. Portanto, trata-se de **causa especial de diminuição da pena**, sendo que o critério para a redução é a colaboração para a soltura da vítima, ou seja, a pena será diminuída proporcionalmente ao auxílio prestado pelo delator.

7.4.8. Diferença entre sequestro relâmpago e extorsão mediante sequestro

O "sequestro relâmpago", como já mencionado, é uma modalidade de crime de extorsão cometido mediante a **restrição da liberdade** da vítima (e não a privação total), necessária para a obtenção da indevida vantagem econômica.

Isso não se confunde com a também restrição da liberdade, que pode ser causa de aumento de pena do crime de **roubo** (art. 157, §2º, V, CP), mas desde que realizada pelo tempo necessário para a abordagem da vítima e para que esta não delate o agente (e não como condição necessária para a obtenção da vantagem almejada pelo roubador).

Por sua vez, há que se distinguir da **extorsão mediante sequestro**, a qual se caracteriza pela **privação total da liberdade de locomoção** da vítima, a qual é capturada pelo agente, com o fim de obter, para si ou para outrem, qualquer vantagem (econômica e indevida) como condição ou preço do resgate.

7.5. Apropriação indébita (art. 168 do Código Penal). Considerações iniciais.

O crime de **apropriação indébita**, previsto no art. 168 do Código Penal, evidentemente é crime contra o patrimônio, já que inserido exatamente neste título do referido diploma legal.

Portanto, o **bem jurídico** tutelado pelo crime em comento é o direito de propriedade (patrimônio).

7.5.1. Tipo objetivo

O verbo do tipo (conduta típica) é "apropriar", indicando que o agente irá apoderar-se, assenhorear-se, fazer sua a coisa de outrem. Enfim, o sujeito ativo passa a portar-se como se fosse dono da coisa.

Diz-se que a **apropriação indébita** é crime que se aperfeiçoa por conta da quebra ou violação de uma **confiança**, já que a vítima entrega a coisa ao agente por livre e espontânea vontade. Ocorre que, em momento posterior ao recebimento da coisa, o agente **inverte seu ânimo sobre o bem**, passando a comportar-se com *animus domini*.

Assim, são requisitos para a configuração da apropriação indébita:

1º) entrega livre do bem pela vítima ao agente;

2º) a posse ou detenção do bem deve ser desvigiada;

3º) ao entrar na posse ou detenção do bem, o agente não deve, desde logo, querer dele apoderar-se ou deixar de restituí-lo ao dono.

Vê-se, pois, que na apropriação indébita a primeira atitude do agente não é banhada de má-fé, eis que recebe o bem sem a intenção inicial de tê-lo para si. Porém, ato seguinte à posse ou detenção, modifica seu ânimo sobre a coisa, passando a comportar-se como se dono fosse.

A doutrina aponta duas formas de execução da apropriação indébita:

a) **comportamento do agente como se dono fosse**: ato seguinte ao recebimento da coisa, o agente passa a ter atitude típica de dono, dispondo da coisa ou dela se utilizando como se lhe pertencesse. Trata-se da denominada **apropriação indébita propriamente dita**;

b) **negativa ou recusa na restituição da coisa**: quando o legítimo proprietário da coisa a pede de volta, o agente nega-se a restituí-la, caracterizando a chamada **negativa de restituição**.

7.5.2. Tipo subjetivo

Trata-se do dolo, ou seja, a vontade livre e consciente do sujeito de apoderar-se de bem (coisa) alheio, passando a comportar-se como se fosse dono.

Diz-se que o **dolo** somente deve ser **posterior** ao recebimento da coisa. Assim não sendo, estaremos diante de possível estelionato (ex.: "A" recebe dinheiro de "B" querendo, desde logo, obter o montante para si). A doutrina, neste caso, denomina *dolo subsequens*, ou seja, a intenção de apropriar-se da coisa deve ser subsequente/posterior ao seu recebimento.

Exige-se, ainda, o *animus rem sibi habendi*, configurador do elemento subjetivo do tipo (especial fim de agir do agente).

7.5.3. Sujeitos do crime

Quanto ao **sujeito ativo**, poderá sê-lo **qualquer pessoa** que tenha a posse ou a detenção do bem, recebido de maneira **lícita** (entregue voluntariamente pela vítima).

Já o **sujeito passivo** é quem sofre a **perda patrimonial** (proprietário, possuidor etc.).

7.5.4. Consumação e tentativa

Consuma-se a apropriação indébita com a **efetiva inversão do ânimo do agente sobre a coisa** entregue pela vítima. Trata-se de aspecto de difícil aferição por se tratar de intenção. Porém, estará consumada a infração, no caso de apropriação propriamente dita, quando o agente começar a portar-se como se dono da coisa fosse (ex.: venda do bem, locação, utilização etc.). Já na negativa de restituição, estará caracterizado o momento consumativo exatamente quando o agente negar-se a devolver o bem da vítima.

Admissível a **tentativa** na apropriação indébita **propriamente dita**, não sendo possível na **negativa de restituição.**

7.5.5. Causas majoradas

A pena será aumentada em 1/3 (um terço) quando:

a) o agente receber a coisa em depósito;

b) o agente receber a coisa na qualidade de tutor, curador, síndico, liquidatário, inventariante, testamenteiro ou depositário judicial;

c) o agente receber a coisa em razão de ofício, emprego ou profissão.

7.6. Estelionato (art. 171 do Código Penal). Considerações iniciais

Trata-se de crime contra o **patrimônio**, cuja objetividade jurídica é a proteção do patrimônio alheio.

Caracteriza-se o estelionato pela existência de uma **fraude**, pela qual o agente, valendo-se de artimanhas, ludibria o ofendido a entregar-lhe uma coisa, daí obtendo vantagem ilícita.

7.6.1. Tipo objetivo

No estelionato, o agente **obtém uma vantagem.** Assim, com o emprego de **fraude**, o sujeito ativo consegue alcançar uma vantagem ilícita.

O *caput* do art. 171 do Código Penal descreve em que pode consistir referida fraude. Poderá, portanto, o agente, para obter vantagem ilícita para si ou para outrem empregar:

a) **artifício**: é o uso, pelo agente, de objetos aptos a enganar a vítima (ex.: documentos falsos, roupas ou disfarces);

b) **ardil**: corresponde ao "bom de papo". É a conversa enganosa;

c) **qualquer outro meio fraudulento**: tudo o quanto puder ludibriar a vítima. Utilizou-se o legislador da interpretação analógica a fim de que outras condutas não escapem da tipicidade penal.

O agente, valendo-se do artifício, ardil ou qualquer outro meio fraudulento, induzirá a vítima ou irá mantê-la em erro, obtendo, com isso, vantagem ilícita.

Não haverá, aqui, **subtração** da coisa. Ao contrário, será ela entregue pela vítima ao agente mediante algum expediente fraudulento (artifício, ardil ou outra fraude), tendo ele, desde logo, a intenção de locupletar-se à custa alheia. Esta é a diferença maior entre o estelionato e a apropriação indébita.

Diz a doutrina que o estelionato é **crime material**, exigindo, portanto, que o agente obtenha vantagem ilícita, provocando um prejuízo material à vítima.

Apontam os juristas, ainda, que não se exige que o engodo seja crível pelo **homem médio**. Assim não fosse, as pessoas mais simples estariam desassistidas pela lei penal. Basta, portanto, que o artifício ou o ardil tenham sido suficientes a enganar a vítima.

7.6.2. Tipo subjetivo

É o **dolo**. Atua o agente, portanto, com a intenção, desde logo, de locupletar-se à custa da vítima, induzindo-a ou mantendo-a em erro.

7.6.3. Sujeitos do crime

O **sujeito ativo** é tanto o que emprega a fraude quanto o que aufere a vantagem ilícita.

Sujeito passivo será a pessoa que sofrer o prejuízo, ou ainda aquela que for enganada.

A vítima deve ser pessoa determinada. No caso de a conduta visar a vítimas indeterminadas, poderemos estar diante de crime contra a economia popular, definido na Lei 1.521/1951 (ex.: correntes, pirâmides, adulteração de combustíveis, de balanças etc.).

7.6.4. Consumação e tentativa

Como já afirmado, o crime de estelionato é **material**, exigindo-se a verificação do resultado (obtenção da vantagem ilícita e prejuízo patrimonial à vítima).

Admissível a **tentativa** se a vítima não é enganada, de fato, pelo agente, ou, ainda que enganada, não sofre prejuízo patrimonial.

Diz-se que se o meio utilizado pelo agente for absolutamente inidôneo, não se pode cogitar de tentativa, mas sim **crime impossível** pela **ineficácia absoluta do meio**.

7.6.5. Concurso de crimes

Se o sujeito ativo, para empregar a fraude, falsifica títulos de crédito ou documentos, visando à obtenção de vantagem ilícita, poderá ser responsabilizado da seguinte maneira:

a) estelionato e falsificação, por violarem bens jurídicos distintos (patrimônio e fé pública), terão suas penas somadas (concurso material);

b) estelionato e falsificação serão atribuídos ao agente a título de concurso formal (mediante uma só ação, o sujeito praticou dois crimes);

c) a falsificação de documento, por ser crime mais grave, absorve o estelionato, de menor pena;

d) o estelionato, por ser crime-fim, absorve a falsificação (crime-meio), por conta do princípio da consunção. Este é o posicionamento do STJ, ao editar a Súmula nº 17: "quando o falso se exaure no estelionato, sem mais potencialidade lesiva, é por este absorvido".

7.6.6. Estelionato privilegiado

Previsto no § 1º do art. 171, terá o mesmo tratamento do furto privilegiado (pequeno valor e primariedade).

7.6.7. Formas assemelhadas

O § 2º do mesmo dispositivo legal traz outras seis hipóteses de estelionato, porém com algumas especificidades:

a) quem vende, permuta, dá em pagamento, em locação ou em garantia coisa alheia como própria;

b) quem vende, permuta, dá em pagamento ou em garantia coisa própria inalienável, gravada de ônus ou litigiosa, ou imóvel que prometeu vender a terceiro, mediante pagamento em prestações, silenciando sobre qualquer dessas circunstâncias;

c) quem defrauda, mediante alienação não consentida pelo credor ou por outro modo, a garantia pignoratícia, quando tem a posse do objeto empenhado;

d) quem defrauda substância, qualidade ou quantidade de coisa que deve entregar a alguém;

e) quem destrói, total ou parcialmente, ou oculta coisa própria, ou lesa o próprio corpo ou saúde, ou agrava as consequências da lesão ou doença, com o intuito de haver indenização ou valor de seguro;

f) quem emite cheque sem suficiente provisão de fundos em poder do sacado ou lhe frustra o pagamento (ver Súm. 554 do STF).

7.6.8. Forma majorada

Prevista no § 3º do art. 171 do Código Penal, a pena será aumentada de 1/3 (um terço)se o crime é cometido em detrimento de entidade de direito público ou de instituto de economia popular, assistência social ou beneficência.

7.7. Receptação (art. 180, CP)

7.7.1. Tipo objetivo

O tipo previsto no art. 180 do CP é dividido em receptação própria (1ª parte) e imprópria (2ª parte).

Na receptação própria, o verbo do tipo (conduta típica) é "**adquirir, receber, transportar, conduzir ou ocultar**" em proveito próprio ou alheio, coisa que **sabe ser produto de crime**.

Já na receptação imprópria, o verbo do tipo (conduta típica) é "**influir**" para que terceiro, de boa-fé adquira, receba ou oculte coisa que sabe ser produto de crime. Assim, é possível dizer que o agente não é o receptador, mas o intermediário da atividade criminosa.

Caso o agente influa para que terceiro de boa-fé transporte ou conduza coisa que seja produto de crime, o fato será atípico, diante da omissão legislativa.

Tanto na receptação própria como na imprópria deve existir um crime antecedente, cujo objeto material coincidirá com o produto receptado.

Oportuno ressaltar que a receptação é punível, ainda que desconhecido ou isento de pena o autor do crime de que proveio a coisa, nos termos do art. 180, § 4º, do CP.

Interessante trazer à baila a posição do STJ acerca da receptação de folhas de cheque. Confira-se:

FOLHAS DE CHEQUE E OBJETO MATERIAL DO CRIME.

"A Turma, ao reconhecer a atipicidade da conduta praticada pelo paciente, concedeu a ordem para absolvê-lo do crime de receptação qualificada de folhas de cheque. Reafirmou-se a jurisprudência do Superior Tribunal de Justiça no sentido de que o talonário de cheque não possui valor econômico intrínseco, logo não pode ser objeto material do crime de receptação". HC 154.336-DF, Rel. Min. Laurita Vaz, julgado em 20/10/2011. **(Inform. STJ** 485)

7.7.2. Tipo subjetivo

Trata-se do dolo direto, ou seja, a vontade livre e consciente do sujeito de "adquirir, receber, transportar, conduzir ou ocultar", em proveito próprio ou alheio (elemento subjetivo do tipo), coisa que sabe ser produto de crime, ou "influir" para que terceiro, de boa-fé, adquira, receba ou oculte.

Caso o agente não soubesse ser a coisa produto de crime, muito embora pudesse saber ou tivesse dúvida a respeito, poderá configurar o crime previsto no art. 180, § 3º, do CP (receptação culposa).

7.7.3. Sujeitos do crime

Quanto ao **sujeito ativo**, poderá sê-lo qualquer pessoa, exceto o coautor ou partícipe do crime antecedente. Trata-se, portanto, de **crime comum**.

Já o **sujeito passivo** é o mesmo do delito antecedente.

7.7.4. Consumação e tentativa

O delito se consuma no momento em que a coisa sai da esfera de disponibilidade da vítima (crime material) ou quando o agente influi para que terceiro de boa-fé adquira, receba ou oculte coisa produto de crime (crime formal).

É admissível a **tentativa**.

7.7.5. Receptação qualificada

§ 1º – Adquirir, receber, transportar, conduzir, ocultar, ter em depósito, desmontar, montar, remontar, vender, expor à venda, ou de qualquer forma utilizar, em proveito próprio ou alheio, no exercício de atividade comercial ou industrial, coisa que deve saber ser produto de crime: (Redação dada pela Lei nº 9.426, de 1996)

Pena – reclusão, de três a oito anos, e multa. (Redação dada pela Lei nº 9.426, de 1996)

§ 2º – Equipara-se à atividade comercial, para efeito do parágrafo anterior, qualquer forma de comércio irregular ou clandestino, inclusive o exercício em residência. (Redação dada pela Lei nº 9.426, de 1996)

Tal modalidade de receptação configura espécie de crime próprio, já que somente poderá ser praticado por aquele que exerce atividade comercial, inclusive clandestina.

Importante ressaltar que a forma qualificada traz outras condutas típicas distintas do *caput*, tais como ter em depósito, desmontar, montar, remontar, vender, expor à venda, ou de qualquer forma utilizar, em proveito próprio ou alheio.

Ainda, o § 1º do art. 180 do CP utiliza a expressão "deve saber", ao invés de "sabe", o que gerou grande discussão doutrinária e jurisprudencial.

Para alguns, somente abarcaria o dolo eventual, razão pela qual o agente que atua com dolo direto deve responder por crime menos grave (art. 180, *caput*, CP).

Em contrapartida, para outros, tal solução seria incongruente, motivo pelo qual o § 1º englobaria tanto o dolo direito como o eventual.

7.7.6. Receptação culposa

> *§ 3º – Adquirir ou receber coisa que, por sua natureza ou pela desproporção entre o valor e o preço, ou pela condição de quem a oferece, deve presumir-se obtida por meio criminoso: (Redação dada pela Lei nº 9.426, de 1996).*
>
> *Pena – detenção, de um mês a um ano, ou multa, ou ambas as penas. (Redação dada pela Lei nº 9.426, de 1996).*

São requisitos configuradores da receptação culposa: a) adquirir ou receber coisa; b) que por sua natureza ou pela manifesta desproporção entre o valor e o preço ou pela condição de quem a oferece; c) deva presumir ser obtida por meio criminoso.

7.7.7. Perdão judicial e privilégio

§ 5º – Na hipótese do § 3º, se o criminoso é primário, pode o juiz, tendo em consideração as circunstâncias, deixar de aplicar a pena. Na receptação dolosa aplica-se o disposto no § 2º do art. 155. (Incluído pela Lei nº 9.426, de 1996).

O perdão judicial é aplicável somente no caso de receptação culposa. Já no caso do privilégio, aplica-se o mesmo instituto previsto para o delito de furto, mas somente à receptação dolosa.

O § 2º do art. 155 do CP, cuja natureza jurídica é de **causa especial de diminuição de pena**, é denominado pela doutrina de **furto privilegiado**.

Incidirá quando o agente for **primário** (ausência de reincidência – art. 64, I, CP – **aspecto subjetivo**) e a coisa for de pequeno valor (**aspecto objetivo**). Entende a doutrina e jurisprudência majoritárias como de **pequeno valor** o bem que não ultrapasse **um salário mínimo** no momento do crime.

Verificados os dois requisitos (primariedade e pequeno valor da coisa), o juiz poderá (em realidade, DEVERÁ – trata-se de direito subjetivo do acusado) **substituir a pena de reclusão pela de detenção, diminuí-la de um a dois terços ou aplicar somente a pena de multa**.

Dentre as opções grifadas, sem dúvida **a mais benéfica é a aplicação da PENA DE MULTA**, eis que o seu descumprimento não poderá ensejar a restrição da liberdade do agente, mas ser cobrada como dívida de valor (*vide* art. 51 do CP).

Se o bem receptado for de **ÍNFIMO VALOR** (e não apenas de pequeno valor), pode-se sustentar a **insignificância penal**, por ausência de lesividade ao bem jurídico protegido pelo crime.

7.7.8. Causas de aumento de pena

§ 6º – Tratando-se de bens e instalações do patrimônio da União, Estado, Município, empresa concessionária de serviços públicos ou sociedade de economia mista, a pena prevista no caput deste artigo aplica-se em dobro. (Incluído pela Lei nº 9.426, de 1996).

Importante frisar que a causa de aumento de pena especial prevista no art. 180, § 6º, do CP faz alusão tão somente ao crime de receptação em sua forma fundamental, excluindo-se a sua aplicação quando se tratar de receptação qualificada ou culposa.

7.7.9. Ação penal

A ação penal é pública incondicionada, em regra.

7.8. Escusas absolutórias (arts. 181 a 183, CP)

7.8.1. Conceito

As escusas absolutórias previstas nos arts. 181 e 182, CP são **imunidades penais** instituídas por razões **de política criminal**. A fim de que o Estado não interfira sobremaneira nas relações familiares, prevê o CP, em alguns casos, a **isenção de pena** àqueles que cometerem certos crimes contra o patrimônio (arts. 155 a 180, CP) em face de determinadas pessoas próximas.

Vejamos.

7.8.2. Imunidades penais absolutas (art. 181, CP)

Haverá a **isenção** de pena do agente nos seguintes casos:

a) Crime cometido em prejuízo de **cônjuge**, na **constância da sociedade conjugal** (estende-se ao companheiro, por isonomia);

b) Crime cometido contra **ascendente** ou **descendente,** qualquer que seja o grau.

7.8.3. Imunidades penais relativas (art. 182, CP)

As imunidades penais relativas, ou processuais, **não isentam de pena** o agente. Contudo, será de rigor a necessidade de **representação do ofendido** nos seguintes casos:

a) Crime cometido em prejuízo de **ex-cônjuge** (estende-se ao ex-companheiro);

b) Crime praticado entre irmãos; e

c) Crime cometido contra tio ou sobrinho, desde que exista coabitação.

7.8.4. Exceção às imunidades penais (art. 183, CP)

Não haverá incidência dos arts. 181 e 182, CP (imunidades penais absoluta e relativas) nos seguintes casos:

a) Se o crime for cometido com violência ou grave ameaça à pessoa;

b) Com relação ao terceiro que participa/concorre para o crime;

c) Se a vítima for idosa (idade igual ou superior a sessenta anos).

8. Crimes contra a dignidade sexual

8.1. Nova nomenclatura (Lei 12.015/2009)

Com o advento da Lei nº 12.015/2009, o crime contra os costumes passou a se denominar **crime contra a dignidade sexual**.

Antes se falava em crime **contra os costumes**, pois era o comportamento sexual da sociedade que preocupava, ou seja, dizia respeito a uma ética sexual (comportamento mediano esperado pela sociedade quanto à atividade sexual). Com a alteração, passou-se a tutelar a **dignidade sexual** como um reflexo da pessoa humana e não somente da mulher. Isso porque a **dignidade humana** também gera um reflexo sexual.

8.2. Estupro (art. 213 do Código Penal)

8.2.1. Considerações iniciais

Trata-se de crime que atenta contra a **liberdade sexual**. Desse modo, o bem jurídico tutelado é o direito fundamental de todo ser humano (e não apenas a mulher) de **escolher** o seu parceiro sexual e o **momento** em que com ele vai praticar a relação sexual.

8.2.2. Tipo objetivo

O verbo do tipo (conduta típica) é "constranger", que transmite a ideia de forçar ou compelir (fazer algo contra a sua vontade). É, em verdade, um constrangimento ilegal com uma finalidade específica, qual seja, a prática de um ato sexual.

Após a Lei nº 12.015/2009, o agente constrange alguém, mediante violência ou grave ameaça, a ter conjunção carnal ou a praticar ou a permitir que com ele se pratique outro ato libidinoso.

Assim, o agente constrange a vítima (homem ou mulher) à prática de **conjunção carnal**. Entende-se esta como a relação sexual "natural" entre homem e mulher. Diz-se, portanto, que o estupro exige, para sua configuração, que o homem introduza seu pênis na cavidade vaginal da mulher, total ou parcialmente.

Também será crime de estupro o **constrangimento** de alguém à prática de **ato libidinoso diverso da conjunção carnal**, ou ainda, que haja o constrangimento da vítima a **consentir que com ela seja praticada referida espécie de ato (antigo crime de atentado violento ao pudor)**.

Diz-se que o **ato libidinoso** é todo aquele que decorre da **concupiscência humana**. O ato diverso **da conjunção carnal** é, por exemplo, o coito anal, sexo oral, masturbação etc..

Todo estupro pressupõe o **dissenso da vítima**, ou seja, sua não concordância com o ato sexual.

A discordância decorre da prática de **violência (emprego de força física contra vítima) ou grave ameaça (promessa de um mal injusto e grave, passível de realização)** pelo agente. São estes os dois **meios executórios** do estupro.

Após a alteração, não há mais a violência presumida, antes prevista no art. 224, CP, o qual foi revogado expressamente pela Lei nº 12.015/2009. De igual modo foi revogado tacitamente o art. 9º da Lei dos Crimes Hediondos, o qual fazia alusão ao art. 224, CP.

Segundo parte da doutrina, o **uso de instrumentos mecânicos ou artificiais**, desde que acoplados ao pênis do estuprador, não desnaturam o delito em comento.

8.2.3. Tipo subjetivo

Trata-se do **dolo**, ou seja, a vontade livre e consciente do sujeito de constranger alguém a manter relacionamento sexual contra sua vontade.

A lei não exige o elemento subjetivo específico de satisfação da própria lascívia. Assim, também restaria configurado o crime de estupro por qualquer outro motivo (ex.: por vingança, para humilhar etc.).

8.2.4. Sujeitos do crime

Quanto ao **sujeito ativo**, antes da alteração somente era o homem, visto que exigia a conjunção carnal, que pressupõe a introdução total ou parcial do pênis (órgão sexual masculino) na vagina (órgão sexual feminino).

Já o **sujeito passivo, por consequência,** somente poderia ser a **mulher.** Era absolutamente errada a afirmação de que homem poderia ser estuprado.

Agora, o sujeito ativo e passivo podem ser qualquer pessoa, tanto o homem quanto a mulher (crime bicomum e não mais bipróprio).

8.2.5. Consumação e tentativa

Consuma-se o estupro com a introdução ou penetração (ainda que parcial) do pênis na cavidade vaginal da vítima. Ainda, em relação a outros atos diversos da conjunção carnal, consumam-se quando da sua realização.

Desse modo, classifica-se o estupro como sendo um crime material, cujo tipo penal prevê uma conduta (constranger alguém, mediante violência ou grave ameaça) e um resultado naturalístico (prática de conjunção carnal ou outro ato libidinoso diverso).

Admissível a **tentativa** se o agente não conseguir introduzir o membro viril na genitália feminina ou não consegue realizar qualquer outro ato sexual, por circunstâncias alheias à sua vontade.

8.2.6. Espécies de estupro

Há três espécies de estupro:

a) **simples**: art. 213, *caput*, CP;

b) **qualificado**:

b.1) art. 213, § 1º, CP:

a) se da conduta resulta lesão corporal de natureza grave (culposa);

b) se a vítima é menor de 18 anos ou maior de 14 anos;

b.2) art. 213, § 2º, CP: se da conduta resulta morte (culposa).

No caso das qualificadoras relativas à lesão corporal grave e morte, ambas são figuras **preterdolosas,** de acordo com entendimento majoritário na doutrina e jurisprudência. O estupro é doloso, mas o resultado agravador é culposo. Corrente minoritária entende que pode haver dolo ou culpa no resultado agravador;

c) **majorado**: art. 226 e art. 234-A, CP, tratam das causas de aumento de pena para o estupro:

c.1) aumenta-se de 1/4, quando o crime é cometido com concurso de duas ou mais pessoas;

c.2) aumenta-se de 1/2, se o agente é ascendente, padrasto ou madrasta, tio, irmão, cônjuge, companheiro, tutor, curador, preceptor ou empregador da vítima ou por qualquer outro título tem autoridade sobre ela;

c.3) aumenta-se de 1/2, se do crime resulta gravidez;

c.4) aumenta-se de 1/6 até 1/2, se o agente transmite à vítima doença sexualmente transmissível de que sabe ou deveria saber ser portador.

Outrossim, cumpre ressaltar que o estupro, em todas as suas modalidades, é **hediondo** (simples, qualificado e de vulnerável).

8.2.7. Do antigo atentado violento ao pudor (art. 214 do Código Penal)

O artigo 214, CP, foi formalmente revogado, tendo a sua conduta sido absorvida pelo art. 213, CP.

Como já ressaltado acima, o novo art. 213 é uma soma do antigo estupro mais o revogado crime de atentado violento ao pudor.

Assim, não há que falar em *abolitio criminis* da conduta prevista no revogado crime de atentado violento ao pudor, na medida em que somente houve a revogação formal do tipo penal, mas não material, continuando o fato a ser típico, porém em outro tipo penal, qual seja, o de estupro, previsto no art. 213, CP (princípio da continuidade típico-normativa).

8.3. Estupro de vulnerável

8.3.1. Tipo objetivo

Aplica-se aqui tudo o que já fora explicitado ao delito de estupro.

8.3.2. Tipo subjetivo

De igual modo, aplica-se o que já fora explicitado ao delito de estupro.

8.3.3. Sujeitos do crime

Há importante ressalva a ser feita quanto ao sujeito passivo, qual seja, a de que somente as pessoas vulneráveis podem ser vítimas do crime de estupro de vulnerável. Entende-se por pessoa vulnerável: a pessoa menor de 14 anos (art. 217-A, *caput*, CP), enferma ou doente mental que não tenha o necessário discernimento para o ato sexual ou que, por qualquer outra causa, não possa oferecer resistência (art. 217-A, § 1º, CP).

8.3.4. Consumação e tentativa

Aplica-se o que já foi dito ao estupro.

8.3.5. Espécies de estupro de vulnerável

Há três espécies de estupro de vulnerável:

a) **simples**: art. 217-A, *caput*, CP;

b) **qualificado**:

b.1) art. 217-A, § 3º, CP: se da conduta resulta lesão corporal de natureza grave (culposa);

b.2) art. 217-A, § 4º, CP: se da conduta resulta morte (culposa).

No caso das qualificadoras relativas à lesão corporal grave e morte, ambas são figuras **preterdolosas,** de acordo com entendimento majoritário na doutrina e jurisprudência. O estupro é doloso, mas o resultado agravador é culposo. Corrente minoritária entende que pode haver dolo ou culpa no resultado agravador;

c) **majorado**: art. 226 e art. 234-A, CP, tratam das causas de aumento de pena para o estupro de vulnerável:

c.1) aumenta-se de 1/4, quando o crime é cometido com concurso de duas ou mais pessoas;

c.2) aumenta-se de 1/2, se o agente é ascendente, padrasto ou madrasta, tio, irmão, cônjuge, companheiro, tutor, curador, preceptor ou empregador da vítima ou por qualquer outro título tem autoridade sobre ela;

c.3) aumenta-se de 1/2, se do crime resulta gravidez;

c.4) aumenta-se de 1/6 até 1/2, se o agente transmite à vítima doença sexualmente transmissível de que sabe ou deveria saber ser portador.

Outrossim, cumpre ressaltar que o estupro, em todas as suas modalidades, é **hediondo** (simples, qualificado e de vulnerável).

8.3.6. Questões polêmicas

8.3.6.1. Concurso de crimes

Um dos grandes reflexos da alteração pela Lei nº 12.015/2009 nos crimes sexuais foi a caracterização do concurso de crimes.

Era pacífico na doutrina que, em havendo um ato de conjunção carnal e outro ato libidinoso diverso de conjunção carnal, no mesmo contexto fático, haveria concurso material entre as infrações.

Segundo o STF, pelo fato de o estupro e de o atentado violento ao pudor não pertencerem ao mesmo tipo penal, não eram considerados crimes da mesma espécie e, por conseguinte, não restaria caracterizada a continuidade delitiva entre eles, mas o concurso material de crimes. No mesmo sentido era o entendimento da 5ª Turma do STJ.

Outro era o entendimento da 6ª Turma do STJ, no sentido de que estupro e atentado violento ao pudor eram crimes da mesma espécie, pois ofendiam ao mesmo bem jurídico (liberdade sexual), o que ensejava a caracterização do crime continuado.

Todavia, com a junção das condutas em um tipo penal não seria mais cabível, em tese, sustentar a aplicação do concurso material, quando houvesse vários atos libidinosos em um mesmo contexto fático. Afastou também a discussão de ser impossível a continuidade delitiva.

Daí ter surgido outra discussão: se o art. 213, CP, é um tipo misto alternativo ou cumulativo.

Vem-se defendendo, tanto na doutrina quanto na jurisprudência, que se trata de um tipo misto alternativo. Consequentemente, aquele que constrange alguém a conjunção carnal e também a outro ato diverso da conjunção carnal, no mesmo contexto fático, responderá por um crime apenas. Somente haverá concurso material no caso de haver vítimas diversas ou contextos fáticos diversos, desde que não preenchidos os requisitos da continuidade delitiva.

Por outro lado, há quem sustente que se trata se um tipo misto cumulativo, ou seja, se houve atos libidinosos diversos, será aplicável o concurso material. Esse entendimento é corroborado pela 5ª Turma do STJ.

Tal discussão ainda não está foi pacificada na jurisprudência.

8.3.6.2. Aniversário de 14 anos

Outra questão polêmica que surgiu com o advento da Lei nº12.015/09 foi o enquadramento típico quando a vítima for estuprada no dia do seu aniversário de 14 anos.

Isso porque, segundo o art. 213, § 1º, CP, o crime de estupro será qualificado se a vítima for menor de 18 anos ou *maior* de 14 anos.

Já o art. 217-A, CP, preleciona que será estupro de vulnerável o fato de ter conjunção carnal ou praticar outro ato libidinoso com *menor* de 14 anos.

Pela mera interpretação literal, se a vítima for estuprada no dia do seu 14º aniversário, seria estupro simples.

Assim, a melhor interpretação, para se evitar injustiças por falha do legislador, é afastar a hipótese de estupro simples, pois no dia seguinte ao 14º aniversário já seria estupro qualificado, crime mais grave, gerando um contrassenso.

Portanto, deve-se considerar como sendo estupro qualificado ou estupro de vulnerável. Como se trata de analogia, a melhor opção é a primeira, cuja pena é menor e mais benéfica ao réu.

8.3.6.3. Ação penal

Consoante se depreende do art. 225, CP, a ação será, em regra, **pública condicionada à representação** da vítima.

Excepcionalmente, a ação penal será **pública incondicionada**, quando a *vítima for menor de 18 anos ou quando a pessoa for vulnerável.*

Com a alteração trazida pela Lei nº 12.015/2009, não há mais ação penal privada nos crimes sexuais. O legislador quis retirar o ônus da vítima de ter que contratar um advogado, conquanto ainda seja necessária sua autorização para o início da persecução penal. Andou bem o legislador em não prever como regra a ação penal pública incondicionada, a fim de se evitar a ingerência do Estado na vida privada da vítima.

Uma discussão trazida pela alteração foi a respeito da ação penal no estupro qualificado pela lesão corporal grave e pela morte. Pelo art. 101, CP, que trata da ação penal em crime complexo, a ação seria pública incondicionada.

Há quem sustente que ainda continua em vigor a Súmula 608 do STF, devendo ser aplicada tão somente nos casos em que do estupro resultar lesão corporal grave ou morte, a qual estabelece que a ação será pública incondicionada quando houver violência real.

Em razão da omissão legislativa, o PGR ajuizou uma ADI contra o art. 225, CP, para reconhecer a ofensa ao princípio da proporcionalidade, pela proteção insuficiente ao bem jurídico. Ou seja, a ação penal pública condicionada no crime sexual de estupro qualificado protege o bem jurídico de forma insuficiente e, em muitos casos, gerando até a impunidade.

Ainda não há decisão do STF a respeito da mencionada ADI.

8.3.7. Sigilo processual

O art. 234-B, CP prevê expressamente que deverá haver segredo de justiça em todos os processos relativos aos crimes sexuais.

9. Crimes contra a organização do trabalho

9.1. Crimes contra a organização do trabalho (arts. 197 a 207, CP). Objeto jurídico

O CP, implementando e materializando a proteção aos direitos sociais (especialmente os previstos nos arts. 6º a 8º da CF/1988), criminalizou condutas atentatórias à organização e normal desenvolvimento das atividades laborativas do trabalhador. Aqui reside o bem jurídico (ou objetividade jurídica) dos crimes que passaremos a analisar.

9.2. Competência para julgamento dos crimes contra a organização do trabalho

De acordo com a jurisprudência do STJ e STF, caberá à Justiça Estadual o conhecimento e julgamento das ações penais que identifiquem a lesão a interesse individual do trabalhador, ao passo que será da Justiça Federal a competência para analisar processos criminais que envolvam lesões a interesses coletivos dos obreiros.

9.3. Análise dos principais crimes contra a organização do trabalho

9.3.1. Atentado contra a liberdade de contrato de trabalho e boicotagem violenta (art. 198, CP)

9.3.1.1. Considerações iniciais

Trata-se de crime que objetiva proteger a liberdade do trabalhador na escolha do trabalho que pretender executar, bem como a de manter a normalidade nas relações laborais. Temos, em verdade, duas situações (fatos típicos) distintas:

- **a)** atentado contra a liberdade de contrato de trabalho; e
- **b)** boicotagem violenta.

9.3.1.2. Conduta típica

Consiste em *constranger* alguém, mediante *violência* ou *grave ameaça*, a *celebrar contrato de trabalho*. Aqui estamos diante do *atentado contra a liberdade de contrato de trabalho*.

Ainda, estaremos diante da *boicotagem violenta* quando o agente constranger alguém, mediante violência ou grave ameaça, a não fornecer a outrem ou não adquirir de outrem matéria-prima ou produto industrial ou agrícola.

9.3.1.3. Elemento subjetivo do crime

É o dolo.

9.3.1.4. Consumação e tentativa

No caso da primeira figura (*atentado contra a liberdade de contrato*), estará consumada a infração quando ocorrer a **celebração do contrato** (seja de forma escrita ou oral).

Em se tratando de *boicotagem violenta*, haverá consumação no momento em que a **vítima deixar de fornecer ou adquirir o produto ou matéria-prima** da pessoa boicotada.

Cabível a tentativa nas duas figuras típicas.

9.3.2. Atentado contra a liberdade de associação (art. 199, CP)

9.3.2.1. Considerações iniciais

Trata-se de crime que objetiva proteger a liberdade do trabalhador em *associar-se ou sindicalizar-se* (arts. 5º, XVII, e 8º, V, ambos da CF/1988).

9.3.2.2. Conduta típica

Consiste em *constranger alguém, mediante violência ou grave ameaça, a participar ou deixar de participar de determinado sindicato ou associação profissional.*

Assim, a vítima será compelida, mediante desforço físico ou grave ameaça, a associar-se ou deixar de associar-se a determinada associação profissional, ou, ainda, a participar, ou não, de determinado sindicato.

9.3.2.3. Elemento subjetivo do crime

É o dolo.

9.3.2.4. Consumação e tentativa

O crime em tela estará consumado no momento em que a vítima for impedida de participar de associação profissional ou de sindicato, ou, ainda, quanto ela aderir a uma das duas entidades, filiando-se.

Cabível a tentativa.

9.3.3. Paralisação de trabalho, seguida de violência ou perturbação da ordem (art. 200, CP)

9.3.3.1. Considerações iniciais

O crime que ora se analisa protege a liberdade de trabalho, que se vê violada em caso de suspensão do trabalho (*lockout*) ou abandono coletivo (greve ou parede).

Importante frisar que o art. 9º da CF dispõe ser "assegurado o direito de greve, competindo aos trabalhadores decidir sobre a oportunidade de exercê-lo e sobre os interesses que devam por meio dele defender".

Assim, a greve configura um exercício regular de direito. Contudo, a lei penal não permite que o exercício desse direito se faça de forma violenta contra pessoas ou coisas. Aqui haverá crime.

9.3.3.2. Conduta típica

Consiste em *participar de suspensão ou abandono coletivo de trabalho, praticando violência contra a pessoa ou contra coisa.*

Aqui, temos duas situações distintas:

- ✔ **participar de suspensão**, praticando violência contra a pessoa ou contra coisa: o sujeito ativo é o empregador, que é quem determina o *lockout;*
- ✔ **participar de abandono coletivo de trabalho**, praticando violência contra a pessoa ou contra coisa: o sujeito ativo é o trabalhador, que participa de movimento grevista e, para tanto, pratica violência. Nesse caso, exige-se que pelo menos 3 empregados estejam reunidos. Estamos diante de um crime *plurissubjetivo* (parágrafo único, art. 200).

Seja a greve legítima ou não, haverá crime (o legislador não diferenciou).

O legislador previu como único meio executório para o crime a prática de violência contra pessoa ou coisa. Se o agente delitivo valer-se da *grave ameaça, não estaremos diante do crime em tela, mas sim do art. 147 do CP.*

9.3.3.3. Elemento subjetivo do crime

É o dolo.

9.3.3.4. Consumação e tentativa

O crime em tela estará consumado no momento em que houver o emprego de violência durante o *lockout* ou a greve. Cabível a tentativa.

9.3.4. Paralisação de trabalho de interesse coletivo (art. 201, CP)

9.3.4.1. Considerações iniciais

Trata-se de crime que não protege propriamente a organização do trabalho, mas sim o interesse coletivo voltado às obras públicas ou serviços públicos.

Há quem considere ter sido o crime do art. 201 do CP revogado pela Lei 7.783/99, conhecida como "Lei de Greve", já que esta permite a greve mesmo de trabalhadores que atuem na prestação de serviços essenciais. Além disso, a CF, em seu art. 9º, não excepcionou o exercício do direito de greve nessas situações.

Todavia, para outra parte da doutrina, o crime permanece íntegro. Contudo, somente restará configurado quando a obra ou serviço de interesse público sejam essenciais para a preservação do interesse público.

9.3.4.2. Conduta típica

Consiste em *participar de suspensão ou abandono coletivo de trabalho, provocando a interrupção de obra pública ou serviço de interesse coletivo.*

Aqui, temos duas situações distintas:

- ✔ **participar de suspensão (*lockout*)**, provocando, com isso, a interrupção de obra pública ou serviço de interesse coletivo;
- ✔ **participar de abandono coletivo de trabalho (greve)**, provocando, igualmente, a interrupção de obra pública ou serviço de interesse coletivo.

9.3.4.3. Elemento subjetivo do crime

É o dolo.

9.3.4.4. Consumação e tentativa

O crime em tela estará consumado quando houver a efetiva interrupção da obra ou serviço de interesse público. Cabível a tentativa.

9.3.5. Frustração de lei sobre nacionalização do trabalho (art. 204, CP)

9.3.5.1. Breves considerações

A doutrina mais abalizada entende que o art. 204 do CP *não foi recepcionado pela CF/1988*, na medida em que esta não faz diferenciação/discriminação entre brasileiros e estrangeiros para fim de preenchimento de postos de trabalho.

Todavia, à época em que o CP foi editado (1940), vigorava a CF/1937, que previa regra que *vedava a contratação de mais estrangeiros do que brasileiros nas empresas nacionais, o que foi repetido pela EC 1/69.*

Porém, com a CF/1988, consagrou-se a *liberdade do exercício profissional* (art. 5º, XIII, CF). Assim, é inviável qualquer forma de discriminação, salvo quando a Lei Maior admitir.

Muito embora a CLT, em seus arts. 352 a 370, traga regras no sentido de ser garantido percentual de vagas para brasileiros, entende-se que não foram recepcionados pela Ordem Constitucional vigente.

9.3.6. Aliciamento para o fim de emigração (art. 206, CP)

9.3.6.1. Considerações iniciais

Trata-se de crime cujo bem jurídico tutelado é o interesse do Estado em que permaneça no Brasil mão de obra, que, se levada para fora, poderá trazer danos à economia nacional.

9.3.6.2. Conduta típica

Consiste em *recrutar trabalhadores, mediante fraude, com o fim de levá-los para território estrangeiro.* Trata-se, pois, de conduta do agente que visa a atrair trabalhadores, com emprego de *fraude* (engodo/meios ardilosos), objetivando levá-los para fora do país.

Questões interessantes que se colocam são as seguintes:

1ª) **quantos trabalhadores devem ser aliciados para que o crime reste configurado?** R.: para Mirabete são exigidos pelo menos 3 trabalhadores. Já para Celso Delmanto, bastam 2 trabalhadores, tendo em vista que o tipo penal fala em "trabalhadores", no plural.

2ª) **qual o sentido da expressão "trabalhadores"?** R.: entende José Henrique Pierangelli que a expressão abrange não só os empregados, mas todos aqueles que desenvolvem *trabalhos lícitos*. Assim, se houver aliciamento de trabalhadores avulsos ou autônomos, estará configurado o crime.

9.3.6.3. Elemento subjetivo do crime

É o dolo. No entanto, exige-se um especial fim de agir, decorrente da expressão "com o fim de levá-los para território estrangeiro". Portanto, o crime estará configurado quando o agente agir com essa específica intenção. Caso contrário, o fato será atípico, por falta do elemento subjetivo do injusto ("dolo específico").

9.3.6.4. Consumação e tentativa

O crime em tela estará consumado quando houver o recrutamento fraudulento dos trabalhadores, ainda que, de fato, não saiam do território nacional. Estamos diante de um crime formal (não se exige o resultado).

Cabível a tentativa.

10. Crimes contra a fé pública

10.1. Considerações gerais

O Capítulo III do Título X da Parte Especial do CP prevê os delitos de falsidade documental como espécies dos crimes contra a fé pública.

São chamados de *crimes de falso*, divididos em 2 categorias:

a) Falso material;

b) Falso moral (ou falsidade ideológica).

Em qualquer caso, o que se tutela é a fé pública, ou seja, a crença das pessoas na legitimidade dos documentos (públicos ou particulares).

10.2. Principais crimes contra a fé pública

10.2.1. Falsificação de documento público (art. 297, CP)

10.2.1.1. Conduta típica

Consiste em *falsificar, no todo ou em parte, documento público, ou alterar documento público verdadeiro.*

Aqui, o legislador tutela a crença das pessoas quanto à legitimidade dos documentos públicos.

Duas são as condutas típicas possíveis:

a) falsificar, no todo ou em parte, documento público (contrafação);

b) alterar documento público verdadeiro (no todo ou em parte).

A primeira conduta típica pressupõe a formação total ou parcial de um documento público (contrafação). Assim, ou o agente cria um documento por inteiro, ou acresce dizeres, letras, símbolos ou números ao documento verdadeiro.

A segunda conduta típica pressupõe a existência prévia de um documento público verdadeiro, emanado de funcionário público competente. Contudo, o agente altera, modifica o conteúdo desse documento verdadeiro.

A título de exemplo:

i) (falsificar=contrafação): Gaio adquire uma máquina de xerox colorido de alta definição e passa a falsificar (criar, reproduzir enganosamente) carteiras de identidade (RG). Nesse caso, o RG é um documento público e a confecção deste configura o crime de falsificação de documento público, na modalidade "falsificar";

ii) (alterar=modificar): Gaio retira a fotografia de Tício de uma cédula de identidade (RG) e insere a sua. Nesse caso, ele modificou um documento público verdadeiro preexistente à sua conduta.

10.2.1.2. Conceito de documento público

Segundo a doutrina, *documento é toda peça escrita que condensa graficamente o pensamento de alguém, podendo provar um fato ou a realização de algum ato dotado de significação ou relevância jurídica.*

Para ser considerado "público", este documento deverá ser elaborado por um *funcionário público.*

Para configurar o crime de falsificação de documento público, a contrafação ou alteração deverá ser apta a iludir o homem médio. Se for grosseira, não há crime.

Se documento é uma "peça escrita", não configuram documento: escritos a lápis, pichação em muro, escritos em porta de ônibus, quadros ou pinturas, fotocópia não autenticada. É possível que uma tela seja documento, desde que haja algo escrito em vernáculo.

Os escritos apócrifos (anônimos) não são considerados documentos, por inexistir autoria certa.

10.2.1.3. Consumação e tentativa

Para que se atinja a consumação do crime em estudo, basta a mera falsificação ou alteração do documento público. Pouco importa se o documento falsificado ou alterado vem a ser utilizado.

Trata-se, pois, de *crime de perigo abstrato e formal.*

É possível a tentativa, tal como se vê, por exemplo, no caso de o agente ser surpreendido no momento em que começava a impressão de cédulas de identidade.

10.2.1.4. Materialidade delitiva

A comprovação do crime de falsificação de documento público, por deixar vestígios, exige a realização de exame de corpo de delito (art. 158 do CPP). Chama-se **exame documentoscópico.**

10.2.1.5. Tipo subjetivo

É o dolo.

10.2.2. Falsificação de documento particular (art. 298, CP)

10.2.2.1. Conduta típica

Consiste em *falsificar, no todo ou em parte, documento particular ou alterar documento particular verdadeiro.*

Em que difere documento público do particular? R.: o documento particular é aquele que não é público ou equiparado a público. Em síntese, diferem um do outro pelo fato de o público emanar de funcionário público, enquanto que o particular, não.

São exemplos de documentos particulares: contrato de compra e venda por instrumento particular, nota fiscal, recibo de prestação de serviços etc..

Por desnecessidade de repetição, ficam reiteradas as demais considerações feitas no tocante ao crime anterior, com a diferença de o objeto material do presente delito ser, como dito, documento particular.

Lembre-se de que a falsificação, se grosseira, desnatura o crime, que pressupõe aptidão ilusória. Afinal, trata-se de crime contra a fé pública, que somente será posta em xeque se o documento falsificado for apto a enganar terceiros.

10.2.2.2. Consumação e tentativa

Idem quanto à falsificação de documento público.

10.2.2.3. Materialidade delitiva

Idem quanto à falsificação de documento público.

10.2.2.4. Tipo subjetivo

É o dolo.

10.2.3. Falsidade ideológica (art. 299, CP)

10.2.3.1. Conduta típica

Consiste em *omitir, em documento público ou particular, declaração que dele devia constar, ou nele inserir ou fazer inserir declaração falsa ou diversa da que devia ser escrita, com o fim de prejudicar direito, criar obrigação ou alterar a verdade sobre fato juridicamente relevante.*

Na falsidade ideológica, como se vê acima, o documento (público ou particular) é materialmente verdadeiro, mas seu conteúdo é falso. Daí ser chamado de falsidade intelectual, falsidade moral ou ideal.

Quais são as condutas típicas?

a) *Omitir declaração que devia constar*: aqui, a conduta é omissiva. O agente deixa de inserir informação que devia constar no documento;

b) *Inserir declaração falsa ou diversa da que devia constar*: aqui, a conduta é comissiva;

c) *Fazer inserir declaração falsa ou diversa da que devia constar*: aqui, o agente vale-se de 3ª pessoa para incluir no documento informação falsa ou diversa da que devia constar.

Em qualquer caso, a falsidade deve ser idônea, capaz de enganar.

10.2.3.2. Tipo subjetivo

O crime é doloso. Contudo, o legislador disse: "...com o fim de prejudicar direito, criar obrigação ou alterar a verdade sobre fato juridicamente relevante". Trata-se de elemento subjetivo do tipo (dolo específico). Assim, não bastará o dolo, sendo indispensável a verificação do especial fim de agir do agente.

10.2.3.3. Consumação e tentativa

Consuma-se o crime com a simples omissão ou inserção direta (inserir) ou indireta (fazer inserir) da declaração falsa ou diversa da que devia constar, seja em documento público, seja em particular.

É possível tentativa nas modalidades inserir ou fazer inserir, visto que, na modalidade omitir, estaremos diante de crime omissivo próprio.

10.2.4. Uso de documento falso (art. 304, CP)

10.2.4.1. Conduta típica

Consiste em *fazer uso de qualquer dos papéis falsificados ou alterados, a que se referem os arts. 297 a 302*. Aqui, o verbo-núcleo do tipo é "*fazer uso*", que significa usar, empregar, utilizar, aplicar.

Será objeto material do crime em análise qualquer dos papéis falsificados ou alterados previstos nos arts. 297 a 302 do CP.

São exemplos de prática do crime em comento:

a) uso de CNH falsa (documento público – art. 297);

b) uso de um instrumento particular de compra e venda falso (documento particular – art. 298);

c) uso de uma escritura pública que contenha uma declaração falsa (documento público com falsidade ideológica – art. 299);

d) uso de um atestado médico falso (falsidade de atestado médico – art. 302).

O tipo penal previsto no art. 304 do CP é chamado de *tipo remetido*. Isso porque o preceito primário da norma penal incriminadora será compreendido pela análise de outros tipos penais (...fazer uso de qualquer dos papéis dos *arts. 297 a 302...*).

O crime de uso de documento falso é comum, ou seja, qualquer pessoa pode praticá-lo.

10.2.4.2. Tipo subjetivo

É o dolo.

10.2.4.3. Consumação e tentativa

Estará consumado no momento do efetivo uso. Há quem admita que o *iter criminis* possa ser fracionado, pelo que seria possível a tentativa.

Ressalte-se que o crime é formal, ou seja, basta a realização da conduta típica, independentemente da produção de um resultado naturalístico (prejuízo para o Estado ou para terceiros).

10.2.4.4. Uso de documento falso e autodefesa

Questão muito discutida diz respeito à possibilidade – ou não – de o agente valer-se de um documento falso para ocultar seu passado criminoso, ou, então, para tentar "despistar" autoridades policiais acerca de mandados de prisão. Parcela da doutrina e jurisprudência argumenta que referido expediente usado por agentes delitivos é fato atípico, visto que tal conduta estaria circunscrita à autodefesa (não se poderia compelir o agente a exibir o documento verdadeiro e ser preso).

Porém, essa não é a posição mais atual da jurisprudência. Confira:

USO. DOCUMENTO FALSO. AUTODEFESA. IMPOSSIBILIDADE.

"A Turma, após recente modificação de seu entendimento, reiterou que a apresentação de documento de identidade falso no momento da prisão em flagrante caracteriza a conduta descrita no art. 304 do CP (uso de documento falso) e não constitui um mero exercício do direito de autodefesa". Precedentes citados STF: HC 103.314-MS, DJe 8/6/2011; HC 92.763-MS, DJe 25/4/2008; do STJ: HC 205.666-SP, DJe 8/9/2011. REsp 1.091.510-RS, Rel. Min. Maria Thereza de Assis Moura, julgado em 8/11/2011. (**Inform. STJ** 487)

11. Crimes contra a administração pública

11.1. Considerações iniciais

O Capítulo I do Título XI da Parte Especial do CP regula os crimes praticados por funcionário público contra a administração em geral. Assim, será sujeito ativo de qualquer dos crimes previstos nos arts. 312 a 326 do CP o *funcionário público*.

11.2. Conceito de funcionário público (art. 327, CP)

De acordo com o art. 327 do CP, "considera-se funcionário público, para efeitos penais, quem, embora transitoriamente ou sem remuneração, exerce cargo, emprego ou função pública".

Assim, de acordo com o *caput* do precitado dispositivo legal, é funcionário público aquele que exerce, embora transitoriamente ou sem remuneração:

a) **Cargo público**: é aquele criado por lei, em número determinado, com especificação certa, pago pelos cofres públicos (ex.: juiz, promotor, oficial de justiça, delegado de polícia...);
b) **Emprego público**: pressupõe vínculo celetista (CLT) com a Administração Pública (ex.: guarda patrimonial de repartições públicas);
c) **Função pública**: conjunto de atribuições que a Administração Pública confere a cada categoria profissional (ex.: jurados, mesários eleitorais...).

11.2.1. Conceito de funcionário público por equiparação

Preconiza o art. 327, §1º, do CP: "equipara-se a funcionário público quem exerce cargo, emprego ou função em entidade paraestatal, e quem trabalha para empresa prestadora de serviço contratada ou conveniada para a execução de atividade típica da Administração Pública".

Equipara-se, pois, a funcionário público:

a) Quem exerce cargo, emprego ou função em **entidade paraestatal** (empresas públicas, sociedades de economia mista, fundações e os serviços autônomos – pessoas jurídicas de direito privado);
b) Quem trabalha para empresa **prestadora de serviço contratada ou conveniada** para a execução de **atividade típica da Administração Pública** (ex.: empresas de telefonia, transporte público, saúde, iluminação pública...).

Será que médico conveniado pelo SUS, ainda que em hospital particular, é considerado funcionário público? Confira-se:

Médico conveniado pelo SUS e equiparação a funcionário público

"Considera-se funcionário público, para fins penais, o médico particular em atendimento pelo Sistema Único de Saúde – SUS, antes mesmo da alteração normativa que explicitamente fizera tal equiparação por exercer atividade típica da Administração Pública (CP, art. 327, § 1º, introduzido pela Lei 9.983/2000). Essa a orientação da 2ª Turma ao, por maioria, negar provimento a recurso ordinário em *habeas corpus* interposto por profissional de saúde condenado pela prática do delito de concussão (CP, art. 316). Na espécie, o recorrente, em período anterior à vigência da Lei 9.983/2000, exigira, para si, vantagem pessoal a fim de que a vítima não aguardasse procedimento de urgência na fila do SUS. A defesa postulava a atipicidade da conduta. Prevaleceu o voto do Min. Ayres Britto, relator, que propusera novo equacionamento para solução do caso, não só a partir do conceito de funcionário público constante do art. 327, *caput*, do CP, como também do entendimento de que os serviços de saúde, conquanto prestados pela iniciativa privada, consubstanciar-se-iam em atividade de relevância pública (CF, artigos 6º, 197 e 198). Asseverou que o hospital ou profissional particular que, mediante convênio, realizasse atendimento pelo SUS, equiparar-se-ia a funcionário público, cujo conceito, para fins penais, seria alargado. Reputou, dessa forma, não importar a época do crime em comento. Vencido o Min. Celso de Mello, que provia o recurso, ao fundamento da irretroatividade da *lex gravior*, porquanto a tipificação do mencionado crime, para aqueles em exercício de função delegada da Administração, somente teria ocorrido a partir da Lei 9.983/2000." RHC 90523/ES, rel. Min. Ayres Britto, 19.4.2011. (RHC-90523) (**Inform. STF** 624)

11.3. Principais crimes contra a Administração Pública

11.3.1. Peculato (art. 312, CP)

11.3.1.1. Conduta típica

Consiste em *apropriar-se o funcionário público de dinheiro, valor ou qualquer outro bem móvel, público ou particular, de que tem a posse em razão do cargo, ou desviá-lo, em proveito próprio ou alheio.*

11.3.1.2. Espécies de peculato (art. 312, *caput* e §§1º e 2º, CP)

- ✔ **Peculato-apropriação**: "*apropriar-se* o funcionário público...";
- ✔ **Peculato-desvio**: "... ou *desviá-lo*, em proveito próprio ou alheio...";
- ✔ **Peculato-furto**: "subtrair ou concorrer para que terceiro subtraia...";
- ✔ **Peculato culposo**: "se o funcionário concorre culposamente para o crime de outrem".

As duas primeiras espécies são denominadas de **peculato próprio**. Já o peculato-furto é chamado de **peculato impróprio**.

Apropriar-se significa "fazer sua a coisa de outra pessoa", invertendo o ânimo sobre o objeto. Nessa espécie de peculato próprio, o funcionário público tem a **posse** (ou mera detenção) do bem. Porém, passa a agir como se a coisa fosse sua (*animus domini*). Trata-se de verdadeira apropriação indébita, porém cometida por um funcionário público.

A referida posse deve ser em **razão do cargo**, obtida de forma lícita. Ex.: *apreensão de produtos objeto de contrabando.*

O policial condutor das mercadorias tem a detenção lícita destas, já que as apreendeu legalmente. Se, em dado momento, apropriar-se de um rádio, por exemplo, invertendo o ânimo sobre a coisa, pratica o crime de peculato-apropriação.

Desviar significa empregar a coisa de forma diversa à sua destinação original. Assim, o funcionário, embora sem o ânimo de ter a coisa como sua (*animus domini*), emprega-a em destino diverso àquele que se propõe.

O art. 312, §1º, CP, que trata do denominado **peculato-furto**, também denominado de **peculato impróprio,** assim prevê: "aplica-se a mesma pena, se o funcionário público, embora não tendo a posse do dinheiro, valor ou bem, o subtrai, ou concorre para que seja subtraído, em proveito próprio ou alheio, valendo-se de facilidade que lhe proporciona a qualidade de funcionário".

Aqui, o funcionário não tem sequer a posse ou detenção do dinheiro, valor ou bem móvel público ou particular. Deverá, porém, valer-se de alguma facilidade em virtude do cargo.

Duas são as condutas típicas com relação ao peculato-furto:

a) subtrair; ou

b) concorrer para que terceiro subtraia. Nesse caso, exige-se um *concurso necessário de pessoas.*

Por fim, no tocante ao peculato culposo, previsto no art. 312, §2º, do CP, temos o seguinte: "se o funcionário concorre culposamente para o crime de outrem".

Assim, pressupõe o crime em questão:

a) Conduta culposa do funcionário público (imprudência, negligência ou imperícia);

b) Que terceiro pratique um crime doloso aproveitando-se da facilidade culposamente provocada pelo funcionário público.

11.3.1.3. Objeto material das espécies de peculato doloso (art. 312, *caput* e §1º, CP)

a) dinheiro: é o papel-moeda ou a moeda metálica de curso legal no país;

b) valor: é o título representativo de dinheiro ou mercadoria (ações, letras...);

c) ou qualquer outro bem móvel, público ou particular (conceito extraído do art. 155 do CC): nesse caso, a lei tutela não só os bens móveis públicos, mas também aqueles pertencentes aos particulares, mas que estejam sob a custódia da Administração (ex.: veículo furtado apreendido em uma Delegacia de Polícia).

11.3.1.4. Reparação do dano no peculato culposo (art. 312, §3º, CP)

No caso do peculato culposo, a reparação do dano, se **precede à sentença irrecorrível, extingue a punibilidade**; se lhe é **posterior, reduz de metade a pena** imposta.

Haverá, portanto, reparação do dano quando o agente que praticou peculato culposo devolver o bem ou ressarcir integralmente o prejuízo suportado pela Administração Pública.

Inaplicável essa benesse a qualquer das espécies de peculato doloso (apropriação, desvio ou furto). No entanto, cabível será o arrependimento posterior, desde que preenchidos os requisitos do art. 16 do CP.

11.3.2. Emprego irregular de verbas ou rendas públicas (art. 315, CP)

11.3.2.1. Conduta típica

Consiste em *dar às verbas ou rendas públicas aplicação diversa da estabelecida em lei.* Trata-se, portanto, de norma penal em branco (em sentido homogêneo), visto que, para a tipificação do delito, é indispensável que se verifique o conteúdo da lei (orçamentária ou especial). Assim, basta o emprego irregular das verbas ou rendas públicas, o que implica a alteração do destino pré-estabelecido na lei orçamentária ou qualquer outra lei especial.

O **objeto material** do crime em comento poderá ser:

a) Verba pública: fundos com destinação específica detalhada em lei orçamentária para atendimento de obras e/ou serviços públicos ou de utilidade pública;

b) Renda pública: receitas obtidas pela Fazenda Pública, independentemente da sua origem.

11.3.2.2. Tipo subjetivo

Aqui, é suficiente o *dolo*, ou seja, a vontade livre e consciente do agente (funcionário público) de dar destino diverso do prescrito em lei às verbas ou rendas públicas.

11.3.2.3. Consumação e tentativa

Consuma-se o crime no momento em que as verbas ou rendas públicas receberem destinação diversa daquela estabelecida em lei. Admissível, em tese, a tentativa, caso o agente não consiga empregá-las de forma diversa da determinada em lei.

11.3.3. Concussão (art. 316, CP)

11.3.3.1. Conduta típica

Consiste em *exigir, para si ou para outrem, direta ou indiretamente, ainda que fora da função ou antes de assumi--la, mas em razão dela, vantagem indevida.*

Assim, a conduta nuclear é *exigir*, que significa ordenar, impor como obrigação. O funcionário público *ordena, para si ou para outrem*, de maneira *direta* (sem rodeios, face a face) ou *indireta* (disfarçadamente ou por interposta pessoa), que lhe seja entregue *vantagem indevida* (qualquer lucro, ganho, privilégio contrário ao direito).

Ao que se vê da descrição típica, essa vantagem pode ser exigida **fora da função**, ou mesmo **antes de assumi-la**, mas, sempre, **em razão dela** (o funcionário se prevalece da função).

A exigência não precisa, necessariamente, ser feita mediante ameaça. Basta que o sujeito passivo sinta-se atemorizado em virtude da própria função pública exercida pela autoridade (sujeito ativo), temendo represálias. É o que a doutrina chama de *metus publicae potestatis* (medo do poder exercido pelo funcionário público).

A mera insinuação do funcionário público em obter a vantagem indevida pode descaracterizar o crime, desde que a exigência não se faça de forma implícita.

Ainda, de acordo com a redação do *caput* do art. 316, a exigência pelo sujeito ativo poderá ocorrer mesmo que não esteja no exercício da função (ex.: férias, licença-prêmio, afastamento...). Porém, é imprescindível que a exigência seja **feita em razão da função exercida pela autoridade.**

11.3.3.2. Tipo subjetivo

É o dolo.

11.3.3.3. Consumação e tentativa

O crime de concussão estará consumado no momento em que a **exigência é feita**. É certo que a vítima deverá tomar conhecimento da exigência, seja por escrito, oralmente ou qualquer meio de comunicação. Se por escrito, caberá tentativa, caso ela não chegue ao destinatário por circunstâncias alheias à vontade do agente (se unissubsistente, será impossível o *conatus*).

Com isso, não é necessário que a vantagem exigida seja efetivamente recebida pelo funcionário público. Porém, se ocorrer, ter-se-á exaurido a concussão.

Trata-se, portanto, de **crime formal** ou de consumação antecipada

11.3.3.4. Excesso de exação (art. 316, §1º, CP)

11.3.3.4.1. Conduta típica

Verificar-se-á quando *o funcionário público exigir tributo ou contribuição social que sabe ou deveria saber indevido, ou, quando devido, empregar na cobrança meio vexatório ou gravoso, que a lei não autoriza.*

A conduta nuclear é a mesma da concussão: *exigir*. Todavia, aqui, a lei pune o funcionário que se **exceder na cobrança de uma exação** (dívida ou imposto). A norma penal fala em "tributo", abarcando os impostos, taxas e contribuição de melhoria, bem como a contribuição social e os empréstimos compulsórios (arts. 148 e 149 da CF).

Duas são as formas de cometimento do crime em questão:

a) **Exigir tributo ou contribuição indevida** – nesse caso, o sujeito passivo não está obrigado a recolhê-los, seja porque já pagou, ou porque a lei não exige, ou o valor cobrado é superior ao devido;

b) **Emprego de meio vexatório ou gravoso na cobrança de tributo ou contribuição** – nesse caso, o tributo ou contribuição são devidos. Contudo, o funcionário se vale de meios humilhantes ou muito onerosos para a cobrança da exação. É o que se chama de **exação fiscal vexatória**

11.3.3.4.2. Tipo subjetivo

Em qualquer caso, exige-se o **dolo** (direto ou eventual), decorrente da expressão "que sabe ou deveria saber indevido...".

11.3.3.4.3. Consumação e tentativa

Idem à concussão.

11.3.4. Corrupção passiva (art. 317, CP)

11.3.4.1. Conduta típica

Consiste em *solicitar ou receber, para si ou para outrem, direta ou indiretamente, ainda que fora da função ou antes de assumi-la, mas em razão dela, vantagem indevida, ou aceitar promessa de tal vantagem.*

Três são, portanto, as ações nucleares:

a) *solicitar*= pedir, explícita ou implicitamente, requerer;

b) *receber* = obter, aceitar em pagamento;

c) *aceitar* = anuir, consentir em receber dádiva futura.

O **objeto material** da corrupção passiva é a **vantagem indevida** ou a **promessa** de *vantagem indevida*, que corresponde ao elemento normativo do tipo. Assim, o agente (funcionário público) *solicita*, *recebe* ou *aceita a promessa* de uma *vantagem indevida*, que pode ter *natureza econômica, patrimonial* ou até *moral*, desde que seja, repita-se, indevida, vale dizer, contrária ao direito ou mesmo aos bons costumes.

O funcionário público corrupto irá solicitar, receber ou aceitar a promessa de vantagem indevida para **praticar, deixar de praticar ou retardar um ato de ofício** contrariamente à lei. Literalmente, irá "vender" sua atuação, seja esta devida ou indevida.

Só se fala em corrupção passiva se o funcionário público supostamente corrupto puder realizar determinado ato que seja de sua **competência**. Assim, a título de exemplo, se o diretor de presídio solicita dinheiro a um detento para conceder-lhe graça (indulto individual), ou anistia, e efetivamente recebe o montante, pratica corrupção? R.: não, visto que a concessão da graça é de competência do Presidente da República e a anistia depende da edição de lei federal. O diretor, no caso, não responderia por corrupção passiva, mas, certamente, por improbidade administrativa (Lei 8.429/1992).

Dependendo do momento em que a vantagem for entregue ao funcionário público, será considerada **antecedente** ou **subsequente**. Assim, se o funcionário público *receber a vantagem antes da ação ou omissão funcional*, teremos a *corrupção antecedente*. Já se o *recebimento da vantagem for após o ato funcional*, haverá a *corrupção subsequente*.

11.3.4.2. Tipo subjetivo

É o dolo.

11.3.4.3. Consumação e tentativa

O crime em estudo é **formal**, consumando-se quando a solicitação chega ao conhecimento de terceira pessoa ou quando há o recebimento ou a aceitação de promessa de uma vantagem indevida.

Destarte, não se exige que o agente, de fato, pratique, deixe de praticar ou retarde a prática de ato de ofício, sendo bastante, por exemplo, a mera solicitação da vantagem, já restando consumado o ilícito.

11.3.4.4. Corrupção passiva agravada (art. 317, §1º, do CP)

A pena é aumentada de **um terço** se, em consequência da vantagem ou promessa, o funcionário retarda ou deixa de praticar qualquer ato de ofício ou o pratica infringindo dever funcional.

Em se tratando de crime formal, pouco importa, a princípio, que o agente, após receber a vantagem indevida ou a promessa de seu recebimento, pratique ou deixe de praticar ato funcional concernente a suas funções. Contudo, o legislador, aqui, pune mais severamente o *exaurimento da corrupção*.

11.3.4.5. Corrupção passiva privilegiada (art. 317, §2º, CP)

Restará configurada se o funcionário praticar, deixar de praticar ou retardar ato de ofício, com infração de dever funcional, **cedendo a pedido ou influência de outrem**.

Aqui, o agente não "vende" um ato funcional, não recebendo vantagem indevida. Na verdade, simplesmente atende a pedido de terceira pessoa.

11.3.5. Prevaricação (art. 319, CP)

11.3.5.1. Conduta típica

Consiste em *retardar ou deixar de praticar, indevidamente, ato de ofício, ou praticá-lo contra disposição expressa de lei, para satisfazer interesse ou sentimento pessoal.*

Assim, as condutas típicas possíveis são:

a) **retardar**: o funcionário não realiza o ato inerente a sua função no prazo legalmente estabelecido, ou deixa fluir prazo relevante para fazê-lo;
b) **deixar de praticar**: é a inércia do funcionário em praticar ato de ofício;
c) **praticar ato de ofício** contra disposição expressa de lei: aqui o agente pratica ato de ofício, porém, em sentido contrário àquilo que a lei prescreve.

O retardamento ou a não prática do ato funcional deverão ser **indevidos**, ou seja, não permitidos por lei. O crime em tela também poderá ocorrer quando o agente, embora não retarde e não deixe de praticar ato de ofício, faça-o *contra disposição expressa de lei*. Ou seja, o funcionário praticará um ato contrário aos seus deveres funcionais, em discordância com a lei.

11.3.5.2. Tipo subjetivo

O tipo exige, além do dolo, o elemento subjetivo do tipo (ou do injusto), qual seja, "para satisfazer interesse ou sentimento pessoal". Em qualquer das ações nucleares, o agente atua não para auferir uma vantagem indevida, mas por razões íntimas. É a chamada *autocorrupção*.

11.3.5.3. Consumação e tentativa

O crime se consuma no momento em que o funcionário público retardar, deixar de praticar ou praticar o ato de ofício contra disposição expressa da lei. Pouco importa se o agente alcança o que pretende, vale dizer, a satisfação de seu interesse ou sentimento pessoal.

Admissível a tentativa na forma comissiva (ação) do crime, correspondente à conduta de praticar ato de ofício contra disposição expressa da lei. Nas demais modalidades (retardar e deixar de praticar), que se traduzem em omissão, impossível o *conatus*.

11.3.5.4. Distinção com a corrupção passiva privilegiada

Embora a prevaricação (art. 319, CP) seja bastante semelhante à corrupção passiva privilegiada (art. 317, §2º, CP), ambas não se confundem. Naquela, o agente pretende alcançar um interesse ou um sentimento pessoal (ex.: por amizade, o funcionário público deixa de praticar um ato de ofício); nesta, o agente simplesmente cede a influência ou pedido de outrem (ex: um Delegado de Polícia deixa de lavrar auto de prisão em flagrante contra o filho de um Promotor de Justiça após receber telefonema deste, que lhe pede que não prenda o rapaz, que ainda tem "futuro" pela frente. De fato, são situações (tipos penais) semelhantes, mas, frise-se, na prevaricação, o agente pratica, deixa de praticar ou retarda a prática de um ato de ofício em razão de amizade, raiva ou pena, por exemplo, ao passo que na corrupção passiva privilegiada, independentemente de qualquer interesse ou sentimento pessoal, simplesmente cede a influência ou pedido de outrem, demonstrando ser um "fraco" (além de corrupto, claro!).

11.3.6. Causa de aumento de pena

Para os crimes contra a Administração Pública praticados por funcionários públicos, a pena será aumentada da **terça parte** quando os autores forem ocupantes de **cargos em comissão** ou de função de **direção ou assessoramento** de órgão da administração direta, sociedade de economia mista, empresa pública ou fundação instituída pelo poder público (art. 327, §2º, CP).

LEGISLAÇÃO PENAL ESPECIAL

1. Crimes hediondos

1.1. Questões constitucionais

Conforme enuncia o art. 5º, XLIII, da CF, "a lei considerará crimes inafiançáveis e insuscetíveis de graça ou anistia a prática da tortura, o tráfico ilícito de entorpecentes e drogas afins, o terrorismo e os definidos como crimes hediondos, por eles respondendo os mandantes, os executores e os que, podendo evitá-los, se omitirem".

Trata-se de verdadeiro **mandado de criminalização,** visto que o legislador constituinte determinou a edição de uma lei penal, qual seja, a Lei dos Crimes Hediondos, até então inexistente.

Conforme se extrai do texto constitucional, aos crimes hediondos incidem as seguintes **vedações**:

a) Fiança;

b) Anistia; e

c) Graça.

1.2. Critério adotado sobre crimes hediondos

Existem, basicamente, dois critérios sobre crimes hediondos: **legal** ou **judicial**.

✔ **Critério legal**: os crimes são enumerados na lei.

✔ **Critério judicial**: caberia ao juiz, no caso concreto, afirmar se o crime é ou não hediondo.

O Brasil adotou o critério legal para crimes hediondos, porque o legislador incumbiu-se de dizer quais são esses crimes.

Temos, pois, uma Lei dos Crimes Hediondos (Lei 8.072/1990).

1.3. Crimes hediondos em espécie

O **rol taxativo** dos crimes considerados hediondos consta no **art. 1º da Lei 8.072/1990**, a saber:

I. homicídio (art. 121), quando praticado em atividade típica de grupo de extermínio, ainda que cometido por um só agente, e homicídio qualificado (art. 121, § 2º, I, II, III, IV e V);

II. latrocínio (art. 157, § 3º, **in fine**);

III. extorsão qualificada pela morte (art. 158, § 2º);

IV. extorsão mediante sequestro e na forma qualificada (art. 159, *caput*, e §§ 1º, 2º e 3º);

V. estupro (art. 213, *caput*, e §§ 1º e 2º);

VI. estupro de vulnerável (art. 217-A, *caput*, e §§ 1º, 2º, 3º e 4º);

VII. epidemia com resultado morte (art. 267, § 1º).

VII-B. falsificação, corrupção, adulteração ou alteração de produto destinado a fins terapêuticos ou medicinais (art. 273, *caput*, e § 1º, § 1º-A e § 1º-B, com a redação dada pela Lei nº 9.677, de 2 de julho de 1998).

Parágrafo único. Considera-se também hediondo o crime de genocídio previsto nos arts. 1º, 2º e 3º da Lei nº 2.889, de 1º de outubro de 1956, tentado ou consumado.

Por questões didáticas e para fins de memorização, dividimos os crimes hediondos em quatro grupos, a saber: **vida**, **patrimônio**, **dignidade sexual** e **saúde pública**. Vamos a eles:

✔ **VIDA:** temos três crimes neste grupo:

I) Homicídio simples: se praticado em atividade típica de grupo de extermínio ainda que cometido por uma só pessoa, também chamado de **homicídio condicionado**. Exemplo: chacina (art. 121, *caput*, CP);

II) Qualquer hipótese de homicídio qualificado: a doutrina entende que o homicídio qualificado privilegiado é hediondo (art. 121, § 2º, CP);

III) Genocídio (artigos 1º, 2º e 3º da Lei 2.889/1956);

✔ **PATRIMÔNIO:** temos três crimes neste grupo:

I) Latrocínio (art. 157, §3º, parte final, CP): é considerado um **roubo qualificado** pela morte da vítima, mas nem todo roubo qualificado é crime hediondo. O art. 157, §3º, 1ª parte, CP configura roubo qualificado pela **lesão corporal grave,** que não é considerado crime hediondo;

II) **Extorsão qualificada pela morte:** art. 158, §2º, CP;

III) **Extorsão mediante sequestro** (art. 159, *caput* e parágrafos, CP):

✔ **DIGNIDADE SEXUAL:** temos dois crimes neste grupo, conforme a redação dada pela Lei 12.015/2009:

✔ **Estupro** (art. 213, *caput*, e parágrafos, CP);

✔ **Estupro de vulnerável** (art. 217-A, *caput* e parágrafos, CP);.

✔ **SAÚDE PÚBLICA:** temos dois crimes neste grupo:

✔ **Epidemia qualificada com resultado morte** (art. 267, §1º, CP);

✔ **Alteração, adulteração, corrupção ou falsificação de produtos destinados a fins terapêuticos e medicinais** (art. 273, *caput*, §1º A e §1º B, CP).

1.4. Vedações penais e processuais aos crimes hediondos e outras particularidades

Art. 5º, XLIII, CF e art. 2º, da Lei 8.072/1990: são inafiançáveis e insuscetíveis de graça e anistia os crimes hediondos e os crimes equiparados a hediondos (tráfico de drogas, tortura e terrorismo – TTT). De acordo com a doutrina, embora não haja expressa previsão na CF, o indulto também é incabível;

Art. 2º, §1º, da Lei 8.072/1990: os crimes hediondos e equiparados submetem-se, obrigatoriamente, à imposição de regime inicial fechado. No entanto, o STF, em 2012, reconheceu, incidentalmente, a inconstitucionalidade de referido dispositivo legal, no julgamento do HC 111.840. Logo, de acordo com referida decisão, o regime inicial fechado não pode ser o único cabível aos condenados por crimes hediondos ou equiparados. Assim, por exemplo, se alguém for condenado por tráfico de drogas (art. 33, caput, da Lei 11.343/2006) à pena mínima de 5 anos de reclusão, desde que primário, poderá iniciar o cumprimento da pena em regime semiaberto;

Art. 2º, §2º, da Lei 8.072/1990: os crimes hediondos admitem progressão de regime, o que era vedado antes da edição da Lei 11.464/2007 e julgamento do HC nº 82.959-SP pelo STF. Assim, atualmente, a progressão de regime a esses crimes será admissível após o cumprimento de 2/5 da pena, se o condenado for primário, ou 3/5 da pena, se reincidente. Aos condenados por crimes hediondos e equiparados em data anterior à Lei 11.464/2007, a progressão de regime deverá ser alcançada após o cumprimento de 1/6, nos termos do art. 112 da LEP;

Art. 83, CP – Livramento condicional: para os crimes hediondos e equiparados, admite-se a concessão de livramento condicional desde que o condenado tenha cumprido mais de 2/3 da pena e desde que não seja reincidente específico (condenação irrecorrível por crime hediondo ou equiparado e, posteriormente, prática de outro crime hediondo ou equiparado. É importante frisar que os crimes não precisam ser idênticos);

Prisão temporária – Lei 7.960/1989: prazo diferenciado para crime hediondo ou equiparado, qual seja, de 30 (trinta) dias, podendo ser prorrogado por mais 30 dias, em caso de comprovada e extrema necessidade.

Crimes equiparados a hediondos: Tráfico de drogas, Tortura e Terrorismo (**"TTT"**). São chamados de equiparados ou assemelhados, pois possuem o mesmo *status* constitucional, sendo todos tratados no art. 5º, XLIII, CF.

1.5. Estabelecimento penal para crimes hediondos ou equiparados

O art. 3º da Lei 8.072/1990 diz que caberá à **União** manter estabelecimentos penais de **segurança máxima**, destinada aos condenados com alta periculosidade, quando incorrer em risco à ordem pública a permanência deles em estabelecimentos comuns.

1.6. Crime de quadrilha ou bando especial (art. 8º, Lei 8.072/1990)

Não se trata de crime hediondo, embora estabelecido nesta lei, e a prova disso é o rol taxativo do art. 1º da lei 8.072/1990. O art. 8º faz alusão ao crime de quadrilha (cujo *nomen juris* passou a ser o de *associação criminosa* com o advento da Lei 12.850/2013) previsto no art. 288, CP. É um crime contra a paz pública. No entanto, diversamente do CP, a Lei dos Crimes Hediondos prevê pena mais elevada se a quadrilha for formada para a prática de crimes dessa natureza (hediondos ou equiparados).

Em suma:

Quadrilha ou bando art. 8º, Lei 8.072/1990	Quadrilha ou bando art. 288, CP
Inafiançável	Afiançável
Pena de 3 a 6 anos	Pena de 1 a 3 anos
Não cabe substituição por pena restritiva de direitos se a pena privativa de liberdade superar 4 anos	Cabe substituição de pena privativa de liberdade por restritiva de direito, desde que preenchidos os requisitos legais
Não cabe *sursis processual*	Cabe *sursis processual*

1.6.1. Delação premiada ou traição benéfica no crime de quadrilha ou bando

O parágrafo único art. 8º da Lei dos Crimes Hediondos consagra uma causa especial de diminuição de pena que será concedida ao condenado que delatar os demais comparsas (membros da quadrilha) à autoridade pública. A pena será reduzida, pois, de um terço a dois terços se preenchidos os seguintes requisitos:

a) Delação de um ou mais dos componentes da quadrilha para a autoridade pública (Delegado, Juiz, Ministério Público);

b) A delação deverá ser voluntária (o sujeito não poderá ser forçado a delatar), mas não precisa ser espontânea;

c) É necessária, em virtude da delação, a apuração da autoria dos demais integrantes e o desmantelamento da quadrilha. Portanto, a delação deverá ser eficaz.

A redução da pena incide quanto ao ***crime de quadrilha*** em comento (art. 8º da Lei 8.072/1990) e não com relação aos *crimes cometidos pela quadrilha*.

1.7. Causas de aumento de pena quando houver violência presumida

O art. 9º da Lei 8.072/1990 previa que, se a vítima se encontrasse em situação de **violência presumida** (art. 224, CP – revogado), a pena seria aumentada da **metade** nos seguintes casos:

a) latrocínio (art. 157, §3º, final, CP);

b) extorsão com morte (art. 158, §2º, CP);

c) extorsão mediante sequestro (art. 159, CP);

d) estupro (art. 213, CP); e

d) atentado violento ao pudor (art. 214, CP – foi revogado).

Tendo em vista o **art. 224, CP** (violência presumida) ter sido **revogado** pela Lei 12.015/2009 (Lei dos Crimes contra a Dignidade Sexual), tacitamente está revogado o art. 9º da lei 8.072/1990.

O que antes se chamava de violência presumida hoje equivale à vulnerabilidade do art. 217-A, *caput* e parágrafos, CP. A doutrina majoritária e o STJ entendem que o art. 9º está **revogado tacitamente** pela já citada Lei 12.015/2009.

2. Lei de Tortura

2.1. Aspectos constitucionais

O art. 5º, XLIII, da CF, ao fazer menção à tortura, crime que sequer era tipificado em lei, materializou-se em verdadeiro **mandado da criminalização**, visto que, repita-se, não havia regulamentação no Brasil, em 1988, de aludido crime.

Em suma, a CF diz que a lei considerará inafiançáveis e insuscetíveis de graça ou de anistia a prática de **tortura**, tráfico de drogas, terrorismo e os crimes hediondos.

O crime de tortura é considerado **equiparado** ou **assemelhado** a **hediondo**.

2.2. Previsão legal

A tipificação penal da tortura foi criada no Brasil com a edição da **Lei 9.455/1997.** No entanto, já tínhamos a previsão da tortura como crime no art. 233, ECA, que cuidava apenas da prática de referida conduta contra crianças e adolescentes. Contudo, referido dispositivo foi revogado expressamente pela precitada Lei 9.455/1997, que passou a regulamentar por completo o tema.

2.3. Espécies de tortura

Vêm previstas no art. 1º da Lei 9.455/1997, a saber:

a) Tortura-prova: também chamada de persecutória;

b) Tortura-crime;

c) Tortura-racismo: também chamada de discriminatória;

d) Tortura-maus-tratos: também chamada de *tortura corrigendi*;

e) Tortura do preso ou de pessoa sujeita a medida de segurança;

f) Tortura imprópria;

g) Tortura qualificada;

h) Tortura majorada.

2.3.1. Regra

De forma geral, todas as espécies de tortura irão gravitar em torno de duas ideias: **sofrimento físico ou mental**.

A tortura pressupõe o núcleo do tipo *constranger*, o que será feito com o emprego de violência ou grave ameaça, causando sofrimento físico ou mental.

2.3.1.1. Tortura-prova

Também chamada de persecutória, vem prevista no art. 1º, I, "a", da Lei 9.455/1997. Neste caso, o torturador constrangerá a vítima, com emprego de violência ou grave ameaça, causando-lhe sofrimento físico ou mental, para o fim de que ela lhe preste **informação, declaração** ou **confissão**.

O **sujeito ativo** será qualquer pessoa, tratando-se de crime comum.

Dá-se a **consumação** com o sofrimento físico ou mental suportado pela vítima.

A tentativa é possível teoricamente, por ser a tortura um crime plurissubsistente, vale dizer, praticado mediante vários atos.

2.3.1.2. Tortura-crime

Vem prevista no art. 1º, I, "b", da Lei 9.455/1997. Neste caso, o torturador constrangerá a vítima, com emprego de violência ou grave ameaça, causando-lhe sofrimento físico ou mental, para que ela **pratique ação ou omissão de natureza criminosa**.

Vê-se, à evidência, que o crime praticado pela vítima somente o foi por **coação moral irresistível.** Neste caso, a vítima torturada ficará isenta de pena pelo crime praticado, respondendo o torturador (autor mediato) pelo crime por ela cometido (art. 22, CP). Assim, o agente (torturador) responderá pela tortura-crime, além do crime cometido pela vítima, em concurso material (art. 69, CP).

O **sujeito ativo** poderá ser qualquer pessoa, tratando-se, pois, de crime comum.

Alcança-se a **consumação** com o sofrimento físico ou mental suportado pela vítima.

2.3.1.3. Tortura-racismo

Também chamada de **tortura discriminatória**, vem prevista no art. 1º, I, "c", da Lei 9.455/1997. Aqui, o torturador constrangerá a vítima, com emprego de violência ou grave ameaça, causando-lhe sofrimento físico ou mental, **em razão de discriminação racial ou religiosa**.

Assim, duas são as hipóteses de discriminação tratadas no tipo penal: racial ou religiosa. Não se confunde essa espécie de tortura com os crimes de racismo previstos na Lei 7.716/1989. Confira-se:

Racismo – Lei 7.716/1989	Tortura racismo – Lei 9.455/1997
Praticado em razão de raça, cor, etnia, religião ou procedência nacional.	Praticada somente em razão de raça ou religião.
A vítima é privada de alguns direitos básicos em razão de raça, cor, etnia, religião ou procedência nacional.	A vítima é constrangida pelo torturador, sofrendo física ou mentalmente, em razão de discriminação racial ou religiosa.

Não se enquadra na tortura racismo o preconceito com relação à orientação sexual, visto que o tipo penal somente fala em "raça" ou "religião".

O **sujeito ativo** pode ser qualquer pessoa, tratando-se de crime comum.

Dá-se a **consumação** quando a vítima suporta o sofrimento físico ou mental.

2.3.1.4. Tortura-maus-tratos ou tortura *corrigendi*

Vem definida no art. 1º, II, da Lei 9.455/1997, consistindo em submeter alguém sob sua **guarda, poder ou autoridade**, com emprego de violência ou grave ameaça, a intenso sofrimento físico ou mental, como forma de aplicar **castigo pessoal** ou **medida de caráter preventivo.**

O sujeito passivo, nesse caso, será obrigatoriamente alguém que esteja sob a guarda, poder ou autoridade do torturador. Assim, estamos diante de crime próprio, visto que se exige uma qualidade especial do agente, qual seja, a de alguma "ascendência" sobre a vítima (guarda, poder ou autoridade).

Nessa modalidade de tortura, o objetivo do torturador é o de aplicar um **castigo pessoal** ou **medida de caráter preventivo.**

A **consumação** dá-se quando a vítima sofrer intensamente em seu aspecto físico ou mental. Trata-se de crime de dano, visto que deve haver efetiva lesão ao bem jurídico.

Difere essa espécie de tortura do crime de **maus-tratos**, previsto no art. 136, CP, visto ser este um crime de perigo, bastando a mera exposição a risco do bem jurídico. Já na tortura maus-tratos ocorre efetiva lesão ao bem jurídico (integridade física/psíquica da vítima).

2.3.1.5. Tortura do preso ou de pessoa sujeita a medida de segurança

Vem prevista no art. 1º, §1º, da Lei 9.455/1997. Consiste em **submeter pessoa presa ou sujeita a medida de segurança** a um sofrimento físico ou mental, por meio da **prática de ato não previsto** ou **não autorizado por lei**. Assim, os atos praticados pelo torturador devem estar em *desacordo* com a lei.

O **sujeito ativo**, segundo predomina, deve ser agente público que tenha contato com o preso ou com a pessoa que está cumprindo medida de segurança, tratando-se, pois, de **crime próprio**.

O **sujeito passivo** será:

- ✔ **Preso**: provisório ou definitivo;
- ✔ **Pessoa submetida a medida de segurança**: inimputáveis ou semi-imputáveis com periculosidade.

2.3.1.6. Tortura imprópria

Vem prevista no art. 1º, §2º, da Lei 9.455/1997. Consiste no ato daquele que se **omite** em face destas condutas (todas as espécies de tortura descritas), desde que tenha o **dever de evitá-las** ou de **apurá-las**.

O agente, tecnicamente, não praticou uma conduta típica de tortura, apenas se omitiu diante de seu dever de apurar ou de evitar referido crime, tendo este sido praticada por outrem.

Diversamente das demais espécies de tortura, a ora estudada é punida com detenção de um a quatro anos, motivo pelo qual sequer o regime inicial fechado será imposto ao agente. Por essa razão, entende-se, também, que o crime em questão **não é equiparado a hediondo.**

O **sujeito ativo** é aquele que tiver o **dever de evitar** ou o **dever de apurar** a tortura. Assim, será, em regra, o **funcionário público.**

Como estamos diante de um **crime omissivo,** não se admite tentativa.

2.3.1.7. Tortura qualificada

Vem prevista no art. 1º, §3º, da Lei 9.455/1997.

A tortura será **qualificada:**

a) pela lesão corporal grave/gravíssima (art. 129, §1º e §2º, CP); ou

b) pela morte.

Em ambas as situações, estaremos diante de um **crime preterdoloso** (dolo na prática da tortura e culpa quanto ao resultado agravador – lesão corporal grave, gravíssima ou morte).

Não se confunde a tortura qualificada pela morte com o homicídio qualificado pela tortura, sendo esta um meio de execução utilizado para matar a vítima. Vejamos:

Homicídio qualificado pela tortura	Tortura qualificada pela morte
Pena de 12 a 30 anos	Pena de 8 a 16 anos.
Dolo de matar, ou seja, ânimo homicida.	Dolo de torturar, ou seja, causar sofrimento físico ou mental.
Resultado morte decorre de dolo.	Resultado morte decorre de culpa.
Tortura é um meio de execução.	A tortura é um fim em si mesma.
————	Se o agente tortura e mata com dolo, ele responderá pelos dois crimes.
Julgado pelo Tribunal do Júri.	Julgado pela Justiça Comum.

2.3.1.8. Tortura majorada

Vem prevista no art. 1º, §4º, da Lei 9.455/1997. Trata-se de causa obrigatória de aumento de pena (1/6 a 1/3), incidente nas seguintes situações:

a) Se o torturador for agente público;

b) Se a vítima for criança, adolescente, idoso, gestante ou deficiente físico/mental;

c) Se a tortura for praticada mediante sequestro. O sequestro não será crime autônomo, ele será enquadrado como majorante da pena.

2.3.2. Efeitos da condenação

Conforme reza o art. 1º, §5º, da Lei 9.455/1997, a condenação pelo crime de tortura imporá ao agente a perda do cargo, função ou emprego público, bem como a interdição para seu exercício pelo dobro do prazo da pena aplicada.

Trata-se, é bom que se diga, de efeito obrigatório da condenação, que se subdivide em:

a) **Direto:** perda do cargo, emprego ou função;

b) **Indireto:** interdição de direitos, ou seja, a impossibilidade de ocupação de cargo, emprego, função, pelo dobro do prazo da pena aplicada.

Este efeito é automático, também chamado pela doutrina de não específico, não exigindo, pois, fundamentação específica em sentença.

2.3.3. Aspectos penais e processuais penais

De acordo com o art. 1º, §6º, da Lei 9.455/1997, são inadmissíveis para os crimes de tortura a concessão de **fiança, graça** e **anistia**. Trata-se de mera repetição do quanto consta no art. 5º, XLIII, CF.

Muito embora a lei não vede o **indulto,** a concessão deste não é permitida de acordo com a jurisprudência majoritária.

Embora não se admita a concessão de liberdade provisória com fiança (crimes inafiançáveis), admissível pensar-se em deferimento de **liberdade provisória sem fiança,** desde que ausentes os requisitos autorizadores da prisão preventiva. Afinal, não se pode admitir prisão cautelar obrigatória no Brasil, sob pena de ofensa ao princípio constitucional da presunção de inocência (ou não culpabilidade).

Quanto ao **regime inicial de cumprimento de pena,** este será o fechado, exceto para a tortura imprópria. Admite-se, pois, progressão de regime penitenciário, desde que preenchidos os requisitos legais, seguindo-se, para tanto, as mesmas regras aplicáveis aos crimes hediondos (lembre-se: a tortura é crime equiparado a hediondo!).

Considerando que a tortura é crime equiparado a hediondo, entendemos, de todo, aplicável a decisão do STF acerca da **inconstitucionalidade do regime inicial fechado obrigatório (HC 111.840).** Logo, mesmo para um torturador, será cabível, desde que preenchidos os requisitos legais, regime inicial semiaberto ou até aberto, a depender da quantidade de pena imposta.

No tocante ao **livramento condicional,** seguiremos o mesmo regramento para os crimes hediondos, vale dizer, admite-se a concessão do benefício em comento, desde que cumpridos mais de 2/3 da pena e desde que o réu não seja reincidente específico.

3. Lei de Drogas

3.1. Previsão legal

Os crimes envolvendo drogas vêm previstos na Lei 11.343/2006, que revogou expressamente a antiga "Lei de Tóxicos" (Lei 6.368/1976).

3.2. Questão terminológica

Embora a expressão possa parecer "chula", o adequado é que se fale em *droga*, e não mais *substâncias entorpecentes*, tal como previsto na legislação revogada.

3.2.1. Conceito de drogas

Droga é toda **substância capaz de causar dependência**, assim reconhecida em **lei ou listas atualizadas** pelo Executivo Federal (art. 1º, parágrafo único, Lei 11.343/2006).

Hoje, para buscarmos quais são as substâncias consideradas "drogas", devemos analisar o quanto se contém na **Portaria 344/1998 da SVS/MS** (Superintendência de Vigilância Sanitária do Ministério da Saúde). Esta portaria traz uma lista de substâncias entorpecentes, o que equivale às drogas. Trata-se de um ato infralegal, motivo pelo qual, toda vez que a lei mencionar a expressão "drogas", estaremos diante de uma **norma penal em branco em sentido estrito ou heterogêneo**, visto que o ato complementar (portaria) é de hierarquia diversa da norma complementada (lei ordinária federal).

3.3. Principais crimes da Lei de Drogas

3.3.1. Art. 28 – posse ilegal de droga para consumo pessoal

Primeiramente, é bom que se diga que o **uso** de droga é **fato atípico**, visto que o art. 28 não contempla a conduta de "usar ou fazer uso". Ainda que assim não fosse, a não criminalização do uso de drogas decorre do **princípio da alteridade**, segundo o qual o direito penal somente pode proteger condutas direcionadas à lesão de direitos alheios, no caso, à saúde pública (o crime em estudo viola a **saúde pública**).

Destarte, quem usa droga, trazendo-a consigo, não responderá propriamente pelo uso, mas sim pelo **porte**.

3.3.1.1. Condutas típicas

São as seguintes:

a) adquirir;

b) guardar;

c) ter em depósito;

d) transportar; ou

e) trazer consigo.

Estamos diante de um **tipo misto alternativo** ou, ainda, um **crime de ação múltipla**.

3.3.1.2. Objeto material do crime

É a **droga**, assim considerada com base na **Portaria 344/1998** da SVS/MS.

3.3.1.3. Penas

Diversamente do que acontece com todos os demais crimes, o delito de porte de drogas para consumo pessoal, fugindo à regra, estabelece **penas não privativas de liberdade**, já de forma abstrata, motivo pelo qual, em um primeiro momento, chegou-se a discutir sobre a eventual descriminalização das condutas típicas estudadas.

Temos, portanto, as **seguintes penas** cominadas ao art. 28:

a) Advertência sobre os efeitos da droga;

b) Prestação de serviços à comunidade; e

c) Medida educativa de comparecimento a programa ou curso educativo.

As penas poderão ser **alternativa** ou **cumulativamente** impostas. Poderá, pois, o juiz, aplicar as três penalidades cumulativamente, de acordo com o caso concreto.

Pacificou-se na jurisprudência o entendimento de que o crime em questão sofreu apenas uma **despenalização** ou **descarcerização** (redução da resposta penal diante da prática da infração). Não há que se falar, portanto, em descriminalização.

3.3.1.4. Tipo subjetivo

É o **dolo**, sem prejuízo do **especial fim de agir do agente** ("dolo específico"), qual seja, praticar uma das condutas típicas "para consumo pessoal".

3.3.1.5. Figura equiparada (art. 28, §1º)

Equipara-se ao art. 28, *caput*, submetendo-se às mesmas penas, aquela pessoa que **semear**, **cultivar** ou **colher** plantas destinadas ao preparo de **pequena quantidade de drogas** para consumo pessoal.

A expressão "pequena quantidade de drogas" é o **elemento normativo** do tipo, exigindo-se uma valoração diante do caso concreto.

3.3.1.6. Prazo de duração das medidas coercitivas

No caso de imposição de pena alternativa de prestação de serviços à comunidade ou determinação de comparecimento a programas educativos, o período máximo de duração será de **até 5 meses**.

Impõe salientar que **não caberá privação de liberdade** pelo descumprimento das penas restritivas de direitos impostas pelo juiz na sentença. Em caso de descumprimento, duas são as medidas coercitivas:

a) Admoestação verbal;

b) Multa destinada ao Fundo Nacional Antidrogas.

Se o agente não comparecer em juízo para se submeter à admoestação verbal, será aplicada a multa, sucessivamente.

3.3.1.7. Reincidência no art. 28

Em caso de o réu ser reincidente específico (condenações pelo crime de porte de drogas para consumo pessoal), as penas restritivas de direitos poderão ser impostas pelo prazo de **até 10 meses** (art. 28, §4º).

3.3.1.8. Prisão em flagrante

Não se imporá a prisão em flagrante do usuário para o crime do art. 28, consoante determina o art. 48, §2º, da Lei 11.343/2006. A Lei de Drogas veda a chamada **prisão-lavratura**, que é a materialização de uma prisão em flagrante no respectivo auto. No entanto, a denominada prisão-captura é perfeitamente cabível, a fim de que o agente delitivo seja conduzido coercitivamente à Delegacia de Polícia, fazendo, com isso, cessar a atividade criminosa.

Aplicar-se-á ao art. 28 da Lei de Drogas o disposto na Lei 9.099/1995 (Lei dos Juizados Especiais Criminais), motivo pelo qual o crime em questão é considerado de **menor potencial ofensivo**.

3.3.1.9. Prescrição do crime do art. 28

Consoante reza o art. 30 da Lei 11.343/2006, o Estado perderá o direito de punir ou de executar a pena após o decurso de **2 (dois) anos**. Trata-se de regra especial, que prevalece sobre o art. 109 do CP (tabela do prazo prescricional).

3.3.2. Art. 33 – Tráfico de drogas

3.3.2.1. Condutas típicas

O art. 33, *caput*, da Lei 11.343/2006, consubstancia-se em tipo misto alternativo ou crime de ação múltipla, visto que formado por 18 (dezoito) verbos, a saber: *importar, exportar, remeter, preparar, produzir, fabricar, adquirir, vender, expor à venda, oferecer, ter em depósito, transportar, trazer consigo, guardar, prescrever, ministrar, entregar a consumo ou fornecer.*

3.3.2.2. Objeto material do crime

O objeto material é a droga, assim definida pela Portaria 344/1998 da SVS/MS.

Será que a quantidade de droga apreendida influencia na dosimetria da pena? Confira-se a posição do STF:

Dosimetria e quantidade de droga apreendida

"A 2ª Turma, em julgamento conjunto de *habeas corpus* e recurso ordinário em habeas corpus, reafirmou orientação no sentido de que a quantidade de substância ilegal entorpecente apreendida deve ser sopesada na primeira fase de individualização da pena, nos termos do art. 42 da Lei 11.343/2006, sendo impróprio invocá-la por ocasião da escolha do fator de redução previsto no § 4º do art. 33 da mesma lei, sob pena de *bis in idem*. Com base nesse entendimento, determinou-se a devolução dos autos para que as instâncias de origem procedam a nova individualização da pena, atentando-se para a adequada motivação do fator reducional oriundo da causa especial de diminuição". HC 108513/RS , rel. Min. Gilmar Mendes, 23.8.2011. (HC-108513)

RHC 107857/DF, rel. Min. Gilmar Mendes, 23.8.2011. (RHC-107857) (Inform. STF 637)

3.3.2.3. Tipo subjetivo

É o **dolo**. Contudo, é necessário que a intenção do traficante seja a de **"entregar" a droga a consumo de terceiros**, diversamente do que ocorre com o art. 28 da Lei 11.343/2006, em que a intenção do agente é a de consumir a droga.

3.3.2.4. Consumação e tentativa

Pelo fato de o art. 33 trazer dezoito verbos no tipo, alguns deles são considerados **crimes instantâneos**, consumando-se com a só prática da conduta (ex.: importar, exportar, adquirir...). Já outras modalidades de tráfico são consideradas **permanentes**, motivo pelo qual a consumação se protrairá no tempo (ex.: expor à venda, ter em depósito, trazer consigo, guardar...).

Em tese, é admissível a **tentativa**, embora esta seja difícil, visto que, pelo fato de o crime ser de ação múltipla, provavelmente a infração já estará consumada.

3.3.2.5. Art. 33, §3º – Cedente eventual

A doutrina vem chamando de **cedente eventual** a pessoa que oferecer droga eventualmente, sem objetivo de lucro, a pessoa de seu relacionamento, para juntos a consumirem. Trata-se de um tráfico privilegiado, visto que a pena é bastante menor do que a cominada para o tráfico previsto no *caput* do art. 33.

São **requisitos** para configuração do crime em questão:

- ✔ oferecer droga;
- ✔ caráter eventual;
- ✔ sem objetivo de lucro;
- ✔ a pessoa de seu relacionamento;
- ✔ para juntos a consumirem.

Neste caso, a pena será de 6 (seis) meses a 1 (um) ano de detenção, sem prejuízo das penas do art. 28.

Por ser punido com detenção, o crime é afiançável.

Trata-se, finalmente, de crime de **menor potencial ofensivo**. Em virtude de a pena máxima ser de (um) 1 ano, aplica-se a Lei 9.099/1995.

3.3.2.6. Art. 33, §4º – Causa de diminuição de pena

Se preenchidos os requisitos abaixo, de forma cumulativa, o agente terá a pena reduzida de 1/6 (um sexto) a 2/3 (dois terços):

- ✔ o agente primário;
- ✔ de bons antecedentes;
- ✔ que não integre facção criminosa; e
- ✔ que não se dedique a atividades criminosas.

Trata-se do "traficante de primeira viagem".

A causa de diminuição de pena em comento não era prevista na antiga Lei de Tóxicos. Daí ser considerada *lex mitior* ou *novatio legis in mellius* – lei nova benéfica.

Por ser benéfica, deve ter **efeitos retroativos**. Assim, se o sujeito já estiver cumprindo pena, advindo lei nova benéfica, deverá esta retroagir para beneficiá-lo.

A **questão** que se coloca, contudo, é a seguinte:

- ✔ **Lei antiga**: a pena do tráfico de drogas variava de 3 (três) a 15 (quinze) anos. Não havia causa de diminuição de pena;
- ✔ **Lei nova**: a pena do tráfico varia de 5 (cinco) a 15 (quinze) anos. Há causa de diminuição de pena (art. 33, §4º);

Questão: esta causa de diminuição de pena (1/6 a 2/3) deverá retroagir e incidir sobre qual pena, caso o agente tenha praticado tráfico de drogas sob a égide da lei anterior? De 3 a 15 anos (pena antiga) ou de 5 a 15 anos (pena nova)?

R.: existem **dois posicionamentos**. São eles:

a) **Primeira posição**: a diminuição deverá incidir sobre a pena antiga, já que o traficante respondeu sob a égide da lei anterior. Esta posição adota aquilo que o STF, historicamente, sempre repudiou, qual seja, a combinação de leis penais no tempo;

b) **Segunda posição**: a diminuição incidirá sobre a pena nova. De acordo com esta posição, não é possível combinação de leis penais, pois violaria a tripartição de Poderes (o Judiciário estaria legislando).

Tanto o STF, quanto o STJ, proferiram decisões nos dois sentidos.

Em notícia extraída do sítio eletrônico desta última Corte, vê-se que a sua 3ª Seção pôs fim à celeuma instaurada desde a edição da Lei 11.343/2006 no que tange à possibilidade – ou não – de combinação de leis no tempo. Confira-se:

> *"No STJ, a Sexta Turma entendia ser possível a combinação de leis a fim de beneficiar o réu, como ocorreu no julgamento do HC 102.544. Ao unificar o entendimento das duas Turmas penais, entretanto, prevaleceu na Terceira Seção o juízo de que não podem ser mesclados dispositivos mais favoráveis da lei nova com os da lei antiga, pois ao fazer isso o julgador estaria formando uma terceira norma.*
>
> *A tese consolidada é de que a lei pode retroagir, mas apenas se puder ser aplicada na íntegra. Dessa forma, explicou o Ministro Napoleão Nunes Maia Filho no HC 86.797, caberá ao "magistrado singular, ao juiz da vara de execuções criminais ou ao tribunal estadual decidir, diante do caso concreto, aquilo que for melhor ao acusado ou sentenciado, sem a possibilidade, todavia, de combinação de normas".*

O projeto de súmula foi encaminhado pela ministra Laurita Vaz e a redação oficial do dispositivo ficou com o seguinte teor: *"É cabível a aplicação retroativa da Lei 11.343, desde que o resultado da incidência das suas disposições, na íntegra, seja mais favorável ao réu do que o advindo da aplicação da Lei n. 6.368, sendo vedada a combinação de leis"*. (http://www.stj.jus.br/portal_stj/publicacao/engine.wsp?tmp.area=398&tmp.texto=111943 – acesso em 06/11/2013).

Destarte, com a edição da Súmula 501 do STJ, consolidou-se o entendimento segundo o qual é inadmissível a combinação de leis penais no tempo: *"É cabível a aplicação retroativa da Lei 11.343, desde que o resultado da incidência das suas disposições, na íntegra, seja mais favorável ao réu do que o advindo da aplicação da Lei n. 6.368, sendo vedada a combinação de leis"*.

Nada obstante, pela relevância do tema, vale a pena a transcrição dos excertos abaixo, extraídos de Informativo do STF. Para quem se prepara para concursos públicos, nada melhor do que conhecer a posição da mais alta Corte (STF), muito embora, repita-se uma vez mais, o STJ tenha editado a precitada Súmula 501.

Tráfico de drogas e combinação de leis – 1

"O Plenário iniciou julgamento de recurso extraordinário em que se discute a aplicabilidade, ou não, da causa de diminuição de pena prevista no art. 33, § 4º, da Lei 11.343/2006 sobre condenações fixadas com base no art. 12, *caput*, da Lei 6.368/76, diploma normativo este vigente à época da prática do delito. Na espécie, o Ministério Público Federal alega afronta ao art. 5º, XL, da CF (*"a lei penal não retroagirá, salvo para beneficiar o réu;"*) ao argumento de que a combinação de regras mais benignas de dois sistemas legislativos diversos formaria uma terceira lei. O Min. Ricardo Lewandowski, relator, proveu o recurso para determinar que o juízo da Vara de Execuções Penais aplique, em sua integralidade, a legislação mais benéfica ao recorrido, no que foi acompanhado pelos Ministros Cármen Lúcia e Joaquim Barbosa. Inicialmente, ressaltou que a doutrina sempre esteve dividida quanto ao tema. Em sequência, entendeu não ser possível a conjugação de partes mais benéficas de diferentes normas para se criar uma terceira lei, sob penal de ofensa aos princípios da legalidade e da separação de poderes". **RE 596152/SP, rel. Min. Ricardo Lewandowski, 2.12.2010.** (RE-596152)

Tráfico de drogas e combinação de leis – 2

"Afirmou que a Constituição permitiria a retroatividade da lei penal para favorecer o réu, mas não mencionaria sua aplicação em partes. Consignou que a Lei 6.368/1976 estabelecia para o delito de tráfico de drogas uma pena em abstrato de 3 a15 anos de reclusão e fora revogada pela Lei 11.343/2006, que cominou, para o mesmo crime, pena de 5 a 15 anos de reclusão. Enfatizou, assim, que a novel lei teria imposto reprimenda mais severa para aquele tipo penal e que o legislador se preocupara em diferenciar o traficante organizado do pequeno traficante. Acrescentou haver correlação entre o aumento da pena-base mínima prevista no *caput* do art. 33 da Lei 11.343/2006 e a inserção da causa de diminuição disposta em seu § 4º. Explicitou que, ao ser permitida a combinação das leis referidas para se extrair um terceiro gênero, os magistrados estariam atuando como legislador positivo. Ademais, ponderou que, dessa forma, poder-se-ia chegar à situação em que o delito de tráfico viesse a ser punido com pena semelhante às das infrações de menor potencial ofensivo. Concluiu que, se na dúvida quanto à legislação mais benéfica em determinada situação, dever-se-ia examinar o caso concreto e verificar a lei, que aplicada em sua totalidade, seria mais favorável". **RE 596152/SP, rel. Min. Ricardo Lewandowski, 2.12.2010.** (RE-596152)

Tráfico de drogas e combinação de leis – 3

"Em divergência, o Min. Cezar Peluso, Presidente, proveu o recurso, no que foi seguido pelo Min. Dias Toffoli. Reiterou o teor do voto proferido no julgamento do HC 95435/RS (DJe de 7.11.2008), no sentido de entender que aplicar a causa de diminuição não significaria baralhar e confundir normas, uma vez que o juiz, ao assim proceder, não criaria lei nova, mas apenas se movimentaria dentro dos quadros legais para uma tarefa de integração perfeitamente possível. Além disso, asseverou que se deveria observar a finalidade e a *ratio* do princípio, para que fosse dada correta resposta ao tema, não havendo como se repudiar a aplicação da causa de diminuição também a situações anteriores. Nesse diapasão, realçou, também, que a vedação de junção de dispositivos de leis diversas seria apenas produto de interpretação da doutrina e da jurisprudência, sem apoio direto em texto constitucional. Após, pediu vista o Min. Ayres Britto". **RE 596152/SP, rel. Min. Ricardo Lewandowski, 2.12.2010.** (RE-596152) (**Inform. STF** 611)

Tráfico de drogas e combinação de leis – 4

"O Plenário retomou julgamento de recurso extraordinário em que se discute a aplicabilidade, ou não, da causa de diminuição de pena prevista no art. 33, § 4º, da Lei 11.343/2006 sobre condenações fixadas com base no art. 12, *caput*, da Lei 6.368/76, diploma normativo este vigente à época da prática do delito — v. Informativo 611. Em voto-vista, o Min. Ayres Britto acompanhou a divergência iniciada pelo Min. Cezar Peluso, Presidente, e desproveu o recurso. Aduziu que a expressão "lei" contida no princípio insculpido no art. 5º, XL, da CF ("*a lei penal não retroagirá, salvo para beneficiar o réu*") referir-se-ia à norma penal, considerada como dispositivo isolado inserido em determinado diploma de lei. No ponto, destacou que a discussão estaria na combinação de normas penais que se friccionassem no tempo, e não na mesclagem de leis. Afirmou, ademais, que a Constituição vedaria a mistura de normas penais que, ao dispor sobre o mesmo instituto legal, contrapusessem-se temporalmente. Nesse sentido, reputou que o fato de a Lei 11.343/2006 ter criado a figura do pequeno traficante, a merecer tratamento diferenciado — não contemplada na legislação anterior —, não implicaria conflito de normas, visto que a minorante seria inédita, sem contraposição a qualquer regra anterior. Após, pediu vista o Min. Luiz Fux". RE 596152/SP, rel. Min. Ricardo Lewandowski, 26.5.2011. (RE-596152) (**Inform. STF** 628)

Tráfico de drogas e combinação de leis – 5

"Em conclusão de julgamento, o Plenário, ante empate na votação, desproveu recurso extraordinário em que se discutia a aplicabilidade, ou não, da causa de diminuição de pena prevista no art. 33, § 4º, da Lei 11.343/2006 sobre condenações fixadas com base no art. 12, *caput*, da Lei 6.368/76, diploma normativo este vigente à época da prática do delito — v. Informativos 611 e 628. Além disso, assentou-se a manutenção da ordem de *habeas corpus,* concedida no STJ em favor do ora recorrido, que originara o recurso. Na espécie, o recorrente, Ministério Público Federal, alegava afronta ao art. 5º, XL, da CF ("*a lei penal não retroagirá, salvo para beneficiar o réu*"), ao argumento de que a combinação de regras mais benignas de 2 sistemas legislativos diversos formaria uma terceira lei. Aduziu-se que a expressão "lei" contida no princípio insculpido no mencionado inciso referir-se-ia à norma penal, considerada como dispositivo isolado inserido em determinado diploma de lei. No ponto, destacou-se que a discussão estaria na combinação de normas penais que se friccionassem no tempo. Afirmou-se, ademais, que a Constituição vedaria a mistura de normas penais que, ao dispor sobre o mesmo instituto legal, contrapusessem-se temporalmente. Nesse sentido, reputou-se que o fato de a Lei 11.343/2006 ter criado a figura do pequeno traficante, a merecer tratamento diferenciado — não contemplada na legislação anterior — não implicaria conflito de normas, tampouco mescla, visto que a minorante seria inédita, sem contraposição a qualquer regra pretérita. Por se tratar de pedido de *writ* na origem e em vista de todos os atuais Ministros do STF terem votado, resolveu-se aplicar ao caso concreto o presente resultado por ser mais favorável ao paciente com fundamento no art. 146, parágrafo único, do RISTF (*"Parágrafo único. No julgamento de habeas corpus e de recursos de habeas corpus proclamar-se-á, na hipótese de empate, a decisão mais favorável ao paciente"*). Nesse tocante, advertiu-se que, apesar de a repercussão geral ter sido reconhecida, em decorrência da peculiaridade da situação, a temática constitucional em apreço não fora consolidada". RE 596152/SP, rel. orig. Min. Ricardo Lewandowski, red. p/ o acórdão Min. Ayres Britto, 13.10.2011. (RE 596152)

Tráfico de drogas e combinação de leis – 6

"O Min. Cezar Peluso, Presidente, frisou o teor do voto proferido pela 2ª Turma no julgamento do HC 95435/RS (DJe de 7.11.2008), no sentido de entender que aplicar a causa de diminuição não significaria baralhar e confundir normas, uma vez que o juiz, ao assim proceder, não criaria lei nova, apenas se movimentaria dentro dos quadros legais para uma tarefa de integração perfeitamente possível. Além disso, consignou que se deveria cumprir a finalidade e a *ratio* do princípio, para que fosse dada correta resposta ao tema, não havendo como se repudiar a aplicação da causa de diminuição também a situações anteriores. Realçou, ainda, que a vedação de convergência de dispositivos de leis diversas seria apenas produto de interpretação da doutrina e da jurisprudência, sem apoio direto em texto constitucional. O Min. Celso de Mello, a seu turno, enfatizou que o citado pronunciamento fora ratificado em momento subsequente, no julgamento de outro *habeas corpus*. Acresceu que não se cuidaria, na espécie, da denominada "criação indireta da lei". Ato contínuo, assinalou que, mesmo se fosse criação indireta, seria preciso observar que esse tema haveria de ser necessariamente examinado à luz do princípio constitucional da aplicabilidade da lei penal mais benéfica". RE 596152/SP, rel. orig. Min. Ricardo Lewandowski, red. p/ o acórdão Min. Ayres Britto, 13.10.2011. (RE-596152)

Tráfico de drogas e combinação de leis – 7

"De outro lado, o Min. Ricardo Lewandowski, relator, dava provimento ao recurso do *parquet* para determinar que o juízo da Vara de Execuções Penais aplicasse, em sua integralidade, a legislação mais benéfica ao recorrido, no que fora acompanhado pelos Ministros Cármen Lúcia, Joaquim Barbosa, Luiz Fux e Marco Aurélio. Ressaltava a divisão da doutrina acerca do tema. Entendia não ser possível a conjugação de partes mais benéficas de diferentes normas para se criar uma terceira lei, sob pena de ofensa aos princípios da legalidade e da separação de poderes. Afirmava que a Constituição permitiria a retroatividade da lei penal para favorecer o réu, mas não mencionaria sua aplicação em partes. Registrava que a Lei 6.368/76 estabelecia para o delito de tráfico de drogas uma pena em abstrato de 3 a15 anos de reclusão e fora revogada pela Lei 11.343/2006, que cominara, para o mesmo crime, pena de 5 a 15 anos de reclusão. Evidenciava, dessa maneira, que a novel lei teria imposto reprimenda mais severa para aquele tipo penal e que o legislador se preocupara em diferenciar o traficante organizado do pequeno traficante. Acrescentava haver correlação entre o aumento da pena-base mínima prevista no *caput* do art. 33 da Lei 11.343/2006 e a inserção da causa de diminuição disposta em seu § 4º. Explicitava que, ao ser permitida a combinação das leis referidas para se extrair um terceiro gênero, os magistrados atuariam como legisladores positivos. Por fim, ponderava que se poderia chegar à situação em que o delito de tráfico fosse punido com pena semelhante às das infrações de menor potencial ofensivo. Concluía que, na dúvida quanto à legislação mais benéfica em determinada situação, dever-se-ia examinar o caso concreto e verificar a lei que, aplicada em sua totalidade, fosse mais favorável". RE 596152/SP, rel. orig. Min. Ricardo Lewandowski, red. p/ o acórdão Min. Ayres Britto, 13.10.2011. (RE-596152)

Tráfico de drogas e combinação de leis – 8

"O Min. Luiz Fux apontava afronta ao princípio da isonomia (CF, art. 5º, *caput*), pois a *lex tertia*, aplicada pelo STJ, conceberia paradoxo decorrente da retroação da lei para conferir aos fatos passados situação jurídica mais favorável do que àqueles praticados durante a sua vigência. Dessumia que a aplicação da retroatividade da lei "em tiras" consistiria em velada deturpação da nova percepção que o legislador, responsável por expressar os anseios sociais, manifestara sobre a mesma conduta. Indicava, ademais, violação a outros fundamentos da Constituição: o princípio da legalidade e a democracia. Criar-se-ia, com a tese por ele refutada, regra não prevista na lei antiga nem na lei nova, que não experimentaria do batismo democrático atribuído à lei formal. Destacava que a questão reclamaria, portanto, o que se denominara como "sistema da apreciação *in concreto*" em conjunto com o princípio da alternatividade, para resolver pela aplicação da lei antiga ou da lei nova, uma ou outra, integralmente. O Min. Marco Aurélio, por sua vez, aduzia que, com a Lei 11.343/2006, houvera, também, a exacerbação das penas relativas à multa. Assegurava que, naquele contexto, cuidara-se, para situações peculiares, de uma causa de diminuição da reprimenda, ao inseri-la no artigo. No aspecto, salientava que o parágrafo seria interpretado segundo o artigo. A razão de ser do preceito seria mitigar a elevação do piso em termos de pena restritiva da liberdade de 3 para 5 anos. Por esse motivo, entendia haver mesclagem de sistemas, ao se manter a pena da Lei 6.368/76 adotando-se, contudo, a causa de diminuição que estaria jungida à cabeça do art. 33 da outra norma. Asseverava que, ao se proceder dessa maneira, colocar-se-ia em segundo plano o princípio unitário e criar-se-ia novo diploma para reger a matéria". RE 596152/SP, rel. orig. Min. Ricardo Lewandowski, red. p/ o acórdão Min. Ayres Britto, 13.10.2011. (RE-596152) (**Inform. STF** 644)

3.3.2.7. Vedações penais e processuais ao tráfico

De acordo com o art. 44 da Lei 11.343/2006, os crimes previstos nos arts. 33, *caput* e §1º, 34 a 37, são:

a) Inafiançáveis;

b) Insuscetíveis de *sursis*, graça, indulto e anistia;

c) Insuscetível de liberdade provisória;

d) Impassíveis de conversão das penas privativas de liberdade por restritivas de direitos.

Tanto com relação à liberdade provisória, quanto com relação à impossibilidade de conversão de PPL por PRD para tráfico de drogas, o STF, em controle difuso (HC 97.256), reconheceu a inconstitucionalidade das vedações. Não se trata de posicionamento pacífico, mas, pelo menos, existe um norte de nossa mais alta Corte: a vedação abstrata de benefícios penais e processuais afronta a presunção de inocência e a razoabilidade.

Acerca da vedação à conversão de pena privativa de liberdade em restritiva de direitos, confira-se abaixo a posição da Suprema Corte:

Tráfico de drogas: "sursis" e substituição de pena por restritiva de direitos

"A 1ª Turma julgou prejudicado *habeas corpus* em que condenado à reprimenda de 1 ano e 8 meses de reclusão em regime fechado e 166 dias-multa, pela prática do crime de tráfico ilícito de entorpecentes (Lei 11.343/2006, art. 33), pleiteava a suspensão condicional da pena nos termos em que concedida pelo Tribunal de Justiça estadual. Em seguida, deferiu, de ofício, a ordem para reconhecer a possibilidade de o juiz competente substituir a pena privativa de liberdade por restritiva de direitos, desde que preenchidos os requisitos objetivos e subjetivos previstos na lei. A impetração questionava acórdão que, em 9.3.2010, ao dar provimento a recurso especial do *parquet*, não admitira o *sursis*, em virtude de expressa vedação legal. Consignou-se que, ao julgar o HC 97256/RS (DJe de 16.12.2010), o Supremo concluíra, em 1º.9.2010, pela inconstitucionalidade dos artigos 33, § 4º; e 44, *caput*, da Lei 11.343/2006, ambos na parte em que vedavam a substituição da pena privativa de liberdade por restritiva de direitos em condenação pelo delito em apreço.Asseverou-se, portanto, estar superado este impedimento. Salientou-se que a convolação da reprimenda por restritiva de direitos seria mais favorável ao paciente. Ademais, observou-se que o art. 77, III, do CP estabelece a aplicabilidade de suspensão condicional da pena quando não indicada ou cabível a sua substituição por restritiva de direitos (CP, art. 44)". HC 104361/RJ, rel. Min. Cármen Lúcia, 3.5.2011. (HC-104361) (**Inform. STF** 625).

Quanto à vedação de *sursis*, contraditoriamente, a 1ª Turma do STF, que, como visto acima, reconheceu a inconstitucionalidade da vedação abstrata à conversão de pena privativa de liberdade por restritivas de direitos, negou a possibilidade, por maioria de votos, de concessão de referido benefício. Veja a seguir:

Tráfico ilícito de entorpecentes e suspensão condicional da pena

"A 1ª Turma iniciou julgamento de *habeas corpus* em que se pleiteia a suspensão condicional da pena a condenado pela prática do crime de tráfico ilícito de entorpecentes (Lei 11.343/2006, art. 33). O Min. Marco Aurélio, relator, denegou a ordem. Reputou não se poder cogitar do benefício devido à vedação expressa contida no art. 44 do referido diploma ("*Os crimes previstos nos arts. 33, caput e § 1º, e 34 a 37 desta Lei são inafiançáveis e insuscetíveis de sursis, graça, indulto, anistia e liberdade provisória, vedada a conversão de suas penas em restritivas de direitos*"), que estaria em harmonia com a Lei 8.072/1990 e com a Constituição, em seu art. 5º, XLIII ("*a lei considerará crimes inafiançáveis e insuscetíveis de graça ou anistia a prática da tortura, o tráfico ilícito de entorpecentes e drogas afins, o terrorismo e os definidos como crimes hediondos, por eles respondendo os mandantes, os executores e os que, podendo evitá-los, se omitirem*"). Após, pediu vista o Min. Dias Toffoli". HC 101919/MG, rel. Min. Marco Aurélio, 26.4.2011. (HC-101919) (Inform. STF 624)

Tráfico ilícito de entorpecentes e suspensão condicional da pena – 2

"Em conclusão de julgamento, a 1ª Turma denegou, por maioria, *habeas corpus* em que se pleiteava a suspensão condicional da pena a condenado pela prática do crime de tráfico ilícito de entorpecentes (Lei 11.343/2006, art. 33) — v. **Informativo** 624. Reputou-se não se poder cogitar do benefício devido à vedação expressa contida no art. 44 do referido diploma ("*Os crimes previstos nos arts. 33, caput e § 1º, e 34 a 37 desta Lei são inafiançáveis e insuscetíveis de sursis, graça, indulto, anistia e liberdade provisória, vedada a conversão de suas penas em restritivas de direitos*"), que estaria em harmonia com a Lei 8.072/1990 e com a Constituição, em seu art. 5º, XLIII ("*a lei considerará crimes inafiançáveis e insuscetíveis de graça ou anistia a prática da tortura, o tráfico ilícito de entorpecentes e drogas afins, o terrorismo e os definidos como crimes hediondos, por eles respondendo* *os mandantes, os executores e os que, podendo evitá-los, se omitirem*"). Vencido o Min. Dias Toffoli, que deferia a ordem ao aplicar o mesmo entendimento fixado pelo Plenário, que declarara incidentalmente a inconstitucionalidade do óbice da substituição da pena privativa de liberdade por restritiva de direito em crime de tráfico ilícito de droga". HC 101919/MG, rel. Min. Marco Aurélio, 6.9.2011. (HC-101919) (**Inform. STF** 639)

4. Estatuto do Desarmamento

4.1. Evolução legislativa

Inicialmente, o porte ilegal de arma era considerado contravenção penal, prevista no art. 19 da Lei de Contravenções Penais (Decreto-lei 3.688/1941). Com o tempo, o porte ilegal de arma passou a ser considerado crime, após a edição da Lei 9.437/1997. Hoje, o porte ilegal de armas continua sendo crime, regido, porém, pelo Estatuto do Desarmamento (Lei 10.826/2003).

4.2. Objetos materiais do Estatuto do Desarmamento

Os tipos penais previstos no Estatuto do Desarmamento (arts. 12 a 18) trazem, basicamente, os seguintes objetos materiais:

a) arma de fogo;

b) munição; e

c) acessórios.

Os **Decretos Federais 3.665/2000 e 5.123/2004** auxiliam-nos para o estudo dos conceitos sobre arma de fogo, munição e acessórios, motivo pelo qual os crimes do Estatuto do Desarmamento podem ser considerados **normas penais em branco**.

Para os fins do presente trabalho, precisamos saber o quanto segue:

a) Armas de fogo, munições ou acessórios de **uso permitido**: são controlados pelo **SINARM (Sistema Nacional de Armas)**, gerido pela Polícia Federal;

b) Armas de fogo, munições e acessórios de uso **restrito**: são controlados pelo **Comando do Exército**.

4.3. Crimes em espécie (arts. 12 a 18)

- ✔ Art. 12 – posse irregular de arma de fogo, munição e acessório de uso permitido;
- ✔ Art. 13 – omissão de cautela;
- ✔ Art. 14 – porte ilegal de arma de fogo, munição e acessório de uso permitido;
- ✔ Art. 15 – disparo de arma de fogo;
- ✔ Art. 16 – posse ou porte ilegal de arma de fogo, munição e acessório de uso restrito ou proibido;
- ✔ Art. 17 – comércio ilegal de arma de fogo, munição e acessório;
- ✔ Art. 18 – tráfico internacional de arma de fogo, munição e acessório.

4.3.1. Art. 12: posse irregular de arma de fogo, munição e acessório de uso permitido

- ✔ **Conduta típica:** *possuir* ou *manter* sob sua guarda;
- ✔ **Objetos materiais**: arma de fogo, munição e acessório de uso permitido;
- ✔ **Elemento normativo do tipo**: *sem autorização ou em desacordo com determinação legal ou regulamentar*;
- ✔ **Elementos modais**: *interior da residência ou dependências ou no local do trabalho;*
- ✔ **Sujeito ativo**: se a arma de fogo, munição e acessório for encontrado na **residência**, o sujeito ativo será o legítimo possuidor ou proprietário. Se a arma de fogo, munição e acessório for localizado no **local de trabalho**, é necessário que o sujeito ativo seja o responsável legal ou titular do estabelecimento. Estranhos que estejam na residência ou no local do trabalho responderão por crime mais grave, e não pelo art. 12.O Estatuto do Desarmamento autoriza que pessoas possuam armas de **uso permitido** ou em sua residência ou em seu local de trabalho, desde que preenchidos alguns requisitos (art. 4º).

No tocante a alguém poder possuir a arma de fogo, munição ou acessório de uso permitido no local de trabalho, somente poderá ter autorização o responsável legal ou titular da empresa.

O certificado do registro permite a posse e não o porte da arma de fogo, munição e acessório.

A posse se torna ilegal quando estiver dentro da casa ou local do trabalho arma de fogo, munição e acessório sem autorização.

Importante registrar a posição jurisprudencial acerca da posse de munição de uso permitido e de uso proibido em um mesmo contexto fático (STJ):

CRIME ÚNICO. GUARDA. MUNIÇÃO.

"O crime de manter sob a guarda munição de uso permitido e de uso proibido caracteriza-se como crime único, quando houver unicidade de contexto, porque há uma única ação, com lesão de um único bem jurídico, a segurança coletiva, e não concurso formal, como entendeu o tribunal estadual". Precedente citado: HC 106.233-SP, DJe 3/8/2009. HC 148.349-SP, Rel. Min. Maria Thereza de Assis Moura, julgado em 22/11/2011. (**Inform. STJ** 488)

Entendemos que, no caso acima, deverá o agente ser condenado pela posse de munição de uso restrito, considerado crime mais grave.

4.3.2. Art. 13 – omissão de cautela

- ✔ **Conduta típica:** deixar de observar as cautelas necessárias para impedir que menores de dezoito anos ou pessoas portadores de deficiência mental se apoderem de arma de fogo;
- ✔ **Crime omissivo próprio**: trata-se de crime omissivo, que se aperfeiçoa pela prática de uma conduta negativa (deixar de observar...). Não se admite tentativa;
- ✔ **Crime culposo:** de acordo com a doutrina, trata-se de crime culposo, visto que a expressão "deixar de observar as **cautelas necessárias**" denota negligência, que é modalidade de culpa. Inadmissível a tentativa por estarmos diante de crime culposo;
- ✔ **Consumação:** no momento que houver o efetivo apoderamento da arma de fogo;
- ✔ **Objeto material:** somente arma de fogo. O tipo penal não menciona os acessórios e as munições. Qualquer que seja a arma de fogo o crime estará configurado, tendo em vista a omissão do legislador em dizer se a arma seria de uso permitido, restrito ou proibido.

4.3.2.1. Figura equiparada à omissão de cautela – art. 13, parágrafo único

Caso o dono ou responsável legal por empresa de segurança de transporte de valores tome conhecimento da perda, furto, roubo ou, de maneira geral, extravio de arma de fogo, munição e acessório, deverá registrar a ocorrência e comunicar à Polícia Federal.

Se aludidas providências não forem tomadas no prazo de 24 horas, o dono ou responsável legal por empresa de segurança e transporte de valores responderá pelas mesmas penas do *caput* do art. 13.

Em suma:

- ✔ **Sujeito ativo**: dono ou responsável legal por empresa de segurança e transporte de valores. Trata-se de crime próprio;
- ✔ **Crime omissivo próprio**: a conduta típica decorre de uma omissão do agente em comunicar o fato à Polícia Federal e registrar a ocorrência;
- ✔ **Objeto material**: arma de fogo, munição e acessório de uso permitido, restrito ou proibido;
- ✔ **Consumação**: após 24 horas da ciência do fato pelo dono ou responsável legal por empresa de segurança e transporte de valores. É doutrinariamente chamado de crime a prazo.

4.3.3. Art. 14 – porte ilegal de arma de fogo, munição e acessório de uso permitido

- ✔ **Condutas típicas**: portar, deter, adquirir, fornecer, receber, ter em depósito, transportar, ceder, ainda que gratuitamente, emprestar, remeter, empregar, manter sob guarda ou ocultar arma de fogo, acessório ou munição, de uso permitido, sem autorização e em desacordo com determinação legal ou regulamentar. Trata-se de crime de ação múltipla ou tipo misto alternativo.
- ✔ Não se confunde com o crime do art. 12 do Estatuto do Desarmamento, pois naquele caso o agente possui ou mantém em sua residência ou local de trabalho (intramuros), irregularmente, arma de fogo, acessório ou munição de uso permitido. No crime ora estudado, referidos objetos encontram-se fora da residência ou local de trabalho (extramuros);
- ✔ **Objetos materiais**: arma de fogo, acessório ou munição, todos de uso permitido;
- ✔ **Sujeito ativo**: é crime comum, qualquer pessoa pode cometer;
- ✔ **Sujeito passivo**: é a coletividade, a Segurança Pública.

Acerca da discussão se o porte de arma desmuniciada constitui ou não o crime em comento, predomina no STF o posicionamento de que estamos diante de **crime de mera conduta** e de **perigo abstrato**, pouco importando se arma está sem munição. Esta deve ser a posição para os concursos de Ministério Público.

No entanto, para concurso de ingresso à Defensoria Pública, trazemos abaixo a posição a ser adotada:

ARMA DESMUNICIADA. USO PERMITDO. ATIPICIDADE.

"Conforme o juízo de primeiro grau, a paciente foi presa em flagrante quando trazia consigo uma arma de fogo calibre 22 desmuniciada que, periciada, demonstrou estar apta a realizar disparos. Assim, a Turma, ao prosseguir o julgamento, por maioria, concedeu a ordem com base no art. 386, III, do CPP e absolveu a paciente em relação à acusação que lhe é dirigida por porte ilegal de arma de fogo de uso permitido, por entender que o fato de a arma de fogo estar desmuniciada afasta a tipicidade da conduta, conforme reiterada jurisprudência da Sexta Turma". Precedentes citados do STF: RHC 81.057-SP, DJ 29/4/2005; HC 99.449-MG, DJe 11/2/2010; do STJ: HC 76.998-MS, DJe 22/2/2010, e HC 70.544-RJ, DJe 3/8/2009. HC 124.907-MG, Rel. Min. Og Fernandes, julgado em 6/9/2011. (**Inform. STJ** 482)

4.3.3.1. Art. 14, parágrafo único – inafiançabilidade

De acordo com o dispositivo legal em comento, o crime previsto no *caput* é **inafiançável**, salvo se a arma estiver registrada em nome do agente. Todavia, no julgamento da ADI 3.112, o STF declarou a inconstitucionalidade do dispositivo. Portanto, o crime em questão **admite a concessão de fiança**.

4.3.4. Art. 15 – disparo de arma de fogo

- ✔ **Condutas típicas**: *disparar* arma de fogo ou *acionar* munição (não necessita da arma de fogo);
- ✔ **Objeto material**: não se faz distinção se a arma ou munição são de uso permitido, restrito e proibido;
- ✔ **Locais do disparo ou acionamento da munição**: lugar habitado ou em suas adjacências, em via pública ou em direção a ela. São chamados de *elementos modais do tipo* estes locais.

Assim, se o disparo ocorrer em local ermo, não se configura o crime do art. 15;

- ✔ **Crime subsidiário expresso**: somente se configura este crime se o disparo ou acionamento da munição não forem efetuados com a finalidade da prática de outro crime;**Concurso de crimes**: vários disparos no mesmo contexto = crime único, com a diferença de que a pena poderá ser aumentada. Vários disparos em contextos distintos haverá concurso de crimes.

4.3.4.1. Art. 15, parágrafo único – inafiançabilidade

De acordo com o dispositivo legal em comento, o crime previsto no *caput* é inafiançável. Todavia, no julgamento da ADI 3.112, o STF declarou a inconstitucionalidade do dispositivo. Portanto, o crime em questão **admite a concessão de fiança**.

4.3.5. Art. 16 – posse ou porte ilegal de arma de fogo, munição e acessório de uso restrito

- ✔ **Condutas típicas**: possuir, deter, portar, adquirir, fornecer, receber, ter em depósito, transportar, ceder, ainda que gratuitamente, emprestar, remeter, empregar, manter sob sua guarda ou ocultar arma de fogo, acessório ou munição de uso proibido ou restrito, sem autorização e em desacordo com determinação legal ou regulamentar;
- ✔ **Objetos materiais**: arma de fogo, munição e acessórios de uso restrito ou proibido;
- ✔ **Elementos normativos**: as condutas devem ser praticadas *sem autorização e em desacordo com determinação legal ou regulamentar* (registro/porte);
- ✔ **Quem controla as armas de uso restrito e proibido?** R.: é o Comando do Exército.

4.3.5.1. Figuras equiparadas – art. 16, parágrafo único, IV

- ✔ **Condutas típicas**: portar, possuir, adquirir, transportar ou fornecer arma de fogo com *numeração, marca ou qualquer outro sinal de identificação raspado, suprimido ou adulterado;*
- ✔ **Questões polêmicas a respeito deste crime:**

1. Arma de uso permitido obliterada (adulterada), estando *no interior de residência ou local de trabalho,* configura o crime do art. 16, parágrafo único, IV. Importa saber apenas que a arma está obliterada;
2. Portar arma de uso permitido obliterada configura o crime do art. 16. Não importa se a arma for de uso permitido, o que prevalece é a obliteração.

4.3.6. Art. 17 – comércio ilegal de arma de fogo, munição e acessório

- ✔ **Condutas típicas**: adquirir, alugar, receber, transportar, conduzir, ocultar, ter em depósito, desmontar, montar, remontar, adulterar, vender, expor à venda, ou de qualquer forma utilizar, em proveito próprio ou alheio, no exercício de atividade comercial ou industrial, arma de fogo, acessório ou munição, sem autorização ou em desacordo com determinação legal ou regulamentar. Trata-se de crime de ação múltipla ou tipo misto alternativo. A prática de mais de 1 verbo configura crime único;
- ✔ **Objetos materiais**: arma de fogo, munição e acessório de qualquer tipo, seja de uso permitido, restrito ou proibido;
- ✔ **Sujeito ativo**: pessoa que exerce atividade comercial ou industrial (envolvendo arma de fogo, munição e acessório).

4.3.6.1. Equiparação a atividade comercial – art. 17, parágrafo único

Equipara-se a atividade comercial *qualquer forma de prestação de serviços, inclusive o serviço exercido dentro de residência*. É uma norma de extensão.

- ✔ **Sujeito ativo**: qualquer pessoa pode praticar este crime se prestar o serviço de forma profissional ou não tão profissional.

4.3.7. Art. 18 – tráfico internacional de arma de fogo, munição e acessório

- ✔ **Condutas típicas**: importar, exportar, favorecer a entrada ou saída do território nacional, a qualquer título, de arma de fogo, acessório ou munição, sem autorização da autoridade competente;
- ✔ **Objeto material**: arma de fogo, acessório ou munição de uso permitido, restrito ou proibido;
- ✔ **Elementos normativos do tipo**: sem autorização ou em desacordo com determinação legal ou regulamentar;
- ✔ **Competência de julgamento**: é da Justiça Federal, pois envolve fronteiras. Logo, a atribuição de investigação é da Polícia Federal;
- ✔ **Sujeito ativo**: nas modalidades importar e exportar, este crime pode ser cometido por qualquer pessoa, pois é crime comum. Nas modalidades favorecer a entrada ou saída, é crime próprio de funcionários públicos que tenham o dever de fiscalização em aduana.

4.3.8. Art. 21 – vedação de liberdade provisória

Os crimes de porte ou posse ilegal, comércio ilegal e tráfico internacional de arma de fogo, munição e acessórios (art. 16, 17 e 18 do Estatuto) são **inafiançáveis e insuscetíveis de liberdade provisória**, consoante prevê o art. 21 do Estatuto do Desarmamento.

Todavia, a ADI 3.112, julgada pelo STF, reconheceu a **inconstitucionalidade** do precitado dispositivo legal. Portanto, desde que preenchidos os requisitos do art. 310 do CPP, admitir-se-á, em tese, a concessão de liberdade provisória aos crimes acima mencionados.

5. Crimes de trânsito – Lei 9.503/1997 – Principais aspectos

5.1. Abrangência da Lei 9.503/1997

O Código de Trânsito Brasileiro (CTB) cuidou de tratar não apenas das infrações administrativas relativas às regras de circulação, mas, também, da parte criminal, que, doravante, será tratada em seus principais aspectos (arts. 291 a 312).

5.2. Aplicação subsidiária do Código Penal, Código de Processo Penal e Lei 9.099/1995

Confira-se a redação do art. 291 do CTB:

> *Art. 291. Aos crimes cometidos na direção de veículos automotores, previstos neste Código, aplicam-se as normas gerais do Código Penal e do Código de Processo Penal, se este Capítulo não dispuser de modo diverso, bem como a Lei 9.099, de 26 de setembro de 1995, no que couber.*
>
> *§ 1º Aplica-se aos crimes de trânsito de lesão corporal culposa o disposto nos arts. 74, 76 e 88 da Lei 9.099, de 26 de setembro de 1995, exceto se o agente estiver:*
>
> *I – sob a influência de álcool ou qualquer outra substância psicoativa que determine dependência;*
>
> *II – participando, em via pública, de corrida, disputa ou competição automobilística, de exibição ou demonstração de perícia em manobra de veículo automotor, não autorizada pela autoridade competente;*
>
> *III – transitando em velocidade superior à máxima permitida para a via em 50 km/h (cinquenta quilômetros por hora).*
>
> *§ 2º Nas hipóteses previstas no § 1º deste artigo, deverá ser instaurado inquérito policial para a investigação da infração penal.*

Vê-se que o legislador determinou a aplicação subsidiária dos Códigos Penal e Processo Penal aos crimes de trânsito sempre que o CTB não dispuser de modo diverso. Trata-se, evidentemente, da materialização do princípio da especialidade, vale dizer, aplicar-se-á a legislação "geral" (CP, CPP e Lei 9.099/1995) se nada for estipulado de modo diverso na legislação "especial" (*in casu*, a Lei 9.503/1997).

Especificamente no tocante ao crime de lesão corporal culposa na direção de veículo automotor (art. 303 do CTB), que é considerado de *menor potencial ofensivo* quando praticada pelo agente a conduta descrita no tipo básico ou fundamental, determinou-se a incidência dos institutos despenalizadores da Lei 9.099/1995 (arts. 74, 76 e 88 - composição civil, transação penal e necessidade de representação), exceto se presentes algumas das situações previstas no art. 291, § 1º, do CTB, quais sejam:

a) se o agente estiver sob a influência de álcool ou qualquer outra substância psicoativa que determine dependência;

b) se o agente estiver participando, em via pública, de corrida, disputa ou competição automobilística ("racha"), de exibição ou demonstração de perícia em manobra de veículo automotor, não autorizada pela autoridade competente; e

c) se o agente estiver transitando em velocidade superior à máxima permitida para a via em 50 km/h (cinquenta quilômetros por hora).

Destarte, nas situações adrede destacadas, a despeito de o agente haver praticado crime de menor potencial ofensivo (art. 303, *caput*, do CTB), não lhe será dado beneficiar-se dos institutos despenalizadores da Lei 9.099/1995, sendo o caso, inclusive, de instauração de inquérito policial, conforme determina o art. 291, § 2º, da lei em comento.

5.3. A medida cautelar do art. 294 do CTB

Reza o dispositivo que:

> *Art. 294. Em qualquer fase da investigação ou da ação penal, havendo necessidade para a garantia da ordem pública, poderá o juiz, como medida cautelar, de ofício, ou a requerimento do Ministério Público ou ainda mediante representação da autoridade policial, decretar, em decisão motivada, a suspensão da permissão ou da habilitação para dirigir veículo automotor, ou a proibição de sua obtenção.*
>
> *Parágrafo único. Da decisão que decretar a suspensão ou a medida cautelar, ou da que indeferir o requerimento do Ministério Público, caberá recurso em sentido estrito, sem efeito suspensivo.*

Trata-se de medica cautelar de suspensão ou proibição da permissão ou da habilitação para a condução de veículo automotor, que, por óbvio, exigirá o binômio *fumus boni iuris* e *periculum in mora.*

Nas palavras de Cláudia Barros Portocarrero, que endossamos, "entendemos que a aplicação da medida cautelar em estudo somente é possível nas hipóteses em que o legislador comina a suspensão ou proibição como pena, ou seja, nas hipóteses de estar o agente respondendo pelos crimes descritos nos arts. 302, 303 e 308" (Leis Penais Especiais para Concursos – 2010, Ed. Impetus, p. 243).

Frise-se que da decisão que houver decretado a medida em questão será cabível o manejo de recurso em sentido escrito (art. 581 do CPP), mas sem efeito suspensivo. Se for gritante o desacerto na decretação da medida cautelar, que é gravosa, visto que trará consequências gravosas aos condutores de veículos automotores, cremos viável a impetração de mandado de segurança para a atribuição de efeito suspensivo ao recurso.

Uma vez decretada a suspensão para dirigir veículo automotor ou a proibição de se obter a permissão ou a habilitação, deverá ser comunicada pela autoridade judiciária ao CONTRAN e ao órgão de trânsito estadual em que o indiciado ou réu for domiciliado ou residente (art. 295 do CTB). Trata-se de providência necessária à garantia da eficácia da medida, que seria inócua caso não houvesse a formal comunicação dos órgãos de trânsito.

5.4. Inadmissibilidade de prisão em flagrante e exigência de fiança

Nos termos do art. 301 do CTB, ao condutor de veículo, nos casos de acidentes de trânsito de que resulte vítima, não se imporá a prisão em flagrante, nem se exigirá fiança, se prestar pronto e integral socorro àquela.

Trata-se de regra extremamente salutar, visto que estimula a prestação de socorro às vítimas de acidentes automobilísticos, trazendo ao agente delitivo certa "tranquilidade" em permanecer no local do crime (ex.: lesão corporal culposa) prestando socorro. Porém, caso não o faça, impor-se-á, em tese, a prisão em flagrante.

5.5. Os principais crimes do CTB

Para os fins a que se destina esta obra, que garante ao candidato-leitor uma "super-revisão" dos tópicos dos editais de concursos, traremos comentários aos principais – e mais relevantes – crimes previstos no Código de Trânsito Brasileiro.

Vamos a eles!

5.5.1. Homicídio culposo (art. 302 do CTB)

> *Art. 302. Praticar homicídio culposo na direção de veículo automotor:*
>
> *Penas – detenção, de dois a quatro anos, e suspensão ou proibição de se obter a permissão ou a habilitação para dirigir veículo automotor.*

5.5.1.1. Diferença com o homicídio culposo previsto no art. 121, § 3º, CP

O art. 302 em comento trata do homicídio culposo, figura que muito se assemelha àquela descrita no art. 121, § 3º, do CP. No entanto, embora ambos os tipos penais tratem de "homicídio culposo", não se confundem, a despeito de o evento "morte" estar presente nos dois casos.

É que na legislação especial – *in casu*, no CTB –, o agente mata a vítima "na direção de veículo automotor", ou seja, em situação especial se comparada ao Código Penal. Neste, o agente, por imprudência, negligência ou imperícia, mata alguém. Naquele, também por imprudência, negligência ou imperícia, o agente mata alguém, mas, como dito, "na direção de veículo automotor" (elemento especializante).

Embora tal diferenciação pareça inútil, visto que, em ambos os casos, o agente responderá por homicídio culposo, o fato é que o crime definido no CTB é punido com maior rigor (detenção, de *dois a quatro anos*, e suspensão ou proibição de se obter a permissão ou a habilitação para dirigir veículo automotor) do que aquele previsto no CP (detenção, de *um a três anos*).

Em síntese: a) se o agente matar alguém na condução de veículo automotor, responderá por homicídio culposo de trânsito (art. 302 do CTB); b) se a morte culposamente provocada pelo agente ocorrer em outras situações – que não na direção de veículo automotor –, aplicar-se-á o art. 121, § 3º, do CP.

5.5.1.2. Desnecessidade de a morte ocorrer em via pública

A despeito de o crime do art. 302 do CTB ser conhecido como "homicídio culposo de trânsito", transmitindo a ideia de que a conduta culposa perpetrada pelo agente deva ocorrer em via pública, o fato é que o tipo penal em testilha não exige tal condição.

Assim, exemplificando, responderá pelo crime em análise o agente que, imprudentemente, imprimindo velocidade excessiva em garagem de um prédio, atropelar e matar uma criança em referido local. Perceba que o comportamento delituoso não foi praticado em via pública, elementar inexistente no art. 302 do CTB. Contudo, a conduta foi perpetrada enquanto o agente se encontrava "na direção de veículo automotor".

Frise-se, ainda, que se um atropelamento ocorrer em via pública, mas estando o agente a conduzir um veículo de tração animal (ex: charrete), responderá pelo crime de homicídio culposo "comum", ou seja, aquele tipificado no art. 121, § 3º, do CP. Isto porque o comportamento ilícito não teria ocorrido "na direção de veículo automotor".

Em suma: pouco importa o local em que o crime de homicídio culposo tenha sido praticado. Imprescindível, para a incidência do CTB, é que a morte tenha sido provocada por imprudência, negligência ou imperícia do agente – modalidades de culpa – *na direção de veículo automotor*.

5.5.1.3. Tipo penal aberto

O crime de homicídio culposo (art. 302 do CTB) é aberto, ou seja, não há expressa previsão do comportamento do agente, bastando que pratique o crime *culposamente* na direção de veículo automotor.

Assim, caberá ao intérprete-aplicador do Direito, na análise do caso concreto, verificar se a conduta perpetrada pelo condutor do veículo violou o dever objetivo de cuidado (elemento do crime culposo), seja por imprudência, negligência ou imperícia.

5.5.1.4. A culpa consciente e o dolo eventual no homicídio praticado no trânsito

Questão tormentosa é aquela que diz respeito à tipificação do homicídio praticado no trânsito como doloso ou culposo. E, aqui, a diferenciação não é apenas relevante do ponto de vista teórico, mas, é claro, decisiva para uma adequada imputação criminal. Se se tratar de dolo – direto ou eventual –, o crime será grave e julgado pelo Tribunal do Júri. Já se culposo, a competência será do juízo singular, com consequências jurídico-penais muito mais reduzidas.

Não há dúvida de que se o agente se valer de um veículo automotor como instrumento para a prática de homicídio, responderá pela forma dolosa, aplicando-se o Código Penal.

No entanto, a questão deixa de ser simples quando o homicídio praticado no trânsito ocorre quando o agente conduz o veículo automotor com excesso de velocidade. E, aqui, surge a questão: homicídio doloso ou culposo?

É sabido e ressabido que *dolo eventual* e *culpa consciente* têm um ponto de contato: em ambos, o resultado é previsível e previsto pelo agente. Porém, no primeiro caso, o agente não apenas prevê o resultado, mas, mais do que isso, assume o risco de produzi-lo, pouco se importando com sua ocorrência. Já no segundo caso, a despeito de o resultado ilícito ser previsível e previsto pelo agente, este, talvez por excesso de confiança, acredita sinceramente em sua inocorrência, não o aceitando. Aqui reside a distinção!

Portanto, para concurso de Defensoria Pública, ainda mais em segunda fase ou exame oral, deve-se sustentar que, remanescendo dúvida sobre o elemento subjetivo da conduta, vale dizer, se o agente aceitou ou não a produção do resultado morte, deve-se imputar o crime de homicídio culposo tipificado no CTB, na modalidade "culpa consciente".

5.5.1.5. Sujeitos do crime

O crime em comento poderá ser praticado por qualquer pessoa, tratando-se, pois, de crime comum ou geral.

O sujeito passivo direto será a vítima da conduta culposa perpetrada pelo agente. Já o sujeito passivo indireto será a coletividade, posta em risco em razão do comportamento perigoso do agente.

5.5.1.6. Objeto jurídico

Ora, tratando-se de homicídio culposo, o bem jurídico tutelado pelo legislador é a vida humana.

5.5.1.7. Consumação e tentativa

O crime em comento atingirá a consumação com a morte da vítima. Trata-se, pois, de crime material ou de resultado.

Considerando que o elemento subjetivo da conduta é a culpa, inviável o reconhecimento da tentativa.

5.5.1.8. Causas de aumento de pena

Nos termos do art. 302, parágrafo único, do CTB, a pena será majorada de um terço à metade nas seguintes situações:

I. *se o agente não possuir Permissão para Dirigir ou Carteira de Habilitação*: aqui, tencionou o legislador punir mais gravosamente aquele que não possui sequer a habilitação para a condução do veículo automotor. Entende-se caracterizada a causa de aumento, também, quando o condutor, embora habilitado para determinado tipo de veículo (ex.: veículo de passeio), esteja a conduzir outro (ex.: motocicleta), ocasião em que pratica o homicídio culposo;

II. *praticá-lo em faixa de pedestres ou na calçada*: haverá aumento da reprimenda apenas se for possível identificar o início e o fim da faixa de pedestres ou da calçada. É que, muitas vezes, em razão de omissão dos órgãos competentes, a faixa de pedestres, simplesmente, "deixa de existir", ficando absolutamente "apagada". O mesmo se pode dizer no tocante às calçadas, que, pela falta de manutenção, podem, na prática, simplesmente "desaparecer", dando a impressão de que se trata de "via pública". Ademais, não incidirá a majorante em comento se, em razão de acidente automobilístico, o veículo, por força de colisão, houver sido projetado para a calçada e, ali, ocorrer atropelamento fatal;

III. *deixar de prestar socorro, quando possível fazê-lo sem risco pessoal, à vítima do acidente*: aqui, a majorante somente incidirá se o condutor, em razão de seu comportamento imprudente, negligente ou imperito, der causa ao acidente, deixando de prestar socorro, caso possa fazê-lo, à vítima. No entanto, se se tratar de condutor que se envolver em acidente automobilístico, mas desde que não tenha sido o causador, responderá por crime autônomo (art. 304 do CTB), e não pelo homicídio majorado. Por fim, caso seja possível constatar que houver morte instantânea da vítima (ex.: em razão do atropelamento, a cabeça da vítima foi totalmente decepada do corpo), entendemos que a majorante não poderá incidir, pois o objetivo da lei – e do legislador – não poderia ser alcançado, qual seja, o de tentar preservar a vida da vítima;

IV. *no exercício de sua profissão ou atividade, estiver conduzindo veículo de transporte de passageiros:* repare que a majorante incidirá apenas se o agente for "condutor profissional", ou seja, que no momento do acidente esteja no desempenho de sua profissão ou atividade, e desde que se trate de veículo de transporte de passageiros. Assim, por exemplo, o motorista "familiar" (empregado doméstico), que, por excesso de velocidade, perde o controle da condução do veículo e colide com um poste, matando os passageiros (seus empregadores), não responderá por homicídio culposo majorado. Afinal, não estava conduzindo "veículo de transporte de passageiros", tal como exigido pela lei.

5.5.1.9. Perdão judicial no homicídio culposo de trânsito

Considerando que o art. 291 do CTB autoriza a aplicação subsidiária do Código Penal aos crimes que define, será perfeitamente possível a aplicação do art. 121, § 5º, deste último *Codex*, caso, por exemplo, um pai, sem atentar aos espelhos retrovisores, atropele e mate o próprio filho, que brincava atrás do veículo.

Tratando-se de perdão judicial, a punibilidade será extinta, nos moldes do art. 107, IX, do CP.

5.2. Lesão corporal culposa (art. 303 do CTB)

> *Art. 303. Praticar lesão corporal culposa na direção de veículo automotor:*
>
> *Penas – detenção, de seis meses a dois anos e suspensão ou proibição de se obter a permissão ou a habilitação para dirigir veículo automotor.*
>
> *Parágrafo único. Aumenta-se a pena de um terço à metade, se ocorrer qualquer das hipóteses do parágrafo único do artigo anterior.*

5.2.1. Diferença com o crime de lesão corporal culposa previsto no art. 129, § 6º, do CP

Tal como visto com relação ao homicídio culposo, a diferença da lesão corporal culposa definida no art. 303 do CTB e aquela tipificada pelo art. 129, § 6º, do CP é a de que, neste caso, o agente, por imprudência, negligência ou imperícia, produz lesões na vítima. Porém, caso o faça "na direção de veículo automotor", responderá de acordo com a legislação especial (*in casu*, o CTB).

Frise-se, também, que é desnecessário que o fato ocorra "em via pública", já que se trata de elementar não prevista no tipo penal em comento. Bastará, repita-se, que o agente provoque lesões corporais na vítima estando na condução de veículo automotor.

O crime tipificado no CTB é punido com detenção, de *seis meses a dois anos*, sem prejuízo da *suspensão ou proibição de se obter a permissão ou a habilitação para dirigir veículo automotor*, ao passo que a lesão culposa prevista no CP tem cominada a pena de detenção, de *dois meses a um ano*.

5.2.2. Tipo penal aberto

Igualmente ao homicídio culposo de trânsito, o crime de lesão corporal culposa (art. 303 do CTB) expressa-se por meio de tipo penal aberto, ou seja, não há expressa previsão do comportamento do agente, bastando que pratique o crime *culposamente* na direção de veículo automotor.

Assim, caberá ao intérprete-aplicador do Direito, na análise do caso concreto, verificar se a conduta perpetrada pelo condutor do veículo violou o dever objetivo de cuidado (elemento do crime culposo), seja por imprudência, negligência ou imperícia, daí produzindo lesões corporais à vítima.

5.2.3. A intensidade das lesões corporais: consequências jurídico-penais

Tratando-se de crime culposo, pouco importa se a conduta perpetrada pelo agente provocar à vítima lesões corporais de natureza leve, grave ou gravíssima. Não haverá, aqui, alteração na tipificação, tal como ocorreria se se tratassem de lesões corporais dolosas.

No entanto, no momento da dosimetria da pena, deverá o juiz, em razão das consequências do crime (que é uma das circunstâncias judiciais previstas no art. 59 do CP), fixar a pena-base adequadamente, especialmente se as lesões sofridas pelo ofendido forem graves ou gravíssimas.

Não se pode deslembrar que, por se tratar de crime culposo, desde que preenchidos os requisitos legais, será cabível a substituição da pena privativa de liberdade por restritiva de direitos (art. 44 do CP).

5.2.4. Causas de aumento de pena

Nos termos do art. 303, parágrafo único, do CTB, as majorantes incidentes sobre o homicídio culposo (art. 302, parágrafo único) são aplicáveis à lesão corporal culposa. Assim, remetemos o leitor aos comentários feitos no item 5.5.1.8 *supra*.

5.2.5. Consumação e tentativa

Tal como o homicídio culposo de trânsito, a lesão corporal culposa (art. 303 do CTB), por ser crime material ou de resultado, somente atingirá o momento consumativo quando a vítima, efetivamente, suportar os efeitos do comportamento do agente, vale dizer, quando da produção das lesões (resultado naturalístico).

Por se tratar de crime culposo, inadmissível o *conatus* (tentativa).

5.3. Omissão de socorro (art. 304 do CTB)

> *Art. 304. Deixar o condutor do veículo, na ocasião do acidente, de prestar imediato socorro à vítima, ou, não podendo fazê-lo diretamente, por justa causa, deixar de solicitar auxílio da autoridade pública:*
>
> *Penas – detenção, de seis meses a um ano, ou multa, se o fato não constituir elemento de crime mais grave.*
>
> *Parágrafo único. Incide nas penas previstas neste artigo o condutor do veículo, ainda que a sua omissão seja suprida por terceiros ou que se trate de vítima com morte instantânea ou com ferimentos leves.*

5.3.1. Crime omissivo próprio

Semelhante ao crime de omissão de socorro tipificado no CP (art. 135), o CTB nos trouxe um crime omissivo próprio ou puro, tendo o legislador expressamente previsto um comportamento negativo do agente (*deixar de prestar imediato socorro à vítima*).

5.3.2. Possibilidade de agir: elementar típica

Da simples leitura do tipo penal, percebe-se que o crime em comento somente restará caracterizado se o agente, na ocasião do acidente, deixar de prestar imediato socorro à vítima, desde que possa fazê-lo. Em outras palavras, não haverá tipicidade penal na conduta do agente que, envolvido em acidente automobilístico, deixar de prestar imediato socorro à vítima por ter, também, ficado ferido em razão do infortúnio.

Perceba que a "possibilidade de agir" é essencial à caracterização do crime de omissão de socorro (art. 304 do CTB). E tal (im)possibilidade de atuação poderá ser verificada em dois casos:

a) se o agente envolvido no acidente deixar de prestar, *diretamente*, o socorro à vítima; ou

b) se o agente envolvido no acidente, embora não preste socorro imediato, *deixe de solicitar auxílio à autoridade pública*.

Logo, percebe-se que a prestação de socorro poderá ser imediata (atuação direta do agente, que socorrerá "pessoalmente" a vítima) ou mediata (atuação indireta do agente, que solicitará ajuda da autoridade pública para socorrer o ofendido).

5.3.3. Elemento subjetivo da conduta

O crime em tela é doloso, inexistindo possibilidade de punição a título de culpa em razão da ausência de expressa previsão legal.

5.3.4. Sujeitos do crime

A omissão de socorro é crime que tem como sujeito passivo a vítima do acidente de trânsito.

Já o sujeito ativo será o condutor que, envolvido em acidente automobilístico, não tiver sido o responsável pela sua ocorrência. Em outras palavras, autor do delito em tela é aquele que se envolveu diretamente com o acidente de trânsito, mas sem que o tenha provocado. Caso contrário, ou seja, se tiver sido o agente causador do acidente, responderá, em caso de morte, pelo crime do art. 302 do CTB, com a pena majorada pela omissão de socorro (art. 302, parágrafo único, III), ou, em caso de lesões corporais, pelo crime do art. 303, parágrafo único (aumento da reprimenda pela omissão na prestação do socorro).

Por fim, se uma pessoa que não tiver se envolvido no acidente deixar de prestar socorro às vítimas, responderá pelo crime do art. 135 do CP.

5.3.5. Se terceiros prestarem socorro à vítima?

Caso a omissão do agente na prestação de socorro à vítima seja suprida por terceiros, ainda assim restará caracterizado o crime ora analisado, consoante dispõe o art. 304, parágrafo único, do CTB.

5.3.6. Consumação e tentativa

A omissão de socorro restará consumada no instante em que o agente, podendo agir (prestar socorro mediato ou imediato), deixar de fazê-lo deliberadamente.

Por se tratar de crime omissivo próprio ou puro, inadmissível o reconhecimento da tentativa.

5.3.7. Caracterização do crime em caso de morte instantânea

Nos termos do art. 304, parágrafo único, do CTB, a omissão de socorro restará configurada ainda que se trate de vítima com morte instantânea.

Para concurso de Defensoria Pública, pode-se sustentar que se trata de verdadeiro crime impossível (absoluta impropriedade do objeto material). De quê adiantaria socorrer um cadáver?

Todavia, importante registrar que há entendimento jurisprudencial, inclusive do STF, no sentido da criminalidade do comportamento daquele que deixa de prestar socorro, mesmo em caso de morte instantânea. A explicação para tanto é a de que deve existir um "dever de solidariedade" no trânsito, desrespeitado em caso de omissão de socorro.

5.4. Embriaguez ao volante (art. 306 do CTB)

> *Art. 306. Conduzir veículo automotor com capacidade psicomotora alterada em razão da influência de álcool ou de outra substância psicoativa que determine dependência: (Redação dada pela Lei 12.760, de 2012)*
>
> *Penas – detenção, de seis meses a três anos, multa e suspensão ou proibição de se obter a permissão ou a habilitação para dirigir veículo automotor.*

5.4.1. Redação anterior e caracterização da embriaguez

Antes do advento da Lei 12.760/2012, a redação do art. 306 do CTB era a seguinte:

> *Conduzir veículo automotor, na via pública, estando com concentração de álcool por litro de sangue igual ou superior a 6 (seis) decigramas, ou sob a influência de qualquer outra substância psicoativa que determine dependência.*

Tal redação permitia a conclusão – correta, diga-se de passagem – de que, em razão de elemento "numérico" do tipo, qual seja, *seis decigramas* de álcool por litro de sangue, a tipificação da conduta dependeria de prova pericial capaz de atestar a embriaguez.

O parágrafo único do art. 306 do CTB preconizava que o Poder Executivo federal estipularia a equivalência entre distintos testes de alcoolemia, para efeito de caracterização do crime em comento. E tal ocorreu com o advento do Decreto 6.488/2008, que, em seu art. 2º, admitia como teste de alcoolemia aquele elaborado em aparelho de ar alveolar pulmonar (etilômetro, ou, vulgarmente, bafômetro), considerando como equivalente ao "elemento numérico do tipo" a concentração de álcool igual ou superior a *três décimos de miligrama por litro de ar expelido dos pulmões*.

Ora, se a embriaguez decorria da condução de veículo automotor com concentração de álcool por litro de sangue igual ou superior a seis decigramas, ou três décimos de miligrama por litro de ar alveolar, a única forma de o crime restar caracterizado seria a prova pericial, sem possibilidade de substituição. Afinal, frise-se, era elementar típica a concentração de álcool por litro de sangue do condutor do veículo automotor ou teste equivalente em etilômetro.

Como é sabido, ninguém poderá ser compelido a produzir prova contra si mesmo (*nemo tenetur se detegere*). Sob tal dogma, decorrente implicitamente das garantias fundamentais previstas no texto constitucional, a embriaguez ao volante tornou-se "crime natimorto".

5.4.2. Redação atual e caracterização da embriaguez ao volante

Com a redação dada ao art. 306 do CTB pela Lei 12.760/2012, aparentemente, a configuração do crime deixou de exigir a constatação de quantidade predeterminada de álcool por litro de sangue, tal como se verificava na redação anterior do tipo penal.

Atualmente, haverá crime, ao menos por uma análise apressada do tipo incriminador, sempre que o agente estiver conduzindo o veículo automotor, em via pública, com a capacidade psicomotora alterada em razão da influência de álcool ou outra substância psicoativa que determine dependência.

Confira, porém, os parágrafos acrescentados ao precitado dispositivo legal:

§ 1º As condutas previstas no caput serão constatadas por: (Incluído pela Lei 12.760, de 2012)

I – concentração igual ou superior a 6 decigramas de álcool por litro de sangue ou igual ou superior a 0,3 miligrama de álcool por litro de ar alveolar; ou (Incluído pela Lei 12.760, de 2012)

II – sinais que indiquem, na forma disciplinada pelo Contran, alteração da capacidade psicomotora. (Incluído pela Lei 12.760, de 2012)

§ 2º A verificação do disposto neste artigo poderá ser obtida mediante teste de alcoolemia, exame clínico, perícia, vídeo, prova testemunhal ou outros meios de prova em direito admitidos, observado o direito à contraprova. (Incluído pela Lei 12.760, de 2012)

§ 3º O Contran disporá sobre a equivalência entre os distintos testes de alcoolemia para efeito de caracterização do crime tipificado neste artigo.

Assim, da análise do art. 306, § 1º, do CTB, verifica-se que a embriaguez ao volante restará configurada nas seguintes situações:

a) se o agente conduzir veículo automotor, em via pública, com concentração igual ou superior a seis decigramas de álcool por litro de sangue ou igual ou superior a três décimos de miligrama de álcool por litro de ar alveolar. Nesta primeira hipótese, entendemos que o teste de alcoolemia será imprescindível para que se afirme a ocorrência do crime, tendo em vista que as "elementares numéricas" persistem no tipo penal; ou

b) se o agente dirigir veículo automotor, em via pública, com alteração de sua capacidade psicomotora. Assim, estando o agente sob o efeito de drogas, por exemplo, responderá por embriaguez ao volante.

5.4.3. Regulamentação pelo CONTRAN

De acordo com a Resolução 432/2013 do CONTRAN, o crime de embriaguez ao volante poderá ser demonstrado nos seguintes casos, conforme dispõe seu art. 7º:

O crime previsto no artigo 306 do CTB será caracterizado por qualquer um dos procedimentos abaixo:

I – exame de sangue que apresente resultado igual ou superiora 6 (seis) decigramas de álcool por litro de sangue (6 dg/L);

II – teste de etilômetro com medição realizada igual ou superior a 0,34 miligrama de álcool por litro de ar alveolar expirado (0,34 mg/L), descontado o erro máximo admissível nos termos da "Tabela de Valores Referenciais para Etilômetro" constante no Anexo I;

III – exames realizados por laboratórios especializados, indicados pelo órgão ou entidade de trânsito competente ou pela Polícia Judiciária, em caso de consumo de outras substâncias psicoativas que determinem dependência;

IV – sinais de alteração da capacidade psicomotora obtido na forma do artigo 5º.

§ 1º A ocorrência do crime de que trata o caput não elide a aplicação do disposto no artigo 165 do CTB.

§ 2º Configurado o crime de que trata este artigo, o condutor e testemunhas, se houver, serão encaminhados à Polícia Judiciária, devendo ser acompanhados dos elementos probatórios.

Verifica-se, pois, que o crime em comento ficará caracterizado se a concentração de álcool por litro de sangue do condutor for igual ou superior a seis decigramas, ou igual ou superior a trinta e quatro decigramas por litro de ar alveolar, donde se conclui que, sem os testes de alcoolemia (exame de sangue ou etilômetro), inviável a aferição da embriaguez.

No entanto, tal como permite o art. 306, § 1º, II, do CTB, também haverá crime se o agente conduzir veículo automotor, em via pública, sob a influência de qualquer outra substância psicoativa que cause dependência, desde que presentes sinais de alteração da capacidade psicomotora.

Para este caso, dispõe o art. 5º da Resolução 432/2013 do CONTRAN:

Os sinais de alteração da capacidade psicomotora poderão ser verificados por:

I – exame clínico com laudo conclusivo e firmado por médico perito; ou

II – constatação, pelo agente da Autoridade de Trânsito, dos sinais de alteração da capacidade psicomotora nos termos do Anexo II.

§ 1º Para confirmação da alteração da capacidade psicomotora pelo agente da Autoridade de Trânsito, deverá ser considerado não somente um sinal, mas um conjunto de sinais que comprovem a situação do condutor.

§ 2º Os sinais de alteração da capacidade psicomotora de que trata o inciso II deverão ser descritos no auto de infração ou em termo específico que contenha as informações mínimas indicadas no Anexo II, o qual deverá acompanhar o auto de infração.

5.4.4. Uma análise crítica do art. 306 do CTB

Para concurso de Defensoria Pública, podemos – e devemos – sustentar que a embriaguez ao volante é crime de perigo abstrato de perigosidade real, nas palavras de Luiz Flávio Gomes (http://www.conjur.com.br/2013-fev-01/luiz-flavio-gomes-lei-seca-nao-sendo-interpretada-literalmente), não podendo ser interpretado com as amarras dos "elementos numéricos" ou "matemáticos" do tipo.

Parece-nos adequado sustentar que somente haverá crime, a despeito da quantidade de álcool por litro de sangue ser igual ou superior a seis decigramas, ou trinta e quatro decigramas por litro de ar alveolar, se o agente conduzir o veículo de maneira anormal, causando perigo à incolumidade pública.

O próprio tipo penal (art. 306, *caput*, do CTB) exige que, em razão do álcool ou substâncias psicoativas que causem dependência, o agente esteja com sua *capacidade psicomotora alterada*. Assim, caso esteja conduzindo o veículo, por exemplo, com concentração de álcool por litro de ar alveolar correspondente a quarenta decigramas, mas a direção esteja "normal", sem produzir qualquer perigo, não nos parece adequado concluir pela criminalidade do comportamento.

E, novamente, nos socorrendo dos ensinamentos de Luiz Flávio Gomes, destacamos: "Os operadores jurídicos, destacando-se os advogados, não podem se conformar com a interpretação automática e midiática do novo artigo 306. Se o legislador mudou de critério, modificando a redação da lei, não se pode interpretar o novo com os mesmos critérios procustianos da lei antiga. O poder punitivo estatal, aliado à propaganda midiática, está ignorando a nova redação da lei. Para ele, mudou-se a lei para ficar tudo como era antes dela, para que ela fique como era. Trata-se de uma postura malandra do poder punitivo estatal e da criminologia midiática (Zaffaroni: 2012a, p. 10 e ss.), que os intérpretes e operadores jurídicos não podem aceitar." (http://www.conjur.com.br/2013-fev-01/luiz-flavio-gomes-lei-seca-nao-sendo-interpretada-literalmente).

5.4.5. Consumação e tentativa

O crime em comento se consuma no momento em que o agente, em via pública, conduz veículo automotor na forma descrita no art. 306, *caput*, e § 1º, do CTB.

Tratando-se de crime plurissubsistente, a tentativa é admissível (ex.: o agente, após entrar totalmente embriagado em seu veículo, é impedido de sair do local por terceiros, que lhe tomam as chaves em razão da nítida alteração da capacidade psicomotora).

5.4.6. Concurso de crimes

Se o agente, dirigindo embriagado o veículo, praticar homicídio culposo, responderá apenas por este último crime, que, por ser de dano, e mais grave, absorverá o de perigo (embriaguez ao volante), menos grave.

Já se estivermos diante das lesões corporais culposas (art. 303 do CTB), por se tratar de crime menos grave, com pena menor do que a cominada para a embriaguez ao volante (art. 306), não haverá absorção, respondendo o agente pelo crime mais grave.

5.5. Participação em competição não autorizada. "Racha" (art. 308 do CTB)

Art. 308. Participar, na direção de veículo automotor, em via pública, de corrida, disputa ou competição automobilística não autorizada pela autoridade competente, desde que resulte dano potencial à incolumidade pública ou privada:

Penas – detenção, de seis meses a dois anos, multa e suspensão ou proibição de se obter a permissão ou a habilitação para dirigir veículo automotor.

5.5.1. Tipo objetivo

Estamos, aqui, diante de crime amplamente conhecido como "racha". O agente participará de competições automobilísticas, corridas ou disputas, sem autorização da autoridade competente, em via pública, causando, com isso, dano potencial à incolumidade pública ou privada.

Percebe-se que o crime em comento somente restará caracterizado se ocorrer em "via pública". Assim, caso o "pega" ou o "racha" ocorra em lugares fechados, ou em propriedades privadas ou estradas particulares (ex.: estrada de terra que ligue a porteira da fazenda até a casa-sede), ausente estará a elementar típica.

5.5.2. Crime de perigo concreto

Extrai-se da redação típica que o crime em testilha é de perigo concreto, visto ser necessária a efetiva demonstração de que a conduta perpetrada pelo agente expôs pessoas a situação de perigo.

Tal conclusão, como dito, decorre da própria leitura do tipo penal (art. 308 do CTB), que, em sua parte final, enuncia: "desde que resulte dano potencial à incolumidade pública ou privada".

5.5.3. Crime de menor potencial ofensivo

Considerando que a pena cominada varia de seis meses a dois anos de detenção, aplicáveis serão os ditames da Lei 9.099/1995, inclusive a transação penal (instituto despenalizador previsto no art. 76 de referido diploma legal).

Porém, caso o "racha" ultrapasse a provocação de perigo, gerando resultado lesivo (ex.: lesões corporais), aplicar-se-á o disposto no art. 291, § 1º, II, do CTB, vale dizer, não será cabível a transação penal para o crime do art. 303 (lesão corporal culposa).

6. Abuso de Autoridade – Lei 4.898/1965

6.1. Considerações gerais

A Lei de Abuso de Autoridade (Lei 4.898, de 9 de dezembro de 1965) foi criada em um momento histórico conturbado no Brasil (ditadura militar). Trata-se de verdadeiro diploma populista, na medida em que criado apenas para mostrar que o Legislativo se importava com eventuais arbitrariedades praticadas pelos militares. Todavia, criou-se uma lei extremamente branda no que tange às penas criminais, que atingem o máximo de 6 (seis) meses de detenção.

Logo, à luz do art. 109, VI, do CP, em 3 (três) anos, a partir da consumação do fato, qualquer ato caracterizador de abuso de autoridade estará prescrito, impossibilitando-se o desfecho de eventual ação penal.

Por fim, importante ressaltar que referido diploma legal *regula o direito de representação e o processo por responsabilidade administrativa, civil e penal de agentes que praticarem atos considerados abusivos*. Para os fins do presente trabalho, iremos nos ater à parte criminal da Lei de Abuso de Autoridade.

6.2. Direito de representação na Lei de Abuso de Autoridade (art. 1º)

Art. 1º. O direito de representação e o processo de responsabilidade administrativa, civil e penal, contra as autoridades que, no exercício de suas funções, cometerem abusos, são reguladas pela presente Lei.

O direito de representação ora previsto não se confunde com a condição de procedibilidade, denominada representação, exigida nos crimes de ação penal pública condicionada.

Trata-se, aqui, de uma consequência ou desdobramento do direito de petição, previsto no art. 5º, XXXIV, alínea "a", da CF, que garante a todos o direito de *petição* aos poderes públicos, em defesa de direito ou contra ilegalidade ou *abuso de poder*.

Assim, qualquer do povo que quiser garantir um direito seu ou de se proteger ou reagir contra arbitrariedades, poderá se valer do direito de representação.

6.2.1. Natureza jurídica do direito de representação (art. 2º)

Art. 2º. O direito de representação será exercido por meio de petição:

a) Dirigida à autoridade superior que tiver competência legal para aplicar, à autoridade civil ou militar culpada, a respectiva sanção;

b) Dirigida ao órgão do Ministério Público que tiver competência para iniciar processo-crime contra a autoridade culpada.

A alínea "a" do art. 2º tem por objetivo a representação na *esfera administrativa* da autoridade, civil ou militar, que exorbitou de seu poder, o que acarretará sanção disciplinar.

Já a alínea "b" do mesmo artigo tem por escopo a *apuração penal* do abuso de poder por parte de autoridade civil ou militar.

Ressalte-se que essa "representação" é uma decorrência do direito constitucional de petição, como dito anteriormente. No caso de processo-crime, *não há falar em "representação do ofendido"* para que o Ministério Público possa oferecer denúncia. Os crimes de abuso de autoridade são de *ação penal pública incondicionada*.

Nos termos do art. 1º da Lei 5.249/1967, "a falta de representação do ofendido, nos casos de abusos previstos na Lei 4.898, de 9 de dezembro de 1965, não obsta a iniciativa ou o curso da ação penal". Daí, conclui-se que a persecução penal independerá de manifestação de vontade do ofendido ou de seu representante legal. Nesse sentido manifestou-se o STJ, no julgamento do HC 59.591/RN (Min. Felix Fischer, DJ 04.09.2006).

Assim, pode-se afirmar que a "representação" referida nos arts. 1º e 2º da Lei de Abuso de Autoridade não passa de uma "*notitia criminis*".

6.3. Objetividade jurídica

Os crimes previstos na Lei de Abuso de Autoridade tutelam os direitos e garantias fundamentais do homem, bem como o normal exercício dos poderes pelos seus detentores.

6.4. Sujeito ativo

O art. 1º da Lei 4.898/1965 diz expressamente que o direito de representação será exercido contra "autoridades" que, no exercício de suas funções, cometerem abusos.

Logo, os crimes nela previstos são *próprios*, já que exigem uma qualidade especial do sujeito ativo, qual seja, *ser autoridade*.

E o que é "autoridade" para a Lei em comento?

Para os efeitos da Lei 4.898/1965, considera-se autoridade quem exerce cargo, emprego ou função pública, de natureza civil, ou militar, ainda que transitoriamente e sem remuneração (art. 5º).

Trata-se de tipo penal descritivo, na medida em que a própria lei fornece um conceito de autoridade.

Referido conceito é muito semelhante à norma prevista no art. 327 do CP, que descreve funcionário público para fins penais.

Pergunta-se: *uma pessoa que não seja "autoridade" para os fins da lei pode ser sujeito ativo de um crime de abuso de autoridade?*

a) *A título de autoria: NÃO*

b) *A título de coautoria ou participação? SIM*

Vejamos as razões do quanto afirmado acima.

Quem, de qualquer modo, concorre para o crime, incide nas penas a este cominadas, na medida de sua culpabilidade, nos termos do art. 29 do CP, considerado norma de extensão típica pessoal.

Ainda, as condições ou circunstância de caráter pessoal não se comunicam, salvo se elementares do crime (art. 30 do CP), em caso de concurso de pessoas.

Assim, aquele que, sozinho, não sendo autoridade (art. 5º), realizar qualquer das condutas descritas nos arts. 3º e 4º da Lei 4.898/1965, *não cometerá os crimes nela previstos*, salvo se houver aderido ao comportamento de uma "autoridade".

Em outras palavras, só é admissível a responsabilização penal de uma "não autoridade" se realizar qualquer conduta em companhia de uma autoridade (regra do art. 30 do CP), a título de coautoria ou participação.

Algumas questões relevantes acerca do sujeito ativo dos crimes definidos na lei em comento:

a) *Agente público durante o gozo de férias ou licença pode praticar abuso de autoridade?* R: Sim, desde que se utilize de sua condição de "autoridade" para o cometimento da conduta típica prevista nos arts. 3º ou 4º da Lei 4.898/1965;

b) *Agente público demitido ou inativo (aposentado) pode praticar abuso de autoridade?* R: Não, visto não mais existir vínculo com o Estado. Assim, por exemplo, Delegado de Polícia aposentado não mais exerce cargo, emprego ou função pública, não podendo, portanto, abusar de sua condição;

c) *Pessoas que exerçam múnus público podem praticar abuso de autoridade?* R: Não, pois, a despeito de realizarem atividades que envolvam interesse público (ex.: tutor, curador, inventariante, administrador judicial etc.), estas são de natureza privada, não se enquadrando, pois, no conceito de autoridade previsto no art. 5º da Lei de Abuso de Autoridade.

6.5. Sujeito passivo

Nos crimes previstos na lei em tela, há dupla subjetividade passiva:

a) *Sujeito passivo direto ou imediato:* é a pessoa que sofre a ação da autoridade (vítima do abuso);

b) *Sujeito passivo indireto ou mediato:* é o Estado, responsável pela garantia das liberdades públicas (tutela os interesses e direitos fundamentais do cidadão).

6.6. Elemento subjetivo do crime

Todos os crimes previstos na Lei de Abuso de Autoridade *são dolosos*. Vale dizer: o agente (autoridade) deve ter a vontade livre e consciente de exorbitar de seus poderes. Se a autoridade atuar acreditando estar agindo em estrito cumprimento de dever legal, não estará caracterizado o crime (por falta de dolo – fato atípico).

6.7. Consumação e tentativa

Nos crimes previstos no art. 3º da Lei de Abuso de Autoridade, tanto consumação quanto tentativa são punidos com o mesmo rigor. Daí serem denominados "crimes de atentado".

Já nas condutas previstas no art. 4º, será admissível a tentativa.

6.8. Crimes de menor potencial ofensivo

Considerando que a pena abstratamente cominada aos crimes de abuso de autoridade não supera dois anos, nos termos do art. 6º, § 3º, "b", da Lei 4.898/1965, aplicáveis os ditames da Lei 9.099/1995, tratando-se, pois, de crimes de menor potencial ofensivo.

Inclusive, os institutos despenalizadores cabíveis no âmbito do JECRIM deverão, se preenchidos os requisitos legais, ser aplicados, com especial destaque à transação penal (art. 76 da Lei 9.099/1995).

6.9. Competência para o processo e julgamento

De regra, caberá à Justiça Comum (federal ou estadual) processar e julgar os crimes de abuso de autoridade.

Considerando o disposto no art. 109, IV, da CF, será competente a Justiça Federal quando o crime violar bens, interesses ou serviços da União, suas entidades autárquicas ou empresas públicas. Assim, exemplificando, se o abuso de autoridade envolver servidores públicos federais, ou do INSS (que é autarquia federal), a competência, como dito, será da Justiça Federal.

Em se tratando de militar que tenha cometido abuso de autoridade, a competência continuará a ser da Justiça Comum (federal ou estadual), visto tratar-se de crime comum (e, não, militar). Nesse sentido, a Súmula 172 do STJ: "Compete à justiça comum processar e julgar militar por crime de abuso de autoridade, ainda que praticado em serviço".

Caso um militar pratique abuso de autoridade previsto no Código Penal Militar, aí sim responderá perante a Justiça Militar, não se tratando, pois, dos crimes definidos na Lei 4.898/1965. É o que se verifica, por exemplo, em caso de cometimento do crime previsto no art. 176 do Código Penal Militar: "Ofender inferior, mediante ato de violência que, por sua natureza ou meio empregado, se considere aviltante".

Havendo conexão entre crime militar e abuso de autoridade, deverá haver cisão de processos, vale dizer, aquele será julgado pela Justiça Militar e, este, pela Justiça Comum. Confira-se a Súmula 90 do STJ: "Compete a justiça estadual militar processar e julgar o policial militar pela prática do crime militar, e a comum pela prática do crime comum simultâneo àquele".

Por fim, se crime doloso contra a vida for conexo a crime de abuso de autoridade, ambos serão julgados pelo Tribunal do Júri, nos termos do art. 78, I, do CPP, que trata das regras de conexão e, portanto, de alteração da competência.

6.10. Crimes em espécie

Doravante, iremos analisar os crimes dos arts. 3º e 4º da Lei de Abuso de Autoridade.

6.10.1. Críticas aos crimes do art. 3º

A doutrina mais garantista acabou por tecer diversas críticas aos crimes previstos no art. 3º da lei em comento. Basta a leitura do *caput: "Constitui abuso de autoridade qualquer atentado"*.

Verifica-se que a redação do tipo penal é bastante vaga (..."qualquer atentado"). Logo, alguns doutrinadores acabaram por entender que, à luz da CF/1988, o tipo penal em análise é inconstitucional, na medida em que sua vagueza conduz a incertezas na tipificação, o que não se coaduna com o princípio da legalidade.

O *princípio da legalidade* vem previsto no art. 5º, XXXIX, da CF, prescrevendo que "não há crime sem lei anterior que o defina, nem pena sem prévia cominação legal". Desse preceito decorre o *princípio da taxatividade*, segundo o qual os tipos penais devem ser claros e precisos, sob pena de se obstacularizar a ampla defesa e a certeza jurídica daquilo que se considera crime.

Nada obstante, a jurisprudência vem, largamente, admitindo a incidência dos crimes tipificados nas alíneas do art. 3º da Lei de Abuso de Autoridade.

6.10.1.1. Crimes de atentado

Os crimes do art. 3º têm característica especial, qual seja, a de serem classificados como "crimes de atentado", assim denominados aqueles em que "tentativa" já é "consumação". Em outras palavras, a tentativa já é abstratamente prevista no tipo penal, que cominará as mesmas penas para as formas tentada ou consumada. Logo, inadmissível o reconhecimento da tentativa.

A própria redação do *caput* do referido dispositivo legal não deixa dúvidas para a classificação em comento: "Constitui abuso de autoridade qualquer atentado".

6.10.1.2. Crime do art. 3º, alínea "a"

> *Art. 3º. Constitui abuso de autoridade qualquer atentado:*
>
> *a) à liberdade de locomoção;*

Aqui, o legislador tutela o direito à liberdade de locomoção, que abrange o acesso e ingresso no território nacional, o direito de sair do país, de permanecer em um local ou de deslocamento.

Tal direito se estende aos estrangeiros, residentes ou não em nosso território, bastando que aqui tenha adentrado legalmente. Trata-se de verdadeira liberdade pública constitucional.

O art. 5º, XV, da CF assegura que "é livre a locomoção, no território nacional, em tempo de paz, podendo qualquer pessoa, nos termos da lei, nele entrar, permanecer ou dele sair com seus bens". A norma em comento é de eficácia contida.

Lembre-se que na vigência de estado de sítio (art. 139 da CF), poderá haver restrição ao exercício das "liberdades", sem que tal configure abuso de autoridade. Afinal, trata-se de permissivo constitucional.

6.10.1.3. Crime do art. 3º, alínea "b"

> *Art. 3º. Constitui abuso de autoridade qualquer atentado:*
>
> *b) à inviolabilidade do domicílio;*

"A casa é asilo inviolável do indivíduo, ninguém nela podendo penetrar sem consentimento do morador, salvo em caso de flagrante delito ou desastre, ou para prestar socorro, ou, durante o dia, por determinação judicial" (art. 5º, XI, CF).

O conceito de "casa" previsto no Código Penal (art. 150, § 4º) é mais restrito que o previsto na CF, que considera domicílio todo lugar ocupado com exclusividade e que expresse a vida privada do seu titular. À luz, ainda, do art. 150 do CP, mas, agora, em seu § 5º, não se compreende no conceito de domicílio a hospedaria, estalagem ou qualquer outra habitação coletiva, enquanto aberta, salvo o aposento ocupado de habitação coletiva, bem como a taverna, casa de jogo ou outras do mesmo gênero.

Ressalvadas as hipóteses constitucionais (consentimento do morador, flagrante, desastre, socorro e ordem judicial – só durante o dia), quem violar o domicílio, desde que seja autoridade, responderá pelo crime em questão e não pelo previsto no art. 150, § 2º, do CP, em respeito ao princípio da especialidade.

Na vigência de estado de sítio, a inviolabilidade do domicílio poderá ser amplamente relativizada, inexistindo, pois, abuso de autoridade (art. 139, V, CF).

6.10.1.4. Crime do art. 3º, alínea "c"

Art. 3º. Constitui abuso de autoridade qualquer atentado:

c) ao sigilo de correspondência;

O art. 5º, XII, da CF, assegura que é inviolável o sigilo da correspondência, bem como das comunicações telegráficas, de dados, e das comunicações telefônicas, ressalvado, nesse último caso, a possibilidade de interceptação para fins de instrução criminal ou processual penal, desde que exista ordem judicial para tanto.

Como regra, as cartas são invioláveis, na medida em que se tutela a intimidade, a vida privada. Porém, como toda garantia fundamental não é absoluta, é admitida pela doutrina e jurisprudência a violação de correspondência quando a intimidade puder ser utilizada como desculpa para a prática de condutas ilícitas. Daí admitir-se, em caráter excepcional, e desde que exista motivação idônea para tanto, a abertura de cartas do preso (art. 41, parágrafo único, da LEP – Lei 7.210/1984), bem como do falido (art. 22, III, "d", da Lei de Falências – Lei 11.101/2005), desde que se faça em favor do interesse público.

Na vigência de estado de sítio, poderá, sim, haver a relativização do sigilo das correspondências, nos termos dos arts. 136, § 1º, I, "b" e 139, III, ambos da CF. Inexistirá, aqui, crime de abuso de autoridade.

6.10.1.5. Crime do art. 3º, alíneas "d" e "e"

Art. 3º. Constitui abuso de autoridade qualquer atentado:

d) à liberdade de consciência e de crença;

e) ao livre exercício do culto religioso;

A CF garante a inviolabilidade da liberdade de consciência e de crença, sendo assegurado o livre exercício dos cultos religiosos e garantida, na forma da lei, a proteção dos locais de culto e a suas liturgias (art. 5º, VI, CF), bem como assegura que ninguém será privado de direitos por motivo de crença religiosa ou convicção filosófica ou política, salvo se as invocar para eximir-se de obrigação legal a todos imposta e recusar-se a cumprir prestação alternativa, fixada em lei (art. 5º, VIII, CF).

Pois bem. É certo que qualquer pessoa tem liberdade para optar por uma religião ou de frequentar os locais onde existam cultos religiosos. Porém, será lícita a intervenção estatal quando se verificar incompatibilidade desses "cultos" com a moral, a ordem pública (paz social, bons costumes e tranquilidade) e a lei.

6.10.1.6. Crime do art. 3º, alíneas "f" e "h"

Art. 3º. Constitui abuso de autoridade qualquer atentado:

f) à liberdade de associação;

h) ao direito de reunião;

O art. 5º, XVII, da CF, assegura a liberdade de associação para fins lícitos, vedada a de caráter paramilitar. No inciso seguinte (XVIII, art. 5º) fica dito que a criação de associações e, na forma da lei, a de cooperativas, independem de autorização, sendo vedada a interferência estatal em seu funcionamento. Por fim, o inciso XX, do mesmo artigo, prescreve que ninguém será compelido a associar-se ou a permanecer associado.

Vigora, pois, a liberdade de associação, ou seja, livre de ingerência do poder público, sob pena de caracterização do crime em tela.

Também vem garantida pela CF, em seu art. 5º, XVI, a liberdade de reunião, afirmando-se que todos podem reunir-se pacificamente, sem armas, em locais abertos ao público, independentemente de autorização, desde que não frustrem outra reunião anteriormente convocada para o mesmo local, exigindo-se apenas prévio aviso à autoridade competente.

Em períodos de grande mobilização nacional, como, por exemplo, a que levou centenas de milhares de crianças, jovens, homens e mulheres às ruas, protestando contra os descalabros nas instituições públicas e as iniquidades sociais (a partir de junho de 2013), viu-se uma série de violações, por parte de autoridades, à liberdade de reunião. Todavia, é certo que não se trata de direito absoluto. Logo, se protestos em vias públicas se transmudam para "baderna generalizada", com ataque ao patrimônio público (prédios de repartições públicas, monumentos artísticos etc.) ou privado (lojas, instituições financeiras privadas etc.), a intervenção estatal será necessária, desde que não haja excessos, não constituindo, assim, abuso de autoridade.

Frise-se que a imposição de "aviso prévio da reunião" à autoridade competente não configura ingerência estatal, mas sim, mecanismo apto a impedir que os direitos de terceiros sejam prejudicados.

6.10.1.7. Crime do art. 3º, alínea "g"

Art. 3º. Constitui abuso de autoridade qualquer atentado:

g) aos direitos e garantias legais assegurados ao exercício do voto;

O direito de votar constitui expressão dos valores democráticos que informam nossa sociedade. Tanto é que um dos fundamentos da República Federativa do Brasil é o pluralismo político e a cidadania (direito de votar e de ser votado).

O voto é obrigatório, personalíssimo, sigiloso e periódico. O art. 14 da CF preconiza que "a soberania popular será exercida pelo sufrágio universal e pelo voto direto e secreto, com valor igual para todos". Qualquer atentado a essas características do voto caracteriza crime de abuso de autoridade, sem prejuízo de eventual crime eleitoral.

6.10.1.8. Crime do art. 3º, alínea "i"

> *Art. 3º. Constitui abuso de autoridade qualquer atentado:*
>
> *i) à incolumidade física do indivíduo*

A CF garante, em seu art. 5º, III, que ninguém será submetido a tortura nem a tratamento desumano ou degradante. Também, o mesmo art. 5º, mas em seu inciso XLIX, assegura aos presos o respeito a sua integridade física e moral. A norma penal incriminadora tutela, aqui, a integridade física da pessoa.

Entende a doutrina majoritária que o delito em tela estará configurado ainda que o atentado à incolumidade física não resulte lesão corporal, vias de fato ou morte. Porém, em ocorrendo referidos resultados, estar-se-á diante de concurso material de crimes (art. 69 do CP), vale dizer, deverá haver a imputação do abuso de autoridade e da infração penal causadora de lesões corporais ou vias de fato.

A garantia à incolumidade física do indivíduo não é "cláusula absoluta". É possível, pois, que, por meio de ação legítima de autoridade, seja empregada violência física contra a pessoa, tal como acontece em caso de resistência à prisão (art. 292 do CPP), mas desde que inexistam excessos.

6.10.1.9. Crime do art. 3º, alínea "j"

> *Art. 3º. Constitui abuso de autoridade qualquer atentado:*
>
> *j) aos direitos e garantias legais assegurados ao exercício profissional.*

Dispõe o art. 5º, XIII, da CF, que é livre o exercício de qualquer trabalho, ofício ou profissão, atendidas as qualificações profissionais que a lei estabelecer. Trata-se de norma constitucional de eficácia contida, embora de aplicação imediata.

É o caso do advogado, que dispõe de prerrogativas previstas no art. 7º do Estatuto da OAB. Se houver tolhimento delas, sem justa causa, a autoridade que o fizer terá praticado o crime em tela. O mesmo se diga, por exemplo, de um Delegado de Polícia ou Diretor que impede um magistrado de fazer visita (correições) em cadeias públicas, ou de um Defensor Público visitar os estabelecimentos penais (art. 81-B, V, da LEP – Lei 7.210/1984).

6.10.2. Crimes do art. 4º

Diferentemente dos crimes do art. 3º, considerados de "atentado", os crimes do art. 4º da Lei de Abuso de Autoridade admitem tentativa. Vamos a eles!

6.10.2.1. Crime do art. 4º, alínea "a"

> *Art. 4º. Constitui também abuso de autoridade:*
>
> *a) ordenar ou executar medida privativa de liberdade individual, sem as formalidades legais ou com abuso de poder;*

Nos termos do art. 5º, XV, da CF, "é livre a locomoção no território nacional em tempo de paz, podendo qualquer pessoa, nos termos da lei, nele entrar, permanecer ou dele sair com seus bens". Ainda, o mesmo dispositivo legal, mas, agora, em seu inciso LXI, determina que "ninguém será preso senão em flagrante delito ou por ordem escrita e fundamentada da autoridade judiciária competente, salvo nos casos de transgressão militar ou crime propriamente militar". Também é direito de qualquer pessoa *não ser privada de sua liberdade ou de seus bens sem o devido processo legal* (art. 5º, LIV, CF).

Assim, o tipo penal em comento objetiva assegurar ao cidadão algumas garantias que lhe são fundamentais, especialmente as de livre circulação no território nacional, de não ser preso fora dos casos expressamente admitidos pela nossa legislação, bem como de ser respeitado o devido processo legal.

Haverá abuso de autoridade se o agente determinar ou cumprir ordem que imponha à vítima medida privativa de liberdade (qualquer forma de prisão) que não atente às formalidades legais. É o caso, por exemplo, de prender em "flagrante" quem assim não se encontre (art. 302 do CPP), ou realizar a prisão civil do depositário infiel (de acordo com a Súmula vinculante 25, *é ilícita a prisão do depositário infiel, qualquer que seja a modalidade de depósito*).

Na vigência de estado de sítio, o direito pleno à liberdade poderá sofrer restrições, nos termos do art. 139, I, da CF.

Ressalte-se que o uso indevido de algemas poderá vir a caracterizar o crime em comento. Confira-se a Súmula vinculante 11: "Só é lícito o uso de algemas em caso de resistência e de fundado receio de fuga ou de perigo à integridade física própria ou alheia, por parte do preso ou de terceiros, justificada a excepcionalidade por escrito, sob pena de responsabilidade disciplinar, civil e penal do agente ou da autoridade e de nulidade da prisão ou do ato processual a que se refere, sem prejuízo da responsabilidade civil do estado".

Por fim, registre-se que, em respeito ao princípio da especialidade, se a autoridade *privar criança ou adolescente de sua liberdade, procedendo à sua apreensão sem estar em flagrante de ato infracional ou inexistindo ordem escrita da autoridade judiciária competente*, caracterizado estará o crime do art. 230 do ECA, e não, o de abuso de autoridade ora analisado.

O crime atingirá a consumação no momento em que for ordenada ou executada a medida privativa de liberdade contra a vítima.

6.10.2.2. Crime do art. 4º, alínea "b"

> *Art. 4º. Constitui também abuso de autoridade:*
>
> *b) submeter pessoa sob sua guarda ou custódia a vexame ou a constrangimento não autorizado em lei;*

Nos termos do art. 1º, III, da CF, é fundamento da República Federativa do Brasil o respeito à dignidade da pessoa humana. Ainda, o art. 5º, III, do Texto Maior, assegura que "ninguém será submetido a tortura nem a tratamento desumano ou degradante", bem como o inciso XLIX determina que a integridade física e moral dos presos sejam respeitadas.

Assim, o tipo penal em comento tutela direitos fundamentais do cidadão. Logo, se alguma autoridade sujeitar pessoa que esteja sob sua vigilância permanente (guarda) ou sob sua custódia a constrangimento que não tenha base legal, terá cometido abuso de autoridade. Exemplificamos com a conduta do diretor de estabelecimento prisional que não permite ao preso que se alimente por três dias, ao arrepio do art. 41, I, da LEP (Lei 7.210/1984), que prevê como direito àquele ter alimentação suficiente. Outro bom exemplo é o da indevida inclusão do preso em Regime Disciplinar Diferenciado (RDD), fora das hipóteses previstas no art. 52 da LEP.

Em se tratando de criança ou adolescente expostas a vexame ou constrangimento, caracterizado estará o crime do art. 232 do ECA.

Estará consumado o crime no momento em que o ofendido for submetido ao vexame ou constrangimento não autorizado pela lei.

6.10.2.3. Crime do art. 4º, alínea "c"

> *Art. 4º. Constitui também abuso de autoridade:*
>
> *c) deixar de comunicar, imediatamente, ao juiz competente a prisão ou detenção de qualquer pessoa;*

Nos termos do art. 5º, LXII, "a prisão de qualquer pessoa e o local onde se encontre serão comunicados imediatamente ao juiz competente e à família do preso ou à pessoa por ele indicada".

Tratando-se de norma constitucional que objetiva cientificar o juízo das razões fáticas e jurídicas que levaram a pessoa ao cárcere, permitindo, com isso, o controle sobre a licitude da detenção, haverá crime se a autoridade deixar de comunicar, imediatamente, a prisão ou detenção de alguém.

Estamos, aqui, diante de um crime omissivo (*deixar de comunicar*), consumando-se, pois, com a omissão do agente. Por estarmos diante de omissão própria, inadmissível a tentativa.

No caso da prisão em flagrante, deve-se entender por "imediatamente" o prazo de 24 (vinte e quatro) horas após a prisão em flagrante, tendo em vista o disposto no art. 306, § 1º, do CPP. Saliente-se ser imposição legal que a Defensoria Pública receba cópia integral do auto de prisão caso o autuado não informe o nome de seu advogado, sob pena, entendemos, de relaxamento da prisão, por ilegalidade (descumprimento de determinação legal).

Saliente-se que mesmo em momentos de crise institucional (estado de defesa), a prisão deverá ser comunicada ao juiz competente (art. 136, § 3º, I, CF).

Finalmente, se a vítima for criança ou adolescente, a autoridade policial que deixar de fazer a imediata comunicação de sua apreensão à autoridade judiciária competente e à família do apreendido ou pessoa por ele indicada, incorrerá nas penas do art. 231 do ECA.

6.10.2.4. Crime do art. 4º, alínea "d"

> *Art. 4º. Constitui também abuso de autoridade:*
>
> *d) deixar o juiz de ordenar o relaxamento da prisão ou detenção ilegal que lhe seja comunicada;*

Nos moldes preconizados pelo art. 5º, LXV, da CF, "a prisão ilegal será imediatamente relaxada pela autoridade judiciária". Logo, cometerá crime o magistrado que, ciente da ilegalidade da prisão ou detenção que lhe seja comunicada, deixar de relaxá-la.

Tratando-se de crime omissivo próprio ("*deixar de ordenar*"), inadmissível a tentativa, consumando-se com a simples omissão da autoridade.

Caso se trate de apreensão ilegal de criança ou adolescente, a autoridade competente que deixar, sem justa causa, de ordenar a imediata liberação, incidirá no disposto no art. 234 do ECA.

6.10.2.5. Crime do art. 4º, alínea "e"

> *Art. 4º. Constitui também abuso de autoridade:*
>
> *e) levar à prisão e nela deter quem quer que se proponha a prestar fiança, permitida em lei.*

O art. 5º, LXVI, da CF, assegura que "ninguém será levado à prisão ou nela mantido, quando a lei admitir a liberdade provisória, com ou sem fiança".

Assim, cometerá abuso de autoridade, por exemplo, a autoridade policial que levar à prisão o agente preso em flagrante delito, nada obstante cabível a prestação de fiança e seu arbitramento diretamente por ela (art. 322, *caput*, do CPP), ou, então, o magistrado que mantiver a prisão quando cabível o arbitramento de fiança (art. 322, parágrafo único, do CPP).

Na modalidade "levar à prisão", por se tratar de conduta comissiva (praticada por ação), será cabível a tentativa. Já na modalidade "nela deter", por estarmos diante de crime omissivo próprio, impossível o *conatus*.

Lembre-se que, por força constitucional, alguns crimes são inafiançáveis, tais como os hediondos e equiparados (art. 5º, XLIII) e os de racismo (art. 5º, XLII), razão pela qual o não arbitramento de fiança, por evidente, não constituirá abuso de autoridade. Nada obstante, a despeito da inafiançabilidade, desde que preenchidos os requisitos legais, será cabível, em tese, a liberdade provisória sem fiança.

6.10.2.6. Crime do art. 4º, alíneas "f" e "g"

> *Art. 4º. Constitui também abuso de autoridade:*
>
> *f) cobrar o carcereiro ou agente de autoridade policial carceragem, custas, emolumentos ou qualquer outra despesa, desde que a cobrança não tenha apoio em lei, quer quanto à espécie, quer quanto ao seu valor;*
>
> *g) recusar o carcereiro ou agente de autoridade policial recibo de importância recebida a título de carceragem, custas, emolumentos ou de qualquer outra despesa;*

De acordo com a doutrina, as alíneas acima destacadas são inaplicáveis, visto que não há, atualmente, no sistema carcerário nacional, qualquer pagamento de custas ou emolumentos ou despesas que devam ser pagas pelo preso.

Porém, caso haja exigência de quaisquer valores, poderão restar caracterizados outros crimes, tais como concussão (art. 316 do CP), extorsão (art. 158 do CP) ou corrupção passiva (art. 317 do CP).

6.10.2.7. Crime do art. 4º, alínea "h"

> *Art. 4º. Constitui também abuso de autoridade:*
>
> *h) o ato lesivo da honra ou do patrimônio de pessoa natural ou jurídica, quando praticado com abuso ou desvio de poder ou sem competência legal;*

Nos termos do art. 5º, *caput*, da CF, todos são iguais perante a lei, garantindo-se o respeito, dentre outros, à *propriedade*. Também, o mesmo dispositivo, em seu inciso X, afirma serem invioláveis a intimidade, a vida privada, a honra e a imagem das pessoas, assegurado o direito a indenização pelo dano material ou moral decorrente de sua violação.

Assim, cometerá o crime em comento a autoridade que, no momento da prática de ato englobado em seu dever funcional, aja com abuso, expondo a pessoa a ridículo (ato lesivo a honra), ou, então, que, no exercício de seu poder de polícia, agindo com abuso, apreenda de um comerciante, por exemplo, todos os produtos de sua loja, ainda que lícitos.

O crime restará consumado no momento da prática do ato abusivo ou com desvio de poder. Admissível a tentativa.

6.10.2.8. Crime do art. 4º, alínea "i"

> *Art. 4º. Constitui também abuso de autoridade:*
>
> *i) prolongar a execução de prisão temporária, de pena ou de medida de segurança, deixando de expedir em tempo oportuno ou de cumprir imediatamente ordem de liberdade.*

Nos termos do art. 5º, LIV, da CF, "ninguém será privado de sua liberdade ou de seus bens sem o devido processo legal". Também, o mesmo art. 5º, mas em seu inciso LXXV, assegura que o Estado indenizará o preso por erro judiciário, bem como a manutenção da prisão para além do tempo fixado na sentença.

Logo, cometerá abuso de autoridade aquele que prolongar o prazo de *prisão temporária* (espécie de prisão cautelar prevista na Lei 7.960/1989, cuja duração, em regra, será de 5 dias, prorrogáveis por igual período em caso de extrema e comprovada necessidade, ou, em caso de crimes hediondos ou equiparados, por 30 dias, prorrogáveis por igual período em caso de extrema e comprovada necessidade), *pena* (definitivamente imposta por sentença transitada em julgado, que fixará o prazo de duração) ou *medida de segurança* (sanção penal aplicável aos inimputáveis ou semi-imputáveis dotados de periculosidade).

Se se tratar de adolescente privado da liberdade, o indevido prolongamento acarretará o reconhecimento do crime do art. 235 do ECA.

Tratando-se de crime omissivo próprio ("deixando de expedir ou de cumprir ordem de liberdade"), inviável a tentativa. A consumação se verifica no momento em que o agente se omitir.

6.10.3. Sanções penais aplicáveis em caso de crime de abuso de autoridade

Nos termos do art. 6º, § 3º, da Lei 4.898/1965, três são as espécies de sanções penais:

a) *Multa de cem a cinco mil cruzeiros* – nos termos dos arts. 49 e seguintes do CP, a multa, considerada dívida de valor (art. 51), é fixada em salários mínimos, razão pela qual é inaplicável tal disposição da lei especial;

b) *Detenção por dez dias a seis meses* – trata-se da pena privativa de liberdade;

c) *Perda do cargo e a inabilitação para o exercício de qualquer outra função pública por prazo até três anos* – trata-se de pena de natureza principal, que não se confunde com o art. 92, I, do CP, que trata como "efeito da condenação" a perda do cargo ou função pública do agente delitivo. No tocante à "perda do cargo", esta diz respeito àquele posto ocupado pela autoridade à época do crime. Quanto à "inabilitação", esta se refere à impossibilidade de o agente ocupar outras funções públicas por até um triênio.

Se o abuso de autoridade for praticado por autoridade policial, poderá ser cominada, ainda, a pena de não poder exercer suas funções de natureza policial no município da culpa, por prazo de um a cinco anos (art. 6º, § 5º, da Lei 4.898/1965).

7. Crimes contra o consumidor – Lei 8.078/1990

7.1. Crimes contra as relações de consumo

7.1.1. Breves considerações. Relação entre o CDC e a CF

O CDC, Lei 8.078/1990, constitui importante diploma legal criado para a defesa/proteção do consumidor, encontrando fundamento constitucional para sua existência: o art. 5º, XXXII ("O Estado promoverá, na forma da lei, a defesa do consumidor") e art. 170, V, ambos da CF ("A ordem econômica, fundada na valorização do trabalho humano e na livre iniciativa, tem por fim assegurar existência digna, observados os seguintes princípios: (...) V – defesa do consumidor").

Destarte, cuidou o legislador infraconstitucional de implementar os ditames constitucionais, criando mecanismos legais para a facilitação da defesa do consumidor, não se podendo olvidar da característica de hipossuficiência que o torna digno de todo um sistema protetivo.

7.1.2. Conceitos básicos para a compreensão do Direito Penal do Consumidor

Para que se compreenda na integralidade o sistema penal protetivo do consumidor, mister que se conheça alguns conceitos e aspectos basilares a respeito do tema, a saber:

- ✔ Consumidor: é toda pessoa física ou jurídica que adquire e utiliza produto ou serviço como destinatário final. Também é possível equiparar-se a consumidor a coletividade de pessoas, ainda que indetermináveis, que haja intervindo nas relações de consumo (art. 2º e parágrafo único do CDC);
- ✔ Fornecedor: é toda pessoa física ou jurídica, pública ou privada, nacional ou estrangeira, bem como os entes despersonalizados, que desenvolvem atividades de produção, montagem, criação, construção, transformação, importação, exportação, distribuição ou comercialização de produtos ou prestação de serviços (art. 3º do CDC).

No tocante ao fornecedor, importa registrar que somente assim será considerado se desempenhar atividade mercantil ou civil de forma <u>habitual</u>, sob pena de restar descaracterizada a figura em apreço. Assim, a pessoa física ou jurídica que ocasionalmente fornece produto ou serviço, não fazendo desta atividade sua fonte de renda, não se insere no conceito de fornecedor, afastando-se, pois, a relação de consumo.

- ✔ Produto: é qualquer bem, móvel ou imóvel, material ou imaterial (art. 3º,§ 1º, do CDC);
- ✔ Serviço: é qualquer atividade fornecida no mercado de consumo, mediante remuneração, inclusive as de natureza bancária, financeira, de crédito e securitária, salvo as decorrentes das relações de caráter trabalhista (art. 3º, § 2º, do CDC).

7.1.3. Características gerais dos crimes contra o consumidor definidos no CDC

Como regra, as infrações penais definidas no CDC trazem características comuns, quais sejam:

a) *sujeito ativo*: fornecedor;

b) *sujeito passivo*: a coletividade (sujeito passivo principal) e o consumidor (sujeito passivo secundário); 305

c) *objeto material*: produto ou serviço;

d) *objeto jurídico*: as relações de consumo (conotação coletiva);

e) *elemento subjetivo da conduta*: dolo (regra) ou culpa (poucos casos).

Importa destacar que os crimes contra as relações de consumo não se esgotam no CDC, podendo ser encontrados em outros diplomas normativos, como a Lei 8.137/1990 (Lei dos crimes contra a ordem tributária, econômica e relações de consumo). Isso, por vezes, gera conflito aparente de normas, geralmente resolvido pela aplicação do princípio da especialidade.

No momento, analisaremos os crimes contra as relações de consumo definidos especificamente no CDC.

7.2. Crimes no CDC

Ao todo, o Código de Defesa do Consumidor nos traz 12 (doze) tipos penais incriminadores, sem esgotar, é verdade, a proteção jurídico-penal, presente em outros diplomas legais (CP, Lei dos crimes contra a economia popular, Lei de Sonegação Fiscal etc.).

Prova disso é o que dispõe o art. 61 do CDC: "Constituem crimes contra as relações de consumo previstas neste Código, sem prejuízo do disposto no Código Penal e leis especiais, as condutas tipificadas nos artigos seguintes".

7.3. Crimes em espécie

7.3.1. Substância avariada (art. 62)

Embora esta figura típica originalmente viesse no art. 62 do CDC, foi este vetado pelo Presidente da República. Todavia, o que nele estava disposto foi basicamente repetido no art. 7º, IX, da Lei 8.137/1990, *verbis*: "Vender, ter em depósito para vender ou expor à venda ou, de qualquer forma, entregar matéria-prima ou mercadoria, em condições impróprias ao consumo".

O CDC, em seu art. 18, § 6º, define o que se entende por produtos impróprios para o consumo: I – os produtos cujos prazos de validade estejam vencidos; II – os produtos deteriorados, alterados, adulterados, avariados, falsificados, corrompidos, fraudados, nocivos à vida ou à saúde, perigosos ou, ainda, aqueles em desacordo com as normas regulamentares de fabricação, distribuição ou apresentação; III – os produtos que, por qualquer motivo, se revelem inadequados ao fim a que se destinam.

Passemos, pois, à análise do tipo penal em comento:

a) Sujeito ativo: fornecedor.
b) Sujeito passivo: coletividade (sujeito passivo imediato ou principal) e o próprio consumidor (sujeito passivo mediato ou secundário), caso o crime afete pessoa certa e determinada.
c) Condutas típicas: vender, ter em depósito para vender, expor à venda ou, de qualquer forma, entregar.
d) Objeto material: matéria-prima ou mercadoria em condições impróprias ao consumo. Aqui, trata-se de norma penal em branco, já que o conceito de "produtos impróprios para o consumo" vem previsto no art. 18, § 6º, do CDC, anteriormente reproduzido.
e) Elemento subjetivo da conduta: dolo e culpa (admite-se a modalidade culposa, de acordo com o art. 7º, parágrafo único, da Lei 8.137/1990, que pune o agente com pena reduzida de 1/3 ou de multa, igualmente reduzida, à quinta parte).
f) Classificação doutrinária: crime de mera conduta.
g) Consumação e tentativa: consuma-se o crime com a mera atividade, pouco importando a ocorrência de resultado lesivo. Logo, inadmissível a tentativa, por ser esta modalidade incompatível com os crimes de mera conduta.

Peculiaridade do crime: a doutrina dispensa a realização de perícia nos produtos apreendidos e ditos como impróprios para o consumo, pois se trata de crime de perigo abstrato, presumindo-se, pois, a ofensa ao bem jurídico tutelado (relações de consumo). Há precedentes do STJ (RESP 221.561/PR; RESP 472.038/PR) e STF (RT 781/516).

7.3.2. Omissão de dizeres ou sinais ostensivos sobre a nocividade ou periculosidade de produtos (art. 63)

Reza o *caput* do art. 63 do CDC: "Omitir dizeres ou sinais ostensivos sobre a nocividade ou periculosidade de produtos, nas embalagens, invólucros, recipientes ou publicidade". A pena é de detenção, de *6 meses a 2 anos e multa*.

Referido dispositivo decorre de regra inserida no CDC acerca da proteção à saúde e segurança dos consumidores, prevista especificamente no art. 9º: "O fornecedor de produtos e serviços potencialmente nocivos à saúde ou segurança deverá informar, de maneira ostensiva e adequada, a respeito de sua nocividade ou periculosidade, sem prejuízo da adoção de outras medidas cabíveis em cada caso concreto".

Vejamos cada item atinente ao tipo penal incriminador em comento:

a) Sujeito ativo: fornecedor.
b) Sujeito passivo: coletividade (sujeito passivo imediato ou principal) e o consumidor (sujeito passivo mediato ou secundário).
c) Conduta típica: omitir (clara sinalização de que o crime é OMISSIVO, mais precisamente, omissivo próprio ou puro).
d) Elementos normativos do tipo: nocividade e periculosidade. Trata-se de conceitos que devem ser valorados pelo magistrado, a fim de que afira se há adequação típica. Considera-se nocivo o produto que possa causar algum malefício ao consumidor, ao passo que a periculosidade do produto indica um conjunto de circunstâncias que se traduzem em um mal ou dano provável para alguém ou alguma coisa.
e) Elemento subjetivo: dolo (regra) e culpa (§ 2º – pena de 1 a 6 meses de detenção ou multa).
f) Consumação e tentativa: por se tratar de crime omissivo, bastará, é claro, a inatividade do agente para que se repute consumado. Por ser o crime em tela omissivo próprio, inadmissível a tentativa, por absoluta incompatibilidade.

7.3.3. Omissão na comunicação de nocividade ou periculosidade de produtos (art. 64)

Prescreve o art. 64 do CDC: "Deixar de comunicar à autoridade competente e aos consumidores a nocividade ou periculosidade de produtos cujo conhecimento seja posterior à sua colocação no mercado". A pena é de *detenção de 6 meses a 2 anos e multa*.

O art. 10 do CDC, bem assim seus parágrafos, tratam da vedação ao fornecedor de "colocar no mercado de consumo produto ou serviço que sabe ou deveria saber apresentar alto grau de nocividade ou periculosidade à saúde ou segurança". Tão logo tenha conhecimento da periculosidade que apresentem, "o fornecedor de produtos e serviços que, posteriormente à sua introdução no mercado de consumo" dela souber, "deverá comunicar o fato imediatamente às autoridades competentes e aos consumidores, mediante anúncios publicitários".

Vejamos o tipo penal em comento:

a) Sujeito ativo: fornecedor.

b) Sujeito passivo: coletividade (sujeito passivo imediato ou principal) e o consumidor (sujeito passivo mediato ou secundário).

c) Conduta típica: deixar de comunicar. Trata-se, é evidente, de crime omissivo próprio, dada a inatividade do sujeito ativo frente às autoridades competentes e consumidores acerca da informação de periculosidade e nocividade de produtos inseridos no mercado de consumo.

d) Elementos normativos do tipo: nocividade e periculosidade.

e) Elemento subjetivo da conduta: dolo (não há modalidade culposa).

f) Consumação e tentativa: por se tratar de crime omissivo próprio, bastará a mera inatividade do agente para restar caracterizado. Pelo fato de se tratar de conduta omissiva ("deixar de..."), impossível a tentativa.

7.3.4. Execução de serviço de alto grau de periculosidade (art. 65)

Preconiza o art. 65 do CDC: "Executar serviço de alto grau de periculosidade, contrariando determinação de autoridade competente". A pena é de *detenção de 6 meses a 2 anos e multa*.

Relevante é saber o que se entende por serviço de "alta periculosidade". Parte da doutrina entende que se trata de norma penal em branco, tendo em vista que não cuidou o tipo penal de especificar o que é serviço de alta periculosidade. Assim, aqueles assim reconhecidos por autoridades competentes (as sanitárias, via de regra), se executados em contrariedade ao disposto por referidas autoridades, configurarão o crime em tela. É o caso, por exemplo, de dedetização, que envolve o uso de produtos tóxicos. Tal tarefa é possível, desde que se observem as prescrições legais a respeito, tais como as previstas no Código Sanitário dos estados.

Vejamos o tipo penal incriminador de modo fracionado:

a) Sujeito ativo: fornecedor.

b) Sujeito passivo: coletividade (sujeito passivo imediato ou principal) e o consumidor (sujeito passivo mediato ou secundário).

c) Conduta típica: executar. Pela análise do verbo, é possível que se conclua que se trata de crime comissivo, vale dizer, deve o agente realizar uma ação, com as características descritas no tipo.

d) Elemento subjetivo da conduta: é o dolo (não há previsão de modalidade culposa).

e) Consumação e tentativa: não se exige, para sua configuração, resultado lesivo. Portanto, pode ser classificado como crime de mera conduta, sendo absolutamente desnecessário (quiçá impossível) o implemento de resultado naturalístico. Por ser crime comissivo, é, em tese, cabível a tentativa, muito embora seja de improvável verificação.

7.3.5. Afirmação falsa ou enganosa (art. 66)

O *caput* do art. 66 do CDC assim prescreve: "Fazer afirmação falsa ou enganosa, ou omitir informação relevante sobre a natureza, característica, qualidade, quantidade, segurança, desempenho, durabilidade, preço ou garantia de produtos ou serviços". A pena é de *detenção de 3 meses a 1 ano e multa*.

O crime em tela tenciona proteger as corretas informações que devem ser prestadas ao consumidor, nos moldes preconizados pelo art. 31 do CDC: "A oferta e apresentação de produtos ou serviços devem assegurar informações corretas, claras, precisas, ostensivas e em língua portuguesa sobre suas características, qualidades, quantidade, composição, preço, garantia, prazos de validade e origem, entre outros dados, bem como sobre os riscos que apresentam à saúde e segurança dos consumidores".

Ademais, o art. 6º, do mesmo diploma legal, que traz um rol dos direitos basilares do consumidor, afirma, em seu inciso III, que cabe ao fornecedor "a informação adequada e clara sobre os diferentes produtos e serviços, com especificação correta de quantidade, características, composição, qualidade, tributos incidentes e preço, bem como sobre os riscos que apresentem".

Vejamos o tipo penal em tela:

a) Sujeito ativo: fornecedor (*caput*) ou o patrocinador (§ 1º).

b) Sujeito passivo: coletividade (sujeito passivo imediato ou principal) e o consumidor (sujeito passivo mediato ou secundário).

c) Condutas típicas: fazer afirmação falsa ou enganosa ou omitir informação relevante. Na primeira conduta, verifica-se seu caráter comissivo, ao passo que, na segunda figura, identifica-se o caráter omissivo do crime em análise. Assim, seja por ação, fazendo afirmação falsa ou enganosa sobre produtos ou serviços, seja por omissão de informação relevante sobre estes, o agente incorrerá na figura penal estudada. Nas mesmas penas do *caput* incorrerá quem *patrocinar* a oferta.

d) Elemento subjetivo da conduta: dolo (*caput* e § 1º) ou culpa (§. 2º). Neste último caso, a pena será de detenção de *1 a 6 meses ou multa*.

e) Consumação e tentativa: na modalidade comissiva, admissível a tentativa, enquanto que na omissiva, por óbvio, não se a admite.

Peculiaridades do crime: a infração penal ora analisada, embora muito se assemelhe ao crime de estelionato, definido no art. 171 do CP, com este não se confunde. É que, para a configuração deste último, exige-se resultado lesivo ao patrimônio da vítima, enquanto que no código consumerista, basta a informação falsa ou enganosa, ou a mera omissão de informações relevantes sobre o produto ou serviço. Entende-se que, em caso de propaganda falsa ou enganosa, se a vítima experimentar prejuízo, haverá concurso material com estelionato, nos moldes do art. 69 do CP. Todavia, possível entender que a propaganda enganosa pode ser o meio empregado pelo agente para perpetrar o delito patrimonial, ficando por este absorvido, por força do princípio da consunção.

7.3.6. Publicidade enganosa (art. 67)

O art. 67 do CDC assim dispõe: "Fazer ou promover publicidade que sabe ou deveria saber ser enganosa ou abusiva". A pena é de *detenção de 3 meses a 1 ano e multa*.

Inegavelmente, o crime em tela protege o direito básico do consumidor de não receber ou ter acesso a "publicidade enganosa e abusiva, métodos comerciais coercitivos ou desleais, bem como práticas e cláusulas abusivas ou impostas no fornecimento de produtos e serviços", de acordo com o prescrito no art. 6º, IV, do CDC.

Analisemos o tipo penal incriminador em comento:

a) Sujeito ativo: é o publicitário, profissional cuja atividade é regida pela Lei 4.680/1965 e Decreto 57.690/1966.

b) Sujeito passivo: coletividade (sujeito passivo imediato ou principal) e o consumidor (sujeito passivo secundário ou mediato).

c) Condutas típicas: fazer ou promover. Ambas são formas comissivas de se perpetrar o crime, que pressupõe, portanto, uma ação no sentido de criar ou executar publicidade enganosa ou abusiva. Considera-se enganosa, nos termos do art. 37, § 1º, do CDC, "qualquer modalidade de informação ou comunicação de caráter publicitário, inteira ou parcialmente falsa, ou, por qualquer outro modo, mesmo por omissão, capaz de induzir em erro o consumidor a respeito da natureza, características, qualidade, quantidade, propriedades, origem, preço e quaisquer outros dados sobre produtos e serviços". Diz-se, ainda, abusiva, "a publicidade discriminatória de qualquer natureza, a que incite à violência, explore o medo ou a superstição, se aproveite da deficiência de julgamento e experiência da criança, desrespeita valores ambientais, ou que seja capaz de induzir o consumidor a se comportar de forma prejudicial ou perigosa à sua saúde ou segurança" (art. 37, § 2º).

d) Elemento subjetivo da conduta: é o dolo, tanto na forma direta (fazer ou promover publicidade que sabe), quanto na eventual (ou deveria saber). Não se admite, por falta de previsão legal, a modalidade culposa. Não se pode, ainda, interpretar que o "deveria saber" se enquadra em qualquer modalidade de culpa (imprudência, negligência ou imperícia), já que seria absurdo o legislador punir a conduta dolosa ou culposa com a mesma intensidade, já que ao *caput* aplica-se a pena de 3 meses a 1 ano de detenção, e multa.

e) Consumação e tentativa: doutrinariamente, diz-se que o crime em comento é formal, razão pela qual se reputará consumado com a mera publicidade enganosa, pouco importando a ocorrência de resultado lesivo. A tentativa é possível, já que se trata de crime comissivo (as condutas "fazer" ou "promover" são realizadas por ação do agente).

7.3.7. Publicidade capaz de induzir o consumidor (art. 68)

Reza o art. 68: "Fazer ou promover publicidade que sabe ou deveria saber ser capaz de induzir o consumidor a se comportar de forma prejudicial ou perigosa a sua saúde ou segurança". A pena cominada varia de *6 meses a 2 anos de detenção e multa*.

Trata-se de norma penal em branco, já que a tipicidade dependerá da análise do art. 37, § 2º, do CDC, que trata da publicidade abusiva (... *capaz de induzir o consumidor a se comportar de forma prejudicial ou perigosa à sua saúde ou segurança*).

O tipo penal em estudo tem a seguinte estrutura:

a) Sujeito ativo: é o profissional ligado à publicidade, que a promove de maneira enganosa ou abusiva. Trata-se, pois, de crime próprio.

b) Sujeito passivo: coletividade (sujeito passivo imediato ou principal) e o consumidor (sujeito passivo secundário ou mediato).

c) Condutas típicas: fazer ou promover (publicidade apta a induzir o consumidor a portar-se de forma prejudicial à saúde ou segurança).

d) Elemento normativo do tipo: publicidade apta a determinar que o consumidor passe a se portar de maneira perigosa à saúde ou segurança.

e) Elemento subjetivo da conduta: é o dolo, tanto na forma direta (sabe) quanto eventual (ou deveria saber).

f) Consumação e tentativa: consuma-se o crime em tela com a veiculação da publicidade enganosa ou abusiva que possa redundar em comportamento do consumidor perigoso à saúde ou segurança. A tentativa é admissível por ser tratar de crime plurissubsistente (composto de vários atos).

7.3.8. Omissão na organização de dados que dão base à publicidade (art. 69)

O art. 69 do CDC assim preleciona: "Deixar de organizar dados fáticos, técnicos e científicos que dão base à publicidade". A pena é de *detenção de 1 a 6 meses ou multa.*

Trata-se de crime que tutela a veracidade das informações que se destinam aos consumidores.

Assim, temos que:

a) Sujeito ativo: fornecedor ou publicitário.
b) Sujeito passivo: consumidor (diretamente/indiretamente) e a coletividade (direta/indiretamente).
c) Conduta típica: deixar de organizar. Trata-se de crime omissivo próprio.
d) Elemento subjetivo da conduta: é o dolo.
e) Consumação e tentativa: consuma-se o crime com a simples omissão (crime instantâneo). Impossível a tentativa, tendo em vista que os crimes omissivos não a admitem.

7.3.9. Emprego de peças ou componentes de reposição usados (art. 70)

O art. 70 do CDC prescreve: "Empregar, na reparação de produtos, peças ou componentes de reposição usados, sem autorização do consumidor". A pena é de *detenção de 3 meses a 1 ano e multa.*

Trata-se de infração penal que tutela o direito do consumidor de ver seus pertences reparados com peças originais e novas, salvo se anuir que assim não sejam, de acordo com o art. 21 do CDC.

Destarte, verifiquemos os seguintes itens:

a) Sujeito ativo: fornecedor.
b) Sujeito passivo: consumidor e coletividade.
c) Conduta típica: empregar, ou seja, usar, utilizar, aplicar. O fato será atípico se o consumidor autorizar que peças ou componentes usados sejam utilizados na reparação de produtos danificados. Portanto, o consentimento do ofendido, na espécie, torna atípica a conduta. Entende-se que a anuência provoca a exclusão da antijuridicidade, por se tratar de causa supralegal que torna lícita a conduta.
d) Elemento subjetivo da conduta: é o dolo. Não se admite a forma culposa. Portanto, se o fornecedor, por descuido (negligência), empregar no conserto de produto peças usadas, não praticará o crime em tela.
e) Consumação e tentativa: há quem sustente que o crime é de mera atividade, vale dizer, não se exige que o consumidor experimente prejuízo. Há quem diga que o crime em comento é de perigo abstrato, cujo prejuízo é presumido. Todavia, possível entender-se que o crime exige prejuízo ao consumidor, sob pena de estarmos diante de mero ilícito civil. Se se entender que o crime é material, admite-se a tentativa.

7.3.10. Cobrança vexatória (art. 71)

O art. 71 do CDC assim prevê: "Utilizar, na cobrança de dívidas, de ameaça, coação, constrangimento físico ou moral, afirmações falsas, incorretas ou enganosas ou de qualquer outro procedimento que exponha o consumidor, injustificadamente, a ridículo ou interfira com seu trabalho, descanso ou lazer". A pena cominada varia de *3 meses a 1 ano de detenção e multa.*

Trata-se de crime que vem a reforçar o direito do consumidor de não ser exposto a ridículo, nem submetido a qualquer tipo de constrangimento ou ameaça, *ex vi* do art. 42 do CDC.

Vejamos os elementos do tipo e sujeitos do crime:

a) Sujeito ativo: é o fornecedor (credor) ou quem, a seu mando, efetue a cobrança ao consumidor.
b) Sujeito passivo: coletividade e consumidor (devedor).
c) Conduta típica: utilizar (empregar, usar). Assim, verifica-se o crime quando o credor ou terceira pessoa, a seu mando, emprega meios vexatórios para a cobrança de dívida, tais como: ameaça, coação, constrangimento físico ou moral. Referidos meios são meramente exemplificativos, tendo em vista que o tipo penal admite uso da interpretação analógica (ou qualquer outro procedimento que exponha o consumidor a ridículo, ou interfira em seu trabalho, descanso ou lazer).
d) Elemento normativo do tipo: o meio utilizado para a cobrança deve ser indevido ou injustificado.
e) Elemento subjetivo da conduta: é o dolo. Não se admite a modalidade culposa, por ausência de previsão legal.
f) Consumação e tentativa: consuma-se o crime com a cobrança vexatória da dívida, de maneira injustificada. Diz-se que o crime é de mera conduta. Admissível a tentativa (ex.: cobrança por escrito, mas extraviada).

7.3.11. Impedimento de acesso às informações do consumidor (art. 72)

Reza o art. 72 do CDC: "Impedir ou dificultar o acesso do consumidor às informações que sobre ele constem em cadastros, banco de dados, fichas e registros". A pena é de *detenção de 6 meses a 1 ano ou multa.*

Trata-se de crime que vem a inserir no campo penal o disposto no art. 43 do mesmo código, que assim dispõe: "O consumidor, sem prejuízo do disposto no art. 86, terá acesso às informações existentes em cadastros, fichas, registros e dados pessoais e de consumo arquivados sobre ele, bem como sobre as suas respectivas fontes".

Vejamos o tipo penal em detalhes:

a) Sujeito ativo: qualquer pessoa responsável pelo controle das informações sobre o consumidor.
b) Sujeito passivo: coletividade e consumidor.
c) Condutas típicas: impedir (oferecer obstáculo) ou dificultar (estorvar, complicar).
d) Elemento subjetivo da conduta: é o dolo. Não se admite a modalidade culposa, por ausência de previsão legal.
e) Consumação e tentativa: consuma-se o crime com o impedimento ou dificuldade criada pelo agente ao acesso, pelo consumidor, de informações suas que constem em cadastros, bancos de dados, fichas e registros. Não se pode admitir a tentativa tendo em vista que a conduta "dificultar", por si só, basta à consumação do delito.

7.3.12. Omissão na correção de informações com inexatidões (art. 73)

O crime em tela vem previsto no art. 73 do CDC, *in verbis*: "Deixar de corrigir imediatamente informação sobre consumidor, constante de cadastro, banco de dados, fichas ou registros que sabe ou deveria saber ser inexata". A pena varia de *1 a 6 meses de detenção ou multa.*

A infração em comento tutela, a um só tempo, a honra e o crédito do consumidor, nos termos do art. 43, § 3º, do CDC: "O consumidor, sempre que encontrar inexatidão nos seus dados e cadastros, poderá exigir sua imediata correção, devendo o arquivista, no prazo de 5 dias úteis, comunicar a alteração aos eventuais destinatários das informações incorretas".

Vejamos os elementos do tipo e sujeitos:

a) Sujeito ativo: pessoa que deixa de corrigir a informação, desde que responsável para tanto.
b) Sujeito passivo: consumidor cuja informação deixou de ser corrigida.
c) Conduta típica: deixar de corrigir. Trata-se, por evidente, de crime omissivo próprio.
d) Elemento subjetivo da conduta: dolo direto ("sabe") ou eventual ("deveria saber").
e) Elemento normativo do tipo: a expressão imediatamente, prevista no tipo em tela, deve ser interpretada como passível de realização em até 5 dias.
f) Consumação e tentativa: com a mera omissão o crime estará consumado. Por se tratar de crime omissivo, inadmissível a tentativa.

7.3.13. Omissão na entrega de termo de garantia (art. 74)

O art. 74 do CDC assim prescreve: "Deixar de entregar ao consumidor o termo de garantia adequadamente preenchido e com especificação clara de seu conteúdo". A pena varia de *1 a 6 meses de detenção ou multa.*

O crime em comento protege a relação contratual havida entre consumidor e fornecedor, nos termos do art. 50, *caput*, e parágrafo único, do CDC: "A garantia contratual é complementar à legal e será conferida mediante termo escrito. Parágrafo único: O termo de garantia ou equivalente deve ser padronizado e esclarecer, de maneira adequada, em que consiste a mesma garantia, bem como a forma, o prazo e o lugar em que pode ser exercitada e os ônus a cargo do consumidor, devendo-lhe ser entregue, devidamente preenchido pelo fornecedor, no ato do fornecimento, acompanhado de manual de instrução, de instalação e uso de produto em linguagem didática, com ilustrações".

Vejamos os sujeitos do crime e elementos do tipo:

a) Sujeito ativo: fornecedor.
b) Sujeito passivo: consumidor e coletividade.
c) Conduta típica: deixar de entregar. Trata-se de crime omissivo próprio, que se configura pela falta de entrega ao consumidor do termo de garantia (contratual) devidamente preenchido e com especificações claras de seu conteúdo.
d) Elemento subjetivo da conduta: é o dolo. Não há modalidade culposa prevista.
e) Consumação e tentativa: o delito em questão se consuma com a omissão na entrega do termo de garantia. Por ser crime omissivo, impossível a tentativa.

7.4. Concurso de pessoas (art. 75)

O art. 75 do CDC, de acordo com a doutrina, encontra-se revogado pelo art. 11 da Lei 8.137/1990 (crimes contra a ordem tributária, econômica e relações de consumo).

De qualquer forma, o dispositivo é absolutamente dispensável, posto que seu conteúdo é semelhante ao art. 29 do CP.

7.5. Circunstâncias agravantes (art. 76)

A aplicação das circunstâncias alteradoras da reprimenda não impede que aquelas definidas no CP sejam aplicadas, desde que não configurem *bis in idem*.

7.6. Pena de multa (art. 77)

Por ser regra especial, aplica-se o CDC e não as prescrições acerca da pena de multa prevista no CP.

Por força do art. 77, "a pena pecuniária prevista nesta Seção será fixada em dias-multa, correspondente ao mínimo e ao máximo de dias de duração da pena privativa da liberdade cominada ao crime. Na individualização desta multa, o juiz observará o disposto no art. 60, § 1º, do Código Penal".

Referido dispositivo do CP permite ao juiz elevar a pena de multa até o triplo, se a capacidade econômica do réu for suficientemente boa a tal ponto de tornar ineficaz a pena pecuniária legalmente prevista.

7.7. Penas restritivas de direitos (art. 78)

Diferentemente do CP, as penas restritivas de direitos previstas no CDC não têm caráter substitutivo à privativa de liberdade, mas cumulativo (ou alternativo também).

Dado o princípio da especialidade, são penas restritivas de direitos aplicáveis aos crimes contra as relações de consumo: I – interdição temporária de direitos; II – publicação em órgãos de comunicação de grande circulação ou audiência, às expensas do condenado, de notícia sobre os fatos e a condenação; III – a prestação de serviços à comunidade.

Por ausência de previsão legal, as demais penas alternativas previstas no CP não se aplicam aos agentes que tenham praticado crimes previstos no CDC.

7.8. Fiança (art. 79)

De acordo com o art. 79 do CDC, o valor da fiança variará entre 100 a 200 mil vezes o valor do BTN. Porém, como este índice foi extinto em 01.02.1991, com valor então de CR$ 126,86, será utilizado como parâmetro, após atualizado, para pagamento da contracautela.

7.9. Assistente de acusação e ação penal subsidiária (art. 80)

Admite-se que intervenham como assistentes de acusação, nos crimes contra as relações de consumo, sem prejuízo das próprias vítimas diretas (consumidores), os legitimados previstos no art. 82, III e IV, do CDC, a saber:

> III. entidades e órgãos da administração pública, direta ou indireta, ainda que sem personalidade jurídica, especificamente destinados à defesa dos interesses e direitos protegidos pelo CDC;
>
> IV. as associações legalmente constituídas há pelo menos 1 ano e que incluam entre seus fins institucionais a defesa do consumidor.

Ademais, referidos legitimados também o serão para a propositura de ação penal privada subsidiária da pública, desde que haja inércia ministerial, nos termos do art. 5º, LIX, da CF, e art. 29 do CPP.

8. Crimes falimentares – Lei 11.101/2005

8.1. Previsão legal e considerações iniciais

A Lei 11.101, de 9 de fevereiro de 2005, com *vacatio legis* de 120 dias, substituiu, integralmente, a antiga "Lei de Falências" (Decreto 7.661/1945). Com a nova lei, não há mais falar-se apenas em falência, mas, também, em recuperação judicial e extrajudicial, deixando de existir a "antiga" concordata.

Acerca da origem histórica da falência, fala-se que dizia respeito ao adimplemento das dívidas e seus instrumentos de garantia. Antigamente, garantia-se o pagamento de dívidas com castigos físicos, apreensão de bens do devedor pelo próprio credor, que os alienava e "quitava" a dívida.

Com o desenvolvimento da economia e das relações comerciais, tornou-se imprescindível a criação de mecanismos de proteção do crédito e das relações cliente-mercado, do que se extraiu a edição da Lei dos Crimes Falimentares. Na atualidade, torna-se um pouco equivocada a menção a "Crimes Falimentares", visto que crimes há que dependem não da sentença que declara a falência, mas daquela que concede recuperação judicial ou que homologa a recuperação extrajudicial. Todavia, por tradição, prossegue-se dizendo "Crime Falimentar".

8.2 Direito intertemporal e a problemática do conflito de leis penais no tempo

A antiga Lei de Falências (Decreto 7.661/1945), em diversos pontos, frente à nova lei, é considerada mais benéfica (*lex mitior*), especialmente no tocante às penas. Portanto, em alguns casos, configurar-se-á a *novatio legis in pejus* (nova lei prejudicial), razão pela qual, nesse ponto, será irretroativa.

Todavia, houve situações em que a nova lei (Lei 11.101/2005) operou a descriminalização de certas condutas, extirpadas do cenário jurídico. Nesse caso, havendo *abolitio criminis*, certamente a lei nova é benéfica, operando efeitos imediatamente (extinção da punibilidade - art. 107, I, CP).

Ainda, a Lei 11.101/2005 introduziu no ordenamento jurídico penal novas figuras típicas, até então inexistentes. Logo, por se tratar, nesse ponto, de *novatio legis* incriminadora, somente poderá gerar efeitos a partir de sua edição. Assim não fosse, estar-se-ia violando, a um só tempo, o princípio da reserva legal e da anterioridade.

Assim, concluímos o seguinte:

a) para crimes falimentares praticados sob a égide do Decreto 7.661/1945, mas que a persecução penal não tenha sido iniciada, ou, se iniciada, não havia se encerrado, deve-se analisar se a "nova lei" (Lei 11.101/2005) foi mais benéfica - caso em que irá operar-se a retroatividade - ou prejudicial - caso em que haverá a ultratividade da lei revogada;

b) para figuras criminosas inexistentes à época da vigência do Decreto 7.661/1945, evidentemente a tipicidade penal somente existirá a partir da edição da Lei 11.101/2005.

8.3. Crimes de dano e de perigo na Lei de Falências

Em sua maioria, os crimes falimentares serão considerados "crimes de perigo", tendo em vista que a conduta praticada pelo agente não precisará, de fato, causar lesão a um bem ou interesse, bastando que os ameacem de lesão.

Todavia, certos crimes exigirão efetivo dano ao bem jurídico protegido, sem o que não estará configurada a infração penal, ou estar-se-á diante da tentativa.

8.4. Classificação dos crimes falimentares quanto ao sujeito ativo

Alguns dos crimes falimentares são considerados *próprios*, levando-se em conta certa característica ostentada pelo sujeito ativo. São os chamados *crimes falimentares próprios* (arts. 168, 171, 172, 176 e 178 - o sujeito ativo será o devedor; art. 177 - sujeitos ativos: juiz, promotor, administrador judicial, perito, avaliador, escrivão, oficial de justiça ou leiloeiro).

Em outros casos, os crimes falimentares serão *impróprios ou comuns*, tendo em vista que qualquer pessoa poderá ser sujeito ativo. É o caso dos arts. 169, 170, 173, 174 e 175.

8.5. Classificação dos crimes falimentares levando-se em consideração o momento de realização dos atos executórios

a) *Crimes antefalimentares* (ou *pré-falimentares*): são aqueles cuja consumação ocorre em momento anterior (prévio) à declaração judicial da falência (sentença declaratória da falência). Também são assim denominados, após a entrada em vigor da Lei de Falências (Lei 11.101/2005), os crimes cometidos antes da sentença concessiva de recuperação judicial e da que homologa o plano de recuperação extrajudicial. São crimes antefalimentares os descritos nos arts. 168, 169, 172 e 178 da lei em comento.

b) *Crimes pós-falimentares*: são aqueles cuja consumação é verificada após a decretação da falência, da recuperação judicial ou extrajudicial. São assim considerados os crimes previstos nos arts. 168, 170, 171, 172, 173, 174, 175, 176, 177 e 178 da lei em análise.

8.6. Crimes concursais e condição objetiva de punibilidade

Os crimes falimentares são definidos como *crimes concursais*, visto que, para sua configuração, dependem do concurso de alguma causa estranha ao próprio Direito Penal. Assim, somente se pode cogitar de crime falimentar se concorrer uma outra causa (fato/ato jurídico).

Com efeito, o art. 180 da Lei de Falências assim dispõe: "A sentença que decreta a falência, concede recuperação judicial ou concede a recuperação extrajudicial de que trata o art. 163 desta Lei é condição objetiva de punibilidade das infrações penais descritas nesta Lei".

Logo, todos os crimes falimentares dependem da existência de uma condição exterior à conceituação legal (tipicidade penal), sob pena de não se cogitar de sua prática. Daí dizer-se que o crime falimentar é concursal, já que depende do concurso de uma causa externa, estranha ao Direito Penal, que é a sentença que decreta a quebra, ou que concede a recuperação judicial ou extrajudicial.

8.7. Unidade ou universalidade

Segundo Manoel de Pedro Pimentel (Legislação penal especial, RT, 1972), "unidade ou universalidade é o que caracteriza o crime falimentar. Cada crime falimentar é, em si mesmo, uma ação delituosa e basta a existência de um só para justificar a punição". Ainda, o mesmo mestre ensinou que "se várias forem as ações delituosas, passarão a ser consideradas como atos e a unidade complexa se transforma em uma universalidade, punindo-se o todo e não as partes, com uma só pena".

Portanto, prevalece o entendimento doutrinário (e jurisprudencial), que, concorrendo diversos fatos descritos como delitos falimentares, dá-se uma só ação punível, e não pluralidade de ações, visto tratar-se de crime de estrutura complexa, em que o comportamento dos falidos (ou em recuperação judicial ou extrajudicial) deve ser unificado. Enfim, a "pluralidade de crimes" será considerado de maneira universal, como se se tratasse de um só crime, composto de uma pluralidade de atos.

8.8. Investigação criminal na Lei de Falências

De acordo com o Decreto 7.661/1945, a investigação pela prática de crime falimentar era realizada pelo juízo universal da falência, vale dizer, pelo magistrado responsável pela decretação da quebra do empresário ou empresa.

Todavia, a doutrina criticava a disposição legal que previa tal procedimento, na medida em que o art. 144 da CF atribui à Polícia Judiciária a tarefa de investigar e apurar as infrações penais no âmbito dos Estados.

Com a nova Lei de Falências (Lei 11.101/2005), pôs-se um fim a esse absurdo. Hoje, a investigação de crimes falimentares é feita pela Polícia Judiciária, conforme se infere da leitura dos arts. 187 e 188, respeitando-se, assim, a CF/1988 e a indispensável separação entre o órgão julgador e aquele que apura a infração penal.

8.9. Ação penal nos crimes falimentares

De acordo com o art. 184 da Lei 11.101/2005, os crimes falimentares são de ação penal pública incondicionada. Ainda, em seu parágrafo único, que entendemos desnecessário, tendo em vista o disposto no art. 5º, LIX, da CF e art. 29 do CPP, há previsão de cabimento de ação penal privada subsidiária da pública, caso o Ministério Público não ofereça denúncia no prazo legal.

8.10. Crimes em espécie

Os crimes falimentares estão definidos nos arts. 168 a 178 da Lei 11.101/2005. Para os fins da presente obra, traremos, de forma objetiva, os principais aspectos de cada um deles.

8.10.1. Fraude a credores (art. 168)

> *Art. 168. Praticar, antes ou depois da sentença que decretar a falência, conceder a recuperação judicial ou homologar a recuperação extrajudicial, ato fraudulento de que resulte ou possa resultar prejuízo aos credores, com o fim de obter ou assegurar vantagem indevida para si ou para outrem.*
>
> *Pena – reclusão, de 3 a 6 anos, e multa.*

Este crime corresponde à antiga "falência fraudulenta" prevista no Decreto 7.661/1945.

a) Sujeito ativo: empresário, sócios, gerentes, administradores e conselheiros das sociedades empresárias.

b) Sujeito passivo: os credores.

c) Condutas típicas: corresponde à prática de ato fraudulento, cometido antes ou depois da falência, da recuperação judicial ou extrajudicial (trata-se, portanto, de crime antefalimentar e pós-falimentar). Assim, o autor do crime irá praticar qualquer ato contrário à lei (com fraude), visando, com sua conduta, lesionar os credores. O dano patrimonial, mesmo que não ocorra, não descaracteriza o crime.

d) Elemento subjetivo da conduta e do tipo: o crime é doloso. Exige-se um "especial fim de agir" (elemento subjetivo do tipo), decorrente da expressão "com o fim de...". Assim, o agente atua com a intenção de obter ou assegurar alguma vantagem indevida para si ou para terceira pessoa.

e) Causas de aumento de pena: nos termos do art. 168, § 1º, a pena aumenta-se de 1/6 (um sexto) a 1/3 (um terço), se o agente: I – elabora escrituração contábil ou balanço com dados inexatos; II – omite, na escrituração contábil ou no balanço, lançamento que deles deveria constar, ou altera escrituração ou balanço verdadeiros; III – destrói, apaga ou corrompe dados contábeis ou negociais armazenados em computador ou sistema informatizado; IV – simula a composição do capital social; V – destrói, oculta ou inutiliza, total ou parcialmente, os documentos de escrituração contábil obrigatórios. A pena será majorada de 1/3 (um terço) até metade em caso de "contabilidade paralela", ou seja, se o devedor manteve ou movimentou recursos ou valores paralelamente à contabilidade exigida pela legislação.

f) Concurso de pessoas: nos termos do art. 168, § 3º nas mesmas penas incidem os contadores, técnicos contábeis, auditores e outros profissionais que, de qualquer modo, concorrerem para as condutas criminosas descritas neste artigo, na medida de sua culpabilidade.

g) Causa de diminuição ou de substituição de pena: tratando-se de falência de microempresa ou de empresa de pequeno porte, e não se constatando prática habitual de condutas fraudulentas por parte do falido, poderá o juiz reduzir a pena de reclusão de 1/3 (um terço) a 2/3 (dois terços) ou substituí-la pelas penas restritivas de direitos, pelas de perda de bens e valores ou pelas de prestação de serviços à comunidade ou a entidades públicas (art. 168, §4º).

8.10.2. Violação de sigilo empresarial (art. 169)

Art. 169. Violar, explorar ou divulgar, sem justa causa, sigilo empresarial ou dados confidenciais sobre operações ou serviços, contribuindo para a condução do devedor a estado de inviabilidade econômica ou financeira.

Pena – reclusão, de 2 a 4 anos, e multa.

Trata-se de *novatio legis* incriminadora. Ou seja, a figura típica em análise inexistia no Decreto 7.661/1945.

a) Sujeito ativo: qualquer pessoa (crime comum).

b) Sujeito passivo: o empresário (devedor).

c) Condutas típicas: Decorre da prática de um dos verbos – violar, explorar ou divulgar. Assim, comete o crime aquela pessoa que viola, explora ou divulga sigilo empresarial ou dados confidenciais referentes a operações e serviços. Com isso, o agente, se contribuir para a bancarrota do devedor, terá cometido o crime.

d) Elemento subjetivo da conduta: o crime é doloso.

8.10.3. Divulgação de informações falsas (art. 170)

Art. 170. Divulgar ou propalar, por qualquer meio, informação falsa sobre devedor em recuperação judicial, com o fim de levá-lo à falência ou de obter vantagem.

Pena – reclusão, de 2 a 4 anos, e multa.

Trata-se de *novatio legis* incriminadora, ou seja, a figura típica ora analisada inexistia na antiga legislação falimentar (Decreto 7.661/1945).

a) Sujeito ativo: qualquer pessoa (crime comum).

b) Sujeito passivo: o empresário (devedor) em recuperação judicial.

c) Condutas típicas: Decorre da prática de um dos verbos – divulgar ou propalar. Assim, comete o crime aquela pessoa que divulga ou retransmite informações inverídicas (falsas) sobre o empresário que esteja em recuperação concedida judicialmente. Com isso, o agente tenciona obter alguma vantagem ou levar o devedor à falência.

d) Elemento subjetivo da conduta: o crime é doloso. Exige-se, ainda, dolo específico (elemento subjetivo do tipo), consistente no especial fim do agente de levar o sujeito passivo à falência.

8.10.4. Induzimento a erro (art. 171)

Art. 171. Sonegar ou omitir informações ou prestar informações falsas no processo de falência, de recuperação judicial ou de recuperação extrajudicial, com o fim de induzir a erro o juiz, o Ministério Público, os credores, a assembleia-geral de credores, o Comitê ou o administrador judicial.

Pena – reclusão, de 2 a 4 anos, e multa.

Trata-se de *crime de mera conduta*.

a) Sujeito ativo: qualquer pessoa (crime comum).

b) Sujeito passivo: o empresário (devedor) em recuperação judicial, extrajudicial ou o falido.

c) Condutas típicas: Decorre da prática de um dos verbos – sonegar ou omitir; prestar informações. Trata-se, portanto, de crime omissivo nas condutas sonegar ou omitir, e comissivo, na conduta de prestar informações falsas. Assim, comete o crime aquela pessoa que sonega (esconde) ou omite informações, bem como a que prestar falsas informações, no curso de um processo falimentar, tencionando induzir a erro o juiz, especialmente no tocante às informações relativas à "saúde financeira" do réu da ação.

d) Elemento subjetivo da conduta: o crime é doloso. Exige-se, ainda, dolo específico (elemento subjetivo do tipo), consistente no especial fim do agente de levar o juiz, o membro do Ministério Público, os credores, a Assembleia geral de credores, o comitê e o administrador judicial a erro.

8.10.5. Favorecimento de credores (art. 172)

Art. 172. Praticar, antes ou depois da sentença que decretar a falência, conceder a recuperação judicial ou homologar o plano de recuperação extrajudicial, ato de disposição ou oneração patrimonial ou gerador de obrigação, destinado a favorecer um ou mais credores em prejuízo dos demais.

Pena – reclusão, de 2 a 5 anos, e multa.

Trata-se de *crime pré-falimentar ou pós-falimentar*.

a) Sujeito ativo: o devedor (crime próprio). Porém, nos termos do art. 172, parágrafo único, da lei ora analisada, nas mesmas penas incorrerá o credor que, em conluio, possa beneficiar-se de ato previsto no *caput* do mesmo artigo.

b) Sujeito passivo: os credores.

c) Conduta típica: Decorre da prática de um ato de disposição ou oneração patrimonial. Trata-se, portanto, de crime pelo qual o agente (devedor), em detrimento da universalidade dos credores (*par conditio*), desvia bens que integrem a massa falida diretamente a certos credores, violando a ordem de recebimento. O que faz o devedor é privilegiar um ou mais credores, em detrimento dos outros.

d) Elemento subjetivo da conduta: o crime é doloso.

8.10.6. Desvio, recebimento ou uso ilegal de bens (art. 173)

Art. 173. Apropriar-se, desviar ou ocultar bens pertencentes ao devedor sob recuperação judicial ou à massa falida, inclusive por meio de aquisição por interposta pessoa.

Pena – reclusão, de 2 a 4 anos, e multa.

a) Sujeito ativo: qualquer pessoa (crime comum), inclusive o devedor ou mesmo um credor.

b) Sujeito passivo: os credores lesados pela conduta.

c) Conduta típica: Decorre da prática de um dos verbos – apropriar, desviar ou ocultar. Assim, o agente que se apropriar (tomar para si), desviar (dar destinação diversa) ou ocultar (esconder) bens da massa falida, cometerá o crime em tela. Com uma das condutas, o agente irá causar prejuízo aos demais credores, por retirar do devedor ou da massa falida bens que eventualmente seriam reduzidos a dinheiro e distribuídos aos credores, de acordo com a classificação de seus créditos.

d) Elemento subjetivo da conduta: o crime é doloso.

8.10.7. Aquisição, recebimento ou uso ilegal de bens

Art. 174. Adquirir, receber, usar, ilicitamente, bem que sabe pertencer à massa falida ou influir para que terceiro, de boa-fé, o adquira, receba ou use.

Pena – reclusão, de 2 a 4 anos, e multa.

Trata-se de figura penal muito semelhante à receptação (art. 180 do CP). Alguns denominam o crime em tela de "receptação falimentar".

a) Sujeito ativo: qualquer pessoa (crime comum), inclusive o devedor ou mesmo um credor.

b) Sujeito passivo: os credores.

c) Conduta típica: Decorre da prática de um dos verbos – adquirir, receber, usar ou influir. Assim, o agente que praticar uma das condutas típicas cometerá o crime, já que o fez em desconformidade com as regras legais. A aquisição, recebimento e uso de bens pertencentes a uma massa falida exigem autorização judicial. Ainda, se o autor do crime influir terceiro de boa-fé a adquirir, receber ou usar bem da massa falida, também cometerá a infração em testilha.

d) Elemento subjetivo da conduta: o crime é doloso. Ou seja, exige-se que o agente tenha conhecimento da origem do bem (pertencente a uma massa falida).

8.10.8. Habilitação ilegal de crédito (art. 175)

Art. 175. Apresentar, em falência, recuperação judicial ou recuperação extrajudicial, relação de créditos, habilitação de créditos ou reclamação falsas, ou juntar a elas título falso ou simulado.

Pena – reclusão, de 2 a 4 anos, e multa.

Trata-se de figura penal que se assemelha a uma falsidade ideológica ou material (documental).

a) Sujeito ativo: qualquer pessoa (crime comum).

b) Sujeito passivo: os credores, o devedor e a administração pública.

c) Conduta típica: Decorre da apresentação de créditos ou habilitações falsas.

d) Elemento subjetivo da conduta: o crime é doloso. Consuma-se o crime mesmo se não houver prejuízo a qualquer pessoa. Trata-se, pois, de crime formal.

8.10.9. Exercício ilegal de atividade (art. 176)

Art. 176. Exercer atividade para a qual foi inabilitado ou incapacitado por decisão judicial, nos termos da Lei.

Pena – reclusão, de 1 a 4 anos, e multa.

Trata-se de figura penal que se assemelha a uma desobediência.

a) Sujeito ativo: devedor (crime próprio). É efeito da condenação por crime falimentar a inabilitação para o exercício de atividade empresarial, ou para cargos ou funções no conselho de administração, diretoria ou gerência de sociedades empresárias. Por isso, apenas o réu na ação falimentar que haja decretado a quebra é que poderá cometer o crime em tela.

b) Sujeito passivo: a coletividade (em especial a Administração Pública, já que sua decisão – inabilitação para ser empresário ou exercer certos cargos – está sendo desrespeitada).

c) Conduta típica: Decorre do exercício de atividade para o qual o agente foi inabilitado ou incapacitado por decisão judicial. Daí tratar-se de verdadeira desobediência à decisão judicial.

d) Elemento subjetivo da conduta: o crime é doloso.

8.10.10. Violação de impedimento (art. 177)

Art. 177. Adquirir o juiz, o representante do Ministério Público, o administrador judicial, o gestor judicial, o perito, o avaliador, o escrivão, o oficial de justiça ou o leiloeiro, por si ou interposta pessoa, bens da massa falida ou de devedor em recuperação judicial, ou, em relação a estes, entrar em alguma especulação de lucro, quando tenham atuado nos respectivos processos.

Pena – reclusão, de 2 a 4 anos, e multa.

a) Sujeito ativo: cometerá o crime em comento o juiz, o representante do Ministério Público, o administrador judicial, o gestor judicial, o perito, o avaliador, o escrivão, o oficial de justiça ou o leiloeiro. Trata-se, portanto, de crime próprio.

b) Sujeito passivo: a coletividade (Estado).

c) Conduta típica: Decorre da aquisição de bens da massa falida ou de devedor em recuperação judicial, por qualquer das pessoas previstas no tipo penal, desde que, é claro, tenham exercido alguma função ou múnus público no processo. Assim, inexistirá crime, por exemplo, de um juiz federal da Justiça do Trabalho que tenha adquirido um bem da massa falida apurada em processo falimentar em trâmite na Justiça Estadual comum.

d) Elemento subjetivo da conduta: o crime é doloso.

8.10.11. Omissão dos documentos contábeis obrigatórios (art. 178)

Art. 178. Deixar de elaborar, escriturar ou autenticar, antes ou depois da sentença que decretar a falência, conceder a recuperação judicial ou homologar o plano de recuperação extrajudicial, os documentos de escrituração contábil obrigatórios.

Pena – detenção, de 1 a 2 anos, e multa, se o fato não constitui crime mais grave.

a) Sujeito ativo: é o devedor.

b) Sujeito passivo: será o credor (sujeito passivo imediato) e a coletividade (sujeito passivo mediato).

c) Conduta típica: consiste no fato de o agente deixar de elaborar, escriturar ou autenticar, antes (crime pré-falimentar) ou depois da sentença que decretar a falência, conceder a recuperação judicial ou homologar plano de recuperação extrajudicial (crime pós-falimentar) os documentos de escrituração contábil obrigatórios. Trata-se, por evidente, de conduta omissiva. Logo, estamos diante de crime omissivo próprio ou puro, razão pela qual a tentativa é inadmissível.

d) Elemento subjetivo: é o dolo.

8.11. Efeitos da condenação por crimes falimentares

Nos termos do art. 181 da Lei 11.101/2005, temos que são efeitos da condenação:

I. a inabilitação para o exercício de atividade empresarial;

II. o impedimento para o exercício de cargo ou função em conselho de administração, diretoria ou gerência das sociedades sujeitas a esta Lei;

III. a impossibilidade de gerir empresa por mandato ou por gestão de negócio.

Referidos efeitos da condenação não são automáticos (portanto, estamos diante de *efeitos específicos*), devendo ser motivadamente declarados na sentença, e perdurarão até 5 (cinco) anos após a extinção da punibilidade, podendo, contudo, cessar antes pela reabilitação penal (art. 181, § 1º).

Nos termos do art. 181, § 2º, transitada em julgado a sentença penal condenatória, será notificado o Registro Público de Empresas para que tome as medidas necessárias para impedir novo registro em nome dos inabilitados.

8.12. Prescrição dos crimes falimentares

Nos termos do art. 182 da Lei 11.101/2005, a prescrição dos crimes falimentares reger-se-á pelas disposições do Decreto-Lei 2.848, de 7 de dezembro de 1940 – Código Penal, começando a correr do dia da decretação da falência, da concessão da recuperação judicial ou da homologação do plano de recuperação extrajudicial. Portanto, o termo inicial do prazo prescricional é o implemento da condição objetiva de punibilidade, qual seja, a decretação da falência, da recuperação judicial ou extrajudicial.

Frise-se que a decretação da falência do devedor interrompe a prescrição cuja contagem tenha iniciado com a concessão da recuperação judicial ou com a homologação do plano de recuperação extrajudicial (art. 182, parágrafo único).

9. Crimes ambientais – Lei 9.605/1998

9.1. Aspectos constitucionais e legais

De início, cabe a transcrição do art. 225, *caput*, da CF:

Todos têm direito ao meio ambiente ecologicamente equilibrado, bem de uso comum do povo e essencial à sadia qualidade de vida, impondo-se ao Poder Público e à coletividade o dever de defendê-lo e preservá-lo para as presentes e futuras gerações.

No § 3º, do sobredito dispositivo constitucional, lê-se que "as condutas e atividades consideradas lesivas ao meio ambiente sujeitarão os infratores, pessoas físicas ou jurídicas, a sanções penais e administrativas, independentemente da obrigação de reparar os danos causados."

Destarte, identifica-se na Lei Maior verdadeiro mandamento de criminalização. Ou seja, o legislador constituinte, em verdadeira "ordem" ao infraconstitucional, determinou que as condutas lesivas à qualidade ambiental sujeitarão os infratores a um tríplice sistema sancionatório: administrativo, civil e criminal.

Anos mais tarde, com o advento da Lei 9.605/1998, foram tipificadas condutas lesivas ao meio ambiente, dando-lhes conotação – e proteção – penal.

9.2. Breves linhas acerca das discussões doutrinárias sobre a responsabilidade penal das pessoas jurídicas por crimes ambientais

Considerando que o objetivo da presente obra é trazer ao leitor um "resumo" sobre os principais pontos dos editais dos concursos de Defensoria Pública, traremos, brevemente, os pontos fulcrais acerca da responsabilização penal das pessoas jurídicas por danos causados ao meio ambiente.

Pois bem. As divergências doutrinárias cingem-se, basicamente, a duas linhas:

a) admissibilidade da responsabilidade penal da pessoa jurídica; e

b) inadmissibilidade da responsabilidade penal da pessoa jurídica.

O principal argumento para a *primeira corrente* é o de que a própria CF, em seu art. 225, § 3º, previu expressamente a responsabilidade penal da pessoa jurídica.

Já para a *segunda corrente*, as bases fundamentais da sistemática penal (responsabilidade subjetiva – condutas dolosas ou culposas; imposição de penas privativas de liberdade; vedação da responsabilidade objetiva; princípio da culpabilidade e personalização das penas) impossibilitam o reconhecimento de condutas criminosas perpetradas por pessoas jurídicas.

A tendência moderna é a da *aceitação* da responsabilização penal das pessoas jurídicas por crimes ambientais, afirmando-se que a moderna criminalidade exige mecanismos eficientes – e atualizados – de combate aos comportamentos lesivos aos direitos transindividuais, sendo necessário que o intérprete-aplicador do Direito se distancie de alguns "dogmas" criados na seara criminal, especialmente o de que apenas o "ser humano" pode cometer infrações penais. Ainda, sustenta-se que a pessoa jurídica deve, sim, responder por seus atos, sendo necessária uma adaptação da culpabilidade às suas características.

Nada obstante, doutrinadores de renome defendem a irresponsabilidade penal das pessoas jurídicas pela prática de crimes, dentre eles Luiz Regis Prado, Miguel Reale Junior, José Henrique Pierangelli e Claus Roxin (Alemanha). Sustenta-se que desde o Direito Romano já se afirmava que a sociedade não pode delinquir (*societas delinquere non potest*), bem como que a pessoa jurídica não tem "vontade", motivo pelo qual não pode ter um "comportamento delituoso". Também se afirma que a pessoa jurídica não tem a indispensável consciência, elemento constitutivo da conduta penalmente relevante, bem como que não é possível que se lhe impute um fato ilícito em razão de sua ausência de capacidade de entendimento e autodeterminação (imputabilidade). Por fim, diz-se que é inviável a imposição de penas privativas de liberdade às pessoas jurídicas. Para a corrente que admite a responsabilização criminal, afirma-se que o Direito Penal não se resume à aplicação de penas de prisão, sendo perfeitamente possível que se imponham aos entes morais penas restritivas de direitos e pecuniárias.

Assim, seguindo a corrente que reconhece a possibilidade de punição das pessoas jurídicas por crimes ambientais, foi editada a Lei 9.605/1998, que, em seu art. 3º, *caput*, e parágrafo único, prescreve que as pessoas jurídicas serão responsabilizadas administrativa, civil e penalmente conforme o disposto nesta Lei, nos casos em que a infração seja cometida por decisão de seu representante legal ou contratual, ou de seu órgão colegiado, no interesse ou benefício da sua entidade. Determina, ainda, que a responsabilidade das pessoas jurídicas não exclui a das pessoas físicas, autoras, coautoras ou partícipes do mesmo fato.

Para o STJ, "admite-se a responsabilidade penal da pessoa jurídica em crimes ambientais desde que haja a imputação simultânea do ente moral e da pessoa física que atua em seu nome ou em seu benefício, uma vez que não se pode compreender a responsabilização do ente moral dissociada da atuação de uma pessoa física, que age com elemento subjetivo próprio" (REsp 889.528/SC, rel. Min. Felix Fischer, j. 17.04.2007).

O entendimento acima sedimenta o sistema paralelo de imputação, também conhecido como teoria da dupla imputação. Para que o Ministério Público ofereça denúncia contra pessoa jurídica pela prática de crime ambiental, será indispensável que haja, também, a imputação de conduta a uma pessoa física que atue em seu nome ou em seu benefício.

Nada obstante, a 1ª Turma do STF, em análise de Agravo Regimental interposto pelo Ministério Público Federal nos autos do Recurso Extraordinário 548.181/PR, por maioria de votos, reconheceu a desnecessidade da dupla imputação para o reconhecimento da responsabilidade penal das pessoas jurídicas por crimes ambientais. Confira-se a ementa:

"*Agravo regimental em recurso extraordinário. Direito penal. Crime ambiental. Responsabilidade penal da pessoa jurídica. Condicionamento à identificação e à persecução da pessoa física.* Tese do condicionamento da responsabilização penal da pessoa jurídica à simultânea identificação e persecução penal da pessoa física responsável, que envolve, à luz do art. 225, § 3º, da Carta Política, questão constitucional merecedora de exame por esta Suprema Corte. Agravo regimental conhecido e provido."

Embora não se trate de decisão tomada pelo Plenário da Excelsa Corte, trata-se de decisão que poderá influenciar a jurisprudência pátria, alterando-se o entendimento pacificado acerca do sistema da dupla imputação.

A despeito disso, para concursos de Defensoria Pública, entendemos ainda ser possível defender a teoria que exige a simultaneidade de imputações (pessoas físicas e jurídicas) em matéria de crimes ambientais.

9.3. Considerações gerais sobre os crimes ambientais

Para os fins da presente obra, iremos nos ater aos mais importantes aspectos dos principais crimes definidos na Lei 9.605/1998, que estão distribuídos da seguinte forma:

- **a)** Crimes contra a fauna (arts. 29 a 37);
- **b)** Crimes contra a flora (arts. 38 a 53);
- **c)** Crimes de poluição e outros crimes ambientais (arts. 54 a 61);
- **d)** Crimes contra o ordenamento urbano e o patrimônio cultural (arts. 62 a 65);
- **e)** Crimes contra a administração ambiental (arts. 66 a 69-A).

Como dito, não esgotaremos todos os crimes ambientais. Porém, iremos abordar os principais e mais cobrados nos concursos públicos.

9.3.1. Dos crimes contra a fauna (arts. 29 a 37)

Todos os crimes previstos neste capítulo têm por objetividade jurídica a *fauna*, vale dizer, o conjunto de animais de qualquer espécie que viva naturalmente fora do cativeiro.

9.3.1.1. Crime do art. 29

Art. 29. Matar, perseguir, caçar, apanhar, utilizar espécime de fauna silvestre, nativos ou em rota migratória, sem a devida permissão, licença ou autorização da autoridade competente, ou em desacordo com a obtida.

Pena – detenção, de 6 meses a 1 ano, e multa.

- **a)** Conduta típica: são os verbos-núcleos do tipo *matar, perseguir, caçar, apanhar* ou *utilizar*.
- **b)** Objeto material: espécimes de fauna silvestre, nativos ou em rota migratória.

Entende-se por fauna o conjunto de animais próprios de uma região ou de um período geológico. *Espécimes nativas* são aquelas nascidas naturalmente em uma região. Já as *espécimes migratórias* são aquelas que mudam periodicamente de região (ex.: aves).

- **c)** Elementos normativos do tipo: sem a devida permissão, licença ou autorização da autoridade competente, ou em desacordo com a obtida.
- **d)** Consumação e tentativa: este crime estará *consumado* com a morte, perseguição, atos de caça, a captura ou a utilização dos espécimes, de forma indevida. É admissível a *tentativa* nas condutas de *matar e apanhar*, que exigem resultado (material). Já nos verbos *perseguir e caçar*, o crime será de mera conduta, não sendo possível a tentativa. Por fim, o verbo *utilizar* pressupõe a perseguição ou o ato de apanhar as espécimes, também não admitindo tentativa.

Será admissível o perdão judicial, que é causa extintiva da punibilidade (art. 107, IX, do CP), caso presente a hipótese descrita no art. 29, § 2º, da lei em comento. Assim, tratando-se de guarda doméstica da espécie silvestre, desde que não ameaçada de extinção (nos termos de ato normativo específico editado pela autoridade competente), a punibilidade do agente poderá ser extinta.

O art. 29, § 4º, I a VI, e § 5º, retrata causas de aumento de pena quando o crime for cometido: § 4º: I – contra espécie rara ou considerada ameaçada de extinção, ainda que somente no local da infração; II – em período proibido à caça; III – durante a noite; IV – com abuso de licença; V – em unidade de conservação; VI – com emprego de métodos ou instrumentos capazes de provocar destruição em massa; § 5º: se o crime decorre do exercício de caça profissional.

9.3.1.2. Crime do art. 30

Art. 30. Exportar para o exterior peles e couros de anfíbios e répteis em bruto, sem a autorização da autoridade ambiental competente.

Pena – reclusão, de 1 a 3 anos, e multa.

- **a)** Conduta típica: tem base no verbo-núcleo do tipo, qual seja, *exportar*, que significa remeter para fora do país.
- **b)** Objeto material: o objeto material do crime pode ser: *pele* (é o tecido menos espesso, que constitui o revestimento externo do corpo de animais) e *couro* (é a pele mais espessa, que reveste exteriormente o corpo de animais – ex.: couro de jacaré).

A pele ou o couro devem ser de anfíbios (vivem na terra e na água – ex.: rã, salamandras etc.) ou répteis (que se arrastam ao andar – ex.: cobras e crocodilos).

c) Consumação e tentativa: Para o crime em comento restar consumado, basta a remessa para o exterior das peles ou couros. Todavia, em razão de o *iter criminis* ser fracionável, admite-se a tentativa.

d) Competência: Tratando-se de delito transnacional (exportação para o exterior), a competência será da Justiça Federal.

9.3.1.3. Crime do art. 31

> *Art. 31. Introduzir espécime animal no País, sem parecer técnico oficial favorável e licença expedida por autoridade competente.*
>
> *Pena – detenção, de 3 meses a 1 ano, e multa.*

a) Conduta típica: introduzir, que significa fazer entrar ou penetrar.

b) Objeto material: o objeto material deste crime é animal "exótico", no sentido de estrangeiro, não nativo, proveniente ou oriundo de outro país.

c) Elemento subjetivo: o crime é doloso, pressupondo a vontade livre e consciente do agente em introduzir no Brasil espécime animal estrangeiro sem parecer técnico oficial e licença expedida por autoridade competente.

d) Consumação e tentativa: consuma-se com a introdução da espécime animal no país, desde que sem parecer técnico oficial favorável e licença expedida por autoridade competente. Admite-se a tentativa, desde que o último ato de execução seja praticado no estrangeiro, uma vez que, entrando em nossas fronteiras, o crime estará consumado.

9.3.1.4. Crime do art. 32

> *Art. 32. Praticar ato de abuso, maus-tratos, ferir ou mutilar animais silvestres, domésticos ou domesticados, nativos ou exóticos.*
>
> *Pena – detenção, de 3 meses a 1 ano, e multa.*

a) Condutas típicas: praticar (realizar, efetuar); abuso (uso errado, excessivo); maus-tratos (tratar com violência); ferir (provocar ferimentos); mutilar (cortar, decepar membros ou partes do corpo).

b) Objeto material: este crime pode ser praticado contra: animais silvestres (pertencentes à fauna silvestre); animais domésticos (vivem ou são criados em casa – ambiente humano); animais domesticados (animal silvestre que foi amansado – ex.: cavalos, gado etc.).

O crime em análise também pode ser praticado pelo agente que realizar *experiência dolorosa ou cruel em animal vivo, ainda que para fins didáticos ou científicos, quando existirem recursos alternativos* (art. 32, § 1º). Neste caso, não basta o dolo, mas o tipo exige um fim especial de agir, qual seja, para "fins didáticos ou científicos". O tipo, neste caso, somente se perfaz quando não existirem outros *"recursos alternativos"* (elemento normativo do tipo).

E com relação aos animais criados para abate: há crime? Entendemos que não, desde que o processo de morte seja indolor (ex.: gado de corte, galinhas, frangos, perus etc.). Nesse caso, a morte dos animais é socialmente aceita, sendo atípica.

O crime em tela será de dano nas modalidades *ferir* e *mutilar*, sendo de perigo nas modalidades *abuso* e *maus-tratos*.

9.3.1.5. Crime do art. 33

> *Art. 33. Provocar, pela emissão de efluentes ou carreamento de materiais, o perecimento de espécimes da fauna aquática existentes em rios, lagos, açudes, lagoas, baías ou águas jurisdicionais brasileiras.*
>
> *Pena – detenção, de 1 a 3 anos, ou multa, ou ambas cumulativamente.*

a) Conduta típica: *provocar*, que significa *causar, ocasionar, produzir*. Assim, o agente produz, pela emissão de efluentes (líquidos ou fluidos que emanam de um corpo, processo, dispositivo, equipamento ou instalação), o perecimento (morte) de espécimes aquáticas (ex.: peixes, crustáceos, moluscos, algas etc.).

O parágrafo único, do art. 33, traz, ainda, os seguintes crimes:

1) Causar degradação em viveiros, açudes ou estações de aquicultura de domínio público;
2) Exploração de campos naturais de invertebrados aquáticos e algas, sem licença, permissão ou autorização da autoridade competente;
3) Fundear (ancorar) embarcações ou lançar detritos de qualquer natureza sobre bancos de moluscos ou corais.

9.3.1.6. Crime do art. 34

> *Art. 34. Pescar em período no qual a pesca seja proibida ou em lugares interditados por órgão competente.*
>
> *Pena – detenção, de 1 a 3 anos, ou multa, ou ambas cumulativamente.*

a) Conduta típica: *pescar*, que significa retirar peixes da água. Porém, para efeitos da Lei dos Crimes Ambientais, *considera-se pesca todo ato tendente a retirar, extrair, coletar, apanhar, apreender ou capturar espécimes dos grupos dos peixes, crustáceos, moluscos e vegetais hidróbios, suscetíveis ou não de aproveitamento econômico, ressalvadas as espécies ameaçadas de extinção, constantes nas listas oficiais da fauna e da flora (art. 36).*

A pesca comercial, desportiva ou científica é, como regra, permitida (Dec.-lei 221/1967). O que é vedado é a pesca em período ou local proibidos por autoridade competente, ou, ainda, em certas quantidades ou por métodos considerados muito lesivos ao meio ambiente (IBAMA).

9.3.1.7. Crime do art. 35

Art. 35. Pescar mediante a utilização de:

I – explosivos ou substâncias que, em contato com a água, produzam efeito semelhante;

II – substâncias tóxicas, ou outro meio proibido pela autoridade competente:

Pena – reclusão, de 1 a 5 anos.

a) Conduta típica: *pescar*, aqui se entendendo a acepção constante do art. 36 da Lei 9.605/1998. Porém, a pesca será considerada criminosa se:

I. forem utilizados explosivos ou substâncias que produzam efeitos análogos aos de uma explosão;

II. substâncias tóxicas (são aquelas capazes de provocar envenenamento ou intoxicação – ex.: venenos e agrotóxicos).

9.3.1.8. Causas especiais de exclusão da ilicitude (art. 37)

Art. 37. Não é crime o abate de animal, quando realizado:

I – em estado de necessidade, para saciar a fome do agente ou de sua família;

II – para proteger lavouras, pomares e rebanhos da ação predatória ou destruidora de animais, desde que legal e expressamente autorizado pela autoridade competente;

III – Vetado;

IV – por ser nocivo o animal, desde que assim caracterizado pelo órgão competente.

Esse dispositivo nos traz causas específicas de exclusão da antijuridicidade. Portanto, o abate de animal, quando realizado na forma prevista no tipo penal permissivo em análise, não caracterizará crime ambiental.

9.3.2. Dos crimes contra a flora (arts. 38 a 53)

Doravante, passaremos a tratar dos principais crimes contra a flora.

9.3.2.1. Crime do art. 38

Art. 38. Destruir ou danificar floresta considerada de preservação permanente, mesmo que em formação, ou utilizá-la com infringência das normas de proteção:

Pena – detenção, de 1 a 3 anos, ou multa, ou ambas as penas cumulativamente.

a) Conduta típica: se evidencia por três verbos nucleares do tipo, a saber: *destruir* (significa eliminar, por completo, devastar, desintegrar, arruinar totalmente); *danificar* (causar dano ou estrago parcial); *utilizar* (empregar, fazer uso) com infringência das normas de proteção. Aqui, o agente faz uso de floresta de preservação permanente com infração a normas de preservação. Trata-se de norma penal em branco, pois exige complemento, qual seja, exatamente as normas de preservação.

b) Objeto material: "floresta de preservação permanente", ainda que em formação. Entende-se por *floresta* uma formação vegetal geralmente densa, em que predominam as árvores ou espécies lenhosas de grande porte. À época em que editada a Lei 9.605/1998, eram consideradas "florestas" (atualmente denominadas de áreas) de *preservação permanente* todas as florestas e demais formas de vegetação natural relacionadas nos arts. 2º e 3º do "antigo" Código Florestal (Lei 4.771/1965), revogado pela Lei 12.651/2012, que tratou das áreas de preservação permanente (APP´s) nos arts. 4º e 6º.

c) Elemento subjetivo: o crime em tela é doloso. Todavia, nos termos do art. 38, parágrafo único, da lei em testilha, previu-se a possibilidade de o crime ser praticado culposamente, hipótese em que a pena será reduzida pela metade.

9.3.2.2. Crime do art. 39

Art. 39. Cortar árvores em floresta considerada de preservação permanente, sem permissão da autoridade competente:

Pena – detenção, de 1 a 3 anos, ou multa, ou ambas as penas cumulativamente.

a) Conduta típica: *cortar*, ou seja, derrubar pelo corte. Embora o tipo penal fale em cortar árvores (no plural), basta o corte de uma só, em floresta (leia-se: área) considerada de preservação permanente, para o crime em tela estar consumado.

b) Objeto material: corresponde às árvores em florestas consideradas de preservação permanente (em verdade, áreas de preservação permanente, assim definidas, atualmente, nos arts. 4º e 6º do "novo" Código Florestal – Lei 12.651/2012).

Árvore é toda planta lenhosa, cujo caule ou tronco, fixado no solo com raízes, é despido na base e carregado de galhos e folhas na parte superior. Para a botânica, somente se considera árvore se a planta tiver altura superior a sete metros. Abaixo disto, estaremos diante de arbustos.

c) Elemento normativo do tipo: consubstanciado na expressão "sem permissão da autoridade competente". Portanto, somente haverá crime se o corte de árvores em APP ocorrer sem permissão da autoridade competente.

9.3.2.3. Crime do art. 41

Art. 41. Provocar incêndio em mata ou floresta:

Pena – reclusão, de 2 a 4 anos, e multa.

a) Conduta típica: corresponde ao fato de o agente *provocar incêndio*, ou seja, causar, ocasionar fogo de grandes proporções. Entende-se, aqui, que o fogo deve atingir um grande número de árvores, mas não se exige que o incêndio queime toda a mata ou floresta; deverá atingir proporção relevante (análise do caso concreto – perícia).

b) Objeto material: pode ser a *mata* (formação vegetal constituída por árvores de pequeno e médio portes) ou a *floresta* (formação vegetal geralmente densa, em que predominam as árvores ou espécies lenhosas de grande porte).

c) Elemento subjetivo: o crime em tela é doloso. Todavia, admite-se a modalidade culposa (art. 41, parágrafo único – pena de detenção de seis meses a um ano, e multa), caso em que a tentativa será inadmissível.

9.3.2.4. Crime do art. 42

Art. 42. Fabricar, vender, transportar ou soltar balões que possam provocar incêndios nas florestas e demais formas de vegetação, em áreas urbanas ou qualquer tipo de assentamento humano:

Pena – detenção, de 1 a 3 anos, ou multa, ou ambas as penas cumulativamente.

a) Condutas típicas: são quatro: *fabricar* (manufaturar, produzir em fábrica); *vender* (alienar onerosamente); *transportar* (levar de um para outro lugar); *soltar* (deixar sair vagueando pelos ares).

Assim, *fabrica-se*, *vende-se*, *transporta-se* ou *solta-se balão* (invólucro de papel que, aquecido, sobe por força da expansão do ar, tendo fogo em sua base), provocando, com isso, risco potencial de incêndio em florestas e demais formas de vegetação, pouco importando se se trata de área urbana ou rural.

b) Objeto material: florestas e demais formas de vegetação integrantes da flora brasileira.

c) Elemento subjetivo: esse crime apresenta *dolo de perigo*, ou seja, o agente age de forma livre e consciente, não com a finalidade de causar efetivo resultado, mas apenas de colocar em perigo o bem jurídico tutelado pela norma penal incriminadora. Porém, exige-se a provocação de um *perigo concreto*, não bastando que o agente solte um balão. Deve-se demonstrar que, com referida conduta, alguma floresta ou outra forma de vegetação foi exposta a risco de incêndio. Trata-se, pois, de *crime de perigo concreto*.

9.3.2.5. Crime do art. 44

Art. 44. Extrair de florestas de domínio público ou consideradas de preservação permanente, sem prévia autorização, pedra, areia, cal ou qualquer espécie de minerais:

Pena – detenção, de 6 meses a 1 ano, e multa.

a) Conduta típica: corresponde à realização do verbo *extrair*, que significa tirar, retirar, sem prévia autorização (elemento normativo do tipo).

b) Objeto material: florestas de domínio público (são aquelas componentes do patrimônio de um dos entes federativos – União, Estados, Municípios e DF); florestas consideradas de preservação permanente (em verdade, aqui, o objeto material será qualquer área de preservação permanente – APP, assim identificada nos termos dos arts. 4º e 6º do Código Florestal – Lei 12.651/2012); pedra, areia e cal, ou qualquer espécie de minerais (interpretação analógica).

c) Consumação e tentativa: consuma-se o crime com a prática do verbo-núcleo do tipo, vale dizer, no momento em que o agente extrair pedra, areia, cal ou qualquer espécie de minerais, de florestas de domínio público ou de preservação permanente, sem prévia autorização. Por ser crime material, admite-se a tentativa.

9.3.2.6. Crime do art. 49

Art. 49. Destruir, danificar, lesar ou maltratar, por qualquer modo ou meio, plantas de ornamentação de logradouros públicos ou em propriedade privada alheia:

Pena – detenção, de 3 meses a 1 ano, ou multa, ou ambas as penas cumulativamente.

a) Condutas típicas: as ações nucleares, adiante analisadas, devem ser perpetradas em *logradouros públicos* (são os bens públicos de uso comum do povo, como, por exemplo, as ruas, praças, jardins) ou mesmo em *propriedades privadas alheias* (são os bens imóveis pertencentes a terceiras pessoas que não o próprio agente delitivo).

As *condutas típicas* são *destruir* (eliminar por completo), *danificar* (causar estrago parcial), *lesar* (mutilar) ou *maltratar* (tratar de maneira inadequada). Assim, cometerá o crime o agente que mutilar uma orquídea!

Neste crime, a conduta típica pode dar-se por *ação ou omissão dolosas.*

b) Objeto material: corresponde às *plantas de ornamentação,* assim consideradas aquelas usadas em áreas internas ou externas, para a simples decoração (ex.: samambaias, azaleias, crisântemos etc.).

c) Elemento subjetivo: o crime sob análise é doloso. Porém, nos termos do art. 49, parágrafo único, admissível a modalidade culposa. Destarte, a destruição, dano, lesão ou "maus tratos" podem decorrer de imprudência, negligência ou imperícia por parte do agente delitivo. Entende-se que, nesse caso, a culpa deve derivar não de uma conduta comissiva (ação), mas sim de uma omissão. Exemplifiquemos: "A", jardineiro, por negligência, deixa de aguar plantar ornamentais de um jardim público, causando a morte das mesmas.

9.3.2.7. Crime do art. 51

Art. 51. Comercializar motosserra ou utilizá-la em florestas e nas demais formas de vegetação, sem licença ou registro da autoridade competente.

Pena – detenção, de 3 meses a 1 ano, e multa.

a) Conduta típica: *comercializar* (colocar no mercado), não sendo necessária a venda – crime de perigo; *utilizar* (fazer uso de), exigindo-se a efetiva utilização – crime de dano.

Assim, o agente comercializa ou utiliza motosserra, que é a serra dotada de motor elétrico ou a explosão, servindo para cortar ou serrar madeira. Somente haverá crime se a comercialização ou utilização ocorrer "sem licença ou registro da autoridade competente" (elemento normativo do tipo).

b) Objeto material: floresta e demais formas de vegetação.

Perceba que o legislador não exigiu que se tratem de "florestas de preservação permanente" (APP).

c) Consumação e tentativa: consuma-se o crime com a comercialização de motosserra ou sua simples utilização, sem licença ou registro da autoridade competente. Entende-se admissível a tentativa.

9.3.2.8. Crime do art. 52

Art. 52. Penetrar em Unidades de Conservação conduzindo substâncias ou instrumentos próprios para a caça ou para exploração de produtos ou subprodutos florestais, sem licença da autoridade competente.

Pena – detenção, de 6 meses a 1 ano, e multa.

a) Conduta típica: o tipo objetivo perfaz-se com as seguintes condutas: *penetrar* (entrar, adentrar) e *conduzir* (carregar, transportar).

Assim, o agente entra ou transporta, em unidades de conservação, substâncias químicas ou carrega instrumentos adequados para a caça de animais silvestres, ou para a exploração de produto florestal (é todo bem que uma floresta produz) ou subproduto florestal (ex.: lenha), *sem licença da autoridade competente* (trata-se de elemento normativo do tipo).

b) Objeto material: será qualquer Unidade de Conservação (UC), assim consideradas aquelas previstas nos arts. 40, § 1º, e 40-A, § 1º, ambos da Lei 9.605/1998. Portanto, o tipo penal em comento abarca qualquer espécie de UC, vale dizer, as de proteção integral e as de uso sustentável, na forma estabelecida na Lei 9.985/2000 (Lei do SNUC).

9.3.3. Dos crimes contra o ordenamento urbano e o patrimônio cultural (arts. 62 a 65)

Doravante, trataremos de alguns crimes contra o ordenamento urbano e o patrimônio cultural, destacando suas principais características.

9.3.3.1. Crime do art. 62

Art. 62. Destruir, inutilizar ou deteriorar:

I – bem especialmente protegido por lei, ato administrativo ou decisão judicial;

II – arquivo, registro, museu, biblioteca, pinacoteca, instalação científica ou similar protegido por lei, ato administrativo ou decisão judicial;

Pena – reclusão, de 1 a 3 anos, e multa.

a) Sujeito ativo: pode ser qualquer pessoa (crime comum), inclusive o proprietário do bem especialmente protegido.

b) Conduta típica: *destruir* (eliminar, arruinar por inteiro, totalmente); *inutilizar* (tornar algo inútil, inadequado aos fins a que se destina); *deteriorar* (é o mesmo que causar danos parciais).

c) Objeto material: são os seguintes:

1. *Bem especialmente protegido por lei, ato administrativo ou decisão judicial*: trata-se de qualquer objeto palpável, corpóreo, que conte com especial proteção legal, infralegal ou mesmo judicial (aqui, não se exige o trânsito em julgado, já que a lei nada disse) – inc. I;
2. *Arquivo*: é o conjunto de documentos;
3. *Registro*: é o livro ou repartição em que se faz o assentamento oficial de certos atos ou dados;
4. *Museu*: é o lugar que tem por escopo "eternizar" obras de arte, bens culturais, históricos, científicos ou técnicos;
5. *Biblioteca*: coleção de livros;
6. *Pinacoteca*: coleção de pinturas;
7. *Instalação cientifica*: local destinado ao estudo e desenvolvimento de determinada área da ciência;
8. *ou similar protegido por lei, ato administrativo ou decisão judicial*: aqui, o legislador valeu-se da interpretação analógica. Portanto, também configurará crime qualquer conduta lesiva ao patrimônio cultural brasileiro.

d) Objeto jurídico: é a *preservação do meio ambiente cultural* (patrimônio cultural brasileiro). Dispõe o art. 216 da CF que "*constituem o patrimônio cultural brasileiro os bens de natureza material e imaterial, tomados individualmente ou em seu conjunto, portadores de referência à identidade, à ação, à memória dos diferentes grupos formadores da sociedade brasileira, nos quais se incluem (...)*". No § 4º, do referido dispositivo, lê-se que "*os danos e ameaças ao patrimônio cultural serão punidos, na forma da lei*".

e) Elemento normativo: o tipo penal em testilha traz alguns *elementos normativos*, quais sejam, "especialmente protegido por lei, ato administrativo ou decisão judicial" e "ou similar protegido por lei, ato administrativo ou decisão judicial". Assim, haverá crime apenas se o agente destruir, deteriores ou inutilizar, por exemplo, bens ou arquivos protegidos por lei, ato administrativo ou decisão judicial.

f) Elemento subjetivo: de regra, o crime em análise é doloso. Porém, admite-se a modalidade *culposa*, nos termos do art. 62, parágrafo único, da Lei 9.605/1998.

9.3.3.2. Crime do art. 63

Art. 63. Alterar o aspecto ou estrutura de edificação ou local especialmente protegido por lei, ato administrativo ou decisão judicial, em razão de seu valor paisagístico, ecológico, turístico, artístico, histórico, cultural, religioso, arqueológico, etnográfico ou monumental, sem autorização da autoridade competente ou em desacordo com a concedida:

Pena – reclusão, de 1 a 3 anos, e multa.

a) Conduta típica: consiste no fato de o agente *alterar*, ou seja, mudar, modificar, dar outra forma ao *aspecto ou estrutura de edificação ou local* protegido por lei, ato administrativo ou decisão judicial, sem autorização da autoridade competente, ou em desacordo com a obtida (elementos normativos do tipo).

Entende-se por *edificação* qualquer construção ou edifício e por *local* um determinado ponto ou lugar, desde que especialmente protegido por lei, ato administrativo ou decisão judicial. Todavia, não bastará isso para que se caracterize o crime em comento. Para a completa tipificação do crime, impõe-se que o edifício ou local alterado pelo agente tenha *valor paisagístico* (refere-se a uma vista, uma beleza natural), *ecológico* (refere-se ao meio ambiente), *turístico* (refere-se ao turismo e a atividade dos turistas de visitarem locais que despertem o interesse), *artístico* (refere-se às belas artes), *histórico* (refere-se a todo objeto de interesse da História), *cultural* (refere-se à cultura, a tudo aquilo que a criatividade humana produz), *arqueológico* (refere-se às antigas civilizações), *etnográfico* (refere-se às atividades de grupos humanos – etnografia) e *monumental* (refere-se a monumentos – obras grandiosas).

Os valores acima referidos são taxativos, não se admitindo interpretação analógica.

9.3.3.3. Crime do art. 64

Art. 64. Promover construção em solo não edificável, ou no seu entorno, assim considerado em razão de seu valor paisagístico, ecológico, artístico, turístico, histórico, cultural, religioso, arqueológico, etnográfico ou monumental, sem autorização da autoridade competente ou em desacordo com a concedida:

Pena – detenção, de 6 meses a 1 ano, e multa.

a) Conduta típica: é *promover*, ou seja, por em prática, executar. Assim, cometerá crime o agente que promover *construção* (toda obra ou elemento material que tenha por objeto a edificação de uma casa, um prédio etc.), pouco importando se a obra for ou não finalizada. Basta a construção dos alicerces para o crime estar consumado. Lembre-se que somente haverá crime se referida construção for empreendida em solo não edificável ou no seu entorno, desde que tenha valor paisagístico, ecológico, artístico, turístico, histórico, cultural, religioso, arqueológico, etnográfico ou monumental, e desde que se o faça "*sem autorização da autoridade competente ou em desacordo com a concedida*" (elementos normativos do tipo).

b) Objeto material: é o *solo não edificável*, vale dizer, a porção de terra em que é vedada qualquer edificação (construção, edifício), bem como em seu *entorno* (região que cerca o solo não edificável).

9.3.3.4. Crime do art. 65

Art. 65. Pichar ou por outro meio conspurcar edificação ou monumento urbano:

Pena – detenção, de 3 (três) meses a 1 (um) ano, e multa.

a) Condutas típicas: são expressas pelos seguintes verbos: *pichar* (é o mesmo que escrever palavras ou desenhos com tinta ou spray em paredes, muros ou monumentos urbanos); ou *conspurcar* (é o mesmo que sujar, manchar, por qualquer outro meio – ex.: atirar óleo enegrecido em paredes ou monumentos).

b) Objeto material: *edificação* (toda obra ou atividade de uma construção, ainda que inacabada); *monumento urbano* (uma obra grandiosa, que tenha por finalidade imortalizar a memória de uma pessoa ou fato relevante, em uma cidade).

Incorrerá na forma qualificada do crime em tela o agente que praticar qualquer das condutas típicas em monumento ou coisa tombada em virtude do seu valor artístico, arqueológico ou histórico, cominando-se a pena é de 6 (seis) meses a 1 (um) ano de detenção e multa (art. 65, § 1º).

Nos termos do § 2º, do tipo penal em comento, não constitui crime a prática de grafite realizada com o objetivo de valorizar o patrimônio público ou privado mediante manifestação artística, desde que consentida pelo proprietário e, quando couber, pelo locatário ou arrendatário do bem privado e, no caso de bem público, com a autorização do órgão competente e a observância das posturas municipais e das normas editadas pelos órgãos governamentais responsáveis pela preservação e conservação do patrimônio histórico e artístico nacional.

Portanto, as "grafitagens", que são tão comuns nos centros urbanos, constituirão crime ambiental se inexistir consentimento do proprietário, locatário ou arrendatário, quando se tratar de bem privado, ou da autoridade competente, em se tratando de patrimônio público.

9.4. Da aplicação da pena nos crimes ambientais

O art. 6º da Lei dos Crimes Ambientais preconiza que, para imposição e gradação da penalidade, a autoridade competente observará:

I. a gravidade do fato, tendo em vista os motivos da infração e suas consequências para a saúde pública e para o meio ambiente;

II. os antecedentes do infrator quanto ao cumprimento da legislação de interesse ambiental;

III. a situação econômica do infrator, no caso de multa.

9.5. Penas restritivas de direitos

Conforme determina o art. 7º da Lei 9.605/1998, as penas restritivas de direitos são autônomas e substituem as privativas de liberdade quando:

I. tratar-se de crime culposo ou for aplicada a pena privativa de liberdade inferior a quatro anos;

II. a culpabilidade, os antecedentes, a conduta social e a personalidade do condenado, bem como os motivos e as circunstâncias do crime indicarem que a substituição seja suficiente para efeitos de reprovação e prevenção do crime.

Adverte o parágrafo único, do precitado dispositivo legal, que as penas restritivas de direitos a que se refere este artigo terão a mesma duração da pena privativa de liberdade substituída.

9.5.1. Espécies de penas restritivas de direitos

A Lei dos Crimes Ambientais prevê cinco espécies de penas restritivas de direitos, a saber (art. 8º):

I. *prestação de serviços à comunidade*: nos termos do art. 9º, consistirá na atribuição ao condenado de tarefas gratuitas junto a parques e jardins públicos e unidades de conservação, e, no caso de dano da coisa particular, pública ou tombada, na restauração desta, se possível.

II. *interdição temporária de direitos*: conforme determina o art. 10, são a proibição de o condenado contratar com o Poder Público, de receber incentivos fiscais ou quaisquer outros benefícios, bem como de participar de licitações, pelo prazo de cinco anos, no caso de crimes dolosos, e de três anos, no de crimes culposos.

III. *suspensão parcial ou total de atividades*: somente será aplicada quando estas não estiverem obedecendo às prescrições legais (art. 11);

IV. *prestação pecuniária*: consiste no pagamento em dinheiro à vítima ou à entidade pública ou privada com fim social, de importância, fixada pelo juiz, não inferior a um salário mínimo nem superior a trezentos e sessenta salários mínimos. O valor pago será deduzido do montante de eventual reparação civil a que for condenado o infrator (art. 12);

V. *recolhimento domiciliar*: baseia-se na autodisciplina e senso de responsabilidade do condenado, que deverá, sem vigilância, trabalhar, frequentar curso ou exercer atividade autorizada, permanecendo recolhido nos dias e horários de folga em residência ou em qualquer local destinado a sua moradia habitual, conforme estabelecido na sentença condenatória (art. 13).

9.5.2. Penas aplicáveis às pessoas jurídicas

Nos termos do art. 21 da Lei 9.605/1998, as penas aplicáveis isolada, cumulativa ou alternativamente às pessoas jurídicas, de acordo com o disposto no art. 3º, são:

I. multa;

II. restritivas de direitos;

III. prestação de serviços à comunidade.

Nos termos do art. 18 da lei sob análise, a *multa* será calculada segundo os critérios do Código Penal; se revelar-se ineficaz, ainda que aplicada no valor máximo, poderá ser aumentada até três vezes, tendo em vista o valor da vantagem econômica auferida.

Se admitida a responsabilização penal das pessoas jurídicas por crimes ambientais, aceita majoritariamente pela jurisprudência atual, impor-se-ão as seguintes *penas restritivas de direitos* (art. 22):

I. *suspensão parcial ou total de atividades*: art. 22, § 1º – será aplicada quando estas não estiverem obedecendo às disposições legais ou regulamentares, relativas à proteção do meio ambiente.

II. *interdição temporária de estabelecimento, obra ou atividade*: art. 22, § 2º – será aplicada quando o estabelecimento, obra ou atividade estiver funcionando sem a devida autorização, ou em desacordo com a concedida, ou com violação de disposição legal ou regulamentar;

III. proibição de contratar com o Poder Público, bem como dele obter subsídios, subvenções ou doações: art. 22, § 3º – não poderá exceder o prazo de dez anos.

A prestação de serviços à comunidade imposta às pessoas jurídicas consistirá em (art. 23):

I. custeio de programas e de projetos ambientais;

II. execução de obras de recuperação de áreas degradadas;

III. manutenção de espaços públicos;

IV. contribuições a entidades ambientais ou culturais públicas.

Finalmente, se a pessoa jurídica constituída ou utilizada, preponderantemente, com o fim de permitir, facilitar ou ocultar a prática de crime definido nesta Lei terá decretada sua liquidação forçada, seu patrimônio será considerado instrumento do crime e como tal perdido em favor do Fundo Penitenciário Nacional (art. 24).

9.5.3. Circunstâncias atenuantes e agravantes dos crimes ambientais (arts. 14 e 15)

Nos termos do art. 14 da Lei 9.605/1998, são circunstâncias que atenuam a pena:

I. baixo grau de instrução ou escolaridade do agente;

II. arrependimento do infrator, manifestado pela espontânea reparação do dano, ou limitação significativa da degradação ambiental causada;

III. comunicação prévia pelo agente do perigo iminente de degradação ambiental;

IV. colaboração com os agentes encarregados da vigilância e do controle ambiental.

Já o art. 15, do mesmo diploma legal, elenca as circunstâncias que agravam a pena, quando não constituem ou qualificam o crime:

I. reincidência nos crimes de natureza ambiental;

II. ter o agente cometido a infração:

a) para obter vantagem pecuniária;

b) coagindo outrem para a execução material da infração;

c) afetando ou expondo a perigo, de maneira grave, a saúde pública ou o meio ambiente;

d) concorrendo para danos à propriedade alheia;

e) atingindo áreas de unidades de conservação ou áreas sujeitas, por ato do Poder Público, a regime especial de uso;

f) atingindo áreas urbanas ou quaisquer assentamentos humanos;

g) em período de defeso à fauna;

h) em domingos ou feriados;

i) à noite;

j) em épocas de seca ou inundações;

l) no interior do espaço territorial especialmente protegido;

m) com o emprego de métodos cruéis para abate ou captura de animais;

n) mediante fraude ou abuso de confiança;

o) mediante abuso do direito de licença, permissão ou autorização ambiental;

p) no interesse de pessoa jurídica mantida, total ou parcialmente, por verbas públicas ou beneficiada por incentivos fiscais;

q) atingindo espécies ameaçadas, listadas em relatórios oficiais das autoridades competentes;

r) facilitada por funcionário público no exercício de suas funções.

9.5.4. O sursis na Lei dos Crimes Ambientais

A suspensão condicional da pena (*sursis*) recebeu tratamento com algumas peculiaridades na Lei 9.605/1998. Confira-se:

> *Art. 16. Nos crimes previstos nesta Lei, a suspensão condicional da pena pode ser aplicada nos casos de condenação a pena privativa de liberdade não superior a três anos.*

Lembre-se que no CP, o *sursis*, como regra, será cabível quando a pena privativa de liberdade for não superior a 2 (dois) anos, nos termos de seu art. 77, *caput*.

A verificação da reparação a que se refere o § 2º do art. 78 do Código Penal (condição para o *sursis* especial) será feita mediante *laudo de reparação do dano ambiental*, e as condições a serem impostas pelo juiz deverão relacionar-se com a proteção ao meio ambiente (art. 17 da Lei 9.605/1998).

9.5.5. Da ação e do processo penal na Lei dos Crimes Ambientais (arts. 26 a 28)

Nos termos do art. 26 da Lei 9.605/1998, todos os crimes ambientais são de *ação penal pública incondicionada*.

Nos crimes ambientais de menor potencial ofensivo, a proposta de aplicação imediata de pena restritiva de direitos ou multa, prevista no art. 76 da Lei 9.099, de 26 de setembro de 1995 (transação penal), somente poderá ser formulada desde que tenha havido a prévia composição do dano ambiental, de que trata o art. 74 da mesma lei, salvo em caso de comprovada impossibilidade (art. 27).

Finalmente, de acordo com o art. 28, as disposições do art. 89 da Lei 9.099, de 26 de setembro de 1995, aplicam-se aos crimes de menor potencial ofensivo definidos nesta Lei (leia-se: na Lei dos Crimes Ambientais), com as seguintes modificações:

I. a declaração de extinção de punibilidade, de que trata o § 5° do artigo referido no *caput*, dependerá de laudo de constatação de reparação do dano ambiental, ressalvada a impossibilidade prevista no inciso I do § 1° do mesmo artigo;

II. na hipótese de o laudo de constatação comprovar não ter sido completa a reparação, o prazo de suspensão do processo será prorrogado, até o período máximo previsto no artigo referido no *caput*, acrescido de mais um ano, com suspensão do prazo da prescrição;

III. no período de prorrogação, não se aplicarão as condições dos incisos II, III e IV do § 1° do artigo mencionado no *caput*;

IV. findo o prazo de prorrogação, proceder-se-á à lavratura de novo laudo de constatação de reparação do dano ambiental, podendo, conforme seu resultado, ser novamente prorrogado o período de suspensão, até o máximo previsto no inciso II deste artigo, observado o disposto no inciso III;

V. esgotado o prazo máximo de prorrogação, a declaração de extinção de punibilidade dependerá de laudo de constatação que comprove ter o acusado tomado as providências necessárias à reparação integral do dano.

4. Processo Penal

Márcio Pereira e Fernando Leal Neto

1. Linhas introdutórias

Em termos jurídicos, a expressão Processo Penal apresenta, basicamente, dois significados: Processo Penal *como instrumento legitimador do direito de punir do Estado*; e Processo Penal (ou Direito Processual Penal) *como ramo da ciência jurídica*. Investiguemos melhor esses dois sentidos.

1.1. Processo Penal como instrumento legitimador do direito de punir do Estado

Praticada uma infração penal, surge para o Estado o direito de punir (*jus puniendi*) o infrator. Esse direito, no entanto, *não* se efetiva de maneira imediata, pois o Estado, para aplicar pena ao indivíduo, deve, *necessariamente*, valer-se de um *processo* disciplinado por princípios, garantias e normas previamente estabelecidas.

1.2. Processo Penal como ramo da ciência jurídica

Como ramo da ciência do direito, pode-se fornecer, com Marques (2003, p. 16), o seguinte conceito de **Direito Processual Penal**: "*conjunto de princípios e normas que regulam a aplicação jurisdicional do direito penal, bem como as atividades persecutórias da Polícia Judiciária, e a estruturação dos órgãos da função jurisdicional e respectivos auxiliares*".

2. Fontes do direito Processual Penal

Por fontes do direito, entenda-se *tudo aquilo que contribui para o surgimento das normas jurídicas*. São tradicionalmente classificadas em:

2.1. Fontes materiais (substanciais ou de produção)

Somente o Estado pode produzir normas de Direito Processual Penal. Nesse contexto, compete, sobretudo, à *União* a produção dessas normas. Porém, essa competência *não é* exclusiva (mas privativa), pois, em certos casos específicos, os *Estados Federados* e o *Distrito Federal* também poderão elaborar normas relacionadas ao Direito Processual Penal (*vide* arts. 22, I e parágrafo único; e 24, XI, da CF/1988).

2.2. Fontes formais (de cognição ou de revelação)

São aquelas que *revelam a norma criada*. Classificam-se em:

a) **Fontes formais imediatas, diretas ou primárias:** compreendem as *leis* (CF, leis ordinárias, tratados e convenções, etc.);

b) **Fontes formais mediatas, indiretas ou secundárias:** compreendem *os princípios gerais do direito, a doutrina, o direito comparado, os costumes, a jurisprudência e a analogia.* Analisemos cada uma dessas fontes formais mediatas.

b1) **Princípios gerais do direito** (art. 3º do CPP): *são postulados éticos que, embora não venham escritos no bojo do ordenamento jurídico, inspiram-no.* Ex.: "a ninguém é lícito alegar a sua própria torpeza";

b2) **Doutrina:** *compreende a opinião dos doutos sobre os mais variados temas.* Tem significativa influência no processo legislativo, no ato de julgamento e no processo de *revelação* da norma;

b3) **Direito comparado:** as *normas e os princípios jurídicos de outros países* podem, por vezes, fornecer subsídios importantes para a revelação da norma nacional também. Basta lembrar a influência que tem, por exemplo, o Direito europeu-continental em nosso Direito;

b4) **Costumes** (art. 4º da LINDB): são *condutas praticadas de forma reiterada, em relação às quais se adere uma consciência de obrigatoriedade.* Fala-se em costume ***secundum legem*** (*de acordo com a lei*), ***praeter legem*** (*supre lacunas legais*) e ***contra legem*** (*contrário à lei*). Esta última espécie de costume é, em regra, *proibida* pelo Direito;

b5) **Jurisprudência:** trata-se do *entendimento judicial reiterado sobre determinado assunto.* É uma importante fonte de *revelação* do direito. *Questão polêmica* é saber se as *súmulas vinculantes* (*vide* art. 103-A da CF/1988, e Lei 11.417/2006) seriam fontes formais *imediatas* (equiparadas às *leis*, portanto) ou se seriam fontes formais apenas *mediatas* (equiparadas à doutrina, por exemplo). *Predomina* esta última posição (fonte formal mediata), sob o principal argumento de que a súmula vinculante não emana do Poder Legislativo, não podendo, portanto, ser equiparada à lei;

b6) **Analogia** (art. 4º da LINDB): "*é uma forma de autointegração da lei*" (MIRABETE, 2002, p. 54). **Consiste** *em utilizar determinada norma (aplicável a um caso previsto pelo legislador) a uma outra situação semelhante que não foi prevista pelo legislador.* É a aplicação do brocardo "onde existe a mesma razão, deve-se aplicar o mesmo direito" (*ubi eadem ratio, ubi idem ius*). É admitida no Processo Penal (ver art. 3º do CPP), onde é possível, inclusive, *in malam partem* (em desfavor do réu). Cuidado para não confundir com o que ocorre no **Direito Penal** em sede de analogia. Lá (no Direito Penal), por conta do *princípio da reserva legal*, é *impossível* a analogia para prejudicar o réu;

c) Atenção para não confundir:

c1) **Analogia e interpretação extensiva:** na **analogia**, *não há* norma reguladora do caso concreto, sendo, portanto, aplicada uma norma que rege caso semelhante. Ex.: ao oferecer a denúncia, caso o MP não formule a proposta de suspensão condicional do processo (art. 89 da Lei 9.099/1995), pode o juiz, por analogia, invocar o art. 28 do CPP (remessa ao Procurador-Geral de Justiça - PGJ). Na **interpretação extensiva**, *existe*, de fato, uma norma regulando o caso, porém, o alcance dessa norma é *limitado*, sendo necessária, portanto, a sua *extensão*. Ex.: cabe recurso em sentido estrito (RESE) da decisão que não recebe a denúncia (art. 581, I, do CPP) e, por interpretação extensiva, também cabe RESE da decisão que não recebe o aditamento (acréscimo) à denúncia;

c2) **Analogia e interpretação analógica:** como dissemos, na **analogia** não há norma reguladora do caso concreto, sendo, portanto, aplicada uma norma que rege caso semelhante. Na **interpretação analógica**, *existe sim* norma reguladora do caso concreto. O que ocorre aqui é que a lei, após realizar uma enumeração *casuística* de situações, parte para uma formulação *genérica*, no desejo de que outras hipóteses similares sejam abrangidas. Ex.: art. 121, § 2º, IV, do CP – "à traição, de emboscada, ou mediante dissimulação [enumeração casuística] *ou outro recurso que dificulte ou torne impossível a defesa do ofendido* [fórmula genérica]". (Incluímos e destacamos);

c3) **Interpretação analógica e aplicação analógica:** aquela, conforme vimos, é forma de *interpretação* da lei e ocorre quando esta, após realizar uma enumeração *casuística* de situações, parte para uma formulação *genérica*, no desejo de que outras hipóteses similares sejam abrangidas. Por outro lado, a **aplicação analógica** consiste no emprego da analogia (conforme conceituada anteriormente) e é forma de *autointegração* da lei.

3. Interpretação da lei processual

Consiste na *atividade de tentar extrair da norma legal o seu exato alcance e significado* (*vide* arts. 5º da LINDB, e 3º do CPP). Conforme Mirabete (2001, p. 70), atente-se que a analogia, os costumes e os princípios gerais do direito *não se constituem* em interpretação (hermenêutica) da lei, mas, consoante vimos, em *fontes* desta. Em seguida, apresentaremos as espécies de interpretação da lei processual penal.

3.1. Quanto ao sujeito (ou a origem) que realiza a interpretação

3.1.1. Autêntica ou legislativa

é aquela *efetuada pelo próprio legislador*. Esta interpretação pode ser:

a) **Contextual:** quando *consta do próprio texto a ser interpretado*. Ex. nº 1: o próprio legislador do CP, após tratar dos crimes funcionais praticados por funcionário público (art. 312 a 326), fornece-nos, *no mesmo contexto*, o conceito de *funcionário público (art. 327 do CP)*. Ex. nº 2: o próprio legislador do CPP nos fornece o conceito de prisão em flagrante (art. 302);

b) **Posterior à vigência da lei**: quando a interpretação *também é realizada pelo legislador, mas em momento posterior à entrada da lei*. Ex.: a Lei 5.249/1967 conceituou, *posteriormente*, o significado da palavra representação contida na Lei 4.898/1965, que é anterior àquela.

Atenção: a **exposição de motivos** de um Código *não é considerada texto de lei*. Portanto, *não* se pode falar em interpretação *autêntica nesse caso*. Trata-se, assim, de interpretação *doutrinária* ou *científica* (veja o item logo abaixo).

3.1.2. Doutrinária ou científica

Trata-se de interpretação *dos dispositivos legais efetuada pelos estudiosos do Direito*.

3.1.3. Jurisprudencial ou judicial

É a interpretação que *juízes ou tribunais dão à norma*. Esse tipo de interpretação ganhou significativa importância com o advento das *súmulas vinculantes* (art. 103-A da CF/1988).

3.2. Quanto aos meios (ou métodos) empregados na atividade de interpretação

3.2.1. Gramatical, literal ou sintática

Método interpretativo que *leva em conta o sentido literal das palavras contidas na lei* ("letra fria da lei"; interpretação "seca" da lei). Considerado um dos métodos mais *pobres/simples* de interpretação.

3.2.2. Teleológica

Busca-se a *finalidade, o "telos" da norma.*

3.2.3. Lógica

Quando o intérprete *se utiliza das regras gerais de raciocínio buscando compreender o "espírito" da lei e a intenção do legislador.*

3.2.4. Sistemática

A norma *não deve ser interpretada de forma isolada*. Ao revés, deve ser interpretada como *parte de um sistema jurídico* (BOBBIO, 1997, p. 19). A interpretação sistemática leva em conta, portanto, as relações entre a norma interpretada com o todo (*i. e.* com restante do ordenamento jurídico).

3.2.5. Histórica

Leva em conta o *contexto em que a norma foi elaborada*: os debates travados na época, as eventuais propostas de emenda, o projeto de lei etc.

3.3. Quanto aos resultados obtidos com a interpretação

3.3.1. Declarativa ou declaratória

Ocorre "*quando se conclui que a lei não pretendeu dizer nada além ou aquém do que está escrito*" (NICOLITT, 2010, p. 5). Nesse caso, o hermeneuta *apenas declara* o significado do texto.

3.3.2. Restritiva

Ocorre quando *a lei disse mais do que desejava*, devendo o intérprete *restringir* o seu alcance, a fim de conseguir atingir o seu real sentido.

3.3.3. Extensiva ou ampliativa

Aqui *a lei disse menos do que desejava*, devendo o intérprete *ampliar* o seu alcance (*vide* art. 3º do CPP).

3.3.4. Progressiva, adaptativa ou evolutiva

É aquela que, no decurso do tempo, *vai se adaptando aos novos contextos sociais, políticos, científicos, jurídicos* e *morais*, como forma de proporcionar uma maior *efetividade* aos dizeres do legislador.

4. Lei processual no espaço, no tempo e em relação às pessoas

4.1. Lei processual penal no espaço

Em regra, aplica-se a lei processual penal brasileira (CPP e legislação processual extravagante) às infrações penais praticadas em *território nacional*[1] *(locus regit actum)*. A isso se dá o nome de princípio da territorialidade da lei *processual penal* (art. 1º do CPP). *Porém*, há casos em que, mesmo que a infração tenha sido cometida *fora* do território nacional, se for hipótese de submissão à lei *penal* brasileira (*vide* art. 7º do CP), também, por via de consequência, será aplicada a lei *processual* penal pátria (MIRABETE, 2001, p. 59).

Por outro lado, o princípio da territorialidade *não é absoluto*, visto que, conforme revelam os próprios incisos do art. 1º do CPP, há situações em que a lei processual penal brasileira *não será* aplicada. Seguem casos *em que o CPP brasileiro não será aplicado*:

I. **tratados, convenções e regras de direito internacional**: a subscrição pelo Brasil de tratados, convenções e regras de direito internacional, com normas processuais próprias (específicas), afasta a jurisdição brasileira. Ex.: diplomata a serviço de seu país de origem que pratica crime no Brasil. Em razão de o Brasil ser signatário da Convenção de Viena sobre Relações Diplomáticas (*vide* Decreto 56.435/1965), não será aplicada ao caso a nossa legislação (material e processual);

II. **prerrogativas constitucionais do Presidente da República, dos ministros de Estado, nos crimes conexos com os do Presidente da República, e dos ministros do Supremo Tribunal Federal, nos crimes de responsabilidade**[2] **(Constituição, arts. 86, 89, § 2º, e 100**[3]**)**: trata-se aqui da chamada **jurisdição política**, *i.e., certas condutas praticadas por determinadas autoridades públicas (Presidente, Ministros etc.) não são apreciadas pelo Judiciário, mas pelo Legislativo*, seguindo-se, *não* o rito previsto no CPP, mas o quanto disposto na Lei 1.079/1950, na CF, e no regimento interno do Senado (conferir o art. 52, I e II, da CF/1988);

III. **os processos da competência da Justiça Militar:** nesse caso, também *não se* aplica o CPP, mas o Código de Processo Penal *Militar* (Dec.-lei 1.002/1969);

IV. **os processos da competência do tribunal especial (Constituição, art. 122, nº 17):** esse inciso encontra-se prejudicado, pois faz menção à Constituição de 1937, sendo que não há norma similar na CF/1988;

V. **os processos por crimes de imprensa:** também prejudicado este inciso, por dois motivos: a) a Lei de Imprensa (Lei 5.250/1967, art. 48) prevê a aplicação do *CPP*; b) o STF, em 2009 (ADPF 130-7 DF), declarou *não recepcionada* pela CF/1988 a Lei de Imprensa. Diante dessa decisão, aplica-se, atualmente, *o CP e o CPP* aos eventuais crimes contra a honra cometidos por meio da imprensa (e não mais a antiga Lei de Imprensa).

Há, ainda, conforme Nucci (2008, p. 130), outra exceção. Trata-se do Tribunal Penal Internacional (art. 5º, § 4º, da CF/1988). É que, embora cometido o crime no Brasil, havendo interesse do Tribunal Penal Internacional, o agente poderá ser entregue à *jurisdição estrangeira* (aplicando-se, também, a legislação processual penal estrangeira ao caso).

4.2. Lei processual penal no tempo

Para as *normas puramente processuais penais* (que *são aquelas que regulam aspectos ligados ao procedimento ou à forma dos atos processuais*, ex.: formas de intimação), aplica-se o princípio da aplicação imediata (*tempus regit actum* – art. 2º do CPP), *conservando-se*, no entanto, os atos processuais praticados sob a vigência da lei anterior. Em suma: aplica-se a norma imediatamente (inclusive aos processos em andamento), respeitando-se, porém, os atos que foram praticados sob a égide da lei anterior.

Agora, *o que fazer* quando determinada lei – dita "processual" – possui aspectos processuais *e penais* (chamadas de leis processuais penais materiais, mistas ou híbridas)?

---

1. Considera-se praticada em território nacional a infração cuja ação ou omissão, ou resultado, no todo ou em parte, ocorreu em território pátrio (art. 6º do CP). Adota-se aqui a chamada teoria da ubiquidade ou mista.

2. Não se deve confundir a expressão "crimes de responsabilidade" com a noção comum que temos de crime. Isto porque os crimes de responsabilidade são, na verdade, *infrações político-administrativas* cujas penalidades costumam ser a perda do cargo ou a inabilitação temporária para o exercício de cargo ou função. Desse modo, não há penalidade de prisão ou multa nesses casos.

3. Estes dispositivos referem-se à Constituição brasileira de 1937.

Neste caso, conforme entendimento de *majoritário* setor da comunidade jurídica,[4] *prevalece* o comando do art. 5º, XL, da CF/1988, sobre o princípio da aplicação imediata. Assim, se o aspecto *penal* da lei híbrida for *benigno, retroagirá;* já se for *maligno, não retroagirá.* No que diz respeito ao aspecto *processual penal* da lei híbrida, será aplicável, normalmente, o princípio da *aplicação imediata.* Vamos a um exemplo. Determinada lei, além de tratar de novas formas de intimação das partes (aspecto processual – aplicação imediata, portanto), também criou, em seu bojo, uma nova causa de perempção da ação penal (art. 60 do CPP). Ora, é inegável que este último ponto (perempção) possui *natureza penal,* uma vez que tem o condão de extinguir a punibilidade do acusado. Conclusão: nessa situação, devemos aplicar a regra do art. 5º, XL, do CP, que prevê a retroatividade da lei mais benigna. Significa isto que o aspecto penal da nova lei retroagirá para alcançar as condenações anteriores à sua edição, mesmo que já tenha ocorrido o trânsito em julgado (*vide* súmula 611 do STF).

4.3. Lei processual penal em relação às pessoas

Em princípio, *a lei processual penal deverá ser aplicada a qualquer pessoa que venha a praticar uma infração em território nacional. Porém,* certas pessoas, em razão do *cargo* que ocupam, gozam, em determinadas situações, de imunidade penal e, por via de consequência, *processual penal também.* Vejamos.

4.3.1. Imunidades diplomáticas em sentido amplo

Chefes de Estado, representantes de governo estrangeiro, agentes diplomáticos[5] (embaixadores, secretários da embaixada, pessoal técnico e administrativo das respectivas representações, seus familiares e funcionários de organismos internacionais quando em serviço – ONU, OEA etc.)[6] estão, *em caráter absoluto, excluídos* da jurisdição penal dos países em que desempenham suas funções (*vide* Convenção de Viena sobre Relações Diplomáticas). Essas pessoas possuem, portanto, imunidade absoluta em relação à jurisdição penal, devendo ser processadas e julgadas pelo Estado que representam. Ademais, as *sedes diplomáticas* são *invioláveis,* não podendo "ser objeto de busca e apreensão, penhora e qualquer medida constritiva".[7]

Por outro lado, os *agentes consulares* (pessoas que não representam propriamente o Estado ao qual pertencem, mas atuam no âmbito dos interesses privados de seus compatriotas) possuem imunidade *apenas relativa* em relação à jurisdição criminal. É dizer: só *não* serão submetidos às autoridades brasileiras em relação aos atos praticados *no exercício das funções consulares.* Portanto, atos *estranhos* a esta função são sim apreciados pela jurisdição penal nacional (*vide* art. 43 da Convenção de Viena sobre Relações Consulares).

4.3.2. Imunidades parlamentares

Dividem-se em:

a) **Imunidade material** (*penal, absoluta ou, simplesmente, inviolabilidade*): abrange questões de *direito material* (penal e civil). Vem representada pelo art. 53, *caput*, da CF, que diz: "os Deputados e Senadores são invioláveis, civil e penalmente, por quaisquer de suas opiniões, palavras e votos";

b) **Imunidade formal** (*processual ou relativa*): abrange questões de ordem *processual penal.* São as seguintes as *imunidades formais* dos parlamentares federais:

b1) **Prisão provisória:** "desde a expedição do diploma, os membros do Congresso Nacional *não poderão* ser *presos*, *salvo* em flagrante de crime *inafiançável*. Nesse caso, os autos serão remetidos dentro de vinte e quatro horas à Casa respectiva, para que, pelo voto da maioria de seus membros, resolva sobre a prisão" (art. 53, § 2º, da CF/1988 - destacou-se). Logo, o congressista *não pode* ser preso preventiva ou temporariamente. Só poderá ser preso em caso de flagrante por crime *inafiançável* ou por conta de sentença penal *transitada em julgado*;

b2) **Possibilidade de sustação de processo criminal:** "*recebida a denúncia* contra o Senador ou Deputado, por crime ocorrido após a diplomação, o Supremo Tribunal Federal dará ciência à *Casa respectiva*, que, por iniciativa de *partido político* nela representado e pelo *voto da maioria* de seus membros, poderá, até a decisão final, *sustar* o andamento da ação" (art. 53, § 3º, da CF/1988 - destacou-se). Conferir também os §§ 4º e 5º deste mesmo artigo;

b3) **Desobrigação de testemunhar:** os parlamentares federais *não estão obrigados* a testemunhar sobre "informações recebidas ou prestadas em razão do exercício do mandato, nem sobre as pessoas que lhes confiaram ou deles receberam informações" (art. 53, § 6º, da CF/1988);

b4) **Prerrogativa de foro:** também chamada de **foro privilegiado**, significa que os parlamentares federais estão submetidos a *foro especial* (no caso, o STF – art. 53, § 1º, da CF/1988), em razão do cargo exercem.

4. *Vide* STJ HC 41166/RJ, *DJ* 30/06/2005.
5. Em sentido estrito, diplomatas são "funcionários encarregados de tratar das relações entre o seu Estado e os países estrangeiros ou organismos internacionais" (AVENA, 2010, p. 74).
6. Op. cit. (2010, p. 76).
7. Op. cit. (2010, p. 76).

Observações finais: as imunidades *materiais e formais* vistas aplicam-se *inteiramente* aos deputados estaduais (art. 27, § 1º, da CF/1988). Por outro lado, aos vereadores são aplicáveis *apenas* as imunidades *materiais* (penal e civil – *vide* art. 29, VIII), mas *não* as formais (processuais).

5. Sistemas (ou tipos) processuais penais

Ao longo da história, o Estado, para impor o seu direito de punir, utilizou-se de diferentes sistemas processuais penais, *que continham ora mais ora menos garantias em prol do indivíduo*. Nesse sentido, costuma-se apontar três espécies de sistemas (tipos históricos/ideais) processuais penais: acusatório, inquisitivo e misto.

5.1. Sistema acusatório

tem como uma de suas principais características o fato de as *funções de acusar, julgar e defender estarem acometidas a órgãos distintos*. Além disso, essa espécie de sistema processual *contempla a ampla defesa, o contraditório, a presunção de inocência, a oralidade e a publicidade dos atos processuais, o tratamento isonômico das partes, a imparcialidade do julgador e a incumbência do ônus da prova às partes (e não ao juiz)*. Ademais, no *tipo de processo penal acusatório*, o sistema de *apreciação das provas* é o do *livre convencimento motivado* (ou *persuasão racional do juiz*), *i. e.*, o magistrado é *livre* para julgar a causa, mas deverá fazê-lo de forma *fundamentada*. Há, por fim, *liberdade de prova*, ou seja, em regra, admitem-se todos os meios de prova, inexistindo um valor previamente fixado para cada uma delas. Inexiste, assim, hierarquia, *a priori*, entre as provas - todas têm, a princípio, o mesmo valor; sendo todas potencialmente capazes de influenciar, de igual modo, o convencimento do magistrado.

5.2. Sistema inquisitivo (ou inquisitório)

De forma antitética ao acusatório, uma das características mais marcantes do sistema inquisitivo é a de *concentrar num mesmo órgão as funções de acusar, julgar e defender*. Ou seja, o órgão que acusa será o mesmo que, posteriormente, defenderá e julgará o indivíduo. Além disso, é *marcado por um processo escrito e sigiloso, pela inexistência de contraditório e ampla defesa, pela produção probatória realizada pelo próprio juiz-inquisidor* (e não pelas partes). Nesse sistema, o réu, na realidade, não é tratado como um *sujeito de direitos*, mas como um verdadeiro *objeto* da persecução penal. No que tange ao sistema de *apreciação das provas*, vigora a *íntima convicção* do julgador (leia-se: a fundamentação da decisão é desnecessária). Assim, o magistrado decide pautado num convencimento íntimo, sem oferecer quaisquer porquês, quaisquer razões para tanto. Por fim, no sistema inquisitivo, cada prova tem *valor previamente fixado* (chamado de *sistema da prova tarifada ou legal*), sendo que a *confissão* do acusado costuma ser considerada a *rainha das provas* (*i. e.*, prova máxima da culpabilidade do réu). Há, portanto, hierarquia entre as provas - cada uma delas possui seu valor previamente fixado pelo legislador.

5.3. Sistema misto (ou acusatório formal)

Configura uma tentativa de *reunião dos dois sistemas anteriores*. Marcado por uma *instrução preliminar* (sigilosa, escrita e conduzida por um juiz que produz provas) e por uma *fase judicial* em que se assegura o contraditório, a ampla defesa, a publicidade etc..

Qual o sistema processual penal brasileiro? Apesar da polêmica que o tema encerra, *predomina* no âmbito da doutrina e jurisprudência (STF **HC 104473/PE, *DJ* 05/10/2010**, *v. g.*) que, tendo em vista os seguintes dispositivos constitucionais - arts. 129, I, 93, IX, 5º, XXXVII, LIII, LIV, LV, LVII - o Brasil teria adotado o **sistema acusatório.** Vale lembrar que, no Brasil, as funções de acusar, defender e julgar são desempenhadas por órgãos distintos e independentes entre si (Ministério Público; Defensoria; e Magistratura). Porém, como diz Rangel (2008, p. 54), o sistema acusatório brasileiro *não é "puro"*. Isto porque há diversas passagens em nosso ordenamento jurídico que representam verdadeiros *resquícios* de *sistema inquisitivo*, como, por exemplo, as que tratam da produção probatória *de ofício* pelo magistrado (art. 156 do CPP, *v. g.*). Ademais, para além de questões teóricas, é possível vislumbrar significativo *autoritarismo* em diversas *práticas* "reais" do processo penal brasileiro, o que, também, inegavelmente, reforça a ideia de um sistema acusatório *impuro*.

6. Princípios constitucionais e processuais penais

6.1. Devido processo legal

Oriundo do direito anglo-americano (*due process of law*), o princípio do devido processo legal vem expressamente previsto no art. 5º, LIV, da CF/1988 com os seguintes dizeres: "*ninguém será privado da liberdade ou de seus bens sem o devido processo legal*". Perceba, desde já, o leitor que esse princípio deve ser encarado como uma espécie de fonte a partir da qual emanam diversas garantias e princípios processuais fundamentais. Assim, dizer que *ninguém será privado da liberdade ou de seus bens sem o devido processo legal* significa, em última análise, afirmar a necessidade de um processo prévio, informado pelo contraditório; ampla defesa; juiz natural; motivação das decisões; publicidade; presunção de inocência; direito de audiência; direito de presença do réu; e duração razoável do processo (BADARÓ, 2008, p. 36). Assim, pode-se afirmar que o Estado, para poder fazer valer o seu *jus puniendi*, deve rigorosamente respeitar *as regras do jogo* – compreendendo-se por esta expressão não apenas o respeito a aspectos procedimentais, mas também a todas as garantias e direitos expostos anteriormente. Por fim, é necessário notar que, em suma, busca-se com o *due process of law* assegurar ao acusado um processo penal efetivamente justo e equilibrado.

6.2. Presunção de inocência (estado de inocência ou não culpabilidade)

Expressamente previsto no art. 5º, LVII, da CF/1988, que diz: "*ninguém será considerado culpado até o trânsito em julgado de sentença penal condenatória*", esse princípio estabelece uma presunção de inocência (*jurídica* e *relativa*) do acusado que só cede diante de um decreto condenatório definitivo. Assim, é impossível, por exemplo, antes do trânsito em julgado, incluir o nome do réu no rol dos culpados.

Mas não é só, pois o princípio do estado de inocência tem grande impacto em, pelo menos, dois campos: no **ônus da prova** e na **prisão provisória** (cautelar ou processual). Vejamos.

No campo do **ônus da prova**, o referido princípio faz recair sobre a acusação o ônus de provar a culpa *lato sensu* do acusado. Trata-se, inclusive, de comando presente no CPP (*vide* art. 156, primeira parte). Desse modo, não cabe ao réu demonstrar a sua inocência (até porque goza do direito de permanecer calado – art. 5º, LXIII, da CF/1988), mas sim à acusação comprovar a culpa daquele. Caso a acusação não se desincumba desse ônus, *i.e.*, não logre êxito em provar cabalmente a culpa do réu, deverá ser aplicada a regra pragmática de julgamento do *in dubio pro reo*, absolvendo-se, por conseguinte, o acusado.

Ainda sobre o assunto, note o leitor que *prevalece* na comunidade jurídica o entendimento de que o ônus da prova se *reparte* entre a acusação e a defesa. À primeira (a acusação) incumbe provar a existência do fato e sua respectiva autoria, a tipicidade da conduta, o elemento subjetivo da infração (dolo ou culpa), bem como eventuais agravantes, causas de aumento e/ou qualificadoras alegadas. A defesa, por sua vez, tem o ônus de provar eventuais alegações que faça sobre excludentes de tipicidade, ilicitude e/ou culpabilidade, circunstâncias atenuantes e/ou causas de diminuição da pena[8].

No campo da **prisão provisória**, o princípio do estado de inocência também desempenha um papel decisivo. Desde logo, advirta-se que o instituto da prisão provisória *não é incompatível* com o princípio do estado de inocência. Posto de outra forma: o princípio em questão não é absoluto. Atente-se que a própria Constituição previu a possibilidade de prisão provisória, por exemplo, no art. 5º, LXI – além do que, há na Magna Carta o princípio da segurança pública, que também torna possível falar em prisão decretada *antes do trânsito em julgado*.

Se não são incompatíveis, então como harmonizar esses institutos aparentemente antagônicos (prisão provisória e estado de inocência)? Na realidade, o princípio da presunção de inocência força-nos a assumir uma posição *contrária à banalização* da prisão provisória. Explica-se melhor. O referido princípio, ao propor que "*ninguém será considerado culpado até o trânsito em julgado de sentença penal condenatória*", força-nos a encarar a prisão provisória como medida *extrema, excepcional*. É dizer: só se prende alguém antes do trânsito em julgado se for absolutamente necessário. Esse princípio institui entre nós a **regra da liberdade**, leia-se: *em regra, o indivíduo deve ser conservado em liberdade, apenas se "abusar" desta (da liberdade) poderá vir a ser encarcerado.* Essa ideia foi reforçada pela Lei 12.403/2011 que, em diversas passagens, estabelece a prisão provisória como *ultima ratio* (veremos o tema de forma mais detalhada oportunamente).

Nessa senda, uma pergunta pode aflorar na mente do leitor. Dissemos anteriormente que *só se prende alguém antes do trânsito em julgado se for absolutamente necessário.* Mas, *como saberei quando é necessária a prisão de alguém?* A resposta está na **prisão preventiva**. Colocado de outra forma: a comunidade jurídica elegeu a *prisão preventiva* (arts. 311 e ss. do CPP) como *pedra de toque* para a demonstração de *necessidade* de prisão provisória (TOURINHO FILHO, 2010). A escolha não se deu ao acaso, pois é a preventiva que possui, dentre as demais modalidades de prisão, os requisitos mais *rígidos* para a sua decretação. Assim, para que alguém seja (ou permaneça) preso durante a persecução penal, é fundamental que os requisitos da preventiva estejam presentes, sob pena de ilegalidade da medida e, concomitantemente, de violação ao estado de inocência.

Diante do que foi dito no parágrafo anterior, pode-se afirmar que não há no Brasil qualquer modalidade de *prisão automática*. Ou seja: a) inexiste prisão (automática) decorrente de sentença condenatória recorrível ou decorrente de decisão de pronúncia; b) não se pode condicionar a interposição de recurso defensivo à prisão do réu (nem mesmo em sede de RE e RESP); c) não vale a "regra" de que aquele que ficou preso durante a instrução deverá ser conservado nesta condição no momento da sentença condenatória recorrível (consoante parágrafo único do art. 387 do CPP e STJ AgRg no Ag 1306340/GO, *DJ* 21/10/2010). Em suma: ou os requisitos da preventiva se mostram concretamente presentes (devendo o juiz expô-los *fundamentadamente* em uma decisão) ou, do contrário, o réu, por imperativo constitucional (estado de inocência), deverá ser conservado em liberdade (regra da liberdade), ainda que esta liberdade se dê com algumas restrições (medidas cautelares pessoais substitutivas da prisão - conforme dispõe a Lei 12.403/2011, a ser examinada em ocasião oportuna).

8. O pensamento, com a devida licença, é deveras equivocado. Sendo o crime um todo indivisível (fato típico, ilícito e culpável) é imperioso que a acusação prove cabalmente esse todo indivisível para que possa, assim, ver atendida a sua pretensão punitiva. Pensando dessa maneira estão, por exemplo: Afrânio Silva Jardim, Luiz Flávio Gomes, dentre outros.

Uma consideração derradeira: na fixação da pena-base e do regime prisional, os tribunais superiores entendem que há ofensa ao estado de inocência considerar *maus antecedentes* os eventuais registros criminais do acusado (processos em andamento, por exemplo). Tais registros não podem, pois, ser valorados para aumentar a pena-base ou para exasperar o regime de cumprimento da pena.

6.3. Inexigibilidade de autoincriminação e direito ao silêncio

No Processo Penal, o indivíduo goza do *direito de não se autoincriminar*. O reconhecimento deste direito decorre de uma *interpretação extensiva* dada pela comunidade jurídica brasileira à primeira parte do inciso LXIII, do art. 5º, da CF/1988, que diz: "*o preso será informado de seus direitos, entre os quais o de permanecer calado*". Tal dispositivo consagra entre nós o *direito ao silêncio*, que significa que *toda a vez que a fala do indivíduo (preso ou solto) puder incriminá-lo, este poderá conservar-se em silêncio, sem que se possa extrair qualquer consequência jurídica negativa dessa conduta*. Isto é assim porque, sendo o silêncio um *direito* do indivíduo, aquele que o exercita, sob pena de total contrassenso, não poderá sofrer qualquer tipo de prejuízo jurídico.[9]

Mas, a comunidade jurídica não parou por aí (direito ao silêncio), pois, partindo do art. 5º, LXIII, da CF/1988, reconheceu que, na realidade, o direito ao silêncio seria apenas um aspecto (uma das facetas) de um direito muito mais abrangente: o da não autoincriminação. Por este direito (não autoincriminação), assegura-se ao sujeito o poder de negar-se a *colaborar* com qualquer tipo de produção probatória que dele dependa, sem que qualquer prejuízo possa ser extraído dessa inércia (*nemo tenetur se detegere*). Consequentemente, o indivíduo pode se negar a participar da reprodução simulada do crime (reconstituição do delito), como também se recusar a realizar qualquer exame cuja realização dependa do seu próprio corpo (bafômetro, grafotécnico, DNA, sangue etc. – as chamadas provas *invasivas*).

Assim, pelo que vimos, numa eventual sentença, o juiz jamais poderá valorar negativamente a inércia do acusado, usando fórmulas como: "quem cala consente", "quem não deve, não teme" etc.

9. Sobre a possibilidade do direito ao silêncio abranger ou não o momento da qualificação do acusado durante o seu interrogatório, ver o nosso: "*Direito ao silêncio e qualificação do acusado. O direito de permanecer calado pode abranger a qualificação do réu?*" Disponível em: <http://jus.com.br/artigos/17836/direito-ao-silencio-e-qualificacao-do-acusado >. Acesso em: 20 out. 2013.

6.4. Contraditório (bilateralidade da audiência ou bilateralidade dos atos processuais)

Expresso na CF (art. 5º, LV), consiste esse princípio no binômio: *ciência + participação*, ou seja, trata-se do *direito que possuem as partes de serem cientificadas sobre os atos processuais (ciência), como também do direito que possuem de se manifestar, de interagir (participação) sobre esses mesmos atos*. Um exemplo: finda a instrução processual, o juiz profere sentença sobre o caso. Nesta hipótese, as partes serão cientificadas (intimadas) dessa decisão (ciência), bem como poderão participar recorrendo do *decisium* (participação)[10]. Com efeito, entende-se que essa dialética das partes torna o julgamento do acusado mais justo.

Contraditório diferido, retardado ou postergado: em certos casos, diante do *perigo de perecimento* de determinada prova considerada relevante, deve-se produzi-la de plano, *relegando-se o contraditório para um momento posterior* (daí o nome *postergado*). Exemplo: perícia sobre lesão corporal. Não fosse o exame realizado imediatamente, os vestígios, a depender da lesão, poderiam desaparecer e comprometer a materialidade delitiva (art. 158 do CPP). Nesse caso, realiza-se o exame e, em momento posterior (no curso do processo), assegura-se o contraditório às partes, podendo estas se manifestar sobre a perícia anteriormente realizada.

Por outro lado, há casos em que o contraditório pode ser antecipado. Isto ocorre também por conta da possibilidade de *perecimento da prova*. Ex.: testemunha em estado terminal de saúde que presenciou o crime. Procede-se então à *produção antecipada de prova* (art. 225 do CPP), assegurando-se, *antecipadamente*, o contraditório às "partes"[11]. Sobre este ponto consultar a parte final do art. 155 do CPP.

Por fim, impende salientar que, segundo majoritária posição da comunidade jurídica, *em regra, não há contraditório em sede de procedimento investigatório* (inclua-se aí o inquérito policial). Exceções: procedimento instaurado pela Polícia Federal para expulsão de estrangeiro; e procedimento para apurar falta disciplinar do servidor público. Nesses casos, há contraditório.

6.5. Ampla defesa

Assim como o contraditório, a ampla defesa está igualmente prevista no art. 5º, LV, da CF. Significa *que o réu tem o direito de defender-se de uma acusação da forma mais ampla possível, podendo empregar todos os recursos cabíveis para o cumprimento desta finalidade*. No processo penal, a defesa só é ampla quando presentes os seus dois aspectos: autodefesa e defesa técnica.

10. Outro exemplo: art. 409 do CPP.
11. Note o leitor que, como não há processo, não há que se falar propriamente em partes.

A **autodefesa** *é facultativa*, realizando-a, portanto, o acusado se assim entender conveniente. Isto é assim – facultatividade da autodefesa – por conta do *direito ao silêncio* que possui o réu. Como este tem o direito de permanecer calado, por óbvio, só exerce a sua própria defesa se assim o desejar. Um dos momentos mais marcantes em que o réu pode se autodefender ocorre durante o interrogatório (art. 185 do CPP).

Já a **defesa técnica** *é absolutamente indispensável*. O réu deve, obrigatoriamente, contar com profissional habilitado atuando em juízo na defesa de seus interesses (seja ele defensor dativo, público ou constituído) – *vide* art. 261 do CPP. Note o leitor que se o acusado for advogado regularmente inscrito nos quadros da OAB, poderá, se quiser, promover a sua própria defesa técnica.

Consulte-se, por fim, a súmula 523 do STF, que diz: "no processo penal, a falta da defesa constitui nulidade absoluta, mas a sua deficiência só o anulará se houver prova de prejuízo para o réu".

6.6. Verdade real

Tradicionalmente, diz-se que o citado princípio impõe *certa postura* do juiz diante do processo penal. É que, conforme sustentam alguns, dada a indisponibilidade do bem jurídico tratado pelo processo penal (liberdade ambulatorial), o magistrado deve se esforçar ao máximo em desvendar o que realmente ocorreu – e não apenas se contentar com as provas eventualmente colacionadas pelas partes. Desse modo, diante de eventual inércia das partes, deve o juiz produzir provas a fim de esclarecer a verdade dos fatos.

Ademais, *ainda dentro dessa visão tradicional*, é bastante comum opor o princípio da verdade real ao da "verdade formal". Tal oposição tem por base os diferentes bens jurídicos em jogo nos processos penal e civil. Argumenta-se que, como no processo civil os bens jurídicos são geralmente disponíveis, não há que se falar em verdade real, mas sim em verdade formal (ou ficta), querendo isto significar que o juiz cível deve se contentar com as provas trazidas pelas partes.

Essa visão *tradicional* do princípio da verdade real encontra respaldo no CPP (*vide* arts. 156 e 209, § 1º); na atual jurisprudência dos tribunais superiores (STJ, HC 19805/MG, *DJ* 03/12/2002).

Porém, é preciso destacar que essa orientação "tradicional" do princípio da verdade real vem, cada vez mais, sendo criticada por significativo setor da doutrina.

Uma das principais críticas à verdade real é que, ao estimular o ativismo probatório por parte do juiz, termina-se violando a imparcialidade deste (deturpação da atividade judicante) e, no limite, afrontando o sistema acusatório pretendido pelo Constituinte de 1988.

Diante disso, melhor seria falar em *verdade processual (verdade apenas no processo)*, *verdade jurídica*, ou, como quer Pacelli (2009, p. 294), numa "certeza" exclusivamente jurídica, representada pela tentativa de reconstrução histórica dos fatos por meio de parâmetros estabelecidos pela lei.

6.7. Juiz natural

Decorre do art. 5º, LIII, da CF/1988, que diz: "*ninguém será processado nem sentenciado senão pela autoridade competente*". Em suma, significa que *o indivíduo só pode ser privado de seus bens ou liberdade se processado por autoridade judicial imparcial e previamente conhecida por meio de regras objetivas de competência fixadas anteriormente à prática da infração.* Exemplo de violação ao juiz natural: o sujeito pratica um crime da competência da justiça estadual e termina sendo julgado pela justiça federal. O juiz federal, neste caso, não é o natural para a causa em questão.

Decorre desse princípio o fato de *não ser possível a criação de juízo ou tribunal de exceção, i. e., não pode haver designação casuística de magistrado para julgar este ou aquele caso* (art. 5º, XXXVII, da CF/1988).

Ademais, no âmbito processual penal, não é possível às partes acordarem para subtrair ao juízo natural o conhecimento de determinada causa.

Note bem: *não configura violação ao princípio do juiz natural*: a) a convocação de juiz de 1ª instância para compor órgão julgador de 2ª instância (STJ HC 137518/SP, *DJ* 09.11.2009); b) a redistribuição da causa decorrente da criação de nova Vara - seja com a finalidade de igualar os acervos dos Juízos (STJ HC 102193/SP, *DJ* 02/02/2010), seja especializada (STF, ADI 4414/AL, *DJe* 17.06.2013; e c) a atração por continência do processo do corréu ao foro especial do outro denunciado - ex.: prefeito e cidadão comum praticam furto em concurso. Nesta situação, ambos serão julgados pelo TJ sem que se possa falar em violação ao juiz natural – art. 78, III, do CPP.

6.8. Identidade física do juiz

Significado: *o magistrado que acompanhar a instrução probatória – logo, que tiver tido contato direto com as provas produzidas ao longo do processo – deverá ser o mesmo a proferir sentença.*

Antes de 2008, tal princípio existia apenas no Processo Civil (art. 132 do CPC), mas não no Processo Penal. Entretanto, hoje, após a reforma promovida pela Lei 11.719/2008, passou a ser expressamente adotado pelo Direito Processual Penal. Segue o teor do novo § 2º do art. 399 do CPP: "*o juiz que presidiu a instrução deverá proferir a sentença*".

O princípio da identidade física do juiz *não é, porém, absoluto*. Há **exceções**. Desse modo, *não viola o referido princípio*: a) o interrogatório do réu por meio de carta precatória (STJ, HC 135456/SC, *DJ* 18/03/2010); b) casos de convocação, licença, afastamento, promoção ou aposentadoria do juiz que presidiu a instrução de provas (STJ, HC 163425/RO, *DJ* 27/05/2010); c) o julgamento de embargos de declaração por outro juiz (STJ, HC 46408/SP, *DJ* 01/10/2009); e d) casos relacionados ao Estatuto da Criança e do Adolescente (STJ, HC 164371/DF, *DJ* 22/06/2010).

6.9. Promotor natural (ou promotor legal)

Do mesmo modo em que se exige um juiz natural, há que se ter também um "acusador natural", *i.e.*, *um membro do MP independente e com atribuição legal prévia para atuar no feito* (*vide* art. 5º, LIII, da CF/1988). Assim, também é vedada a figura do "promotor de exceção", ou seja, é proibida a designação arbitrária, pela cúpula da instituição, de membro do MP para atuar em caso específico.

6.10. Duplo grau de jurisdição

Significa que *as decisões judiciais são, em regra, passíveis de revisão por instâncias superiores através da interposição de recursos*. Além disso, o princípio estabelece a *impossibilidade de supressão de instância* (GRINOVER et. al., 2001), ou seja, em caso de anulação da decisão recorrida, não pode o tribunal ingressar no mérito da causa, se este não foi apreciado pelo juízo *a quo* (pela instância inferior).

Tal princípio não vem expressamente previsto no texto da CF/1988. Porém, trata-se de *garantia materialmente constitucional*. Isto porque a Convenção Americana de Direitos Humanos (CADH – Pacto de São José da Costa Rica) – ratificada pelo Brasil por meio do Decreto 678/1992 – prevê em seu texto o referido princípio (art. 8º, 2, *h*). Note-se que, para a melhor doutrina (e atual jurisprudência da 2ª Turma do STF - HC 96772/SP, *DJ* 09/06/2009), os direitos e garantias contidos nesse Pacto possuem *status* normativo de *norma materialmente constitucional* (PIOVESAN, 2011). É que, segundo essa autora, por força do art. 5º, § 2º, da CF/1988, todos os tratados de direitos humanos, independentemente do *quorum* de sua aprovação, são normas materialmente constitucionais.

Por outro lado, o duplo grau não é um princípio absoluto. *Dentre outras*, segue uma exceção: competência originária do STF (*vide* art. 102, I, da CF/1988).

Ademais, por óbvio, a garantia do duplo grau não afasta a necessidade da parte observar corretamente os pressupostos recursais (ex.: prazo), sob pena de o recurso não ser conhecido.

6.11. Publicidade

Vem expresso na CF nas seguintes passagens: arts. 5º, LX; e 93, IX. Trata-se do *dever que tem o Judiciário de dar transparência aos seus atos*. A publicidade dos atos processuais é a *regra*. Porém, a própria CF autoriza a restrição da publicidade quando se mostrar necessária a *preservação da intimidade ou do interesse social*. *Exemplos de* restrição à publicidade: a) CF: arts. 93, IX, parte final, e art. 5º, LX; b) CPP: arts. 201, § 6º; 485, § 2º; 792, § 1º; c) CP: 234-B; e d) Lei 9.296/1996: art. 1º.

6.12. Iniciativa das partes, demanda ou ação (*ne procedat judex ex officio*)

Significa que *cabe à parte interessada o exercício do direito de ação, uma vez que a jurisdição é inerte*. A propositura da ação penal incumbe, assim, ao MP (no caso de ação penal pública) ou à vítima (no caso de ação penal privada), sendo vedado ao juiz proceder de ofício nessa seara.

Notemos que tal princípio tem total ligação com o *sistema acusatório* (pretendido pelo Constituinte de 1988 - art. 129, I), que tem por uma de suas principais características a separação das funções de acusar e julgar.

Desse modo, *não foram recepcionados* pela CF os arts. 26 e 531 do CPP, que preveem que, no caso de contravenção penal, a ação penal será iniciada por portaria expedida pelo delegado ou pelo juiz (chamado de procedimento *judicialiforme*).

Não se deve confundir o princípio da *iniciativa das partes* com o do *impulso oficial*. Enquanto o primeiro determina que o exercício do direito de ação incumbe à parte interessada, o segundo (impulso oficial) estabelece que cabe ao juiz, de ofício, impulsionar o regular desenvolvimento do processo "até que a instância se finde" (MIRABETE, 2001, p. 49) – *vide* art. 251 do CPP.

6.13. Igualdade processual (igualdade das partes ou paridade de armas)

As partes devem contar com tratamento igualitário e com oportunidades iguais. Decorre tal princípio do art. 5º, *caput*, da CF/1988 (princípio da isonomia). Em certos casos, porém, quando justificável, admite-se o tratamento diferenciado da parte, a fim de ser promovida uma igualdade mais *substancial*. Trata-se aqui da antiga máxima: "tratar desigualmente os desiguais na medida de suas desigualdades". Seguem exemplos desse tratamento "desigual" à parte que objetivam uma igualdade mais *substancial* no âmbito do processo penal: *favor rei* (princípio segundo o qual os interesses da defesa prevalecem sobre os da acusação – art. 386, VII, do CPP); a revisão criminal é ação exclusiva da defesa; a Defensoria Pública possui prazos mais longos, contados em dobro, por força do art. 128, I, da LC 80/1994, e do art. 5º, § 5º, da Lei 1.060/1950 (Ver STF, HC 81.019/MG, Info. 247); admite-se a prova ilícita *pro reo*, mas não a *pro societate* etc...

6.14. Imparcialidade do juiz

O juiz deve ser pessoa neutra, estranha à causa e às partes. O magistrado eventualmente interessado no feito – suspeito (art. 254 do CPP) ou impedido (art. 252 do CPP) – deve ser afastado.

6.15. Duração razoável do processo

Expressamente previsto no art. 5º, LXXVIII, da CF/1988, que diz: "*a todos, no âmbito judicial e administrativo, são assegurados a razoável duração do processo e os meios que garantam a celeridade de sua tramitação*" e na CADH, art. 8º, 1, **consiste** no *direito que as partes possuem de exigir do Estado que preste a jurisdição em tempo razoável*. Assim, as dilações indevidas devem ser banidas.

Representa, na atualidade, um dos maiores problemas/desafios do Judiciário mundial (inclua-se aí o brasileiro): assegurar uma prestação jurisdicional célere e de qualidade sem atropelar direitos e garantias fundamentais das partes.

É por conta desse princípio que os tribunais superiores, em diversas oportunidades, têm reconhecido a *ilegalidade da prisão provisória do acusado quando o processo apresenta demora injustificada* (*v. g.*: STJ, HC 77888/SP, *DJ* 31/08/2010).

A crítica que significativo setor da comunidade costuma fazer é que a falta de um prazo claro e determinado para o fim do processo, aliada à ausência de sanção em caso de expiração desse mesmo prazo, tem o poder de reduzir significativamente a efetividade do referido princípio.

Inspirado por esse princípio, o legislador ordinário criou os seguintes parâmetros de prazo, cujo desrespeito, como dissemos antes, não produz nenhuma sanção jurídica automática: a) no rito ordinário, a instrução deverá ser concluída em 60 dias (art. 400 do CPP); b) no júri, 90 dias (art. 412 do CPP); c) no caso de processo que apure crime cometido por organização criminosa (art. 22, parágrafo único, Lei 12.850/2013), 120 dias (se o réu estiver preso), "prorrogáveis em até igual período, por decisão fundamentada, devidamente motivada pela complexidade da causa ou por fato procrastinatório atribuível ao réu."; dentre outros.

6.16. Obrigatoriedade de motivação das decisões judiciais

Expressamente previsto na CF (art. 93, IX), trata-se de um dos pilares das democracias contemporâneas. **Significa** que *toda decisão judicial necessita ser fundamentada, sob pena de nulidade*. A exigência de fundamentação possibilita um controle das partes e de toda a sociedade das razões de decidir do magistrado. Assim, se, por exemplo, um juiz decretar a preventiva do acusado sem fundamentar (*i. e.*: sem explicar concretamente os porquês da prisão), será possível impetrar HC por conta da nulidade da decisão.

7. Inquérito policial (IP)

7.1. Notas introdutórias

Para que a ação penal possa ser oferecida é indispensável que esteja previamente embasada em um mínimo de provas (aquilo que a doutrina costuma chamar de *justa causa* para a ação penal ou *suporte probatório mínimo*). Sem esses elementos mínimos, a inicial penal não deve ser oferecida e, se for, deverá ser rejeitada por parte do magistrado (art. 395, III, do CPP)[12]. Isto é assim porque se concebe o *processo penal* como algo notoriamente estigmatizante à pessoa. Dessa forma, os responsáveis pela acusação (MP e querelante)[13] devem necessariamente pautar suas ações penais em um mínimo de provas, procedendo com cautela nesse campo, evitando, assim, a formulação de acusações temerárias, infundadas.

Nesse contexto, o inquérito policial (IP) é uma das investigações preliminares (das mais "famosas", diga-se de passagem) que podem fornecer subsídios à acusação para o oferecimento de ação penal. Entretanto, embora o IP seja uma das peças investigativas mais conhecidas, não é a única, uma vez que a ação penal também pode se fundamentar em: CPI (art. 58, § 3º, da CF/1988); investigação direta pelo MP[14]; investigação efetuada pelo próprio particular; investigação levada a cabo por tribunais (em caso de foro por prerrogativa de função do indiciado[15]); inquérito policial militar (IPM – art. 8º do CPPM); dentre outras. Estes exemplos são chamados de **inquéritos extrapoliciais ou não policiais.** Há, ainda, a possibilidade de outros procedimentos de investigação criminal serem conduzidos pela autoridade policial, nos termos da recente Lei 12.830/2013, § 1º, art. 2º.

12. Ou, ainda, combatida por HC trancativo (art. 648, I do CPP).
13. Querelante é o nome que se dá à vítima (ou seu representante legal) quando promove a ação penal privada.
14. Conforme informativo 463, STJ (14 a 18 de fevereiro de 2011). *Vide*, ainda, a Resolução 13 do CNMP (Conselho Nacional do Ministério Público). A Resolução disciplina as investigações criminais realizadas diretamente por membros do MP.
15. *Vide* informativo 483, STF (8 a 11 de outubro de 2007).

Com efeito, nas próximas linhas nos debruçaremos detalhadamente sobre uma das investigações preliminares mais "populares": o *inquérito policial*. Porém, antes, cabe um esclarecimento: a expressão **persecução penal** (ou *persecutio criminis*) **significa** a soma das atividades de perseguição ao crime (investigação preliminar + ação penal).

7.2. Polícia administrativa (preventiva, ostensiva ou de segurança) e polícia judiciária (repressiva ou investigativa) - arts. 4º do CPP, e 144, da CF/1988

A polícia administrativa visa a *impedir* a prática de infrações penais. Exemplos: polícia militar, polícia rodoviária federal e polícia federal.

A judiciária, atuando *após* a prática delituosa, visa a *apurar* as infrações penais e suas respectivas autorias, assim como tem o papel de *auxiliar o Poder Judiciário* (cumprindo mandados de prisão, por exemplo) no desenrolar da persecução penal. Exemplos: polícia civil e polícia federal[16].

O art. 2º da nova Lei 12.830/2013 considera que: "as funções de polícia judiciária e a apuração de infrações penais exercidas pelo delegado de polícia são de natureza jurídica, essenciais e exclusivas de Estado".

7.3. Conceito de inquérito policial

Conjunto de diligências realizadas pela autoridade policial (delegado) que tem por finalidade a apuração de uma infração penal e sua respectiva autoria, de modo a fornecer subsídios ao titular da ação penal (MP ou querelante) – art. 4º, *caput*, do CPP.

7.4. Natureza jurídica

O IP tem natureza de **procedimento administrativo** *e não de processo*. Assim, não se trata de ato de jurisdição, mas de procedimento administrativo que *visa a tão somente informar (caráter informativo) o titular da ação penal (MP e querelante), fornecendo-lhe elementos para formar a sua opinião a respeito da infração penal e respectiva autoria.*

16. Note o leitor que a polícia federal tanto pode desempenhar o papel de polícia administrativa (evitando a prática de crimes) como de judiciária (auxiliando a justiça federal).

7.5. "Competência" (art. 4º, parágrafo único, do CPP)

A "competência" (tecnicamente, atribuição, já que competência é termo relacionado à jurisdição) para presidir o IP é do *delegado de carreira* (bacharel em direito aprovado em concurso público - art. 3º, da Lei 12.830/2013). Em regra, o delegado que preside o IP é aquele que atua no *local* (**circunscrição**[17]) onde o crime se consumou (**critério territorial** – *ratione loci*). Porém, caso exista uma *delegacia especializada* na Comarca (delegacia de homicídios, por exemplo), prevalecerá o **critério material** (*ratione materiae*) sobre o critério territorial. Nenhum problema nisso.

Ademais, conforme diz o art. 22 do CPP, nas comarcas onde houver mais de uma circunscrição policial, o delegado com exercício em uma delas (em uma das circunscrições) poderá diligenciar nas demais, *independentemente de precatórias ou requisições*. Dentro de sua comarca de atuação, o delegado tem, portanto, "livre-trânsito" para diligenciar nas várias circunscrições policiais.

A nova Lei 12.830/2013 (cuja leitura recomendamos) reforçou a ideia de que o delegado é o presidente do IP, trazendo ainda outras disposições importantes, dentre elas a questão da possibilidade de avocação do IP (ou de outra modalidade de investigação criminal conduzida pelo delegado): "o inquérito policial ou outro procedimento previsto em lei em curso somente poderá ser avocado ou redistribuído por superior hierárquico, mediante despacho fundamentado, por motivo de interesse público ou nas hipóteses de inobservância dos procedimentos previstos em regulamento da corporação que prejudique a eficácia da investigação" (art. 2º, § 4º).

7.6. Características do IP

7.6.1. Inquisitivo

Conforme majoritária doutrina, *não há contraditório nem ampla defesa no IP*. Neste âmbito, inexiste separação de funções (acusação, defesa e julgamento) e não há que se falar em "partes". Ao contrário, a condução do IP concentra-se nas mãos da autoridade policial, em relação à qual não se pode sequer arguir suspeição (*vide* art. 107 do CPP).

Tradicional setor da comunidade jurídica costuma justificar que essa característica do IP (inquisitivo) é fundamental para o próprio sucesso da investigação, conferindo-lhe o dinamismo necessário.

Embora não haja contraditório nem ampla defesa no IP, isto não significa que o indiciado seja um mero objeto da investigação policial. Há sim direitos/garantias irrecusáveis

17. Circunscrição é o espaço territorial em que o delegado exerce suas atividades. Uma comarca pode estar dividida em várias circunscrições policiais.

ao indiciado, como, por exemplo, direito ao silêncio, possibilidade de impetrar de *habeas corpus* e mandado de segurança, de se fazer acompanhar por advogado etc.

Por outro lado, é de se destacar que *há investigações preliminares que possuem contraditório.* Exemplos: inquérito para a decretação da expulsão de estrangeiro e inquérito que apura falta disciplinar de servidor público[18].

7.6.2. Dispensável (arts. 27 e 46, § 1º, do CPP)

Significa que *o IP não é um caminho necessário para o oferecimento da ação penal.* Segundo vimos anteriormente, esta (a ação) poderá se fundamentar em diversas outras investigações preliminares (CPI; investigação produzida por particular; peças de informação[19] etc.), que não o IP.

7.6.3. Sigiloso

Diferentemente do que ocorre no processo, no IP, consoante estabelece o art. 20 do CPP, *não vige o princípio da publicidade.* Assim, *os atos do inquérito não são públicos* (não pode, por exemplo, uma pessoa do povo assistir à oitiva do indiciado na delegacia).

Esse sigilo, porém, *não alcança o MP, o juiz, o defensor público e o advogado do indiciado.*

No que tange ao defensor público, segundo a LC 80/1994, são prerrogativas dos membros da Defensoria Pública: "examinar, em qualquer repartição pública, autos de flagrantes, inquéritos e processos, assegurada a obtenção de cópias e podendo tomar apontamentos" (arts. 44, VIII; 89, VIII; e 128, VIII). Além disso, é uma das funções institucionais da Defensoria Pública: "acompanhar inquérito policial, inclusive com a comunicação imediata da prisão em flagrante pela autoridade policial, quando o preso não constituir advogado" (art. 4º, XIV).

No que tange ao advogado do indiciado, estabelece o art. 7º, XIV, EOAB, que, dentre outros, é direito do patrono: "examinar em qualquer repartição policial, mesmo sem procuração, autos de flagrante e de inquérito, findos ou em andamento, ainda que conclusos à autoridade, podendo copiar peças e tomar apontamentos".

Com efeito, cabe a pergunta: o acesso do defensor público ou do advogado do indiciado ao IP é ilimitado? A resposta está na Súmula Vinculante nº 14 do STF: "é direito do defensor, no interesse do representado, ter acesso amplo aos elementos de prova que, já documentados em procedimento investigatório realizado por órgão com competência de polícia judiciária, digam respeito ao exercício do direito de defesa".

Note, portanto, que o acesso do defensor público ou advogado abrange aqueles elementos de prova (atos de investigação) já produzidos, já documentados - não abrangendo, portanto, aqueles elementos sigilosos pendentes de produção. Explica-se com um exemplo. Decretada a interceptação telefônica do indiciado no curso do IP, por óbvio, o defensor daquele não será intimado dessa decisão e, muito menos, poderá participar da produção da prova, sob pena de total inutilidade da diligência. Entretanto, concluída a produção dessa prova (i. e., efetuada a transcrição da conversa telefônica), terá o defensor amplo acesso às informações eventualmente obtidas contra o indiciado.

Essas ideias também foram reproduzidas na recente Lei que trata do crime organizado (Lei 12.850/2013). Ao prever a ação controlada da polícia (consistente em retardar a prisão em flagrante relativa à ação praticada por organização criminosa para que o flagrante se concretize no momento mais eficaz à formação de provas e obtenção de informações), dispõe que: "até o encerramento da diligência, o acesso aos autos será restrito ao juiz, ao Ministério Público e ao delegado de polícia, como forma de garantir o êxito das investigações" - § 3º, do art. 8º, da Lei.

Finalmente, ainda sobre o sigilo do IP, vale mencionar o novo parágrafo único, do art. 20 do CPP, alterado pela Lei 12.681/2012, que diz: "nos atestados de antecedentes que lhe forem solicitados, a autoridade policial não poderá mencionar quaisquer anotações referentes a instauração de inquérito contra os requerentes". Ou seja, o sigilo aqui visa proteger a pessoa do indiciado.

7.6.4. Indisponível

Ao delegado não é dado arquivar o IP (art. 17 do CPP). Mesmo que a autoridade policial esteja convencida de que, por exemplo, o fato é atípico, deve, *necessariamente*, remeter os autos do IP ao titular da ação penal para que este possa decidir o que fazer com a investigação preliminar.

7.6.5. Discricionário

No âmbito do IP, *não há um procedimento rígido a ser seguido pela autoridade policial* (consoante se observa no processo). Ao contrário, o delegado, visando ao sucesso da investigação, tem *discricionariedade* para adotar as medidas e diligências que entender adequadas (*vide* arts. 6º e 7º do CPP; e o art. 2º, § 2º, da Lei 12.830/2013). Prova dessa

18. A antiga Lei de Falências (Dec.-lei 7.661/1945), que previa inquérito em contraditório e presidido por autoridade *judicial* (chamado de inquérito judicial), foi revogada pela Lei 11.101/2005. Hoje, não há mais contraditório em IP que investiga crime falimentar.
19. As peças de informação podem ser definidas como *qualquer outra peça que não o IP que seja capaz de subsidiar elementos para o titular da ação penal.*

discricionariedade é o art. 14 do CPP, que diz que o delegado pode ou não atender aos requerimentos de diligência solicitados pela vítima[20] e pelo indiciado. *Discricionariedade não significa, entretanto, arbitrariedade.* O delegado, obviamente, não é livre para agir como quiser. Trata-se, portanto, de uma discricionariedade dentro da legalidade (há que se respeitar as garantias e direitos fundamentais do indiciado e o ordenamento jurídico como um todo).

Ademais, embora não haja hierarquia entre magistrados, membros do MP e delegados, é oportuno recordar que as "solicitações" de diligências dos dois primeiros (juiz e MP) ao delegado, chamadas tecnicamente de requisição, têm, segundo a doutrina, conotação de *ordem*. Assim, não há aqui discricionariedade para o delegado, devendo, portanto, acatá-las (art. 13, II, do CPP).

7.6.6. Escrito

O art. 9º do CPP, estabelece que todas as peças do IP serão reduzidas a escrito e rubricadas pela autoridade policial. Os atos realizados oralmente (oitiva do indiciado, por exemplo) deverão, igualmente, ser reduzidos a termo. Tudo isso visa a fornecer subsídios ao titular da ação penal. Embora consagrada a forma escrita do IP, lembre-se de que a reforma de 2008 estabeleceu que, sempre que possível, deve-se lançar mão de outros mecanismos de apreensão das informações (audiovisual, por exemplo), como forma de conferir maior fidedignidade a esses atos (art. 405, § 1º, do CPP).

7.6.7. Oficialidade

O IP é presidido e conduzido por órgão *oficial* do Estado (polícia judiciária) – *vide* art. 144, § 4º, da CF/1988.

7.6.8. Oficiosidade

Em caso de crime de ação penal pública incondicionada, deve o delegado agir de ofício, instaurando o IP (art. 5º, I, do CPP). Ou seja, deve a autoridade policial atuar independentemente de provocação de quem quer que seja. Por outro lado, nos crimes de ação penal privada e condicionada à representação, não pode o delegado agir (instaurar o IP) sem ser provocado pela vítima (ou seu representante legal).

20. Conforme doutrina, a *única* diligência que o delegado está obrigado a acatar é o exame de corpo de delito (art. 158 do CPP). Deixando vestígio a infração e solicitando a vítima o respectivo exame, deve a autoridade policial acatar esse requerimento.

7.7. Instauração ou início do IP (art. 5º do CPP)

7.7.1. Se o crime for de ação penal pública incondicionada (ex.: roubo – art. 157 do CP)

O IP será instaurado:

a) **De ofício pelo delegado** (art. 5º, I): tomando conhecimento da prática de crime de ação penal pública *incondicionada* por meio de suas atividades rotineiras, deve o delegado *agir de ofício*, instaurando o IP. O nome da peça inaugural do IP nesse caso é a **portaria**.[21] A doutrina costuma denominar essa hipótese de instauração do IP de ***notitia criminis***[22] (notícia do crime) **espontânea** (*de cognição direta ou imediata*) exatamente por conta da descoberta do crime se dar *espontaneamente* pelo delegado;

b) **Por requisição de membro do MP ou da magistratura**[23] (art. 5º, II, primeira parte): igualmente, em se tratando de crime que se procede por meio de ação penal pública *incondicionada*, o IP poderá ser instaurado por meio de *requisição* de membro do MP ou da magistratura. Vale recordar que a *requisição* nesse contexto, conforme visto anteriormente, tem caráter de ordem para que o delegado instaure o IP. A doutrina costuma apelidar essa instauração do IP de ***notitia criminis* provocada** (*de cognição indireta ou mediata*). Isto porque o delegado toma conhecimento do crime por meio de *provocação* de membro do MP ou da magistratura. Nesse caso, a *peça inaugural* do IP será a própria requisição (MIRABETE, 2001, p. 84);

c) **Por requerimento do ofendido** (art. 5º, II, segunda parte):[24] a vítima de crime de ação penal pública *incondicionada* também poderá provocar a autoridade policial para fins de instauração de IP. Os autores também denominam essa hipótese de ***notitia criminis* provocada** (*de cognição indireta ou mediata*), visto que o delegado toma conhecimento do crime por meio de provocação

21. "*Peça singela, na qual a autoridade policial consigna haver tido ciência da prática do crime de ação penal pública incondicionada, declinando, se possível, o dia, lugar e hora em que foi cometido, o prenome e o nome do pretenso autor e o prenome e nome da vítima (...)*" (MIRABETE, 2001, p. 84).

22. *Notitia criminis é o conhecimento por parte do delegado, espontâneo ou provocado, de um fato aparentemente delituoso.*

23. Há quem critique a requisição de magistrado para instaurar o IP por vislumbrar burla ao sistema acusatório. O juiz não deve se envolver em atividade de persecução penal.

24. Tecnicamente, não se deve usar a expressão "dar uma queixa na delegacia". Isto porque "queixa", para o Processo Penal, é sinônimo de queixa-crime (ação penal privada). Assim, em sentido técnico, deve-se falar em "noticiar a prática de um crime" (notícia do crime).

do ofendido. Nessa situação, a peça inaugural do IP será o próprio *requerimento* (*op. cit.*, 2001, p. 84). No caso de *indeferimento* desse requerimento do ofendido, cabe *recurso administrativo* ao Chefe de Polícia (art. 5º, § 2º), que, hoje, é representado ou pelo Delegado-Geral de Polícia ou pelo Secretário de Segurança Pública, conforme a legislação de cada Estado Federado;

d) **Por provocação de qualquer um do povo** (art. 5º, § 3º): em caso de delito que se processe por via de ação penal pública *incondicionada, qualquer pessoa* pode provocar a autoridade policial para que instaure o IP. A doutrina nomeia essa hipótese de ***delatio criminis*** (delação do crime) **simples**. Nessa situação, a peça inaugural do IP será a *portaria* (*op. cit.*, 2001, p. 84);

c) **Pela prisão em flagrante do agente:** ocorrendo a prisão em flagrante do indivíduo que cometeu crime de ação penal pública incondicionada, instaura-se o IP, tendo este como peça inaugural o *auto de prisão em flagrante* (APF). Os autores costumam denominar essa hipótese de instauração do IP de ***notitia criminis*** **de cognição coercitiva**.

7.7.2. Se o crime for de ação penal pública condicionada à representação (ex.: ameaça – art. 147 do CP) ou à requisição do Ministro da Justiça (ex.: crime contra a honra do Presidente da República – art. 145, parágrafo único, do CP)

O IP será instaurado por meio, respectivamente, da **representação** da vítima e da **requisição**[25] do Min. da Justiça. Sem as referidas autorizações (representação e requisição) não poderá o delegado instaurar o IP. A doutrina costuma apelidar essa situação de instauração do IP de ***delatio criminis*** **postulatória**.

7.7.3. Se o crime for de ação penal privada *(ex. injúria simples – art. 140, caput, do CP)*

O IP só poderá ser instaurado por meio de **requerimento** da vítima (ou seu representante legal).

Observação final: no Brasil, a **denúncia anônima** (delação apócrifa ou *notitia criminis* inqualificada) é imprestável para, *isoladamente*, provocar a instauração de inquérito policial. A delação apócrifa (ex.: disque-denúncia) somente é admitida se for usada para *movimentar* os órgãos responsáveis pela persecução penal (apenas isto). Neste caso, tais órgãos deverão proceder com a máxima cautela (averiguações preliminares) e só instaurar inquérito policial caso descubram outros elementos de prova idôneos. Consultar o seguinte julgado: STJ, HC 53703/RJ, *DJ* 02/04/2009.

25. Atenção: a requisição aqui *não tem* conotação de ordem, mas de mera autorização para o MP agir.

7.8. Vícios no IP

Tendo em vista que o IP possui natureza de procedimento *administrativo informativo* (e não de processo), costuma a doutrina dizer que *eventuais vícios que ocorram durante a investigação não têm o condão de contaminar a futura ação penal*. Possíveis vícios do IP têm, normalmente, força apenas para produzir a *ineficácia do próprio ato inquinado (viciado)*. Exemplo: se, no curso do IP, o delegado prende ilegalmente o indiciado, a ação penal, ainda assim, poderá ser oferecida por seu titular. A prisão, entretanto, deverá ser declarada ilegal pelo Judiciário (ineficácia do ato prisional, no caso).

Entretanto, embora seja verdade que os eventuais vícios do IP não contaminam a ação penal, é também correto que a inicial acusatória *não pode estar amparada tão somente em elementos viciados*. Ocorrendo isto (ação penal só fundamentada em elementos viciados), é de se reconhecer a falta de justa causa (suporte probatório mínimo) para o oferecimento da inicial (art. 395, III, do CPP).

7.9. Incomunicabilidade do indiciado preso

O art. 21 do CPP, prevê que, a pedido do delegado ou do MP, o juiz poderá decretar a *incomunicabilidade* do indiciado preso.

Ficar incomunicável, nesse contexto, **consiste** na *limitação de comunicação do detido com outros presos e com o mundo exterior (familiares, por exemplo), podendo, tão somente, comunicar-se com o seu advogado, o magistrado, o MP, o delegado e demais funcionários responsáveis pela sua custódia.*

Com essa medida, busca-se, *v. g.*, evitar que o preso possa instruir terceiros a destruir material probatório.

Entretanto, segundo pensa a *majoritária* doutrina, o dispositivo em questão *não foi recepcionado pela CF*. Segue o porquê desse entendimento.

A Lei Maior, ao tratar do Estado de Defesa (situação em que diversas garantias individuais poderão ser suprimidas), estabelece expressamente que *o preso não poderá ficar incomunicável* (art. 136, § 3º, IV, da CF/1988). Ora, se é vedada a incomunicabilidade do preso num estado *alterado, anormal* (Estado de Defesa), com muito mais razão, também se deve vedá-la (a incomunicabilidade) num estado de absoluta normalidade (que é o tratado pelo art. 21 do CPP).[26]

26. Para aprofundar nesse tema, conferir o nosso artigo: "**Incomunicabilidade do indiciado preso: da inconstitucionalidade do art. 21 do Código de Processo Penal**". **Jus Navigandi**, Teresina, ano 15, n. 2692, 14 nov. 2010. Disponível em: <http://jus.uol.com.br/revista/texto/17834>. Acesso em: 1º mar. 2011.

7.10. Valor probatório do IP

Consoante vimos anteriormente, as provas produzidas no âmbito do IP objetivam, em regra, dar suporte à ação penal (caráter informativo do IP). Porém, cabe a pergunta: *pode o IP dar suporte também à sentença condenatória?* Em outros termos: *pode o juiz fundamentar um decreto condenatório em provas obtidas no IP?* Vejamos.

Conforme posicionamento firme da comunidade jurídica, as provas obtidas em sede de IP *não podem*, ***de modo exclusivo***, fundamentar uma sentença penal condenatória[27]. Isso porque, como no IP não há contraditório, ampla defesa, bem como diversas outras garantias, uma condenação proferida nesses moldes (pautada *exclusivamente* em provas[28] obtidas na fase policial), configuraria violação frontal às garantias mais elementares do acusado. Aliás, não é o outro o comando da primeira parte do art. 155 do CPP.

Com efeito, embora o IP não possa funcionar como suporte *único* de um decreto condenatório, majoritário setor da doutrina e jurisprudência admite que a peça investigativa possa ser valorada em caráter *supletivo* (*subsidiariamente*). Segundo dizem, quando as provas produzidas na fase policial forem renovadas ou confirmadas em juízo (em contraditório judicial, portanto) será sim possível valorar o IP para dar mais robustez à condenação.[29] Exemplo: o depoimento de uma testemunha prestado durante o IP e, posteriormente,

renovado em juízo, atestando a autoria do acusado. Neste caso, poderá o magistrado, na sentença condenatória, valorar, além do testemunho prestado em juízo, o efetuado na polícia. Por conta disso, costuma-se dizer que o valor probatório do IP é *relativo* (depende de renovação/confirmação em juízo).

Mas não é só. Há certas provas que, mesmo sendo produzidas no curso do IP, dadas as suas peculiaridades, podem ser amplamente valoradas pelo juiz num decreto condenatório. Mirabete (2001, p. 79) afirma que tais provas possuem valor idêntico àquelas produzidas em juízo. São as chamadas **provas cautelares, não repetíveis** e **antecipadas**[30] (*vide* parte final do *caput* art. 155 do CPP).

Prova cautelar *é aquela que necessita ser produzida em caráter de urgência para evitar o seu desaparecimento*. Exemplos: busca e apreensão e interceptação telefônica. Admite-se a valoração dessa prova em sentença condenatória, pois se entende que ela se submete ao chamado **contraditório diferido, retardado ou postergado**. **Significa** isto que, *apesar de produzida no curso do inquérito, a prova, ao integrar o processo, poderá ser combatida pelas partes*.

Prova não repetível *é aquela em que a renovação em juízo revela-se, praticamente, impossível*. Ex.: perícia sobre um crime de estupro. Caso esse exame não seja realizado de plano na fase policial, é quase certo que o vestígio da infração penal desaparecerá. Também vige aqui o chamado contraditório diferido.

Prova antecipada *é aquela que, por conta da ação do tempo, apresenta alta probabilidade de não poder ser mais realizada em juízo*. Ex.: o testemunho de uma pessoa bastante idosa. Nesse caso, conforme sustentamos, deve-se fazer uso do instituto da produção antecipada de prova (art. 225 do CPP) a fim de assegurar às futuras partes a garantia do contraditório. Procedida à produção antecipada de prova, torna-se possível valorá-la em uma eventual sentença penal condenatória.

7.11. Providências que podem ser tomadas no curso do IP

No curso do IP, uma série de diligências podem ser tomadas pelo delegado com a finalidade de elucidar a eventual prática de uma infração penal e sua respectiva autoria (art. 2º, § 2º, da Lei 12.830/2013). Tais providências constam dos arts. 6º e 7º do CPP, que, note-se bem, não são dispositivos taxativos, mas meramente exemplificativos. Abaixo, examinaremos algumas dessas principais medidas[31].

7.11.1. Oitiva do indiciado (art. 6º, V, do CPP)

Ao longo do IP, o delegado deverá ouvir o indiciado observando, no que for aplicável, as regras do interrogatório judicial (art. 185 e ss. do CPP). Note o leitor que não serão aplicadas *todas* as regras do interrogatório judicial à oitiva do indiciado efetuada na polícia, mas apenas aquelas que não colidirem com a natureza inquisitorial do IP. Desse modo, a presença de defensor no momento da ouvida do indiciado (exigida no interrogatório judicial – art. 185, § 5º) é considerada dispensável na fase policial. É dizer, com ou sem a presença de defensor, que a oitiva do indiciado será realizada pelo delegado. Por outro lado, o direito ao silêncio deve ser totalmente assegurado nessa etapa pela autoridade policial.

27. Ver STF, HC 96.356/RS, *DJ* 24/09/2010, **Info.** 597

28. Na realidade, alguns autores mencionam que, tecnicamente, sequer poderíamos dizer que, em sede de inquérito policial, há "provas". É que, faltando o contraditório, a ampla defesa, bem como um controle judicial sobre os elementos produzidos, não poderíamos falar em "provas", mas apenas em "atos de investigação", "atos de inquérito" ou "informações". Nesse sentido: Lopes Jr. (2003, p. 190).

29. Entretanto, há duras críticas a essa postura. Sobre o tema, consultar o nosso livro **Questões Polêmicas de Processo Penal**, Bauru: Edipro, 2011, tópico 2.4, oportunidade em que fizemos uma pesquisa minuciosa do assunto.

30. Os conceitos de prova cautelar, antecipada e não repetível, não são claros na doutrina, nem na lei (art. 155 do CPP). Por isso, não se assuste o leitor se perceber certa inexatidão neles. O importante aqui é apreender os exemplos de cada um dos conceitos e entender quando o contraditório se antecipa e quando se posterga.

31. Para as provas de concurso, recomendamos a leitura *integral* desses dispositivos e não apenas os tratados aqui. Selecionamos neste tópico apenas as diligências mais relevantes.

Observações finais: a) o art. 15 do CPP, encontra-se revogado pelo atual Código Civil. Ou seja, dispensa-se o curador para o chamado indiciado "menor" (que possui entre 18 e 21 anos). É que o vigente CC tornou os maiores de 18 anos plenamente capazes para os atos da vida civil (nova maioridade civil), sendo que ser ouvido na condição de indiciado não deixa de ser um ato da vida civil; b) caso o indiciado não compareça para o ato de sua oitiva, diz a tradicional doutrina que aquele poderá ser conduzido coercitivamente à presença do delegado.

7.11.2. Realização do exame de corpo de delito (art. 6º, VII, do CPP)

Quando a infração deixar vestígios (ex.: estupro, homicídio etc.), o delegado *não poderá* se negar a realizar o exame de corpo de delito, por ser este indispensável nessa situação (art. 158 do CPP).

7.11.3. Identificação do indiciado pelo processo datiloscópico (art. 6º, VIII, primeira parte, do CPP)

A CF, em seu art. 5º, LVIII, garante que "o civilmente identificado não será submetido à identificação criminal, salvo nas hipóteses previstas em lei".

Identificar-se civilmente é apresentar qualquer documento capaz de precisar a sua identidade (carteira de motorista, RG, carteira funcional etc. – vide o art. 1º da Lei 12.037/2009), quando solicitado a fazê-lo pelos órgãos responsáveis pela perseguição penal.

Assim, via de regra, de acordo com a CF, basta o fornecimento de identificação civil para satisfazer a eventual necessidade de esclarecimento da identidade de alguém.

Excepcionalmente, porém, será necessária a realização de identificação criminal. Identificar alguém criminalmente significa submeter o indivíduo à coleta de material datiloscópico, fotográfico, dentre outros.

Dessa forma, o art. 6º, VIII, primeira parte, do CPP, que trata da "identificação do indiciado pelo processo datiloscópico", como uma das providências possíveis a serem tomadas pelo delegado no curso do IP, precisa ser lido à luz da CF. O delegado não pode, de modo automático, realizar a identificação do indiciado pelo processo datiloscópico (identificação criminal) – segundo se poderia pensar a partir de uma leitura simplista do art. 6º, VIII, do CPP. Ao contrário, somente deve proceder à identificação criminal do indiciado se ocorrer alguma das hipóteses excepcionais previstas no art. 3º da Lei 12.037/2009. Vejamos quais essas hipóteses:

> Art. 3º Embora apresentado documento de identificação, poderá ocorrer identificação criminal quando:
>
> I – o documento apresentar rasura ou tiver indício de falsificação;
>
> II – o documento apresentado for insuficiente para identificar cabalmente o indiciado;
>
> III – o indiciado portar documentos de identidade distintos, com informações conflitantes entre si;
>
> IV – a identificação criminal for essencial às investigações policiais, segundo despacho da autoridade judiciária competente, que decidirá de ofício ou mediante representação da autoridade policial, do Ministério Público ou da defesa;
>
> V – constar de registros policiais o uso de outros nomes ou diferentes qualificações;
>
> VI – o estado de conservação ou a distância temporal ou da localidade da expedição do documento apresentado impossibilite a completa identificação dos caracteres essenciais.

Vale notar que, recentemente, a Lei 12.654/2012, alterando a Lei de Identificação Criminal, estabeleceu que, em relação ao inciso IV, destacado antes, será possível, para fins de identificação criminal, coletar material biológico do indivíduo para a obtenção do perfil genético (DNA) deste (parágrafo único do art. 5º da Lei de Identificação Criminal).

Sobre o tema, destaque-se o seguinte.

Na hipótese de a coleta de material biológico ser autorizada pelo juiz, as informações do perfil genético serão armazenadas em banco de dados próprio ("Biobanco"), sigiloso, a ser gerenciado por uma unidade oficial de perícia criminal (Ex: IML ou instituto de criminalística) - art. 5º-A, seu § 2º e Art. 7º-B.

As informações genéticas não poderão revelar traços somáticos ou comportamentais, admitindo-se uma exceção, que é a determinação de gênero - art. 5º-A, § 1º. A medida visa a evitar que se façam futuras relações entre práticas criminosas e a estrutura genética de indivíduos, dando margem a possíveis estudos discriminatórios (da área da neurocriminologia, p. ex.) que relacionem o crime a determinada etnia, faixa etária etc.

Ademais, destaque-se que o perfil genético do indivíduo permanecerá no banco de dados pelo mesmo tempo previsto para a prescrição do delito em relação ao qual foi ou está sendo investigado/acusado – Art. 7º-A.

Cabe, finalmente, destacar que o tema "coleta de material biológico para a obtenção de perfil genético" tem sido objeto de polêmica na doutrina. Dentre as diversas implicações de fundo ético que esse tipo de prática apresenta, um dos pontos criticados diz respeito à ofensa ao direito a não autoincriminação do indivíduo. Explica-se. Embora o material coletado tenha, *a priori*, a finalidade de promover a identificação criminal do indivíduo, é possível que esse material venha, futuramente, a ser utilizado contra o indivíduo como meio de prova. Os "Biobancos" passariam a servir como meios de prova, ultrapassando, portanto, a sua finalidade de mecanismo de identificação criminal. É por isso que vários autores afirmam que pode o acusado se negar a fornecer esse tipo de material, fazendo então valer o seu direito a não autoincriminação. O assunto ainda deverá ser bastante debatido, sendo que, certamente, chegará aos tribunais superiores. Esperemos.

7.11.4. Reprodução simulada ou reconstituição do crime (art. 7º do CPP)

Busca verificar a possibilidade de o crime ter sido praticado de certo modo. Não pode contrariar a moralidade, nem a ordem pública (é ofensiva a reconstituição de um estupro, por exemplo). Destaque-se que o indiciado *não está* obrigado a colaborar com essa diligência, uma vez que goza do direito a não autoincriminação. Porém, segundo defende significativa parcela da doutrina, mesmo que não colabore com a diligência, tem o indiciado, ainda assim, o dever de comparecimento (*vide* art. 260 do CPP).

7.11.5. Indiciamento

Outra medida que pode ser tomada pelo delegado no curso do IP é o indiciamento do investigado. "Indiciar" significa que há nos autos do IP elementos sérios, razoáveis de que determinada pessoa (ou pessoas) cometeu, aparentemente, uma infração penal (ou várias infrações).

Perceba-se que o delegado deve agir com cautela aqui, vez que o indiciamento já produz um estigma naquele sobre quem esse ato recai. Logo, não pode ser um ato temerário, é preciso que existam, de fato, elementos no IP (atos de investigação) que apontem para a autoria e materialidade delitiva.

Recentemente, foi promulgada uma lei (Lei 12.830/2013) que, dentre outras coisas, trata do indiciamento. Vejamos uma passagem sobre o assunto: art. 2º, § 6º "O indiciamento, privativo do delegado de polícia, dar-se-á por ato fundamentado, mediante análise técnico-jurídica do fato, que deverá indicar a autoria, materialidade e suas circunstâncias".

7.12. Prazo de conclusão do IP

7.12.1. Regra

Conforme o art. 10 do CPP: se o indiciado estiver **preso**, 10 dias; se **solto,** 30 dias. Apenas o prazo do indiciado *solto* pode ser prorrogado (§ 3º do art. 10, do CPP). Nesta última hipótese, necessário se faz que o caso seja de difícil elucidação e que haja pedido do delegado ao juiz nesse sentido, fixando este último o prazo de prorrogação.

7.12.2. Prazos especiais de conclusão do IP

a) **IP a cargo da polícia federal** (art. 66 da Lei 5.010/1966): se o indiciado estiver **preso**, 15 dias. Este prazo é prorrogável por mais 15 dias, desde que o delegado formule pedido fundamentado ao juiz, este o defira e que o preso seja apresentado ao magistrado. Se o indiciado estiver **solto**, 30 dias (também prorrogável na forma do § 3º do art. 10, do CPP);

b) **Lei de drogas** (art. 51 da Lei 11.343/2006): **preso**, 30 dias; **solto**, 90 dias. Ambos os prazos são duplicáveis por decisão judicial. Para que isso ocorra, é preciso que o delegado formule pedido fundamentado ao juiz e que o MP seja ouvido (art. 51, parágrafo único);

c) **Crimes contra a economia popular** (art. 10, § 1º, da Lei 1.521/1951): indiciado **preso ou solto**, 10 dias. Prazo improrrogável em qualquer caso;

d) **Inquérito militar** (art. 20, *caput* e § 1º, do CPPM): **preso**, 20 dias; **solto**, 40 dias. Este último podendo ser prorrogado por mais 20 dias pela autoridade militar superior.

7.13. Contagem do prazo de conclusão do IP

Embora não haja consenso na doutrina sobre o tema, prevalece que o prazo de conclusão do IP possui *natureza processual*, devendo, portanto, ser contado na forma do art. 798, § 1º, do CPP (exclui-se o dia do começo e inclui-se o dia final)[32]. Exemplo: Fulano foi preso em flagrante no dia 6 de abril de 2011 (quarta-feira). Como se trata de indiciado preso, pela regra do art. 10 do CPP, o IP deverá ser concluído em 10 dias. Assim, seguindo a fórmula do art. 798, § 1º (prazo processual), a contagem dos 10 dias se iniciará no dia útil seguinte à prisão em flagrante (no caso, 7 de abril, quinta-feira). Por outro lado, o último dia do prazo *seria* 16 de abril (sábado). Como não há expediente forense no sábado, nem no domingo (e como o prazo é processual), haverá a prorrogação para o dia útil imediato (ou seja, 18 de abril, segunda-feira, se não for feriado). Conclusão: o último dia do prazo (*i. e.*, o último dia para que o delegado conclua o IP e o envie ao MP) será o dia 18 de abril (segunda-feira).

7.14. Encerramento do IP

Ao encerrar o IP, a autoridade policial deverá elaborar minucioso relatório do que tiver sido apurado (arts. 10, §§ 1º e 2º, e 11, do CPP).[33] Nesse contexto, vejamos algumas distinções entre o encerramento de um IP que teve por objeto um crime de ação pública e o que teve por objeto um crime de ação privada.

---

32. Contudo, como dissemos, o assunto é polêmico. Há respeitáveis autores que defendem a natureza penal desse prazo (contando-o, portanto, na forma do art. 10 do CP).

33. Em regra, não é necessário ao delegado tipificar a conduta do indiciado no relatório. Porém, na Lei de Drogas, o art. 52, I, exige que o delegado tipifique a conduta do agente no relatório.

7.14.1. Crime de ação penal pública

Em se tratando de crime de ação penal pública, concluído o IP, a depender das normas estaduais aplicáveis à Comarca, deverá ser encaminhado a juízo (oportunidade em que ficará à disposição do MP) ou deverá ser encaminhado diretamente ao MP. De um jeito ou de outro, este órgão (o MP), ao receber os autos do inquérito, deverá tomar uma das 3 medidas seguintes: a) oferecer denúncia; b) requisitar novas diligências; ou c) requerer o arquivamento. Examinemos estas opções de per si.

a) **Oferecimento de denúncia:** neste caso, **significa** que *o MP está satisfeito com a investigação realizada.* Ou seja, há suporte probatório mínimo (indício de autoria e de materialidade do crime) para o oferecimento da ação penal;

b) **Requisição de novas diligências** (art. 16 do CPP): **significa** que *o MP não está satisfeito com o resultado da investigação, necessitando de ulteriores diligências.* Não é demais lembrar que a requisição do MP ao delegado tem caráter de ordem;

c) **Requerimento (ou promoção) de arquivamento:** como já dito, a autoridade policial não pode arquivar o IP (art. 17 do CPP). O arquivamento, na realidade, só se dá por meio de dupla manifestação: pedido do MP + homologação do juiz. O requerimento de arquivamento formulado pelo MP pode amparar-se em diversos motivos. Exemplos: atipicidade da conduta do indiciado; desconhecimento da autoria do crime; inexistência de elementos mínimos de prova para denunciar o indiciado; ausência de representação (nos crimes que a exigem – *v.g.* ameaça, art. 147 do CP) etc.

Ainda a respeito das hipóteses de arquivamento do IP, note o leitor que o CPP não tratou expressamente do tema. Entretanto, esse Código, em seu art. 395, apresenta situações em que a denúncia será *rejeitada* pelo juiz. Ora, podemos concluir disso o seguinte: as hipóteses em que a denúncia deverá ser rejeitada pelo juiz (estabelecidas no art. 395) são exatamente os casos em que o MP não deverá oferecer denúncia, requerendo, ao revés, o arquivamento do IP. Trata-se de interpretação *a contrario sensu* do art. 395.

Pois bem, conforme mencionado, sendo hipótese de arquivamento, o MP deverá formular pedido fundamentado nesse sentido ao magistrado que, também de forma fundamentada (art. 93, IX, da CF/1988), decidirá sobre o caso.

A decisão do magistrado que determina o arquivamento do IP é, em regra, irrecorrível. Exceções: recurso de ofício da decisão que arquiva o IP em casos de crime contra a economia popular e contra a saúde pública (art. 7º da Lei 1.521/1951); e recurso em sentido estrito da decisão que arquiva o IP em casos de contravenção de jogo do bicho e de aposta de corrida de cavalos fora do hipódromo (art. 6º da Lei 1.508/1951 c/c arts. 58 e 60 do Dec.-lei 6.259/1944).

Ressalte-se que, arquivado o IP, nada impede que o delegado proceda a *novas diligências*, visando a encontrar elementos mais contundentes acerca da autoria e/ou materialidade do delito. É que, em regra, a decisão de arquivamento faz apenas coisa julgada formal[34] (incide aqui a chamada cláusula *rebus sic stantibus*[35]). Agora, para que o MP possa oferecer a denúncia (depois de consumado o arquivamento do IP), é imprescindível a existência de *provas substancialmente novas.* Em resumo, temos então o seguinte: em regra, arquivado o IP, nada impede que o delegado proceda a novas diligências. Porém, para que haja a deflagração de ação penal, é preciso que o MP possua *provas substancialmente novas.* É assim que devem ser lidos o art. 18 do CPP, e a súmula 524 do STF.

A regra, portanto, é: arquivado o IP, pode o delegado realizar novas diligências (art. 18 do CPP) e o MP oferecer denúncia (se conseguir provas substancialmente novas – súm. 524 do STF). Porém, há casos em que a decisão de arquivamento faz **coisa julgada formal e material** *também*, impedindo, portanto, a reabertura do caso. *Já decidiram os tribunais superiores que não pode haver reabertura do caso na seguinte situação* (coisa julgada material): **arquivamento que tenha por base a atipicidade ou a extinção da punibilidade (mesmo que a decisão tenha sido proferida por juiz absolutamente incompetente)** - *vide* STF Pet. 3.297/MG, *DJ* 19/12/2005[36].

Por outro lado, discordando o juiz do pedido de arquivamento, deverá remeter o caso ao *Procurador-Geral de Justiça* (art. 28 do CPP). Este (o PGJ), por sua vez, poderá: ou insistir no arquivamento do IP (hipótese em que o juiz estará obrigado a acolhê-lo); ou requisitar novas diligências; ou oferecer denúncia (ele mesmo ou por meio de outro membro do MP).[37]

Note o leitor que, em se tratando de crime da *competência da Justiça Federal*, no caso de o juiz federal discordar do pedido de arquivamento do membro do MPF, deverá remeter a questão não ao Procurador-Geral da República, mas à *Câmara de Coordenação e Revisão do Ministério Público Federal*, conforme prevê o art. 62, IV, da LC 75/1993. No mais, as opções da Câmara são iguais às do PGJ, *i. e.*, insistência no arquivamento, requisição de novas diligências ou oferecimento de denúncia.

34. Sobre a distinção entre coisa julgada material e formal, aduz Gomes (2005, p. 330): "há duas espécies de coisa julgada: 1. Coisa julgada *formal:* impede que o juízo da causa reexamine a sentença [ou decisão]; 2. Coisa julgada *material:* impede que qualquer outro juízo ou tribunal examine a causa já decidida". (Incluiu-se).
35. Significa nesse contexto: arquive-se o IP *desde que perdurem as mesmas circunstâncias e condições.*
36. Para uma leitura mais aprofundada, consultar o nosso *Questões Polêmicas de Processo Penal*, Bauru: Edipro, 2011 (tópico 2.2).
37. Há antiga polêmica na doutrina se o membro do MP designado pelo PGJ estaria ou não obrigado a oferecer denúncia. *Prevalece* o entendimento de que sim, *i. e.*, que o membro designado do MP atuaria como *longa manus* do PGJ, logo estaria obrigado a denunciar.

Ainda em relação ao tema arquivamento, há construções da doutrina e da jurisprudência que buscam conferir a natureza de arquivamento a certas situações práticas que veremos a seguir:

I. **arquivamento implícito ou tácito:** caracteriza-se quando o MP (ações penais públicas, portanto) "deixa de incluir na denúncia algum fato investigado ou algum dos indiciados, sem expressa manifestação ou justificação deste procedimento" e o juiz deixa de se manifestar (art. 28 do CPP) em relação àquilo que foi omitido (JARDIM, 2001, p. 170).

Pressupõe, portanto, a dúplice omissão: do MP, que oferece a denúncia sem incluir algum dos fatos (objetivo) ou dos indiciados (subjetivo) sem justificar o porquê[38]; e do juiz, que não adota a providência do art. 28 e dá seguimento ao trâmite, recebendo a denúncia.

Ex: imagine o leitor que 6 indivíduos são investigados acerca do delito de roubo. Concluído o inquérito e remetido ao MP, esse oferece a denúncia em face de 5 dos investigados sem fazer qualquer menção ao 6º deles. O juiz, ao analisar a denúncia, despacha pelo seu recebimento. Nesse caso, haveria de se reconhecer o arquivamento implícito em relação ao último indiciado.

Destaque-se, porém, que tal modalidade não tem sido acolhida pela jurisprudência[39] e pela maior parte da doutrina, especialmente pela ausência de previsão legal e por considerar que o pedido de arquivamento deverá ser explícito, por força do princípio da obrigatoriedade da ação penal pública.

II. **arquivamento indireto:** trata-se de construção do STF[40] para resolver o conflito entre o juiz e o MP quando esse último recusa atribuição para o feito. O MP, ao invés de oferecer a denúncia, requerer outras providências ou o arquivamento ou novas diligências, recusa a própria atribuição por entender que o juízo perante o qual oficia é incompetente para processar e julgar a causa. O juiz, discordando, deve interpretar a situação como uma manifestação indireta de arquivamento e adotar a providência do art. 28 do CPP, remetendo os autos ao órgão revisor do MP (PGJ ou Câmara de Coordenação e Revisão).

Ex: promotor, ao receber os autos do IP, entende que o crime praticado ofendeu interesse da União e, portanto, a ação penal é atribuição do MPF (cujo membro é o Procurador da República). Nesse caso, requer ao juiz perante o qual oficia a remessa dos autos ao órgão competente. Se o juiz discordar, entenderá a manifestação como pedido indireto de arquivamento e remeterá os autos para o PGJ, seguindo o disposto no art. 28 do CPP.

Perceba, portanto, que a questão gira em torno da divergência entre MP e juiz quanto à atribuição do órgão acusatório.

38. Ver nossas anotações sobre obrigatoriedade e indivisibilidade da ação penal pública no próximo Capítulo.
39. STF, HC 104356/RJ, *DJ* 02/12/2010 e STJ, HC 197886/RS, *DJ* 25/04/2012.
40. CA 12/BA, *DJ* 09/12/1983. Ver também o CAt 222/MG, *DJ* 16/05/2011, STJ.

7.14.2. Crime de ação penal privada

Em se tratando de crime de ação penal privada, concluído o IP, deverá este ser encaminhado a juízo, oportunidade em que ficará à disposição da vítima – art. 19 do CPP. Esta, tomando ciência da conclusão do IP, poderá adotar as seguintes medidas: a) oferecer a queixa-crime; b) requerer novas diligências; c) renunciar ao direito de ação; e d) permanecer inerte, deixando escoar o seu prazo de 6 meses para o oferecimento de queixa. Analisemos tais opções.

a) **Oferecimento de queixa: significa** que *a vítima deu-se por satisfeita com a investigação realizada, vislumbrando suporte probatório mínimo para o oferecimento de ação penal;*

b) **Requerimento de novas diligências**: ao contrário, *a vítima não se deu por satisfeita, necessitando de ulteriores diligências.* Note que incide aqui a *discricionariedade* do delegado, ou seja, pode este atender ou não as diligências solicitadas pela vítima (art. 14 do CPP);

c) **Renúncia ao direito de ação:** o ofendido poderá renunciar ao seu direito de queixa, dando causa à extinção da punibilidade do agente (art. 107, V, do CP). Note que se trata de ato unilateral da vítima (não depende da aceitação do indiciado para que possa concretizar seus efeitos);

d) **Inércia:** nesta situação, o ofendido deixa simplesmente escoar o seu prazo decadencial de 6 meses para o oferecimento de queixa (art. 38 do CPP), resultando também na extinção da punibilidade do agente (art. 107, IV, do CP).

Observação final: perceba o leitor que, tecnicamente, *não há* a figura do pedido de arquivamento em sede de ação penal privada (conforme vimos na ação penal pública). O ofendido não precisa requerer ao juiz o arquivamento do IP. Basta renunciar ao seu direito de ação ou mesmo deixar escoar o prazo de 6 meses para a queixa. De todo modo, caso a vítima elabore um "pedido de arquivamento" ao magistrado, esse pedido será compreendido como renúncia expressa ao direito de ação.

7.15. Inquéritos extrapoliciais, não policiais ou investigações administrativas

Não obstante o disposto no art. 144 da CF/1988, que confere à polícia civil e à polícia federal a atribuição para investigar as infrações penais, a Carta Magna não o faz de modo a estabelecer exclusividade da função investigativa.

Desse modo, há autoridades não policiais que também possuem a prerrogativa de realizar investigação. Algumas dessas modalidades veremos a seguir.

7.15.1. Inquéritos parlamentares (art. 58, § 3º, da CF/1988)

As Comissões Parlamentares de Inquérito (CPI's) são criadas para *apuração de fato determinado e por prazo certo, sendo suas conclusões, se for o caso, encaminhadas ao Ministério Público para que promova a responsabilidade civil ou criminal dos infratores.*

Os parlamentares buscarão, através de sua atuação na CPI, colher elementos que permitam elucidar o fato determinado. Sendo assim, terão amplo espectro de atuação visando à coleta de documentos e dos depoimentos dos investigados e das testemunhas.

As CPI's possuem poderes inerentes às autoridades judiciais. Em razão disso, as pessoas convocadas a depor não podem, por exemplo, recusar o comparecimento e podem ser conduzidas coercitivamente.

As testemunhas deverão prestar o compromisso legal de dizer a verdade[41], mas não estarão obrigadas a falar sobre fatos que a incriminem (direito ao silêncio - *nemo tenetur se detegere*).

Aos investigados, apesar da obrigatoriedade de comparecimento, são assegurados todos os direitos inerentes àqueles que são alvo de investigação. Alguns exemplos são o direito ao silêncio (evitando a autoincriminação); à assistência por advogado, com possibilidade de comunicação durante a inquirição; e a dispensa do compromisso legal de dizer a verdade. Para um aprofundamento em relação ao pensamento jurisprudencial sobre o tema, consultar o HC 100200/DF, *DJ* 27/08/2010, STF.

Ao final do procedimento investigativo, os parlamentares deverão elaborar um relatório das investigações e, caso haja indícios dos fatos ilícitos, devem proceder à remessa ao MP, para que o *parquet* adote as providências cabíveis.

Exemplo do resultado de investigação realizada por CPI é a AP 470, STF, que julga diversos réus acusados de peculato, corrupção ativa, passiva, formação de quadrilha, entre outros, em fato divulgado pela mídia como "mensalão". As investigações foram realizadas pelos parlamentares e posteriormente remetidas ao MPF, que ofereceu a denúncia por meio do PGR[42].

Por fim, vale ressaltar que o relatório da CPI, uma vez recebido, terá prioridade de trâmite sobre os demais atos, exceto em relação aos pedidos de *habeas corpus*, *habeas data* e mandado de segurança (art. 3º da Lei 10.001/2000).

7.15.2. Inquéritos por crimes praticados por magistrados ou membros do MP

Nos casos em que o investigado é magistrado ou membro do MP, a investigação será conduzida pelos órgãos da mais elevada hierarquia das respectivas carreiras.

Assim, quanto aos magistrados, a investigação caberá ao órgão especial competente para o julgamento (art. 33, parágrafo único, da LC 35/1979 - LOMAN[43]).

Aqui, oportuna a crítica feita por Denilson Feitoza Pacheco (2009, p. 217) quanto à investigação realizada por órgão jurisdicional. Apesar de **não acolhida pela jurisprudência e também por respeitável parte da doutrina**, a tese defendida pelo autor é de que tal **permissão revela-se incompatível com a separação dos poderes e o sistema acusatório.**

Lembremos que a natureza do procedimento investigativo é administrativa e está dissociada da função jurisdicional, adstrita ao Poder Judiciário. Tal dissociação é característica da separação dos poderes, que divide as funções estatais entre os poderes da República: a) administrativa, para o Poder Executivo; b) legislativa, para o Poder Legislativo; e c) jurisdicional, para o Poder Judiciário. Portanto, a concentração de função inerente às autoridades policiais (investigação), de natureza administrativa, com a função jurisdicional ofenderia o princípio da separação de poderes.

De igual modo, reconhece a ofensa ao sistema acusatório em razão da investigação ser presidida pelo próprio órgão que a julgará.

Em relação aos crimes cometidos por membro do MP, estadual ou federal, também caberá à cúpula dos respectivos órgãos a presidência da investigação[44], mas como não são titulares da função jurisdicional, e sim da administrativa, as críticas acima não são aplicáveis.

7.15.3. Inquérito por crimes praticados por autoridades com foro por prerrogativa de função

Diante da prática de crime por autoridade com foro por prerrogativa de função, não pode o delegado instaurar inquérito ou realizar o seu indiciamento, devendo remeter a investigação ao tribunal perante o qual a autoridade goza de foro privilegiado.

Ex: deputado federal que é flagrado na prática de crime inafiançável pode ser preso em flagrante, mas a partir daí o STF deve ser comunicado, pois presidirá a investigação.

Caso o procedimento acima não seja observado, certamente será nulo o indiciamento ou o próprio inquérito. Ver STF, Inq 2411 QO, *DJ* 25/04/2008.

7.15.4. Investigação direta pelo MP (inquérito ministerial)

Falar em investigação direta pelo MP não significa dizer que o *parquet* presidirá o inquérito policial, pois estaria usurpando atribuição constitucional da polícia (art. 144, § 4º, da CF/1988).

41. Veremos de forma detalhada quando tratarmos da prova testemunhal, mais à frente.
42. Procurador-Geral da República.
43. Lei Orgânica Nacional da Magistratura
44. Art. 41, parágrafo único da Lei 8.625/1993 (MP estadual); e 18, parágrafo único, da LC 75/1993 (MPF)

Em verdade, os defensores dessa modalidade de investigação entendem que o MP pode realizar a colheita de provas reputadas essenciais para a deflagração da futura ação penal pública, da qual é titular exclusivo.

A investigação direta, portanto, *consiste na instauração de procedimento administrativo investigatório com o escopo de coletar elementos probatórios imprescindíveis para embasar uma eventual ação penal*. Trata-se de atividade complementar à da polícia.

Ex: uma testemunha procura o MP, diretamente, para revelar a sua versão acerca de determinado fato. Nesse caso, pode o MP instaurar o procedimento investigatório para colher o depoimento.

Em relação à sua admissibilidade, ainda há muita controvérsia.

Aqueles que defendem a possibilidade de investigação direta utilizam como principais argumentos:

a) À luz da teoria dos poderes implícitos[45], se o MP detém o poder de promover exclusivamente a ação penal pública e de requisitar, em caráter irrecusável, a realização de diligências investigatórias ou a instauração de IP (art. 129, I e VIII, da CF/1988), não assiste razão à recusa de atribuição para atos investigativos. Em linguagem direta, significa dizer que "quem pode o mais, pode o menos";

b) O art. 144 da CF/1988, não estabeleceu exclusividade ou monopólio das investigações à polícia;

c) No direito comparado, a discussão atual diz respeito à titularidade da condução das investigações, se do promotor ou do juiz-instrutor, e não mais da exclusividade da polícia (BASTOS, Apud NICOLITT, 2010, p. 74);

d) Normas infraconstitucionais conduzem à possibilidade de atuação direta do MP, a exemplo do art. 26 da Lei 8.625/1993.

No campo oposto, os fundamentos são os seguintes:

a) Ao MP cabe o controle externo da atividade policial e não a realização de investigação, que deve ser um poder/atribuição expresso no texto constitucional;

b) Ausência de previsão legal expressa;

c) A investigação sem previsão legal poderia acarretar arbitrariedades; a atuação direta na fase investigatória mitigaria a impessoalidade e afetaria o juízo crítico em relação ao oferecimento da denúncia[46].

45. "A outorga de competência expressa a determinado órgão estatal importa em deferimento implícito, a esse mesmo órgão, dos meios necessários à integral realização dos fins que lhe foram atribuídos." Voto do Min. Celso de Mello na ADI 2797/DF, *DJ* 19/02/2006, STF.

46. Refutando tal concepção, a Súmula nº 234, STJ: "a participação de membro do Ministério Público na fase investigatória criminal não acarreta o seu impedimento ou suspeição para o oferecimento da denúncia."

No âmbito jurisprudencial, o STJ possui posicionamento consolidado no sentido de reconhecer tal atribuição ao MP. Ver REsp 998249/RS, *DJ* 30/05/2012 e HC 60976/ES, *DJ* 17/10/2011. O STF não possui posicionamento definitivo acerca do tema, pois o Plenário ainda não se manifestou. A decisão mais recente é da 2ª turma, no RE 535478, *DJ* 21/11/2008, de modo favorável à atuação do MP. Contudo, é importante destacar que a posição da Suprema Corte vinha sendo no sentido contrário.

8. Ação penal

8.1. Conceito

Direito público subjetivo de pedir ao Estado-juiz a aplicação do Direito Penal objetivo a um caso concreto.

Com efeito, para que o indivíduo possa exercer regularmente o seu direito de ação, é preciso que observe (preencha) certas condições. E são exatamente essas condições que estudaremos na sequência.

8.2. Condições genéricas da ação

Conforme dito, a presença de tais condições visa a proporcionar o regular exercício do direito de ação. Assim, tais condições funcionam como requisitos para que, legitimamente, seja possível exigir o provimento jurisdicional do Estado (LIMA, 2011, v. I, p. 238).

Ademais, ressalte-se que a presença dessas condições deve ser examinada pelo juiz no momento do recebimento da inicial acusatória. Caso uma (ou várias delas) esteja ausente, será hipótese de rejeição da inicial penal (*vide* art. 395 do CPP).

Examinemos, finalmente, as condições da ação penal.

8.2.1. Possibilidade jurídica do pedido

Primeiramente, é imprescindível que aquilo que está sendo pedido seja admitido pelo direito objetivo, ou seja, o pedido deve ter amparo na lei. Diante disso, podemos inferir que, se o fato narrado na inicial acusatória for notoriamente atípico, *i. e.*, não previsto na lei como infração penal, não será possível instaurar a ação penal por impossibilidade jurídica do pedido.

8.2.2. Interesse de agir

Esse requisito implica verificação de que a pretensão formulada seja suficiente para satisfazer o interesse contido no direito subjetivo do titular (MIRABETE, 2006, p. 88). Esse interesse deve ser analisado sob 3 aspectos: necessidade; adequação; e utilidade.

a) **Interesse-necessidade:** tem por objetivo identificar se a lide pode ser solucionada extrajudicialmente, ou seja, se de fato é necessário o uso da via judicial para resolver o conflito. Na esfera penal, o interesse-necessidade é presumido, pois há vedação da solução extrajudicial dos conflitos penais (diferentemente do que ocorre no processo civil, por exemplo);

b) **Interesse-adequação:** aqui, deve-se fazer uma checagem se há adequação entre o pedido formulado e a proteção jurisdicional que se pretende alcançar. Será adequado o pedido quando, narrada uma conduta típica, o acusador requerer a condenação do réu, de acordo com os parâmetros do tipo incriminador, que estabelece a punição objetivamente adequada para cada delito (BONFIM, 2010, p. 181).

   Porém, advirta-se que o *interesse-adequação* não possui capital importância no âmbito do processo penal, uma vez que o juiz pode se valer da *emendatio libelli* (art. 383 do CPP) para corrigir eventual falha da acusação no tocante à classificação do crime e da pena a ser aplicada ao réu (PACELLI, 2012, p. 103);

c) **Interesse-utilidade***:* só haverá utilidade quando for possível a realização do *jus puniendi* estatal (*i. e.*, quando for viável a aplicação da sanção penal). Se não é possível a punição, a ação será inútil. Ex.: ação penal por fato prescrito. De nada adiantará o exercício da ação penal se já estiver extinta a punibilidade do agente.

8.2.3. Legitimidade (ou *legitimatio ad causam*)

Diz respeito à pertinência subjetiva da ação. Os sujeitos devem ser legitimados para figurar na causa. Assim, a ação deve ser proposta somente pelo sujeito ativo pertinente apenas contra aquele legitimado para figurar no polo passivo da causa.

No polo ativo da ação figura, em regra, o MP (art. 129, I, da CF/1988), já que a maioria das infrações penais tem a sua persecução por meio de ações penais públicas.

Nas ações privadas, o autor é o ofendido (a vítima), denominado querelante, que é pessoa física ou jurídica titular de um interesse.

Do lado oposto, no polo passivo, figura o réu (ações penais públicas) ou querelado (ações penais privadas).

Saliente-se que a CF prevê a possibilidade de responsabilização criminal da pessoa jurídica nas infrações penais praticadas em detrimento da economia popular, da ordem econômica e financeira (art. 173, § 5º, da CF/1988) e nas condutas lesivas ao meio ambiente (art. 225, § 3º, da CF/1988).

Importante dizer que a previsão no texto constitucional não conduz à automática inserção da pessoa jurídica no polo passivo, pois os dispositivos condicionam à previsão específica em lei ordinária. Nesse caso, o nosso ordenamento prevê a responsabilidade penal da pessoa jurídica apenas por danos ambientais (art. 3º da Lei 9.605/1998).

Ademais, nos tribunais superiores vem sendo aplicada a teoria da dupla imputação, segundo a qual é imprescindível a imputação simultânea do ente moral (empresa) e da pessoa física responsável pela sua administração (STJ, REsp 889528/SC, *DJ* 18/06/2007).

8.2.4. Justa causa

Para o exercício da ação penal, não basta que o pedido seja juridicamente possível, que a ação seja necessária, adequada e útil, e proposta pelo legítimo titular em face do legítimo ofensor. A presença de todos esses requisitos será insuficiente se não existir lastro probatório mínimo quanto à autoria e prova da materialidade do fato. É o que estatui o art. 395, III, do CPP.

A justa causa nada mais é do que o *fumus comissi delicti*, ou seja, *a identificação de que há elementos probatórios concretos acerca da materialidade do fato delituoso*[47] *e indícios razoáveis de autoria*. É essencial a presença desses elementos para justificar a instauração da ação penal e a movimentação do aparato estatal.

8.3. Condições específicas da ação penal

Para além das condições genéricas anteriormente analisadas (comuns a todas as modalidades de ação penal), certas ações penais exigem também condições específicas para que sejam propostas ou tenham efeito.

Condições de procedibilidade: estas condicionam o exercício da ação penal. Possuem caráter essencialmente processual e dizem respeito à admissibilidade da persecução penal. A representação da vítima na ação penal pública condicionada à representação (crime de ameaça, *v. g.*), é uma condição de procedibilidade (condição específica desta ação penal). Sem ela, sequer é possível instaurar a ação penal.

Condições objetivas de punibilidade: *são aquelas condições estabelecidas em lei para que o fato seja concretamente punível* (GOMES, 2005, p. 87).

Podemos aqui citar dois exemplos de condições objetivas de punibilidade.

O primeiro é a sentença anulatória do casamento, que condiciona o exercício da ação penal no crime de induzimento a erro no matrimônio (art. 236, parágrafo único, do CP).

Outro é a sentença que decreta a falência, a recuperação judicial ou extrajudicial nos crimes falimentares (art. 180 da Lei 11.101/2005). Sem a decretação da falência ou da recuperação não será possível processar alguém por crime falimentar.

47. A título de exemplo, ver decisão do STJ determinando o trancamento de ação penal, ante a manifesta atipicidade do fato, no HC 185,591-DF (Inf. 485).

Importante destacar que o momento processual adequado para o juiz verificar o preenchimento de todas as condições da ação, genéricas ou específicas, é a fase de recebimento da denúncia ou da queixa (art. 395, II e III, do CPP). Consiste o ato em um juízo sumário de admissibilidade da ação penal.

Atenção para não confundir as espécies anteriores com as **condições de prosseguibilidade**. Essas últimas, ao contrário, pressupõem a ação penal já instaurada, criando óbice à sua continuidade.

Exemplo ocorre nos casos em que o réu/querelado manifesta insanidade mental superveniente. Impõe-se a necessidade do agente recobrar a sanidade mental para que a ação penal tenha a sua regular continuidade. Enquanto não retomar a sanidade (condição de prosseguibilidade), o processo ficará paralisado e a prescrição correrá normalmente (art. 152 do CPP).

8.4. Classificação da ação penal

A comunidade jurídica costuma classificar a ação penal tomando por base a legitimação ativa. Assim, a ação penal será pública quando a legitimação ativa pertencer ao MP e será privada quando a legitimação ativa pertencer à vítima. Façamos abaixo uma breve exposição sobre o tema para, na sequência, esmiuçarmos cada espécie de ação penal de per si.

a) **Ação penal pública:** é a encabeçada pelo MP. Pode ser:
   I. **Incondicionada**: quando inexiste necessidade de autorização para que o MP possa agir (deflagrar a ação);
   II. **Condicionada**: quando há necessidade de autorização (preenchimento de condição). Esta condição pode ser a representação da vítima (ex.: crime de ameaça) ou a requisição do Ministro da Justiça (ex.: calúnia contra o Presidente da República). Somente após o preenchimento da condição é que o MP estará autorizado a agir;

b) **Ação penal privada:** é a encabeçada pela própria vítima. Pode ser:
   I. **Exclusivamente privada**: a característica fundamental aqui é que, no caso de incapacidade, morte ou ausência da vítima, o representante legal desta ou o CCADI[48], conforme o caso, poderá ingressar com a ação penal. Ou seja, é possível que, em casos específicos, alguém, em lugar da vítima, ingresse com a ação penal. Ex.: imagine-se que uma vítima de injúria vem a falecer. Havendo prazo hábil, é possível que o CCADI venha a ingressar com a ação penal privada;
   II. **Personalíssima:** a característica fundamental aqui é que, no caso de incapacidade, morte ou ausência da vítima, ninguém poderá ingressar/continuar com a ação penal. Assim, somente a vítima pode ingressar com a ação (personalíssima). Ex.: imagine-se que a vítima do crime previsto no art. 236 do CP, vem a falecer. Nesse caso, ninguém poderá ingressar/prosseguir com a ação penal;
   III. **Subsidiária da pública**: em caso de ação pública, quando o MP permanecer inerte nos prazos do art. 46 do CPP, pode, excepcionalmente, a própria vítima do crime, ingressar com a ação penal. Ex.: num crime de roubo, pense-se que, nos prazos do art. 46, o MP permaneceu inerte. Diante dessa situação, pode a vítima do roubo ingressar com a ação penal privada subsidiária da pública.

48. Sigla para os seguintes legitimados, estatuídos pelo art. 31 do CPP: Cônjuge/companheiro(a); ascendentes; descendentes; e irmãos. Vale ressaltar que a ordem de indicação deve ser observada no momento da atuação. É, pois, preferencial.

Após essa sucinta apresentação das espécies de ação penal, aprofundemos cada uma delas, a começar pela ação penal pública, mais especificamente, pelos princípios que regem a ação penal pública.

8.5. Princípios que regem a ação penal pública

8.5.1. Obrigatoriedade ou legalidade processual

Significa que, *presentes os requisitos legais, as condições da ação, o Ministério Público está obrigado a patrocinar a persecução criminal, oferecendo a denúncia.* Não cabe ao órgão ministerial qualquer juízo de conveniência ou oportunidade quanto ao oferecimento da denúncia. Só pode o MP requerer (promover) o arquivamento se ocorrer uma das hipóteses dos arts. 395 e 397 do CPP. Do contrário, será caso de denúncia.

Por outro lado, a doutrina costuma apontar que, no âmbito do JECRIM[49], o princípio da obrigatoriedade sofre *mitigação (abrandamento)* – ou exceção, conforme preferem uns. É que, em se tratando de IMPO[50], presentes os requisitos estabelecidos no art. 76 da Lei 9.099/1995, deve o MP, em *vez de denunciar* (como normalmente faria), propor transação penal ao autor do fato. Assim, dizem os autores que, em relação às IMPO's, vigora o princípio da obrigatoriedade mitigada ou discricionariedade regrada.

8.5.2. Indisponibilidade

Decorre do princípio da obrigatoriedade, mas não se confunde com esta, já que pressupõe a ação em andamento. Desse modo, uma vez proposta a ação penal, não pode o Ministério Público dela dispor (art. 42 do CPP), ou seja, é vedada a desistência.

49. Juizado Especial Criminal – Lei 9.099/1995

50. Infração de menor potencial ofensivo – art. 61 da Lei 9.099/1995.

Entretanto, o fato de o MP não poder desistir da ação penal não implica necessário pedido de condenação em qualquer hipótese. Na realidade, é possível que o órgão de acusação peça a absolvição na fase de memoriais/alegações finais orais, impetre *habeas corpus* em favor do réu e, até mesmo, recorra em favor deste.

Segundo a doutrina, o princípio da indisponibilidade também sofre mitigação (exceção). Nas infrações que possuem pena mínima de até 1 ano, preenchidos os demais requisitos legais (art. 89 da Lei 9.099/1995), deve o MP, juntamente com a denúncia, propor a suspensão condicional do processo. Aceita esta proposta pelo autor do fato e havendo homologação pelo magistrado, o processo ficará suspenso por um período de 2 a 4 anos. Aponta, portanto, a doutrina que essa situação configura caso de mitigação do princípio da indisponibilidade.

8.5.3. Oficialidade

A persecução penal em juízo está a cargo de um órgão oficial, que é o MP.

8.5.4. Intranscendência ou pessoalidade

A ação só pode ser proposta em face de quem se imputa a prática do delito, ou seja, só pode figurar no polo passivo da ação penal quem supostamente cometeu a infração penal (e não os pais, parentes etc. do suposto autor do fato).

Atenção: *o STF não reconhece a* ***indivisibilidade*** *como princípio reitor da ação penal pública, mas apenas da privada.*

Antes de aprofundarmos o assunto, cabe alertar que **indivisibilidade** significa que, em caso de concurso de pessoas, *a acusação não pode fracionar (dividir) o polo passivo da ação penal, escolhendo quem irá processar.*

Porém, como dito, por mais estranho que possa soar, o STF entende que tal princípio não é aplicável à ação pública. Motivos que levam a Corte Suprema a assumir essa posição:

I. O art. 48 do CPP, ao tratar da indivisibilidade, só se referiu à ação privada e não à pública;
II. O MP pode deixar de denunciar alguns indivíduos a fim de recolher mais elementos contra estes ao longo do processo e, assim, aditar a denúncia.

Com a devida licença, o argumento do STF parece partir de uma errônea compreensão do princípio em tela. Crê o STF que, como pode ocorrer aditamento posterior à denúncia, é possível sim dividir a ação penal pública, logo não haveria que se falar em indivisibilidade.

Porém, esse conceito de indivisibilidade não é preciso. Indivisibilidade não significa impossibilidade de aditamento posterior (como sugere o STF). Não é este o ponto. Indivisibilidade significa que a acusação não pode excluir arbitrariamente agentes do polo passivo da ação (apenas isto). É lógico que, em caso de inexistência de elementos suficientes para o oferecimento da denúncia em relação a algum agente, o MP deverá promover o arquivamento (explícito) em relação a este, sendo certo que, surgindo elementos ao longo do processo da participação de mais algum agente na infração penal, deverá promover o aditamento à denúncia.

Na realidade, a indivisibilidade da ação penal decorre do próprio princípio da obrigatoriedade. Preenchidos os requisitos legais todos os agentes deverão ser denunciados.

Apesar de nossos argumentos, não se esqueça da posição do STF assinalada anteriormente: incabível a *indivisibilidade na ação penal pública.*

8.6. Ação penal pública incondicionada

8.6.1. Conceito

Modalidade de ação penal que dispensa qualquer condicionamento para o seu exercício. É a regra em nosso ordenamento jurídico.

8.6.2. Titularidade

A CF/1988 estabeleceu o MP como o legitimado privativo para a acusação nas ações penais públicas (art. 129, I, da CF/1988). Diante disso, é importante lembrar a incompatibilidade do art. 26 do CPP, com o referido dispositivo constitucional, que implica a não recepção do processo judicialiforme, também denominado ação penal *ex officio*, pelo nosso ordenamento constitucional.

8.7. Ação penal pública condicionada

8.7.1. Conceito

Modalidade de ação penal que exige certas condições para o seu exercício por parte do MP. Trata-se de opção de política criminal do Estado que, levando em conta a natureza do bem jurídico violado, deixa a cargo da vítima (ou do Min. da Justiça, conforme o caso) a autorização para que a ação penal possa ser instaurada pelo MP. Sem a autorização da vítima ou do Min. da Justiça, conforme o caso, o MP não pode deflagrar a ação penal.

Analisemos alguns importantes institutos da ação penal pública condicionada: representação da vítima e requisição do Ministro da Justiça.

8.7.2. Representação da vítima

Trata-se de autorização (anuência) dada pelo ofendido para que o MP possa deflagrar a ação penal. Conforme diz a doutrina, a representação configura uma *condição de procedibilidade* para instauração da persecução penal.

a) Características da representação

I. **Quem pode representar (legitimidade)?** Vítima (pessoalmente ou por procurador com poderes especiais) ou representante legal (caso a vítima seja menor de 18 ou doente mental – arts. 24 e 39 do CPP);

II. Havendo **discordância** entre a vítima menor de 18 (ou doente mental) e seu representante legal, haverá nomeação de curador especial - art. 33 do CPP. Curador especial é qualquer pessoa maior de 18 anos e mentalmente sã que, analisando o caso concreto, decidirá livremente pela representação ou pela não representação. É, pois, quem dará o "voto de Minerva" em caso de celeuma entre a vítima e seu representante legal;

III. Vítima menor ou doente mental que **não possui representante legal**: também nessa situação entrará em cena a figura do curador especial que decidirá livremente pela representação ou pela não representação;

IV. No caso de **morte ou declaração de ausência da vítima,** poderão oferecer representação em lugar do ofendido, nesta ordem, o cônjuge (ou companheiro), o ascendente, o descendente e o irmão (CCADI) – art. 24, § 1º. Conforme a doutrina, trata-se de *substituição processual*, em que a pessoa (CCADI) atua em nome próprio, mas em defesa de interesse alheio (o do falecido ou ausente);

V. Em se tratando de **pessoa jurídica**, a representação deve ser feita por aquele que estiver designado no contrato ou estatuto social da empresa. Diante da inércia destes, os diretores ou sócios-gerentes também poderão representar (art. 37 do CPP).

VI. **Prazo para a representação:** prazo decadencial de 6 meses *contados a partir do conhecimento da autoria da infração* (art. 38). Dizer que um prazo é decadencial significa que não se suspende, interrompe ou prorroga. A contagem desse prazo segue os parâmetros do art. 10 do CP: inclui-se o dia do conhecimento da autoria e exclui-se o último dia.

Atenção que a contagem desse prazo se inicia a partir do conhecimento da autoria do crime (a partir do momento em que a vítima descobre quem é o autor do delito) e não da consumação da infração. Normalmente, o conhecimento da autoria se dá no mesmo instante da consumação do delito. Mas isto pode não ocorrer, já que, embora consumado hoje o crime, posso vir a descobrir apenas meses mais tarde quem foi o seu autor. Será, pois, a partir desta última data que se contará o prazo de 6 meses. Ex.: em 10.02.2010, Fulano foi vítima de ameaça (data da consumação do crime). Porém, Fulano teve conhecimento da autoria do crime que sofrera apenas em **02.02.2011.** Assim, Fulano terá até o dia **01.08.2011** para ingressar com a representação;

VII. **Ausência de rigor formal** (art. 39 do CPP): não há formalismos no ato de representação. Esta pode ser realizada por escrito ou oralmente perante o delegado, o MP ou o juiz. Exemplo da informalidade que estamos tratando aqui: considera a jurisprudência que há representação no simples ato da vítima de comparecimento a uma delegacia para relatar a prática de um crime contra si.

Ademais, basta a vítima oferecer a representação uma única vez. Explica-se com um exemplo: após ter representado perante o delegado, não precisa a vítima, novamente, representar perante o MP para que esse possa agir;

VIII. **Destinatários:** delegado, MP ou juiz – art. 39 do CPP.

IX. **Retratação:** é possível ao ofendido retratar-se ("voltar atrás") da representação ofertada anteriormente até o oferecimento da denúncia (*i. e.*, até o protocolo da denúncia em juízo) - art. 25 do CPP. Após este prazo, não haverá mais como a vítima impedir a atuação do MP;

X. **Eficácia objetiva da representação:** efetuada a representação contra um só agente, caso o MP vislumbre que outros indivíduos também contribuíram para a empreitada criminosa, poderá incluí-los na denúncia. É que a vítima, ao representar, está autorizando o MP a agir não só contra o agente objeto da representação, mas contra todos os outros possíveis participantes da prática delituosa. A representação incide sobre os fatos narrados pelo ofendido e não sobre os seus autores;

XI. **Inexistência de vinculação do MP:** a representação não vincula a *opinio delicti* do MP. Mesmo que a vítima represente (*i. e.*, autorize o MP a agir), o órgão acusador pode discordar do ofendido (oferecendo denúncia por crime diverso do contido na representação, por exemplo), ou, ainda, requerer o arquivamento da representação por não vislumbrar elementos acerca da materialidade e/ou da autoria delitiva no caso concreto;

XII. **Alguns exemplos de crime que se procede por meio de ação penal pública condicionada à representação:** ameaça (art. 147 do CP); estupro simples (art. 213 do CP).

8.7.3. Requisição do Ministro da Justiça (MJ)

Para que o MP possa agir, certos crimes exigem a necessidade de autorização por parte do MJ. A requisição nada mais é do que um *ato de conveniência política a respeito da persecução penal.* Nessa hipótese, a possibilidade de intervenção punitiva está submetida inicialmente à discricionariedade do MJ.

a) **Características da requisição do MJ**

I. Atenção: a palavra requisição nesse contexto não tem conotação de "ordem" (como ocorre no caso de requisição de diligência do MP ao delegado). Ao contrário, como visto, trata-se de mera autorização do MJ para que o MP possa atuar. Logo, a requisição do MJ não vincula o entendimento do MP. Este poderá discordar do MJ (oferecendo denúncia por crime diverso do contido na requisição, p. ex), ou, ainda, requerer o arquivamento da requisição por não vislumbrar elementos acerca da materialidade e/ou da autoria delitiva no caso concreto;

II. **Quem pode requisitar (legitimidade)?** Ministro da Justiça;

III. **Destinatário da requisição:** MP (é dirigida ao chefe da instituição);

IV. **Prazo:** não há previsão legal. A requisição é possível enquanto o crime não estiver prescrito;

V. **Retratação:** não há previsão legal. Predomina na doutrina a impossibilidade de retratação da requisição.

VI. **Eficácia objetiva:** idem à representação;

VII. **Exemplo de crime que se procede por meio de ação penal pública condicionada à requisição:** crime contra a honra do Presidente da República (art. 145, parágrafo único, do CP).

8.8. Ação penal privada

8.8.1. Conceito

é aquela modalidade de ação penal em que o legislador, por questão de política criminal, atribuiu a titularidade à vítima (querelante). Entendeu por bem o legislador atribuir a titularidade da ação penal à vítima nesses casos por entender que a violação à esfera de intimidade da vítima é superior ao interesse público em jogo. Assim, *grosso modo*, cabe à vítima optar por ingressar com a ação penal, expondo a sua intimidade em juízo, ou permanecer inerte.

8.8.2. Princípios que regem a ação penal privada

a) **Oportunidade ou conveniência**: fica à conveniência da vítima ingressar ou não com a ação penal (questão de foro íntimo). Inexiste obrigatoriedade aqui. Vale lembrar que a vítima não tem o dever de peticionar pela renúncia do direito de ação. Caso não queira processar o agente, basta deixar escoar o seu prazo decadencial de 6 meses. Não há, portanto, necessidade de pedido de arquivamento do IP;

b) **Disponibilidade**: o querelante dispõe do conteúdo material do processo. Assim, poderá desistir da ação penal intentada. Pode dar causa, por exemplo, à perempção (consultar o art. 60 do CPP);

c) **Indivisibilidade** (arts. 48 e 49 do CPP): em caso de concurso de agentes, o querelante está obrigado a oferecer a ação penal contra todos aqueles que praticaram o fato delituoso contra si. Busca-se com isso evitar que a ação seja usada como mecanismo de vingança privada (processando-se uns e outros não).

O Ministério Público desempenha fundamental papel de fiscalização da indivisibilidade da ação privada (art. 48 do CPP). Em caso de exclusão indevida de agente(s) por parte do querelante, conforme sustenta a doutrina, não deve o MP aditar (ele próprio) a queixa[51]. Deve, no prazo previsto pelo § 2º do art. 46 do CPP, provocar a vítima para que promova o aditamento. Caso a vítima insista na exclusão dos agentes, deve o MP requerer ao magistrado a extinção da punibilidade de todos os acusados (em razão da ocorrência de renúncia tácita nessa situação);

d) **Intranscendência ou pessoalidade:** a ação penal só pode ser intentada contra quem é imputada a prática da infração penal, ou seja, somente aquele que supostamente a praticou pode figurar como querelado.

8.8.3. Características da ação penal privada (*mutatis mutandis*, iguais as da representação)

I. **Quem pode ingressar com a ação penal privada (legitimidade)?** Em regra (art. 30), a vítima (pessoalmente ou por procurador com poderes especiais) ou o seu representante legal (no caso de vítima menor de 18 ou doente mental). Nota: o art. 34 está revogado pelo atual CC. Completados 18 anos (e estando na plenitude de suas faculdades mentais) apenas a vítima pode ingressar com a ação penal.

Ademais, a pessoa jurídica também pode ingressar com a ação penal privada. É o que diz o art. 37 do CPP: "as fundações, associações ou sociedades legalmente constituídas poderão exercer a ação penal, devendo ser representadas por quem os respectivos contratos ou estatutos designarem ou, no silêncio destes, pelos seus diretores ou sócios-gerentes";

II. **Havendo discordância entre a vítima menor de 18 (ou doente mental) e seu representante legal:** haverá nomeação de curador especial – art. 33 do CPP;

III. Vítima menor ou doente mental que **não possui representante legal**: também nessa situação entrará em cena a figura do curador especial que decidirá livremente pelo processo ou não processo;

51. Na ação privada o MP só pode aditar se for para correções formais (indicação do procedimento adequado, dia, hora e local do crime etc.)

IV. **No caso de morte ou declaração de ausência da vítima: como já mencionado anteriormente,** poderão suceder, nesta ordem, o cônjuge (ou companheiro), o ascendente, o descendente e o irmão (CCADI) – art. 31 do CPP;

V. **Prazo:** 6 meses contados a partir do conhecimento da autoria da infração (art. 38 do CPP).

8.8.4. Espécies de ação penal privada

O tema já foi apresentado anteriormente, porém agora iremos detalhá-lo um pouco mais.

a) **Exclusivamente privada:** é aquela em que a propositura/continuação da ação pode ser efetuada pelo representante legal/CCADI, quando for impossível à vítima oferecer a queixa (por morte, ausência ou doença mental). Em suma, a ação penal exclusivamente privada é aquela que admite o instituto da substituição processual (a pessoa atua em nome próprio, mas em defesa de interesse alheio). Representa a esmagadora maioria dos crimes de ação penal privada. É, pois, a ação penal privada por excelência. Ex.: imagine-se que uma vítima de injúria vem a falecer. Havendo prazo hábil, é possível que o CCADI venha a ingressar com a ação penal privada;

b) **Personalíssima:** somente a vítima pode ingressar com a ação. Ninguém, em seu lugar, pode agir. Logo, descabe a substituição processual. Há um único exemplo em nosso ordenamento jurídico: induzimento a erro essencial e ocultação de impedimento ao casamento (art. 236 do CP). No caso deste crime, se a vítima, por exemplo, vier a falecer, não poderá o CCADI atuar em seu lugar. Haverá a extinção da punibilidade do querelado;

c) **Subsidiária da pública** (*queixa subsidiária*) – art. 29 do CPP: em caso de ação pública, quando o MP permanecer inerte nos prazos do art. 46 do CPP, pode, excepcionalmente, a própria vítima do crime ingressar com a ação penal. Ex.: num crime de roubo, pense-se que, nos prazos do art. 46, o MP permaneceu inerte. Diante desta situação, pode a vítima do roubo ingressar com a ação penal privada subsidiária da pública (ou simplesmente queixa subsidiária). A finalidade principal dessa ação é fiscalizar a atuação do Ministério Público, buscando, assim, evitar a desídia do Estado-acusação.

Note que "permanecer inerte" significa que o MP não fez absolutamente nada, *i. e.*, nos prazos do art. 46 do CPP, não ingressou com a denúncia, não requisitou diligências e nem requereu o arquivamento. Não é possível ingressar com a queixa subsidiária quando o MP pediu o arquivamento ou quando requisitou diligências. Repita-se: só cabe a queixa subsidiária em caso de inércia total do MP.[52]

Prazo da queixa subsidiária: 6 meses contados a partir da consumação da inércia do MP. Atenção: são 6 meses a partir da consumação da inércia e não do conhecimento da autoria do crime.

Ademais, é oportuno frisar que a ação penal, apesar de assumida excepcionalmente pela vítima nesse caso, *não perde a sua* natureza pública. Isto significa que a ação penal permanece regida pelo princípio da indisponibilidade, motivo pelo qual o ofendido não poderá desistir da ação, dar causa à perempção (art. 60 do CPP) ou mesmo perdoar o réu. Insista-se: apesar da mudança ocorrida no polo ativo da ação, esta permanece sob forte interesse público. Assim, a qualquer sinal de desídia/desistência por parte da vítima, retomará o MP a ação como parte principal. Aprofundemos o assunto a respeito dos poderes do MP na queixa subsidiária.

Na ação penal privada subsidiária da pública, o MP é verdadeiro interveniente adesivo obrigatório, pois será chamado a se manifestar em todos os termos do processo, sob pena de nulidade.

As suas **atribuições** estão enumeradas no art. 29 do CPP, podendo o MP:

I. Aditar a queixa, acrescentando-lhe novos fatos/agentes;

II. Repudiar a queixa e oferecer denúncia substitutiva. Não pode o MP repudiar a queixa de forma arbitrária. Deve fundamentar porque o faz;

III. Intervir em todos os termos do processo;

IV. Fornecer elementos de prova;

V. Interpor recursos;

VI. A todo tempo, no caso de negligência do querelante, retomar a ação como parte principal.

8.8.5. Institutos da ação penal privada: renúncia, perdão e perempção

a) **Renúncia ao direito de ação:** é a *manifestação de vontade do querelante no sentido de não promover a ação penal.*

A renúncia somente é possível antes do ingresso da queixa. Trata-se de ato unilateral (não necessita da anuência do agente).

Pode se dar de forma expressa ou tácita (ex.: convívio íntimo entre vítima e seu ofensor).

É, ainda, ato irretratável e indivisível (no caso de existir pluralidade de querelados, por força do princípio da indivisibilidade, a renúncia em favor de um aproveitará os demais).

Gera a extinção da punibilidade do agente.

Por fim, admite-se qualquer meio de prova para atestá-la. Consultar os arts. 49, 50 e 57 do CPP.

b) **Perdão do ofendido:** somente possível após o ingresso da queixa, porém antes do trânsito em julgado.

52. Ver STF, Inq-AgR 2242-DF, *DJ* 25,08,2006.

Trata-se de ato bilateral (para que produza efeitos depende da aceitação do querelado). É ato bilateral porque o querelado tem o direito de buscar a comprovação da sua inocência, objetivando a sentença absolutória e não a extintiva de punibilidade.

É importante dizer que o silêncio do querelado importa em anuência. Para ilustrar melhor a situação, há o exemplo de quando o querelante oferece o perdão nos autos e o querelado é notificado para dizer se concorda, no prazo de 03 dias. Decorrido o lapso temporal, o silêncio implicará concordância.

O perdão pode se dar de forma expressa ou tácita (idem à renúncia).

É irretratável e indivisível (no caso de existir pluralidade de querelados, por força do princípio da indivisibilidade, o perdão em favor de um aproveitará os demais).

Gera a extinção da punibilidade do agente.

Admite-se também qualquer meio de prova para atestá-la.

Consultar os arts. 51, 53 e 55 a 59 do CPP.

c) **Perempção:** significa a desídia do querelante após a instauração do processo. O efeito desse desinteresse é a extinção da punibilidade, consoante estatuído pelo art. 107, IV, do CP. Vejamos quando ela ocorre (análise do art. 60 do CPP):

> "Art. 60. Nos casos em que somente se procede mediante queixa, considerar-se-á perempta a ação penal:
>
> I. quando, iniciada esta, o querelante deixar de promover o andamento do processo durante 30 dias seguidos;
>
> II. quando, falecendo o querelante, ou sobrevindo sua incapacidade, não comparecer em juízo, para prosseguir no processo, dentro do prazo de 60 (sessenta) dias, qualquer das pessoas a quem couber fazê-lo, ressalvado o disposto no art. 36;
>
> III. quando o querelante deixar de comparecer, sem motivo justificado, a qualquer ato do processo a que deva estar presente, ou deixar de formular o pedido de condenação nas alegações finais;
>
> IV. quando, sendo o querelante pessoa jurídica, esta se extinguir sem deixar sucessor."

8.8.6. Custas processuais e honorários advocatícios (art. 806 do CPP)

Em primeiro lugar, é importante dizer que a discussão diz respeito apenas às ações penais privadas propriamente ditas (exclusiva e personalíssima), excluindo, portanto, a subsidiária da pública (que mantém a natureza de ação penal pública).

Em regra, a parte que requer a diligência (querelante ou querelado) deverá recolher previamente o valor correspondente às custas processuais, sob pena de ser tida como renunciada a diligência requerida.

Por óbvio, há substanciais exceções, quais sejam: querelantes ou querelados comprovadamente pobres (art. 32 do CPP); e Estados que não estabelecem custas processuais em processos de natureza criminal. Ver STJ, HC 82856/SP, *DJ* 16/03/2009.

Nos casos de preparo do recurso em ação penal pública, o STF possui entendimento consolidado de que o pagamento só é exigível após o trânsito em julgado da sentença condenatória. Não será negado seguimento ao recurso, sob pena de ofensa à presunção de inocência e à ampla defesa (HC 95128/RJ, *DJ* 05/03/2010).

No que concerne aos honorários advocatícios, em que pesem divergências, há precedentes[53] em relação à sucumbência nas ações de iniciativa privada e aos advogados nomeados pelo juiz para o patrocínio da causa. Nesse último caso, são devidos pelo Estado e fixados pelo magistrado de acordo com a tabela da seccional da OAB (art. 22, § 1º, da Lei 8.906/1994).

8.9. Temas especiais em ação penal

Para além da classificação convencional das ações penais, que acabamos de trabalhar nos itens anteriores, há uma série de peculiaridades legais e de construções doutrinárias e jurisprudenciais que devem ser aqui abordadas pela sua crescente presença em provas de concursos, em especial nas fases subjetiva e oral.

8.9.1. Ação de prevenção penal

Trata-se de ação penal destinada a aplicar medida de segurança ao acusado. Explica-se: toda ação penal requer a imposição de sanção penal, seja pena (aos réus imputáveis) ou medida de segurança (aos inimputáveis), mas essa modalidade é destinada **apenas** à aplicação de medida de segurança aos absolutamente incapazes[54].

A denúncia, portanto, é oferecida visando à aplicação de medida de segurança por tratar-se de acusado inimputável.

8.9.2. Ação penal pública subsidiária da pública

Tal denominação é oriunda de construção doutrinária e decorre do art. 2º, § 2º, Dec.-lei 201/1967 (crimes praticados por prefeitos e vereadores). O dispositivo prevê a atuação do

53. STF, RHC 99293/AC, *DJ* 07/02/2011

54. Assim compreendidos nos termos do art. 26 do CP: "o agente que, por doença mental ou desenvolvimento mental incompleto ou retardado, era, ao tempo da ação ou da omissão, inteiramente incapaz de entender o caráter ilícito do fato ou de determinar-se de acordo com esse entendimento".

PGR nos casos em que a autoridade policial ou o MP estadual não atendam às providências para instauração de inquérito policial ou ação penal.

Em outras palavras, da inércia do MP estadual ou da autoridade policial civil surge a atribuição do PGR, chefe do Ministério Público Federal (MPF), para atuar no polo ativo da persecução.

A crítica pertinente a essa modalidade é que tal dispositivo não está em harmonia com a CF, que estabelece a independência funcional do MP estadual. O *parquet* estadual possui autonomia e deve ser visto como um órgão independente. Não há qualquer relação hierárquica entre os MP's estaduais e o MPF. Desse modo, a ação aqui estudada não foi recepcionada pela CF/1988.

8.9.3. Ação penal popular

Construção doutrinária a partir do art. 14 da Lei 1.079/1950[55], que define os crimes de responsabilidade praticados pelo Presidente da República (PR), Ministros de Estado, do STF, PGR, Governadores e Secretários estaduais.

Para a fração minoritária da doutrina que a admite, a pessoa que denunciar o PR assume o polo ativo da ação, que depende de autorização da Câmara dos Deputados e tramitará perante o Senado Federal, configurando, assim, uma terceira modalidade de ação penal.

Sucede que a doutrina majoritária entende que o referido dispositivo legal diz respeito tão somente à *delatio criminis* feita por qualquer do povo à Câmara dos Deputados, ou seja, ciente da prática de um crime de responsabilidade pelo PR, toda pessoa pode comunicar o fato formalmente à Casa Legislativa, que poderá, ou não, dar seguimento de acordo com a análise combinada dos arts. 51, I, e 86, da CF/1988.

Percebe-se, portanto, que o que a minoria entende ser uma modalidade de ação penal exercida por qualquer do povo na realidade é o reconhecimento de que todos podem denunciar à Câmara dos Deputados a prática de infração político-administrativa (crime de responsabilidade) pelas autoridades federais indicadas.

8.9.4. Ação penal adesiva

Acontece quando houver conexão ou continência entre uma ação penal pública e uma ação penal privada. Essa situação implica dupla legitimação ativa na tutela de interesses conexos, quais sejam, do MP e do querelante, embora em ações penais distintas. A unificação das ações é facultativa, funcionando de modo similar ao litisconsórcio ativo facultativo do processo civil.

55. Art. 14. "É permitido a qualquer cidadão denunciar o Presidente da República ou Ministro de Estado, por crime de responsabilidade, perante a Câmara dos Deputados."

8.9.5. Ação penal secundária (legitimação secundária)

Acontece quando a lei estabelece um titular ou uma modalidade de ação penal para determinado crime, mas, mediante o surgimento de circunstâncias especiais, prevê, secundariamente, uma nova espécie de ação penal para aquela mesma infração.

Ex: crimes contra a honra são, em regra, de ação privada, mas, no caso de ofensa à honra do Presidente da República, a própria lei estabelece que a ação penal é condicionada à requisição do MJ (art. 145, parágrafo único, do CP).

Diz-se legitimação secundária porque há uma alteração ou condicionamento do polo ativo da ação penal. A ação penal pública transforma-se em ação penal privada ou a ação penal pública incondicionada torna-se condicionada.

8.9.6. Ação penal nos crimes contra a honra de funcionário público

A discussão desse tema justifica-se pelo excepcional tratamento conferido ao polo ativo da ação penal.

Quando um funcionário público, em razão do exercício da sua função (*propter officium*), é ofendido em sua honra, a ação penal decorrente do fato é pública condicionada à representação. É o regramento da parte final do parágrafo único, do art. 145, do CP.

Sucede que o STF, buscando ampliar os mecanismos de defesa da honra do servidor público, construiu entendimento que resulta em legitimidade ativa concorrente. Nesse sentido, diz a súmula 714: "é concorrente a legitimidade do ofendido, mediante queixa, e do Ministério Público, condicionada à representação do ofendido, para a ação penal nos crimes contra a honra de servidor público em razão do exercício de suas funções".

A opção do servidor ofendido, portanto, é dúplice, cabendo a ele escolher a modalidade de ação que entender mais efetiva.

O que acontece quando o ofendido opta pela representação e o MP manifesta-se pelo arquivamento? Ao contrário do que acontece na ação privada subsidiária, em que o ofendido nada pode fazer, aqui ele pode oferecer a queixa-crime, desde que não tenha decorrido o prazo decadencial[56]. Lembremos que o caso é de **legitimação concorrente** (simultânea) e **não** <u>subsidiária</u> (supletiva), que pressupõe a inércia do MP.

56. STF, AgRInq 726/RJ, *DJ* 29/04/1994.

8.10. Inicial acusatória

8.10.1. Conceito

Peça inaugural da ação penal, contendo a imputação formulada pelo órgão legitimado para a acusação. Nas ações penais públicas (incondicionada e condicionada), cuja legitimidade ativa pertence ao MP, a peça é denominada denúncia. Nas ações privadas, cuja legitimidade pertence, em regra, à vítima, chama-se queixa-crime ou, simplesmente, queixa.

8.10.2. Requisitos comuns à denúncia e à queixa (art. 41 do CPP).

Para que possa ser recebida pelo juiz e para que a defesa possa se realizar adequadamente, a inicial penal precisa observar certos requisitos, a saber:

a) **Exposição (descrição) do fato criminoso com todas as suas circunstâncias:** narrativa de um acontecimento que se encaixe perfeitamente a um tipo penal (preenchimento de todos os elementos do tipo penal). Deve-se descrever a conduta delitiva, o elemento subjetivo (dolo ou culpa), instrumentos do crime, mal produzido, motivos do crime, bem como qualquer circunstância que influa na caracterização do delito (qualificadoras, majorantes, agravantes etc.).

A ausência ou deficiência da exposição do fato criminoso com todas as suas circunstâncias enseja a rejeição por inépcia da inicial penal - art. 395, I, do CPP. Nessa hipótese, a inépcia deve ser arguida até o momento anterior à prolação da sentença (art. 569 do CPP).

Finalmente, perceba o leitor que a correta exposição do fato criminoso com todas as suas circunstâncias é de suma importância para direito de defesa do réu. Isto porque uma inicial mal elaborada, lacônica, prejudica inegavelmente o direito de defesa (o réu termina não sabendo ao certo do que está sendo acusado). Não se deve esquecer que, no processo penal, o acusado defende-se não da classificação legal dada ao crime, mas dos fatos a ele imputados. A seguir, analisaremos algumas situações práticas que dizem respeito à relevância da descrição adequada dos fatos na exordial acusatória:

I. Denúncia genérica (imputação genérica)

Há hipóteses em que o concurso de infratores torna difícil a individualização das respectivas condutas, da participação de cada um deles na infração penal. Vimos acima que o réu defende-se dos fatos imputados na peça acusatória, motivo pelo qual a descrição da conduta de cada um deles é essencial para o pleno exercício da defesa, do contraditório. Se a conduta não está delimitada, o acusado não pode formular a sua tese defensiva, contrapondo argumentos que demonstrem comportamento distinto daquele descrito na denúncia/queixa.

Por essa razão, a denúncia formulada de modo genérico não tem sido admitida em nossos tribunais e também pela doutrina.

Há, contudo, duas **exceções** construídas pelos tribunais superiores.

Nos crimes de autoria coletiva, que são os crimes societários e os multitudinários (derivado de multidão), onde uma coletividade de pessoas pratica diversas infrações penais, a pormenorização das condutas no momento da elaboração da denúncia é mais difícil. Exemplo de crime multitudinário: uma multidão de torcedores promove a depredação em estádio de futebol e arredores.

Admite-se uma descrição que permita a individualização da conduta, mas sem os aspectos minuciosos que seriam naturalmente exigidos. Destaque-se que a instrução probatória deverá demonstrar esses aspectos que ficaram de fora da peça inicial. Ver STF, HC 73208/RJ, *DJ* 07/02/1997.

Quanto aos crimes societários, a questão não é tão pacífica. No STF, por exemplo, há divisão entre duas turmas. Vejamos.

Diz o HC 107187/SP, *DJ* 30/03/2012, 2ª Turma: "a denúncia discutida neste processo não descreveu, suficientemente, os fatos ilícitos, alegadamente protagonizados pela paciente. Paciente denunciada pelo crime de emissão de duplicata simulada tão somente por figurar no contrato social da empresa sob investigação." A turma reconhece a inépcia da denúncia ante a descrição insuficiente da conduta praticada pela infratora, ou seja, rejeita a descrição genérica reputando-a inepta.

Ao contrário, a 1ª turma, no HC 101286/MG, *DJ* 25/08/2011, decidiu que "tratando-se de crimes societários, não é inepta a denúncia em razão da mera ausência de indicação individualizada da conduta de cada indiciado."

Percebe-se a profunda divergência entre as turmas do STF.

E qual a posição do STJ? A referida Corte mitiga a exigência de descrição pormenorizada da conduta e reconhece a possibilidade de imputação genérica (HC 187773/ES, *DJ* 03/09/2012);

II. Denúncia alternativa (imputação alternativa)

Consiste na possibilidade de imputação de uma infração a várias pessoas ou de várias infrações a uma pessoa, sempre de modo alternativo.

Para melhor compreensão, é importante atentar para as espécies através dos exemplos abaixo.

Imputação alternativa subjetiva: acontece quando o órgão de acusação está em dúvida em relação à autoria (se "A" ou se "B" cometeu o crime) e oferece a denúncia/queixa contra um ou outro, alternativamente, acreditando que a instrução processual revelará quem, de fato, o cometeu. Incide, pois, sobre o sujeito ativo da infração penal (autor do fato).

Em síntese, na dúvida sobre o autor do crime, todos são incluídos na expectativa de que a instrução demonstre qual deles é o agente.

Imputação alternativa objetiva: nesse caso, a dúvida da acusação diz respeito à infração penal efetivamente cometida. Ex: se o MP não possuir elementos suficientes para concluir se um objeto foi subtraído com ou sem grave ameaça, oferecerá a denúncia por furto ou por roubo, alternativamente, considerando que a instrução processual certificará se houve violência ou grave ameaça à pessoa.

Do exposto sobre a imputação alternativa, podemos inferir que há clara impossibilidade de exercício da ampla defesa pelo acusado. Em uma hipótese, sequer há indícios consistentes sobre quem é o autor do fato. Na outra, não há ciência exata de qual fato está sendo imputado contra si. Ver STJ, REsp 399858/SP, *DJ* 24/03/2003;

b) **Qualificação do acusado ou fornecimento de dados que permitam a sua identificação:** deve a inicial penal trazer a qualificação do acusado (nome, estado civil, profissão etc.). Essa qualificação deve ser a mais completa possível a fim de se evitar o processo criminal em face de uma pessoa por outra.

Porém, caso não seja possível a obtenção da qualificação do acusado, será, ainda assim, viável o oferecimento da inicial penal, desde que se possa identificar fisicamente o réu. Nessa linha, confira-se o art. 259 do CPP: "a impossibilidade de identificação do acusado com o seu verdadeiro nome ou outros qualificativos não retardará a ação penal, quando certa a identidade física. A qualquer tempo, no curso do processo, do julgamento ou da execução da sentença, se for descoberta a sua qualificação, far-se-á a retificação, por termo, nos autos, sem prejuízo da validade dos atos precedentes".

Assim, admite-se que a inicial penal seja oferecida com apenas características físicas marcantes do acusado, como: idade aproximada, altura aproximada, tatuagens, cicatrizes, marcas de nascença, cor de cabelo etc.;

c) **Classificação do crime***:* após expor o fato criminoso com todas as suas circunstâncias, deve a inicial penal tipificar a conduta delituosa.

Lembre-se de que essa classificação dada pelo MP ou querelante não vinculará o juiz, que poderá, aplicando o art. 383 do CPP (*emendatio libelli*), reconhecer definição jurídica diversa da narrada na inicial;

d) **Rol de testemunhas:** a indicação do rol de testemunhas é facultativa na inicial penal. Trata-se, portanto, de requisito facultativo. Porém, caso a acusação não o indique nessa ocasião, haverá a preclusão (*i. e.*, não poderá ser efetuado posteriormente);

e) **Pedido de condenação:** o pedido de condenação será, preferencialmente, expresso. Contudo, excepcionalmente, pode-se admiti-lo de modo implícito quando a sua dedução for possível a partir da leitura da imputação descrita na peça inicial;

f) **Endereçamento:** observando as regras de competência, a peça deverá indicar expressamente qual o órgão jurisdicional competente que conhecerá o caso;

g) **Nome e assinatura do órgão acusador:** ao final da peça, o órgão legitimado para a acusação deve identificar-se e assiná-la, sob pena de inexistência do ato. Entretanto, essa inexistência somente terá efeito se for impossível a identificação do autor no bojo da peça.

8.10.3. Requisito específico da queixa-crime (art. 44 do CPP)

A queixa precisa vir acompanhada de procuração com poderes especiais. Esses "poderes especiais" (requisitos) consistem: no nome do querelado[57] e na menção do fato criminoso[58]. Tais poderes especiais têm a sua razão de ser, pois servem para "blindar" a pessoa do defensor. É dizer: em caso de denunciação caluniosa, quem responderá pelo crime será o querelante (que outorgou a procuração) e não o advogado.

8.11. Prazo para o oferecimento da denúncia

a) **Regra (art. 46):** estando o indiciado preso, tem o MP 5 dias para oferecer denúncia; estando solto, 15 dias;

b) **Prazos especiais:**
   I. **Crime eleitoral**: indiciado preso ou solto, 10 dias (art. 357, CE);
   II. **Tráfico de drogas:** indiciado preso ou solto, 10 dias (art. 54, III, da Lei 11.343/2006);
   III. **Abuso de autoridade:** indiciado preso ou solto, 48 horas (art. 13 da Lei 4.898/1965);
   IV. **Crimes contra a economia popular:** indiciado preso ou solto, 2 dias (art. 10, § 2º, da Lei 1.521/1951);

c) **Contagem do prazo para o oferecimento da denúncia:** o tema não é pacífico, porém prevalece que se trata de prazo processual, devendo ser contado na forma do art. 798, § 1º, do CPP; portanto, exclui-se o dia do começo, incluindo-se, porém, o do vencimento;

d) **Consequências para o caso de descumprimento do prazo para oferecimento da denúncia:**
   I. Possibilidade de a vítima ingressar com a ação penal privada subsidiária da pública (art. 29 do CPP);
   II. Estando preso o indiciado, a prisão passará a ser ilegal, devendo ser imediatamente relaxada pelo juiz (art. 5º, LXV, da CF);

57. O art. 44 do CPP, menciona nome do *querelante*. Porém, a doutrina considera que houve erro de grafia quando da promulgação do CPP. Trata-se do nome do querelado.
58. Os tribunais superiores admitem, inclusive, que a menção ao fato criminoso pode ser resumida à indicação do dispositivo legal (STJ RHC 7762/SP, *DJ* 14/09/1998).

III. Possibilidade de responsabilizar o MP por crime de prevaricação, se dolosa a conduta omissiva desse agente público (art. 319 do CP).

8.12. Prazo para o oferecimento da queixa-crime

a) **Regra:** 6 meses (art. 38), contados a partir do conhecimento da autoria. Esse prazo possui natureza decadencial e, portanto, deve ser contado segundo o art. 10 do CP, incluindo-se o dia do começo e excluindo-se o dia final. Justamente por se tratar de prazo decadencial, pode findar em feriado ou final de semana, não sendo prorrogado para o primeiro dia útil subsequente, tampouco sujeito a interrupção ou suspensão.

   Atenção para os casos de **crime continuado** porque a contagem do prazo é feita isoladamente, considerando a ciência da autoria de cada uma das condutas cometidas.

b) **Exemplos de prazo especial de queixa-crime:**

   I. **Crime de induzimento a erro essencial e ocultação de impedimento ao casamento** (art. 236, parágrafo único, do CP): o prazo aqui também é decadencial e de 6 meses. Porém, a sua contagem se inicia com o trânsito em julgado da sentença de anulação do casamento;

   II. **Crimes contra a propriedade imaterial que deixarem vestígios** (ex.: art. 184 do CP): primeiro, é oportuno lembrar que, no caso de haver o crime contra a propriedade imaterial deixado vestígio, será imprescindível a inicial penal vir acompanhada de laudo pericial, sob pena de rejeição da peça acusatória (art. 525 do CPP). Visto isso, vamos ao prazo da queixa.

Nessa espécie de delito, a vítima também conserva os 6 meses para ingressar com a queixa, contados a partir do conhecimento da autoria (até aqui nada de novo).

Porém, uma vez homologado o laudo pericial, terá a vítima apenas 30 dias para ingressar com a queixa, sob pena de decadência. Ex.: suponha-se que o conhecimento da autoria deu-se há 3 meses e o laudo pericial foi homologado na data de hoje. Pois bem, a partir de hoje terá a vítima 30 dias para ingressar com a queixa;

c) **Consequência para a perda do prazo do oferecimento de queixa:** extinção da punibilidade pela decadência (art. 107, IV, do CP).

9. Ação civil *ex delicto*

9.1. Noções gerais

A prática de um crime, além de gerar para o Estado o direito de punir o infrator, pode acarretar prejuízo de ordem patrimonial à vítima, fazendo surgir para esta o direito de ser indenizada. Nesse sentido, estabelece o art. 91, I, do CP: *"são efeitos da condenação: I – tornar certa a obrigação de indenizar o dano causado pelo crime"*.

A vítima pode optar por ingressar, desde logo, com a ação civil, assim como pode aguardar a sentença condenatória penal definitiva para então executá-la no cível. No primeiro caso, teremos a ação civil *ex delicto* (propriamente dita) e, no segundo, teremos a execução *ex delicto*. Porém, advirta-se, desde já, que vasto setor da comunidade jurídica não efetua essa divisão, lançando mão da denominação ação civil *ex delicto* em ambos os casos.

Optando pela ação civil *ex delicto* antes do trânsito em julgado, a competência para processar e julgar tal ação será definida de acordo com o art. 100, parágrafo único, do CPC, ou seja, caberá à vítima decidir entre o foro do seu domicílio ou o do local do fato.

Há posição isolada de Araken de Assis, entendendo ser aplicável o art. 100, V, *a*, do CPC, que define o lugar do ato ou fato. Aqui, o foro competente seria o do local do delito que resultou o dano (2000, p 76).

9.2. Hipóteses que autorizam a propositura da ação civil

Conforme dito, para ingressar em juízo com o pedido de ressarcimento do dano não é necessário o trânsito em julgado da sentença penal condenatória, em que pese o teor do art. 63 do CPP. Conforme estabelece o art. 64 do CPP: *"sem prejuízo do disposto no artigo anterior, a ação para ressarcimento do dano poderá ser proposta no juízo cível, contra o autor do crime e, se for o caso, contra o responsável civil"*.

Assim, segundo mencionado, ficam evidenciadas duas hipóteses para a propositura da ação civil *ex delicto*: I. execução da sentença penal condenatória transitada em julgado, que deve ser precedida de liquidação para quantificação da indenização (art. 63, parágrafo único, do CPP); II. ação civil indenizatória para reparação do dano.

A execução pode ser feita com base no valor fixado isoladamente pelo juiz na sentença penal (art. 387, IV, do CPP); ou, também, pode ser feita com base no valor fixado na sentença *acrescido do montante apurado na liquidação da sentença penal condenatória*.

Por outro lado, apesar do comando do art. 387, IV, do CPP, nem sempre será possível ao juiz penal fixar um *quantum* indenizatório na sentença, dadas a complexidade do caso e as limitações inerentes à competência material do magistrado penal.

A ação civil indenizatória, noutro giro, será proposta como ação de conhecimento, mas sofre limitação quanto à matéria a ser apreciada, já que a sentença penal condenatória veda a rediscussão de questões inerentes à materialidade e à autoria do fato.

9.3. As hipóteses de absolvição do art. 386 do CPP e a ação civil *ex delicto*

Se é correto dizer que a sentença penal condenatória definitiva torna certa a obrigação de indenizar pelo dano causado (art. 91, I, do CP), em caso de *absolvição do réu* há certos fundamentos da sentença que irão inviabilizar o pedido de indenização. Analisemos, pois, as hipóteses de absolvição do art. 386 do CPP, a fim de descobrir quando caberá ou não a ação civil *ex delicto*.

O juiz absolverá o réu quando (art. 386 do CPP):

I. **Estiver provada a inexistência do fato** (arts. 386, I, e 66): se o fato não existiu no campo penal (que exige uma carga probatória muito maior que a do campo civil), com muito mais razão, também não existiu na seara cível. Este fundamento da sentença absolutória obsta, portanto, a propositura de ação civil *ex delicto*;

II. **Não houver prova da existência do fato** (art. 386, II): este fundamento da sentença absolutória não fecha as portas do cível. Note-se que a prova não foi suficiente para o campo penal (debilidade probatória), mas poderá sê-lo para o campo civil;

III. **Não constituir o fato infração penal** (art. 386, III): também não fecha as portas do cível. O ilícito não foi penal, mas poderá ser civil (art. 67, III, do CPP);

IV. **Estiver provado que o réu não concorreu para a infração penal** (art. 386, IV, do CPP): fecha as portas do cível. Se restou provado no campo penal que o réu não praticou qualquer conduta lesiva, automaticamente estará excluído do polo passivo de qualquer ação indenizatória;

V. **Não existir prova de ter o réu concorrido para a infração penal** (art. 386, V, do CPP): não fecha as portas do cível, pois a prova da autoria do réu não foi suficiente para o campo penal (debilidade probatória), mas poderá ser suficiente para o campo civil;

VI. **Existirem circunstâncias que excluam o crime ou isentem o réu de pena, ou mesmo se houver fundada dúvida sobre a existência dessas circunstâncias** (art. 386, VI, do CPP): o reconhecimento de excludente de ilicitude (legítima defesa, por exemplo) fecha, em regra, as portas do cível (arts. 188, I, do CC, e 65 do CPP). Excepcionalmente, porém, será possível a ação civil *ex delicto*, quando ocorrer:

a) Estado de necessidade agressivo, que é aquele que importa em sacrifício de bem pertencente a terceiro inocente. Ex.: buscando fugir de um desafeto, Fulano termina destruindo o veículo de terceiro inocente. Nesse caso, o terceiro inocente poderá acionar civilmente o causador do dano, restando a este promover ação de regresso contra quem provocou a situação de perigo (arts. 929 e 930 do CC);

b) Legítima defesa em que, por erro na execução, atinge-se 3º inocente. Ex.: o indivíduo, defendendo-se de agressão injusta, termina acidentalmente atingindo 3º inocente. Nesse caso, o terceiro inocente poderá acionar civilmente o causador do dano, restando a este promover ação de regresso contra quem provocou a situação de perigo (art. 930, parágrafo único, do CC);

c) Legítima defesa putativa ou imaginária, que se configura quando *o agente, por erro, acredita que está sofrendo ou irá sofrer uma agressão e revida, causando dano a outrem* (GRECO, v. I, 2005, p. 384), já que esta, em essência, não constitui legítima defesa autêntica ou real e por esse motivo não exclui a ilicitude da conduta. (STJ, REsp 47246 / RJ, *DJ* 27/03/1995);

VII. **Não existir prova suficiente para a condenação:** não fecha as portas do cível, pois a prova não foi suficiente para o campo penal (debilidade probatória), mas poderá ser suficiente para o campo civil.

Ademais, também não fecha as portas do cível (art. 67 do CPP):

a) o despacho de arquivamento do inquérito ou das peças de informação;

b) a decisão que julgar extinta a punibilidade.

9.4. Legitimidade ativa

Cabe à vítima (se maior e capaz) ou ao seu representante legal (se o ofendido for incapaz) a legitimidade para propor a ação civil *ex delicto*.

Nos casos de morte ou ausência da vítima, os seus herdeiros poderão figurar no polo ativo (art. 63, parte final, do CPP).

Sendo vítima pobre, nos termos do art. 68 do CPP, esta deve requerer ao MP a execução da sentença penal condenatória ou a propositura de ação civil indenizatória. O MP atuará como substituto processual do ofendido. Entretanto, importante dizer que o STF reconheceu a inconstitucionalidade progressiva do referido dispositivo. Explica-se. A Suprema Corte entendeu que a função de advocacia pública dos interesses individuais das pessoas economicamente hipossuficientes cabe à Defensoria Pública. Sucede que a implementação da Defensoria nos Estados ainda não foi plenamente concluída no Brasil, muito menos interiorizada, motivo pelo qual o MP poderá, temporariamente, figurar como substituto processual nas comarcas onde a Defensoria Pública ainda não tiver sido instalada (STF **RE 135328/SP**, ***DJ*** 20/04/2001).

9.5. Legitimidade passiva

A ação civil *ex delicto* deve ser proposta contra o autor do crime. Porém, em certos casos, é possível acionar solidariamente o responsável civil.

Exemplo de situação em que o responsável civil poderá ser instado a reparar o dano: imagine-se que Tício, na direção de um automóvel pertencente a Caio, causou o atropelamento de um transeunte. Pois bem, nesse caso, o motorista (Tício) responderá civil e penalmente, enquanto o proprietário do veículo (Caio) poderá ser incluído solidariamente no polo passivo da ação cível.

Entretanto, note-se que a inclusão no polo passivo do responsável civil *somente* acontecerá na ação indenizatória (ação civil *ex delicto* de conhecimento). Isto porque a execução da sentença penal condenatória só poderá ser efetuada contra a pessoa que sofreu a condenação (*i. e.*, contra o autor do crime).

9.6. Suspensão da ação civil *ex delicto*

À luz da concepção de unicidade da jurisdição, o objetivo da suspensão é evitar a proliferação de decisões contraditórias, haja vista a pendência de questão prejudicial na esfera penal. Sendo assim, as hipóteses de suspensão são as seguintes: a) quando a ação civil for proposta antes da ação penal; b) quando as ações civil e penal forem propostas simultaneamente perante os respectivos juízos.

No primeiro caso (quando a ação civil for proposta antes da ação penal), a suspensão poderá ser determinada pelo juiz até que seja proposta a ação penal. Entretanto, nos termos do art. 110, parágrafo único, do CPC, *"se a ação penal não for exercida dentro de 30 (trinta) dias, contados da intimação do despacho de sobrestamento, cessará o efeito deste, decidindo o juiz cível a questão prejudicial."* Em suma, após suspensa a ação indenizatória, a ação penal deve ser proposta em até 30 dias após a intimação do ato de suspensão. Caso isso não aconteça, o juízo cível decidirá a questão e a ação indenizatória prosseguirá normalmente.

Na segunda hipótese (ações civil e penal propostas simultaneamente perante os respectivos juízos), poderá haver sobrestamento pelo período máximo de 1 ano, consoante expressa previsão do art. 265, § 5º, do CPC: *"nos casos enumerados nas letras a, b e c do nº IV, o período de suspensão nunca poderá exceder 1 (um) ano. Findo este prazo, o juiz mandará prosseguir no processo."*

Por fim, diga-se que a suspensão da ação civil *ex delicto* é facultativa, apesar de algumas posições em contrário na doutrina. Esse entendimento decorre principalmente da redação do art. 64, parágrafo único, do CPP, que diz: "*intentada a ação penal, o juiz da ação civil **poderá** suspender o curso desta, até o julgamento definitivo daquela.*" O verbo "poderá" está empregado no sentido de faculdade do magistrado. Trata-se, como defende Pacelli de Oliveira (2012, p. 180), de poder discricionário conferido ao juiz da esfera cível, que fará a análise da conveniência e oportunidade da suspensão da ação civil. Nessa linha, STJ, REsp 401720, *DJ* 04/08/2003.

9.7. Prazo

O prazo prescricional para ingressar com a ação de execução civil *ex delicto* é de 3 anos (art. 206, § 3º, V, do CC), contados a partir do trânsito em julgado da sentença penal condenatória, por força do disposto no art. 200 do CC.

Percebe-se, portanto, que a vítima que deseja a reparação civil do dano pode ingressar em juízo simultaneamente ou, em último caso, até 3 anos após o trânsito em julgado da sentença penal condenatória.

9.8. Revisão criminal e ação rescisória

Se houver ação de revisão criminal em trâmite e essa for julgada procedente, o título judicial deixa de existir, pois a sentença condenatória será desconstituída. Isso implica a inexistência de coisa julgada em desfavor do réu na esfera criminal (art. 622 do CPP).

Alguns efeitos decorrerão do julgamento da ação de revisão criminal e afetarão a execução:

a) se a execução civil não teve início, não poderá acontecer;

b) se a execução teve início, será extinta por força do novo título judicial;

c) se o pagamento ocorreu, caberá ação de restituição do valor pago.

Se a ação civil foi proposta simultaneamente à ação penal e nessa última houve absolvição com base nas causas que "fecham as portas" da ação civil *ex delicto* (art. 386, I, IV e VI, do CPP, com as ressalvas já feitas), caberá a propositura de ação rescisória, nos termos do art. 485 do CPC.

10. Jurisdição e competência

10.1. Noções básicas de jurisdição

Superada a fase de autotutela dos conflitos penais (exceção aqui para alguns casos excepcionais permitidos pela lei como, por exemplo, a legítima defesa), o Estado, *por meio da atividade jurisdicional*, avocou para si a pacificação desses conflitos, substituindo, assim, a vontade das partes.

Pode-se conceituar a jurisdição como o *poder-dever do Estado, exercido pelo Judiciário, de aplicar o direito ao caso concreto por meio de um processo.* Ou ainda, jurisdição, do latim, significa *juris dictio* (*dizer o direito*).

10.2. Princípios que norteiam a atividade jurisdicional

10.2.1. Investidura

Significa que a jurisdição só pode ser exercida por magistrado, ou seja, aquele que está investido na função jurisdicional, empossado no cargo de juiz.

10.2.2. Indelegabilidade

Não pode um órgão jurisdicional delegar a sua função a outro, ainda que este também seja um órgão jurisdicional. Tal princípio, contudo, comporta exceções, como no caso de expedição de carta precatória e de carta rogatória (a serem examinadas mais adiante).

10.2.3. Juiz natural

Manifesta-se através de dois incisos do art. 5º da CF/1988: LIII ("*ninguém será processado nem sentenciado senão pela autoridade competente*"); e XXXVII ("*não haverá juízo ou tribunal de exceção*"). **Significa** que *o indivíduo só pode ser privado de seus bens ou liberdade se processado por autoridade judicial imparcial e previamente conhecida por meio de regras objetivas de competência fixadas anteriormente à prática da infração.*

10.2.4. Inafastabilidade ou indeclinabilidade

Está contido no art. 5º, XXXV, da CF/1988: *a lei não excluirá da apreciação do Poder Judiciário lesão ou ameaça a direito*". À luz do monopólio da função jurisdicional pelo Poder Judiciário, nem mesmo a lei pode excluir de sua apreciação a lesão ou a ameaça a um direito.

10.2.5. Inevitabilidade ou irrecusabilidade

A jurisdição não está sujeita à vontade das partes, aplica-se necessariamente para a solução do processo penal. É, pois, decorrência da natureza obrigatória da solução jurisdicional para os conflitos na esfera penal.

Lembre-se de que na esfera cível há "equivalentes jurisdicionais" como a mediação e a arbitragem, que serão utilizados a depender da vontade das partes, mas o mesmo não ocorre no âmbito da justiça criminal em que a atividade jurisdicional, como vimos, é irrecusável.

10.2.6. Improrrogabilidade ou aderência

O exercício da função jurisdicional pelo magistrado somente pode ocorrer dentro dos limites que lhe são traçados pela lei, seja na abrangência territorial, seja pela matéria a ser apreciada.

10.2.7. Correlação ou relatividade

Aplicável à sentença, consiste na vedação ao julgamento *extra*, *citra* ou *ultra petita*. Dessa forma, impõe-se a correspondência entre a sentença e o pedido formulado na inicial acusatória.

10.2.8. Devido processo legal

art. 5º, LIV, da CF/1988: "*ninguém será privado da liberdade ou de seus bens sem o devido processo legal*". Significa, em última análise, afirmar a necessidade de um processo prévio, informado pelo contraditório; ampla defesa; juiz natural; motivação das decisões; publicidade; presunção de inocência; direito de audiência; direito de presença do réu; e duração razoável do processo (BADARÓ, 2008, p. 36).

10.3. Características da jurisdição

O exercício da atividade jurisdicional é marcado pelas seguintes características:

10.3.1. Inércia

A atuação inicial dos órgãos jurisdicionais depende de provocação da parte. É totalmente vedado ao juiz dar início à ação penal. A inércia dos órgãos jurisdicionais decorre do princípio *ne procedat judex ex officio* como também do sistema acusatório pretendido pelo Constituinte de 1988 (art. 129, I, da CF/1988).

10.3.2. Substitutividade

Com o fim da autotutela, coube ao Estado monopolizar a função de solucionar eventuais conflitos de interesses entre as pessoas. O Estado, por meio da jurisdição, passou, portanto, a *substituir* a vontade das partes.

10.3.3. Atuação do Direito

A atividade jurisdicional tem por objetivo aplicar o direito ao caso concreto, buscando, assim, restabelecer a paz social.

10.3.4. Imutabilidade

Na verdade, a imutabilidade se relaciona ao efeito do provimento final da atividade jurisdicional (*i. e.*, ao efeito da sentença). Significa que, após o trânsito em julgado da sentença, tornar-se-á imutável aquilo que ficou decidido pelo órgão julgador. Entretanto, é preciso estar atento que, no processo penal, somente a sentença absolutória definitiva é imutável (não podendo, portanto, haver a reabertura do caso). A imutabilidade não se aplica às sentenças condenatórias definitivas, uma vez que é possível impugná-las por meio de ação de revisão criminal (*vide* art. 621 e ss. do CPP). Estudaremos melhor esse tema quando tratarmos de revisão criminal.

10.4. Competência

10.4.1. Compreendendo o tema

Todos os juízes possuem jurisdição (poder-dever de dizer o direito aplicável ao caso concreto).

Porém, a atividade jurisdicional se tornaria inviável caso todas as ações penais fossem concentradas na pessoa de um só juiz.

É nesse contexto que se insere o instituto da competência – como forma de *racionalizar, de tornar viável a prestação jurisdicional.* Dessa forma, é certo que todos os juízes possuem jurisdição (conforme dissemos anteriormente), porém é igualmente verdadeiro que esses mesmos juízes só podem dizer o direito objetivo aplicável ao caso concreto dentro dos limites de sua competência. Competência é, pois, *a medida da jurisdição*. Com Karam (2002, p. 16), podemos arrematar dizendo que enquanto abstratamente todos os órgãos do Poder Judiciário são investidos de jurisdição, as regras de competência é que concretamente atribuem a cada um desses órgãos o efetivo exercício da função jurisdicional.

10.4.2. Critérios de fixação da competência

Os critérios de fixação da competência são parâmetros estabelecidos pela CF e pela legislação ordinária que objetivam definir o âmbito de atuação de cada um dos órgãos jurisdicionais (*i. e.*, quem julga o quê). Note-se, desde já, que os critérios abaixo não estão dissociados. Pelo contrário, para se definir o órgão julgador competente, faz-se necessário examinar tais critérios de modo integrado, já que, em diversas situações, um serve para complementar o outro.

A seguir, veremos sucintamente cada um desses critérios (apenas para que o nosso leitor se familiarize com o tema). Mais adiante, esse assunto será estudado com mais vagar.

a) **Competência em razão da matéria (*ratione materiae*):** esse critério de fixação da competência leva em consideração a *natureza* (a matéria) da infração praticada. Ex.1: a Justiça Eleitoral é competente *em razão da matéria* para processar e julgar os crimes eleitorais. Ex.2: o Tribunal do Júri é competente *em razão da matéria* para processar e julgar os crimes dolosos contra a vida (homicídio, *v. g.*);

b) **Competência em razão da pessoa (*ratione personae*):** esse critério de fixação da competência leva em consideração a *relevância do cargo* ocupado por determinadas pessoas para definir qual o órgão competente para o processamento da infração penal. É a chamada *competência por prerrogativa de função* ou, também, *foro privilegiado*. Ex.: nos termos do art. 102, I, *b*, da CF/1988, o STF tem competência para processar e julgar, nos crimes comuns, os parlamentares federais (deputados federais e senadores). Posto de outra forma: estes parlamentares, em caso de prática de crime comum, possuem foro por prerrogativa de função (ou foro privilegiado) perante o STF;

c) **Competência em razão do lugar (*ratione loci*):** esse critério de fixação da competência leva em consideração os seguintes aspectos: o *local onde ocorreu a consumação* do delito, bem como o *domicílio ou a residência do réu*. Ex.: tendo o crime de furto sido consumado na Comarca de Marília (SP), é lá que deverá ser processado e julgado - e não em Bauru (SP), *v. g.*;

d) **Competência funcional:** esse critério de fixação da competência leva em consideração a *função* que cada um dos vários órgãos jurisdicionais pode vir a exercer num processo. Ex.: nas grandes comarcas, é comum que um juiz fique responsável pela fase de conhecimento do processo e outro pela fase de execução da pena.

A competência funcional, a seu turno, classifica-se em:

I. **Competência funcional por fase do processo:** implica repartição de competência a mais de um órgão julgador, cada qual atuando em determinada fase do processo. Em regra, um só juiz é que praticará os atos do processo. Porém, há situações em que os atos de um mesmo processo serão praticados por mais de um órgão julgador. Ex. (já dado anteriormente): nas grandes comarcas, é comum que um juiz fique responsável pela fase de conhecimento do processo e outro pela fase de execução da pena (*vide* arts. 65 e 66 da LEP);

II. **Competência funcional por objeto do juízo:** cada órgão jurisdicional pode vir a exercer a competência sobre determinadas questões a serem decididas no processo. Ex.: a sentença no Tribunal do Júri. Na sentença no âmbito do Júri, os jurados são responsáveis pela absolvição ou condenação do acusado e o juiz-presidente é responsável pela aplicação (dosimetria) da pena (em caso de condenação, por óbvio). Há, assim, uma repartição de tarefas para cada órgão jurisdicional que leva em conta determinada questão específica a ser decidida no processo;

III. **Competência funcional por grau de jurisdição:** nesta modalidade de competência funcional, leva-se em conta a *hierarquia* (o escalonamento) jurisdicional determinada pela lei aos vários órgãos julgadores. Ex.: o TJ é o órgão julgador competente (competência funcional por grau de jurisdição) para conhecer e julgar eventual recurso de apelação interposto pela parte contra a sentença prolatada pela instância *a quo* (*i. e.*, pelo juiz de 1º grau).

10.4.3. Determinação do juízo competente

Atente o leitor que a determinação do juízo competente é tarefa das mais complexas. Conforme visto, são diversos os critérios que devem ser levados em consideração, podendo, inclusive, em certas situações, um preponderar sobre o outro (veremos esse ponto mais adiante).

Porém, ao longo do tempo, a doutrina buscou sistematizar melhor a questão da determinação do juízo competente, trilhando um raciocínio que parte de critérios mais genéricos para critérios mais específicos.

Dessa forma, para saber qual o juízo competente para processar e julgar determinado caso, deve-se, por exemplo, levar em conta:

I. Qual a justiça competente? É crime da competência da Justiça Comum (Federal ou Estadual) ou da Justiça Especial (Militar ou Eleitoral)?,

II. É o acusado possuidor de foro por prerrogativa de função? Ex.: sendo o réu parlamentar federal, deverá ser processado e julgado pelo STF (prerrogativa de função);

III. Não sendo detentor de foro por prerrogativa de função, passa-se ao exame da competência territorial (local em que foi consumado o crime; ou domicílio ou residência do réu);

IV. Por fim, passa-se ao exame da competência de juízo: qual é a vara, câmara ou turma competente? Há, por exemplo, vara especializada com competência para apreciar o caso?

Nas próximas linhas, examinaremos, de forma mais detalhada, os critérios de fixação da competência anteriormente expostos (competência em razão da matéria, por prerrogativa de função etc.).

10.4.4. Competência em razão da matéria (*ratione materiae*) ou em razão natureza da infração penal

Conforme visto, esse critério de fixação de competência leva em conta a natureza da infração penal praticada. A depender dessa (da matéria em jogo) será competente a Justiça Comum (Federal ou Estadual) ou a Justiça Especial[59] (Militar ou Eleitoral). Assim, temos que:

a) **A Justiça Eleitoral** (JE - arts. 118 a 121 da CF/1988, e Lei 4.737/1965) é competente em razão da matéria para julgar os crimes eleitorais. Ex.: calúnia cometida em período de campanha eleitoral será julgada pelo Tribunal Regional Eleitoral;

b) **A Justiça Militar** (JM - art. 124 da CF/1988) é competente *ratione materiae* para julgar os crimes militares definidos no art. 9º do CPM.

A competência da Justiça Militar comporta duas notórias exceções: o crime de abuso de autoridade (Lei 4.898/1965), conforme súmula 172 do STJ; assim como os crimes dolosos praticados contra a vida de civil não são julgados pela JM (art. 125, § 4º, da CF/1988).

Vale ressaltar, contudo, recente alteração introduzida pela Lei 12.432/2011, que modificou a redação do parágrafo único do art. 9º, do CPM[60]. O referido dispositivo legal, em leitura combinada com o art. 303, CBA (Código Brasileiro de Aeronática)[61], introduz situação excepcional de manutenção da competência da Justiça Militar.

Trata-se das hipóteses de invasão irregular do espaço aéreo brasileiro e das medidas adotadas para a sua devida repressão. No caso mais extremo, após advertências e tentativas de pouso forçado, o piloto-militar está autorizado a destruir a aeronave, pois a prioridade é a preservação da segurança e da soberania nacionais.

Desse modo, se da conduta descrita resultar processo criminal em face do militar que efetuou o abate da aeronave, causando a morte dos seus ocupantes, **ainda que civis**, a **competência para processar e julgar será da Justiça Militar**.

A JM encontra-se estruturada nos âmbitos Estadual e Federal:

I. **Justiça Militar Estadual** (art. 125, § 4º, da CF/1988): detém competência para processar e julgar os crimes militares praticados por policiais militares e bombeiros.

Por outro lado, a JM estadual não tem competência para julgar civil – mesmo que este cometa crime em concurso com um militar. Nesse sentido, consultar a Súmula 53 do STJ[62].

---

59. Para o estudo aqui empreendido, considera-se justiça especial aquela que tem competência criminal, mas cuja regulação ocorra por sistema legal próprio, autônomo, nos âmbitos material e processual.

60. "Os crimes de que trata este artigo quando dolosos contra a vida e cometidos contra civil serão da competência da justiça comum, **salvo quando praticados no contexto de ação militar realizada na forma do art. 303 da Lei nº 7.565, de 19 de dezembro de 1986 - Código Brasileiro de Aeronáutica.**"

61. "Art. 303. A aeronave poderá ser detida por autoridades aeronáuticas, fazendárias ou da Polícia Federal, nos seguintes casos: I - se voar no espaço aéreo brasileiro com infração das convenções ou atos internacionais, ou das autorizações para tal fim; II - se, entrando no espaço aéreo brasileiro, desrespeitar a obrigatoriedade de pouso em aeroporto internacional; III - para exame dos certificados e outros documentos indispensáveis; IV - para verificação de sua carga no caso de restrição legal (artigo 21) ou de porte proibido de equipamento (parágrafo único do artigo 21); V - para averiguação de ilícito. (...) § 2º Esgotados os meios coercitivos legalmente previstos, a aeronave será classificada como hostil, ficando sujeita à medida de destruição, nos casos dos incisos do *caput* deste artigo e após autorização do Presidente da República ou autoridade por ele delegada."

62. "Compete à Justiça Comum Estadual processar e julgar civil acusado de prática de crime contra as instituições militares estaduais".

Ademais, nos termos da súmula 75 do STJ, em caso de crime de promoção ou facilitação da fuga de preso em estabelecimento prisional praticado por militar, a competência será da Justiça Comum Estadual e não da JM;

II. **Justiça Militar da União**: detém a competência para julgar membros das Forças Armadas (Exército, Marinha e Aeronáutica) - art. 124 da CF1988.

A JM da União pode, por sua vez, vir a processar e julgar civil quando este vier a praticar infração em concurso com membro das Forças Armadas;

c) **A Justiça (Comum) Estadual** tem sua esfera de competência composta de forma residual. É determinada pela exclusão das demais (Justiça Comum Federal; Justiça Especial). Isto é, processa e julga o crime quando não se tratar de competência da Justiça Especial (Militar ou Eleitoral) nem da Justiça Comum Federal. Abarca a maioria das questões penais. Ex.: um roubo perpetrado contra uma agência bancária privada é da competência da Justiça Estadual;

d) **A Justiça (Comum) Federal** tem sua competência expressamente fixada no art. 109 da CF/1988. Costuma-se sustentar que tais dispositivos não são meramente exemplificativos, mas taxativos. Vejamos. Compete à Justiça Federal processar e julgar:

d1) **Os crimes políticos** (art. 109, IV, primeira parte): a definição de crime político encontra-se na Lei 7.170/1983. É aquele dirigido contra o Estado como unidade orgânica das instituições políticas e sociais, além de atentar contra a soberania nacional e a estrutura política;

d2) **As infrações penais praticadas em detrimento de bens, serviços ou interesses da União ou de suas entidades autárquicas e empresas públicas, excluídas as contravenções** (art. 109, IV, parte final). Examinemos de forma detalhada o presente tópico.

Primeiro, note-se que a JF julga apenas *os crimes* praticados "em detrimento de bens, serviços ou interesses da União (...)". As contravenções penais foram expressamente excluídas da competência da JF. Assim, ainda que uma contravenção seja praticada contra um bem da União, não será julgada pela JF, mas pela Justiça Estadual.

Além disso, é oportuno fornecer ao nosso leitor uma noção mais precisa de bens, serviços ou interesses da União:

I. Bens: representam o patrimônio de um ente federal e a sua descrição está positivada no art. 20, I a IX, da CF/1988 (bens da União);

II. Serviços: consistem na própria atividade do ente federal e sua finalidade. Para melhor compreensão prática, recomendamos a consulta ao julgado do STJ, CC 119645/MG, *DJ* 18/04/2012;

III. Interesse: possui conteúdo bastante amplo, podendo ser delimitado como aquilo que está ligado ao ente federal e lhe diz respeito. A título de exemplo, ver STF, HC 93938/SP, *DJ* 23/11/2011.

Ainda, a lei menciona crimes praticados contra bens, serviços ou interesses da *União ou de suas entidades autárquicas e empresas públicas*. Vejamos um significado mais preciso para as expressões: *União, entidades autárquicas e empresas públicas*.

I. União: aqui tratada como a *pessoa jurídica de direito público interno, a Administração Direta;*

II. Autarquias: conceituadas no art. 5º, I, do Dec.-lei 200/1967, como "*o serviço autônomo, criado por lei, com personalidade jurídica, patrimônio e receita próprios, para executar atividades típicas da Administração Pública, que requeiram, para seu melhor funcionamento, gestão administrativa e financeira descentralizada.*" Ex.: BACEN (Banco Central); INSS; agências reguladoras etc.;

III. Empresas públicas: estão definidas no art. 5º, II, do Dec.-lei 200/1967, como a "*entidade dotada de personalidade jurídica de direito privado, com patrimônio próprio e capital exclusivo da União, criado por lei para a exploração de atividade econômica que o Governo seja levado a exercer por força de contingência ou de conveniência administrativa podendo revestir-se de qualquer das formas admitidas em direito*". Ex.: Correios; Caixa Econômica Federal.

Atenção: houve *omissão indevida do texto constitucional* a respeito das *fundações públicas*, definidas no art. 5º, IV, do Dec.-lei 200/1967. Porém, doutrina e jurisprudência construíram entendimento segundo o qual as fundações são espécie do gênero autarquia[63]. Desse modo, estão contidas entre os entes federais do dispositivo em comento. Logo, um crime contra, por exemplo, um bem de uma fundação pública federal é sim da competência da JF.

Por fim, ressalte-se que eventual crime praticado contra bens, serviços ou interesses de **sociedade de economia mista** (art. 5º, III, do Dec.lei 200/1967) não será da competência da JF. A CF não a incluiu no rol de competência da JF. Eventual crime contra uma sociedade de economia mista será da competência da Justiça Estadual (*vide* súmula 42 do STJ). São exemplos de sociedades de economia mista federais o Banco do Brasil e a Petrobrás;

d3) **também são da competência da JF os crimes previstos em tratados ou convenções internacionais, quando, iniciada a execução no país, o resultado tenha ou devesse ter ocorrido no estrangeiro, ou reciprocamente** (art. 109, V, da CF/1988)

São dois os elementos cruciais (concomitantes) aqui: internacionalidade (início da execução no Brasil ou o resultado tenham ocorrido no exterior) + crime previsto em tratado ou convenção internacional. Ex.: tráfico internacional de drogas. Excluído o caráter internacional, a competência será da Justiça Estadual (Súmula 522 do STF). Idem (*i. e.*, competência da Justiça Estadual) se o crime não estiver previsto em tratado ou convenção internacional;

63. STJ, CC 2821/MG, *DJ* 05/10/1992

d4) **as causas relativas a direitos humanos** (art. 109, V-A, da CF/1988)

Esse dispositivo foi acrescentado pela EC 45/2004, criando em nosso ordenamento a possibilidade de federalização dos crimes contra os direitos humanos.

Com efeito, nesses casos, o Procurador-Geral da República, com a finalidade de assegurar o cumprimento de obrigações decorrentes de tratados internacionais de direitos humanos dos quais o Brasil seja parte, poderá suscitar, perante o Superior Tribunal de Justiça, em qualquer fase do inquérito ou processo, incidente de deslocamento de competência (IDC) para a Justiça Federal (art. 109, § 5º, da CF/1988).

Aqui, em qualquer fase do procedimento (inquérito ou fase judicial), se o IDC for julgado procedente, deve o processo ser remetido à Justiça Federal e todos os atos refeitos, conforme interpretação dos arts. 564, I, e 573, do CPP. Se ocorrer durante o inquérito, as investigações realizadas pela polícia civil serão aproveitadas.

Conforme jurisprudência do STJ, para que exista o deslocamento é preciso comprovar a existência de obstáculos concretos na esfera estadual, por exemplo, que a polícia e/ou o Poder Judiciário local não cumprem as suas funções. O escopo é evitar que influências locais criem mácula sobre o julgamento da causa. Ver IDC 1/PA, *DJ* 10/10/2005;

d5) **os crimes contra a organização do trabalho** (art. 109, VI, 1ª parte, da CF/1988)

Tais delitos estão tipificados nos arts. 197 a 207 do CP. Entretanto, para que seja caso de competência da JF, é preciso que a conduta ofenda não apenas a individualidade do trabalhador, mas a própria organização geral do trabalho ou os direitos dos trabalhadores coletivamente considerados. Ex.: atentado contra a liberdade de associação – art. 199 do CP;

d6) **os crimes contra o sistema financeiro e contra a ordem econômico-financeira, nos casos determinados pela lei** (art. 109, VI, parte final, da CF/1988)

Primeiramente, devemos destacar que o sistema financeiro é composto por instituições financeiras, públicas e privadas, bem como por pessoas a estas equiparadas (art. 1º e seu parágrafo único, da Lei 7.492/1986).

Note o leitor que, em regra, para que seja hipótese de competência da JF são dois os requisitos estabelecidos pela CF.

É preciso que a conduta afete o sistema financeiro ou a ordem econômica e é necessário também que exista previsão expressa de competência da JF para o caso. Ex.: o art. 26 da Lei 7.492/1986 (crimes contra o sistema financeiro) prevê expressamente a competência da JF.

Não é o que ocorre com os crimes contra a ordem econômica, pois as Leis 8.137/1990 e 8.176/1991 não possuem previsão a esse respeito. A regra, portanto, é que serão julgados pela justiça estadual, **exceto** nos casos em que houver ofensa a bens, serviços ou interesse dos entes federais. Ver STJ, CC 15206/RJ, *DJ* 23/06/1997;

d7) **compete também à JF processar e julgar o HC e o MS quando relacionados à matéria de sua competência** (*art. 109, VII e VIII, da CF/1988*)

Para que a competência seja da Justiça Federal a autoridade coatora deve estar sujeita à jurisdição federal ou a nenhuma outra;

d8) **os crimes cometidos a bordo de navios ou aeronaves, ressalvada a competência da Justiça Militar** (art. 109, IX, da CF/1988)

Desde já, atente-se que caso o crime seja cometido a bordo de navio ou de aeronave militar não será competente a JF, mas a JM.

Navio: embarcação de grande porte e com aptidão a viagens internacionais. Barcos a motor de pequeno porte não se enquadram nesse conceito. Logo, eventuais crimes praticados em barcos de pequeno porte não serão da competência da JF.

Aeronave: aparelho manobrável em voo, que possa sustentar-se e circular no espaço aéreo, com autonomia, apto a transportar pessoas ou coisas.

Atenção: a competência da JF subsiste mesmo que o navio esteja atracado ou a aeronave esteja pousada. Assim, caso o crime seja praticado a bordo, por exemplo, de aeronave *pousada*, permanecerá competente a JF para o processo e julgamento do caso.

Por outro lado, não é demais recordar que a JF *não julga contravenção penal*. Desse modo, eventual contravenção praticada a bordo, por exemplo, de navio não será da competência da JF, mas da competência da Justiça Estadual.

Ainda sobre os crimes cometidos a bordo de aeronaves e embarcações. Sabemos que a competência será, em regra, da Justiça Federal. Entretanto, em qual Seção Judiciária da JF tramitará a ação penal? Vejamos os casos (arts. 89 e 90 do CPP):

I. viagens nacionais: se a viagem iniciar e terminar em território brasileiro, o juízo competente é o do local onde primeiro a aeronave pousar ou o navio atracar, após a ocorrência a infração;
II. viagens internacionais: competente é o juízo do local da chegada ou da partida;

d9) **crimes relacionados ao ingresso ou à permanência irregular de estrangeiro** (art. 109, X, da CF/1988)

O ingresso ou a permanência do estrangeiro, em si, não são tipificados como crime. A competência da JF refere-se aos crimes praticados com o objetivo de assegurar o ingresso ou a permanência do estrangeiro no Brasil. Ex.: falsificação de passaporte ou de visto;

d10) **disputa por direitos indígenas** (art. 109, XI, da CF/1988)

Para que a Justiça Federal seja competente, deve haver ofensa à cultura indígena ou a direitos seus, como território (STF, RE 419528/PR, ***DJ*** 09-03-2007).

O crime praticado por/contra silvícola, isoladamente considerado, é da competência da justiça comum estadual (súmula 140 do STJ).

10.4.5. Competência em razão da pessoa (por prerrogativa de função ou foro privilegiado)

Para o legislador, certas pessoas, em razão do cargo ou função que ocupam, devem ser julgadas por uma instância superior (considerada mais isenta de possíveis influências políticas/econômicas). É o que se chama de competência por prerrogativa de função, foro privilegiado ou, ainda, competência em razão da pessoa.

Por outro lado, cessado o cargo/função/mandato, o indivíduo volta a ser processado normalmente pelas instâncias ordinárias. Possui *caráter itinerante* a competência *ratione personae* (dura enquanto durar o cargo/função/mandato). Ex.: imagine-se um crime cometido antes do exercício do cargo e cuja ação penal teve início perante o juiz singular. Quando o réu assumir o cargo que esteja amparado por foro por prerrogativa de função, os autos deverão ser remetidos ao Tribunal competente. Após a cessação do exercício do cargo, se ainda estiver em curso a ação penal, esta será remetida de volta ao juízo singular.

O rol de situações de foro por prerrogativa de função encontra-se principalmente na CF. Porém, é possível, em certos casos, desde que não haja afronta à Lei Maior, a fixação dessa modalidade de competência por meio de Constituição Estadual (será preciso observar um critério de simetria). Abaixo, examinaremos a competência *ratione personae* dos tribunais brasileiros.

a) Competência *ratione personae* do STF

I. **Nas infrações penais comuns compete ao STF processar e julgar** (art. 102, I, *b*, da CF/1988): o Presidente; o Vice-Presidente; os membros do Congresso Nacional (deputados e senadores); os Ministros do STF; e o PGR (Procurador-Geral da República);

II. **Nas infrações penais comuns e nos crimes de responsabilidade compete ao STF processar e julgar** (art. 102, I, *c*, da CF/1988): os membros dos Tribunais Superiores (STJ; TST; TSE; STM); os membros do TCU; os chefes de missão diplomática permanente; os Ministros de Estado; e os Comandantes das Forças Armadas. Note que, no caso destes dois últimos (Ministros de Estado e Comandantes das Forças Armadas), se praticarem crime de responsabilidade em conexão com o do Presidente da República ou com o Vice-Presidente, a competência será do Senado Federal (e não do STF) - *vide* art. 52, I, da CF/1988.

Com efeito, frise-se que, certas autoridades, embora não tenham sido mencionadas pelo art. 102, I, *c*, da CF/1988 (examinado anteriormente), terminaram, por força de lei federal (Lei 10.683/2003), sendo equiparadas a Ministros de Estado. São elas: o AGU; o Presidente do BACEN; o Chefe da Casa Civil; e o Controlador-Geral da União. Assim, essas autoridades, caso pratiquem infrações penais comuns ou crimes de responsabilidade, *também serão processadas e julgadas pelo STF*.

Noutro giro, destaque-se que crimes de responsabilidade são, na verdade, *infrações político-administrativas cujas penalidades costumam ser a perda do cargo ou a inabilitação temporária para o exercício de cargo ou função (previstos na Lei 1.079/1950)*. Ex.: ato do Presidente da República que atente contra a segurança interna do país;

b) Competência *ratione personae* do STJ

I. **Nos crimes comuns, o STJ tem competência *ratione personae* para processar e julgar** (art. 105, I, *a*, da CF/1988): os Governadores dos Estados e do Distrito Federal;

II. **Nos crimes comuns e de responsabilidade, o STJ tem competência *ratione personae* para processar e julgar:** os Desembargadores dos TJs e do TJDFT; membros dos TCEs e TCDF; membros dos TRFs, TREs e TRTs; membros dos Conselhos ou TCMs; e os do MPU que oficiem perante os Tribunais (Procuradores Regionais da República, por exemplo);

c) Competência *ratione personae* do TRF

Nos crimes comuns e de responsabilidade, o TRF tem competência *ratione personae* para processar e julgar (art. 108, I, *a*, da CF/1988): os juízes federais de sua área de jurisdição, incluindo aqueles da Justiça Militar e da Justiça do Trabalho; os membros do Ministério Público da União (inclusive os do MPDFT – conforme STJ, HC 67416 / DF, *DJ* 10/09/2007).

Há, contudo, exceção expressa quanto aos crimes eleitorais, ou seja, se uma das autoridades apontadas praticar crime eleitoral, a competência será da Justiça Eleitoral (e não do TRF).

No que tange aos crimes militares praticados por essas autoridades, o julgamento será perante o TRF por ausência de ressalva expressa da Constituição Federal;

d) Competência *ratione personae* do TJ

Nos crimes comuns e de responsabilidade, o TJ tem competência *ratione personae* para processar e julgar (art. 96, III, da CF/1988): os juízes estaduais e membros do MP dos Estados da sua esfera de jurisdição.

O **Prefeito**, por força do art. 29, X, da CF/1988, caso pratique crime comum, também deverá ser julgado pelo TJ. Agora, se praticar crime eleitoral ou federal, a competência passará, respectivamente, ao TRE e TRF (critério de simetria) – consultar súmula 702 do STF.

O **Deputado estadual**, em razão do art. 27, § 1º c/c art. 25 da CF/1988, caso pratique crime comum, também deverá ser julgado pelo TJ. Agora, se praticar crime eleitoral ou federal, a competência passará, respectivamente, ao TRE e TRF (critério de simetria).

10.4.6. Competência em razão do lugar (*ratione loci*)

Depois de verificar as regras de competência que levam em conta a natureza da infração e o eventual cargo que o agente ocupa, é momento de examinar a regra de fixação de competência que leva em conta o local em que o crime foi praticado (critério territorial).

a) **Lugar da infração (art. 70 do CPP)**

Em regra, adota-se a **teoria do resultado**, ou seja, o local da consumação do crime será aquele onde a infração deverá ser processada[64] [65].

Tratando-se de tentativa, será competente o local onde o último ato de execução foi praticado.

Por outro lado, se, iniciada a execução no território nacional, a infração se consumar fora dele, a competência será determinada pelo lugar em que tiver sido praticado, no Brasil, o último ato de execução (art. 70, § 1º, do CPP). Essa situação que acabamos de descrever é chamada pela doutrina de "crime à distância".

Ademais, quando o último ato de execução for praticado fora do território nacional, será competente o juiz do lugar em que o crime, embora parcialmente, tenha produzido ou devia produzir seu resultado (art. 70, § 2º, do CPP). Note o leitor que essa hipótese trata-se de situação inversa à descrita anteriormente (art. 70, § 1º). Aqui, o último ato de execução se deu fora do Brasil, e a consumação, total ou parcial, ocorreu em território nacional.

Porém, em certas situações, pode ser que o local da consumação do crime seja impossível de precisar. Nestes casos, fixa-se a competência por **prevenção.**

Prevenção significa que o 1º juiz que tomar conhecimento do fato irá se tornar competente (art. 83 do CPP). Conforme os arts. 70, § 2º, e 71, do CPP, fixa-se a competência por prevenção nas seguintes hipóteses:

I. Quando o crime ocorre na divisa entre duas comarcas ou for incerto o limite entre elas;

II. Em caso de crime continuado ou permanente praticado em território de duas ou mais "jurisdições" (comarcas, na verdade – o texto do CPP foi impreciso neste particular);

b) **Lugar do domicílio ou residência do réu (art. 72 do CPP)**

Trata-se de um critério subsidiário ao anterior. Não sendo conhecido o lugar da infração, será competente o foro do domicílio ou residência do réu. É oportuno, ainda, recordar os conceitos de domicílio e residência:

I. Domicílio deve ser entendido como o lugar onde a pessoa estabelece a sua residência com ânimo definitivo, ou, subsidiariamente, o local onde a pessoa exerce as suas ocupações habituais, o ponto central dos seus negócios;

II. Residência é aquele lugar onde a pessoa tem a sua morada, mas não há o ânimo definitivo.

Nessa situação (competência em razão do domicílio ou residência do réu), a competência será fixada pela prevenção se:

I. o réu tiver mais de uma residência;

II. não possuir residência certa;

III. for ignorado o seu paradeiro.

Atenção: em caso de ação penal exclusivamente privada, o querelante poderá optar entre propor a ação no local da consumação ou no domicílio do réu (art. 73 do CPP);

c) **Crimes praticados no exterior (art. 88 do CPP)**

Sendo o crime praticado no exterior, a competência será fixada de acordo com a última residência em território brasileiro, ou, caso nunca tenha residido aqui, na capital da República.

10.5. Competência absoluta *versus* competência relativa

Embora não haja na lei disposição expressa sobre o tema, a comunidade jurídica costuma dividir as espécies de competência em absoluta e relativa. Dessa distinção, importantes efeitos são extraídos. Vejamos.

a) **Competência absoluta**

I. A regra de competência absoluta é criada com base no interesse público;

II. É insuscetível de modificação pela vontade das partes ou do órgão julgador;

III. A incompetência absoluta é causa de nulidade absoluta, podendo ser arguida a qualquer tempo (inclusive de ofício pelo juiz), sendo que o prejuízo é presumido nesse caso;

IV. Exemplos de competência absoluta: *ratione personae*, *materiae* e competência funcional;

b) **Competência relativa**

I. As regras de competência relativa são criadas com base no interesse preponderante das partes;

II. Por ter natureza infraconstitucional, é possível sua flexibilização ou relativização, à luz do exame de determinada relação processual, bem como do interesse das partes. Exemplo disso é o que ocorre nas ações exclusivamente privadas, em que o querelante opta, no momento do oferecimento da queixa, pelo foro do lugar do crime ou o do domicílio/residência do querelado;

---

64. Atenção: no caso de IMPO, adota-se a teoria da atividade (e não do resultado), *i. e.*, a competência será fixada pelo local da ação ou omissão – *vide* art. 63 da Lei 9.099/1995.

65. Atenção: *competência territorial da Justiça Federal.* A regra é a aplicação da teoria do resultado, mas a Justiça Federal não possui capilaridade suficiente, ou seja, ainda não está plenamente interiorizada no país. Sendo assim, se a comarca onde ocorreu o resultado não for sede de JF, seguir-se-á o disposto no art. 109, § 3º, parte final, da CF/1988, delegando-se a competência à Justiça Comum Estadual, para o processamento da causa em 1º grau, sendo o eventual recurso endereçado ao TRF (art. 109, § 4º, da CF/1988). Há, porém, exceção no art. 70, parágrafo único, da Lei 11.343/2006 (Lei de Drogas), que determina que os crimes praticados nos Municípios que não sejam sede de vara federal serão processados e julgados na vara federal da circunscrição respectiva (e não na justiça comum estadual).

III. A incompetência relativa é causa de nulidade relativa. Logo, deve ser arguida pelas partes em momento oportuno (não pode o juiz de ofício fazê-lo), sendo que o prejuízo precisará ser demonstrado. Do contrário, haverá prorrogação[66] (modificação) da competência (*vide* STJ, CC 111241/SP, *DJ* 02/08/2010);

IV. Ex.: competência territorial.

10.6. Modificação da competência

É possível que em algumas situações seja necessária a modificação da competência visando à uniformidade dos julgados, à segurança jurídica e à economia processual.

Tais alterações não implicam ofensa ao princípio do juiz natural porque o órgão jurisdicional para o qual é modificada a competência preexiste à infração penal e não foi criado unicamente para julgá-la.

São exemplos de modificação da competência: a conexão, a continência e o instituto do desaforamento no Tribunal do Júri. Examinaremos agora a conexão e a continência.

10.6.1. Conexão (art. 76 do CPP)

É o nexo, o vínculo entre duas ou mais infrações que aconselha a junção dos processos, proporcionando ao julgador uma melhor visão sobre o caso. **A conexão pode ser classificada em:**

a) **Conexão intersubjetiva** *(art. 76, I, do CPP):* ocorre quando duas ou mais infrações interligadas forem praticadas por duas ou mais pessoas. É denominada intersubjetiva justamente pela sua pluralidade de criminosos, sendo subdividida em três modalidades:

a1) *conexão intersubjetiva por simultaneidade:* são "várias infrações, praticadas ao mesmo tempo, por várias pessoas reunidas". Nesse caso, o liame se apresenta pelo fato de terem sido praticadas nas mesmas circunstâncias de tempo e espaço, simultaneamente, mas sem anterior ajuste entre os infratores. Ex.: torcida que, sem prévia combinação, após o rebaixamento do time, destrói o estádio de futebol;

a2) *conexão intersubjetiva concursal:* caracteriza-se quando vários indivíduos, previamente ajustados, praticam diversas infrações, em circunstâncias distintas de tempo e de lugar. Ex.: ataques do PCC à cidade de São Paulo;

a3) *conexão intersubjetiva por reciprocidade:* quando forem cometidas duas ou mais infrações, por diversas pessoas, mas umas contra as outras. O vínculo é caracterizado pela pluralidade de infrações penais praticadas e pela reciprocidade na violação de bens jurídicos. Ex.: confronto agendado por duas ou mais pessoas em que todas acabam sofrendo e provocando lesões corporais reciprocamente;

b) **Conexão objetiva** (art. 76, II, do CPP): ocorre quando uma infração é praticada para facilitar ou ocultar outra, ou para conseguir impunidade ou vantagem. Aqui, há um vínculo relacionado à motivação do crime. Divide-se em:

b1) **teleológica:** quando uma infração é cometida para facilitar a prática de outra. Ex.: lesão corporal contra o pai de uma criança para sequestrá-la;

b2) **consequencial:** quando uma infração é cometida para conseguir a ocultação, impunidade ou vantagem de outra já praticada. Ex.: homicídio de testemunha para conseguir a impunidade de outro crime;

c) **Conexão probatória ou instrumental (art. 76, III, do CPP):** ocorre quando a prova de uma infração influi na prova de outra. Ex.: a prova da existência do furto influi na prova da receptação.

10.6.2. Continência

Ocorre quando uma causa está contida na outra, sendo impossível separá-las. Explicando melhor, a continência pode ser compreendida como o vínculo que liga uma pluralidade de infratores a apenas uma infração ou a reunião em decorrência do concurso formal de crimes, em que várias infrações decorrem de uma conduta. **A continência classifica-se em:**

a) **Continência por cumulação subjetiva** (art. 77, I, do CPP): ocorre quando duas ou mais pessoas estão sendo acusadas da mesma infração. Ex.: dois agentes sendo acusados de um roubo a banco;

b) **Continência por cumulação objetiva** (art. 77, II, do CPP): ocorre em todas as modalidades de concurso formal (art. 70 do CP), incluindo o *aberratio ictus* (art. 73, 2ª parte, do CP) e *aberratio criminis* (art. 74 do CP). Ex.: motorista dirigindo imprudentemente termina atropelando vários transeuntes.

10.6.3. Foro prevalente

Caracterizada a conexão ou a continência, impõe-se a definição de qual o foro competente, ou seja, aquele perante o qual haverá a reunião de processos.

---

66. Pacheco (2009, p. 329) define a prorrogação da competência como: *"a modificação na esfera de competência de um órgão jurisdicional, que seria abstratamente incompetente, mas se tornou concretamente competente com referência a determinado processo, em razão de um fato processual modificador"*.

As regras de prevalência estão estabelecidas no art. 78 do CPP. São elas:

a) **Concurso entre crime doloso contra a vida e crime de competência da jurisdição comum ou especializada** (art. 78, I)

Quando houver ligação entre crime doloso contra a vida e crime de competência da justiça comum a atração ocorrerá em favor do Tribunal do Júri. Em caso de IMPO[67], prevalecerá a competência do Júri, mas deverá ser aberta a oportunidade da transação penal e a composição civil ao indivíduo (art. 60, *in fine, da Lei* 9.099/1995).

Concorrendo crime doloso contra a vida e crime com processamento na justiça especializada (Eleitoral, Militar) impõe-se a separação dos processos. Ex.: homicídio e crime eleitoral. Haverá separação de processos. O Júri julgará o homicídio e a JE o crime eleitoral;

b) **No concurso de jurisdições da mesma categoria** (art. 78, II)

I. **Preponderará a do lugar da infração à qual for cominada a pena mais grave.**

Ex.: roubo consumado em São Paulo conexo com receptação cometida em Ribeirão Preto. Atração do foro de São Paulo, pois o roubo tem a pena em abstrato mais grave;

II. **Prevalecerá a do lugar em que houver ocorrido o maior número de infrações se as respectivas penas forem de igual gravidade.**

Ex.: furto em Belo Horizonte conexo com duas receptações em Governador Valadares. Competência do juízo de Governador Valadares, pois as infrações, isoladamente, possuem a mesma pena em abstrato (1 a 4 anos), mas o número de infrações foi maior em Governador Valadares;

III. **Firmar-se-á a competência pela prevenção, nos outros casos.**

Ex.: infrações de igual gravidade e quantidade;

c) **No concurso de jurisdições de diversas categorias, predominará a de maior graduação** (art. 78, III)

Quando acontecer de haver conexão ou continência entre delitos a serem processados em graus distintos, prevalecerá, em regra, a competência daquele de maior graduação. Ex.: Deputado Federal que comete crime em concurso com pessoa comum. Em regra, ambos serão julgados pelo STF em razão da continência por cumulação subjetiva (Súmula 704 do STF);

d) **No concurso entre a jurisdição comum e a especial, prevalecerá esta** (art. 78, IV)

Ex.: quando um crime eleitoral é conexo a crime comum haverá reunião dos processos e a competência para decidir a causa será da Justiça Eleitoral.

Atenção: a competência da Justiça Federal (justiça comum no âmbito da jurisdição penal) exerce o papel de justiça especial quando confrontada com a justiça comum estadual (competência residual). Sendo assim, havendo conexão entre um crime com ação penal perante a justiça estadual e outro na federal, esta última atrairá a competência para o julgamento dos processos (súmula 122 do STJ). Ex.: crime praticado a bordo de aeronave (JF) conexo com crime de competência da justiça estadual. Neste caso, a JF será competente para processar e julgar ambas as infrações. Exerce a JF, conforme dito, o papel de justiça especial diante da justiça estadual.

10.6.4. Separação de processos

Ainda que haja conexão ou continência, é possível que os processos tramitem separadamente.

a) **Separação obrigatória** (art. 79 do CPP)

Impõe-se a separação dos processos nos seguintes casos:

a1) **Concurso entre jurisdição comum e militar: por exemplo,** crime de roubo conexo com crime militar. Haverá separação – *vide* súmula 90 do STJ;

a2) **Concurso entre jurisdição comum e juízo de menores** (art. 228 da CF/1988, c/c art. 104 da Lei 8.069/1990 - ECA): não é possível reunir processos em que respondam um adulto, por infração penal, e um adolescente, por ato infracional. Haverá cisão;

a3) **Doença mental superveniente**: podemos citar como exemplo a situação em que três réus estão sendo processados e um deles passa a sofrer de insanidade mental. Haverá o desmembramento dos processos e o processo ficará suspenso quanto ao réu insano;

b) **Separação facultativa** (art. 80 do CPP)

Poderá ocorrer nas seguintes hipóteses:

b1) **quando as infrações forem praticadas em circunstância de tempo e lugar diferentes**: a depender do caso, pode ser conveniente a separação dos processos para uma melhor colheita probatória;

b2) **quando houver número excessivo de acusados**: o grande número de acusados pode acarretar sério prejuízo à duração do processo, pois deve ser dada a oportunidade às oitivas de todas as testemunhas, à apresentação de provas por todos eles, bem como às suas defesas técnicas e interrogatórios. Assim, o juiz, à luz do caso concreto, poderá proceder à separação dos processos;

b3) **quando surgir qualquer outro motivo relevante**: a lei aqui não é específica, deixando, portanto, ao prudente arbítrio do juiz a decisão a respeito da separação de processos. De todo modo, essa decisão deverá ser fundamentada.

10.7. Conflito de competência

Acontece quando dois ou mais juízes ou tribunais consideram-se competentes ou incompetentes para processar e julgar a causa.

67. Infração de menor potencial ofensivo – art. 61 da Lei 9.099/1995.

Nesse sentido, duas são as possibilidades que veremos a seguir.

10.7.1. Conflito positivo (art. 114, I, primeira parte, do CPP)

Ocorre quando dois ou mais órgãos jurisdicionais entendem ser competentes para processar e julgar a causa.

10.7.2. Conflito negativo (art. 114, I, segunda parte, do CPP)

Quando dois ou mais órgãos jurisdicionais julgam-se incompetentes para apreciar a causa.

10.7.3. Competência para decidir o conflito

Mais uma vez servimo-nos da CF, onde estão localizadas as competências para dirimir os conflitos nas diversas esferas.

Por opção didática, apresentamos abaixo as hipóteses por tribunal:

a) **STF (art. 102, I, *o*)** - possui competência para decidir os conflitos entre:
   I. STJ e quaisquer tribunais. Ex: STJ x TRF;
   II. Tribunais superiores. Ex: STJ x TSE;
   III. Tribunais superiores e qualquer outro tribunal. Ex: TSE x TJ;

b) **STJ (105, I, *d*)** - decide conflitos entre:
   I. Quaisquer tribunais, exceto os superiores. Ex: TRF x TJ;
   II. Tribunal e juízes não vinculados. Ex: TRF 1ª Região x juiz federal do TRF 5ª Região;
   III. juízes vinculados a tribunais distintos. Ex: juiz federal x juiz estadual;

c) **TRF (art. 108, I, *e*)** - decide conflitos entre juízes federais vinculados ao próprio tribunal;

d) **TJ** – pelo critério da simetria, compete-lhe julgar conflito de competência entre juízes estaduais a ele vinculados, abrangendo os magistrados da vara comum, dos juizados criminais, das turmas recursais etc. Ver os seguintes julgados a respeito: STF, RE 590409/RJ, *DJ* 29/10/2009; STJ EDcl no AgRg no CC 105796/RJ, *DJ* 30/09/2010.

10.8. Conflito de atribuições no MP

Acontece entre autoridades que não possuem poder jurisdicional, ou seja, emana do "exercício da atividade administrativo-persecutória" (NICOLITT, 2010, p. 220). A situação pode ocorrer da seguinte forma: dois ou mais membros do MP, no exercício das suas funções, divergem quanto à atribuição para oferecer a denúncia, seja por causa da matéria, seja pelo regramento interno do MP (distribuição das atribuições entre seus membros).

Não é, portanto, um conflito de natureza jurisdicional, mas sim administrativa. No entanto, a definição poderá vir de órgão administrativo ou jurisdicional, a depender da natureza do conflito e das autoridades envolvidas, como veremos a seguir.

a) **Conflito entre membros do mesmo MP**
   I. MP estadual. A solução cabe ao PGJ (art. 10, X, da Lei 8.625/1993). Ex: divergência entre dois promotores do MP/SP será decidia pelo PGJ do MP/SP;
   II. MPF. Caberá às Câmaras de Coordenação e Revisão (art. 62, VII, da LC 75/1993);

b) **Conflito entre órgãos de MP's distintos**

Compete a solução ao STF. No julgamento da Pet 3528/BA, *DJ* 03/03/2006, o STF reconheceu a própria competência para decidir o conflito de atribuições entre membros de MP estadual e MPF, com fulcro no art. 102, I, *f*, da CF/1988. Entendeu a Suprema Corte que a questão deve ser entendida como conflito entre entes federativos (União x Estado ou Estado x Estado) e, por tal razão, é sua a competência para dirimi-lo.

10.9. Colegiado em primeiro grau de jurisdição (Lei 12.694/2012)

10.9.1. Compreendendo o tema

Quando um juiz singular tiver fundado motivo para temer por sua **integridade física** em virtude da atuação que vem desempenhando em **processo ou investigação** que examine crime(s) praticado(s) por **organização criminosa**, pode aquele magistrado instaurar um colegiado de juízes em primeiro grau a fim de praticar atos jurisdicionais de forma conjunta. A medida (instituição de colegiado em 1º grau) visa, portanto, retirar do juiz singular a responsabilidade exclusiva (despersonalização) por atos jurisdicionais que venha a praticar no curso de perseguição penal de crime(s) praticado(s) por organização criminosa.

Vejamos, a seguir, alguns pontos fundamentais sobre o tema.

a) Definição de organização criminosa

A Lei 12.694/2012 conceituou organização criminosa pela primeira vez em nosso ordenamento. Sucede que foi publicada a Lei 12.850/2013, que regula integralmente a definição e aspectos penais e processuais inerentes às organizações criminosas, revogando o dispositivo anterior. Nesse sentido, o art. 1º, § 1º, da Lei 12.850/2013 conceitua organização criminosa como "*a associação de 4 (quatro) ou mais pessoas estruturalmente ordenada e caracterizada pela divisão de tarefas, ainda que informalmente, com objetivo de obter, direta ou indiretamente, vantagem de qualquer natureza, mediante a prática de infrações penais cujas penas máximas sejam superiores a 4 (quatro) anos, ou que sejam de caráter transnacional*".

b) Iniciativa

Conforme visto antes, a iniciativa para a formação do colegiado em 1º grau de jurisdição será do juiz singular, devendo este indicar "os motivos e as circunstâncias que acarretam risco à sua integridade física em decisão fundamentada, da qual será dado conhecimento ao órgão correicional" (art. 1º, § 1º, da Lei 12.694/2012).

c) Condições

I. Existência de processo criminal ou mesmo de investigação a respeito de crime (excluídas as contravenções) imputado à organização criminosa.

II. Crimes com pena máxima superior a 4 anos. Aqui deverão ser levadas em conta as normas que resultem em redução ou majoração da pena, **excetuadas** as circunstâncias agravantes e as atenuantes.

III. Existência de razões concretas que apontem para risco à incolumidade física do magistrado. O mero receio não será suficiente para a aplicação da medida.

d) Momento

Poderá o colegiado ser formado na fase de investigação (tendo aqui natureza preparatória), ou na fase processual, quando assumirá natureza incidental.

e) Indicação do ato (ou atos) a ser praticado

O juiz singular indicará qual ato (ou atos) que deverá ser praticado pelo colegiado. Embora a lei determine que o juiz deva indicar o ato (ou atos) a ser praticado, não há limite de atos aqui, podendo, portanto, o magistrado indicar quantos atos entender necessários.

O rol, de natureza exemplificativa, está indicado no art. 1º, I a VII, da Lei em comento.

I. decretação de prisão ou de medidas assecuratórias;

II. concessão de liberdade provisória ou revogação de prisão;

III. sentença;

IV. progressão ou regressão de regime de cumprimento de pena;

V. concessão de liberdade condicional;

VI. transferência de preso para estabelecimento prisional de segurança máxima; e

VII. inclusão do preso no regime disciplinar diferenciado.

f) Composição

O colegiado será formado por 3 (três) juízes de primeiro grau. Um deles necessariamente será o juiz natural da causa, aquele que decidiu pela instituição do colegiado. Os demais serão definidos por sorteio eletrônico dentre todos os juízes de primeiro grau com competência criminal. Caso os juízes sorteados se encontrem em cidades diversas, "a reunião poderá ser feita pela via eletrônica" – art. 1º, § 5º. Estão excluídos da composição do colegiado os magistrados afastados das suas funções, os impedidos e os suspeitos.

g) Comunicação

Após a decisão pela formação do órgão colegiado, o juiz deverá comunicar diretamente à corregedoria do tribunal ao qual estiver vinculado para a adoção das providências necessárias ao sorteio, bem como para fins de registro e controle administrativo.

h) Prazo

A sua duração dependerá da decisão que o instituiu, pois a competência do colegiado está limitada ao(s) ato(s) para o(s) qual(is) foi convocado. Havendo convocação para todo o processo, a sua atuação se dará até o exaurimento de todos os atos jurisdicionais de primeiro grau. Caso seja fracionada, a sua duração estará adstrita à prática do ato.

i) Decisões

As decisões deverão ser fundamentadas e assinadas por todos os membros do colegiado, **sem exceção.** As decisões serão tomadas com base na maioria dos votos, mas não haverá menção à divergência. O objetivo da medida é preservar os juízes com a desconcentração da responsabilidade pela atuação jurisdicional.

j) Sigilo das reuniões

"As reuniões poderão ser sigilosas sempre que houver risco de que a publicidade resulte em prejuízo à eficácia da decisão judicial" – art. 1º, § 4º, da Lei em comento.

Note-se que, para que seja justificado o sigilo, será necessário demonstrar que a publicidade pode concretamente afetar a eficácia da decisão judicial. Por esse motivo é que devem ser observados alguns requisitos, cumulativos, para a decretação do sigilo, a saber:

I. Decisão fundamentada com indicação da extensão da medida

II. Indicação do risco de ineficácia da medida, condicionando o seu êxito ao sigilo prévio;

III. Acesso irrestrito do defensor público ou do advogado aos autos, inclusive aos documentos e atas produzidos durante os atos sigilosos.

10.9.2. Críticas

Há severas críticas ao instituto do colegiado em primeiro grau, notadamente em relação a dois aspectos: violação ao princípio do juiz natural; vedação à menção do voto divergente.

Em relação à violação do juiz natural, é possível sustentar a inconstitucionalidade do dispositivo porque a formação do colegiado se dá em momento posterior à prática do fato.

Nessa linha de entendimento, estaríamos diante de órgão assemelhado a um tribunal/juiz de exceção.

Por outro lado, podemos defender a interpretação conforme a Constituição a partir da estrita obediência a regramentos claros e prévios ao fato delituoso, quais sejam: permanência do juiz natural como membro do colegiado; decisão motivada em risco concreto à integridade física do juiz natural; e o sorteio eletrônico de dois juízes de primeiro grau com competência criminal. O STF já se manifestou em sentido parecido na ADI 4.414, **Info** 667 (organização criminosa e vara especializada).

No que tange à vedação de menção a voto divergente, vislumbra-se 3 (três) possibilidades.

A primeira linha de argumentação parte da inconstitucionalidade plena do dispositivo em razão da ausência de publicidade dos fundamentos do voto divergente (art. 93, IX, da CF/1988). Importante dizer também que, com base nos fundamentos do voto divergente, o recurso da parte poderia ser melhor estruturado nos casos de condenação. Restaria, em última análise, certa restrição ao direito de recorrer.

O segundo aspecto diz respeito a um temperamento da crítica acima. Seria preservada a identidade do juiz que divergiu, mas o conteúdo do seu voto deveria ser publicizado pelas razões já expostas.

Por fim, uma terceira via segue o entendimento de que não se impõe a divulgação de voto divergente na sentença porque "*a divulgação do voto divergente retiraria a eficácia do objetivo da lei que é a de diluir a responsabilidade, atribuindo-a conjuntamente a três membros. (...) o conhecimento do voto divergente não ampliaria para o acusado o seu direito de recorrer, pois não cabem contra as decisões do juízo de primeiro grau embargos de divergência ou de nulidade*" (TÁVORA; ALENCAR. 2013. p. 275).

11. Questões e processos incidentes

11.1. Compreendendo o tema

Por vezes, surgem incidentes no curso do processo penal que, embora acessórios, afiguram-se relevantes para o deslinde da causa, devendo ser resolvidos antes da sentença final. Tais incidentes são classificados pelo CPP como: **questões prejudiciais** e **processos incidentes.**

11.2. Questões prejudiciais (arts. 92 a 94 do CPP)

11.2.1. Conceito

São as questões relacionadas ao direito material, penal ou extrapenal, mas que possuem ligação com o mérito da causa penal, motivo pelo qual se impõe a sua solução antes do julgamento do processo criminal. Ex.: Fulano está sendo processado pelo crime de bigamia e alega em sua defesa, entre outros aspectos, a invalidade do 1º casamento.

Da situação anteriormente indicada, identificamos como questão prejudicial a nulidade do 1º casamento, que tem natureza cível (extrapenal), e como questão prejudicada, ou seja, a que está condicionada à solução da prejudicial, o crime de bigamia. Se o casamento for nulo, não há que se falar em bigamia.

11.2.2. Classificação das questões prejudiciais

a) **Quanto à matéria acerca da qual versam**

a1) **Homogêneas**: *quando a questão prejudicial versa sobre matéria do mesmo ramo do Direito da questão principal.* Ex.: furto em relação à receptação, pois esta última pressupõe a procedência criminosa do bem;

a2) **Heterogêneas**: *quando pertencem a outro ramo do Direito que não o da questão principal.* Ex.: validade do casamento (cível) em relação ao crime de bigamia (penal).

Por sua vez, questões prejudiciais heterogêneas *quanto à necessidade do juiz penal suspender ou não o curso do processo criminal*, subdividem-se em: 373

I. **Heterogêneas obrigatórias (necessárias ou devolutivas absolutas)**: o processo criminal será obrigatoriamente suspenso pelo juiz penal até que a questão prejudicial seja resolvida pelo juiz cível. Ocorre quando há questão prejudicial sobre o estado civil das pessoas (art. 92 do CPP). Ex.: validade do 1º casamento (estado civil) e bigamia.

Atenção: nessa hipótese, não há prazo determinado para a suspensão (provas urgentes poderão ser produzidas, no entanto); sendo que o prazo prescricional ficará suspenso, por força do disposto no art. 116, I, do CP;

II. **Heterogêneas facultativas (devolutivas relativas)**: essa espécie está consubstanciada no art. 93 do CPP. Nesse caso, embora haja uma questão prejudicial a ser resolvida no cível, o juiz penal não está obrigado a suspender o curso do processo criminal. Caso não o suspenda, o próprio juiz, na sentença, decidirá a prejudicial, que não terá efeito *erga omnes*. Ex.: crime de furto e discussão da propriedade do bem no juízo cível.

Atenção: a questão prejudicial não pode versar sobre o estado das pessoas, pois, se for este o caso, haverá suspensão obrigatória (art. 92 do CPP). Para que seja possível a suspensão, é preciso que já haja ação cível em andamento (conforme redação do referido dispositivo).

11.2.3. Considerações sobre o procedimento

Como já visto, seja a questão prejudicial obrigatória ou facultativa, a suspensão do processo criminal poderá ser determinada de ofício pelo juiz ou via requerimento das partes, nos termos do art. 94 do CPP, que preconiza: "a suspensão do curso da ação penal, nos casos dos artigos anteriores, será decretada pelo juiz, de ofício ou a requerimento das partes".

Dessa decisão que determina a suspensão do processo criminal cabe recurso em sentido estrito (RESE), cuja previsão consta do art. 581, XVI, do CPP. No sentido contrário, ou seja, da decisão que indefere a suspensão, não há previsão de recurso.

É importante dizer, ainda, que uma vez suspenso o processo, e tratando-se de crime de ação penal pública, incumbirá ao Ministério Público intervir imediatamente na causa cível para o fim de promover-lhe o rápido andamento, na forma prescrita pelo art. 93, § 3º, do CPP.

11.2.4. Distinção entre questões prejudiciais e questões preliminares

Nesse momento, após vislumbrarmos os aspectos inerentes às questões prejudiciais, compete elucidar os traços diferenciais entre estas e as questões preliminares.

Pudemos compreender que as questões prejudiciais estão intimamente relacionadas ao mérito da causa e por tal razão devem ter a sua solução anterior à decisão definitiva.

Já as questões preliminares incidem diretamente sobre o processo e o seu desenvolvimento regular (NUCCI, 2008, p. 322). Não se confundem ou se relacionam, portanto, com o mérito. Tal solução pode se dar nos autos da própria ação penal, como ocorre, por exemplo, com a alegação de nulidade formulada nos memoriais/alegações finais orais, ou por meio de processos incidentes, como veremos a seguir, de forma mais detalhada.

11.3. Processos incidentes

Assim como as questões prejudiciais, os processos incidentes também precisam ser resolvidos pelo juiz antes de decidir a causa principal. Enquanto as prejudiciais ligam-se ao mérito da questão principal, os processos incidentes dizem respeito ao processo (à sua regularidade formal), podendo ser solucionados pelo próprio juiz criminal.

11.3.1. Exceções (art. 95 do CPP)

Trata-se de meio de defesa indireta, de natureza processual, que versa sobre a ausência das condições da ação ou dos pressupostos processuais. Subdividem-se em **exceções peremptórias**, *aquelas que objetivam a extinção do processo* (ex.: exceção de coisa julgada); e **exceções dilatórias,** *aquelas que objetivam apenas prolongar o curso do processo* (ex.: exceção de incompetência).

As exceções são processadas em apartado e, em regra, não suspendem o curso da ação penal (art. 111 do CPP). Examinemos as modalidades de exceções:

a) **Exceção de suspeição** (arts. 96 a 107 do CPP): visa a combater a parcialidade do juiz. Precede às outras exceções, pois, antes de qualquer coisa, é preciso haver um juiz imparcial.

a1) **Hipóteses de suspeição do magistrado** (art. 254 do CPP): considera-se suspeito o juiz quando:

I. for amigo íntimo ou inimigo capital de qualquer das partes;

II. ele, seu cônjuge, ascendente ou descendente, estiver respondendo a processo por fato análogo, sobre cujo caráter criminoso haja controvérsia;

III. ele, seu cônjuge, ou parente, consanguíneo, ou afim, até o terceiro grau, inclusive, sustentar demanda ou responder a processo que tenha de ser julgado por qualquer das partes;

IV. tiver aconselhado qualquer das partes;

V. for credor ou devedor, tutor ou curador, de qualquer das partes;

V. se for sócio, acionista ou administrador de sociedade interessada no processo.

a2) **Aspectos procedimentais da exceção de suspeição**

O juiz poderá reconhecer a sua suspeição, de ofício, ou mediante requerimento das partes. Caso o magistrado a reconheça de ofício, remeterá os autos ao seu substituto legal, após intimação das partes.

Se apresentada por meio de exceção, o juiz, reconhecendo a suspeição, sustará a marcha do processo e mandará juntar aos autos a petição do recusante com os documentos que a instruíram, e, por despacho, declarar-se-á suspeito, ordenando a remessa dos autos ao substituto (*vide* arts. 97 e 99 do CPP).

Não reconhecendo o juiz a suspeição, mandará autuar em apartado a petição, irá respondê-la em até 3 dias e remeterá os autos, em 24h, ao órgão competente para julgamento da exceção (art. 100 do CPP).

Se o tribunal julgar procedente a suspeição, serão declarados nulos todos os atos praticados pelo juiz (art. 101 do CPP).

Além da suspeição do magistrado, as partes poderão também arguir a suspeição do membro do MP, do perito, do intérprete, dos demais funcionários da Justiça e dos jurados (arts. 105 e 106 do CPP).

Recorde-se que não se pode opor suspeição às autoridades policiais nos atos do inquérito, embora estas devam declarar-se suspeitas quando houver motivo legal.

No que tange ao membro do MP, rememore-se que, de acordo com a súmula 234 do STJ: "a participação de membro do Ministério Público na fase investigatória criminal não acarreta o seu impedimento ou suspeição para o oferecimento da denúncia".

Da decisão que reconhecer a suspeição inexiste recurso. Nesse caso, a doutrina entende que o meio de impugnação cabível é o *habeas corpus;*

b) Exceção de incompetência (arts. 108 e 109 do CPP): visa a corrigir a competência do juiz.

Com relação a essa modalidade de exceção, é preciso que as partes estejam atentas à natureza da competência, se absoluta ou relativa, pois, em se tratando desta última (relativa), caso não arguida oportunamente pela parte interessada, poderá ocorrer a preclusão. Assim, quando se tratar de incompetência territorial, cuja natureza é relativa, a exceção deve ser oposta no prazo de resposta à acusação, sob pena de convalidação.

Tratando-se de incompetência em razão da matéria, por prerrogativa de função ou funcional, todas de natureza absoluta, poderão ser arguidas a qualquer tempo, inclusive reconhecidas de ofício pelo juiz. Assim, não precisam ser arguidas por meio da exceção em comento.

Caso se trate de exceção de incompetência *relativa*, julgada procedente a exceção, serão anulados os atos decisórios, aproveitando-se os instrutórios.

Caso se trate de exceção de incompetência *absoluta*, julgada procedente a exceção, serão anulados todos os atos (decisórios e instrutórios). O processo será, pois, anulado *ab initio.*

Da decisão que acolhe essa exceção, cabe RESE (art. 581, II, do CPP);

c) Exceção de ilegitimidade de parte (art. 110 do CPP)

Abrange tanto a ilegitimidade *ad causam*, que é a titularidade para figurar nos polos ativo e passivo da causa, como a ilegitimidade *ad processum*, que é a capacidade para a prática de atos processuais.

Exemplo de ilegitimidade *ad causam*: MP que oferece denúncia em crime de ação privada. Como se sabe, a titularidade aqui é do ofendido e não do MP.

Exemplo de ilegitimidade *ad processum*: vítima menor que, desejando ingressar com queixa-crime, outorga procuração a advogado para o cumprimento dessa finalidade. A vítima menor não possui legitimidade *ad processum* porque lhe falta capacidade para a prática de atos processuais.

Por se tratar de matéria de ordem pública, a ilegitimidade de parte (*ad causam* ou *ad processum*) pode ser arguida a qualquer momento, pelas partes, ou reconhecida, de ofício, pelo juiz.

Da decisão que acolhe essa exceção, cabe RESE (art. 581, III, do CPP).

d) Exceção de litispendência (art. 110 do CPP)

Ocorre quando há duas ou mais ações em andamento com a mesma causa de pedir (fato-crime) e o mesmo réu.

Sendo matéria de ordem pública, pode ser arguida a qualquer tempo pelas partes ou reconhecida de ofício, pelo juiz.

Da decisão que acolhe essa exceção, cabe RESE (art. 581, III, do CPP);

e) Exceção de coisa julgada (exceptio rei judicatae - art. 110 do CPP)

Ocorre quando, proposta uma ação penal, já existir outra ação idêntica definitivamente julgada. Decorre da premissa de que ninguém pode ser julgado duas vezes pelo mesmo fato-crime.

Não confundir a exceção de coisa julgada com a exceção de litispendência. Nesta última, as ações idênticas *encontram-se em curso.* Naquela outra, uma das ações idênticas já foi julgada em definitivo.

Destaque-se que o manejo da exceção de coisa julgada refere-se à coisa julgada material (aquela que impede que qualquer outro juízo ou tribunal examine a causa já decidida) e não à coisa julgada formal (aquela que impede que o juízo da causa reexamine a decisão). É que, como cediço, neste último caso (CJ formal), o efeito de imutabilidade ocorre apenas dentro do próprio processo, sendo que, preenchidos os requisitos faltantes, será sim possível a repropositura da ação. Ex.: decisão de impronúncia. Preenchidos os requisitos e desde que não prescrito o crime, será possível apresentar novamente a ação penal.

Da decisão que acolhe essa exceção, cabe RESE (art. 581, III, do CPP).

11.3.2. Restituição de coisas apreendidas (arts. 118 a 124 do CPP)

Em regra, os objetos apreendidos em decorrência do crime praticado, não sendo ilícitos e não havendo dúvidas quanto àquele que os reclama, serão devolvidos à pessoa pelo delegado ou pelo juiz, por meio de simples pedido de restituição.

Porém, se tais objetos importarem ao processo, não poderão ser restituídos até o trânsito em julgado da sentença (art. 118 do CPP). Ex.: o veículo furtado no qual foi encontrada a vítima do homicídio não poderá ser devolvido ao legítimo proprietário enquanto não for periciado.

Há coisas, entretanto, que mesmo com o trânsito em julgado não serão restituídas (art. 91, II, do CP). Ex.: o instrumento cujo uso é proibido. A arma pertencente ao exército – de uso proibido pelo civil – empregada na prática do crime não retornará ao réu, ainda que ele seja absolvido. A exceção desse confisco se dá em relação ao direito do lesado ou do terceiro de boa-fé, ou seja, se, na mesma situação, a arma proibida pertencia a um colecionador, essa será restituída a ele.

Com efeito, o *incidente de restituição* deverá ser instaurado toda vez que houver dúvida a respeito do direito do reclamante sobre a coisa.

a) Aspectos procedimentais do incidente de restituição de coisas apreendidas

A instauração do incidente será feita pelo juiz, de ofício, ou por meio de provocação do delegado ou do interessado, nos seguintes casos:

I. Dúvida quanto ao direito do reclamante sobre a coisa (art. 120, § 1º, do CPP);

II. Quando os bens reclamados tiverem sido apreendidos com terceiro de boa-fé (art. 120, § 2º, do CPP). Ex.: vítima do bem furtado e terceiro de boa-fé que estava investido na posse do bem no momento da apreensão. Nesse caso, o reclamante e o terceiro de boa-fé serão chamados para fazer prova do seu direito. Persistindo a dúvida sobre qual o verdadeiro dono do bem, o juiz remeterá as partes para o juízo cível, ordenando o depósito;

b) **Recurso**

Conforme o art. 593, II, do CPP, cabe apelação da decisão que defere ou indefere a restituição de coisas apreendidas. Esse entendimento decorre da natureza da decisão que resolve o incidente. Como será visto no item sobre decisões judiciais, o ato judicial que soluciona o processo incidente tem natureza de decisão definitiva ou com força de definitiva. Nesse sentido, ver STJ, RMS 33274/SP, *DJ* 04/04/2011.

11.3.3. Medidas assecuratórias (arts. 125 a 144 do CPP)

São aquelas que visam a assegurar, de forma preventiva, a reparação dos danos à vítima e à coletividade em caso de futura sentença penal condenatória. Possuem, portanto, natureza acautelatória. Dividem-se em: sequestro, hipoteca legal, arresto e alienação antecipada.

a) **Sequestro:** conforme Nucci (2006, p. 324): "*é medida assecuratória consistente em reter os bens imóveis e móveis do indiciado ou acusado, ainda que em poder de terceiros, quando adquiridos com o proveito da infração penal*". Ex.: imóvel adquirido pelo réu com valor proveniente do desvio de verba pública.

Examinemos abaixo algumas de suas características mais marcantes:

a1) **Requisito para a realização do sequestro:** indícios veementes da proveniência ilícita dos bens – art. 126;

a2) **Momento:** o sequestro poderá ser realizado no curso do processo, da investigação criminal (IP, por exemplo), ou até antes da fase investigativa – art. 127;

a3) **Quem determina?** O juiz, de ofício, ou a pedido do MP, do delegado, do ofendido ou de seus herdeiros – art. 127. Acrescente-se que o sequestro é medida deferida ***inaudita altera pars***, i. e., a constrição do bem se dá independentemente de oitiva da pessoa cujo bem será atingido;

a4) **Peça defensiva:** realizado o sequestro, admitem-se embargos (peça defensiva) opostos por terceiro (ex.: pessoa que adquiriu o imóvel de boa-fé) ou pelo próprio réu (ex.: o bem foi, na verdade, adquirido de forma lícita) – arts. 129 e 130;

a5) **Levantamento do sequestro**: significa *a perda da eficácia da medida* (do sequestro). Vejamos as hipóteses. Ocorrerá o levantamento quando (art. 131):

I. a ação penal não for intentada no prazo de 60 dias, contado da data da conclusão da diligência;

II. terceiro, a quem tiverem sido transferidos os bens, prestar caução;

III. ocorrer a absolvição definitiva do réu ou a extinção da punibilidade deste (também definitiva);

IV. os embargos (vistos anteriormente) forem julgados procedentes;

a6) **Destinação final do bem em caso de sentença condenatória definitiva**: avaliação do bem e a venda deste em leilão público. Os valores decorrentes desse leilão serão recolhidos ao Tesouro Nacional, excetuada a parte correspondente ao ofendido ou ao terceiro de boa-fé;

b) **Hipoteca legal** (art. 134 do CPP)**:** *recai sobre os bens imóveis de origem **lícita** do réu.* Visa a assegurar que o réu tenha patrimônio suficiente para ressarcir os danos experimentados pela vítima.

Examinemos abaixo algumas de suas **características mais marcantes:**

b1) **Requisitos para a efetivação da hipoteca legal:** certeza da infração (leia-se: prova da materialidade do fato imputado) e indícios suficientes de autoria – art. 134;

b2) **Momento:** sua decretação só é cabível durante o curso do processo, apesar da redação do art. 134 do CPP, utilizar a expressão "indiciado" em seu bojo. A redação deste dispositivo é considerada equivocada pela majoritária doutrina;

b3) **Quem pode requerê-la?** Ofendido, seus herdeiros, ou o MP (quando o ofendido for pobre ou quando houver interesse da Fazenda Pública – sonegação fiscal, por exemplo) - *vide* arts. 134 e 142 do CPP. Não pode o juiz decretá-la de ofício;

b4) **Da decisão que defere ou indefere hipoteca legal**, cabe apelação art. 593, II, do CPP;

b5) **Em caso de absolvição definitiva ou de extinção da punibilidade definitiva**, a hipoteca será cancelada – art. 141 do CPP;

b6) **Em caso de condenação definitiva**, a vítima poderá executar no cível a hipoteca;

c) **Arresto prévio ou preventivo** (art. 136 do CPP)

c1) **Entendendo o tema:** o processo de especialização de bens em hipoteca legal (tema visto anteriormente) é um procedimento demorado. Pois bem, "percebendo qualquer dos legitimados para a hipoteca que há possibilidade premente de o réu desfazer-se de seu patrimônio [transferência de bens a 3º, p. ex], poderá promover, perante o juízo criminal em que tramita o processo penal contra o acusado, o pedido de **arresto preventivo**, demonstrando ao magistrado o *periculum in mora*" (AVENA, 2010, p. 439) (Incluiu-se).

Presentes os pressupostos legais dessa medida cautelar, poderá o juiz penal, de plano, determinar o arresto preventivo dos bens do réu, "medida esta que, inscrita no registro imobiliário, torna insuscetíveis de alienação os bens que constituem o seu objeto" (*op. cit.*, 2010, p. 439);

c2) **Revogação do arresto preventivo:** se, em 15 dias a partir da efetivação do arresto preventivo, não for promovido o processo de hipoteca legal dos bens constritos, haverá a revogação da medida (art. 136, parte final, do CPP);

d) **Arresto** (arts. 137 a 144 do CPP): *é uma medida semelhante à hipoteca legal, recaindo, porém, sobre* ***bens móveis*** *lícitos do agente*. Esta medida não deve ser confundida com o arresto preventivo (visto anteriormente). Podem ser objeto de arresto apenas os bens passíveis de penhora. O rol desses bens é residual, ou seja, parte-se da exclusão dos bens impenhoráveis, contidos no art. 649 do CPC, e na Lei 8.009/1990. Excluídos os bens impenhoráveis ali enumerados, todos os demais estão sujeitos ao arresto.

Maiores considerações sobre o arresto do art. 137 do CPP, são dispensadas, pois, no que diz respeito ao momento processual de requerimento, aos requisitos, à legitimidade para requerer, ao recurso cabível e ao seu levantamento, aplicam-se as mesmas disposições inerentes à hipoteca legal.

e) **Alienação antecipada** (art. 144-A do CPP): trata-se de medida destinada à preservação do valor de bens, móveis ou imóveis, que estejam sujeitos a depreciação ou deterioração, ou que tenham dificuldade de manutenção. Eis o procedimento a ser adotado nas hipóteses indicadas:

e1) os bens deverão ser vendidos pelo valor fixado na avaliação judicial ou por valor maior. Não alcançado o valor estipulado pela administração judicial, será realizado novo leilão, em até 10 (dez) dias contados da realização do primeiro, podendo os bens ser alienados por valor não inferior a 80% (oitenta por cento) do estipulado na avaliação judicial;

e2) o produto da alienação ficará depositado em conta vinculada ao juízo até a decisão final do processo, procedendo-se à sua conversão em renda para a União, Estado ou Distrito Federal, no caso de condenação, ou, no caso de absolvição, à sua devolução ao acusado;

e3) quando a indisponibilidade recair sobre dinheiro, inclusive moeda estrangeira, títulos, valores mobiliários ou cheques emitidos como ordem de pagamento, o juízo determinará a conversão do numerário apreendido em moeda nacional corrente e o depósito das correspondentes quantias em conta judicial;

e4) no caso da alienação de veículos, embarcações ou aeronaves, o juiz ordenará à autoridade de trânsito ou ao equivalente órgão de registro e controle a expedição de certificado de registro e licenciamento em favor do arrematante, ficando este livre do pagamento de multas, encargos e tributos anteriores, sem prejuízo de execução fiscal em relação ao antigo proprietário;

e5) o valor dos títulos da dívida pública, das ações das sociedades e dos títulos de crédito negociáveis em bolsa será o da cotação oficial do dia, provada por certidão ou publicação no órgão oficial.

11.3.4. Incidente de falsidade documental (arts. 145 a 148 do CPP)

visa a impugnar documento tido como inidôneo. A noção de documento, para efeito do incidente aqui tratado, é bastante ampla. Dessa forma, a gravação de áudio, vídeo etc. é considerada como documento para fins desse incidente.

a) **Momento de instauração desse incidente:** somente no curso do processo;

b) **Quem pode instaurá-lo? Juiz** (de ofício ou a pedido do MP, querelante ou acusado). O advogado, neste caso, precisará de procuração com poderes especiais para essa finalidade, visto que a imputação de falsidade de documento acostado aos autos importa, em regra, atribuição de prática delituosa (*vide* art. 146). Assim, o advogado para atuar numa hipótese dessas precisa estar "blindado" pela procuração por poderes especiais. Havendo crime de denunciação caluniosa pelo requerente, será este que responderá pelo crime e não o advogado;

c) **Recurso:** da decisão que julgar o incidente procedente ou improcedente, cabe RESE (art. 581, XVIII, do CPP);

d) A decisão sobre o incidente não faz coisa julgada em posterior processo civil ou criminal – art. 148 do CPP. Não haverá vinculação, portanto, de posterior processo civil ou criminal sobre o fato.

11.3.5. Incidente de insanidade mental (arts. 149 a 154 do CPP)

Trata-se de incidente que visa a averiguar a higidez mental do réu/indiciado.

a) **Momento:** qualquer fase do processo ou do inquérito. Se realizado no curso do processo, provocará a suspensão deste. Porém, poderão ser realizadas diligências que possam ser prejudicadas pelo sobrestamento. Ex.: o depoimento de uma testemunha com enfermidade grave (risco de óbito). Anote-se, ainda, que, mesmo suspenso o processo, o prazo prescricional não se suspenderá;

b) **Quem pode instaurá-lo?** O juiz (de ofício, ou a requerimento do MP, do delegado, do curador[68], do defensor ou do CCADI do acusado);

c) **Requisito fundamental:** deve haver dúvida razoável sobre a sanidade mental do acusado/indiciado;

d) **Necessidade de nomeação de curador uma vez instaurado o incidente;**

68. Curador é qualquer pessoa maior de 18 anos que esteja na plenitude de suas faculdades mentais.

e) **Perícia:** no âmbito da perícia de insanidade mental, será fundamental determinar se o réu era, ao tempo do crime, de fato, inimputável (art. 26 do CP). Constatada a inimputabilidade, o processo seguirá com a presença do curador, podendo, inclusive, resultar na absolvição imprópria do acusado (aquela que absolve o réu, porém aplica-lhe medida de segurança).

Por outro lado, se os peritos entenderem que a inimputabilidade se deu depois da prática da infração, o processo continuará suspenso até que o acusado se restabeleça - art. 149, § 2º, do CPP. É o que se chama de inimputabilidade superveniente;

f) **Prazo:** O laudo pericial possui prazo de 45 dias para ser concluído. O prazo poderá ser mais elástico caso o perito demonstre a necessidade de maior tempo para a conclusão do laudo (art. 150, § 1º, do CPP);

g) **Vinculação do magistrado:** no momento da sentença, não ficará o juiz vinculado à conclusão da perícia (art. 182 do CPP);

h) **Doença mental no curso da execução penal:** aplica-se a substituição prevista no art. 183 da LEP, *in verbis*: "*quando, no curso da execução da pena privativa de liberdade, sobrevier doença mental ou perturbação da saúde mental, o Juiz, de ofício, a requerimento do Ministério Público, da Defensoria Pública ou da autoridade administrativa, poderá determinar a substituição da pena por medida de segurança*".

Por fim, cumpre dizer que não há recurso contra a decisão que instaura ou indefere o incidente de insanidade. Em hipótese de indeferimento absurdo, reconhece a doutrina a possibilidade de impetrar HC ou mesmo de ingressar com correição parcial.

12. Prova

12.1. Teoria geral da prova

12.1.1. Conceito

A palavra "prova" possui diversos significados, mas trabalharemos com apenas uma dessas acepções, segundo a qual prova é *todo elemento pelo qual se procura demonstrar a veracidade de uma alegação ou de um fato, buscando, com isso, influenciar o convencimento do julgador*.

12.1.2. Cuidado para não confundir

objetivo da prova, objeto *da* prova e objeto *de* prova. Vejamos.

a) **objetivo (finalidade) da prova:** a prova visa a convencer (influenciar) o juiz a respeito de determinado fato/argumento;

b) **objeto *da* prova:** são os fatos, principais ou secundários, que, por serem capazes de gerar dúvida no magistrado, precisam ser demonstrados (provados). Ex.: se o MP imputa a Fulano um homicídio, este fato será objeto *da* prova, i. e., sendo necessária a demonstração (prova) da autoria e da materialidade pela acusação;

c) **objeto *de* prova** diz respeito ao que é e ao que não é necessário ser demonstrado. Explica-se melhor. Certos fatos não precisam ser provados, não sendo, portanto, objeto *de* prova. Vejamos quais são eles:

I. **fatos notórios:** não precisa ser demonstrado ao juiz que, por exemplo, no dia 25 de dezembro se comemora o Natal;

II. **fatos axiomáticos:** são os considerados evidentes. Ex.: não será preciso fazer exame interno no cadáver quando o falecimento tiver decorrido de decapitação. É que a decapitação é causa (fato axiomático) evidente da morte da pessoa. *Vide* art. 162 do CPP;

III. **presunções absolutas:** não precisa ser demonstrado ao juiz que, por exemplo, o menor de 18 é inimputável, pois se trata de presunção legal absoluta (critério biopsicológico adotado pelo legislador);

IV. **fatos inúteis:** não tendo qualquer relevância para o processo, os fatos inúteis também não serão objeto *de* prova. Ex.: a religião da vítima, não tendo qualquer relação com o fato criminoso, não será objeto *de* prova, visto ser considerado fato inútil.

Observação em relação aos fatos incontroversos: fatos incontroversos são aqueles que não foram refutados pelas partes. Ex.: o MP imputa um furto a Fulano e este confessa inteiramente a prática deste crime (fato incontroverso). Porém, note-se que, no Processo Penal, o fato incontroverso também poderá ser posto em xeque pelo magistrado, que pode não admiti-lo como verdadeiro. O juiz, nessa situação, conforme aponta certo setor da doutrina, pode inclusive produzir prova de ofício, na tentativa de desvelar o que, de fato, ocorreu (art. 156 do CPP). Assim, nesse particular, o Processo Penal distancia-se do Processo Civil, que, em termos de fatos incontroversos, dispensa, em regra, a necessidade de demonstração (*vide* art. 334, III, do CPC).

12.1.3. Sistemas de apreciação da prova pelo juiz

Dentre outros, a doutrina costuma apontar os seguintes sistemas de apreciação da prova pelo juiz:

a) **Sistema da prova legal ou tarifada (certeza moral do legislador)**: nesse sistema, a lei estipula o valor de cada prova, estabelecendo inclusive hierarquias, engessando o julgador. Resquício deste sistema entre nós: parágrafo único do art. 155, do CPP (o estado das pessoas deve ser provado de acordo com a lei civil. Assim, a filiação não pode ser provada por meio de prova testemunhal). Nesse sistema, era comum a confissão do réu ser considerada a "rainha das provas" (prova máxima da autoria);

b) **Sistema da convicção íntima (ou certeza moral do julgador):** o julgador decide com base na sua íntima convicção, sendo desnecessária a fundamentação. Vigora entre nós apenas em relação aos jurados no Tribunal Júri. Recorde-se que, no Júri, os 7 jurados (pessoas escolhidas do povo) decidem a sorte do acusado por meio de cédulas ("sim" e "não"), sem a necessidade de emitir qualquer tipo de fundamentação a respeito de sua decisão;

c) **Sistema do livre convencimento motivado (ou persuasão racional do juiz)**: o juiz é livre para julgar. Porém, deve fazê-lo de forma fundamentada – art. 93, IX, da CF/1988. É a regra que vigora entre nós. A fundamentação das decisões judiciais é de capital importância, pois permite um *controle da racionalidade* da decisão do juiz pelas partes e pela própria sociedade (LOPES JR., 2010).

Observações: por força do princípio constitucional do contraditório, a apreciação das provas pelo magistrado deve, em regra, recair sobre os elementos produzidos em contraditório judicial (ao longo da instrução criminal). Impossível, portanto, uma condenação amparada exclusivamente em elementos obtidos na fase de investigação preliminar (inquérito policial). Isto porque tais elementos (chamados de "atos de investigação") não foram submetidos ao contraditório, ampla defesa etc. Assim, uma condenação prolatada nesses moldes afrontaria todos esses princípios constitucionais, padecendo, portanto, de nulidade absoluta.

Porém, cabem exceções aqui (ou seja, situações em que o juiz poderá sim pautar uma sentença condenatória em elementos colhidos no âmbito da investigação preliminar). São as chamadas provas cautelares, não repetíveis e antecipadas. Dois exemplos marcantes:

Ex.1: no curso do IP, caso uma testemunha esteja em estado grave de saúde, pode o juiz determinar a produção antecipada de prova (art. 225 do CPP), permitindo às "partes"[69] o contraditório antecipado. Nesta situação, o testemunho colhido poderá ser normalmente valorado pelo juiz no momento da sentença, embora a prova tenha sido produzida em sede de IP.

Ex.2: em caso de crime de lesão corporal, deve-se realizar imediatamente o exame de corpo de delito, sob pena dos vestígios do crime desaparecem. Esta prova submete-se ao chamado contraditório diferido (retardado), i. e., apesar de produzida na fase de IP, quando integra o processo, submete-se ao contraditório (diferido) das partes. Também nesta situação a prova poderá ser normalmente valorada pelo juiz na sentença.

Sobre tudo o que dissemos aqui, é oportuno o leitor consultar o art. 155 do CPP.

69. Usamos "partes" entre aspas porque, tecnicamente, não há partes ainda, já que estamos em fase de IP.

12.1.4. Princípios da prova

a) **Princípio da autorresponsabilidade das partes**: diz respeito à conduta probatória das partes, que será determinante para o seu êxito ou fracasso ao final do processo;

b) **Princípio da audiência contraditória:** remete à dialeticidade do processo, à obrigatoriedade da produção da prova sob a égide do contraditório;

c) **Princípio da aquisição ou da comunhão da prova:** a prova, uma vez produzida, pertence ao processo e não à parte que a produziu. Desse modo, o depoimento da testemunha arrolada pela acusação poderá ser aproveitado pela defesa e vice-versa. Igualmente, se uma das partes resolver desistir de uma prova (ex: depoimento de testemunha arrolada em comum), a outra deverá ser ouvida para saber se tem interesse na dispensa ou na sua oitiva;

d) **Princípio da oralidade:** consiste na predominância da colheita probatória através da palavra falada. Ex: interrogatório; depoimentos das testemunhas; inquirição de peritos etc.;

e) **Princípio da publicidade:** os atos, em regra, devem ser públicos. Contudo, há diversas exceções, que serão analisadas pelo juiz, caso a caso, nos termos do art. 792, § 2º, do CPP.

12.1.5. Ônus da prova (art. 156 do CPP)

Aquele que alega algo tem o ônus de provar o que alegou. Desde logo, rememore-se que, em Processo Penal, o tema "ônus da prova" está intimamente ligado ao princípio do estado de inocência (já estudado anteriormente). É que o referido princípio faz recair sobre a acusação o ônus de provar a culpa *lato sensu* do acusado. Trata-se, inclusive, de comando presente no CPP (*vide* art. 156, primeira parte). Desse modo, não cabe ao réu demonstrar a sua inocência (até porque, para além do estado de inocência, goza do direito de permanecer calado – art. 5º, LXIII, da CF/1988), mas sim à acusação comprovar a culpa daquele. Caso a acusação não se desincumba desse ônus, i. e., não logre êxito em provar cabalmente a culpa do réu, deverá ser aplicada a regra pragmática de julgamento do *in dubio pro reo*, absolvendo-se, por conseguinte, o acusado.

Ainda sobre o assunto, note o leitor que *prevalece* na comunidade jurídica o entendimento de que o ônus da prova se *reparte* entre a acusação e a defesa. À primeira (à acusação) incumbe provar a existência do fato e sua respectiva autoria, a tipicidade da conduta, o elemento subjetivo da infração (dolo ou culpa), bem como eventuais agravantes, causas de aumento e/ou qualificadoras alegadas. A defesa, por sua vez, tem o ônus de provar eventuais alegações que faça sobre excludentes de tipicidade, ilicitude e/ou culpabilidade, circunstâncias atenuantes e causas de diminuição da pena.

Por outro lado, embora o ônus da prova incumba primordialmente às partes, permite o CPP que o juiz produza provas de ofício (algo que é considerado, por vários autores, como ofensivo ao sistema acusatório pretendido pelo constituinte). Em todo o caso, conforme o art. 156 do CPP, é facultado ao juiz:

I. ordenar, mesmo antes de iniciada a ação penal, a produção antecipada de provas consideradas urgentes e relevantes, observando a necessidade, adequação e proporcionalidade da medida;

II. determinar, no curso da instrução, ou antes de proferir sentença, a realização de diligências para dirimir dúvida sobre ponto relevante.

Para certo setor da doutrina, a produção probatória judicial deve ser cautelosa e supletiva, sob pena de ofensa ao sistema acusatório (transformando-se o juiz em órgão acusador).

12.1.6. Meios de prova e vedação à prova ilícita

Meio de prova é *tudo aquilo que "possa servir, direta ou indiretamente, à comprovação da verdade que se procura no processo: testemunha, documento, perícia" etc.* (TOURINHO FILHO, 2010, p. 555).

Os meios de prova não têm caráter taxativo no Processo Penal. Vale dizer, as partes poderão se valer não apenas daqueles meios de prova expressamente previstos no CPP (prova testemunhal, documental, perícias etc.), mas de todos os outros ao seu alcance (denominados *provas inominadas*), desde que não sejam ilícitos.

Apesar de as partes possuírem amplo direito à prova (direito de tentar, por meio de provas, influenciar o convencimento julgador), este direito *não é*, logicamente, ilimitado, sendo vedada a utilização de prova ilícita (ex.: confissão mediante tortura). Diz a CF: "*são inadmissíveis, no processo, as provas obtidas por meios ilícitos*" (art. 5º, LVI).

É importante dizer que a doutrina construiu classificação considerando que **provas vedadas, proibidas ou inadmissíveis** *são aquelas cuja produção viole a lei ou os princípios inerentes ao direito material ou processual.*

Com base no conceito acima, são estabelecidas como suas **espécies**: a) **prova ilícita**, que, conforme a atual **definição** do art. 157, *caput*, do CPP, *é aquela obtida "em violação a normas constitucionais ou legais", ou seja, aquela que "viola regra de direito material, seja constitucional ou legal, no momento da sua obtenção"*[70] (ex: confissão obtida sob tortura); e b) **prova ilegítima**, violadora de normas e princípios de direito processual (ex: art. 159, § 1º, do CPP).

70. GOMES, Luiz Flávio. **Lei nº 11.690/2008 e provas ilícitas. Conceito e inadmissibilidade. Jus Navigandi**, Teresina, ano 13, n. 1832, 7 jul. 2008. Disponível em: <http://jus.uol.com.br/revista/texto/11466>. Acesso em: 15 fev. 2011.

Destaque-se que a classificação decorre da doutrina, pois a CF e a lei não fazem qualquer distinção, optando unicamente pela denominação "provas ilícitas".

Reconhecida a ilicitude da prova, deverá ser ela desentranhada dos autos por meio de decisão judicial. Preclusa esta decisão, a prova deverá então ser inutilizada, também por meio de decisão judicial (*vide* § 3º do art. 157 do CPP).

Ainda de acordo com o art. 157, § 1º, do CPP, são igualmente consideradas ilícitas as provas que derivem da ilícita (chamadas de *ilícitas por derivação*). Trata-se da adoção da teoria norte-americana *fruits of the poisonous tree* (frutos da árvore envenenada). Ex.: após obter uma confissão mediante tortura (prova ilícita), agentes policiais descobrem o local onde certa quantidade de droga estava escondida e a apreendem observando a lei (prova, em tese, lícita, que, por derivação, acaba se tornando igualmente ilícita).

Note bem que a descoberta do local onde a droga foi encontrada decorreu <u>diretamente</u> da confissão obtida ilicitamente. Daí surge a derivação.

No sentido oposto, há teorias destinadas a afastar a ilicitude das provas. Algumas são autônomas e outras buscam mitigar a teoria dos frutos da árvore envenenada.

As que optamos por denominar autônomas são aquelas fundadas na inexistência do nexo de causalidade entre a prova ilícita e a outra prova. Tal exceção nos parece óbvia, pois se inexiste nexo causal não há que se falar em derivação. São absolutamente independentes.

A origem das teorias está no direito estadunidense e algumas delas foram incorporadas de forma explícita ou implícita pelos §§ 1º e 2º, art. 157 do CPP.

Analisaremos as duas que são notoriamente acolhidas a seguir.

a) **Teoria da fonte independente** (*independent source doctrine)*

Segundo teor do § 2º, art. 157, do CPP, entende-se por fonte independente "*aquela que por si só, seguindo os trâmites típicos e de praxe, próprios da investigação ou instrução criminal, seria capaz de conduzir ao fato objeto da prova.*"

Com a devida vênia, o conceito nacional não corresponde à sua origem norte-americana (*Bynum v. U.S.*, 1960). Ao contrário, o dispositivo legal utiliza a definição da teoria da descoberta inevitável.

Considera-se fonte independente aquela que não possui ligação causal e cronológica com a prova ilícita já produzida. Em decorrência disso, estará livre de qualquer vício e será aproveitada no processo. A independência reside, pois, na ausência do nexo causal entre as duas provas por e, em regra, dos momentos distintos em que foram colhidas.

Ex: no crime de roubo, a busca e apreensão do bem subtraído, sem autorização judicial (ilícita e, portanto, inadmissível), não tem o condão de macular os depoimentos de testemunhas que presenciaram o roubo e que foram colhidos antes ou simultaneamente à apreensão. Logo, a materialidade e autoria da infração penal podem ser demonstradas mesmo com a desconsideração da busca e apreensão;

b) **Teoria da descoberta inevitável** (*inevitable discovery exception*)

Aproveita-se a prova derivada da ilícita se esta seria obtida de qualquer maneira, por meio de diligências válidas na investigação, afastando-se o vício. A contaminação foi afastada porque as diligências conduziram, inevitavelmente, à sua descoberta. A sua vinculação à prova ilícita foi meramente circunstancial.

Ex: um indivíduo que cometeu homicídio e ocultou o corpo confessa o crime e o local onde deixou o cadáver, mas a confissão foi obtida ilegalmente. Porém, uma busca no local estava em andamento ou estava no planejamento da investigação e foi/seria suficiente para descobrir o corpo, ainda que não houvesse a confissão. A prova, portanto, deve ser admitida.

Atenção: É preciso deixar claro que o local onde está o corpo deve ser plausível para uma operação de busca ou varredura, ou seja, em local sujeito às diligências de praxe. A análise da inevitabilidade da descoberta será feita pelo magistrado à luz do caso concreto, num juízo de proporcionalidade marcado pela ponderação entre os bens jurídicos envolvidos. Ver STF, HC 91867/PA, *DJ* 20/09/2012.

Finalmente, é preciso dizer que a comunidade jurídica tem amplamente aceito a prova ilícita quando utilizada em *prol do réu*. É que aqui se entende que o *status libertatis* do indivíduo deve suplantar a vedação à prova ilícita.

12.2. Provas em espécie

Passaremos, agora, a examinar as provas em espécie previstas no CPP, a começar pelo exame de corpo de delito.

12.2.1. Exame de corpo de delito e das perícias em geral. Noções introdutórias

Primeiro, anote-se que o **exame de corpo de delito** não se confunde com o **corpo de delito.** Enquanto este último significa o *conjunto de elementos sensíveis (rastros) deixados pelo fato criminoso*, aquele (o exame de corpo de delito) é a perícia realizada por especialista no corpo de delito (ou seja, é o exame realizado no conjunto de elementos sensíveis deixados pela prática da infração penal). Ademais, note-se que tal exame (de corpo de delito) só será realizado nos delitos *facti permanentis* (aqueles que deixam resultados perceptíveis) e não nos *facti transeuntis* (que não deixam resultados perceptíveis).

Segundo ponto: não se deve confundir o exame de corpo de delito com as demais perícias. A falta do exame de corpo de delito gera a nulidade do processo. A falta das demais perícias influencia apenas no convencimento do julgador (podendo tornar o conjunto probatório dos autos mais frágil). Isto é assim porque o exame de corpo de delito refere-se à constatação dos vestígios resultantes da conduta do núcleo do tipo penal. Ex.: num homicídio, o exame de corpo de delito (a necropsia) relaciona-se diretamente com os vestígios resultantes da conduta do núcleo do tipo penal (matar alguém – art. 121 do CP). Por outro lado, as demais perícias não pertencem ao corpo do delito (vestígios resultantes da conduta do núcleo do tipo penal), tendo apenas o papel de influenciar no convencimento do julgador. Ex.: imagine-se um exame de DNA realizado em determinado indivíduo, visando a estabelecer a autoria do crime. A perícia, neste caso, recai sobre o convencimento do magistrado a respeito da responsabilidade pela prática da infração, não estando relacionada com o núcleo do tipo penal.

a) **Conceito de exame de corpo de delito:** é a *perícia realizada por especialista nos elementos sensíveis do crime;*

b) **Base legal:** art. 158 e ss. do CPP;

c) **Obrigatoriedade:** a lei prevê a obrigatoriedade do exame de corpo de delito nos casos de crimes que deixam vestígios (delitos *facti permanentis* – aqueles que deixam resultados perceptíveis). Inclusive, a eventual falta do referido exame não poderá ser suprida pela confissão do acusado. Veja:

"Art. 158. Quando a infração deixar vestígios, será indispensável o exame de corpo de delito, direto ou indireto, não podendo supri-lo a confissão do acusado."

Ademais, não sendo realizado o exame (direto ou indireto), o processo será considerado nulo (art. 564, III, *b*, do CPP);

d) **Observações: I)** no âmbito do JECRIM[71], o exame de corpo de delito pode ser substituído por boletim médico ou prova equivalente (art. 77, § 1º, da Lei 9.099/1995); **II)** no âmbito da Lei de Drogas, para que a autoridade possa lavrar o APF[72], é preciso realizar um laudo (chamado de laudo de constatação ou provisório) que ateste a natureza e a quantidade da droga apreendida (art. 50, § 1º, da Lei 11.343/2006). Este laudo será firmado por perito oficial ou, na falta deste, por pessoa idônea. No curso do processo, porém, deverá ser realizado um laudo definitivo sobre a natureza e a quantidade da droga apreendida (§ 2º); **III)** na hipótese de crime contra a propriedade imaterial, estabelece o art. 525 do CPP, que, no caso de haver o crime deixado vestígio, a queixa ou a denúncia não será recebida se não for instruída com o exame pericial dos objetos que constituam o corpo de delito; **IV)** conforme certo setor da doutrina, o exame de corpo de delito é o único caso em que o delegado de polícia não poderá negar à vítima a realização da diligência (*vide* arts. 14 e 184 do CPP).

71. Juizado Especial Criminal – Lei 9.099/1995

72. Auto de prisão em flagrante.

e) Modalidades do exame de corpo de delito (exame direto ou indireto):

Em regra, o exame de corpo de delito deve se dar de forma direta, ou seja, deve ser realizado diretamente sobre o corpo de delito (sobre os elementos sensíveis deixados pela prática do crime).

Porém, excepcionalmente, quando não for possível realizar o exame direto (em razão dos vestígios da infração terem desaparecido, por exemplo), será possível a realização do exame de corpo de delito de modo indireto (pautado em outras provas idôneas – testemunhal, documental etc.). Ex.: imagine-se que o corpo da vítima de homicídio tenha sido ardilosamente retirado da cena do crime pelo autor da infração. Neste caso, permite a lei que o perito, baseando-se no depoimento de testemunhas, por exemplo, realize o exame de corpo de delito indireto, como forma de atestar a materialidade (existência) do crime. Segue dispositivo sobre o tema:

"Art. 167. Não sendo possível o exame de corpo de delito [direto], por haverem desaparecido os vestígios, a prova testemunhal poderá suprir-lhe a falta." (Incluímos).

Comentário: conforme visto, não só a prova testemunhal pode suprir o exame direto, mas outras igualmente idôneas, como a documental, por exemplo;

f) Quem realiza o exame de corpo de delito? O exame de corpo de delito e outras perícias serão realizados por **perito oficial, portador de diploma de curso superior - art. 159 do CPP**.

E mais: nos termos do § 1º do art. 159, do CPP, na falta de perito oficial, o exame será realizado por 2 pessoas idôneas, portadoras de diploma de curso superior preferencialmente na área específica do exame.

Tratando-se de perícia complexa que abranja mais de uma área de conhecimento especializado, poder-se-á designar a atuação de mais de um perito oficial, e a parte indicar mais de um assistente técnico (art. 159, § 7º, do CPP);

g) Formulação de quesitos e indicação de assistente técnico: Segundo dispõe o § 3º do art. 159 do CPP, durante o curso da persecução penal, faculta-se ao MP, ao assistente de acusação, à vítima, ao querelante e ao acusado a formulação de quesitos e a indicação de assistente técnico.

A formulação de quesitos tem como destinatário o perito oficial (ou, na falta deste, as duas pessoas portadoras de diploma de curso superior) e visa a acentuar o contraditório em torno dos exames periciais. São perguntas que podem ser elaboradas pelas pessoas indicadas (MP, acusado etc.) ao perito, buscando tornar mais clara a perícia realizada.

Por outro lado, o assistente técnico trata-se de especialista contratado por uma das pessoas indicadas (MP, acusado, vítima etc.), tendo a função de emitir parecer crítico sobre o exame elaborado pelo perito oficial. Atua a partir de sua admissão pelo juiz e após a conclusão do exame e da elaboração de laudo pelo perito oficial (§ 4º).

Consoante dispõe o § 6º do art. 159, "havendo requerimento das partes, o material probatório que serviu de base à perícia será disponibilizado no ambiente do órgão oficial, que manterá sempre sua guarda, e na presença de perito oficial, para exame pelos assistentes, salvo se for impossível a sua conservação".

Ademais, durante a persecução penal, quanto à perícia, é permitido às partes, (§ 5º):

I. requerer a oitiva dos peritos para esclarecerem a prova ou para responderem a quesitos, desde que o mandado de intimação e os quesitos ou questões a serem esclarecidas sejam encaminhados com antecedência mínima de 10 dias, podendo apresentar as respostas em laudo complementar;

II. indicar assistentes técnicos que poderão apresentar pareceres em prazo a ser fixado pelo juiz ou ser inquiridos em audiência;

h) Valor de prova do exame de corpo de delito e das perícias em geral:

Tal qual as demais provas, o exame de corpo de delito e as perícias em geral possuem valor probatório relativo. Não vinculam o juiz. Confira-se:

"Art. 182. O juiz não ficará adstrito ao laudo, podendo aceitá-lo ou rejeitá-lo, no todo ou em parte."

12.2.2. Interrogatório do acusado (art. 185 e ss. do CPP)

a) Conceito: ato em que o acusado poderá, se quiser, apresentar sua versão dos fatos (exercer a sua autodefesa) perante a autoridade, vigendo plenamente neste momento o direito ao silêncio.

Nota: há quem utilize a palavra "interrogatório" para também designar o ato de oitiva (ouvida) do indiciado pelo delegado de polícia no curso do IP. Fala-se então em interrogatório policial (realizado na fase policial) e interrogatório judicial (em juízo). Neste tópico, examinaremos apenas o judicial (o policial já foi examinado quando tratamos do IP);

b) Natureza: tem prevalecido na doutrina de que se trata de um meio de prova e de defesa. Com Nucci (2006), podemos colocar a questão da seguinte maneira: o interrogatório é, fundamentalmente, um meio de defesa, visto que a CF confere ao réu o direito ao silêncio. Porém, se o réu quiser falar, aquilo que disser, poderá sim ser um meio de prova;

c) Momento: enquanto não houver trânsito em julgado, será possível realizar o interrogatório (bem como repeti-lo) de ofício ou a pedido fundamentado de qualquer das partes (art. 196 do CPP). Não pode esse ato ser suprimido arbitrariamente pelo juiz (sob pena de violação à ampla defesa e consequente nulidade do processo);

d) Procedimento do interrogatório:

Primeiro, registre-se que a **presença** do defensor (constituído, dativo ou público) do acusado no ato do interrogatório é **indispensável**, gerando nulidade a sua eventual ausência. A figura do defensor é incontornável nesse momento, pois proporciona a efetivação da ampla defesa do acusado.

É igualmente imprescindível assegurar ao réu o **direito de entrevista prévia** com o seu defensor (*i. e.*, antes de iniciar o interrogatório), possibilitando, assim, que ambos tracem a melhor estratégia defensiva (art. 185, § 5º, do CPP).

Ainda, o acusado deve ser alertado do seu **direito constitucional de permanecer calado** (inciso LXIII do art. 5º, da CF/1988). Assim, antes de iniciar o interrogatório, deve o juiz advertir o acusado a respeito desse direito (conferir o art. 186 do CPP).

Nota: em sede de "interrogatório" policial (oitiva do indiciado), predomina o entendimento de que a presença do defensor (bem como o direito de entrevista prévia entre este e o indiciado) é **dispensável.** Assim, não necessita o delegado aguardar a chegada do defensor do indiciado para iniciar a ouvida ("interrogatório") deste. Por outro lado, o direito ao silêncio tem aplicação total na oitiva do indiciado. Deve, portanto, a autoridade policial alertá-lo a respeito desse seu direito.

A seguir, vejamos como se dá o interrogatório do réu solto e do réu preso;

e) Interrogatório do réu que se encontra em liberdade: nessa situação, o interrogatório será realizado em juízo, ou seja, o réu deverá comparecer perante a autoridade judicial para ser interrogado;

f) Interrogatório do réu que se encontra preso (art. 185 do CPP): aqui é preciso ter atenção.

I. Encontrando-se preso o acusado, o interrogatório, em regra, deverá ser realizado no próprio estabelecimento prisional em que estiver o acusado, em sala própria, desde que estejam garantidas a segurança do magistrado, do MP e dos auxiliares, bem como a presença do defensor e a publicidade do ato (§ 1º);

II. Não sendo possível a realização no próprio estabelecimento prisional, o interrogatório será então realizado por videoconferência (§ 2º), i. e., o juiz permanecerá no fórum e o acusado no presídio, empregando-se os meios tecnológicos necessários para assegurar a realização em tempo real do ato e a fidedignidade da imagem e som transmitidos. Esmiuçaremos mais abaixo essa modalidade de interrogatório;

III. Não sendo possível o interrogatório por meio de videoconferência, o preso será então conduzido a juízo (ao fórum) – com escolta policial (§ 7º);

g) Requisitos para a realização do interrogatório por meio de videoconferência

g1) Impossibilidade de o interrogatório ser realizado no presídio;

g2) Necessidade de decisão fundamentada do juiz, de ofício ou a requerimento das partes;

g3) Necessidade de atender a uma das seguintes finalidades:

I. prevenir risco à segurança pública, quando exista fundada suspeita de que o preso integre organização criminosa ou de que, por outra razão, possa fugir durante o deslocamento;

II. viabilizar a participação do réu no referido ato processual, quando haja relevante dificuldade para seu comparecimento em juízo, por enfermidade ou outra circunstância pessoal;

III. impedir a influência do réu no ânimo de testemunha ou da vítima, desde que não seja possível colher o depoimento destas por videoconferência, nos termos do art. 217 do CPP;

IV. responder a gravíssima questão de ordem pública.

E mais:

g4) Da decisão que determinar a realização de interrogatório por videoconferência, as partes deverão ser intimadas com 10 (dez) dias de antecedência em relação à sua data de realização;

g5) No interrogatório realizado por videoconferência, o direito de prévia entrevista do réu com o seu defensor será também garantido por meio de acesso a canais telefônicos reservados para comunicação entre o defensor que esteja no presídio e o advogado presente na sala de audiência do Fórum, e entre este e o preso;

g6) A sala reservada no estabelecimento prisional para a realização de atos processuais por sistema de videoconferência será fiscalizada pelos corregedores e pelo juiz de cada causa, como também pelo Ministério Público e pela Ordem dos Advogados do Brasil;

h) Conteúdo do interrogatório

O interrogatório está dividido em duas partes (arts. 186 e 187 do CPP):

h1) **Interrogatório de qualificação do réu** (perguntas sobre a pessoa do acusado): nessa primeira parte do interrogatório, o réu será perguntado sobre a sua residência, meios de vida ou profissão, oportunidades sociais, lugar onde exerce a sua atividade, vida pregressa, notadamente se foi preso ou processado alguma vez e, em caso afirmativo, qual o juízo do processo, se houve suspensão condicional ou condenação, qual a pena imposta, se a cumpriu e outros dados familiares e sociais (art. 187, § 1º).

Para muitos autores, o direito ao silêncio não abrange essa parte do interrogatório (NUCCI, 2006, por exemplo);

h2) **Interrogatório de mérito** (perguntas sobre os fatos imputados ao acusado - art. 187, § 2º): nesta parte do interrogatório, o réu será perguntado sobre a acusação que recai sobre si. É comum o juiz iniciar essa etapa formulando a seguinte indagação ao réu: "*é verdadeira a imputação que recai sobre si?*".

O direito ao silêncio vige plenamente nessa parte do interrogatório. Inclusive, o juiz deverá informá-lo (o direito ao silêncio) ao réu, antes de iniciar o interrogatório de mérito (*vide* art. 186 do CPP).

Atenção: segundo a melhor doutrina, o disposto no art. 198 do CPP, que diz: "o silêncio do acusado não importará confissão, mas poderá constituir elemento para a formação do convencimento do juiz", não foi recepcionado pela CF por não se alinhar com direito ao silêncio e também está em manifesta contradição com a redação do parágrafo único do art. 186. Vale dizer, sendo o silêncio um direito, não pode haver interpretação jurídica negativa por parte do juiz dessa conduta do réu;

i) **Questões finais:**

I. **contraditório no momento do interrogatório:** diz o art. 188 do CPP: "após proceder ao interrogatório, o juiz indagará das partes se restou algum fato para ser esclarecido, formulando as perguntas correspondentes se o entender pertinente e relevante". Incide o contraditório no ato do interrogatório (podem as partes, após as perguntas do juiz, formularem as suas próprias ao acusado).

Essas perguntas[73] das partes devem ser feitas de acordo com o chamado sistema presidencialista, ou seja, as partes devem direcioná-las ao juiz e esse, por sua vez, as fará ao acusado.

No júri, porém, as perguntas das partes poderão ser efetuadas diretamente ao réu (chamado de sistema ***cross examination*** ou ***direct examination***), sem a necessidade, portanto, de passar pela figura do juiz (*vide* art. 474, § 1º, do CPP);

II. **interrogatório de mais de um acusado:** art. 191 do CPP. Havendo mais de um acusado, serão interrogados separadamente.

12.2.3. Confissão

A confissão não é a "rainha das provas" no Processo Penal brasileiro. Tem valor relativo. Para que possa levar à condenação do réu, é preciso que esteja em harmonia com as demais provas do processo (art. 197 do CPP).

Ademais, a confissão não tem força para substituir a obrigatoriedade do exame de corpo de delito nos crimes que deixam vestígios (*vide* art. 158 do CPP).

O silêncio do réu no processo penal não importa em confissão presumida ou ficta. Não esquecer que o silêncio do réu é um direito, e, sendo um direito, não pode trazer consequência jurídica negativa para o acusado. Não valem as fórmulas: "quem cala consente"; "quem não deve não teme" etc. Por tudo isso, a parte final do art. 198 do CPP, deve ser considerada inconstitucional.

a) **Características da confissão** (*vide* art. 200 do CPP):

a1) **divisibilidade:** a confissão é divisível, *i. e.*, pode o juiz aceitá-la apenas em parte (pode aceitar apenas aquilo que lhe pareça mais verossímil);

a2) **retratabilidade:** o réu pode se retratar ("arrepender-se") da confissão prestada. Porém, a eventual retratação do réu não impede que o juiz, na sentença, valore livremente (desde que de forma fundamentada) a confissão anteriormente efetuada. O que queremos dizer é que, mesmo que ocorra a retratação da confissão, o juiz, ainda assim, poderá se apoiar na anterior confissão do acusado como modo de formar o seu convencimento sobre o caso;

b) **Classificação.** A confissão pode ser:

b1) **explícita:** quando o acusado explicitamente confessa a prática do delito;

b2) **implícita:** quando determinada conduta do acusado puder, de forma inequívoca, ser compreendida como confissão. Ex.: réu que espontaneamente ressarcir a vítima;

b3) **simples:** quando o réu apenas confessa a prática do crime imputado, sem proceder a qualquer acréscimo ou modificação dos fatos;

b4) **complexa:** quando confessa a prática de mais de um fato delituoso;

b5) **qualificada:** quando confessa, porém invoca justificante ou dirimente. Ex.: confessa o crime, porém afirma que praticou o fato em legítima defesa;

b6) **judicial:** quando realizada em juízo (perante o magistrado);

b7) **extrajudicial:** quando realizada na delegacia ou perante outra pessoa que não o magistrado.

12.2.4. Perguntas ao ofendido (art. 201 do CPP)

Sempre que possível, a vítima deverá ser chamada para ser ouvida no processo como forma de auxiliar a formação do convencimento do magistrado a respeito do caso concreto. O depoimento do ofendido tem valor de prova relativo (é uma prova como outra qualquer).

73. A doutrina costuma chamar as perguntas das partes ao réu e às testemunhas de "reperguntas".

a) **obrigatoriedade de comparecimento:** "se, intimado para esse fim, deixar de comparecer sem motivo justo, o ofendido poderá ser conduzido à presença da autoridade" (§ 1º). Vê-se, portanto, que o ofendido pode ser conduzido coercitivamente à presença da autoridade, caso, intimado para depor, não compareça;

b) **comunicações necessárias ao ofendido:** "o ofendido será comunicado dos atos processuais relativos ao ingresso e à saída do acusado da prisão, à designação de data para audiência e à sentença e respectivos acórdãos que a mantenham ou modifiquem" (§ 2º).

Com efeito, essas "comunicações ao ofendido deverão ser feitas no endereço por ele indicado, admitindo-se, por opção do ofendido, o uso de meio eletrônico" (§ 3º).

É necessário providenciar ao ofendido, antes do início da audiência e durante a sua realização, espaço separado e reservado para aquele, como forma de evitar contato com o seu agressor (§ 4º).

"Se o juiz entender necessário, poderá encaminhar o ofendido para atendimento multidisciplinar, especialmente nas áreas psicossocial, de assistência jurídica e de saúde, a expensas do ofensor ou do Estado" (§ 5º).

Ademais, é dever do juiz adotar "as providências necessárias à preservação da intimidade, vida privada, honra e imagem do ofendido, podendo, inclusive, determinar o segredo de justiça em relação aos dados, depoimentos e outras informações constantes dos autos a seu respeito para evitar sua exposição aos meios de comunicação" (§ 6º).

12.2.5. Prova testemunhal

a) **Conceito:** *testemunha é pessoa desinteressada que depõe no processo acerca daquilo que sabe sobre o fato;*

b) **Características do depoimento da testemunha:**

b1) **oralidade** (art. 204 do CPP): o depoimento será prestado oralmente, não sendo permitido à testemunha trazê-lo por escrito. Porém, é possível consultar breves apontamentos.

Exceção à regra da oralidade: o Presidente e o Vice-Presidente da República, os presidentes do Senado Federal, da Câmara dos Deputados e do Supremo Tribunal Federal poderão optar pela prestação de depoimento por escrito, caso em que as perguntas, formuladas pelas partes e deferidas pelo juiz, ser-lhes-ão transmitidas por ofício – art. 221, § 1º, do CPP;

b2) **objetividade** (art. 213 do CPP): deve a testemunha responder objetivamente ao que lhe for perguntado;

b3) **individualidade:** cada testemunha indicada deve ser ouvida individualmente;

b4) **incomunicabilidade:** as testemunhas não podem se comunicar (art. 210 do CPP);

b5) **prestação de compromisso:** normalmente, a pessoa arrolada para depor no processo deve, antes de iniciar o seu depoimento, prestar o compromisso de dizer a verdade perante o magistrado. O compromisso é, consoante definição legal do art. 203 do CPP, a promessa, feita pela testemunha, sob palavra de honra, "de dizer a verdade do que souber e lhe for perguntado".

Certas pessoas, porém, estão dispensadas de prestar o referido compromisso (ex.: o pai do acusado), não sendo tecnicamente consideradas como "testemunha" por certo setor da doutrina. Tais pessoas (que não prestam o compromisso de dizer a verdade) são apelidadas pela doutrina de informantes ou declarantes.

Para esses autores, que fazem a distinção entre "testemunhas" (aquelas pessoas que têm o dever de prestar o compromisso de dizer a verdade) e "informantes" (as pessoas que depõem no processo, mas que, por lei, são dispensadas do referido compromisso), apenas as primeiras (as testemunhas, portanto) é que, em caso de falta com a verdade, responderiam pelo delito de falso testemunho (art. 342 do CP):

> "Art. 342. Fazer afirmação falsa, ou negar ou calar a verdade, como testemunha, perito, contador, tradutor ou intérprete em processo judicial, ou administrativo, inquérito policial, ou em juízo arbitral:
>
> Pena – reclusão, de 1 (um) a 3 (três) anos, e multa."

Os informantes (aqueles que, por lei, não possuem o dever de prestar o compromisso de dizer a verdade), exatamente por não terem a obrigação de dizer a verdade, caso faltem com esta, não responderiam, segundo essa doutrina, pelo crime de falso testemunho.

Entretanto, é preciso ressaltar que os **tribunais superiores (HC 192659/ES, DJe 19/12/2011, STJ; e HC 66511/RS, DJ 16/02/1990, STF)** não acatam essa distinção. Para eles, o compromisso do art. 203 do CPP, é mera formalidade. Segundo essas Cortes, pouco importa se a pessoa prestou ou não o compromisso (*i. e.*, se é informante ou testemunha), pois, caso falte com a verdade, responderá sim pelo delito do art. 342 do CP. Sustentam essa ideia porque, em suma, entendem que o compromisso não é elementar do tipo penal (*i. e.*, a lei não menciona ser necessário o compromisso para configurar o delito em comento). O tema, como se vê, é polêmico. Em se tratando de questão objetiva, sugerimos que o leitor siga a posição dos tribunais superiores. Já em caso de questão subjetiva, o mais recomendável é expor as duas correntes acima indicadas;

b6) **obrigatoriedade:** em regra, todas as pessoas arroladas como testemunha estão **obrigadas a depor** (art. 206, primeira parte, do CPP). Porém, há especificidades aqui que precisam ser notadas:

I. Há **pessoas que estão dispensadas de depor** (art. 206, *in fine*, do CPP). São elas: ascendente ou descendente, o afim em linha reta, o cônjuge, ainda que desquitado, o irmão e o pai, a mãe, ou o filho adotivo do acusado. Tais indivíduos só irão depor quando não for possível, por outro modo, obter-se ou integrar-se a prova do fato e de suas circunstâncias. Nesta hipótese, caso venham a depor não prestarão compromisso (serão considerados informantes)[74];

II. **Pessoas impedidas de depor** (art. 207 do CPP): certas pessoas, em razão da função, ministério, ofício ou profissão que desempenham, têm o dever de guardar segredo. Exs.: padre, psicólogo, advogado. As pessoas impedidas de depor somente falarão no processo se, desobrigadas pela parte interessada, quiserem dar o seu testemunho;

b7) **Perguntas das partes à testemunha**: até bem pouco tempo atrás, adotávamos, como regra, o chamado *sistema presidencialista*. Segundo este, as partes deveriam formular perguntas à testemunha *por intermédio do juiz*. Exemplo: no curso da audiência, o MP, desejando inquirir a testemunha, deveria dirigir a sua pergunta ao magistrado. Este, por sua vez, deveria repetir a pergunta à testemunha.

Esse panorama foi sensivelmente modificado com a reforma de 2008 no CPP. Isto porque passamos a adotar, como regra, o sistema *direct* ou *cross examination* (art. 212, primeira parte, do CPP). Por esse sistema, as partes passaram a poder perguntar diretamente à testemunha – sem a necessidade, portanto, de intermediação por parte do juiz.

Porém, destaque-se que o sistema presidencialista (perguntas à testemunha por intermédio do juiz) não foi entre nós totalmente banido. No rito do júri, desejando os *jurados* efetuar perguntas às testemunhas, deverão fazê-lo através do juiz-presidente, sendo vedada, assim, a indagação direta (art. 473, § 2º, do CPP);

c) **Condução coercitiva:** art. 218 do CPP. Se, regularmente intimada, a testemunha deixar de comparecer sem motivo justificado, o juiz poderá requisitar à autoridade policial a sua apresentação ou determinar que seja conduzida por oficial de justiça, que poderá solicitar o auxílio da força pública.

E, ainda, nos termos do art. 219 do CPP, "o juiz poderá aplicar à testemunha faltosa a multa prevista no art. 453 [atualmente se trata do art. 442 do CPP: 1 (um) a 10 (dez) salários mínimos], sem prejuízo do processo penal por crime de desobediência, e condená-la ao pagamento das custas da diligência". (Incluímos)

74. Apesar de que, conforme vimos anteriormente, os tribunais superiores consideram o compromisso uma mera formalidade, cuja dispensa não permite que a pessoa falte com a verdade.

d) **Número máximo de testemunhas por procedimento**

Ordinário e 1ª fase do júri: 8;

Plenário (2ª fase) do júri: 5;

Sumário: 5;

Sumaríssimo: 5;

Drogas: 5.

Observação: não se incluem nesse número as testemunhas referidas (que são aquelas que são mencionadas por outras testemunhas), os informantes e as pessoas que nada sabem;

e) **Depoimento agendado:** algumas pessoas, em razão do cargo que ocupam, podem agendar (local, dia e hora) seu depoimento. Alguns exemplos: membros do Congresso Nacional, Presidente da República, juízes etc. Recomenda-se a leitura do art. 221 do CPP;

f) **Testemunho de militares:** sendo a testemunha um militar, deverá haver requisição ao superior hierárquico;

g) **Testemunho de funcionários públicos:** além da intimação pessoal do funcionário público é preciso comunicar o fato também ao chefe da repartição;

h) **Oitiva de ofício pelo juiz e testemunhas referidas:**

Nos termos do art. 209 do CPP, o juiz, quando julgar necessário, poderá ouvir outras testemunhas, além das indicadas pelas partes:

> § 1º Se ao juiz parecer conveniente, serão ouvidas as pessoas a que as testemunhas se referirem.
>
> **Nota:** São as denominadas testemunhas referidas.
>
> § 2º Não será computada como testemunha a pessoa que nada souber que interesse à decisão da causa.
>
> **Nota:** São as denominadas testemunhas inócuas.

i) **Presença ameaçadora do réu na audiência de oitiva da testemunha:** quando a testemunha se sentir intimidada pela presença do réu em audiência, autoriza a lei, nessa situação, a realização de sua oitiva por meio de videoconferência. Sendo impossível o uso dessa tecnologia, deve então o réu ser retirado da sala de audiência enquanto a testemunha depõe (art. 217 do CPP);

j) **Testemunha que reside fora da comarca:** pode a sua oitiva ser realizada por carta precatória ou videoconferência (art. 222 do CPP).

Nesse contexto, vale a pena transcrever a súmula 273 do STJ: "intimada a defesa da expedição da carta precatória, torna-se desnecessária intimação da data da audiência no juízo deprecado".

Se a testemunha residir fora do país, a carta rogatória só será expedida se ficar provada a imprescindibilidade de seu depoimento, arcando a parte com os custos da diligência (art. 222-A do CPP);

l) **Testemunha e direito ao silêncio:** quando o depoimento da testemunha puder incriminá-la, será possível a invocação do direito ao silêncio por aquela. O direito ao silêncio não incide apenas em relação àquele que está sendo submetido a uma persecução penal, mas a todo o indivíduo *que se encontre numa tal situação em que a sua fala possa vir a prejudicar-lhe penalmente*;

m) **Contradita e arguição de defeito:** são figuras distintas, apesar de o art. 214 do CPP, não deixar isso muito claro. Vejamos primeiro o que diz o dispositivo:

> "Art. 214. Antes de iniciado o depoimento, as partes poderão contraditar a testemunha ou arguir circunstâncias ou defeitos, que a tornem suspeita de parcialidade, ou indigna de fé. O juiz fará consignar a contradita ou arguição e a resposta da testemunha, mas só excluirá a testemunha ou não lhe deferirá compromisso nos casos previstos nos arts. 207 e 208."

Em resumo, temos:

- **Contradita:** ocorre em relação às pessoas proibidas de depor e no caso de depoimento que deve ser tomado sem compromisso;
- **Arguição de defeito:** invoca-se quando a testemunha for indigna de fé ou suspeita de parcialidade. Visa a diminuir o "valor" do depoimento: amigo, inimigo etc.

12.2.6. Reconhecimento de pessoas e coisas

Tem por escopo identificar o acusado, o ofendido ou testemunhas, podendo ser determinado no curso da investigação preliminar (pelo delegado) ou do processo (pelo juiz).

Existindo a possibilidade da pessoa que irá realizar o reconhecimento sentir-se intimidada pelo indivíduo a ser reconhecido, deve a autoridade providenciar que este não veja aquela (por meio de "espelho mágico", por exemplo). Porém, essa estratégia não poderá ser empregada em juízo (no curso do processo), nem no procedimento do júri, sob pena de ofensa à publicidade e à ampla defesa (art. 226, parágrafo único, do CPP).

Conforme o CPP, havendo necessidade, o reconhecimento de pessoa será efetuado da seguinte forma (incisos do art. 226):

I. a pessoa que tiver de fazer o reconhecimento será convidada a descrever a pessoa que deva ser reconhecida;

II. a pessoa, cujo reconhecimento se pretender, será colocada, se possível, ao lado de outras que com ela tiverem qualquer semelhança, convidando-se quem tiver de fazer o reconhecimento a apontá-la;

III. se houver razão para recear que a pessoa chamada para o reconhecimento, por efeito de intimidação ou outra influência, não diga a verdade em face da pessoa que deve ser reconhecida, a autoridade providenciará para que esta não veja aquela;

IV. do ato de reconhecimento lavrar-se-á auto pormenorizado, subscrito pela autoridade, pela pessoa chamada para proceder ao reconhecimento e por duas testemunhas presenciais.

Parágrafo único. O disposto no nº III deste artigo não terá aplicação na fase da instrução criminal ou em plenário de julgamento.

No que tange ao reconhecimento de coisas, o procedimento a ser adotado é, *mutatis mutandis*, o mesmo descrito anteriormente (*vide* art. 227 do CPP).

Por fim, pertinente ao reconhecimento de pessoas por meio fotográfico, apesar de não ser um meio de prova vedado pela lei, é preciso atentar que se trata de mecanismo extremamente precário, sujeito a inúmeros equívocos. Deve, portanto, a autoridade proceder com a máxima cautela aqui (ou mesmo evitar esse meio de prova).

12.2.7. Acareação

Acarear é pôr face a face pessoas que apresentaram depoimentos divergentes nos autos. Pode se dar entre testemunhas, acusados, ofendidos, entre acusado e testemunha, entre acusado e ofendido ou entre testemunha e ofendido (*vide* art. 229 do CPP).

Consoante o parágrafo único desse dispositivo, os acareados serão indagados pela autoridade para que expliquem os pontos de divergências, reduzindo-se a termo o ato de acareação.

É possível também a acareação por meio de carta precatória quando as pessoas a serem acareadas estiverem em comarcas distintas (consultar o art. 230 do CPP).

12.2.8. Prova documental

a) **Conceito:** de acordo com o art. 232 do CPP, documentos são quaisquer escritos, instrumentos ou papéis, públicos ou particulares.

Atualmente, porém, em termos jurídicos, considera-se documento tudo aquilo capaz de demonstrar determinado fato. Ex.: áudio, vídeo etc. (documento em sentido amplo);

b) **Requisitos:**

São requisitos da prova documental: a verdade (a constatação do que está contido no documento) e a autenticidade (identificação de quem produziu o documento);

c) **Algumas notas importantes sobre a prova documental:**

c1) Ressalvadas algumas exceções legais, as partes poderão apresentar documentos em qualquer fase do processo – art. 231 do CPP. Segue caso de restrição de apresentação da prova documental: apresentação de documentos em plenário do júri. Confira-se o seguinte dispositivo:

> "Art. 479. Durante o julgamento não será permitida a leitura de documento ou a exibição de objeto que não tiver sido juntado aos autos com a antecedência mínima de 3 (três) dias úteis, dando-se ciência à outra parte";

c2) O juiz poderá providenciar a juntada de documento que considerar relevante independentemente de requerimento das partes – art. 234 do CPP;

c3) A letra e firma dos documentos particulares serão submetidas a exame pericial, quando contestada a sua autenticidade – art. 235 do CPP;

c4) Os documentos em língua estrangeira, sem prejuízo de sua juntada imediata, serão, se necessário, traduzidos por tradutor público, ou, na falta, por pessoa idônea nomeada pela autoridade – art. 236 do CPP.

12.2.9. Indícios

a) **Conceito:** segundo o art. 239 do CPP, "*considera-se indício a circunstância conhecida e provada, que, tendo relação com o fato, autorize, por indução, concluir-se a existência de outra ou outras circunstâncias*".

Segundo a doutrina, indício não se confunde com presunção. Esta "*é um conhecimento fundado sobre a ordem normal das coisas e que dura até prova em contrário*" (PIERANGELLI *apud* MIRABETE, 2002, p. 317).

Tanto o indício como a presunção são provas indiretas, ou seja, a representação do fato a provar se faz por meio de uma construção lógica (MIRABETE, 2002, p. 316).

Embora os indícios e presunções possuam, em tese, o mesmo valor que as demais provas é preciso que o julgador os avalie com cautela.

12.2.10. Busca e apreensão

a) **Conceito:** trata-se não propriamente de um meio de prova (consoante sugere o CPP), mas de um meio de obtenção da prova (BADARÓ, 2008, t. I, p. 271), de natureza acautelatória e coercitiva, consistente no apossamento de objetos ou pessoas;

b) **O que pode ser objeto de busca e apreensão?** Os objetos sobre os quais podem recair a busca e apreensão encontram-se nos §§ 1º e 2º do art. 240 do CPP. Enquanto o § 1º trata da busca domiciliar (realizada em domicílio), o § 2º trata da busca pessoal (realizada na própria pessoa). Analisemos esses parágrafos:

> "Art. 240, § 1º Proceder-se-á à busca domiciliar, quando fundadas razões a autorizarem, para:"

a) prender criminosos. **Nota:** salvo nos casos de prisão em flagrante, será necessária prévia ordem judicial para efetuar a busca e apreensão de criminosos. Não pode o delegado, portanto, determiná-la sem prévia ordem de um juiz, salvo se se tratar de flagrante delito;

b) apreender coisas achadas ou obtidas por meios criminosos;

c) apreender instrumentos de falsificação ou de contrafação e objetos falsificados ou contrafeitos;

d) apreender armas e munições, instrumentos utilizados na prática de crime ou destinados a fim delituoso;

e) descobrir objetos necessários à prova de infração ou à defesa do réu;

f) apreender cartas, abertas ou não, destinadas ao acusado ou em seu poder, quando haja suspeita de que o conhecimento do seu conteúdo possa ser útil à elucidação do fato.

Nota: vale notar que, conforme determina o art. 5º, XII, da CF/1988, a comunicação por meio de carta é inviolável. A CF, inclusive, não previu exceções aqui (consoante fez no caso de comunicação telefônica). Apesar disso, o STF (HC 70814/SP, *DJ* 24/06/1994) já decidiu que o sigilo das correspondências não é absoluto, podendo sim, em certos casos, ser violado. Partindo desse julgado do STF, pensamos que, na falta de disciplina legal sobre o tema, para que se possa violar a correspondência de alguém, são necessários os mesmos requisitos da interceptação telefônica (art. 2º da Lei 9.296/1996), i. e.: necessidade de prévia ordem judicial, crime punido com reclusão etc.;

g) apreender pessoas vítimas de crimes;

h) colher qualquer elemento de convicção.

Nota: é oportuno salientar que a busca domiciliar, conforme impõe o art. 5º, XI, da CF/1988, só poderá ser realizada de dia e se houver ***prévio mandado judicial***. Assim, é inconstitucional o art. 241 do CPP, quando afirma que, no caso de o próprio delegado realizar a busca domiciliar, será *desnecessário o mandado judicial*. Confira-se o dispositivo:

> "Art. 241. Quando a própria autoridade policial ou judiciária não a realizar pessoalmente, a busca domiciliar deverá ser precedida da expedição de mandado."

Desse modo, mesmo que a busca domiciliar seja realizada pela *própria autoridade policial*, o mandado judicial revela-se **indispensável**. Isto é assim porque o art. 5°, XI, da CF estabelece, de maneira expressa, a necessidade de mandado judicial para ingressar em casa alheia, *sem fazer exceção em relação à autoridade policial.*

Passemos, agora, ao exame da busca pessoal:

> "Art. 240, § 2º Proceder-se-á à busca pessoal quando houver fundada suspeita de que alguém oculte consigo arma proibida ou algum dos objetos mencionados nas letras *b* a *f* e letra *h* do parágrafo anterior."

Conforme sublinha Badaró (2008, t. I, p. 274), a busca pessoal importa em restrição à garantia constitucional da intimidade (art. 5º, X, da CF/1988), incidindo sobre a pessoa humana, abrangendo o seu corpo, suas vestes (que é um provável meio de ocultação de coisa) e outros objetos que estejam em contato com o corpo da vítima (bolsas, mochilas etc.).

Assim como a busca domiciliar, a pessoal exige ordem prévia de juiz. Excepcionalmente, porém, admite-se a dispensa da ordem judicial no caso de prisão ou quando houver fundada suspeita de que a pessoa esteja na posse de arma proibida ou de objetos ou papéis que constituam corpo de delito, ou quando a medida for determinada no curso de busca domiciliar (art. 244 do CPP).

É oportuno ainda frisar que a busca em mulher será feita por outra mulher, se não importar retardamento ou prejuízo da diligência (art. 249 do CPP);

c) **Momento para proceder à busca e apreensão:** dada a urgência da medida, costuma a doutrina afirmar que busca e apreensão podem ocorrer inclusive antes da instauração do IP, durante o curso deste, durante o processo e, até mesmo, na fase de execução da pena;

d) **Quem pode realizá-la?** Pode ser determinada de ofício pela autoridade ou a requerimento das partes (art. 242 do CPP);

e) **Mandado de busca:** o mandado deverá:

I. indicar, o mais precisamente possível, a casa em que será realizada a diligência e o nome do respectivo proprietário ou morador; ou, no caso de busca pessoal, o nome da pessoa que terá de sofrê-la ou os sinais que a identifiquem;

II. mencionar o motivo e os fins da diligência;

III. ser subscrito pelo escrivão e assinado pela autoridade que o fizer expedir;

f) **Emprego de força:** em caso de resistência por parte do morador, é permitido o uso da força, podendo-se inclusive arrombar a porta e usar de força contra os demais obstáculos existentes (§§ 2º e 3º do art. 245, do CPP). Estando ausente o morador, qualquer vizinho poderá ser intimado para assistir à diligência (§ 4º do art. 245, do CPP);

g) **Lavratura do auto:** finda a diligência, os executores lavrarão auto circunstanciado, assinando-o com duas testemunhas presenciais (§ 7º do art. 245, do CPP).

13. Sujeitos processuais

13.1. Conceito

São *"as pessoas entre as quais se constitui, se desenvolve e se completa a relação jurídico-processual"* (MIRABETE, 2001, p. 324). Ou, ainda: *são as diversas pessoas que, direta ou indiretamente, atuam no curso do processo, visando à prática de atos processuais.*

13.2. Sujeitos processuais principais (essenciais)

São aqueles cuja existência é essencial para que se tenha uma relação jurídica processual regularmente instaurada. Compreendem: o juiz, a acusação (MP ou querelante) e o réu.

13.3. Sujeitos processuais secundários (acessórios, colaterais)

São pessoas que, embora não imprescindíveis à formação do processo, nele poderão intervir com o escopo de formular determinada pretensão. Ex.: assistente de acusação.

Examinaremos abaixo alguns dos sujeitos processuais mais importantes.

13.4. Juiz

Conforme dispõe o art. 251 do CPP, ao magistrado cabe assegurar a regularidade do processo e a ordem no curso dos atos processuais.

a) **Prerrogativas (ou garantias):** para que seja efetivo o exercício da atividade jurisdicional, a CF (art. 95) confere ao juiz algumas garantias, quais sejam:

a1) **Vitaliciedade:** consistente na impossibilidade de perda do cargo, salvo por sentença transitada em julgado. A vitaliciedade, no primeiro grau, só será adquirida após dois anos de exercício, dependendo a perda do cargo, nesse período, de deliberação do tribunal a que o juiz estiver vinculado e, nos demais casos (após os 2 anos de exercício), de sentença judicial transitada em julgado;

a2) **Inamovibilidade**: consiste na vedação de remoção do juiz, salvo por interesse público, nos termos do art. 93, VIII, da CF/1988;

a3) **Irredutibilidade de subsídio**: consiste na impossibilidade de redução da remuneração do juiz, ressalvado o disposto nos arts. 37, X e XI, 39, § 4º, 150, II, 153, III, e 153, § 2º, I, todos da CF.

Ademais, é fundamental que o juiz seja imparcial, ou seja, neutro em relação às partes e ao objeto do processo. A imparcialidade do juiz é, na verdade, dogma do próprio sistema acusatório pretendido pelo Constituinte de 1988.

Vejamos, agora, os casos de impedimento e suspeição do magistrado;

b) **Impedimento:** ocorre quando há interesse do juiz no objeto da demanda, afetando a própria jurisdição e provocando a inexistência do processo. Com efeito, são motivos de incapacidade objetiva do juiz. O impedimento deve ser reconhecido de ofício pelo juiz; não o fazendo pode qualquer parte argui-lo, adotando-se o mesmo rito da suspeição – *vide* art. 112, parte final, do CPP. Eis os casos de impedimento (considerados taxativos):

> "Art. 252. O juiz não poderá exercer jurisdição no processo em que:
>
> I. tiver funcionado seu cônjuge ou parente, consanguíneo ou afim, em linha reta ou colateral até o terceiro grau, inclusive, como defensor ou advogado, órgão do Ministério Público, autoridade policial, auxiliar da justiça ou perito;
>
> II. ele próprio houver desempenhado qualquer dessas funções ou servido como testemunha;
>
> III. tiver funcionado como juiz de outra instância, pronunciando-se, de fato ou de direito, sobre a questão;
>
> IV. ele próprio ou seu cônjuge ou parente, consanguíneo ou afim em linha reta ou colateral até o terceiro grau, inclusive, for parte ou diretamente interessado no feito."

Como visto anteriormente, as hipóteses influem direta ou indiretamente no juízo de valor do magistrado sobre a causa em exame, colocando em risco a sua imparcialidade. Influem diretamente quando este já atuou, manifestou-se sobre os fatos anteriormente, ou tem interesse no deslinde da demanda (II, III e IV); indiretamente, quando algum parente ou cônjuge atua ou atuou no feito (I e IV).

No que tange a órgãos julgadores colegiados (Turma Recursal do JECRIM[75]; Câmara; ou Turma), estabelece o art. 253 do CPP, que: *"não poderão servir no mesmo processo os juízes que forem entre si parentes, consanguíneos ou afins, em linha reta ou colateral até o terceiro grau, inclusive"*.

Por fim, o reconhecimento de impedimento pelo juiz, seja ele de ofício ou provocado, depende sempre de fundamentação;

c) **Suspeição:** ocorre quando o juiz não tem a necessária imparcialidade para julgar (por interesses ou sentimentos pessoais – *incapacidade subjetiva do juiz*). A imparcialidade é pressuposto de validade do processo. O juiz pode se dar por suspeito de ofício; não o fazendo as partes poderão recusá-lo.

Eis os **casos** de suspeição do juiz (a jurisprudência entende que o rol abaixo não é taxativo):

> "Art. 254. O juiz dar-se-á por suspeito, e, se não o fizer, poderá ser recusado por qualquer das partes:"

I. se for amigo íntimo ou inimigo capital de qualquer deles;

O que é ser amigo íntimo para este dispositivo? É a convivência familiar (compadrio, apadrinhamento etc.). Não caracteriza suspeição a amizade superficial, o mero coleguismo, a mera convivência profissional etc.

Aplique-se tudo o que foi dito aqui, *mutatis mutandis*, à inimizade capital.

Ademais, a amizade íntima ou inimizade capital deve ser aferida em relação às partes em sentido material (réu e vítima) e não em relação ao promotor, advogado, que são partes instrumentais. Porém, nada impede que, inclusive em relação às partes instrumentais, o juiz se dê por suspeito por razão de foro íntimo, invocando, por analogia, o art. 135, parágrafo único, do CPC;

II. se ele, seu cônjuge, ascendente ou descendente, estiver respondendo a processo por fato análogo, sobre cujo caráter criminoso haja controvérsia;

Note-se que essa controvérsia se caracteriza ainda que se dê de forma minoritária.

Ademais, há quem defenda que esse dispositivo deva ser aplicado também ao companheiro(a) e não apenas ao cônjuge;

III. se ele, seu cônjuge, ou parente, consanguíneo, ou afim, até o terceiro grau, inclusive, sustentar demanda ou responder a processo que tenha de ser julgado por qualquer das partes;

Reconhece-se a suspeição aqui por conta da possível troca de favores que poderia ocorrer nessa situação;

IV. se tiver aconselhado qualquer das partes;

V. se for credor ou devedor, tutor ou curador, de qualquer das partes;

VI. se for sócio, acionista ou administrador de sociedade interessada no processo.

Por outro lado, ressalte-se que não é possível o reconhecimento da suspeição quando a parte, deliberadamente, injuriar ou provocar situação que enseje a suspeição do magistrado (art. 256 do CPP). A lei não pode premiar aquele que age mediante torpeza. Eventuais desentendimentos entre juiz e advogado não conduzem à suspeição, já que essa diz respeito à relação do juiz com as partes do processo e não com o advogado.

Finalmente, confira-se o teor do art. 255, que diz: "o impedimento ou suspeição decorrente de parentesco por afinidade cessará pela dissolução do casamento que lhe tiver dado causa, salvo sobrevindo descendentes; mas, ainda que dissolvido o casamento sem descendentes, não funcionará como juiz o sogro, o padrasto, o cunhado, o genro ou enteado de quem for parte no processo".

75. Juizado Especial Criminal – Lei 9.099/1995

Cuidado para não confundir suspeição com impedimento:

- ✔ **Suspeição:** vínculo subjetivo do juiz com as partes (ex.: amizade íntima do juiz com o réu) ou com o assunto discutido no processo (ex.: juiz figura como demandante em outro processo em que se discute o mesmo assunto). Provoca nulidade absoluta. É motivo de incapacidade subjetiva. Deve ser reconhecida de ofício pelo juiz, não o fazendo pode qualquer parte argui-la. Procedimento: art. 96 e ss. do CPP;
- ✔ **Impedimento:** fundamenta-se em razões de ordem objetiva (ex.: a advogada do feito é esposa do juiz). Afeta a própria jurisdição. Provoca a inexistência do processo. É motivo de incapacidade objetiva do juiz. Deve ser reconhecido de ofício pelo juiz, não o fazendo pode qualquer parte argui-lo. Adota-se o mesmo rito da suspeição.

13.5. Ministério Público

De acordo com o art. 127 da CF/1988: "o Ministério Público é instituição permanente, essencial à função jurisdicional do Estado, incumbindo-lhe a defesa da ordem jurídica, do regime democrático e dos interesses sociais e individuais indisponíveis". O MP é, assim, responsável pela manutenção do equilíbrio jurídico da sociedade.

a) **Natureza da instituição:** conforme aponta certa doutrina, o MP integra o Estado, mas não está atrelado a nenhum dos Poderes. É, portanto, instituição *independente e fiscalizadora dos Poderes, desempenhando função essencial à justiça;*

b) **Prerrogativas (ou garantias):** as mesmas do magistrado, ou seja, vitaliciedade, inamovibilidade e irredutibilidade de subsídio;

c) **Papel do MP no processo penal:** possui função dúplice. Atua como órgão legitimado para a acusação, sendo o titular exclusivo das ações penais públicas (art. 129, I, da CF/1988), mas, acima de tudo, funciona, necessariamente, como fiscal da lei em todos os processos (art. 127 da CF/1988).

Em decorrência disso, não está o MP obrigado a oferecer a denúncia ou a pedir a condenação do acusado quando inexistirem elementos legais ou fáticos nos autos. Desse modo, se no momento da *opinio delicti* (elaboração da denúncia) entender o MP que não há fundamento para a ação penal, deverá manifestar-se pelo arquivamento do inquérito ou das peças de informação. Da mesma forma, se, ao final da instrução, verificar que não há motivo para a condenação do acusado, deve pugnar pela sua absolvição. O seu principal compromisso é com a observância da lei, dos valores constitucionais, motivo pelo qual a função de fiscal da lei está, inequivocamente, acima da função acusatória.

d) **A atuação do MP na ação penal pública:**

Atua como parte formal. Como dito, não é uma parte como outra qualquer, pois atua como fiscal da lei e tem compromisso, em última análise, com a promoção da justiça no processo penal. Não está, assim, adstrito ao pleito condenatório. Pode impetrar HC, MS, pedir a absolvição do acusado, recorrer em prol deste. Note-se que o MP sempre exerce a função de *custos legis*, mesmo quando é autor da ação;

e) **A atuação do MP na ação penal privada**

e1) Exclusivamente privada/personalíssima

Na ação privada, o MP atua como fiscal da lei. Pode aditar a queixa para, por exemplo, promover correções formais (indicação do procedimento adequado, dia, hora e local do crime etc.).

Dentre as funções que desempenha na ação privada, está a de velar por sua indivisibilidade. Assim, em caso de exclusão indevida de agente(s) pelo querelante, conforme sustenta certo setor da doutrina, não deve o MP aditar a queixa. Deve, no prazo previsto pelo § 2º do art. 46 do CPP, provocar a vítima para que esta promova o aditamento.

Em caso de sentença condenatória proferida contra o querelado, pode o MP, na função de *custos legis,* apelar pedindo a sua absolvição; ou, noutro giro, apelar pedindo a exasperação da pena.

Sendo a sentença absolutória, entende-se que o MP não poderá apelar (buscando a condenação, p. ex.). É que vige aqui o princípio da oportunidade;

e2) Subsidiária da pública

A atuação do MP aqui é bem mais intensa, uma vez que embora essa ação penal seja encabeçada pela vítima, ela (a ação) continua a possuir notória natureza pública. Assim, é possível ao MP (art. 29 do CPP):

I. Aditar a queixa para incluir novos fatos e/ou novos agentes (prazo de 3 dias – art. 46, § 2º, do CPP);
II. Repudiar a queixa quando esta for, por exemplo, inepta, apresentando denúncia substitutiva;
III. Fornecer elementos de prova;
IV. Interpor recurso;
V. A todo tempo, retomar como parte principal em caso de negligência por parte do querelante.

f) **Hipóteses de suspeição e impedimento do MP:** tais hipóteses são, *mutatis mutandis,* as mesmas do juiz (consultar a exposição efetuada anteriormente).

Por outro lado, vale recordar a súmula 234 do STJ, que diz: *"a participação de membro do Ministério Público na fase investigatória criminal não acarreta o seu impedimento ou suspeição para o oferecimento da denúncia"*. Não faria mesmo sentido restringir a participação do membro ministerial que atuou na fase de investigação, haja vista o papel do MP de titular da ação penal pública. Ademais, lembre-se de que as investigações criminais têm o MP como destinatário imediato;

g) **Princípios que informam o MP (princípios institucionais)**

g1) **Unidade:** consiste na integralidade do MP como instituição pública. Isto não provoca qualquer óbice em relação à distribuição das atribuições, já que é preciso fracioná-las para que se obtenha uma atuação mais eficiente de seus membros;

g2) **Indivisibilidade:** qualquer integrante do mesmo MP pode atuar no feito em curso sem a necessidade de designação específica. Essa atuação ocorre muito em comarcas situadas no interior dos Estados, quando, por exemplo, um promotor está em período de férias e outro, de comarca vizinha, assume temporariamente as suas atribuições. Não lhe será exigido qualquer ato específico de designação para aquele processo. Portanto, seus reflexos se dão predominantemente no âmbito endoprocessual, ou seja, no interior da relação processual;

g3) **Independência funcional:** O MP, no exercício das suas atribuições respectivas, não está subordinado a qualquer dos Poderes do Estado.

13.6. Querelante (vítima)

É o sujeito ativo da ação penal privada. O querelante atua como legitimado extraordinário, i. e., age em nome próprio, defendendo interesse do Estado (que é o titular do direito de punir)

13.7. Assistente de acusação

É a vítima ou seu representante legal, ou, na falta destes, o CCADI, que se habilita para intervir como auxiliar acusatório do MP na ação penal pública (*vide* art. 268 do CPP).

13.7.1. Quem pode habilitar-se como assistente de acusação?

Conforme visto, a vítima. Sendo esta incapaz, seu representante legal. Na falta da vítima (morte ou ausência) e de seu representante, poderão se habilitar como assistente o CCADI.

Por outro lado, frise-se que a lei não admite que o corréu, no mesmo processo, figure como assistente de acusação, haja vista ser também parte (art. 270 do CPP).

13.7.2. Quando poderá habilitar-se o assistente?

A partir do recebimento da denúncia até o trânsito em julgado (arts. 268 e 269 do CPP). Assim, não cabe o instituto da assistência na fase de IP e na fase de execução penal.

No procedimento do Júri, o assistente deverá requerer sua habilitação até 5 dias antes da data da sessão – art. 430 do CPP.

Destaque-se que o assistente receberá a causa no estado em que esta se achar – art. 269 do CPP. Isto visa a evitar dilações indevidas do processo (propositura de novas provas em fase inadequada, por exemplo).

Efetuado o pedido de habilitação como assistente, o juiz o remeterá ao MP para a manifestação deste órgão (art. 272 do CPP). Após o parecer do MP, o juiz decidirá se admite ou não o requerimento de assistência.

Ainda, diz o art. 273 do CPP, que "do despacho que admitir, ou não, o assistente, não caberá recurso, devendo, entretanto, constar dos autos o pedido e a decisão". Apesar do conteúdo deste artigo, tem entendido a doutrina que, em caso de indeferimento arbitrário, é cabível o mandado de segurança.

13.7.3. Faculdades processuais do assistente (o que pode ele fazer no curso do processo?)

Sobre o tema, sublinha o art. 271 do CPP (considerado taxativo por certo setor da doutrina): "ao assistente será permitido propor meios de prova, requerer perguntas às testemunhas, aditar o libelo e os articulados, participar do debate oral e arrazoar os recursos interpostos pelo Ministério Público, ou por ele próprio, nos casos dos arts. 584, § 1º, e 598".

Esmiuçando esse dispositivo temos que ao assistente é facultado:

I. Propor meios de prova;
II. Realizar perguntas às testemunhas;
III. Aditar o libelo e os articulados. Este inciso está prejudicado no que tange ao libelo, pois não mais existe esta peça no procedimento do Júri;
IV. Participar de debate oral;
V. Arrazoar recursos interpostos pelo MP. Caso o MP recorra de alguma decisão no curso do processo, poderá o assistente colacionar as suas razões à impugnação ministerial;
VI. O assistente, previamente habilitado ou não, pode interpor (e arrazoar), autonomamente, recurso no caso de inércia recursal do MP nos seguintes casos: decisão de impronúncia (art. 584, § 1º); quando julgada extinta a punibilidade (art. 584, § 1º); e no caso de sentença absolutória (art. 598).

Destaque-se também a súmula 210 do STF, que diz: "o assistente do Ministério Público pode recorrer, inclusive extraordinariamente, na ação penal, nos casos dos arts. 584, § 1º, e 598 do Código de Processo Penal".

Questão final: há **interesse** do assistente de acusação em interpor recurso de modo exclusivo (sem recurso do MP, portanto) para **agravar** a pena fixada ao réu?

I. Significativa parcela da **doutrina** entende que é **impossível** ao assistente de acusação apelar de modo exclusivo para **majorar** a punição imposta ao réu. Isto porque, sustentam esses autores, a vítima no processo penal brasileiro teria tão somente interesse em obter **reparação civil** dos danos causados pelo delito. Por esta razão, sendo prolatada a sentença penal **condenatória**, constituído, pois, o **título executivo judicial**, **cessaria**, desse ponto em diante, o interesse do ofendido, já que, como cediço, *a quantidade de pena aplicada não repercute na reparação civil*;

II. **De outro lado**, sustentando haver sim **interesse-utilidade**, está também considerável doutrina e a jurisprudência dos tribunais superiores. Para essa segunda corrente, é preciso reconhecer na figura do assistente de acusação mais do que um simples interesse de ser indenizado no campo cível, pois deve ele estar comprometido, também, com a justa aplicação da lei penal.

13.8. Acusado

o réu ocupa o polo passivo da relação processual penal. Por conta de um critério biopsicológico adotado pelo CP e pela CF, só pode ser acusado o maior de 18 anos.

Ainda no que concerne à idade do acusado, é importante destacar que as disposições dos arts. 15, 262 e 564, III, *c*, do CPP, foram tacitamente revogadas pelo Código Civil de 2002. Com o advento deste Código, estabelecendo a maioridade civil aos 18 anos, as disposições inerentes à nomeação de curador para o réu maior de 18 anos e menor de 21 anos perderam o sentido.

Por outro lado, recorde-se que, nas ações penais privadas, o réu recebe a denominação de querelado.

Ainda, a pessoa jurídica é admitida atualmente como ré nos crimes ambientais, desde que a pessoa física que causou o dano integre o polo passivo como corréu (teoria da dupla imputação).

13.8.1. Direitos do acusado

por ser a parte mais frágil da relação processual penal, ao acusado são garantidos diversos direitos, buscando-se, assim, dentre outras coisas, assegurar a ampla defesa e evitar abusos por parte do órgão de acusação e do Estado-juiz. Já examinamos grande parte desses direitos ao longo desse livro. Apenas para lembrar, listamos aqui alguns: direito ao silêncio; direito de entrevistar-se previamente com seu defensor antes do interrogatório; direito à defesa técnica; direito de ser considerado presumidamente inocente até o trânsito em julgado de sentença penal condenatória etc.

13.9. Defensor

É aquele que, possuindo capacidade postulatória, patrocina a defesa técnica do acusado.

Vale recordar que a defesa técnica no processo penal é obrigatória, sob pena de nulidade absoluta do processo (art. 261 do CPP). Nesse sentido, STF, súmula 523: "no processo penal, a falta da defesa constitui nulidade absoluta, mas a sua deficiência só o anulará se houver prova de prejuízo para o réu". Isso é assim porque o réu é reconhecidamente sujeito hipossuficiente na relação processual penal, necessitando de amparo técnico para o exercício de sua defesa (direito inalienável e irrevogável) (SANTIAGO, 2009, p. 228).

Rememore-se também que, caso o acusado possua capacidade postulatória, poderá, querendo, exercer o autopatrocínio (autodefender-se), hipótese em que a presença de um defensor técnico poderá ser dispensada.

É oportuno transcrever o teor do art. 265 do CPP, que diz: "o defensor não poderá abandonar o processo senão por motivo imperioso, comunicado previamente o juiz, sob pena de multa de 10 (dez) a 100 (cem) salários mínimos, sem prejuízo das demais sanções cabíveis. § 1º A audiência poderá ser adiada se, por motivo justificado, o defensor não puder comparecer. § 2º Incumbe ao defensor provar o impedimento até a abertura da audiência. Não o fazendo, o juiz não determinará o adiamento de ato algum do processo, devendo nomear defensor substituto, ainda que provisoriamente ou só para o efeito do ato".

Por questões didáticas, apresentaremos abaixo as denominações comumente utilizadas para o defensor:

I. Constituído (ou procurador): é o defensor constituído pelo acusado por meio de procuração ou, diretamente, por meio de indicação verbal no momento em que for ouvido pela primeira vez;

II. Defensor público: membro da Defensoria Pública, no contexto aqui trabalhado, atua na defesa dos interesses daqueles que não dispõem de recursos financeiros para arcar com as despesas de um advogado particular. A sua atuação, em regra, independe da constituição por meio de procuração, salvo nas hipóteses dos arts. 39 e 44 do CPP.

A Defensoria goza de prerrogativas processuais (arts. 44, 89 e 128, todos da LC 80/1994). Algumas das prerrogativas são: a intimação pessoal de quaisquer atos, em qualquer processo ou grau, jurisdicional ou administrativo; a contagem em dobro dos seus prazos; o livre acesso nos estabelecimentos em que atuam; realização de vista pessoal dos autos; e a comunicação pessoal e reservada com os seus assistidos.

III. Defensor dativo: é o advogado nomeado pelo juiz ante a ausência de defensor constituído pelo réu e/ou de defensor público na comarca;

IV. Defensor *ad hoc:* é o advogado designado pelo juiz para atuar na prática de determinado ato do processo. Esta designação decorre da ausência de defensor constituído e/ou de defensor público no momento em que se necessita de um patrono para atuar/acompanhar certo ato.

13.10. Servidores do Poder Judiciário

Também denominados servidores da justiça ou serventuários, são aquelas pessoas investidas em cargo público (funcionários públicos) com atuação no Poder Judiciário. Ex.: escrivão, oficial de justiça, entre outros que integram a estrutura cotidiana de funcionamento do Judiciário.

Com efeito, também estão sujeitos, no que couber, ao regime de suspeição e impedimento (por analogia) inerente aos juízes (art. 274 do CPP). Dessa maneira, é possível, por exemplo, o afastamento de escrivão que possua interesse no feito para se evitar eventuais efeitos negativos sobre o andamento do processo.

13.11. Auxiliares do juízo

São aqueles que colaboram com o julgador quando este necessita de conhecimentos especializados em determinada área do saber humano. Ex.: perito e intérprete.

É oportuno destacar que os assistentes técnicos não são considerados auxiliares do juiz, pois possuem vínculo com as partes (art. 159, §§ 3º e 4º, do CPP). São, pois, contratados pelas partes para oferecer parecer técnico sobre algum assunto.

13.11.1. Suspeição e impedimento:

Aplicam-se as regras de suspeição e impedimento (por analogia) relativas aos juízes ao perito e ao intérprete (arts. 280 e 281 do CPP).

14. Prisão, medidas cautelares e liberdade provisória (de acordo com a Lei 12.403/2011)

A Lei 12.403/2011, que alterou o CPP, trouxe uma série de novidades para o universo da prisão provisória (cautelar ou processual) e da liberdade provisória, criando, ainda, diversas medidas cautelares pessoais diversas da prisão. Ao longo deste capítulo, analisaremos as mudanças trazidas pela nova lei.

14.1. Prisão: noções introdutórias

Prisão é a *supressão da liberdade de locomoção do indivíduo.* A doutrina costuma dividir a prisão em: **prisão-pena** (que é aquela que *decorre* de sentença penal condenatória *transitada em julgado*) e **prisão sem pena** (que é a que ocorre *antes* da uma sentença penal definitiva). São **espécies** de **prisão sem pena**: prisão civil e prisão provisória (cautelar ou processual). Examinemos brevemente cada uma delas.

14.1.1. Prisão civil

Atualmente, esta modalidade de prisão só existe para o devedor (voluntário e inescusável) de alimentos (art. 5º, LXVII, da CF/1988), pois, com o advento da súmula vinculante nº 25 do STF, passou-se a considerar "ilícita a prisão civil do depositário infiel, qualquer que seja a modalidade de depósito".

14.1.2. Prisão provisória (cautelar ou processual)

Consiste no encarceramento cautelar do indivíduo (antes de sentença penal definitiva, portanto). Atualmente, são **espécies** de prisão provisória: *a prisão em flagrante, a prisão temporária e a prisão preventiva.* Note o leitor que *foram revogadas a prisão decorrente de sentença condenatória recorrível (antigo art. 594 do CPP) e a prisão decorrente de pronúncia (antigo art. 408, § 1º, do CPP).* Isto porque as Leis 11.689/2008 e 11.719/2008, coroando contundente entendimento da comunidade jurídica, revogaram essas duas modalidades de prisão provisória. Mais adiante, estudaremos de forma mais detalhada as espécies de prisão provisória. Por ora, que fique claro que, conforme determina o novo art. 300 do CPP (alterado pela **Lei 12.403/2011**), as pessoas presas provisoriamente ficarão separadas das que já estiverem definitivamente condenadas, nos termos da lei de execução penal. O militar, por sua vez, preso em flagrante delito, após a lavratura dos procedimentos legais, será recolhido a quartel da instituição a que pertencer, onde ficará preso à disposição das autoridades competentes (parágrafo único do art. 300, do CPP).

14.2. Prisão decorrente de *ordem judicial*

Inicialmente, convém transcrever o famoso art. 5º, LXI, da CF/1988, que diz: "ninguém será preso senão em flagrante delito ou *por ordem escrita e fundamentada de autoridade judiciária competente*, salvo nos casos de transgressão militar ou crime propriamente militar, definidos em lei" (grifo nosso). Com efeito, *salvo* os casos explicitados por esse dispositivo (prisão em flagrante, transgressão militar e crime propriamente militar) – e algumas outras hipóteses que veremos no tópico logo abaixo - *vige no Brasil a regra da necessidade de ordem judicial prévia para a imposição de prisão ao indivíduo.* Exemplos: sentença penal condenatória transitada em julgado, decisão pela preventiva etc.[76].

Pois bem, sendo o caso de prisão decorrente de ordem judicial (preventiva, por exemplo), o magistrado que decretou a prisão deverá expedir o competente mandado prisional. Segundo o art. 291 do CPP, entende-se realizada a prisão por mandado quando "o executor, fazendo-se conhecer do réu, lhe apresente o mandado e o intime a acompanhá-lo". Há, porém, uma série de formalidades ligadas ao *mandado* que, na sequência, serão analisadas.

O art. 285, parágrafo único, do CPP, por exemplo, estabelece que o mandado deverá: a) ser lavrado pelo escrivão e assinado pela autoridade (juiz); b) designar a pessoa, que tiver de ser presa, por seu nome, alcunha ou sinais característicos; c) mencionar a infração penal que motivar a prisão; d) declarar o valor da fiança arbitrada, quando afiançável a infração; e e) ser dirigido a quem tiver qualidade para dar-lhe execução.

O art. 286 do CPP, por sua vez, diz que "o mandado será passado em duplicata, e o executor entregará ao preso, logo depois da prisão, um dos exemplares com declaração do dia, hora e lugar da diligência. Da entrega deverá o preso passar recibo no outro exemplar; se recusar, não souber ou não puder escrever, o fato será mencionado em declaração, assinada por duas testemunhas".

Ademais, estabelece o art. 288 do CPP, que ninguém poderá ser recolhido à prisão sem que o mandado seja exibido ao respectivo diretor do presídio ou carcereiro. Para tanto, o executor deverá entregar ao diretor ou carcereiro uma cópia assinada do mandado ou apresentar a guia expedida pela autoridade competente. De uma forma ou de outra, deverá ser passado recibo (até no próprio exemplar do mandado) com declaração de dia e hora da entrega do preso.

Noutro giro, de acordo com a alteração promovida pela **Lei 12.403/2011** no CPP, o juiz, ao expedir o mandado de prisão, deverá providenciar o imediato **registro** desse documento em **banco de dados** mantido pelo Conselho Nacional de Justiça (CNJ) para essa finalidade (novo art. 289-A).

Estabelece o § 1º deste mesmo dispositivo (art. 289-A) que qualquer agente policial poderá efetuar a prisão determinada no mandado de prisão registrado no CNJ, *ainda que fora da competência territorial do juiz que o expediu.*

Mas não é só, pois o § 2º diz que mesmo que o mandado *não esteja registrado* no referido banco de dados do CNJ, *ainda assim será possível a prisão do indivíduo por parte de qualquer agente policial.* Entretanto, neste caso, o agente policial responsável pela prisão do sujeito deverá, primeiro, adotar as precauções necessárias para averiguar a autenticidade do mandado e, segundo, comunicar a prisão ao juiz que a decretou. O magistrado, por sua vez, ao ser comunicado da prisão que decretou, deverá providenciar, em seguida, o registro do mandado no mencionado banco de dados do CNJ.

Efetuada a prisão, esta será "imediatamente comunicada ao juiz do local de cumprimento da medida (leia-se: do local da captura) o qual providenciará a certidão extraída do registro do Conselho Nacional de Justiça e informará ao juízo que a decretou" – § 3º do art. 289-A, do CPP.

Finalmente, ocorrida a prisão, o preso será informado de seus direitos, nos termos do inciso LXIII do art. 5º, da CF/1988 (direito de permanecer calado, sendo-lhe assegurada a assistência da família e de advogado), e, caso o autuado não informe o nome de seu advogado, será comunicado o fato à Defensoria Pública – § 4º do art. 289-A, do CPP.

Nessa última hipótese, a ausência de comunicação do flagrante em 24h ensejará a nulidade do flagrante, **exceto:**

a) se na comarca e adjacências **não houver Defensoria Pública**, como se depreende do **STJ, HC 186.456/MG, *DJe* 19.10.2011**: "no caso concreto, o juízo homologou a prisão em flagrante no prazo de 24 horas, nos termos do art. 306 do CPP, razão por que não há falar em constrangimento ilegal. A não comunicação à Defensoria Pública se justificou pela ausência da instituição na localidade ou mesmo nas proximidades, denotando-se, assim, a impossibilidade de cumprimento do art. 306, § 1º, do CPP".

b) se houver a comunicação em prazo razoável, segundo entendimento do **STJ no RHC 25.633/SP, *DJe* 14.09.2009**, a seguir transcrito: "I - Na linha de precedentes desta Corte, não há que se falar em vício formal na lavratura do auto de prisão em flagrante se sua comunicação, mesmo tendo ocorrida a destempo da regra prevista no art. 306, § 1º, do Código de Processo Penal, foi feita em lapso temporal que está dentro dos limites da razoabilidade (precedentes). (...) Preso em 29.08.2008, sua prisão foi notificada à defensoria pública em 02.09.2008. Desse modo, em razão da regularidade da prisão em flagrante, entendo que o atraso na comunicação do órgão de defesa constitui-se em mera irregularidade que não tem o condão de ensejar o relaxamento de sua segregação".

---

76. Reforça essa ideia o novel art. 283, *caput*, do CPP, que, alterado pela Lei 12.403/2011, diz: "ninguém poderá ser preso senão em flagrante delito ou por ordem escrita e fundamentada da autoridade judiciária competente, em decorrência de sentença condenatória transitada em julgado ou, no curso da investigação ou do processo, em virtude de prisão temporária ou prisão preventiva".

14.3. Prisão sem prévia ordem judicial

Em casos específicos, o indivíduo poderá ser preso *sem* a ordem prévia de um juiz. São eles:

14.3.1. Prisão em flagrante

Situação em que qualquer pessoa poderá efetuar a prisão do indivíduo sem a necessidade de prévia ordem judicial (*vide* art. 301 do CPP). Sobre esta modalidade, aprofundaremos a abordagem mais adiante.

14.3.2. Transgressões militares ou crimes propriamente militares

A prisão aqui será decretada por autoridade militar (competência da Justiça Militar, portanto).

14.3.3. Prisão durante o Estado de Defesa e de Sítio (arts. 136, § 3º, I, e 139, II, da CF/1988, respectivamente)

São situações anômalas (guerra, por exemplo) em que autoridades *não judiciárias*, em certos casos, poderão decretar a prisão das pessoas.

14.3.4. Recaptura de réu evadido (art. 684 do CPP)

Conforme Mirabete (2006, p. 1.788), qualquer pessoa poderá efetuar a prisão do acusado/condenado que se evadiu da cadeia.[77]

14.3.5. Prisão do réu por crime inafiançável sem a posse prévia de ordem judicial (art. 287 do CPP)

Na verdade, nesse caso, os agentes policiais, no momento da captura do indivíduo praticante de crime inafiançável, sabem da existência de prévia ordem judicial expedida, porém não a possuem no exato instante da prisão. Nessa situação, autoriza a lei que os agentes policiais efetuem a prisão do indivíduo sem a referida ordem judicial, desde que apresentem imediatamente o capturado ao juiz expedidor do mandado.

77. Há, porém, quem afirme que este dispositivo estaria revogado por conta da revogação tácita de todo o Livro IV do CPP pela Lei de Execução Penal (7.210/1984).

14.4. Uso de força e de algemas no momento da prisão

Sobre o **emprego de força** no momento da prisão (com ou sem ordem judicial), estabelece o CPP, no art. 284, que "não será permitido o emprego de força, salvo a indispensável no caso de resistência ou de tentativa de fuga do preso". E, mais adiante, no art. 292: "se houver, ainda que por parte de terceiros, resistência à prisão em flagrante ou à determinada por autoridade competente, o executor e as pessoas que o auxiliarem poderão usar dos meios necessários para defender-se ou para vencer a resistência, do que tudo se lavrará auto subscrito também por duas testemunhas". **Em resumo**: só se deve empregar a força absolutamente necessária para efetuar a prisão do indivíduo, podendo os eventuais excessos das autoridades caracterizar abuso de autoridade, lesão corporal etc.[78]

Por outro lado, no que tange ao **uso de algemas**, a súmula vinculante 11 do STF, diz que: "só é lícito o uso de algemas em caso de resistência e de fundado receio de fuga ou de perigo à integridade física própria ou alheia, por parte do preso ou de terceiros, justificada a excepcionalidade por escrito, sob pena de responsabilidade disciplinar civil e penal do agente ou da autoridade e de nulidade da prisão ou do ato processual a que se refere, sem prejuízo da responsabilidade civil do Estado".

14.5. Prisão e (in)violabilidade do domicílio

Estabelece o art. 5º, XI, da CF/1988, que: "a casa é asilo inviolável do indivíduo, ninguém nela podendo penetrar sem consentimento do morador, salvo em caso de flagrante delito ou desastre, ou para prestar socorro, ou, durante o dia, por determinação judicial". Dessa passagem extrai-se que é possível penetrar em casa alheia, sem o consentimento do morador, nas seguintes situações:

14.5.1. Durante o dia

Por meio de flagrante delito; para prestar socorro; em caso de desastre; e através de mandado judicial. A expressão "dia", segundo majoritária doutrina, compreende o período das 06h00 às 18h00.

78. Eventuais excessos praticados pelo indivíduo a ser preso poderão caracterizar: resistência (art. 329 do CP); desobediência (art. 330 do CP); ou mesmo evasão mediante violência contra a pessoa (art. 353 do CP).

14.5.2. Durante a noite

Por meio de flagrante delito; para prestar socorro; e em caso de desastre. Impossível, portanto, durante o período noturno, adentrar em casa alheia (seja a do próprio infrator, seja a de terceiros) para dar cumprimento a mandado judicial. Nesse ponto, oportuno transcrever o art. 293 do CPP, que dispõe: "se o executor do mandado verificar, com segurança, que o réu entrou ou se encontra em alguma casa, o morador será intimado a entregá-lo, à vista da ordem de prisão. Se não for obedecido imediatamente, o executor convocará duas testemunhas e, sendo dia, entrará à força na casa, arrombando as portas, se preciso; sendo noite, o executor, depois da intimação ao morador, se não for atendido, fará guardar todas as saídas, tornando a casa incomunicável, e, logo que amanheça, arrombará as portas e efetuará a prisão. Parágrafo único. O morador que se recusar a entregar o réu oculto em sua casa será levado à presença da autoridade, para que se proceda contra ele como for de direito".[79]

Observação: a expressão "casa", constante da passagem constitucional citada, possui ampla abrangência. Para o CP (art. 150, § 4º), o termo "casa" compreende: "I - qualquer compartimento habitado; II - aposento ocupado de habitação coletiva; III - compartimento não aberto ao público, onde alguém exerce profissão ou atividade". Para tornar mais claro, seguem alguns exemplos de "casa": estabelecimento comercial; escritório de contabilidade (STF HC 93050/RJ, *DJ* 10/06/2008); quarto de hotel ocupado (STF RHC 90376/RJ, *DJ* 03/04/2007); escritório de advocacia; consultório médico; quarto de pensão (NUCCI, 2006, p. 510).

Por outro lado, para o CP, *não se* compreendem na expressão "casa" (art. 150, § 5º): "I - hospedaria, estalagem ou qualquer outra habitação coletiva, enquanto aberta, salvo a restrição do n.º II do parágrafo 4º (i. e.: aposento *ocupado* de habitação coletiva); II - taverna, casa de jogo e outras do mesmo gênero".

79. Algumas observações sobre este parágrafo único. O morador que não apresentar o infrator às autoridades, só será responsabilizado criminalmente (art. 348 do CP, por exemplo) se: a) se tratar de prisão em flagrante desse último (infrator). É que, nesse caso, conforme a CF, a prisão pode ser realizada em casa alheia, de dia ou de noite, pelas autoridades, sem necessidade de concordância do morador; e b) se tratar de prisão por mandado judicial cumprida durante o dia. Nessa hipótese (durante o dia), como vimos, também é possível penetrar em casa alheia sem o consentimento do morador. Por outro lado, o morador não será responsabilizado se negar a entrada das autoridades para dar cumprimento a mandado judicial *durante a noite*. O morador, neste último caso, está amparado pela CF e, por isso, enquanto durar a noite, não sofrerá qualquer consequência jurídica negativa se negar-se a entregar o infrator.

14.6. Prisão do indivíduo que se encontra em Comarca diversa da do juiz que expediu a ordem

Nessa situação, a prisão se dará por carta precatória, devendo esta conter o inteiro teor do mandado prisional (art. 289, *caput*, do CPP). Havendo *urgência*, o juiz poderá requisitar a prisão por qualquer meio de comunicação (fax, telefone, e-mail, telegrama etc.), do qual deverá constar o motivo da prisão, bem como o valor da fiança se arbitrada (*vide* § 1º do art. 289, alterado pela Lei 12.403/2011)[80].

Ademais, o § 2º desse mesmo dispositivo (art. 289) estabelece que "a autoridade a quem se fizer a requisição tomará as precauções necessárias para averiguar a autenticidade da comunicação".

Finalmente, o § 3º sublinha que "o juiz processante deverá providenciar a remoção do preso no prazo máximo de 30 dias, contados da efetivação da medida" (leia-se: da prisão). Ou seja, o preso deverá ser removido para o distrito da culpa (*i. e.*, para o local onde está sendo processado criminalmente).

14.7. Prisão em perseguição

O § 1º do art. 290 do CPP, afirma que a perseguição ocorre quando o executor: a) avista o infrator e o persegue sem interrupção, embora depois o perca de vista; e b) sabe, por indícios ou informações fidedignas, que o infrator passou, há pouco tempo, em tal ou qual direção, pelo lugar em que o procure, vai em seu encalço (chama a doutrina esta situação de "encalço fictício").

Pois bem, quando em perseguição (seja por conta de flagrante delito seja por conta de ordem judicial), é perfeitamente possível realizar a prisão do sujeito em território de *outra Comarca* (sendo *desnecessária*, nesse caso, a expedição de carta precatória). Efetuada a captura nessa situação (Comarca diversa), o executor deverá apresentar imediatamente o capturado à *autoridade local* (leia-se: delegado, conforme Nucci, 2006, p. 576). Tratando-se de prisão em flagrante, incumbirá à autoridade do local da captura (delegado) lavrar o *auto* de prisão em flagrante, providenciando-se, posteriormente, a remoção do preso. Em caso de prisão por mandado judicial, capturado o infrator e apresentado à autoridade local (delegado), também deverá ocorrer a posterior remoção do preso para que fique à disposição do juiz que decretou a ordem.

80. Confirma essa ideia, o novo art. 299 do CPP, alterado pela Lei 12.403/2011, que diz: "a captura poderá ser requisitada, à vista de mandado judicial, por qualquer meio de comunicação, tomadas pela autoridade, a quem se fizer a requisição, as precauções necessárias para averiguar a autenticidade desta".

Finalmente, o § 2º do art. 290 afirma que, quando as autoridades locais tiverem fundadas razões para duvidar da legitimidade da pessoa do executor ou da legalidade do mandado judicial apresentado, poderão pôr em custódia o réu, até que fique esclarecida a dúvida.

14.8. Prisão especial

Entendendo o tema: quis o legislador ordinário que determinadas pessoas, por conta do *cargo/função* que exercem, em caso de prisão *provisória* (flagrante, preventiva e temporária), ficassem segregadas em *estabelecimentos distintos* da prisão comum. A isso, convencionou-se chamar de "prisão especial".

A pessoa que faz jus a esse tipo de prisão deverá permanecer encarcerada em local distinto da prisão comum (§ 1º do art. 295, do CPP). Inexistindo estabelecimento específico, o preso especial deverá ficar em cela separada dentro de estabelecimento penal comum (§ 2º). De um jeito ou de outro, "a cela especial poderá consistir em alojamento coletivo, atendidos os requisitos de salubridade do ambiente, pela concorrência dos fatores de aeração, insolação e condicionamento térmico adequados à existência humana" (§ 3º).

Sendo realmente impossível acomodar o preso especial em local apropriado, permite a Lei 5.256/1967 que, ouvido o MP, o juiz submeta o indivíduo à *prisão domiciliar*, oportunidade em que ficará detido em sua própria residência.

Além de ter direito a ficar segregado em local distinto da prisão comum, o preso especial também faz jus a não ser transportado juntamente com os presos comuns (§ 4º).

Mas *quem seriam essas pessoas com direito à prisão especial?* Há uma extensa lista de pessoas no art. 295 do CPP (cuja leitura recomendamos). Porém, esse rol não é exaustivo, visto que diversos outros indivíduos também gozam do direito à prisão especial. Destaque aqui para o defensor público (art. 44, III - DPU; art. 89, III - DPDFT; art. 128, III - DPE, todos da LC 80/1994) que, se preso provisoriamente, tem direito a ser recolhido em sala de Estado Maior,[81] com instalações e comodidades condignas, garantida a sua privacidade, e, após condenação definitiva, ser recolhido em dependência separada no estabelecimento penal onde for cumprida a pena.

Observações finais: a) note o leitor que a prisão especial só tem cabimento enquanto não ocorrer o trânsito em julgado da sentença penal condenatória. Ocorrendo este, deve o preso ser encaminhado ao estabelecimento penal comum, *salvo* se, à época do fato, era funcionário da administração da *justiça criminal*, caso em que, mesmo após a sentença definitiva, deverá permanecer *separado* dos demais presos (art. 84, § 2º, da LEP); e b) apesar de apoiada por significativo setor da comunidade jurídica, a prisão especial, segundo pensamos, salvo no caso do art. 84, § 2º, da LEP, configura vergonhosa ofensa ao princípio da isonomia (art. 5º, *caput*, da CF/1988). Ilustrativamente, recorde-se a prisão especial para "os diplomados em curso superior". O tratamento "especial" (elitista) aqui dispensado pauta-se, na verdade, no padrão social/cultural ao qual pertence o indivíduo (algo absurdo). Assim, somente os que conseguem acesso a um curso superior fazem jus a esse tratamento distinto (leia-se: desigual). Nesse sentido, consultar as afiadas críticas que Nucci (2006, p. 580) faz sobre o tema.

81. "'Sala de Estado Maior' deve ser interpretada como sendo uma dependência em estabelecimento castrense, sem grades, com instalações condignas" (STF, Rcl 4713/SC, *DJ* 17/12/2007).

14.9. Prisão em flagrante (arts. 301 a 310 do CPP)

14.9.1. Conceito

é a prisão que ocorre no momento em que uma infração penal está sendo cometida ("certeza visual do crime") ou pouco tempo depois de seu cometimento. Nessa modalidade de prisão, vale recordar, *dispensa-se* a necessidade de *ordem judicial* (art. 5º, LXI, da CF/1988).

14.9.2. Natureza

É *controversa* a natureza jurídica da prisão em flagrante. *Prevalece*, no entanto, o entendimento de que se trata de *ato complexo* (ato administrativo + ato processual). Explica-se. No ato da *captura*, a prisão em flagrante teria natureza *administrativa*. Por outro lado, no momento da *comunicação* do flagrante ao juiz competente (conforme impõe o art. 5º, LXII, da CF/1988), em caso de *manutenção* do ato prisional por parte deste, a prisão em flagrante passaria a ter natureza *processual* (cautelar) (TOURINHO FILHO, 2005, v. 1, p. 711).

14.9.3. Quem pode efetuar a prisão em flagrante (sujeito ativo – art. 301 do CPP)?

a) Ocorrendo uma situação de flagrante delito, qualquer pessoa do povo poderá vir a efetuar a prisão do infrator. Veja que se trata de faculdade e não de obrigação. Apelida a doutrina essa hipótese de *flagrante facultativo;* e b) por outro lado, as autoridades policiais e seus agentes têm o *dever* de prender quem quer que se encontre em flagrante delito (chamado de *flagrante obrigatório ou compulsório).* Conforme acentua certa doutrina, esse dever de prender ocorre inclusive no período de *folga, licença ou férias* **do delegado e de seus agentes.**[82]

82. Para informações mais detalhadas sobre este último ponto, confira o nosso: "**O agente policial, durante o período de folga, tem o dever de prender em flagrante? Jus Navigandi**, Teresina, ano 15, n. 2631, 14 set. 2010. Disponível em: <http://jus.uol.com.br/revista/texto/17388>. Acesso em: 16 mar. 2011".

14.9.4. Quem pode ser preso em flagrante (sujeito passivo)?

Em regra, todos. Porém, há certas especificidades aqui. Vamos a elas:

a) **Presidente da República**: não pode ser preso cautelarmente (nem em flagrante). O Presidente goza da mais ampla imunidade prisional em nosso país – só pode ser preso em virtude de sentença penal condenatória transitada em julgado (art. 86, § 3º, da CF/1988);

b) **Diplomatas estrangeiros** (ex.: embaixador): não podem ser presos em flagrante (art. 1º, I, do CPP c/c a Convenção de Viena). *Também não podem (por extensão) ser presos em flagrante:* os familiares dos diplomatas, os funcionários de organizações internacionais em atividade (ONU, *v. g.*), os chefes de Estado em visita a território estrangeiro e os representantes de Estado quando em atividade no exterior. Os cônsules, a seu turno, possuem *imunidade restrita. Só não* podem ser presos em flagrante se estiverem no *exercício de suas funções*. Do contrário, quando em atividade *estranha* às funções, a prisão em flagrante será possível;

c) **Senadores, Deputados Federais, Deputados Estaduais, membros do MP e da magistratura**: *só* podem ser presos em flagrante pela prática de crime *inafiançável* (consultar: art. 53, § 2º, da CF/1988; art. 27, § 1º, da CF/1988; art. 40, III, da Lei 8.625/1993; e art. 33, II, da LC 35/1979). Atenção: os vereadores *podem normalmente ser presos em flagrante (mesmo por crime afiançável);*

d) **Defensores Públicos:** *podem ser presos em flagrante, mas a prisão deverá ser imediatamente comunicada ao Defensor Público-Geral (art. 44, II - DPU; art. 128, II - DPE; art. 89, II - DPDFT; todos contidos na LC 80/1994).*

e) **Advogados** (art. 7º, § 3º, EOAB): aqui, algumas distinções se mostram necessárias:

   e1) Advogado que, no exercício da profissão (defendendo algum interesse que lhe foi confiado), pratica crime inafiançável: neste caso, é possível efetuar a prisão em flagrante. Porém, no momento da lavratura do auto de prisão (APF), deverá ser assegurada ao advogado a presença de um representante da OAB;

   e2) Advogado que, no exercício da profissão, pratica crime afiançável: não é possível efetuar a prisão em flagrante nesse caso;

   e3) Advogado que pratica crime (afiançável ou inafiançável) fora do exercício profissional (ex.: estupro): nesta hipótese, é possível efetuar a prisão do advogado, devendo, entretanto, comunicar-se o fato à seccional da OAB a qual pertença o patrono;

f) **Período de eleição:** diz o art. 236, Código Eleitoral, "nenhuma autoridade poderá, desde 5 (cinco) dias antes e até 48 (quarenta e oito) horas depois do encerramento da eleição, prender ou deter qualquer eleitor, salvo em flagrante delito ou em virtude de sentença criminal condenatória por crime inafiançável, ou, ainda, por desrespeito a salvo-conduto". Dentre outras coisas, podemos **concluir** dessa norma o seguinte: *durante o período compreendido entre 5 dias antes e 48h depois do encerramento da eleição, a* **prisão em flagrante do eleitor** *só será possível pela prática de crime inafiançável;*

g) **Autor de infração de menor potencial ofensivo (IMPO): praticada uma IMPO e lavrado o termo circunstanciado (TC ou TCO) pelo delegado, caso o autor do fato se dirija imediatamente ao juizado** ou assuma o compromisso de a ele comparecer, *não será preso em flagrante, nem se exigirá fiança* (art. 69, parágrafo único, JECRIM[83]). Portanto, o autor de uma IMPO só pode ser preso em flagrante se não se dirigir imediatamente ao juizado e nem se comprometer a comparecer posteriormente;

h) **Indivíduo surpreendido na posse de drogas para consumo pessoal** (art. 28 da Lei 11.343/2006): conforme a atual Lei de Drogas, ao sujeito surpreendido nessas circunstâncias *não se imporá a prisão em flagrante*, "devendo o autor do fato ser imediatamente encaminhado ao juízo competente ou, na falta deste, assumir o compromisso de a ele comparecer, lavrando-se termo circunstanciado e providenciando-se as requisições dos exames e perícias necessários" (art. 48, § 2º). Caso haja a recusa por parte do indivíduo de comparecimento (imediato ou posterior), *não se poderá prendê-lo em flagrante* (como no caso anterior – letra "f");

i) **Condutor de veículo que presta socorro à vítima** (art. 301, CTB): nos casos de acidente de trânsito de que resulte vítima, não se imporá prisão em flagrante, nem se exigirá fiança se o condutor prestar pronto e integral socorro àquela;

j) **Menores de 18 anos de idade:**

   j1) tratando-se de ato infracional (fato descrito como crime ou contravenção na legislação) praticado por criança (menor de 12 anos), *não se imporá a prisão em flagrante, devendo o infante, entretanto, ser apresentado ao Conselho Tutelar ou à Justiça da Infância e Juventude para aplicação da medida de proteção cabível* (consultar: arts. 101, 103, 105 e 136, I, ECA);

   j2) Por outro lado, tratando-se de ato infracional praticado por adolescente (aquele que já atingiu 12 anos, porém menor de 18), *é possível a sua apreensão (não se usa a palavra prisão em flagrante), oportunidade em que deverá o menor ser encaminhado à autoridade policial* (art. 172 e ss., ECA).

83. Juizado Especial Criminal – Lei 9.099/1995

14.9.5. Modalidades de prisão em flagrante

a) **Flagrante próprio, propriamente dito, real ou verdadeiro** (incisos I e II do art. 302 do CPP): *ocorre quando o agente está cometendo a infração penal ou acaba de cometê-la*. Perceba o leitor que, neste último caso ("acaba de cometê-la"), há uma *relação de imediatidade* entre a prática do delito e a prisão do agente. Ex.: agente que, assim que termina de efetuar o roubo, é surpreendido pela polícia logo na porta da agência bancária;

b) **Flagrante impróprio, irreal ou quase-flagrante** (inc. III): *ocorre quando o agente é perseguido logo após a prática da infração penal em situação que faça presumir ser ele o autor do fato*. Para a doutrina, a expressão "**logo após**" representa um espaço de tempo maior do que a "acaba de cometer" (do inciso anterior). "**Logo após**" *compreende o período necessário para a polícia (ou particular) chegar ao local do crime, colher informações e iniciar a perseguição do agente* (*vide* art. 290, § 1º, do CPP). Ademais, note que a perseguição do agente pela polícia deve ser *ininterrupta* – caso ocorra interrupção, *não mais será possível efetuar a prisão em flagrante*. Outro ponto: *não existe o prazo de 24h* (comumente divulgado pela mídia) para "afastar" o flagrante. Enquanto durar a perseguição do agente (dias, semanas etc.) será possível a prisão em flagrante. Vamos a um exemplo: após o agente roubar o banco e fugir, o gerente da agência, ato contínuo, entra em contato com a polícia, que, após se dirigir ao local, inicia imediatamente a perseguição do indivíduo, culminando na prisão deste;

c) **Flagrante presumido, ficto ou assimilado** (inciso IV): *ocorre quando o agente é encontrado, logo depois, com instrumentos, armas, objetos ou papéis que façam presumir ser ele autor da infração*. A expressão-chave aqui é: "**encontrado logo depois**". Entende a doutrina que o lapso de tempo nessa situação é *ainda maior* do que o do inciso anterior ("logo após"). Atente o leitor que nessa modalidade de flagrante *não há perseguição*. O agente é, na verdade, encontrado *ocasionalmente* logo depois da prática do delito. Por fim, note-se que não há também um prazo fixo para a expressão "logo depois", devendo ser interpretado como *lapso razoável* (conforme STJ, HC 49898/SE, *DJ* 06/06/2006). Segue um exemplo: após roubar um banco e empreender fuga sem ser perseguido, o agente, momentos mais tarde, é abordado por policiais que realizavam rondas costumeiras numa praça. Neste instante, os policiais descobrem em poder do agente grande quantidade de dinheiro, além de carteiras e objetos de outras pessoas, fazendo presumir ser ele o autor da infração. Resultado: flagrante presumido;

d) **Flagrante preparado ou provocado:**[84] acontece quando o indivíduo é induzido ou instigado pela polícia (ou terceiros) a praticar o crime e, ao cometê-lo, é preso "em flagrante". O elemento-chave aqui é a figura do "**agente provocador**" – que estimula ou induz a prática do crime. Ao mesmo tempo em que se incita o indivíduo a delinquir, são tomadas todas as providências para impedir a consumação do crime. Essa modalidade de prisão, além de ser considerada *ilegal*, configura hipótese de **crime impossível** (súmula 145 do STF). Ex.: policial disfarçado solicita ao indivíduo certa quantidade de droga. Este, que não possuía previamente o entorpecente,[85] ao consegui-lo para o policial é preso em flagrante;[86]

e) **Flagrante esperado**: *ocorre quando o policial ou o particular, tomando conhecimento da prática de crimes em determinado local, fica a esperar que a conduta delituosa seja cometida para então efetuar a prisão*. Essa modalidade de prisão é *perfeitamente válida*. Exemplo: a polícia recebe a notícia de que determinado funcionário público está exigindo das pessoas quantia em dinheiro indevida para a prática de atos ligados ao seu ofício (art. 316 do CP).[87] Os policiais, após se dirigirem ao local, aguardam (*sem interferir*) a prática do crime. Quando este ocorre, efetuam a prisão. Observe o leitor que a polícia *não provoca*, *não estimula* o agente, mas tão somente *aguarda* a conduta criminosa daquele para então efetuar a prisão em flagrante;

f) **Flagrante prorrogado, postergado, retardado, diferido ou ação controlada**: conforme vimos, quando o sujeito ativo da prisão é o delegado ou seus agentes, há o dever de, *imediatamente*, prender em flagrante quem quer que se encontre nessa situação (art. 301 do CPP). Ou seja, vislumbrada uma situação de flagrante delito, devem aquelas autoridades atuar *prontamente*. Porém, a lei, em certos casos (**crime organizado** e **tráfico de drogas**), faculta ao delegado e seus agentes *retardarem* a prisão em flagrante para que possam recolher mais provas e/ou capturar um maior número de infratores. A isso se chama de **flagrante prorrogado**. Na **Lei de Drogas** (art. 53, II, da Lei 11.343/2006), esse atuar postergado *depende de autorização judicial e prévia oitiva do MP*. Na **Lei do Crime Organizado** (art. 8º da Lei 12.850/2013), o delegado, para poder proceder à ação controlada, precisará comunicar sigilosa e previamente a diligência ao juiz, que, se entender necessário, estabelecerá os limites da ação controlada e informará

84. Chamado por alguns, também, de delito putativo por obra do agente provocador, delito de ensaio ou de experiência.
85. Caso o indivíduo já trouxesse consigo a droga, poderia sim ser preso em flagrante, pois estaria praticando um crime permanente (trataremos desse tema mais adiante).
86. Conferir as afiadas críticas que Pacelli (2010, p. 515 e ss.) efetua a essa modalidade de flagrante.
87. Exemplo comum (e infeliz) que já foi algumas vezes divulgado por emissoras de televisão.

o fato ao MP – §§ 1º e 2º, art. 8º, da Lei 12.850/2013. Além disso, a referida lei impõe ao delegado que, ao término da diligência, elabore auto circunstanciado acerca da ação controlada – § 4º.

Exemplo de flagrante prorrogado: a polícia tem informações de que um carregamento de produtos roubados chegará ao porto de Santos. Primeiro, chega uma embarcação menor com apenas alguns integrantes da quadrilha. A polícia, no entanto, prefere aguardar o momento em que atracará um navio com os chefes do bando para então efetuar a prisão de todos.

Por fim, *não se deve confundir o flagrante postergado com o esperado*. Neste último, a polícia aguarda a prática de um crime de que tem notícia e age *imediatamente* quando o delito ocorre. No postergado, o crime foi praticado, porém a polícia aguarda o momento mais oportuno para efetuar a prisão (não atua de imediato);

g) **Flagrante forjado**: *ocorre quando o policial (ou terceiro) cria provas com o objetivo de incriminar uma pessoa inocente.* Ex.: policial que, numa *blitz*, deposita dentro do veículo do indivíduo certa quantidade de droga com a finalidade de prendê-lo "em flagrante". Em situações como essa é comum que o policial (ou particular) exija da pessoa vantagem em dinheiro para poder "livrá-la" do flagrante. Por óbvio, trata-se de prisão ilegal e aquele que assim procede responderá criminalmente por sua conduta;

h) **Flagrante por apresentação**: *a apresentação espontânea do agente à polícia não provoca sua prisão em flagrante.* Ex.: há um crime de homicídio sendo investigado pelo delegado, cuja autoria permanece, até então, desconhecida. Certo dia, eis que se apresenta espontaneamente à polícia o autor do delito, confessando em minúcias a prática criminosa. Não é possível efetuar a prisão em flagrante nesse caso, pois a situação descrita não se amolda a nenhuma das figuras previstas no art. 302 do CPP. O que poderá ocorrer é a posterior decretação de preventiva por parte do juiz (art. 311 do CPP), mas nunca o flagrante;

i) **Prisão para averiguação**: neste caso, *prende-se a pessoa para averiguar-lhe a vida pregressa.* Não encontra qualquer respaldo no art. 302 do CPP. Além de ser modalidade de prisão ilegal, configura crime de abuso de autoridade por parte da autoridade que assim procede (art. 3º, *a*, da Lei 4.898/1965).

14.9.6. A prisão em flagrante em relação a algumas espécies de crime

Em regra, a prisão em flagrante é cabível em relação a qualquer infração penal. Porém, há algumas espécies de delito que necessitam de um exame mais detido de nossa parte. Vejamos.

a) **Flagrante em caso de crime permanente:** crime permanente é *aquele cuja consumação se alonga no tempo*. Ex.: extorsão mediante sequestro. Enquanto o agente possui a vítima em seu domínio (em cativeiro, por exemplo), a consumação do delito se renova a cada instante, tornando possível a prisão em flagrante a qualquer momento (art. 303 do CPP);

b) **Flagrante em caso de crime habitual:** habitual *é o delito que somente se consuma com a prática de reiterados atos por parte do agente, traduzindo, assim, um modo de vida criminoso.* Cada ato, isoladamente considerado, é considerado *atípico*. Ex.: exercício ilegal da medicina (art. 282 do CP). *Prevalece* na doutrina que *não é possível a prisão em flagrante em caso de crime habitual*, visto que a autoridade (ou particular) só surpreenderia o agente praticando um ato isolado (atípico, portanto). Entretanto, há posição em sentido contrário, inclusive julgados antigos do STF (RHC 46115/SP, *DJ* 13/09/1968);

c) **Flagrante em caso de crime continuado** (art. 71 do CP): o crime continuado **consiste** *na prática de vários crimes (da mesma espécie e em similar condições) que, por conta de uma ficção jurídica, resulta na aplicação de pena a um só crime acrescida de um sexto a dois terços.* Como são vários os crimes praticados na situação de continuidade delitiva, nada impede a prisão em flagrante em relação a qualquer deles (é o que alguns chamam de **flagrante fracionado**). *Não confundir* com a hipótese de crime habitual em que o ato isolado do agente é atípico. No crime continuado, o "ato isolado" do agente é típico, logo cabível o flagrante;

d) **Flagrante em caso de crime de ação penal privada e pública condicionada à representação:** a prisão em flagrante nessas situações é *perfeitamente possível*, porém a lavratura do respectivo auto (APF) *depende de manifestação da vítima*. Isto é assim porque, como nesses delitos a persecução penal é totalmente dependente da vontade/autorização da vítima, não faria sentido manter o agente encarcerado sem que houvesse manifestação de vontade do ofendido nesse sentido. Ex.: agente que é surpreendido pela polícia quando tentava estuprar uma pessoa (art. 213 do CP). Nesta hipótese, a captura e a condução coercitiva do agente à delegacia serão perfeitamente possíveis, porém a lavratura do APF *dependerá de autorização* (representação, no caso) da vítima (art. 225 do CP).

14.9.7. Formalidades ligadas à prisão em flagrante

a) **Autoridade policial com atribuição para lavrar o auto de prisão em flagrante (APF):** efetuada a captura do agente, deve-se apresentá-lo imediatamente ao delegado *do local onde ocorreu a prisão* (que não necessariamente é o mesmo em que foi praticada a infração), oportunidade em que será lavrado o *APF* (art. 290 do CPP). Não havendo autoridade policial no local da captura, deverá o agente ser apresentado à do lugar mais próximo (art. 308 do CPP);

b) **Formalidades do APF**: na ocasião do APF, o delegado deverá ouvir o condutor, colhendo-lhe a assinatura e entregando-lhe cópia do termo e recibo de entrega do preso. Em seguida, deverá ouvir as testemunhas (ao menos duas) que, porventura, tiverem acompanhado o condutor, bem como inquirir o agente sobre a imputação que lhe é feita, colhendo as assinaturas de todos e lavrando, ao final, o APF (art. 304, *caput*, do CPP).

Das respostas do conduzido, restando fundada a suspeita de prática de crime, a autoridade mandará recolhê-lo à prisão, exceto no caso de prestar fiança, e prosseguirá nos atos do inquérito ou processo, se para isso for competente; se não o for, enviará os autos à autoridade que o seja (art. 304, § 1º, do CPP).[88]

A falta de testemunhas da infração não impedirá a lavratura do APF; mas, nesse caso, com o condutor, deverão assiná-lo pelo menos duas pessoas que hajam testemunhado a apresentação do preso à autoridade (§ 2º).

Quando o conduzido se recusar a assinar, não souber ou não puder fazê-lo, o auto de prisão em flagrante será assinado por duas testemunhas que tenham ouvido sua leitura na presença deste (§ 3º).

Por outro lado, quando o crime for praticado *contra a própria autoridade* (policial ou judicial) *ou na presença desta*, estabelece o art. 307 do CPP, que: "constarão do auto a narração deste fato, a voz de prisão, as declarações que fizer o preso e os depoimentos das testemunhas, sendo tudo assinado pela autoridade, pelo preso e pelas testemunhas e remetido imediatamente ao juiz[89] a quem couber tomar conhecimento do fato delituoso, se não o for a autoridade que houver presidido o auto".

Por fim, não é demais lembrar que, em caso de prisão em flagrante de militar, este, após a lavratura dos procedimentos legais, será recolhido a quartel da instituição a que pertencer, onde ficará preso à disposição das autoridades competentes (parágrafo único do art. 300 do CPP);

c) **Comunicações devidas por ocasião da prisão**: efetuada a prisão em flagrante de alguém, impõe-se a *imediata comunicação (**no prazo máximo de 24h**) ao juiz competente, ao MP, ao defensor do preso (constituído, dativo ou público[90]) e à família do preso (ou pessoa por ele indicada*) – *vide*: art. 5º, LXII, da CF/1988, e art. 306, *caput*, do CPP, com redação alterada pela **Lei 12.403/2011**.

88. Após a Lei 12.403/2011 não há mais a figura do indivíduo que se "livra solto" contida neste dispositivo.

89. Se o crime tiver sido cometido contra o juiz ou na presença deste, não haverá necessidade de remessa.

90. Defensor constituído é aquele contratado pelo acusado/indiciado. Defensor dativo é aquele que é nomeado ao réu pelo juiz quando o acusado não possui defensor contratado; ou quando o réu é pobre e não há defensoria pública organizada no local para prestar assistência jurídica ao acusado.

Essa comunicação da prisão em flagrante às autoridades se dá, normalmente, por meio de remessa do auto de prisão em flagrante (APF). Ou seja, a autoridade policial, após lavrar o APF, deverá encaminhá-lo, em até 24h, ao juiz, MP e defensor público.

Nesse *mesmo prazo (24h)*, caso o preso não possua advogado, será remetida cópia integral de todos os documentos à *Defensoria Pública* e, também, deverá ser entregue ao custodiado, mediante recibo deste, a chamada **nota de culpa** – *que se trata de um documento assinado pela autoridade, contendo o motivo da prisão, o nome do condutor e o das testemunhas* (*vide* art. 306, §§ 1º e 2º, do CPP).

De acordo com o novel art. 310 do CPP (alterado pela **Lei 12.403/2011**), o juiz, ao receber a comunicação da prisão em flagrante de alguém por meio do APF, deverá adotar uma das seguintes medidas:

I. relaxar a prisão ilegal.

Haverá relaxamento da prisão (leia-se: soltura do indivíduo) quando o juiz, pela leitura do APF, perceber que a prisão do indivíduo se deu de modo ilegal (ex.: o juiz, analisando o APF, verifica que, na verdade, houve flagrante provocado, *i. e.*, prisão ilegal). O relaxamento de prisão deve se dar de ofício, independentemente de oitiva do MP (*vide* art. 5º, LXV, da CF/1988);

II. converter a prisão em flagrante em preventiva, quando presentes os requisitos constantes do art. 312 do CPP, e se revelarem inadequadas ou insuficientes as medidas cautelares diversas da prisão.

Nesta situação, o juiz, após examinar o APF, verifica que a prisão preventiva do indivíduo se mostra necessária, ou seja, os requisitos da prisão preventiva estão presentes. Ex.: no bojo do APF, há informações sérias de que o réu está pretendendo se evadir do distrito da culpa, pondo em xeque, portanto, a aplicação da lei penal (art. 312 do CPP). Note o leitor ainda que, conforme a redação deste inciso II, a prisão preventiva só será cabível quando nenhuma das outras medidas cautelares menos drásticas (ex.: recolhimento domiciliar no período noturno e nos dias de folga – art. 319, V) se mostrar mais adequada. Isto denota algo já enfatizado algumas vezes ao longo dessa obra (*vide* o tema "princípio do estado de inocência"): o caráter excepcional da preventiva. Com efeito, aqui o legislador de 2011 reforçou ainda mais essa visão, deixando a preventiva para hipóteses-limites (apenas quando realmente necessária);

III. conceder liberdade provisória, com ou sem fiança.

Não sendo o caso de relaxamento da prisão em flagrante, nem de decreto da preventiva, o juiz deverá conceder a liberdade provisória (LP), com ou sem fiança, ao preso. Ex.: tendo o indivíduo sido preso em flagrante por furto simples (art. 155 do CP – crime afiançável), não sendo o caso de relaxamento de prisão nem de preventiva, deve o juiz conceder-lhe a LP mediante o pagamento de fiança. A concessão de LP pode ser combinada com outras medidas cautelares pessoais diversas da prisão que o juiz entender pertinentes.

Se o juiz verificar, pelo auto de prisão em flagrante, que o agente praticou o fato nas condições constantes dos incisos I a III do *caput* do art. 23, do CP [estado de necessidade, legítima defesa ou em estrito cumprimento de dever legal ou no exercício regular de direito], poderá, fundamentadamente, conceder ao acusado liberdade provisória, mediante termo de comparecimento a todos os atos processuais, sob pena de revogação (art. 310, parágrafo único, do CPP).

Nesta situação, de forma similar à anterior, o juiz, ao consultar o APF, verificando que há indicativos de que o agente praticou o fato amparado em uma justificante (legítima defesa, por exemplo), "**deve**" conceder a LP (note que, apesar de o dispositivo falar em "poderá" conceder LP, trata-se, na verdade, de dever do magistrado. Preenchidos os requisitos, deve, portanto, o juiz conceder a LP – não se trata de mera faculdade, conforme se poderia erroneamente pensar). Perceba-se ainda que, no caso em tela, o dispositivo não menciona a necessidade de prestação de fiança. Assim, percebendo o juiz que o fato foi praticado sob o manto de uma justificante, deve conceder LP *independentemente da concessão de fiança* (ou melhor: o sujeito será solto sem pagar fiança, ficando obrigado, porém, a comparecer a todos os atos processuais, sob pena de revogação do benefício).

14.10. Prisão preventiva (arts. 311 a 315 do CPP)

14.10.1. Conceito

conforme tradicional doutrina, a prisão preventiva é *medida cautelar de cerceamento provisório da liberdade ambulatorial do indivíduo que, decretada por magistrado se presentes os requisitos legais, pode ocorrer durante o curso de uma investigação ou processo criminal.*

De acordo com o art. 311 do CPP, a preventiva pode ser decretada *de ofício* pelo juiz *ou mediante requerimento do MP, do querelante, ou ainda mediante representação*[91] *da autoridade policial* ao magistrado.

Com efeito, observe o leitor que, para não haver afronta ao princípio do estado de inocência (tema já examinado no item 6.2), a preventiva deve ser encarada como *medida excepcional*. É dizer: apenas em situações realmente necessárias essa modalidade de prisão deve ser decretada, visto estar em jogo o encarceramento de um indivíduo *que ainda não foi definitivamente condenado*.

A recente **Lei 12.403/2011** (que alterou diversos dispositivos do CPP) dá força a esse discurso (prisão preventiva como medida de exceção). Basta consultar alguns de seus artigos para constatar essa afirmação. Vejamos.

91. Representação nesse contexto é sinônimo de pedido, solicitação.

Primeiro, vimos anteriormente que o novo art. 310, II, do CPP, sublinha que o juiz, quando da comunicação da prisão, só poderá decretar a preventiva caso outra medida cautelar menos drástica (ex.: recolhimento domiciliar no período noturno e nos dias de folga – art. 319, V) não seja mais adequada à espécie. Vê-se que o legislador, seguindo o princípio constitucional do estado de inocência (como não poderia deixar de ser), deixa a prisão preventiva para situações realmente extremas.

Ademais, a **Lei 12.403/2011**, em mais duas outras passagens, enfatiza o caráter excepcional da preventiva. Confira-se o que dizem os §§ 4º e 6º do art. 282 do CPP:

> § 4º No caso de descumprimento de qualquer das obrigações impostas, o juiz, de ofício ou mediante requerimento do Ministério Público, de seu assistente ou do querelante, poderá substituir a medida, impor outra em cumulação, **ou, *em último caso*, decretar a prisão preventiva** (art. 312, parágrafo único). (Grifo nosso).
>
> § 6º A prisão preventiva será determinada **quando não for cabível a sua substituição por outra medida cautelar** (art. 319). (Grifo nosso).

Finalmente, analisando-se os incisos I e II do novo art. 282, do CPP, também chegamos à mesma conclusão: *a preventiva é medida extrema*. Segue:

> Art. 282. As medidas cautelares previstas neste Título [inclua-se aí a preventiva, a proibição de acesso ou frequência a determinados lugares, dentre outras] deverão ser aplicadas observando-se a:
>
> I. **necessidade** para aplicação da lei penal, para a investigação ou a instrução criminal e, nos casos expressamente previstos, para evitar a prática de infrações penais;
>
> II. **adequação** da medida à gravidade do crime, circunstâncias do fato e condições pessoais do indiciado ou acusado. (grifo nosso)

Ou seja, a preventiva, para ser decretada, precisa ser necessária e adequada ao caso concreto. Existindo uma outra medida cautelar, que não a preventiva, que atenda melhor à situação, deve o magistrado optar por aquela, visto ser menos drástica ao acusado. Segue o art. 282 do CPP:

> § 4º No caso de descumprimento de qualquer das obrigações impostas, o juiz, de ofício ou mediante requerimento do Ministério Público, de seu assistente ou do querelante, poderá substituir a medida, impor outra em cumulação, **ou, *em último caso*, decretar a prisão preventiva** (art. 312, parágrafo único) (grifo nosso).

(...)

§ 6º A prisão preventiva será determinada **quando não for cabível a sua substituição por outra medida cautelar** (art. 319) (grifo nosso).

Pois bem, feita essa breve exposição, veremos, logo a seguir, que a preventiva possui vários requisitos, divididos comumente pela doutrina em: pressupostos, fundamentos e condições de admissibilidade. Vamos a eles.

14.10.2. Pressupostos (art. 312, parte final, do CPP)

Para se decretar a preventiva de alguém, faz-se inicialmente necessária a presença de dois pressupostos *concomitantes*: prova da existência do crime e indício suficiente de autoria.

a) **Prova da existência do crime** (ou *prova da materialidade delitiva*): **consiste** na *presença de elementos contundentes que demonstrem a existência da infração penal*. Ex.: no caso de um homicídio, o exame de corpo de delito será a prova da existência desse crime;

b) **Indício suficiente de autoria: significa** a *presença de elementos indiciários da autoria do crime*. Note que a lei não fala em *prova* da autoria, mas em *indício suficiente desta*. Assim, *não é* necessário demonstrar, de forma cabal, a autoria do delito, *bastando* apenas apresentar *elementos indiciários* nesse sentido. Apesar disso, esse indício deve ser sério, idôneo, ou, como diz o CPP, *suficiente – e não* meras conjecturas temerárias. Ex.: testemunhas que viram o agente adentrando na casa da vítima momentos antes dos disparos terem sido efetuados contra esta (indício suficiente de autoria).

A presença de ambos esses pressupostos configura aquilo que a doutrina chama de ***fumus comissi delicti*** (aparência de delito cometido) ou, como preferem alguns, ***fumus boni iuris*** (fumaça do bom direito).

14.10.3. Fundamentos da prisão preventiva (art. 312, primeira parte, do CPP)

Neste tópico, examinaremos as *hipóteses que autorizam* essa modalidade de prisão. Essas hipóteses, advirta-se desde logo, são *alternativas* (e não concomitantes). Logo, *basta a presença de apenas uma delas* para que o requisito do *fundamento da prisão preventiva* esteja preenchido. Esses fundamentos formam aquilo que a doutrina costuma chamar de *periculum in mora* ou, mais tecnicamente, *periculum libertatis*.

a) **Garantia da ordem pública:** este é, sem dúvida, o fundamento mais polêmico da prisão preventiva. Como não há um conceito seguro (legal ou jurisprudencial) de "garantia da ordem pública", cria-se um cenário de instabilidade no país em matéria de liberdade ambulatorial – algo extremamente indesejável.[92] Porém, junto aos *tribunais superiores*, foi-nos possível extrair basicamente dois **significados** para a expressão. Assim, entende-se necessária a preventiva para a *garantia da ordem pública* quando:

a1) **Há perigo de reiteração criminosa.** Ex.: em caso de tráfico de drogas, já decidiu o STF que, se há elementos de prova que apontam para o agente como sendo um dos principais membros de uma quadrilha, deve ser decretada a preventiva como garantia da ordem pública. É que, consoante a Corte Suprema, permanecendo em liberdade o agente, há risco concreto de que este continue a comandar o esquema criminoso (STF, HC 84658/PE, *DJ* 15/02/2005);

a2) **Em razão da periculosidade do agente**, representada pelo *modus operandi violento/audaz + gravidade do crime*. Ex.: sujeito que aborda a vítima à luz do dia com um fuzil e a mantém durante longo período em cativeiro (STJ, HC 125924/CE, *DJ* 26/05/2009).

Por outro lado, as Cortes Superiores brasileiras vêm decidindo que *não cabe* invocar "garantia da ordem pública" para fins de preventiva nos seguintes casos: gravidade abstrata do crime; clamor público (repercussão causada pelo crime); credibilidade do Poder Judiciário; e para proteger a integridade física do próprio agente (risco de linchamento, por exemplo);

b) **Garantia da ordem econômica:** este fundamento padece do mesmo problema do anterior: o conceito *é vago*. Mesmo assim, diz-se que essa hipótese autorizadora da preventiva *visa a coibir ataques vultosos à ordem econômico-financeira nacional*. Os incisos do art. 20 Lei 8.884/1994 costumavam servir de balizas para aferir o abalo à ordem econômica. Eis um exemplo extraído de julgado do STJ (HC 16.3617/PE, *DJ* 02/12/2010): "em se considerando que a atividade delituosa [do agente] ocorria em larga escala, prejudicando a livre concorrência e trazendo considerável prejuízo ao erário", decretou-se a preventiva para garantia da ordem econômica. Não obstante a Lei 8.884/1994 tenha sido revogada pela Lei 12.529/2011, é certo que os incisos do art. 20 do texto anterior foram simplesmente trasladados para o art. 36 da nova legislação, do qual se recomenda a leitura;

92. Já publicamos dois trabalhos criticando o conceito "aberto" de "garantia da ordem pública". São eles: "Questões Polêmicas de Processo Penal", Bauru: Edipro, 2011 (tópico 5.2); e "A prisão preventiva brasileira examinada à luz da filosofia política lockeana: um caso de ilegitimidade do poder estatal". Disponível em: <http://www.bocc.ubi.pt>

c) **Conveniência da instrução criminal:** decreta-se a preventiva com base nesse fundamento *quando o réu está dificultando ou inviabilizando a produção de provas*. Exemplos: acusado que ameaça as testemunhas, suborna o perito, destrói provas etc. Note que, se a preventiva tiver sido decretada com base *apenas* nesse fundamento (conveniência da instrução criminal), quando esta (a instrução probatória) findar (e não existir outro motivo para manter preso o acusado), deve o juiz revogar a prisão, sob pena da custódia tornar-se ilegal (art. 316 do CPP);

d) **Assegurar a aplicação da lei penal:** determina-se a prisão amparada nesse fundamento *quando o juiz tem notícias de que o indivíduo pretende fugir*, pondo em xeque, portanto, o cumprimento de eventual sentença condenatória a ser proferida. Ex.: no curso do processo, chegam ao juiz informações de que o réu, além de ter comprado passagem aérea para o exterior, está realizando a venda de todos os seus bens.

14.10.4. Condições de admissibilidade

Quais crimes/situações admitem a preventiva? Vejamos.

a) **Crimes dolosos punidos com pena privativa de liberdade máxima superior a 4 anos** (art. 313, I, do CPP). Como a lei fala em "**crime doloso**" não cabe preventiva em relação a crime culposo, nem em face de contravenção penal (que não é crime no sentido estrito da palavra). Porém, não basta o crime ser doloso, é preciso que seja punido com pena privativa de liberdade máxima superior a 4 anos (ex.: roubo – art. 157 do CP. A pena privativa de liberdade máxima do roubo é superior a 4 anos).;

b) **Condenado por outro crime doloso, em sentença transitada em julgado, ressalvado o disposto no inciso I do *caput* do art. 64, do CP** (art. 313, II, do CPP). Trata-se aqui de hipótese de reincidência em crime doloso. Nesse caso, existe uma condenação definitiva anterior por crime doloso contra o agente e este, dentro do prazo de 5 anos, após o cumprimento (ou extinção) da pena, comete novo crime doloso. Explica-se com um exemplo: Fulano, em 5 de janeiro de 2002, é condenado em definitivo por roubo (crime doloso). Em 5 de janeiro de 2008, a pena termina de ser cumprida. Pois bem, nos próximos 5 anos, contados a partir desta última data (5 de janeiro de 2008), caso Fulano pratique novo *crime doloso*, poderá vir a ser preso preventivamente se os demais requisitos da preventiva também estiverem presentes;

c) **O crime envolver violência doméstica e familiar contra a mulher, criança, adolescente, idoso, enfermo ou pessoa com deficiência, para garantir a execução das medidas protetivas de urgência** (art. 313, III, do CPP). Essa condição de admissibilidade da preventiva visa a dar maior efetividade às medidas protetivas previstas sobretudo nos arts. 22 a 24 da Lei Maria da Penha (11.340/2006). Porém, conforme significativo setor da comunidade jurídica, para se decretar a preventiva nessa situação, além de se constatar o descumprimento da medida protetiva, faz-se necessário que a violência doméstica cometida se trate de crime doloso e que ao menos uma das hipóteses autorizadoras da preventiva esteja presente (garantia da ordem pública, conveniência da instrução criminal etc. - STJ HC 173454/DF, *DJ* 04/11/2010). Ex.: praticada lesão corporal dolosa em situação de violência doméstica contra a mulher e aplicada a medida de afastamento do lar ao agente (art. 22, II, da Lei 11.340/06), caso este venha descumprir a medida e, também, a instrução criminal se encontre ameaçada, pode o juiz vir a decretar-lhe a preventiva;

d) **Também será admitida a prisão preventiva quando houver dúvida sobre a identidade civil da pessoa ou quando esta não fornecer elementos suficientes para esclarecê-la, devendo o preso ser colocado imediatamente em liberdade após a identificação, salvo se outra hipótese recomendar a manutenção da medida** (art. 313, parágrafo único, do CPP);

e) **A prisão preventiva também poderá ser decretada em caso de descumprimento de qualquer das obrigações impostas por força de outras medidas cautelares** (arts. 319 e art. 282, § 4º, do CPP). Ex.: imagine-se que, no curso do processo, o juiz fixa ao acusado a obrigação de recolhimento domiciliar no período noturno e nos dias de folga (art. 319, V). Descumprida injustificadamente esta medida, será possível a decretação da preventiva.

14.10.5. Resumo

Em suma, para se decretar a preventiva é preciso:

a) Presença *concomitante* dos *pressupostos autorizadores* (*indício suficiente de autoria + prova da materialidade*);

b) Presença de *pelo menos um* dos *fundamentos* (*garantia da ordem pública, da ordem econômica, aplicação da lei penal* ou *conveniência da instrução criminal*);

c) Que o crime/situação comporte a preventiva. Seguem os casos (*alternativos*):

c1) *crime doloso com pena privativa de liberdade máxima superior a 4 anos;*

c2) *reincidência em crime doloso;*

c3) *o crime envolver violência doméstica e familiar, para garantir a execução das medidas protetivas de urgência;*

c4) *houver dúvida sobre a identidade civil da pessoa ou quando esta não fornecer elementos suficientes para esclarecê-la;*

c5) *descumprimento de qualquer das obrigações impostas por força de outras medidas cautelares.*

OBSERVAÇÕES FINAIS:

I. O juiz não deve decretar a preventiva se perceber que o fato foi praticado sob o amparo de excludente de ilicitude (legítima defesa, por exemplo) – art. 314 do CPP. Ao contrário, nessa situação, impõe-se a liberdade provisória (art. 310, parágrafo único, do CPP);

II. O decreto de preventiva, como toda decisão judicial, necessita sempre ser motivado (arts. 315 do CPP, e 93, IX, da CF/1988);

III. Até o trânsito em julgado, a prisão preventiva poderá ser revogada ou novamente decretada quantas vezes se mostrar necessária (art. 282, § 5º, do CPP);

IV. O CPP não estabelece um prazo pelo qual o réu possa permanecer preso preventivamente. Apesar disso, o acusado não pode ficar "anos a fio" preso à disposição do Estado. Quando este (o Estado – leia-se: juiz, MP etc.) der causa à lentidão do processo, será possível impetrar HC alegando a ilegalidade da prisão por excesso de prazo na instrução criminal (STJ, HC 173050/PB, *DJ* 03/02/2011);

V. Atualmente, após o advento da **Lei 12.403/2011,** determina o § 3º, do art. 282, do CPP, que o juiz, antes de decidir a respeito da prisão preventiva do indivíduo, possibilite, em homenagem ao princípio do contraditório, que a defesa se manifeste sobre o pedido de prisão. Porém, esse mesmo § 3º, adverte que a manifestação defensiva poderá ser dispensada quando se tratar de caso urgente ou de perigo de ineficácia da medida.

VI. Sentença condenatória recorrível e preventiva: segundo o atual § 1º do art. 387, do CPP, "o juiz decidirá, fundamentadamente, sobre a manutenção ou, se for o caso, a imposição de prisão preventiva ou de outra medida cautelar, sem prejuízo do conhecimento de apelação que vier a ser interposta". Ou seja, podemos extrair a seguinte conclusão: caso o réu tenha permanecido preso ao longo do processo, não existe "manutenção automática de preventiva ou de outra medida cautelar" por ocasião de sentença condenatória recorrível. Será preciso, sempre, fundamentar a eventual manutenção da preventiva ou de outra medida cautelar. Não existindo mais motivo para a prisão (ou para a manutenção de outra medida cautelar), deverá o réu ser conservado em liberdade.

14.11. Prisão temporária (Lei 7.960/1989)[93]

14.11.1. Conceito

Trata-se de *prisão cautelar, com prazo de duração determinado, cuja decretação é apenas possível no âmbito do inquérito policial e se presentes os requisitos fixados pela lei.*

14.11.2. Características básicas

a) Diferentemente da preventiva, *a temporária não pode ser decretada de ofício pelo juiz.* Sua decretação depende de representação (pedido) da autoridade policial ou de requerimento do MP (art. 2º da Lei 7.960/1989). Quando for caso de representação do delegado, o juiz, antes de decidir, deverá ouvir o MP (§ 1º);

b) *Só é cabível no âmbito do IP* (impossível, portanto, durante o processo criminal);

c) Distintamente da preventiva, *a temporária possui prazo determinado* (art. 2º da Lei 7.960/1989). Em regra, o prazo da prisão temporária é de *5 dias prorrogável por mais 5* (note, portanto, que tal prazo se afina com o previsto no art. 10 do CPP). Porém, sendo o *crime hediondo ou equiparado* ("t"ráfico de drogas, "t"ortura e "t"errorismo – vulgo "TTT"), o prazo da temporária será de até 30 dias, prorrogável por mais 30 em caso de extrema e comprovada necessidade (art. 2º, § 4º, da Lei 8.072/1990).

14.11.3. Hipóteses de cabimento (incisos do art. 1º da Lei)

✔ **Inc. I:** "quando imprescindível para as investigações do inquérito policial". A prisão amparada nesta hipótese *não pode* ser encarada como uma *mera conveniência do Judiciário* em manter encarcerado o indiciado. É preciso que a liberdade deste ofereça *risco concreto ao êxito da investigação.* Ex.: indiciado que está destruindo as provas do crime;

✔ **Inc. II:** "quando o indicado não tiver residência fixa ou não fornecer elementos necessários ao esclarecimento de sua identidade". *Mutatis mutandis,* idem ao que foi dito no inciso anterior. É preciso que a falta de residência fixa ou a ausência de elementos esclarecedores da identidade configurem um *risco concreto de fuga do indiciado;*

93. Não confundir a expressão prisão temporária com prisão provisória. Esta última é gênero e é sinônimo de prisão cautelar e processual. A primeira (temporária), ao lado da preventiva e do flagrante, é espécie de prisão provisória.

✔ **Inc. III:** "quando houver fundadas razões, de acordo com qualquer prova admitida na legislação penal, de autoria ou participação do indiciado nos seguintes crimes": homicídio doloso; sequestro ou cárcere privado etc. (*recomenda-se a leitura de todas as alíneas contidas na lei*).

Pergunta: os incisos citados devem ser aplicados alternativa ou concomitantemente? R.: conforme majoritária doutrina, para ser possível a decretação da temporária deve-se combinar os incisos da seguinte forma: I + III ou II + III. Note então que o inciso III deve sempre estar presente, necessitando ser combinado, pelo menos, com o inciso I ou o II. Vamos a um exemplo: agente suspeito da pratica de homicídio (inciso III). Chegam notícias de que ele está destruindo as provas do crime (inciso I). Cabe a temporária nesse caso.

Observações finais: I) a decisão pela temporária deverá ser fundamentada e prolatada dentro do *prazo de 24h*, contadas a partir do recebimento da representação do delegado ou do requerimento do MP (art. 2º, § 2º, da Lei 7.960/1989); **II)** o juiz poderá, de ofício, ou a requerimento do MP e do advogado, determinar que o preso lhe seja apresentado, solicitar informações e esclarecimentos da autoridade policial e submeter o detido a exame de corpo de delito (§ 3º); **III)** decretada a temporária, será expedido o respectivo mandado de prisão, em duas vias, uma das quais será entregue ao indiciado e servirá como nota de culpa (§ 4º); **IV)** decorrido o prazo fixado de detenção, o indiciado deverá ser posto imediatamente em liberdade, salvo se já tiver sido decretada sua prisão preventiva (§ 7º); **V)** a manutenção da prisão temporária para além do prazo legal acarreta na responsabilização da autoridade por crime de abuso de autoridade (art. 4º, *i*, da Lei 4.898/1965); **VI)** o preso provisório deve, obrigatoriamente, permanecer separado dos demais detentos (art. 3º da Lei 7.960/1989).

14.12. Prisão domiciliar (art. 318 do CPP)

Prevista anteriormente apenas no âmbito da Lei de Execução Penal (Lei 7.210/1984, art. 117) para condenados definitivos que se encontrassem cumprindo pena em regime aberto e em situações bastante específicas (ex.: condenado acometido de doença grave), a prisão domiciliar, a partir do advento da Lei 12.403/2011, passa a ser admitida expressamente também para os presos provisórios.

Segundo estabelece o art. 317 do CPP, a prisão domiciliar consiste no recolhimento do indiciado ou acusado em sua residência, só podendo dela ausentar-se com autorização judicial.

Diz o novo art. 318 que o juiz poderá substituir a prisão preventiva pela domiciliar quando o agente for:

I. maior de 80 (oitenta) anos;

II. extremamente debilitado por motivo de doença grave;

III. imprescindível aos cuidados especiais de pessoa menor de 6 (seis) anos de idade ou com deficiência;

IV. gestante a partir do 7º (sétimo) mês de gravidez ou sendo esta de alto risco.

Nos termos do parágrafo único do dispositivo, para a substituição, o juiz exigirá prova idônea dos requisitos estabelecidos neste artigo.

14.13. Medidas cautelares diversas da prisão (arts. 319 e seguintes do CPP)

14.13.1. Entendendo o tema

Atendendo finalmente a contundente reclame de certo setor da doutrina, a Lei **12.403/2011** criou outras medidas cautelares pessoais diversas da prisão.

Alguns autores – Aury Lopes Jr. (2010, v. 2, p. 132 e ss.), sobretudo – criticavam a antiga sistemática estabelecida pelo CPP de 1941 que, em matéria de medida cautelar pessoal, era considerada bastante "pobre", pois se pautava na clássica dicotomia "prisão cautelar ou liberdade provisória" – não existindo um meio-termo.

Grosso modo, ocorria que, diante de um determinado caso concreto, o juiz se via diante de dois extremos: ou determinava a prisão preventiva do indivíduo ou concedia-lhe a liberdade provisória. Essas duas medidas (preventiva e liberdade provisória), ambas extremas, terminavam, em diversas hipóteses, não se mostrando adequadas a atender as especificidades de uma enorme gama de situações. Isto porque, em diversos casos, tanto a preventiva se revelava uma medida excessivamente rigorosa, como a LP se mostrava demasiadamente branda. Era necessário, pois, serem criadas medidas cautelares que se situassem entre os extremos "prisão X liberdade provisória". E foi o que ocorreu com o advento da Lei 12.403/2011. Vejamos.

14.13.2. Medidas cautelares diversas da prisão (incisos do novo art. 319 do CPP)

I. comparecimento periódico em juízo, no prazo e nas condições fixadas pelo juiz, para informar e justificar atividades;

II. proibição de acesso ou frequência a determinados lugares quando, por circunstâncias relacionadas ao fato, deva o indiciado ou acusado permanecer distante desses locais para evitar o risco de novas infrações;

III. proibição de manter contato com pessoa determinada quando, por circunstâncias relacionadas ao fato, deva o indiciado ou acusado dela permanecer distante;

IV. proibição de ausentar-se da Comarca quando a permanência seja conveniente ou necessária para a investigação ou instrução;

Comentário: a proibição de o réu se ausentar pode se referir à Comarca (como é o caso deste inciso) ou ao país (conforme prevê o art. 320 do CPP). Neste último caso (proibição de ausentar-se do país) sublinha este dispositivo que essa restrição será comunicada pelo juiz às autoridades encarregadas de fiscalizar as saídas do território nacional, intimando-se o indiciado ou acusado para entregar o passaporte no prazo de 24h.

V. recolhimento domiciliar no período noturno e nos dias de folga quando o investigado ou acusado tenha residência e trabalho fixos;

VI. suspensão do exercício de função pública ou de atividade de natureza econômica ou financeira quando houver justo receio de sua utilização para a prática de infrações penais;

VII. internação provisória do acusado nas hipóteses de crimes praticados com violência ou grave ameaça, quando os peritos concluírem ser inimputável ou semi-imputável (art. 26 do Código Penal) e houver risco de reiteração;

Comentários: como se sabe, quando no curso do IP ou processo se suspeitar da saúde mental do indivíduo, deve-se proceder ao exame de insanidade mental previsto no art. 149 e ss. do CPP. Nesse contexto, o inciso em exame estabelece que, caso o sujeito tenha praticado crime com violência ou grave ameaça e a perícia conclua por sua inimputabilidade ou semi-inimputabilidade, havendo risco de reiteração criminosa, poderá o juiz determinar a internação provisória do indivíduo (em hospital de custódia e tratamento psiquiátrico – art. 99 da LEP). Algumas anotações a esse inciso são necessárias. Primeiro, o dispositivo fala em "peritos" ("quando os peritos concluírem (...)"). Porém, a expressão deve ser lida no singular. É que, com a reforma de 2008 ocorrida no CPP, passou-se a exigir apenas um perito oficial para a realização de exames periciais (*vide* art. 159 do CPP). Outro ponto: o juiz não fica adstrito à conclusão da perícia sobre a saúde mental do indivíduo, conforme parece sugerir o inciso em comento. Recorde-se que o juiz não está, em nenhuma perícia, adstrito à conclusão do *expert* (consultar o art. 182 do CPP).

VIII. fiança, nas infrações que a admitem, para assegurar o comparecimento a atos do processo, evitar a obstrução do seu andamento ou em caso de resistência injustificada à ordem judicial;

IX. monitoração eletrônica.

Comentários: trata-se do uso de pulseiras ou tornozeleiras eletrônicas (GPS, por exemplo), visando a monitorar a rotina do acusado/indiciado. O uso desses artefatos para o monitoramento de condenados foi, no âmbito federal, instituído em 2010 por meio da Lei 12.258.

14.13.3. Notas sobre as medidas cautelares diversas da prisão

Cumpre salientar que, conforme dispõe o novo art. 282, § 1º, do CPP, as medidas cautelares vistas anteriormente podem ser aplicadas isolada ou cumulativamente, devendo-se levar em conta a necessidade e adequação da medida às especificidades do caso concreto.

Por outro lado, segundo já afirmado anteriormente, as medidas cautelares diversas da prisão são preferíveis à preventiva. Ou seja, esta última, em homenagem ao estado de inocência, deve ficar relegada a situações realmente extremas. Não se tratando de situação que a justifique, deve o magistrado optar pela liberdade provisória combinada ou não com as medidas cautelares diversas da prisão visualizadas no item precedente.

Ainda, as medidas cautelares diversas da prisão "serão decretadas pelo juiz, de ofício ou a requerimento das partes ou, quando no curso da investigação criminal, por representação[94] da autoridade policial ou mediante requerimento do Ministério Público" (art. 282, § 2º, do CPP).

Para a decretação de tais medidas, o juiz deverá observar o **contraditório,** permitindo que a defesa se manifeste a respeito de eventual pedido formulado pela acusação ou pela autoridade policial. O contraditório aqui mencionado poderá ser **dispensado** nos casos urgentes ou de perigo de ineficácia da medida. Segue o texto da lei sobre o que estamos tratando neste parágrafo: "ressalvados os casos de urgência ou de perigo de ineficácia da medida, o juiz, ao receber o pedido de medida cautelar, determinará a intimação da parte contrária, acompanhada de cópia do requerimento e das peças necessárias, permanecendo os autos em juízo" (art. 282, § 3º, do CPP). Ademais, é oportuno conferir os parágrafos 4º e 5º do art. 282, do CPP, que, respectivamente, dizem:

> § 4º No caso de descumprimento de qualquer das obrigações impostas, o juiz, de ofício ou mediante requerimento do Ministério Público, de seu assistente ou do querelante, poderá substituir a medida, impor outra em cumulação, ou, em último caso, decretar a prisão preventiva (art. 312, parágrafo único).
>
> § 5º O juiz poderá revogar a medida cautelar ou substituí-la quando verificar a falta de motivo para que subsista, bem como voltar a decretá-la, se sobrevierem razões que a justifiquem.

Por fim, cumpre salientar que, por força do § 1º do art. 283, do CPP, as medidas cautelares citadas não se aplicam à infração a que não for isolada, cumulativa ou alternativamente cominada pena privativa de liberdade.

94. O termo representação aqui é sinônimo de pedido, solicitação, requerimento.

14.14. Liberdade provisória (LP)

14.14.1. Conceito e noções gerais

trata-se de *instituto processual que busca colocar em liberdade o indivíduo que aguarda o desdobramento de uma persecução penal (investigação preliminar ou processo)* – *vide* art. 5º, LXVI, da CF/1988.

Primeiramente, deve-se notar que a LP busca colocar o indivíduo em liberdade combatendo uma prisão em flagrante *legal*. Assim, não há como confundi-la com o HC e com o pedido de relaxamento de prisão. Enquanto estas peças (HC e relaxamento), visam, dentre outras coisas,[95] a promover a soltura do sujeito, atacando uma prisão em flagrante *ilegal* (ex.: prisão para averiguação), a LP investe contra uma prisão em flagrante *legal*. Nesse sentido, poderíamos afirmar que o HC e o relaxamento (dentre outras coisas) questionam a *legalidade* de uma prisão, já a LP indaga sobre a *necessidade* de o indivíduo estar preso.

Aprofundando um pouco mais essa questão, note o leitor que *a LP representa um verdadeiro instrumento de efetivação do princípio do estado de inocência*. Explica-se. Vimos anteriormente que este princípio, dentre outras coisas, instituiu entre nós a *regra da liberdade* (*em regra*, o indivíduo deve responder a persecução penal em liberdade, somente sendo encarcerado em situações excepcionais – preventiva, por exemplo). Tendo isso em mente, podemos afirmar então que *a LP é um mecanismo de que dispõe a defesa do réu/indiciado para fazer valer essa regra da liberdade*. Com a LP, em última análise, *questiona-se o juiz a respeito – não da legalidade –, mas da necessidade da prisão do sujeito*. Em suma, é como se o defensor, por meio da LP, estivesse fazendo a seguinte pergunta ao magistrado: "*pois bem, não questiono a legalidade da prisão em flagrante de meu cliente; o que realmente desejo saber é se a prisão dele é de fato necessária?*".

E quando é necessária a prisão de alguém? Já respondemos a essa pergunta. Relembrando: a prisão de alguém se mostra necessária quando presentes os requisitos da preventiva (art. 311 e ss. do CPP) – que é a modalidade de prisão escolhida como "pedra de toque" para a demonstração da necessidade (cautelaridade) da custódia de alguém.

Diante desse quadro, é possível afirmar, então, que *LP e preventiva são institutos antagônicos*. Enquanto a concessão da primeira (LP) representa a desnecessidade de o sujeito estar preso, o acolhimento da segunda (preventiva) significa exatamente o contrário: necessidade de segregação (*vide* STJ, HC 33.526/MS, *DJ* 20/04/2004).

95. Utilizamos a expressão "dentre outras coisas", pois é sabido que o HC não visa apenas a combater uma prisão em flagrante ilegal. Lembre-se, por exemplo, que há o HC preventivo em que o indivíduo não se encontra preso, mas na iminência de sê-lo. O que queremos dizer com isso é que o HC abarca outras situações que não apenas a da prisão em flagrante ilegal.

Perceba-se, porém, que, consoante a nova sistemática inaugurada pela Lei **12.403/2011** (*vide* art. 321, e 319, § 4º, ambos do CPP), mesmo que o juiz reconheça a desnecessidade da preventiva do indivíduo (concedendo-lhe, portanto, a LP), isto não significa que as medidas cautelares diversas da prisão (art. 319 do CPP) não possam ser aplicadas concomitantemente à LP. Assim, é possível que o juiz, ao concedê-la, determine, por exemplo, ao réu, concomitantemente, o recolhimento domiciliar no período noturno e nos dias de folga (art. 319, V, do CPP).

Em termos de prática penal, quando decretada a preventiva, a peça cabível não será a LP, mas o pedido de revogação de preventiva (formulado ao próprio juiz que a decretou) ou, em certos casos, o HC (ex.: decreto de preventiva não fundamentado).

Com efeito, a LP poderá ser alcançada pelo réu/indiciado *com ou sem* o pagamento (prestação) de fiança à autoridade. Ademais, obtida a LP (com ou sem fiança) o indivíduo terá que se sujeitar a certas obrigações (vínculos), como, por exemplo, a de não se ausentar por mais de 8 dias de sua residência, sem comunicar à autoridade o lugar onde será encontrado.

Doravante, estudaremos a LP, *com e sem fiança*, bem como as eventuais *obrigações* que podem ser impostas ao indivíduo em cada caso.

14.14.2. LP com fiança

a) **Conceito de fiança:** antes de tratarmos propriamente da LP com fiança, cabe a pergunta: *o que é fiança?* R.: trata-se de uma *garantia real ou caução, sempre definitiva,*[96] *cujo objetivo precípuo é assegurar a liberdade do indivíduo, podendo consistir em "depósito de dinheiro, pedras, objetos ou metais preciosos, títulos da dívida pública, federal, estadual ou municipal, ou em hipoteca inscrita em primeiro lugar"* (art. 330 do CPP);

b) **Crimes afiançáveis e inafiançáveis:** note que a fiança é um instituto *totalmente atrelado à LP*. Assim, *não sendo o caso de decretação da preventiva*, paga-se a fiança e obtém-se a liberdade do réu/indiciado. Entretanto, ainda que soe óbvia a afirmação, deve-se atentar que *a fiança só tem cabimento se o crime pelo qual responde o acusado for afiançável*. Sendo *inafiançável* o delito, não será, portanto, possível prestar fiança para promover a soltura do acusado. Neste caso (crime inafiançável), conforme veremos mais abaixo, ainda assim será, em tese, possível obter a LP, *mas não por meio de pagamento de fiança*.

96. *Não há* mais entre nós a fiança provisória, em que o sujeito, para apressar o procedimento de soltura, oferecia determinado montante (pedra preciosa, por exemplo), que só seria avaliado posteriormente. Hoje, tudo é avaliado antecipadamente, por isso diz o CPP ser definitiva a fiança (art. 330, primeira parte).

Pois bem, mas *o que são crimes afiançáveis?* Dizer apenas que são aqueles que comportam fiança seria insuficiente para os nossos propósitos. Precisamos de uma noção mais precisa. Na verdade, a lei (CPP) não nos diz quando um delito é afiançável, *mas apenas quando ele é inafiançável* (consultar arts. 323 e 324). Assim, concluímos pela *afiançabilidade* de uma infração *a contrario sensu* (por um critério de exclusão ou residual). Exemplo de crime *afiançável*: art. 155, *caput*, do CP. Vejamos abaixo a lista de *crimes inafiançáveis* para que então, *a contrario sensu*, possamos concluir quando a infração é afiançável.

b1) Infrações inafiançáveis no CPP

Art. 323. Não será concedida fiança:

I. nos crimes de racismo;

II. nos crimes de tortura, tráfico ilícito de entorpecentes e drogas afins, terrorismo e nos definidos como crimes hediondos;

III. nos crimes cometidos por grupos armados, civis ou militares, contra a ordem constitucional e o Estado Democrático;

Comentário: o CPP aqui nada mais fez do que reproduzir o que diz a CF a esse respeito (*vide* art. 5º, XLII, XLIII e XLIV).

Art. 324. Não será, igualmente, concedida fiança:

I. aos que, no mesmo processo, tiverem quebrado fiança anteriormente concedida ou infringido, sem motivo justo, qualquer das obrigações a que se referem os arts. 327 e 328 deste Código;

Comentário: a "**quebra da fiança**" *ocorre quando o afiançado descumpre qualquer das obrigações que lhe foram impostas quando da concessão da fiança* (arts. 327, 328 e 341, do CPP – trataremos do assunto de forma mais detalhado a seguir). Ex.: sujeito afiançado que, injustificadamente, não comparece a juízo quando chamado. **Consequências** da quebra injustificada da fiança: *perda de metade do valor caucionado para o Fundo Penitenciário Nacional; possibilidade de o juiz impor ao réu alguma(s) (das) medida(s) cautelar(es) do art. 319, ou mesmo de impor a preventiva ao acusado;e impossibilidade de, no mesmo processo, prestar nova fiança* (arts. 343, 346 e 324, I, do CPP).

II. em caso de prisão civil ou militar;

Comentário: no que tange à prisão por mandado do juiz cível (prisão civil), já vimos que, atualmente, esta modalidade de prisão só existe para o devedor (voluntário e inescusável) de alimentos (art. 5º, LXVII, da CF/1988), pois, com o advento da súmula vinculante nº 25 do STF, passou-se a considerar: "ilícita a prisão civil do depositário infiel, qualquer que seja a modalidade de depósito". Pois bem, dessa forma, a prisão do alimentante inadimplente é inafiançável.

Do mesmo modo, a prisão militar também é inafiançável.

III. (revogado);

IV. quando presentes os motivos que autorizam a decretação da prisão preventiva (art. 312).

Comentário: conforme já mencionado anteriormente, LP e preventiva são institutos antagônicos. Presentes os motivos da preventiva não será possível a LP (com ou sem fiança). O dispositivo mencionado segue essa linha de raciocínio.

b2) Infrações inafiançáveis em lei extravagante:

Crime organizado: a Lei 12.850/2013, que revogou a Lei 9.034/1995, não contém vedação à fiança, motivo pelo qual a antiga disposição não mais subsiste. A questão agora está submetida ao regramento do art. 322 e seu parágrafo único, do CPP.

Lavagem de dinheiro (Lei 9.613/1998): no caso de lavagem, havia previsão no art. 3º, mas o dispositivo foi revogado pela recente Lei 12.683/2012.

Pois bem, estabelecido o que é fiança e quais são os delitos afiançáveis e inafiançáveis, estamos mais preparados para enfrentar algumas questões ligadas à *LP com fiança*. Vamos a elas:

c) **Quem pode requerer o arbitramento da fiança (ou quem pode requerer a LP com fiança)?** Além de a fiança poder ser concedida de ofício pela autoridade judicial ou policial, interpretando o art. 335, *caput*, do CPP, inferimos que *o próprio acusado/indiciado pode requerer o arbitramento da fiança, assim como qualquer pessoa por ele;*

d) **Até quando é possível requerer arbitramento de fiança?** Desde a prisão em flagrante até o trânsito em julgado (art. 334 do CPP);

e) **Quem pode arbitrar a fiança?** Em regra, o juiz. Porém, autoriza a lei, em determinados casos, que a autoridade policial arbitre a fiança. Vejamos:

I. **Autoridade policial:** poderá esta arbitrar fiança nos casos de infração cuja pena privativa de liberdade máxima não seja superior a 4 anos. Ex.: furto simples (art. 155 do CP – pena máxima: 4 anos). Porém, em caso de recusa ou demora por parte da autoridade policial em conceder fiança, "o preso, ou alguém por ele, poderá prestá-la, mediante simples petição, perante o juiz competente, que decidirá em 48h" (art. 335 do CPP);

II. **Juiz:** nos casos de infrações penais com pena máxima superior a 4 anos (ex.: roubo – art. 157 do CP – pena máxima: 10 anos), a fiança será requerida ao juiz, que decidirá em 48h (parágrafo único do art. 322, do CPP);

f) **Desnecessidade de prévia oitiva do MP (art. 333 do CPP):** quando do pedido de arbitramento da fiança (seja para o juiz, seja para o delegado), a lei não exige a *prévia* oitiva do MP, dando-se-lhe vista *apenas após* a decisão;

g) **Valor da fiança:** os parâmetros para a autoridade fixar o valor da fiança vêm definidos no art. 325 do CPP, a saber:

Art. 325. O valor da fiança será fixado pela autoridade que a conceder nos seguintes limites:

I. de 1 (um) a 100 (cem) salários mínimos, quando se tratar de infração cuja pena privativa de liberdade, no grau máximo, não for superior a 4 (quatro) anos;

II. de 10 (dez) a 200 (duzentos) salários mínimos, quando o máximo da pena privativa de liberdade cominada for superior a 4 (quatro) anos.

§ 1º Se assim recomendar a situação econômica do preso, a fiança poderá ser:

I. dispensada, na forma do art. 350 deste Código;

II. reduzida até o máximo de 2/3 (dois terços); ou

III. aumentada em até 1.000 (mil) vezes.

h) **Obrigações do afiançado** (arts. 327, 328 e 341, do CPP): prestada a fiança, o afiançado fica sujeito a algumas obrigações/restrições. São elas:

I. Dever de comparecimento perante a autoridade quando intimado para atos do inquérito e da instrução criminal e para o julgamento;

II. Proibição de mudança de residência, sem prévia permissão da autoridade competente;

III. Proibição de se ausentar por mais de 8 dias de sua residência, sem comunicar à autoridade o lugar onde poderá ser encontrado(a);

IV. Proibição de praticar nova infração penal dolosa;

V. Proibição de deliberadamente praticar ato de obstrução ao andamento do processo;

VI. Proibição de descumprir medida cautelar imposta cumulativamente com a fiança;

VII. Proibição de resistir injustificadamente a ordem judicial.

Descumprida injustificadamente qualquer uma dessas obrigações, ocorrerá a **quebra da fiança**, acarretando a *perda de metade do valor caucionado para o Fundo Penitenciário Nacional; na possibilidade de o juiz impor ao réu alguma(s) (das) medida(s) cautelar(es) do art. 319 do CPP, ou mesmo de impor a preventiva ao acusado; e na impossibilidade de, no mesmo processo, prestar nova fiança* (arts. 343, 346 e 324, I, do CPP).

i) **Cuidado para não confundir**

I. **Quebra da fiança:** acabamos de ver do que se trata (descumprimento das obrigações dos arts. 327, 328 e 341, do CPP);

II. **Cassação da fiança** (arts. 338 e 339, do CPP): ocorre quando *há equívoco na concessão da fiança por parte da autoridade* (ex.: juiz que, de forma equivocada, concede fiança ao praticante de crime hediondo – que é inafiançável). Ou quando *há inovação na classificação do delito*. Ex.: delegado concede fiança por crime de pena máxima de até 4 anos, porém, depois, o MP, na fase da denúncia, entende que o delito é, na verdade, inafiançável. **Consequências:** o valor cassado será integralmente devolvido ao acusado e este, a depender do caso, poderá a vir a ser submetido a alguma(s) (das) medida(s) cautelar(es) do art. 319 do CPP, ou até mesmo, se necessário, à prisão preventiva;

III. **Perda da fiança** (arts. 344 e 345, do CPP): *ocorre quando o réu é condenado em definitivo à pena privativa de liberdade e empreende fuga.* **Consequência:** *perda definitiva da totalidade do valor pago;*

IV. **Reforço da fiança: significa** que *o montante prestado a título de fiança é insuficiente (inidôneo), necessitando, pois, ser complementado (reforçado).* Diz o art. 340 do CPP, que o reforço da fiança será exigido quando: I. a autoridade tomar, por engano, fiança insuficiente; II. houver depreciação material ou perecimento dos bens hipotecados ou caucionados, ou depreciação dos metais ou pedras preciosas; III. for inovada a classificação do delito (explica-se esta última situação: em decorrência de nova classificação, o crime ainda é afiançável, porém passa a ser mais grave, gerando a necessidade de reforço da fiança). **Consequência da não prestação do reforço**: a fiança será declarada *sem efeito* pelo juiz, oportunidade em que será devolvido integralmente o valor anteriormente prestado, podendo o réu vir a ser preso (parágrafo único do art. 340).

14.14.3. LP sem fiança

A LP pode ser alcançada pelo réu/indiciado não apenas por meio do pagamento de fiança. Desde que não seja caso de preventiva, é possível também alcançar o benefício (a LP) *sem a necessidade de prestar fiança à autoridade*. Trata-se da denominada LP *sem fiança*.

a) **LP sem fiança quando o indivíduo for pobre (art. 350 do CPP):** quando a infração for afiançável, verificando o magistrado que o indivíduo não tem condições econômicas de prestar a fiança, "pode"[97] o juiz conceder a LP, independentemente do pagamento daquela (da fiança). Concedida a medida, ficará o sujeito submetido às *obrigações* dos arts. 327, 328 e 341 CPP (já estudadas anteriormente).

No caso de descumprimento de qualquer das obrigações impostas, o juiz, de ofício ou mediante requerimento do MP, de seu assistente ou do querelante, poderá substituir a LP, poderá, em cumulação, impor medida(s) cautelar(es)

97. O verbo "poder" aí, empregado pelo CPP, não significa mera faculdade do juiz. Presentes os requisitos legais, deve o juiz conceder LP.

diversa(s) da prisão (art. 319 do CPP) , ou, em último caso, poderá decretar a prisão preventiva (consultar o art. 350, parágrafo único, c/c o art. 282, § 4º, ambos do CPP).

Observação: a *pobreza*, mencionada no art. 350 do CPP, é a incapacidade do indivíduo prestar a fiança sem prejudicar o seu sustento ou o de sua família – e não um eventual estado de indigência (conforme se poderia erroneamente pensar). Para prová-la, conforme Nucci (2006, p. 143), basta a mera declaração do indivíduo, não sendo mais necessário o (antigo) atestado de pobreza fornecido por delegado (art. 32, § 2º, do CPP);

b) **LP sem fiança do parágrafo único do art. 310 do CPP:** se, pela análise do auto de prisão em flagrante (APF), o juiz verificar que o agente praticou o fato nas condições constantes dos incisos I a III do art. 23, do CP (estado de necessidade, legítima defesa, em estrito cumprimento de dever legal ou no exercício regular de direito), "poderá"[98], fundamentadamente, conceder ao sujeito liberdade provisória, *independentemente do pagamento de fiança.*

Concedida a LP com base no parágrafo único do art. 310 do CPP, deve o indivíduo assinar termo de comparecimento a todos os atos processuais, sob pena de revogação do benefício.

O dispositivo é coerente, pois não faria mesmo sentido o juiz, após receber a comunicação do flagrante de um fato aparentemente *lícito*, manter o sujeito encarcerado. Isto porque, além de haver probabilidade de absolvição nessa situação, os requisitos da preventiva não se mostram presentes em tais hipóteses. Dessa forma, concede-se a LP *sem fiança*, devendo o sujeito comparecer a todos os atos do processo, sob pena de revogação do benefício.

É importante ainda notar que o dispositivo em análise *não faz distinção entre infração afiançável ou inafiançável.* Desse modo, *aplica-se a fórmula do parágrafo único do art. 310 tanto aos delitos afiançáveis como aos inafiançáveis.* Ex.: indivíduo é surpreendido em flagrante após praticar homicídio doloso qualificado contra Fulano (crime hediondo, logo inafiançável). Após a lavratura e encaminhamento do APF ao juiz, este nota que há indicativos sérios de que o fato foi cometido em legítima defesa (excludente de ilicitude). Nesta situação, o magistrado deverá conceder LP *sem fiança (parágrafo único do art. 310)*, submetendo o sujeito à obrigação de comparecer aos atos do processo.

14.14.4. LP vedada

Há casos em que a lei veda o instituto da LP. Repare que, nessas situações, a proibição recai *não sobre a possibilidade de prestação de fiança* (inafiançabilidade), mas sobre o *próprio instituto da LP*. Assim, *não se deve confundir* inafiançabilidade com vedação à LP. Na inafiançabilidade, o que se obstaculiza é o pagamento de fiança para a obtenção de LP (ex.: crimes hediondos – art. 5º, XLIII, da CF/1988). Neste caso (inafiançabilidade), *ainda assim* será, em tese, possível a LP. Já na segunda situação (vedação à LP), veda-se mais do que a fiança, proíbe-se a própria LP. E é disto que trataremos agora.

Diversos autores formulam contundentes críticas à vedação de LP feita *a-prioristicamente* pela lei. Motivos: a vedação à LP realizada *a priori* pela lei, além de retirar a oportunidade de o julgador examinar *caso a caso* o cabimento ou não do instituto, *burla o princípio do estado de inocência* – que, não nos esqueçamos, estabelece a regra da liberdade. Segundo dizem esses autores, há burla porque toda vez que a determinação de impossibilidade de LP é efetuada pela lei, cria-se, na realidade, uma modalidade de *manutenção automática da prisão em flagrante*. Explica-se. Basta o indivíduo "dar o azar" de ser preso em flagrante pela prática de crime cuja lei estabeleça vedação à LP – e que os prazos da fase policial e judicial sejam respeitados – para que permaneça encarcerado, *sem fundamentação judicial,* até o deslinde do processo.

É exatamente por conta dessas críticas que diversas das hipóteses de vedação à LP criadas nas últimas duas décadas pelo legislador ordinário têm sido declaradas inválidas pelos tribunais superiores e combatidas pela doutrina. Vejamos os casos:

a) **Estatuto do desarmamento** (Lei 10.826/2003): o STF (ADIN 3112-1, *DJ* 02/05/2007) declarou a *inconstitucionalidade* do art. 21 desta lei que vedava a LP para os crimes de posse ou porte ilegal de arma de fogo de uso restrito (art. 16), comércio ilegal de arma de fogo (art. 17) e tráfico internacional de arma de fogo (art. 18). **Conclusão:** atualmente, cabe LP para esses delitos;

b) **Crime organizado**: a Lei 12.850/2013, que revogou a Lei 9.034/1995, não mais contém óbice à concessão de LP aos agentes que tenham envolvimento com organização criminosa.

c) **Crimes hediondos, tortura e terrorismo:** a Lei dos Crimes Hediondos (Lei 8.072/1990) previa em seu art. 2º, II, vedação expressa à LP para os crimes hediondos, a tortura e o terrorismo. *Porém,* atendendo aos reclames da doutrina, em 2007, a *Lei 11.464 retirou a referida proibição. Entretanto,* estranhamente, o *STF* (**HC 97820/MG**, *DJ* 02/06/2009) e a *Quinta Turma do STJ* (HC 111041/MG, *DJ* 11/11/2008) continuam, atualmente, entendendo que *não cabe LP para os crimes hediondos e para a prática de tortura e de terrorismo. Contra* (logo, favoráveis à LP nesses casos): *Sexta Turma do STJ* (HC 109451/SP, *DJ* 11/11/2008) e *doutrina.*

d) **Drogas (Lei 11.343/2006)**: o art. 44 desta lei veda a LP para os crimes tipificados nos arts. 33, *caput* e § 1º, e 34 a 37 desse mesmo diploma (tráfico, fabrico de instrumentos e associação para o tráfico). *Concordam, atualmente, com essa proibição: Primeira Turma do STF* (HC 98548/SC, *DJ* 24/11/2009) e *Quinta Turma do STJ* (HC 131920/SC, *DJ* 14/05/2009). *Contra (a favor da LP, portanto): Segunda Turma do STF* (informativo 573), *Sexta Turma do STJ* (informativo 441) e doutrina.

98. "Deverá", na verdade. Veja a nota logo acima.

Certamente, o leitor deve estar percebendo a acentuada contradição na jurisprudência dos tribunais superiores sobre o assunto. Pois bem, a percepção é, infelizmente, correta. *Provocação nossa:* qual o sentido de se declarar inconstitucional o dispositivo que veda a LP no Estatuto do Desarmamento (item "a") e de, ao mesmo tempo, manter a validade da proibição no caso da Lei de Drogas (item "e")? O tráfico de armas (por exemplo) não é tão grave quanto o tráfico de drogas? A incongruência é patente. Entretanto, o caráter sintético deste livro impede que desçamos a fundo nessa questão, motivo pelo qual sugerimos, se interessar ao leitor, a consulta do nosso: "Questões Polêmicas de Processo Penal", Bauru: Edipro, 2011 (tópico 6.1).

15. Citações e Intimações

15.1. Noções gerais

São atos de comunicação processual, destinados à cientificação das partes, testemunhas, entre outros, acerca do teor dos atos processuais já praticados ou mesmo para que certos atos sejam praticados por algum dos sujeitos processuais.

De acordo com a finalidade de cada ato, a doutrina promoveu a classificação dos atos de comunicação processual em algumas espécies: citações, intimações e notificações.

15.2. Citação

Ato de comunicação processual pelo qual se informa ao réu/querelado a existência de uma imputação (ação penal) contra si. Conforme dispõe o art. 363 do CPP, a citação completa a formação do processo, *i. e.*, a relação triangular entre as partes e o juiz resta plenamente formada, possibilitando o contraditório e a dialética no processo.

Nesse sentido, ressalte-se ainda que a citação válida é um elemento de validade do processo, pois a ausência de citação acarreta sua nulidade absoluta, enquanto a deficiência do ato implica nulidade relativa.

Porém, a falta ou nulidade da citação será sanada se o réu comparecer espontaneamente antes da consumação do ato (ainda que para apontar a nulidade ou a falta) – art. 570 do CPP.

15.2.1. Espécies de citação

a) **Citação real:** realizada na pessoa do réu, havendo certeza de que este tomou conhecimento da acusação. Modalidades:

a1) **Citação real por mandado**: cumprida por oficial de justiça dentro do território da Comarca onde o juiz exerce as suas funções. Conforme dispõe o art. 351: "a citação inicial far-se-á por mandado, quando o réu estiver no território sujeito à jurisdição do juiz que a houver ordenado".

O mandado de citação deverá conter todas as informações elencadas no art. 352 do CPP (chamados de requisitos intrínsecos do mandado de citação), como: nome do juiz, nome do acusado ou as suas características físicas etc.

Além dos requisitos intrínsecos, há que se observar os requisitos extrínsecos da citação por mandado, contidos no art. 357 do CPP: leitura do mandado feita pelo oficial de justiça ao acusado; entrega da contrafé (cópia da peça inicial acusatória) etc.;

a2) **Citação real por carta precatória**: quando o réu residir em outra Comarca – art. 353 do CPP. Nesse caso, o juízo deprecante (do lugar onde tramita o processo) solicita ao juízo deprecado (lugar da residência do réu) que efetue a citação do acusado.

Peculiaridades da citação por precatória:

I. Se no juízo deprecado (aquele que irá cumprir a precatória), verificar-se que o réu se encontra em outra comarca, poderá ser encaminhada a precatória para a nova comarca (precatória itinerante);

II. Havendo urgência, a precatória poderá ser feita por via telegráfica (inclua-se aí o fax também);

a3) **Citação real por carta rogatória**: quando o réu residir fora do país ou em embaixadas ou consulados (sedes de legações estrangeiras). *Mutatis mutandis,* aplica-se a mesma razão da citação por precatória. No caso de citação por rogatória, haverá suspensão do prazo prescricional – art. 368 do CPP;

a4) **Citação real por carta de ordem**: trata-se de determinação de tribunal a órgãos jurisdicionais de instância inferior para cumprimento de citação em processo de sua competência originária quando o réu "não residir no lugar da sede da jurisdição do tribunal" (OLIVEIRA. 2010. p. 585).

Peculiaridades da citação real em relação a algumas pessoas:

I. Se o réu for militar, será citado por intermédio do chefe do respectivo serviço – art. 358 do CPP;

II. Se for funcionário público, haverá necessidade de notificar o chefe de sua repartição – art. 359 do CPP;

III. Se o réu estiver preso, deverá ser citado pessoalmente, por mandado – art. 360 do CPP;

b) **Citação ficta ou presumida:** não sendo possível a citação real, proceder-se-á a citação ficta. Esta pode ser por edital ou por hora certa.

Razão de ser desse tipo de citação: para que o Estado não fique impossibilitado de exercer o seu *jus puniendi*.

b1) **Por edital** (art. 361 do CPP): pressupõe que o réu tenha conhecimento da ação penal a partir da publicação do edital em veículo de comunicação periódico com circulação local e de sua notícia afixada na sede do juízo (Fórum).

Prazo do edital: 15 dias.

O art. 365 do CPP, estatui os requisitos do edital de citação, sendo eles: nome do juiz que determinar a citação, nome do acusado ou seus sinais característicos, a indicação do dispositivo da lei penal infringido (Súmula 366 do STF)[99] etc.

Atenção: a citação por edital não é admitida nos Juizados Especiais (art. 66, parágrafo único, da Lei 9.099/1995). Caso o réu não seja encontrado para ser citado pessoalmente haverá a remessa do processo ao juízo comum (adotando-se o rito sumário).

Citado por edital, se o réu não comparecer e nem constituir advogado, será determinada a suspensão do processo e do prazo prescricional, podendo o juiz determinar a produção antecipada das provas consideradas urgentes e, se for o caso, decretar preventiva – art. 366 do CPP.

Apesar de a lei não mencionar durante quanto tempo pode ficar suspenso o prazo prescricional, o STJ (súmula 415) e a majoritária doutrina entendem que a suspensão da prescrição nesse caso deverá se dar pela pena máxima em abstrato fixada ao crime (art. 109 do CP).

Ademais, ainda com base no art. 366, diz a súmula 455 do STJ: "a decisão que determina a produção antecipada de provas com base no art. 366 do CPP deve ser concretamente fundamentada, não a justificando unicamente o mero decurso do tempo".

b2) **Por hora certa** (art. 362 do CPP): inovação introduzida na seara processual penal por meio da Lei 11.719/2008, essa modalidade de citação ficta[100] ocorre quando se verificar que o réu, deliberadamente, oculta-se para não ser citado.

Conforme expressamente determina o art. 362 do CPP, o procedimento a ser adotado para a realização da citação por hora certa é o dos arts. 227 a 229 do CPC. Vejamos:

I. Três tentativas do oficial de justiça de citar pessoalmente por mandado o réu em seu domicílio;
II. suspeita fundada de ocultação por parte do oficial;
III. intimação por parte do oficial de qualquer pessoa da família ou vizinho alertando que, no dia imediato, voltará para efetuar a citação na hora que designar.
IV. no dia imediato, não estando presente o réu, o oficial procurará informar-se das razões da ausência, dando por feita a citação, ainda que o citando se tenha ocultado em outra comarca.

Realizada a citação por hora certa, se o réu não comparecer, ser-lhe-á nomeado defensor dativo ou público, conforme o caso.

99. Mister destacar que há divergência doutrinária no sentido de estabelecer como requisito do edital a descrição resumida do fato imputado, considerando a necessidade de possibilitar o exercício da ampla defesa.

100. Há quem entenda que a citação por hora certa se trata de modalidade de citação real – e não ficta. O tema não é pacífico, portanto.

15.2.2. Revelia (art. 367 do CPP)

No processo penal os efeitos da revelia não guardam relação de similaridade com o âmbito processual civil. A ausência do acusado a qualquer dos atos processuais, sem justificativa, ou a mudança de endereço sem comunicação, têm como efeito a não intimação para os atos processuais seguintes[101]. Assim, não há que se falar em "confissão ficta", por exemplo, para o réu revel em processo penal.

O efeito da revelia apontado (não intimação do réu para os atos processuais futuros), obviamente, não se aplica ao defensor do acusado, pois, como sabemos, a defesa técnica no processo penal é imprescindível. Assim, ainda que o réu seja considerado revel, seu defensor, obrigatoriamente, deverá continuar a patrocinar seus interesses.

Ademais, outro efeito da revelia no processo penal é a quebra da fiança (art. 341 do CPP).

Observações: I – ainda que revel, o réu deverá ser intimado da sentença em atenção ao princípio da ampla defesa (art. 392 do CPP); II - o réu pode ingressar no processo a qualquer tempo, fazendo cessar os efeitos da revelia, mas sem alterações nos os atos já praticados. Participará do processo conforme o estado em que esse se encontra.

15.3. Intimações e notificações

São atos de comunicação processual dirigidos "às partes ou a qualquer outra pessoa que deva, de alguma forma, intervir na relação processual" (MOREIRA, 2010, p. 246).

Certo setor da doutrina costuma fazer a seguinte distinção:

15.3.1. Intimação

Ciência dada à parte ou outra pessoa de um ato já realizado – ato realizado no passado – ex.: intimação de uma sentença prolatada (passado). Intima-se *de* algo.

15.3.2. Notificação

Ciência dada para que a parte ou outra pessoa pratique um ato no futuro – ex.: notificação de testemunha para depor. Notifica-se *para* algo.

O nosso CPP, porém, não atenta para essa diferenciação, utilizando os termos indistintamente. Neste trabalho, portanto, falaremos tão somente em intimação.

No caso do Ministério Público e da Defensoria Pública, a intimação deve ser pessoal, ou seja, a comunicação deve ser feita diretamente aos membros dessas instituições (art. 370, § 4º, do CPP). Também o advogado dativo (nomeado pelo juiz) será intimado pessoalmente.

101. Esta última parte, contudo, não se aplica à intimação da sentença, que é obrigatória.

Já o advogado constituído (pelo réu, pelo querelante, pelo querelado ou pelo assistente) será, em regra, intimado por meio de publicação oficial (Diário Oficial), incluindo, sob pena de nulidade, o nome do acusado. Caso não exista órgão de publicação oficial, a intimação deverá ser efetuada diretamente pelo escrivão, por mandado, ou via postal, com comprovante de recebimento, ou por qualquer outro meio considerado idôneo – 370, §§ 1º e 2º, do CPP.

Em hipótese de intimação por meio de carta precatória exige o art. 222, *caput*, do CPP, sob pena de nulidade relativa (conforme súmula 155 do STF), que as partes sejam intimadas da expedição do documento, não sendo exigível que se lhes dê ciência da data marcada pelo Juízo deprecado para a realização do ato.

A Lei 9.099/1995 (art. 67) dispõe que no JECRIM "a intimação poderá ser efetivada através de via postal (com AR ou mediante entrega na recepção, se se tratar de pessoa jurídica ou firma individual), por oficial de justiça (independentemente de mandado ou carta precatória), na própria audiência, ou, ainda, por qualquer outro meio idôneo de comunicação, como, por exemplo, o telefone" (MOREIRA, 2010, p. 265).

O cumprimento dos atos de comunicação processual deve ocorrer em dias úteis, com expediente forense, como se pode depreender, inclusive, do teor da súmula 310 do STF: "*quando a intimação tiver lugar na sexta-feira, ou a publicação com efeito de intimação for feita nesse dia, o prazo judicial terá início na segunda-feira imediata, salvo se não houver expediente, caso em que começará no primeiro dia útil que se seguir*".

A ausência de intimação das partes poderá, a depender do caso, configurar até em nulidade absolta por cerceamento defesa, por exemplo.

16. Sentença penal

Antes de tratarmos propriamente da sentença, vejamos uma tradicional divisão, apresentada por certo setor da comunidade jurídica, a respeito dos atos jurisdicionais.

Em regra, os atos jurisdicionais podem ser:

16.1. Despachos de mero expediente (ou ordinatórios)

São atos jurisdicionais de mero impulso do processo, sem carga decisória, portanto. Ex.: ato do juiz que designa data para a audiência de instrução e julgamento (art. 400 do CPP). Os despachos de mero expediente são irrecorríveis. Porém, quando causarem tumulto ao processo ou forem abusivos, poderão ser atacados por correição parcial. Ex.: despacho do juiz que determina a oitiva das testemunhas indicadas pela defesa *antes* das arroladas pela acusação. Cabe, nesse caso, correição.

16.2. Decisões

Em sentido amplo, a palavra *decisão* significa todo o ato jurisdicional que possui carga decisória, produzindo, portanto, algum tipo de sucumbência. Tais atos destinam-se a solucionar incidentes processuais ou mesmo pôr termo ao processo. Exs.: sentença, decisão que decreta a preventiva etc. Várias decisões, por apresentarem certo grau de carga decisória (maior ou menor, a depender do caso), podem ser desafiadas por recurso. Exs.: a sentença é apelável; a decisão que rejeita a inicial penal é recorrível em sentido estrito etc.

As *decisões*, por sua vez, conforme clássica classificação da doutrina, dividem-se em:

16.2.1. Decisões interlocutórias simples

"São as que dirimem questões emergentes relativas à regularidade ou marcha do processo, exigindo um pronunciamento decisório sem penetrar no mérito" (MIRABETE, 2001, p. 445). Essas decisões não encerram o processo nem qualquer fase do procedimento. Ex.: decisão que decreta a preventiva.

16.2.2. Decisões interlocutórias mistas

São aquelas que, julgando ou não o mérito, colocam fim ao procedimento ou a uma de suas fases. Dividem-se em:

a) Decisões interlocutórias mistas terminativas: são as que põem fim ao procedimento. Exs.: impronúncia, rejeição da denúncia;

b) Decisões interlocutórias mistas não terminativas: são as que põem fim a apenas uma etapa do procedimento. Ex.: a pronúncia põe termo à primeira fase do procedimento bifásico do Júri.

16.2.3. Decisões definitivas (ou sentenças)

São aquelas que põem fim ao processo, julgando o mérito da causa. Subdividem-se em:

a) Sentença condenatória: é aquela em que o juiz acolhe, ainda que parcialmente, a pretensão punitiva deduzida na inicial penal. Note o leitor que, no processo penal, em razão, dentre outros, do princípio do estado de inocência e do *in dubio pro reo*, o juiz só poderá condenar o acusado se estiver diante de um conjunto probatório (produzido em contraditório judicial) cabal. Impossível, portanto, uma condenação em meros indícios e/ou conjecturas frágeis. Em caso de prova frágil (ou como dizem alguns: em caso de dúvida), o caminho inarredável será a absolvição do réu, aplicando-se a regra pragmática de julgamento do *in dubio pro reo* (LOPES JR., 2010);

b) **Sentenças absolutórias:** ao contrário, é aquela em que o juiz não acolhe a pretensão punitiva deduzida na inicial penal;

c) **Decisão terminativa de mérito ou declaratória extintiva da punibilidade:** é aquela em que o juiz, apesar de julgar o mérito, não condena e nem absolve o réu. Ex.: decisão que declara extinta a punibilidade do agente em decorrência de prescrição (art. 107, IV, do CP).

Dada a importância que as sentenças condenatória e absolutória têm para o processo penal, iremos estudá-las com mais vagar nas próximas linhas. Porém, antes, vejamos os requisitos formais da sentença (comuns à absolutória e à condenatória).

16.3. Requisitos da sentença (art. 381 do CPP)

Nota: a falta de qualquer desses requisitos provoca a nulidade absoluta da sentença (por descumprimento de formalidade essencial do ato – art. 564, IV, do CPP).

16.3.1. Relatório

Aqui o juiz deverá efetuar uma espécie de resumo dos acontecimentos mais importantes que se deram ao longo do processo. Deverá conter: os nomes das partes, a exposição sucinta da acusação e da defesa e demais ocorrências processuais relevantes.

Nota: no JECRIM[102] (art. 81, § 3º), dispensa-se o relatório.

16.3.2. Fundamentação ou motivação

É requisito geral de todas as decisões judiciais (art. 93, IX), sob pena de nulidade absoluta. A fundamentação é de capital importância, pois permite um *controle da racionalidade* da decisão do juiz pelas partes e pela própria sociedade (LOPES JR., 2010). Só por meio da motivação é que se poderá dizer se a sentença deriva de arbítrio ou da lei. Constitui-se numa garantia das partes, haja vista permitir que estas possam constatar se o juiz considerou suas teses e as provas que produziram. O direito à prova não se constitui apenas como direito de produzir prova, mas também como direito à valoração da prova pelo magistrado (GRINOVER *et. al.* 2001, p. 212 e ss.). Em suma, pode-se dizer que o trabalho do juiz, como qualquer decisão humana, implica uma escolha entre alternativas. No conteúdo da motivação, o juiz deve deixar claras as suas escolhas. Finalmente, cabe salientar que não se exige fundamentação extensa, prolixa, podendo ser ela sucinta. O que não se admite é a ausência da fundamentação ou a fundamentação deficiente da decisão.

Nota: a sentença despida de qualquer fundamentação é chamada de *sentença vazia.*

102. Juizado Especial Criminal – Lei 9.099/1995

16.3.3. Dispositivo ou conclusão

É parte da sentença que contém o comando da decisão, o provimento final, de condenação ou de absolvição. Por óbvio, o dispositivo da sentença deve guardar relação com as razões de decidir (com a motivação).

Se condenatória a sentença, deverá a conclusão trazer o tipo penal no qual está incurso o acusado, a dosimetria da pena e o seu regime inicial de cumprimento.

Se absolutória, deverá a conclusão trazer o fundamento legal da absolvição (incisos do art. 386 do CPP).

16.3.4. Autenticação

Consiste na aposição de assinatura do juiz, bem como da indicação do local e data em que a sentença foi proferida. A falta de assinatura torna a sentença inexistente.

Dadas as suas peculiaridades, analisemos a seguir a sentença absolutória (tema, de certa forma, já enfrentado também quando tratamos da ação civil *ex delicto*).

16.4. Sentença absolutória

Conforme dito, é a sentença que não acolhe a pretensão punitiva deduzida na inicial acusatória.

A sentença absolutória pode ser:

✔ **Própria**: aquela que absolve o réu, importando em reconhecimento de sua plena inocência. É a absolvição por excelência. Ex.: juiz que, na sentença, reconhece que o acusado não participou do crime objeto do processo;

✔ **Imprópria:** aquela que, apesar de absolver o réu, aplica-lhe medida de segurança, pois reconhece a inimputabilidade do acusado (doença mental) ao tempo do fato – art. 26 do CP c/c o art. 386, VI, 2ª parte, e parágrafo único, III, do CPP.

Analisemos a seguir os fundamentos da sentença absolutória contidos no art. 386 do CPP. O juiz absolverá o réu quando:

I. **estiver provada a inexistência do fato**: aqui o juiz está seguro de que o fato relatado na inicial acusatória não aconteceu. Se o fato não existiu no campo penal (que exige uma carga probatória muito maior que a do campo civil), com muito mais razão também não existiu na seara cível. Este fundamento da sentença absolutória obsta, portanto, a propositura de ação civil *ex delicto*;

II. **não houver prova da existência do fato**: a acusação não logrou êxito em convencer o juiz a respeito da existência do fato-crime. Houve debilidade probatória. Sendo assim, aplica-se a regra pragmática de julgamento do *in dubio pro reo*, absolvendo-se, por conseguinte, o acusado. Este fundamento da sentença absolutória não fecha as portas do cível. Note-se que a prova não foi suficiente para o campo penal, mas poderá sê-lo para o campo civil;

III. **não constituir o fato infração penal**: é o reconhecimento da atipicidade do fato. Também não fecha as portas do cível. O ilícito não foi penal, mas poderá ser civil (art. 67, III, do CPP);

IV. **estiver provado que o réu não concorreu para a infração penal**: aqui o juiz está seguro de que o réu não concorreu para a prática da infração penal (negativa da autoria). Fecha as portas do cível. Se restou provado no campo penal que o réu não praticou qualquer conduta lesiva, automaticamente estará excluído do polo passivo de qualquer ação indenizatória;

V. **não existir prova de ter o réu concorrido para a infração penal:** o juiz não está seguro da participação ou não do acusado na empreitada criminosa. A acusação não logrou êxito em convencer o juiz a respeito disso, havendo, portanto, debilidade probatória. Sendo assim, aplica-se a regra pragmática de julgamento do *in dubio pro reo*, absolvendo-se, por conseguinte, o acusado. Este fundamento da sentença absolutória não fecha as portas do cível. Note-se que a prova não foi suficiente para o campo penal, mas poderá sê-lo para o campo civil;

VI. **existirem circunstâncias que excluam o crime ou isentem o réu de pena** (arts. 20, 21, 22, 23, 26 e § 1º do art. 28, todos do Código Penal), ou **mesmo se houver fundada dúvida sobre sua existência:** já tratamos desta hipótese com detalhes quando estudamos a ação civil *ex delicto*. Vale apenas lembrar que o reconhecimento de excludente de ilicitude (legítima defesa, por exemplo) fecha, em regra, as portas do cível (arts. 188, I, do CC, e 65 do CPP);

VII. **não existir prova suficiente para a condenação**: para que seja imposta uma condenação ao acusado, é preciso que o juiz esteja convencido de que o fato existiu, foi típico, que o réu concorreu para essa infração penal e que não existiram, *in casu*, justificantes ou dirimentes. Desse modo, se o conjunto probatório não foi suficiente para gerar um juízo de certeza acerca da condenação, impõe-se a absolvição do acusado. Trata-se, mais uma vez, da aplicação da regra pragmática de julgamento do *in dubio pro reo*.

16.5. Princípio da correlação entre a acusação e a sentença

Segundo Badaró (2008, v. I, p. 309) significa que "deve haver uma identidade entre o objeto da imputação e o da sentença. Ou seja, o acusado deve ser julgado, sendo condenado ou absolvido, pelos fatos que constam da denúncia ou queixa". Dessa forma, descabem julgamentos *citra* (aquém do objeto da imputação), *ultra* (além do objeto da imputação) ou *extra* (diverso do objeto da imputação) *petita*.

Em suma, o princípio da correlação visa a impedir que o réu seja condenado por fato não contido na denúncia ou na queixa. Daí surge um questionamento: o que fazer quando, no decorrer da instrução, verificar-se que ocorreu um equívoco na classificação legal (tipificação) do fato descrito; ou quando se vislumbrar que o fato inicialmente descrito não corresponde ao que foi demonstrado ao final da instrução? A resposta passa pelos institutos da *emendatio libelli* e *mutatio libelli*, a seguir examinados.

16.5.1. *Emendatio libelli*

Essa possibilidade está consubstanciada no art. 383 do CPP, que diz: *"o juiz, sem modificar a descrição do fato contida na denúncia ou queixa, poderá atribuir-lhe definição jurídica diversa, ainda que, em consequência, tenha de aplicar pena mais grave"*.

Após a fase instrutória, ao apreciar o mérito da pretensão punitiva, é possível que o juiz perceba que a definição legal apresentada pela acusação não é adequada aos fatos descritos na inicial acusatória. Diante dessa situação, poderá o juiz, de ofício, proceder à correta capitulação legal dos fatos, retificando a inicial. Trata-se de medida que não interfere na defesa, pois, como diz a tradicional doutrina, o acusado se defende dos fatos descritos e não da definição legal contida na inicial acusatória. Vamos a um exemplo: denúncia narra um furto, mas o promotor, ao classificar a conduta, aponta o art. 157 do CP (roubo). Na sentença, poderá o juiz corrigir a classificação legal para o art. 155 do CP (furto) (BADARÓ, 2008, v. I, p. 310).

Perceba o leitor que o elemento-chave da *emendatio* é que o fato descrito na inicial penal é o mesmo que chega ao juiz no momento da sentença (o fato permanece inalterado). O que muda, portanto, é o enquadramento legal dado pelo juiz àquele (ao fato).

Por fim, vale ressaltar que o instituto da *emendatio libelli* pode ocorrer em segundo grau. Porém, a retificação não pode resultar em pena mais grave se o recurso tiver sido exclusivo da defesa, uma vez que é vedada a *reformatio in pejus*.

16.5.2. *Mutatio libelli* (art. 384 do CPP)

Aqui, ao contrário da hipótese anterior, "os fatos objeto do processo são alterados, com o que, normalmente, altera-se também a sua classificação jurídica" (BADARÓ, 2008, v. I, p. 311). Perceba o leitor, portanto, que na *mutatio* temos uma alteração dos fatos objeto do processo (este é o elemento-chave). Ex.: o promotor, na denúncia, narra um furto e, corretamente, rotula o fato no art. 155 do CPP. Ocorre que, durante a instrução, surgem provas no sentido de que o arrebatamento dos bens da vítima se deu por meio de violência. Logo, estaríamos diante de um roubo e não de um furto. Perceba que não se trata de um novo fato típico, mas de **elemento ou circunstância** que não estavam presentes originalmente. Eles podem ser entendidos como *as circunstâncias elementares do delito, a prova de qualificadoras, causas de aumento e de diminuição da pena (circunstâncias legais).*

Em decorrência desse novo cenário, o juiz deverá notificar o MP para que este proceda ao aditamento da denúncia no prazo de 5 dias (art. 384, parte final, do CPP). Se o órgão ministerial não promover o aditamento, pode o juiz seguir o procedimento do art. 28 do CPP, remetendo ao órgão revisor do MP para manifestação final. É importante dizer ainda que o juiz não poderá, de ofício, realizar a alteração da imputação, já que, agindo assim, estaria atuando como órgão acusador, violando, pois, o sistema acusatório.

Uma vez oferecido o aditamento pelo MP, deve o juiz, em observância ao contraditório e à ampla defesa, permitir que, em 5 dias, o acusado se manifeste.

Admitido o aditamento pelo juiz (com a manifestação defensiva do réu), deverá o juiz abrir novo prazo de 5 dias, para que as partes arrolem até 3 testemunhas. Ato contínuo, o juiz marcará dia e hora para a continuação da audiência de instrução e julgamento, com a inquirição das testemunhas eventualmente indicadas, novo interrogatório do réu, novos debates orais e, ao final, julgamento.

Por fim, frise-se que, nos termos da súmula 453 do STF, não cabe *mutatio libelli* em segundo grau.

16.6. Coisa julgada

16.6.1. Conceito e espécies

É o efeito de imutabilidade oriundo de uma decisão judicial sobre a qual não seja mais possível qualquer discussão. Na visão de Tourinho Filho, o seu fundamento político é a necessidade de pacificação social por meio da segurança jurídica relacionada à manutenção das decisões definitivas (2010, p. 843).

Na esfera penal, essa imutabilidade incide sobre as sentenças absolutórias, uma vez que a condenação pode ser revista a qualquer tempo, por meio da ação de revisão criminal (art. 621 do CPP).

Quanto à extensão da imutabilidade, a coisa julgada deve ser entendida sob dois aspectos: formal e material. Aqui o magistério de Luiz Flávio Gomes é bastante elucidativo no que tange à sua compreensão prática.

Diz o referido jurista que "há duas espécies de coisa julgada: 1. Coisa julgada formal: impede que o juízo da causa reexamine a sentença [ou decisão]; 2. Coisa julgada material: impede que qualquer outro juízo ou tribunal examine a causa já decidida." (2005, p. 330).

16.6.2. Limites da coisa julgada

Como visto acima, a coisa julgada impõe limites à atividade de persecução penal. Tais limitações possuem natureza dúplice: objetiva e subjetiva.

a) **Limites objetivos**: estão previstos no § 2º, art. 110, do CPP, *in verbis*: "*a exceção de coisa julgada somente poderá ser oposta em relação ao fato principal que tiver sido objeto da sentença*". Os limites objetivos são, portanto, as imputações, os fatos principais considerados pelo juiz na sentença.

Desse modo, uma vez absolvido da acusação de roubo do carro da vítima "A", em determinado dia, e sob as condições ali descritas, o acusado não mais poderá ser processado pelos mesmos fatos sob outra qualificação, como furto, por exemplo;

b) **Limites subjetivos:** incidem sobre o acusado, sujeito passivo da ação penal.

O efeito de imutabilidade da sentença impede que ele seja processado duas vezes pelo mesmo fato, independentemente da natureza da sentença, seja absolutória, condenatória ou terminativa de mérito (ex: sentença de extinção da punibilidade).

17. Procedimentos penais

17.1. Conceito

Rito ou procedimento é a sucessão ordenada de atos processuais, dirigidos a um fim último: a sentença.

17.2. Classificação

No processo penal, o procedimento se divide em comum e especial (art. 394 do CPP).

a) O **procedimento comum** compreende:

a1) o procedimento ordinário: aplicável aos crimes cuja pena máxima prevista seja igual ou superior a 4 anos de privação de liberdade;

a2) o procedimento sumário: aplicável aos crimes cuja pena máxima prevista seja inferior a 4 anos de privação de liberdade;

a3) o procedimento sumaríssimo, aplicável às IMPOs[103] (Lei 9.099/1995), ou seja, pena máxima até 2 anos;

b) **Procedimento especial** (pode estar previsto dentro ou fora do CPP). Exemplos:

b1) Júri – art. 406 e ss. do CPP;

b2) Drogas – Lei 11.343/2006;

b3) Crimes de funcionais (art. 513 e ss.); dentre outros.

É importante notar que, conforme determina o § 4º do art. 394, do CPP, os institutos previstos nos arts. 395 a 397, que tratam respectivamente das causas de rejeição da denúncia, da resposta à acusação e da absolvição sumária, aplicam-se, em regra, a todo e qualquer procedimento de 1º grau.

No entanto, é necessário destacar que a absolvição sumária do art. 397 do CPP (absolvição sumária antecipada), não se aplica ao procedimento do júri. Motivo: o rito do júri já possui possibilidade de absolvição sumária em momento específico (art. 415 do CPP), sendo, portanto, descabida a aplicação do art. 397 do CPP ao procedimento dos crimes dolosos contra a vida. Nesse sentido: Tourinho Filho (2010, p. 734) e Pacelli de Oliveira (2010, p. 644).

Ressalte-se também que as disposições do procedimento ordinário são aplicadas subsidiariamente aos procedimentos especial, sumário e sumaríssimo – § 5º do art. 394, do CPP.

17.3. Etapas do procedimento ordinário (arts. 394 a 405)

a) Oferecimento da inicial penal (indicação de até 8 testemunhas);

b) Recebimento ou rejeição da inicial.

Havendo rejeição cabe RESE (art. 581, I);

c) Citação (em caso de recebimento);

d) Resposta escrita à acusação;

e) Absolvição sumária ou, não sendo o caso desta, designação de audiência;

f) Audiência de instrução e julgamento (audiência una). Atos que compõem esta audiência:

f1) tomada das declarações do ofendido;

f2) oitiva das testemunhas arroladas pela acusação;

f3) oitiva das testemunhas arroladas pela defesa;

f4) esclarecimentos dos peritos (desde requerido pelas partes);

f5) acareações (se for o caso);

f6) reconhecimento de pessoas e coisas (se necessário);

f7) interrogatório do réu;

f8) requerimento de diligências últimas;

f9) alegações finais orais ou apresentação de memoriais;

g) Sentença (a ser proferida na própria audiência una ou posteriormente quando impossível a sua prolação em audiência).

17.3.1. Análise de algumas etapas importantes do procedimento ordinário

a) **Hipóteses de rejeição da inicial penal** (art. 395 do CPP). Significa que o juiz considera inviável a acusação deflagrada por conta de um dos seguintes motivos:

I. **Inépcia:** desatendimento dos requisitos essenciais do art. 41 do CPP. Ex.: denúncia lacônica - que não respeita o requisito da exposição do fato criminoso com todas as suas circunstâncias;

II. **Falta de pressuposto processual ou condição para o exercício da ação penal.** Ex.: de falta de pressuposto processual: litispendência (acusação do mesmo réu sobre o mesmo fato). Ex.: de falta de condição da ação: denúncia por fato prescrito (carece o MP de interesse neste caso);

III. **Ausência de justa causa:** é a 4ª condição genérica da ação. Falta de suporte probatório mínimo;

b) **Resposta à acusação** (arts. 396 e 396-A do CPP)

Uma vez citado, o réu possui 10 dias para apresentar sua primeira defesa no processo.

b1) **Conteúdo da resposta:** o acusado poderá arguir preliminares e alegar tudo o que interesse à sua defesa, oferecer documentos e justificações, especificar as provas pretendidas e arrolar testemunhas, qualificando-as e requerendo sua intimação, quando necessário.

Pode indicar até 8 testemunhas, sob pena de preclusão.

Obrigatoriedade: Não apresentada a resposta no prazo legal, ou se o acusado, citado, não constituir defensor, o juiz nomeará defensor para oferecê-la, concedendo-lhe vista dos autos por 10 (dez) dias;

c) **Possibilidade de absolvição sumária** (art. 397 do CPP): após a resposta à acusação, pode o juiz absolver sumariamente o réu quando verificar:

I. a existência manifesta de causa excludente da ilicitude do fato.

Ex.: legítima defesa;

II. a existência manifesta de causa excludente da culpabilidade do agente, salvo inimputabilidade.

Ex.: coação moral irresistível.

A ressalva da inimputabilidade nesse dispositivo tem razão de ser, pois lembre-se de que, no caso de reconhecimento de doença mental, será aplicada ao réu medida de segurança (que não deixa de ser uma pena). Logo, necessário o percurso do devido processo legal até a sentença final, não sendo possível absolvê-lo impropriamente nessa etapa;

103. Infração de menor potencial ofensivo – art. 61 da Lei 9.099/1995.

III. que o fato narrado evidentemente não constitui crime.

Ex.: atipicidade da conduta;

IV. extinta a punibilidade do agente.

A redação do dispositivo foi infeliz. Tecnicamente, não se trata de absolvição. Ex.: morte do agente. Não se "absolve" o agente, mas declara-se extinta a sua punibilidade.

d) Algumas novidades/questões sobre a audiência una

I. Tentativa de concentração dos atos numa única audiência;

II. Incorporação do princípio da identidade física do juiz ao processo penal (art. 399, § 2º, do CPP): o juiz que acompanhar a instrução probatória deverá ser o mesmo a proferir a sentença;

III. A ordem de oitiva das testemunhas respeitará o seguinte: primeiro, serão ouvidas as testemunhas indicadas pela acusação, depois, as pela defesa. Não se aplica esta ordem no caso de expedição de carta precatória;

IV. Perguntas formuladas diretamente às testemunhas pelas partes;

V. Interrogatório ao final da audiência. Conforme a melhor doutrina, o deslocamento do interrogatório para o final da audiência reforçou que, além de meio de prova, esse ato representa, inegavelmente, um meio de defesa;

VI. Alegações finais (debates) orais: primeiro, acusação (20 min. prorrogável por mais 10), e, em seguida, a defesa, por igual tempo.

Existindo 2 ou mais acusados, o tempo das alegações orais será contado separadamente para cada um e, havendo assistente de acusação, ele fará sua sustentação por 10 minutos, logo após o MP, acrescentando-se igual tempo à manifestação da defesa.

O juiz poderá, considerada a complexidade do caso, o número de réus ou a necessidade de realizar diligências imprescindíveis, conceder às partes o prazo de 5 dias, sucessivamente, para a apresentação de memoriais (leia-se: alegações finais escritas). Nessa hipótese, terá o magistrado o prazo de 10 dias para prolatar a sentença;

VII. Sentença em audiência: passa a ser a regra. Exceções (hipóteses em que a sentença não será prolatada em audiência): causa complexa; número elevado de réus; ou diligências imprescindíveis que impeçam a prolação da sentença em audiência. Nestas situações, não haverá alegações finais orais em audiência (as alegações serão escritas e apresentadas *a posteriori* – memoriais), como também não haverá prolação de sentença em audiência. *Vide* arts. 403 e 404 do CPP;

VIII. Deve ser realizada a audiência una no prazo máximo de 60 dias (contados a partir do recebimento da inicial penal) – art. 400, *caput*, do CPP.

17.4. Etapas do procedimento sumário - arts. 531 a 538 do CPP

a) Oferecimento da inicial penal;

b) Recebimento ou rejeição da inicial;

c) Citação;

d) Resposta escrita à acusação;

e) Absolvição sumária ou designação de audiência;

f) Audiência de instrução e julgamento: declarações do ofendido; oitiva das testemunhas (acusação e defesa); esclarecimentos dos peritos; acareações; reconhecimento de pessoas e coisas; interrogatório; alegações finais orais; e sentença.

Nota: trata-se de procedimento praticamente igual ao ordinário. Diferenças: a audiência una deve ser realizada em até 30 dias após o recebimento da inicial; limite de testemunhas: 5 (e não 8 como no ordinário).

17.5. Procedimento (comum) sumaríssimo (arts. 77 a 81 da Lei 9.099/1995)

Aplicável às IMPOs (infrações penais de menor potencial ofensivo, que são aquelas cuja pena máxima é de até 2 anos – *vide* art. 61 da Lei 9.099/1995).

A exceção diz respeito ao art. 94 da Lei 10.741/2003 (Estatuto do Idoso), que prevê a aplicação do procedimento para os crimes ali previstos, mesmo com o teto de 4 anos. O **STF** decidiu pela interpretação conforme do referido dispositivo, permitindo unicamente a adoção do procedimento sumaríssimo, mas sem a possibilidade de aplicação dos institutos despenalizadores da Lei 9.099/1995 (**ADI 3096/DF, *DJe* 03.09.10**).

17.5.1 Fases

a) Fase preliminar

I. lavratura do termo circunstanciado (TCO ou TC) e encaminhamento deste termo ao juizado (JECRIM);

II. audiência preliminar: presentes o autor do fato, vítima, respectivos advogados, responsável civil (se for o caso) e o MP, o juiz esclarecerá sobre a possibilidade da **composição civil dos danos** e da **transação penal** (aplicação imediata de pena não privativa de liberdade);

III. Não havendo conciliação na audiência preliminar, será facultado ao titular da ação oferecer inicial penal oral (rol de 5 testemunhas), passando-se à fase propriamente processual da Lei 9.099/1995;

a1) Algumas etapas importantes da fase preliminar:

I. **Composição civil** (art. 74 da Lei 9.099/1995): visa a reparar os danos causados ao ofendido. Sendo homologada por sentença (decisão irrecorrível) pelo juiz, terá eficácia de título a ser executado no juízo cível.

   i. Crime de ação penal privada: homologado o acordo pelo juiz, haverá renúncia ao direito de ação (queixa), ou seja, extinção da punibilidade. Não homologada a composição, poderá o ofendido ingressar com a queixa oral;

   ii. Ação pública condicionada à representação: homologado o acordo, haverá renúncia ao direito de representação (extinção da punibilidade). Não homologada a composição, poderá o ofendido oferecer representação oral. O não oferecimento da representação na audiência preliminar não implica decadência do direito, que poderá ser exercido no prazo previsto em lei (art. 75, parágrafo único, da Lei 9.099/1995);

   iii. Ação pública incondicionada: a homologação do acordo não impede a propositura de transação e nem de denúncia pelo MP;

II. **Transação penal (art. 76 da Lei 9.099/1995):** não sendo caso de arquivamento, o MP examinará a viabilidade de propor imediatamente a aplicação de pena restritiva de direitos ou multa (a ser especificada na proposta). Trata-se de mitigação do princípio da obrigatoriedade;

III. **Não cabe a proposta pelo MP se ficar comprovado:**

   i. ter sido o autor da infração condenado, pela prática de crime, à pena privativa de liberdade, por sentença definitiva.

Não impede se decorridos mais de 5 anos do cumprimento ou extinção da pena (art. 64, I, do CP – prazo da reincidência);

   ii. ter sido o agente beneficiado anteriormente, no prazo de cinco anos, pela aplicação de pena restritiva ou multa, nos termos deste artigo;

   iii. não indicarem os antecedentes, a conduta social e a personalidade do agente, bem como os motivos e as circunstâncias, ser necessária e suficiente a adoção da medida.

IV. **A homologação da transação penal:**

   i. não importará em reincidência, sendo registrada apenas para impedir novamente o mesmo benefício no prazo de cinco anos;

   ii. não constará de certidão de antecedentes criminais;

   iii. não terá efeitos civis, cabendo aos interessados propor ação cabível no juízo cível;

V. Conforme atual posicionamento do STF, em caso de descumprimento do acordo de transação penal, admite-se o oferecimento de denúncia por parte do MP. Ver RE 602072 QO-RG/RS, *DJ* 26/02/2010;

VI. Cumprida a transação, estará extinta a punibilidade do autor do fato.

Observação: o acusado não está obrigado a aceitar a proposta de transação penal. Pode rejeitá-la ou formular uma contraproposta. (TÁVORA, 2011, p. 755);

b) Fase processual (procedimento sumaríssimo) – art. 77 e ss.:

b1) Audiência de instrução e julgamento:

I. Nova tentativa de composição civil e de transação penal (se não tiverem sido tentadas na audiência preliminar);

II. Defesa preliminar oral;

III. Recebimento ou rejeição da inicial;

IV. Oitiva da vítima e das testemunhas de acusação e de defesa;

V. Interrogatório;

VI. Debates orais;

VII. Sentença.

b2) Algumas particularidades da fase processual do sumaríssimo

I. A inicial penal é oral – art. 77 da Lei 9.099/1995;

II. Pode-se dispensar o exame de corpo de delito se a materialidade do crime estiver aferida por boletim médico ou prova equivalente – art. 77, § 1º;

II. Não sendo encontrado o autor do fato para ser citado pessoalmente ou sendo complexa a causa, haverá o encaminhamento do processo ao juízo comum (seguindo-se doravante o procedimento sumário) – arts. 66 e 77, § 2º e 3º;

III. A defesa no sumaríssimo é preliminar (antes do recebimento da ação e não posterior a esta, conforme ocorre no procedimento ordinário em que há a defesa escrita) – art. 81 da Lei 9.099/1995;

IV. Da rejeição da inicial cabe apelação (prazo 10 dias – art. 82) e não RESE (segundo ocorre nos demais procedimentos penais);

V. No JECRIM, a sentença dispensa o relatório – art. 81, § 3º.

17.6. Suspensão condicional do processo (art. 89 da Lei 9.099/1995)

17.6.1. Conceito

Trata-se de proposta efetuada pelo MP ao autor do fato (quando presentes certos requisitos) que suspende temporariamente o processo ao mesmo tempo em que impõe determinadas condições ao indivíduo. Visa a evitar a imposição de pena de prisão (é mais um dos institutos despenalizadores criados pela Lei 9.099/1995).

17.6.2. Momento de proposta da suspensão condicional do processo

Oferecimento da denúncia.

17.6.3. Requisitos

a) Pena mínima do crime até 1 ano. Note que a suspensão condicional do processo se aplica não apenas às IMPOs, *mas a todo e qualquer crime que possua pena mínima de até 1 ano;*

b) O autor do fato não pode estar sendo processado, nem pode ter sido condenado por outro crime;

c) A culpabilidade, os antecedentes, a conduta social e personalidade do agente, bem como os motivos e as circunstâncias devem se mostrar adequados à elaboração da proposta.

17.6.4. Duração

Período durante o qual o processo poderá ficar suspenso: de 2 a 4 anos.

17.6.5. Condições

Aceita a proposta pelo acusado e seu defensor, na presença do juiz, este, recebendo a denúncia, suspenderá o processo, submetendo o réu a período de prova, sob as seguintes condições:

I. reparação do dano, salvo impossibilidade de fazê-lo;

II. proibição de frequentar determinados lugares;

III. proibição de ausentar-se da comarca onde reside, sem autorização do juiz;

IV. comparecimento pessoal e obrigatório a juízo, mensalmente, para informar e justificar suas atividades;

V. o juiz poderá especificar outras condições a que fica subordinada a suspensão, desde que adequadas ao fato e à situação pessoal do acusado;

VI. a suspensão será revogada se, no curso do prazo, o beneficiário vier a ser processado por outro crime ou não efetuar, sem motivo justificado, a reparação do dano;

VII. a suspensão poderá ser revogada se o acusado vier a ser processado, no curso do prazo, por contravenção, ou descumprir qualquer outra condição imposta.

VIII. expirado o prazo sem revogação, o juiz declarará extinta a punibilidade.

IX. não correrá a prescrição durante o prazo de suspensão do processo;

X. se o acusado não aceitar a proposta, o processo prosseguirá em seus ulteriores termos;

XI. caso o MP não efetue a proposta, pode o juiz, por analogia, aplicar o art. 28 do CPP, ao caso – súm. 696 do STF;

XII. o benefício da suspensão do processo não é aplicável em relação às infrações penais cometidas em concurso material, concurso formal ou continuidade delitiva, quando a pena mínima cominada, seja pelo somatório, seja pela incidência da majorante, ultrapassar o limite de 1 ano (Súm. 243 do STJ).

17.6.6. Questão final

Veda-se a aplicação dos institutos despenalizadores da Lei 9.099/1995 nos seguintes casos:

I. Lei Maria da Penha (violência doméstica - art. 41 da Lei 11.340/2006);

II. crimes militares.

17.8. Procedimento (especial) do júri

17.8.1. Princípios do júri (art. 5º, XXXVIII, da CF/1988)

a) **Plenitude de defesa:** a plenitude de defesa é considerada um *plus* à ampla defesa. Compreende a defesa técnica, a autodefesa e a *defesa metajurídica* (para além do direito). Pode-se, por exemplo, pedir clemência aos jurados para que absolvam o réu (argumento metajurídico).

Note-se ainda que a defesa técnica é fiscalizada pelo juiz-presidente, conforme determina o art. 497, V, do CPP. Caso o advogado do réu esteja desempenhando as suas funções de maneira insatisfatória, deve o juiz, em nome da ampla defesa (ou plenitude de defesa), desconstituí-lo, intimando o acusado para que nomeie outro defensor de sua preferência. Não o fazendo, o juiz então nomeará defensor público ao réu;

b) **Sigilo das votações:** após a instrução em plenário, os jurados serão encaminhados a uma sala secreta para decidirem a sorte do acusado. Neste momento, deverão responder sigilosamente às perguntas formuladas pelo magistrado (quesitos) por meio de cédulas contendo as palavras "sim" ou "não". Assim, tanto o local em que se dá a votação é sigiloso (sala secreta), como também a forma da votação é sigilosa, não podendo o jurado informar o seu voto às demais pessoas e nem se comunicar com os demais jurados sobre o caso que está *sub judice*. Ademais, deve o juiz-presidente evitar a unanimidade da votação. Significa isto que o juiz, no momento da leitura dos votos, ao atingir a maioria (4 votos, uma vez que são 7 jurados), deve interromper a leitura dos demais votos como forma de velar pela sigilo das votações;

c) **Soberania dos veredictos:** significa que aquilo os jurados decidirem não pode ser reformado pelo juiz-presidente e/ou por instância superior. No máximo, será possível a anulação (mas não a reforma) do veredicto, em caso de decisão manifestamente contrária à prova dos autos (art. 593, III, *d*, do CPP). Ainda assim, só caberá apelação por este motivo uma única vez;

d) **Competência para julgar crimes dolosos contra a vida tentados ou consumados e seus conexos.** Ou seja, homicídio doloso, infanticídio, aborto e instigação ao suicídio. Atenção: o júri não é competente para julgar latrocínio[104], genocídio[105] e tortura, ainda que seguida de morte.

17.8.2. Características

a) **Órgão colegiado heterogêneo:** composto por um juiz togado (juiz-presidente) e 25 leigos, dos quais 7 serão sorteados para integrar o chamado Conselho de Sentença. Porém, avise-se, desde já, que para que a sessão seja instalada bastam 15 jurados;

b) **Horizontal:** inexiste hierarquia entre o juiz-presidente e os jurados;

c) **Decisão por maioria de votos:** não se exige a unanimidade.

Observação: as decisões do Júri são classificadas como decisões subjetivamente complexas porque emanam de órgão colegiado heterogêneo;

d) **Rito escalonado (bifásico):** possui duas fases:

c1) a 1ª chama-se juízo de admissibilidade, sumário da culpa ou *judicium accusationis.* Nesta fase, muito parecida com o rito ordinário, faz-se um juízo de admissibilidade da acusação. Vai da denúncia à pronúncia;

c2) a 2ª chama-se de juízo de mérito ou *judicium causae.* Esta é a fase mais "famosa" (plenário). Inicia-se com o oferecimento do rol de testemunhas pelas partes e encerra-se com o julgamento pelos jurados.

17.8.3. Primeira fase do júri (*judicium accusationis* ou sumário da culpa – arts. 406 a 412 do CPP)

a) Oferecimento da inicial penal;

b) Recebimento ou rejeição;

c) Citação (em caso de recebimento);

d) Resposta à acusação;

e) Oitiva da acusação sobre preliminares e documentos apresentados na resposta;

f) Audiência de instrução: oitiva do ofendido (se possível), das testemunhas, esclarecimentos do perito, acareações, reconhecimento de pessoas e coisas, interrogatório do réu, debates orais, decisão (em audiência ou após 10 dias).

104. STF, Súmula 603: "A competência para o processo e julgamento de latrocínio é do juiz singular e não do Tribunal do Júri."

105. O STF consolidou o entendimento de que a competência nesse caso é da Justiça Federal, tendo em vista a natureza do bem jurídico violado. Ver RE 351487/RR, *DJ* 10/11/2006.

17.8.4. Decisões possíveis do juiz após os debates das partes

a) **Pronúncia (art. 413 do CPP):** significa que o juiz entende viável a acusação. Esta merece ser submetida aos juízes naturais da causa (jurados). O juiz funciona aqui como um filtro.

a1) **Requisitos (concomitantes):** materialidade + indícios suficientes de autoria.

A fundamentação da pronúncia limitar-se-á à indicação da materialidade (existência) do fato e do reconhecimento de indícios suficientes de autoria ou de participação, devendo o juiz declarar o dispositivo legal em que julgar incurso o acusado e especificar as circunstâncias qualificadoras e as causas de aumento de pena – art. 413, § 1º, do CPP.

Igual postura deve ter o juiz no que tange às eventuais teses defensivas ventiladas na 1ª fase do júri: não deve aprofundá-las. Não concordando com essas teses, deve apenas refutá-las genericamente.

A questão do excesso de linguagem: a linguagem da pronúncia deve ser sóbria, equilibrada, para não influenciar os jurados. O excesso de linguagem por parte do juiz (ex.: "reconheço categoricamente a prática de crime por parte de Fulano...") ensejará a nulidade da pronúncia.

Pronúncia e crimes conexos: não deve o juiz adentrar no mérito dos eventuais crimes conexos. Pronunciando o réu pelo delito doloso contra a vida, deve o juiz pronunciar também o eventual crime conexo, sem adentrar, porém, no mérito deste (que será decidido pelos jurados). Não pode o juiz pronunciar pelo crime doloso contra a vida e "absolver" o acusado pelo crime conexo;

a2) **Natureza dessa decisão**: decisão interlocutória mista não terminativa (encerra a fase de um procedimento, sem pôr fim ao processo).

Características:

I. Conforme sublinha majoritária doutrina, vigora na fase de pronúncia o princípio do *in dubio pro societate*. Significa isto que, nesta etapa, em vez do tradicional *in dubio pro reo*, a dúvida quanto à autoria resolve-se em favor da sociedade (acusação). Na verdade, quer dizer esse princípio (*in dubio pro societate*) que, havendo elementos (ainda que indiciários) que apontem para a autoria do réu, deve o juiz submetê-lo ao juiz natural da causa (ao Corpo de Jurados). Não é necessário prova cabal de autoria nessa fase, mas apenas provas sérias, razoáveis;

II. A pronúncia fixa os limites da imputação em plenário. Preclusa a pronúncia, não poderá a acusação inovar em plenário. Estará a acusação adstrita aos termos definidos na pronúncia;

III. Da pronúncia cabe RESE (art. 581, IV, do CPP);

IV. Faz apenas coisa julgada formal (é a denominada preclusão *pro judicato*);

a3) **Intimação da pronúncia**:

Vejamos o que diz o atual texto do CPP (redação dada pela Lei 11.689/2008):

> "Art. 420. A intimação da decisão de pronúncia será feita:
>
> I. pessoalmente ao acusado, ao defensor nomeado e ao Ministério Público;
>
> II. ao defensor constituído, ao querelante e ao assistente do Ministério Público, na forma do disposto no § 1º do art. 370 deste Código.
>
> Parágrafo único. **Será intimado por edital o acusado solto que não for encontrado**". (grifo nosso).

Note que o novel legislador, ao não diferenciar crimes afiançáveis ou inafiançáveis para efeito de intimação da pronúncia (parágrafo único do art. 420 do CPP), permite que, em ambos os casos, seja possível a intimação por edital do réu não encontrado;

a4) **Pronúncia e prisão do acusado**:

Graças à reforma de 2008, a antiga fórmula do CPP que previa a prisão decorrente de pronúncia como forma autônoma de prisão cautelar não mais existe entre nós.

Atualmente, para o juiz decretar ou manter a prisão do acusado na fase de pronúncia, ele precisará vislumbrar os requisitos autorizadores da preventiva. Confira-se o seguinte dispositivo:

> "Art. 413. (...) § 3º O juiz decidirá, motivadamente, no caso de manutenção, revogação ou substituição da prisão ou medida restritiva de liberdade anteriormente decretada e, tratando-se de acusado solto, sobre a necessidade da decretação da prisão ou imposição de quaisquer das medidas previstas no Título IX do Livro I deste Código".

b) **Impronúncia (art. 414 do CPP):** significa que um dos requisitos (ou ambos) da pronúncia está ausente. Não se trata de absolvição, mas do reconhecimento por parte do juiz da inadmissibilidade da acusação formulada contra réu. Ex.: inexistência de prova suficiente da autoria pelo acusado; apenas meras conjecturas temerárias não são suficientes para pronunciar o réu.

Natureza dessa decisão? Decisão interlocutória mista terminativa (encerra o processo);

b1) **Características:**

I. Não faz coisa julgada material (art. 414, parágrafo único, do CPP): enquanto não ocorrer a extinção da punibilidade, poderá ser formulada nova denúncia se houver prova substancialmente nova;

II. Recurso cabível: apelação (art. 416 do CPP).

Atenção: despronúncia é a impronúncia que se alcança por meio de recurso. Ex.: o réu havia sido pronunciado e por conta de RESE da defesa a decisão foi reformada pelo tribunal (impronunciando, assim, o acusado em 2ª instância).

Impronúncia e crime conexo: decidindo o juiz pela impronúncia do réu, não poderá aquele julgar o eventual crime conexo. Deve aguardar o trânsito em julgado da impronúncia para só então remeter o processo referente ao crime conexo ao juiz competente ou julgá-lo se for ele quem detiver a competência;

c) **Absolvição sumária (art. 415 do CPP):** o juiz deve estar seguro ao proferir esta decisão, pois está chamando para si o julgamento de uma causa que, em regra, competiria aos jurados. Trata-se, portanto, de decisão excepcional, pois o juiz retira dos jurados o poder de decidir o caso concreto. Deverá o juiz absolver sumariamente quando (incisos do art. 415):

I. provada a inexistência do fato;

II. provado não ser o acusado o autor do fato;

III. o fato não constituir infração penal;

IV. demonstrada causa de isenção de pena ou exclusão do crime.

Ex: quando ficar categoricamente provado que o réu praticou o fato amparado por uma excludente de ilicitude.

Atenção: não pode o juiz absolver sumariamente o réu com base na inimputabilidade (doença mental ao tempo do fato – art. 26 do CP), salvo se esta (a inimputabilidade) for a única tese defensiva. Recorde-se que o reconhecimento de inimputabilidade implica aplicação de medida de segurança ao réu. Por isso, caso haja tese defensiva subsidiária, é mais benéfico ao réu submetê-lo a Júri popular, pois pode, por exemplo, terminar sendo absolvido (o que é mais vantajoso).

Recurso cabível: apelação (art. 416 do CPP);

d) **Desclassificação (art. 419 do CPP):** ocorre quando o juiz entende que não ocorreu crime doloso contra a vida, não sendo, portanto, o Júri o órgão competente para conhecer o caso. Ao proferir essa decisão, não deve o juiz fazer incursão aprofundada no mérito do processo, sob pena de invadir a competência alheia. Deve limitar-se a analisar o fato do crime não ser doloso contra a vida. Desclassificada a infração, deve o juiz remeter o processo ao juiz competente – caso não seja ele próprio o magistrado indicado para o julgamento.

Recurso cabível: RESE (art. 581, II, do CPP).

17.8.5 Procedimento da 2ª fase do júri (*judicium causae*)

a) Intimação das partes para, em 5 dias, indicarem testemunhas (até o limite de 5), apresentarem documentos e requererem diligências – art. 422 do CPP;

b) Ordenadas as diligências necessárias para sanar eventuais nulidades no processo ou para esclarecer fatos que interessem ao julgamento da causa, o juiz efetuará o relatório do processo, designando data para a sessão de instrução e julgamento – art. 423 do CPP;

c) Em data anterior à da sessão, serão sorteados e convocados 25 jurados dentre os alistados na lista anual – arts. 425 e 432 do CPP

d) Para que a sessão de instrução e julgamento possa ser instalada, dos 25 jurados convocados, precisam estar presentes ao menos 15 – art. 463 do CPP. Faltando este *quorum* mínimo, haverá sorteio de jurados suplentes e remarcação da data da sessão;

e) Advertência aos jurados sobre impedimentos, incompatibilidades, suspeição e incomunicabilidade – arts. 448, 449 e 466, do CPP;

f) Sorteio de 7 jurados para a composição do Conselho de Sentença, podendo efetuar as partes até 3 recusas imotivadas – arts. 467 e 468 do CPP

g) Exortação, compromisso e entrega de cópia de peças (decisão de pronúncia e eventuais decisões posteriores) – art. 472 do CPP;

h) Instrução em plenário (art. 473 do CPP):

h1) oitiva do ofendido (se possível) e das testemunhas. As perguntas às testemunhas serão realizadas de forma direta (sistema *direct examination*). Já os jurados perguntarão às testemunhas através do juiz (sistema presidencialista);

h2) Realização de acareação, reconhecimento de pessoas e coisas, esclarecimentos dos peritos;

h3) Possibilidade de leitura de peças desde que se refiram, exclusivamente, às provas colhidas por carta precatória e às provas cautelares, antecipadas ou não repetíveis. Busca-se com isso evitar a leitura, por exemplo, de peças inúteis;

i) Interrogatório do réu – art. 474. As partes poderão perguntar diretamente e os jurados, por intermédio do juiz. Não se permitirá o uso de algemas no acusado durante o plenário do júri, salvo se a medida for absolutamente necessária.

j) Debates orais – arts. 476 e 477 do CPP:

j1) Acusação: 1h30 (2h30, havendo mais de um réu);

j2) Defesa: 1h30 (2h30, havendo mais de um réu);

j3) Réplica da acusação: 1h (2h, havendo mais de um réu);

j4) Tréplica da defesa: 1h (2h, havendo mais de um réu);

j5) Havendo assistente, ele falará após o Ministério Público. Se a ação for privada, o querelante terá a palavra antes do MP;

k) Leitura e explicação dos quesitos em plenário – art. 484.

l) Recolhimento à sala especial para a votação dos quesitos a serem depositados em urna por meio de cédulas contendo "sim" ou "não" – art. 485 do CPP;

m) Os quesitos serão formulados na seguinte ordem, indagando sobre:

I. a materialidade do fato;

II. a autoria ou participação;

III. se o acusado deve ser absolvido;

IV. se existe causa de diminuição de pena alegada pela defesa;

V. se existe circunstância qualificadora ou causa de aumento de pena reconhecidas na pronúncia ou em decisões posteriores que julgaram admissível a acusação.

17.8.6. Algumas observações sobre os quesitos

I. Constatando o juiz o que a maioria foi atingida na resposta de um quesito (4 votos), não deve prosseguir com a leitura dos demais votos (homenagem ao sigilo das votações) – art. 483, § 1º e 2º, do CPP;

II. Havendo mais de um crime ou mais de um acusado, os quesitos serão formulados em séries distintas - art. 483, § 6º, do CPP

III. Se a resposta a qualquer dos quesitos estiver em contradição com outra ou outras já dadas, o presidente, explicando aos jurados em que consiste a contradição, submeterá novamente à votação os quesitos a que se referirem tais respostas. Se, pela resposta dada a um dos quesitos, o presidente verificar que ficam prejudicados os seguintes, assim o declarará, dando por finda a votação - art. 490 do CPP;

III. Eventuais agravantes e atenuantes levantadas nos debates pelas partes não serão quesitadas, mas valoradas pelo juiz no momento da sentença – art. 492, I, *b*, do CPP;

IV. Sentença pelo juiz-presidente seguindo aquilo que tiver sido decidido pelos jurados. A dosimetria da pena é de responsabilidade do juiz, porém, sempre observando aquilo que decidiram os jurados (causas de aumento, qualificadoras etc.) - art. 492 do CPP. Em seguida, haverá a lavratura da ata nos moldes do art. 494 do CPP.

Atenção: se, durante a votação dos quesitos, os jurados desclassificarem o crime para outro não doloso contra a vida, caberá ao juiz togado proferir sentença em seguida, aplicando-se, quando for o caso (IMPO[106]), os institutos da Lei 9.099/1995 (*vide* art. 492, § 1º e 2º, do CPP).

106. Infração de menor potencial ofensivo – art. 61 da Lei 9.099/1995.

17.8.7. Desaforamento (art. 427 do CPP)

Trata-se de instituto excepcional que pode ocorrer nos processos de competência do júri. *Grosso modo*, consubstancia-se na transferência do julgamento do réu para outra comarca em razão da ocorrência de alguma anormalidade na comarca originariamente competente, que está a dificultar/inviabilizar o julgamento da causa.

Fatos geradores do desaforamento:

a) interesse de ordem pública;

b) dúvida sobre a imparcialidade do júri;

c) segurança pessoal do acusado;

d) excesso de serviço que acarrete atraso no julgamento do réu por 6 meses ou mais, contado a partir da preclusão da pronúncia. Para a contagem do prazo referido neste artigo, não se computará os adiamentos no interesse da defesa.

Momento processual (art. 427, § 4º, do CPP): a redação do referido dispositivo estatui os momentos em que não será admitido o desaforamento. Fazendo a leitura inversa, inferimos que pode ser requerido: após o trânsito em julgado da decisão de pronúncia e antes do julgamento em plenário; e/ou após o julgamento, se anulado, apenas em relação a fato ocorrido durante ou após a sua realização, ou seja, nessa última hipótese é preciso, cumulativamente, que o julgamento seja anulado e que o fato ensejador do desaforamento tenha ocorrido durante ou após aquela sessão de julgamento.

Quem pode requerer? MP, assistente de acusação, o querelante, o acusado ou mediante representação do juiz.

A quem é dirigido? TJ ou TRF (conforme o caso).

Atenção que a oitiva prévia da defesa é obrigatória para que seja deferido o desaforamento, conforme se depreende do teor da Súmula 712 do STF.

17.8.8. Atribuições do juiz-presidente do Tribunal do Júri.

Vejamos o que diz o art. 497 do CPP, a esse respeito:

> "Art. 497. São atribuições do juiz presidente do Tribunal do Júri, além de outras expressamente referidas neste Código:
>
> I. regular a polícia das sessões e prender os desobedientes;
>
> II. requisitar o auxílio da força pública, que ficará sob sua exclusiva autoridade;
>
> III. dirigir os debates, intervindo em caso de abuso, excesso de linguagem ou mediante requerimento de uma das partes;
>
> IV. resolver as questões incidentes que não dependam de pronunciamento do júri;
>
> Ex.: decidir sobre eventual exceção de coisa julgada arguida pela parte.
>
> V. nomear defensor ao acusado, quando considerá-lo indefeso, podendo, neste caso, dissolver o Conselho e designar novo dia para o julgamento, com a nomeação ou a constituição de novo defensor."

No curso do processo penal, o juiz é o grande fiscal da ampla defesa, tendo poderes inclusive para desconstituir o defensor do réu, quando considerar este indefeso (art. 497, V, do CPP). Este dispositivo, na visão de Grinover *et. al.* (2001), deve ser aplicado a todo e qualquer procedimento penal (e não apenas ao do júri).

17.8.9. A função do jurado

O serviço do júri é obrigatório.

Caso o jurado, injustificadamente, deixe de comparecer no dia marcado para a sessão ou retire-se antes de ser dispensado, será aplicada multa de 1 a 10 salários mínimos, a critério do juiz, de acordo com a condição econômica daquele – art. 442 do CPP. A eventual recusa ao serviço do júri fundada em convicção religiosa, filosófica ou política importará no dever de prestar serviço alternativo, sob pena de suspensão dos direitos políticos, enquanto não prestar o serviço imposto (art. 438 do CPP).

Entende-se por serviço alternativo o exercício de atividades de caráter administrativo, assistencial, filantrópico ou mesmo produtivo, no Poder Judiciário, na Defensoria Pública, no Ministério Público ou em entidade conveniada para esses fins – art. 438, § 1º, do CPP.

O juiz fixará o serviço alternativo atendendo aos princípios da proporcionalidade e da razoabilidade - art. 438, § 2º, do CPP.

Ademais, conforme estabelece o art. 439 do CPP: "o exercício efetivo da função de jurado constituirá serviço público relevante, estabelecerá presunção de idoneidade moral".

Constitui também direito do jurado preferência, em igualdade de condições, nas licitações públicas e no provimento, mediante concurso, de cargo ou função pública, bem como nos casos de promoção funcional ou remoção voluntária – art. 440 do CPP.

Por fim, nenhum desconto será feito nos vencimentos ou salário do jurado sorteado que comparecer à sessão do júri – art. 441 do CPP.

17.8.10. Requisitos para ser jurado

a) maior de 18 anos;

b) nacionalidade brasileira;

c) notória idoneidade;

d) estar no gozo dos direitos políticos;

e) ser alfabetizado;

f) residir na comarca do julgamento;

g) estar na plenitude de suas faculdades mentais.

17.8.11. Pessoas isentas do serviço do júri (art. 437 do CPP)

I. o Presidente da República e os Ministros de Estado;

II. os Governadores e seus respectivos Secretários;

III. os membros do Congresso Nacional, das Assembleias Legislativas e das Câmaras Distrital e Municipais;

IV. os Prefeitos Municipais;

V. os Magistrados e membros do Ministério Público e da Defensoria Pública;

VI. os servidores do Poder Judiciário, do Ministério Público e da Defensoria Pública;

VII. as autoridades e os servidores da polícia e da segurança pública;

VIII. os militares em serviço ativo;

IX. os cidadãos maiores de 70 (setenta) anos que requeiram sua dispensa;

X. aqueles que o requererem, demonstrando justo impedimento.

18. Nulidades

Entendendo o tema: nulidade é uma sanção imposta pelo Estado-juiz ao ato que não cumpriu as formalidades estabelecidas pela lei. Em sentido amplo, pode-se dizer que há um vício no ato praticado. A nulidade pode recair, a depender do caso, sobre um só ato ou sobre todo o processo.

18.1. Tradicional classificação do ato viciado

a) **Irregularidade:** o defeito aqui é sem maior importância. A desconformidade com o modelo legal é mínima. Não chega a prejudicar as partes. Produz eficácia. Ex.: sentença prolatada fora do prazo estipulado pela lei;

b) **Nulidade relativa:** o defeito não chega a resultar em patente prejuízo às partes. Há violação de norma infraconstitucional. O defeito é sanável. O ato será anulado desde que arguido em momento oportuno pela parte interessada e demonstrado o efetivo prejuízo. Ex.: incompetência territorial. Embora o crime tenha sido consumado em João Pessoa (art. 70 do CPP), por um equívoco, está sendo processado em Campina Grande (incompetência territorial);

c) **Nulidade absoluta:** o defeito é grave. Há interesse público aqui. Não depende de provocação das partes, o juiz deve inclusive declará-la de ofício. Não há preclusão (insanável, portanto). O prejuízo é presumido. Ex.: sentença sem fundamentação – violação ao art. 93, IX, da CF/1988. Juiz que, sem fundamentar, condena o acusado; ou, ainda, juiz que, sem fundamentar, decreta a preventiva;

d) **Inexistência:** o vício é gravíssimo (trata-se de um não ato). Deve o ato apenas ser desconsiderado. Ex.: sentença proferida por quem não é juiz = ato inexistente.

18.2. Princípios aplicáveis às nulidades

a) **Princípio do prejuízo** *(pas de nullité sans grief*[107]*)*: Nenhum ato será declarado nulo se da nulidade não resultar prejuízo para a acusação ou para a defesa (art. 563 do CPP);

b) **Princípio instrumentalidade das formas**: o ato será considerado válido se a sua finalidade for atingida. A finalidade vale mais do que a forma. Só se aplica esse princípio à nulidade relativa. A doutrina reconhece no art. 566 do CPP, uma expressão desse princípio "não será declarada a nulidade de ato processual que não houver influído na apuração da verdade substancial ou na decisão da causa";

c) **Princípio da conservação dos atos processuais**: preservação dos atos não decisórios nos casos de incompetência do juízo (art. 567 do CPP)[108];

d) **Princípio do interesse**: nenhuma das partes poderá arguir nulidade a que haja dado causa, ou para a qual tenha concorrido, ou referente à formalidade cuja observância só interesse à parte contrária (art. 565 do CPP). A ninguém é dado se beneficiar da própria torpeza. Somente se aplica às nulidades relativas;

d) **Princípio da causalidade ou contaminação**: a nulidade de um ato, uma vez declarada, causará a dos atos que dele diretamente dependerem (art. 573, § 1º, do CPP). Ao pronunciar a nulidade de um ato, o juiz deverá declarar quais outros atos serão afetados (§ 2º). Não basta o ato ser apenas posterior ao ato viciado; é preciso existir nexo causal entre eles.

e) **Princípio da convalidação dos atos processuais**: permite a convalidação ou ratificação de atos processuais eivados de vícios. Impõe-se a sua expressa previsão legal. Exs: arts. 568 a 570 do CPP.

---

107. Do francês, significa que não há nulidade sem prejuízo.

108. Ver STF, HC 83.006/SP, *DJ* 29/08/2003. A decisão transita em torno da impossibilidade de ratificação dos atos decisórios nos casos de incompetência absoluta. Em que pesem divergências doutrinárias e jurisprudenciais quanto à interpretação do julgado, filiamo-nos ao entendimento de Eugênio Pacelli de Oliveira, o qual observa que após a remessa para o juízo competente, a prática do ato pela autoridade não pode ser entendida como uma ratificação, mas tecnicamente um novo ato, ainda que o seu teor seja o mesmo (2011, p. 1110).

18.3. Momentos para as nulidades serem arguidas

No que tange às nulidades absolutas, em regra, podem ser arguidas a qualquer tempo.

Já as nulidades relativas devem ser arguidas em momento próprio (estabelecido pela lei). Do contrário (*i. e.*, não sendo arguidas em ocasião oportuna), serão convalidadas.

Análise do art. 571 do CPP (este dispositivo trata do momento adequado para se arguir uma nulidade). Note-se que este artigo aplica-se, em regra, às nulidades relativas (que são sanáveis) e não às absolutas (que podem ser ventiladas a qualquer tempo). Ademais, adaptamos algumas das hipóteses às recentes reformas do CPP. Vejamos. As nulidades deverão ser arguidas:

I. as da instrução criminal dos processos da competência do júri, dos processos de competência do juiz singular e dos processos especiais, na fase das alegações finais orais;

II. as do procedimento sumário, no prazo de resposta escrita à acusação, ou, se ocorridas após este prazo, logo depois da abertura da audiência de instrução;

III. as ocorridas após a pronúncia, logo depois de anunciado o julgamento e apregoadas as partes;

IV. as ocorridas após a sentença, preliminarmente nas razões de recurso ou logo após anunciado o julgamento do recurso e apregoadas as partes;

V. as do julgamento em plenário, em audiência ou sessão do tribunal, ou logo depois de ocorrerem;

VI. ocorrendo a nulidade durante a audiência ou julgamento de recursos nos tribunais, deverá ser alegada tão logo ocorra.

18.4. Nulidades em espécie. Análise do art. 564 do CPP

Este dispositivo não é taxativo. O defeito que ataca o interesse público, mesmo não estando positivado no CPP, é caso de nulidade absoluta.

Nos termos do art. 564 do CPP, a nulidade ocorrerá nos seguintes casos:

I. por incompetência, suspeição ou suborno do juiz.

Se for caso de incompetência territorial, a nulidade será relativa. Serão anulados somente os atos decisórios, devendo o processo ser remetido ao juiz competente.

Se for caso de incompetência em razão da matéria ou por prerrogativa de função, a nulidade será absoluta, sendo que todo o processo estará contaminado. Idem para os casos de suspeição ou suborno do juiz;

II. por ilegitimidade das partes

Se for caso de ilegitimidade para a causa (ex.: MP figurando como autor de ação privada), será hipótese de nulidade absoluta.

Se for o caso de defeito na representação da parte (ex.: falta de procuração), a nulidade será relativa (sanável, portanto) – art. 568 do CPP;

III. por falta das fórmulas ou dos termos seguintes:

a) a denúncia ou a queixa e a representação e, nos processos de contravenções penais, a portaria ou o auto de prisão em flagrante.

A parte final desta alínea está revogada. A falta de inicial penal ou de representação da vítima (quando exigível), por óbvio, provoca a nulidade absoluta. O defeito da inicial ou da representação, a depender da gravidade, também gerará a nulidade absoluta. Ex.: denúncia que não expõe o fato criminoso com todas as suas circunstâncias;

b) falta do exame do corpo de delito nos crimes que deixam vestígios, ressalvado o disposto no art. 167 do CPP.

Os crimes que deixam vestígios exigem a realização de exame de corpo de delito (direto). Porém, a falta do exame direto pode ser sanada, por exemplo, por prova testemunhal (exame indireto). A confissão, porém, não pode suprir a falta do exame direto (art. 158 do CPP);

c) falta de nomeação de defensor ao réu presente, que o não tiver, ou ao ausente, e de curador ao menor de 21 anos.

A parte final do dispositivo está revogada pelo atual CC; não existe mais curador para réu/indiciado menor. Recorde-se que menor, para o CPP, é o indivíduo que possui entre 18 e 21 anos. Hoje, completados 18 anos de idade, a pessoa torna-se plenamente capaz para os atos da vida civil, dispensando-se, portanto, a figura do curador preconizada pelo CPP.

A ausência de defensor nas demais situações gera nulidade absoluta (viola a ampla defesa). No caso de a defesa ser deficiente, a nulidade é relativa (súmula 523 do STF);

d) falta da intervenção do MP em todos os termos da ação por ele intentada e nos da intentada pela parte ofendida, quando se tratar de crime de ação pública.

Conforme a doutrina, a falta de notificação do MP na ação pública gera nulidade absoluta. Já a falta de notificação do MP na ação privada subsidiária da pública provoca nulidade relativa;

e) falta ou defeito da citação, do interrogatório do réu, quando presente, e dos prazos concedidos à acusação e à defesa.

Falta ou defeito de citação será, em regra, caso de nulidade absoluta. Porém, tal nulidade poderá, excepcionalmente, ser sanada. Veja o que diz o art. 570 do CPP, a esse respeito: "a falta ou a nulidade da citação, da intimação ou notificação estará sanada, desde que o interessado compareça, antes de o ato consumar-se, embora declare que o faz para o único fim de argui-la. O juiz ordenará, todavia, a suspensão ou o adiamento do ato, quando reconhecer que a irregularidade poderá prejudicar direito da parte".

A falta ou o defeito do interrogatório gera nulidade absoluta.

Falta de prazo às partes: dependendo do caso (da importância do ato) poderá ser absoluta (alegações finais orais) ou relativa (quesitos aos peritos);

f) falta da sentença de pronúncia, do libelo e da entrega da respectiva cópia, com o rol de testemunhas, nos processos perante o Tribunal do Júri.

A falta da pronúncia gera nulidade absoluta. A parte final está prejudicada (não existe mais o libelo);

g) falta da intimação do réu para a sessão de julgamento, pelo Tribunal do Júri, quando a lei não permitir o julgamento à revelia.

Deve ser lido de acordo com a reforma de 2008. Intimado o réu solto para a sessão plenária, caso não compareça, o julgamento poderá ser realizado à revelia (independentemente se afiançável ou inafiançável o delito) – art. 457 do CPP. Em caso de réu preso, se este não solicitar dispensa, não poderá ser julgado à revelia - §§ 1º e 2º;

h) falta da intimação das testemunhas arroladas no libelo e na contrariedade, nos termos estabelecidos pela lei.

Deve ser lido conforme a reforma. Não há mais libelo. Hoje, trata-se do art. 422 do CPP. Gera nulidade absoluta;

i) falta de pelo menos 15 jurados para a constituição do júri. Configura nulidade absoluta;

j) falta ou defeito no sorteio dos jurados do conselho de sentença em número legal e sua incomunicabilidade. Configura nulidade absoluta;

k) falta ou defeito na elaboração dos quesitos e nas respectivas respostas.

Configura nulidade absoluta. Súmula 156 do STF: "é absoluta a nulidade do julgamento, pelo júri, por falta de quesito obrigatório";

l) falta da acusação ou da defesa, na sessão de julgamento. Configura nulidade absoluta (Súm. 523 do STF);

m) falta da sentença.

Configura nulidade absoluta;

n) falta de recurso de ofício, nos casos em que a lei o tenha estabelecido.

Não se trata propriamente de nulidade absoluta, mas de impedimento do trânsito em julgado da decisão até que ocorra a remessa necessária;

o) falta da intimação das partes quanto às decisões recorríveis. Configura nulidade absoluta;

p) no Supremo Tribunal Federal e nos Tribunais de Justiça, falta do *quorum* legal para o julgamento.

Configura nulidade absoluta;

IV. por omissão de formalidade que constitua elemento essencial do ato.

Configura nulidade absoluta. Ex.: denúncia lacônica.

19. Recursos

19.1. Conceito de recurso

Meio jurídico pelo qual, dentro de uma mesma relação processual, impugna-se uma decisão que ainda não transitou em julgado, objetivando, com isso, o reexame do *decisum*.

Decorrem os recursos do princípio do duplo grau de jurisdição, adotado implicitamente pelo texto da nossa CF e explicitamente pela CADH[109].

19.2. Natureza jurídica

Embora exista polêmica sobre o tema no seio da comunidade jurídica, significativo setor da doutrina considera a natureza do recurso como um *desdobramento do direito de ação ou de defesa*, i. e., *o recurso dá continuidade à relação jurídica iniciada em primeira instância.*

19.3. Princípios que norteiam os recursos

a) **Voluntariedade** (art. 574, *caput*, primeira parte, do CPP): os recursos são voluntários, i. e, dependem de manifestação de vontade da parte que queira ver a decisão reformada ou anulada. Inexiste, portanto, obrigatoriedade de recorrer. Cabe ressaltar que o MP, mesmo quando parte autora da ação penal, não está obrigado a recorrer, podendo, portanto, renunciar a este direito sem necessidade de fundamentar a sua renúncia. Perceba-se que o princípio da obrigatoriedade da ação penal não impõe ao MP a necessidade de recorrer. Porém, caso o MP assim o faça (interponha recurso), não poderá mais desistir do recurso interposto (art. 576 do CPP), incidindo, aí sim, o princípio da indisponibilidade, que é corolário da obrigatoriedade.

Embora os recursos sejam voluntários, o mesmo art. 574 menciona que, em certos casos, o próprio magistrado deverá interpor "recurso" de sua decisão (é o chamado "recurso de ofício"). A doutrina critica veementemente a manutenção desse instituto em nosso ordenamento jurídico. Trata-se

109. Convenção Americana de Direitos Humanos (Pacto de San José da Costa Rica).

indubitavelmente de figura esdrúxula que merece ser banida do Processo Penal contemporâneo. Entretanto, tal instituto deve ainda ser considerado válido para os concursos públicos, tendo em vista o entendimento sobre o tema do STF (HC 88589/GO, *DJ* 28/11/2006) e STJ (REsp 767535/PA, *DJ* 11/12/2009), que continua defendendo a constitucionalidade desse expediente.

Numa tentativa de amenizar a estranha ideia de um juiz recorrer de sua própria decisão, certo setor da doutrina, acompanhado pelos tribunais superiores (*vide* os julgados que acabamos de transcrever), tem compreendido esse instituto não como "recurso" em sentido próprio, mas como uma *remessa obrigatória* (*reexame necessário* ou *duplo grau de jurisdição obrigatório*), sem a qual a decisão prolatada não transita em julgado (Súmula 423 do STF).

Conclusão: o "recurso de ofício" continua sendo considerado constitucional para os tribunais superiores, entretanto, é compreendido por esses não como um recurso em sentido próprio, mas como uma condição para o trânsito em julgado da decisão (remessa necessária).

Seguem alguns os casos em que o juiz deve "recorrer" de sua própria decisão (recurso de ofício):

I. Sentença que concede HC (inc. I do art. 574): note-se que não caberá recurso de ofício quando for o tribunal que conceder o HC. É que o art. 574, I, do CPP, menciona apenas "sentença" (1ª instância, portanto) e não "acórdão" (2ª instância);

II. Sentença que absolver desde logo o réu com fundamento na existência de circunstância que exclua o crime ou isente o réu de pena (inc. II do art. 574, do CPP): note-se que, para a majoritária doutrina, este dispositivo foi revogado, tendo em vista a inexistência de previsão legal no art. 415 do CPP. Porém, o STJ (REsp 767535/PA, *DJ* 11/12/2009) continua a entender pelo cabimento do recurso de ofício (mesmo em caso de absolvição sumária), posição esta mais segura para os concursos públicos;

III. Decisão que concede a reabilitação criminal (art. 746 do CPP);

IV. Indeferimento liminar pelo relator, no âmbito de Tribunal, da ação de revisão criminal, quando o pedido não estiver suficientemente instruído (art. 625, § 3º, do CPP);

V. Sentença de absolvição e a decisão que arquiva o IP nos crimes contra a economia popular e saúde pública (art. 7º da Lei 1.521/1950);

b) **Taxatividade:** para se recorrer de uma decisão é preciso que exista previsão expressa na lei a respeito do cabimento de tal recurso. Do contrário a decisão será irrecorrível. Porém, a taxatividade não afasta a incidência do art. 3º do CPP, que prevê a possibilidade de interpretar as normas processuais penais extensivamente e de dar-lhes aplicação analógica. Ex.: cabe recurso em sentido estrito (RESE) da decisão que não recebe a denúncia (art. 581, I, do CPP – taxatividade); mas também cabe o RESE da decisão que não recebe o aditamento à denúncia[110] (interpretação extensiva ao dispositivo);

c) **Fungibilidade** (**permutabilidade** ou **conversibilidade dos recursos**): não havendo erro grosseiro ou má-fé na interposição de um recurso (STJ, REsp 1283799/SP, *DJ* 27/03/2012) e sendo atendido o prazo do recurso efetivamente cabível à espécie (STJ RESP 1098670/SP, 13/10/2009), poderá o julgador aceitar o recurso equivocado como se fosse o correto (vide art. 579 do CPP). Ex: existem algumas situações polêmicas na doutrina acerca do cabimento de RESE ou agravo em execução. Assim, imagine-se que a defesa interpôs o RESE, quando, em verdade, era cabível o agravo. Caso se vislumbre a boa-fé da parte e o prazo do recurso correto tenha sido respeitado, poderá ser aplicado ao caso o princípio da fungibilidade recursal, recebendo-se um recurso por outro;

d) **Vedação à *reformatio in pejus*** (art. 617 do CPP, e Súmula 160 do STF): significa que *não pode a situação do réu sofrer qualquer piora na instância* ad quem, *caso apenas ele recorra da decisão judicial* (*i. e.*, sem interposição de recurso por parte da acusação e sem previsão de recurso de ofício para o caso). Da impossibilidade de reforma para pior no caso de recurso exclusivo da defesa, dá-se também o nome de *efeito prodrômico da sentença*. Destaque-se, ainda, que, mesmo que se trate de matéria cognoscível de ofício pelo tribunal *ad quem* – como, por exemplo, uma hipótese de nulidade absoluta – não pode a instância superior reconhecê-la *ex officio* em prejuízo da defesa, caso esta (a defesa) não tenha ventilado a matéria em seu recurso. É que não se permite que o recurso do acusado sirva "de veículo para o reconhecimento de nulidade que prejudique a defesa". É esse o sentido da súmula 160 do STF, que diz: "é nula a decisão do tribunal que acolhe, contra o réu, nulidade não arguida no recurso da acusação, ressalvados os casos de recurso de ofício" (remessa necessária). Vamos às modalidades de *reformatio in pejus*:

I. **Direta** (ou simplesmente "princípio da **vedação à *reformatio in pejus*"**). Ex.: se a defesa foi a única a apelar da sentença (não houve, portanto, recurso da acusação; nem o chamado recurso "de ofício") não poderá o tribunal piorar a sua situação;

II. **Indireta**. Ex.: imagine-se que a defesa foi a única que apelou de uma sentença, conseguindo a anulação (cassação) desta por conta da existência de uma nulidade no referido *decisum*. Neste caso, o Tribunal, ao anular a sentença, irá determinar à instância

110. Aditar significa acrescer algo. Ex.: no curso do processo o MP descobre que colaborou para o crime outra pessoa além do sujeito denunciado. Deverá, neste caso, o MP promover o aditamento à denúncia (que nada mais é do que uma nova denúncia para, *in casu*, incluir o outro agente).

a quo que profira outra. Pois bem, a nova sentença a ser prolatada não poderá ter a pena maior do que a fixada na sentença anulada, sob pena de se configurar em uma reforma para pior *indireta (por via oblíqua)* para o réu. Isto é, num primeiro momento a decisão foi favorável ao réu (pois conseguiu a anulação pretendida). Entretanto, num segundo momento, com a prolação da nova sentença, o réu termina sendo prejudicado por ter optado por recorrer (caso não tivesse recorrido, sua situação teria sido melhor). Esta situação (assim como a *reformatio in pejus* direta) é igualmente inaceitável. Veda-se, portanto, no Brasil tanto a *reformatio in pejus* direta como a indireta (vide súmula 160 do STF e STJ, REsp 225248/MG, *DJ* 02/02/2006).

Ainda sobre a proibição à *reformatio in pejus indireta, cumpre esclarecer duas questões:*

1ª questão: *a proibição da* reformatio in pejus *indireta se aplica também às decisões proferidas pelo Tribunal do Júri?* Explica-se melhor a pergunta. Caso uma decisão do Júri seja anulada pelo Tribunal *ad quem*, em razão dele ter reconhecido que os jurados julgaram de forma manifestamente contrária à prova dos autos (art. 593, III, *d*, e § 3º, do CPP), pode a decisão do novo corpo de jurados agravar a situação do acusado, ou aqui também se impõe a vedação à *reformatio in pejus* indireta? **Resposta:** há tradicional orientação defendendo que a regra da proibição à *reformatio in pejus* indireta não tem aplicação quando se trata de decisão proferida pelo Tribunal do Júri. Isso porque o princípio constitucional da soberania dos veredictos (art. 5º, XXXVIII, *c*, da CF) prepondera nessa hipótese, não podendo a regra da reforma para pior limitar a atuação dos jurados, que são soberanos em suas decisões. Nessa linha: sólida jurisprudência do STJ (REsp 1068191/SP, *DJ* 13/04/2010) e majoritária doutrina (Grinover, Mirabete, Tourinho Filho, dentre outros).

Por outro lado, conforme assinala essa mesma corrente, somente seria possível falar em vedação à *reformatio in pejus* indireta no âmbito do Júri quando o novo corpo de jurados julgar da mesma forma que o júri anterior (mesmos fatos e circunstâncias). Nessa hipótese específica, o juiz togado, no momento da dosimetria da pena, ficaria atrelado ao máximo de reprimenda estabelecida no julgamento anterior, não podendo, portanto, piorar a situação do acusado. Nessa linha: os autores acima citados; STJ (HC 108333/SP, *DJ* 16/06/2009) e STF (HC 73367/MG, *DJ* 12/03/1996).

Porém, necessário ressaltar que, recentemente (2009), o STF, alterando antiga posição sobre o assunto, passou a entender que o preceito da vedação à *reformatio in pejus* indireta se aplica *in totum* às decisões proferidas pelo Tribunal do Júri e não apenas quando os jurados reconhecerem os mesmos fatos e circunstâncias do julgamento anterior anulado - STF (HC 89544/RN, *DJ* 14/04/2009). Um dos motivos apresentados pela Suprema Corte é que a regra fixada no art. 617 do CPP (vedação à *reformatio in pejus*), seja na modalidade direta, seja na indireta, não comporta exceção (nem mesmo em relação ao Júri). É preciso, pois, que o leitor fique atento às posições divergentes dos tribunais superiores sobre a temática em tela.

2ª questão: *a proibição da* reformatio in pejus *indireta se aplica no caso de decisão proferida por juiz absolutamente incompetente?* **Resposta:** para significativo setor da doutrina, a proibição da *reformatio in pejus* indireta não se aplica ao caso de decisão prolatada por juiz absolutamente incompetente. Principal motivo alegado: a sentença proferida por juiz absolutamente incompetente ofende, em última análise, o princípio do juiz natural, o que torna esse ato jurídico mais do que nulo, ou seja, inexistente. Assim, tratando-se a sentença prolatada por juiz absolutamente incompetente de ato jurídico inexistente, impossível que esse *decisum* produza qualquer efeito, inclusive o do *ne reformatio in pejus* indireta. *Porém, os tribunais superiores não compartilham dessa visão, pois, para eles, mesmo no caso de reconhecimento de incompetência absoluta, a nova decisão não poderá piorar a situação do réu que recorreu de modo exclusivo.* Nesse sentido: STF (HC 107731 Extn/PE, *DJ* 02/03/2012) e STJ (HC 151581/DF, *DJ* 13/06/2012).

Finalmente, ainda sobre o tema "vedação à *reformatio in pejus*", destaque-se que prevalece na comunidade jurídica que, em caso de *recurso exclusivo da acusação*, é possível *a melhora* da situação do acusado pelo órgão *ad quem* (chama-se essa figura de *reformatio in mellius*). Isto porque se entende que, acima da vedação à *reformatio in pejus*, está o *status libertatis do* acusado. Dessa forma, conclui a doutrina que a proibição da *reformatio in pejus* (direta ou indireta) incidiria apenas quando se tratasse de recurso exclusivo da defesa (e não da acusação), uma vez que, neste último caso, seria possível sim a melhora da situação do réu de ofício pela instância superior;

e) **Unirrecorribilidade (singularidade ou unicidade):** em regra, cabe apenas um recurso específico para atacar determinada decisão (art. 593, § 4º, do CPP). Ex.: a sentença desafia recurso de apelação (art. 593 do CPP). Porém, excepcionalmente, uma única decisão poderá desafiar mais de um recurso. Ex.: um mesmo acórdão pode violar, ao mesmo tempo, lei federal e a CF. Logo, atacável, simultaneamente, por recurso especial (REsp) e extraordinário (RE). Nesse sentido: "o princípio da unirrecorribilidade, ressalvadas as hipóteses legais, impede a cumulativa interposição, contra o mesmo *decisum*, de mais de um recurso. O desrespeito ao postulado da singularidade dos recursos torna inviável o conhecimento o segundo recurso, quando interposto contra o mesmo ato decisório, porquanto preclusa a via recursal" (STJ, AgRg no AgRg no HC 226031/PR, *DJ* 19/12/2011);

f) **Complementariedade:** significa "a *possibilidade de modificação do recurso em razão de modificação superveniente na fundamentação da decisão*" (LOPES JR., 2010, v II, p. 481) (destacamos). Ex.: imagine-se que, após a sentença, a defesa apela e a acusação interpõe embargos declaratórios. Havendo mudança na sentença após o julgamento dos embargos, será possível à defesa *complementar* o recurso anteriormente apresentado. Para tanto, o prazo recursal será renovado.

19.4. Pressupostos (condições ou requisitos) recursais

Para se recorrer de uma decisão, faz-se necessário o preenchimento de certos pressupostos (objetivos e subjetivos). A satisfação de tais pressupostos é fundamental para que o órgão julgador, num primeiro momento, considere viável (admita) o recurso, a fim de que, num segundo momento, o mérito possa ser examinado. Antes de examinarmos tais pressupostos, é preciso que duas noções fiquem claras na mente do leitor, a saber:

- ✔ **Juízo de admissibilidade** (de conhecimento ou de prelibação recursal): consiste *no exame dos pressupostos recursais* (exs.: *tempestividade, interesse recursal etc.*) *efetuado pelo órgão julgador competente quando da apresentação de um recurso por uma das partes*. A falta de um desses pressupostos inviabiliza o exame do mérito recursal. Destaque-se que, em regra, o juízo de admissibilidade é realizado tanto no órgão *a quo*, como no *ad quem*;
- ✔ **Juízo de mérito** (de provimento ou de delibação recursal): consiste no *exame efetuado pelo órgão julgador competente do mérito do recurso interposto pela parte*. Notemos que, a depender do pedido formulado no recurso, o deferimento (provimento) desse poderá acarretar na reforma (total ou parcial) da decisão atacada ou em sua anulação (cassação). Um recurso só poderá ter o seu pedido provido ou desprovido se tiver previamente sido conhecido.

Finalmente, vamos aos pressupostos recursais objetivos e subjetivos.

19.4.1. Pressupostos objetivos:

a) **Cabimento (previsão legal):** é preciso que o recurso possua previsão expressa em lei;

b) **Tempestividade:** é preciso interpor o recurso dentro do prazo previsto pela lei, prazo esse contado a partir da data de intimação da parte (*dies a quo*). Ademais, os prazos recursais são contínuos e peremptórios, não se interrompendo por férias, domingo ou feriado, salvo no caso previsto do § 4º do art. 798 do CPP, que diz: "não correrão os prazos, se houver impedimento do juiz, força maior, ou obstáculo judicial oposto pela parte contrária". Não se computa no prazo o dia do começo, incluindo-se, porém, o do vencimento. O prazo que terminar em dia não útil será prorrogado para o dia útil imediato. Vale ainda destacar que, "havendo dúvidas acerca da tempestividade do recurso, a solução mais adequada é em benefício do recorrente, admitindo-se o inconformismo interposto, preservando-se, assim, a garantia do duplo grau de jurisdição e a ampla defesa do acusado" (STJ, HC 152687/RS, DJ, 01/09/2011). Seguem alguns entendimentos sumulares sobre a matéria em exame:

STF, 310: "quando a intimação tiver lugar na sexta-feira, ou a publicação com efeito de intimação for feita nesse dia, o prazo judicial terá início na segunda-feira imediata, salvo se não houver expediente, caso em que começará no primeiro dia útil que se seguir".

STF, 710: "no processo penal, contam-se os prazos da data da intimação, e não da juntada aos autos do mandado ou da carta precatória ou de ordem".

STF, 428: "não fica prejudicada a apelação entregue em cartório no prazo legal, embora despachada tardiamente".

STJ, 216: "a tempestividade de recurso interposto no Superior Tribunal de Justiça é aferida pelo registro no protocolo da Secretaria e não pela data da entrega na agência do correio".

STJ, 418: "é inadmissível o recurso especial interposto antes da publicação do acórdão dos embargos de declaração, sem posterior ratificação".

E, também, vale transcrever o art. 575 do CPP: "não serão prejudicados os recursos que, por erro, falta ou omissão dos funcionários, não tiverem seguimento ou não forem apresentados dentro do prazo";

c) **Regularidade formal:** *deve-se interpor o recurso conforme a forma estabelecida por lei para que ele possa ser conhecido pelo órgão julgador*. Assim, enquanto alguns recursos devem ser interpostos exclusivamente por petição, outros admitem a interposição por termo nos autos (art. 578 do CPP), como no caso de RESE (art. 587 do CPP) e apelação (art. 600 do CPP);

d) **Inexistência de fatos impeditivos e extintivos:** para que o recurso possa ser apreciado pelo órgão julgador é preciso ainda que certos fatos impeditivos e extintivos não se façam presentes. Ex.: caso a parte desista do recurso interposto, teremos um fato extintivo do recurso, logo, sua apreciação restará prejudicada;

d1) **Impede a admissibilidade dos recursos:** a renúncia ao direito de recorrer, ou seja, a manifestação de vontade, expressa ou tácita, da parte no sentido de que não pretende recorrer da decisão. Ex.: deixar escoar *in albis*[111] o prazo para interpor o recurso.

Nota: com a reforma promovida pela Lei 11.719/2008 no CPP, que, dentre outras coisas, revogou o art. 594, *o não recolhimento do réu à prisão não impede mais a admissibilidade do recurso*. Nesse sentido, consulte-se também a súmula 347 do STJ.

111. Decurso do prazo sem que o interessado se manifeste a respeito.

Ainda sobre o tema, revela-se oportuno transcrever os seguintes entendimentos sumulares:

STF, 705: "a renúncia do réu ao direito de apelação, manifestada sem a assistência do defensor, não impede o conhecimento da apelação por este interposta".

STF, 708: "é nulo o julgamento da apelação se, após a manifestação nos autos da renúncia do único defensor, o réu não foi previamente intimado para constituir outro".

Uma interpretação possível que pode ser extraída dessas duas súmulas é: *deve prevalecer a vontade de recorrer (provenha esta vontade do defensor técnico ou do réu)*. Nesse sentido: "havendo discordância sobre a conveniência da interposição de recurso, deve prevalecer a manifestação de vontade quem optar por sua apresentação, quer provenha da defesa técnica ou da autodefesa" (STJ, HC 162071/SP, *DJ* 01/03/2012); e, também, Grinover *et. al.* (2011, p. 108). Porém, há que se ressaltar que esse entendimento não é pacífico, existindo orientação no sentido de que deve prevalecer, em qualquer situação, a vontade do defensor técnico, uma vez que este é quem pode melhor avaliar a vantagem prática no manejo do recurso;

d2) **Fatos extintivos (obstam a apreciação de recurso já interposto):** trata-se da desistência do recurso interposto.

Nota: Com a reforma promovida pela Lei 12.403/2011, que, dentre outras coisas, revogou o art. 595 do CPP, a fuga do réu não obsta mais a apreciação do recurso interposto. Não há mais que se falar em deserção provocada pela fuga do réu. Mesmo que o réu fuja, o recurso será conhecido e apreciado pelo órgão julgador competente.

Saliente-se ainda que o instituto da desistência não se aplica ao MP, *i. e.*, não pode este órgão desistir do recurso por ele interposto (art. 576 do CPP). Tal imposição decorre do princípio da indisponibilidade (já estudado) vigente na ação penal pública. Temos assim que: o MP não está obrigado a recorrer (princípio da voluntariedade recursal), porém, se o fizer, não poderá desistir do recurso interposto (princípio da indisponibilidade).

19.4.2. Pressupostos subjetivos

a) Interesse: somente a parte que possuir interesse na reforma/anulação da decisão poderá recorrer – art. 577, parágrafo único, do CPP. O interesse decorre da sucumbência (total ou parcial). Assim, por exemplo, caso a parte tenha sido vencedora em todos os pontos sustentados, carecerá, em tese, de interesse recursal na reforma ou cassação da decisão prolatada;

Dissemos "em tese" porque há situações em que, mesmo sem a parte ter sucumbido, há interesse de manejar recurso. Vamos a um exemplo.

Em caso de sentença *absolutória*, há interesse de a *defesa* recorrer da decisão para alterar a sua fundamentação quando a motivação da sentença for daquelas que, embora absolvendo o réu, permita a ação cível contra esse. É o que ocorre quando o juiz absolve o réu por entender *que não existem provas suficientes contra ele* (art. 386, V, do CPP). Note-se que as provas podem não ter sido suficientes para uma condenação penal (que exige, por sua própria natureza, um robusto material probatório), entretanto nada impede que o interessado ingresse com ação cível contra o réu, haja vista que aquelas mesmas provas poderão ser ali suficientes para uma eventual condenação no campo cível. Assim, tendo em vista que esse tipo de absolvição (como é o caso da prevista no art. 386, V, do CPP) não "fecha as portas do cível", é possível que o réu, mesmo que não tenha sucumbido, ingresse com recurso para *alterar a fundamentação da decisão que o absolveu*. Nessa linha: "o réu tem direito subjetivo para recorrer da sentença absolutória, com finalidade de modificar o fundamento legal da absolvição, firmada na insuficiência de provas para ver reconhecida a atipicidade do fato ou, então, não constituir sua conduta infração penal. O que justifica esse interesse recursal é o prejuízo que decorre dos efeitos indenizatórios diversos, dos fundamentos citados, na esfera civil, mormente na satisfação do dano *ex delicto*" (TAPR AP 150143 *DJ* 24.05.2001).

Noutro giro, algumas observações quanto ao interesse recursal do MP precisam ser feitas:

I. Sendo o MP o autor da ação penal, é possível que, em sede recursal, esse órgão recorra em benefício do acusado - seja requerendo a diminuição de pena, seja a absolvição do réu, seja qualquer outro benefício cabível. É que, por conta do conteúdo do art. 127 da CF/1988 e do especial papel que o MP desempenha no processo penal, tem esse órgão ampla possibilidade de recorrer em benefício do réu. Tudo o que foi dito aqui se aplica, *in totum*, aos casos de ação penal privada subsidiária da pública (art. 29 do CPP). Vale dizer, também nesse tipo de ação o MP detém ampla faculdade de recorrer em favor do réu;

II. No caso de ação penal privada (exclusivamente privada ou personalíssima), é possível ao MP recorrer em benefício do réu (requerendo a sua absolvição, p. ex.). Porém, sendo *absolutória a sentença, não poderá* o MP requerer a condenação do querelado. É que, em razão da natureza da ação penal, entende-se que prevalece o princípio da oportunidade, ficando, portanto, à conveniência do *querelante* decidir pelo recurso para tentar provocar o agravamento da situação do réu.

Por fim, vale acrescentar que, no que tange ao assistente de acusação, segundo orientação consolidada nos tribunais superiores, é-lhe possível, autonomamente, interpor recurso de apelação contra a sentença penal condenatória com o objetivo de exasperar a pena imposta ao réu (STJ, REsp 605302/RS, *DJ* 20/09/2005). Isso porque entende a jurisprudência que o assistente não tem apenas o interesse de obter o título executivo judicial (sentença condenatória) para, posteriormente, executá-lo, mas, também, tem o assistente interesse de ver aplicada ao réu uma pena justa, correta;

b) **Legitimidade:** o recurso deve ser interposto por quem é parte na relação processual ou, excepcionalmente, por terceiros quando houver autorização legal expressa nesse sentido (ex.: art. 598 do CPP). O CPP dispõe que, em regra, são legitimados para interpor recurso: o MP, o querelante, o réu (autonomamente) e o defensor do réu.

É importante perceber que, no processo penal, o réu, de forma autônoma, pode interpor recurso. Essa permissão visa a concretizar o princípio da ampla defesa, possibilitando ao próprio acusado (mesmo que não possua capacidade postulatória, mesmo que não seja advogado) interpor recurso. Porém, conforme entende a jurisprudência, caso o réu não possua capacidade postulatória (*i. e.*, não seja advogado, p. ex.), não poderá, autonomamente, apresentar as razões recursais. Apenas quem possui capacidade postulatória poderá apresentar as razões (STJ, HC 162071/SP, *DJ* 20/03/2012).

Ademais, conforme dito antes, não são apenas as pessoas indicadas no art. 577 que poderão interpor recurso. Isso porque a lei, em situações específicas, faculta também a terceiros essa possibilidade. Nesse sentido, consultar o art. 598 do CPP, que diz que a vítima (ou o CCADI[112]), diante de eventual inércia do MP, pode interpor recurso (mesmo que não tenha se habilitado anteriormente como assistente no processo) nos seguintes casos: decisão de impronúncia (art. 584, § 1º); quando julgada extinta a punibilidade (art. 584, § 1º); e no caso de sentença absolutória (art. 598).

Dê-se destaque ainda à súmula 210 do STF, que diz: "o assistente do Ministério Público pode recorrer, inclusive extraordinariamente, na ação penal, nos casos dos arts. 584, parágrafo 1º e 598 do Código de Processo Penal". Significa essa súmula que o assistente pode, de forma autônoma, interpor e arrazoar recurso extraordinário naqueles casos em que poderia recorrer autonomamente (indicados acima). Notemos que o teor dessa súmula, conforme aponta a doutrina (AVENA, 2011, p. 1102), aplica-se *in totum* ao recurso especial também.

112. CCADI = cônjuge, companheiro, ascendente, descendente ou irmão.

19.5. Efeitos dos recursos

Os recursos podem ter os seguintes efeitos:

a) **devolutivo:** o recurso *devolve* a matéria recorrida à instância *ad quem*, bem como permite que a instância superior tome contato (e se pronuncie) sobre matéria passível de conhecimento de ofício pelo julgador (ex: falta de citação). Neste último caso, ainda que a matéria possa ser conhecida de ofício, caso prejudique o réu (e a acusação não a tenha abordado em recurso próprio), não poderá a questão ser apreciada pela instância superior. É esse o sentido da súmula 160 do STF: "é nula a decisão do tribunal que acolhe, contra o réu, nulidade não arguida no recurso da acusação, ressalvados os casos de recurso de ofício";

b) **suspensivo:** não são todos os recursos que possuem efeito suspensivo. Este ocorre quando o recurso suspende a produção dos efeitos da decisão impugnada. Ex.: no caso de recurso contra a decisão de pronúncia, o julgamento do processo pelos jurados ficará suspenso até que se decida a respeito do recurso interposto (art. 584, § 2º, do CPP). Notemos, ademais, que o recurso contra a sentença absolutória não possui efeito suspensivo. Desse modo, o réu, se preso estiver, deverá ser colocado em liberdade imediatamente, mesmo que, p. ex., a acusação tenha interposto recurso contra a referida absolvição - vide art. 596 do CPP;

c) **regressivo (ou diferido):** trata-se da possibilidade de o próprio juiz se retratar da decisão que prolatou. No Processo Penal, tal efeito existe no RESE (recurso em sentido estrito - art. 589 do CPP), no agravo em execução (art. 197 da LEP – que segue o mesmo rito do RESE), na carta testemunhável e no agravo contra despacho denegatório de recurso especial e extraordinário;

d) **extensivo, expansivo, iterativo ou extensão subjetiva do efeito devolutivo:** pode ocorrer em caso de concurso de pessoas. Explica-se. Se um réu interpõe recurso fundado em motivo de caráter não exclusivamente pessoal (ex.: questionando a tipicidade da conduta), sendo provido o recurso, este aproveitará ao corréu que não tenha recorrido (art. 580 do CPP).

Examinemos, agora, os **recursos em espécie**.

19.6. Recurso em sentido estrito (RESE)

Esse recurso busca atacar decisões interlocutórias que produzam algum tipo de gravame à parte. Conforme sublinha a doutrina, as hipóteses de cabimento de RESE (seja no CPP seja em lei extravagante) são taxativas (trata-se de um número restrito de situações, portanto). Porém, isso não impedirá, em alguns casos, o emprego de interpretação extensiva.

19.6.1. Previsão legal

o RESE tem previsão legal, sobretudo, no CPP (art. 581), porém há também hipóteses esparsas em legislação extravagante (ex.: art. 294, parágrafo único, da Lei 9.503/1997 - CTB).

19.6.2. Efeitos

a) **Devolutivo:** o RESE devolve à apreciação do órgão julgador a matéria recorrida. A devolução fica restrita à matéria impugnada (o efeito devolutivo não é amplo, portanto);

b) **Suspensivo:** em regra, o RESE não possui efeito suspensivo. Exceções: RESE contra a decisão que denega a apelação ou que a julga deserta; contra a pronúncia; e contra a decisão que determina a perda ou a quebra da fiança. Nestes casos, há efeito suspensivo. Consulte-se o art. 584 do CPP;

c) **Regressivo:** cabe juízo de retratação no RESE (art. 589 do CPP): com a resposta do recorrido ou sem ela, o juiz poderá manter ou reformar a decisão. Mantendo, remeterá os autos ao órgão *ad quem*. Reformando a decisão, a parte contrária, que agora ficou prejudicada, poderá pedir a pronta remessa dos autos ao tribunal, desde que dessa nova decisão também caiba RESE.

19.6.3. Legitimidade

Em regra, podem interpor RESE o MP, o querelante, o réu e o defensor.

Quanto à vítima, só pode interpor RESE da decisão que declarar extinta a punibilidade do acusado (art. 584, § 1º, do CPP).

No caso de decisão que inclui ou exclui o nome de jurado da lista geral, qualquer um do povo poderá interpor RESE (art. 581, XIV, do CPP).

19.6.4. Formalidades e processamento do RESE

Pode ser interposto por meio de petição ou por termo nos autos - art. 578 do CPP.

Se realizado por meio de petição (modo mais comum), o RESE deverá ser composto por duas peças:

I. Petição de interposição: endereçada ao próprio órgão prolator da decisão impugnada; com prazo, em regra, de 5 dias (contados a partir da prolação da decisão); essa peça compreende, em síntese, uma demonstração de insatisfação do recorrente diante da decisão impugnada;

II. Razões recursais: dirigidas à instância *ad quem*; com prazo de 2 dias (contados da intimação judicial para essa finalidade); são os fundamentos de fato e de direito do recurso. Note-se que as contrarrazões, se oferecidas pela parte, também devem observar o prazo de 2 dias.

No que tange ao processamento do RESE, em regra, este recurso será processado por instrumento (traslado). Isto significa que o interessado deverá providenciar a fotocópia de algumas peças fundamentais do processo, fazendo a juntada destas quando da interposição do recurso (ou das contrarrazões recursais) - art. 587 do CPP.

Em contrapartida, o RESE não subirá por instrumento, mas nos próprios autos do processo, nas hipóteses delineadas pelo art. 583 do CPP, a saber:

a) RESE contra decisão que não recebe a denúncia;

b) contra decisão que julga procedente as exceções, salvo a de suspeição;

c) contra a pronúncia;

d) contra a decisão que julga extinta a punibilidade do réu;

e) contra a decisão que concede ou nega o HC; e

f) quando não prejudicar o andamento do processo principal.

19.6.5. Prazos

a) **Petição de interposição:** 5 dias (art. 586 do CPP). **Exceções:**

I. 20 dias (parágrafo único do art. 586) no caso de RESE contra a decisão que inclui ou exclui jurado da lista geral do Tribunal do Júri;

II. 15 dias para a vítima não habilitada como assistente de acusação para interpor RESE contra declaração da extinção da punibilidade em caso de inércia do MP – art. 584, § 1º c/c o art. 598 do CPP.

b) **Razões recursais**: 2 dias (art. 588 do CPP).

Nota: após as razões do recorrente será dada vista ao recorrido para apresentar as suas contrarrazões recursais, cujo prazo será também de 2 dias.

19.6.6. Hipóteses de cabimento do art. 581 do CPP

O rol do art. 581 é taxativo (o que não impede a interpretação extensiva em alguns casos).

É preciso estar atento a esse art. 581, pois diversos de seus incisos encontram-se prejudicados (em razão do cabimento do agravo em execução - art. 197 da LEP - em lugar do RESE) ou mesmo revogados. Examinemos um a um os incisos do art. 581. Cabe RESE da decisão:

I. que não receber a denúncia ou a queixa.

Ex.: caso a inicial penal não seja formulada de acordo com o art. 41 do CPP (exposição do fato criminoso, com todas as suas circunstâncias, qualificação do acusado ou esclarecimentos pelos quais se possa identificá-lo etc.), o juiz a rejeitará[113].

A majoritária comunidade jurídica faz interpretação extensiva desse inciso I, dizendo que cabe também RESE da decisão que não recebe o aditamento à denúncia. Aditar significa acrescentar algo. Ex.: no curso do processo o MP descobre que colaborou para o delito outra pessoa além do sujeito denunciado. Deverá, neste caso, o MP promover o aditamento à denúncia (que nada mais é do que uma nova denúncia para, *in casu*, incluir o outro agente). Pois bem, efetuado o aditamento, caso o juiz rejeite esta peça, caberá RESE com base em interpretação extensiva do inciso I do art. 581 do CPP.

Noutro giro, não cabe recurso da decisão que recebe a inicial penal (só da que rejeita). Em caso de recebimento, resta ao réu ingressar com eventual HC. Ex.: denúncia recebida sem suporte probatório mínimo. Cabe HC nesta situação para tentar trancar ("arquivar") a ação penal.

Note-se que, caso a acusação interponha RESE da decisão que rejeitar a denúncia, é necessário intimar a defesa para, querendo, oferecer contrarrazões. Trata-se de homenagem aos princípios da ampla defesa e contraditório. Não é outro o entendimento da súmula 707 do STF: "constitui nulidade a falta de intimação do denunciado para oferecer contrarrazões ao recurso interposto da rejeição da denúncia, não a suprindo a nomeação de defensor dativo".

Finalmente, em se tratando de JECRIM, o recurso cabível da decisão que rejeita inicial penal não é o RESE, mas **a apelação** (*vide* art. 82 da Lei 9.099/1995);

II. que concluir pela incompetência do juízo.

Ex.: caso o juiz-presidente do Júri prolate decisão de desclassificação (art. 419 do CPP), será cabível o RESE;

III. que julgar procedentes as exceções, salvo a de suspeição.

O inciso refere-se às exceções de litispendência, incompetência, ilegitimidade de parte e coisa julgada. Ressalte-se que as decisões que rejeitam essas exceções são irrecorríveis. É que, no caso de rejeição, o próprio juiz remeterá a exceção ao tribunal - art. 103, § 3º, do CPP.

Por outro lado, perceba-se que acolhida a decisão de suspeição pelo próprio juiz excepto, não caberá recurso dessa decisão, daí porque a ressalva que faz a parte final do inciso.;

113. Há quem diferencie não recebimento de rejeição da inicial. Neste livro, seguiremos a majoritária corrente que usa as expressões não recebimento e rejeição como sinônimas.

IV. que pronunciar o réu.

Trata-se de caso clássico de cabimento de RESE. A pronúncia (art. 413 do CPP) é a decisão que submete o acusado à 2ª fase do júri, julgando admissível a imputação formulada na denúncia pelo MP. Dessa decisão, cabe RESE.

Perceba-se que, com a reforma promovida pela Lei 11.689/2008, a decisão de impronúncia e a sentença de absolvição sumária não desafiam mais o RESE. Agora, de acordo com o art. 416 do CPP, o recurso cabível é o de apelação;

V. que conceder, negar, arbitrar, cassar ou julgar inidônea a fiança, indeferir requerimento de prisão preventiva ou revogá-la, conceder liberdade provisória ou relaxar a prisão em flagrante.

Atenção: da decisão que decreta prisão preventiva, não cabe RESE, mas pedido de revogação da preventiva ou HC (conforme o caso, ex: decisão que decreta a preventiva sem estar fundamentada idoneamente). Da decisão que nega o pedido de relaxamento de prisão, não cabe RESE, mas HC;

VI. (revogado pela Lei 11.689/2008).

Nota: com a reforma promovida pela Lei 11.689/2008, a decisão de impronúncia e a sentença de absolvição sumária não desafiam mais o RESE. Agora, de acordo com o art. 416 do CPP, o recurso cabível é o de apelação;

VII. decisão que julgar quebrada a fiança ou perdido o seu valor.

Exemplo de quebra da fiança: acusado afiançado que descumpre as obrigações dos arts. 327, 328 ou 341 do CPP. Da decisão que julga quebrada a fiança, cabe RESE.

Exemplo de perda da fiança (arts. 344 e 345 do CPP): réu condenado em definitivo à pena privativa de liberdade que empreende fuga. Da decisão que julgar perdida a fiança, cabe RESE;

VIII. decisão que decretar a prescrição ou julgar, por outro modo, extinta a punibilidade.

Ex.: caso o juiz declare nos autos a ocorrência de prescrição, caberá RESE desta decisão;

IX. decisão que indeferir o pedido de reconhecimento da prescrição ou de outra causa extintiva da punibilidade;

X. decisão que conceder ou negar a ordem de habeas corpus.

No caso de indeferimento de HC, vale lembrar que nada impede que outro HC possa ser impetrado a superior instância. Na realidade, na praxe forense é muito mais comum, na situação tratada por esse inciso, impetrar novo HC do que interpor RESE;

XI. decisão que conceder, negar ou revogar a suspensão condicional da pena.

Inciso prejudicado. A concessão ou negativa do *sursis* se dá no corpo da sentença (logo, o recurso cabível é a apelação, e não o RESE).

Por outro lado, a eventual revogação do *sursis* se dá no curso da execução da pena, logo cabível o agravo em execução (art. 197 da LEP) e não o RESE. Note-se que o agravo em execução é o recurso cabível contra as decisões proferidas no curso da execução penal pelo Juízo das Execuções Penais;

XII. decisão que conceder, negar ou revogar livramento condicional.

Prejudicado. Trata-se de decisão que se dá no curso da execução da pena. Cabível o agravo em execução (art. 197 da LEP) e não o RESE;

XIII. decisão que anular o processo da instrução criminal, no todo ou em parte.

Ex.: juiz que reconhece a ilicitude da prova e a contaminação que esta provocou nas demais provas, anulando o processo. Dessa decisão, cabe RESE;

XIV. decisão que incluir jurado na lista geral ou desta o excluir.

Neste caso, qualquer um do povo poderá recorrer, sendo que o prazo será de vinte dias, contado da data da publicação definitiva da lista de jurados;

XV. decisão que denegar a apelação ou a julgar deserta.

Denegação = não conhecimento. Significa que a apelação não preencheu todos os pressupostos. Ex.: apelação interposta fora do prazo. Caso o juiz se depare com uma apelação extemporânea, irá denegá-la. Dessa decisão, cabe RESE como forma de tentar forçar a subida do recurso de apelação à instância superior.

Deserção. Ex.: falta de preparo do recurso. No que tange à deserção pela fuga do réu, é preciso notar que, após a reforma de 2008, a evasão do acusado não tem mais o condão de impedir o conhecimento do recurso;

XVI. decisão que ordenar a suspensão do processo, em virtude de questão prejudicial.

Ex.: juiz que determina a suspensão do processo criminal em razão de questão prejudicial no juízo cível (discussão sobre a posse da coisa furtada). Cabe RESE dessa decisão;

XVII. decisão que decidir sobre a unificação de penas.

Prejudicado. Trata-se de decisão tomada no curso da execução penal. Cabível o agravo em execução;

XVIII. decisão que decidir o incidente de falsidade documental;

XIX. decisão que decretar medida de segurança, depois de transitar a sentença em julgado;

Prejudicado. Trata-se de decisão que se dá no curso da execução da pena. Cabível o agravo em execução (art. 197 da LEP);

XX. decisão que impuser medida de segurança por transgressão de outra.

Prejudicado. Cabe, na verdade, agravo em execução. Ex.: descumprimento do tratamento ambulatorial;

XXI. decisão que mantiver ou substituir a medida de segurança, nos casos do art. 774.

Prejudicado. O art. 774 foi tacitamente revogado. Não existe mais essa hipótese;

XXII. decisão que revogar a medida de segurança.

Prejudicado. Trata-se de decisão que se dá no curso da execução da pena. Cabível o agravo em execução (art. 197 da LEP);

XXIII. decisão que deixar de revogar a medida de segurança, nos casos em que a lei admita a revogação.

Prejudicado. Trata-se de decisão que se dá no curso da execução da pena. Cabível o agravo em execução (art. 197 da LEP);

XXIV. decisão que converter a multa em detenção ou em prisão simples.

Prejudicado. Desde 1996, é impossível no país a conversão da multa em pena privativa de liberdade (*vide* art. 51 do CP). Não pode mais o juiz efetuar tal conversão.

19.7. Apelação (art. 593 a 603 do CPP)

Trata-se de um dos mais importantes recursos, não apenas por ser um dos mais antigos, mas também por possuir o maior efeito devolutivo de todos (ampla possibilidade de discussão de toda a matéria de fato e de direito). A apelação tanto poderá provocar a reforma da decisão recorrida (caso em que o *decisum* será substituído por outro proferido pela instância *ad quem*), como também poderá provocar a anulação da decisão atacada (caso em que a instância *ad quem* determinará à *a quo* que outra decisão seja prolatada em lugar daquela anulada).

19.7.1. Efeitos

a) **Devolutivo:** a apelação possui o mais amplo efeito devolutivo dos recursos, com possibilidade de discussão de toda a matéria de fato e de direito. Porém, nada impede que o apelante delimite o tema que pretende discutir em segunda instância (é o que se chama de apelação parcial). De um jeito ou de outro, nada impede que o tribunal vá além da matéria impugnada, conhecendo de ofício outros pontos, desde que não prejudiciais à defesa. Reforça esta ideia a súmula 160 do STF, quando diz: "É nula a decisão do tribunal que acolhe, contra o réu, nulidade não arguida no recurso da acusação, ressalvados os casos de recurso de ofício";

b) **Suspensivo:** aqui é preciso distinguir a apelação da sentença condenatória da apelação da sentença absolutória.

A apelação interposta contra a sentença absolutória não tem efeito suspensivo. Explica-se: caso um réu que se encontre preso durante o curso do processo seja absolvido, deverá ser posto em liberdade automaticamente. Assim, mesmo que o MP interponha apelação contra a absolvição, este recurso *não suspenderá* o efeito da sentença absolutória de pôr o réu imediatamente em liberdade.

No caso de sentença condenatória, o art. 597 do CPP, sublinha que há efeito suspensivo. Explica-se: condenado o acusado, caso seja interposta apelação pela defesa contra esta decisão, possuirá tal recurso efeito suspensivo no sentido de obstar os efeitos da condenação: prisão do réu; lançamento de seu nome no rol dos culpados etc. Não estamos querendo dizer com isso que não é possível a prisão do acusado no momento da sentença penal condenatória. Não é isto. É possível a prisão desde que presentes os requisitos da preventiva (prisão cautelar). O que não é possível é a prisão-pena (prisão-punição) enquanto não transitada em julgado a condenação. É por isso que se diz que a apelação suspende os efeitos da condenação;

c) **Efeito iterativo, extensivo ou extensão subjetiva do efeito devolutivo** (art. 580 do CPP): pode ocorrer em caso de concurso de pessoas. Explica-se: se um réu interpõe recurso fundado em motivo de caráter não exclusivamente pessoal (ex.: questionando a tipicidade da conduta), sendo provido o recurso, este aproveitará ao corréu que não tenha recorrido.

19.7.2. Legitimidade

Em regra, podem interpor o recurso de apelação: MP, querelante, réu ou defensor.

Quanto à vítima, habilitada ou não como assistente de acusação, poderá interpor apelação quando o MP permanecer inerte nos seguintes casos: decisão de impronúncia (art. 416 c/c o art. 584, § 1º, do CPP); sentença absolutória (art. 598 do CPP); e absolvição sumária (seja a do art. 415 do CPP – júri; seja a do art. 397 do CPP - ritos ordinário e sumário).

19.7.3. Formalidades da apelação

Pode ser interposta por petição ou termo nos autos – art. 578 do CPP.

Se interposta por petição (modo mais comum), a apelação deverá vir composta por duas peças:

I. Petição de interposição: endereçada ao próprio órgão prolator da decisão impugnada; com prazo, em regra, de 5 dias; tendo como conteúdo, em suma, a demonstração de insatisfação do recorrente;

II. Razões recursais: dirigidas à instância *ad quem*; com prazo de 8 dias; são os fundamentos de fato e de direito do recurso.

19.7.4. Prazos

a) **Petição de interposição:** regra: 5 dias (art. 593 do CPP). Perceba-se que a tempestividade é aferida da data da interposição da apelação e não de sua juntada pelo cartório - súmulas 320 e 428 do STF;

a1) **Exceções:**

I. em caso de inércia do MP, 15 dias para a vítima não habilitada como assistente de acusação para interpor apelação contra: a decisão de impronúncia (art. 416 c/c o art. 584, § 1º, do CPP); a sentença absolutória (art. 598 do CPP); e a absolvição sumária - seja a do art. 415 do CPP, seja a do art. 397 do CPP. Confira-se ainda a súmula 448 do STF: "o prazo para o assistente recorrer, supletivamente, começa a correr imediatamente após o transcurso do prazo do Ministério Público";

II. 10 dias para apelar no JECRIM (art. 82 da Lei 9.099/1995). Note-se que no JECRIM a petição de interposição e a de razões recursais não possuem prazos distintos, devendo ser apresentadas conjuntamente;

b) **Razões recursais**: 8 dias (art. 600 do CPP).

Nota: após as razões do recorrente será dada vista ao recorrido para apresentar as suas contrarrazões recursais, cujo prazo será também de 8 dias.

19.7.5. Hipóteses de cabimento da apelação

Cabe apelação contra (art. 593 do CPP):

I. as sentenças definitivas de condenação – art. 593, I;

II. as sentenças definitivas de absolvição (inclua-se aí a absolvição sumária antecipada do art. 397 do CPP, e a absolvição sumária do júri do arts. 415 e 416 do CPP) – art. 593, I;

III. as decisões definitivas ou com força de definitiva, quando não couber recurso em sentido estrito. Ex.: da decisão que cancela a hipoteca legal, cabe apelação. Trata-se de hipótese subsidiária de apelação a ser aferida em cada caso concreto – art. 593, II;

IV. da decisão de impronúncia – art. 416 do CPP;

V. no JECRIM, da decisão que rejeita a inicial penal, da sentença absolutória e condenatória e da homologatória da transação penal (art. 82 da Lei 9.099/1995);

VI. das decisões do Tribunal do Júri, quando (art. 593, III, do CPP):

a) ocorrer nulidade posterior à pronúncia.

Ex.: indeferimento arbitrário pelo juiz de produção de prova em plenário;

b) for a sentença do juiz-presidente contrária à lei expressa ou à decisão dos jurados.

Ex.: o juiz-presidente suprime uma qualificadora reconhecida pelos jurados. Neste caso, a instância *ad quem* terá poderes para retificar a sentença do juiz-presidente, aplicando a qualificadora indevidamente suprimida - art. 593, § 1º, do CPP;

c) houver erro ou injustiça no tocante à aplicação da pena ou da medida de segurança.

Ex.: juiz-presidente que, na dosimetria da pena, fixa injustificadamente a pena base do réu no seu patamar máximo (= pena injusta). Neste caso, a instância *ad quem também* terá poderes para retificar a sentença do juiz-presidente, aplicando o direito ao caso concreto - art. 593, § 2º, do CPP;

d) for a decisão dos jurados manifestamente contrária à prova dos autos.

Para que seja viável a apelação aqui é preciso que a decisão dos jurados tenha se dado de forma totalmente dissociada do conjunto probatório constante dos autos. Não será cabível essa apelação se os jurados tiverem amparado a sua decisão em provas (ainda que frágeis) constantes dos autos. A possibilidade de julgar com base em provas frágeis é um dos pontos mais criticados por certo segmento da doutrina (LOPES JR, p. ex), pois termina-se por aniquilar o princípio do estado de inocência, mais especificamente o *in dubio pro reo.*

Nessa situação, a instância *ad quem* (o tribunal) tem apenas poder para anular (cassar) a decisão do júri, determinando a realização de novo julgamento (por outros jurados). Em homenagem à soberania dos veredictos, não poderá aqui o tribunal reformar a decisão. Pode-se apenas, repita-se, cassá-la e dissolver o conselho de sentença (o corpo de jurados) a fim de que outro júri seja realizado.

Atenção: só se pode apelar com base nesse motivo (decisão dos jurados manifestamente contrária à prova dos autos) uma única vez. Este comando atinge, inclusive, a parte contrária do processo, isto é, se uma parte apelar com base nesse fundamento, não poderá, posteriormente, a parte contrária (que não havia recorrido) apelar embasada no mesmo fundamento (STJ, REsp 954914 / DF, *DJ* 29/11/2007). Entretanto, note-se bem, nada impede eventual apelação posterior (por qualquer uma das partes; e quantas vezes necessárias forem) com arrimo nas outras alíneas do art. 593, III (ex: decisão do juiz que desrespeita a decisão dos jurados - alínea "b"). Para ficar mais claro, vamos a um exemplo do que dissemos no início deste parágrafo. Se a decisão dos jurados for anulada pela instância *ad quem* com base no dispositivo em comento e o novo conselho de sentença decidir, mais uma vez, de forma manifestamente contrária à prova dos autos, não será possível apelar novamente com base nesse artigo (art. 593, III, *d*), nem mesmo se o "novo" recurso for de iniciativa da parte que não recorreu. Repita-se: só se pode invocar o dispositivo em questão uma única vez. Assim, em casos de "duplo julgamento contrário à prova dos autos pelos jurados" restará apenas aguardar o trânsito em julgado para, posteriormente, ingressar com revisão criminal.

A situação retratada nesse parágrafo gera duras (e corretas) críticas à instituição do júri que, no Brasil, tornou quase "intocável" a famigerada soberania dos veredictos. Consultar nesse particular: Paulo Rangel (2010) e Lopes Jr. (2010, v. 2).

Note-se ainda que, segundo estabelece a súmula 713 do STF: "o efeito devolutivo da apelação contra decisões do Júri é adstrito aos fundamentos da sua interposição". Significa isto que, no júri, os fundamentos indicados na petição de interposição delimitam a extensão do recurso, não podendo as razões recursais ampliar, posteriormente, a abrangência da petição de interposição. Ressalva aqui apenas para o caso de matéria cognoscível de ofício favorável ao réu (nulidade absoluta) que, embora não tenha sido apontada pela defesa em sua petição recursal, poderá sim ser apreciada pela instância *ad quem* – súmula 160 do STF.

19.7.6. Observações finais

Quando cabível a apelação, não poderá ser usado o recurso em sentido estrito, ainda que somente de parte da decisão se pretenda recorrer – art. 593, § 4º, do CPP. Ex.: imagine-se que, no corpo da sentença, o juiz decida revogar a prisão preventiva do réu. Caberá aqui apelação e não RESE (art. 581, V, do CPP), conforme se poderia pensar.

No julgamento das apelações poderá o tribunal, câmara ou turma proceder a novo interrogatório do acusado, reinquirir testemunhas ou determinar outras diligências.

19.8. Embargos de declaração

19.8.1. Conceito

Recurso oponível contra a decisão (leia-se: sentenças, acórdãos ou decisões interlocutórias) que apresente ambiguidade, obscuridade, omissão ou contradição (arts. 382, 619 e 620 do CPP). Visa, portanto, a tornar a decisão mais clara, mais precisa.

19.8.2. Interposição

Deve ser efetuada junto ao órgão que prolatou a decisão considerada defeituosa.

19.8.3. Prazo

I. Regra: 2 dias – art. 382 do CPP.

II. Exceção: 5 dias – JECRIM (art. 83 da Lei 9.099/1995).

Observações finais:

I. No caso de a decisão apresentar erros materiais (data equivocada, incorreção de grafia do nome da parte etc.), não é necessário à parte interpor de embargos de declaração. Pode o próprio julgador promover, de ofício, a correção; ou mesmo a parte poderá protocolizar uma simples petição nesse sentido;

II. Após o julgamento dos embargos, prevalece o entendimento de que o prazo para os demais recursos será integralmente devolvido às partes. Logo, os embargos *interropem* o prazo recursal (STJ AgRg no Ag 876449, *DJ* 22/06/2009). Por outro lado, no JECRIM, ocorre apenas a suspensão do prazo recursal (vide: art. 83, § 2º, da Lei 9.099/1995).

19.9. Embargos infringentes e de nulidade (art. 609, parágrafo único, do CPP)

Trata-se de *recurso exclusivo da defesa* que, ao atacar a falta de unanimidade dos julgadores de 2ª instância, busca reverter a situação em favor do acusado. Explica-se melhor. Apontando a defesa a existência de divergência entre os julgadores de uma Turma ou Câmara Criminal que decidiu, por exemplo, o recurso de apelação do réu, os embargos em análise buscam reverter o cenário em prol do réu, tentando fazer com que os demais julgadores alterem a sua posição pretérita e passem a seguir o voto vencido (favorável ao acusado).

19.9.1. Requisitos para o cabimento

a) decisão de 2ª instância não unânime e desfavorável ao réu (2 votos a 1, por exemplo);

b) voto vencido de um dos julgadores favorável ao réu;

c) esse recurso só é cabível contra o acórdão que julgar a *apelação*, o *RESE* e, segundo já decidiu o STF (HC 65988 / PR, *DJ* 08/03/1989), o *agravo em execução* (art. 197 da LEP).

Notas:

Não será cabível esse recurso se a divergência dos julgadores se der apenas no tocante à fundamentação da decisão. Ex.: não cabem os embargos se um julgador divergir dos demais apenas quanto à fundamentação, sendo que a parte dispositiva (a conclusão) do acórdão foi idêntica à dos demais julgadores.

Os embargos ficam restritos à matéria divergente. Não poderão abranger, portanto, questões unânimes decididas pelos julgadores.

Vale também anotar as seguintes súmulas:

STJ, 207: "é inadmissível recurso especial quando cabíveis embargos infringentes contra o acórdão proferido no tribunal de origem".

STF, 293: "são inadmissíveis embargos infringentes contra decisão em matéria constitucional submetida ao plenário dos tribunais".

STF, 455: "da decisão que se seguir ao julgamento de constitucionalidade pelo Tribunal Pleno, são inadmissíveis embargos infringentes quanto a matéria constitucional".

19.9.2. Espécies

I. os embargos infringentes atacam questão de mérito. Ex.: cabem infringentes contra o acórdão que por 2x1 condenou o réu. O voto vencido foi pela absolvição;

II. os embargos de nulidade buscam o reconhecimento de uma nulidade. Ex.: cabem embargos de nulidade contra o acórdão que não acolheu por 2x1 nulidade relativa à citação do réu. O voto vencido, favorável ao acusado, reconheceu a nulidade da citação.

Observação: nada impede a interposição de embargos infringentes e de nulidade simultaneamente (um só recurso) quando houver questões não unânimes (e favoráveis ao réu) de mérito e de nulidade.

19.9.3. Prazo

Dez dias da publicação do acórdão (art. 609, parágrafo único, do CPP). A interposição deve ser feita perante o relator. As razões serão apresentadas ao tribunal simultaneamente à interposição (duas peças, portanto).

19.10. Carta testemunhável (art. 639 a 646 do CPP)

De acordo com o art. 639 do CPP, trata-se de recurso residual (só podendo ser usado quando não existir outro recurso específico), cabível contra a decisão que não receber o recurso interposto pela parte ou que lhe obstaculizar o seguimento ao órgão *ad quem*.

19.10.1. Cabimento

I. da decisão que denegar o recurso;

II. da decisão que, embora tenha admitido o recurso, obste o seu seguimento para o órgão *ad quem*.

Interpretando-se sistematicamente o CPP, conclui-se que cabe carta testemunhável da decisão que denega ou obsta seguimento ao *agravo em execução* e ao *RESE*.

Atenção que a denegação da apelação desafia a interposição de RESE – art. 581, XV, do CPP (e não de carta testemunhável). Agora se, nesta mesma situação, o RESE também for denegado, aí sim será cabível a carta testemunhável.

Note-se também que a interposição desse recurso é feita ao escrivão e não ao juiz (art. 640 do CPP).

A carta testemunhável não possui efeito suspensivo (art. 646 do CPP), significando isto, segundo dizem alguns autores (AVENA, 2011, p. 1182, p. ex.), que a interposição deste recurso não impede o prosseguimento do processo ou a eventual execução da sentença condenatória. Essa orientação, porém, é de duvidosa constitucionalidade, haja vista esbarrar no estado de inocência.

Como a carta testemunhável deve seguir o rito do recurso obstaculizado, caso ela (a carta) seja interposta contra a decisão que denegou ou negou seguimento ao agravo em execução ou RESE, haverá a incidência de efeito regressivo, uma vez que estes últimos recursos (agravo em execução e RESE) o possuem.

19.10.2. Prazo da carta testemunhável

O prazo para interposição do recurso é de 48h (art. 640 do CPP)

19.11. Agravo em execução (art. 197 da LEP)

Cabível contra as decisões proferidas no curso da execução da pena pelo juízo da Execução Penal que causem algum gravame ao condenado ou ao submetido à medida de segurança.

19.11.1. Cabimento

O agravo em execução não possui cabimento taxativo como o RESE. A lei não enumera, portanto, as hipóteses de cabimento de agravo em execução. **Exemplos mais comuns:** decisão que nega a unificação das penas, a progressão de regime, a saída temporária, o livramento condicional etc.

19.11.2. Procedimento

Diante da falta de previsão legal, segue o mesmo rito e formalidades do RESE (vale a pena reler o que escrevemos anteriormente sobre esse recurso). Desse modo, o prazo é de 5 dias para a interposição (vide inclusive a súmula 700 do STF) e de 2 dias para apresentação de razões, admitindo-se, também, o juízo de retratação (efeito regressivo), tal qual sucede no RESE.

19.12. Recurso Ordinário Constitucional (ROC) em matéria criminal

Visa a assegurar o duplo grau de jurisdição a algumas situações específicas. O ROC pode ser manejado ao STJ ou ao STF, conforme o caso.

19.12.1. Cabimento de ROC para o STF –art. 102, II, da CF/1988:

a) decisão denegatória dos tribunais superiores (STJ, TSE, STM) em única instância de HC ou mandado de segurança (MS) (...).

O dispositivo trata de casos de *competência originária* dos tribunais superiores que deneguem HC ou MS. Ex.: prefeito julgado pelo TJ impetra HC contra este órgão ao STJ sendo que esta Corte denega o HC. Cabe ROC neste caso[114]. Incabível o ROC contra as decisões dos tribunais superiores que acolham o HC ou MS;

b) decisões relativas a crimes políticos: correspondem aos crimes previstos pela Lei de Segurança Nacional (Lei 7.170/1983), cuja competência é da JF (art. 109, IV, da CF/1988). Tendo em vista que a alínea em comento (*b* do inciso II do art. 102, da CF/1988) não menciona a necessidade de a decisão ser tomada em única ou última instância, conclui-se que, em caso de crime político, o 2° grau de jurisdição será sempre do Supremo Tribunal Federal, mediante interposição de ROC (nesse sentido: STF, RC 1468/RJ, *DJ* 14/08/2000).

Ex.: Prefeito está sendo processado pelo TRF por crime político. Do acórdão, caberá ROC ao STF.

19.12.2. Cabimento do ROC para o STJ – art. 105, II, da CF/1988:

a) Decisão denegatória de HC proferida por TRF ou TJ em única ou última instância.

Ex.: Fulano impetra HC ao TJ para trancar ação penal contra ele ingressada. O TJ denega a ordem. Cabe ROC ao STJ.

Atenção que o exame da OAB, por vezes, vale-se desse mesmo exemplo só que acrescentam que o TJ denegou o HC por maioria de votos. Mesmo assim, cabe ROC. Descabem os infringentes porque este recurso não ataca acórdão de HC não unânime, mas apenas acórdãos não unânimes de RESE, apelação e agravo em execução.

Note o leitor que a alínea menciona "em única ou última instância", o que significa que tanto pode se tratar de um caso de competência originária do TJ/TRF, como pode se tratar de uma hipótese em que se tenha chegado ao TJ/TRF manejando o HC após se esgotarem as instâncias inferiores;

b) Decisão denegatória de MS proferida por TRF ou TJ em única instância.

Ex.: advogado impetra MS ao TJ contra juiz que o impediu de consultar os autos. Dessa decisão cabe ROC.

Usou a alínea a expressão "única instância", logo refere-se a casos de MS de competência originária do TRF/TJ.

19.12.3. O processamento

O ROC é regido, conforme o caso, pelo regimento interno do STF e do STJ e pela Lei 8.038/1990.

A petição de razões deverá acompanhar a de interposição.

114. Cabível também outro HC ao STF.

19.12.4. Prazos

I. 5 dias quando interposto contra a decisão que denegar o HC (ROC ao STF ou ao STJ). Consulte-se a súmula 319 do STF;

II. 5 dias quando interposto contra a decisão que denegar o MS (ROC ao *STF*);

III. 15 dias para a denegação de MS (ROC ao *STJ*).

IV. 3 dias para a decisão que envolva crime político (ROC ao STF) - art. 307 do RISTF c/c 563, *a*, e 565 do CPPM.

19.13. Recurso especial (REsp) e extraordinário (RE)

Grosso modo, objetivam assegurar a autoridade na aplicação e interpretação da CF (RE) e das leis federais (REsp).

19.13.1. Noções necessárias:

a) o RESP é endereçado ao STJ e, em resumo, visa a levar ao conhecimento desta Corte decisão, em única ou última instância, do TJ/TRF que afronte lei federal (infraconstitucional) ou que tenha dado interpretação diversa da que foi dada por outro tribunal. Note-se que não cabe RESP de decisão de Turma Recursal do JECRIM, pois este órgão julgador não é considerado tribunal - súmula 203 do STJ. Objetiva, portanto, esse recurso homogeneizar a interpretação da lei federal pátria;

b) o RE visa a levar ao STF o conhecimento de qualquer decisão tomada em única ou última instância que implique em afronta à CF. Visa a garantir a ordem constitucional vigente. Perceba-se que como o texto da CF (art. 102, III) não menciona a expressão "Tribunal", mas apenas "causas decididas em única ou última instância", entende-se que por meio RE, desde que atendidos aos demais requisitos, pode-se impugnar qualquer acórdão dos Tribunais, bem como decisão tomada por Turma Recursal do JECRIM;

c) ambos possuem fundamentação vinculada, discutem apenas questão de direito (e não matéria de fato ou reexame de prova), possuem o prazo de 15 dias e, para que sejam admitidos, exigem o esgotamento das vias ordinárias (*vide* súmula 281 do STF);

d) há previsão legal de efeito apenas devolutivo para esses recursos (art. 637 do CPP). Apesar disso, a sentença condenatória não poderá ser executada sem o trânsito em julgado, devendo a prisão do réu, também nesta fase, ser orientada pelos requisitos da preventiva (conforme **Informativo** 534 do STF);

e) como requisito de admissibilidade ambos exigem o prequestionamento. A questão a ser levada ao STF ou STJ deve ter sido previamente apreciada na decisão impugnada. Cabem, inclusive, embargos de declaração com o objetivo de forçar o prequestionamento da questão nas instâncias inferiores;

f) da decisão que denega (não conhece) o RESP ou o RE, cabe agravo de instrumento (art. 28 da Lei 8.038/1990), no prazo de 5 dias para o STF ou STJ, conforme o caso.

19.13.2. Cabe RE da decisão proferida em única ou última instância que (art. 102, III, da CF/1988):

a) contrariar dispositivo da CF. Abrange também a violação de princípio constitucional. É preciso que a violação a dispositivo/princípio constitucional seja *direta* – não cabe RE por violação reflexa, ou seja, a partir de violação de lei federal se conclui pela violação à CF (*vide* STF, AI 844615 AgR/SP, *DJe* 20/11/2012). Ex.: viola diretamente a CF o acórdão que, em caso de roubo à empresa pública federal, cuja competência é da JF (art. 109, IV, da CF/1988), determina que o caso seja julgado pela Justiça Estadual;

b) declarar a inconstitucionalidade de tratado ou lei federal. Ex.: cabe RE da decisão do TRF que, apreciando apelação do assistente de acusação (art. 268 do CPP) e respeitando a reserva de plenário (*vide* art. 97 da CF/1988), declara inconstitucional a figura do assistente no Processo Penal (por reconhecer resquício de vingança privada nessa figura processual) e termina por denegar o recurso daquele. Cabe RE nesse caso;

c) julgar válida lei ou ato de governo local contestado em face da CF. Ex: diante de alegação de eventual conflito entre CF e uma lei municipal, o acórdão do TJ opta por esta última, entendendo que não há afronta ao texto constitucional. Cabe RE nessa situação;

d) julgar válida lei local contestada em face de lei federal. Ex: certa lei estadual (que afronta a CF) é reconhecida válida pelo TJ. Desafia RE essa hipótese.

Requisito de admissibilidade próprio do RE: além do prequestionamento, exige-se que o recorrente demonstre a repercussão geral das questões constitucionais discutidas no caso concreto (art. 102, § 3º, da CF/1988). Ou seja, é preciso demonstrar que a questão tem potencial para influenciar outros processos.

19.13.3. Cabe RESP da decisão proferida em única ou última instância pelos TRFs ou TJs que (art. 105, III, da CF/1988)

a) contrariar tratado ou lei federal, ou negar-lhes vigência. Ex. de cabimento: acórdão do TJ que considera válida perícia criminal realizada por apenas um perito não oficial, violando o art. 159, § 1º, do CPP. Desafia REsp;

b) julgar válido ato de governo local contestado em face de lei federal. Ex: em caso de eventual conflito entre lei federal e ato de governo estadual, o TJ termina por reconhecer a validade deste último. Desafia REsp;

c) der a lei federal interpretação divergente da que lhe haja atribuído outro tribunal. Neste caso, será preciso fazer prova da divergência mediante certidão do julgado, por exemplo.

20. Ações Autônomas de Impugnação

20.1. *Habeas corpus* (HC)

20.1.1. Natureza jurídica

Embora o HC esteja incluído no Título do CPP que trata dos recursos e de, por vezes, parecer-se com um, na realidade, de recurso não se trata. Possui natureza de ação autônoma de impugnação (GRINOVER *et. al.*, 2001, p. 345). Dentre tantos motivos que refutam a natureza de recurso do HC, segue um que consideramos o mais contundente: o recurso pressupõe a existência de um processo. Pois bem, cabe HC inclusive fora do âmbito do processo. Ex.: cabe HC contra ato de particular. Explica-se. Imagine-se que um diretor de hospital não deixa o paciente sair enquanto este não pagar a conta. Cabe HC contra ato do diretor nessa situação, prescindindo-se, portanto, de um processo previamente instaurado - algo impensável no caso de recurso.

Ademais, saliente-se que o HC pode funcionar como *substitutivo* de um recurso específico cabível ao caso. Assim, se cabível um recurso específico e, também, o HC, o interessado poderá valer-se deste último.

20.1.2. Bem jurídico tutelado pelo HC

O HC visa a combater a *ameaça* ou a *coação ilegal* à liberdade de locomoção (liberdade de ir, vir e ficar) do indivíduo.

Note o leitor, portanto, que, para além daquelas situações "clássicas" de coação ilegal efetiva à liberdade ambulatorial do sujeito (ex.: prisão para averiguação), o HC também tutela hipóteses de ameaça ilegal à liberdade de locomoção do indivíduo. Isto é assim porque a CF/1988 (art. 5º, LXVIII) expandiu significativamente o alcance do HC, permitindo que este remédio protegesse casos de ameaça ilegal à liberdade de locomoção. Compare abaixo o texto do CPP e da CF (este último bem mais amplo).

Art. 647 do CPP: "dar-se-á *habeas corpus* sempre que alguém sofrer ou se ***achar na iminência*** de sofrer violência ou coação ilegal na sua liberdade de ir e vir, salvo nos casos de punição disciplinar." (grifo nosso).

Art. 5º, LXVIII, da CF/1988: "conceder-se-á *habeas corpus* sempre que alguém sofrer ou ***se achar ameaçado*** de sofrer violência ou coação em sua liberdade de locomoção, por ilegalidade ou abuso de poder". (grifo nosso).

Dessa forma, como o HC também se presta a combater ameaças ilegais à liberdade de locomoção, é perfeitamente possível a impetração desse remédio quando o sujeito se encontrar em liberdade. Ex.: réu em liberdade que responde a processo infundado (sem provas) por crime de furto. Cabe HC aqui para "trancar" a ação penal (leia-se: forçar o arquivamento desta). É preciso, portanto, desprender-se da ideia de que o HC só é cabível quando o indivíduo está preso ilegalmente. Falso. O HC é cabível toda vez que alguém estiver sofrendo uma coação ilegal à sua liberdade de locomoção (por óbvio), como, também, quando estiver *ameaçado* de sofrê-la.

20.1.3. Algumas restrições ao cabimento do HC

a) Prevê expressamente a CF que não cabe HC para atacar punição disciplinar militar (art. 142, § 2º, da CF/1988). Isto é assim porque os militares estão sujeitos a um tipo de hierarquia específica que recomenda o afastamento do HC para questionar o mérito da punição disciplinar.

Entretanto, não estamos aqui diante de uma regra absoluta. É que se a punição disciplinar apresentar certos vícios (exemplos: inexistência de previsão legal da punição aplicada; ou a autoridade militar que a aplicar for incompetente para tanto), caberá sim questionar a punição aplicada por meio de HC. Assim, conclui-se que é possível questionar, por meio de HC, eventuais *vícios de forma* da punição disciplinar militar (previsão legal e competência, por exemplo), porém não é cabível questionar o *mérito* dessa punição (se ela é justa ou injusta, *v. g.*). Nesse sentido: STJ, HC 129466/RO, *DJ* 01/02/2010.

Oportuno, por outro lado, transcrever a súmula 694 do STF: "não cabe *habeas corpus* contra a imposição da pena de exclusão de militar ou de perda de patente ou de função pública";

b) Não cabe HC quando não houver, ao menos, ameaça à liberdade de locomoção do indivíduo. Ex.: se o sujeito está sendo processado de forma infundada (sem suporte razoável de provas) por crime apenado *apenas* com multa, não será possível impetrar HC para trancar a ação. Isto porque, desde 1996, não é possível converter a multa em pena privativa de liberdade (prisão) - art. 51 do CP. Assim, inexistindo a possibilidade de encarceramento do acusado, perde o sentido a impetração de HC. Consulte-se a súmula 695 do STF;

c) Não cabe HC quando o caso demandar exame aprofundado de provas. É preciso lembrar que o HC possui um procedimento bastante simplificado. Não há instrução probatória (oitiva de testemunhas, exame pericial etc.). Em regra, será preciso, no momento da impetração do HC, demonstrar, de plano, a ilegalidade da prisão ou da ameaça de prisão (isto é, apresentar "prova pré-constituída"). Impossível o aprofundamento em material probatório, portanto (ex.: discussões acerca de legítima defesa, estado de necessidade etc.). A via estreita do HC não comporta esse tipo de discussão.

20.1.4. Espécies de HC

a) **preventivo:** nesta situação, o indivíduo encontra-se na iminência de ser preso ilegalmente. Impetra-se o HC e pede-se aqui um documento chamado de "salvo-conduto" (livre trânsito), que blinda o sujeito contra a ameaça de prisão ilegal - art. 660, § 4º, do CPP. Não basta o temor remoto de prisão ilegal. Para que seja cabível o HC preventivo, é preciso uma ameaça concreta (STJ, AgRg no HC 108655/SP, *DJ* 16/03/2009). Ex: pessoa suspeita da prática de furto é intimada pelo delegado a, em 5 dias, apresentar-se ao Instituto Criminalística a fim de submeter-se a perícia de confecção de imagens, sob pena de prisão (STJ, HC 179486 / GO, *DJ* 27/06/2011). Cabe HC preventivo ao juiz;

b) **liberatório ou repressivo**: aqui a pessoa encontra-se presa ilegalmente. Impetra-se o HC e requer-se o alvará de soltura - art. 660, § 1º, do CPP. Ex: delegado que, fora das situações de flagrante delito, prende o indivíduo para averiguar-lhe a vida pregressa. Cabe HC liberatório ao juiz;

c) **suspensivo:** nesta hipótese, foi expedido um mandado de prisão (ilegal) contra o sujeito. Impetra-se o HC e pede-se o contramandado de prisão, visando a neutralizar a ordem de prisão anteriormente expedida. Ex: juiz que, sem fundamentar, determina a prisão preventiva do réu. Cabe HC suspensivo ao TJ.

Nota: há diversas situações de cabimento de HC que escapam à tradicional classificação exposta acima. Isto é assim porque, como vimos, o texto amplo da CF (art. 5º, LXVIII) permite o cabimento do HC não só para atacar as coações ilegais efetivas ou as ameaças ilegais iminentes, mas, também, para combater casos de ameaças não iminentes em relação às quais se consegue, de plano, antever a possibilidade de uma prisão ilegal. Ex.: sujeito que responde, em liberdade, a processo por crime de furto (que, como se sabe, possui previsão de pena de prisão) perante órgão judicial absolutamente incompetente. Uma situação dessas não se enquadra propriamente em nenhuma das espécies de HC acima indicadas. Apesar disso, o writ é cabível, pois a situação se amolda ao texto constitucional. Portanto, em matéria de cabimento de HC, deve o leitor sempre ter em mente o marco fundamental estipulado pela CF - que é mais abrangente que o CPP e que as espécies doutrinárias antes apontadas.

20.1.5. Legitimidade ativa

Qualquer pessoa pode impetrar HC em nome próprio ou em nome de outrem (inclusive sem procuração). Assim, podem impetrar HC: pessoa jurídica; menor; doente mental; estrangeiro; enfim, não há restrições aqui. Note-se que não se exige capacidade postulatória para impetrar HC, não sendo necessário, portanto, fazê-lo por meio de advogado, por exemplo.

20.1.6. Legitimidade passiva

É possível impetrar HC contra ato de autoridade ou mesmo contra ato de particular. Exemplo deste último caso: diretor de hospital que não deixa o paciente sair do ambulatório enquanto este não quita a conta com o hospital.

20.1.7. Notas sobre o endereçamento

- ✔ **Competência do juiz de 1ª instância**: em regra, quando o coator for o delegado, o agente policial ou o particular;
- ✔ **Competência do TJ**: em regra, quando coator for o promotor ou o juiz de 1ª instância.

Observação: quando a autoridade coatora for Turma Recursal (JECRIM), a competência para o HC será do TJ. Note-se que a súmula 690 do STF foi cancelada, competindo "ao Tribunal de Justiça julgar habeas corpus contra ato de Turma Recursal dos Juizados Especiais do Estado" (STF, HC 90905 AgR / SP, *DJ* 10/04/2007);

- ✔ **Competência da Turma Recursal:** quando a autoridade coatora for o juiz do JECRIM;
- ✔ **Competência do TRF**: quando a autoridade coatora for juiz federal ou procurador da república (MPF) - art. 108, I, *d*, da CF/1988;
- ✔ **Competência do STJ** (art. 105, I, *c*, da CF/1988): quando o coator ou paciente for Governador, desembargador do TJ, TRF, TRE, TRT, membro do Tribunal de Contas do Estado ou do Município ou membro do MPU que oficie perante tribunais;
- ✔ **Competência do STF** (art. 102, I, *d*, da CF/1988): quando o paciente for o Presidente da República, o Vice-Presidente, os membros do Congresso Nacional, os membros dos tribunais superiores e do Tribunal de Contas da União ou os chefes de missão diplomática de caráter permanente.

20.1.8. Análise do art. 648 do CPP

Note-se que este artigo não é taxativo, mas exemplificativo. Encontram-se nele algumas das situações mais corriqueiras de cabimento de HC, porém não são em "número fechado". Como já dissemos, a abrangência dada pela CF ao HC extrapola os casos indicados a seguir. De todo o modo, vejamos. A coação considerar-se-á ilegal:

I. quando não houver justa causa.

A justa causa destacada neste inciso possui 2 significados:

1º: falta de justa causa (*i. e.*, falta de fundamentação) para a ordem proferida. Ex.: decisão que, sem fundamentação, decreta a preventiva do réu. Cabe HC contra esta decisão;

2º: justa causa para a existência do processo ou da investigação. Ou seja, não há provas suficientes embasando a investigação ou o processo contra o réu. Ex.: ação penal sem provas mínimas de que o réu foi o autor do crime. Neste caso, será pedido o trancamento (leia-se: arquivamento forçado) da persecução penal por meio do HC;

II. quando alguém estiver preso por mais tempo do que determina a lei.

Ex.: excesso de prazo na prisão em flagrante (art. 10 do CPP). Delegado que extrapola o seu prazo de 10 dias para concluir e encaminhar o IP. Cabe HC nesta situação;

III. quando quem ordenar a coação não tiver competência para fazê-lo.

Ex.: juiz federal que decreta a prisão preventiva de um indiciado que praticou um crime da competência da justiça estadual;

IV. quando houver cessado o motivo que autorizou a coação.

Ex.: imagine-se que, no curso do processo, foi decretada a preventiva do réu por conveniência da instrução criminal em razão de o acusado estar destruindo as provas do processo. Finda a instrução criminal, não havendo mais material probatório a ser produzido/destruído, torna-se desnecessária a manutenção do cárcere cautelar. Cabe HC nesta situação, pois o motivo pelo qual foi decretada a prisão não mais existe. Somente será possível a prisão do réu se pautada em outra hipótese autorizadora da preventiva (art. 312 do CPP), mas não mais na "conveniência da instrução criminal";

V. quando não for alguém admitido a prestar fiança, nos casos em que a lei a autoriza.

Ex.: imagine-se que, no curso do processo, o juiz indefere arbitrariamente a concessão de fiança que era cabível no caso concreto. Cabe HC nesta situação;

VI. quando o processo for manifestamente nulo.

Ex.: imagine-se que o réu não citado está respondendo a processo por crime de furto. Conclusão: processo manifestamente nulo. Cabe HC para combater esta situação;

VII. quando extinta a punibilidade.

Ex.: imagine-se que o crime praticado pelo acusado já prescreveu. O juiz, ignorando esse fato, determina o seguimento do processo. Cabe HC neste caso.

20.2. Revisão criminal (RC)

20.2.1. Previsão legal

Arts. 621 a 631 do CPP.

20.2.2. Finalidades da revisão

Busca restabelecer o estado de dignidade e/ou de liberdade do condenado.

20.2.3. Natureza jurídica

Não se trata de recurso (apesar de assim considerado pelo CPP), mas de ação autônoma de impugnação.

20.2.4. Há revisão em prol da sociedade?

É ação exclusiva do réu. Não é aceita entre nós a revisão em favor da sociedade (*pro societate*). A vedação da revisão *pro societate* encontra respaldo expresso na CADH[115]. Ex.: após a absolvição definitiva do acusado surgem novas provas de sua culpa. Impossível, neste caso, a reabertura do caso.

Porém, é preciso destacar que o STF (HC 84525-MG, *DJ* 16.11.04) permite a reabertura do caso pela acusação numa hipótese específica: quando a declaração da extinção da punibilidade do réu estiver embasada em certidão de óbito falsa. Ex.: acusado foragido que apresenta certidão de óbito falsa, culminando na declaração de extinção de sua punibilidade pelo juiz. Nesta situação, descoberta a falsidade (ou seja, sabendo-se que o réu, na verdade, está vivo), será, segundo o STF, possível reabrir o caso. Principal motivo dado pela Corte Suprema: não há formação de coisa julgada *em sentido estrito*. Logo, é cabível a reabertura.

20.2.5. Pressuposto para ingressar com a revisão criminal

Sentença penal condenatória transitada em julgado, não importando a natureza da pena aplicada (pecuniária ou privativa de liberdade), a sua quantidade, se já foi cumprida ou não, ou se é vivo ou morto o sentenciado. Note-se que cabe revisão criminal em prol de pessoa falecida, inclusive. Isto é assim porque, conforme visto, a revisão não visa apenas resgatar o *status libertatis* do sujeito, mas também o seu *status dignitatis*.

Obs. 1: Cabe RC contra a **sentença absolutória imprópria** transitada em julgado. Lembrando que sentença absolutória imprópria é aquela que absolve o réu, porém, aplica-lhe medida de segurança (reconhecimento de doença mental

115. Convenção Americana de Direitos Humanos (Pacto de San José da Costa Rica).

ao tempo do crime - art. 26 do CP). Ex.: pense-se que, após o trânsito em julgado da sentença absolutória imprópria, surgem novas provas demonstrando que não foi o acusado o autor do crime. Cabe RC nesta situação.

Obs. 2: Cabe RC contra **sentença condenatória definitiva do júri.** Sabe-se que no júri vigora o princípio da soberania dos veredictos (aquilo que ficar decidido pelos jurados não pode ser reformado pelo juiz-presidente nem pela instância *ad quem*). Porém, acima desse princípio está a dignidade/liberdade do condenado. Logo, é cabível a revisão criminal mesmo em face de sentença condenatória definitiva oriunda do Júri.

20.2.6. Prazo

Não há prazo determinado para ingressar com a revisão (ver art. 622, *caput*, do CPP). Cabe antes, durante ou depois da pena, em favor do vivo ou do morto. É preciso, no entanto, que tenha ocorrido o trânsito em julgado (requisito indispensável: certidão de trânsito em julgado da sentença).

20.2.7. Legitimidade para ingressar com a revisão

I. O próprio condenado (independentemente de advogado);

II. Procurador legalmente habilitado (advogado). Obs.: Há entendimento (Tourinho, Mirabete e Muccio, por exemplo) de que pode ser qualquer pessoa desde que munida de procuração;

III. C.C.A.D.I. (no caso de morto);

IV. MP – embora o tema seja polêmico, prevalece que é possível (Luiz Flávio Gomes e Muccio, por exemplo).

20.2.8. Hipóteses de cabimento (art. 621 do CPP)

A revisão criminal tem fundamentação vinculada. Significa isto que somente se pode ingressar com a revisão em casos específicos previstos na lei. Logo, o art. 621, que trata das hipóteses de cabimento, não configura rol exemplificativo de situações, mas exaustivo. Vejamos. A revisão dos processos findos será admitida:

I. quando a sentença condenatória for contrária ao texto expresso da lei penal ou à evidência dos autos:

a) **sentença contrária a texto expresso de lei penal:** por "lei penal" entenda-se lei penal e processual penal. É preciso que a sentença tenha sido contrária a texto expresso de lei, pois, no caso de existir interpretação controvertida sobre o dispositivo legal, não cabe a revisão. Ex.: juiz que condena o acusado sem, no entanto, seguir o sistema trifásico para dosar a pena. Cabe RC;

b) **sentença contrária à evidência das provas:** é a condenação que não se ampara em nenhuma prova e não aqueles casos em que se têm provas favoráveis e contrárias ao réu, optando o juiz por estas últimas. Ex.: inexistindo qualquer prova da autoria do crime por parte do réu, o juiz mesmo assim o condena. Cabe RC;

II. quando a sentença condenatória se fundar em depoimentos, exames ou documentos comprovadamente falsos.

Fundamento da sentença: depoimento, exame ou documento comprovadamente falso. Ex.: condenação amparada em exame pericial falso. E se o julgador tiver condenado com base em outras provas não viciadas? Ainda assim cabe a RC? Aponta a doutrina que não, *i. e.*, caso o juiz tenha condenado com base em outras provas regulares (e não apenas amparado na prova falsa), não caberá RC;

III. quando, após a sentença, descobrirem-se novas provas de inocência do condenado ou de circunstância que determine ou autorize diminuição especial da pena.

a) **Novas provas da inocência:** Ex.: após a condenação definitiva do réu, vem a juízo pessoa que confessa categoricamente a prática do crime pelo qual o acusado foi condenado. Cabe RC;

b) **Atenuante genérica (art. 65 do CP) e causas de diminuição (gerais e especiais).** Ex.: após condenação definitiva observa-se que o julgador não observou a atenuante referente à menoridade do réu quando da prática do crime. Cabe RC.

E no caso de lei nova mais favorável ao condenado? É necessário ingressar com RC? Não, basta peticionar nesse sentido ao juízo da Execução Penal. *Vide* súmula 611 do STF.

20.2.9. Competência

- ✔ **STF e STJ:** julgam suas próprias condenações (em sede de competência originária) e aquelas por eles mantidas. Exemplo: desta última situação: imagine-se que um processo, por meio de RE, chegou até a Corte Suprema. Caso, posteriormente, surja nova prova da inocência do réu, a eventual RC deverá ser ingressada no próprio STF, uma vez que este órgão manteve a condenação do acusado;
- ✔ **TRF:** julgam suas próprias condenações (competência originária) e a dos juízes federais. Exemplo: desta última situação: juiz federal condenou o réu e não houve recurso desta decisão (trânsito em julgado). Posteriormente, surge prova da inocência do réu. Cabe RC endereçada ao TRF;
- ✔ **TJ:** idem.

Atenção: podemos concluir da leitura deste item que o juiz de primeira instância nunca julga RC. Esta é sempre julgada por instância *ad quem* (TJ, TRF, STJ etc., conforme o caso).

✔ **Desnecessidade de recolhimento à prisão para ingressar com a RC:** Súmula 393 do STF: *"para requerer revisão criminal, o condenado não é obrigado a recolher-se à prisão"*;

✔ **Possibilidade de reiteração de pedido:** art. 622, parágrafo único, do CPP: *"não será admissível a reiteração do pedido, salvo se fundado em novas provas"*.

20.3. Mandado de Segurança em matéria criminal (MS)

20.3.1. Noções

Em essência, é ação de natureza cível (ação autônoma de impugnação). Utilizada em casos específicos no âmbito penal, funciona como verdadeiro sucedâneo recursal – é o que se chama de caráter residual ou subsidiário do MS.

20.3.2. Natureza

Ação autônoma de impugnação (não é recurso).

20.3.3. Base legal

Art. 5, LXIX, da CF/1988 e Lei 12.016/2009 (doravante: LMS).

20.3.4. Necessidade de o impetrante demonstrar que possui direito líquido e certo

Direito líquido é certo é aquele em relação ao qual não há dúvida de sua existência (demonstrável de plano). Prova documental pré-constituída. Descabe dilação probatória no âmbito do MS.

20.3.5. Autoridade coatora no MS

Apenas autoridade pública (descabe contra ato de particular); ou de pessoa investida em função pública.

Em caso de impetração pelo MP, no polo passivo da ação de MS deverá constar não apenas a autoridade coatora, mas também o réu, para que possa contestar. Ex: MS pelo MP quando da soltura "ilegal" do réu. Vide súmula 701 do STF.

20.3.6. Legitimidade ativa (impetrante) para o MS em matéria criminal

MP, querelante, assistente de acusação e réu. Há necessidade de capacidade postulatória.

20.3.7. Restrições ao uso do MS

Conforme a CF e o art. 5º, LMS, não cabe MS nas seguintes situações:

a) Ilegalidades relacionadas à liberdade de locomoção - não cabe MS, mas HC;

b) Para obtenção de informações de caráter pessoal ou retificação dessas informações em banco de dados - não cabe MS, mas *habeas data*;

c) Atos atacáveis por recurso administrativo com efeito suspensivo, independentemente de caução. Note-se que está prejudicada a súmula 429 do STF;

d) Decisão judicial atacável por recurso com efeito suspensivo. Vide súmula 267 do STF (que deve ser interpretada nesse sentido);

e) Decisão judicial transitada em julgado. Vide súmula 268 do STF.

20.3.8. Hipóteses mais comuns de cabimento do MS em matéria criminal

Segundo Moreira (2010, p. 797), normalmente, o MS é mais usado pela acusação, uma vez que diversas afrontas a direitos do réu desafiam o HC. Vamos aos casos mais comuns:

a) Indeferimento arbitrário de habilitação como assistente de acusação – art. 273 do CPP;

b) Indeferimento arbitrário de acesso do defensor aos autos do IP. Vide EOAB (art. 7º) e súmula vinculante 14 do STF. Cabe também reclamação ao STF, por violação à referida súmula vinculante;

c) Para trancamento de persecução penal temerária (IP ou processo) quando inexistir a possibilidade de cárcere. Ex: imagine-se um processo criminal cujo objeto seja uma infração penal punida apenas com multa. Neste caso, cabe MS para trancar a persecução penal. Notemos que descabe o HC neste caso, pois não há possibilidade de segregação à liberdade, já que a infração perseguida é punida apenas a título de multa;

d) Para assegurar a presença do defensor em algum ato do IP.

20.3.9. Renovação do pedido

É possível, desde que a decisão não tenha examinado o mérito e ainda não transcorrido o prazo decadencial – art. 6º, § 6º, LMS. Por outro lado, a decisão denegatória da segurança não impede a propositura de ação de cognição mais ampla – art. 19, LMS.

20.3.10. Recurso contra a decisão de MS

a) Contra a sentença do juiz de 1ª instância que conceder ou negar o MS cabe apelação (cível) – art. 14, LMS.

Observação: da sentença que concede o MS em 1ª instância cabe recurso de ofício - art. 14, § 1º, LMS;

b) Contra o acórdão do TJ/TRF é preciso atentar para cada situação específica:

I. Se denegatória a decisão, caberá ROC para o STJ (art. 105, II, *b*, da CF/1988);

II. Se concedida a segurança, caberá, conforme o caso, RESP ao STJ (art. 105, III, da CF/1988) ou RE ao STF (art. 102, III, da CF/1988);

c) Contra o acórdão dos tribunais superiores (STJ, TSE, TST ou STM, exceto o STF) é preciso também atentar para cada situação específica:

I. Se denegatória a decisão, cabe ROC para o STF (art. 102. II, *a*, da CF/1988);

II. Se concessiva, cabe, se for o caso, RE ao STF.

21. Execução penal

A execução penal é um processo autônomo em relação à ação penal, destinado à aplicação da pena ou da medida de segurança estabelecidas, respectivamente, em sentença penal condenatória transitada em julgado e em sentença absolutória imprópria transitada em julgado. Dissemos antes que a execução penal é um processo autônomo em relação à relação processual de conhecimento, em virtude de possuir aspectos (princípios, normas, pressupostos, finalidades etc.), a serem examinados a seguir, diversos do processo de conhecimento.

21.1. Base legal

A Constituição Federal de 1988 trata da execução penal em diversos dispositivos, a exemplo do que vemos no art. 5º, XLVIII, XLIX.

A Lei 7.210/1984 (Lei de Execução Penal - LEP) regula, em grande medida, o tema no âmbito infraconstitucional, existindo, também, sobre o assunto Resoluções do Conselho Nacional de Política Criminal, a exemplo da Resolução 14 (Regras mínimas para tratamento do preso no Brasil).

Além disso, o tema (execução penal) também é tratado pela Convenção Americana de Direitos Humanos (Pacto de San José da Costa Rica), promulgada no Brasil por meio do Decreto 678/1992 e pelo conjunto de Normas Mínimas para o Tratamento de Presos, promulgado, em 1955, pela Organização das Nações Unidas (ONU).

21.2. Pressuposto

Como já mencionado, a execução penal pressupõe uma sentença penal condenatória definitiva (pena) ou uma sentença absolutória imprópria definitiva (medida de segurança), ambas transitadas em julgado.

21.3. Natureza jurídica

O tema ainda guarda certa polêmica. Há distintas correntes que atribuem ao processo de execução penal a natureza jurisdicional, administrativa ou mista. É o que veremos a seguir.

21.3.1. Administrativa

Durante longo período, entendeu-se que a execução da pena seria uma atividade tipicamente administrativa. Apenas eventual "incidente" na fase executória passaria pelo crivo do juiz. Sustentava-se assim a natureza administrativa da execução. Um dos motivos principais para defender essa postura: a questão da inexistência de um processo propriamente dito, ou seja, na acepção técnica da palavra.

21.3.2. Jurisdicional

Há quem sustente a natureza jurisdicional da execução penal, tendo em vista a necessidade de uma premente atuação jurisdicional em todas as etapas da execução.

Para esses autores (Alexis de Brito, Salo de Carvalho, André Giamberardino e Massimo Pavarini, p. ex.), com os quais concordamos, faz-se necessário jurisdicionalizar a execução penal brasileira, significando isso, por exemplo: "[...] a limitação e a vinculação da discricionariedade das autoridades penitenciárias com base no conteúdo da condenação e na própria lei e na Constituição; [...] a obrigatoriedade de motivação de todas as decisões – judiciais ou administrativas – que impliquem modificação qualitativa e/ou quantitativa n o cumprimento da pena" (GIAMBERARDINO; PAVARINI, 2011, p. 351).

De acordo com essa orientação, a própria CF e lei infraconstitucional nos impõem essa concepção jurisdicional da natureza da execução penal, a saber: arts. 2º e 66 da LEP; e 5º, XXXV, ("a lei não excluirá da apreciação do Poder Judiciário lesão ou ameaça a direito") e LIV ("ninguém será privado da liberdade ou de seus bens sem o devido processo legal").

Além disso, reforçando essa ideia vale a pena citar a Exposição de Motivos da LEP, que diz:

> "10. Vencida a crença histórica de que o direito regulador da execução é de índole predominantemente administrativa".

"12. O Projeto reconhece o caráter material de muitas de suas normas. Não sendo, porém, regulamento penitenciário ou estatuto do presidiário, evoca todo o complexo de princípios e regras que delimitam e jurisdicionalizam a execução das medidas de reação criminal".

21.3.3. Mista

Há, ainda, quem sustente a natureza complexa (mista) da execução, tendo em vista a participação dos Poderes Executivo e Jurisdicional no processo executório, funcionando ambos de forma entrosada.

Partindo dessa ideia (de uma natureza complexa da execução penal), parece preponderar, hoje, na doutrina brasileira o entendimento segundo o qual a execução penal possui natureza **predominantemente** jurisdicional e, em nível secundário, administrativa. Nesse sentido, estão Ada Grinover, Guilherme Nucci, Renato Marcão, Geder Gomes, dentre outros. Este último, é, hoje, o entendimento mais seguro para as provas de concurso.

Finalmente, note-se que essa polêmica não se trata de um mero debate acadêmico. Ao contrário, a insistência em modelos administrativos/mistos de execução penal acarretou uma ampla (e indesejável) discricionariedade do administrador prisional e, em muitos casos, a criação de espaços de não direito. A partir da opção ideológica que o operador do direito faça em relação ao tema "natureza jurídica da execução penal", sua postura tenderá a ser bastante diferente frente às práticas travadas no campo da execução penal. Embora o discurso de necessidade de jurisdicionalização da execução tenha, nos últimos tempos, se tornado mais popular, é inegável que herdamos uma (infeliz) cultura de natureza administrativa da execução, o que, de certa, forma explica o cenário atual que ainda vivemos.

21.4. Objetivos

Nos termos do art. 1º da LEP, "a execução penal tem por objetivo efetivar as disposições de sentença ou decisão criminal e proporcionar condições para a harmônica integração social do condenado e do internado."

Do dispositivo acima transcrito podemos inferir que os objetivos da execução penal confundem-se com as próprias finalidades da pena, sob a ótica da teoria eclética, que preconiza o caráter de prevenção, geral e especial, o retributivo e o reeducador/ressocializador.

Durante o cumprimento da pena, por exemplo, deve o Estado ofertar meios pelos quais os apenados e os submetidos às medidas de segurança venham a ter participação construtiva na comunhão social.

21.5. Princípios da execução penal

21.5.1. Humanização das penas

Decorre da dignidade da pessoa humana e encontra-se previsto no art. 5º, XLVII, da CF/1988, e no art. 5º da Convenção Americana de Direitos Humanos (CDAH). Consiste no respeito à integridade física e moral do condenado, bem como aos direitos não afetados pela condenação.

É em decorrência deste princípio que há vedação às penas de morte, perpétua, de trabalhos forçados, de banimento e cruéis.

Numa síntese do referido princípio, merece transcrição o item 2, art. 5º, da CADH: *Ninguém deve ser submetido a torturas, nem a penas ou tratos cruéis, desumanos ou degradantes. Toda pessoa privada de liberdade deve ser tratada com o respeito devido à dignidade inerente ao ser humano.*

21.5.2. Legalidade

A atividade de execução penal deve estar pautada na legalidade estrita, pois todos os atos praticados dizem respeito à restrição do *status libertatis* do indivíduo. Portanto, a fase de cumprimento da pena não pode estar sujeita ao **arbítrio dos integrantes** da Administração Pública, devendo-se observar os direitos e deveres do condenado, em **conformidade com as leis e regulamentos**.

Também em decorrência deste princípio vigora a irretroatividade da lei. Desse modo, a superveniência de lei material mais gravosa não altera a condição daqueles que já estavam na fase de execução da pena.

Exemplo mais recente de celeuma acerca do tema foi a Lei 11.464/2007, que impôs prazos mais extensos para a progressão de regime aos apenados pela prática de crimes hediondos. No caso, tanto STF (AI 757480, *DJe* 16.06.2011), quanto STJ (Súmula 471), entenderam que a nova lei somente seria aplicável aos fatos praticados após o início da vigência da mencionada lei.

Por fim, vale notar que inúmeras práticas de execução penal no país configuram burlas vergonhosas ao princípio em comento. Que dizer, por exemplo, da frequente burla, vislumbrada na maioria dos estabelecimentos penais brasileiros, ao art. 88 da LEP (que dispõe sobre as condições mínimas da cela individual)?

21.5.3. Isonomia ou igualdade

O tratamento dos presos deve ser igual em relação àquilo em que eles são iguais. Trata-se da expressão material do princípio da igualdade, em que direitos e deveres serão iguais na medida da igualdade entre os presos. Logo, não se pode impedir ou restringir direitos por conta da opção política, por motivo de raça, credo, sexo, origem social etc. Possui base constitucional (art. 5º, I, da CF/1988) e infraconstitucional (art. 3º da LEP).

21.5.4. Individualização da pena

Previsto no art. 5º, XLVI e XLVIII, da CF/1988, e também no art. 5º da LEP, o referido princípio incide sobre a atividade dos três Poderes:

a) Legislativo (pena *in abstracto*): a lei estabelecerá os limites máximo e mínimo da pena cominada, bem como as regras inerentes à execução penal;

b) Judiciário (dosimetria): seguindo os critérios estabelecidos na Lei (art. 59 e ss. do CP), o juiz aplicará a pena adequada ao caso concreto;

c) Executivo (administração pública): o cumprimento da pena ou da medida de segurança dar-se-á de modo adequado a cada condenado. No caso, o art. 5º LEP, estabelece que a Comissão Técnica (de caráter multidisciplinar) classificará os condenados de acordo com os antecedentes e a personalidade com o objetivo de elaborar um programa individualizado de execução da pena.

Portanto, especificamente no momento da execução penal, esse princípio visa a fazer com que o processo executório seja pautado no perfil específico de cada condenado, avaliando, por exemplo, a personalidade e os antecedentes daquele.

21.5.5. Intranscendência, personalização ou personalidade

Decorre do art. 5º, XLV, da CF/1988, que estatui a impossibilidade de a pena extrapolar a pessoa do condenado. Ressalte-se que a responsabilidade pela violação da lei penal incide apenas sobre o apenado e sobre o seu patrimônio.

Verificamos, portanto, que a intranscendência possui duas expressões marcantes: a) no cumprimento personalizado da pena, mesclando-se com a noção de individualização da pena; b) no aspecto patrimonial do condenado.

Desse modo, em se tratando desta última hipótese, no caso de obrigação de reparar o dano causado pela conduta delituosa, bem como na hipótese de decretação do perdimento de bens, o patrimônio dos sucessores não será afetado. Uma eventual execução da sentença no âmbito cível atingirá **apenas** o patrimônio da pessoa condenada.

21.5.6. Devido processo legal

Com sede no art. 5º, LIV, da CF/1988, a execução penal também deve respeitar aos ditames do "due process of law". Assim, **qualquer** alteração na execução que demande aplicação de uma sanção deverá ser precedida do devido processo legal, **sempre** informado pelos demais princípios inerentes ao Processo Penal, a exemplo do contraditório, ampla defesa, juiz natural, motivação das decisões, estado de inocência, vedação à autoincriminação (*nemo tenetur se detegere*) etc.

21.5.7. Estado de inocência

Durante a execução da pena, o condenado poderá vir a ser acusado de atos (penais/administrativos) que poderão agravar a sua situação. Mesmo em sede de execução vigora o estado de inocência, significando que para a aplicação de eventual sanção (penal ou disciplinar) ao condenado será preciso fazer prova de sua culpa *lato sensu*. Não há que se falar em *in dubio pro societate*. Este brocardo, segundo apontam Paulo Rangel e Lopes Jr., não possui qualquer fundamento constitucional, nem mesmo na fase de execução penal.

21.5.8. Duplo grau de jurisdição

Esse princípio, incorporado ao ordenamento brasileiro por meio do CADH, art. 8º, item 2, *h*, também se aplica à execução penal. Assim, das decisões proferidas pelo juiz responsável pela execução penal, cabe o chamado agravo em execução para o Tribunal (art. 197 da LEP).

21.6. Órgãos da Execução Penal

No país, existem diversos órgãos/instituições atuando na execução penal, todos elencados no art. 61 da LEP. A seguir, veremos alguns deles de forma mais detalhada.

21.6.1. Conselho Nacional de Política Criminal e Penitenciária

Órgão ligado ao Executivo, subordinado ao Ministério da Justiça, sediado Brasília/DF.

I. Composição: órgão multidisciplinar integrado por 13 membros nomeados pelo Ministério da Justiça entre professores e profissionais da área do Direito Penal, Processual Penal, Penitenciário e ciências correlatas, bem como por representantes da comunidade e dos Ministérios da área social. Os mandatos têm duração de 2 anos, mas 1/3 dos seus membros deve ser renovado anualmente.

II. Atribuições: possui caráter consultivo e programático. As atribuições estão previstas no art. 64 da LEP. São elas:

a) propor diretrizes da política criminal quanto à prevenção do delito, administração da Justiça Criminal e execução das penas e das medidas de segurança;

b) contribuir na elaboração de planos nacionais de desenvolvimento, sugerindo as metas e prioridades da política criminal e penitenciária;

c) promover a avaliação periódica do sistema criminal para a sua adequação às necessidades do País;

d) estimular e promover a pesquisa criminológica;

e) elaborar programa nacional penitenciário de formação e aperfeiçoamento do servidor;

f) estabelecer regras sobre a arquitetura e construção de estabelecimentos penais e casas de albergados;

g) estabelecer os critérios para a elaboração da estatística criminal;

h) inspecionar e fiscalizar os estabelecimentos penais, bem assim informar-se, mediante relatórios do Conselho Penitenciário, requisições, visitas ou outros meios, acerca do desenvolvimento da execução penal nos Estados, Territórios e Distrito Federal, propondo às autoridades dela incumbida as medidas necessárias ao seu aprimoramento;

i) representar ao Juiz da execução ou à autoridade administrativa para instauração de sindicância ou procedimento administrativo, em caso de violação das normas referentes à execução penal;

j) representar à autoridade competente para a interdição, no todo ou em parte, de estabelecimento penal.

21.6.2. Departamentos penitenciários

I. Departamento Penitenciário Nacional (DEPEN): também subordinado ao Ministério da Justiça, em especial à Secretaria Nacional de Justiça, é o órgão executivo da Política Penitenciária Nacional e de apoio administrativo e financeiro do Conselho Nacional de Política Criminal e Penitenciária.

As atribuições do DEPEN são as seguintes:

a) acompanhar a fiel aplicação das normas de execução penal em todo o Território Nacional;

b) inspecionar e fiscalizar periodicamente os estabelecimentos e serviços penais;

c) assistir tecnicamente as Unidades Federativas na implementação dos princípios e regras estabelecidos nesta Lei;

d) colaborar com as Unidades Federativas mediante convênios, na implantação de estabelecimentos e serviços penais;

e) colaborar com as Unidades Federativas para a realização de cursos de formação de pessoal penitenciário e de ensino profissionalizante do condenado e do internado.

f) estabelecer, mediante convênios com as unidades federativas, o cadastro nacional das vagas existentes em estabelecimentos locais destinadas ao cumprimento de penas privativas de liberdade aplicadas pela justiça de outra unidade federativa, em especial para presos sujeitos a regime disciplinar.

Outras atribuições do DEPEN estão contidas no art. 25, Dec. 6.061/2007.

II. Departamento penitenciário local: sua criação acontece por lei estadual (art. 73 da LEP) e as suas funções são semelhantes às do DEPEN, tendo por finalidade precípua supervisionar e coordenar os estabelecimentos penais estaduais.

Deve manter integração com o órgão federal, executando as regras gerais penitenciárias em conformidade com a política criminal nacional.

21.6.3. Conselho Penitenciário

Órgão consultivo e fiscalizador da execução penal, auxiliar do Poder Executivo e possui caráter **não estatal** (art. 69 da LEP).

a) Composição: o Conselho será integrado por membros nomeados pelo Governador do Estado ou do Distrito Federal e dos Territórios, dentre professores e profissionais da área do Direito Penal, Processual Penal, Penitenciário e ciências correlatas, bem como por representantes da comunidade (art. 69, § 1º, da LEP).

b) Atribuições: estão elencadas no art. 70 da LEP. Seguem abaixo:

I. emitir parecer sobre indulto e comutação de pena, excetuada a hipótese de pedido de indulto com base no estado de saúde do preso;

II. inspecionar os estabelecimentos e serviços penais;

III. apresentar, no 1º (primeiro) trimestre de cada ano, ao Conselho Nacional de Política Criminal e Penitenciária, relatório dos trabalhos efetuados no exercício anterior;

IV. supervisionar os patronatos, bem como a assistência aos egressos.

21.6.4. Direção do estabelecimento penal

O diretor deverá residir no estabelecimento ou nas suas proximidades, com regime de dedicação integral, possuindo como requisitos para o cargo o diploma de nível superior, alternativamente, em Direito, Psicologia, Pedagogia, Ciências Sociais ou Serviços Sociais; experiência administrativa na área; idoneidade moral e aptidão funcional.

21.6.5. Patronato de Presos e Egressos

Pode ser de natureza pública ou privada. Sua finalidade é prestar assistência aos presos e aos egressos.

Atribuições: os membros do patronato devem orientar os condenados à pena restritiva de direitos; fiscalizar o cumprimento das penas de prestação de serviço ou limitação de final de semana; e colaborar na fiscalização do cumprimento das condições da suspensão e do livramento condicional.

21.6.6. Conselho da comunidade

Trata-se da participação da sociedade civil na execução penal e decorre do princípio da cooperação comunitária.

a) **Composição:** será integrado, no mínimo, por 1 (um) representante de associação comercial ou industrial; 1 advogado indicado pela OAB; 1 Defensor Público indicado pelo Defensor-Geral; 1 assistente social indicado pela Delegacia Seccional do Conselho Nacional de Assistentes Sociais.

b) **Atribuições:** visitar mensalmente os estabelecimentos penais da comarca; entrevistar presos; apresentar relatórios mensais ao juiz da execução e ao Conselho Penitenciário; e diligenciar a obtenção de recursos materiais e humanos com vistas à melhor assistência ao preso e ao internado.

21.6.7. Juízo da execução penal

Após o trânsito em julgado de sentença condenatória ou de sentença absolutória imprópria (medida de segurança), a competência passa ao juízo da execução penal. Caso não haja juízo específico na Comarca, a execução penal competirá ao Juiz indicado na lei estadual de organização judiciária e, na sua ausência, ao da sentença.

No caso de suspensão condicional da pena (arts. 77 do CP;e 156 da LEP), o juiz da execução passa a ser competente após a audiência admonitória, que nada mais é do que o momento em que o juiz da causa fixa as condições do *sursis* (arts. 160 e 161 da LEP).

a) **Competência (art. 66 da LEP): cabe ao juízo da execução decidir sobre as questões abaixo relacionadas.**

I. aplicar aos casos julgados lei posterior que de qualquer modo favoreça o condenado;

II. declarar extinta a punibilidade;

III. decidir sobre a soma ou unificação de penas; progressão ou regressão nos regimes; detração e remição da pena; suspensão condicional da pena; livramento condicional; incidentes da execução.

IV. autorizar saídas temporárias;

V. determinar: a) a forma de cumprimento da pena restritiva de direitos e fiscalizar sua execução; b) a conversão da pena restritiva de direitos e de multa em privativa de liberdade; c) a conversão da pena privativa de liberdade em restritiva de direitos; d) a aplicação da medida de segurança, bem como a substituição da pena por medida de segurança; e) a revogação da medida de segurança; f) a desinternação e o restabelecimento da situação anterior; g) o cumprimento de pena ou medida de segurança em outra comarca; h) a remoção do condenado na hipótese prevista no § 1º, do art. 86, da LEP.

VI. zelar pelo correto cumprimento da pena e da medida de segurança;

VII. inspecionar, mensalmente, os estabelecimentos penais, tomando providências para o adequado funcionamento e promovendo, quando for o caso, a apuração de responsabilidade;

VIII. interditar, no todo ou em parte, estabelecimento penal que estiver funcionando em condições inadequadas ou com infringência aos dispositivos desta Lei;

IX. compor e instalar o Conselho da Comunidade;

X. emitir anualmente atestado de pena a cumprir.

21.6.8. Ministério Público

Atua durante **todo o processo de execução**, fiscalizando a correta aplicação da lei e zelando pelos interesses da sociedade e do condenado (art. 67 da LEP).

a) **Atribuições:** o rol do art. 68 é exemplificativo, pois o MP atua em toda a execução.

I. fiscalizar a regularidade formal das guias de recolhimento e de internamento;

II. requerer todas as providências necessárias ao desenvolvimento do processo executivo; a instauração dos incidentes de excesso ou desvio de execução; a aplicação de medida de segurança, bem como a substituição da pena por medida de segurança; a revogação da medida de segurança; a conversão de penas, a progressão ou regressão nos regimes e a revogação da suspensão condicional da pena e do livramento condicional; e a internação, a desinternação e o restabelecimento da situação anterior.

III. interpor recursos de decisões proferidas pela autoridade judiciária, durante a execução.

A presença do membro do *parquet* deverá ser registrada em livro próprio e deve ocorrer com frequência mensal.

Além das funções previstas nas Constituições Federal e Estadual, na Lei Orgânica e em outras leis, incumbe, ainda, ao MP exercer a fiscalização dos estabelecimentos prisionais e dos que abriguem idosos, menores, incapazes ou pessoas portadoras de deficiência (art. 25, VI, da Lei 8.625/1993 – Lei Orgânica Nacional do Ministério Público).

21.6.9. Defensoria Pública

Somente em 2010, com o advento da Lei 12.313, passou a ser obrigatória a participação da DP nos atos da execução penal.

Desse modo, as suas atribuições são as mais vastas possíveis, como evidencia a redação dos arts. 81-A e 81-B da LEP. Vejamos a seguir:

a) velará pela regular execução da pena e da medida de segurança, oficiando, no processo executivo e nos incidentes da execução, para a defesa dos necessitados em todos os graus e instâncias, de forma individual e coletiva.

b) requerer: I. todas as providências necessárias ao desenvolvimento do processo executivo; II. a aplicação aos casos julgados de lei posterior que de qualquer modo favorecer o condenado; III. a declaração de extinção da punibilidade; d) a unificação de penas; IV. a detração e remição da pena; V. a instauração dos incidentes de excesso ou desvio de execução; VI. a aplicação de medida de segurança e sua revogação, bem como a substituição da pena por medida de segurança; VII. a conversão de penas, a progressão nos regimes, a suspensão condicional da pena, o livramento condicional, a comutação de pena e o indulto; VIII. a autorização de saídas temporárias; IX. a internação, a desinternação e o restabelecimento da situação anterior; X. o cumprimento de pena ou medida de segurança em outra comarca; XI. a remoção do condenado na hipótese prevista no § 1º do art. 86 da LEP.

c) requerer a emissão anual do atestado de pena a cumprir.

d) interpor recursos de decisões proferidas pela autoridade judiciária ou administrativa durante a execução.

e) representar ao Juiz da execução ou à autoridade administrativa para instauração de sindicância ou procedimento administrativo em caso de violação das normas referentes à execução penal.

f) visitar os estabelecimentos penais, tomando providências para o adequado funcionamento, e requerer, quando for o caso, a apuração de responsabilidade.

g) requerer à autoridade competente a interdição, no todo ou em parte, de estabelecimento penal.

Tal qual ocorre com os membros do MP, os defensores visitarão periodicamente os estabelecimentos penais, devendo registrar a sua presença em livro próprio.

21.7. Estabelecimentos penais

21.7.1. Conceito

Quaisquer edificações destinadas a receber o preso provisório, o condenado por sentença condenatória transitada em julgado, os submetidos à medida de segurança e o egresso.

21.7.2. Separação

Nos termos do art. 5º, XLVIII, da CF/1988, a pena será cumprida em estabelecimentos distintos, de acordo com a natureza do delito, a idade e o sexo do apenado. Nada mais do que a expressão material do princípio da individualização das penas, buscando, também, que a pena atinja as suas finalidades.

Apesar de os estabelecimentos penais poderem integrar um mesmo conjunto arquitetônico, é fundamental que os indivíduos sejam classificados e efetivamente separados.

De todo o modo, impõe-se a separação das seguintes formas:

a) Os primários dos reincidentes (art. 84, § 1º)

b) Os homens das mulheres (art. 82, § 1º)

c) Maiores de 60 anos (art. 82, § 1º)

d) Os que foram funcionários do sistema de administração da justiça criminal (art. 84, § 2º)

e) O índio (art. 56 da Lei 6.001/1973)

f) Os presos provisórios dos definitivos (arts. 84 da LEP; 300 do CPP).

No caso dos presos provisórios, há ainda uma outra espécie de separação: a prisão especial. Quis o legislador ordinário que determinadas pessoas, por conta do cargo/ocupação que exercem, em caso de prisão provisória (flagrante, preventiva e temporária), ficassem segregadas em **estabelecimentos distintos** da prisão comum. A isso, convencionou-se chamar de "prisão especial".

A pessoa que faz *jus* a esse tipo de prisão deverá permanecer encarcerada em local distinto da prisão comum (295, § 1º, do CPP). Inexistindo estabelecimento específico, o preso especial deverá ficar em cela separada dentro de estabelecimento penal comum (§ 2º). De um jeito ou de outro, "a cela especial poderá consistir em alojamento coletivo, atendidos os requisitos de salubridade do ambiente, pela concorrência dos fatores de aeração, insolação e condicionamento térmico adequados à existência humana" (§ 3º).

Sendo realmente impossível acomodar o preso especial em local apropriado, permite a Lei 5.256/1967 que, ouvido o MP, o juiz submeta o indivíduo à prisão domiciliar, oportunidade em que ficará detido em sua própria residência.

Além de ter direito a ficar segregado em local distinto da prisão comum, o preso especial também faz jus a não ser transportado juntamente com os presos comuns (§ 4º).

Os indivíduos beneficiados estão contidos no rol do art. 295 do CPP. Porém, esse rol não é exaustivo, visto que diversos outros indivíduos também gozam do direito à prisão especial. Destaque aqui para o advogado (art. 7º, V, EOAB) que, se preso provisoriamente, tem direito a ser recolhido em sala de Estado Maior,[116] com instalações e comodidades condignas, e, na sua falta, em prisão domiciliar.[117]

---

116. "'**Sala de Estado Maior**' deve ser interpretada como sendo uma dependência em estabelecimento castrense, sem grades, com instalações condignas" (STF, **Rcl 4713/SC, *DJ* 17/12/2007). (Grifo nosso).**

117. Atenção que a expressão: "assim reconhecidas pela OAB", contida no dispositivo, foi declarada inconstitucional pelo STF (ADIN 1.127-8).

Por fim, vale ressaltar que a prisão especial só tem cabimento enquanto não ocorrer o trânsito em julgado da sentença penal condenatória. Ocorrendo este, deve o preso ser encaminhado ao estabelecimento penal comum, salvo se, à época do fato, era funcionário da administração da justiça criminal, caso em que, mesmo após a sentença definitiva, deverá permanecer separado dos demais presos (art. 84, § 2º da LEP).

21.7.3. Lotação

Diz o art. 85 da LEP, que o estabelecimento penal deverá ter **lotação compatível** com a sua estrutura e finalidade e que caberá ao Conselho Nacional de Política Criminal e Penitenciária determinar o limite máximo de capacidade do estabelecimento, atendendo à sua natureza e peculiaridades.

Desafiando as "leis da física", o dispositivo acima vem sendo paulatinamente ignorado no Brasil – o que, dentre outras coisas: I. fulmina os objetivos da execução penal; II. torna letra morta o princípio da dignidade da pessoa humana no campo da execução penal; e, mais, III. denuncia a (baixa) qualidade da democracia brasileira. Já se disse que a forma como um preso é tratado, diz muito da qualidade da democracia de um país. Esses dizeres encontram (infelizmente) intensa ressonância na realidade brasileira.

21.7.4. Instalações especiais nos estabelecimentos penais (art. 83 da LEP)

Trata-se de exigência voltada a favorecer o pleno exercício dos direitos dos presos, bem como contribuir para a ressocialização ao viabilizar as modalidades diversas de assistência aos presos.

Desse modo, são necessárias instalações físicas que comportem espaços destinados ao estágio de estudantes universitários, por exemplo. Além disso, deverão ser instaladas salas de aulas destinadas a cursos do ensino básico e profissionalizante.

Nos estabelecimentos penais destinados a mulheres, a instalação de berçário, onde as condenadas possam cuidar de seus filhos e amamentá-los, no mínimo, até 6 (seis) meses de idade. Nesse particular, trata-se de imposição constitucional (art. 5º, L, da CF/1988).

Por fim, a Defensoria Pública terá espaço específico para o atendimento de presos e para o desempenho das suas atividades durante toda a execução penal.

21.7.5. Modalidades

Penitenciárias; Colônias Agrícola, Industrial ou Similar; Casas do Albergado; Centros de Observação, Hospitais de Custódia e Tratamento Psiquiátrico; e Cadeias Públicas.

Vale ressaltar que o juiz sentenciante indicará o regime inicial de cumprimento da pena, que será decisivo na escolha do estabelecimento penal no qual o condenado será inicialmente alocado, podendo, posteriormente, regredir ou progredir para outros estabelecimentos (Vide art. 33 do CP).

Nas hipóteses em que for reconhecida a doença mental na sentença, o indivíduo será absolvido impropriamente, ou seja, será submetido à medida de segurança: tratamento ambulatorial ou internamento.

Ocorrendo a doença mental no curso do cumprimento da pena, deverá o indivíduo ser transferido para um hospital de custódia e tratamento (HCT).

a) Penitenciária

Estabelecimento penal destinado ao condenado à pena de reclusão, em regime fechado, ou seja, previsto para penas de longa duração. Podem ser estaduais ou federais.

Os estabelecimentos e as acomodações são separados conforme os critérios já trabalhados, mas merecem indicação expressa as disposições dos arts. 88 e 89 da LEP.

Os presos deverão ser acomodados em cela individual contendo dormitório, aparelho sanitário e lavatório, que tem como requisitos:

I. salubridade do ambiente pela concorrência dos fatores de aeração, insolação e condicionamento térmico adequado à existência humana;

II. área mínima de $6m^2$ (seis metros quadrados).

No caso dos estabelecimentos femininos, além dos requisitos acima, a penitenciária deve ter seção para gestante e parturiente, além de creche para abrigar crianças maiores de 6 (seis) meses e menores de 7 (sete) anos. A finalidade é assistir a criança desamparada cuja responsável estiver presa.

As penitenciárias masculinas são construídas em locais mais afastados dentro dos centros urbanos, mas devem estar situados em local que facilite o acesso dos familiares, em razão da necessidade de manter o contato com familiares e amigos.

No caso das penitenciárias federais, a União poderá construir estabelecimento penal em local distante da condenação para recolher os condenados, quando a medida se justifique no interesse da segurança pública ou do próprio condenado.

Há, ainda, as penitenciárias com RDD (art. 87, parágrafo único, da LEP), que podem ser construídas pelos entes da Federação responsáveis pela execução penal (União Federal, os Estados e o Distrito Federal e os Territórios). São penitenciárias destinadas, exclusivamente, aos presos provisórios e condenados que estejam em regime fechado e sujeitos ao regime disciplinar diferenciado, nos termos do art. 52 da LEP.

Há também a possibilidade de inclusão e transferência de preso em penitenciária federal de segurança máxima, cuja disciplina advém da Lei 11.671/2008, uma medida excepcional e transitória (art. 10 da Lei 11.671/2008).

Excepcional porque a medida deve ser justificada no interesse da segurança pública ou do próprio preso, condenado ou provisório, ou seja, quando houver risco à sua integridade ou quando ele representar risco à segurança pública poderá haver a transferência.

Transitória ou temporária, pois o período máximo de permanência não excederá 360 (trezentos e sessenta) dias, em regra, podendo ser renovado, excepcionalmente, quando solicitado motivadamente pelo juízo de origem, observados os mesmos requisitos da transferência.

O seu processamento dar-se-á da seguinte forma:

Legitimados: São legitimados para requerer o processo de transferência, a autoridade administrativa, o Ministério Público e o próprio preso.

Competência: Juiz Federal da seção judiciária correspondente (lembrar das regras de definição da competência).

Procedimento: Instruídos os autos do processo de transferência, serão ouvidos, no prazo de 5 (cinco) dias, cada, quando não requerentes, a autoridade administrativa, o Ministério Público e a defesa, bem como o DEPEN. É facultado ao DEPEN indicar o estabelecimento penal federal mais adequado. A admissão do preso, condenado ou provisório, dependerá de decisão prévia e fundamentada do juízo federal competente, após receber os autos de transferência enviados pelo juízo responsável pela execução penal ou pela prisão provisória. Nesta decisão o juiz deve indicar o período de permanência.

b) Colônia agrícola, industrial ou similar

É o estabelecimento penal destinado aos condenados ao cumprimento de pena no **regime semiaberto.**

A sua estruturação pressupõe um maior senso de responsabilidade do condenado, pois o grau de segurança é médio, com menor proteção contra fugas.

Vejamos a seguir as regras básicas do regime semiaberto, indicadas no art. 35 do CP e no art. 92 da LEP:

I. O condenado fica sujeito a trabalho em comum durante o período diurno, em colônia agrícola, industrial ou estabelecimento similar.

II. O trabalho externo é admissível, bem como a frequência a cursos supletivos profissionalizantes, de instrução de segundo grau ou superior.

III. O condenado poderá ser alojado em compartimento coletivo, observados os requisitos do art. 88, parágrafo único, *a*, da LEP.

c) Casa do albergado

Estabelecimento penal destinado ao cumprimento de pena privativa de liberdade, em **regime aberto**, além da pena de **limitação de fim de semana**.

Aqui, há inexistência de obstáculo contra a fuga, o seu fundamento é a autodisciplina e responsabilidade do condenado, e o trabalho externo ocorre durante o dia, enquanto o recolhimento, durante o período noturno e, também, aos finais de semana.

A sua localização se dá em centro urbano, separado dos demais estabelecimentos. Cada região deverá ter ao menos uma Casa do Albergado, que deverá ser dotada de espaço para cursos e palestras.

d) Hospital de custódia e tratamento (HCT)

Estabelecimento destinado aos inimputáveis e semi-imputáveis referidos no art. 26 e parágrafo único, do CP, submetidos à medida de segurança em virtude de sentença de absolvição imprópria.

Aplica-se ao hospital, em relação ao espaço físico, o disposto no parágrafo único, do art. 88 da LEP. Não há, contudo, exigência de cela individual.

Se o Estado não dotar o HCT de estrutura para o tratamento ambulatorial, deverá providenciar outro local com serviço médico adequado.

e) Cadeia Pública

Estabelecimento destinado ao recolhimento dos presos provisórios.

Em cada comarca deverá ter ao menos 1 (uma) cadeia pública a fim de resguardar o interesse da Administração da Justiça Criminal e a permanência do preso em local próximo ao seu meio social e familiar.

O estabelecimento será instalado próximo dos centros urbanos, observando-se as exigências mínimas referidas no art. 88 da LEP.

21.8. Deveres do preso

Além das obrigações decorrentes da sentença penal condenatória, que impõe o dever principal de cumprimento da pena imposta, os condenados devem observar normas de comportamento e convivência, visando à manutenção de um ambiente interno controlado e a sua futura reinserção social.

Sendo assim, são deveres dos condenados (art. 39):

I. o comportamento disciplinado e cumprimento fiel da sentença;

II. a obediência ao servidor e respeito a qualquer pessoa com quem deva relacionar-se;

III. a urbanidade e respeito no trato com os demais condenados;

IV. a conduta oposta aos movimentos individuais ou coletivos de fuga ou de subversão à ordem ou à disciplina;

V. a execução do trabalho, das tarefas e das ordens recebidas;

VI. a submissão à sanção disciplinar imposta;

VII. a indenização à vitima ou aos seus sucessores;

VIII. a indenização ao Estado, quando possível, das despesas realizadas com a sua manutenção, mediante desconto proporcional da remuneração do trabalho;

IX. a higiene pessoal e asseio da cela ou alojamento;

X. a conservação dos objetos de uso pessoal.

Atenção: Naquilo que for pertinente, os deveres acima são aplicáveis ao preso provisório.

Por fim, é importante destacar que, em regra, o preso não é bem comunicado acerca dos seus direitos e deveres durante a execução penal. Daí o porquê de uma atuação mais incisiva de defensores públicos nessa esfera.

21.9. Direitos do preso

Inicialmente, cumpre enfatizar que o rol dos direitos dos presos indicado na LEP tem natureza exemplificativa, pois, na verdade, permanecem (ou deveriam permanecer) intactos todos os direitos não atingidos pela condenação.

Vejamos a seguir aqueles direitos elencados na LEP (art. 41):

I. Alimentação suficiente e vestuário.

Implica a oferta pela administração prisional de alimentação em boa quantidade e balanceada nutricionalmente, em horários previamente determinados. O acesso à água potável deve se dar sempre que o preso necessitar.

II. Atribuição de trabalho e sua remuneração.

Além de constituir direito social, consubstanciado no art. 6º da CF/1988, essencial para reeducar o condenado, o trabalho permite, como será visto em seu item específico, o resgate de parte da pena a ser cumprida. Desse modo, é obrigação do Estado garantir a oferta de trabalho aos condenados.

III. Previdência Social.

São extensivos aos presos os benefícios da Previdência Social, cabendo ao serviço social do estabelecimento prisional providenciar os documentos, os benefícios e seguro por acidente de trabalho.

IV. Constituição de pecúlio.

Pecúlio é a poupança decorrente dos valores remanescentes da remuneração pelo trabalho desenvolvido pelo preso.

V. Proporcionalidade na distribuição do tempo para o trabalho, o descanso e a recreação.

Os presos devem ter garantido o tempo para o trabalho, para o descanso e também para o lazer, em proporções equilibradas. Desse modo, ainda que seja permitido trabalhar em horas extras, esta prática não pode se tornar frequente.

VI. Exercício das atividades profissionais, intelectuais, artísticas e desportivas anteriores, desde que compatíveis com a execução da pena.

Os estabelecimentos penais devem ter estrutura física que possibilite o desenvolvimento das atividades indicadas neste inciso. Como desdobramento desse direito, temos o art. 83 da LEP, que prevê a instalação/construção de áreas destinadas a tais atividades.

VII. Assistência material, à saúde, jurídica, educacional, social e religiosa.

Os presos possuem direito à assistência multidisciplinar pelo Estado. Veremos as modalidades de assistência de forma mais específica no item a seguir.

VIII. Proteção contra qualquer forma de sensacionalismo.

Visa à preservação da honra e imagem do preso (art. 5º, X, da CF/1988). Com base nesse dispositivo, é vedada a exposição desnecessária ou abusiva do preso nos meios de comunicação, expondo-o à execração.

IX. Entrevista pessoal e reservada com o advogado.

Decorre do princípio da ampla defesa. Aqui uma observação **importante,** pois a entrevista com defensor público também possui a mesma natureza e em nenhuma hipótese pode ser gravada pela administração. Vide também o art. 7º, III, da Lei 8.906/1994 (EOAB). Há quem defenda que a entrevista com o advogado pode ser gravada se houver fundada suspeita de que as entrevistas estão servindo para a prática de infrações penais (CUNHA, 2013, P. 53).

X. Visita do cônjuge, da companheira, de parentes e amigos em dias determinados.

As visitas devem ocorrer se houver conveniência para o preso e as pessoas indicadas no inciso. Cumprem parte importante no caminho da ressocialização, na medida em que permitem a manutenção do contato com as pessoas que o cercavam antes da condenação e que o acolherão posteriormente. Vale ressaltar que a visita íntima, embora não esteja expressamente prevista, também é considerada um direito do preso.

Outra questão relevante é que os estabelecimentos prisionais masculinos, apesar de situados fora de centros urbanos, devem ser construídos em lugar que permita o acesso da família do preso. Além disso, é possível a transferência para estabelecimento que facilite a visita. Nesse sentido vem decidindo o STF, como denotam o HC 105175, 22.03.2010, Info. 620, e o HC 100087, 16.03.2010, Info. 579.

XI. Chamamento nominal.

O preso não é objeto ou número. Desse modo, em observância à dignidade da pessoa humana, deve ser chamado pelo nome.

XII. Igualdade de tratamento, salvo quanto às exigências da individualização da pena.

Trata-se da expressão material do princípio da isonomia/igualdade. Os presos devem ser tratados de modo igualitário, na medida das suas igualdades.

XIII. Audiência especial com o diretor do estabelecimento.

Os presos têm o direito de dialogar diretamente com a direção para transmitir reclamações, relatar abusos, entre outras questões. O diretor não pode se negar a receber o preso, mas é possível a edição de normas destinadas a adaptar o atendimento às demais rotinas da administração.

XIV. Representação e petição a qualquer autoridade, em defesa de direito.

Expressão do direito constitucional de petição previsto no art. 5º, XXXIV, da CF/1988.

XV. Contato com o mundo exterior por meio de correspondência escrita, da leitura e de outros meios de informação que não comprometam a moral e os bons costumes.

Faz parte da necessidade de manutenção do contato com a realidade exterior com vistas à reinserção social. Aqui há uma discussão em relação à violação do sigilo das correspondências e vem preponderando entendimento de que as liberdades não são mais percebidas em sentido absoluto, motivo pelo qual é possível admitir o acesso prévio ao conteúdo de correspondências se houver fundada suspeita de que tais comunicações estão servindo para a prática de infrações penais.

XVI. Atestado de pena a cumprir, emitido anualmente, sob pena da responsabilidade da autoridade judiciária competente.

Dispositivo acrescentado pela Lei 10.713/2003. Com base no atestado, o próprio preso poderá acompanhar a execução da pena e o tempo restante, evitando casos emblemáticos de indivíduos que permanecem reclusos mesmo após o cumprimento integral da pena. O procedimento para emissão do atestado está regulado nos arts. 12 e 13 da Resolução 113, CNJ.

Importante destacar que determinados direitos do condenado estão sujeitos a suspensão ou restrição mediante **ato motivado** do diretor do estabelecimento penal. São eles: V – proporcionalidade na distribuição do tempo para o trabalho, o descanso e a recreação; X – visita do cônjuge, da companheira, de parentes e amigos; XV – contato com o mundo exterior por meio de correspondência escrita, da leitura e de outros meios de informação que não comprometam a moral e os bons costumes. Nenhuma das restrições pode ter caráter permanente e as decisões do diretor do estabelecimento estão sujeitas ao controle jurisdicional pelo juízo da execução penal.

Como já afirmado, o rol que acabamos de visitar é meramente exemplificativo, ou seja, os presos possuem outros direitos que estão consubstanciados na própria LEP e em outros diplomas legais. A seguir veremos alguns deles, que consideramos mais relevantes para o escopo desta obra.

21.9.1. Direitos políticos

Nos termos do art. 15, III, da CF/1988, os direitos políticos não serão cassados. Porém, no caso de condenação criminal definitiva, há uma **suspensão** dos direitos políticos cuja duração é a mesma dos efeitos da condenação. Significa dizer que durante a execução da pena **não** poderão votar e serem votados.

Para além da suspensão dos direitos políticos durante o período de cumprimento de pena, há ainda a *LC 64/1990, art. 1º, alterada pela LC 135/2010 (Lei da Ficha Limpa)*, que estabelece como hipótese de inelegibilidade:

I. para qualquer cargo:

e) os que forem condenados, em decisão transitada em julgado ou proferida por órgão judicial colegiado, desde a condenação até o transcurso do prazo de ***8 (oito) anos após o cumprimento da pena***, pelos crimes:

1. contra a economia popular, a fé pública, a administração pública e o patrimônio público;
2. contra o patrimônio privado, o sistema financeiro, o mercado de capitais e os previstos na lei que regula a falência;
3. contra o meio ambiente e a saúde pública;
4. eleitorais, para os quais a lei comine pena privativa de liberdade;
5. de abuso de autoridade, nos casos em que houver condenação à perda do cargo ou à inabilitação para o exercício de função pública;
6. de lavagem ou ocultação de bens, direitos e valores;
7. de tráfico de entorpecentes e drogas afins, racismo, tortura, terrorismo e hediondos;
8. de redução à condição análoga à de escravo;
9. contra a vida e a dignidade sexual; e
10. praticados por organização criminosa, quadrilha ou bando.

Atenção: A suspensão dos direitos políticos **não** se aplica aos presos provisórios. Neste caso, deverão ser instaladas seções dentro dos estabelecimentos penais (Resolução 20.997/1999, TSE).

21.10. Assistência ao preso (arts. 10 a 28 da LEP)

Ao custodiar uma pessoa, surge para o Estado o dever de fornecer a ela **condições mínimas** para a manutenção de suas **necessidades diárias** com o escopo de prevenir a prática delituosa e possibilitar a reinserção social. O dever de assistência ao preso ou ao internado decorre, pois, da **dignidade da pessoa humana**.

Vejamos a seguir as espécies de assistência contempladas pela LEP (art. 11).

21.10.1. Assistência material (arts. 12 e 13)

Consiste no fornecimento de alimentação, vestuário e instalações higiênicas. Significa dizer que o estabelecimento prisional deve dispor de instalações e serviços que atendam às necessidades pessoais dos condenados.

Além disso, deve manter locais destinados à venda de produtos e objetos permitidos, mas não fornecidos pela Administração.

21.10.2. Assistência à saúde (art. 14)

Engloba atendimento médico, farmacêutico e odontológico a ser disponibilizado pelo estabelecimento. Caso não haja condições, o atendimento deverá ser propiciado em local externo após permissão da direção do estabelecimento.

Ademais, em relação à mulher, é assegurado também o acompanhamento pré-natal e pós-parto, inclusive ao recém-nascido (§ 3º, art. 14).

21.10.3. Assistência jurídica (arts. 15 e 16)

Deve ser garantida aos presos que não possuam condições financeiras de constituir advogado. Nesta hipótese, após o advento da Lei 12.313/2010, as unidades da Federação passaram a ter a obrigação de assegurar a assistência jurídica plena e gratuita através da Defensoria Pública, dentro e fora dos estabelecimentos prisionais.

Mas assegurar o trabalho da Defensoria consiste em prover as condições necessárias para o perfeito exercício das atribuições dos defensores. Desse modo, é preciso dispor de espaço físico próprio e adequado ao atendimento dos presos, em cada estabelecimento prisional, além do efetivo auxílio estrutural, pessoal e material aos membros da Defensoria Pública.

No âmbito externo, há imposição quanto à implementação de núcleos especializados da Defensoria. A finalidade é também garantir a prestação da assistência jurídica integral e gratuita aos réus, egressos e familiares que não possuam condições financeiras de contratar um advogado.

21.10.4. Assistência educacional (arts. 17 a 21)

Diz respeito à instrução escolar e à formação do preso e do internado. O ensino fundamental é obrigatório e deve ser integrado ao sistema oficial de educação, pois o objetivo é que após o cumprimento da pena não haja dificuldade em dar continuidade aos estudos.

No caso de ensino profissional, este será ministrado em nível de iniciação ou de aperfeiçoamento técnico. Pela peculiaridade técnica, é possível a celebração de convênios com instituições públicas ou privadas para a oferta de cursos especializados.

21.10.5. Assistência social (arts. 22 e 23)

O seu escopo é o amparo ao preso e ao internado com vistas à reinserção na sociedade. Leva à direção do estabelecimento penal os problemas e dificuldades enfrentadas pelo preso.

21.10.6. Assistência religiosa (art. 24)

Assegura a liberdade de culto, permitindo a participação nos serviços organizados dentro do estabelecimento.

A assistência religiosa deve ser observada à luz da liberdade religiosa, com sede constitucional. Sendo assim, as cerimônias e demais atividades desta natureza devem ser realizadas em local apropriado do estabelecimento, pois os condenados que não desejarem participar devem ter a sua escolha respeitada.

21.10.7. Assistência ao Egresso (arts. 25 a 27)

Trata-se do trabalho de orientação e apoio no momento inicial da reinserção social do egresso.

Considera-se egresso para os efeitos da LEP:

a) o **liberado definitivo**, pelo prazo de **1 (um) ano** a contar da saída do estabelecimento;

b) o **liberado condicional**, durante o **período de prova**.

21.11. Trabalho do preso (arts. 28 a 37)

É mais uma dimensão da dignidade da pessoa humana e possui natureza mista ou híbrida, em razão da sua dupla finalidade: educativa e produtiva.

Note-se que o trabalho é, ao mesmo tempo, um **dever** (art. 39, V), pois a sua imotivada recusa enseja falta grave, e um **direito** (art. 41, II) do preso porque são asseguradas, por exemplo, remuneração e redução de pena a cada 3 dias trabalhados.

O trabalho pode ser dividido quanto ao âmbito da atuação laboral. Nesse sentido, será interno ou externo, conforme veremos a seguir.

21.11.1. Trabalho interno (art. 31)

É aquele desenvolvido no ambiente do próprio estabelecimento penal, contando com atividades como limpeza, artesanato, conservação, manutenção, entre outras.

Possui caráter **obrigatório** para o **preso definitivo,** mas **facultativo** para o **preso provisório**. Consequentemente, sendo o trabalho obrigatório para o preso definitivo, é **dever do Estado** oferecer oportunidades de trabalho ao preso.

Como já indicado mais acima, a recusa do preso enseja falta grave e pode acarretar consequências sérias. A ideia **não** é a de **agravar a pena**, mas a de proporcionar **dignidade** ao condenado considerado apto para o trabalho, ao mesmo tempo em que se busca viabilizar o seu retorno à liberdade em razão da própria **função social do trabalho,** que é um dos elementos do tratamento educativo do preso.

Atenção: maiores de 60 anos, doentes e portadores de necessidades especiais exercerão atividades adequadas à sua condição.

Mas quais seriam os regramentos para o desenvolvimento do trabalho interno? Vejamos abaixo algumas normas inerentes ao trabalho interno:

a) **Jornada:** será de 6 a 8 horas diárias, com descanso aos domingos e feriados (art. 33). Se por alguma razão houver atividade em jornada superior a 8 horas, a cada período de 6 horas extras deve ser computado 1 (um) dia de trabalho para fins de remição da pena (STF, HC 96740, Inf. 619).

b) **Não sujeição à CLT:** a atividade laboral interna, não está sujeita aos ditames celetistas, embora as regras relativas à segurança e higiene devam ser observadas (art. 28, §§ 1º e 2º).

c) **Subordinação:** No exercício do trabalho, subordina-se o preso à própria administração penitenciária ou a terceiros, nas hipóteses de atividade em fundações ou empresas públicas ou de convênios com instituições privadas.

Nesse sentido, merece transcrição o art. 34, § 2º: "Os governos federal, estadual e municipal poderão celebrar convênio com a iniciativa privada, para implantação de oficinas de trabalho referentes a setores de apoio dos presídios".

d) **Remuneração (art. 29)**

Quanto à remuneração, esta não pode ser inferior a ¾ do salário mínimo vigente e deve atender às seguintes necessidades: indenização dos danos causados pelo crime, se determinados judicialmente e não reparados por outro meio; assistência à família do preso; custeio de pequenas despesas pessoais.

Os valores eventualmente remanescentes devem ressarcir o Estado das despesas realizadas com a manutenção do condenado e também serão depositados em caderneta de poupança, para entrega no momento em que for libertado.

Por fim, é importante dizer que as tarefas executadas como prestação de serviço à comunidade não serão remuneradas (art. 30).

Atenção: Os bens ou produtos oriundos do trabalho prisional serão adquiridos **prioritariamente** por particulares. Quando isto não for possível ou recomendável, a Administração Pública o fará com dispensa de concorrência pública (art. 35). Além disso, **todas** as importâncias arrecadadas com as vendas reverterão em favor da fundação ou empresa pública responsável por gerenciar o serviço, relacionadas no art. 34. Na sua ausência, serão revertidas para o estabelecimento penal.

21.11.2. Trabalho externo (art. 36)

Trata-se da atividade laboral desenvolvida pelo preso em ambiente externo ao estabelecimento penal.

A atividade será desempenhada em serviço ou obras públicas realizadas por órgãos da Administração Direta ou Indireta. Podem ocorrer ainda em entidades privadas, mas devem ser adotadas cautelas visando à prevenção da fuga e à manutenção da disciplina. Nesse sentido, por exemplo, o STJ cassou medida concessiva de trabalho externo porque a empresa onde a atividade laboral era desenvolvida estava situada em ambiente ocupado pelo crime organizado, dificultando ou impedindo a fiscalização do órgão da execução penal (HC 165.081, **Info.** 475).

É possível para o condenado em **regime fechado** e **semiaberto,** embora a lei não mencione este último caso. Nesta segunda hipótese, trata-se da própria essência do regime.

No caso do preso em regime fechado, considerar-se-á o teor da Súmula 40 do STJ: *Para obtenção dos benefícios da saída temporária e trabalho externo, considera-se o tempo de cumprimento da pena no regime fechado.*

a) **Regras do trabalho externo (arts. 36 e 37)**

A atividade está sujeita à **expressa autorização** da **direção do presídio**, cuja índole é manifestamente administrativa. Há críticas em sentido contrário, entendendo que a atividade, pela sua natureza de benefício, deveria estar submetida ao magistrado, possuindo caráter jurisdicional. Prevalece a primeira corrente, de natureza administrativa.

Ademais, considerando as peculiaridades inerentes ao âmbito externo, algumas condições são impostas. São elas:

I. O número de presos não pode ultrapassar 10% (dez por cento) do total de empregados no serviço ou na obra.

II. Necessidade de aptidão, disciplina e responsabilidade do preso.

III. Cumprimento mínimo de 1/6 da pena. Na esteira do que já fora afirmado acima, o mesmo tempo cumprido para a progressão, 1/6 da pena, é válido para a autorização de trabalho externo (Súmula 40 do STJ).

IV. Consentimento expresso do preso nos casos de trabalho em entidades privadas.

V. A remuneração fica a cargo da administração pública, entidade ou empresa empreiteira, a depender da situação fática.

VI. A autorização poderá ser revogada se o preso vier a delinquir, for punido com falta grave ou demonstrar inaptidão, indisciplina para o trabalho.

Importante destacar que a despeito de toda previsão legal voltada ao desempenho de atividade laboral, cada vez menos presos trabalham *extramuros* (ócio forçado dos presos). Empresas privadas não se interessam em oferecer oportunidades, tendo como alguns dos motivos: a remuneração dada ao preso é aproximada ao trabalhador livre; índice de desemprego; índice de trabalho informal; limitada capacidade profissional do preso.

21.12. Disciplina (arts. 44 a 60)

Nos termos da redação do art. 44, a disciplina *consiste na colaboração com a ordem, na obediência às determinações das autoridades e seus agentes e no desempenho do trabalho.*

Trata-se de aspecto imprescindível para a manutenção do controle sobre todo e qualquer grupamento humano e, em especial, para aqueles que estão sofrendo a restrição da sua liberdade de locomoção e de outros direitos.

No que se pode denominar de eixo fundamental do regime disciplinar, o art. 45 estatui as garantias do preso no sentido de vedar arbitrariedades e violações de direitos.

Assim, em obediência ao princípio da legalidade, não haverá falta nem sanção disciplinar sem **expressa e anterior** previsão legal ou regulamentar, ou seja, o fato deverá ser tipificado como falta disciplinar em momento anterior à sua prática pelo preso. Para uma melhor compreensão prática dos seus efeitos, merece leitura o Informativo 421, STJ, HC 141.127.

No que concerne aos diplomas normativos, é importante dizer que a Lei estabelece as faltas graves e as suas respectivas sanções, enquanto os Regulamentos estaduais/federais tipificam as faltas médias e leves. Em âmbito Federal, temos o Dec. 6.049/2007 (Regulamento Penitenciário Federal), em seus arts. 43 (leves) e 44 (médias). No caso do Estado de São Paulo, as faltas leves e médias estão contidas nos arts. 47 e 48 do Regimento Interno Padrão dos Estabelecimentos Penais (Resolução SAP-144/2010).

Além disso, as sanções eventualmente aplicadas não poderão colocar em perigo a integridade física e/ou moral do condenado. Nesse sentido, também, não serão admitidas punições cruéis, a exemplo do emprego de cela escura. A depender da hipótese, os atos praticados pelos agentes públicos podem ser identificados como crime de tortura (art. 1º, § 1º, da Lei 9.455/1997).

Por fim, como expressão do princípio da individualização da pena, são vedadas as sanções coletivas. Vide o HC 177.293, STJ, **Info.** 496.

21.12.1. Faltas disciplinares

Na linha do que foi exposto até aqui, as faltas disciplinares são as condutas vedadas pelo Estado, indicadas em lei ou regulamento, e que sujeitam o preso a sanções.

As suas espécies são divididas pelo grau de lesividade, como veremos a seguir.

a) Graves

Como já assinalado, cumpre à LEP estabelecer as condutas que ensejam faltas graves. Façamos a análise do seu rol **taxativo** para os condenados à pena privativa de liberdade (art. 50) e a penas restritivas de direitos (art. 51).

São faltas graves cometidas pelos condenados a **pena privativa de liberdade**:

I. **incitar ou participar de movimento para subverter a ordem ou a disciplina:** para a sua caracterização não há necessidade da prática de violência ou ameaça. Movimentos como greve de fome, recusa ao trabalho, recusa de volta à cela, por exemplo, estão enquadrados, ainda que a sua finalidade seja legítima ou justa.

II. **fugir:** não se confunde com o delito do art. 352 do CP, pois também independe de violência para a sua caracterização. Inclui-se aí a fuga durante o trabalho externo, as saídas temporárias etc.

III. **possuir, indevidamente, instrumento capaz de ofender a integridade física de outrem:** para a sua caracterização basta a posse do objeto, não sendo necessário portá-lo. Exemplos de objetos: canivetes, facas, estiletes, tesouras etc.

IV. **provocar acidente de trabalho**: há uma imprecisão aqui. Um acidente decorre de ação culposa, mas, no caso do dispositivo, pressupõe a prática dolosa, ensejando falta grave. Excetua-se aqui o preso albergado, que está sujeito ao regime celetista.

O preso que estiver impossibilitado de prosseguir na atividade, em razão do acidente, continuará a beneficiar-se com a remição (art. 126, § 4º, da LEP).

V. **descumprir, no regime aberto, as condições impostas**: descumprimento das condições do art. 115 da LEP.

VI. **inobservar os deveres previstos nos incisos II e V, do artigo 39, da LEP**: desobediência ao servidor e o desrespeito a qualquer pessoa com quem deva relacionar-se; não execução do trabalho, das tarefas e das ordens recebidas.

VII. **tiver em sua posse, utilizar ou fornecer aparelho telefônico, de rádio ou similar, que permita a comunicação com outros presos ou com o ambiente externo:** inclui também os componentes essenciais ao funcionamento do aparelho, como o chip. Vide HC 188.072, STJ, Info. 475.

São faltas graves cometidas pelos condenados à **pena restritiva de direitos**:

I. **descumprir, injustificadamente, a restrição imposta**;

II. **retardar, injustificadamente, o cumprimento da obrigação imposta**;

Ambos os dispositivos refletem a desídia do condenado quanto ao cumprimento das medidas restritivas impostas em razão da condenação.

III. **inobservar os deveres previstos nos incisos II e V, do artigo 39, da LEP:** desobediência ao servidor e desrespeito a qualquer pessoa com quem deva relacionar-se; não execução do trabalho, das tarefas e das ordens recebidas.

Atenção: Qualquer que seja a modalidade de pena (privativa de liberdade ou restritiva de direitos), também configura falta grave a prática de crime doloso (art. 52 da LEP).

21.12.2. Sanções

As sanções são formas de retribuição e reeducação do preso na fase de execução penal. As suas espécies estão divididas em razão da natureza da infração praticada: leve, média ou grave.

As sanções são **alternativas e não cumulativas**, ou seja, não é possível aplicar duas espécies de sanção ao preso pela prática da mesma infração/falta.

Também é imprescindível destacar que na aplicação das sanções disciplinares, levar-se-ão em conta a natureza, os motivos, as circunstâncias e as consequências do fato, bem como a pessoa do faltoso e seu tempo de prisão (art. 57).

Atenção: A **tentativa** é punível com a **mesma sanção** correspondente à forma **consumada** (art. 49, parágrafo único).

Prescrição da sanção administrativa: a LEP nada diz a esse respeito. A solução é apontada pelos Tribunais Superiores (STJ, HC 139.715/SP, *DJe* 19/09/2011).

O entendimento desta Superior Corte de Justiça é no sentido de que o prazo prescricional para aplicação da sanção administrativa disciplinar é de **3 anos**, uma vez que, diante da inexistência de legislação específica acerca da matéria, aplica-se o disposto no art. 109 do CP, considerando, para tanto, o menor lapso temporal previsto.

Vejamos a seguir alguns aspectos específicos relacionados às sanções.

a) Poder disciplinar

Na execução penal, como exceção ao princípio da judicialização, o poder disciplinar pertence à autoridade administrativa, que aplicará diretamente algumas sanções (art. 53, I a IV) ou representará ao juiz visando à aplicação de outras.

b) Direito à defesa técnica

Uma vez praticada uma falta disciplinar, o diretor do estabelecimento deverá instaurar procedimento destinado à apuração dos fatos. Sendo assim, devem ser garantidos o **contraditório e o direito de defesa**. Assim preconizam a Constituição Federal, o art. 27 da Resolução 14 do Conselho Nacional de Política Criminal e o art. 59 da LEP.

Deve o preso ser cientificado da infração que lhe é imputada para que apresente a sua defesa e que seja ouvido antes da decisão.

Ainda no que se refere ao direito de defesa técnica, é entendimento majoritário o de que é imperativa a presença de defensor em todas as fases. Nesse sentido, o teor da Súmula Vinculante 5[118] só é aplicável no procedimento administrativo disciplinar no âmbito cível. Ver STJ, HC 135.082, **Info.** 461, e Súmula 343; e STF, RHC 104.584/RS, *DJe* 06.06.2011.

118. A falta de defesa técnica por advogado no processo administrativo disciplinar não ofende a Constituição.

No caso de o preso não possuir defensor constituído, será providenciada a imediata comunicação à área de assistência jurídica do estabelecimento penal federal para designação de defensor público. Vale ressaltar que a Defensoria Pública (art. 81-A da LEP) velará pela regular execução da pena e da medida de segurança, oficiando, no processo executivo e nos incidentes da execução, para a defesa dos necessitados em todos os graus e instâncias, de forma individual e coletiva. Sendo assim, a ausência de sua manifestação nos incidentes da execução ensejará nulidade.

c) Sanções aplicáveis às faltas médias e leves

Às infrações leves e médias são aplicadas as sanções de advertência e repreensão, conforme estatuído pelo art. 53, I e II c/c parágrafo único do art. 57 (interpretado *a contrario sensu*).

I. **Advertência:** aplicada em regra para as faltas leves, é sempre verbal, mas a despeito disso deve constar no prontuário do preso.

II. **Repreensão:** é uma advertência feita por escrito, que em regra acontece nos casos de reincidência de faltas leves ou pela prática de faltas médias.

d) Sanções aplicáveis à falta grave

Nos termos do art. 57, parágrafo único c/c o art. 53, III a V, são passíveis de aplicação a suspensão ou restrição de direitos; o isolamento na própria cela ou em local adequado, nos estabelecimentos que possuam alojamento coletivo; e a inclusão no regime disciplinar diferenciado – RDD.

I. **Suspensão ou restrição de direitos:** incide sobre direitos passíveis de restrição ou suspensão. Especificamente os seguintes: art. 41, V, X e XV, da LEP. Não pode superar os 30 dias de duração.

II. **Isolamento na própria cela ou em local adequado:** o dispositivo é de rara aplicação, pois há uma escassez de celas individuais. Sequer há alojamentos coletivos adequados para a quantidade de presos. Não pode superar os 30 dias de duração.

Cabe excepcionalmente o **isolamento preventivo** (**sem** necessidade de prévio **processo administrativo**), decretado pela autoridade **administrativa**, por **10 dias**, descontando-se esse período do tempo total de **isolamento possível** (art. 60).

III. **Inclusão no RDD:** é a medida mais extrema a ser imposta durante a execução penal. Pela sua peculiaridade, estudaremos o tema destacadamente a seguir.

Nas faltas graves, a autoridade representará ao Juiz da execução para os fins dos artigos 118, inciso I (regressão), 125 (saída temporária), 127 (perda de dias remidos), 181, §§ 1º, *d*, e 2º da LEP (conversão de restritiva de direitos em privativa de liberdade). Esses casos estão além do âmbito disciplinar administrativo e devem ser submetidos ao controle jurisdicional.

21.12.3. Regime Disciplinar Diferenciado – RDD – (art. 52)

Como já afirmado anteriormente, trata-se da sanção mais gravosa da execução penal. Consequentemente, não será toda falta grave que sujeitará o preso à inclusão no RDD. Vejamos agora alguns aspectos importantes.

a) **Hipóteses de cabimento**

I. A prática de crime doloso, desde que ocasione a subversão da ordem ou disciplina internas. Logo, não será qualquer crime doloso praticado que ensejará a inclusão no RDD, pois é exigível a desestabilização do ambiente carcerário como efeito do crime. A tentativa também será punida (art. 49, parágrafo único, da LEP).

II. Presos provisórios ou condenados, nacionais ou estrangeiros, que apresentem alto risco para a ordem e a segurança do estabelecimento penal ou da sociedade. Independente do crime pelo qual esteja preso, se apresentar risco elevado poderá ser submetido ao RDD. O risco deve dizer respeito a fato pretérito por ele cometido ou que tenha concorrido direta ou indiretamente. Ex: preso que comanda crimes ocorridos fora do estabelecimento prisional (extramuros).

III. Presos provisórios ou condenados sobre os quais recaiam fundadas suspeitas de envolvimento ou participação em organizações criminosas, quadrilha ou bando. Em que pese a redação do dispositivo, a expressão "fundada suspeita" representa mero indício e por essa razão é inadmissível para ensejar a inclusão em regime extremado. Sendo assim, é de se exigir prova de fato que estabelece o vínculo do preso com a organização criminosa.

b) **Características (art. 52, I a IV)**

I. Duração máxima de 360 dias, sem prejuízo de repetição da sanção por nova falta grave, até o limite de 1/6 da pena aplicada: a duração máxima é de 360 dias e a contagem deve ser feita de acordo com o art. 10 do CP, incluso o dia inicial. O limite, considerando a eventual reincidência é de 1/6 da pena a ser cumprida.

II. Recolhimento em cela individual. Deve ser implementado em observância às regras do art. 45 da LEP, com acompanhamento psicológico obrigatório.

III. Visitas semanais de 2 pessoas, com duração máxima de duas horas, excluídas crianças. Há discussão quanto à possibilidade, ou não, da visita de crianças. Uma parte considerável da doutrina entende que as crianças não devem comparecer às visitas. Não nos parece correta tal vedação, uma vez que o preso precisa manter os laços familiares.

IV. Direito ao banho de sol diário por 2 horas. O horário é variável justamente para que seja alterada ou superada a razão pela qual se deu o RDD. O contato exterior torna-se imprevisível.

c) **Aspectos procedimentais**

A aplicação do RDD depende de decisão judicial. Sendo assim, adotado o sistema da judicialização para a espécie, caberá ao juiz da execução penal decidir acerca do requerimento formulado pela autoridade administrativa, seguido de manifestação obrigatória do MP e da defesa sobre o pedido. A decisão, por óbvio, será motivada e deve ser prolatada no prazo de 15 dias (arts 59 e 54, §§ 1º e 2º, da LEP).

Da decisão do magistrado cabe o agravo em execução, nos termos do art. 197 da LEP.

O RDD sofre inúmeras críticas da doutrina. Diversos autores questionam a constitucionalidade da medida. As principais críticas são: imprecisão das hipóteses de cabimento (expressões vagas, como: "alto risco para a sociedade"); e o tipo de isolamento estabelecido pelo RDD costuma ser terreno fértil para as chamadas "psicoses carcerárias", configurando-se em hipótese de "pena cruel", vedada pela CF.

21.12.4. Outras sanções aplicáveis mediante decisão judicial

a) **Revogação do trabalho externo** (Art. 37, parágrafo único): *revogar-se-á a autorização de trabalho externo ao preso que vier a praticar fato definido como crime, for **punido por falta grave**, ou tiver comportamento contrário aos requisitos estabelecidos neste artigo.*

b) **Perda dos dias remidos** (Art. 127): *em caso de **falta grave**, o juiz poderá **revogar** até **1/3 (um terço) do tempo remido**, observado o disposto no art. 57, recomeçando a contagem a partir da data da infração disciplinar.* Com relação ao dispositivo citado, a Súmula Vinculante 9 estabelece que o "disposto no artigo 127 da Lei 7.210/1984 foi recebido pela ordem constitucional vigente e não se lhe aplica o limite temporal previsto no *caput* do artigo 58". Em síntese, a perda dos dias remidos poderá ser superior a 30 dias, mas está limitada a 1/3 dos dias remidos.

c) **Interrupção do prazo para a obtenção de progressão:** os Tribunais Superiores possuem entendimento consolidado de que o cometimento de falta grave acarreta a interrupção do prazo para a progressão de regime. O reinício dar-se-á a partir da data da última infração praticada (STJ, EREsp 1.176.486/SP, *DJe* 01.06.2012; STF, HC 102.365/SP, *DJe* 01.08.2011).

d) **Regressão de regime:** Nos casos de falta grave ou prática de crime doloso, a execução da pena privativa de liberdade ficará sujeita à forma regressiva, com a transferência para qualquer dos regimes mais rigorosos. Ex: preso do regime semiaberto que é flagrado com aparelho celular dentro do estabelecimento está sujeito a retornar ao regime fechado (STJ, HC 242.976/SP, *DJe* 04.09.2013; STF, HC 97.659/SP, *DJe* 20.11.2009).

e) **Perda da saída temporária:** (Art. 125) revogação automática quando o preso for punido pela prática de fato definido como crime doloso, por falta grave, ou desatender as condições impostas na autorização de saída ou revelar baixo grau de aproveitamento no curso supletivo profissionalizante.

21.13. Execução da pena privativa de liberdade

Em verdade, adotamos um sistema progressivo/regressivo pautado em 2 critérios: um critério objetivo (cumprimento de determinada quantidade de pena); e em um critério subjetivo (atestado de boa conduta).

Apresentando o condenado boa conduta e cumprindo determinado *quantum* da condenação, a pena privativa de liberdade será executada de forma progressiva, ou seja, iniciando no regime mais rigoroso e evoluindo para o menos rigoroso (art. 33, § 2º, do CP; e art. 112 da LEP).

A seguir, faremos uma análise do procedimento.

21.13.1. Fixação do regime

Em caso de condenação à pena privativa de liberdade, o juiz da causa fixará, na sentença, o regime inicial de cumprimento da pena.

Para tanto, levará em consideração a quantidade de pena fixada na decisão e alguns critérios subjetivos, a exemplo da reincidência do apenado (art. 33, §§ 2º e 3º, do CP):

I. o condenado a pena **superior a 8 (oito)** anos **deverá** começar a cumpri-la em regime fechado;

II. o condenado **não reincidente**, cuja pena seja **superior a 4 (quatro) anos e não exceda a 8 (oito), poderá**, desde o princípio, cumpri-la em regime semiaberto;

III. o condenado **não reincidente**, cuja pena seja **igual ou inferior a 4 (quatro) anos, poderá**, desde o início, cumpri-la em regime aberto.

Importante destacar que os critérios do art. 59 do CP, são determinantes para a determinação do regime inicial de cumprimento da pena. São eles: culpabilidade; antecedentes; conduta social; personalidade do agente; os motivos, circunstâncias e consequências do crime; comportamento da vítima.

Apesar da previsão legal, não pode o magistrado, com base em suas impressões pessoais, fixar um regime mais gravoso do que aquele correspondente à pena aplicada. Nesse sentido, ver **STF, Súmula 718:** *a opinião do julgador sobre a gravidade em abstrato do crime não constitui motivação idônea para a imposição de regime mais severo do que o permitido segundo a pena aplicada*. Na mesma linha de cognição estão a Súmula 719 do STF, e a Súmula 440 do STJ.

Contudo, há que se ressaltar algumas imposições legais quanto ao regime inicial fechado, como previsto no art. 2º, § 1º, da Lei 8.072/1990 (crimes hediondos e assemelhados). Ver, ainda, a Súmula Vinculante 26 do STF: *Para efeito de progressão de regime no cumprimento de pena por crime hediondo, ou equiparado, o juízo da execução observará a inconstitucionalidade do art. 2º da Lei nº 8.072/1990, de 25 de julho de 1990, sem prejuízo de avaliar se o condenado preenche, ou não, os requisitos objetivos e subjetivos do benefício, podendo determinar, para tal fim, de modo fundamentado, a realização de exame criminológico.*

O novo texto da Lei 8.072/1990 somente deve ser aplicado àqueles que praticaram crime hediondo ou assemelhado após a edição da Lei 11.464/2007. Isto porque o regime integralmente fechado já havia sido declarado inconstitucional pelo STF em 2006. Logo, o que vigia era o lapso de 1/6 para a progressão e não o regime integralmente fechado. O STJ adota o mesmo posicionamento na Súmula 471.

a) Regime fechado

Vejamos abaixo as regras/etapas mais importantes referentes ao procedimento de inserção no regime fechado.

Após o trânsito em julgado da sentença condenatória que fixou o regime fechado, impõe-se a expedição da **guia de recolhimento** (carta de guia ou guia de execução). Trata-se aqui de condição **indispensável** para o início da execução da pena (art. 107 da LEP). O próprio magistrado ordenará a sua expedição.

A guia de recolhimento será extraída, rubricada e pelo escrivão, juntamente com o juiz, quando então será remetida à autoridade administrativa a quem incumbirá a execução.

Os requisitos da guia são os seguintes:

I. o nome do condenado;

II. a sua qualificação civil e o número do **registro geral** no órgão oficial de identificação;

III. o inteiro teor da denúncia e da sentença condenatória, bem como certidão do trânsito em julgado;

IV. a informação sobre os antecedentes e o grau de instrução;

V. a data da terminação da pena;

VI. outras peças do processo reputadas indispensáveis ao adequado tratamento penitenciário.

Em seguida será realizado o **exame criminológico** (art. 8º da LEP), que se destina a realizar um diagnóstico criminológico (causas da inadaptação social) e um prognóstico social (possibilidades de reinserção social) acerca da pessoa condenada. Importante enfatizar que o exame recai sobre **4 linhas de pesquisa**: social, médica, psicológica e psiquiátrica.

Possui **origem histórica** na escola positivista italiana (**Cesare Lombroso** - final do séc. XIX e início do XX). Baseia-se na noção do "criminoso nato", tese segundo a qual a análise de determinadas características psicossomáticas tornaria possível prever aqueles indivíduos que se voltariam para o crime.

Tal exame era obrigatório antes do advento da Lei 10.792/2003, que alterou a redação do art. 112 da LEP. Atualmente é **facultativo** e **independe** do regime de cumprimento da pena, conforme orientação dos Tribunais Superiores (STF, Súmula Vinculante 26; e STJ, Súmula 439). Sendo assim, se o magistrado o determinar, deverá fazê-lo em decisão fundamentada na gravidade da infração penal e nas condições pessoais do agente.

Vale ressaltar que os tribunais superiores estão mantendo um **requisito não exigido pela lei para a progressão de regime**. A burocracia que a lei tentou eliminar visando a garantir a progressão de regime continua sendo mantida pelas Cortes Superiores brasileiras.

Como já asseverado em capítulo anterior, o seu cumprimento inicial acontece em penitenciária. Em relação ao trabalho interno, este é obrigatório no período diurno. O trabalho externo poderá ocorrer em obra ou serviço público, mas está condicionado ao cumprimento de 1/6 da pena e à demonstração de aptidão para a atividade (arts. 36 e 37 da LEP).

b) Regime semiaberto

Também aqui é imprescindível a expedição da guia de recolhimento. A execução penal não tem início sem esse documento.

Como visto no item anterior, poderá ser realizado o exame criminológico. Uma vez iniciado o cumprimento da pena, estará o preso obrigado a exercer atividade laboral, interna ou externa. No caso da atividade externa, ao contrário do regime fechado, poderá ocorrer junto à iniciativa privada.

Pela maior flexibilidade, é possível ao preso frequentar cursos em ambiente externo (art. 35 da LEP).

c) Regime aberto

Expedição da guia de recolhimento ou de execução, uma vez que o regime é aberto. No caso, somente acontecerá recolhimento no período noturno e nos dias de folga (art. 36 da LEP). O trabalho e a frequência a cursos serão necessariamente em ambiente externo.

As condições para o preso ingressar no regime aberto são as seguintes (art. 114 da LEP):

I. estiver trabalhando ou comprovar a possibilidade de fazê-lo imediatamente;

II. apresentar, pelos seus antecedentes ou pelo resultado dos exames a que foi submetido, fundados indícios de que irá ajustar-se, com autodisciplina e senso de responsabilidade, ao novo regime.

Com relação ao trabalho, há exceção quanto às pessoas indicadas no art. 117 da LEP, pois poderão ter a dispensa da atividade laboral em razão dos critérios ali estabelecidos, sujeitando-se até ao regime domiciliar aberto, que veremos em seguida.

Outras condições obrigatórias:

III. permanecer no local que for designado, durante o repouso e nos dias de folga;

IV. sair para o trabalho e retornar, nos horários fixados;

V. não se ausentar da cidade onde reside, sem autorização judicial;

VI. comparecer a Juízo, para informar e justificar as suas atividades, quando for determinado.

O juiz pode, ainda, estabelecer condições especiais para a concessão do regime aberto ao preso, embora não possa fazê-lo sob a forma de pena substitutiva, nos termos da Súmula 493 do STJ.

d) Regime domiciliar aberto

Trata-se de medida de caráter excepcional, destinada a presos do regime aberto, a ser aplicada nas situações descritas no art. 117 da LEP.

São hipóteses de cabimento:

I. condenado <u>maior de 70</u> (setenta) anos;

II. condenado acometido de <u>doença grave</u>;

III. <u>condenada com filho menor ou deficiente físico ou mental</u>;

IV. condenada <u>gestante</u>.

Doutrina e jurisprudência têm ampliado os termos do art. 117 da LEP, para aplicar a prisão domiciliar em uma série de outras situações, a saber:

a) Concede-se prisão domiciliar ao preso provisório (prisão preventiva, *v. g.*) quando este estiver acometido de **grave enfermidade** e o estabelecimento **não** oferecer condições adequadas de tratamento. Ver art. 318, II, do CPP. Nesse sentido: STJ, HC 121258/SE, *DJ* 15.12.2009; e **STF, HC 98675/ES,** Info. **550. O tema foi positivado recentemente no art. 318, II, do CPP.**

b) O STJ também tem concedido prisão domiciliar ao preso **definitivo** (ainda que esteja em regime semiaberto ou fechado), quando ocorre o binômio: doença grave + impossibilidade de o estabelecimento oferecer tratamento adequado ao doente. Vide, por exemplo: STJ, RHC 26814/RS, *DJ* 29.03.2010.

c) Finalmente, a situação mais delicada: falta de vaga em estabelecimento adequado (Judiciário *vs.* Executivo).

Basicamente, duas posições surgiram na comunidade jurídica:

I. Em caso de superlotação, o preso deverá ser mantido em regime mais grave por "motivo de força maior" e também porque ao praticar o delito assumiu o risco previsível de ser mantido no cárcere.

II. A ausência de vagas em estabelecimento adequado evidencia a desídia do Estado-administrador e o ônus daí decorrente não pode ser debitado ao condenado.

Atenção: A mais recente jurisprudência dos Tribunais Superiores tem concedido a prisão domiciliar quando o preso definitivo faz jus ao regime semiaberto ou aberto, porém, não há vaga no respectivo estabelecimento penal (Colônia industrial; Casa do albergado, p. ex.) ou o estabelecimento penal encontra-se em condições inadequadas para abrigar o preso. Nesse sentido, conferir: **STF, HC 95334/RS, *DJe* 21.08.09;** STJ, HC 118316/SP, *DJe* 25.05.09; e HC 97940/RS, *DJe* 08.09.08.

21.13.2. Progressão de regime

Estatui o art. 33, § 2º, do CP: *As penas privativas de liberdade deverão ser executadas em forma progressiva, segundo o mérito do condenado, observados os seguintes critérios e ressalvadas as hipóteses de transferência a regime mais rigoroso.* A progressividade do cumprimento da pena reflete a função reeducadora da pena, voltada à reinserção social progressiva do condenado.

a) Requisitos

Da transcrição do dispositivo, podemos inferir que há duas possibilidades para o preso no decorrer do cumprimento da pena: a progressão para regimes menos gravosos (regra); e a regressão para regime mais rígido (exceção).

O art. 112 da LEP, reitera que a pena privativa de liberdade será executada em forma progressiva com a transferência para regime menos rigoroso, estabelecendo como condições para a sua determinação pelo juiz: o cumprimento de ao menos 1/6 **(um sexto) da pena** no regime anterior e ostentar **bom comportamento** carcerário, comprovado pelo **diretor** do estabelecimento. Vemos, portanto, que há um critério dúplice, cumulativo: temporal e disciplinar.

Lembrando que a decisão será sempre motivada e precedida de manifestação do Ministério Público e do defensor, respeitando o devido processo legal, o contraditório e a ampla defesa.

I. Temporal

Retomando a discussão dos requisitos da progressão, é importante lembrar que a regra estabelecida pelo art. 112 da LEP, comporta algumas exceções, a exemplo dos crimes hediondos. No caso, a progressão dar-se-á a partir do cumprimento de 2/5 (dois quintos) da pena para o condenado que tenha sido réu primário; ou de 3/5 (três quintos), caso seja reincidente na prática de crimes hediondos ou assemelhados.

Ex.1: 6 anos de condenação. É preciso cumprir 1 ano para pleitear a passagem para o semiaberto (1/6).

Ex.2: 10 anos de condenação por crime hediondo. Se o condenado era primário, será necessário cumprir ao menos 4 anos para pleitear a progressão do regime fechado para o semiaberto. Na mesma hipótese, sendo reincidente, deverá cumprir ao menos 6 anos para o pleito.

E para obter uma nova progressão, é preciso cumprir mais 1/6 da pena total ou 1/6 da pena restante? O entendimento que vem prevalecendo é no sentido de que, para a nova progressão, é preciso cumprir 1/6 da **pena restante** e não da total. O principal argumento é o de que a **pena cumprida é pena extinta**, logo não poderá ser usada para computar novas progressões. No nosso exemplo 1, o condenado para progredir do semiaberto para o aberto teria que cumprir mais 10 meses.

II. Disciplinar

Consiste na necessidade de emissão do atestado de boa conduta firmado pelo diretor do presídio, o que acabou por tornar dispensável o exame criminológico para essa finalidade.

Mas qual é o conteúdo desse atestado? A lei nada diz a esse respeito, abrindo margem para possíveis considerações arbitrárias por parte do diretor. Sendo assim, revela-se mais adequado o entendimento de que ante a ausência de falta grave por parte condenado, deve-se atestar a sua boa conduta.

Então no caso da prática de falta grave, considera-se interrompido o lapso cumprido de pena para fins de progressão de regime? Sim. Há, por óbvio, divergências consideráveis, mas prevalece no âmbito dos tribunais superiores a interrupção e consequente reinício da contagem do prazo para progressão de regime. Nesse sentido, ver STF, HC 113579/SP, *DJe* 30.04.13; HC 102365/SP, *DJe* 01.08.11; e STJ, HC 234097/SP, *DJe* 25.09.13.

Outro ponto importante é a Súmula 715 do STF: "A pena unificada para atender ao limite de trinta anos de cumprimento, determinado pelo art. 75 do Código Penal, não é considerada para a concessão de outros benefícios, como o livramento condicional ou regime mais favorável de execução".

b) Progressão por salto (*per saltum*)

Trata-se da possibilidade de progressão do regime fechado para o aberto, diretamente, sem passar pelo semiaberto. Uma parte da doutrina admite a possibilidade, mas prevalece o entendimento de que **não** é possível. Nesse sentido, ver STJ, Súmula 491, e STF, RHC 99776/SP, *DJe* 12.02.10.

21.13.3. Regressão de regime

Como já afirmado, trata-se de medida excepcional, cujas hipóteses estão previstas no art. 118 da LEP.

I. praticar fato definido como **crime doloso ou falta grave**

Qualquer que seja o crime doloso, a sua prática enseja a regressão do regime. Não há necessidade de condenação na esfera judicial, mas tão somente a comprovação do fato e da autoria em incidente próprio, o procedimento disciplinar. A mesma disposição se aplica às faltas graves. Se houver absolvição no processo judicial, o preso retornará ao regime anterior.

II. sofrer **condenação**, por crime anterior, cuja pena, somada ao restante da pena em execução, torne incabível o regime (art. 111 da LEP).

É possível que haja condenação por crime praticado em momento anterior ao encarceramento. Nesse caso, se a soma das condenações resultar período que seja incompatível com o atual, deverá o juiz determinar a regressão para o mais gravoso. Esta é a única regressão obrigatória (art. 33 do CP). Ex: condenação à pena superior a 8 anos.

III. o condenado será transferido do regime aberto se, além das hipóteses referidas nos incisos anteriores, frustrar os fins da execução.

Atenção: O não pagamento da multa será executado como dívida de valor, não mais servindo para determinar a regressão de regime (Lei 9.268/1996).

Meios de frustrar os fins da execução podem ser: a violação dos deveres relacionados ao monitoramento eletrônico (art. 146-B da LEP); a prática de fato definido como contravenção penal (CUNHA, 2013 p. 154) etc.

É possível a regressão *per saltum*? Sim. Nos termos do art. 118 da Lei de Execução Penal, a transferência do condenado, a título de regressão, pode ocorrer para qualquer dos regimes mais rigorosos. Ver STJ, RHC 25981/TO, *DJ* 03.03.2011.

21.13.4. Remição (art. 126 da LEP)

a) Conceito

É o desconto do tempo de cumprimento da pena por meio do trabalho ou do estudo.

b) Beneficiários

Destina-se aos condenados que estejam cumprindo pena nos regimes fechado ou semiaberto.

c) Contagem do tempo

No caso de **atividade laboral**, a cada 3 (três) dias de trabalho é remido 1 (um) dia da pena. Ex: ao trabalhar 3 dias terá o condenado cumprido 4 dias de pena.

A remição por **estudo** dar-se-á da seguinte forma: a cada 12 (doze) horas de frequência escolar é remido 1 (um) dia da pena.

O STJ já havia reconhecido tal possibilidade antes mesmo da alteração legislativa de 2011, com a edição da Súmula 341: *A frequência a curso de ensino formal é causa de remição de parte do tempo de execução de pena sob regime fechado ou semiaberto.*

Mas, afinal, em que consiste o estudo e como este é dividido? Consiste no desenvolvimento da atividade de ensino fundamental, médio, inclusive profissionalizante, ou superior, ou ainda de requalificação profissional (presencial ou à distância). As 12 horas dedicadas ao estudo devem ser divididas, no mínimo, em 3 (três) dias, ou seja, o preso que tiver 12 horas de estudo a cada 3 dias ou mais terá 1 dia remido.

Vale ressaltar que deve haver certificação pelas autoridades educacionais competentes dos cursos frequentados.

Há também uma possibilidade de bônus pela conclusão de algum nível de ensino, nos termos do § 5º, art. 126 da LEP: *O tempo a remir em função das horas de estudo será acrescido de 1/3 (um terço) no caso de conclusão do ensino fundamental, médio ou superior durante o cumprimento da pena, desde que certificada pelo órgão competente do sistema de educação.* No caso, será considerado o total dos dias naturalmente remidos, acrescidos de 1/3 desse total.

Por fim, a remição pode ainda combinar o trabalho e o estudo desenvolvidos concomitantemente. Ex: 3 dias de trabalho **E** estudo = 5 dias de pena cumprida.

d) Da comunicação

Nos termos do art. 129 da LEP, a comunicação ao juízo da execução deverá ser feita pela autoridade administrativa, que encaminhará, mensalmente, uma cópia do registro de todos os condenados que estejam trabalhando ou estudando, informação os dias de trabalho e/ou as horas de frequência escolar ou de atividades de ensino de cada um deles.

e) Perda dos dias remidos (art. 127 da LEP)

Diz o referido dispositivo que na hipótese de falta grave cometida pelo preso, o juiz poderá revogar até 1/3 (um terço) do tempo remido, observado o disposto no art. 57, recomeçando a contagem a partir da data da infração disciplinar. Perceba, caro leitor, que a perda dos dias remidos **somente** acontecerá por meio de decisão judicial, assegurados o contraditório e a ampla defesa.

Durante certo tempo houve discussão acerca da constitucionalidade do referido dispositivo, mas a polêmica foi encerrada com o advento da Súmula Vinculante 9 do STF: *O disposto no art. 127 da Lei 7.210/1984 (Lei de Execução Penal) foi recebido pela ordem constitucional vigente.*

Não obstante o conteúdo do verbete, com o advento da Lei 12.433/2011 o dispositivo (art. 127 da LEP) tornou-se mais benéfico ao condenado. Por essa razão, foi iniciada discussão acerca da necessidade de cancelamento da referida Súmula (STF, RE 638239, Info. 699).

f) Remição para o regime aberto

Para os tribunais superiores não existe possibilidade de remição de pena para o regime aberto, pois inexiste previsão legal nesse sentido. Vide STF, HC 98.261, *DJe* de 23/04/2010; e STJ, HC 225707 / RS, *DJe* 01.07.13.

21.13.5. Autorizações de Saída

A sua razão de ser é atenuar o rigor da execução contínua da pena de prisão, consoante exposição de motivos da LEP. As saídas também cumprem importante função quanto à reinserção gradativa do preso à sociedade, pois permite o retorno temporário ao convívio com família e amigos no ambiente externo.

As suas modalidades são as seguintes:

a) **Permissão de saída**: Possui caráter urgente, devendo ser autorizada pelo diretor do estabelecimento penal. Por óbvio, também pode ser requerida ao juiz da execução penal. É dotada de cunho humanitário e deve ser feita com escolta.

I. Cabimento

As hipóteses que autorizam a permissão estão elencadas no art. 120 da LEP.

1. falecimento ou doença grave do cônjuge, companheira, ascendente, descendente ou irmão;
2. necessidade de tratamento médico.

II. Beneficiários

Destina-se aos presos dos regimes fechado e semiaberto, bem como aos presos provisórios.

III. Duração

A duração dependerá da finalidade ou da razão pela qual se deu a saída.

b) **Saída temporária**: Medida de cunho educativo, preparatória para o retorno à liberdade. Por esse motivo, é programada e depende de autorização judicial. Não prevê qualquer escolta. Apesar da ausência de escolta, é possível a utilização de equipamento de monitoração eletrônica pelo condenado, desde que haja determinação do juiz da execução nesse sentido.

I. Cabimento:

São hipóteses autorizadoras da saída temporária:

1. visita à família;
2. frequência a curso supletivo profissionalizante, bem como de instrução do 2º grau ou superior, na Comarca do Juízo da Execução;
3. participação em atividades que concorram para o retorno ao convívio social.

II. Beneficiários

Destinada aos presos que estão nos regimes semiaberto e aberto.

III. Requisitos

São requisitos para a concessão da saída temporária:

1. comportamento adequado;
2. cumprimento mínimo de 1/6 (um sexto) da pena, se o condenado for primário, e 1/4 (um quarto), se reincidente;
3. compatibilidade do benefício com os objetivos da pena.

IV. Duração

O prazo de duração da saída temporária está disciplinado no art. 124 da LEP, e será de até 7 (sete) dias, podendo ser renovado em mais 4 (quatro) oportunidades durante o ano.

Exceção: Quando se tratar de frequência a curso profissionalizante, de instrução de ensino médio ou superior, o tempo de saída será o necessário para o cumprimento das atividades discentes.

Nos demais casos, as autorizações de saída somente poderão ser concedidas com prazo mínimo de 45 (quarenta e cinco) dias de intervalo entre uma e outra.

V. Condições

O juiz deverá impor determinadas condições como forma de prevenir a fuga e incidentes envolvendo o beneficiário. Na decisão, levará em conta as circunstâncias do caso e a situação pessoal do condenado. São elas:

1. fornecimento do endereço onde reside a família a ser visitada ou onde poderá ser encontrado durante o gozo do benefício;
2. recolhimento à residência visitada, no período noturno;
3. proibição de frequentar bares, casas noturnas e estabelecimentos congêneres.

VI. Revogação

O benefício será automaticamente revogado se o condenado praticar fato definido como crime doloso, for punido por falta grave, desatender as condições impostas na autorização ou revelar baixo grau de aproveitamento do curso.

Para recuperar o direito à saída temporária, o preso dependerá de uma absolvição no processo penal (crime doloso), do cancelamento da punição disciplinar (falta grave) ou da demonstração do merecimento do condenado.

21.14. Execução da medida de segurança (MS)

A medida de segurança é imposta por sentença, e destinada aos portadores de transtornos mentais que, consequentemente, não poderiam ser responsáveis pelos seus atos, merecendo tratamento ao invés do encarceramento.

A imposição da MS pressupõe: a) sentença absolutória imprópria; b) insanidade do preso durante o cumprimento da pena; c) sentença condenatória para os semi-imputáveis.

21.14.1. Modalidades

A MS pode ser executada sob duas espécies, estabelecidas no art. 96, I e II, do CP. São elas:

a) **Internação:** O preso fica internado em hospital de custódia e tratamento psiquiátrico (HCT) ou, na sua falta, em outro estabelecimento adequado às necessidades terapêuticas.

E medida mais gravosa nesse âmbito e destinada, normalmente, aos crimes apenados com reclusão. Também denominada de MS detentiva.

b) **Tratamento ambulatorial:** Consiste no tratamento sem a necessidade de internação. A pessoa se apresenta ao hospital durante o dia para obter o tratamento necessário. Também chamada de *MS não detentiva*.

21.14.2. Procedimento

a) No caso de **sentença absolutória imprópria**, depende do incidente de insanidade mental no curso do IP ou do processo. O juiz poderá acatar, ou não, a conclusão dos peritos. Acatando, proferirá sentença absolutória imprópria.

b) Tratando-se da **superveniência de doença mental** durante a execução, existem duas hipóteses:

   I. Enfermidade passageira: deve ser adotada a internação no HCT até que cesse a enfermidade (art. 108 da LEP). Denominada de medida de segurança reversível porque, uma vez curado, o indivíduo retorna ao cumprimento da pena privativa de liberdade. Aqui, o tempo de internação deve ser contado como tempo de pena cumprida. Se, eventualmente, o tempo da pena encerrar sem que a enfermidade seja curada, deverá ser extinta a pena pelo seu cumprimento (CUNHA, 2013, p. 230).

   II. Enfermidade não passageira: sendo identificado o caráter definitivo do transtorno mental, a medida de segurança torna-se irreversível, devendo o juiz proceder à substituição da pena pela medida de segurança (arts. 183 da LEP). Nessa linha, ver STJ, HC 44972/SP, *DJ* 08.10.07.

O prazo dessa medida de segurança é uma questão polêmica. Apontaremos a seguir 4 (quatro) posicionamentos: a) duração indefinida até que a perícia demonstre a cessação da periculosidade do agente (art. 97, § 1º, do CP); b) duração máxima de 30 anos, que é o mesmo para o cumprimento da pena privativa de liberdade (art. 75 do CP); c) mesma duração da pena privativa de liberdade substituída; d) limitada ao máximo da pena abstratamente cominada ao crime.

O STJ entende que prevalece a corrente citada no item "c", ou seja, a duração da MS será a mesma da pena privativa de liberdade substituída, estabelecida na sentença condenatória (HC 130.162/SP, Info. 501).

c) Sentença condenatória (semi-imputáveis): apesar de a MS ser, normalmente, aplicada aos inimputáveis, o juiz **poderá**, se entender adequado, aplicá-la aos semi-imputáveis. Neste caso, o juiz proferirá sentença condenatória e aplicará a modalidade de medida de segurança que entender cabível (art. 98 do CP).

21.14.3. Prazo da MS

A MS possui como prazo mínimo o período de 1 a 3 anos, a ser fixado na sentença (art. 97, § 1º, do CP). Findo o prazo, deve ser efetuada nova perícia para averiguar a cessação ou não da periculosidade (art. 175 da LEP).

Na hipótese de manutenção da periculosidade, será mantida a MS, e a perícia deverá ser refeita anualmente ou em menor período, a critério do juiz.

Mas, e quanto ao prazo máximo de duração de uma MS, qual seria ele? A despeito de severas críticas doutrinárias e mesmo divergências jurisprudenciais, predomina atualmente o entendimento do STF de que a duração será de 30 anos, com fulcro nos arts. 75 e 97 do CP (HC 84.219/SP, *DJ* 23.09.05).

21.15. Execução das penas restritivas de direitos (penas alternativas)

21.15.1. Fundamentos

Em razão dos **efeitos deletérios** do cárcere, dos altos índices de **reincidência,** entre outros, fala-se bastante a respeito da falência da pena de prisão.

21.15.2. Aspectos gerais

As penas restritivas resultam a restrição de outros direitos que não o de liberdade de locomoção. Desse modo, destina-se, sobretudo, aos crimes menos graves e criminosos cujo encarceramento não é aconselhável, mesmo por tempo curto, pelos evidentes efeitos negativos que decorrem do encarceramento. A prisão deve ser reservada aos casos realmente necessários.

A natureza é de pena autônoma. Inexiste natureza acessória.

21.15.3. Procedimento e requisitos para a sua aplicação: (arts. 43 e ss. do CP)

I. Juiz estabelece na sentença a pena privativa de liberdade e, depois, se cabível, faz a substituição daquela pela pena alternativa.

II. Os requisitos para a substituição são:

   a) pena privativa de liberdade não superior a 4 anos para os crimes dolosos ou qualquer pena para os culposos;

   b) o crime não ter sido cometido com violência ou grave ameaça à pessoa;

   c) réu não reincidente especificamente em crime doloso;

   d) a culpabilidade, os antecedentes, a conduta social e a personalidade do condenado, bem como os motivos e as circunstâncias indicarem que essa substituição seja suficiente.

21.15.4. Espécies (art. 43 do CP)

a) **prestação pecuniária:** consiste no pagamento à vítima, seus dependentes ou a entidade pública ou privada com destinação social, de valor fixado pelo juiz (art. 45 do CP).

Não há disciplina legal sobre o tema. Não sendo efetuado o pagamento de forma voluntária e tratando-se de montante destinado a **particular** (vítima ou entidade privada), deverá este promover a execução do valor junto ao juízo cível.

Não sendo efetuado o pagamento de forma voluntária e tratando-se de montante destinado a **entidade pública**, entende-se que o MP ou a Procuradoria efetuará a execução.

De todo modo, o descumprimento não pode acarretar em pena de prisão, por analogia ao art. 51 do CP.

b) **perda de bens e valores**: também não possui disciplina legal. O perdimento de bens e valores tem como escopo a reparação do dano causado pelo fato delituoso e que acarretou ganho patrimonial ao condenado.

c) **prestação de serviços à comunidade ou entidades públicas:** aplicável às condenações superiores a seis meses de privação da liberdade. O condenado desenvolverá atividades em benefício da comunidade ou de entidade pública, de modo gratuito. Não faz jus a qualquer remuneração pelos serviços prestados.

São entidades aptas a recepcionar os condenados: entidades assistenciais, hospitais, escolas, orfanatos e outros estabelecimentos congêneres, em programas comunitários ou estatais.

As atividades atribuídas levarão em consideração as aptidões do condenado, devendo ser cumpridas à razão de uma hora de tarefa por dia de condenação, fixadas de modo a não prejudicar a jornada normal de trabalho.

O trabalho terá a duração de 8 (oito) horas semanais e será realizado aos sábados, domingos e feriados, ou em dias úteis, de modo a não prejudicar a jornada normal de trabalho.

Cumpre ressaltar que o juiz da execução será competente para:

I. designar a entidade ou programa comunitário ou estatal, devidamente credenciado ou convencionado, junto ao qual o condenado deverá trabalhar gratuitamente, de acordo com as suas aptidões;

II. determinar a intimação do condenado, cientificando-o da entidade, dias e horário em que deverá cumprir a pena;

III. alterar a forma de execução, a fim de ajustá-la às modificações ocorridas na jornada de trabalho.

Atenção: O início da execução, nesta modalidade, será na data do primeiro comparecimento. Em caso de descumprimento injustificado da prestação de serviço, poderá haver conversão em prisão.

A fiscalização do cumprimento da obrigação dar-se-á por meio do envio mensal de relatório circunstanciado das atividades do condenado, bem como, a qualquer tempo, da comunicação sobre ausência ou falta disciplinar do condenado (art. 150 da LEP).

d) **interdição temporária de direitos:** consiste na suspensão do exercício de determinados direitos pelo condenado. A interdição deverá ter relação com o crime praticado.

São penas de interdição de direitos:

I. proibição do exercício de cargo, função ou atividade pública, bem como de mandato eletivo;

II. proibição do exercício de profissão, atividade ou ofício que dependam de habilitação especial, de licença ou autorização do poder público;

III. suspensão de autorização ou de habilitação para dirigir veículo.

IV. proibição de frequentar determinados lugares.

V. proibição de inscrever-se em concurso, avaliação ou exame públicos.

e) **Limitação de fim de semana:** nos termos do art. 48 do CP, consiste na obrigação de permanecer, aos sábados e domingos, por 5 (cinco) horas diárias, em casa de albergado ou outro estabelecimento adequado.

No âmbito procedimental, o juiz da execução determinará a intimação do condenado para cientificá-lo do local, dias e horário em que cumprirá a pena. O início da execução será a primeira data em que o condenado comparecer para o cumprimento da medida Nos casos de violência doméstica contra a mulher, o juiz poderá determinar o comparecimento obrigatório do agressor a programas de recuperação e reeducação.

A fiscalização ficará a cargo do estabelecimento designado pelo juiz. O responsável encaminhará, mensalmente, ao juiz da execução, relatório, bem assim comunicará, a qualquer tempo, a ausência ou falta disciplinar do condenado.

Bibliografia

ALENCAR, Rosmar Rodrigues; TÁVORA, Nestor. **Curso de direito processual penal**. 6. ed. Salvador: Juspodivm, 2011.

ASSIS, Araken de. **Eficácia civil da sentença penal**. 2. ed. São Paulo: RT, 2000.

AVENA, Norberto. **Processo penal esquematizado**. São Paulo: Método, 2010.

BADARÓ, Gustavo Henrique Righi Ivahy. **Direito processual penal.** São Paulo: Campus, 2008, 2009. t. I e II.

BONFIM, Edilson Mougenot. **Curso de processo penal.** 5. ed. São Paulo: Saraiva, 2010.

BRASILEIRO DE LIMA, Renato. **Manual de processo penal.** Niterói: Impetus, 2011.

CHOUKR, Fauzi Hassan. **Código de processo penal. Comentários consolidados e crítica jurisprudencial.** 3. ed. Rio de Janeiro: Lumen Juris, 2009.

CUNHA, Rogério Sanches. **Execução penal para concursos.** Salvador: Juspodivm, 2013.

DUCLERC, Elmir. **Direito processual penal**. Rio de Janeiro: Lumen Juris, 2008.

GOMES, Luiz Flávio. **Direito processual penal**. São Paulo: RT, 2005.

GRECO FILHO, Vicente. **Manual de processo penal**. 8. ed. São Paulo: Saraiva, 2010.

GRINOVER, Ada Pellegrini; GOMES FILHO, Antonio Magalhães; FERNANDES, Antonio Scarance; GOMES, Luiz Flávio. **Juizados especiais criminais**. 4. ed. São Paulo: RT, 2002.

________. FERNANDES, Antonio Scarance; GOMES FILHO, Antonio. **Recursos no processo penal.** 3. ed. São Paulo: RT, 2002.

________. **As nulidades no processo penal.** 7. ed. São Paulo: RT, 2001.

JARDIM, Afrânio Silva. **Direito processual penal.** 9. ed. Rio de Janeiro: Forense, 2000.

KARAM, Maria Lúcia. **Competência no processo penal.** 3. ed. São Paulo: RT, 2002.

LIMA, Marcellus Polastri. **Manual de processo penal.** 4. ed. Rio de Janeiro: Lumen Juris, 2009.

LOPES JR., Aury. **Direito processual penal e sua conformidade constitucional.** 5. ed. Rio de Janeiro: Lumen Juris, 2010. v I e II.

MIRABETE, Julio Fabbrini. **Código de processo penal comentado.** 11. ed. São Paulo: Atlas, 2006.

________. **Processo penal.** 10. ed. São Paulo: Atlas, 2000.

MOREIRA, Rômulo Andrade. **Direito processual penal.** Rio de Janeiro: Forense, 2003.

________. **Curso temático de direito processual penal.** 2. ed. Curitiba: Juruá, 2010.

NICOLITT, André. **Manual de processo penal.** 2. ed. Rio de Janeiro: Elsevier, 2010.

NUCCI, Guilherme de Souza. **Código de processo penal comentado.** 5. ed. São Paulo: RT, 2006.

OLIVEIRA, Eugênio Pacelli de. **Curso de processo penal.** 13. ed. Rio de Janeiro: Lumen Juris, 2011.

________. FISCHER, Douglas. **Comentários ao código de processo penal.** 2. ed. Rio de Janeiro: Lumen Juris, 2011.

PACHECO, Denílson Feitoza. **Direito processual penal.** Teoria crítica e práxis. 4. ed. Rio de Janeiro: Impetus, 2006.

________. **Direito processual penal.** Teoria crítica e práxis. 6. ed. Rio de Janeiro: Impetus, 2009

PEREIRA, Márcio. **Questões polêmicas de processo penal.** Bauru: Edipro, 2011.

RANGEL, Paulo. **Direito processual penal.** 13. ed. Rio de Janeiro: Lumen Juris, 2007.

SANTIAGO, Nestor Eduardo Araruna. **O princípio do defensor natural no processo penal brasileiro.** *In:* A Renovação processual penal após a Constituição de 1988. Rio de Janeiro: Lumen Juris, 2009.

TÁVORA, Nestor; ALENCAR, Rosmar Rodrigues. **Curso de direito processual penal.** 3. ed. Salvador: Juspodivm, 2009.

________. **Curso de direito processual penal.** 6. ed. Salvador: Juspodivm, 2011.

TOURINHO FILHO, Fernando da Costa. **Código de processo penal comentado.** 9. ed. São Paulo: Saraiva, 2005. v. 1 e 2.

________. **Manual de processo penal.** 13. ed. São Paulo: Saraiva, 2010.

5. Criminologia

Vivian Calderoni

1. Conceito

A Criminologia é uma ciência autônoma, empírica e interdisciplinar que tem por objeto de estudo quatro elementos:

a) O crime;

b) O autor do delito;

c) A vítima; e

d) O controle social.

Autônoma: A Criminologia é uma ciência autônoma e não uma ciência auxiliar ao direito penal, visto que detêm método e objetos de estudo próprios. É uma ciência autônoma que estabelece relações com o direito penal.

Empírica: A Criminologia é uma ciência empírica, ou seja, baseada na observação da realidade, na experiência. O criminólogo se dedica ao estudo da realidade, a partir da observação desta e, a partir disso, tenta explicá-la.

Vamos a alguns exemplos: a escola chamada de Antropologia Criminal (*vide* item 6.2.1 *infra*) defendia que o biótipo, os fatores genéticos e fenotípicos das pessoas indicavam se ela era criminosa ou não. Então, Lombroso, seu grande expoente, fazia medições de crânios, de lábios, de nariz e etc. para chegar ao tipo criminoso.

Outro exemplo que pode ser dado é o de um estudo estatístico dos tipos de crimes mais cometidos em cada região da cidade. Provavelmente, a maior quantidade de furtos está nas áreas mais densas da cidade. Esse é um bom exemplo do uso da estatística pela Criminologia. Como se vê, no presente exemplo, o pesquisador observa a realidade de distribuição regional de crimes e as taxas de cometimento de cada delito em cada região da cidade para compreender a dinâmica criminal naquela cidade.

Interdisciplinar: A Criminologia é uma ciência interdisciplinar. Ela se utiliza de outras ciências, preservando os métodos próprios de cada uma delas. As ciências mais comumente utilizadas pela Criminologia são a psicologia, a antropologia, a medicina, a sociologia, a estatística e o direito penal.

Vamos a alguns exemplos: Num caso hipotético foi encontrado um cadáver. Presume-se que tenha sido um homicídio. A psicologia pode nos dar ferramentas para entender o porquê do cometimento daquele crime. Será que o autor do delito fez isso por ciúmes e seria um crime passional? Será que foi para ficar com a herança? Será que o criminoso matou aquela pessoa porque está em depressão? Será que esse delinquente é um psicopata, um matador em série?

A sociologia poderia nos ajudar a entender outros fatores. Será que a vida é um valor banalizado nessa sociedade e esse crime é só mais um dentre tantos? Será que esse homicídio é na verdade uma consequência cruel do machismo que domina aquela sociedade e, portanto, a pessoa foi vítima de violência doméstica cometida pelo marido? Será que práticas de delitos como esse são socialmente aceitas?

O direito penal poderia trazer outros elementos para compreensão do crime. Será que o homicídio decorreu de legitima defesa? Será que foi realmente um homicídio ou a conduta se enquadra no crime de lesão corporal seguida de morte? Ou de tortura com resultado morte? Ou de latrocínio? Ou se trata de um homicídio simples? Ou qualificado?

A medicina pode ajudar a esclarecer a *causa mortis* também.

Objetos: São quatro os objetos de estudo da Criminologia: o crime (também chamado de delito ou ato desviante), o autor do delito (também denominado de delinquente ou autor do ato desviante ou criminoso), a vítima e o controle social (também denominado de instâncias de controle).

2. Método

O método da Criminologia é empírico e indutivo. O contato com o objeto é direto e interdisciplinar.

Empírico: Empírico porque a Criminologia examina a realidade.

Indutivo: Indutivo porque a Criminologia observa a realidade para dela extrair uma teoria. Ou seja, o pesquisador vai até o mundo concreto e de lá retira abstrações e conceituações. A compreensão da realidade se dá a partir da observação. Por isso diz-se que o contato com o objeto de estudo é direto.

Interdisciplinaridade: O método da Criminologia é aquele das ciências que são utilizadas por ela. Por exemplo a psicologia, a medicina, o direito penal, a sociologia, a estatística, a antropologia etc.

3. Funções

A função da Criminologia é traçar um diagnóstico científico e qualificado sobre seus objetos de estudo (o crime, o criminoso, a vítima e o controle social). O fim básico da Criminologia é informar a academia, a sociedade e os poderes públicos sobre o crime, o criminosos, a vítima e o controle social. O fim último da Criminologia é o controle e a prevenção criminal.

Cabe à Criminologia a compreensão dos fenômenos relacionados ao crime, ao criminoso, à vítima e ao controle social. Sendo assim, ela é importante fonte de informação para se pensar estratégias de prevenção criminal. A Criminologia, por seu uma ciência, traz mais segurança para se pensar e repensar políticas públicas, mas deve-se tomar cuidado, pois a Criminologia não é uma ciência exata e comporta subjetivismos do pesquisador que influenciam suas análises.

4. Objeto

4.1. Crime

Para o direito penal o crime é uma conduta típica, antijurídica e culpável. Para a Criminologia essa definição é insuficiente, visto que estabelece que o crime é um problema social, um fenômeno comunitário que deve ter:

4.1.1. Incidência aflitiva

Uma conduta, para ser considerada como crime, para a Criminologia, deve produzir sofrimento. Ou seja, deve causar alguma lesão à vítima ou a comunidade como um todo. Não é razoável que uma conduta que não produza dor seja tipificada criminalmente.

No ordenamento jurídico brasileiro, nem sempre isso ocorre, por exemplo, a Lei 4.888/1965 proíbe a utilização da expressão "couro sintético". Utilizar a expressão "couro sintético" não produz qualquer sofrimento.

Já, matar alguém, crime tipificado no artigo 121 do Código Penal, produz sofrimento e dor. Ou seja, o crime de homicídio preenche esse requisito da definição.

4.1.2. Incidência massiva

Para a Criminologia a conduta, para ser crime, deve ocorrer com alguma regularidade e não ser um ato isolado.

Existe um exemplo, no nosso ordenamento, que não segue essa característica. O crime de molestar cetáceo foi tipificado após uma pessoa colocar um palito de sorvete na narina de uma baleia que tinha encalhado na praia no Rio de Janeiro e a baleia morreu. Essa conduta foi criminalizada pela Lei 7.643/1987, mas não se pode dizer que é uma conduta que tenha incidência massiva.

Por outro lado, o homicídio tem incidência massiva, ele ocorre com regularidade.

4.1.3. Persistência espaço-temporal

Para a Criminologia a conduta deve ocorrer em diversos locais e não ser restrita a uma localidade específica e, além disso, deve ser mais do que uma moda, deve continuar a ocorrer em diversos períodos. Ou seja, deve persistir no tempo e no espaço.

4.1.4. Inequívoco consenso quanto à efetividade da intervenção penal

Para a Criminologia, para que uma conduta seja considerada crime, deve-se ter certeza de que a intervenção penal é a melhor forma, ou, ao menos, combinada com outras, é uma boa forma, de se evitar a prática da conduta.

Um bom exemplo é a criminalização do álcool. O consumo do álcool já foi crime nos EUA, no chamado período da Lei Seca. Deve-se admitir que o consumo de álcool é uma prática com incidência massiva, aflitiva e com persistência espaço-temporal, mas a experiência norte americana demonstrou que a criminalização não foi eficaz para o combate da conduta.

Esse exemplo nos faz pensar criticamente sobre exemplos atuais, como a criminalização do uso de drogas. Ou sobre a criminalização do aborto, que não é eficaz para evitar que a prática ocorra e ao contrário, acaba colocando em risco a vida das mulheres que fazem abortos ilegais sem controle e atenção médica adequada, ferindo o próprio bem jurídico que deveria tutelar, a vida.

4.2. Criminoso

Para a Criminologia o criminoso pode ser analisado sob quatro perspectivas distintas, são elas: biológica, sociológica, jurídica e política.

4.2.1. Biológica

A perspectiva biológica está estritamente relacionada com a Antropologia Criminal (*vide* item 6 *infra*) e a Criminologia Clínica. Aqui se entende que os fatores biológicos, genéticos e psicológicos – de constituição da pessoa – são fundamentais para compreender o cometimento de crimes por determinada pessoa. Para a Antropologia Criminal, a criminalidade estava associada fundamentalmente às características fisiológicas. O expoente da Antropologia Criminal é Cesare Lombroso. Para ele, as características fenotípicas e genéticas da pessoa determinavam se seria criminosa ou não.

4.2.2. Sociológica

A perspectiva sociológica vê o criminoso como fruto do seu meio social. Os fatores sociais podem levar ao cometimento de crimes. Lombroso, que tanto prezava pela descrição biológica dos criminosos também acreditava que os fatores sociológicos poderiam exercer alguma influência, mas em um grau muito pequeno. Outras teorias acreditam que a influência do meio é muito alta, como é o caso da teoria da Associação Diferencial desenvolvida por Sutherland para explicar os crimes de colarinho branco nos EUA, na década de 1930. Muitos utilizam a perspectiva sociológica para associar o cometimento de delitos com o fato da pessoa ter uma família considerada desestruturada.

4.2.3. Jurídica

A perspectiva jurídica entende que o criminoso é aquele assim definido pela lei penal. Só é criminoso, aquele que tem condutas tipificadas criminalmente. Não existe uma concepção ontológica de crime, e por isso é criminoso aquele que recebe o rótulo de criminoso pela sociedade, por meio da lei penal. Ou seja, a pessoa que pratica condutas imorais, mas não tipificadas criminalmente não é um criminoso, é uma pessoa imoral, apenas. Por exemplo, uma pessoa que não é fiel a sua esposa, esposo, companheira, companheiro, namorada ou namorado não é um criminoso, apesar de praticar condutas rejeitadas pela sociedade.

4.2.4. Política

A concepção política entende que o direito penal exerce funções ocultas, que são funções políticas disfarçadas que seriam a de manter o *status quo* de privilégios da classe dominante. Essa é uma das explicações da criminalização de movimentos sociais reivindicatórios, como o Movimento Sem Terra – MST.

Sérgio Salomão Shecaira entende que todas as quatro concepções acima descritas são importantes para a compreensão do criminoso, mas que apenas uma visão que some todas elas e aceite que a definição de criminoso é complexa e subjetiva pode ser válida. Pois, os serem humanos são complexos e únicos, diferentes uns dos outros. Em determinado caso, um dos fatores pode exercer maior influencia do que em outros. Em suas próprias palavras: "o criminoso é um ser histórico, real, complexo e enigmático (...). Por isso, as diferentes perspectivas [biológica, sociológica, jurídica e política] não se excluem; antes, completam-se e permitem um grande mosaico sobre o qual se assenta o direito penal atual."[1]

4.3. Vítima

Idade de ouro: Na idade de ouro – período muito extenso, desde os primórdios da civilização até o final da Alta Idade Média – a vítima era o centro da relação penal. Vigorava, neste período, a autotutela. Cabia à vítima o papel de punir o agressor. Em alguns períodos e lugares essa retribuição era baseada em algumas regras e normas da sociedade, como, por exemplo, regras de proporcionalidade. Em outras, a punição já estava estabelecida previamente, mas a vítima era responsável por aplicá-la.

Com a proibição da autotutela pelo direito romano, ou seja, com a proibição da vítima fazer "justiça com as próprias mãos", o conflito foi subtraído das mãos da vítima e o Estado se substitui às partes, retirando a vítima da relação penal.

Neutralização do poder da vítima: Quando o Estado assume o papel de impositor das penas aos agressores, a vítima perde seu papel de protagonista e passa a ter um papel muito secundário, apenas de testemunha. Com o fim do sistema inquisitivo e fortalecimento do sistema acusatório, esse papel fica ainda mais reduzidos, quase desaparecendo da relação processual penal. Neste momento, a vítima deixa de ter poder sobre o fato delituoso, esse poder é do Estado. A pena passa a ser vista como garantia da ordem coletiva e não vitimária.

Revalorização da importância da vítima (*vide* item 14 *infra*): A preocupação com a vítima retorna após a 2ª Guerra Mundial, com a vitimização do povo judeu (holocausto). A partir deste momento, a vítima recomeça a retomar papel importante nos processos penais, mas de forma gradual e lenta.

O fundador da Vitimologia é o judeu Benjamin Mendelsohn, professor da Universidade Hebraica de Jerusalém. Nasce a Vitimologia em sua famosa conferência, em Bucareste, em 1947, intitulada: "Um horizonte novo na ciência biopsicossocial: a Vitimologia". Ocorre o 1º Simpósio Internacional de Vitimologia, em 1973, em Jerusalém. Para saber mais sobre esse contexto, *vide* item 14 *supra*.

O estudo da Vitimologia demostra a complexidade do estudo da vítima como individuo e sua interrelação com o autor do delito.

1. SHECAIRA, Sérgio Salomão. **Criminologia**. São Paulo: Editora Revista dos Tribunais, 2004. pp. 49-50.

No Brasil, atualmente, o papel da Vítima é ainda bastante reduzido, se reduzindo, na maior parte das vezes, à postura de testemunha. Existem alguns exemplos em que a vítima assume papel mais importante como nos crimes contra a honra que a legislação brasileira prevê a opção de que o autor do fato se retrate ou peça desculpas para a vítima. Também existe a figura de assistente de acusação, que pode ser desempenhado pela vítima.

A justiça restaurativa, por exemplo, que é muito pouco aplicada no Brasil, mas é mais utilizada em outros países, coloca o agressor e a vítima para conversarem. É uma experiência muito interessante e que traz a vítima para o lugar de protagonista do processo.

4.4. Controle social

Conceito: conjunto de mecanismos e sanções sociais que pretendem submeter o indivíduo aos modelos e normas comunitários. O controle social é composto por mecanismos para que as pessoas se enquadrem nos padrões sociais.

Para isso, as organizações sociais utilizam o controle social formal e o controle social informal. Nos dizeres de Luiz Flávio Gomes e Antonio García-Pablos de Molina "toda sociedade ou grupo social necessita de uma disciplina que assegure a coerência interna de seus membros, razão pela qual se vê obrigada a criar uma rica gama de mecanismos que assegurem a conformidade daqueles com suas normas e pautas de condutas. O controle social é entendido, assim, como o conjunto de instituições, estratégias e sanções sociais que pretendem promover e garantir referido submetimento do indivíduo aos modelos e normas comunitários. Para alcançar a conformidade ou a adaptação do indivíduo aos seus postulados normativos (disciplina social), serve-se a comunidade de duas classes de instâncias ou portadores do controle social: instâncias formais e instâncias informais. (...) Norma, processo e sanção são três componentes fundamentais de qualquer instituição do controle social, ratificando as pautas de conduta que o grupo reclama."[2]

4.4.1. Controle Social Formal

O controle social formal decorre de fontes estatais, sejam elas, penais ou não. É o controle realizado pela polícia, ministério público, judiciário, exército, administração penitenciária, entre outros.

A fonte estatal mais evidente é a penal e todo seu aparato punitivo. Mas, políticas públicas também são uma espécie de controle formal. O Estado pode exercer esse controle por meio de implementação de iluminação pública, programas de complementação de renda, espaços de lazer, etc.

2. GOMES, Luiz Flávio. MOLINA, Antonio García-Pablos de. **Criminologia**. São Paulo: Editora Revista dos Tribunais, 2012 (Coleção Ciências Criminais, v. 5). p. 126-7.

4.4.2. Controle Social Informal

O controle social informal decorre de fontes não estatais, de outras instâncias sociais de controle, como a família, a comunidade religiosa, a escola, os clubes e a opinião pública.

Quando as instâncias de controle social informais falham é que as instâncias formais de controle atuam, pois ele é mais eficiente do que o controle social formal.

É isso que explica os índices de criminalidade serem maiores em grandes cidades do que nas pequenas: nas cidades pequenas todo mundo se conhece, o que dificulta o cometimento de crime, já que todos os moradores são vigiados pelos demais.

5. Criminologia *vs*. Direito Penal

Esse item se dedicará a diferenciar a Criminologia do direito penal. Passaremos, agora, a ver os principais pontos de diferenciação.

Método: A Criminologia difere do direito penal em seu método. O método da Criminologia é empírico, indutivo e interdisciplinar. Ou seja, estuda e observa a realidade e dessa observação extrai conceitos, teorias e generalidades sobre os fenômenos observados. E, além disso, é interdisciplinar, podendo se utilizar, inclusive, do direito penal para suas análises, mas sem se limitar a apenas esse aspecto.

Já o direito penal adota o método lógico-dedutivo e dogmático-jurídico. A conduta é analisada para ser enquadrada em um tipo penal. Como no exemplo do item 1 supra. Será que aquele cadáver foi vítima de um homicídio, de um latrocínio, de lesão corporal seguida de morte, de tortura com resultado morte ou cometeu suicídio?

O direito penal quer saber qual o enquadramento típico da conduta para aplicar a lei. Uma vez feito o enquadramento típico correto, será seguido todo o processo penal correspondente e o juiz aplicará a pena, de acordo com o estabelecido no código penal para aquela conduta.

Objeto de estudo: a Criminologia tem quatro objetos de estudo: o crime, o criminoso, a vítima e o controle social. Já o direito penal tem apenas o crime como objeto de estudo.

Função: A Criminologia pretende conhecer a realidade sob diversos ângulos e perspectivas para transformá-la e reduzir a criminalidade. Já o direito penal tem por função conhecer a conduta para enquadrá-la no tipo penal mais adequado e aplicar as consequências jurídicas previstas em lei. Como se costuma dizer: *dê-me os fatos que eu te darei o direito*, essa é a função do direito penal.

De acordo com Shecaira, "se à criminologia interessa saber como é a realidade, para explicá-la e compreender o problema criminal, bem como transformá-la, ao direito penal só lhe preocupa o crime enquanto fato descrito na norma legal, para descobrir sua adequação típica."[3]

3. SHECAIRA, Sérgio Salomão. **Criminologia**. São Paulo: Editora Revista dos Tribunais, 2004. p. 38.

Vejamos a tabela síntese que diferencia a Criminologia do direito penal:

	Criminologia	Direito Penal
Método	Empírico, indutivo e interdisciplinar	Lógico-dedutivo e dogmático-jurídico
Objeto de estudo	Crime, Criminoso, Vítima e Controle Social	Crime
Função	Conhecimento para estratégias de redução da criminalidade	Enquadramento típico para aplicação das consequências jurídicas

6. Nascimento da Criminologia: Escolas Clássica e Positivista

Não há consenso entre os teóricos quanto ao nascimento da Criminologia, para muito autores se deu com a Escola Clássica, marcada pela publicação de **Dos Delitos e das Penas** de Cesare Beccaria. Para outros, como Shecaira e Luiz Flávio Gomes e Pablos de Molina foi com a Escola Positivista, com a publicação de "Do Homem Delinquente" de Cesare Lomboso.

Há, portanto, uma divergência quanto ao verdadeiro nascimento da Criminologia, mas as duas escolas foram, sem dúvidas, fundamentais para o desenvolvimento de todas as demais escolas criminológicas que se seguiram.

As duas escolas – tanto a Clássica, quanto a Positiva – são resultado do caldo de cultura Iluminista, ou seja, de um período em que a razão era muito valorizada. A escola Clássica valoriza o livre-arbítrio, o que tem relação direta com seu contexto histórico de surgimento, o Iluminismo, período das luzes (vide item 6.1. infra).

A escola Clássica trata da proporcionalidade das penas e de outros elementos bastantes ligados à razão. Já a escola Positivista exacerba o culto à razão e o leva ao extremo, adotando a experimentação como método e considerando os resultados científicos encontrados como a única resposta para as perguntas que colocava (*vide* item 6.2. *infra*). Vamos ver cada uma das escolas separadamente agora.

6.1. Escola Clássica

Autores: São três os principais expoentes da escola Clássica: Cesare Beccaria, Francesco Carrara e Giovanni Carmignani. O mais conhecido deles é o Cesare Beccaria.

Período histórico: Essa escola nasce no período Iluminista, século XVIII. Este momento é marcado pelo culto à razão. Por este motivo se chama Iluminismo, por ser o período das luzes, da razão.

Objeto de estudo: O foco da escola Clássica estava no estudo do crime e das penas, primordialmente. Beccaria entendia que o homem era racional e dotado de livre arbítrio, portanto, o que se deveria fazer, era estudar e transformar as leis.

Isto porque a escola Clássica entendia o crime como uma infração à lei, ou seja, como uma contradição com a norma jurídica. O importante era o fato e não o seu autor. Para a escola Clássica, o delito é resultado de um ato livre do seu autor, outros fatores não eram considerados como passíveis de influenciar o cometimento de delitos. O crime é simplesmente o resultado de uma decisão livre de cada um.

Aqui fica evidente o culto à razão e ao livre arbítrio, as bases dessa escola.

Essa é a maior crítica que a escola Clássica recebe, pois desconsidera completamente a pessoa do criminoso, não levando em consideração nenhum elemento psicológico e também desconsidera completamente o meio, como fatores que possam influenciar o cometimento dos delitos. É como se fosse possível conceber o delito como uma abstração formal e jurídica.[4]

Método: O método adotado era dedutivo, abstrato e formal. Por isso é considerada uma escola da fase pré-científica da Criminologia, porque não seguia métodos empíricos.

O método da Criminologia é empírico e o da escola Clássica é o dedutivo (como o do direito penal). A Criminologia científica parte da experiência, da observação da realidade para criar suas explicações para o fenômeno que estuda. Já a escola Clássica, por seguir o método dedutivo, baseia-se no raciocínio lógico, que usa a dedução para se chegar a uma conclusão sobre o objeto de estudo.

Dos Delitos e das Penas: A obra mais importante da escola Clássica foi escrita por Beccaria e publicada em 1764. Ela se chama **Dos Delitos e das Penas**.

4. "A contribuição da Escola Clássica pertence mais ao âmbito da Penalogia do que ao criminológico. Sua teoria sobre a criminalidade não busca tanto a identificação dos fatores que a esta determinam (análise etiológica) como a fundamentação, legitimação e delimitação do castigo. Não porque se produz o delito, senão quando, como e por que castigamos o crime. Este enfoque reativo tem uma fácil explicação histórica: A Escola Clássica teve que enfrentar, antes de tudo, o velho regime, o sistema penal caótico, cruel e arbitrário das velhas monarquias absolutas. Não poderia corresponder a ela, ainda, a missão posterior de investigar as causas do crime para combate-lo. Era mister, primeiro, racionalizar e humanizar o panorama legislativo e o funcionamento de suas instituições, buscando um novo marco, uma nova fundamentação para ele. Como consequência, a Escola Clássica se enfrenta muito tarde com o problema criminal: limita-se a responder ao comportamento delitivo com uma pena justa, proporcionada e útil, mas, não se interessa pela gênese e etiologia daquele nem trata de preveni-lo e antecipar-se ao mesmo." GOMES, Luiz Flávio. MOLINA, Antonio García-Pablos de. **Criminologia**. São Paulo: Editora Revista dos Tribunais, 2012 (coleção ciências criminais, v. 5). p. 176.

As principais ideias desse livro são:

a) a existência de leis simples, que todos entendessem. Já que o homem é dotado de livre arbítrio, ele precisava entender as leis para poder seguí-las;

b) leis conhecidas pelo povo. Além de conhecer as leis o homem precisa entendê-las;

c) as leis deveriam ser obedecidas por todos os cidadãos e aqueles que a descumprisse deveriam receber a punição proporcional;

d) só as leis poderiam fixar as penas, era vedado ao juiz aplicar penas arbitrariamente ou criar punições *ad hoc*;

e) fim das penas que recaem sobre a família (ex. confisco e difamantes). Beccaria apresenta o princípio da pessoalidade, ou seja, de que a pena não poderá passar da pessoa do condenado;

f) fim das penas cruéis e capitais. Beccaria foi um grande defensor do fim da tortura, das penas cruéis e da pena de morte. Isso porque ele não considerava essas penas racionais e nem proporcionais;

g) mais importante do que o rigor das penas é assegurar seu cumprimento. Beccaria acreditava que a certeza da punição tinha grande efeito de prevenção do crime, já que o homem é dotado de racionalidade e livre-arbítrio, optaria por não cometer o crime para não sofre a punição prevista; e

h) a pena tem a função de reparar o dano causado pela violação ao contrato social de Rousseau, pela quebra das normas sociais, das normas estabelecidas.

Como fica claro do resumo da obra de Beccaria acima, todas as ideias principais seguem o mesmo raciocínio de defesa da proporcionalidade e da racionalidade.

6.2. Escola Positivista Italiana

A escola Positivista Italiana é considerada por alguns, como Luiz Flávio Gomes e Pablos de Molina como uma escola da fase científica da Criminologia, já que seguia métodos empíricos bem delimitados. Para outros autores, é incluída na fase pré-científica, pois apesar desse esforço científico, suas falhas metodológicas são tão graves que chegam a ser insanáveis, o que não permite considerar essa escola como científica.

Autores: Os três expoentes dessa escola são: Cesare Lombroso, Rafaele Garófalo e Enrico Ferri.

Período histórico: Essa escola nasce no período Iluminista, século XVIII. Este momento é marcado pelo culto à razão. Por isso se chama Iluminismo, por ser o período das luzes, da razão.

Objeto de estudo: O foco dessa escola estava no estudo do criminoso.

Método: Utiliza o método empírico e indutivo, mas com grandes falhas metodológicas.

6.2.1. Antropologia Criminal: Cesare Lombroso

A principal obra de Lombroso se chama "O Homem Delinquente" e foi publicada em 1876. O título da obra já deixa em evidencia o objeto de estudo dessa escola, qual seja, o criminoso.

Lombroso desenvolveu a teoria de que as características biológicas são determinantes da delinquência, ou seja, para ele, é possível identificar um criminoso por suas características físicas. Essas características biológicas e físicas que determinariam a delinquência seriam características regredidas, traços primitivos da espécie humana, sendo que esses traços são constatáveis por meio de exames. Essa característica seria gerada por degenerescência da espécie, pela via da transmissão atávica. Assim, traços primitivos reapareceriam em alguns indivíduos. Esses traços seriam constatáveis pelo exame antropológico, pela fisionomia e por sintomas correlatos.

Deste modo, a função do direito penal seria a contenção do criminoso e sua exclusão da sociedade, propondo-se a recuperação para aqueles passíveis de recuperação – os chamados recuperáveis.

Para chegar a estas conclusões, Lombroso – que também era médico – fez diversos estudos, entre eles, 400 autópsias com delinquentes mortos e seis mil com delinquentes vivos. Também estudou 25 mil presos europeus. Ele mediu os crânios, as faces, as distâncias entre os olhos, os tamanhos de nariz e etc. Além disso, Lombroso relaciona esses traços, que ele chama de atávicos, com a epilepsia, por exemplo.

Daí ele conclui que determinadas características estavam presentes nos delinquentes e, portanto, eram determinantes da delinquência. Para ele, bastava a pessoa nascer com determinadas características para delinquir. No extremo, já seria possível saber no nascimento que a pessoa será criminosa.

A sua principal contribuição para a história da Criminologia não foi a sua tipologia de criminosos que ficou bastante famosa, mas sim o método utilizado.

Sua tipologia distinguia seis tipos de criminosos:

a) nato (atávico);

b) louco moral (doente);

c) epiléptico;

d) louco;

e) ocasional; e

f) passional.

Mais adiante, em sua carreira, Lombroso complementa essa tipologia quando realiza estudos sobre a criminalidade feminina – em sua obra **A Mulher Delinquente** – e sobre a criminalidade política – em sua obra **O Crime Político e as Revoluções**.

O positivismo de Lombroso se opõe, de modo frontal, à visão de crime e criminosos da escola Clássica. Enquanto, para escola Clássica o crime decorre da decisão, do livre arbítrio e da racionalidade do homem, para Lombroso decorre essencialmente de seus traços biológicos, sendo que algumas características físicas e fisiológicas da pessoa determinam que ela praticará crimes.

A sua principal falha metodológica é de que ele estudou apenas aquelas pessoas já condenadas pelo cometimento de crimes. Tal escolha do universo a ser pesquisado é carregada de um viés que invalida sua teoria, pois desconsidera a seletividade do sistema de justiça, ou seja, desconsidera que o sistema de justiça seleciona a classe mais pobre para ser condenada, enquanto não pune a classe mais alta – que também comete crimes. A teoria lombrosiana serve para reforçar os estereótipos da justiça penal seletiva e não considera esse elemento chave de modo crítico na construção teórica. Por ter cometido essa falha metodológica tão grave – a ponto de macular toda a teoria desenvolvida – muitos autores consideram a escola Positivista Italiana como pré-científica.

6.2.2. Sociológica: Rafaele Garófalo

Garófalo escreveu o livro chamado **Criminologia**.

Para ele, os criminosos tem um déficit moral e por isso cometem crimes. Mas, ele distinguiu esse déficit moral da patologia, das doenças. Esse déficit de base orgânica, endógena e de mutação psíquica, transmissível hereditariamente e com conotações atávicas e degenerativas, está associado a características genéticas e biológicas do individuo. São mutações psíquicas que são transmissíveis hereditariamente. O crime está no homem e se revela como degeneração deste.

A principal contribuição de Garófalo para a Criminologia são suas ideias sobre a punição, fins da pena, sua fundamentação, bem como as formas de prevenção e repressão da criminalidade. Suas posições com relação a esses pontos são extremamente duras. Defende a pena de morte, opondo-se ao ideal ressocializador. Para Garófalo, segundo Luiz Flávio Gomes e Pablos de Molina, "do mesmo modo que a natureza elimina a espécie que não se adapta ao meio, também o Estado deve eliminar o delinquente que não se adapta à sociedade e às exigências da convivência."[5]

6.2.3. Psicológica: Enrique Ferri

Ferri escreveu o livro "Sociologia Criminal".

Para ele, o delito resulta de diversos fatores:

a) os biológicos e os antropológicos, que seriam as características psíquicas e orgânicas dos indivíduos;

b) os fatores físicos como o clima, temperatura, umidade; e

c) os fatores sociais, como densidade populacional, religião, família, educação, etc.

Ferri trouxe os fatores sociais à escola Positivista.

7. Escola Sociológica do Consenso *vs.* Escola Sociológica do Conflito

É fundamental diferenciar os conceitos de escola sociológica do consenso e do conflito, pois as próximas seis escolas que estudaremos se dividem entre essas duas categorias.

As escolas do consenso acreditam que se as instituições e os indivíduos estiverem operando em harmonia, compartilhando as metas sociais e de acordo quanto às regras de convivência, as sociedades terão atingido seu fim.

Ao contrário, as teorias do conflito entendem que a harmonia social só existe em função da imposição pela força, identificam a coerção como elemento central para garantia da harmonia social. Para os teóricos filiados às escolas do conflito, são inerentes às sociedades a relação entre dominantes e dominados e os conflitos decorrentes dessa relação.

Sendo assim, as escolas do consenso entendem que as sociedades são compostas por elementos perenes, integrados, funcionais, estáveis. Todos baseados no consenso.

As escolas do conflito não, elas entendem que as sociedade estão em mudanças contínuas e que todos os elementos cooperam para a sua dissolução. As lutas de classes ou de ideologias estão presentes nas sociedades.

As escolas do consenso que veremos a seguir são: escola de Chicago, teoria da Associação Diferencial, teoria da Anomia e teoria da Subcultura Delinquente. As escolas do conflito que estudaremos são: teoria do *Labelling Approach* e teoria Crítica.

5. GOMES, Luiz Flávio. MOLINA, Antonio García-Pablos de. **Criminologia**. São Paulo: Editora Revista dos Tribunais, 2012 (coleção ciências criminais, v. 5). p. 191.

A tabela abaixo sintetiza as principais diferenças entre as teorias do consenso e do conflito.

	Consenso (Funcionalistas/Integracionista)	Conflito
Visão de sociedade	Objetivos da sociedade são atingidos quando há o funcionamento perfeito das instituições e os indivíduos estão compartilhando metas sociais e concordando com as regras de convívio.	Harmonia social decorre da força e da coerção. Relação entre dominantes e dominados. Pacificação social é decorrente da imposição e da coerção, não é voluntária.
Postulados	As sociedades são compostas por elementos perenes, integrados, funcionais, estáveis, baseados no consenso entre os integrantes.	As sociedades estão sujeitas a mudanças contínuas. Todo elemento coopera para sua dissolução. Presença de luta de classes ou de ideologias (Marx).
Principais escolas	1) Chicago; 2) Associação Diferencial; 3) Anomia; e 4) Subcultura Delinquente	1) *Labelling Approach*; e 2) Crítica

8. Escola de Chicago (Ecológica, Arquitetura Criminal, Desorganização Social)

A escola de Chicago é umas das escolas sociológicas do consenso. Também é conhecida como escola Ecológica, Arquitetura Criminal ou ainda Desorganização Criminal.

Autores: William Thomas, Robert Park, Ernest Burgess.

Período histórico: A Escola de Chicago data da primeira metade do século XX, e foi concebida na Universidade de Chicago.

Para compreender as ideias dessa Escola é necessário entender as mudanças ocorridas na cidade: Chicago havia passado por um enorme crescimento populacional. Em 1840 a cidade tinha uma população de 4.470 habitantes, e em 1900 esse número ultrapassou um milhão e em 1910 a população de Chicago chega a quase dois milhões de habitantes.

Esse crescimento da cidade decorreu de ter se tornado um importante entroncamento ferroviário, uma cidade industrial e estar geograficamente localizada em um ponto que permite a exploração do transporte via navegação pelos Grandes Lagos.

Parte da população de Chicago era composta por imigrantes europeus pobres que viviam o período entre as duas guerras mundiais e imigrantes negros do sul dos Estados Unidos que procuravam trabalho nas indústrias, estavam em busca de um lugar com menos preconceito racial. A população negra chegou a ser de 7% na cidade.

A vinda de tantos imigrantes propiciou a formação de guetos de proteção. Esses imigrantes oriundos do mesmo país passaram a morar na mesma região da cidade e manter a sua língua materna como forma de comunicação e a manter seus costumes.

Pensamento ecológico: a cidade não é apenas uma estrutura física e artificial, ela tem sentidos, costumes, tradições, sentimentos próprios. Cada cidade tem sua própria cultura, suas regras, sua organização formal e informal, seus usos e costumes e sua identidade.

O pensamento base dessa escola é de que há uma relação direta entre o espaço urbano, sua conformação e a criminalidade. Não só em termos de quantidade de crimes cometidos na cidade como um todo, como também da distribuição dos tipos de crimes por região da cidade e a relação entre a forma que determinada região ou bairro se organiza e se estrutura e o tipo e a quantidade de crimes cometidos naquela região. Por isso essa escola também é chamada de arquitetura criminal ou ecológica, por trabalhar com essa relação entre cidade e crime.

Cada cidade tem uma especificidade e funciona de um jeito próprio e singular, mas, além disso, cada região de uma mesma cidade também tem suas próprias características e essas características estão diretamente relacionadas com a criminalidade.

A Escola de Chicago dividiu a cidade em cinco zonas:

a) A primeira zona é chamada de *Loop*. Ela representa a zona industrial e comercial da cidade.

b) A segunda é a zona de transição entre o *Loop* e a terceira. Por ser uma zona de transição está sujeita a ser engolida pelo crescimento da primeira e a degradação daí decorrente. Por ser uma área ruim para a moradia, em razão do cheiro ruim ocasionado pela proximidade das indústrias, por ser barulhenta e mais suja, acaba sendo uma área que concentra as pessoas com menor poder aquisitivo. É uma área com concentração de favelas, bordéis, cortiço.

Em Chicago os imigrantes ficavam mais concentrados nessa área o que acabou por favorecer a formação de guetos quase impenetráveis, em que se falavam as línguas nativas e seguiam os próprios costumes.

c) A terceira zona é a região de moradia das pessoas mais pobres e dos imigrantes que conseguiram emprego. São pessoas que saíram da área de decadência – segunda zona – mas moram próximas dos locais de trabalho.

d) A quarta zona abriga a moradia da classe média.

e) A quinta abriga a moradia da classe mais alta, que se dispõe a gastar tempo para chegar ao trabalho de manhã e voltar para a casa a noite, em nome de morar em uma zona mais limpa e afastada do *Loop*.

A imagem abaixo ilustra a divisão da cidade descrita acima:

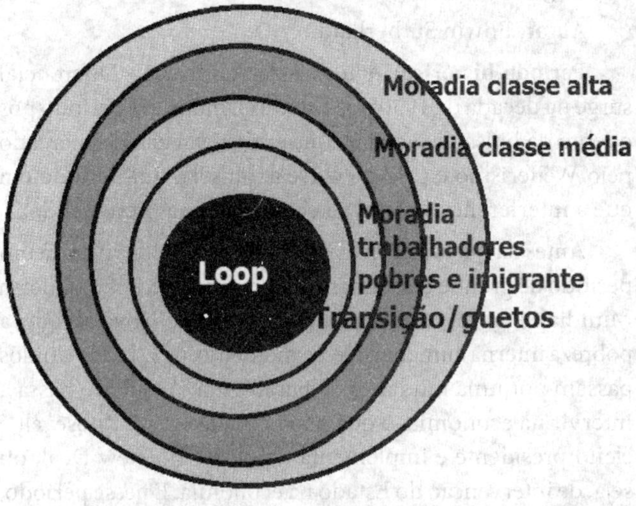

A partir dessa divisão da cidade, os teóricos começaram a estudar a criminalidade em cada área. As estatísticas mostraram que o índice de criminalidade era maior nas áreas mais próximas ao Loop e menor nas áreas mais distantes.

É importante destacar que a escola de Chicago não segue um determinismo ecológico. Para essa escola, o fato da pessoa residir em determinada área da cidade é um dos vetores importantes para a compreensão da criminalidade, que deve ser levado em consideração nas análises, mas não é determinante.

Como na área dois a degradação da moradia e da qualidade de vida é muito alta e lá residem pessoas tão diferentes – o que tornava quase impossível a criação de laços de solidariedade social entre elas – esses elementos favoreciam a solução via cometimento de delitos para os recém-chegados.

Do que acabamos de estudar, podemos extrair os dois conceitos principais dessa escola. O conceito de tendência gradiente (*gradient tendency*), ou seja, quanto mais afastada do Loop menos tendência a ser uma área com altas taxas de criminalidade.

E o conceito fundamental de desorganização social. Nas áreas de maior taxa de delinquência encontram-se as piores condições de vida. São as áreas mais desorganizadas socialmente. Por isso, os autores dessa escola falam que a criminalidade urbana está estreitamente relacionada com a desorganização social.

Sendo assim, a degradação das zonas da cidade e a desorganização social são vetor criminógenos importantes de serem considerados. O *gradient tendency*, ou tendência gradiente, é exatamente essa diluição das taxas de criminalidade em razão da zona da cidade. E a desorganização social é fator criminógeno importante.

A cidade degradada é ocupada por enclaves étnico-sociais que absorvem a cultura criminal por conta da perda de suas raízes.

"Suas teses [da escola de Chicago]consistem em que exista um claro paralelismo entre o processo de criação dos novos centros urbanos e a sua criminalidade, a criminalidade urbana (claramente diferenciada, sob todos os pontos de vista, da que é produzida fora dos núcleos urbanos). A cidade "produz" delinquência. Dentro da grande cidade pode-se verificar inclusive a existência de zonas ou áreas muito definidas (o *gangland*, as *delinquency areas*), onde aquela se concentra.

A teoria ecológica explica este feito criminógeno da grande cidade, valendo-se dos conceitos de desorganização e contágio inerentes aos modernos núcleos urbanos e, sobretudo, invocando o debilitamento do controle social nestes núcleos. A deterioração dos "grupos primários" (família etc.), a modificação "qualitativa" das relações interpessoais que se tornam superficiais, a alta mobilidade, e residência, a crise dos valores tradicionais e familiares, a superpopulação, a tentadora proximidade às áreas comerciais e industriais onde se acumula riqueza e o citado enfraquecimento do controle social criam um meio desorganizado e criminógeno."[6]

As relações que as pessoas estabelecem com cidade são fundamentais para a compreensão da criminalidade urbana. As cidades são diferentes entre si e a relação de seus moradores com elas também difere. Essa relação é diferente em cada zona da cidade.

Nas grandes cidades há uma **perda de identidade**, os indivíduos se transformam em anônimos, **já que não são conhecidos e nem conhecem a grande maioria dos demais moradores da cidade. Por muitas vezes não conhecem nem os morados do mesmo prédio ou da mesma rua.** Esse anonimato gera uma forma diferente de se relacionar com a cidade e enfraquece o controle social informal. Isso porque a pessoa não se sente pertencente a uma comunidade ou grupo, se sente como um individuo singular e autônomo na dinâmica corrida da cidade grande.

As diferentes formas de adaptação das pessoas às cidades têm uma mesma consequência e resultado: a implicação moral e social das pessoas em um permanente processo interativo com a cidade. Nas grandes cidades cria-se um permanente anonimato. "A ruptura das relações anteriores e o enfraquecimento das restrições dos grupos primários, sob a influência do meio urbano, é que são, em grande parte, responsáveis pelo aumento do crime nas grandes cidades."[7]

6. GOMES, Luiz Flávio. MOLINA, Antonio García-Pablos de. **Criminologia**. São Paulo: Editora Revista dos Tribunais, 2012 (coleção ciências criminais, v.5). p. 300.

7. SHECAIRA, Sérgio Salomão. **Criminologia**. São Paulo: Editora Revista dos Tribunais, 2004. p. 161.

É importante lembrar que a organização da cidade está em constante transformação e as políticas públicas também exercem importante papel na configuração dessa organização ou desorganização. Qualquer organização ecológica está em constante processo de mudança, cujo ritmo depende do dinamismo do progresso cultural.

A escola de Chicago tem o foco na prevenção do delito e no combate à criminalidade. Os autores dessa escola defendem a revitalização das áreas degradadas (desmonte de armazéns, reformas...) transformando essas zonas em mais bonitas, saudáveis, agradáveis de viver e frequentar, bem como o resgate das raízes e senso de solidariedade (por meio de lazer, escotismo, música, atividades culturais, esportivas...). Essas atividades permitem que as pessoas compartilhem momentos e criem relações mais próximas e afetivas.

Além disso, propõem que o foco das políticas públicas seja dado às crianças, por meio de desenvolvimento de condições econômicas e sociais, para realmente evitar que quando cresçam tenham que recorrer à criminalidade. Neste sentido, defendiam que: "A lógica da exclusão passa a ser substituída pela lógica do contexto participativo da inclusão, interrompendo um processo que pode culminar com a marginalidade."[8]

Méritos e Deméritos: A escola de Chicago deixou dois principais legados: passou-se a considerar a organização das cidades como fatores criminógenos e, além disso, chamou atenção para o fato de a política pública não deva ser apenas criminal e focada na punição com a pena de prisão, mas que seja essencialmente preventiva, bem como a constatação de que a organização urbana é uma forma fundamental de prevenção da criminalidade. Neste sentido, políticas públicas de iluminação das vias, planejamento urbano, preservação dos edifícios, criação de áreas de lazer e atividades culturais acessíveis para todos são essenciais para a redução da taxa de criminalidade.

Por outro lado, são três os principais deméritos da escola de Chicago. Os autores tinham uma concepção burguesa e etnocêntrica de organização social, não reconheciam as organizações marginais. Os projetos de moradia popular mais famosos da cidade de São Paulo – Projeto Singapura e CDHU – poderiam ser bons exemplos de revitalização da cidade e de tentativa de melhorar as condições de vida, mas não levam em consideração as necessidades da comunidade, não criam laços de solidariedade entre os moradores e por isso tem menos eficácia na redução da taxa de criminalidade decorrente da degradação das condições de vida.

Ademais, a escola de Chicago não questiona a definição de delito. Apenas trabalham com o que é já definido como crime pela lei para realizar os estudos ecológicos.

Por fim, a escola de Chicago não consegue explicar os delitos cometidos fora das áreas delitivas, ou seja, nas áreas mais afastadas do *Loop*, tampouco o não cometimento de delitos nas áreas delitivas. Essa é uma grande crítica que essa escola recebe.

8. SHECAIRA, Sérgio Salomão. **Criminologia**. São Paulo: Editora Revista dos Tribunais, 2004. p. 179.

9. Teoria da Associação Diferencial

A teoria da Associação Diferencial é umas das escolas sociológicas do consenso.

Autor: Edwin Sutherland.

Período histórico: A teoria da Associação Diferencial surge na década de 1930 nos Estados Unidos, no período pós quebra da bolsa de Nova Iorque em 1929. Período marcado pelo Welferismo e pelo New Deal, ou seja, um período em que a interferência estatal na economia estava crescendo.

Antes da quebra da bolsa, os Estados Unidos viveram um período de grande crescimento econômico no pós 1ª Guerra Mundial. Porém, com a quebra da bolsa de Nova Iorque, a pobreza interna aumenta. Nesse momento, os Estados Unidos passam por uma mudança de paradigma e o Estado passa a intervir na economia, o que não fazia até então. Roosevelt é eleito presidente e implementa a política do New Deal, ou seja, de intervenção do Estado na economia. É nesse período, inclusive, que é revogada a Lei Seca que proibia o consumo e comercialização de bebidas alcóolicas no país. Esta medida reduziu significativamente a criminalidade de massa. Outras medidas tomadas pelo Estado foram a criação do seguro desemprego, a realização de investimentos brutais em obras públicas de infraestrutura e o fechamento temporário dos bancos.

Teoria da Associação Diferencial: Sutherland parte da ideia de que os princípios da escola de Chicago (vide item 8 supra) não são suficientes para explicar a criminalidade. O crime não pode ser definido simplesmente como disfunção ou inadaptação de pessoas de classes menos favorecidas, não sendo a prática delitiva exclusividade destas. A escola de Chicago vê uma relação direta entre a cidade, sua organização e a criminalidade, sendo que nas áreas com maior índice de desorganização social a prática delitiva é mais comum. Essas áreas desorganizadas são associadas com as áreas onde habitam a população mais pobre. E é nesse ponto que Sutherland não acha a explicação suficiente e pretende ir além com sua teoria.

A principal ideia da teoria da Associação Diferencial é de que o crime é uma conduta aprendida, assim como qualquer outra. O aprendizado se dá pela convivência em determinados grupos. Alguns grupos transmitem a seus membros a conduta delinquente. As práticas delitivas são mais uma das condutas aprendidas, que a pessoa aprende com o grupo que convive. Seja com a família, na escola, grupo de amigos, colegas de trabalho e etc. As pessoas aprendem os comportamentos pela imitação. As crianças imitam os pais, professores e amiguinhos da escola. Para essa teoria o crime é mais uma das condutas aprendidas, imitadas.

Sendo assim, destacam-se duas ideias chave desta teoria: o conceito de organização diferencial e o de aprendizagem dos valores criminais. Para essa teoria, o homem aprende a conduta desviante e associa-se com referência nela.

Além disso, como em todo o processo de aprendizagem, o processo de comunicação é determinante para a prática delitiva. Ademais, os valores dominantes do grupo ensinam o delito.

> "O crime, conforme este autor, não é hereditário nem se imita ou inventa: não é algo fortuito ou irracional: o crime se aprende. A capacidade ou destreza e a motivação necessárias para o delito se aprendem mediante contato com valores, atitudes, definições e pautas de condutas criminais no curso de normais processos de comunicação e interação do indivíduo com seus semelhantes."[9]

São cinco as principais bases da teoria da Associação Diferencial:

a) O comportamento criminal é um comportamento aprendido, assim como os demais comportamentos.

b) O comportamento criminal é aprendido mediante a interação com outras pessoas em um processo comunicativo. Essa teoria considera a comunicação como um fator chave para que as práticas delitivas sejam ensinadas e aprendidas.

c) A maior carga de aprendizagem se dá nas relações sociais mais próximas. A aprendizagem é maior com os núcleos em que a interação é mais próxima, mais significativa para a pessoa. A pessoa aprende mais comportamentos com os pais do que com os professores da escola, mas aprendem mais com os professores do que com as demais pessoas de sua convivência mais distanciada. O modelo – criminal ou não – é mais convincente para o indivíduo quanto maior for o prestígio que ele atribui a pessoa ou aos grupos cujas definições e exemplos aprende.

d) O aprendizado inclui a técnica do delito, além da própria justificação do ato. Não apenas se aprende a técnica do cometimento dos delitos nesse processo, mas também as justificativas para cometê-lo.

e) Surge o delinquente quando as definições favoráveis à violação da lei superam as desfavoráveis, o que vale dizer, quando a pessoa, por seus contatos diferenciais, aprendeu mais modelos criminais que modelos respeitadores das leis. Se o pai na mesa de jantar, por exemplo, conta para a família como foi lucrativo para a empresa a decisão que ele tomou de não pagar impostos naquele ano, isso será captado pelas crianças como uma atitude vantajosa.

9. GOMES, Luiz Flávio. MOLINA, Antonio García-Pablos de. **Criminologia**. São Paulo: Editora Revista dos Tribunais, 2012 (coleção ciências criminais, v. 5). p. 318.

Com base nessa teoria, Sutherland vai estudar como ela se aplica na prática. Ele decide estudar um grupo que não era estudado e nem associado a um grupo criminal, até então: as classes altas. Ele faz uma pesquisa com as 70 maiores empresas dos Estados Unidos e conclui que apenas uma seguia todas às leis e normas. A partir deste estudo, fica claro então que a criminalidade não se restringe as classes mais pobres e que a associação diferencial, o aprendizado delitivo, o aprendizado diferenciado ocorre em todas as camadas sociais.

Neste momento Sutherland cunha o termo crime/criminosos de colarinho branco (*white collar crimes*).

Definição de crime de colarinho branco: Crime de colarinho branco é aquele cometido no âmbito da profissão por pessoa de respeitabilidade e elevado status social.

São quatro os núcleos centrais da definição:

a) é um crime;

b) cometido por pessoas de respeitabilidade social;

c) no exercício da sua profissão;

d) ocorre, em regra, como violação de norma de confiança.

Portanto, o crime de colarinho branco é aquele cometido por pessoas que gozam de grande aceitação social, sendo respeitados socialmente. Apenas os crimes cometidos no âmbito profissional destas pessoas estão incluídos nessa definição. Ou seja, exclui os crimes cometido no âmbito da vida privada por essas mesmas pessoas. Por exemplo, se o alto executivo além de sonegar impostos e praticar outros delitos contra a ordem tributária, financeira e ambiental ainda comete crimes no âmbito privado, como consumir de drogas, dirigir embriagado, estupro, homicídio ou qualquer outro, estes cometidos no âmbito privado não se enquadram na definição do crime de colarinho branco apenas pelas características do autor do delito. Para ser um crime de colarinho branco tem que ter sido cometido no âmbito profissional.

Méritos e Deméritos: A teoria da Associação Diferencial teve o grande mérito de chamar atenção para os crimes praticados por pessoas bem sucedidas e para a forma diferente que o sistema penal trata esses crimes. Colocou em destaque os crimes cometidos pelas classes altas. A partir de então, não se pode mais identificar criminalidade com "anormalidade". Sutherland descontrói a ideia de que o crime está presente apenas dentre os pobres e marginalizados. Em síntese, depois da teoria da Associação Diferencial, que chamou atenção para os crimes praticados pelas classes altas e para a diferença no tratamento dado pelo sistema penal a esses crimes e esses autores, não se pode mais identificar a conduta criminosa como uma anormalidade, uma patologia, pois os autores dos crimes de colarinho branco são muito saudáveis, inteligentes e adaptados à sociedade. A teoria segue outro caminho para explicar a criminalidade.

Outra grande contribuição desta teoria é a proteção que temos hoje aos interesses difusos e coletivos, pois a Associação Diferencial que chamou atenção para a criminalidade que feria bens jurídicos indeterminados, difusos e coletivos.

Por outro lado, a teoria da Associação Diferencial desconsidera os fatores psicológicos individuais de cada um, atribuindo a causa dos delitos ao aprendizado das condutas, mas não leva em consideração a autonomia e o livre-arbítrio de cada um em optar por praticar o crime ou não. Não explica porque nas mesmas condições uma pessoa segue o modelo desviante de condutas e outra não. Sendo assim, desconsidera a autonomia ética e a subjetividade do indivíduo, já que o comportamento desviante se aprende a partir da convivência. Ademais, desconsidera que o crime nem sempre segue padrões racionais e utilitários, por vezes, existem crimes impulsivos, ocasionais, espontâneos, que fogem a qualquer mecanismo de aprendizagem.

Outra crítica que essa teoria recebe trata da questão da associação entre pessoas que cometem delitos. Para os críticos dessa teoria o fato de pessoas que cometem delitos se associarem não significa que seja essa a causa do comportamento delitivo. É uma consequência lógica, já que um indivíduo procura se relacionar com outros que tenham as mesmas ideias, valores, condutas e atitudes semelhantes às suas. "Parece desmedido o intento de enquadrar todo comportamento delitivo em um processo social normal de aprendizagem. Pois, sem dúvida, há experiências que não são aprendidas assim como fatores ocultos e inconscientes que influem na conduta."[10]

10. Teoria da Anomia

A teoria da Anomia é umas das escolas sociológicas do consenso.

Autores: Émile Durkheim e Robert Merton.

Émile Durkheim: O expoente da teoria da anomia é o sociólogo Émile Durkheim.

Anomia: Em primeiro lugar é necessário definir "anomia". Anomia significa sem lei, ausência ou desintegração das normas sociais. A anomia para essa teoria pode ocorrer em três situações distintas:

a) Em uma situação existente de transgressão das normas por quem pratica ilegalidades (delinquente) em um nível muito acentuado. Ou seja, a anomia pode ocorrer quando as taxas de práticas de crimes são tão altas que colocam em xeque a coesão social, pois as práticas de crimes se sobrepõem as *não práticas*.

b) Na existência de um conflito de normas claras que tornam difícil a adequação do indivíduo aos padrões sociais, vale dizer, que essa segunda concepção, anomia para Durkheim é a situação em que as normas não são claras, o que torna complicado para o indivíduo saber qual o padrão social a ser seguido.

c) Na existência de um movimento contestatório que descortina a inexistência de normas que vinculem as pessoas num contexto social (crise de valores). Essa terceira concepção de anomia se refere a um momento muito intenso de contestação dos valores.

Consciência coletiva: Um dos conceitos chaves para a compreensão da teoria de Durkheim é o de consciência coletiva. Para ele, existe uma consciência coletiva de toda a sociedade. Essa consciência coletiva é responsável pelas regras sociais que vigoram naquela sociedade, ou seja, existe essa consciência comum do que é certo e do que é errado para aquela sociedade determinada.

Por exemplo, existem sociedades que acham certo praticar a circuncisão genital feminina (também chamada de mutilação genital feminina). Na nossa sociedade brasileira isso é errado. Tem um senso comum de que isso é errado. Não é preciso ter uma lei dizendo isso – até pode ter – mas, não é necessário. Tem esse senso inconsciente que diz que aqui isso é errado. Por outro lado, a nossa consciência coletiva diz que é certo estudar para concurso. Não está escrito em lugar nenhum, mas nós todos sentimos que isso é certo.

Crime: Vamos passar agora a estudar como o crime é visto por Durkheim. De acordo com esse autor, o crime é normal e inerente às sociedades. Só deixa de ser normal quando a existência dos delitos passa a ser prejudicial à existência da estrutura social, quando o sistema de regras e condutas perde o valor, enquanto um novo sistema ainda não se reafirmou (anomia). Na mesma linha de raciocínio, em níveis normais, o crime servia para reforçar os próprios valores da consciência coletiva (atos, valores, processos partilhados por uma sociedade). E uma conduta só é considerada crime porque fere a consciência coletiva. Nos dizeres do próprio Durkheim, "não o reprovamos porque é crime, é crime porque o reprovamos".

Vale dizer, não há sociedade sem crime, o crime é uma realidade social. Ele só passa a ser um problema quando a prática dos delitos passa a ser prejudicial para a estrutura social, ou seja, quando os valores daquela sociedade e suas regras e condutas perdem o valor, mas ainda não se afirmou uma nova ordem com novos valores. Essa seria uma fase de anomia para Durkheim. Mas, em níveis normais o crime serve para reforçar os próprios valores da consciência coletiva, isso porque todos os demais sentem que a conduta criminosa praticada é errada e querem uma punição. Sendo assim, o crime tem a função de reafirmar os valores sociais e não de feri-los. As condutas só são consideradas crimes quando elas ferem a consciência coletiva. As condutas só são crimes, pois ferem os valores partilhados pela sociedade. Condutas que não ferem esse senso coletivo não são consideradas crime.

Normalidade e Funcionalidade: Com base no dito acima, extraímos os dois postulados mais importantes desta teoria: a normalidade e a funcionalidade do crime. Normal por que não teria origem em patologias individuais e nem sociais,

10. GOMES, Luiz Flávio. MOLINA, Antonio García-Pablos de. **Criminologia**. São Paulo: Editora Revista dos Tribunais, 2012 (coleção ciências criminais, v. 5). p. 320.

e sim, no normal funcionamento de toda ordem social. "Apareceria inevitavelmente unido ao desenvolvimento do sistema social e a fenômenos normais da vida cotidiana."[11] E o crime seria funcional, pois não é um fato nocivo para toda a sociedade, "senão todo o contrário, é dizer, funcional, para a estabilidade e a mudança social."[12]

Função da Pena: Nesse sentido, a função da pena é satisfazer a consciência coletiva, ferida pelo ato cometido por um dos membros da comunidade. A sociedade exige reparação e a reparação é a punição, que reestabelece o sentimento de todos que se sentiram feridos. Sua verdadeira função é manter intacta a coesão social, mantendo toda a vitalidade do senso comum. Ou seja, a pena é uma reação a uma violação à consciência coletiva que vem para fortalecer e reestabelecer essa mesma consciência comum.

A noção muito falada hoje em dia de que a impunidade fomenta a criminalidade ou é a causa da criminalidade é uma atualização do pensamento de Durkheim. De acordo com Durkheim, quando há uma situação de prática reiterada de delitos e as feridas causadas à consciência coletiva por esses atos não são fechadas pela punição dos autores dos crimes, tem-se uma quebra na coesão social, pois perdem-se às referências comunitárias normativas que orientam as relações éticas na sociedade.

Como vimos, para Durkheim a punição tem a função de demonstrar qual a norma social vigente e manter a coesão e a solidariedade operando. Quando não há demonstração de qual é a norma social vigente por meio da punição de quem rompe a norma, no extremo, pode-se criar uma situação de anomia, em que se perdem as referências da consciência coletiva de que praticar determinada conduta é errado e aumenta-se a prática dessa conduta.

Em resumo: "a tese de Durkheim significa, em suma, admitir que o delito é um comportamento "normal" (não patológico), "ubíquo"(é cometido por pessoas de qualquer estrato social e em qualquer estrato da pirâmide social e em qualquer modelo de sociedade) e derivado não de anomalias do individuo nem da própria "desorganização social", senão das estruturas e fenômenos cotidianos no seio de uma ordem social intacta. (...) Conforme Durkheim, o anormal não é a existência do delito, senão um súbito incremento ou descenso dos números médios ou das taxas de criminalidade, já que – acrescenta o autor – "uma determinada quantidade de crimes forma parte integrante de toda sociedade sã", e uma sociedade sem condutas irregulares seria uma sociedade pouco desenvolvida, monolítica, imóvel e primitiva."[13]

11. GOMES, Luiz Flávio. MOLINA, Antonio García-Pablos de. **Criminologia**. São Paulo: Editora Revista dos Tribunais, 2012 (coleção ciências criminais, v.5). p. 303.
12. *Idem, ibidem*..
13. GOMES, Luiz Flávio. MOLINA, Antonio García-Pablos de. **Criminologia**. São Paulo: Editora Revista dos Tribunais, 2012 (Coleção Ciências Criminais, v. 5). p. 304.

Robert Merton: Robert Merton aplicou a teoria de Durkheim – exposta acima – à Criminologia propriamente dita. Em 1938 publica sua obra **Teoria Social e Estrutura Social**.

Para ele, o crime ocorre quando há uma dissociação entre as aspirações culturalmente prescritas e os caminhos socialmente estruturados para realizar tais aspirações. Portanto, o crime ocorre quando há uma divergência entre os valores culturalmente valorizados e as formas de atingir esses valores. Anomia ocorre quando a sociedade acentua a importância de determinadas metas, sem oferecer à maioria das pessoas a possibilidade de atingi-las, por meios legítimos, ou seja, quando a sociedade acentua sobremaneira a importância de determinadas metas, mas não oferece a oportunidade para as pessoas alcançá-las, entra-se em uma situação de anomia.

Período histórico: Para entender o que defende Merton é necessário compreender o contexto em que ele escreve. Ele teoriza a partir da sociedade americana, em que a acumulação de riqueza e o poder são extremamente valorizados. Esse é o *american dream*, o sonho americano de enriquecer. Mas, por outro lado, a sociedade americana não construiu meios para que todos pudessem ter riqueza e poder.

Tipologia de adaptação individual: Nesse contexto, Merton cria cinco categorias de indivíduos que operam nessa sociedade contraditória, em que não há meios suficientes para que a maioria das pessoas que queiram, alcancem o que é valorizado pela sociedade: a riqueza e o poder. "Conforme Merton, a tensão entre "estrutura cultural" e "estrutura social" força o indivíduo a optar, dentre as vias existentes, por cinco delas: conformidade, inovação, ritualismo, fuga do mundo e rebelião, todas elas, com exceção da primeira, constitutivas de comportamentos desviados ou irregulares."[14]

Vamos discorrer agora sobre a tipologia de adaptação individual de Merton:

O primeiro é o conformista. Esse tipo recebe esse nome, pois ele está em conformidade, ou seja, de acordo, com os objetivos culturais de poder e riqueza e também com os meios para alcançá-los. Esse é o tipo mais comum, ele garante a estabilidade da sociedade. Pois, para ter coesão é necessário que a maioria das pessoas compartilhe dos valores e esteja de acordo com os meios a serem percorridos, que no caso americano seriam o trabalho e a educação.

O segundo tipo é o ritualista, que segue os meios para alcançar os desejos sociais, mas não acredita nessas metas. Um exemplo é o tímido funcionário público, ele sabe que não vai ser rico e nem poderoso, mas acredita nos meios e nas normas. Ele renuncia ao objetivo de ser rico e poderoso. Ele tem consciência que não vai alcançar o objetivo, então segue as normas sociais, mas, não busca alcançar os valores.

O terceiro tipo é o retraído. Esse tipo renuncia aos objetivos e aos meios. Ele vira um apático, atua com apatia frente a isso. Por exemplo, os bêbados, drogados, mendigos,

14. GOMES, Luiz Flávio. MOLINA, Antonio García-Pablos de. **Criminologia**. São Paulo: Editora Revista dos Tribunais, 2012 (Coleção Ciências Criminais, v. 5). p. 305.

errantes, etc. Eles atuam como se as normas e os valores sociais não lhe dissessem respeito.

O quarto tipo é o criminoso. Merton o denomina de inovador. Isso porque ele está aderido com os valores sociais, mas ele busca meios alternativos e criativos para alcança-los, utiliza o crime como um meio. Ao invés de trabalhar e estudar duro, o que ele provavelmente não teria chance, ele rouba ou trabalha no tráfico de drogas.

E o quinto tipo é o rebelde. Os movimentos sociais que buscam a transformação social, mudança de paradigma, os anarquistas, *punks*... Eles discordam dos valores instituídos e buscam outras metas e outras normas e valores sociais. Tentam transformar a sociedade, torná-la diferente.

Em resumo, os cinco tipos são:

1. Conformidade: Conformidade com os objetivos culturais e com os meios institucionalizados para alcançá-las. É o tipo mais comum e mais difundido. Garante a estabilidade da sociedade.
2. Ritualismo: Renuncia aos objetivos valorados por ser incapaz de alcançá-los, mas segue todas as normas sociais.
3. Retraimento: Renuncia aos objetivos culturais e às normas.
4. Inovação: Adere aos valores sociais, mas busca outros meios de alcançá-los, já que não é possível pelas vias institucionalizadas. Segue a rota do crime para atingir a riqueza e poder.
5. Rebelião: Refuta os valores vigentes e propõem outras metas e formas de atingir.

Para Merton, quando os modos não conformista (ou seja, ritualista, retraído, inovação e rebelde) superam os meios conformista, tem-se uma situação de anomia.

Vamos ver agora uma tabela que ilustra, de modo caricatural, os cinco tipos de adaptação individual:

	Metas Sociais	Meios de atingir as metas sociais
Conformista		
Ritualista		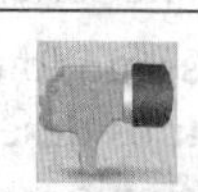
Retraído	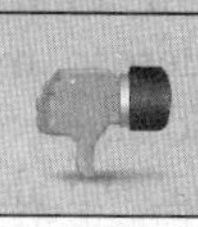	
Inovador	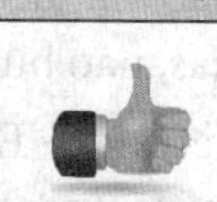	
Rebelde		

O conformista adere às metas sociais e concorda com os meios para atingi-las. Por isso as duas colunas estão com o fundo branco e com sinal positivo.

O ritualista não adere às metas sociais, desistiu delas, por isso o fundo está cinza e com sinal negativo. Mas, ele segue os meios socialmente aceitos, segue as leis.

O retraído não adere às metas e nem às normas, por isso está com fundo cinza e com sinal de negativo nas duas colunas.

O inovador está com o fundo branco e com sinal positivo na primeira coluna porque ele adere às metas sociais, mas, não utiliza as normas e os meios socialmente aceitos para atingi-las, ele é criativo, inovador, ele inventa outra forma e essa nova forma é o crime.

O rebelde seria caracterizado por uma adoção apenas parcial dos fins e dos meios, aliada a uma perspectiva de mudança social estrutural no que concerne à concepção valorativa das metas culturais. Por isso está representado com um fundo de uma cor diferente dos demais e com uma imagem que tem o rosto triste segurando um feliz. Isso para representar que o rebelde quer a mudança das metas sociais e das formas de atingi-las. É como se estivesse insatisfeito com o presente, mas buscando transformar a realidade para ficar satisfeito no futuro, ele busca a transformação da sociedade.

Méritos e Deméritos: A teoria da Anomia teve o grande mérito de considerar o delito como fenômeno normal das sociedades e não necessariamente ruim. De considerar o criminoso não como um anormal.

Ademais, Merton explica porque as classes desfavorecidas concentram a maior parte dos cometimentos dos crimes: como são excluídos do circuito dos meios institucionalizados para acumular riqueza e, portanto, encontram-se mais distantes da ascensão social, tendem a recorrer com mais frequência à delinquência para realizar os objetivos difundidos pela sociedade de consumo.

Por outro lado, partem do falso pressuposto de que há um consenso coletivo (se baseiam na ideia do contrato social de Rousseau). Não pressupõem a possibilidade de criticar a sociedade competitiva, mas sim a integração do indivíduo a essa sociedade.

Por fim, não explicam porque existe a criminalidade que não tem por objetivo o lucro e porque a criminalidade cometida pelos ricos não é perseguida na mesma intensidade do que aquela cometida pelos pobres.

11. Teoria da Subcultura Delinquente

A teoria da Subcultura Delinquente é umas das escolas sociológicas do consenso.

Autores: Albert K. Cohen (1955): "Delinquent boys: the culture of the gang". Willian F. Whyte (1953): "Street Corner Society. The social structure of an italian slum".

Período histórico: Depois da 2ª Guerra Mundial os Estados Unidos cresceram muito economicamente e a população estava tomada por um sentimento de confiança na democracia e nas instituições. A figura paterna era central nos núcleos familiares, representava a autoridade dentro do lar e estabelecia a ordem.

Mas, nos anos 1950 os jovens, especialmente negros, perceberam que não conseguiriam alcançar o ideal americano. Perceberam que se tornar rico era uma realidade para muito poucos. A desilusão tomou conta dos jovens que passaram a contestar todo o modelo, inclusive a figura paterna. Esse período marca a falência do *american dream*.

Os jovens que tinham condições de alcançar o sonho americano de riqueza e os que não tinham, eram cobrados da mesma maneira. O choque entre a cultura e a estrutura social, que não fornecia as condições sociais de acesso aos bens sociais para todos, cria uma espécie de desilusão com relação ao sistema de vida americano.

Subcultura Delinquente: Assim, a formação de subculturas criminais representa a reação necessária de algumas minorias altamente desfavorecidas diante da exigência de sobreviver, de orientar-se dentro de uma estrutura social, apesar das limitadíssimas possibilidades legítimas de atuar. Sendo assim, a formação de subculturas criminais passou a ser uma reação de alguns grupos minoritários que não podiam alcançar o tal sonho americano de riqueza tão propagandeado. As gangues de jovens formam-se como reação à sensação de frustração por conta da impossibilidade de alcançar as metas da sociedade branca, protestante e anglo-saxã, (conhecida pela sigla em inglês W.A.S.P.).

Dentre essas gangs, a destruição passa a ser cultuada porque o jovem de classe média cultua a propriedade. Os valores são adotados por sua forma invertida, como forma de contestação ao ideal da sociedade dominante.

Definição de Subcultura Delinquente: A Subcultura Delinquente é um comportamento de transgressão que é determinado por um subsistema de conhecimento, crenças e atitudes que possibilitam, permitem ou determinam formas particulares de comportamento transgressor em situações específicas.

Subcultura não é uma manifestação delinquencial isolada. A subcultura delinquente tem como característica, justamente, a dimensão coletiva.

Os crimes cometidos pelo grupo, segundo a teoria da Subcultura Delinquente, são cometidos em concordância com a as regras e os valores daquele grupo. Por isso o crime não é um ato isolado e sim de um grupo. As regras que fazem sentido para aquele grupo são diferentes ou contrárias às regras que vigoram no restante da sociedade. Estão em oposição, e isso não é por acaso, é realmente uma forma de contestação.

A Subcultura Delinquente é associada diretamente ao comportamento de jovens que delinquem em grupo. Este grupo tem suas próprias normas, valores, ética e crenças que diferem das normas, valores, ética e crença da sociedade dominante. O crime é cometido, pois está de acordo com aquela *subcultura*, com a subcultura daquele grupo de jovens que contesta a cultura dominante.

Crime: As três principais características do crime para a teoria da Subcultura Delinquente são:

a) Não utilitarismo da ação, ou seja, a ação não tem utilidade, é um ato de contestação. Se estivermos estudando um furto, por exemplo, o objeto furtado não será usado para comprar coisas ou será consumido. O furto não foi realizado por que o grupo queria ter aquele bem e não podia comprá-lo, ou para vendê-lo e comprar outras coisas. De acordo com a Subcultura Delinquente, a intenção com esse furto não era o aproveitamento material e sim a contestação do modelo de sociedade que valoriza sobremaneira o "*ter*".

b) Malícia da conduta, ou seja, prazer em ver o outro sofrer. É um sadismo. Se roubarem a bolsa de uma velhinha, por exemplo, é pela graça de ver a velhinha sem rumo e não pelo valor que tem na bolsa.

c) Negativismo, ou seja, nega o valor dominante, baseia--se em outros valores. A conduta criminosa nega a cultura dominante na sociedade, é baseada nos valores do grupo. Como um grupo de jovens pichadores que picham a cidade. É uma contraposição à ordem majoritária, realizam atos de contestação.

Méritos e Deméritos: A teoria da Subcultura Delinquente teve o grande mérito de marcar uma nova visão sobre a criminalidade. Até então predominava nos Estados Unidos a visão ecológica do crime, baseada nas ideias da escola de Chicago (vide item 8 supra).

Essa escola demonstra que o controle dessa criminalidade, da Subcultura Delinquente, não se pode fazer por meio dos mecanismos tradicionais de combate ao crime. A ideia central dessa forma delituosa, da Subcultura Delinquente, tem particularidade e diferenças com a criminalidade mais comum. Algumas dessas manifestações não se combatem com pura repressão, mas sim com um processo de cooptação, integração dos grupos juvenis, envolvendo-os no mercado de trabalho, ou por meio de uma ação de inteligência da polícia, com delegacias especializadas (por exemplo, para prevenir crimes cometidos pelas gangs punk).

Por outro lado, uma crítica que essa teoria recebe, é que não fornece um modelo explicativo generalizado da criminalidade, trata apenas de uma criminalidade com características bastante específicas.

12. Teoria do *Labelling Approach* (reação social, etiquetamento, rotulação social, interacionismo simbólico)

A teoria do *Labelling Approach* é umas das escolas sociológicas do conflito.

Autores: Howard Becker é o principal autor da teoria do *Labelling Approach*. Ele publica o livro "Outsiders: studies in the sociology of deviance", em 1963. Outros autores são: Kai T. Erikson, Edwin Lemert, Edwin Schur e Erving Goffman.

Período histórico: Os anos 1960 são realmente famosos pelos movimentos inovadores, críticos e criativos. É nesse ambiente cultural que surge a teoria do *Labelling Approach* como uma teoria do conflito, rompendo com a lógica das teorias do consenso. Anos 1960 marcam um sucessivo período de relações críticas que abrem uma fissura no aparente monolitismo cultural e social americano.

A teoria do *Labelling Approach* é um verdadeiro marco das teorias do conflito: "a ideia de encarar a sociedade como um "todo" pacífico, sem fissuras interiores, que trabalha ordenadamente para a manutenção da coesão social, é substituída, em face de uma crise de valores, por uma referência que aponta para as relações conflitivas existentes dentro da sociedade e que estavam mascaradas pelo sucesso do Estado do Bem-Estar Social."[15]

Nesse período, os Estados Unidos viviam um período muito interessante e eletrizante. Guerra do Vietnã e toda a revolta da população contra a Guerra.

Os movimentos de contracultura beatnik e hippie ganham corpo e forma.

Assim como a maconha passa a ser um símbolo de rebeldia e resistência contra os valores burgueses dominantes. Thimoty Leary, psicólogo renomado e professor das melhores universidades americanas, populariza o LSD como uma droga expansora de consciência. Ele faz diversos experimentos científicos com o aval das universidades e do governo americano.

É um período muito marcado pelo pacifismo e protestos contra as guerras.

Martin Luther King também se destaca nesse momento histórico, como um ativista em busca da igualdade racial, na luta contra o racismo. Ele era adepto da cultura da não violência e da desobediência civil pacífica. Nesse período o feminismo também surge como uma crítica à cultura dominante de que a mulher deveria se limitar ao papel estabelecido de boa mãe, boa esposa e boa dona de casa.

Tudo isso estava acontecendo nos Estados Unidos, mas esse chamado fermento de ruptura também estava presente nos outros países. Na América Latina os movimentos de resistência às ditaduras estavam muito fortes e atuantes. E na França ocorre o movimento que ficou conhecido como Maio de 1968.

Os anos de 1960 foram marcados por muitos acontecimentos, todos de ruptura com o velho modelo de sociedade. E esse caldo de cultura também encontrou expressão na área criminológica, na teoria do *Labelling Approach*: "de braços dados com essa rebeldia, surge um potencial crítico e criativo, um idealismo marcante e abrangente, uma força transformadora como nunca na história da humanidade os jovens haviam experimentado. Essa década é marcada por um culto "científico" às drogas, pelo psicodelismo do *rock and roll*, por uma enfática resistência pacifista à Guerra do Vietnã, por uma campanha abrangente pelos direitos civis, pela luta das minorias negras, pelo fim das discriminações sexuais, pelo despertar da consciência estudantil que passa a conhecer seu próprio poder, por transformações existenciais que permitem aos jovens encontrarem seu próprio eu, enfim, por um fermento de ruptura potencializador da sociologia do conflito."[16]

A teoria do *Labelling Approach*, como não poderia deixar de ser, rompe com a Criminologia das escolas do consenso que acreditam em um todo uno e harmônico da sociedade. A teoria do *Labelling Approach* procura uma explicação para o crime em paradigmas diversos daqueles concebidos pela criminologia tradicional.

Mudança de Paradigma: A teoria do *Labelling Approach* desloca o problema criminológico do plano da ação para o da reação (dos *bad actors* para os *powerful reactors*), demonstrando que a verdadeira característica comum dos delinquentes é a resposta das instâncias de controle.

As escolas do conflito (*vide* item 7 *supra*) questionam a existência de uma realidade ontológica no delito, passando a entender o delito como uma entidade originalmente jurídica. Esse é o grande salto entre as escolas do consenso e do conflito. As escolas do conflito entendem que há uma decisão política de que condutas serão criminalizadas. Importante destacar, nesse ponto, que as condutas consideradas criminosas mudam ao longo do tempo. Como o adultério que deixou de ser crime por uma transformação social que passou a entende-lo de uma forma diferente do que antes era entendido. De acordo com Shecaira, o "desvio (...) não é uma propriedade inerente a determinados comportamentos".[17]

Há uma inversão de causa e efeito na concepção que as escolas do consenso têm sobre a relação entre crime e repressão. Não é a lei que surge para reprimir o crime, mas a lei cria o crime e o fenômeno criminal. A teoria do *Labelling Approach* leva a uma inversão fundamental sobre a pergunta central da Criminologia: deixa-se de perguntar por que as

15. SHECAIRA, Sérgio Salomão. **Criminologia**. São Paulo: Editora Revista dos Tribunais, 2004. p. 271.

16. SHECAIRA, Sérgio Salomão. **Criminologia**. São Paulo: Editora Revista dos Tribunais, 2004. pp. 273-4.

17. Idem ibibem, p. 294.

pessoas cometem crimes e passa-se a perguntar por que determinados atos e pessoas são criminalizados.

Então, a teoria do *Labelling Approach* vai trabalhar com a ideia de que o foco da Criminologia deve estar na reação social a um desvio, pois a criminalidade só existe, pois tem condutas definidas pela lei como criminosas. E, segundo a teoria do *Labelling Approach*, a reação das instâncias de controle produz o criminoso. Por isso essa teoria tem como ideia central os conceitos de etiquetamento e de estigmatização. Após ter sido capturada por uma instância de controle social formal, a pessoa passa a ser tratada por todos como criminosa. Ela é estigmatizada dessa forma, passa a ser rotulada. Por essa razão, essa teoria também é conhecida como interacionismo simbólico ou teoria da rotulação social ou da reação social.

Quando os outros começam a ver uma pessoa como perigosa, começam a adotar perante ela uma conduta diferente, que não é adotada perante todos os demais. Para que uma pessoa seja rotulada como criminosa, basta que tenha cometido apenas um ato desviante.

"As questões centrais do pensamento criminológico, a partir desse momento histórico, deixam de referir-se ao crime e ao criminoso, passando a voltar sua base de reflexão ao sistema de controle social e suas consequências, bem como ao papel exercido pela vítima na relação delitual."[18]

A carreira do desvio se constrói a partir da interação com o rótulo (interacionismo simbólico). Muitas instituições destinadas a desencorajar o comportamento desviante operam, na verdade, de modo a perpetuá-lo e a fomentá-lo. "Essas instituições acabam reunindo pessoas que estão à margem da sociedade em grupos segregados, o que dá a eles a oportunidade de ensinar uns aos outros as habilidades e comportamentos da carreira delinquente e, até mesmo, provocar o uso dessas habilidades para reforçar o senso de alienação do resto da sociedade."[19]

Diante de toda essa mudança brusca no cenário criminológico não mais se indaga o porquê do criminoso cometer crimes. E sim, porque é que algumas pessoas são tratadas como criminosas, quais as consequências desse tratamento e qual a fonte de sua legitimidade.

A teoria do *Labelling Approach* entende que a criminalidade não é uma qualidade da conduta humana, mas a "consequência" de um processo em que se atribui tal "qualidade".

Conceitos centrais: A teoria do *Labelling Approach* trabalha com alguns conceitos centrais que vamos passar a estudar agora: desviação primária[20], desviação secundária e *role engulfment* (mergulho no papel desviado).

18. SHECAIRA, Sérgio Salomão. **Criminologia**. São Paulo: Editora Revista dos Tribunais, 2004. p. 271.
19. Idem ibibem, p. 297.
20. Alguns autores chamam a desviação primária de vulnerabilidade.

A desviação primária é anterior ao cometimento do delito, ela está muito associada aos fatos psicológicos do individuo e a sua marginalização em função de aspectos sociais, culturais, raciais e etc.

Já a desviação secundária tem relação com cometimento de delitos. Ela acontece por conta da reação social ao desvio. O agente do delito que já passou para a fase de desviação secundária já está com a identidade estruturada em torno da desviação. "É um mecanismo criado, mantido e intensificado pelo estigma."[21]

O *role engulfment* nada mais é do que um mergulho no papel desviado, ou seja, a aceitação total desse papel. A pessoa passa a adotar realmente as posturas de um desviante. O individuo passa a se enxergar como desviante e os demais o veem desta mesma forma. À medida que o mergulho no papel de desviado cresce, há uma tendência para que o autor do delito defina-se como os outros o definem.

O processo de rotulação, que se mostra bem sucedido quando a pessoa também passa a se ver como desviante –*role engulfment* – leva a desviação secundária.

Agora, vamos estudar o ciclo criminal, de acordo com a teoria do *Labelling Approach*.

A desviação primária é o efeito psicológico de marginalização causado por fatores sociais e culturais. A pessoa que passa pela desviação primária é marginalizada e se se sente segregada pela sociedade. A sociedade dá uma resposta ritualizada e estigmatizante a essa pessoa marginalizada que acarreta em uma redução de oportunidades e no distanciamento social daquela pessoa. A pessoa começa a seguir uma subcultura delinquente, ou seja, à margem da sociedade e essa subcultura opera em sua autoimagem. Em seguida, as instâncias formais de controle captam essa pessoa e a submete a todo o processo da justiça criminal que tem como símbolo máximo a prisão. Passar pela situação de prisão faz com que seja colocado sobre essa pessoa um grande estigma de criminoso.[22]

Ou seja, a pessoa que já vinha de um processo de desviação primária é escolhida pelo sistema de justiça para ser presa e não aquela outra que também comete crimes, mas não era estigmatizada e coloca à margem da sociedade.

Após a institucionalização a pessoa constrói e segue uma carreia criminal propriamente dita, após passar pelo processo de *role engulfment*. Ela realmente assume o papel de criminoso. E aí temos a desviação secundária, quando a personalidade do indivíduo já está formada para a prática delitiva, para se comportar como delinquente.

21. SHECAIRA, Sérgio Salomão. **Criminologia**. São Paulo: Editora Revista dos Tribunais, 2004. p. 298.
22. É importante destacar nesse ponto que as instâncias formais de controle são seletivas e discriminatórias, ao contrário das instâncias informais de controle, "primando o *status* sobre o merecimento". SHECAIRA, Sérgio Salomão. **Criminologia**. São Paulo: Editora Revista dos Tribunais, 2004. p. 291.

Sendo assim, é fundamental destacar, que a prisão passa a atuar como elemento de criminalização que gera um processo cíclico para a clientela do sistema penal. "A criminalização primária produz rotulação, que produz criminalizações secundárias (reincidência)".[23]

A desviação secundária leva a outra ideia importante da teoria do *Labelling Approach* que é a de profecia auto realizável. Como a pessoa recebe o estigma de criminosa e passa a se comportar como tal e a assumir esse papel social, todos esperam, tem a expectativa, de que ela voltará a delinquir, e de fato ela volta a delinquir, pois assumiu esse papel e não há outro destino possível para ela. Porque a reação social a ela não lhe dá oportunidades e também porque ela assumiu esse papel social para si própria.[24]

O esquema abaixo ilustra o modelo explicado acima:

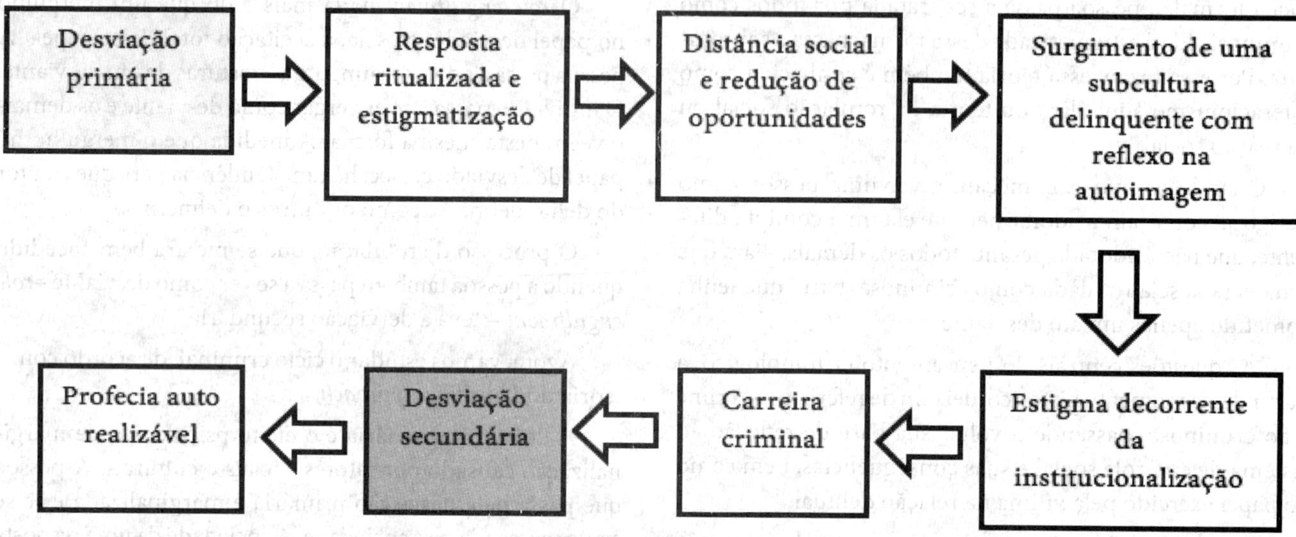

Consequência Política: Agora, vamos passar a estudar a consequência política dessa teoria, ou seja, o que pode ser feito em âmbito político para que esse processo não ocorra, o que o Estado deve fazer para alterar esse cenário.

A primeira medida que poderia ser tomada é a não divulgação da reação estatal. Essa não divulgação reduziria o estigma que daí decorre para a pessoa que responde a um processo criminal.

A segunda medida é a eliminação das marcas do processo, como a ficha de antecedentes criminais. Tal medida permitiria que a pessoa pudesse se inserir na sociedade sem ter a marca do processo criminal, podendo conseguir emprego, por exemplo.

O Estado deveria promover terapia social emancipadora, com o objetivo de atuar sobre o ego da pessoa e fazer com que ela não se sinta marginalizada e possa se fortalecer ao invés de ter sua autoimagem destruída e associada à cultura marginal, já que a estigmatização a colocou nesse lugar.

Para atuar no estigma decorrente da institucionalização, o ideal seria que o Estado adotasse medidas despenalizadora, medidas alternativas à prisão e penas alternativas.[25]

---

23. SHECAIRA, Sérgio Salomão. **Criminologia**. São Paulo: Editora Revista dos Tribunais, 2004. p. 301.

24. Nos dizeres de Shecaira, "a *desviação primária* é poligenética e se deve a uma variedade de fatores culturais, sociais, psicológicos e sociológicos. A *desviação secundária* traduz-se numa resposta de adaptação ocasionados pela reação social à *desviação primária*. Surge a teoria do estigma, etiqueta ou rótulo, *status* diferenciado que vai aderir ao autor do crime e com o qual ele interagirá. Toda reação à conduta criminal passa por *cerimônias degradantes*, processos ritualizados a que é submetido o réu e que atinge a autoestima do agente do delito. Quando a reação à conduta criminal é uma pena privativa de liberdade, nasce um processo *institucionalizador* que recolhe o condenado a um local isolado de moradia com rotina diária e administração formal. As consequências disso serão, sempre, a acentuação da *carreira criminal* e a *institucionalização* do condenado, potencializando-se a recidiva. A interação e a autoimagem tendem a polarizar-se em torno do papel desviante, o que cria o *role engulfment*.

25. No âmbito criminológico, esses conceitos coincidem com a ideia de institucionalização ou prisionização de Donald Clemmer e Erving Goffman. Essa noção compreende que as instituições totais (nas quais o interno trabalha, descansa e se diverte), têm como consequência a "mortificação do eu", em que o interno deixa de ser individualizado e passa a ser um estereótipo, no caso da prisão, de criminoso. As cerimônias degradantes pelas quais passa o interno atuam profundamente na sua identidade e personalidade, sendo muito difícil reverter esse quadro. Cerimonias degradantes "são os processos ritualizados a que se submetem os envolvidos com um processo criminal, em que o indivíduo é condenado e despojado de sua identidade, recebendo outra degradada." SHECAIRA, Sérgio Salomão. **Criminologia**. São Paulo: Editora Revista dos Tribunais, 2004. p. 298.

E por fim, que fossem criadas oportunidades de emprego e de atividades lícitas para essas pessoas. Assim, seria possível romper com todo esse caminho perverso.

Política dos 4 Ds: A teoria do *Labelling Approach* é bastante conhecida por defender a *política dos 4 Ds*: **D**escriminalização. **D**iversão. **D**evido processo legal. **D**esinstitucionalização.

Como vimos, essa teoria vê que o problema central da criminalidade está no estigma, na reação social. Pois não existem condutas criminosas por si só, apenas condutas que são definidas politicamente como criminosas. Quanto menos condutas forem definidas como crime, menos estigma de criminosa as pessoas receberão. Esse é o primeiro ponto defendido pelo *Labelling Approach*, a descriminalização de condutas.

A diversão, que vem do inglês *diversion*, é a proposta de desviar os agentes do delito do sistema estigmatizante de justiça criminal e encaminhá-los para soluções informais e não institucionais dos conflitos.

A garantia do devido processo legal é outra política defendida pela teoria do *Labelling Approach*. As penas devem estar estabelecidas em lei e as sentenças devem ser determinadas, para reduzir a margem discricionária do julgador que não poderia aplicar uma pena mais elevada em função do perfil do acusado.

E a quarta politica defendida pela teoria do *Labelling Approach* é a desinstitucionalização. O fortalecimento de penas alternativas e a redução da aplicação da pena de prisão. Para esses autores, a prisão deveria ser a pena alternativa e não as medidas não prisionalizadoras deveriam ser assim chamadas. É preciso inverter essa lógica de priorização da prisão, porque ela tem efeitos muito nocivos e irreversíveis.

A teoria do *Labelling Approach* é usada também para fundamentar o direito penal mínimo, que é chamada pelos teóricos de *prudente não intervenção*. Porque a aplicação dessas medidas poderia reduzir esse processo diagnosticado pela teoria do Labelling approach e que leva, inevitavelmente, à desviação secundária, à reincidência e ao cometimento de novos crimes.

13. Teoria Crítica (radical, nova criminologia)

A teoria Crítica de Criminologia é umas das escolas sociológicas do conflito.

Autores: Os principais autores são os ingleses Ian Taylor, Paul Walton e Jock Young.

Momento histórico: A teoria crítica surge em diversos países, como Estados Unidos, Inglaterra e Escandinávia, nos anos de 1970, a partir da teoria do *Labelling Approach* (*vide* item 12 *supra*), trazendo a sociologia do desvio para o âmbito específico da Criminologia.

George Rusche e Otto von Kirchheimer, no livro **Punição e Estrutura Social**, de 1939, analisam a evolução dos sistemas europeus de penas a partir das evoluções do mercado. Eles concluem que as penas corporais eram adotadas em períodos em que havia excesso de mão de obra e que as penas mais humanas eram adotadas em épocas de escassez de mão de obra. Sendo assim, notam a existência de uma relação direta entre o capitalismo, o direito penal e a aplicação de penas. Para esses autores, o direito penal era uma forma de criação de um *lumpezinato*, que serviria como exército de mão de obra de reserva, mantendo baixo o valor da mão de obra.

Existem duas grandes vertentes de criminologia Crítica, com subdivisões internas: abolicionistas e não abolicionistas. Mais adiante iremos nos deter em três subdivisões: Neorrealismo de Esquerda (item 13.1), Minimalista (item 13.2) e Abolicionista (item 13.3).

Conceitos centrais: A teoria crítica se baseia na teoria marxista, e, portanto, esses autores entendem o direito penal como uma forma de manutenção da exploração de classe.

Para eles a definição das condutas que serão consideradas como crime é resultado de disputas políticas e entendem que o criminoso é uma construção política, e não é um ente biológico ou sociológico. Como as classes dominantes estão no poder, os atos definidos como criminosos são escolhidos por interesse dessa mesma classe dominante. A redefinição dos crimes depende da reflexão crítica da realidade, de modo a enfrentar um sistema legal baseado em poder e privilégios. "Aceitar a definição legal de crime é aceitar a ficção da neutralidade do direito."[26] Seguindo esse mesmo raciocínio, o delito é um fenômeno dependente do modo de produção capitalista e que inclusive, estimula as forças produtivas.

Por essa razão, consideram o problema criminal como insolúvel dentro da sociedade capitalista. O objetivo dos autores filiados a teoria crítica é reduzir as desigualdades sociais. Para tanto, é necessário alterar o sistema penal (e para os abolicionistas, suprimi-lo), já que ele é reprodutor das desigualdades.

Para os criminólogos críticos, as pessoas das classes mais baixas são rotuladas como criminosas e as da burguesia não. Isso ocorre exatamente em razão do fato da burguesia controlar os meios de produção e isso lhes conferir o poder de aplicação e produção das leis, já que estão nas posições de poder do Estado.

Eles entendem que há a universalidade do crime e, ao mesmo tempo, a seletividade da justiça, ou seja, percebem que todas as classes sociais praticam crimes, que a prática de crimes não está circunscrita a classes sociais que é universal. Mas, por outro lado, a justiça, é seletiva, pois seleciona apenas as pessoas das classes mais pobres. A punição e toda atuação do sistema de justiça recai apenas sobre as classes mais pobres. "Desde a obra de Sutherland, de fato um grande

26. SHECAIRA, Sérgio Salomão. *Criminologia*. São Paulo: Editora Revista dos Tribunais, 2004. p. 334.

visionário pelo que antecipou em relação às teorias dos anos 60 [*vide* item 9 *supra*], busca-se a ideia segundo a qual o crime é muito mais disseminado do que sugere o estereótipo do criminoso e o sistema punitivo seleciona amostragens parciais não aleatoriamente."[27]. Desse modo, ao invés da polícia suspeitar de certos indivíduos, passou a suspeitar de categorias sociais[28].

Ademais, entendem que o crime estimula as forças produtivas ao gerar uma indústria própria de segurança, como cercas elétricas, carros blindados, empresas de segurança privada, câmeras de vigilância e etc.

Para a teoria Radical o problema da criminalidade é insolúvel em um modelo de sociedade capitalista, já que é inerente a esse modelo. Dentro das sociedades capitalistas, o crime é uma construção das classes dominantes para atender aos seus interesses. Como o objetivo da teoria Crítica é a redução das desigualdades sociais, é necessário alterar o direito penal, pois ele apenas amplia as desigualdades ao excluir os mais pobres.

A crítica que essa teoria recebe é justamente não ter estudo a criminalidade nos países socialistas e tratarem apenas dos países de modelo capitalista.

13.1. Neorrealismo de Esquerda

O Neo Realismo de Esquerda acredita que uma das funções do crime é dividir as classes pobres, não deixando com que se organizem para combater o sistema capitalista e a classe dominante. Isso porque apenas as pessoas das classes pobres são selecionadas pelo sistema de justiça penal e apenas algumas pessoas dentre as classes pobres cometem crimes. Isso faz com que gere uma cisão dentro da classe, fazendo com que as pessoas que a compõem não consigam se ver como pertencentes a uma mesma classe, nas mesmas condições e que devem combater o verdadeiro inimigo que é a exploração capitalista. Assim, o crime gera uma cisão nesta classe, o que é benéfico para as próprias classes dominantes que não são questionadas por uma classe pobre mais numerosa e organizada. Portanto, o crime produz uma divisão dentro das classes menos favorecidas e faz esquecer que o inimigo real é a sociedade capitalista.

O Neorrealismo de Esquerda defende que haja menos controle penal das condutas das classes pobres e mais sobre as condutas das classes ricas, ou seja, sugerem uma mudança de enfoque no código penal que preveria penas mais severas para os crimes cometidos pelas classes altas e mais leves ou até mesmo a descriminalização daquelas condutas cometidas pelas classes baixas. Esse é o neopunitivismo, ou seja, redução do controle penal e, ao mesmo tempo, expansão para outras esferas, com a criminalização dos atos que proliferam a exploração, como os crimes de colarinho branco, econômicos e ambientais e, ao mesmo tempo, a minimização da repressão penal sobre as classes exploradas. Dessa forma, se criaria uma nova criminalidade e diminuiria a velha criminalidade de massa.

Além disso, os Neorrealistas de Esquerda trabalham em uma perspectiva de reinserção social dos presos e de prevenção geral positiva da pena. Para esses autores, a prisão deve ser mantida, ainda que somente em circunstâncias extremas, pois algumas pessoas em liberdade seriam perigosas à sociedade. Com isso, em grande medida, acabam relegitimando a ideia do cárcere, pois aceitam que a prisão poderia educar a classe trabalhadora e os setores marginalizados da sociedade.

E, assim como todos os outros ramos da teoria Crítica, acreditam na universalidade da criminalidade, ou seja, que o crime está presente em todas as camadas sociais e na seletividade do sistema de justiça penal, ou seja, de que apenas os crimes cometidos pelas classes baixas são punidos. A solução para o crime consiste na transformação revolucionária e na eliminação da exploração do homem pelo homem, ou seja, na superação do modelo capitalista.

13.2. Minimalismo Penal

O Minimalismo Penal aprofunda a teoria do *Labelling Approach* (*vide* item 12 *supra*), ao entender que a aplicação da pena pode trazer consequências mais gravosas do que benefícios. A intenção do Minimalismo é a redução do direito penal no curto prazo. Mas, defendem a contração do sistema penal em algumas áreas e aumento em outras. A proposta é que a hierarquia dos bens jurídicos tutelados seja revista. Portanto, essa corrente se chama Minimalismo Penal exatamente por pretender reduzir o direito penal, suprimindo a tutela penal para alguns crimes e expandindo para outras (o que mesmo assim faria com que o direito penal fosse reduzido). Pretendem uma revisão da hierarquia dos bens jurídicos, por exemplo, elevando bens coletivos acima do patrimônio individual.

Os autores que defendem o minimalismo acreditam que a Criminologia é um processo de definição, cujo objetivo é mascarar o sofrimento das classes menos favorecidas.

Para esses autores a Política Criminal deve promover transformação social (*vide* item 15 *infra*), só assim poderá ser resolvida a questão criminal. Esses autores buscam uma sociedade baseada na igualdade e na democracia.

"As propostas de política criminal da corrente minimalista poderiam ser sintetizadas em alguns pontos cardeais. O primeiro é transformar radicalmente a sociedade como melhor maneira de combate ao crime. A verdadeira política criminal seria, pois, uma política de radicais transformações sociais e institucionais para o desenvolvimento da igualdade e democracia. Em síntese, adotar-se-ia uma superação das relações sociais de produção capitalista.

O segundo ponto prevê uma contração do sistema penal em certas áreas para expansão de outras. Ao mesmo tempo

27. SHECAIRA, Sérgio Salomão. **Criminologia**. São Paulo: Editora Revista dos Tribunais, 2004. p. 340.
28. Idem, ibidem, p. 341.

em que se propõe a descriminalização de certos comportamentos, como delitos contra a moralidade pública, delitos cometidos sem violência ou grave ameaça à pessoa, são defendidas intervenções mais agudas nas áreas em que se trabalha com interesses coletivos, tais como saúde e segurança do trabalho, revendo a hierarquia dos bens jurídicos tutelados pelo Estado. Diferentemente dos neorrealistas [*vide* item 13.1 *supra*] minimalistas são céticos relativamente à eficácia do instrumento penal para combater a criminalidade organizada ou para dar resposta aos conflitos cujos autores não são individualizados, mas que correspondem à modalidades, organizações e sistemas complexos de ações.

A terceira proposta dos minimalistas é a defesa de um novo direto penal, em curto prazo, mediante a consagração de certos princípios com os quais seriam assegurados os direitos humanos fundamentais. Tais princípios poderiam ser destinados desde a criminalização primária, bem como poderiam servir para conter a violência das agências de controle. Isto se faria por meio de reconhecimento de um norte minimizador, com base em três postulados: caráter fragmentário do direito penal; intervenção punitiva como *ultima ratio*; reafirmação da natureza acessória do direito penal. O "programa" de direito penal mínimo deve ser acompanhado de uma ação de mobilização política e cultural que faça das questões criminais uma questão política crucial interpretada à luz dos conflitos que caracterizam a sociedade em geral. Os minimalistas entendem não haver, a curto e médio prazo, condições para a implantação de um programa abolicionista, mas entendem que, com a utilização dos meios de comunicação, poderiam "asfaltar" o caminho para num futuro distante as metas abolicionistas serem atingidas."[29]

13.3. Abolicionismo Penal

O abolicionismo penal entende o sistema penal como reprodutor das desigualdades e injustiças sociais. E, assim como as demais correntes Críticas, vê o direito penal como uma instância seletiva e elitista. Para tais teóricos, o delito é uma realidade construída e, portanto, os fatos que são considerados crimes, decorrem de uma decisão humana modificável. Criticam ao fato da vítima não interessar ao processo penal (*vide* item 4.3 *supra* e item 14 *infra*).

Os abolicionistas veem três principais razões para extinguir o sistema penal:

a) a primeira delas é que a sociedade atual já funciona sem sistema penal, uma vez que a diferença entre a quantidade de crimes cometidos e a quantidade de crimes que chegam ao conhecimento das instâncias formais de controle é altíssima (essa diferença entre os crimes cometidos e os crimes denunciados é chamada de cifra negra). Portanto, já vivemos em uma sociedade sem o direito penal;

b) outra razão é que as normas penais não atingem seus objetivos, ou seja, não inibem a prática de crimes. As normas penais não cumprem as funções esperadas de proteção da vida, propriedade e relações sociais; e

c) a terceira razão é que as instituições do sistema de justiça (polícia, Ministério Público, magistratura e etc.) não atuam de modo coordenado e articulado, ao contrário, atuam cada uma de acordo com suas regras e burocracias, fazendo com que seja um sistema demasiadamente caro e pouco eficiente.

Para os abolicionistas, o direito penal não é compatível com a justiça social e nem com a diminuição das desigualdades. A persecução penal é seletiva e sempre será. A alteração da lei não altera os rótulos sociais e a construção estereotipada da clientela penal.

Por fim, o abolicionismo entende que a pena é ilegítima e criticam a esquerda punitivista, como o Neorrealismo de Esquerda que pretende reduzir a tutela penal sobre os crimes cometidos pela classe pobre e ampliá-lo sobre os crimes cometidos pelas classes altas.

Para eles, a pena é ilegítima por diversas razões. A primeira delas é que a lógica de imposição da pena segue um critério vertical. Para os abolicionistas, só se pode falar em imposição de pena quando há um acordo entre as partes, o que não ocorre no sistema penal, e, portanto, para eles, a aplicação da pena nesses moldes não passa de imposição de violência.

Outra razão é que a prisão não reabilita o preso. "Todos os estudos demonstram que o condenado a uma instituição total internaliza os valores do presídio, com efeitos devastadores sobre sua personalidade. O índice de reincidência é sempre muito alto e a capacidade de superação do delito anterior está muito mais ligada aos apoios sociais e familiares que ele tem no presídio do que propriamente em face da "ação" desencadeada pelo encarceramento."[30]

Outro motivo é que a prisão, por si só, não intimida o cometimento de novos crimes. "O cometimento de cada novo crime está a demonstrar a falibilidade da prisão quanto aos seus efeitos intimidatórios."[31].

"O fato de *conceber o homem como um inimigo de guerra* também é um problema desse sistema de repressão penal, o qual atua como um exército em estado de guerra; o homem é o objetivo a eliminar e muitas vezes é visto como um Estado inimigo. A luta contra a criminalidade está em todas as campanhas eleitorais e é o mote de intervenção de muitos políticos na luta interna contra as atrocidades praticadas pelo homem, sua maldade, perversidade. Diferentemente do sistema militar para a guerra externa, que um dia termina, a guerra interna é permanente, funciona todo o tempo e

29. SHECAIRA, Sérgio Salomão. **Criminologia**. São Paulo: Editora Revista dos Tribunais, 2004. p. 343-4.

30. SHECAIRA, Sérgio Salomão. *Criminologia*. São Paulo: Editora Revista dos Tribunais, 2004. p. 353.

31. Idem, ibidem.

está voltada para fazer o dano. Como se pode desarmar esse sistema? Qualquer investigação empírica constata o número brutal de pessoas recolhidas às prisões ou submetidas a alguma forma de controle."[32]

Essa é uma das graves críticas que o abolicionismo faz à sociedade atual. Ademais, eles criticam a frieza do sistema de justiça. "O sistema penal *se opõe à estrutura geral da sociedade civil.* A criação de uma estrutura burocrática na sociedade moderna, com a profissionalização do sistema persecutório, gerou um mecanismo em que as sanções são impostas por uma autoridade estranha e vertical, no estilo militar. As normas são conhecidas somente pelos operadores do sistema: nem autores e nem vítimas conhecem as regras que orientam o processo. Este mecanismo se opõe à estrutura mais informal da sociedade civil, que muitas vezes facilita encontros cara a cara, os quais podem agilizar a solução dos conflitos entre as partes envolvidas. Os operadores do direito, especialmente o magistrado, pertencem a um mundo diferente ao do processado; condenar para ele é um ato de rotina burocrático, uma ordem escrita sobre um papel que outros funcionário executarão e ele assinará em escassos segundos. Quando o juiz volta sua cabeça para confiar seu expediente ao escrevente, o condenado, que ficou diante dos olhos do juiz por alguns minutos, já estará fora de seu raio de visão e o juiz se ocupará do réu seguinte."[33]

Segundo Thomas Mathiesen – importante autor abolicionista que escreveu o livro "A Política da Abolição" em 1974 – a prisão tem cinco funções: A primeira é a depurativa, ou seja, é uma forma da sociedade livrar-se da improdutividade. Os idosos são isolados em casa de repouso, os loucos em hospitais psiquiátricos, os viciados em alcóol e outras drogas em clinicas especializadas e os "ladrões e traficantes são destinados ao cárcere".[34]

A segunda é a redução de impotência. Para a sociedade produtiva, não basta isolar os improdutivos, é necessário que não mais se ouça falar neles.

A terceira é a diversiva. A prisão faz com que a sociedade não preste atenção para o que é mais importante e realmente danoso para ela própria: os crimes contra bens jurídicos difusos e coletivos. Os crimes que realmente levam pessoas à prisão são crimes contra a propriedade privada em pequena escala, e esses crimes tem a previsão de penas maiores do que crimes que lesam toda a coletividade. Dessa forma, distraem-se as pessoas e elas passam a prestar mais atenção nesses delitos do que para aqueles de maior potencial lesivo.

A quarta é a função simbólica. Semelhante a função diversiva, ela tem a especificidade de acrescentar que a pessoa ao entrar no cárcere passa por um processo de estigmatização, mas não passa por um processo de desestigmatização ao sair. Desse modo, o símbolo do Estado Penal está sempre presente no rotulo colocado nessas pessoas. "É um método bastante eficiente de fazer continuar delinquente o delinquente; de reduzi-lo à impotência."[35]

E a quinta função é demonstrar a ação, pois o encarceramento é a pena com maior impacto e visibilidade na sociedade. Em tempos anteriores, as penas eram corporais e públicas.

Louk Hulsman, um abolicionista holandês, em sua obra **Penas Perdidas**, de1982, entende que os crimes são situações-problema que não podem ser tratadas como se fossem fruto de um mesmo conflito. O direito penal não resolve o conflito original e cria um novo conflito ao estigmatizar a pessoa, sendo o estigma a principal função do direito penal.

O autor norueguês abolicionista Nils Christie analisa o ganho econômico advindo da exploração do crime no imaginário popular (segurança privada), em seu livro **Indústria do Controle do Crime**, de 1996.

14. Vitimologia

É necessário analisar a relação entre criminoso e vítima (o que também é chamado de *par penal*) para poder compreender melhor o fato criminal e verificar o dolo e a culpa do agente e a responsabilidade da vítima.

Existem vítimas latentes ou potenciais, ou seja, que podem ser vítimas várias vezes do mesmo crime por conta de uma característica ou conduta sua. Como é o caso de vigias de bancos, pessoa que sempre provoca algum colega e etc. Por outro lado, existem as vítimas autenticas que não contribuem nem para a ação criminal e nem interagem com o autor do delito, como a vítima de um batedor de carteira no centro de uma cidade grande, ou uma pessoa que tem seu cartão de crédito clonado.

Por conta de fatores históricos e culturais, o sistema penal sempre focou mais suas energias para o agressor do que para a vítima. A vítima exercia papel bastante importante na justiça no período em que as regras de justiça privada eram seguidas. Com a criação do Estado moderno, a vítima transformou-se em um sujeito passivo de uma infração a lei do Estado, deixando de ser sujeito de direito. "O crime é visto como "mero enfrentamento" entre o seu autor e as leis do Estado, esquecendo-se que em sua base há um conflito humano que gera expectativas outras bem distintas e além da mera pretensão punitiva estatal. A vítima é encarada como mero objeto, dela se espera que cumpra seu papel "testemunhal", com todos inconvenientes e riscos que isso acarreta."[36]

32. Idem, ibidem, p. 351.
33. SHECAIRA, Sérgio Salomão. *Criminologia.* São Paulo: Editora Revista dos Tribunais, 2004. p. 351-2.
34. Idem, ibidem, p. 354.
35. SHECAIRA, Sérgio Salomão. **Criminologia**. São Paulo: Editora Revista dos Tribunais, 2004. p. 356.
36. GOMES, Luiz Flávio. MOLINA, Antonio García-Pablos de. **Criminologia**. São Paulo: Editora Revista dos Tribunais, 2012 (coleção ciências criminais, v. 5). p. 502.

De acordo com Luiz Flávio Gomes e Garcia-Pablos de Molina, "o tradicional menosprezo pela vítima configura uma prova eloquente de quanto a política criminal tradicional praticada pelo Estado tem cunho mais "vingativo" (retributivo) que reconciliador. Orienta-se para a *decisão*, não para a solução do conflito. É um modelo "paleorepressivo". O castigo é o que interessa. Se esse castigo cumpre ou não sua função de prevenção de novos delitos pouco interessa. Se não ressocializa, pouco importa. Se ignora as expectativas reparatórias da vítima, não tem relevância. Se se trata muitas vezes de um castigo "perdido, porque deixa de cumprir suas finalidades, não há inconvenientes."[37]

Esse cenário só começa a ser alterado após o 1o Simpósio Internacional de Vitimologia, ocorrido em 1973, em Israel.

Para saber mais sobre esse contexto, vide item 4.3 supra.

A Vitimologia se ocupa de estudar a vítima e a vitimização.

Conceito de vítima: Vítima é aquela pessoa que sofreu ou foi agredida em razão de uma infração penal cometida por outra pessoa.

De acordo com a Declaração dos Princípios Fundamentais de Justiça Relativos às Vítimas da Criminalidade e de Abuso de Poder da ONU de 1985, vítimas são "pessoas que, individual ou coletivamente, tenham sofrido um prejuízo, nomeadamente um atentado à sua integridade física ou mental, um sofrimento de ordem moral, uma perda material, ou um grave atentado aos seus direitos fundamentais, como consequência de atos ou de omissões violadores das leis penais em vigor num Estado membro, incluindo as que proíbem o abuso de poder".

Para a legislação penal brasileira, os termos "vítima", "ofendido" e "lesado" são utilizados como sinônimos.

Classificação de Benjamim Mendelsohn: Esta classificação considera a participação ou a provocação da vítima e divide em três grandes grupos:

a) Vítima inocente. É aquela vítima completamente inocente, que não concorre de forma alguma para o cometimento do delito. Também é chamada de vítima ideal.
b) Vítima provocadora. É aquela que por vontade própria ou sem intenção (impudentemente) colabora com o ânimo criminoso do agente. Dentre desse grupo existem três tipo de vítimas. As vítimas menos culpadas que os criminosos (ex ignorantia); as vítimas tão culpadas quanto os criminosos (por exemplo, dupla suicida, aborto consentido e eutanásia) e as vítimas mais culpadas que os criminosos (por exemplo, as vítimas que por provocação dão causa ao delito).
c) Vítima agressora, simuladora ou imaginária. É aquela falsa vítima que, por exemplo, sua conduta justifica a legitima defesa do agressor. Também são chamadas de: vítimas como únicas culpadas.

Classificação de Hans von Hentig: A classificação de Hans von Hertig comporta três grupos:

a) criminoso – vítima – criminoso (sucessivamente). Neste grupo se encontram os criminosos que passam a ser vítima após o estigma do cárcere e do sistema penal. Se refere aquela pessoa que cometeu um crime, foi presa e depois reincidiu em razão da repulsa social que encontrou fora da cadeia, após cumprir sua pena.
b) criminoso – vítima – criminoso (simultaneamente). Este grupo se refere às pessoas que são vítimas e criminosos ao mesmo tempo. Por exemplo, o usuário de drogas que passa a traficar para poder comprar para sustentar o próprio vício.
c) criminoso – vítima (imprevisível). Esse terceiro grupo se refere a casos em que o criminosos se torna vítima de modo inesperado, por exemplo, ao ser linchado, ou ao contrário, os casos em que vítimas se tornam criminosas.

Vitimização primária, secundária e terciária:

a) vitimização primária: é provocada pelo cometimento do crime, corresponde aos danos causados pelo fato de ter sido vítima daquele crime. Esses danos podem ser de ordem material, psicológicos ou físicos.
b) vitimização secundária, também chamada de sobrevitimização: é decorrente da interação com as instâncias formais de controle social. Essa interação com o sistema de justiça criminal causa um sofrimento adicional à vítima, que deve depor e contar o que houve, revivendo o sofrimento vivido no momento do crime, tem que comparecer diversas vezes perante autoridades e etc.
c) vitimização terciária: falta de amparo dos órgãos do Estado para com a vítima. Por exemplo, a pessoa que é vítima de violência sexual necessita de amparos médicos e psicológicos e o Estado não fornece esse serviço. A pessoa também é, por vezes, hostilizada pela comunidade em geral pelo crime que sofreu.

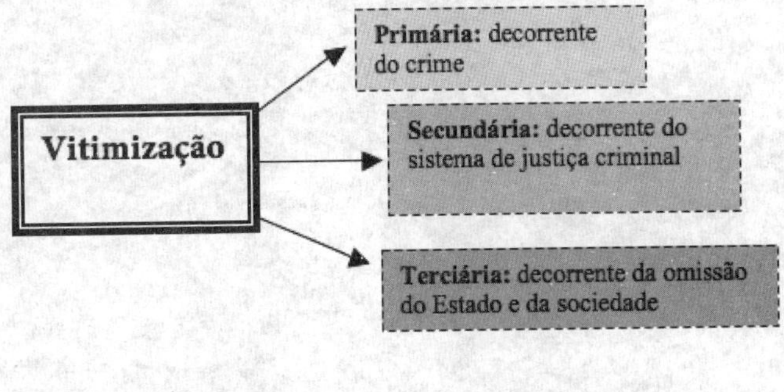

37. Idem, ibidem, p. 503.

15. Criminologia e Política Criminal

A Política Criminal é totalmente distinta da Criminologia e do Direito Penal.

A começar pelo fato da Política Criminal não ser uma ciência, ao contrário da Criminologia e do Direito Penal (*vide* item 5 *supra*). A Política Criminal é uma estratégia de ação política orientada pelo saber criminológico, ou seja, é marcada pela escolha e pelo poder. A Política Criminal, que é uma política pública, está disseminada entre os diversos entes do Estado: poderes legislativos, judiciários e executivos dos três níveis: municipal, estadual e federal.

A Política Criminal faz a ponte entre a Criminologia e o Direito Penal, uma vez que a Criminologia traz conceitos e teorias sobre o crime, criminoso, vítima e controle social e por meio da Política Criminal os agentes do Estado legislam criando o Direito Penal e julgam, aplicando o Direito Penal. Mas, a Política Criminal vai além do Direito Penal, formas de prevenção de criminalidade baseadas em outras políticas públicas como iluminação das vias, criação de espaços de lazer, investimento em educação e oportunidades de emprego também estão incluídos na Política Criminal do Estado, ou seja, a Política Criminal é mais ampla do que a Política Penal.

De acordo com Shecaira, a Política Criminal "incumbe-se de transformar a experiência criminológica em opções e estratégias concretas assumíveis pelo legislador e pelos poderes públicos. O direito penal deve se encarregar de converter em proposições jurídicas, gerais e obrigatórias o saber criminológico esgrimido pela política criminal. Assim, a diferença entre a política criminal e a criminologia é que aquela implica as estratégias a adotarem-se dentro do Estado no que concerne à criminalidade e a seu controle; já a criminologia converte-se, em face da política criminal, em uma ciência de referência, na base material, no substrato teórico dessa estratégia." [38]

Franz Von Lizst propôs que a ciência penal seria tripartida em direito penal, criminologia e política criminal.

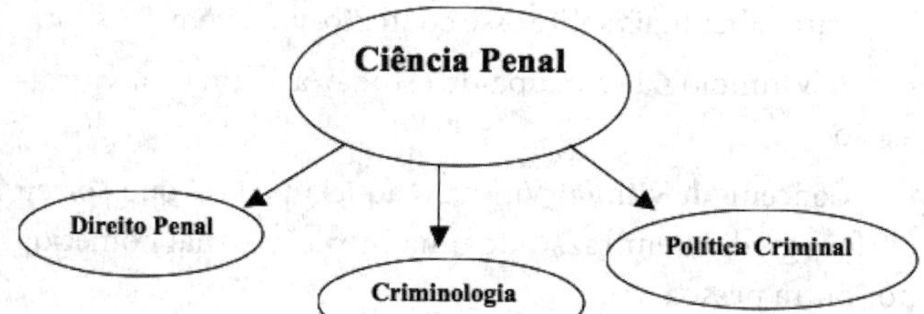

38. SHECAIRA, Sérgio Salomão. **Criminologia**. São Paulo: Editora Revista dos Tribunais, 2004. p. 41.

6. Direito Civil

Wander Garcia

1. Lei de Introdução às Normas do Direito Brasileiro – LINDB

1.1. Noções básicas sobre o direito

1.1.1. Conceito de direito

As pessoas precisam de **limites**. É fácil constatar que um indivíduo que não tem limites tende a não respeitar aos outros e a si mesmo. Age sem pensar nas consequências e, mesmo quando pensa, não se incomoda se está ou não prejudicando alguém.

É tarefa da família, da sociedade e do Estado impor tais limites às crianças, aos adolescentes e até aos adultos.

Não há garantia de que todos terão uma educação adequada em casa. Aliás, mesmo quando se tem uma boa formação familiar, não há garantia de que a pessoa vai agir de modo justo e correto no seu dia a dia.

O papel do Estado, nesse sentido, será o de **garantir** que as pessoas respeitem-se mutuamente e tenham dignidade.

Para que seja *transparente* e *justo* o papel do Estado, este deverá, por meio de representantes do povo, emitir normas, que poderão ser conhecidas de todos.

Para que seja *eficaz* o papel do Estado, as pessoas que desobedecerem à norma jurídica estarão sujeitas a sanções que afetam sua liberdade ou sua propriedade. Tais sanções, em regra, só podem ser exigidas coercitivamente por parte do Estado-juiz a partir de iniciativa do interessado ou de um órgão estatal, a depender do tipo de interesse envolvido.

Assim, o Estado se vale de dois instrumentos para consecução de seus fins. O primeiro deles é a **norma jurídica**, que trará os comandos que devem ser cumpridos. O segundo, a **força**. Sem esta, de nada valerão as prescrições de conduta, pois norma sem sanção que possa ser imposta fisicamente está mais para conselho do que para determinação.

Aí reside a diferença entre o **direito** e a **moral**. A norma dessa natureza, se violada, traz como sanção a reprovação por parte do próprio indivíduo (o remorso) ou por parte da opinião pública. Tais reprovações não afetam materialmente o indivíduo, nem podem ser exigidas perante o Estado-juiz.

Podemos, assim, conceituar o **direito** como o *conjunto de normas que regulam a vida social, estabelecendo, de um lado, comandos de comportamentos às pessoas e, de outro, sanções para o caso de descumprimento das determinações, que poderão ser aplicadas coercitivamente pelo Estado.*

É importante ressaltar que esse "conjunto de normas" será identificado a partir de realidades distintas de acordo com a **corrente filosófica** que se vai adotar.

Para aqueles que são *jusnaturalistas*, por exemplo, o direito *resulta da natureza das coisas*, especialmente da natureza humana. As normas são imutáveis, portanto, e podem ser extraídas a partir da inteligência, da razão das pessoas.

Já para um *normativista*, o direito *resulta do que está expresso na legislação.*

Um *tridimensionalista*, por sua vez, dirá que o direito *resulta de uma dialética de complementariedade entre norma, fato e valor*. Parte-se da ideia de que a norma tem uma certa flexibilidade, sendo balizada pela influência dos fatos e dos valores sociais.

As duas últimas correntes filosóficas prevalecem, podendo ser identificadas, vez uma, vez outra, na jurisprudência dos tribunais.

1.1.2. Direito objetivo e direito subjetivo

Costuma-se fazer a divisão entre direito objetivo e direito subjetivo. Trata-se de separação pertinente, eis que cada um diz respeito a uma realidade diferente da do outro.

Direito objetivo *é o complexo de normas jurídicas que regulam o comportamento humano, prescrevendo uma sanção no caso de sua violação.* O conceito faz referência ao direito como um todo, ao conjunto de normas.

Direito subjetivo *é a permissão dada por uma norma jurídica para fazer ou não fazer alguma coisa, ter ou não ter algo, incluindo a autorização para pedir ao Estado que proteja tais direitos.* Perceba suas duas facetas: a) há os *direitos subjetivos comuns da existência* (fazer, não fazer, ter, não ter); e b) os *direitos subjetivos de defender direitos* (direito de ingressar com uma ação, por exemplo).

A relação que existe entre o direito objetivo e o direito subjetivo é a seguinte: o primeiro cria o segundo, ou seja, as leis (direito objetivo) criam os direitos de cada pessoa (direito subjetivo).

1.1.3. Direito público e direito privado

Costuma-se dividir o direito objetivo nessas duas grandes espécies. Tal divisão é feita tendo em vista a diferença de **regime jurídico**.

No **regime jurídico de direito público,** vigem dois princípios basilares, quais sejam, o da *supremacia do interesse público sobre o privado* e o da *indisponibilidade do interesse público*.

Pelo princípio da **supremacia do interesse público sobre o privado**, a relação entre o Estado e o particular é *vertical*, ou seja, há uma *hierarquia*. Isso se expressa em institutos como a *desapropriação*, da qual o particular não pode se esquivar, e as *cláusulas exorbitantes*, que permitem ao Poder Público modificar unilateralmente um contrato administrativo, independentemente da concordância do contratado.

Já pelo princípio da **indisponibilidade do interesse público**, o Estado fica obrigado a velar pela proteção incondicional e irrestrita dos bens e interesses do povo. Em virtude desse princípio, o agente público só pode fazer o que a vontade do povo (expressa na lei) permite, obedecendo-se ao *princípio da legalidade*. Além disso, tal princípio vai exigir que em todas as compras estatais se busquem as melhores condições, daí a necessidade de se fazer *licitação*. Os *bens públicos* são, ainda, inalienáveis, impenhoráveis e imprescritíveis.

No **regime jurídico de direito privado**, por sua vez, há dois princípios basilares, quais sejam, o da *igualdade* e o da *autonomia da vontade*.

Pelo **princípio da igualdade**, as pessoas estão numa relação *horizontal*, ou seja, não há uma hierarquia entre elas. Assim, ninguém pode tomar a propriedade do outro à força (*autotutela*). Um contratante não pode mudar unilateralmente um contrato independentemente da vontade da parte contrária.

Não se deve esquecer, todavia, que a igualdade supõe tratar os iguais igualmente e os desiguais desigualmente, de modo que em algumas situações, como no caso dos incapazes, algumas pessoas poderão ter mais direitos do que outras.

Pelo **princípio da autonomia da vontade**, as pessoas podem fazer tudo o que quiserem, salvo o que a lei proíbe. Assim, diferente do que ocorre com os agentes públicos, se não houver proibição legal, os particulares podem agir à vontade. Podem doar bens, podem comprar onde quiserem e o que quiserem.

E **como se sabe** se uma dada situação de fato será regida pelo direito público ou pelo direito privado?

As relações fáticas em que houver o Estado em **qualquer dos polos** serão regidas pelo direito público, salvo quando o Estado estiver se valendo, com a permissão legal, de um instituto de direito privado, como quando emite um cheque ou quando é locatário de um imóvel. No mais, ou seja, quando estiver celebrando um contrato, desapropriando, aplicando sanções ou atuando em suas demais tarefas, estará sendo regido pelos princípios e regras do direito público.

São ramos do Direito Público Interno os Direitos Constitucional, Administrativo, Tributário, Ambiental, Processual do Trabalho, Processual Civil, Processual Penal, Penal, entre outros. São ramos do Direito Público Externo o Direito Internacional Público, que regula as relações entre Estados e organismos internacionais, e o Direito Internacional Privado, que regula as relações entre pessoas ligadas a diferentes Estados.

As **demais relações**, ou seja, as relações entre particulares, ou aquelas em que o Estado atua em pé de igualdade com o particular, são regidas pelo direito privado.

É muito importante destacar que, cada vez mais, o direito privado vem recebendo a **influência do direito público**. Isso ocorre pois, com o tempo, percebeu-se que a suposta igualdade entre as pessoas, na prática, ou não existia ou diminuíra muito. Foi-se percebendo que tratar a todos de modo igual gerava grandes injustiças, como desrespeitos ao consumidor, celebração de contratos leoninos etc.

Assim, o direito privado **foi ganhando** mais normas de *ordem pública* ou *cogentes*, que são aquelas que não podem ser afastadas pela vontade das pessoas. A Lei de Usura, a Lei de Locações e o Código de Defesa do Consumidor são grandes exemplos dessa publicização do regime de direito privado. Tais leis costumam trazer norma que não podem ser afastadas pela vontade das pessoas. Por exemplo, mesmo que um particular concorde em assinar uma cláusula leonina, num contrato de consumo, o CDC considera essa cláusula nula de pleno direito. A Constituição Federal também traz diversas regras a balizar típicos regimes de direito privado, como o Direito Civil (em matéria de família, por exemplo). E o Código Civil de 2002 trouxe diversos princípios de ordem pública, como o da função social dos contratos e da propriedade.

1.1.4. Direito Civil

O Direito Civil é parte integrante do **Direito Privado**, assim como o Direito Empresarial e o Direito do Trabalho.

Porém, nem sempre foi assim. No Direito Romano, a expressão "direito civil" abrangia todo o direito vigente, como o privado, o penal e o administrativo. O Direito Civil era o direito da cidade, cujo objetivo era reger a vida dos cidadãos.

Os sistemas jurídicos que vieram depois, e que tinham raiz romana, acabaram por usar a expressão direito civil num sentido mais especializado, no sentido de direito privado.

Mas, a partir do século XIX, o Direito Civil ficou ainda mais estrito, a designar apenas o que estava disciplinado num diploma específico, o Código Civil. Ou seja, o Direito Civil passou a ser apenas aquele conjunto de regras existentes nos Códigos Civis.

Isso ganhou destaque depois que a França, em 1807, publicou o Código Comercial. O Direito Privado, mais do que nunca, ficava com dois grandes ramos, o Direito Civil (regulado pelo Código Civil) e o Direito Comercial (regulado pelo Código Comercial).

No Brasil, o Direito aplicável eram as Ordenações Portuguesas. Há de se destacar as Ordenações Filipinas de 1603, que sucederam as Ordenações Manuelinas e as Ordenações Afonsinas, esta a primeira das três. Mas no ano de 1850, dada a influência europeia, editou-se no Brasil o Código Comercial, que regulava as relações mercantis.

As demais relações (as relações não comerciais) continuavam sendo disciplinadas pelas Ordenações Filipinas. Só em 1916, ou seja, muito depois da Independência do Brasil e também anos após a Proclamação da República, é que passamos a ter um Código Civil.

De qualquer forma, estava dada a dicotomia. De um lado, o Direito Civil e, de outro, o Comercial.

Essa divisão sofreu muitas críticas. Isso porque se dizia não haver sentido dividir em duas as teorias dos negócios jurídicos, das obrigações em geral e dos contratos. Essa divisão só gerava dúvidas e inseguranças. A unificação, de outra parte, daria ensejo a grande conveniência prática e científica.

Foi o que acabou acontecendo no Código Civil de 2002. Este diploma revogou por inteiro a primeira parte do Código Comercial. A parte obrigacional em geral e a parte de contratos foi unificada, passando o atual Código Civil a regular também o que antes era disciplinado pelo Código Comercial.

Além disso, o novo Diploma passou a disciplinar em Livro próprio o Direito de Empresa, abrangente daqueles que são empresários, dos diversos tipos societários, do nome empresarial etc.

Questões muito particulares da atividade empresarial, como a falência e a sociedade anônima, entre outras, continuam reguladas em leis especiais, num microssistema.

De qualquer forma, é importante notar que, no Brasil, a principal fonte normativa é a **lei** e não o costume ou os princípios declarados pelas decisões das Cortes Judiciais. Adotou-se, portanto, o *sistema romano-germânico* e não o *sistema anglo-americano*.

Após a queda do Império Romano, no século V, com a invasão dos bárbaros, desagregou-se o Direito Romano, que só passou a ser estudado novamente em universidades europeias, destacando-se a de Bolonha, a partir do século XIII. O feudalismo, marcante na época, era um regime que fragmentava o poder e as regras jurídicas, que em grande parte eram costumeiras e locais (dos feudos). Quando esse sistema passou a perder força em prol da unificação do poder político, entendeu-se conveniente aproveitar-se um direito já corporificado, no caso as compilações de Justiniano, escritas em latim, que deram origem ao chamado *Corpus Iuris Civilis*, objeto de estudos naquelas universidades.

1.1.5. O novo Direito Civil

Pode-se falar hoje em um novo Direito Civil. **Quatro elementos** marcantes dão essa tônica.

A **unificação no plano obrigacional** entre o Direito Civil e o Direito Comercial é um deles.

Outro é a **publicização do Direito Civil**, fenômeno que não é recente, como prova a Lei de Usura (Decreto 22.626/1932), mas que cada vez mais ganha força, como se deu com o Código de Defesa do Consumidor e mais recentemente com o atual Código Civil, quando trata da função social dos contratos, por exemplo.

O terceiro elemento marcante é a **constitucionalização do Direito Civil**. A Constituição de 1988 foi pródiga no número de normas que trouxe com repercussão na esfera civil. Somou-se a isso uma maior consciência doutrinária e jurisprudencial da existência de um Direito Civil Constitucional.

Constata-se que nos últimos anos os operadores do Direito vêm fazendo valer uma série de princípios constitucionais na aplicação do Direito Civil. Exemplos são os princípios da dignidade da pessoa humana (art. 1º, III), da construção de uma sociedade livre, justa e solidária (art. 3º, I), da promoção do bem de todos, sem preconceitos ou discriminações de qualquer natureza (art. 3º, IV), da igualdade (art. 5º, *caput* e inciso I); da livre manifestação do pensamento, do direito à indenização por dano moral e à imagem, da livre expressão independente de censura, da inviolabilidade da vida, da vida privada, da honra e da imagem das pessoas, da liberdade de associação para fins lícitos, da proteção aos direitos de autor, da defesa do consumidor (todos previstos no art. 5º); da função social da propriedade (art. 170), da proteção especial da família (art. 226), da prioridade absoluta das crianças e dos adolescentes (art. 227), do dever de amparo aos idosos (art. 230), dentre outros.

O quarto elemento, que coincide, em parte, com o terceiro, consiste na introdução, em nosso Código Civil, e, consequentemente, em nosso Direito Civil, da disciplina dos Direitos da Personalidade, fenômeno que pode ser chamado de **humanização do Direito Civil**. Se antes a preocupação era muito focada na questão patrimonial (até no Direito de Família esse tema era preponderante), a proteção de valores ligados intrinsecamente ao ser humano, como ao corpo, ao nome, à imagem, às palavras e aos escritos ganhou grande força com o novo Diploma. Além disso, leis especiais, mas que também são partes integrantes do Direito Civil em alguns aspectos, como a Lei de Biossegurança (Lei 11.105/2005), vieram para reforçar este ramo do Direito. Pode-se até falar em um quinto elemento marcante do novo Direito Civil, que é o da *normatização da biotecnologia*, que envolve também elementos de Direito Administrativo e de Direito Ambiental.

1.1.6. Princípios do Direito Civil

Miguel Reale, coordenador da comissão que redigiu o anteprojeto que deu origem ao novo Código, salienta que esse é norteado por três **princípios**: o da socialidade, o da eticidade e o da operabilidade. Tais princípios fazem refletir os elementos acima apontados.

O **princípio da socialidade** é aquele que *impõe prevalência dos valores coletivos sobre os individuais*.

Já o **princípio da eticidade** é aquele que *impõe a justiça e a boa-fé nas relações civis*.

O **princípio da operabilidade**, por sua vez, é *aquele que impõe soluções viáveis, operáveis e sem grandes dificuldades na aplicação do direito*. Está contido nesse princípio o da **concreção**, pelo qual *o legislador deve criar leis pensando em situações as mais concretas possíveis, evitando ser muito abstrato, ou quando não possível, dando poderes ao juiz para resolver o conflito de modo a melhor atender às diretrizes legais*. O princípio da operabilidade é identificado no Código Civil, por exemplo, quando este confere ao juiz papéis mais abrangentes, tais como papel de *juiz moderador* (ex.: juiz que pode reduzir o valor de multas, caso abusivas) e de *juiz com maior discricionariedade* (ex.: juiz que está diante de cláusulas gerais e conceitos jurídicos indeterminados, que permitem que esse agente busque a melhor solução para o caso concreto, diante das diretrizes traçadas pela lei).

Apesar de não mencionado expressamente por Miguel Reale, entendemos que também norteia o Código Civil o princípio da **dignidade da pessoa humana**, que é *aquele que impõe respeito aos múltiplos aspectos da personalidade humana, como a moral, a intelectual e a física*. A existência de um capítulo no Código Civil destinado exclusivamente aos direitos da personalidade, somada à previsão constitucional da proteção da dignidade da pessoa humana demonstram que o princípio em tela informa o atual Código Civil.

E também não há como negar que o Código Civil ainda dá primazia à **propriedade individual**, à **autonomia da vontade** e à **igualdade**. A primeira é garantida pela Constituição e pelo Código Civil. A segunda ainda é a fonte inicial da formação das relações jurídicas civis. E a igualdade, entendida em seu sentido amplo (tratar igualmente os iguais e desigualmente os desiguais), é o princípio que fundamenta as relações privadas, na qual se busca o equilíbrio entre as partes, diferentemente do que ocorre nas relações públicas, em que há supremacia do interesse público sobre o interesse privado, em nítida situação de desequilíbrio.

A partir dessas observações, é possível criar uma Teoria dos Princípios Basilares, ou seja, uma teoria que visa a identificar quais são os princípios do Direito Civil que inspiram e norteiam todos os outros princípios e regras desse macrossistema.

Nesse sentido, pode-se dizer que são **princípios basilares** do Direito Civil os seguintes: a) **autonomia da vontade**; b) **igualdade**; c) **propriedade individual**; d) **solidariedade social** (contendo as ideias de socialidade, eticidade e dignidade da pessoa humana); e e) **operabilidade**.

Maria Helena Diniz, ao tratar dos princípios basilares, entende que são os seguintes: a) personalidade; b) autonomia da vontade; c) liberdade de estipulação negocial; d) propriedade individual; e) intangibilidade familiar; f) legitimidade da herança e do direito de testar; g) solidariedade social.

A nosso ver, a liberdade de estipulação negocial já está contida na autonomia da vontade, daí porque a excluímos de nossa teoria. A intangibilidade familiar já está contida na autonomia da vontade, na igualdade e na solidariedade social, daí por que também a excluímos. E a legitimidade da herança já está contida na propriedade individual, o que também nos fez excluí-la. Por outro lado, acrescentamos a igualdade e a operabilidade, dada a importância e a peculiaridade desses valores em nosso Direito Civil.

Além dos princípios basilares, e abaixo deles, temos os **princípios-norma**, que são as *normas jurídicas aplicáveis a determinada categoria de relações, dotadas de especial relevância e alta carga valorativa*. São exemplos desses princípios os da função social dos contratos (aplicável aos contratos), da boa-fé objetiva (aplicável aos contratos), da função social da propriedade (aplicável ao direito de propriedade), da igualdade entre os filhos (aplicável ao direito de família e sucessões), entre outros.

Tais princípios têm as seguintes características: a) têm aplicação *direta e imediata* aos casos concretos; b) têm *hierarquia* em relação às meras regras-norma, hierarquia essa que é chamada de *hierarquia material* caso estejam previstos em leis da mesma categoria das regras (ex.: há hierarquia material, e não formal, entre um princípio previsto no Código Civil e uma mera regra prevista no mesmo Código); c) servem de *elemento integrativo* e de *vetor interpretativo* aos aplicadores do Direito.

Por fim, temos os **princípios gerais do direito**, que são as *diretrizes políticas, sociais e jurídicas extraídas do sistema jurídico como um todo*. Um exemplo desse princípio é o da *presunção de boa-fé*. Tais princípios somente são aplicados em caso de lacunas, ou seja, em casos de vazio no sistema jurídico. E, mesmo assim, tais princípios são só chamados caso a lacuna não possa ser resolvida com a *analogia* e os *costumes*. Dessa forma, tais princípios não têm aplicação direta e imediata aos casos concretos, dependendo, para sua aplicação, da existência de lacuna que não possa ser suprida pelos elementos mencionados.

1.1.7. Técnica do Código Civil

As leis podem ser feitas segundo várias técnicas.

A **técnica da *casuística*** é aquela em que a lei é feita tentando regulamentar cada *caso* passível de ocorrer no mundo fenomênico, daí porque o nome de técnica "casuística". Leis dessa natureza costumam ser extensas e detalhadas. Elas geram um *sistema fechado e casuístico* e acabam se desatualizando logo, pois não conseguem acompanhar a evolução da sociedade. Além disso, não conseguem regulamentar tudo e acabam gerando diversas lacunas.

A **técnica dos *conceitos legais indeterminados* e das *cláusulas gerais***, por sua vez, é aquela em que a lei traz normas mais abertas, permitindo a resolução de mais casos concretos, a maior perenidade da lei e a resolução de conflitos com maior possibilidade de fazer justiça no caso concreto. Essa técnica contribui para um *sistema aberto e flexível*.

Nosso atual Código Civil valeu-se de uma **técnica legislativa mista**. Há tanto normas casuísticas e voltadas para o esgotamento das situações que podem acontecer no caso concreto, como normas mais abertas, recheadas de conceitos legais indeterminados.

O Código Civil anterior, todavia, continha poucas normas abertas, daí porque se deve ressaltar sua maior presença no atual Código.

Não se deve, contudo, confundir *conceitos legais indeterminados* com *cláusulas gerais*.

Os **conceitos legais indeterminados** são *palavras ou expressões indicadas na lei de conteúdo e extensão fluidos e vagos*. Um exemplo de conceito legal indeterminado é o previsto no art. 581 do Código Civil. Nesse dispositivo a lei assevera que o comodante (ou seja, aquele que emprestou gratuitamente uma coisa infungível a alguém – um imóvel, por exemplo) pode pedir a coisa de volta caso haja "necessidade imprevista e urgente" reconhecida pelo juiz. Repare que as palavras "necessidade", "imprevista" e "urgente" dão margem a interpretações, daí o seu caráter indeterminado.

Tais palavras costumam ser chamadas de vagas, imprecisas, indeterminadas, fluidas, abertas etc. São exemplos de palavras dessa natureza as seguintes: boa-fé, má-fé, urgente, imprevisto, imprevisível, justa causa, razoável, excessiva onerosidade, manifesta desproporção, iminente perigo, fundado temor, diligência normal etc. A presença dessas palavras na lei confere ao juiz margem de liberdade (discricionariedade) para verificar, no caso concreto, se aplica ou não o comando legal incidente. No exemplo trazido, se determina ou não a devolução do imóvel ao comodante. Note que a norma citada já traz a *solução* que o juiz deve dar no caso concreto caso sua hipótese de incidência ocorra no mundo fenomênico. Ou seja, a lei enuncia o conceito indeterminado e dá as *consequências* dele advindas. A *solução* (a *consequência*), no exemplo dado, é a seguinte: determinar a devolução do imóvel. O que a norma não traz é uma definição clara e objetiva de *quando* o comando legal deve ser aplicado. Se a norma fosse mais objetiva nesse ponto (p. ex.: se dissesse que o juiz deveria determinar a devolução da coisa *após 1 mês de uso*), não estaríamos diante de norma com *conceito legal indeterminado*, mas sim diante de norma com *conceito legal determinado*.

No exemplo citado, a norma jurídica da retomada da coisa dada em comodato pode ser decomposta da seguinte maneira: a) hipótese de incidência – "ocorrer necessidade imprevista e urgente do comodante" (*hipótese de incidência* com conceito indeterminado); b) consequência – "o juiz determinará a devolução da coisa dada em comodato" (*consequência* ou *solução* clara e objetiva).

As **cláusulas gerais** são *normas jurídicas orientadoras, sob a forma de diretrizes indeterminadas, cabendo ao juiz criar a solução adequada ao caso concreto*. Um exemplo de cláusula geral é a prevista no art. 421 do Código Civil. Nesse dispositivo a lei assevera que "a liberdade de contratar será exercida em razão e nos limites da função social do contrato". Repare que a *diretriz* que determina respeito à "função social do contrato" é indeterminada, pois dá margem a mais de uma interpretação. Afinal de contas, o que seria "função social do contrato"? Além disso, a norma citada não traz qual *solução* deve dar o juiz quando se deparar com uma situação que ele entenda ter violado a diretriz que determina respeito à função social do contrato.

Assim, a cláusula geral se faz presente quando se está diante de uma norma com duas características, quais sejam: a) a presença de uma *diretriz* indeterminada; b) inexistência de uma solução específica que o juiz deve dar ao caso concreto.

No exemplo citado, a norma jurídica da função social dos contratos pode ser decomposta da seguinte maneira: a) hipótese de incidência – "violar a função social dos contratos" (*diretriz* indeterminada); b) consequência – "o juiz verificará a melhor *solução* para preservar a diretriz violada" (inexistência de *consequência* ou *solução* prévias).

De qualquer maneira, nos dois casos (*simples conceito legal indeterminado* e *cláusulas gerais*), compete ao juiz preencher os claros ao subsumir o fato à norma. Além disso, vale esclarecer que, toda vez que se estiver diante de uma cláusula geral, certamente haverá um conceito legal indeterminado no texto dessa norma.

O juiz, nessa tarefa de preencher os claros, de preencher os vazios, deve se valer das seguintes **ferramentas**:

a) **fazer conexões sistemáticas** (diálogo das fontes), ou seja, deve-se valer de outras normas jurídicas que tratam de assunto semelhante (p. ex., quando for aplicar o princípio da boa-fé objetiva num contrato regido pelo Código Civil, em que uma empresa de manutenção de equipamentos não usou peças originais, pode aplicar o dispositivo do Código do Consumidor, que proíbe essa conduta; no caso, trata-se de norma do CDC que não traz regra mais favorável ao consumidor, mas que apenas impõe ética entre as partes);

b) **fazer conexões com os fatos e valores sociais**, uma vez que o juiz, ao aplicar a lei, deve levar em conta o bem comum e os fins sociais a que a norma se dirige;

c) levar em conta os **contornos do caso concreto**;

d) valer-se das **regras de experiência**;

e) **aplicar as demais técnicas interpretativas**.

Enfim, o juiz, diante da discricionariedade que possui, deve fazer de tudo para compor os conflitos de interesses a serem resolvidos com normas com conceitos legais indeterminados e cláusulas gerais, pacificando com justiça.

1.2. Introdução ao estudo do Direito Civil

1.2.1. Finalidade da Lei de Introdução às Normas do Direito Brasileiro

A primeira Lei de Introdução às Normas do Direito Brasileiro foi a Lei nº 3.071/1916. Essa lei foi revogada pelo Decreto-Lei 4.657/1942, atualmente em vigor.

A Lei de Introdução às Normas do Direito Brasileiro é norma introdutória do Direito como um todo, e não apenas do Direito Civil, como parecia ser, diante do nome que detinha antes (Lei de Introdução ao Código Civil). Tal lei, na verdade, tem **três finalidades**.

A primeira delas, e a que mais se sobressai, é a de **regular a forma de aplicação das leis em geral**: a) o início e a duração de sua obrigatoriedade (arts. 1º e 2º); b) os mecanismos de integração em caso de lacuna (art. 4º); c) os critérios de interpretação (art. 5º); e d) os meios de preservação da segurança jurídica em face da edição de novas normas (art. 6º).

A segunda finalidade é a de **regular o direito internacional privado brasileiro** (arts. 7º a 17).

A última é a de **regular os atos civis praticados no estrangeiro pelas autoridades consulares brasileiras** (arts. 18 e 19).

A primeira finalidade incide não só sobre a aplicação das normas de Direito Civil, mas sobre o Direito como um todo, ressalvada a existência de uma lei especial dispondo de modo contrário. Por exemplo, em Direito Penal, sob o argumento de que existe uma lacuna, não será possível valer-se da analogia para considerar crime um tipo de conduta ainda não regulada pelo Direito, por haver vedação dessa forma de integração na lei penal.

1.2.2. Fontes do Direito

Quando se pergunta "quais são as fontes do Direito", fica sempre a dúvida sobre a qual fonte a indagação se refere. Existem *fontes criadoras* do Direito (legislador, por exemplo). Há *fontes formais* do Direito (a lei, por exemplo). Há *fontes históricas* do Direito (fatos históricos marcantes que deram origem à modificação de uma lei).

As **fontes formais** do Direito podem ser divididas em duas espécies: principais e acessórias.

As **fontes *formais principais*** são: a lei, a analogia, o costume e os princípios gerais do direito. Como adotamos o sistema romano-germânico, de início, só a lei é fonte formal principal. Apenas em caso de lacuna é que se admite que o aplicador se valha da analogia, do costume e dos princípios gerais, nessa ordem, como fonte formal jurídica (art. 4º da LINDB).

Para completo entendimento do assunto, é importante destacar que, por lei, deve-se entender norma constitucional, lei ordinária, lei complementar, lei delegada, resolução legislativa, decreto legislativo e medida provisória.

Já as **fontes *formais secundárias ou acessórias*** são: os decretos, as resoluções administrativas, as instruções normativas, as portarias etc. São acessórias pois guardam obediência a uma fonte principal.

Doutrina e jurisprudência são consideradas, tradicionalmente, como *fontes não formais* ou *fontes indiretas* (mediatas). Isso porque trazem preceitos não vinculantes. São também consideradas *fontes meramente intelectuais* ou *informativas*.

Há de se fazer alguns temperamentos com relação à jurisprudência. Isso porque, apesar de um entendimento reiterado pelos tribunais não ter força de lei, a Emenda Constitucional 45/2004 estabeleceu que o Supremo Tribunal Federal poderá, após reiteradas decisões sobre matéria constitucional, aprovar súmula, que terá efeito vinculante e incidirá sobre a validade, a interpretação e a eficácia de normas determinadas acerca das quais haja controvérsia (art. 103-A da CF).

Tais súmulas, ainda que declarativas em relação ao que é Direito, poderão ser consideradas verdadeiras fontes formais, já que têm eficácia *erga omnes*.

1.2.3. Lei

1.2.3.1. Conceito e características

Em sentido estrito, pode-se **conceituar a lei** como o *ato do Poder Legislativo imperativo, geral, originário e autorizador de se exigir do Estado a garantia de seu cumprimento mediante o uso de coação física, se necessário.*

Confira-se cada uma das **características da lei**, trazidas no conceito:

a) **Criação pelo Poder Legislativo:** somente este Poder pode criar a lei em sentido estrito. A medida provisória, em que pese ter força de lei, não se confunde com essa. O Legislativo é que dirá se poderá ou não ser convertida em lei. A única hipótese em que a lei não será criada pelo Poder Legislativo é a da lei delegada. Instrumento raro em nossos dias, a lei delegada é elaborada pelo Presidente da República, após delegação do Congresso Nacional, que especificará seu conteúdo, os termos do seu exercício e eventual apreciação do projeto pelo Legislativo (art. 68 da CF);

b) **Imperatividade:** a lei prescreve condutas às pessoas. É uma ordem, um comando. Até uma lei que permite que alguém faça alguma coisa tem essa característica. Basta que seja observada do ângulo daquele que deve respeitar a faculdade concedida a outro. Um exemplo é a lei que autoriza um vizinho, dono de uma casa sem acesso a via pública, a constranger o outro a lhe dar passagem (art. 1.285 do CC). Do lado do primeiro vizinho, revela uma autorização; do lado do segundo, uma imposição, ou seja, um imperativo. Mas não basta a imperatividade ou a existência de uma sanção para que se esteja diante de uma lei. Normas morais, por exemplo, também são imperativas e têm sanções. São necessários outros requisitos;

c) **Generalidade:** a lei se dirige às pessoas em geral e não a determinada pessoa. Isso impede que alguém se considere imune à lei, bem como que ela só obrigue a uma pessoa. Como nem todas as pessoas moram na mesma cidade ou no mesmo estado, e nem todos têm o mesmo tipo de atividade, há situações em que a lei acaba atingindo concretamente um número menor de pessoas. É o caso da lei de zoneamento de um Município, da lei que cuida de uma atividade específica (por exemplo, da representação comercial) ou do estatuto dos funcionários públicos de um estado. Nesses casos, apesar de parecer que apenas algumas pessoas estão sujeitas à incidência das leis, essas não deixam de ser genéricas. Qualquer pessoa que vá ter uma atividade naquela cidade, que vá ser representante comercial ou que tome posse como servidor daquele estado estará sujeita ao cumprimento de cada uma daquelas leis;

d) **Originalidade:** ressalvados os preceitos constitucionais, a lei tem o condão de inovar na ordem jurídica. A lei tem o poder de criar direitos e deveres. Isso a difere dos atos infralegais, como os que vêm ao mundo jurídico por decretos, resoluções ou portarias. Ressalvadas as exceções que admitem regulamento autônomo (*vide* art. 84, VI, da CF), os atos infralegais não inovam na ordem jurídica, mas apenas possibilitam a aplicação da lei, facilitando seu entendimento e sua operacionalização;

e) **Autorizador:** a lei autoriza que o lesado por sua violação exija do Estado que este faça cumprir os preceitos legais, inclusive com o uso da força, se necessário. Ou seja, autoriza-se que o lesado peça ao Estado que se valha até da coação física para que a lei seja cumprida. Assim, se alguém deixar de pagar uma dívida, pode o credor ingressar com ação judicial, que possibilitará a execução forçada do que for reconhecido como devido. O Estado-Juiz conta, inclusive, com auxílio de força policial para fazer valer suas decisões. É importante anotar que ninguém pode fazer justiça com as próprias mãos. É crime o exercício arbitrário das próprias razões (art. 345 do CP). Deve-se exigir do Estado que faça com que a lei seja cumprida, salvo nos casos em que o próprio Direito o, como quando permite que o possuidor se valha da força para reprimir uma invasão na coisa possuída (art. 1.210, § 1º, do CC).

1.2.3.2. Classificação

As leis podem ser **classificadas** a partir de diversos **critérios**. Vejamos:

a) Quanto à **imperatividade**: podem ser *cogentes* ou *não cogentes*.

Cogentes *são as leis cuja incidência não pode ser afastada pela vontade dos interessados*. São também chamadas de leis *imperativas* ou de *ordem pública*. Trazem preceitos cujo cumprimento diz respeito a questões de interesse público. Existem quando o Estado não quer deixar que a questão seja resolvida segundo o livre-arbítrio do interessado. Essas normas podem ser identificadas por seu teor mandamental ou proibitivo. São exemplos grande parte das normas sobre família, sucessões e coisas, as normas do Código de Defesa do Consumidor (art. 1º da Lei 8.078/1990) e as normas da Lei de Locações (art. 45 da Lei 8.245/1991). O desrespeito às normas de ordem pública acarreta sanções graves, como a de nulidade, que priva o negócio jurídico de efeitos. O parágrafo único do art. 2.035 do CC dispõe que "nenhuma convenção prevalecerá se contrariar preceitos de ordem pública, tais como os estabelecidos por este Código para assegurar a função social da propriedade e dos contratos".

Não cogentes *são as leis cuja incidência poder ser afastada pela vontade dos interessados*. São também chamadas de *dispositivas* ou de *imperatividade relativa*. Dividem-se em duas espécies. *Permissivas* são as que facultam aos interessados dispor como lhes aprouver, como a que permite aos que vão se casar escolher o regime de bens que desejam ter (art. 1.639 do CC). *Supletivas* são as que se aplicam na falta de manifestação dos interessados, como a que dispõe que, não convencionados os juros moratórios, incidirão os que estiverem em vigor para devedores da Fazenda Nacional (art. 406 do CC). É possível identificar as leis supletivas por expressões como "salvo estipulação em contrário" e "salvo convenção entre as partes". As normas não cogentes são mais comuns em matéria de obrigações e contratos;

b) Quanto à **intensidade da sanção**: podem ser *mais que perfeitas, perfeitas, menos que perfeitas* e *imperfeitas*.

Mais que perfeitas *são as que estabelecem mais de uma sanção para seu descumprimento*. Exemplo é a norma que proíbe a bigamia. Dá ensejo à nulidade do segundo casamento (sanção civil) e à configuração do crime previsto no art. 235 do CP (sanção penal).

Perfeitas *são as que estabelecem sanção que torna o ato inválido*. Exemplo é a norma que considera nulo o negócio jurídico celebrado por absolutamente incapaz.

Menos que perfeitas *são as que estabelecem uma sanção que não seja a de tornar o ato inválido*. Exemplo é a norma que impõe o regime de separação obrigatória para o viúvo ou a viúva, com filho do cônjuge falecido, que se casa antes de fazer inventário e dar partilha dos bens aos herdeiros dos cônjuges (arts. 1.523, I, e 1.641, I, do CC). O casamento não será considerado inválido, mas será aplicada a sanção acima exposta.

Imperfeitas *são as que não estabelecem sanção para seu descumprimento*. Exemplo são as normas que tratam de dívidas de jogo e de dívidas prescritas. Não há obrigação de pagá-las (art. 814 do CC), daí a inexistência de sanção para seu descumprimento. Por outro lado, se forem pagas, não podem ser objeto de pedido de restituição pelo que pagou (art. 882 do CC);

c) Quanto à sua **natureza**: podem ser *substantivas* ou *adjetivas*.

Substantivas *são as que estabelecem os direitos e deveres das pessoas em suas atividades e relações pessoais e profissionais*. São também chamadas de *materiais*.

Adjetivas *são as que regulamentam os atos de um processo, o qual tem por objetivo fazer valer as normas materiais*. São também chamadas de normas *processuais* ou *formais*;

d) Quanto à **hierarquia**: são escalonadas em *constitucionais, complementares* e *ordinárias*. As normas complementares estão em posição superior às ordinárias, não só porque exigem quórum especial (art. 69 da CF), como porque, segundo a Constituição, têm o condão de dispor sobre a elaboração das leis (art. 59, parágrafo único), o que se deu com a edição da Lei Complementar 95/1998;

e) Quanto à **competência** ou **extensão territorial**: são *federais, estaduais/distritais* e *municipais*;

f) Quanto ao **alcance**: podem ser *gerais* ou *especiais*.

Gerais *são as que regulam uma dada relação jurídica, a par de outra lei que regula um determinado aspecto daquela relação*. Assim, o Código Civil, ao tratar do contrato de locação é uma lei geral (arts. 565 e ss.), ao passo que a Lei 8.245/1991 é uma lei especial, pois trata apenas de um determinado aspecto da locação, no caso a locação de imóvel urbano.

Especiais *são as que regulam sozinhas uma relação jurídica por inteiro ou um determinado aspecto de uma relação jurídica regulada de modo genérico por outra lei*. Além da Lei de Locações, podem ser citados o Código de Defesa do Consumidor e o Estatuto da Criança e do Adolescente.

A classificação é importante para efeito de se descobrir qual é a lei aplicável ao caso concreto. Entre uma lei especial e uma lei geral, ainda que a lei geral seja posterior, deve-se aplicar a lei especial. Isso porque se presume que esta tratou com mais detalhe do assunto.

É importante ressaltar que **uma lei pode ser especial em relação a uma e geral em relação a outra**. Por exemplo, em relação à compra e venda prevista no Código Civil, as normas sobre o assunto previstas no CDC são especiais. Mas em relação à Lei de Alienação Fiduciária (Decreto-Lei 911/1969), as normas do CDC são consideradas gerais.

Outra observação importante é que **uma lei pode ser especial e ao mesmo tempo principiológica**. É o caso do CDC. Em relação ao CC, trata-se de uma lei especial. Em relação a outras leis especiais, como se viu acima, pode ser considerada lei geral. Nada obstante, como o CDC traz uma série de princípios, e como os princípios são normas que se sobrepõem a meras regras, é possível que o CDC prevaleça em relação a uma lei que, em princípio, traz normas especiais em relação às suas. Só que isso só acontecerá quando houver um conflito entre um princípio do CDC e uma mera regra da lei especial. É o que aconteceu em matéria de indenização por extravio de bagagens. Em que pese haver leis estipulando um tabelamento na indenização, prevalece na jurisprudência do STJ o princípio da reparação integral dos danos (art. 6º, VI, CDC).

1.2.3.3. Existência, validade, eficácia, vigência, vigor e desuso

O processo de elaboração das leis tem as seguintes etapas: iniciativa, discussão, votação, sanção (ou veto, com posterior recusa ao veto), promulgação e publicação.

A **sanção**, que pode ser expressa ou tácita (CF, art. 66, § 3º) é a *aquiescência dada pelo Chefe do Poder Executivo ao projeto de lei aprovado*. Permite-se também o veto, motivado pela inconstitucionalidade ou contrariedade do projeto ao interesse público, hipótese em que o Poder Legislativo poderá rejeitá-lo ("derrubá-lo"), por voto da maioria absoluta dos deputados e senadores, em voto secreto e sessão conjunta.

Após a sanção ou a recusa ao veto, passa-se à **promulgação**, que é o *ato pelo qual o Poder Executivo autentica a lei, atestando sua existência e determinando sua obediência*. O Executivo tem quarenta e oito horas contadas da sanção ou da comunicação da recusa ao veto para proceder à promulgação. Caso não o faça, o Presidente do Senado o fará e, se este não o fizer em igual prazo, caberá ao Vice-Presidente do Senado fazê-lo (CF, art. 66, § 7º).

Feita a promulgação, vem a **publicação**, que é *a divulgação oficial da nova lei, possibilitando seu conhecimento público.*

Em seguida à publicação, temos uma situação eventual pela qual pode passar uma lei, o chamado **período de vacância**, que é o *lapso temporal entre a data da publicação da lei e um termo pré-fixado na própria lei ou em outro diploma legislativo, durante o qual aquela não pode ainda produzir efeitos.* Esse intervalo entre a data da publicação da lei e sua entrada em vigor chama-se *vacatio legis*.

Segundo a LINDB, não havendo disposição em contrário, a lei começa a vigorar em todo o país quarenta e cinco dia após sua publicação. Nos estados estrangeiros, a obrigatoriedade da lei brasileira, quando for admitida, inicia-se três meses após oficialmente publicada (art. 1º, *caput* e § 1º). Adotou-se o princípio da *vigência sincrônica*, já que haverá vigência simultânea em todo o território nacional, ou seja, *prazo único* para entrada em vigor no país. Tal princípio se contrapõe ao da *vigência progressiva*, pelo qual a lei vai entrando em vigor no país segundo prazos que variam de acordo com a região[1]. Já nos estados estrangeiros, o prazo é outro, de modo que os agentes de nossas representações diplomáticas e os que têm fora do Brasil interesses regulados pela lei brasileira, por exemplo, só ficam obrigados após o período de três meses acima aludido.

Repare que, no silêncio, temos o período de vacância de quarenta e cinco dias, que poderá ser modificado mediante expressa indicação na lei de que entrará em vigor em outro termo. Segundo a Lei Complementar 95/1998, deve-se reservar a cláusula "entra em vigor na data da sua publicação" apenas para as leis de pequena repercussão. Quanto às demais, deve-se fixar um período de vacância que contemple prazo razoável para que dela se tenha amplo conhecimento (art. 8º, *caput*, da LC 95/1998). O Código Civil, por exemplo, entrou em vigor um ano após sua publicação (art. 2.044 do CC). A contagem do prazo dar-se-á com a inclusão da data da publicação e do último dia do prazo, entrando em vigor no dia subsequente à sua consumação integral (art. 8º, § 1º, da LC 95/1998).

Há períodos de vacância fixados na própria Constituição, como os previstos nos art. 150, III, "b" e "c", e 195, § 6º (no que concerne à cobrança de tributos).

Pode ocorrer de, no curso do período de vacância, ser necessária nova publicação da lei destinada a alguma correção. Nesse caso, o prazo de vacância começará a correr mais uma vez a partir da data da nova publicação (art. 1º, § 3º, da LINDB).

Pode ocorrer também de, após o período de vacância, ser necessária nova publicação da lei para o mesmo fim. Nesse caso, como a lei já estava em vigor, os efeitos que ela produziu até aquele momento serão respeitados. A LINDB é expressa no sentido de que as correções serão consideradas lei nova (art. 1º, § 4º), de modo que novo período de vacância deverá ser computado.

A partir dos eventos narrados (promulgação, publicação e período de vacância) é importante trazer à tona as noções de existência, vigência, vigor, validade e eficácia.

Segundo a maioria dos doutrinadores, a **existência** da lei ocorre *após a sanção ou a rejeição ao veto* (Pontes de Miranda, José Afonso da Silva, Manuel Gonçalves Ferreira Filho, Michel Temer, Luiz Alberto David Araujo e Alexandre de Moraes). A própria Constituição dá a entender que isso ocorre ao mencionar a "lei" como ato a ser promulgado (art. 66, § 7º). A promulgação, como se viu, apenas atesta a existência da lei. Nesse sentido é ato declaratório. E promulgação é uma verdadeira autenticação, ou seja, uma declaração de que a lei existe, é válida e que deverá ser cumprida, pois tem aptidão para vir a produzir efeitos.

A existência, todavia, não se confunde com a validade. Quando se tem existente uma lei, tem-se também uma presunção de que também é válida. A própria promulgação já atesta a existência e a validade da lei. Nada obstante, pode ser que o Poder Judiciário reconheça sua inconstitucionalidade. Se tal reconhecimento se der no bojo de uma ação direta de inconstitucionalidade, após seu trânsito em julgado será desfeita definitivamente a presunção de validade que a lei detinha. A **validade**, portanto, é *qualidade da lei de ter sido produzida segundo as condições formais e materiais previstas na ordem jurídica.*

Mas não basta que a lei exista e seja válida. Esta há de ter **eficácia**, que é a *qualidade da lei de poder produzir efeitos jurídicos.* A lei só a terá se cumprir as chamadas *condições de eficácia do ato normativo*, que são: a) a promulgação; b) a publicação; c) o decurso do período de vacância, quando existir. As duas primeiras condições também são chamadas de *atos de integração da eficácia da lei.* É importante anotar que algumas normas constitucionais, por dependerem de outra para produzirem efeitos, têm eficácia limitada.

Diante de tais noções, passemos aos conceitos de vigor e de vigência.

Vigor é a *qualidade da lei de poder produzir efeitos jurídicos.* Vigor quer dizer força. A lei só tem força quando pode produzir efeitos. E a lei só pode produzir efeitos depois de preenchidas as condições anteriormente aludidas. É por isso que o art. 1º da LINDB dispõe que a lei começa a "vigorar" após publicada.

Já a **vigência** é o *tempo em que a lei existiu podendo produzir efeitos.* Para alguns é o *tempo em que a lei é válida.* Vigência não é qualidade. Vigência é período de tempo. Perceba que a vigência requer dois elementos: "existência" e "efeitos". Assim, uma lei promulgada, mas não publicada, não teve vigência, uma vez que, apesar de existir, não pode produzir "efeitos". O mesmo se dirá de uma lei que ainda estiver em período

1. Segundo a anterior LINDB, a obrigatoriedade das leis, quando não se fixasse outro prazo, "começaria no Distrito Federal, três dias depois de oficialmente publicada, quinze dias no Estado do Rio de Janeiro, trinta dias nos Estados Marítimos e no de Minas Gerais, cem dias nos outros, compreendidas as circunscrições não constituídas em Estado".

de vacância. Uma lei que ainda produza efeitos, mas que já estiver revogada não está em vigência. Isso porque, apesar de produzir efeitos, não tem mais "existência". Isso ocorre com o Código Civil anterior. Ele ainda regula algumas relações (produz "efeitos"), mas está revogado (não tem mais "existência").

Assim, pode ser que uma lei tenha vigor, mas não tenha mais vigência. O CC antigo ainda produz efeitos (tem vigor), mas não existe mais (não tem vigência).

Por fim, vale trazer à tona a noção de **desuso** e **costume negativo**, que são as *circunstâncias de a lei, em que pese poder produzir efeitos jurídicos, não ter utilidade, no primeiro caso, ou estar sendo descumprida por destinatários do Direito, sem que haja sua exigência ou aplicação pelos agentes estatais competentes, no segundo*. Um exemplo de *desuso* é a lei que trata da proibição de caça de um tipo de animal que já está extinto. E um exemplo de *costume negativo* é o que se deu em relação ao crime de adultério. O Código Penal, em que pese vigente quanto a esse crime, não vinha sendo aplicado quando cometido o tipo penal em questão, que recentemente veio a ser retirado da ordem jurídica.

Cabe anotar que existem juristas ou jusfilósofos que apresentam noções diferentes das que colocamos. É o caso de Kelsen, para quem a *eficácia* tem a ver com o plano concreto, tem relação com o que chamamos de desuso. E o que chamamos de eficácia, para Kelsen, é vigência.

1.2.3.4. Vigência da lei

1.2.3.4.1. Princípio da obrigatoriedade

Ao conceituarmos a lei, vimos que é um ato imperativo, um ato que prescreve conduta às pessoas. De nada valeria a lei se os destinatários de seus comandos tivessem a faculdade de cumpri-los ou não. É fundamental para a efetividade da ordem jurídica que as pessoas sejam de fato obrigadas a cumprir a lei.

Nesse sentido, o art. 3º da LINDB dispõe que "ninguém se escusa de cumprir a lei, alegando que não a conhece". Esse dispositivo consagra o princípio da obrigatoriedade (*ignorantia legis neminem excusat*).

A justificativa do princípio apresenta três teorias: a) a da *presunção legal* de que a lei, publicada, passa a ser de conhecimento de todos; b) a da *ficção* de que todos passam a conhecer a lei com sua publicação; c) e a da *necessidade social* de que assim seja, possibilitando uma convivência harmônica. Esta é a teoria mais aceita.

A Lei das Contravenções Penais, em seu art. 8º, mitiga o princípio ao dispor que "no caso de ignorância ou errada compreensão da lei, quando escusáveis, a pena pode deixar de ser aplicada".

A ignorância da lei, nos demais casos, é inescusável. O que se admite é que haja um erro (não ignorância) *sobre a ilicitude do fato* (art. 21 do CP) ou *de direito* (art. 139, III, do CC), a ensejar isenção ou diminuição de pena no primeiro caso e anulabilidade no segundo.

1.2.3.4.2. Vigência da lei no tempo

Neste tópico estuda-se o princípio da continuidade e a revogação das leis e também o conflito das leis no tempo.

Princípio da continuidade é *aquele pelo qual a lei terá vigência enquanto outra não a modificar ou a revogar*. Ou seja, a regra é a de que as leis têm caráter permanente. Mas há exceções à regra.

Há casos em que a lei tem **vigência temporária** (leis temporárias), que cessará nas seguintes hipóteses: a) advento de termo (prazo) fixado para sua duração; b) implemento de condição resolutiva (leis circunstanciais); c) consecução de seus fins.

A lei **também poderá perder vigência:** a) pela não recepção em função de nova ordem constitucional; b) por suspensão de sua execução pelo Senado, em razão de declaração incidental de inconstitucionalidade pelo STF; ou c) pelo trânsito em julgado de ação destinada ao controle concentrado de constitucionalidade, em caso de reconhecimento da inconstitucionalidade.

A revogação é a *supressão de uma lei por outra*. Existem variadas espécies de revogação, daí a pertinência de proceder a sua classificação:

a) Quanto à **extensão**: pode ser *total* ou *parcial*.

Revogação total (ou ab-rogação) é *a supressão integral da lei anterior*. O art. 2.045 do atual Código Civil revogou por inteiro o Código anterior.

Revogação parcial (ou derrogação) é *a supressão de parte da lei anterior*;

b) Quanto *à* **forma de sua execução:** pode ser *expressa* ou *tácita*.

Revogação expressa é *aquela em que a lei nova declara inequivocamente a supressão de dada lei*. O atual Código Civil, como se viu, revogou expressamente a Lei 3.071/2016 (CC anterior) em seu art. 2.045.

Revogação tácita é *aquela em que a lei nova, apesar de não declarar inequivocamente que a lei antiga está sendo suprimida, mostra-se incompatível com ela ou regule inteiramente a matéria de que essa tratava*.

A *incompatibilidade* se dá, por exemplo, quando uma lei nova permite algo que a antiga proibia. Ou quando a primeira proíbe algo que a segunda permite. Chama-se também revogação indireta.

A *regulamentação por inteiro de uma matéria* se dá quando a nova lei esgota a matéria da qual a lei anterior tratava. Assim, ainda que a nova Lei de Falências não fizesse referência expressa à revogação da lei anterior, o fato é que esta ficaria revogada, uma vez que aquela regula por inteiro a matéria dessa. Chama-se também revogação global.

Anote-se que é possível que uma lei revogada continue a produzir efeitos. Exemplo disso é a disposição do art. 2.038 do atual CC, que determina a continuidade da aplicação do CC/16 para as enfiteuses já existentes quando da entrada em vigor do primeiro. Trata-se da *ultratividade* ou *pós-atividade da lei*.

É importante anotar que, "salvo disposição em contrário, a lei revogada não se restaura por ter a lei revogadora perdido a vigência" (art. 2º, § 3º, da LINDB). Ou seja, se uma lei "A" é revogada por uma lei "B", e a tal lei "B" é revogada pela lei "C", a lei "A" não fica restaurada. Isso quer dizer que não existe o efeito repristinatório (restaurador) da primeira lei revogada. O que pode acontecer é a lei "C" expressamente dizer que novamente entrará em vigor a lei "A". Neste caso teremos uma lei nova e não exatamente uma repristinação.

De qualquer forma, ainda que não adotado como regra pela nossa LINDB, vamos conceituar o instituto da **repristinação**, *que consiste na restauração da lei revogada, em virtude da lei revogadora ter pedido a vigência*. O instituto em tela só é admitido quando a lei expressamente restaurar a lei anterior ou, no âmbito do Direito Administrativo, no que concerne aos *atos administrativos* (e não às *leis*).

Em resumo, a lei perde vigência nas seguintes hipóteses: a) fim do prazo ou do motivo que enseja sua vigência (lei temporária); b) suspensão da execução pelo Senado, em razão de declaração incidental de inconstitucionalidade pelo STF; c) trânsito em julgado de ação destinada ao controle concentrado de constitucionalidade, em caso de reconhecimento da inconstitucionalidade; d) não recepção em função de nova ordem constitucional; e) revogação por outra lei.

Tema pertinente a esse tópico é o conflito de leis no tempo. Será que toda lei posterior revoga a lei anterior? A resposta é negativa. O critério **cronológico** *ou* **temporal** (*lex posterior derogat legi priori*) cede em função dos critérios **hierárquico** (*lex superior derogat legi inferiori*) e da **especialidade** (*lex specialis derogat legi generali*).

Assim, uma lei nova não revoga um dispositivo constitucional que com ela esteja em contrariedade, pois a norma constitucional, em que pese mais antiga, tem *hierarquia* superior à norma infraconstitucional. Prevalece o critério hierárquico sobre o cronológico.

Do mesmo modo, uma lei geral nova não revoga uma lei especial velha, pois o critério da *especialidade* prevalece. A norma é especial quando possui em sua hipótese de incidência todos os elementos da norma geral e mais alguns *especializantes*. Presume-se que, na feitura da lei especial, procurou-se tratar com mais detalhe as particularidades do tema, da questão. O princípio da isonomia, que impõe tratar os desiguais de modo desigual, fundamenta a ideia de que o especial prevalece sobre o geral. Assim, o Estatuto da Criança e do Adolescente e o Código de Defesa do Consumidor não ficaram revogados pelo novo Código Civil, já que trazem normas especiais em relação a este. Prevalece o critério da especialidade sobre o cronológico.

Deve-se tomar cuidado, todavia, com um aspecto. Muitas vezes uma lei preponderantemente geral, como é o Código Civil, contém normas especiais, que, assim, podem revogar normas anteriores com ele incompatíveis. É o caso da matéria referente ao condomínio edilício, que é uma questão única, não passível de tratamento estanque, e que foi regulada por inteiro no atual Código Civil. Por trazer normas especiais, os arts. 1.331 a 1.357 do CC revogaram substancialmente a Lei 4.591/1964, mesmo sendo esta uma lei especial.

Deve-se tomar cuidado com a afirmativa de que "a lei especial revoga a lei geral". Às vezes, a lei especial apenas está regulando uma das categorias abrangidas pela lei geral, não a revogando, portanto. O Código Civil anterior, de modo geral, regulava os vícios redibitórios. Veio o CDC e regulou os vícios do produto ou do serviço para uma relação de consumo. A lei geral não ficou revogada. Continua a ser aplicada de modo genérico. Apenas não se aplica àquela categoria de negócios considerados *relação de consumo*. Ou seja, a lei especial não revogou a geral. Apenas retirou um espectro de sua incidência.

No tema aplicação da lei no tempo é, ainda, importante anotar que a lei nova, apesar de ter efeito imediato e geral, deve respeitar o ato jurídico perfeito, o direito adquirido e a coisa julgada (art. 6º da LINDB). A Constituição, em seu art. 5º, XXXVI, reforça o princípio ao dispor que "a lei não prejudicará o direito adquirido, o ato jurídico perfeito e a coisa julgada".

Trata-se do **princípio da irretroatividade da lei**.

A **coisa julgada** pode ser conceituada como a *qualidade da sentença de mérito de o seu comando ser imutável. Isso se dá com o trânsito em julgado da decisão*.

O **direito adquirido** é *aquele que já se incorporou ao patrimônio de seu titular, uma vez que preenchidos, sob a vigência da lei anterior, os requisitos para a aquisição do direito*. Para a LINDB, "consideram-se adquiridos assim os direitos que seu titular, ou alguém por ele, possa exercer, como aqueles cujo começo do exercício tenha termo pré-fixo, ou condição preestabelecida inalterável, a arbítrio de outrem" (art. 6º, § 2º).

O **ato jurídico perfeito** é *aquele já consumado segundo a lei vigente ao tempo em que se efetuou* (art. 6º § 1º, da LINDB).

A lei não pode *prejudicar* tais valores, mas pode *beneficiar*. É por isso que a lei penal que beneficia o acusado retroage (art. 5º, XL, da CF) e que a lei tributária também retroage em alguns casos (art. 106 do CTN).

Não se deve confundir *retroatividade* com *aplicabilidade imediata*. A lei não pode atingir, para prejudicar, fatos passados, mas pode ser aplicada de modo imediato para fatos que ocorrerem depois de sua vigência, ainda que relacionados com fatos anteriores.

Nesse sentido, é importante trazer à tona a diferenciação feita pelo art. 2.035 do Código Civil, que, no tocante aos negócios e demais atos jurídicos constituídos antes da vigência do CC de 2002, traz as seguintes regras:

a) a *validade* desses atos subordinam-se à legislação da época em que foram feitos;

b) os *efeitos* desses atos, produzidos após a vigência do novo Código, a esse se subordinam, salvo se as partes tiverem previsto determinada forma de execução.

Em suma, quanto aos fatos antigos (validade do negócio) aplica-se a lei antiga. Quanto aos fatos novos (efeitos ocorridos após a vigência da lei nova), aplica-se a lei posterior.

O problema é que o art. 2.035 foi além e criou uma norma bastante polêmica, que permite que o novo Código retroaja na seguinte situação:

c) convenção alguma prevalecerá, porém, se contrariar preceitos de ordem pública, tais como os estabelecidos pelo CC para assegurar a função social da propriedade e dos contratos.

Trata-se da chamada retroatividade média, em que se atingem os efeitos ainda pendentes de um ato jurídico anterior, verificados antes da lei nova[2]. Todavia, há diversas decisões do STF proibindo esse tipo de retroatividade, mesmo nos casos em que a lei nova é de ordem pública (ADI 493/DF; RE 188.366, RE 205.193, RE 205.999, RE 159.979 e RE 263.161).

Com efeito, é comum distinguir a retroatividade em três espécies[3].

A *retroatividade máxima*, também chamada de *restitutória*, consiste em alcançar situações jurídicas consolidadas (ato jurídico perfeito, direito adquirido e coisa julgada) cujos efeitos já se efetivaram no mundo jurídico e fenomênico. Ou seja, consiste em a nova lei *alcançar negócios e atos jurídicos findos*. Um exemplo de retroatividade máxima é a situação em que uma lei que diminuísse a taxa de juros para uma determinada obrigação estipulasse que os credores dessas obrigações, já satisfeitos por ocasião da nova lei, devolvessem as quantias recebidas a mais.

A *retroatividade média* consiste em alcançar situações jurídicas consolidadas e exigíveis (ato jurídico perfeito, direito adquirido e coisa julgada), mas que ainda não foram realizadas. Ou seja, consiste em a nova lei alcançar obrigações certas e já vencidas, mas ainda não pagas. Um exemplo de retroatividade média é a situação em que uma lei que diminuísse a taxa de juros para uma determinada obrigação estipulasse que os credores dessas obrigações, ainda não satisfeitos por ocasião da nova lei, tivessem que aceitar o pagamento dos juros passados e futuros com base na nova lei.

2. A retroatividade máxima ocorre quando a lei nova ataca a coisa julgada ou fatos já consumados. Essa, não há dúvida, só pode se dar por atuação do Poder Constituinte Originário.

3. *Vide*, a respeito, José Carlos de Matos Peixoto (**Curso de Direito Romano**, Editorial Peixoto, 1943, tomo I, p. 212-213) e também a ADI 493/DF, do STF, cuja relatoria foi do Min. Moreira Alves (DJ 04/09/1992).

A *retroatividade mínima* consiste em alcançar efeitos *futuros* de situações jurídicas consolidadas e exigíveis (ato jurídico perfeito, direito adquirido e coisa julgada), mas ainda não realizadas. Ou seja, consiste em a nova lei alcançar efeitos *futuros* de obrigações já vencidas e ainda não pagas. Um exemplo de retroatividade mínima é a situação em que uma lei que diminuísse a taxa de juros para uma determinada obrigação estipulasse que os credores dessas obrigações, ainda não satisfeitos por ocasião da nova lei, tivessem que aceitar o pagamento dos juros futuros (juros após a edição da nova lei) com base no novo diploma legal.

Há, ainda, outro instituto jurídico relacionado ao tema, a chamada *aplicação imediata da lei*. Esta abrange a retroatividade mínima e também outra situação, qual seja, a situação de lei nova se aplicar a situações jurídicas ainda não consolidadas. Um exemplo desse segundo caso é a aplicação imediata da lei processual nova, em relação a processos judiciais em curso, desde que não se fira a coisa julgada e que se respeite os atos regularmente praticados com base na antiga lei.

É sempre bom lembrar que a proibição à retroatividade maléfica da lei está prevista na própria Constituição e não em uma lei infraconstitucional (art. 5º, XXXVI, da CF). Isso faz com que uma norma desta natureza não possa excepcionar uma norma constitucional, pouco importando se a lei infraconstitucional é ou não de ordem pública.

Nesse sentido, confira o posicionamento pacífico do Supremo Tribunal Federal;

> "Contrato de prestação de serviços. Lei 8.030/1990 [revogada pela Lei 8.178/1991]. Retroatividade mínima. Impossibilidade. É firme, no Supremo Tribunal Federal, a orientação de que não cabe a aplicação da Lei 8.030/1990 a contrato já existente, ainda que para atingir efeitos futuros, pois redundaria em ofensa ao ato jurídico perfeito. Agravo regimental a que se nega provimento." (RE 388607, Rel. Min. JOAQUIM BARBOSA, 2ª T., DJ 28-04-2006) (g.n.)

Mesmo a retroatividade mínima, segundo o Supremo Tribunal Federal, só é permitida se x de uma norma constitucional. Confira:

> "Pensões especiais vinculadas a salário mínimo. Aplicação imediata a elas da vedação da parte final do inciso IV do artigo 7º da Constituição de 1988. - Já se firmou a jurisprudência desta Corte no sentido de que os dispositivos constitucionais têm vigência imediata, alcançando os efeitos futuros de fatos passados (retroatividade mínima). Salvo disposição expressa em contrário - e a Constituição pode fazê-lo -, eles não alcançam os fatos consumados no passado nem as prestações anteriormente vencidas e não pagas (retroatividades máxima e média). Recurso extraordinário conhecido e provido" (RE 140499, Rel. Min. MOREIRA ALVES, 1ª T., DJ 09-09-1994) (g.n.)

Dessa forma, tirando as situações de aplicação imediata da lei, não se pode retroagir lei nova para prejudicar direito adquirido, coisa julgada e ato jurídico perfeito.

1.2.3.4.3. Vigência da lei no espaço

Nesse tema vige o princípio da **territorialidade**, para o qual *a lei tem aplicação dentro do território do Estado que a expediu*. Esse princípio decorre da soberania estatal. A ideia de território estende-se também a outros espaços, como os navios e aeronaves de guerra, onde se encontrarem.

Admite-se, todavia, que a lei estrangeira, em determinadas hipóteses, tenha eficácia em nosso território, ou seja, admite-se a **extraterritorialidade**. Isso se dá com fundamento na solidariedade internacional. A aplicação da lei estrangeira em outro território tem por finalidade proteger a pessoa em território estrangeiro e regular os efeitos de atos estrangeiros que venham a se cumprir no país. Em virtude da existência de exceções é que se diz que adotamos o princípio da **territorialidade moderada**.

Todavia, em nenhuma hipótese poderá ser aplicada uma lei estrangeira (bem como atos, sentenças e declarações de vontade) que ofenda a soberania nacional, a ordem pública e os bons costumes do país (art. 17 da LINDB).

Chama-se **estatuto pessoal** o conjunto de normas que rege o estrangeiro pela lei de seu país de origem. Um estrangeiro que estiver em nosso país poderá carregar consigo um conjunto de normas estrangeiras que regulará seus direitos no Brasil.

Para que se saiba qual será a lei aplicável, havendo um elemento estrangeiro em nosso país, a LINDB trabalha com as noções de "matéria" e de "critério". É a partir desses dois elementos que se chegará à lei aplicável a um caso concreto.

O critério antigo era o da nacionalidade. Assim, aplicava-se a uma dada matéria a lei da nacionalidade do interessado. Esse critério era muito criticado, pois não resolvia o problema dos apátridas e fazia com que um estrangeiro há muito tempo já residente aqui continuasse a ter como estatuto pessoal as leis de sua nacionalidade.

O critério atual gira em torno do **domicilio** da pessoa (*lex domicilii*). Quanto aos bens e obrigações, o critério é o lugar em que aqueles se encontrem e essas foram constituídas. Tudo a demonstrar um afastamento do critério da nacionalidade da pessoa.

Por exemplo, para reger questões de família de um estrangeiro, aplica-se a lei de seu domicílio. Agora, para saber qual é o domicílio da pessoa, a fim de poder descobrir qual é a lei aplicável àquele caso, deve-se partir do conceito de domicílio previsto na nossa lei civil, ou seja, da chamada *lex fori* (lei do foro competente, da jurisdição onde se deva processar a demanda, no caso o Brasil). Vejamos agora os **critérios** ou **elementos de conexão** (que estão em negrito) e as **matérias** a serem regidas (em itálico), previstos na Lei de Introdução às Normas do Direito Brasileiro.

a) Lei do país em que a **pessoa** for **domiciliada**: aplica-se quanto ao começo e fim da *personalidade*, ao *nome*, à *capacidade* e aos direitos de *família* (art. 7º).

Se o casamento for realizado no Brasil, aplica-se a lei brasileira quanto aos impedimentos dirimentes e às formalidades da celebração (*lex loci actus*). Se os nubentes tiverem domicílio diverso, regerá os casos de invalidade do matrimônio a lei do primeiro domicílio conjugal. Se a pessoa não tiver domicílio, considerar-se-á domiciliada no lugar de sua residência ou naquele em que se encontrar;

b) Lei do país em que os **bens** estiverem **situados**: qualifica os *bens* e regula as relações a eles concernentes (art. 8º).

Trata-se da *lex rei sitae* (lei da situação da coisa). Exceções: será aplicada a lei do país em que for *domiciliado* o proprietário, quanto aos bens móveis que ele trouxer ou se destinarem a transporte para outros lugares; e será aplicada a lei do possuidor da coisa, quando essa estiver empenhada;

c) Lei do país em que as **obrigações** tiverem sido **constituídas**: qualifica e rege as *obrigações* (art. 9º).

Trata-se da regra *locus regit actum*. Anote-se que, caso a obrigação tenha que ser executada no Brasil e nossa lei exija forma essencial (uma escritura pública, por exemplo), essa será observada, sem prejuízo de se cumprir as peculiaridades da lei estrangeira;

d) Lei do país em que o **defunto ou desaparecido** era **domiciliado**: rege a *sucessão* por morte ou ausência (art. 10).

Exceção: é a lei do domicílio do herdeiro (e não do falecido) que regula a capacidade para suceder, que deve ser entendida como legitimidade para suceder.

Outra exceção é prevista na LINDB e na Constituição Federal, que assevera: "a sucessão de bens de estrangeiros situados no País será regulada pela lei brasileira em benefício do cônjuge ou dos filhos brasileiros, sempre que não lhes seja mais favorável a lei pessoal do *de cujus*" (art. 5º, XXXI).

Não se deve confundir as questões trazidas com as normas atinentes ao processo civil que correr em nosso país (*vide* os arts. 88 e 89 do CPC, que trazem as hipóteses em que a autoridade judiciária brasileira é competente). As normas processuais aplicáveis serão, sempre, as normas brasileiras (*lex fori*), o que decorre do art. 1º do CPC. Não conhecendo a lei estrangeira, poderá o juiz exigir daquele que a invoca prova do texto e da vigência (art. 14 da LINDB e art. 337 do CPC).

Quanto às sentenças proferidas no estrangeiro, essas dependem, para serem executadas no Brasil, do preenchimento dos seguintes requisitos estabelecidos no art. 15 da LINDB: a) haver sido proferida por juiz competente; b) terem sido as partes citadas ou legalmente se verificado a revelia; c) estar transitada em julgado e revestida das formalidades necessárias para a execução no lugar em que foi proferida; d) estar traduzida por intérprete autorizado; e) ter sido homologada pelo Superior Tribunal de Justiça (este item foi alterado em função da Emenda Constitucional nº 45 – art. 105, I, "i", da CF).

O divórcio realizado no estrangeiro, se um ou ambos os cônjuges forem brasileiros, só era reconhecido no Brasil depois de 1 (um) ano da data da sentença, salvo se houver sido antecedida de separação judicial por igual prazo, caso em que a homologação produzirá efeito imediato, obedecidas as condições estabelecidas para a eficácia das sentenças estrangeiras no país. O cumprimento desse prazo não é mais exigido (EC 66/2010).

O Superior Tribunal de Justiça, na forma de seu regimento interno, poderá reexaminar, a requerimento do interessado, decisões já proferidas em pedidos de homologação de sentenças estrangeiras de divórcio de brasileiros, a fim de que passem a produzir todos os efeitos legais (redação dada ao art. 7º, § 6º, da LINDB, pela Lei nº 12.036, de 2009).

1.2.3.5. Aplicação da lei

1.2.3.5.1. Generalidades

Decorrem da lei diversas normas jurídicas. A partir da verificação dos textos legais isoladamente, dos textos legais em conjunto e da finalidade dos textos legais chega-se à **construção** de uma **norma jurídica**.

A norma jurídica tem uma **estrutura formada por dois elementos**: a) hipótese de incidência; b) consequência.

A norma jurídica que trata do homicídio, por exemplo, pode ser assim narrada: a) sua hipótese de incidência é "matar alguém"; b) sua consequência é "reclusão de seis a vinte anos". Essa norma é extraída do art. 121 do CP.

Já a norma que trata da indenização por ato ilícito pode ser assim narrada: a) uma de suas hipóteses de incidência é "culposa ou dolosamente violar direito e causar dano a outrem, ainda que exclusivamente moral"; b) sua consequência é "obrigação de reparar o dano". Essa norma é extraída dos arts. 186 e 927 do Código Civil.

Compete ao cientista do Direito narrar as diversas possibilidades de norma jurídica que podem ser extraídas do texto legal. Já ao juiz e ao administrador público compete, a partir das possibilidades decorrentes do Direito, aplicar a norma jurídica que corresponda àquele fato, considerando inclusive as realidades fática e valorativa à sua volta.

É importante ressaltar quatro pontos: a) para aplicar a lei, deve-se antes identificar a lei (dogmática analítica); b) em seguida, deve-se interpretá-la (dogmática hermenêutica); c) a partir das normas jurídicas apreendidas da observação das leis, passa-se à fase crítico-argumentativa (dogmática da decisão), procedendo-se à subsunção, que consiste em enquadrar o fato concreto à hipótese de incidência contida na norma, passando-se ao reconhecimento da respectiva consequência jurídica; d) findo o procedimento, ter-se-á aplicado a lei.

Caso não haja lei regulando a matéria, estar-se-á diante de uma lacuna, cabendo ao aplicador proceder à integração da legislação, que será vista adiante.

Já no caso de haver mais de uma lei regulando a matéria, e estas estiverem conflitando entre si, estar-se-á diante de uma antinomia, cabendo ao aplicador proceder à sua correção, que também será vista adiante.

Vejamos antes a interpretação da lei.

1.2.3.5.2. Interpretação da lei

Interpretar é *extrair o sentido e o alcance da lei, com vistas a sua posterior aplicação.*

A interpretação que nos interessa não é um fim em si mesmo. Ela objetiva extrair da lei normas jurídicas para aplicação aos casos concretos, possibilitando que o Direito cumpra seu papel de garantir uma convivência justa entre as pessoas.

A grande questão é que a lei é estática em relação à realidade fenomênica. As leis permanecem vigentes anos a fio, ao passo que os fatos e valores sociais mudam com maior rapidez. É por isso que compete ao intérprete extrair da lei normas jurídicas, atentando para a situação fático-valorativa em que se encontram os fatos a serem subsumidos para efeito de aplicação da lei.

Cabe ao intérprete, portanto, dar vida ao texto da lei. Nesse sentido, várias comparações são feitas pela doutrina. O intérprete está para a lei, assim como o ator está para o texto que irá representar, ou assim como o cantor está para o texto da música que irá cantar. Atores e cantores darão vida àqueles textos, a partir da técnica e da emoção. Intérpretes darão vida aos textos de lei, a partir de técnicas que considerem os fenômenos fáticos e valorativos que envolvem a questão.

As **técnicas interpretativas** são tão importantes que, para seu estudo, foi se formando uma verdadeira ciência, que é chamada de **hermenêutica**. Pode-se defini-la, portanto, como *a ciência da interpretação.*

A **técnica gramatical** *consiste em verificar o significado das palavras, isolada e sintaticamente, atendendo à pontuação e à colocação dos vocábulos*. Usa-se também a expressão *interpretação literal* para fazer referência a essa técnica.

A **técnica lógica** *consiste na análise dos períodos da lei, combinando-os entre si mediante um raciocínio lógico, de modo a se atingir uma perfeita compatibilidade.*

A **técnica sistemática** *consiste em relacionar os vários dispositivos legais que guardam pertinência com o tema no sistema jurídico, de modo a buscar uma resposta única e trabalhada.*

A **técnica histórica** *consiste em averiguar os antecedentes da norma, desde as circunstâncias fáticas e valorativas que a precederam* (occasio legis) *até as discussões e deliberações legislativas, de modo a verificar a razão de sua existência* (ratio legis).

A **técnica teleológica** *consiste em averiguar o sentido e o alcance da lei partindo dos fins sociais a que ela se dirige, bem como adaptando-a às exigências do bem comum* (art. 5º da LINDB).

A utilização das técnicas de interpretação pode levar a **resultados** *declarativos (ou especificadores)*, *restritivos* e *extensivos*. Em determinadas matérias existem óbices, decorrentes de sua própria natureza, a alguns dos resultados possíveis. Por exemplo, em Direito Penal, não se pode interpretar um tipo penal de modo a que se chegue a um resultado extensivo em relação ao texto da lei. Quando se tem uma exceção, também não se pode interpretar de modo a que se chegue a um resultado extensivo. A própria ordem jurídica se encarrega de colocar óbices a determinados resultados. O art. 114 do Código Civil, por exemplo, dispõe que os negócios jurídicos benéficos (como uma doação) e a renúncia "interpretam-se estritamente".

No processo crítico que se faz da interpretação até a decisão (aplicação da lei), há também a figura dos **argumentos jurídicos**, que têm grande valia nessa senda. A dogmática da decisão estuda esses argumentos.

O argumento **"ab absurdo"** ou **"reductio ad absurdum"** propõe que *o resultado absurdo deve ser afastado*.

O argumento **"ab auctoritate"** é *aquele que se funda no prestígio de uma pessoa*. No Direito tem grande importância, na medida em que são fortes os argumentos fundados na doutrina, na jurisprudência e em pareceres de juristas renomados.

O argumento **"a contrario sensu"** propõe que *mencionada uma hipótese, ficam excluídas as outras*. O argumento deve ser utilizado com muito cuidado. Isso porque o fato de se mencionar uma hipótese não implica necessariamente que as outras estão excluídas. Muitas vezes, fazendo-se uma interpretação sistemática, descobre-se que um outro dispositivo legal também regula a outra hipótese de modo idêntico ao primeiro dispositivo consultado. Outras vezes pode se estar diante de verdadeira lacuna ou de situação que recomenda, numa interpretação teleológica, um resultado extensivo. O argumento terá utilidade quando a lei enumera hipóteses de modo taxativo ou traz uma exceção. Nos demais casos, argumento melhor é o que lhe é oposto – **"positio unius non est exclusio alterius"**: *a especificação de uma hipótese não redunda em exclusão das demais*.

O argumento **"a maiori ad minus"** propõe *que, se é permitido o mais, é permitido o menos*. Quem pode o mais, pode o menos. Esse argumento tem relação com direitos, com poderes. Exemplo: quem pode vender, pode administrar.

O argumento **"a minori ad maius"** propõe *que, se é vedado o menos, será também o mais*. Quem não pode o menos, não pode o mais. Esse argumento tem relação com proibições, com restrições. Exemplo: quem não pode administrar, não pode vender.

O argumento **"a fortiori"** propõe *a construção de hierarquias, verificando o que é mais e o que é menos, de modo a ordenar, pela força, os objetos*. Usar o argumento *a fortiori* é utilizar as seguintes expressões "com tanto mais razão, por mais forte razão". É usar a ideia de força. Os dois argumentos logo acima referidos são utilizados no argumento *a fortiori*. Assim, o próprio "quem pode o mais, pode o menos" é exemplo desse argumento.

Os argumentos **"a pari"** ou **"a simili"** propõem que *o preceito formulado para uma hipótese também se estende a hipótese igual ou fundamentalmente semelhante*. O brocardo seguinte também traz essa ideia: "ubi eadem ratio, ibi eadem legis dispositio" (onde existe a mesma razão fundamental, prevalece a mesma regra de direito).

1.2.3.5.3. Integração das lacunas

O Direito tem por objetivo regular o comportamento humano, de modo a garantir uma convivência justa entre as pessoas. Para tanto, são editadas inúmeras leis. Como se viu, é a partir dessas que se vão extrair as normas jurídicas destinadas a regular as variadas questões que se apresentarem no mundo fenomênico. O aplicador partirá da lei, adaptada à realidade fático-valorativa daquele momento histórico. O problema é quando não há lei regulando aquele fato. Estar-se-á diante de uma lacuna.

Numa situação dessas, poder-se-ia dizer que o sistema jurídico é incompleto, pois não tem norma para regular todos os fatos do mundo fenomênico. Todavia, nosso sistema jurídico prevê meios de preenchimento de lacunas, de modo que se pode encará-lo como um sistema, pelo menos, completável. Quanto a ser um sistema aberto ou fechado, parece mais acertada a primeira hipótese. Isso porque, na aplicação da lei, determina-se que se o faça atendendo aos fins sociais e ao bem comum (que devem ser extraídos da realidade fático-valorativa), bem como que o juiz se valha dos costumes e dos princípios gerais de direito, caso não haja lei regulando o assunto e não seja possível valer-se da analogia.

As **causas** das lacunas são as seguintes: a) impossibilidade de o legislador lograr êxito em regular todas as questões de interesse da sociedade; b) superveniência de modificações fáticas e sociais sem que a lei acompanhe a nova realidade.

É importante anotar que o juiz somente pode colmatar (preencher a lacuna) para o caso concreto que decide. Exceção a essa regra somente pode se dar por meio do mandado de injunção, importante na colmatagem da lacuna enquanto não sobrevier lei preenchendo o vazio. Tal possibilidade não vinha sendo admitida pelo Supremo Tribunal Federal. Todavia, no mandado de injunção que pedia o reconhecimento de mora abusiva do Congresso em legislar sobre o direito de greve do servidor público, o STF resolveu permitir que esse direito fosse exercido, aplicando-se a Lei de Greve para o setor privado por analogia.

Antes de verificarmos quais são as medidas que deve tomar o aplicador da lei para preencher uma lacuna, vejamos as **espécies** de lacuna reconhecidas pela doutrina: a) **normativa**, quando não houver lei regulando determinado caso; b) **ontológica**, quando houver norma regulando o caso, mas essa não corresponder à realidade fático-valorativa, tendo em vista modificações substanciais nos fatores sociais; c) **axiológica**, quando houver norma, mas essa for injusta, levar a situações iníquas, absurdas.

Seja qual for o tipo de lacuna, deve-se recorrer ao art. 4º da LINDB, que dispõe: "quando a lei for omissa, o juiz decidirá o caso de acordo com a analogia, os costumes e os princípios gerais do direito".

A lei não permite que o juiz se exima de decidir. Deve o magistrado aplicar a norma legal, e, na sua falta, as três fontes referidas, sucessivamente (art. 126 do CPC).

O juiz só decidirá por equidade nos casos previstos em lei (art. 127 do CPC), como o previsto no art. 11, II, da Lei 9.307/1996. Isso não impede que o juiz, ao aplicar a lei, busque a forma mais equânime de fazê-lo. Ou seja, deve o juiz agir com "equidade dentro da lei". O que não pode é ignorar a lei e simplesmente decidir do modo que entender ser mais equânime. Reconhece a doutrina que também é possível valer-se da equidade quando haja lacuna e nenhum dos critérios previstos na lei consiga integrá-la. De qualquer forma, entendemos ser difícil que isso se configure, pois um dos princípios gerais de direito, último recurso a ser utilizado em caso de lacuna, é o da igualdade, que remete justamente à ideia de equidade.

Em matéria de prova, ou seja, no que concerne a questões de "fato" (e não de "direito"), "em falta de normas jurídicas particulares, o juiz aplicará as regras de experiência comum subministradas pela observação do que ordinariamente acontece e ainda as regras de experiência técnica, ressalvado, quanto a esta, o exame pericial" (art. 335 do CPC).

A **integração** pode ser definida como *o processo de preenchimento de lacunas, mediante a aplicação da analogia, dos costumes e dos princípios gerais do direito, nessa ordem, criando-se norma individual para o caso.* Repare que há uma ordem de preferência na utilização das fontes. Comecemos com a primeira.

Decidir de acordo com a analogia *consiste em aplicar, a um acontecimento não regulado por uma norma jurídica, outra norma prevista para hipótese semelhante.* São necessários os seguintes procedimentos: a) comparar as semelhanças entre as hipóteses; b) avaliar se a semelhança justifica um tratamento jurídico idêntico. O fundamento da utilização da analogia é o princípio da igualdade. Utiliza-se muito aqui os argumentos vistos, especialmente o argumento *a fortiori*, que compreende o *a maiori ad minus* e o *a minori ad maius*. Não sendo possível a utilização da analogia, deve-se recorrer aos costumes.

Decidir de acordo com o costume *consiste em aplicar as normas decorrentes da prática reiterada de determinado ato, com a convicção de sua obrigatoriedade jurídica.* O costume, que é fonte formal secundária do direito, tem dois elementos: a) o objetivo (o uso); e b) o subjetivo (a crença na sua obrigatoriedade). Em relação à lei, são divididos em: a) *contra legem* (contrários à lei); b) *praeter legem* (quando não estiver regulado em lei); c) *secundum legem* (quando a lei já o reconhece). As normas costumeiras a serem aplicadas na forma do art. 4º da LINDB são aquelas *praeter legem*. O costume contra a lei só poderá ser aplicado nos casos de lacuna superveniente, ou seja, naqueles casos em que a lei não acompanhou as mudanças na sociedade, continuando a prescrever comandos patentemente em descompasso com a nova realidade. Só em situações muito excepcionais é que se pode admitir tal possibilidade. Não sendo possível valer-se dos costumes, socorre-se dos princípios gerais de direito.

Decidir de acordo com os princípios gerais de direito *consiste em aplicar as ideias políticas, sociais e jurídicas subjacentes ao sistema jurídico.* Se a questão fática posta à aplicação da lei pode ser resolvida pela utilização de um princípio de direito pertinente aos fatos apresentados, não estaremos diante de lacuna. Deve-se a ela aplicar o princípio, que é lei voltada para o caso. Quando não houver lei ou princípio jurídico pertinente ao caso é que estaremos diante de lacuna. Não sendo possível recorrer à analogia e ao costume, recorre-se aos princípios gerais do direito, que, como o próprio nome diz, não são especiais em relação àquela questão. São princípios que norteiam o direito como um todo, como: o da igualdade, o da legalidade, o da presunção de boa-fé, o da proibição do locupletamento ilícito, o da dignidade da pessoa humana etc.

1.2.3.5.4. Correção das antinomias

Muitas vezes o problema não é de ausência de lei ou de normas, mas de existência de mais de uma norma conflitando entre si. Não se tem nesse caso lacuna, a ensejar uma integração; tem-se antinomia, a ensejar uma correção, que também só terá efeito para o caso concreto em que o Direito será aplicado.

Pode-se **conceituar** o instituto da **antinomia** como a *situação de conflito entre duas ou mais normas jurídicas.*

Quanto ao critério de solução do conflito, a antinomia pode ser dividida em duas **espécies**: a) **aparente**, *quando a própria lei tiver critério para a solução do conflito*; b) **real**, *quando não houver na lei critério para a solução do conflito.*

A ordem jurídica prevê critérios para a solução de antinomias aparentes. São eles: a) o **hierárquico** (*lex superior derogat legi inferiori*), pelo qual a lei superior prevalece sobre a de hierarquia inferior; b) o **cronológico** *ou* **temporal** (*lex posterior derogat legi priori*), pelo qual a lei posterior prevalece sobre a anterior; e c) o da **especialidade** (*lex specialis derogat legi generali*), pela qual a lei especial prevalece sobre a geral.

Caso não seja possível solucionar o conflito pela utilização dos critérios mencionados, estaremos diante de uma antinomia de segundo grau, já que o conflito não será entre simples normas, mas entre os critérios (hierárquico, cronológico e de especialidade). Confira-se os metacritérios para a solução de antinomias de segundo grau. Entre o: a) **hierárquico e o cronológico**, prevalece o hierárquico (norma superior-anterior), pois a competência é mais forte que o tempo; b) **da especialidade e o cronológico**, prevalece o da especialidade (norma especial-anterior), em face do princípio da igualdade, admitindo-se exceções no caso concreto; c) **hierárquico e o da especialidade**, não é possível estabelecer um metacritério de antemão, com alguma vantagem para o critério hierárquico, em virtude da competência.

Caso não se consiga resolver o conflito pelos metacritérios, deve-se recorrer ao *critério dos metacritérios*, o princípio da justiça: escolhe-se a norma mais justa.

2. Parte geral

2.1. Pessoas naturais

2.1.1. Generalidades

Antes de iniciarmos o estudo das pessoas naturais, devemos mostrar a importância da noção de "pessoas" para o Direito Civil, em particular, e para o Direito, como um todo.

Já dissemos que o Direito tem por escopo regular o comportamento das pessoas, de modo a garantir uma convivência justa entre elas. As pessoas são, dessa forma, a razão de ser do Direito. Considerando a natureza social do ser humano, seu comportamento será regulado no que concerne às suas *relações* com as outras pessoas.

Assim, para que estudemos as pessoas, devemos ter bem clara a ideia de que o Direito vai trabalhar com esse elemento sempre dentro de uma "relação". E uma vez que o Direito vai tratar de relações entre pessoas, é importante termos a noção do que é uma "relação jurídica".

Relação jurídica é o *vínculo entre pessoas, em razão da qual uma pode pretender algo a que outra é obrigada a prestar, com proteção do Estado*.

Repare que não é qualquer relação entre duas pessoas que será uma relação jurídica. Se você for apresentado de relance a alguém numa festa, travar-se-á apenas uma "relação simples ou de fato" e não uma "relação jurídica", pois, do simples encontro, nenhum dos dois ficará obrigado a alguma coisa para com o outro. Agora, se o mesmo cumprimento entre duas pessoas for usado no sentido de confirmar que estão fechando um negócio, um está comprando o relógio do outro por uma quantia combinada, aí sim estaremos diante de uma "relação jurídica", podendo um exigir do outro, junto ao Estado-juiz, se for necessário, o cumprimento da obrigação ou uma reparação pelo seu descumprimento.

E como é possível saber se temos uma "relação de fato" ou uma "relação jurídica"? Basta verificar se o Direito *regula* aquela situação imputando consequências. Nos exemplos dados, não é necessário conhecer a fundo o Direito para chegar à conclusão de que ele não faz criar nenhum dever entre pessoas que simplesmente foram apresentadas. De outra parte, é bom que saibamos que o Direito dispõe que fica criada uma relação jurídica (chamada de "compra e venda") quando duas pessoas acertam (acordam), ainda que verbalmente, a transferência de um relógio (objeto) em troca de uma quantia em dinheiro (preço), conforme dispõe o art. 482 do Código Civil.

E quais são os elementos de uma relação jurídica? São três: a) **sujeitos de direito**, que são os entes que podem fazer parte de uma relação jurídica, normalmente pessoas (um animal, por exemplo, não pode fazer parte de uma relação jurídica, mas apenas ser um objeto dela); b) um **objeto**, que é, de modo imediato, uma obrigação (de dar, de fazer de não fazer), e, de modo mediato, o bem da vida buscado (um móvel, um imóvel, um semovente, a honra, a vida etc.); e c) um **acontecimento** que faz nascer a tal relação, uma vez que não é qualquer fato do mundo fenomênico que gera uma "relação jurídica", sendo necessário que essa situação esteja previsto numa norma jurídica como apto a fazer criar, a modificar ou a extinguir um direito.

Como adiantado, de regra, somente pessoas (naturais ou jurídicas) podem fazer parte de uma relação jurídica. Excepcionalmente, um ente não personalizado, ou seja, alguém que não seja uma pessoa também poderá fazê-lo, como o espólio e o nascituro. De qualquer forma, vamos ao estudo das pessoas naturais, que, como se viu, são, por excelência, elementos essenciais das relações jurídicas.

2.1.2. Conceito de pessoa natural

Pessoa natural *é o ser humano*. O Código Civil, em seu art. 1º, dota de personalidade o ser humano.

Nossos dois Códigos Civis (o antigo e o novo) utilizam a expressão "pessoa natural" para designar o ser humano. Na França e na Itália, todavia, a expressão utilizada é "pessoa física", muito criticada, pois atende a um critério material, descurando das qualidades morais e espirituais do homem. Em Portugal, utiliza-se a expressão "pessoa singular", que se contrapõe à pessoa coletiva, que denominamos pessoa jurídica. A crítica que se faz é por existir exceções em que as pessoas jurídicas têm apenas um componente, o que estaria mais próximo de pessoa singular do que de pessoa coletiva.

2.1.3. Personalidade

Personalidade *é a qualificação conferida pela lei a certos entes, que entrega a esses aptidão ou capacidade genérica para adquirir direitos e contrair obrigações*. Ou seja, é uma qualificação legal que confere capacidade jurídica a certos entes. O direito confere tal qualificação jurídica a toda pessoa, inclusive à pessoa jurídica.

Assim, a personalidade pode ser vista como o atributo que a ordem jurídica confere a entes de adquirir/contrair genericamente direitos e obrigações. Quem tem personalidade é, então, sujeito de direito, qualificação que não se pode dar a um animal, por exemplo, já que tais entes não podem adquirir direitos ou contrair obrigações.

Para *atuar* na vida jurídica é necessário, como regra, ter personalidade jurídica. A origem da palavra traz esse sentido. Em latim, *persona* significa a máscara que os atores usavam para a amplificação de sua voz. Para *atuar* no teatro, portanto, tais máscaras também eram necessárias (*per sonare*).

Deve-se tomar cuidado com a expressão **"sujeito de direito"**, visto que há entes que não têm personalidade, mas que são sujeitos de direitos, tais como o nascituro, o espólio, a massa falida, o condomínio edilício, a herança jacente e a herança vacante. Neste caso, não existe aptidão genérica para contrair direitos e obrigações, mas aptidão específica para contrair certos direitos e certas obrigações ligadas às finalidades do ente.

Enquanto uma pessoa, *sujeito de direito personificado*, por ter personalidade, pode fazer tudo o que a lei não proíbe (art. 5º, II, da CF), um *sujeito de direito não personificado* só pode fazer o que a lei permite.

O **nascituro**, por exemplo, não tem personalidade jurídica, mas a lei põe a salvo, desde a concepção, direitos que possa ter (art. 2º do CC). Isso significa que o nascituro é um sujeito de direito, mas não quer dizer que tenha personalidade, ou seja, que tenha aptidão genérica para realizar atos e negócios jurídicos.

O **condomínio edilício** também. Não tem personalidade, ou seja, não tem qualificação que o habilita a praticar qualquer ato jurídico que não seja proibido em lei, mas, por ser um *sujeito de direito despersonificado*, só está habilitado a praticar atos permitidos expressa ou implicitamente em lei, como contratar funcionários e serviços de manutenção. A **massa falida** também é um *sujeito de direito despersonificado*, tendo autorização especial para praticar atos úteis à administração dos bens arrecadados do empresário falido, podendo cobrar créditos desse, por exemplo.

Resta saber quando um ente passa a ser qualificado como dotado de personalidade. Ou seja, quando se tem o **início da personalidade**. No que concerne à pessoa jurídica, veremos em capítulo próprio. Quanto à pessoa natural, dispõe o art. 2º do CC que "a personalidade civil da pessoa começa do nascimento com vida".

O entendimento predominante sobre o que seja **nascimento com vida** é no sentido de que este se dá no exato instante em que a pessoa dada à luz respira. São dois requisitos, portanto: a) separação do ventre materno; e b) respiração. Das múltiplas funções vitais, o primeiro movimento de inspiração do ar atmosférico para os pulmões caracteriza o nascimento com vida. Caso respire, ainda que uma só vez, pode-se dizer que nasceu com vida, e que, portanto, chegou a adquirir personalidade, pouco importando se tem ou não forma humana e se tem ou não aptidão, perspectiva para viver[4].

Adotamos, portanto, a **teoria *natalista***, segundo a qual o nascimento com vida faz nascer a personalidade, em detrimento de outras teorias, como a *concepcionista*, para qual a personalidade já se inicia com a fecundação do óvulo e as que consideram que o início da personalidade depende de outros fatores, como a *viabilidade de vida*.

De qualquer forma, ainda que em perfeito estado quanto às demais faculdades de saúde, caso o ente que venha a nascer (separe-se do ventre materno) não respire, não terá adquirido personalidade. A entrada de ar nos pulmões da criança é que determina a aquisição da personalidade, ainda que por pouco instantes. Há vários exames periciais para que se faça tal constatação e o mais conhecido é a *docimasia hidrostrática de Galeno*, pela qual se coloca fragmentos dos pulmões em meio líquido, a fim de se verificar se houve ou não inspiração.

Caso não tenha havido respiração (natimorto), será feito registro em livro próprio (Livro Auxiliar "C" - art. 53, § 1º, da LRP). Caso tenha nascido e morrido em seguida serão feitos dois registros: o de nascimento e o de óbito (art. 53, § 2º, da LRP).

Segundo o Enunciado n. 1 das JDC/CJF, "a proteção que o Código defere ao nascituro alcança o natimorto no que concerne aos direitos da personalidade, tais como nome, imagem e sepultura".

O **nascituro**, ou seja, *aquele que já foi concebido, mas ainda não nasceu com vida*, não tem personalidade, como se viu. Todavia, dispõe o art. 2º do CC que "a lei põe a salvo, desde a concepção", seus direitos. Em outras palavras, o nascituro é um *sujeito de direito despersonificado*. Grande parte dos direitos atribuídos a esse sujeito de direito tem sua aquisição subordinada à implementação de uma condição suspensiva, qual seja, a de que *nasça com vida*[5]. Caso nasça com vida, o direito do nascituro se consolida como existente desde a data da concepção, retroagindo, portanto, seus efeitos.

De qualquer forma, permite a lei que determinados interesses possam ser protegidos desde a concepção, por meio de provimentos cautelares. Dentre seus direitos, vale lembrar os direitos à vida (art. 5º da CF e CP), à filiação (art. 1.596 do CC), à integridade física, a alimentos, a uma adequada assistência pré-natal (art. 8º do ECA), a um curador que represente e zele por seus interesses, a ser contemplado por doação (art. 542 do CC), dentre outros.

Maria Helena Diniz chega a dizer que, na vida intrauterina, tem o nascituro, e na vida extrauterina, tem o embrião concebido *in vitro*, personalidade jurídica formal, no que atina aos direitos personalíssimos, passando a ter personalidade jurídica material, alcançando bens patrimoniais, quando do nascimento com vida.

4. Na França condiciona-se a tutela dos direitos do nascituro à viabilidade da vida fora do útero por parte do nascido. Na Espanha, exige-se que o recém-nascido tenha forma humana e tenha vivido 24 horas, para que possa adquirir personalidade. A ideia de que se deve ter forma humana é um resquício do tempo em que se achava ser possível o nascimento de um ser da relação entre um ser humano e um animal. Na Argentina, a simples concepção já dá início à personalidade.

5. O Código Civil italiano, nesse ponto, é expresso ao dispor (art. 1º): "I diritti che la legge riconosce a favore del concepito sono subordinatti all'evento della nascita".

Quanto ao **embrião**, há controvérsia quanto à natureza jurídica daquele que está *in vitro*, enquanto não implantado no útero da genitora. Seria tal embrião um sujeito ou um objeto de direito? Fabio Ulhoa opina no sentido de que um embrião fertilizado *in vitro* pode permanecer congelado em laboratório por muitos anos, mas, uma vez implantado no útero, e vindo a nascer com vida, terá os seus direitos preservados desde a fertilização. Dessa forma, o fato jurídico que define a natureza jurídica do embrião *in vitro* é a sua implementação, ou não, no útero. Se eventualmente ocorrer esse fato, tenderá a ter o destino biológico regular do ser humano (nascer, crescer, reproduzir e morrer). Será sujeito de direito desde a fertilização, caso venha a nascer com vida. Não implantado no útero, terá outro destino e sua natureza jurídica será a de objeto de direito, ou seja, de coisa.

Os embriões excedentários, ou seja, aqueles não aproveitados após a fertilização *in vitro* são considerados objeto de direitos.

A Lei de Biossegurança traz uma permissão bastante polêmica, que é a possibilidade, para fins de pesquisa e terapia, da utilização de **células-tronco embrionárias** obtidas de embriões humanos produzidos por fertilização *in vitro* e não utilizados no respectivo procedimento, atendidas as seguintes condições: I – sejam embriões inviáveis; ou II – sejam embriões congelados há 3 (três) anos ou mais, na data da publicação da Lei, ou que, já congelados na data da publicação da Lei, depois de completarem 3 (três) anos, contados a partir da data de congelamento.

Em qualquer caso, é necessário o consentimento dos genitores. Ademais, as instituições de pesquisa e serviços de saúde que realizem pesquisa ou terapia com células-tronco embrionárias humanas deverão submeter seus projetos à apreciação e aprovação dos respectivos comitês de ética em pesquisa.

A questão da possibilidade de utilização desses embriões para fins de pesquisa e terapia é polêmica, pois as pessoas que defendem a inconstitucionalidade da lei nesse ponto alegam que as células-tronco embrionárias humanas devem ser consideradas como seres com vida, protegidos pelo "direito à vida" previsto na Constituição.

A tese contrária entende que não há vida nessa fase e que os embriões em questão, melhor do que serem descartados, devem ser aproveitados para salvar vidas e melhorar as condições de pessoas que têm doenças que poderiam ser curadas ou mitigadas com a utilização de terapia ligada às células-tronco embrionárias.

O Ministério Público Federal ajuizou ADI pedindo a declaração de inconstitucionalidade do art. 5º e parágrafos da Lei de Biossegurança. A ADI levou o número 3.510 no Supremo Tribunal Federal e foi julgada improcedente, de modo que a utilização de células-tronco embrionárias em pesquisas e terapias está autorizada hoje pelo Supremo Tribunal Federal.

2.1.4. Capacidade jurídica

Capacidade jurídica pode ser **conceituada** como *a aptidão conferida pela ordem jurídica para adquirir direitos e contrair obrigações*[6].

Só tem capacidade jurídica, ou seja, capacidade para praticar atos jurídicos, os entes eleitos pelo Direito. É a ordem jurídica que dirá quem tem capacidade.

Ao distribuir capacidade a certos entes o Direito faz algumas distinções. É por isso que há três **espécies de capacidade**: a) a capacidade de direito (de gozo ou de fruição); b) a capacidade de fato (ou de exercício); e c) a capacidade excepcional (ou especial).

Capacidade de direito consiste na *aptidão genérica conferida pela ordem jurídica para adquirir direitos e contrair deveres.*

Capacidade de fato consiste na *aptidão genérica conferida pela ordem jurídica para, sozinho, adquirir direitos e contrair deveres.*

Capacidade excepcional consiste na *aptidão especial conferida pelo Direito para adquirir direitos e contrair deveres.*

No primeiro caso, repare que a aptidão é genérica, ou seja, é possível adquirir todos os direitos e contrair todos os deveres que não forem vedados. Essa *aptidão genérica* para a prática de atos da vida civil é consequência de se ter personalidade, pois, segundo o CC, "toda *pessoa* é capaz de direitos e deveres na ordem civil" (art. 1º). Assim, uma criança de três anos, um adulto, uma pessoa jurídica, todos, só por serem pessoas, terão capacidade de direito. Isso possibilita que uma criança receba uma herança (aquisição de direitos) e tenha um imóvel em seu nome locado (o que importa em contrair deveres).

No segundo caso, repare que a pessoa pode praticar sozinha os atos da vida jurídica. Trata-se de um *plus*. Confere-se aqui a possibilidade de se adquirir um direito e de se contrair uma obrigação por si só, ou seja, sem que seja necessário que o interessado seja representado ou assistido por outrem. Aqui é diferente. Nem toda pessoa tem a capacidade de fato. Não seria conveniente, por exemplo, que uma criança de três anos, que tem capacidade para adquirir direitos e contrair deveres, exercesse-os sozinha. Como regra, só tem capacidade de fato ou de exercício os maiores de dezoito anos. Assim, uma criança pode receber uma doação (uma vez que, por ter personalidade, tem *capacidade de direito*, pode adquirir direitos) e também pode vender bens (já que, repita-se, tem aptidão genérica não só para adquirir direitos, como para contrair obrigações), mas não poderá praticar tais atos pessoalmente (diretamente), mas apenas por meio de seu representante legal (seus pais, por exemplo). Vale dizer, os pais dessa criança é que assinarão o contrato de compra e venda do bem que essa pessoa adquirir. Caso uma pessoa

6. O termo capacidade tem origem no latim *capere*, que significa apoderar-se, adquirir, apanhar.

não tenha capacidade de fato, terá de ser representada ou assistida por outra pessoa, na forma da lei. Ou seja, quem não tiver capacidade de fato dependerá da *mediação* de outro para a prática de atos jurídicos válidos.

No terceiro caso, repare que o ente não tem aptidão genérica, mas aptidão especial. Não pode fazer tudo o que a lei não proíbe (aptidão genérica). Só pode fazer o que a lei autoriza (aptidões excepcionais). Essa terceira capacidade é própria daqueles entes que não são pessoas, mas em favor dos quais a lei faculta a prática de certos atos da vida jurídica. É o caso do nascituro, do espólio, da massa falida etc. O espólio não pode praticar qualquer ato, mas somente aqueles que a lei autoriza, e, mesmo assim, mediante autorização judicial como regra.

Diante das duas primeiras situações, surgem mais dois conceitos: a) o de capacidade de plena; e b) o de incapacidade.

Capacidade plena é a que *decorre da titularização das capacidades de direito e de fato.*

Incapacidade é a *inexistência de parte ou de toda capacidade de fato.* A incapacidade pode ser relativa ou absoluta. Será relativa quando não se tenha parte da capacidade de fato, como ocorre com o pródigo, por exemplo, que pode praticar alguns atos jurídicos sozinhos e outros, não. Será absoluta quando não haja qualquer capacidade de fato, como ocorre com uma criança de três anos, por exemplo.

Em outras palavras: na *incapacidade* ou se estará diante de um *absolutamente incapaz* (aquele que não pode praticar sozinho nenhum ato, devendo ser representado) ou de um *relativamente incapaz* (aquele que não pode praticar sozinho alguns atos, devendo ser assistido por alguém com capacidade plena para a sua prática).

É importante notar que a expressão "incapacidade" no Código Civil (arts. 3º e 4º) só se refere às *pessoas*, ficando de fora a análise da terceira situação (capacidade especial ou excepcional).

2.1.5. Legitimação

Não se deve confundir o instituto da capacidade, que abrange a capacidade de direito e de fato, como vimos, com o da legitimação.

A **legitimação** consiste na *aptidão específica do sujeito de direito para a prática de certos atos jurídicos.* A capacidade consiste na aptidão *genérica* para a prática de atos.

Assim, uma pessoa adulta, mesmo tendo capacidade (de direito e de fato) para praticar atos da vida civil, não tem legitimação para vender um imóvel a um dos filhos, sem autorização de seu cônjuge e dos demais descendentes (art. 496 do CC). Tem capacidade plena para vender seus bens, podendo fazê-lo em relação à pessoa que quiser num primeiro momento, mas não tem legitimação para fazê-lo em relação a um de seus filhos, sem que haja autorização dos demais. Se o fizer, o ato será inválido não por falta de capacidade, mas por falta de legitimação, ou seja, por falta de aptidão específica para a prática do ato "compra e venda".

A **ilegitimação**, portanto, pode ser conceituada como a *restrição específica ao sujeito de direito para a prática de determinados atos da vida civil com certas pessoas ou em relação a certos negócios ou bens.* São impedimentos circunstanciais. Outros exemplos de ilegitimidade são os seguintes: o tutor não pode adquirir bem do tutelado (art. 1.749, I, do CC); o casado, exceto no regime de separação absoluta de bens, não pode alienar imóveis sem a autorização do outro cônjuge (art. 1.647, I, do CC); o que comete ato de indignidade não pode herdar (art. 1.814, II, do CC); os casos de impedimento matrimonial (art. 1.521 do CC).

2.1.6. Incapacidade

Incapacidade também pode ser **conceituada** como a *restrição legal genérica ao exercício dos atos jurídicos.* Outro conceito é o seguinte: *inexistência de parte ou de toda capacidade de fato.*

Toda pessoa tem capacidade de *direito* (ou de *gozo*). Portanto, a incapacidade a que faz referência a lei (arts. 3º e 4º) é tão somente a incapacidade de *fato* (ou de *exercício*).

Como já dito, não seria conveniente, por exemplo, que uma criança de três anos, que tem capacidade para adquirir direitos e contrair deveres, exercesse-os sozinha.

Considerando que ninguém pode ser obrigado a fazer ou *deixar de fazer* alguma coisa senão em virtude de lei (art. 5º, II, da CF), somente essa pode trazer tal tipo de restrição a uma pessoa e, mesmo assim, desde que não importe numa discriminação, sob pena de violação do princípio da igualdade (art. 5º, *caput*, da CF).

Dessa forma, seria inconstitucional uma lei que dissesse que a mulher é incapaz, uma vez que tal situação está em desacordo com o princípio da isonomia, não havendo motivo racional para essa diferenciação de tratamento. Vale lembrar, a título de informação histórica, que a mulher casada foi considerada incapaz por nosso Direito até o ano de 1962, com a promulgação do Estatuto da Mulher Casada (Lei 4.121/1962).

De outra parte, há situações que justificam tal restrição legal, como a pouca idade, a insuficiência somática (deficiência mental) ou outra circunstância relevante. Nosso direito divide a incapacidade em dois tipos: a incapacidade absoluta, restrição genérica mais séria, e incapacidade relativa, restrição genérica com menor extensão.

Passemos, então, ao estudo dos absolutamente e dos relativamente incapazes.

2.1.7. Absolutamente incapazes

Absolutamente incapazes são *os que não podem exercer sozinhos qualquer ato jurídico* (art. 3º do CC).

Ou seja, são os completamente privados de praticar, por si sós, atos da vida civil. A prática de atos em seu nome só poderá ser feita por *representantes*, que assinam sozinhos os atos, sob pena de nulidade absoluta daqueles por ventura realizados pessoalmente pelo incapaz (art. 166, I, do CC).

O absolutamente incapaz, apesar de *ter* (de gozar) o direito, não pode *exercer* direta e pessoalmente nenhum aspecto dos atos da vida jurídica a ele relativos, que são praticados diretamente por seu representante legal, sob pena de serem declarados atos nulos.

A *representação* supre a incapacidade absoluta e é feita pelos pais, na hipótese de se tratar de menor sob o poder familiar (art. 1.690 do CC); pelo tutor, na hipótese de menor sob tutela (art. 1.747, I, do CC); ou pelo curador, nos demais casos (arts. 1.781 e 1.747, I, do CC).

A representação legal, ora comentada, não se confunde com a representação convencional (mandato). De qualquer forma, aplica-se às duas hipóteses o art. 119 do CC, pelo qual é "**anulável** o negócio concluído pelo **representante em conflito de interesses** com o representado, se tal fato era ou devia ser de conhecimento de quem com aquele tratou" (g.n.).

A **incapacidade absoluta**, portanto, pode ser conceituada como a *proibição total do exercício do direito pelo incapaz*. O direito é tão radical nesse ponto que, ainda que os atos beneficiem os absolutamente incapazes, serão nulos se não praticados por seus representantes.

Confiram-se as **espécies** de absolutamente incapazes:

a) Os menores de 16 anos.

Os menores de 16 anos não teriam, segundo a lei, atingido o discernimento para distinguir o que podem ou não fazer e mesmo para discernir o que lhes é ou não conveniente.

Tais menores eram chamados de *impúberes*, reservando-se a expressão menores *púberes* aos que tinham entre 16 e 18 anos. Essas denominações são impróprias em relação ao que dispõe hoje a lei, visto que a puberdade não se inicia aos 16 anos, mas bem antes.

A Constituição, todavia, permite que o menor de 16 anos, desde que tenha 14 anos pelo menos, trabalhe na condição de aprendiz (art. 7º, XXXIII, alterado pela EC 20/1998).

No Direito comparado, pode-se citar o exemplo francês, que não traz o elemento idade para verificação da incapacidade, nem a distingue em absoluta e relativa, deixando ao juiz a verificação no caso concreto da existência ou não do discernimento. O CC italiano, por sua vez, também não divide a incapacidade em absoluta e relativa. Dispõe que incapacidade de agir (de exercício) só cessa aos 18 anos (art. 2º). O CC português segue a sorte do italiano ao dispor que a incapacidade dos menores cessa aos 18 anos (art. 123). O vício de um ato praticado diretamente pelo menor se assemelha à anulabilidade (art. 125), independentemente da idade, o que difere do nosso Direito, que considera nulo o ato praticado pelo menor de 16 anos e anulável o ato praticado pelo que tiver entre 16 e 18 anos. Outra diferença é que o CC português traz dispositivo expresso acerca das exceções à incapacidade dos menores (art. 127), como quanto aos atos de administração de bens que o maior de 16 anos haja adquirido por seu próprio trabalho;

b) Os que, por enfermidade ou deficiência mental, não tiverem o necessário discernimento para a prática dos atos da vida civil.

Fábio Ulhoa Coelho distingue *enfermidade* de *deficiência* mental. Diz que deficiência mental é um *estado* e, como tal, em poucos casos, poderá ser evitada ou curada. Já a enfermidade mental é uma lesão à saúde, de efeitos mais ou menos prolongados, com maior possibilidade de cura.

Assim, aquele que é são e passa a desenvolver uma doença mental deve ser considerado um *enfermo* mental; aquele que já nascer com o problema mental, um *deficiente* mental.

Podemos **conceituar enfermidade** ou **deficiência mental** como *o comprometimento das faculdades mentais que possibilitam à pessoa discernir o que melhor atende ao seu bem-estar.*

Mas não basta que haja uma enfermidade ou uma deficiência mental para que se configure essa espécie de absolutamente incapaz. É necessário que, de tal problema, resulte a **ausência do necessário discernimento** para a prática de atos da vida civil.

Ou seja, é necessário que a pessoa não tenha um *mínimo* de discernimento para a prática dos atos da vida civil. Quando a lei faz referência à *ausência do necessário discernimento*, só pode ter em mente, dada a gravidade da restrição, aqueles que não têm discernimento nenhum para a prática de atos. Assim, deve-se ler a expressão "não tiverem o necessário discernimento" como "não tiverem o mínimo discernimento" ou "não tiverem discernimento algum". Aquele que tem algum discernimento, mas que seja um discernimento reduzido, será um relativamente incapaz, como se verá.

A lei abandonou a expressão "loucos de todo o gênero", que gerava confusões pelo seu conteúdo extremamente amplo.

Luiz Alberto David Araújo classifica a deficiência mental em três níveis: a) *profunda ou severa*, em que os deficientes são totalmente dependentes; b) *moderada*, em que os deficientes são adestráveis, tendo noção de certos perigos e podendo aprender coisas bem simples; e c) *leve*, em que os deficientes são educáveis, podendo aprender, embora com certa dificuldade, a ler, a fazer contas e até a trabalhar (**A proteção constitucional das pessoas portadoras de deficiência**, Brasília: Corde, 1994, pp. 31-4).

São casos que levam à incapacidade absoluta os de deficiência profunda ou severa e grande parte dos deficientes moderados, devendo a questão ser aferida em perícia judicial no processo de interdição que será suportado pelo supostamente incapaz.

A **senilidade**, por si só, não é causa bastante para que a pessoa seja interditada, o que somente se dará se a velhice por ventura originar um estado patológico, como a arteriosclerose, devendo-se verificar se de fato o discernimento sofreu abalo. Se a doença apenas o reduziu, o idoso será considerado relativamente incapaz; se o extirpou por completo, absolutamente incapaz.

Também não gera a incapacidade jurídica a **deficiência física**. Um cego ou surdo, por exemplo, são pessoas capazes, podendo exercer diretamente seus direitos e deveres. Tornam-se incapazes ou plenamente capazes nas mesmas situações que o não deficiente físico.

O que existe são algumas regras protetivas em determinadas situações, como na feitura do testamento, na qual o cego, por exemplo, só pode fazê-lo na modalidade pública (art. 1.867 do CC).

Novidade trazida pelo CC é a possibilidade de o enfermo (não necessariamente mental) e o deficiente físico, voluntariamente, requererem que o juiz nomeie curador para cuidar de todos ou alguns de seus negócios ou bens (art. 1.780), tudo a facilitar a prática de atos de seu interesse. Tal situação se assemelha a um mandato, com a diferença de que o curador tem o dever de prestar contas com muito mais rigor. Difere da curatela normal pelo fato de o curatelado poder, a qualquer tempo, pedir seu levantamento;

c) **Os que, mesmo por causa transitória, não puderem exprimir sua vontade.**

Não poder exprimir a vontade é o mesmo que *ter obstruída, por motivo físico ou psíquico, a possibilidade de manifestação da vontade*. Quem estiver nessa condição, ainda que por uma causa transitória, será considerado absolutamente incapaz.

Pode até se tratar de alguém que tenha discernimento. Basta que não consiga manifestar sua vontade para que possa ser interditada a fim de que outro se expresse por ela.

É importante, ainda, notar que a impossibilidade de exprimir a vontade gerará a incapacidade absoluta, ainda que temporária. Vale trazer como exemplo a situação daquele que se encontra em coma profundo.

Se a situação for passageira, não cabe interdição (art. 1.767, II, do CC), em que pese eventual ato praticado pela pessoa nessas condições ser considerado nulo. Se se tratar de alguém que fique em estado vegetativo, em caráter duradouro, procede-se ao processo de interdição.

Os surdos-mudos que não consigam exprimir sua vontade, por não terem recebido educação adequada, também podem se enquadrar na espécie.

2.1.8. Relativamente incapazes

Relativamente incapazes são *os que não podem exercer sozinhos a grande maioria dos atos civis, necessitando de assistência de alguém com capacidade plena, que praticará junto com o incapaz os atos jurídicos de seu interesse* (art. 4º do CC).

Será anulável a prática de ato jurídico sem a presença de assistente (art. 171, I, do CC). Essa supre a incapacidade. Uma diferença que se tem aqui é que, caso o incapaz não queira praticar o ato, esse não se realizará, pois ele é quem o pratica, ainda que assistido.

Além disso, a lei permite que o relativamente incapaz exerça sozinho alguns atos civis. Aquele que tem entre 16 e 18 anos, por exemplo, pode sozinho (sem assistência): aceitar mandato (art. 666 do CC), fazer testamento (art. 1.860, parágrafo único, do CC), ser testemunha em atos jurídicos (art. 228, I, do CC), dentre outros.

Os pródigos, por sua vez, podem praticar sozinhos todos os atos de mera administração de seu patrimônio (art. 1.782 do CC). Por fim, vale lembrar que o novo Código inovou ao dispor que o juiz, quantos aos relativamente incapazes, assinará, segundo o estado ou o desenvolvimento mental do interdito, os limites da curatela, podendo dispor quais atos o incapaz poderá praticar sozinho (art. 1.772 do CC).

Confiram-se as **espécies** de relativamente incapazes:

a) **Os maiores de 16 e menores de 18 anos.**

A experiência de vida dos que têm entre 16 e 18 anos não é, presume a lei, suficiente para que sejam considerados plenamente capazes. De outra parte, essas pessoas têm maior grau de amadurecimento que os menores de 16 anos, portanto merecem tratamento diferenciado.

Não é demais lembrar que, aos 16 anos, a Constituição já permite que o indivíduo adquira capacidade política ativa, ou seja, a possibilidade de votar. Essa circunstância poderia ter sido levada em conta por nosso legislador para considerar plenamente capaz na esfera civil o jovem com 16 anos completos, principalmente se considerarmos que o jovem de hoje certamente tem maiores informações e conhecimentos que o jovem de 1916, ano da aprovação do antigo Código Civil.

De qualquer forma, a lei ainda considera um jovem nessa idade relativamente incapaz até que complete 18 anos, quando se torna plenamente capaz, idade essa que foi reduzida, visto que antes era de 21 anos.

Vale deixar claro que, no Direito Civil, os anos se contam de ano em ano, o que faz com que a pessoa complete 18 anos à zero hora do dia em que nasceu, pouco importando a que hora isto se deu.

Praticado um ato civil que não esteja autorizado a fazer sozinho, sem a assistência de um responsável legal, o ato será anulável. Entretanto, o menor não poderá invocar sua pouca idade para eximir-se da obrigação que tenha contraído, quando dolosamente a tiver ocultado, ao ser inquirido pela outra parte, ou se espontaneamente se disser maior (art. 180 do CC).

Ademais, "a incapacidade relativa de uma das partes não pode ser invocada pela outra em benefício próprio, nem aproveita aos cointeressados capazes, salvo se, neste caso, for indivisível o objeto do direito ou da obrigação comum" (art. 105 do CC).

Apesar de não ser questão específica dos relativamente incapazes, deve-se destacar que "ninguém poderá reclamar o que, por uma obrigação anulada, pagou a um incapaz, se não provar que reverteu em proveito dele a importância paga" (art. 181 do CC).

O menor relativamente incapaz, além de poder aceitar mandato (art. 666 do CC), fazer testamento (art. 1.860, parágrafo único, do CC) e ser testemunha em atos jurídicos (art. 228, I, do CC), como vimos, pode também celebrar contrato de trabalho e ser eleitor (art. 14, § 1º, II, "c", da CF).

Apesar de não se tratar de questão específica do relativamente incapaz, também vale ressaltar que, em matéria de responsabilidade civil, o CC inovou ao dispor, no art. 928, que "o incapaz responde pelos prejuízos que causar, se as pessoas por ele responsáveis não tiverem obrigação de fazê-lo ou não dispuserem de meios suficientes. Parágrafo único. A indenização prevista neste artigo, que deverá ser equitativa, não terá lugar se privar do necessário o incapaz ou as pessoas que dele dependam".

É importante destacar, quanto ao menor relativamente incapaz, que o art. 116 do ECA dispõe que o adolescente que praticar ato infracional com reflexos patrimoniais poderá responder pelo ressarcimento do dano. Daí o enunciado 40 do CJF, que tem o seguinte teor: "o incapaz responde pelos prejuízos que causar de maneira subsidiária ou excepcionalmente, como devedor principal, na hipótese do ressarcimento devido pelos adolescentes que praticarem atos infracionais, nos termos do art. 116 do Estatuto da Criança e do Adolescente, no âmbito das medidas socioeducativas ali previstas";

b) Os ébrios habituais, os viciados em tóxicos e os que, por deficiência mental, tenham discernimento reduzido.

Deve-se entender por **ébrio habitual** o *dependente de álcool, ou seja, o alcoólatra ou dispsômano*. Hoje vem sendo muito usada a expressão "alcoólico" para designar o dependente de álcool, uma vez que a expressão "alcoólatra" tem caráter muito pejorativo na sociedade.

Se fôssemos interpretar literalmente a lei, alguém que ficasse ébrio todo sábado poderia ser considerado relativamente incapaz, dada a habitualidade. No entanto, como a incapacidade é uma restrição, e restrições se interpretam estritamente, e considerando o fato de que beber todo final de semana não leva, pelo bom senso, a crer que a pessoa possa estar com seu discernimento reduzido, a expressão *habituais* só pode ser tomada como relacionada à *dependência*.

Quanto aos **toxicômanos,** não há dúvida quanto à necessidade de haver dependência, já que a lei usa a expressão "viciados", que a identifica. Quer-se evitar nos dois casos, principalmente, a ruína econômica do indivíduo. Vale salientar que, caso a dependência leve a situações como: a) impossibilidade de a pessoa se expressar; ou b) enfermidade mental que propicie a ausência do necessário discernimento, estaremos diante de hipótese de incapacidade absoluta.

A Lei 4.294/1921 equiparava os toxicômanos a psicopatas, criando-se duas hipóteses de interdição, a depender do caso (plena ou limitada). O novo Código supera a matéria, valendo lembrar que, em se considerando o indivíduo relativamente incapaz, esse tem o benefício de verem fixados limites à curatela (art. 1.772 do CC), ou seja, o juiz assinará, segundo o estado ou o desenvolvimento mental do interdito, as restrições ao incapaz.

A terceira hipótese do dispositivo é a do **portador de deficiência mental que tiver um discernimento reduzido**, questão já tratada no tópico precedente. Vale lembrar que, aqui, existe ainda alguma capacidade de entendimento, mas menor que a daquele que está com a plena faculdade mental;

c) Os excepcionais, sem desenvolvimento mental completo.

Maria Helena Diniz ensina que tal situação abrange os fracos de mente, os surdos-mudos e os portadores de anomalia psíquica, que apresentem sinais de desenvolvimento mental incompleto, comprovados e declarados em sentença de interdição, tornando-os incapazes de praticar atos na vida civil, sem a assistência de um curador.

Serve como exemplo, também, a situação de alguns portadores da síndrome de Down.

Excepcionais *com desenvolvimento mental completo* são totalmente capazes. Excepcionais *sem o desenvolvimento mental completo* são relativamente capazes. E excepcionais *sem o necessário discernimento* são absolutamente incapazes;

d) Os pródigos.

Podemos definir **pródigo** como *aquele que dissipa seu patrimônio sem controle*.

A prodigalidade pode se dar das seguintes formas: a) *oniomania*, perturbação mental que provoca o portador a adquirir descontroladamente tudo o que tiver vontade; b) *cibomania*, perturbação que leva à dilapidação patrimonial em jogos de azar; c) *imoralidade*, que leva ao descontrole de gastos para satisfação de impulsos sexuais

O pródigo, em verdade, só fica privado da prática de atos que possam comprometer o seu patrimônio, não podendo, sem assistência de seu curador, alienar, emprestar, dar quitação, transigir, hipotecar, agir em juízo e praticar atos que não sejam de mera administração (*vide* arts. 1.767, V, e 1.782 do CC). Pode casar (mas não dispor sobre o regime de bens sozinho), mudar de domicílio, exercer o poder familiar, contratar empregados domésticos etc.;

e) Os índios.

Os índios podem ser conceituados como *todos os indivíduos de ascendência pré-colombiana que se identificam e são identificados como pertencentes a um grupo étnico cujas características culturais os distinguem da sociedade nacional* (art. 3º, I, do Estatuto do Índio – Lei 6.001/1973).

Seus costumes e tradições são protegidos pelo direito (arts. 210, § 2º, 215, § 1º, e 231, todos da CF).

De acordo com o Estatuto do Índio, esse pode ser classificado em: a) *isolado*, com nenhum ou muito pouco contato com a civilização; b) *em vias de integração*, com contato intermitente ou permanente com a civilização, mas mantendo parte de suas tradições; e c) *integrado*, que está incorporado à comunhão nacional e reconhecido no pleno exercício dos direitos civis, ainda que conserve elementos de sua cultura.

O índio integrado é plenamente capaz para os atos da vida civil, enquanto o não integrado (itens "a" e "b") é tutelado pela FUNAI.

O Estatuto dispõe que os índios *não integrados* (*vide* itens "a" e "b" acima) ficam sujeitos ao regime tutelar nele estabelecido, ao passo que os índios *integrados* estão sujeitos ao direito comum nas relações com outros índios não integrados e com pessoas estranhas à comunidade indígena (arts. 6º, parágrafo único, e 7º do Estatuto do Índio).

A lei diz que os atos praticados pelos índios *não integrados* dependem, para serem válidos, da *assistência* de agentes da FUNAI (ligada à União), o que daria a ideia de que são relativamente incapazes. Entretanto, a falta de assistência torna o ato *nulo* (e não anulável), circunstância própria dos atos praticados pelo absolutamente incapaz (art. 8º do Estatuto do Índio). Não será nulo o ato se o índio revelar consciência e conhecimento do ato praticado e da extensão dos seus efeitos, desde que não lhe seja prejudicial (art. 8º, parágrafo único, do Estatuto do Índio).

Libera-se do regime tutelar nas seguintes hipóteses: a) emancipação da comunidade, declarada por Decreto do Presidente da República, após requerimento da maioria de seus membros e comprovação, pela FUNAI, da plena integração à civilização; b) reconhecimento da condição de integrado pela FUNAI, por ato formal homologado judicialmente e inscrito no registro civil; c) requerimento ao juiz de liberação do regime tutelar. Nas três hipóteses, o índio deve ter, no mínimo, 21 anos, conhecimento da língua portuguesa, habilitação para o exercício de atividade útil à sociedade e razoável compreensão dos usos e costumes desta. *Vide*, a respeito, os arts. 9º a 11 do Estatuto do Índio.

2.1.9. Interdição

No que se refere aos incapazes por motivo de idade, o simples fato de a terem inferior a 16 anos (absolutamente incapazes) e entre 16 e 18 anos (relativamente incapazes) já faz com que sejam reconhecidos como tais.

Já no que se refere aos demais casos de incapacidade, somente um pronunciamento judicial e o preenchimento de certas formalidades fará com que não se questione a condição de incapaz de uma dada pessoa.

O art. 1.767 do CC prevê os casos em que caberá a interdição ou a curatela e, tirando os casos em que se é incapaz por motivo de idade, todos os outros previstos nos arts. 3º e 4º estão presentes, com exceção dos que não podem exprimir sua vontade por motivo transitório (por uma embriaguez completa, por exemplo), os quais, em que pese serem considerados incapazes naquela situação, não serão interditados, dado que seu problema é temporário.

O processo de interdição é o meio adequado ao pronunciamento judicial da incapacidade. Seu objetivo é aferir a existência e, se for o caso, o grau de incapacidade de uma pessoa.

Segundo o art. 1.768 do CC, são legitimados ativos para a demanda: os pais ou tutores; o cônjuge (ou o companheiro, segundo entendimento doutrinário); qualquer parente; e o Ministério Público, esse só em caso de moléstia mental grave ou subsidiariamente aos demais (por não existirem, por não promoverem a interdição ou por serem incapazes). Segundo o art. 1.770 do CC, no caso de interdição promovida pelo Ministério Público, o juiz nomeará defensor (curador especial) ao suposto incapaz; nos demais casos, o Ministério Público será o defensor.

Antes de pronunciar a interdição, deve o juiz, assistido por especialistas, examinar pessoalmente o arguido de incapacidade (art. 1.771 do CC).

Pronunciada a interdição, no caso dos relativamente incapazes, o juiz assinará, segundo o estado e o desenvolvimento mental do interdito, os limites da curatela (art. 1.772 do CC).

Segundo o art. 1.775, *caput* e parágrafos, do CC, a nomeação do curador segue a seguinte ordem preferencial: cônjuge ou companheiro; na falta, os pais; na falta desses, os descendentes mais próximos. São os casos de curatela legítima. Não havendo pessoas nessa condição, compete ao juiz a escolha do curador (curatela dativa).

A autoridade do curador estende-se à pessoa e aos bens dos filhos do curatelado (art. 1.778 do CC).

Havendo meio de recuperar o interdito, deve o curador promover seu tratamento em estabelecimento apropriado (art. 1.776 do CC).

A sentença que declara a interdição produz efeito imediato, embora sujeita a recurso (art. 1.773 do CC). Deve-se publicá-la na imprensa e no órgão oficial, por três vezes, bem como registrá-la em livro especial no Cartório do 1º Ofício do Registro Civil da comarca da decisão. Dessa data em diante, terceiros que celebrarem contrato com o incapaz não poderão alegar ignorância de seu estado.

Em que pese prevalecer o entendimento de que a sentença é declaratória (declara que a pessoa é incapaz), e não constitutiva, tende-se a proteger o terceiro de boa-fé nos negócios praticados antes das publicações retroindicadas. O terceiro só será preterido em seu direito no caso de não ter havido interdição quando da feitura do negócio se houver prova de que a incapacidade era notória.

Por fim, vale ressaltar que nosso direito não admite os chamados *intervalos lúcidos*, em que se tentaria provar que o incapaz estava bem quando da prática de um dado negócio. Assim, são sempre nulos os atos praticados pelo curatelado enquanto estiver nessa condição.

A lei prevê o levantamento da interdição cessada a causa que a determinou. A incapacidade termina, normalmente, por desaparecerem as causas que a determinaram, como na hipótese de cura de enfermidade mental. Deve ser feita a averbação no Registro Público competente da sentença que põe fim à interdição.

2.1.10. Emancipação

Emancipação pode ser **conceituada** como o *fim da menoridade antes da idade prevista em lei* ou como a antecipação da capacidade plena.

A **consequência** imediata da emancipação é *habilitar a pessoa à prática de todos os atos da vida civil* (art. 5º, *caput, do CC*). Outras consequências são a possibilidade de o emancipado ser responsabilizado civilmente sem benefício algum e a cessação do direito automático de pedir pensão alimentícia.

As espécies de emancipação são as seguintes:

a) **Voluntária** (ou direta): é a concedida pelos pais, ou por um deles na falta do outro, mediante instrumento público inscrito no Registro Civil competente (Lei 6.015/1973, art. 29, IV, 89 e 90), independentemente de homologação judicial, ao menor que tenha 16 anos completos.

Há de se ponderar que doutrina e jurisprudência consideram que a emancipação voluntária não exonera os pais da responsabilidade pelos atos ilícitos praticados pelo filho que ainda não tiver completado 18 anos. Confira-se: "a única hipótese em que poderá haver responsabilidade solidária do menor de 18 anos com seus pais é ter sido emancipado nos termos do art. 5º, parágrafo único, inciso I, do no Código Civil" (Enunciado nº 41 das JDC/CJF);

b) **Judicial:** é a concedida pelo juiz, ouvido o tutor, desde que o menor tenha 16 anos completos;

c) **Legal**: é a que decorre da ocorrência de certos eventos previstos em lei. Tal emancipação não depende de registro para produzir efeitos. Eventual demanda promovida para ver reconhecida a emancipação nos casos abaixo tem mera função de gerar maior segurança jurídica ao interessado.

O **casamento** é a primeira causa, seja qual for a idade do nubente. Pode acontecer de ocorrer emancipação até de alguém que se casou antes da idade núbil, por suprimento judicial. Não faz sentido que uma pessoa que constituiu família continue sob a autoridade de outrem. A emancipação não é afetada pelo fim do casamento, salvo em caso de invalidação deste quanto ao que estiver de má-fé, segundo corrente majoritária.

Outra causa é o **exercício *de emprego público efetivo***. Vale ressaltar que, aqui, também não há idade mínima prevista na lei. Estão excluídas situações temporárias, tais como estágios, contratações temporárias e investidura em cargo em comissão. De qualquer forma, será hipótese pouco provável de acontecer, visto que, normalmente, os estatutos do funcionalismo preveem a idade mínima de 18 anos para o ingresso em função pública.

Outro motivo é a **colação de grau em curso superior**, também independente da idade. Trata-se de mais uma hipótese bastante rara, mormente agora em que a maioridade é atingida aos 18 anos.

E, ainda, pelo ***estabelecimento civil ou comercial, ou pela existência de relação de emprego, desde que, em função deles, o menor com 16 anos completos tenha economia própria***. O fato de o menor ter economia própria, ou seja, conseguir prover seu próprio sustento, é demonstração de que é dotado de experiência e amadurecimento suficientes para a prática de atos da vida civil. Entendemos que eventual demissão superveniente do emancipado não o torna novamente incapaz, já que os requisitos para a emancipação são de difícil configuração e demonstram efetivamente o amadurecimento necessário para o exercício pleno dos atos da vida civil.

2.1.11. Fim da personalidade

Deve-se tratar, agora, do **fim da personalidade**. Dispõe o art. 6º do CC que "a existência da pessoa natural termina com a morte". Com a morte, extingue-se a personalidade, passando-se os direitos e as obrigações do morto (essas no limite das possibilidades da herança) aos seus sucessores. Tais direitos e obrigações, denominados espólio, não têm personalidade, ou seja, não tem a qualificação que lhes conferiria a autorização genérica para praticar atos jurídicos; mas são sujeitos de direitos, visto que estão autorizados, por meio das pessoas indicadas na lei, a praticar certos atos, como ingressar com ação para cobrar determinada quantia devida ao monte.

São **consequências** da morte as seguintes: extinção do poder familiar, dissolução do casamento, abertura da sucessão, extinção dos contratos personalíssimos; mas fica mantida a vontade expressada pelo falecido em testamento e preservam-se alguns direitos da personalidade (relativos ao cadáver, à imagem, ao nome e aos direitos de autor).

A **morte** pode ser de três tipos: real, civil e presumida.

Morte real é *aquela certa, que pode ser atestada por exame médico*. Constatada a morte de uma pessoa, um médico fará um atestado de óbito. Na falta desse profissional, duas pessoas qualificadas que tiverem presenciado ou verificado a morte o farão. Com base no atestado de óbito será feita a lavratura do assento de óbito no Registro Público competente. A partir desse assento é que será extraída a certidão de óbito. O enterro depende dessa certidão. A cremação será feita em virtude de vontade do falecido ou por motivo de saúde pública, dependendo de atestado de 2 (dois) médicos ou de médico legista e, caso se trate de morte violenta, de autorização judicial.

Comoriência *é a presunção de morte simultânea, que se aplica quando duas ou mais pessoas falecerem na mesma ocasião, sem que se possa determinar quem morreu primeiro.*

A importância do tema está no direito das sucessões. Se um dos mortos na mesma ocasião tiver falecido primeiro, isso poderá fazer com que o outro seja seu herdeiro. Se considerarmos que a morte se deu simultaneamente, nenhum dos dois herdará do outro.

Na França, a solução é diferente. Cria-se uma escala de possibilidades. Entre homem e mulher, presume-se que a mulher morreu primeiro. Entre o mais novo e o mais velho, presume-se que esse faleceu primeiro.

Morte civil *é aquela em que a lei considera morta para a prática de atos da vida jurídica pessoa ainda viva*. Trata-se de instituto abolido nas legislações modernas. No passado, era sanção que recaía sobre os escravos e sobre outras pessoas, por motivos políticos ou religiosos. Há resquícios do instituto em nossa lei na regulamentação da indignidade e da deserdação, nas quais o herdeiro excluído da sucessão é considerado "como se morto fosse". (arts. 1.814, 1.816 e 1.961 a 1.963 do CC).

Morte presumida é *a que decorre de declaração judicial da morte, sem decretação de ausência, em caso de perigo de vida ou guerra, ou de declaração de ausência quando se autoriza a abertura de sucessão definitiva*.

Com efeito, o art. 6º do CC diz que se tem a **morte presumida** "quanto aos ausentes, nos casos em que a lei autoriza a abertura da sucessão definitiva".

O art. 7º do CC assevera que "pode ser declarada a morte presumida, **sem a decretação de ausência**: I - se for extremamente provável a morte de quem estava em perigo de vida; II - se alguém, desaparecido em campanha ou feito prisioneiro, não for encontrado até 2 (dois) anos após o término da guerra", dispondo o dispositivo em seu parágrafo único que "a declaração da morte presumida, nesses casos, somente poderá ser requerida depois de esgotadas as buscas e averiguações, devendo a sentença fixar a data provável do falecimento".

2.1.12. Ausência

Em caso de ***ausência***, ou seja, de uma pessoa **desaparecer** de seu domicílio sem deixar notícias ou procurador a quem caiba administrar seus bens e tenha interesse em fazê-lo, e de não ter se configurada nenhuma das hipóteses acima, pode o interessado ou o Ministério Público requerer ao juiz a **declaração de ausência** da pessoa, nomeando em favor dela um **curador** (o cônjuge, os pais ou os descendentes do desaparecido, nessa ordem, ou, na falta, alguém nomeado pelo juiz), que procederá à **arrecadação** dos bens do ausente, tudo na forma dos arts. 22 a 26 do CC (**fase da curadoria do ausente**).

Passado **1 (um) ano da arrecadação** dos bens do ausente, ou, se há procurador, passados 3 (três) anos, poderão os interessados requerer que se: a) declare a ausência; e que se b) **abra provisoriamente a sucessão**, que produzirá efeitos após 180 dias da publicação da respectiva sentença pela imprensa, efetuando-se o inventário e partilha dos bens (**fase da sucessão provisória**). *Vide* arts. 26 a 36 do CC.

Passados **10 (dez) anos do trânsito em julgado da sentença que abriu a sucessão provisória** ou 5 (cinco) anos das últimas notícias do ausente que já contar com 80 (oitenta) anos, poderão os interessados requerer a **sucessão definitiva**, procedendo-se ao **levantamento das cauções** que tiverem sido exigidas daqueles herdeiros que não eram ascendentes, descendentes ou cônjuges do ausente (**fase da sucessão definitiva**).

Caso o ausente não apareça nos 10 (dez) anos seguintes à abertura da sucessão definitiva, não terá mais direito algum às coisas deixadas. Se comparecer nesse período, terá direito aos bens existentes no estado em que se acharem, os sub-rogados em seu lugar, ou o preço que os herdeiros e demais interessados tiverem recebido pelos bens alienados depois daquele tempo.

Se, nos 10 (dez) anos a que se refere o parágrafo anterior, o ausente não regressar e **não houver interessado algum**, os bens arrecadados passarão ao Município ou ao Distrito Federal, se localizados nas respectivas circunscrições, incorporando-se à União se situados em território federal.

As disposições sobre a sucessão definitiva, no caso, estão nos arts. 37 a 39 do CC.

Por fim, vale anotar que, hoje, o ausente não é mais considerado um *incapaz*, mas alguém ***presumido morto*** pela lei a partir do momento em que é aberta a sucessão definitiva.

2.2. Direitos da Personalidade

2.2.1. Introdução

Como se viu, o Direito Civil nasceu bem amplo. No Direito Romano, chegou a abranger os direitos privado, penal e administrativo. Era o "direito da cidade". Em seguida, o Direito Civil passou a tratar apenas do direito privado.

Nessa segunda fase, percebe-se grande preocupação em regular as relações humanas no aspecto econômico. Basta verificar a importância dos temas *obrigações, contratos, direitos das coisas* e *sucessões*. Mesmo em matéria de *direito de família*, inúmeras normas se dedicavam ao regime de bens do casamento, por exemplo, confirmando a tradição de regular quase que exclusivamente questões de cunho patrimonial.

Nosso anterior CC era um grande exemplo disso. O pouco que se tem de regulamentação de questões *não patrimoniais* ou *não puramente patrimoniais* se resume a alguns deveres matrimoniais e a algumas relações entre pais e filhos.

O novo CC rompeu com essa tradição. Como se viu (Cap. 1, item 5), é marcante no atual Código a *constitucionalização* e a *humanização* do Direito Civil. Valores relativos aos direitos e garantias individuais e sociais permeiam a nova lei, destacando-se um capítulo próprio para tratar dos Direitos da Personalidade (arts. 11 a 21 do CC), direitos de cunho essencialmente *não patrimoniais*.

Deram origem a essa modificação *fatos sociais, valores sociais* e *normas jurídicas*. No a) *plano fático*, são exemplos o incremento dos meios de comunicação, potencializando lesões à imagem e à privacidade, e o crescimento do tráfico de órgãos humanos. No b) *plano valorativo*, percebe-se na sociedade maior repúdio às práticas de desrespeito às liberdades públicas. E no c) *plano jurídico*, é marcante a postura pródiga da CF/88 ao tratar dos direitos e garantias individuais.

Na História, em geral, o reconhecimento dos direitos da personalidade como categoria de direito é relativamente recente. Vale citar alguns antecedentes: Carta Magna (séc. XIII), Declaração dos Direitos do Homem e do Cidadão (1789) e Declaração dos Direitos Humanos (1948). No direito comparado, tais direitos foram explicitados de modo marcante, por exemplo, nos Códigos Civis italiano e português.

Considerando que a CF já traz a proteção de inúmeros direitos da personalidade (em seu art. 5º, por exemplo), qual seria a finalidade de tratar desse assunto no CC? A *primeira*, de deixar claro que qualquer norma do atual CC deve ter em mira que o que se busca com a lei é a proteção máxima do ser humano. A *segunda*, de regulamentar tais direitos e de traçar as garantias correspondentes aos direitos já enunciados na Constituição.

A Constituição traz, na verdade, uma cláusula geral de tutela da pessoa humana, quando, no seu artigo 1º, III, determina o respeito à dignidade da pessoa humana. Nesse sentido, o Enunciado 274 das Jornadas de Direito Civil dispõe que os direitos da personalidade são expressões dessa cláusula geral prevista na Constituição.

2.2.2. Conceito de Direitos da Personalidade

Direitos da Personalidade *são aqueles que protegem características inerentes à pessoa.* São direitos que recaem sobre nossos atributos naturais e suas projeções sociais.

Os objetos de tais direitos são, portanto, os seguintes aspectos próprios da pessoa: a) sua integridade física (vida, corpo, partes do corpo); b) sua integridade intelectual (liberdades de pensamento e de expressão, autorias científica e artística); e c) sua integridade moral (intimidade, vida privada, honra, imagem e nome).

O CC preferiu não conceituar direitos da personalidade, mas dispôs que são intransmissíveis, irrenunciáveis e que seu exercício não é passível de sofrer limitações (art. 11 do CC).

De início, são protegidas as características próprias da pessoa natural. Todavia, o nascituro e a pessoa jurídica, no que couber, também estarão resguardados. O primeiro, em virtude do disposto no art. 2º, segunda parte, do CC. E o segundo, em razão do art. 52 do mesmo Código.

A proteção ao nascituro pode ser exemplificada pelos direitos à vida (art. 5º da CF e CP), à filiação (art. 1.596), à integridade física, a alimentos, a uma adequada assistência pré-natal (art. 8º do ECA). O enunciado 1 JDF/CJF dispõe que "a proteção que o Código defere ao nascituro alcança o natimorto no que concerne aos direitos da personalidade, tais como nome, imagem e sepultura."

Maria Helena Diniz chega a dizer que, no que concerne aos direitos da personalidade, o nascituro tem personalidade jurídica (formal). Se vier a nascer com vida, terá personalidade jurídica (material) para fins de aquisição de direitos patrimoniais (*Código Civil Anotado*. 10. ed. São Paulo: Saraiva, 2004. p. 8).

Já a pessoa jurídica terá protegidos interesses como o nome, a imagem e o segredo. Reconhecendo a existência de uma honra objetiva em favor desse tipo de pessoa, o STJ sumulou que "a pessoa jurídica pode sofrer dano moral" (Súmula 227).

2.2.3. Regime Jurídico Geral

O estudo dos direitos da personalidade fica mais fácil se dividido em duas partes. Primeiro, expondo o regime jurídico geral, que vale para todos os interesses protegidos (integridades física, intelectual e moral). Segundo, trazendo à tona os casos particulares, a partir do estudo de regras especiais sobre o corpo, o nome, a imagem, a vida privada etc. Na segunda parte, estudaremos os regimes jurídicos especiais.

O CC traz três regras sobre essa categoria de direito: são intransmissíveis, irrenunciáveis e seu exercício não é passível de sofrer limitações (art. 11). A partir dessas noções, bastante amplas, surgem outras **características** (ou **regras**) do regime jurídico geral, que, junto com as três primeiras, serão agora vistas. Os direitos da personalidade são:

a) **Absolutos**: *oponíveis contra todos* ("erga omnes"). Esses direitos geram deveres de abstenção por parte de cada um de nós, inclusive do Estado. Enquanto num contrato há relatividade (só há efeitos relativamente a cada contratante), o direito à imagem, por exemplo, gera efeitos em face de todos, tratando-se, assim, de um direito oponível de modo absoluto;

b) **Intransmissíveis**: *não passíveis de cessão à esfera jurídica de outrem*. Adriano de Cupis ensina que "nos direitos da personalidade a intransmissibilidade reside na natureza do objecto, o qual (...) se identifica com os bens mais elevados da pessoa, situados, quanto a ela numa relação de natureza orgânica. Por força deste nexo orgânico o objecto é inseparável do originário sujeito: a vida, a integridade física, a liberdade, a honra etc., de Tício não podem vir a ser bens de Caio em virtude de uma impossibilidade que se radica na natureza das coisas. Nem o ordenamento jurídico pode consentir que o indivíduo se despoje daqueles direitos que, por corresponderem aos bens mais elevados, têm o caráter de essencialidade" (*Os direitos da personalidade*, Lisboa: Livraria Moraes, p. 46 e s., 1961).

É importante destacar que a *titularidade* do direito é que não pode ser transmitida. O *exercício* do direito, todavia, pode ser transferido. Um exemplo: não se pode transmitir a um terceiro direito moral de que conste o nome do autor (ou um pseudônimo por ele criado) na obra de sua autoria. Mas é possível que se transfira a uma editora o direito de explorar economicamente a obra, reproduzindo-a e vendendo vários de seus exemplares. No segundo caso não se transferiu o direito como um todo, mas *parcela dos poderes* que tem o seu titular;

c) **Irrenunciáveis**: *não são passíveis de rejeição por parte de seu titular*. Não se pode renegar direitos da personalidade. Difere da intransmissibilidade, pois aquela diz respeito à cessão a um terceiro, ao passo que a renúncia abrange situações de desistência, de renegação. Assim, não se pode vender um órgão em virtude da intransmissibilidade. Não se pode pôr fim à vida em virtude da irrenunciabilidade;

d) **Indisponíveis**: *não são passíveis de se abrir mão, de disposição*. Essa regra, na verdade, engloba as duas anteriores. Quer dizer que os direitos da personalidade não podem ser transmitidos, objetos de renúncia ou objetos de abandono. É bom anotar que alguns poderes inerentes aos direitos de personalidade podem ser objetos de disposição, tais como os poderes de doar em vida órgãos, preenchidos determinados requisitos, de consentir na exposição da imagem e de permitir o acesso a informações da vida privada (sigilo bancário, por exemplo). Aliás, quanto aos dois últimos interesses, é possível que razões de interesse público justifiquem sua exposição, mesmo sem o consentimento do titular do direito;

e) **Ilimitados**: *abrangem interesses imanentes ao ser humano, ainda que não mencionados expressamente pela lei ou que não identificados pela ciência.*

Assim, mesmo que não identificados expressamente como direitos da personalidade, têm essa natureza os direitos a alimentos, ao planejamento familiar, à dignidade, ao culto religioso etc.

Da mesma forma, os interesses próprios do ser humano que forem surgindo em virtude do progresso científico ou social também estarão protegidos. Por exemplo, em função dos avanços da informática, da biotecnologia e da física.

O Enunciado 274 das Jornadas de Direito Civil dispõe que os direitos da personalidade estão regulados de maneira não exaustiva pelo Código Civil.

Assim, parte da doutrina defende que o "direito à opção sexual", mesmo não expresso no Código Civil e na Constituição, é direito da personalidade, por dizer respeito à dignidade da pessoa humana, cláusula geral e aberta que o abarca;

f) **Imprescritíveis**: *não são passíveis de perda pelo decurso do tempo*. Não é porque o autor de um texto o fez há 30 anos, por exemplo, que perderá os direitos de personalidade correspondentes. Por outro lado, violado o direito, e nascida a pretensão de reparação civil, começa a correr prazo prescricional. Normalmente, o prazo para se pedir uma indenização pela violação do direito é de 3 anos. Exemplo da imprescritibilidade dos direitos da personalidade é o que diz respeito à pretensão para a compensação por danos morais em razão de acontecimentos que maculam tão vastamente os direitos da personalidade, como a tortura e a morte. Nesse sentido, o Superior Tribunal de Justiça reconhece ser imprescritível tal pretensão quando se tratar de perseguição política na época da ditadura (AgRg no RE 1.163.157);

g) **Impenhoráveis**: *não são passíveis de constrição judicial*. Dessa forma, não posso penhorar um órgão de uma pessoa, nem o seu nome, muito menos os direitos morais que têm em relação à obra que tiver criado. Mas é possível a penhora de frutos econômicos dos interesses protegidos pelos direitos da personalidade, ressalvada a quantia correspondente ao necessário para a sobrevivência do autor (CPC, art. 649, IV);

h) **Inexpropriáveis**: *não são passíveis de desapropriação*. O Estado pode, mediante indenização, despojar compulsoriamente uma pessoa de sua propriedade, em caso de interesse público. Nada obstante, não poderá fazê-lo em relação a direitos da personalidade, ideia que decorre de se tratar de direito indisponível;

i) **Vitalícios**: *acompanham a pessoa até a sua morte*. Alguns direitos, inclusive, são resguardados mesmo depois da morte, como o respeito ao corpo do morto, à sua honra e à sua memória, bem como os direitos morais do autor. Prova disso é que o parágrafo único do art. 12 do CC diz que tem legitimação para fazer cessar a ameaça ou a lesão a direito da personalidade do morto, o cônjuge sobrevivente, ou qualquer parente em linha reta, ou colateral até o quarto grau.

Vale também ressaltar que os direitos da personalidade, entre si, não excluem uns aos outros. Um direito pode até preponderar sobre outro, mas nunca excluí-lo. O Enunciado 274 JDC/CJF dispõe que "em caso de colisão entre eles, como nenhum pode sobrelevar os demais, deve-se aplicar a técnica da ponderação".

2.2.4. Garantias do Regime Jurídico Geral

Violado ou ameaçado de ser violado um direito da personalidade, pode-se reclamar em juízo as seguintes sanções (CC, art. 12):

a) cessação da ameaça ou da lesão ao direito;

b) perdas e danos;

c) demais sanções previstas em lei.

Assim, se alguém verificar a existência de uma foto sua num *outdoor* com fins publicitários, sem a necessária autorização, poderá pedir a retirada do cartaz (a) e uma indenização por danos materiais e morais porventura existentes (b). Um autor que verificar a reprodução indevida de sua obra também poderá pedir sua retirada de circulação (a), uma indenização por danos materiais e morais (b), além de poder ficar com os exemplares da obra reproduzida e de poder representar o ofensor na esfera criminal (c).

Repare que a lei permite um atuar repressivo (para cessar a lesão) e uma atitude preventiva (em caso de ameaça de lesão). Para fins destas possibilidades, será de grande valia a ação cominatória, valendo trazer à tona as normas que se extraem dos arts. 287, 461 e 644 do CPC.

O Enunciado 140 das Jornadas de Direito Civil defende a tese de que "a primeira parte do art. 12 do CC refere-se às técnicas de *tutela específica*, aplicáveis *de ofício*, enunciadas no art. 461 do CPC, devendo ser interpretada com resultado extensivo" (g.n.).

São partes legítimas para requerer a aplicação de tais sanções a própria pessoa lesada, por si ou por seu representante, e, caso já falecida, o cônjuge sobrevivente, ou qualquer parente em linha reta, ou colateral até o quarto grau (art. 12, parágrafo único, do CC). Repare que há uma lacuna nesse dispositivo. Não se incluiu o companheiro no rol dos legitimados. Se a finalidade da lei é possibilitar que pessoas presumidamente próximas ao morto e que também são sucessoras dele estejam legitimadas, não há justificativa para a exclusão do companheiro, que também tem presumida afetividade em relação ao falecido, além de ser sucessor deste.

Nesse sentido, o Enunciado 275 das Jornadas de Direito Civil entende que o rol dos legitimados presentes nos arts. 12 e 20 do CC compreende o companheiro.

E o Enunciado 398, das mesmas Jornadas, entende que as medidas previstas no art. 12, parágrafo único, do CC podem ser invocadas por qualquer uma das pessoas ali mencionadas de forma concorrente e autônoma.

2.2.5. Regimes Jurídicos Especiais

O CC disciplina de modo especial a proteção do próprio corpo (arts. 13 a 15 do CC), o direito ao nome (arts. 16 a 19), a proteção aos escritos, à palavra e à imagem (art. 20) e a proteção à vida privada (art. 21).

2.2.5.1. Proteção do corpo

2.2.5.1.1. Disposição do corpo em vida

O art. 13 do CC traz a seguinte **regra**: *é defeso o ato de disposição do próprio corpo, quando importar diminuição permanente da integridade física, ou contrariar os bons costumes.*

O parágrafo único e o *caput* do art. 13 trazem as seguintes **exceções**: a) em caso de *exigência médica;* e b) *para fins de transplante*, na forma estabelecida em lei especial.

Isso significa que não se pode dispor do corpo em duas situações: a) se isso importar em diminuição permanente da integridade física; b) se houver contrariedade aos bons costumes. Mas se estará autorizado: a) em caso de exigência médica; e b) para fins de transplante.

A expressão *diminuição permanente* proíbe, portanto, que alguém corte o próprio braço ou a própria perna, uma vez que tais condutas são irreversíveis. E a frase *contrariar bons costumes* proíbe, por exemplo, que alguém se machuque intencionalmente, mesmo que sem diminuição permanente da integridade física.

Os bens jurídicos tutelados pelo dispositivo são a saúde humana e os bons costumes. Assim, não fere a lei a colocação de adereços (brincos, *piercings*), uma vez que, se é que importam em diminuição permanente, não afetam a saúde da pessoa. O mesmo se pode dizer de cirurgias plásticas, que, se feitas segundo as regras técnicas, não afetam a saúde da pessoa, além de não contrariarem os bons costumes.

Nos casos em que houver exigência médica, como quando se amputa uma perna por motivo de doença ou se retira parte do intestino em virtude de câncer, ou até quando se faz cirurgia para a redução do estômago, a diminuição permanente estará autorizada.

Há grande dúvida sobre ser possível a cirurgia para a mudança de sexo, no caso de transexual (aquele que tem corpo em desarmonia com seu sexo psíquico). Além de importar em diminuição permanente, alega-se em desfavor do procedimento possível contrariedade aos bons costumes. Fala-se, ainda, na irreversibilidade da medida, na inexistência de certeza de que trará resultados psicológicos satisfatórios e duradouros e na necessidade de se preservar a boa-fé das demais pessoas que virão a se relacionar com o transexual. Os defensores da cirurgia argumentam que, se a finalidade da regra proibitiva da disposição do corpo é preservar a saúde das pessoas, esse bem jurídico estará sendo promovido com a cirurgia, especialmente no que tange à saúde mental do indivíduo (interpretação teleológica). Ademais, tais cirurgias só seriam feitas mediante laudos médicos demonstrando sua importância para aquela pessoa, o que atenderia à regra de exceção, que diz "exigência médica". Por fim, invoca-se o princípio da dignidade da pessoa humana para justificar sua legitimidade (interpretação sistemática).

No que concerne à expressão "exigência médica", doutrina qualificada entende que esta expressão *refere-se tanto ao bem-estar físico quanto ao bem-estar psíquico do disponente* (v. Enunciados 6 e 276 das JDC/CJF). Nesse sentido, a Resolução nº 1.955/2010 do Conselho Federal de Medicina traz os requisitos para a cirurgia de mudança de sexo, dentre eles o desejo expresso de a ela se submeter, permanência do desconforto por período contínuo de, no mínimo, 2 anos, ausência de outros transtornos mentais, avaliação de equipe multidisciplinar constituída por médico psiquiatra, cirurgião, endocrinologista, psicólogo e assistente social, após, no mínimo, 2 anos de acompanhamento conjunto, com diagnóstico médico de transgenitalismo, ausência de características físicas inapropriadas para a cirurgia e paciente com mais de 21 anos.

A outra exceção (para fins de transplante) está regulada na Lei 9.434/1997. Essa lei permite a disposição de tecidos (não se regula a disposição de sangue, de esperma e de óvulo), órgãos ou partes do corpo vivo, atendidos os seguintes requisitos (art. 9º da Lei):

a) deverá ser gratuita a disposição;

b) deverá o doador ser capaz; o incapaz só poderá doar medula óssea, desde que ambos os pais e o juiz autorizem e não haja risco para sua saúde; a gestante só poderá doar tecido para transplante de medula óssea, desde que não haja risco à sua saúde ou ao feto;

c) dever-se-á tratar de órgãos duplos, de partes de órgãos, tecidos ou partes do corpo cuja retirada não impeça o organismo doador de continuar vivendo sem risco para a sua integridade e não represente grave comprometimento de suas aptidões vitais e saúde mental e não cause mutilação ou deformação inaceitável;

d) deverá estar presente uma necessidade terapêutica comprovadamente indispensável ao receptor;

e) deverá o doador autorizar, preferencialmente por escrito e diante de testemunhas, especificamente o tecido, o órgão ou a parte do corpo objeto da retirada;

f) deverá o juiz autorizar a doação, salvo em relação à medula óssea e em relação à doação para cônjuge ou parentes consanguíneos até quarto grau inclusive;

g) poderá o doador revogar a doação a qualquer momento antes de sua concretização;

h) a realização de transplantes ou enxertos só poderá ser realizada por estabelecimento de saúde autorizado pelo SUS.

Por fim, vale citar o Enunciado nº 401 das JDC/CJF, acerca do art. 13 do CC: "Art. 13: Não contraria os bons costumes a cessão gratuita de direitos de uso de material biológico para fins de pesquisa científica, desde que a manifestação de vontade tenha sido livre, esclarecida e puder ser revogada a qualquer tempo, conforme as normas éticas que regem a pesquisa científica e o respeito aos direitos fundamentais".

2.2.5.1.2. Disposição do corpo para depois da morte

O art. 14 do CC traz a seguinte **regra**: *é válida, com objetivo científico ou altruístico, a disposição gratuita do próprio corpo, no todo ou em parte, para depois da morte.*

A expressão *objetivo científico* diz respeito aos casos em que se deixa o corpo ou partes do corpo para fins de estudos (ex.: para uma faculdade de medicina). Já a expressão *objetivo altruístico* se refere aos casos em que está a se preocupar com o bem-estar alheio, como quando se deixa elemento do corpo para fins de transplante em favor de quem precisa de um tecido (ex.: córnea), de um órgão (ex.: coração) ou de parte do corpo (ex.: fígado).

A Lei 9.434/1997 permite a retirada *post mortem* de tecidos (não se regula a disposição de sangue, de esperma e de óvulo), órgãos ou partes do corpo humano, destinados a transplante ou tratamento, atendidos os seguintes requisitos (arts. 3º a 8º da Lei):

a) deverá ser gratuita a disposição;

b) deverá ser precedida de diagnóstico de morte encefálica, constatada e registrada por dois médicos não participantes das equipes de remoção e transplante; os prontuários médicos serão mantidos na instituição por um período mínimo de 5 anos;

c) deverá ser admitida a presença de médico de confiança da família do falecido no ato de comprovação e atestação da morte encefálica;

d) deverá ser feita mediante o *consenso afirmativo* do doador, não se presumindo sua vontade em doar; não existindo indicação da vontade do falecido (por meio de um documento, por exemplo), a retirada dependerá da autorização do cônjuge ou parente, maior de idade, obedecida a linha sucessória, reta ou colateral, até o segundo grau inclusive, firmada em documento subscrito por duas testemunhas presentes à verificação da morte (parece-nos haver lacuna na ausência do companheiro na regra); o Enunciado 277 das JDC/CJF é no sentido de que a manifestação expressa do doador de órgão em vida prevalece sobre a vontade dos familiares; assim, a aplicação do art. 4º da Lei 9.434/1997 (que trata da autorização ou não pelos familiares) ficou restrita à hipótese de silêncio do potencial doador;

e) poderá o doador revogar a doação a qualquer momento;

f) é vedada a remoção quanto a pessoas não identificadas;

g) após a retirada, o corpo será condignamente recomposto para ser entregue, em seguida, aos parentes do mortos ou seus responsáveis legais para sepultamento;

h) a realização de transplantes ou enxertos só poderá ser realizada por estabelecimento de saúde autorizado pelo SUS.

2.2.5.1.3. Tratamento e intervenção cirúrgica

O art. 15 do CC traz a seguinte **regra**: *ninguém pode ser constrangido a submeter-se, com risco de vida, a tratamento médico ou intervenção cirúrgica.*

Três princípios permeiam a regra em questão.

Pelo **princípio da informação**, *o paciente tem o direito de receber todas as informações relativas à sua situação, à possibilidade de tratamento e aos respectivos riscos* (*vide* arts. 6º, III, e 31 do CDC).

De acordo com o **princípio da autonomia**, *o profissional deve respeitar a vontade do paciente ou de seu representante, se aquele for incapaz.*

Já pelo **princípio da beneficência**, *a atuação médica deve buscar o bem-estar do paciente, evitando, sempre que possível, danos e riscos.*

A partir de tais princípios e da regra enunciada, percebe-se que o paciente tem o *direito de recusa a tratamento arris-*

cado. Assim, informado de que uma cirurgia para retirada de um tumor da cabeça gera um risco de morte, este é quem escolherá se deseja ou não fazê-la.

Quando não for possível consultar o paciente, e havendo situação de iminentes riscos para sua vida, o tratamento ou a intervenção cirúrgica deverão ser realizados, não respondendo o médico por constrangimento ilegal (art. 146, § 3º, I, do CP). Em situações como essas, o médico age em verdadeiro estado de necessidade, que é uma excludente da ilicitude.

Todavia, considerando preceito constitucional, o Enunciado nº 403 das JDC/CJF faz a seguinte ressalva: "art. 15: O direito à inviolabilidade de consciência e de crença, previsto no art. 5º, VI, da Constituição Federal, aplica-se também à pessoa que se nega a tratamento médico, inclusive transfusão de sangue, com ou sem risco de morte, em razão do tratamento ou da falta dele, desde que observados os seguintes critérios: a) capacidade civil plena, excluído o suprimento pelo representante ou assistente; b) manifestação de vontade livre, consciente e informada; e c) oposição que diga respeito exclusivamente à própria pessoa do declarante".

2.2.5.2. Escritos, palavra e imagem

O art. 20 do CC traz a seguinte **regra**: *a divulgação de escritos, a transmissão da palavra, ou a publicação, a exposição ou a utilização da imagem de uma pessoa poderão ser proibidas, a seu requerimento e sem prejuízo da indenização que couber, se lhe atingirem a honra, a boa fama ou a respeitabilidade, ou se se destinarem a fins comerciais*.

O próprio art. 20 traz as seguintes **exceções** à impossibilidade de exposição daqueles interesses: a) se houver *autorização* da pessoa; b) se *necessário à administração da justiça*.

Ou seja, não se pode expor os escritos, a palavra e a imagem das pessoas em duas situações: a) se lhe atingir a honra; b) se tiver fins comerciais. Mas é possível expor tais interesses: a) se houver autorização; b) se necessário à administração da justiça.

A expressão *se lhe atingirem a honra, a boa fama ou a respeitabilidade* proíbe que alguém tenha, por exemplo, veiculada sua imagem de uma maneira difamatória. A frase *se se destinarem a fins comerciais* proíbe, por exemplo, que alguém tenha publicada sua foto em um informe publicitário ou em uma revista de "fofocas" sem sua autorização.

É importante lembrar que as **garantias** que a lei traz ao lesado são as seguintes: a) proibir a exposição; b) reclamar indenização. Apesar da não referência à aplicação das demais sanções previstas em lei, tal como está previsto no art. 12 (regime jurídico geral), tal providência é possível, como no caso em que a conduta do ofensor também configura crime (injúria, difamação ou calúnia, por exemplo). Ou quando se prevê o direito de resposta, proporcional ao agravo (art. 5º, V, da CF).

Em se tratando de morto ou de ausente, são partes **legítimas**: a) o cônjuge; b) os ascendentes ou descendentes. Em relação ao regime jurídico geral, repare que aqui não se elegeu os parentes colaterais até o quarto grau como legitimados. Repare, ainda, que mais uma vez parece haver uma lacuna, ao não se legitimar o companheiro.

São três os interesses protegidos pelas regras: a) os escritos (expressados em documento); b) a palavra (expressada pela voz); c) a imagem (retrato e atributo).

Os **escritos** encontram regramento especial na Lei 9.610/1998 (Lei sobre Direitos Autorais), que protege "os textos de obras literárias, artísticas ou científicas", dentre outros (art. 7º da Lei).

As **palavras** também encontram regramento especial nessa Lei, que protege "as conferências, alocuções, sermões e outras obras da mesma natureza", dentre outras (art. 7º da Lei).

Quanto à **imagem**, essa deve ser dividida em duas espécies.

a) **imagem-retrato**: *consiste na reprodução gráfica da figura humana, podendo se referir a partes do corpo também, como a voz e as pernas*. São exemplos: o retrato, o desenho, a fotografia e a filmagem de uma pessoa. A imagem-retrato está protegida pelo art. 5º, X, da CF, pelo qual "são invioláveis a intimidade, a vida privada, a honra e a *imagem* das pessoas, assegurado o direito a indenização pelo dano material ou moral decorrente de sua violação". Luiz Alberto David Araujo (**A proteção constitucional da própria imagem**, Belo Horizonte: Del Rey, 1996) ensina que o dispositivo contém duplo enfoque: cuida da proteção da imagem, como produto de sensações, e da sua correta utilização. O Direito prevê indenização plena para a hipótese de violação desse direito, que deve ser visto também em função do contexto da imagem e de sua identidade (direito de usar a imagem ao lado de seu nome), ressalvadas limitações de ordem pública, de saúde pública e em razão da notoriedade do indivíduo;

b) **imagem-atributo**: *consiste no conjunto de características sociais do indivíduo, ou de dada pessoa jurídica, que o identifica socialmente*. Enquanto a imagem-retrato condiz com o retrato físico da pessoa, a imagem-atributo se refere a seu retrato social. A proteção a essa imagem está prevista no art. 5º, X, da CF, pelo qual fica assegurado "o direito de resposta, proporcional ao agravo, além da indenização por dano material, moral ou à *imagem*". Nessa, os agentes danosos são os meios de comunicação, ideia tirada do texto do dispositivo, que fala também em direito de resposta, extensível às pessoas jurídicas. Havendo violação da imagem-atributo, deve haver indenização, independente de demonstração de prejuízo econômico ou mesmo existência de dor profunda, mas simplesmente pelo *dano à imagem*, devendo a indenização seguir critério facilitado, distinto do dano material e moral. Repare que fala em "indenização por dano material, moral ou à imagem".

É importante trazer à tona alguns **temperamentos** à proteção em tela. Nenhum direito é absoluto. O direito à preservação da imagem encontra pontos de atrito com a *liberdade de expressão e de comunicação* e com o *direito de acesso à informação*. Com efeito, o art. 220, § 1º, da CF dispõe que "nenhuma lei conterá dispositivo que possa constituir embaraço à plena liberdade de informação jornalística em qualquer veículo de comunicação social, observado o disposto no art. 5º, IV, V, X, XIII e XIV". Como vimos, os incisos V e X do artigo 5º protegem o indivíduo, respectivamente, dos danos material, moral e à imagem e contra a violação da intimidade, da vida privada, da honra e da imagem. O inciso IV dispõe ser "livre a manifestação do pensamento, sendo vedado o anonimato", o inciso XIII assevera ser "livre o exercício de qualquer trabalho, ofício ou profissão, atendidas as qualificações profissionais que a lei estabelecer" e o inciso XIV dispõe ser "assegurado a todos o acesso à informação e resguardado o sigilo da fonte, quando necessário ao exercício profissional". Vale trazer à baila, ainda, o disposto no inciso IX, que diz ser "livre a expressão da atividade intelectual, artística, científica e de comunicação, independentemente de censura ou licença".

Perceba-se dos dispositivos colacionados que, se de um lado é protegida a imagem das pessoas, que é inviolável, de outro se assegura a *plena liberdade de informação jornalística*, o *livre exercício da profissão* (salvo qualificações profissionais), a *livre manifestação do pensamento* e ainda a *liberdade de expressão*, independentemente de *censura ou licença*. Os direitos de expressão e de inviolabilidade da imagem podem, portanto, encontrar pontos de atrito a serem resolvidos pelo aplicador do direito.

Três soluções podem ser vislumbradas para resolver esse conflito aparente de normas:

a) a de que o direito de expressão prevalece sobre o de imagem, não se podendo falar em censura, nem em indenização;

b) a de que o direito de imagem prevalece sobre o de expressão, possibilitando-se a censura para defender o primeiro, sem prejuízo da indenização cabível;

c) a de que o direito de expressão deve ser exercido independentemente de censura, mas, caso provoque dano à imagem, conferirá direito à indenização cabal em favor do prejudicado.

A primeira possibilidade não é cogitada, uma vez que, se o direito de expressão pudesse tudo, restaria letra morta a regra que diz ser inviolável a imagem. Prova de que o direito de expressão tem seus limites é a vedação do anonimato, que tem por objetivo responsabilizar quem exercer de modo irregular a liberdade de manifestação.

A segunda alternativa também parece inviável. Isso porque, se o direito de imagem sempre prevalecesse, não seria possível cogitar dar nenhuma notícia que gerasse algum constrangimento a uma pessoa. Não se poderia falar de corrupção na imprensa. Não se poderia narrar crimes. Ficaria vedada a crítica artística. Só se poderia fazer reportagem sobre a fauna, a flora e os minerais...

A terceira alternativa parece a mais acertada. Parte do pressuposto de que se deve preservar a liberdade de manifestação e o direito de acesso à informação, que, se forem exercidos de modo abusivo, darão ensejo à responsabilização civil do ofensor.

Não se deve esquecer que o direito de acesso à informação jornalística abrange tanto a divulgação da notícia como a crítica, sendo importante deixar claro que seu fundamento está na necessidade de que haja uma opinião pública livre no país. As pessoas somente serão livres se puderem ter conhecimento dos fatos e dos juízos de valor possíveis a seu respeito.

O Enunciado 20 das JDF/CJF, ao comentar o art. 20 do CC, é no sentido de que "a proteção à imagem deve ser ponderada com outros interesses constitucionalmente tutelados, especialmente em face do direito de amplo acesso à informação e da liberdade de imprensa. Em caso de colisão, levar-se-á em conta a notoriedade do retratado e dos fatos abordados, bem como a veracidade deste e, ainda, as características de sua utilização (comercial, informativa, biográfica), privilegiando-se medidas que não restrinjam a divulgação de informações".

O Supremo Tribunal Federal, no julgamento da ADPF 130 (p. em 06/11/2009), ao julgar não recepcionada pela Constituição a Lei de Imprensa (Lei 5.250/1967), **exarou entendimento no sentido de que, na ponderação de interesses entre os dois blocos de direitos da personalidade citados (liberdade de imprensa e de expressão x imagem, honra, intimidade e vida privada) prepondera o primeiro bloco, impedindo-se a censura prévia**. O segundo bloco incide posteriormente para fins de direito de resposta e responsabilidade civil, penal e administrativa.

O entendimento de que o primeiro bloco prepondera foi fundamentado nas seguintes **razões**: a) supremacia do interesse público, que está do lado do "direito de acesso à informação"; b) necessidade de garantir o conhecimento e o pensamento crítico, por parte dos indivíduos; c) necessidade de formação de opinião pública livre como alternativa à verdade oficial dos fatos; d) existência, no texto constitucional, de vedação expressa à censura; e) existência, no texto constitucional, de mecanismos de calibração contra abusos, tais como direito de resposta, responsabilidade civil, vedação do anonimato, qualificação profissional para o exercício de certas profissões, proteção da família contra programações inadequadas e restrição a certas propagandas, em matéria de saúde e meio ambiente.

É claro que não é qualquer fato que poderá ser livremente veiculado pela imprensa. Deve-se tratar de fato relevante para o indivíduo em sociedade. Caso contrário, pode haver abuso e, portanto, ensejo à reparação do dano causado ao ofendido.

Tal se dá, por exemplo, com a divulgação por um jornal ou uma revista de elementos da intimidade ou da vida privada de artistas sem seu consentimento. Nesse caso, não há fato relevante para a vida social, conceito nobre, mas "fuxico", "fofoca", o que não está protegido no relevante direito de informação jornalística.

A manifestação abusiva da expressão, apesar de não poder ser censurada, pode sofrer coerções posteriores, principalmente as que envolvem o direito de resposta e a indenização por danos materiais e morais.

Para se verificar se uma manifestação da expressão é abusiva ou não, deve-se analisar se ela atende a dados tópicos. Assim, são **requisitos para que os direitos de livre manifestação e de acesso à informação possam ser exercidos regularmente**, em face da inviolabilidade da imagem das pessoas, sem que se possa falar em sanções supervenientes (direito de resposta, indenizações etc.) os seguintes:

a) *a informação expressada deve ser verdadeira*. Caso o personagem do fato narrado prove que esse é falso, poderá pedir a aplicação das sanções previstas em lei;

b) *a informação expressada deve ser inevitável para passar a mensagem*. Muitas vezes, a informação (a fotografia, o áudio, o vídeo) não precisa ser mostrada por inteiro para que a mensagem (o caso de corrupção, o crime) seja passada. Elementos de uma gravação que dizem respeito meramente à vida privada do personagem não devem ser veiculados;

c) *a mensagem expressada deve dizer respeito a aspecto relevante para a sociedade*. Mensagens como a de que um ator de novela tem uma amante, ou de que uma cantora está namorando em escondido um cantor não são relevantes para sociedade, apesar de despertar certa curiosidade. Assim, se não houver autorização dos personagens (expressa ou tácita), não poderão ser divulgadas;

d) *a notícia não pode ser veiculada de modo insidioso e abusivo*. Deve-se narrar a notícia com altivez e não com sensacionalismo e contornos de escândalo. A indignação, todavia, está autorizada, tendo o STF, na decisão proferida na ADPF 130, manifestado entendimento de que "o possível conteúdo socialmente útil compensa eventuais excessos de estilo do autor" e de que "no exercício da liberdade de imprensa, pode-se fazer crítica, mesmo em tom áspero e contundente, especialmente contra autoridades e agentes públicos";

e) *a informação não pode ser fruto de prática ilícita*. Não pode uma empresa jornalística se valer, por exemplo, de uma interceptação telefônica para veicular uma informação. Mesmo que se alegue o sigilo da fonte, caso se prove que a fonte só poderia ser ilícita, vedada estará a sua divulgação. Há de se destacar que algumas excludentes de ilicitude, como o estado de necessidade e a legítima defesa, podem justificar a divulgação da informação, como no caso de uma gravação clandestina (não se trata de interceptação, mas de gravação feita por um dos interlocutores) em que a vítima de uma extorsão (concussão) de um fiscal municipal entrega à polícia e à imprensa a gravação que fez para se defender.

Confira-se, a respeito dos temperamentos aqui versados, a obra de autoria de Vidal Serrano Nunes Junior (**A Proteção Constitucional da Informação e o Direito à Crítica Jornalística**, São Paulo: FTD, 1997).

2.2.5.3. Vida privada

O art. 21 do CC traz a seguinte **regra**: *a vida privada da pessoa natural é inviolável, e o juiz, a requerimento do interessado, adotará as providências necessárias para impedir ou fazer cessar ato contrário a esta norma.*

É importante destacar que a **garantia** que a lei traz ao lesado é a seguinte: pode-se pedir ao juiz que impeça ou faça cessar a violação da vida privada. Apesar de não prevista no dispositivo, eventual violação também dá ensejo a que se reclame indenização (art. 5º, X, da CF). E, em que pese também a não referência à aplicação das demais sanções previstas em lei, tal como está previsto no art. 12 (regime jurídico geral), tal providência é possível, como no caso em que a conduta do ofensor também configura crime (interceptação indevida de conversa telefônica, por exemplo), em que se faculta a persecução criminal.

Apesar de o dispositivo se referir apenas à vida privada, são dois os interesses protegidos pela regra: a) a própria vida privada; e b) a intimidade.

Os direitos de inviolabilidade da vida privada e da intimidade são espécies do gênero **direito à privacidade**, *que é aquele de a pessoa manter informações privadas a seu respeito sob seu controle exclusivo*. Tal direito se traduz no direito de ser deixado tranquilo ou em paz.

A **intimidade**, por sua vez, é *o espaço que a pessoa tem consigo*. Diz respeito aos seus pensamentos, segredos, dúvidas existenciais e sonhos. O diário particular de uma pessoa contém informações sobre sua intimidade.

A **vida privada** consiste nos *espaços exteriores privados, ligados às relações familiares, de amizade e profissionais das pessoas*. Aqui temos suas correspondências e conversas telefônicas, os sigilos bancário e fiscal, as relações amorosas etc.

A regra prevista no art. 21 do CC também está na CF, mas em dispositivo mais abrangente (art. 5º, X): "são invioláveis a intimidade, a vida privada, a honra e a imagem das pessoas, assegurado o direito de indenização pelo dano material ou moral decorrente de sua violação". Repare que a CF diferenciou intimidade de vida privada, a justificar a explicação que demos.

Quando o Código Civil dispõe que a *vida privada* é inviolável, deve-se entender que está a proteger a intimidade também, por um argumento sistemático (leitura da Constituição) e *a fortiori*, uma vez que a intimidade é ainda mais cara ao indivíduo que a vida privada. É o que temos de mais íntimo.

A Constituição traz outras normas protetoras da privacidade, como a que dispõe ser "a casa asilo inviolável do indivíduo" (art. 5º, XI) e a que assegura ser "inviolável o sigilo da correspondência e das comunicações telegráficas, de dados e das comunicações telefônicas" (art. 5º, XI).

Por fim, vale lembrar que o CC não faz referência à inviolabilidade da honra, como faz a Constituição. Nada obstante, a honra também é um direito da personalidade, pois envolve o valor moral que temos por nós mesmos e que as pessoas têm sobre nós. A honra pode ser considerada subjetiva e objetivamente. Aquela consiste no sentimento de autoestima que cada pessoa tem a respeito de si próprio, ao passo que a segunda consiste no conceito que o indivíduo possui perante as pessoas, que no CC está contido no conceito de imagem (imagem-atributo).

Sobre a tutela da privacidade, confira, ainda, alguns enunciados das Jornadas de Direito Civil:

a) "404 – Art. 21: A tutela da privacidade da pessoa humana compreende os controles espacial, contextual e temporal dos próprios dados, sendo necessário seu expresso consentimento para tratamento de informações que versem especialmente o estado de saúde, a condição sexual, a origem racial ou étnica, as convicções religiosas, filosóficas e políticas";

b) "405 – Art. 21: As informações genéticas são parte da vida privada e não podem ser utilizadas para fins diversos daqueles que motivaram seu armazenamento, registro ou uso, salvo com autorização do titular".

2.2.5.4. Direitos autorais

Quanto aos direitos autorais, a matéria é exaustivamente tratada na Lei 9.610/1998, que regula os direitos de autor e os que lhe são conexos, reputados bens móveis para fins legais (art. 3º).

Tal lei **protege**, por exemplo, os textos de obras literárias, artísticas ou científicas, as obras musicais, coreográficas, fotográficas e cinematográficas, o desenho, a pintura, a escultura, dentre outras (art. 7º).

Não são objeto da proteção dos direitos autorais ideias, sistemas, métodos, projetos ou conceitos matemáticos como tais, formulários em branco, texto de atos oficiais, informações de uso comum como calendários, nomes, títulos isolados etc. (art. 8º).

A proteção à obra intelectual abrange o seu título, se original. A lei considera **autor** a pessoa física criadora de obra literária, artística ou científica, sem prejuízo da proteção às pessoas jurídicas nos casos previstos em lei (art. 11).

Não depende de registro a proteção aos direitos autorais (art. 18), podendo o autor registrar sua obra no órgão público de que trata o art. 17 da Lei 5.988/1973 (art. 19).

Pertencem ao autor os direitos **patrimoniais** e **morais** sobre a obra que criou (art. 22). Os **direitos morais** do autor, inalienáveis e irrenunciáveis (art. 27), são, dentre outros, os seguintes: a) o de reivindicar, a qualquer tempo, a autoria da obra; b) o de ter seu nome ou sinal indicado como sendo o do autor na utilização de sua obra; c) o de conservar a obra inédita; d) o de assegurar sua integridade, opondo-se a quaisquer modificações; e e) o de modificá-la (art. 24).

Os primeiros quatro direitos são transmitidos aos sucessores por morte do autor. No que concerne aos direitos patrimoniais, depende de autorização prévia e expressa do autor a utilização da obra por outrem. Os herdeiros podem explorar economicamente a obra por 70 anos contados de 1º de janeiro do ano subsequente ao do falecimento do autor (como regra), ou da publicação da obra (no caso de obras anônimas ou pseudônimas), ou da sua divulgação (quanto às obras audiovisuais e fotográficas), conforme os arts. 41 a 44. Findo o período, a obra passará ao **domínio público**, o mesmo ocorrendo se não houver sucessores do autor falecido ou se for obra de autor desconhecido, ressalvada a proteção legal aos conhecimentos étnicos e tradicionais (art. 45).

Não constituem ofensa aos direitos autorais: a) a reprodução, em um só exemplar, de pequenos trechos, para uso privado do copista, desde que feita por este, sem intuito de lucro; b) a citação de passagens de qualquer obra, para fins de estudo ou crítica, indicando-se nome do autor e a origem da obra; c) o apanhado de lições em escola, vedada a publicação sem autorização expressa; d) a utilização de obras para demonstração à clientela; e) a representação teatral ou musical no recesso familiar ou para fins didáticos, na escola e sem fim lucrativo; f) as paráfrases e paródias que não forem reproduções da obra nem lhe impliquem descrédito; e g) a representação de obras situadas permanentemente em logradouros públicos (arts. 46 a 48).

A **transferência** dos direitos patrimoniais poderá ser dos seguintes tipos: a) transmissão total (salvo os direitos morais e os excluídos pela lei; se for definitiva, dependerá de contrato escrito); b) cessão total ou parcial (faz-se por escrito e se presume onerosa).

O titular do direito violado poderá requerer: i) a apreensão dos exemplares reproduzidos ou a suspensão da divulgação, ii) sem prejuízo da indenização cabível, iii) bem como a perda em seu favor dos exemplares apreendidos e iv) o pagamento do preço dos que tiverem sido vendidos (art. 102). Responde solidariamente com o contrafator aquele que vender, expuser, distribuir ou tiver a obra reproduzida com fraude.

2.2.5.5. Nome

Os arts. 16 a 18 do CC trazem a seguinte **regra**: *toda pessoa tem direito ao nome, que não pode ser empregado de modo que exponha a pessoa ao desprezo público, ainda que sem intenção difamatória, ou para fins de propaganda comercial sem autorização do seu titular.* O art. 19 dispõe que *o pseudônimo adotado para atividades lícitas goza da proteção que se dá ao nome.*

O **nome** pode ser **conceituado** como o *sinal exterior que designa e individualiza a pessoa no seio de sua família e da sociedade.* A individualização da pessoa se dá pelo nome, pelo estado e pelo domicílio.

Quanto ao aspecto público do nome, o Estado impõe sua imutabilidade, salvo motivo justificável acolhido pelo Poder Judiciário. Focando no aspecto pessoal, o indivíduo tem autorização para usá-lo, fazendo-se chamar por ele e de defendê-lo daquele que utilizá-lo indevidamente, conforme vimos.

É possível destacar os seguintes **elementos do nome**:

a) **Prenome:** é o nome *próprio da pessoa.* Pode ser composto (duplo, triplo etc) e é livremente escolhido pelos pais, desde que não exponha a pessoa ao ridículo, caso em que os oficiais poderão recusar seu registro. Se os pais não concordarem com a recusa, o caso será decidido pelo Poder Judiciário;

b) **Patronímico**: é o *sobrenome* ou o *nome de família.* Indica a filiação ou a estirpe. Pode indicar as duas famílias ou apenas uma delas. Pode ser simples ou composto, inclusive com o uso de partículas (de, do etc.). A aquisição do sobrenome pode também decorrer de atos jurídicos, como a adoção, o casamento ou requerimento formulado ao juiz;

c) **Agnome:** *sinal distintivo de quem tenha nome igual ao de algum parente* (filho, júnior, neto, sobrinho);

d) **Axiônimos:** aspectos secundários, *como os títulos nobiliárquicos ou honoríficos, os títulos eclesiásticos, os qualificativos de dignidade ou de identidade oficial, os títulos acadêmicos ou científicos e as formas de tratamento de cortesia ou reverência;*

e) **Alcunha** ou **epíteto:** *a designação dada a alguém devido a uma particularidade sua* (Tiradentes, Xuxa, Pelé, Lula), podendo ser acrescentado ou até colocado no lugar de outro nome, preenchidos certos requisitos;

f) **Hipocorístico**: *é a redução do nome que se dá a uma pessoa para expressar carinho*: Nanda, Bia, Chiquinho etc.

Por ser objeto de direito da personalidade, o nome é intransferível, irrenunciável e indisponível. O **princípio da imutabilidade**, todavia, sofre **exceções,** quando houver:

a) **modificação no estado de filiação ou de paternidade**: em virtude da procedência de ação negatória de filiação; reconhecimento, judicial ou voluntário, de paternidade; ou realização ou desfazimento de adoção. Muda-se o sobrenome apenas, salvo no caso de adoção de menores, em que é possível que se altere inclusive o prenome, a pedido do adotante ou do adotado (art. 47, § 5º, do ECA);

b) **alteração do nome de um dos pais**: modificando-se o nome familiar de um dos pais, será necessário fazer o mesmo em relação aos filhos;

c) **casamento**: qualquer um dos nubentes pode adotar o nome do outro (art. 1.565, § 1º, do CC);

d) **dissolução da sociedade conjugal e do casamento**: não é obrigatória a perda do nome do outro na separação e no divórcio (arts. 1.578 e 1.571, § 2º, do CC). Todavia, a requerimento do inocente e desde que não se revele prejuízo à outra parte, pode-se perder compulsoriamente o direito de continuar usando o nome de casado. Pode também o cônjuge inocente renunciar, a qualquer momento, ao direito de usar o sobrenome do outro;

e) **pela união estável**: o companheiro pode pedir ao juiz a averbação do patronímico do companheiro no seu registro de nascimento, desde que haja impedimento legal para o casamento, decorrente do estado civil de qualquer das partes (art. 57, § 2º, da LRP). A regra tinha em mira o já separado judicialmente, que não conseguia se divorciar, uma vez que, à época, o divórcio não era possível. Há quem entenda, portanto, que, sendo hoje possível o divórcio, a regra não mais produz efeitos. De nossa parte, entendemos que para que o Estado cumpra adequadamente o dever de proteger a entidade familiar que decorre da união estável (art. 226, § 3º, da CF), e também para que terceiros possam ter ciência da existência de união com tantos reflexos no plano obrigacional, há de se fazer uma nova leitura da regra em questão, para o fim de admitir que, configurada a união estável (segundo os novos requisitos trazidos no art. 1.723 do CC), em qualquer situação é possível que qualquer dos companheiros adote o nome do outro;

f) **vontade daquele que tem entre 18 e 19 anos**: o art. 56 da LRP faculta ao interessado, no primeiro ano após ter atingido a maioridade civil, requerer a alteração de seu nome, desde que não prejudique os apelidos de família, averbando-se a alteração que será publicada pela imprensa. Presume-se que, nessa fase da vida, a alteração do nome não vá prejudicar interesses de terceiros e do próprio Estado, uma vez que, no período que antecede essa idade, a pessoa não comete crime, nem tem capacidade para, sozinho, praticar atos da vida civil. Preserva-se também a individualidade da pessoa, que porventura não esteja satisfeita com o seu prenome. O pedido pode ser feito administrativamente. Admite-se também para tornar composto o prenome simples e para acrescentar o patronímico de um dos pais ou dos avós;

g) **erro gráfico evidente**: o art. 110 da LRP dispõe que a correção de erros de grafia poderá ser processada a partir do próprio cartório onde se encontrar o assentamento, mediante petição assinada pelo interessado, que será remetida ao Ministério Público e ao juiz, que despachará no prazo de 48 horas. Exemplo dessa situação é o daquele que recebeu o nome de "Osvardo", quando deveria ser "Osvaldo". Também ocorre quando se troca o "i" pelo "e" ou o "s" pelo "x" quando da grafia do patronímico. Prova-se o erro, neste caso, pela comparação com os documentos dos demais membros da família;

h) **exposição do portador do nome ao ridículo**: o art. 55, parágrafo único, da LRP impede que os oficiais do registro civil registrem prenome suscetíveis de expor ao ridículo seus portadores. Para que essa regra seja eficaz, há de se reconhecer que, caso o oficial atenda ao pedido dos pais numa situação dessas, nada impede que no futuro busque-se a modificação do nome em razão dessa circunstância. Nomes como Bin Laden e Adolph Hitler poderão dar ensejo ao pedido de modificação. Mas já houve casos em que se admitiu a modificação de nomes bastante comuns, como Raimunda;

i) **apelido público notório**: o art. 58 da LRP dispõe que o prenome é definitivo, admitindo-se sua substituição por apelidos públicos notórios. São exemplos: Lula, Xuxa e Pelé. A redação dada pela Lei 9.708/1998 ao dispositivo em questão permite a "substituição" do prenome e não a mera "inserção" apelido público notório. Houve casos de modificação de "Amarildo" para "Amauri" e de "Maria" para "Marina". Basta provar em juízo que a pessoa é conhecida publicamente (no trabalho, na família, entre amigos etc.) por nome diverso do que consta em seus documentos. A prova se faz por testemunhas, por correspondências, por cadastros etc.;

j) **necessidade para a proteção de vítimas e testemunhas de crimes**: o § 7º do art. 57 da LRP admite a alteração de nome completo para proteção de vítimas e testemunhas de crimes, bem como de seu cônjuge, convivente, ascendentes, descendentes, inclusive filhos menores e dependentes, mediante requerimento ao juiz competente dos registros públicos, ouvido o MP;

k) **homonímia**: a redação do art. 57, *caput*, da LRP, traz uma norma um tanto quanto aberta, que possibilita modificações em outras situações excepcionais. Confira-se: "art. 57. Qualquer alteração posterior de nome, somente por exceção e motivadamente, após audiência do Ministério Público, será permitida por sentença do juiz a que estiver sujeito o registro, arquivando-se o mandado e publicando-se a alteração pela imprensa". Um caso "excepcional" e que enseja "motivação" pertinente é o de pessoa que tem o mesmo nome que outra. Isso poderá ocasionar confusões e prejuízos, seja na esfera civil (pela existência de protestos e de execuções contra a outra pessoa), seja na esfera criminal (pela existência de crimes cometidos pelo homônimo). Nesse tipo de situação, pode-se requerer a inclusão do sobrenome materno, se ainda não constar do nome da pessoa e, a depender do caso, até a alteração do prenome;

l) **cirurgia de mudança de sexo**: contrariando entendimento tradicional no sentido da impossibilidade de modificação do nome por parte do transexual, o Superior Tribunal de Justiça vem admitindo tal possibilidade. Os principais fundamentos são: a cláusula geral do art. 57; a existência, na maior parte das vezes, de apelido público notório de gênero contrário ao do nascimento da pessoa; a exposição a ridículo pelo fato de se ter aparência de um sexo e nome de outro; e o princípio da dignidade da pessoa humana. Recentemente, o STJ, inclusive, tomou decisão no sentido de que, além da mudança de **nome**, o transexual operado tem direito à modificação de seu **gênero** (de masculino para feminino ou de feminino para masculino), para que conste de toda sua documentação referência exclusiva ao novo sexo civil, facilitando a inserção social e profissional. Dessa forma, no livro cartorário, à margem do registro das retificações de prenome e de sexo do requerente, deve ficar averbado que as modificações feitas decorreram de sentença judicial em ação de retificação de registro civil. Todavia, tal averbação deve constar apenas do livro de registros, não devendo constar nas certidões do registro público competente nenhuma referência de que a aludida alteração é oriunda de decisão judicial, tampouco que ocorreu por motivo de cirurgia de mudança de sexo, evitando, assim, a exposição do transexual a situações constrangedoras e discriminatórias (REsp 737.993, j. em 10/11/2009). Essa decisão do STJ, por sua extensão, propiciará que transexuais com mudança de seu gênero civil possam casar-se com pessoas com sexo idêntico ao seu sexo civil originário. Além disso, a decisão pode trazer também consequências no mundo esportivo, uma vez que aquele novo sexo civil da pessoa operada deve ser respeitado por todos.

2.3. Pessoas jurídicas

2.3.1. Conceito

O ser humano é um animal social, como dizia Aristóteles. Isso significa que o ser humano depende da convivência do outro para viver e se desenvolver. Nessa convivência, o homem percebe o quanto é produtivo unir esforços na consecução de objetivos públicos e privados, pessoais e profissionais, altruísticos e com objetivo de lucro. Essa reunião de esforços repetidamente feita pelo homem ao longo do tempo foi ficando mais organizada e profissional, a ponto de a lei, para segurança das relações de união com terceiros, ter de reconhecê-las e dar personalidade jurídica a esse grupo humano, para a realização de fins comuns como sujeitos de direito.

Nesse sentido, pode-se **conceituar** pessoa jurídica como o *grupo humano criado na forma da lei e dotado de personalidade jurídica própria para a realização de fins comuns.*

Outro conceito possível é o seguinte: pessoas jurídicas *são entes imateriais aos quais a lei confere personalidade, capacitando-os a serem sujeitos de direitos e deveres compatíveis com a sua natureza.*

As pessoas jurídicas são, então, *sujeitos de direito personalizados*, de modo que têm aptidão genérica para adquirir direitos e obrigações compatíveis com sua natureza.

No que concerne aos direitos da personalidade, o Código Civil assegura que "aplica-se às pessoas jurídicas, no que couber, a proteção dos direitos da personalidade" (art. 52).

A título de exemplo, é compatível com a pessoa jurídica a proteção de sua integridade moral, daí porque o Superior Tribunal de Justiça assegura indenização por danos morais a tais entes.

2.3.2. Teorias explicativas

Há várias teorias tentando justificar a existência das pessoas jurídicas. Essas teorias podem ser classificadas em dois grupos.

A **teoria negativista** nega existência à pessoa jurídica, ou seja, rejeita sua condição de sujeito de direitos. Para os adeptos dessa teoria, as pessoas jurídicas são mera aparência e não têm autonomia existencial. Ihering dizia que os verdadeiros sujeitos de direito são apenas os indivíduos que compõem a pessoa jurídica. São adeptos dessa teoria, além de Ihering, Brinz, Bekker, Planiol, Wieland, Barthélemy e Duguit.

Essa teoria não avançou, pois a evolução da sociedade, do comércio e das necessidades sociais reclamou e reclama que as pessoas jurídicas, ainda que não tangíveis, recebessem do direito personalidade jurídica e aptidão para serem sujeitos de direitos.

A **teoria afirmativista** reconhece personalidade à pessoa jurídica, ou seja, reconhece que esta é sujeito de direitos. Essa teoria pode ser divida em três grandes linhas: a) **teoria da ficção**, que defende que a pessoa jurídica tem apenas existência ideal, sendo mero produto da técnica jurídica (Savigny); b) **teoria da realidade objetiva (organicista)**, que defende que a pessoa jurídica tem existência própria, real, social, como os indivíduos (Clóvis Beviláqua); c) **teoria da realidade técnica**, que defende que a pessoa jurídica tem existência real, apesar de tal existência ter origem no direito e não na realidade das coisas.

A teoria da realidade técnica foi adotada por nosso Código Civil (art. 45), pelo qual "**começa a existência legal das pessoas jurídicas** de direito privado com a inscrição do ato constitutivo no respectivo registro..." (g.n.).

2.3.3. Requisitos para a sua regular constituição

As pessoas jurídicas de direito público são criadas pela Constituição ou por meio de leis específicas. Já as pessoas jurídicas de direito privado têm sua criação regulada pelo Código Civil.

A doutrina aponta diversos requisitos para a constituição de uma pessoa jurídica. São os seguintes:

a) **vontade humana criadora,** ou seja, intenção de criar pessoa jurídica distinta de seus membros;
b) **observância das condições legais para a sua instituição;**
c) **objetivo lícito;**
d) **ato constitutivo**, ou seja, documento escrito, denominado estatuto (nas associações e sociedades institucionais), escritura pública/testamento (nas fundações), contrato social (nas sociedades contratuais) e lei (nas autarquias);
e) **autorização ou aprovação do Poder Executivo**, quando necessário, ou seja, nos poucos casos em que a lei condiciona a criação da pessoa jurídica à autorização mencionada (exs.: empresas estrangeiras, montepio, caixas econômicas, bolsas de valores etc.);
f) **autorização de lei específica**, no caso de pessoas jurídicas de direito privado estatais;
e) **registro**, ou seja, arquivamento dos atos constitutivos no Registro Público competente, em se tratando de pessoa jurídica de direito privado.

O art. 45 do Código Civil dispõe que o **surgimento**, ou seja, a **existência legal** da pessoa jurídica de direito privado começa com sua **inscrição** no Registro Público competente. Dessa forma, o **início da personalidade** da pessoa jurídica de direito privado se dá com o **registro competente**.

O registro declarará o seguinte (art. 46 do CC):

I. a denominação, os fins, a sede, o tempo de duração e o fundo social, quando houver;
II. o nome e a individualização dos fundadores ou instituidores, e dos diretores;
III. o modo por que se administra e representa, ativa e passivamente, judicial e extrajudicialmente;
IV. se o ato constitutivo é reformável no tocante à administração, e de que modo;
V. se os membros respondem, ou não, subsidiariamente, pelas obrigações sociais;
VI. as condições de extinção da pessoa jurídica e o destino do seu patrimônio, nesse caso.

Havendo ilegalidade no ato de constituição da pessoa jurídica de direito privado, o interessado terá três anos para exercer o direito de anulá-lo, contado o prazo da publicação de sua inscrição no registro público (art. 45, parágrafo único, do CC). O prazo é decadencial e, após o seu decurso, todos os vícios ficarão convalidados.

O **ato constitutivo deve ser arquivado** nos seguintes registros públicos: a) na OAB (se se tratar de sociedade de advogados); b) na Junta Comercial (se se tratar de sociedade empresária); c) no Cartório de Pessoas Jurídicas (se se tratar de sociedades simples, fundações e associações).

Os partidos políticos, depois de arquivarem seus atos constitutivos no Cartório de Pessoas Jurídicas, adquirindo personalidade jurídica, devem registrar seus estatutos no Tribunal Superior Eleitoral (art. 17, § 2º, da CF). Os sindicatos, após o registro no Cartório, também devem comunicar sua criação ao Ministério do Trabalho.

As **sociedades empresárias** são pessoas jurídicas de direito privado, com fins lucrativos, cujo objeto é o exercício de atividade econômica organizada para a produção ou a circulação de bens ou de serviços (art. 982 c/c art. 966, ambos do CC). Por exemplo, uma indústria.

Já as **sociedades simples** são pessoas jurídicas de direito privado que admitem como objeto o exercício de profissão intelectual, de natureza científica, literária ou artística, ainda que com o concurso de auxiliares ou colaboradores, salvo se o exercício da profissão constituir elemento de empresa. Por exemplo, uma sociedade que reúne quatro médicos, que agem como profissionais liberais independentes um do outro.

As sociedades que não forem objeto de inscrição no Registro Público são consideradas **sociedades despersonificadas** (em comum, irregulares ou de fato).

O art. 986 do CC dispõe que, enquanto não inscritos os atos constitutivos, as **sociedades despersonificadas ficarão sujeitas às seguintes disposições**: a) os sócios, nas relações entre si ou com terceiros, somente por escrito podem provar a existência da sociedade, mas os terceiros podem prová-la de qualquer modo (art. 987); b) os bens e dívidas sociais constituem patrimônio especial, do qual os sócios são titulares em comum (art. 988); c) os bens sociais respondem pelos atos de gestão praticados por qualquer dos sócios, salvo pacto expresso limitativo de poderes, que somente terá eficácia contra o terceiro que o conheça ou deva conhecer (art. 989); d) todos os sócios respondem solidária e ilimitadamente pelas obrigações sociais, excluído do benefício de ordem, previsto no art. 1.024 do CC, aquele que contratou pela sociedade (art. 990); e) reger-se-á a sociedade pelas regras mencionadas, observadas, subsidiariamente e, no que com ela forem compatíveis, as normas da sociedade simples (art. 986).

2.3.4. Funcionamento das pessoas jurídicas

Cada espécie de pessoa jurídica tem sua peculiaridade no que concerne ao seu funcionamento.

Todavia, o Código Civil traz algumas regras a esse respeito, que são as seguintes:

a) **obrigam a pessoa jurídica os atos dos administradores, exercidos nos limites de seus poderes definidos no ato constitutivo (art. 47)**; nesse sentido, aquele que tem contato com um administrador de uma pessoa jurídica deve verificar os poderes que o ato constitutivo outorga a essa pessoa; se os atos praticados pelo administrador da pessoa jurídica estiverem dentro dos limites definidos no ato constitutivo, a pessoa jurídica ficará obrigada, sejam quais forem os termos contratuais estabelecidos por seus administrador;
b) **se a pessoa jurídica tiver administração coletiva, as decisões se tomarão pela maioria de votos dos presentes, salvo se o ato constitutivo dispuser de modo diverso (art. 48);**
c) **decai em três anos o direito de anular as decisões a que se refere a alínea anterior, quando violarem a lei ou estatuto, ou forem eivadas de erro, dolo, simulação ou fraude (art. 48, parágrafo único);**
d) **se a administração da pessoa jurídica vier a faltar, o juiz, a requerimento de qualquer interessado, nomear--lhe-á administrador provisório (art. 49).**

Verificadas as regras de funcionamento da pessoa jurídica, é o caso, agora, de verificarmos sua dissolução.

2.3.5. Extinção das pessoas jurídicas

A pessoa jurídica dissolve-se pelas seguintes causas:

a) **convencional**, por deliberação de seus membros, conforme o quórum estabelecido nos estatutos ou na lei;
b) **administrativa**, em razão de decisão administrativa que, nos termos da lei, determine o fim da pessoa jurídica, quando esta dependa de aprovação ou autorização do Poder Público para funcionar e pratique atos nocivos ou contrários aos seus fins;
c) **judicial**, quando se configura algum dos casos de dissolução previstos em lei ou no estatuto e a sociedade continua a existir, obrigando um dos sócios a ingressar em juízo.

Sobre a **dissolução** de uma pessoa jurídica do tipo **sociedade**, confira as **hipóteses legais** não abarcadas pelas causas *convencionais* e *administrativas* (arts. 1.033 e 1.034 do CC):

a) vencimento do prazo de duração;
b) falta de pluralidade de sócios, não reconstituída no prazo de cento e oitenta dias (não se aplica essa extinção caso o sócio remanescente requeira a transformação da sociedade para empresário individual ou empresa individual de responsabilidade limitada);
c) anulação da constituição, por ilegalidade;
d) exaurimento do seu fim social;
e) verificação da inexequibilidade dos fins sociais ou da existência de atividade nociva que justifique a extinção da sociedade (essa última hipótese é de ordem doutrinária e jurisprudencial, servindo de exemplo a extinção de algumas torcidas organizadas por ordem da Justiça).

Não se deve confundir as expressões **dissolução**, **liquidação** e **cancelamento** da inscrição da pessoa jurídica, a qual importará na sua extinção definitiva.

Num primeiro momento, verificam-se causas que levam à **dissolução** da pessoa jurídica (convenção, decisão administrativa ou decisão judicial). A pessoa jurídica, neste momento, ainda não está extinta, mas está em processo de extinção. Num segundo momento, inicia-se a **liquidação**, devendo os administradores providenciar imediatamente a investidura do liquidante e restringir a gestão própria aos negócios inadiáveis, vedadas novas operações, pelas quais responderão solidária e ilimitadamente. **Encerrada a liquidação**, promover-se-á o **cancelamento da inscrição** da pessoa jurídica.

Segundo o art. 51 do CC, nos casos de dissolução da pessoa jurídica ou cassada a autorização para seu funcionamento, ela **subsistirá** para os **fins de liquidação**, até que essa se conclua.

Far-se-á, no registro onde a pessoa jurídica estiver inscrita, **a averbação de sua dissolução**.

As disposições para a liquidação das **sociedades** aplicam-se, no que couber, **às demais pessoas jurídicas de direito privado**. Nesse sentido, vale ler as disposições acerca da liquidação das sociedades, presentes nos arts. 1.102 a 1.112 do Código Civil. É também objetivo da liquidação a partilha dos bens entre os sócios. Tal partilha se fará de modo proporcional à participação de cada um no capital social. No caso das associações e fundações, há regras próprias que serão analisadas em seguida.

Quanto à transformação, incorporação, fusão e cisão das sociedades, matéria afeta ao Direito Empresarial, confira o disposto nos arts. 1.113 a 1.122 do Código Civil.

2.3.6. Desconsideração da personalidade jurídica

2.3.6.1. Antecedentes

O instituto da desconsideração da personalidade jurídica da pessoa jurídica é essencial no nosso Direito.

Isso porque muitas pessoas criam pessoas jurídicas para o fim de cometer ilegalidades, fraudes e crimes. Ou, mesmo que não as criem para esses fins, acabam cometendo tais ilegalidades em nome dela.

Essas condutas acabam não repercutindo na pessoa dos sócios e membros da pessoa jurídica utilizada para o cometimento de fraudes e ilegalidades. Sob o argumento de que a personalidade dos sócios e membros de uma pessoa jurídica não se confunde com a personalidade da própria pessoa jurídica, é muito comum que entes morais totalmente sem patrimônio pratiquem atos lesivos a terceiros e estes não tenham como atingir o patrimônio dos sócios, membros e administradores.

O fato é que o manto da pessoa jurídica é usado, com frequência, para proteger sócios e administradores dessas,. situação que, quando houver abuso, não poderá mais prosperar.

A saída para essas hipóteses é desconsiderar, momentaneamente, a existência da personalidade jurídica para o fim de atingir o patrimônio de seus membros, sócios e administradores.

Todavia, esse instituto não estava previsto no Código Civil anterior. Isso fez com que, num primeiro momento, a Teoria da Desconsideração da Personalidade Jurídica (*Disregard Doctrine of Legal Entity*) não fosse aplicada em nosso Direito.

No plano internacional, a teoria encontra precedentes no famoso caso Salomon v. Salomon & Co. Aaron Salomon, objetivando constituir uma sociedade, reuniu seis membros de sua família, atribuindo uma ação da empresa para cada um e vinte mil para si. Num determinado momento, ele emitiu títulos privilegiados da empresa em favor dele mesmo como pessoa física. Quando a sociedade ficou insolvente, o próprio Salomon pessoa física, credor da sociedade, teve preferência em relação a todos os demais credores e ficou com o patrimônio que restava à sociedade. Os juízes das instâncias inferiores acabaram reconhecendo que Salomon havia usado a empresa como escudo para lesar os demais credores e, desconsiderando a personalidade jurídica da companhia, determinaram que fosse atingido o patrimônio pessoal de Salomon. Todavia, na instância superior, a Câmara dos Lordes, reconhecendo que a personalidade da pessoa jurídica não se confunde com a personalidade de seus membros, acabou reformando as decisões.

Esse caso, apesar de não ter resultado em decisão definitiva de desconsideração da personalidade, acabou repercutindo, dando origem à doutrina do *disregard of legal entity*, sobretudo nos Estados Unidos, expandindo-se depois para os países europeus e, mais recentemente, para o Brasil.

Mesmo antes de o instituto virar lei em nosso País, a desconsideração da personalidade jurídica já vinha sendo aplicada pelos tribunais em casos de abuso da personalidade, valendo citar o pioneiro papel do jurista Rubens Requião, que, nos anos 60, proferiu palestra e publicou artigo com o título de "Abuso de direito e fraude através da personalidade jurídica".

A aplicação da doutrina em nosso ordenamento se dava pela fundamentação no princípio que veda o abuso de direito e também pela utilização analógica de outras regras presentes do sistema jurídico, que admitiam indiretamente a desconsideração da personalidade.

2.3.6.2. Conceito

A desconsideração da personalidade jurídica pode ser conceituada como *a declaração de ineficácia da personalidade jurídica para determinados fins, atingindo diretamente o patrimônio dos sócios ou administradores de pessoa jurídica, a fim de evitar fraude ou abuso de direito.*

O art. 50 do Código Civil permite que *os efeitos de certas e determinadas relações de obrigações sejam estendidos* aos bens pessoais dos administradores ou sócios da pessoa jurídica cuja personalidade está sendo desconsiderada. Em outras palavras, admite-se que obrigações da pessoa jurídica sejam suportadas por sócios e administradores desta.

É por isso que o conceito faz referência à *declaração de ineficácia* da personalidade jurídica. Isso ocorre pois a pessoa jurídica não é desconstituída, mas declarada ineficaz em relação a certas e determinadas obrigações.

Assim, se uma pessoa natural utiliza uma pessoa jurídica para cometer fraudes, as obrigações contraídas por essa poderão repercutir na esfera dos bens pessoais da pessoa natural, com a desconsideração da sua personalidade.

A desconsideração prevista no Código Civil é chamada de *desconsideração direta*.

Resta saber se o Código Civil brasileiro também admite a **desconsideração inversa**. Nessa desconsideração, como o próprio nome diz, desconsidera-se a pessoa natural do sócio ou administrador de uma pessoa jurídica para o fim de atingir o patrimônio da própria pessoa jurídica da qual faz parte o primeiro. Um exemplo pode aclarar o instituto. Imagine que alguém que deseja se separar de seu cônjuge sem ter de repartir bens que está em seu nome, passe tais bens para uma pessoa jurídica da qual é sócio, ficando esvaziado patrimonialmente como pessoa natural. Nesse caso, a desconsideração inversa atua para o fim de, na separação judicial, o juiz desconsiderar a autonomia da natural em relação à pessoa jurídica, determinando que os bens que pertencem à última sejam partilhados com o cônjuge prejudicado, como se fossem bens pertencentes à pessoa natural do cônjuge que perpetrou a fraude.

Apesar da desconsideração inversa não estar expressa no Código Civil, a doutrina e a jurisprudência a admitem, tendo em vista que essa desconsideração visa a evitar e reprimir justamente a mesma conduta, qual seja, o abuso da personalidade.

Nesse sentido, confira o Enunciado 283 das JDC/CJF, que comenta o art. 50 do CC: "é cabível a desconsideração da personalidade denominada inversa para alcançar bens de sócio que se valeu da pessoa jurídica para ocultar ou desviar bens pessoais, com prejuízo de terceiros".

2.3.6.3. Hipóteses que ensejam a desconsideração

O Código Civil adotou a *teoria maior* da desconsideração. De acordo com essa teoria, para que a desconsideração **se dê, é necessário,** além da dificuldade em responsabilizar a pessoa jurídica (normalmente, essa dificuldade ocorre quando a pessoa jurídica acionada está insolvente, mas a doutrina entende que não é necessária a demonstração da insolvência para que se proceda à desconsideração – Enunciado 281 das JDC/CJF), a presença de outros requisitos.

No caso, exige-se que tenha havido *abuso de personalidade*. Esse abuso, nos termos do art. 50 do Código Civil, pode ser de duas espécies:

a) **desvio de finalidade:** ou seja, a utilização da pessoa jurídica para fim diverso daquele para a qual foi criada. Por exemplo, utilização de pessoa jurídica para emissão de notas fiscais frias;
b) **confusão patrimonial:** ou seja, situação em que os bens dos sócios das pessoas jurídicas se confundem com os bens dela.

A confusão patrimonial é típica das situações em que o sócio recebe, para si, créditos da pessoa jurídica, ou em que esta recebe para si créditos do sócio.

Existem empresas que não têm bens em nome próprio, mas somente no nome dos sócios. Isso pode prejudicar credores, que poderão pedir a desconsideração da personalidade.

A *teoria menor* da desconsideração, não adotada pelo Código Civil, propugna que a desconsideração da personalidade jurídica pode se dar toda vez que ela for obstáculo ao ressarcimento do dano, não sendo necessária demonstração de fraude ou abuso. Essa teoria tem esse nome porque exige *menos* requisitos para que se dê a aplicação do instituto.

Há diversas situações que caracterizam o abuso de personalidade. Porém, a doutrina aponta que o encerramento irregular das atividades da pessoa jurídica não basta, por si só, para caracterizar o abuso da personalidade jurídica (Enunciado 282 das JDC/CJF), sendo necessário que tal encerramento tenha se dado com o objetivo de dificultar o cumprimento de suas obrigações, caracterizando o desvio de finalidade.

Aliás, é bom remarcar que a doutrina entende que os casos que ensejam desconsideração da personalidade nas relações civis (*desvio de finalidade* e *confusão patrimonial*) devem ser interpretados restritivamente (Enunciado 146 das JDC/CJF), por serem exceções à regra que estabelece a autonomia entre a pessoa jurídica e a pessoa de seus sócios ou administradores. Há de se lembrar de que o Código Civil adotou a teoria maior da desconsideração, diferente da Lei de Crimes Ambientais e do CDC, que adotaram a teoria menor da desconsideração, que traz menos requisitos para que esta se dê.

2.3.6.4. Legitimado ativo

De acordo com o art. 50 do Código Civil, podem requerer a desconsideração qualquer *interessado* ou o *Ministério Público*, esse quando couber sua intervenção.

O **Ministério Público** pode intervir em ações em que se estiver diante de interesses indisponíveis, bem como em ações coletivas e de falência, entre outras. Nesses casos, o *Parquet* é legitimado para requerer a desconsideração da personalidade.

O **interessado** é, normalmente, o credor da obrigação que está sendo satisfeita pela pessoa jurídica. Aqui se está diante de alguém que tem interesse jurídico na desconsideração.

A doutrina vem reconhecendo que a teoria de desconsideração, prevista no art. 50 do Código Civil, pode ser invocada pela pessoa jurídica, em seu favor. Exemplo dessa situação se dá quando bens da pessoa jurídica são passados para o nome de um dos sócios com o fito de prejudicar credores. A pessoa jurídica, interessada em solver suas obrigações, pode, em tese, requerer a desconsideração para que se atinja o patrimônio que está em nome do sócio que cometeu a fraude. Naturalmente, tal situação só acontecerá na prática se esse sócio não mais estiver no comando administrativo da empresa.

2.3.6.5. Legitimado passivo

De acordo com o art. 50 do Código Civil, a desconsideração da personalidade pode atingir o patrimônio tanto de *sócios* como de *administradores da sociedade*.

Assim, deve-se ressaltar, de início, que não só sócios, como também mero administrador não sócio, estão sujeitos à incidência do instituto.

Outra observação importante é que, apesar da lei fazer referência à palavra "sócio", a desconsideração da pessoa jurídica pode atingir também associados e outros membros de pessoas jurídicas. Ou seja, o instituto não se aplica apenas à *sociedade*, mas também às associações, fundações e outras pessoas jurídicas que não têm fins lucrativos ou econômicos.

Nesse sentido, confira o Enunciado 284 das JDC/CJF: "as pessoas jurídicas de direito privado sem fins lucrativos ou de fins não econômicos estão abrangidas no conceito de abuso da personalidade jurídica".

Vale, ainda, indagar se, uma vez ocorrido abuso da personalidade (por desvio de finalidade ou confusão patrimonial), pode-se atingir o patrimônio de qualquer sócio e administrador, independente de dolo específico de sua parte quanto ao abuso perpetrado.

Na análise literal do art. 50 do Código Civil, chega-se à conclusão de que se adotou a teoria objetiva no caso. No entanto, em face do princípio da proporcionalidade, a doutrina vem entendendo que o sócio ou administrador que desconhece o abuso não responde com seu patrimônio pessoal.

Nesse sentido, confira o Enunciado 7 das JDC/CJF: "só se aplica a desconsideração quando houver prática de ato irregular, e, limitadamente, aos administradores ou sócios que nela hajam incorrido".

2.3.6.6. Questões processuais

O Superior Tribunal de Justiça vem entendendo que aquele que sofre a desconsideração da personalidade num processo judicial, respondendo com seu próprio patrimônio por obrigações alheias, passa a ser **parte** do processo (REsp 258.812, DJ 18/12/2006).

O STJ também entende que a desconsideração da personalidade **é possível na fase da execução de sentença**, mesmo que quem sofra os efeitos da desconsideração não tenha sido chamado a participar do processo de conhecimento que levou à formação do título que se estiver executando (REsp 920.602, DJ 23/06/2008). Naturalmente, o afetado pela desconsideração terá direito de se defender, exercendo plenamente o contraditório e a ampla defesa, garantindo-se o devido processo legal.

2.3.6.7. Outras leis

O instituto da desconsideração da personalidade, como se viu, não está previsto unicamente no Código Civil.

O instituto está previsto também em outras leis.

O Código de Defesa do Consumidor, por exemplo, admite expressamente a desconsideração da personalidade em seu art. 28. O dispositivo parece, num primeiro momento, adotar a teoria maior da desconsideração. Essa conclusão decorre do fato de que o dispositivo traz requisitos adicionais à insolvência para que a desconsideração se dê.

Todavia, o § 4º do art. 28 traz regra de extensão que admite a desconsideração da personalidade toda vez que esta for obstáculo ao ressarcimento do dano. Isso fez com que o STJ tenha entendimento de que o CDC adotou a Teoria Menor da Desconsideração, pela qual basta a demonstração de insolvência do devedor.

A Lei de Crimes Ambientais (Lei 9.605/1998) também adotou a Teoria Menor da Desconsideração, como se pode verificar do disposto no seu art. 4º.

A desconsideração também está presente na CLT (art. 2º, § 2º) e no CTN (art. 134, VII).

2.3.7. Classificação das pessoas jurídicas

2.3.7.1. Quanto à nacionalidade

Quanto à **nacionalidade**, as pessoas jurídicas podem ser divididas em **nacionais** e **estrangeiras.**

Pessoas jurídicas nacionais são aquelas organizadas e constituídas conforme a lei brasileira, tendo no País sua sede e administração (art. 1.126 do CC). **Pessoas jurídicas estrangeiras** são aquelas de fora do País, que não possuem as características citadas.

A sociedade estrangeira não poderá funcionar no País sem autorização do Poder Executivo. Se autorizada, sujeitar-se-á lei brasileira quanto aos atos aqui praticados, devendo ter representante no Brasil. Nesse caso, poderá nacionalizar-se, transferindo sua sede para o território nacional (arts. 1.134 a 1.141 do CC).

2.3.7.2. Quanto à estrutura interna

Quanto à **estrutura interna**, as pessoas jurídicas podem ser divididas em **corporações** e **fundações**.

As **corporações** (*universitas personarum*) são um conjunto ou reunião de pessoas que formam uma pessoa jurídica. O elemento marcante aqui são as *pessoas*. São exemplos de corporações as sociedades e as associações.

As **fundações** (*universitas bonorum*) são um conjunto ou reunião de bens que formam uma pessoa jurídica. O elemento marcante aqui são os bens. Diferentemente das corporações, que normalmente costumam ter fins voltados à satisfação de seus membros, as fundações têm objetivos externos, estabelecidos pelo instituidor da pessoa jurídica.

2.3.7.3. Quanto à atuação

Quanto à atuação, as pessoas jurídicas podem ser de direito público e de direito privado.

As **pessoas jurídicas de direito público** são de duas espécies:

a) **externo:** países e organizações internacionais;

b) **interno:** União, Estados, Distrito Federal, Municípios, autarquias, agências reguladoras, associações Públicas (consórcios públicos de direito público) e fundações públicas.

As **pessoas jurídicas de direito privado** podem ser subdivididas nas seguintes espécies (art. 44):

a) **sociedades:** *são pessoas jurídicas com objetivo de lucro*; as cooperativas são consideradas sociedades simples;

b) **associações:** *são pessoas jurídicas constituídas de pessoas que se reúnem para realização de fins não econômicos*; têm objetivos científicos, artísticos, educativos, culturais, políticos, corporativos, esportivos etc.;

c) **fundações:** *são acervos de bens, que recebem personalidade jurídica para realização de fins determinados de interesse público, de modo permanente e estável*; o elemento marcante é o patrimonial;

d) **entidades religiosas:** têm o regime jurídico das associações; são livres a criação, a organização, a estruturação interna e o funcionamento das organizações religiosas, sendo vedado ao poder público negar-lhes reconhecimento ou registro dos atos constitutivos e necessários ao seu funcionamento;

e) **partidos políticos:** têm o regime jurídico das associações; os partidos políticos serão organizados e funcionarão conforme o disposto em lei específica;

f) **consórcios públicos de direito privado:** são pessoas jurídicas formadas pela reunião de entes federativos para a gestão conjunta de serviços que podem ser exercidos por pessoas de direito privado;

g) **empresas individuais de responsabilidade limitada:** trata-se de nova espécie, introduzida pela Lei 12.441/2011; verificar explicações no capítulo de Direito Empresarial deste livro.

De acordo o Enunciado 142 das JDC/CJF, "os partidos políticos, os sindicatos e as associações religiosas possuem natureza associativa, aplicando-se-lhes o Código Civil".

Acerca das organizações religiosas o Enunciado 143 das JDC/CJF defende que "a liberdade de funcionamento das organizações religiosas não afasta o controle de legalidade e legitimidade constitucional de seu registro, nem a possibilidade de reexame, pelo Judiciário, da compatibilidade de seus atos com a lei e com seus estatutos".

2.3.8. Associações

Como se viu, **associações** *são pessoas jurídicas constituídas de pessoas que se reúnem para realização de fins não econômicos*. O instituto está regulamentado nos arts. 53 a 61 do Código Civil.

Não há, entre os associados, direitos e obrigações recíprocos. Nas associações todos têm um interesse comum, que no caso é o de realizar fins não econômicos relacionados à ciência, à arte, à educação, à cultura, ao esporte, à política, à defesa de classe, à defesa de minorias e de valores importantes para a sociedade, para a religião etc.

A CF assegura a liberdade de associação para fins lícitos. Qualquer pessoa pode se associar. Mas o associado pode se retirar a qualquer tempo, não podendo ser obrigado a permanecer associado.

Sob pena de **nulidade**, o **estatuto das associações conterá (art. 54)**:

I. a denominação, os fins e a sede da associação;

II. os requisitos para a admissão, demissão e exclusão dos associados;

III. os direitos e deveres dos associados;

IV. as fontes de recursos para sua manutenção;

V. o modo de constituição e de funcionamento dos órgãos deliberativos;

VI. as condições para a alteração das disposições estatutárias e para a dissolução;

VII. a forma de gestão administrativa e de aprovação das respectivas contas.

Os associados devem ter **direitos iguais, mas** o estatuto poderá instituir categorias com vantagens especiais **(art. 55)**.

Ainda quanto aos direitos, **nenhum associado poderá ser impedido de exercer direito ou função que lhe tenha sido legitimamente conferido**, a não ser nos casos e pela forma previstos na lei ou no estatuto. Assim, num clube, por exemplo, não é possível impedir a entrada de um associado que não esteja pagando sua colaboração mensal, salvo se o estatuto dispuser expressamente que o direito de frequentar o clube ficará cerceado em caso de inadimplemento **(art. 58)**.

A **qualidade de associado é intransmissível se** o estatuto não dispuser o contrário. Assim, ninguém pode ceder sua qualidade de associado numa associação de classe por exemplo. Todavia, em se tratando de clubes esportivos, é comum que o estatuto permita a transmissão da qualidade de associado **(art. 56)**.

Mesmo se o associado for titular de quota ou fração ideal do patrimônio da associação, a transferência daquela não importará, de per si, na atribuição da qualidade de associado ao adquirente ou ao herdeiro, salvo disposição diversa do estatuto. Essa regra decorre do fato de que a qualidade de associado é intransmissível.

A **exclusão** do associado é admitida, preenchidos os seguintes requisitos **(art. 57)**:

a) reconhecimento de **justa causa**;

b) prévio **procedimento que assegure direito de defesa**, nos termos do estatuto;

c) direito a **recurso**, nos termos do estatuto.

Compete privativamente à **assembleia geral:** a) destituir os administradores; e b) alterar o estatuto. Para as deliberações mencionadas é exigido decisão da assembleia especialmente convocada para esse fim, cujo quórum será o estabelecido no estatuto, bem como os critérios de eleição dos administradores **(art. 59, parágrafo único)**.

A **convocação dos órgãos deliberativos** far-se-á na forma do estatuto, garantido a 1/5 (um quinto) dos associados o direito de promovê-la **(art. 60)**.

Dissolvida a associação, **o remanescente** do seu patrimônio líquido, depois de deduzidas, se for o caso, as quotas ou frações ideais pertencentes a algum associado, **será destinado a entidade de fins não econômicos designada no estatuto**, ou, omisso este, por deliberação dos associados, **a instituição municipal, estadual ou federal, de fins idênticos ou semelhantes (art. 61)**.

Por cláusula do estatuto ou, em seu silêncio, por deliberação dos associados, podem esses, antes da destinação do remanescente referida, receber em restituição, atualizado o respectivo valor, as contribuições que tiverem prestado ao patrimônio da associação **(art. 61, § 1º)**.

Não existindo no Município, no Estado, no Distrito Federal ou no Território, em que a associação tiver sede, instituição nas condições indicadas, o que remanescer do seu patrimônio deve ser se entregue à Fazenda do Estado, do Distrito Federal ou da União **(art. 61, § 2º)**.

2.3.9. Fundações

Como se viu, **fundações** *são acervos de bens, que recebem personalidade jurídica para realização de fins determinados de interesse público, de modo permanente e estável.*

O elemento marcante nas fundações é o patrimonial. Aqui não se tem propriamente uma reunião de pessoas com vistas a dada finalidade. Aqui se tem reunião de bens com vistas à consecução de objetivos não econômicos.

O Código Civil estabelece que a fundação somente poderá constituir-se para fins religiosos, morais, culturais ou de assistência. O Enunciado 8 das JDC/CJF é no sentido de que "a constituição da fundação para fins científicos, educacionais ou de promoção do meio ambiente está compreendida no Código Civil, art. 62, parágrafo único". O Enunciado 9 vai além e defende que o art. 62, parágrafo único, do CC "deve ser interpretado de modo a excluir apenas as fundações com fins lucrativos".

O instituto está regulamentado nos arts. 62 a 69 do Código Civil.

A criação de uma fundação depende, *grosso modo*, de um ato de dotação de bens (por testamento ou escritura pública), da elaboração do estatuto (com apreciação do Ministério Público) e do registro no Cartório das Pessoas Jurídicas.

Para criar uma fundação, seu **instituidor** fará, por **escritura pública ou testamento**, **dotação especial de bens livres**, especificando o fim a que se destina e declarando, se quiser, a maneira de administrá-la. Quando insuficientes para constituir a fundação, os bens a ela destinados serão, se de outro modo não dispuser o instituidor, incorporados em outra fundação que se proponha a fim igual ou semelhante.

Constituída a fundação por negócio jurídico entre vivos, o instituidor é obrigado a transferir-lhe a propriedade, ou outro direito real, sobre os bens dotados, e, se não o fizer, serão registrados, em nome dela, por mandado judicial.

As pessoas responsabilizadas pelo instituidor pela aplicação do patrimônio, endo ciência do encargo, formularão logo o estatuto da fundação projetada, submetendo-o, em seguida, à aprovação da autoridade competente (o Ministério Público), com recurso ao juiz. Se o estatuto não for elaborado no prazo assinado pelo instituidor ou, não havendo prazo, em cento e oitenta dias, a incumbência caberá ao Ministério Público.

Velará pelas fundações o **Ministério Público do Estado** onde situadas. O Código Civil dispõe que, se a fundação funcionar no Distrito Federal ou em Território, caberá o encargo ao Ministério Público Federal. No entanto, na ADI nº 2.794-8, o STF entendeu que o dispositivo é inconstitucional, por violar as atribuições do Ministério Público do Distrito Federal.

Se a fundação estender sua atividade por mais de um Estado, caberá o encargo, em cada um deles, ao respectivo Ministério Público.

Para que se possa **alterar o estatuto** da fundação, é mister que a reforma:

I. seja deliberada por **dois terços** dos indivíduos competentes para gerir e representar a fundação;

II. **não contrarie ou desvirtue o fim desta**;

III. seja **aprovada pelo órgão do Ministério Público**, e, caso esse a denegue, poderá o juiz supri-la, a requerimento do interessado.

Quando a alteração não houver sido aprovada por **votação unânime**, os administradores da fundação, ao submeterem o estatuto ao órgão do Ministério Público, requererão que se dê ciência à minoria vencida para impugná-la, se quiser, em dez dias.

Tornando-se **ilícita**, **impossível** ou **inútil** a finalidade a que visa a fundação, **ou vencido o prazo de sua existência**, o órgão do Ministério Público, ou qualquer interessado, promover-lhe-á a **extinção**, **incorporando-se o seu patrimônio**, salvo disposição em contrário no ato constitutivo ou no estatuto, **em outra fundação**, designada pelo juiz, que se proponha a fim igual ou semelhante.

2.4. Domicílio

2.4.1. Conceito

Domicílio *é a sede jurídica da pessoa.*

Clóvis Beviláqua define domicílio da pessoa natural como "o lugar onde ela, de modo definitivo, estabelece a sua residência e o centro principal de sua atividade". No entanto, tanto a pessoa natural como a pessoa jurídica pode ter domicílio. Aliás, a lei civil também possibilita a estipulação de domicílio para o fim de resolver pendências judiciais, tratando, nesse caso, do domicílio contratual.

O instituto do domicílio é de grande importância para o Direito. As pessoas fazem parte de diversas relações, de natureza civil, empresarial, processual, administrativa, tributária, eleitoral etc.; e, em todas essas, precisam ser encontradas para responder por suas obrigações.

Esse ponto de referência é o domicílio, que vem do latim *domus,* que quer dizer "casa" ou "morada".

O instituto está regulamentado nos arts. 70 a 78 do Código Civil.

2.4.2. Domicílio da pessoa natural

O **domicílio da pessoa natural** *é local onde ela estabelece sua residência com ânimo definitivo.*

Repare que o domicílio da pessoa natural tem dois elementos, o **objetivo** (ato de fixação em determinado local) e o **subjetivo** (ânimo definitivo de permanência).

Não se deve confundir *morada* (local onde a pessoa natural se estabelece provisoriamente), *residência* (que, pressupondo maior estabilidade, é o lugar onde a pessoa natural se estabelece habitualmente) e *domicílio*, que requer *residência* com *ânimo definitivo.*

O **domicílio básico**, que é o local onde se estabelece a residência com ânimo definitivo, pode ser **modificado**, desde que a pessoa natural **transfira sua residência** com a **intenção manifesta de o mudar**. A prova da intenção resultará do que declarar a pessoa às municipalidades dos lugares, que deixa, e para onde vai, ou, se tais declarações não fizer, da própria mudança, com as circunstâncias que a acompanharem.

Caso a pessoa natural **tenha mais de uma residência**, considera-se domicílio *qualquer uma delas*. Trata-se do caso, por exemplo, daquele que reside numa cidade durante a semana e, em outra, nos finais de semana.

Caso a pessoa natural **não tenha residência habitual**, é domicílio *o lugar onde for encontrada* (*domicílio aparente ou ocasional*).

Quanto às **relações profissionais**, é **também** domicílio da pessoa natural *o local onde estas são exercidas*. Se a pessoa exercer profissão em lugares diversos, cada um deles constituirá domicílio para as relações que lhe corresponderem.

Tem **domicílio necessário**, ou seja, domicílio que não pode ser fixado por sua própria vontade, mas por vontade da lei, as seguintes pessoas: a) o **incapaz**, sendo seu domicílio o de seu representante ou assistente; b) o **servidor público**, sendo seu domicílio o local onde exerce permanentemente suas atribuições; c) o **militar**, sendo seu domicílio o local onde servir, e, sendo da Marinha ou da Aeronáutica, a sede do comando a que se encontrar imediatamente subordinado; d) o **marítimo**, sendo seu domicílio o do local onde o navio estiver matriculado; e) o **preso**, sendo seu domicílio o lugar em que cumprir a sentença.

Vale citar a Súmula 383 do Superior Tribunal de Justiça, pela qual "a competência para processar e julgar as ações conexas de interesse do menor é, em princípio, do foro do domicílio do detentor de sua guarda".

O **agente diplomático do Brasil**, que, citado no estrangeiro, alegar extraterritorialidade sem designar onde tem, no país, seu domicílio, poderá ser demandado no Distrito Federal ou no último ponto do território brasileiro onde o teve.

2.4.3. Domicílio das pessoas jurídicas

O domicílio da pessoa jurídica *é o local onde funcionarem as respectivas diretorias ou administrações, ou aquele eleito no estatuto.*

Caso tenha mais de um estabelecimento em lugares diferentes, cada um deles será considerado domicílio para os atos nele praticados.

Se a administração, ou diretoria, tiver a sede no estrangeiro, haver-se-á por domicílio da pessoa jurídica, no tocante às obrigações contraídas por cada uma das suas agências, o lugar do estabelecimento, sito no Brasil, a que ela corresponder.

Quanto às pessoas jurídicas de direito público, o domicílio é, da União, o Distrito Federal, dos Estados e Territórios, as respectivas capitais, e do Município, o lugar onde funcione a administração municipal.

2.4.4. Domicílio nos contratos

Admite-se nos contratos escritos que os contratantes especifiquem o domicílio onde se exercitem e cumpram os direitos e obrigações deles resultantes.

É possível, portanto, estabelecer o foro de eleição para a hipótese de se ingressar com ação judicial.

Em matéria de relação de consumo, caso o foro de eleição tenha sido fixado de modo a dificultar a defesa do aderente em juízo, pode o juiz declinar de ofício de sua competência, reconhecendo a nulidade da cláusula de eleição de foro (art. 112, parágrafo único, do CPC).

2.5. Bens

2.5.1. Conceito

Na acepção do Código Civil *bens são toda utilidade física ou ideal que sejam objeto de um direito subjetivo*.

Nesse sentido, não há como confundir *bens* com *coisas*. O primeiro abrange utilidades materiais e imateriais, ao passo que as coisas dizem respeito às utilidades materiais, corpóreas.

Dessa forma, há bens que não são coisas, tais como a honra e a imagem.

Os *bens* são vocacionados a ser *objetos* de uma *relação jurídica*, a qual também tem a *pessoa* como um de seus elementos.

2.5.2. Classificação dos bens

2.5.2.1. Bens considerados em si mesmos

2.5.2.1.1. Imóveis/móveis

Considerados em si mesmos, ou seja, analisados em seu aspecto intrínseco, os bens têm uma primeira classificação que leva em conta sua mobilidade ou não.

Saber se um bem é imóvel ou não é importante por diversos motivos. Por exemplo, bens imóveis só se adquirem pelo registro, ao passo que móveis, pela tradição. Ademais, os primeiros dependem de outorga uxória para alienação e os segundos, não. Os prazos para usucapião são distintos, sendo maiores em se tratando de bens imóveis. A hipoteca e o direito real de garantia incidem sobre imóvel, ao passo que o penhor, sobre móvel.

Bens imóveis *são aqueles que não podem ser transportados de um lugar para outro sem alteração de sua substância*. Por exemplo, um terreno. São bens **imóveis** os seguintes:

a) ***imóveis por natureza***: o solo;

b) **imóveis por acessão**: tudo quanto se incorporar ao solo, natural ou artificialmente; aqui temos como exemplos de *bem imóvel por **acessão natural*** as árvores, frutos pendentes, pedras, fontes e cursos de água; já de *bens imóveis por **acessão artificial*** temos como exemplo as construções e as plantações, já que as últimas importam num atuar humano e não em nascimento espontâneo. Construções provisórias (que se destinam a remoção ou retirada), como os circos, parques de diversão, barracões de obra, entre outras, não são consideradas acessões.

c) **imóveis por determinação legal**:

   i) os **direitos reais sobre imóveis**, tais como a propriedade e a hipoteca;

   ii) as **ações que asseguram direitos reais sobre imóveis**, tal como a ação reivindicatória;

   iii) o **direito à sucessão aberta**, ou seja, o direito de herança, enquanto não tiver sido feita a partilha de bens, pouco importando a natureza dos bens deixados na herança; a renúncia de uma herança é, portanto, uma renúncia de bem imóvel, devendo ser feita mediante escritura pública ou termo nos autos (art. 1806, CC) e autorização do cônjuge.

O Código Civil dispõe, ainda, que **não perdem o caráter de bens imóveis**:

a) as **edificações que, separadas do solo, mas conservando a sua unidade, forem removidas para outro local**; aqui se pode usar como exemplo casas pré-fabricadas, transportadas de um local para outro;

b) os **materiais provisoriamente separados de um prédio, para nele se reempregarem;** aqui se pode utilizar como exemplo parte de um telhado retirada para manutenção que depois será recolocada em seu lugar.

O atual Código Civil não faz referência aos imóveis por *acessão intelectual*, ou seja, àqueles bens que, mesmo não sendo imóveis, passavam a ser considerados como tal por vontade do proprietário da coisa. O instituto, previsto no Código anterior, era útil naquelas situações em que se queria unir um bem imóvel (uma fazenda, por exemplo) com bens nele empregados (tratores, máquinas, ferramentas etc.) para que tudo fosse considerado uma coisa só, o que repercutiria em caso de garantias, alienações e outros negócios. O atual Código não mais permite essa imobilização por vontade do dono e, em substituição, criou o instituto da *pertença*, que será visto logo adiante.

Bens móveis *são os passíveis de deslocamento sem alteração de sua substância*. Por exemplo, um livro. São bens móveis os seguintes:

a) **móveis por natureza**: os bens suscetíveis de remoção por força alheia, sem alteração da substância ou destinação econômico-social, ex.: um livro, um computador, alimentos, uma casa pré-fabricada, que, enquanto exposta à venda ou transportada, é um móvel também, porém, uma vez incorporada ao solo, passa a ser imóvel, permanecendo com essa natureza se for retirada do solo para ser incorporada em outro lugar, como se viu quando tratamos dos imóveis;

b) **semoventes**: também são móveis por natureza; a diferença é que esses bens são suscetíveis de movimento próprio, também sem que haja alteração da substância ou destinação econômico-social. Ex.: um cachorro.

c) **móveis por determinação legal:**

i) as **energias que tenham valor econômico**, como a energia elétrica;

ii) os **direitos reais sobre objetos móveis**, como o penhor;

iii) as **ações correspondentes a direitos reais sobre objetos móveis**, como a reintegração de posse em relação a bens móveis;

iv) os **direitos pessoais de caráter patrimonial**, como os créditos em geral, o fundo de comércio, as quotas e ações de sociedades e os direitos de autor;

v) as **ações sobre direitos pessoais de caráter patrimonial**, como a ação indenizatória;

d) **móveis por antecipação**: são os bens incorporados ao solo, mas com a intenção de separá-los e convertê-los em móveis, como as árvores destinadas ao corte e os frutos ainda não colhidos.

Não perdem o caráter de bens móveis os **materiais destinados a alguma construção enquanto não forem empregados**, como os materiais que acabam de ser comprados em uma loja de materiais de construção.

Readquirem a qualidade de bens móveis os provenientes da **demolição** de algum prédio. No caso da demolição, que é diferente daquela situação em os bens serão reempregados no imóvel, os objetos de demolição (portas, batentes, azulejos etc.) voltam a ser móveis.

Os **navios** e as **aeronaves** são bens móveis. Porém, podem ser imobilizados para fins de hipoteca, que é direito real de garantia sobre imóveis (v. art. 1.473, VI e VII, do CC, bem como o art. 138 da Lei 7.656/1986 – Código Brasileiro de Aeronáutica).

2.5.2.1.2. Fungíveis/infungíveis

Bens fungíveis *são os móveis que podem ser substituídos por outros da mesma espécie, qualidade e quantidade.* Ex.: dinheiro.

Repare que, para ser fungível, o bem precisa, em primeiro lugar, ser *móvel*. Ademais, deve ser daquele tipo de móvel que pode ser substituído por outro da mesma espécie, qualidade e quantidade. Um quadro pintado por um renomado pintor, por exemplo, não pode ser considerado fungível, dada a impossibilidade de sua substituição por outro equivalente. O mesmo se pode dizer de uma casa, que, por se tratar de bem imóvel, é, nos termos da lei, infungível, **ressalvada** disposição convencional entre as partes em sentido contrário.

Bens infungíveis *são os imóveis ou os móveis que não podem ser substituídos por outros da mesma espécie, qualidade e quantidade.* Exs.: uma casa e uma obra de arte.

Essa classificação é útil, pois há contratos que só recaem sobre bens fungíveis (ex.: mútuo). E outros que só recaem sobre bens infungíveis (ex.: comodato). Ademais, para a compensação de dívidas, é necessário que estas sejam líquidas, vencidas e fungíveis. A expressão fungibilidade também aparece para classificar as obrigações e em matéria de ações possessórias e recursos, quando se admite o conhecimento de uma ação ou um recurso por outro.

2.5.2.1.3. Consumíveis/inconsumíveis

Bens consumíveis *são os móveis cujo uso importa sua destruição ou os destinados à alienação.* Ex.: alimentos em geral.

Repare que, para ser consumível, o bem precisa, em primeiro lugar, ser móvel. Ademais, deve ser daquele tipo de móvel que, uma vez usado, destrói-se imediatamente, como é o caso dos alimentos. Também são considerados consumíveis, para fins legais, os bens que forem destinados à alienação. Isso porque, uma vez alienados, também não têm mais utilidade para o vendedor.

Bens inconsumíveis *são os imóveis ou os móveis cujo uso não importa sua destruição e que não esteja destinado à alienação.* Ex.: uma obra de arte que ornamenta a casa de alguém, um carro, uma casa.

Essa classificação é útil, pois os bens consumíveis não podem ser objeto de usufruto. Se o forem, configurando-se o *usufruto impróprio*, o usufrutuário, ao final, deve devolver o equivalente.

Ademais, o CDC adotou classificação semelhante, que divide os bens em **duráveis** e **não duráveis**. Os primeiros ensejam reclamação por vícios em até 90 dias, ao passo que os segundos, em até 30 dias (art. 26 do CDC).

2.5.2.1.4. Divisíveis/indivisíveis

Bens divisíveis *são os que se podem fracionar sem alteração da substância, boa diminuição de valor ou prejuízo do uso a que se destinam.* Ex.: quantia em dinheiro.

Tais bens, mesmo sendo fisicamente divisíveis, podem tornar-se indivisíveis por disposição de *lei* ou por *vontade das partes*.

Bens indivisíveis *são os que, caso fracionados, sofrem alteração da substância, boa diminuição de valor ou prejuízo ao uso a que se destinam, bem como os que, em virtude da lei ou da vontade das partes, receberam essa qualificação.*

Os bens podem ser indivisíveis pelas seguintes causas: a) **por natureza**, como o animal, um carro, uma obra de arte; b) **por determinação legal**, como as servidões prediais (art. 1.386 do CC), a hipoteca (art. 1.421 do CC), o direito dos coerdeiros até a partilha (art. 1.791, CC) e a impossibilidade de desmembramento de lote cuja área seja inferior a 125 m^2 (art. 4º, III, da Lei 6.766/1979); c) **por vontade das partes**, por convenção que torna coisa comum indivisa por prazo não superior a 5 anos, suscetível de prorrogação (art. 1.320, § 1º, do CC).

Essa classificação é útil em matéria de cumprimento das obrigações em que houver mais de um devedor ou credor. Caso a prestação seja indivisível, mesmo que não haja solidariedade entre os devedores, cada um deles responderá pela dívida por inteiro (art. 259, CC). A classificação também tem relevância quando há um condomínio sobre um dado bem e se deseja extinguir esse condomínio. Se a coisa for divisível, a extinção será mais simples. Já, se for indivisível, diferente será o procedimento para a divisão (arts. 1.320 e 1.322 do CC).

2.5.2.1.5. Singulares/Coletivos

Bens singulares *são os bens que, embora reunidos, se consideram de per si, independentemente dos demais.* Ex.: são singulares, quando considerados em sua individualidade, um boi, uma árvore, um livro etc. Já se cada um deles for considerado agregado a outros, formando um todo, ter-se-á bens coletivos ou uma universalidade de fato. Assim, temos bens coletivos num rebanho de gado, numa floresta e numa biblioteca, respectivamente.

Os bens singulares podem ser de duas **espécies:**

a) *singulares simples*, quando suas partes, da mesma espécie, estão ligadas pela própria natureza (um boi, p. ex.);

b) *singulares compostos*, quando suas partes se acham ligadas pela indústria humana (uma casa, p. ex.).

O Código Civil anterior conceituava os **bens coletivos** ou **universais** como *aqueles que se encaram agregados em um todo.* Tais bens consistem na reunião de vários bens singulares, que acabam formando um todo com individualidade própria. Os bens coletivos são chamados também de universais ou de universalidades. Há duas espécies de universalidades:

a) *universalidades de fato*, que consistem na pluralidade de bens singulares que, pertinentes à mesma pessoa, tenham destinação unitária (exs.: rebanho e biblioteca); os bens que formam essa universalidade podem ser objeto de relações jurídicas próprias; assim, pode-se destacar um boi do rebanho e vendê-lo isoladamente;

b) *universalidade de direito*, que consiste no complexo de relações jurídicas de uma pessoa, dotadas de valor econômico (exs.: herança, patrimônio, fundo de comércio, massa falida etc.); a diferença entre a universalidade de fato e a de direito é que a primeira se forma a partir da vontade do titular, ao passo que a segunda decorre da lei, que pode, em determinados casos, criar alguns obstáculos à alienação em separado de partes desse todo.

2.5.2.2. Bens reciprocamente considerados

2.5.2.2.1. Principais/acessórios

Considerados em si mesmos, ou seja, analisados um em comparação com outro, os bens podem ser principais e acessórios.

Saber se um bem é principal ou acessório é importante, pois o acessório segue o principal. O contrário, não. E isso pode ter várias repercussões, como em matéria de formação, validade e extinção dos negócios jurídicos.

A doutrina aponta as seguintes relações entre o bem principal e o bem acessório: a) a natureza do acessório tende a ser a mesma do principal, tendo em vista o princípio da gravitação; assim, sendo o solo bem imóvel (por natureza), a árvore também o é (por acessão); b) o acessório acompanha o principal em seu destino, salvo disposição legal ou convencional em contrário; c) o proprietário do principal é proprietário do acessório.

Bens principais *são os bens que existem por si, ou seja, independentemente da existência de outros bens.* São exemplos o solo e um contrato de locação etc. Os bens principais têm existência própria, autônoma.

Bens acessórios *são aqueles cuja existência depende da existência de outro, do principal.* São exemplos uma árvore (que depende da existência do solo) e um contrato de fiança locatícia (que depende de um contrato de locação).

São **espécies de bens acessórios:**

a) **os produtos:** *utilidades da coisa que não se reproduzem*, por exemplo, os recursos minerais; são utilidades que se retiram da coisa, diminuindo-lhe a quantidade, porque não se reproduzem periodicamente, como pedras, metais etc.; o Código Civil dispõe que, apesar de ainda não separados do bem principal, os produtos podem ser objeto de negócio jurídico; assim, o dono de um sítio pode vender um caminhão de areia (produto) desse imóvel, mesmo antes de separar a areia do local;

b) **os frutos:** *utilidades que se reproduzem, podendo ser civis, naturais ou industriais.* Exs.: juros e alugueres (frutos civis), frutos de uma árvore (frutos naturais) e produção de uma fábrica (frutos industriais); quanto ao seu estado, os frutos podem ser *pendentes* (enquanto unidos à coisa que os produziu), *percebidos ou colhidos* (depois de separados da coisa que os produziu), *estantes* (os separados e armazenados ou acondicionados para venda), *percipiendos* (os que deviam ser, mas não foram colhidos e percebidos) e os *consumidos* (os que não existem mais porque foram utilizados); o Código Civil também dispõe que, apesar de ainda não separados do bem principal, os produtos podem ser objeto de negócio jurídico;

Obs.: saber o que é e o que não é produto e fruto, e a situação em que cada fruto se encontra, é relevante principalmente em matéria possessória; o possuidor de boa-fé que venha a perder a coisa possuída tem direitos diferentes em relação a esses bens, comparado com o possuidor de má-fé, matéria vista no tópico de Direito das Coisas;

c) **as pertenças:** *são bens móveis que, não constituindo partes integrantes de outros bens, estão destinados a estes de modo duradouro*. São exemplos os móveis de uma casa e os tratores e equipamentos de uma fazenda. Repare que os bens citados a) são **móveis**, b) **não estão integrados na coisa** de modo que sua retirada comprometesse sua substância, e c) **são bens destinados de modo duradouro** à casa e à fazenda. As pertenças, como se percebe, são bens acessórios. E os bens acessórios, como regra, seguem o bem principal. Assim, em tese, a venda de uma fazenda importaria também na venda dos tratores e equipamentos da fazenda. No entanto, o atual Código Civil resolveu regulamentar o instituto das pertenças justamente para excepcionar essa regra. O artigo 94 diz que os negócios jurídicos que digam respeito ao principal **não abrangem as pertenças**. No entanto, o próprio Código Civil dispõe que as pertenças seguirão o principal **caso** haja *disposição de lei, de vontade* ou *circunstancial* em contrário. Assim, vendida uma fazenda, os tratores não fazem parte desse negócio. Vendida uma casa, os móveis dela também não acompanham a venda. No entanto, se a lei dispuser o contrário, se as partes convencionarem o contrário (ex.: vende-se uma fazenda com "porteira fechada") ou se as circunstâncias em que o negócio estiver sendo feito der a entender que as pertenças acompanharão o bem principal, a regra de que a pertença não segue o principal fica excepcionada;

d) **as benfeitorias:** *são melhoramentos feitos em coisa já existente*. Por exemplo, um novo quarto construído numa casa já pronta. Diferem das acessões, que consistem na criação de coisa nova, como é o caso de uma casa construída num terreno vazio. As benfeitorias têm as seguintes espécies: i) **voluptuárias** (*são as de mero deleite* – não aumentam o uso habitual do bem, ainda que o tornem mais agradável ou sejam de elevado valor), ii) **úteis** (*são as que aumentam ou facilitam o uso do bem*) e iii) **necessárias** (*são as indispensáveis à conservação do bem ou a evitar que este se deteriore*). Não se consideram benfeitorias os melhoramentos ou acréscimos sobrevindos ao bem sem a intervenção do proprietário, possuidor ou detentor. O instituto da benfeitoria se diferencia do instituto da pertença, pois a primeira passa a ser parte integrante da coisa. Assim, vendido o bem principal, a benfeitoria nele realizada, apesar de ser bem acessório, acompanhará o bem principal, ao contrário do que acontece ordinariamente com a pertença. Saber a natureza da benfeitoria (se voluptuária, útil ou necessária) também é relevante em matéria de Direito das Coisas, pois também há tratamento diferenciado acerca dos direitos que têm os possuidores de boa e de má-fé em relação à coisa que perderam. Em matéria de desapropriação o tema também é pertinente, pois, uma vez feito o decreto expropriatório, o expropriado não terá mais direito a indenizações decorrentes de benfeitorias que fizer posteriormente na coisa, salvo se se tratar de benfeitoria necessária, em qualquer caso, e se se tratar de benfeitoria útil autorizada pelo Poder Público.

2.5.2.3. Bens públicos

2.5.2.3.1. Bens públicos/bens privados

O Código Civil classifica também os bens em públicos e privados. Tal classificação é de extrema importância, pois os bens públicos têm um regime jurídico diferenciado dos bens privados. Os bens públicos, por servirem a relevantes interesses públicos, precisam ter proteção especial, como a inalienabilidade, a impenhorabilidade e a imprescritibilidade, sob pena de se gerar situação de risco à coletividade, com a possível descontinuação da prestação dos serviços públicos em geral.

Dessa forma, saber se um dado bem é público ou privado tem forte repercussão na prática.

O Código Civil trouxe distinção bem simples entre os bens públicos e os bens privados. Confira.

Bens públicos *são os pertencentes às pessoas jurídicas de direito público interno*. Ou seja, são os bens pertencentes à União, aos Estados, ao Distrito Federal, aos Municípios, às Autarquias, às Agências Reguladoras, às Fundações Públicas e às Associações Públicas (Consórcios Públicos de Direito Público). As quatro últimas pessoas mencionadas praticam atividade típica de Estado, de modo que precisam ter um regime jurídico diferenciado, inclusive com relação aos bens de sua propriedade.

Bens privados (ou particulares), por sua vez, *são todos os demais bens, seja qual for a pessoa a que pertencerem*. Ou seja, todos os bens que não pertençam a pessoas jurídicas de direito público são bens privados. Nesse sentido, são bens privados os pertencentes a partidos políticos, entidades religiosas, associações, fundações privadas, sociedades (inclusive as empresas estatais, já que estas são pessoas jurídicas de direito privado) e consórcios públicos de direito privado.

Resta saber qual é a situação jurídica dos bens afetados a um serviço público, adquiridos por pessoas jurídicas de direito privado prestadoras de serviço público. Por exemplo, qual é natureza jurídica de um orelhão comprado e instalado por uma empresa de telefonia? A doutrina aponta que os bens afetados ao serviço público também são bens públicos, portanto, são inalienáveis, impenhoráveis e imprescritíveis. Tal posição decorre do fato de que, ao fim da concessão, esses bens reverterão ao Poder Concedente, estando, portanto, pendente termo suspensivo, termo esse que não impede que se reconheça o direito sobre o bem por parte do Poder Público. Essa proteção decorre também do princípio da continuidade do serviço público, que precisa ser preservado.

2.5.2.3.2. Classificação dos bens públicos

Os bens públicos, quanto à sua destinação, podem ser divididos nas seguintes espécies:

a) **bens de uso comum do povo**: *são os destinados a uso público, podendo ser utilizados indiscriminadamente por qualquer do povo*. Ex.: mares, rios, estradas, ruas e praças. O uso comum dos bens públicos pode ser gratuito ou retribuído, conforme for estabelecido legalmente pela entidade a cuja administração pertencerem. Isso significa que, nos termos do que dispuser a lei local, pode-se cobrar pelo uso de bens de uso comum do povo. Isso ocorre, por exemplo, em locais de zona azul e em rodovias pedagiadas;
b) **bens de uso especial:** *são aqueles destinados à execução dos serviços públicos ou a servir de estabelecimento para os entes públicos, inclusive as autarquias*. Ex.: edifícios onde estão as repartições públicas, equipamentos e veículos públicos;
c) **bens dominicais**: *são aqueles que não têm destinação específica, nem se encontram sujeitos ao uso comum do povo*. Constituem o patrimônio das pessoas jurídicas de direito público, como objeto de direito pessoal ou real de cada uma dessas entidades. São bens que simplesmente integram o patrimônio do Estado sem que haja destinação específica. Os bens dominicais são considerados alienáveis. Exs.: terrenos de marinha, terras devolutas (terras públicas não utilizadas, nem destinadas a algum fim administrativo específico), prédios em renda etc.

2.5.2.3.3. Regime jurídico dos bens públicos

O Código Civil traz três regras sobre o regime jurídico dos bens públicos. Confira:

a) Os bens públicos de *uso comum do povo* e os de *uso especial* são *inalienáveis*, enquanto conservarem a sua qualificação, na forma que a lei determinar;
b) Os bens públicos *dominicais* podem ser *alienados*, observadas as exigências da lei;
c) Os *bens públicos* não estão sujeitos à *usucapião*.

Analisando as afirmativas anteriores, chega-se à conclusão de que **todos os bens públicos não estão sujeitos à usucapião**, ou seja, são imprescritíveis.

Chega-se também à conclusão de que **os bens de uso comum do povo e os bens de uso especial são inalienáveis**, ao passo que **os bens dominicais são alienáveis**. Naturalmente, os bens de uso comum do povo e os bens de uso especial podem ser alienados preenchidos certos requisitos (por exemplo, se forem imóveis, são necessários interesse público devidamente justificado, desafetação, lei autorizativa, avaliação e licitação). E os bens dominicais são alienáveis, preenchidos os requisitos legais, dentre os quais a necessidade de avaliá-los e realização de licitação.

Resta a dúvida acerca da penhorabilidade ou não dos bens públicos, já que o Código Civil não traz disposição específica a esse respeito. Para responder a essa dúvida, basta lembrar que, se o bem não pode ser alienado, também não pode ser penhorado, pois a penhora tem por objetivo fazer uma alienação judicial, ao final. Assim, os *bens de uso comum do povo* e os *bens de uso especial* são, com certeza, impenhoráveis também. Já os bens dominicais, por serem alienáveis, poderiam, em tese, ser penhorados. Todavia, o art. 100 da Constituição Federal elegeu a expedição de precatório ou o pagamento imediato (em caso de precatório de pequeno valor) como os únicos meios de satisfação judicial dos credores das pessoas jurídicas de direito público. Assim, por conta do texto constitucional, os bens dominicais não estão sujeitos a penhora, de maneira que **todos os bens públicos são impenhoráveis**. Isso significa que tais bens também não estão sujeitos a servir de garantia (não são passíveis de oneração), uma vez que esta visa justamente a penhora e a alienação judicial, caso a garantia seja acionada.

É bom salientar, de qualquer forma, que os bens públicos podem sofrer constrições judiciais em alguns casos, como o sequestro de dinheiro público, em caso de violação da ordem cronológica dos precatórios, bem como o sequestro de dinheiro público em caso de não cumprimento de decisões judiciais que determinarem o fornecimento de medicamentos e tratamentos na área de saúde, conforme vem decidindo o Superior Tribunal de Justiça.

2.6. Fatos Jurídicos

2.6.1. Fato jurídico em sentido amplo

Em sentido amplo, **fato jurídico** *é todo acontecimento natural ou humano que produz efeito jurídico*, ou seja, qualquer acontecimento que se dê no mundo fenomênico que gere uma consequência jurídica é considerado fato jurídico. Assim, se alguém jogar uma pedra em outra pessoa causando dano a esta, certamente se está diante de um fato jurídico, pois o acontecimento (jogar uma pedra causando dano) gera como consequência jurídica o dever de indenizar. Por outro lado, caso alguém pegue nas mãos uma pedra e a devolva ao chão, jogando-a, não haverá consequência jurídica alguma, caracterizando-se o que se convencionou chamar de **fato simples**.

O fato jurídico pode ser de variadas espécies. Confira:

1. **Fato jurídico em sentido estrito:** *é o acontecimento natural que produz efeitos jurídicos*. Exs.: nascimento, morte, decurso do tempo, raio, temporal etc. O fato jurídico em sentido estrito pode ser tanto um fato ordinário (como a morte natural e o decurso do tempo) como um fato extraordinário (como um tufão numa dada localidade);
2. **Ato jurídico:** *é o acontecimento humano que produz efeitos jurídicos*. O ato jurídico em sentido estrito pode ser dividido em duas espécies, quais sejam, os atos ilícitos e os atos lícitos:

2.1. **Atos ilícitos:** *são os atos humanos contrários ao Direito, que produzem efeitos jurídicos não queridos pelo agente.* Exemplo de ato ilícito é o atropelamento de A por B, tendo A agido com imprudência. Esse acontecimento terá como efeito o surgimento de um dever por parte de A de indenizar B, efeito certamente não querido por A;

2.2. **Atos lícitos:** *são os atos humanos conformes ao Direito, que geram efeitos jurídicos normalmente queridos pelo agente.* Os atos lícitos podem ser divididos em três espécies, quais sejam, os atos jurídicos em sentido estrito, os negócios jurídicos e os atos-fatos jurídicos:

a) **Atos jurídicos em sentido estrito (não negocial):** *são simples comportamentos humanos, voluntários, conscientes e conformes ao Direito, cujos efeitos jurídicos são predeterminados pela lei.* Aqui, não há liberdade de escolha por parte do agente dos efeitos jurídicos que resultarão de seu comportamento. São exemplos de ato jurídico em sentido estrito a tradição (entrega da coisa), o reconhecimento de um filho, o perdão, a confissão, a mudança de domicílio, a ocupação, o achado de um tesouro, a notificação etc. Para ilustrar as características do instituto, tomemos o exemplo do reconhecimento de um filho. Esse ato humano é voluntário, consciente e conforme ao Direito. Porém, os efeitos que dele decorrem (por exemplo, quanto ao estado familiar e o dever de prestar alimentos) não podem ser negociados pelo agente. Não é possível, por exemplo, reconhecer um filho desde que os alimentos sejam fixados até determinado valor. Aqui há mera atuação da vontade, mera intenção. Costumam, por fim, ser potestativos;

b) **Negócio jurídico:** *são declarações de vontade qualificadas, cujos efeitos são regulados pelo próprio interessado.* Aqui, há liberdade de escolha por parte daquele ou daqueles que praticam o ato. Os agentes declaram sua vontade e têm poder de negociar os efeitos jurídicos que nasceram de sua declaração. São exemplos o testamento (negócio jurídico unilateral) e o contrato de compra e venda (negócio jurídico bilateral). Nos dois casos, os agentes têm como estipular as condições dos atos praticados. Vigora nos negócios jurídicos o princípio da liberdade negocial. Os efeitos jurídicos dos atos praticados não estão predeterminados na lei, como ocorre no ato jurídico em sentido estrito. Os efeitos jurídicos são negociados e estipulados pelos próprios interessados, respeitando a lei, é claro;

c) **Atos-fatos jurídicos:** *são simples comportamentos humanos conformes ao Direito, mas desprovidos de intencionalidade ou consciência (voluntariedade) quanto aos efeitos jurídicos que dele resultarão.* Ex.: quando uma criança ou algum outro absolutamente incapaz *acha um tesouro*, independente do elemento volitivo, ou seja, da intenção de procurar e de ficar dono do bem, o Direito atribuirá metade dos bens achados a essas pessoas (art. 1.264 do CC). Aqui, o direito leva em conta apenas o *ato material* de achar, pouco importando o elemento volitivo. É por isso que se fala em ato-fato, uma vez que o comportamento fica entre o *ato* (por ser humano) e o *fato* (da natureza, por não serem relevantes a consciência e a vontade).

Passaremos, agora, ao estudo dos **negócios jurídicos**, começando por sua classificação.

2.6.2. Classificação dos negócios jurídicos

2.6.2.1. Quanto ao número de vontades para a formação

Unilaterais *são negócios que se aperfeiçoam com uma única manifestação de vontade.* Ex.: testamento e renúncia de herança. Podem ser receptícios (a vontade deve se tornar conhecida do destinatário para produzir efeitos – ex.: revogação de mandato) ou não receptícios (conhecimento por parte de outras pessoas é irrelevante – ex.: testamento, confissão de dívida).

Bilaterais *são os negócios que se aperfeiçoam com duas manifestações, coincidentes sobre o objeto.* Ex.: contratos em geral. O fato de existir mais de uma pessoa em cada um dos dois polos contratuais não faz com que o ato deixe de ser bilateral.

Plurilaterais *são os negócios que envolvem mais de duas partes ou polos.* Ex.: contrato de sociedade com três ou mais sócios.

2.6.2.2. Quanto às vantagens

Gratuitos *são os negócios em que apenas uma das partes aufere benefícios.* Ex.: doação sem encargo.

Onerosos *são negócios em que todos os contratantes auferem vantagens e também encargos.* Ex.: compra e venda.

Bifrontes: *são tipos de negócios que podem ser gratuitos ou não, de acordo com a vontade das partes.* Ex.: mútuo, depósito e mandato. Os contratos citados podem ou não ser objetos de remuneração em favor do mutuante, do depositante e do mandante. Caso haja remuneração o contrato será um negócio jurídico oneroso. Caso não haja, o contrato será um negócio jurídico gratuito. Deve-se tomar cuidado para não confundir classificação dos negócios jurídicos com a classificação dos contratos. Na Parte Geral, estudam-se as classificações dos negócios jurídicos apenas.

2.6.2.3. Quanto à autonomia

Principais *são os negócios que existem independentemente da existência de outros.* Ex.: contrato de locação de imóvel.

Acessórios *são os negócios cuja existência depende da de outro, o negócio principal.* Ex.: o contrato de fiança locatícia.

Os negócios acessórios seguem a sorte dos negócios principais. Assim, se um contrato principal é considerado nulo e se extingue, o contrato de fiança também ficará extinto. O contrário não acontece, ou seja, o negócio acessório não determina a sorte do negócio principal.

2.6.2.4. Quanto à forma

Solenes (formais) *são os negócios que devem obedecer à forma prescrita em lei.* Ex.: escritura, se envolver compra e venda de imóvel; aliás, se essa compra e venda for de valor superior a 30 salários mínimos, será necessária escritura pública. Se a forma for exigida como condição de *validade* do negócio jurídico (ex.: escritura para a venda de imóveis) a sua falta torna o negócio jurídico nulo, por se tratar de formalidade *ad solemnitatem*. Mas, se determinada forma tiver por objetivo apenas a *prova* do ato (ex.: registro do compromisso de compra e venda no Registro de Imóveis), estar-se-á diante de formalidade *ad probationem tantum* e sua falta não gera a nulidade do ato, mas apenas sua ineficácia perante terceiros.

Não solenes *são os negócios de forma livre.* Aliás, no Direito Privado, a regra é a liberdade das formas. Ou seja, quando a lei não impuser determinada forma para a prática de um negócio, os interessados poderão escolher a forma que mais lhe aprouverem, tais como a forma verbal, escrita etc.

2.6.2.5. Simples, complexos e coligados

Simples *são os negócios que resultam de ato único.* Por exemplo, a compra e venda de imóvel com pagamento à vista. Nesse caso, faz-se diretamente uma escritura pública de compra e venda (ato único).

Complexos *são os negócios que resultam da fusão de vários atos.* Por exemplo, a compra e venda de imóvel com pagamento parcelado. Nesse caso, pratica-se o primeiro ato, o compromisso de compra e venda; depois de paga a última parcela, pratica-se o segundo ato, a escritura pública de compra e venda, que resultará, enfim, na compra e venda desejada.

Coligados *são os negócios que se compõem de vários outros negócios.* Por exemplo, os negócios praticados entre distribuidoras de combustível e postos de gasolina, que envolvem comodato de tanques e bombas, licenciamento do uso de marca, fornecimento de combustível etc.

2.6.3. Interpretação dos negócios jurídicos

A Lei de Introdução às Normas do Direito Brasileiro estabelece algumas regras de interpretação da *lei*. Já o Código Civil, nos arts. 112 a 114, traz regras de interpretação dos *negócios jurídicos*. Confira tais regras:

a) *Nas declarações de vontade se atenderá mais à intenção nelas consubstanciada do que ao sentido literal da linguagem (art. 112);*

b) *Os negócios jurídicos devem ser interpretados conforme a boa-fé e os usos do lugar de sua celebração (art. 113);*

c) *Os negócios jurídicos benéficos e a renúncia interpretam-se estritamente (art. 114).*

A regra do art. 112 determina que o intérprete de um negócio jurídico (um contrato, por exemplo) dê mais valor à *intenção* de quem declara sua vontade do que ao *sentido literal da linguagem*. De fato, a interpretação teleológica prepondera em relação à interpretação literal.

Faz-se necessário, todavia, verificar se o que importa é a intenção pensada pelo agente que pratica o negócio jurídico, ou se o que importa é a intenção que se extrai do teor da declaração de vontade feita. Ou seja, o intérprete tem que investigar o que realmente estava na cabeça de quem pratica o negócio ou o que se presume estar na sua cabeça pelo teor de suas declarações. A inserção da expressão intenção "nelas consubstanciada" mostra que se deve atender à *intenção manifestada no negócio*, e não ao *pensamento íntimo do declarante*. Essa regra deve ser casada com a regra seguinte, a fim de que se faça uma interpretação que leve em conta a boa-fé, a confiança dos interessados, o contexto e o fim econômico do negócio.

A regra do art. 113 determina que se presuma a boa-fé daqueles que praticam um negócio jurídico. A má-fé de alguém que prática um negócio jurídico deve, então, ser provada. Ademais, em caso de dúvida ou ambiguidade, deve-se interpretar o negócio jurídico levando em conta os usos do lugar de sua celebração.

Por fim, os negócios benéficos ou gratuitos, que são aqueles em que só há vantagens para uma das partes, devem ser interpretados estritamente. Por exemplo, a doação de uma casa deve ser interpretada estritamente, não se presumindo que o doador será responsável pelas custas da transmissão do imóvel. A renúncia, que é negócio que só aproveita ao seu beneficiário, também dever ter interpretação estrita, não podendo ser feita interpretação extensiva ou ampliativa.

Confira outras regras de interpretação acerca de determinados negócios jurídicos:

a) Quando houver no contrato de adesão cláusulas ambíguas ou contraditórias, dever-se-á adotar a interpretação mais favorável ao aderente (art. 423 do CC);

b) A fiança dar-se-á por escrito, e não admite interpretação extensiva (art. 819 do CC);

c) A transação interpreta-se restritivamente, e por ela não se transmitem, apenas se declaram ou reconhecem direitos (art. 843 do CC);

d) Quando a cláusula testamentária for suscetível de interpretações diferentes, prevalecerá a que melhor assegure a observância da vontade do testador (art. 1.899 do CC);

e) As cláusulas contratuais serão interpretadas de maneira mais favorável ao consumidor (art. 47 do CDC).

A doutrina aponta outras regras práticas a serem observadas na interpretação dos contratos: a) observação de como as partes vinham executando o contrato atual e outros entre elas celebrados; b) respeito ao princípio da menor onerosidade para o devedor (*in dubiis quod minimum est sequimur*); c) análise sistemática do contrato, levando em conta todo o seu contexto e não apenas cláusulas isoladas; d) interpretação que leve respeito ao princípio da função econômica (princípio do aproveitamento) e da função social dos contratos.

2.6.4. Reserva mental

O atual Código Civil inovou em relação ao Código anterior ao regulamentar o instituto da reserva mental.

De acordo com este instituto, "a manifestação de vontade subsiste ainda que o seu autor haja feito a reserva mental de não querer o que manifestou, salvo se dela o destinatário tinha conhecimento" (art. 110).

A reserva mental é, na verdade, a emissão de uma declaração de vontade não querida em seu íntimo, tendo por objetivo enganar o destinatário dessa declaração de vontade.

Um exemplo pode aclarar a regra. Imagine que "A" manifeste perante "B" que emprestará a este determinada quantia em dinheiro, sendo que "A", no seu íntimo, faz uma reserva no sentido de que não fará o tal empréstimo. Essa situação pode se dar, por exemplo, numa situação de crise financeira de "B", que diz que irá se suicidar, caso não consiga um empréstimo.

Pois bem, o Código Civil dispõe que essa reserva mental **feita por** "A" não afeta a declaração de vontade que fez. Ou seja, a reserva mental feita é **irrelevante para o direito**.

Todavia, na hipótese de o destinatário da manifestação da vontade (no caso, "B") ter ciência dessa reserva mental (no caso, saiba que "A", no seu íntimo, não tem intenção declarada), o Código Civil dispõe que a manifestação de vontade de "A" **é como se não existisse e não precisa ser cumprida**. Tal solução se dá, pois, nesse caso, como "B" está ciente da reserva, não está sendo enganado e, portanto, não precisa da proteção legal.

2.6.5. Representação

Quando alguém tiver de praticar um negócio jurídico, pode praticar sozinho ou por meio de um representante. O representante é, então, aquele que atua em nome do representado.

Os **requisitos** e os **efeitos** da **representação legal** (que decorre da lei) são os estabelecidos nas normas respectivas; os da **representação voluntária** (que decorre de acordo entre as partes) são os da Parte Especial deste Código.

Assim, o estudo específico dos vários tipos de representação, que vai da representação legal que os pais fazem de seus filhos à representação que ocorre em relação às pessoas jurídicas e à representação em virtude de mandato, deve ser feito nas disposições pertinentes previstas no Código Civil e em outras leis.

Porém, a Parte Geral do Código, nos arts. 115 a 120, traz regras acerca da representação, regras essas que ora serão estudadas.

Os poderes de representação, como se sabe, podem ser conferidos por lei (representação legal) ou pelo interessado (representação voluntária).

No entanto, o representante, quando atua, é obrigado a demonstrar que é legítimo representante sob pena de, não o fazendo, responder pelos atos cometidos com excesso. Confira: "O representante é obrigado a provar às pessoas, com quem tratar em nome do representado, a sua qualidade e a extensão de seus poderes, sob pena de, não o fazendo, responder pelos atos que a estes excederem" (art. 118).

Essa regra faz com que o representante tenha todo interesse em ser bem transparente com as pessoas com quem contratar, para que estas, posteriormente, não possam alegar algo em seu desfavor. Além disso, compete ao representante apenas atuar nos limites de seus poderes.

Nesse sentido, o Código Civil assegura que "a manifestação de vontade pelo representante, nos limites de seus poderes, produz efeitos em relação ao representado" (art. 116 do CC). Ou seja, desde que o representante aja segundo os limites em que pode atuar, o representado, seja qual for o negócio praticado, fica vinculado à manifestação de vontade proferida pelo representante junto a terceiros.

Todavia, há negócios que o representante, mesmo tendo praticado nos limites dos poderes que tinha, não pode praticar, pelo fato de a lei trazer uma presunção de que esse tipo de negócio pode ser prejudicial ao representado.

O primeiro caso é dos negócios feitos pelo representante em **conflito de interesses** com o representado. Há casos em que o representante pratica atos em nome do representado, no qual há um interesse do representante que, se atendido, acabará prejudicando o representado. Tal se dá, por exemplo, quando um vizinho dá procuração a outro vizinho para que este vote em nome do primeiro numa assembleia condominial, e, numa das deliberações da assembleia, o procurador é chamado a votar sobre se o responsável pelo ressarcimento com gastos decorrentes de infiltração no prédio é ele, o representante, ou seu vizinho, o representado. Caso os outros vizinhos que participaram da votação tenham ciência de que o que está sendo votado está em conflito de interesses, o voto deste contra o vizinho representado deverá ser anulado. Confira, a respeito, o teor do art. 119 do Código Civil: "É anulável o negócio concluído pelo representante em conflito de interesses com o representado, se tal fato era ou devia ser do conhecimento de quem com aquele tratou. Parágrafo único. É de cento e oitenta dias, a contar da conclusão do negócio ou da cessação da incapacidade, o prazo de decadência para pleitear-se a anulação prevista neste artigo."

Outro caso polêmico é o do chamado **contrato consigo** mesmo, em que o representante, em nome do representado, faz um contrato deste consigo mesmo. Por exemplo, "A" é representante de "B" e resolve comprar um imóvel de "B", usando a procuração que ele deu para si. O contrato terá como partes "A" e "B", mas "A" estará atuando, ao mesmo tempo, em nome próprio e como representante de "B". O Código Civil repudia esse tipo de situação e só permite o contrato consigo mesmo nos casos em que a **lei** o admite expressamente (p. ex., para alienar determinado bem, por determinado preço – art. 685 do CC) e também nos casos em que o **representante autorizar** previamente esse tipo de contratação. Confira, a respeito, o art. 117 do Código Civil: "Salvo se o permitir a lei ou o representado, é anulável o negócio jurídico que o representante, no seu interesse ou por conta de outrem, celebrar consigo mesmo. Parágrafo único. Para esse efeito, tem-se como celebrado pelo representante o negócio realizado por aquele em quem os poderes houverem sido subestabelecidos".

O parágrafo único do art. 117 trata da hipótese em que "A" recebe procuração de "B" e substabeleceu poderes de representação a "C". Nesse caso, se "A" celebrar contrato, em nome próprio, com "B", representado por "C", a lei considera que "A" está celebrando contrato consigo mesmo, afinal de contas "C" foi escolhido por "A" para esse intento, que se presume fraudulento.

Em suma, o contrato consigo mesmo (autocontrato) é vedado como regra, só se admitindo quando a lei permitir ou quando o representado expressamente o autorizar. A proibição, aliás, também existe no Código de Defesa do Consumidor (art. 51, VIII).

2.6.6. Planos da existência, da validade e da eficácia do negócio jurídico

O negócio jurídico pode ser analisado nos planos da existência, da validade e da eficácia.

O **plano da existência** tem em mira verificar os **elementos** necessários para que um negócio jurídico se repute **existente** no mundo jurídico.

Uma vez existente um negócio jurídico, é caso de perquirir acerca do **plano da validade**, no qual se verifica se o negócio está ou não **conforme à ordem jurídica**.

Mas não basta. Muitas vezes um negócio jurídico *existe* e é *válido*, porém ainda não produz *efeitos*. Por isso, há de se investigar acerca do **plano da eficácia**, no qual se analisa se o negócio jurídico está ou não **produzindo efeitos**.

Nossa tarefa, agora, é analisar os três planos, começando pelo plano da existência.

2.6.7. Elementos de existência do negócio jurídico

São elementos de existência do negócio jurídicos os seguintes: *manifestação de vontade, finalidade negocial* e *idoneidade do objeto.*

2.6.7.1. Manifestação de vontade

A vontade manifestada é pressuposto básico para que um negócio exista. Naturalmente, para que haja manifestação de vontade, faz-se necessária a presença de um *agente emissor* dessa vontade, daí por que é desnecessária a indicação desse elemento, assim como também entendemos desnecessária a indicação do elemento *forma*, uma vez que o elemento manifestação de vontade pressupõe a existência de uma dada forma.

A **manifestação de vontade** pode ser **expressa**, **tácita** e **presumida**.

A **manifestação expressa** é aquela que se realiza pela palavra *falada* ou *escrita*, ou por *gestos*, explicitando a intenção do agente.

A **manifestação tácita** é aquela que se revela pelo *comportamento* do agente. Exemplo de manifestação tácita é o fato de alguém, diante de uma doação com encargo ofertada por outrem, nada dizer a respeito, mas logo em seguida recolher imposto de transmissão por doação, comportamento esse que demonstra ter concordado com a oferta, operando a manifestação tácita de vontade.

A **manifestação presumida** é aquela que decorre de presunções legais. A diferença entre a manifestação tácita e a presumida é que esta decorre de situações regulamentadas expressamente pela lei, como as previstas nos arts. 322, 323, 324, 539 e 1.807 do Código Civil. Um exemplo é a situação em que o doador fixa prazo para o donatário declarar se aceita ou não a liberalidade. Desde que o donatário, ciente do prazo, não faça dentro dele a declaração, entender-se-á que aceitou, se a doação não for sujeita a encargo (art. 539 do CC).

Resta a dúvida se o **silêncio**, por si só, pode importar anuência, que é um tipo de manifestação de vontade. O Código Civil, em seu art. 111, dispõe que o silêncio importa anuência, quando as circunstâncias ou os usos o autorizarem, e não for necessária a declaração de vontade expressa. Dessa forma, não basta mero silêncio para que se entenda ter havido manifestação de vontade tácita. É necessário que haja outras circunstâncias ou comportamentos (ou mesmo alguma disposição legal, como o art. 539 do CC) que levem à conclusão de anuência. Ademais, é necessário que o negócio não seja daqueles que reclamam declaração de vontade expressa.

2.6.7.2. Finalidade negocial

A simples existência de uma manifestação de vontade não garante que estamos diante de um negócio jurídico.

Como se viu, não há como confundir o ato jurídico em sentido estrito com o negócio jurídico. Este se diferencia daquele exatamente pela existência de uma finalidade negocial.

Isso porque negócios jurídicos *são aquelas declarações de vontade qualificadas, cujos efeitos são regulados pelo próprio interessado*. Os agentes declaram sua vontade e têm poder de negociar os efeitos jurídicos que nasceram de sua declaração.

Assim, o reconhecimento de um filho, por exemplo, não é um negócio jurídico, pois não tem fim negocial. Ao contrário, um testamento e um contrato são negócios jurídicos, pois têm fim negocial. Nos dois casos, os agentes têm como estipular as condições dos atos praticados. Vigora nos negócios jurídicos o princípio da liberdade negocial, como se viu.

2.6.7.3. Objeto idôneo

De nada valerá haver uma declaração de vontade se esta não recair sobre algum objeto. Ademais, também não é suficiente que a declaração recaia sobre um objeto que não tenha pertinência ao negócio que se deseja fazer.

2.6.8. Pressupostos de validade do negócio jurídico

São pressupostos de validade do negócio jurídico os seguintes: *manifestação de vontade livre, agente emissor da vontade capaz, legitimação, objeto lícito, possível e determinável, obediência à forma, quando prescrita em lei, inexistência de outras hipóteses de nulidade e anulabilidade.*

2.6.8.1. Manifestação de vontade livre

A existência de uma manifestação de vontade é requisito de existência do negócio jurídico. Mas a existência de uma manifestação de vontade *livre* é requisito de validade do negócio jurídico.

Assim, negócios praticados por alguém mediante erro, dolo ou coação são negócios inválidos, por não se configurar, em tais casos, vontade livre.

A coação moral irresistível (ex.: ameaça de matar alguém que não praticar um negócio jurídico) gera a invalidade do negócio jurídico. Já a coação física irresistível (ex.: pegar à força o dedo polegar de alguém com o fito de fazer a pessoa "assinar" um contrato com sua digital) não chega sequer a configurar uma manifestação de vontade, de modo que se está diante de um negócio inexistente, e não diante de um negócio inválido.

2.6.8.2. Agente capaz

Não basta que o agente tenha expressado vontade livre. Para que o negócio jurídico seja válido, é necessário que o agente tenha capacidade de fato, ou seja, capacidade de exercício.

Caso um absolutamente incapaz pratique um negócio jurídico por si só, ou seja, sem que o faça por meio de seu representante, ter-se-á uma nulidade absoluta. Já caso um relativamente incapaz pratique um negócio jurídico sozinho, ou seja, sem a presença de seu assistente, ter-se-á uma nulidade relativa.

2.6.8.3. Legitimação

Não basta a capacidade geral para que o ato seja válido. O agente também deve ter aptidão específica para a prática do ato que deseja. Nesse sentido, alguém casado pelo regime de comunhão parcial e com filhos não poderá alienar um imóvel a um dos filhos sem a autorização dos outros e do cônjuge, por carecer de legitimação.

2.6.8.4. Objeto lícito, possível e determinável

Objeto lícito é aquele que não contraria o direito como um todo. Aqui, analisa-se se não há alguma norma no sistema jurídico que considera ilícito dado objeto.

Objeto possível é aquele possível jurídica e fisicamente. A possibilidade jurídica diz respeito à inexistência de alguma proibição direta do Código Civil. A possibilidade física diz respeito à possibilidade, ainda que difícil, de o objeto ser reproduzido no mundo fenomênico.

2.6.9. Pressupostos de eficácia do negócio jurídico

2.6.9.1. Inexistência de termo suspensivo pendente

Termo suspensivo *é o evento futuro e certo que condiciona o início dos efeitos do contrato*. Por exemplo, um contrato de locação que traz uma cláusula estabelecendo que o locatário só poderá adentrar o imóvel após dez dias de sua celebração.

2.6.9.2. Inexistência de condição suspensiva pendente

Condição suspensiva *é o evento futuro e incerto que condiciona o início dos efeitos do contrato*. Por exemplo, um contrato de doação que prevê que o donatário só será proprietário da coisa se vier a se casar com determinada pessoa.

2.6.10. Elementos acidentais do negócio jurídico

2.6.10.1. Condição

Cláusula acertada pelas partes que subordina o efeito do negócio jurídico a evento futuro e incerto. Espécies:

a) **condição suspensiva:** *a que subordina a eficácia inicial do ato a sua implementação.* Ex.: "se você se casar, começarei a te pagar uma pensão";
b) **condição resolutiva:** *a que faz com que o ato deixe de produzir efeitos.* Ex.: "se você se casar, deixarei de te pagar a pensão".

Condições proibidas: as contrárias à lei, à ordem pública e aos bons costumes; as que privam o ato de todos os efeitos (perplexas); as que sujeitam o negócio ao puro arbítrio de uma das partes (as puramente potestativas é que são proibidas - ex.: pagarei se quiser; as simplesmente potestativas podem ser válidas - ex.: doarei se fores bem em sua apresentação); as físicas (nenhum ser humano seria capaz) ou juridicamente (proibida na lei) impossíveis. Todas elas tornam o negócio nulo. As condições impossíveis, quando resolutivas, têm-se por inexistentes.

Regras finais: reputa-se verificada a condição se maliciosamente retardada pela parte a quem prejudica. Por outro lado, reputa-se não verificada a condição se maliciosamente levada a efeito por quem dela aproveita.

2.6.10.2. Termo

É a data acertada à qual fica subordinado o efeito do negócio jurídico. Ou seja, é o dia em que começa ou em que se extingue a eficácia do negócio jurídico. O termo convencional consiste em evento futuro e certo. Mas a data exata pode ser certa (se definida) ou incerta (ex.: dia da morte).

2.6.10.3. Encargo (ou modo)

Cláusula acessória às liberalidades pela qual se impõe uma obrigação ao beneficiário. Considera-se não escrito o encargo ilícito ou impossível, salvo se constituir o motivo determinante da liberalidade, quando invalida o negócio jurídico.

2.6.11. Defeitos do negócio jurídico (geram sua anulabilidade – ato anulável)

2.6.11.1. Erro ou ignorância

O erro ou ignorância pode ser **conceituado** como *o engano cometido pelo próprio agente.* O instituto está previsto nos arts. 138 a 144 do Código Civil.

Para tornar o ato anulável, o erro deve ser:

a) **substancial** (essencial): quanto à sua natureza, seu objeto, suas qualidades;
b) **escusável;**
c) **real:** o prejuízo deve ser a causa determinante do negócio.

Exemplo de erro é a situação em que alguém pensa estar fazendo um contrato de doação, mas está fazendo uma compra e venda.

O erro acidental (relativo a questões secundárias) não gera a anulabilidade do ato.

A respeito do erro, o Código Civil traz, ainda, as seguintes regras:

a) o falso motivo só vicia a declaração de vontade quando expresso como razão determinante;
b) a transmissão errônea da vontade por meios interpostos é anulável nos mesmos casos em que o é a declaração direta;
c) O erro de indicação da pessoa ou da coisa, a que se referir a declaração de vontade, não viciará o negócio quando, por seu contexto e pelas circunstâncias, se puder identificar a coisa ou pessoa cogitada;
d) o erro de cálculo apenas autoriza a retificação da declaração de vontade;
e) o erro não prejudica a validade do negócio jurídico quando a pessoa, a quem a manifestação de vontade se dirige, oferecer-se para executá-la na conformidade da vontade real do manifestante.

2.6.11.2. Dolo

O dolo pode ser **conceituado** como *o erro provocado pela parte contrária ou por terceiro, por meio de expediente malicioso.* O instituto está previsto nos arts. 145 a 150 do Código Civil.

Exemplo de dolo é a adulteração de quilometragem de veículo, feita pelo vendedor, em prejuízo do comprador.

Para tornar o ato anulável o dolo deve ser:

a) **essencial;**
b) **com malícia;**
c) **determinante;**
d) **não recíproco.**

O dolo acidental também não enseja a anulação do ato, mas enseja a reparação por perdas e danos, circunstância que não acontece no caso de erro acidental.

A respeito do dolo, o Código Civil traz, ainda, as seguintes regras:

a) nos negócios jurídicos bilaterais, o silêncio intencional de uma das partes a respeito de fato ou qualidade que a outra parte haja ignorado constitui omissão dolosa, provando-se que sem ela o negócio não se teria celebrado;

b) pode também ser anulado o negócio jurídico por dolo de terceiro se a parte a quem aproveite dele tivesse ou devesse ter conhecimento; em caso contrário, ainda que subsista o negócio jurídico, o terceiro responderá por todas as perdas e danos da parte a quem ludibriou;

c) o dolo do representante legal de uma das partes só obriga o representado a responder civilmente até a importância do proveito que teve; se, porém, o dolo for do representante convencional, o representado responderá solidariamente com ele por perdas e danos;

d) se ambas as partes procederem com dolo, nenhuma pode alegá-lo para anular o negócio ou reclamar indenização.

2.6.11.3. Coação

A coação pode ser **conceituada** como *a ameaça que constrange alguém à prática de um negócio*. O instituto está previsto nos arts. 151 a 155 do Código Civil.

Exemplo de coação é o contrato assinado por alguém mediante ameaça de morte.

Para tornar o negócio anulável, a ameaça deve ser:

a) **da parte que aproveita ou de terceiro, com conhecimento daquela**;

b) **determinante**;

c) **grave:** veem-se aspectos subjetivos das partes;

d) **injusta:** mal prometido não é exercício regular de direito; se for, a ameaça não é injusta;

e) **iminente;**

f) **relativa ao paciente, sua família ou seus bens.**

Se a coação disser respeito a pessoa não pertencente à família do paciente, o juiz, com base nas circunstâncias, decidirá se houve coação.

A respeito da coação, o Código Civil traz, ainda, as seguintes regras:

a) ao apreciar a coação, ter-se-ão em conta o sexo, a idade, a condição, a saúde, o temperamento do paciente e todas as demais circunstâncias que possam influir na gravidade dela;

b) não se considera coação a ameaça do exercício normal de um direito, nem o simples temor reverencial;

c) vicia o negócio jurídico a coação exercida por terceiro se dela tivesse ou devesse ter conhecimento a parte a que aproveite e esta responderá solidariamente com aquele por perdas e danos;

d) subsistirá o negócio jurídico se a coação decorrer de terceiro sem que a parte a que aproveite dela tivesse ou devesse ter conhecimento; mas o autor da coação responderá por todas as perdas e danos que houver causado ao coacto.

2.6.11.4. Estado de perigo

O estado de perigo pode ser **conceituado** como *a assunção de obrigação excessivamente onerosa com o intuito de salvar a si ou a alguém de sua família de grave dano conhecido da outra parte*. O instituto está previsto no art. 156 do Código Civil.

Exemplo de estado de perigo é a exigência de cheque--caução em hospital.

O ato cometido em situação de estado de perigo é anulável. Mas há corrente doutrinária que entende que o ato deveria ser válido, determinando-se apenas o ajuste das prestações.

2.6.11.5. Lesão

A lesão pode ser **conceituada** como *a assunção de prestação manifestamente desproporcional ao valor da prestação oposta por premente necessidade ou inexperiência*. O instituto está previsto no art. 157 do Código Civil.

Exemplo de lesão é a compra de imóvel que vale R$ 500 mil por R$ 100 mil, por inexperiência de quem vende. Outro exemplo é a venda de um apartamento por 40% do seu preço de mercado para pagar resgate de sequestro não conhecido da outra parte.

O STJ reconhece a configuração do instituto em contrato no qual o advogado, aproveitando-se de desespero do cliente, firmou contrato pelo qual sua remuneração seria de 50% do benefício econômico gerado pela causa (REsp 1.155.200, DJ 02/03/2011).

O instituto requer a configuração de dois **elementos** para se caracterizar:

a) **elemento objetivo**: prestação manifestamente desproporcional;

b) **elemento subjetivo**: premente necessidade ou inexperiência.

Quanto ao requisito subjetivo "inexperiência", o Enunciado 410 das Jornadas de Direito Civil traz o seguinte entendimento: "art. 157: A inexperiência a que se refere o art. 157 não deve necessariamente significar imaturidade ou desconhecimento em relação à prática de negócios jurídicos em geral, podendo ocorrer também quando o lesado, ainda que estipule contratos costumeiramente, não tenha conhecimento específico sobre o negócio em causa."

O instituto não incide quanto a atos unilaterais, pois há de se comparar a existência de duas prestações.

Na lesão, não há necessidade de existir: a) situação de perigo; b) conhecimento da situação pela outra parte.

O ato praticado mediante lesão é anulável. Porém, o negócio pode ser mantido se a parte prejudicada receber uma compensação.

2.6.11.6. Fraude contra credores

A fraude contra credores **dá-se com** *a transmissão de bens ou remissão de dívidas feitas pelo devedor já insolvente ou por elas reduzido à insolvência.* O instituto está previsto nos arts. 158 a 165 do Código Civil.

São **requisitos** da fraude contra credores os seguintes:

a) **consilium fraudis:** conluio fraudulento (elemento subjetivo); nos negócios gratuitos, o conluio é presumido; nos negócios onerosos, a existência de ações contra o alienante configuram-no;

b) **evento danoso:** prejuízo (elemento objetivo);

c) **ação própria:** pauliana ou revocatória.

Confira as diferenças entre a **fraude contra credores** e a **fraude à execução:** a) vício social X ato atentatório da Justiça; b) depende de ação própria X reconhecimento na própria execução; c) gera anulação do negócio X gera ineficácia do negócio perante o credor.

A respeito da fraude contra credores, o Código Civil traz, ainda, as seguintes regras:

a) se o adquirente dos bens do devedor insolvente ainda não tiver pago o preço e este for, aproximadamente, o corrente, desobrigar-se-á depositando-o em juízo, com a citação de todos os interessados; se inferior, o adquirente, para conservar os bens, poderá depositar o preço que lhes corresponda ao valor real;

b) a ação poderá ser intentada contra o devedor insolvente, a pessoa que com ele celebrou a estipulação considerada fraudulenta, ou terceiros adquirentes que hajam procedido de má-fé;

c) o credor quirografário que receber do devedor insolvente o pagamento da dívida ainda não vencida ficará obrigado a repor, em proveito do acervo sobre que se tenha de efetuar o concurso de credores, aquilo que recebeu;

d) presumem-se fraudatórias dos direitos dos outros credores as garantias de dívidas que o devedor insolvente tiver dado a algum credor;

e) presumem-se, porém, de boa-fé e valem os negócios ordinários indispensáveis à manutenção de estabelecimento mercantil, rural, ou industrial, ou à subsistência do devedor e de sua família:

f) anulados os negócios fraudulentos, a vantagem resultante reverterá em proveito do acervo sobre que se tenha de efetuar o concurso de credores; se esses negócios tinham por único objeto atribuir direitos preferenciais, mediante hipoteca, penhor ou anticrese, sua invalidade importará somente na anulação da preferência ajustada.

2.6.12. Atos nulos

São atos **nulos** os seguintes (art. 166 do CC):

a) os celebrados por pessoa absolutamente incapaz;

b) os de objeto ilícito, impossível ou indeterminável;

c) os que tiverem motivo determinante, comum a ambas as partes, ilícito;

d) os que não revestirem a forma prescrita em lei;

e) os que preterirem alguma solenidade que a lei considere essencial para sua validade;

f) os que tiverem por objeto fraudar lei imperativa;

g) os que a lei taxativamente declarar nulo, ou proibir-lhe a prática, sem cominar sanção;

h) o negócio jurídico simulado, mas subsistirá o que se dissimulou, se válido for na substância e na forma.

Qualquer interessado ou o MP, quando cabível, pode alegar a nulidade e o juiz pode pronunciá-la de ofício (art. 168 do CC).

O negócio nulo não pode ser convalidado (art. 168, parágrafo único do CC).

A sanção de nulidade opera de pleno direito. Assim, a ação judicial respectiva resulta em sentença de natureza declaratória, com eficácia *ex tunc*.

Quanto à **simulação**, essa pode ser de duas espécies:

a) **absoluta:** *quando não se quer negócio algum* (ex.: divórcio simulado para fugir de responsabilidade civil);

b) **relativa:** *quando se encobre um negócio querido.*

Na simulação relativa, temos as seguintes situações:

i) **negócio simulado:** *o que se declara, mas não se quer. O negócio simulado é nulo.* Ex.: doação de um imóvel;

ii) **negócio dissimulado:** *o que se pretende de verdade.* O negócio dissimulado pode ser mantido, desde que válido na forma e na substância. Ex.: compra e venda do mesmo imóvel.

2.6.13. Atos anuláveis

São atos **anuláveis** os seguintes (art. 171 do CC):

a) os praticados por relativamente incapaz;

b) os com defeito (erro, dolo, coação, estado de perigo, lesão ou fraude contra credores);

c) outros previstos em lei, como no caso de falta de legitimação.

O negócio anulável pode ser confirmado pelas partes, inclusive tacitamente (caso já tenha sido cumprido com ciência do vício), salvo direito de terceiro.

Só os interessados podem alegar a anulabilidade.

O prazo decadencial para pleitear a anulação é de 2 anos, como regra. Todavia, para anulação nos casos "a" e "b", o prazo é de 4 anos.

A sanção de anulabilidade não opera de pleno direito, dependendo de provocação da parte interessada. Assim, a sentença respectiva tem natureza constitutiva e eficácia *ex nunc*.

2.6.14. Anulabilidade x Nulidade

Para fechar o tema das invalidades no Código Civil, faz-se necessário fazer uma análise comparativa entre os institutos da anulabilidade e da nulidade. Confira a comparação, que traz, primeiro, informação sobre a anulabilidade e, depois, sobre a nulidade:

a) **interesse envolvido:** privado x público;
b) **legitimidade para alegar:** só interessados x interessados, MP e juiz de ofício;
c) **possibilidade confirmação:** admite x não admite;
d) **consequência do decurso do tempo:** convalesce (em regra: 2 anos) x não convalesce;
e) **ação cabível:** anulatória x declaratória de nulidade;
f) **efeitos da sentença:** não retroage (*ex nunc*) x retroage (*ex tunc*);
g) **possibilidade de aproveitamento:** pela *convalidação* x pela *conversão* em outro ato.

2.7. Prescrição e decadência

2.7.1. Prescrição

2.7.1.1. Conceito

É a causa extintiva da pretensão por seu não exercício no prazo estipulado pela lei;

✔ Diz respeito às ações condenatórias.

2.7.1.2. Características

a) parte que se beneficia só pode renunciar ao direito após o decurso do prazo (art. 191 do CC);
b) prazos não podem ser alterados por convenção (art. 192 do CC);
c) juiz pode reconhecer de ofício (art. 219, § 5º, CPC);
d) pode-se reconhecê-la a qualquer tempo (art. 193 do CC);
e) relativamente incapaz e PJ têm ação contra responsáveis por ela (art. 195 do CC);
f) prescrição iniciada contra uma pessoa continua a correr contra o seu sucessor (art. 196 do CC).

2.7.1.3. Não corre prescrição

a) entre os cônjuges, na constância da sociedade conjugal;
b) entre ascendentes e descendentes, durante o poder familiar;
c) entre tutelados ou curatelados e seus tutores ou curadores, durante a tutela ou curatela;
d) contra os incapazes de que trata o art. 3º;
e) contra os ausentes do País em serviço público da União, dos Estados ou dos Municípios;
f) contra os que se acharem servindo nas Forças Armadas, em tempo de guerra;
g) pendendo condição suspensiva;
h) não estando vencido o prazo;
i) pendendo ação de evicção.

2.7.1.4. Interrompem a prescrição (uma única vez)

a) o despacho do juiz, mesmo incompetente, que ordenar a citação, se o interessado a promover no prazo e na forma da lei processual;
b) o protesto, nas condições do item antecedente;
c) o protesto cambial;
d) a apresentação do título de crédito em juízo de inventário ou em concurso de credores;
e) qualquer ato judicial que constitua em mora o devedor;
f) qualquer ato inequívoco, ainda que extrajudicial, que importe reconhecimento do direito pelo devedor.

Observações:

a) a prescrição interrompida recomeça a correr da data do ato interruptivo ou do último ato do processo que a interrompeu;
b) a prescrição pode ser interrompida por qualquer interessado;
c) a interrupção da prescrição por um credor não aproveita aos outros; semelhantemente, a interrupção operada contra o codevedor, ou seu herdeiro, não prejudica aos demais coobrigados (art. 204);
d) exceção: interrupção por um credor solidário aproveita aos outros, assim como a interrupção efetuada contra o devedor solidário envolve os demais e seus herdeiros;
e) a interrupção operada contra um dos herdeiros do devedor solidário não prejudica os outros herdeiros ou devedores senão quando se trate de obrigações e direitos indivisíveis (acessório não segue o acessório);
f) a interrupção produzida contra o principal devedor prejudica o fiador (acessório segue o principal).

2.7.1.5. Prazos

2.7.1.5.1. Geral

A prescrição ocorre em 10 anos quando a lei não lhe haja fixado prazo menor (art. 205 do CC).

2.7.1.5.2. Especiais (art. 206 do CC)

a) 1 ano: pretensão de hotéis, segurado contra segurador (pedido de pagamento suspende prazo), tabeliães, peritos etc.;

b) 2 anos: prestação de alimentos, a partir dos vencimentos;

c) 3 anos: alugueres, ressarcimento por enriquecimento sem causa, reparação civil, seguro obrigatório (ex. DPVAT) etc.;

d) 4 anos: pretensão relativa à tutela, da prestação de contas;

e) 5 anos: cobrança de dívidas líquidas constantes de instrumentos; pretensão de profissionais liberais, contado da conclusão dos serviços; pretensão do vencedor para haver do vencido o que despendeu em juízo.

2.7.2. Decadência

2.7.2.1. Conceito

É a causa extintiva do direito potestativo pelo seu não exercício no prazo estipulado pela lei.

✔ Diz respeito às ações constitutivas.

2.7.2.2. Características

a) salvo disposição legal, não se aplicam os casos de impedimento, suspensão e interrupção (art. 207 do CC);

b) não corre prazo decadencial contra absolutamente incapaz (art. 208 do CC);

c) é nula a renúncia à decadência legal (art. 209 do CC), mas a decadência convencional pode ser alterada;

d) o juiz deve conhecer de ofício decadência legal (art. 210 do CC);

e) pode-se reconhecê-la a qualquer tempo (art. 211 do CC).

3. Direito das Obrigações

3.1. Introdução

3.1.1. Conceito

Obrigação *é o vínculo jurídico que confere ao credor (sujeito ativo) o direito de exigir do devedor (sujeito passivo) o cumprimento de determinada prestação.*

3.1.2. Elementos

3.1.2.1. Sujeitos

Trata-se do elemento subjetivo. De acordo com esse elemento, toda obrigação tem duas classes de sujeitos, o ativo (credor) e o passivo (devedor) **(devedor)**.

3.1.2.2. Objeto

Aqui temos o elemento objetivo. Toda obrigação requer um objeto, ou seja, uma *conduta humana* a ser cumprida. O objeto pode ser dividido em dois. O objeto imediato, que será dar, fazer ou não fazer. Já o objeto mediato será "o que" se vai dar, fazer ou não fazer. Por exemplo, quem tem uma dívida de R$ 500 está diante de uma obrigação cujo objeto imediato é "dar" e o objeto mediato é o "dinheiro". Para que o negócio seja válido, seu objeto (tanto o imediato como o mediato) deve ser lícito, possível jurídica e fisicamente, e determinável (art. 166, II, do CC). Assim, se um contrato estipular a obrigação de entregar a herança de pessoa viva, esse negócio será nulo, pois seu objeto é impossível juridicamente.

3.1.2.3. Vínculo jurídico

Não basta a existência de sujeitos e de um objeto para que se constitua uma obrigação. Se duas pessoas estiverem simplesmente conversando e uma delas estiver com um livro nas mãos, não terá se formado obrigação alguma. Agora, se essas pessoas combinarem a venda do livro, aí sim ter-se-á criado um vínculo jurídico, com obrigações para as duas partes, inclusive. Um fica obrigado a entregar o livro; o outro, a pagar um preço.

3.1.3. Fontes das obrigações

Como seu viu, para se criar uma obrigação não bastam sujeitos e objeto. Há de se ter um fato jurídico apto, ou seja, um acontecimento do mundo fenomênico que faça nascer a obrigação. Quais seriam, então, essas fontes das obrigações? Em última análise, a lei é sempre a fonte, pois é ela que estabelecerá os fatos que fazem nascer uma obrigação. Mas que tipos de fatos a lei considera aptos para nascer uma obrigação?

São fontes de obrigações os *atos ilícitos* (geram obrigações de indenizar, normalmente), os *contratos* (geram obrigações variadas, como entregar uma coisa, pagar um preço), as *declarações unilaterais de vontade* (*vide* a respeito a promessa de recompensa, a gestão de negócios, o pagamento indevido e o enriquecimento sem causa) e *outros fatos ou situações rotuladas especificamente pela lei* (como a obrigação de pagar tributo, a obrigação de pagamento de alimentos a parentes e a obrigação de indenizar por fato de terceiro).

3.1.4. Natureza jurídica das obrigações

Quanto ao bem jurídico tutelado, pode-se dizer que o direito cuida de dois grandes ramos. O primeiro é o direito não patrimonial, que cuida de interesses como a vida, a liberdade, a honra, a imagem, o nome etc. O segundo, o direito patrimonial. As obrigações são temas típicos desse. Agora, dentro do direito patrimonial, temos também divisões. Há direitos pessoais e direitos reais, como o direito de crédito e o direito de propriedade, respectivamente. Os primeiros estabelecem vínculos entre pessoas determinadas. Já os segundos, entre uma pessoa e uma coisa, ficando todas as outras pessoas sujeitas a respeitar tal relação. Os primeiros são formados segundo a vontade dos sujeitos. Já os segundos estão previstos taxativamente na lei. Descumprida a obrigação nos primeiros, o credor só pode acionar o devedor, que responderá com seu patrimônio. Nos segundos, o credor poderá acionar qualquer pessoa que esteja com a coisa, ou seja, o credor pode perseguir a coisa onde e com quem ela estiver.

Há de se diferenciar desde já obrigação de responsabilidade. Essa é consequência daquela. Enquanto a obrigação é um vínculo entre sujeitos, a responsabilidade é a sujeição do patrimônio do devedor ao cumprimento da obrigação. Assim, a existência de responsabilidade pressupõe a existência de uma obrigação. O contrário nem sempre ocorre. Há alguns casos em que se tem obrigação, mas não se tem responsabilidade, como as dívidas prescritas. A prescrição, como se sabe, não extingue o direito e, portanto, não extingue a obrigação de alguém. Por outro lado, esse alguém não poderá ser mais acionado, de modo que seu patrimônio não fica mais sujeito ao pagamento da dívida, por exemplo. Ou seja, tem-se obrigação, mas não se tem responsabilidade. Há quem diga que há uma exceção em que se tem responsabilidade, mas não obrigação. Seria o caso do fiador, que, em princípio, não tem obrigação, mas tem responsabilidade pelo pagamento da dívida. Entendemos, todavia, que isso não ocorre, pois, quando a responsabilidade do fiador surge, é porque o devedor não cumpriu sua obrigação, fazendo nascer a do fiador, que era inicialmente subsidiária.

3.2. Classificação das Obrigações

3.2.1. Quanto à possibilidade de exigência

3.2.1.1. Obrigação civil

É aquela que pode ser exigida por meio de ação judicial. São exemplos a obrigação de entregar uma coisa, na compra venda, e a obrigação de pagar alugueres, na locação.

3.2.1.2. Obrigação natural

É aquela que não pode ser exigida por meio de ação judicial, mas, caso cumprida voluntariamente, não pode ser repetida. Ou seja, o devedor não é obrigado a cumpri-la, mas, se o fizer, o credor não é obrigado a devolver o que recebeu. A retenção (*soluti retentio*) é único efeito da obrigação natural. São exemplos as obrigações relativas a dívidas prescritas (art. 882 do CC) e dívidas de jogo (art. 814 do CC). *Vide* também art. 564, III, do CC. A obrigação natural diz respeito a uma dívida inexigível, portanto, não passível de compensação.

3.2.2. Quanto à extensão

3.2.2.1. Obrigação de resultado

É aquela em que o devedor se compromete a atingir determinado fim, sob pena de responder pelo insucesso. São exemplos a obrigação do vendedor de entregar a coisa vendida, a obrigação do transportador de levar o passageiro são e salvo ao destino e a obrigação do cirurgião plástico em cirurgias de natureza estética.

3.2.2.2. Obrigação de meio

É aquela em que o devedor se compromete a empregar seus conhecimentos e técnicas com vistas a alcançar determinando fim, pelo qual não se responsabiliza. São exemplos as obrigações dos médicos e dos advogados. Tais profissionais se obrigam a fazer o melhor, mas não se obrigam, por exemplo, a curar, no primeiro caso, e a ganhar uma ação, no segundo.

Essa classificação é importante em matéria de responsabilidade civil contratual.

3.2.3. Quanto aos elementos acidentais

3.2.3.1. Obrigação pura e simples

É aquela que produz efeitos normalmente, por não estar sujeita a condição, termo ou encargo.

3.2.3.2. Obrigação condicional

É aquela cujos efeitos estão subordinados a evento futuro e incerto.

3.2.3.3. Obrigação a termo

É aquela cujos efeitos estão subordinados a evento futuro e certo.

3.2.3.4. Obrigação com encargo ou modal

É aquela que estabelece um gravame a ser cumprido pelo credor.

3.2.4. Quanto ao momento do cumprimento

3.2.4.1. Obrigação de execução instantânea ou momentânea

É aquela que se cumpre imediatamente após a sua constituição. Um exemplo é a obrigação de pagamento à vista.

3.2.4.2. Obrigação de execução diferida

É aquela que se cumpre em um só ato, mas em momento futuro. Por exemplo, quando se combina que a entrega será feita 60 dias após a constituição da obrigação.

3.2.4.3. Obrigação de execução continuada, periódica ou de trato de sucessivo

É aquela que se cumpre por meio de atos reiterados e protraídos no tempo. Um exemplo é a obrigação de pagar parcelas de um financiamento.

Essa classificação é importante para efeito de aplicação da regra da imprevisão (arts. 317 e 478 do CC).

3.2.5. Quanto à liquidez

3.2.5.1. Obrigação líquida

É aquela cujo objeto está determinado. Por exemplo, quando alguém se obriga a pagar R$ 500. Está-se diante de uma obrigação líquida.

3.2.5.2. Obrigação ilíquida

É aquela cujo objeto não está determinado. Por exemplo, quando alguém atropela uma pessoa, que sofre danos materiais diversos e morais. De início, a obrigação de indenizar não é líquida.

Essa classificação é importante em matéria de configuração da mora (o art. 397 do CC considera em mora, de pleno direito, o devedor que descumpre obrigações positivas e líquidas); de compensação (o art. 369 dispõe que esta só é possível entre dívidas vencidas e líquidas); e de imputação do pagamento (o art. 352 exige, para que o devedor indique a dívida que está pagando, que esta seja vencida e líquida).

3.2.6. Quanto à existência por si só

3.2.6.1. Obrigação principal

É aquela que existe por si só. São exemplos as decorrentes do contrato de compra e venda (de entregar uma coisa e de pagar um preço).

3.2.6.2. Obrigação acessória

É aquela cuja existência depende da existência da principal. São exemplos a multa (cláusula penal) e juros de mora.

Essa classificação é importante para efeito de aplicação da seguinte regra: "o acessório segue o principal". Por exemplo, a nulidade do principal leva à nulidade do acessório. O contrário não ocorre, claro. Nosso Código acolhe tal regra em vários dispositivos, como nos arts. 92, 184, 233 e 364.

3.2.7. Quanto à natureza do direito

3.2.7.1. Obrigação correspondente a direito pessoal

É aquela travada diretamente entre pessoas, em que o patrimônio do devedor fica sujeito ao seu cumprimento.

3.2.7.2. Obrigação correspondente a direito real

É aquela em que todas as pessoas ficam sujeitas a respeitar a relação entre uma pessoa e uma coisa. Também é chamada de *ônus real.*

3.2.7.3. Obrigação *propter rem*

É aquela à qual o titular de direito sobre uma coisa, exatamente por estar nessa situação jurídica, fica sujeito. Trata-se de uma obrigação híbrida. Recai sobre uma pessoa (direito pessoal), mas por força de um direito real. São exemplos a obrigação do possuidor de uma coisa de não prejudicar a segurança, o sossego e a saúde de um prédio vizinho (art. 1.277 do CC), a obrigação dos donos de imóveis confinantes de concorrerem para as despesas de tapumes divisórios (art. 1.297, § 1°, do CC), a obrigação de um condômino de contribuir para as despesas de conservação da coisa (art. 1.315 do CC), a obrigação do titular da coisa de arcar com os débitos tributários a ela pertinentes (art. 130 do CTN). Repare, no caso das despesas condominiais e tributárias, que o novo proprietário da coisa, tenha ou não dado causa à dívida contraída para o seu uso, fica sujeito ao seu pagamento, com possível penhora da coisa com vistas à satisfação do crédito. É por isso que a obrigação também é denominada *ambulatorial.*

3.2.8. Quanto aos seus elementos

3.2.8.1. Obrigação simples

É aquela que só tem um sujeito ativo, um sujeito passivo e um objeto. Por exemplo, a obrigação de "A" entregar um carro a "B".

3.2.8.2. Obrigação composta ou complexa

É aquela que tem mais de um sujeito ativo, de um sujeito passivo ou de um objeto. Por exemplo, obrigações com vários credores ou com vários devedores (pluralidade subjetiva). Nesses casos podem-se ter obrigações divisíveis, indivisíveis ou solidárias, o que será visto a seguir. Outro exemplo é a obrigação de "A" entregar a "B" uma casa **e** um carro, ou uma casa **ou** um carro (pluralidade objetiva). No primeiro caso temos obrigação cumulativa (ou conjuntiva). No segundo, obrigação alternativa (ou disjuntiva).

3.3. Modalidades das obrigações

3.3.1. Obrigação de dar

3.3.1.1. Conceito

É aquela de entregar ou restituir uma coisa. Na compra e venda, temos a *entrega* da coisa. No comodato, a *restituição*. Essas duas formas de dar são espécies do gênero *tradição*.

No nosso direito, só se adquire a propriedade de uma coisa móvel com a tradição, de modo que, enquanto essa não se der, o devedor da coisa (vendedor) permanece proprietário dela. Isso gera as seguintes consequências (art. 237 do CC): a) a coisa perece para o dono (*res perit domino*); b) os melhoramentos e acrescidos na coisa até a tradição beneficiam o dono, que poderá exigir aumento no preço.

3.3.1.2. Regras para o caso de perecimento da coisa (perda total)

a) *se ocorrer antes da tradição ou pendente condição suspensiva, sem culpa do devedor*, resolve-se a obrigação retornando as partes ao estado anterior. Por exemplo, se, por força maior, um carro a ser entregue pelo vendedor tem perda total em virtude de uma inundação. Eventual valor pago pelo comprador será devolvido pelo vendedor. No caso de pender condição suspensiva a situação é a mesma. Um exemplo é a disposição "se passar no vestibular, te dou este carro". Se antes da aprovação no vestibular o carro perecer sem culpa do devedor, a obrigação ficará resolvida. *Vide* art. 234 do CC;

b) *se ocorrer antes da tradição ou pendente condição suspensiva, com culpa do devedor*, o credor tem direito a receber o equivalente em dinheiro, mais perdas e danos. Por se exemplo, se, por imprudência do vendedor, esse, após ter vendido ou prometido carro, envolve-se em batida com perda total do veículo. Terá de devolver ao comprador o dinheiro que eventualmente receber, além de indenizá-lo por perdas e danos. No caso daquele que recebeu a promessa, terá de dar a ele o equivalente em dinheiro, mais perdas e danos. *Vide* arts. 234 e 236 do CC;

c) *se ocorrer antes da tradição e a obrigação for de restituir*, a obrigação ficará resolvida. São casos como o dever de restituir que cabe ao comodatário e ao depositário. Como se viu, a coisa perece para o dono, ou seja, o comodante e o depositando suportarão a perda. Todavia, se aquele que recebeu a coisa para restituir agir com culpa, responderá pelo equivalente em dinheiro, mais perdas e danos. Muitas vezes, inclusive, a culpa é presumida. *Vide* arts. 235 e 236 do CC;

d) *se ocorrer após a tradição*, o problema é do credor, pois a coisa perece para o dono. Mas há exceções. Por exemplo, se a coisa vier a perecer por já estar com problema quando da sua entrega (ex.: cavalo com moléstia respiratória). O devedor responderá por esse vício redibitório.

3.3.1.3. Regras para o caso de deterioração da coisa (perda parcial)

Um exemplo de deterioração da coisa é a perda do estepe do carro. As regras são semelhantes. Se não houver culpa do devedor, a obrigação fica resolvida, ressalvada a possibilidade de o credor ficar com a coisa, com abatimento no preço (art. 238 do CC). Já se houver culpa do devedor, poderá o credor exigir o equivalente em dinheiro mais perdas e danos, ou aceitar a coisa no estado, mais perdas e danos (art. 239). Quanto à deterioração da coisa nas obrigações de restituição, o credor a receberá no estado em que se encontre. Já se houver culpa do devedor, este responderá pelo equivalente, mais perdas e danos (art. 240).

3.3.1.4. Coisa certa ou incerta

A coisa incerta há de ser pelo menos determinável, de modo que a lei exige a indicação, pelo menos, do *gênero* e da *quantidade* da coisa. Se faltar um ou outro, o objeto será indeterminável. Então, se for indicado que a coisa é "laranja" e que a quantidade é "50 quilos" não haverá problema. A qualidade será determinada quando houver a escolha das laranjas pelo devedor. Esse, todavia, não pode escolher a de pior qualidade. Deve escolher pelo menos a de meio-termo. A escolha da coisa também tem o nome de *concentração* e, salvo estipulação em contrário, compete ao devedor. Feita a escolha e cientificado o credor, acaba a incerteza, a coisa torna-se certa, determinada. Antes da escolha, não pode o devedor alegar perda ou deterioração da coisa (art. 246 do CC), pois o gênero nunca perece (*genuns nunquam perit*). Ficaria estranho mesmo dizer que não há laranjas e que a obrigação não pode ser cumprida. Se o devedor não as possui mais, que as consiga com terceiro. Só se pode fazer esse tipo de alegação se se tratar de gênero limitado, ou seja, restrito a certo lugar. Por exemplo, quando se combina de entregar laranjas de certo sítio e elas não existirem mais.

3.3.2. Obrigação de fazer

3.3.2.1. Conceito

É aquela em que o devedor presta atos ou serviços.

3.3.2.2. Espécies

a) **personalíssima** (*intuitu personae*, infungível ou imaterial), em que só o devedor pode cumprir a obrigação, seja porque assim se estabeleceu (o contrato diz que o devedor cumprirá pessoalmente a obrigação), seja porque sua própria natureza impede a substituição do devedor (por exemplo, na contratação de um cantor para um show ou de um artista plástico para fazer uma escultura);

b) **impessoal** (fungível ou material), em que não é necessário que o devedor cumpra pessoalmente a obrigação, ou seja, para o credor o importante é que o objeto seja prestado, ainda que por terceiro.

Há também obrigação de fazer no contrato preliminar (*pacto de contrahendo*), que é aquele em que se faz uma promessa de fazer contrato futuro. É o caso do compromisso de compra e venda, por exemplo.

3.3.2.3. Regras em caso de não cumprimento da obrigação de fazer

a) *Se a obrigação for personalíssima e se tornar impossível sem culpa do devedor*, ficará resolvida (art. 248 do CC). Por exemplo, se o cantor não conseguir chegar a tempo ao *show* por ter ficado preso na estrada em virtude de deslizamento de terra na pista (*impossibilidade*);

b) *se a obrigação for personalíssima e se tornar impossível por culpa do devedor*, ficará transformada em obrigação de indenizar por perdas e danos (art. 248). Por exemplo, se o cantor sair com muito atraso para fazer o show e não chegar a tempo (*impossibilidade*);

c) *se a obrigação for personalíssima e houver recusa do devedor*, ficará transformada em obrigação de indenizar por perdas e danos (art. 247). Por exemplo, se o cantor, por vontade própria, avisar, a uma semana do *show*, que não irá comparecer para a apresentação (*recusa*). Repare que, nesse caso, a obrigação ainda não se tornou impossível. A solução dada pelo CC para o caso (perdas e danos) não é a única. O CC parte do pressuposto de que não se pode constranger fisicamente o devedor a cumprir a obrigação. Por outro lado, o CPC, no § 1° do art. 461, dispõe que a obrigação somente se converterá em perdas e danos se o autor o requerer ou se impossível a tutela específica ou a obtenção do resultado prático correspondente. No caso, sem forçar fisicamente o devedor, é possível valer-se de instrumento de coação indireta, a cominação de multa diária (*astreinte*) para fazê-lo cumprir a obrigação. Nesse sentido é também o art. 84 do CDC. Também são dispositivos aplicáveis os arts. 287 e 644 do CPC, esse último quando se tiver título executivo. Ou seja, há duas saídas para o caso: c1) pleitear a transformação da obrigação de fazer em obrigação de indenizar perdas e danos; c2) exigir judicialmente o cumprimento da obrigação, por meio de demanda cominatória, sem prejuízo de indenização por demais perdas e danos;

d) *se a obrigação for impessoal e se tornar impossível sem culpa do devedor*, ficará resolvida (art. 248 do CC). Por exemplo, se o eletricista não puder comparecer para fazer um reparo nas instalações elétricas de uma casa de show por ter ficado preso na estrada que dá acesso ao local em virtude de deslizamento de terra na pista;

e) *se a obrigação for impessoal e se tornar impossível por culpa do devedor*, ficará transformada em obrigação de indenizar por perdas e danos (art. 248). Por exemplo, se o eletricista não puder comparecer para fazer um reparo nas instalações elétricas de uma casa de show por ter saído com muito atraso e não chegar a tempo;

f) *se a obrigação for impessoal e houver recusa ou mora do devedor*, o credor tem três opções: f1) pleitear a transformação da obrigação de fazer em obrigação de indenizar perdas e danos; f2) exigir judicialmente o cumprimento da obrigação, por meio de demanda cominatória, sem prejuízo de indenização por demais perdas e danos; f3) fazer executar a obrigação por terceiro à custa do devedor (art. 249 do CC). A novidade está na terceira possibilidade, pois o atual Código faculta ao credor, em caso de urgência, executar ou mandar executar o fato independentemente de autorização judicial, sendo depois ressarcido (art. 249, parágrafo único). Por exemplo, se um encanador é contratado para comparecer num determinado dia para consertar um vazamento numa casa e, passado tal dia, e mesmo já tendo recebido, ele não comparecer e a casa ficar inundada ou na iminência de sê-lo, pode o credor contratar outro encanador, ressarcindo-se depois com o primitivo contratado;

g) *se a obrigação for de emitir declaração de vontade*, o credor poderá se aproveitar do disposto no art. 466-A do CPC. Se se tratar de imóvel, cabe a ação de adjudicação compulsória (Dec.-lei nº 58/1937; Lei 649/1949; Lei 6.766/1979).

3.3.3. Obrigação de não fazer

3.3.3.1. Conceito

É aquela em que o devedor deve se abster de praticar um ato ou uma atividade. Também é chamada de *obrigação negativa* ou *obrigação de abstenção*. São exemplos a obrigação de não construir acima de certa altura ou de não divulgar determinado segredo.

3.3.3.2. Regras para o caso de não cumprimento da obrigação de não fazer, ou seja, caso se faça o que se combinara não fazer

a) *Se a obrigação se tornar impossível sem culpa do devedor*, ficará resolvida (art. 250 do CC). Tal ocorre quando se tornar impossível a abstenção do ato. Por exemplo, se alguém que se obrigou a não construir um muro for obrigado pelo Município a fazê-lo;

b) *se a obrigação se tornar impossível por culpa do devedor,* ficará transformada em obrigação de indenizar por perdas e danos (art. 248, por analogia);

c) *se o devedor praticar o ato a cuja abstenção se obrigara,* o credor terá duas opções: c1) pleitear a transformação da obrigação de não fazer em obrigação de indenizar por perdas e danos; c2) exigir judicialmente o cumprimento da obrigação, por meio de demanda cominatória, sem prejuízo de indenização por demais perdas e danos;

d) *se o devedor praticar o ato por culpa sua,* ficará transformada em obrigação de indenizar por perdas e danos (art. 248, por analogia).

3.3.4. Obrigação alternativa

3.3.4.1. Conceito

É a aquela que tem dois ou mais objetos e que se extingue com a prestação de um deles. Há previsão de mais de um objeto, mas o devedor se exonera cumprindo apenas um deles. Por exemplo, uma pessoa se obriga a entregar seu carro ou sua moto. Entregando um ou outro, está exonerado da obrigação.

3.3.4.2. Escolha

Compete ao devedor como regra (*favor debitoris*). Mas as partes podem estipular que a escolha compete ao credor ou a terceiro. A escolha só se considera feita após comunicação à parte contrária. O não exercício do direito de escolha no prazo acarreta decadência para o seu titular.

3.3.4.3. Impossibilidade de uma das prestações

Subsiste o débito em relação à(s) outra(s). Se houver culpa do devedor e a escolha couber ao credor, caso esse tenha interesse na obrigação que se impossibilitou, terá direito ao valor dela com perdas e danos.

3.3.4.4. Impossibilidade de ambas as prestações

Se não houver culpa do devedor, a obrigação será extinta. Se houver culpa e competir a ele a escolha, pagará o valor da que se impossibilitou por último, mais perdas e danos; e se competir ao credor a escolha, esse poderá reclamar o valor de qualquer das obrigações, mais perdas e danos.

3.3.4.5. Obrigação alternativa x obrigação facultativa

Na segunda, existe faculdade para o devedor de substituir o objeto da prestação. Por exemplo, uma pessoa se obriga a entregar seu carro, podendo substituí-lo pela entrega de sua moto. A diferença é que se trata de obrigação simples (só tem um objeto). Se o carro perecer, a obrigação fica extinta. O credor só pode exigir o cumprimento da obrigação principal.

3.3.5. Obrigações divisíveis e indivisíveis

3.3.5.1. Conceito de obrigação divisível

É aquela em que cada um dos devedores só está obrigado a cumprir sua cota-parte da dívida e cada um dos credores só pode exigir sua parte do crédito. Por exemplo, se "A" e "B" (devedores) devem R$ 1.000,00 a "C" (credor), "A" está obrigado a pagar R$ 500 para "C".

3.3.5.2. Conceito de obrigação indivisível

É aquela em que, por conta da impossibilidade de divisão do objeto, cada devedor está obrigado pela totalidade da prestação e cada credor pode exigi-la por inteiro. Por exemplo, se "A" e "B" (devedores) devem um carro a "C", esse pode exigir de "A" ou de "B" a coisa, independentemente de cada um ser responsável por parte do débito. Aquele que cumprir a obrigação sub-roga-se no direito do credor em relação aos outros coobrigados. Se houver mais de um credor, o devedor deverá a todos conjuntamente. A indivisibilidade pode ser das seguintes espécies: a) física ou natural (ex.: animal vivo); b) legal (ex.: menor fração de imóvel rural); c) por motivo econômico (ex.: pedra preciosa); e d) por motivo determinante do negócio (ex.: terreno adquirido para construção de um shopping). A obrigação indivisível difere da solidária, pois, caso a primeira se converta em perdas e danos, cada devedor ficará obrigado apenas pela sua cota-parte.

3.3.6. Obrigação solidária

3.3.6.1. Conceito

É aquela em que há mais de um credor ou mais de um devedor, cada um com direito, ou obrigado, à dívida toda. Por exemplo, se "A" e "B" (devedores) devem R$ 1.000,00 a "C" e "D", os últimos podem exigir, juntos ou isoladamente, os R$ 1.000,00 integrais só de "A" ou só de "B". A solidariedade pode recair só sobre os devedores (solidariedade passiva), só sobre os credores (solidariedade ativa) ou sobre ambos os polos (solidariedade mista).

3.3.6.2. Formação da obrigação solidária

A solidariedade não se presume. Ela decorre da lei (solidariedade legal) ou da vontade das partes (solidariedade convencional).

3.3.6.3. Solidariedade ativa

É aquela em que qualquer um dos credores pode exigir sozinho a totalidade da obrigação junto ao devedor. Por exemplo, os titulares de uma conta-corrente. Eles são credores solidários dos valores depositados, podendo exigir do banco a entrega de todo o numerário. O devedor pode se exonerar da dívida pagando-a a qualquer dos credores. No entanto, se já tiver sido demandado por algum deles (é necessário citação), só poderá a esse pagar em razão do princípio da prevenção. O credor que tiver recebido a prestação responderá perante os outros. Com a morte do credor solidário, desaparece a solidariedade em relação aos herdeiros isoladamente considerados. Se a prestação for convertida em perdas e danos, subsiste a solidariedade.

3.3.6.4. Solidariedade passiva

É aquela em que cada um dos devedores pode ser demandado a cumprir a totalidade da obrigação junto ao credor. Com a morte de um dos devedores solidários, só se pode cobrar de um herdeiro, isoladamente, a quota correspondente ao seu quinhão hereditário. Se houver impossibilidade da obrigação por culpa de um dos devedores, todos continuam solidários pelo valor da coisa em dinheiro, mas pelas perdas e danos só responde o culpado. Se houver inexecução da obrigação, todos respondem pelos juros solidariamente, mas o culpado deverá ressarcir os demais. As defesas comuns (ex.: prescrição) podem ser alegadas por qualquer devedor solidário. Já as defesas pessoais (ex.: erro, coação) só podem ser alegadas pelo devedor a que disserem respeito. O credor pode renunciar à solidariedade total (em relação a todos os devedores) ou parcialmente (em relação a um deles, por exemplo). O devedor que tiver pago a obrigação terá direito de regresso contra os demais. A presunção é a de que as cotas de cada devedor são iguais. Se um dos codevedores for insolvente, sua quota será dividida igualmente por todos.

3.3.6.5. Aspectos processuais

No *processo de conhecimento*, cabe ao devedor solidário valer-se do *chamamento ao processo*. Já no *processo de execução*, quando couber, é possível alegar o *benefício de ordem*, que é a faculdade de o executado indicar à penhora bens livres de outro devedor solidário.

3.4. Transmissão das obrigações

3.4.1. Introdução

O tema diz respeito à alteração no aspecto subjetivo da obrigação, no caso a substituição dos sujeitos que ocupam um dos polos da relação obrigacional. Aqui, não se fala em alteração nos demais elementos da obrigação (objeto e vínculo).

3.4.2. Cessão de crédito

3.4.2.1. Conceito

É o negócio jurídico bilateral pelo qual o credor transfere a outrem, a título oneroso ou gratuito, os seus direitos na relação obrigacional. Há três figuras: o cedente (credor que transmite o crédito), o cessionário (terceiro que recebe o crédito) e o cedido (o que continua devedor).

3.4.2.2. Limites materiais

Como regra, qualquer crédito pode ser objeto de cessão, salvo por impossibilidade decorrente: a) da natureza da obrigação (ex.: alimentos de direito de família); b) da lei (ex.: crédito penhorado); e c) da convenção com o devedor (*pacto de non cedendo*).

3.4.2.3. Forma

Como regra, cabe qualquer forma admitida em lei. Todavia, se a cessão tiver por objeto direito que só pode ser transmitido por escritura pública, há de se obedecer esta forma (ex.: cessão de direitos hereditários).

3.4.2.4. Eficácia perante terceiros

Para tanto, a cessão deverá ser feita por instrumento público ou por instrumento particular com as formalidades da procuração e com registro no Cartório de Títulos e Documentos.

3.4.2.5. Eficácia perante o devedor cedido

Para tanto, a cessão depende de notificação do devedor ou de sua ciência manifestada por escrito. Antes da notificação, o devedor pode pagar ao cedente, exonerando-se da dívida. Depois, só se exonera se pagar ao cessionário. É no momento da ciência da cessão que o devedor deve alegar as exceções pessoais de que disponha em relação ao cedente, como a compensação, sob pena de se presumir que delas tenha aberto mão.

3.4.2.6. Responsabilidade do cedente

Se a cessão for a título oneroso, o cedente fica responsável pelo seguinte: a) pela existência do crédito quando da cessão; b) pela sua qualidade de credor; e c) pela validade da obrigação. Já se for a título gratuito, o cedente só responde pela existência do crédito se tiver procedido de má-fé. Em qualquer caso, só haverá responsabilidade pelo débito se o cedente tiver assumido expressamente a responsabilidade pela solvência do cedido. Nesse caso teremos a cessão *pro solvendo*, e a responsabilidade é apenas pelo que o cedente tiver recebido do cessionário, acrescido de juros e despesas com a cessão.

3.4.3. Assunção de dívida (cessão de débito)

3.4.3.1. Conceito

É o negócio jurídico bilateral pelo qual um terceiro (assuntor) assume a posição de devedor. O que ocorre é tão somente a substituição no plano passivo, sem que haja extinção da dívida, de modo que não se confunde com a novação subjetiva passiva, em que nasce uma obrigação nova.

3.4.3.2. Espécies

a) **Expromissão:** *é o contrato entre o credor e o terceiro, pelo qual esse assume a posição de novo devedor, sem a participação do devedor originário;*

b) **delegação:** *é o contrato entre o devedor originário (delegante) e o terceiro (delegatário), com a concordância do credor.*

3.4.3.3. Efeitos

a) **Liberatórios:** o devedor originário fica desvinculado do pagamento da dívida. Essa é a regra;

b) **cumulativos:** o devedor originário continua vinculado, servindo a assunção de reforço da dívida, com solidariedade entre os devedores. A doutrina também chama a hipótese de adesão, coassunção ou adjunção à dívida. Trata-se de caso que depende de convenção expressa. Essa hipótese não se confunde com a fiança, pois o novo devedor responde por dívida própria.

3.5. Adimplemento e extinção das obrigações

3.5.1. Introdução

As obrigações podem ser extintas de dois modos. O modo satisfatório ocorre quando o credor recebe a prestação ou tira algum proveito. A satisfação pode ser direta (ex.: pagamento) ou indireta (ex.: compensação). O modo não satisfatório ocorre quando a obrigação fica extinta sem qualquer proveito para o credor (ex.: remissão, prescrição, novação etc.).

3.5.2. Pagamento

3.5.2.1. Conceito

É o efetivo cumprimento da prestação. O termo "pagamento" vale para designar o cumprimento de qualquer modalidade obrigação (de dar, fazer ou não fazer).

3.5.2.2. Elementos essenciais

a) Existência de obrigação que justifique o pagamento, sob pena de se tratar de pagamento indevido, possibilitando repetição de indébito;

b) intenção de pagar (*animus solvendi*), sob pena de se tratar de pagamento por engano, também possibilitando repetição;

c) cumprimento da prestação;

d) presença de sujeito que paga (*solvens*);

e) presença daquele a quem se paga (*accipens*).

3.5.2.3. Quem deve pagar

Qualquer interessado na extinção da obrigação pode pagar. Assim, além do devedor, pode pagar o terceiro interessado, ou seja, aquele que poderia ter seu patrimônio atingido caso a dívida não fosse paga (ex.: fiador, avalista, sócio, adquirente de imóvel hipotecado etc.). Nesse caso, o *solvens* (terceiro interessado) fica sub-rogado nos direitos do credor originário. Já o pagamento feito por terceiro não interessado (por interesse moral ou afetivo, por exemplo), em nome próprio, apenas autoriza esse a reembolsar-se do que pagar, sem sub-rogação nos direitos do credor. A obrigação original fica extinta, nascendo obrigação nova. Se o terceiro não interessado agir em nome do devedor, terá feito uma liberalidade, ficando a obrigação resolvida, sem direito de regresso em face daquele. Por fim, é importante destacar que, se o devedor tinha meios de impedir a cobrança do credor, o terceiro que pagar sem sua autorização não terá direito a qualquer reembolso.

3.5.2.4. A quem se deve pagar

O pagamento deve ser feito ao credor, ao seu representante ou aos seus sucessores. O pagamento feito a qualquer outra pessoa não tem efeito liberatório. O devedor, apesar de poder acionar quem receber indevidamente, continuará obrigado ao pagamento. Porém há situações em que o pagamento feito a terceiro desqualificado tem valor: a) se houver ratificação pelo credor; b) se reverter em proveito do credor; c) se for feito de boa-fé ao credor putativo, ou seja, àquele que parecia, objetivamente, ser o credor (ex.: herdeiro aparente). De outra parte, há situações em que o pagamento feito ao credor não terá valor: a) se for feito ao credor incapaz de dar quitação, salvo se reverteu em seu proveito; b) se o devedor tiver sido intimado da penhora e mesmo assim pagar ao credor.

3.5.2.5. Objeto do pagamento

O pagamento deve coincidir com a coisa devida. Assim, o credor não é obrigado a receber prestação diversa da pactuada, ainda que mais valiosa. Da mesma forma, só se pode constranger o credor a receber o todo, não em partes.

As dívidas em dinheiro deverão ser pagas no vencimento, em moeda corrente (real) e pelo valor nominal. Quanto ao valor nominal, a própria lei admite a convenção de aumento progressivo de prestações sucessivas, dando força à ideia de dívida de valor (e não de dívida de dinheiro). O reajuste automático de prestação tem o nome de cláusula de escala móvel. A Lei nº 10.192/2001 considera nula de pleno direito a estipulação de reajuste em periodicidade inferior a um ano. Também admite-se a revisão da obrigação "quando, por motivos imprevisíveis, sobrevier desproporção manifesta entre o valor da prestação devida e o do momento de sua execução" (art. 317 do CC). Adotou-se a teoria da imprevisão. Outrossim, são nulas as convenções de pagamento em ouro ou em moeda estrangeira. A ideia é preservar o curso forçado da moeda nacional. Há exceções no Dec.-Lei nº 857/1969 e na Lei nº 6.423/1977 (ex.: importação e exportação). Presumem-se a cargo do devedor as despesas com o pagamento e a quitação.

3.5.2.6. Lugar do pagamento

É aquele onde o devedor deve cumprir a obrigação e o credor exigir seu cumprimento. A regra é o domicílio do devedor (dívida quesível ou *quérable*). Mas por motivo legal, convencional ou circunstancial é possível que a obrigação tenha de ser cumprida no domicílio do credor (dívida portável ou *portable*). Se o pagamento consistir na tradição de um imóvel ou em prestações relativas a imóvel, far-se-á no lugar onde estiver situado o bem. Será válido o pagamento feito em lugar diverso se houver motivo grave que justifique isso e não haja prejuízo para o credor.

3.5.2.7. Tempo do pagamento

Salvo disposição legal ou contratual em contrário, pode o credor exigir imediatamente o pagamento. O credor poderá cobrar a dívida antes do vencimento se: a) o devedor cair em falência ou concurso de credores; b) os bens do devedor, hipotecados ou empenhados, forem penhorados em execução por outro credor; c) cessarem, ou se tornarem insuficientes, as garantias do débito, fidejussórias ou reais, e o devedor, intimado, negar-se a reforçá-las.

3.5.3. Pagamento em consignação

3.5.3.1. Conceito

Forma especial de pagamento, por meio de depósito judicial ou em estabelecimento bancário, cabível quando houver mora do credor ou risco para o devedor na realização do pagamento direto. Serve para a entrega de qualquer objeto, só não se admite para a obrigação de fazer ou não fazer. Se for feito por processo de conhecimento, a sentença tem natureza declaratória. Para que o devedor fique exonerado da obrigação, a consignação deve cumprir os mesmos requisitos exigidos para a validade do pagamento quanto às pessoas, ao objeto, modo, tempo e lugar. O depósito em estabelecimento bancário só é admitido quando a prestação for em dinheiro.

3.5.3.2. Cabimento

a) Se o credor não puder, ou, sem justa causa, recusar receber o pagamento, ou dar quitação na devida forma;

b) se o credor não for, nem mandar receber a coisa no lugar, tempo e condição devidos;

c) se o credor for incapaz de receber, for desconhecido, declarado ausente, ou residir em lugar incerto ou de acesso perigoso ou difícil;

d) se ocorrer dúvidas sobre quem deva legitimamente receber o objeto do pagamento;

e) se pender litígio sobre o objeto do pagamento.

3.5.4. Pagamento com sub-rogação

3.5.4.1. Conceito

É a operação pela qual a dívida se transfere a terceiro que a pagou, com todos os seus acessórios. Tem-se aqui uma sub-rogação subjetiva, uma vez que há troca de devedor. Extingue-se a obrigação com relação ao credor original. Por outro lado, transferem-se ao novo credor todos os direitos, ações, privilégios e garantias do primitivo em relação à dívida.

3.5.4.2. Espécies

a) **Legal ou automática:** *é a que opera de pleno direito*, em favor:

a1) do credor que paga a dívida do devedor comum; aqui temos um devedor com dois credores, sendo que um desses paga o outro para evitar o fim do patrimônio do devedor, por exemplo;

a2) do adquirente do imóvel hipotecado, que paga o credor hipotecário, bem como do terceiro que efetiva o pagamento para não ser privado de direito sobre o imóvel;

a3) do terceiro interessado, que paga a dívida pela qual era ou podia ser obrigado, no todo ou em parte;

b) **convencional:** *é a que decorre da vontade das partes* e que se verifica nos seguintes casos:

b1) quando o credor recebe o pagamento de terceiro e expressamente lhe transfere todos os seus direitos;

b2) quando terceira pessoa empresta ao devedor a quantia precisa para solver a dívida, sob a condição de ficar o mutuante sub-rogado nos direitos do credor satisfeito. Ex.: contratos de mútuo pelo Sistema Financeiro da Habitação.

3.5.5. Imputação do pagamento

3.5.5.1. Conceito

É a indicação ou determinação da dívida a ser quitada quando uma pessoa obrigada por dois ou mais débitos da mesma natureza e com o mesmo credor só pode pagar parte deles.

3.5.5.2. Regra geral

Cabe ao devedor indicar, no ato do pagamento, qual dívida deseja saldar.

3.5.5.3. Ausência de indicação pelo devedor

Nesse caso, o credor fará a indicação por meio da quitação. Se a indicação não for feita, dar-se-á a imputação legal:

a) o pagamento será imputado primeiro nos juros vencidos e depois no capital;

b) o pagamento será imputado primeiro nas dívidas vencidas há mais tempo;

c) se todas forem vencidas no mesmo tempo, imputa-se na mais onerosa;

d) se todas forem iguais, imputa-se proporcionalmente.

Por fim, é importante trazer à colação a orientação fixada pela Súmula nº 464 do STJ: "a regra de imputação de pagamentos estabelecida no art. 354 do Código Civil não se aplica às hipóteses de compensação tributária".

3.5.6. Dação em pagamento

3.5.6.1. Conceito

É o acordo de vontades por meio do qual o credor aceita receber prestação diversa da que lhe é devida. Por exemplo, uma pessoa devia R$ 1.000,00 e combina com o credor que pagará com a entrega de uma bicicleta. Trata-se de contrato real, pois só se aperfeiçoa com a tradição. Se for determinado o preço da coisa dada em pagamento, as relações entre as partes regular-se-ão pelas normas do contrato de compra e venda.

3.5.6.2. Efeitos

Extingue a obrigação original. Todavia, se houver evicção, ficará restabelecida a prestação primitiva, ficando sem efeito a quitação dada.

3.5.7. Novação

3.5.7.1. Conceito

É a criação de obrigação nova para extinguir a anterior. Trata-se, ao mesmo tempo, de causa extintiva e geradora de obrigações. Decorre da vontade dos interessados, não da lei.

3.5.7.2. Requisitos de validade

a) Existência de obrigação anterior: assim, não podem ser objeto de novação obrigações nulas ou extintas;

b) constituição de nova dívida: há de ser algo efetivamente novo e válido;

c) intenção de novar ou animus novandi: a novação não se presume; assim, é indispensável a aceitação expressa do credor em relação à nova dívida.

3.5.7.3. Espécies

a) objetiva ou real: quando houver modificação no próprio objeto da obrigação. Por exemplo, substitui-se obrigação em dinheiro para obrigação de não fazer;

b) subjetiva ou pessoal: quando houver substituição de um dos sujeitos da obrigação anterior; não se confunde com a cessão de crédito e a assunção de dívida, pois na novação o vínculo é extinto. Pode ser:

b1) **ativa:** quando houver substituição do credor, formando-se nova dívida entre devedor e terceiro;

b2) **passiva:** quando houver substituição do devedor. Será chamada novação por expromissão quando o devedor é substituído sem o seu consentimento; se for por ordem do devedor, chama-se delegação, sendo necessária a anuência do credor;

c) mista ou subjetiva-objetiva: quando, ao mesmo tempo, houver substituição do objeto e de algum dos sujeitos da obrigação anterior.

3.5.8. Compensação

3.5.8.1. Conceito

É a extinção das obrigações entre duas pessoas que são, ao mesmo tempo, credora e devedora uma da outra. As obrigações ficam extintas até onde se compensarem. Por exemplo, se "A" deve R$ 1.000,00 a "B" e este, R$ 800 a "A", pela compensação, a segunda obrigação fica extinta, remanescendo uma dívida de R$ 200 de "A" para "B".

3.5.8.2. Espécies

a) Legal: é a que decorre da lei, automaticamente. Nesse caso, o devedor poderá alegar a compensação na contestação (exceção de compensação) ou em embargos do devedor. Por se tratar de questão dispositiva, o juiz não pode pronunciá-la de ofício, salvo em relação a honorários advocatícios fixados na própria sentença;

b) convencional: é a que decorre da vontade das partes.

3.5.8.3. Requisitos da compensação legal

a) **Reciprocidade das obrigações**; a exceção é a situação do fiador, que poderá opor compensação de crédito do devedor para com o credor;

b) **prestações líquidas e vencidas**; dívida prescrita não pode ser oposta, pois, de acordo com o art. 190 do CC, a exceção prescreve no mesmo prazo que a pretensão;

c) **coisas fungíveis**; ou seja, as coisas a serem compensadas devem ser do mesmo gênero e qualidade.

3.5.8.4. Impedimentos à compensação

Tanto a vontade (impedimento convencional) como a lei (impedimento legal) podem estabelecer restrições à compensação. São casos de impedimento legal:

a) se uma das dívidas provier de furto, roubo ou esbulho;

b) se uma das dívidas se originar de comodato, depósito ou alimentos;

c) se uma das dívidas for de coisa não suscetível de penhora;

d) se a compensação se der em prejuízo de terceiros.

Em relação a débitos fiscais, a legislação especial é que trata do tema.

3.5.9. Confusão

Confusão é a extinção da obrigação pela reunião, em uma única pessoa, das qualidades de credora e devedora na relação jurídica. A confusão pode ser total ou parcial. O processo será extinto, sem julgamento de mérito. Um exemplo é um herdeiro que recebe de herança um crédito contra si mesmo.

3.5.10. Remissão das dívidas

Consiste na exoneração da dívida do devedor, por liberalidade do credor. A lei exige concordância do devedor. Assim, trata-se de negócio jurídico bilateral. A remissão não pode prejudicar terceiros. Se isso ocorrer, pode ser configurada a fraude contra credores. A remissão pode ser expressa, tácita (ex.: quitação total após pagamento parcial) ou presumida (ex.: devolução voluntária do título).

3.6. Inadimplemento das obrigações

3.6.1. Introdução

Nem sempre a obrigação é cumprida como estipulado entre o credor e o devedor. Nesses casos, fala-se em inadimplemento, que pode ser absoluto (ou definitivo) ou relativo (ou mora). Aliás, o descumprimento de deveres acessórios, anexos e instrumentais (decorrentes do princípio da boa-fé objetiva) também podem configurar o inadimplemento.

O **inadimplemento absoluto** *ocorre na hipótese do credor estar impossibilitado de receber a prestação devida, seja porque é impossível o cumprimento, seja porque a prestação já não lhe é útil*. Será total quando a prestação por inteiro não puder ser cumprida e parcial se apenas uma parte da prestação não puder ser cumprida. O critério para distinguir o inadimplemento absoluto da mora não é só a impossibilidade da prestação. Também ocorre o primeiro quando a prestação já não for útil ao credor. Assim, se o vestido de uma noiva chega após o casamento, não se tem simples mora, mas inadimplemento absoluto. O descumprimento de obrigação de não fazer acarreta, sempre, inadimplemento absoluto, uma vez que não há mais como cumprir o que foi combinado.

O **inadimplemento relativo** *ocorre na hipótese em que ainda for possível e útil a realização da prestação, apesar da inobservância do tempo, do lugar e da forma devidos*. No exemplo anterior, caso o vestido de noiva devesse ser entregue vinte dias antes do casamento, mas isso só ocorrer dez dias antes do evento, estar-se-á diante de mora, não de inadimplemento absoluto. A distinção entre a primeira e o segundo é importante, pois esse enseja cobrança de perdas e danos, sem direito à prestação, ao passo que aquela enseja cobrança de perdas e danos, bem como da própria prestação.

O **inadimplemento culposo** (absoluto ou relativo) faz com que o devedor tenha de responder por perdas e danos, juros, atualização monetária e honorários de advogado (caso tenha sido contratado um). É importante consignar que, na responsabilidade civil contratual ou negocial, a culpa é presumida. Assim, se alguém deixar de cumprir uma obrigação contratual, presume-se que agiu com culpa. Basta o credor fazer a prova do inadimplemento, não sendo necessário que prove algum fato imputável ao devedor. Esse só fica exonerado da responsabilidade se demonstrar alguma excludente, como o caso fortuito ou de força maior ou a culpa exclusiva de terceiro. Já na responsabilidade civil extracontratual subjetiva (culposa), o credor é que tem o ônus da prova da culpa do causador do dano. Nos contratos benéficos ou gratuitos, aquele que pratica a liberalidade só responde se agir com dolo. Assim, na doação pura e simples, o doador só responde pela impossibilidade de entrega da coisa doada caso tenha agido com dolo (ex.: se tiver destruído a coisa).

O **inadimplemento fortuito** não gera, em princípio, obrigação de indenizar. Segundo o art. 393 do CC, o devedor não responde pelos prejuízos resultantes do caso fortuito ou força maior, salvo se expressamente houver por eles se responsabilizado. Assim, só haverá responsabilidade no fortuito se o devedor assumir essa obrigação.

Dívida x responsabilidade: não se deve confundir as duas. A primeira é o elemento pessoal (*Schuld*), ao passo que a segunda, o patrimonial (*Haftung*). Um devedor, enquanto estiver em dia, tem uma dívida. Quando incorrer em inadimplência, passa a ter uma responsabilidade, ou seja, todos os seus bens passam a ser a garantia do pagamento da dívida, salvo bens impenhoráveis. O Direito coloca à disposição do credor meios para que este consiga satisfazer de modo específico seu crédito. Não sendo possível isso, a obrigação converte-se em perdas e danos, ficando o patrimônio do devedor sujeito a esse pagamento.

3.6.2. Mora

3.6.2.1. Conceito

Quanto ao devedor, consiste no não pagamento, e quanto ao credor, na não aceitação do pagamento no tempo, lugar e forma devidos. É importante ressaltar que a diferença entre mora e inadimplemento absoluto é que, na primeira, a obrigação ainda pode ser cumprida.

3.6.2.2. Mora do devedor (*mora solvendi* ou *debitoris*)

3.6.2.2.1. Espécies

a) **Mora *ex re* (ou de pleno direito):** *é aquela em que o fato que a ocasiona está previsto objetivamente na lei.* Assim, a mora é automática. Basta que ocorra o fato para que se configure a mora. Ex.: quando a obrigação tem data de vencimento. O CC estabelece que "o inadimplemento da obrigação, positiva e líquida, no seu termo, constitui de pleno direito em mora o devedor" (art. 397 do CC). Trata-se das chamadas obrigações impuras, em que se aplica a regra do *dies interpellat pro homine.* Outra regra de mora automática é a seguinte: "nas obrigações provenientes de ato ilícito, considera-se o devedor em mora, desde que o praticou" (art. 398 do CC);

b) **mora *ex persona* (ou por ato da parte):** *é aquela que depende de providência por parte do credor para que se caracterize.* Por exemplo, a que depende de interpelação judicial ou extrajudicial, protesto ou mesmo citação do devedor. Aliás, caso ainda não esteja configurada a mora num dado caso, a citação válida terá sempre esse efeito segundo o art. 219 do CPC. O CC estabelece que "não havendo termo, a mora se constitui mediante interpelação judicial ou extrajudicial" (art. 397, parágrafo único). Trata-se das chamadas obrigações perfeitas, em que, por não haver vencimento, a mora depende de notificação. Mas há casos em que, mesmo havendo termo (vencimento) estabelecido, a lei determina que a mora só se configurará após notificação extrajudicial ou judicial. É o caso dos compromissos de compra de venda e da alienação fiduciária em garantia.

3.6.2.2.2. Pressupostos

a) **Exigibilidade da prestação**; ou seja, termo vencido ou condição suspensiva implementada;

b) **inexecução culposa**; assim, se o devedor conseguir provar que a inexecução ocorreu por caso fortuito ou força maior, fica excluída a mora;

c) **viabilidade do cumprimento tardio**; ou seja, não se estará diante de mora se a inexecução da obrigação tornar inútil ao credor seu cumprimento posterior; nesse caso tem-se inadimplemento absoluto.

Vale observar que a "simples propositura da ação de revisão de contrato não inibe a caracterização da mora do autor" (Súmula nº 380 do STJ).

3.6.2.2.3. Efeitos

Caracterizada a mora, o credor tem duas opções:

a) **exigir o cumprimento da obrigação, mais o pagamento de todos os prejuízos que a mora causar,** incluindo perdas e danos, juros, atualização monetária e honorários de advogado;

b) **enjeitar a prestação, exigindo a satisfação de todas as perdas e danos, caso a prestação, devido à mora, tornar-se inútil aos seus interesses.**

Obs.: estando o devedor em mora, esse responderá, inclusive, pela impossibilidade da prestação. Trata-se do efeito que a doutrina chama de perpetuação da obrigação (*perpetuatio obligationis*). O devedor responde mesmo que a impossibilidade decorra de caso fortuito ou de força maior. Só não responderá se provar que o dano teria ocorrido mesmo que tivesse cumprido a prestação a termo (*exceção de dano inevitável*).

3.6.2.3. Mora do credor (*mora accipiendi* ou *credendi*)

3.6.2.3.1. Pressupostos

a) **Vencimento da obrigação**; o credor não é obrigado a receber antes do tempo; todavia, se o vencimento já tiver ocorrido e o credor não quiser receber, estará configurada sua mora, independentemente de culpa do credor; se não houver vencimento, o devedor deverá notificar para constituição em mora;

b) **efetiva oferta da prestação pelo devedor ao credor**;

c) **recusa injustificada em receber**; assim, não se configura a mora se o credor tem justo motivo para não aceitar o pagamento, como no caso de haver diferença entre o que deveria ser cumprido e o que é oferecido.

Obs.: o ônus da prova da mora do credor é do devedor. É por isso que o devedor deve propor ação de consignação em pagamento, exonerando-se da obrigação e evitando a incidência de penalidades e indenizações.

3.6.2.4. Purgação da mora

É a atitude voluntária da parte que tem por finalidade sanar o cumprimento defeituoso da obrigação pelo seu efetivo adimplemento. O devedor em mora deve oferecer a prestação mais a importância dos prejuízos decorrentes do dia da oferta. O credor em mora deve oferecer o recebimento, sujeitando-se aos efeitos da mora até a mesma data.

3.6.3. Perdas e danos. Características

a) Incidem quando há inadimplemento obrigacional;

b) dependem da existência de dano;

c) incluem os *danos emergentes* (o que efetivamente se perdeu) e os *lucros cessantes* (o que razoavelmente se deixou de lucrar);

d) incluem os danos materiais (ou patrimoniais) e os danos morais (ou de natureza extrapatrimonial);

e) só incluem os prejuízos efetivos e os lucros cessantes por efeito direto e imediato (nexo de causalidade entre os danos sofridos pelo credor e o inadimplemento do devedor);

f) quando se trata de dívida em dinheiro, as perdas e danos incluem os *danos emergentes* (a própria prestação + atualização monetária + custas e honorários de advogado) e os *lucros cessantes* (juros de mora); o juiz pode conceder *indenização suplementar*, quando for provado que os juros de mora não cobrem o prejuízo e não houver pena convencional;

g) os juros de mora são contados desde a citação; isso não ocorre nas indenizações por ato ilícito e nos casos de mora *ex re*.

3.6.4. Juros legais

A lei usa a expressão juros legais no capítulo que trata dos juros moratórios. Como se sabe, juros moratórios são aqueles que têm caráter indenizatório pelo retardamento no cumprimento da obrigação. Esses juros também têm caráter punitivo. Não se deve confundir os juros moratórios com os juros remuneratórios (ou compensatórios). Esses são devidos como forma de remunerar o capital emprestado (ex.: taxa de juros do cheque especial). A lei estabelece as seguintes regras para os juros moratórios:

a) as partes podem convencionar os juros moratórios no percentual de até 12% ao ano;

b) se as partes não convencionarem os juros moratórios, estes serão fixados "segundo a taxa que estiver em vigor para a mora do pagamento de impostos devidos à Fazenda Nacional", ou seja, segundo a taxa Selic; o STJ vem entendendo que se aplica a taxa Selic, não incidindo, cumulativamente, correção monetária, uma vez que ela já embute essa correção (EResp 727.842/SP, DJ 20/11/2008);

c) ainda que não se alegue prejuízo, o devedor é obrigado ao pagamento de juros moratórios, inclusive quando não se deve dinheiro, fixando-se, nesse caso, valor pecuniário para o cálculo dos juros devidos.

3.6.5. Cláusula penal

3.6.5.1. Conceito

É a obrigação acessória que incide caso uma das partes deixe de cumprir a obrigação principal. Por exemplo, fixa-se o pagamento de uma multa de 10% caso o aluguel não seja pago em dia. Decorre de convenção entre as partes. Essa cláusula pode ser estipulada tanto para a mora como para o inadimplemento absoluto.

3.6.5.2. Finalidades

a) **meio de coerção:** trata-se incentivo ao fiel cumprimento da obrigação;

b) **prefixação de perdas e danos:** ou seja, independentemente de provar a existência de danos, o credor pode exigi-la do devedor em caso de não cumprimento da obrigação.

3.6.5.3. Indenização suplementar

Como regra, a cláusula penal é *substitutiva* (ou *disjuntiva)*, ou seja, o credor não poderá pedir indenização suplementar. Todavia, caso haja previsão de que a cláusula penal é apenas uma indenização mínima, o credor poderá pedir a complementação, hipótese em que teremos a *clausula penal cumulativa.*

Amenizando um pouco a regra, o Enunciado nº 430 das Jornadas de Direito Civil entende que, em se tratando de contrato de adesão, não há necessidade de convenção prevendo a possibilidade de indenização suplementar caso o valor do dano supere o valor da cláusula penal. Nesse sentido, confira: "art. 416, parágrafo único: no contrato de adesão, o prejuízo comprovado do aderente que exceder ao previsto na cláusula penal compensatória poderá ser exigido pelo credor independentemente de convenção".

3.6.5.4. Espécies

a) **compensatória:** *é a estipulada para a hipótese de total inadimplemento da obrigação*; nesse caso, o credor só poderá exigir a multa, uma vez que a prestação já não pode mais ser cumprida;

b) **moratória ou compulsória:** *é a estipulada para evitar o retardamento culposo no cumprimento da obrigação ou para dar segurança especial a uma cláusula determinada*; nesse caso, o credor poderá exigir a prestação e a multa.

3.6.5.5. Limites da cláusula penal

a) **valor:** a multa não pode exceder o valor da obrigação principal, ou seja, seu valor máximo é de 100%. Já no CDC, a multa é de até 2% sobre o valor da prestação no fornecimento de crédito; a Lei de Usura limita a multa em 10% para os contratos de mútuo; a legislação que regula compromissos de compra e venda de imóveis também a limita em 10%; em relação às despesas de condomínio, a taxa máxima é de 2%;

b) **redução equitativa:** se a obrigação principal tiver sido cumprida em parte, ou se o montante da penalidade for manifestamente excessivo, a penalidade deve ser reduzida equitativamente pelo juiz.

3.6.6. Arras ou sinal

3.6.6.1. Conceito

É o bem entregue por um dos contratantes a outro como confirmação do contrato e princípio de pagamento. Trata-se de pacto acessório e contrato real (só se aperfeiçoa com a entrega do dinheiro ou da coisa).

3.6.6.2. Espécies

a) **confirmatórias:** *são as utilizadas para confirmar o negócio.* Se quem pagar as arras desistir do contrato, ficará sem elas em favor da outra parte. Já se quem recebeu as arras desistir do contrato, deverá devolvê-las em dobro, com atualização monetária, juros e honorários de advogado. As arras confirmatórias servem de prefixação das perdas e danos. Se os prejuízos superarem seu valor, pode-se pedir indenização suplementar;

b) **penitenciais:** *são as utilizadas para a prefixação das perdas e danos, no caso de qualquer das partes desistir do contrato.* A regra é igual à das arras confirmatórias. A diferença é que aqui não cabe pedido de indenização suplementar.

4. Direito dos Contratos

4.1. Introdução

Os contratos são fundamentais para a vida humana. É por meio deles que adquirimos praticamente tudo o que consumimos, sejam as coisas (alimentos, roupas, materiais de higiene e limpeza, eletrodomésticos, CDs, DVDs, livros, carros, imóveis etc.), sejam os serviços (de educação, de ginástica, de corte de cabelo, de telefonia, de televisão a cabo etc.).

Mas não é só para a pessoa natural que os contratos são fundamentais. As pessoas jurídicas também precisam deles o tempo todo. Aliás, para a criação de uma pessoa jurídica, normalmente é necessário um contrato (no caso das sociedades, temos o contrato social). No dia a dia de uma sociedade empresária, por exemplo, são necessários contratos para aquisição de insumos, materiais, equipamentos e serviços, bem como para a circulação dos produtos e serviços produzidos pela empresa.

Diante da relevância do tema, nossa tarefa será tratar da *teoria geral dos contratos* (princípios, formação, vícios redibitórios, evicção, extinção, dentre outros temas) para depois tratar dos contratos em espécie (compra e venda, troca, doação, comodato, mútuo, prestação de serviços, depósito, mandato, fiança, dentre outros contratos).

4.2. Aplicabilidade do Código Civil

O CC regulamenta o instituto "contrato" em quase todos os seus aspectos gerais. Além disso, o Código traz o regime jurídico de mais de vinte espécies contratuais.

Assim, num primeiro momento, pode parecer que o CC regulamenta todo e qualquer tipo de contrato. No entanto, isso não é verdade. Existe uma série de leis especiais regulamentando outros contratos e essas leis prevalecem em detrimento do CC. São exemplos dessas leis o Código de Defesa do Consumidor (Lei 8.078/1990), a Lei de Locações de Imóveis Urbanos (Lei 8.245/1991), a Lei de Franquias (Lei 8.955/1994), a Lei de Alienação Fiduciária de Imóvel (Lei 9.514/1997), a Lei do Sistema Financeiro da Habitação (Lei 5.741/1971), a Lei de Planos e Seguros de Saúde (Lei 9.656/1998), dentre outras.

Como se sabe, a lei especial prevalece em relação à lei geral. Dessa forma, se estivermos diante de um contrato de seguro-saúde, apesar de o CC regulamentar o seguro (arts. 757 e ss.), a lei a ser aplicada é a lei especial, no caso a Lei 9.656/1998, e não o CC. O mesmo acontece em relação ao CDC: se estivermos diante de um contrato em que se configure uma *relação de consumo*, é esse diploma que será aplicado e não o CC.

Como é muito comum estarmos diante de uma relação de consumo, é fundamental a caracterizarmos, a fim de termos elementos para, no caso concreto, saber se deve ser aplicado o CDC ou o CC. Para configuração dessa relação, são necessários três elementos: a) o objetivo (existência de um produto ou de um serviço); b) o subjetivo (existência de um fornecedor e de um consumidor); e c) o finalístico (aquisição ou utilização como destinatário final). Os elementos subjetivo e finalístico merecem um tratamento especial.

O **consumidor** pode ser tanto uma pessoa jurídica como uma pessoa física. O **fornecedor**, por sua vez, poderá ser uma pessoa física, jurídica e até um ente despersonalizado.

Mas não basta que alguém esteja fornecendo um produto ou um serviço para ser fornecedor, nos termos do CDC. É necessário, ainda, que essa pessoa *desenvolva profissionalmente essa atividade*. Assim, alguém que vende seu único imóvel para outra pessoa não pode ser considerado fornecedor. Por outro lado, uma incorporadora, que faz de sua atividade a construção e venda de imóveis, com certeza é um fornecedor.

O **elemento finalístico** reclama que a pessoa física ou jurídica adquira ou utilize produto ou serviço como **destinatário final**. Assim, alguém que tenha adquirido diversos produtos para fins de revenda não pode ser considerado consumidor, pois não é *destinatário final* desses. De outra parte, alguém que tenha adquirido diversos produtos para consumo próprio ou de sua família é considerado consumidor, uma vez que é *destinatário final* desses.

Há controvérsia doutrinária e jurisprudencial sobre se, para ser consumidor, é necessário que a pessoa seja *destinatária final fática e econômica* (**teoria finalista**) ou se basta ser *destinatária final fática* (**teoria maximalista**). Vejamos um exemplo para entender melhor a questão. Imagine a situação de um taxista que adquire um carro para trabalhar. Para a teoria finalista, o taxista não é consumidor, devendo ser aplicado o CC e não o CDC. Isso porque ele é destinatário final fático (pois fica com o táxi consigo), mas não é destinatário final econômico (pois utiliza o táxi como insumo para sua atividade profissional). Já para a teoria maximalista, o taxista é consumidor, pois fica com o carro consigo, e isso é suficiente para caracterizá-lo como destinatário final.

Apesar da controvérsia, que é estudada com mais detalhe na disciplina "Direito do Consumidor", fica a informação de que, caracterizada uma relação de consumo, aplica-se ao contrato o CDC. Não caracterizada essa relação, e não havendo outra lei especial tratando daquele contrato, aplica-se o Código Civil.

Por fim, é importante dizer que, apesar de o CC ceder quando um contrato for regulamentado por uma lei especial, os princípios contratuais nele expressos (princípio da função social dos contratos e da boa-fé objetiva) aplicam-se diretamente a quaisquer contratos, pois, como se sabe, entre uma *regra* de uma lei especial e um *princípio*, deve prevalecer o último.

Além disso, as *regras* do CC sobre contratos podem ser aplicadas supletivamente quando a lei especial que tratar de um dado contrato não regulamentá-lo por inteiro.

Assim, podemos resumir este capítulo dizendo que, dado um contrato, o CC aplica-se integralmente, salvo se houver lei especial regulamentando-o, hipótese em que pode ser aplicado supletivamente, quanto às suas regras, e diretamente, quanto aos seus princípios.

4.3. Conceito, natureza jurídica, existência, validade, eficácia, formação, estipulação em favor de terceiro e promessa por fato de terceiro e contrato com pessoa a declarar

4.3.1. Conceito de contrato

Contrato *é o acordo de vontades para o fim de adquirir, resguardar, modificar ou extinguir direitos*, conforme lição de Clóvis Beviláqua. Trata-se de uma das fontes humanas geradoras de obrigações. As outras são: a) as declarações unilaterais da vontade; b) os atos ilícitos. Esse conceito abrange tanto os contratos principais como os acessórios. O Direito Romano distinguia *contrato* de *convenção*. Essa era o gênero, que tinha como espécies o *contrato* e o *pacto* (hoje chamado contrato acessório).

4.3.2. Natureza jurídica do contrato

O contrato tem a seguinte natureza jurídica:

a) **é fato jurídico** (e não fato simples), pois o contrato é um acontecimento que gera *efeitos jurídicos*;

b) é **fato jurídico em sentido amplo** (e não fato jurídico em sentido estrito), pois o contrato é um fato jurídico *humano* e não da natureza;

c) é **ato lícito** (e não ato ilícito), pois o contrato produz efeitos *desejados* pelo agente;

d) é **negócio jurídico** (e não ato jurídico em sentido estrito), pois o contrato tem *fim negocial*, de regulamentar uma dada situação, não se tratando de mera intenção, como a escolha de um domicílio;

f) é **negócio jurídico bilateral ou plurilateral** (e não negócio jurídico unilateral), pois a *formação* de um contrato depende de mais de uma vontade, e não de apenas uma, como o testamento.

4.3.3. Existência, validade e eficácia

O negócio jurídico pode ser avaliado em três planos: da existência, da validade e da eficácia.

O **plano da existência** analisa os requisitos necessários para a *formação* do contrato. Não preenchidos quaisquer dos elementos de existência do contrato, o acontecimento sequer tem repercussão na esfera jurídica. Por exemplo, se uma pessoa não autoriza outra a prestar um serviço de manutenção de seu carro, o contrato respectivo não se formou, não existe na esfera jurídica.

O **plano da validade** analisa os requisitos necessários para que o contrato *não sofra as sanções* de nulidade ou de anulabilidade, sanções essas que podem impedir que o contrato produza efeitos.

O **plano da eficácia** analisa os momentos em que o contrato regular *inicia e termina a produção de seus efeitos*.

4.3.3.1. Elementos de existência do contrato

4.3.3.1.1. Exteriorização de vontade

Consiste na manifestação de vontade expressa ou tácita. A manifestação expressa *é aquela exteriorizada de modo inequívoco*. Pode ser verbal, escrita ou gestual. A manifestação tácita *é aquela que decorre de um comportamento*. Por exemplo, uma pessoa recebe uma proposta para ganhar um bem em doação e, sem nada dizer, recolhe o imposto de transmissão de bens, aceitando tacitamente a doação.

4.3.3.1.2. Acordo de vontades (consentimento)

Consiste na coincidência de vontades no sentido da formação do contrato. Assim, para existir um contrato, não basta a exteriorização de uma vontade. São necessárias duas vontades coincidentes. Não se admite, portanto, a existência do autocontrato ou contrato consigo mesmo. O que pode haver é que um mandatário celebre contrato figurando, de um lado, em nome do mandante e, de outro, em nome próprio. Por exemplo, "A" celebra um contrato com "B", sendo que "A" recebeu uma procuração de "B" para atuar em nome desse. Não é sempre

que o Direito autoriza uma situação dessas. O art. 117 do CC, inclusive, dispõe que, "salvo se o permitir a lei ou o representado, é anulável o negócio jurídico que o representante, no seu interesse ou por conta de outrem, celebrar consigo mesmo".

4.3.3.1.3. Finalidade negocial

Consiste na vontade de regulamentar uma dada relação jurídica, o que difere da simples intenção manifestada por uma determinada vontade. Assim, quem celebra um contrato de compra e venda busca regulamentar uma dada relação jurídica, celebrando um *negócio jurídico*. Já aquele que muda de domicílio manifesta apenas uma intenção, sem buscar a regulamentação de uma relação jurídica em especial.

4.3.3.1.4. Apreciação pecuniária

Consiste na existência de um elemento econômico no acordo de vontades. A patrimonialidade é considerada, pela doutrina, como ínsita a todo e qualquer tipo de contrato, ainda que existente apenas no caso de descumprimento do dever principal.

4.3.3.1.5. Elementos especiais

Há determinados contratos que exigem, para sua formação, a presença de outros elementos. É o caso dos contratos reais, que exigem, para a sua existência, a entrega da coisa. Por exemplo, o mútuo (empréstimo de coisa fungível) só passa a existir quando há tradição.

4.3.3.2. Pressupostos de validade do contrato

4.3.3.2.1. Vontade livre

Consiste na vontade externada sem vícios. O pressuposto não é preenchido, por exemplo, se a vontade resulta de erro, dolo ou coação, situações em que o contrato será considerado anulável (art. 171, II, CC).

4.3.3.2.2. Capacidade das partes

Consiste na aptidão genérica para, pessoalmente, praticar os atos da vida civil. O incapaz, para que seja parte de um contrato válido, deve ser assistido (se relativamente incapaz) ou representado (se absolutamente incapaz), sob pena de o ato ser anulável (art. 171, I, do CC) ou nulo (art. 166, I, do CC), respectivamente.

4.3.3.2.3. Legitimação das partes

Consiste na aptidão específica para a prática de certos atos da vida civil. O cônjuge que aliena bem imóvel sem a anuência de seu consorte, salvo no regime de separação absoluta, não tem legitimação. O ato por ele praticado é considerado anulável (art. 1.647, I, c/c art. 1.649, do CC).

4.3.3.2.4. Obediência à forma, quando prescrita em lei

Trata-se de requisito que só incidirá se houver forma imposta por lei. Se a lei civil nada dispuser sobre a forma, essa será de livre escolha das partes. Normalmente, um contrato de compra e venda de móvel não requer forma especial; já um contrato de compra e venda de imóvel sempre requer forma especial, no caso a forma escrita. Aliás, se o imóvel for de valor superior a 30 salários mínimos, a forma é ainda mais especial, uma vez que é exigida escritura pública. A desobediência à forma torna o contrato nulo (art. 166, IV, do CC), salvo se se tratar de forma estabelecida em lei apenas para efeito probatório.

4.3.3.2.5. Objeto lícito, possível e determinável

Tanto o objeto *imediato*, ou seja, a obrigação de dar, fazer ou não fazer, como o objeto *mediato* da obrigação, isto é, o bem econômico sobre o qual ele recai (coisa ou serviço), devem respeitar tais imposições. **Objeto lícito** *é aquele que não atenta contra a ordem jurídica como um todo*. Um exemplo de contrato com objeto ilícito é o contrato de sociedade para a exploração de prostituição. **Objeto possível juridicamente** *é aquele que não está proibido expressamente pela lei*. Um exemplo de contrato impossível juridicamente é o que trata de herança de pessoa viva (art. 426 do CC). **Objeto determinável** *é aquele indicado ao menos pelo gênero e pela quantidade*. O contrato com objeto ilícito, impossível ou indeterminável é considerado nulo (art. 166, II, do CC).

4.3.3.2.6. Inexistência de configuração de outras hipóteses legais de ato anulável ou nulo

Além dos casos mencionados, a lei estabelece outras hipóteses que geram invalidade. São exemplos de ato anulável os casos de **fraude contra credores** (arts. 158 e ss. do CC) e de ato nulo os **contratos que tiverem como objetivo fraudar lei imperativa** (ex.: contratos que violarem o princípio da função social) e os que **a lei taxativamente declarar nulo, ou proibir a sua prática, sem cominar sanção** (art. 166, VI e VII, do CC).

4.3.3.3. Pressupostos de eficácia do contrato

4.3.3.3.1. Inexistência de termo suspensivo pendente

Termo suspensivo *é o evento futuro e certo que condiciona o início dos efeitos do contrato*. Por exemplo, um contrato de locação que traz uma cláusula estabelecendo que o locatário só poderá adentrar ao imóvel após dez dias de sua celebração.

4.3.3.3.2. Inexistência de condição suspensiva pendente

Condição suspensiva *é o evento futuro e incerto que condiciona o início dos efeitos do contrato*. Por exemplo, um contrato de doação que prevê que o donatário só será proprietário da coisa se vier a se casar com determinada pessoa.

4.3.4. Formação dos contratos

4.3.4.1. Introdução

Antes de se formar, o contrato passa por uma fase, a fase pré-contratual, que também é chamada de fase de puntuação, de tratativas ou de negociações preliminares. Em seguida, as partes podem fazer um contrato preliminar (que é aquele que acerta a celebração de um contrato futuro), podem fazer um contrato definitivo ou podem não fazer contrato algum.

Portanto, há de se separar bem três situações: a) fase de negociações preliminares à formação do contrato; b) contrato preliminar; c) contrato definitivo.

A fase de negociações preliminares não gera, como regra, obrigações entre aqueles que negociam. Todavia, a doutrina e a jurisprudência evoluíram no sentido de dar mais responsabilidade aos envolvidos nessa fase. Com base no princípio da boa-fé, vem se entendendo que, se na fase das negociações preliminares forem criadas fortes expectativas em um dos negociantes, gerando inclusive despesas de sua parte, o outro negociante deverá responder segundo a chamada responsabilidade pré-contratual, instituto jurídico que se aplica apenas à fase de negociações preliminares, daí o nome "pré-contratual". Nesse sentido, vale transcrever trecho da obra de Maria Helena Diniz sobre o assunto: "todavia, é preciso deixar bem claro que, apesar de faltar obrigatoriedade aos entendimentos preliminares, pode surgir, excepcionalmente, a responsabilidade civil para os que deles participam, não no campo da culpa contratual, mas no da aquiliana. Portanto, apenas na hipótese de um dos participantes criar no outro a expectativa de que o negócio será celebrado, levando-o a despesas, a não contratar com terceiro ou a alterar planos de sua atividade imediata, e depois desistir, injustificada e arbitrariamente, causando-lhe sérios prejuízos, terá, por isso, a obrigação de ressarcir todos os danos. Na verdade, há uma responsabilidade pré-contratual, que dá certa relevância jurídica aos acordos preparatórios, fundada não só no princípio de que os interessados deverão comportar-se de boa-fé, prestando informações claras e adequadas sobre as condições do negócio (...), mas também nos arts. 186 e 927 do Código Civil, que dispõem que todo aquele que, por ação ou omissão, dolosa ou culposa, causar prejuízo a outrem fica obrigado a reparar o dano" (**Curso de Direito Civil Brasileiro**, vol. 3. 26. ed., São Paulo: Saraiva. p. 42, 2010).

Nada obstante, entre a fase de tratativas e a celebração do contrato em si, há atos com consequência jurídica relevante. Tais atos são a "oferta" e a "aceitação", essenciais à formação do contrato.

4.3.4.2. Oferta, proposta ou policitação

A oferta pode ser **conceituada** como *a declaração de vontade pela qual o proponente (policitante) leva ao conhecimento do oblato os termos para a conclusão de um contrato.*

Para que vincule, a oferta deve ter os seguintes **requisitos**:

a) seriedade: não pode ser brincadeira;

b) clareza: não pode ser ambígua;

c) completude: deve indicar todos os aspectos essenciais do contrato (preço e coisa);

d) com destinatário: deve ser dirigida a alguém ou ao público.

O **efeito** da oferta é *obrigar* o proponente aos seus termos, **salvo se**:

a) o contrário dela resultar;

b) a natureza ou as circunstâncias levarem a outra conclusão;

c) seus termos evidenciarem a falta de obrigatoriedade.

Ademais, a oferta **deixa de ser obrigatória** nos seguintes casos (art. 428 do CC):

a) *se feita sem prazo à pessoa presente, não for imediatamente aceita*; considera-se presente a pessoa que contrata por telefone ou outro meio semelhante; cuidado, pois, no CDC, o orçamento, caso não estipule prazo de validade, terá prazo de 10 dias;

b) *se feita sem prazo a pessoa ausente, tiver decorrido tempo suficiente para chegar a resposta ao conhecimento da outra parte (prazo moral)*; é exemplo de ausência a oferta feita por e-mail ou correspondência;

c) *se feita com prazo a pessoa ausente, não tiver sido expedida a resposta no tempo estipulado;*

d) *se houver retratação anterior ou simultânea à chegada da proposta ao conhecimento da outra parte.*

4.3.4.3. Aceitação

A aceitação pode ser **conceituada** como *a adesão integral do oblato à proposta formulada.*

Para que a aceitação leve à formação do contrato são necessários os seguintes **requisitos** (arts. 431 e 432 do CC):

a) deve ser expedida no prazo;

b) não deve conter adições, restrições ou modificações;

c) deve ser expressa.

A aceitação **tácita** só se admite se há costume entre as partes (art. 111 do CC) ou nos casos legais (ex.: silêncio do donatário em face de doação oferecida por alguém – art. 539 do CC).

Uma vez que a aceitação foi feita cumprindo os requisitos legais, seu **efeito** jurídico será a criação do vínculo contratual.

No entanto, o vínculo não será criado nos seguintes casos:

a) se houver retratação (art. 433 do CC); nesse caso, a retratação deve chegar ao conhecimento do proponente junto ou antes da aceitação;

b) se, embora expedida a tempo, por motivo imprevisto, a aceitação chegar tarde ao conhecimento do proponente (ex.: por problema nos correios), conforme art. 430 do CC; nesse caso, o proponente ficará liberado, mas deverá comunicar imediatamente o fato ao aceitante, sob pena de responder por perdas e danos.

4.3.4.4. Teorias sobre o momento da conclusão dos contratos entre ausentes

De acordo com o **sistema da informação (ou cognição)**, o contrato se forma no momento em que o policitante toma conhecimento da aceitação pelo oblato. O problema é que nunca se sabe exatamente quando isso ocorre.

Já o sistema da **agnição (declaração)** contempla as seguintes **espécies:**

a) declaração propriamente dita: o contrato se forma assim que se faz a declaração de aceitação, ou seja, assim que o oblato escreve a resposta com a aceitação; o problema é que essa resposta pode ser rasgada logo em seguida;

b) recepção: o contrato se forma no momento em que o proponente recebe a declaração de aceitação; também é complicada essa espécie, pois não há como o aceitante ter certeza do momento em que o proponente recebe a declaração de aceitação;

c) expedição: o contrato se forma no momento em que a declaração de aceitação é expedida; essa espécie é mais aceita, pois traz um dado mais objetivo; ademais, está prevista expressamente no *caput* do art. 434 do CC.

Porém, os contratos não se formarão no seguintes casos (art. 434 do CC):

a) se houver retratação da aceitação;

b) se for estipulado prazo para chegar à aceitação e essa não chegar;

c) se for estipulado que o proponente deseja esperar a resposta (recepção).

Quanto ao contrato eletrônico, não há previsão expressa a respeito no Código Civil. Porém, a doutrina aponta que ele se forma com a recepção (Enunciado JDC/CJF nº 173).

4.3.5. Estipulação em favor de terceiro (arts. 436 a 438 do CC)

A estipulação em favor de terceiro pode ser **conceituada** como *o contrato pelo qual uma pessoa (estipulante) convenciona em seu próprio nome com outra (promitente) uma obrigação a ser prestada em favor de terceiro (beneficiário).*

São exemplos desse contrato o seguro de vida, a doação com encargo em favor de terceiro e os divórcios consensuais, nos quais se fazem estipulações em favor de filhos.

Esse contrato tem as seguintes características:

a) é uma exceção ao princípio da relatividade dos contratos;

b) contraentes devem ter capacidade de fato, mas, quanto aos beneficiários, basta que tenham capacidade de direito e legitimação (ex.: o concubino de alguém casado não tem legitimidade para ser beneficiário de contrato de seguro estipulado por esse);

c) o estipulante pode substituir o beneficiário, ou seja, o terceiro designado no contrato, independentemente da sua anuência e da do outro contratante;

d) o estipulante pode exigir o cumprimento da obrigação estipulada em favor de terceiro;

e) ao terceiro, em favor de quem se estipulou a obrigação, também é permitido exigi-la, ficando, todavia, sujeito às condições e normas do contrato, se a ele anuir.

4.3.6. Promessa de fato de terceiro (arts. 439 e 440 do CC)

A promessa de fato de terceiro pode ser **conceituada** como *o contrato pelo qual uma das partes se compromete a conseguir o consentimento de terceiro para a prática de um ato.*

Um **exemplo** desse tipo de promessa é uma produtora de eventos prometer que um cantor fará um show.

O **objeto** desse tipo de contrato é a *obrigação de conseguir o consentimento do outro*. Trata-se, então, de obrigação de *fazer*, do tipo obrigação de *resultado*.

O **descumprimento** do contrato pelo promitente gera perdas e danos. Não é possível fazer execução específica, pois é uma obrigação que envolve ato de terceiro, não havendo como obrigar o terceiro a cumprir o que não acertou.

Todavia, o promitente não terá de arcar com perdas e danos nos seguintes casos:

a) se a prestação se tornar impossível (ex.: pelo falecimento do cantor);

b) se o promitente tiver se obrigado a conseguir a anuência de seu cônjuge e, por conta do descumprimento, o cônjuge ficar sujeito ao pagamento das perdas e danos (ex.: promitente promete conseguir que a esposa assine contrato de fiança).

Quanto à situação do **terceiro**, há duas possibilidades:

a) num primeiro momento, o terceiro não tem obrigação alguma, pois não prometeu nada a ninguém;

b) porém, caso o terceiro venha a anuir com a promessa feita pelo promitente, o terceiro passa a ser devedor único, ao passo que o promitente, devedor primário, ficará liberado.

4.3.7. Contrato com pessoa a declarar (arts. 467 a 471 do CC)

O contrato com pessoa a declarar pode ser **conceituado** como *o contrato pelo qual uma pessoa (nomeante) reserva-se a faculdade de indicar outra (nomeado) para adquirir os direitos e assumir as obrigações respectivas.*

Esse contrato é muito comum em leilões de objeto de grande valor. Nesses casos, o verdadeiro comprador, não querendo revelar sua identidade, combina que uma outra pessoa irá fazer os lances e arrematar a coisa, podendo, depois, indicar o verdadeiro comprador para a assinatura dos documentos definitivos.

Em matéria de compromisso de compra e venda esse tipo de cláusula também é comum. Por exemplo, alguém faz um compromisso de compra e venda para comprar um terreno e consegue uma cláusula contratual pela qual o promitente vendedor, uma vez pagas todas as parcelas, deverá passar o imóvel em nome do compromissário comprador ou em nome de pessoa por esse indicada. Tal também ocorre quando um particular vende um carro numa loja de veículos, ficando estipulado que o carro será passado para o nome da pessoa indicada pela loja de automóveis. Nesses dois últimos exemplos, esse tipo de cláusula é utilizada para diminuir despesas com tributos e outras obrigações.

Essa **indicação deve ser comunicada** à outra parte no prazo de cinco dias da conclusão do contrato se outro não tiver sido estipulado.

A **aceitação** da pessoa nomeada deve cumprir os seguintes **requisitos**: a) deve ser expressa; b) deve se revestir da mesma forma que as partes usaram para o contrato originário.

Uma vez **aceita a nomeação**, a pessoa nomeada adquire os direitos e assume as obrigações decorrentes do contrato, a partir do momento em que esse foi celebrado, ou seja, a aceitação **retroage** à data do contrato originário.

Porém, se a **nomeação não for aceita**, o contrato **permanece** entre os contratantes originários.

Aliás, o contrato permanecerá entre contratantes originários nos seguintes casos:

a) se não houver indicação (nomeação) de alguma pessoa no prazo fixado;

b) se não houver aceitação pelo nomeado;

c) se for indicado um incapaz;

d) se for indicado um insolvente no momento da nomeação.

4.4. Princípios dos contratos

4.4.1. Princípio da autonomia da vontade

4.4.1.1. Conceito

É aquele que assegura a liberdade de contratar, consistente na escolha entre celebrar ou não um contrato e na faculdade de escolher com quem, o que e como contratar.

4.4.1.2. Fundamentos

a) políticos: são os princípios liberais, que partem da premissa de que os homens são iguais e livres. Assim sendo, devem-se respeitar as suas escolhas, que seriam justas;

b) jurídicos: art. 5º, *caput*, da CF, que garante a liberdade, a igualdade e a propriedade; art. 170, *caput*, II e IV, da CF, que traz como princípios da ordem econômica a livre iniciativa, a propriedade privada e a livre concorrência; e o art. 421 do CC, segundo o qual "***a liberdade de contratar*** será exercida em razão e nos limites da função social do contrato".

4.4.1.3. Consequências

a) jurídicas: i) estabelece uma liberdade quádrupla às pessoas, que podem contratar *se*, com *quem*, o *que* e *como* quiserem; ii) estabelece a ideia de *pacta sunt servanda*, ou seja, a ideia de que a vontade livremente manifestada "faz lei entre as partes"; iii) estabelece a relatividade dos contratos, ou seja, os contratos só vinculam aqueles que a eles aderiram, aqueles que manifestaram sua vontade;

b) **não jurídicas:** há fatores positivos e negativos no princípio. O fator positivo é que ele possibilita maior circulação de riquezas, dada a segurança jurídica que confere. Trata-se da função econômica do contrato. O fator negativo é que pode gerar situações de desigualdade e injustiça, uma vez que, seja lá qual for a vontade das partes, essa deve ser respeitada. Visto isoladamente, o princípio pode favorecer cláusulas leoninas, abusivas.

4.4.1.4. Fases do princípio

1ª fase – liberdade quase total: *é a fase em que se permite aos contratantes estabelecerem o que quiserem, salvo algumas restrições relativas à ordem pública e aos bons costumes.* Exemplo de limitação desta fase são os jogos ilícitos. Aqui se insere o Código Civil de 1916.

2ª fase – dirigismo contratual: *é a fase em que o Estado passa a expedir uma série de normas de ordem pública, limitando a liberdade de contratar em relação a diversos contratos.* Foi se percebendo que a premissa da igualdade entre as pessoas era falsa, pois o mais forte acabava por oprimir o mais fraco. A ideia era compensar a inferioridade econômica de uns com uma superioridade jurídica. Consagrou-se a máxima de que "entre o forte e o fraco, a liberdade escraviza e a lei liberta". Diante disso, houve uma multiplicação de normas de ordem pública, as quais que criaram verdadeiros limites negativos à liberdade de contratar em contratos como os de mútuo, compromisso de compra e venda, trabalho, locação de imóveis etc.

3ª fase – tutela do hipossuficiente: *é a fase em que o Estado passa a proteger genericamente o hipossuficiente nos contratos que esse celebra.* Esta fase nasceu com a entrada em vigor do Código de Defesa do Consumidor, que traz proteção geral ao destinatário final de produtos e serviços. A diferença para a fase anterior é que o consumidor passa a ter uma proteção especial genérica, ou seja, em todos os contratos que participa.

4ª fase – tutela genérica do equilíbrio contratual: *é a fase em que o Estado passa a proteger genericamente todos os contratantes a fim de preservar o equilíbrio contratual.* Esta fase nasceu com a entrada em vigor do Código Civil, que estabeleceu a necessidade de observância dos princípios da função social dos contratos e da boa-fé objetiva.

4.4.2. Princípio da força obrigatória (obrigatoriedade, intangibilidade)

4.4.2.1. Conceito

É aquele pelo qual o contrato faz lei entre as partes. Esse princípio decorre do anterior e estabelece a ideia de *pacta sunt servanda.* Em virtude dele, as partes são obrigadas a cumprir o combinado e não podem modificar unilateralmente o contrato.

4.4.2.2. Exceções

São exceções ao princípio as hipóteses em que se admite a revogação do contrato (ex.: mandato), aquelas em que há violação aos princípios contratuais e quando for aplicável a teoria da imprevisão.

4.4.3. Princípio da relatividade

4.4.3.1. Conceito

É aquele pelo qual os efeitos dos contratos só são produzidos entre as partes. Decorre do princípio da autonomia da vontade.

4.4.3.2. Exceções

Constituem exceções ao princípio as situações em que os sucessores do falecido têm de cumprir contrato por eles não assinado, os direitos reais e as estipulações em favor de terceiro.

4.4.4. Princípio da função social dos contratos

4.4.4.1. Conceito

Aquele que só legitima e protege contratos que objetivam trocas úteis, justas e não prejudiciais ao interesse coletivo. Tal princípio é inspirado na diretriz de sociabilidade do atual Código Civil, que, traduzida para o plano contratual, impõe que o ele seja instrumento de adequado convívio social.

4.4.4.2. Fundamentos

a) **políticos:** são os princípios sociais, que buscam um equilíbrio na sociedade;
b) **jurídicos:** art. 3º, I, III e IV, da CF, que dispõe serem objetivos da República construir uma sociedade livre, justa e solidária; reduzir as desigualdades sociais; e promover o bem de todos; art. 170, *caput*, da CF, que dispõe ser fundamento da ordem econômica a valorização do trabalho e da livre iniciativa, que seu fim é assegurar a todos existência digna, conforme os ditames da justiça social, estabelecendo, ainda, como princípios a função social da propriedade, a defesa do consumidor e do meio ambiente e a redução das desigualdades regionais e sociais; e o art. 421 do CC, que dispõe que "a liberdade de contratar será exercida em razão e nos limites da função social do contrato".

4.4.4.3. Consequências valorativas

a) Os contratos devem ser **úteis**, ou seja, devem ser de interesse das partes. Assim, não é útil o contrato que estabelece a venda casada, em que um comerciante, por exemplo, é obrigado a adquirir cervejas e refrigerantes, quando seu interesse é apenas adquirir refrigerantes;

b) os contratos devem ser **justos**, ou seja, devem ser equilibrados. O contrato deve ser meio de negociação sadia de interesses e não meio de opressão. As cláusulas não podem ser abusivas, leoninas. Esse princípio impõe respeito à solidariedade, à justiça social e à dignidade da pessoa humana. Assim, não é justo o contrato que estabelece prestações exageradas ou desproporcionais, como, por exemplo, o contrato que estabelece que um contratante fica exonerado de qualquer responsabilidade pelo serviço prestado ou que estabelece que o comprador deve renunciar à indenização por benfeitorias necessárias que fizer no imóvel que tiver de ser devolvido;

c) os contratos devem **respeitar o interesse coletivo**, ou seja, não podem prejudicar os interesses difusos e coletivos, tais como o direito ao meio ambiente ecologicamente equilibrado. O próprio art. 170 da CF dispõe que um dos princípios da ordem econômica é a defesa do meio ambiente. A ideia central aqui é a promoção de um *desenvolvimento sustentável*.

Observação: o juiz, diante dessa cláusula geral, deverá se valer das *regras de experiência* e das *conexões sistemáticas*, ou seja, da utilização de regras previstas em outros diplomas legislativos que estabeleçam valores concernentes ao equilíbrio contratual.

4.4.4.4. Consequências operacionais

O princípio em questão, de ordem pública (art. 2.035, parágrafo único, do CC), tem tríplice função no plano operacional (instrumental):

a) **função interpretativa:** o princípio serve de vetor interpretativo das normas jurídicas gerais (previstas na lei) e individuais (trazidas nos contratos). Assim, diante de uma cláusula contratual ambígua, por exemplo, deve-se ficar com a interpretação que confira utilidade e justiça ao contrato;

b) **função integrativa:** o princípio é meio de integração dos contratos. Em caso de lacuna, deve-se criar regra a reger a situação não regulada de modo a promover utilidade e justiça na avença;

c) **função corretiva:** o princípio corrige cláusulas contratuais injustas e abusivas. Diante de uma delas, o juiz tem quatro possibilidades: i) modificar a cláusula; ii) invalidar a cláusula; iii) resolver o contrato; ou iv) condenar o ofensor ao pagamento de uma indenização. Deve-se dar preferência à modificação da cláusula, preservando o contrato e a intenção das partes. Por exemplo, um item que estabelece uma multa elevada deve ser modificado para dar lugar a uma multa equilibrada. A expressão correta não é "revisar a cláusula", mas, sim, "modificar a cláusula". Isso porque a *revisão contratual* é instituto que se aplica àquelas situações em que o contrato nasceu sem problemas e só depois ficou desequilibrado. Já a *modificação contratual* é típica das situações em que a cláusula contratual já nasceu abusiva, merecendo ser modificada. Não sendo possível tal medida, parte-se, então, para a sua invalidação. Nesse caso, normalmente temos a nulidade absoluta, por força do que dispõe o art. 166, VI e VII, do CC. Mas há casos em que estaremos diante de nulidade relativa, como quando se configura lesão (art. 157 do CC). Pode ocorrer, todavia, da modificação ou a invalidação de uma cláusula contratual não ser suficiente para a preservação do princípio. Se assim for, para estabelecer o equilíbrio contratual, pode-se partir para a resolução do contrato ou para a condenação de uma das partes ao pagamento de uma indenização.

4.4.5. Princípio da boa-fé objetiva

4.4.5.1. Conceito

Aquele que impõe aos contratantes guardar em todas as fases que envolvem o contrato o respeito à lealdade.

4.4.5.2. Fundamentos jurídicos

Art. 3º, I, da CF, que dispõe ser objetivo da República garantir uma sociedade solidária. No plano infraconstitucional, está previsto no art. 422 do CC.

4.4.5.3. Consequências valorativas

a) Os contratantes devem ser **leais**, ou seja, devem agir com honestidade, retidão, respeito, cuidado e probidade;

b) deve-se analisar a conduta dos contratantes segundo os parâmetros da **boa-fé objetiva**, ou seja, o que se entende como atitude de boa-fé na sociedade. Trata-se da concepção ética de boa-fé e não da concepção individual, subjetiva, de boa-fé. Assim, não se verifica o que pensa um dos contratantes sobre o que é agir de boa-fé. Verifica-se o que pensa a sociedade sobre isso. O juiz, diante dessa cláusula geral, também deverá se valer das *regras de experiência* e das *conexões sistemáticas*, ou seja, da utilização de regras previstas em outros diplomas legislativos que estabeleçam valores concernentes à boa-fé.

Exemplo de aplicação prática do princípio é o trazido no Enunciado 432 das Jornadas de Direito Civil, *in verbis*: "art. 422: Em contratos de financiamento bancário, são abusivas cláusulas contratuais de repasse de custos administrativos (como análise do crédito, abertura de cadastro, emissão de fichas de compensação bancária etc.), seja por estarem intrinsecamente vinculadas ao exercício da atividade econômica, seja por violarem o princípio da boa-fé objetiva".

4.4.5.4. Extensão no tempo

O princípio deve ser obedecido em todas as fases contratuais:

a) fase das tratativas: agir de boa-fé nessa fase é esclarecer os fatos relevantes e expressar-se com clareza;

b) fase da celebração (ou da conclusão): agir de boa-fé nessa fase é redigir o contrato conforme o combinado e de modo claro;

c) fase da execução: agir de boa-fé nessa fase é cumprir fielmente o contrato, é não impor dificuldades ao cumprimento da outra parte e é evitar interpretações divergentes das combinadas originariamente;.

d) fase da extinção: agir de boa-fé nessa fase é não deixar resíduos e é dar quitação à parte adimplente;

e) fase pós-contratual: agir de boa-fé nessa fase é guardar o sigilo e o segredo profissionais.

4.4.5.5. Consequências operacionais

O princípio em questão tem quádrupla função no plano operacional (instrumental):

a) função interpretativa: o princípio serve de vetor interpretativo das normas jurídicas gerais (previstas na lei) e individuais (trazidas nos contratos). Assim, diante de uma cláusula contratual ambígua, por exemplo, deve-se ficar com a interpretação que preserve a boa-fé das partes;

b) função integrativa: o princípio é meio de integração dos contratos. Em caso de lacuna, deve-se criar regra a reger a situação não regulada de modo a promover a boa-fé das partes;

c) função criativa de deveres anexos: o princípio estabelece deveres acessórios a todos os contratos, proibindo que as pessoas exerçam abusivamente seus direitos e impondo que ajam com cuidado e respeito. Segundo o Enunciado 24 das JDC/CJF, a violação de deveres anexos constitui espécie de inadimplemento, independentemente de culpa;

d) função corretiva: diante de uma situação de desrespeito ao princípio da boa-fé, o juiz tem quatro possibilidades: i) modificar uma cláusula contratual; ii) invalidar uma cláusula contratual; iii) resolver o contrato; ou iv) condenar o ofensor a cumprir uma obrigação, inclusive a de indenizar. Problemas nas duas primeiras fases que envolvem o contrato (tratativas e conclusão) ensejam, normalmente, modificação ou invalidação de uma cláusula contratual. Problemas nas últimas três fases do contrato (execução, extinção e pós-extinção) ensejam, normalmente, condenação do ofensor ao cumprimento de obrigação, principalmente obrigação de indenizar.

4.4.5.6. Responsabilidade pré-contratual

O princípio da boa-fé objetiva também é fundamento, hoje, na imposição de reparação de danos originados na fase pré-contratual. Com efeito, quando pessoas estão em tratativas para celebrar um contrato, mas tal tratativa é de tal monta que gera expectativa legítima de que o contrato vá ser concluído, havendo rompimento das tratativas e prejuízo material a alguma das partes, de rigor, em homenagem ao princípio da boa-fé objetiva, o reconhecimento da responsabilidade civil em desfavor da parte infratora. Nesse sentido, confira decisão do Superior Tribunal de Justiça:

DIREITO CIVIL. RESPONSABILIDADE CIVIL PRÉ-CONTRATUAL. A parte interessada em se tornar revendedora autorizada de veículos tem direito de ser ressarcida dos danos materiais decorrentes da conduta da fabricante no caso em que esta – após anunciar em jornal que estaria em busca de novos parceiros e depois de comunicar àquela a avaliação positiva que fizera da manifestação de seu interesse, obrigando-a, inclusive, a adiantar o pagamento de determinados valores – rompa, de forma injustificada, a negociação até então levada a efeito, abstendo-se de devolver as quantias adiantadas. A responsabilidade civil pré-negocial, ou seja, a verificada na fase preliminar do contrato, é tema oriundo da teoria da culpa *in contrahendo*, formulada pioneiramente por Jhering, que influenciou a legislação de diversos países. No Brasil, o CC/1916 não trazia disposição específica a respeito do tema, tampouco sobre a cláusula geral de boa-fé objetiva. Todavia, já se ressaltava, com fundamento no art. 159 daquele diploma, a importância da tutela da confiança e da necessidade de reparar o dano verificado no âmbito das tratativas pré-contratuais. Com o advento do CC/2002, dispôs-se, de forma expressa, a respeito da boa-fé (art. 422), da qual se extrai a necessidade de observância dos chamados deveres anexos ou de proteção. Com base nesse regramento, deve-se reconhecer a responsabilidade pela reparação de danos originados na fase pré-contratual caso verificadas a ocorrência de consentimento prévio e mútuo no início das tratativas, a afronta à boa-fé objetiva com o rompimento ilegítimo destas, a existência de prejuízo e a relação de causalidade entre a ruptura das tratativas e o dano sofrido. Nesse contexto, o dever de reparação não decorre do simples fato de as tratativas terem sido rompidas e o contrato não ter sido concluído, mas da situação de uma das partes ter gerado à outra, além da expectativa legítima de que o contrato seria concluído, efetivo prejuízo material (REsp 1.051.065-AM, rel. Min. Ricardo Villas Bôas Cueva, julgado em 21.02.2013). (Inform. STJ 517).

4.5. Classificação dos contratos

4.5.1. Quanto aos efeitos (ou quanto às obrigações)

4.5.1.1. Contratos unilaterais

São aqueles em que há obrigações para apenas uma das partes. São exemplos a doação pura e simples, o mandato, o depósito, o mútuo (empréstimo de bem fungível – dinheiro, p. ex.) e o comodato (empréstimo de bem infungível). Os três últimos são unilaterais, pois somente se formam no instante em que há entrega da coisa (são contratos reais). Entregue o dinheiro, por exemplo, no caso do mútuo, esse contrato estará formado e a única parte que terá obrigação será o mutuário, a de devolver a quantia emprestada (e pagar os juros, se for mútuo feneratício).

4.5.1.2. Contratos bilaterais

São aqueles em que há obrigações para ambos os contratantes. Também são chamados de sinalagmáticos. A expressão "sinalagma" confere a ideia de reciprocidade às obrigações. São exemplos a prestação de serviços e a compra e venda.

4.5.1.3. Contratos bilaterais imperfeitos

São aqueles originariamente unilaterais, que se tornam bilaterais por uma circunstância acidental. São exemplos o mandato e o depósito não remunerados. Assim, num primeiro momento, o mandato não remunerado é unilateral (só há obrigações para o mandatário), mas, caso esse incorra em despesas para exercê-lo, o mandante passará também a ter obrigações, no caso a de ressarcir o mandatário.

4.5.1.4. Contratos bifrontes

São aqueles que originariamente podem ser unilaterais ou bilaterais. São exemplos o mandato e o depósito. Se for estipulada remuneração em favor do mandatário ou do depositário, estar-se-á diante de contrato bilateral, pois haverá obrigações para ambas as partes. Do contrário, será unilateral, pois haverá obrigações apenas para o mandatário ou para o depositário.

Importância da classificação: a classificação é utilizada, por exemplo, para distinguir contratos em que cabe a exceção de contrato não cumprido. Apenas nos contratos bilaterais é que uma parte pode alegar a exceção, dizendo que só cumpre a sua obrigação após a outra cumprir a sua. Nos contratos unilaterais, como só uma das partes tem obrigações, o instituto não se aplica. Isso vale tanto para a inexecução total (hipótese em que se alega a *exceptio non adimplecti contractus*) como para a inexecução parcial (hipótese em que se alega a *exceptio non rite adimplecti contractus*), previstas no art. 476 do CC, e ainda para a exceção de insegurança, prevista no art. 477 do CC. Para aplicação do instituto, é importante verificar qual das duas partes tem de cumprir sua obrigação em primeiro lugar.

Observação: não se deve confundir essa classificação, que é dos contratos (negócios jurídicos bilaterais), com a classificação dos negócios jurídicos, que são divididos também em unilaterais e bilaterais. A classificação dos negócios jurídicos tem por critério o *número de vontades necessárias para sua formação*. Negócio jurídico unilateral é *aquele que se aperfeiçoa com uma única manifestação de vontade*, como o testamento, por exemplo. Negócio jurídico bilateral, por sua vez, é *aquele que somente se aperfeiçoa com duas declarações de vontade coincidentes*, como os contratos, inclusive o contrato de doação, em que é necessária a aceitação pelo donatário, ainda que tácita.

4.5.2. Quanto às vantagens

4.5.2.1. Contratos gratuitos

São aqueles em que há vantagens apenas para uma das partes. Também são chamados de benéficos. São exemplos a doação pura e simples, o depósito não remunerado, o mútuo não remunerado e o comodato.

4.5.2.2. Contratos onerosos

São aqueles em que há vantagens para ambas as partes. São exemplos a compra e venda, a prestação de serviços, o mútuo remunerado (feneratício) e a doação com encargo.

Não se deve confundir a presente classificação com a trazida anteriormente e achar que todo contrato unilateral é gratuito e que todo contrato bilateral é oneroso. Como exemplo de contrato unilateral e oneroso pode-se trazer o mútuo feneratício.

Importância da classificação: a) os institutos da evicção e dos vícios redibitórios somente são aplicados aos contratos onerosos; b) na fraude contra credores, em se tratando de contratos gratuitos celebrados por devedor insolvente ou reduzido à insolvência, o *consilium fraudis* é presumido. Nos contratos onerosos, por sua vez, tal *consilium* deve ser provado; c) na responsabilidade civil, essa se configura por mera culpa de qualquer das partes em contratos onerosos, ao passo que, nos contratos gratuitos, quem detém o benefício só responde se agir com dolo; d) na interpretação dos contratos, essa será estrita (não ampliativa) nos contratos gratuitos ou benéficos.

4.5.3. Quanto ao momento de formação

4.5.3.1. Contrato consensual

É aquele que se forma no momento do acordo de vontades. São exemplos a compra e venda e o mandato. Nesse tipo de contrato, a entrega da coisa (tradição) é mera execução.

4.5.3.2. Contrato real

É aquele que somente se forma com a entrega da coisa. São exemplos o comodato, o depósito e o mútuo. Nesses contratos a entrega da coisa é requisito para a formação, a existência do contrato.

4.5.4. Quanto à forma

4.5.4.1. Contratos não solenes

São aqueles de forma livre. São exemplos a compra e venda de bens móveis, a prestação de serviços e a locação. A regra é ter o contrato forma livre (art. 107 do CC), podendo ser verbal, gestual ou escrito, devendo obedecer a uma forma especial apenas quando a lei determinar.

4.5.4.2. Contratos solenes

São aqueles que devem obedecer a uma forma prescrita em lei. São exemplos a compra e venda de imóveis (deve ser escrita, e, se de valor superior a 30 salários mínimos, deve ser por escritura pública), o seguro e a fiança.

A forma, quando trazida na lei, costuma ser essencial para a validade do negócio (forma *ad solemnitatem*). Porém, em algumas situações, a forma é mero meio de prova de um dado negócio jurídico (forma *ad probationem tantum*).

4.5.5. Quanto às qualidades pessoais dos contratantes

4.5.5.1. Contratos impessoais

São aqueles em que a prestação pode ser cumprida, indiferentemente, pelo devedor ou por terceiro. Em obrigações de dar, por exemplo, não importa se é o próprio devedor ou terceiro quem cumpre a obrigação, mas sim que essa seja cumprida.

4.5.5.2. Contratos personalíssimos

São aqueles celebrados em razão de qualidades pessoais de pelo menos um dos contratantes, não podendo a respectiva prestação ser cumprida por terceiro. Também são chamados de contratos *intuitu personae*. Geralmente, nesse tipo de contrato, há obrigações de fazer. Os elementos confiança, qualidade técnica e qualidade artística são primordiais. São exemplos a contratação de um pintor renomado para realizar uma obra de arte e a contratação de um cantor para se apresentar numa casa de espetáculos. Nesses dois exemplos, a *pessoalidade* é da natureza do contrato. Entretanto, é possível que, por vontade dos contratantes, fique estipulado o caráter personalíssimo desse.

Importância da classificação: a) em caso de não cumprimento da obrigação, em se tratando de contrato impessoal, o credor tem, pelo menos, duas opções, quais sejam, mandar executar a obrigação por terceiro à custa do devedor ou simplesmente requerer indenização por perdas e danos; no caso de contrato personalíssimo, todavia, a obrigação não cumprida se converte em obrigação de pagar perdas e danos, já que só interessa seu cumprimento pelo devedor e não por terceiro;b) em caso de falecimento do devedor, em se tratando de contrato impessoal, a obrigação fica transmitida aos herdeiros, que deverão cumpri-la nos limites das forças da herança; no caso de contrato personalíssimo, por sua vez, o falecimento do devedor antes de incorrer em mora importa a extinção do contrato, não transferindo as obrigações respectivas aos herdeiros daquele; c) em caso de erro essencial sobre a pessoa, em se tratando de contrato impessoal, o erro não torna anulável o negócio; porém, no caso de contrato personalíssimo, o erro quanto à pessoa contratada é essencial, substancial, gerando a anulabilidade do negócio jurídico. Exemplo dessa última situação é a contratação do aprendiz de um artista renomado, pensando se tratar do próprio.

4.5.6. Quanto à existência de regramento legal

4.5.6.1. Contratos típicos (ou nominados)

São os que têm regramento legal específico. O CC traz pelo menos vinte contratos típicos, como a compra e venda, a doação e o mandato. Leis especiais trazem diversos outros contratos dessa natureza, como o de locação de imóveis urbanos (Lei 8.245/1991), de incorporação imobiliária (Lei 4.561/1964) e de alienação fiduciária (Decreto-Lei 911/1969 com as alterações da Lei 10.931/2004).

4.5.6.2. Contratos atípicos (ou inominados)

São os que não têm regramento legal específico, nascendo da determinação das partes. Surgem da vida cotidiana, da necessidade do comércio. São exemplos o contrato de cessão de clientela, de agenciamento matrimonial, de excursão turística e de feiras e exposições. Apesar de não haver regulamentação legal desses contratos, o princípio da autonomia da vontade possibilita sua celebração, observados alguns limites impostos pela lei. O art. 425 do CC dispõe que "é lícito às partes estipular contratos atípicos, observadas as normas gerais fixadas neste Código". Assim, as pessoas podem criar novas figuras contratuais, desde que respeitem os seguintes preceitos do CC: os da parte geral (ex.: o objeto deve ser lícito, possível e determinável) e os da teoria geral das obrigações e dos contratos (ex.: deve atender ao princípio da função social dos contratos). De qualquer modo, nesse tipo de contrato as partes devem trazer maiores detalhes acerca de seu regramento, dada a inexistência de regulação legal da avença.

4.5.6.3. Contratos mistos

São os que resultam da fusão de contratos nominados com elementos particulares, não previstos pelo legislador, criando novos negócios contratuais. Exemplo é o contrato de exploração de lavoura de café, em que se misturam elementos atípicos com contratos típicos, como a locação de serviços, a empreitada, o arrendamento rural e a parceria agrícola.

4.5.7. Quanto às condições de formação

4.5.7.1. Contratos paritários

São aqueles em que as partes estão em situação de igualdade, podendo discutir efetivamente as condições contratuais.

4.5.7.2. Contratos de adesão

São aqueles cujas cláusulas são aprovadas pela autoridade competente ou estabelecidas unilateralmente sem que o aderente possa modificar ou discutir substancialmente seu conteúdo. Exemplos: contratos de financiamento bancário, seguro e telefonia. A lei estabelece que a inserção de uma cláusula no formulário não desnatura o contrato, que continua de adesão.

Importância da classificação: Os contratos de adesão têm o mesmo regime jurídico dos contratos paritários, mas há algumas diferenças pontuais. Se o contrato de adesão for regido pelo Direito Civil, há duas regras aplicáveis: a) as cláusulas ambíguas devem ser interpretadas favoravelmente ao aderente (art. 423 do CC); b) a cláusula que estipula a renúncia antecipada do aderente a direito resultante da natureza do contrato é nula (art. 424 do CC). Já se o contrato de adesão for regido pelo CDC, há duas regras peculiares a esse contrato (art. 54 do CDC): a) os contratos de adesão admitem cláusula resolutória, mas essas são alternativas, cabendo a escolha ao consumidor, ou seja, é ele quem escolhe se deseja purgar a mora e permanecer com o contrato ou se prefere a sua resolução; b) as cláusulas limitativas de direito devem ser redigidas com destaque, permitindo sua imediata e fácil identificação, sendo que o desrespeito a essa regra gera a nulidade da cláusula (art. 54, § 4º, c/c o art. 51, XV, do CDC).

4.5.8. Quanto à definitividade

4.5.8.1. Contratos definitivos

São aqueles que criam obrigações finais aos contratantes. Os contratos são, em sua maioria, *definitivos*.

4.5.8.2. Contratos preliminares

São aqueles que têm como objeto a realização futura de um contrato definitivo. Um exemplo é o compromisso de compra e venda. Os contratos preliminares devem conter os requisitos essenciais do contrato a ser celebrado, salvo quanto à forma. Assim, enquanto a compra e venda definitiva de um imóvel deve ser por escritura pública, o compromisso de compra e venda pode ser por escritura particular. Além disso, o contrato preliminar deve ser levado a registro para ter eficácia perante terceiros. Assim, um compromisso de compra e venda não precisa ser registrado para ser válido, mas sem a formalidade não há como impedir que um terceiro o faça antes, pois, não registrando, carregará esse ônus. De qualquer forma, o compromissário comprador, uma vez pagas todas as parcelas do compromisso, tem direito à adjudicação compulsória, independentemente da apresentação do instrumento no Registro de Imóveis. O compromissário deve apenas torcer para que alguém não tenha feito isso antes. As regras sobre o contrato preliminar estão nos artigos 462 e 463 do CC:

a) **consequência imediata do contrato preliminar:** desde que não conste cláusula de arrependimento, qualquer das partes pode exigir a celebração do contrato definitivo, assinalando prazo à outra. É importante ressaltar que, em matéria de imóveis, há diversas leis impedindo a cláusula de arrependimento;
b) **consequência mediata do contrato preliminar:** esgotado o prazo mencionado sem a assinatura do contrato definitivo, a parte prejudicada pode requerer ao Judiciário que supra a vontade do inadimplente, conferindo caráter definitivo ao contrato preliminar, salvo se a isso se opuser a natureza da obrigação.

4.5.9. Quanto ao conhecimento prévio das prestações

4.5.9.1. Contrato comutativo

É aquele em que as partes, de antemão, conhecem as prestações que deverão cumprir. Exs.: compra e venda, prestação de serviços, mútuo, locação, empreitada etc. A maior parte dos contratos tem essa natureza.

4.5.9.2. Contrato aleatório

É aquele em que pelo menos a prestação de uma das partes não é conhecida de antemão. Ex.: contrato de seguro.

4.5.10. Quanto ao momento de execução

4.5.10.1. Contratos instantâneos

São aqueles em que a execução se dá no momento da celebração. Um exemplo é a compra e venda de pronta entrega e pagamento.

4.5.10.2. Contratos de execução diferida

São aqueles em que a execução se dá em ato único, em momento posterior à celebração. Constitui exemplo a compra e venda para pagamento em 120 dias.

4.5.10.3. Contratos de trato sucessivo ou de execução continuada

São aqueles em que a execução é distribuída no tempo em atos reiterados. São exemplos a compra e venda em prestações, a locação e o financiamento pago em parcelas.

Importância da classificação: para efeito de discernir que tipo de contrato está sujeito à regra da imprevisão. Tal instituto, previsto nos arts. 478 a 480 do CC, só é aplicável aos contratos de execução diferida e de execução continuada, visto que não se pode conceber que uma prestação possa se tornar excessivamente onerosa por um fato novo em contratos em que a execução se dá no mesmo instante de sua celebração.

4.6. Onerosidade excessiva

4.6.1. Introdução

A Primeira Guerra Mundial trouxe sérias consequências à execução dos contratos, principalmente os de longo prazo. Isso fez com que ganhasse força a ideia de que está implícita em todo pacto uma cláusula pela qual a obrigatoriedade de seu cumprimento pressupõe a inalterabilidade da situação de fato que deu origem à sua formação. Tratava-se da chamada cláusula *rebus sic stantibus* ("enquanto as coisas estão assim"). Enquanto as condições fáticas existentes quando da celebração do contrato estiverem inalteradas, as disposições desse serão obrigatórias. Modificadas tais condições, causando desequilíbrio entre os contratantes, há de se alterar suas disposições. No Brasil, houve certa resistência a essa ideia, uma vez que o país acabara de ganhar um novo Código Civil (o de 1916), que não fazia referência ao assunto. Isso fez com que a ideia do *rebus sic stantibus* acabasse sendo aceita desde que os novos fatos fossem extraordinários e imprevisíveis, daí porque entre nós ganhou o nome de Teoria da Imprevisão. Mesmo assim, era só uma teoria. Algumas leis até trataram da questão, mas sempre de modo pontual. São exemplos a Lei de Alimentos, a Lei de Locações e a Lei de Licitações e Contratos Administrativos. Sobreveio o Código de Defesa do Consumidor, que inovou ao permitir a revisão contratual por onerosidade excessiva, independentemente de fato imprevisível. E em 2003, com a entrada em vigor do atual CC, previu-se para qualquer contrato regido pelo Direito Civil o instituto da "resolução por onerosidade excessiva", contudo novamente vinculada à ocorrência de fatos imprevisíveis. Como se verá, o CC adotou um nome infeliz ("resolução"), pois, em caso de onerosidade excessiva por fato imprevisível, deve-se, em primeiro lugar, buscar a revisão contratual e não a extinção do contrato.

4.6.2. Requisitos para aplicação da regra da imprevisão

O CC exige o seguinte para que se tenha direito à revisão ou à resolução do contrato:

a) o contrato deve ser de execução continuada ou diferida;

b) a prestação de uma das partes deve se tornar excessivamente onerosa;

c) a outra parte deve ficar com extrema vantagem;

d) o desequilíbrio deve ser decorrência de acontecimentos extraordinários e imprevisíveis.

O primeiro requisito é óbvio, pois num contrato de execução instantânea não há tempo para que a prestação fique excessivamente onerosa.

O segundo requisito impõe que a perda seja razoável. Pequenas perdas não possibilitam a revisão contratual.

O requisito de extrema vantagem para a outra parte vem sendo atenuado pela doutrina. Em virtude do princípio da função social dos contratos, basta que uma das partes fique com a prestação excessivamente onerosa para que possa pleitear a revisão contratual.

Por fim, exige-se acontecimento extraordinário e imprevisível. O requisito afasta acontecimentos ordinários, como é o caso da inflação. O problema é que, no mundo moderno e na realidade brasileira, quase tudo é previsível e quase tudo acontece com uma certa frequência. A inflação é previsível. O aumento do dólar também. Assim, num primeiro momento, somente situações extremas, como a guerra ou a ocorrência de uma catástrofe causada pela natureza, preencheriam o requisito. Isso fez com que a doutrina flexibilizasse a regra, apontando que os "motivos imprevisíveis" que autorizam a revisão contratual podem estar relacionados tanto com uma causa imprevisível (guerra, ciclone etc.) como um resultado imprevisível (o tamanho do aumento do dólar, por exemplo).

Em princípio, não é possível a aplicação do instituto em contratos aleatórios, já que, nesses, o risco é inerente ao negócio. Porém, o Enunciado nº 440 das Jornadas de Direito Civil observa que "é possível a revisão ou resolução por excessiva onerosidade em contratos aleatórios, desde que o evento superveniente, extraordinário e imprevisível não se relacione com a álea assumida no contrato".

4.6.3. Consequência da configuração do instituto

O devedor poderá pedir em juízo a resolução do contrato, retroagindo os efeitos da sentença para a data da citação (art. 478 do CPC). Trata-se de consequência extremamente radical e que fere os princípios da conservação dos contratos, da função social, da boa-fé objetiva e da proibição de exercício abusivo dos direitos, bem como das disposições dos arts. 317 e 480 do CC. Assim, deve-se buscar, em primeiro lugar, a revisão contratual, que só não será efetivada se for inviável, para só então partir-se para a resolução do contrato. Se a parte prejudicada ingressar diretamente com pedido de resolução do contrato, o art. 479 do CC dispõe que a medida poderá ser evitada se o réu se oferecer a modificar equitativamente as condições do pacto. O juiz analisará se a proposta é ou não equitativa, verificando se há ou não boa-fé dos contratantes.

4.6.4. Revisão no CDC

O CDC não exige fato extraordinário e imprevisível para que haja o direito de revisão contratual. Basta um fato superveniente que gere uma excessiva onerosidade (art. 6º, V, do CDC). Nesse particular, é bom lembrar que não se deve confundir o direito de *revisão* com o de *modificação contratual*. Essa existirá quando a cláusula contratual for originariamente desproporcional, ou seja, quando já nascer abusiva; e aquela existirá quando o contrato nascer equilibrado e se tornar excessivamente oneroso.

4.6.5. Revisão na locação de imóvel urbano

A revisão do aluguel requer apenas dois requisitos: a) aluguel fora do valor de mercado; b) 3 (três) anos de vigência do contrato ou de acordo anterior (arts. 19, 68, 69 e 70, da Lei do Inquilinato).

4.7. Evicção

4.7.1. Conceito

É a perda da coisa adquirida onerosamente, em virtude de decisão judicial ou administrativa que a atribui a outrem por motivo anterior à aquisição. A expressão vem do latim *evincere*, que significa ser vencido. O exemplo comum é daquele que adquire onerosamente um bem de quem não é dono, vindo a perdê-lo por uma ação movida pelo verdadeiro proprietário da coisa. Quem aliena direito sobre o bem tem, assim, o dever de garantir que era seu titular e que a transferência o atribuirá realmente ao adquirente. Trata-se da garantia quanto a defeitos do direito, diferente da garantia concernente aos vícios redibitórios, que diz respeito ao uso e gozo da coisa. O instituto da evicção tem três personagens, quais sejam, o **alienante** (aquele que transferiu o direito sobre a coisa, e que não era seu verdadeiro titular), o **evicto** (aquele que adquiriu o direito sobre a coisa, mas foi vencido numa demanda promovida por terceiro, verdadeiro titular de tal direito) e o **evictor** ou **evencente** (terceiro reivindicante da coisa, que vence a demanda que promoveu contra o adquirente).

4.7.2. Incidência

O instituto incide tanto na perda da posse como na perda do domínio sobre a coisa; a perda pode ser parcial ou total; deve se tratar de contrato oneroso; a garantia subsiste mesmo na compra feita em hasta pública; a privação da coisa, configuradora da evicção, pode se dar tanto por decisão judicial, como por decisão administrativa.

4.7.3. Garantia

Ocorrendo a evicção, o evicto se voltará contra o alienante para fazer valer os seguintes direitos:

a) de *restituição integral do preço ou das quantias pagas*; o preço será o do valor da coisa na época em que se evenceu;

b) de *indenização dos frutos que tiver sido obrigado a restituir*;

c) de *indenização pelas despesas dos contratos e pelos prejuízos que diretamente resultarem da evicção*; assim, as despesas contratuais com escritura pública, registro e imposto de transmissão, bem como qualquer outra que decorra diretamente da perda da coisa, como a correção monetária e os juros, deverão ser indenizadas;

d) de *ressarcimento das custas judiciais e dos honorários do advogado por ele constituído*; 579

e) de *pagamento das benfeitorias necessárias ou úteis que fizer, não abonadas pelo reivindicante.*

Observação: no caso de a evicção ser parcial, mas considerável, como na hipótese de o evicto perder setenta por cento do bem que comprou, ele terá duas opções. Além de poder pedir a restituição da parte do preço correspondente ao desfalque sofrido, pode optar pela rescisão do contrato, com a devolução total do preço pago. Deve-se deixar claro, todavia, que, além de parcial, deve ser considerável a evicção (art. 455).

4.7.4. Possibilidades de alteração da garantia

4.7.4.1. Possibilidades

Segundo o art. 448 do CC, é facultado às partes, desde que por cláusula expressa, reforçar, diminuir ou excluir a responsabilidade pela evicção.

Assim, pode-se estipular expressamente que, em caso de evicção, o adquirente terá direito à devolução do preço com um acréscimo de cinquenta por cento, por exemplo, punição que reforça a garantia.

Pode-se também diminuir e até excluir a responsabilidade pela evicção, estipulando-se expressamente que, em caso de perda da coisa, o adquirente não terá direito à devolução do preço por inteiro (diminuição) ou do valor total pago (exclusão).

Entretanto, o art. 449 do CC dispõe que, mesmo havendo cláusula excluindo a garantia contra evicção (a chamada cláusula genérica de exclusão ou cláusula de irresponsabilidade), se esta vier a ocorrer, o evicto ainda assim terá direito ao pagamento do preço pago pela coisa, salvo se tiver ciência do risco da evicção e assumido expressamente esse risco. Há, portanto, dois tipos de exclusão estabelecidos em lei: a exclusão parcial e a exclusão total.

4.7.4.2. Exclusão parcial

Dá-se quando há mera cláusula que exclui a garantia (ex.: fica excluída a garantia que decorre da evicção). Neste caso, o evicto continuará tendo direito à devolução do preço pago pela coisa, ficando excluídos somente os demais direitos que decorrem da evicção (indenização dos frutos, despesas, prejuízos, sucumbência e benfeitorias). Tal limitação da autonomia da vontade decorre da necessidade de dar guarida ao princípio do não enriquecimento sem causa. Aqui temos uma *cláusula genérica de exclusão da garantia.*

4.7.4.3. Exclusão total

Dá-se quando presentes três requisitos. O primeiro deles consiste na a) existência de uma cláusula de exclusão da garantia, como aquela dada anteriormente como exemplo. Além disso, é necessário que b) o evicto tenha ciência do risco da evicção, como na hipótese em que é informado que corre uma demanda reivindicatória promovida por terceiro em face do alienante. Por fim, é imprescindível que, ciente do risco de perda da coisa, c) o evicto o tenha assumido, vale dizer, é necessário assunção do risco por parte do adquirente. Trata-se da chamada *cláusula específica de exclusão da garantia.* O art. 449 do CC não impõe textualmente que os dois últimos requisitos (ciência e assunção do risco da evicção) estejam expressos numa cláusula contratual, de modo que se pode admitir sua comprovação de outra forma.

4.7.5. Requisitos para exercer a garantia que decorre da evicção

a) *perda total ou parcial* do domínio, da posse ou do uso da coisa alienada;

b) *onerosidade da aquisição*, salvo a doação para casamento com certa e determinada pessoa;

c) *inexistência de cláusula de irresponsabilidade.* Caso exista, só se terá direito ao preço pago.

d) *anterioridade do direito do evictor.* O alienante não responderá se o direito do evictor sobre a coisa só se der após sua transferência ao adquirente.

e) *denunciação da lide ao alienante.* Segundo o art. 456 do CC, "para poder exercer o direito que da evicção lhe resulta o adquirente notificará do litígio o alienante imediato, ou qualquer dos anteriores, quando e como lhe determinarem as leis do processo". Tal notificação se dá por meio da denunciação da lide (art. 70, I, do CPC). Ao sofrer a ação por parte de terceiro, deve o adquirente denunciar da lide ao alienante para que este possa conhecer da demanda e coadjuvá-lo na defesa do direito. Interessante regra é a trazida no parágrafo único do art. 456, que permite ao adquirente deixar de oferecer a contestação ou usar de recursos, preenchidos dois requisitos, quais sejam, não atendimento do alienante à denunciação da lide e manifesta procedência da evicção. Resta saber se, não feita a denunciação da lide, terá o evicto algum direito. Num primeiro momento a resposta é negativa, eis que tanto o CC quanto o CPC dispõem que tal notificação (ou denunciação) é obrigatória para "poder exercer o direito que da evicção resulta". A explicação para tal obrigatoriedade, sob pena de perda do direito, encontra-se no fato de que o alienante não pode sofrer os efeitos de uma demanda da qual não teve ciência. Nada obstante, no plano do direito processual, tem-se entendido que a obrigatoriedade existe para que se possa exercitar o direito de regresso no próprio processo. O STJ entende que a obrigatoriedade da denunciação é tão somente para exercer o direito de regresso no mesmo processo, não impedindo que se ingresse com ação autônoma em seguida, para o fim de fazer valer diante do alienante os direitos que decorrem da evicção, entendimento que encontra arrimo no princípio que veda o enriquecimento sem causa. Por fim, vale trazer à tona nova regra contida no Código Civil de 2002, que cria a figura da denunciação *per saltum,* ao possibilitar, no art. 456 transcrito, que o adquirente notifique o alienante imediato ou qualquer dos anteriores.

4.8. Vícios redibitórios

4.8.1. Conceito

São problemas ocultos presentes em coisas recebidas em virtude de contrato comutativo, que as tornem impróprias ao uso a que são destinadas ou lhes diminuam o valor. O instituto está previsto nos arts. 441 a 446 do CC. São exemplos um carro com motor ruim e um apartamento com infiltração, vícios que o comprador nem sempre pode perceber. O fundamento do instituto é o princípio da garantia quanto à coisa. Não se deve confundir o instituto dos vícios redibitórios com o do erro e do dolo. O vício é um problema na coisa, ao passo que o erro e o dolo são problemas na vontade. Além disso, o vício possibilita a redibição do contrato ou o abatimento no preço, ao passo que o erro e o dolo ensejam a anulação do contrato.

4.8.2. Requisitos para a configuração do instituto

a) prejuízo sensível ao uso ou ao valor da coisa;

b) problema imperceptível à diligência ordinária do adquirente (vício oculto);

c) problema já existente ao tempo da entrega da coisa;

d) contrato oneroso e comutativo.

4.8.3. Efeitos

Configurado o vício, o adquirente poderá ingressar com uma das seguintes ações (denominadas ações edilícias):

4.8.3.1. Ação redibitória

É aquela que objetiva a rescisão do contrato. Nesta ação pede-se a extinção do contrato, com a devolução do valor recebido e o pagamento das despesas do contrato. Se o alienante sabia do vício, o adquirente pode também pedir indenização por perdas e danos.

4.8.3.2. Ação estimatória (*quanti minoris*)

É *aquela que tem por finalidade a obtenção do abatimento do preço.*

Observação: o prazo para ingressar com as ações acima é decadencial, uma vez que nos dois casos estamos diante de prazo previsto na Parte Especial do CC, bem como de pretensões de natureza constitutiva (rescisão e modificação do contrato, respectivamente).

4.8.4. Prazo para ingressar com a ação

a) se a coisa for móvel: 30 dias.

b) se a coisa for imóvel: 1 ano.

4.8.5. Termo *a quo*

Conta-se o prazo da (do):

4.8.5.1. Data da entrega efetiva

Quando o adquirente não estava na posse da coisa.

4.8.5.2. Data da alienação

Quando o adquirente estava na posse da coisa. Nesse caso, o prazo fica reduzido à metade.

4.8.5.3. No momento em que o adquirente tiver ciência do vício

Quando este, além de oculto, só poderá ser conhecido mais tarde, dada a sua natureza. Neste caso, a lei estipula um prazo máximo para *ciência* do vício. Esse prazo é de 180 dias para móvel e de 1 ano para imóvel. Assim, se uma pessoa comprar um carro com esse tipo de vício e vier a descobri-lo 170 dias depois, cumpriu o primeiro prazo, qual seja, o prazo de 180 dias para a tomada de ciência do problema na coisa. Em seguida, começará o segundo prazo, o de *garantia* para ingressar com uma das ações mencionadas. No caso, o prazo será de 30 dias, por se tratar de móvel. Mas, se a pessoa só tem ciência do vício 190 dias após a aquisição, o *prazo para ciência* do vício terá terminado, ficando prejudicado o direito. Nessa hipótese, nem se começa a contar o *prazo de garantia.*

4.8.6. Garantia contratual

O CC estabelece que "não correrão os prazos da garantia legal na constância da garantia contratual" (art. 446). Isso significa que, havendo garantia voluntária (ex.: até a próxima Copa do Mundo), primeiro se conta o prazo dela, para só depois se contar o prazo da garantia legal. Todavia, a lei dispõe que, havendo garantia voluntária (= a garantia contratual), o adquirente deve denunciar eventual defeito que a coisa tiver ao alienante no prazo de 30 dias após seu descobrimento, sob pena de decadência. Ou seja, a lei dá com uma mão (diz que os prazos de garantia voluntária e legal devem ser somados), mas tira com a outra (estabelece um procedimento diferente, que obriga o adquirente a avisar a ocorrência do defeito ao alienante 30 dias após essa descoberta), prazo independente do de garantia. Aqui temos o chamado "prazo de aviso". De qualquer forma, nunca haverá decadência em prazo menor que o próprio prazo de garantia legal (30 dias para móvel e 1 ano para imóvel).

4.8.7. Vício redibitório no CC X vício no CDC

Abaixo elencamos 11 (onze) diferenças básicas entre o *vício redibitório* (instituto do Código Civil) e o *vício* (instituto do CDC):

a) O CC trata de vícios em coisas; o CDC, de vício em produto ou serviço;

b) No CC, o vício tem de ser oculto; no CDC, pode ser oculto ou aparente;

c) No CC, a doutrina exige sensível prejuízo; no CDC, não há essa exigência;

d) No CC, a garantia é de 30 dias para móvel e de 1 ano para imóvel; no CDC, de 90 dias para produto durável e de 30 dias para produto não durável;

e) No CC, o termo *a quo* do prazo pode ser as datas da entrega (vício oculto simples), da alienação (adquirente já na posse da coisa) e da ciência do vício (vício oculto de conhecimento tardio); no CDC, as datas da entrega (vício aparente) e da ciência do vício (vício oculto);

f) No CC, há prazo máximo para tomar ciência de vício oculto de conhecimento tardio (180 dias para móvel e 1 ano para imóvel) e prazo para avisar o defeito quando há garantia contratual (30 dias); no CDC, não existem tais prazos;

g) No CC, o prazo de garantia é para entrar com ação redibitória ou estimatória; no CDC, é para pedir o conserto da coisa aos fornecedores (o fornecedor terá 30 dias para consertar), salvo se a coisa for essencial ou o conserto puder comprometê-la, quando se autoriza pedir diretamente outra coisa;

h) No CC, o prazo de garantia não se suspende, nem se interrompe; no CDC, com a reclamação (comprovada) pedindo o conserto da coisa, o prazo de garantia fica suspenso, voltando a correr com a recusa em consertar, quando então o prazo restante passa a ser para entrar com uma ação contra o fornecedor;

i) No CC, cabem as ações redibitória (extinção do contrato) e estimatória (abatimento do preço); no CDC, as ações redibitória, estimatória e a ação para substituição do produto por outro da mesma espécie;

j) No CC, o adquirente só tem direito a perdas e danos se o alienante sabia do vício; no CDC, todo dano deve ser indenizado, independentemente da ciência do vício pelo fornecedor (responsabilidade objetiva);

k) No CC, é possível diminuir ou excluir a garantia, se houver circunstância justificável; no CDC, só é possível a limitação da garantia e, mesmo assim, se o consumidor for pessoa jurídica.

4.9. Extinção dos contratos

4.9.1. Execução

Esta é a forma normal de extinção dos contratos. Na compra e venda a execução se dá com a entrega da coisa (pelo vendedor) e com o pagamento do preço (pelo comprador).

4.9.2. Invalidação

O contrato anulável produz seus efeitos enquanto não for anulado pelo Poder Judiciário. Uma vez anulado (decisão constitutiva), o contrato fica extinto com efeitos "ex nunc". Já o contrato nulo recebe do Direito uma sanção muito forte, sanção que o priva da produção de efeitos desde o seu início. A parte interessada ingressa com ação pedindo uma decisão declaratória, decisão que deixa claro que o contrato nunca pode produzir efeitos, daí porque essa decisão tem efeitos "ex tunc". Se as partes acabaram cumprindo "obrigações", o juiz as retornará ao estado anterior.

4.9.3. Resolução

Há três hipóteses de extinção do contrato pela resolução, a saber:

4.9.3.1. Por inexecução culposa

É aquela que decorre de culpa do contratante. Há dois casos a considerar:

a) **se houver cláusula resolutiva expressa (pacto comissório)**, ou seja, previsão no próprio contrato de que a inexecução deste gerará sua extinção, a resolução opera de pleno direito, ficando o contrato extinto; o credor que ingressar com ação judicial entrará apenas com uma ação declaratória, fazendo com que a sentença tenha efeitos *ex tunc*. A lei protege o devedor em alguns contratos, estabelecendo que, mesmo existindo essa cláusula, ele tem o direito de ser notificado para purgar a mora (fazer o pagamento atrasado) no prazo estabelecido na lei.

b) **se não houver cláusula resolutiva expressa,** a lei estabelece a chamada **"cláusula resolutiva tácita"**, disposição que está implícita em todo contrato, e que estabelece que o seu descumprimento permite que a outra parte possa pedir a resolução do contrato. Neste caso, a resolução dependerá de interpelação judicial para produzir efeitos, ou seja, ela não ocorre de pleno direito. Repare que não basta mera interpelação extrajudicial. Os efeitos da sentença judicial serão "ex nunc".

É importante ressaltar que a parte lesada pelo inadimplemento (item *a* ou *b*) tem duas opções (art. 474 do CC): a) pedir a resolução do contrato; ou b) exigir o cumprimento do contrato. Em qualquer dos casos, por se tratar de inexecução culposa, caberá pedido de indenização por perdas e danos. Se houver cláusula penal, esta incidirá independentemente de prova de prejuízo (art. 416 do CC). Todavia, uma indenização suplementar dependerá de convenção no sentido de que as perdas e os danos não compreendidos na cláusula penal também serão devidos.

4.9.3.2. Por inexecução involuntária

É aquela que decorre da impossibilidade da prestação. Pode decorrer de caso fortuito ou força maior, que são aqueles fatos necessários, cujos efeitos não se consegue evitar ou impedir. Esta forma de inexecução exonera o devedor de responsabilidade (art. 393 do CC), salvo se este expressamente assumiu o risco (art. 393 do CC) ou se estiver em mora (art. 399 do CC).

4.9.3.3. Por onerosidade excessiva

Conforme vimos, no caso de onerosidade excessiva causada por fato extraordinário e imprevisível, cabe revisão contratual. Não sendo esta possível, a solução deve ser pela resolução do contrato, sem ônus para as partes. A resolução por onerosidade excessiva está prevista no art. 478 do CC.

4.9.4. Resilição

4.9.4.1. Conceito

É a extinção dos contratos pela vontade de um ou de ambos contratantes. A palavra-chave é *vontade*. Enquanto a resolução é a extinção por inexecução contratual ou onerosidade excessiva, a resilição é a extinção pela vontade de uma ou de ambas as partes.

4.9.4.2. Espécies

a) **bilateral**, *que é o acordo de vontades para pôr fim ao contrato* (**distrato**). A forma para o distrato é a mesma que a lei exige para o contrato. Por exemplo, o distrato de uma compra e venda de imóvel deve ser por escritura, pois esta é a forma que a lei exige para o contrato. Já o distrato de um contrato de locação escrito pode ser verbal, pois a lei não exige documento escrito para a celebração de um contrato de locação. É claro que não é recomendável fazer um distrato verbal no caso, mas a lei permite esse procedimento.
b) **unilateral**, *que é a extinção pela vontade de uma das partes* (**denúncia**). Essa espécie de resilição só existe por exceção, pois o contrato faz lei entre as partes. Só é possível a denúncia unilateral do contrato quando: i) houver previsão contratual ou ii) a lei expressa ou implicitamente autorizar. Exemplos: em contratos de execução continuada com prazo indeterminado, no mandato, no comodato e no depósito (os três últimos são contratos feitos na base da confiança), no arrependimento de compra feita fora do estabelecimento comercial (art. 49 do CDC) e nas denúncias previstas na Lei de Locações (arts. 46 e 47 da Lei 8.245/1991). A lei exige uma formalidade ao denunciante. Este deverá notificar a outra parte, o que poderá ser feito extrajudicialmente. O efeito da denúncia é *ex tunc*. Há uma novidade no atual CC, que é o "aviso prévio legal". Esse instituto incide se alguém denuncia um contrato prejudicando uma parte que fizera investimentos consideráveis. Nesse caso, a lei dispõe que a denúncia unilateral só produzirá efeitos após um prazo compatível com a amortização dos investimentos (art. 473, parágrafo único).

4.9.5. Morte

Nos contratos impessoais, a morte de uma das partes não extingue o contrato. Os herdeiros deverão cumpri-lo segundo as forças da herança. Já num contrato personalíssimo (contratação de um advogado, contratação de um cantor), a morte da pessoa contratada extingue o contrato.

4.9.6. Rescisão

A maior parte da doutrina encara a rescisão como gênero, que tem como espécies a resolução, a resilição, a redibição etc.

4.10. Compra e venda

4.10.1. Introdução

Na fase primitiva da civilização havia apenas troca ou permuta de objetos. Isso porque não havia denominador comum de valores. Em seguida, algumas mercadorias passaram a ser utilizadas como padrão monetário (ouro, prata, cabeça de gado). Aliás, cabeça de gado chamava *pecus*, o que deu origem à palavra pecúnia. Até que surgiu o papel-moeda, que é um elemento representativo de um padrão monetário. Isso possibilitou grande circulação de riqueza, tornando o contrato de compra e venda o mais comum dos contratos.

4.10.2. Conceito

É o contrato pelo qual um dos contratantes (vendedor) se obriga a transferir o domínio de coisa corpórea ou incorpórea, e outro (comprador), a pagar-lhe certo preço em dinheiro ou valor fiduciário equivalente. Ou seja, um dá uma coisa (um alimento, um móvel, um eletrodoméstico) e o outro dá dinheiro ou outro valor fiduciário (cheque, por exemplo). Perceba que compra e venda não transfere a propriedade da coisa, mas apenas obriga uma das partes a transferir a coisa a outro.

4.10.3. Sistemas

Quanto aos efeitos dos contratos de compra e venda, existem três:

4.10.3.1. Francês

Nesse sistema o contrato tem o poder de transferir o domínio da coisa. Ou seja, celebrado o contrato de compra e venda, independentemente da tradição (na coisa móvel) ou do registro (na coisa imóvel), a propriedade dela já é do comprador.

4.10.3.2. Romano

Nesse sistema o contrato apenas cria obrigações. O descumprimento do contrato gera perdas e danos.

4.10.3.3. Brasileiro

Adotamos o sistema romano, com poucas exceções. Assim, o contrato de compra e venda gera obrigações e não transferência direta da propriedade.

4.10.4. Classificação

O contrato de compra e venda é bilateral, consensual, oneroso, comutativo e não solene (salvo os direitos reais sobre imóveis).

4.10.5. Elementos

4.10.5.1. Consentimento

a) deve recair sobre uma coisa e um preço (elemento de existência);

b) deve recair sobre a natureza do contrato e sobre o objeto (elemento de validade); não recaindo, pode-se estar diante de erro ou dolo;

c) deve ser livre e espontâneo (elemento de validade); não o será se houver coação;

d) deve surgir de agente capaz (elemento de validade).

4.10.5.2. Preço

a) deve ter peculiaridade (ser ou representar dinheiro), seriedade (ser verdadeiro, real, sob pena de ser simulação) e certeza (certo ou determinável);

b) a lei admite o preço segundo: i) acordo entre os contratantes; ii) arbítrio de terceiro escolhido pelas partes; iii) tabelamento oficial; iv) taxa de mercado ou bolsa em certo dia e lugar; v) índices ou parâmetros (p. ex.: valor do petróleo);

c) a lei admite, excepcionalmente, convenção de venda sem fixação de preço, desde que essa seja a intenção das partes, hipótese em que se considera o tabelamento oficial ou o preço corrente das vendas habituais do vendedor;

d) o preço é livre, mas existem alguns temperamentos, que podem tornar o contrato anulável, como, por exemplo, em "Negócios da China" (aplicação do instituto da lesão – art. 157 do CC) e no estado de perigo (art. 156 do CC).

4.10.5.3. Coisa

a) pode ser corpórea (móveis e imóveis) ou incorpórea (ações, direito de autor, créditos);

b) deve ser existente, ainda que de modo potencial; se for inexistente por ter perecido (ex.: casa destruída), a venda é nula; se for sobre coisa futura sem assunção de risco, a venda é sob condição; se for coisa futura com assunção de risco, a venda é aleatória;

c) deve ser individuada, ou seja, determinada ou determinável; se for coisa incerta, deve ser indicada ao menos quanto ao gênero e à quantidade; o devedor escolherá, pelo menos, a de termo médio;

d) deve ser disponível, ou seja, alienável natural, legal e voluntariamente (não pode conter cláusula de inalienabilidade) e pertencente ao vendedor. Neste caso, não sendo o vendedor dono da coisa, a venda poderá ser convalidada se ele vier a adquiri-la posteriormente e estiver de boa-fé (art. 1.268 do CC).

4.10.6. Efeitos da compra e venda

4.10.6.1. Principais

a) gera obrigações recíprocas de entregar a coisa e pagar o preço;

b) gera responsabilidades por vícios redibitórios e pela evicção.

4.10.6.2. Secundários

a) responsabilidade pelos riscos da coisa: até a tradição, é do vendedor; se houver mora no recebimento, é do comprador; se for entregue ao transportador indicado ao vendedor, é do comprador;

b) responsabilidade pelos riscos do preço: até o pagamento, é do comprador; após o pagamento e em caso de mora em receber, é do vendedor;

c) responsabilidade pelas despesas de escritura e registro: é do comprador, salvo convenção diversa;

d) responsabilidade pela tradição: é do vendedor, salvo convenção diversa;

e) responsabilidade pelas dívidas pretéritas que gravam a coisa até a tradição: é do vendedor, salvo convenção diversa; se a obrigação for *propter rem*, o comprador terá direito de regresso contra o vendedor;

f) direito de retenção da coisa: até o pagamento, o vendedor não é obrigado a entregar a coisa, salvo nas vendas a crédito e convenção em contrário.

4.10.7. Limitações à compra e venda

4.10.7.1. Venda de ascendente a descendente

É anulável, salvo se houver consentimento dos outros descendentes e do cônjuge. A ideia é impedir vendas por preços mais baixos, prejudicando herdeiros. Repare que isso só ocorre na venda. A doação não precisa do consentimento. Porém, o donatário deverá colacionar os bens recebidos em vida, no inventário do doador, quando este falecer, salvo se houver dispensa disso.

4.10.7.2. Aquisição por pessoa encarregada de zelar pelos interesses do vendedor

É nula. Exemplos: aquisição pelo tutor, curador, administrador, juiz, servidor público etc.

4.10.7.3. Venda de fração ideal de coisa indivisível em condomínio

Os consortes terão direito de preferência. Um exemplo é de três pessoas donas de um mesmo imóvel. Caso uma delas queira vender sua parte, deverá oferecer às outras, que terão preferência na aquisição. Não respeitada tal preferência, o prejudicado poderá depositar o preço dentro de 180 dias da transmissão. Se os dois consortes prejudicados tiverem interesse na coisa, tem primazia o que tiver benfeitorias de maior valor na coisa, o que tiver maior quinhão e o que fizer o primeiro depósito, nessa ordem.

4.10.7.4. Venda entre cônjuges

Só é possível em relação a bens excluídos da comunhão.

4.10.8. Venda *ad mensuram*

4.10.8.1. Conceito

Aquela em que o preço estipulado é feito com base nas dimensões do imóvel. Ex.: alguém compra um terreno em que se deixou claro que os 360 m² têm o valor de R$ 50 mil.

4.10.8.2. Consequência

A área do imóvel deverá efetivamente corresponder às dimensões dadas.

4.10.8.3. Tolerância

A lei admite uma diferença de até 1/20 da área total enunciada.

4.10.8.4. Exclusão da tolerância

a) se houver exclusão expressa no contrato;

b) se o comprador provar que não teria realizado o negócio se soubesse da diferença.

4.10.8.5. Direitos do comprador

Poderá pedir o complemento da área (ação *ex empto* ou *ex vendito*). Não sendo possível, terá a opção entre pedir a resolução do contrato ou o abatimento proporcional do preço.

4.10.9. Venda *ad corpus*

4.10.9.1. Conceito

Aquela em que o imóvel é vendido como coisa certa e discriminada, sendo meramente enunciativa eventual referência às suas dimensões. Ex.: consta do contrato que a área tem mais ou menos 20.000 m².

4.10.9.2. Consequência

Pouco importa a área efetiva do imóvel. Não haverá complemento ou devolução do preço.

4.10.10. Retrovenda

4.10.10.1. Conceito

Cláusula pela qual o vendedor reserva-se o direito de reaver o imóvel que está sendo alienado, em certo prazo, restituindo o preço mais despesas feitas pelo comprador (art. 505 do CC). Ou seja, é aquela situação em que alguém vende um imóvel, mas assegura o direito de recomprá-lo em certo prazo, pelo mesmo preço da venda anterior. Infelizmente esse instituto é muito utilizado na agiotagem. O Judiciário vem reconhecendo a simulação quando o intuito da retrovenda é servir de garantia para uma dívida.

4.10.10.2. Direito de retrato

O prazo máximo para esse direito é de 3 anos. Trata-se de prazo decadencial.

4.10.11. Preferência

4.10.11.1. Conceito

Convenção em que o comprador se obriga a oferecer ao vendedor a coisa que aquele vai vender, para que este use seu direito de prelação na compra, tanto por tanto (art. 513). Por exemplo, é aquela situação em que alguém compra um andar de um prédio comercial para instalar sua empresa e, já pensando no futuro crescimento, estabelece com o vendedor, que é dono da sala vizinha, que quer preferência na aquisição da segunda sala, caso o vendedor queira vendê-la no futuro.

4.10.11.2. Exercício do direito

Havendo interesse em vender a coisa, o vendedor deverá notificar o titular do direito de preferência para que este diga se tem interesse em adquiri-la, no mínimo, pelo mesmo valor da proposta recebida pelo vendedor. Não havendo prazo estipulado, o titular do direito de preferência terá 3 dias, se a coisa for móvel, e 60 dias, se a coisa for imóvel, para manifestar-se, sob pena de decadência. O prazo máximo que pode ser convencionado para esse tipo de manifestação é de 180 dias, se a coisa for móvel, e de 2 anos, se imóvel.

4.10.11.3. Descumprimento do direito

A preferência contratual, se preterida, enseja apenas direito de o prejudicado pedir perdas e danos ao ofensor. Não há direito de perseguir a coisa. Por isso, não se deve confundir esse direito de preferência com outros direitos de preferência que decorrem da lei, que admitem a persecução da coisa, como no caso da preferência que existe entre coproprietários de um bem indivisível, quando um deles deseja vender sua fração ideal.

4.11. Contrato estimatório (venda em consignação)

O contrato estimatório pode ser **conceituado** como *aquele em que o consignante entrega bens móveis ao consignatário, para que este os venda, pagando àquele o preço ajustado, ou restitua a coisa ao consignante no prazo ajustado.*

Trata-se da famosa **venda em consignação**, muito comum nas vendas de carros, livros, joias, obra de arte, artesanato, bebidas. Atualmente, há muitas lojas de veículo consignado.

O dono do veículo leva o automóvel à loja, deixando-o lá, em consignação, para que a loja tente vender o veículo. Uma vez vendido o veículo, o valor mínimo combinado será entregue ao dono do veículo, ficando o valor pago a mais com a loja de veículos.

A vantagem desse contrato é que o vendedor final (ex.: a loja de veículos) não precisar ter um grande capital de giro, pois não tem que comprar bens para revender.

Quanto à **coisa consignada**, há de se observar as seguintes regras:

a) não pode ser objeto de constrição em favor dos credores do consignatário, enquanto não pago integralmente o preço (art. 536 do CC); isso ocorre, pois o consignatário (ex.: loja de veículos consignados) não é dono da coisa, mas apenas a mantém para tentar vendê-la a terceiro;

b) não pode ser alienada pelo consignante antes de lhe ser restituída ou de ser comunicada restituição (art. 537 do CC); ou seja, o consignante (dono da coisa) deve respeitar a posição do consignatório; porém, o consignante pode pedir a coisa de volta, sendo que, uma vez restituída a coisa, o consignante poderá vendê-la a quem bem entender;

c) se não puder ser restituída, ainda que por fato não imputável ao consignatário, este deverá pagar o preço (art. 535 do CC); por exemplo, se o carro, que estava na loja de carros, vier a se perder, o consignatário (loja de veículos) deverá pagar o preço da coisa ao consignante (dono do carro).

Quanto à **classificação**, o contrato é *típico*, *bilateral*, *oneroso* e *real*.

O contrato estimatório tem, ainda, as seguintes **características**:

a) transfere-se a posse e o poder de disposição (e não a propriedade);

b) a propriedade continua com o consignante, até que seja vendida a terceiro ou adquirida pelo consignatário, mas o consignante não pode alienar a coisa antes de ser devolvida ou comunicada a sua restituição (art. 537 do CC);

c) o consignante fixa **preço de estima**, ou seja, o preço mínimo que ele deseja receber pela coisa consignada; esse preço deve ser abaixo do de mercado e o consignatário deve pagar esse preço, ficando com a diferença do valor pago a maior;

d) o consignatário, findo o contrato, pode devolver o bem, ficar com ele (pagando o preço estimado) ou vendê-lo a terceiro (pagando o preço estimado);

e) decorrido o prazo sem entrega da coisa pelo consignatário, cabe reintegração de posse;

f) o consignante, caso não receba o valor pela coisa vendida pelo consignatário, não deve acionar o terceiro, mas o consignatário.

Quanto ao **consignatário**, temos as seguintes regras:

a) tem poderes de posse e de disposição (ou seja, tem um *mandato* para vender a coisa);

b) tem por obrigação principal uma obrigação alternativa, qual seja, de vender a coisa, de ficar com a coisa ou de devolver a coisa no prazo combinado, sendo que, nos dois últimos casos, deve pagar o preço estimado;

c) tem por obrigação acessória arcar com as despesas de custódia e venda da coisa, salvo acordo entre as partes.

Quanto ao **consignante**, temos as seguintes regras:

a) tem poderes de fixar o preço de estima;

b) tem poder de propriedade compatível com o poder do consignatário; tem a posse indireta apenas, podendo retomar após o decurso do prazo; notificado o consignatário sem que este devolva a coisa, caberá reintegração de posse;

c) tem por obrigação não poder dispor da coisa no curso do contrato.

4.12. Doação

O contrato de doação pode ser **conceituado** como *o contrato em que uma pessoa, por liberalidade, transfere de seu patrimônio bens ou vantagens para o de outra, mediante aceitação desta* (art. 538 do CC).

Quanto à **classificação**, a doação é contrato:

a) gratuito: há vantagem apenas para uma das partes;
b) unilateral: há obrigação apenas para uma das partes, salvo na doação com encargo (contrato bilateral);
c) consensual: constitui-se com o mero acordo de vontades, não sendo necessária a entrega da coisa, ou seja, não é contrato *real*;
d) solene/formal: ou seja, há forma prescrita em lei, que deve ser obedecida; no caso, o art. 541, *caput*, e parágrafo único, do CC impõe forma escrita (pública ou privada), salvo bens móveis e de pequeno valor, se lhes seguir incontinenti a tradição.

São **características** do contrato de doação as seguintes:

a) a contratualidade: trata-se de contrato "inter vivos", não se confunde com o testamento, que é ato "causa mortis"; ademais, a doação gera direitos pessoais, direitos típicos de um contrato;
b) o "animus donandi": a doação depende da existência de intenção de praticar uma liberalidade;
c) a transferência de bens ou direitos do patrimônio do doador ao patrimônio do donatário; ou seja, é necessário que haja enriquecimento de um lado e empobrecimento de outro;
d) a necessidade de aceitação do donatário: ou seja, a doação não se aperfeiçoa enquanto beneficiário não a aceitar (art. 539 do CC); a aceitação pode ser das seguintes espécies:
   d1) expressa: por exemplo, a feita no próprio instrumento de doação; na doação com encargo só cabe aceitação expressa;
   d2) tácita: é aquela que decorre de comportamento do donatário; por exemplo, se o donatário recolhe imposto de transmissão, é sinal que aceitou tacitamente a doação;
   d3) presumida: é aquela em que o doador fixa prazo para aceitação ou não da doação, sendo que o donatário é notificado das condições e do prazo para aceitação, deixando transcorrer o prazo "in albis".

No contrato de doação, há **casos particulares**, em que se têm regras específicas:

a) absolutamente incapaz: dispensa-se aceitação, se a doação for pura e simples (art. 543 do CC), já que, nesse tipo de doação, presume-se o benefício para o incapaz; porém, na doação com encargo, o representante legal deve aceitar ou não a doação;
b) nascituro: nesse caso a aceitação será feita pelo representante legal deste (art. 542 do CC);
c) doação em contemplação de casamento futuro: não pode ser impugnada por falta de aceitação; ficará sem efeito se o casamento não se realizar (art. 546 do CC).

Vejamos, agora, aos **requisitos especiais** da doação:

a) **subjetivos:**

✔ Os **absoluta ou relativamente incapazes** não podem, em regra, doar, nem por seu representante.

✔ Os **cônjuges** não podem doar sem autorização (salvo no regime de separação absoluta), salvo doações remuneratórias de móveis (serviço prestado), doações módicas, doações *propter nuptias* (art. 1.647, parágrafo único, do CC) e doação de bens próprios (salvo imóveis – art. 1.642, II, do CC).

✔ O **cônjuge adúltero** não pode fazer doação a seu cúmplice, sob pena de anulabilidade.

Art. 550 do CC; aliás, "a doação do cônjuge adúltero ao seu cúmplice pode ser anulada pelo outro cônjuge, ou por seus herdeiros necessários, até dois anos depois de dissolvida a sociedade conjugal".

✔ A doação entre **consortes** não é possível, se casados pelo regime de comunhão universal, mas é possível nos demais casos, sendo que essa doação importará em adiantamento do que cabe ao cônjuge donatário, na herança.

✔ **O falido** não pode doar porque não está na administração da coisa, além do que a doação seria lesiva; é cabível, em alguns casos, a ação pauliana (fraude contra credores – art. 158 do CC).

✔ O ascendente pode doar a **descendente**, mas tal doação importará em adiantamento da legítima (art. 544 do CC), devendo o valor da doação ser colacionado no inventário (arts. 2002 do CC e 1.014 do CPC), salvo se o doador, no instrumento de doação ou por testamento, dispensar a colação, dispondo que a doação está saindo da metade disponível (arts. 1.847, 2.005 e 2.006 do CC).

✔ Cabe doação a **sociedade não constituída** (entidade futura), mas tal doação caducará se a entidade não for criada em dois anos da liberalidade (art. 554 do CC).

b) **objetivos:**

✔ Só podem ser doadas as coisas ***in commercio***; partes do corpo não podem ser doadas, portanto; salvo excepcionalmente, nos casos previstos em lei;

✔ É nula a **doação universal**, ou seja, a doação de todos os bens, sem reserva de parte do patrimônio ou renda suficiente para subsistência do doador (art. 548 do CC). A finalidade da regra é evitar a penúria do doador, garantindo-lhe a dignidade (art. 1º, III, da CF). É possível evitar a sanção de nulidade, fazendo-se reserva de usufruto em favor do doador.

✔ É nula a doação inoficiosa, ou seja, de parte excedente à de que o doador poderia dispor em testamento no momento em que doa (art. 549 do CC).

c) **requisito formal:**

A doação deve ser escrita, podendo ser verbal nos casos já mencionados.

Confira, agora, as **espécies** de doação:

a) **pura e simples:** é a doação feita por mera liberalidade, sem condição, termo, encargo ou outra restrição. Não perdem esse caráter as doações meritórias (p. ex., para um grande cientista) e a doação remuneratória ou gravada, no que exceder o valor dos serviços ou gravame.

b) **modal ou com encargo (ou onerosa):** é a doação em que o doador impõe ao donatário uma incumbência específica em benefício próprio (ex.: cuidar do doador), de terceiro (ex.: cuidar do tio doente do doador) ou do interesse geral (ex.: construir uma escola). Se o encargo for ilícito ou impossível, deve ser ignorado. Havendo encargo, é interessante que haja um prazo para o seu cumprimento. Não havendo, deve-se notificar o donatário, assinando prazo razoável para cumprir (art. 562 do CC). Podem exigir o cumprimento o doador, seus herdeiros, os beneficiários do encargo e o Ministério Público, neste caso, se o encargo for do interesse geral, desde que depois da morte do doador, sem que este tenha agido. Em caso de mora no cumprimento da obrigação, o doador pode, ainda, revogar a doação.

c) **doação remuneratória:** é a doação em que, sob aparência de liberalidade, há firme propósito do doador de pagar serviços prestados pelo donatário ou alguma vantagem que haja recebido deste. Não perde caráter de liberalidade no valor excedente ao valor dos serviços remunerados.

d) **doação condicional:** é a doação que produz ou deixa de produzir efeitos segundo evento futuro e incerto.

e) **doação em forma de subvenção periódica:** essa doação parece com a prestação de alimentos (art. 545 do CC), ficando extinta com a morte do doador, salvo se este dispôs de modo diverso, ou seja, que a subvenção periódica continuará.

f) **doação com cláusula de reversão:** é aquela doação em que o doador estipula a volta dos bens ao seu patrimônio se sobreviver ao donatário (art. 547 do CC). A venda da coisa, estando ainda vivo o doador, é anulável.

g) **doação a termo:** é aquela doação que tem termo final ou inicial. Ex.: pelo prazo de 10 anos.

h) **doação conjuntiva:** é a doação feita em comum a mais de uma pessoa. A lei presume que a doação é distribuída por igual. Haverá direito de acrescer, caso venha a faltar um dos donatários, apenas no caso de doação para marido e mulher, subsistindo na totalidade a doação para o cônjuge sobrevivo (art. 551 do CC).

Quanto à **revogação da doação**, pode ser por ingratidão ou por inexecução da obrigação.

Vejamos primeiro a revogação por **ingratidão.**

O art. 556 do CC dispõe que não se pode renunciar antecipadamente ao direito de revogar uma doação, por ingratidão.

Confira as **hipóteses** de **revogação da doação por ingratidão** (art. 557 do CC):

a) se o donatário atentou contra a vida do doador ou cometeu crime de homicídio doloso contra ele;

b) se cometeu contra ele ofensa física;

c) se o injuriou gravemente ou o caluniou;

d) se, podendo ministrá-los, recusou ao doador os alimentos de que este necessitava.

A revogação também é possível se as ofensas mencionadas se derem contra o cônjuge, ascendente, descendente, ainda que adotivo, ou irmão do doador (art. 558 do CC).

O prazo decadencial para ingressar com ação com vistas à revogação da doação é de 1 ano, contado da chegada ao conhecimento do doador o fato que autorizar a sua autoria (art. 559 do CC).

A **legitimidade ativa** para ingressar com essa ação é apenas do doador (trata-se de ação personalíssima), não se transmitindo aos herdeiros, que podem, no máximo, prosseguir na ação intentada pelo doador, caso este venha a falecer.

No caso de homicídio doloso a ação caberá aos herdeiros do doador, salvo perdão por parte deste (art. 561 do CC).

Já a **legitimidade passiva** para a ação visando à revogação da doação é do donatário.

A revogação por ingratidão não prejudica os direitos adquiridos por **terceiros**, nem obriga o donatário a restituir os frutos percebidos antes da citação válida; mas o sujeita a pagar os posteriores, e, quando não possa restituir em espécie as coisas doadas, a indenizá-la pelo meio-termo do seu valor (art. 563 do CC).

Não se revogam por ingratidão (art. 564 do CC):

a) as doações puramente remuneratórias;

b) as oneradas com encargo já cumprido;

c) as que se fizerem em cumprimento de obrigação natural;

d) as feitas para determinado casamento.

Passemos agora ao estudo da revogação da doação por **inexecução do encargo** se o donatário incorrer em mora (art. 562 do CC).

Não havendo prazo para o cumprimento, o doador poderá notificar judicialmente o donatário, assinando-lhe prazo razoável para que cumpra a obrigação assumida.

Podem exigir o cumprimento do encargo o doador, os herdeiros, os beneficiários do encargo e o Ministério Público (se o encargo for de interesse geral, depois da morte do doador, se este nada tiver feito – art. 553 do CC).

4.13. Empréstimo

O empréstimo é o gênero, que tem como espécies o *comodato* e o *mútuo*.

O empréstimo permite que alguém utilize coisa alheia, com o dever de restituir a coisa ao final.

4.13.1. Comodato

O comodato pode ser **conceituado** como *o empréstimo gratuito de coisas não fungíveis* (art. 579 do CC).

Outro conceito de comodato é o seguinte: *é o contrato pelo qual uma pessoa entrega a outra, gratuitamente, coisa não fungível para que a utilize e depois restitua.*

O comodato é um *empréstimo de uso*, já que a coisa é devolvida depois, ao passo que o mútuo é um *empréstimo de consumo*, já que a coisa (fungível) acaba sendo consumida, devolvendo-se o equivalente.

O comodato tem as seguintes **características**:

a) é unilateral: ou seja, gera obrigações apenas para o comodatário, já que é um contrato que se forma apenas com a entrega da coisa; acidentalmente, o comodato pode gerar obrigações para o comodante, hipótese em que se terá um contrato bilateral imperfeito;

b) é gratuito: ou seja, somente o comodatário aufere vantagens; se for estipulada remuneração, desfigura-se para aluguel; não desfigura o contrato a existência de pequeno encargo, como cuidar das plantas, dos pássaros, ou seja, não pode ser uma contraprestação;

c) é real: ou seja, perfaz-se com a tradição do objeto (art. 579, 2ª parte, do CC); na falta de entrega não se tem comodato, mas no máximo contrato preliminar (promessa de comodato);

d) é não solene: ou seja, não há forma especial para sua validade.

O comodato tem os seguintes **requisitos**:

a) subjetivos:

✔ administradores de bens alheios, especialmente de incapazes (tutores, curadores), não podem dá-los em comodato, pois não seria administração normal a cessão gratuita do uso; nesses casos, o comodato só seria possível mediante autorização judicial;

✔ não há necessidade de que o comodante seja proprietário da coisa dada em comodato; por exemplo, o usufrutuário pode dar a coisa em comodato; porém, o locatário não pode assim agir, sob pena de despejo.

b) objetivos:

✔ Deve se tratar de coisa não fungível, podendo ser móvel ou imóvel.

Quanto à **duração**, o contrato de comodato tem as seguintes características:

a) é temporário; se fosse perpétuo, seria uma doação;

b) possibilidades:

b1) se não tiver prazo convencional (duração indeterminada), tem-se o comodato *ad usum* ou com "tempo presumido"; nesse caso presumir-se-lhe-á pelo tempo necessário para o uso concedido (art. 581 do CC); exs.: empréstimo para fazer um curso em São Paulo por 6 meses ou empréstimo de um trator para uma colheita; a retomada antes do prazo, nesse caso, só será possível em caso de necessidade imprevista e urgente reconhecida pelo juiz, como quando o comodante fique doente e precise fazer um tratamento na cidade onde se encontra o imóvel dado em comodato;

b2) se tiver prazo convencional certo, deve-se respeitá-lo; a retomada antes do termo final só será possível em caso de necessidade imprevista e urgente (art. 581 do CC).

Quanto às **obrigações do comodatário**, temos as seguintes:

a) como obrigação principal, deve *conservar* a coisa como se sua fosse (art. 582 do CC); não basta o cuidado elementar; correndo risco o objeto, o comodatário deve dar preferência à coisa comodada no salvamento (art. 583 do CC), mas não é necessário que arrisque a própria vida;

b) *não usar* a coisa, senão de acordo com o contrato ou a natureza dela (art. 582 do CC; não é possível cedê-la a terceiro, mudar a sua destinação (ex.: de residencial para comercial), sob pena de responsabilidade por perdas e danos;

c) arcar com as *despesas* normais com uso e gozo da coisa emprestada (ex.: limpeza, condomínio, tributos), não podendo recobrá-las do comodante (art. 584 do CC); porém, o comodatário não responde por despesas extraordinárias (ex.: infiltração, problemas na fundação), mas, se urgentes, deve reparar e depois cobrar do comodante;

d) restituir a coisa *in natura*, o que deverá ser feito no prazo ajustado ou, na falta, quando lhe for reclamado, ressalvado o tempo necessário ao uso concedido (finalidade), ou, ainda, em caso de necessidade imprevista e urgente (art. 581 do CC); não restituída a coisa, deve-se constituir em mora o comodatário (por meio de notificação), com posterior ingresso com ação de reintegração de posse; constituído o comodatário em mora, este responderá, até restituir a coisa, pelo aluguel desta que for arbitrado pelo comodante (art. 582 do CC);

e) responder pelo dano à coisa, por culpa ou dolo; responderá também por caso fortuito ou de força maior se, correndo risco o objeto dado em comodato, salvar seus bens primeiro (art. 583 do CC) ou se estiver em mora (arts. 582 e 399 do CC);

f) responder solidariamente se houver mais de um comodatário simultaneamente sobre uma coisa (arts. 585 e 275 a 285, do CC).

São **obrigações do comodante**:

a) reembolsar o comodatário pelas despesas extraordinárias e urgentes que este fizer, ressalvado o direito de retenção em favor deste; porém, o comodante não tem obrigação de restituir as despesas normais e o valor das benfeitorias úteis e voluptuárias não autorizadas por ele;

b) indenizar o comodatário pelos vícios ocultos que escondeu dolosamente e não preveniu.

O comodato fica **extinto** nas seguintes hipóteses:

a) com o advento do termo convencionado;

b) pela resolução, por iniciativa do comodante, em caso de descumprimento de suas obrigações;

c) por sentença, a pedido do comodante, provada a necessidade imprevista e urgente;

d) pela morte do comodatário, se o contrato for *intuito personae*; ex.: morte de paralítico que recebeu cadeira de rodas;

e) pelo distrato;

f) pela alienação da coisa emprestada.

4.13.2. Mútuo

O mútuo pode ser **conceituado** como o *empréstimo de coisas fungíveis* (art. 586 do CC).

Trata-se de contrato pelo qual uma das partes transfere uma coisa fungível a outra, obrigando-se esta a restituir-lhe coisa do mesmo gênero, da mesma qualidade e na mesma quantidade.

Diferentemente do comodato, que é um empréstimo de uso, o mútuo é um empréstimo de consumo.

Um exemplo é o empréstimo de dinheiro, já que este é coisa fungível. O dinheiro emprestado será consumido pelo mutuário, que, mais tarde, devolverá a mesma quantia, mas não necessariamente o mesmo dinheiro que recebeu.

Outro exemplo é empréstimo de café que um vizinho faz para o outro. Quem recebe o café irá consumi-lo. Em seguida, deverá restituir o café, procurando comprar outro da mesma marca e na mesma quantidade emprestada.

Por conta dessa característica do mútuo (empréstimo de consumo), a doutrina aponta que esse contrato transfere a propriedade da coisa emprestada, o que pode ser visualizado com tranquilidade no exemplo do empréstimo de café. O café a ser devolvido em seguida será outro.

O mútuo tem as seguintes **características**:

a) é unilateral: ou seja, gera obrigações apenas para o mutuário; isso ocorre, pois o mútuo só se forma com a entrega da coisa, e, uma vez formado, somente o mutuário tem deveres;

b) é gratuito, se não houver remuneração para o mutuante; e é oneroso, se houver remuneração para o mutuante; o mútuo oneroso é denominado mútuo feneratício; em caso de mútuo destinado a fins econômicos (empréstimo de dinheiro feito em favor de uma empresa) presumem-se devidos juros (art. 591 do CC), vale dizer, presume-se que se trata de mútuo oneroso; mútuo destinado a fins econômicos é aquele não feito por amizade, cortesia ou espírito de solidariedade;

c) é real, pois somente passa a existir com a tradição da coisa; assim, o empréstimo de dinheiro somente se perfaz quando há a entrega do dinheiro; mesmo que já haja um contrato de mútuo assinado, enquanto não houver a entrega de dinheiro, o contrato não é considerado existente, tratando-se, nessa fase, de mera promessa de mutuar;

d) é não solene: ou seja, não se exige forma especial; de qualquer forma, é recomendável que o mútuo se dê por escrito, tendo em vista as limitações para provar por testemunhas contratos com valor superior a dez salários mínimos (art. 227 do CC).

O mútuo tem os seguintes **requisitos**:

a) subjetivos:

✔ o mutuante deve estar habilitado a obrigar-se;

✔ o mutuário também deve estar habilitado; por exemplo, no caso de mútuo feito a pessoa menor, sem prévia autorização do representante legal, o valor emprestado não pode ser reavido nem do mutuário nem de seus fiadores (art. 588 do CC); trata-se de proteção contra a exploração gananciosa da sua inexperiência; porém, deixa-se de aplicar a pena nos seguintes casos (art. 589 do CC): i) se o representante ratificar posteriormente; ii) se o menor, ausente o representante, contrair empréstimo para seus alimentos habituais; iii) se o menor tiver bens ganhos com seu trabalho, de modo a que eventual execução futura não ultrapasse as forças do patrimônio do menor; iv) se o empréstimo reverter em benefício do menor; v) se o menor entre 16 e 18 anos tiver obtido o empréstimo maliciosamente (art. 180 do CC).

b) objetivos:

✔ É necessário que a coisa seja fungível e de propriedade do mutuante.

Quanto à **duração**, o contrato de mútuo tem as seguintes características (arts. 590 e 592 do CC):

a) a restituição da coisa emprestada deve ser feita no prazo convencionado, que, inexistindo, dá ensejo às seguintes regras:

a1) se for produtos agrícolas: devolve-se até a próxima colheita;

a2) se for dinheiro: o prazo do mútuo será de 30 dias, pelo menos;

a3) se for outra coisa fungível: o mútuo se dará pelo período de tempo que declarar mutuante; ou seja, este, a todo tempo, poderá intimar o devedor para restituir no prazo razoável que estipular;

a4) se o mutuário sofrer notória mudança em sua situação econômica: pode-se exigir a restituição antes do vencimento (art. 590 do CC).

São **obrigações do mutuário:**

a) restituir o que recebeu, em coisas do mesmo gênero, qualidade e quantidade, no prazo estipulado (art. 586 do CC); é válida a cláusula de devolver a coisa equivalente ou seu valor no momento da restituição; em relações de consumo, a restituição total ou parcial do valor emprestado antes do prazo definido no contrato acarreta a redução proporcional dos juros e demais acréscimos (art. 52, § 2º, do CDC); não sendo possível a devolução do gênero, por causa não imputável ao devedor, substitui-se pelo equivalente pecuniário; indenização por perdas e danos só se houver culpa do mutuário;

b) pagar juros, se convencionados, ou se se trata de mútuo com fins econômicos; não se deve confundir os juros compensatórios (remuneração do capital) com os juros moratórios ou legais (pela mora); os juros legais são devidos desde a citação; quanto aos limites legais aos juros compensatórios, o art. 591 do CC estabelece que estes não podem exceder a taxa estipulada no art. 406 do CC (taxa dos juros legais), que é a Taxa Selic, a qual já contém correção monetária e juros; a capitalização de juros é vedada, salvo se feita anualmente; a cumulação de juros compensatórios com juros moratórios é possível, pois cada um tem sua origem, mas não é possível cumulá-los com comissão de permanência; todavia, a regra de limitação de juros e de proibição de capitalização de juros não se aplica às instituições financeiras, inclusive às administradoras de cartão de crédito (Medida Provisória 2.17036/2001); o conceito de instituição financeira pode ser encontrado no art. 17 da Lei 4.595/1964 e na LC 105/2001);

c) pagar correção monetária, também chamada de cláusula de escala móvel; essa correção não se confunde com os juros; porém, quando aplicada a Taxa Selic, é importante observar que essa taxa já embute juros e correção monetária; porém, se os juros e a correção monetária forem estipulados especificamente, há de se tomar cuidado para que os juros estejam dentro dos limites (salvo instituição financeira), bem como se a correção monetária também está dentro dos limites, valendo salientar que a Lei do Plano Real (Lei 10.192/2001) considera nula a estipulação de correção monetária em periodicidade inferior a um ano;

d) responder pelos riscos da coisa desde a tradição (art. 587 do CC).

Por fim, confira algumas súmulas de relevância em matéria de mútuo:

Súmula Vinculante STF 7: a norma do § 3º do artigo 192 da Constituição, revogada pela Emenda Constitucional nº 40/2003, que limitava a taxa de juros reais a 12% ao ano, tinha sua aplicação condicionada à edição de lei complementar.

Súmula STF nº 596: as disposições do Decreto 22.626/1933 não se aplicam às taxas de juros e aos outros encargos cobrados nas operações realizadas por instituições públicas ou privadas, que integram o sistema financeiro nacional.

Súmula STJ nº 472: A cobrança de comissão de permanência – cujo valor não pode ultrapassar a soma dos encargos remuneratórios e moratórios previstos no contrato – exclui a exigibilidade dos juros remuneratórios, moratórios e da multa contratual.

Súmula STJ nº 382: a estipulação de juros remuneratórios superiores a 12% ao ano, por si só, não indica abusividade.

Súmula STJ nº 381: nos contratos bancários, é vedado ao julgador conhecer, de ofício, da abusividade das cláusulas.

Súmula STJ nº 379: nos contratos bancários não regidos por legislação específica, os juros moratórios poderão ser convencionados até o limite de 1% ao mês.

Súmula STJ nº 328: na execução contra instituição financeira, é penhorável o numerário disponível, excluídas as reservas bancárias mantidas no Banco Central.

Súmula STJ nº 297: o Código de Defesa do Consumidor é aplicável às instituições financeiras.

Súmula STJ nº 296: os juros remuneratórios, não cumuláveis com a comissão de permanência, são devidos no período de inadimplência, à taxa média de mercado estipulada pelo Banco Central do Brasil, limitada ao percentual contratado.

Súmula STJ nº 295: a Taxa Referencial (TR) é indexador válido para contratos posteriores à Lei nº 8.177/1991, desde que pactuada.

Súmula STJ nº 294: não é potestativa a cláusula contratual que prevê a comissão de permanência, calculada pela taxa média de mercado apurada pelo Banco Central do Brasil, limitada à taxa do contrato.

Súmula STJ nº 288: a Taxa de Juros de Longo Prazo (TJLP) pode ser utilizada como indexador de correção monetária nos contratos bancários.

Súmula STJ nº 287: a Taxa Básica Financeira (TBF) não pode ser utilizada como indexador de correção monetária nos contratos bancários.

Súmula STJ nº 286: a renegociação de contrato bancário ou a confissão da dívida não impede a possibilidade de discussão sobre eventuais ilegalidades dos contratos anteriores.

Súmula STJ nº 285: Nos contratos bancários posteriores ao Código de Defesa do Consumidor incide a multa moratória nele prevista.

Súmula STJ nº 283: As empresas administradoras de cartão de crédito são instituições financeiras e, por isso, os juros remuneratórios por elas cobrados não sofrem as limitações da Lei de Usura.

Súmula STJ nº 271: A correção monetária dos depósitos judiciais independe de ação específica contra o banco depositário.

Súmula STJ nº 259: A ação de prestação de contas pode ser proposta pelo titular de conta-corrente bancária.

Súmula STJ nº 258: A nota promissória vinculada a contrato de abertura de crédito não goza de autonomia em razão da iliquidez do título que a originou.

Súmula STJ nº 247: O contrato de abertura de crédito em conta-corrente, acompanhado do demonstrativo de débito, constitui documento hábil para o ajuizamento da ação monitória.

Súmula STJ nº 233: O contrato de abertura de crédito, ainda que acompanhado de extrato da conta-corrente, não é título executivo.

Súmula STJ nº 79: Os bancos comerciais não estão sujeitos a registro nos conselhos regionais de economia.

Súmula STJ nº 30: A comissão de permanência e a correção monetária são inacumuláveis.

4.14. Prestação de Serviço

A prestação de serviço pode ser **conceituada** como *o contrato pelo qual uma parte se obriga para com a outra a fornecer-lhe a prestação de uma atividade, mediante remuneração* (art. 594 do CC).

São **exemplos** desse contrato a manutenção de equipamentos, a limpeza, a vigilância, a lavandeira, o gerenciamento, dentre outros.

O *regime jurídico* desse contrato se dá pelos arts. 593 e seguintes do Código Civil. No entanto, determinados serviços são regulados em outros contratos típicos do Código Civil (ex.: empreitada, transporte e corretagem) ou em lei especial, como é o caso do serviço voluntário (Lei 9.608/1998), serviço trabalhista (CLT), serviço decorrente de contrato administrativo (Lei 8.666/1993), serviço público (Lei 8.987/1995), dentre outros.

A prestação de serviços tem a seguintes **características**:

a) é bilateral, pois há obrigações para as duas partes; o prestador de serviço tem uma obrigação de fazer, ao passo que o tomador do serviço, uma obrigação de pagar;

b) é onerosa, pois há vantagens para ambas as partes; aliás, presume-se que o serviço é retribuído, sendo que, se não houver valor fixado, deve-se proceder ao arbitramento da retribuição (art. 596 do CC);

c) é consensual, pois se forma com o acordo de vontades;

d) é comutativa, pois, de antemão, conhecem-se as prestações de cada uma das partes;

e) é não solene, pois não há forma prescrita em lei para esse contrato.

Há um requisito subjetivo bastante importante no contrato de prestação de serviço. Trata-se da necessidade de o serviço ser prestado por alguém que possua habilitação, caso a lei assim determine. Assim, serviços advocatícios e médicos, por exemplo, devem ser prestados por aquele que possua habilitação para tanto. Caso alguém preste um serviço sem o título de habilitação ou sem a satisfação dos requisitos legais, a consequência é que esses serviços não poderão ser cobrados (art. 606 do CC). Excepcionalmente, o juiz poderá fixar em favor de quem prestou o serviço nessas condições uma compensação razoável, desde que o prestador do serviço esteja de boa-fé e que não se trate de um serviço vedado a inabilitados por lei de ordem pública.

Confira, agora, os **efeitos** do contrato de prestação de serviço:

a) o prestador do serviço deve adimplir primeiro (art. 597 do CC); ou seja, primeiro presta-se o serviço para depois receber por este, salvo convenção ou costume entre as partes;

b) quanto à duração, a prestação de serviço não se poderá convencionar por mais de 4 anos; não havendo prazo estipulado, nem se podendo inferir da natureza do contrato, ou do costume do lugar, qualquer das partes, a seu arbítrio, mediante prévio aviso, pode resolver o contrato; dar-se-á esse aviso: i) com antecedência de 8 dias, se o salário se houver fixado por tempo de um mês, ou mais; ii) com antecipação de 4 dias, se o salário se tiver ajustado por semana, ou quinzena; iii) de véspera, quando se tenha contratado por menos de sete dias; obs.: não se conta no prazo do contrato o tempo em que o prestador de serviço, por culpa sua, deixou de servir (art. 600 do CC);

c) aquele que aliciar pessoas obrigadas em contrato escrito a prestar serviço a outrem pagará a este a importância que ao prestador de serviço, pelo ajuste desfeito, houvesse de caber durante dois anos (art. 608 do CC).

Em caso de descumprimento do contrato pelo prestador de serviço, sua responsabilidade é subjetiva, no âmbito do Código Civil (art. 248 do CC), e objetiva, no âmbito do Código de Defesa do Consumidor (art. 14 do CDC), salvo o profissional liberal, que, mesmo no CDC, responde subjetivamente.

Caso o prestador de serviço seja despedido sem justa causa (art. 603 do CC), paga-se a retribuição vencida mais metade do que lhe tocaria até o fim do contrato. Se despedido com justa causa (art. 602 do CC), paga-se só a retribuição vencida, e o *prestador* responde por perdas e danos. O mesmo acontecerá se o próprio prestador de serviço se despedir sem justa causa.

O contrato é **extinto** nos seguintes casos (art. 607 do CC):

a) morte de qualquer das partes, salvo se for convencionada a impessoalidade do contrato;

b) escoamento do prazo ou conclusão dos serviços;

c) resilição por aviso prévio;

d) resolução por inadimplemento;

e) resolução pela impossibilidade de continuação, motivada por força maior.

A alienação do prédio agrícola, onde a prestação dos serviços se opera, não importa em rescisão do contrato, salvo ao prestador de serviço escolher entre novo tomador do serviço e o primitivo contratante (art. 609 do CC).

4.15. Depósito

O depósito pode ser **conceituado** como *o contrato em que o depositário recebe um objeto móvel, para guardar, até que o depositante o reclame* (art. 627 do CC).

A finalidade do contrato é a guarda de coisa alheia. Dessa forma, a princípio, o bem não deve ser usado pelo depositário, mas apenas guardado por este.

São exemplos de depósito o contrato de estacionamento, a alienação fiduciária, a guarda de joias em cofre, os guarda-móveis de aeroporto e os hotéis de cachorro.

O depósito tem as seguintes características:

a) é real, pois se forma com a entrega da coisa, não bastando o consentimento (art. 627 do CC);

b) é gratuito, pois, como regra, não envolve retribuição (art. 628 do CC); todavia, o depósito será oneroso nos seguintes casos: i) quando houver convenção nesse sentido; ii) quando resultar de atividade negocial (ex.: estacionamento); iii) quando o depositário o praticar por profissão; iv) quando for um depósito necessário, pois este não se presume gratuito (art. 651 do CC); por exemplo, o depósito da bagagem do hóspede por hotel é remunerado, ainda que esse preço esteja embutido no preço da hospedagem; na falta de convenção sobre o valor da retribuição recorre-se à lei, aos usos e até ao arbitramento (art. 628, parágrafo único, do CC);

c) é unilateral: se for gratuito, ocasião em que só o depositário terá obrigações (de entregar a coisa); se o depositante tiver de pagar remuneração, ter-se-á um contrato bilateral;

d) é não solene, não exigindo forma prescrita em lei; a forma escrita é apenas para *prova* do depósito voluntário (art. 646 do CC), e não para a *validade* deste; assim, recibos, tíquetes e outros documentos são meios de prova do depósito, e não requisitos de validade deste.

O depósito tem as seguintes **espécies**:

a) voluntário: decorre do consenso espontâneo; o depositante não precisa ser dono da coisa, mas deve ter o poder para administrá-la;

b) necessário: decorre de obrigação legal; é o que se efetua por ocasião de calamidade, como incêndio (depósito miserável), inundação, naufrágio e saque (art. 647 do CC); também é depósito necessário o que os hospedeiros têm em relação às bagagens dos hóspedes (art. 649 do CC).

São **obrigações do depositante**:

a) reembolsar as despesas feitas pelo depositário (art. 643 do CC);

b) indenizar o depositário pelos prejuízos que advierem do depósito (art. 643 do CC);

c) sujeitar-se ao direito de retenção em favor do depositário até o pagamento da retribuição, despesas e prejuízos líquidos provados de pronto (art. 644 do CC); valores ilíquidos exigem caução e remoção para depósito público.

São **obrigações do depositário**:

a) guardar a coisa alheia como se fosse sua; pode confiar a terceiro (ex.: banco, cofre etc.), já que não é contrato personalíssimo;

b) só usar a coisa ou dá-la em depósito a alguém mediante licença expressa do depositante (art. 640 do CC), sob pena de responder por perdas e danos; depositário também responderá por perdas e danos, se confiada a coisa a terceiro autorizado, este causar prejuízo; depositário será responsável se agir com culpa na escolha do terceiro;

c) conservar a coisa, respondendo subjetivamente por danos causados a esta, mas com culpa presumida; depositário se livra da responsabilização em caso de força maior e caso fortuito (art. 393 do CC), mas terá que prová-los (art. 642 do CC); inclusive: tem ônus de provar força maior.

d) restituir a coisa com seus frutos e acrescidos, quando o exija o depositante (art. 629 do CC), ainda que o depósito tenha prazo (art. 633 do CC), salvo: i) exercício de direito de retenção; ii) se o objeto estiver embargado; iii) se sobre ele pender execução; iv) se houver motivo razoável para suspeitar que a coisa foi dolosamente obtida, ocasião em que será recolhido ao depósito público (art. 634 do CC).

Nos depósitos voluntário e necessário, aquele que não restituir a coisa quando exigido, será compelido a fazê-lo mediante:

a) prisão não excedente a um ano;

b) pagamento de indenização dos prejuízos.

No entanto, o STF entende que não é mais cabível a prisão civil do depositário infiel. Nesse sentido, confira o teor da Súmula Vinculante nº 25: "é ilícita a prisão civil de depositário infiel, qualquer que seja a modalidade de depósito". Nesse sentido também é a Súmula 419 do STJ, ambas fundamentadas na Convenção Americana de Direitos Humanos (Pacto de San José da Costa Rica).

4.16. Fiança

4.16.1. Conceito

É contrato pelo qual uma pessoa (fiador) garante satisfazer ao credor uma obrigação assumida pelo devedor (afiançado), caso este não a cumpra (art. 818 do CC).

4.16.2. Exemplos

Em contratos de locação e de mútuo.

4.16.3. Obrigações

A fiança pode se dar em relação a *dívidas presentes* e *futuras*, mas, quanto a estas, o fiador não será demandado enquanto não se fizer certa e líquida a obrigação do devedor. A fiança normalmente serve de garantia a obrigações de dar dinheiro, mas nada impede uma fiança em outras obrigações de dar e nas obrigações de fazer e de não fazer. Nestes casos, a garantia tende a ser de satisfazer perdas e danos.

4.16.4. Natureza jurídica

É de *contrato acessório*; é também considerada uma *garantia* ou uma *caução* (garantia e caução são gêneros que abrangem a fiança, o aval, a hipoteca etc.), mas do tipo *fidejussória*, pois é uma garantia de natureza pessoal (o patrimônio de uma certa *pessoa* responde); já numa garantia *real* (hipoteca e penhor, p. ex.), um *bem certo* faz esse papel. Neste caso, o credor perseguirá um bem e não uma pessoa.

4.16.5. Classificação

4.16.5.1. Quanto à existência por si só

É *contrato acessório*; a consequência prática disso é que a fiança segue a sorte do contrato principal (há uma exceção no art. 824 do CC). Por exemplo, se este se extinguir, a fiança também restará extinta. A doutrina lembra que a fiança também é um *contrato subsidiário*, ou seja, tem sua execução subordinada ao não cumprimento, pelo devedor, do contrato principal. Dessa forma, se o contrato principal for integralmente cumprido, a fiança não produzirá efeitos práticos.

4.16.5.2. Quanto às obrigações

É *contrato unilateral*; isso porque a fiança é um contrato entre o credor e o fiador (o afiançado ou devedor não faz parte do contrato; aliás, pode-se estipular fiança até sem o consentimento do devedor – art. 820 do CC); repare que nesse contrato o credor não tem obrigações; só o fiador as tem, o que o torna um contrato unilateral.

4.16.5.3. Quanto às vantagens

a) **regra geral:** é *contrato gratuito*, pois só há vantagens para o credor; o fiador não tem vantagens.
b) **exceção:** será *contrato oneroso* se o fiador receber uma retribuição. Ex.: na fiança bancária, o Banco (fiador) receberá uma remuneração do afiançado.

A fiança *não admite interpretação extensiva* (art. 819 do CC). Exemplo disso decorre da Súmula 214 do STJ: "o fiador na locação não responde por obrigações resultantes de aditamento ao qual não anuiu".

Por outro lado, a lei dispõe que a fiança abrange, salvo limitação, os acessórios da dívida principal, tais como juros, multas e despesas judiciais, desde a citação do fiador (art. 822 do CC).

4.16.5.4. Quanto à relevância pessoal

É *contrato personalíssimo*; isso porque é feito com base na confiança; o credor pode até rejeitar o fiador se este for inidôneo; a consequência prática de ser um contrato *intuitu personae* é que, com o falecimento do fiador, a fiança ficará extinta; as dívidas existentes até o falecimento serão suportadas pelos herdeiros do fiador, no limite das forças da herança; já as dívidas que se vencerem após a morte do fiador, não mais estão cobertas pela fiança (art. 836 do CC);

4.16.6. Requisitos subjetivos especiais

1. O **pródigo** não pode prestar fiança, sem a assistência de seu curador, pois tal ato não é mera administração do seu patrimônio (art. 1.782 do CC); trata-se de requisito de validade – o ato será anulável se descumprido;

2. O **cônjuge**, exceto no regime de separação absoluta, depende do consentimento do outro para prestar fiança (art. 1.647, III, do CC); trata-se de requisito de validade – o ato também será anulável se descumprido; *vide*, ainda, os arts. 1.642, IV, e 1649; o STJ vem entendendo que a fiança dada sem autorização do cônjuge é totalmente ineficaz (Súmula nº 332: "a fiança prestada sem autorização de um dos cônjuges implica a ineficácia total da garantia").

3. Se houver obrigação de dar fiador (legal, convencional ou judicial), o **credor não é obrigado a aceitar pessoa**:
   a) *inidônea* (fiador falido, insolvente, estelionatário etc.);
   b) *não domiciliada no município onde tenha de prestar a fiança* (repare que a lei não fala em "com imóvel no município", mas em "não domiciliada no município");
   c) *que não possua bens suficientes para cumprir a obrigação.* (art. 825 do CC)

Obs.: o credor pode exigir substituição do fiador se este se tornar insolvente ou incapaz (art. 826 do CC).

4.16.7. Efeitos da fiança

4.16.7.1. Principal

Cria a obrigação do fiador pagar a dívida do devedor se este não o fizer no tempo e forma devidos (art. 818, CC).

4.16.7.2. Fiança de fiança

595

Consiste em alguém assumir a obrigação de satisfazer a dívida caso o fiador não possa fazê-lo. O fiador do fiador também leva o nome de *subfiador* ou *abonador*.

4.16.7.3. Cofiança (fiança conjunta)

a) **conceito:** *consiste na existência de mais de um fiador para a mesma obrigação*; neste caso, os fiadores têm obrigação concomitante, podendo ser chamados conjuntamente para satisfação do crédito perante o credor.
b) **solidariedade dos cofiadores:** a fiança conjuntamente prestada a um só débito por mais de uma pessoa importa *solidariedade* entre elas (art. 829).
c) **benefício de divisão:** *estipulação entre os fiadores, pela qual se reservam a responder unicamente pela parte, que, em proporção, lhe couber no pagamento.* Tal benefício, se estipulado, desfaz a presunção de solidariedade entre os cofiadores (art. 829).

4.16.7.4. Fiança parcial

Consiste em o fiador fixar no contrato a parte da dívida que toma sob sua responsabilidade, caso em que não será por mais obrigado (art. 830 do CC).

4.16.7.5. Benefício de ordem (ou de excussão)

a) **conceito:** *direito de o fiador, demandado pelo pagamento da dívida, exigir que sejam primeiro executados os bens do devedor* (art. 827 do CC).

b) **exercício do direito:** segundo a lei, o fiador, no prazo da contestação da lide, deve indicar bens do devedor, livres e desembargados, suficientes para solver o débito. A lei foi imprecisa, pois deveria dispor "no prazo para oferecer bens à penhora", uma vez que não há contestação na ação de execução (art. 827 do CC).

c) **impossibilidade de alegação do benefício de ordem:** o benefício não pode ser invocado se

c1) o fiador *renunciar* expressamente a esse direito;

c2) o fiador tiver se obrigado como *principal pagador* ou *devedor solidário*;

c3) o devedor for *insolvente* ou *falido* (art. 828 do CC).

4.16.7.6. Sub-rogação legal em favor do garante

a) **conceito:** *é a transferência dos direitos do credor ao fiador se este pagar integralmente a dívida* (art. 831 do CC). Apesar de a lei usar a expressão "integralmente", também haverá sub-rogação, mas proporcional, se houver pagamento parcial da dívida.

b) **extensão pessoal:** o fiador que pagar a dívida pode acionar tanto o *devedor*, como cada um dos *outros fiadores* pela respectiva quota. A parte de outro fiador que se tornar insolvente distribuir-se-á pelos demais (art. 831 do CC).

c) **extensão objetiva:**

c1) o devedor responde também perante o fiador por todas as *perdas e danos* que este pagar, e pelos que sofrer em razão da fiança (art. 832 do CC).

c2) o fiador tem direito aos *juros do desembolso* pela taxa estipulada na obrigação principal (juros compensatórios – ex.: na fiança num contrato de mútuo), e, não havendo taxa convencionada, aos *juros legais* (juros de mora – ex.: na fiança num contrato locação) (art. 833 do CC).

c3) é bom lembrar que a sub-rogação transfere ao novo credor todos os *direitos, ações, privilégios* e *garantias* do primitivo, em relação à dívida, contra o devedor principal e os fiadores (art. 349 do CC).

4.16.7.7. Desídia do credor

Quando o credor, sem justa causa, não der o devido andamento à execução iniciada contra o devedor, poderá o fiador promover tal andamento (art. 834). A regra, que traz uma legitimidade de processo civil, visa a proteger o fiador contra eventual dissipação do patrimônio pelo devedor no curso da ação de execução. *Vide* também a regra do art. 839 do CC.

4.16.7.8. Penhora de bem de família do fiador de locação

Como se sabe, a Lei 8.009/1990 admite a penhora do bem de família se o devedor for fiador de uma locação de imóvel urbano. Porém, com fundamento na EC 26/2000, que instituiu como direito social fundamental o direito à moradia, alguns acórdãos foram proferidos no sentido da impenhorabilidade de bem de família de fiador de locação. Ocorre que, por enquanto, os tribunais superiores vêm reafirmando a penhorabilidade do bem de família nesse caso (STF: RE 407.688-SP, DJ 06.10.2006; STJ: AgRg no Ag 830.400-RS, DJ 22.04.2008, e REsp 891.290-RJ, DJ 12.05.2008).

4.16.8. Extinção da fiança

4.16.8.1. Pela extinção da obrigação principal

Isso pode se dar com o *cumprimento* da obrigação pelo devedor, com a *confusão*, com a *compensação*, com o *perdão* da dívida (remissão) etc.

4.16.8.2. Pela novação, sem intervenção do fiador (art. 366 do CC)

Repare que nem sempre a novação importa em extinção da fiança, mas apenas no caso em que o fiador nela não intervir. Cuidado para não confundir essa situação com o *aditamento* contratual sem anuência do fiador, em que a solução é diversa, como se viu na Súmula 214 do STJ. Se o aditamento ocorrer no curso do prazo certo previsto no contrato, o fiador não responde pela parte que exceder o valor da obrigação que originariamente afiançou. Se o aditamento ocorrer quando o contrato já estiver vigorando por prazo indeterminado, o fiador por nada responderá, se não houver sua anuência.

4.16.8.3. Pela concessão de moratória ao devedor, sem o consentimento do fiador (art. 838, I, do CC)

Trata-se de causa de extinção que ocorre com certa frequência e que nem sempre é aproveitada pelo fiador.

4.16.8.4. Pela impossibilidade de sub-rogação em favor do fiador, por fato do credor (art. 838, II, do CC)

Dá-se, por exemplo, quando o credor tem duas garantias em seu favor, como fiança e hipoteca, e abre mão deste direito real. Nesse caso, estará prejudicando o fiador, que sub-rogado nos direitos e garantias do credor teria um direito real em seu favor, o que lhe garantiria a satisfação do seu crédito.

4.16.8.5. Pela aceitação, por parte do credor, de pagamento da dívida pelo devedor por meio de objeto diverso do que estava obrigado

Nesse caso, o fiador não mais responde, ainda que o credor perca a coisa pela evicção (art. 838, III, CC).

4.16.8.6. Pela exoneração da fiança:

a) **conceito:** *é a extinção da garantia, a pedido do fiador, quando esta não tiver limitação no tempo* (art. 835 do CC).

b) **modo:** o fiador deverá *notificar* o credor. Diferente do antigo CC, o atual não exige sentença judicial para que a exoneração ocorra. A forma atual é a notificação, que pode ser *extrajudicial.*

c) **efeitos:** durante 60 dias após a notificação do credor, o fiador fica obrigado por todos os efeitos da fiança. Trata-se de um prazo que a lei presume como suficiente para que o credor busque junto ao devedor um novo fiador.

d) **locação de imóvel urbano:** a Lei nº 8.245/1991, em seu art. 39, dispõe que "salvo disposição contratual em contrário, qualquer das garantias da locação se estende até a efetiva devolução do imóvel". Ou seja, o fiador fica obrigado até a entrega das chaves do imóvel ao credor (locador). Assim, salvo se houver disposição contratual de que a fiança ficará extinta num dado termo ou ocorrido dado evento, o fiador não tem como se exonerar da fiança, ainda que o contrato esteja vigorando por tempo indeterminado. Trata-se de solução que nos parece bastante desproporcional, pois a fiança, como regra, é um contrato que não traz benefício algum para o fiador, que não pode, assim, ficar indefinidamente adstrito ao seu cumprimento. Sensível a isso, o atual Código Civil não só permite a exoneração do fiador (desde que o contrato esteja vigorando por tempo indeterminado, claro), como também admite que esta se dê por simples notificação extrajudicial. O STJ, de um lado, admite essa exoneração do fiador (mediante notificação resilitória), mas, de outro, é claro no sentido de que "a prorrogação da locação por prazo indeterminado implica também prorrogação automática da fiança (*ope legis*)" (REsp 1.326.557, J. 13.11.12), respondendo o fiador, assim, até a devolução do imóvel.

4.16.8.7. Pela morte do fiador

A responsabilidade dos herdeiros pelo cumprimento da fiança se limita ao tempo decorrido até a morte do fiador e não pode ultrapassar as forças da herança (art. 836 do CC). Eventos ocorridos após a morte do fiador não serão de responsabilidade de seus herdeiros, dada a extinção da fiança.

4.16.9. Oposição de exceções: o fiador pode opor ao credor as seguintes exceções

4.16.9.1. Pessoais (suas, do fiador)

Incapacidade de ser fiador, nulidade da fiança, exoneração pelo decurso do prazo etc.

4.16.9.2. Extintivas da obrigação que competem ao devedor principal

O fiador pode alegar que já houve pagamento, compensação, remissão, dentre outros, em favor do devedor principal. Mas a lei não permite que o fiador alegue exceções que digam respeito simplesmente à incapacidade pessoal do devedor principal (ex.: o fiador dizer que o devedor era pródigo), salvo o caso de mútuo feito a pessoa menor (ex.: o fiador pode alegar que não responderá, pois a fiança foi feita num empréstimo a alguém de 15 anos, sem a presença de seu representante). *Vide* art. 837 do CC.

4.17. Mandato

4.17.1. Conceito

É contrato pelo qual uma pessoa (mandatário ou representante) recebe de outrem (mandante ou representado) poderes para, em nome deste, praticar atos ou administrar interesses (art. 653 do CC).

A expressão vem de "*manu*" + "*datum*", que significa dar as mãos. São exemplos os mandatos para que uma pessoa inscreva outra num concurso público, administre o patrimônio do representado, v ote em nome do representado numa assembleia de condôminos, dentre outros. Cuidado, pois o contrato em tela não tem o nome de "procuração". Esta é apenas o *instrumento* do mandato. Ou seja, a *forma* como o mandato se exterioriza. O papel é a "procuração". O seu conteúdo é o "mandato".

O maior de 16 e o menor de 18 anos não emancipado pode ser *mandatário*, mas o mandante não tem ação contra ele senão de conformidade com as regras gerais aplicáveis às obrigações contraídas por menores (art. 666).

4.17.2. Diferenças

O instituto não se confunde com o da comissão mercantil, em que o comissário atua em seu próprio nome, e com a representação legal ou judicial, pois a primeira não decorre do acordo de vontades (não é contrato), mas da lei (ex.: pais e curadores representam filhos e curatelados), e a segunda decorre de ordem judicial (ex.: inventariante, administrador etc.). Há regimes jurídicos próprios para regular essas situações.

4.17.3. Classificação

4.17.3.1. Quanto às vantagens

a) **regra geral:** é *contrato gratuito*, pois só há vantagens para o mandante; o mandatário não tem vantagens, não recebe remuneração (art. 658 do CC);

b) **exceções:** será *contrato oneroso* em dois casos:

b1) se houver estipulação de retribuição;

b2) se decorrer de ofício ou profissão lucrativa do mandatário;

O mandato conferido a um advogado ou a um despachante, por exemplo, será oneroso.

Não havendo retribuição prevista em lei ou no contrato, ela será determinada pelos usos, e, na falta, por arbitramento (art. 658, parágrafo único, do CC).

4.17.3.2. Quanto às obrigações

a) **se o mandato for gratuito:** será *contrato unilateral*, pois só o mandatário terá obrigações; se o mandante vier a ter obrigações no curso do contrato, decorrente de despesas que surgirem, parte da doutrina fala em contrato bilateral imperfeito.

b) **se o mandato for oneroso:** será *contrato bilateral*, pois o mandatário terá suas usuais obrigações, e o mandante também, pois arcará com uma remuneração em favor do primeiro.

4.17.3.3. Quanto à relevância pessoal

É *contrato personalíssimo*; isso porque é feito com base na confiança; a consequência prática disso é que, como regra, cabe revogação (unilateral) do contrato a qualquer tempo. Outra consequência é que a morte de qualquer das partes gera a extinção do contrato.

4.17.3.4. Quanto ao momento da formação

É *contrato consensual*, pois passa a existir desde o acordo de vontades. Inclusive, é um contrato cuja aceitação pode ser tácita, revelando-se pelo começo de execução da representação (art. 659 do CC).

4.17.3.5. Quanto à forma

a) **regra geral:** é *contrato não solene;* apesar de o art. 653 dizer que "a procuração é o instrumento do mandato", o art. 656 dispõe que o mandato pode ser "verbal ou escrito". O fato de se admitir a forma verbal demonstra que não há solenidade a ser atendida.

b) **exceção:** será *contrato solene* se a lei exigir forma especial para o ato a ser praticado pelo mandatário (art. 657 do CC). Por exemplo, se for constituído um mandato dando poderes para o mandatário alienar um imóvel do mandante de valor superior a 30 salários mínimos, a procuração deve ser uma escritura pública.

c) **prova do mandato:** para fins de *validade* do mandato, vimos os itens "a" e "b". Resta saber se a lei exige forma especial para a *prova* do mandato. Perante terceiro, o mandatário está sujeito a ter que provar o mandato. Nesse caso, a procuração, documento escrito do qual constará o lugar onde foi passada, as qualificações das partes, o objeto e a extensão dos poderes conferidos, será o meio adequado. Segundo a lei, o terceiro *poderá* exigir que a procuração traga firma reconhecida (art. 654, §§ 1º e 2º). O art. 38 do CPC não exige firma reconhecida para a prova da procuração judicial.

4.17.4. Espécies de mandato

4.17.4.1. Especial

É aquele específico para um ou mais negócios determinados do mandante (art. 660 do CC). Exs.: procuração para vender um imóvel (especial para um negócio determinado do mandante) e procuração para emprestar um imóvel e alugar um outro imóvel (especial para dois negócios determinados do mandante).

4.17.4.2. Geral

É aquele para administrar todos os negócios do mandante (art. 660 do CC). Repare que, em que pese se referir a todos os negócios, o mandato geral só admite a *administração ordinária* dos bens (ex.: gerenciar, fazer pagamentos, contratar, proceder a reparos etc.). Será necessário um mandato com **poderes especiais e expressos** para: alienar, hipotecar, transigir e praticar outros atos que exorbitem a administração ordinária (art. 661, § 1º).

4.17.5. Direitos do mandatário

4.17.5.1. De remuneração

Se o mandato for oneroso, mesmo que o negócio não surta o efeito esperado, o mandatário terá direito à retribuição, salvo se agir com culpa (arts. 658 e 676, CC).

4.17.5.2. De adiantamento da importância das despesas necessárias à execução do mandato

O mandatário pode fazer tal pedido, nos termos do art. 675 do CC. Ingressam aí despesas para pagamento de taxas, transporte e hospedagem, por exemplo.

4.17.5.3. De recebimento dos valores desembolsados para fazer frente ao mandato, mas não adiantados

O mandante é obrigado a pagar todas as despesas da execução do mandato, também na hipótese de o negócio não surtir o efeito esperado, salvo culpa do mandatário (art. 676 do CC).

4.17.5.4. De retenção

O mandatário tem sobre a coisa de que tenha a posse em virtude do mandato direito de retenção até se reembolsar do que no desempenho do encargo despendeu (art. 681 do CC).

4.17.5.5. De substabelecer seus poderes, se houver autorização

O mandatário, autorizado, pode se fazer substituir na execução do mandato. Neste caso, o mandatário só responderá por eventuais danos causados pelo substabelecido se tiver agido com culpa na escolha deste ou nas instruções dadas a ele (art. 667, § 2º, CC). Não existindo autorização, a situação fica assim:

a) **se havia proibição:** os atos praticados em nome do mandante não obrigam este (se a proibição constava do mandato), salvo ratificação posterior; a responsabilidade do mandatário por eventuais danos é objetiva (art. 667, § 1º, do CC); não se vai verificar a conduta nem do mandatário, nem do substabelecido;
b) **se não havia proibição:** a responsabilidade do mandatário por eventuais danos só existirá se o substabelecido tiver agido culposamente (art. 667, § 4º, do CC).

4.17.6. Deveres do mandatário

1. **Dar execução ao mandato, aplicando toda a diligência habitual:** regra prevista no art. 667 do CC.
2. **Responder pelos danos ocorridos sob a gerência do substabelecido:** art. 667 do CC.
3. **Apresentar o instrumento de mandato, quando terceiro exigir:** *vide* art. 654, § 2º.
4. **Enviar ao mandante as somas recebidas:** pelas somas que devia entregar ao mandante ou recebeu para despesa, mas empregou em proveito seu, pagará o mandatário juros, desde o momento em que abusou (art. 670 do CC).
5. **Não compensar os prejuízos a que deu causa com os proveitos que gerou ao mandante:** *vide* art. 669 do CC.
6. **Prestar contas de sua gerência:** *vide* arts. 668 do CC e 914 do CPC.
7. **Concluir negócio já começado se houver perigo na demora, apesar de ciente do fim do mandato:** *vide* arts. 674 e 682 do CC.
8. **Responsabilizar-se pessoalmente por negócios feitos em seu próprio nome:** mesmo que o negócio seja de conta do mandante (*vide* art. 663 do CC).

4.17.7. Direitos do mandante

1. **Revogar o mandato a qualquer tempo:** salvo cláusula de irrevogabilidade (arts. 683 a 686 do CC). Em matéria de compromisso de compra e venda de imóvel há situações em que o compromitente vendedor constitui o compromissário comprador seu procurador para fins de celebração da escritura definitiva de compra e venda. É o chamado mandato "em causa própria" (mandato *in rem suam*). Nesse caso, tem-se cláusula de irrevogabilidade (*vide* art. 685).
2. **Autorizar ou não o substabelecimento, com ou sem reserva de poderes.**
3. **Ratificar ou não negócio realizado pelo mandatário que exceder poderes com ciência do terceiro:** art. 673 do CC. Cuidado para não confundir *atuação fora do mandato* (exceder poderes ou exorbitar dos poderes) com *descumprimento das instruções*, que será visto adiante.
4. **Exigir do mandatário entrega de somas, informações, prestação de contas e pagamento de indenização por prejuízos.**
5. **Acionar o mandatário que comprar, em nome próprio, algo que deveria ser comprado para o mandante, exigindo para si a coisa comprada:** *vide* art. 671 do CC.

4.17.8. Obrigações do mandante

1. **Honrar os compromissos assumidos em seu nome:** a regra vale mesmo que o mandatário tenha descumprido suas instruções, mas não vale quando o mandatário exorbitar seus poderes ou não tiver poder algum (arts. 663, 665 e 675, do CC).
2. **Pagar despesas e retribuições ao mandatário, quando devidos.**
3. **Pagar perdas e danos se revogar contrato irrevogável:** *vide* art. 683 do CC.
4. **Outras obrigações:** *vide* art. 686 (terceiros de boa-fé).

4.17.9. Extinção do mandato

1. **Pela revogação (feita pelo mandante) ou pela renúncia (feita pelo mandatário):** a primeira está prevista no art. 687, ao passo que a segunda, no art. 688. Nos dois casos temos resilição unilateral com denúncia vazia (há restrições no art. 45 do CPC e no art. 688 do CC.

2. **Pela morte ou interdição de uma das partes:** atenuam as regras as disposições dos arts. 689 e 690 do CC.
3. Pelo término do prazo ou pela conclusão do negócio.

5. Responsabilidade Civil

5.1. Responsabilidade subjetiva

5.1.1. Hipótese de incidência (art. 186)

Aquele que, por ação ou omissão voluntária, negligência ou imprudência, violar direito e causar dano a outrem, ainda que exclusivamente moral, comete ato ilícito.

conduta culposa/dolosa + dano + nexo causal

5.1.2. Consequência (art. 927)

Aquele que cometer ato ilícito *fica obrigado a reparar dano*

5.1.3. Excludentes da ilicitude

a) legítima defesa;

b) exercício regular de direito e estrito cumprimento de dever legal;

c) estado de necessidade – neste caso, o 3º não culpado será indenizado pelo agressor.

5.2. Responsabilidade objetiva

Na responsabilidade objetiva não é necessário comprovar conduta dolosa ou culposa do causador do dano. Para responsabilização deste basta comprovar CONDUTA + DANO + NEXO DE CAUSALIDADE.

5.2.1. Ato ilícito por abuso de direito (art. 187)

Também comete ato ilícito o titular de um direito que, ao exercê-lo, excede manifestamente os limites impostos pelo seu fim econômico ou social, pela boa-fé ou pelos bons costumes.

Trata-se do chamado **ato emulativo.**

O Enunciado 37/CJF considera **objetiva** a responsabilidade no caso, ou seja, não é necessário culpa ou dolo.

Exemplos:

- ✔ excesso na liberdade de informação;
- ✔ excesso no exercício da propriedade (direito de vizinhança);
- ✔ excesso na legítima defesa.
- ✔ Acerca da temática do abuso de direito, confira, ainda, os seguintes enunciados das Jornadas de Direito Civil:

a) 413 – Art. 187: Os bons costumes previstos no art. 187 do CC possuem natureza subjetiva, destinada ao controle da moralidade social de determinada época, e objetiva, para permitir a sindicância da violação dos negócios jurídicos em questões não abrangidas pela função social e pela boa-fé objetiva.

b) 414 – Art. 187: A cláusula geral do art. 187 do Código Civil tem fundamento constitucional nos princípios da solidariedade, devido processo legal e proteção da confiança, e aplica-se a todos os ramos do direito.

5.2.2. Atividade de risco (art. 927, parágrafo único)

Quando a atividade normalmente desenvolvida pelo autor do dano implicar, por sua natureza, risco para os direitos de outrem.

Exs.: acidente em loja de fogos; acidente com helicóptero, matando terceiros.

Configura-se quando a atividade causar a pessoa determinada um ônus maior do que aos demais membros da coletividade (Enunciado 38/CJF).

Confira, ainda, outros dois enunciados das Jornadas de Direito Civil:

a) "446 – Art. 927: A responsabilidade civil prevista na segunda parte do parágrafo único do art. 927 do Código Civil deve levar em consideração não apenas a proteção da vítima e a atividade do ofensor, mas também a prevenção e o interesse da sociedade."

b) "448 – Art. 927: A regra do art. 927, parágrafo único, segunda parte, do CC aplica-se sempre que a atividade normalmente desenvolvida, mesmo sem defeito e não essencialmente perigosa, induza, por sua natureza, risco especial e diferenciado aos direitos de outrem. São critérios de avaliação desse risco, entre outros, a estatística, a prova técnica e as máximas de experiência."

5.2.3. Produtos postos em circulação (art. 931)

Os empresários individuais e as empresas respondem independentemente de culpa pelos danos causados pelos ***produtos*** *postos em circulação.*

Ex.: danos causados por insumo vendido a uma indústria.

5.2.4. Responsabilidade pelo fato de 3º (arts. 932 e 933)

Responsabilidade **indireta.**

Não afasta a responsabilidade do causador do dano.

Se o agente praticante do ato responder (o que requer culpa ou dolo, como regra), o responsável também responderá, mas sem necessidade de dolo ou culpa *in vigilando* ou *in eligendo* ou mesmo de se invocar o modelo da culpa presumida para o caso.

Hipóteses:

a) **Pais** por filhos menores sob sua autoridade e companhia; para o STJ, a emancipação voluntária não exclui responsabilidade do pai;
b) **Tutor e curador** nos mesmos casos;
c) **Empregador** por empregados, no exercício do trabalho; para o STF, é presumida a culpa do patrão (Súmula nº 341); para o STJ, o tomador de serviço não responde por empresa terceirizada;
d) **Dono** de hotel por hóspedes;
e) **Partícipe** de crime, sem ganho, até o limite de sua participação.

5.3. Outros casos de obrigação de indenizar

5.3.1. Dono ou detentor de animal (art. 936)

Responsabilidade presumida: *o dono ou detentor* do animal ressarcirá o dano por este causado, se não provar culpa da vítima ou força maior.

O Enunciado nº 452 das Jornadas de Direito Civil entende que o caso é de responsabilidade objetiva, com excludente do fato exclusivo de terceiro.

5.3.2. Prédio em ruína (art. 937)

Responsabilidade presumida: *o dono de edifício ou construção responde pelos danos que resultarem de sua ruína se esta provier de falta de reparos, cuja necessidade fosse manifesta.*

5.3.3. Coisas caídas ou lançadas (art. 938)

Responsabilidade objetiva: *aquele que habitar prédio, ou parte dele, responde pelo dano proveniente das coisas que dele caírem ou forem lançadas em lugar indevido.*

5.4. Excludentes de responsabilidade em geral

5.4.1. Legítima defesa

Situação atual/iminente de **injusta agressão** a si ou a 3º.

Ex.: atira-se em pessoa que está para matar outra.

5.4.2. Exercício regular de direito

Ex.: ingresso com ação judicial; protesto.

5.4.3. Estrito cumprimento de dever legal

Ex.: prestação de informações às autoridades fiscais.

5.4.4. Estado de necessidade

Dano a coisa ou pessoa para remover perigo iminente.

Se 3º atingido não causar o perigo, o agente **responde**, com ação regressiva contra verdadeiro culpado.

Ex.: "A", fechado por "B", desvia carro, batendo em 3º ("C") para não atropelar alguém; "A", apesar do estado de necessidade, responderá perante 3º ("C"), podendo ingressar com ação de regresso contra "B", culpado por tudo.

5.4.5. Caso fortuito ou de força maior

É o fato necessário, cujos efeitos não são possíveis de evitar ou impedir (art. 393, parágrafo único, do CC).

Exs.: um tornado de grande expressão, um terremoto.

De acordo com o Enunciado nº 443 das Jornadas de Direito Civil, "o caso fortuito e a força maior somente serão considerados como excludentes da responsabilidade civil quando o fato gerador do dano não for conexo à atividade desenvolvida".

Para o STJ, roubo em posto de gasolina é considerado força maior, excluindo a responsabilidade do estabelecimento.

Já roubo em agência bancária é evento previsível, não caracterizando força maior.

Outro entendimento importante é o fixado na Súmula nº 479 do STJ: "As instituições financeiras respondem objetivamente pelos danos gerados por fortuito interno relativo a fraudes e delitos praticados por terceiros no âmbito de operações bancárias".

5.4.6. Culpa exclusiva da vítima

Ex.: alguém se joga na frente de um carro e é atropelado.

Obs.: culpa concorrente da vítima só altera valor indenizatório.

5.4.7. Fato de terceiro

Ex.: arremesso de pedra em ônibus, ferindo passageiro (STJ).

Já se houver acidente de ônibus causado por 3º, transportador responde perante passageiros, com regresso contra 3º.

Obs.: a extinção da punibilidade criminal não acarreta exoneração da responsabilidade, salvo negativa de autoria/fato.

5.5. Sujeitos passivos do direito à indenização

5.5.1. Autores e coautores da ofensa

5.5.2. Responsáveis indiretos

a) Responsáveis por atos de terceiros (arts. 932 e 933);

b) Súmula STJ 130: a **empresa responde, perante o cliente, pela reparação de dano/furto em seu estacionamento;**

c) Súmula STF 492: empresa **locadora** de veículos responde civil e solidariamente com o locatário pelos danos por este causados a terceiro, no uso do carro locado;

d) Súmula STJ 132: a ausência de registro da transferência não implica responsabilidade do antigo dono resultante de acidente que envolva o **veículo alienado**.

5.5.3. Solidariedade

Se a ofensa tiver mais de um autor, todos responderão solidariamente pela reparação (art. 942).

Um exemplo de solidariedade está na Súmula STJ n. 221: são civilmente responsáveis pelo ressarcimento de dano, decorrente de publicação pela imprensa, tanto o autor do escrito quanto o proprietário do veículo de divulgação.

Porém, essa súmula não se aplica em relação aos provedores de internet e redes sociais. Nesse sentido, se um usuário de rede social posta conteúdo ofensivo a terceiro, este não poderá pedir indenização por danos materiais e morais junto à empresa provedora daquele portal. Tal empresa só poderá ser acionada se, mesmo após ter sido comunicada a respeito da mensagem ofensiva, não a tiver excluído. Nesse sentido, confira interessante decisão do STJ:

> **Responsabilidade civil. Site de relacionamento. Mensagens ofensivas.** A responsabilidade objetiva, prevista no art. 927, parágrafo único, do CC, não se aplica a empresa hospedeira de site de relacionamento no caso de mensagens com conteúdo ofensivo inseridas por usuários. O entendimento pacificado da Turma é que o dano decorrente dessas mensagens não constitui risco inerente à atividade dos provedores de conteúdo. A fiscalização prévia do teor das informações postadas pelo usuário não é atividade do administrador de rede social, portanto seu dever é retirar do ar, logo que for comunicado, o texto ou a imagem que possuem conteúdo ilícito, apenas podendo responder por sua omissão. Precedentes citados: **REsp 1.186.616-MG, DJe 31/8/2011, e REsp 1.175.675-RS, DJe 20/9/2011. REsp 1.306.066-MT, Rel. Min. Sidnei Beneti, julgado em 17/4/2012** (Inform. STJ 495)

Outro exemplo de solidariedade é o trazido pelo STJ, no REsP 343.649, quando se decidiu que, quem permite que terceiro conduza seu veículo, é responsável solidário pelos danos culposamente causados por este.

5.6. Sujeitos ativos do direito à indenização

5.6.1. Vítima direta

Ex.: aquele que sofreu o acidente.

5.6.2. Vítima indireta

Ex.: os familiares próximos da vítima do acidente.

Tem-se no caso danos morais **reflexos** ou por **ricochete**.

Trata-se do *préjudice d'affection*, pois o instituto é fundado no princípio da afeição.

O STJ admite o dano indireto, sendo comum fixar-se indenização por danos morais em favor de pessoas muito próximas da vítima de um homicídio, tais como pais, filhos, irmãos, cônjuge e companheiro.

5.7. Reparação dos danos

5.7.1. Regra

A indenização mede-se pela extensão do dano.

Trata-se do princípio da reparação integral dos danos.

Exemplo de aplicação prática do princípio é a Súmula 281 do STJ, que impede a tarifação do dano moral.

5.7.2. Exceções ao princípio da reparação integral

a) Se houver **excessiva desproporção** entre a *gravidade da culpa* e o *dano* o juiz pode reduzir equitativamente a indenização (art. 944, parágrafo único);

b) Se houver **culpa recíproca**, a indenização será *proporcional*, levando em conta os graus de culpa (art. 945);

c) O **incapaz** responde *subsidiária* e *equitativamente*.

Subsidiariamente: pois só responde se responsável não responder ou não dispuser de meios; ex.: curador de um incapaz rico, que não tiver meios.

Equitativamente: pois, caso o incapaz responda, o valor não poderá privá-lo do necessário para a sua subsistência; há entendimento de que pais, tutores e curadores também se beneficiam dessa limitação quando o pagamento da indenização puder prejudicar a subsistência do incapaz (Enunciado CJF nº 39).

Adotou-se a **Teoria do Patrimônio Mínimo**, de modo a garantir sempre um patrimônio para o incapaz, criando a **Responsabilidade Mitigada e Subsidiária**.

5.7.3. Espécies de danos

5.7.3.1. Dano material

a) **danos emergentes:** *o que efetivamente se perdeu;* ex.: conserto do veículo, medicamentos, tratamentos;

b) **lucros cessantes:** *o que razoavelmente se deixou de lucrar*; ex.: renda que profissional liberal deixa de auferir por ficar 30 dias sem trabalhar;

c) **decorrentes da "Perda de uma Chance"**: dano decorrente da possibilidade de buscar posição jurídica mais vantajosa que **muito provavelmente** ocorreria; ex.: voo atrasado a impedir posse de aprovado em concurso. De acordo com o Enunciado nº 444 das Jornadas de Direito Civil, "a responsabilidade civil pela perda de chance não se limita à categoria de danos extrapatrimoniais, pois, conforme as circunstâncias do caso concreto, a chance perdida pode apresentar também a natureza jurídica de dano patrimonial. A chance deve ser séria e real, não ficando adstrita a percentuais apriorísticos".

5.7.3.2. Dano estético

Cicatrizes, marcas, aleijão.

STJ: dano estético é cumulável com dano moral (Súmula 387).

5.7.3.3. Dano moral

STJ: Cumulável c/ dano material (Súmula 37).

5.7.4. Na demanda antes de vencida a dívida (art. 939)

Credor ficará obrigado a i) esperar o tempo que faltava para o vencimento; ii) descontar os juros correspondentes, embora estipulados; iii) pagar as custas em dobro.

5.7.5. Na demanda por dívida já paga (art. 940)

Credor ficará obrigado a pagar ao devedor o dobro do que houver cobrado.

5.7.6. Na demanda com pedido maior que o devido (art. 940)

Credor ficará obrigado a: pagar ao devedor o equivalente do que dele exigir.

Obs. 1: excludente – as penas previstas nos arts. 939 e 940 não se aplicarão quando o autor **desistir** da ação antes de contestada a lide, salvo ao réu o direito de haver indenização por algum prejuízo que prove ter sofrido.

Obs. 2: STJ admite cobrança da indenização na contestação.

5.7.7. Homicídio (art. 948)

a) despesas c/ tratamento da vítima, seu funeral e o luto da família (ex.: médico + enterro + dano moral);

b) alimentos às pessoas a quem o morto os devia, levando-se em conta a duração provável da vida da *vítima*; trata-se da famosa "pensão".

5.7.8. Lesão à saúde (art. 949)

a) despesas do tratamento e dos lucros cessantes até ao fim da convalescença, além de prejuízos provados (art. 949);

b) se resultar defeito impedindo o ofendido de exercer profissão ou diminuindo sua capacidade de trabalho, a indenização incluirá pensão correspondente à importância do trabalho para quem se inabilitou ou da depreciação sofrida (art. 950);

c) o prejudicado, se preferir, poderá exigir que a indenização seja arbitrada e paga de uma só vez, em vez de pensão.

Obs.: o disposto nos arts. 948 a 950 aplica-se ao caso de danos causados no exercício de atividade profissional.

5.7.9. Esbulho (art. 952)

a) havendo usurpação ou esbulho do alheio, indenização abrange: i) valor das deteriorações; ii) lucros cessantes;

b) faltando a coisa, reembolsa-se o equivalente pelo preço ordinário e de afeição, desde que este não supere àquele.

5.7.10. Injúria, difamação e calúnia (art. 953)

a) a indenização consistirá na reparação do dano que delas resulte ao ofendido – não cabe tarifação de danos!

b) se o ofendido não puder provar prejuízo material, o juiz fixará, equitativamente, o valor da indenização.

5.7.11. Ofensa à liberdade pessoal (art. 954)

Cárcere privado e prisão ilegal (por denúncia falsa ou má-fé).

A indenização consistirá no pagamento das perdas e danos que sobrevierem ao ofendido, e, se este não provar prejuízo, juiz fixará equitativamente o valor da indenização.

5.8. Dano moral

5.8.1. Conceito

Consiste na ***ofensa ao patrimônio moral*** *de pessoa, tais como o nome, a honra, a fama, a imagem, a intimidade, a credibilidade, a respeitabilidade, a liberdade de ação, a autoestima, o respeito próprio e a afetividade.*

5.8.2. Sujeitos passivos do dano moral

a) **Pessoas naturais**; ex.: atropelamento da esposa de alguém, causando morte;

b) **Pessoas jurídicas** (Súmula 227 do STJ), sendo que, nesse caso, o dano moral exsurge da ofensa à honra **objetiva** da pessoa jurídica; ex.: difamação do nome de um restaurante da cidade;

c) **Coletividade:** o STJ está dividido sobre essa possibilidade, apesar de haver disposição legal expressa acerca do cabimento de indenização por dano moral em caso de danos coletivos ou difusos (art. 6º, VII, do CDC).

5.8.3. Prova do dano moral

a) **Pessoa natural:** a simples lesão ao patrimônio moral da pessoa natural caracteriza o dano moral, não sendo necessário prova da ocorrência desse dano; ex.: mãe não precisa demonstrar que sentiu morte do filho; na inexecução de um **contrato** não existe tal presunção;

b) **Pessoa jurídica:** o fato lesivo deve ser devidamente demonstrado para caracterizá-lo (Enunciado 189/CJF);

c) **Dano moral *in re ipsa*:** para o STJ, determinadas condutas geram dano moral, sem necessidade de demonstração ou prova da ocorrência deste, mesmo quando a vítima for pessoa jurídica; por exemplo, a inscrição indevida em cadastro de inadimplentes e a publicação não autorizada da imagem de pessoa, com fins econômicos ou comerciais (Súmula STJ 403).

5.8.4. Exemplos de casos em que cabe dano moral

Súmula STJ 388: a simples devolução indevida de cheque caracteriza dano moral;

Súmula STJ 370: caracteriza dano moral a apresentação antecipada de cheque pré-datado;

Súmula STJ 227: a pessoa jurídica pode sofrer dano moral.

Casos de abandono afetivo: vide, por exemplo, STJ, REsp 1.159.242, J. 24.04.12.

Casos de ocultação da verdade, por cônjuge, quanto à paternidade biológica: vide, por exemplo, STJ, REsp 922.462, J. 04.04.13. Na mesma decisão em que se reconheceu a responsabilidade do cônjuge infiel, afastou-se a responsabilidade do cúmplice ("amante").

5.8.5. Exemplos de casos em que não cabe dano moral

Súmula STJ 385: anotação irregular em cadastro de crédito não gera dano moral se já existe legítima inscrição;

Informativo 350 STJ: descumprimento de contrato, por si só, não gera dano moral;

Mero dissabor decorrente de produto com vício não gera dano moral se a coisa vem a ser consertada.

5.8.6. Critérios para fixação da indenização

O tema ainda é bastante controvertido na jurisprudência. Há propostas que defendem que a lei enumere esses critérios, estabelecendo, dentre outros, os seguintes:

a) Reflexos pessoais e sociais da ação ou omissão;

b) Possibilidade de superação física ou psicológica;

c) Extensão e duração dos efeitos da ofensa;

d) Situação social, política e econômica dos envolvidos;

e) Condições em que ocorreu a ofensa ou prejuízo moral;

f) Intensidade do sofrimento ou humilhação;

g) Grau de dolo ou culpa;

h) Existência de retratação espontânea;

i) Esforço efetivo para minimizar a ofensa;

j) Perdão, tácito ou expresso.

5.8.7. Valores médios fixados pelo STJ

a) **falecimento**: atualmente o STJ tem fixado indenização por dano moral decorrente de morte de parente de forma global à família do falecido, no montante de 500 salários mínimos, ressalvada a possibilidade de acréscimo de valor em se tratando de famílias numerosas;

b) **lesão grave**, gerando incapacidade irreversível: R$ 150 mil em favor da vítima direta, R$ 50 mil em favor de pais ou cônjuge e R$ 10 mil para irmão;

c) **prisão indevida**: R$ 100 mil;

d) **publicação de notícia inverídica:** R$ 22,5 mil;

e) **recusa em cobrir tratamento médico:** R$ 20 mil;

f) **protesto indevido:** R$ 10 mil;

g) **cancelamento injustificado de voo:** R$ 8 mil.

Obs.: o **STJ** vem **reformando** decisões que fixam indenização em valor não aproximado dos valores médios por ele praticados.

5.8.8. Encargos de condenação

a) **correção monetária:** é devida desde a data da fixação da indenização por dano moral (sentença ou acórdão); segundo a Súmula nº 362 do STJ, "A correção monetária do valor da indenização do dano moral incide desde a data do arbitramento";

b) **juros moratórios:** são devidos desde a data do evento danoso (Súmula STJ 54);

c) **honorários:** incidem também sobre o valor fixado a título de danos morais.

> Súmula STJ 326: na ação de indenização por dano moral, a condenação em montante inferior ao postulado na petição inicial não implica sucumbência recíproca.

5.9. Pensão segundo o STJ

5.9.1. Falecimento de pai/mãe, com filhos menores

Devida até 25 anos do filho, quando presumidamente este terá concluído sua formação.

5.9.2. Falecimento de cônjuge ou companheiro

Devida até quando a vítima fizesse 70 anos.

5.9.3. Falecimento de filho menor em família de baixa renda

Devida desde quando a vítima tivesse 14 anos, até quando fizesse 65 anos; valor cairá à metade quando vítima fizesse 25, pois se presume que teria contraído família e não mais poderia ajudar tanto os pais.

5.9.4. Falecimento de filho maior que ajudava família

Devida vitaliciamente à família, diminuindo o valor quando a vítima fizesse 25 anos.

5.9.5. Encargos de condenação

a) **correção monetária:** é devida desde o evento danoso;

b) **juros moratórios:** são devidos desde a data do evento danoso (Súmula STJ 54);

c) **honorários:** incidem sobre as parcelas vencidas e 12 parcelas vincendas.

5.10. DPVAT

A Lei 6.194/1974 dispõe sobre o seguro obrigatório (DPVAT) de danos pessoais causados por veículos automotores de via terrestre, ou por sua carga, a pessoas transportadas ou não.

Os danos pessoais cobertos pelo DPVAT são os seguintes: a) morte (R$ 13.500,00 por pessoa vitimada); b) invalidez permanente, total ou parcial (até R$ 13.500,00 por pessoa vitimada); c) despesas de assistência médica e suplementares (até R$ 2.700,00, como reembolso à vítima, no caso de despesas de assistência médica e suplementares devidamente comprovadas).

No caso de invalidez permanente, esta pode ser total e parcial. Quanto à parcial, pode ser parcial completa e parcial incompleta, conforme a extensão das perdas anatômicas ou funcionais. A indenização variará de acordo com o enquadramento da perda, nos termos das regras previstas na Lei 6.194/1974. Aliás, mesmo sendo a lei clara nesse sentido, o STJ teve de elaborar uma súmula a respeito (Súmula n. 474): "A indenização do seguro DPVAT, em caso de invalidez parcial do beneficiário, será paga de forma proporcional ao grau da invalidez".

Em qualquer caso, o pagamento da indenização se dará mediante simples prova do acidente e do dano decorrente, independentemente da existência de culpa, havendo ou não resseguro, abolida qualquer franquia de responsabilidade do segurado.

Vale observar que, segundo a Súmula 257 do STJ, "a falta de pagamento do prêmio do seguro obrigatório de Danos

Pessoais Causados por Veículos Automotores de Vias Terrestres (DPVAT) não é motivo para a recusa do pagamento da indenização".

No mais, o STJ também é pacífico no sentido de que "as seguradoras integrantes do consórcio do seguro DPVAT são solidariamente responsáveis pelo pagamento de indenizações securitárias, podendo o beneficiário reclamar de qualquer delas o que lhe é devido" (REsp 1.108.715, J. 15.05.2012).

Quanto aos encargos devidos, "os juros de mora na indenização do seguro DPVAT fluem a partir da citação" (Súmula STJ n. 426).

Quanto à ação de cobrança do seguro obrigatório, a pretensão respectiva prescreve em 3 anos (Súmula STJ n. 405), sendo que, no caso, de incapacidade ou invalidez, o termo inicial é a data em que o segurado teve ciência inequívoca da incapacidade laboral ou invalidez (Súmula STJ n. 278).

Por fim, vale citar a Súmula/STJ n. 470, pela qual o "O Ministério Público não tem legitimidade para pleitear, em ação civil pública, a indenização decorrente do DPVAT em benefício do segurado."

6. Direito das Coisas

6.1. Introdução

Para formar uma relação jurídica são necessários três elementos: a) *sujeitos de direito*, b) *bens* e um c) *fato* que faça nascer a relação. Para visualizarmos esses três elementos, vamos imaginar um contrato de compra e venda, que é uma das principais relações jurídicas de que trata o Direito. Esse contrato requer a existência de um vendedor e de um comprador (*sujeito de direito*), de uma coisa de expressão econômica (*bem*) e de um acordo de vontade sobre o preço da coisa (*fato* que faz nascer a relação jurídica).

A Parte Geral do Direito Civil trata da capacidade dos *sujeitos de direito*. Cuida ainda das classificações e do regime jurídico básico dos *bens*. E também cuida de trazer regulamentação básica acerca dos *fatos e negócios jurídicos*.

O Direito das Obrigações e o Direito Contratual focam na relação jurídica obrigacional formada. Tratam principalmente dos direitos e deveres das *pessoas* que entabulam negócios jurídicos. Repare que o objetivo maior aqui é regulamentar **direitos pessoais**, ou seja, *direitos e deveres entre pessoas determinadas, em que uma pode exigir uma prestação da outra.*

Já o Direito das Coisas tem como objetivo maior regulamentar relações jurídicas em que o elemento marcante é uma coisa corpórea (a posse, por exemplo), bem como relações que estabelecem **direito reais**, que *são direitos que estabelecem um poder jurídico, direto e imediato, do titular sobre a coisa, com exclusividade e contra todos.*

Em suma, no Direito das Coisas estuda-se a **posse** (de bens móveis ou imóveis) e os **direitos reais**, ou seja, aqueles direitos que se têm sobre uma coisa, com exclusividade e contra todos (propriedade, superfície, servidão, usufruto, uso, habitação, penhor, hipoteca e anticrese).

Nossa primeira tarefa será tratar da posse para em seguida tratar dos direitos reais sobre coisas móveis e imóveis.

6.2. Posse

6.2.1. Conceito de posse

É o exercício, pleno ou não, de algum dos poderes inerentes à propriedade (art. 1.196 do CC). É a *exteriorização da propriedade*, ou seja, a *visibilidade da propriedade*. Os poderes inerentes à propriedade são *usar*, *gozar* e *dispor* da coisa, bem como *reavê-la* (art. 1.228). Assim, se alguém estiver, por exemplo, *usando* uma coisa, como o locatário e o comodatário, pode-se dizer que está exercendo *posse* sobre o bem.

6.2.2. Teoria adotada

Há duas teorias sobre a posse. A primeira é a **Teoria Objetiva** (de Ihering), para a qual a posse se configura como a mera *conduta de dono*, pouco importando a apreensão física da coisa e a vontade de ser dono dela. Já a segunda, a **Teoria Subjetiva** (de Savigny), entende que a posse só se configura se houver a apreensão física da coisa (*corpus*), mais a vontade de tê-la como própria (*animus domini*). Nosso CC adotou a Teoria Objetiva de Ihering, pois não trouxe como requisito para a configuração da posse a apreensão física da coisa ou a vontade de ser dono dela, mas apenas que se tenha uma conduta de proprietário. Assim, uma pessoa que paga os impostos de um sítio e coloca um caseiro para cuidar da área, mesmo não tendo apreensão física sobre a coisa por inteiro e que não tenha em sua cabeça um ânimo de dono, exerce posse, pois sua conduta revela uma conduta de proprietário, ou seja, uma exteriorização da propriedade.

6.2.3. Detenção

É aquela situação em que alguém conserva a posse em nome de outro e em cumprimento às suas ordens e instruções. É muito importante entender o instituto da detenção, pois ele traz exceções ao conceito de posse. Um exemplo típico é o do caseiro. Quem olhasse de longe poderia chegar à conclusão de que um caseiro exerce posse sobre um imóvel de que cuida. Em geral, caseiros usam e cuidam da coisa, exteriorizando um dos poderes da propriedade. Todavia, o próprio art. 1.198 do CC exclui do conceito de posse a situação em que se encontra um detentor. Assim, o caseiro em relação a imóvel de que cuida e o funcionário público em relação aos móveis da repartição têm mera *detenção* sobre a coisa, não recebendo os direitos típicos daquele que exerce *posse*.

6.2.4. Classificação da posse

6.2.4.1. Posse direta e indireta

Quanto ao campo de seu exercício (art. 1.197 do CC).

a) **posse indireta:** *é aquela exercida por quem cedeu, temporariamente, o uso ou o gozo da coisa a outra pessoa.* São exemplos as exercidas pelo locador, nu-proprietário, comodante e depositante. O possuidor indireto ou mediato pode se valer da proteção possessória.

b) **posse direta:** *é aquela exercida por quem recebeu o bem, temporariamente, para usá-lo ou gozá-lo, em virtude de direito pessoal ou real.* Vale lembrar que o possuidor direito ou imediato também pode se valer de proteção possessória, inclusive contra o proprietário da coisa que exerça a posse indireta e que perturbe a sua posse.

6.2.4.2. Posse individual e composse

Quanto à simultaneidade de seu exercício (art. 1.199 do CC).

a) **posse individual:** *é aquela exercida por apenas uma pessoa.*

b) **composse:** *é a posse exercida por duas ou mais pessoas sobre coisa indivisa.* São exemplos a posse dos cônjuges sobre o patrimônio comum e dos herdeiros antes da partilha. Na composse *pro diviso* há uma divisão de fato da coisa.

6.2.4.3. Posse justa e injusta

Quanto à existência de vícios objetivos (art. 1.200 do CC).

a) **posse justa:** *é aquela que não for violenta, clandestina ou precária.* Assim, é justa a posse não adquirida pela força física ou moral (não violenta), não estabelecida às ocultas (não clandestina) e não originada do abuso de confiança por parte de quem recebe a coisa com o dever de restituí-la (não precária). Perceba que os vícios equivalem, no Direito Penal, aos crimes de roubo, furto e apropriação indébita.

b) **posse injusta:** *é aquela originada do esbulho.* Em caso de violência ou clandestinidade, a posse só passa a existir após a cessação da violência ou da clandestinidade (art. 1.208 do CC). Já em caso de precariedade (ex.: um comodatário passa a se comportar como dono da coisa), a posse deixa de ser justa e passa a ser injusta diretamente. É importante ressaltar que, cessada a violência ou a clandestinidade, a posse passa a existir, mas o vício que a inquina faz com que o Direito a considere injusta. E, mesmo depois de um ano e dia, a posse continua injusta, só deixando de ter essa característica se houver aquisição da coisa, o que pode acontecer pela usucapião, por exemplo. A qualificação de posse injusta é relativa, valendo apenas em relação ao anterior possuidor da coisa. Em relação a todas as outras pessoas, o possuidor injusto pode defender a sua posse.

6.2.4.4. Posse de boa-fé e de má-fé

Quanto à existência de vício subjetivo (art. 1.201 do CC).

a) **posse de boa-fé:** *é aquela em que o possuidor ignora o vício ou o obstáculo que impede a aquisição da coisa.* É de boa-fé a posse daquele que crê que a adquiriu de quem legitimamente a possuía. Presume-se de boa-fé o possuidor com **justo título**, ou seja, *aquele título que seria hábil para transferir o direito à posse, caso proviesse do verdadeiro possuidor ou proprietário da coisa.*

b) **posse de má-fé:** *é aquela em que o possuidor tem ciência do vício ou do obstáculo que impede a aquisição da coisa.* A posse de boa-fé pode se transmudar em posse de má-fé em caso de ciência posterior do vício. A citação para a demanda que visa à retomada da coisa tem o condão de alterar o caráter da posse.

Obs.: saber se a posse de alguém é de boa-fé ou de má-fé interfere no direito à indenização pelas benfeitorias feitas, no direito de retenção, no direito aos frutos, no prazo de prescrição aquisitiva (usucapião), na responsabilidade por deterioração da coisa etc.

6.2.4.5. Posse nova e velha

Quanto ao tempo da posse.

a) **posse nova:** *é aquela de menos de ano e dia.*

b) **posse velha:** *é aquela de mais de ano e dia.* Essa classificação, prevista no CC anterior, não tem correspondente no atual CC.

Não se deve confundir esse conceito com os de **ação de força nova** (que é a ação possessória promovida dentro de ano e dia da turbação ou do esbulho) e **ação de força velha** (que é a ação possessória promovida após ano e dia do esbulho). Esses conceitos decorrem do art. 924 do CPC, que estabelece que na ação de força velha o autor da demanda não poderá se valer do rito especial possessório, que prevê a concessão de liminar. Deve o interessado ingressar com ação pelo rito ordinário, nada impedindo, todavia, que seja beneficiado com a concessão de tutela antecipada, preenchidos seus requisitos, conforme vem entendendo o STJ.

6.2.4.6. Posse natural e jurídica

Quanto à origem.

a) **posse natural:** *é a que decorre do exercício do poder de fato sobre a coisa.*

b) **posse civil ou jurídica:** *é que decorre de um título*, não requerendo atos físicos ou materiais.

6.2.5. Aquisição da posse

6.2.5.1. Conceito

Adquire-se a posse desde o momento em que se torna possível o exercício, em nome próprio, de qualquer dos poderes inerentes à propriedade (art. 1.204).

6.2.5.2. Aquisição originária

É aquela que não guarda vínculo com a posse anterior. Ocorre nos casos de: **a) Apreensão,** *que consiste na apropriação unilateral da coisa sem dono* (abandonada – *res derelicta*, ou de ninguém – *res nullius*) ou na retirada da coisa de outrem sem sua permissão (cessadas a violência ou a clandestinidade); **b) Exercício do direito**, como no caso da servidão constituída pela passagem de um aqueduto em terreno alheio; **c) Disposição**, que consiste em alguém dar uma coisa ou um direito, situação que revela o exercício de um poder de fato (posse) sobre a coisa.

6.2.5.3. Aquisição derivada

É aquela que guarda vínculo com a posse anterior. Nesse caso, a posse vem gravada dos eventuais vícios da posse anterior. Essa regra vale para a sucessão a título universal (art. 1.206 do CC), mas é abrandada na sucessão a título singular (art. 1.207 do CC). Ocorre nos casos de **tradição,** *que consiste na transferência da posse de uma pessoa para outra, pressupondo acordo de vontades.* A tradição pode ser de três tipos:

a) **Tradição real:** *é aquela em que há a entrega efetiva, material da coisa.* Ex.: entrega de um eletrodoméstico para o comprador. No caso de aquisição de grandes imóveis não há necessidade de se colocar fisicamente a mão sobre toda a propriedade, bastando a referência a ela no título. Trata-se da chamada ***traditio longa manu.***

b) **Tradição simbólica:** *é aquela representada por ato que traduz a entrega da coisa.* Exemplo: entrega das chaves de uma casa.

c) **Tradição consensual:** é aquela decorrente de contrato, de acordo de vontades. Aqui temos duas possibilidades. A primeira é a ***traditio brevi manu***, que *é aquela situação em que um possuidor em nome alheio passa a possuir a coisa em nome próprio.* É o caso do locatário que adquire a coisa. Já a segunda é o **constituto possessório,** *que é aquela situação em que um possuidor em nome próprio passa a possuí-la em nome de outro, adquirindo a posse indireta da coisa.* É o caso do dono que vende a coisa e passa a nela ficar como locatário ou comodatário.

6.2.6. Perda da posse

6.2.6.1. Conceito

Perde-se a posse quando cessa, embora contra a vontade do possuidor, o poder sobre o bem. É importante ressaltar, quanto ao ausente (no sentido de não ter presenciado o esbulho), que este só perde a posse quando, tendo notícia desta, abstém-se de retomar a coisa ou, tentando recuperá-la, é violentamente repelido (art. 1.224).

6.2.6.2. Hipóteses de perda posse

a) **Abandono:** *é a situação em que o possuidor renuncia à posse, manifestando voluntariamente a intenção de largar o que lhe pertence;* ex.: quando alguém atira um objeto na rua;

b) **Tradição com intenção definitiva:** *é a entrega da coisa com o ânimo de transferi-la definitivamente a outrem;* se a entrega é transitória, não haverá perda total da posse, mas apenas perda temporária da posse direta, remanescendo a posse indireta;

c) **Destruição da coisa e sua colocação fora do comércio;**

d) **Pela posse de outrem:** nesse caso a perda da posse se dá por esbulho, podendo a posse perdida ser retomada.

6.2.7. Efeitos da posse

Aquele que exerce posse tem uma série de direitos. Esses direitos vão variar de acordo com o tempo de posse (usucapião), o fato de ser de boa-fé ou não, dentre outras variáveis. Confira-se os efeitos:

6.2.7.1. Percepção dos frutos

Quando o legítimo possuidor retoma a coisa de outro possuidor, há de se resolver a questão dos frutos percebidos ou pendentes ao tempo da retomada. De acordo com o caráter da posse (de boa ou de má-fé) haverá ou não direitos para aquele que teve que entregar a posse da coisa. Antes de verificarmos essas regras, vale trazer algumas definições.

6.2.7.1.1. Conceito de frutos

São utilidades da coisa que se reproduzem (frutas, verduras, filhotes de animais, juros etc.). Diferem dos **produtos**, que *são as utilidades da coisa que não se reproduzem* (minerais, por exemplo).

6.2.7.1.2. Espécies de frutos quanto à sua natureza

a) civis (como os alugueres e os juros), b) naturais (como as maçãs de um pomar) e c) industriais (como as utilidades fabricadas por uma máquina).

6.2.7.1.3. Espécies de frutos quanto ao seu estado

a) pendentes (são os ainda unidos à coisa que os produziu); b) percebidos ou colhidos (são os já separados da coisa que os produziu); c) percebidos por antecipação (são os separados antes do momento certo); d) percipiendos (são os que deveriam ser colhidos e não o foram); e) estantes (são os já separados e armazenados para fim de venda); f) consumidos (são os que não existem mais porque foram utilizados).

6.2.7.1.4. Direitos do possuidor de boa-fé

Tem direito aos frutos que tiver percebido enquanto estiver de boa-fé (art. 1.214).

6.2.7.1.5. Inexistência de direitos ao possuidor de boa-fé

Não tem direito às seguintes utilidades: **a)** aos frutos pendentes quando cessar a sua boa-fé; **b)** aos frutos percebidos antecipadamente, estando já de má-fé no momento em que deveriam ser colhidos; **c)** aos produtos, pois a lei não confere esse direito, como faz com os frutos. De qualquer forma, é importante ressaltar que nos casos dos itens "a" e "b", apesar de ter que restituir os frutos colhidos ou o seu equivalente em dinheiro, terá direito de deduzir do que deve as despesas com a produção e o custeio.

6.2.7.1.6. Situação do possuidor de má-fé

Este responde por todos os frutos colhidos e percebidos, bem como pelos que, por sua culpa, deixou de perceber, desde o momento em que se constituiu de má-fé. Todavia, tem direito às despesas de produção e custeio (art. 1.216 do CC), em virtude do princípio do não enriquecimento sem causa.

6.2.7.2. Responsabilidade por perda ou deterioração da coisa

Quando o legítimo possuidor retoma a coisa de outro possuidor, também há de se resolver a questão de eventual perda ou destruição da coisa, bem como de eventual deterioração ou degradação da coisa, que passa a ter seu valor diminuído.

6.2.7.2.1. Responsabilidade do possuidor de boa-fé

Não responde pela perda ou deterioração às quais não der causa (art. 1.217 do CC).

6.2.7.2.2. Responsabilidade do possuidor de má-fé

Como regra, responde pela perda ou deterioração da coisa, só não tendo esse dever se provar que de igual modo esses acontecimentos se dariam, caso a coisa estivesse com o reivindicante dela (art. 1.218 do CC). Um exemplo de exoneração da responsabilidade é a deterioração da coisa em virtude de um raio que cai sobre a casa.

6.2.7.3. Indenização por benfeitorias e direito de retenção

Outra questão importante de se verificar quando o legítimo possuidor retoma a coisa de outro possuidor é a de eventual benfeitoria feita pelo segundo. De acordo com o caráter da posse (de boa ou de má-fé) haverá ou não direitos para aquele que teve que entregar a posse da coisa. Antes de verificarmos essas regras, é imperativo trazer algumas definições.

6.2.7.3.1. Conceito de benfeitorias

São os melhoramentos feitos em coisa já existente. São bens acessórios. Diferem da **acessão**, que *é a criação de coisa nova*. Uma casa construída no solo é acessão, pois é coisa nova, já uma garagem construída numa casa pronta é benfeitoria, pois é um melhoramento em coisa já existente.

6.2.7.3.2. Espécies de benfeitorias

a) benfeitorias necessárias são as que se destinam à conservação da coisa (ex.: troca do forro da casa, em virtude do risco de cair); b) benfeitorias úteis são as que aumentam ou facilitam o uso de uma coisa (ex.: construção de mais um quarto numa casa pronta); c) benfeitorias voluptuárias são as de mero deleite ou recreio (ex.: construção de uma fonte luminosa na entrada de uma casa).

6.2.7.3.3. Direitos do possuidor de boa-fé

Tem direito à **indenização** pelas benfeitorias necessárias e úteis que tiver feito, podendo, ainda, levantar as benfeitorias voluptuárias, desde que não deteriore a coisa. A indenização se dará pelo valor atual da benfeitoria. Outro direito do possuidor de boa-fé é o de retenção da coisa, enquanto não for indenizado por benfeitorias úteis e necessárias que tiver realizado na coisa (art. 1.219 do CC). Significa que o possuidor não é obrigado a entregar a coisa enquanto não for ressarcido. O direito deve ser exercido no momento da contestação da ação que visa à retomada da coisa, devendo o juiz se pronunciar sobre a sua existência. Trata-se de um excelente meio de coerção para recebimento da indenização devida. Constitui verdadeiro direito real, pois é direito que não se converte em perdas e danos.

6.2.7.3.4. Direitos do possuidor de má-fé

Tem direito apenas ao ressarcimento das benfeitorias necessárias que tiver feito, não podendo retirar as benfeitorias voluptuárias (art. 1.220 do CC). Trata-se de uma punição a esse possuidor, que só é ressarcido pelas benfeitorias necessárias, pois são despesas que até o possuidor legítimo teria que fazer. O retomante escolherá se pretende indenizar pelo valor atual ou pelo custo da benfeitoria. O possuidor de má-fé não tem direito de retenção da coisa enquanto não for indenizado pelas benfeitorias necessárias que eventualmente tiver realizado.

6.2.7.4. Usucapião

A posse prolongada, e que preenche outros requisitos legais, dá ensejo a outro efeito da posse, que é a aquisição da coisa pela usucapião.

6.2.7.5. Proteção possessória

A posse também tem por efeito o de gerar direito de o possuidor defendê-la contra a perturbação e a privação de seu exercício, provocadas por terceiro. Existem dois tipos de proteção possessória previstas em lei, a autoproteção e a heteroproteção.

6.2.7.5.1. Autoproteção da posse

A lei confere ao possuidor o direito de, por si só, proteger a sua posse, daí porque se fala em autoproteção. Essa proteção não pode ir além do indispensável à restituição (art. 1.210 do CC). Há duas situações em que isso ocorre:

a) **Legítima defesa da posse:** consiste no direito de autoproteção desta no caso de possuidor, apesar de presente na coisa, estar sendo perturbado. Repare que não chegou a haver perda da coisa.
b) **Desforço imediato:** consiste no direito de autoproteção da posse no caso de esbulho, de perda da coisa. Repare que a vítima chega a perder a coisa. A lei só permite o desforço imediato se a vítima do esbulho "agir logo", ou seja, agir imediatamente após a agressão ("no calor dos acontecimentos") ou logo que possa agir. Aquele que está ausente (não presenciou o esbulho) só perderá esse direito se não agir logo após tomar conhecimento da agressão à sua posse (art. 1.224 do CC).

6.2.7.5.2. Heteroproteção da posse

Trata-se da proteção feita pelo Estado-Juiz, provocado por quem sofre a agressão na sua posse. Essa proteção tem o nome de interdito possessório e pode ser de três espécies: interdito proibitório, manutenção de posse e reintegração de posse. Antes de analisarmos cada um deles, é importante verificar suas características comuns.

6.2.7.5.2.1. Características dos interditos possessórios

a) **fungibilidade:** o juiz, ao conhecer de pedido possessório, pode outorgar proteção legal ainda que o pedido originário não corresponda à situação de fato provada em juízo. Assim, caso se ingresse com ação de manutenção de posse e os fatos comprovem que a ação adequada é a de reintegração de posse, o juiz pode determinar a reintegração, conhecendo um pedido pelo outro (art. 920 do CPC).
b) **cumulação de pedidos:** nas ações de reintegração e de manutenção de posse, a vítima pode reunir, além do pedido de *correção* da agressão (pedido possessório propriamente dito), os pedidos de condenação em *perdas e danos*, de cominação de *pena para o caso de descumprimento* da ordem judicial e de *desfazimento* da construção ou plantação feitas na coisa (art. 921 do CPC).
c) **caráter dúplice:** o réu também pode pedir a proteção possessória desde que, na contestação, alegue que foi ofendido na sua posse (art. 922 do CPC).
d) **impossibilidade de discussão do domínio:** não se admite discussão de domínio em demanda possessória (arts. 1.210, § 2º, do CC e 923 do CPC), ou seja, ganha a ação quem provar que detinha previamente posse legítima da coisa.

6.2.7.5.2.2. Interdito proibitório

a) **conceito:** é a ação de preceito cominatório utilizada para impedir agressões iminentes que ameaçam a posse de alguém (arts. 932 e 933 do CPC). Trata-se de ação de caráter *preventivo*, manejada se há justo receio de que a coisa está na iminência de ser turbada ou esbulhada, apesar de não ter ocorrido ainda ato material nesses dois sentidos, havendo apenas uma *ameaça* implícita ou expressa.
b) **ordem judicial:** acolhendo o pedido, o juiz fixará uma pena pecuniária para incidir caso o réu descumpra a proibição de turbar ou esbulhar a área, daí o nome de interdito "proibitório". Segundo a Súmula 228 do STJ, não é admissível o interdito proibitório para a proteção de direito autoral.

6.2.7.5.2.3. Manutenção de posse

a) **conceito:** *é a ação utilizada para corrigir agressões que turbam a posse.* Trata-se de ação de caráter repressivo, manejada quando ocorre **turbação**, que é todo ato ou conduta que *embaraça* o livre exercício da posse. Vizinho que colhe frutos ou que implementa marcos na área de outro está cometendo turbação. Se a turbação é passada, ou seja, não está mais acontecendo, cabe apenas pedido indenizatório.

b) **ordem judicial:** acolhendo pedido, o juiz expedirá mandado de manutenção de posse. As demais condenações (em perdas e danos, em pena para o caso de nova turbação e para desfazimento de construção ou plantação) dependem de pedido específico da parte interessada. A utilização do rito especial, que prevê liminar, depende de se tratar de ação de força nova (promovida dentro de ano e dia da turbação).

6.2.7.5.2.4. Reintegração de posse

a) **conceito:** *é a ação utilizada para corrigir agressões que fazem cessar a posse de alguém.* Trata-se de ação de caráter repressivo, manejada quando ocorre **esbulho**, que é a privação de alguém da posse da coisa, contra a sua vontade. A ação também é chamada de *ação de força espoliativa.*

b) **requisitos:** o autor deve provar a sua posse, o esbulho praticado pelo réu, a data do esbulho e a perda da posse.

c) **legitimidade ativa:** é parte legítima para propor a ação o possuidor esbulhado, seja ele possuidor direto ou indireto. O mero detentor não tem legitimidade. Os sucessores a título universal continuam, de direito, a posse de seu antecessor, podendo ingressar com ação ainda que o esbulho tenha ocorrido antes do falecimento do *de cujus*. Já ao sucessor singular é facultado unir sua posse à do seu antecessor, para efeitos legais (art. 1.207 do CC). Como regra, a lei não exige outorga uxória para a propositura de demanda possessória (art. 10, § 2º, do CPC). Em caso de condomínio de pessoas não casadas a lei permite que cada um ingresse com ação isoladamente (art. 1.314 do CC).

d) **legitimidade passiva:** é parte legítima para sofrer a ação o autor do esbulho. Cabe também reintegração de posse contra terceiro que recebe a coisa sabendo que fora objeto de esbulho. Já contra terceiro que não sabia que a coisa fora objeto de esbulho, a ação adequada é a reivindicatória, em que se discutirá o domínio.

e) **ordem judicial:** acolhendo pedido, o juiz expedirá mandado de reintegração de posse. As demais condenações (em perdas e danos, em pena para o caso de nova turbação e para desfazimento de construção ou plantação) dependem de pedido específico da parte interessada. A utilização do rito especial, que prevê liminar, depende de se tratar de ação de força nova (promovida dentro de ano e dia do esbulho). Após ano e dia do esbulho deve-se promover a ação pelo rito ordinário, no qual poderá ser acolhido pedido de tutela antecipada, preenchidos seus requisitos, conforme entendimento do STJ.

6.3. Direitos Reais

6.3.1. Conceito de Direito Real

É o poder, direto e imediato, do titular sobre a coisa, com exclusividade e contra todos. Perceba que esses direitos envolvem os seguintes elementos: a) sujeito ativo, que pode ser qualquer pessoa; b) sujeito passivo, que é toda a coletividade, ou seja, todos nós temos que respeitar os direitos reais das pessoas; em caso de violação do direito real, passa-se a ter um sujeito passivo determinado; c) bem: é a coisa de expressão econômica sobre a qual o titular do direito tem poder; d) poder direto e imediato sobre a coisa. O Direito Real difere do direito pessoal, pois este gera uma relação entre pessoas determinadas (princípio da relatividade) e, em caso de sua violação, converte-se em perdas e danos. No direito real, ao contrário, seu titular pode perseguir a coisa sobre a qual tem poder, não tendo que se contentar com a conversão da situação em perdas e danos.

6.3.2. Princípios do Direito Real

6.3.2.1. Princípio da aderência

Aquele pelo qual se estabelece um vínculo entre o sujeito e a coisa, independentemente da colaboração do sujeito passivo. No direito pessoal, o vínculo depende da colaboração de pelo menos duas pessoas, ou seja, o gozo do direito depende da intermediação de outra pessoa.

6.3.2.2. Princípio do absolutismo

Aquele pelo qual os direitos reais são exercidos contra todos ("erga omnes"). Por exemplo, quando alguém é proprietário de um imóvel, todos têm que respeitar esse direito. Daí surge o *direito de sequela* ou o *jus persequendi*, pelo qual, violado o direito real, a vítima pode perseguir a coisa, em vez de ter de se contentar com uma indenização por perdas e danos.

6.3.2.3. Princípio da publicidade (ou visibilidade)

Aquele pelo qual os direitos reais só se adquirem depois do registro do título na matrícula (no caso de imóvel) ou da tradição (no caso de móvel). Por ser o direito real oponível *erga omnes*, é necessário essa publicidade para que sejam constituídos. Os direitos pessoais, por sua vez, seguem o consensualismo, ou seja, basta o acordo de vontades (o consenso) para que sejam constituídos.

6.3.2.4. Princípio da taxatividade

Aquele pelo qual o número de direitos reais é limitado pela lei. Assim, por acordo de vontades não é possível criar uma nova modalidade de direito real, que são *numerus clausus*. São direitos que afetam terceiros, daí a necessidade de previsão legal. Os direitos pessoais, por sua vez, não são taxativos, podendo ser criados pelas partes interessadas (art. 425 do CC), daí porque são chamados *numerus apertus*.

6.3.2.5. Princípio da tipificação

Aquele pelo qual os direitos reais devem respeitar os tipos existentes em lei. Assim, o acordo de vontades não tem o condão de modificar o regime jurídico básico dos direitos reais.

6.3.2.6. Princípio da perpetuidade

Aquele pelo qual os direitos reais não se perdem pelo decurso do tempo, salvo as exceções legais. Esse princípio se aplica ao direito de propriedade. Os direitos pessoais, por sua vez, têm a marca da transitoriedade.

6.3.2.7. Princípio da exclusividade

Aquele pelo qual não pode haver direitos reais, de igual conteúdo, sobre a mesma coisa. Por exemplo, o nu-proprietário e o usufrutuário não têm direitos iguais quanto ao bem objeto do usufruto. No caso de condomínio (duas ou mais pessoas proprietárias de um bem), cada uma tem porção ideal na coisa, exclusivas e distintas.

6.3.2.8. Princípio do desmembramento

Aquele que permite o desmembramento do direito matriz (propriedade), constituindo-se direitos reais sobre coisas alheias. Ou seja, pelo princípio é possível desmembrar um direito real (propriedade, por exemplo) em outros direitos reais (uso, por exemplo).

6.3.3. Espécies de Direito Real

Propriedade, superfície, servidão, usufruto, uso, habitação, direito do promitente comprador de imóvel, penhor, hipoteca e anticrese.

6.4. Propriedade

6.4.1. Características gerais

6.4.1.1. Conceito

É o direito real que faculta ao seu titular (o proprietário) os poderes de usar, gozar e dispor da coisa, bem como de reavê-la de quem quer que injustamente a possua ou detenha (art. 1.228 do CC).

6.4.1.2. Função social da propriedade

O direito de propriedade deve ser exercido em consonância com as suas finalidades econômicas e sociais e de modo que sejam preservados, de conformidade com o estabelecido em lei especial, a flora, a fauna, as belezas naturais, o equilíbrio ecológico e o patrimônio histórico e artístico, bem como evitada a poluição do ar e das águas (art. 1.228, § 1º).

6.4.1.3. Vedação ao abuso de direito

São defesos os atos que não trazem ao proprietário qualquer comodidade, ou utilidade, e sejam animados pela intenção de prejudicar outrem (art. 1.228, § 2º).

6.4.1.4. Extensão física da propriedade do solo

Abrange a do espaço aéreo e subsolo correspondentes, em altura e profundidade úteis ao seu exercício. Todavia, essa propriedade não abrange os recursos minerais (salvo os de emprego imediato na construção civil, desde que não submetidos a transformação industrial) e os potenciais de energia hidráulica (arts. 1.229 e 1.230).

6.4.2. Formas de aquisição da propriedade imóvel

A propriedade imóvel pode ser adquirida por diversas formas. O modo corrente é a aquisição pelo **registro** do título (escritura de compra e venda, escritura de doação) na matrícula. É possível também a aquisição pela **usucapião**, pela **acessão**, pela **sucessão *causa mortis*** e pela **desapropriação**.

6.4.2.1. Registro na matrícula do imóvel

6.4.2.1.1. Conceito

Consiste no ato de registrar o título translativo da alienação do imóvel (escritura de compra e venda ou de doação) na matrícula existente no Registro de Imóveis (art. 1.245 do CC).

6.4.2.1.2. Momento da aquisição da propriedade imóvel

No Direito Brasileiro, a propriedade imóvel não se adquire com o contrato de compra e venda ou de doação. Enquanto o contrato não for registrado na matrícula do imóvel, o comprador não adquirirá a propriedade do bem (art. 1.245, § 1º, do CC). Isso porque o Brasil adotou o sistema romano-germânico. No sistema francês, a propriedade imóvel é adquirida no momento da conclusão do contrato de compra e venda ou de doação.

6.4.2.1.3. Presunção de veracidade do Registro Público

Nosso Direito estabelece a presunção de veracidade nas informações constantes do Registro de Imóveis. Assim, enquanto não há ação para a decretação da invalidade do registro, e o respectivo cancelamento, o adquirente continua a ser considerado dono do imóvel (art. 1.245, § 2º, do CC).

6.4.2.1.4. Início dos efeitos do registro

O registro é eficaz desde o momento em que se apresentar o título ao oficial do registro e este prenotar no protocolo. Esse efeito só não existirá se o interessado tiver de complementar a documentação apresentada e não o fizer no prazo de trinta dias (art. 1.246 do CC).

6.4.2.2. Usucapião

6.4.2.2.1. Conceito

É a forma de aquisição originária da propriedade, pela posse prolongada no tempo e o cumprimento de outros requisitos legais. A usucapião também é chamada de prescrição aquisitiva. Essa forma de aquisição da propriedade independe de registro no Registro de Imóveis. Ou seja, cumpridos os requisitos legais, o possuidor adquire a propriedade da coisa. Assim, a sentença na ação de usucapião é meramente declaratória da aquisição da propriedade, propiciando a expedição de mandado para registro do imóvel em nome do adquirente, possibilitando conhecimento de todos da nova situação. A aquisição é originária, ou seja, não está vinculada ao título anterior. Isso faz com que eventuais restrições que existirem na propriedade anterior não persistam quanto ao novo proprietário.

6.4.2.2.2. Requisitos

São vários os requisitos para a aquisição da propriedade pela usucapião. Vamos enumerar, neste item, apenas os requisitos que devem ser preenchidos em todas as modalidades de usucapião, deixando os requisitos específicos de cada modalidade para estudo nos itens abaixo respectivos. Os requisitos gerais são os seguintes:

a) **posse prolongada no tempo:** não basta mera detenção da coisa, é necessária a existência de posse, e mais, de posse que se prolongue no tempo, tempo esse que variará de acordo com o tipo de bem (móvel ou imóvel) e outros elementos, como a existência de boa-fé, a finalidade da coisa etc.;

b) **posse com *animus domini*:** não basta a mera posse; deve se tratar de posse com ânimo de dono, com intenção de proprietário; essa circunstância impede que se considere a posse de um locatário do bem, como hábil à aquisição da coisa;

c) **posse mansa e pacífica:** ou seja, posse sem oposição; assim, se o legítimo possuidor da coisa se opôs à posse, ingressando com ação de reintegração de posse, neste período não se pode considerar a posse como mansa e pacífica, como sem oposição;

d) **posse contínua:** ou seja, sem interrupção; não é possível computar, por exemplo, dois anos de posse, uma interrupção de um ano, depois mais dois anos e assim por diante; deve-se cumprir o período aquisitivo previsto em lei sem interrupção.

6.4.2.2.3. Usucapião extraordinário – Requisitos

a) **tempo:** 15 anos; o prazo ficará reduzido para 10 anos se o possuidor houver estabelecido no imóvel a sua moradia habitual, <u>ou</u> nele realizado obras ou serviços de caráter produtivo (art. 1.238, *caput* e parágrafo único, do CC);

b) **requisitos básicos:** posse "mansa e pacífica" (sem oposição), "contínua" (sem interrupção) e com "ânimo de dono".

6.4.2.2.4. Usucapião ordinário – Requisitos

a) **tempo:** 10 anos; o prazo ficará reduzido para 5 anos se preenchidos dois requisitos: a) se o imóvel tiver sido adquirido onerosamente com base no registro constante do respectivo cartório; b) se os possuidores nele tiverem estabelecido a sua moradia <u>ou</u> realizado investimentos de interesse social e econômico (art. 1.242, *caput* e parágrafo único, do CC);

b) **requisitos básicos:** posse "mansa e pacífica" (sem oposição), "contínua" (sem interrupção) e com "ânimo de dono";

c) **boa-fé e justo título:** como o prazo aqui é menor, exige-se do possuidor, no plano subjetivo, a boa-fé, e no plano objetivo, a titularidade de um título hábil, em tese, para transferir a propriedade.

6.4.2.2.5. Usucapião especial urbano – Requisitos

a) **tempo:** 5 anos (art. 1.240 do CC);

b) **requisitos básicos:** posse "mansa e pacífica" (sem oposição), "contínua" (sem interrupção) e com "ânimo de dono";

c) **tipo de imóvel:** a) área urbana; b) tamanho de até 250 m²;

d) **finalidade do imóvel:** utilização para a moradia do possuidor ou de sua família;

e) **requisitos negativos:** i) que o possuidor não seja proprietário de outro imóvel urbano ou rural; ii) que o possuidor não tenha já sido beneficiado pelo direito ao usucapião urbano.

6.4.2.2.6. Usucapião urbano coletivo – Requisitos

a) **tempo:** 5 anos (art. 10 da Lei 10.257/2001 – Estatuto da Cidade);

b) **requisitos básicos:** posse "mansa e pacífica" (sem oposição), "contínua" (sem interrupção) e com "ânimo de dono";

c) **tipo de imóvel:** a) área urbana; b) tamanho superior a 250 m²;

d) **finalidade do imóvel:** a) utilização para a moradia; b) população de baixa renda;

e) **requisitos negativos:** i) que o possuidor não seja proprietário de outro imóvel urbano ou rural; ii) que seja impossível identificar o terreno ocupado por cada possuidor.

6.4.2.2.7. Usucapião especial rural – Requisitos

a) **tempo:** 5 anos (art. 1.239 do CC);

b) **requisitos básicos:** posse "mansa e pacífica" (sem oposição), "contínua" (sem interrupção) e com "ânimo de dono";

c) **tipo de imóvel:** a) área de terra em zona rural; b) tamanho de até 50 hectares;

d) **finalidade do imóvel:** a) utilização para a moradia do possuidor ou de sua família; b) área produtiva pelo trabalho do possuidor ou de sua família;

e) **requisito negativo:** a terra não pode ser pública.

6.4.2.2.8. Usucapião especial urbana familiar – Requisitos (introduzida pela Lei 12.424/2011)

a) **tempo:** 2 anos (art. 1.240-A do CC);

b) **requisitos básicos:** posse "mansa e pacífica" (sem oposição), "contínua" (sem interrupção) e com "ânimo de dono";

c) **tipo de imóvel:** a) área urbana; b) tamanho de até 250 m²;

d) **finalidade do imóvel:** utilização para a moradia do possuidor ou de sua família;

e) **tipo de posse:** posse direta, com exclusividade;

f) **requisito específico:** imóvel cuja propriedade o possuidor dividia com ex-cônjuge ou ex-companheiro que tenha abandonado o lar;

g) **requisitos negativos:** i) que o possuidor não seja proprietário de outro imóvel urbano ou rural; ii) que o possuidor não tenha já sido beneficiado pelo direito ao usucapião urbano;

h) **consequência:** o possuidor abandonado adquire o domínio integral do imóvel.

Confira agora alguns Enunciados das Jornadas de Direito Civil sobre a usucapião especial urbana familiar:

a) "498 – A fluência do prazo de 2 (dois) anos previsto pelo art. 1.240-A para a nova modalidade de usucapião nele contemplada tem início com a entrada em vigor da Lei n. 12.424/2011";

b) "499 – A aquisição da propriedade na modalidade de usucapião prevista no art. 1.240-A do Código Civil só pode ocorrer em virtude de implemento de seus pressupostos anteriormente ao divórcio. O requisito "abandono do lar" deve ser interpretado de maneira cautelosa, mediante a verificação de que o afastamento do lar conjugal representa descumprimento simultâneo de outros deveres conjugais, tais como assistência material e sustento do lar, onerando desigualmente aquele que se manteve na residência familiar e que se responsabiliza unilateralmente pelas despesas oriundas da manutenção da família e do próprio imóvel, o que justifica a perda da propriedade e a alteração do regime de bens quanto ao imóvel objeto de usucapião";

c) "500 – A modalidade de usucapião prevista no art. 1.240-A do Código Civil pressupõe a propriedade comum do casal e compreende todas as formas de família ou entidades familiares, inclusive homoafetivas";

d) "501 – As expressões "ex-cônjuge" e "ex-companheiro", contidas no art. 1.240-A do Código Civil, correspondem à situação fática da separação, independentemente de divórcio";

e) "502 – O conceito de posse direta referido no art. 1.240-A do Código Civil não coincide com a acepção empregada no art. 1.197 do mesmo Código".

6.4.2.3. Posse *pro labore* (desapropriação privada)

O atual CC criou nova hipótese que dá ensejo à aquisição forçada da propriedade. Essa hipótese prevê, de um lado, que o possuidor que sofra a reivindicação da coisa tenha utilizado esta em obras e serviços de relevante interesse social e econômico, e que, de outro, tenha interesse em pagar indenização para o proprietário da área.

6.4.2.3.1. Conceito

Consiste no direito de o possuidor de extensa área permanecer/ adquirir compulsoriamente a coisa, pagando justa indenização ao proprietário do imóvel, desde que preenchidos os demais requisitos legais.

6.4.2.3.2 Requisitos

a) posse ininterrupta por mais de 5 anos; b) boa-fé do possuidor; c) extensa área; d) considerável número de possuidores; e) realização de obras e serviços considerados pelo juiz de interesse social e econômico relevante. Perceba que, diferentemente da usucapião coletiva, a desapropriação privada não requer moradia, mas requer boa-fé e pagamento de justa indenização.

6.4.2.3.3. Operacionalização

Por ocasião da reivindicação da coisa, os interessados deverão requerer ao juiz a fixação de justa indenização devida ao proprietário, que, paga, ensejará registro da sentença no Registro de Imóveis para o fim de atribuir a propriedade aos possuidores (art. 1.228, §§ 4º e 5 º).

No entanto, o Enunciado nº 496 das Jornadas de Direito Civil entende que esse direito dos possuidores pode ser objeto de ação autônoma, não se restringindo à defesa em pretensões reivindicatórias.

6.4.2.4. Acessão

6.4.2.4.1. Conceito

É modo originário de aquisição da propriedade, pelo qual fica pertencendo ao proprietário tudo quanto se une ou se incorpora ao seu bem (art. 1.248 do CC).

6.4.2.4.2. Espécies

a) **natural:** consiste na união do acessório ao principal advinda de acontecimento natural (formação de ilhas, aluvião, avulsão e abandono);
b) **artificial (industrial):** resulta de trabalho humano.

6.4.2.4.3. Requisitos

a) conjunção entre duas coisas, até então separadas;
b) caráter acessório de uma das duas, em confronto com a outra; uma é principal (coisa acedida) e a outra, acessória (coisa acedente).

6.4.2.4.4. Princípios básicos para a solução de problemas quando o acessório vem de terceiro

a) **princípio de que o acessório segue o principal:** assim, normalmente o dono da coisa principal fica com a coisa acessória vinda do bem de terceiro.
b) **princípio do não enriquecimento sem causa:** faz com que, sempre que possível, o proprietário prejudicado tenha direito à indenização pela incorporação de coisa sua a um bem de outra pessoa.

6.4.2.4.5. Formação de ilhas em rios não navegáveis (art. 1.248, I, do CC, e art. 23 do Código de Águas)

a) **conceito:** *depósito paulatino de materiais (trazidos pela corrente) ou rebaixamento de águas, deixando descoberta e a seco parte do fundo ou do leito.*
b) **titularidade:** a área de terras formada passa a ser do proprietário ribeirinho, a depender de sua formação.
c) **ilha formada no meio do rio:** passa a pertencer aos proprietários ribeirinhos fronteiros, na proporção de suas testadas.
d) **ilha formada entre a linha que divide o álveo:** quando a ilha se forma na metade mais próxima a uma das margens, esta pertencerá ao proprietário ribeirinho do lado da formação.
e) **ilha formada pelo desdobramento de um novo braço do rio:** nesse caso, os proprietário das margens que perderam o braço serão donos da área.

6.4.2.4.6. Aluvião (art. 1.250 do CC)

a) **conceito:** *acréscimo natural e imperceptível de terras às margens dos rios.* Ocorre quando a terra vai se depositando em uma margem do rio, formando um novo pedaço de terra. A doutrina denomina aluvião imprópria aquela situação em que esse pedaço de terra se forma pelo afastamento de águas, que descobrem parte do álveo, ou seja, parte da área coberta pelas águas.
b) **titularidade:** essa nova área de terra passa a ser do proprietário dos terrenos marginais, na proporção de suas testadas.

6.4.2.4.7. Avulsão (art. 1.251 do CC)

a) **conceito:** *deslocamento de uma porção de terra de um prédio a outro por força natural violenta.*
b) **consequências:** i) o dono do outro prédio adquire propriedade do acréscimo se indenizar ou não houver reclamação em 1 ano; ii) se não houver o pagamento da indenização reclamada, o dono do prédio deve aquiescer na remoção do acréscimo.

6.4.2.4.8. Abandono de álveo (art. 1.252 do CC)

a) **conceito:** *é o rio que seca ou que se desvia em virtude de fenômeno natural.* O álveo é a superfície coberta pelas águas, de modo que o abandono de álveo é a seca do rio, que fica descoberto, abandonado.
b) **titularidade:** a área formada pertencerá aos proprietários ribeirinhos das duas margens, ficando, cada um, proprietário até o local onde se tinha a linha média do álveo.

6.4.2.4.9. Acessões artificiais

a) **conceito:** *são as que resultam de um comportamento humano*. São exemplos as construções e as plantações.
b) **características:** i) dá-se de móveis a imóveis; ii) a acessão existente em terreno presume-se feita pelo proprietário e à sua custa, até prova em contrário; iii) fazendo ou não a acessão, como regra, o proprietário do bem principal fica dono do acessório (da acessão); iv) não pode haver enriquecimento sem causa.
c) **acessão em terreno próprio com elementos alheios:** por exemplo, planta em seu terreno com semente alheia; nesse caso o proprietário do terreno adquire a propriedade da semente, mas deve pagar ao dono do material o seu valor, bem como pagar perdas e danos, se agiu de má-fé (art. 1.254 do CC).
d) **acessão com elementos próprios em terreno alheio:** por exemplo, uma pessoa planta sementes suas no terreno de alguém ou edifica com materiais próprios no terreno de outrem; nesse caso, o proprietário das sementes ou dos materiais os perde para o proprietário do terreno, tendo direito de indenização pelo valor dos elementos, caso esteja de boa-fé. Se o valor da acessão exceder consideravelmente o valor do terreno e aquele que plantou ou edificou estiver de boa-fé, este poderá adquirir a propriedade do solo se pagar indenização (art. 1.255 do CC).

e) **construção em solo próprio, que invade solo alheio:** é o caso de alguém que constrói em terreno próprio, mas que acaba por invadir parte de terreno alheio. A lei permite que o construtor de boa-fé que invadiu área de até um vigésimo do solo alheio fique dono da parte invadida, desde que o valor da construção exceda o dessa parte e que pague indenização que represente o valor da área perdida e a desvalorização da área remanescente. O possuidor de má-fé só terá o mesmo direito na hipótese de não ser possível demolir a porção invasora sem grave prejuízo à sua construção, desde que paguem indenização correspondente a dez vezes o valor que pagaria se estivesse de boa-fé. Para o caso de construções que excedam um vigésimo do terreno alheio, o invasor de má-fé pagará indenização em dobro, ao passo que o possuidor de boa-fé tem direito de adquirir a área invadida se também pagar o valor que a invasão acrescer à sua construção (arts. 1.258 e 1.259).

6.4.3. Perda da propriedade imóvel

6.4.3.1. Alienação

6.4.3.1.1. Conceito

Consiste na venda, na doação, na troca ou na dação em pagamento.

6.4.3.1.2. Efeitos

Os efeitos da perda da propriedade são subordinados ao registro do título translatício no Registro de Imóvel (art. 1.275, parágrafo único, do CC).

6.4.3.2. Renúncia

6.4.3.2.1. Conceito

Ato unilateral pelo qual o proprietário declara expressamente o seu intuito de abrir mão da coisa. Tem como condição não acarretar prejuízos a terceiro.

6.4.3.2.2. Efeitos

Os efeitos da perda da propriedade dependem do registro do ato renunciativo, que deverá se consubstanciar numa escritura pública (art. 108 do CC) ou num termo judicial (art. 1.806 do CC – herança).

6.4.3.3. Abandono

6.4.3.3.1. Conceito

Ato unilateral pelo qual o proprietário se desfaz da coisa, a partir de conduta que revela não mais querer conservá-la em seu patrimônio.

6.4.3.3.2. Presunção absoluta da intenção de abandonar

O atual CC presumiu o abandono de forma absoluta na hipótese de o proprietário da coisa a) cessar os atos de posse sobre ela e b) deixar de satisfazer os ônus fiscais (deixar de pagar o IPTU ou o ITR). Nesse caso, não se encontrando o imóvel na posse de outrem, deverá ser arrecadado como bem vago, passando, três anos depois, à propriedade do Município onde se encontrar, se se tratar de imóvel urbano, ou à propriedade da União, se se tratar de imóvel rural.

6.4.3.4. Perecimento do imóvel

6.4.3.4.1 Conceito

Consiste na sua destruição por ato voluntário ou involuntário. Exemplo do primeiro caso é o incêndio proposital. E, do segundo, o raio, o furacão e o terremoto.

6.4.3.4.2. Efeitos

Em última análise, o dono da construção ou da plantação continua proprietário do solo.

6.4.3.5. Desapropriação

6.4.3.5.1. Conceito

Consiste no despojamento compulsório do proprietário do imóvel por parte do Poder Público, que fica obrigado a pagar justa indenização.

6.4.3.5.2. Efeitos

A desapropriação só se consuma com o pagamento integral da indenização devida. Até este momento, o Poder Público poderá desistir da aquisição da área. Não desistindo e havendo o pagamento da indenização, o juiz determina o registro da sentença respectiva no Registro de Imóveis.

6.4.3.6. Outras hipóteses

Também se perde a propriedade pela usucapião, pelo casamento, pela dissolução da sociedade conjugal, no casamento pelo regime de comunhão universal, pela sentença em ação reivindicatória, pelo implemento de condição resolutiva, pelo confisco (art. 243 da CF) e pela desapropriação privada (art. 1.228, §§ 4º e 5º, CC), dentre outros casos.

6.4.4. Aquisição da propriedade móvel

6.4.4.1. Ocupação

6.4.4.1.1. Conceito

Modo de aquisição originário da propriedade de coisa móvel e sem dono, por não ter sido ainda apropriada ("res nullius") *ou por ter sido abandonada* ("res derelicta") (art. 1.263 do CC).

6.4.4.1.2. Ocupação x Descoberta

A descoberta difere da ocupação, por se referir a coisa perdida pelo seu proprietário. O regime jurídico da **descoberta** determina que aquele que ache coisa alheia perdida há de restituí-la ao dono ou legítimo possuidor. Se não o encontrar, entregará a coisa achada à autoridade competente. Aquele que restituir terá direito a uma recompensa não inferior a 5% do seu valor, e à indenização pelas despesas que houver feito, se o dono não preferir abandoná-la. Decorridos sessenta dias da divulgação da notícia pela autoridade por imprensa ou edital, não se apresentando quem comprove a propriedade da coisa, será esta vendida em hasta pública e, deduzidas do preço as despesas, mais a recompensa do descobridor, pertencerá o remanescente ao Município onde se achou o objeto perdido. Sendo a coisa de pequeno valor, o Município poderá dá-la a quem a achou (art. 1.233 a 1.237 do CC). A doutrina chama a recompensa pela entrega da coisa de "achádego" e o descobridor de "inventor".

6.4.4.2. Achado do tesouro

6.4.4.2.1. Conceito de tesouro

Consiste no depósito antigo de coisas preciosas, oculto e de cujo dono não haja memória (art. 1.264 do CC).

6.4.4.2.2. Conceito do achado do tesouro

Consiste na descoberta casual desse depósito antigo.

6.4.4.2.3. Consequências possíveis

a) será dividido por igual entre o proprietário do prédio e aquele que achar a coisa; b) pertencerá por inteiro ao proprietário do prédio se foi quem achou, se foi quem determinara a pesquisa para encontrá-lo ou se achado por terceiro não autorizado a procurar; c) havendo enfiteuse, este terá o direito que corresponde ao proprietário da coisa.

6.4.4.3. Usucapião

6.4.4.3.1. Conceito

Modo originário de aquisição da propriedade pela posse prolongada da coisa. Também se aplicam à usucapião de bem móvel as regras dos arts. 1.243 e 1.244 do CC.

6.4.4.3.2. Usucapião ordinário

Requer posse ininterrupta e sem oposição por três anos, além de boa-fé e justo título (art. 1.260 do CC).

6.4.4.3.3. Usucapião extraordinário

Requer apenas posse ininterrupta e sem oposição por cinco anos (art. 1.261 do CC).

6.4.4.4. Tradição

6.4.4.4.1. Conceito

Consiste na entrega da coisa móvel ao adquirente, com a intenção de lhe transferir o domínio, em razão de título translativo da propriedade. Aqui, vale a mesma observação feita para a aquisição de bens imóveis pelo registro na matrícula, ou seja, vale lembrar que o simples acordo de vontades (contrato) não transfere a propriedade da coisa móvel, sendo necessária a tradição, que é o que dá visibilidade, publicidade ao negócio, daí o fato de o Direito estabelecer que só ela tem o condão de transferir a propriedade (art. 1.267 do CC).

6.4.4.4.2. Espécies de tradição

Vide aquisição e perda da posse (item 6.2.6).

6.4.4.4.3. Tradição por quem não é proprietário

Nesse caso, não há alienação da propriedade, exceto se forem preenchidos os seguintes requisitos: a) a coisa for oferecida ao público (em leilão público ou estabelecimento comercial); b) a coisa for transferida em circunstâncias tais que, ao adquirente de boa-fé, pareça que o alienante é dono da coisa. Outra possibilidade de o negócio valer é o vendedor adquirir posteriormente a propriedade, estando o adquirente de boa-fé (art. 1.268 do CC).

6.4.4.4.4. Tradição decorrente de negócio nulo

O CC dispõe que não transfere a propriedade a tradição, quando tiver por título um negócio nulo. Um exemplo é a entrega de um bem vendido por um absolutamente incapaz (art. 1.268, § 2º, do CC).

6.4.4.5. Especificação

6.4.4.5.1. Conceito

É modo de aquisição da propriedade pela transformação de coisa móvel em espécie nova, em virtude de trabalho ou indústria do especificador, desde que não seja possível reduzi-la à forma primitiva (art. 1.269 do CC). Um exemplo é o trabalho feito por artesão em matéria-prima da qual não é dono. O fundamento do instituto é a valorização do trabalho e da função social da propriedade.

6.4.4.5.2. Requisitos

a) bem móvel; b) matéria-prima alheia; c) impossibilidade de retorno ao estado anterior.

6.4.4.5.3. Consequências

a) **especificador de boa-fé:** vira proprietário da coisa se o valor da coisa especificada exceder consideravelmente o da matéria-prima; deve indenizar o prejudicado; se o valor da coisa especificada não exceder o da matéria-prima, o possuidor de boa-fé tem direito de ser indenizado.
b) **especificador de má-fé:** a coisa especificada pertencerá ao dono da matéria-prima, sem direito de indenização em favor do especificador.

6.4.4.6. Confusão/Comissão/Adjunção

6.4.4.6.1. Incidência dos institutos

Nas situações em que coisas pertencentes a pessoas diversas se mesclarem, sem possibilidade de separá-las (art. 1.272, § 1º, do CC).

6.4.4.6.2. Confusão

É a mistura entre coisas líquidas. Ex.: água e álcool.

6.4.4.6.3. Comissão

É a mistura entre coisas secas ou sólidas. Ex.: açúcar e farinha.

6.4.4.6.4. Adjunção

É a justaposição de coisas, sem possibilidade de destacar acessório do principal. Ex.: duas coisas coladas.

6.4.4.6.5. Consequências

a) **se for possível a separação:** não haverá problema, bastando a entrega de cada coisa ao seu proprietário;
b) **se não for possível a separação ou esta exigir gasto excessivo:** nasce um condomínio forçado, cabendo, a cada um, quinhão proporcional ao valor da coisa que entrou para a mistura.
c) **se uma das coisas for principal:** o dono dela ficará proprietário de tudo, indenizando os outros.
d) **se a mescla foi operada de má-fé:** aquele que estiver de boa-fé decidirá se pretende ou não ficar com a coisa, assegurado, em qualquer caso, o direito de receber uma indenização.

6.5. Condomínio

6.5.1. Conceito

É o direito de propriedade de mais de uma pessoa sobre a mesma coisa, cabendo a cada uma delas a totalidade dos poderes inerentes ao domínio, sendo que o exercício desses poderes é limitado pelos direitos dos demais. (art. 1.314 do CC).

6.5.2. Direitos e exercício dos direitos

No plano qualitativo, todos os condôminos podem usar, reivindicar e gravar a coisa, bem como alhear parte ideal dela; por outro lado, não podem alterar a destinação da coisa e dar posse a estranhos; já no plano quantitativo, os condôminos devem dividir as despesas proporcionalmente, deliberar sobre a administração da coisa pela maioria e dividir os frutos na proporção de seus quinhões.

6.5.3. Classificação

6.5.3.1. Quanto à origem

a) **convencional (voluntário):** *é o resultante do acordo de vontades*, como a aquisição conjunta de um bem; b) **incidental (eventual):** *é o resultante de causas alheias à vontade dos con-*

dôminos, como a herança deixada para vários herdeiros; c) **forçado (legal):** *é o resultante de imposição da ordem jurídica, como consequência do estado de indivisão da coisa*, como as paredes, cercas, muros e valas.

6.5.3.2. Quanto à forma

a) ***pro diviso:*** *é aquele em que a comunhão existe juridicamente, mas não de fato, dado que cada condômino exerce atos sobre parte certa e determinada do bem*; b) ***pro indiviso:*** *é aquele em que a comunhão existe de fato e de direito.*

6.5.4. Quota ideal

6.5.4.1. Conceito

É a fração que, no bem indiviso, cabe a cada consorte. Repare que o direito recai sobre o bem todo, mas com algumas limitações quantitativas em relação a alguns poderes de proprietário.

6.5.4.2. Consequências

a) possibilita o cálculo do montante das vantagens e ônus atribuíveis a cada um dos comunheiros;

b) possibilita direitos plenos (de usar e reivindicar, por exemplo) e direitos limitados (aos frutos, à repartição de despesas e a deliberações);

c) a fração deve estar no título; no silêncio, presumem-se iguais os quinhões.

6.5.5. Direitos dos condôminos

6.5.5.1. Usar da coisa conforme sua destinação e sobre ela exercer todos os direitos compatíveis com a indivisão

Assim, não é possível impedir ou atrapalhar o uso por parte do outro, nem mudar a destinação do bem, muito menos dar posse, uso ou gozo a estranhos, sem autorização dos demais.

6.5.5.2. Reivindicar os bens de terceiros

O condômino pode ingressar sozinho com a ação reivindicatória ou reintegratória de posse.

6.5.5.3. Alhear ou gravar sua parte

A alienação deve respeitar o direito de preferência em favor dos demais condôminos (art. 504 do CC); já o gravame (instituição de hipoteca, por exemplo) só incidirá sobre a parte ideal pertencente ao condômino.

6.5.5.4. Direito de pedir a divisão

6.5.6. Deveres dos condôminos

1. **Concorrer para as despesas** de conservação e divisão da coisa, na proporção de sua parte.
2. **Responder pelas dívidas** contraídas em proveito da comunhão, presumindo-se o rateio na proporção dos quinhões.
3. **Responder pelos frutos** que percebeu da coisa e pelo **dano** que lhe causou.

6.5.7. Extinção do condomínio

6.5.7.1. Regra geral

A todo tempo será lícito ao condomínio exigir a divisão da coisa comum (art. 1.320 do CC).

6.5.7.2. Exceções

a) existindo pacto de não dividir, cujo prazo máximo é de cinco anos, suscetível de prorrogação posterior; b) pela vontade do doador ou do testador; c) por determinação judicial, se houver graves razões aconselhando.

6.5.7.3. Meios

a) Coisa divisível: divide-se fisicamente, de acordo com os quinhões.

b) Coisa indivisível: a) verifica-se se um dos consortes tem interesse em adjudicar tudo para si, com a concordância de todos; não sendo possível, b) vende-se e reparte-se o apurado, sendo que há direito de preferência do condômino em relação a estranhos. É importante ressaltar que as regras do direito de preferência em caso de venda voluntária de fração ideal (art. 504 do CC) são diferentes das regras do mesmo direito em caso de divisão forçada (art. 1.322 do CC).

6.5.8. Administração do condomínio

6.5.8.1. Escolha do administrador

A maioria escolherá o administrador, que pode ser estranho ao condomínio (art. 1.323 do CC).

6.5.8.2. Poderes do administrador

Este não poderá praticar atos que exigem poderes especiais, como alienar, por exemplo.

6.5.8.3. *Quorum* para deliberações

Estas serão tomadas pela maioria absoluta; a maioria será calculada pelo valor dos quinhões. Em caso de empate, decidirá o juiz, a requerimento de qualquer condômino, ouvidos os outros (art. 1.325, §§ 1º e 2º, do CC).

6.5.9. Condomínio edilício

6.5.9.1. Conceito

É o condomínio caracterizado pela existência de uma propriedade comum ao lado de uma propriedade privativa (art. 1.331 do CC). Nesse caso temos a) *unidades autônomas*, tais como apartamentos, escritórios, salas, lojas e garagens; e b) *partes comuns*, tais como o terreno, a estrutura do edifício, o telhado, os corredores, as escadas, as áreas de lazer.

6.5.9.2. Natureza

É um sujeito de direito despersonificado, já que a lei autoriza sua atuação em juízo, bem como a contratação de serviços e de funcionários.

6.5.9.3. Instituição

Ocorre com o a) **Ato de Instituição**, que discrimina e individualiza as unidades, e nasce de ato *inter vivos* ou de testamento, registrado no Registro de Imóveis (art. 1.332, *caput* e I, do CC); b) **Convenção**, que, aprovada por 2/3 das frações ideais, traz os direitos e deveres dos condôminos, devendo ser também registrada no Registro Imobiliário para ser oponível contra terceiros; c) **Regulamento** (ou Regimento Interno), que consiste no documento que completa a convenção, tecendo minúcias sobre o funcionamento do condomínio edilício. A alteração da convenção depende do voto de 2/3 do condôminos.

6.5.9.4. Estrutura interna do condomínio

a) **Unidades autônomas:** nenhuma unidade pode ser privada de saída para a via pública; o proprietário pode alugar, ceder ou gravar sua unidade, independente de autorização dos outros condôminos, que também não têm direito de preferência na aquisição da unidade do vizinho; o direito de preferência só existe no caso de o condômino resolver alugar sua garagem a estranhos; para efeitos tributários, cada unidade é prédio isolado; vale salientar que, de acordo com a alteração promovida pela Lei 12.607/2012 junto ao art. 1.331, § 1º, do CC, os abrigos para veículos só poderão ser alienados ou alugados a pessoas estranhas ao condomínio se houver autorização expressa na convenção de condomínio;

b) **Áreas comuns:** cada consorte pode utilizá-las sem dano, incômodo ou embaraço aos demais; são insuscetíveis de divisão e de alienação.

6.5.9.5. Deveres e sujeições dos condôminos

a) contribuir para as despesas na proporção de sua fração ideal, salvo disposição em contrário na convenção, não podendo votar na assembleia se não estiver quite;

b) pagar juros de 1% ao mês e multa de até 2% caso não pague sua contribuição; quanto à multa, o Enunciado nº 505 das Jornadas de Direito Civil entende que "é nula a estipulação que, dissimulando ou embutindo multa acima de 2%, confere suposto desconto de pontualidade no pagamento da taxa condominial, pois configura fraude à lei (Código Civil, art. 1336, § 1º), e não redução por merecimento";

c) não alterar a fachada;

d) preservar o sossego, a salubridade, a segurança e os bons costumes;

e) pagar multa de até dez vezes o valor de sua contribuição, de acordo com as disposições legais e convencionais aplicáveis ao caso concreto; o Enunciado nº 508 das Jornadas de Direito Civil entende que "verificando-se que a sanção pecuniária mostrou-se ineficaz, a garantia fundamental da função social da propriedade (arts. 5º, XXIII, da CRFB e 1.228, § 1º, do CC) e a vedação ao abuso do direito (arts. 187 e 1.228, § 2º, do CC) justificam a exclusão do condômino antissocial, desde que a ulterior assembleia prevista na parte final do parágrafo único do art. 1.337 do Código Civil delibere a propositura de ação judicial com esse fim, asseguradas todas as garantias inerentes ao devido processo legal".

6.5.9.6. Administração do condomínio

a) **Exercício:** dá-se pelo síndico, cujo mandato é de até dois anos, permitida a reeleição.

b) **Competência do síndico:** representa ativa e passivamente o condomínio, em juízo ou fora dele; pode ser condômino ou pessoa natural ou jurídica estranha.

c) **Assembleia:** a Geral Ordinária tem por objeto aprovar, por maioria dos presentes, o orçamento das despesas, a contribuição dos condôminos e a prestação de contas. Já a Extraordinária é convocada pelo síndico ou por 1/4 do condôminos.

d) **Quórum:** salvo quando exigido quórum especial, as deliberações da assembleia serão tomadas, em primeira convocação, por maioria dos votos dos condôminos presentes que representem pelo menos metade das frações ideais. Em segunda votação, a assembleia poderá deliberar por maioria dos votos presentes. Depende da aprovação de 2/3 dos votos dos condôminos a alteração da convenção. A mudança de destinação do edifício depende da unanimidade.

6.6. Direitos reais de fruição

6.6.1. Introdução

Os direitos reais sobre coisas alheias podem ser de gozo ou fruição (superfície, servidão, usufruto, uso, habitação), de garantia (penhor, hipoteca, anticrese) ou de aquisição (compromisso de compra e venda). Os direitos reais estudados neste capítulo consistem no desmembramento do direito de propriedade para permitir que o beneficiário do direito use e/ou goze da coisa alheia.

6.6.2. Superfície

6.6.2.1. Conceito

Direito real pelo qual o proprietário concede a outrem, por tempo determinado, gratuita ou onerosamente, a faculdade de construir ou de plantar em seu terreno (art. 1.369 do CC, e arts. 21 a 24 da Lei 10.257/2001).

6.6.2.2. Instituição

Mediante escritura pública devidamente registrada no Registro de Imóvel; não é possível por meio de testamento.

6.6.2.3. Direitos do proprietário do solo (fundieiro ou concedente)

a) pode receber quantia (à vista ou parceladamente), caso se combine a onerosidade do direito de superfície; o nome do pagamento é "solarium";

b) pode adquirir a construção ou a plantação, extinto o direito, independentemente de indenizar o superficiário, salvo convenção em contrário;

c) tem direito de preferência na alienação do direito de superfície.

6.6.2.4. Direitos do superficiário

a) pode plantar ou construir no terreno; não se autoriza obra no subsolo, salvo se inerente ao objeto da concessão;

b) pode transferir o direito a terceiros, e, por morte, a herdeiros; não há a figura do laudêmio, comissão devida ao dono da coisa, na enfiteuse;

c) tem direito de preferência na alienação do imóvel.

6.6.2.5. Deveres do superficiário

a) deve pagar o "solarium", se onerosa;

b) responde pelos encargos e tributos incidentes sobre o imóvel;

c) deve manter a destinação para o qual foi prevista.

6.6.2.6. Extinção

a) pela consolidação, que ocorre pela fusão, na mesma pessoa, do direito de superfície e do direito de propriedade; b) por ter se dado destinação diversa da estabelecida pelo bem; c) pelo advento do termo; d) pela renúncia do superficiário; e) pelo distrato; f) pelo perecimento do bem gravado; g) pelo não uso do direito de construir, no prazo convencionado; h) pela desapropriação do solo ou do direito.

6.6.2.7. Diferenças em relação à enfiteuse

Esta se constitui por testamento; o enfiteuta tem direito ao resgate da coisa, preenchidos requisitos legais; a enfiteuse confere todos os poderes inerentes ao domínio; a enfiteuse é perpétua, ao passo que a superfície é temporária; a enfiteuse prevê pagamento de laudêmio (comissão) ao proprietário, em caso de venda do direito.

6.6.2.8. Diferenças em relação ao direito de superfície do Estatuto da Cidade (EC)

Este vale para imóveis urbanos, ao passo que o do CC, para imóveis rurais; o previsto no EC pode ser por tempo determinado ou indeterminado; abrange o direito de usar o solo, o subsolo e o espaço aéreo; não limita o direito à feitura de construção ou plantação.

6.6.3. Servidão

6.6.3.1. Conceito

É o direito real de gozo que proporciona utilidade para o prédio dominante e grava o prédio serviente, que pertence a dono diverso (art. 1.378). Um exemplo é a servidão pela qual um prédio fica proibido de construir acima de certa altura, a fim de beneficiar outro. Outro exemplo é a servidão de passagem, em que um prédio que não tem entrada para a rua (prédio dominante) se beneficia com a possibilidade de utilização do prédio vizinho (prédio serviente) para passagem de pessoas e veículos. É importante ressaltar que o direito só recai sobre imóveis, bem como que não se liga a uma pessoa, mas a um prédio. O dono deste fica adstrito apenas pelo fato de ser proprietário da coisa. O imóvel que se beneficia com a servidão leva o nome de *dominante*, ao passo que o que recebe o gravame é chamado *serviente*.

6.6.3.2. Finalidade

Proporcionar valorização do prédio dominante, tornando-o mais útil, agradável ou cômodo. O instituto é muito utilizado para corrigir desigualdades naturais entre prédios ou para estabelecer padrões estéticos ou de comodidade entre imóveis.

6.6.3.3. Características do direito de servidão

a) **perpétuo:** tem duração indefinida, como regra. Mas é possível instituir servidão a termo ou com condição (servidão *ad tempus*).

b) **indivisível:** mesmo no caso de divisão do prédio dominante ou do prédio serviente, a restrição continua a gravar cada uma das partes do prédio serviente, salvo se a restrição perder sentido (art. 1.386 do CC).

c) **inalienável:** como a restrição é feita pela necessidade do prédio dominante, não há que se falar em transferência da restrição, por alienação, a outro prédio.

6.6.3.4. Classificação quanto ao modo de exercício

a) **servidões contínuas:** *são as que subsistem e se exercem independentemente de ato humano direto*. São exemplos as servidões de passagem de água (aqueduto), de energia elétrica (passagem de fios, cabos ou tubulações), de iluminação (postes) e de ventilação.

b) **servidões descontínuas:** *são as que dependem de ação humana atual para seu exercício e subsistência*. São exemplos a servidão de trânsito, de tirar água de prédio alheio e de pastagem em prédio alheio. Essas servidões podem ser positivas ou negativas. Serão **positivas** quando o proprietário dominante tem direito a uma utilidade do serviente (exs.: servidão de passagem ou de retirada de água). Serão **negativas** quando o proprietário dominante tiver simplesmente o direito de ver o proprietário serviente se abster de certos atos (ex.: servidão de não edificar em certo local ou acima de dada altura).

6.6.3.5. Classificação quanto à exteriorização

a) **servidões aparentes:** *são as que se revelam por obras ou sinais exteriores, visíveis e permanentes*. São exemplos a servidão de trânsito e de aqueduto.

b) **servidões não aparentes:** *são as que não se revelam externamente*. São exemplos as de não construir em certo local ou acima de dada altura.

Obs.: a classificação é importante, pois somente as servidões aparentes podem ser adquiridas por usucapião (art. 1.379 do CC).

6.6.3.6. Classificação quanto à origem

a) **servidões legais:** *são as que decorrem de lei*. Ex.: passagem forçada.

b) **servidões materiais:** *são as que derivam da situação dos prédios*. Ex.: servidão para escoamento de águas.

c) **servidões convencionais:** *são as que resultam da vontade das partes*. Ex.: as constituídas por contrato ou testamento, com posterior registro no Registro de Imóveis.

6.6.3.7. Constituição das servidões

As servidões se constituem por **negócio jurídico** (contrato ou testamento) registrado no Registro de Imóveis; por **sentença judicial** (em ação de divisão, para possibilitar a utilização dos quinhões partilhados – arts. 979 e 980 do CPC) e por **usucapião**.

6.6.3.8. Ações judiciais

a) **ação confessória:** *é a que visa ao reconhecimento da existência da servidão;* é promovida pelo dono do prédio dominante; b) **ação negatória:** *é a que visa à negativa da existência da servidão;* é promovida pelo dono do prédio serviente; c) **manutenção ou reintegração de posse:** *promovidas para reprimir algumas violações ao exercício da servidão*.

6.6.3.9. Extinção da servidão

a) pela **renúncia**; b) pela **cessação da utilidade**; c) pelo **resgate**, pelo dono do prédio serviente; d) pela **confusão** (dono dos dois prédios passa a ser uma pessoa só); e) pela **usucapião**, nas servidões aparentes; f) pelo **perecimento** da coisa; g) pelo **decurso do prazo ou da condição**; h) pela **desapropriação**.

6.6.3.10. Passagem forçada

a) **conceito:** *direito assegurado ao proprietário do prédio encravado (sem acesso para a via pública) de, mediante pagamento de indenização, constranger vizinho a lhe dar passagem* (art. 1.285 do CC).

b) **finalidade:** *atender a função econômica e social da propriedade*.

c) **sujeito passivo:** normalmente, é o proprietário contíguo; porém, se não for suficiente a colaboração deste, pode-se atingir o vizinho não imediato; procura-se o imóvel que mais natural e facilmente se preste à passagem.

d) **requisitos:** i) **encravamento natural**, que é aquele não provocado pelo dono do prédio encravado (ex.: não tem esse direito quem vendeu a área que possibilitava sua passagem, salvo contra quem tiver comprado a área – art. 1.285, § 2º, do CC); ii) **encravamento**

absoluto, que é aquele em que não há outra saída, ainda que uma saída difícil e penosa; iii) **menor ônus possível ao serviente**, ou seja, procura-se a passagem junto ao vizinho cujo imóvel mais natural e facilmente se prestar ao intento, bem como a passagem que menos atrapalhe o vizinho no uso de seu imóvel; iv) **pagamento de indenização**, ou seja, o vizinho que tiver que dar a passagem deverá ser indenizado pelos danos que suportar com essa medida forçada.

e) **extinção:** a passagem forçada fica extinta i) no caso de abertura de estrada que passe ao lado da divisa do prédio encravado, bem como ii) no caso de a área encravada ser anexada a outra não encravada.

f) **diferenças entre "servidão de passagem ou de trânsito" e "passagem forçada":** a primeira decorre de negócio jurídico, ao passo que a segunda decorre da lei; a primeira nem sempre decorre de um imperativo (pode ser instituída apenas para mais comodidade ou facilidade), ao passo que a segunda decorre de um imperativo, já que se tem um prédio encravado; na primeira não se fala em indenização (pode até envolver pagamento, pois muitas vezes decorre de um contrato), já na segunda a indenização decorre da própria lei; a primeira está regulada no âmbito dos direitos reais, ao passo que a segunda, mesmo encerrando as características de direito real, está no âmbito do direito de vizinhança.

6.6.4. Usufruto

6.6.4.1. Conceito

É o direito real conferido a alguém de retirar temporariamente de coisa alheia os frutos e as utilidades que ela produz, sem alterar-lhe a substância (art. 1.390 do CC). Repare que o usufrutuário pode não só *usar* a coisa (por exemplo, habitar uma casa dada em usufruto), como também pode *fruir*, tirar os frutos da coisa (no mesmo exemplo, pode alugar a coisa para terceiro, tirando renda dela). O proprietário da coisa é chamado *nu-proprietário*, ao passo que o beneficiário do usufruto e denominado *usufrutuário*.

6.6.4.2. Características

a) **temporário:** o usufruto extingue-se no prazo ajustado ou com a morte do usufrutuário; no caso da pessoa jurídica, a lei traz com prazo máximo o de 30 anos do início do exercício do usufruto (art. 1.410, III, do CC).

b) **direito real:** diferente do comodato, que é um empréstimo de coisa infungível que gera mero direito pessoal, no usufruto tem-se um direito real, ou seja, um direito que é oponível *erga omnes*.

c) **inalienável:** não é possível ceder *o direito ao usufruto*; todavia, o mero *exercício do direito ao usufruto* pode ser transmitido, de modo gratuito ou oneroso (art. 1.393 do CC); assim, se "A" for titular de um usufruto, não poderá passar esse direito para "B". "A" será sempre o usufrutuário da coisa. Mas poderá passar o exercício desse direito, possibilitando, por exemplo, que "B" possa usar e fruir da coisa na qualidade de locatário dela, por exemplo. Em virtude da inalienabilidade do direito ao usufruto, não é possível penhorá-lo para vender o *direito ao usufruto* a terceiro. Todavia, pode o juiz penhorar o *exercício do direito ao usufruto*, por exemplo, nomeando um administrador para alugar a coisa a terceiro, de modo a gerar renda para pagamento da dívida exequenda. Quando a dívida toda tiver sido paga, será levantada a penhora sobre o *exercício do direito ao usufruto*, e o titular do *direito ao usufruto* volta a gozar integralmente da coisa.

6.6.4.3. Constituição do usufruto

O usufruto se constitui por **determinação legal** (ex.: a lei estabelece o usufruto dos pais sobre os bens do filho menor – art. 1.689, I, do CC); por **negócio jurídico** (contrato ou testamento) registrado no Registro de Imóveis; e por **usucapião**.

6.6.4.4. Objeto

O usufruto pode recair sobre a) um ou mais bens **móveis** ou **imóveis** (assim, pode recair até sobre títulos de crédito); ou sobre b) a totalidade ou parte de um **patrimônio**.

6.6.4.5. Classificação quanto à origem

a) **usufruto legal:** *é o que decorre da lei*. Ex.: dos pais em relação aos bens dos filhos menores;

b) **usufruto convencional:** *é o que decorre de negócio jurídico*. Ex.: o pai doa imóveis aos seus filhos, mas estipula que ficará com usufruto desses bens.

6.6.4.6. Classificação quanto à duração

a) **usufruto temporário:** *é o que tem prazo certo de vigência*.

b) **usufruto vitalício:** *é o que perdura até a morte do usufrutuário ou enquanto não sobrevier causa legal extintiva*.

6.6.4.7. Classificação quanto ao objeto

a) **usufruto próprio:** *é o que tem por objeto coisas inconsumíveis, cujas substâncias são conservadas, podendo ser restituídas ao nu-proprietário*.

b) **usufruto impróprio:** *é o que incide sobre bens consumíveis*. Com a extinção do usufruto, devolve-se coisa equivalente.

6.6.4.8. Classificação quanto aos titulares

a) **usufruto simultâneo:** *é o constituído em favor de duas ou mais pessoas, ao mesmo tempo, extinguindo-se gradativamente em relação a cada uma das que falecerem, salvo expressa estipulação de direito de acrescer.* Assim, a regra é que, instituído usufruto em favor de mais de duas pessoas, com o falecimento de uma delas, a sua parte não vai para quem continuar vivo. A parte da pessoa falecida só será acrescida aos que sobreviverem se houver estipulação expressa desse direito de acrescer (art. 1.411 do CC) ou no caso de legado de usufruto (art. 1.946 do CC).

b) **usufruto sucessivo:** *é o constituído em favor de uma pessoa, para que depois de sua morte transmita a terceiro. É vedado pela lei.*

6.6.4.9. Direitos do usufrutuário

a) de posse, uso, administração e percepção dos frutos da coisa; b) de transferir o exercício do direito ao usufruto, gratuita ou onerosamente.

6.6.4.10. Deveres do usufrutuário

a) inventariar, antes de assumir o usufruto, os bens que receber, determinando o estado em que se acham; b) dar caução (fidejussória ou real) se lha exigir o dono da coisa; se o usufrutuário não der caução, não poderá administrar a coisa; no caso de doação em que o doador reserva a si o usufruto da coisa doada (ex.: pai doa ao filho, mantendo o usufruto da coisa), não haverá obrigação de prestar caução; c) velar pela conservação dos bens e entregá-los, findo o usufruto; d) pagar as despesas ordinárias de conservação, bem como prestação e tributos devidos pela posse ou rendimento da coisa usufruída; e) dar ciência ao dono de qualquer lesão contra a posse da coisa, ou contra o direito do usufrutuário.

6.6.4.11. Extinção

O usufruto fica extinto com a) a renúncia ou desistência do direito; b) a morte do usufrutuário; c) o advento do termo final; d) a extinção da pessoa jurídica ou, se ela perdurar, após o decurso de 30 anos; e) a cessação do motivo que deu origem ao direito; f) a destruição da coisa (salvo se for consumível); g) a consolidação da propriedade e do usufruto na mesma pessoa; h) a culpa do usufrutuário prevista no art. 1.410, VII, do CC; i) pelo não uso, a não fruição da coisa.

6.6.5. Uso

6.6.5.1. Conceito

É o direito real que, a título gratuito ou oneroso, autoriza uma pessoa a retirar temporariamente de coisas alheias todas as utilidades para atender às suas próprias necessidades e às de sua família (art. 1.412 do CC). Repare que *direito real de uso* autoriza não só o uso da coisa, como também a percepção de frutos dela. Nesse sentido, é instituto que se aproxima do usufruto. A diferença é que o *usuário* não pode retirar os frutos além das necessidades próprias e de sua família. Essas necessidades serão avaliadas segundo a condição social e o lugar onde viver o *usuário*. É também chamado de *usufruto restrito*.

6.6.5.2. Características

É temporário, indivisível, intransmissível e personalíssimo (ou seja, deve ser exercido pessoalmente pelo *usuário* e sua família).

6.6.5.3. Objeto

O *uso* pode recair sobre bens móveis ou imóveis.

6.6.5.4. Constituição

Corre por negócio jurídico (contrato ou testamento), sentença judicial ou usucapião.

6.6.5.5. Regime jurídico

É o previsto acima, aplicando-se, no que couber, as disposições relativas ao usufruto.

6.6.6. Habitação

6.6.6.1. Conceito

É o direito real temporário de ocupar gratuitamente coisa alheia, para morada do titular e de sua família (art. 1.414 do CC). Perceba que é ainda mais restrito que o uso, pois só permite a *morada* do titular do direito e de sua família. Outra diferença é que é gratuito, ou seja, não há contrapartida em favor do dono da coisa.

6.6.6.2. Características

É temporário, indivisível, intransmissível, personalíssimo e gratuito.

6.6.6.3. Objeto

A habitação só pode recair sobre "casa", cujo conceito abrange apartamentos.

6.6.6.4. Constituição

Corre por negócio jurídico (contrato ou testamento) ou lei (*vide* art. 1.831 do CC – cônjuge sobrevivente).

6.6.6.5. Regime jurídico

É o previsto anteriormente, aplicando-se, no que couber, as disposições relativas ao usufruto. É importante ressaltar que o habitador não pode alugar ou emprestar a coisa, mas tão somente morar nela.

6.7. Direitos reais em garantia

6.7.1. Introdução

Como se viu, os direitos reais sobre coisas alheias podem ser de gozo ou fruição (superfície, servidão, usufruto, uso, habitação), de garantia (penhor, hipoteca, anticrese) ou de aquisição (compromisso de compra e venda). Os direitos reais estudados neste capítulo têm por objeto servir de garantia especial para o recebimento de créditos. Todo credor tem direito de cobrar a dívida do devedor, com penhora de bens deste para satisfação do crédito. Mas muitas vezes os credores têm interesse em convencionar segurança especial para o recebimento do crédito. Essa garantia pode ser pessoal (fidejussória) ou real. Exemplo de garantia pessoal é o aval ou a fiança. O problema é que essa garantia não é tão segura como a real, pois o fiador ou o avalista podem ficar sem patrimônio, caso em que o credor não terá como satisfazer o seu crédito. Já a garantia real, que será estudada agora, é muito mais segura, pois, independentemente de quem estiver com a coisa dada em garantia, o credor com garantia real poderá persegui-la para satisfação do seu crédito. Ou seja, a garantia real é muito mais eficaz, pois o bem dado em garantia fica vinculado ao pagamento da dívida. Como os direitos reais em garantia estão sempre ligados a uma dívida, sua natureza é de direitos reais *acessórios*.

6.7.2. Efeitos

Os direitos reais em garantia geram os seguintes efeitos:

a) **direito de preferência:** os credores hipotecários (de hipoteca) e pignoratícios (de penhor) têm preferência no pagamento de seus créditos, em relação a outros credores que não tiverem o mesmo direito (art. 1.422 do CC). Uma vez arrematada em juízo a coisa, o credor com garantia real receberá primeiro, e, havendo sobras, serão pagos os demais credores. Havendo mais de uma hipoteca, terá preferência aquele que tiver prioridade na inscrição, ou seja, aquele que tiver a garantia mais antiga.

b) **direito de sequela:** consiste no poder de o credor com garantia real perseguir e reclamar a coisa dada em garantia de qualquer pessoa.

c) **direito de excussão:** consiste no poder de promover a venda judicial da coisa dada em garantia, após o vencimento da dívida. Esse direito é diferente na anticrese.

d) **indivisibilidade:** o pagamento de uma ou mais prestações da dívida não importa em exoneração da garantia, salvo convenção entre as partes.

6.7.3. Requisitos para a validade da garantia

a) **Capacidade geral** para os atos da vida civil; b) **Capacidade especial para alienar**; c) **Legitimidade** (ex.: presença de outorga uxória); d) **Existência de bem suscetível de alienação** (ex.: não pode ser dado em garantia um bem público).

6.7.4. Requisitos para a constituição e a eficácia da garantia

a) **especialização**, que consiste na descrição pormenorizada do bem, do valor do crédito, do prazo para pagamento e da taxa de juros; b) **publicidade**, que consiste no registro no Registro de Imóveis (para hipoteca, anticrese e penhor rural) ou no Registro de Títulos e Documentos (para penhor convencional).

6.7.5. Cláusula comissória

Consiste na estipulação que autoriza o credor a ficar com a coisa dada em garantia, caso a dívida não seja paga. Nosso direito proíbe essa cláusula, considerando nula estipulação nesse sentido. Assim, deixando o devedor de pagar em dia sua dívida, estará sujeito à execução judicial da coisa, e não à perda automática dela (art. 1.428 do CC). O objetivo da lei é evitar a agiotagem.

6.7.6. Penhor

Esse direito real em garantia recai sobre coisa **móvel** e fica constituído de acordo com a **tradição**, a transferência efetiva da posse da coisa ao credor (art. 1.431 do CC), que passa a ser depositário da coisa. No penhor rural, industrial, mercantil e de veículos as coisas empenhadas ficam na posse do devedor, que as deve guardar e conservar.

Por se tratar de contrato solene, deverá ser levado a registro, sendo que no penhor comum este se dará no Cartório de Títulos de Documentos.

Extingue-se o penhor extinguindo-se a obrigação, perecendo a coisa, renunciando o credor, com a confusão, com a adjudicação judicial, a remissão ou a venda da coisa empenhada.

6.7.7. Hipoteca

Esse direito real em garantia recai sobre os **imóveis** e seus acessórios, o domínio direto, o domínio útil, as estradas de ferro, os navios, as aeronaves, dentre outros. A hipoteca abrange as ações e melhoramentos feitos posteriormente no imóvel (arts. 1.473 e 1.474 do CC).

A hipoteca deve ser registrada no cartório do lugar do imóvel.

A lei considera nula a cláusula que proíbe o proprietário alienar a coisa, mas o adquirente terá de suportar a garantia que recai sobre o bem.

O dono do imóvel hipotecado pode constituir outra hipoteca sobre ele, mediante novo título, em favor do mesmo ou de outro credor, respeitada a prioridade da primeira hipoteca.

Extingue-se a hipoteca pela extinção da obrigação principal, pelo perecimento da coisa, pela resolução da propriedade, pela renúncia do credor, pela remição, pela arrematação ou adjudicação, e pela averbação do cancelamento do registro.

6.7.8. Anticrese

Pode-se conceituar a anticrese *como o direito real em garantia em que o devedor entrega imóvel ao credor, que recebe o direito de perceber os frutos e rendimentos da coisa, para compensação da dívida* (art. 1.506 do CC).

O credor anticrético pode administrar os bens dados em anticrese e fruir seus frutos e utilidades, mas deverá apresentar anualmente balanço, exato e fiel, de sua administração.

7. Direito de Família

7.1. Introdução

7.1.1. Conceito de Direito de Família

O Direito de Família pode ser **conceituado** como o *conjunto de normas que regulam o casamento, a união estável, a filiação, a adoção, o poder familiar (direito parental), os alimentos, a tutela e a curatela (direito assistencial protetivo)*.

Esse direito **rege** as seguintes relações familiares:

a) **pessoais/afetivas**, como os deveres entre os cônjuges (fidelidade), os conviventes e os pais e filhos (educação);

b) **patrimoniais**, como as que envolvem a sociedade conjugal (regime de bens);

c) **assistenciais**, como a assistência material entre cônjuges e entre pais e filhos, e tutor e tutelado.

Tais relações são protegidas em virtude de **interesses superiores** (família como "base da sociedade" – art. 226, *caput*, da CF) e não individuais, o que faz com que os princípios dos direitos meramente obrigacionais não possam ser aplicados diretamente em matéria de direito de família.

Em outras palavras, tendo em vista os direitos envolvidos, que não se resumem à questão patrimonial, envolvendo questões pessoais, afetivas e assistenciais, o direito de família reclama **regras próprias**, diferentes das regras típicas do direito obrigacional.

7.1.2. Objeto do Direito de Família

O objeto do Direito de Família é justamente a "**família**", que, em sua concepção *lata*, têm as seguintes espécies:

a) **família matrimonial:** decorrente do casamento;

b) **família informal** (natural)**:** decorrente da união estável;

c) **família monoparental:** formada por qualquer dos pais e seus descendentes;

d) **família substituta:** decorrente de guarda ou tutela;

e) **famílias plurais:** abrange as uniões fundadas no afeto, tais como as famílias:

- ✔ anaparental: sem pais; com parentes ou amigos; ex.: a jurisprudência entende que há bem de família em imóvel com duas irmãs (STJ, Resp. 57.606);
- ✔ homoafetiva: decorrente de união de pessoas do mesmo sexo (ex.: o STF, na ADI 4.277 e ADPF 132, decidiu que a união estável pode ser constituída por pessoas do mesmo sexo);
- ✔ eudemonista: baseada no afeto, mas com busca da felicidade individual (ex.: casal que tem um relacionamento livre ou aberto).

Vale salientar, quanto à **união estável homoafetiva**, que o STF, na ADI 4.277 e na ADPF 132, julgadas em 05.05.2011, tomou a seguinte decisão: pela procedência das ações e com efeito vinculante, no sentido de dar interpretação conforme a Constituição Federal **para excluir qualquer significado do artigo 1.723 do Código Civil que impeça o reconhecimento da união entre pessoas do mesmo sexo como entidade familiar**.

A decisão teve por **fundamento** o art. 3º, IV, da CF, que veda qualquer tipo de discriminação.

Como consequência, a união estável homoafetiva passa a ter a mesma regulamentação da união estável entre homem e mulher (deveres, alimentos, sucessões etc.), o que fez, num primeiro momento, com que se chegasse à conclusão de que o instituto da conversão da união estável em casamento também poderia se dar quanto às uniões estáveis homoafetivas, tendo ocorrido, no início, grande número de conversões de união estável homoafetiva em casamento.

Em seguida, o STJ foi além e decidiu no sentido de que se pode admitir o casamento **direto** de pessoas do mesmo sexo, como forma de fazer valer a diretiva que o STF deu ao julgar as ações acima mencionadas. O dispositivo da decisão tem o seguinte teor: "dou provimento ao recurso especial para afastar o óbice relativo à diversidade de sexos e para determinar o prosseguimento do processo de habilitação de casamento, salvo se por outro motivo as recorrentes estiverem impedidas de contrair matrimônio". A ementa do acórdão foi vazada nos seguintes termos:

> "Direito de família. Casamento civil entre pessoas do mesmo sexo (homoafetivo). Interpretação dos arts. 1.514, 1.521, 1.523, 1.535 e 1.565 do Código Civil de 2002. Inexistência de vedação expressa a que se habili-

tem para o casamento pessoas do mesmo sexo. Vedação implícita constitucionalmente inaceitável. Orientação principiológica conferida pelo STF no julgamento da ADPF n. 132/RJ e da ADI n. 4.277/DF.

1. Embora criado pela Constituição Federal como guardião do direito infraconstitucional, no estado atual em que se encontra a evolução do direito privado, vigorante a fase histórica da constitucionalização do direito civil, não é possível ao STJ analisar as celeumas que lhe aportam "de costas" para a Constituição Federal, sob pena de ser entregue ao jurisdicionado um direito desatualizado e sem lastro na Lei Maior. Vale dizer, o Superior Tribunal de Justiça, cumprindo sua missão de uniformizar o direito infraconstitucional, não pode conferir à lei uma interpretação que não seja constitucionalmente aceita.

2. O Supremo Tribunal Federal, no julgamento conjunto da ADPF n. 132/RJ e da ADI n. 4.277/DF, conferiu ao art. 1.723 do Código Civil de 2002 interpretação conforme à Constituição para dele excluir todo significado que impeça o reconhecimento da união contínua, pública e duradoura entre pessoas do mesmo sexo como entidade familiar, entendida esta como sinônimo perfeito de família.

3. Inaugura-se com a Constituição Federal de 1988 uma nova fase do direito de família e, consequentemente, do casamento, baseada na adoção de um explícito poliformismo familiar em que arranjos multifacetados são igualmente aptos a constituir esse núcleo doméstico chamado "família", recebendo todos eles a "especial proteção do Estado". Assim, é bem de ver que, em 1988, não houve uma recepção constitucional do conceito histórico de casamento, sempre considerado como via única para a constituição de família e, por vezes, um ambiente de subversão dos ora consagrados princípios da igualdade e da dignidade da pessoa humana. Agora, a concepção constitucional do casamento – diferentemente do que ocorria com os diplomas superados – deve ser necessariamente plural, porque plurais também são as famílias e, ademais, não é ele, o casamento, o destinatário final da proteção do Estado, mas apenas o intermediário de um propósito maior, que é a proteção da pessoa humana em sua inalienável dignidade.

4. O pluralismo familiar engendrado pela Constituição – explicitamente reconhecido em precedentes tanto desta Corte quanto do STF – impede se pretenda afirmar que as famílias formadas por pares homoafetivos sejam menos dignas de proteção do Estado, se comparadas com aquelas apoiadas na tradição e formadas por casais heteroafetivos.

5. O que importa agora, sob a égide da Carta de 1988, é que essas famílias multiformes recebam efetivamente a "especial proteção do Estado", e é tão somente em razão desse desígnio de especial proteção que a lei deve facilitar a conversão da união estável em casamento, ciente o constituinte que, pelo casamento, o Estado melhor protege esse núcleo doméstico chamado família.

6. Com efeito, se é verdade que o casamento civil é a forma pela qual o Estado melhor protege a família, e sendo múltiplos os "arranjos" familiares reconhecidos pela Carta Magna, não há de ser negada essa via a nenhuma família que por ela optar, independentemente de orientação sexual dos partícipes, uma vez que as famílias constituídas por pares homoafetivos possuem os mesmos núcleos axiológicos daquelas constituídas por casais heteroafetivos, quais sejam, a dignidade das pessoas de seus membros e o afeto.

7. A igualdade e o tratamento isonômico supõem o direito a ser diferente, o direito à autoafirmação e a um projeto de vida independente de tradições e ortodoxias. Em uma palavra: o direito à igualdade somente se realiza com plenitude se é garantido o direito à diferença. Conclusão diversa também não se mostra consentânea com um ordenamento constitucional que prevê o princípio do livre planejamento familiar (§ 7º do art. 226). E é importante ressaltar, nesse ponto, que o planejamento familiar se faz presente tão logo haja a decisão de duas pessoas em se unir, com escopo de constituir família, e desde esse momento a Constituição lhes franqueia ampla liberdade de escolha pela forma em que se dará a união.

8. Os arts. 1.514, 1.521, 1.523, 1.535 e 1.565, todos do Código Civil de 2002, não vedam expressamente o casamento entre pessoas do mesmo sexo, e não há como se enxergar uma vedação implícita ao casamento homoafetivo sem afronta a caros princípios constitucionais, como o da igualdade, o da não discriminação, o da dignidade da pessoa humana e os do pluralismo e livre planejamento familiar.

9. Não obstante a omissão legislativa sobre o tema, a maioria, mediante seus representantes eleitos, não poderia mesmo "democraticamente" decretar a perda de direitos civis da minoria pela qual eventualmente nutre alguma aversão. Nesse cenário, em regra é o Poder Judiciário – e não o Legislativo – que exerce um papel contramajoritário e protetivo de especialíssima importância, exatamente por não ser compromissado com as maiorias votantes, mas apenas com a lei e com a Constituição, sempre em vista a proteção dos direitos humanos fundamentais, sejam eles das minorias, sejam das maiorias. Dessa forma, ao contrário do que pensam os críticos, a democracia se fortalece, porquanto esta se reafirma como forma de governo, não das maiorias ocasionais, mas de todos.

10. Enquanto o Congresso Nacional, no caso brasileiro, não assume, explicitamente, sua coparticipação nesse processo constitucional de defesa e proteção dos socialmente vulneráveis, não pode o Poder Judiciário demitir-se desse mister, sob pena de aceitação tácita de um Estado que somente é "democrático" formalmente, sem que tal predicativo resista a uma mínima investigação acerca da universalização dos direitos civis.

11. Recurso especial provido. (REsp 1183378/RS, Rel. Ministro Luis Felipe Salomão, 4ª Turma, *DJe* 01.02.2012)".

Não bastasse, o Conselho Nacional de Justiça, invocando o posicionamento do STF e mencionada decisão do STJ resolveu editar a Resolução n. 175, de 14 de maio de 2013, dispondo ser "vedada às autoridades competentes a recusa de habilitação, celebração de casamento civil ou de conversão de união estável em casamento entre pessoas de mesmo sexo" (art. 1º). A resolução foi além e dispôs que "a recusa prevista no artigo 1º implicará a imediata comunicação ao respectivo juiz corregedor para as providências cabíveis" (art. 2º). Em outras palavras, a partir dessa decisão, os Cartórios competentes passaram a ser obrigados a proceder ao **casamento civil** de pessoas do mesmo sexo, e mais, tal casamento pode ser dar diretamente, ou seja, independentemente conversão da união estável em casamento.

Após essa resolução milhares de casamentos de pessoas do mesmo sexo foram e vem sendo realizados.

Todavia, é bom lembrar que o STF não deu seu posicionamento, ainda, tanto sobre a possibilidade de conversão da união estável homoafetiva em casamento, como sobre a possibilidade de casamento homoafetivo direto, limitando-se a reconhecer essa união como uma união estável com idêntica proteção que a união estável entre pessoas de sexo diverso.

De qualquer forma, acreditamos que dificilmente o STF irá rever as decisões tomadas pelo STJ e pelo CNJ, devendo prevalecer tais decisões e todos os casamentos que vem sendo realizado. Mas é importante que o leitor acompanhe eventuais futuras decisões do STF a esse respeito do tema.

7.2. Princípios do Direito de Família

Conforme já visto, o direito de família reclama regulamentação peculiar, já que os interesses envolvidos não se limitam a questões patrimoniais. Nesse sentido, confira os princípios específicos desse direito:

a) **dignidade da pessoa humana:** previsto no art. 1º, III, CF, admite que até a pessoa solteira tenha direito à proteção do bem de família; tal princípio também é levado em conta quando alguém que sofre "adoção à brasileira" (ou seja, foi adotado por alguém sem respeito aos trâmites legais, como ocorre no caso dos adotantes terem simplesmente registrado a criança em seu nome mediante consentimento dos genitores, de forma clandestina) deseja o reconhecimento de sua paternidade biológica; apesar de a adoção regular eliminar o vínculo com a família biológica, em caso de "adoção à brasileira", o princípio da dignidade da pessoa humana opera no sentido de impor que seja reconhecido ao adotado buscar sua origem (direito de reconhecimento de sua ancestralidade e origem genética), inclusive com anulação de seu registro de nascimento (STJ, REsp 1.167.993, J. 18.12.2012);

b) **solidariedade familiar:** previsto no art. 3º, I, CF, impõe dever de assistência moral, espiritual e material; aliás, por conta desse princípio, o STJ já reconheceu direito a alimentos na união estável mesmo antes da Lei de 8.971/1994, que admitiu pela primeira vez esse tipo de direito; outro exemplo de aplicação do princípio é o cabimento de pedido de alimentos até mesmo depois do divórcio, em casos excepcionais;

c) **igualdade entre os filhos:** previsto no art. 227, § 6º, CF, reconhece igualdade absoluta entre os filhos, havidos ou não do casamento, adotivos, ou nascidos por inseminação artificial;

d) **igualdade entre cônjuges e companheiros:** previsto art. 226, § 5º, CF, admite que o homem use o **nome** da mulher e peça **alimentos**; determina a igualdade na chefia familiar, mas admite tratamento diferenciado entre os consortes, em situações especiais, como as que envolvem a competência para ações que tenham por fundamento a Lei Maria da Penha (11.340/2006), conforme art. 100, I, CPC;

e) **não intervenção na família:** previsto no art. 1.513 do CC e no art. 226, § 7º, da CF, assegura que o planejamento familiar é de livre decisão do casal, permitindo ao Estado que apenas colabore com esse planejamento, e nunca determine coisa alguma nessa seara;

f) **maior interesse da criança e do adolescente:** previsto no art. 227 CF, admite até que a ordem cronológica dos interessados numa adoção seja quebrada, para que uma criança venha a ficar com alguém que esteja no final da fila, mas que tenha já a guarda da criança e esteja numa situação avançada de afetividade com esta;

g) **princípio da paternidade responsável:** estabelece que *o estado de filiação é personalíssimo, indisponível e imprescritível*, decorrendo do direito à convivência familiar; esse princípio tem por consequência a ideia de que a investigação de paternidade é imprescritível e de que o Estado deve agir na busca de quem é o pai de uma criança de mãe solteira; aliás, esse direito, às vezes, contrapõe-se ao direito de intimidade da mulher (liberdade de relacionamentos sexuais e sigilo de parceiros); a Lei 8.560/1992 impõe que o Juiz Corregedor do Registro Civil deve ouvir a mãe e pode ser que ela não queira falar, não havendo sanção jurídica para o silêncio da mãe sobre a paternidade de seu filho;

h) **princípio da função social da família:** previsto no art. 226 da CF, estabelece que a família é a base da sociedade, merecendo proteção especial do Estado, como se dá quando se institui bem de família ou quando se determina a união de cônjuges funcionários públicos, quando cada um está lotado numa localidade;

i) **princípio da afetividade:** estabelece que *a afeição é o fundamento maior das relações familiares*, tendo por **consequência** a **desbiologização da paternidade**, que faz com que se reconheça que o vínculo de paternidade é mais ligado ao afeto do que ao elemento biológico, o que fez criar o chamado novo parentesco civil, decorrente da parentalidade socioafetiva, baseada na posse do estado de filho.

Um exemplo do princípio da afetividade é o padrasto ter legitimidade para entrar com destituição de poder familiar do pai biológico ausente da criança criada pelo padrastro, ação essa preparatória de adoção.

Outro exemplo do último princípio é a decisão do STJ no sentido de que a pessoa que reconhece filho sabendo que não era filho seu não pode pedir cancelamento do registro, salvo prova de vício de consentimento. Essa decisão está na linha de pensamento do Enunciado 339 do CJF, que propõe nunca pode ser rompida a relação de paternidade em detrimento de filho.

7.3. Natureza jurídica do Direito de Família

O Direito de Família é considerado um **direito extrapatrimonial**, diferentemente do direito obrigacional, que é puramente patrimonial.

Essa natureza do Direito de Família faz com que este tenha as seguintes **características**:

a) é irrenunciável; ex.: não há como alguém, por si só, renunciar à paternidade do filho;

b) é intransmissível; ex.: não é possível vender o estado de casado;

c) é incondicionado, ou seja, não admite condição e termo;

d) é personalíssimo; ex.: não se exerce por procurador, não sendo possível, assim, que um cônjuge contrate alguém para exercer seus deveres de cônjuge junto ao outro consorte;

e) é menos individualista, estando reduzido o papel da vontade em favor de normas cogentes ou de ordem pública; todavia, há exceções, em que a liberdade poderá atuar, ainda que com limitações, como quanto à escolha do regime de bens; de qualquer forma, a regra é a existência de um regime estatutário (a lei traz o estatuto a seguir), em contraposição ao regime da autonomia da vontade (a vontade regula os deveres da relação); o fato que o interesse individual cede ao da família, o que faz com que a vontade só se manifeste na realização dos atos (exs.: casamento, união estável e reconhecimento de filho), ficando todo o resto preestabelecido na lei.

Em resumo pode-se dizer que a natureza jurídica do Direito de Família é de "direito privado com intervenção estatal", tudo com o objetivo de proteger a família, dada a sua importância social, como a instituição que é base da sociedade (art. 226, *caput*, da CF).

De qualquer forma, é bom ressaltar que o Direito de Família acaba irradiando efeitos em institutos não exatamente pertencentes a esse direito, tais como:

a) compra e venda de ascendente a descendente (art. 496 do CC);

b) responsabilidade civil pelo ato dos filhos menores (art. 932, I, do CC);

c) direito das sucessões;

d) direito previdenciário;

e) direito processual, como nas questões de impedimento e remição;

f) direito penal, como nos crimes contra o casamento, a filiação, a assistência familiar e o poder familiar.

7.4. Esponsais e casamento religioso

7.4.1. Esponsais

Tema introdutório do Direito de Família é o dos esponsais, que pode ser **conceituado** como o *compromisso de casamento entre duas pessoas desimpedidas e de sexo distinto*. Pessoas que resolvem ficar noivos, com o objetivo de casar, certamente estão criando esse compromisso.

O instituto **não tem como consequência** o dever jurídico de casar. Ou seja, ninguém pode vir a ser obrigado a casar por conta da existência dos esponsais.

O objetivo do instituto está mais ligado a uma justifica, perante a sociedade, que há, entre as pessoas que fizeram o compromisso, uma convivência mais contínua e íntima.

Apesar de não gerar a obrigação de casar, o instituto pode gerar responsabilidade civil por parte daquele que acaba se recusando a se casar com o outro.

São **requisitos para essa responsabilidade** os seguintes:

a) promessa livre entre noivos (sem a interferência dos pais);

b) recusa de cumprir a promessa pelo noivo/noiva (não por seus pais);

c) ausência de motivo justo (conduta culposa ou dolosa, nos termos do art. 186 do Código Civil);

d) dano patrimonial ou moral ao noivo não culpado.

São **consequências jurídicas** do inadimplemento culposo ou doloso do compromisso de esponsais as seguintes:

a) dever de devolução dos presentes trocados, de cartas e de retratos;

b) indenização dos danos causados pelo rompimento, tais como danos morais (ex.: humilhação pública, sofrimento etc.) e danos materiais (ex.: moradia, festa, celebração, saída de emprego etc.);

c) eventual doação em contemplação de casamento futuro fica sem efeito se esse não se realizar (art. 546 do CC).

7.4.2. Casamento religioso

No início do século XIX, o casamento, no Brasil, era só religioso (Decreto de 1.827), seguindo os princípios do direito canônico.

Na segunda metade desse século, o ministro da Justiça Diogo de Vasconcelos apresentou projeto de lei para a criação do casamento acatólico, o que acabou acontecendo.

Em seguida, com a chegada da República, o poder religioso ficou afastado, e o Decreto 181/1890, regulamentando o casamento civil no Brasil, deixou de atribuir valor jurídico ao casamento religioso.

Sobreveio a Constituição Federal de 1891, que, em seu art. 72, § 4º, reconhece apenas o casamento civil, garantida a celebração gratuita.

O casamento religioso passa a ser uma opção de cada casal, mas sem consequências jurídicas. De qualquer forma, o costume de se casar no religioso permanece, principalmente pelas questões de crença religiosa.

O Código Civil de 1916 também só fez referência ao casamento civil.

Já a Constituição Federal de 1934 (art. 146) previu a possibilidade de se atribuir ao casamento religioso efeitos civis, no que foi repetida pelas Constituições Federais de 1946 e 1967, que também previam essa possibilidade.

A Emenda Constitucional 9/1977 trouxe uma novidade. Quebrou o princípio da indissolubilidade do matrimônio (art. 175), estabelecendo a possibilidade de sua dissolução nos casos legais.

A possibilidade de registro do casamento religioso encontra-se prevista nos arts. 71 a 75 da Lei 6.015/1973, sendo que, no atual Código Civil, está prevista nos artigos 1.515 e 1.516.

7.5. Casamento civil

7.5.1. Conceito

O casamento pode ser **conceituado** como o *vínculo jurídico entre um homem e uma mulher, estabelecido mediante intervenção estatal, e que cria deveres de comunhão de vida (moral, espiritual e material) e constitui a família.*

Atualmente, a família não é criada somente pelo casamento. A diferença é que, com o casamento, passa a existir uma presunção absoluta de que o casal forma uma família.

O preço dessa presunção absoluta é justamente a necessidade de participação do Estado na criação desse vínculo, o que é feito por meio de autoridade investida em função delegada pelo Estado para esse fim.

7.5.2. Natureza jurídica

Há várias teorias para explicar a natureza jurídica do casamento. Confira:

a) Teoria Contratualista: *o casamento é um contrato civil especial*; essa teoria tem raízes no direito canônico; trata-se de uma teoria um pouco falha, pois não há como se aplicar as disposições gerais dos contratos para regulamentar o casamento, que reclama regras próprias;

b) Teoria Institucionalista: *o casamento é uma instituição social e jurídica própria, possuindo regras diferenciadas e de ordem pública*; de acordo com essa teoria o acordo de vontades (típico de um contrato) é só no momento inicial de escolha pelo casamento; em seguida, quem dita as regras é a lei, o que faz com que não se possa confundir o casamento com um contrato, já que neste a autonomia da vontade tem mais força; além disso, o contrato é sempre temporário, ao passo que o casamento é feito para durar, e não para ser temporário;

c) Teoria Eclética (ou mista): o casamento é um ato complexo, podendo ser considerado um contrato na sua formação, mas uma instituição no seu conteúdo.

A doutrina rejeita a Teoria Contratualista, de modo que as duas últimas teorias são as mais acolhidas.

7.5.3. Princípios do casamento

O casamento segue uma série de princípios, dentre os quais se destacam os seguintes:

a) liberdade na escolha do nubente;

b) solenidade do ato nupcial (garantem consentimento, publicidade e validade);

c) submissão a normas de ordem pública;

d) caráter permanente;

e) comunhão de vida exclusiva, a exigir fidelidade (art. 1.566, I).

7.5.4. Elementos de existência

Parte da doutrina entende que, quanto aos vícios, o casamento só pode ser *válido*, *nulo* ou *anulável*, não havendo que se falar em casamento *inexistente*. Esse é o caso, por exemplo, de Silvio Rodrigues.

Porém, há casos em que não há como se reconhecer um mínimo de juridicidade para se dizer que o casamento existe.

Isso fez com que a doutrina majoritária apontasse os chamados **requisitos de existência** do casamento, que são os seguintes:

a) diversidade de sexo (art. 1.514 do CC): "homem e mulher"; vale salientar que a questão sofreu modificação, de maneira que remetemos o leitor ao item 7.1.2., letra "e";

b) consentimento (art. 1.514 do CC): "declaração de vontade de estabelecer vínculo conjugal";

c) declaração do juiz na celebração de que estão "casados" (art. 1.514 do CC).

Diferente do que ocorre quanto às nulidades e anulabilidades, não é necessário que a ineficácia seja declarada em juízo, nem muito menos que se ingresse com ação ordinária para o reconhecimento da inexistência do casamento.

7.5.5. Impedimentos matrimoniais

7.5.5.1. Conceito

Os impedimentos matrimoniais podem ser conceituados como *as situações previstas e especificadas em lei, que, permanente ou temporariamente, proíbem o casamento*.

O rol de impedimentos matrimoniais é taxativo e inclui situações positivas ou negativas, de fato ou de direito, e físicas ou jurídicas.

A lei trata de forma diferenciada as chamadas "causas suspensivas", em relação aos chamados "impedimentos dirimentes públicos ou absolutos". Confira a seguir o que significa cada um desses institutos.

7.5.5.2. Causas suspensivas

As causas suspensivas podem ser **conceituadas** como *os fatos que suspendem o processo de celebração do casamento a ser realizado, se arguidos antes das núpcias, e que tornam o casamento irregular, se realizado, ensejando sanções aos nubentes*.

Por **exemplo**, caso o filho do curador de alguém deseje casar com a pessoa curatelada, e alguém legitimado denuncia isso antes do casamento, o casamento ficará suspenso até que cesse a relação de curatela e restem saldadas as respectivas contas. No entanto, se o casamento acabar se realizando, pelo fato de ninguém legitimado ter feito a denúncia, esse casamento receberá uma sanção, no caso, o regime de bens será obrigatoriamente o de separação de bens (art. 1.641, I, do CC).

Assim, há dois tipos de **consequências jurídicas** quando está presente uma causa suspensiva:

a) se o casamento ainda não tiver sido realizado, este ficará suspenso, até que a causa suspensiva deixe de existir;

b) se o casamento já tiver sido realizado, será considerado um casamento irregular, tem por sanção a obrigatoriedade do regime de separação de bens (art. 1.641, I, do CC).

São **legitimados** para arguir as causas suspensivas da celebração do casamento as seguintes pessoas: a) parentes em linha reta de um dos nubentes (consanguíneos e afins); b) colaterais até segundo grau (consanguíneos e afins), nos termos do art. 1.524 do CC.

O **prazo** para a arguição é de 15 dias, contados da afixação do edital de proclamas, publicado pelo oficial após a entrega da documentação em ordem pelos interessados em se casar.

A arguição exige **forma** escrita, apresentando o arguinte declaração escrita e assinada, instruída com as provas do fato alegado, ou com a indicação do lugar onde possam ser obtidas (art. 1.529 do CC).

Havendo impugnação, o oficial do registro dará aos nubentes **nota da oposição**, indicando os fundamentos, as provas e o nome de quem a ofereceu (art. 1.530 do CC). Podem os nubentes requerer prazo razoável para fazer prova contrária aos fatos alegados e promover as ações civis e criminais contra o oponente de má-fé.

Cumpridas as formalidades legais e verificada a inexistência de fato obstativo, o oficial do registro extrairá o **certificado de habilitação** (art. 1.531 do CC), que terá eficácia de 90 dias, contados da data em que foi extraído o certificado.

São **hipóteses** de casos suspensivos os seguintes:

a) **o viúvo ou a viúva que tiver filho do cônjuge falecido, enquanto não fizer inventário dos bens do casal e der partilha aos herdeiros**; o objetivo é evitar a confusão patrimonial de filhos com a nova sociedade conjugal; são sanções para o casamento realizado nessas circunstâncias a obrigatoriedade do regime de separação de bens (art. 1641, I, do CC) e a hipoteca legal de seus imóveis em favor dos filhos (art. 1.489, II, do CC); os nubentes podem pedir ao juiz que não seja aplicada a sanção se provarem que não haverá prejuízo aos herdeiros (art. 1.523, parágrafo único, do CC);

b) **a viúva, ou a mulher cujo casamento se desfez por ser nulo ou ter sido anulável, até 10 meses depois do começo da viuvez, ou da dissolução da sociedade conjugal**; o objetivo é evitar confusão de sangue ("turbatio sanguinis"), conflito de paternidade; a sanção para o casamento realizado nessas circunstâncias é a obrigatoriedade do regime de separação de bens (art. 1.641, I, do CC); os nubentes podem pedir ao juiz que não seja aplicada a sanção se provarem que a viúva deu à luz filho no período ou que não está grávida (art. 1.523, parágrafo único, do CC);

c) **o divorciado enquanto não houver sido homologada ou decidida a partilha dos bens do casal**; o objetivo é evitar confusão patrimonial; a sanção para o casamento realizado nessas circunstâncias é a obrigatoriedade do regime de separação de bens (art. 1641, I, do CC); os nubentes podem pedir ao juiz que não seja aplicada a sanção se provarem que não haverá prejuízo ao ex-cônjuge (art. 1.523, parágrafo único, do CC);

d) **o tutor ou o curador e os seus descendentes, ascendentes, irmãos, cunhados ou sobrinhos, com a pessoa protegida, enquanto não cessar a tutela ou curatela e não estiverem saldadas as respectivas contas**; o objetivo é evitar consentimento não espontâneo; a sanção para o casamento realizado nessas circunstâncias é a obrigatoriedade do regime de separação de bens (art. 1641, I, do CC); os nubentes podem pedir ao juiz que não seja aplicada a sanção se provarem que não haverá prejuízo (art. 1.523, parágrafo único, do CC).

7.5.5.3. Impedimentos dirimentes públicos ou absolutos

7.5.5.3.1. Questões gerais

Conforme já visto, os impedimentos matrimoniais podem ser **conceituados** como *as situações previstas e especificadas em lei, que, permanente ou temporariamente, proíbem o casamento.*

A **consequência jurídica** do casamento realizado em hipótese em que está presente um impedimento matrimonial é a *invalidade* do casamento.

Qualquer pessoa capaz é **legitimada** para a oposição de impedimento, o que deve ser feito levando ao conhecimento do oficial perante o qual se processa a habilitação ou perante o juiz, os quais serão obrigados a declarar de ofício o impedimento, assim que tiverem conhecimento deste (art. 1.522, parágrafo único, do CC).

A constatação da existência de impedimentos tem os seguintes **efeitos**: a) impossibilita a obtenção do certificado de habilitação; b) adia o casamento, enquanto o impedimento persistir; c) torna nulo o casamento por ventura realizado (art. 1.548, II, do CC).

7.5.5.3.2. Impedimentos em espécie

7.5.5.3.2.1. Resultantes de parentesco

Não podem casar (art. 1.521, I a V, do CC):

a) **os ascendentes com os descendentes, seja o parentesco natural ou civil**; por exemplo, não é possível o casamento de pai com filho, ou de avô com neta;

b) **os afins em linha reta**; trata-se do parentesco que se estabelece entre um dos cônjuges ou companheiros e os parentes na linha reta do outro; repare que o impedimento por afinidade só existe quanto aos fins na linha reta; por exemplo, não podem casar o sogro com a nora, ou o padrasto com a enteada; vale lembrar que "na linha reta, a afinidade não se extingue com a dissolução do casamento ou união estável" (art. 1.595, § 2º, do CC); a união estável também gera o vínculo de afinidade (art. 1.595 do CC); já o cunhadio desaparece com o fim do casamento, sendo possível que ex-cunhados se casem;

c) **o adotante com quem foi cônjuge do adotado e o adotado com quem o foi do adotante**; por exemplo, imagine que "A" e "B", casados, venham a se separar; em seguida "A" adota "C"; pois bem, "B" e "C" não poderão se casar, embora não tenha se formado vínculo de afinidade entre eles;

d) **os irmãos, unilaterais ou bilaterais**; os irmãos são unilaterais quando têm apenas um dos pais em comum (serão irmãos consanguíneos se o pai é comum e uterinos se a mãe é comum); os irmãos são bilaterais quando têm os dois pais em comum, hipótese em que são chamados germanos; naturalmente, o impedimento também existe entre irmãos quando um deles é adotado;

e) **entre colaterais até o terceiro grau inclusive**; colaterais são os parentes que descendem de um tronco comum sem descenderem um do outro (vai até ancestral comum); repare que o impedimento vai até o 3º grau, de modo que primos, que são parentes em 4º grau, podem se casar; a regra do impedimento até o 3º grau traz uma exceção, que é o casamento de tios e sobrinhos, cujo impedimento é vencível segundo o Dec.-lei 3.200/1941; para tanto, é necessário que dois médicos atestem a sanidade, afirmando não ser inconveniente para a saúde deles e da prole o casamento; uma vez que não haja problema, nubentes recebem certificado pré-nupcial; o Enunciado CJF nº 98 entende que o decreto-lei em questão ainda está em vigor;

f) **o adotado com o filho do adotante**; essa regra é um pouco estranha, pois tais pessoas ("adotado" e "filho do adotante") já são considerados irmãos para todos os fins (art. 41, *caput*, do ECA), o que faz com que a regra seja desnecessária; aproveitando o ensejo, vale lembrar que o adotado desliga-se do vínculo com seus pais e parentes biológicos, salvo os impedimentos matrimoniais (art. 41, *caput*, do ECA).

7.5.5.3.2.2. Resultantes de vínculo

Não podem casar (art. 1.521, VI, do CC) **as pessoas casadas.**

Nossa lei proíbe a bigamia, que é considerado crime (art. 235 do CP). O conceito de família, no Direito brasileiro, tem base monogâmica.

Aquele que tiver interesse em casar e quiser fazê-lo de novo, deverá apresentar certidão de óbito, documento que revele a morte presumida (arts. 22 a 39 e 1.571, § 1º, do CC; quanto ao ausente, é necessário ter ocorrido a abertura da sucessão definitiva) ou registro da sentença do divórcio.

Aquele que é casado e se casa de novo, além de cometer crime, sujeita-se, ainda, à sanção de nulidade do segundo casamento (art. 1.548, II, do CC).

Por fim, vale salientar que não gera o impedimento a existência de casamento religioso não inscrito no registro civil (art. 1.515 do CC).

7.5.5.3.2.3. Resultantes de crime

Não podem casar (art. 1.521, VII, do CC) **o cônjuge sobrevivente com o condenado por homicídio ou tentativa de homicídio contra o seu consorte.**

O impedimento diz respeito a condutas dolosas, o que pode ser facilmente verificado pelo fato de a lei fazer referência à "tentativa", que reclama dolo.

A lei exige que haja condenação, o que exclui a situação daquele que ainda não tenha sido condenado, bem como absolvições e reconhecimento da prescrição.

Vale lembrar que a lei também considera crime "contrair casamento, conhecendo a existência de impedimento que lhe cause a nulidade absoluta" (art. 237 do CP).

7.5.6. Casamento nulo e casamento anulável

Os arts. 1.548 a 1.564 do Código Civil tratam do tema "invalidade do casamento".

O art. 1.548 do Código Civil estabelece os seguintes casos de **nulidade** do casamento:

a) **o contraído pelo enfermo mental sem o necessário discernimento para os atos da vida civil**; repare que não está previsto com causa de nulidade o casamento dos demais absolutamente incapazes, que são aqueles menores de 16 anos e aqueles que, mesmo por causa transitória, não puderem exprimir a sua vontade (art. 3º do CC);

b) **o contraído por infringência de impedimento**; aqui só entram os impedimentos dirimentes ou absolutos (art. 1.521 do CC), não entrando as causas suspensivas, uma vez que estas não tornam o casamento nulo, mas apenas irregular.

São **legitimados** para a ação de nulidade os interessados e o Ministério Público (art. 1.549 do CC). São interessados o cônjuge, o ascendente, os descendentes, os irmãos, os filhos do leito anterior, os colaterais sucessíveis e os credores.

A sentença tem **natureza declaratória**, ou seja, reconhece uma situação já ocorrida, daí por que tem eficácia ***ex tunc***, retroagindo seus efeitos à data da celebração do casamento.

De qualquer maneira, o casamento nulo pode produzir **alguns efeitos**. O art. 1.561 do CC dispõe que, embora nulo ou anulável, o casamento produz todos os efeitos até a data da sentença em relação aos filhos. Em relação aos cônjuges, o casamento só produzirá esses efeitos em favor daquele que estava de boa-fé, ou seja, daquele que ignorava o impedimento matrimonial.

Já o art. 1.550 do Código Civil estabelece os seguintes casos de **anulabilidade** do casamento:

a) **de quem não completou a idade mínima para casar** (idade núbil); aqui temos os menores de 16 anos (absolutamente incapazes), porém, não se anulará o casamento de que resultou gravidez (art. 1.551 do CC); além disso, o menor que não atingiu idade núbil poderá, após atingi-la, confirmar o casamento com a autorização de seus representantes ou com o suprimento judicial (art. 1.553 do CC); tem legitimidade para pedir a anulação do casamento, nesse caso, o próprio menor, seus representantes legais e seus ascendentes (art. 1.552 do CC), ação que deve ser ajuizada no prazo de 180 dias do dia que perfez idade, no caso da ação a ser promovida pelo menor, e da data do casamento, no caso de ação a ser promovida pelos demais legitimados (art. 1.560, § 1º, do CC);

b) **do menor em idade núbil, quando não autorizado por seu representante legal**; aqui temos alguém que já tem 16 anos, mas ainda não completou 18 anos; essas pessoas precisam de autorização do representante legal para casar; não a tendo, o casamento é anulável; o instrumento de autorização para casamento deverá ser transcrito na escritura antenupcial (art. 1.537 do CC); se houver discordância entre os responsáveis, ou entre o menor e os responsáveis, pode-se recorrer ao juiz, podendo este conceder o suprimento judicial, hipótese em que o regime de bens será obrigatoriamente o de separação de bens; os responsáveis (pais, tutores ou curadores) podem revogar o seu consentimento até a celebração do casamento (art. 1.518 do CC); a ação anulatória deve ser promovida em 180 dias; são legitimados para pedir a anulação do casamento o incapaz, ao deixar de sê-lo (contado o prazo do dia em que cessar a incapacidade) seus representantes legais (contado o prazo da data do casamento) e os herdeiros necessários (contado o prazo da morte do incapaz); de qualquer forma, há um óbice à anulação, qual seja, não se anulará o casamento quando à sua celebração houverem assistido os representantes legais do incapaz, ou tiverem, por qualquer modo, manifestado sua aprovação (art. 1.555, § 2º, do CC);

c) **por vício da vontade consistente em erro essencial sobre a pessoa**; considera-se erro essencial sobre a pessoa do outro cônjuge (art. 1.557 do CC): c1) o que diz respeito à sua identidade, sua honra e boa fama, sendo esse erro tal que o seu conhecimento ulterior torne insuportável a vida em comum ao cônjuge enganado (ex.: marido ou esposa garoto ou garota de programa); c2) a ignorância de crime, anterior ao casamento, que, por sua natureza, torne insuportável a vida conjugal (repare que não há necessidade de trânsito em julgado); c3) a ignorância, anterior ao casamento, de defeito físico irremediável, ou de moléstia grave e transmissível, pelo contágio ou herança, capaz de pôr em risco a saúde do outro cônjuge ou de sua descendência (exs.: impotência *coeundi* e coitofobia; já a impotência *generandi*, ou seja, a esterilidade não é hipótese de anulação de casamento; outro exemplo aqui é o do cônjuge que já tinha AIDS ou sífilis ao se casar); c4) a ignorância, anterior ao casamento, de doença mental grave que, por sua natureza, torne insuportável a vida em comum ao cônjuge enganado (ex.: cônjuge que já tinha esquizofrenia ou psicopatia ao se casar); enfim, o erro deve ser determinante, ou seja, de tal gravidade que, caso o cônjuge que se engana o conhecesse, não teria se casado; o erro deve, então, ser sobre fato anterior ao ato nupcial, desconhecido do cônjuge e que torne insuportável a vida em comum; vale salientar que o defloramento da mulher ignorado pelo marido não é mais causa de anulabilidade do casamento; a legitimidade para ingressar com a ação em tela é apenas do cônjuge que cometeu o erro, que terá três anos para ingressar com a ação respectiva, sendo que, caso se mantenha a coabitação após a ciência do erro, o casamento ficará convalidado, salvo nos casos de defeito, moléstia ou doença (art. 1.559 do CC);

d) **por vício da vontade consistente em coação**; considera-se coação a situação em que o consentimento de um ou de ambos os cônjuges houver sido captado mediante fundado temor de mal considerável e iminente para a vida, saúde e a honra, sua ou de seus familiares; a ação de anulação deve ser promovida pelo próprio coacto (art. 1.559 do CC), no prazo de quatro anos a contar da celebração do casamento (art. 1.560, IV, do CC), mas a coabitação, havendo ciência do vício, convalida o casamento.

e) **do incapaz de consentir ou manifestar, de modo inequívoco, o consentimento**; deve-se tratar de incapacidade duradoura, em que se tem mero discernimento reduzido, pois, se não houver discernimento algum, há a hipótese de nulidade de casamento; o prazo para ajuizar a ação é de 180 dias, contados da celebração do casamento;

f) **realizado pelo mandatário, sem que ele ou o outro contraente soubesse da revogação do mandato, e não sobrevindo coabitação entre os cônjuges**; o prazo para ajuizar a ação é 180 dias, contados da data em que o mandante tiver conhecimento da celebração;

g) **por incompetência da autoridade celebrante**; cuidado, pois há três situações a considerar; se a incompetência for relativa, temos um casamento anulável; se a incompetência for absoluta (por exemplo, o casamento foi feito pelo Prefeito da cidade), o casamento é considerado inexistente, e se a autoridade celebrante é daquelas que exerce "função de fato" (ou seja, foi investida irregularmente na função, mas atua publicamente como juiz de casamento há um bom tempo, agindo de boa-fé), o casamento será considerado válido se registrado no Registro Civil (art. 1.554 do CC); o prazo para ingressar com ação é de dois anos, contados da celebração (art. 1.560, II, do CC).

Por fim, vale a pena trazer **tabela com a diferença de regime jurídico** entre o regime de invalidade da Parte Geral do Código Civil e o regime de invalidade dos Casamentos:

INVALIDADE – PARTE GERAL	INVALIDADE – CASAMENTO
1) o ato nulo não produz efeito algum (arts. 166 e 167 do CC); 2) o ato nulo se conhece de ofício (art. 168, parágrafo único, do CC); os anuláveis dependem de provação de ação própria; 3) se o ato for nulo, qualquer interessado ou o Ministério Público são partes legítimas para a ação; se o ato for anulável, o rol de legitimados é mais restrito, normalmente admitindo que somente os interessados ou seus representantes ingressem com a respectiva ação; 4) não há foro privilegiado para as ações de invalidade; 5) não há segredo de justiça para as ações de invalidade; 6) não há, como regra, intervenção obrigatória do Ministério Público para as ações de invalidade.	1) o casamento nulo pode produzir alguns efeitos; 2) a decretação de invalidade depende de ação própria; 3) se o casamento for nulo, qualquer interessado ou o Ministério Público são partes legítimas para a ação (art. 1.549 do CC); se o casamento for anulável, o rol de legitimados é mais restrito, normalmente admitindo que somente o cônjuge ou seus representantes ingressem com a respectiva ação; 4) na anulação de casamento, a mulher tem foro privilegiado – foro de sua residência (art. 100, I, do CPC); 5) há segredo de justiça nas ações de invalidade de casamento (art. 155, II, do CPC); 6) por envolver questão de estado, há obrigatoriedade de intervenção do Ministério Público nas ações de invalidade de casamento; 7) a ação de invalidade do casamento pode ser precedida de pedido de separação de corpos (art. 1.562 do CC), cabendo, também, pedido de alimentos provisionais; 8) não há mais recurso de ofício, também chamado de reexame necessário nas ações de invalidade de casamento (art. 475 do CPC); 9) as sentenças nas ações de invalidade devem ser averbadas no livro de casamentos; 10) o efeito da ação de *nulidade* de casamento é *ex tunc*, ou seja, retroage à data da celebração (art. 1.563 do CC); já nas ações de anulação de casamento (casamento anulável) os efeitos são *ex nunc*.

7.5.7. Espécies de casamento

7.5.7.1. Casamento putativo

O casamento putativo pode ser **conceituado** como *aquele que, embora nulo ou anulável, foi contraído de boa-fé por um ou por ambos os cônjuges* (art. 1.561 do CC).

A **boa-fé** consiste na ignorância, ao tempo da celebração do casamento, da existência de impedimentos à união conjugal, podendo se tratar de erro de fato (ex.: não se sabe que duas pessoas que se casam são irmãos) ou erro de direito (ex.: não se sabe que é proibido o casamento entre tios e sobrinhos).

A boa-fé é **presumida**, mas admite prova em contrário.

A proteção que se dá ao cônjuge de boa-fé no casamento putativo também vem sendo estendida para aquele que sofre coação. Este, apesar de ter ciência do vício no casamento, merece proteção equivalente àquele que está de boa-fé, por uma questão de justiça.

A **sentença** que proclama a invalidade do casamento é o ato adequado para que se declare que o casamento é putativo. O juiz pode fazer tal declaração de ofício ou a requerimento das partes.

Uma vez reconhecido o casamento putativo, o casamento, mesmo nulo, **produzirá seus efeitos até o dia da sentença anulatória** (art. 1.561 do CC), ou seja, a sentença terá efeitos *ex nunc*.

Isso faz com que a anulação do casamento não afete direitos adquiridos até a data da decisão anulatória.

Assim, o cônjuge inocente (de boa-fé) adquire a meação dos bens do casal e permanece emancipado, caso tenha casado quando ainda não tinha 18 anos.

Os filhos ficam sempre com seus direitos preservados nos casamentos nulos ou anuláveis, pouco importando se seus pais estão ou não, os dois, de boa-fé.

Quando o casamento for anulado por culpa de um dos cônjuges, este incorrerá na perda de todas as vantagens havidas do cônjuge inocente e na obrigação de cumprir as promessas que lhe fez no contrato antenupcial (art. 1.564, I e II, do CC).

7.5.7.2. Casamento nuncupativo

O casamento nuncupativo é **conceituado** como *aquele contraído em situação de iminente risco de vida, sem possibilidade da presença da autoridade ou de seu substituto* (art. 1.540 do CC).

Nesse caso, o casamento será celebrado na presença de seis testemunhas, que com os nubentes não tenham parentesco em linha reta, ou, na colateral, até segundo grau.

A doutrina também denomina esse casamento como de "viva voz", ou "*in articulo mortis*" ou "*in extremis vitae momentis*", que significa "nos últimos momentos de vida".

Realizado o casamento, devem as testemunhas comparecer perante a autoridade judicial mais próxima, dentro de dez dias, pedindo que lhes tome por termo a declaração de:

a) que foram convocadas por parte do enfermo;

b) que este parecia em perigo de vida, mas em seu juízo;

c) que, em sua presença, declararam os contraentes, livre e espontaneamente, receber-se por marido e mulher.

Autuado o pedido e tomadas as declarações, o juiz procederá às diligências necessárias para verificar se os contraentes tinham ou não impedimentos matrimoniais ou causas suspensivas.

Verificada a idoneidade dos cônjuges para o casamento, assim o decidirá a autoridade competente, com recurso voluntário às partes.

Em seguida, o juiz mandará registrar a decisão no livro do Registro dos Casamentos, sendo que o assento assim lavrado retrotrairá os efeitos do casamento, quanto ao estado dos cônjuges, à data da celebração.

Serão dispensadas as formalidades apontadas se o enfermo convalescer e puder ratificar o casamento na presença da autoridade competente e do oficial do registro.

7.5.7.3. Casamento por procuração

O Código Civil admite o casamento por procuração (art. 1.542 do CC).

Porém, a procuração deve se dar por instrumento público e com poderes especiais, sendo que o mandato tem eficácia por até noventa dias.

A revogação do mandato não necessita chegar ao conhecimento do mandatário; mas, celebrado o casamento sem que o mandatário ou o outro contraente tivessem ciência da revogação, responderá o mandante por perdas e danos.

Só por instrumento público se poderá revogar o mandato.

7.5.7.4. Casamento em caso de moléstia grave

O casamento em caso de moléstia grave pode ser **conceituado** como *aquele realizado em caso de moléstia grave, estando um dos nubentes impedido de se locomover* (art. 1.539 do CC).

Esse casamento não se confunde com o nuncupativo. Primeiro porque, aqui, não há iminente perigo de vida, mas moléstia que apenas impede o nubente de se locomover. Segundo porque, aqui, há menos testemunhas que no casamento nuncupativo. E terceiro porque, aqui, não há necessidade de buscar apreciação judicial, diferente do que ocorre no casamento nuncupativo.

No casamento em caso de moléstia grave o juiz de casamentos irá celebrá-lo onde se encontrar o impedido, sendo urgente, ainda que à noite, fazendo-se necessário a presença de duas testemunhas que saibam ler e escrever.

A falta ou impedimento da autoridade competente para presidir o casamento suprir-se-á por qualquer dos seus substitutos legais e a do oficial do Registro Civil por outro *ad hoc*, nomeado pelo presidente do ato.

O termo avulso, lavrado pelo oficial *ad hoc*, será registrado no respectivo registro dentro de cinco dias, perante duas testemunhas, ficando arquivado.

7.5.7.5. Casamento perante autoridade diplomática ou consular

Esse casamento pode ser **conceituado** como *aquele constituído entre brasileiros e celebrado no estrangeiro, perante autoridades diplomáticas ou cônsules brasileiros* (art. 1.544 do CC).

Há uma formalidade a cumprir: o casamento deverá ser registrado em 180 dias, a contar da volta de um ou de ambos os cônjuges ao Brasil, no cartório do respectivo domicílio, ou, em sua falta, no 1º Ofício da Capital do Estado em que passarem a residir.

7.5.7.6. Casamento religioso com efeitos civis

Esse casamento pode ser **conceituado** como *aquele que, celebrado perante autoridade religiosa, cumpre os requisitos habilitatórios previstos na lei civil e é inscrito no Registro Público* (art. 1.515 do CC). O instituto também está presente no art. 226, § 2º, da CF, pela qual "o casamento religioso tem efeitos civis, nos termos da lei".

Na prática, esse casamento significa que os nubentes, em seguida ao casamento religioso, levam a documentação para demonstrar que cumprem os requisitos de habilitação para o casamento civil, bem como documentação que demonstra que casaram no religioso, para o fim de passarem a ser considerados também casados no regime civil.

A vantagem desse casamento é o fato de que não será necessária a celebração civil. Além disso, todos os efeitos civis retroagirão à data do casamento religioso.

Há duas possibilidades para a concretização desse registro:

a) habilitação civil anterior ao casamento religioso (art. 1.516, § 1º, do CC):

- ✔ faz-se habilitação civil;
- ✔ recebe-se certidão, da qual constará o prazo de eficácia da habilitação, que é de 90 dias da data em que for extraído o certificado;
- ✔ faz-se o casamento religioso dentro desse prazo;
- ✔ faz-se o registro civil dentro de 90 dias da realização do casamento religioso; trata-se de prazo decadencial, a ser cumprido mediante a comunicação do celebrante ao ofício competente, ou por iniciativa de qualquer interessado; ultrapassado esse prazo, o registro depende de nova habilitação.

b) habilitação civil posterior ao casamento religioso:

- ✔ casa-se no religioso;
- ✔ faz-se a habilitação civil;
- ✔ dentro do prazo de eficácia da habilitação (90 dias), requer-se o registro, com prova do casamento religioso (certidão de casamento religioso tirada do registro eclesiástico).

7.5.8. Efeitos do casamento

7.5.8.1. Efeitos sociais

São efeitos sociais do casamento os seguintes:

a) **a criação da família matrimonial**, atendendo à vontade do art. 226 da Constituição Federal, que, apesar de proteger a família originada de outras fontes, tem interesse em que se facilite o casamento;

b) **o estabelecimento do vínculo de afinidade** entre cada cônjuge e os parentes do outro (art. 1.595 do CC);

c) **a emancipação** do consorte de menor idade (art. 5º, parágrafo único, II, do CC).

7.5.8.2. Efeitos pessoais

São efeitos pessoais do casamento os seguintes:

a) **a fidelidade mútua** (arts. 1.566, I, e 1.573, I, do CC), que implica no abstenção de cada consorte de praticar relações sexuais com terceiro; o adultério é considerado motivo suficiente para o reconhecimento da impossibilidade da vida em comum; de qualquer forma, a lei vem atenuando algumas regras em torno da questão da fidelidade para admitir o reconhecimento de filho adulterino no casamento (interpretação *a contrario sensu* do disposto no art. 1.611 do CC); porém, o filho havido fora do casamento, reconhecido por um dos cônjuges, não poderá residir no lar conjugal sem o consentimento do outro; outra flexibilização da lei diz respeito àqueles casos em que duas pessoas permanecem casadas, mas estão separadas de fato; nesse caso, o art. 1.723, § 1º, do CC admite que um dos separados de fato constitua união estável com terceiro, ainda que continue formalmente casado com o outro;

b) **a coabitação** (arts. 1.566, II, 1.511 e 1.797, I, do CC), que implica vida em comum, no domicílio conjugal, com convivência sexual; a coabitação admite que um dos cônjuges se ausente do domicílio para atender a encargos públicos, ao exercício de profissão, ou a interesses particulares relevantes; não há como exigir a coabitação em juízo, mas a sua falta deliberada enseja pedido de divórcio;

c) **a mútua assistência** (art. 1.566, III, do CC), implicando assistência material, moral e espiritual;

d) **o respeito e consideração mútuos** (arts. 1.566, V, e 1.573, III, do CC), que implica a sinceridade e o zelo pela honra e dignidade do outro;

e) **a igualdade de direitos e deveres entre marido e mulher** (art. 1.511 do CC e art. 226, § 5º, da CF), que implica a igualdade material e também a igualdade no exercício da direção de sociedade conjugal (arts. 1.567 e 1.570 do CC); marido e mulher devem atuar em colaboração, no interesse do casal e dos filhos; havendo divergência, qualquer dos cônjuges poderá recorrer ao juiz, que decidirá tendo em consideração àqueles interesses; se estiver impedido qualquer dos cônjuges, o outro exercerá com exclusividade a direção da família, cabendo-lhe a administração dos bens; os cônjuges são obrigados a concorrer, na proporção de seus bens e dos rendimentos do trabalho, para o sustento da família e a educação dos filhos, qualquer que seja o regime patrimonial; qualquer dos nubentes poderá adotar o sobrenome do outro (art. 1.565, § 1º, do CC);

f) **o sustento, a guarda e a educação dos filhos** (art. 1.566, IV, do CC); esse efeito impõe o regular exercício do poder familiar, que é um poder-dever (art. 1.634 do CC), o que inclui o dever de assistir e representar seus filhos (art. 1.690 do CC); *sustento* significa prover a subsistência material (alimentos, vestuário e medicamentos); *guarda* significa ter os filhos em sua companhia, vigiá-los e reclamá-los de qualquer que injustamente os possua; *educar* significa prover a educação moral (exigir que lhe prestem obediência, respeito e serviços próprios da idade), intelectual e fisicamente (de acordo com condições econômicas e sociais), tudo com carinho, dedicação e amor, sob pena de suspensão ou destituição do poder familiar (arts. 1.637 e 1.638 do CC), sem prejuízo do dever de arcar com alimentos (art. 1.696 do CC).

7.5.8.3. Efeitos patrimoniais

São efeitos patrimoniais do casamento os seguintes:

a) **cria a sociedade conjugal**, que será delineada de acordo com o regime de bens (direitos, deveres e restrições);

b) **estabelece o direito sucessório** em favor do cônjuge sobrevivente, que é herdeiro necessário (art. 1.845 do CC); aliás, o cônjuge sobrevivente pode ingressar na primeira classe em alguns casos (art. 1.829 do CC); o cônjuge só não será herdeiro em caso de já ter havido, ao tempo da morte do outro, separação judicial ou de fato há mais de 2 anos, salvo se não há culpa do sobrevivente (art. 1.830 do CC); outro direito do cônjuge sobrevivente é o direito real de habitação relativamente ao imóvel destinado à residência da família (art. 1.831 do CC);

c) **pais devem administrar bens do filho menor**, não podendo dispor destes;

d) **impõe o dever de alimentar entre os cônjuges e em favor dos filhos**;

e) **institui o bem de família** (Lei 8.009/1990 e art. 1.711 do CC).

7.6. Bem de família

7.6.1. Questões gerais

Existem duas regulamentações para o bem de família. A primeira delas está prevista na Lei 8.009/1990 e trata do bem de família legal, que é aquele que decorre da própria lei, sem necessidade de qualquer medida por parte dos beneficiários. A segunda regulamentação se encontra nos arts. 1.711 e seguintes do Código Civil e diz respeito ao bem de família voluntário, que é aquele destinado por ato de vontade dos cônjuges, mediante escritura pública ou testamento.

7.6.2. Bem de família voluntário

A **aplicação** desse instituto se dá quando o casal ou a entidade familiar possuir vários imóveis utilizados como residência e não desejam que a impenhorabilidade recaia sobre o de menor valor.

Imagine um casal com duas residências, uma de R$ 200 mil e outra de R$ 300 mil. A Lei 8.009/1990 garante a eles a impenhorabilidade de uma das residências, no caso a de menor valor (art. 5º da Lei 8.009/1990), salvo se outro imóvel tiver sido registrado.

É nessa hora que entra em campo o Código, que regula o bem de família voluntário. Esse casal poderá, por meio de escritura pública ou testamento, dispor que o imóvel de R$ 300 mil é o imóvel a ser protegido pelo bem de família, e toda a regulamentação nesse sentido está nos arts. 1.711 a 1.722 do Código Civil.

A **instituição** do bem de família voluntário, conforme mencionado, deve se dar por *escritura pública* ou *testamento*, lavrados pelos cônjuges ou pessoas de outra entidade familiar.

O terceiro poderá igualmente instituir bem de família por testamento ou doação, dependendo a eficácia do ato da aceitação expressa de ambos os cônjuges beneficiados ou da entidade familiar beneficiada.

Para constituição do bem de família, é necessário, ainda, *registro* de seu título no Registro de Imóveis (art. 1.714 do CC).

O bem de família voluntário pode se **estender**, no máximo, a 1/3 do patrimônio líquido da entidade familiar.

O bem de família consistirá em **prédio residencial urbano ou rural**, com suas pertenças e acessórios, destinando-se em ambos os casos a domicílio familiar, e poderá abranger **valores mobiliários**, cuja renda será aplicada na conservação do imóvel e no sustento da família.

A **consequência** da instituição do bem de família é a isenção de execução por dívidas posteriores à sua instituição, salvo as que provierem de *tributos* relativos ao prédio, ou de despesas de *condomínio* (art. 1.715 do CC).

O **prazo** de isenção de proteção do bem de família durará enquanto viver um dos cônjuges, ou, na falta destes, até que os filhos completem a maioridade (art. 1.716 do CC).

A dissolução da sociedade conjugal não extingue o bem de família. Porém, dissolvida a sociedade conjugal pela morte de um dos cônjuges, o sobrevivente poderá pedir a extinção do bem de família, se for o único bem do casal.

Extingue-se, igualmente, o bem de família com a morte de ambos os cônjuges e a maioridade dos filhos, desde que não sujeitos a curatela.

7.6.3. Bem de família legal

A Lei 8.009/1990 é uma lei de ordem pública que, por si só, qualifica determinados bens como bens de família, independentemente de qualquer outra providência por parte dos interessantes.

Uma vez que um bem é qualificado como bem de família, tal bem passa a ser considerado **impenhorável**, ressalvadas algumas exceções legais.

Confira os **requisitos** para um bem ser considerado bem de família legal:

a) deve se tratar de imóvel residencial;

b) deve se tratar de imóvel próprio do casal ou da entidade familiar.

A impenhorabilidade **compreende** o imóvel sobre o qual se assentam a construção, as plantações, as benfeitorias de qualquer natureza e todos os equipamentos, inclusive os de uso profissional, ou *móveis que guarnecem a casa*, desde que quitados.

Quanto aos móveis que guarnecem a casa estão protegidos o televisor, a geladeira, o sofá, o dormitório, dentre outros. Mas não estão protegidos os automóveis, as obras de arte e os adornos suntuosos.

Se se tratar de um imóvel locado, apenas os móveis que guarnecem a casa serão considerados impenhoráveis.

A **consequência** da instituição do bem de família é a isenção da impenhorabilidade desses bens quanto a dívidas civis, comerciais, fiscais, previdenciárias ou de outra natureza, contraídas pelos beneficiários desse instituto.

Porém, a lei estabelece exceções, em que bens de família serão considerados penhoráveis. Confira:

a) em razão dos créditos de trabalhadores da própria residência e das respectivas contribuições previdenciárias;

b) pelo titular do crédito decorrente do financiamento destinado à construção ou à aquisição do imóvel, no limite dos créditos e acréscimos constituídos em função do respectivo contrato;

c) pelo credor de pensão alimentícia;

d) para cobrança de impostos, predial ou territorial, taxas e contribuições devidas em função do imóvel familiar;

e) para execução de hipoteca sobre o imóvel oferecido como garantia real pelo casal ou pela entidade familiar;

f) por ter sido adquirido com produto de crime ou para execução de sentença penal condenatória a ressarcimento, indenização ou perdimento de bens;

g) por obrigação decorrente de fiança concedida em contrato de locação.

A jurisprudência entende que a cobrança de débitos condominiais está contida na exceção trazida no item "d" mencionado.

Outra exceção trazida na lei é a seguinte (art. 4º): não se beneficiará do bem de família legal aquele que, sabendo-se insolvente, adquire de má-fé imóvel mais valioso para transferir a residência familiar, desfazendo-se ou não da moradia antiga. Neste caso, poderá o juiz, na respectiva ação do credor, transferir a impenhorabilidade para a moradia familiar anterior, ou anular-lhe a venda, liberando a mais valiosa para execução ou concurso, conforme a hipótese.

Quando a residência familiar constituir-se em imóvel rural, a impenhorabilidade restringir-se-á à sede de moradia, com os respectivos bens móveis, e, nos casos do art. 5º, XXVI, da Constituição, à área limitada como pequena propriedade rural.

Por fim, vale informar que o STJ é pacífico, hoje, no sentido de que pessoa solteira também recebe a proteção do bem de família. Confira, a esse respeito, a Súmula nº 364 do STJ: "o conceito de impenhorabilidade de bem de família abrange também o imóvel pertencente a pessoas solteiras, separadas e viúvas".

Outro entendimento importante a respeito do tema é fixado na Súmula nº 486 do STJ: "É impenhorável o único imóvel residencial do devedor que esteja locado a terceiros, desde que a renda obtida com a locação seja revertida para a subsistência ou a moradia da sua família".

7.7. Regime patrimonial do matrimônio (Direito Patrimonial)

7.7.1. Conceito

O regime patrimonial do matrimônio pode ser **conceituado** como o *conjunto de normas aplicáveis às relações e interesses econômicos resultantes do casamento*.

Trata-se do estatuto patrimonial dos consortes.

A lei não permite que os cônjuges disponham livremente sobre esse assunto, devendo estes aceitar o regime de bens que a lei estabelece como regra (regime da comunhão parcial de bens) ou pactuar um dos outros regimes previstos e regulamentados exaustivamente na lei civil.

7.7.2. Princípios

São princípios do direito patrimonial dos cônjuges os seguintes:

a) **variedade de regime de bens**; há quatro tipos de regime, quais sejam, comunhão universal, comunhão parcial, separação de bens e participação final dos aquestos;

b) **liberdade dos pactos antenupciais** (arts. 1.639, 1.640, parágrafo único, 1.655 e 1.641, I a III, do CC), podendo os cônjuges, como regra , escolher o regime que lhes convém, não estando adstritos aos regimes tipificados, podendo, assim, combiná-los entre si (art. 1.639 do CC); porém, há limites para isso; os cônjuges devem respeitar preceitos de ordem pública e também os fins e a natureza do matrimônio; dessa forma, não poderão retirar do regime de bens os deveres inerentes ao casamento, nem muito menos privar um ao outro do poder familiar, da igualdade, e também não poderão alterar a vocação hereditária; o princípio da liberdade dos pactos antenupciais cede para alguns casos em que a lei obriga o regime de separação de bens (art. 1.641 do CC), tais como no casamento contraído com causa suspensiva, no casamento de alguém que dependa de suprimento judicial e no casamento de pessoa maior de 70 anos (alterado pela Lei 12.344/2010); quanto à última exceção (casamento de maior de 70 anos) parte da doutrina entende que essa norma fere os princípios da dignidade da pessoa humana e da igualdade;

c) **mutabilidade justificada do regime adotado** (art. 1.639, § 2º, do CC), sendo admissível a alteração do regime de bens, mediante autorização judicial em pedido motivado de ambos os cônjuges, apurada a procedência das razões invocadas e ressalvados os direitos de terceiros; o STJ entende que essa alteração é possível inclusive para os casamentos ocorridos antes da entrada em vigor do atual Código Civil, em função do princípio da igualdade; de qualquer maneira, a modificação de regime de bens depende de autorização judicial (com intervenção do MP, para evitar o abuso de ascendência), de pedido motivado de ambos os cônjuges e de apuração da procedência das razões invocadas (para evitar fraude ou dano), ficando ressalvados, sempre, os direitos de terceiros;

d) **formalidade**, valendo salientar que o pacto antenupcial (arts. 1.653 a 1.657 do CC) é *contrato solene, realizado antes do casamento, por meio do qual as partes dispõem o regime de bens que vigorará no matrimônio* (art. 1.639, § 1º, do CC); o pacto deve ser celebrado por meio de escritura pública, sob pena de nulidade (art. 1.653 do CC), com posterior registro em livro especial no registro imobiliário do domicílio do casal, como requisito de eficácia perante terceiros; o pacto antenupcial será considerado ineficaz se o casamento não lhe seguir (art. 1.653 do CC); caso os nubentes concordem com o regime que a lei recomenda – o regime de comunhão parcial – bastará que estes reduzam a termo a opção pela comunhão parcial (art. 1.640, parágrafo único, do CC), não sendo necessária a elaboração de escritura pública.

e) **imediata vigência na data da celebração do casamento**.

7.7.3. Disposições comuns aos variados regimes de bens

Cada regime de bens (comunhão parcial, comunhão universal etc.) tem as suas peculiaridades. Porém, todos os regimes de bens têm, em comum, as seguintes regras:

O cônjuge **pode livremente**, sem autorização do outro (arts. 1.642 e 1.643 do CC):

a) **praticar todos os atos de disposição e de administração necessários ao desempenho de sua profissão**, salvo alienar ou gravar de ônus real os bens imóveis;

b) **administrar os bens próprios;**

c) **desobrigar ou reivindicar imóveis gravados ou alienados sem o seu consentimento ou sem suprimento judicial;**

d) **demandar a extinção de fiança, doação ou aval realizados pelo outro cônjuge sem o seu consentimento**; porém, o terceiro, prejudicado com a sentença favorável ao autor, terá direito regressivo contra o cônjuge, que realizou o negócio jurídico, ou seus herdeiros (art. 1.646 do CC);

e) **reivindicar bens comuns doados ou transferidos pelo outro cônjuge ao concubino, salvo se o bem tiver sido adquirido pelo esforço comum destes ou se o casal estiver separado de fato por mais de 5 anos**; aliás, segundo o art. 550 do CC, a doação do cônjuge adúltero ao seu cúmplice pode ser anulada pelo outro cônjuge, ou por seus herdeiros necessários, até dois anos depois de dissolvida a sociedade conjugal;

f) **comprar, inclusive a crédito, as coisas necessárias à economia doméstica**; por exemplo, pode o cônjuge fazer compras em supermercado sem autorização do outro;

g) **obter, por empréstimo, as quantias que a aquisição dessas coisas possa exigir**; aliás, as dívidas contraídas para esses fins obrigam solidariamente ambos os cônjuges (art. 1.644 do CC);

h) **praticar atos que não lhes forem vedados expressamente**; por exemplo, dispor por testamento bem imóvel próprio ou doar bem móvel particular, como um carro pertencente só a um dos cônjuges.

Por outro lado, o cônjuge **não pode**, sem a autorização do outro, salvo regime de separação absoluta (art. 1.647 do CC):

a) **alienar ou gravar de ônus real os bens imóveis**; nesse caso, falta legitimação ao cônjuge; tais bens, os imóveis, são considerados bens de raiz, ou seja, bens importantes para a família, de modo que a lei vai exigir o consenso do casal para a alienação ou o gravame sobre tais bens;

b) **pleitear, como autor ou réu, acerca desses bens ou direitos**; por exemplo, na ação reivindicatória será necessária a presença de ambos os cônjuges, diferente do que ocorre em mera ação possessória ou em ações relacionada à locação, pois não há direito real nesses casos;

c) **prestar fiança ou aval**; havendo violação dessa norma, apenas o cônjuge que não tiver autorizado o ato tem legitimidade para pedir a anulação deste; ademais, pode esse cônjuge ingressar com embargos de terceiro para excluir sua meação de eventual penhora, salvo quando a dívida tiver sido contraída com vistas a atender as necessidades da economia doméstica, ou seja, quando a dívida for contraída em proveito da família; quanto ao tema, a Súmula 332 do STJ fixou o entendimento de que "a fiança prestada sem autorização de um dos cônjuges implica a ineficácia total da garantia";

d) **fazer doação de bens comuns ou que possam integrar futura meação**; assim, o cônjuge não pode doar bens que pertencem aos dois, sem autorização do outro; também não pode doar bens que integrarão futura meação (isso acontece no regime de participação final dos aquestos); no entanto, essa regra tem uma exceção, que é no caso da doação remuneratória; assim, um cônjuge não precisa de autorização do outro para doar bens comuns quando essa doação tem por objetivo remunerar alguém que tenha prestado um serviço para o cônjuge doador, como uma doação feita a um dentista que tiver tratado, sem cobrar, o cônjuge doador; ademais, são válidas as doações nupciais feitas aos filhos quando casarem ou estabelecerem economia separada.

O problema é que há casos em que um cônjuge se recusa a autorizar o outro cônjuge a cometer um dos atos citados, gerando uma situação de conflito entre os dois.

Nesses casos, é possível que o **juiz supra a outorga**, quando a denegação de autorização se dê sem justo motivo. Um exemplo é a situação de uma família sem dinheiro para pagar as mínimas contas, mas que mantém uma casa de praia que sequer é frequentada. Nesse caso, o juiz, a pedido de um dos cônjuges, pode autorizar a venda do imóvel, ainda que o outro cônjuge não concorde com isso.

Também é cabível o suprimento da outorga pelo juiz se for impossível que um dos cônjuges conceda a outorga (art. 1.648, *caput*, do CC), como no caso deste estar em coma, sem que haja curador nomeado para responder por seus atos.

Resta saber agora qual é a **consequência jurídica** da prática de um ato sem autorização do cônjuge. O art. 1.649 do CC estabelece que, nesses casos, o ato praticado será considerado anulável, podendo o outro cônjuge (ou seus herdeiros) pleitear a anulação até dois anos do fim da sociedade conjugal. Porém, a aprovação posterior do ato, feita por instrumento público ou por instrumento particular autorizado, torna o ato válido, e, portanto, não mais passível de anulação.

Vale salientar que, quando um dos cônjuges não puder exercer a administração dos bens que lhe incumbe, segundo o regime de bens, caberá ao outro (art. 1.651):

a) gerir os bens comuns e os do consorte;

b) alienar os bens móveis comuns;

c) alienar os imóveis comuns e os móveis ou imóveis do consorte, mediante autorização judicial.

Outra regra geral importante é a que dispõe que o cônjuge que estiver na posse dos bens particulares do outro será para com este e seus herdeiros responsável (art. 1.652):

a) como usufrutuário, se o rendimento for comum;

b) como procurador, se tiver mandato expresso ou tácito para os administrar;

c) como depositário, se não for usufrutuário, nem administrador.

7.7.4. Regime de comunhão parcial

Esse regime pode ser **conceituado** como *aquele em que se comunicam os bens que sobrevierem ao casal, na constância do casamento, salvo exceções legais* (art. 1.658 do CC).

Esse regime é o estabelecido pela lei, quando os nubentes não quiserem aderir a outro regime de bens.

Nesse regime, **excluem-se da comunhão** (art. 1.659 do CC):

a) os bens que cada cônjuge possuir ao casar e os sub-rogados em seu lugar;

b) os bens recebidos na constância do casamento, por doação ou sucessão, e os sub-rogados em seu lugar;

c) bens adquiridos com valores exclusivamente pertencentes a um dos cônjuges em sub-rogação dos bens particulares;

d) as obrigações anteriores ao casamento;

e) as obrigações provenientes de atos ilícitos, salvo reversão em proveito do casal;

f) os bens de uso pessoal, os livros, os instrumentos da profissão, desde que não integrem fundo de comércio ou patrimônio de sociedade da qual pertença o consorte;

g) os proventos do trabalho pessoal de cada cônjuge;

h) as pensões, os meio-soldos (metade do soldo que o Estado paga ao militar reformado), os montepios (pensão de instituto de previdência) e outras rendas semelhantes;

i) os bens cuja aquisição tiver por título causa anterior ao casamento (art. 1.661 do CC), por exemplo, os reivindicados antes do casamento, com sentença depois; ou o dinheiro recebido depois do casamento, mas relativo à venda feita antes deste.

Entram na comunhão (art. 1.660 do CC):

a) os bens adquiridos onerosamente na constância do casamento, ainda que em nome de um dos cônjuges; presunção: presumem-se adquiridos na constância do casamento os bens móveis, salvo prova em contrário (art. 1.662 do CC);

b) os bens adquiridos por fato eventual, com ou sem concurso de trabalho ou despesa anterior; por exemplo, os bens ganhados em loteria, ou por aluvião ou avulsão;

c) os bens recebidos por doação, herança ou legado em favor de ambos;

d) as benfeitorias em bens particulares de cada cônjuge; presumem-se feitas com esforço comum;

e) os frutos dos bens comuns e particulares, percebidos na constância ou pendentes ao tempo em que cessar a comunhão.

Outro tema importante é quanto à sujeição dos bens comuns (pertencentes a ambos os cônjuges) e dos bens particulares (pertencentes a apenas um dos cônjuges), a certas dívidas.

Nesse sentido, **os bens comuns respondem** (art. 1.664 do CC) pelas obrigações contraídas pelo marido/mulher para atender aos encargos da família, às despesas de administração e às despesas decorrentes da lei.

Por outro lado, **os bens comuns não respondem** (art. 1.666 do CC) pelas dívidas contraídas pelo cônjuge na administração de seus bens particulares; por exemplo, na contratação de advogado.

Quanto aos **bens particulares, estes podem responder**:

a) pelas dívidas da compra ou do empréstimo feitos quanto às coisas necessárias à economia doméstica em virtude da solidariedade;

b) pelas dívidas contraídas na administração dos bens particulares;

c) pelas dívidas em geral contraídas por seu proprietário.

7.7.5. Regime de comunhão universal

Esse regime pode ser **conceituado** como *aquele que importa a comunicação de todos os bens presentes e futuros dos cônjuges e suas dívidas passivas, salvo exceções legais* (art. 1.667 do CC).

Nesse regime, **excluem-se da comunhão** (art. 1.668 do CC):

a) os bens recebidos por doação ou herança com cláusula de incomunicabilidade e os sub-rogados em seu lugar; porém, é bom lembrar que a cláusula de incomunicabilidade prevista em testamento deve ser devidamente motivada, devendo haver justa causa, se disser respeito aos bens da legítima (art. 1.848 do CC);

b) bens gravados de fideicomisso e o direito do herdeiro fideicomissário, antes de realizada a condição suspensiva; nesses casos, temos direitos provisórios ou eventuais, de modo que não há mesmo como entrarem na comunhão;

c) as dívidas anteriores ao casamento, salvo as despesas com seus aprestos (exs.: preparativos, enxoval e outras despesas para o casamento) ou se reverterem em proveito comum (ex.: imóvel residencial do casal);

d) as doações antenupciais feitas para um dos cônjuges ao outro com cláusula de incomunicabilidade;

e) os bens de uso pessoal, os livros e os instrumentos de profissão; os proventos do trabalho pessoal de cada cônjuge, as pensões, meio-soldos, montepios e outras rendas semelhantes.

Por outro lado, **entram na comunhão**:

a) todos os outros bens presentes e futuros dos cônjuges, inclusive os frutos (doados com incomunicabilidade) dos bens não comunicáveis percebidos ou vencidos na constância – art. 1.669 do CC;

b) todas as dívidas passivas, salvo as invalidadas; aqui não entram somente as dívidas que geraram proveito da família ou que se refiram a bens comuns; aqui entram todas as dívidas passivas;

c) as despesas com os aprestos do casamento;

d) as despesas anteriores ao casamento que se reverterem em proveito comum (ex.: o apartamento comprado para o casal).

Extinta a comunhão, e efetuada a divisão do ativo e do passivo, cessará a responsabilidade de cada um dos cônjuges para com os credores do outro (art. 1.671 do CC).

Por fim, há de se ressaltar que se deve aplicar ao regime de comunhão universal o disposto para o regime da comunhão parcial, quanto à *administração* dos bens.

7.7.6. Regime de participação final nos aquestos

Esse regime pode ser **conceituado** como *aquele em que cada cônjuge possui patrimônio próprio, e lhe cabe, à época da dissolução da sociedade conjugal, direito à metade dos bens adquiridos pelo casal onerosamente na constância do casamento* (art. 1.672 do CC).

Trata-se de um regime misto. Durante a sociedade conjugal, assemelha-se ao regime de separação total de bens. Dissolvida a sociedade conjugal, equivale ao regime de comunhão parcial.

Nesse regime, **excluem-se da comunhão**:

a) os bens que cada um possuía ao casar e os adquiridos, a qualquer título, na constância do casamento (art. 1.673 do CC);

b) as dívidas contraídas por um dos cônjuges, antes ou depois do casamento; porém, as dívidas contraídas após o casamento, que tiverem revertido em proveito do outro entrarão na comunhão (art. 1.677 do CC).

Quanto à **administração** e à **disposição** de bens durante o casamento, temos as seguintes regras:

a) cada cônjuge *administra* livremente seus bens particulares (art. 1.673, parágrafo único, do CC);

b) cada cônjuge *aliena* livremente seus bens *móveis* particulares (art. 1.673, parágrafo único, do CC);

c) por *pacto antenupcial*, pode-se convencionar que cada cônjuge *aliena* livremente seus bens *imóveis* particulares (art. 1.656 do CC); ou seja, a regra é não haver esse direito em favor dos cônjuges, mas a lei admite que o pacto antenupcial atribua aos cônjuges a possibilidade de alienar livremente seus bens particulares;

d) quanto às demais restrições previstas no art. 1.647 do CC e não mencionadas no item acima, devem ser obedecidas pelos que optaram pelo regime de participação final nos aquestos; assim, nenhum cônjuge pode, sem autorização do outro, prestar fiança ou aval (art. 1.647, III, do CC).

Quanto aos **efeitos patrimoniais da dissolução da sociedade conjugal**, deve-se seguir o seguinte procedimento:

a) calcula-se o *montante dos aquestos existentes*, ou seja, dos bens onerosamente adquiridos na constância do casamento (art. 1.674 do CC); vale salientar que a lei presume que os bens móveis tenham sido adquiridos durante o casamento, salvo prova em contrário;

b) em seguida, *exclui-se* dessa soma de patrimônios próprios os bens *anteriores* ao casamento (e os sub-rogados em seu lugar), os bens que cada cônjuge tiver recebido por *sucessão* (ex.: herança) ou *liberalidade* (ex.: doação), e as *dívidas* relativas a esses bens;

c) em seguida, *computa-se* o valor das *doações* feitas por um dos cônjuges, sem a necessária autorização do outro; nesse caso o bem poderá ser reivindicado pelo cônjuge prejudicado ou por seus herdeiros, ou declarado no monte partilhável, por valor equivalente ao da época da dissolução (art. 1.675 do CC);

d) em seguida, *computa-se* o valor dos *bens alienados em detrimento da meação* ou reivindica-se tais bens (art. 1.676 do CC); a lei está fazendo referência aos bens alienados indevidamente (por exemplo, por falta de autorização do outro cônjuge);

e) feitas tais contas, chega-se ao montante dos aquestos à data em que cessou a convivência, seja por separação, divórcio ou morte (art. 1.683 do CC);

f) procede-se à divisão desse montante, ficando metade para cada um dos cônjuges (meação); a lei propõe a divisão desses bens em natureza; porém, não sendo possível nem conveniente essa divisão, calcular-se-á o valor de alguns ou de todos para reposição em dinheiro ao cônjuge não proprietário; não sendo possível a reposição em dinheiro, serão avaliados e, mediante autorização judicial, alienados tantos bens quantos bastarem (art. 1.684, *caput*, e parágrafo único, do CC).

O Código Civil estabelece, ainda, que as dívidas de um cônjuge, quando superiores à sua meação, não obrigam ao outro ou aos seus herdeiros (art. 1.686 do CC).

Por fim, a lei é expressa no sentido de que o direito à meação **não** é renunciável, cessível ou penhorável na vigência do regime matrimonial (art. 1.682 do CC). Trata-se de uma proteção ao cônjuge, que, numa situação qualquer de vulnerabilidade, poderia renunciar a direito muito importante para a sua subsistência. Há de se tomar cuidado, pois a meação, em si, é impenhorável, porém não são impenhoráveis os bens que a compõem.

7.7.7. Regime de separação de bens

Esse regime pode ser **conceituado** como *aquele em que os bens permanecerão sob a propriedade, administração e fruição exclusiva de cada um dos cônjuges, que os poderá livremente alienar ou gravar com ônus real* (art. 1.687 do CC).

O regime de separação típico é *absoluto*, não comportando limitação quanto à propriedade exclusiva de cada cônjuge. Todavia, nada impede que, por pacto antenupcial, os nubentes instituam um regime de separação *limitada* de bens.

O atual Código Civil **aumentou os poderes** de cada cônjuge sobre o seu patrimônio exclusivo. Isso se deu, pois o art. 1.647 do CC estabelece algumas limitações aos cônjuges (exs.: não podem, sem autorização do outro, alienar imóveis, prestar fiança e aval etc.), mas tais limitações não se aplicam aos que estão num regime de separação absoluta de bens (art. 1.647, *caput*, do CC).

Por outro lado, ambos os cônjuges devem **contribuir** para as despesas do casal na proporção dos rendimentos de seu trabalho e de seus bens, salvo estipulação em contrário em pacto antenupcial.

Normalmente, o regime de separação de bens se dá por vontade dos nubentes, sendo instituído por meio de pacto antenupcial (separação voluntária de bens).

Porém, há casos em que o regime de separação de bens é obrigatório, ou seja, em que a lei não dá outra alternativa aos nubentes, que devem, necessariamente, submeter-se a esse regime, que a doutrina costuma chamar de "separação legal de bens". Confira os casos:

a) quanto às pessoas que o contraírem com inobservância das **causas suspensivas** da celebração do casamento;

b) quanto à pessoa **maior de 70 anos**;

c) quanto a todos os que dependerem, para casar, de **suprimento judicial**.

No entanto, nos casos de separação legal de bens, era muito comum ocorrer situações de grande injustiça, como no caso de um casal criar um bom patrimônio com esforço comum, mas os bens acabarem por ficar no nome de um dos cônjuges apenas. Nesses casos, findo o casamento, o cônjuge sem bens em seu nome ficava totalmente ao relento, o que não era correto.

Por conta disso, a jurisprudência passou a entender que aquestos (bens onerosamente adquiridos na constância do casamento) deveriam ser divididos entre os cônjuges. Nesse sentido, confira a súmula 377 do STF: "no regime de separação legal de bens, comunicam-se os adquiridos na constância do casamento".

Tal medida não deve ser tomada em relação aos casados pelo regime de separação voluntária de bens. O Superior Tribunal de Justiça vem reafirmando a necessidade de se respeitar a vontade dos cônjuges no sentido de separar os patrimônios de cada qual. No entanto, em casos excepcionalíssimos, de enorme injustiça, pode-se admitir a participação patrimonial de um cônjuge sobre determinado bem do outro, como no caso a seguir transcrito: "o regime jurídico da separação de bens voluntariamente estabelecido é imutável e deve ser observado, admitindo-se, todavia, excepcionalmente, a participação patrimonial de um cônjuge sobre bem do outro, se efetivamente demonstrada, de modo concreto, a aquisição patrimonial pelo esforço comum, caso dos autos, em que uma das fazendas foi comprada mediante permuta com cabeças de gado que pertenciam ao casal." (STJ, REsp. 286.514/SP, j. 02.08.2007).

7.8. Dissolução da sociedade conjugal

7.8.1. Emenda Constitucional nº 66/2010

A redação antiga do art. 226, § 6º, da CF dispunha que "o casamento civil pode ser dissolvido pelo divórcio, após prévia separação judicial por mais de um ano nos casos expressos em lei, ou comprovada separação de fato por mais de dois anos".

Havia, então, duas espécies de divórcio, quais sejam:

a) o divórcio-conversão, que exigia mais de um ano de separação judicial, para que pudesse ser requerido;

b) divórcio-direto: que exigia mais de 2 anos de separação de fato, para que pudesse ser requerido.

No entanto, a EC 66/2010 modificou a redação do dispositivo citado, para o fim de dispor o seguinte:

"O casamento pode ser dissolvido pelo divórcio".

Ou seja, o divórcio, agora, pode ser feito sem aguardar-se período de tempo e sem prévia separação judicial.

Ademais, tudo isso pode ser feito em Cartório Extrajudicial, com presença de advogado, e desde que sem filhos menores.

A inexistência de menção à separação judicial no texto constitucional faz com que esse instituto possa ser considerado não recepcionado pela nova ordem constitucional. No entanto, para quem não pensa assim, pode-se dizer que o instituto da separação judicial cairá em desuso ou terá muito pouco uso, pois, se duas pessoas não querem mais ficar casadas, por que fariam, primeiro, a separação judicial, para depois fazer o divórcio, se podem, agora, passar direto para o divórcio, sem necessidade de esperar tempo algum, já que não há mais requisito temporal na Constituição Federal?

O fato é que o chamado divórcio-relâmpago já pegou e vem sendo a tônica, agora, quando um casal não quer mais manter o casamento.

Nesse sentido, vale informar que o Conselho Nacional de Justiça, chamado a se manifestar sobre assunto, alterou a sua Resolução nº 35, para admitir o divórcio extrajudicial mesmo que não cumpridos os prazos de 2 anos de separação de fato (antigo divórcio-direto) e de 1 ano de separação judicial (antigo divórcio-conversão), não entrando no mérito se ainda existe a possibilidade de alguém preferir, antes do divórcio, xpromover separação judicial.

Na prática, a EC 66/2010 vem sendo aplicada normalmente pelos Cartórios Extrajudiciais, para permitir o divórcio direto, sem necessidade de cumprir os prazos mencionados, tudo indicando que o instituto da separação judicial venha, como dito, no mínimo, a cair em desuso ou em pouquíssimo uso. Segue, para conhecimento, a decisão do CNJ sobre o assunto:

"Ementa: Pedido de providências. Proposta de alteração da Resolução nº 35 do CNJ em razão do advento da Emenda Constitucional nº 66/2010. Supressão das expressões "separação consensual" e "dissolução da sociedade conjugal". Impossibilidade. Parcial procedência do pedido.

– A Emenda Constitucional nº 66, que conferiu nova redação ao § 6º do art. 226 da Constituição Federal, dispõe sobre a dissolubilidade do casamento civil pelo divórcio, para suprimir o requisito de prévia separação judicial por mais de 01 (um) ano ou de comprovada separação de fato por mais de 02 (dois) anos.

– Divergem as interpretações doutrinárias quanto à supressão do instituto da separação judicial no Brasil. Há quem se manifeste no sentido de que o divórcio passa a ser o único meio de dissolução do vínculo e da sociedade conjugal, outros tantos, entendem que a nova disposição constitucional não revogou a possibilidade da separação, somente suprimiu o requisito temporal para o divórcio.

– Nesse passo, acatar a proposição feita, em sua integralidade, caracterizaria avanço maior que o recomendado, superando até mesmo possível alteração da legislação ordinária, que até o presente momento não foi definida.

– Pedido julgado parcialmente procedente para propor a modificação da redação da Resolução nº 35 do Conselho Nacional de Justiça, de 24 de abril de 2007, que disciplina a aplicação da Lei nº 11.441/2007 pelos serviços notariais e de registro, nos seguintes termos: a) seja retirado o artigo 53, que versa acerca do lapso temporal de dois anos para o divórcio direto e; b) seja conferida nova redação ao artigo 52, passando o mesmo a prever: "Os cônjuges separados judicialmente, podem, mediante escritura pública, converter a separação judicial ou extrajudicial em divórcio, mantendo as mesmas condições ou alterando-as. Nesse caso, é dispensável a apresentação de certidão atualizada do processo judicial, bastando a certidão da averbação da separação no assento do casamento." (CNJ, Pedido de Providências nº 0005060-32.2010.2.00.0000, j. 12.08.2010)"

7.8.2. Hipóteses de dissolução da sociedade conjugal e do casamento

Antes da mudança na Constituição Federal fazia mais sentido a distinção entre as hipóteses de dissolução da sociedade conjugal e as hipóteses de dissolução do casamento.

A dissolução da sociedade conjugal se dá nos seguintes casos (art. 1.571 do CC):

a) pela morte de um dos cônjuges;

b) pela nulidade ou anulação do casamento;

c) pela separação judicial;

d) pelo divórcio.

Já a dissolução do casamento se dá nas seguintes hipóteses (art. 1.571, § 1º, do CC):

a) pela morte de um dos cônjuges (inclusive presunção quanto ao ausente – abertura da sucessão definitiva);

b) pela nulidade ou anulação do casamento;

c) pelo divórcio.

Depois da EC 66/2010, a tendência é não mais se buscar a separação judicial, mas sim o divórcio diretamente, o que fará com que se extinga, ao mesmo tempo, a sociedade conjugal (e, portanto, os deveres conjugais e o regime patrimonial) e o casamento (o vínculo matrimonial).

7.8.3. Divórcio consensual

Quando um casal tem interesse comum em se divorciar, está-se diante de hipótese de divórcio consensual. Conforme já escrito, com a EC 66/10, esse casal não tem de esperar tempo algum, nem mesmo se submeter a prévia separação, para conseguir o divórcio. Basta que ingresse em juízo com esse pedido, ou que faça tal requerimento em cartório extrajudicial, se não houver filhos incapazes e desde que se façam representar por advogado, para que o divórcio aconteça.

Resta saber se é possível pedir o divórcio consensual no curso do primeiro ano de casamento. Para alguns doutrinadores isso não é possível, pois mesmo para a mera separação consensual a lei exige que se trate de duas pessoas casadas há mais de um ano (art. 1.574 do CC), quanto mais para o divórcio, que é providência mais forte. No entanto, entendemos que, como não há limitação nesse sentido no novo texto constitucional, não há que se cumprir esse requisito, apesar de pensarmos, no plano pessoal, que é absolutamente temerário duas pessoas se casarem e já buscarem a separação logo no primeiro ano de casamento, sem buscar, por mais tempo, meios de se entender como casal.

7.8.4. Divórcio não consensual

Situação diversa é aquela em que um quer se divorciar, e o outro, não. A jurisprudência vinha atenuando os rigores quanto aos requisitos para que alguém buscasse em juízo a separação de outrem, para o fim de entender que o simples fato de alguém buscar a separação já demonstra a impossibilidade da comunhão de vida, não sendo necessário que também demonstre grave violação dos deveres do casamento.

Esse entendimento decorre do fato de que há um princípio maior envolvido na temática, que é o princípio da liberdade.

Todavia, quem assim agisse, buscando a separação mesmo contra a vontade do outro, estaria sujeito às sanções cabíveis àquele que é o causador do fim do relacionamento, como perder o nome de casado e receber alimentos apenas para a sua subsistência.

Pois bem. Se assim o era com a separação judicial, também deve ser com relação ao divórcio relâmpago. O princípio da igualdade fará com que aquele que não mais deseje ficar casado tenha direito de ingressar com ação contra o outro cônjuge, para o fim de pedir o divórcio forçado, mas arcando com as consequências dessa sua ação, como as mencionadas no parágrafo anterior.

De qualquer forma, recomenda-se a leitura do disposto nos arts. 1.571 a 1.582 do Código Civil, pois algumas regras relativas à separação judicial podem aparecer num exame, ainda que, para nós, esse instituto não faça mais sentido hoje.

Por outro lado, faz-se necessário aguardar as decisões judiciais que se tomarão a respeito desse assunto a partir de agora, tratando-se de tema ainda muito aberto e que não deveria, ao menos em nossa opinião, ser objeto de certas perguntas em provas e exames neste momento.

7.9. União estável

A união estável tem **natureza jurídica** de entidade familiar (art. 226, § 3º, da CF).

O **conceito tradicional** de união estável é o seguinte: *consiste na convivência pública, contínua e duradoura entre um homem e uma mulher, com o objetivo de constituição de família* (art. 1.723 do CC).

Todavia, esse conceito, hoje, deve levar em conta o posicionamento do STF acerca da **união estável homoafetiva**. Com efeito, o Excelso Pretório, na ADI 4.277 e na ADPF 132, julgadas em 05.05.2011, tomou a seguinte decisão: pela procedência das ações e com efeito vinculante, no sentido de dar interpretação conforme a Constituição Federal *para excluir qualquer significado do artigo 1.723 do Código Civil que impeça o reconhecimento da união entre pessoas do mesmo sexo como entidade familiar.*

A decisão teve por **fundamento** o art. 3º, IV, da CF, que veda qualquer tipo de discriminação.

Como consequência, a união estável homoafetiva passa a ter a mesma regulamentação da união estável entre homem e mulher (deveres dos companheiros, alimentos, sucessões etc.).

Em relação ao **histórico** da união estável, nosso direito passou por várias fases. Num primeiro momento não havia direito algum para quem estivesse numa relação dessas, mas apenas restrições. Em seguida, passou-se a denominar esse tipo de relação como "concubinato", passando a jurisprudência, aos poucos, a conferir certos direitos, principalmente à concubina. Confira, nesse sentido, a Súmula 380 do STF: "comprovada a existência da sociedade de fato entre os concubinos, é cabível sua dissolução judicial com a partilha do patrimônio adquirido pelo esforço comum".

Sobreveio a Constituição de 1988, que, em seu art. 226, § 3º, estabeleceu que, "para efeito de proteção do Estado, é reconhecida a união estável entre o homem e a mulher como entidade familiar, devendo a lei facilitar sua conversão em casamento".

Com o advento da Constitiuição de 1988, a terminologia mudou. Passou-se a usar a expressão "união estável", reservando a expressão "concubinato" para as relações estáveis entre duas pessoas impedidas de se casar. Por exemplo, "A" e "B" são casados, mas "B" mantém "C" como amante, não estão cumpridos os requisitos de uma união estável. Nesse caso, entre "B" e "C" tem-se um concubinato, que não gera os direitos da união estável.

Em seguida veio a Lei 8.971/1994, que regulamentou o *conceito* de união estável (exigindo cinco anos ou existência de filho comum), os *direitos sucessórios* (usufruto de parte de bens deixados pelo companheiro e herança, na falta de ascendentes ou descendentes do companheiro falecido) e direito à *metade* de certos bens em caso de falecimento do companheiro (companheiro sobrevivente passa a ter direito à metade dos bens resultantes de atividade decorrente do esforço comum).

Dois anos depois adveio a Lei 9.278/1996, mudando o *conceito* de união estável (sem exigir requisito temporal, mas apenas a convivência duradoura, pública e contínua, de homem e mulher, com o objetivo de constituir família). Quanto aos direitos, estabelece o direito à meação, já na constância da união estável, de certos bens; estabelece o direito de administração comum dos bens comuns; estabelece o direito a alimentos em caso de dissolução da sociedade conjugal; estabelece o direito real de habitação sobre o imóvel de residência da família, em caso de falecimento do companheiro; estabelece regra sobre a conversão da união estável e casamento; e institui o segredo de justiça para as ações e a vara de família como juízo delas.

Por fim, adveio o **atual Código Civil**, que, em seus arts. 1.723 a 1.727, estabelece uma série de regras sobre a união estável. Confira:

a) quanto ao *conceito* desta, manteve o conceito trazido pela Lei 9.278/1996;

b) quanto aos impedimentos, estabelece que a união estável não se configura quando ocorrerem os *impedimentos* para o casamento; no entanto, caso alguém seja casado, mas separado de fato ou judicialmente, nada impede que esse alguém constitua uma união estável; repare que a existência de *causas suspensivas* não impede a configuração da união estável;

c) estabelece os deveres dos companheiros (lealdade, respeito e assistência, guarda, sustento e educação dos filhos);

d) estabelece o regime de comunhão parcial de bens (igual ao casamento);

e) estabelece regra sobre a conversão da união estável em casamento;

f) estabelece o conceito de concubinato ("relações não eventuais entre o homem e a mulher, impedidos de casar").

O art. 1.790 do CC trata dos direitos sucessórios do companheiro, estabelecendo que "a companheira ou o companheiro participará da sucessão do outro, quanto aos bens adquiridos onerosamente na vigência da união estável, nas condições seguintes: a) se concorrer com filhos comuns, terá direito a uma quota equivalente à que por lei for atribuída ao filho; b) se concorrer com descendentes só do autor da herança, tocar-lhe-á a metade do que couber a cada um daqueles; c) se concorrer com outros parentes sucessíveis, terá direito a um terço da herança; d) não havendo parentes sucessíveis, terá direito à totalidade da herança.

O Código Civil também estabelece que é possível ingressar com ação de dissolução de união estável, podendo o companheiro ingressante, comprovando a necessidade, requerer previamente cautelar de separação de corpos (art. 1.562 do CC).

Outra regra sobre a união estável encontra-se no art. 1.595, § 2º do CC, pelo qual "na linha reta, a afinidade não se extingue com a dissolução do casamento ou da união estável".

Quanto aos **requisitos** da configuração da união estável, são os seguintes:

a) inexistência de impedimento para o casamento, ressalvada a situação de alguém casado, que esteja separado de fato ou judicialmente;

b) diversidade de sexos: esse requisito está superado após a decisão do STF mencionada, que admite a união estável entre pessoas do mesmo sexo (união homoafetiva);

c) continuidade das relações sexuais: requisito implícito;

d) convivência duradoura: estabilidade na relação;

e) convivência pública: notoriedade de afeições recíprocas; pode ser convivência notória, porém discreta, limitada ao conhecimento de amigos, familiares e vizinhos; não requer publicidade, mas não pode se tratar de uma relação absolutamente secreta;

f) objetivo de constituir família: não se configura simplesmente pelo fato de suas pessoas dividirem despesas; também não é necessário que se queira ter filhos; mas há necessidade de formar uma parceria de natureza afetivo-amorosa com caráter duradouro.

A **prova** da união estável pode se dar de variadas maneiras, tais como pela certidão de nascimento de filho comum, certidão de casamento religioso, contrato de locação de imóvel residencial, declaração de dependência no INSS/IR, contrato de plano de saúde, correspondência, fotos e recibos; testamento etc.

Caso os companheiros queiram um reconhecimento formal de sua relação, mas não seja o caso de ingressar com ação de dissolução de união estável, podem ingressar com uma ação declaratória de existência de união estável ou com ação de justificação judicial (arts. 861 a 866 do CPC).

As novas disposições do Código Civil sobre união estável valem para uniões em curso quando de sua entrada em vigor, respeitadas, naturalmente, situações jurídicas já consolidadas com base na lei anterior.

Quanto aos **deveres pessoais**, os companheiros devem obedecer aos seguintes deveres:

a) lealdade e respeito: a fidelidade está implícita;

b) assistência: tanto a moral como a material (dever alimentar);

c) guarda, sustento e educação dos filhos.

A coabitação não é dever absoluto, não sendo sequer necessária à caracterização da união estável, conforme entendimento do STF (Súmula nº 382).

Quanto ao **regime patrimonial**, temos as seguintes regras:

a) os companheiros poderão estabelecer o regime patrimonial de sua relação, o que deve ser feito mediante contrato escrito; não é necessário que se trate de uma escritura pública, podendo ser mero escrito particular; no entanto, é muito comum que esse documento seja produzido em Cartório de Títulos e Documentos, como forma de se garantir o arquivamento de uma cópia do documento em registro público;

b) caso não haja contrato escrito especificando as regras do regime patrimonial entre os companheiros, aplicar-se-á às relações patrimoniais, no que couber, o regime de comunhão parcial de bens (art. 1.725 do CC); ou seja, não será necessário verificar quais bens foram adquiridos com o esforço comum dos companheiros, como se fazia no passado, adotando-se o regime jurídico da comunhão parcial de bens, pelo qual, como regra, comunicam-se os bens adquiridos na constância da união estável.

Por fim, vale trazer à tona os principais **efeitos jurídicos** da união estável:

a) gera o direito a alimentos (arts. 1.694 e 1.708 do CC);

b) gera direito à sucessão do outro, nos termos do art. 1.790 do CC, já mencionado;

c) estabelece o regime de comunhão parcial de bens, salvo contrato escrito entre os companheiros (art. 1.725 do CC);

d) confere direito real de habitação sobre o imóvel de residência da família, em caso de falecimento do companheiro (art. 7º, parágrafo único, da Lei 9.278/1996); tal direito favorece o companheiro sobrevivente enquanto sobreviver ou não constituir nova união ou casamento;

e) permite que o convivente tenha direito de usar o nome do outro (art. 57 da Lei 6.015/1973);

f) assegura ao companheiro a condição de dependente para os fins legais (ex.: imposto de renda; benefício previdenciário);

g) outorga ao companheiro o direito de continuar a locação, havendo morte do outro (art. 11, I, da Lei 8.245/1991);

h) obriga os companheiros a declarar a existência de união estável nos instrumentos com terceiros, sob pena de configurar má-fé;

i) permite o uso de cautelar para afastar o outro do lar (art. 798 do CPC e art. 1.562 do CC);

j) permite a adoção;

k) legitima o companheiro prejudicado a ingressar com embargos de terceiro para excluir sua meação de eventual penhora indevida;

l) faculta aos companheiros o direito de pleitear a conversão da união estável em casamento, mediante pedido destes ao juiz e assento no Registro Civil (art. 1.726 do CC);

m) impõe aos companheiros os deveres especiais previstos no art. 1.724 do CC (lealdade, respeito etc.).

7.10. Alimentos

Os alimentos podem ser **conceituados** como *a prestação que podem alguns parentes, os cônjuges ou os companheiros pedir uns aos outros, consistentes no necessário para que uma pessoa possa viver, fixada segundo a necessidade do reclamante e a possibilidade da pessoa obrigada.*

Não se deve **confundir** *alimentos* como *dever de sustento*, já que o segundo se dá quando se está na companhia daquele que precisa de auxílio. Assim, o pai que mora com o filho menor tem *dever de sustento* em relação a este. Já o pai que não mora com o filho menor tem o *dever de prestar alimentos* ao filho.

Os alimentos podem ser assim **classificados**:

a) quanto à natureza

✔ naturais (necessários): destinados à satisfação das necessidades primárias da vida (comer, vestir, habitar) indispensáveis à subsistência (art. 1.694, § 2º, do CC);

✔ civis (côngruos): destinados a manter a condição social, inclusive educação, do alimentando (art. 1.694 do CC).

b) quanto à causa jurídica

✔ legais (legítimos): decorrem da lei (ex.: devidos pelo parentesco, casamento ou companheirismo);

✔ voluntários: decorrem de declaração de vontade *inter vivos* ou *causa mortis*; um exemplo é o legado de alimentos, estipulado em testamento;

✔ indenizatórios (ressarcitórios): são os resultantes de responsabilidade civil.

Essa classificação é importante, pois a prisão civil do alimentante, admitida pelo art. 5º, LXVII, da CF só cabe quanto aos alimentos legais, não sendo admitida nos demais casos.

c) quanto à finalidade

✔ definitivos (regulares): são os de caráter permanente, fixados pelas partes ou por decisão judicial definitiva; tais alimentos podem, todavia, ser revistos se sobrevier mudança nas possibilidades ou nas necessidades (art. 1.699 do CC);

✔ provisórios: são os fixados liminarmente na ação de alimentos de rito especial (Lei 5.478/1968); essa ação reclama prova pré-constituída (prova de parentesco ou da obrigação de alimentos), devendo o juiz, ao despacho do pedido, fixar alimentos provisórios (art. 4º);

✔ provisionais (*ad litem*): são os fixados em medida cautelar, preparatória ou incidental, de ação de separação judicial, de divórcio, de nulidade ou anulação do casamento ou de alimentos;

d) quanto ao momento a partir do qual são devidos

✔ atuais: postulados a partir do ajuizamento da ação;

✔ futuros: devidos a partir da sentença;

✔ pretéritos: no Brasil não são devidos, pois pessoa, bem ou mal, conseguiu sobreviver, não havendo como entrar com ação para a fixação de alimentos, pedindo que sejam pagos alimentos para período anterior à sua fixação.

A *obrigação alimentar* tem as seguintes **características**:

a) **é transmissível**, já que a obrigação de prestar alimentos transmite-se aos herdeiros do devedor, na forma do art. 1.694 do CC (art. 1.700 do CC), respeitados os limites das forças da herança; repare que é a própria obrigação que se transmite, e não apenas as eventuais prestações atrasadas; por exemplo, se alguém deve alimentos a uma ex-esposa, e esse alguém vem a falecer, a obrigação alimentar permanece e os herdeiros do falecido deverão continuar arcando com a pensão alimentícia, no limites das forças da herança.

b) **é divisível e comum,** ou seja, a obrigação alimentar não é solidária, como regra, de modo que, havendo mais de um devedor, cada qual responde por sua cota-parte (STJ Resp. 50.153-9/1994); como se sabe, a solidariedade não se presume, decorrendo da lei ou da vontade; e a lei não estabelece a solidariedade em matéria de obrigação alimentar; assim, se dois avós (paterno e materno) devem alimentos em favor de um neto, cada qual será obrigado a pagar a sua cota-parte, não sendo possível exigir a obrigação por inteiro de apenas um dos devedores; aliás, caso apenas um devedor seja acionado em juízo, este poderá chamar os demais devedores a integrar a lide (art. 1.698 do CC); de qualquer forma, há um caso em que a obrigação alimentar é solidária; trata-se da obrigação alimentar de vida em favor do idoso (art. 12 da Lei 10.741/2003);

O *direito aos alimentos* tem as seguintes **características**:

a) **é personalíssimo**, pois é um direito que só existe pela necessidade do alimentando, não podendo ser transferido a terceiro;

b) **é inacessível**, pois o crédito de alimentos não pode ser objeto de cessão a terceiro; porém, as prestações atrasadas (vencidas) são consideradas créditos comuns, podendo ser cedidas (art. 1.707 do CC);

c) **é impenhorável**, pois é direito fundamental, relacionado à sobrevivência da pessoa, não podendo ser afetado por constrição judicial (art. 1707 do CC; art. 649, VII, do CPC);

d) **é incompensável**, ou seja, não é passível de compensação, que é meio de extinção de obrigação; tal regra se encontra no art. 1.707 do CC; de qualquer forma, é possível a compensação de prestações alimentares quando houver adiantamentos dessas prestações (RT 616/147) e, em outros casos excepcionais, para que não haja enriquecimento sem causa (REsp 982.857/RJ, *DJe* 03.10.2008);

e) **é irrepetível**, ou seja, uma vez pagos, não podem ser reclamados de volta, não importando sua natureza; isso se dá porque, uma vez prestados os alimentos, presume-se que estes serão consumidos; de qualquer forma, pode-se pedir devolução dos alimentos se houver novo casamento do alimentando e o desconto em folha demorou a cessar; ademais, caso alguém tenha pagado alimentos a filho que, posteriormente, descobre não ser seu, não haverá possibilidade de pedir de volta os alimentos prestados ao alimentando, mas nada impede que o alimentante ingresse com ação de ressarcimento de danos em face do pai biológico da criança;

f) **é intransacionável**, pois, já que o direito a alimentos é indisponível e personalíssimo, não há como considerá-lo passível de transação (art. 841 do CC); por conta disso, esse direito não pode ser objeto de juízo arbitral; todavia, há de se tomar cuidado com a questão terminológica, pois a lei não admite transação quanto ao direito aos alimentos em si, e não em relação ao *quantum* (ao valor) da prestação alimentar, já que o valor pode ser negociado;

g) **é imprescritível**, ou seja, o direito de pedir alimentos não tem prazo para se exercer; todavia, uma vez que uma pensão alimentícia já está fixada, o direito de cobrar prestações vencidas prescreve, e isso acontece no prazo de 2 anos, contados da data em que cada prestação vencer (art. 206, § 2º, do CC – antes era 5 anos), isto é, a prescrição ocorre mensalmente; então, não se deve confundir o direito de pedir alimentos (que é imprescritível) com a pretensão de cobrar prestações alimentares vencidas (que prescreve em 2 anos da data em que cada prestação vencer);

h) **é irrenunciável**, ou seja, o direito a alimentos não pode ser objeto de disposição, já que guarda relação com o próprio direito à vida, que é direito fundamental e de ordem pública; todavia, é possível *deixar de exercer o direito a alimentos* (art. 1.707 do CC), situação que não se confunde com a renúncia ao direito a alimentos, pois, no primeiro caso, deixa-se de pedir alimentos por um tempo, ao passo que a renúncia é definitiva, de modo que não pode se dar; outra exceção diz respeito à renúncia a prestações atrasadas, que também é admitida, por se tratar de meros créditos vencidos e não exercidos; sobre o tema, vale lembrar a Súmula nº 379 do STF, pela qual "no acordo de desquite não se admite renúncia aos alimentos, que poderão ser pleiteados ulteriormente, verificados os pressupostos legais"; se em algum documento aquele que tem direito a alimentos escrever que "renuncia" aos alimentos, deve-se entender que se trata de uma dispensa provisória destes, salvo se o cônjuge tenha sido aquinhoado com bens e rendas suficientes para sua manutenção, não sabendo conservá-los;

i) **é atual**, ou seja, é exigível imediatamente; por conta disso, é possível até pedir a prisão civil do devedor, em certos casos, como meio coativo bastante eficaz para que os alimentos sejam pagos.

Confira, agora, os **pressupostos da obrigação alimentar**:

a) **necessidade do reclamante**: a necessidade se dá quando não se tem bens suficientes, nem se pode prover, pelo seu trabalho, à própria mantença (art. 1.695 do CC); por exemplo, por se tratar de filho em idade de formação escolar, ou pelo fato de alguém estar doente ou em idade avançada; é importante ressaltar que, quando a necessidade dos alimentos se der por culpa de quem os pleiteia, os alimentos serão apenas os indispensáveis à *subsistência* (art. 1.694, § 2º, do CC);

b) **possibilidade da pessoa obrigada**: a obrigação alimentar só atinge quem tem possibilidade de prestar alimentos, não atingindo, portanto, quem possui somente o necessário à sua subsistência, salvo os que decorrem do poder familiar, pois, nesse caso, os pais devem dar um jeito para prestar alimentos.

Quanto aos **meios** ou **modalidades** de prestação alimentar, confira as espécies (art. 1.701 do CC):

a) própria: fornecimento, em casa, de hospedagem e sustento, mais educação, quando menor;

b) imprópria: pagando pensão periódica – juiz pode intervir – art. 1.701, parágrafo único, do CC.

Quanto às **pessoas obrigadas** a prestar alimentos, temos as seguintes:

a) ascendentes, em favor dos descendentes (ex.: pai deve para filho);

b) descendentes, em favor dos ascendentes (ex.: filho deve para o pai);

c) cônjuges;

d) companheiros;

e) irmãos.

O STJ entende que o rol de responsáveis é taxativo, de modo que outros parentes não têm o dever alimentar. Nesse sentido, já se decidiu que as tias não devem alimentos aos sobrinhos (STJ, REsp 1.032.846, j. 18.12.2008).

Confira, agora, as **regras sobre a ordem preferencial** da obrigação alimentar em relação a ascendentes, descendentes e irmãos (arts. 1.696 a 1.698 do CC):

a) num primeiro momento, a obrigação recai sobre *pais* e *filhos* entre si (reciprocamente);

b) na falta destes, a obrigação cabe aos demais *ascendentes*, na ordem de sua proximidade; por exemplo, na falta do pai, o avô deve alimentos para o neto;

c) na falta de ascendentes, a obrigação cabe aos *descendentes*, na ordem da sucessão; por exemplo, se um pai não tem mais um ascendente para arcar com alimentos em seu favor, poderá pedir alimentos para seu filho, preenchidos os pressupostos da obrigação alimentar;

d) na falta de descentes, a obrigação cabe aos irmãos, unilaterais ou bilaterais (germanos), sem distinção ou preferência;

e) se o parente, que deve em primeiro lugar, não estiver em condições de suportar totalmente o encargo, serão chamados a concorrer os de grau imediato; por exemplo, se o pai não tem condições de arcar com o valor mínimo necessário para a subsistência de seu filho, pode-se chamar o seu pai (avô da criança) para arcar com o complemento do encargo; cuidado, pois a responsabilidade dos avós não é direta, mas subsidiária e complementar; assim, não se pode querer acionar os avôs diretamente, só porque estes têm melhores condições; deve-se acionar primeiramente o pai ou a mãe da criança e, caso estes se virem impossibilitados de prestá-la, total ou parcialmente, somente aí pode ser intentada a ação contra os avós (progenitores), para que estes arquem com toda a pensão ou com o complemento desta, respectivamente (STJ, REsp 1.077.010, j. 07.10.2011).

Vale ressaltar que, sendo várias as pessoas obrigadas a prestar alimentos, todas devem concorrer na proporção dos respectivos recursos, e, intentada ação contra uma delas, poderão as demais ser chamadas a integrar a lide (art. 1.698 do CC).

Quanto aos alimentos devidos aos filhos, em tese, os valores são devidos até que o filho atinja a maioridade. No entanto, o STJ entende que o cancelamento da pensão não é automático quando se atinge a maioridade (Súmula nº 358 do STJ: o cancelamento de pensão alimentícia de filho que atingiu a maioridade está sujeito à decisão judicial, mediante contraditório, ainda que nos próprios autos). É necessário verificar se a necessidade ainda existe, sendo que, caso o filho esteja ainda em período de estudos, a pensão será mantida até o fim destes, salvo se o filho já mantém economia própria.

Verifique, agora, os **meios para assegurar o pagamento** da pensão alimentícia:

a) ação de alimentos, para reclamá-los (Lei 5.478/1968);

b) execução por quantia certa (art. 732 do CPC);

c) penhora em vencimentos (art. 649, IV, do CPC);

d) desconto em folha de pagamento da pessoa obrigada (art. 734 do CPC);

e) reserva de aluguéis de prédio do alimentante (art. 17 da Lei 5.478/1968);

f) prisão do devedor (art. 21 da Lei 5.478/1968, e art. 733, § 1º, do CPC);

Quanto à possibilidade de **revisão (redução ou majoração)** da pensão alimentícia, bem como de sua **exoneração**, o Código Civil traz a seguinte disposição: "se, fixados os alimentos, sobrevier mudança na situação financeira de quem os supre, ou na de quem os recebe, poderá o interessado reclamar ao juiz, conforme as circunstâncias, exoneração, redução ou majoração do encargo" (art. 1.699 do CC).

Por fim, vale lembrar que, apesar da omissão do Código Civil, a Lei 11.804/2008 regulamenta dos chamados alimentos gravídicos, que são os alimentos devidos à mulher gestante.

Tais alimentos compreendem "os valores suficientes para cobrir as despesas adicionais do período de gravidez e que sejam dela decorrentes, da concepção ao parto, inclusive as referentes a alimentação especial, assistência médica e psicológica, exames complementares, internações, parto, medicamentos e demais prescrições preventivas e terapêuticas indispensáveis, a juízo do médico, além de outras que o juiz considere pertinentes" (art. 2º).

A lei assegura a proporcionalidade na responsabilidade dos genitores acerca quanto à responsabilidade por essas despesas, de modo que parte desses custos deve ser custeada pelo pai e a outra parte, pela mãe, na proporção dos recursos de ambos (art. 2º, parágrafo único).

O juiz fixará esses alimentos desde que convencido da existência de indícios da paternidade, como, por exemplo, a demonstração de a mãe e o suposto pai são namorados.

O alimentos gravídicos fixados pelo juiz perdurarão até o nascimento da criança.

O réu será citado para apresentar resposta em 5 dias, aplicando-se supletivamente a Lei de Alimentos (Lei 5.478/1968) e o Código de Processo Civil.

Após o nascimento com vida, esses alimentos ficam convertidos em pensão alimentícia em favor da criança até que uma das partes solicite a sua revisão.

7.11. Relações de parentesco

7.11.1. Disposições gerais sobre as relações de parentesco

São **parentes em linha reta** as pessoas que estão umas para com as outras na relação de ascendentes e descendentes. Assim, são parentes em linha reta o filho, o pai, o avô etc. (art. 1.591 do CC).

São **parentes em linha colateral ou transversal**, até o quarto grau, as pessoas provenientes de um só tronco, sem descenderem uma da outra (art. 1.592 do CC). Assim, são parentes em linha colateral os tios, sobrinhos, primos etc. O limite é o quarto grau, de modo que os filhos dos primos de alguém não são parentes desse alguém para fins da lei civil.

Quanto às **espécies** de parentesco, este pode ser **natural** ou **civil**, conforme resulte de consanguinidade ou outra origem (art. 1.593 do CC). Essa disposição vem sendo utilizada pela doutrina e pela jurisprudência para justificar parentesco com base em critérios não biológicos, como o parentesco decorrente do vínculo socioafetivo.

O parentesco socioafetivo, tão comentado hoje no Direito de Família, faz com que os conceitos trazidos aumentem ainda mais, para incluir no conceito de família relações socioafetivas que se enquadram no conceito de posse no estado de filho. Um exemplo é a relação em que uma pessoa ("A") se casa com outra ("B") que já tem um filho ("C"), sendo que, no dia a dia, "A" acaba assumindo e exercendo o papel duradouro de pai de "C". Tal relação revela a chamada *posse no estado de filho*, fazendo com que passe a existir relação de parentesco entre "A" e "C".

Essa discussão, hoje, não é mais de caráter puramente doutrinário. Trata-se de questão que encontra fundamento legal no Código Civil e que, amplamente aceita pela doutrina, já vem sendo aplicada pela jurisprudência.

No plano legal, o art. 1.593 do Código Civil, mencionado, é que justifica essa conclusão.

O fato de a lei civil aceitar que o parentesco civil resulte de "outra origem" faz com que a lei abra campo para que tal outra origem possa se fundar na afinidade com os parentes do cônjuge, na adoção, na reprodução assistida heteróloga e também na afetividade com a pessoa com a qual alguém firmar relação de pai e filho.

Nesse sentido, no plano doutrinário, confira os Enunciados 103 e 256, das Jornadas de Direito Civil, do Conselho da Justiça Federal:

> "103. Art. 1.593: O Código Civil reconhece, no art. 1.593, outras espécies de parentesco civil além daquele decorrente da adoção, acolhendo, assim, a noção de que há também parentesco civil no vínculo parental proveniente quer das técnicas de reprodução assistida heteróloga relativamente ao pai (ou mãe) que não contribuiu com seu material fecundante, quer da **paternidade socioafetiva, fundada na posse do estado de filho**." (g.n.)

> "256. Art. 1.593: A posse do estado de filho (**parentalidade socioafetiva**) constitui modalidade de **parentesco civil**." (g.n.)

No plano jurisprudencial, o parentesco civil socioafetivo vem sendo aceito pelo Superior Tribunal de Justiça. Confira:

> "Reconhecimento de filiação. Ação declaratória de nulidade. Inexistência de relação sanguínea entre as partes. Irrelevância diante do vínculo socioafetivo. – O reconhecimento de paternidade é válido se reflete a existência duradoura do vínculo socioafetivo entre pais e filhos. A ausência de vínculo biológico é fato que por si só não revela a falsidade da declaração de vontade consubstanciada no ato do reconhecimento. A relação socioafetiva é fato que não pode ser, e não é, desconhecido pelo Direito. Inexistência de nulidade do assento lançado em registro civil. – O STJ vem dando prioridade ao critério biológico para o reconhecimento da filiação naquelas circunstâncias em que há dissenso familiar, onde a relação socioafetiva desapareceu ou nunca existiu. Não se pode impor os deveres de cuidado, de carinho e de sustento a alguém que, não sendo o pai biológico, também não deseja ser pai socioafetivo. A *contrario sensu*, se o afeto persiste de forma que pais e filhos constroem uma relação de mútuo auxílio, respeito e amparo, é acertado desconsiderar o vínculo meramente sanguíneo, para reconhecer a existência de filiação jurídica. – Recurso conhecido e provido." (REsp 878.941/DF, Rel. Ministra Nancy Andrighi, Terceira Turma, julgado em 21.08.2007, *DJ* 17.09.2007, p. 267)

Dando continuidade ao estudo do parentesco, o art. 1.594 do CC ensina como se deve contar os **graus de parentesco**: "contam-se, na linha reta, os graus de parentesco pelo número de gerações, e, na colateral, também pelo número delas, subindo de um dos parentes até ao ascendente comum, e descendo até encontrar o outro parente".

Outro tema importante é o do **vínculo de afinidade**. De acordo com o Código Civil, cada cônjuge ou companheiro é aliado aos parentes do outro pelo vínculo da afinidade (art. 1.595). Porém, o parentesco por afinidade limita-se aos ascendentes, aos descendentes e aos irmãos do cônjuge ou companheiro. Assim, o primo da esposa de alguém não é parente por afinidade desse alguém. Por fim, vale lembrar que, na linha reta, a afinidade não se extingue com a dissolução do casamento ou da união estável. Ou seja, sogra e genro nunca poderão se casar. Mas cunhado e cunhada poderão se casar.

7.11.2. Da filiação

Tema relevante em matéria de relação de parentesco é o da filiação.

De acordo com o art. 1.596 do CC, "os filhos, havidos ou não da relação de casamento, ou por adoção, terão os mesmos direitos e qualificações, proibidas quaisquer designações discriminatórias relativas à filiação". Esse dispositivo está a garantir o **princípio da igualdade** entre os filhos previsto no art. 227, § 6º, da CF.

Outra questão importante diz respeito à presunção de filiação. Essa presunção existe quando há um casamento. Porém, o art. 1.597 do CC traz regras específicas sobre o assunto, pelas quais presumem-se concebidos na constância do casamento os filhos:

a) nascidos cento e oitenta dias, pelo menos, *depois* de estabelecida a convivência conjugal;

b) nascidos nos trezentos dias subsequentes à dissolução da sociedade conjugal, por morte, separação judicial, nulidade e anulação do casamento;

c) havidos por fecundação artificial homóloga, mesmo que falecido o marido; homóloga é a fecundação com material genético vindo do marido e da mulher;

d) havidos, a qualquer tempo, quando se tratar de embriões excedentários, decorrentes de concepção artificial homóloga;

e) havidos por inseminação artificial heteróloga, desde que tenha prévia autorização do marido; heteróloga é a fecundação com material genético vindo da mulher e de um terceiro (doador do material genético); para que o filho nascido nessas condições seja presumido do marido da mãe, é necessário autorização deste quanto ao procedimento feito por sua mulher.

A filiação materna ou paterna pode resultar de casamento declarado nulo, ainda mesmo sem as condições do putativo (art. 1.617 do CC).

A prova da impotência do cônjuge para gerar, à época da concepção, **ilide** a presunção da paternidade (art. 1.599 do CC).

Por outro lado, **não basta** o adultério da mulher, ainda que confessado, para ilidir a presunção legal da paternidade (art. 1.600 do CC). Além disso, não basta a confissão materna para excluir a paternidade (art. 1.602 do CC).

Cabe ao marido o **direito de contestar** a paternidade dos filhos nascidos de sua mulher, sendo tal ação imprescritível (art. 1.601 do CC). Contestada a filiação, os herdeiros do impugnante têm direito de prosseguir na ação.

A filiação prova-se pela certidão do termo de nascimento registrada no Registro Civil. Ninguém pode vindicar estado contrário ao que resulta do registro de nascimento, salvo provando-se erro ou falsidade do registro (art. 1.604 do CC).

Na falta, ou defeito, do termo de nascimento, poderá provar-se a filiação por qualquer modo admissível em direito (art. 1.605 do CC):

a) quando houver começo de prova por escrito, proveniente dos pais, conjunta ou separadamente;

b) quando existirem veementes presunções resultantes de fatos já certos.

A ação de prova de filiação compete ao filho, enquanto viver, passando aos herdeiros, se ele morrer menor ou incapaz (art. 1.606 do CC). Se iniciada a ação pelo filho, os herdeiros poderão continuá-la, salvo se julgado extinto o processo.

7.11.3. Do reconhecimento dos filhos fora do casamento

No item anterior vimos como funciona a presunção de filiação quando se estão no bojo de um casamento.

Resta estudar agora o reconhecimento de filhos fora do casamento.

A maternidade da criança é algo sobre o que não há dúvida, pois o hospital atesta quem é mãe de uma dada criança. Porém, a paternidade, quando o pai não é casado com a mãe da criança, depende de reconhecimento da filiação por esse pai.

O art. 1.607 do CC dispõe que o filho havido fora do casamento pode ser reconhecido pelos pais, conjunta ou separadamente.

Esse reconhecimento é ato muito sério, daí porque a lei o considera **irrevogável**, ainda que tenha sido feito em testamento (art. 1.610 do CC). Não bastasse, são ineficazes a condição e o termo apostos ao ato de reconhecimento do filho (art. 1.613 do CC).

Em se tratando de **filho maior**, este não pode ser reconhecido sem o seu consentimento, e o menor pode impugnar o reconhecimento, nos quatro anos que se seguirem à maioridade, ou à emancipação (art. 1.614 do CC).

O reconhecimento pode ser feito das seguintes **formas**:

a) no registro do nascimento;

b) por escritura pública ou escrito particular, a ser arquivado em cartório;

c) por testamento, ainda que incidentalmente manifestado;

d) por manifestação direta e expressa perante o juiz, ainda que o reconhecimento não haja sido o objeto único e principal do ato que o contém.

Quanto ao **momento** em que o reconhecimento pode se dar, este pode preceder o nascimento do filho ou ser posterior ao seu falecimento, se ele deixar descendentes.

Porém, há casos em que alguém reconhece um filho fora do casamento, mas esse alguém é casado com outra pessoa. Nesse caso, a lei permite o reconhecimento, mas dispõe que o filho havido fora do casamento, reconhecido por um dos cônjuges, não poderá residir no lar conjugal sem o consentimento do outro (art. 1.611 do CC).

O filho reconhecido, enquanto menor, ficará sob a guarda do genitor que o reconheceu, e, se ambos o reconheceram e não houver acordo, sob a de quem melhor atender aos interesses do menor (art. 1.612 do CC).

Caso não haja reconhecimento espontâneo pelos pais, é possível que se ingresse com ação de investigação, cuja sentença que julgar procedente produzirá os mesmos efeitos do reconhecimento, mas poderá ordenar que o filho se crie e eduque fora da companhia dos pais ou daquele que lhe contestou essa qualidade (art. 1.616 do CC).

Sobre a questão, vale citar a Súmula nº 301 do STJ, pela qual "em ação investigatória, a recusa do suposto pai a submeter-se ao exame de DNA induz presunção *juris tantum* de paternidade".

Quanto à questão da maternidade, uma vez que esta constar do termo do nascimento do filho, a mãe só poderá contestá-la provando a falsidade do termo, ou das declarações nele contidas (art. 1.608 do CC).

7.11.4. Do poder familiar

O poder familiar é um **direito-poder** dos pais em relação aos **filhos menores** (art. 1.630 do CC). No passado, esse poder tinha o nome de pátrio poder.

Esse poder é exercido por **ambos os pais**, sendo que, caso haja divergência entre esses, qualquer deles pode recorrer ao juiz para a solução do desacordo.

Na falta ou impedimento de um deles, o outro exercerá o poder familiar com exclusividade.

Esse poder faz com que os pais tenham os seguintes **direitos/responsabilidades** em relação aos filhos menores (art. 1.634 do CC):

a) dirigir-lhes a criação e educação;

b) tê-los em sua companhia e guarda;

c) conceder-lhes ou negar-lhes consentimento para casarem;

d) nomear-lhes tutor por testamento ou documento autêntico, se o outro pai não lhe sobreviver, ou o sobrevivo não puder exercer o poder familiar;

e) representá-los, até aos dezesseis anos, nos atos da vida civil, e assisti-los, após essa idade, nos atos em que forem partes, suprindo-lhes o consentimento;

f) reclamá-los de quem ilegalmente os detenha;

g) exigir que lhes prestem obediência, respeito e os serviços próprios de sua idade e condição.

Caso os pais não estejam mais juntos, o poder familiar dos dois **continua existindo**. Porém, caberá a um dos dois ficar na companhia dos filhos.

O poder familiar se **extingue** nos seguintes casos:

a) pela morte dos pais ou do filho;

b) pela emancipação do filho;

c) pela maioridade;

d) pela adoção;

e) por decisão judicial, nos casos de perda do poder familiar.

É importante que fique claro que o pai ou a mãe que contrai novas núpcias, ou estabelece união estável, não perde, quanto aos filhos do relacionamento anterior, os direitos ao poder familiar, exercendo-os sem qualquer interferência do novo cônjuge ou companheiro.

A **suspensão** do poder familiar se dará quando o pai ou a mãe (art. 1.637 do Código Civil):

a) abusarem de sua autoridade;

b) forem condenados criminalmente em sentença cuja pena exceda a dois anos de prisão.

Já a **perda** do poder familiar se dará quando o pai ou a mãe (art. 1.638 do Código Civil):

a) castigarem imoderadamente o filho;

b) deixarem o filho em abandono;

c) praticarem atos contrários à moral e aos bons costumes;

d) incidirem, reiteradamente, no abuso de autoridade.

Além disso, verificada a hipótese de maus-tratos, opressão ou abuso sexual impostos pelos pais ou responsáveis, a *autoridade judiciária* poderá determinar, como **medida cautelar**, o *afastamento* do agressor da moradia comum, com fixação provisória de alimentos de que necessitem a criança ou adolescente dependente do agressor (art. 130 do Estatuto da Criança e do Adolescente).

Desvios e problemas decorrentes de culpa grave reiterada ou de dolo no exercício do poder familiar pelos pais devem ensejar suspensão do poder familiar e até perda do poder familiar, neste caso se configuradas as hipóteses do art. 1.638 do Código Civil.

Merece a aplicação das sanções os pais que utilizam o filho para atividades ilícitas, como as relacionadas ao tráfico ou a prostituição infantil. Tais casos revelam quase ausência total de valores positivos por parte dos pais, e, tudo indica, por parte dos filhos também, a justificar as medidas drásticas apontadas.

As sanções de suspensão e perda do poder familiar vêm sendo aplicadas também nos casos em que pais deixam de cuidar e de educar seus filhos, ainda que não tenha acontecido resultado lesivo visível num primeiro momento.

Outro caso que justifica a aplicação das medidas de suspensão e perda do poder familiar é o que decorre da chamada *alienação parental*.

A chamada Síndrome da Alienação Parental (SAP), também conhecida pela sigla em inglês PAS, recebeu esse nome de Richard Gardner, e consiste na situação em que o pai ou a mãe de uma criança a treina para romper os laços afetivos com o outro genitor, criando fortes sentimentos de ansiedade e temor em relação ao outro genitor. Exemplos de atuação nesse sentido são: a) exclusão do outro genitor da vida dos filhos; b) interferência nas visitas do outro genitor; c) ataque à relação entre filho e o outro genitor; d) ataque à imagem do outro genitor.

É importante não confundir a alienação parental com a síndrome, que pode ou não decorrer desta. A **alienação parental** é o afastamento do filho de um dos genitores, provocado pelo outro. Já a **síndrome da alienação parental** são as consequências emocionais e comportamentais que atingem a vítima da alienação parental.

Há estudos que revelam que 80% dos filhos de pais divorciados já sofreram algum tipo de alienação parental.

Porém, somente em caso mais graves é cabível a suspensão e até a perda do poder familiar. A esse respeito, *vide* o seguinte precedente, relatado pela brilhante Desembargadora do Tribunal de Justiça do Rio Grande do Sul, Desembargadora Maria Berenice Dias:

> "Destituição do poder familiar. Abuso sexual. Síndrome da alienação parental. Estando as visitas do genitor à filha sendo realizadas junto a serviço especializado, não há justificativa para que se proceda a destituição do poder familiar. A denúncia de abuso sexual levada a efeito pela genitora, não está evidenciada, havendo a possibilidade de se estar frente à hipótese da chamada síndrome da alienação parental. Negado provimento." (TJRS, AI 70015224140, j. 12.07.2006)

Além da alienação parental, há outro caso de grave descumprimento de dever de educação familiar. Trata-se da situação em que o pai ou a mãe não se relacionam com o filho, não cumprindo minimamente o dever de amparo afetivo, moral e intelectual. A situação vem sendo chamada doutrinariamente de **abandono afetivo** ou **abandono moral**.

Pais que assim agem estão sujeitos à perda do poder familiar por praticarem a conduta descrita no art. 1.638, II, do Código Civil.

Confira decisão do Superior Tribunal de Justiça destituindo mãe do poder familiar por conta de abandono afetivo:

> "Direito civil. Pátrio poder. Destituição por abandono afetivo. Possibilidade. Art. 395, inciso II, do Código Civil c/c art. 22 do ECA. Interesses do menor. Prevalência. – Caracterizado o abandono efetivo, cancela-se o pátrio poder dos pais biológicos. Inteligência do art. 395, II do Código Bevilacqua, em conjunto com o art. 22 do Estatuto da Criança e do Adolescente. Se a mãe abandonou o filho, na própria maternidade, não mais o procurando, ela jamais exerceu o pátrio poder." (REsp 275.568-RJ, rel. Humberto Gomes de Barros, j. 18.05.2004).

Por outro lado, fica também a discussão sobre que outras sanções ou consequências são cabíveis. No caso, a maior discussão é se cabe ou não reparação civil no caso.

O Superior Tribunal de Justiça, que não aceitava a tese de que cabe condenação ao pai ao pagamento de indenização por danos morais, mudou de posição. Confira:

> "**Danos morais.** Abandono **afetivo. Dever de cuidado.** O abandono afetivo decorrente da omissão do genitor no dever de cuidar da prole constitui elemento suficiente para caracterizar dano moral compensável. Isso porque o *non facere* que atinge um bem juridicamente tutelado, no caso, o necessário dever de cuidado (dever de criação, educação e companhia), importa em vulneração da imposição legal, gerando a possibilidade de pleitear compensação por danos morais por abandono afetivo. Consignou-se que não há restrições legais à aplicação das regras relativas à responsabilidade civil e ao consequente dever de indenizar no Direito de Família e que o cuidado como valor jurídico objetivo está incorporado no ordenamento pátrio não com essa expressão, mas com locuções e termos que manifestam suas diversas concepções, como se vê no art. 227 da CF. O descumprimento comprovado da imposição legal de cuidar da prole acarreta o reconhecimento da ocorrência de ilicitude civil sob a forma de omissão. É que, tanto pela concepção quanto pela adoção, os pais assumem obrigações jurídicas em relação à sua prole que ultrapassam aquelas chamadas *necessarium vitae*. É consabido que, além do básico para a sua manutenção (alimento, abrigo e saúde), o ser humano precisa de outros elementos imateriais, igualmente necessários para a formação adequada (educação, lazer, regras de conduta etc.). O cuidado, vislumbrado em suas diversas manifestações psicológicas, é um fator indispensável à criação e à formação de um adulto que tenha integridade física e psicológica, capaz de conviver em sociedade, respeitando seus limites, buscando seus direitos, exercendo plenamente sua cidadania. A Min. Relatora salientou que, na hipótese, não se discute o amar – que é uma faculdade – mas sim a imposição biológica e constitucional de cuidar, que é dever jurídico, corolário da liberdade das pessoas de gerar ou adotar filhos. Ressaltou que os sentimentos de mágoa e tristeza causados pela negligência paterna e o tratamento como filha de segunda classe, que a recorrida levará ad perpetuam, é perfeitamente apreensível e exsurgem das omissões do pai (recorrente) no exercício de seu dever de cuidado em relação à filha e também de suas ações que privilegiaram parte de sua prole em detrimento dela, caracterizando o dano in re ipsa e traduzindo-se, assim, em causa eficiente à compensação. Com essas e outras considerações, a Turma, ao prosseguir o julgamento, por maioria, deu parcial provimento ao recurso apenas para reduzir o valor da compensação por danos morais de R$ 415 mil para R$ 200 mil, corrigido desde a data do julgamento realizado pelo tribunal de origem. REsp 1.159.242-SP, Rel. Min. Nancy Andrighi, julgado em 24/4/2012 (Inform. STJ 496)".

8. Direito das Sucessões

8.1. Sucessões em geral

8.1.1. Introdução

A **sucessão** *causa mortis* pode ser **conceituada** como *a transmissão de um patrimônio em razão da morte de seu titular*.

São **espécies de sucessão** ***causa mortis*** as seguintes:

a) testamentária: é a que se verifica quando o destino dos bens se dá por disposição de última vontade do próprio autor da herança, manifestada por meio de testamento;

b) legítima, legal ou ***ab intestato***: é regulada pela lei de forma supletiva; ou seja, quando não há testamento ou quando este for parcial, tiver sido declarado nulo ou tiver caducado.

Quanto aos seus **efeitos**, há os seguintes tipos de sucessão:

a) a título universal: quando o sucessor (herdeiro) recebe todo o patrimônio do defunto ou uma fração da universalidade que este patrimônio representa;

b) a título singular: quando o sucessor (legatário) é contemplado com bem certo e individualizado, ou com vários bens determinados, só existe por testamento.

Já a **herança** pode ser **conceituada** como *o patrimônio deixado pelo morto, formado não só pelos bens materiais do falecido, mas também os seus direitos (créditos ou ações) e suas obrigações.*

A herança é considerada bem **imóvel**, além de bem **indivisível**, equivale a um condomínio, antes da partilha.

Os **fundamentos** da sucessão hereditária são os seguintes:

a) **propriedade:** há necessidade de os bens permanecerem com titulares, de modo que a propriedade possa continuar sendo (ou possa vir a ser) aproveitada, atendendo à sua função social (continuidade);

b) **família:** é conveniente não se deixar desamparadas pessoas bem próximas ao falecido, como filhos (presumida necessidade); ademais, é oportuno deferir às pessoas presumida ou efetivamente ligadas com afeição ao *de cujus* o patrimônio deste, de modo a propiciar-lhes melhor condição material de vida (presumida afeição);

c) **liberdade:** esse princípio é a favor da possibilidade de escolha do destino do patrimônio formado pelo autor da herança, dentro dos limites legais (liberdade); o princípio é exercido pela elaboração de um testamento.

8.1.2. Abertura da sucessão

O **momento** da abertura da sucessão é o da morte do "de cujus". A morte natural é comprovada pela certidão passada pelo oficial. Nos demais casos, faz-se necessária uma decisão judicial.

A abertura da sucessão tem as seguintes **consequências**:

a) os herdeiros sucessíveis sobrevivos recebem, sem solução de continuidade, a propriedade e a posse dos bens do defunto (art. 1.784 do CC); a exceção se dá quanto ao legatário (aquele que recebe um bem certo por meio de testamento); nesse caso, desde a abertura da sucessão, a coisa passa a pertencer a este, salvo se pender condição suspensiva; porém, não se defere de imediato a ele a posse da coisa (art. 1.923, *caput*, e § 1º, do CC);

b) faz iniciar o prazo de 30 dias para a instauração do inventário (art. 1.796 do CC).

O momento da sucessão também é relevante para a aferição da lei aplicável a esta. No caso, o art. 1.787 do CC dispõe que regula a sucessão e a legitimação para suceder a lei vigente ao tempo de sua abertura.

Quanto ao **lugar**, a sucessão abre-se no lugar do último domicílio do falecido (art. 1.785 do CC).

8.1.3. Herança e sua administração

O **objeto** da sucessão hereditária é a **herança**, ou seja, o *patrimônio do falecido, constituído pelo conjunto de direitos e obrigações que se transmitem com a morte do "de cujus"*.

Todavia, há direitos e obrigações que não se transmitem: a) direitos personalíssimos (ex.: poder familiar, direitos políticos, obrigação de fazer infungível – art. 247 do CC); b) uso, usufruto e habitação.

A herança tem as seguintes **características**:

a) natureza imobiliária: para efeitos legais, a sucessão aberta é um *imóvel* (art. 80, II do CC); como consequência, para a cessão da herança é necessário escritura pública (art. 1.793 do CC);

b) indivisibilidade: o direito dos coerdeiros quanto à propriedade e à posse da herança não pode ser dividido até a partilha (art. 1791, parágrafo único, do CC); como consequência, observa-se as normas relativas ao condomínio forçado; assim, cada condomínio pode reivindicar tudo sozinho; além disso cada condômino deve colaborar com a conservação da coisa;

c) unidade: a herança defere-se como um todo unitário, ainda que vários sejam os herdeiros (art. 1.791, *caput*, do CC); dessa forma, não é possível dividir a herança em vários espólios; todavia, com a partilha cessa o estado de indivisão retroativamente, formando-se o quinhão hereditário de cada herdeiro. União estável é exceção.

Quanto à cessão da herança, como regra, é possível ceder a quota hereditária (fração ideal na herança), atendido o seguinte:

a) é ineficaz a cessão de direito sobre bem certo, considerado singularmente (art. 1.793, § 2º, do CC);

b) é ineficaz a transmissão de bem certo sem prévia autorização do juiz (art. 1.793, § 3º, do CC);

c) deve-se respeitar o direito de preferência dos coerdeiros (art. 1.794 do CC); se mais de um herdeiro quiser a coisa, entre eles se distribui o quinhão cedido (art. 1.795, parágrafo único, do CC), na proporção das respectivas quotas hereditárias; o coerdeiro a quem não se der conhecimento da cessão poderá, depositado o preço, haver para si a cota cedida a estranho, se o requerer até 180 dias após a transmissão;

d) a cessão deve ser feita mediante escritura pública (art. 1.793, *caput*, do CC);

e) se o herdeiro for casado, é necessária a autorização do cônjuge, já que a herança é considerada imóvel enquanto estiver aberta (art. 80, II, do CC).

Por fim, é importante ressaltar que o herdeiro **não responde por encargos superiores às forças da herança**. Incumbe-lhe, porém, a prova do excesso, salvo se houver inventário que a escuse, demonstrando o valor dos bens herdados (art. 1.792 do CC).

Até o compromisso do inventariante, a **administração da herança** caberá, sucessivamente (art. 1.797 do CC):

a) ao cônjuge ou companheiro, se com o outro convivia ao tempo da abertura da sucessão;

b) ao herdeiro que estiver na posse e administração dos bens, e, se houver mais de um nessas condições, ao mais velho;

c) ao testamenteiro;

d) à pessoa de confiança do juiz, na falta ou escusa das indicadas nos incisos antecedentes, ou quando tiverem de ser afastadas por motivo grave levado ao conhecimento do juiz.

8.1.4. Vocação hereditária

Tem bastante relevância para o direito das sucessões a **capacidade para suceder**, que pode ser conceituada como *a aptidão da pessoa para receber bens deixados pelo "de cujus"*.

Não se trata da capacidade civil genérica, mas da legitimação da pessoa para receber bens por sucessão *causa mortis*.

Deve-se verificar a capacidade para suceder no momento em que se verifica a abertura da sucessão.

Na **sucessão legítima**, tem legitimidade para suceder as seguintes pessoas: a) já nascidas; ou b) já concebidas no momento da abertura da sucessão (art. 1.798 do CC).

Na **sucessão testamentária**, tem legitimidade para suceder as seguintes pessoas:

a) os filhos, ainda não concebidos, de pessoas indicadas pelo testador, desde que vivas estas ao abrir-se a sucessão; nesse caso, os bens da herança serão confiados, após a liquidação ou partilha, a curador nomeado pelo juiz;

b) as pessoas jurídicas;

c) as pessoas jurídicas, cuja organização for determinada pelo testador sob a forma de fundação.

Não tem capacidade para suceder as seguintes pessoas (art. 1.801 do CC):

a) a pessoa que, a rogo, escreveu o testamento, nem o seu cônjuge ou companheiro, ou os seus ascendentes e irmãos;

b) as testemunhas do testamento;

c) o concubino do testador casado, salvo se este, sem culpa sua, estiver separado de fato do cônjuge há mais de cinco anos;

d) o tabelião, civil ou militar, ou o comandante ou escrivão, perante quem se fizer, assim como o que fizer ou aprovar o testamento.

São **nulas** as disposições testamentárias em favor de pessoas **não legitimadas** a suceder, ainda quando simuladas sob a forma de contrato oneroso, ou feitas mediante interposta pessoa (art. 1.802 do CC). Para esse fim, presumem-se pessoas interpostas os ascendentes, os descendentes, os irmãos e o cônjuge ou companheiro do não legitimado a suceder. Por exemplo, se o testador deixa bens para o filho de sua concubina, essa disposição será nula, pois o filho é descendente da concubina, caracterizando a proibição de usar interposta pessoa para burlar a regra que a ilegitima para a sucessão.

O testador só poderá testar em favor do filho do concubino quando se tratar de um filho seu também (art. 1.803 do CC).

8.1.5. Aceitação da herança

A **aceitação da herança** pode ser **conceituada** como *o ato jurídico unilateral pelo qual o herdeiro, legítimo ou testamentário, manifesta livremente sua vontade de receber a herança que lhe é transmitida.*

Uma vez **aceita** a herança, torna-se **definitiva** sua transmissão ao herdeiro, **desde a abertura da sucessão**.

Por outro lado, quando o herdeiro **renuncia** à herança, a transmissão tem-se por **não verificada** (art. 1.804 do CC).

Confira, agora, as **espécies de aceitação**:

a) expressa: se resulta de manifestação escrita do herdeiro (art. 1.805 do CC);

b) tácita: se resulta de comportamento próprio da qualidade de herdeiro (art. 1.805 do CC); por exemplo, pela tomada de providências, por parte do herdeiro, para fazer a cessão onerosa da herança; ou pela postura de cobrar devedores da herança;

c) presumida: decorrente do silêncio do herdeiro após ser instado pelo juiz, provocado por interessado, após 20 dias da abertura da sucessão (art. 1.807 do CC);

d) aceitação pelos credores: caso o herdeiro prejudique seus credores, renunciando a uma herança, os próprios credores poderão aceitar a herança, em nome do renunciante (art. 1.813 do CC); a habilitação dos credores se fará no prazo de 30 dias seguintes ao conhecimento do fato; pagas as dívidas do renunciante, prevalece a renúncia quanto ao remanescente, que será devolvido aos demais herdeiros.

O Código Civil estabelece as seguintes **limitações** à aceitação da herança:

a) não se pode aceitar a herança **parcialmente**, **sob condição** ou **a termo** (art. 1.808 do CC);

b) a aceitação é **irrevogável** (art. 1.812 do CC).

Por outro lado, a aceitação, **em alguns casos**, pode ser **parcial ou total**:

a) a herança e o legado são independentes, podendo-se aceitar um e renunciar a outro, e vice-versa (art. 1.808, § 1º, do CC);

b) o herdeiro, chamado, na mesma sucessão, a mais de um quinhão hereditário, sob títulos sucessórios diversos, pode livremente deliberar quanto aos quinhões que aceita e aos que renuncia (art. 1.808, § 2º, do CC).

Falecendo o herdeiro, antes de aceitar, essa prerrogativa passa aos seus herdeiros, salvo condição suspensiva pendente (art. 1.809 do CC).

8.1.6. Renúncia da herança

A **renúncia da herança** pode ser **conceituada** como *o ato jurídico unilateral pelo qual o herdeiro declara expressamente que não aceita a herança a que tem direito* (art. 1.806 do CC).

São **requisitos** da renúncia os seguintes:

a) capacidade jurídica do renunciante;

b) forma prescrita em lei: instrumento público ou termo judicial (art. 1.806 do CC);

c) inadmissibilidade de condição ou termo (art. 1.808 do CC);

d) não realização de ato equivalente à aceitação, já que a aceitação é irrevogável (art. 1.812 do CC);

e) impossibilidade de repúdio parcial (art. 1.808 do CC).

A renúncia da herança tem os seguintes **efeitos**:

a) considera-se que a transmissão da herança não foi verificada (art. 1.804, parágrafo único, do CC);

b) os herdeiros do renunciante não o representarão (art. 1.811 do CC);

c) a parte do renunciante será acrescida à dos outros herdeiros da mesma classe e, sendo ele o único desta, devolve-se aos da classe subsequente (art. 1.810 do CC);

d) a renúncia é irrevogável (art. 1.812 do CC);

e) se houve verdadeira renúncia, o renunciante não haverá de pagar imposto de transmissão de bens *causa mortis*; porém, se deu-se o nome de renúncia algo que, na verdade, é a cessão da herança para alguém, haverá de ser pago imposto de transmissão.

8.1.7. Excluídos da sucessão por indignidade

A **exclusão da sucessão por indignidade** pode ser **conceituada** como *a pena civil que priva do direito à herança herdeiros ou legatários que cometerem atos graves contra o autor da herança ou pessoa próxima a ele, taxativamente enumerados em lei.*

Tal exclusão **opera-se** da seguinte maneira: a) verifica-se se um herdeiro ou legatário cometeu algum dos atos que a lei considera de indignidade enquanto o autor da herança era vivo; b) os legitimados devem ingressar com ação judicial visando a que o juiz reconheça a indignidade e aplique a pena, no prazo previsto na lei.

Repare que o autor da herança não tem participação alguma no processo de exclusão do indigno da herança.

São causas de **exclusão** da sucessão as seguintes condutas de herdeiros ou legatários (art. 1.814 do CC):

a) quando houverem sido autores, coautores ou partícipes de homicídio doloso ou tentativa deste contra a pessoa de cuja sucessão se tratar: seu cônjuge, seu companheiro, seu ascendente, seu descendente; repare que deve se tratar de crime contra a vida; deve-se tratar, ainda, de crime doloso; não é necessária a prévia condenação criminal; um exemplo, a situação de uma filha que mata ou manda matar os pais;

b) quando houverem acusado caluniosamente em juízo autor da herança (denunciação caluniosa – art. 339 do CP) ou incorrerem em crime contra a honra deste, ou de seu cônjuge ou companheiro;

c) quando por violência ou meios fraudulentos atentarem contra a liberdade de testar do autor da herança de dispor livremente de seus bens por ato de última vontade; por exemplo, um herdeiro constranger o testador a fazer algo, ou impedi-lo de revogar o testamento etc.

Quanto à declaração jurídica de indignidade, esta não opera de pleno direito, devendo ser declarada por sentença proferida em ação ordinária.

A **legitimidade** para propor essa ação é daquele que tiver **legítimo interesse**. Por exemplo, o coerdeiro, o legatário e o fisco, na falta de sucessores. Há quem entenda que até o Ministério Público possa ingressar com essa ação, desde que haja interesse público. Nesse sentido é o Enunciado CJF 116.

A exclusão do herdeiro ou legatário ficará prejudicada se o autor da herança, por meio de testamento ou documento autêntico, reabilitar o indigno (art. 1.818 do CC).

O prazo decadencial para o ingresso da ação é de 4 anos contados da abertura da sucessão (art. 1.815 do CC). Não é possível a propositura dessa ação enquanto o autor da herança ainda estiver vivo.

São *pessoais* os **efeitos** da exclusão da herança ou do legado por indignidade. Assim, o excluído é considerado *como se morto fosse* (art. 1.816 do CC), podendo seus descendentes representá-lo na herança do falecido.

São válidas as alienações onerosas de bens hereditários a terceiros de boa-fé e os atos de administração legalmente praticados pelo herdeiro, antes da sentença de exclusão; mas aos herdeiros subsiste, quando prejudicados, o direito de demandar-lhes perdas e danos.

O excluído da sucessão é obrigado a restituir os frutos e rendimentos que dos bens da herança houver percebido, mas tem direito a ser indenizado das despesas com a conservação destes.

Em vida, o autor da herança só poderá deserdar, instituto que não se confunde com a indignidade.

A **deserdação** é *o ato unilateral do testador, que se aperfeiçoa com êxito em ação ordinária proposta por interessado, que exclui da sucessão herdeiro necessário, por testamento, motivado em causas taxativamente previstas em lei.* As causas são as mesmas da indignidade (art. 1.962 do CC), mais ofensa física, injúria grave, relações ilícitas no âmbito familiar (com a madrasta, padrasto, enteado etc.) e desamparo em alienação mental ou grave enfermidade.

A deserdação só atinge os *herdeiros necessários*, ao passo que a exclusão por indignidade atinge qualquer herdeiro ou legatário.

A deserdação deve ser feita por testamento, o qual é obrigado a expor expressamente a declaração da sua causa (art. 1.964 do CC).

Além disso, o interessado deverá ingressar com ação para provar a causa da deserdação, no prazo de 4 anos, a contar da data da abertura do testamento.

8.2. Sucessão legítima

8.2.1. Direito de representação

O **direito de representação** pode ser **conceituado** como *a convocação legal de parentes do falecido a suceder em todos os direitos em que ele sucederia se vivo fosse* (art. 1.851 do CC).

A finalidade do direito de representação é preservar a equidade, reparando a perda sofrida pelo representante, pela morte prematura do representado.

São **requisitos** para o exercício do direito de representação os seguintes:

a) haver o representado falecido antes do autor da herança;

b) dar-se a representação só na linha reta (art. 1.833 do CC – *ad infinitum*) e na linha transversal em benefício dos sobrinhos (filhos do irmão falecido – art. 1.840 do CC);

c) descender o representante do representado.

São **efeitos** do direito de representação os seguintes:

a) os representantes herdam exatamente o que caberia ao representado se vivo fosse e sucedesse (art. 1.854 do CC); ou seja, herdam por estirpe, e não por cabeça;

b) o quinhão do representado partir-se-á por igual entre os representantes (art. 1.855 do CC);

c) a quota que os representantes receberem não responde por débitos do representado (já que não entrou no seu patrimônio), mas só por débitos do "de cujus";

d) mas representantes terão que trazer à colação bens recebidos em doação por representado;

e) o direito de representação só se opera na sucessão legítima, nunca na testamentária.

8.2.2. Ordem de vocação hereditária (art. 1.829 do CC)

De acordo com o art. 1.829 do Código Civil, a sucessão legítima defere-se na seguinte ordem:

I. **aos descendentes, em concorrência com o cônjuge sobrevivente**

Porém, estão fora da primeira classe os seguintes cônjuges sobreviventes:

a) casados sob o regime da comunhão universal;

b) casados sob o regime da separação obrigatória de bens (STJ, Inf. 418: inclui separação *legal* e *convencional*);

c) casados sob regime da comunhão parcial, quando o autor da herança não houver deixado bens particulares;

De outra parte, estão dentro da primeira classe os seguintes cônjuges sobreviventes:

a) casados sob regime de comunhão parcial, quando o autor da herança houver deixado bens particulares;

b) casados sob o regime de participação final nos aquestos.

É importante observar que o cônjuge sobrevivente não tem direito à herança se, no momento da morte, estava separado judicialmente ou de fato por mais de dois anos, salvo prova, neste caso, de que a convivência se tornara impossível sem a culpa dele.

Se o cônjuge sobrevivente concorrer com os descendentes, seu quinhão será, em princípio, igual ao que couber a cada um deles por cabeça, mas a quota do cônjuge sobrevivente não poderá ser menor do que ¼ da herança, caso seja ascendente dos herdeiros com quem concorrer (art. 1832 do CC).

II. **aos ascendentes, em concurso com o cônjuge**

O cônjuge terá direito a 1/3 da herança, se concorrer com ambos os pais do *de cujus*; e à metade, se concorrer com um só deles, ou com ascendentes de outro grau (ex.: avós).

III. **ao cônjuge sobrevivente**

Na falta de descendentes e de ascendentes, o cônjuge sobrevivente terá direito a toda a herança, sem qualquer distinção quanto ao regime de bens.

IV. **aos colaterais**

Primeiramente são chamados os irmãos do morto (pode haver representação dos filhos de irmão falecido). Depois, os sobrinhos. Os tios só serão convocados quando não existir sobrinho algum. Na falta de tios, chama-se os colaterais de quarto grau (primos, tios-avós e sobrinhos-netos).

8.2.3. Sucessão dos descendentes

A sucessão dos descendentes se dá da seguinte forma:

a) **por cabeça**, *per capita* ou por direito próprio (todos são do mesmo grau): a herança é dividida em partes iguais, de acordo com o número de herdeiros;

b) **por estirpe ou por direito de representação**: quando concorrem descendentes de graus diferentes.

Por exemplo: "A" tem 3 filhos ("B", "C" e "D"); "B" morre antes de "A" e deixa 2 filhos ("B1" e "B2"), que serão os representantes de "B", "C" e "D" recebem 1/3 da herança; "B1" e "B2", 1/6 cada.

Ou seja, o quinhão do representado (pré-morto, indigno ou deserdado) é dividido entre os representantes ("B1 e "B2").

Não existe direito de representação na linha ascendente. Na colateral, só é deferido em favor dos sobrinhos do morto, quando concorrerem com os irmãos deste (art. 1.853 do CC).

8.2.4. Sucessão do companheiro

O companheiro sobrevivente, embora seja herdeiro legítimo, não é *necessário* (ao contrário do cônjuge sobrevivente).

De acordo com o art. 1.790, participará da sucessão do outro, quanto aos bens adquiridos onerosamente na vigência da união estável, nos seguintes termos:

I. se concorrer com filhos comuns, terá direito a uma quota equivalente à que por lei for atribuída ao filho;

II. se concorrer com descendentes só do autor da herança, tocar-lhe-á a metade do que couber a cada um deles;

III. se concorrer com outros parentes sucessíveis, terá direito a um terço da herança;

IV. não havendo parentes sucessíveis, terá direito à totalidade da herança.

8.2.5. Herdeiros necessários

São **herdeiros necessários** os *descendentes*, os *ascendentes* e o *cônjuge* (art. 1.845 do CC). Repare que o *companheiro* não é considerado herdeiro necessário.

Os herdeiros necessários têm uma **vantagem**, qual seja: pertence a eles, de pleno direito, a metade dos bens da herança, constituindo a *legítima*.

Calcula-se a **legítima** sobre o valor dos bens existentes na abertura da sucessão, abatidas as dívidas e as despesas do funeral, adicionando-se, em seguida, o valor dos bens sujeitos a colação (art. 1.847 do CC).

A legítima, a princípio, **não pode ser gravada** pelo autor da herança. Todavia, **se houver justa causa**, declarada no testamento, pode o testador estabelecer cláusula de inalienabilidade, impenhorabilidade e de incomunicabilidade sobre os bens da legítima (art. 1.848 do CC). Mediante autorização judicial e havendo justa causa, podem ser alienados os bens gravados, convertendo-se o produto em outros bens, que ficarão sub-rogados nos ônus dos primeiros.

Com relação à outra metade da herança (metade disponível), o autor da herança pode destiná-la a todos àqueles que têm capacidade para suceder. Aliás, se o testador deixar a algum herdeiro necessário sua parte disponível, ou algum legado, esse herdeiro não perderá o direito à legítima.

Para excluir da sucessão os herdeiros colaterais, basta que o testador disponha de seu patrimônio sem os contemplar, pois tais herdeiros, por não serem herdeiros necessários, não têm a eles reservado a legítima.

8.3. Sucessão testamentária

A **sucessão testamentária** pode ser **conceituada** como *aquela que decorre de expressa manifestação de última vontade, em testamento ou codicilo.*

No testamento **dispõe-se sobre** bens e também sobre reconhecimento de filhos, nomeação de tutor, reabilitação do indigno etc.

Extingue-se em 5 anos o **prazo para impugnação de sua validade**, a partir de seu registro.

São **características** do testamento as seguintes:

a) é personalíssimo: ou seja, não pode ser feito por procurador;

b) é negócio jurídico unilateral, ou seja, aperfeiçoa-se com única declaração de vontade;

c) é proibido o testamento conjuntivo ou de mão comum ou mancomunado, já que a lei veda o pacto sucessório, tendo em vista a revogabilidade do testamento;

d) é negócio jurídico solene, gratuito, revogável, *causa mortis* (só tem efeito após a morte do testador.

Quanto à **capacidade para testar**, é conferida aos plenamente capazes e aos maiores de 16 anos.

Não podem testar os incapazes e os que, no ato de fazê-lo, não tiverem pleno discernimento.

São **formas ordinárias** de testamento as seguintes:

a) **testamento público:** *é o escrito por tabelião, de acordo com as declarações do testador, que pode se servir de notas, devendo ser lavrado o instrumento e lido em voz alta pelo primeiro ao segundo e a 2 testemunhas (ou pelo testador na presença dos demais), com posterior assinatura de todos*; o surdo deverá ler ou designar quem o leia, se não souber; ao cego só se permite testamento público, que lhe será lido duas vezes (pelo tabelião e uma testemunha); o analfabeto só pode utilizar essa forma; o surdo-mudo, não podendo ler em voz alta, nem ouvir a leitura, e o mudo (não pode efetuar suas declarações) não podem fazê-lo;

b) **testamento cerrado (secreto ou místico):** *é o escrito pelo testador ou outra pessoa (a seu rogo) e por aquele assinado, desde que aprovado pelo tabelião, que o recebe na presença de 2 testemunhas, com a declaração pelo testador de que se trata de seu testamento e quer que seja aprovado, lavrando-se auto de aprovação, que deve ser lido, em seguida, ao testador e às testemunhas, assinando todos*; deve-se cerrar e coser o instrumento aprovado; ao final, entrega-se ao testador e lança-se no livro local a data em que o testamento foi aprovado e entregue; quem não saiba (analfabeto) ou não possa (cego) ler, não pode utilizá-lo; o surdo-mudo pode, se escrever tudo; o juiz só não o levará em consideração se achar vício externo que o torne eivado de nulidade ou suspeito de falsidade;

c) **testamento particular (hológrafo):** *é o que pode ser escrito de próprio punho ou mediante processo mecânico, devendo ser lido e assinado por quem o escreveu, na presença de pelo menos três testemunhas, que o devem subscrever*; as testemunhas devem confirmar em juízo, podendo o juiz fazê-lo se comparecer ao menos uma delas, havendo prova suficiente de sua veracidade; não podem dele utilizar os cegos e analfabetos; em circunstâncias excepcionais declaradas na cédula, o testamento particular de próprio punho e assinado pelo testador, sem testemunhas, poderá ser confirmado, a critério do juiz.

Já o **codicilo** *trata-se de ato de última vontade destinado a disposições de pequeno valor.* Toda pessoa capaz de testar poderá, mediante escrito particular seu, datado e assinado, fazer disposições especiais sobre seu enterro, sobre esmolas de pouca monta a certas e determinadas pessoas, ou, independentemente, aos pobres de certo lugar, assim como legar móveis, roupas ou joias, de pouco valor, de seu uso pessoal, e ainda nomear ou instituir testamenteiros.

Revoga-se o codicilo por outro (expressamente) ou por testamento posterior, de qualquer natureza, que não o confirme ou modifique.

São **testamentos especiais:** os marítimos, aeronáuticos e militares, sendo utilizados em situações emergenciais.

Quanto às **disposições testamentárias**, confira algumas regras:

a) **regras proibitivas:**

- ✔ não cabe nomeação de herdeiro a termo (salvo nas disposições fideicomissárias), considerando-se não escrita a fixação de data ou termo;
- ✔ não cabe disposição com condição captatória (é proibido o pacto sucessório);
- ✔ é nula a cláusula que se refira a pessoa incerta, cuja identidade não se possa averiguar.

b) **regras permissivas:**

- ✔ a nomeação pode ser pura e simples, quando não haja qualquer condição ou ônus;
- ✔ a nomeação pode ser feita sob condição suspensiva ou resolutiva, desde que lícitas e possíveis, ou mediante encargo (para certo fim ou modo), que pode ser exigido do beneficiário, não se falando em revogação pelo descumprimento, salvo se expressamente prevista pelo testador, e, ainda, por certo motivo.

Instituto importante em matéria de sucessão testamentária é o do **legado**. Este pode ser **conceituado** como a *coisa certa e determinada deixada a alguém (legatário), por testamento ou codicilo.* O legado pode ser de coisas, crédito, quitação de dívida, alimentos, usufruto, imóvel, dinheiro, renda ou pensão vitalícia.

A aquisição do legado é diferente da regra geral da aquisição da herança, que se dá com a *saisine*. Isso porque, aberta a sucessão, o legatário adquire apenas a propriedade de coisa, se esta for coisa certa, existente no acervo. No entanto, se tratar de coisa incerta (escolhe-se a de qualidade média), só adquire essa coisa quando da partilha. Quanto à posse, o legatário não tem como exigi-la imediatamente. Poderá apenas pedi-la aos herdeiros, que verificarão quanto à possibilidade, não podendo obtê-la por sua própria autoridade. Os frutos, todavia, pertencem ao legatário desde a morte do testador, salvo o de dinheiro, que decorre da mora.

Outro tema relevante na sucessão testamentária é o da **caducidade**. Segundo o Código Civil, um testamento deixa de produzir efeitos pela nulidade, pela revogação ou pela caducidade, que se dá pela falta do objeto (modificação substancial feita pelo testador, alienação da coisa, evicção ou perecimento) ou pela falta do beneficiário (por exclusão, renúncia, falta de legitimação ou morte – não há direito de representação).

Questão bastante interessante é relativa ao **direito de acrescer**, temática que se coloca quando o testador contempla vários beneficiários, deixando-lhes a mesma herança ou coisa, em porções não determinadas, e um dos concorrentes vem a faltar.

Nesse caso, não havendo substituto designado pelo testador, será acrescido ao quinhão dos coerdeiros ou colegatários conjuntamente contemplados o quinhão daquele que vem a faltar, salvo se estes têm cotas hereditárias determinadas.

Confira um exemplo em que caberá o direito de acrescer: "deixo o imóvel X a Fulano e Beltrano". Vindo a faltar Fulano, Beltrano ficará com a parte do primeiro, pelo direito de acrescer.

No entanto, esse direito não se aplica no seguinte caso: "deixo metade do imóvel X a Fulano e metade do imóvel X a Beltrano". Nesse caso, vindo a faltar Fulano, e não havendo substituto para ele, sua cota vai aos herdeiros legítimos.

Falando em substituto, o instituto da **substituição** pode ser **conceituado** como *a indicação de certa pessoa para recolher a herança ou legado, caso o nomeado venha a faltar*.

A substituição pode ser **vulgar** ou **fideicomissária:**

a) **substituição vulgar e recíproca:** é a que se verifica quando o testador nomeia um herdeiro ou legatário para receber a quota que caberia àquele que não quis ou não pôde receber; é *recíproca* quando os herdeiros ou legatários são nomeados substitutos uns dos outros.

b) **substituição fideicomissária:** é aquela em que o testador (fideicomitente) institui alguém como fiduciário para ser seu herdeiro ou legatário e receber a herança ou legado quando for aberta a sucessão, mas estabelece que seu direito será resolvido, em favor de outrem (fideicomissário), por razão de sua morte, após determinado prazo, ou depois de verificada certa condição.

O art. 1.952 do Código Civil só permite a substituição fideicomissária em favor dos não concebidos ao tempo da morte do testador. Caso o fideicomissário contemplado no testamento já tenha nascido quando da abertura da sucessão, a lei determina que o direito de propriedade dos bens abrangidos pelo testamento seja a ele transmitida imediatamente, mas o fiduciário terá direito de usufruto sobre tais bens, até que seja verificada a condição ou o termo estabelecido no testamento.

O art. 1.959 do Código Civil considera nulos os fideicomissos além de segundo grau.

Outro tema relevante é o da **revogação do testamento**.

Segundo o art. 1.969 do Código Civil, "o testamento pode ser revogado pelo mesmo modo e forma como pode ser feito."

Dessa forma, o testamento deve ser revogado por outro testamento.

A revogação pode ser das seguintes espécies: a) *expressa* (ou *direta*); b) *tácita* ou *indireta* (ex.: o novo testamento tem disposições incompatíveis com o anterior); c) *total*; d) *parcial*; e) real (quando o testamento cerrado ou particular for destruído com o consentimento do testador).

Já o **rompimento do testamento** consiste na ineficácia deste pelo fato de o testador não ter conhecimento da existência de herdeiros necessários seus, quando da elaboração do testamento.

O art. 1.974 do Código Civil dispõe que "sobrevindo descendente sucessível ao testador, que não o tinha ou não o conhecia quando testou, rompe-se o testamento em todas as suas disposições, se esse descendente sobreviver ao testador".

Por fim, vale uma palavra acerca de instituto que vem sendo objeto de muitas controvérsias atualmente, o chamado "testamento vital", documento que estabelece disposições sobre o tipo de tratamento de saúde, ou não tratamento, que a pessoa deseja no caso de não ter condições de manifestar a sua vontade.

A doutrina, calcada no princípio da dignidade da pessoa humana, vem entendendo que é válida essa declaração de vontade, desde que expressa em documento autêntico (vide, por exemplo, o Enunciado nº 528 do CJF).

8.4. Inventário e partilha

O inventário e a partilha visam à divisão dos bens deixados pelo "de cujus". Para tanto, procede-se à apuração do quinhão de cada herdeiro, seguindo-se à partilha de bens.

A lei processual civil dispõe que, "havendo testamento ou interessado incapaz, proceder-se-á ao inventário judicial; se todos forem capazes e concordes, poderá fazer-se o inventário e a partilha por **escritura pública**, a qual constituirá título hábil para o registro imobiliário" (art. 982 do CPC).

Repare que, havendo incapaz, o inventário deverá ser feito judicialmente. Não havendo, poderá ser feito em cartório extrajudicial, sendo necessário, todavia, a presença de **advogado**.

O inventário judicial pode ter três **ritos**:

a) *tradicional*, aplicável quando não cabível outro rito (arts. 982 a 1.030 do CPC);

b) *arrolamento sumário*, aplicável quando todos os interessados forem maiores e capazes, abrangendo bens de quaisquer valores, bem como quando houver um único herdeiro (art. 1.031 do CPC);

c) *arrolamento comum*, aplicável quando os bens do espólio sejam de valor igual ou inferior a 2.000 OTN's (art. 1.036 do CPC).

O inventário judicial costuma ter as seguintes fases:

a) pedido de abertura do inventário;

b) nomeação do inventariante e assinatura do compromisso;

c) primeiras declarações apresentadas pelo inventariante, que deverá descrever os bens, os créditos e as obrigações do espólio, bem como deverá indicar os valores e a nomeação dos sucessores;

d) citação dos interessados, da Fazenda Pública e do Ministério Público, quando for o caso;

e) avaliação dos bens, que poderá se dispensada;

f) últimas declarações;

g) cálculo do imposto de transmissão *causa mortis*, homologação pelo juiz e recolhimento;

h) pedido de quinhões, deliberação de partilha, esboço e auto de partilha; quando houver herdeiro único, os bens serão adjudicados;

i) juntada das negativas fiscais;

l) expedição de formal de partilha, ou de carta de adjudicação.

Tema relevante é o dos sonegados.

A sonegação pode ser conceituada como *a ocultação dolosa dos bens da herança, ou sujeitos à colação.*

A consequência dessa conduta é a perda do direito que o sonegador teria sobre os bens sonegados. Porém, o reconhecimento desse comportamento e a perda desse direito dependem de ação própria.

Outro instituto relevante em matéria de inventário e partilha é o da **colação**. Esta pode ser **conceituada** como *a restituição ao monte do valor das liberalidades recebidas do autor da herança por seus descendentes, a fim de nivelar as legítimas.*

O autor da herança pode, por meio de testamento ou no próprio título da liberalidade, **dispensar** o beneficiário do ato da colação, dispondo que a liberalidade está saindo da parte disponível de sua herança.

Está dispensado de colacionar o descendente que, ao tempo da realização da doação, não seria chamado à sucessão na qualidade de herdeiro necessário (p. ex.: neto que recebe quando o avô tem filhos vivos).

Os ascendentes não são obrigados a colacionar.

O objeto da colação é o *valor* das doações certo ou estimativo, que lhes atribuir o ato de liberalidade.

Apenas as doações é que deverão ser trazidas à colação, não estando sujeitos a esta os *gastos ordinários* do ascendente com o descendente, tais como: despesas com educação, estudo, sustento, vestuário, saúde, casamento, ou os feitos no interesse da defesa do filho em processo-crime, pouco importando, neste último caso, o desfecho do processo, ou seja, se houve absolvição ou condenação.

7. Direito Processual Civil

Luiz Dellore

1. Teoria geral do processo civil

1.1. Lide e Formas de Solução da Lide

1.1.1. Introdução

O homem vive em sociedade e necessita dos mais diversos bens, que não existem em número suficiente para todos – ou seja, são escassos. Diante disso, há conflitos entre as pessoas que compõem a sociedade para a obtenção de determinados bens. Para tentar regular a vida em sociedade, surgem regras de comportamento (direito positivo).

Porém, a existência de regras não é suficiente para evitar ou eliminar todos os conflitos que podem surgir. Nessas situações, caracteriza-se a *insatisfação* – que é um fator de instabilidade. Ou seja, para se manter a paz social, os *conflitos, litígios ou lides devem ser eliminados.*

1.1.2. Lide

A **lide** é a *pretensão qualificada pela resistência*, conforme clássica definição do autor italiano Carnelutti.

Indo além do conceito carneluttiano, outro autor italiano (que viveu no Brasil), Liebman, definiu lide como *pretensão qualificada pela resistência, deduzida em juízo*. A inclusão da expressão "deduzida em juízo" significa que, para Liebman, só aquilo que é levado à apreciação do Judiciário é que será pacificado – e que, portanto, interessa ao direito processual.

Já que a lide é um fator antissocial, deve ser pacificada. Se os litigantes não observam espontaneamente as regras de comportamento (*normas primárias*), então deverá haver a aplicação de sanções (*normas secundárias*).

1.1.3. Formas de solução da lide

A evolução da solução da lide, ao longo da história, pode ser assim sintetizada:

(i) **Autotutela**: *imposição da decisão por uma das partes, especialmente pela força.*

(ii) **Autocomposição**: *um ou ambos os litigantes abrem mão da sua pretensão.*

(iii) **Arbitragem facultativa**: *os litigantes, espontaneamente, buscam um terceiro de sua confiança para decidir a lide (normalmente o ancião ou líder religioso).*

(iv) **Arbitragem obrigatória**: *o Estado impõe a obrigação de se solucionar a lide via um árbitro, vedando a autotutela.*

(v) **Jurisdição**: *poder estatal de aplicar o direito em relação a uma lide.*

(vi) **ADRs**: da sigla em inglês, *formas alternativas de decisão da lide.*

1.1.4. ADR (*alternative dispute resolution* – formas alternativas de solução da lide)

Nos últimos anos ganham força em nosso país os métodos alternativos de solução da lide, dentre os quais se destacam:

a) conciliação: *o conciliador busca o consenso entre os litigantes e tem uma postura propositiva, sugerindo soluções para as partes.* Tem previsão no CPC.

b) mediação: *o mediador busca o consenso entre os litigantes e tem uma postura de induzir que as próprias partes encontrem a solução.* No momento, não há lei que a regulamente.

c) **arbitragem**: *as partes estabelecem que a decisão da lide será proferida por um árbitro privado, que conheça a matéria em debate e não por um juiz do Poder Judiciário*. Uma vez que haja a opção pela arbitragem, não é possível a utilização da jurisdição. É prevista pela Lei 9.307/1996. Não se deve confundir a moderna arbitragem (ADR) com a arbitragem facultativa mencionada no tópico anterior.

Um ponto comum às ADRs é que não há decisão judicial. Uma forma de distinguir as três figuras é a seguinte:

- ✔ o **mediador** é *terceiro* que busca o acordo entre as partes, *mas sem sugerir a solução*;
- ✔ o **conciliador** é *terceiro* que busca o acordo entre as partes, *sugerindo a solução*;
- ✔ o **árbitro** é *terceiro* que irá *decidir a lide*.
- ✔ Os métodos alternativos de solução da lide têm sido muito estimulados. Nesse sentido, o CNJ editou a Resolução n. 125, cuja ementa é a seguinte " Dispõe sobre a Política Judiciária Nacional de tratamento adequado dos conflitos de interesses no âmbito do Poder Judiciário e dá outras providências. ". Merecem destaque os seguintes pontos da referida resolução:
- ✔ a promoção de incentivo à autocomposição através de parcerias firmadas entre o Poder Judiciário, entidades públicas e privadas (ex: universidades, instituições de ensino);
- ✔ a criação dos Núcleos Permanentes de Métodos Consensuais de Solução de Conflitos, dentro dos Tribunais, nos quais serão instalados os "Centros Judiciários de Solução de Conflitos" onde acontecerão as sessões e audiências de conciliação e mediação;
- ✔ o incentivo de órgãos como a Ordem dos Advogados do Brasil, Defensoria Pública, Ministério Público e Procuradorias a participarem dos "Centros Judiciários" para valorizar a atuação na prevenção dos litígios;
- ✔ a criação de um banco de dados para armazenar as informações obtidas através das atividades desenvolvidas nos Centros Judiciários;
- ✔ a criação do Portal da Conciliação, no site do CNJ, para compartilhamento de informações, resultados, projetos, pesquisas, realização de fórum de discussão sobre o tema.
- ✔ o defensor público tem atuado em prol da conciliação mesmo quando o assistido procura a defensoria para o ajuizamento de medida judicial. Da mesma forma, a atuação dos defensores nas semanas e mutirões de conciliação é firme no sentido de buscar o consenso mesmo após o ajuizamento do processo judicial.

1.2. Jurisdição e competência

1.2.1. Conceito de jurisdição: *poder estatal de aplicar o direito (decidir) em relação a um caso concreto (lide).*

A jurisdição é exercida pelos juízes, que são escolhidos pelo próprio Estado. Apesar de a jurisdição ser una e indivisível como função estatal, existem algumas classificações.

1.2.2. Divisão da Jurisdição conforme a lide debatida (matéria objeto do conflito)

Por questões de conveniência e melhor divisão do trabalho, não é todo juiz do Brasil que irá julgar toda e qualquer causa. Entende-se que é conveniente uma divisão conforme a lide em discussão.

Desta forma, há uma especialização conforme a matéria debatida em juízo. Assim, há diversos ramos da Jurisdição. No atual sistema constitucional brasileiro, a divisão existente é a seguinte:

Ordinária (comum)	**Federal (CF, art. 109, I)** **Estadual (CF, art. 125)**
Extraordinária (especializada)	**Eleitoral (CF, art. 118)** **Trabalhista (CF, art. 111)** **Penal Militar (CF, art. 122)**

Conforme a lide discutida em juízo, um dos ramos do Poder Judiciário será o competente para apreciar a causa em detrimento dos demais.

A partir da natureza da lide debatida, deve-se analisar se a questão é da competência de uma das três Justiças Especializadas (Eleitoral, Trabalhista ou Militar). Se não for, conclui-se se tratar de causa de competência da Justiça Comum (Federal ou Estadual).

Na Justiça Comum, deve-se analisar se algum ente federal é parte do processo (CF, art. 109, I: União, autarquias ou empresas públicas federais): se for, a competência será da Justiça Federal; se não for, a competência será da Justiça Estadual – que, portanto, é a residual. Mas, ainda assim, é a que tem a maior quantidade de causas e juízes.

1.2.3. Conceito de competência

É a medida, parcela, parte da jurisdição. Ou seja, apesar de todo juiz ser investido na jurisdição, *cada magistrado tem uma parcela, um pedaço da jurisdição*, para julgar determinadas causas. Isto é a competência.

1.2.4. Divisão da competência

Existem diversos critérios para a classificação da competência. Aqui destacamos os mais relevantes.

1.2.4.1. Em relação ao juiz brasileiro ou juiz estrangeiro

Há **competência concorrente** quando o *juiz brasileiro e o juiz de outro país podem tratar da matéria* (CPC, art. 88). Isso ocorre nas seguintes situações:

(i) réu domiciliado no Brasil;

(ii) obrigação tiver de ser cumprida no Brasil;

(iii) ação se origina de fato ocorrido ou de ato praticado no Brasil.

Nestes casos, a decisão estrangeira, para ser executada no Brasil, deve inicialmente passar pelo procedimento de **homologação de sentença estrangeira (CPC, arts. 483 e 484)**, procedimento de competência *exclusiva do STJ* (CF, art. 105, I, "i").

Além disso, fala-se em **competência exclusiva** quando *somente juiz brasileiro pode tratar da matéria* (CPC, art. 89). Verifica-se nas seguintes hipóteses:

(i) imóveis situados no Brasil;

(ii) inventário e partilha de bens situados no Brasil.

Assim, nessas situações, ainda que um juiz estrangeiro profira alguma decisão, não poderá ser homologada nem, portanto, aplicada no Brasil. Terá de existir, necessariamente, um processo mediante um juiz brasileiro tratando do tema.

Não confundir hipóteses de competência exclusiva / concorrente com situações nas quais há limites à jurisdição, como nos casos de **Estados estrangeiros e seus chefes / agentes diplomáticos**. Nesses casos, *o Estado estrangeiro pode não se submeter à jurisdição nacional.*

Apesar de existir divergência jurisprudencial quanto à extinção de plano no caso de demanda contra Estado estrangeiro, o STJ tem entendido que deve haver a citação para que tal ente "querendo, oponha resistência à sua submissão à autoridade judiciária brasileira" (STJ, RO 64-SP, **Informativo** 395). Isso porque, apesar de não ser frequente, pode o Estado estrangeiro se submeter à jurisdição brasileira.

1.2.4.2. Tipos e espécies de competência:

A questão é regulada pelo CPC, art. 111.

Os dois tipos são a **competência absoluta**, *fundada em interesse público, que não pode ser alterada por vontade das partes*, e a **competência relativa**, *fundada no interesse das partes, e que pode ser alterada se estas assim quiserem.*

Como espécies da competência absoluta há:

✔ **competência em razão da matéria:** *Justiça Federal, Estadual ou Trabalhista? Vara Cível, Criminal ou Família?*

✔ **competência em razão da função** ou **competência hierárquica**: *competência originária em 1º grau (regra) ou em grau superior? (exceção, como em casos de foro por prerrogativa de função)*

Nestas situações, ainda que haja contrato entre as partes escolhendo que a lide será solucionada por outro órgão judiciário, isso não será aceito pelo juiz. Exatamente porque se trata da competência absoluta, não há liberdade das partes para alterá-la.

Como espécies da competência relativa há:

✔ **competência territorial**: *São Paulo ou Rio de Janeiro? Belo Horizonte ou Curitiba?*

✔ **competência em razão do valor**: *Juizado Especial ou Vara tradicional da Justiça Estadual?*

Nestes casos, diferentemente do que se expôs em relação à competência absoluta, é possível se falar em **foro de eleição:** *podem as partes optar, em contrato, por um órgão judiciário situado em comarca distinta daquela prevista em lei como a territorialmente competente.* Exatamente porque esta competência se funda no interesse das partes.

No tocante à **competência em razão do valor**, vale destacar que, apesar de ser incompetência relativa, no sistema brasileiro atual, não há espaço para contrato entre as partes. *A única possibilidade que se tem é a escolha, pelo autor, do JEC ou da vara tradicional da Justiça Estadual.*

Conforme o tipo de competência (absoluta ou relativa), há distinções em relação às consequências para o processo. E isso é importante especialmente em relação às **situações de incompetência**.

No quadro a seguir verificam-se as distinções entre a competência absoluta e relativa em relação a três situações:

Tipo de competência/Distinções	Conhecimento de ofício pelo juiz (parte precisa provocar?)	Forma de arguição pelo réu	Consequências da não arguição
Absoluta	**Sim (CPC, art. 113)**	**Preliminar de Contestação (CPC, art. 301, II)**	**Pode ser alegada / Conhecida a qualquer tempo e grau de jurisdição. (CPC, art. 113) Após coisa julgada, cabe rescisória. (CPC, art. 485, II)**
Relativa	**Não* (CPC, art. 112, 113 e 114)**	**Exceção de Incompetência relativa (CPC, art. 112, 304 e 307)**	**Prorrogação da competência (CPC, art. 114)**

Em regra, o juiz deve *conhecer de ofício a incompetência absoluta* e *não pode conhecer de ofício a incompetência relativa* (STJ, Súmula 33: A incompetência relativa não pode ser declarada de ofício).

Contudo, em relação ao **conhecimento de ofício da incompetência relativa pelo juiz**, há uma **exceção** (CPC, art. 112, p.u. – por isso o asterisco no quadro acima). Tratando-se de situação em que há *contrato de adesão (relação de consumo) e há cláusula de eleição de foro em prejuízo do consumidor, poderá o juiz declarar de ofício a incompetência territorial*, diante do ajuizamento da demanda por parte do fornecedor.

Tratando-se de incompetência relativa (territorial), a parte deve se valer da exceção de incompetência relativa. Já se o caso for de incompetência absoluta, o réu se utiliza da própria contestação, alegando essa defesa em preliminar.

No tocante a não arguir a incompetência, é conveniente debater o **conceito de preclusão**: trata-se da *perda de uma faculdade processual pela parte*. Ou seja, a parte poderia ter realizado algum ato processual, mas não o fez – e, assim, perdeu a possibilidade de fazê-lo.

Como a incompetência absoluta pode ser alegada a qualquer tempo e grau de jurisdição, percebe-se que não há a preclusão. E, inclusive, após a formação da coisa julgada, ainda é possível se utilizar a ação rescisória pelo prazo de dois anos contados do trânsito em julgado (CPC, art. 495).

Por outro lado, se a parte não ingressar com a exceção de incompetência relativa no prazo e forma previstos em lei, não poderá assim proceder posteriormente. Portanto, percebe-se que a incompetência relativa preclui. Denomina-se **prorrogação da competência** o fenômeno pelo qual *o juiz antes relativamente incompetente passa a ser relativamente competente, diante da ausência de exceção de incompetência territorial*. É possível concluir que somente pode ocorrer a prorrogação no tocante à incompetência relativa.

1.2.5. Critérios para fixação da competência territorial

O CPC e leis extravagantes bem regulam a fixação da competência territorial.

Existem duas **regras**, a saber:

(i) na hipótese de **direito pessoal** ou **direito real sobre móveis**, a competência para o julgamento da causa será o *foro do domicílio do réu* (CPC, art. 94).

(ii) tratando-se de **direito real sobre imóveis**, competente para julgar a lide será o *foro do local da coisa* (CPC, art. 95).

Em relação ao art. 94 do CPC, existem algumas situações adicionais previstas no dispositivo legal. Se o *réu tiver mais de um domicílio*, "será demandado no foro de qualquer deles"; se tiver *domicílio incerto ou desconhecido*, "será demandado onde for encontrado ou no foro do domicílio do autor"; caso *não tenha domicílio no Brasil*, a causa "será proposta no foro do domicílio do autor", sendo que *se também o autor residir fora do Brasil*, a causa "será proposta em qualquer foro"; e se houver litisconsórcio passivo com *réus com domicílios distintos*, o autor poderá optar por qualquer dos foros (CPC, art. 94, §§).

Já em relação ao art. 95 do CPC, apesar de se tratar de competência territorial (e, portanto, em regra passível de modificação pela vontade das partes), a parte final do artigo traz casos em que **não cabe foro de eleição**: "Pode o autor, entretanto, optar pelo foro do domicílio ou de eleição, **não recaindo** o litígio sobre *direito de propriedade, vizinhança, servidão, posse, divisão e demarcação de terras e nunciação de obra nova*". Assim, nesses casos, obrigatoriamente a competência será do local do imóvel, *não se admitindo a modificação por vontade das partes*.

Ademais, *além destas duas regras gerais* (arts. 94 e 95 do CPC), existem diversas **exceções** tanto no próprio CPC como em leis extravagantes.

No CPC, o tema é tratado nos arts. 96 a 100:

- ✔ no **inventário, partilha ou arrecadação**: foro do *último domicílio do falecido* – mesmo foro competente para todas as ações em que o espólio for réu (CPC, art. 96);
- ✔ porém, se o falecido **não possuía domicílio certo**, competente será o *foro da situação dos bens* ou, se existiam bens em lugares diferentes, o *foro do local do óbito* (CPC, art. 96, p.u.);
- ✔ nas demandas em que o **ausente for réu**: *foro de seu último domicílio* (CPC, art. 97);
- ✔ quando o **réu for incapaz**: *foro do domicílio de seu representante* (CPC, art. 98);
- ✔ no momento em que a **União for autora**: seção judiciária (termo para foro na Justiça Federal) do *domicílio do réu* (CF, art. 109, § 1º);
- ✔ quando a **União for ré**: seção judiciária em que for *domiciliado o autor*, naquela onde houver *ocorrido o ato ou fato* que deu origem à demanda ou onde esteja situada a coisa, ou, ainda, *no Distrito Federal* (CF, art. 109, § 2º);
- ✔ no **divórcio**: foro do *domicílio da mulher* (CPC, art. 100, I). Discute-se se o dispositivo seria constitucional, considerando a isonomia. Ainda afirma-se que sim, especialmente em situações em que a mulher é hipossuficiente (STF, RE 227114, SEGUNDA TURMA, julgado em 22/11/2011, informativo 649);
- ✔ na **ação de alimentos**: foro do domicílio de *quem pleiteia alimentos* (CPC, art. 100, II);
- ✔ nas indenizações decorrentes de **acidente de veículo ou de ato ilícito**: foro do *local do fato* ou do domicílio do autor (CPC, art. 100, p.u.);
- ✔ nas lides envolvendo **relações de consumo**: foro do *domicílio do consumidor* (CDC, art. 101, I);
- ✔ nas **ações de despejo**, se não houver foro de eleição: foro do *local do imóvel* (L. 8245/1991, art. 58, II).

Como se pode perceber, em muitas dessas situações de exceção, o legislador buscou facilitar o acesso à justiça para a parte mais fraca, ou seja, para a parte **hipossuficiente**. Assim, inverteu a regra de que é competente o foro do domicílio do réu.

Contudo, vale destacar que, como se está diante de competência territorial (relativa) e como essas exceções servem para facilitar a postulação em juízo para os autores, nada impede que o autor ajuíze a causa no domicílio do réu.

1.2.6. Exemplos de fixação de Justiça e foro competentes

Para concluir este tópico, vale analisar alguns exemplos de fixação de competência, tanto em relação à competência em razão da matéria como em relação à competência territorial.

a) batida de carro entre particulares, ocorrida em São Paulo, autor domiciliado em Santos e réu domiciliado em Campinas:

✔ Justiça Estadual, foro competente: São Paulo ou Santos (CPC, art. 100, p.u.);

b) batida de carro entre uma ambulância da Secretaria de Saúde do Estado do Rio de Janeiro e um particular, ocorrida no Rio de Janeiro, autor domiciliado em Niterói:

✔ Justiça Estadual, foro competente: Rio de Janeiro ou Niterói (CPC, art. 100, p.u.);

c) batida de carro entre uma ambulância do Ministério da Saúde e um particular, ocorrida em Belo Horizonte, autor domiciliado em Betim:

✔ Justiça Federal (CF, art. 109, I), foro competente: Belo Horizonte ou Betim (CPC, art. 100, p.u.);

d) usucapião de imóvel situado em São José dos Pinhais, possuidor e proprietários particulares, domiciliados em Curitiba:

✔ Justiça Estadual, foro competente: São José dos Pinhais (CPC, art. 95);

e) despejo por falta de pagamento de imóvel situado em Recife, locador domiciliado em Olinda, locatário domiciliado em Recife:

✔ Justiça Estadual, foro competente: Recife (Lei 8.245/91, art. 58, II – local do imóvel, salvo se houver foro de eleição);

f) ação revisional de aposentadoria contra o INSS, aposentado domiciliado em Luziânia/GO, cidade que não tem Justiça Federal (subseção judiciária mais próxima: Goiânia):

✔ Justiça Estadual, foro competente: Luziânia. Apesar de o INSS ser órgão federal, se não há Justiça Federal na Comarca, a causa será julgada perante a Justiça Estadual – com recurso julgado pelo TRF da 1a Região (CF, art. 109, §§ 3° e 4°);

g) ação indenizatória de particular contra a União. Pessoa domiciliada em Lauro de Freitas/BA, cidade que não tem Justiça Federal (subseção judiciária mais próxima: Salvador):

✔ Justiça Federal, foro competente: Salvador. No caso, como a ação é contra a União e não o INSS, não se aplica a regra do tópico anterior (CF, art. 109, I);

h) reclamação trabalhista de empregado da Caixa Econômica Federal (empresa pública federal), que reside e trabalha em Manaus:

✔ Justiça do Trabalho, foro competente: Manaus. Apesar de a reclamada ser ente federal, a justiça especializada atrai a competência em relação à Justiça Comum (CF, art. 109, I, parte final);

i) ação indenizatória de danos morais de empregado contra sua empregadora. Empregado domiciliado em Vila Velha, empresa sediada em Vitória:

✔ Justiça do Trabalho, foro competente: Vila Velha. Apesar de o dano moral ser um instituto típico do direito civil e não da área trabalhista, a competência é da Justiça do Trabalho (CF, art. 114, VI);

j) acidente do trabalho em que o acidentado pleiteia uma diferença em relação ao que é pago pelo INSS a título de auxílio-acidente. Acidente ocorrido na Comarca de Imbituba/SC, que não tem Justiça Federal (subseção judiciária mais próxima: Florianópolis):

✔ Justiça Estadual, foro competente: Imbituba. Apesar do INSS ser Federal, no acidente do trabalho, por previsão constitucional, considerando o objetivo de facilitar o acesso à justiça do acidentado, a competência é da Justiça Estadual – com recurso julgado pelo TJ (CF, art. 109, I, parte final);

k) acidente do trabalho em que o acidentado pleiteia danos morais afirmando que o acidente somente ocorreu por culpa do seu empregador. Acidente ocorrido em Porto Alegre:

✔ Justiça do Trabalho, foro competente: Porto Alegre. A jurisprudência do STF fixou a competência da Justiça do Trabalho para se pleitear danos decorrentes de acidente do trabalho em face do empregador (CF, art. 114, VI – STF, CC 7204, j. 29/06/05).

1.2.7. Alterações da competência após o ajuizamento da demanda

A regra prevista na legislação processual é a ***perpetuatio jurisdictionis***, ou seja, *a competência é fixada no momento da propositura da ação, sendo irrelevantes as posteriores alterações que porventura ocorram* (CPC, art. 87).

Assim, se o réu mudar de endereço durante o trâmite do processo, não haverá redistribuição da causa.

Contudo, o próprio art. 87 do CPC, que prevê a *perpetuatio*, traz *exceções*: haverá a redistribuição se (i) houver supressão do órgão judiciário perante o qual tramitava a causa ou (ii) houver alteração da competência em razão da competência absoluta (matéria ou hierarquia / função).

Assim, se uma vara for extinta ou se mudar a competência da vara (de vara cível para vara de família), aí será possível a redistribuição da causa.

Por sua vez, se houver **conexão** (*duas ou mais demandas que têm a mesma causa de pedir ou o pedido* – CPC, art. 103) ou **continência** (*duas ou mais demandas em que há identidade de partes e de causa de pedir, mas o pedido de uma é mais amplo que o das outras* – CPC, art. 104), haverá a reunião das duas causas para julgamento conjunto (CPC, art. 105). Isso ocorrerá de modo a evitar decisões contraditórias e para prestigiar a celeridade e economias processuais.

Nessas hipóteses, a **prevenção** é que *determinará qual o juízo responsável pelo julgamento de ambas as demandas*, ou seja, o juiz que primeiro tiver tido contato com a lide é que julgará as causas conexas ou continentes.

Contudo, há aqui uma dificuldade no CPC, com dois artigos aparentemente conflitantes.

De um lado, o art. 106 destaca que: "correndo em separado ações conexas perante juízes que têm a mesma competência territorial, considera-se *prevento aquele que despachou em primeiro lugar*".

De seu turno, o art. 219, *caput*, preceitua que: "a citação válida torna prevento o juízo".

A jurisprudência (STJ, CC 39.595/DF, DJ 09.02.2005) resolveu o problema da seguinte forma: aplica-se o art. 106 (prevenção pelo *primeiro despacho*), nos termos de sua redação, quando se estiver diante da *mesma competência territorial* (ou seja, mesma comarca); aplica-se o art. 219 (prevenção pela *citação*) quando se estiver diante de *competência territorial distinta* (ou seja, comarcas distintas).

E há ainda outro aspecto decidido pela jurisprudência: o **primeiro despacho capaz de ensejar a prevenção** é o *despacho de conteúdo positivo*, ou seja, que determina a citação do réu. O despacho do juiz que determina a emenda da inicial não acarreta a prevenção (STJ, REsp 217.860/PR, DJ 20/09/1999).

Utiliza-se o **conflito de competência** se *um ou mais juízes entenderem que são competentes ou incompetentes para julgar a mesma causa* (CPC, art. 115). O conflito pode ser suscitado pelo juiz, MP ou partes (CPC, art. 116).

O conflito pode ser **negativo** (os dois juízes entendem que são *incompetentes* para julgar a causa) ou **positivo** (os dois juízes entendem que são *competentes* para julgar a causa).

O conflito é decidido pelo Tribunal que seja hierarquicamente superior aos dois juízes envolvidos no conflito.

Ou seja:

- ✔ se o conflito for entre o juiz de direito da 1ª Vara Cível do Rio de Janeiro e o juiz de direito da 2ª Vara Cível de Niterói, competente para julgar o conflito será o TJRJ;
- ✔ se o conflito for entre o juiz da 1ª Vara Federal do Rio de Janeiro e o juiz de direito da 2ª Vara Cível de Niterói, competente para julgar o conflito será o STJ.

1.3. Princípios processuais

Os **princípios** são a *base na qual se assenta qualquer ramo do direito, permeando toda sua aplicação. Dão ao sistema um aspecto de coerência e ordem*. Assim, os princípios processuais dão coerência e lógica ao sistema processual.

1.3.1. Princípio do acesso à justiça (inafastabilidade do controle jurisdicional)

O **princípio do acesso à justiça** garante que *o jurisdicionado, diante de uma lide, poderá buscar a solução via jurisdição, sendo indevidas quaisquer limitações à possibilidade de se acionar o Judiciário*. É previsto na CF, art. 5º, XXXV: "a lei não excluirá da apreciação do Poder Judiciário lesão ou ameaça a direito".

Um exemplo de limitação seria a dificuldade de a parte pobre arcar com as custas do processo. Para tanto, de modo a garantir o acesso à justiça, há a previsão da assistência jurídica (CF, art. 5º, LXXIV, e Lei 1.060/1950).

Nesse contexto, fundamental a atuação da Defensoria Pública para garantir o amplo acesso à justiça aos economicamente hipossuficientes.

Por fim, destaque-se que houve discussão se a arbitragem (forma de ADR, como já visto) violaria o acesso à justiça, já que veda a possibilidade de discussão da lide perante o Judiciário. Prevalece a posição de que, diante da opção das partes pela arbitragem, não há violação ao princípio (STF, SE 5206 AgR, DJ 30-04-2004).

1.3.2. Princípio do devido processo legal

Este é um princípio pelo qual muito dos demais princípios são extraídos. É previsto na CF, art. 5º, LIV: "ninguém será privado da liberdade ou de seus bens sem o devido processo legal". Para o processo civil, é certo que o princípio se refere à perda de bens.

O princípio se aplica a diversas situações (há alta abstração) e indica as condições mínimas para o trâmite do processo.

Pode-se definir o **princípio do devido processo legal** como o *princípio que determina que o Estado-juiz não deve agir de qualquer forma, mas sim de uma forma específica, prevista em lei (regras previamente estabelecidas)*. E, sem essa forma, não é possível à parte perder seus bens em virtude de um processo judicial. Tanto o autor como o réu são beneficiários do princípio.

Mais recentemente, tem se falado em **devido processo legal formal** (conceito acima exposto) e, também, em **devido processo legal substancial** (ou **material**), o qual *assegura que uma sociedade só será submetida a leis razoáveis* (princípio da razoabilidade das leis).

1.3.3. Princípio da ampla defesa

O **princípio da ampla defesa** é a *garantia de qualquer réu de ter plenas condições de apresentar seus argumentos de defesa*. Pode ser entendido como o reverso do princípio do acesso à justiça. É positivado no art. 5º, LV da CF: "aos litigantes (...) são assegurados o contraditório e ampla defesa, com os meios e recursos a ela inerentes".

O dispositivo constitucional faz menção a "recursos" inerentes à ampla defesa. Não se deve entender o termo em seu sentido técnico processual (ato que busca revisão de uma decisão judicial), mas sim como meios para que a defesa seja plenamente exercitada.

Porém, a ampla defesa não significa que tudo aquilo que o réu pretende alegar ou provar deve ser levado em consideração. O juiz deve analisar a pertinência e conveniência das provas e das alegações.

1.3.4. Princípio do contraditório

O **princípio do contraditório** pode ser assim definido: *quando uma parte se manifesta, a outra também deve ter a oportunidade de fazê-lo*. É positivado no art. 5º, LV, da CF, reproduzido no tópico acima.

Trata-se de um binômio: "informação e possibilidade de manifestação". O primeiro é indispensável; o segundo é opcional, ou seja, não haverá violação ao princípio se a parte, ciente (informada), não se manifestar.

Em hipóteses de urgência, a concessão de alguma medida pelo juiz antes da manifestação da parte contrária não importa em violação ao princípio – desde que, posteriormente, a outra parte seja ouvida. Este seria o pedido de liminar *inaudita altera parte* (sem que se ouça a outra parte).

1.3.5. Princípio do juiz natural (princípio da vedação do tribunal de exceção)

O **princípio do juiz natural** preceitua que o *órgão julgador competente para determinada causa deve existir e ser conhecido antes de ocorrido o fato a ser julgado*. É previsto no art. 5º da CF, em dois incisos: "XXXVII – não haverá juízo ou tribunal de exceção" e "LIII – ninguém será processado nem sentenciado senão pela autoridade competente".

Assim, o juiz natural é o juiz competente previsto em lei (Constituição e Códigos) para julgar a lide em abstrato, antes mesmo de sua ocorrência.

O objetivo do princípio é garantir a *imparcialidade* do julgador, a qual é usualmente deixada de lado quando se cria um tribunal *ad hoc* (para determinado ato, após a sua ocorrência).

Deve-se ter cuidado para não confundir o juiz natural com a identidade física do juiz (princípio adiante analisado).

1.3.6. Princípio da isonomia (princípio da igualdade)

Pelo **princípio da isonomia** *o juiz deve tratar, no âmbito do processo, as partes da mesma forma*. Há previsão na CF, art. 5º, *caput* ("Todos são iguais perante a lei") e no CPC, art. 125, I (o qual prevê que o juiz deve "assegurar às partes igualdade de tratamento").

Assim, prevê o princípio que o Judiciário deve tratar os litigantes da mesma forma, sem que haja benefícios em prol de um e em detrimento do outro. Como exemplo, os prazos processuais devem ser os mesmos tanto para o autor como para o réu.

Contudo, por vezes a própria legislação cria situações processuais distintas entre os litigantes. E isso se justifica pela necessidade de se equilibrar a posição entre as partes, em virtude de uma prévia desigualdade, ou seja, o princípio da igualdade também significa tratar desigualmente os desiguais – na medida de suas desigualdades (ex.: isenção de custas somente para a parte hipossuficiente).

1.3.7. Princípio da proibição de provas ilícitas

O princípio da **proibição da prova ilícita** deixa claro que "são inadmissíveis, no processo, as provas obtidas por meios ilícitos" (CF, art. 5º, LVI). O valor que se busca proteger é a intimidade das pessoas (também protegida na CF, art. 5º, X).

Se uma prova ilícita for levada ao processo, esta não deverá ser levada em conta pelo magistrado no momento do julgamento.

Derivada uma prova lícita de uma inicialmente ilícita, o entendimento majoritário é de que persiste a nulidade (esta é a denominada **teoria do fruto da árvore envenenada**).

1.3.8. Princípio da publicidade

O **princípio da publicidade** prevê que *os atos processuais e a tramitação do processo devem ser, em regra, públicos*. É previsto no art. 93, IX da CF: "todos os julgamentos dos órgãos do Poder Judiciário serão públicos (...)".

Porém, não se trata de um princípio absoluto, já que há situações em que o processo pode ser sigiloso. E isso é previsto na própria CF, no art. 5º, LX: "a lei só poderá restringir a publicidade dos atos processuais quando a defesa da intimidade ou o interesse social o exigirem".

Assim, em certos casos – como nas discussões envolvendo direito de família –, tendo em vista a defesa da intimidade, o processo não será público para terceiros, em virtude do **segredo de justiça** (CPC, art. 155).

1.3.9. Princípio da motivação (princípio da fundamentação)

Pelo **princípio da motivação** *toda decisão proferida pelo Poder Judiciário deverá ser fundamentada, explicada, motivada pelo magistrado que a profere.* É positivado na CF, art. 93, IX: "todos os julgamentos dos órgãos do Poder Judiciário serão públicos, e fundamentadas todas as decisões (...)".

A finalidade é que as partes saibam a razão pela qual seus argumentos foram aceitos ou, principalmente, negados. Inclusive de modo a se ter condições de impugnar a decisão, via recurso. Caso não haja motivação, a decisão será nula.

1.3.10. Princípio da duração razoável do processo (princípios da economia e celeridade)

O **princípio da duração razoável do processo** foi inserido na Constituição pela EC 45/2004 (Reforma do Judiciário). Nos termos do art. 5º, LXXVIII, "a todos, no âmbito judicial e administrativo, são assegurados a razoável duração do processo e os meios que garantam a celeridade de sua tramitação".

É a expressão positivada dos princípios implícitos da economia processual e da celeridade (parte da doutrina trata estes dois princípios como sinônimos).

Para os que entendem existir diferença, o **princípio da economia processual** busca *um processo econômico não só em relação ao tempo, como também recursos humanos, recursos materiais, custos etc.* Já quando se fala em **princípio da celeridade**, *a ideia é um processo que não tenha uma duração prolongada.*

1.3.11. Princípio do duplo grau de jurisdição

Como não se trata de um princípio explícito, há quem entenda não se tratar de um princípio. Contudo, a posição majoritária é que se trata de um princípio implícito, que decorre do devido processo legal.

O **princípio do duplo grau de jurisdição** pode ser definido como a *possibilidade de reexame de uma decisão judicial, por um outro órgão jurisdicional, usualmente superior.*

Contudo, reconhece-se que em algumas hipóteses o princípio pode ser excepcionado. Como exemplo, podem ser apontadas os acórdãos proferidos em causas de competência originária do STF (ex.: ADI – ação direta de inconstitucionalidade).

1.3.12. Princípio da inércia (princípio dispositivo)

O **princípio da inércia** determina que, *para a atuação do Judiciário visando a solucionar uma lide, há necessidade de manifestação da parte interessada.* Ou seja, o Judiciário fica inerte até que seja provocado pelo autor. O princípio está previsto nos arts. 2º e 262 do CPC e tem por objetivo garantir a imparcialidade do juiz.

Porém, existem algumas *exceções* no sistema, em que a própria legislação afirma que o juiz poderá agir *de ofício* (ou seja, sem provocação da parte). Como exemplo, o art. 989 do CPC, que traz a possibilidade de início do inventário pelo juiz, caso não haja a provocação pelos legitimados.

1.3.13. Princípio da congruência (princípio da adstrição do juiz ao pedido ou da correlação)

Como decorrência do princípio dispositivo, há o **princípio da congruência**, o qual aponta que *o juiz apenas pode conceder o que foi pedido pela parte.* É previsto nos arts. 128 e 460 do CPC.

Se o Judiciário somente pode se movimentar se provocado pela parte (princípio dispositivo), é certo que tal Poder não deve conceder algo além do que foi pleiteado pela parte.

Se o juiz conceder algo fora do que foi pedido, fala-se em decisão *extra petita* (a parte pede dano material e o juiz concede dano moral). Se o juiz conceder algo além do que foi pedido, fala-se em decisão *ultra petita* (a parte pede R$ 10 mil de dano moral e o juiz concede R$ 20 de dano moral). Nesses dois casos, há nulidade da decisão.

1.3.14. Princípio do livre convencimento motivado do juiz (princípio da livre convicção ou da persuasão racional)

O **princípio do livre convencimento motivado** regula a avaliação das provas existentes nos autos e está previsto no art. 131 do CPC. Assim, *o juiz não está vinculado a qualquer prova em específico, mas ao conjunto probatório como um todo – contudo, ao decidir, terá de indicar os motivos que deram base a seu convencimento.*

Ou seja, uma prova não vale mais que a outra. E um exemplo claro disto é que o juiz não está vinculado à conclusão do perito no laudo pericial (CPC, art. 436). Porém, reitere-se, deverá fundamentar o porquê de não acolher ou acolher determinada prova. Relembre-se que o princípio da motivação já aponta esta necessidade.

1.3.15. Princípio da oralidade

O **princípio da oralidade** é aquele que *estimula a realização dos atos processuais por meio verbal; ou seja, mediante a realização de audiências.*

Para que se compreenda este princípio, há de se analisar seus *subprincípios,* ou seja, a finalidade da oralidade é:

a) aproximar o juiz das partes e das provas (**princípio da imediatidade** – CPC, art. 446, II);

b) reduzir a instrução a um número mínimo de audiências (audiência una) e a um pronto julgamento (**princípio da concentração** – CPC, art. 455 e 456);

c) na linha do princípio acima exposto, deve-se evitar que, a cada interlocutória, o processo seja suspenso (**princípio da irrecorribilidade das interlocutórias** – CPC, arts. 522 e 527, III, sendo que o agravo retido como regra e a limitação à concessão do efeito suspensivo no agravo de instrumento são exemplos disso);

d) determinar que esse juiz que produziu a prova julgue a causa (**princípio da identidade física do juiz** – CPC, art. 132).

Apesar de seguir previsto no Código, o princípio da oralidade vem perdendo muita força na jurisprudência.

1.3.16. Princípio da lealdade processual

O processo acarreta sempre a manifestação de ambas as partes (*vide* princípio do contraditório). É certo que a ida ao Judiciário já decorre da existência da lide, o que muitas vezes significa um grau acentuado de animosidade entre os litigantes. Contudo, o processo não pode ser um local de conflito.

Daí o princípio da **lealdade processual**, que *busca evitar uma atuação desleal ou fraudulenta das partes e de seus advogados, no âmbito do processo, prevendo sanções processuais para quem assim atue.* Apesar do foco do princípio ser as partes, aplica-se também a todos que atuam no processo.

Como expressão do princípio pode-se destacar a **litigância de má-fé**, *figura processual que prevê multa à parte que agir deslealmente no processo* (CPC, arts. 17 e 18).

A parte (autor, réu, terceiro) é considerada litigante de má-fé *quando* (CPC, art. 17):

- ✔ deduzir pretensão ou defesa contra texto expresso de lei ou fato incontroverso;
- ✔ alterar a verdade dos fatos;
- ✔ usar do processo para conseguir objetivo ilegal;
- ✔ opuser resistência injustificada ao andamento do processo;
- ✔ proceder de modo temerário em qualquer incidente ou ato do processo;
- ✔ provocar incidentes manifestamente infundados;
- ✔ interpuser recurso com intuito manifestamente protelatório.

A condenação em litigância de má-fé importa em (i) *multa* de, no máximo, *1% do valor da causa*, além de (ii) *indenização* à parte contrária pelos danos sofridos, honorários e despesas. Essa indenização será desde logo fixada pelo juiz, em quantia não superior a 20% do valor da causa ou mediante liquidação por arbitramento.

A imposição da pena por litigância de má-fé poderá ser imposta **de ofício ou a requerimento da parte** (CPC, art. 18).

Se houver litisconsórcio entre os litigantes de má-fé, haverá condenação de forma proporcional ou mesmo de forma solidária, se os litigantes se coligaram para lesar a parte contrária (CPC, art. 18, § º).

Figura *análoga* à litigância de má-fé, própria do processo de execução (e cumprimento de sentença), é o **ato atentatório à dignidade da justiça**. É previsto no art. 600 do CPC, para quando o executado:

- ✔ frauda a execução;
- ✔ se opõe maliciosamente à execução, empregando ardis e meios artificiosos;
- ✔ resiste injustificadamente às ordens judiciais;
- ✔ intimado, não indica ao juiz, em 5 (cinco) dias, quais são e onde se encontram os bens sujeitos à penhora e seus respectivos valores.

Se o executado assim proceder, o juiz poderá aplicar *multa de até 20% do valor do débito* objeto da execução, sem prejuízo de outras sanções, sendo que a *multa reverte em proveito do exequente* e é exigível na própria execução (CPC, art. 601).

Vale destacar que o juiz pode *afastar a multa*, desde que o devedor se comprometa a "não mais praticar" tais atos (CPC, art. 601, p. u.).

1.3.17. Princípios relacionados às nulidades

É importante que, no processo, haja a observância de formas, de maneira que se garanta segurança aos litigantes (princípio do devido processual legal). Contudo, dúvida não há de que a observância irrestrita das formas engessa o andamento do processo (em violação ao princípio da razoável duração do processo).

Neste contexto é que se inserem os princípios relacionados às nulidades (isso porque a inobservância de forma, a rigor, acarreta a nulidade do ato processual, ou seja, sua repetição).

Merecem destaque os seguintes princípios:

a) princípio da **instrumentalidade das formas**, pelo qual *ainda que a forma prevista em lei não for observada, o juiz considerará válido o ato se, realizado de outro modo, alcançar-lhe a finalidade* (CPC, art. 244). Logo, *só haverá nulidade se houver prejuízo* (regra do *pas de nullitè sans grief* – CPC, art. 249, § 1º);

b) **princípio da causalidade**: *decretada a nulidade de um ato, os que dele decorrerem também devem ser reconhecidos como nulos* (CPC, art. 248);

c) **princípio da conservação**: *não há nulidade dos atos posteriores que sejam independentes daquele que foi anteriormente anulado* (CPC, art. 250).

1.3.18. Princípio da eventualidade

O processo tem por finalidade a solução da lide e deve seguir sempre com essa finalidade. Nesta linha, para evitar demora na tramitação do processo (princípio da razoável duração), fala-se em **preclusão**, como já visto acima. Ou seja, o processo não pode voltar para uma fase anterior a todo momento.

Assim, o **princípio da eventualidade** aponta que *a parte, no momento em que se manifestar, deverá trazer todos os argumentos e pedidos possíveis, visto que em regra não é possível fazê-lo em momento posterior.*

Para ilustrar, vale trazer o exemplo da contestação em que réu deverá apresentar *todos* seus argumentos de defesa, ainda que contraditórios (CPC, art. 300).

1.4. Partes, procuradores, sucumbência, Ministério Público, Defensoria Pública e Fazenda Pública em juízo

1.4.1. Partes e capacidades

Para que se saiba quem pode figurar como parte no âmbito do Poder Judiciário, é necessário que se conheça as diversas capacidades existentes:

a) **capacidade de ser parte**: *pode ser parte em um processo judicial quem tem a possibilidade de ser titular de direitos – assim, trata-se de conceito ligado à personalidade jurídica* (CC, art. 1º).

Apesar disso, para resolver questões de ordem prática, a legislação processual por vezes concede capacidade de ser parte a entes despersonalizados. É, por exemplo, o caso do espólio, que é representado pelo inventariante (cf., CPC, art. 12, III, IV, V, VII e IX).

Como se percebe, ou há ou não há capacidade de ser parte, não sendo possível falar em correção dos polos da relação processual no caso de incapacidade de ser parte – o processo será extinto;

b) **capacidade processual** *(legitimatio ad processum)*: *é a capacidade de figurar no processo judicial por si mesmo, sem o auxílio de outrem.*

Não se deve confundir esta figura com a condição da ação *legitimidade de parte* (*legitimatio ad causam*), adiante enfrentada.

A regra do CPC (art. 8º) é que os absolutamente incapazes (CC, art. 3º) devem ser representados, ao passo que os relativamente incapazes (CC, art. 4º) devem ser assistidos.

Uma criança tem capacidade de ser parte (pode pleitear alimentos, por exemplo), mas não pode figurar, sozinha, no processo. Assim, não tem capacidade processual, devendo estar acompanhada para que haja a supressão de sua incapacidade processual. Diferentemente da incapacidade de ser parte, a incapacidade processual pode ser suprida (CPC, art. 13).

Por sua vez, há algumas pessoas que, apesar de não serem incapazes à luz da legislação civil, têm restrições em sua capacidade processual. É a hipótese dos *litigantes casados.*

Em regra, não há qualquer distinção entre solteiros e casados. A *exceção* envolve as *ações reais imobiliárias* (CPC, art. 10). Neste caso, ou há litisconsórcio ou há autorização do cônjuge para se ingressar em juízo – via outorga uxória (prestada pela esposa ao marido) ou outorga marital (prestada pelo marido à esposa). O legislador assim previu considerando que a discussão envolvendo direitos reais imobiliários pode influenciar toda a família;

c) **capacidade postulatória**: *é a capacidade plena de representar as partes em juízo; a capacidade de falar, de postular perante os órgãos do Poder Judiciário.* Em regra o advogado é o titular da capacidade postulatória (CPC, art. 36).

Porém, há casos em que a lei concede capacidade postulatória à própria parte – mas isso não impede a postulação por meio de um advogado. As situações são as seguintes:

- ✔ Juizados Especiais Cíveis, nas causas de até 20 salários-mínimos (Lei 9.099/1995, art. 9º);
- ✔ ação de Alimentos (Lei 5.478/1968, art. 2.º);
- ✔ *habeas corpus*;
- ✔ reclamações trabalhistas (CLT, art. 791);
- ✔ qualquer causa, desde que não haja advogado disponível para patrociná-la (CPC, art. 36, parte final).

1.4.2. Alteração das partes após o ajuizamento da demanda (sucessão processual)

Pelo **princípio da estabilização subjetiva das partes**, uma vez *realizada a citação, devem ser mantidas as mesmas partes na relação processual* (CPC, art. 264).

Contudo, existem algumas *exceções*. Dá-se o nome **sucessão processual** à *alteração das partes em um processo judicial.* Não deve ser confundida com a **substituição processual**, que *importa em pleitear direito alheio em nome próprio* (CPC, art. 6º).

Um exemplo de sucessão processual é a hipótese de *falecimento* de uma da partes (CPC, art. 43) quando - após a suspensão do processo (CPC, art. 265, I) - o sucessor ingressará nos autos para assumir a posição processual do falecido. Isso ocorrerá mediante um procedimento denominado habilitação (CPC, art. 1.055).

Outro exemplo em que pode ocorrer a sucessão é a *alienação de objeto litigioso*. Neste caso, quem adquire o bem poderá ingressar no processo no lugar da parte que alienou o bem - desde que haja consentimento da parte contrária (CPC, art. 42, § 1º).

1.4.3. Curador especial

O CPC prevê, para determinados casos, a figura de um **curador especial**. Trata-se de um *advogado nomeado pelo juiz para postular em nome de determinada parte que apresenta uma situação de hipossuficiência.*

Preceitua o art. 9º do CPC que o juiz dará curador especial:

(i) ao incapaz, se não tiver representante legal, ou se os interesses deste colidirem com os daquele;

(ii) ao réu preso (ou que venha a ser preso durante a fluência do prazo de contestação - STJ, REsp 1.032.722, **Informativo** 503);

(iii) ao réu revel citado por edital ou com hora certa (ou seja, quando houver citação ficta).

Em regra, compete à própria parte buscar o advogado. Mas, nesses casos, diante de alguma dificuldade (*situação de hipossuficiência*), o magistrado é quem providencia o curador especial, em observância aos princípios da ampla defesa e contraditório.

1.4.4. Mandato

A parte usualmente será representada em juízo por um advogado. O *contrato que regula a relação cliente - advogado* é o **mandato**. A **procuração** é o *instrumento do mandato, e prova que a parte é representada pelo advogado.*

Em regra, ao apresentar qualquer manifestação, o advogado já junta ao processo a procuração. Contudo, em *situações de urgência*, é possível que o advogado pleiteie alguma providência jurisdicional sem a apresentação da procuração, requerendo prazo para tanto - de 15 dias, prorrogáveis por mais 15 dias (CPC, art. 37).

A *procuração geral para o foro* permite que o advogado exerça os principais atos do processo em nome da parte. Porém, há necessidade da concessão dos *poderes especiais* para que seja possível realizar alguns atos como receber citação, receber valores, transigir e dar quitação à parte contrária (CPC, art. 38).

1.4.4.1. Formas de extinção do mandato

A legislação civil prevê o **término do mandato** nas seguintes hipóteses (CC, art. 682):

(i) renúncia ou revogação;

(ii) morte ou interdição das partes (seja cliente ou advogado);

(iii) mudança de estado que inabilite o mandante a conferir poderes (como uma alteração societária que altere quem, na empresa, possa outorgar mandato) ou o mandatário para os exercer (perda da capacidade postulatória pelo advogado, que pode ocorrer por força de uma suspensão perante a OAB, dentre outras razões);

(iv) pelo término do prazo ou pela conclusão do negócio.

A **renúncia** é o *ato pelo qual o advogado deixa de representar o cliente*. Pode o advogado "a qualquer tempo, renunciar ao mandato, *provando que cientificou o mandante* a fim de que este nomeie substituto" (CPC, art. 45). Ou seja, se não houver a comprovação no processo de que houve a ciência ao cliente, a renúncia não será válida. Mas, mesmo que comprovada a ciência da renúncia, *o advogado continuará a representar o mandante nos autos por 10 dias*, de modo a não lhe causar prejuízo (CPC, art. 45).

Por outro lado, a **revogação** é o *ato pelo qual o cliente desconstitui o advogado da sua função de mandatário*. Do ponto de vista processual, o CPC não traz a necessidade de o cliente (mandante) comprovar que deu ciência ao advogado (mandatário) da revogação. Pela lei processual, a parte que revoga o mandato deve, no mesmo ato, constituir novo advogado (CPC, art. 44). Contudo, à luz da ética profissional, o novo mandatário deve dar ciência ao anterior de que está assumindo a causa.

Havendo **morte do advogado**, sua **interdição** ou a **perda de sua capacidade postulatória**, é fácil concluir que haverá um defeito de representação, já que o cliente não terá quem o represente dotado de capacidade postulatória. Nesse caso, *o processo será suspenso* (CPC, art. 265, I) e o juiz concederá *prazo de 20 dias para que seja nomeado novo advogado* pelo cliente, sob pena de extinção (se a morte envolver o patrono do autor) ou revelia (se em relação ao advogado réu). É o que prevê o CPC, art. 265, § 2º.

Por fim, caso não se verifique qualquer das hipóteses acima indicadas, com término do processo (trânsito em julgado e arquivamento), também há a extinção do mandato.

1.4.5. Sucumbência e honorários sucumbenciais

O **ônus da sucumbência** é *a condenação ao pagamento das despesas (custas processuais, honorários periciais e outras) e honorários advocatícios, pela parte vencida*. Tem previsão no CPC, art. 20, ou seja, os honorários estão incluídos no ônus da sucumbência.

A titularidade dos honorários é do advogado e não da parte. Ainda que o advogado atue em causa própria e seja o vencedor, há a condenação na sucumbência.

O CPC baliza a fixação dos honorários:

- ✔ no caso de *procedência de pedido condenatório*, os honorários serão fixados entre *10% e 20% sobre o valor da condenação*. É o previsto no CPC, art. 20, § 3º, dispositivo que traz critérios para que seja feita a fixação: a) o grau de zelo do profissional; b) o lugar de prestação do serviço; c) a natureza e importância da causa, o trabalho realizado pelo advogado e o tempo exigido para o seu serviço;
- ✔ no caso de *improcedência ou procedência de pedido declaratório, execuções, causas de pequeno valor* ou de *valor inestimável*, ou ainda quando a *Fazenda for vencida*, os honorários serão fixados por *"apreciação equitativa do juiz"* (CPC, art. 20, § 4.º), levando-se em conta, porém, os mesmos itens "a", "b" e "c" acima indicados. Ou seja, nestes casos a fixação poderá não ser realizada com base nos percentuais previstos no § 3º.

Como já exposto, a regra é que o vencido arque com os honorários e custas. Contudo, há algumas situações em que existem dúvidas:

- ✔ se houver **sucumbência recíproca** (hipótese de *parcial procedência do pedido*), os honorários e custas serão *divididos proporcionalmente* (CPC, art. 21) – *salvo* se um dos litigantes decair de parte mínima do pedido, hipótese em que a outra parte responderá integralmente pela sucumbência (CPC, art. 21, p.u.);
- ✔ se houver **desistência ou reconhecimento do pedido**, arcará *a parte que desistiu ou reconheceu* (CPC, art. 26);
- ✔ se houver **transação sem estipulação em relação a quem arca com as despesas**, essas serão *divididas igualmente entre as partes* (CPC, art. 26, § 2º).

1.4.6. Ministério Público

O **Ministério Público**, **MP** ou ***Parquet*** é *instituição permanente, essencial à função jurisdicional e destinada à preservação dos valores fundamentais do Estado* (defesa da ordem jurídica, regime democrático e interesses sociais – CF, art. 127).

A Constituição (art. 128) divide o MP em MPE (Ministério Público Estadual – atua perante a Justiça Estadual) e MPU (Ministério Público da União). O MPU compreende o MP Federal (atua perante o STF, STJ e Justiça Federal) e, também, MP do Trabalho (Justiça do Trabalho), MP Militar (Justiça Militar da União) e MPDFT (Distrito Federal e Territórios).

No que interessa para o processo civil, pertinente à atuação do MPE e do MPF, as carreiras são assim divididas:

Órgão	1º grau	2º grau	Chefia
MPE	Promotor de Justiça	Procurador de Justiça	Procurador-Geral de Justiça
MPF	Procurador da República	Procurador Regional da República	Procurador-Geral da República

A atuação do MP em um processo judicial pode se dar de duas formas:

- ✔ parte em que o MP postula como qualquer autor, principalmente no âmbito coletivo, mediante a ação civil pública (defesa do consumidor, meio ambiente, educação, criança, idoso, patrimônio público etc.);
- ✔ fiscal da lei (*custos legis*), em que o MP se manifesta opinando e verificando se o interesse da coletividade em debate está sendo adequadamente analisado pelo Judiciário. Esta atuação se dá em processos individuais e coletivos; mas, se o MP não for autor de uma demanda coletiva, obrigatoriamente atuará como fiscal da lei.

O MP atuará como fiscal da lei nas seguintes hipóteses (CPC, art. 82):

(i) em demandas que envolvam interesses de incapazes;

(ii) em discussões envolvendo estado da pessoa e direito de família (poder familiar, tutela, curatela, interdição, casamento, declaração de ausência e disposições de última vontade);

(iii) em processos coletivos que discutam posse de terra rural;

(iv) em causas nas quais exista interesse público (ou seja, basicamente as que envolvam a participação de um ente estatal ou em que a lide interesse à coletividade).

Em relação a essa última hipótese, a jurisprudência aponta que não há necessidade de participação em todo e qualquer processo envolvendo o Estado – mas sim quando efetivamente houver interesse da coletividade (por exemplo, não haveria justificativa na participação do MP em um mandado de segurança que discute uma multa de trânsito aplicada por uma Prefeitura).

A não manifestação do MP quando ele deveria ter sido ouvido acarreta a nulidade do processo (CPC, art. 84).

1.4.7. Defensoria Pública

A Defensoria Pública é "instituição essencial à função jurisdicional do Estado, incumbindo-lhe a orientação jurídica e a defesa, em todos os graus, dos necessitados, na forma do art. 5º, LXXIV" (CF, art. 134).

Trata-se, assim, da instituição encarregada de prestar assistência jurídica integral e gratuita aos cidadãos financeiramente hipossuficientes ("pobre na acepção jurídica do termo", nos termos da Lei 1.060/1950).

Apesar de alguma divergência doutrinária, é possível separar os conceitos da seguinte forma:

(i) **justiça gratuita**: *isenção de custas* no processo, pode ser requerida por qualquer litigante que seja, nos termos da Lei 1.060/1950, "pobre na acepção jurídica do termo";

(ii) **assistência judiciária**: *postulação em juízo pelo órgão estatal responsável pela defesa judicial dos que tem dificuldades financeiras* para arcar com os custos de advogado (ou seja, a assistência jurídica é prestada pela Defensoria – e, por óbvio, pressupõe a concessão de gratuidade de justiça no caso concreto);

(iii) **assistência jurídica**: é mais ampla que a simples postulação em juízo, pois *engloba também a orientação extrajudicial e esclarecimentos de dúvidas à população carente* – e, portanto, não apenas o processo judicial. A assistência jurídica plena é atingida mediante o exercício das atividades da Defensoria Pública.

Cabe ressaltar que, em importante julgamento, o STF decidiu que a instalação das Defensorias, no âmbito estadual, é obrigatória, não sendo possível sua não criação, ainda que haja convênio com a OAB.

A respeito do tema, vale conferir a seguinte nota, divulgada na página do STF na internet em 14/03/2012 (http://www.stf.jus.br/portal/cms/verNoticiaDetalhe.asp?idConteudo=202643&caixaBusca=N*)*:

"*Plenário do Supremo Tribunal Federal (STF) julgou procedentes as Ações Diretas de Inconstitucionalidades (ADIs) 3892 e 4270 para declarar a inconstitucionalidade de normas do Estado de Santa Catarina que dispõem sobre a defensoria dativa e a assistência judiciária gratuita. Atualmente, o estado não possui defensoria pública e a população hipossuficiente recebe prestação jurídica gratuita por meio de advogados dativos indicados pela seccional catarinense da Ordem dos Advogados do Brasil (OAB-SC). A Corte decidiu que essa situação no estado deve durar por mais um ano, quando os dispositivos contestados [artigo 104 da Constituição de Santa Catarina e Lei Complementar Estadual 155/1997] perderão eficácia no ordenamento jurídico. [...]*".

1.4.7.1. Prerrogativas e obrigações processuais da Defensoria

O órgão, para realizar sua importante função institucional de maneira adequada, goza de *vantagens (prerrogativas) processuais*, as quais devem ser observadas em qualquer processo e grau de jurisdição. Mas, também, por óbvio, há deveres da Defensoria.

A Constituição determina que "lei complementar organizará a Defensoria Pública da União e do Distrito Federal e dos Territórios e prescreverá normas gerais para sua organização nos Estados" (CF, art. 134, § 1º).

Essa lei, no âmbito da Defensoria Pública da União e DF, é a Lei Complementar 80/1994. Se o foco for o estudo para uma Defensoria Estadual, é certo que deverá se verificar as normas locais de organização da Defensoria.

Além disso, vale destacar que as Defensorias (Estaduais e da União) são dotadas de autonomia funcional e administrativa (CF, art. 134, § 2º e § 3º – este incluído pela EC 74/2013).

Nesse contexto, o principal diploma que prevê as peculiaridades processuais da Defensoria é a LC 80/1994 (alterada pela LC 132/2009), conforme se exporá a seguir.

1.4.7.1.1. Intimação pessoal do defensor (LC 80/1994: art. 44, I; art. 89, I e art. 128, I)

Os atos processuais devem ser levados ao conhecimento das partes ou terceiros.

No caso da Defensoria Pública, a **intimação** necessariamente será *pessoal, por entrega dos autos com vista* (art. 44, I, da LC 80/1994).

Ressalte-se, neste ponto, que a intimação poderá ser efetivada em relação a qualquer Defensor Público, notadamente considerando a unidade e indivisibilidade da instituição.

A concepção de pessoalidade revela a certeza de que houve a ciência do ato processual (em contraponto à intimação ficta), principalmente para resguardar os direitos do assistido.

E, como modalidade de intimação pessoal, admitia-se (i) a que se sucede por meio de mandado e (ii) a realizada pelo escrivão ou diretor da secretaria (pela entrega dos autos em cartório, pelo encaminhamento da ata de publicação e pela remessa dos autos ao órgão).

Ocorre que, com o advento da Lei Complementar 132/09 (que alterou a LC 80/1994 para, dentre outras medidas, reafirmar a legitimidade da Defensoria Pública para as tutelas coletivas, bem como ampliar suas prerrogativas), a entrega dos autos com vista passou a ser indispensável, de modo a representar a única modalidade de intimação pessoal possível – ressalvada, por certo, a situação de processo eletrônico.

Se tal não ocorrer, haverá a nulidade do ato, nos termos do art. 247 do CPC.

Nesse sentido, já decidiu o STJ que, mesmo quando o defensor esteve presente à audiência em que proferida a sentença, necessária a *entrega dos autos* para que flua o prazo: "É prerrogativa da Defensoria Pública a intimação pessoal dos seus membros de todos os atos e termos do processo. A presença do defensor público na audiência de instrução e julgamento na qual foi proferida a sentença não retira o ônus da sua intimação pessoal que somente se concretiza com a entrega dos autos com abertura de vistas, em homenagem ao princípio constitucional da ampla defesa" (REsp 1.190.865-MG, j. 14/2/2012, informativo 491/STJ).

A lei também traz outra prerrogativa consistente na vista pessoal dos processos fora dos cartórios e secretarias (LC 80/1994: art. 44, VI; art. 89, VI; e art. 128, VI).

1.4.7.1.2. Prazo em dobro para manifestação nos processos judiciais (LC 80/1994: art. 44, I; art. 89, I; e art. 128, I)

A lei também impõe o **prazo em dobro para a atuação da Defensoria Pública em juízo**, considerando (i) sua relevante função pública, (ii) a natureza pública e indeclinável de sua atividade e (iii) se necessário contato com o assistido para algum documento ou informação, compreensível que haverá maior dificuldade no cumprimento do prazo processual.

Assim, o que aparentemente poderia ser considerada uma violação ao princípio da igualdade (prazo diferenciado), na verdade é a *forma de garantir esse princípio – considerando que o princípio da isonomia pressupõe tratar desigualmente os desiguais, na exata medida de sua desigualdade.*

Nesse contexto, a regra diz respeito a *todos* os *prazos processuais* (cuja desobediência poderia ensejar na preclusão).

Contudo, cabe destacar que isso não se refere a prazos de direito material (prescrição e decadência), mas a *prazos processuais.*

O STJ já decidiu pela aplicação do prazo em dobro:

674

- ✔ no *processo cautelar* (REsp 275.803/SP, Quarta Turma, j. 17/04/2001);
- ✔ nos *embargos do devedor* (REsp 875.670/RS, Segunda Turma, j. 27/02/2007), *inclusive em sede de execução fiscal* (REsp 1.100.811/PR, Segunda Turma, j. 12/05/2009).

Por outro lado, também já se julgou que o prazo de cinco dias previsto na Lei 9.800/99 (envio de **petição por fax**) – *não será duplicado* em favor da Defensoria Pública, pois é somente uma prorrogação do termo final para a apresentação dos originais e, portanto, não se substancia em novo prazo (EDcl no AgRg no Ag 766.306/RJ, Segunda Turma, j. 05/10/2006).

De se observar, nos termos do exposto no tópico anterior, que a fluência do prazo terá início a partir do momento em que os autos são entregues ao setor administrativo da instituição. Assim, por exemplo, a contagem do prazo recursal (tanto em relação à Defensoria como quanto à Fazenda Pública) começa a fluir da data do recebimento dos autos com vista no respectivo órgão, e não da ciência pelo seu membro no processo (REsp 1.278.239, j. 23/10/2012, **Informativo** 507/STJ).

Por fim, cabe lembrar que essa regra do prazo em dobro também é prevista na L. 1060/1950 (art. 5º, § 5º), que inclusive é mais abrangente, por não se restringir à Defensoria:

> *"Nos Estados onde a Assistência Judiciária seja organizada e por eles mantida, o Defensor Público,* ***ou quem exerça cargo equivalente****, será intimado pessoalmente de todos os atos do processo, em ambas as Instâncias, contando-se-lhes em dobro todos os prazos."*

Ressalte-se que a determinação não vale para *advogados constituídos ou dativos*, ainda que estejam a defender pessoas carentes e mesmo que tenha sido deferida a gratuidade de justiça, a qual não se confunde com a assistência judiciária gratuita prestada pela Defensoria Pública (AgRg no Ag 730.074/SP, Quarta Turma, j. 16/03/2006).

1.4.7.1.3. Manifestação por meio de cota (LC 80/1994: art. 44, IX; art. 89, IX; e art. 128, IX)

O Defensor Público pode manifestar-se por meio de cota, que nada mais é do que a manifestação escrita feita á mão em folha dos autos, sem a necessidade de apresentar uma petição impressa que necessite protocolo perante a vara.

Isto, no entanto, não elimina a proibição de cotas marginais e interlineares, disposta no art. 161, do CPC.

1.4.7.1.4. Representar a parte, em feito administrativo ou judicial, independentemente de procuração (LC 80/1994: art. 44, XI; art. 89, XI; e art. 128, XI)

Em regra, ao advogado não será permitido atuar em juízo sem o instrumento de mandato (CPC, art. 37).

No caso da **Defensoria Pública**, contudo, *a representação da parte se dá independentemente de mandato*, notadamente pelo liame de natureza público-estatutária que surge da legislação que estabelece a estrutura do órgão.

A atuação do Defensor Público, portanto, não se insere naquele usualmente verificada entre cliente e advogado privado, pois decorre da função exercida pelo Defensor e de sua imposição constitucional.

Existe algum debate em relação à necessidade de procuração para os chamados "**poderes especiais**" (CPC, art. 38: para receber citação inicial, confessar, reconhecer a procedência do pedido, transigir, desistir, renunciar ao direito sobre que se funda a ação, receber, dar quitação e firmar compromisso). A Defensoria costuma sustentar que, mesmo nesses casos, não há necessidade de procuração – mas há alguma *divergência* no Poder Judiciário.

1.4.7.1.5. Deixar de patrocinar medida judicial, quando ela for manifestamente incabível ou inconveniente aos interesses da parte sob seu patrocínio (LC 80/1994: art. 44, XII; art. 89, XII; e art. 128, XII)

Esta prerrogativa decorre (i) da *independência funcional* outorgada aos membros da defensoria pública e (ii) da própria visão institucional da Defensoria.

O Defensor Público não está obrigado a atuar nas ações manifestamente incabíveis (controle de legalidade) ou inconvenientes aos interesses da parte sob seu patrocínio (controle de conveniência).

A ação é manifestamente incabível quando a pretensão não encontra abrigo jurídico, o que não se confunde com mero juízo de probabilidade.

Por outras vezes, contudo, a ação pode ser cabível, mas não se mostra oportuna aos interesses da parte; isto ocorre, por exemplo, quando ainda não foram colhidas provas suficientes para dar suporte à demanda, ou quando o ajuizamento da ação ameaça a possibilidade de se obter uma solução extrajudicial do conflito.

A partir desse último caso, percebe-se que a função do defensor não é, tal qual a do advogado privado, de simplesmente acolher cegamente a orientação do cliente. Não obstante o defensor ter o dever de buscar o melhor para o assistido (seu cliente), isso passa pela consciência do defensor de que o Judiciário não deve receber causas temerárias.

Vale destacar que isso se verifica em relação a qualquer causa e grau de jurisdição.

E isso se insere no contexto de que a Defensoria vislumbra o processo como instrumento não só para a solução da lide, como também para resgate de cidadania da parte e para efetivo modo de transformação social.

1.4.7.1.6. O Defensor Público como testemunha (LC 80/1994: art. 44, XIV; art. 89, XIV e art. 128, XIV)

O Defensor Público deve ser ouvido como testemunha, em qualquer processo ou procedimento, em dia, hora e local previamente ajustados com a autoridade competente, não estando sujeito à intimação ou convocação.

Normalmente, a aplicação desta prerrogativa não guarda relação com a atuação do defensor como patrono desse caso hipotético, que estará impedido, por questões éticas, de revelar fatos conhecidos em razão do exercício profissional.

1.4.7.1.7. Exercício da curadoria especial

Uma das funções institucionais da Defensoria Pública é exercer a curadoria especial (art. 4º, XVI, da Lei Complementar 80/1994).

No âmbito do processo civil, o juiz dará curador especial (i) ao incapaz, se não tiver representante legal, ou se os interesses deste colidirem com os daquele – CPC, art. 9º, I; (ii) ao réu preso, bem como ao revel citado por edital ou com hora certa – CPC, art. 9º, II.

Ademais, o art. 218, do CPC, também prescreve a necessidade de curadoria especial, nas hipóteses em que o demandado em ação judicial encontra-se impossibilitado de receber citação.

Ressalte-se que, nesses casos, não se exige a comprovação da incapacidade econômica para que haja a atuação da Defensoria Pública (apesar de ainda existir resistência de alguns juizes em relação a essa situação).

Decidiu o STJ que, se a sentença foi proferida em causa acompanhada por defensor curador especial, desnecessária a intimação para que incida a multa do art. 475-J do CPC: "Portanto, na hipótese de o executado ser representado por curador especial em virtude de citação ficta, não há necessidade de intimação para a fluência do prazo estabelecido no art. 475-J do CPC" (REsp 1.189.608-SP, j. 18/10/2011, **Informativo** 485/STJ).

1.4.7.1.8. Possibilidade de contestação por "negativa geral", quando curador

Em regra, o réu, ao contestar a inicial do autor, deve se manifestar especificamente sobre todos os fatos narrados na petição inicial (CPC, art. 302, *caput*). É o que se denomina de ônus da impugnação específica. Se algum ponto não for impugnado na contestação, presume-se verdadeira a afirmação realizada na inicial.

Porém, ao curador especial isso não se aplica, podendo ele formular defesa genérica, também conhecida como "negativa geral" (CPC, art. 302, parágrafo único).

O fundamento para isso é que o curatelado (a parte ré revel), especialmente nos casos em que foi citado por edital ou com hora certa, dificilmente terá contato com o curador (o defensor), o qual fica impedido de conhecer a versão do réu quanto aos fatos debatidos em juízo. Assim, a exceção surge como forma de preservar o equilíbrio processual (devido processo legal e ampla defesa) nos casos de curadoria especial.

Válido observar, ainda, que embora ainda não haja manifestação dos tribunais superiores a respeito, a jurisprudência vem admitindo a defesa genérica nos embargos monitórios (defesa na monitória), o que é absolutamente lógico.

1.4.7.1.9. Embargos à execução na curadoria especial

Na execução, considerando inexistir contestação (a defesa se dá via embargos à execução), não há revelia como ocorre no processo de conhecimento. Sendo assim, no caso de execução, não há como se aplicar o art. 9.º, II, do CPC, típico do processo de conhecimento.

Daí é porque há a discussão se a *curadoria especial seria admitida no âmbito da execução.*

A respeito do tema, a jurisprudência, consolidada pela **Súmula 196/STJ**, assentou o seguinte entendimento: "*Ao executado que, citado por edital ou por hora certa, permanecer revel, será nomeado curador especial, com legitimidade para apresentação de embargos.*"

Ou seja, além de ser admissível a presença do curador especial, este ainda poderá apresentar embargos, independentemente de prévia garantia do juízo (mesmo no âmbito da execução fiscal).

1.4.7.1.10. Recebimento de honorários (contratuais e sucumbenciais) pelos Defensores Públicos

É vedado ao Defensor, a qualquer título e sob qualquer pretexto, o recebimento de honorários, porcentagens, ou custas processuais em razão de suas atribuições (LC 80/1994: art. 46, III; art. 91, III; e art. 130, III).

Isso porque a Defensoria é instituição que zela pelo exercício assistência jurídica de forma integral e gratuita para a defesa dos necessitados. Nestes termos, deve-se retirar qualquer ambição mercantilista da atividade do Defensor, o que poderia levá-lo a atuar de forma desequilibrada em relação aos seus assistidos.

No entanto, nada impede que o órgão aufira a **verba sucumbencial**, nos termos do art. 20 do CPC, o qual estabelece o *pagamento de honorários pelo vencido ao advogado do vencedor*; em outras palavras, não se está a falar no percebimento de honorários daquele a quem o Defensor Público auxilia, mas sim da parte contrária, vencida na demanda judicial.

Assim, na causa ajuizada pela Defensoria contra uma empresa privada, no caso de procedência do pedido, há a condenação do réu ao pagamento de honorários sucumbenciais, em favor dos patronos do assistido.

Contudo, o percebimento de tal verba, para a jurisprudência, é inviável nos casos em que o responsável pelo pagamento dos honorários de sucumbência é algum dos entes federativos (União, Estados Membros, Municípios e DF), porquanto haveria evidente confusão entre credor e devedor (CC, art. 381). É claro, no entanto, que isto se aplica à hipótese exclusiva em que a Defensoria faz parte do mesmo ente federativo que foi condenado (por exemplo, Defensoria Pública do Estado de São Paulo em face da Fazenda Pública do Estado de São Paulo).

Neste sentido, a Súmula 421/STJ, segundo a qual: "*Os honorários advocatícios não são devidos à Defensoria Pública quando ela atua contra a pessoa jurídica de direito público à qual pertença.*".

Mas, apesar dessa firme posição jurisprudencial (e após sua consolidação), a LC132/2009 (que, como visto, alterou a LC 80/1994) reacendeu a polêmica acerca do tema, ao incluir como função institucional da Defensoria Pública a execução e o recebimento de "(...) *verbas sucumbenciais decorrentes de sua atuação, **inclusive quando devidas por quaisquer entes públicos***, destinando-as a fundos geridos pela Defensoria Pública e destinados, exclusivamente, ao aparelhamento da Defensoria Pública e à capacitação profissional de seus membros e servidores" (art. 4º, XXI, da LC 80/1994).

Assim, como exceção à regra do Código Civil (art. 381), viabilizou-se à Defensoria Pública o percebimento dos honorários advocatícios também em relação ao próprio ente federativo do qual faz parte, inclusive considerando-se a autonomia financeira e orçamentária do órgão.

Mas o tema ainda demanda novos debates perante o Poder Judiciário, pois no momento a súmula segue sendo aplicada por grande parte dos magistrados.

Além disso, o STJ também tem entendimento afastamento o cabimento dos honorários sucumbenciais do defensor no caso de atuação como curador especial: "O defensor público não faz jus ao recebimento de honorários pelo exercício da curatela especial, por estar no exercício das suas funções institucionais, para o que já é remunerado mediante o subsídio em parcela única", destacando o julgado, ainda, que "todavia, caberão à Defensoria Pública, se for o caso, os honorários sucumbenciais fixados ao final da demanda (art. 20 do CPC), ressalvada a hipótese em que ela atue contra pessoa jurídica de direito público à qual pertença (Súm. n. 421/STJ)". (REsp 1.201.674-SP, j. 06/06/2012, **Informativo** 499/STJ).

1.4.8. Fazenda Pública em juízo

Por "Fazenda Pública" entenda-se o Estado em juízo. No conceito incluem-se a União, Estados, Municípios, Distrito Federal e respectivas autarquias e fundações, excluindo-se as empresas públicas e sociedades de economia mista (cuja natureza é de pessoa jurídica de direito privado e, portanto, sujeitam-se à disciplina destinada às *entidades privadas*.

Na qualidade de instituição que está em juízo postulando em nome do Estado (zelando pelo interesse público), ostenta situação diferenciada no âmbito processual, seja no polo ativo ou passivo. Tal qual ocorre em relação à Defensoria, como visto no tópico anterior.

É o que se analisa na sequência.

1.4.8.1. Prazos processuais diferenciados

A Fazenda Pública dispõe de **prazo** em *quádruplo para contestar* e *em dobro para recorrer*, nos termos do art. 188 do CPC.

Isto se aplica em qualquer procedimento (ordinário, sumário e especial) e qualquer processo – conhecimento, cautelar ou execução (a exceção é em relação aos embargos à execução, que possuem natureza de ação e não contestação).

A prerrogativa só não valerá quando houver regra específica fixando prazo próprio, como no caso dos Juizados Especiais, em que os prazos para a Fazenda Pública são todos singelos (Lei 10.259/2001, art. 9º e 12.153/2009, art. 7º).

Como visto, a regra reserva interpretação restritiva e diz respeito única e exclusivamente ao prazo para apresentar contestação (quádruplo) e para interpor recursos (dobro), sendo aplicável não somente quando a Fazenda é parte no processo, mas também quando ingressa nos autos na qualidade de assistente ou terceiro interveniente.

Aqui, assim como em relação à Defensoria Pública, não há que se falar em: (i) ampliação dos prazos prescricionais e decadenciais – para o caso de ajuizamento da ação rescisória e mandado de segurança – os quais, além de não ostentarem natureza processual, não revelam defesa ou recurso; (ii) dilação do prazo de cinco dias previsto na Lei 9.800/1999, relativo à entrega dos originais, quando a petição é protocolada por meio eletrônico ou fac-símile.

Também não se aplica a regra ao prazo disposto no art. 526 do CPC, que é de 03 (três) dias para que a parte informe ao juízo de primeiro grau que interpôs agravo de instrumento (o qual é manejado diretamente no tribunal de segundo grau), apresentando cópia da petição do recurso, do comprovante de interposição e dos documentos que o instruíram.

No mais:

- ✔ o art. 188 do CPC, incorreu em erro terminológico ao falar em "contestar", cuja amplitude deve abranger as defesas processuais em geral, como as exceções, reconvenção (que deve ser apresentada no mesmo momento da contestação), bem como a ação declaratória incidental;
- ✔ no procedimento comum, rito sumário, nos termos do art. 277 do CPC, os prazos devem ser contados em dobro do que usualmente ocorre: (i) 60 (sessenta) dias para a realização da audiência do despacho que ordenou a citação e (ii) 20 (vinte) dias da juntada dos autos do mandado de citação da Fazenda Pública – conforme dispõe o art. 277 do CPC;
- ✔ aplica-se o art. 188, do CPC, para a Fazenda contestar oposição (forma de intervenção de terceiro, como se verá no item 1.5.2.2 abaixo);
- ✔ embora haja controvérsia acerca da aplicabilidade do art. 188 do CPC na ação rescisória (a qual impõe um prazo judicial entre 15 e 30 dias para o réu responder ação – CPC, art. 491), o STJ já reconheceu que a prerrogativa será aplicável neste caso (REsp 363.780/RS, Rel. Min. Paulo Gallotti, Sexta Turma, julgado em 27/08/2002);
- ✔ é inviável cumular o art. 188 com o art. 191, ambos do CPC;
- ✔ aplica-se o prazo em dobro para a Fazenda interpor agravo regimental (Súmula 116/STJ), bem como para interpor recurso adesivo (RE 196.430/RS, Rel. Min. Sepúlveda Pertence, Primeira Turma, julgado em 21/11/1997).

1.4.8.2. Citação

A citação, de uma forma geral, será analisada mais adiante nesta obra.

No caso da **Fazenda Pública**, *a citação ocorrerá necessariamente por oficial de justiça, conforme dispõe o art. 222, c, do CPC*, não devendo ser realizada por correio.

Ainda, a Lei 11.419/2006, que dispõe sobre a informatização do processo judicial, prevê a possibilidade de a citação da Fazenda ocorrer por **meio eletrônico**, *desde que o ente público tenha se cadastrado previamente no Poder Judiciário*, devendo os autos ser disponibilizados na íntegra para o citando (arts. 2º, 5º e 6º da lei em questão).

1.4.8.3. Custas e honorários

A Fazenda Pública está *dispensada do pagamento* das **custas e emolumentos** (que ostentam natureza tributária e cuja dispensa encontra fundamento na confusão como causa excludente da obrigação), mas *não do pagamento* das **despesas em sentido estrito** (que se destinam a remunerar terceiros cuja responsabilidade é auxiliar a atividade do Estado-juiz, como por exemplo, os **honorários do perito judicial** – Súmula 232/STJ).

Quanto aos **honorários advocatícios**, o art. 20 do CPC, em seu § 4º, estabelece regra específica para a Fazenda Pública, a qual, quando vencida, deverá arcar com o pagamento de tal verba em valor fixo ou num percentual sobre a condenação, mas sempre em razão de uma apreciação equitativa do juiz, a fim de não onerar em demasia o Erário.

De se observar que "*não serão devidos honorários advocatícios pela Fazenda Pública nas execuções não embargadas.*" (art. 1º-D, da Lei 9.494/1997). Mas a regra só se aplica nas execuções judiciais intentadas contra o ente público, e não às fiscais (da Lei 6.830/1980) em que a Fazenda ostenta a condição de credora.

Apesar desse artigo referente às execuções não embargadas, tratando-se de **sentença coletiva**, o entendimento jurisprudencial é distinto, conforme Súmula 345/STJ: "*São devidos honorários advocatícios pela Fazenda Pública nas execuções individuais de sentença proferida em ações coletivas, ainda que não embargadas*".

1.4.8.4. Dispensa de pagamento de preparo e do depósito da ação rescisória

São *dispensados de preparo os recursos interpostos pela Fazenda Pública*, nos termos do art. 511, § 1º, do CPC, a qual também se encontra liberada de depósito prévio recursal, quando exigido (art. 1º-A, da Lei 9.494/1997).

O mesmo ocorre em relação ao *depósito de 5%*, previsto no art. 488, II, do CPC, *para ajuizamento da ação rescisória*, o qual não será exigido da União, Estados, Municípios, bem como às respectivas autarquias e fundações, mesmo a título de multa quando a ação for declarada inadmissível.

Quanto às autarquias e fundações, que, embora não estejam abarcadas pelo parágrafo único do art. 488, do CPC, devem ser tratadas de forma igualitária às pessoas jurídicas da administração direta, conforme entendimento do STJ (REsp 208.285/PE, Rel. Min. Gilson Dipp, Quinta Turma, j. 15/02/2000 e Súmula 175/STJ: "Descabe o depósito prévio nas ações rescisórias propostas pelo INSS").

1.4.8.5. Reexame necessário

Em regra, para que haja a apreciação da causa por parte do Tribunal, necessária a interposição de recurso (*vide* tópico 3). Porém, para resguardar o interesse público, mesmo que não haja recurso, a decisão desfavorável à Fazenda será examinada pelo 2º grau – trata-se, exatamente, do reexame necessário (CPC, art. 475).

Importante consignar que isso não impede que haja o recurso por parte da Fazenda. Assim, (i) se houver recurso, o Tribunal o analisará – e, também, caso algo não tenha sido impugnado, o reexame necessário; (ii) se não houver o recurso, haverá exclusivamente a análise da repercussão geral.

Assim, em síntese, a eficácia da sentença de mérito está condicionada à confirmação da decisão pelo Tribunal de segundo grau, nas seguintes hipóteses:

- ✔ sentença proferida contra a União, o Estado, o Distrito Federal, o Município, e as respectivas autarquias e fundações de direito público (CPC, art. 475, I);
- ✔ sentença que julgar procedentes, no todo ou em parte, os embargos à execução de dívida ativa da Fazenda Pública (CPC, art. 475, II).

Porém, isso só ocorrerá quando a condenação, ou o direito controvertido, for de valor certo não excedente a 60 (sessenta) salários-mínimos, bem como no caso de procedência dos embargos do devedor na execução de dívida ativa do mesmo valor (CPC, art. 475, § 2º).

E também não haverá reexame necessário quando a sentença estiver fundada em jurisprudência do plenário do STF ou em súmula de Tribunal Superior.

No mais:

- ✔ não se aplica esta regra às sentenças que extinguem o processo sem resolução de mérito (REsp 640.651/RJ, Min. Castro Meira, Segunda Turma, DJ 07/11/2005), bem como aos processos ajuizados perante os Juizados Especiais – inclusive porque, no Juizado, só serão processadas demandas que não excedam 60 (sessenta) salários-mínimos (art. 3º da Lei 10.259/2001);
- ✔ após divergência jurisprudencial, decidiu o STJ que é possível à Fazenda interpor recurso especial contra acórdão proferido em reexame necessário (ou seja, diante da ausência de apelação), inexistindo no caso preclusão lógica (REsp 905.771/CE, **Informativo** 441/STJ).

1.4.8.6. Tutela antecipada contra a Fazenda Pública

Existem restrições quanto ao uso dos provimentos de urgência em face da Fazenda Pública.

Tais óbices estão especificados no art. 1º da Lei 8.437/1992, e se refere tanto ao art. 273 (tutela antecipada) quanto ao art. 461 (tutela específica das obrigações de fazer), ambos do CPC (vide art. 1º da Lei 9.494/1997).

Em síntese, não se afigura cabível a tutela antecipada contra a Fazenda Pública nos seguintes casos:

(a) quando providência semelhante não puder ser concedida em ações de mandado de segurança, em virtude de vedação legal (art. 1º da Lei 8.437/1992); ou seja, que tenha por objeto a compensação de créditos tributários, a entrega de mercadorias e bens provenientes do exterior, a reclassificação ou equiparação de servidores públicos e a concessão de aumento ou a extensão de vantagens ou pagamento de qualquer natureza (art. 7º, § 2º, da Lei 12.016/2009);

(b) quando impugnado ato de autoridade sujeita, na via de mandado de segurança, à competência originária de Tribunal (art. 1º, § 1º, da Lei 8.437/1992), o que, todavia, não se aplica aos processos de ação popular e de ação civil pública (art. 1º, § 2º, da Lei 8.437/1992);

(c) quando esgotar, no todo ou em qualquer parte, o objeto da ação (art. 1º, § 3º, da Lei 8.437/1992);

(d) quando o objeto for a compensação de créditos tributários ou previdenciários (art. 1º, § 5º, da Lei 8.437/1992 e Súmula 212/STJ).

Algumas observações:

- ✔ os dispositivos devem ser interpretados de forma restritiva, sendo que a jurisprudência vem mitigando a regra, especialmente quando se está em jogo a vida da parte contrária (o que por alguns é denominado de "irreversibilidade reversa". Nesse sentido: "(...) *É entendimento deste Tribunal que o referido artigo deve ser interpretado de forma restritiva, de modo a não existir vedação legal à concessão de antecipação dos efeitos da tutela contra a Fazenda Pública nas hipóteses em que envolvam o pagamento de verba de natureza alimentar, como ocorre no presente caso. (...).* (AgRg no REsp 726.697/PE, Rel. Ministro Humberto Martins, Segunda Turma, julgado em 04/12/2008, DJe 18/12/2008)";
- ✔ especificamente, quanto às tutelas específicas (cujo objeto é o cumprimento de obrigação de fazer ou não fazer), já se reconheceu que "*as 'astreintes' podem ser fixadas pelo juiz de ofício, mesmo sendo contra pessoa jurídica de direito público, que ficará obrigada a suportá-las caso não cumpra a obrigação de fazer no prazo estipulado*" (STJ, 6ª T., REsp 201.378). Ou seja, nada impede a cominação de multa diária (que ostenta caráter acessório e coercitivo) em face da Fazenda Pública;
- ✔ a Fazenda poderá ingressar com pedido de suspensão da execução da liminar, nos termos do art. 4º da Lei 8.437/1992, segundo o qual: "*Compete ao presidente do tribunal, ao qual couber o conhecimento do respectivo recurso, suspender, em despacho fundamentado, a execução da liminar nas ações movidas contra o Poder Público ou seus agentes, a requerimento do Ministério Público ou da pessoa jurídica de direito público interessada, em caso de manifesto interesse público ou de flagrante ilegitimidade, e para evitar grave lesão à ordem, à saúde, à segurança e à economia públicas.*"

1.5. Litisconsórcio e intervenção de terceiros

1.5.1. Litisconsórcio

Entende-se por **litisconsórcio** a *situação em que há pluralidade de partes na relação jurídica processual em qualquer dos polos*.

Justifica-se o litisconsórcio considerando que a lide pode envolver não apenas a parte "A" de um lado e a parte "X" do outro, mas sim as partes "A" e "B" contra as partes "X" e "Y".

Não se deve confundir o litisconsórcio com o processo coletivo. No litisconsórcio, há pluralidade de partes, todas devidamente indicadas; no processo coletivo um autor coletivo formula algum pedido em prol de uma coletividade de pessoas (determinadas, determináveis ou indetermináveis, conforme o caso).

Existem diversas *classificações* envolvendo o litisconsórcio, sendo esse é o tema mais frequentemente pedido em provas e concursos.

1.5.1.1. Classificação quanto ao polo da relação processual

Em relação ao polo em que os litisconsortes se encontram, é possível se falar em:

(i) **litisconsórcio passivo**: aquele em que *existem, no mesmo processo, dois ou mais réus*;

(ii) **litisconsórcio ativo**: verifica-se quando *há, no mesmo processo, dois ou mais autores*;

(iii) **litisconsórcio misto** ou **recíproco**: situação na qual, *ao mesmo tempo, há mais de um autor e mais de um réu*.

Como se percebe, não há maiores dificuldades em relação a esta classificação. A base legal para estas situações encontra-se no CPC, art. 46, *caput*.

1.5.1.2. Classificação quanto ao momento de formação do litisconsórcio

Existem dois momentos em que o litisconsórcio pode ter início:

(iv) **litisconsórcio originário** ou **inicial**: aquele *formado desde o início da demanda, já indicado na petição inicial*;

(v) **litisconsórcio superveniente, incidental** ou **ulterior**: o qual é *formado em momento posterior ao início da demanda*.

O litisconsórcio superveniente usualmente se verifica por força de uma determinação de emenda da inicial por parte do juiz. Isso porque a regra prevista no Código é que, após a citação, não se alteram mais as partes litigantes (CPC, art. 264).

1.5.1.3. Classificação quanto à necessidade de existência do litisconsórcio

A classificação que ora se apresenta responde à seguinte indagação: em determinado caso, é *obrigatória* a existência do litisconsórcio para que o processo tenha sua tramitação válida? Conforme a resposta, haverá:

(vi) **litisconsórcio facultativo**: situação na qual *há pluralidade de litigantes por opção das partes* (ou seja, apesar de existir, o litisconsórcio *não é obrigatório* para a validade do processo);

(vii) **litisconsórcio necessário**: situação na qual *há pluralidade de litigantes porque a lei ou a relação jurídica objeto do litígio assim determinam* (ou seja, o litisconsórcio *é obrigatório* sob pena de extinção do processo sem resolução do mérito).

Para facilitar a compreensão, vale apresentar exemplos.

Dois vizinhos de um mesmo condomínio assinam a mesma operadora de TV a cabo. Por força de problemas da empresa, há cobrança indevida, inscrição em cadastros restritivos de crédito e cancelamento do sinal. É *possível* que ambos ingressem em juízo com uma única ação indenizatória? Sim. Mas é *obrigatório* que assim procedam? Não.

O exemplo trata de uma situação de *litisconsórcio facultativo*. Nos termos do CPC, art. 46, essa modalidade de litisconsórcio é possível nas seguintes situações:

a) comunhão de direitos ou obrigações em relação à lide;

b) direitos ou obrigações derivam do mesmo fato ou direito debatido;

c) conexão pela causa de pedir ou pedido;

d) afinidade de questões em relação a um mesmo fato ou direito.

Contudo, a experiência mostrou que um litisconsórcio ativo facultativo com muitos autores não é conveniente para a tramitação de um processo. Isso porque há dificuldades tanto para o juiz organizar o processo como para o réu se defender. Imagine que o problema com a TV a cabo envolve todos os 300 apartamentos de um condomínio com vários edifícios. Seria complicada a tramitação de uma demanda com inúmeros autores.

Denomina-se **litisconsórcio multitudinário** ou **múltiplo** *o grande número de litisconsortes ativos facultativos em um processo judicial*. Neste caso, o Código permite que o *juiz desmembre o processo*, criando *vários outros com um número menor de autores*. Aponta o Código que o juiz pode assim proceder quando o elevado número de litisconsortes "comprometer a rápida solução do litígio ou dificultar a defesa" (CPC, art. 46, p.u.). Se o réu requerer o desmembramento ao juiz, será *interrompido o prazo para contestar*, que reiniciará quando da intimação da decisão judicial a respeito da limitação do litisconsórcio multitudinário.

Agora, outro exemplo: autor ingressa em juízo pleiteando a usucapião de um terreno cuja proprietária, no registro de imóveis, é uma mulher casada. Nesse caso, o polo passivo *deverá trazer*, obrigatoriamente, o cônjuge. Isso porque em demandas envolvendo direitos reais imobiliários, a lei assim determina (CPC, art. 10, § 1º). Se o marido não estiver no polo passivo, o juiz determinará a emenda da inicial. Se não for cumprida a decisão do juiz, o processo será extinto, sem resolução do mérito (CPC, art. 47, p.u.). Ou seja, a participação do litisconsorte *é obrigatória* para a normal tramitação do processo.

Trata-se, portanto, de uma situação de *litisconsórcio necessário*, nos termos do CPC, art. 47, parte final.

1.5.1.4. Classificação quanto à necessidade de mesma decisão para os litisconsortes

Uma vez existente o litisconsórcio, a pergunta que se faz a seguir é: a decisão a ser proferida no processo tem de ser a mesma para os litisconsortes? Conforme a resposta, teremos:

(viii) **litisconsórcio comum** ou **simples**: situação na qual *a decisão não necessariamente será a mesma para os litisconsortes;*

(ix) **litisconsórcio unitário**: situação na qual *a decisão deverá ser a mesma para os litisconsortes, invariavelmente.*

Vale destacar que, no litisconsórcio simples, a decisão judicial poderá ou não ser a mesma – o juiz terá liberdade para julgar o pedido procedente para um e improcedente para o outro, ou mesmo procedente ou improcedente para ambos. Como exemplo, vale imaginar uma demanda indenizatória em virtude de um "engavetamento" em que dois motoristas que sofreram o dano acionam, em um único processo (litisconsórcio ativo) o réu, causador do acidente. Conforme a prova dos autos, poderá o juiz julgar o pedido procedente para ambos ou procedente para um e improcedente para o outro.

Já no litisconsórcio necessário, ao contrário, uma vez que determinada decisão for proferida para um, necessariamente também o será no mesmo sentido para o outro – seja pela procedência ou improcedência. Basta visualizar, a título de exemplo, uma demanda em que o MP ingressa em juízo pleiteando a anulação de um casamento. Ora, é certo que a decisão para a esposa e para o marido terá de ser a mesma (CPC, art. 47, parte inicial). Não há como o casamento ser nulo para um e não o ser para o outro cônjuge.

1.5.1.5. Litisconsórcio facultativo é sempre simples? E litisconsórcio necessário é sempre unitário?

Apesar de *em regra* o litisconsórcio facultativo ser simples, isso não ocorre sempre. Da mesma forma, apesar de *em regra* o litisconsórcio necessário ser unitário, há exceções. Para ilustrar, basta analisar os exemplos mencionados nos dois tópicos anteriores.

Há situações nas quais o **litisconsórcio é necessário e simples**: ou seja, *precisa existir o litisconsórcio, mas a decisão pode ser distinta para os litisconsortes* (ex.: usucapião de área que compreende mais de uma imóvel no cartório de imóveis, sendo que são distintos os proprietários de cada uma delas).

E há casos em que o **litisconsórcio é facultativo e unitário**: ou seja, *não precisa existir o litisconsórcio mas, já que existe, a decisão tem de ser a mesma para os litigantes* (ex.: dois condôminos ingressam em juízo pleiteando a anulação de determinada reunião de condomínio).

1.5.2. Intervenção de terceiros

A **intervenção de terceiro**, como se depreende do próprio nome, *permite que terceiro (ou seja, alguém que não é o autor ou o réu) passe a participar da relação processual.* A finalidade da intervenção é a economia processual: considerando que já existe uma lide em debate, aproveita-se para discuti-la em todos os aspectos, inclusive naquele envolvendo terceiro.

Existem duas modalidades de intervenções no sistema processual:

- ✔ **intervenção espontânea**: aquela em que *o terceiro, que está fora do processo, espontaneamente busca seu ingresso em uma determinada demanda;*
- ✔ **intervenção provocada**: aquela na qual *uma das partes litigantes (autor ou réu) busca trazer para o processo terceiro.*

Assistência e oposição são intervenções espontâneas. Nomeação à autoria, denunciação da lide e chamamento ao processo são intervenções provocadas.

Vale dizer que, exceto em relação à assistência, uma vez aceita a intervenção, o terceiro passa a ser parte do processo.

1.5.2.1. Assistência

Na **assistência,** *terceiro busca seu ingresso no processo para auxiliar o assistido* (seja o autor, seja réu).

Contudo, para que a assistência seja possível, é necessário existir **interesse jurídico**, e não meramente interesse econômico ou moral. Para entender o que significa interesse jurídico, basta verificar se *a decisão judicial proferida na demanda proposta entre "A" e "B" irá influenciar a esfera jurídica de "C".* Se a resposta for positiva, haverá interesse jurídico e, portanto, será admitida a assistência.

Para visualizar o exposto, basta imaginar um despejo entre locador e locatário – sendo que existe sublocação. Se houver a decretação do despejo, a esfera jurídica do sublocatário estará sendo violada – daí a existência do interesse jurídico para justificar a figura da assistência.

Por outro lado, analisando a discussão judicial envolvendo a chamada "Taça das Bolinhas", dois clubes de futebol litigam para saber quem deve ficar com tal troféu. Um torcedor, por mais fanático que seja, não terá a sua *esfera jurídica* alterada se a taça permanecer ou não com seu time. Assim, nesse caso não existiria interesse jurídico capaz de permitir o uso da assistência.

Logo, reitere-se, cabe a assistência quando houver interesse jurídico do terceiro. Contudo, há uma *exceção*. Tratando-se de causa que interesse à União, há lei permitindo a assistência mesmo que exista apenas interesse econômico (Lei 9.469/1997, art. 5º, p.u.).

Existem duas modalidades de assistência:

- ✔ **assistência simples** ou **adesiva** (CPC, art. 53): *o assistente não dispõe da lide, ou seja, o assistente não pode ir além do que fizer o assistido*. Assim, se o assistido não recorrer, não pode o assistente fazê-lo; não pode o assistente se opor à desistência ou reconhecimento do pedido assistido. A decisão a ser proferida irá influenciar a relação jurídica existente entre assistente e assistido. É o exemplo do sublocatário;
- ✔ **assistência litisconsorcial** (CPC, art. 54): *o assistente dispõe da lide, ou seja, o assistente pode ir além do que fizer o assistido*. Logo, se não houver recurso do assistido, poderá o assistente recorrer; se assistido desistir do processo, pode prosseguir o assistente. A decisão a ser proferida irá influenciar a relação jurídica entre o assistente e a parte contrária do assistido. Como exemplo, uma ação possessória envolvendo um imóvel que é um condomínio; se houver o ajuizamento por parte de apenas um dos condôminos, o outro poderá ingressar no feito como assistente litisconsorcial.

A assistência cabe em qualquer procedimento e em qualquer grau de jurisdição – mas o assistente receberá o processo no estado em que ele se encontra. Ou seja, não se voltará a uma fase anterior para que o assistente possa realizar algum ato (CPC, art. 50, parágrafo único).

O *procedimento* para o ingresso do assistente é uma petição pleiteando seu ingresso. Se não houver impugnação de qualquer das partes, o assistente será aceito; se houver impugnação, esta será autuada em apartado para solução do juiz, *sem* a suspensão do processo (CPC, art. 51).

1.5.2.2. Oposição

Na **oposição,** *terceiro ingressa para discutir com as partes a titularidade de bem que já é objeto do litígio* (ou seja, discorda o opoente tanto do autor como do réu).

Esta modalidade de intervenção é bem explicada no CPC, art. 56: "quem pretender, no todo ou em parte, a coisa ou o direito sobre que controvertem autor e réu, poderá, até ser proferida a sentença, oferecer oposição contra ambos".

Na verdade, a oposição é uma *ação tendo como autor o opoente e como litisconsortes passivos o autor e réu* do processo principal.

Apresentada antes da audiência de instrução, a oposição deverá ser julgada em conjunto com a ação principal (CPC, art. 59). Se for apresentada após a audiência, ficará a critério do juiz julgar a causa antes ou em conjunto os dois pedidos (CPC, art. 60).

A hipótese típica em que cabe a oposição é a situação em que "A" e "B" se afirmam proprietários de um determinado imóvel (por exemplo, uma reivindicatória), sendo que "C", terceiro, entende ser ele o efetivo proprietário. E, para tanto, ingressa com a oposição.

1.5.2.3. Nomeação à autoria

A **nomeação à autoria** é *utilizada pelo réu para indicar quem é que efetivamente deveria participar do polo passivo da demanda – e, com isso, o réu originário é excluído do processo*.

Ou seja, é uma oportunidade de correção do polo passivo pelo autor, a partir de uma indicação do réu. Contudo, as hipóteses de cabimento são restritas:

- ✔ *mero detentor da coisa* nomeia à autoria o possuidor ou o proprietário (CPC, art. 62 – destaque-se que não cabe ao possuidor nomear o proprietário; a hipótese é exclusiva para o detentor – e o exemplo típico é o caseiro, em relação a seu patrão);
- ✔ em ações *indenizatórias*, o responsável pelo prejuízo indica que *praticou o ato por ordem de terceiro* (CPC, art. 63 – seria a situação em que um empregado nomeia seu empregador em virtude de um determinado dano).

A nomeação é apresentada antes da contestação, em peça específica para isso. Para ser aceita, deverá haver a *concordância do autor e do nomeado*.

Havendo a concordância quanto à nomeação, o réu-nomeante será excluído do processo, que passará a contar apenas com o réu-nomeado no polo passivo.

Mas, se não houver a concordância com a nomeação (seja pelo autor, seja pelo réu-nomeado), a nomeação será afastada e *será aberto novo prazo para o réu originário contestar* (CPC, art. 67). Tratando-se de novo prazo, tem-se que a nomeação acarreta a *interrupção* do prazo para contestar. E nesta contestação a ser apresentada após a infrutífera nomeação, é certo que o réu irá apontar ser parte ilegítima passiva.

1.5.2.4. Denunciação da lide

As duas últimas intervenções (denunciação e chamamento) são aquelas que, até por serem mais semelhantes, acarretam maiores dúvidas.

A **denunciação da lide** tem por finalidade *fazer com que terceiro venha a litigar em conjunto com o denunciante e, se houver a condenação deste, o denunciado irá ressarcir o prejuízo do denunciante*.

Ou seja, como se pode perceber é, na realidade, uma *ação de regresso* – a qual tramita em conjunto com a ação principal.

Pela legislação (CPC, art. 70), três são as hipóteses em que é cabível a denunciação:

(i) o *comprador pode denunciar o vendedor* na hipótese de *evicção* (CC, art. 447 – ou seja, se "A" vende para "B" um imóvel e, posteriormente, "C" ingressa em juízo contra "B" afirmando que o imóvel é seu, "B" pode denunciar "A" – que terá de indenizar "B" se o pedido de "C" for procedente);

(ii) o *possuidor pode denunciar o proprietário* se for o possuidor quem figurar no polo passivo (exemplo: o locatário denunciando o locador – lembrando que, como visto acima, se for o mero detentor da posse, a intervenção a ser utilizada é outra);

(iii) o réu pode denunciar *aquele que tem obrigação de indenizar, por força de lei ou contrato* (o exemplo típico é o réu em uma ação indenizatória acionar sua seguradora).

Se a denunciação é requerida pelo autor, será realizada na petição inicial. Se requerida pelo réu (o mais frequente), será elaborada em conjunto com a contestação (CPC, art. 71).

Ainda que seja aceita a denunciação, permanecerão no processo denunciante e denunciado. Ou seja, *o objetivo do denunciante não é ser excluído do processo, mas sim se resguardar no caso de eventual condenação, obtendo também a do denunciado.*

A sentença, ao final, julgará o pedido e a denunciação ao mesmo tempo. E, apesar de haver alguma divergência, a posição majoritária é que não cabe a condenação do denunciado ao ressarcimento do autor, ou seja, *a sentença condena o réu a ressarcir o autor e, se o caso (se presentes os requisitos), também condena o denunciado a ressarcir o denunciante.*

1.5.2.5. Chamamento ao processo

O **chamamento ao processo** tem por finalidade *fazer com que terceiros (outros devedores solidários) venham a litigar em conjunto com o chamante*. A *principal distinção* entre o chamamento e a denunciação é que *aqui não há a necessidade de se provar que o terceiro também é responsável pelo débito* (diferentemente da denunciação, em que há uma verdadeira ação de regresso). Ou seja, aceito o chamamento, já é certo que haverá responsabilização do chamado.

As hipóteses de cabimento do chamamento são as seguintes (CPC, art. 77):

(i) do devedor principal, quando apenas o fiador tiver sido colocado no polo passivo (situação mais frequente, na qual o fiador chama o locatário que não pagou o aluguel);

(ii) dos demais fiadores, quando apenas um fiador tiver sido colocado no polo passivo (basta pensar, também, dois fiadores no contrato de locação, mas apenas um é acionado);

(iii) dos demais devedores solidários, quando apenas um tiver sido colocado no polo passivo.

Como se pode perceber das três semelhantes hipóteses, *o chamante é responsável pelo débito, mas também existem outros responsáveis* (devedores solidários, fiadores, devedor principal).

O chamamento é apresentado em conjunto com a contestação (CPC, art. 78).

A sentença que julgar procedente o pedido em face do réu-chamante também será título executivo para que aquele que pagar o débito possa exigi-lo do devedor principal ou dos demais codevedores (CPC, art. 80).

Exemplo: determinada obrigação tem dois devedores solidários. Apenas "A" é colocado no polo passivo. "A" – mesmo sendo responsável pela dívida na sua totalidade – chama "B" para que venha também a figurar no polo passivo. Se "A" for condenado e pagar todo o débito, poderá executar "B" para receber metade do valor pago (se for essa a proporção da garantia de cada um).

1.5.2.6. Síntese das intervenções de terceiro

Para finalizar este tópico, é conveniente uma recapitulação envolvendo as diversas formas de intervenção de terceiro.

Vale destacar que todas as formas de intervenção são típicas do processo de conhecimento, procedimento comum ordinário.

No procedimento sumário há limitações. Conforme previsão legal, só cabe intervenção de terceiros nas seguintes hipóteses: assistência, recurso de 3º prejudicado e intervenção baseada em seguro (denunciação, com base no CPC, art. 70, III).

Além disso, para se fixar o objetivo de cada uma das intervenções, cabe destacar a "palavra-chave" que faz com que nos relembremos de cada uma das intervenções:

- ✔ na **assistência**, o assistente *ajuda* (qualquer das partes contra a outra);
- ✔ na **oposição**, o opoente *atrapalha* (ambas as partes);
- ✔ na **nomeação**, o nomeante é o *"dedo-duro"* (afirma que o terceiro é o responsável pelo ato que deu origem à lide);
- ✔ na **denunciação**, há verdadeira *ação de regresso* entre denunciante e denunciado;
- ✔ no **chamamento**, o chamante busca os demais *devedores solidários*, em que há *automaticamente a condenação do chamado*, sem que haja a necessidade de produção de provas.

1.6. Pressupostos processuais, elementos da ação e condições da ação

1.6.1. Introdução

Como já visto, pelo princípio da inércia, o Poder Judiciário só atua se provocado. E a forma de provocar o Estado é mediante o **processo**, que é o *instrumento que o Estado coloca à disposição dos litigantes para solucionar a lide (administrar justiça)*.

Por sua vez, já que a autotutela em regra é vedada, é direito da parte poder acionar o Judiciário. Assim, **ação** é o *direito que as partes têm ao processo*.

Esses conceitos usualmente não são pedidos em fases escritas de concursos, mas (i) às vezes são objeto de indagação nos exames orais e (ii) sua compreensão é importante para que se tenha a base para entender os três temas objeto deste tópico – os quais são usualmente perguntados pelas bancas examinadores em conjunto, apesar de serem institutos distintos.

1.6.2. Pressupostos processuais

A análise dos processos e dos procedimentos existentes no CPC será realizada mais adiante, no próximo capítulo, por questões didáticas.

No momento, analisa-se a figura dos **pressupostos processuais**, que *são requisitos que devem estar presentes para que o processo tenha seu início (pressupostos de existência) e desenvolvimento (pressupostos de validade) de forma regular*.

Conforme o autor consultado, há variação entre a classificação dos pressupostos processuais. Optamos por seguir a nomenclatura existente no CPC, que fala em pressupostos de constituição e de desenvolvimento válido e regular do processo (CPC, art. 267, IV).

Assim:

- ✔ **pressupostos de existência**: são *aqueles sem os quais não é possível sequer se falar em processo* (jurisdição, citação, capacidade postulatória e petição inicial);
- ✔ **pressupostos de validade**: *são aqueles necessários para que o processo seja válido e regular* (petição inicial apta, citação válida, capacidade processual do autor, competência do juízo e imparcialidade do juiz).

Nestas situações, ausentes os pressupostos de existência ou validade, o processo será extinto, sem resolução do mérito (CPC, art. 267, IV).

Contudo, há também os **pressupostos negativos**, que *são aqueles requisitos que, uma vez presentes, acarretam a extinção do processo sem resolução de mérito* (CPC, art. 267, V). Seriam a litispendência (CPC, art. 301, §§ 1º e 2º), coisa julgada (CPC, art. 301, § 3º) e perempção (CPC, art. 268, p.u.). E, para alguns autores, também a convenção de arbitragem (CPC, art. 301, IX).

1.6.3. Elementos identificadores da ação

Os **elementos identificadores da ação** ou **elementos identificadores da demanda** são *elementos que permitem concluir que uma ação é idêntica ou semelhante a outra. São as partes, causa de pedir e pedido* (CPC, art. 282, II, III e IV).

Para que se compreenda melhor tais elementos, cabe uma breve explicação:

- ✔ **partes**: *autor e réu na relação jurídica processual*;
- ✔ **causa de pedir**: *fatos e fundamentos jurídicos pelos quais o autor ingressa em juízo*;
- ✔ **pedido**: *objetivo da parte quando busca o Judiciário*.

A importância concreta dos elementos identificadores é (i) verificar se uma ação é idêntica a outra e (ii) saber o que ocorrerá diante de ações idênticas ou semelhantes.

Se houver a **tríplice identidade** – ou seja, *mesmas partes, causa de pedir ou pedido* –, haverá *litispendência ou coisa julgada* (CPC, art. 301, §§ 1º a 3º).

A **litispendência** se verifica quando *estão em trâmite, ao mesmo tempo, duas ações idênticas*; a **coisa julgada** ocorre *quando a primeira ação idêntica já transitou em julgado*. Nestes casos, haverá a extinção do segundo processo, sem resolução do mérito (CPC, art. 267, V).

Em outras palavras, *a partir da análise dos elementos da ação é que se poderá verificar se há pressupostos processuais negativos* – e por isso é que há alguma dificuldade na compreensão do tema (e os concursos formulam questões em relação a isso).

De seu turno, se houver semelhança entre duas demandas, fala-se em *conexão* ou *continência* – o que acarreta a reunião dos dois processos para julgamento conjunto. O tema já foi antes debatido (item 1.2.7 *supra*).

1.6.4. Condições da ação

Para que haja a apreciação do mérito (solução da lide), é necessário que estejam presentes tanto os pressupostos processuais como as condições da ação.

As **condições da ação** podem ser definidas como os *requisitos para que uma ação possa existir e ser processada perante o Judiciário*. Ou seja, o direito de ação não é irrestrito, mas sim condicionado pelas condições de ação – trata-se de uma disciplina do direito de agir, para que o Judiciário não se manifeste a respeito de demandas que seriam absolutamente inviáveis.

Pela legislação, três são as condições da ação (CPC, art. 267, VI):

- ✔ **legitimidade de partes**: *coincidência/identidade entre as partes na relação jurídica processual e na relação jurídica material* (para o processo judicial do divórcio [relação material], são partes legítimas no processo o marido e a mulher);

- ✔ **interesse de agir**: *necessidade e adequação do provimento jurisdicional pleiteado* (se ainda não houve o vencimento de uma dívida, não há falta de pagamento e, então, não há *necessidade* de se buscar o Judiciário; se o autor utiliza um processo ou procedimento indevido em relação ao pedido formulado, fala-se em *inadequação*);
- ✔ **possibilidade jurídica do pedido**: *o pedido formulado pela parte não é vedado pelo sistema jurídico* (mais fácil de visualizar é a *impossibilidade jurídica do pedido*, como a usucapião de área pública).

A **carência da ação** (CPC, art. 301, X) é a *ausência de uma das condições da ação*. Nesta situação, *o autor será carecedor da ação*. Diante disso, o processo será extinto sem resolução do mérito (CPC, art. 267, VI).

Discussão que tem sido mais frequente diz respeito à **teoria da apresentação** x **teoria da asserção**. Essas duas teorias se referem ao *momento e grau de profundidade* de verificação das condições da ação.

A análise da existência das condições da ação deve ser feita:

(i) com base em *todas as informações disponíveis no processo* – inclusive com o material probatório obtido após a instrução? (teoria da apresentação);

(ii) ou *apenas deve levar em conta o que afirma o autor na petição inicial*? (teoria da asserção).

Exemplo: Enrico ingressa em juízo pleiteando indenização decorrente de batida de veículo provocada por Giuseppe. Só que Giuseppe não é proprietário nem condutor do veículo. Mas, se isso somente for confirmado após a instrução, a hipótese será de carência de ação?

Pela teoria da apresentação, sim. Pela teoria da asserção, não – o caso será de improcedência.

A *teoria da asserção*, portanto, *reconhece a carência de ação somente em casos gritantes* e encontra acolhida em julgados do STJ ("pela teoria da asserção, a verificação das condições da ação é realizada com base nos fatos narrados na inicial." – REsp 595.188).

Mas o CPC, ao apontar que a ausência das condições da ação pode ser reconhecida a qualquer tempo e grau de jurisdição (CPC, art. 267, § 3º), tende a adotar a teoria da apresentação.

Assim, segue a divergência na doutrina e jurisprudência (o STJ, apesar de muitas vezes aplicar a teoria da asserção, também por vezes aplica a teoria da apresentação, como por exemplo quando edita uma súmula a respeito da legitimidade de parte).

Por fim, vale destacar que o *projeto de novo CPC* traz apenas **duas condições da ação**: *legitimidade de partes* e *interesse de agir* (a possibilidade jurídica do pedido deixa, portanto, de existir como condição da ação).

2. Processo de conhecimento

2.1. Processos, procedimentos e ritos

O processo mais regulamentado no Código é o processo de conhecimento, que será analisado neste capítulo.

Mas, para que se entenda bem o tema, é necessário inicialmente realizar uma breve análise dos conceitos de processo, procedimento e rito.

Processo é o *instrumento que o Estado coloca à disposição dos litigantes para solucionar a lide (administrar justiça).*

Procedimento é a *forma, modo, maneira pela qual o processo se exerce.*

Rito é a *forma, modo, maneira pela qual o procedimento se desenvolve.*

Ou seja, são três conceitos correlacionados, porém distintos.

2.1.1. Processos no CPC

O atual CPC conhece três tipos de processos (CPC, art. 270 – cf. Livros I, II, e III do Código):

a) Processo de conhecimento (tutela cognitiva): *há crise de certeza, ou seja, não se sabe quem tem razão até que o juiz decida. Visa a uma sentença de mérito, que decidirá a lide.*

Por sua vez, o processo de conhecimento pode ser classificado conforme o pedido formulado, o provimento pretendido ou a sentença obtida, da seguinte forma:

(i) **pedido condenatório**: impõe ao réu uma obrigação de pagar, dar, fazer, não fazer etc.;

(ii) **pedido constitutivo** (+ ou –): constitui, modifica ou extingue uma relação jurídica;

(iii) **pedido declaratório** (+ ou –): declara a (in)existência de uma relação jurídica.

Ainda, para alguns autores, há também o pedido *mandamental* e *executivo lato sensu*;

b) Processo de execução (tutela satisfativa): *há crise de adimplemento, ou seja, já se sabe quem tem razão, mas não há a satisfação do direito do credor por parte do devedor. Para ser utilizado, é necessário título executivo e inadimplemento;*

c) Processo cautelar (tutela acautelatória): *há crise de urgência, processo que apresenta caráter de proteção. Visa a garantir o sucesso de processo principal (conhecimento ou execução). Depende de periculum in mora e do fumus boni juris.*

Conforme a lide, haverá um processo específico a ser utilizado. Cada processo tem sua utilização bem delimitada e, assim, não há como se utilizar mais de um processo diante de uma lide.

Contudo, nem todos os processos são iguais. Uma vez mais, conforme a lide debatida, haverá trâmites distintos, mesmo em relação a um mesmo processo. Daí a necessidade de estudar o procedimento.

2.1.2. Procedimentos e ritos no CPC

Como já exposto, procedimento é a forma pela qual o processo se desenvolve. Cada processo terá seus próprios procedimentos. E rito é a forma pela qual o procedimento se desenvolve.

No CPC, o panorama é o seguinte:

a) No *processo de conhecimento*, há os seguintes procedimentos:

(i) **comum**, *que é o procedimento-padrão, a ser utilizado na maior parte das causas*, que por sua vez se subdivide nos seguintes ritos (CPC, art. 272):

✔ **sumário** (CPC, art. 275); e

✔ **ordinário** (CPC, art. 274).

(ii) **especial**, *que apresenta distinções em relação ao procedimento comum*, de modo a decidir a lide de forma mais adequada (CPC, art. 271; Livro IV e leis extravagantes);

b) No *processo de execução*, não há um procedimento comum e outros especiais. O que existem são **diversos tipos de procedimentos**, *cada um correspondente a cada uma das diversas espécies de execução* (alimentos, entrega de coisa, contra a fazenda etc.). Não se fala em rito.

c) No *processo cautelar*, há a seguinte divisão:

(i) **cautelares nominadas**, *previstas no Código para situações específicas, com procedimentos regulamentados*; e

(ii) **cautelares inominadas**, *fundadas no poder geral de cautela do juiz* (CPC, art. 798), *que seguem um procedimento geral* (previsto no CPC, arts. 796 a 812).

Diante do exposto é possível apresentar o seguinte quadro síntese.

Processo	Procedimento	Rito
1) Conhecimento	1.1) Comum; 1.2) Especial.	1.1.1) Ordinário. 1.1.2) Sumário.
2) Execução	2.1) pagar quantia; 2.2) fazer ou não fazer; 2.3) alimentos etc. (Diversos, conforme a espécie de obrigação.)	–
3) Cautelar	3.1) inominadas; 3.2) nominadas.	–

2.1.3. Procedimentos no processo de conhecimento

Considerando o panorama geral exposto, é possível analisar os procedimentos no processo de conhecimento:

(i) **procedimento comum ordinário**: *é a base, a norma que se aplica de forma subsidiária aos demais.*

É o procedimento regulado com mais vagar pelo CPC, é o mais completo, com maior número de atos (inicial, contestação, réplica etc.) e fases mais facilmente distinguíveis (postulatória, saneadora, instrutória, decisória e cumprimento de sentença);

(ii) **procedimento comum sumário**: *é, na teoria, mais simples e célere que o rito ordinário.*

Isso porque apresenta concentração de fases. O critério para sua utilização é o valor da causa (CPC, art. 275, I) ou a matéria discutida (CPC, art. 275, II);

(iii) **procedimentos especiais**: *surgem diante da impossibilidade de solução a determinados problemas pelo procedimento comum. A finalidade é adequar o procedimento ao direito material debatido.*

As diferenças, em relação ao procedimento paradigma (ordinário), são previstas em lei e podem estar nos prazos, na previsão de liminar, na modificação/concentração das fases processuais etc.

2.1.4. Distinção concreta entre os procedimentos e ritos

Para visualizar a distinção entre os diversos procedimentos, cabe apresentar exemplos.

Basta visualizar um **pedido condenatório**, que pode tramitar:

✔ pelo procedimento *comum ordinário* (condenação a pagar 100 salários-mínimos);

- ✔ pelo procedimento *comum sumário* (condenação a pagar 20 salários-mínimos);
- ✔ pelo procedimento *especial* (condenação a pagar alimentos).

Procedimento comum ordinário (trâmite em 1º grau)
1) inicial;
2) contestação;
3) réplica.
4) saneamento/audiência de conciliação (CPC, art. 331);
5) instrução/audiência;
6) alegações finais/memoriais;
7) sentença (passível de recurso).

Procedimento comum sumário (trâmite em 1º grau)
1) inicial (acompanhada de rol de testemunhas e quesitos para perícia – CPC, art. 276).
2) audiência, em que haverá: - tentativa de conciliação, - contestação; e réplica.
3) saneamento/instrução/audiência (se for o caso).
4) alegações finais/memoriais.
5) sentença (passível de recurso).

Procedimento especial – alimentos (L. 5478/68, trâmite em 1º grau)
1) inicial
2) audiência de conciliação, instrução e julgamento: - tentativa de conciliação; - apresentação de contestação; - produção de provas; - alegações finais.
3) sentença – que inclusive poderá ser proferida na própria audiência.

Como se percebe da análise dos três trâmites, as diferenças de procedimento e rito são eminentemente práticas e passíveis de verificação no cotidiano forense.

2.2. Formação, suspensão e extinção do processo

Uma vez verificada a distinção entre processo, procedimento e ritos, é possível verificar como todos os processos (independentemente de procedimentos) se formam e chegam a seu término.

2.2.1. Formação do processo

Como já visto, a *jurisdição é inerte (princípio dispositivo)*, razão pela qual a parte deve provocar o Judiciário para que tenha início processo (CPC, art. 262).

Esta é a regra constante da parte inicial do art. 263: "considera-se proposta a ação, tanto que a petição inicial seja despachada pelo juiz, ou simplesmente distribuída, onde houver mais de uma vara".

Portanto, percebe-se que há a **formação do processo** *no momento em que a petição inicial é protocolada em juízo.*

Assim, são **requisitos de constituição da relação processual**:

- ✔ *petição inicial escrita em português* (CPC, art. 156);
- ✔ *subscrita por advogado ou defensor;* e
- ✔ *endereçada a juiz.*

2.2.2. Suspensão do processo

Apesar de o princípio da celeridade permear todo o sistema processual, por vezes se faz necessária a **suspensão do processo**, ou seja, *a paralisação do trâmite processual.*

Não obstante, qualquer que seja a hipótese de suspensão, *atos urgentes podem ser praticados durante o período em que o processo está suspenso* (CPC, art. 266).

É importante consignar que suspensão do processo é algo distinto da suspensão ou interrupção do prazo processual.

É necessária previsão legal para que haja a suspensão do processo, sendo que o Código prevê diversas situações para tanto.

O principal dispositivo que trata do tema é o art. 265, que traz as seguintes **hipóteses de suspensão**:

(i) Pela *morte ou perda da capacidade processual* de qualquer das *partes*, de seu representante legal ou de seu procurador.

O autor, quando falece, deixa de deter capacidade de ser parte. Um idoso que é interditado perde sua capacidade processual. Um advogado que é desligado dos quadros da OAB não é mais dotado de capacidade postulatória. Nestes três exemplos, o processo não pode prosseguir. Mas preferível à extinção de plano é a *suspensão, até que a incapacidade seja solucionada.*

Contudo, se a falha não for suprida, sendo em relação ao autor, o processo será extinto sem mérito; sendo em relação ao réu, será decretada a revelia (CPC, art. 13 e art. 265, § 2º);

(ii) Por *convenção das partes.*

Se as partes estão em vias de celebrar um acordo para pôr fim ao processo, o prosseguimento do feito pode dificultar as negociações. Daí a conveniência de suspender o processo.

Contudo, o *prazo máximo para que o processo fique suspenso é de seis meses* (CPC, art. 265, § 3º). Após tal período, o processo deverá retomar seu curso;

(iii) Quando for oposta *exceção de incompetência relativa, impedimento ou suspeição.*

Nestes casos, considerando que não se sabe o juízo ou juiz que julgará a causa, é conveniente que se aguarde com a suspensão do processo;

(iv) Quando a *sentença de mérito depender do julgamento de outra causa ou de prova requisitada a outro juízo*, ou seja, quando houver *prejudicialidade externa.*

Ao se falar em prejudicialidade, significa dizer que *antes da solução da questão principal* (o pedido, aquilo que deverá ser apreciado pelo juiz), *deve ser solucionada a questão prejudicial em debate em outro processo.* O objetivo da suspensão pela prejudicialidade externa é evitar que haja a prolação de decisões conflitantes.

No que diz respeito à suspensão decorrente de prova a ser produzida em outro juízo, o exemplo é a *expedição de carta precatória para oitiva de testemunha.* Ou seja, o processo "principal" fica sobrestado até que a prova em questão seja produzida.

Considerando a morosidade que isso acarreta, houve alteração legislativa: apenas quando se tratar de prova "imprescindível" é que a carta terá o condão de suspender o processo (CPC, art. 338).

Por fim, o processo só poderá ficar suspenso pela alínea IV pelo prazo máximo de 1 ano (CPC, art. 265, § 5º);

(v) Por motivo de *força maior.*

Para fins deste inciso, deve-se entender por força maior a situação imprevisível, alheia à vontade das partes e do juiz que torne impossível a realização de determinado ato processual. Se isso ocorrer, o processo estará suspenso e, consequentemente, prorrogados os prazos para realização daquele ato processual. Como exemplo recente, as fortes chuvas que destruíram diversos fóruns em cidades do Sudeste do Brasil.

2.2.3. Extinção do processo

O processo em determinado momento terá de chegar a seu final. *O término do processo se dará pelas mais diversas razões.* É o que se denomina de **extinção do processo.**

O Código prevê o *término do processo por sentença* (CPC, art. 162, § 1º), que pode ser de duas ordens: *sem (CPC, art. 267) ou com (CPC, art. 269) resolução do mérito.*

E pela atual sistemática do CPC *somente no caso do art. 267* (sentença sem mérito) *é que se pode efetivamente falar em extinção*; no caso de resolução de mérito, não se fala mais em extinção (isso de modo a justificar teoricamente a fase de cumprimento de sentença, como se verá no capítulo 4).

Na primeira situação (art. 267) *o processo é extinto por força de alguma falha burocrática ou processual.* Assim, o pedido formulado pelo autor sequer é apreciado pelo juiz e assim a lide permanece incomposta e o mérito, não decidido. Daí a nomenclatura *"extinção sem resolução do mérito"* prevista na legislação.

Por outro lado, caso não presente qualquer falha formal-burocrática, *o pedido é apreciado* – é o que se espera que ocorra quando se aciona a jurisdição. Nestas hipóteses, a lide é composta, o mérito é decidido. São as situações em que há *"resolução do mérito"* (art. 269).

2.2.3.1. Extinção do processo sem resolução do mérito

São **hipóteses de extinção do processo sem resolução do mérito** (CPC, art. 267):

(i) *indeferimento da inicial* (CPC, art. 295; o p.u. traz casos de *inépcia da inicial*).

Nas hipóteses em que o *vício da petição inicial for sanável*, deverá o juiz determinar *sua emenda* (CPC, art. 284). Contudo, (i) se, mesmo após a determinação, *não houver a emenda* ou (ii) *se o vício for grave e não admitir correção*, então haverá o indeferimento da inicial e *o magistrado extinguirá o processo, sem resolução do mérito;*

(ii) *o processo ficar parado* por mais de um ano por *negligência das partes.*

Este inciso retrata o *abandono de ambos* os litigantes;

(iii) *autor abandona* a causa por mais de 30 dias.

Já este inciso retrata o *abandono do autor.*

Nestes dois casos (incisos II e III), *as partes devem ser intimadas pessoalmente, antes da extinção do processo* (CPC, art. 267, § 1º). A providência se justifica por força de hipóteses como, por exemplo, a morte do advogado sem ciência do cliente;

(iv) *falta de requisitos de constituição* ou *validade* do processo.

Haverá extinção do processo *se não estiverem presentes os pressupostos processuais de existência e validade* (tema já antes tratado – cf. item 1.6.2 *supra*);

(v) *perempção, litispendência e coisa julgada.*

A litispendência e a coisa julgada (CPC, art. 301, §§ 1º a 3º) já foram analisadas no item 1.6.3. A **perempção** é a *situação na qual, se o autor provocar a extinção do processo por 3 vezes por força do abandono, o juiz, no 4º ajuizamento extinguirá o processo sem resolução do mérito* (CPC, art. 268, p.u.);

(vi) *carência de ação.*

A *falta de uma das condições da ação* já foi antes analisada (item 1.6.4);

(vii) *convenção de arbitragem.*

Se as partes celebraram contrato no qual estipulam que, *diante da lide, a solução será pela via da arbitragem, a causa não pode ser decidida pelo Poder Judiciário*, mas sim por um árbitro (L. 9307/96). Daí a extinção sem resolução de mérito;

(viii) *autor desiste* da ação.

A desistência é distinta da renúncia (CPC, art. 269, V). *A primeira, por ser sem mérito, admite a repropositura da mesma ação. A segunda, por ser com mérito, forma coisa julgada* e impede a repropositura.

A partir do momento em que é *apresentada a contestação, a desistência depende da concordância do réu* (CPC, art. 267, § 4º);

(ix) ação for *intransmissível.*

Se o direito discutido em juízo for **intransmissível** (basicamente as hipóteses de direito personalíssimo), *o falecimento da parte* (o suposto titular do direito) *não permite que haja a sucessão da posição jurídica processual.* O grande exemplo é o divórcio. Daí a extinção;

(x) *confusão* entre autor e réu.

A **confusão** se verifica *quando as duas partes da relação processual se encontram em uma única parte na relação jurídica de direito material.* Como não é lícito alguém litigar contra si mesmo, o processo deve ser extinto. Como exemplo, a fusão de duas empresas que estavam litigando.

Em todos os incisos do art. 267 do CPC ora apresentados, *a sentença é terminativa*, ou seja, processual, não decide a lide. Assim, **em regra, admite-se a repropositura da ação** – *salvo em relação ao inciso V* (litispendência, coisa julgada e perempção – CPC, art. 268). Contudo, para a repropositura, é necessário o recolhimento das custas e honorários do processo anterior.

2.2.3.2. Sentença com resolução do mérito

Apesar do art. 269 do CPC conter 5 incisos, apenas na situação prevista no inciso I é que há efetivamente decisão do juiz, optando pela tese apresentada pelo autor ou pelo réu. Nas demais hipóteses, o magistrado simplesmente se manifesta a respeito de uma situação que, pelo Código, também tem o condão de resolver o mérito.

São **hipóteses em que há resolução do mérito** (CPC, art. 269):

(i) juiz julga *procedente ou improcedente* o pedido do autor.

É a conclusão esperada – e mais frequente – de um processo judicial;

(ii) *réu* reconhece a *procedência do pedido.*

Neste caso, não há propriamente decisão, mas sim uma *homologação* do juiz. **Reconhecimento do pedido** é a *concordância do réu com o pedido formulado pelo autor.* É importante destacar que *não se trata de revelia* (ausência de contestação), mas sim de submissão à pretensão do autor;

(iii) as partes *transigem.*

É a hipótese de *acordo entre as partes.* Como se sabe, a *transação envolve concessões recíprocas para encerrar o litígio*, ou seja, cada parte cede um pouco de sua pretensão e resistência;

(iv) juiz reconhece *decadência ou prescrição.*

Transcorrido determinado lapso temporal, não será mais lícito à parte buscar o Judiciário para satisfazer sua pretensão – com isso ocorre a consumação da **prescrição e decadência.** Vale lembrar que o juiz pode conhecê-las de ofício (CPC, art. 219, § 5º).

Este tema é usualmente objeto de questões de concursos, com respostas erradas: *prescrição e decadência importam em extinção com resolução do mérito.* Foi uma opção legislativa para que a sentença fosse coberta pela *coisa julgada*;

(v) autor *renuncia ao direito* sobre que se funda a ação.

Como já exposto em relação ao art. 267, é *fundamental que se diferencie a desistência* (CPC, art. 267, VIII) *da renúncia* (CPC, art. 269, V). A desistência atinge o direito processual, acarreta a extinção sem mérito e assim permite uma nova propositura da mesma ação. Já na **renúncia** *o autor abre mão de sua pretensão, o ato atinge o direito material.* E isso acarreta a extinção com mérito, a sentença é coberta pela coisa julgada e assim não cabe a repropositura.

As hipóteses ora analisadas, em que há *análise do mérito*, importam em uma **sentença definitiva** (CPC, art. 269). Com o *trânsito em julgado de uma sentença definitiva*, tem-se a *coisa julgada material* (CPC, art. 467).

2.3. Procedimento comum sumário

Como já exposto, o procedimento comum se divide em rito ordinário e sumário. O procedimento comum de rito sumário é um procedimento mais simples e rápido que o ordinário (ao menos esse foi o objetivo do legislador).

2.3.1. Hipóteses de cabimento do sumário

Caso não seja hipótese de uso de um procedimento especial, deverá ser utilizado o comum. Em relação ao comum, inicialmente deve-se verificar se é caso de utilização do sumário.

Cabe o rito sumário nas seguintes situações:

(i) nas causas com *valor de até 60 salários-mínimos* (CPC, art. 275, I);

(ii) nas causas em que, *qualquer que seja o valor, discuta-se matérias consideradas pelo legislador como mais simples*, a saber (CPC, art. 275, II):

- ✔ *arrendamento rural* e *parceria agrícola*;
- ✔ *cobrança de condomínio*;
- ✔ *danos em prédio* urbano ou rústico;
- ✔ *danos* decorrentes de *acidente de veículo*;
- ✔ cobrança de *seguro de veículo*;
- ✔ cobrança de *honorários de profissionais liberais;*
- ✔ *revogação de doação;*

✔ outras situações previstas em *leis especiais* (como, por exemplo, *revisional de aluguel* – L. 8.245/91, art. 68).

Caso se enquadre em algumas das hipóteses acima, **é possível o rito sumário em face da Fazenda Pública.**

Porém, **não cabe o rito sumário em causas de direito de família** (*estado e capacidade das pessoas*, nos termos do CPC, art. 275, p.u.).

2.3.2. Procedimento (*vide* quadro no item 2.1.4 *supra*)

Tratando-se de causa que tramita pelo procedimento comum rito sumário, a **inicial** deve trazer o *rol de testemunhas, quesitos e assistente técnico* (CPC, art. 276).

O réu será citado para comparecer à **audiência**, na qual haverá *tentativa de conciliação e será apresentada contestação.*

Nesta audiência, é possível a *conversão para o procedimento ordinário* (CPC, art. 277, § 4º e 5º).

Não cabem, no rito sumário:

(i) *reconvenção* (cabe *pedido contraposto*, formulado na própria contestação – CPC, art. 278,§ 1º);

(ii) *ação declaratória incidental*;

(iii) *intervenção de terceiro*, salvo *assistência, recurso de 3º prejudicado* e **intervenção fundada no contrato de seguro** – ou seja, *denunciação em face de seguradora* (CPC, art. 280).

Exceto essas vedações previstas em lei, *as demais respostas do réu são cabíveis no sumário*, como a impugnação ao valor da causa, a impugnação à justiça gratuita ou exceções.

2.4. Procedimento comum ordinário

Como já acima exposto, este é o procedimento-padrão, a base dos demais processos e procedimentos e que, portanto, encontra a maior regulação por parte do CPC.

2.4.1. Hipóteses de cabimento do ordinário

Cabe o rito ordinário por exclusão: se não for hipótese de procedimento especial nem de procedimento comum sumário, este será o utilizado.

Assim, é o rito residual.

2.4.2. Petição inicial

Os **requisitos da petição inicial** estão previstos no CPC, art. 282. Diante de sua clareza, vale reproduzir o artigo.

"Art. 282 – A petição inicial indicará:

I. o juiz ou tribunal a que é dirigida (ou seja, o *endereçamento da inicial* – a *competência* já foi analisada no capítulo anterior);

II. os nomes, prenomes, estado civil, profissão, domicílio e residência do autor e do réu (o inciso se refere à *qualificação das partes*);

III. o fato e os fundamentos jurídicos do pedido (a *causa de pedir*);

IV. o *pedido*, com as suas especificações;

V. o *valor da causa*;

VI. as *provas* com que o autor pretende demonstrar a verdade dos fatos alegados;

VII. o requerimento para a *citação* do réu."

Esses requisitos são para a *inicial do procedimento comum ordinário*. Mas, como já dito, também se aplicam aos *demais processos e procedimentos*, com algumas diferenças. Como exemplo, no *procedimento sumário* a inicial já deve trazer o *rol de testemunhas e quesitos* (cf. exposto no tópico acima).

O art. 285-B, inserido no CPC pela L. 12.810/2013, criou *novo requisito envolvendo petições iniciais de revisão de contratos bancários*. Quando se debater obrigações decorrentes de "empréstimo, financiamento ou arrendamento mercantil, o autor deverá discriminar na petição inicial, dentre as obrigações contratuais, aquelas que pretende controverter, quantificando o valor incontroverso".

Ou seja, quando se afirmar que o contrato bancário traz valores indevidos (como juros, correção, comissão de permanência, tarifas ou multas que não poderiam ser cobradas), a *inicial deverá indicar expressamente qual o* ***valor que se entende devido***, que deverá continuar sendo pago regularmente (CPC, art. 285-B, p.u.).

Se a **petição inicial não trouxer algum dos requisitos**, o juiz determinará a *emenda da inicial* (CPC, 284). Contudo, se o autor não proceder à emenda, haverá o *indeferimento da inicial*, com a extinção do processo sem resolução do mérito (CPC, art. 267, I).

Por sua vez, **se o vício da inicial for grave** e sequer permitir a emenda, poderá o magistrado *desde logo extinguir o processo* (CPC, art. 295).

Nessas situações fala-se em **indeferimento liminar da inicial**, hipóteses em que o processo é extinto sem resolução do mérito e *sem haver a citação do réu.*

Também é possível se falar em **improcedência liminar da inicial**, situação na qual *o pedido é julgado improcedente (portanto, decisão de mérito), sem a citação do réu.*

É a hipótese prevista no CPC, art. 285-A, em que a sentença deverá ser favorável ao réu. Os **requisitos** para que isso ocorra são os seguintes:

- ✔ discussão envolvendo apenas *matéria de direito;* e
- ✔ a existência de *decisão prévia de improcedência em caso idêntico, na mesma vara,* que tenha sido prolatada após uma tramitação normal do processo, ou seja, um mecanismo de celeridade envolvendo ações de massa.

Assim, a finalidade da improcedência liminar é, nas causas de massa, desde logo reconhecer a improcedência quando já houver anterior sentença nesse sentido em prol da celeridade.

Considerando os diversos requisitos para a petição inicial, na sequência será feita a análise de alguns dos requisitos com mais vagar.

a) Causa de pedir: na terminologia do CPC, *são os fatos e fundamentos jurídicos do pedido* (Por que o autor pede em juízo determinada providência?).

Observemos que não se deve confundir **fundamentos jurídicos** (consequência jurídica pretendida pelo autor, decorrente dos fatos narrados) com **fundamentos legais** (base legal, artigos de lei).

Fazem parte da causa de pedir *apenas os fundamentos jurídicos.* Assim, ainda que a parte mencione determinados artigos na inicial, poderá o juiz julgar com base em outros dispositivos – desde que não altere os fatos ou fundamentos jurídicos levados aos autos pelo autor.

Para que haja a **alteração da causa de pedir** após o ajuizamento da inicial, deve ser observado o seguinte (CPC, art. 264):

(i) **antes da citação**: *permitido, sem qualquer restrição,* bastando uma petição do autor;

(ii) **após a citação:** permitido, *desde que o réu concorde* (hipótese em que haverá nova contestação) ou mediante *nova citação* do réu, no caso de revelia (CPC, art. 321);

(iii) **após o saneamento** do processo: *inadmissível,* em qualquer caso (art. 264, p.u.).

Essa é exatamente a **mesma regra em relação à alteração do pedido** após o ajuizamento;

b) Pedido: *é aquilo que o autor pede quando aciona o Judiciário.*

O pedido deve ser certo *e* determinado (este é o entendimento pacífico da jurisprudência e doutrina). Assim, deve-se tomar cuidado com a letra da lei, que não usa a locução "e" (CPC, art. 286).

O pedido também deve trazer claramente qual é o bem da vida pretendido pelo autor, inclusive em relação ao *quantum* (qual quantia em dinheiro, qual coisa a ser entregue?).

Apenas em casos expressamente previstos em lei é que será lícito formular um **pedido genérico**, o qual *não é determinado em relação ao valor que o autor pretende receber.*

Cabe o pedido genérico em 3 situações (CPC, art. 286):

(i) nas *ações universais.*

São as ações que envolvem *um conjunto de bens, uma universalidade* (o espólio, uma biblioteca, a massa falida). Basta imaginar um filho buscando o patrimônio de um pai falecido. O autor ingressará com uma petição de herança (réus *condenados* a entregar ao autor seu quinhão – pedido certo), mas não conseguirá delimitar *o valor exato dos bens correspondentes ao seu quinhão* (não se sabe o *quantum debeatur*). Nesse caso, cabe pedido genérico;

(ii) quando não for possível *determinar, de modo definitivo, as consequências do evento.*

Como exemplo, um acidente envolvendo a explosão de um botijão de gás em um restaurante. O cliente poderá ter de ficar meses em tratamento médico. Mesmo antes de ficar totalmente recuperado, o cliente já poderá ingressar em juízo contra o restaurante. E os danos, porém, ainda não podem ser determinados de modo definitivo. Assim, esta é uma situação de pedido genérico.

Este inciso também permite, segundo a jurisprudência, pleitear-se *dano moral de maneira genérica,* ou seja, "em quantia a ser fixada pelo juiz" (STJ, AgRg no Ag 1300075/SP, DJe 18/08/2010);

(iii) quando a determinação do *valor da condenação depender de ato que deva ser praticado pelo réu.*

O exemplo típico para esta situação é a prestação de contas: *conforme as contas prestadas,* será possível *verificar se há e quanto é o valor a ser pago.*

O sistema processual admite a **cumulação de pedidos**, ou seja, a elaboração de *mais de um pedido, mesmo que não conexos (CPC, art. 103), em face do mesmo réu.*

Será possível a **cumulação** quando (CPC, art. 292):

(i) os pedidos forem *compatíveis;*

(ii) competente o *mesmo juízo;*

(iii) adequado o *mesmo procedimento* (ou utilização do ordinário).

A legislação permite ainda o chamado **pedido alternativo**, *que é aquele em que o autor formula dois pedidos para ver acolhido um, indistintamente.* Pede-se a entrega do bem comprado ou o dinheiro de volta (CPC, art. 288), sem preferência por parte do autor. Se qualquer dos pedidos for acolhido, estará satisfeito o autor.

Já **pedido subsidiário** ocorre quando *o autor formula um pedido principal e, somente se este não puder ser acolhido, formula um pedido subsidiário/eventual.* Pede-se o cumprimento do contrato como pedido principal e, somente se isso não for possível, pleiteia-se indenização por perdas e danos (CPC, art. 289). Aqui há, portanto, preferência por parte do autor – que somente estará totalmente satisfeito se for acolhido o pedido principal.

A doutrina também fala em **pedido sucessivo** quando há cumulação de pedidos, mas *o segundo pedido depende, do ponto de vista lógico, do acolhimento do primeiro*. Assim, numa investigação de paternidade cumulada com alimentos, somente após o acolhimento do pedido de reconhecimento da paternidade é que se pode cogitar de concessão do pedido de alimentos.

No mais, vale lembrar que o **pedido é interpretado restritivamente**, ou seja, a parte autora terá de formular clara e explicitamente o pedido, *não sendo possível ao magistrado interpretar o pedido de forma ampliativa* (como se o autor "quisesse ter dito ou pedido algo") na hora de decidir.

Nesta linha, deverá o autor formular expressamente o pedido de antecipação de tutela (CPC, arts. 273 e 461), pois o magistrado não pode concedê-lo de ofício.

E há regra distinta tratando-se de **tutela específica das obrigações de fazer** (CPC, art. 461), ou seja, situação em que *o autor busca que o réu cumpra aquilo que ele se comprometeu a fazer* (tanto que somente se o autor requerer é que haverá conversão da obrigação em perdas e danos – CPC, art. 461, § 1º).

Nesse caso, será possível ao magistrado, para compelir que alguém faça ou deixe de fazer alguma coisa, *impor uma série de medidas de apoio* (multa-diária, busca e apreensão, desfazimento de obras etc.). E, quanto a estas medidas de apoio, o CPC aponta que podem ser deferidas *de ofício* (CPC, art. 461, § 5º);

c) **Prova**: o objetivo da prova *é formar o convencimento do juiz quanto aos fatos trazidos pelas partes.*

Cabe relembrar que, pela Constituição, *provas ilícitas são inadmissíveis* (CF, art. 5º, LVI).

O **momento principal de produção de prova** é a *audiência de instrução* (CPC, art. 336). Porém, tratando-se de *documentos, já na inicial e contestação* devem ser juntados.

A regra é que *somente os fatos devem ser provados*, mas não o direito (há *exceção* prevista no CPC, art. 337: o juiz poderá determinar que a parte prove "direito municipal, estadual, estrangeiro ou consuetudinário").

Ainda que o Código seja de 1973, é possível utilizar como prova os formatos só conhecidos nos últimos anos, como CD, DVD, fax e e-mail. Isso porque *tudo pode ser prova*, ainda que não especificado em lei, *desde que legal* (CPC, art. 332).

Fato incontroverso (aquele que *não é objeto de impugnação pela parte contrária*) e **fato notório** (aquele que é de *conhecimento comum dos litigantes*) *independem de prova* (CPC, art. 334).

Da mesma forma, *aquilo que ordinariamente ocorre* – as chamadas **máximas de experiência** – também não precisa ser provado (CPC, art. 335). Como exemplo, a culpa num acidente de veículo, com base no que ordinariamente ocorre, é do veículo que está atrás.

O **momento de requerer a produção das provas** é na *inicial e na contestação*. O **juiz irá decidir a respeito de qual prova será produzida** *no saneamento* (CPC, art. 331, § 2º: fixação dos pontos controvertidos a respeito dos quais haverá prova). E, nos termos do CPC, art. 130, *cabe ao juiz deferir provas de ofício*.

Quanto ao **ônus da prova**, *em regra é de quem alega*.

Assim, compete:

- ✔ **ao autor**, provar *o fato constitutivo do seu direito* (CPC, art. 333, I);
- ✔ ao réu, provar *o fato impeditivo, modificativo ou extintivo do direito do autor* (CPC, art. 333, II).

Há *exceções*, como nas **relações de consumo**, em que é possível a *inversão do ônus da prova*, desde que presente a hipossuficiência do consumidor ou verossimilhança da alegação (CDC, art. 6º, VIII).

Se o autor não se desvencilhar de seu ônus: *improcedência do pedido*, sendo vedada a repropositura, diante da coisa julgada que se forma (CPC, art. 269, I).

No tocante aos **meios de prova**, o Código conhece os seguintes:

(i) *documental* (CPC, art. 364);
(ii) *depoimento pessoal* (CPC, art. 342);
(iii) *testemunhal* (CPC, art. 400);
(iv) *pericial* (CPC, art. 420);
(v) *inspeção judicial* (CPC, art. 440);
(vi) *confissão* (CPC, art. 348) e
(vii) *exibição de documento ou coisa* (CPC, art. 355).

(i) **Prova documental**

O **momento de produção** da prova documental é *na inicial e na contestação* (CPC, art. 396).

Fora estes momentos, só podem ser juntados (CPC, art. 397):

a) *documentos novos* (prova de fatos posteriores aos narrados à inicial);

b) documentos para *rebater documentos produzidos pela parte contrária.*

Toda vez que um *documento for juntado, a parte contrária deverá ter a oportunidade de se manifestar* (CPC, art. 398).

Se uma das partes entender que o documento é falso, deverá apresentar **incidente de falsidade** (CPC, art. 390).

(ii) **Depoimento pessoal**

É o *interrogatório das partes*, seja o *autor ou o réu* (CPC, art. 342).

Existem *limitações ao dever de depor em juízo*, como em situações de sigilo ou autoincriminação (CPC, art. 347).

O depoimento pessoal é *requerido pelo juiz ou pela parte contrária* (CPC, art. 343, *caput*). Assim, não é requerido *pelo próprio depoente.*

Pode ocorrer, no depoimento pessoal, a **pena de confesso**: se a *parte não comparecer* ou, comparecendo, *recusar-se a responder* o que lhe for perguntado, *presumir-se-ão confessados os fatos contra ela* alegados (CPC, art. 343, § 1º).

No momento da colheita da prova, *quem ainda não depôs não pode ficar na sala de audiência* ouvindo o outro depoimento pessoal (CPC, art . 344, p.u.).

A parte depoente *não pode ler suas respostas*, mas é permitido levar *breves anotações* (CPC, art. 346). A parte não presta compromisso de dizer a verdade.

(iii) **Prova testemunhal**

É o *interrogatório de terceiros, que não são parte no processo* (CPC, art. 400).

A parte deve apresentar *rol de testemunhas* no prazo fixado em lei. No **sumário**, já na *inicial ou contestação* (CPC, art. 276). No **ordinário**, *10 dias antes da audiência* ou no *prazo fixado pelo juiz* (CPC, art. 407).

Há a apresentação do rol de testemunhas para (i) permitir que haja a *intimação das testemunhas* se as partes assim requererem e (ii) para que a *parte contrária saiba*, antes da audiência, *quem são as testemunhas*.

Cada parte poderá apresentar *até 10 testemunhas*, mas o juiz pode dispensar *mais do que 3 sobre o mesmo fato* (CPC, art. 407, p.u.).

Após a apresentação do rol, só cabe a **substituição da**

testemunha que (CPC, art. 408):

- ✔ *falecer*;
- ✔ por *enfermidade* não tiver condições de depor; ou
- ✔ que mudou de endereço e *não foi encontrada pelo oficial* de justiça.

A testemunha é **intimada a comparecer à audiência**.

Se a testemunha foi *intimada e deixar de comparecer*, poderá ser *conduzida coercitivamente*, respondendo pelas despesas do adiamento (CPC, art. 412).

Se a parte se *comprometer a levar a testemunha independentemente de intimação*, no caso de *ausência* da testemunha, *presume-se que desistiu de ouvi-la* (CPC, art. 412, § 1º).

A testemunha, *no início do depoimento*, presta o **compromisso de dizer a verdade** (CPC, art. 415).

Inicialmente, o *juiz formula suas perguntas* à testemunha; na sequência as *partes fazem as reperguntas, primeiro a parte que arrolou*, depois a outra (CPC, art. 416).

Não podem ser testemunhas as pessoas (CPC, art. 405):

a) **incapazes**, ou seja:

- ✔ o *interdito* por demência;
- ✔ o que, acometido por enfermidade mental, ao tempo em que *ocorreram os fatos, não podia discerni-los*; ou não está *habilitado a transmitir as percepções*;
- ✔ o *menor de 16 anos*;
- ✔ o *cego e o surdo*, quando a *ciência do fato depender dos sentidos* que lhes faltam;

b) **impedidas**, a saber:

- ✔ o *cônjuge, o ascendente e o descendente* em qualquer grau, ou colateral, até o terceiro grau;
- ✔ o que é *parte* na causa;
- ✔ o que *intervém em nome de uma parte* (tutor, representante legal da pessoa jurídica ou o advogado que assistam ou tenham assistido as partes);

c) **suspeitas**, que são:

- ✔ o condenado por *crime de falso testemunho*, havendo transitado em julgado a sentença;
- ✔ o que, por seus *costumes, não for digno de fé*;
- ✔ o *inimigo* capital da parte, ou o seu *amigo* íntimo;
- ✔ o que tiver *interesse no litígio*.

Se necessário, *pode o juiz ouvir essas pessoas*, mas não como testemunhas e sim como *informantes*, que não prestam compromisso (CPC, art. 405, § 4º).

Se o juiz aceitar ouvir uma testemunha que não deveria ser ouvida, o advogado da parte contrária poderá apresentar a **contradita**, *que é exatamente a alegação de que a testemunha é incapaz, suspeita ou impedida* (CPC, art. 414, § 1º).

(iv) **Prova pericial**

A **prova pericial** consiste em *exame, vistoria ou avaliação* (CPC, art. 420) e é utilizada *quando há a necessidade de conhecimentos técnicos a respeito de qualquer disciplina – salvo direito* (CPC, art. 420, p.u., I).

O perito é de *livre escolha do juiz* (CPC, art. 421). Se a *questão for complexa*, abrangendo mais de uma área de conhecimento é possível a *designação de mais de um perito* (CPC, art. 431-B).

Deferida a realização de perícia, em *5 dias as partes podem indicar quesitos e assistentes técnicos* (CPC, art. 421, § 1º). Já no procedimento sumário, isso deve ser feito na inicial ou contestação (CPC, art. 276).

Apresentado o laudo pericial, as partes têm *10 dias para manifestação* (CPC, art. 433, p.u.) com a apresentação de *laudo do assistente técnico*, se assim quiserem (CPC, art. 433, p.u.). É possível inclusive a formulação de *quesitos suplementares* (CPC, art. 425).

Caso requerido pelas partes, admite-se que o *perito ou assistente técnico prestem esclarecimentos em audiência*. Para isso as perguntas a serem respondidas pelo perito devem ser formuladas na *forma de quesitos* (CPC, art. 435).

Considerando o princípio do livre convencimento motivado, *o juiz não está vinculado ao laudo pericial* (CPC, art. 436) e pode, quando entender que a questão não está bem esclarecida, determinar a realização de *nova perícia* (CPC, art. 437).

Questão importante relacionada à prova pericial diz respeito a seu custo. A parte beneficiária da justiça gratuita e assistida pela Defensoria deveria arcar com os custos da perícia? Apesar de muitos juízes determinarem que sim, há precedentes que apontam que o Estado deve arcar com os custos da perícia – especialmente mediante a realização de tal perícia perante órgãos estatais.

Nesse sentido: "(...) 2. O fato de o beneficiário da justiça gratuita não ostentar, momentaneamente, capacidade econômica de arcar com o adiantamento das despesas da perícia por ele requerida, não autoriza, por si só, a inversão do ônus de seu pagamento. 3. Tendo em vista que o perito nomeado não é obrigado a realizar o seu trabalho gratuitamente, incumbe ao magistrado requisitar ao Estado, a quem foi conferido o dever constitucional de prestar assistência judiciária aos hipossuficientes, o ônus de promover a realização da prova técnica, por meio de profissional de estabelecimento oficial especializado ou de repartição administrativa do ente público responsável pelo custeio da produção da prova, o que deve ocorrer em colaboração com o Poder Judiciário. 4. Recurso especial provido. (REsp 1245684/MG, Rel. Ministro Benedito Gonçalves, Primeira Turma, julgado em 13/09/2011, DJe 16/09/2011)".

(v) **Inspeção judicial**

A **inspeção** é meio de prova no qual *o juiz vai ao local dos fatos inspecionar pessoas ou coisas, a fim de se esclarecer sobre determinada questão que interesse à decisão da causa* (CPC, art. 440).

A lei parte da premissa que, em determinadas hipóteses, *somente a observação pessoal é que poderá subsidiar a tomada de decisão* (CPC, art. 442). Assim, o juiz irá até onde se encontra a pessoa ou coisa.

É possível que o *juiz seja acompanhado por peritos* (CPC, art. 441) e *pelas partes* (CPC, art. 442, p.u.).

(vi) **Confissão**

Entende-se por **confissão** a *situação na qual a parte admite a verdade de um fato contrário ao seu interesse* (CPC, art. 348).

A confissão pode ser *judicial ou extrajudicial*.

A **confissão judicial** pode ser:

- ✔ *real*, ou seja, efetivamente aconteceu; ou
- ✔ *ficta*, quando resulta de sanção por alguma recusa da parte.

A **confissão judicial real** pode ser:

- ✔ *espontânea*, quando realizada *pelo próprio confitente*, sem provocação; ou
- ✔ *provocada*, quando obtida mediante *interrogatório*.

Assim, percebe-se que a confissão pode ocorrer por meio *documental* ou no *depoimento pessoal*.

(vii) **Exibição de documento ou coisa**

Pode o *juiz determinar que seja exibido determinado documento ou coisa* (CPC, arts. 355 e 360).

O destinatário da ordem pode ser:

- ✔ *o réu* (CPC, art. 357). Se o réu estiver com o documento/coisa e não o exibir, *admitem-se como verdadeiros os fatos que o requerente queria provar* com o que seria exibido (CPC, art. 359, I).
- ✔ *terceiro* (CPC, art. 360). Se terceiro estiver com o documento/coisa e não o exibir, o *juiz poderá determinar apreensão*, inclusive com força policial, sendo que o terceiro incorrerá no crime de desobediência.

d) Citação

Citação é o *ato pelo qual se chama a juízo o réu para se defender* (CPC, art. 213). Assim, uma vez realizada a citação válida do réu no processo, não haverá nova citação do réu no mesmo processo.

Não se deve confundir a citação com outras figuras.

A **intimação** é o *ato pelo qual se dá ciência a alguém dos atos e termos do processo para que faça ou deixe de fazer alguma coisa* (CPC, art. 234). Assim, tanto o réu como o autor podem ser intimados diversas vezes em um processo.

Já a **notificação** *é medida cautelar para se manifestar qualquer intenção de modo formal* (CPC, art. 867).

Portanto, no processo civil, apenas a citação e a intimação são *formas de comunicação de ato processual*.

O CPC conhece 4 **modalidades de citação**:

(i) citação por *correio*, que é a *regra* e poderá ocorrer para qualquer comarca do país (CPC, art. 222). A respeito do tema, vale reproduzir a súmula 429 do STJ: "A citação postal, quando autorizada por lei, exige o aviso de recebimento";

(ii) citação por *oficial de justiça* ou *por mandado*, que é a forma de citação mais segura. Será realizada *quando a lei assim determinar* (maior segurança), por *opção do autor* ou quando *infrutífera a citação por correio* (CPC, art. 224).

São hipóteses em que a lei determina a **citação obrigatoriamente por oficial de justiça** (CPC, art. 222, alíneas):

- ✔ ações de *estado* (principalmente estado familiar – direito de família, por ser hipótese de direito indisponível);
- ✔ réu pessoa *incapaz*;
- ✔ ré *pessoa de direito público* (Fazenda Pública);
- ✔ processo de *execução*;
- ✔ local *não atendido por correio*.

A **citação por hora certa** é *citação realizada por oficial de justiça*, mas com algumas características específicas. Quando o *oficial tiver "suspeita de ocultação" do réu* e, por *3 vezes*, não encontrá-lo em seu endereço, *informará que voltará no dia imediato, em hora designada, e fará a citação a qualquer pessoa da família ou vizinho* (CPC, art. 227).

No dia e horário marcado, se o réu lá estiver, será devidamente citado. *Se o réu não estiver presente, será citado por hora certa*;

(iii) citação por *edital* ocorre quando *o réu estiver em local "incerto e não sabido"* (CPC, art. 231).

Tanto a *citação por hora certa como a citação por edital* são, na verdade, *situações que são uma ficção jurídica que a citação se realizou, com a ciência do réu*, por isso são hipóteses de **citação ficta**. Nesses casos, se o réu for revel, para garantir o contraditório, deverá ser *nomeado curador especial* (CPC, art. 9º, II), isto é, ainda que sem contato como réu, um advogado apresentará contestação, buscando defender a pessoa que foi citada de forma ficta. Nesta hipótese, cabe a *contestação por negativa geral* (cf. item 2.4.3.1 abaixo);

(iv) citação por *meio eletrônico*. Ainda não muita utilizada, é a citação realizada por correio eletrônico. É regulada pela Lei. 11.419/2006.

Os **efeitos da citação** encontram-se no CPC, art. 219:

(i) torna *prevento o juízo;*

(ii) induz *litispendência;*

(iii) torna a *coisa litigiosa;*,

(iv) constitui *em mora o devedor;* e

(v) *interrompe a prescrição.*

e) **Valor da causa**

Toda demanda cível, seja de jurisdição contenciosa ou voluntária, terá valor da causa (CPC, art. 258).

A *fixação* do valor da causa é realizada basicamente por dois critérios:

✔ **fixação legal ou obrigatória**: a atribuição do valor *já foi previamente definida pelo legislador.*

✔ **fixação voluntária**: como não há previsão legal para fixar o valor da causa, este será *livremente fixado a partir de uma estimativa do autor.*

As hipóteses de fixação legal estão no CPC, arts. 259 e 260:

(i) na *ação de cobrança de dívida*, a soma do principal, da pena e dos juros vencidos até a propositura da ação;

(ii) havendo *cumulação de pedidos*, a quantia correspondente à *soma dos valores* de todos eles;

(iii) sendo *alternativos os pedidos*, o de *maior valor*;

(iv) se houver também *pedido subsidiário*, o valor do *pedido principal*;

(v) quando o litígio tiver por objeto a existência, validade, cumprimento, modificação ou rescisão de *negócio jurídico*, o *valor do contrato*;

(vi) na *ação de alimentos*, a soma de *12 (doze) prestações mensais*, pedidas pelo autor;

(viii) na ação de *divisão, de demarcação e de reivindicação*, a estimativa oficial para lançamento do imposto (ou seja, *valor venal*).

De seu turno, o art. 260 preceitua que, quando se tratar de *relação continuativa* com *prestações vencidas e vincendas*, o valor da causa deverá *levar em conta ambas*, da seguinte forma:

✔ *soma das prestações vencidas e vincendas se a obrigação tem tempo inferior a um ano* (ex: o contrato é de 10 meses. Há débito de 2 parcelas e ainda faltam 5. O valor da causa será a soma das 2 já vencidas mais as 5 restantes);

✔ *soma da parcelas vencidas mais doze vezes* o valor das prestações vincendas se a *obrigação durar tempo superior a um ano* (ex: não foram pagas 2 prestações e ainda faltam 20; nesse caso, o valor da causa considerará as 2 vencidas mais 12 vincendas).

Mas também há hipótese de fixação legal em legislação extravagante. O principal exemplo é a Lei do Inquilinato (Lei 8.245/1991), que prevê, na *ação de despejo*, o valor da causa em *12 vezes o valor mensal do aluguel* (art. 58, III).

A **importância do valor da causa** é *processual e fiscal*:

(i) no procedimento comum, pode determinar a utilização do *rito sumário* (até 60 salários-mínimos);

(ii) no *Juizado Especial Cível* é determinante para a fixação da competência (até 40 salários-mínimos) e também para a obrigatoriedade ou não de advogado (até 20 salários a própria parte é dotada de capacidade postulatória);

(iii) é base de cálculo para *multas e outras penas* impostas pelo juiz (como litigância de má-fé);

(iv) *pode ser o parâmetro para a fixação dos honorários do advogado*, se o juiz assim entender (CPC, art. 20, § 4º – não há uma correlação necessária entre valor da causa e honorários, na hipótese de improcedência, mas, eventualmente, pode ser o critério);

(v) do ponto de vista fiscal, o valor da causa *é a base de cálculo para o pagamento da taxa judiciária.*

2.4.3. Defesa do réu

O réu é citado para se *defender* (CPC, art. 213).

E a **resposta do réu** (CPC, art. 297) se dá de *diversas maneiras*, não apenas pela contestação. Enquanto o autor, ao acionar o Judiciário, tem basicamente a petição inicial, *o réu dispõe de diversos instrumentos* (isso se deve a razões históricas, à tradição). Mas, não há dúvida, a principal peça de defesa é a contestação.

2.4.3.1. Contestação e revelia

A **contestação** é a *resistência do réu ao pedido do autor.*

Pelo **princípio da eventualidade**, *toda matéria de defesa,* ainda que contraditória, *deve ser alegada* na contestação, sob pena de *preclusão* (CPC, art. 300, parte inicial).

Contudo, há *exceções*. Tratando-se de *matéria de ordem pública* (como condições da ação e pressupostos processuais), cabe a alegação em momento posterior (portanto, não há preclusão). Contudo, o réu arcará com as *custas do retardamento* do processo (CPC, art. 267, § 3º).

Decorrente do princípio da eventualidade, há o **ônus da impugnação específica** (art. 302). Ou seja, *se determinado fato não for especificamente impugnado, presume-se que seja verdadeiro*.

Portanto, em regra não cabe a **contestação por negativa geral** (situação em que o réu simplesmente afirma que "tudo que está na inicial não é verdadeiro", sem trazer sua versão aos fatos). A *exceção* é a contestação apresentada pelo *advogado dativo, curador especial e MP* (CPC, art. 302, p.u.).

A **defesa do réu**, na contestação, pode ser de *mérito* ou *processual*.

A **defesa de mérito** (CPC, art. 300 e 302) *impugna os fatos e é baseada na relação jurídica de direito material*.

Pode tanto ser a *resistência às alegações da inicial* (negam-se os fatos) ou a apresentação de *fato impeditivo, modificativo ou extintivo do direito do autor* (apresenta-se um fato que afaste a pretensão do autor – CPC, art. 326).

Como exemplo de **fato impeditivo**, a *incapacidade do contratante*; como exemplo de **fato modificativo**, a *compensação*, e como exemplo de **fato extintivo,** o *pagamento*.

A apresentação de *defesa de mérito busca a improcedência do pedido* (prolação de sentença em que há resolução do mérito – CPC, art. 269, I).

Já a **defesa processual** (CPC, arts. 301, 267 e 295) *impugna a relação de direito processual, ou seja, aspectos formais-burocráticos da causa* (pressupostos processuais e condições de ação). Como é *anterior ao mérito*, costuma também ser denominada **preliminar.**

A alegação de uma *defesa processual* pode acarretar:

- ✔ a *extinção do processo sem resolução de mérito*, desde que haja a respectiva previsão no CPC, art. 267 (ex.: litispendência: art. 301, V, c/c art. 267, V);
- ✔ a *possibilidade de correção da falha* (emenda) sob pena de extinção (ausência de recolhimento de custas: art. 301, XI, c/c art. 295, VI, e art. 267, I);
- ✔ a *alteração do juízo que julgará a causa* (incompetência absoluta: art. 301, II).

Defesas processuais trazidas pelo Código, que o réu irá alegar antes de discutir o mérito (preliminarmente – CPC, art. 301):

I. *vício de citação;*
II. *incompetência absoluta;*
III. *inépcia da inicial* (CPC, art. 295, p.u.);
IV. *perempção;*
V. *litispendência;*
VI. *coisa julgada;*
VII. *conexão (apesar da ausência de menção na lei, também a continência);*
VIII. *incapacidade de parte, defeito de representação, falta de autorização (incapacidade: criança sem representação; defeito de representação: falta de capacidade postulatória; falta de autorização: há casos em que o cônjuge precisa de autorização para litigar – CPC, art. 10);*
IX. convenção de *arbitragem;*
X. *carência de ação;*
XI. falta de caução ou *prestação prevista em lei (como principal exemplo de prestação prevista em lei, a ausência de recolhimento de custas).*

Como se percebe, *diversos argumentos de defesa já foram analisados em momentos anteriores*. Seja ao se discutir condições da ação e pressupostos processuais, seja ao se tratar das hipóteses de extinção do processo sem mérito. Isso demonstra que o processo civil é um sistema, em que *inicial, defesa e decisão estão conectadas.*

Como já visto, o princípio do contraditório pode ser traduzido em um binômio: informação e possibilidade de manifestação. Assim, é obrigatório que o réu seja citado para, querendo, contestar. E também é obrigatório dar-se a *oportunidade de contestar*. Mas, para a validade do processo, *não é obrigatória a existência de contestação.* 695

E **revelia** é, exatamente, *a ausência de contestação* (CPC, art. 319).

Várias defesas podem ser apresentadas pelo réu. Mas, reitere-se, o que acarreta a revelia é a ausência de contestação e não de quaisquer das outras defesas. Assim, se for apresentada exceção de incompetência, mas não contestação, haverá revelia. E se for apresentada contestação e não qualquer outra defesa (ainda que cabível), não haverá revelia.

Em *regra*, são **efeitos da revelia**:

(i) consideram-se *verdadeiros os fatos afirmados pelo autor* (CPC, art. 319);
(ii) os *prazos correm independentemente de intimação* (CPC, art. 322).

Contudo, há *exceções* em relação aos dois efeitos da revelia:

Em relação ao efeito (i), não haverá a presunção de veracidade se a lide versar a respeito de *direito indisponível*; se, diante de um *litisconsórcio passivo, algum dos réus contestar*; ou se a petição inicial não trouxer *documento público indispensável à prova do ato.*

Nestes casos, apesar da ausência de contestação, não serão considerados verdadeiros os fatos (CPC, art. 320).

Assim, numa investigação de paternidade, se o réu for revel, por se tratar de direito indisponível, *ainda assim haverá necessidade de dilação probatória* (DNA). E, diante de dois réus, se um contestar, *em relação à matéria que for comum à defesa dos dois*, o fato será controvertido e, portanto, haverá *necessidade de prova*.

Por sua vez, no tocante ao efeito (ii), se o réu declarado revel vier a *constituir advogado nos autos*, a partir daí *deverá ocorrer sua intimação* (CPC, art. 322, p.u.). Mas isso não permitirá que seja reaberto o prazo de contestar ou de realizar outros atos já preclusos – o *réu recebe o processo no estado em que este se encontrar*.

Vale destacar que, mesmo ocorrendo a revelia, *não cabe alteração da causa de pedir ou pedido* – salvo mediante *nova citação* (CPC, art. 321).

2.4.3.2. Outras defesas do réu

Conforme já exposto, além da contestação, é possível que o réu apresente uma série de outras defesas. *Cada uma das demais defesas deve ser utilizada para impugnar uma situação específica*. Assim, a *contestação é a defesa residual*: se a matéria de defesa não for passível de alegação em qualquer outro instrumento, será alegada na contestação.

Assim, é importante que se tenha bem clara a *finalidade* de cada uma das outras defesas do réu.

a) Intervenção de terceiros provocada pelo réu.

O tema já foi antes debatido. Assim, neste momento, basta relembrar que são três as intervenções que podem ser utilizadas pelo réu:

- ✔ *nomeação à autoria* (CPC, art. 62);
- ✔ *denunciação da lide* (CPC, art. 70);
- ✔ *chamamento ao processo* (CPC, art. 77).

b) Exceções

Cabe **exceção** (CPC, art. 304) *para se alegar determinadas matérias processuais que não são passíveis de alegação na contestação*.

O CPC prevê a utilização de exceção para 3 situações: *incompetência territorial, impedimento* e *suspeição*.

(i) A **exceção de incompetência relativa** presta-se a *alegar a incompetência territorial* (CPC, arts. 112 e 307). Vale lembrar que a incompetência absoluta é alegada em preliminar de contestação;

(ii) A **exceção de impedimento** é utilizada para *afastar do julgamento um magistrado que se presume não isento para julgar a causa* (CPC, arts. 134 e 312), visto que:

- ✔ o juiz é *parte*;
- ✔ o juiz atuou como *mandatário, perito, MP* ou foi *testemunha*;
- ✔ o juiz *proferiu decisão no processo em 1º grau*, quando a causa estiver no Tribunal;
- ✔ quando estiver *atuando como advogado da parte* cônjuge ou parente até o 2º grau (neste caso, *não poderá* o advogado ingressar na causa para provocar o impedimento do magistrado);
- ✔ o juiz for *cônjuge ou parente* até 3º grau de uma *das partes*;
- ✔ o juiz for de *órgão de administração de pessoa jurídica* que fora *parte* na causa;

(iii) A **exceção de suspeição** é utilizada para *afastar do julgamento um magistrado que provavelmente não será isento para julgar a causa* (CPC, arts. 135 e 312), visto que:

- ✔ o juiz é *amigo íntimo* ou *inimigo capital* das partes;
- ✔ alguma das partes é *credora ou devedora do juiz*;
- ✔ o juiz é *herdeiro, donatário* ou *empregador* de alguma das partes;
- ✔ o juiz *receber dádivas ou aconselhar* alguma das partes a respeito do objeto da causa;
- ✔ o juiz for *interessado no julgamento da causa* em favor de uma das partes;
- ✔ o juiz declarar-se *suspeito por motivo de foro íntimo*.

As *duas últimas* também podem ser utilizadas pelo *autor*. E, da mesma forma, é possível que seja apontado o *impedimento ou suspeição do MP, serventuário, perito etc.* (CPC, art. 138). O que difere as duas figuras é que no impedimento *é certo* que o juiz não pode julgar; na suspeição *é recomendável* que ele não julgue.

Quanto ao **procedimento,** a exceção é apresentada *antes da contestação* e *é autuada em apartado*.

Ao se apresentar a exceção, *o processo será suspenso*. Assim, o prazo para contestar *volta a fluir após a decisão da exceção* (CPC, art. 306).

Tratando-se de **exceção de incompetência**, deverá o excipiente indicar as *razões da incompetência relativa* e indicar o juízo que entende competente. A parte contrária (excepto) terá 10 dias para se manifestar (CPC, art. 308). Se necessário, haverá dilação probatória (CPC, art. 309) e então o juiz decidirá se acolhe ou rejeita a exceção.

Sendo **exceção de impedimento ou suspeição**, a peça será *endereçada ao juiz supostamente impedido ou suspeito* que, se concordar com a alegação, *remeterá os autos ao seu substituto*. Se o juiz não concordar, apresentará suas razões e remeterá os autos para *decisão do Tribunal* (CPC, art. 313).

c) Reconvenção

A **reconvenção** é *uma ação proposta pelo réu (reconvinte) em face do autor (reconvindo), nos mesmos autos* do processo já existente (CPC, art. 315).

Trata-se na verdade de uma *nova demanda*, que poderia ter sido ajuizada de forma autônoma. É apresentada nos mesmos autos para prestigiar a economia processual. Para que seja cabível, o CPC determina que haja *conexão* entre *a matéria da reconvenção e o teor da inicial ou da contestação* (CPC, art. 315).

Quanto ao **procedimento**:

- ✔ deve ser formulada uma *petição inicial* (apartada da contestação), endereçada ao mesmo juízo em que tramita a ação;
- ✔ o autor reconvindo (réu na reconvenção) será *intimado* na pessoa do advogado para *contestar no prazo de 15 dias* (CPC, art. 316).
- ✔ a reconvenção *tramitará nos mesmos autos* da ação principal;
- ✔ a reconvenção será **julgada na mesma sentença que a ação** proposta pelo autor (CPC, art. 318).

Há situações nas quais **não cabe a reconvenção**, mas sim *um pedido na própria contestação*, o denominado **pedido contraposto** ou *pedido em favor do réu*. É o que se verifica no *rito sumário* (CPC, art. 278, § 1º), no *JEC* (Lei 9.099/1995, art. 31) e nas chamadas *ações dúplices* (ex.: possessórias – CPC, art. 922).

d) Ação declaratória incidental

A **ação declaratória incidental** *tem por objetivo transformar a questão prejudicial em questão principal* (CPC, arts. 5º e 325). Com isso, haverá a *formação da coisa julgada também em relação à questão prejudicial*, ou seja, ampliação dos limites objetivos da coisa julgada.

Para que se entenda o cabimento da ação declaratória incidental, é necessário conceituar **questão prejudicial**, que é a *questão de mérito logicamente anterior à questão principal* (pedido formulado pelo autor) e de *análise necessária* quando da apreciação da questão principal, porém, como não faz parte do pedido, *não será objeto do dispositivo da sentença*.

Para fixar o difícil tema, vale apresentar alguns exemplos:

- ✔ autor pleiteia o cumprimento da cláusula 10ª do contrato em face do réu; réu na contestação afirma que o contrato na sua totalidade é nulo. Assim, *a nulidade do contrato é questão prejudicial em relação ao cumprimento da cláusula 10ª* (que é a questão principal);
- ✔ autor pleiteia alimentos em face do réu, suposto pai; réu afirma em contestação que não é o pai. Logo, *a paternidade é questão prejudicial em relação aos alimentos*.

Assim, nos dois casos, se houver apenas a contestação, *o que fará coisa julgada é a apreciação do pedido* (questão principal). Se *autor ou réu quiserem* – diante do surgimento da questão prejudicial – poderão ingressar com a ação declaratória incidental. E, a partir daí, *também a questão prejudicial será coberta pela coisa julgada*.

Se a ação declaratória incidental for proposta pelo réu, será no prazo da contestação. Se for proposta pelo autor, será no prazo da réplica. Quanto ao **procedimento**, *a declaratória incidental segue a mesma lógica da reconvenção*.

e) Impugnação ao valor da causa

A **impugnação ao valor da causa** *tem por finalidade exclusivamente apontar que o valor da causa constante da inicial está equivocado e deve ser corrigido* (CPC, art. 261).

Caso o réu *não concorde com o valor pleiteado pelo autor a título de indenização*, deve impugnar isso *na contestação, no mérito*, ou seja, não se deve confundir impugnação ao valor da causa com impugnação ao valor pleiteado pelo autor.

A IVC impugna o *aspecto processual* do tema: se o autor não indicou corretamente o valor da causa, nos termos da lei, cabe a impugnação.

Como exemplo, uma demanda em que o autor pleiteia R$ 1 mil reais por mês a título de pensão alimentícia (e o réu não tem condições de pagar essa quantia) e dá à causa o valor de R$ 1 mil. Diante desse caso:

- ✔ cabe a *impugnação* para apontar que o *valor da causa deve ser R$ 12 mil* (CPC, art. 259, VI);
- ✔ para discutir o valor da pensão mensal de R$ 1 mil, o réu deve fazê-lo no mérito da contestação independentemente de ter apresentado ou do resultado da IVC.

Quanto ao **procedimento**:

- ✔ é peça que deve ser apresentada *em separado da contestação e será autuada em apartado*.
- ✔ deve ser apresentada *no prazo da contestação, sem qualquer consequência* em relação a *prazos processuais* (não suspende nem interrompe o processo).

f) Impugnação à justiça gratuita

A **impugnação à justiça gratuita** *tem por objetivo afastar os benefícios da justiça gratuita, já concedidos à parte contrária pelo juiz* (art. 7º da Lei 1.060/1950).

Diante do requerimento de justiça gratuita por qualquer das partes, o juiz defere o pedido. Diante da concessão do benefício, pode a parte contrária apresentar a IJG. Deverá o *impugnante provar* a inexistência ou desaparecimento dos *requisitos necessários* à concessão dos benefícios da gratuidade de justiça

Quanto ao **procedimento**:

- ✔ é peça que *será autuada em apartado* em relação ao processo principal;
- ✔ deve ser apresentada *em qualquer fase do processo*, quando a parte contrária descobrir *razões para impugnar a gratuidade* (assim, pode ser usada por qualquer das partes);
- ✔ se o réu tem ciência desde o início do processo que o autor não faz jus à justiça gratuita, deve apresentar a *IJG em conjunto com a contestação*;
- ✔ *sem qualquer consequência* em relação a *prazos processuais* (não suspende nem interrompe o processo).

2.4.3.3. Quadro-síntese das defesas do réu

Para visualizar o quanto foi exposto a respeito das defesas do réu, vale verificar o quadro abaixo – que inclusive traz as peças que podem ser utilizadas pelo autor:

Defesa	**Finalidade?**	**Autor pode utilizar?**	**Altera prazo de contestação?**
1) Exceção (art. 304) a) impedimento b) suspeição c) incompetência relativa	Discutir? a) manter juiz imparcial b) manter juiz imparcial c) competência territorial	a) sim b) sim c) não	Suspende
2) Impugnação valor causa (art. 261)	Discutir o valor da causa	Não	Não
3) Reconvenção (art. 315)	Contra-ataque	Não	Não
4) Ação Declaratória Incidental (art. 325)	Permitir que questão prejudicial seja coberta pela coisa julgada	Sim	Não
5) Ingresso 3º a) nomeação autoria b) denunciação lide c) chamamento processo	a) "dedo-duro" b) ação de regresso c) solidariedade	a) não b) sim c) não	a) interrompe b) não altera c) não altera
6) Impugnação JG (art. 7º, Lei 1.060/1950)	Afastar justiça gratuita já concedida	Sim	Não
7) Contestação	Defesa preliminar e de mérito	--	--

2.4.4. Providências preliminares e julgamento conforme o estado do processo

2.4.4.1. Visão geral

No procedimento comum ordinário, após a inicial e contestação, os autos voltam para o juiz verificar qual deve ser o desenrolar do processo. Conforme as alegações realizadas no processo, é possível que algumas **providências preliminares** sejam tomadas.

É o que se verifica no caso de *necessidade de produção de prova* (CPC, art. 324), ajuizamento de *ação declaratória incidental* (art. 325) ou *contestação* que traga matéria de *mérito* (art. 326) ou *processual* (art. 327)

Assim, após a manifestação do réu em defesa, é possível que as partes sejam instadas a se manifestar a respeito da produção de provas, o autor responder à Ação Declaratória Incidental e/ou apresentar réplica.

Depois de cumpridas as providências preliminares, ou caso estas não sejam necessárias, então procederá o juiz, nos termos do art. 328, ao **julgamento conforme o estado do processo**.

Assim, antes do início da fase instrutória, o juiz deve verificar se estão presentes os requisitos para que se verifique uma dessas três situações: (i) *extinção do processo*, (ii) *julgamento antecipado da lide*, (iii) *audiência preliminar e saneamento*.

2.4.4.2. Providências preliminares

Como acima exposto, são três:

a) **especificação de provas** (CPC, art. 324): pelo texto legal, seria o caso de o juiz abrir vista ao autor para especificar *somente na hipótese em que houve ausência de contestação, mas sem os efeitos de revelia.*

Como já visto, há casos em que a ausência de contestação não acarreta a presunção de veracidade – como nos casos de *direito indisponível* (CPC, art. 320);

b) possibilidade de **ação declaratória incidental** (CPC, art. 325): o tema já foi antes enfrentado, na defesa do réu;

c) **réplica** (CPC, arts. 326 e 327): de modo a *garantir o contraditório*, o autor apresentará sua manifestação em relação aos argumentos e documentos apresentados pelo réu na contestação.

2.4.4.3. Julgamento conforme o estado do processo

Findas as providências preliminares, o juiz deverá apreciar se o processo tem condições de prosseguir ou se já é possível a prolação de sentença. É o julgamento de que ora se trata. Três são as possíveis soluções:

a) **extinção do processo (CPC, art. 329)**

Se presente uma das hipóteses do art. 267 do CPC (ou seja, *defesa processual*), o magistrado proferirá *sentença terminativa* (extinção sem resolução do mérito).

Se não ocorrer nenhuma das hipóteses de sentença terminativa (CPC, art. 267), deverá o juiz analisar se está presente alguma das *hipóteses previstas no art. 269, II a V, do CPC*. Se isso ocorrer, também o feito já será sentenciado – mas sentença *com resolução de mérito*.

Relembrando, as hipóteses do art. 269 são as seguintes:

I. reconhecimento do pedido;

II. transação;

III. prescrição e decadência;

IV. renúncia ao direito em que se funda a ação;

b) **julgamento antecipado da lide (CPC, art. 330)**

Se não for o caso de extinção (art. 329), passa o magistrado a analisar a possibilidade de **julgamento antecipado da lide** (art. 330), que *é a decisão de mérito em que o juiz acolhe ou rejeita o pedido (CPC, art. 269, I), sem dilação probatória* (daí o "*antecipado*" do julgamento).

O **julgamento antecipado é permitido** nas seguintes hipóteses (CPC, art. 330):

(i) quando a questão de *mérito for unicamente de direito*, ou, sendo de *direito e de fato, não houver necessidade de produzir prova em audiência*;

(ii) quando ocorrer a *revelia*.

Assim, nessas hipóteses, sinaliza a lei que *a causa já reúne elementos suficientes para o seu julgamento*, sendo desnecessária a produção de provas;

c) **audiência preliminar e saneamento (CPC, art. 331)**

Não sendo hipótese de extinção ou de julgamento antecipado, parte-se para esta última hipótese.

Na **audiência preliminar**, ocorrerá:

(i) *tentativa de conciliação*, realizada pelas partes ou por procurador com poderes;

(ii) não obtida a conciliação, o juiz:

1) fixará os *pontos controvertidos*;

2) examinará as *questões processuais pendentes;* e

3) determinará as *provas a serem produzidas*, com a designação de *audiência de instrução*, se for o caso.

Em relação à **obrigatoriedade da audiência**, a atual redação do § 3º do art. 331 do CPC aponta que é *opcional* sua realização quando:

✔ o direito em discussão *não admitir transação;*

✔ as circunstâncias da causa evidenciarem ser *improvável a conciliação*.

Não sendo hipótese de audiência de conciliação, dispõe o CPC que *o juiz poderá sanear o processo* (CPC, art. 331, § 3º).

No **saneamento do processo** (CPC, art. 331, § 2º), *o juiz afasta as preliminares, reconhece que a relação processual está correta, defere as provas a serem produzidas e inicia a fase de a produção de provas.*

Vale lembrar que, após o saneamento, não cabe mais alterar a causa de pedir ou pedido (CPC, art. 264, parágrafo único).

2.4.5. Audiência de instrução

Não sendo hipótese de *julgamento antecipado da lide* e se houver *prova a ser produzida em audiência*, será designada **audiência de instrução e julgamento** (CPC, art. 444 e ss.).

No início da audiência (antes da instrução), o juiz tentará a *conciliação* (CPC, art. 448).

A **ordem das provas**, na audiência de instrução, é a seguinte (CPC, art. 452):

(i) oitiva do *perito e dos assistentes técnicos* para esclarecimentos (laudo já terá sido elaborado previamente);

(ii) *depoimento pessoal das partes*; primeiro do autor, depois do réu (é proibido, a quem ainda não depôs, assistir ao interrogatório da outra parte – CPC, art. 344, p.u.);

(iii) oitiva de *testemunhas*; primeiro do autor, depois do réu.

Ao **final da audiência**, as partes apresentam *alegações finais orais*, ou por escrito (*memoriais*), em prazo a ser fixado pelo juiz.

2.4.6. Sentença, coisa julgada e ação rescisória

2.4.6.1. Sentença

Conforme já visto antes, **sentença** (CPC, art. 162, § 1º) *é ato em que juiz aprecia a lide em 1º grau de jurisdição.* A sentença pode ser com ou sem resolução de mérito (CPC, arts. 267 e 269).

São **requisitos para a sentença**: *relatório, fundamentação e dispositivo* (CPC, art. 458).

A sentença deve *refletir o pedido* formulado pela parte na inicial sob pena de ser *viciada* (CPC, art. 128 e 460):

- ✔ se o juiz conceder *além do que foi pedido* (foi pleiteado R$ 10 mil de danos e o juiz concedeu R$ 15mil), haverá julgamento *ultra petita;*
- ✔ se o juiz conceder algo *diferente do que foi pedido* (a parte pediu dano moral, o juiz concedeu dano material), haverá julgamento *extra petita;*
- ✔ se o juiz conceder *aquém do que foi pedido* (a parte formulou pedidos cumulados: danos materiais e danos morais, mas o juiz somente aprecia o dano material pleiteado), haverá julgamento *infra petita* (ou *citra petita*).

2.4.6.2. Coisa julgada

Pode-se definir **coisa julgada** (CPC, art. 467) como a *qualidade de imutabilidade e indiscutibilidade dos efeitos da sentença de mérito transitada em julgado.*

Nos termos da lei processual (CPC, art. 469), apenas o *dispositivo da sentença* é que faz coisa julgada.

Portanto, não é coberta pela coisa julgada *a motivação da sentença*. E a questão prejudicial só será se houver ajuizamento de ação declaratória incidental (CPC, art. 470).

Assim, quanto aos **limites objetivos** (qual parte da decisão é coberta pela coisa julgada), *apenas o dispositivo é atingido.*

A coisa julgada *não prejudica nem beneficia* terceiros (CPC, art. 472).

Assim, quanto aos **limites subjetivos** (quem é coberto pela coisa julgada), *apenas as partes litigantes é que são atingidas pela imutabilidade da decisão.*

Divide-se a coisa julgada em duas espécies:

- ✔ **coisa julgada formal**: *é a imutabilidade da sentença, no próprio processo em que foi prolatada*, não admitindo mais reforma (atinge qualquer sentença – inclusive as sentenças terminativas, processuais). Uma vez transitada em julgado a decisão, *cabe a repropositura*, salvo nos casos do CPC, art. 267, V (cf. art. 268);
- ✔ **coisa julgada material**: é a verdadeira coisa julgada, *a imutabilidade e indiscutibilidade da sentença não só no processo em que foi proferida – mas também para qualquer outro processo* (atinge somente as *sentenças com julgamento de mérito*).

Uma vez transitada em julgado a decisão e tendo esta sido coberta pela coisa julgada, há ainda possibilidade de impugnação. Trata-se da ação rescisória (CPC, art. 485).

2.4.6.3. Ação Rescisória (AR)

2.4.6.3.1. Finalidade e cabimento

A **finalidade da AR** é *rescindir sentença de mérito transitada em julgado*. Assim, trata-se de uma *revisão da coisa julgada* em hipóteses expressamente previstas na legislação.

É possível, conforme o caso, não só *a rescisão do julgado* (**juízo rescindente**), mas também que *seja proferida uma nova decisão* (**juízo rescisório**).

Decisões que podem ser impugnadas por AR:

- ✔ *sentença;*
- ✔ *acórdão*, proferido por Tribunal de 2º grau ou Tribunal Superior.

Assim, *decisão interlocutória e decisão monocrática não* podem ser impugnadas por AR – exatamente porque tais decisões, não sendo finais, *não são cobertas pela coisa julgada.*

Cabimento da AR:

As **hipóteses de cabimento** estão especificamente previstas em lei (CPC, art. 485):

I. proferidas por *juiz corrupto;*
II. proferidas por *juiz impedido* ou *absolutamente incompetente;*
III. resultarem de *dolo da parte vencedora* ou de *colusão* entre as partes;
IV. que *violem coisa julgada* anteriormente formada;
V. que *violem literal disposição de lei;*
VI. fundadas em *prova declarada falsa;*
VII. *documento novo;*
VIII. fundadas em *confissão, desistência ou transação inválidas;*
IX. fundadas em *erro de fato.*

2.4.6.3.2. Prazo

Prazo decadencial para ajuizamento da AR: *2 anos, contados do trânsito em julgado* da decisão que se busca rescindir (CPC, art. 495).

Uma situação que provocou debates é o trânsito em julgado de um *capítulo da sentença* em 1º grau e de outro capítulo da decisão no Tribunal. Nestes casos, havia dúvida se haveria *mais de um prazo para ajuizamento da AR.*

O STJ pacificou a questão, afirmando que era *somente um prazo* e contado do *trânsito da última decisão.* A questão foi definida na súmula 401: "O prazo decadencial da ação rescisória *só se inicia quando não for cabível qualquer recurso do último pronunciamento judicial*".

Os defensores da tese da *relativização da coisa julgada* (coisa julgada inconstitucional) buscam desconstituir a coisa julgada mesmo após esse prazo. Para esses, em *casos graves, situações repugnantes*, quando em jogo a *dignidade da pessoa humana*, deveria ser aceita a AR mesmo após o prazo de 2 anos.

Como exemplos:

(i) a situação em que se decidiu a investigação de paternidade quando ainda não existia o DNA. E, hoje, com esse exame, percebe-se que a decisão judicial não refletiu a realidade;

(ii) os casos em que há decisão condenando a Fazenda Pública a indenizar alguém em valores elevados e, posteriormente, descobre-se que a condenação era indevida (como numa desapropriação milionária em que, depois do prazo da AR, descobre-se que a área já era do ente expropriante).

Trata-se de um assunto polêmico, com divergência na doutrina, mas há *decisões dos Tribunais Superiores que acolhem a tese (tanto do STJ quanto do STF).*

2.4.6.3.3. Competência

Trata-se de ação *competência originária dos Tribunais.*

Se ajuizada para atacar *sentença*, sempre será *competente o Tribunal de 2º grau.*

Se for atacar *acórdão de Tribunal, o próprio Tribunal* (de 2º grau ou Superior) julgará a AR.

Porém, se *o Tribunal Superior* se limitou a *não conhecer do recurso*, daí a competência *é do Tribunal de 2º grau.*

Ou seja, tratando-se de acórdão a ser rescindido, a *competência é do último Tribunal que apreciou o mérito da causa.*

2.4.6.3.4. Petição inicial e procedimento

A **petição inicial da AR** deve observar o art. 488 c/c art. 282, ambos do CPC e deve trazer:

- ✔ endereçamento (*tribunal*);
- ✔ partes (*partes, terceiro prejudicado, MP* – CPC, art. 487);
- ✔ causa de pedir (fundada no *art. 485 do CPC*);
- ✔ pedido (*rescisão* [juízo rescindente] e, eventualmente, *nova decisão* [juízo rescisório] – CPC, art. 488, I);
- ✔ valor da causa;
- ✔ além de custas, deve haver recolhimento de 5% sobre o valor da causa, que reverterá à parte ré em caso de improcedência (CPC, art. 488, II).

A AR tem **procedimento especial** (CPC, art. 485 e ss.; art. 491, parte final) e tem o seguinte trâmite:

Procedimento especial da AR
1) inicial diretamente no Tribunal;
2) citação; – cabe antecipação de tutela para obstar o cumprimento de sentença (CPC, art. 489).
3) contestação (prazo: 15 a 30 dias – CPC, art. 491);
4) instrução (no 1º grau, carta de ordem – CPC, art. 492);
5) memoriais (CPC, art. 493);
6) decisão (acórdão); – cabe, conforme o resultado da ação, embargos de declaração, embargos infringentes, REsp e RE do acórdão que julga a AR.

3. Recursos

3.1. Teoria Geral dos Recursos

Inicialmente, será apresentada uma visão geral dos recursos (ou seja, a teoria geral) para, depois, tratar-se especificamente de cada um deles.

Mas é importante ter a visão do todo, visto que as perguntas dos concursos muitas vezes tratam de vários recursos ao mesmo tempo – e não apenas de um aspecto específico de determinado recurso.

3.1.1. Conceito

Recurso, na linha da definição de Barbosa Moreira (**Comentários ao Código de Processo Civil**. Rio de Janeiro: Forense, 2003. v. 5, p. 233), é o "remédio voluntário e idôneo a ensejar, dentro do mesmo processo, a reforma, a invalidação, o esclarecimento ou a integração da decisão judicial impugnada".

A existência dos recursos decorre dos princípios processuais da ampla defesa, contraditório e duplo grau de jurisdição.

Pelo **princípio da taxatividade**, *somente a lei pode prever quais são os recursos* – que são os previstos no CPC, art. 496.

Da soma do conceito de recurso e do princípio da taxatividade, é possível concluir que:

a) o reexame necessário não é recurso.

O **reexame necessário** é a *situação na qual a sentença é contrária à fazenda pública (União, Estados, Municípios e suas autarquias e fundações) e, mesmo sem recurso, a decisão de 1º grau tem de ser confirmada pelo Tribunal.* Só não haverá o reexame se (CPC, art. 475, § 2º): (i) a condenação for inferior a 60 salários-mínimos ou (ii) a sentença estiver fundada em súmula de Tribunal Superior ou em jurisprudência dominante do plenário do STF. Como não se trata de ato voluntário da parte, não é recurso;

b) ações de impugnação autônomas não são recursos.

As **ações de impugnação autônomas**, *apesar de impugnarem decisões judiciais, assim o fazem mediante a instauração de uma nova relação processual*, ou seja, *não se trata da mesma relação processual na qual a decisão foi proferida.* Como exemplos, a ação rescisória (que busca desconstituir a coisa julgada – CPC, art. 485), o mandado de segurança e o *habeas corpus* contra decisão judicial. Nessas três situações, há a instauração de uma nova relação processual;

c) pedido de reconsideração não é recurso.

O **pedido de reconsideração** é a *petição na qual a parte, uma vez que um pleito seu não foi atendido, busca a reconsideração por parte do juiz.* No cotidiano forense é utilizado com frequência pelos advogados, mas, como não está previsto no art. 496, não é recurso. Assim, não modifica em nada o prazo para interposição do recurso cabível. Ou seja: se o juiz indeferir a antecipação de tutela e a parte apresentar pedido de reconsideração, esta peça não alterará o prazo para interposição do agravo de instrumento.

Além disso, os seguintes *incidentes* que se verificam nos tribunais também não são recursos:

i) incidente de **uniformização de jurisprudência** (CPC, art. 476): havendo divergência entre órgãos internos de um tribunal, poderá *um magistrado, antes do julgamento da causa, submeter a questão a respeito da interpretação do direito a um órgão que englobe mais julgadores* (conforme regimento interno).

No caso, surgindo a questão, a causa (lide) deixa de ser apreciada para que o tribunal, pelo órgão indicado no regimento interno, decida. Após a decisão, a causa volta a ser julgada pelo órgão fracionário anterior – já fixada a tese objeto de divergência;

ii) incidente de **declaração de inconstitucionalidade** (CPC, art. 480): considerando o sistema difuso-concreto brasileiro, qualquer juiz pode declarar a inconstitucionalidade de um diploma legal, incidentalmente no processo (como questão prejudicial).

Mas, quando isso ocorrer no âmbito dos tribunais, há necessidade de decisão da maioria dos membros do tribunal, em obediência à "cláusula de reserva de plenário" (CF, art. 97).

Quanto à forma de julgamento, ela é bifásica como exposto no item anterior.

3.1.2. Finalidade dos recursos

Como já exposto, o recurso impugna a decisão judicial e três são as possíveis finalidades de um recurso: invalidação, reforma e integração.

a) **Invalidação** ou **anulação da decisão**: *caso a decisão impugnada não tenha observado a forma processual prevista para determinado ato, deverá ser anulada.* Portanto a decisão será retirada do mundo jurídico e haverá a repetição do ato anulado pelo juiz de origem.

   Assim, a decisão será viciada em virtude de um erro procedimental (*error in procedendo*), defeito de forma que macula a sua validade. O vício de forma ocorre porque uma norma de natureza processual não foi observada (como, por exemplo, a manifestação do MP quando uma das partes for menor);

b) **Reforma da decisão**: *caso a decisão impugnada não tenha aplicado a correta solução para lide, deverá ser reformada. Isto é,* o Tribunal já proferirá uma decisão que substituirá a anterior.

   Assim, a decisão será viciada não em relação à forma, mas sim quanto ao conteúdo, o mérito, a lide, ou seja, houve um erro de julgamento (*error in judicando*). Em tal situação, o Tribunal reformará a decisão;

c) **Integração da decisão**: *caso a decisão impugnada seja obscura, contraditória ou omissa cabem esclarecimentos ou complementos – ou seja, a integração da decisão.*

   Neste caso, o próprio órgão prolator da decisão (e não um órgão superior) é que irá complementá-la. Os embargos de declaração são o recurso típico para a integração de uma decisão.

3.1.3. Enumeração dos recursos existentes no processo civil brasileiro

São recursos no processo civil (CPC, art. 496):

1) apelação (CPC, art. 513);
2) agravo (CPC, art. 522);
3) embargos infringentes (CPC, art. 530);
4) embargos de declaração (CPC, art. 535);
5) recurso ordinário constitucional (ROC – CPC, art. 539, e CF, art. 102, II, e 105, II);
6) recurso especial (REsp – CPC, art. 541, e CF, art. 105, III);
7) recurso extraordinário (RE – CPC, art. 541, e CF, art. 102, III);
8) embargos de divergência (CPC, art. 546).

Além destes, há ainda a modalidade de **recurso adesivo** para alguns dos acima arrolados (CPC, art. 500):

✔ apelação adesiva;
✔ embargos infringentes adesivos;
✔ RE adesivo;
✔ REsp adesivo.

Por fim, é de se destacar que existem algumas distinções em relação ao JEC (*vide* último item deste capítulo 3).

3.1.4. Cabimento de cada recurso

Para cada espécie de decisão judicial a lei processual prevê um determinado recurso. E apenas um recurso. Este é **princípio da unirrecorribilidade ou unicidade**, ou seja, *para cada decisão só cabe um tipo de recurso.*

Assim, não é possível, ao mesmo tempo, para uma mesma decisão e com a mesma finalidade, utilizar-se de apelação e agravo.

Para saber o cabimento de cada recurso, a regra mais fácil é analisar a natureza da decisão: *conforme a natureza da decisão impugnada, determina-se o recurso cabível.*

Para tanto, é necessário que se saiba quais são as possíveis decisões que o Poder Judiciário pode proferir. E isso é variável conforme o grau de jurisdição.

O sistema processual diferencia as decisões proferidas por um juiz de 1º grau das decisões proferidas no âmbito dos Tribunais – seja Tribunal de Justiça (TJ – Justiça Estadual), Tribunal Regional Federal (TRF – Justiça Federal) ou Tribunais Superiores (STJ e STF).

Em 1º grau de jurisdição, *três são as possíveis decisões de um juiz* (CPC, art. 162):

a) **sentença** (§ 1º): *decisão que resolve o mérito (CPC, art. 269) ou põe fim ao processo, sem análise do mérito* (CPC, art. 267);

b) **decisão interlocutória** (§ 2º): *decisão que soluciona questão incidente, mas não põe fim ao processo*); e

c) **despacho** (§ 3º): *decisão que simplesmente dá andamento ao processo, sem ser dotada de efetivo caráter decisório por não resolver qualquer ponto controvertido.*

A partir da identificação das decisões, fica mais simples concluir pelo cabimento dos recursos:

✔ da *sentença* cabe *apelação* (CPC, art. 513);

✔ da *decisão interlocutória*, cabe *agravo* (CPC, art. 522 – agravo de instrumento ou retido);

✔ do *despacho* não cabe recurso, trata-se de *decisão irrecorrível* (CPC, art. 504).

Destaca se que esta apresentação é apenas uma visão geral, já que o estudo de cada recurso, individualmente, será feito adiante.

No âmbito dos Tribunais, *duas são as possíveis decisões de um desembargador (TJ ou TRF) ou Ministro (STJ ou STF):*

d) **acórdão**: *decisão colegiada, proferida por três ou mais julgadores* (CPC, art. 163);

e) **decisão monocrática**: *decisão proferida por apenas um julgador, possível em hipóteses específicas* (CPC, art. 557).

Cabe destacar que, por certo, o relator poderá proferir decisões monocráticas sem efetiva carga decisória ("despacho"). Porém, a lei não traz essa previsão legal em relação aos atos proferidos nos Tribunais. Assim, mais técnico falar apenas em decisão monocrática e acórdão.

Quando um recurso é distribuído ao Tribunal, é sorteado um *relator*, julgador que será o responsável pela elaboração do relatório e, na sessão de julgamento, lerá aos demais julgadores o seu relatório e voto. Assim, é a figura central no julgamento colegiado. No âmbito de um Tribunal Estadual, há também a figura do *revisor* e, ainda, do *terceiro*. Quando o recurso tiver clara falha processual ou quando a matéria já estiver pacificada (súmula ou jurisprudência dominante), *poderá o relator julgar sem a participação dos pares*: esta é a decisão monocrática (conveniente a leitura do CPC, art. 557, *caput* e § 1º-A).

Identificado um acórdão ou decisão monocrática, novamente fica mais simples a compreensão dos recursos cabíveis:

(i) de *decisões monocráticas* cabe:

✔ *agravo interno*, legal ou regimental (CPC, art. 557, § 1º – mas há exceções no p.u. do art. 527);

✔ *agravo nos próprios autos* (CPC, art. 544 – redação da L. 12.322/2010).

✔ *Lembrando que, no caso de decisão monocrática sem carga decisória ("despacho"), não haverá interesse recursal para impugnar essa decisão;*

(ii) de *acórdãos* cabem *os demais recursos* (ou seja, que *não são cabíveis de decisão de 1º grau ou de monocrática*):

✔ Embargos infringentes (CPC, art. 530);

✔ Recurso ordinário (ROC – CPC, art. 539);

✔ Recurso especial (REsp – CPC, art. 541);

✔ Recurso extraordinário (RE – CPC, art. 541); e

✔ Embargos de divergência (CPC, art. 546).

Reitera-se que aqui apenas se traz uma visão geral, já que o estudo de cada recurso, individualmente, será feito adiante.

Além disso, há recurso **cabível de qualquer ato judicial com carga decisória**: *embargos de declaração* (CPC, art. 535 – obscuridade, omissão, contradição).

3.1.4.1. Síntese do cabimento dos recursos no processo civil

De modo a sintetizar o cabimento de cada um dos recursos, tal qual acima indicado, cabe apresentar um quadro:

Grau de jurisdição	Decisão	Recurso cabível
1º grau	Sentença	- Apelação
1º grau	Decisão interlocutória	- Agravo de instrumento - Agravo retido
1º grau	Despacho	- Irrecorrível
2º grau ou grau Superior	Decisão monocrática	- Agravo interno - Agravo nos próprios autos
2º grau ou grau Superior	Acórdão	- Resp - RE - Embargos infringentes - ROC - Embargos de divergência
* Todos	* Qualquer uma com carga decisória (menos despacho)	* Embargos de declaração

Como é possível perceber, os *embargos de declaração* assumem uma *função distinta* no sistema recursal: como servem para *esclarecer* uma decisão, podem ser utilizados para *qualquer tipo delas.*

Mas não cabe de uma sentença, ao mesmo tempo, apelação e embargos de declaração. Inicialmente a parte deverá ingressar com embargos de declaração e, depois, se ainda houver necessidade, ingressará com a apelação. Trata-se do princípio da unirrecorribilidade, como já visto.

E o cabimento de cada recurso é bem especificado na legislação processual. Assim, salvo algumas poucas situações, não há dúvida a respeito de qual o recurso cabível. Daí não ser hoje positivado, em nosso país, o **princípio da fungibilidade recursal** – que *é a possibilidade do recebimento de um recurso por outro, quando houver dúvida objetiva a respeito de qual é o recurso cabível para determinada situação.*

Reitere-se: tal princípio *não está previsto na lei* e somente é admitido pela jurisprudência em pouquíssimas situações, nas quais haja divergência a respeito do recurso cabível, na doutrina e jurisprudência.

Uma situação que ainda provoca erros no cotidiano forense e nos concursos – mas que *não* permite o uso da fungibilidade, já que pacificada na jurisprudência e doutrina – é a *exclusão de um litisconsorte do processo*: se "A" ingressa em juízo em face de "B" e "C" e o juiz exclui "C" da relação processual, alegando ser ele parte ilegítima, qual a natureza da decisão? Sentença ou interlocutória? E qual o recurso cabível? Apelação ou agravo?

Conforme firme jurisprudência, como o processo prossegue entre "A" e "B", não houve extinção. Assim, é cabível o *agravo* (STJ, AgRg no REsp 1204587/MG, DJe 04/02/2011).

3.1.4.2. Cabimento do recurso adesivo

O recurso pode ser interposto na sua modalidade principal ou, quando cabível, na sua modalidade adesiva. Nos termos do art. 500 do CPC, cabe o recurso adesivo para a apelação, embargos infringentes, REsp e RE.

O **recurso principal** *é aquele interposto pela parte no prazo previsto, sem se preocupar com a conduta da parte contrária.* Não havendo o total acolhimento do que foi pleiteado (ou seja, sucumbência), *cada parte pode interpor seu recurso de forma independente.*

Já o **recurso adesivo** *é aquele interposto fora do prazo originalmente previsto; se "A" recorreu de forma principal, mas "B" não, este terá uma segunda chance: no prazo das contrarrazões poderá interpor recurso adesivo.* Só cabe em caso de *sucumbência recíproca* (ou seja, cada parte perdeu um pouco).

Para bem entender o recurso adesivo, é necessária a compreensão do **princípio da vedação da *reformatio in pejus***, ou seja, *vedação da reforma para pior em desfavor do recorrente, no âmbito de apenas um recurso por ele interposto.* Ou seja, em regra o Tribunal não pode, ao apreciar o recurso interposto por "A" (sendo que "B" não recorreu), piorar sua situação. Assim, *se apenas uma das partes recorreu, sua situação ou melhora ou é mantida.* Como é possível concluir, o princípio em comento decorre do princípio da inércia. Contudo, a jurisprudência afirma que, caso se trate de *matéria de ordem pública, será possível ao Tribunal analisar a questão*, sem que isso importe em *reformatio in pejus* (STJ, EDcl nos EDcl no REsp 998.935/DF, DJe 04/03/2011).

Para ilustrar o exposto, vale um exemplo: "A" ingressa em juízo pleiteando indenização por danos materiais de R$ 10 mil. O juiz concede R$ 5 mil a título de danos. Podem autor e réu apelar de forma autônoma (porque ambos sucumbiram, ainda que parcialmente). Mas, se somente "A" apelar pleiteando a majoração da indenização, o Tribunal somente poderá manter em R$ 5 mil ou aumentar a condenação – nunca diminuir (*reformatio in pejus*). *Contudo*, se no prazo de resposta da apelação "B" apresentar *apelação adesiva* (em peça apartada à das contrarrazões), *poderá o Tribunal também diminuir a indenização.*

É importante destacar que a admissibilidade do recurso adesivo vincula-se à do recurso principal. Ou seja: se o principal não for conhecido por intempestividade, também não o será o recurso adesivo.

3.1.5. Juízo de admissibilidade e juízo de mérito

O recurso pode ser objeto de duas análises: inicialmente, uma análise da *admissibilidade recursal* e, se esta for positiva, passa-se à análise do *mérito recursal.*

No **juízo de admissibilidade** *será verificado se estão presentes os requisitos formais para que o recurso seja analisado* (requisitos de admissibilidade, semelhante às condições da ação e pressupostos processuais).

Se tais requisitos estiverem *ausentes*, o recurso *não será conhecido* ou *não será admitido.*

Por outro lado, uma vez *presentes os requisitos*, então o recurso será *conhecido* ou *admitido.*

Somente se conhecido o recurso passa-se à próxima fase, que é o **juízo de mérito**, ou seja, *a efetiva análise da impugnação realizada pelo recorrente em seu recurso.*

No mérito recursal é que haverá a análise dos erros da decisão impugnada, isto é, do *error in procedendo* (erro no processamento) e/ou do *error in judicando* (erro no julgamento).

O resultado do juízo de mérito pode ser pelo *provimento* ou *desprovimento* do recurso.

Em *síntese*: inicialmente há o *conhecimento* (admissão) do recurso para que depois seja analisado o mérito (objeto) recursal, com o *provimento* ou *não provimento.* Assim, a ausência dos pressupostos de admissibilidade leva ao *não conhecimento* ou à *não admissão* do recurso – e, se isso ocorrer, *não* se fala em provimento ou desprovimento.

3.1.5.1. Requisitos de admissibilidade recursal

Há grande divergência na doutrina a respeito da classificação dos requisitos de admissibilidade recursal – mas, pelo foco desta obra, não é viável a análise das diversas classificações. Apesar de existirem variações conforme o concurso, entidade organizadora ou Estado, pode-se apontar que *uma das classificações mais adotadas é a de Barbosa Moreira (O Novo Processo Civil Brasileiro.* Rio de Janeiro: Forense, 2010, p. 116), que divide os requisitos de admissibilidade em *intrínsecos e extrínsecos.* Assim, será esta a classificação aqui apresentada.

Os **requisitos intrínsecos** (ou **pressupostos intrínsecos**) *se referem à própria decisão impugnada.* Ou seja, são *verificados considerando-se conteúdo e forma de uma decisão judicial.* Há de se analisar a decisão judicial para apurar esses requisitos. Três são os requisitos intrínsecos: *cabimento, legitimidade recursal* e *interesse recursal.*

Por outro lado, os **requisitos extrínsecos** (ou **pressupostos extrínsecos**) *se referem a fatores externos à decisão judicial impugnada.* Assim, *para sua verificação não se leva em conta a decisão em si.* Diferentemente do critério anterior, para que se avaliem estes requisitos, não há necessidade de analisar o conteúdo e forma da decisão. Os requisitos extrínsecos são os seguintes: *tempestividade, preparo, regularidade formal* e *inexistência de fato impeditivo ao direito de recorrer.*

Do acima exposto, percebe-se que são sete os requisitos de admissibilidade. Na sequência, haverá a análise de cada um deles.

(i) **Cabimento**: *o recurso interposto deverá ser aquele previsto na lei para a impugnação do tipo de decisão atacada.* É o que já foi exposto no item 3.1.4.1 acima.

Se for interposto agravo de uma sentença, o recurso não será conhecido por não ser o cabível.

Traçando um paralelo com as condições da ação, este requisito pode ser entendido como a *possibilidade jurídica* de interposição do recurso conforme a decisão.

(ii) **Legitimidade para recorrer**: *o recurso somente poderá ser interposto por quem tem legitimidade recursal, ou seja, partes, Ministério Público (MP) e terceiro prejudicado* (CPC, art. 499).

O MP pode recorrer seja na condição de parte, seja como fiscal da lei. O terceiro prejudicado, quando afetado por uma decisão, pode recorrer: trata-se de intervenção de terceiros na fase recursal.

Se o filho do autor ingressar com recurso para impugnar uma decisão, o recurso não será conhecido por ausência de legitimidade para recorrer.

Traçando um paralelo com as condições da ação, este requisito pode ser entendido como a *legitimidade de parte na esfera recursal.*

(iii) **Interesse em recorrer**: *o recorrente só tem necessidade na interposição do recurso quando houver perdido (ou seja, quando houver sucumbência).*

Há sucumbência ainda que a parte tenha decaído de mínima parte do pedido. Assim, se o autor pediu 100 e recebeu 99,99, há sucumbência e, portanto, interesse recursal.

Logo, se o pedido foi julgado totalmente improcedente e o réu recorrer, o recurso não será conhecido por falta de interesse recursal – já que não houve qualquer sucumbência de sua parte, salvo se não tiver ocorrido condenação dos honorários e custas em favor do réu (mas aí haverá sucumbência).

Traçando um paralelo com as condições da ação, este requisito pode ser entendido como o *interesse de agir na esfera recursal.*

(iv) **Tempestividade**: *interposição do recurso no prazo fixado em lei.* Será considerado intempestivo o recurso interposto fora do prazo previsto na legislação processual.

Há situações em que o prazo recursal é em dobro:

✔ para o MP e Fazenda Pública (CPC, art. 188);

✔ para a Defensoria Pública (Lei 1.060/1950, art. 5º, § 5º);

✔ para os litisconsortes com advogados distintos (CPC, art. 191). 705

Se houver interposição de agravo no prazo de 20 dias, o recurso não será conhecido pela intempestividade – salvo se estivermos diante de alguma das hipóteses acima indicadas.

(v) **Preparo:** *a interposição de alguns recursos depende do pagamento de custas e porte de remessa e retorno (custo do correio), sob pena de deserção.*

Caso a parte nada recolha, não será possível posteriormente recolher. Contudo, se houver recolhimento *a menor*, cabe a complementação (CPC, art. 511, § 2º).

Assim, se um recurso for interposto sem o recolhimento das custas, não será conhecido pela deserção.

(vi) **Inexistência de fato impeditivo ao direito de recorrer**: este requisito, diferentemente dos demais, é negativo – assim, *se houver algum fato impeditivo, o recurso não será conhecido.*

Existem três fatos impeditivos:

a) desistência: *uma vez interposto, pode a parte, a qualquer momento e sem a concordância da parte contrária, desistir do recurso* (CPC, art. 501). Havendo a desistência, prevalecerá a decisão recorrida;

b) renúncia: *antes da interposição do recurso, podem as partes (ou uma das partes) renunciar ao direto de recorrer, também sem a necessidade de concordância da parte contrária* (CPC, art. 502).

A diferença entre a renúncia e a desistência é que, na primeira, ainda não houve a interposição do recurso; na segunda, isso já ocorreu;

c) **aquiescência** (concordância): *a concordância decorre de um ato incompatível com a vontade de recorrer* (CPC, art. 503).

Se, ao ser prolatada uma sentença condenatória, o réu prontamente realizar o pagamento, isso significa concordância com a decisão. Assim, se posteriormente vier a ser interposto recurso, *não será conhecido pela aquiescência.*

Se, após a prolação de uma sentença, o autor apresentar por petição afirmando que abre mão do direito de recorrer e, posteriormente, interpuser apelação, *o recurso não será conhecido pela renúncia.*

Se, após a prolação de uma sentença e interposição da apelação, a parte recorrente peticionar afirmando que não mais quer a análise do recurso, *este não será conhecido pela desistência.*

(vii) **Regularidade formal:** *este é um requisito de admissibilidade que não se insere em nenhum dos outros antes expostos e que se refere a aspectos formais envolvendo os recursos.* Existem requisitos gerais, iguais para todos os recursos, bem como requisitos específicos, variando conforme os recursos.

Como exemplos de requisitos gerais, a apresentação do recurso em petição escrita, em português, assinada pelo advogado, além da existência de impugnação que tenha relação com a decisão recorrida. Como exemplo de requisitos específicos, a juntada das cópias necessárias para instruir o agravo de instrumento.

Assim, se um agravo de instrumento for interposto sem as peças necessárias, o recurso não será conhecido por falta de regularidade formal.

3.1.6. Efeitos da interposição dos recursos

Uma vez interposto o recurso e recebido pelo magistrado, este indicará em quais *efeitos o recurso é recebido.*

Os *dois principais efeitos* são o devolutivo e o suspensivo. Mas parte da doutrina aponta a existência de outros requisitos:

a) **efeito suspensivo**: *impede que a decisão judicial surta seus efeitos imediatamente.* Portanto, apesar da prolação de uma decisão judicial a favor de uma das partes, o efeito suspensivo impede que os efeitos de tal decisão sejam desde logo observados. Assim, se uma sentença condena o réu a pagar R$ 10 mil e há interposição da apelação, o efeito suspensivo impede a efetiva execução da quantia.

Não são todos os recursos que são dotados de efeito suspensivo;

b) **efeito devolutivo**: *é a possibilidade de nova discussão da matéria impugnada por parte do Poder Judiciário* (a "devolução" não é ao mesmo juiz que prolatou a decisão recorrida, mas sim ao Judiciário).

Como se pode concluir, todos os recursos são dotados de efeito devolutivo.

A regra do efeito devolutivo é que o Tribunal somente irá apreciar o que foi objeto de apelação. Assim, se houve sentença condenando a pagar danos morais e materiais e o réu somente apela dos danos morais, usualmente o Tribunal somente apreciará a questão dos danos morais – até por força do princípio da vedação da *reformatio in pejus*, como já visto.

Contudo, tratando-se de matérias que o juiz pode conhecer *de ofício*, será possível a *atuação do Tribunal mesmo sem provocação da parte.* Como exemplo, as condições da ação. Portanto, na hipótese acima, mesmo que a apelação apenas trate dos danos morais, se o desembargador entender que alguma parte é legítima, poderá assim concluir, extinguindo o processo;

c) **efeito translativo**: como visto acima, a base do efeito devolutivo é o princípio dispositivo. O Tribunal só aprecia o que a parte impugnar no recurso. Porém, por vezes o Tribunal pode ir além (como no exemplo acima, exatamente por força de matérias que podem ser conhecidas de ofício pelo Tribunal).

Para alguns autores, como Nelson Nery Jr., esse seria o **efeito translativo** do recurso, ou seja, *a possibilidade de que o Tribunal aprecie algumas questões não apresentadas na impugnação da parte;*

d) **efeito expansivo**: o mesmo autor indicado no trecho anterior reconhece também a existência do **efeito expansivo** do recurso, o que significa dizer que, por vezes, *a apreciação do recurso pode acarretar uma decisão mais abrangente que seu próprio objeto.* Como exemplo, o fato de o recurso de um dos litisconsortes unitários, uma vez provido, aproveitar ao outro litisconsorte (CPC, art. 509).

Tanto o *efeito translativo* como o *efeito expansivo* podem ser interpretados como *variações do efeito devolutivo.* Porém, por vezes a banca examinadora menciona textualmente esses dois outros efeitos, daí a justificativa de se também tratar deles.

3.2. Recursos em Espécie

3.2.1. Apelação

3.2.1.1. Cabimento

Cabe apelação de *sentença*, qualquer que seja o *procedimento*, seja *sentença definitiva* (mérito – CPC, art. 269) ou *sentença terminativa* (extinção sem resolução de mérito – CPC, art. 267).

Portanto, só cabe de *decisão proferida por juiz de 1º grau.*

Da sentença proferida no JEC cabe recurso inominado (Lei 9.099/1995, art. 41).

3.2.1.2. Prazo/custas

O prazo para apelar é de *15 dias* (CPC, art. 508). Da mesma forma, é de 15 dias o prazo para responder ao recurso (contrarrazões de apelação).

Há custas (CPC, art. 519).

3.2.1.3. Efeitos

Há, como em todos os recursos, efeito devolutivo.

Em regra, há o *efeito suspensivo*.

As *exceções*, nas quais não há o efeito suspensivo, estão previstas em lei – tanto no CPC (art. 520, incisos) como em legislação extravagante:

(i) sentença que homologar a divisão ou a demarcação;

(ii) sentença que condenar à prestação de alimentos;

(iii) sentença que decidir o processo cautelar;

(iv) sentença que rejeitar liminarmente ou julgar improcedente os embargos à execução;

(v) sentença que julgar procedente o pedido de instituição de arbitragem;

(vi) sentença que confirmar a antecipação da tutela;

(vii) sentenças previstas na Lei de Locação, como a que decretar o despejo (Lei 8.245/91, art. 58, V).

3.2.1.4. Processamento (interposição/julgamento)

A seguir será apresentada a tramitação de uma apelação, desde sua interposição em 1º grau até a conclusão do julgamento, no Tribunal. Vale esclarecer que o processamento da apelação é a base do processamento dos demais recursos.

3.2.1.4.1. Em 1º grau

A apelação é *interposta em 1º grau* (juízo *a quo*), em petição que deverá trazer (CPC, art. 514) o nome das partes, fundamentos de fato e de direito (*error in judicando* e *error in procedendo*) e pedido de nova decisão.

Na ausência de algum requisito de admissibilidade, o próprio juiz de 1º grau *não conhecerá* ou *não admitirá* a apelação (como no caso de intempestividade, por exemplo). Ao contrário, estando presentes os requisitos de admissibilidade, *o juiz receberá a apelação*, indicando em quais *efeitos* o recurso é recebido, e abrirá vista ao recorrido para apresentar contrarrazões.

Após as contrarrazões, poderá o juiz novamente apreciar a admissibilidade (CPC, art. 518, § 2º). Estando em termos o recurso, os *autos serão remetidos ao Tribunal* (órgão *ad quem*) para julgamento.

Em regra, ao receber a apelação, *o juiz não pode reconsiderar a sentença*. Contudo, há *exceções*:

(i) tratando-se de *indeferimento da inicial* (CPC, art. 295), ou seja, quando *houver grave vício processual na inicial, que sequer permita a emenda*; e

(ii) tratando-se de *improcedência liminar* (CPC, art. 285-A), ou seja, quando *no juízo já houver anterior sentença de improcedência em caso idêntico*.

Somente nestes casos, *poderá o juiz reconsiderar a decisão, determinando a citação do réu* (CPC, art. 296 e 285-A, § 1º). Caso não haja a reconsideração por parte do juiz, os autos serão encaminhados ao Tribunal.

Mas há de se ficar atento para um aspecto em que há distinção: necessidade de citação do réu para responder ao recurso. Sendo hipótese de indeferimento da inicial, os autos serão remetidos ao Tribunal *sem a citação do réu* (CPC, art. 296, p.u.). Sendo hipótese de improcedência liminar, para que os autos sejam remetidos ao Tribunal haverá a *necessidade de citação do réu* para que apresente contrarrazões ao recurso (CPC, art. 285-A, § 2º).

Por fim, é necessário destacar um **requisito de admissibilidade recursal exclusivo da apelação**: *o juiz não receberá o recurso de apelação se a sentença estiver em conformidade com súmula do STJ ou do STF* (CPC, art. 518, § 1º). Ou seja, se a sentença estiver baseada em uma súmula de Tribunal Superior e a apelação impugnar *apenas* a tese jurídica que estiver sumulada, o recurso não será admitido. Convém destacar que *não é apenas a súmula vinculante* que acarreta o não conhecimento do recurso, mas qualquer súmula de Tribunal Superior (incluindo a súmula vinculante).

Para explicar o ora exposto, vale citar um exemplo. Muito se discutiu se seria possível às empresas de telefonia cobrar mensalmente a assinatura básica de seus clientes. Após longos debates no Judiciário, a questão foi pacificada no STJ, e foi editada a Súmula 356: "é legítima a cobrança da tarifa básica pelo uso dos serviços de telefonia fixa". Se uma demanda discute apenas tal cobrança, se a sentença é de improcedência e um consumidor apela afirmando que a cobrança é indevida, *o recurso não será conhecido*, já que se discute apenas a aplicação da súmula.

3.2.1.4.2. No Tribunal

Uma vez remetida a apelação ao Tribunal, será *distribuída a um relator* (desembargador que ficará responsável pela principal análise do recurso). Essa distribuição será realizada imediatamente – ou seja, ainda que não venha a ser julgada nesse primeiro momento, já se saberá quem é o relator responsável pela causa (CF, art. 93, XV).

Como já foi exposto, sendo a hipótese de vício processual ou de jurisprudência dominante (CPC, art. 557), *poderá o relator decidir a apelação monocraticamente*, seja para não conhecer, seja para conhecer e dar ou negar provimento. Não sendo a hipótese de julgamento monocrático, *o relator elaborará relatório* (o qual será desde logo juntado aos autos) e seu *voto* (que não será divulgado até a sessão de julgamento) e *enviará o recurso ao revisor* (CPC, arts. 549 e 551). O revisor estudará o processo e então *pedirá dia para a sessão de julgamento* – data que deverá ser publicada no diário oficial, para ciência das partes e interessados.

No dia da sessão de julgamento, a ordem será a seguinte:

- ✔ leitura do relatório pelo relator;
- ✔ se assim quiserem, sustentação oral dos advogados das partes (CPC, art. 554);
- ✔ leitura do voto do relator;
- ✔ voto do revisor (leitura de seu voto ou, simplesmente, acompanhar o relator);
- ✔ voto do terceiro juiz (CPC, art. 555).

Se algum dos magistrados não estiver em condições de proferir o voto (dúvida quanto ao julgamento), poderá *pedir vista* – ou seja, retirar de julgamento o recurso para estudo, retomando-o futuramente (CPC, art. 555, § 2º).

Em alguns casos, *a lei processual não prevê a figura do revisor*, quando então o processo irá para julgamento logo após a elaboração do voto pelo relator. Assim ocorre em causas do procedimento sumário, despejo e indeferimento liminar da inicial (CPC, art. 551, § 3º).

Mas, em qualquer hipótese, a apelação será *julgada por três desembargadores*: relator, revisor (ou, quando não houver,

o magistrado será denominado 2º juiz) e 3º juiz.

Ocorreram importantes *alterações legislativas* envolvendo o processamento da apelação nos Tribunais nos anos 2000, com o objetivo de diminuir a formalidade e aumentar a celeridade.

O *art. 515, § 3º*, do CPC assim prevê: "nos casos de extinção do processo sem o julgamento do mérito (art. 267), o tribunal pode julgar desde logo a lide, se a causa versar questão exclusivamente de direito e estiver em condições de imediato julgamento". A regra anterior previa que toda vez que houvesse a modificação, pelo Tribunal, de uma sentença sem mérito, o processo deveria ser remetido à origem para que o juiz de 1º grau proferisse a sentença de mérito – da qual poderia haver nova apelação para nova apreciação do Tribunal.

Agora cabe desde logo o julgamento do mérito pelo próprio Tribunal, desde que presentes, ao mesmo tempo, os seguintes requisitos: (i) o processo deverá ter sido extinto por uma questão processual; e (ii) o processo deve estar "maduro" no tocante às provas, pronto para julgamento pelo Tribunal.

Outra modificação ocorreu no *art. 515, § 4º*, do CPC: "constatando a ocorrência de nulidade sanável, o tribunal poderá determinar a realização ou renovação do ato processual, intimadas as partes; cumprida a diligência, sempre que possível prosseguirá o julgamento da apelação". Assim, diante de uma *nulidade sanável*, não mais é necessária a devolução dos autos ao 1º grau – *no próprio Tribunal ocorrerá a correção da falha*.

3.2.1.5. Apelação adesiva

Conforme já exposto, cabe o recurso adesivo quando houver *sucumbência recíproca*. Assim, se a sentença for de parcial procedência, autor e réu poderão *apelar de forma autônoma*.

Mas, *se apenas uma das partes apelar de forma autônoma*, a outra pode, no prazo das contrarrazões, apresentar **apelação adesiva**. O objetivo da apelação adesiva é *tentar melhorar a situação do apelante adesivo* quando do julgamento pelo Tribunal (a qual somente poderia piorar no julgamento da apelação autônoma da outra parte, em virtude da vedação da *reformatio in pejus*).

A apelação adesiva apresenta *todos os requisitos de admissibilidade*, tal qual a apelação principal. A única distinção envolve o prazo de interposição: em vez de 15 dias contados da intimação da sentença, são 15 dias contados a partir do recebimento da apelação da parte contrária – ou seja, no prazo para apresentar contrarrazões.

Outra distinção entre a apelação adesiva e a autônoma diz respeito à admissibilidade. No caso de duas apelações autônomas, cada qual terá sua admissibilidade apreciada separadamente. Em outras palavras, se a apelação do autor for deserta, não será conhecida, se a apelação do réu tiver as custas recolhidas, será conhecida.

Já no caso da apelação adesiva, sua *admissibilidade dependerá da admissibilidade da apelação principal*. Ou seja, inicialmente há o juízo de admissibilidade da apelação principal e, somente se esta for conhecida, haverá o juízo de admissibilidade da apelação adesiva. É certo que, conforme a observância ou não dos requisitos de admissibilidade, *pode ser conhecida a principal e não conhecida a adesiva*.

Contudo, *o inverso não pode ocorrer*. Se por qualquer razão a *apelação principal não for conhecida, não será conhecida a apelação adesiva*. Assim, se a apelação principal for deserta, a apelação adesiva não será conhecida – ainda que traga corretamente as custas. Outro exemplo: interpostas as apelações principal e adesiva, se o apelante principal desistir da sua apelação, nenhuma das duas apelações será processada.

3.2.2. Agravos de 1º grau

De decisões interlocutórias proferidas por magistrados de 1º grau, é cabível agravo, em duas modalidades: **agravo de instrumento** e **agravo retido**. Cada um dos recursos será analisado de forma separada.

A principal distinção entre os dois recursos é que o *agravo de instrumento será desde logo apreciado*, ao passo que o *agravo retido será apreciado apenas em momento posterior*. Atualmente, a lei aponta que *a regra é o agravo retido*, sendo que o *agravo de instrumento somente será cabível em situações de urgência*.

A respeito do cabimento de agravo no JEC (Lei 9.099/1995), consulte o último tópico deste capítulo.

3.2.2.1. Agravo de instrumento

3.2.2.1.1. Cabimento

Cabe agravo de instrumento de *decisão interlocutória* (CPC, art. 162, § 2º), proferida por magistrado de 1º grau.

Contudo, nos termos do CPC, art. 522, somente caberá agravo de instrumento das seguintes decisões interlocutórias:

(i) capaz de causar à parte lesão grave e de difícil reparação (ou seja, situação de urgência);

(ii) que versar sobre inadmissão da apelação; ou

(iii) que versar sobre os efeitos em que a apelação é recebida.

As situações de inadmissão da apelação ou efeitos da apelação são de fácil percepção. A situação que gera dúvidas é aquela referente a "casos de lesão grave e de difícil reparação", ou seja, situações de urgência. As principais situações de lesão grave e de difícil reparação, conforme análise de provas pretéritas, envolvem *decisões sobre tutelas de urgência* (liminar em tutela antecipada ou liminar em cautelar).

Em síntese, *cabe o agravo de instrumento quando a decisão interlocutória causar prejuízo imediato à parte.* Nos demais casos, caberá agravo retido.

3.2.2.1.2. Prazo/custas

O prazo para interposição do agravo de instrumento é de *10 dias* (CPC, art. 522). Da mesma forma, é de 10 dias o prazo para responder ao recurso (contraminuta ou contrarrazões de agravo de instrumento).

Há possibilidade de cobrança de custas e porte de retorno (CPC, art. 525, § 1º), sendo que isso é regulamentado no âmbito de cada Tribunal (no âmbito da Justiça Federal, é cobrado em todas as regiões; na Justiça Estadual, a maioria dos Estados cobra). Para fins de concursos estaduais, é fundamental a análise das regras locais, editadas pelo respectivo TJ.

3.2.2.1.3. Efeitos

Há, como em todos os recursos, efeito devolutivo.

Em regra, não há o *efeito suspensivo*. Mas, nos casos de "lesão grave e de difícil reparação" e diante de "relevante fundamentação", é possível que o relator atribua efeito suspensivo ou antecipação da tutela recursal ao agravo de instrumento (CPC, arts. 527, III, e 558).

Cabe o **efeito suspensivo** *se a decisão de 1º grau for positiva*, ou seja, se o juiz conceder a liminar pleiteada pelo autor, *o réu agrava de instrumento pleiteando a suspensão dos efeitos daquela decisão.*

Ao revés, cabe a **antecipação de tutela recursal** *se a decisão de 1º grau for negativa*. Ou seja, se o juiz negar a liminar pleiteada pelo autor, *o autor agrava de instrumento pleiteando a concessão da antecipação de tutela recursal.* Seria o denominado "efeito suspensivo ativo", *terminologia não técnica*, que por vezes é utilizada no cotidiano forense e em alguns exames (mas opte por não utilizar o termo).

3.2.2.1.4. Processamento (interposição/julgamento)

O agravo de instrumento é interposto *diretamente no Tribunal*. Trata-se do *único* recurso interposto diretamente no juízo *ad quem*.

O agravante, considerando a urgência, desde logo se dirige ao Tribunal. Para que se saiba qual a discussão, o recurso deverá trazer *cópias do processo*. Exatamente essas cópias é que *formam o instrumento*, que dá nome ao recurso.

Existem algumas **cópias necessárias** que, se não forem juntadas, acarretarão o não conhecimento do recurso por falta de regularidade formal. São as seguintes (CPC, art. 525, I):

✔ *decisão agravada* (para que se saiba qual a decisão recorrida);

✔ *certidão de intimação de tal decisão* (para que se possa apurar a tempestividade do agravo);

✔ *procurações outorgadas* aos advogados do agravante e do agravado (para que se saiba se o advogado do agravante tem poderes e quem é o advogado do agravado que deverá ser intimado para responder ao agravo).

Além das cópias necessárias, podem ser juntadas outras **cópias facultativas** (CPC, art. 525, II), aquelas *que o agravante entender úteis para a compreensão da lide.*

A jurisprudência mais recente afastou o entendimento de que, além das peças necessárias, deveria o agravante também juntar as **cópias essenciais** ou **indispensáveis** à compreensão da controvérsia. Isto é, *peças que não estão incluídas na legislação como necessárias, mas sem as quais não é possível ao Tribunal entender a discussão travada em 1º grau* (como, por exemplo, a petição inicial que trouxe o pedido liminar que foi negado). Assim, decidiu o STJ que, se o Tribunal intermediário entender fundamental algum desses documentos, não poderá não conhecer do agravo, sendo necessário intimar o agravante para que o junte (REsp 1.102.467/RJ, informativo 496).

Como o agravo é interposto diretamente no Tribunal, deverá o agravante, no prazo de 3 dias, *juntar cópia do agravo perante o 1º grau*, para que o juiz saiba que sua decisão foi impugnada (CPC, art. 526). Diante disso, *poderá o juiz reconsiderar sua decisão*, ou seja, modificar a decisão que foi agravada (juízo de retratação) – hipótese em que o agravo será considerado prejudicado (CPC, art. 529).

Caso o agravante não cumpra essa providência prevista no art. 526 e desde que *alegado e provado pelo agravado*, o recurso não será conhecido (CPC, art. 526, p.u.). Assim, não poderá o agravo não ser conhecido pela falta da observância de ofício pelo relator – isso *depende da provocação do agravado.*

O agravo de instrumento será distribuído a um relator, que poderá proceder da seguinte forma (CPC, art. 527):

(i) se houver grave vício processual ou jurisprudência pacífica, desde logo negar seguimento, bem como conhecer e dar ou negar provimento ao agravo, de forma monocrática (CPC, art. 557);

(ii) se não se tratar de situação de urgência (só nesses casos cabe agravo de instrumento, como visto – CPC, art. 522), converter o agravo de instrumento em agravo retido, remetendo o recurso ao juiz de 1º grau – a conversão em retido é um *dever imposto ao relator*, não uma mera faculdade;

(iii) conceder ou negar o pedido liminar de efeito suspensivo/antecipação de tutela recursal, se este tiver sido formulado;

(iv) se entender necessário, requisitar informações do juiz de origem;

(v) determinar a oitiva do agravado para que apresente contrarrazões ou contraminuta de agravo, no prazo de 10 dias.

Não sendo hipótese de julgamento monocrático, após a manifestação do agravado o recurso será pautado para julgamento pela sessão. *Não há revisor* (CPC, art. 551), *não cabe sustentação oral* (CPC, art. 554) e o agravo será julgado por *três desembargadores* (CPC, art. 555).

3.2.2.2. Agravo retido

3.2.2.2.1. Cabimento

Cabe agravo retido de *decisão interlocutória* (CPC, art. 162, § 2º), *proferida por magistrado de 1º grau.*

Tratando-se de decisão interlocutória, *a regra é o cabimento do agravo retido.* Somente cabe agravo de instrumento nas hipóteses do CPC, art. 522 (em síntese, situação de urgência).

Diferentemente do agravo de instrumento, que será prontamente analisado pelo Tribunal, o agravo retido somente será apreciado em momento posterior. Assim, *seu objetivo imediato é evitar a preclusão.*

3.2.2.2.2. Prazo/custas

O prazo para interposição do agravo retido é de *10 dias* (CPC, art. 522). Da mesma forma, é de 10 dias o prazo para responder ao recurso (contraminuta ou contrarrazões de agravo retido).

Não há custas (CPC, art. 522, p.u.).

3.2.2.2.3. Efeitos

Há, como em todos os recursos, efeito devolutivo.

Não há o *efeito suspensivo.*

3.2.2.2.4. Processamento (interposição/julgamento)

O recurso é interposto *perante o 1º grau* e fica retido nos autos para apreciação pelo Tribunal antes de *eventual apelação.*

Ou seja, como não se trata de situação de urgência, a parte agrava para permitir que a decisão impugnada permaneça passível de discussão. Assim, *se não há o agravo retido, ocorre a preclusão.*

Basta visualizar o indeferimento de uma prova – como uma perícia contábil – que poderá ser realizada a qualquer momento e, assim, não há risco de perecimento. Se a parte não recorrer do indeferimento da perícia, não poderá posteriormente discutir isso, por força da preclusão. Mas não está presente a urgência para o agravo de instrumento. Logo, é cabível o agravo retido.

Recebido o agravo retido, o juiz abrirá *vista ao agravado.* Após, poderá *reconsiderar* sua decisão (CPC, art. 523, § 2º).

Não ocorrendo a reconsideração, o agravo permanecerá retido nos autos até eventual apreciação pelo Tribunal. Ao final, diante da sentença e de eventual recurso, a parte que agravou retido *deverá requerer – em preliminar de apelação – a apreciação do agravo retido, pelo Tribunal.* Se não houver esse requerimento, o agravo retido não será conhecido (CPC, art. 523, § 1º).

No Tribunal, antes do julgamento da apelação, será apreciado o agravo retido. Se provido, o processo será anulado e devolvido ao 1º grau (no caso do exemplo apresentado para a realização da perícia contábil). Se o agravo retido não for conhecido ou não for provido, haverá o julgamento da apelação.

Tratando-se de *decisão proferida em audiência de instrução e julgamento*, o *agravo retido deverá ser oral* e apresentado *na própria audiência*, devendo constar no termo de audiência as razões expostas pelo advogado (CPC, art. 523, § 3º).

3.2.3. Embargos de declaração

3.2.3.1. Cabimento

Cabem **embargos de declaração** (CPC, art. 535) de *qualquer pronunciamento judicial com caráter decisório* (sentença, decisão interlocutória, acórdão e decisão monocrática).

O recurso se presta a esclarecer uma decisão judicial que contenha *obscuridade, omissão ou contradição.*

Decisão **obscura** *é aquela que não é clara, que não permite a correta compreensão de seus termos.*

Decisão **omissa** *é aquela na qual o juiz não se manifesta a respeito de questão ou pedido que ele deveria se manifestar.*

Decisão **contraditória** *é aquela que apresenta em seu bojo duas afirmações inconciliáveis.*

Nestes três casos, há vício na decisão, a qual precisa ser aclarada, esclarecida e complementada. E isso deve ser realizado *pelo próprio órgão que prolatou a decisão.*

3.2.3.2. Prazo/custas

Os embargos de declaração devem ser *opostos* no prazo de *5 dias* (CPC, art. 536). Pela legislação, não há resposta da outra parte aos embargos.

Não há preparo (CPC, art. 536, parte final).

3.2.3.3. Efeitos

Há, como em todos os recursos, efeito devolutivo. E, neste caso, haverá a devolução não só ao Judiciário como *ao próprio órgão prolator* da decisão embargada.

Quanto ao *efeito suspensivo*, a questão não é pacífica, existindo divergência doutrinária e jurisprudencial. Mas, a rigor, se a decisão embargada surtir efeitos imediatos, *os embargos de declaração não têm o condão de sustar tais efeitos*. Assim:

- ✔ se forem embargos de declaração de uma *sentença*, como a sentença em regra não surte efeitos imediatos (apelação tem efeito suspensivo), *os embargos de declaração teriam efeito suspensivo*;
- ✔ se forem embargos de declaração de uma *decisão interlocutória que concede antecipação de tutela*, como em regra o agravo de instrumento não tem efeito suspensivo, *os embargos de declaração não teriam efeito suspensivo*.

3.2.3.4. Processamento (interposição/julgamento)

Os embargos de declaração são *opostos perante o órgão prolator da decisão embargada* (juiz ou relator no âmbito dos Tribunais). O recurso será julgado exatamente por tal órgão (CPC, art. 537), ou seja, tratando-se de embargos de declaração, *o juízo* a quo *e* ad quem *são os mesmos*.

Opostos os embargos de declaração, há a *interrupção do prazo para interposição do outro recurso* pertinente para atacar a decisão, para *ambas as partes* (CPC, art. 538). A interrupção do prazo significa que há novo prazo para recorrer, na íntegra.

Logo, diante da prolação de uma sentença de parcial procedência, se o autor embarga de declaração no 5º dia do prazo, há a interrupção do prazo para apelar tanto do autor quanto do réu. Ou seja, quando da decisão dos embargos, haverá novo prazo de 15 dias para ambas as partes apelarem.

Prosseguindo no exemplo, é possível que, enquanto uma parte apele, a outra embargue declaração. Se houver modificação da sentença pelos embargos, é certo que haverá necessidade de nova apelação. Mas, caso os embargos não forem providos e a sentença permaneça a mesma, *a jurisprudência aponta que há necessidade de reiterar a apelação*, sob pena de seu *não conhecimento* (STJ, AgRg no REsp 1049826/SP, DJe 25/03/2011). E isso se aplica à apelação ou a qualquer outro recurso.

Não cabe a utilização, ao mesmo tempo, de embargos de declaração e de outro recurso. Portanto, diante de uma sentença, inicialmente a parte deve opor declaratórios para, somente após a decisão dos embargos, interpor apelação. Assim é, pois (i) não se sabe se haverá ou não a modificação da sentença (o que pode alterar o interesse recursal); e (ii) por força do princípio da unirrecorribilidade recursal.

Portanto, em síntese, o processamento dos embargos de declaração será o seguinte:

- ✔ oposição pela parte recorrente;
- ✔ apreciação dos embargos pelo próprio órgão prolator da decisão embargada;
- ✔ com a publicação da decisão dos embargos, recomeça a correr o prazo recursal para ambas as partes.

A rigor, o objetivo dos embargos é esclarecer a decisão. Contudo, excepcionalmente, haverá efetivamente uma *mudança da decisão*. Nestes casos, fala-se em *efeitos infringentes* ou *modificativos* dos embargos de declaração.

Afirma a jurisprudência que a "atribuição de efeitos infringentes aos embargos de declaração supõe a prévia intimação da contraparte; sem o contraditório, o respectivo julgamento padece de nulidade absoluta" (STJ, AgRg nos EDcl no RMS 19.354/MG, DJe 18/02/2011). Ou seja, para a jurisprudência mais recente do STJ, havendo a *possibilidade de efeitos infringentes*, deverá ser exercido o contraditório, com a apresentação de *contrarrazões de embargos de declaração no prazo de 5 dias*, para garantir a igualdade entre as partes.

Uma outra possibilidade de utilização dos embargos é para fins de *prequestionamento* em relação aos recursos especial e extraordinário. Logo, se o acórdão é omisso no tocante aos dispositivos de lei apontados como violados, cabem declaratórios para que haja a manifestação do Tribunal nesse sentido.

Por fim, se o recurso for utilizado de forma protelatória, há previsão de multa de 1% sobre o valor da causa. No caso de reiteração de declaratórios protelatórios, a multa é majorada para 10% – e para a interposição de qualquer outro recurso há a necessidade de recolhimento da multa (CPC, art. 538, p.u.).

3.2.4. Embargos infringentes

3.2.4.1. Cabimento

Cabem **embargos infringentes** *de acórdão não unânime que reforma decisão de mérito, no bojo de apelação ou rescisória* (CPC, art. 530).

Antes, qualquer decisão que fosse "m.v." (maioria de votos, "2x1") acarretaria a utilização dos infringentes. Contudo, dificultando a compreensão do cabimento do recurso, a atual redação do Código *apenas permite o uso dos infringentes se*, ao mesmo tempo:

(i) *o julgamento recorrido for de mérito* (logo, não cabe em caso de sentenças processuais);

(ii) *o acórdão reformar, por maioria, a decisão recorrida* (assim, se a decisão for mantida por maioria, não cabem infringentes); e

(iii) *o acórdão for proferido* em julgamento de *apelação* ou de *ação rescisória.*

Existem muitas *divergências quanto ao cabimento dos embargos infringentes*, especialmente considerando situações em que o voto vencido é parcial (refere-se apenas a um aspecto da causa, como valor do dano ou valor dos honorários advocatícios). Decidiu o STJ, em recurso especial repetitivo, que cabem infringentes quando a divergência se refere ao valor dos honorários: REsp 1.113.175, informativo 498).

E o risco no erro dos infringentes é que, se o recurso for utilizado quando não for cabível, já estará ultrapassado o prazo para interpor recurso especial ou extraordinário do acórdão. Do outro lado, se a parte ingressar direto com especial ou extraordinário, quando cabíveis os infringentes, aplica-se a Súmula n. 207/STJ: "é inadmissível recurso especial quando cabíveis embargos infringentes contra o acórdão proferido no Tribunal de origem".

Cabem embargos infringentes adesivos (CPC, art. 500, II).

3.2.4.2. Prazo/custas

O prazo para interposição dos embargos infringentes é de *15 dias* (CPC, art. 508). Da mesma forma, é de 15 dias o prazo para responder ao recurso (contrarrazões de embargos infringentes).

É possível que haja a necessidade de *preparo.* Isso é definido no âmbito de cada Tribunal – em diversos Estados há tal previsão.

3.2.4.3. Efeitos

Há, como em todos os recursos, efeito devolutivo.

Quanto ao efeito suspensivo, há divergência. Mas majoritariamente entende-se que *há efeito suspensivo,* salvo quando a apelação que deu origem ao acórdão já não fosse dotada de efeito suspensivo (ou seja, há a reprodução do efeito suspensivo em relação à apelação).

3.2.4.4. Processamento (interposição/ julgamento)

O recurso deverá ser *endereçado ao relator do acórdão original* que, após abrir vista à parte contrária para contrarrazões, apreciará a admissibilidade do recurso (CPC, art. 531).

Admitidos os embargos, o processamento se dará com base no Regimento Interno de cada Tribunal (CPC, art. 533).

O objetivo do recurso é fazer *prevalecer o voto vencido* e, consequentemente, também a decisão de 1º grau, que acabou sendo reformada pelo acórdão por maioria.

Caso *parte do acórdão for não unânime e outra parte unânime*, caberão *infringentes* em relação à parte não unânime *e outros recursos* (especial e extraordinário) quanto à parte unânime. E o *prazo para se impugnar a parte unânime terá início somente após o julgamento dos infringentes* (CPC, art. 498).

3.2.5. Recurso ordinário (recurso ordinário constitucional)

3.2.5.1. Cabimento

O **recurso ordinário** tem um cabimento bem específico (CPC, art. 539): é apenas cabível de acórdão denegatório de ação constitucional (mandado de segurança, *habeas corpus, habeas data,* mandado de injunção) originária de Tribunal.

Como se percebe, cabe de *decisão não concessiva da ordem* de ações propostas diretamente nos Tribunais, e será julgado pelo STJ ou STF. Como tem previsão constitucional (CF, art. 102, II e 105, II), é também denominado de recurso ordinário constitucional. Caso a *decisão seja concessiva, não caberá ROC*, mas sim outro recurso para Tribunal Superior (REsp ou RE).

A hipótese mais comum de cabimento de ROC para o STJ é a de decisão denegatória de HC ou MS de competência originária do TJ ou TRF (CF, art. 105, II, *a* e *b*). Já a hipótese mais frequente de ROC para o STF ocorre nos momentos em que é denegado HC ou MS de competência originária dos Tribunais Superiores (CF, art. 102, II, *a*).

Há ainda *outra hipótese, pouco frequente, de cabimento de ROC* (CPC, art. 539, II, *b*): causas em que forem partes, de um lado, Estado estrangeiro ou organismo internacional e, do outro, Município ou pessoa residente ou domiciliada no País. *Tais causas tramitam, em 1º grau, perante a Justiça Federal* (CF, art. 109, II) e o *ROC será julgado pelo STJ.* Ou seja, excepcionalmente, não haverá julgamento por Tribunal de 2º grau.

3.2.5.2. Prazo/custas

No âmbito cível, o prazo para interposição do recurso ordinário é de *15 dias* (CPC, art. 508). Da mesma forma, é de 15 dias o prazo para responder ao recurso (contrarrazões de recurso ordinário).

Há necessidade de *custas* (STJ, RMS 29.228/SE, DJe 04/06/2009).

Tratando de *recurso ordinário de decisão denegatória de HC* (ainda que interposto de hipótese de prisão civil, como no caso de alimentos não pagos), o prazo de interposição é de *5 dias* (Lei 8.038/1990, art. 30), não havendo custas de preparo.

3.2.5.3. Efeitos

Há, como em todos os recursos, efeito devolutivo.

Não há efeito suspensivo.

3.2.5.4. Processamento (interposição/julgamento)

O recurso ordinário será interposto na origem e, após as contrarrazões, será remetido para o Tribunal de destino (juízo *ad quem* – STJ ou STF).

A competência para julgamento será:

- ✔ do *STJ*, no caso de acórdão denegatório *proferido nos TJs ou TRFs;*
- ✔ do *STF*, no caso de acórdão denegatório *proferido por Tribunais Superiores.*

O ROC garante o duplo grau de jurisdição de decisão denegatória de ações constitucionais. Quanto ao seu trâmite, aponta o art. 540 do CPC que o recurso seguirá o procedimento previsto para a apelação e também as regras dos Regimentos Internos.

Para evitar dúvidas, cabe esclarecer que, se um *mandado de segurança for impetrado em 1º grau* e for negado por sentença, *cabe apelação* a ser julgada pelo Tribunal de 2º grau. Mas, se a *competência originária desse mandado de segurança for de Tribunal de 2º grau, caberá recurso ordinário para o STJ.*

3.2.6. Agravos de 2º grau

De decisões monocráticas proferidas no âmbito dos Tribunais (por desembargadores ou Ministros), é cabível agravo, em duas modalidades: **agravo interno/regimental/legal** (os três nomes são sinônimos) e **agravo nos próprios autos**. Cada um dos recursos será analisado de forma separada.

A principal forma de diferenciar o cabimento dos dois recursos é que o agravo nos próprios autos, para ser utilizado, *depende de prévia interposição e negativa de seguimento a recurso especial (REsp) ou recurso extraordinário (RE).*

3.2.6.1. Agravo interno (regimental ou legal)

3.2.6.1.1. Cabimento

Cabe **agravo regimental** *de decisão monocrática proferida por relator de recurso* (CPC, art. 557, § 1º).

Nos últimos anos as reformas processuais aumentaram o poder dos relatores, no âmbito dos Tribunais, no tocante à admissibilidade e provimento dos recursos. Neste sentido, pode o relator negar seguimento (juízo de admissibilidade) e dar ou negar provimento (juízo de mérito) monocraticamente se estiver diante de jurisprudência dominante (CPC, art. 557, *caput*, e § 1º-A). *Contra esta decisão monocrática é que cabe o agravo regimental.*

Com a interposição do agravo, provido ou não o recurso, *a decisão monocrática irá se transformar em decisão colegiada (acórdão).*

Contudo, por força de lei (CPC, art. 527, p.u.), **não cabe agravo regimental das seguintes decisões monocráticas**:

- ✔ *contra decisão do relator que concede ou denega o efeito suspensivo ou antecipação dos efeitos da tutela recursal no agravo de instrumento* (CPC, art. 527, III);
- ✔ *contra a decisão do relator que converte o agravo de instrumento em agravo retido* (CPC, art. 527, II).

Nessas duas situações, será cabível *pedido de reconsideração* junto ao próprio relator (medida que *não tem natureza recursal*).

3.2.6.1.2. Prazo/custas

O prazo para interposição do agravo regimental é de 5 *dias* (CPC, art. 557, § 1º). Não há previsão legal de resposta a esse agravo.

Não há custas.

3.2.6.1.3. Efeitos

Há, como em todos os recursos, efeito devolutivo.

Não há o efeito suspensivo.

3.2.6.1.4. Processamento (interposição/julgamento)

A interposição do recurso é bem simples e segue o procedimento previsto no regimento interno dos Tribunais (daí o termo *agravo regimental*). *Não há necessidade de cópias* (instrumento), *custas ou qualquer outra formalidade.*

O recurso é interposto nos próprios autos (por isso *agravo interno*), *dirigido ao relator*, que proferiu a decisão monocraticamente. *Não há manifestação da parte contrária.*

Se o *relator reconsiderar* (revogando a decisão monocrática), o recurso antes interposto volta a ter sua tramitação normal (ou seja, se uma apelação foi julgada monocraticamente e o relator reconsiderar, haverá o processamento normal da apelação para um julgamento colegiado).

Caso o relator não reconsidere, o recurso será colocado *em pauta para julgamento colegiado e prolação de acórdão.*

3.2.6.2. Agravo de decisão denegatória ou agravo nos próprios autos

Trata-se de recurso *alterado* pela Lei 12.322/2010. Antes era denominado de agravo de instrumento; no CPC agora recebe o nome de *agravo nos próprios autos.* Vale destacar que alguns concursos (i) ainda se valem do nome antigo, para confundir o candidato; e (ii) valem-se do nome "agravo de decisão denegatória" que, apesar de não constar da lei, é usualmente utilizado no cotidiano forense.

3.2.6.2.1. Cabimento

Cabe agravo nos próprios autos *de decisão monocrática proferida por desembargador que não admite recurso especial ou recurso extraordinário* **(CPC, art. 544).**

Como se verá ao se tratar do próximo recurso, quando é interposto o recurso especial (*REsp*) ou recurso extraordinário (*RE*), a Presidência do Tribunal de origem (TJ ou TRF) é que inicialmente realiza o juízo de admissibilidade recursal. *Se o recurso não é admitido, então cabe o agravo nos próprios autos*, recurso também conhecido como **agravo de decisão denegatória**, *exatamente porque ataca a decisão que negou a subida do recurso para Tribunal Superior*.

O objetivo do agravo nos próprios autos é, portanto, "destrancar o recurso", ou seja, fazer com que o recurso, não admitido pelo Tribunal de origem, seja apreciado pelo STJ (REsp) ou STF (RE). Também é utilizado no âmbito processual penal e no processo do trabalho (em relação ao recurso de revista).

3.2.6.2.2. Prazo/custas

O prazo para interposição do agravo nos próprios autos é de *10 dias* (CPC, art. 544). Da mesma forma, é de 10 dias o prazo para responder ao recurso (contraminuta ou contrarrazões de agravo).

Não há custas (CPC, art. 544, § 2º).

3.2.6.2.3. Efeitos

Há, como em todos os recursos, efeito devolutivo.

Não há o *efeito suspensivo*. Eventualmente, em casos de urgência, é possível a concessão de efeito suspensivo ao REsp e RE (cf. próximo recurso), mas não ao agravo.

3.2.6.2.4. Processamento (interposição/julgamento)

O agravo nos próprios autos será *interposto no Tribunal de origem*, endereçado a quem prolatou a decisão agravada (ou seja, ao Presidente do Tribunal – CPC, art. 544, § 2º).

Se forem dois recursos concomitantes (REsp e RE) e ambos não forem admitidos, deverá o recorrente ingressar com dois agravos (CPC, art. 544, § 1º).

Não há necessidade de qualquer documento – exatamente porque se está recorrendo nos próprios autos, que já traz todas as peças do processo.

O agravado será intimado para apresentar resposta e, então *os autos, na sua integralidade, serão remetidos ao Tribunal Superior* (CPC, art. 544, § 3º).

No Tribunal Superior, será observado o regimento interno do Tribunal, sendo que *cabe ao Ministro relator inclusive o julgamento monocrático do agravo* (CPC, art. 544, § 4º).

No mais, se houver julgamento monocrático, ainda cabe *agravo regimental para a Turma* (CPC, art. 545).

3.2.7. Recurso especial (REsp)

3.2.7.1. Cabimento

Cabe **recurso especial** *de acórdão que violar legislação infraconstitucional ou quando Tribunais diversos derem interpretação distinta a um mesmo dispositivo legal infraconstitucional* (CF, art. 105, III e CPC, art. 541).

Destaca-se que é cabível o REsp pela **divergência externa** e não pela divergência interna, ou seja, deve-se apontar o *dissenso jurisprudencial em relação a outro Tribunal* e não no próprio Tribunal. Nesse sentido, caso se ingresse com o REsp de um julgado do TJSP, *não cabe apontar que o próprio TJSP tem posição divergente* ao do acórdão recorrido – mas sim que a decisão do TJSP diverge da de qualquer outro Tribunal do país, inclusive o próprio STJ ou mesmo o TRF da 3ª Região (Tribunal Regional Federal situado em São Paulo).

Para o cabimento do REsp, o acórdão *não* deve admitir outros recursos, ou seja, *não cabe REsp de acórdão que admita infringentes* (será cabível o REsp após o julgamento dos infringentes) *ou de decisão monocrática* (será cabível o REsp após o agravo regimental). Portanto, só cabe REsp quando **esgotados os demais recursos.**

Na hipótese de o acórdão violar, ao mesmo tempo, dispositivo do CPC e da CF, serão **cabíveis, simultaneamente, recurso especial e recurso extraordinário.** Porém, cada recurso irá atacar matérias distintas: *REsp, a violação à legislação infraconstitucional; RE, a violação à Constituição.*

3.2.7.2. Prazo/custas

O prazo para interposição do REsp é de *15 dias* (CPC, art. 508). Da mesma forma, é de 15 dias o prazo para responder ao recurso (contrarrazões de REsp).

Há custas (Lei 11.636/2007).

3.2.7.3. Outros requisitos de admissibilidade

Além dos requisitos de admissibilidade usualmente existentes, o REsp tem também outros requisitos. E isso se justifica porque se trata de um recurso cuja finalidade não é simplesmente rediscutir a causa (como ocorre na apelação), mas discutir a *unidade da interpretação da legislação infraconstitucional.*

Assim, com o REsp o STJ busca *evitar a regionalização do direito*. Exatamente por isso **não se discute matéria fática** em tal recurso, mas apenas *matéria de direito* (*vide* abaixo súmulas 5 e 7 do STJ). Ou seja, não será conhecido REsp que discuta se determinado fato ocorreu ou não. Debate-se no REsp, *à luz de determinados fatos já fixados* no Tribunal de origem, *qual o direito aplicável.*

Apesar de não ser possível discutir fato, o REsp permite a **discussão de matéria de mérito ou processual.** Cabe, portanto, o recurso tanto por *violação ao CC* como por *violação ao CPC.*

Para que bem se delimite a discussão da matéria de direito, é também requisito do REsp o **prequestionamento,** que *é a apreciação do artigo de lei pelo Tribunal a quo durante o julgamento do acórdão recorrido.* Ou seja, é o debate, pelos julgadores de origem, dos dispositivos apontados como violados no REsp.

Assim, *se o Tribunal de origem não tiver se manifestado sobre determinado dispositivo legal apontado como violado no REsp, não terá ocorrido o prequestionamento.*

Para bem se entender a questão, vale mencionar um exemplo. Diante de uma sentença de improcedência, o autor recorre e, em sua apelação, destaca que houve a violação de determinado artigo do CC. *Na própria apelação, requer a expressa manifestação do Tribunal a respeito daquele dispositivo legal para fins de prequestionamento.* Se o Tribunal não se manifestar a respeito do dispositivo, não haverá prequestionamento. Nesse caso, *pode a parte se valer dos embargos de declaração,* apontando *omissão* no acórdão quanto à análise do dispositivo legal apontado como violado.

3.2.7.4. Efeitos

Há, como em todos os recursos, efeito devolutivo.

Não há o *efeito suspensivo* (CPC, art. 542, § 2º).

Em casos de *urgência, admite-se* a concessão de efeito suspensivo ao REsp. O meio processual mais utilizado para isso é a *cautelar inominada para atribuir efeito suspensivo a REsp.*

3.2.7.5. Processamento (interposição/julgamento)

O REsp é interposto no *Tribunal de origem,* endereçado à Presidência.

Tratando-se de REsp fundado em *dissídio jurisprudencial* (divergência em relação a julgado de outro Tribunal – CF, art. 105, III, "c"), obrigatoriamente terá de ser instruído com o *acórdão paradigma* (a decisão do outro Tribunal). A *divergência é comprovada* mediante certidão, cópia autenticada, repositório de jurisprudência oficial ou mesmo via *reprodução do julgado obtida na internet* (CPC, art. 541, p.u.).

Interposto o REsp, a *parte contrária é intimada* para apresentar as contrarrazões (art. 542), no prazo de 15 dias. Em tal peça é possível impugnar não só o mérito, mas também a admissibilidade do recurso.

Com as razões e contrarrazões do REsp, *a Presidência procederá, ainda na origem, à análise da admissibilidade recursal.*

Se *não estiverem presentes os requisitos* de admissibilidade, *o recurso não será admitido.* Neste caso, cabe agravo nos próprios autos (como já visto no item anterior).

Se estiverem *presentes os requisitos* de admissibilidade, *o recurso será encaminhado ao STJ* (CPC, art. 543). No STJ, haverá novo juízo de admissibilidade, podendo o recurso ser conhecido ou não. Conhecido o recurso, haverá o julgamento no mérito. Também no STJ cabe o julgamento monocrático do Ministro, que poderá ser atacado por agravo regimental.

Existe a figura do **REsp retido** (tal qual ocorre no caso do agravo retido) *quando a decisão que deu origem ao acórdão* (CPC, art. 542, § 3º):

- ✔ for *interlocutória;*
- ✔ for proferida em *cautelar;*
- ✔ for proferida em *embargos à execução.*

Nessas hipóteses, o especial ficará retido nos autos até que venha o REsp da decisão posterior (ou seja, no caso de especial com origem em interlocutória, este recurso ficará retido até o processamento do REsp com origem na sentença que foi proferida, no mesmo processo de origem, posteriormente à interlocutória).

3.2.7.5.1. REsp repetitivo

Considerando a *massificação das causas* e a necessidade de *segurança jurídica,* houve alteração na tramitação do REsp.

Foi criado o **REsp repetitivo** (CPC, art. 543-C), *que regula a hipótese em que há multiplicidade de recursos com fundamento em idêntica questão de direito. Sendo este o caso, os recursos mais representativos são enviados ao STJ, os demais ficando suspensos. A decisão a ser proferida pelo STJ nesse REsp repetitivo servirá como base para os demais recursos que estavam suspensos.* Contudo, é necessário esclarecer que não se trata de súmula vinculante – apesar de ser um importante precedente jurisprudencial, por certo.

3.2.7.6. Súmulas aplicáveis ao julgamento do REsp e do RE

Existem diversas súmulas que tratam do REsp e do RE, especialmente no tocante à admissibilidade de tais recursos. Considerando que o tema é muitas vezes objeto de pergunta em concursos, ora são reproduzidas algumas súmulas a respeito do tema (o estudo das Súmulas do STJ e STF é especialmente recomendado em algumas bancas).

Vale destacar que muitas das súmulas se aplicam a ambos os recursos.

3.2.7.6.1. Súmulas do STJ

Súmula 5: A simples interpretação de cláusula contratual não enseja recurso especial.

Súmula 7: A pretensão de simples reexame de prova não enseja recurso especial.

Essas duas súmulas demonstram como não cabe a discussão de matéria fática no âmbito do REsp.

Súmula 13: A divergência entre julgados do mesmo tribunal não enseja recurso especial.

A súmula deixa claro que o REsp fundado na divergência (dissenso jurisprudencial) demanda análise de dois Tribunais distintos – ainda que na mesma cidade (TJ e TRF).

Súmula 203: Não cabe recurso especial contra decisão proferida por órgão de segundo grau dos Juizados Especiais.

A respeito dos recursos nos Juizados, conferir último tópico deste capítulo.

Súmula 207: É inadmissível recurso especial quando cabíveis embargos infringentes contra o acórdão proferido no Tribunal de origem.

A súmula esclarece que há necessidade de se esgotar as vias ordinárias antes de se partir para os recursos para Tribunal Superior. Apesar de se referir apenas aos infringentes, é utilizada, de forma analógica, em situações em que não se esgotaram as vias ordinárias (como, por exemplo, de recurso especial interposto de decisão monocrática – antes, há necessidade de regimental para que seja prolatado um acórdão).

Súmula 211: Inadmissível recurso especial quanto à questão que, a despeito da oposição de embargos declaratórios, não foi apreciada pelo tribunal *a quo*.

A súmula se refere ao requisito do prequestionamento para a admissão do REsp. O entendimento do STJ (não coincidente com a posição do STF) é no sentido de não conhecer o recurso quando, mesmo após a oposição dos embargos declaratórios com a finalidade de prequestionamento, o Tribunal de origem os rejeita, permanecendo no acórdão a omissão quanto à matéria violada.

3.2.7.6.2. Súmulas do STF

Súmula 279: Para simples reexame de prova não cabe recurso extraordinário.

Súmula 454: Simples interpretação de cláusulas contratuais não dá lugar a recurso extraordinário.

Súmula 281: É inadmissível o recurso extraordinário, quando couber, na Justiça de origem, recurso ordinário da decisão impugnada.

Essas três súmulas tratam de temas já enfrentados em relação às súmulas 5, 7 e 207 do STJ.

Súmula 282: É inadmissível o recurso extraordinário, quando não ventilada, na decisão recorrida, a questão federal suscitada.

Esta é a súmula que sedimenta a necessidade de prequestionamento nos recursos para Tribunal Superior.

Súmula 634: Não compete ao Supremo Tribunal Federal conceder medida cautelar para dar efeito suspensivo a recurso extraordinário que ainda não foi objeto de juízo de admissibilidade na origem.

Súmula 635: Cabe ao presidente do tribunal de origem decidir o pedido de medida cautelar em recurso extraordinário ainda pendente do seu juízo de admissibilidade.

As súmulas estabelecem a competência dos Tribunais de origem para o processamento da ação cautelar (CPC, art. 800), que busca atribuir efeito suspensivo ao recurso enquanto não realizado o primeiro juízo de admissibilidade (que deve ocorrer na instância recorrida). A partir da admissibilidade (positiva ou negativa) a competência da cautelar será do Tribunal Superior.

Súmula 640: É cabível Recurso Extraordinário contra decisão proferida por juiz de primeiro grau nas causas de alçada, ou por Turma Recursal de Juizado Especial Cível e Criminal.

A respeito dos recursos nos Juizados, conferir último tópico deste capítulo.

Súmula 636: Não cabe recurso extraordinário por contrariedade ao princípio constitucional da legalidade, quando a sua verificação pressuponha rever a interpretação dada a normas infraconstitucionais pela decisão recorrida.

A súmula indica que o cabimento do recurso extraordinário está ligado à violação direta à Constituição, A ofensa não se pode dar pela via reflexa, isto é, sob o argumento de que houve violação aos dispositivos infraconstitucionais, o que, por sua vez, viola a Constituição.

> Súmula 728: É de três dias o prazo para a interposição de recurso extraordinário contra decisão do tribunal superior eleitoral, contado, quando for o caso, a partir da publicação do acórdão, na própria sessão de julgamento, nos termos do art. 12 da Lei 6.055/1974, que não foi revogado pela Lei 8.950/1994.

A súmula traz um prazo diferenciado para os recursos extraordinário e especial de matéria cível ou penal no âmbito da justiça eleitoral.

> Súmula 733: Não cabe recurso extraordinário contra decisão proferida no processamento de precatórios.
>
> *Em relação à forma de pagamento de débitos da Fazenda (precatório), a súmula aponta o não cabimento do recurso extraordinário.*

> Súmula 735: Não cabe recurso extraordinário contra acórdão que defere medida liminar.

Não se admite interposição de recurso extraordinário contra decisão liminar, tendo em vista que não se trata de procedência conclusiva do provimento (decisão provisória). Por essa razão, não se pode afirmar que a decisão violou dispositivo constitucional por negar-lhe vigência ou por tê-lo interpretado erroneamente ao aplicá-lo ou ao deixar de aplicá-lo. Ademais, a admissibilidade do recurso estaria prejudicada em virtude da necessária análise de matéria fática da presença dos requisitos do fumus boni iuris e periculum in mora (Súmula 279, STF). Apesar disso, por vezes, diante de "casos teratológicos", a súmula é afastada.

3.2.8. Recurso extraordinário (RE)

O RE apresenta uma série de similitudes em relação ao REsp. Assim, muito do que foi acima exposto ora também se aplica.

3.2.8.1. Cabimento

Cabe **recurso extraordinário** de *acórdão que violar a Constituição* (CF, art. 102, III e CPC, art. 541).

Há uma situação posterior à EC 45/2004 à qual se deve atentar: nos termos do art. 102, III, "d" da CF, *cabe RE de acórdão que julgar válida* **lei local contestada em face de lei federal**. A tendência, diante dessa situação, seria afirmar que caberia o REsp (e era assim antes da EC 45/2004). Mas houve a alteração porque a *competência legislativa* (que disciplina a solução do problema) *é prevista na Constituição.*

Para o cabimento do RE, o acórdão não deve admitir outros recursos, ou seja, não cabe RE de acórdão que admita infringentes ou de decisão monocrática. Portanto, tal qual ocorre quanto ao REsp, só cabe RE quando **esgotados os demais recursos**.

Na hipótese de o acórdão violar, ao mesmo tempo, dispositivo do CPC e da CF, serão **cabíveis, simultaneamente, recurso especial e recurso extraordinário**. Porém, cada recurso irá atacar matérias distintas: *REsp, a violação à legislação infraconstitucional; RE, a violação à Constituição.*

3.2.8.2. Prazo/custas

O prazo para interposição do RE é de *15 dias* (CPC, art. 508). Da mesma forma, é de 15 dias o prazo para responder ao recurso (contrarrazões de RE).

Há custas.

3.2.8.3. Outros requisitos de admissibilidade

Tal qual o REsp, também o RE tem distinções quanto à admissibilidade.

A finalidade do RE não é rediscutir a causa, mas sim buscar o *respeito* e a *unidade na interpretação da Constituição.* Ou seja, com o RE, busca o STF *zelar pela supremacia da Constituição*, por isso **não se discute matéria fática** em tal recurso, mas apenas *matéria de direito.* Mas o RE permite a **discussão de matéria de mérito ou processual,** isto é, cabe o recurso tanto por *violação a norma processual ou norma material contida na Constituição.*

Também há a necessidade de **prequestionamento**, nos moldes do já debatido quando se tratou do tema no REsp.

Por fim, a partir da EC 45/2004 (CF, art. 102, § 3º), há um novo requisito de admissibilidade: a **repercussão geral da questão constitucional**. Por esse requisito, *o STF somente conhecerá um RE que seja relevante não só para as partes, mas para a sociedade como um todo (ou seja, a existência de questões relevantes do ponto de vista econômico, político, social ou jurídico, que ultrapassem os interesses subjetivos da causa).*

Isso significa que o STF não irá se manifestar a respeito de uma "briga de vizinhos". O tema foi regulado no CPC pelos arts. 543-A e 543-B.

A **competência** para apreciar a existência da repercussão geral é *exclusiva do STF.* O recurso *não será conhecido se 2/3 (dois terços) dos Ministros do STF* (8 dos 11) entenderem pela *ausência da repercussão geral.* A decisão sobre a presença da repercussão é irrecorrível (CPC, art. 543-A, *caput*).

3.2.8.4. Efeitos

Há, como em todos os recursos, efeito devolutivo.

Não há o *efeito suspensivo* (CPC, art. 542, § 2º)

Em casos de *urgência, admite-se* a concessão de efeito suspensivo ao RE. O meio processual mais utilizado para isso é a *cautelar inominada para atribuir efeito suspensivo a RE.*

3.2.8.5. Processamento (interposição/ julgamento)

O processamento do RE é igual ao do REsp:

- ✔ interposto no *Tribunal de origem*, endereçado à Presidência;
- ✔ a parte contrária terá prazo de 15 dias para apresentar contrarrazões, podendo impugnar o mérito e a admissibilidade do RE;
- ✔ a Presidência do Tribunal de origem procederá à admissibilidade recursal;
- ✔ se não estiverem presentes os requisitos, o recurso não será admitido. Neste caso, cabe agravo nos próprios autos;
- ✔ se estiverem presentes os requisitos, o recurso será encaminhado ao STF;
- ✔ no STF, haverá novo juízo de admissibilidade (e análise exclusiva quanto à repercussão geral);
- ✔ é possível o julgamento monocrático do RE, caso em que caberá agravo regimental.

Tal qual o REsp retido, há o **RE retido**, quando a decisão que deu origem ao acórdão (i) for interlocutória, (ii) for proferida em cautelar ou (iii) for proferida em embargos à execução (CPC, art. 542, § 3º).

3.2.8.5.1. Súmula vinculante e reclamação

Os Tribunais, a partir de sua jurisprudência consolidada, podem editar **súmulas**, que são a *síntese do entendimento jurisprudencial a respeito de determinado tema*. Contudo, as súmulas em geral *não são de aplicação obrigatória* por parte dos magistrados inferiores.

Após muitas discussões, a EC 45/2004 aprovou a edição de **súmulas vinculantes**, *exclusivamente pelo STF* (CF, art. 103-A, e Lei 11.417/2006). Assim, após *reiteradas decisões sobre matéria constitucional*, poderá o STF editar enunciado de súmula que terá *efeito vinculante em relação aos demais órgãos do Poder Judiciário e à administração pública direta e indireta, nas esferas federal, estadual e municipal*.

Como se percebe, *a súmula vinculante deve ser observada pelo Judiciário e Executivo*, mas não pelo Legislativo. E *poderá o STF rever ou cancelar a súmula vinculante*.

Na hipótese de um juiz ou desembargador não aplicar a súmula vinculante, caberá **reclamação**, *diretamente para o STF, sem prejuízo do recurso cabível*. Ou seja, se uma *sentença* não observar uma súmula vinculante caberá *apelação* (recurso) e *reclamação* (medida judicial que não tem natureza recursal).

A reclamação é uma ação proposta diretamente no STF (Lei 11.417/2006, art. 7º, e Lei 8.038/1990) e é utilizada quando *há a usurpação da competência do STF*. Assim, se um magistrado inferior não aplica uma súmula, está violando a competência do STF, daí o cabimento da reclamação.

Por fim, vale esclarecer que, se uma *reclamação for procedente*, ela *cassará a decisão judicial impugnada, determinando que outra seja proferida* (Lei 11.417/2006, art. 7º, § 2º). Ou seja, não é o STF quem decidirá conforme a súmula, mas o STF imporá ao juízo inferior que julgue conforme a súmula.

3.2.9. Embargos de divergência

3.2.9.1. Cabimento

Os **embargos de divergência** são utilizados somente no STJ e STF, após o julgamento do REsp ou do RE. Assim, *são cabíveis quando o acórdão proferido no julgamento do REsp/RE divergir do julgamento proferida por outro órgão colegiado do próprio Tribunal*. Portanto, a finalidade é pacificar internamente as divergências de entendimento.

Assim, quando do julgamento de algum REsp, se o STJ já tiver julgado de alguma outra maneira a questão, por algum outro órgão interno do Tribunal, serão cabíveis os embargos de divergência. O mesmo se diga quando do julgamento de um RE pelo STF.

O recurso é previsto em um único artigo no CPC (art. 546) e não é frequente no cotidiano forense. E, ainda que não seja dos recursos mais vezes pedidos em concursos, vale conhecer bem seu cabimento, pois é comum o examinador colocar os embargos de divergência como uma resposta errada para *confundir o candidato* em relação a outros recursos (especialmente em relação aos embargos infringentes).

A jurisprudência do STJ entende que o recurso só é cabível quando o *paradigma for proferido também em sede de recurso especial*. Assim, não cabe o recurso se a divergência for entre um recurso especial e um conflito de competência, recurso ordinário ou *habeas corpus* (EAg 1.195.905 e EREsp 998.249, informativo 504).

Por fim, ainda em relação ao cabimento, importante destacar as seguintes súmulas do STJ:

> Súmula 315: Não cabem embargos de divergência no âmbito do agravo de instrumento que não admite recurso especial.

A súmula trata da impossibilidade de oposição de embargos de divergência se não houver análise do mérito do recurso especial. Isso porque o agravo nos próprios autos (atual nome do antigo recurso de agravo de instrumento, nos termos do art. 544 do CPC), em regra, não adentra o mérito do recurso, mas somente debate sua admissibilidade. Assim, a decisão do agravo confirma o juízo negativo de admissibilidade que foi feito pelo Tribunal de origem.

> Súmula 316: Cabem embargos de divergência contra acórdão que, em agravo regimental, decide recurso especial.

A súmula, em certo grau, é uma complementação à Súmula 315. Só cabem embargos de divergência de acórdão. Se houve decisão monocrática quanto ao especial, após o agravo regimental, será prolatado um acórdão. E, desse acórdão, é cabível, em tese, o uso dos embargos de divergência.

3.2.9.2. Prazo/custas

O prazo para interposição dos embargos de divergência é de *15 dias* (CPC, art. 508). Da mesma forma, é de 15 dias o prazo para responder ao recurso (contrarrazões de embargos de divergência).

Há necessidade de *custas* (STJ, Lei 11.636/2007 e STF, RISTF, art. 335, § 2º).

3.2.9.3. Efeitos

Há, como em todos os recursos, efeito devolutivo.

Não há efeito suspensivo, tal qual ocorre com o REsp e o RE.

3.2.9.4. Processamento (interposição/julgamento)

Os embargos de divergência são endereçados ao próprio relator do recurso. Após a vista à parte contrária para contrarrazões, haverá o julgamento.

O p.u. do art. 546 dispõe que o procedimento dos embargos de divergência seguirá o previsto nos regimentos internos dos Tribunais (RISTJ, arts. 226 e 227; RISTF, arts. 330 a 336).

3.3. Recursos nos juizados especiais

3.3.1. Visão geral

Até o tópico anterior houve a apresentação dos recursos previstos no CPC. No âmbito dos Juizados Especiais, porém, existe sensível distinção no que diz respeito aos recursos – o que justifica, portanto, um tópico específico para enfrentar o tema.

Contudo, neste momento não se apresenta exatamente o que são os Juizados Especais (para tanto, conferir o capítulo 6 – procedimentos especiais).

De qualquer forma, apenas é necessário esclarecer que hoje existem três Juizados Especiais Cíveis, a saber:

- ✔ Juizado Especial Cível (causas cíveis entre particulares, até 40 salários-mínimos – Lei 9.099/1995);
- ✔ Juizado Especial Federal (causas cíveis com ente federal como réu até 60 salários-mínimos – Lei 10.259/2001); e
- ✔ Juizado Especial da Fazenda Pública (causas cíveis com entes estatais estaduais e municipais como réus, até 60 salários-mínimos – Lei 12.153/2009).

Considerando o objetivo de *celeridade*, o sistema recursal dos Juizados é bem mais *simples* do que o previsto no CPC. E há alguma distinção entre o JEC e os demais Juizados, como se verá a seguir.

3.3.2. JEC (Lei 9.099/1995)

Considerando a Lei 9.099/1995 e a Constituição, no JEC existem três recursos:

- ✔ recurso inominado;
- ✔ embargos de declaração; e
- ✔ recurso extraordinário.

A Lei 9.099/1995 prevê *recurso para impugnar a sentença*. Diante da ausência de nome, a doutrina e a jurisprudência passaram a denominá-lo de **recurso inominado** (art. 41), a ser interposto no *prazo de 10 dias* (art. 42), dependendo de *preparo* (art. 42, § 2º), em regra *somente com efeito devolutivo* (art. 43).

Quanto ao *processamento* do recurso inominado, é *semelhante ao da apelação*. Após o recebimento, será aberta vista à parte contrária para *contrarrazões* e então o recurso será encaminhado ao **Colégio Recursal**, *órgão que é composto de juízes de 1º grau e que, de forma colegiada, decidirão o recurso.*

No mais, segundo entendimento majoritário, não cabe o recurso na modalidade adesiva, por falta de previsão legal.

Das decisões de 1º e 2º grau do Juizado cabem **embargos de declaração** *para sanar omissão, contradição, obscuridade ou dúvida* (art. 48), no prazo de *5 dias* (art. 49). Como se percebe, há mais uma hipótese de cabimento (*dúvida*), *não prevista no CPC*.

Outra distinção em relação ao CPC é que, no JEC, os embargos de declaração *suspendem o prazo*, ao passo que no CPC (art. 538) há a *interrupção*. Lembrando que a *suspensão do prazo significa que ele retoma de onde parou*, ao passo que na *interrupção tem início novo prazo.*

Portanto, à luz do CPC, se uma sentença é impugnada por *declaratórios no 5º e último dia do prazo*, posteriormente *a parte terá 15 dias para apelar* (novo prazo de 15 dias se inicia).

Já no JEC, se uma sentença é impugnada por *declaratórios no 5º e último dia do prazo*, posteriormente *a parte terá 5 dias para interpor o recurso inominado* (continuação do prazo de 10 dias).

No JEC é admissível também o **recurso extraordinário**, *se o acórdão do Colégio Recursal violar a Constituição* (CF, art. 102, III) – com todos os requisitos e formas como já acima exposto.

Por outro lado, **não cabe no JEC**, por falta de previsão legal:

- ✔ *agravo ou qualquer recurso contra decisões interlocutórias*. Em alguns Estados, em casos de urgência, admite-se o agravo (como em São Paulo). Mas o entendimento que prevalece (FONAJE, enunciado

15) é pelo *não cabimento do agravo*, com a admissão, em situações excepcionais, do *mandado de segurança*. Assim, vale conhecer o entendimento prevalecente no Estado da prova a ser realizada;

- ✔ *recurso especial*. Mesmo que uma decisão do Colégio Recursal viole legislação federal ou jurisprudência do STJ, não será cabível o REsp (neste sentido, súmula 203 do STJ: "não cabe recurso especial contra decisão proferida por órgão de segundo grau dos juizados especiais").

Contudo, diante de dificuldades que essa situação vem causando no cotidiano forense, *tem-se admitido a reclamação para o STJ*, de modo a impugnar decisões do Colégio Recursal em claro confronto com a jurisprudência do Tribunal (STF, RE 571572 ED, DJe-223, DIVULG 26-11-2009 e Resolução 12/2009 do STJ). Isso *até que se crie, no JEC, um incidente de uniformização de jurisprudência* (*vide* item abaixo).

3.3.3. JEF (Lei 10.259/2001) e JEFP (Lei 12.153/2009)

As leis que criaram o JEF e o JEFP, no tocante aos recursos, são muito semelhantes.

A base recursal é a mesma já prevista no JEC (*a Lei 9.099/1995 é aplicada de forma subsidiária*). Assim, tal qual acima exposto, *são cabíveis*:

- ✔ recurso inominado;
- ✔ embargos de declaração; e
- ✔ recurso extraordinário.

Mas, além disso, há a previsão de:

- ✔ **recurso de decisão interlocutória** (ou seja, **agravo** – apesar de a Lei não fazer menção a este nome), *desde que se trate de tutela de urgência* (arts. 4º e 5º da Lei 10.259/2001 e art. 3º e 4º da Lei 12.153/2009);
- ✔ **incidente ou pedido de uniformização**, *a ser utilizado caso haja divergência entre os diversos Colégios Recursais ou entre estes e o STJ* (art. 14 da Lei 10.259/2001 e art. 18 da Lei 12.153/2009). Mas vale destacar que o incidente, apesar de impugnar acórdão de Colégio Recursal, *não tem natureza recursal*.

4. Processo de execução e cumprimento de sentença

4.1. Visão geral do tema: processo de execução e cumprimento de sentença

Como já visto, o CPC, art. 270, trata separadamente de três processos: conhecimento, execução e cautelar. Na redação original do Código, a distinção entre cada processo era bem clara.

Antes, o **processo de execução** (Livro II do CPC) regulava *tudo* que fosse referente ao *inadimplemento de uma obrigação*. Porém, com a alteração decorrente da Lei 11.232/2005, o quadro se modificou.

Agora, a fase de **cumprimento de sentença**, inserida no final do processo de conhecimento (Livro I do CPC), regula o *inadimplemento de uma obrigação decorrente de uma decisão judicial* (ou, de forma mais ampla, de um *título executivo judicial*).

Por sua vez, segue existindo o **processo de execução** (Livro II do CPC), que regula o *inadimplemento de uma obrigação decorrente de um título executivo extrajudicial*.

Portanto, hoje o panorama é o seguinte:

Forma de execução	Requisitos
Processo de execução (Livro II do CPC – processo autônomo)	Inadimplemento + Título executivo *extrajudicial*
Cumprimento de sentença (Livro I do CPC – parte final do processo de conhecimento)	Inadimplemento + Título executivo *judicial*

Essas são as premissas para que se entenda o quadro executivo do processo civil brasileiro. Apesar de serem sistemas distintos, por vezes *o procedimento* a ser observado no processo de execução e na fase de cumprimento de sentença é o mesmo. Daí a necessidade de muita atenção para não confundir um sistema com o outro.

Ou seja, são **requisitos necessários para a execução ou para o cumprimento de sentença** o *inadimplemento* e o *título executivo*.

De seu turno, se houver *inadimplemento*, mas *não houver título executivo*, não cabe a execução. No caso, terá de ser utilizado o **processo de conhecimento** (com diversas opções de procedimento, conforme o caso).

Por sua vez, se *não houver inadimplemento*, mas houver *título executivo*, tampouco cabe a execução. No caso, a rigor, *terá de se esperar* até que haja o *vencimento do título* e eventual inadimplemento (basta imaginar uma nota promissória com data futura). Contudo, caso o devedor, antes do vencimento do título, passe a alienar seu patrimônio, então se estará diante de uma *situação de urgência*, sendo cabível o **processo cautelar** (no caso, o *arresto*).

4.2. Processo de execução

4.2.1. Dos requisitos necessários para qualquer execução

Retomando o exposto anteriormente, são requisitos necessários para se realizar qualquer execução autônoma:

(i) **inadimplemento**: *devedor que não satisfaz o crédito do credor* (CPC, art. 580);

(ii) **título executivo extrajudicial**: *documento que traduz uma obrigação e permite a propositura do processo de execução* (CPC, art. 585).

Somente cabe o processo de execução autônomo quando *existirem ambos os requisitos.*

Além disso, a execução deve estar fundada em **título de obrigação líquida, certa e exigível** (CPC, art. 586).

O processo de execução *busca a satisfação do crédito do exequente*. Mas essa satisfação deve respeitar o executado. Daí a legislação prever expressamente o **princípio da menor onerosidade**. Assim, *quando por vários meios o credor puder promover a execução, o juiz mandará que se faça pelo modo menos gravoso para o devedor* (CPC, art. 620).

4.2.2. Do título executivo extrajudicial

Os títulos executivos extrajudiciais estão previstos no CPC, art. 585:

(i) *títulos de crédito* (letra de câmbio, nota promissória, duplicata, debênture e cheque);

(ii) *documento escrito com determinadas formalidades* (documento público assinado pelo devedor, documento particular assinado pelo devedor e por duas testemunhas, transação referendada pelo MP, Defensoria Pública ou pelos advogados das partes);

(iii) os *contratos com garantia real* (hipoteca, penhor, anticrese), *contratos garantidos com caução* e *contratos de seguro de vida*;

(iv) o *crédito decorrente da enfiteuse*, ou seja, *foro* (pensão anual paga ao senhorio – CC/16, art. 678) e *laudêmio* (compensação dada ao senhorio quando da alienação do domínio útil do imóvel – CC/16, art. 683);

(v) o *crédito decorrente de aluguel de imóvel*, documentalmente comprovado, e *acessórios* (taxas e despesas de condomínio);

(vi) o *crédito dos auxiliares do juízo*, quando concedidos por decisão judicial (perito, intérprete, tradutor, depositário, oficial de justiça etc.);

(vii) a *CDA* (certidão de dívida ativa), ou seja, os créditos tributários devidos à União, Estados e Municípios.

São também executivos outros títulos mencionados em leis esparsas (CPC, art. 585, VIII).

Como se percebe da leitura do rol acima, *os títulos executivos extrajudiciais são criados sem a participação do Poder Judiciário*.

A origem é a vontade das partes, desde que observados os requisitos previstos na legislação. Assim, uma confissão de dívida assinada somente pelo devedor, apesar de ser prova documental, não é título executivo. Já uma confissão de dívida assinada pelo devedor e por duas testemunhas é título executivo (CPC, art. 585, II).

A legislação admite a **cumulação de execuções**. Ou seja, *é lícito ao credor, sendo o mesmo devedor, cumular várias execuções, mesmo que em títulos diferentes, desde que o juiz seja competente e o procedimento seja o mesmo* (CPC, art. 573).

É conveniente destacar que a *sentença arbitral não é título executivo extrajudicial*, visto que não se encontra nos incisos do mencionado art. 585 (*vide* item 4.3.2 *infra*).

4.2.3. Das diversas espécies de execução

Conforme o **tipo de obrigação inadimplida**, a execução terá um *trâmite diferenciado*. Assim, não há uma única, mas sim *diversas espécies de execução*, sendo que cada uma dessas espécies terá um *procedimento próprio*.

Abaixo indicamos as **mais relevantes espécies de execusão previstas no CPC**, destacando como se *dá seu início*, visto que é exatamente neste momento da tramitação que se percebe a distinção entre elas.

É certo que a espécie mais relevante é a execução de quantia certa contra devedor solvente (obrigação de pagar), em que o executado é citado para pagar, sob pena de penhora; por isso, esta modalidade de execução será tratada com maior atenção.

Além disso, há execuções previstas em leis extravagantes, como a execução fiscal (Lei 6.830/1980).

4.2.3.1. Da execução para entrega de coisa

Prevista no CPC, art. 621 e ss., é utilizada diante do *inadimplemento de uma obrigação de entregar*, conforme previsto no título executivo extrajudicial.

O executado é citado para, dentro de 10 (dez) dias, *entregar a coisa* ou *apresentar embargos* (CPC, art. 621). *Cabe a fixação de multa diária (astreinte)* para o caso de não haver a entrega (CPC, art. 621, p.u.).

4.2.3.2. Da execução de obrigação de fazer e de não fazer

Prevista no CPC, art. 632 e ss., é utilizada diante do *inadimplemento de uma obrigação de fazer ou não fazer*, prevista em título executivo extrajudicial. É também denominada de **tutela específica das obrigações**, exatamente por que se busca que o executado *cumpra especificamente a obrigação de fazer a que se comprometeu*.

O executado é citado para *fazer ou não fazer algo*, no prazo fixado pelo juiz, se outro não estiver determinado no título executivo (CPC, art. 632).

O juiz, ao determinar a citação do executado, *fixará multa diária no caso de atraso no cumprimento da obrigação e a data a partir da qual a multa será devida* (CPC, art. 645). Ou seja, a forma de se compelir o executado a fazer ou deixar de fazer algo é a *astreinte*.

Por sua vez, se no prazo fixado o executado não satisfizer a obrigação, *poderá o exequente requerer* que (i) *seja realizada por terceiro à custa do executado* ou (ii) converter a obrigação de fazer em *indenização* (CPC, art. 633). E isso nos próprios autos da execução, sem a necessidade de um novo processo.

Já ao executado cabe *cumprir a obrigação* ou apresentar *embargos à execução*, que não dependem de penhora (CPC, art. 736).

4.2.3.3. Da execução contra a Fazenda Pública

Prevista no CPC, arts. 730 e 731, é utilizada diante do *inadimplemento de uma obrigação de pagar, em que o devedor é a Fazenda Pública* (União, Estados, Municípios e suas autarquias e fundações – ou seja, pessoas jurídicas de direito público).

A execução poderá ser fundada em título executivo judicial ou extrajudicial. A respeito, vale destacar o seguinte:

- ✔ **não se aplica à Fazenda Pública a fase do cumprimento de sentença**, *ainda que se trate de obrigação de pagar contida em título executivo judicial*. Assim, ainda que se trate de título executivo judicial, descabe o uso da fase de cumprimento de sentença contra a Fazenda, sendo que o procedimento sempre será este ora analisado;
- ✔ quanto à possibilidade de execução de título extrajudicial contra o Estado, vale conferir a Súmula 279/STJ: "*É cabível execução por título extrajudicial contra a Fazenda Pública*").

O ente estatal é citado para *apresentar embargos, no prazo de 30 dias* (art. 1º-B da Lei 9.494/1997). Os embargos estão regulados no CPC, art. 741 e ss.

Não há penhora, já que *bens públicos são impenhoráveis* (CPC, art. 649, I e CC, art. 100).

Nos termos do art. 741, os embargos só poderão versar sobre: (i) falta ou nulidade da citação, se o processo correu à revelia; (ii) inexigibilidade do título; (iii) ilegitimidade das partes; (iv) cumulação indevida de execuções; (v) excesso de execução (cf., a respeito, o art. 743 do CPC, que aponta a necessidade de, desde logo, indicar-se o valor que se entende devido); (vi) qualquer causa impeditiva, modificativa ou extintiva da obrigação, como pagamento, novação, compensação, transação ou prescrição, desde que superveniente à sentença; (vii) incompetência do juízo da execução, bem como suspeição ou impedimento do juiz.

Uma vez julgados os embargos e mantida a obrigação, o pagamento se dará mediante **precatório** (CF, art. 100), que *é a requisição de pagamento de dívida judicial que o Tribunal encaminha ao órgão estatal devedor.*

A depender da natureza do débito (se dívida alimentícia ou não – CF, art. 100, § 1º), este será, ou não, pago com preferência sobre os demais, destacando-se que as obrigações ou requisições de pequeno valor (OPV ou RPV) não se submetem ao regime dos precatórios.

4.2.3.4. Da execução de alimentos

Ainda que se trate de uma obrigação de pagar, há um procedimento próprio para a execução dos alimentos, considerando que o direito em questão é necessário à sobrevivência do credor.

Assim, nos termos do CPC, art. 733, na **execução de alimentos** o devedor será citado para em 3 dias (i) *pagar*, (ii) *provar que pagou* ou (iii) *justificar a impossibilidade* de pagamento, *sob pena de prisão* (CPC, art. 733, § 1º).

Como se percebe, não cabem embargos: o executado em sua defesa *paga, prova o pagamento* ou apresenta a *justificativa da impossibilidade* de pagamento.

No silêncio do executado ou se o juiz não se convencer da justificativa apresentada, será decretada a prisão civil. E eventual prisão não afasta o dever de pagar as prestações dos alimentos (CPC, art. 733, § 2º).

Mas a **prisão civil por débito alimentar** só cabe em relação às *parcelas consideradas necessárias à sobrevivência*. E a súmula 309 do STJ assim fixou: "o débito alimentar que autoriza a prisão civil do alimentante é o que compreende as *três prestações anteriores ao ajuizamento da execução* e as que se vencerem no curso do processo".

Portanto, somente é possível executar os *alimentos sob pena de prisão* em relação às *últimas 3 prestações mensais*.

Quanto às *demais parcelas vencidas*, executa-se os **alimentos sob pena de penhora** (cf. CPC, art. 732 – considerando as alterações legislativas, será observado o procedimento do cumprimento de sentença).

E, para concluir, vale lembrar que apesar da previsão constitucional de *prisão civil em duas hipóteses* (dívida alimentar e depositário infiel – CF, art. 5º, LXVII), o STF pacificou que **não cabe a prisão do depositário infiel**. O tema foi objeto da Súmula vinculante 25: "*é ilícita a prisão civil de depositário infiel*, qualquer que seja a modalidade do depósito" (destaque nosso).

4.2.4. Da execução de quantia certa contra devedor solvente

Esta é a espécie de execução mais utilizada no cotidiano forense, é a mais regulada pelo CPC, suas regras aplicam-se de forma subsidiária às demais espécies de execução e, também, esta é a *mais pedida em concursos públicos*. Assim, será a execução analisada com mais vagar.

4.2.4.1. Petição inicial e natureza da execução

Diante do *inadimplemento* e de um *título executivo extrajudicial que traga obrigação de pagar*, será utilizada a **execução por quantia certa contra devedor solvente** (CPC, art. 652).

A petição inicial do processo de execução segue a lógica da inicial do processo de conhecimento, com os seguintes requisitos:

(i) endereçamento (CPC, art. 282, I)

A **competência para ajuizar a execução** segue as *mesmas regras do processo de conhecimento* (CPC, art. 576, que remete ao art. 94). Assim, *a regra é o ajuizamento no domicílio do executado*;

(ii) qualificação das partes (CPC, art. 282, II)

A **legitimidade para a execução** é apurada a partir da análise do título executivo extrajudicial;

(iii) demonstração do *inadimplemento* e da *existência de título* (CPC, art. 282, III)

São **documentos essenciais** à propositura da execução o *título executivo* e o *demonstrativo de débito*;

(iv) requerimento para citação (CPC, art. 282, VII)

A **citação no processo de execução** deverá ser realizada por *oficial de justiça*, sendo hipótese em que não cabe citação por correio (CPC, art. 222, *d*);

(v) valor da causa (CPC, art. 282, V)

Nos termos do CPC, art. 259, I, será o *valor objeto da execução*.

Exatamente porque se aplicam ao processo de execução as regras do processo de conhecimento de forma subsidiária (CPC, art. 598), no caso de *vício formal da inicial* o juiz deverá determinar a *emenda da peça* (CPC, art. 284).

Uma vez distribuída a inicial, é permitido ao credor **dar publicidade a respeito da existência da execução**. Para tanto, o exequente poderá "obter *certidão comprobatória do ajuizamento da execução*, com identificação das partes e valor da causa, *para fins de averbação* no registro de imóveis, registro de veículos ou registro de outros bens sujeitos à penhora ou arresto" (CPC, art. 615-A). *Essa averbação não impede a alienação do bem, mas dá ciência a terceiros, os quais não poderão alegar desconhecimento a respeito da execução.*

A execução de título extrajudicial será, *em regra, definitiva*. Contudo, será *provisória* enquanto estiver *pendente apelação* da sentença de *improcedência dos embargos* do executado se os embargos tiverem sido inicialmente *recebidos com efeito suspensivo* (CPC, art. 587, parte final). Sendo execução provisória, haverá necessidade de caução para a alienação do bem penhorado (CPC, art. 475-O, III).

4.2.4.2. Penhora

No caso de execução de quantia, se não houver o pagamento do débito, haverá a **penhora**, que *é a constrição judicial de bem do executado, capaz de garantir o pagamento do débito exequendo*. Uma vez efetivada a penhora, a avaliação do bem será realizada pelo oficial de justiça (CPC, art. 652, § 1º).

O devedor responde pela execução com seus *bens presentes e futuros* (CPC, art. 591). Ou seja, se durante a tramitação do processo o devedor adquirir algum bem, será possível a penhora.

Pode o exequente, já na inicial do processo de execução, *indicar os bens do executado que devem ser penhorados* (CPC, art. 652, § 2º), inclusive requerendo a *penhora on-line* (CPC, art. 655-A).

Poderá o juiz determinar que o *executado indique quais são, onde estão e quanto valem os bens passíveis de penhora*, sob pena de ato atentatório à dignidade da justiça, que acarreta a imposição de uma multa (CPC, art. 600, IV).

Efetivada a penhora, será nomeado um **depositário** (e, como já exposto no item 4.2.3.4 acima, não há mais a prisão do depositário infiel). E o *depositário só será o executado se o exequente concordar ou nos casos de difícil remoção do bem* (CPC, art. 666, § 1º).

Se o oficial, *ao tentar citar o devedor, não encontrá-lo, mas encontrar bens penhoráveis*, poderá **arrestar tais bens** (CPC, art. 653). Não se trata de penhora, visto que esta somente pode ocorrer após a citação e se não houver o pagamento do débito. Uma vez efetivado o arresto e não encontrado o devedor, o credor deverá providenciar sua citação por edital. Após tal ato, *o arresto será convertido em penhora* (CPC, art. 654). Não se deve confundir esse arresto do processo executivo com o arresto cautelar, pois são figuras distintas.

Porém, o sistema brasileiro tem diversas **impenhorabilidades**, *situações nas quais, por força de lei, a penhora não é permitida, com o fim de proteger o executado e a sociedade.*

A Lei 8.009/1990 trata da *impenhorabilidade do bem de família*, apontando ser impenhorável o imóvel destinado à residência, bem como os móveis que o guarnecem (art. 1º e p.u.).

O CPC trata do tema no art. 649, trazendo diversas impenhorabilidades:

(i) os *bens inalienáveis* e os declarados, por ato voluntário, não sujeitos à execução (exemplo dos *bens públicos*);

(ii) os *móveis*, pertences e utilidades domésticas que guarnecem a *residência do executado* – salvo os de *elevado valor* e os *supérfluos* (os não utilizados para as necessidades de um médio padrão de vida);

(iii) o *vestuário* e os *bens de uso pessoal* do executado – salvo se de *elevado valor*;

(iv) os *salários*, remunerações e aposentadorias de uma forma geral – *salvo* para pagamento de *pensão alimentícia* (CPC, art. 649, § 2º);

(v) os *instrumentos* necessários ao *exercício da profissão* (livros, ferramentas etc.);

(vi) o *seguro de vida*;

(vii) os *materiais necessários para obras em andamento*, salvo se essas forem penhoradas;

(viii) a *pequena propriedade rural*, desde que trabalhada pela família;

(ix) os *recursos públicos* recebidos por instituições privadas para aplicação compulsória em *educação, saúde ou assistência social*;

(x) *até o limite de 40 salários-mínimos*, a quantia depositada em *caderneta de poupança*;

(xi) os *recursos do fundo partidário*, recebidos por partido político.

4.2.4.3. Procedimento da execução por quantia certa contra devedor solvente

A finalidade desta espécie de execução é expropriar bens do executado para satisfazer o crédito do exequente.

Na sequência, é apresentado o procedimento desta modalidade de execução:

1) Inicial é instruída com: - título executivo extrajudicial; e - demonstrativo do débito atualizado (CPC, art. 614).
2) Estando em termos a inicial, o juiz: - fixa os honorários advocatícios (CPC, art. 652-A); e - determina a citação do executado, que será realizada por oficial de justiça.
3) Citado, o executado tem 3 dias para pagar, sob pena de penhora (CPC, art. 652): - *se pagar, honorários* fixados pelo juiz são *reduzidos à metade* (CPC, art. 652-A, p.u.); - o executado, *reconhecendo o crédito do exequente* e comprovando o *depósito de 30%* do valor devido, pode requerer o *parcelamento do restante em 6 vezes* (com juros e correção). Com isso, renuncia ao direito de embargar (CPC, art. 745-A).
4) Se o executado não pagar, o oficial de justiça penhorará e avaliará bens necessários ao pagamento do débito atualizado (principal e juros, custas, honorários), já intimando o executado (CPC, art. 652, § 1°). **Se houver advogado constituído, este é que será intimado da penhora (CPC, art. 652, § 4°).**
5) Poderá o executado embargar a execução em 15 dias contados da juntada do mandado de citação (CPC, art. 738). Os embargos não dependem de penhora (CPC, art. 736).
6) Prosseguindo a execução, haverá a tentativa de expropriação do bem penhorado (CPC, art. 685, p.u.), que poderá ocorrer de três maneiras, na seguinte ordem: (i) **adjudicação ao exequente**, *em que o próprio exequente receberá o bem como forma de pagamento* (CPC, art. 685-A); (ii) **alienação por iniciativa particular**, *em que o exequente tentará alienar o bem para quem não é parte no processo* (CPC, art. 685-C); ou (iii) **hasta pública** (praça para bem imóvel/leilão para bem móvel), *alienação realizada no bojo do processo judicial* (CPC, art. 686). Também cabe, como forma de pagamento ao credor, a **constituição de usufruto sobre o bem**, *por determinado período, quando o juiz entender que isso é menos gravoso ao executado e eficiente para o recebimento do crédito* (CPC, art. 716). Pode o credor, antes da praça, requerer, em pagamento do crédito, o usufruto do imóvel penhorado.
7) A *primeira opção* é a *adjudicação* por parte do exequente, *pelo preço da avaliação* (CPC, art. 685-A).
8) A *segunda opção* é a *alienação por iniciativa particular*, mediante *requerimento do exequente*, também pelo valor da avaliação (CPC, art. 685-C, *caput* e §1°). A tentativa de venda do bem será realizada pelo próprio exequente ou por corretor cadastrado pelo juízo.

9) Se não houver êxito nas hipóteses anteriores, haverá ***hasta pública.*** O edital que convocar a hasta trará, entre outros requisitos, a indicação de duas datas (CPC, art. 686, VI). O trâmite será o seguinte: - na *primeira hasta* o lance mínimo será no *valor da avaliação;* - se não houver nenhum *lance no valor da avaliação (hasta negativa)*, será realizada a segunda praça ou leilão; - na segunda hasta, cabe *lance menor que a avaliação*, desde que *não seja por preço vil* (CPC, art. 692); - se o valor dos bens for de *até 60 salários*, não há necessidade de editais e não é possível arrematação por valor inferior ao da avaliação (CPC, art. 686, § 3.º); - é *permitido ao exequente oferecer lance* na hasta pública (CPC, art. 690-A, p.u.). Se houver êxito, terá sido realizada a **arrematação** que é, portanto, a *alienação realizada via hasta pública.* Efetivada a arrematação, esta não será anulada se julgados procedentes eventuais embargos à execução (CPC, art. 694).
10) *Expropriado o bem* (seja pela adjudicação, alienação ou arrematação), é possível ao executado oferecer **embargos de 2ª fase** (ou **embargos à arrematação/adjudicação**). Estes embargos: - serão apresentados no prazo de *5 dias*, contados da adjudicação, alienação ou arrematação (CPC, art. 746); - poderão versar sobre *matérias supervenientes à penhora* (porque sendo matérias anteriores, deveriam ter sido apontadas nos embargos à execução); - se forem apresentados, *poderá o adquirente desistir da aquisição do bem* (CPC, art. 746, § 1º); Se (i) os embargos forem apresentados, (ii) o adquirente desistir e (iii) os embargos forem considerados protelatórios, haverá *multa de até 20%* do valor executado, *em favor do adquirente que desistiu* da aquisição do bem (CPC, art. 746, § 3º).
11) Extinção da execução (CPC, art. 794), por uma das 3 hipóteses: - *devedor satisfaz obrigação* (pagamento total do débito); - *acordo entre as partes*; ou - *credor renuncia ao crédito.*

4.2.5. Da defesa do executado: embargos

A defesa do executado, na execução de título executivo extrajudicial, dá-se via **embargos do devedor** ou **embargos à execução**.

Os embargos correspondem a um *processo de conhecimento*, com trâmite por um *procedimento especial* (CPC, art. 736 e ss.).

Matérias que podem ser alegadas nos embargos (CPC, art. 745):

(i) nulidade da execução, por *não ser executivo o título apresentado;*

(ii) *penhora incorreta* ou *avaliação errônea;*

(iii) *excesso de execução* ou *cumulação indevida* de execuções;

(iv) *retenção por benfeitorias* necessárias ou úteis, nos casos de *entrega de coisa certa;*

(v) *qualquer matéria de defesa*, visto que ainda não houve prévia manifestação do Poder Judiciário.

Há **excesso de execução** quando (CPC, art. 743):

✔ o credor pleiteia *quantia superior à do título;*

✔ *recai sobre coisa diversa* daquela declarada no título;

✔ *processa-se de modo diferente* do que foi determinado na sentença;

✔ quando o credor, *sem cumprir a prestação* que lhe corresponde, *exige o adimplemento da do devedor;*

✔ se o *credor não provar que a condição se realizou.*

Caso se alegue **excesso de execução com base em quantia superior à devida**, o *embargante deverá indicar o valor que entende correto*, com memória de cálculo, *sob pena de rejeição liminar dos embargos* (CPC, art. 739-A, § 5º).

4.2.5.1. Prazo para embargar

O prazo para embargar é de *15 dias*, contado da *juntada aos autos do mandado de citação* da execução (CPC, art. 738).

Diferentemente do que ocorre no processo de conhecimento:

✔ se houver *mais de um executado*, o prazo será contado *individualmente, salvo na hipótese de cônjuges* (CPC, art. 738, § 1º);

✔ ainda que existam litisconsortes com advogados distintos, *não haverá aplicação do prazo em dobro* do art. 191 do CPC (CPC, art. 738, § 3º).

Como já visto, no prazo para embargar pode o executado reconhecer que deve depositar 30% do valor devido e requerer o parcelamento do restante em 6 parcelas mensais (CPC, art. 745-A).

4.2.5.2. Procedimento dos embargos à execução

Trata-se de processo de conhecimento que tramita por procedimento especial (CPC, art. 736 e ss.):

1) Inicial: - **é distribuída** *por dependência* à execução e será *autuada em apartado* (CPC, art. 736, p.u.); - será instruída com *cópias* das peças relevantes presentes na execução (CPC, art. 736, p.u.); - *independe de penhora* (CPC, art. 736).
2) *Em regra*, os embargos *não são recebidos no efeito suspensivo* (CPC, art. 739-A). *Somente* será atribuído efeito suspensivo (com a suspensão de quaisquer atos executivos) se estiverem *presentes, ao mesmo tempo, os seguintes requisitos* (CPC, art. 739-A, § 1°): (i) *garantia do juízo* (penhora, depósito ou caução); (ii) *relevantes alegações* nos embargos; e (iii) risco de o prosseguimento da execução *causar grave dano de difícil reparação.* No caso de pluralidade de executados, a concessão do efeito suspensivo, diante de um *argumento exclusivo em favor do embargante, não suspende* a execução em relação *aos demais* (CPC, art. 739-A, § 4º). A concessão do efeito suspensivo *não impede a penhora* nem avaliação dos bens (CPC, art. 739-A, § 6.°).
3) Réu nos embargos (embargado) poderá se *manifestar em 15 dias* (CPC, art. 740).
4) Se necessário, haverá *dilação probatória* (CPC, art. 740).
5) Decisão mediante *sentença* da qual caberá apelação – que será recebida apenas no efeito devolutivo em caso de rejeição liminar ou de improcedência (CPC, art. 520, V). Embargos protelatórios são penalizados com *multa de até 20%* do valor executado, em favor do exequente (CPC, art. 740, p.u.).

4.2.6. Da defesa de terceiro no processo de execução: embargos de terceiro

Se há execução entre "A" e "B" e este entende que a penhora ou o valor são indevidos, a defesa se dá via embargos à execução, como visto acima.

Contudo, é possível que na execução entre "A" e "B" ocorra a penhora de bem de "C", neste caso, a defesa se dá via **embargos de terceiro.**

4.2.6.1. Cabimento

Os **embargos de terceiro** são utilizados *quando há turbação ou esbulho por ato judicial* (penhora, depósito, arresto etc.) *de bem daquele que não é parte no processo*, seja processo de execução, de conhecimento ou cautelar.

Os embargos podem ser utilizados por quem tem *propriedade e posse* (senhor e possuidor) ou apenas por quem tem *posse* (possuidor).

Cabe também a *utilização pelo cônjuge* para defesa de sua *meação* (CPC, art. 1046, § 3º).

4.2.6.2. Procedimento

Trata-se de *processo de conhecimento* que tramita por *procedimento especial* (CPC, art. 1.046). Distribuídos por dependência, são autuados em apartado (CPC, art. 1.049).

Não há **prazo** específico, sendo possível a oposição dos embargos (CPC, art. 1.048):

- ✔ sendo constrição ocorrida em *processo de conhecimento*, até o *trânsito em julgado*;
- ✔ sendo constrição ocorrida em *processo de execução*, até *5 dias* após a arrematação ou a adjudicação, mas antes da assinatura da respectiva carta.

Será **réu nos embargos de terceiro** a *parte que pleiteou* e/ou que *teve proveito com a constrição judicial.* No tocante à **sucumbência**, assim preceitua a súmula 303 do STJ: "em embargos de terceiro, *quem deu causa à constrição indevida deve arcar com os honorários advocatícios*".

Deverá o embargante *provar a posse e a qualidade de terceiro* (CPC, art. 1.050).

Se o juiz entender que está *provada a posse*, poderá *suspender o andamento do processo principal* (CPC, arts. 1.051 e 1.052).

O embargado poderá apresentar *contestação* no prazo de *10 dias* (CPC, art. 1.053).

Havendo necessidade, haverá *dilação probatória* (CPC, art. 1.053 e art. 803, p.u.).

Ao final, o juiz proferirá sua sentença.

4.3. Cumprimento de sentença

4.3.1. Dos requisitos necessários para o cumprimento de sentença

Retomando o já explanado acima, são requisitos necessários para o cumprimento de sentença:

(i) **inadimplemento**: *devedor que não satisfaz o crédito do credor* (CPC, art. 580);

(ii) **título executivo judicial**: *documento que traduz uma obrigação e permite o início da fase de cumprimento de sentença* (CPC, art. 475-N).

Somente cabe o cumprimento de sentença quando *existirem ambos os requisitos.*

4.3.2. Do título executivo judicial

Os títulos executivos judiciais estão previstos no CPC, art. 475-N:

(i) a *sentença proferida no processo civil* (obrigação de pagar quantia, obrigação de fazer, não fazer, entregar coisa);

(ii) a *sentença penal condenatória*;

(iii) a *sentença homologatória de conciliação ou de transação*, ainda que inclua matéria não posta em juízo;

(iv) a *sentença arbitral*;

(v) o *acordo extrajudicial homologado judicialmente*;

(vi) a *sentença estrangeira*, homologada pelo STJ;

(vii) o *formal e a certidão de partilha* (em relação às partes do inventário).

Destaca-se que:

✔ como se percebe do inciso IV, a **sentença arbitral**, que é a *decisão proferida por um árbitro no bojo da arbitragem*, apesar de *não ter a intervenção do Judiciário* (se há arbitragem, não se manifesta o Judiciário) é considerada título judicial.

✔ nas hipóteses dos *incisos pares* (sentença arbitral, penal ou estrangeira), *não houve prévia manifestação do juízo cível*, razão pela qual haverá necessidade de **citação do devedor** para o cumprimento de sentença;

✔ já em relação aos *incisos ímpares*, como já houve um *processo perante o juízo cível*, haverá necessidade apenas de **intimação do devedor** para o cumprimento de sentença.

4.3.3. Das diversas espécies de cumprimento de sentença

Tal qual exposto em relação ao processo de execução, conforme o *tipo de obrigação prevista no título executivo judicial*, será *variável a forma do cumprimento de sentença.*

Conforme o CPC, art. 475-I:

✔ tratando-se de *obrigação de fazer*, deve ser observado o CPC, art. 461;

✔ tratando-se de *obrigação de entregar coisa*, deve ser observado o CPC, art. 461-A;

✔ tratando-se de *obrigação de pagar quantia*, deve ser observado o CPC, art. 475-I e ss.

4.3.4. Do cumprimento de sentença para obrigação de pagar

4.3.4.1. Competência e natureza da execução

Como já exposto, a fase de cumprimento de sentença é a fase final do processo de conhecimento com pedido condenatório.

A **competência para a fase de cumprimento de sentença** é prevista no CPC, art. 475-P:

(i) *tribunais*, nas causas de sua *competência originária*;

(ii) *juízo que processou a causa no primeiro grau.*

Contudo, poderá o *exequente optar* pelo juízo do *local onde se encontram bens* sujeitos à expropriação OU pelo do *atual domicílio do executado* – casos em que o credor requererá a remessa dos autos ao novo juízo competente (CPC, art. 475-P, p.u.);

(iii) *juízo cível competente*, no caso de *sentença penal condenatória, arbitral* ou *estrangeira* (ou seja, no caso dos títulos judiciais previstos nos *incisos pares* do CPC, art. 475-N).

Logo, nos casos em que há a *necessidade de citação*, a *competência* para o cumprimento de sentença seguirá as *regras do processo de conhecimento* (CPC, art. 94 e ss.). Assim, basicamente será competente o juízo do *domicílio do executado.*

Em relação à **natureza da execução**, conforme a *estabilidade do título executivo*, é possível que a execução seja provisória ou definitiva.

Utiliza-se a **execução definitiva** quando se tratar de *sentença transitada em julgado ou não mais passível de impugnação, como a sentença arbitral.*

Já a **execução provisória** é utilizada quando *a sentença ainda não transitou em julgado, mas o recurso interposto não foi recebido no efeito suspensivo* (CPC, art. 475-I, § 1º), bem como na *execução de antecipação de tutela.*

Como na execução provisória há possibilidade de alteração da decisão exequenda, há *regras especiais* para seu prosseguimento (CPC, art. 475-O):

(i) corre por *iniciativa, conta e responsabilidade do exequente*, que se obriga, se a sentença for reformada, a reparar os danos que o executado haja sofrido;

(ii) exigência de *caução* para: a) levantamento de dinheiro e b) atos de alienação ou que possam gerar danos graves.

É possível que a **caução seja dispensada** (CPC, art. 475-O, § 2º) desde que, ao mesmo tempo:

(i) o exequente encontre-se em *estado de necessidade*;

(ii) o *crédito seja alimentar*;

(iii) o crédito seja de *até 60 salários-mínimos*.

A *caução é igualmente dispensada* se o *recurso pendente for agravo de decisão denegatória* de REsp ou RE (CPC, art. 544) – salvo quando a dispensa possa causar dano de difícil reparação.

4.3.4.2. Penhora e expropriação de bens

No tocante à penhora (e impenhorabilidades) e à expropriação dos bens (adjudicação, alienação por iniciativa particular e hasta pública), *aplica-se integralmente ao cumprimento de sentença as regras previstas para o processo de execução* (cf. item 4.2.4.2 e quadro no item 4.2.4.3 *supra*).

4.3.4.3. Liquidação de sentença

Utiliza-se a **liquidação de sentença** quando *o título não determinar exatamente o valor devido* (CPC, art. 475-A).

Assim, utiliza-se a liquidação especialmente nas hipóteses em que, a partir de um *pedido genérico*, o juiz profere sentença ilíquida, em que o valor será *apurado em posterior liquidação*.

Há casos em que a legislação *veda a prolação de sentença ilíquida* (batida de carro e seguro daí decorrente – CPC, art. 475-A, § 3º).

Enquanto estiver *pendente recurso* – com ou sem efeito suspensivo – é possível dar início à liquidação (CPC, art. 475-A, § 2º).

Existem três **formas de liquidação de sentença**:

✔ liquidação por *cálculo*, na qual bastará a elaboração de uma *memória de cálculo* que acompanhará o início da fase de cumprimento de sentença (CPC, art. 475-B);

✔ liquidação por *arbitramento*, na qual o juiz *nomeará um perito*, para que *este indique o valor devido pela condenação* (CPC, art. 475-D);

✔ liquidação por *artigos*, na qual, para *determinar o valor da condenação, haverá necessidade de se alegar e provar fatos novos*, os denominados *"artigos da liquidação"* (CPC, art. 475-E).

Na liquidação por cálculo, que é a mais simples, já há o efetivo início da fase de cumprimento de sentença. Basta visualizar uma sentença que condene o réu a pagar R$ 10 mil acrescidos de juros, correção e sucumbência. *O autor procederá à liquidação mediante um simples cálculo aritmético* (o qual trará o valor total devido), que será apresentada como *anexo do pedido de cumprimento de sentença*.

Já na liquidação *por arbitramento ou por artigos*, antes do início do cumprimento de sentença, *há necessidade de um prévio procedimento diferenciado, denominado liquidação propriamente dita*. Daí, uma vez fixado o valor devido (*quantum debeatur*) em liquidação, é que terá início o cumprimento de sentença. Como exemplos:

✔ o juiz condena o banco réu a pagar ao autor por joias que estavam no cofre do banco e foram perdidas. Mas, para evitar uma perícia – demorada e custosa – durante o processo de conhecimento (quando ainda não se sabe se haverá ou não condenação), *o juiz determina, na sentença de procedência, a fixação do* quantum debeatur *em liquidação por arbitramento*. Assim, na liquidação, *um perito judicial elaborará o laudo apontando o valor das joias*;

✔ o juiz condena o réu *a pagar ao autor os danos decorrentes de um acidente do qual ainda não é possível se saber a extensão dos danos* – queda de um objeto em um pedestre, por exemplo, em que o autor ficará internado por meses. Apenas posteriormente, na *liquidação por artigos*, será possível saber qual o *valor total dos remédios, internação, cirurgia e médicos utilizados pelo autor*.

O **procedimento da liquidação** é o *comum* (CPC, art. 475-F) e o **recurso cabível** da decisão que julga a liquidação é o *agravo de instrumento* (CPC, art. 475-H).

4.3.4.4. Procedimento da fase de cumprimento de sentença de pagar quantia

Da mesma forma que a execução de quantia é a mais frequente, também o *cumprimento de sentença para pagar quantia* é o mais usual no cotidiano forense, o mais regulado pelo CPC e o mais pedido em provas.

O procedimento está previsto no art. 475-I e ss. do CPC.

1) **Proferida decisão condenatória por quantia certa,** *deve o devedor pagá-la, sem provocação do credor.* Se o devedor não efetuar o pagamento em *15 dias*, o valor da condenação será acrescido de *multa de 10%* (CPC, art. 475-J). Se houver pagamento parcial, a multa é parcial (CPC, art. 475-J, § 4°).
2) **Não realizado o pagamento pelo devedor,** *se o credor requerer*, será expedido *mandado de penhora* e avaliação (CPC, art. 475-J, parte final). Nesta petição o exequente poderá indicar os bens a serem penhorados (CPC, art. 475-J, § 3º).
3) **Se o credor** *não requerer a expedição de mandado de penhora em 6 meses*, os autos serão *arquivados*. Poderão os autos ser desarquivados a pedido da parte (CPC, art. 475-J, § 5º).
4) **Cumprido o mandado de penhora requerido pelo credor (item 3), será o executado intimado (CPC, art. 475-J, § 1º):** - **na pessoa de seu advogado ou representante legal; ou** - **pessoalmente, por mandado ou pelo correio.**
5) **Efetivada a intimação da penhora, poderá o devedor oferecer impugnação, no prazo de 15 dias (CPC, art. 475-J, § 1.º).** **Assim, sem penhora, não é possível apresentar impugnação.**
6) **Expropriação de bens segue as regras da execução de título extrajudicial** (*vide* quadro no item 4.2.4.3): - adjudicação pelo credor; - alienação por iniciativa particular; - hasta pública.

Uma questão que envolve o cumprimento de sentença foi objeto de grande polêmica e ainda encontra divergência na doutrina e jurisprudência: **qual é o termo inicial do prazo de 15 dias para pagamento, sob pena de multa de 10%?** (CPC, art. 475-J).

A resposta mais segura é seguir a *posição do STJ*, o qual aponta que o termo inicial do prazo de 15 dias *é a intimação na pessoa do advogado pela publicação na imprensa oficial.*

Assim, apenas após o trânsito em julgado e "a baixa dos autos à Comarca de origem e a aposição do 'cumpra-se' pelo juiz de primeiro grau, *o devedor haverá de ser intimado na pessoa do seu advogado, por publicação na imprensa oficial, para efetuar o pagamento no prazo de quinze dias*, a partir de quando, caso não o efetue, *passará a incidir sobre o montante da condenação, a multa de 10% (dez por cento) prevista no art. 475-J, caput, do Código de Processo Civil.*" (STJ, REsp 940274/MS, DJe 31/05/2010).

4.3.5. Da defesa do devedor no cumprimento de sentença

4.3.5.1. Da impugnação

A **impugnação** é a *defesa do devedor prevista no CPC para a fase de cumprimento de sentença.*

Para que a impugnação possa ser apresentada, *é necessária a realização da penhora*. O prazo da impugnação é de *15 dias, contados da intimação da penhora* (art. 475-J, § 1º).

Considerando que o cumprimento de sentença tem por *base um título executivo judicial* e, assim, *já houve prévia manifestação do Poder Judiciário*, não é qualquer matéria que pode ser alegada na impugnação. Não se pode discutir novamente o mérito (se a quantia a ser paga é ou não devida), pois aí haveria *violação à coisa julgada.*

Assim, **somente as seguintes matérias podem ser alegadas na impugnação** (CPC, art. 475-L):

(i) *falta ou nulidade da citação*, se o processo correu à *revelia*;

(ii) *inexigibilidade do título* (considera-se também inexigível o *título judicial fundado em lei declarada inconstitucional pelo STF* – CPC, art. 475-L, § 1º);

(iii) *penhora incorreta* ou *avaliação errônea*;

(iv) *ilegitimidade* das partes;

(v) *excesso de execução* (aqui se aplica tudo quanto foi *antes exposto* a respeito do tema nos embargos à execução; inclusive deverá o impugnante *declarar de imediato o valor que entende correto*, sob pena de rejeição liminar da impugnação – CPC, art. 475-L, § 2º).

(vi) qualquer *causa impeditiva, modificativa ou extintiva da obrigação* (pagamento, compensação, transação etc.), desde que *superveniente à sentença* (porque se anterior à sentença, isso já está protegido pela coisa julgada).

4.3.5.1.1. Do procedimento da impugnação

O procedimento da impugnação é o seguinte:

1) **Efetivada a intimação da penhora no cumprimento de sentença, poderá o devedor oferecer impugnação, no prazo de 15 dias (CPC, art. 475-J, § 1.º).**
2) **Somente algumas matérias podem ser alegadas na impugnação (CPC, art. 475-L).**
3) **Em** *regra*, a impugnação *não suspende o cumprimento de sentença* (CPC, art. 475-M). Contudo, poderá ser *concedido o efeito suspensivo*, desde que presentes, *ao mesmo tempo*: (i) *relevância da fundamentação* da impugnação; e (ii) prosseguimento da execução tenha o condão de causar ao executado *grave dano de difícil ou incerta reparação.*

4) A impugnação será autuada (CPC, art. 475-M, § 2º): - *em apartado*, se não concedido efeito suspensivo; ou - *nos próprios autos*, se concedido efeito suspensivo.
5) Réu na impugnação (impugnado, o exequente) poderá se manifestar.
6) Se necessário, dilação probatória.
7) Decisão do juiz (CPC, art. 475-M, § 3º): - *sentença*, se houver a extinção do cumprimento de sentença; ou - *decisão interlocutória*, se houver o seguimento da execução, ainda que parcialmente. Sendo sentença, será cabível a apelação; sendo interlocutória, agravo de instrumento.

4.3.5.2. Da exceção de pré-executividade

Não há previsão no Código a respeito desta defesa. Trata-se de criação jurisprudencial e doutrinária.

Em síntese, a **exceção de pré-executividade** (ou **objeção de executividade**) busca *permitir a defesa do devedor sem que haja a penhora*. Afinal, como visto, sem penhora não cabe a impugnação.

Cabe a exceção em situações nas quais *há grave vício no cumprimento de sentença, em relação a matéria a respeito da qual o juiz poderia se manifestar de ofício*, tais como:

- ✔ ausência de uma das *condições da ação*;
- ✔ ausência de *pressupostos processuais*;
- ✔ *prescrição*.

Só cabe a exceção se o *vício for flagrante* e for *desnecessária a dilação probatória*.

Portanto, (i) se tem início um cumprimento de sentença em que já ocorreu a prescrição; (ii) se pode o juiz conhecer de ofício da prescrição; (iii) se para apresentar a impugnação há necessidade de penhora, tem-se que é *possível uma simples petição apontando ao juiz a prescrição, sem necessidade de penhora ou de impugnação*. **Essa é a exceção de pré-executividade** (STJ, REsp 915.503/PR, DJ 26/11/2007).

4.4. Quadro comparativo entre os embargos à execução e a impugnação ao cumprimento de sentença

Os embargos à execução e a impugnação são as defesas previstas em lei para a manifestação do executado. Apesar de distintas, é certo que há pontos em comum.

Para se fixar o tema, cabe um quadro para visualizar os pontos comuns e as distinções.

	Execução	**Cumprimento de sentença**
Defesa	Embargos à execução/devedor	Impugnação
Prazo	15 dias (738)	15 dias (475-J, § 1º)
Contagem prazo	Da juntada aos autos do mandado de citação (738)	Da intimação da penhora (475-J, § 1º)
Necessidade de Penhora	Não (736)	Sim (475-J, § 1º)
Efeito suspensivo	Em regra, não (739-A) para concessão (739-A, 1º): (i) relevantes argumentos; (ii) grave dano; (iii) garantia do juízo (penhora).	Em regra, não (475-M) para concessão: (i) relevantes argumentos; (ii) grave dano.
Autuação	Apartado (736, p.u.)	Apartado, se indeferido efeito suspensivo (475-M, § 2º) mesmos autos, se deferido efeito suspensivo (475-M, § 2º)
Matérias de defesa	Qualquer matéria, já que não houve prévia manifestação do Poder Judiciário (745)	Matérias específicas (475-L), já que já houve manifestação do Judiciário (coisa julgada)
Recurso cabível	Apelação	Apelação, se o cumprimento de sentença não prosseguir Agravo, se o cumprimento de sentença prosseguir (475-M, § 3º)

4.5. Outros conceitos relacionados ao processo de execução

Estes temas são usualmente pedidos em concursos.

4.5.1. Fraudes

Diante da *alienação de bens que poderiam ser objeto de penhora*, fala-se em fraudes:

a) **fraude à execução**: é a *ineficácia de alienação feita pelo devedor após a citação em processo – de conhecimento ou execução –, que possa levá-lo à insolvência* (CPC, art. 593).

A súmula 375 do STJ pacificou que: "o reconhecimento da fraude à execução depende do registro da penhora do bem alienado ou da prova de má-fé do terceiro adquirente".

Para ser reconhecida a fraude à execução, *não há necessidade de uma nova ação judicial;* o reconhecimento será requerido no bojo do processo que já tramita e no qual já houve a citação. Assim, se o réu, citado no processo judicial, alienar seus bens a ponto de ficar sem patrimônio, imediatamente poderá ser reconhecida a fraude;

b) **fraude contra credores**: é a *alienação realizada pelo devedor, que o levará à insolvência, com finalidade de prejudicar o credor em eventual processo judicial* (CC, art. 158).

Ocorre *antes da citação em qualquer processo judicial.* Tem como *requisitos* o *eventum damni* (dano – reduzir o devedor à insolvência) e o *consilium fraudis* (fraude – prejudicar o credor).

Há necessidade de um processo judicial (*ação pauliana*), em que serão litisconsortes passivos quem alienou e quem adquiriu o bem.

4.5.2. Remição e remissão

Estas figuras podem acarretar a extinção da execução. Mas são distintas, o que usualmente acarreta dúvidas:

(i) **remissão da dívida**: *perdão da dívida pelo credor* (CC, art. 385), hipótese que acarreta a extinção da execução (CPC, art. 794, III);

(ii) **remição da execução**: *liberação total da execução em virtude do pagamento, antes da adjudicação ou arrematação* (CPC, art. 651), hipótese que também acarreta a extinção da execução (CPC, art. 794, I).

Perceba-se que a *remição depende do pagamento total da execução.* Assim, **não há remição envolvendo um bem específico.**

Se estiver para ser adjudicado ao credor *um determinado bem*, poderão pessoas ligadas ao devedor obter a liberação daquele bem específico.

Ou seja, *poderão adjudicar, nas mesmas condições do credor, o cônjuge, ascendente e descendente do executado*, bem como o credor com garantia real ou outros credores que tenham penhorado o bem (CPC, art. 685-A, § 2°).

Havendo mais de um interessado, haverá licitação; para a mesma oferta, *a preferência será do cônjuge, ascendente e descendente, nessa ordem* (CPC, art. 685-A, § 3.°).

5. Tutelas de urgência (antecipação de tutela e processo cautelar)

5.1. Visão geral das tutelas de urgência

Como é notório, a resposta do Poder Judiciário a uma lide não é imediata. Contudo, há situações nas quais *a urgência demanda que haja, ainda que provisoriamente, uma rápida resposta.* É o momento em que se pleiteia uma **liminar**, ou seja, *uma decisão no início do processo.* E não há apenas um instrumento para que se obtenha uma liminar.

Tutela de urgência é *gênero* do qual o *processo cautelar e a antecipação de tutela são espécies.*

O atual CPC, na sua origem, somente trazia o processo cautelar (Livro III). A **finalidade do processo cautelar** *é resguardar o sucesso de um outro processo, denominado principal* (caráter *conservativo* – visa a evitar o perecimento do direito).

Na década de 1990 foi criado outro instrumento, a antecipação de tutela (inserido no Livro I do CPC – processo de conhecimento). A **finalidade da antecipação de tutela** *é, desde logo, antecipar os efeitos de uma futura sentença de mérito* (caráter *satisfativo* do direito).

5.1.1. Dificuldades na escolha da tutela de urgência a ser utilizada

Apesar de na teoria ser simples diferenciar o cabimento da antecipação de tutela da cautelar (*distinção entre assegurar e satisfazer*), na prática há grandes dificuldades. Tanto porque cada juiz pode ter um entendimento, como porque há situações que podem ser enquadradas nas duas hipóteses.

Exemplo: há risco de um protesto indevido, decorrente de um cheque roubado. Quer se *resguardar o nome* do emitente (cautelar) ou desde logo já *satisfazer o direito pleiteado*, considerando que uma futura sentença afirmará que ele nada deve (antecipação de tutela)? Na doutrina e na jurisprudência há *divergência.* Há os que defendem ser o caso de uma *cautelar inominada de sustação de protesto* (e futura ação principal) e há os que afirmam que desde logo é cabível uma *ação declaratória de inexigibilidade de débito*, com *pedido de antecipação de tutela* para obstar o protesto.

Diante disso, o legislador inseriu a **fungibilidade entre as tutelas de urgência**: "se o autor, *a título de antecipação de tutela, requerer providência de natureza cautelar, poderá o juiz*, quando presentes os respectivos pressupostos, *deferir a medida cautelar* em caráter incidental do processo ajuizado" (CPC, art. 273, § 7°).

Considerando que o CPC fala da possibilidade de o juiz conceder *a cautelar que foi pleiteada a título de antecipação de tutela*, surgiu a discussão a respeito do caminho inverso: seria possível ao juiz conceder *a antecipação de tutela que foi pleiteada como cautelar*?

Ou seja, **a fungibilidade entre tutela antecipada e cautelar seria de mão dupla**?

A posição dominante no STJ é que existe *total fungibilidade entre ambas as tutelas de urgência*, ou seja, cabe ao juiz conceder tutela antecipada que foi pedida como cautelar e cautelar que foi pedida como antecipação de tutela (STJ, AgRg no REsp 1013299/BA, DJe 15/10/2009).

A partir das distinções entre a tutela antecipada e a cautelar, é possível formular o seguinte quadro:

Tutelas de urgência		
	Tutela antecipada	**Cautelar**
Objetivo	Satisfazer o direito pleiteado pela parte, adiantando efeitos da sentença	Assegurar o resultado do processo principal, evitando o perecimento do direito
Requisitos	1) Prova inequívoca da verossimilhança da alegação + fundado receio de dano irreparável ou de difícil reparação 2) Prova inequívoca da verossimilhança da alegação + ato protelatório do réu/abuso do direito de defesa. 3) Pedido incontroverso	**1)** *Fumus boni iuris* (fumaça do bom direito – bom argumento) 2) *Periculum in mora* (perigo da demora – situação de urgência)
Local e momento a se pleitear	Processo de conhecimento – pedido na petição inicial ou em momento posterior	Processo cautelar – petição inicial (ajuizado antes ou durante a tramitação do processo principal)
Ambas podem ser concedidas *liminarmente* (no início do processo)		
Há *fungibilidade* entre as tutelas de urgência		

5.2. Tutela antecipada

5.2.1. Cabimento

Foi inserida no CPC em 1994, com a inclusão dos arts. 273 e 461 (este tratando das tutelas específicas das obrigações de fazer ou não fazer).

Como já exposto, a **tutela antecipada**, prevista no capítulo que trata do *processo de conhecimento*, *busca antecipar os efeitos da sentença de procedência*.

A finalidade é desde logo *satisfazer* e não simplesmente resguardar o direito em discussão. Isto porque a *urgência do caso concreto tornaria necessária a efetiva satisfação do direito e não somente sua proteção*.

É pleiteada e concedida *incidentalmente ao processo de conhecimento*, sem a necessidade de um outro processo.

Os **requisitos para a concessão da tutela antecipada** (CPC, art. 273, *caput*, I e II) são os seguintes:

(i) prova inequívoca da verossimilhança das alegações (prova que permita concluir pela existência do direito) e fundado receio de dano irreparável/de difícil reparação (perigo iminente de perecimento do direito). Ou seja, *verossimilhança + dano*;

(ii) prova inequívoca da verossimilhança das alegações e abuso do direito de defesa OU manifesto intuito protelatório. Ou seja, *verossimilhança + abuso de direito de defesa*;

(iii) existindo diversos pedidos, um deles não é resistido pelo réu (CPC, art. 273, § 6º). Ou seja, *pedido incontroverso*.

5.2.2. Características

Vejamos diversas características próprias da antecipação de tutela.

a) A antecipação de tutela será *requerida na própria petição inicial* ou, posteriormente, em *simples petição* (ou seja, **antecipação de tutela é pleiteada sem a necessidade de outro processo** – situação distinta da que se verifica na cautelar).

A **antecipação de tutela pode ser concedida**:

- ✔ *liminarmente* (no início do processo), *mesmo sem a oitiva da parte contrária*, se isso for necessário;
- ✔ em *momento posterior do processo*, mesmo no *âmbito recursal*, desde que presentes os requisitos;
- ✔ a jurisprudência vem admitindo a concessão da *antecipação de tutela na sentença* (STJ, AgRg no Ag 1307314/SP, DJe 01/12/2010) – situação que acaba por acarretar que a apelação seja recebida apenas no efeito devolutivo (CPC, art. 520, VII), permitindo a execução provisória;

b) Pela redação do CPC, art. 273, a **antecipação de tutela só pode ser concedida mediante pedido da parte**, portanto *não é cabível a concessão de ofício pelo magistrado*;

c) **Não deve a antecipação de tutela ser concedida se houver perigo de irreversibilidade** (CPC, art. 273, § 2º), *ou seja, se a situação não puder voltar ao que era antes da concessão da medida (status quo ante)*.

Contudo, o cotidiano forense mostra que há muitas situações em que, *ainda que haja o risco de irreversibilidade, se não concedida a antecipação de tutela, haverá o risco de perecimento de um direito de grande relevo* (como, por exemplo, o direito à vida). É o que alguns denominam de **irreversibilidade recíproca** (não é um termo usual na jurisprudência, mas aparece em diversos concursos).

Nesses casos, o juiz deve avaliar qual o direito que deve prevalecer e, se o caso, *conceder a antecipação de tutela, ainda que irreversível*.

É a posição dominante envolvendo questões de saúde, como se percebe do seguinte trecho de um julgado do STJ:

"*É possível a antecipação da tutela, ainda que haja perigo de irreversibilidade do provimento, quando o mal irreversível for maior*, como ocorre no caso de não pagamento de pensão mensal destinada a custear tratamento médico da vítima de infecção hospitalar, visto que a falta de imediato atendimento médico causar-lhe-ia *danos irreparáveis de maior monta do que o patrimonial*". (STJ, REsp 801600/CE, DJe 18/12/2009);

d) **Considerando que é provisória**, fundada em cognição sumária, *a antecipação de tutela pode ser revogada ou modificada a qualquer tempo* (CPC, art. 273, § 4º);

e) Concedida ou denegada a antecipação de tutela (por decisão interlocutória), **sempre o processo prossegue até a prolação da sentença**, *não sendo possível se encerrar quando da apreciação da antecipação de tutela* (CPC, art. 273, § 5º);

f) **A antecipação de tutela será efetivada mediante execução provisória** (CPC, art. 273, § 3º), cabendo inclusive *medidas de apoio como multa diária, busca e apreensão, remoção de pessoas e coisas* etc. (CPC, art. 461, § 5º);

g) Existem diversas **restrições quanto à concessão de tutela antecipada contra o Estado** (Lei 9.494/1997, art. 1º).

Contudo, tal qual exposto anteriormente em relação à irreversibilidade (item "c"), *a situação vem sendo mitigada pela jurisprudência*.

Assim, quando envolver direito à vida e saúde, já se admite a concessão de tutela antecipada mesmo em face da Fazenda Pública, como se percebe o seguinte julgado, ao se manifestar a respeito do art. 1º da Lei 9.494/1997: "(...) o referido artigo deve ser interpretado de forma restritiva, *de modo a não existir vedação legal à concessão de antecipação dos efeitos da tutela contra a Fazenda Pública nas hipóteses em que envolvam o pagamento de verba de natureza alimentar*, como ocorre no presente caso". (STJ, AgRg no REsp 726.697/PE, DJe 18/12/2008).

5.3. Processo cautelar

5.3.1. Finalidade e momento de utilização

Como já exposto, o CPC conhece **três processos para resolver os conflitos**, conforme o tipo de lide:

a) Conhecimento (tutela cognitiva): há crise de certeza; objetivo é uma sentença de mérito, em que o juiz decidirá quem, diante do conflito existente, tem razão. Até a sentença, portanto, não se sabe se prevalecem as alegações do autor ou do réu;

b) Execução (tutela satisfativa): crise de adimplemento; apresenta caráter de satisfação do direito do credor (exequente) – que já se sabe ser titular do direito. Para ser utilizado, é necessário título executivo e inadimplemento;

c) Cautelar (tutela acautelatória): crise de urgência; apresenta caráter de proteção; visa a garantir o sucesso de processo principal (conhecimento ou execução). Depende de *periculum in mora* e do *fumus boni juris*.

Assim, o **processo cautelar** (Livro III do CPC) *tem por finalidade garantir/proteger/assegurar o resultado de outro processo – o processo principal, que será de conhecimento ou de execução*.

Portanto, busca-se *evitar o perecimento do direito* (via cautelar) *enquanto se decide o mérito* (via processo de conhecimento/execução).

Logo, *em regra o processo cautelar é dependente* de uma execução ou de um processo de conhecimento (CPC, art. 796) e não busca resolver o problema em definitivo, mas apenas *preservar a situação até o fim do outro processo* (dito "principal") que efetivamente definirá a regra aplicável ao caso.

No que tange ao **momento da propositura da cautelar**, existem duas possibilidades:

- ✔ **cautelares preparatórias**, *as quais são ajuizadas antes do início da ação principal que efetivamente decidirá a lide*; e
- ✔ **cautelares incidentais**, *as quais são ajuizadas após a ação principal já estar tramitando* – e, assim, serão distribuídas por dependência a tal demanda principal.

5.3.2. Requisitos para a concessão

Diante da situação de urgência e da necessidade de resposta rápida, a *cognição da cautelar é sumária em relação à verificada no processo principal*. Assim, a cognição exauriente será efetivamente realizada no processo principal.

Os **requisitos para a concessão das cautelares** são os seguintes:

(i) *fumus boni iuris* (direito ameaçado): *fumaça do bom direito, aparência de que o alegado na inicial é pertinente* (especialmente em virtude de provas, mas também levando em conta as máximas da experiência). A *certeza é dispensada neste momento*, já que somente será possível sua demonstração no processo principal, no qual haverá a cognição exauriente;

(ii) *periculum in mora* (receio de lesão): *perigo da demora, urgência*, alegação de que, *se não concedida a cautelar, ocorrerá o perecimento do direito.*

Em outras palavras, diante de um *bom argumento + uma situação de perigo* é que é possível a concessão de uma cautelar.

5.3.3. Requisitos da inicial

A inicial do processo cautelar tem por base o CPC, art. 801. Assim, **são requisitos da inicial do processo cautelar**:

(i) *endereçamento* (a respeito da competência, *vide* abaixo);

(ii) *qualificação das partes*;

(iii) tratando-se de *cautelar preparatória*, deverá a parte *indicar qual o processo principal* ("a lide e seu fundamento", na redação do CPC); se for cautelar incidental, o requisito não é necessário;

(iv) exposição do *direito ameaçado e do receio de lesão* (ou seja, do *fumus boni iuris* e do *periculum in mora*);

(v) as *provas*.

Complementam-se estes requisitos com o que consta no CPC, art. 282:

- ✔ *pedido* (inclusive a ser liminarmente deferido);
- ✔ *valor da causa*; e
- ✔ *citação* do requerido.

No tocante à **competência para o processo cautelar**, existem variações (CPC, art. 800):

a) na **cautelar incidental**, *competente é o próprio juiz do processo principal, já existente*. Assim, haverá o requerimento de distribuição por dependência (acessório segue o principal);

b) na **cautelar preparatória**, *competente é o juiz que deverá apreciar o futuro processo principal*. Assim, apura-se em abstrato qual o juízo competente para o processo principal e aí é que será feita a distribuição da cautelar (novamente, o acessório segue o principal – mesmo quando o processo acessório seja ajuizado antes);

c) uma vez **interposto o recurso no processo principal** (antes mesmo de sua remessa ao grau superior), *passa a ser competente o Tribunal para apreciar a cautelar* (CPC, art. 800, p.u.).

5.3.4. Procedimento das cautelares

No tocante ao procedimento, há um trâmite a ser seguido pelas cautelares inominadas e que também se aplica, subsidiariamente, às cautelares nominadas, nos termos do CPC, art. 812 (a respeito desta distinção entre cautelares nominadas e inominadas, cf. o tópico abaixo).

Este é o procedimento padrão que ora se apresenta:

1) A petição inicial seguirá os requisitos do CPC, art. 801 c/c art. 282.
2) Desde que *pleiteado pelo requerente* e que seja uma situação de *efetiva urgência* (como quando a citação do requerido puder tornar ineficaz a cautelar), será possível a **concessão de liminar sem que se ouça a outra parte** (CPC, art. 804). Poderá o juiz *condicionar a concessão da liminar à prestação de caução* por eventuais danos que o requerido venha a sofrer (CPC, art. 804, parte final). A regra, contudo, é a oitiva do requerido antes da concessão de liminar (CPC, art. 797).
3) Se o juiz não estiver convencido quanto à concessão da liminar, poderá *designar audiência de justificação*, para produção de prova oral – que poderá ou não contar com a presença do requerido (CPC, art. 804).
4) O requerido será citado para apresentar *contestação, em 5 dias* (CPC, art. 802) – independentemente da concessão da liminar. Acaso não seja apresentada a contestação, haverá a revelia.
5) Se necessário, será designada *audiência de instrução e julgamento* (CPC, art. 803, p.u.)
6) Se a cautelar for preparatória e for concedida a liminar, *a ação principal deverá ser ajuizada em um prazo de 30 dias contados da EFETIVAÇÃO da cautelar* (CPC, art. 806), *sob pena de perda da eficácia da liminar* (CPC, art. 808, I). Trata-se de *prazo decadencial* que, portanto, não pode ser interrompido (STJ, REsp 669353, DJe 16/04/2009).
7) Os autos do processo cautelar serão apensados aos autos do processo principal (CPC, art. 809).

8) A *eficácia da cautelar perdura durante a tramitação do processo principal* – mesmo durante eventual *suspensão do processo principal* (CPC, art. 807, p.u.). Contudo, como é medida proferida em cognição sumária, *pode ser a qualquer tempo revogada ou modificada* (CPC, art. 807).
9) Cessa a eficácia da cautelar em 3 situações (CPC, art. 808): (i) se *não for ajuizada a principal* (item 6 acima); (ii) se *não for executada dentro de 30 (trinta) dias*; (iii) se o juiz declarar *extinto o processo principal*, por qualquer razão, com ou sem resolução do mérito.
10) Uma vez concedida e executada a cautelar e depois revogada – qualquer que seja a razão (seja no processo cautelar ou por força do processo principal) – *o requerente deverá indenizar o requerido pelos prejuízos causados* (CPC, art. 811). Essa indenização não demandará de ação autônoma e será *liquidada nos próprios autos da cautelar* (CPC, art. 811, p.u.).

5.3.5. Reflexos da decisão cautelar na ação principal

Como visto anteriormente, o processo cautelar é influenciado pela decisão proferida no processo principal (CPC, art. 808, III).

Agora é de se analisar o inverso, ou seja, os **reflexos da decisão do processo cautelar no processo principal.**

Em *regra*, a decisão a respeito da liminar (concedida ou denegada) ou a decisão final da cautelar (extinção sem mérito, procedência ou improcedência) *não têm qualquer influência no julgamento do processo principal* (CPC, art. 810).

Mesmo na hipótese em que a cautelar perdeu a eficácia por força do não ajuizamento da principal em 30 dias (CPC, art. 806), não haverá qualquer objeção ao ajuizamento ou influência da decisão cautelar no processo principal.

Contudo, há uma *exceção*: ser for reconhecida, na cautelar, a ocorrência de *prescrição ou decadência do direito a ser debatido*, essa decisão influenciará também o processo principal (CPC, art. 810, parte final). Ou seja, nesse caso a coisa julgada do processo cautelar terá de ser observada no processo principal.

5.3.6. Cautelares inominadas e nominadas

Tal qual no processo de conhecimento e de execução existem vários procedimentos, conforme a lide debatida, o mesmo se verifica no processo cautelar. Assim, não há uma única medida cautelar.

O legislador, ao tratar do processo cautelar, seguiu a seguinte lógica:

- ✔ para situações de urgência já conhecidas, o Código já trouxe algumas soluções, previstas e regulamentadas (as denominadas cautelares nominadas);
- ✔ para situações outras de urgência, o Código previu o chamado **poder geral de cautela** do magistrado (CPC, art. 798), *que poderá conceder qualquer medida de urgência*, desde que presentes os requisitos do *periculum in mora* e do *fumus boni juris* (cautelares inominadas).

De forma mais clara, a questão pode ser assim sintetizada:

(i) **cautelares inominadas** (CPC, art. 798): *não estão especificamente previstas no CPC, mas, desde que presentes os requisitos, pode o juiz concedê-las, com base em seu poder geral de cautela.*

(Exemplos típicos: cautelar inominada para sustar protesto ou evitar inclusão em cadastro restritivo de crédito; cautelar inominada para determinar o pagamento de internação por parte de plano de saúde).

(ii) **cautelares nominadas**: *são as cautelares especificamente previstas no CPC, em que há hipótese de cabimento já vislumbrada e regulada pelo legislador, diante de situações de urgência previsíveis.* (Exemplos típicos: arresto e sequestro).

Portanto, ao vislumbrar uma situação concreta de urgência, deve-se inicialmente verificar se há alguma previsão nos procedimentos cautelares específicos; se não houver, deve-se partir para uma cautelar inominada.

Vale reiterar que o procedimento indicado no quadro acima (item **5.3.4**) é aplicável às cautelares inominadas e, no que não for colidente, também às cautelares nominadas.

5.3.7. Algumas medidas cautelares nominadas

Como se percebe da simples leitura do índice do CPC, existem diversos procedimentos cautelares específicos (arts. 813 a 889).

Assim, neste momento, opta-se por apresentar as cautelares nominadas mais relevantes e, com mais vagar, aquelas que são mais frequentes em concursos públicos.

5.3.7.1. Cautelar nominada de arresto

5.3.7.1.1. Cabimento

Cabe a **cautelar de arresto** nas seguintes hipóteses (CPC, art. 813):

(i) devedor *sem domicílio* certo:

a) tenta ausentar-se ou alienar bens; ou

b) deixa de pagar obrigação no prazo;

(ii) devedor *com domicílio* certo:

a) ausenta-se ou tenta ausentar-se furtivamente; ou

b) insolvente, tenta ou aliena bens; tenta ou contrai dívidas extraordinárias, tenta ou põe seus bens em nome de terceiros ou comete qualquer outro ato com objetivo de lesar credores;

(iii) devedor, *que possui bens de raiz*, tenta aliená-los, sem ficar com patrimônio suficiente para arcar com suas dívidas.

Assim, o objetivo do arresto *não é um bem específico*, mas o *patrimônio do devedor em geral*, de modo a garantir a dívida do credor (qualquer bem, até o limite suficiente para garantir a dívida), ou seja, é *evitar a dilapidação do patrimônio do devedor*.

É um meio de preservar a responsabilidade patrimonial, já que, com o arresto, é assegurada a viabilidade da futura penhora. Por tal razão, quaisquer bens podem ser arrestados (móveis, imóveis e mesmo semoventes).

5.3.7.1.2. Requisitos e procedimento

São **requisitos para a concessão do arresto** (CPC, art. 814):

✔ *prova literal da dívida* (isto comprova o *fumus boni iuris*).

O requerente deve demonstrar ser titular de um crédito que poderá ser cobrado em uma outra demanda, seja de conhecimento ou executiva (se já há título executivo extrajudicial, ainda que não vencido). A hipótese mais frequente é a de um título de crédito ainda não vencido;

✔ *prova documental da existência de algum dos requisitos previstos no art. 813* (ou seja, prova do *periculum in mora*).

Os fatos constantes do art. 813 provam o fundado temor de que a garantia da futura execução possa desaparecer, daí a situação de perigo de que não haverá bens passíveis de execução.

A *sentença pendente de recurso* equipara-se à prova literal da dívida (CPC, art. 814, p.u.).

Se existir *prova literal da dívida*, mas *não prova documental* de presença de algum dos requisitos para o arresto (CPC, art. 813), deve o juiz determinar a realização de *justificação prévia* (audiência – CPC, art. 815).

Na mesma hipótese acima tratada, poderá o *arresto ser concedido sem justificação se o requerente prestar caução* (CPC, art. 816, II) em quantia correspondente ao prejuízo que pode ser causado ao requerido (CPC, art. 804), mais custas e honorários.

Efetivado, *o arresto tende a se transformar em penhora*, quando do ajuizamento do processo de execução (CPC, art. 818). Assim, **aplicam-se ao arresto as regras referentes à penhora** (CPC, art. 821 – como, por exemplo, regras quanto à *impenhorabilidade*).

Concedido o **arresto como cautelar preparatória**, o entendimento é que o *prazo para propor a ação principal* é de *30 dias após a dívida tornar-se exigível* – e não 30 dias após a efetivação (CPC, art. 806). Isso porque, em 30 dias, pode ser que o título não tenha ainda vencido ou a sentença ainda não tenha transitado em julgado.

Não se deve confundir a cautelar autônoma de arresto com o *arresto previsto no bojo do processo de execução*, que ocorre quando não se encontra o devedor (CPC, art. 653).

Concedido o arresto, pode o requerido *substituir o bem arrestado por dinheiro ou fiança* (depósito em dinheiro, caução real ou fidejussória – CPC, art. 819).

De forma sintética e simplificada, o **arresto** é, em regra, *cautelar preparatória de uma futura execução de quantia certa contra devedor solvente*, e é cabível quando houver, conforme leciona Misael Montenegro Filho (**Curso de Direito Processual Civil**. São Paulo: Atlas, 2009, p. 96):

(i) de um lado, um *credor qualificado* (portador de prova literal da dívida);

(ii) do outro lado, um *devedor desqualificado* (que tenta se ausentar, contrair dívidas, alienar seu patrimônio etc.).

5.3.7.2. Cautelar nominada de sequestro

5.3.7.2.1. Cabimento

Cabe a **cautelar de sequestro** para a proteção de bens nas seguintes situações (CPC, art. 822):

(i) bens acerca dos quais há *disputa de propriedade ou posse*, com *receio de dano*;

(ii) *frutos e rendimentos de imóvel* acerca do qual se *discute a propriedade*, se o *réu, condenado a devolver, os dissipa*;

(iii) *bens do casal*, quando o *cônjuge os estiver dilapidando*.

Assim, em síntese, **cabe o sequestro quando**:

✔ houver *dúvida ou discussão quanto à titularidade do bem*;

✔ houver *risco de dano ou perecimento da coisa*.

5.3.7.2.2. Requisitos e procedimento

Os **requisitos para a concessão do sequestro** são:

✔ a *disputa* ou *litigiosidade* a respeito de determinado bem (*fumus boni juris*); e

✔ o *receio de danificação* de tal bem (*periculum in mora*).

A *titularidade do bem* pode já estar sendo *objeto de discussão* (cautelar incidental) ou mesmo pode vir a ser *discutida em futura demanda* (cautelar preparatória).

Deferida a medida, o juiz indicará o *depositário dos bens sequestrados*.

Pode ser pessoa escolhida pelas partes, de comum acordo, ou mesmo uma das partes – desde que mediante caução (CPC, art. 824).

No tocante ao procedimento, aquilo que foi exposto para o arresto aplica-se ao sequestro, nos termos de expressa disposição legal (CPC, art. 823).

Há ainda previsão de **sequestro na lei de improbidade administrativa** (Lei 8.429/92, art. 16), para "**sequestro dos bens** do agente ou terceiro que tenha **enriquecido ilicitamente** ou causado dano ao patrimônio público", a ser concedido desde que haja "fundados indícios de responsabilidade".

5.3.7.2.3. Distinções em relação ao arresto

Como se percebe, diferentemente do arresto, *no sequestro a proteção ocorre em relação a um bem específico*.

Assim, a **distinção-chave** entre as 2 medidas *diz respeito à determinação ou indeterminação dos bens objeto da constrição*:

- ✔ o arresto dirige-se ao *patrimônio do devedor em geral*, razão pela qual não há porque determiná-los nem há qualquer preferência;
- ✔ já o sequestro *dirige-se necessariamente a determinado bem*, que é objeto da relação jurídica tornada litigiosa.

Se de um lado a finalidade do arresto é garantir algum bem para a execução de quantia certa contra devedor solvente (arresto converte-se em penhora), no sequestro a finalidade é garantir o não perecimento do bem para futura execução para entrega de coisa (sequestro converte-se em depósito).

5.3.7.3. Cautelar nominada de arrolamento de bens

5.3.7.3.1. Cabimento

Cabe a **cautelar de arrolamento de bens** para *constatar a existência de bens e depositá-los, de modo a evitar extravio ou dissipação*. Como se pode perceber, o objetivo é a conservação de tais bens (CPC, art. 856).

A principal utilização é em casos de direito de família e discussões referentes a sociedades.

Se o requerente tem *ciência a respeito de qual bem pode ser dissipado*, a hipótese é de *sequestro*; *se não sabe quantos ou quais bens existem, o caso é de arrolamento*.

5.3.7.3.2. Requisitos e procedimento

Quantos aos **requisitos para o arrolamento de bens**:

- ✔ disputa quanto à titularidade dos bens e dúvida a respeito de quais são/quantos são os bens (*fumus boni iuris*);
- ✔ risco de desaparecimento ou perecimento dos bens (*periculum in mora*).

O interesse jurídico do requerente pode *decorrer de direito já constituído ou de discussão que ainda virá a ser travada em juízo* (CPC, art. 856, § 1º), isto é, cabe na modalidade *incidental ou preparatória*.

Deferida a medida, o juiz nomeará *depositário* (CPC, at. 858), o qual lavrará auto *descrevendo minuciosamente todos os bens encontrados*, registrando "quaisquer ocorrências que tenham interesse para a sua conservação" (CPC, art. 859).

Não sendo possível concluir o arrolamento no dia em que foi iniciado, o local *será lacrado até a continuação da diligência* (CPC, art. 860).

5.3.7.4. Síntese do cabimento do arresto, sequestro e arrolamento

As cautelares são muito *utilizadas para resguardar o êxito de demandas que envolvam questões patrimoniais* – seja para evitar a dilapidação do patrimônio do devedor, seja para evitar que determinado bem venha a perecer. Nessa perspectiva, fala-se em **cautelares patrimoniais, das quais essas** três primeiras apresentadas são típicos exemplos.

À luz do acima exposto, é possível sintetizar o cabimento das 3 cautelares da forma exposta abaixo:

a) **arresto**:

- ✔ utilizado por um credor qualificado em face de um devedor desqualificado;
- ✔ tem por finalidade evitar a dilapidação do patrimônio, de modo que o requerente tenha êxito numa futura execução de quantia certa (isto é, que ainda existam bens penhoráveis);
- ✔ assim, tem por objeto qualquer bem do requerido;
- ✔ o arresto tende a se converter, com o processo principal, em penhora;

b) **sequestro**:

- ✔ utilizado quando houver disputa a respeito da posse ou propriedade de um bem;
- ✔ tem por finalidade evitar o perecimento de determinado bem, de modo que o requerente tenha êxito numa futura execução de entrega de coisa certa;
- ✔ assim, tem por objeto um bem específico do requerido;
- ✔ o sequestro tende a se converter, com o processo principal, em depósito;

c) **arrolamento**:

- ✔ utilizado quando houver disputa a respeito da posse ou propriedade de bens indeterminados;
- ✔ tem por finalidade evitar o perecimento de tais bens, além de se saber quais são e quantos são os bens em disputa;

- ✔ ou seja, é instrumento próximo ao sequestro. A distinção entre as duas cautelares é que, no sequestro, sabe-se exatamente qual bem se quer proteger; no arrolamento, quer-se saber quais são os bens, além de protegê-los;
- ✔ assim, tem por objetivo arrolar (obter um relatório) e proteger um conjunto de bens na posse do requerido (utilizado principalmente em litígios de direito de família e entre sócios).

5.3.7.5. Cautelar nominada de busca e apreensão

5.3.7.5.1. Cabimento

A cautelar de **busca e apreensão** pode ter como objeto a *proteção de coisas ou de pessoas* (CPC, art. 839), por isso pode ser do tipo real ou pessoal, respectivamente. Como se percebe do seu nome, é composta de **dois núcleos**: *buscar e apreender*.

Trata-se de uma medida que pode ser incidental – quando já houver algum processo em curso – ou autônoma.

Essa cautelar tem uma *peculiaridade*: além de ser possível para assegurar a eficácia de um provimento jurisdicional (como a busca e apreensão de uma criança se o pai tenta fugir com ela enquanto se discute a guarda), também pode ser satisfativa, isto é, quando sua execução basta para que se alcance a pretensão do requerente (como no caso em que já houve a definição da guarda em favor da mãe e, durante a visita do filho ao pai, esse tenta fugir com a criança).

5.3.7.5.2. Requisitos e procedimento

Para que seja concedida a cautelar de busca e apreensão o requerente deverá demonstrar, como nas demais cautelares, o fumus boni iuris e o periculum in mora. Retomando o exemplo da busca e apreensão de menor, o perigo seria a informação de que o pai pretende sair do país e o bom argumento seria a existência do processo judicial com guarda provisória para a mãe.

Na petição inicial, deverá o requerente, quando possível, também indicar a localização da coisa ou pessoa a ser apreendida.

A medida pode ser concedida liminarmente (em cognição sumária) ou após a justificação prévia que, havendo interesses relacionados à intimidade da pessoa, podem ocorrer em segredo de justiça (CPC, 841).

São designados 2 (dois) oficiais de justiça para o cumprimento da diligência. Eles serão acompanhados de duas testemunhas. Se o morador, intimado a abrir as portas, recusar a fazê-lo, os oficiais podem arrombá-la para que tenham acesso ao local onde se presume estar a coisa ou pessoa procurada (CPC, art. 842).

5.3.7.6. Cautelar nominada de exibição

5.3.7.6.1. Cabimento

Essa cautelar tem como objeto a **exibição de** (CPC, art. 844):

(i) coisa móvel;

(ii) documento que seja do requerente ou comum entre requerente e requerido – ainda que esteja em poder de terceiro;

(iii) para a escrituração comercial, balanços etc., conforme previsão em lei.

A medida, quando autônoma, apresenta caráter satisfativo, dispensando o ajuizamento da ação principal prevista no art. 806 (poderá a parte, na posse dos documentos exibidos, posteriormente ingressar em juízo com alguma outra medida, mas que não será considerada principal em relação à exibição).

Por sua vez, a exibição incidental de documento se dá no próprio processo de conhecimento.

5.3.7.6.2. Requisitos e procedimento

- ✔ Nos termos do art. 845 do CPC, ao procedimento da cautelar de exibição aplicam-se as disposições relativas à exibição incidental (CPC, arts. 355 a 363 e 381 e 382).

5.3.7.7. Cautelar nominada de produção antecipada de provas

5.3.7.7.1. Cabimento

Como o próprio nome já indica, essa cautelar destina-se a antecipar a realização de prova pericial ou testemunhal, tendo em vista o risco de perecimento ou de desaparecimento dessa quando chegar o momento oportuno da instrução processual. Assim, tendo por objeto "prova", a medida pode consistir em interrogatório, inquirição de testemunha ou exame pericial (CPC, art. 846).

Não se presta à produção de prova documental – para isso, cabível a cautelar de exibição de documento acima analisada.

5.3.7.7.2. Requisitos e procedimento

Para justificar a adoção da medida, o requerente deve justificar a necessidade da antecipação, mencionando especificadamente o objeto da prova a ser produzida.

A cautelar de antecipação de prova antecede o processo e tem como objetivo garantir a existência da prova que instruirá aquele. Ocorre que, uma vez instaurado o processo e havendo receio de que não seja possível produzir a prova no momento oportuno, é possível requerer a concessão da medida como incidente nos próprios autos.

Desta forma, os requisitos para a providência compreendem o risco de perecimento ou impossibilidade de produção da prova (periculum in mora) e a relevância desta no processo que visa a instruir (fumus boni iuris).Por exemplo, é o caso de adiantar a oitiva de uma testemunha idosa e doente que, pro motivos de saúde, é provável que não possa depor quando for realizada a instrução.

5.3.7.8. Cautelar nominada de alimentos provisionais

5.3.7.8.1. Cabimento

Essa cautelar incidental busca prover o sustento do requerente durante o curso da ação principal em que demanda contra o requerido pleiteando alimentos (CPC, art. 852).

Não confundir os alimentos provisionais (processo cautelar) com os alimentos provisórios (fixados no procedimento especial da ação de alimentos, prevista na Lei. 5.478/1968 e que será tratada no item 6 abaixo).

5.3.7.8.2. Requisitos e procedimento

O requerente deve demonstrar a situação de perigo para sua sobrevivência (periculum in mora), bem como a boa argumentação quanto à existência do dever de alimentar (fumus boni iuris).

O procedimento a ser obedecido é o que previsto nos arts. 802 e 803 do CPC.

5.3.7.9. Cautelares nominadas de protestos, notificações e interpelações

5.3.7.9.1. Cabimento

Embora tratada no capítulo das cautelares nominadas, os protestos, notificações e interpelações em rigor não constituem uma ação. Isso porque a finalidade das medidas é de tão somente comunicar algo à outra parte, de maneira formal (CPC, art. 867).

Assim, uma notificação – como, por exemplo, para constituir alguém em mora – é muito comum na esfera extrajudicial.

A previsão de notificação pela via judicial é cabível quando (i) o requerente quer mais segurança, (ii) as partes assim preveem em contrato e (iii) a lei assim determinar – como no caso de protesto interruptivo de prescrição, em que o Código Civil aponta a necessidade de "despacho do juiz" para interromper a prescrição (CC, art. 202, II).

5.3.7.9.2. Requisitos e procedimento

O requerente deve expor na inicial aquilo que ele pretende ver comunicado de modo formal. Os "fatos e fundamentos do protesto" nos termos da lei (CPC, art. 868).

Não há contraditório (se quiser, o requerido ingressa com novo protesto, mas não cabe contestação nos mesmos autos – CPC, art. 871); não há sentença.

Não há, tecnicamente, citação, mas mera intimação pelo oficial de justiça, a qual, uma vez efetivada, após 48 horas os autos (na íntegra) serão entregues ao recorrente (CPC, art. 872).

É admitida a intimação por edital nas hipóteses de (i) o protesto destinar-se ao conhecimento público; (ii) o requerido ser desconhecido ou estar em local ignorado ou de difícil acesso; e (iii) a demora na intimação pessoal puder frustrar a finalidade da própria medida (CPC, art. 870).

5.3.7.10. Cautelar nominada de homologação do penhor legal

5.3.7.10.1. Cabimento

O penhor legal é a prerrogativa de o credor reter, por sua conta, o bem dado em garantia no caso de inadimplemento do devedor (vide CC, art. 1.467). Para legitimar esse ato de autotutela do credor pignoratício é que existe a presente cautelar.

Como exemplo, para o hóspede que não pagar a hospedagem, pode o hotel empenhar os bens, mesmo contra a vontade daquele. Uma vez efetivado o ato, a cautelar deverá ser utilizada.

5.3.7.10.2. Requisitos e procedimento

Trata-se de medida autônoma e satisfativa, mas com a possibilidade de defesa. O requerente deve instruir a inicial com a conta pormenorizada das despesas, tabela dos preços e a relação dos objetos retidos. O requerido é citado para, em 24 horas, pagar ou apresentar defesa. (CPC, art. 874).

A sentença de procedência reconhece a regularidade da retenção através do penhor, enquanto que a de improcedência libera o réu para a posse da coisa empenhada pelo credor.

5.3.7.11. Cautelar nominada de posse em nome do nascituro

5.3.7.11.1. Cabimento

Ainda que a personalidade jurídica seja adquirida com o nascimento com vida, os direitos do nascituro podem ser resguardados desde sua concepção (CC, art. 2º). Assim, a mãe pode ajuizar essa cautelar buscando garantir o reconhecimento dos direitos hereditários do filho que ainda está para nascer.

5.3.7.11.2. Requisitos e procedimento

O requerimento deve ser instruído com a certidão de óbito de quem o nascituro é sucessor como prova da plausibilidade da medida. Não havendo concordância dos demais interessados (geralmente, os outros herdeiros), eles serão citados para acompanhar a realização de exame médico para atestar a gravidez e, assim, garantir os direitos do nascituro.

Reconhecida a gravidez por laudo, o juiz "declarará a requerente investida na posse dos direitos que assistam ao nascituro" (CPC, art. 878).

5.3.7.12. Medida provisional de separação de corpos

5.3.7.12.1. Cabimento

Dentre as medidas provisionais previstas no art. 888, do CPC, merece destaque a separação de corpos ou o afastamento temporário de um dos cônjuges.

Essa cautelar permite que o requerente pleiteie autorização judicial para cessar o dever de coabitação na constância do casamento. Com isso, afasta-se eventual alegação de abandono do lar. É possível requerer que um dos cônjuges saia do domicílio do casal ou que o outro não mais ingresse em tal local.

Presta-se, também, para marcar o início da separação de fato.

5.3.7.12.2. Requisitos e procedimento

Para a concessão da medida deve-se demonstrar a existência do casamento e o indicativo de seu término (fumus boni iuris), bem como o risco de dano grave relacionado à integridade física ou psicológica da parte requerente (periculum in mora).

O procedimento é aquele estabelecido para as cautelares em geral (CPC, art. 801 e 803). É possível, por óbvio, a concessão de liminar sem ouvir a parte contrária ou após justificação prévia.

6. Procedimentos especiais

6.1. Visão geral

Como já exposto em capítulos anteriores, o CPC conhece 3 processos (conhecimento, execução e cautelar).

No **processo de conhecimento**, existem *dois procedimentos*: comum e especial.

O **procedimento comum** se divide nos ritos *ordinário* e *sumário*.

O **procedimento é especial** quando apresentar *algo de distinto do procedimento comum*.

Em síntese, a divisão procedimental no processo de conhecimento é a seguinte:

(i) **procedimento comum ordinário**: *é a base, a norma geral que se aplica de forma subsidiária aos demais;*

(ii) **procedimento comum sumário**: *é, na teoria, mais simples e célere que o rito ordinário;*

(iii) **procedimentos especiais**: *surgem diante da impossibilidade de solução de determinados problemas pelo procedimento comum. A finalidade é adequar o procedimento ao direito material debatido.*

As diferenças, em relação ao procedimento paradigma (ordinário), são previstas em lei e podem estar nos prazos, na previsão de liminar, na modificação/concentração das fases processuais etc..

Mas é importante destacar que *não há apenas um procedimento especial*. São diversos procedimentos especiais, cada qual com alguma distinção em relação ao procedimento padrão.

Assim, diante de uma lide que deve ser solucionada via processo de conhecimento, **deve-se inicialmente verificar se existe algum procedimento especial**.

Se existir, deverá ser utilizado referido procedimento. Se não existir, parte-se para o procedimento comum – inicialmente verifica-se se é hipótese de cabimento do sumário; se não for, utiliza-se o ordinário.

Assim, **a escolha do procedimento é feita por exclusão**:

1º) verificar se há *procedimento especial*; se não houver, parte-se para;

2º) verificar se é caso de *procedimento comum sumário*; se não for, parte-se para;

3º) *procedimento comum ordinário*.

Portanto, é importante que bem se conheça quais são os procedimentos especiais – e são diversos. Há procedimentos especiais no CPC e também em leis extravagantes.

No CPC, há procedimentos especiais de jurisdição contenciosa **e procedimentos especiais de** jurisdição voluntária. **Fora do CPC, diversas** leis extravagantes **preveem procedimentos especiais.**

É certo que é inviável a análise, **nesta obra,** de todos os procedimentos especiais. **Assim, opta-se por apresentar aqui aqueles procedimentos que têm a maior probabilidade de estarem nos próximos concursos.**

Mas a **sugestão ao candidato** é que ao menos *leia o índice inicial do CPC*, verificando – entre os artigos 890 e 1.210 – o nome de todos os procedimentos especiais existentes no Código.

6.1.1. Jurisdição contenciosa e voluntária

Consoante visto desde o início, a base para que exista o processo é a lide.

Contudo, há situações nas quais, mesmo sem a lide, há necessidade de se acionar o Judiciário. Nestes casos, fala-se em *jurisdição voluntária* por oposição à *jurisdição contenciosa*.

Assim:

✔ **jurisdição contenciosa**: *existe conflito entre as partes, o Judiciário atuará para compor a lide* (refere-se a tudo o quanto já foi exposto ao longo dos capítulos);

✔ **jurisdição voluntária** ou **graciosa**: não há lide, trata-se de verdadeira *administração pública, via Judiciário, de interesses privados.*

A respeito das distinções entre jurisdição voluntária e contenciosa, cabe apresentar o seguinte quadro:

Jurisdição contenciosa	**Jurisdição voluntária (CPC, art. 1.103)**
Existe lide	Inexiste lide
Existem partes (CPC, art. 14)	Existem interessados (CPC, art. 1.104)
Há coisa julgada (CPC, art. 467)	Não há coisa julgada (CPC, art. 1.111)
Juízo de legalidade estrita (CPC, art. 127)	Juízo de equidade (CPC, art. 1.109)

6.2. Divórcio consensual (jurisdição voluntária)

Como exemplo de jurisdição voluntária, um **divórcio consensual**. De início, cabe recordar que, desde a EC 66/10, não há mais a necessidade de se falar em separação, visto que é possível *desde logo partir-se para o divórcio.*

Assim, se marido e mulher não mais querem continuar casados, se estão de acordo a respeito de bens e alimentos, ou seja, se não há nenhuma pendência, *inexiste lide.* Contudo, ainda assim há necessidade de participação estatal no divórcio.

Se não houver filhos menores, será inclusive possível que se vá a um cartório extrajudicial para se proceder ao *divórcio via escritura pública* (CPC, art. 1.124-A).

Não obstante, se assim preferirem ou **se houver filhos menores**, será realizado um divórcio consensual *perante o Judiciário* (CPC, art. 1.120).

A legislação prevê requisitos mínimos para a petição do divórcio consensual, que será instruída com certidão de casamento e eventual pacto antenupcial (CPC, art. 1.121):

(i) a *descrição dos bens* do casal e a respectiva partilha;

(ii) o acordo relativo à *guarda dos filhos menores* e ao *regime de visitas*;

(iii) o valor da *contribuição* para criar e educar os *filhos*;

(iv) a *pensão alimentícia* do marido à mulher, se esta não possuir bens suficientes para se manter.

Diante da inexistência de lide, é possível que um único advogado postule em favor de ambos os cônjuges.

Assim, mediante a *verificação dos requisitos* previstos em lei, o *juiz homologará o divórcio* e a sentença será levada aos registros civis (CPC, art. 1.124).

6.3. Ações possessórias

Na legislação civil, o **possuidor** é definido como *quem "tem de fato o exercício de algum dos poderes inerentes à propriedade"* (CC, art. 1.196).

Quando a *causa de pedir* de uma demanda **tiver por base a posse**, estaremos diante de uma *ação possessória.*

Quando a *causa de pedir* de uma demanda **tiver por base a propriedade**, estaremos diante de uma *ação petitória.* Dentre as petitórias, figura-se a ação reivindicatória (obtenção da *posse de um bem a partir de sua propriedade*), que segue o procedimento comum ordinário.

As possessórias é que têm um procedimento especial.

O CPC prevê **3 ações possessórias:**

(i) **reintegração** de posse, no caso de *esbulho* (*perda* da posse);

(ii) **manutenção** de posse, no caso de *turbação* (*perturbação* da posse, sem perdê-la);

(iii) **interdito proibitório** (*ameaça* de ser molestado na posse).

O **procedimento das possessórias é distinto** porque:

a) trata-se de **ações dúplices:**

É permitido ao réu, *na própria contestação, formular pedido em face do autor*, em relação a (CPC, art. 922):

✔ perdas e danos;

✔ própria proteção possessória.

Ou seja, em relação a esses pontos, *incabível a reconvenção*;

b) **possibilidade de liminar**:

Cabe *liminar na possessória* (CPC, art. 924) na hipótese de posse nova (ou seja, de *menos de ano e um dia*). Não se trata de uma antecipação de tutela (CPC, art. 273), mas sim de uma liminar com requisitos distintos: *prova da posse e tempo da moléstia*;

c) **fungibilidade das ações possessórias:**

Em virtude do *dinamismo dos fatos* em relação à posse, mesmo se o autor ajuizar uma determinada ação e a situação for (ou se transformar) em outra, *desde que provados os fatos, deverá o juiz conceder a proteção possessória* (CPC, art. 920);

d) **audiência de justificação:**

Se o juiz não se convencer, pelos documentos, a respeito da *concessão ou não da liminar*, deverá ser **designada audiência de justificação** para formar a convicção (CPC, art. 928).

6.4. Ação monitória

A **ação monitória** é *procedimento mais célere para os casos em que autor dispõe de documento escrito sem força de título executivo, que traduza obrigação de pagar quantia ou de entregar coisa* (CPC, art.1.102-A).

Assim, não é possível a utilização do processo de execução, por *falta de título executivo*, mas *já há prova escrita* de onde decorre o dever de pagar ou de entregar coisa determinada.

Por documento escrito sem força de título deve-se entender não só aquele produzido pelo réu ou que tenha sua participação: "o que interessa, na monitória, é a possibilidade de formação da convicção do julgador a respeito de um crédito, e não a adequação formal da prova apresentada a um modelo predefinido" (STJ, REsp 925.584, informativo 506).

A monitória foi inserida no Código em 1995 e, desde então, foi objeto de uma série de **divergências**:

a) cabe **reconvenção na monitória**?

A questão foi sedimentada na *Súmula 292 do STJ*: "a reconvenção é cabível na ação monitória, após a conversão do procedimento em ordinário".

b) é possível **citação por edital na monitória**?

A questão consta da *Súmula 282 do STJ*: "cabe a citação por edital em ação monitória".

c) cabe monitória em face da **Fazenda Pública**?

A questão foi objeto da *Súmula 339 do STJ*: "é cabível ação monitória contra a Fazenda Pública".

6.4.1. Procedimento da monitória

O procedimento da monitória é o seguinte:

1) inicial (acompanhada do documento sem força de título – CPC, art. 283 e, se for caso de pagamento, memória/demonstrativo de débito).
2) expedição do mandado monitório/injuntivo – réu citado (CPC, art. 1.102-B).
A partir daí, existem caminhos distintos:
3a) réu paga/entrega o bem; 4a) processo é extinto – réu não arcará com custas/honorários (CPC, art. 1.102-C, § 1°).
3b) réu permanece silente; 4b) constitui-se o título executivo (CPC, art. 1.102-C); 5b) conversão do mandado monitório em mandado executivo – que prosseguirá como cumprimento de sentença (CPC, art. 475-I e seguintes).
3c) réu apresenta embargos monitórios (como se fosse contestação – CPC, art. 1.102-C); 4c) embargos processados nos próprios autos, aplicando-se o procedimento comum ordinário (CPC, art. 1.102-C, § 2°); 5c) embargos improcedentes, constituição do título executivo judicial (segue-se o trâmite da fase de cumprimento de sentença – CPC, art. 1.102-C, § 3°); ou 6c) embargos procedentes, não há que se falar em pagamento do réu ao autor.

Os **embargos monitórios** são uma *contestação*.

6.5. Ação de consignação em pagamento

A consignação em pagamento é uma das formas de extinção da obrigação (CC, art. 334). Assim, *na hipótese de haver dificuldade em cumprir a prestação, o devedor pode depositar a coisa ou dinheiro com o objetivo de ver-se livre da obrigação* e dos efeitos decorrentes da mora.

Nesse tipo de ação, a **legitimidade ativa** é tanto do *devedor principal* como também do *terceiro interessado na extinção da obrigação* (CC, art. 305). A **legitimidade passiva** é do *credor* (ou credores, havendo mais de um – ou ainda quando houver dúvida quanto ao credor).

A **competência** para a ação de consignação em pagamento é a do lugar do pagamento (CPC, art. 891). Na hipótese de consignação relativa a bem imóvel, o foro competente será o da situação do bem (CC, art. 328).

a) Hipóteses de cabimento (CC, art. 335):

- ✔ o credor não pode ou, sem justa causa, recusa-se a receber o pagamento;
- ✔ o credor não pode ou, sem justa causa, recusa-se a dar quitação na forma devida;
- ✔ o credor não vai, nem manda receber a coisa no lugar, tempo e condição devidos;
- ✔ o credor é incapaz de receber, pois: (a) é desconhecido; (b) está declarado ausente; (c) residente em lugar incerto ou de acesso perigoso ou difícil;
- ✔ há dúvida sobre quem deva legitimamente receber o objeto do pagamento;
- ✔ há litígio sobre o objeto do pagamento.

b) Procedimento extrajudicial

É possível que a consignação se inicie extrajudicialmente. O devedor procede ao depósito da quantia em dinheiro, acrescida da atualização monetária, em um estabelecimento bancário qualquer no local do pagamento.

Efetivado o depósito, o credor é cientificado mediante carta com aviso de recebimento, para que, em 10 (dez) dias, aceite – e proceda ao levantamento – ou recuse o depósito efetuado.

Havendo recusa expressa, por escrito, significa que a obrigação do devedor persiste, sendo cabível o ajuizamento da ação de consignação em pagamento no prazo de 30 (trinta) dias da recusa (CPC, art. 890, § 3º).

c) Procedimento judicial

1) petição inicial (com pedido de depósito da quantia ou da coisa devida, que ocorrerá em cinco dias do deferimento e pedido para citação do réu ou oferecimento de resposta).
2) defesa do réu (em 15 dias). O conteúdo da defesa pode ser quanto (CPC, art. 896): (i) ausência de recusa ou mora em receber a quantia; (ii) licitude da recusa; (iii) o depósito não foi feito no prazo ou local pactuados no contrato; (iv) a insuficiência do depósito – a qual autoriza o autor a sua complementação no prazo de 10 dias conforme art. 899, CPC.
3) Julgamento antecipado (CPC, art. 897): em caso de revelia ou de aceitação da oferta é proferida sentença de procedência, que julgará extinta a obrigação.
4) Dúvida a quem se deva pagar (não há mora, pois não há recusa em pagar e sim dúvida sobre quem tem legitimidade em receber). Será feita a citação dos possíveis credores e: (i) se nenhum comparece, o julgamento é antecipado – o depósito será convertido em arrecadação de bens de ausentes (CC, art. 1.159 a 1.169); (ii) apenas um pretendente comparece – juiz decide se é ou não credor; (iii) mais de um pretendente comparece – o juiz reconhece o depósito, exclui o autor do processo e prossegue com os demais pretendentes.
5) Sentença (se de procedência – reconhece o depósito e libera o devedor; se de improcedência pela insuficiência do depósito, determina, se possível, o valor exato devido e será título executivo).

6.6. Ação de depósito

No contrato de depósito, o depositário recebe a coisa móvel para guardá-la até que o depositante a reclame. A restituição é, portanto, característica básica desse tipo de contrato.

Não havendo a devolução da coisa depositada, o depositante (legitimidade ativa) pode valer-se da ***ação de depósito*** *para exigir a restituição da coisa entregue em depósito voluntário (ou contratual) ou em depósito legal.*

Vale lembrar que a respeito do tema, a Súmula Vinculante 25 considerou ilícita a prisão civil para qualquer das modalidades de depósito.

a) Procedimento

1) Petição inicial (CPC, art. 902): (i) deve conter a exata descrição da coisa depositada, o local onde se encontra e a estimativa do seu valor; (ii) prova literal do depósito; e (iii) pode haver pedido de fixação de multa cominatória como medida coercitiva (CPC, art. 461-A).
2) Alternativas do réu: feita a citação, no prazo de 5 (cinco) dias, o réu pode (i) entregar a coisa ao depositante – extinguindo o processo; (ii) depositar a coisa em juízo – para que possa discutir o mérito; (iii) consignar o equivalente em dinheiro quando não é mais possível depositar a coisa; ou (iv) apresentar contestação.
3) Sentença: julgando o pedido procedente o juiz mandará expedir mandado para que, em 24 horas, o réu deposite a coisa ou o equivalente em dinheiro (CPC, art. 904, caput). Diante da impossibilidade de efetivar essas duas hipóteses, o autor pode buscar a satisfação de seu crédito através de execução por quantia certa nos próprios autos. (CPC, art. 906).

6.7. Ação de prestação de contas

Na ação de prestação de contas, *o autor pode prestar as contas devidas ou pedir que o outro as preste* – apurando, se possível, o saldo existente. A prestação de contas deriva da administração que alguém exerce sobre bens de outrem (CPC, art. 914, I e II).

A sentença que reconhece a procedência do pedido e declara o saldo remanescente tem força executiva, permitindo o cumprimento de sentença (CPC, art. 475-J).

6.7.1. Ação de exigir contas (CPC, art. 914, I)

É cabível quando as contas não são prestadas espontaneamente pelo administrador. Nesse caso, o procedimento se divide em 2 fases: na primeira, verifica-se a existência da obrigação de prestar contas e, sendo essa reconhecida, a segunda fase cuida de apurar as contas em si.

Procedimento:

Petição inicial (CPC, art. 914, I): deve ser instruída com a prova da relação jurídica (legal ou contratual) da qual decorre o dever de prestar as contas.
O réu (CPC, art. 915) é citado para, em 5 (cinco) dias, apresentar resposta, podendo: 2.a) apresentar as contas (§1º): o autor se manifesta em 5 (cinco) dias para aceitá-las – caso em que se apura o saldo remanescente e extingue-se a obrigação; ou impugná-las – conversão do rito em ordinário; 2.b) ficar revel (§2º): a inércia do réu implica reconhecimento do direito de autor de ter as contas prestadas, no prazo de 48 horas, sob pena de não lhe ser possível impugná-las adiante; 2.c) apresentar as contas e contestar (defendendo, por exemplo, a ausência de recusa na prestação de contas) ou não apresentar as contas e contestar (hipótese em que o procedimento seguirá pelo rito ordinário).

6.7.2. Ação de dar contas (CPC, art. 914, inc. II)

É cabível quando há interesse do administrador dos bens em apresentá-las para obter a quitação e liberar-se da obriga-
744 ção. O interesse de agir do autor decorre da recusa na oferta das contas, da discussão quanto à forma que a obrigação foi cumprida, ou quanto ao conteúdo das contas.

Procedimento:

Petição inicial (CPC, art. 916): deve ser instruída com prova da origem da obrigação de prestas as contas, bem como a descrição dos motivos que levaram o autor a ajuizar a ação (interesse de agir).
2) O réu (CPC, art. 915) é citado para, em 5 (cinco) dias, apresentar resposta, podendo: 2.a) aceitar as contas (§1º): implica no reconhecimento da procedência do pedido e as contas são julgadas ao livre convencimento do juiz; 2.b) contestar a ação (§2º): hipótese em que o procedimento seguirá o rito ordinário.

6.8. Ação de nunciação de obra nova

*A **ação de nunciação de obra nova** busca impedir os abusos na construção nociva aos vizinhos ou em desconformidade com as normas administrativas* (CPC, art. 934 e seguintes e CC, art. 1.299).

Essa ação busca impedir o prosseguimento da construção que seja nova. A característica da novidade é essencial para fundamentar esse tipo de ação, pois somente pode ser embargada a obra que ainda não foi concluída. Caso já concluída a obra, a medida cabível é a "ação demolitória", que tramita pelo procedimento comum.

A **legitimidade ativa** é do proprietário vizinho da obra que se pretende embargar ou do Município, enquanto que o **legitimado passivo** é o dono da obra que comanda a construção.

A **competência** será do foro da situação do imóvel (CPC, art. 95).

a) Cabimento (CPC, art. 934):

(i) quando a obra nova possa prejudicar a estrutura do prédio vizinho ou diminuir-lhe a utilidade;

(ii) quando a obra é feita por coproprietário em prejuízo ou alteração da coisa comum;

(iii) quando a obra é feita em desacordo com a lei ou regulamento administrativo.

b) Procedimento extrajudicial (CPC, 935):

Tendo em vista a urgência na paralisação da obra, o prejudicado pode notificar verbalmente o proprietário da construção, na presença de 2 testemunhas. Para que o ato extrajudicial tenha validade, é preciso buscar sua homologação em juízo no prazo de até 3 dias após o embargo extrajudicial.

c) Procedimento judicial (CPC, art. 936 e seguintes):

1) Petição inicial: deve conter os pedidos de (i) suspensão da obra com a demolição, modificação ou reconstrução do que foi feito em detrimento das normas aplicáveis; (ii) a cominação de multa para o descumprimento e (iii) a condenação em perdas e danos.
2) Possibilidade de liminar (CPC, art. 937): é possível a concessão do embargo liminarmente ou após justificação prévia.
3) Citação do réu para apresentar defesa em 5 dias (CPC, art. 938): apresentada a contestação o procedimento segue o rito previsto para as cautelares.
4) Prosseguimento da obra embargada (CPC, art. 940): se o réu demonstrar prejuízo com a suspensão da obra pode requerer seu prosseguimento, mediante a prestação de caução.

6.9. Ação de usucapião

*A **usucapião** é uma das formas de aquisição originária da propriedade, quando há o exercício da posse por determinado tempo* (CC, arts. 1.238 a 1.244).

Para que seja reconhecida a usucapião, é necessária a conjugação de 4 elementos:

(i) posse ininterrupta, isto é, a posse vem sendo exercida ao longo dos anos sem que tenha ocorrido sua perda em algum momento (admite-se a soma das posses dos antecessores com a finalidade de obter o tempo exigido pela lei);

(ii) posse incontestada, que implica o exercício pacífico da posse, sem oposição;

(iii) o possuidor esteja com ânimo de dono, exteriorizando atos condizentes à figura do proprietário;

(iv) o decurso do tempo exigido em lei.

a) Espécies de usucapião:

(i) **extraordinária** (CC, art. 1.238): independe de título ou de boa-fé, basta o exercício manso, pacífico e ininterrupto da posse por 15 (quinze) anos;

(ii) **ordinária** (CC, art. 1.242): depende de justo título e boa-fé, quando o possuidor estabeleceu sua moradia habitual ou realize serviços de caráter produtivo, pelo prazo de 10 (dez) anos (CC, art. 1.242, parágrafo único. O prazo para a aquisição será de cinco anos quando o imóvel for adquirido onerosamente, com base no registro em cartório, cancelado posteriormente, desde que o possuidor tenha estabelecido moradia);

(iii) **especial rural** (CC, art. 1.239): o prazo é de 5 (cinco) anos quando o possuidor morar no imóvel rural ou o utilizar para a produção de seu trabalho, não possui outro imóvel em seu nome e a área não exceda a 50 hectares;

(iv) **especial urbana** (CC, art. 1.240): o prazo é 5 (cinco) anos, para área de até 250 metros quadrados, desde que o possuidor não seja proprietário de outro imóvel e utilize para moradia;

(v) **coletivo** (Lei 10.257/01, art. 10 – Estatuto da Cidade): o prazo para aquisição da propriedade coletiva é de 5 (cinco) nos casos em que a área, com mais de 250 metros quadrados, esteja ocupada por população de baixa renda com destinação para moradia, não sendo possível identificar os terrenos ocupados por cada família e não havendo proprietários de outros imóveis;

(vi) **familiar** (CC, art. 1.240-A): o prazo para o ex-cônjuge ou companheiro adquirir a propriedade do imóvel urbano, de até 250 metros quadrados, que dividia com o parceiro até o abandono, é de 2 (dois) anos, desde que permaneça utilizando o imóvel para moradia, ininterruptamente e sem oposição.

b) Procedimento:

1) Petição inicial: (a) deverá conter a descrição do imóvel, bem como dos elementos que autorizam a aquisição da propriedade por usucapião (título, o tempo de posse, o ânimo de dono etc.);
(b) pedido de citação (CPC, art. 942): será pessoal para aquele cujo nome constar no registro, dos confinantes e seus respectivos cônjuges (CPC, art. 10, §1º, inc. I); será por edital no caso de réus incertos;
(c) pedido de intimação da Fazenda Pública (CPC, art. 943): tendo em vista o interesse na impossibilidade de usucapião de bens públicos;
2) Contestação do réu: é apresentada no prazo de 15 (quinze) dias;
3) Sentença: constituiu o título com o qual será efetivado o registro imobiliário da propriedade.

6.10. Embargos de terceiro

Os **embargos de terceiro** são uma *ação autônoma na qual se busca a defesa dos bens e direitos de terceiro, indevidamente atingidos por constrição judicial* (o terceiro não é parte do processo em questão).

Procedimento:

1) Petição inicial (CPC, art. 1.050): deverá o embargante fazer prova de sua posse e da qualidade de terceiro, oferecendo documentos e indicando testemunhas;
2) Liminar (CPC, art. 1.051): provada a posse o juiz pode deferir os embargos liminarmente, mediante expedição de mandado de manutenção ou de restituição em favor do embargante, após a prestação de caução;
3) Defesa do réu (CPC, art. 1.053): o prazo para contestar é de 10 (dez) dias.
4) Sentença.

6.11. Mandado de Segurança Individual

O ***mandado de segurança*** *é o instrumento adequado para proteger direito líquido e certo não amparado por* habeas corpus *ou* habeas data, *quando o responsável pela ilegalidade ou abuso de poder for autoridade pública ou agente de pessoa jurídica no exercício de atribuições do Poder Público* (Lei 12.016/2009, art. 1º).

O direito líquido é certo é aquele que independe de outra prova que não a documental.

O prazo para impetração do mandado de segurança é decadencial de 120 (cento e vinte) dias contados da ciência do ato impugnado (Lei 12.016/2009, art. 23). A decadência se refere ao uso do instrumento, sendo possível o ajuizamento da demanda pelas vias ordinárias até a prescrição da pretensão.

Procedimento:

1) Petição inicial: deverá demonstrar a ofensa ao direito líquido e certo, indicando a autoridade coatora do ato;
2) Liminar: é possível a concessão de liminar (Lei 12.016/2009, art. 7º, III) – sendo que existem restrições à concessão de liminares contra a Fazenda Pública (Lei 9.494/1997);
3) Após prestadas as informações pela autoridade coatora, o MP será ouvido (Lei 12.016/2009, art. 12);
4) Se a sentença for concessiva da ordem, há reexame necessário (Lei 12.016/2009, art. 14, § 1º).

6.12. Ação de despejo por falta de pagamento

*O inadimplemento do inquilino quanto à obrigação de pagar os aluguéis autoriza o ajuizamento da **ação de despejo**.* Essa ação pode ainda ser cumulada com a cobrança dos aluguéis e acessórios da locação (Lei 8.245/91, art. 62, I).

Portanto, a **legitimidade ativa** é do locador, enquanto que a **legitimidade passiva** recai sobre o inquilino e seus fiadores (quanto a esses, em relação à cobrança, não quanto ao despejo em si).

O foro competente para o ajuizamento da ação é da situação do imóvel, salvo se houver cláusula de foro de eleição no contrato (Lei 8.245/91, art. 58, II).

Procedimento:

1) Petição inicial: deverá fazer prova do contrato de locação e das parcelas vencidas e não pagas pelo locatário, através de demonstrativo de débito;
2) Citação do réu: o réu pode contestar (negando o direito constitutivo do autor) ou purgar a mora (com o objetivo de evitar a rescisão do contrato) no prazo de 15 dias contados da citação;
2.a) o depósito efetuado como purgação da mora admite complementação, em caso de insuficiência (Lei 8.245/91, art. 62, inc. III);
3) Sentença: com o julgamento de procedência da ação será expedido mandado de despejo, que conterá o prazo de 30 (trinta) dias para a desocupação voluntária. Se após a notificação do decurso do prazo o inquilino permanecer no imóvel, na realização do despejo poderá ser utilizada a força (Lei 8.245/91, art. 65).

6.13. Juizados especiais

Atualmente existem três Juizados, que compõem um *sistema*.

No âmbito da Justiça Estadual existe o **Juizado Especial Cível** (Lei 9.099/1995), uma *opção* (em relação à Justiça Comum Estadual) para os litigantes com causas de *até 40 salários-mínimos*.

De seu turno, na área federal, há o **Juizado Especial Federal** (Lei 10.259/2001), que tem *caráter obrigatório* para o julgamento das demandas com valor *até 60 salários-mínimos*, bem como a aplicação subsidiária da Lei 9.099/1995.

E, também na esfera estadual, há o **Juizado da Fazenda Pública Estadual** (Lei 12.153/2009), para o julgamento de causas com valor de *até 60 salários-mínimos* – sendo que, *onde estiver instalado, terá caráter obrigatório*. A lei teve sua vigência a partir de junho de 2010 e prevê que os juizados *devem ser instalados em até 2 anos*.

Mas, afinal, **o que são os Juizados?**

Trata-se tanto de (i) um *procedimento distinto* do comum ordinário previsto no CPC, como também (ii) a criação de uma *estrutura paralela* em relação à usual formatação da Justiça (em 2º grau, Colégio Recursal e não Tribunal).

Assim, é certo que haverá distinção em relação ao procedimento de causas perante os Juizados e causas perante a Justiça tradicional. Tanto é assim que no capítulo de recursos foi aberto um tópico específico para recursos nos juizados.

6.13.1. JEC (Lei 9.099/1995)

Os juizados buscam a **simplificação e a desburocratização do processo** (art. 2º).

Nesta linha, a inicial será mais simples que o art. 282 CPC. São **requisitos da inicial** (art. 14, § 1º):

(i) *qualificação* das partes;
(ii) fatos e fundamentos de forma *sucinta;*
(iii) *pedido e valor.*

Podem ser **autores no JEC** (art. 8º, § 1º):

- ✔ pessoas físicas *capazes;*
- ✔ *ME;*
- ✔ Organização da Sociedade Civil de Interesse Público (*OSCIP*);
- ✔ *sociedades de crédito ao microempreendedor.*

No tocante à capacidade postulatória, a própria parte é dotada nas *causas até 20 salários-mínimos*, não havendo necessidade de advogado (art. 9º).

Não podem ser réus (art. 8º):

- ✔ *incapaz;*
- ✔ *preso;*
- ✔ pessoas jurídicas de *direito público;*
- ✔ *massa falida.*

Causas que **não são admitidas no JEC** (art. 3º, § 2º):

- ✔ *família* (alimentos e estado);
- ✔ *fiscal;*
- ✔ *falência;*
- ✔ interesse do *Estado.*

Visando à simplificação, há **institutos do CPC vedados no JEC**:

- ✔ intervenção de *terceiros* (art. 10);
- ✔ citação por *edital* (art. 18, § 2º);
- ✔ *reconvenção* (art. 31 – admite-se pedido contraposto);
- ✔ *ação rescisória* (art. 59).

O **procedimento do JEC** é:

1) inicial;
2) audiência de conciliação;
3) audiência de instrução (apresentação de contestação/ oitiva de testemunhas e depoimento pessoal, se for o caso/ alegações finais);
4) sentença (passível de recurso para o Colégio Recursal) que não poderá ser ilíquida (art. 38, p. ú.);
5) após trânsito em julgado: formação do título – cumprimento de sentença perante o próprio JEC (art. 52).

6.13.2. JEF (Lei 10.259/2001) e JEFP (Lei 12.153/2009)

Aplica-se de forma subsidiária aos demais juizados a Lei 9.099/1995.

Além do procedimento, o destaque para o JEF e o JEFP é que no polo passivo encontram-se entes estatais. No **JEF**, *entes públicos federais*; no **JEFP**, *entes públicos estaduais e municipais.*

Outro destaque é que o pagamento não é feito por precatório, mas sim por requisição de pequeno valor, *muito mais ágil.*

Quanto ao **procedimento**:

JEF
1) inicial;
2) audiência de conciliação e instrução OU; 2a) contestação em 30 dias e, se necessário, audiência de instrução;
3) sentença (passível de recurso para o Colégio Recursal);
4) após trânsito em julgado: formação do título – pagamento será efetuado em 60 dias, independentemente de precatório (requisição de pequeno valor – "RPV" – art. 17).

JEFP
1) inicial;
2) audiência de conciliação (com supervisão do juiz – art. 16);
3) audiência de instrução;
4) sentença;
5) após trânsito em julgado, formação do título – execução perante o próprio juizado. – quanto à execução, poderá ser por "obrigação de pequeno valor", em até 60 dias, ou precatório (art. 13): lei específica de cada ente estipulará até qual quantia será via OPV e a partir de qual valor será por precatório. – o art. 13, § 3º, estipula que, na ausência de lei, serão os seguintes valores para pagamento via OPV: (i) 40 salários-mínimos, quanto aos Estados e ao Distrito Federal; (ii) 30 salários-mínimos, quanto aos Municípios. – se não houver o pagamento da OPV no prazo, será possível o sequestro de renda pública, dispensada a oitiva da Fazenda (art. 13, § 1º).

6.14. Ação de alimentos

Considerando a **urgência na prestação de alimentos**, para a sobrevivência de quem deles necessita, é certo que *o procedimento-padrão seria insuficiente.*

Daí o procedimento previsto na *Lei 5.478/1968 para o processo de conhecimento,* bem como o *CPC, art. 733, para o processo de execução.*

Trata-se, portanto, de um **procedimento mais concentrado** que o comum:

1) inicial;
2) alimentos provisórios (art. 4º);
3) audiência de conciliação, instrução e julgamento (art. 9º): - tentativa de conciliação; - apresentação de contestação; - produção de provas; - alegações finais.
4) sentença – que inclusive poderá ser proferida na própria audiência (art. 11, p.u.).

O art. 4º da Lei 5.478/1968 prevê a figura dos **alimentos provisórios**, que serão concedidos pelo juiz até mesmo de ofício no momento em que determina a citação do réu.

Cabe esclarecer que a lei em questão somente pode ser utilizada quando se estiver diante de **dever alimentar pré-constituído** (ou seja, paternidade, cônjuge, companheiro).

Se não se tratar dessa hipótese, não cabe o uso do célere procedimento previsto na Lei 5.478/1968. Então terá de ser utilizado o *procedimento comum ordinário.* É, por exemplo, o que ocorre com a *investigação de paternidade.*

Portanto, **não cabe**, na *investigação de paternidade, a figura dos alimentos provisórios*. Mas, para resguardar a parte cabem os **alimentos provisionais**. Os alimentos provisionais (CPC, art. 852) são um *processo cautelar* e devem ser concedidos desde que provados o *fumus boni iuris* e o *periculum in mora*.

É certo que é mais fácil obter os alimentos provisórios (que já têm prova pré-constituída) que os provisionais (que dependem de prova).

6.15. Normas processuais presentes em outras leis extravantes

Além dos procedimentos especiais acima analisados, cabe, por fim, destacar alguns aspectos processuais em leis relevantes para a função do Defensor Público. Não se trata de diplomas eminentemente processuais, mas que trazem regras processuais que são relevantes.

6.15.1. Código de Defesa do Consumidor

O CDC, do ponto de vista processual, traz normas que se prestam à tutela individual e coletiva.

Quanto à tutela coletiva, o tema será tratado em capítulo próprio desta obra.

Quanto à tutela individual, arrolamos a seguir os principais aspectos:

- ✔ *principiologia*: **acesso à justiça** e **assistência jurídica** aos necessitados (arts. 4º, 5º e 6º do CDC);
- ✔ **inversão do ônus da prova** (art. 6º, VIII do CDC): para sua aplicabilidade, exige (i) verossimilhança das alegações do consumidor e (ii) hipossuficiência. Prevalece o debate, na doutrina e jurisprudência, a respeito de qual o momento para que haja a inversão do ônus da prova (se é possível apenas na sentença ou se, desde o saneador isso já será decidido – existindo alguma prevalência desta última tese, no STJ). Essa divergência, em parte, decorre dos entendimentos distintos quanto ao ônus da prova ser *regra de produção de prova* (também chamada de regra de procedimento, pela qual o juiz deverá, antes da produção da prova, destacar de quem é o ônus) ou *regra de julgamento* (somente quando proferindo a sentença, na análise das provas, é que o juiz observará se é hipótese de inversão do ônus); a Defensoria em regra pleiteia a observância do segundo entendimento, inclusive porque isso evita declarações de nulidade em situações em que não houve prévia decisão quanto à inversão do ônus da prova, mas a regra foi aplicada.
- ✔ **descabimento de arbitragem de forma compulsória** (art. 51, VII do CDC): são *abusivas* cláusulas que determinem a utilização compulsória da arbitragem;
- ✔ **tutela específica das obrigações de fazer ou não fazer** (art. 84 do CDC): é a presença, no âmbito do CDC, da situação prevista no art. 461 do CPC. A multa estabelecida no § 4º poderá ser fixada de ofício (AgRg no Ag 546.698/RS, Rel. Min. Fernando Gonçalves);
- ✔ **má-fé processual** (art. 87 do CDC): *não pode ser presumida e deve ser cabalmente comprovada*. Seus efeitos, uma vez verificada sua ocorrência, serão aplicados com base nos arts. 16 e 18, do CPC;
- ✔ **vedação da denunciação à lide** (art. 88 do CDC): descabe, nas demandas envolvendo consumo, a denunciação da lide. *O fundamento é evitar a morosidade processual e se buscar a reparação efetiva e integral dos danos causados ao consumidor*. Majoritariamente, entende-se que as modalidades de intervenção de terceiros não podem ser deferidas em prejuízo do consumidor (AgRg no Ag 184.616/RJ, Rel. Min. Nancy Andrighi);
- ✔ **competência do foro do domicílio do consumidor** (art. 101, I, do CDC): nas ações de indenização amparadas na responsabilidade civil do fornecedor, o feito poderá ser ajuizado, *a critério do consumidor, em seu domicílio ou no do fornecedor*. Será nula a cláusula de foro de eleição que importe em dificuldade de acesso ao Poder Judiciário.

6.15.2. Estatuto da Criança e do Adolescente

O ECA (Lei 8.069/1990), do ponto de vista processual civil, também merece algumas considerações:

- ✔ **acesso à justiça** (art. 141 do ECA): toda criança ou adolescentes terá acesso à Defensoria Pública, Ministério Público e Poder Judiciário, por qualquer de seus órgãos. Vale destacar, porém, que isso não significa a desconsideração das regras de capacidade existentes no sistema;
- ✔ **capacidade processual** (art. 142 do ECA): assim como previsto no CC, os absolutamente incapazes serão representados e os relativamente incapazes serão assistidos em juízo;
- ✔ **criação de varas especializadas**: a lei prevê a criação de *varas especializadas e exclusivas da infância e da juventude* (art. 145 do ECA), nas quais haverá isenção de custas e emolumentos, ressalvada a hipótese de litigância de má-fé (art. 141, § 2º, do ECA). A competência territorial será determinada (art. 147 do ECA): (i) pelo domicílio dos pais ou responsável (inciso I); (ii) pelo lugar onde se encontre a criança ou adolescente, à falta dos pais ou responsável (inciso II).
- ✔ **competência das varas especializadas, no âmbito processual civil:** (i) adoção e seus incidentes (art. 148, III, do ECA); (ii) ações civis fundadas em interesses individuais, difusos ou coletivos afetos à criança e ao adolescente (art. 148, IV, do ECA); (iii) *quando*

a criança ou o adolescente estiverem sob medida de proteção (prevista no art. 98 e ss. do ECA) também caberá à justiça da infância e juventude: (a) conhecer de pedidos de guarda e tutela; (b) conhecer de ações de destituição do poder familiar, perda ou modificação da tutela ou guarda; (c) suprir a capacidade ou o consentimento para o casamento; (d) conhecer de pedidos baseados em discordância paterna ou materna, em relação ao exercício do poder familiar; (e) conceder a emancipação, nos termos da lei civil, quando faltarem os pais; (f) designar curador especial em casos de apresentação de queixa ou representação, ou de outros procedimentos judiciais ou extrajudiciais em que haja interesses de criança ou adolescente; (g) conhecer de ações de alimentos; (h) determinar o cancelamento, a retificação e o suprimento dos registros de nascimento e óbito;

- ✔ **aplicação subsidiária do CPC, inclusive em relação a recursos** (arts. 152 e 198 do ECA): os procedimentos regulados no ECA terão aplicação subsidiária das normas previstas na legislação processual pertinente, também no tocante aos recursos, observadas as seguintes adaptações: (i) os recursos serão interpostos *independentemente de preparo*; (ii) *em todos os recursos*, salvo nos embargos de declaração, *o prazo para o MP e para a defesa será sempre de 10 (dez) dias*; (iii) os recursos terão preferência de julgamento e dispensarão revisor; (iv) antes de determinar a remessa dos autos à superior instância, no caso de apelação, ou do instrumento, no caso de agravo, a autoridade judiciária proferirá despacho fundamentado, mantendo ou reformando a decisão, no prazo de cinco dias; (v) mantida a decisão apelada ou agravada, o escrivão remeterá os autos ou o instrumento à superior instância dentro de vinte e quatro horas, independentemente de novo pedido do recorrente; se a reformar, a remessa dos autos dependerá de pedido expresso da parte interessada ou do Ministério Público, no prazo de cinco dias, contados da intimação.

Além disso: (i) a sentença que deferir a adoção produz *efeito desde logo*, embora sujeita a *apelação, que será recebida exclusivamente no efeito devolutivo*, salvo se se tratar de *adoção internacional ou se houver perigo de dano irreparável ou de difícil reparação ao adotando*; (ii) a sentença que *destituir ambos ou qualquer dos genitores do poder familiar* fica sujeita a apelação, que deverá ser recebida apenas no efeito devolutivo; (iii) os recursos nos procedimentos de adoção e de destituição de poder familiar, em face da relevância das questões, serão processados com *prioridade absoluta*, devendo ser imediatamente distribuídos, ficando vedado que aguardem, em qualquer situação, oportuna distribuição, e serão colocados em mesa para julgamento sem revisão e com parecer urgente do ministério público; (iv) o relator deverá colocar o processo em mesa para julgamento no prazo máximo de 60 (sessenta) dias, contado da sua conclusão; (v) o MP será intimado da data do julgamento e poderá na sessão, se entender necessário, apresentar oralmente seu parecer.

6.15.3. Estatuto do Idoso

O Estatuto do Idoso (Lei 10.741/03) também tem normas processuais, a seguir expostos os principais pontos:

- ✔ **varas especializadas** (art. 70 do EI): a lei prevê a criação de varas especializadas e exclusivas do idoso;
- ✔ **prioridade na tramitação do processo** (art. 71 do EI): a partir dos *60 (sessenta) anos de idade*, a parte terá prioridade na tramitação processual. O benefício deve ser requerido pela parte, mediante documento probatório da idade. Contudo, há entendimento no sentido de que o benefício pode ser concedido de ofício por se tratar de norma de ordem pública. Contra a decisão que negar o benefício da prioridade, caberá agravo de Instrumento, já que passível de causar lesão grave ou de difícil reparação ao idoso;
- ✔ **competência** (art. 80 do EI): as causas envolvendo direitos de idosos deverão ser propostas no próprio domicílio do idoso – e o artigo afirma que isso se trata de *competência absoluta*, ressalvada a competência da Justiça Federal e a competência originária dos tribunais Superiores;

8. Direito Empresarial

Henrique Subi

1. Títulos de crédito

1.1. Conceito

A lei civil define título de crédito como *o documento necessário para o exercício do direito literal e autônomo nele contido* (art. 887 do CC). Esclarecendo melhor, o título de crédito representa uma obrigação jurídica de cunho patrimonial assumida por alguém, sendo que o credor, a fim de exigir o cumprimento desta no vencimento, deve apresentar o título ao devedor.

Mais do que isso, o título de crédito, como regra, consubstancia a própria obrigação, caracterizando sua *abstração*. Exemplo: não importa por qual razão a pessoa possui um cheque assinado por terceiro em mãos, ela terá direito ao valor nele escrito quando da apresentação na instituição financeira. Uma vez colocado em circulação, sendo transmitido a terceiro, o título se desvincula da relação jurídica que lhe deu origem. Suponha que Alberto pague suas compras no açougue com um cheque e, posteriormente, o dono do açougue entregue o mesmo cheque para um de seus fornecedores, Benedito. Alberto terá de pagar o dinheiro representado no cheque a Benedito, mesmo nunca o tendo visto antes na vida. Credor e devedor se unem exclusivamente pelo título, por isso diz-se que este é *abstrato*.

Esta regra, todavia, pode ser limitada pelas partes, que expressamente vinculam a emissão do título de crédito a outra obrigação. Bastante comum a prática de constar discriminadamente no contrato que as parcelas serão pagas mediante a quitação das notas promissórias emitidas no mesmo ato pelo devedor. Nesse caso, desde que o credor não negocie o título de crédito, mantendo-o consigo, continua o signatário das promissórias autorizado a alegar, a **exceção de contrato não cumprido**, por exemplo, e não honrar os valores representados pelos títulos.

O estudo dos títulos de crédito recebe o nome de **Direito Cambiário (ou Cambial)**.

1.2. Princípios do Direito Cambiário

1.2.1. Princípio da cartularidade (ou da incorporação)

É credor do título aquele que o detém concretamente, fisicamente, quem o tem em mãos. *Cártula* é o instrumento material, o papel, que corporifica o título de crédito. Como já descrito, para que se exija o pagamento deste, inclusive em juízo, é obrigatória a apresentação da cártula.

1.2.2. Princípio da literalidade

Pode ser exigido do devedor apenas o que constar, literalmente, no título de crédito, seja o valor, as condições de pagamento, a garantia ou o prazo de vencimento. Pactuando as partes esta ou aquela cláusula relevante para o adimplemento da obrigação, deve esta ser escrita na cártula, sob pena de mostrar-se inexigível no futuro.

1.2.3. Princípio da autonomia das relações cambiárias

O mesmo título de crédito pode representar uma série de obrigações, todas elas decorrentes da obrigação patrimonial original assumida pelo devedor, como o aval e o endosso. *A nulidade de uma obrigação cambial não implica a nulidade das outras obrigações constantes do título*. Cada relação estabelecida na cártula é autônoma e eventuais vícios existentes em uma delas não desobriga o devedor a honrar o pagamento junto àquele que validamente detém o título. Esse princípio decorre da *abstração* do título de crédito supramencionada e implica, por sua vez, em outra regra: a **inoponibilidade de exceções pessoais a terceiros de boa-fé**.

Exemplifica-se: Jorge compra um colar de Pedro, pois este lhe garantiu que ele era fabricado em ouro. Como pagamento, Jorge emite uma nota promissória em favor de Pedro constando que a pagaria dali a 15 dias. Neste ínterim, Pedro **endossa** a nota promissória a Carlos, transferindo-lhe o crédito que ela representa, em pagamento de uma dívida. Em paralelo, Jorge descobre que o colar não é de ouro, mas sim de metal menos nobre. Chegada a data do vencimento, Carlos vai até Jorge para exigir o dinheiro. Pode Jorge negar-se a pagar por conta de ter recebido a coisa com vício? *Não*. Carlos, o detentor da cártula, nada tem a ver com isso. É **terceiro de boa-fé**. Jorge não pode alegar contra ele um argumento que possui contra Pedro, pois se trata de uma **exceção pessoal**. Cabe a Jorge pagar o valor da nota promissória a Carlos e, posteriormente, cobrar de Pedro o abatimento no preço ou mesmo o desfazimento do negócio.

Não nos esqueçamos, por outro lado, que o regime jurídico cambiário afasta a oposição apenas de **exceções pessoais**, que não se confundem com **vícios formais** do título, extrínsecos ou intrínsecos, como, por exemplo, a emissão de duplicata em caso não previsto em lei (STJ, REsp 774304/MT, DJ 05/10/2010).

1.3. Características dos títulos de crédito

Duas são as características intrínsecas a todo título de crédito: a **negociabilidade** e a **executividade**.

O título, por força de sua abstração, é, como regra, *livremente negociável*, ou seja, *o crédito que ele representa pode ser transmitido a terceiros por simples tradição ou através de endosso*. A própria existência dos títulos de crédito se fundamenta na facilidade de sua circulação, o que permite agilizar sobremaneira os negócios jurídicos em que ele se insere. O emissor não se vincula, já se disse, exclusivamente ao credor original da cártula, *mas a qualquer pessoa que validamente a possua na data do vencimento*.

Além disso, a materialização da dívida em título de crédito confere maior segurança jurídica ao credor, por serem, todos eles, **títulos executivos extrajudiciais** (art. 585, I, do CPC), dispensando, assim, prévia ação de conhecimento para sua cobrança em juízo. Diante dessa característica, assinala Waldo Fazzio Júnior que "os títulos de crédito (...) se destacam como tópico privilegiado no universo do direito econômico porque agraciados pelo sistema jurídico-positivo, simultaneamente, com regras materiais que implementam sua circulação segura e regras processuais que lhes outorgam a possibilidade de realização forçada pela via jurisdicional da execução" (*in* **Manual de Direito Comercial**, São Paulo: Atlas, 2009, p. 318).

Anote-se, ainda, que o título de crédito possui natureza jurídica de **coisa móvel**, com todas as implicações legais dessa classificação (pode ser objeto de furto, por exemplo).

1.4. Classificação dos títulos de crédito

1.4.1. Quanto à previsão legal

a) **Típicos (ou nominados)**: são aqueles *previstos em lei, a qual traz o regime jurídico aplicável ao título*. Todos os títulos de crédito conhecidos são típicos: cheque, nota promissória, letra de câmbio e duplicata são os principais, regulamentados pelas respectivas leis que os criaram;

b) **Atípicos (ou inominados): são aqueles não previstos, inicialmente, em lei, mas criados na forma legal. Com efeito,** o Código Civil não veda a possibilidade de criação de outros títulos de crédito, desde que atendam aos requisitos nele expostos. Assim, se criados na forma legal, serão regulamentados pelo próprio CC, que também serve de regramento supletivo para os títulos de crédito típicos (art. 903).

1.4.2. Quanto à forma

a) **Vinculados**: trata-se dos títulos de crédito onde *tanto os requisitos materiais (de conteúdo) quanto os formais (tamanho, disposição das informações) são estabelecidos pela lei*. É o caso do cheque e da duplicata;

b) **Não vinculados (ou de forma livre)**: nesse caso, *apenas os requisitos materiais estão previstos em lei*. Podem assumir qualquer forma, ou seja, ser representados em qualquer papel, de qualquer tamanho, bastando que expressem o conteúdo exigido pela norma. Entram aqui a nota promissória e a letra de câmbio.

1.4.3. Quanto à estrutura

a) **Ordem de pagamento**: nessa espécie, existem *três* pessoas envolvidas na relação cambial original. O *sacador (ou emitente)* emite o título de crédito *determinando* que o *sacado* pague ao *tomador (ou beneficiário)* determinada quantia. Não desnatura a ordem de pagamento o fato de sacador e tomador serem a mesma pessoa. É a estrutura da letra de câmbio, do cheque e da duplicata;

b) **Promessa de pagamento**: já nessa hipótese, existem apenas *duas* pessoas envolvidas na relação cambial original. O *sacador* emite o título *prometendo* pagar ao *tomador* determinada quantia. Um exemplo típico dessa espécie é a nota promissória.

1.4.4. Quanto às hipóteses de emissão

a) **Causais**: para esses títulos de crédito, *a lei autoriza sua emissão apenas em hipóteses específicas*. É o caso da duplicata, que somente pode ser emitida para representar compra e venda com pagamento a prazo ou prestação de serviços;

b) **Não causais (ou abstratos)**: *podem ser emitidos em qualquer situação*. Cheque, letra de câmbio e nota promissória são títulos não causais, pois estão autorizados a representar obrigações de qualquer natureza.

1.4.5. Quanto à circulação

a) **Ao portador**: *transmite-se com a simples tradição*, ou seja, com a entrega física da cártula a terceira pessoa. Caracteriza-se pela ausência de indicação do tomador. Atualmente, o único título autorizado a ser emitido "ao portador" é o cheque de valor inferior a R$100,00;

b) **Nominais "à ordem"**: nesses títulos, indica-se *quem é seu beneficiário original*, e, caso este deseje transferir o crédito representado no título para terceiro, deverá fazê-lo formalmente. Sua circulação está, destarte, *autorizada através da relação cambial conhecida por **endosso***, que transmite ao novo credor todos os direitos originais relativos ao título. Estudaremos as regras aplicáveis ao endosso mais adiante;

c) **Nominais "não à ordem"**: *sua circulação não está autorizada*, ao menos não por relações cambiais. O sacador, nesse caso, quer evitar a circulação do título, mantendo-se vinculado apenas ao beneficiário original expressamente indicado. Trata-se de cláusula excepcional, pois afronta a própria natureza do título, e, portanto, deve estar expressa. Caso seja feito o endosso, este não será considerado como tal, mas sim **cessão civil de crédito**, ou seja, relação de Direito Civil e não de Direito Cambiário. Sua diferença em relação ao endosso será analisada junto com este.

Afaste-se, desde já, antiga dúvida sobre a correta aplicação dos termos *nominal* e *nominativo*: título de crédito que indica o tomador é *nominal*; título *nominativo* é espécie de título nominal, em que a transferência de titularidade, para ser eficaz perante o emitente, depende de registro em livro empresarial próprio (ex.: certificado de ações).

1.5. Nascimento da obrigação cambial

Ao longo do tempo, surgiram duas teorias sobre o momento em que se considera o título emitido e, portanto, válido. Segundo a **teoria da criação**, *considera-se emitido o título no momento da assinatura, sendo válido ainda que entre em circulação contra a vontade do sacador*.

Já para os adeptos da **teoria da emissão**, *considera-se emitido o título no momento de sua entrega voluntária e efetiva pelo sacador ao beneficiário*. De nada vale, para esta teoria, estar o título completo e assinado sem que o seu emitente deliberadamente o ponha em circulação.

O CC adotou a teoria da criação, porém de forma abrandada. Lê-se *ipsis litteris* no art. 905, parágrafo único, a regra acima descrita caracterizadora de tal teoria. Não obstante, poderá o emitente recuperar o título das mãos de quem o detenha sem motivo justo (*abrandamento pela teoria da emissão*). Ocorre que, se terceira pessoa já estiver na posse do título e desconhecer o vício de sua origem, evidenciando sua boa-fé, terá direito à quitação da cártula em seu favor, o que, mais uma vez, comprova a opção da Lei Civil pela teoria da criação.

1.6. Legislação aplicável aos títulos de crédito

A avaliação de quais normas vigem no País sobre os títulos de crédito é causa de antigas divergências doutrinárias e jurisprudenciais. Consolidando a posição majoritária extraída dos debates, e principalmente a pacificação do assunto pelo STF, temos o seguinte cenário: para o cheque, existe lei especial a ser observada (Lei 7.357/1985); para a duplicata, idem (Lei 5.474/1968); para a letra de câmbio e nota promissória, vigem entre nós as Convenções de Genebra Sobre Letra de Câmbio e Nota Promissória, também conhecidas como **Lei Uniforme** – LU, introduzidas no ordenamento brasileiro pelos Decretos 57.595/1966 e 57.663/1966 *com reservas*, ou seja, *não aplicamos todos os itens do tratado internacional*; para os casos omissos relativos à letra de câmbio e à nota promissória, continua em vigor o Decreto 2.044/1908; havendo ainda casos omissos ou em complementação às regras dos demais títulos, recorremos ao CC, também regulador dos títulos de créditos atípicos.

1.7. Requisitos materiais gerais

Os títulos de crédito, para serem considerados como tais, necessitam apresentar em seu corpo determinadas informações obrigatórias. Neste diapasão, encontramos pontos cuja exigência é geral para todo e qualquer título e outros específicos para cada um. Dos gerais tratamos agora. Os específicos serão estudados posteriormente junto às regras afeitas a cada título.

Devem constar em toda cártula:

a) **Denominação do título**, seu nome (cheque, duplicata etc.) no corpo do texto e na mesma língua da redação do título;

b) **Assinatura do subscritor**, também chamado de *emitente* ou *sacador*;

c) **Identificação de quem deve pagar**, constando, além do nome, documento oficial de identificação pessoal (RG, CPF, título de eleitor ou carteira de trabalho);

d) **Indicação precisa do valor a ser pago**, em números ou por extenso;

e) **Data do vencimento**, cuja omissão implica vencimento *à vista* (no momento de sua apresentação para pagamento). Além dessa modalidade, o vencimento pode ser estipulado *a certo termo da vista* (ex.: o título vence em 15 dias a partir da sua apresentação ao sacado), *a certo termo da data* (ex.: o título vence em 15 dias contados da data do saque) ou *em data certa* (ex.: o título vence no dia 15 de março de 2014);

f) **Data da emissão;**

g) **Local da emissão e do pagamento**, na falta, considera-se o domicílio do emitente ou do sacado, dependendo do título.

Tais requisitos, a despeito de serem obrigatórios, não o são desde o nascimento do título. Não há obstáculo legal para que este seja emitido ou mesmo circule incompleto (faltando a data do vencimento ou o valor a ser pago, por exemplo). As exigências devem se fazer presentes apenas no momento de sua cobrança ou do protesto, cabendo ao possuidor do título preenchê-las de boa-fé (STF, Súmula 387).

O preenchimento indevido por parte de um dos possuidores não pode ser oposto contra aquele que adquiriu o título de boa-fé, por conta da regra da inoponibilidade das exceções pessoais. O obrigado deve pagar o título conforme as determinações nele escritas (**princípio da literalidade, segundo o qual só valem estritamente as informações descritas no título, não tendo qualquer valor o que não estiver lá expressado**) e voltar-se contra aquele que o preencheu em desacordo com o pacto inicial.

Lembre-se, em derradeiro, que o título é *autônomo* em relação à obrigação que lhe deu origem. Isto implica que a falta de algum requisito legal obrigatório irá retirar sua natureza de título de crédito, porém não implica nulidade do negócio original. A cártula *não é a própria obrigação, apenas a representa* (art. 888 do CC).

1.8. Títulos de crédito em espécie

1.8.1. Letra de câmbio

A letra de câmbio é o título de crédito por excelência, do qual se originaram todos os outros e o próprio estudo do Direito Cambiário (termo, aliás, derivado de *cambial*, sinônimo bastante utilizado de letra de câmbio). Isso porque sobre ela se aplicam todos os institutos de Direito Cambiário, sendo neste ponto a mais completa das cártulas. Assim, por questões didáticas, iniciamos por ela nossa incursão nas espécies de títulos de crédito, dado que seu estudo permite um conhecimento amplo do tema, autorizando que tratemos, quanto aos demais títulos, somente de suas especificidades em cada ato cambiário.

*Letra de câmbio é título de crédito à ordem, que se cria através do **saque**, completando-se pelo **aceite**, que se transfere por **endosso** e se garante por **aval**.*

Trata-se, na estrutura, de uma *ordem de pagamento*. Com isso, sabemos que existem três pessoas envolvidas na relação cambial. Acompanhe o esquema gráfico abaixo:

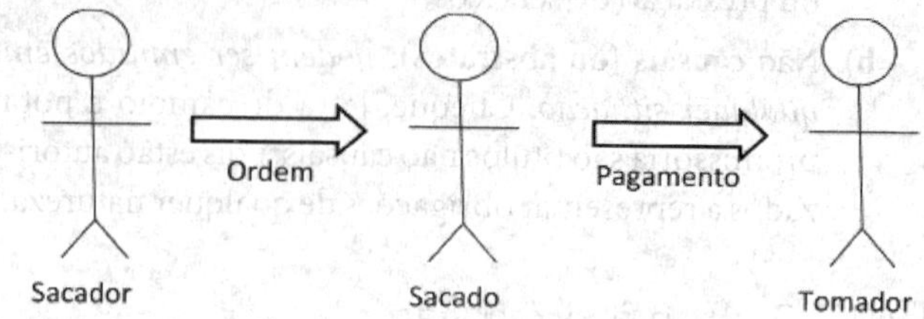

Denomina-se *saque* o ato de constituição do título de crédito, o qual, segundo a **teoria da criação** por nós adotada, completa-se com a *assinatura* da cártula. *Sacador*, portanto, é quem emite a letra de câmbio.

Ele o faz porque tem uma dívida com alguém, chamado de *tomador*, o beneficiário do crédito. Porém, ele também tem um crédito com terceira pessoa. Logo, a fim de simplificar as relações obrigacionais existentes, o sacador emite uma *ordem de pagamento* para que seu devedor, o *sacado*, pague certo valor ao tomador. Chegada a data do vencimento, o tomador, *que detém a cártula*, leva-a ao sacado para cobrança. Assim, tanto o sacador quita sua dívida com o tomador quanto o sacado extingue sua obrigação com o sacador (caso os valores sejam os mesmos).

Repise-se que sacador e tomador, ou mesmo sacador e sacado, *podem ser a mesma pessoa*, conforme o art. 3º da LU.

Resta apontar os requisitos específicos para a validade da letra de câmbio: preliminarmente, é necessário que o *termo "letra de câmbio"* esteja contido no corpo do texto e na mesma língua da redação do título; além disso, deve haver um *mandado puro e simples* de pagar determinada quantia, ou seja, a ordem de pagamento deve ser feita sem qualquer condição; o local do pagamento, cuja ausência de indicação implica *domicílio do sacado*, denotando que, salvo disposição em contrário, a letra consubstancia *dívida quesível*; o nome do beneficiário, pois é *vedada* a emissão de letra de câmbio ao portador; e o local da emissão, cuja ausência de indicação faz presumir que a letra foi passada no *domicílio do sacador*.

Há, ainda, um outro efeito importante do saque: a vinculação do sacador como *coobrigado pelo pagamento do título*. Ao emitir a letra determinando que o sacado pague-a ao tomador, o sacador assume os riscos do sacado não fazê-lo, de forma justificada ou injustificada. Em qualquer das situações, o tomador poderá cobrar a dívida do próprio sacador, afinal existe entre eles uma relação jurídica obrigacional preexistente à própria letra de câmbio.

Entretanto, deve o tomador buscar o pagamento primeiramente com o sacado. Ele é o *devedor principal* do título. O sacador, e outros personagens que poderão ingressar depois na relação cambial, são classificados como *coobrigados*, detentores do benefício de ordem no momento do pagamento. Podem ser chamados a honrar a obrigação apenas se o devedor principal e seu avalista, caso existente, não o fizerem no vencimento do título.

a) Aceite

Aceite *é o ato cambiário que vincula o sacado como devedor principal da letra de câmbio*. A partir deste momento, ele passa a ser denominado **aceitante**.

Para tanto, deve o aceitante apor sua assinatura no anverso do título. O aceite pode ser dado no verso da cártula, mas nesse caso o ato deve ser identificado (a assinatura do aceitante deve vir precedida da palavra "aceito" ou qualquer outra com o mesmo sentido). Diante do **princípio da literalidade**, o aceite deve ser dado no próprio título, não se reconhecendo o ato praticado por instrumento separado.

O aceite é *irretratável*, mas não obrigatório. O sacado não é obrigado a aceitar a letra, ainda que realmente tenha uma dívida com o sacador. Em caso de recusa do aceite, opera-se o *vencimento antecipado* do título, devendo este ser *protestado por falta de aceite* até o primeiro dia útil seguinte para que o tomador possa acionar o sacador. Note que o vencimento antecipado faz letra morta o prazo de pagamento eventualmente constante na cambial e, nesse caso, o protesto é *indispensável* para que o tomador tenha direito de cobrar os coobrigados.

Situação equivalente ocorre nas hipóteses de **aceite limitativo** (*o aceitante aceita apenas parte do valor expresso na letra*) ou **aceite modificativo** (*o aceitante aceita o valor total, mas impõe modificações nas condições de pagamento, como o prazo de vencimento*), ambas espécies do gênero **aceite parcial**. Totalmente lícita, esta modalidade vincula o aceitante nos exatos termos de seu ato, mas também opera o vencimento antecipado *de toda a dívida* para os coobrigados. Afinal, se o aceite foi apenas parcial, é certo dizer que houve também uma recusa.

Para evitar que os efeitos da falta de aceite (como o vencimento antecipado) voltem contra si, pode o sacador inserir na letra de câmbio a cláusula "não aceitável". Com ela, o tomador não deve levar o título para aceite pelo sacado, mas, se o fizer, a recusa não implicará vencimento antecipado da obrigação cambial. É importante frisar que a cláusula "não aceitável" *não desonera o sacador como coobrigado*, tão somente permite que ele seja cobrado no prazo de vencimento inicialmente pactuado. É proibida a inclusão da cláusula nas letras que vencem a certo termo da vista, já que nestas o prazo de vencimento começa a correr justamente do aceite.

A LU permite, outrossim, o **aceite domiciliado**, no qual o aceitante, caso o local de pagamento seja seu próprio domicílio, ao aceitar a letra, *indica outro domicílio para o adimplemento da obrigação*. A decorrência prática disso é a alteração da competência para a cobrança judicial da dívida não paga, pois esta se estabelece na praça de pagamento indicada na cártula.

Em qualquer das modalidades, ou mesmo recusando-se a aceitar, o sacado não pode reter consigo a letra de câmbio, dado que o tomador dela necessita para promover o protesto por falta de aceite e a ação cambial contra os coobrigados (**princípio da cartularidade**). Se o fizer, cabe ao tomador protestar o título **por falta de devolução**, indicando ao tabelião as características da cártula para que aquele lavre o ato (**protesto por indicação**). Parte da doutrina entende inútil essa modalidade de protesto, porque o título continuará indevidamente nas mãos do devedor. A despeito dessa opinião, reputamos válido o ato do tabelião porque, ainda assim, terá o condão de autorizar a cobrança judicial dos coobrigados pelo pagamento da cártula.

A letra deve ser apresentada para aceite em certo prazo, a depender da modalidade do vencimento: para letras vencíveis a certo termo da data ou em data certa, o título deve ser levado ao sacado *até o prazo do vencimento*; nos casos de vencimento à vista ou a certo termo da vista, *em até um ano contado da data do saque*. Prazo diverso, contudo, pode ser estipulado pelo sacador. Em qualquer das situações, o desrespeito ao prazo de apresentação gera a perda do direito de cobrança em relação aos coobrigados.

Apresentada a letra, o sacado tem direito de exigir *que ela lhe seja reapresentada novamente em 24 horas*, dando a si mesmo tempo para ponderar sobre a conveniência de exarar ou não seu aceite. É o que a doutrina chama de **prazo de respiro**.

b) Endosso

É o ato cambiário destinado a transferir a titularidade do crédito e todos os direitos decorrentes do título para terceira pessoa. Obviamente, está presente apenas nos títulos nominais, pois aqueles ao portador transmitem-se com a simples tradição da cártula, e à ordem, já que a inserção da cláusula "não à ordem", como vimos, limita a transferência do crédito pela via cambiária.

O endosso serve à negociabilidade do título, fazendo com que o crédito circule de forma mais rápida e simples. Para o endosso, basta a assinatura do endossante no verso do título. O ato pode ser indicado no anverso, mas para tanto deverá ser identificado através de expressão clara de que se trata de um endosso.

Segue-se ao endosso a entrega da cártula ao endossatário. Nem poderia ser diferente, dado que este, atual credor do valor expresso no título, dela precisará para exigir o pagamento do devedor principal ou de outros coobrigados. É por esse motivo que *é proibido o **endosso parcial (ou limitado)***, ou seja, aquele que transfere somente parte do crédito. Se fosse válido, seria exigido que tanto endossante quanto endossatário estivessem na posse do título para cada um exigir sua parte, possibilidade que não se vislumbra.

Também não vale o **endosso condicionado**. Qualquer condição que acompanhe o ato cambial é considerada não escrita.

Mister destacar que, mesmo transferindo o crédito e entregando o título ao endossatário, o endossante continua presente na cadeia de cobrança. Conclui-se, então, que o endosso tem *dois efeitos*: a *transferência do crédito* e todos os direitos relativos ao título e a *vinculação do endossante como coobrigado*. Se no vencimento não for paga a dívida pelo aceitante, o legítimo possuidor do título pode cobrá-lo de qualquer coobrigado, categoria que, sabemos agora, inclui, além do sacador, os endossantes.

O endosso pode ser realizado *até a data do protesto por falta de pagamento ou o escoamento de seu prazo*. Se realizado posteriormente, recebe o nome de **endosso póstumo (ou tardio)** e é considerado *cessão civil do crédito*, que é ato civil, e não endosso propriamente dito, que é ato cambial. Terá a mesma consequência o endosso exarado em título "não à ordem".

Destacamos abaixo as principais diferenças entre endosso e cessão civil:

Endosso	Cessão civil de crédito
Ato regulamentado pelo Direito Cambial	Ato regulamentado pelo Direito Civil
Unilateral	Bilateral
Somente permitido no próprio título	Pode ser feito em instrumento separado
Responde pela existência do crédito e vincula o endossante ao seu pagamento	Responde apenas pela existência do crédito, não se vinculando ao pagamento
Inoponibilidade das exceções pessoais	Pode o devedor opor ao cessionário as exceções pessoais que tinha contra o cedente

Pode, ainda, o endosso ser **em preto** ou **em branco**. **Endosso em preto** *é aquele que identifica o endossatário*; **endosso em branco**, em contrapartida, *é aquele que não o identifica*. O endossatário do endosso em preto pode endossar posteriormente o título através de endosso em branco. Quem recebe a cártula por endosso em branco *pode transformá-lo em endosso em preto*, inserindo seu nome após o ato. Note que o endosso em branco, por não identificar o endossatário, legitima qualquer pessoa a estar na posse do título, tornando-o *ao portador*. A simples tradição da cambial, por aquele que a recebeu através de endosso em branco, é perfeitamente apta a transferir o crédito (porque falamos de título ao portador) e *não vincula aquele que a entrega como coobrigado pelo pagamento*.

Em qualquer dos casos, o endossante pode inserir no endosso a cláusula "não à ordem", evitando, assim, a livre circulação do crédito. A razão disso reside na vontade do endossante de vincular-se apenas ao endossatário original, não desejando ser chamado a pagar a dívida para pessoa estranha.

É possível, outrossim, que o endossante *não deseje se vincular como coobrigado*. Este ato não desnatura o endosso, mas, por se tratar de exceção ao disposto na legislação, há de ser expresso através da **cláusula "sem garantia"**, devendo este termo constar do endosso.

Não há limite no número de endossos permitidos na mesma cártula, prevendo a LU que deve ser anexada uma folha em branco ao título para que as assinaturas sejam apostas na hipótese de não haver mais espaço no corpo deste documento.

Bastante comum na doutrina é a diferenciação entre **endosso próprio** e **endosso impróprio**. *Próprio é o endosso que opera os dois efeitos que lhe são naturais*: a transferência do crédito e todos os direitos relativos ao título e a vinculação do endossante como coobrigado. **Endosso impróprio** *é aquele que tem outro objetivo que não a transferência do crédito, garantindo ao possuidor da cártula apenas os demais direitos a ela relativos*.

Fala-se em **endosso-mandato (ou endosso-procuração)** quando *o título é endossado exclusivamente para que o endossatário cobre a dívida em nome do endossante, agindo como seu representante*, continuando o crédito de propriedade deste último. Por atuar o endossatário em nome do endossante, o devedor pode opor ao pagamento unicamente as exceções pessoais que detenha contra o endossante. Responderá o endossatário nesse caso, porém, se extrapolar os limites do mandato (STJ, Súmula 476).

Endosso-caução (ou endosso-pignoratício ou endosso-garantia) é espécie de endosso impróprio que *transfere a posse da cártula ao endossatário como garantia do pagamento de uma dívida pelo endossante*. Adimplida a obrigação, retorna para este o título para que execute a cobrança dos devedores da relação cambiária. Caso o endossante não cumpra sua obrigação, e somente neste momento, terá o endossatário que recebeu a cártula em garantia a plena titularidade dos direitos a ela relativos.

Por derradeiro, anote-se o conceito de **endosso de retorno**, que ocorre quando *o endossatário é pessoa já obrigada no título*, ou seja, um endossante anterior. Exemplo: A endossa o título a B, que por sua vez o endossa a C, que vem a endossá-lo para A. Este último ato é o endosso de retorno. Nesse exemplo, caso A venha a endossar o título para D, seu ato receberá o nome de **reendosso**, que pode ser definido como *o novo endosso realizado por aquele que já era endossante*. Em outras palavras, *é o endosso praticado por quem recebeu a cambial através de endosso de retorno*.

c) Aval

Aval *é o ato cambiário através do qual uma pessoa torna-se garantidora de outra na obrigação do pagamento*. Ao avalizar a obrigação, um terceiro, até então estranho ao título ou mesmo alguém já obrigado, garante o pagamento caso seu avalizado não o faça.

O instituto é bastante similar à fiança do Direito Civil. Por isso, da mesma forma que fizemos com o endosso e a cessão civil de crédito, estabelecemos as diferenças conceituais do aval e da fiança no quadro abaixo:

Aval	Fiança
Ato regulamentado pelo Direito Cambial	Ato regulamentado pelo Direito Civil
Somente permitido no próprio título*	Pode ser feito em instrumento separado
Inoponibilidade das exceções pessoais	Pode o devedor opor ao fiador as exceções pessoais que tinha contra o afiançado
Não existe benefício de ordem	O fiador tem direito de ser cobrado apenas se o afiançado não pagar

* Segundo iterativa jurisprudência do STJ, é de ser reconhecido como instituto equivalente ao aval o acordo celebrado em instrumento separado vinculado a título de crédito, evitando-se apegos excessivos ao formalismo (REsp 200421/ES, DJ, 25/09/2000). No mesmo sentido a Súmula 26 do Pretório Superior: "o avalista do título de crédito vinculado a contrato de mútuo também responde pelas obrigações pactuadas, quando no contrato figurar como devedor solidário".

Costuma-se dizer que o avalista é *devedor igual* ao avalizado, isto é, ele se obriga no título no mesmo *status* daquele que garante: se avaliza a obrigação do aceitante, será tratado também como *devedor principal*; se avaliza o sacador ou qualquer endossante, será equiparado a *coobrigado*. A principal implicância dessa regra é a necessidade (para os coobrigados) ou desnecessidade (para o devedor principal) do protesto para serem incluídos no polo passivo da cobrança da dívida.

O aval é dado pela simples assinatura do avalista no anverso do título. Pode ser feito no verso, desde que identificado o ato pela expressão "em aval" ou qualquer outra equivalente.

Regra importante decorre do **princípio da autonomia das relações cambiais** no que tange ao aval. Ele é considerado como uma relação autônoma diante daquela assumida pelo avalizado. Isso significa que, mesmo sendo declarada nula, por qualquer motivo, a obrigação do avalizado (é pessoa absolutamente incapaz, por exemplo), *subsiste a obrigação do avalista*. Segue-se o mesmo raciocínio em caso de falência do avalizado, caso seja pessoa jurídica.

Denomina-se **aval antecipado** aquele dado em prol do sacado antes que este aceite a letra. Igualmente em face da autonomia do aval já mencionada, o aceite do sacado *não é* requisito para a validade do aval. O avalista continua obrigado ao pagamento independentemente da postura do sacado, ou seja, poderá ser compelido a pagar o valor garantido mesmo que o sacado recuse o aceite.

Tal como o endosso, o aval pode ser **em preto** ou **em branco**, conforme identifique ou não o avalizado, respectivamente. O aval em branco considera-se dado em favor do *sacador*. Nos termos da Súmula 189 do STF: "Avais em branco e superpostos consideram-se simultâneos e não sucessivos". Isso significa que, se dois ou mais avalistas lançam sua assinatura na cambial sem indicar o avalizado, considera-se que são todos avalistas do sacador (**aval simultâneo**), e não avalistas de outros avalistas (**aval sucessivo**).

A LU permite o **aval parcial (ou limitado)**, quando *o avalista garante apenas parte da dívida*. Diante do **princípio da literalidade**, deve a parcela garantida constar expressamente no próprio título.

Reconhece-se, da mesma forma, o aval dado após o *vencimento* da dívida cambial como válido. *Não o será*, todavia, o aval exarado após o *protesto* do título.

Não se olvide a existência de uma limitação à dação de aval pelas pessoas casadas. É *imprescindível* a **outorga uxória ou marital** para a validade do aval, exceto se o avalista é casado pelo regime da separação absoluta de bens (art. 1.647, III, do CC).

d) Pagamento do título

Para tratarmos das variadas situações que podem ocorrer no momento do pagamento da cártula, considere o esquema abaixo como exemplo geral:

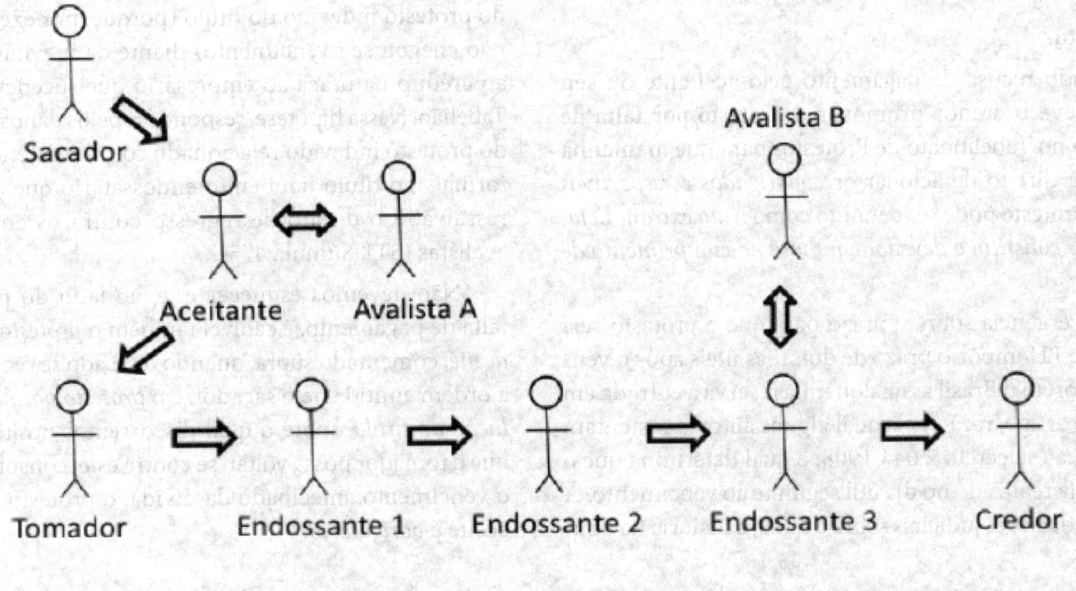

Chegada a data do vencimento, deve o credor do título levá-lo até o aceitante para pagamento, pois, como vimos, em regra o título de crédito representa **dívida quesível**, sendo o aceitante seu *devedor principal*.

Se o aceitante pagar o título, *estão extintas todas as relações jurídicas representadas pela cártula*, pois a obrigação foi cumprida pelo verdadeiro sujeito passivo. De outra banda, se o pagamento foi realizado pelo avalista do aceitante, as demais relações cambiais também se extinguem, *exceto aquela que vincula avalista e aceitante*. Com efeito, o avalista mantém seu **direito de regresso** contra o avalizado e pode buscar com este o ressarcimento pelo que pagou.

Mas se é um dos coobrigados ou seu avalista que paga, *este ato desonera todos os coobrigados que lhe sejam posteriores na cadeia de circulação da cambial*, podendo buscar o ressarcimento com qualquer outro devedor anterior.

Exemplo: se o Endossante 3 paga o credor, ele pode ser ressarcido por qualquer um dos outros, pois todos são anteriores na cadeia. Se é o Endossante 1 quem paga, *ele não poderá cobrar o Endossante 2, nem o Endossante 3, nem o Avalista B, que são posteriores na cadeia*. Deverá voltar-se contra o Tomador, o Aceitante, o Avalista A ou mesmo o Sacador. Quando este (Sacador) é quem paga o título, como todos os demais são posteriores, resta-lhe cobrar o Aceitante e seu Avalista.

Quem realiza o pagamento tem o direito de ficar com a cártula (**princípio da cartularidade**), na qual deverá ser registrada a respectiva quitação (**princípio da literalidade**), a fim de evitar o endosso do título já pago a terceiro de boa-fé, que teria, se tal endosso acontecesse, o direito de receber o valor nele representado (**princípio da autonomia das relações cambiais**).

É possível o pagamento parcial. Nesse caso, o credor mantém a posse do título, nele apondo o recibo relativo ao montante que recebeu.

Igualmente em decorrência do **princípio da literalidade**, o coobrigado que paga o título deve riscar deste o seu endosso ou aval e todos que lhe sejam posteriores, mantendo íntegras apenas as relações cambiárias prévias.

e) Protesto

Havendo recusa de pagamento pelo aceitante ou seu avalista, deve o credor promover o **protesto por falta de pagamento** no Tabelionato de Protestos para que mantenha íntegro seu direito de acionar os *coobrigados e respectivos avalistas*. **Protesto** pode ser definido como *o ato extrajudicial e solene que constitui o devedor em mora no cumprimento de sua obrigação*.

Há divergência sobre o prazo para que o protesto seja realizado: a LU impõe o prazo de dois dias úteis após o vencimento, porém o Brasil assinalou uma reserva à entrada em vigor deste artigo, razão pela qual alguns autores sustentam que se aplica o Decreto 2.044/1908, o qual determina que o protesto seja realizado no dia útil seguinte ao vencimento. À míngua de decisões judiciais sobre o tema, a maioria da doutrina defende a aplicação do Decreto, não só pela questão da reserva, como também por se tratar de um prazo decadencial que, se não observado, extinguirá o direito de crédito contra os coobrigados no título. Por sua importância, é salutar cumprir o prazo mais exíguo, de um dia útil, imposto pelo Decreto 2.044/1908.

Escoado o prazo sem que tenha sido realizado o protesto, repise-se, perde o credor o direito de cobrar a dívida cambial de *todos* os coobrigados e seus avalistas, mantendo-se apenas o aceitante e seu garantidor. É por esse motivo que dizemos que o protesto é *necessário* em relação aos coobrigados e *facultativo* quanto ao aceitante.

Há exceção a essa regra se o título for sacado com a **cláusula "sem despesas"**, ou termo equivalente, que *exclui a obrigatoriedade do protesto para cobrança dos coobrigados e avalistas, desde que tenha sido incluída pelo sacador*. A rigor, qualquer endossante pode incluir a cláusula, mas nesse caso *estará liberando o credor do protesto apenas em relação a si mesmo*.

O **cancelamento** do protesto pode ser realizado após o pagamento do título, mediante sua apresentação ao Tabelião pelo devedor, considerando que a posse da cambial pelo devedor faz presumir a quitação. Sendo impossível a apresentação da cártula original, o devedor pode provar o pagamento mediante declaração escrita do credor que o recebeu (com firma reconhecida). Em recente julgado, o STJ sacramentou o entendimento de que o ônus de requerer a baixa no registro de protesto corretamente lavrado após o pagamento é do *devedor*, ainda que com base em relação de consumo, não lhe assistindo direito a indenização com fundamento na demora do credor em informar o adimplemento da obrigação ao tabelião (STJ, REsp 1195668/RS, DJ 11/09/2012).

Pedidos de cancelamento do protesto fundados em outros argumentos que não o pagamento não podem ser atendidos diretamente pelo Tabelião. Mostra-se inafastável, nessas hipóteses, a determinação judicial obtida em ação própria, comumente conhecida como *sustação de protesto*. A causa de pedir mais comum é o dano moral decorrente do protesto indevido do título (porque, por exemplo, ainda não chegou seu vencimento) diante da inevitável restrição ao crédito na praça ao empresário que sucederá ao ato do Tabelião. Nessa hipótese, responderá pelos danos decorrentes do protesto indevido relacionado com a existência de vícios formais no título também o endossatário que o promover, ressalvado o direito de regresso contra os endossantes e avalistas (STJ, Súmula 475).

Não devemos esquecer que, ao lado do protesto por falta de pagamento, é cabível também o *protesto por falta de aceite*, comentado supra, quando o sacado se recusa a aceitar a ordem emitida pelo sacador, e o *protesto por falta de devolução do título*, sobre o qual discorremos no item "a". Para que o tomador possa voltar-se contra este, consubstanciando o vencimento antecipado da dívida, o protesto por falta de aceite é *obrigatório*.

1.8.2. Nota promissória

Diferentemente da letra de câmbio, a nota promissória é uma **promessa de pagamento**, e não uma ordem. Disso decorre que *o próprio sacador é o devedor da quantia representada pelo título*:

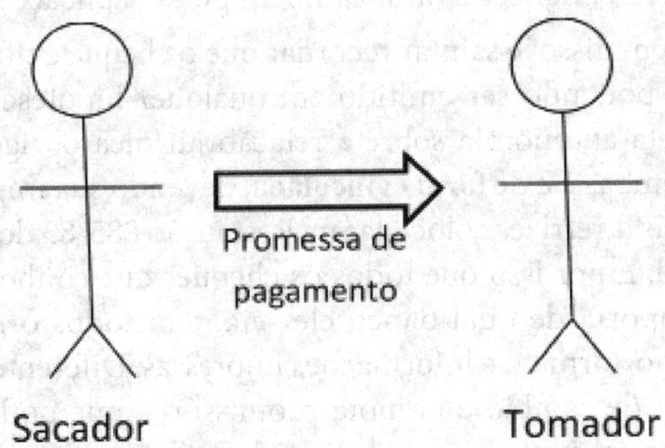

A estrutura da nota promissória como uma promessa de pagamento cria, portanto, *apenas uma relação jurídica*: aquele que saca a nota promissória (sacador) compromete-se a pagar certa quantia ao beneficiário da cártula (tomador) no vencimento nela expresso.

Ante a ausência da figura do sacado, *não há que se falar em aceite*, pois não existe qualquer ordem para outrem pagar a quantia. Com o saque, o emitente automaticamente se vincula ao pagamento como *devedor principal do título*. Seria absurdo exigir que o tomador, em determinado prazo, oferecesse o documento para aceite pela própria pessoa que o emitiu e, já com esse ato, prometeu pagar a quantia.

Para que se caracterize como título de crédito, a nota promissória deve apresentar os seguintes requisitos: o *termo "nota promissória"* no corpo do texto e na mesma língua deste; a *promessa pura e simples* (incondicionada) de pagar quantia determinada; *lugar do pagamento*, cuja ausência impõe que ele seja feito no *local da emissão*; *nome do beneficiário*, sendo proibida a emissão de nota promissória ao portador; *local e data da emissão*, sendo que a ausência da data *desnatura* o documento como título de crédito, já que é informação fundamental para verificar a capacidade das partes e a prescrição, ao passo que na ausência do local será considerado o *domicílio do subscritor*; a *assinatura do emitente*; e a *época do pagamento*, ou seja, o prazo de vencimento.

Quanto ao vencimento da nota promissória, não podemos nos furtar a colacionar robusta divergência doutrinária que cerca o tema. Ninguém discute a possibilidade da nota ser sacada com vencimento em data certa, a certo termo da data ou à vista. Coloca-se o embate entre os doutrinadores, contudo, sobre a possibilidade de saque de nota promissória *a certo termo da vista*. Rubens Requião e Victor Eduardo Rios Gonçalves, entre outros, negam a cláusula, argumentando que ela pressupõe a existência do aceite. Se este não se exige na nota promissória, inviável o vencimento a certo termo da vista.

Fábio Ulhôa Coelho e Fran Martins, acompanhados de outros renomados doutrinadores, admitem o vencimento a certo termo da vista na nota promissória escorados no art. 78 da LU, o qual, realmente, expõe as regras a serem seguidas nessa hipótese, razão pela qual adotamos a linha interpretativa dos últimos autores mencionados.

Na nota sacada a certo termo da vista, tem o tomador a obrigação de levá-la ao sacador no prazo de um ano contado da emissão para que o título seja **visado**, apondo-se a data deste ato, *que em nenhum momento se confunde com o aceite*. Não tem natureza de obrigação cambial. Sua função é exclusivamente demarcar o termo inicial do vencimento a certo termo da vista.

Dispõe, ainda, a LU que o visto do sacador sem data cria a possibilidade do título ser **protestado** pela falta dessa informação. Nesse caso, reputa-se a data do protesto como início do lapso temporal indicado na cártula para o vencimento.

a) Aceite

Repise-se, não há aceite na nota promissória.

b) Endosso, aval e pagamento do título

Seguem-se as mesmas regras indicadas para a letra de câmbio.

c) Protesto

Igualmente, devem ser aplicadas as determinações da letra de câmbio, isto é, o protesto é *facultativo* para o devedor principal e seu avalista e *obrigatório* para a cobrança de qualquer coobrigado ou respectivo avalista. Cabe, unicamente, um cuidado: na nota promissória, o *sacador é devedor principal*, e não coobrigado como na letra de câmbio, de forma que, contra ele, o *protesto é facultativo*.

d) Nota promissória vinculada e o STJ

É possível, e cada vez mais comum, a emissão de notas promissórias como *garantias* vinculadas a determinado contrato. Seja em parcelas ou quota única, com o pagamento pelo devedor a nota é entregue a este acompanhada do respectivo recibo de quitação. Por outro lado, se configurado o inadimplemento, os títulos são executados no Poder Judiciário.

Essa hipótese, é bom que se diga, *não altera* a classificação da nota promissória como **título de crédito não causal** (item 1.4.4). O contrato celebrado entre as partes não é *a causa determinante* do saque da cártula, como se exige para os títulos causais. As partes somente concordam que as notas promissórias sigam anexas ao pacto, vinculadas a este no tanto em que representam a dívida assumida. Não perdem sua autonomia como títulos de crédito, *sendo plenamente negociáveis*.

Entretanto, não é assim que o STJ enxerga a questão. Para o Colendo Tribunal Superior, há que se distinguir o contrato ao qual se vincula a nota promissória para saber se essa mantém sua autonomia ou não.

Neste estudo, segue-se uma regra bastante simples: se o contrato que deu origem às promissórias *possuir a força de título executivo extrajudicial*, elas mantêm sua autonomia, podendo ser livremente negociadas no mercado, subsistindo todas as regras até aqui estudadas. Na outra mão, caso o contrato de origem *não seja título executivo extrajudicial*, as cártulas perdem a autonomia, ficando eternamente vinculadas ao acordo. Entende o STJ que as notas foram emitidas justamente para entregar ao contrato a força da executividade, a qual obviamente se perderia caso a nota promissória fosse endossada e, assim, acabasse por anular um dos itens do acordo de vontades. Vejamos a Súmula 258 do STJ: "A nota promissória vinculada a contrato de abertura de crédito não goza de autonomia em razão da iliquidez do título que a originou".

A vinculação entre nota promissória e contrato é tamanha que o mesmo tribunal aceita que este complete requisitos essenciais à validade daquela, já tendo decidido que a falta de data na promissória não a descaracteriza se a data puder ser apurada pela assinatura do contrato (STJ, REsp 968320/MG, DJ 19/08/2010).

1.8.3. Cheque

Regulado pela Lei 7.357/1985, cheque *é o título de crédito que representa ordem de pagamento à vista do sacador contra banco ou instituição financeira*. Como ordem de pagamento, estabelece relação jurídica cambiária entre três pessoas, mas aqui temos uma característica peculiar quanto ao sacado: trata-se de instituição financeira regularmente inscrita no Banco Central.

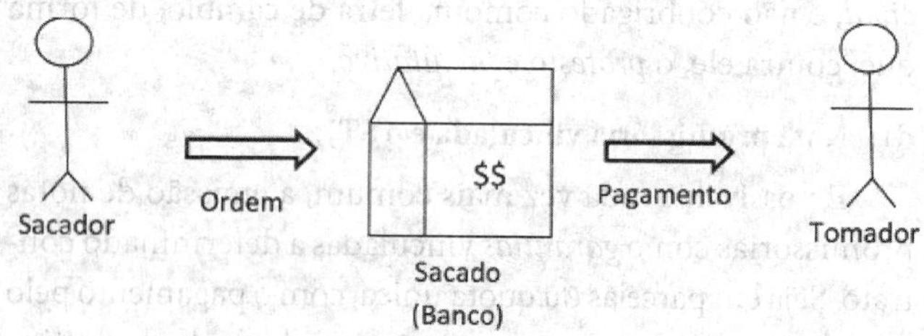

Disso decorre, ao contrário da letra de câmbio, que o sacado só pode ser pessoa jurídica e deve existir um relacionamento anterior entre este e o sacador. Enquanto nos demais títulos de crédito não se pressupõe que os credores e devedores cambiários tenham antes se obrigado mutuamente por qualquer motivo, para a emissão de um cheque é *imprescindível* que o sacador seja correntista do banco sacado, ou seja, que já exista um contrato que vincule a ambos antes mesmo da emissão da cártula.

Outra característica diferenciadora do cheque, a qual não deixa de ser uma decorrência lógica da regra anterior, é o fato do banco sacado *não arcar* com o pagamento do título. O dinheiro entregue pela instituição financeira ao tomador no momento em que este apresenta o cheque para pagamento *pertence ao sacador do título*, que anteriormente o depositou no banco para sua segurança pessoal. A ordem não é dada, a rigor, para que o sacado quite a dívida, mas sim para que o banco retire da conta corrente do sacador o dinheiro suficiente para pagar o título.

Não obstante, é totalmente possível que sacador e tomador sejam a mesma pessoa. É a hipótese do correntista sacar um cheque em seu próprio favor para depositá-lo em outra instituição financeira onde também possui aplicações.

Além disso, é salutar recordar que o cheque é título **não causal**, podendo ser emitido em qualquer hipótese e com completa autonomia sobre a relação jurídica obrigacional que o embasa, e **de forma vinculada**, devendo sua impressão seguir as diretrizes colocadas na Resolução 885/83 do Banco Central. É por isso que todos os cheques que conhecemos, não importa de qual banco ele seja, têm todos o mesmo tamanho, formato e informações impressas. Diferentemente da letra de câmbio e da nota promissória, que podem ser emitidas em qualquer papel, digitadas ou manuscritas, desde que contenham os requisitos essenciais estudados, só vale como cheque o documento com as características materiais e formais elencadas pelo Banco Central.

São requisitos específicos do cheque: a palavra *cheque* no corpo do texto e escrita na mesma língua deste; a *ordem incondicional* de pagar quantia em dinheiro; o *nome do banco ou da instituição financeira* a quem a ordem é dirigida (sacado); o *local de pagamento*, sendo considerado, na falta, o lugar do estabelecimento do banco sacado e, também não constando este, no lugar da emissão; o *local da emissão*, sendo considerado aquele escrito junto ao nome do emitente, se houver; a *data da emissão*, podendo ser preenchida pelo credor até a apresentação do título; e a *assinatura* do sacador.

O valor a pagar representado pelo cheque deve ser escrito em algarismos e por extenso, conforme o modelo aprovado pelo Banco Central. Caso exista qualquer divergência entre os valores numérico e por extenso, prevalece este último. Se forem escritos valores diferentes mais de uma vez (seja numericamente, seja por extenso), prevalece o menor.

Conceitualmente, o cheque se paga *à vista*, ou seja, seu vencimento se dá no momento da apresentação ao banco sacado. Considera-se *não escrita* qualquer cláusula que imponha prazo diferente de pagamento (art. 32 da Lei 7.357/1985), sendo, portanto, *totalmente ineficaz* (veja item **e5** abaixo).

a) Aceite

O cheque *não admite aceite*, porque o banco, ainda que ocupe a posição de sacado, *não tem obrigação cambial*.

Como vimos, o dinheiro utilizado para pagamento da cártula pertence ao sacador, cabendo ao sacado unicamente a custódia do numerário e sua entrega ao legítimo portador do título. Dessa forma, ele *não* se responsabiliza pelo seu pagamento, devendo, em caso de falta de provisão de fundos, o tomador cobrar o valor devido do emitente do cheque.

Não podemos confundir a espécie denominada **cheque visado** (item **e1**, abaixo) com aceite, dado que naquela hipótese o banco *também* não assume qualquer obrigação cambial, conforme se verá.

b) Endosso

Atualmente, o cheque é o único título de crédito que se permite que seja emitido **ao portador**, desde que seu valor não ultrapasse R$100,00. Na prática, todavia, este limite não é observado diante da possibilidade do legítimo possuidor preencher de boa-fé os requisitos faltantes na cártula, o que acaba permitindo que o cheque, qualquer que seja o valor, circule livremente ("ao portador") e a pessoa que desejar resgatá-lo no banco complete-o com seu nome no instante do depósito.

Sendo nominal, o cheque circula por endosso, que deverá ser *incondicional*, em preto ou em branco. O modelo de cheque em circulação no País tem incluída por padrão a cláusula "à ordem", a fim de consagrar a facilidade de circulação que é ínsita aos títulos de crédito. Nada obsta, contudo, que o sacador risque o texto da cláusula, transformando o cheque em nominal "não à ordem", restringindo, assim, a possibilidade de endossos. No mais, aplicam-se todas as regras estudadas para a letra de câmbio.

Cumpre destacar que a conhecida limitação a um endosso por cheque advinha da Lei 9.311/1996, que instituiu a CPMF. Com a extinção desse tributo em 2007, restou revogada a mencionada lei e com ela a regra de limitação dos endossos. Desde então, não há qualquer restrição à circulação do cheque.

Especificamente em relação à cadeia de endossos no cheque, é farta a jurisprudência do STJ sobre o tema, ressaltando que é dever tanto do banco sacado quanto do banco que apresenta o cheque na câmara de compensação verificar a regularidade da cadeia de endossos, sob pena de responderem solidariamente pelos prejuízos causados em face da aceitação de cheque endossado irregularmente (REsp 989076/SP, DJ 30/03/2011; REsp 1007692/RS, DJ 17/08/2010; EREsp 280285/SP, DJ 28/06/2004).

c) Aval

Ao cheque serão aplicadas as regras já estudadas sobre o aval para a letra de câmbio, anotando-se aqui que o aval em branco *presume-se dado ao sacador* e que o *banco sacado é proibido de ingressar na relação cambiária como avalista de quem quer que seja*.

d) Pagamento do título

Sendo ordem de pagamento à vista, o cheque vence no momento de sua apresentação para pagamento no banco sacado, que pode pagá-lo em dinheiro para o apresentante ou, a pedido deste, creditá-lo na respectiva conta bancária que possua.

Não se permite, por outro lado, que o credor retenha o título pelo tempo que desejar antes de apresentá-lo. Confere-lhe a lei prazo para tanto: 30 dias para cheques de mesma praça e 60 dias para cheques de praças diferentes. A *praça* em questão é a da *emissão* do cheque quando comparada com a do *estabelecimento* do banco sacado. Assim, se consta no cheque como local de emissão o *mesmo município* da agência bancária onde o sacador mantém suas economias, o prazo de apresentação é de 30 dias. Se forem municípios diferentes, 60 dias.

O transcurso do prazo sem apresentação da cártula impõe a perda do direito de cobrança de eventuais coobrigados e seus avalistas e o endosso feito depois disso terá efeito de mera cessão civil de crédito (**endosso póstumo**). Outrossim, o tomador também não poderá responsabilizar o sacador caso não existam mais fundos na conta por circunstância alheia à vontade deste (ex.: falência do banco responsável pela conta corrente, confisco das reservas pelo Governo). Perceba que não é a simples falta de fundos, por dolo ou mero descontrole nas contas pessoais, que exclui a responsabilidade do sacador e seus avalistas. Nesses casos, continua o beneficiário habilitado a manejar a competente ação de execução contra os devedores da cártula até que se dê a prescrição desta (STF, Súmula 600).

Se, muito embora findo o prazo, houver fundos disponíveis na conta do correntista, o banco pagará o cheque. Diga-se que, para haver recusa de pagamento, deve o sacado fundar-se em *motivo justo*, tais como: falta de provisão de fundos, ausência de requisito essencial, incongruência da assinatura, contraordem ou sustação etc..

e) Espécies de cheque

A Lei 7.357/1985 e os costumes empresariais aceitam uma variedade de tipos de cheque, cada um com uma certa função:

e1) Cheque visado

O emitente do *cheque nominal* ou qualquer pessoa que legitimamente o possua, *desde que ainda não tenha recebido qualquer endosso*, pode requerer da instituição financeira sacada que esta *verifique a existência de fundos* na conta do sacador e, havendo-os suficientes, *reserve o valor da cártula para pagamento quando da apresentação*. Para formalizar o ato, o banco lança no título um visto, assinatura ou qualquer outra forma de declaração juntamente com a data no verso da cártula. A este título damos o nome de **cheque visado**.

Como antes mencionado, não se pode confundir o visto lançado pelo banco com o ato cambiário do aceite. O visto não gera qualquer obrigação cambial e, por isso, não torna o banco devedor do pagamento da dívida. Sua obrigação é unicamente de bloquear o valor na conta para entregá-lo ao credor no momento do pagamento.

Entretanto, caso o banco vise o cheque, mas não reserve o numerário, se não houver mais fundos suficientes quando o tomador apresentar o cheque para pagamento, o *banco deve pagar*, mantendo seu direito de regresso contra o correntista. Isso *não* faz do sacado um garantidor do pagamento. Aplica-se a ele, no caso, uma sanção pelo descumprimento de sua obrigação legal.

A reserva fica garantida durante o prazo de apresentação do cheque. Vencido este sem qualquer notícia do credor requerendo o pagamento, o banco libera a quantia bloqueada para uso do sacador.

e2) Cheque administrativo

Espécie de cheque *no qual sacador e sacado são a mesma pessoa, ou seja, uma instituição financeira.* Deve ser, obrigatoriamente, *nominal e admite, como seus congêneres, a oposição de contraordem de pagamento em caso de desacordo comercial (STJ,* REsp 290935/RJ, DJ 15/10/2009).

O cheque administrativo é aquele emitido pelo banco contra si mesmo, obrigando-se a pagar a quantia ali representada quando apresentado pelo legítimo possuidor. Sua vantagem está na certeza de liquidez, pois seu pagamento advém das reservas financeiras do próprio banco.

e3) Cheque para ser creditado em conta

Trata-se de *cláusula inserida no cheque pelo sacador que visa a proibir seu pagamento em dinheiro pelo banco sacado, podendo exclusivamente ter seu valor creditado na conta corrente do beneficiário.*

Para sua caracterização, basta que o emitente escreva a expressão "para ser creditado em conta", ou qualquer outra equivalente, no anverso do cheque, no sentido transversal. Com isso, o credor não poderá receber o pagamento pelo cheque em dinheiro no caixa, devendo obrigatoriamente depositá-lo em sua conta.

A ideia é garantir maior segurança ao sacador, que poderá sempre buscar a identificação da pessoa para quem foi pago o título.

e4) Cheque cruzado

Tem exatamente a mesma função do cheque para ser creditado em conta, qual seja, *a proibição do pagamento direto, em dinheiro, ao apresentante, forçando sua liquidação através de depósito bancário* para posterior identificação do beneficiário caso necessário.

O cheque cruzado se caracteriza pela aposição de duas linhas transversais paralelas no anverso do cheque. O cruzamento pode ser **em preto (ou especial)**, caso o emitente ou qualquer outro possuidor legítimo identifique, entre as linhas transversais, o nome do banco onde o cheque deve ser apresentado, ou **em branco (ou geral)**, quando não constam tais informações, podendo o cheque ser apresentado para pagamento em qualquer instituição financeira.

e5) Cheque pré-datado (ou pós-datado)

Talvez esta seja a modalidade de cheque mais comum no mercado, mas é fato que ela *não encontra respaldo na legislação.* Define-se como um costume empresarial, no qual *o emitente inclui no cheque cláusula que garante a existência de fundos em data futura, aceitando o tomador apresentá-lo apenas quando da chegada da data combinada.* Caracteriza-se com a expressão "bom para" ou qualquer outra equivalente no anverso da cártula.

A Lei 7.357/1985 opõe-se literalmente à existência do cheque pré-datado, pois conceitua o cheque como *ordem de pagamento à vista* e reputa *não escrita qualquer menção em contrário* (art. 32). Isso significa que a pessoa que saca um cheque nessas condições fecha um "acordo de cavalheiros" com o tomador, acreditando que este não apresentará o cheque antes da data marcada. Porém, se o fizer, o banco ignora a cláusula (pois se considera como não escrita) e paga o valor se houver fundos.

Não se pode negar, de outra sorte, a força do costume no nosso ordenamento jurídico, fonte de direito prevista, inclusive, no art. 113 do CC. Tanto é que o STJ editou a Súmula 370, que reconhece no cheque pré-datado uma fonte de direitos e obrigações: "caracteriza dano moral a apresentação antecipada de cheque pré-datado". É necessário esclarecer, por outro lado, que a responsabilidade civil alcançará apenas o tomador original do cheque pré-datado que o colocou em circulação antes da data pactuada. Por força da regra da **inoponibilidade das exceções pessoais a terceiros de boa-fé**, o endossatário que deposita o cheque pré-datado que recebeu de outrem antes do termo combinado entre as partes originais não pratica ato ilícito, desde que, obviamente, atue *de boa-fé* (a pré-datação não estava expressa no título, por exemplo).

1.8.4. Duplicata

Título de crédito criado no Brasil pela Lei 5.474/1968, a duplicata é conceituada como *ordem de pagamento emitida pelo empresário em decorrência de contrato de compra e venda de mercadoria com pagamento a prazo superior a 30 dias ou prestação de serviços.*

Do conceito podemos extrair que a duplicata é **ordem de pagamento**, que cria a estrutura de duas relações jurídicas já conhecida. Devemos destacar as peculiaridades da duplicata: o sacador do título é o *credor da dívida*, o comerciante ou prestador de serviços, e o sacado aquele que deve pagar a obrigação a prazo. Isso ocorre porque *sacador e tomador são a mesma pessoa*, ou seja, o comerciante emite a duplicata determinando que o sacado, seu cliente, pague-lhe a quantia devida no prazo combinado:

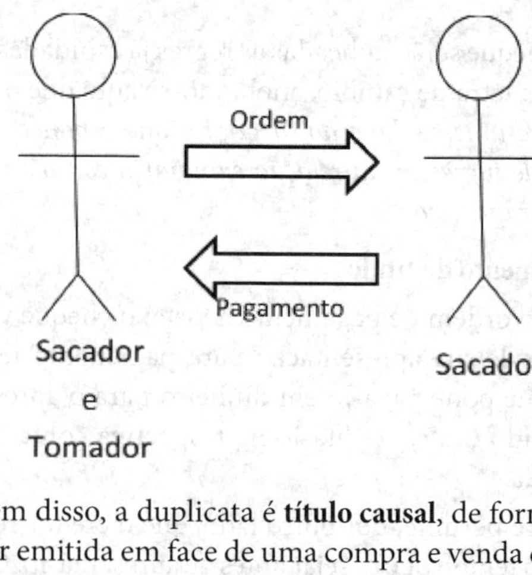

Além disso, a duplicata é **título causal**, de forma que só pode ser emitida em face de uma compra e venda de mercadoria na qual se pactue o pagamento com prazo superior a trinta dias ou prestação de serviços. É emitida pelo próprio empresário em seu favor para que ele tenha a possibilidade de negociar mais facilmente esse crédito a ser satisfeito no futuro para obter capital de giro, por exemplo.

Finalizada a compra e venda, o vendedor deve emitir uma **fatura**, documento empresarial que relaciona as mercadorias negociadas individualizadas em quantidade, natureza e preço. Com base nessa fatura, ele sacará a duplicata, ordenando o pagamento ao sacado, que não é ninguém menos que o comprador.

Trata-se, ainda, de **título de forma vinculada**, sendo seu formato e conteúdo regidos pela própria Lei 5.474/1968, que elenca seus requisitos específicos: a denominação *duplicata*; *data de emissão*; *número de ordem*; *número da fatura da qual a duplicata foi extraída*; *vencimento*, que só pode ser em data certa ou à vista; *nome e domicílio do vendedor e do comprador*; *valor a pagar*, em algarismos e por extenso; *local do pagamento*; *cláusula "à ordem"*, sendo proibida a *emissão* de duplicata "não à ordem" (a cláusula pode ser aposta posteriormente por endossante); *a declaração pelo comprador do reconhecimento da dívida*, a ser assinada quando do aceite; e *a assinatura do sacador*, que é o vendedor da mercadoria.

Obviamente, o vendedor ou prestador de serviços não é obrigado a emitir duplicatas para toda venda ou prestação de serviços a prazo que realizar. Porém, ela é o único título de crédito que pode ser emitido vinculado a uma fatura. Optando o empresário pela emissão da duplicata, ele deverá manter, como **livro empresarial obrigatório**, o Livro de Registro de Duplicatas.

a) Aceite

Outra característica intrínseca e exclusiva da duplicata é o fato do aceite ser *obrigatório* pelo sacado. Com efeito, por representar uma obrigação nascida em um contrato de compra e venda ou prestação de serviços, é natural que o adquirente (agora sacado) seja compelido a pagar o que combinou por força do contrato. A emissão da cártula é uma liberalidade do fornecedor para que ele possa negociar esse crédito no mercado, de forma que sua existência vincula o sacado.

Sendo assim, deve o sacador encaminhar a duplicata para aceite no prazo máximo de 30 dias contados da emissão. Se o vencimento for à vista, o aceitante deve devolvê-la com seu aceite e acompanhada do pagamento. Caso contrário, tem o prazo de 10 dias para remetê-la de volta ao sacador após a prática do ato cambiário (aceite).

O sacado é obrigado a devolver a duplicata. Todavia, por ser título de aceite obrigatório, ainda que ele não a remeta de volta ao sacador, considerar-se-á realizado o aceite e vinculado o sacado como *devedor principal*. Diante dessas possibilidades, temos três tipos de aceite da duplicata:

- **a1) Aceite ordinário**: quando o sacado apõe seu aceite na cártula e devolve-a ao sacador;
- **a2) Aceite por comunicação**: quando o sacado *não devolve a duplicata*, mas *comunica* o sacador de seu aceite;
- **a3) Aceite por presunção**: com ou sem devolução do título, reputa-se aceito com o *recebimento* das mercadorias ou serviços pelo adquirente.

Se o sacado não devolver nem comunicar ao sacador seu aceite, poderá este promover o **protesto por falta de aceite ou por falta de devolução do título.** A ausência destes atos, contudo, não retira o direito ao **protesto por falta de pagamento**, se for o caso. De toda forma, o protesto será obrigatório para o exercício do direito de crédito contra os coobrigados.

A recusa ao aceite somente será legítima e aceita nos casos de *avaria* ou *não recebimento* das mercadorias ou serviços; *vícios*, defeitos e diferenças na quantidade ou na qualidade do produto ou serviço; e *divergência* nos prazos e preços ajustados. Nessas hipóteses, o sacado devolve a duplicata sem aceite juntamente com as razões escritas de sua recusa.

b) Endosso e aval

Para o endosso e para o aval, aplicam-se as regras já estudadas para a letra de câmbio, anotando-se apenas que *o aval em branco presume-se dado à pessoa cuja assinatura o avalista lançar a sua logo abaixo.* Se incabível a aplicação da regra, *considera-se avalizado o sacado.*

c) Pagamento do título

Não há novidades diante de tudo que já foi estudado para os demais títulos. Devedor principal é o aceitante e seus avalistas, coobrigados são os endossantes e seus avalistas, contra os quais o protesto do título, seja por falta de aceite, de devolução ou de pagamento, é obrigatório.

Mas, e se o sacado não devolve a duplicata? Como fica o protesto (e a futura execução) diante do princípio da cartularidade?

A Lei 5.474/1968 determina que o protesto seja realizado, em caso de **aceite por comunicação**, através da carta que indica o aceite. Se **aceite por presunção**, tira-se o protesto de acordo com o *comprovante de recebimento das mercadorias.* Faltando qualquer destes documentos, ocorre o chamado **protesto por indicação**, hipótese na qual o sacador enuncia ao Tabelião as características da duplicata emitida e não aceita ou devolvida, servindo a certidão de protesto inclusive como título executivo extrajudicial.

d) Triplicata

Ocorrendo a perda ou extravio da duplicata original, o art. 23 da Lei 5.474/1968 permite a emissão de uma segunda via (ou cópia), que recebe o nome de **triplicata** e *detém os mesmos efeitos do documento original.*

O costume empresarial aceita a emissão de triplicata em caso de *ausência de devolução do título* ao sacador, que a envia, então, a protesto. Aliás, costuma-se emitir a triplicata sempre que o comprador retém a duplicata. Perceba-se que não se trata de hipótese de perda ou extravio, *faltando-lhe embasamento legal*, porém não há porque negar-se validade ao costume se não há prejuízo para as partes interessadas (art. 113 do CC).

1.9. Ação cambial

A grande vantagem do credor com a emissão de um título de crédito é o fato dele se constituir como um **título executivo extrajudicial** (art. 585, I, do CPC), prescindindo, portanto, sua cobrança judicial de prévia ação de conhecimento. *A ação de execução de título de crédito, pelo seu não pagamento no prazo, denomina-se* **ação cambial**.

Sujeito ativo da ação cambial é o credor, ou seja, o *legítimo possuidor do título*, que presumivelmente detém o crédito nele representado. **Sujeito passivo** é o *devedor principal* do título, bem como qualquer *coobrigado*, desde que o credor *tenha promovido o protesto no prazo legal*. Isso porque a obrigação cambial é **solidária**, podendo ser cobrada integralmente de qualquer das pessoas constantes do título. Aquele que pagar, naturalmente, terá direito de regresso contra o devedor principal ou outro coobrigado que lhe seja anterior na cadeia de circulação da cártula, como já vimos.

É competente o *foro do local do pagamento indicado no título*. Na sua falta, deve ser observada a regra supletiva para cada título, analisada individualmente quando do estudo de cada um deles.

A apresentação da cártula original, completa em seus requisitos e sem rasuras, *é documento essencial à propositura da ação cambial*, devendo a petição inicial ser rejeitada na sua

falta. Admite-se, excepcionalmente, a execução sem a juntada do título caso este esteja servindo de prova em outro processo, situação na qual o documento será substituído por certidão do cartório onde corre aquele processo atestando que o título original realmente encontra-se acostado àqueles autos.

É importante frisar que hipótese semelhante pode ocorrer com a ação cambial para cobrança de duplicata, dado o costume do devedor de não devolvê-la ao sacador após o aceite. Isso ocorrendo, servirá como título executivo a própria certidão do protesto por falta de aceite ou de devolução do título. Em caso de aceite por presunção, valerá o comprovante de entrega da mercadoria devidamente assinado pelo aceitante.

Promovida a ação cambial, o executado defende-se através dos **embargos à execução**. Terá, porém, limitada a matéria de defesa a eventuais alegações de *defeitos formais do título*, *exceções pessoais contra o exequente*, *falsidade da assinatura* ou *ausência de requisito essencial para a propositura da ação*. Note-se que a natureza executiva da ação cambial não autoriza a produção de provas ou o questionamento do direito de crédito. O ônus da prova será sempre do executado.

1.10. Prescrição

Vencido o título, nasce para o titular do crédito a pretensão de executá-lo via ação cambial, que se extingue com a prescrição, no prazo estabelecido pela LU ou nas leis específicas.

Para a letra de câmbio e a nota promissória, aplicam-se os seguintes prazos prescricionais: *03 anos*, para a cobrança contra o devedor principal ou seus avalistas; *01 ano*, para a cobrança contra qualquer dos coobrigados; *06 meses*, quando se tratar de direito de regresso do coobrigado que pagou, querendo voltar-se contra *outro coobrigado*. A execução contra o devedor principal seguirá sempre o prazo mais largo de 03 anos.

À duplicata aplicam-se os mesmos prazos, *com exceção do direito de regresso dos coobrigados uns contra os outros, que será de 01 ano*.

No que tange ao cheque, os prazos são mais curtos: *serão sempre de 06 meses, seja contra o sacador, endossantes ou no direito de regresso de um coobrigado contra outro*.

Os títulos de crédito atípicos, regulamentados pelo CC, prescrevem no prazo de três anos, em qualquer hipótese, conforme previsto no art. 206, VIII, do mesmo diploma legal.

O termo inicial do prazo prescricional também varia de acordo com a situação: contra o devedor principal, conta-se *do vencimento do título*, caso esse seja em data certa, ou *do fim do prazo de 01 ano para apresentação para pagamento*, caso seu vencimento seja *a certo termo da vista* (STJ, REsp 824250/SE, DJ 26/04/2011); contra os coobrigados, a partir *do protesto*; no caso da ação de regresso, o prazo inicia na *data do pagamento*.

Prescrita a ação cambial, ainda será cabível a propositura de ação de conhecimento com base no locupletamento sem causa do devedor principal do título, prevista no Decreto 2.044/1908 para a letra de câmbio, nota promissória e duplicata, e na Lei 7.357/65 para o cheque (Enunciado 463 JDC/CJF).

Não obstante, exsurge como opção para o portador de título prescrito a **ação monitória**. Afinal, a cártula não deixa de ser um documento escrito. A prescrição desnatura sua eficácia executiva, mas ele continua a representar uma obrigação contraída pelas partes de pagar determinada soma em dinheiro. É, inclusive, o entendimento sumulado do STJ, estampado no Verbete 299: "É admissível ação monitória fundada em cheque prescrito".

2. Arrendamento mercantil (ou *leasing*)

2.1. Evolução histórica

A origem do contrato de arrendamento mercantil é um tanto incerta. Há diversas passagens na História identificadas pelos doutrinadores como as primeiras manifestações de negócios jurídicos semelhantes ao *leasing*. Rodolfo de Camargo Mancuso encontra-o já na Babilônia, sob a égide do Código de Hamurabi, na Grécia e em Roma. Sua posição, porém, mostra-se um tanto extremada. É claro que as civilizações antigas são, em grande monta, o berço do Direito Privado, mas atribuir-lhes a idealização do contrato de arrendamento mercantil parece-nos exagerado.

Para outros, o *leasing* tem origem com o *Lend and Lease Act* do governo norte-americano. Em 1941, durante a Segunda Guerra Mundial, os EUA concordaram em fornecer armamentos aos países aliados sob a condição deles serem adquiridos ou devolvidos ao final da guerra. Essa "opção de compra" realmente é uma marcante semelhança com o arrendamento mercantil que conhecemos hoje, contudo concordamos com Maria Helena Diniz ao refutar esse dado como a semente do *leasing*. Afinal, tratou-se de um ato político, não um negócio jurídico.

Enfim, a primeira vez que o contrato em comento foi celebrado nos moldes comerciais foi em 1952, no estado americano da California, por D. P. Boothe Jr., que era um empresário do ramo de alimentos. Ele celebrou com o governo dos EUA um contrato de fornecimento de gêneros alimentícios para o exército de seu país e percebeu, logo depois, que não possuía maquinário suficiente para atender à demanda. Teve a ideia, então, de oferecer a um banco que adquirisse os bens em nome próprio e permitisse seu uso mediante uma contraprestação periódica, considerando que não possuía bens suficientes para dar em garantia de um empréstimo. A instituição financeira concordou com a proposta e seu sucesso fez com que D. P. Boothe Jr. abrisse a *U. S. Leasing Company*, responsável pela divulgação do novo modelo de negócio em todo o mundo.

No Brasil, o *leasing* foi introduzido na década de 60, ainda sem qualquer normatização. Seu fundamento era basicamente a liberdade de contratar e a autonomia da vontade, permitindo às partes celebrá-lo independentemente de previsão legal. Todavia, sua popularização chamou a atenção das autoridades fazendárias, que exigiram ao menos sua regulamentação para fins fiscais. Com isso, foi editada a Lei nº 6.099/1974, que tratou oficialmente do arrendamento mercantil no país pela primeira vez. Seguiram-lhe diversas normatizações infralegais, principalmente oriundas do Banco Central do Brasil, que buscaram ampliar a concretude das normas aplicáveis ao *leasing*. Atualmente, além do mencionado diploma legal, o *leasing* é regulado pela Resolução nº 2.309/96 do BACEN.

2.2. Conceito

O ***leasing*** está previsto na Lei 6.099/1974 e pode ser definido, *grosso modo*, como um *contrato de aluguel no qual o locatário tem, ao final do prazo estipulado, a opção de devolver o bem, renovar a locação ou comprar a coisa, deduzido do preço o valor já pago a título de aluguel*.

Explicando melhor, no *leasing* uma pessoa física ou jurídica (o arrendatário), diante da necessidade de uso de determinado bem, entra na **posse direta** da coisa que *pertence e continua pertencendo* ao arrendador (*obrigatoriamente pessoa jurídica*), mediante uma contribuição mensal. Possibilita-se, assim, ao empresário valer-se do bem que precisa sem ter de dispor do valor para uma compra e venda.

A empresa arrendadora, segundo parâmetros estabelecidos pelo Banco Central, deve ser sociedade anônima ou instituição financeira previamente autorizada pela autarquia em ambos os casos. Ademais, deve constar na denominação utilizada pela empresa a expressão "arrendamento mercantil".

Além das partes do contrato, arrendador e arrendatário, há ainda a figura do **fornecedor**, que é o empresário que fornece o bem objeto do arrendamento. Nada obsta que ele se confunda com o arrendador, ou seja, que esse realize o negócio jurídico com um bem que já é de sua propriedade, desde que isso ocorra na modalidade de ***leasing* financeiro**, que estudaremos a seguir (art. 13 da Resolução nº 2.309/1996 do BACEN).

2.3. Elementos do contrato

Estão previstos no art. 5º da Lei nº 6.099/1974:

a) **Prazo do contrato:** o *leasing* deve ser celebrado, necessariamente, por prazo determinado;

b) **Valor da contraprestação e a periodicidade do pagamento:** a remuneração devida à arrendadora não precisa ser mensal, porém o intervalo de pagamento também não poderá *exceder um semestre*, como regra geral, *ou um ano em caso de atividades rurais*;

c) **Opção de compra ou renovação do contrato:** para a validade da cláusula, a faculdade deve ser atribuída ao *arrendatário*;

d) **Preço para opção de compra ou critério para sua fixação.**

Além desses itens, a Resolução nº 2.309/1996 do BACEN ainda exige:

e) **A completa descrição do bem arrendado**, que pode ser móvel ou imóvel;

f) **As despesas e encargos adicionais;**

g) **Condições para eventual substituição dos bens arrendados;**

h) **Demais responsabilidades que vierem a ser convencionadas, entre elas as decorrentes de uso indevido do bem, contratação de seguro, danos causados a terceiros e ônus por vícios dos bens arrendados;**

i) **Atribuição de poder de fiscalização da arrendadora em relação à conservação dos bens arrendados, podendo exigir a adoção de providências indispensáveis à sua preservação;**

j) **Responsabilidade do arrendatário em caso de inadimplemento (cuja multa não poderá ultrapassar 2% do valor em atraso), destruição, perecimento ou desaparecimento dos bens arrendados;**

k) **A possibilidade do arrendatário transferir os direitos e obrigações do contrato a terceiro, desde que com anuência expressa da entidade arrendadora.**

2.4. Modalidades de *leasing*

2.4.1. *Leasing* financeiro

É aquele em que *as contraprestações e demais pagamentos previstos no contrato, devidos pela arrendatária, sejam normalmente suficientes para que a arrendadora recupere o custo do bem arrendado durante o prazo contratual de operação e, adicionalmente, obtenha um retorno sobre os recursos investidos; as despesas de manutenção, assistência técnica e serviços correlatos à operacionalidade do bem arrendado sejam de responsabilidade da arrendatária; e o preço para o exercício da opção de compra seja livremente pactuado, podendo ser, inclusive, o valor de mercado do bem arrendado.*

Esse longo enunciado representa o art. 5º da Resolução nº 2.309/1996 do BACEN, que conceitua oficialmente a modalidade do arrendamento mercantil financeiro. Seu conhecimento é essencial para fins de concurso público, por isso não pudemos evitar sua transcrição. Por outro lado, o conceito não é tão difícil quanto parece.

O cerne do arrendamento mercantil financeiro é o trecho que diz "*a arrendadora recupere o custo do bem arrendado durante o prazo contratual de operação e, adicionalmente, obtenha um retorno sobre os recursos investidos*". Isso significa que é **a própria arrendadora que adquire o bem e transfere sua posse direta ao arrendatário** e o valor cobrado deverá **gerar lucro** para a arrendadora. Em outras palavras, o que mais interessa aqui é o **ganho econômico** com o contrato, por isso é chamado de *leasing* **financeiro**. Normalmente, é celebrado por instituições que se destinam exclusivamente a celebrar contratos de arrendamento mercantil.

O *leasing* financeiro deve ser celebrado com **prazo mínimo de 2 anos**, caso a vida útil do bem seja *igual ou inferior a 5 anos*, e **prazo mínimo de 3 anos** para os demais bens. Exercida a opção de compra antes desse interregno, o contrato de *leasing* se desnatura e passará a ser tratado como uma compra e venda mercantil com pagamento a prazo.

2.4.2. *Leasing* operacional

É aquele no qual *as contraprestações a serem pagas pela arrendatária contemplem o custo de arrendamento do bem e os serviços inerentes a sua colocação à disposição da arrendatária, não podendo o valor presente dos pagamentos ultrapassar 90% do custo do bem; o prazo contratual seja inferior a 75% do prazo de vida útil econômica do bem; o preço para o exercício da opção de compra seja o valor de mercado do bem arrendado; e não haja previsão de pagamento do Valor Residual Garantido – VRG* (art. 6º da Resolução nº 2.309/1996 do BACEN), que é uma parcela a ser paga durante a execução do contrato com a finalidade de amortizar o valor devido ao final caso se exerça a opção de compra.

Salta aos olhos a maior limitação que incide no regulamento do *leasing* operacional. Nessa modalidade, que alguns autores chamam de *leasing* impuro ou atípico, a intenção das partes é mais voltada à transferência da propriedade do bem ao arrendatário ao final do contrato. O núcleo do negócio é a **utilização e aquisição** do bem pelo arrendatário, por isso *leasing* **operacional**. Aproxima-se da locação, porque a obrigação de preservação e manutenção do bem é da instituição arrendadora, dela se diferenciando na medida em que o pagamento das contraprestações periódicas serve de abatimento do preço de compra em caso do exercício dessa opção.

O *leasing* operacional deve ser celebrado com **prazo mínimo de 90 dias** e **prazo máximo equivalente a 75% da vida útil econômica do bem**. Essa "vida útil econômica" é dada por regulamentos e instruções da Secretaria da Receita Federal do Brasil, que estabelecem em quanto tempo cada espécie de bem perde totalmente seu valor de mercado. Tecnicamente, esse período é conhecido como **depreciação**.

Alguns autores, como Fran Martins, ainda distinguem o *leasing* financeiro e o *leasing* operacional a partir da **possibilidade de rescisão unilateral do contrato**, *proibida no primeiro e possível, mediante aviso prévio, no segundo.*

2.4.3. *Leasing* de retorno

Também conhecido como *sale and lease back, cession-bail* ou retroarrendamento, nada mais é do que uma variação do *leasing* financeiro, na qual *o bem arrendado é de propriedade do arrendatário, que transfere a propriedade para o arrendador, mas mantém a posse direta com base no contrato de arrendamento entre eles celebrado.*

2.4.4. *Leasing* impróprio

Também conhecido como *self leasing* ou *leasing* consigo mesmo, é a espécie de arrendamento mercantil celebrado entre pessoas **vinculadas**, assim entendidas aquelas *coligadas ou interdependentes, direta ou indiretamente*, nos termos do art. 27 da Resolução nº 2.309/96 do BACEN.

Subdivide-se em ***self leasing* por vinculação**, onde ocorre propriamente o contrato *entre diferentes pessoas, porém vinculadas uma a outra*, e ***manufacture leasing***, celebrado diretamente entre o *fornecedor do bem e o arrendatário.*

Ambas as hipóteses **não são reconhecidas** no Direito brasileiro como modalidades de arrendamento mercantil válidas, por força, respectivamente, do art. 28, incisos I e III, da Resolução nº 2.309/1996 do BACEN. Isso significa que, uma vez celebradas, não terão o mesmo tratamento tributário ou empresarial previsto para as demais modalidades.

2.5. Obrigações das partes

A doutrina elenca as seguintes obrigações para o **arrendador:**

a) **Adquirir o bem atendendo estritamente às determinações do arrendatário;**

b) **Garantir a integridade do bem, zelando por sua procedência e qualidade no momento da aquisição;**

c) **Contratar seguro para o bem arrendado;**

d) **Entregar a posse direta do bem ao arrendatário sem impor obstáculos injustificados;**

e) **Não intervir ou turbar a posse direta do arrendatário durante o uso do bem.**

Já para o **arrendatário**, podemos arrolar as seguintes obrigações:

a) **Pagar a contraprestação avençada no vencimento;**

b) **Utilizar o bem para os fins e nos limites do que constar do instrumento contratual;**

c) **Zelar pela preservação e conservação do bem, agindo como se proprietário fosse;**

d) **Abster-se de alterar ou modificar, sem anuência do arrendador, o equipamento ou seus elementos constitutivos;**

e) **Informar imediatamente o arrendador em caso de esbulho ou turbação na posse praticados por terceiro;**

f) **Adimplir os impostos incidentes sobre a transação e demais obrigações tributárias eventualmente aplicáveis;**

g) **Abster-se de realizar quaisquer negócios com o bem arrendado, principalmente aqueles tendentes a dele dispor, considerando que se trata de coisa alheia.**

Caso o arrendatário fique em atraso com o pagamento das parcelas, ainda que exista cláusula resolutiva do contrato expressa para essa hipótese, é obrigatória a prévia notificação do devedor para constituí-lo formalmente em mora (STJ, Súmula 369). Cumprida a formalidade e continuando o devedor em falta, com a resolução do contrato torna-se cabível a **reintegração de posse** do bem se este não for devolvido.

Vale salientar, entretanto, que hodiernamente o STJ tem adotado a **teoria do adimplemento substancial**, a qual afasta a possibilidade de resolução do contrato e consequente reintegração de posse se o arrendatário já pagou um número expressivo de parcelas. Nesse caso, mantém-se o direito ao crédito, o qual deverá ser exercido pelas vias executórias comuns. A aplicação da teoria é objeto de análise casuística: já se aceitou sua alegação em caso de pagamento de 30 das 36 parcelas convencionadas (REsp 1.200.105/AM, DJ 19/06/2012). No mesmo sentido: REsp 272.739/MG, DJ 02/04/2001 e REsp 1.051.270/RS, DJ 05/09/2011.

2.6. Revisão do contrato e cláusulas abusivas

Sobre a possibilidade de revisão das cláusulas contratuais do arrendamento mercantil, a jurisprudência pátria aceita sem ressalvas a aplicação da **teoria da imprevisão** e a cláusula *rebus sic stantibus*, que buscam preservar o equilíbrio econômico-financeiro do negócio jurídico. Nesse diapasão, é cediço nos julgados do STJ, por exemplo, que a elevação abrupta da cotação de moeda estrangeira, como ocorrido com o dólar norte-americano em janeiro de 1999, representa fato superveniente capaz de ensejar a revisão das cláusulas contratuais. É importante ressaltar, outrossim, que a indexação das parcelas em moeda estrangeira só é permitida com a comprovação da captação de recursos no exterior (art. 9º da Resolução nº 2.309/96 do BACEN). Veja-se, por exemplo, REsp 897.591/PB, DJ 06/08/2009.

Merece atenção o fato da Súmula 263 do STJ ter sido cancelada pelo Colendo Tribunal em 2003. O verbete previa que a cobrança antecipada do VRG (ou seja, antes do termo final do contrato) descaracterizava o *leasing*, transformando-o em verdadeira compra e venda a prazo. As razões do cancelamento invocaram o brocardo *pacta sunt servanda*, consagrando a autonomia da vontade. Se as partes deliberaram pela possibilidade de cobrança antecipada no *leasing*, o acordo deve ser respeitado, não descaracterizando o arrendamento mercantil. Este novo posicionamento acabou consolidado na Súmula 293 do STJ.

Já no que toca à existência de cláusulas abusivas no contrato de arrendamento mercantil, o STJ tem farta jurisprudência no sentido de que **não** se trata de matéria de ordem pública cognoscível de ofício pelo Poder Judiciário. Não tendo sido objeto de impugnação específica no recurso de apelação, não poderá ser considerada pelo Tribunal de 2ª instância em seu julgamento, em consagração ao princípio do *tantum devolutum quantum appellatum* (AgRg no Ag 807.558/SC, DJ 30/06/2011; AgRg no REsp 759.965/RS, DJ 17/12/2007).

Para o Sodalício Superior, não se considera abusiva a imposição da obrigação ao arrendatário de contratação de seguro para o bem arrendado, exceto se a aludida contratação tiver de ser feita com uma instituição seguradora específica (REsp 1.060.515/DF, DJ 04/05/2010).

3. Direito falimentar

3.1. Breve resumo histórico

É sabido que a Lei 11.101/2005, doravante denominada apenas Lei de Falências (LF), revogou expressamente o Decreto-lei 7.661/1945. Tal alteração legislativa trouxe importantes evoluções para o Direito Falimentar.

A principal delas foi o acolhimento integral da **teoria da empresa**, estampada no CC, garantindo a aplicação de seus benefícios a todos aqueles que sejam considerados *empresários*. A legislação anterior, elaborada sob a vigência do vetusto Código Comercial, creditava o regime jurídico falimentar apenas aos *comerciantes*, apesar da jurisprudência, ao longo das décadas, ter ampliado substancialmente seu campo de incidência.

Outrossim, foi extinta a **concordata**, sendo criada em seu lugar a **recuperação judicial da empresa**. A diferença é tanto teórica quanto prática: inicialmente, verificamos que a criação do instituto da recuperação, em substituição à concordata, demonstra que a LF preocupa-se em bem diferenciar a empresa economicamente viável da inviável. Às empresas viáveis, que lhes seja dado o direito de tentar se recuperar após um período de crise econômica; às inviáveis, a falência.

Na prática, os conceitos se afastam ainda mais: a concordata previa apenas a dilação do prazo de vencimento das dívidas, em uma fórmula engessada que, no mais das vezes, em nada ajudava a empresa a não falir; a recuperação, veremos detalhadamente adiante, prevê a *liberdade de elaboração do plano de recuperação*. Atendidos a certos requisitos legais, o empresário em dificuldade é livre para elencar as diligências necessárias para sua recuperação, submetendo sua proposta aos credores. Nada mais correto, afinal são eles os principais interessados no recebimento de seus créditos, sendo certo que, com a quebra do devedor, a chance de recebê-los diminui consideravelmente.

3.2. Princípios de Direito Falimentar

3.2.1. Princípio da conservação da empresa viável

Consagrado, como vimos, pela criação do instituto da recuperação da empresa, que visa a manter funcionando a empresa que apresente viabilidade econômica, não se impondo sua falência exclusivamente por força de um período de instabilidade.

3.2.2. Princípio da equivalência dos créditos (*par conditio creditorum*)

Segundo o qual *todos os credores terão tratamento equitativo*, priorizando-se o recebimento proporcional por todos eles e não a satisfação integral de apenas alguns. Deve se destacar, porém, que o princípio não veda a criação de uma *ordem de preferência* no pagamento, que efetivamente existe. A questão é: dentro da mesma classe de credores, o valor disponível para pagamento deve ser rateado entre todos.

3.2.3. Princípio da prevalência dos interesses dos credores

A falência e a recuperação judicial da empresa, a despeito de se revestirem como procedimentos judiciais, são institutos voltados à satisfação das obrigações contraídas pelo devedor. É claro que o Estado tem interesse tanto na continuação da empresa viável quanto na extinção da empresa inviável (e é este o motivo do Poder Judiciário interceder em ambos os casos), mas os principais interessados são os credores, que devem ser ouvidos antes de todas as decisões judiciais e, muitas vezes, são soberanos naquilo que deliberarem.

3.3. Órgãos de administração da falência e da recuperação judicial

3.3.1. Juiz

Por força do mandamento constitucional que veda a exclusão da apreciação do Poder Judiciário qualquer lesão ou ameaça de lesão a direito (art. 5º, XXXV, da CF), a falência e a recuperação de empresas serão, em regra, efetivadas através de procedimento judicial.

Em síntese, cabe ao juiz presidir o processo, decretando a falência, autorizando a recuperação e decidindo sobre todas as demais questões controvertidas debatidas no bojo dos autos, ouvidos os demais órgãos quando a lei exigir. Compete-lhe, também, a nomeação do **administrador judicial** e a homologação do quadro-geral de credores.

3.3.2. Ministério Público

Na vigência do Decreto-lei 7.661/1945, o Ministério Público deveria acompanhar integralmente todos os processos de falência e concordata ajuizados, entendendo-se que sua presença como *custos legis* era inafastável diante do interesse público envolvido na falência de qualquer empresa.

O projeto de lei aprovado, que resultou na atual LF, trazia comando no mesmo sentido. Entretanto, o artigo foi vetado pelo Presidente da República, questionando a existência de um interesse público geral no procedimento falimentar e igualmente visando a uma celeridade maior no processamento da quebra e da recuperação.

Com isso, a atuação do *Parquet* fica restrita aos casos expressamente previstos na LF, que relacionam, em apertada síntese:

a) impugnar o quadro-geral de credores antes de sua homologação ou promover sua alteração através de ação de rito ordinário (se já homologado);

b) requerer a substituição do Administrador Judicial e de membros do Comitê de Credores nomeados em desacordo com a lei;

c) ser intimado do deferimento da recuperação judicial e da decretação da falência;

d) recorrer, através de agravo, da decisão que concede a recuperação judicial;

e) propor ação revocatória;

f) ser intimado de todo e qualquer ato de alienação de ativos, podendo inclusive impugnar a arrematação;

g) pronunciar-se sobre a prestação de contas do Administrador Judicial no encerramento da falência.

3.3.3. Administrador judicial

*Pessoa de confiança do juiz e nomeada por este para administrar o complexo de bens e dívidas do empresário falido (**massa falida**) durante o processo de falência ou para* *acompanhar a execução do plano de recuperação, no caso de recuperação judicial da empresa*. Será, preferencialmente, advogado, economista, administrador de empresas, contador ou pessoa jurídica especializada. Nesse último caso, a sociedade deve indicar o nome do profissional responsável pela condução do processo, que não poderá ser substituído sem autorização do juiz (art. 21 da LF).

A figura do administrador judicial vem para substituir duas outras previstas na legislação anterior, que denominava **síndico** o responsável pela administração da falência e **comissário** o indivíduo designado para acompanhamento da concordata. Suas funções permanecem, essencialmente, as mesmas. Acontece que na atual LF ambos levam o mesmo nome.

Suas atribuições estão previstas no art. 22 da LF, divididas entre as atribuições comuns na recuperação judicial e na falência (inciso I), exclusivas da recuperação judicial (inciso II) e exclusivas da falência (inciso III). Todas elas estão inseridas no conceito apresentado.

Destacamos, ainda, que compete ao administrador judicial a *elaboração do quadro-geral de credores*, que é a lista de pessoas físicas e jurídicas que comprovaram possuir créditos junto ao falido ou empresário em recuperação, relacionados discriminadamente pelo valor desses créditos e sua classe (trabalhistas, credores com garantia real e os demais, reunidos em uma só classe junto com os quirografários).

Vale ressaltar, ainda, que o administrador judicial é o vínculo da empresa falida ou em recuperação com o juiz. Ele tem poderes de convocar a assembleia-geral de credores sempre que entender necessário para a tomada de decisões que afetem o interesse destes e pode, para bem exercer seu ofício, contratar auxiliares ou empresas especializadas com autorização judicial, *sob pena dele próprio responder pela remuneração desses profissionais*.

O administrador judicial pode ser **substituído** pelo juiz, quando tiver de afastar-se de suas obrigações por motivos justificados (ex.: para tratar da própria saúde), hipótese em que receberá sua remuneração proporcionalmente aos serviços prestados. Situação diferente é a **destituição** do administrador judicial. Aqui, estamos falando de *sanção* para o administrador omisso ou negligente no cumprimento de seus deveres. O juiz pode destituir o administrador sempre que entender que este não agiu com a diligência necessária. Há, outrossim, uma hipótese legal específica de destituição: caso o administrador não apresente seus relatórios obrigatórios no prazo previsto em lei (art. 23, parágrafo único, da LF).

Destituído o administrador judicial, *ele perde o direito à remuneração*. Efeito idêntico ocorrerá quando as contas finais apresentadas pelo administrador forem reprovadas pelo juiz, decisão que servirá de título executivo para indenização da massa falida.

3.3.4. Assembleia-geral de credores

Em poucas palavras, definimos a assembleia-geral de credores como *o órgão colegiado formado por todos os credores do falido ou do devedor em recuperação judicial, reunido para deliberar sobre questões afetas aos interesses daqueles*.

A despeito de sua importância, e também de sua competência exclusiva para decisão de alguns temas, não há previsão de convocação obrigatória da assembleia-geral no processo de falência. Ela será convocada pelos próprios credores (representantes de, no mínimo, 25% dos créditos de determinada classe) ou pelo administrador judicial quando as circunstâncias justificarem. Já na recuperação judicial, há **convocação obrigatória** para a aprovação do plano de recuperação elaborado pelo devedor, exceto se este for microempresa ou empresa de pequeno porte que opte pelo plano previamente estabelecido pela LF, conforme se verá.

A assembleia-geral se instala, em primeira convocação, se estiverem presentes credores que representem *mais da metade dos créditos de cada classe*. Em segunda convocação, os trabalhos se iniciam com qualquer número de credores.

É possível que um credor seja representado por outra pessoa na assembleia. Em se tratando de mandato específico, o procurador deve entregar o instrumento de procuração ao administrador judicial até 24 horas antes daquela prevista para instalação da assembleia. Podem, ademais, os **sindicatos de trabalhadores** representarem seus membros nas assembleias, desde que apresentem, *até 10 dias antes*, lista nominal dos trabalhadores que pretendem representar. Na eventualidade do mesmo credor constar da lista de mais de um sindicato, ele deve indicar, até 24 horas antes da assembleia, por qual deles quer ser representado, sob pena de não ser representado por nenhum (art. 37, §6º, inciso I, da LF).

Como já aventado, uma vez instalada a assembleia-geral, os credores são divididos em três classes: credores trabalhistas e com créditos decorrentes de acidente de trabalho; credores com garantia real; e credores com privilégio geral e especial, credores quirografários e credores subordinados. Como regra, as deliberações são aprovadas *pela maioria simples dos créditos presentes*, independentemente de classe. O voto de cada credor é proporcional ao valor do crédito, isto é, cada real em crédito vale um voto.

Para que serve, então, a divisão dos credores em classes? Algumas deliberações exigem que a matéria seja votada *separadamente em cada classe, sendo aprovada pela maioria dos créditos em cada uma delas*, para ser considerada aprovada. São exemplos a formação do **Comitê de Credores** e a votação do plano de recuperação judicial.

Podem votar todos os credores assim reconhecidos pelo quadro-geral elaborado pelo administrador judicial, mesmo que este ainda não tenha sido homologado pelo juiz.

Por fim, é importante trazer à baila o ditame do art. 40 da LF, que proíbe a concessão de liminares para suspender ou adiar a realização de assembleia-geral em virtude da pendência de discussão judicial sobre a existência do crédito, seu valor ou classificação. O artigo é polêmico, porque aparentemente destoa do **princípio da indeclinabilidade da jurisdição**, previsto no art. 5º, inciso XXXV, da CF. A maioria dos autores acusa-o de inconstitucional. Não obstante, ainda não existem posicionamentos dos Tribunais Superiores sobre o tema.

3.3.5. Comitê de Credores

O **Comitê de Credores** *é um órgão colegiado simplificado, formado por representantes das três classes de credores, com o objetivo de fiscalizar o trabalho do administrador judicial e manifestar suas opiniões nos casos previstos em lei.*

É formado por um membro e dois suplentes escolhidos em cada classe de credores. Atenção, *pois aqui as classes são divididas diferentemente*: trabalhistas e créditos decorrentes de acidente de trabalho; credores com garantia real e *com privilégio especial*; credores quirografários *e com privilégio geral*. Não é obrigatório que todas elas estejam representadas no Comitê, afinal é possível que no caso concreto sequer existam credores de uma ou outra classe.

Nas deliberações do Comitê, *cada classe tem direito a um voto*, decidindo-se por maioria. Em caso de empate, decidirá o administrador judicial e, se este não puder votar (porque o Comitê delibera sobre sua destituição, por exemplo), o empate será dirimido pelo juiz.

Aplicam-se aos membros do Comitê as mesmas regras previstas para o administrador judicial no que tange à substituição e destituição.

A criação do Comitê é *facultativa*. Na sua ausência, suas atribuições serão desempenhadas pelo administrador judicial.

3.4. Falência

3.4.1. Conceito

Falência *é o estado de insolvência do devedor empresário, caracterizada pela insuficiência no valor de seus ativos (bens e direitos patrimoniais) para o pagamento de todo seu passivo (obrigações vencidas e vincendas), ainda que por mera presunção legal.*

A falência é decretada através de processo judicial de competência *do foro da Justiça Estadual da comarca do principal estabelecimento do devedor*. Perceba dois pontos importantes: um, a competência é *sempre* da Justiça Estadual Comum, não havendo previsão de competência da Justiça Federal para julgamento de processos falimentares; dois, a competência *não se estabelece pela sede do devedor*, mas sim pelo seu *principal estabelecimento*, que é aquele em que se concentra o maior volume de negócios (há entendimento doutrinário no sentido de que o conceito abrange, na verdade, o *local de onde partem as decisões empresariais* – Enunciado 466 JDC/CJF). Na hipótese de empresa estrangeira, deve-se avaliar qual de suas filiais no território nacional é aquela com maior movimentação.

Através do processo de falência, instala-se o **concurso de credores** (daí porque o processo falimentar é também chamado de **concursal**), cujo objetivo é o pagamento proporcional de todas as dívidas, evitando-se a preferência de alguns no recebimento exclusivamente porque teriam eventualmente cobrado primeiro o devedor em detrimento de outros, cujas dívidas venceriam posteriormente. Sendo de mesma classe, os credores receberão conjuntamente na proporção de seus créditos.

3.4.2. Sujeito passivo da falência

Pode ser réu no processo de falência *o empresário, pessoa física ou jurídica, regular ou irregular*. Lembre-se que o empresário irregular, pessoa física ou sociedade em comum, *pode falir, porém não lhe é autorizado requerer a falência de outrem*.

A par desta regra, o art. 2º da LF destaca pessoas que *não estão sujeitas* ao regime jurídico falimentar, a despeito de serem empresárias: a empresa pública e a sociedade de economia mista; instituições financeiras; cooperativas de crédito; consórcios; entidades de previdência complementar (previdência privada); planos de saúde; seguradoras; sociedades de capitalização; e outras entidades que a lei eventualmente equiparar a estas.

O motivo da exclusão é a natureza das atividades elencadas, que, devido ao grande vulto econômico que normalmente apresentam, preferiu o legislador deixar as hipóteses de insolvência dessas empresas a cargo da legislação especial. Por isso dizemos que essas entidades não entram em falência, mas em **liquidação**.

Todavia, conforme ensina Fábio Ulhôa Coelho, devemos diferenciar as duas hipóteses diferentes de exclusão do regime jurídico falimentar estabelecidas pela Lei nº 11.101/2005.

Na primeira, chamada de **exclusão absoluta**, que engloba *as empresas públicas, as sociedades de economia mista e as câmaras de compensação e liquidação financeira*, a falência dessas entidades *nunca* poderá ser decretada. Elas se submetem, em todas as hipóteses, ao procedimento especial de liquidação, judicial ou extrajudicial, previsto nas respectivas legislações.

Na segunda, dita **exclusão relativa**, que alcança *as companhias de seguro, as operadoras de plano de saúde e as instituições financeiras (bancos, sociedades de leasing, administradoras de consórcios e sociedades de capitalização)*, essas empresas não poderão falir *em algumas hipóteses*. Ou seja, em casos específicos, discriminados pela legislação especial, poderemos aplicar a Lei nº 11.101/2005 para os casos de crise econômico-financeira dessas instituições. Acompanhe o quadro abaixo:

	Cias. de seguro	Planos de saúde	Inst. financeiras
Hipóteses de falência (aplicação da Lei 11.101/2005)	O ativo da companhia não é suficiente para quitar metade do passivo quirografário	O ativo da companhia não é suficiente para quitar metade do passivo quirografário, as despesas administrativas e operacionais ou se houver fundados indícios de crime falimentar	Só não poderá falir a pedido de credor em caso de prévia decretação de intervenção ou liquidação pelo BACEN. Em qualquer outro caso, aplica-se a LF
Lei especial aplicável (demais hipóteses)	Lei nº 10.190/2002	Lei nº 9.656/1998 e MP nº 2.177-44/2001	Lei nº 6.024/1974

A despeito de não figurar tecnicamente como sujeito passivo no processo falimentar, a decretação da falência da sociedade acarreta a falência do *sócio com responsabilidade ilimitada*, que sofrerá as mesmas limitações da sociedade falida nas obrigações patrimoniais e quanto ao impedimento para o exercício de nova empresa.

3.4.3. Sujeito ativo da falência e hipóteses de decretação

O estudo de quem pode requerer a falência de outrem está umbilicalmente ligado às hipóteses legais de decretação da quebra.

Diante disso, é fundamental, primeiro, avaliarmos quando a lei determina que a falência do devedor empresário seja decretada:

a) **Impontualidade injustificada**: quando o devedor, *sem relevante razão de direito, não paga no vencimento obrigação líquida representada em título ou títulos executivos protestados cuja soma seja superior a 40 salários-mínimos.*

Se este é o fundamento do pedido, a falência pode ser requerida por qualquer credor cujo crédito seja superior a 40 salários-mínimos, desde que os títulos executivos sejam líquidos (também considerados aqueles que dependam de simples cálculos aritméticos – STJ, AgRg no Ag 1073663/PR, DJ 03/02/2011) e já estejam protestados (sendo que a notificação do protesto para fins falimentares *exige a identificação da pessoa que a recebeu* – STJ, Súmula 361). É permitido que vários credores se reúnam para atingir o valor mínimo exigido na lei, participando do processo falimentar como **litisconsortes ativos.**

Pode, também, ocorrer a **autofalência**, situação na qual *o próprio devedor requer a quebra*, que será analisada posteriormente. Além do próprio devedor, pessoalmente ou seu sócio, se for pessoa jurídica, a lei autoriza o pedido de falência elaborado pelo *cônjuge sobrevivente, qualquer herdeiro ou pelo inventariante*, em caso de falecimento do empresário individual.

b) **Execução frustrada:** caracterizada pela **tríplice omissão**, quando *o devedor, em processo de execução de título judicial ou extrajudicial, não paga, não deposita o valor em juízo nem nomeia bens à penhora para garantir a execução.*

Não se configura a execução frustrada caso a nomeação de bens à penhora seja intempestiva (STJ, REsp 741053/SP, DJ 20/10/2009).

Nesse caso, além da hipótese da autofalência, *qualquer credor* pode ingressar com o pedido de quebra, *não se exigindo o valor mínimo.*

c) **Atos de falência**: previstos no art. 94, inciso III, da LF, *são atos do devedor que a lei presume fraudulentos e indicativos de sua insolvência*. São exemplos clássicos a liquidação precipitada de ativos e o abandono de estabelecimento (usualmente conhecido como "golpe na praça").

O próprio artigo estabelece que os atos nele previstos não serão considerados como fundamento do pedido de falência se integrarem o plano de recuperação judicial do devedor regularmente aprovado. Havemos de ter cuidado, pois esta parte do artigo demanda **interpretação restritiva**. Boa parte dos atos previstos são **nulos** ou **anuláveis**, como a realização de negócios simulados, e isso não poderia nunca estar previsto em plano de recuperação. O mesmo ocorre com o abandono do estabelecimento.

O pedido judicial de falência do devedor fundado em ato de falência segue a mesma regra da execução frustrada: é lícito a qualquer credor formulá-lo, independentemente do valor de seu crédito, esteja ele vencido ou não.

Sublinhamos uma vez mais que a lei diz *qualquer credor*, podendo este ser empresário ou não (ex.: é possível que o empresário individual tenha sua falência requerida por seu advogado por conta de uma dívida líquida não paga sem motivo justo em valor superior a 40 salários-mínimos). Se for empresário, *deve estar regularmente inscrito na Junta Comercial.*

3.4.4. A sentença de decretação da falência e seus efeitos

A sentença judicial que decreta a quebra da empresa tem natureza **constitutiva** (não obstante seja costumeiramente conhecida como *sentença declaratória de falência*), pois altera a situação jurídica do devedor, modificando, criando e extinguindo direitos de todos os envolvidos.

Outra característica que merece nota é que, apesar da nomenclatura legal de *sentença*, trata-se de **decisão interlocutória especial**, porque encerra uma fase processual e inicia outra – a falência propriamente dita, conforme se verá adiante. Assim, o recurso cabível contra a sentença que decreta a falência é o **agravo de instrumento**, nos termos do CPC, sendo cabível a retratação pelo juiz.

Da sentença declaratória de falência decorre uma série de efeitos:

a) **Afastamento do devedor ou de seus sócios de suas atividades:** o empresário individual ou sócios da sociedade falida ficam impedidos de exercer qualquer atividade empresarial até sua reabilitação;

b) **Indisponibilidade dos bens e criação da massa falida:** com a quebra, o falido *perde o direito de dispor sobre seus bens*, que serão arrecadados para posterior venda e pagamento dos credores. O patrimônio do devedor e do *sócio com responsabilidade ilimitada* passa a ser considerado uma *universalidade de fato*, que se denomina **massa falida objetiva**. Arrecadados todos os bens do devedor e do sócio com responsabilidade ilimitada, sua administração deve ser feita em conjunto, sendo proibidos quaisquer atos de alienação ou oneração individual sem a concordância do administrador judicial e do Comitê.

   Fala-se, também, na formação da **massa falida subjetiva**, que é *o conjunto de credores do falido*;

c) **Nomeação do administrador judicial**: cuja função primordial, já vimos, é a administração da massa falida e a elaboração do quadro-geral de credores;

d) **Suspensão das ações judiciais promovidas contra o falido e do respectivo prazo prescricional**: a partir da decretação da quebra, o juízo que a determinou passa a ser o único competente para tratar das questões patrimoniais envolvendo o devedor. Dessa forma, todos aqueles que detêm créditos junto a este devem *habilitá-los* junto ao juízo falimentar. É o fenômeno da **força atrativa (ou *vis atractiva*)**, que cria o **juízo universal da falência**.

   Há, porém, ações judiciais que não se sujeitam ao juízo universal, continuando a correr nas varas originais até o trânsito em julgado da sentença. É o caso das *ações trabalhistas, das execuções fiscais, das ações de competência da Justiça Federal, aquelas cujo devedor seja o autor da demanda ou nas que envolverem quantia ilíquida.*

   Em todos esses casos, ao final do processo, o credor, munido do título executivo judicial, deve habilitar-se no juízo falimentar para que seu crédito seja classificado na ordem legal de pagamento, com exceção da Fazenda Pública, cujo crédito não depende de habilitação para ser pago (art. 187 do CTN).

   Para garantir a existência de valores para pagamento desses créditos reconhecidos fora do juízo falimentar, o juiz que receber a petição inicial e o próprio devedor regularmente citado devem informar o juiz responsável pelo processo de falência para que seja efetuada a reserva das importâncias que estimarem devidas;

e) **Fixação do termo legal da falência**: o termo legal é *o período anterior à decretação da quebra no qual os atos jurídicos com escopo patrimonial praticados pelo devedor são considerados suspeitos e, destarte, ineficazes perante a massa falida.* Deve o juiz fixar a data inicial deste período, não podendo esta ser estabelecida mais de 90 dias antes do pedido de falência, do pedido de recuperação judicial (se este precedeu à falência) ou do primeiro protesto por falta de pagamento (excluídos aqueles eventualmente cancelados).

   A existência do termo legal fundamenta-se no fato de que o devedor é, certamente, o primeiro a saber que a empresa vai mal e pode vir a falir. Sob esta óptica, determina a lei que alguns atos, elencados no art. 129, *não produzam efeitos* perante a massa falida, *independentemente da intenção ou não de fraudar os credores.* Repise-se que é hipótese de **ineficácia do ato**, que permanece válido diante do contratante de boa-fé e que, portanto, poderá cobrar do devedor os efeitos da evicção;

f) **Suspensão das atividades da empresa**: a fim de manter íntegro o patrimônio existente no momento da decretação da falência, a regra é que as atividades da empresa sejam suspensas para a arrecadação dos bens e sua posterior venda para pagamento dos credores.

   Entretanto, por vezes é mais interessante para os próprios credores que a empresa continue funcionando, diante de sua produtividade. Se recomendável, o juiz pode determinar então a **continuação provisória da empresa**, que será gerida pelo administrador judicial.

g) **Contratos do falido:** a rigor, a decretação da falência não tem nenhum efeito direto e automático sobre os contratos firmados pelo empresário falido. *Os contratos não se resolvem de pleno direito com a falência*, continuando válidos. O que nasce é o dever do administrador judicial de *avaliar a conveniência de cumprir cada contrato*, devendo fazê-lo exclusivamente se for de interesse da massa, ou seja, se o cumprimento do acordo evitar o aumento do passivo ou permitir a manutenção ou preservação dos ativos, ouvido o Comitê de Credores. Caso contrário, o administrador judicial não deve honrá-lo.

Não pode, em contrapartida, o outro contratante ser deixado sem resposta, na dúvida sobre o cumprimento da avença. Estabelece, então, a LF que a outra parte deve interpelar o administrador judicial em até 90 dias contados de sua nomeação sobre a intenção ou não de adimplemento. Silente o administrador, ou resolvendo este pelo não cumprimento, caberá indenização ao contratante em valor apurado em processo ordinário que constituirá **crédito quirografário**.

As determinações estudadas aplicam-se tanto aos contratos bilaterais quanto aos unilaterais. Há, a par, algumas determinações específicas para certos tipos de contratos, nos quais não há espaço para discricionariedade do administrador judicial: ele deve seguir os ditames da lei.

Além das diversas hipóteses colacionadas pelo art. 119 da LF, dispõe o Diploma Falimentar que os contratos de mandato e comissão nos quais o falido seja parte *são encerrados de pleno direito* com a falência, *exceto os mandatos para representação judicial*.

As contas correntes bancárias são também encerradas com a decretação da quebra, arrecadando-se eventual saldo para composição da massa falida.

3.4.5. Sentença denegatória de falência

Se não for caso de decretação da quebra, seja porque o requerente não preenche os requisitos legais, seja porque não restou plenamente configurada qualquer das hipóteses legais (impontualidade injustificada, execução frustrada ou ato de falência), ou ainda diante do pagamento efetuado pelo devedor, o juiz extinguirá o processo com resolução do mérito através de sentença, esta sim com natureza definitiva, da qual caberá recurso de **apelação**, recebido no duplo efeito.

3.4.6. Ordem de pagamento dos créditos

Como estudado anteriormente, um dos principais objetivos do juízo concursal da falência é o pagamento proporcional de todos os credores. Isso, porém, não estabelece igualdade de condições entre todos eles no recebimento dos créditos, pois a LF cria uma ordem de preferência no pagamento do passivo da massa falida.

O valor total dos débitos e o valor individual a qual cada credor tem direito em cada classe de pagamento são discriminados no **quadro-geral de credores**, elaborado pelo administrador judicial com base nas informações fornecidas pelo falido e posteriormente homologado pelo juiz. Só receberá o dinheiro a pessoa que estiver devidamente inscrita no quadro-geral, sendo possível sua impugnação para incluir crédito, alterar o valor reconhecido ou questionar sua inclusão em determinada classe.

O pagamento, portanto, será realizado na ordem seguinte:

a) **Antecipação de créditos trabalhistas de natureza alimentar**: *havendo dinheiro em caixa*, deve o administrador judicial antecipar o pagamento dos *salários* vencidos nos 03 meses anteriores à decretação da falência, até o limite de 05 salários-mínimos por trabalhador;

b) **Restituições em dinheiro**, conforme art. 86, parágrafo único, da LF (*vide* item 3.4.8, infra);

c) **Créditos extraconcursais:** são aqueles previstos no art. 84 da LF, os quais, como o nome sugere, *não existiam no momento da criação do concurso de credores, ou seja, são os débitos da massa falida e não do devedor falido.* Figuram aqui, basicamente, as despesas realizadas para a administração da massa falida, como a remuneração do administrador judicial, e as dívidas surgidas depois da decretação da quebra, como os tributos cujos fatos geradores sejam posteriores à sentença declaratória de falência;

d) **Créditos decorrentes da legislação do trabalho, limitados a 150 salários-mínimos por trabalhador, e decorrentes de acidente de trabalho**: neste momento, são pagos todos os créditos decorrentes da legislação trabalhista (férias, 13º salário etc.), *deduzida eventual antecipação recebida* (conforme item "a", que se refere exclusivamente a *salários*), até o limite de 150 salários-mínimos por trabalhador. O que exceder este teto será classificado como *crédito quirografário*.

Quanto aos créditos decorrentes de acidente de trabalho, encontram-se neste mesmo patamar, *porém não são limitados pelo teto imposto aos créditos trabalhistas*;

e) **Créditos com garantia real, até o limite do valor do bem gravado**: são dívidas do falido nas quais este *ofertou garantia real para pagamento* (penhor, hipoteca, anticrese, debêntures com garantia real etc.). Estes credores recebem após os credores trabalhistas, porém os pagamentos aqui também são limitados, sendo quitados com preferência somente até o valor de avaliação do bem dado em garantia. O que exceder é classificado como *crédito quirografário*;

f) **Créditos tributários**: abrangem *tributos de qualquer natureza, cujos fatos geradores sejam anteriores à decretação da quebra* (os posteriores são extraconcursais) *e já estejam inscritos em dívida ativa*. Ficam excluídas as multas tributárias, expressamente colocadas após os créditos quirografários. O valor a ser pago neste momento, portanto, inclui apenas o tributo, os juros e a correção monetária;

g) **Créditos com privilégio especial**: previstos no art. 964 do CC e esparsos na legislação extravagante;

h) **Créditos com privilégio geral**: previstos no art. 965 do CC, em artigos esparsos da legislação extravagante e, o mais importante, no art. 67, parágrafo único, da LF, que concede privilégio geral ao *fornecedor de bens ou serviços que continuar a provê-los normalmente após o* *pedido de recuperação judicial*, caso a falência venha a ser decretada. Este fornecedor seria mero credor quirografário, mas, como auxiliou o devedor em recuperação, tem como benefício a subida de seu crédito na escala de pagamento;

i) **Créditos quirografários**: *são aqueles sem nenhum tipo de garantia ou privilégio*, decorrentes de títulos de crédito ou contratos sem pactos acessórios de garantia real. Seu conceito é residual: *qualquer crédito que não se enquadrar nas demais categorias, será considerado quirografário*;

j) **Multas contratuais e por infrações das leis penais, administrativas e tributárias**: dado seu caráter de penalidade, a LF optou por deixar o pagamento das multas em plano inferior. Importante é o pagamento do valor principal, corrigido monetariamente e com aplicação dos juros de mora. A cláusula penal será adimplida apenas se houver dinheiro disponível após o pagamento dos credores quirografários. Com a atual redação da LF, fica superada a Súmula 565 do STF, que, sob a vigência do Decreto-lei 7.661/1945, afastava do juízo falimentar a cobrança das multas fiscais moratórias;

k) **Créditos subordinados**: criação da LF em 2005, trata-se dos últimos créditos a serem quitados. Sua classificação decorre expressamente da lei (tal como nos créditos com privilégio especial e geral), sendo possível elencar *as debêntures sem garantia real e os créditos dos sócios e administradores sem vínculo empregatício*.

Nunca é demais ressaltar que a existência de créditos em classe mais elevada *impede* o pagamento das classes inferiores. Com a venda total do ativo, os fundos levantados serão usados para o pagamento dentro de cada classe na ordem indicada, passando para a próxima apenas com a quitação integral dos créditos existentes nas categorias mais privilegiadas.

3.4.7. Ação revocatória

Ação judicial típica do processo falimentar, a ação revocatória *destina-se a obter declaração de ineficácia perante a massa falida ou a revogação de atos praticados pelo devedor antes da decretação da quebra, compreendidos ou não dentro do termo legal da falência*.

Tais atos são considerados ineficazes perante a massa diante da existência efetiva ou presumida de fraude contra os credores. A ação pode ser proposta por qualquer deles, pelo administrador judicial ou pelo Ministério Público no prazo *decadencial* de 03 anos, contados da decretação da falência.

A LF traz duas espécies de ação revocatória. Em dizeres mais técnicos, a *causa de pedir* na ação revocatória será uma de duas, previstas, respectivamente, nos arts. 129 e 130 da lei.

No art. 129, encontramos a **ineficácia objetiva**, que independe da comprovação da intenção de fraudar os credores pelo falido ou da má-fé do outro contratante, que pode saber ou não do estado crítico da empresa. O rol é *taxativo*, bastando ao interessado provar sua ocorrência. Por força da presunção legal, pode o juiz inclusive declará-la *de ofício*, dispensando a propositura da ação.

O art. 130, por seu turno, fundamenta a ação revocatória na **ineficácia subjetiva**, ou seja, a ineficácia do ato somente será declarada *se comprovada a intenção do devedor de fraudar os credores e o conluio fraudulento (*consilium fraudis*) com o outro contratante, que se beneficia do ato conhecendo a intenção nefasta da outra parte*. Aqui temos um conceito aberto, pois qualquer ato fraudulento, de qualquer natureza, pode ser declarado ineficaz se provada a fraude. O resultado, considerada a má-fé que envolve o ato, *não é de simples ineficácia perante a massa, mas sim de revogação daquele*.

Em resumo:

Ação revocatória	
Art. 129	**Art. 130**
Ineficácia objetiva	Ineficácia subjetiva
Ineficácia perante a massa	Revogação do ato
Rol taxativo	Conceito aberto
Independe da intenção de fraudar	*Consilium fraudis*
Pode ser declarada de ofício	Necessariamente mediante provocação

A jurisprudência traz uma questão muito interessante atinente à caracterização da ineficácia objetiva. Acompanhe o raciocínio: uma das hipóteses de ineficácia objetiva é a alienação do estabelecimento sem consentimento dos credores (art. 129, VI), ato que se caracteriza com o contrato de **trespasse**. Como já estudado, o trespasse transfere a terceiro todo o estabelecimento empresarial, tratado como *universalidade de fato*. É certo que as mercadorias em estoque constituem um dos elementos corpóreos do estabelecimento, porém sua venda regular é parte integrante do desenvolvimento da atividade econômica, razão pela qual não pode ser considerada como alienação *do estabelecimento*. Sendo assim, é descabida a ação revocatória para pleitear a declaração da ineficácia de atos cotidianos da empresa, ainda que praticados em estado pré-falimentar (STJ, REsp 1079781/RS, DJ 14/09/2010).

3.4.8. Pedido de restituição

Sabemos que uma das primeiras determinações do administrador judicial, após sua nomeação, é a *arrecadação dos bens do falido e do sócio com responsabilidade ilimitada*, que se resumem, na prática, a todos aqueles que estejam na posse direta ou indireta destas pessoas. Pode acontecer, contudo, que dentro desse universo existam bens que *não pertencem ao falido* (ex.: um dos veículos estacionados dentro da fábrica pertencia a terceiro estranho ao quadro societário, que ali o deixou temporariamente), ou que a ele foram entregues em virtude de compra e venda para pagamento a prazo nos *15 dias que antecederam a quebra* (e ainda não foram pagos).

Ressalte-se que o limite temporal de 15 dias é específico para a hipótese de compra e venda a prazo. Para todas as demais, inclusive aquelas que autorizam a restituição em dinheiro, pouco importa o momento no qual o falido obteve a posse da coisa ou do valor a ser restituído (STJ, Súmula 133).

Em ambas as hipóteses, compete ao proprietário do bem ou ao vendedor o **pedido de restituição**, espécie de ação judicial em que se requer *a devolução do bem arrecadado ou seu equivalente em dinheiro.*

A restituição em dinheiro só será deferida:

a) **Se a coisa não mais existir ao tempo do pedido de restituição;**
b) **Para os valores decorrentes de adiantamento de contrato de câmbio para exportação**, nos termos da Lei 4.728/1965;
c) **Dos valores entregues ao devedor pelo contratante de boa-fé se declarada a revogação ou ineficácia do contrato por força de ação revocatória.**

A restituição em dinheiro é feita *logo após o adiantamento das verbas salariais de natureza alimentar*, conforme dispõe o art. 86, parágrafo único, da LF. Com essa redação, impõe-se que seja dada nova interpretação à Súmula 307 do STJ, editada sob a égide do Decreto-lei 7.661/1945, que dispõe: "A restituição de adiantamento de contrato de câmbio, na falência, deve ser atendida antes de qualquer crédito". Hodiernamente, por "qualquer crédito" devemos entender "créditos concursais e extraconcursais", mantendo-se a preferência dos créditos estritamente salariais relativos aos três meses anteriores à quebra, até o limite de 05 salários-mínimos por trabalhador, mesmo diante do dever de restituição.

Pendente de julgamento o pedido de restituição, fica suspensa a disponibilidade da coisa arrecadada até o trânsito em julgado daquele, devendo a massa falida ou qualquer outra pessoa indicada pelo administrador judicial cuidar para que o bem não pereça. Ao final, julgado procedente o pedido de restituição, o proprietário deve ressarcir os gastos realizados com a conservação da coisa.

Indeferida a restituição, o crédito do requerente será anotado no quadro-geral de credores seguindo a classificação já conhecida.

Em qualquer caso (procedente ou improcedente o pedido de restituição), cabe *apelação sem efeito suspensivo.*

3.4.9. Procedimento judicial

O processo judicial da falência é escalonado, sendo sempre dividido em três etapas, qualquer que seja o fundamento do pedido.

Inicia-se com a fase **pré-falimentar**, na qual serão discutidos os motivos ensejadores da quebra, garantidos o contraditório e a ampla defesa do devedor; com a decretação da falência, abre-se a fase **falimentar propriamente dita**, na qual se opera a realização do ativo e o pagamento do passivo da massa; por fim, verificados os requisitos legais, conclui-se o procedimento pelo **encerramento** da falência. Vamos analisar cada uma dessas fases em separado:

a) Fase prefalimentar

Inicia-se com o ajuizamento do pedido de falência pelas pessoas autorizadas (*vide* item 3.4.3, supra). Fundada em impontualidade injustificada, a petição inicial deve vir acompanhada do título vencido *devidamente protestado*; se a causa de pedir for a execução frustrada, junta-se a *certidão do cartório* onde corre o processo de execução.

O devedor será citado para, *em 10 dias*, apresentar defesa e/ou realizar o **depósito elisivo**, que nada mais é do que *o depósito em juízo do valor cobrado pelo autor da ação*, com o fito de quitar a dívida e extinguir o processo. A apresentação de contestação e o depósito elisivo são independentes, abrindo-se, destarte, ao réu três opções ao comparecer ao processo: *somente apresentar a contestação*, seguindo-se a produção de provas, se necessária, e o julgamento da lide pelo juiz; *apresentar a contestação e promover o depósito elisivo*, caso em que este se apresenta como **garantia do juízo**, ou seja, o processo continua até o julgamento pelo juiz, *mas a falência não poderá ser decretada em hipótese alguma*, mandando o magistrado que o requerente levante o valor caso seja procedente o pedido de quebra; ou *realizar apenas o depósito elisivo*, situação na qual o juiz simplesmente declara elidida a falência, condenando o devedor ao pagamento das verbas de sucumbência.

O valor do depósito elisivo deve compreender a dívida principal, correção monetária, juros de mora e honorários do advogado (STJ, Súmula 29).

O art. 98, parágrafo único, da LF autoriza expressamente o depósito elisivo nos pedidos de falência fundados em impontualidade injustificada ou execução frustrada, deixando de fora aquele baseado em ato de falência. Isso levou alguns autores a defender a impossibilidade de depósito elisivo nesta hipótese. Outros, porém, argumentam que o depósito elisivo sempre é possível porque configura pagamento da dívida, retirando do autor da ação a qualidade de credor e, portanto, sua legitimidade ativa. O tema ainda é controverso, não tendo os Tribunais Superiores se pronunciado sobre a questão.

Os argumentos possíveis de serem apresentados pelo réu em sua contestação podem ser limitados dependendo do fundamento do pedido. Acusado da prática de ato de falência, há plena liberdade na contestação a fim de provar a inocorrência do ato ou que mantém ativo suficiente para saldar suas dívidas. Já contra a alegação de impontualidade injustificada ou execução frustrada, sua contestação deve cingir-se a demonstrar a existência de justo motivo para não honrar o título ou o processo executório prévio (prescrição, pagamento anterior, falsidade da assinatura etc.).

O devedor pode, em adição, como uma quarta alternativa, no prazo da defesa *ingressar com pedido de recuperação judicial*, que suspenderá o processo falimentar.

Por fim, lembre-se da possibilidade da falência ser requerida pelo próprio devedor (a **autofalência**), prevista no art. 105 da LF. Sua característica peculiar é o fato *de não haver contestação*, por óbvio, devendo o juiz apenas verificar se o pedido está corretamente instruído com os documentos comprobatórios de seu estado de insolvência: se estiver, decreta a quebra; se não, determina a emenda da inicial.

b) Fase falimentar

Inicia-se com o trânsito em julgado da sentença declaratória de falência e visa a *saldar as dívidas do falido na ordem estabelecida no quadro-geral de credores* mediante a **arrecadação** dos bens e sua posterior **realização** (venda para terceiros).

Ao assumir suas funções, o administrador judicial deve fazer publicar uma primeira relação de credores com base em informações que lhe serão fornecidas pelo próprio falido ou seus sócios. Abre-se, então, prazo de *15 dias* para **impugnações** sobre a existência de determinado crédito, seu valor ou a classificação que lhe foi dada, bem como para que credores que não tenham sido relacionados promovam a **habilitação** de seus créditos, provando sua existência e valor. Destaque-se que a falência *opera o vencimento antecipado de todas as dívidas do falido*, devendo os respectivos credores habilitar seus créditos, ainda que vincendos. Podem impugnar créditos o Comitê, se existente, o devedor, os credores e o Ministério Público.

Os pedidos são deduzidos *junto ao administrador judicial*, que publicará suas conclusões através de nova lista de credores no prazo de *45 dias*. Desta lista, caberão novas reclamações, agora formuladas ao juiz, em até *10 dias*.

Resolvidas as pendências, o juiz homologa o quadro-geral de credores.

Mesmo após a homologação do quadro, é possível a inclusão de créditos que nele ainda não constem. É a chamada **habilitação retardatária**, que seguirá o rito ordinário previsto no CPC. A rigor, recebe a nomenclatura de *habilitação retardatária qualquer pedido de inclusão de crédito posterior ao primeiro prazo para habilitações*.

Em paralelo a estes procedimentos, e deles totalmente independente, o administrador judicial pode começar a **realização do ativo**, através da alienação dos bens arrecadados após a avaliação pelo valor de mercado.

O art. 140 da LF estabelece uma ordem de preferência nos lotes a serem alienados, tudo com o escopo de facilitar a continuação da empresa: venda dos *estabelecimentos em bloco*; venda das *filiais ou unidades produtivas isoladamente*; alienação *em bloco dos bens que integram cada um dos estabelecimentos*; e venda *isolada dos bens individualmente considerados*.

Outras modalidades de alienação podem ser autorizadas pelo juiz mediante requerimento do administrador judicial ou do Comitê de Credores no interesse da massa.

As alienações serão promovidas mediante leilão por lances orais, propostas fechadas ou pregão, a critério do juiz, ouvidos, mais uma vez, o administrador judicial e o Comitê.

Frise-se, em derradeiro, que o Ministério Público deve ser intimado pessoalmente de *todos* os atos de alienação, sob pena de nulidade.

No que tange à realização do ativo, as inovações trazidas em 2005 pela nova LF eram há muito esperadas pela doutrina e jurisprudência, bem como pelo próprio mercado, que viu na possibilidade de venda dos bens arrecadados antes mesmo da consolidação do quadro-geral de credores (antes proibida pelo Decreto-lei 7.661/1945) um grande avanço no pagamento dos créditos. Isso porque, não raro, diante da complexidade dos incidentes apresentados ao longo do processo falimentar, o ativo do falido se deteriorava completamente, esvaindo-se seu valor de mercado e impossibilitando, destarte, a quitação das dívidas.

Outra mudança substancial que abriu caminho para que as alienações promovidas no bojo da falência garantissem resultado satisfatório foi a previsão expressa de que *ficam afastadas as sucessões nas dívidas trabalhistas e tributárias sobre os estabelecimentos do falido adquiridos nessa condição* (alienação judicial no processo falimentar). Sabemos que, como regra, o adquirente de um estabelecimento empresarial herda o passivo trabalhista e tributário do antigo proprietário. Em se tratando de venda decorrente de falência, é natural a existência de débitos dessa natureza, o que acabava por afastar eventuais interessados no arremate. Ato contínuo, os bens acabavam vendidos isoladamente por valor muito menor, uma vez que era desconsiderado o **aviamento**, e as atividades da empresa acabavam encerradas, acarretando o desemprego de todos os seus trabalhadores.

Na nova sistemática, credores trabalhistas e tributários receberão seus créditos na ordem estabelecida pela lei, nada se podendo cobrar do novo adquirente do estabelecimento.

Naturalmente, a LF se preocupou com a abertura de certa margem para fraudes que o benefício implica. Afinal, bastaria que o próprio devedor adquirisse seu estabelecimento através de outra pessoa jurídica para recebê-lo de volta isento das dívidas que auxiliaram a caracterizar sua insolvência. Para evitar esse efeito colateral nefasto, o art. 141, §1º, dispõe que *haverá a sucessão nas dívidas* se for identificado que o adquirente é *sócio da sociedade falida ou de sociedade controlada pelo falido*; *parente, em linha reta ou colateral até quarto grau, consanguíneo ou afim, do falido ou de sócio da sociedade falida*; ou *agente* ("laranja") *do falido com o objetivo de fraudar a sucessão*.

c) Encerramento da falência

Realizado o ativo e pagos os credores até o esgotamento das forças da massa, deve o administrador judicial apresentar suas contas finais ao juiz no prazo de 30 dias, as quais, após a publicação em jornal de grande circulação, podem ser impugnadas por qualquer interessado ou pelo Ministério Público em até 10 dias. Rejeitadas as contas, *o administrador é destituído e perde seu direito à remuneração*. Da sentença do juiz que julga as contas do administrador cabe **apelação**.

Aprovadas as contas, deve o juiz *declarar encerrada a falência* por sentença. O trânsito em julgado desta marca o termo inicial da prescrição das obrigações do falido, cujos prazos *ficaram suspensos durante todo o trâmite do processo falimentar.*

O empresário que teve sua falência decretada fica *impedido de exercer nova empresa* até que suas obrigações sejam extintas. É a chamada **reabilitação do falido**, que deve ser obtida por sentença judicial provando o interessado uma das seguintes situações:

c1) **Pagamento de todos os créditos;**

c2) **Pagamento de mais de 50% dos créditos quirografários após a realização de todo o ativo**, sendo autorizado que o interessado deposite o valor necessário para atingir o limite mínimo;

c3) **Decurso do prazo de 05 anos, contado do encerramento da falência, se o falido não tiver sido condenado por crime falimentar;**

c4) **Decurso do prazo de 10 anos, contado do encerramento da falência, se o falido houver sido condenado por crime falimentar**. Nessa hipótese, pode o juiz penal, *expressa e motivadamente*, estender os efeitos da inabilitação por até 05 anos após o cumprimento da pena, sendo autorizada eventual reabilitação penal antes do término do prazo para que o falido obtenha a declaração de extinção de suas obrigações.

3.5. Recuperação judicial

Substituta da antiga concordata, a recuperação judicial *é o procedimento que visa a preservar o funcionamento da empresa viável que atravessa período de crise econômico-financeira.* Atendidos os requisitos legais, o empresário que acredita que o momento desfavorável pelo qual passa é temporário pode requerer em juízo que sejam autorizadas medidas que permitam que a empresa se recupere, procurando, assim, causar o mínimo prejuízo possível aos credores (cujo crédito encontraria maiores dificuldades para ser satisfeito em uma falência) e continuar no mercado. Essas medidas são previstas no **plano de recuperação judicial**, elaborado pelo próprio empresário e aprovado pelos seus credores reunidos em assembleia-geral.

3.5.1. Disposições comuns à recuperação judicial e à falência

Aplicam-se à recuperação judicial os conceitos aprendidos na falência sobre o papel do juiz, do Ministério Público, da Assembleia-geral e do Comitê de Credores, do administrador judicial e da elaboração do quadro-geral de credores. Devemos atentar, não obstante, às pequenas diferenças abaixo discriminadas:

a) **Os créditos tributários não estão sujeitos à recuperação judicial.** Muito ao contrário, é um dos requisitos para a concessão do benefício a juntada de certidão negativa de débitos tributários (art. 57 da LF). Entretanto, a jurisprudência apresenta uma forte tendência em relativizar essa exigência, asseverando que se trata de um meio coercitivo de cobrança de tributos. Afinal, um empresário em crise dificilmente estará em dia com suas obrigações tributárias, o que sepultaria a aplicação do novo instituto (TJSP, AI 4563934800, DJ 22/11/2006; TJMG, AI 1007907348871-4/007, DJ 08/10/2009);

b) **Também não estão sujeitos à recuperação judicial os seguintes créditos**: propriedade fiduciária de bens móveis ou imóveis, arrendamento mercantil, compra e venda de imóveis gravada com cláusula de irrevogabilidade ou irretratabilidade, compra e venda com reserva de domínio e adiantamento de contrato de câmbio para exportação;

c) **O administrador judicial não substitui os administradores da empresa**, sendo sua função *acompanhar a execução do plano de recuperação pelo próprio devedor.*

3.5.2. Plano de recuperação

O instituto da recuperação judicial representou significativo avanço no tratamento da empresa em crise quando comparado à concordata. Esta tinha um formato fechado, autorizando apenas a moratória no pagamento dos créditos por determinado período de tempo.

A recuperação, por sua vez, deixa o devedor livre para propor as alterações que entender necessárias nas suas obrigações vencidas ou vincendas para que tenha condições de reerguer a empresa. A lista de meios de recuperação apresentada no art. 50 da LF é *meramente exemplificativa*, envolvendo a concessão de maior prazo para pagamento, a venda de estabelecimentos, o perdão de multas etc..

Existem apenas algumas restrições que o empresário deve atentar quando da elaboração do plano:

a) Não é possível prever prazo maior do que 01 ano para pagamento das dívidas trabalhistas;

b) Não é possível prever prazo maior do que 30 dias para pagamento de créditos estritamente salariais vencidos nos 03 meses anteriores à concessão da recuperação, até o limite de 05 salários-mínimos por trabalhador.

Frise-se que, na hipótese do plano previr a venda de estabelecimentos ou unidades produtivas isoladas, a adjudicação será feita em leilão nos mesmos moldes da falência, ou seja, *não haverá sucessão das dívidas ao adquirente*, respeitadas também as exceções já estudadas (*vide* item 3.4.9, "b", supra).

3.5.3. Processamento do pedido de recuperação

São autorizados a ajuizar o pedido de recuperação, além do próprio empresário individual ou sociedade empresária, o cônjuge sobrevivente, seus herdeiros, o inventariante e o sócio remanescente da sociedade empresária em caso de falecimento do empresário.

O rito procedimental é dividido *em duas etapas*: o **deferimento do processamento da recuperação** e a **apresentação, aprovação e execução do plano de recuperação.**

Para que o devedor em crise tenha *deferido* seu pedido de recuperação, é necessária a concorrência dos seguintes requisitos:

a) Exercício regular de atividade empresária há mais de dois anos;

b) Não ser falido, ou, se já o foi, ter tido suas obrigações declaradas extintas por sentença transitada em julgado;

c) Não ter sido beneficiado com recuperação judicial há menos de 05 anos (ou 08, se for microempresa ou empresa de pequeno porte);

d) Não ter sido condenado ou não ter, como administrador ou sócio controlador, pessoa condenada por crime falimentar.

Além disso, o empresário deve comprovar a viabilidade da empresa, demonstrando os motivos da crise que atravessa e por que estes são passageiros, bem como quais as vantagens obtidas com a recuperação judicial. Para embasar seus argumentos, o interessado deve apresentar, junto com a petição inicial, os documentos arrolados no art. 51 da LF, que incluem, exemplificativamente: *suas demonstrações contábeis dos últimos três exercícios sociais; relação nominal e completa de credores, com indicação pormenorizada do crédito de cada um; relação integral dos empregados e da folha de pagamento; certidão de regularidade do registro da empresa na Junta Comercial etc.*.

3.5.4. Efeitos do processamento da recuperação

O deferimento do processamento da recuperação judicial *suspende a tramitação e a prescrição das ações individuais em curso contra o devedor*, tal qual ocorre na falência. Todavia, aqui a suspensão *não poderá exceder 180 dias em nenhuma hipótese*: findo o lapso temporal, os processos retomam seu curso normal.

Além disso, *desde a distribuição do pedido*, o devedor fica proibido de alienar ou onerar bens ou direitos de seu ativo permanente, salvo com autorização judicial precedida de consulta ao Comitê fundada em evidente utilidade aos credores, salvo se a providência estiver prevista no plano de recuperação.

Por fim, a partir desse momento o juízo que deferiu o processamento torna-se competente para tratar de quaisquer conflitos relacionados com a recuperação judicial, *exceto se a lide envolver bens não abrangidos pelo plano de recuperação judicial* (STJ, Súmula 480).

3.5.5. Apresentação, aprovação e execução do plano

Cumpridos os requisitos, o juiz *defere o processamento da recuperação judicial*, que não se confunde com o benefício propriamente dito. A decisão apenas inaugura a segunda fase do procedimento de recuperação.

Com a concessão judicial, o empresário que pleiteia a recuperação deve apresentar o **plano de recuperação judicial** para ser exposto ao crivo de seus credores *no prazo máximo de 60 dias*, sob pena de ter sua falência decretada. Se qualquer dos credores impugnar o plano, deve ser convocada uma **assembleia-geral de credores.**

Nesta reunião, constituída exclusivamente para análise do plano apresentado pelo devedor, os credores são organizados nas três classes já conhecidas: trabalhistas e titulares de crédito decorrente de acidente de trabalho; credores com garantia real; credores com privilégio especial, geral, quirografários e subordinados.

A assembleia fatalmente terminará com um dos quatro resultados seguintes:

a) **Aprovação do plano:** para que o plano seja considerado aprovado, *é imprescindível que receba maioria de votos em todas as classes existentes, em votação independente.* Na classe dos credores trabalhistas, *estes votam por cabeça*, independentemente do valor de seus créditos, sendo considerado o plano aprovado pela concordância da maioria dos presentes; nas outras duas classes, o valor do voto *é proporcional ao valor do crédito*, sendo aprovado pela obtenção de votos favoráveis representantes da *maioria dos créditos presentes* e, *cumulativamente*, pela maioria dos *credores presentes*. Em qualquer das classes, não tem direito a voto e não será considerado na apuração do quórum necessário para aprovação o credor que não tiver o valor ou as condições de pagamento de seu crédito alterados pelo plano de recuperação;

b) **Aprovação do plano com alterações**: os credores estão autorizados a propor alterações no plano de recuperação. Estas, porém, devem ser *ratificadas* pelo devedor e não podem representar alterações prejudiciais ao valor ou forma de pagamento de obrigações relativas apenas a *credores ausentes à assembleia*;

c) **Rejeição total do plano**: hipótese na qual o devedor *terá sua falência decretada pelo juiz*; e

d) **Apoio ao plano**: quando este não obteve o quórum de aprovação previsto em lei, mas obteve, cumulativamente, *voto favorável da maioria dos credores que representem mais da metade dos créditos presentes na assembleia*, independentemente de classe; *aprovação, nos termos da lei, em duas das três classes* (ou em uma delas, caso só existam duas); e *voto favorável de, no mínimo, 1/3 dos credores da classe que rejeitou o plano.* Nesta situação, o juiz pode conceder a recuperação judicial, desde que não implique tratamento diferenciado entre os credores da classe que o rejeitou.

Aprovado o plano (diretamente ou através de decisão do juiz, no caso de apoio ao plano), *tem início sua execução* através de decisão judicial que defere *o benefício da recuperação judicial*, da qual cabe recurso de **agravo de instrumento**. Esta decisão tem natureza de **título executivo judicial**, o que significa que, se o devedor em recuperação descumprir qualquer de suas obrigações previstas no plano, o credor respectivo pode promover a execução individual específica ou pedir a **convolação** da recuperação em falência.

3.5.6. Efeitos da concessão da recuperação

A recuperação judicial abrange *todos os créditos do devedor existentes na data do pedido*, vencidos ou vincendos, e todos se submeterão ao que estiver disposto no plano de recuperação, ainda que seus titulares não o tenham pessoalmente aprovado ou sejam objeto de execução específica (STJ, AgRg no Ag 1297876/SP, DJ 18/11/2010).

Ademais, será nomeado pelo juiz o administrador judicial, que, na recuperação, não substitui os administradores. Estes continuam a gerenciar a empresa, cabendo ao administrador apenas fiscalizar a execução do plano, *exceto se*:

a) Houverem sido condenados por sentença criminal trânsita por crime falimentar, crime contra o patrimônio, contra a economia popular ou contra a ordem econômica;

b) Houver indícios veementes da prática de crime falimentar;

c) Houverem agido com dolo, simulação ou fraude contra os interesses dos credores;

d) Houverem efetuado gastos pessoais manifestamente excessivos em relação à sua situação patrimonial, ou despesas sociais injustificáveis pelo seu vulto diante do capital social ou o gênero do negócio;

e) Houverem descapitalizado injustificadamente a empresa;

f) Houverem simulado ou omitido crédito ao apresentar a relação de credores na petição inicial;

g) Negarem-se a prestar as informações solicitadas pelo administrador judicial ou pelo Comitê; e

f) O afastamento estiver previsto no plano de recuperação.

Nesses casos, o próprio devedor ou seus administradores serão afastados e o juiz designará um **gestor judicial** para administrar a empresa e dar cumprimento ao plano de recuperação. Até que o juiz o faça, tal incumbência caberá ao administrador judicial.

Por fim, mandará o juiz que seja inserido no nome empresarial do devedor a expressão "Em Recuperação Judicial", a fim de conferir a devida publicidade ao fato, possibilitando àqueles que venham a contratar com o beneficiado ter ciência de sua condição econômico-financeira.

3.5.7. Encerramento da recuperação judicial

Será declarada encerrada a recuperação judicial com o *cumprimento de todas as obrigações previstas no plano de recuperação que se vencerem nos 02 anos seguintes aos da concessão do benefício*. Dentro desse prazo, o inadimplemento de qualquer obrigação pode ensejar a **convolação** da recuperação em falência.

Havendo previsão no plano de obrigações a vencer em prazo superior a 02 anos, estas, obviamente, também deverão ser cumpridas pelo devedor, *porém não estaremos mais no âmbito da recuperação, já encerrada*. Assim, seu descumprimento pode ser objeto de execução individual específica ou *pedido de falência com base na impontualidade injustificada ou execução frustrada*, não se autorizando a convolação.

Com a declaração do encerramento, serão pagas as custas judiciais e providenciada a retirada da expressão "Em Recuperação Judicial" do nome empresarial do beneficiado.

3.5.8. Convolação da recuperação em falência

Trata-se de hipóteses nas quais a recuperação judicial será *automaticamente convertida em falência* mediante sentença do juiz:

a) Pela não apresentação do plano de recuperação no prazo de 60 dias contados do deferimento do processamento do benefício;

b) Pela rejeição do plano pela assembleia-geral de credores (exceto se houver apoio ao plano);

c) Pelo descumprimento de qualquer obrigação prevista no plano de recuperação dentro do prazo de 02 anos contados do início de sua execução.

Com a convolação, as obrigações sujeitas à recuperação terão restituídas suas características originais, sendo então classificadas no quadro-geral de credores da falência, descontados os valores eventualmente já pagos. Já aqueles que contrataram com o devedor em recuperação *depois* da concessão do benefício, serão classificados como *créditos extraconcursais*.

É importante ressaltar que, durante a execução do plano, nada impede que novos credores promovam pedido de falência da empresa com base na impontualidade injustificada ou execução individual frustrada, pois estes credores não se submetem à recuperação judicial.

3.5.9. A recuperação judicial da microempresa e da empresa de pequeno porte

A lei considera **microempresa** aquela que apresenta *faturamento (receita bruta) anual inferior a R$ 360.000,00* e **empresa de pequeno porte** aquela cujo *faturamento anual é inferior a R$ 3.600.000,00*.

Cumprindo o dispositivo constitucional que determina a concessão de tratamento simplificado e diferenciado para as pequenas empresas, a LF criou, *como faculdade para estas*, a possibilidade de apresentarem um *plano simplificado de recuperação judicial*. Como vantagem, o plano é prefixado em lei e não depende de aprovação dos credores; como desvantagem, exatamente por ser prefixado em lei, não dá margem para a criação de novos mecanismos de recuperação e *abrange apenas os créditos quirografários*.

Em breve síntese, o plano simplificado deve prever o pagamento dos créditos quirografários em no máximo 36 parcelas mensais e sucessivas, corrigidas monetariamente e acrescidas de juros de 12% ao ano, sendo que a primeira parcela deve ser paga em no máximo 180 dias contados da *distribuição* do pedido.

A opção da ME e da EPP pelo plano especial traz ainda outras peculiaridades:

a) O devedor dependerá de autorização do juiz, ouvido o administrador judicial e o Comitê, para aumentar suas despesas ou contratar empregados;

b) Ele não acarreta a suspensão das ações e da prescrição relativas aos créditos não abrangidos pelo plano;

c) Apesar da aprovação do plano não depender de assembleia-geral de credores, é possível que estes voluntariamente se reúnam e, mediante manifestação de mais da metade dos credores quirografários, requeiram ao juiz a improcedência do pedido.

Além disso, a ME e a EPP não podem se beneficiar de nova recuperação judicial antes de decorrido o prazo de *08 anos* do encerramento da última, ao passo que as demais empresas devem aguardar apenas *05 anos*.

3.6. Recuperação extrajudicial

Ao lado da recuperação judicial, a LF criou o instituto da **recuperação extrajudicial**, consistente *na elaboração de um plano de recuperação da empresa pelo devedor em crise e negociado diretamente com os credores, sem a interferência direta do Poder Judiciário*.

Cabe ao juiz, no caso, unicamente a homologação do plano já assinado pelo empresário e seus credores, conferindo-lhe maior segurança jurídica e a natureza de título executivo judicial.

3.6.1. Requisitos

A homologação do plano de recuperação extrajudicial depende dos mesmos requisitos exigidos para o pedido de recuperação judicial, com uma diferença: *será vedado se estiver pendente pedido de recuperação judicial ou se já existir um plano de recuperação judicial ou extrajudicial homologado há menos de 02 anos*.

3.6.2. Credores sujeitos ao plano

Diferentemente do que ocorre na recuperação judicial, aqui não é necessário que todos os credores de determinada classe se submetam ao plano. Pode o devedor *escolher com quais credores quer negociar*, mantendo os demais alheios às disposições pactuadas e, portanto, com suas obrigações íntegras, sem nenhuma alteração.

A lei veda que seja objeto do plano de recuperação extrajudicial *os débitos trabalhistas e decorrentes de acidente de trabalho, as dívidas tributárias e todos aqueles também expressamente excluídos da recuperação judicial (vide item 3.5.1, "b", supra)*.

Dentre as demais classes existentes (garantia real, privilégio especial e geral, quirografários e subordinados), os credores que estiverem nominalmente listados no plano de recuperação estarão vinculados a ele com a homologação do juiz, *a qual será obrigatória*:

a) **Se todos os credores listados assinarem o plano de recuperação**, manifestando sua adesão a ele. Nesta hipótese, o que temos na verdade é um contrato, que deveria ser observado por todos os signatários independentemente da homologação, em homenagem ao princípio do *pacta sunt servanda*;

b) **Se mais de 3/5 dos credores listados em cada classe assinarem o plano**. Aqui, sim, estamos diante da novidade legislativa. Com a aprovação por maioria qualificada dos credores de cada classe, a homologação judicial *sujeitará todos os credores listados no plano às avenças nele incluídas, ainda que não tenham manifestado sua concordância com a aposição de sua assinatura*. Reitere-se que serão vinculados apenas os credores nominalmente arrolados no instrumento; os que dele não constarem não serão afetados. Se esta situação é apresentada ao juiz, deve o empresário interessado na recuperação extrajudicial fazer juntar, também, os documentos mencionados nos arts. 162 e 163, §6º, da LF, consistentes em demonstrações financeiras e contábeis, que esclareçam a situação patrimonial da empresa.

3.6.3. Procedimento da homologação

Distribuído o pedido de homologação, *os credores não poderão desistir de sua adesão*, salvo com a concordância expressa de todos os demais participantes, *inclusive o devedor*. Ao receber o pedido, o juiz o fará publicar, através de edital, no diário oficial e em jornal de grande circulação. O edital conferirá prazo ao devedor para comunicar, por carta, todos os credores participantes do plano da distribuição do pedido, as condições do plano e o prazo para impugnação.

Tal prazo é de *30 dias*, contados da publicação do edital. Qualquer credor, comprovando esta condição, poderá impugnar o plano, *seja dele participante ou não*. Suas alegações, entretanto, estão limitadas a:

a) Não preenchimento do percentual mínimo de 3/5 de concordância em cada classe de credores;

b) Prática de ato de falência;

c) Descumprimento de qualquer outro requisito legal;

d) Simulação de crédito; ou

e) Vício na representação dos credores que o subscreveram.

Havendo impugnação, o devedor se manifestará em 05 dias e os autos serão conclusos ao juiz para decisão em igual prazo. Da sentença cabe apelação *sem efeito suspensivo*.

9. Direito Administrativo

Wander Garcia

1. Regime jurídico-administrativo

1.1. Conceito

Regime jurídico pode ser conceituado como *o conjunto harmônico de princípios e normas que incidem sobre determinada categoria ou instituto de direito.*

Há dois grandes regimes jurídicos: o de *direito público* e o de *direito privado*. O primeiro, que mais nos interessa, é aquele destinado a reger as relações jurídicas em que o Poder Público está presente, atuando numa posição de supremacia.

O Poder Público tem deveres extremamente importantes para a sociedade. Tais deveres englobam tarefas de *segurança*, de *fiscalização e controle* de condutas antissociais, de oferecimento de *serviços essenciais*, como educação, saúde, energia elétrica, água, transporte, dentre outros. Para que tais deveres sejam devidamente cumpridos é necessário que haja um regime jurídico diferenciado, um **regime jurídico de direito público**, que tem duas grandes marcas: a) supremacia do interesse público sobre o interesse privado; b) indisponibilidade do interesse público.

Porém, não se pode esquecer que o Poder Público age em **três grandes atividades**, quais sejam: a) *atividade legislativa*, de elaborar leis; b) *atividade administrativa*, de executar direta e concretamente a lei; c) *atividade jurisdicional*, de aplicar a lei, mediante provocação, com o fito de compor conflitos de interesse caracterizados por pretensões resistidas.

A *atividade legislativa* é objeto do Direito Constitucional, destacando-se o tema do "processo legislativo".

A *atividade jurisdicional* é objeto do Direito Processual (penal, civil, do trabalho etc.).

Já a *atividade administrativa* é objeto do Direito Administrativo. Esse ramo do Direito regula o chamado **regime jurídico administrativo**, que pode ser definido como *o conjunto harmônico de princípios e normas que regem os bens, os órgãos, os agentes e a atividade administrativa, a qual visa realizar concreta, direta e imediatamente os fins desejados pelo Estado.*

É importante destacar que o Direito Administrativo rege toda e qualquer atividade da Administração, seja ela do Executivo, do Legislativo ou do Judiciário, já que os dois últimos poderes também exercem (atipicamente) atividades administrativas. Por exemplo, quando exercer o poder disciplinar sobre servidores ou fazer licitação para adquirir bens.

Assim, um membro do Poder Judiciário (magistrado) pratica tanto atos jurisdicionais (ex.: quando exara uma sentença) como atos administrativos (ex.: quando aplica uma advertência ao servidor do fórum).

1.2. Origem

Só é possível falar-se em regime jurídico administrativo com o aparecimento do Estado de Direito, em que a lei passa a valer tanto para os administrados como para o administrador.

Tal se deu com o declínio dos regimes absolutistas, marcados pela vontade incontrastável dos soberanos, e que foi perdendo espaço, até se extinguir, após a Declaração dos Direitos do Homem e do Cidadão na França (1789) e a Declaração de Independência dos Estados Unidos (1796).

Os Estados de Direito, por sua vez, valeram-se da ideia de separação dos Poderes desenvolvida por Montesquieu (**O espírito das leis**, 1748).

2. Princípios do Direito Administrativo

2.1. Introdução

Vejamos primeiro o que são princípios.

Princípios *são normas jurídicas de especial relevância e alta carga valorativa que, além de vincular, servem de vetor interpretativo a todos os destinatários do Direito.*

São, então, (1) alicerces do ordenamento jurídico, (2) normas vinculantes, (3) vetores interpretativos, (4) normas relevantes, (5) além de deterem alta carga valorativa.

Pode-se dizer que os princípios gerais do Direito Administrativo decorrem de dois outros basilares, quais sejam, o da supremacia do interesse público sobre o privado e o da indisponibilidade do interesse público.

O princípio da ***supremacia do interesse público sobre o interesse privado***[1] parte da ideia de que o fim do Estado é o bem comum, e não o individual. Assim, deve prevalecer o interesse público, o interesse comum, e não o interesse particular que cada um tem.

Essa supremacia pode ser verificada nas seguintes *prerrogativas* da Administração: a) presunção de legitimidade dos atos administrativos; b) prazos maiores no processo civil; c) prazo prescricional menor contra o Estado; d) imperatividade, exigibilidade, coercibilidade e autoexecutoriedade de boa parte dos atos administrativos, atributos esses que permitem a autotutela da Administração, que não precisa buscar o Poder Judiciário para a imposição de grande parte de seus atos.

A doutrina diferencia a chamada *supremacia estatal geral*, que incide sobre todas as pessoas, da *supremacia estatal especial*, que incide sobre as pessoas com quem o Estado tem relação jurídica específica. A submissão de todos nós às leis de trânsito é um exemplo da supremacia estatal geral. Já a submissão das concessionárias de serviço público às imposições do Poder Concedente é exemplo da supremacia estatal especial.

O princípio da **indisponibilidade do interesse público**, por sua vez, decorre da ideia de República (coisa de todos). Ele indica que os interesses públicos não podem ser objeto de disposição, devendo o Poder Público velar por sua proteção e promoção. A ordem jurídica trará o perfil do que é interesse público, cabendo à Administração Pública buscar seu atendimento. Decorrem desse princípio os seguintes: a) princípio da legalidade; b) princípio da isonomia; c) princípio da motivação; d) princípio da publicidade, dentre outros.

Passemos, agora, ao estudo dos demais princípios do Direito Administrativo, que, repita-se, são expressões dos dois acima referidos.

2.2. Princípios do Direito Administrativo em espécie

2.2.1. Princípio da legalidade

Esse princípio pode ser **conceituado** como *aquele pelo qual a Administração Pública só pode fazer o que a lei determinar ou permitir*.

O princípio da legalidade está **previsto** expressamente no art. 37, *caput*, da CF.

Trata-se de princípio próprio do Estado de Direito. Aliás, o Direito Administrativo nasce justamente com o aparecimento desse tipo de Estado.

O princípio em questão afirma que a atividade administrativa é sublegal, devendo expedir comandos complementares à lei. É muito famosa a frase de Seabra Fagundes a respeito da legalidade: "administrar é aplicar a lei de ofício".

Na **prática**, isso significa que a Administração Pública não pode fazer coisa alguma sem que haja uma lei prévia dizendo que ela está autorizada ou tem a obrigação de fazê-la.

Recentemente, tomei conhecimento de um **exemplo** interessante: o Prefeito de uma determinada cidade resolveu baixar um ato administrativo determinando que todo o comércio local fechasse aos domingos, sem que houvesse lei alguma na cidade trazendo essa determinação. Tal conduta fere o princípio da legalidade, pois o Prefeito só poderia ter agido se houvesse uma lei municipal nesse sentido.

O Chefe do Poder Executivo tem o poder de regulamentar a lei, e não de fazer a própria lei. Nesse sentido, o art. 84, IV, da CF dispõe que o Presidente da República – e os demais Chefes do Executivo (Prefeito e Governador) – tem competência para expedir decretos e regulamentos para a fiel execução da *lei*. Esses decretos têm por objetivo explicar a lei e dizer como ela deverá ser cumprida.

Ou seja, no Brasil temos *regulamentos de execução de lei*, e não *regulamentos autônomos de lei*.

No exemplo dado, o Prefeito daquela cidade poderia baixar um regulamento para o fim de executar a lei que proíbe o comércio aos domingos, caso a lei existisse (regulamento de execução de lei). Mas não poderia criar a própria proibição do comércio por meio de um decreto (regulamento autônomo de lei).

1. Celso Antônio Bandeira de Mello define interesse público como o "interesse resultante do conjunto dos interesses que os indivíduos pessoalmente têm quando considerados em sua qualidade de membros da Sociedade e pelo simples fato de o serem" (**Curso de Direito Administrativo**, p. 59). Aliás, o interesse público pode ser primário (verdadeiro interesse público) ou secundário, interesse que diz respeito apenas à pessoa jurídica estatal (que não é verdadeiro interesse público), como o interesse de arrecadar mais tributos.
Hely Lopes Meirelles, por sua vez, entende por interesse público as "aspirações ou vantagens licitamente almejadas por toda a comunidade administrada, ou por uma parte expressa de seus membros" (**Direito administrativo brasileiro,** p. 81).

O princípio da legalidade é tão forte que no Direito brasileiro há pouquíssimas **exceções**.

A primeira exceção diz respeito aos *regulamentos autônomos de lei*. O art. 84, VI, da CF criou duas exceções, em que o Chefe do Executivo poderá, por decreto, fazer algo que somente a lei poderia fazer: a) dispor sobre a organização e funcionamento da administração federal, quando não implicar aumento de despesa nem criação ou extinção de órgãos públicos; b) dispor sobre a extinção de funções ou cargos públicos, quando vagos.

Um exemplo da situação "a" é um Prefeito, por decreto, transformar uma secretaria municipal em outra secretaria municipal (ex.: transformar a secretaria de administração em secretaria de gestão pública). O que não é possível é extinguir ou criar um órgão público, mas transformar um órgão é plenamente possível.

Um exemplo da situação "b" é um Prefeito, por decreto, extinguir 30 cargos de telefonista da prefeitura, por estarem vagos esses cargos e não haver mais interesse em provê-los, em virtude da tecnologia dos sistemas de telefonia não mais requerer tantos cargos de telefonista numa repartição pública.

A segunda exceção ao princípio da legalidade é a *medida provisória* (art. 62, CF). Com efeito, a medida provisória, apesar de não ser *lei em sentido estrito*, tem *força de lei*.

Assim, é possível que uma medida provisória, mesmo que não haja lei sobre um dado assunto, inove na ordem jurídica e determine algo para a Administração Pública.

Um exemplo foi a medida provisória que regulamentou as obrigações que cada um de nós passamos a ter com o "Apagão Elétrico" que assolou o Brasil há alguns anos. A medida provisória em questão foi possível porque estávamos numa situação de relevância e urgência, que justificava a edição da medida em detrimento do processo normal de elaboração de diplomas legislativos.

Porém, de acordo com a Constituição, a medida provisória não pode ser expedida para qualquer matéria. A EC 32/2001 estabeleceu, no art. 62, § 1°, da CF, vedação à edição de medidas provisórias sobre as seguintes matérias: *nacionalidade, cidadania, direitos políticos, partidos políticos e direito eleitoral; direito penal, processual penal e processual civil; organização do Poder Judiciário e do Ministério Público, a carreira e a garantia de seus membros; planos plurianuais, diretrizes orçamentárias, orçamento e créditos adicionais e suplementares; matéria reservada à lei complementar; disposição que vise a detenção ou sequestro de bens, de poupança popular ou qualquer outro ativo financeiro.*

Parte da doutrina faz uma diferenciação entre a *legalidade* e a *reserva legal*. Há matérias que podem ser reguladas por lei e por medida provisória, hipótese em que se fala em obediência à legalidade. Há matérias que só podem ser reguladas por lei em sentido formal, hipótese em que se fala em obediência à reserva legal. As matérias mencionadas no parágrafo anterior obedecem ao princípio da reserva legal. Como exemplo, temos o direito penal, matéria que só pode ser regulada por lei, nunca por decreto ou medida provisória (art. 5°, XXXIX, CF).

Por fim, vale diferenciar o princípio da legalidade para a Administração, com o **princípio da legalidade para o particular**. O primeiro está previsto no art. 37, *caput*, da CF, ao passo que o segundo, no art. 5º, II, da CF ("ninguém será obrigado a fazer ou deixar de fazer alguma coisa senão em virtude de lei"). O primeiro dispõe que a Administração só pode fazer o que a lei determinar ou permitir, enquanto que o segundo dispõe que o particular pode fazer o que bem entender, a não ser o que a lei proibir. Portanto, a Administração está amarrada, presa. Ela só pode fazer algo se a lei desamarrar e permitir que esse algo seja feito. Já o particular está livre, podendo fazer o que quiser. Ele só ficará impedido de fazer algo quando vier uma lei proibindo que ele o faça.

2.2.2. Princípio da impessoalidade

Esse princípio pode ser **conceituado** como *aquele que impõe tratamento igualitário às pessoas, respeito à finalidade e também a ideia de que os atos dos agentes públicos devem ser imputados diretamente à Administração Pública e nunca à pessoa do agente.*

O princípio da impessoalidade está **previsto** expressamente no art. 37, *caput*, da CF.

Repare que o princípio tem três comandos: a) *impõe igualdade de tratamento*; b) *impõe respeito ao princípio da finalidade*; c) impõe *neutralidade do agente*, que não pode fazer autopromoção.

Um exemplo de violação ao primeiro comando ("a") é o agente público, responsável para julgar a concessão de alvarás para construção, dar prioridade aos pedidos de alvará formulados por amigos seus em detrimento das demais pessoas que tiverem pedido o alvará em data anterior.

Um exemplo de violação ao segundo comando ("b") é o agente público usar um ato que tem uma finalidade legal "X" com o objetivo de atender a uma finalidade "Y", como ocorre quando se utiliza o ato "remoção" – cuja finalidade é organizar melhor as funções de agentes públicos ou transferir um agente público para outro local, a pedido deste – com a finalidade de punição.

Um exemplo de violação ao terceiro comando ("c") é um Prefeito determinar a utilização de um símbolo usado na sua campanha eleitoral em todas as obras da prefeitura. Tal situação é expressamente vedada pelo art. 37, § 1º, da CF, que dispõe que a publicidade oficial deverá ter caráter educativo, informativo ou de orientação social, dela não podendo constar nomes, *símbolos* ou imagens que caracterizem *promoção pessoal*.

O terceiro comando do princípio da impessoalidade também tem outros tipos de reflexo. Um deles é a possibilidade de reconhecer a validade de atos praticados por funcionário público irregularmente investido no cargo ou função sob o fundamento de que tais atos configuram atuação do órgão e não do agente público. Isso ocorre, pois, se todos os atos praticados pela Administração são *imputados* diretamente a esta (o agente público é neutro, ou seja, é um mero órgão da Administração), mesmo os atos praticados por alguém irregularmente investido em função pública poderão ser considerados válidos já que, em última análise, são atos da Administração e podem ser preservados se estiverem de acordo com as demais normas jurídicas.

2.2.3. Princípio da moralidade administrativa

Esse princípio pode ser **conceituado** como *aquele que impõe obediência à ética da Administração, consistente no conjunto de preceitos da moral administrativa, como o dever de honestidade, lealdade, boa-fé e probidade.*

O princípio da moralidade está **previsto** expressamente no art. 37, *caput*, da CF.

Maurice Hauriou diz que é o conjunto de regras tiradas da disciplina interior da Administração.

O art. 11 da Lei 8.429/1992 (Lei de Improbidade Administrativa) juridiciza (torna jurídico) preceitos morais a serem seguidos, como a *honestidade* e a *lealdade* às instituições.

São exemplos de atos que ferem o princípio da moralidade administrativa os seguintes: a) Prefeito e Câmara aumentam a remuneração dos agentes públicos em demasia a fim de se fortalecerem e de inviabilizarem economicamente a gestão posterior; b) Prefeito e Câmara geram grande diminuição de impostos para a gestão seguinte, com a mesma finalidade espúria mencionada; c) desapropriação realizada com o fim de prejudicar um inimigo político; d) uso de cartões corporativos do governo para gastos de ordem pessoal.

Não é necessária lesão ao erário para o desrespeito a esse princípio. Um prefeito que desapropria um imóvel com a finalidade de prejudicar um inimigo político, estará sujeito à invalidação dessa desapropriação pela violação ao princípio da moralidade, mesmo que o imóvel fosse necessário mesmo e que não houvesse, então, prejuízo econômico com o ato.

Dentro do tema do princípio da moralidade, vale fazer referência a outros institutos jurídicos relacionados.

O primeiro deles é a **improbidade administrativa**, que consiste na *imoralidade administrativa qualificada pelo prejuízo ao patrimônio público, pelo enriquecimento ilícito do agente ou pela ofensa aos princípios da Administração Pública.* A prática de tal ato importará, nos termos da Constituição, a suspensão dos direitos políticos, a perda da função pública, a indisponibilidade de bens e o ressarcimento ao erário, sem prejuízo da ação penal cabível (art. 37, § 4º, CF). A Lei 8.429/1992 repete tais sanções e acrescenta outras (art. 12 da Lei 8.429/1992), que serão estudadas em capítulo próprio.

Outro importante instituto é o da **ação popular**. Essa ação, que visava apenas à anulação de ato lesivo ao patrimônio público, passou a ser cabível, com a CF/1988, também para anular ato lesivo ao meio ambiente, ao patrimônio histórico e cultural e à *moralidade administrativa.*

Também se relaciona com o princípio da moralidade uma das hipóteses que caracterizam crime de responsabilidade do Presidente da República, consistente no ato que atenta contra a *probidade* na administração (art. 85, V, da CF).

Por fim, no tema "direitos políticos", a Constituição dispõe que lei complementar deve trazer hipóteses de **inelegibilidade**, a fim de proteger a *probidade administrativa*, a *moralidade* para o exercício do mandato e a normalidade e legitimidade das eleições contra a influência do poder econômico ou o abuso do exercício de função, cargo ou emprego na administração direta e indireta. (art. 14, § 9º, CF).

Enfim, essa relação de situações em que a moralidade é exigida revela o quão esse princípio é importante para o nosso Direito, mormente se pensarmos no número de escândalos que nosso País revela a cada dia, o que faz com que a aplicação do princípio aos casos concretos tenha função primordial para termos um País probo e que atenda cada vez mais aos justos anseios da população.

2.2.4. Princípio da publicidade

Esse princípio pode ser **conceituado** como *aquele que impõe ampla divulgação dos atos oficiais, para conhecimento público e início dos efeitos externos.*

O princípio da publicidade está **previsto** expressamente no art. 37, *caput*, da CF.

O conceito apresentado revela que o princípio tem dois grandes **sentidos**: a) garantir que todos tenham conhecimento das coisas que acontecem na Administração Pública; b) garantir que os atos oficiais só tenham efeitos externos após sua publicação.

Com isso, os cidadãos em geral poderão exercer sua cidadania, questionando atos governamentais, solicitando o controle destes e até ingressando com ações contra atos que estejam em desacordo com a ordem jurídica. Da mesma forma, o Ministério Público e as demais pessoas legitimadas também terão elementos para fazer esse tipo de controle.

As pessoas individualmente prejudicadas também recebem a proteção do princípio da publicidade. Um exemplo é aquele que recebe uma multa de trânsito. Tal pessoa só terá de pagar a multa se receber uma notificação oficial no prazo previsto em lei. A notificação é, portanto, requisito de eficácia da multa aplicada. O art. 281, II, da Lei 9.503/1993, dispõe que o auto de infração será arquivado e seu registro julgado insubsistente se não houver, no prazo máximo de 30 dias, notificação da autuação.

Nesse sentido, é importante reforçar a ideia de que a *publicidade* dos atos oficiais é requisito de ***eficácia*** dos atos administrativos, e não requisito de *existência* ou de *validade* destes.

Por outro lado, o princípio da publicidade tem **exceções**. Ou seja, há casos em que o interesse público justificará que determinados atos oficiais sejam deixados em sigilo, ainda que temporariamente.

Confira os casos em que se admite o sigilo dos atos oficiais: a) para a defesa da segurança da sociedade e do Estado; b) em investigações policiais; c) para o resguardo da inviolabilidade da intimidade, da vida privada, da honra e da imagem das pessoas.

A Lei 12.527/2011 regula o acesso à informação previsto no inciso XXXIII do art. 5º, da CF ("todos têm direito a receber dos órgãos públicos informações de seu interesse particular, ou de interesse coletivo ou geral, que serão prestadas no prazo da lei, sob pena de responsabilidade, ressalvadas aquelas cujo sigilo seja imprescindível à segurança da sociedade e do Estado").

Trata-se de lei de leitura obrigatória.

Essa lei se aplica a todos os entes federativos. Por conta dela, houve um movimento muito amplo no sentido de os entes da Administração Pública passarem a divulgar pela internet a remuneração e o subsídio dos agentes públicos, por se tratar de obrigação que decorre dos termos da lei.

Essa lei trata também dos requisitos do pedido de acesso a informações aos órgãos e entidades estatais (arts. 10 a 14) e também das restrições de acesso à informação (arts. 21 a 31).

Uma regra fundamental da lei dispõe que "não poderá ser negado acesso à informação necessária à tutela judicial ou administrativa de direitos fundamentais" (art. 21).

A lei detalha melhor os casos em que cabe sigilo por motivo de segurança da sociedade e do Estado (art. 23), sigilo esse que varia entre 5, 15 e 25 anos (informações reservada, secreta e ultrassecreta, respectivamente), bem como os casos em que cabe sigilo por motivo de respeito à intimidade, vida privada, honra e imagem das pessoas, que poderão ter seu acesso restrito pelo prazo máximo de 100 anos (art. 31).

Por fim, vale dizer que se sujeitam a essa lei todos os órgãos da Administração Direta, todas as suas entidades e também as aquelas controladas direta ou indiretamente pelos entes políticos (art. 1º), sendo que a Lei 9.784/1999 se aplica subsidiariamente (art. 20).Quanto ao respeito ao princípio da publicidade no âmbito dos **processos administrativos em geral**, a Lei 9.784/1999 estabelece, em seu art. 2º, p. ún., V, a obrigatoriedade da divulgação dos atos administrativos, devendo-se publicar no Diário Oficial as principais fases do processo. Os demais atos podem ser afixados na porta do ente ou conforme o disposto na lei local. O artigo 28 da Lei 9.784/1999 obriga, ainda, à intimação do interessado, por correspondência, por exemplo, para tomar ciência dos atos do processo administrativo.

Por fim, vale lembrar que a propaganda oficial não pode caracterizar promoção pessoal (*vide* novamente o art. 37, § 1º, CF), devendo ser objetiva e com caráter informativo, educativo ou de orientação social.

2.2.5. Princípio da eficiência

Esse princípio pode ser **conceituado** como *aquele que impõe o dever de a Administração Pública atender satisfatoriamente às necessidades dos administrados, bem como de o administrador público fazer o melhor, como profissional, diante dos meios de que dispõe.*

O princípio da eficiência está **previsto** no art. 37, *caput*, da CF, por força da EC 19/1998, que o introduziu expressamente na Constituição.

Porém, mesmo antes da EC nº 19/1998, já se falava na Constituição em controle interno dos Poderes para atender a eficiência (art. 74, II, CF), de modo que o princípio estava no mínimo implícito na redação original da Constituição.

Ademais, o Decreto-Lei 200/1967, que regula a Administração Pública federal, também tem regras voltadas para a eficiência, como as seguintes: a) fortalecimento do sistema de mérito (art. 25, VII); b) dirigentes capacitados (art. 25, V); c) supervisão ministerial das entidades da administração indireta (art. 26, III); d) demissão de servidor ineficiente ou desidioso (art. 100).

Ocorre que, com a **Reforma do Estado**, ocorrida em 1998, percebeu-se a necessidade de trazer um princípio geral de eficiência. Tal reforma estava preocupada em diminuir o controle de meios (administração burocrática) e focar no controle de fins (administração gerencial), controle este que se volta para os resultados, ou seja, para a eficácia.

Na verdade, *a administração pública gerencial* não abandona as conquistas da *administração pública burocrática*, em especial o combate aos vícios da *administração pública patrimonialista* (corrupção, personalismo, confusão entre o patrimônio do soberano e o público, nepotismo etc.).

Porém, não se pode buscar a eficiência a qualquer custo. Esse princípio deve ser obedecido sem desconsiderar os demais, como o da legalidade, da moralidade, da publicidade e da eficiência.

Para concretizar o princípio da eficiência, a EC 19/98 também trouxe para o servidor público mais um requisito para adquirir a estabilidade, qual seja, o de que passe por uma *avaliação especial de desempenho*, sendo que, mesmo depois de adquiri-la, deverá se submeter a *avaliações periódicas de desempenho*, podendo ser exonerado, caso não seja aprovado em qualquer delas (art. 41, §1º, III, da CF). Para a Administração, a EC em questão trouxe a possibilidade de realização de *contrato de gestão*, aumentando a autonomia dos órgãos e entidades públicos em troca da fixação de metas de desempenho a cumprir (art. 37, § 8º, CF).

2.2.6. Princípio da segurança jurídica

Esse princípio pode ser **conceituado** como *aquele que impõe a exigência de maior estabilidade nas relações jurídicas de forma a se atender ao interesse público.*

O princípio da segurança jurídica não está **previsto** expressamente na CF. Porém, está implícito no art. 5º, XXXVI, pelo qual a lei não pode prejudicar o direito adquirido, o ato jurídico perfeito e a coisa julgada.

No plano infraconstitucional, o princípio está previsto expressamente no art. 2°, *caput*, da Lei 9.784/1999.

O princípio da segurança jurídica tem as seguintes **consequências**:

a) decorre dele o dever de respeitar o direito adquirido, o ato jurídico perfeito e a coisa julgada (art. 5°, XXXVI, CF), salvo algumas questões inafastáveis de ordem pública;

b) permite a convalidação de atos anuláveis, ou seja, de atos que podem ser repetidos sem o vício que os inquinava;

c) permite a conversão de atos nulos em atos de outra categoria, na qual serão válidos;

d) permite a manutenção de atos nulos expedidos há muito tempo, desde que haja excepcionalíssimo interesse público (ex.: loteamento popular antigo feito sem autorização administrativa);

e) proíbe a aplicação retroativa de nova interpretação por parte da Administração (inciso XIII do parágrafo único do art. 2° da lei acima referida); tal proibição visa a preservar a boa-fé, a confiança do administrado na Administração;

f) protege expectativas legítimas de promessas firmes. Ex.: permissão de uso de bem público dada pelo Estado com prazo determinado, que acaba sendo revogada antes do final do prazo; com base no princípio da proteção da confiança, é possível que o permissionário requeira em juízo que continue com a permissão ou que receba indenização pela quebra da confiança;

g) não gera direito adquirido a regime funcional ou contratual;

h) "a garantia da irretroatividade da lei, prevista no art. 5º, XXXVI, da Constituição da República, não é invocável pela entidade estatal que a tenha editado" (Súmula 654 do STF);

i) "os valores recebidos de boa-fé pelo servidor público, quando pagos indevidamente pela Administração Pública em função de interpretação equivocada de lei, não devem ser devolvidos" (STJ, AgRg no Ag 1.423.790, DJ 30/11/2012).

2.2.7. Princípio da razoabilidade

Esse princípio pode ser **conceituado** como *aquele que impõe o dever de agir dentro de um padrão normal, evitando-se negligência e excesso e atuando de forma compatível entre os meios e fins previstos na lei.*

O princípio da razoabilidade não está expresso na Constituição Federal.

Porém, o art. 5º, LXXVIII, da CF, introduzido pela EC 45/2004, introduziu o direito à *razoável* duração do processo judicial e administrativo. A expressão "razoável", apesar de ligada à questão do processo célere, acaba trazendo à tona o valor da razoabilidade.

Assim, o princípio da razoabilidade continua implícito de modo geral na CF, mas pelo menos está expresso para fins de duração do processo no nosso Texto Maior.

Apesar disso, ele pode ser encontrado exposto em alguns textos infralegais, como o da Constituição do Estado de São Paulo (art. 111) e no art. 2º, *caput*, da Lei de Processo Administrativo Federal (Lei 9.784/1999).

Além do mais, o art. 2°, p. ún., VI, da Lei 9.784/1999 também acaba por tratar do princípio da razoabilidade ao trazer a seguinte obrigação à Administração em seus atos: "adequação entre meios e fins, vedada a imposição de obrigações, restrições e sanções em medida superior àquelas estritamente necessárias ao atendimento do interesse público".

São **exemplos** de violação ao princípio da razoabilidade os seguintes: a) demissão de um agente público, quando era suficiente uma suspensão; b) cumulação indistinta de todas as sanções por ato de improbidade administrativa, mesmo em casos mais leves, como de violação a princípios da administração; c) requisição administrativa de bens ou serviços em quantidade maior do que a necessária; d) dissolução de passeata pacífica por meio de arma de fogo.

O princípio somente tem **incidência** em relação a atos *discricionários*, não incidindo em relação a atos *vinculados*. Isso porque, quando um ato é vinculado, a Administração só tem uma opção de ato a ser praticado, não havendo que se falar em mais de uma possibilidade e, portanto, que o ato fere a razoabilidade. Porém, quando se tem um ato discricionário, existe mais de uma opção para o administrador, ocasião em que se poderá discutir se a atitude tomada está ou não de acordo com a razoabilidade.

Uma dúvida muito frequente é se o princípio da razoabilidade é sinônimo do **princípio da proporcionalidade**. Essa dúvida ganha ainda mais relevância pelo fato de o art. 2º, *caput*, da Lei 9.784/1999 dispor que a Administração deve respeitar a *razoabilidade* e também a *proporcionalidade*.

Há quem defenda que os dois princípios são sinônimos. Outros defendem que um está contido no outro. No caso, a proporcionalidade é medida da razoabilidade.

Na prática, costuma-se usar a expressão "proporcionalidade" para situações que envolvem medida, quantidade. Por exemplo, se uma multa poderia variar de R$ 100 a R$ 1.000,00 e acaba sendo fixada em R$ 1.000,00, diz-se que houve violação ao princípio da proporcionalidade.

A expressão "razoabilidade" acaba sendo utilizada para outras situações que não envolvem questão matemática. Por exemplo, se um Prefeito, mesmo diante do caos na área da saúde, resolver fazer uma obra para reformar a praça em frente ao hospital, em detrimento de maiores investimentos no próprio serviço de saúde, diz-se que houve violação ao princípio da razoabilidade.

O princípio da razoabilidade costuma ser **usado contra** a Administração, mas o contrário também é possível.

Isso porque, de um lado, o princípio pode ser visto como um *dever-poder*, ou seja, antes de tudo os poderes públicos só se justificam como instrumento dos deveres públicos, daí porque não se deve agir nunca com excesso (sem razoabilidade) para atingir os deveres existentes. De outro lado, o princípio pode ser visto como um *poder-dever*, de modo que se deve respeitar a decisão discricionária de um agente público desde que ela seja aceitável (razoável), ainda que algumas pessoas não concordem com seu conteúdo.

De qualquer forma, é importante ressaltar que o princípio tem como maior **consequência** a redução da margem de liberdade do administrador, que deve aferir a razoabilidade a ser empregada na sua conduta segundo os valores do homem médio e não segundo critérios personalíssimos.

2.2.8. Princípio da motivação

Esse princípio pode ser **conceituado** como *aquele que impõe ao administrador público o dever de indicar, prévia ou contemporaneamente, os pressupostos de fato e de direito que determinam a decisão ou o ato, de forma explícita, clara e congruente.*

O princípio da motivação **não está previsto** expressamente no art. 37, *caput*, da CF.

Porém, o princípio pode ser encontrado para as decisões do Poder Judiciário e do Ministério Público (art. 93, IX, da CF c/c art. 129, § 4º, da CF), que devem ser devidamente fundamentadas, sob pena de nulidade.

Apesar de não haver previsão genérica do princípio da motivação na Constituição Federal, há na legislação infraconstitucional. O art. 2º, *caput*, da Lei 9.784/1999 faz referência expressa à motivação como princípio a ser obedecido por toda a Administração Direta e Indireta, de todos os poderes.

O princípio da motivação **decorre** do aparecimento do Estado de Direito, em que a única vontade que impera é a da lei e não a pessoal, de modo que a Administração tem de justificar seus atos. Ele é reforçado pelo princípio da moralidade e pela ampliação do acesso ao Judiciário, que também exigirão a motivação como forma de preservar a probidade administrativa e permitir que as pessoas possam impugnar atos da Administração em juízo.

Uma dúvida muito comum é se a obrigatoriedade de motivação é **regra** ou **exceção**. A pergunta tem pertinência, pois o art. 50 da Lei 9.784/1999 traz um rol de casos em que a motivação é necessária. Com isso, para alguns, ela só seria obrigatória quando a lei determinar.

Porém, não se deve esquecer que a motivação é um princípio e, como tal, é uma norma que tem hierarquia material em relação a algumas regras, como a prevista no art. 50 da Lei 9.784/1999. Não bastasse isso, o rol de casos em que a motivação é obrigatória é tão amplo que se pode afirmar: a regra é que os atos administrativos que afetem direitos devem ser motivados.

Assim, só não haverá o dever de motivar quando a lei expressamente o dispensar, como é o caso da nomeação e da exoneração para cargo em comissão, que são livres, ou seja, não dependem de motivação por aquele que comete tais atos.

Nos demais casos, a motivação é requisito de validade do ato administrativo atinente à *forma*.

Vale ressaltar, todavia, que, caso se esteja diante de *ato vinculado* e em situação cuja motivação seja óbvia, e ainda haja respeito aos demais requisitos de validade, este poderá ser mantido se demonstrada a ausência de prejuízo. Nessa hipótese, a motivação não deixa de ser obrigatória, podendo o servidor vir a ser responsabilizado por sua ausência, mas o ato pode ser mantido no mundo jurídico, desde que possa ser demonstrado que antecede à lei quanto aos demais aspectos.

Nos *atos discricionários*, por sua vez, a falta de motivação gera necessariamente sua invalidação, sob pena de se permitir a invenção de motivos em momento posterior.

A **motivação *aliunde***, consistente na declaração de concordância com os fundamentos apresentados em outra manifestação anteriormente expedida, é admitida e largamente utilizada na Administração Pública. Ter-se-á por motivação do ato aquela à qual faz referência. Ex.: a autoridade expede um ato adotando como fundamento parecer que o precede.

Vale lembrar que, quando se tratar de decisões de órgãos colegiados ou de decisões orais, a motivação deve constar da respectiva ata ou termo escrito.

2.2.9. Princípio da autotutela

Esse princípio pode ser **conceituado** como *aquele que impõe o dever de a Administração Pública anular seus próprios atos, quando eivados de vício de ilegalidade, e o poder de revogá-los por motivo de conveniência e oportunidade, respeitados os direitos adquiridos.*

O princípio da autotutela não está **previsto** expressamente no art. 37, *caput*, da CF.

Porém o princípio é muito conhecido e está previsto na Súmula 473 do STF e no art. 53 da Lei 9.784/1999.

Perceba-se que, diante de *ilegalidade*, fala-se em dever (ato vinculado) de anular. E que diante de motivo de *conveniência e oportunidade*, fala-se em poder (ato discricionário) de revogar. O nome do princípio remete à ideia de que a Administração agirá sozinha, ou seja, sem ter de levar a questão ao Poder Judiciário.

Um exemplo de aplicação da autotutela consiste em a Administração, tomando ciência da ilegalidade na concessão de uma licença para construir, promover sua anulação de ofício.

Outro exemplo consiste em a Administração, após ter concedido uma autorização para uso de um bem público para que uma comunidade feche uma rua por um dia para realizar uma festa local, revogar a autorização dada por conta da ciência de um fato novo que torna inconveniente a manutenção da autorização outorgada ao particular.

Tanto a anulação como a revogação poderão se dar independentemente de apreciação judicial.

2.2.10. Princípio do controle judicial dos atos administrativos

Esse princípio pode ser **conceituado** como *aquele que impõe que todo ato administrativo seja passível de controle por parte do Poder Judiciário, ainda que se trate de ato discricionário, desde que esse controle se atenha aos aspectos de legalidade, razoabilidade e moralidade.*

Tal controle se justifica tanto pelo fato de estarmos num Estado de Direito como porque existe o **princípio da universalidade da jurisdição**, pelo qual *a lei não excluirá da apreciação do Poder Judiciário lesão ou ameaça de lesão a direito* (art. 5º, XXXV, CF).

Ao tratarmos do princípio em questão, importante se faz trazermos à baila noções sobre os Sistemas de Controle Jurisdicional da Administração.

Há dois **sistemas**: a) o sistema do contencioso administrativo (sistema francês); b) o sistema judiciário (sistema inglês).

Como vimos, o Brasil adotou o segundo, ou seja, o sistema da jurisdição única.

Na Europa continental, de outra parte, há órgãos independentes e autônomos da própria Administração destinados a efetuar o controle dos atos administrativos. Trata-se da chamada *dualidade de jurisdição* (ou *contencioso administrativo*), em que um órgão exerce a jurisdição sobre os atos administrativos e o Poder Judiciário a exerce sobre os demais atos e fatos jurídicos. Na França, por exemplo, o Conselho de Estado é que faz esse tipo de papel (há os chamados tribunais administrativos, que se sujeitam ao Conselho, que funciona como juízo de apelação, de cassação e até de juízo originário e único de determinados litígios administrativos).

O Brasil adotou outro sistema, o anglo-americano, em que não existe essa dualidade, cabendo apenas ao Poder Judiciário exercer a jurisdição, de modo que é este que faz o controle ora estudado.

2.2.11. Outros princípios

A doutrina também aponta como princípios do Direito Administrativo os seguintes: **finalidade** (impõe à Administração que só pratique atos voltados ao interesse público), **especialidade** (ligado à descentralização administrativa, impõe que as pessoas jurídicas criadas pelo Estado – autarquias, por exemplo – atuem de acordo com a finalidade definida em lei), **controle ou tutela** (ligado ao anterior, impõe que a Administração Direta fiscalize os entes que tiver criado, com o objetivo de garantir a observância de suas finalidades legais), **continuidade** (impõe que os serviços públicos não sejam interrompidos), **responsabilidade do Estado** (impõe responsabilidade objetiva a este) tratando também dos princípios da **hierarquia**, do **interesse público**, da **ampla defesa** e do **contraditório**, dentre outros.

3. Poderes da Administração Pública

3.1. Considerações gerais

Os poderes têm *caráter instrumental*, uma vez que são os meios pelos quais a Administração busca atingir seu fim, qual seja, a proteção e promoção do interesse público.

Por conta disso, a doutrina costuma associar a ideia de poder à de dever, daí porque muitos autores dizem que a Administração tem, na verdade, um *poder-dever* ou um *dever-poder*, como prefere Celso Antônio Bandeira de Mello.

Enfim, os poderes conferidos à Administração só existem com o objetivo de atender seus **deveres** – dever de agir, dever de eficiência, dever de probidade e dever de prestar contas.

Considerando a importância dos poderes para atender os objetivos da Administração, esses são irrenunciáveis. Ademais, não se pode manejá-los sem que o agente tenha *competência* (ou teremos excesso de poder) ou, ainda que competente, quando se desvia da finalidade para a qual existe aquele ato (caso de desvio de poder).

Normalmente, estudam-se os poderes tratando, em primeiro lugar, de sua classificação quanto à margem de liberdade do administrador público (poderes vinculado e discricionário) e depois tratando dos poderes em espécie (hierárquico, disciplinar, regulamentar e de polícia).

3.2. Definições de Hely Lopes Meirelles

Hely Lopes Meirelles traz as seguintes definições dos poderes administrativos (**Direito Administrativo Brasileiro**, 26ª ed., São Paulo: Malheiros, pp. 109 a 123):

a) **poder vinculado** – "é aquele que o Direito Positivo – a lei – confere à Administração Pública para a prática de ato de sua competência, determinando os elementos e requisitos necessários à sua formalização";

b) **poder discricionário** – "é o que o Direito concede à Administração, de modo explícito, para a prática de atos administrativos com liberdade na escolha de sua conveniência, oportunidade e conteúdo";

c) **poder hierárquico** – "é o de que dispõe o Executivo para distribuir e escalonar as funções de seus órgãos, ordenar e rever a atuação de seus agentes, estabelecendo a relação de subordinação entre os servidores do seu quadro de pessoal";

d) **poder disciplinar** – "é a faculdade de punir internamente as infrações funcionais dos servidores e demais pessoas sujeitas à disciplina dos órgãos e serviços da Administração";

e) **poder regulamentar** – "é a faculdade de que dispõem os Chefes de Executivo (Presidente da República, Governadores e Prefeitos) de explicar a lei para sua correta execução, ou de expedir decretos autônomos sobre matéria de sua competência ainda não disciplinada por lei";

f) **poder de polícia** – "é a faculdade de que dispõe a Administração Pública para condicionar e restringir o uso e gozo de bens, atividades e direitos individuais, em benefício da coletividade ou do próprio Estado".

3.3. Poderes vinculado e discricionário

Repare que a diferença entre o **poder vinculado** e o **poder discricionário** é que, no primeiro, a lei deixa bem *determinados* os elementos e requisitos necessários à prática de um ato, ao passo que, no segundo, a lei confere *margem de escolha* para a Administração quanto à conveniência, a oportunidade e o conteúdo do ato.

No exercício de um ato ou poder vinculado, não será possível ao administrador público fazer apreciações pessoais, subjetivas, uma vez que está muito claro na lei *quando* deve agir e a *forma* desse agir. São atos vinculados os seguintes: concessão de aposentadoria voluntária e multa de trânsito por excesso de velocidade.

No exercício de um ato ou poder discricionário, é dado ao administrador público utilizar critério de conveniência e oportunidade para discernir *quando* deve agir ou a *forma* desse agir. Observe que não existe arbitrariedade ou liberdade total para Administração, mas sim *margem de liberdade* para que essa, no caso concreto, verifique a melhor providência a ser tomada.

Nesse sentido, todo ato discricionário tem uma parte vinculada, em que o agente estará adstrito ao que dispuser a lei. A *competência*, por exemplo, sempre é vinculada, já que a lei sempre determina quem é competente.

No entanto, Hely Lopes Meirelles entende que três requisitos dos atos administrativos são sempre vinculados: *competência, forma* e *finalidade* (interesse público).

Dessa forma, o *mérito* de um ato discricionário, ou seja, a margem de liberdade que remanesce ao agente público se situará nos requisitos *motivo* e/ou *objeto*.

O Judiciário não pode se imiscuir no *mérito* administrativo, sob pena de violação ao princípio da independência dos Poderes. Todavia, o Judiciário pode apreciar os seguintes aspectos de um ato discricionário: de *legalidade*, de *razoabilidade* e de *moralidade*.

São exemplos de atos discricionários os seguintes: a autorização de uso de bem público para que o particular realize um evento e a autorização para compra de uma arma (Lei nº 10.826/2003).

3.4. Poderes hierárquico e disciplinar

Repare que a diferença entre o poder hierárquico e o poder disciplinar é que o primeiro diz respeito ao dia a dia das relações de subordinação (escalonamento de funções, ordens, revisão de atos), ao passo que o segundo só atua quando houver um ilícito disciplinar, possibilitando à Administração a aplicação de sanções disciplinares.

O **poder hierárquico** *é aquele conferido* ao *agente público para organizar a estrutura da Administração e fiscalizar a atuação de seus subordinados, expressando-se na distribuição e orientação das funções, na expedição de ordens e na revisão dos atos dos demais agentes, numa relação de ampla subordinação.*

Esse poder se dá de *órgão* para *órgão* ou de *cargo* para *cargo*. Dessa forma, a hierarquia não se confunde com o *controle* (*supervisão ministerial* ou *tutela*), pois este se dá de *pessoa jurídica* para *pessoa jurídica*. A hierarquia confere amplos poderes ao órgão superior, ao passo que o controle somente permite que a entidade controladora fiscalize a controlada no que a lei dispuser e quanto a possíveis desvios de finalidade da entidade.

A delegação e a avocação são institutos muito ligados ao poder hierárquico e serão vistos no item 4.3.2.2.1.

O **poder disciplinar** é *aquele conferido ao agente público para aplicação de sanções ou penalidades aos demais agentes, dada a prática de uma infração disciplinar.*

Perceba que, em relação ao poder hierárquico, o poder disciplinar é mais específico, direcionando-se tão somente à atividade de punir ou não um agente por infração funcional, enquanto aquele é mais amplo, dizendo respeito à organização, orientação e revisão de atos.

O poder disciplinar pode ser tanto vinculado como discricionário e depende do que dispuser a lei a respeito.

O ato decorrente do poder disciplinar deve ser devidamente motivado. Aliás, dois aspectos são muito importantes nesse poder: a) a necessidade de apuração da falta com contraditório e ampla defesa; b) o dever de motivar.

Mais à frente veremos outros elementos referentes ao processo administrativo disciplinar.

3.5. Poder regulamentar

Conforme já visto, o poder regulamentar pode ser **conceituado** como a *faculdade de que dispõem os Chefes de Executivo de explicar a lei para sua correta execução ou de expedir decretos autônomos sobre matéria de sua competência ainda não disciplinada por lei.*

Na **prática**, o poder disciplinar se dá pela edição de decretos regulamentares, ou seja, de decretos que explicam a lei, propiciando sua fiel execução.

Vamos a um **exemplo**. Imagine uma lei municipal que estabelece a proibição de emissão de ruído acima de determinado limite após as 22 horas. Esse tipo de lei costuma trazer a proibição em si, o limite de decibéis para os diferentes locais de um município (zonas residenciais, zonas comerciais, em frente a hospitais etc.) e a sanção aplicável em caso de descumprimento. Porém, tais leis não entram em detalhes sobre como serão aplicadas no plano concreto. É nessa hora que entra o regulamento. O Prefeito, por meio de um decreto, detalhará como a fiscalização deverá ser feita, que tipo de aparelho poderá aferir o limite de decibéis, além de outras regras necessárias à fiel execução da lei.

O poder regulamentar consiste justamente em o Chefe do Executivo emitir regulamentos com vistas à operacionalização do cumprimento da lei.

É por isso que o exercício desse poder não pode inovar na ordem jurídica, ou seja, criar direitos ou obrigações novos. Esse poder tem por objetivo apenas regulamentar o que a lei estabeleceu, não podendo passar por cima dela.

Conforme já visto quando estudamos o princípio da legalidade, só excepcionalmente são cabíveis *decretos autônomos de lei*, valendo citar os dois casos previstos no art. 84, VI, da Constituição, em que um decreto poderá inovar na ordem jurídica, atentando, claro, aos limites estabelecidos no dispositivo.

No mais, a regra é que os decretos sejam *voltados à execução de lei*.

Passemos agora às **características** do poder regulamentar:

a) é exercido pelo *Chefe do Poder Executivo*;

b) é *indelegável*;

c) o meio utilizado para trazer ao mundo jurídico o regulamento é o *decreto* (ato-forma);

d) objetiva tão somente *propiciar a fiel execução da lei*, não podendo, como regra, ir além do que ela dispõe, ou seja, *não podendo inovar* na ordem jurídica;

e) o Congresso Nacional tem competência para sustar atos normativos do Executivo que exorbitem o poder regulamentar (art. 49, V, CF);

f) há leis que são de eficácia contida, por dizerem ser necessário regulamento para produzirem efeitos (condição suspensiva, portanto).

3.6. Poder de polícia

3.6.1. Conceito de poder de polícia em sentido amplo

Conforme já vimos, o poder de polícia pode ser **conceituado** como *a faculdade de que dispõe a Administração Pública para condicionar e restringir o uso e gozo de bens, atividades e direitos individuais, em benefício da coletividade ou do próprio Estado.*

O conceito em tela **abrange** duas situações: a) as leis, que trazem as limitações administrativas aos direitos, à liberdade e à propriedade das pessoas; b) a polícia administrativa, consistente na atividade de fiscalizar a conformidade do comportamento das pessoas aos limites estabelecidos pela lei.

Portanto, o poder de polícia em sentido amplo abrange tanto a lei como a fiscalização com vistas a verificar se a aquela está sendo cumprida.

Vejamos um exemplo. Em matéria de trânsito, o Código de Trânsito Brasileiro é o instrumento que traz a *limitação administrativa*, ao passo que os agentes de trânsito exercem a fiscalização, a *polícia administrativa*.

3.6.2. Conceito de poder de polícia em sentido estrito (polícia administrativa)

A **polícia administrativa** pode ser **conceituada** como *a atividade da Administração Pública, expressa em atos normativos ou concretos, de condicionar a liberdade e a propriedade dos indivíduos aos ditames da lei, mediante ação fiscalizadora, ora preventiva, ora repressiva.*

A polícia administrativa é sempre sublegal, ou seja, atua no sentido de fazer com que a lei seja cumprida.

Para tanto, a polícia administrativa vale-se não só de atos concretos (ex.: multas) como também de atos normativos (ex.: regulamentos).

A tarefa primordial da polícia administrativa é impor um *não fazer* (*non facere*). Para tanto, os agentes administrativos atuarão *preventivamente* (ex.: fazendo vistorias) e *repressivamente* (ex.: aplicando sanções, apreendendo produtos, removendo veículos etc.).

Dessa forma, a polícia administrativa é essencialmente **negativa**, já que impõe um não fazer. Há casos, porém, em que será positiva, como quando o poder de polícia se dá para que o proprietário atue concretamente para atender à função social da propriedade.

3.6.3. Características da polícia administrativa

O poder de polícia em sentido estrito ou polícia administrativa tem as seguintes **características**:

a) **provém privativamente de autoridade pública**, ou seja, não é permitida sua delegação ao particular. A este somente é possível ser credenciado para **contribuir materialmente** com o poder de polícia, como no caso de empresa que controla radares fotográficos de trânsito, mas a declaração de vontade será, ao final, da autoridade pública, que, com base nesses elementos materiais, poderá aplicar ou não uma multa de trânsito;

b) **é imposto coercitivamente pela administração,** independente da concordância do particular, sem necessidade de buscar o Poder Judiciário; Hely Lopes Meirelles denomina esse atributo de autoexecutoriedade;

c) **abrange de forma genérica as atividades e a propriedade,** diferentemente da servidão e da requisição administrativas, que abrangem atividades e pessoas *específicas*.

Por conta da generalidade do poder de polícia, seu exercício *não gera direito de indenização* em favor do particular. Ao contrário, seu exercício é fato que enseja a cobrança de uma *taxa* a ser paga pelo particular.

Parte da doutrina aponta que o poder de polícia é **discricionário**. Porém, isso nem sempre ocorre. Vai depender do texto da lei que cria a limitação administrativa. Se a lei é bem clara e objetiva sobre o que está proibido e sobre qual conduta o agente público deve tomar, como ocorre com boa parte das normas do Código de Trânsito, está-se diante de competência vinculada e não competência discricionária. Já se a lei traz conceito vago sobre a hipótese que enseja uma atuação, bem como possibilita que seja aplicada mais de uma sanção para o agente infrator, aí sim teremos uma competência discricionária.

Por fim, resta saber se o poder de polícia possibilita que a Administração sempre **use a força** para fazer valer seus atos. Hely Lopes Meirelles chama esse atributo de "coercibilidade", ao passo que Celso Antônio Bandeira de Mello chama esse atributo de "autoexecutoriedade". Para Hely, a expressão "autoexecutoriedade" designa a simples possibilidade de a Administração fazer imposições ao particular, sem recorrer ao Judiciário, sendo a coercibilidade um *plus*, que permite o uso da força.

A possibilidade de a Administração impor comandos de não fazer sem buscar o Poder Judiciário é pacífica, decorrendo da imperatividade (na linguagem de Celso Antônio Bandeira de Mello) e da autoexeucutoriedade (na linguagem de Hely Lopes Meirelles).

Já a possibilidade de a Administração, após ter imposto um comando, fazer o uso da força para fazer valer o comando (*autoexecutoridade* para Celso Antônio e *coercibilidade* para Hely), não é a regra, mas a exceção em matéria de poder de polícia.

Com efeito, a Administração só pode usar a força para que faça valer suas determinações de polícia em caso de urgência ou quando a lei expressamente determinar. Do contrário, terá de buscar a prestação jurisdicional.

Assim, caso uma lei proíba ruídos acima de um dado limite e uma lanchonete, já autuada, continue gerando ruídos excessivos, a interdição do estabelecimento só será possível se a lei local expressamente previr tal possibilidade. Do contrário, o Município deverá ingressar com ação de interdição de estabelecimento.

3.6.4. Polícia administrativa x polícia judiciária

Não se pode confundir a *polícia administrativa* (exs.: fiscalizações de vigilância sanitária, de trânsito e de construções), com a *polícia judiciária* (ex.: investigação feita pela polícia civil).

Tais polícias têm as seguintes **diferenças**:

a) a primeira age sobre *ilícitos administrativos*, ao passo que a segunda age sobre *ilícitos penais*;

b) a primeira age sobre *bens* e *pessoas*, ao passo que a segunda age sobre *pessoas*;

c) a primeira atua por *variados órgãos*, ao passo que a segunda atua pela *polícia civil* e pela *polícia federal*;

d) a primeira tem atuação *preventiva, repressiva e punitiva*, ao passo que a segunda costuma atuar *repressivamente*, voltada a investigar ilícitos penais;

e) a primeira é custeada por taxas, ao passo que a segunda, por impostos.

A polícia militar, por sua vez, faz o chamado *policiamento ostensivo*. Esse policiamento pode ser considerado uma espécie à parte de polícia. Porém, vários autores consideram a polícia militar como *polícia administrativa de segurança pública*.

3.6.5. Prazo para a ação punitiva (Lei 9.873/1999)

Praticado um ilícito administrativo, a Administração Pública passa a ter um prazo para exercer a **ação punitiva**.

De acordo com o art. 1º da Lei 9.873/1999, a ação punitiva da Administração Pública Federal, direta e indireta, prescreve em **5 (cinco) anos**. No entanto, quando o fato objeto da ação punitiva da Administração também constituir crime, a prescrição reger-se-á pelo prazo previsto na lei penal.

Esse prazo será contado dos seguintes **momentos**:

a) como regra: da prática do ato;

b) nas infrações permanentes ou continuadas: do dia em que tiver cessado.

É possível também que ocorra a **prescrição intercorrente**. Esta se dá quando o procedimento administrativo ficar parado por mais de 3 anos, pendente de julgamento ou despacho. Configurada a prescrição intercorrente, os autos serão arquivados de ofício ou mediante requerimento da parte interessada, sem prejuízo da apuração da responsabilidade funcional decorrente da paralisação, se for o caso.

Interrompe-se a prescrição da **ação punitiva**:

a) pela notificação ou citação do indiciado ou acusado, inclusive por meio de edital;

b) por qualquer ato inequívoco que importe apuração do fato;

c) pela decisão condenatória recorrível;

d) por qualquer ato inequívoco que importe em manifestação expressa de tentativa de solução conciliatória no âmbito interno da administração pública federal.

Suspende-se a prescrição durante a vigência de compromissos de cessação ou de desempenho.

Em matéria de trânsito há regra específica. Por conta de tal regra, o STJ é pacífico no sentido da indispensabilidade de uma primeira notificação quando da autuação da infração de trânsito, oportunizando-se, assim, o exercício do direito ao contraditório e à ampla defesa. A autoridade de trânsito terá o prazo de 30 dias para notificar o infrator para que se defenda. Não o fazendo no prazo legal, deverá o auto de infração ser arquivado e seu registro julgado insubsistente, a teor do art. 281, p. ún., inciso II, do CTB (STJ, REsp 951.915/RS).

Uma vez constituída uma sanção pecuniária decorrente da ação punitiva, começa a correr o prazo para a **ação de execução** da administração pública federal.

Esse prazo também é de 5 (cinco) anos, contados da constituição definitiva do crédito não tributário (art. 1º-A da Lei 9.873/1999).

Interrompe-se o prazo prescricional da **ação executória**:

a) pelo despacho do juiz que ordenar a citação em execução fiscal;

b) pelo protesto judicial;

c) por qualquer ato judicial que constitua em mora o devedor;

d) por qualquer ato inequívoco, ainda que extrajudicial, que importe em reconhecimento do débito pelo devedor;

e) por qualquer ato inequívoco que importe em manifestação expressa de tentativa de solução conciliatória no âmbito interno da administração pública federal.

3.6.6. Setores da polícia administrativa e competência

São **setores** comuns da polícia administrativa os seguintes: segurança pública; ordem pública; tranquilidade pública; higiene e saúde pública; defesa do consumidor; defesa do patrimônio estético, artístico, histórico e paisagístico; moralidade pública; economia popular; trânsito; meio ambiente etc..

Quanto à **competência** para o poder de polícia, Hely Lopes Meirelles traz a resposta: *"é competente para dada medida de polícia administrativa quem for competente para legislar sobre a matéria"*, ressalvada a competência dos Municípios para suplementar a legislação federal e a competência concorrente dos Estados.

4. Atos administrativos

4.1. Conceito

O **ato administrativo** pode ser **conceituado** como *a declaração do Estado, ou de quem lhe faça as vezes, no exercício de prerrogativas públicas, destinada a cumprir direta e concretamente a lei.*

Repare que um ato jurídico só será ato administrativo se contiver os seguintes elementos:

a) presença do *Estado* ou de alguém lhe faça as vezes, como é o tabelião e o registrador;

b) ato praticado com *prerrogativas públicas*, ou seja, com supremacia estatal em relação à outra parte ou ao destinatário do ato;

c) ato destinado a executar a lei no caso concreto, fazendo-o de ofício.

Assim, nem todo ato da Administração é ato administrativo. Caso não haja prerrogativas ou não se busque a execução da lei no caso concreto, não se terá um ato administrativo.

Confira alguns atos que são "atos da Administração", mas não "atos administrativos":

- ✔ *atos regidos pelo Direito Privado.* Exs.: locação de prédio para uso do Poder Público; escritura de compra e venda; emissão de cheque; tais atos não têm os atributos (as qualidades e forças) do ato administrativo; vale ressaltar que os atos antecedentes dos citados devem obedecer ao Direito Público;
- ✔ *atos materiais*: fatos administrativos. Exs.: cirurgia, ministração de aula, serviço de café, pavimentação; não há declaração, prescrição do Estado;
- ✔ *atos políticos:* são os atos de governo, praticados com grande margem de discrição e diretamente em obediência à Constituição, no exercício de função pública. Exs.: indulto, iniciativa de lei, veto, sanção; são amplamente discricionários.

Por outro lado, há atos administrativos que não são praticados pelo Poder Executivo, como os da vida funcional do Poder Judiciário e do Poder Legislativo (contratação de servidores, licitação para obras e aquisições).

Os dirigentes de entidades da Administração Indireta e os executores de serviços delegados podem praticar atos que se equiparam a atos administrativos típicos, tornando-os passíveis de controle por meio de mandado de segurança e ação popular.

4.2. Perfeição, validade e eficácia

Os atos administrativos, que são espécies de atos jurídicos, também podem ser verificados segundos os planos da existência, da validade e da eficácia.

Para tanto, vale conhecer os seguintes conceitos:

a) **perfeição:** *situação do ato cujo processo formativo está concluído*; ato perfeito é o que completou o ciclo necessário à sua formação (plano da existência). Ex.: decisão administrativa que acaba de ser redigida e assinada pela autoridade;

b) **validade:** *adequação do ato às exigências normativas* (plano da validade). Ex.: a decisão administrativa mencionada (já existente, portanto), que esteja, também, de acordo com a lei;

c) **eficácia:** *situação em que o ato está disponível para produção de efeitos típicos* (plano da eficácia). Ex.: ato existente e válido, cuja condição suspensiva ou o termo que o acometia já se implementou, habilitando-o à produção de efeitos, situação que ocorre quando se autoriza o uso de bem público ao particular apenas 10 dias após a expedição do ato de autorização.

4.3. Requisitos do ato administrativo

Hely Lopes Meirelles ensina que o ato administrativo tem os seguintes **requisitos**: *competência, forma, motivo, finalidade e objeto*.

Já Celso Antônio Bandeira de Mello prefere separar os **elementos de existência** (conteúdo, forma e pertinência à função administrativa) dos **pressupostos de validade** do ato administrativo (sujeito competente capaz e não impedido; motivo; requisitos procedimentais; finalidade; causa; formalização).

Nesse sentido, vale a pena trazer os dois entendimentos doutrinários.

4.3.1. Requisitos do ato administrativo segundo Hely Lopes Meirelles

Os cinco requisitos do ato administrativo para Hely Lopes Meirelles coincidem com os requisitos mencionados no art. 2º, p. ún., da Lei 4.717/1965 (Lei de Ação Popular).

O primeiro deles é a **competência**, que consiste na *medida da atribuição legal de cargos, órgãos ou entidades*.

São vícios de competência os seguintes: a) usurpação de função: alguém se faz passar por agente público sem o ser, ocasião em que o ato será inexistente; a) excesso de poder: alguém que é agente público acaba por exceder os limites de sua competência (ex.: fiscal do sossego que multa um bar que visita por falta de higiene); o excesso de poder torna nulo ato, salvo em caso de incompetência relativa, em que será considerado anulável; a) função de fato: exercida por agente que está irregularmente investido em cargo público, apesar de a situação ter aparência de legalidade; nesse caso, os atos praticados serão considerados válidos se houver boa-fé.

O segundo requisito é o **objeto**, que *é o conteúdo do ato, aquilo que o ato dispõe, decide, enuncia, opina ou modifica na ordem jurídica*.

O objeto deve ser lícito, possível e determinável, sob pena de nulidade. Ex.: o objeto de um alvará para construir é a licença.

O terceiro requisito é a **forma**, que consiste no conjunto de *formalidades necessárias para a seriedade do ato*. A seriedade do ato impõe: a) respeito à forma propriamente dita; b) motivação.

O quarto requisito é o **motivo**, que consiste no *fundamento de fato e de direito que autoriza a expedição do ato*. Ex.: o motivo da interdição de estabelecimento consiste no fato de este não ter licença (motivo de fato) e de a lei proibir o funcionamento sem licença (motivo de direito).

De acordo com a Teoria dos Motivos Determinantes, o motivo invocado para a prática do ato condiciona sua validade. Dessa forma, provando-se que o motivo é inexistente, falso ou mal qualificado, o ato será considerado nulo.

E o quinto requisito é a **finalidade**, que *é o bem jurídico objetivado pelo ato*. Ex.: proteger a paz pública, a salubridade, a ordem pública.

Cada ato administrativo tem uma finalidade.

O **desvio de poder (ou de finalidade)** *ocorre quando um agente exerce uma competência que possuía, mas para alcançar finalidade diversa daquela para a qual foi criada*.

Não se deve confundir o *excesso de poder* (vício de sujeito) com o *desvio de poder* (vício de finalidade), espécies do gênero abuso de autoridade.

4.3.2. Elementos e pressupostos do ato administrativo segundo Celso Antônio Bandeira de Mello

4.3.2.1. Elementos de existência do ato administrativo

4.3.2.1.1. Conteúdo

Consiste no que o ato estabelece, dispõe, decide, enuncia, opina ou modifica na ordem jurídica. Trata-se do *objeto* a que se refere Hely Lopes Meirelles[2]. Ex.: quando alguém recebe um alvará para construir uma casa, o conteúdo desse ato é uma *licença*. Para que estejamos diante de um ato administrativo, o conteúdo deve ter *pertinência em relação à função administrativa*. Do contrário, teremos apenas um *ato jurídico* que não é o do tipo *ato administrativo*.

4.3.2.1.2. Forma

Trata-se do revestimento exterior do ato, do modo pelo qual esse revela sua existência. Basta ter um objeto e uma forma qualquer para que o ato exista. Se o ato vai ser válido ou não quanto a esse último aspecto, isso será visto no pressuposto *formalização*. São exemplos de forma as seguintes: escrita, verbal e gestual.

4.3.2.2. Pressupostos de validade do ato administrativo

4.3.2.2.1. Sujeito

É quem produz o ato. O sujeito deve ser **capaz, não impedido** e **competente** para que o ato seja válido.

Quanto à **capacidade**, o ato expedido por agente público que se torna *incapaz*, desde que preencha os demais requisitos legais e seja do tipo vinculado, será considerado válido, já que

2. O objeto é trazido por Hely como requisito de validade do ato administrativo, devendo ser lícito, possível e determinado.

no Direito Administrativo o que importa é o atendimento do fim previsto em lei. No entanto, se um incapaz pratica um ato discricionário, esse ato será necessariamente inválido, pois não há como dar margem de liberdade a quem não tem capacidade civil.

Quanto aos casos de **impedimento** para atuar em processo administrativo, estes estão previstos no art. 18 da Lei 9.784/1999, valendo citar como exemplo o impedimento de um servidor que tenha interesse direto ou indireto em dada matéria que a ele seria submetida.

Com relação à **competência**, esta *é a medida do poder atribuído a cargo público, órgão público ou entidade da Administração.*

A competência só pode ser instituída pela *lei*, daí a frase de Caio Tácito de que "não é competente quem quer, mas quem pode, segundo a norma de Direito".

A competência é *intransferível* e *improrrogável* pela simples vontade do agente.

Porém, o exercício da competência pode ser delegado e avocado nos limites das normas que regulam a Administração Pública.

Confira os requisitos para a **delegação de competência** (arts. 12 a 14, Lei 9.784/1999):

a) órgão ou titular de cargo podem delegar;
b) desde que não haja impedimento legal;
c) desde que seja apenas parte da competência;
d) deve ser a outro órgão ou titular de cargo, mesmo que não subordinado hierarquicamente;
e) deve ser conveniente em razão de índole técnica, social, econômica, jurídica ou territorial;
f) pode ser de órgão colegiado ao respectivo presidente;
g) não podem ser delegados:
  g1) Edição de ato normativo;
  g2) Decisão de recurso administrativo;
  g3) Matérias de competência exclusiva de órgão ou autoridade;
h) depende de publicação do ato de delegação no D.O.;
i) ato deve especificar matérias e poderes transferidos, a duração e objetivos da delegação e o recurso cabível;
j) é revogável a qualquer tempo;
k) decisões adotadas por delegação devem mencionar expressamente essa qualidade.

Quanto à **avocação** de competência, confira as regras previstas no art. 15 da Lei 9.784/1999:

a) é a passagem da competência de órgão hierarquicamente inferior para superior;
b) é temporária;
c) é excepcional, dependendo de motivos relevantes devidamente justificados.

Os atos expedidos por agente incompetente serão quase sempre nulos. São **vícios de competência** os seguintes:

a) usurpação de função: *consiste na situação em que alguém se faz passar por agente público sem o ser*; o ato será no mínimo nulo, mas, para a maioria dos doutrinadores, trata-se de ato inexistente;

b) excesso de poder: *ocorre na hipótese em que alguém que é agente público acaba por exceder os limites de sua competência.* Ex.: fiscal do sossego público que multa um bar que visita por falta de higiene; o ato será nulo, pois a incompetência é material, já que o fiscal deveria atuar na matéria "sossego público" e não na matéria "vigilância sanitária"; entende-se que, em se tratando de vício de *incompetência relativa* (territorial, por exemplo), o ato será anulável e não nulo;

c) função de fato: *é aquela exercida por agente que está irregularmente investido no cargo público, apesar da situação ter aparência legal.* O ato não será anulado se estiver conforme a lei quanto aos demais pressupostos, prevalecendo o princípio da segurança jurídica, dada a boa-fé e a aparência de legalidade. O agente, todavia, terá anulada sua nomeação, desligando-se da função que exercia[3].

4.3.2.2.2. Motivo

É o fato que autoriza ou exige a prática do ato. Se o motivo está previsto em lei, o ato é vinculado. Se não estiver previsto, o ato é discricionário. Voltando àqueles requisitos trazidos por Hely Lopes Meirelles, o *motivo*, para ele, consiste não só no fundamento de *fato*, mas também no de *direito*, que autorizam a expedição do ato. Na classificação que ora estudamos, *motivo* é tão somente o *fato* autorizador, enquanto que o fundamento de direito é o pressuposto de validade que veremos a seguir, que está dentro da *formalização*.

A chamada **teoria dos motivos determinantes** dispõe que *o motivo invocado para a prática do ato condiciona sua validade.* Se se provar que o motivo é inexistente, falso ou mal qualificado, o ato será nulo. Exs.: caso uma licitação seja revogada sob o único fundamento de que não há disponibilidade orçamentária, a prova da inexistência de tal situação torna o ato de revogação nulo; caso a exoneração de ocupante de um cargo em comissão tenha sido motivada em fato inexistente, ainda que a motivação não seja obrigatória no caso, o ato é considerado nulo.

Não se deve confundir o motivo do ato (algo concreto, do mundo dos fatos – o motivo da apreensão de uma lotação, por exemplo, é a inexistência de autorização para circulação)

3. Outro exemplo é o previsto no art. 1.554 do novo Código Civil: "subsiste o casamento celebrado por aquele que, sem possuir a competência exigida em lei, exercer publicamente as funções de juiz de casamentos e, nessa qualidade, tiver registrado o ato no Registro Civil".

com o motivo legal (fundamento legal, algo abstrato). Em suma, tal teoria dispõe que os atos administrativos, quando forem motivados, ficam vinculados aos motivos expostos, para todos os fins de direito. Os motivos devem, portanto, coincidir com a realidade, sob pena de o ato ser nulo, mesmo se a motivação não era necessária.

Distinção importante é a que se faz entre **motivo** e **móvel.** Motivo é o fato que autoriza o ato, enquanto móvel é a intenção, a vontade do agente. Se o ato é vinculado, não interessa o móvel do agente. Já se o ato é discricionário, o móvel viciado (ex.: por buscar uma perseguição política, como a desapropriação de imóvel de um inimigo político), ainda que atenda ao "fim legal", torna o ato nulo.

Também se faz relevante diferenciarmos **motivo** e **motivação**. O primeiro é o fato, enquanto o segundo integra a *formalização*[4] (pressuposto de validade do ato que se verá em seguida), consistindo a *motivação* na exposição do motivo de fato e da sua relação de pertinência com a fundamentação jurídica e com o ato praticado. Como regra, a motivação é obrigatória, só deixando de existir tal dever se a lei expressamente autorizar.

4.3.2.2.3. Requisitos procedimentais

São os outros atos jurídicos indispensáveis à prática do atual. Ex.: é necessário o concurso para que haja a nomeação; para que se conceda a licença, deve haver solicitação.

4.3.2.2.4. Finalidade

É o bem jurídico objetivado pelo ato. Ex.: proteger a paz pública, a salubridade, a ordem pública. Cada espécie de ato administrativo tem uma finalidade. Para cada fim a ser alcançado há um ato que será o instrumento para sua realização. Se alguém utiliza um ato administrativo para alcançar finalidade diversa daquela para o qual fora criado, este alguém estará cometendo um desvio de poder ou de finalidade.

Assim, o **desvio de poder ou desvio de finalidade** consiste em *o agente se servir de um ato administrativo para satisfazer finalidade alheia à sua natureza.* Esse tipo de conduta gera a nulidade do ato, conforme a Lei de Ação Popular.

Esse desvio pode se manifestar das seguintes formas:

a) quando o agente busca finalidade alheia ao interesse público, ex.: prejudicar inimigo, favorecer amigo;

b) quando o agente busca finalidade pública, mas alheia à categoria do ato que utiliza, ex.: *remove-se* alguém com a finalidade de punição, quando o correto seria aplicar uma *pena disciplinar*, como demissão, suspensão, advertência etc..

4. A falta de motivação, portanto, é problema na *forma*. Já a situação em que se tem motivação, mas se invoca um motivo falso ou inexistente, é problema no *motivo* (*vide* teoria dos motivos determinantes).

Vale destacar que não se deve confundir o *excesso de poder* (vício de sujeito, de competência) com o *desvio de finalidade ou desvio de poder* (vício de finalidade), os quais são espécies do *gênero abuso de autoridade*, que, aliás, é fundamento para que se ingresse com mandado de segurança (art. 5º, LXIX, CF).

4.3.2.2.5. Causa

É o vínculo de pertinência entre o motivo e o conteúdo do ato. Para que um ato administrativo atenda o pressuposto de validade *causa*, é necessário que haja correlação lógica entre o motivo e o conteúdo do ato em função de sua finalidade.

No âmbito da causa se examinam a *razoabilidade* e a *proporcionalidade*, que são vistas olhando o conteúdo do ato, o seu motivo e a intensidade necessária para atingir a finalidade.

Um exemplo de situação que não atende ao pressuposto de validade *causa* é a utilização de arma de fogo para dissolver uma passeata pacífica.

4.3.2.2.6. Formalização

É a específica maneira pela qual o ato deve ser externado, incluindo o dever de motivação.

Assim, além de todo ato administrativo dever ser exteriorizado (o que requer uma forma qualquer), cumpre que seja de dado modo (específica forma). Ex.: o contrato oriundo de uma concorrência pública deve ser *escrito*. Mas não é só, para que o ato atenda ao pressuposto de validade *formalização*, é necessário que ele seja *motivado*, ou seja, que contenha a exposição do motivo de fato, do motivo de direito e do vínculo entre eles e o ato praticado.

Excepcionalmente, alguns aspectos de formalização podem ser irrelevantes à validade do ato. Nesses casos, tornam o ato apenas irregular. Por exemplo, quando há omissão de elemento relativo à simples padronização, como é o caso de uma certidão de objeto e pé expedida em papel não timbrado.

No entanto, como regra, a falta de motivação gera a nulidade do ato.

Por fim, vale lembrar que, enquanto no Direito Privado vige o princípio da liberdade das formas, no Direito Público a solenidade é a regra, de modo que a forma é substancial.

4.4. Atributos do ato administrativo

4.4.1. Noções gerais

Em primeiro lugar nunca se deve confundir os *requisitos*, *pressupostos* ou *elementos* do ato com os *atributos* (qualidades, prerrogativas) deste, tema de que cuidaremos agora.

Os atributos dos *atos administrativos* não existem, como regra, nos *atos jurídicos em geral* (do Direito Privado). A ordem jurídica dispensa tratamento diferenciado aos atos administrativos, já que eles, sendo instrumentos de atuação da Administração Pública para realizar a proteção e a promoção do interesse público, devem ter prevalência sobre os outros, como condição de garantia desse interesse público almejado.

Assim, tais poderes não existem em benefício da Administração, mas se justificam como forma de prover o bem comum. Exprimem a supremacia do interesse público.

Vejamos tais *atributos* ou *notas peculiares* dos atos administrativos.

4.4.2. Atributos em espécie

4.4.2.1. Presunção de legitimidade

É a qualidade que reveste tais atos de se presumirem verdadeiros e conforme ao direito, até prova em contrário.

Perceba que o princípio traz duas presunções: a) de veracidade dos fatos; b) de legalidade do ato praticado.

Trata-se de presunção *juris tantum* (presunção relativa) de legitimidade e não de presunção *juris et de jure* (presunção absoluta). Um exemplo desse atributo é o ato que constata que o particular deixou de promover a limpeza de um terreno de sua propriedade e que determina sua feitura. Tal ato presume-se verdadeiro quanto à constatação da falta de limpeza e legal quanto à determinação dada. O particular fica com o ônus de provar o contrário.

A presunção de legitimidade decorre do princípio da legalidade, pois, como esse princípio informa toda a atuação administrativa, presume-se que a Administração tenha cumprido a lei, valendo lembrar que tal presunção admite prova em contrário.

A existência de tal presunção é interessante administrativamente falando, pois torna mais célere e eficiente a atividade administrativa. Isso porque a presunção de legitimidade dos atos administrativos autoriza a sua imediata execução, mesmo que tenham sido impugnados, salvo se se conseguir sua suspensão ou anulação administrativa ou judicial.

4.4.2.2. Imperatividade

É a qualidade pela qual os atos administrativos se impõem a terceiros, independentemente de sua concordância.

Esse atributo é também chamado de *poder extroverso*.

Essa qualidade do ato administrativo permite que a Administração mande no particular, independentemente de sua concordância.

Partindo do exemplo dado no item anterior, imperatividade significa que a Administração pode *determinar* que o particular faça a limpeza de seu terreno, sem que tenha de ter a concordância deste ou que tenha de buscar autorização do Poder Judiciário.

É importante deixar claro que nem todos os atos administrativos são dotados de imperatividade. Os atos enunciativos e negociais não têm esse atributo, já que esta qualidade é desnecessária à sua operatividade.

A lei é que vai dispor quais atos são dotados de imperatividade.

4.4.2.3. Exigibilidade

É a qualidade em virtude da qual a Administração pode compelir terceiros a cumprir o determinado, mediante coação indireta.

Aqui já se presume a constituição da obrigação (a imperatividade), com o *plus* de se poder impelir o terceiro à observância do dever, sem necessidade de se recorrer ao Poder Judiciário.

Continuando o exemplo dado nos itens anteriores, o atributo significa que, após o particular ter sido notificado para limpar seu terreno (imperatividade), pode a Administração, na inércia deste, aplicar uma *multa* (exigibilidade = coação indireta), a fim de compelir indiretamente o particular a cumprir o que fora determinado.

4.4.2.4. Autoexecutoriedade

É a qualidade pela qual o Poder Público pode compelir materialmente o administrado, sem busca da via judicial, ao cumprimento da obrigação que impôs e exigiu.

Veja-se que a autoexecutoriedade é ainda mais forte que a exigibilidade, uma vez que a primeira admite que a Administração use da coação direta (coação material), que significa fazer uso da força.

Partindo do exemplo que vínhamos dando, a autoexecutoriedade significa que, depois de notificar o particular para limpar o terreno (imperatividade) e aplicar a multa (exigibilidade), a Administração pode, por si própria, invadir o terreno do particular, fazer a limpeza e mandar a conta dos custos de seu ato (autoexecutoriedade).

Outros exemplos desse atributo são a requisição de bens e serviços particulares, no caso de iminente perigo público, e dissolução de passeata com o uso da força, a fim de possibilitar a passagem de uma ambulância por uma via pública.

É bom deixar claro que a autoexecutoriedade não é atributo de todo ato administrativo. Trata-se de atributo excepcional, que existe nos seguintes casos:

a) quando a lei expressamente autorizar;

b) quando a medida for condição indispensável à eficaz garantia do interesse público;

c) quando a medida for urgente e não houver via judiciária de igual eficácia à disposição da Administração, ocasião em que se entende que a medida é permitida implicitamente pela lei.

Vale observar que Hely Lopes Meirelles chama de autoexecutoriedade a possibilidade de a Administração impor seus atos independentemente de pronunciamento do Poder Judiciário, chamando de **coercibilidade** a possibilidade de a Administração usar a força.

Ademais, Hely Lopes Meirelles entende que a coercibilidade é a regra em matéria de atos da administração (e não exceção, como pensa a maior parte da doutrina), só não sendo possível ser utilizada quando a lei expressamente o proibir, como é o caso da cobrança de tributos e multas já impostos e não pagos, em que será necessário promover-se uma execução fiscal junto ao Poder Judiciário.

4.4.2.5. Tipicidade

Alguns doutrinadores, com destaque para Maria Sylvia Zanella Di Pietro, entendem que há, ainda, um quinto atributo do ato administrativo.

Trata-se do atributo da **tipicidade**, pela qual *o ato administrativo deve corresponder a figuras definidas previamente pela lei como aptas a produzir determinados resultados*.

Isso significa que os atos administrativos devem respeitar os tipos definidos na lei.

Para nós, todavia, o que se define por tipicidade nada mais é do que *pressuposto de validade* do ato administrativo e não *atributo* deste.

Com efeito, *atributos* são *prerrogativas* dos atos administrativos, e a tipicidade não nos parece uma prerrogativa do ato administrativo, mas o requisito de validade deste.

No entanto, em exames e concursos públicos, a tipicidade é tratada como atributo dos atos administrativos, de modo que fica a notícia de que, aparecendo o instituto, deve-se lembrar que a doutrina o trata como atributo do ato administrativo.

4.5. Formas de extinção dos atos administrativos

4.5.1. Cumprimentos de seus efeitos

Os atos administrativos *nascem, produzem seus efeitos* e se *extinguem* num determinado momento.

O ideal é que os atos administrativos se extingam pelas vias naturais. E a via natural de extinção do ato administrativo é o cumprimento de seus efeitos.

Uma vez que um ato administrativo cumpriu seu papel, produzindo os efeitos para os quais foi expedido, entende-se que o ato foi extinto.

Como exemplo, temos uma autorização da Prefeitura para que seja feita uma festa na praça da cidade, autorização esta que ficará extinta no momento em que a festa terminar, uma vez que seus efeitos foram cumpridos.

4.5.2. Desaparecimento do sujeito ou do objeto sobre o qual recai o ato

Todo ato administrativo recai ou sobre um *sujeito* ou sobre um *objeto*. Por exemplo, a nomeação de um servidor público recai sobre um sujeito, no caso sobre a pessoa nomeada. Já o tombamento de um imóvel recai sobre um objeto, no caso o bem tombado.

Perceba que a razão de existir do ato administrativo nos dois exemplos citados é justamente a presença de uma pessoa, no primeiro caso, e de um objeto, no segundo caso.

Caso a pessoa ou o objeto venha a desaparecer, o ato administrativo correspondente perderá sua razão de ser e, consequentemente, será extinto.

Assim, no primeiro exemplo, morrendo o servidor nomeado, o ato administrativo de nomeação restará extinto, ocorrendo automaticamente a vacância do cargo. Da mesma forma, vindo a desaparecer o bem tombado (por um incêndio de grandes proporções, por exemplo), o ato administrativo de tombamento também ficará extinto.

4.5.3. Contraposição

A contraposição pode ser **conceituada** como a *extinção de um ato administrativo pela prática de outro antagônico ao primeiro*.

Um exemplo é o ato de *exoneração* de um servidor público. Tal ato, uma vez praticado, faz com que a *nomeação* do mesmo servidor, feita no passado, fique automaticamente extinta, já que a primeira (exoneração) é totalmente antagônica à segunda (nomeação).

4.5.4. Cassação

A cassação pode ser **conceituada** como a *extinção de um ato que beneficia um particular por este não ter cumprido os deveres para dele continuar gozando*.

Portanto, o **motivo** da cassação de um ato administrativo é o fato de seu beneficiário ter descumprido obrigações que foram estipuladas como contrapartida para que o interessado conseguisse se beneficiar desse ato.

Por exemplo, a pessoa que tem a permissão de uso de um bem público e que não vem pagando o preço público correspondente poderá vir a ter cassado o ato de permissão.

Outro exemplo diz respeito à autorização de porte de arma de fogo. Um dos deveres de quem tem o porte é não ser pego em estado de embriaguez ou sob efeito de entorpecentes. Assim sendo, caso o detentor de porte de arma seja pego numa dessas duas situações, terá a autorização correspondente cassada, nos termos do art. 10, § 2º, do Estatuto do Desarmamento – Lei 10.826/03.

A cassação não se confunde com a revogação. Enquanto a primeira tem por motivo o descumprimento de obrigações pelo beneficiário do ato, a segunda tem por motivo a ocorrência de um fato novo não relacionado ao beneficiário que torna inconveniente ao interesse público a manutenção do ato.

A cassação também não se confunde com a anulação, pois nessa a extinção do ato se dá pela ocorrência de uma ilegalidade por ocasião de sua formação, ao passo que a cassação consiste numa ilegalidade praticada pelo beneficiário ocorrida depois da prática do ato administrativo. Enfim, na cassação, o ato, embora legítimo na sua origem e formação, torna-se ilegal na sua execução.

4.5.5. Caducidade

A caducidade pode ser **conceituada** como a *extinção de um ato porque a lei não mais o permite*. Trata-se de extinção por invalidade superveniente.

Um exemplo é a permissão de serviço público dada a alguém para exercer o transporte coletivo urbano por meio de *vans* ou peruas. Imaginemos que, depois de conferida a permissão, advenha uma lei municipal criando nova modelagem no serviço de transporte coletivo para o fim de abolir o transporte por meio de *vans*, admitindo apenas o transporte por meio de ônibus e micro-ônibus. Nesse caso, todas as permissões conferidas aos chamados perueiros ficarão extintas, pela ocorrência do instituto da caducidade.

Outro exemplo interessante aconteceu no Município de São Paulo. A cidade sempre foi marcada por grave poluição visual, principalmente pelo excessivo número de *outdoors* e placas indicativas de estabelecimentos comerciais. Esses elementos visuais eram permitidos pela legislação, bastando o interessado requerer licenças na Prefeitura. Todavia, foi editada uma lei na cidade de São Paulo, a chamada Lei Cidade Limpa, que simplesmente proibiu a existência de *outdoors* na cidade e limitou bastante o tamanho das placas indicativas dos estabelecimentos comerciais. Com a entrada em vigor dessa lei, todas as licenças que os interessados possuíam restaram extintas, pela ocorrência do instituto da caducidade.

Outro exemplo interessante aconteceu com a edição do Estatuto do Desarmamento, que passou a praticamente proibir o porte de arma no Brasil por particulares. Com a entrada em vigor do Estatuto, todas as autorizações de porte de arma concedidas conforme a lei antiga caducaram no prazo de 90 dias (art. 29).

Enfim, a caducidade nada mais é do que a extinção de um ato administrativo pela ilegalidade superveniente, ou seja, pelo fato de uma lei editada posteriormente à prática do ato não mais permitir que esse tipo de ato exista.

4.5.6. Revogação

A revogação pode ser **conceituada** como a *extinção de um ato administrativo legal ou de seus efeitos por outro ato administrativo pela ocorrência de fato novo que torna o ato inconveniente ou inoportuno, respeitando-se os efeitos precedentes (ex nunc)*.

Em suma, a revogação é extinção do ato administrativo por motivo de conveniência ou oportunidade.

Um exemplo disso é a revogação de um certame licitatório para a construção de uma praça temática pela ocorrência de fato novo consistente na abrupta diminuição da arrecadação de um município, fazendo com que não seja mais conveniente ao interesse público fazer gastos com a construção de praças, considerando as dificuldades econômicas que o município passou a ter.

Outro exemplo é a revogação da permissão de uso de bem público concedida a uma pessoa jurídica, pelo fato de um Município passar a ter interesse em utilizar o imóvel, para fins de atender, por exemplo, à demanda crescente por creches na cidade.

Repare, nos dois casos, que as situações narradas não contemplam ilegalidade alguma a propiciar a anulação, nem descumprimento de deveres pelo beneficiário do ato, a propiciar cassação, nem lei posterior incompatível com o ato, a propiciar a caducidade.

As situações narradas revelam que, após a expedição de um ato administrativo totalmente de acordo com a lei, aconteceram fatos novos que fizeram com que o interesse público se direcionasse para o fim de extinguir o ato, dando-se a esta extinção o nome de revogação.

O **sujeito ativo da revogação** é a *Administração Pública*, por meio de autoridade administrativa competente para o ato, podendo ser seu superior hierárquico. O Poder Judiciário nunca poderá revogar um ato administrativo, já que se limita a apreciar aspectos de legalidade deste e nunca aspectos de conveniência ou oportunidade. O Judiciário só poderá anular atos administrativos por ele mesmo praticados, como na hipótese em que um provimento do próprio Tribunal é revogado por este.

Quanto ao **objeto da revogação,** tem-se que essa recai sobre *o ato administrativo ou relação jurídica dele decorrente*, salientando-se que o ato administrativo deve ser *válido*, pois, caso seja inválido, estaremos diante de hipótese que enseja anulação. É importante ressaltar que não é possível *revogar* um ato administrativo já extinto, dada a falta de utilidade em tal proceder, diferente do que se dá com a *anulação* de um ato extinto, que, por envolver a retroação de seus efeitos (a invalidação tem efeitos *ex tunc*), é útil e, portanto, possível.

O **fundamento da revogação** é a *mesma regra de competência que habilitou o administrador à prática do ato que está sendo revogado*, devendo-se lembrar que só cabe falar-se em revogação nas hipóteses de ato discricionário.

Já o **motivo da revogação** é a *inconveniência ou inoportunidade* da manutenção do ato ou da relação jurídica gerada por ele. Isto é, o administrador público faz apreciação ulterior e conclui pela necessidade da revogação do ato para atender ao interesse público.

Quanto aos **efeitos da revogação,** essa suprime o ato ou seus efeitos, mas respeita aqueles que já transcorreram. Ou seja, opera-se da data da revogação em diante, não negando os efeitos operados ao tempo de sua vigência. Trata-se de eficácia *ex nunc*, portanto.

Quanto aos **limites ao poder de revogar**, a doutrina aponta que são atos irrevogáveis os seguintes: a) os que a lei assim declarar; b) os atos já exauridos, ou seja, que cumpriram seus efeitos; c) os atos vinculados, já que não se fala em conveniência ou oportunidade, dado que o agente só tem uma opção; d) os meros ou puros atos administrativos (exs.: certidão, voto dentro de uma comissão de servidores); e) os atos de controle; f) os atos complexos (praticados por mais de um órgão em conjunto); g) os atos que geram direitos adquiridos[5].

Hely Lopes Meirelles lembra que a jurisprudência vem reconhecendo como irrevogáveis os atos que geram *direitos subjetivos* para o destinatário, noção que, a nosso ver, deve estar compreendida na ideia de *direito adquirido*.

Quanto aos *atos gerais* ou *regulamentares*, estes são, por sua natureza, revogáveis em qualquer tempo e em quaisquer circunstâncias, respeitando-se os efeitos produzidos.

Tema relevante é o atinente à relação entre **revogação** e **indenização.** Por respeitar os efeitos precedentes (a revogação não retroage – *ex nunc*) e por não poder atingir direitos adquiridos, a *revogação legítima* não gera direito à indenização, salvo se envolver uma relação contratual.

Nada obstante, caso o Poder Público tenha a intenção de atingir efeitos passados (*ex tunc*), só lhe resta desapropriar o direito, indenizando por completo o particular, como no caso em que, após expedida uma licença para construir, decida a Administração alterar o traçado de via pública, o que impede a obra na forma aprovada.

No que concerne à **revogação da revogação** (ou revogação de um ato revocatório), no Direito Administrativo, diferente do que ocorre com as leis, admite-se o efeito repristinatório. Ou seja, revogado o ATO X pelo ATO Y e, em seguida, o ATO Y pelo ATO Z, fica restaurado o ATO X. Assim, a revogação de um ato revocatório de outro tem natureza *constitutiva* do primeiro.

4.5.7. Anulação (invalidação)

A anulação pode ser **conceituada** como a *extinção do ato administrativo ou de seus efeitos por outro ato administrativo ou por decisão judicial, por motivo de ilegalidade, com efeito retroativo (ex tunc).*

Em suma, a anulação é extinção do ato administrativo por motivo de ilegalidade.

Um exemplo é a anulação de uma permissão de uso de bem público para a instalação de uma banca de jornais por ter sido conferida sem licitação.

5. A Lei de Introdução às Normas do Direito Brasileiro, em seu artigo 6º, § 2º, dispõe: *"consideram-se adquiridos assim os direitos que o seu titular, ou alguém por ele, possa exercer, como aqueles cujo começo do exercício tenha termo pré-fixo, ou condição preestabelecida inalterável, a arbítrio de outrem"*.

O **sujeito ativo da invalidação** pode ser tanto o *administrador público* como o *juiz*. A Administração Pública poderá invalidar de ofício ou a requerimento. Já o Poder Judiciário só poderá invalidar um ato por provocação ou no bojo da uma lide.

A possibilidade de o Poder Judiciário anular atos administrativos decorre do fato de estarmos num Estado de Direito (art. 1º, CF), em que a lei deve ser obedecida por todos. Decorre também do princípio da inafastabilidade da jurisdição ("a lei não poderá excluir da apreciação do Poder Judiciário lesão ou ameaça a direito" – artigo 5º, XXXV, da CF) e da previsão constitucional do mandado de segurança, do *habeas data* e da ação popular, que só fazem sentido se se permitir que o Judiciário possa anular atos administrativos.

O **objeto da invalidação** é o ato administrativo inválido ou os efeitos de tal ato (relação jurídica). Por exemplo, quando se anula uma licitação, há de se anular a licitação em si e a relação jurídica dela decorrente, no caso o contrato administrativo.

O **fundamento** da anulação é o dever de obediência ao princípio da legalidade. Não se pode conviver com a ilegalidade. Portanto, o ato nulo deve ser invalidado.

O **motivo da invalidação** é a *ilegalidade* do ato e da eventual relação jurídica por ele gerada. Hely Lopes Meirelles diz que o motivo da anulação é a *ilegalidade* ou a *ilegitimidade* do ato, diferente da revogação, que tem por motivo a *inconveniência ou inoportunidade*. Fala-se em *ilegalidade* ou *ilegitimidade* do ato para ressaltar que a anulação deve ser feita não só quando haja violação frontal ao que dispõe o texto legal (ilegalidade), mas também quando haja abuso, por excesso ou desvio de poder, ou mesmo quando se viole princípios do Direito (ilegitimidade).

Quanto ao **prazo para que se efetive a invalidação**, Hely Lopes Meirelles diz que, em que pese a inclinação da doutrina para a ideia de que não há prazo para anulação do ato administrativo, a jurisprudência vem atenuando tal afirmativa para dizer que se deve manter atos ilegítimos praticados e operantes há longo tempo e que já produziram efeitos perante terceiros de boa-fé, de modo a fazer valer o princípio da segurança jurídica.

Na esfera federal, a Lei 9.784/1999 dispõe em seu art. 54: "o direito da Administração de anular os atos administrativos de que decorram efeitos favoráveis para os destinatários decai em cinco anos, contados da data em que foram praticados, salvo comprovada má-fé ".

Nesse sentido, temos duas situações:

a) prazo para anular ato que beneficia alguém de boa-fé: 5 anos;

b) prazo para anular ato que beneficia alguém de má-fé: não há prazo.

Quanto ao termo *a quo* do prazo de 5 anos previsto para o primeiro caso, temos as seguintes situações:

a) regra: o prazo de 5 anos começa a correr da data em que o ato foi praticado;

b) no caso de atos com efeitos patrimoniais contínuos: o prazo de 5 anos começa a correr da percepção do primeiro pagamento.

O art. 54, § 2º, da Lei 9.784/1999 traz regra interessante, que tem o seguinte teor: "considera-se exercício do direito de anular qualquer medida de autoridade administrativa que importe impugnação à validade do ato".

Essa regra faz com que a decadência não se opere se, no curso dos cinco anos de prazo, a autoridade administrativa tome medida que importe impugnação à validade do ato.

É importante ressaltar que o prazo em questão é um prazo *decadencial* e não *prescricional*. Dessa forma, não incidem as regras de suspensão e interrupção da prescrição previstas no Código Civil.

Outro ponto importante é que a regra ora estudada está prevista na Lei de Processo Administrativo Federal, o que não impede que Municípios e Estados-membros estabeleçam regras sobre o prazo decadencial para anular atos administrativos, como é o caso do Estado de São Paulo, que, em sua Lei de Processo Administrativo, estabelece que o prazo decadencial para anular atos ilegais é de 10 (dez) anos, contados de sua produção (Lei Estadual 10.177/98). Dessa forma, deve-se verificar, no âmbito de cada ente federativo, se existe lei estabelecendo prazo diferenciado para a anulação de atos administrativos ilegais. Caso não haja ato normativo local nesse sentido, aplicar-se-ão, por analogia, as regras previstas na Lei 9.784/1999.

No que concerne aos **efeitos da invalidação,** como o ato nulo já nasce com a sanção de nulidade, a declaração se dá retroativamente, ou seja, com efeito *ex tunc*. Invalidam-se as consequências passadas, presentes e futuras do ato, já que, do ato ilegal, não nascem direitos. A anulação importa no desfazimento do vínculo e no retorno das partes ao estado anterior. Tal regra é atenuada em face dos terceiros de boa-fé. Assim, a anulação da nomeação de um agente público, por exemplo, surte efeitos em relação a este (que é parte da relação jurídica anulada), mas não em relação aos terceiros destinatários dos atos por este praticado, desde que tal ato respeite a lei quanto aos demais aspectos.

Tema relevante é o atinente aos **tipos de invalidade** ou **tipos de vícios dos atos administrativos** e os respectivos **meios de correção.**

A doutrina majoritária entende que podem ocorrer os seguintes **vícios** nos atos administrativos:

a) atos administrativos **inexistentes**, que, de tão absurdos que são, sequer precisam ter declarada sua inexistência;

b) atos administrativos **nulos**, que devem ser anulados no prazo decadencial;

c) atos administrativos **anuláveis**, que podem ser convalidados, permanecendo na ordem jurídica;

d) atos administrativos **irregulares**, que são aqueles que contêm vício formal de pouca relevância, devendo permanecer na ordem jurídica.

Hely Lopes Meirelles defendia a ideia de que não havia, no Direito Administrativo, atos anuláveis, pois a anulabilidade é instituto do direito privado, em que se pode dispor de certos interesses. Para esse respeitado doutrinador, o ato administrativo ou era nulo ou era válido e só.

Confira, agora com mais detalhes, a definição dos tipos de vícios dos atos administrativos:

a) **atos inexistentes**: *são os que assistem ao campo do absurdo jurídico, do totalmente intolerável*; tais atos não produzem efeito algum. Exs.: instrução de um agente policial a outro para torturar um bandido; prática de usurpação de função, ou seja, conduta de alguém que se faz passar por agente público, praticando ato da alçada deste;

b) **atos irregulares**: *são aqueles que padecem de vícios formais irrelevantes, reconhecíveis de plano, em que há descumprimento de norma que tem por único objetivo impor padronização interna dos atos*; tais atos não devem ser invalidados. Ex.: certidão feita pela autoridade competente, mas em papel não timbrado;

c) **atos nulos (nulidade absoluta)**: *são os que a lei assim declare ou aqueles sobre os quais a convalidação seja racionalmente impossível, pois, se o conteúdo fosse repetido, seria repetida a ilegalidade*[6]; a nulidade absoluta é grave, devendo o ato ser anulado, salvo se já tiver operado o prazo decadencial para tanto. Exs.: nomeação para cargo efetivo feita sem concurso público; contrato feito sem licitação, quando não incidia nenhuma hipótese de dispensa ou inexigibilidade desta;

d) **atos anuláveis (nulidade relativa):** *são os que podem ser repetidos sem o vício originário*; a nulidade relativa é vício de menor gravidade, sendo possível a convalidação do ato. Ex.: ato expedido por autoridade com incompetência territorial; ato praticado com particular relativamente incapaz; ato praticado mediante erro ou dolo.

---

6. Hely Lopes Meirelles diz que a nulidade pode ser *explícita* ou *virtual*. "É explícita quando a lei a comina expressamente, indicando os vícios que lhe dão origem; é virtual quando a invalidade decorre da infringência de princípios específicos do Direito Público, reconhecidos por interpretação das normas concernentes ao ato. Em qualquer destes casos, porém, o ato é ilegítimo ou ilegal e não produz qualquer efeito válido entre as partes, pela evidente razão de que não se pode adquirir direitos contra a lei." O art. 166, VII, do atual Código Civil traz as duas espécies de ato nulo referentes a essa classificação.

Vistos os vícios concernentes à questão da validade, passemos ao estudo dos **meios integradores da invalidade**.

A **convalidação (ou saneamento)** *é a supressão da invalidade de um ato pela expedição de outro, com efeitos retroativos.* Incide sobre os atos *anuláveis*, tornando-os válidos com efeito retroativo.

A convalidação só poderá ser feita se o ato puder ser repetido sem o vício que o inquinava ou se, apesar de se estar diante de ato com vício insanável, haja excepcional e patente interesse público na sua preservação. No primeiro caso, geralmente incide sobre vícios de sujeito (competência) e de forma (descumprimento de forma que não seja substancial), os quais, sanados, importam em convalidação do ato anterior, cuja maior vantagem é ter efeito retroativo, efeito que não existiria com a simples expedição de um novo ato, sem aproveitamento do anterior viciado.

Vejamos, agora, os **requisitos** que a doutrina aponta como essenciais para que seja possível a convalidação: a) possibilidade de o ato ser expedido novamente, sem o vício originário; b) prejuízo maior se não se mantiver o ato viciado; c) inexistência de prejuízo ao erário e a terceiro; d) boa-fé; e) inexistência de impugnação prévia do ato.

O artigo 55 da Lei 9.784/1999 admite expressamente a convalidação, devendo a Administração, sempre que possível, optar por ela. Todavia, há uma hipótese em que a Administração poderá optar entre convalidar e não convalidar um ato anulável. Trata-se do caso em que se têm *atos discricionários praticados por autoridade incompetente.* Nesse caso, a autoridade que for a competente não fica obrigada a convalidar o ato viciado, dada a margem de liberdade que detém para praticá-lo.

A convalidação será chamada de *ratificação* nas hipóteses em que há vício de incompetência, não podendo incidir nos casos em que essa for outorgada com exclusividade ou em razão de matéria[7].

Quanto ao vício de *forma*, a convalidação só será possível se essa não for essencial à validade do ato.

Quanto ao *motivo* e à *finalidade*, fica difícil falar-se em convalidação. O mesmo se pode dizer quanto ao *objeto*. Neste caso, poderá caber a *conversão*, que é instituto jurídico que não se confunde com a *convalidação*.

Vejamos, agora, um *exemplo* de convalidação. Imagine a nomeação de um servidor feita por um Ministro de Estado, quando a competência era da alçada do Presidente da República, seguindo-se a delegação por parte deste para a referida nomeação. O ato originário contém vício (falta de competência), que pode ser sanado, pela convalidação, mediante *ratificação* do Presidente da República ou, após a delegação da competência, *confirmação* pelo Ministro de Estado.

7. Outra expressão pertinente, mas que não se confunde com a convalidação e a *ratificação*, é a *confirmação*, que consiste na renúncia ao poder de anular o ato ilegal, o que é diferente de sanar o vício do ato, corrigindo-o (convalidação).

A **conversão (ou sanatória)** *consiste no aproveitamento de um ato inválido, tornando-o ato de outra categoria, com efeito retroativo à data do ato original.*

A conversão incide sobre atos nulos, aproveitando-os em outra categoria de atos. A palavra-chave aqui é "aproveitar".

Diferentemente da convalidação, que mantém o ato na categoria de atos em que ele é praticado, na conversão aproveita-se o ato nulo para uma outra situação, para uma outra categoria de atos.

Um exemplo é a *permissão* de uso de bem público concedida sem licitação (permissão nula!), que acaba sendo convertida numa *autorização* de uso de bem público (outra categoria de ato!), que não requer licitação.

Outro exemplo é a nomeação de um agente público para um cargo de provimento *efetivo*, sem realização de concurso público, que acaba sendo convertida em nomeação para cargo em *comissão*, que não requer prévia aprovação em concurso público.

O instituto da conversão está previsto no atual Código Civil. Confira: "art. 170. Se, porém, o negócio nulo contiver os requisitos de outro, subsistirá este quando o fim a que visavam as partes permitir supor que o teriam querido, se houvesse previsto a nulidade".

Por fim, vale ressaltar que a conversão, assim como a convalidação, tem efeito retroativo, ou seja, ficam mantidos todos os atos praticados no período antecedente ao saneamento, salvo, naturalmente, se houver má-fé.

4.6. Classificação dos atos administrativos

4.6.1. Quanto à liberdade de atuação do agente

Ato vinculado *é aquele em que a lei tipifica objetiva e claramente a situação em que o agente deve agir e o único comportamento que poderá tomar.* Tanto a situação em que o agente deve agir como o comportamento que vai tomar são únicos e estão clara e objetivamente definidos na lei, de forma a inexistir qualquer margem de liberdade ou apreciação subjetiva por parte do agente público. Ex.: licença para construir, concessão de aposentadoria.

Ato discricionário *é aquele em que a lei confere margem de liberdade para avaliação da situação em que o agente deve agir ou para escolha do melhor comportamento a ser tomado.*

Seja na situação em que o agente deve agir, seja no comportamento que vai tomar, o agente público terá uma margem de liberdade na escolha do que mais atende ao interesse público. Neste ponto fala-se em *mérito administrativo*, ou seja, na valoração dos motivos e escolha do comportamento a ser tomado pelo agente.

Vale dizer, o agente público fará apreciação subjetiva, agindo segundo o que entender ser mais conveniente e oportuno ao interesse público.

Reconhece-se a discricionariedade nos seguintes casos, dentre outros:

a) quando a regra que traz a competência do agente traz *conceitos fluidos*, como *bem comum, moralidade, ordem pública* etc.;

b) quando a lei *não traz um motivo* que enseja a prática do ato, como, por exemplo, a que permite nomeação para cargo em comissão, de livre provimento e exoneração;

c) quando *há mais de uma opção* para o agente quanto ao momento de atuar, à forma do ato (ex.: verbal, gestual ou escrita), à sua finalidade ou ao conteúdo (ex.: possibilita-se que o agente público, diante de uma infração administrativa, escolha se deve fazer uma advertência, aplicar uma multa ou fazer uma apreensão).

A discricionariedade sofre alguns *temperamentos*, de modo a fazer com que a margem de liberdade seja a mais estreita possível e a preservar o princípio da legalidade. Confira:

a) todo ato discricionário é *parcialmente regrado ou vinculado*; a competência, por exemplo, é sempre vinculada; aliás, Hely Lopes Meirelles entende que a competência, a forma e a finalidade são sempre vinculadas, conforme vimos;

b) só há discricionariedade *nas situações marginais*, nas zonas cinzentas; assim, situações que envolvem certa subjetividade, mas encontram na sociedade quase que um consenso, não ensejam margem de liberdade para o agente público; por exemplo, caso o agente público encontre duas pessoas fazendo sexo no meio da rua, ainda que um ou outro possa achar que isso não é imoral, o fato é que é indubitável no pensamento médio que a conduta é imoral, fazendo com que o agente, em que pese estar diante de um conceito fluido ("moralidade pública"), deva agir reconhecendo a existência de uma situação de imoralidade; em suma, o temperamento em tela lembra a todos que a situação concreta (o colorido do caso concreto) diminui a margem de liberdade conferida ao agente público.

Questão muito importante quanto aos atos discricionários é saber se o Judiciário poderá apreciá-los.

A resposta a essa pergunta é positiva, ou seja, o Judiciário pode sim apreciar atos discricionários. Porém, só poderá fazê-lo quanto aos seguintes aspectos:

a) legalidade: todo ato discricionário é parcialmente *regrado* ou *vinculado* e, especificamente quanto a esse ponto, o Poder Judiciário poderá apreciar o ato discricionário; imagine uma competência que diga que "o Governador, em caso de falta grave, poderá suspender ou demitir o servidor público, mediante contraditório e ampla defesa"; trata-se de um ato discricionário, pois a expressão "falta grave" é bastante fluida, sem contar o fato de que o governador tem duas opções, "demitir" ou "suspender" o agente; porém, mesmo se tratando de um ato discricionário, há elementos vinculados nesse ato; um deles é a competência, pois só o Governador pode praticar o ato; outro é fato de que o governador só tem duas opções, de modo que, se tomar uma terceira medida (por exemplo, "demissão a bem do serviço público"), estará saindo dos limites do ato discricionário; além disso, o Governador é obrigado a garantir o contraditório e a ampla defesa; pois bem, se qualquer desses pontos vinculados do ato discricionário for desrespeitado, poderá o Judiciário, fazendo o controle de legalidade, anular o referido ato;

b) moralidade: todo ato discricionário está sujeito a cumprir o princípio da moralidade, que está previsto no art. 37, *caput*, da CF; assim, caso um ato discricionário fira a moralidade (por exemplo, a desapropriação do imóvel de um inimigo político de um Prefeito), poderá ser anulado pelo Poder Judiciário;

c) razoabilidade: todo ato discricionário está sujeito a cumprir o princípio da razoabilidade, que está previsto no art. 2º, *caput*, da Lei 9.784/1999; assim, caso um ato discricionário fira a razoabilidade ou a proporcionalidade (por exemplo, desapropria-se área bem maior do que a necessária para a implantação de um projeto da Administração), poderá ser anulado pelo Poder Judiciário.

Em suma, o Judiciário pode sim apreciar um ato discricionário, mas apenas quanto aos aspectos de legalidade, razoabilidade e moralidade, não sendo possível a revisão dos critérios adotados pelo administrador (o *mérito administrativo*), se tirados de dentro da margem de liberdade a ele conferida pelo sistema normativo.

4.6.2. Quanto às prerrogativas da administração

Atos de império são os *praticados no gozo de prerrogativas de autoridade*. Ex.: interdição de um estabelecimento.

Atos de gestão são os *praticados sem uso de prerrogativas públicas, em igualdade com o particular, na administração de bens e serviços*. Ex.: contrato de compra e venda ou de locação de um bem imóvel.

Atos de expediente *são os destinados a dar andamento aos processos e papéis que tramitam pelas repartições, preparando-os para decisão de mérito a ser proferida pela autoridade*. Ex.: remessa dos autos a uma autoridade, para que esta tome uma decisão, conduta que tem o nome de "levar os autos à conclusão".

A distinção entre ato de gestão e de império está em desuso, pois era feita para excluir a responsabilidade do Estado pela prática de atos de império, de soberania. Melhor é distingui-los em atos regidos pelo *direito público* e pelo *direito privado*.

4.6.3. Quanto aos destinatários

Atos individuais *são os dirigidos a destinatários certos, criando-lhes situação jurídica particular*. Ex.: decreto de desapropriação, nomeação de agente público, exoneração de agente público, licença para construir, autorização de uso de bem público, tombamento, dentre outros.

Atos gerais *são os dirigidos a todas as pessoas que se encontram na mesma situação, tendo finalidade normativa*.

São diferenças entre um e outro as seguintes:

a) os atos individuais podem ser impugnados individualmente, ao passo que os normativos só por ADI ou após uma providência concreta;
b) os atos normativos prevalecem sobre os atos individuais;
c) a revogação de atos individuais deve respeitar eventual direito adquirido de seu beneficiário, ao passo que os atos normativos podem ser livremente revogados.

4.6.4. Quanto à formação da vontade

Atos simples *decorrem de um órgão, seja ele singular ou colegiado*. Ex.: nomeação feita pelo Prefeito; deliberação de um conselho ou de uma comissão.

Atos complexos *decorrem de dois ou mais órgãos, em que as vontades se fundem para formar um único ato*. Ex.: decreto do Presidente, com referendo de Ministros.

Atos compostos *decorrem de dois ou mais órgãos, em que a vontade de um é instrumental em relação à vontade de outro, que edita o ato principal*. Aqui existem dois atos pelo menos: um principal e um acessório. Um exemplo é a nomeação do Procurador-Geral da República, que depende de prévia aprovação pelo Senado. Outro exemplo são os atos que dependem de aprovação ou homologação. Não se deve confundir atos compostos com atos de um procedimento, vez que, enquanto os segundos são o encadeamento de atos tendentes ao ato principal, os primeiros resultam de dois ou mais órgãos e não têm por elemento marcante a sucessão de atos preparatórios de um ato final, diferentemente do procedimento.

4.6.5. Quanto aos efeitos

Ato constitutivo *é aquele em que a Administração cria, modifica ou extingue direito ou situação jurídica do administrado*. Exs.: permissões de serviço público e de uso de bem público, penalidades, revogação de atos, autorizações, dentre outros.

Ato declaratório *é aquele em que a Administração reconhece um direito que já existia*. Exs.: admissão, licença, homologação, isenção, anulação.

Ato enunciativo *é aquele em que a Administração apenas atesta dada situação de fato ou de direito*. Não produz efeitos jurídicos diretos. São juízos de conhecimento ou de opinião. Exs.: certidões, atestados, informações e pareceres.

4.6.6. Quanto à situação de terceiros

Atos internos são a*queles que produzem efeitos apenas no interior da Administração*. Exs.: pareceres, informações.

Atos externos *são aqueles que produzem efeitos sobre terceiros*. Nesse caso, dependerão de publicidade para terem eficácia. Exs.: admissão, licença.

4.6.7. Quanto à estrutura

Atos concretos *são aqueles que dispõem sobre uma única situação, sobre um caso concreto*. Ex.: exoneração de um agente público.

Atos abstratos *são aqueles que dispõem sobre reiteradas e infinitas situações*. Ex.: regulamento.

4.6.8. Outra classificação

Atos normativos *são aqueles que contêm comando geral da Administração Pública, com o objetivo de executar a lei*. Exs.: regulamentos (da alçada do Chefe do Executivo), instruções normativas (da alçada dos Ministros de Estado), regimentos, resoluções etc..

Atos ordinatórios *são aqueles que disciplinam o funcionamento da Administração e a conduta funcional de seus agentes*. Exs.: instruções (são escritas e gerais, destinadas a determinado *serviço público*), circulares (escritas e de caráter uniforme, direcionadas a determinados *servidores*), avisos, portarias (expedidas por chefes de órgãos – trazem determinações gerais ou especiais aos subordinados, designam alguns servidores, instauram sindicâncias e processos administrativos etc.), ordens de serviço (determinações especiais ao *responsável* pelo ato), ofícios (destinados às *comunicações* escritas entre autoridades) e despacho (contém *decisões* administrativas).

Atos negociais *são declarações de vontade coincidentes com pretensão do particular*. Exs.: licença, autorização e protocolo administrativo.

Atos enunciativos *são aqueles que apenas atestam, enunciam situações existentes*. Não há prescrição de conduta (determinações) por parte da Administração. Exs.: certidões, atestados, apostilas e pareceres.

Atos punitivos *são as sanções aplicadas pela Administração aos servidores públicos e aos particulares*. Exs.: advertência, suspensão e demissão; multa de trânsito.

4.7. Atos administrativos em espécie

4.7.1. Quanto ao conteúdo

Autorização *é o ato administrativo unilateral, discricionário e precário pelo qual a Administração faculta ao particular, em proveito deste, o uso privativo de bem público ou o desempenho de uma atividade, os quais, sem esse consentimento, seriam legalmente proibidos.* Exs.: autorização de uso de praça para realização de festa beneficente ou evento cultural; autorização para compra e registro ou para porte de arma. A autorização se baseia no poder de polícia, fazendo-se juízo de conveniência e oportunidade acerca da sua concessão ou não. Trata-se de ato *constitutivo*.

Licença *é o ato administrativo unilateral e vinculado pelo qual a Administração faculta àquele que preencha requisitos legais o exercício de uma atividade.* Exs.: licença para construir; licença para dirigir veículos automotores. A licença também se baseia no poder de polícia, havendo juízo de legalidade somente. Trata-se de ato *declaratório*, daí porque, enquanto na autorização se fala em interesses, na licença se fala em direitos subjetivos, pois cumpridos os requisitos para a licença o interessado tem direito de exigi-la, diferentemente do que acontece quanto à autorização.

Admissão é o *ato unilateral e vinculado pelo qual a Administração reconhece ao particular que preencha requisitos legais o direito à prestação de um serviço público.* Exs.: admissão de aluno em escola ou universidade pública; admissão de paciente em hospital; admissão de pessoa carente em programa de assistência social.

Permissão *é o ato administrativo unilateral, discricionário e precário, pelo qual a Administração faculta ao particular a execução de serviço público ou a utilização privativa de bem público, mediante licitação.* Exs.: permissão para taxista ou perueiro efetuar transporte remunerado de passageiros; permissão para que uma banca de jornal se instale numa calçada ou praça públicas. Vale lembrar que, por ser precária, pode ser revogada a qualquer momento sem que o particular tenha direito à indenização. Ademais, diferentemente da autorização, a permissão depende de licitação.

Concessão *é o ato bilateral (contrato) e não precário pelo qual a Administração faculta a uma pessoa jurídica a execução de serviço público ou a utilização privativa de bem público, mediante licitação na modalidade concorrência.* Exs.: concessão dada a uma empresa de ônibus para que efetue transporte remunerado de passageiros; concessão dada a um restaurante para que utilize espaço público num aeroporto. Por não ser precária, o particular tem direito de ver mantida a concessão. Todavia, caso haja interesse público na sua revogação, este prevalece sobre o do particular, o qual terá direito à indenização pela revogação da concessão, diferentemente do que ocorre na autorização e na permissão, que são atos precários, ou seja, passíveis de revogação sem direito à indenização em favor do interessado. Confira algumas diferenças entre a concessão e a permissão: a) a primeira só pode ser concedida a pessoa jurídica, ao passo que a segunda, a pessoa física ou jurídica; b) a primeira é contratual, ao passo que a segunda é precária, podendo ser revogada sem direito à indenização em favor do permissionário; c) a primeira deve ser concedida após licitação na modalidade concorrência, ao passo que a segunda pode ser concedida por meio de outras modalidades licitatórias; d) a primeira é formalizada mediante *contrato de concessão*, ao passo que a segunda, mediante *contrato de adesão*.

Aprovação *é o ato unilateral e discricionário pelo qual se exerce o controle prévio ou posterior do ato administrativo.* A aprovação é um tipo de *controle* que analisa a *conveniência e a oportunidade* do ato controlado. Ex.: aprovação dada pelo Senado à indicação do Presidente para nomeação de Ministro para o Supremo Tribunal Federal. Em tese, o Senado pode rejeitar a indicação, não a aprovando, por considerá-la não conveniente, em vista de não ter o indicado reputação ilibada, por exemplo.

Homologação *é o ato unilateral e vinculado pelo qual se reconhece a legalidade de um ato administrativo.* A homologação é um tipo de *controle* que analisa apenas o *cumprimento das formalidades legais*, não entrando no mérito dos atos praticados. Ex.: homologação de uma licitação ou de um concurso público pela autoridade superior à comissão de licitação, autoridade essa que controlará exclusivamente a legalidade dos procedimentos, sem entrar no mérito dos julgamentos feitos.

Parecer *é o ato pelo qual órgãos consultivos da Administração emitem opinião técnica sobre assunto de sua competência.* Podem ser de três tipos: ***facultativo*** (o parecer é pedido se a autoridade quiser); ***obrigatório*** (a autoridade é obrigada a solicitar o parecer, em que pese não ser obrigada a acatá-lo) e ***vinculante*** (a autoridade é obrigada a solicitar o parecer e a acatar o seu conteúdo - ex.: parecer médico). O STF vem decidindo que o parecer jurídico que deve ser dado sobre minuta de editais, de contratos e de convênios é um parecer vinculante (MS 24.584), pois o art. 38, p. ún., da Lei 8.666/1993 dispõe que o setor jurídico deve *aprovar* tais minutas, o que revela que o parecer é verdadeira *decisão administrativa* e não mera opinião técnica. Dessa forma, havendo alguma ilegalidade, o parecerista responde como se fosse autor da minuta por ele aprovada, ficando sujeito, por exemplo, a multas pelo Tribunal de Contas e a ações populares, ações civis públicas e ações por improbidade administrativa, valendo lembrar, todavia, que a responsabilidade do agente público não é objetiva: depende de culpa ou dolo, nos casos de ressarcimento do erário, e de dolo em algumas modalidades de improbidade administrativa.

Visto *é o ato administrativo unilateral pelo qual a autoridade atesta a regularidade formal de outro ato administrativo.* Ex.: pedido de férias de um agente, que recebe o visto de seu chefe (o qual observa sua regularidade formal) antes deste encaminhar para o chefe subsequente apreciá-lo.

Protocolo administrativo *é o ato negocial pelo qual o Poder Público acerta com o particular a realização de determinado empreendimento ou atividade ou a abstenção de certa conduta.*

4.7.2. Quanto à forma

Decreto *é a forma de que se revestem os atos individuais ou gerais, emanados do Chefe do Poder Executivo.* Exs.: nomeação e exoneração de agentes públicos (atos individuais); regulamentos (atos gerais que têm por objeto proporcionar a fiel execução da lei - artigo 84, IV, CF). Não existe, como regra, *regulamento autônomo* em nosso direito, uma vez que ele sempre deve estar adstrito ao que dispõe uma lei, nunca podendo existir por si só; ou seja, no Brasil a regra é termos *regulamentos de execução* de lei. Como vimos, a EC 32/2001 modificou o artigo 84, VI, da CF, permitindo que o Presidente, por meio de decreto, disponha de matérias que somente a lei poderia dispor. Trata-se de situação que excepciona a regra no sentido de que não há regulamentos autônomos em nosso direito.

Resolução e portaria *são as formas de que se revestem os atos, gerais ou individuais, emanados de autoridades que não sejam o Chefe do Executivo.* Ex.: no Estado de São Paulo, a resolução é própria dos Secretários de Estado, enquanto as portarias são a forma de que se revestem os atos das autoridades até o Diretor de Serviço. Assim, em cada ente político se instituirá a forma que deve revestir os atos de cada autoridade. Importa lembrar, ainda, que as resoluções e portarias trarão, além de atos *individuais* próprios de tais autoridades, atos *gerais* consistentes em instruções para cumprimento das leis e regulamentos.

Circular *é o instrumento de que se valem as autoridades para transmitir ordens internas a seus subordinados.*

Despacho *é o ato administrativo que contém decisões das autoridades sobre assunto de interesse individual ou coletivo submetido à sua apreciação.* ***Despacho normativo*** é aquele que aprova uma decisão sobre assunto de interesse geral, ficando esta obrigatória para toda a administração, além de valer para todos que estiverem na mesma situação.

Alvará *é a forma pela qual a Administração confere licença ou autorização para a prática de ato ou exercício de atividade sujeita ao poder de polícia do Estado.* Exs.: alvará de construção (instrumento que confere e prova a licença); alvará para porte de arma (instrumento da autorização conferida).

4.8. Procedimento administrativo

Não se deve confundir o ato administrativo com o procedimento administrativo. O segundo *consiste na sucessão encadeada de atos que propiciam a formação do ato final objetivado pela Administração.*

Assim, um procedimento é uma sucessão de atos, não se confundindo com cada ato em si.

Na verdade, ficaria melhor falar-se em *processo administrativo* para designar a definição dada, reservando-se a expressão procedimento administrativo para designar o *rito* a ser seguido.

Porém, em Direito Administrativo a expressão *procedimento administrativo* acaba sendo usada para designar *processo administrativo.*

De qualquer forma, é bom lembrar que há processos administrativos típicos, como o processo disciplinar e o processo de licitação, cuja característica marcante é ter uma regulamentação específica em lei própria. Os processos administrativos que não tiverem regulamentação própria devem seguir o disposto na Lei de Geral de Processo Administrativo (Lei 9.784/1999).

5. Organização da Administração Pública

5.1. Considerações gerais

O Estado tem três Poderes independentes e harmônicos entre si (Legislativo, Executivo e Judiciário). Porém, é por meio da Administração Pública que o Estado atua, tratando-se esta do aparelhamento necessário à realização de sua finalidade.

Em sentido *formal*, Administração Pública é o conjunto de órgãos instituídos para consecução dos fins do Governo (que é o comando, a iniciativa).

Em sentido *material*, é o conjunto das funções necessárias aos serviços públicos em geral.

E em sentido *operacional*, é o desempenho sistemático dos serviços estatais.

O fato é que a Administração é o instrumento de que se vale o Estado para pôr em prática as opções políticas do Governo.

Tal atuação se dará por intermédio de *entidades* (pessoas jurídicas), *órgãos* (centros de decisão) e de *agentes* (pessoas investidas em cargos, empregos e funções).

5.2. Conceitos básicos sobre a organização da Administração Pública

O objetivo deste tópico é efetuar uma série de distinções e conceitos de grande valia para o estudo sistematizado do tema proposto.

A primeira distinção trata da relação entre a pessoa jurídica e os órgãos estatais.

As **pessoas jurídicas estatais** *são entidades integrantes da estrutura do Estado e dotadas de personalidade jurídica*, ou seja, de aptidão genérica para contrair direitos e obrigações.

Já os **órgãos públicos** *são centros de competência integrantes das pessoas estatais instituídos para o desempenho das funções públicas por meio de agentes públicos*. São, portanto, parte do corpo (pessoa jurídica).

Cada órgão é investido de determinada competência, dividida entre seus cargos.

Apesar de não terem personalidade jurídica, têm prerrogativas funcionais, o que admite até que interponham mandado de segurança, quando violadas (tal capacidade processual, todavia, só têm os órgãos independentes e os autônomos).

Todo ato de um órgão é imputado diretamente à pessoa jurídica da qual é integrante, assim como todo ato de agente público é imputado diretamente ao órgão ao qual pertence (trata-se da chamada "teoria do órgão", que se contrapõe à teoria da representação ou do mandato, conforme se verá no capítulo seguinte). Deve-se ressaltar, todavia, que a representação legal da entidade é atribuição de determinados agentes, como o Chefe do Poder Executivo e os Procuradores.

Tema importante acerca dos órgãos públicos é a sua **classificação**. Passemos, então, ao estudo da classificação dos órgãos, levando em conta os ensinamentos de Hely Lopes Meirelles.

Quanto à **posição**, os órgãos públicos podem ser:

a) órgãos *independentes*: são os originários da Constituição e representativos dos Poderes do Estado (Legislativo, Executivo e Judiciário); aqui estão todas as corporações legislativas, chefias de executivo e tribunais e juízo singulares;

b) órgãos *autônomos*: são os que estão na cúpula da Administração, logo abaixo dos órgãos independentes, tendo autonomia administrativa, financeira e técnica, segundo as diretrizes dos órgãos a eles superiores; aqui estão os Ministérios, as Secretarias Estaduais e Municipais, a AGU, dentre outros;

c) órgãos *superiores*: são os que detêm poder de direção quanto aos assuntos de sua competência, mas sem autonomia administrativa e financeira, tais como os gabinetes, as procuradorias judiciais, os departamentos, as divisões, dentre outros;

d) órgãos *subalternos*: são os que se acham na base da hierarquia entre órgãos, tendo reduzido poder decisório, com atribuições de mera execução, tais como as portarias e as seções de expediente.

Quanto à **estrutura**, os órgãos podem ser:

a) *simples* ou *unitários*: constituídos por um só centro de competência;

b) *compostos*: constituídos pelo conjunto de outros órgãos menores, com atividades-fim idênticas ou auxiliares. Ex.: Ministério da Saúde.

Quanto à **atuação funcional**, os órgãos podem ser:

a) *singulares* ou *unipessoais*: são os que atuam por um único agente. Ex.: Presidência da República;

b) *colegiados* ou *pluripessoais*: são os que atuam por manifestação conjunta da vontade de seus membros. Exs.: corporações legislativas, tribunais e comissões.

Outra distinção relevante para o estudo da estrutura da Administração Pública é a que se faz entre **desconcentração e descentralização.**

A **desconcentração** *é a distribuição interna de atividades administrativas, de competências*. Ocorre de *órgão* para *órgão* da entidade Ex.: competência no âmbito da Prefeitura, que poderia estar totalmente concentrada no órgão Prefeito Municipal, mas que é distribuída internamente aos Secretários de Saúde, Educação etc..

Já a **descentralização** *é a distribuição externa de atividades administrativas, que passam a ser exercidas por pessoa ou pessoas distintas do Estado*. Dá-se de *pessoa jurídica* para *pessoa jurídica* como técnica de especialização. Ex.: criação de autarquia para titularizar e executar um dado serviço público, antes de titularidade do ente político que a criou. A descentralização pode ser de duas espécies:

a) na descentralização **por serviço**, a lei atribui ou autoriza que outra pessoa detenha a *titularidade* e a execução do serviço; repare que é necessária lei; aqui, fala-se em *outorga* do serviço;

b) na descentralização **por colaboração**, o contrato ou ato unilateral atribui à outra pessoa a *execução* do serviço; repare que a delegação aqui se dá por contrato, não sendo necessária lei; o particular colabora, recebendo a execução do serviço e não a titularidade deste; aqui, fala-se também em *delegação* do serviço e o caráter é transitório.

Há também outra distinção importante, relacionada à Administração Direta e Indireta.

A **Administração Direta** *compreende os órgãos integrados no âmbito direto das pessoas políticas (União, Estados, Distrito Federal e Municípios)*. Repare que todos os órgãos dos entes políticos fazem parte da Administração Direta, de modo que a prefeitura, a câmara de vereadores, os tribunais judiciais, os tribunais de contas, o ministério público, dentre outros, são parte integrante da administração, já que são órgãos, e não pessoas jurídicas criadas pelos entes políticos.

Já a **Administração Indireta** *compreende as pessoas jurídicas criadas pelo Estado para titularizar e exercer atividades públicas (autarquias, fundações públicas, agências reguladoras e associações públicas) e para agir na atividade econômica ou em atividades não típicas de Estado (empresas públicas, sociedades de economia mista, fundação privadas criadas pelo Estado e consórcios públicos de direito privado)*. Repare que a Administração Indireta é composta de pessoas jurídicas (e não de órgãos!) criados pelos entes políticos.

Outra classificação relevante para o estudo do tema em questão é a que segue.

As **pessoas jurídicas de direito público** *são os entes políticos e mais as autarquias e fundações públicas, uma vez que todas essas pessoas são criadas para exercer típica atividade administrativa, o que impõe que tenham, de um lado, prerrogativas de direito público, e, de outro, restrições de direito público, próprias de quem gere coisa pública*[8]. São espécies de pessoas jurídicas de direito público as seguintes: autarquias, fundações públicas, agências reguladoras e associações públicas (consórcios públicos de direito público).

As **pessoas jurídicas de direito privado estatais** *são as empresas púbicas e as sociedades de economia mista, visto que são criadas para exercer atividade econômica, devendo ter os mesmos direitos e restrições das demais pessoas jurídicas privadas, em que pese tenham algumas restrições adicionais, pelo fato de terem sido criadas pelo Estado*. São espécies de pessoas jurídicas de direito privado estatais as seguintes: empresas públicas, sociedades de economia mista, fundações privadas criadas pelo Estado e consórcios públicos de direito privado.

Para fecharmos essa introdução, é necessário conhecermos também a distinção seguinte.

A **hierarquia** *consiste no poder que um órgão superior tem sobre outro inferior, que lhe confere, dentre outras prerrogativas, uma ampla possibilidade de fiscalização dos atos do órgão subordinado*.

O **controle (tutela** ou **supervisão ministerial)** *consiste no poder de fiscalização que a pessoa jurídica política tem sobre a pessoa jurídica que criou, que lhe confere tão somente a possibilidade de submeter a segunda ao cumprimento de seus objetivos globais, nos termos do que dispuser a lei*. Ex.: a União não pode anular um ato administrativo de concessão de aposentadoria por parte do INSS (autarquia por ela criada), por não haver hierarquia, mas pode impedir que o INSS passe a comercializar títulos de capitalização, por exemplo, por haver nítido desvio dos objetivos globais para os quais fora criada a autarquia. Aqui não se fala em *subordinação*, mas em *vinculação administrativa*.

5.3. Administração indireta

5.3.1. Autarquias

As autarquias podem ser **conceituadas** como as *pessoas jurídicas de direito público, criadas por lei específica, para titularizar atividade administrativa*. Realizam atividades próprias (típicas) da Administração Direta, as quais são passadas para as autarquias para agilizar, facilitar e principalmente especializar a prestação dos serviços públicos.

8. *Vide* art. 41 do novo Código Civil. O parágrafo único deste artigo faz referência às *pessoas de direito público com estrutura de direito privado*, que serão regidas, no que couber, pelas normas do CC. A referência é quanto às fundações públicas, às quais aplicam-se as normas do CC apenas quando não contrariarem os preceitos de direito público.

São um prolongamento, um *longa manus* do Estado. Qualquer ente político (União, Estados-membros, Distrito Federal e Municípios) pode criar uma autarquia, desde que por lei específica e para realizar atividades típicas da Administração.

A autarquia deve ser criada por lei específica, lei essa que tem o poder de conferir personalidade jurídica a ela, não sendo necessário levar atos constitutivos ao Registro Público. Porém, a organização da autarquia se estabelece por decreto, que aprovará o regulamento ou o estatuto da entidade. A lei criadora da entidade tratará também do patrimônio inicial, já transferindo ou autorizando sua transferência, da entidade criadora para a entidade criada.

A expressão autarquia vem dos termos *autós* (= próprio) e *arquia* (=governo), o que nos ajuda a lembrar que a autarquia tem autonomia administrativa e financeira.

São exemplos de autarquia os seguintes entes: INSS, CADE, Banco Central, INCRA e USP.

Quando a autarquia tiver algumas diferenças em relação às autarquias tradicionais, diz-se que se está diante de autarquia de regime especial.

Vejamos as **características** das autarquias.

São dotadas de **capacidade administrativa**, ou seja, podem ser *titulares* de serviço público, mas o mesmo não acontece com as sociedades de economia mista e empresas públicas, por exemplo, que, no máximo, podem *executar* um serviço público. Ou seja, as autarquias podem receber *outorga do serviço* mais do que a mera delegação deste.

Isso significa que as autarquias poderão *regulamentar*, *fiscalizar* e *executar* o serviço público de que são titulares, podendo repassar o último (execução do serviço) ao particular, mediante concessão de serviço público.

Em outras palavras, as autarquias desempenham **atribuições típicas de Estado**. O Decreto-Lei 200/1967, em seu artigo 5º, I, deixa claro que a autarquia só pode ser criada para exercer atividade típica da Administração, o que exclui sua criação para exercer atividade meramente econômica, por exemplo.

As autarquias possuem **autonomia (capacidade de autoadministração).** Por serem *pessoas jurídicas* (e não *órgãos* da Administração Direta), são sujeitos de direitos e obrigações, e têm gestão administrativa e financeira própria. Não se trata, portanto, de autonomia em sentido político, já que estão sujeitas a controle das entidades maiores a que se vinculam, mas autonomia administrativa.

Por serem pessoas de direito público, as autarquias têm **responsabilidade objetiva** (art. 37, § 6º, da CF). Justifica-se esse tipo de responsabilização pelo fato de agirem em atividades típicas da Administração Direta. Aliás, as autarquias respondem diretamente por seus atos, não podendo a entidade criadora ser chamada a responder solidariamente. A entidade matriz só responderá *subsidiariamente*, ou seja, na falta de patrimônio suficiente da autarquia.

As autarquias têm um regime jurídico muito próximo ao dos entes políticos, dada a natureza de suas atividades. Trata-se do chamado **regime jurídico de direito público**, cujas regras são apresentadas a seguir.

Na relação com a Administração Direta, as autarquias estão sujeitas a **controle** (*supervisão ministerial* ou *tutela*). A entidade criadora da autarquia tem o poder de influir sobre esta apenas para exigir o cumprimento dos objetivos públicos para os quais foi criada, e para que harmonize sua conduta à atuação administrativa global do Estado.

Perceba-se, portanto, que o controle não permite que a Administração Direta demita um servidor público de uma autarquia, por exemplo, ou invalide um contrato administrativo que esta tenha celebrado. O controle só poderá ser feito de forma global sobre os rumos que a autarquia tem tomado. A lei que cria a autarquia é que dará os contornos e a forma de exercício do controle.

Entre a entidade criadora e a autarquia há mera vinculação, ou seja, mero poder de correção finalística do serviço autárquico.

Esse controle pode se dar nas seguintes frentes: a) controle político (ex.: nomeação de seus dirigentes pelo Executivo); b) controle administrativo (ex.: supervisão ministerial quanto à correção finalística da autarquia); c) controle financeiro (pelo Tribunal de Contas e outros meios trazidos na lei).

No que concerne à relação com terceiros, as **prerrogativas administrativas** (não as políticas) do Estado se transmitem às autarquias. Assim, as autarquias têm as seguintes prerrogativas ou sujeições:

a) expedem verdadeiros **atos administrativos**, com todos os ***atributos*** do ato administrativo, quais sejam, presunção de legitimidade, imperatividade, exigibilidade e autoexecutoriedade;

b) celebram contratos administrativos, regidos pela Lei 8.666/93;

c) devem **licitar** para celebrar contratos, concessões e permissões;

d) devem promover **concurso público** para admissão de pessoal;

e) devem contratar pessoal pelo **regime estatuário**, como regra; dada a natureza das atividades de uma autarquia (atividade administrativa, e não meramente econômica), o vínculo com seus agentes deve ser o de ***cargo público***, criado por *lei* e regido pelo *estatuto* dos funcionários públicos, e não pela CLT, salvo para atribuições subalternas;

f) possuem **bens públicos**, portanto, bens inalienáveis, imprescritíveis e impenhoráveis; dessa forma, a execução de valores em face de uma autarquia deverá ultimar-se mediante a expedição de precatório;

g) possuem **imunidade de impostos sobre o patrimônio, renda e serviços** (art. 150, CF), quanto a atividades vinculadas às finalidades essenciais da pessoa e desde que não haja contraprestação ou pagamento de preços ou tarifas para o exercício;

h) possuem **prerrogativas processuais próprias** da Fazenda Pública, como recurso de ofício quando cabível (art. 10, Lei 9.469/1997), prazo em quádruplo para contestar e em dobro para recorrer, juízo privativo da entidade estatal a que pertencem, ampliação do prazo para desocupação em caso de despejo; prescrição quinquenal de suas dívidas passivas, execução fiscal de seus créditos inscritos, dentre outras.

Nas relações internas, por serem pessoas jurídicas de direito público (sujeitas ao regime jurídico de direito público), devem respeitar as normas de direito financeiro (normas orçamentárias) e o regime de pessoal é o mesmo da Administração Direta, em que a regra é o regime estatutário.

5.3.2. Fundações públicas de direito público

As fundações públicas de direito público podem ser conceituadas como *autarquias que tomam como substrato um patrimônio personalizado*.

Enfim, tais fundações são autarquias, cujo elemento patrimonial é o mais relevante. Trata-se da personalização de um patrimônio, cujo objetivo é a titularização de uma atividade administrativa.

São exemplos dessas fundações a FUNAI, o IPEA, a FUNDAP e a FAPESP.

Tais autarquias tomam o nome de fundação, pois, aqui, o elemento patrimônio prepondera em detrimento do elemento humano, ocorrendo o inverso com a autarquia típica.

Quanto ao **regime jurídico**, é idêntico ao das autarquias, para o qual se remete o leitor.

Existem, todavia, algumas diferenças entre as autarquias e as fundações públicas.

A primeira delas já foi apontada: as fundações têm como elemento preponderante o patrimonial.

A segunda diz respeito à criação de tais entes. Parte da doutrina entende que tais entidades são <u>*criadas*</u> *por lei específica*, por se tratarem de verdadeiras autarquias (ex.: Maria Sylvia Zanella Di Pietro). Por outro lado, outra parte da doutrina entende que a fundação deve ter sua criação <u>*autorizada*</u> *por lei específica*. Isso significa que, autorizada por lei a criação de uma fundação, deve esta ser efetivamente criada com o registro de seus atos constitutivos no Cartório do Registro Civil das Pessoas Jurídicas. A razão dessa discórdia diz respeito ao texto do art. 37, XIX, da CF, que não esclarece se está fazendo referência às fundações públicas, às fundações privadas ou a ambas.

A última diferença reside no fato de que, no que concerne às fundações, a Constituição dispõe que lei complementar definirá as áreas de sua atuação (art. 37, XIX, CF), também havendo dissenso doutrinário sobre se o dispositivo está fazendo referência às fundações públicas de direito público, às fundações privadas criadas ou a ambas.

Não se pode confundir as fundações públicas com as fundações privadas criadas pelo Estado. Isso porque nada impede que o Estado crie fundações com personalidade de direito privado, sendo apenas necessário que haja autorização legal. Muitas vezes deseja-se criar uma pessoa jurídica, cujo elemento patrimonial terá caráter preponderante, para um fim de interesse público, mas que não trate de típica atividade administrativa.

Em tal hipótese, cria-se uma fundação privada, com regime jurídico de direito privado. Nesse caso haverá fiscalização por parte do Ministério Público, na forma da lei civil.

Portanto, o critério que diferencia uma *fundação pública de direito público* de uma *fundação privada criada pelo Estado* é a natureza da atividade da pessoa jurídica criada. Se se tratar de típica atividade administrativa, será uma fundação pública. Se não, uma fundação privada.

Uma fundação estatal criada para fiscalizar o meio ambiente certamente será uma fundação pública de direito público, recebendo o regime jurídico de uma autarquia, com as diferenças acima apontadas. Já uma fundação estatal criada para ser uma mera biblioteca pública, por não atuar em atividade típica de Estado, é uma fundação privada criada pelo Estado, recebendo o regime de direito privado, que será visto mais à frente.

5.3.3. Agências reguladoras

As agências reguladoras podem ser **conceituadas** como *autarquias sob regime especial, encarregadas do exercício do poder normativo e fiscalizador das concessões e permissões de serviço público, bem como do poder de polícia sobre certas atividades.*

A atual política de passar ao setor privado a execução dos serviços públicos, reservando ao Estado a regulamentação e fiscalização dos vários setores relativos a tais serviços, trouxe a necessidade de criar entes, com natureza de pessoa jurídica de direito público, para desempenhar tal papel de regulação e fiscalização, a fim de preservar o interesse dos usuários e da coletividade em geral.

Assim, foram criadas autarquias especiais, com o nome de agências reguladoras, servindo de exemplo as seguintes: ANEEL (regula e fiscaliza o setor de geração, transmissão e distribuição de energia elétrica), ANATEL (regula e fiscaliza o setor de telecomunicações), ANP (regula e fiscaliza as atividades econômicas exercidas pela Petrobras e outros concessionários do setor), ANVISA (regula e fiscaliza a produção e a comercialização, sob o aspecto da vigilância sanitária, de medicamentos, alimentos, cosméticos etc.), ANS (regula e fiscaliza o setor de saúde complementar), ANA (regula e fiscaliza as atividades decorrentes do aproveitamento dos recursos hídricos, bem como o direito de uso de água em rios da União - águas), ADENE (desenvolvimento do Nordeste), ANTT (transportes), ANCINE (cinema), dentre outras.

O **regime jurídico** das agências reguladoras é igual ao das autarquias, com algumas peculiaridades, daí porque se diz que tais agências são *autarquias sob regime especial*, uma vez que, diferente das autarquias tradicionais, as leis que criaram as agências reguladoras trouxeram algumas diferenças em seu regime jurídico. Vejamos:

a) os dirigentes das agências reguladoras são nomeados pelo Presidente da República, com prévia *aprovação pelo Senado*;

b) os dirigentes das agências reguladoras têm *mandato fixo*, só podendo ser destituídos pelo cometimento de crime, improbidade administrativa ou descumprimento injustificado das políticas estabelecidas para o setor ou pelo contrato de gestão, situação que, em tese, confere maior isenção a tais agentes;

c) os ex-dirigentes das agências estão sujeitos à chamada "quarentena", ou seja, no período de tempo em que continuam vinculados à autarquia após o exercício do cargo, ficam impedidos de prestar serviços às empresas que estavam sob sua regulamentação ou fiscalização; 809

d) têm *poder normativo* reconhecido pela Constituição Federal (art. 21, XI), já que são *órgãos reguladores*; tal poder deve, todavia, ficar adstrito ao que dispuser as leis de criação dessas agências.

Vale lembrar que a autonomia financeira de tais agências se dá não só com o aporte de verbas orçamentárias, como também em relação à cobrança de taxas pelo exercício do poder de polícia, além de multa por descumprimento de preceitos legais ou contratuais.

5.3.4. Agências executivas

A expressão "agências executivas" designa um *qualificativo atribuível a autarquias e fundações integrantes da Administração Federal, por iniciativa do Ministério Supervisor e com anuência do Ministério da Administração, à entidade que haja celebrado contrato de gestão com aquele e possua um plano estratégico de reestruturação e desenvolvimento institucional.*

Tal possibilidade de qualificação veio a partir da introdução do princípio da eficiência pela EC 19/1998.

De um lado, são dadas maiores autonomia e prerrogativas às autarquias e fundações que tiverem interesse em receber tal qualificativo e, de outro, são atribuídas metas de desempenho e eficiência a serem atingidas.

A existência do contrato de gestão e o cumprimento dos demais requisitos permitirão a qualificação em questão, habilitando a entidade a receber as vantagens previstas na lei.

Tal figura jurídica é trazida na Lei 9.649/98 (*vide* o artigo 51 e também o Decreto 2.487/98).

A lei dispõe que a qualificação de agência executiva é feita pelo Presidente da República, após a iniciativa e a anuência previstas acima. Para que seja implementada é necessário ainda a celebração do chamado contrato de gestão, que fixará o plano estratégico de reestruturação e melhoria do desempenho da pessoa, contrato esse que tem prazo mínimo de um ano.

Uma das maiores vantagens conferidas às autarquias e fundações que receberem essa qualificação consiste na ampliação dos limites de isenção ao dever de licitar para as agências executivas (artigo 24, XXIV, da Lei de Licitações): aumenta-se o valor para dispensa de licitação em seu âmbito para o montante de 20% do limite previsto para a utilização da modalidade convite.

5.3.5. Consórcios públicos

Com a edição da Lei 11.107/2005, duas novas pessoas jurídicas estatais foram criadas. Ambas têm o nome de *consórcio público*, mas uma é de direito público (associação pública) e outra é de direito privado (consórcio público de direito privado).

Tais consórcios consistem na *reunião de entes políticos* (União, Estados, DF e Municípios) para formação de *pessoas jurídicas* com vistas à *gestão associada de serviços públicos*.

Como antecedentes do assunto, podemos citar a Lei 8.080/1990, que assim dispunha: "art. 10. Os municípios poderão constituir consórcios para desenvolver em conjunto as ações e os serviços de saúde que lhes correspondam. § 1º Aplica-se aos consórcios administrativos intermunicipais o princípio da direção única, e os respectivos atos constitutivos disporão sobre sua observância".

Na prática, os municípios acabavam montando associações civis, regidas pelo Código Civil.

Até que veio o disposto na nova redação do art. 241 da Constituição e, depois, a Lei 11.107/2005, possibilitando o aparecimento de consórcios públicos com regimes mais claros e definidos.

Os consórcios públicos têm por **finalidade mediata** a realização de objetivos de *interesse comum* dos entes políticos. Nesse sentido, os consórcios públicos diferem dos contratos, já que estes têm em mira a satisfação de interesses contrapostos das partes e não de *interesses comuns*. Ademais, os consórcios públicos são pessoas jurídicas, ao passo que os contratos não são pessoas jurídicas.

As **finalidades imediatas** dos consórcios podem ser das seguintes naturezas:

a) regulação e fiscalização de serviços públicos (art. 2º, § 3º, da Lei 11.107/2005), como a criação de uma agência reguladora de saneamento básico por parte de Estado e alguns Municípios;

b) mera prestação de serviço público (art. 1º, § 3º, da lei citada), como a criação de um hospital público por parte de vários Municípios (consórcio intermunicipal de saúde).

É importante ressaltar que o consórcio público não pode ter fins econômicos (art. 4º, IV), ou seja, não pode visar ao lucro. Dessa forma, os consórcios públicos de direito privado não poderão ser criados se for necessário investimento privado.

Vejamos com mais detalhe, agora, as duas **espécies** de consórcios públicos.

As **associações públicas** são criadas para exercer atividade típica de Estado. Assim, são pessoas de direito público, de natureza autárquica (art. 41, IV, do CC). Tais entidades integram a Administração Indireta de todos os entes consorciados (art. 6º, § 1º, da Lei 11.107/2005). Um exemplo de consórcio público dessa natureza (consórcio público de direito público) é a criação de uma pessoa jurídica por entes políticos em associação para a *fiscalização* do meio ambiente numa dada região.

Já os **consórcios públicos de direito privado** são criados para o exercício de atividades que não são exclusivas do Estado. Nesse sentido, são pessoas de direito privado estatais. Um exemplo de consórcio público dessa natureza é um hospital público criado por entes políticos em associação.

O **regime jurídico** das associações públicas segue o regime geral das pessoas de direito público, aplicando-se o regime especial da lei 11.107/2005 e, subsidiariamente, a legislação das associações civis (art. 15). A aplicação do regime geral das pessoas de direito público fará com que tais consórcios pratiquem atos administrativos, tenham bens públicos, contratem agentes públicos, como regra, pelo regime estatutário, dentre outras características do regime autárquico, já vistas no presente texto.

Já o regime dos consórcios públicos de direito privado segue o regime geral das pessoas privadas estatais, aplicando o regime especial da lei 11.107/2005 e, subsidiariamente, a legislação das associações civis (art. 15). A aplicação do regime geral das pessoas de direito privado estatais fará com que tais consórcios pratiquem atos regidos pelo direito privado, tenham bens privados (portanto penhoráveis), contratem agentes públicos, como regra, pelo regime celetista, dentre outras características do regime de direito privado, a serem vistas no próximo item.

A **criação** dos consórcios públicos segue o seguinte trâmite:

1) Subscrição de Protocolo de Intenções entre os entes políticos, com os seguintes pontos:

   a) denominação, finalidade, espécie, prazo e sede;

   b) identificação dos consorciados e da área;

   c) critérios de representação do consórcio;

   d) regulamentação da assembleia geral; número de votos de cada consorciado (ao menos 1);

e) eleição e mandato do representante (Chefe do Executivo);

f) autorização e limites para a gestão associada de serviços públicos;

2) Publicação do Protocolo na imprensa oficial;

3) Ratificação do Protocolo por lei de cada ente;

4) Celebração do **Contrato de Consórcio Público** (art. 5º), que pode se dar por apenas parcela dos celebrantes do protocolo.

O início da personalidade dos consórcios públicos se dá da seguinte forma:

a) nas associações públicas, com a vigência das leis de ratificação do protocolo de intenções;

b) nos consórcios de direito privado, segundo a lei civil, ou seja, após o arquivamento do estatuto social no registro público competente.

Os entes consorciados devem fazer, ano a ano, um **Contrato de Rateio**, que terá por objetivo tratar dos recursos econômicos necessários para a manutenção do consórcio.

Por fim, vale ressaltar que a Lei 11.107/2005 introduziu a possibilidade de qualquer dos entes consorciados contratar entidade ou órgão pertencente a outro ente consorciado para a prestação de serviços públicos, tudo isso sem licitação, configurando uma nova espécie de dispensa (art. 24 da Lei 8.666/1993). Esse contrato, que se assemelha a um Contrato de Concessão de Serviço Público, tem o nome de **Contrato de Programa**.

5.3.6. Empresas estatais ou governamentais

As empresas estatais podem ser **conceituadas** como *pessoas jurídicas de direito privado especial, cuja criação se dá pelo Estado, autorizado por lei específica, com a finalidade de executar serviço público ou explorar atividade econômica não ligada a esse tipo de serviço, em caráter suplementar, desde que necessário aos imperativos da segurança nacional ou a relevante interesse coletivo.*

O § 1º do artigo 173 da Constituição dispõe que "a lei estabelecerá o estatuto jurídico da empresa pública, da sociedade de economia mista e de suas subsidiárias que explorem atividade econômica de produção ou comercialização de bens ou de prestação de serviços"[9].

Repare que tais entidades são criadas, então, para agir na atividade econômica, seja na área de produção ou comercialização de produtos (ex.: Petrobras), seja na prestação de serviços (ex.: Correios).

Deve ficar registrado, dessa forma, que tais empresas realizam típica atividade econômica e por isso têm regime jurídico de direito privado, de modo que não podem ser chamadas a titularizar serviço público, mas apenas para serem suas delegatárias, ou seja, apenas para a mera execução desse tipo de serviço.

Passemos à análise das características das empresas estatais:

a) possuem um **regime jurídico de direito privado**, ou seja, aquele próprio das empresas privadas, como determina a CF, inclusive no que tange aos direitos e obrigações do direito civil e comercial (**igualdade em contratos**, por exemplo), do direito do trabalho (regime de contratação será o da **CLT** e as controvérsias julgadas pela Justiça do Trabalho), do direito tributário (**não há imunidade tributária**) e do direito processual civil (**não têm prerrogativas** quanto aos prazos, custas e reexame necessário);

b) estão sujeitas à **responsabilidade civil subjetiva**, salvo quando prestarem serviço público, hipótese em que a responsabilidade será objetiva (art. 37, § 6º, da CF), ou quando incidir outro tipo de responsabilidade objetiva prevista em lei (ex.: matéria ambiental, relação de consumo, danos causados pela circulação de produtos e danos decorrentes do desenvolvimento de atividade de risco, conforme arts. 927, p. ún., e 931, ambos do Código Civil);

c) possuem **bens privados**, (art. 98, CC) bens esses que poderão ser utilizados, onerados, penhorados ou alienados na forma estatutária e independentemente de autorização legislativa especial, porque tal autorização está implícita na lei que autorizou a criação da empresa e lhe outorgou os poderes necessários para realizar suas atividades, como nos ensina Hely Lopes Meirelles; vale ressaltar que, no caso de a empresa estatal executar serviço público, os bens que estiverem afetados ao serviço não poderão ser penhorados, como decorrência do princípio da continuidade do serviço público.

Apesar das características apontadas acima, não se deve esquecer que as pessoas de direito privado estatais foram criadas pelo Estado, fazendo parte da Administração Indireta estatal. Dessa forma, o **regime jurídico de direito privado** delas é ***especial***, sofrendo tais entidades sujeições que as empresas puramente privadas não têm:

a) devem promover concurso público para admissão de pessoal;

b) devem promover licitação para a celebração de contratos;

9. Tal estatuto trazido na lei deve dispor sobre: "I – sua função social e formas de fiscalização pelo Estado e pela sociedade; II – a sujeição ao regime jurídico próprio das empresas privadas, inclusive quanto aos direitos e obrigações civis, comerciais, trabalhistas e tributários; III – licitação e contratação de obras, serviços, compras e alienações, observados os princípios da administração pública; IV – a constituição e o funcionamento dos conselhos de administração e fiscal, com a participação de acionistas minoritários; V – os mandatos, a avaliação de desempenho e a responsabilidade dos administradores".

c) são fiscalizadas pelo Tribunal de Contas;

d) obedecem aos princípios da Administração Pública e seus agentes são equiparados a funcionários públicos para efeitos penais e de improbidade administrativa;

e) os dirigentes de empresas estatais estão sujeitos ao mandado de segurança quando exerçam funções delegadas do Poder Público;

f) apesar de terem autonomia administrativa e financeira, sofrem o controle ou supervisão da entidade criadora, bem como condicionantes legais e constitucionais (*vide* artigo 169, § 1º, da CF);

g) seus agentes estão sujeitos ao teto salarial previsto no art. 37, XI, da CF, nos casos estabelecidos no § 9º do art. 37, não havendo tal submissão quando a empresa estatal não for dependente economicamente da entidade que a tiver criado;

h) seus agentes estão sujeitos à proibição de acumulação remunerada de cargos, empregos ou funções na Administração (art. 37, XVII, CF);

i) não estão sujeitas à falência (art. 2º, I, da Lei 11.101/2005).

Quanto à criação, as empresas estatais dependem de **autorização de lei específica.**

Observe-se que, diferente da autarquia, que é *criada* por lei específica, as empresas estatais têm sua criação *autorizada* por lei específica, de maneira que tal criação só se efetiva com o arquivamento dos atos constitutivos da sociedade na Junta Comercial.

Qualquer um dos entes políticos pode criar uma empresa estatal.

Vale salientar que também depende de autorização legislativa, em cada caso, a criação de subsidiárias de empresas estatais, assim como a participação de qualquer delas em empresa privada (art. 37, XX, CF).

No que concerne ao **objeto** das empresas estatais, a Constituição atual deixa claro que a sua criação só se justifica quando, excepcionalmente, o Estado tenha de agir na *atividade econômica*. Tais empresas poderão, por exemplo, ser concessionárias de serviço público (executam o serviço público, mas não são titulares deste, sob pena de terem de obedecer ao regime jurídico próprio das autarquias e fundações públicas). E também podem simplesmente agir em atividades econômicas que não importem em prestação de serviço público.

Sua atuação se dá em **atividade econômica suplementar**, não sendo possível que o Estado crie à vontade empresas estatais. Isso ocorre porque, como se sabe, a ordem econômica é fundada na livre iniciativa, na propriedade privada e na livre concorrência, daí porque apenas excepcionalmente pode o Estado nela agir.

Nesse sentido, o art. 173 da CF determina que o Estado só poderá agir na atividade econômica em duas hipóteses:

a) quando houver *relevante interesse público*, como na fabricação de remédio caro para combater a AIDS;

b) quando houver *imperativo de segurança nacional*, como na fabricação de material bélico em caso de guerra.

Essas são as características das empresas estatais, valendo, portanto, tanto para as empresas públicas como para as sociedades de economia mista. Vejamos agora as diferenças entre esses dois tipos de ente.

As **empresas públicas** são empresas estatais com as seguintes peculiaridades:

a) constituídas por qualquer modalidade societária admitida (S/A, Ltda. etc.);

b) com capital social formado integralmente por recursos de pessoas jurídicas de direito público (caso tenha participação da União, esta deve ter a maioria do capital votante);

c) caso sejam da União, têm foro na Justiça Federal (art. 109, I e IV, da CF) na área cível e criminal, salvo quanto às contravenções penais, cujo julgamento é da competência da Justiça Comum;

d) são exemplos desse tipo de empresa a Caixa Econômica Federal e os Correios.

As **sociedades de economia mista** são empresas estatais com as seguintes peculiaridades:

a) constituídas somente pela forma de sociedade anônima (S/A);

b) possuem necessariamente capital privado e público, sendo que a maioria das ações com direito a voto é do Poder Público;

c) a Justiça Comum é o foro próprio de tais sociedades mesmo sendo federais;

d) são exemplos desse tipo de empresa o Banco do Brasil, a Petrobras e a Sabesp.

5.3.7. Entes de cooperação (paraestatais)

Tradicionalmente, a expressão "entidade paraestatal" era utilizada para designar não só aquelas entidades criadas pelo particular para fins de interesse público, como também as empresas estatais (sociedades de economia e empresa pública).

Porém, como as empresas estatais fazem parte da Administração Indireta, ou seja, não seguem paralelas ao Estado, mas são parte integrante deste, hoje a expressão "paraestatal", no âmbito doutrinário, designa tão somente aquelas entidades do terceiro setor, ou seja, os entes de cooperação do Estado.

De qualquer forma, é necessário tomar certos cuidados, pois ainda há muitas leis, que, por serem antigas, utilizam a expressão entidade paraestatal para se referirem também às empresas estatais.

A partir de tal observação, podemos **conceituar** as entidades paraestatais como *aquelas pessoas jurídicas de direito privado dispostas paralelamente ao Estado, executando atividade de interesse público.*

Vejamos, agora, três tipos de ente de cooperação (serviços sociais autônomos, organizações sociais e OSCIPs).

Os **serviços sociais autônomos** *são pessoas jurídicas de direito privado, sem fins lucrativos, vinculadas a categorias profissionais e destinadas ao fomento de assistência social, educacional ou de saúde, podendo receber recursos públicos e contribuições parafiscais.* São entidades desse tipo o SESC, o SENAI, o SENAC e o SESI.

São **características** dessas entidades, que prestam serviços de interesse público, as que seguem:

a) são pessoas jurídicas de direito privado não criadas pelo Estado (são tão somente oficializadas, qualificadas como tal pelo Estado);

b) o regime de seus empregados é celetista;

c) não têm prerrogativas públicas, ou seja, não gozam de privilégios administrativos, fiscais e processuais;

d) nem estão diretamente submetidas à obrigatoriedade de realização de concurso público e licitação, o que não exclui o dever de agirem de forma proba, devendo criar processos seletivos e de contratações que estejam em acordo com os princípios da impessoalidade, da moralidade e da eficiência, já que tais entidades manejam recursos públicos;

e) seus funcionários são equiparados a agentes públicos, sujeitos à prática de crimes funcionais e de ato de improbidade administrativa, já que gerem recursos públicos;

f) seus dirigentes estão sujeitos a mandado de segurança, bem como cabe ação popular em caso de lesão ao patrimônio da entidade;

g) possuem estrutura de sociedades civis, associações e fundações privadas;

h) atribuída a qualificação de serviço social autônomo, a entidade passa a recolher contribuições parafiscais de associados e a ser destinatária de dotações orçamentárias;

i) por receberem auxílio público ficam sujeitas a controle finalístico e à prestação de contas para o Poder Público.

Já as **organizações sociais** são *entidades privadas, sem fins lucrativos, cujas atividades se dirigem ao ensino, pesquisa científica, desenvolvimento tecnológico, proteção e conservação do meio ambiente, cultura, saúde, qualificadas como tal por decisão do Ministro respectivo da atividade e do Ministro da Administração Federal e Reforma do Estado.*

A qualificação de uma entidade como organização social é um instrumento que permite a transferência de certas atividades de interesse público ao setor privado, sem necessidade de concessão ou permissão, tratando-se de nova forma de parceria com valorização do terceiro setor, possibilitando, de outra parte, maior controle sobre as entidades que recebem recursos públicos para fins coletivos.

O instituto das organizações sociais está regulamentado, no âmbito federal, na Lei 9.637/98.

São exemplos de organizações sociais algumas Santas Casas de Misericórdia (hospitais privados filantrópicos), que receberam tal qualificação, celebraram contrato de gestão com a Administração Pública e vêm recebendo equipamentos, pessoal e dinheiro estatais para a prestação do serviço público de saúde para a população.

São **requisitos** para que seja atribuída a qualificação de organização social a uma entidade os seguintes:

a) não ter fins lucrativos, devendo os excedentes ser aplicados em suas atividades;

b) ter fim social de interesse coletivo;

c) ter conselho de administração como órgão superior, com presença de mais de 50% de representantes do governo e de entidades civis;

d) decisão dos Ministros indicados no conceito, qualificando a entidade.

Uma vez recebida a qualificação de organização social, a entidade poderá firmar contrato de gestão com o Poder Público, contrato este que fixará os termos da parceria, como as atividades a serem desempenhadas pela entidade e a colaboração a ser oferecida pelo Estado, que poderá consistir em aporte de bens públicos em permissão de uso, recursos do orçamento e até servidores públicos.

Os serviços contratados pelo Poder Público junto à organização social, a partir do contrato de gestão, não dependem de licitação, tratando-se de caso de dispensa de licitação previsto no art. 24 da Lei 8.666/1993.

A partir desse momento, a organização social deverá promover a publicidade de seus atos, estará sujeita ao controle do Tribunal de Contas e à verificação periódica do atendimento das metas a que tiver se submetido.

Assim como os serviços sociais autônomos, as organizações sociais não são obrigadas a promover concurso público para a admissão de seu pessoal, nem a promover licitação para a realização de contratos com terceiros, devendo, todavia, efetuar tais despesas mediante obediência aos princípios da impessoalidade, da moralidade e da eficiência.

Caso ocorra descumprimento, pela entidade, do contrato de gestão, apurado em processo administrativo com ampla defesa, será feita sua desqualificação, que importará em reversão (devolução) dos bens públicos que estavam sendo utilizados pela entidade privada.

As Organizações Sociais (OSs) não se confundem com as **Organizações da Sociedade Civil de Interesse Público (OSCIPs)**, regulamentadas pela Lei 9.790/1999.

a) As primeiras atuam em atividades em que o Estado deveria atuar (ex.: saúde, educação etc.), apesar de não se tratarem de atividades exclusivas do Estado, ao passo que as segundas atuam em atividades de utilidade pública, em relação às quais o Estado tem interesse de fomento, tais como promoção da segurança alimentar, da ética e da paz;

b) As OSCIPs, na verdade, são entidades que recebem o **fomento** do Estado, por exemplo, para defender os consumidores, os idosos, os homossexuais etc.;

c) As OSs são qualificadas mediante aprovação do Ministro supervisor e do Ministro da Administração Federal e Reforma do Estado, ao passo que as OSCIPs são qualificadas pelo Ministro da Justiça;

d) As OSs celebram com a Administração *contrato de gestão*, ao passo que as OSCIPs celebram *termo de parceria*.

No mais, vale a pena fazer a leitura do texto das Leis 9.637/1998 (OSs) e 9.790/1999 (OSCIPs).

5.3.8. Ordem dos Advogados do Brasil – OAB

A natureza jurídica da OAB foi exaustivamente debatida pelo Supremo Tribunal Federal na ADI 3.026-4/DF.

A decisão proferida pelo STF na ADI mencionada anota que a OAB não é uma autarquia especial e não integra a Administração Indireta como outro tipo de pessoa jurídica, de modo que não se sujeita ao controle estatal.

Por outro lado, o STF reconhece que a OAB presta, sim, um *serviço público*.

Na prática isso significa que a OAB, de um lado, não é obrigada a fazer concursos públicos, licitações e a se submeter à fiscalização do TCU e ao regime estatutário dos agentes públicos, podendo contratar pelo regime celetista.

De outro lado, por ser um *serviço público*, a OAB pode fiscalizar os advogados e também tem direito a vantagens tributárias.

Na ementa do acórdão, o STF deixa claro que a OAB não é integrante da Administração Indireta, tratando-se de uma figura ímpar no País, no caso, um *Serviço Público Independente*.

O acórdão também conclui que a OAB não pode ser comparada às demais entidades de fiscalização profissional, pois não está voltada exclusivamente a finalidades corporativas, possuindo finalidade institucional.

6. Agentes públicos

6.1. Conceito

Os agentes públicos podem ser **conceituados** como *os sujeitos que servem ao Poder Público como instrumentos de sua vontade, mesmo que o façam apenas ocasionalmente.*

Saber quem é agente público é importante para diversos fins, tais como verificação de cabimento de mandado de segurança em face de ato de dada autoridade, submissão a certas restrições de direito público, sujeição à aplicação especial da lei penal, sujeição à Lei de Improbidade Administrativa, sujeição à Lei de Abuso de Autoridade, dentre outras situações.

No entanto, as leis trazem diferentes conceitos de agente público para efeito de determinar quem está e quem não está a ela sujeito. Por exemplo, o conceito de agente público na Lei de Improbidade Administrativa é muito mais amplo que o conceito previsto no Código Penal.

Tal situação é plenamente possível, pois cada lei deverá definir quem está a ela sujeito.

De qualquer forma, o conceito trazido por nós é um conceito geral que pode ser aplicado independentemente das especificidades de cada lei.

6.2. Natureza da atuação dos agentes públicos

Neste item comumente são estudadas as teorias do *mandato*, da *representação* e da *presentação*.

A terceira teoria, qual seja, a de que a natureza da atuação do agente público perante o Poder Público é de *presentação*, é a mais adotada, dispensando a análise aprofundada das demais, pelos seguintes motivos:

a) a natureza transitória e revogável do mandato (teoria do mandato) não se coaduna com a estabilidade dos agentes públicos;

b) a representação (teoria da representação) é forma de integração da vontade dos incapazes, e o Estado não é incapaz;

c) na presentação, o Estado se faz presente por um de seus órgãos, um agente público, de modo que todos os atos são imputados diretamente a ele (Estado), teoria que se coaduna com a realidade.

A **teoria da presentação** fez com que se desenvolvesse a *teoria do órgão*, de acordo com a qual todo ato expedido por um agente público é imputado diretamente à Administração Pública.

De fato, quando um agente público pratica um ato, esse agente nada mais está fazendo do que se fazendo presente (presentando) como Estado. No fundo, quem pratica o ato é o próprio Estado, e não o agente público, que é um mero presentante deste.

Essa conclusão tem várias consequências, dentre as quais a de que, causado um dano a terceiro por conduta de agente estatal, o Estado responderá objetivamente, não sendo sequer possível que a vítima ingresse com ação diretamente em face do agente público, devendo acionar o Estado, que, regressivamente, poderá se voltar em face do agente público que tiver agido com culpa ou dolo (art. 37, § 6º, da CF).

6.3. Classificação dos agentes públicos

Segundo Celso Antônio Bandeira de Mello, os agentes públicos podem ser classificados da forma como vemos nos enunciados adiante.

Agentes políticos *são os titulares de cargos estruturais à organização política do país.* Seu vínculo com o Estado não é de natureza profissional, mas política. A relação jurídica com o Estado é estatutária (não contratual), descendendo da própria Constituição.

São exemplos de agentes políticos o Presidente da República, Governadores, Prefeitos, Senadores, Deputados, Vereadores, Secretários de Governo, Ministros de Estado.

Há controvérsia sobre a inclusão dos juízes e promotores na aludida espécie. Se se encarar como discrímen da classificação o fato de serem titulares de cargos estruturais no âmbito da organização política do País (e não no sentido de fazerem política, no sentido pejorativo da palavra), há de se chegar à conclusão de que tais agentes são, efetivamente, agentes políticos.

Servidores estatais *são todos aqueles que mantêm com as entidades da Administração Direta e Indireta, públicas ou privadas, relação de trabalho de natureza profissional em caráter não eventual, sob vínculo de dependência.* Subdividem-se em dois grupos:

a) **servidores públicos:** são aqueles servidores estatais que atuam junto ao ente político e respectivas pessoas de direito público (autarquias e fundações públicas); podem ser titulares de *cargo público* (regime estatutário), sendo esta a regra (exs.: escreventes, delegados e fiscais), ou de *emprego público* (regime celetista); no primeiro caso, terão o nome de *servidores titulares de cargo público;* no segundo, de *servidores empregados*, que são os admitidos para funções materiais subalternas, contratados por necessidades temporárias de excepcional interesse público ou remanescentes do regime anterior à CF/1988;

b) **servidores de pessoas governamentais de direito privado:** são os que atuam como empregados, sob regime trabalhista, nas empresas públicas e sociedades de economia mista.

Já os **particulares em colaboração com a Administração,** por sua vez, *são os que, sem perder a qualidade de particulares, exercem função pública, ainda que em caráter episódico.* Subdividem-se nos seguintes grupos:

a) requisitados para prestação de atividade pública. Exs.: jurados e mesários;

b) gestores de negócios públicos que atuam em situações de necessidade pública premente;

c) contratados por locação civil de serviços. Ex.: advogado contratado para sustentação oral;

d) concessionários e permissionários de serviços públicos, bem como delegados de função ou ofício público. Ex.: notários e tabeliães.

Outra classificação importante dos agentes públicos é a que os divide nas seguintes espécies:

Agentes políticos: *vide* correspondente acima.

Agentes administrativos: *vide* servidores estatais.

Agentes honoríficos: *cidadãos convocados para prestar, transitoriamente, serviço ao Estado, em razão de sua honorabilidade.* Não há remuneração. Ex.: mesários eleitorais, jurados do Tribunal do Júri.

Agentes delegados: *particulares que recebem delegação para executar atividade, obra ou serviço público, agindo em nome próprio e por sua conta e risco, mediante remuneração advinda do Estado ou dos usuários dos serviços.* Ex.: tabeliães, oficiais de registro, concessionários de serviço público.

Agentes credenciados: *particulares que recebem uma incumbência específica para representar a Administração.* São remunerados. Aqui a transitoriedade é maior que na espécie anterior. Ex.: advogado renomado contratado por Prefeitura para fazer sustentação oral num julgamento perante o Tribunal; advogado que tem convênio com o Estado para representar necessitados em juízo em nome destes.

Outra classificação possível, feita diante do texto constitucional, é a que divide os servidores públicos em: a) agentes políticos, b) servidores públicos em sentido estrito ou estatutários; c) empregados públicos; d) contratados por tempo determinado.

Por fim, vale dar uma palavra sobre os militares. Esses têm estatuto próprio, podendo ser considerados servidores estatutários também.

Porém, para alguns autores, como Maria Sylvia Zanella Di Petro, os *militares* devem ser considerados uma espécie à parte de agentes públicos, dadas as peculiaridades de seu regime jurídico.

Assim, para quem tem esse entendimento, haveria quatro grandes grupos de agentes públicos: a) agentes políticos; b) servidores públicos; c) militares; d) particulares em colaboração com a Administração.

6.4. Espécies de vínculos: cargos, empregos e funções

6.4.1. Cargos públicos

Os cargos públicos podem ser **conceituados** como as *mais simples unidades de competência a serem exercidas por agente público, devendo ser criados por lei.*

Os cargos públicos são próprios das pessoas jurídicas de direito público.

Os cargos públicos podem ser efetivos ou em comissão (esse será visto no próximo item). Os titulares de **cargos efetivos** (também chamados de servidores públicos) devem passar por concurso público, podem adquirir estabilidade e se submetem ao regime estatutário, daí porque tais cargos são reservados a agentes públicos em que o dever de isenção e a responsabilidade são grandes, o que não ocorre, por exemplo, na contratação de servidores temporários, que serão chamados para empregos públicos, como se verá.

É importante consignar, desde já, que a EC 19/1998 suprimiu a obrigatoriedade do regime jurídico único, supressão essa que está suspensa no momento por decisão do STF em ADI que questiona a ausência de votação no Congresso quanto a essa modificação.

De qualquer forma, a exigência de regime jurídico único, que consta da redação original do art. 39, *caput*, da CF, quer dizer apenas que não é possível haver mais de um estatuto de funcionário público para reger os servidores com **cargo público** na Administração Direta e Indireta. Há de existir um "único" estatuto de funcionário público no âmbito das pessoas jurídicas de direito público da administração direta e indireta de um dado ente federativo. Não obstante, nada impede que as pessoas contratadas para um mero núcleo de encargo de trabalho (emprego) sejam regidas pela CLT.

6.4.2. Funções públicas

Em sentido amplo, as funções públicas abrangem as funções em confiança, os estágios, as contratações temporárias (art. 37, IX, da CF) e a contratação de agentes de saúde e de combate a endemias (art. 198, § 4º, da CF).

De um lado, temos essas funções públicas em sentido amplo e, de outro, temos os *cargos públicos* e os *empregos públicos*.

Em sentido estrito, as funções públicas dizem respeito às *funções em confiança*, que podem ser conceituadas como *o conjunto de atribuições, criadas por lei, correspondente a encargos de direção, chefia e assessoramento, a serem exercidas exclusivamente por titular de cargo efetivo, da confiança da autoridade que as preenche.*

A função em confiança está prevista no artigo 37, V, CF (não confundir com cargo em comissão, também previsto neste inciso, que pode ser preenchido por pessoas que não fizeram concurso público, que não são da carreira).

Assim, só quem já tem um cargo efetivo na Administração pode ser chamado para uma função de confiança (para ser chefe de uma seção, por exemplo).

A qualquer momento o servidor pode perder uma função em confiança, ocasião em que voltará a ocupar o cargo efetivo que antes detinha.

Enfim, quando uma determinada lei criar uma função de direção, chefia ou assessoramento e dispuser que só quem tem cargo efetivo poderá assumir essa função, estaremos diante de uma *função em confiança* e não diante de um *cargo em comissão*.

6.4.3. Empregos públicos

Os empregos públicos podem ser **conceituados** como *núcleos de encargos de trabalho, a serem preenchidos por contratados pelo regime jurídico celetista, contratual.*

O regime celetista tem por característica **maior rigidez** do que o regime estatutário. Isso porque um contrato faz lei entre as partes (*pacta sunt servanda*), ao passo que o Estatuto de Funcionário Público, que rege os detentores de cargo, é uma lei que pode ser modificada a qualquer momento sem que o agente público tenha direito adquirido ao regime funcional que tinha antes.

Outra diferença entre o regime celetista e o regime estatutário é a de que o primeiro **não admite a aquisição de estabilidade** como regra, ao passo que esse instituto é próprio aos regidos pelo regime estatutário que detenham cargo efetivo, o mesmo não acontecendo em relação aos estatutários que detêm cargo em comissão.

Apesar de o empregado público ter regime funcional celetista e submeter-se obrigatoriamente ao Regime Geral da Previdência Social, a admissão de pessoas para um emprego público depende de **concurso público.**

Outro ponto importante diz respeito aos **casos em que é possível utilizar o regime celetista**, ou seja, em que se permite a contratação de agentes públicos para um emprego público. Os casos são os seguintes:

a) pessoas jurídicas de direito privado estatais: todos os agentes serão contratados para emprego público, ou seja, pelo regime celetista;

b) pessoas jurídicas de direito público: serão contratados para emprego público, pelo regime celetista, aqueles que tiverem atribuições subalternas (ex.: telefonista, jardineiro etc.).

No último caso, os empregados públicos, apesar de serem celetistas, têm direito à estabilidade própria dos que têm cargos públicos, conforme vem decidindo a jurisprudência (Súmula 390 do TST).

Assim, um empregado público da União tem direito à estabilidade, ao passo que um empregado público do Banco do Brasil não tem esse direito.

Ainda nesse tema, existe grande discussão se a dispensa de empregado público em pessoa jurídica de direito privado estatal (por exemplo, no Banco do Brasil) precisa ser motivada.

Respondendo a essa pergunta o Tribunal Superior do Trabalho entende que a motivação é dispensável, bastando que sejam "pagos os direitos" do demitido (TST, OJ-II 247). Todavia, a motivação faz-se necessária nos Correios, que, apesar de ser uma pessoa jurídica de direito privado estatal, por ter o monopólio de sua atividade, está submetido a várias sujeições das pessoas jurídicas de direito público, dentre elas àquela de motivar seus atos.

Não bastasse, o STF, além do que já se decidia em relação aos Correios, passou a decidir que, em se tratando de empresa pública ou sociedade de economia mista *prestadoras de serviço público*, a dispensa depende de motivação em qualquer caso, pois tais empresas estatais não são como as estatais meramente exploradoras de atividade econômica, tendo, assim, um regime jurídico privado, mas com mais condicionantes públicos, como é o caso do dever de motivação em caso de dispensa de agentes públicos; confira: "em atenção, no entanto, aos princípios da impessoalidade e isonomia, que regem a admissão por concurso público, a dispensa do empregado de empresas públicas e sociedades de economia mista que prestam serviços públicos deve ser motivada, assegurando-se, assim, que tais princípios, observados no momento daquela admissão, sejam também respeitados por ocasião da dispensa; a motivação do ato de dispensa, assim, visa a resguardar o empregado de uma possível quebra do postulado da impessoalidade por parte do agente estatal investido do poder de demitir" (STF, RE 589.998, *DJ* 12.09.2013). Repare que essa regra não se aplica as empresas estatais *exploradoras de atividade econômica*.

6.5. Cargo público

6.5.1. Classificação quanto à posição

Isolados são os cargos que não estão subdivididos em classes. Então, não há promoção.

De carreira são os cargos subdivididos em classes. Cada classe indica uma promoção.

Quadro é o conjunto de todos os cargos, isolados e de carreira. A **carreira** é composta de **classes** (crescentes), que é o conjunto de cargos da mesma natureza de trabalho. Por fim temos os **cargos,** que são as menores unidades de competência. **Lotação** é o número de servidores que devem ter exercício em cada repartição.

No âmbito federal, por exemplo, há um quadro para cada unidade básica de organização, ou seja, tem-se um quadro para cada Ministério.

6.5.2. Classificação quanto à vocação de retenção dos ocupantes

Podem ser de **provimento em comissão** (de ocupantes provisórios - demissíveis *ad nutum*), de **provimento efetivo** (de ocupantes permanentes) e de **provimento vitalício** (permanentes com maiores garantias)

Cargos em comissão *são unidades de competência a serem preenchidas por servidores de carreira nos casos, condições e percentuais mínimos previstos em lei.*

Repare que é possível que tais cargos sejam preenchidos sem que o ocupante faça concurso público.

Outras características do cargo em comissão são as seguintes:

a) seu caráter é provisório, sendo ocupado por pessoas de confiança, que podem ser nomeadas e exoneradas livremente (*ad nutum*);

b) o regime funcional dos cargos em comissão é estatutário e não celetista; dessa forma, é o Estatuto de Funcionários Públicos que rege os servidores com cargo em comissão, estatuto esse que não se aplicará na parte que trata do direito à estabilidade, pois esse direito não existe em favor daqueles que detêm cargo em comissão;

c) o regime previdenciário dos ocupantes de cargo em comissão é o Regime Geral da Previdência Social e não o Regime Próprio de Previdência dos funcionários públicos, regime aplicável apenas aos servidores que detêm cargo efetivo.

Vale ressaltar que, em que pese o art. 37, V, CF dispor que a nomeação para cargo em comissão é livre, podendo ser chamado quem nunca fez concurso público algum, a lei que criar cargos em comissão deverá trazer percentuais mínimos deles que devem ser providos por servidores de carreira.

Cargos de provimento efetivo são a regra em matéria de cargos públicos, dependendo de concurso público de provas ou de provas e títulos seu provimento.

Enquanto os cargos em comissão têm como marca a transitoriedade, os cargos efetivos têm por nota a permanência, daí a possibilidade de o servidor, preenchidos certos requisitos, auferir a estabilidade, que é o direito de não ser demitido, salvo se incidir em falta grave, apurada em processo administrativo, ou em consequência da avaliação periódica, assegurada a ampla defesa, dentre outras situações que veremos a seguir.

Cargos de provimento vitalício são aqueles cujo elemento permanência é ainda mais intenso, uma vez que seus ocupantes só podem perdê-lo por meio de sentença transitada em julgado. É atributo dos magistrados (art. 95, I, CF), membros do Ministério Público (art. 128, § 5º, I, "a", CF) e membros dos Tribunais de Contas (art. 73, § 3º, CF). Seu provimento pode ou não depender de concurso público. E a vitaliciedade ocorre após dois anos de exercício, se o ingresso foi por concurso (juízes e promotores), ou logo após a posse, se por indicação (Ministros dos Tribunais Superiores, por exemplo).

6.5.3. Provimento em cargo público

Consiste no ato de designação de alguém para titularizar cargo público. É da alçada do chefe do Poder, ou do Presidente ou Procurador-Geral, quanto ao Tribunal de Contas e ao Ministério Público, respectivamente. Pode haver delegação dessa competência.

Os provimentos podem ser de vários tipos, de acordo com a natureza da designação.

Nomeação *é o provimento autônomo de servidor em cargo público*. Por ela, determinada pessoa é designada para titularizar cargo público independentemente de ter tido algum vínculo com o cargo. Caso não compareça, a nomeação será declarada sem efeito.

Não se deve confundir a **nomeação** (designação) com a **posse**, que é ato seguinte, consistente na aceitação do cargo, em que ocorre o fenômeno da **investidura**. Com esta (a investidura) forma-se a relação jurídica funcional, marcando o início dos direitos e deveres funcionais, bem como as restrições, impedimentos e incompatibilidades. Na Lei 8.112/1990, o prazo para tomar posse é de 30 dias. Por fim, ocorrerá outra situação que é a **entrada em exercício**, que no âmbito federal deve-se dar até 15 dias após a posse. Como a posse já estabelece a relação jurídica, caso o agente não entre em exercício, não se pode tão somente nomear outra pessoa, devendo, antes, exonerar-se o agente faltoso. Mas se houver nomeação sem que o nomeado tome posse, basta que seja chamada a pessoa seguinte na classificação, pois a primeira nomeação será declarada sem efeito.

A Lei 8.112/1990 admite posse por **procuração específica** (art. 3º da Lei 8.112/1990).

O artigo 13 da Lei de Improbidade Administrativa (Lei 8.429/1992) dispõe que "a posse e o exercício de agente público ficam condicionados à apresentação de declaração dos bens e valores que compõem o seu patrimônio privado, a fim de ser arquivada no serviço de pessoal competente". Tal declaração deve abranger qualquer espécie de bem e valor patrimonial e, quando for o caso, abrangerá também os do cônjuge ou companheiro, dos filhos e de outros que sejam dependentes. Deve ser anualmente atualizada e também na data em que o agente deixar o serviço público. Prescreve a lei, ainda, que será punido com demissão a bem do serviço público, sem prejuízo de outras sanções cabíveis, o agente que se recusar a prestar declarações de bens, dentro do prazo determinado, ou que as prestar falsamente.

Promoção (ou acesso) *é o ato de designação para titularizar cargo superior da própria carreira*. Consiste em ato de provimento derivado vertical. É feita pelo Chefe do Poder. No caso do Poder Executivo, seu Chefe (que age por decreto) pode delegá-la para o Ministro ou Secretário, que agirão por resolução ou portaria. É importante consignar a respeito da promoção que: "a União, os Estados e o Distrito Federal manterão escolas de governo para a formação e o aperfeiçoamento dos servidores públicos, constituindo-se a participação nos cursos um dos requisitos para a promoção na carreira, facultada, para isso, a celebração de convênios ou contratos entre os entes federados" (art. 39, § 2º, CF).

Readaptação *é o ato de designação para titularizar cargo compatível com a limitação física ou mental que advier ao agente público*. É uma espécie de transferência para um cargo compatível e com funções, escolaridade e vencimentos equivalentes. Caso o agente revele incapacidade permanente para o trabalho, é caso de conceder-lhe aposentadoria por invalidez, não se falando em readaptação.

Reversão é o *ato de designação para que o aposentado volte a titularizar cargo, por não mais persistir o motivo da aposentadoria*. Poder ser de ofício ou a pedido. Não se deve confundir com a reversão ocorrida no campo das concessões de serviço público, pela qual os bens que o concessionário utilizava na prestação do serviço público passam ao Poder Público com a extinção da avença. A reversão a pedido depende de previsão legal.

No âmbito da Lei 8.112/1990 a reversão cabe em dois casos (art. 25): a) por invalidez, cessados os motivos; b) no interesse da Administração, a pedido e em até 5 anos.

Aproveitamento *é o ato de designação do servidor que estava em disponibilidade para que volte a titularizar cargo público*. Trata-se do reingresso de servidor estável que se encontra em disponibilidade. Esta (a disponibilidade) é o ato pelo qual o Poder Público transfere para a inatividade remunerada servidor estável cujo cargo venha a ser extinto ou ocupado por outrem em decorrência de reintegração, com proventos proporcionais.

Reintegração *é ato de reinvestidura do servidor estável, quando invalidada sua demissão por decisão administrativa ou judicial*. Geralmente, a reintegração decorre de decisão judicial que declara nula a demissão do agente público. Reintegrado o servidor, terá direito ao ressarcimento de todas as vantagens perdidas no período em que esteve demitido.

Tema correlato com a reintegração é o que diz respeito à comunicabilidade da instância criminal e da esfera administrativa.

Como regra, as instâncias civil, administrativa e criminal são independentes. Porém a instância criminal produzirá efeitos nas demais quando importar em absolvição por inexistência do fato ou por negativa de autoria (art. 126 da Lei 8.112/1990). A mera absolvição criminal por falta de provas não é suficiente para que o agente público demitido na esfera administrativa leve essa sentença à Administração para pedir sua reintegração. Essa só vai acontecer se a absolvição do agente demitido for por inexistência material do fato ou negativa de autoria.

Recondução *é o retorno do servidor estável ao cargo que dantes titularizava, por ter sido inabilitado no estágio probatório de outro cargo ou por ter sido desalojado pela reintegração daquele cuja vaga ocupou.* A recondução, na primeira hipótese, depende de previsão expressa no estatuto local.

6.5.4. Investidura

A investidura *consiste na posse do cargo.*

Com a investidura, a relação jurídica fica efetivamente formada.

A partir de tal evento já há titularidade de cargo, ficando o agente sujeito a ser exonerado. Além disso, inicia-se uma série de deveres, tais como de: honestidade, imparcialidade, legalidade, lealdade, obediência (não estando o servidor obrigado a cumprir as ordens manifestamente ilegais), conduta ética, dentre outros.

Impedimentos e incompatibilidades também passam a existir, como o impedimento de contratar com a Administração ou a incompatibilidade com o exercício de certas atividades particulares, dentre outros.

Direitos também se iniciam, como o de exercício do cargo, dentre outros que serão vistos quando se tratar do sistema remuneratório.

6.5.5. Entrada em exercício

Consiste no efetivo exercício da atividade ligada ao cargo. Trata-se do início do desempenho das atribuições, com os consequentes efeitos remuneratórios e previdenciários.

6.5.6. Desinvestidura (vacância)

Consiste no desligamento do agente público correspondente à sua destituição do cargo, do emprego ou da função. Passemos à análise das hipóteses que geram a vacância.

Falecimento: a morte do agente torna vago o cargo, o emprego ou a função.

Aposentadoria: *a transferência para a inatividade remunerada*, seja ela voluntária, compulsória ou por invalidez, gera o desligamento do agente, a vacância, não podendo o servidor permanecer trabalhando no cargo que detinha. O agente público somente poderá cumular a aposentadoria com outra remuneração se for nomeado para um cargo em comissão ou se detiver mandato eletivo, respeitando, na somatória do que receber, o teto remuneratório respectivo.

Perda do cargo, emprego ou função: *é o desligamento em virtude de sentença judicial em ação penal ou de improbidade administrativa.* O art. 92, I, do Código Penal diz ser efeito da condenação a perda do cargo, emprego ou função se aquela consistir em prisão de 1 (um) ano ou mais em crime contra administração, ou se consistir em prisão por tempo superior a 4 (quatro) anos nos demais crimes. Tal efeito da condenação penal deve estar motivadamente declarado na sentença para incidir. Quanto à ação civil por ato de improbidade administrativa, a perda do cargo é sanção típica do reconhecimento da prática de ato ímprobo. Quantos aos militares oficiais, há as seguintes particularidades previstas no art. 142, § 3º, da CF: "VI – o oficial só perderá o posto e a patente se for julgado indigno do oficialato ou com ele incompatível, por decisão de tribunal militar de caráter permanente, em tempo de paz, ou de tribunal especial, em tempo de guerra".

Dispensa: *é o desligamento daquele admitido pelo regime da CLT sem que haja justa causa.* Conforme já mencionado, tal ato só deve ser motivado se se tratar de empregados de empresa pública e sociedade de economia mista *prestadoras de serviço público.* Todavia, tais dispensas devem respeitar critérios gerais e igualitários, a fim de que se respeite a legalidade, a moralidade, a razoabilidade e a eficiência.

Demissão: *é o desligamento por justa causa quando há infração disciplinar.* Tem natureza punitiva, sancionatória, o que a difere da exoneração, própria para os desligamentos que não têm tal natureza. A demissão por infração disciplinar depende de processo administrativo em que se assegure ampla defesa, seja para servidores estáveis, seja para servidores que ainda estão em estágio probatório.

Exoneração: *é o desligamento a pedido ou de ofício, sempre com caráter não punitivo.* De ofício, pode ser *imotivada* (no caso dos titulares de cargo em comissão) ou *motivada*, nas hipóteses de não satisfação do estágio probatório (Súmula 21 do STF: "funcionário em estágio probatório não pode ser exonerado nem demitido sem inquérito ou sem as formalidades legais de apuração de sua capacidade"[10]) ou quando o agente não entrar em exercício.

A EC 19/1998 prevê mais duas hipóteses de exoneração motivada.

A primeira se dá em caso de **avaliação insatisfatória de desempenho.** Isso porque, a partir de tal emenda, é requisito para adquirir a estabilidade a aprovação em **avaliação *especial* de desempenho** (feita por comissão instituída para essa finalidade após os 3 anos de estágio probatório – art. 41, § 4º, CF)

10. A respeito do direito de defesa do servido em estágio probatório, confira as seguintes decisões:
"O servidor público ocupante de cargo efetivo, ainda que em estágio probatório, não pode ser exonerado ad nutum, com base em decreto que declara a desnecessidade do cargo, sob pena de ofensa à garantia do devido processo legal, do contraditório e da ampla defesa. Incidência da Súmula 21 do STF." (STF, RE 378041/MG)
"Firmou-se neste Superior Tribunal de Justiça a tese segundo a qual é desnecessária a instauração de processo administrativo disciplinar para exoneração de servidor em estágio probatório, sendo suficiente a abertura de sindicância em que observados o contraditório e a ampla defesa. Precedentes. 2. Afasta-se a alegação de cerceamento de defesa se assegurado, no processo administrativo que resultou na exoneração do servidor, o direito à ampla defesa e ao contraditório." (STJ, RMS 21.012/MT, DJe 23/11/2009)

e, mesmo após adquirir-se a estabilidade, o servidor estará sujeito a **avaliações *periódicas* de desempenho** (procedimento que será regulamentado na forma de lei complementar, assegurada ampla defesa – art. 41, § 1°, III, CF), sendo que, não aprovado em qualquer dos dois tipos de avaliação, será exonerado.

Trata-se de exoneração e não de demissão porque não se trata de punição por infração, mas de desligamento por simples falta de aptidão. Quanto à avaliação periódica de desempenho, há outro dispositivo constitucional incidente que dispõe que a lei complementar estabelecerá *critérios e garantias especiais para a perda do cargo pelo servidor público estável que, em decorrência das atribuições de seu cargo efetivo, desenvolva atividades exclusivas de Estado. Na hipótese de insuficiência de desempenho, a perda do cargo somente ocorrerá mediante processo administrativo em que lhe sejam assegurados o contraditório e a ampla defesa* (art. 247, CF). Perceba-se que, para tal situação, a previsão é de processo administrativo e não apenas ampla defesa.

A segunda nova espécie de exoneração se dá **para atender limite de despesas com pessoal ativo e inativo** (art. 169, § 4°). A Lei de Responsabilidade Fiscal traz limites máximos de despesas com pessoal ativo e inativo, consistentes nos seguintes percentuais da receita corrente líquida: 50% (União) e 60% (Estados e Municípios). Em caso de superação desse limite, deve-se exonerar pessoal, consoante os critérios trazidos na Lei 9.801/1999, que estabelece a necessidade de se começar a tentativa de readequação dos gastos reduzindo em pelo menos 20% os cargos em comissão e as funções de confiança, passando à exoneração dos não estáveis, para só após exonerar servidores estáveis e, mesmo assim, desde que ato normativo motivado de cada um dos Poderes especifique a atividade funcional, o órgão ou unidade objeto da redução e traga os seguintes critérios combinados: menor tempo de serviço, maior remuneração e menor idade.

O servidor que perde cargo por esse motivo fará jus a indenização correspondente a um mês de remuneração por um ano de serviço. O cargo será extinto, vedada a criação de outro semelhante por pelo menos 4 anos.

6.6. Vedação ao nepotismo (Súmula Vinculante nº 13)

A Súmula Vinculante nº 13 do STF proíbe a contratação de parentes no âmbito dos três Poderes. Confira o teor da súmula, divida em diversos pedaços, para que possa ser melhor compreendida:

a) "A nomeação de cônjuge, companheiro ou parente em linha reta, colateral ou por afinidade, até o 3º grau, inclusive, (...)

b) (...) da <u>autoridade nomeante</u> ou de servidor da mesma pessoa jurídica investido em <u>cargo</u> de direção, chefia ou assessoramento (...)

c) (...) para <u>o exercício</u> de cargo em comissão ou de confiança ou, ainda, de função gratificada (...)

d) (...) na administração pública <u>direta e indireta</u> em qualquer dos Poderes da União, dos Estados, do DF e dos Municípios, (...)

e) (...) compreendido o ajuste mediante <u>designações recíprocas</u>, (...)

f) (...) <u>viola a Constituição Federal</u>."

Repare que a proibição abrange tanto parentes consanguíneos como parentes por afinidade ("a"), até 3ª grau, incluindo, ainda, o cônjuge e o companheiro.

Repare também que o parente que não pode ser nomeado ("b") é o parente de duas pessoas: da autoridade que faz a nomeação e de alguém que esteja investido em cargo em comissão naquele ente. Assim, parentes de quem assina as nomeações e parentes de alguém que já tenha um cargo em comissão num ente estatal estão impossibilitados de serem nomeados.

Outro ponto que merece ser ressaltado é que o impedimento de nomeação de terceiro é para o exercício de cargo em comissão ou de função de confiança no ente ("c"), nada impedindo que alguém preste um concurso público para cargo efetivo numa entidade em que um parente seu seja autoridade nomeante ou já tenha um cargo em comissão, sendo que, aprovado no concurso, o terceiro terá direito à nomeação para o cargo respectivo.

A proibição em tela não se dirige só à Administração Direta, atinge também toda a Administração Pública Indireta ("d").

A súmula também veda o nepotismo cruzado ("e"). Tal prática consiste em autoridades de entes diversos combinarem de um nomear o parente do outro. Esse tipo de ajuste recíproco tem claro objetivo de fraudar a proibição do nepotismo e é considerado prática vedada pela súmula vinculante.

Ao final, a súmula conclui dizendo que esse tipo de prática viola a Constituição, sendo certo que o STF fundou sua decisão no princípio da moralidade, previsto no art. 37, *caput*, da CF.

Apesar de o texto da súmula não indicar, o STF entende que a vedação ao nepotismo tem uma exceção, qual seja, a súmula não incide sobre a nomeação de servidores para cargo de natureza política. Confira decisão a respeito:

"Impossibilidade de submissão do reclamante, Secretário Estadual de Transporte, agente político, às hipóteses expressamente elencadas na Súmula Vinculante nº 13, por se tratar de cargo de natureza política. 2. Existência de precedente do Plenário do Tribunal: RE 579.951/RN, rel. Min. Ricardo Lewandowski, DJE 12.9.2008." (STF, Rcl 6650 MC-AgR, DJ 21-11-2008)

6.7. Acessibilidade a cargos e empregos na Constituição

6.7.1. Oportunidade a brasileiros e estrangeiros

Segundo o art. 37, I, da CF, *"os cargos, empregos e funções públicas são acessíveis aos brasileiros que preencham os requisitos estabelecidos em lei, assim como aos estrangeiros, na forma da lei"*.

Essa regra garante a possibilidade de que todos possam vir a ser agentes públicos (preenchidos certos requisitos, claro).

Repare que, enquanto a norma relativa aos brasileiros é de eficácia contida ou restringível (o que a faz produzir imediatamente efeitos, em que pese a lei poder restringi-los), a norma relativa aos estrangeiros é diferente, dando a ideia de ter eficácia limitada (o que a faz depender de uma lei para produzir efeitos).

Quanto aos brasileiros, a regra não faz distinção entre os natos e os naturalizados. Nada obstante, o § 3º do art. 12 da CF dispõe: "são privativos de brasileiro nato os cargos: I - de Presidente e Vice-Presidente da República; II – de Presidente da Câmara dos Deputados; III – de Presidente do Senado Federal; IV – de Ministro do Supremo Tribunal Federal; V – da carreira diplomática; VI – de oficial das Forças Armadas; VII – de Ministro de Estado da Defesa".

6.7.2. Requisitos de ingresso no serviço público

O texto constitucional, tal como configurado hoje, permite que sejam estabelecidos requisitos para o ingresso no serviço público.

Porém, para que tais requisitos estejam em acordo com a Lei Maior, é necessário que atendam ao seguinte:

a) estejam **previstos em lei** (art. 37, I, da CF); decretos, resoluções e outros instrumentos não são suficientes para inserir no edital a previsão de exame psicotécnico; deve ser lei em sentido formal (STF, AI 529.219 Agr, DJ 26.03.10);

b) sejam **objetivos**, **científicos** e **pertinentes**, sob pena de violação ao princípio da isonomia (art. 5º, *caput*, da CF);

c) sejam passíveis de **recurso** e **impugnação**, sob pena de violação aos princípios do contraditório e da ampla defesa; *vide*, por exemplo, o REsp 1.046.586 (STJ).

Assim, requisitos ligados ao sexo, à idade, ao exame psicotécnico, dentre outros, são compatíveis com a Constituição, desde que atendam aos itens mencionados.

Nesse sentido, confira três súmulas do STF:

a) Súmula 683: "o limite de idade para a inscrição em concurso público só se legitima em face do art. 7º, XXX, da Constituição, quando possa ser justificado pela natureza das atribuições do cargo a ser preenchido";

b) Súmula 684: é inconstitucional o veto não motivado à participação de candidato a concurso público";

c) Súmula 686: só por lei se pode sujeitar a exame psicotécnico a habilitação de candidato a cargo público".

No mais, há interessante súmula do STJ, que trata do momento em que se pode exigir comprovação de requisito relacionado ao exercício do cargo: *"o diploma ou habilitação legal para o exercício do cargo deve ser exigido na posse e não na inscrição para o concurso público"* (Súmula 266).

6.7.3. A jurisprudência e o exame psicotécnico

O STF e o STJ firmaram jurisprudência no sentido de que é possível exigir exame psicotécnico nos concursos públicos, com caráter eliminatório, desde que se atenda a três requisitos: a) previsão expressa do exame em lei formal; b) existência de critérios objetivos, científicos e pertinentes; c) recorribilidade. *Vide*, por exemplo, o REsp 1.046.586 (STJ).

A **previsão expressa em lei formal** traz vários desdobramentos.

Em primeiro lugar, decretos, resoluções e outros instrumentos normativos não são suficientes para que se insira no edital a previsão de exame psicotécnico, devendo-se tratar de lei em sentido formal (STF, AI 529.219 Agr, DJ 26.03.10). Isso porque o art. 37, I, da CF dispõe que somente a lei pode estabelecer requisitos para a acessibilidade a cargos, empregos e funções. Essa disposição deu ensejo à edição da Súmula 686 do STF ("só por lei se pode sujeitar a exame psicotécnico a habilitação de candidato a concurso público").

Em segundo lugar, a lei deve ser objetiva e específica quanto à exigência do citado exame, não sendo suficiente que faça referência a expressões como "submissão a exame de aptidão física e mental". Nesse sentido, o STF entende que a previsão contida na CLT (art. 168) não é suficiente para se exigir exame psicotécnico quanto a empregos públicos na Administração Pública (RE 559.069, DJ 12/06/2009). Da mesma forma, exames psicotécnicos em concursos da Magistratura vêm sendo corretamente impugnados, pelo fato de o art. 78 da Lei Orgânica da Magistratura não ser objetivo quanto à previsão de exame psicotécnico.

Os **critérios objetivos, científicos e pertinentes** também trazem vários desdobramentos.

Os tribunais superiores não entendem pertinente o chamado teste "profissiográfico" (STJ, RMS 19.338, DJ 15.12.2009), pelo qual se tenta verificar se o candidato tem perfil psicológico compatível com a profissão. De fato, esse tipo de teste tem caráter bastante subjetivo e ofende os princípios da igualdade e da impessoalidade. Uma coisa é verificar se alguém tem alguma patologia incompatível com a profissão desejada. Outra é verificar se alguém atende ao modelo ou perfil psicológico esperado para a profissão. Essa última tentativa é inconstitucional.

Outro desdobramento diz respeito à necessidade do edital trazer os critérios do exame de modo claro e objetivo. Nesse sentido, as seguintes condutas são vedadas: a) simples previsão genérica de exame psicotécnico; b) previsão de exame psicotécnico, mas com mera informação de que este será feito segundo critérios científicos; c) previsão de exame psicotécnico, mas com critérios vagos e subjetivos, ainda que com descrições longas.

E quanto à **recorribilidade**, o edital deve prever, e a Administração deve respeitar, o seguinte: a) a necessidade do laudo trazer motivação adequada, especificando de modo claro, congruente, transparente e objetivo os fundamentos de sua conclusão; b) a necessidade do laudo ser entregue ao candidato logo em seguida à sua elaboração; c) a necessidade de prazo para a interposição de recurso, com oportunidade de apresentação de laudo divergente por outro profissional, contratado pelo candidato; d) a necessidade de julgamento do recurso, com apreciação específica e motivada sobre os pontos levantados pelo candidato. Sobre a recorribilidade, vale ler o AI 539.408 AgR, relatado pelo Min. Celso de Melo, do STF.

Vale ressaltar que os tribunais superiores vêm também entendendo que, quando houver violação ao primeiro requisito (previsão expressa em lei formal), o candidato estará dispensado de fazer o exame. Já quando houver violação ao requisito que determina a observância de critérios objetivos e de motivação, é necessário fazer novo exame (STJ, AgRg no Ag 1.291.819, DJ 21.06.2010), não ficando o candidato dispensado de fazê-lo, nem podendo este substituir o exame feito por outro exame realizado em concurso público diverso. Quanto aos demais requisitos, relacionados à previsão editalícia clara, científica e pertinente, entendemos que sua ausência macula a regra do edital correspondente, ficando o candidato dispensado do exame psicotécnico em atenção aos princípios da proteção da confiança e da segurança jurídica.

Por fim, caso o candidato prejudicado queira ingressar com o mandado de segurança, deverá promovê-lo no prazo de 120 dias contados da publicação do edital, se desejar impugnar as formalidades nele previstas (STJ, RMS 29.776, DJ 19.10.2009), ou no prazo de 120 dias do resultado do exame psicotécnico, se desejar impugnar aspectos relativos ao exame em si (STJ, AgRg no REsp 1.052.083, DJ 01.06.2009). De qualquer maneira, desejando ingressar com ação pelas vias comuns, o prazo para tanto é de 5 anos, contados do ato impugnado (STJ, REsp 984.946, DJ 29.11.2007).

6.7.4. Obrigatoriedade do concurso

O artigo 37, II, da CF tem o seguinte teor: *"a investidura em cargo ou emprego público depende de aprovação prévia em concurso público de provas ou de provas e títulos, de acordo com a natureza e a complexidade do cargo ou emprego, na forma prevista em lei, ressalvadas as nomeações para cargo em comissão declarado em lei de livre nomeação e exoneração"*.

Esse dispositivo cria uma regra que determina a realização de concurso para a admissão de pessoal na Administração.

Todavia, como toda regra, essa também tem exceção. Não será necessário concurso público nas nomeações para cargo em comissão.

Da mesma forma, não há necessidade de promover concurso público nas contratações temporárias de excepcional interesse público, sendo suficiente que se faça mero processo seletivo.

6.7.5. Validade do concurso público

Segundo o art. 37, III, da CF, *"o prazo de validade do concurso público será de até dois anos, prorrogável uma vez, por igual período"*.

Detalhe: a lei dispõe que a validade é de *até* 2 anos e não *de* dois anos. Ex.: se for fixado no edital como de um ano o prazo de validade do concurso, tal prazo poderá ser prorrogado, mas terá que ser *somente uma vez* e pelo *mesmo* período de um ano, de modo que, caso prorrogado, o prazo total do exemplo será de 2 anos de validade do concurso.

6.7.6. Direitos do aprovado em concurso público

No passado, o aprovado em concurso público tinha apenas o direito de não ser *preterido* na ordem de classificação (art. 37, IV, da CF). Dessa forma, a aprovação no concurso gerava ao candidato mera *expectativa de direito*, cabendo à administração a análise *discricionária* da conveniência ou não em nomear os candidatos aprovados.

Diante de alguns abusos, os tribunais começaram a reconhecer o direito à nomeação em situações em que a Administração Pública, no prazo de validade do concurso, *externava* de alguma maneira que tinha interesse em nomear novos servidores. Um exemplo eram as situações em que se abria *novo concurso* no prazo de validade do anterior ou em que se nomeava outro servidor (inclusive agentes terceirizados temporários - STJ, AgRg no RMS 33.893, DJ 30/11/2012) para exercer as *mesmas funções* do cargo para o qual o candidato fora aprovado.

Recentemente, o STF e o STJ passaram a entender também que o candidato aprovado em concurso tem *direito* de ser nomeado *no limite das vagas previstas no respectivo edital*, uma vez que a Administração, ao estabelecer o número de vagas, *vincula-se* a essa escolha e cria expectativa nos candidatos, impondo-se as nomeações respectivas, em respeito aos princípios da *boa-fé, razoabilidade, isonomia* e *segurança jurídica*.

É bom consignar que o STF até admite que a Administração deixe de nomear os aprovados no limite das vagas do edital se houver ato *motivado* demonstrando a existência de fato novo que torne inviável a nomeação. Tal ato, todavia, poderá ser controlado pelo Judiciário (RE 227.480, DJ 21/08/2009). De qualquer forma, na prática, será muito difícil que a Administração consiga justificar a existência de motivo que inviabiliza as nomeações, pois somente razões *pertinentes, novas, imprevisíveis* e *justificadas antes da impugnação de candidatos* à ausência de sua nomeação atendem ao princípio da *adequada motivação*.

Feita essa ressalva, vale anotar outras características desse direito.

A primeira delas diz respeito ao efeito das *desistências* de outros candidatos nomeados no concurso. Por exemplo, alguém aprovado na 919ª posição, num concurso com 770 vagas previstas no edital, 633 nomeados e 150 desistências têm direito de ser nomeado? Segundo o STJ, a resposta é positiva. Isso porque as desistências devem ser *somadas* ao total de vagas previsto no edital. No caso (aliás, esse é um caso real – STJ, RMS 21.323, DJ 21/06/2010), somando-se as 770 vagas do edital com as 150 desistências dos nomeados, a administração pública fica obrigada a nomear até o classificado na 920ª posição.

A segunda característica diz respeito ao efeito da *criação de novas vagas* durante o prazo de validade do concurso. Nesse ponto, o STJ *não* vem reconhecendo o direito à nomeação daqueles que, com as novas vagas, estariam classificados no limite da somatória destas com as vagas do edital (AgRg no RMS 26.947, DJ 02/02/2009).

A terceira observação diz respeito a *efeito econômico* da não nomeação de um aprovado no limite das vagas do edital. Nessa seara, o STJ também não vem reconhecendo o direito à indenização pelo período pretérito à efetiva nomeação, pois entende não ser correto receber-se retribuição sem o efetivo exercício do cargo (AgRg no REsp 615.459/SC, DJe 07/12/2009). Todavia, quando há preterição na ordem de classificação, ou seja, quando alguém deixa de ser nomeado em favor de outro que está em pior classificação, o STJ entende devida a indenização, com pagamento de vencimentos retroativos à data da impetração judicial (MS 10.764/DF, DJ 01/10/2009).

A quarta observação diz respeito ao *momento adequado* para o ingresso com ação judicial visando à nomeação no limite das vagas do edital. Nesse ponto, ainda não há posição específica de nossos tribunais superiores. Mas há algumas pistas. O STJ entende que há interesse processual em se promover a ação ainda durante o prazo de validade do concurso (RMS 21.323, DJ 21/06/2010), o que permitiria, em nossa opinião, o ingresso da ação logo após a homologação do certame. E o mesmo STJ entende que também há interesse processual em promover a ação após o prazo de validade do concurso. Tratando-se de mandado de segurança, o STJ entende que o prazo decadencial de 120 se inicia da data que expirar a validade do concurso (AgRg no RMS 21.165/MG, DJ 08/09/2008).

Em suma, o fato é que o candidato a concursos públicos vem cada vez mais recebendo o apoio da jurisprudência dos tribunais superiores. E essa informação é útil não só para resolver questões que pedem o conhecimento dessas novidades, como também para que o candidato corra atrás dos seus direitos caso esses sejam violados.

6.7.7. Direitos do deficiente

Segundo o art. 37, VIII, da CF, *"a lei reservará percentual dos cargos e empregos públicos para as pessoas portadoras de deficiência e definirá os critérios para a sua admissão"*.

A respeito dessa regra, confira as seguintes decisões do STF:

"Recurso ordinário em mandado de segurança interposto de acórdão do Superior Tribunal de Justiça que entendeu ser plausível o cálculo da quantidade de vagas destinadas à específica concorrência de acordo com o número de turmas do curso de formação. Os limites máximo e mínimo de reserva de vagas para específica concorrência tomam por base de cálculo a quantidade total de vagas oferecidas aos candidatos, para cada cargo público, definido em função da especialidade. Especificidades da estrutura do concurso, que não versem sobre o total de vagas oferecidas para cada área de atuação, especialidade ou cargo público, não influem no cálculo da reserva. Concurso público. Provimento de 54 vagas para o cargo de Fiscal Federal Agropecuário. Etapa do concurso dividida em duas turmas para frequência ao curso de formação. Convocação, respectivamente, de 11 e 43 candidatos em épocas distintas. Reserva de quatro vagas para candidatos portadores de deficiência. Erro de critério. Disponíveis 54 vagas e, destas, reservadas 5% para específica concorrência, três eram as vagas que deveriam ter sido destinadas à específica concorrência. A convocação de quarto candidato, ao invés do impetrante, violou direito líquido e certo à concorrência no certame" (RMS 25.666, Rel. Min. Joaquim Barbosa, julgamento em 29-9-2009, Segunda Turma, DJE de 4-12-2009).

"A exigência constitucional de reserva de vagas para portadores de deficiência em concurso público se impõe ainda que o percentual legalmente previsto seja inferior a um, hipótese em que a fração deve ser arredondada. Entendimento que garante a eficácia do art. 37, VIII, da CF, que, caso contrário, restaria violado" (RE 227.299, Rel. Min. Ilmar Galvão, julgamento em 14-6-2000, Plenário, DJ de 6-10-2000). No mesmo sentido: RE 606.728-AgR, Rel. Min. Cármen Lúcia, julgamento em 2-12-2010, Primeira Turma, DJE de 1º-2-2011.

Repare que o STF firmou as seguintes posições:

a) na reserva de vagas para deficientes (concorrência específica), esses só concorrem entre si;

b) para o cálculo do número de vagas reservadas, deve-se fazer o arredondamento "para cima" da fração;

6.7.8. Contratação temporária

O art. 37, IX, da CF, traz a seguinte disposição: *"a lei estabelecerá os casos de contratação por tempo determinado para atender a necessidade temporária de excepcional interesse público"*.

Cada ente político poderá legislar para o fim de regulamentar o dispositivo acima transcrito.

A Lei 8.745/1993 (alterada pela Lei 9.849/1999) traz, para a esfera federal, os casos em que cabe esse tipo de contratação, servindo de exemplo a contratação em situação de calamidade pública, combate a surtos endêmicos ou para recenseamento.

Geralmente o prazo máximo de contratação é de 12 meses, findo o qual o contrato se extingue.

Permite-se, em algumas situações, prorrogação do contrato.

É importante relatar que não é possível prever a contratação temporária para a admissão de servidores para funções burocráticas ordinárias e permanentes. Assim, o STF entendeu inconstitucional lei do Estado do Rio Grande do Norte que criou contratação temporária para Defensor Público (ADI 3.700). Confira outra decisão do STF a respeito do tema:

"Servidor público: contratação temporária excepcional (CF, art. 37, IX): inconstitucionalidade de sua aplicação para a admissão de servidores para funções burocráticas ordinárias e permanentes." (ADI 2.987)

A contratação temporária não exige concurso público, mas é necessário fazer um processo seletivo simplificado para garantir um mínimo de moralidade, podendo esse ser dispensado em situações justificadas, procedendo-se à análise de *curriculum*. Nesse sentido, confira a seguinte decisão do STF:

"A regra é a admissão de servidor público mediante concurso público: CF, art. 37, II. As duas exceções à regra são para os cargos em comissão referidos no inciso II do art. 37, e a contratação de pessoal por tempo determinado para atender a necessidade temporária de excepcional interesse público. CF, art. 37, IX. Nessa hipótese, deverão ser atendidas as seguintes condições: a) previsão em lei dos cargos; b) tempo determinado; c) necessidade temporária de interesse público; d) interesse público excepcional." (ADI 2.229)

Os contratados são regidos pelo regime *sui generis* estabelecido na lei citada, não sendo correto dizer que são contratados pelo regime celetista, já que eles têm um estatuto próprio.

Assim sendo, compete à Justiça Comum e não à Justiça do Trabalho julgar as controvérsias decorrentes dessa relação, conforme vem decidindo pacificamente o STF (ADI 3.395-MC-DF).

6.8. Direito de greve e de sindicalização

A Constituição de 1988, em sua redação original, contemplava o direito de greve no serviço público, mas o condicionava à edição de uma *lei complementar*.

Essa lei acabou não sendo editada e o STF, chamado a se pronunciar, decidiu, num mandado de injunção julgado nos anos 90, que o direito de greve do servidor era norma de eficácia limitada, não podendo ser exercido enquanto não fosse regulamentado.

Na ocasião, o STF se limitou a declarar a mora legislativa, adotando a teoria não concretista, pela qual o mandado de injunção não se presta a suprir lacunas legislativas, mas apenas a constatar a mora, quando esta existir.

Sobreveio a EC 19/1998, pela qual o direito de greve do servidor ficava mantido, devendo ser exercido nos termos e limites definidos em *lei específica* (art. 37, VII).

Outra década se passou sem a edição da tal lei específica. Até que, em 2007, o STF, rompendo com sua tradição em mandado de injunção, adotou a teoria concretista geral, julgando procedente novos mandados de injunção sobre o assunto (MIs 670/ES, 708/DF e 712/PA), para declarar *mora legislativa abusiva* e **conceder ao servidor o direito de exercer greve**, observados os preceitos da Lei 7.783/89, que trata da greve na iniciativa privada.

A decisão resolveu preencher uma lacuna legislativa, com efeitos *erga omnes*, utilizando-se da analogia para determinar a utilização da lei referida até que adviesse a lei específica preconizada na Constituição.

A partir dessa decisão, começaram a surgir várias discussões sobre os contornos do direito de greve.

Sobre os **serviços que não podem ser objeto de greve**, além das proibições constitucionais relativas aos *militares das forças armadas* e aos *policiais militares* (art. 142, § 3º, IV, c/c art. 42, § 1º da CF), há entendimento do Min. Eros Grau no sentido de que *policiais civis* também não podem entrar em greve. Aliás, para esse Ministro, o direito de greve não é absoluto. Há serviços públicos em que a coesão social impõe que sejam prestados plenamente, em sua totalidade.

Nesse sentido, Eros Grau entende ser proibida a greve nos serviços de *segurança pública*, de *administração da Justiça*, de *arrecadação tributária* e de *saúde pública* (Recl 6.568, DJ 25/09/2009), posição que ainda não está pacificada no STF.

No STJ, por sua vez, vem se admitindo a greve nos mais variados setores, salvo os proibidos pela Constituição. No entanto, levando em conta os princípios da supremacia do interesse público e da continuidade do serviço público, esse tribunal vem, caso a caso, estipulando um **percentual mínimo** de pessoal a continuar trabalhando a fim de que não haja paralisação total dos serviços.

A título de exemplo, o STJ, considerando o período eleitoral, definiu em 80% o mínimo de servidores necessários na Justiça Eleitoral (Pet 7.933, DJ 08/06/2010). Para a Justiça Federal, fixou-se em 60% o mínimo de servidores em serviço (Pet 7.961, DJ 18/06/2010). E para os médicos peritos do INSS, determinou-se que 50% mantivessem o trabalho (Pet 7.985, DJ 25/06/10).

Para fazer valer suas decisões o STJ vem fixando o pagamento de **multa** à entidade representante dos trabalhadores no caso de descumprimento de decisão relativa à greve. Trata-se de multa diária, que vem sendo fixada entre R$ 50 mil e R$ 100 mil para sindicatos de grande porte.

Outro ponto interessante diz respeito à possibilidade de **corte nos vencimentos** dos grevistas. No STJ, ainda há controvérsia a respeito. O posicionamento tradicional admite o corte. Mas há decisão recente no sentido de que, por se tratar de direito constitucional do servidor e envolver verba alimentar, o corte é proibido (MC 16.744, DJ 10/05/2010). É bom lembrar que a Lei 8.112/1990 dispõe que só por lei e por mandado judicial é possível o desconto de vencimentos (art. 45). Ademais, ainda não foi instituído um Fundo de Greve, com contribuições para o exercício desse direito constitucional. Nada impede, todavia, que se determine que o servidor grevista reponha, posteriormente, as horas não trabalhadas.

Por fim, vale lembrar que não é possível **exonerar ou demitir** servidor por ter participado de movimento grevista. Há várias leis no país dispondo que o servidor em estágio probatório que participar de greve deve ser exonerado. Tais leis ferem o direito constitucional de greve e o princípio da isonomia, segundo o STF (ADI 3.235, DJ 12/03/2010).

É importante ressaltar, ainda, que a Constituição veda a greve dos militares das Forças Armadas (art. 142, § 3°, IV, CF) e, por extensão, dos militares dos Estados-membros, do Distrito Federal e dos Territórios (art. 42, § 1°, CF).

Quanto ao direito de sindicalização, o art. 37, VI, da CF estabelece que *"é garantido ao servidor público civil o direito à livre associação sindical"*. Aqui também incide vedação aos militares (art. 142, § 3°, IV, CF).

6.9. Proibição de acumulação remunerada

A Constituição traz regra proibindo a acumulação remunerada de cargos públicos (art. 37, XVI).

Nada obstante, desde que haja compatibilidade de horários, admite-se a acumulação remunerada nos seguintes casos: a) de dois cargos de professor; b) um cargo de professor com outro, técnico ou científico; c) a de dois cargos ou empregos privativos de profissionais da saúde com profissões regulamentadas (alteração feita por força da EC 34/2001).

Quanto à **extensão da regra**, deve-se ressaltar que a proibição vale também para empregos e funções e abrange autarquias, fundações, empresas públicas, sociedades de economia mista, suas subsidiárias e sociedades controladas, direta ou indiretamente, pelo Poder Público.

A **finalidade** de tal regra é evitar que o exercício de várias funções possa comprometer a boa qualidade do serviço, atendendo também a critérios de moralidade (quanto aos cargos em comissão), bem como à necessidade de se permitir que outras pessoas possam ter oportunidade de acesso a cargos, empregos ou funções públicas. As exceções, por sua vez, visam a melhor aproveitar pessoas que tenham capacidade técnica e científica para dadas atribuições.

Tema correlato é o da **acumulação de remuneração com aposentadoria.** Também, como regra, é proibida. Como exceção pode existir tal acumulação se os cargos da ativa e da inatividade forem cumuláveis entre si. Outra exceção importante é a que permite a acumulação da aposentadoria com a remuneração de um cargo em comissão ou de um mandato eletivo (art. 37, § 10, CF). Perceba que a regra que veda a percepção simultânea de proventos de aposentadoria com remuneração de cargo, emprego ou função diz respeito tão somente às aposentadorias especiais, ou seja, a dos ocupantes de cargos efetivos (art. 40, CF), a dos militares estaduais (art. 42, CF) e a dos militares das Forças Armadas (art. 142, CF).

Outros casos trazidos na Constituição são os seguintes: a) magistrados e membros do Ministério Público: permite-se acumulação com um cargo ou função de professor (art. 95, p. ún., I, e art. 128, § 5°, II, "d", ambos da CF, respectivamente); b) vereador: pode acumular, mas desde que haja compatibilidade de horários (art. 38, III, CF); caso não haja tal compatibilidade, o eleito deve se afastar do cargo, emprego ou função que tinha, tendo a faculdade de escolher qual remuneração deseja receber como vereador, se a que detinha antes ou a prevista para o cargo eletivo; c) prefeito: não pode acumular, devendo afastar-se do cargo, emprego ou função que detinha, podendo optar pela remuneração (art. 38, II, CF); d) mandato eletivo federal, estadual e distrital: ficará afastado do cargo, emprego ou função anterior (art. 38, I, CF), sem poder optar pela remuneração.

Nos casos de afastamento, o tempo de serviço do mandato será contado para todos os fins do cargo, emprego ou função originais (previdenciários, para concessão de quinquênios etc.), exceto promoção por merecimento.

Por último, deve-se ressaltar que em qualquer dos casos de acumulação comentados neste item faz-se mister respeitar o disposto no inciso XI do art. 37 da Constituição quanto aos tetos remuneratórios. Assim sendo, a somatória dos valores recebidos em acumulação não pode ultrapassar o teto respectivo, sofrendo o agente um corte na folha de pagamento se tal ocorrer.

6.10. Estabilidade e estágio probatório

O instituto da *estabilidade* está previsto no art. 41 da CF. A partir do texto constitucional, a doutrina aponta três requisitos para sua aquisição: a) nomeação para "cargo efetivo", em virtude de concurso público; b) "três anos de efetivo exercício" no cargo; c) aprovação em "avaliação especial de desempenho por comissão instituída para essa finalidade".

O primeiro requisito ("cargo efetivo") foi introduzido pela EC 19/1998. A redação anterior exigia apenas que o "servidor" fosse nomeado em virtude de concurso, não havendo referência ao cargo ser efetivo ou não, o que permitia que servidores celetistas em geral pudessem pleitear a estabilidade.

A atual redação, porém, parece ter deixado claro que somente servidores titulares de verdadeiros cargos efetivos teriam direito à estabilidade.

Porém, o TST, chamado a se manifestar sobre o tema, concluiu que os "servidores celetistas" das pessoas jurídicas de direito público (União, Estados, DF, Municípios, autarquias, fundações públicas, agências reguladoras e associações públicas) também têm direito à estabilidade, direito esse que só não existe para os celetistas das pessoas jurídicas de direito privado estatal, como a empresa pública e a sociedade de economia mista (Súmula 390 do TST).

Quanto ao segundo requisito ("três anos de efetivo exercício"), esse também foi alterado pela EC 19/1998. Na redação original exigiam-se dois anos de efetivo exercício. Essa redação fazia com que a Administração Pública estipulasse como estágio probatório o período de dois anos, porque esse estágio sempre foi considerado o tempo de efetivo exercício em que se verificaria se o servidor empossado tinha ou não aptidão para auferir a definitiva titularidade do cargo.

Ocorre que a Constituição foi alterada, aumentando o tempo de exercício para três anos, e os estatutos de funcionário público não acompanharam essa modificação. Exemplo disso é o próprio estatuto federal (Lei 8.112/1990). Isso fez com que os tribunais, num primeiro momento, decidissem que o prazo para estágio probatório é um e o prazo de efetivo exercício para adquirir a estabilidade é outro. Esse posicionamento tinha repercussão prática, pois há direitos que só existem após o fim do estágio probatório (ex.: direito de promoção) e, sendo esse mais curto, pessoas que ainda não tinham estabilidade poderiam gozar desses direitos após os dois anos de estágio.

Apenas recentemente o STF (STA 269 AgR, DJ 26-02-2010) e o STJ (MS 12.523/DF, DJ 18/08/2009) se posicionaram no sentido de que o período de estágio probatório deve coincidir com o período de efetivo exercício para a aquisição da estabilidade, no caso, ambos os períodos são de 3 anos e correm conjuntamente, pouco importando a redação do estatuto local.

Vale ressaltar que esses tribunais vêm entendendo que os períodos de estágio probatório e efetivo exercício ficam suspensos quando o servidor é afastado ou cedido para outro órgão (RMS 23.689, DJ 07/06/2010).

Ademais, para o STF (MS 22.744, DJ 26.11.2004) e para o STJ (RMS 23.689, DJ 07/06/2010), não pode o servidor em estágio probatório aposentar-se voluntariamente, uma vez que o estágio probatório constitui etapa final do processo seletivo para a aquisição da titularidade do cargo público.

Passando ao terceiro requisito para a estabilidade ("avaliação especial de desempenho por comissão instituída para essa finalidade"), o primeiro ponto exigido pelo STF (AI 623.854, DJ 23/10/2009) e pelo STJ (RMS 20.934, DJ 01/02/2010) é que haja um procedimento que não é de natureza disciplinar (não sendo necessário cumprir os requisitos do processo disciplinar), mas que assegure o devido processo legal, o que impõe observância do contraditório e da ampla defesa. Assim, exige-se que o servidor possa apresentar defesa, instruir o procedimento com provas e ter contra si exarada decisão devidamente motivada.

Outro direito do servidor é que a avaliação de desempenho ocorra no limite dos três anos de efetivo exercício. Isso significa que, após o transcurso desse prazo, sem a realização da avaliação, o servidor pode ser considerado estável, pois a desídia da Administração não pode ser a ele imputada, presumindo-se que o servidor teve reconhecida sua aptidão.

Após o transcurso dos três anos de efetivo exercício, o servidor pode até ser exonerado por inaptidão para o cargo, mas desde que a avaliação de desempenho tenha se dado durante o período de estágio probatório e a exoneração tenha sido motivada nas suas conclusões (RMS 23.504, DJ 02/08/2010).

Outro posicionamento diz respeito a quem deve proceder à avaliação de desempenho. Nesse sentido, o STJ entende que não há violação ao art. 41 da CF quando a chefia imediata promove a avaliação de desempenho do servidor, funcionando a Comissão de Avaliação como órgão revisor e como órgão emissor do parecer final do estágio probatório (RMS 23.504, DJ 02/08/2010).

Também já restou pacificado que o servidor que sai de um cargo numa dada administração (por exemplo, de policial militar) e vai para outro cargo na mesma administração (por exemplo, de policial civil) não pode aproveitar o estágio probatório anteriormente cumprido (RMS 20.934, DJ 01/02/2010).

Vale igualmente lembrar que os servidores em estágio probatório não podem sofrer restrições que não decorram explícita ou implicitamente da lei. Nesse sentido, o STF proíbe a discriminação dos não estáveis, para estabelecer que estes, se participarem de greve durante o estágio probatório, estão sujeitos à exoneração (ADI 3.235, DJ 12.03.2010). Servidor em estágio probatório tem, portanto, direito de greve.

Ficam, então, noticiadas as principais decisões sobre a estabilidade e o estágio probatório, devendo o candidato ficar atento a outras decisões, uma vez que o tema é corrente na jurisprudência.

6.11. Disponibilidade

É a colocação do servidor estável em inatividade remunerada, até seu adequado aproveitamento em outro cargo, com proventos proporcionais ao seu tempo de serviço.

Trata-se de direito do servidor, desde que estável, que ocorre nas seguintes situações: a) quando o cargo é extinto; b) quando o cargo é declarado desnecessário; c) quando um servidor é reintegrado e volta para o cargo para onde foi chamado um novo servidor, ficando este desalojado por não ter um cargo de origem, devendo, então, ser colocado em disponibilidade.

É importante ressaltar que só tem esse direito quem já é estável (*vide* § 3° do artigo 41 da CF há pouco transcrito). Nesse sentido, dispõe a Súmula 22 do STF que: "o estágio probatório não protege o funcionário contra a extinção do cargo".

Nunca se deve esquecer de que a CF é taxativa no sentido de que na disponibilidade a remuneração será proporcional ao tempo de serviço do agente. Antes da EC 19/1998, o STF entendia que era integral, portanto é bom saber que agora é proporcional.

A disponibilidade a que estão sujeitos os juízes e promotores não implica remuneração proporcional, sob pena de ofensa à vitaliciedade a que têm direito, de maneira que será integral a remuneração para essas situações.

6.12. Sistema remuneratório

Remuneração (estipêndio/vencimentos): devida à grande massa de servidores, corresponde ao padrão fixado em lei (vencimento), mais vantagens pessoais.

Salário: devido aos empregados públicos da Administração Direta e Indireta, vale dizer, àqueles regidos pela CLT.

Subsídio: modalidade de remuneração fixada em parcela única e devida aos agentes políticos (art. 39, § 4°, CF: fala-se em membro de Poder, detentor de mandato eletivo, Ministros de Estado e Secretários Estaduais e Municipais), membros do Ministério Público, aos Policiais (art. 144, § 9°, CF), Procuradores de Estado, Defensores Públicos, Procuradores da Fazenda Nacional e integrantes da Advocacia Geral da União (art. 135), bem como Ministros dos Tribunais de Contas.

O § 8° do artigo 39 da CF abre possibilidade de a remuneração dos servidores organizados em carreira ser também por subsídio, nos termos de lei.

Vale ressaltar que no subsídio não se fala em vantagens pessoais, já que se trata de parcela única, vedado o acréscimo de qualquer gratificação, adicional, abono, prêmio, verba de representação ou outra espécie remuneratória, obedecido ao teto remuneratório constitucional. Entretanto, os direitos gerais dos servidores previstos no § 3° do artigo 39 da CF permanecem.

Adicionais: devidos por tempo de serviço ou função especial, que exige conhecimentos especializados ou um regime próprio de trabalho. O adicional se relaciona com o tempo (adicional de tempo) ou com a função (adicional de função – ex.: por dedicação integral, por nível universitário).

Gratificações: devidas por condições personalíssimas ou por anormalidades no desempenho da função, com característica de precariedade. As gratificações se relacionam com o servidor (pessoal: por ter filho – salário família etc.) ou com o serviço (segurança, salubridade ou onerosidade).

Indenizações: mero ressarcimento de despesas efetuadas pelo agente no desempenho de atividade pública, não se incorporando na remuneração. Ex.: ajuda de custo (mudança), diárias (despesas com viagem) e auxílio-transporte (condução para o trabalho).

Proibição de efeito cascata: vantagens e gratificações não podem incidir umas sobre as outras. Nesse sentido, *vide* o inciso XIV do artigo 37 da CF: *"os acréscimos pecuniários percebidos por servidor público não serão computados nem acumulados para fins de concessão de acréscimos ulteriores".*

Fixação por lei e revisão geral anual: *a remuneração e o subsídio somente poderão ser fixados ou alterados por lei específica, observada a iniciativa privativa em cada caso. Fica assegurada revisão geral anual, sempre na mesma data e sem distinção de índices.*

Teto remuneratório: a EC 41/2003 modificou o inciso XI do art. 37 da CF, que antes trazia como teto único o subsídio dos Ministros do STF, estabelecendo um teto nacional consistente também no subsídio mensal, em espécie, dos Ministros do STF, bem como subtetos. Na esfera da União vale o teto nacional para todos os Poderes. Nos Estados e DF tem-se como subtetos no âmbito do Executivo o subsídio do Governador, no âmbito do Legislativo o subsídio dos Deputados estaduais/distritais e no âmbito do Judiciário o subsídio dos Desembargadores do TJ, limitado este a 90,25% do subsídio dos Ministros do STF. A EC 47/2005 permite aos Estados e ao DF, por meio de emenda às respectivas Constituições e Lei Orgânica, adotar como limite único o subsídio dos Desembargadores do TJ, não se aplicando a regra aos subsídios dos deputados estaduais e distritais e dos vereadores. Nos Municípios, o subteto é o subsídio do Prefeito. Estabeleceu-se, ainda, como subteto para os membros do MP, Procuradores e Defensores Públicos, o subsídio dos Desembargadores do TJ.

Vale salientar que o valor do que deve estar contido no teto abrange a remuneração e o subsídio, os proventos, pensões ou outra espécie remuneratória, percebidos cumulativamente ou não, incluídas as vantagens pessoais ou de qualquer outra natureza.

Além disso, a regra do teto atinge os ocupantes de cargos, funções e empregos públicos da administração, direta, autárquica e fundacional, membros dos Poderes da União, dos Estados, do DF e dos Municípios, detentores de mandato eletivo e demais agentes políticos. Aplica-se também às empresas públicas e sociedades de economia mista e suas subsidiárias que receberem recursos da União, dos Estados, do Distrito Federal ou dos Municípios para pagamento de despesas de pessoal ou custeio em geral (art. 37, § 9º, CF).

Proibição de vinculação ou equiparação: *é vedada a vinculação ou equiparação de quaisquer espécies remuneratórias para efeito de remuneração dos servidores.*

Irredutibilidade: *os subsídios e os vencimentos são irredutíveis* (art. 37, XV, CF).

Publicação obrigatória: "os Poderes Executivo, Legislativo e Judiciário publicarão anualmente os valores do subsídio e da remuneração dos cargos e empregos públicos" (art. 39, § 6º, CF).

Direitos dos ocupantes de cargos públicos: o § 3º do artigo 39 da Constituição dispõe que se aplica aos servidores ocupantes de cargo público o disposto no art. 7º, IV, VII, VIII, IX, XII, XIII, XV, XVI, XVII, XVIII, XIX, XX, XXII e XXX.

Art. 7°, CF: IV e VII (salário mínimo), VIII (décimo terceiro salário), IX (remuneração de trabalho noturno superior à do diurno), XII (salário-família ao trabalhador de baixa renda), XIII (jornada diária não superior a 8 horas e semanal não superior a 44 horas, facultadas compensações), XV (repouso semanal remunerado), XVI (hora extra superior em pelo menos 50% da hora normal), XVII (férias anuais, com 1/3 a mais de remuneração), XVIII (licença à gestante de 120 dias), XIX (licença-paternidade), XX (proteção do mercado de trabalho da mulher), XXII (redução dos riscos do trabalho) e XXX (proibição de diferença de salário, função ou admissão por discriminação).

6.13. Aposentadoria

Consiste na transferência para a inatividade remunerada, cumpridos certos requisitos. Vejamos os tipos de aposentadoria:

Por invalidez: deve ser invalidez permanente, sendo os proventos proporcionais ao tempo de contribuição, exceto se decorrente de acidente em serviço, moléstia profissional ou doença grave contagiosa ou incurável, na forma da lei.

Compulsória: aos 70 anos de idade, com proventos proporcionais ao tempo de contribuição.

Voluntária: a pedido do interessado.

a) **com remuneração proporcional ao tempo de serviço:** aos 65 anos/homem e 60 anos/mulher;

a) **com remuneração integral:** aos 60 anos/homem (mínimo de 35 anos de contribuição) e 55 anos/mulher (mínimo de 30 anos de contribuição).

As aposentadorias mencionadas ficam condicionadas a que o agente tenha tempo mínimo de 10 anos de efetivo exercício no serviço público e 5 anos no cargo efetivo em que se dará a aposentadoria.

No caso de professor que comprove exclusivo e efetivo magistério na educação infantil/ensino fundamental/ensino médio reduz-se em 5 anos a idade e o tempo de contribuição para a concessão de aposentadoria voluntária integral.

Vale consignar que a Constituição abre espaço para o fim da aposentadoria com limite na remuneração integral. Confira-se a redação trazida pela EC 20/1998 ao §14 do art. 40: *"a União, os Estados, o Distrito Federal e os Municípios, desde que instituam regime de previdência complementar para os seus respectivos servidores titulares de cargo efetivo, poderão fixar, para o valor das aposentadorias e pensões a serem concedidas pelo regime de que trata este artigo, o limite máximo estabelecido para os benefícios do regime geral de previdência social de que trata o art. 201".* O § 15 do mesmo artigo diz que a lei complementar disporá sobre as normas gerais para instituição do regime de previdência complementar em questão.

A possibilidade citada não saiu do papel, daí porque o constituinte derivado editou a EC 41/2003 limitando o valor dos benefícios previdenciários dos agentes públicos e determinando a instituição de previdência complementar fechada, de natureza pública e na modalidade de contribuição definida.

Assim, dispôs o texto constitucional que os proventos serão calculados considerando as remunerações utilizadas como base para as contribuições do servidor aos regimes de que tratam os arts. 40 e 201 da CF, na forma da lei (art. 40, § 3º), estabelecendo como limite máximo para o valor dos benefícios do regime geral do art. 201 a quantia de R$ 2.400,00, reajustada a partir da publicação da EC 41 pelos índices aplicados aos benefícios do regime geral (art. 5º, EC 41)

Além disso, a reforma constitucional estabeleceu a obrigatoriedade de os Estados, DF e Municípios instituírem contribuição previdenciária de seus servidores, para o custeio, em benefício destes, do regime previdenciário do art. 40, cuja alíquota não será inferior a da União (11%).

Estipulou ainda a contribuição dos inativos e pensionistas, que incidirá em percentual igual ao estabelecido para os servidores ativos, mas incidente apenas sobre os valores que superem o limite máximo para os benefícios do regime geral (R$ 2.400,00) (art. 40, §18º, CF).

No que concerne à pensão por morte, estabeleceu-se que a lei disporá sobre o assunto e o benefício será igual, caso aposentado o falecido, aos proventos deste até o limite do art. 201 mais 70% da parcela excedente ao limite, e, caso na ativa o falecido, à remuneração deste até o limite do art. 201 mais 70% da parcela excedente a este limite (art. 40, §7º, CF). Tal disposição, todavia, não se aplica aos militares das Forças Armadas (art. 10, EC/41) e quanto aos pensionistas dos militares dos Estados, DF e Territórios aplica-se o que for fixado em lei específica do respectivo ente estatal.

Quanto à revisão dos benefícios previdenciários, determinou-se o fim da paridade com a remuneração dos servidores ativos, assegurando-se apenas o reajuste dos benefícios para preservar seu valor real, conforme critérios estabelecidos em lei (art. 40, § 8º, CF). Tal regra também não é aplicável aos militares das Forças Armadas (art. 10, EC 41).

A lei não pode estabelecer contagem de tempo de contribuição fictício, como, por exemplo, dizer que férias não gozadas pelo servidor equivale a 3 meses de tempo de contribuição para efeito de aposentadoria.

O tempo de contribuição federal, estadual ou municipal será contado para efeito de aposentadoria e o tempo de serviço correspondente para efeito de disponibilidade. Também conta o tempo de contribuição para o regime geral, a chamada contagem recíproca (art. 201, § 9º, CF).

Aliás, vale ressaltar que, hoje, o requisito não é mais *tempo de serviço*, mas *tempo de contribuição*.

O artigo 8º da EC 20/1998 trazia a regra de transição para os servidores que já o eram quando de sua edição. Agora, tal regra foi modificada pelo artigo 2º da EC 41/2003, a qual também estabeleceu regra de transição para aqueles que ingressaram no serviço público até a data de sua publicação (art. 6º, EC 41/2003).

6.14. Processo administrativo disciplinar

É aquele destinado à apuração de faltas disciplinares, violação de deveres funcionais e imposição de sanções a servidores públicos.

6.14.1. Garantias e princípios

a) **contraditório e ampla defesa:** *"aos litigantes, em processo judicial ou administrativo, e aos acusados em geral são assegurados o contraditório e ampla defesa, com os meios e recursos a ela inerentes"* (art. 5°, LV, CF). *Vide* Lei 9.784/1999;

b) **juiz natural:** *"ninguém será processado nem sentenciado senão pela autoridade competente"* (art. 5°, LIII, CF);

c) **vedação da prova ilícita:** *"são inadmissíveis, no processo, as provas obtidas por meios ilícitos"* (art. 5°, LVI, CF). Ex.: não há interceptação telefônica válida para processo administrativo disciplinar (Lei 9.296/1996);

d) **direito ao silêncio, *in dubio pro reo*, presunção de inocência;** não é possível cortar remuneração preventivamente, mas é cabível o afastamento cautelar do agente;

e) **gratuidade**: não se pode cobrar custas do agente público;

f) **oficialidade**: instaurado de ofício pela Administração;

g) **formalismo moderado**: deve-se ter em mente a instrumentalidade das formas, respeitando sempre a ampla defesa e o contraditório.

6.14.2. Incidência

O processo administrativo é obrigatório para as hipóteses em que são cabíveis sanções mais graves, tais como:

a) demissão;

b) perda do cargo;

c) suspensão por mais de 30 dias;

d) cassação da aposentadoria;

e) destituição de cargo em comissão como punição (diferente da livre exoneração).

6.14.3. Fases do processo administrativo

a) **Instauração**: por portaria, auto de infração, representação ou despacho da autoridade;

b) **Instrução**: produção de provas com participação do acusado;

c) **Defesa**: deve ser ampla e efetiva;

d) **Relatório**: elaborado pelo presidente da comissão (que deve ser formada por pessoas estáveis de cargo idêntico ou superior ao processado); trata-se de mera peça opinativa, não vinculando autoridade julgadora;

(As quatro fases anteriores também são chamadas de **inquérito**)

e) **Julgamento**: decisão final, que deve ser motivada e fundamentada pela autoridade competente. Ex.: Prefeito, Secretário dos Negócios Jurídicos.

Cabe recurso administrativo e ao Judiciário, que não adentra ao mérito do julgamento, mas ao respeito às formalidades, aos aspectos de legalidade. Em caso de anulação judicial da demissão, haverá reintegração do agente, com direito a indenização.

6.14.4. Meios sumários

Sindicância: meio sumário de investigação, destinado à apuração preliminar de fatos com dois objetivos, que devem ser vistos no prazo de 30 dias:

a) **Aplicação de sanções menos severas**: multa, repreensão e suspensão de até 30 dias;

b) **Processo preparatório**: meio de convencimento para instauração de processo administrativo ou arquivamento da peça de instauração.

Verdade Sabida: aquela testemunhada ou conhecida inequivocamente pelo superior hierárquico e que enseja sanção leve. Alguns estatutos admitem que a partir dela se imponha sanção, desde que se garanta ampla defesa ou contraditório. Porém, trata-se de instituto inconstitucional, pois há de sempre se garantir contraditório e ampla defesa.

Termo de Declarações: servidor, confessando a falta, aceita a sanção aplicável, desde que não se exija processo disciplinar. Também é inconstitucional, pois sempre há de se garantir contraditório e ampla defesa.

6.14.5. Sanções disciplinares

Normalmente, os estatutos dos funcionários públicos estabelecem as seguintes sanções disciplinares:

a) demissão;

b) demissão a bem do serviço público;

c) suspensão;

d) advertência, repreensão;

e) multa.

Porém, o estatuto local tem liberdade para estabelecer outros tipos de sanções disciplinares.

6.14.6. Comunicabilidade de instâncias

A regra é a da independência das instâncias cível, administrativa e criminal. A absolvição ocorrida no juízo criminal somente se comunicará à instância administrativa se se tratar de "absolvição por negativa de autoria" ou de "absolvição por inexistência do fato", e nunca se for "absolvição por falta de provas".

Deve-se acrescentar que, de acordo com a Súmula 18 do STF, *"pela falta residual, não compreendida na absolvição pelo juízo criminal, é admissível a punição administrativa do servidor público"*.

7. Improbidade administrativa

7.1. Conceito

É o ato de imoralidade qualificada pela lei que importa em enriquecimento ilícito do agente, prejuízo ao erário ou violação dos princípios da administração pública e que enseja, em processo judicial promovido pela pessoa jurídica lesada ou pelo Ministério Público, a aplicação das seguintes sanções: suspensão dos direitos políticos, perda da função pública, indisponibilidade dos bens, ressarcimento ao erário, perda de bens e valores acrescidos ilicitamente, multa civil e proibição de contratar com a administração pública ou dela receber benefícios. Tudo sem prejuízo das sanções penais, civis e administrativas.

Atualmente, o regime jurídico da improbidade está previsto na CF (art. 37, § 4º) e na Lei 8.429/1992 (Lei de Improbidade Administrativa).

7.2. Modalidades

A Lei 8.429/1992 estabelece três modalidades de ato de improbidade administrativa.

A primeira modalidade é a de **enriquecimento ilícito (art. 9º)**. Essa modalidade consiste em o agente auferir vantagem patrimonial indevida em razão do exercício da atividade pública. São exemplos de improbidade nessa modalidade os seguintes: receber comissão, propina; utilizar bem ou funcionário públicos em proveito próprio; adquirir bens desproporcionais à renda, dentre outros.

O STJ é pacífico no sentido de que é necessário dolo para a configuração dessa modalidade.

A segunda modalidade é a de atos que causam **prejuízo ao erário (art. 10)**. Essa modalidade consiste em o agente, por ato doloso ou culposo, ensejar perda patrimonial, desvio, malbaratamento ou dilapidação dos bens das entidades. São exemplos de improbidade nessa modalidade os seguintes: permitir ou facilitar que bem público seja desviado para particular, ou que seja alienado por preço inferior ao de mercado; realizar operações financeiras sem observância das normas legais; conceder benefício fiscal sem observância da lei; frustrar licitação; ordenar ou permitir realização de despesas não autorizadas; dentre outros.

O STJ é pacífico no sentido de que essa modalidade pode se configurar tanto mediante conduta dolosa como mediante conduta culposa em sentido estrito (EREsp 875.163/RS, DJ 30/06/2010).

A terceira modalidade é que importa em **violação a princípios da Administração Pública (art. 11)**. Essa modalidade consiste em o agente violar dolosamente deveres de honestidade, imparcialidade, legalidade e lealdade às instituições. São exemplos de improbidade nessa modalidade os seguintes: praticar ato visando a fim proibido em lei ou diverso daquele previsto na regra de competência (desvio de finalidade), retardar ou deixar de praticar ato de ofício, revelar fato que deva permanecer em segredo, negar publicidade aos atos oficiais, deixar de prestar contas.

O STJ é pacífico no sentido de que é necessário dolo para a configuração dessa modalidade.

A jurisprudência do STJ afastou todas as teses de responsabilidade objetiva em qualquer das modalidades citadas.

E, nos casos em que se exige dolo, a jurisprudência desse tribunal esclareceu que se trata do *dolo genérico*, consistente na "vontade de realizar fato descrito na norma incriminadora" (REsp 765.212/AC, j. em 02.03.2010).

7.3. Sanções ou penas (art. 12)

A Lei 8.429/1992 estabelece as seguintes sanções para aquele que pratica o ato de improbidade:

a) suspensão dos direitos políticos: de 8 a 10, de 5 a 8 e de 3 a 5 anos, para os arts. 9º, 10 e 11, respectivamente;

b) perda da função pública;

c) indisponibilidade dos bens (§ 4º do art. 37 da CF);

d) ressarcimento ao erário;

e) perda de bens e valores acrescidos ilicitamente;

f) multa civil: até 2 e até 3 vezes o valor do acréscimo ou dano e até 100 vezes a remuneração do agente, para os artigos 9º a 11, respectivamente;

g) proibição de contratar com a Administração Pública ou dela receber benefícios ou incentivos fiscais ou creditícios, direta ou indiretamente, ainda que por intermédio de pessoa jurídica da qual seja sócio majoritário, por 10, 5 e 3 anos, para os artigos 9° a 11, respectivamente.

As quatro primeiras sanções foram criadas expressamente pela CF, enquanto as demais foram criadas pela Lei 8.429/1992.

Na fixação das penas previstas nesta Lei o juiz levará em conta a extensão do dano causado, assim como o proveito patrimonial obtido pelo agente.

A aplicação das sanções independe de dano ao erário (art. 21, I) e da aprovação ou rejeição de contas pelo órgão de controle interno ou Tribunal de Contas (art. 21, II).

No tocante à **cumulação das sanções previstas no art. 12 da Lei 8.429/1992**, o STJ entendeu que estas não podem ser cumuladas de modo indistinto, em obediência ao princípio da proporcionalidade (REsp 626.204/RS, DJ 06.09.2007).

Na prática, somente em casos gravíssimos, como de enriquecimento ilícito do agente (art. 9º), justifica-se a cumulação de todas as sanções previstas no art. 12.

Casos que envolvam violação a princípios (art. 11) e prejuízo ao erário (art. 10), desde que não dolosos, dão ensejo, normalmente, apenas a multa civil e ressarcimento do dano (AgRg no AgRg no Ag 1.261.659/TO, DJ 07/06/2010).

Aliás, em matéria de aplicação das sanções, vale trazer à colação outro entendimento do STJ, esse no sentido de que a aplicação da sanção de demissão/perda do cargo, em caso de prática de ato de improbidade, não é de competência exclusiva da autoridade judiciária, podendo ser feita pela autoridade administrativa, dada a independência das instâncias (AgRg no MS 15.054/DF, DJ 18/05/2010).

7.4. Sujeitos do ato de improbidade

São **sujeitos passivos**, ou seja, podem ser vítimas do ato de improbidade as seguintes pessoas (art. 1° da Lei 8.429/1992):

a) pessoas jurídicas de direito público e de direito privado integrantes da Administração Direta e Indireta;

b) entidade para cuja criação ou custeio o Estado tenha contribuído com mais de 50% do patrimônio ou receita (ressarcimento dos 50% ou mais);

c) entidades que recebam subvenção, benefício ou incentivo, fiscal ou creditício, de órgãos ou empresas públicas (ressarcimento só da contribuição pública).

São **sujeitos ativos**, ou seja, praticam atos de improbidade as seguintes pessoas (arts. 2° e 3º da Lei 8.429/1992):

a) agente público (ato de improbidade próprio – art. 2°);

b) particular beneficiado pelo ato (ato de improbidade impróprio – art. 3°);

c) aquele que induziu ou concorreu para a prática do ato.

Considera-se agente público quem exerce função nas entidades mencionadas no art. 1º da Lei 8.429/1992, ou seja, nas entidades que podem ser sujeitos passivos do ato de improbidade.

No tocante aos *sujeitos ativos* do ato de improbidade, o STF fixou entendimento de que os **agentes políticos** que respondam por crime de responsabilidade (exs.: Presidente, Ministros de Estado, desembargadores, entre outros) não estão sujeitos à incidência da Lei 8.429/1992 (RE 579.799, DJ 19-12-2008), dada a similitude das sanções nas duas esferas.

Todavia, o STF não incluiu os Prefeitos nesse rol, apesar destes responderem por crime de responsabilidade (Rcl 6034, DJ 29-08-2008), o que parece representar dois pesos e duas medidas.

7.5. Processo

São **legitimados ativos** o Ministério Público e a pessoa jurídica interessada (art. 17). Qualquer pessoa poderá representar à autoridade administrativa competente (ou ao MP) para instaurar investigação a fim de apurar a prática do ato (art. 14). Comissão processante dará ciência ao MP e ao Tribunal de Contas da existência de procedimento (art. 15). A Fazenda Pública, se for o caso, promoverá ações para complementação do ressarcimento do patrimônio público (art. 17, § 2°).

Caso a ação tenha sido promovida pelo MP, aplica-se o disposto no § 3° do art. 6° da Lei 4.717/1965, chamando-se a pessoa jurídica lesada para contestar, abster-se de contestar o pedido ou atuar ao lado do autor, de acordo com o interesse público (§ 3º do art. 17).

O Ministério Público, se não for parte, será obrigatoriamente fiscal da lei, sob pena de nulidade.

As **cautelares** previstas pela Lei 8.429/1992 são as seguintes:

a) **Sequestro (art. 16)**: havendo fundados indícios de responsabilidade – arts. 822 a 825, CPC. O pedido pode incluir investigação, exame e bloqueio de bens, contas bancárias e aplicações financeiras no exterior;

b) **Indisponibilidade de bens (art. 7°)**: recairá sobre bens que assegurem ressarcimento (arresto) e sobre o acréscimo patrimonial (pode ser sequestro);

c) **Afastamento do agente público (art. 20, parágrafo único):** quando a medida for necessária à instrução processual, sem prejuízo da remuneração, podendo ser determinada pela autoridade judicial ou administrativa competente.

Apesar de não prevista na Lei de Improbidade, é cabível também a cautelar de exibição de documentos para fins de quebra do sigilo bancário ou fiscal do agente.

Quanto à medida cautelar de **indisponibilidade de bens**, tutela de urgência que visa garantir eventual condenação pecuniária resultante de improbidade administrativa, o STJ entende que tal medida pode alcançar bens adquiridos anteriormente à prática do ato de improbidade (REsp 839936/PR, DJ 01.08.2007), mesmo que se tratem de bem de família (REsp 806.301/PR, DJ 03.03.2008).

O STJ também entende que a decretação da medida prescinde da individualização de bens na petição inicial e requer apenas o *fumus boni juris*, estando o *periculum in mora* implícito na lei (REsp 1.177.290/MT, DJ 01/07/2010).

Por fim, o STJ determina que a medida só incide sobre as bases patrimoniais da futura sentença condenatória, incluído o valor de eventual multa civil (AgRg nos EDcl no REsp 1163537/SP, DJ 01/07/2010), não podendo atingir todo o patrimônio do acusado de ato ímprobo, se não for necessário.

O **procedimento** previsto pela lei é o ordinário (art. 17), com notificação do requerido, antes do recebimento da inicial, para oferecer resposta por escrito no prazo de 15 dias (defesa preliminar), podendo o juiz rejeitar a ação se convencido da inexistência do ato, da improcedência da demanda ou da inadequação da via eleita (§ 8º).

O STJ ainda não se pacificou sobre a ausência de oportunidade para os réus apresentarem **defesa preliminar** antes do recebimento da inicial (art. 17, § 7º, da Lei 8.429/1992) constituir cerceamento de defesa que gera nulidade absoluta do processo desde sua origem. Há acórdãos nesse sentido (REsp 883.795/SP, DJ 26.03.2008), mas também há decisões no sentido de que a nulidade só existirá se houver demonstração do efetivo prejuízo (REsp 1.174.721/SP, DJ 29/06/2010).

Por fim, é importante ressaltar que a lei **veda** expressamente qualquer tipo de transação, acordo ou conciliação na ação por improbidade administrativa (art. 17, § 1º, da Lei 8.429/1992).

Quanto à **competência** para o ajuizamento da ação de improbidade, não havendo disposição na lei a esse respeito, é de rigor valer-se do contido nas regras gerais sobre ações civis públicas, devendo prevalecer o disposto no artigo 2º da Lei 7.347/85, que diz competente, de forma funcional (*rectius*: absoluta), o foro do local onde ocorrer o dano, com a peculiaridade de que nas causas em que a União, entidade autárquica ou empresa pública federal forem autoras, rés, assistentes ou oponentes, a competência será da Justiça Federal, junto ao juízo da seção judiciária que abranger a área em que se configurou o dano, dada a posição exarada pelo Supremo Tribunal Federal a respeito, a qual deu origem ao cancelamento da Súmula 183 do Superior Tribunal de Justiça.

No que pertine à existência de **foro por prerrogativa de função** na ação por improbidade, a questão acabou se esvaziando com a não submissão da maior parte dos agentes políticos à Lei 8.429/1992. No entanto, no caso do Prefeito, como a lei continua se aplicando a este, a questão é relevante. Nesse ponto, o STF declarou inconstitucional a alteração feita no art. 84, § 2º, do Código de Processo Penal, que estendia o foro privilegiado da esfera penal às ações de improbidade, que são consideradas ações cíveis (ADI 2.797, DJ 19-12-2006). Assim, as ações de improbidade contra os Prefeitos devem ser promovidas em primeira instância.

A **sentença** aplicará as sanções e determinará o pagamento ou a reversão dos bens, conforme o caso, em favor da pessoa jurídica (art. 18).

Vale ressaltar que a perda da função pública e a suspensão dos direitos políticos só produzirão efeitos com o trânsito em julgado da sentença condenatória (art. 20, *caput*).

7.6. Prescrição (art. 23)

No que diz respeito ao **prazo prescricional** para o exercício da pretensão de aplicar as sanções de improbidade administrativa, o STF entende que a pretensão é imprescritível quanto à sanção de ressarcimento do erário. Aliás, o STF foi além ao interpretar o art. 37, § 5º, da CF e consagrou entendimento de que são imprescritíveis as pretensões de ressarcimento ao erário toda vez que este é causado por ato ilícito do ofensor, seja um ato de improbidade ou não, seja um ato praticado por agente público ou não (MS 26.210, DJ 10.10.08).

Quanto à aplicação das **demais sanções**, têm-se os seguintes prazos (art. 23): a) 5 anos: após o término do exercício do mandato, de cargo em comissão ou de função de confiança; b) no prazo da lei específica quanto à prescrição para faltas punidas com demissão a bem do serviço público, para os casos de cargo efetivo e emprego público (normalmente 5 anos contados da data do fato).

Resta saber qual regra deve ser aplicada quanto aos servidores detentores de cargo efetivo, mas que praticaram o ato em momento que estavam em cargos em comissão ou função de confiança. O STJ apreciou a questão e entendeu que se deveria aplicar a regra pertinente ao servidor efetivo (REsp 1.060.529/MG, DJe 18/09/2009), regra essa normalmente mais favorável ao agente público, uma vez que o termo *a quo* do prazo prescricional tem início logo após a prática do ato.

Nos casos de mais de um réu, entendeu-se que o prazo prescricional corre individualmente, de acordo com as condições de cada um (STJ, REsp 1.185.461/PR, DJ 17/06/2010).

E no caso de reeleição de Prefeito, entendeu-se que o prazo começa a fluir do término do segundo mandato (REsp 1.153.079/BA, DJ 29/04/2010).

8. Bens públicos

8.1. Conceito

Bens públicos são aqueles pertencentes às pessoas jurídicas de direito público interno (art. 98 do CC), podendo ser móveis ou imóveis, corpóreos ou incorpóreos. Todos os outros bens são particulares, seja qual for a pessoa a que pertencerem (segunda parte do art. 98 em questão). Os bens adquiridos pelos concessionários de serviço público e afetados a esse serviço também são bens públicos, desde que reversíveis (art. 35, § 1º, da Lei 8.987/1995). Isso ocorre pois o Poder Concedente (sempre pessoa de direito público) é proprietário com termo suspensivo de tais bens (v. art. 131 do CC e 18 da Lei 8.987/1995).

Não se deve confundir tal conceito com a noção de domínio público em sentido amplo, que abrange tanto os bens pertencentes ao Estado (bens públicos) como aqueles em relação aos quais sua utilização subordina-se às normas estabelecidas por este (bens particulares de interesse público) e ainda as coisas inapropriáveis individualmente, mas de fruição geral da coletividade (*res nullius*). Assim, tal ideia abrange tanto o domínio patrimonial (sobre os bens públicos) como o domínio eminente (sobre todas as coisas de interesse público), entendido esse como o poder político pelo qual o Estado submete à sua vontade todas as coisas de seu território, no ensinamento de Hely Lopes Meirelles. Em nome do domínio eminente é que são estabelecidas as limitações administrativas, as servidões etc..

8.2. Classificação

Segundo sua destinação, os bens públicos podem ser classificados da seguinte forma (art. 99 do Código Civil):

a) **bens de uso comum do povo (ou do domínio público)**: *são os destinados a uso público, podendo ser utilizados indiscriminadamente por qualquer do povo*. Ex.: mares, rios, estradas, ruas e praças. Não há direito de uso exclusivo ou privilégios na utilização de tais bens. Apesar de destinados ao uso indistinto de todos, podem assumir caráter gratuito ou oneroso, na forma da lei (art. 103, CC: *"o uso comum dos bens públicos pode ser gratuito ou retribuído, conforme for estabelecido legalmente pela entidade a cuja administração pertencer")*. Ex.: zona azul, pedágio, ancoragem em portos;

b) **bens de uso especial (ou do patrimônio administrativo indisponível)**: *são aqueles destinados à execução dos serviços públicos ou a servirem de estabelecimento para os entes públicos*. Ex.: edifícios onde estão as repartições públicas, equipamentos e veículos públicos; teatros, museus, universidades, bibliotecas, escolas públicas e hospitais; cemitérios e mercados públicos. Também são chamados de bens de uso especial aqueles que têm destinação específica, como museus, universidades, ou ainda aqueles utilizados pelos concessionários e permissionários do Poder Público;

c) **bens dominicais[11] (ou do patrimônio disponível)**: *são aqueles que não têm destinação específica, nem se encontram sujeitos ao uso comum do povo*. São bens que simplesmente integram o patrimônio do Estado e que, eventualmente, podem ser alienados. Ex.: terrenos de marinha, terras devolutas, prédios em renda etc.. O CC não os trata como inalienáveis, dispondo que "podem ser alienados, observadas as exigências da lei" (art. 101), o que não quer dizer que podem ser objeto de penhora, visto que a execução contra as pessoas de direito público se faz, de acordo com o art. 100 da CF, mediante a expedição de precatório.

8.3. Afetação e desafetação

Em regra, todos os bens públicos ingressam no patrimônio público afetados por destinação específica.

Afetação *significa vinculação de um bem a uma destinação específica*. Decorre de um fato natural, da lei ou de ato administrativo. Uma avenida é afetada (destinada) à circulação de veículos e pessoas. O local onde fica uma repartição pública é afetado ao uso do Poder Público para consecução de seus fins.

Desafetação *consiste na retirada da destinação dada ao bem público, com o consequente ingresso do bem na categoria dos bens dominicais*. A desafetação só pode ocorrer em virtude de lei ou de ato administrativo decorrente de autorização legislativa.

8.4. Regime jurídico

Os bens públicos são gravados de uma série de condicionantes decorrentes do fato de pertencerem ao povo e de terem destinações voltadas à coletividade, direta ou indiretamente. Confira as regras decorrentes desse regime jurídico especial.

a) São **inalienáveis**, o que significa que não podem ser vendidos ou doados, salvo se passarem para a categoria de bens dominicais. São **requisitos para alienação[12] de bens imóveis:** (1) presença de interesse público devidamente justificado, (2) desafetação, (3) avaliação, (4) autorização legislativa e (5) licitação na modalidade concorrência. Em sendo bens móveis não serão necessárias a desafetação e a autorização legislativa. Há *dispensa de autorização legislativa* também na alienação de bens por pessoas de direito privado estatais. Há *dispensa de licitação*, se imóveis, em caso de dação em pagamento, doação ou venda para outro órgão ou ente público; permuta; investidura (aquisição de área pública isoladamente inaproveitável; a Lei 9.648/1998, que trouxe redação ao § 3º do art. 17 da Lei 8.666/1993, também considera investidura a "alienação aos legítimos possuidores diretos ou, na falta destes, ao Poder Público, de imóveis para fins residenciais construídos em núcleos urbanos anexos a usinas hidrelétricas, desde que considerados dispensáveis na fase de operação dessas unidades e não integrem a categoria de bens reversíveis ao final da concessão"); disposições em geral para programas habitacionais. No caso de bens móveis, a dispensa de licitação ocorre na doação social, na permuta, venda de ações, títulos e bens produzidos pelos entes e venda de materiais e equipamentos para órgãos e entes públicos.

11. José Cretella Júnior e José Cretella Neto diferenciam "bem dominical" de "bem dominial". Ensinam que "dominial é gênero, que abrange os três tipos de bens públicos, incluindo-se, entre estes tipos, o bem dominical, ou bem do patrimônio privado do Estado. Logo, dominial é gênero de que dominical é espécie".

12. *Vide* art. 17 da Lei 8.666/1993 (Lei de Licitações e Contratos).

Instituto próximo da questão ora tratada é a *legitimação de posse*, que consiste na transferência do domínio de terra devoluta ou área pública sem utilização para particular ocupante. O Estatuto da Terra traz a regulamentação da questão na esfera federal. Trata-se de transferência de domínio voluntária, ou seja, distinta da usucapião (não voluntária), que é vedada quanto aos bens públicos;

b) São **imprescritíveis**, o que significa que não são passíveis de usucapião (prescrição aquisitiva). O art. 183, § 3°, da CF dispõe que os imóveis públicos não serão adquiridos por usucapião. O art. 191, parágrafo único, da CF repete tal regra. O art. 102 do Código Civil também dispõe dessa forma, sem que traga a restrição de que se trate de bem imóvel, já que dispõe que "os *bens públicos* não estão sujeitos a usucapião" (g.n.)[13];

c) Também são **impenhoráveis**, o que inclui a vedação de serem objeto de garantia. Isso decorre do fato de que os bens públicos devem estar disponíveis para que o Estado desenvolva suas atividades, o que não se coaduna com a entrega em garantia ou para penhora. A regra em questão não vale para os bens das pessoas jurídicas de direito privado estatais (sociedade de economia mista e empresas públicas), salvo se forem concessionárias de serviço público, hipótese em que apenas os bens afetados ao serviço serão impenhoráveis. A impossibilidade de oneração dos bens públicos encontra exceção nas operações de crédito por antecipação de receita (art. 167, IV, CF) e nos débitos com a União (art. 167, § 4°, CF).

A **execução contra o Estado** é feita por meio de precatório (art. 100, CF). Os pagamentos das Fazendas serão feitos na **ordem cronológica de apresentação desses** (requisição do Presidente do Tribunal) e à conta do crédito respectivo, sem indicação dos casos ou pessoas. É **obrigatória a inclusão no orçamento** das entidades de direito público de verba para pagamento de débitos oriundos de sentença transitada em julgado, constante de precatório **apresentado até 1° de julho**, fazendo-se o **pagamento até o final do exercício seguinte**, em valor atualizado. **Exceções:** débitos alimentares e débitos de pequeno valor (valores distintos conforme capacidade do ente político), que seguem regra própria. Vale lembrar que o pagamento de precatório fora da ordem cronológica pode gerar sequestro (art. 100, § 2º, CF). O não pagamento, por sua vez, pode gerar pedido de intervenção no ente (art. 34, V, "a", e 35, I, CF).

Vale ressaltar que todos os bens públicos são impenhoráveis, inclusive os bens dominicais.

No entanto, há situações excepcionais em que os bens públicos podem ser objeto de constrição judicial.

O STJ vem admitindo a penhora de dinheiro público quando a Fazenda Pública não cumpre decisões judiciais que determinam o fornecimento de medicamentos e tratamentos na área da saúde.

A jurisprudência é calcada no postulado da proporcionalidade, fazendo com que, na ponderação entre a regra constitucional do precatório com os princípios constitucionais da dignidade da pessoa humana e da proteção integral da saúde, preponderem os dois últimos valores.

8.5. Formas de aquisição e uso dos bens públicos

8.5.1. Aquisição

Pode se dar por desapropriação ou por compra, a qual dependerá de prévia licitação, salvo os casos de dispensa e inexigibilidade. Adquire-se também por dação em pagamento, permuta, penhora e sucessão.

8.5.2. Uso dos bens públicos

a) **uso livre**: ocorre quanto aos bens de uso comum do povo, respeitando-se as leis e sem que haja exclusividade, ainda que momentânea;

b) **autorização de uso:** ato unilateral, discricionário e precário, em que se faculta uso em caráter episódico, no interesse do particular. Ex.: fechar rua para festa; circo; carga pesada;

c) **permissão de uso:** ato unilateral, discricionário e precário, no interesse coletivo, que faculta uso com maior permanência do bem público, mediante licitação. Ex.: banca de jornal, barracas, feiras, *box* em mercado municipal;

d) **concessão de uso:** contrato que transfere o uso por prazo certo para finalidade específica, mediante licitação. Não há precariedade, vale dizer, a revogação antes do prazo contratual gera direito à indenização. Ex.: restaurante ou lanchonete em aeroporto ou rodoviária;

e) **concessão de direito real de uso:** contrato pelo qual se transfere, como direito real, o uso remunerado ou gratuito de imóvel não edificado, mediante licitação. Serve para urbanização, industrialização e cultivo de terra (Dec.-lei 271/1967). O direito real confere mais estabilidade à concessão feita, que fica oponível até ao Poder Público, ressalvada a possibilidade de desapropriação;

f) **concessão de uso especial** (MP 2.220/2001; art. 183, § 1°, CF): como não se admite usucapião de bem público, nas hipóteses em que forem preenchidos os requisitos legais para o usucapião especial urbano até 30/06/2001 há direito do ocupante à concessão de uso especial, que se constitui administrativa ou judicialmente;

g) **cessão de uso:** consiste na atribuição gratuita da posse de um bem público de entidade ou órgão para outro, possibilitando ao cessionário a utilização nas condições estabelecidas no termo, por prazo certo ou indeterminado. Trata-se de ato de colaboração entre os entes públicos. Caso se trate de cessão externa, é necessária autorização legal.

13. *Vide* também a Súmula 341 do STF.

8.6. Espécies de bens na CF (da União)

8.6.1. Os que atualmente lhe pertencem e os que lhe vierem a ser atribuídos

8.6.2. Terras devolutas indispensáveis à defesa

a) das fronteiras, fortificações e construções militares;

b) das vias federais de comunicação;

c) da preservação ambiental, definidas em lei.

Terras devolutas são as terras vazias, sem proprietário ou não afetadas a nada, representando bem disponível estatal (art. 5º do Decreto-lei 9.760/1946). As da União são as voltadas à preservação ambiental e defesa de fronteiras, fortificações e vias federais de comunicação, definidas em lei (art. 20, II, CF). São do Estado as que não forem da União e dos Municípios as atribuídas por aqueles às edilidades. A Lei 6.383/1976 trata da discriminação das terras devolutas da União, sob responsabilidade do INCRA, podendo ser administrativa ou judicial, esta no rito sumário. O art. 29 da referida lei diz que o ocupante de terras públicas, quando as tenha tornado produtivas com o seu trabalho e o de sua família, fará jus à legitimação da posse de área contínua de até 100 hectares, preenchidos os requisitos legais.

8.6.3. Terras tradicionalmente ocupadas pelos índios

Os índios têm posse permanente e usufruto exclusivo das riquezas do solo, dos rios e dos lagos nelas existentes.

O aproveitamento dos demais recursos só se dará com autorização do Congresso Nacional, garantida a participação nos resultados.

8.6.4. Lagos e rios

a) de terrenos de seu domínio;

b) que banhem mais de um Estado;

c) que sirvam de limite com outros países;

d) que se estendam a território estrangeiro ou dele provenham, inclusive os terrenos marginais.

8.6.5. Terrenos de marinha

São aqueles formados pela porção de terras banhadas pelas águas dos rios navegáveis ou pelas águas do mar (art. 20, VII, CF). O art. 2º do Decreto-lei 9.760/1946 os define como a faixa de 33 metros da linha do preamar médio de 1831 para a parte da terra.

8.6.6. Mar territorial

Faixa de 12 milhas, contadas do litoral continental, sobre a qual o Estado exerce poderes de soberania (art. 20, VI, CF, Decreto-lei 1.098/1970 e Lei 8.617/1993).

8.6.7. Recursos da zona econômica exclusiva

A zona econômica exclusiva consiste na faixa de 12 a 200 milhas, sobre a qual o Estado exerce poderes de exploração dos recursos naturais do mar (art. 20, V, CF e Lei 8.617/1993).

8.6.8. Recursos naturais da plataforma continental

A plataforma continental consiste no prolongamento natural das terras da superfície sob a água do mar, porção de terras submersas que apresentam a mesma estrutura geológica das terras do continente (art. 20, V, CF e Lei 8.617/1993).

8.6.9. Ilhas

a) fluviais (de rios) e lacustres (de lagos) nas zonas limítrofes com outros países; as demais são dos Estados;

b) oceânicas (no oceano);

c) costeiras (próximas à costa), excluídas as de terceiros.

8.6.10. Recursos minerais, inclusive dos subsolos

É assegurada a participação (ou compensação financeira) no resultado da exploração de petróleo, gás natural, potencial hídrico e outros recursos minerais, no respectivo território, plataforma continental, mar territorial e zona econômica exclusiva, em favor dos Estados, DF, Municípios e União, nos termos da lei (art. 20, § 1º, da CF).

9. Intervenção do Estado na Ordem Econômica e no Direito de Propriedade

9.1. Intervenção do Estado na ordem econômica

Apesar de vivermos num sistema de livre iniciativa e de livre concorrência (art. 170 da CF), o Estado, para preservar outros valores previstos na Constituição, acaba por ter de intervir na ordem econômica, de modo a evitar que abusos sejam cometidos.

É interessante iniciar o tratamento da presente matéria por sua raiz constitucional para que depois possamos trazer à baila as disposições contidas na Lei 12.529/2011 (Lei do CADE ou Lei Antitruste). Vejamos tais dispositivos constitucionais:

"Art. 170. A ordem econômica, fundada na valorização do trabalho humano e na livre iniciativa, tem por fim assegurar a todos existência digna, conforme os ditames da justiça social, observados os seguintes princípios:

I – soberania nacional;

II – propriedade privada;

III – função social da propriedade;

IV – livre concorrência;

V – defesa do consumidor;

VI – defesa do meio ambiente;

VII – redução das desigualdades regionais e sociais;

VIII – tratamento favorecido para as empresas de pequeno porte constituídas sob as leis brasileiras e que tenham sua sede e administração no País.

Parágrafo único. É assegurado a todos o livre exercício de qualquer atividade econômica, independentemente de autorização de órgãos públicos, salvo nos casos previstos em lei."

"Art. 173. § 4º. A lei reprimirá o abuso do poder econômico que vise à dominação dos mercados, à eliminação da concorrência e ao aumento arbitrário dos lucros.

§ 5º A lei, sem prejuízo da responsabilidade individual dos dirigentes da pessoa jurídica estabelecerá a responsabilidade desta, sujeitando-a às punições compatíveis com sua natureza, nos atos praticados contra a ordem econômica e financeira e contra a economia popular."

"Art. 174. Como agente normativo e regulador da atividade econômica, o Estado exercerá, na forma da lei, as funções de fiscalização, incentivo e planejamento, sendo este determinante para o setor público e indicativo para o setor privado.

§ 1º A lei estabelecerá as diretrizes e bases do planejamento do desenvolvimento nacional equilibrado, o qual incorporará e compatibilizará os planos nacionais e regionais de desenvolvimento. (...)"

A Lei Federal 12.529/2011 estrutura o Sistema Brasileiro de Defesa da Concorrência - SBDC e dispõe sobre a prevenção e a repressão às infrações contra a ordem econômica, orientada pelos ditames constitucionais de liberdade de iniciativa, livre concorrência, função social da propriedade, defesa dos consumidores e repressão ao abuso do poder econômico (art. 1º).

O SBDC é formado pelo Conselho Administrativo de Defesa Econômica - CADE e pela Secretaria de Acompanhamento Econômico do Ministério da Fazenda (art. 3º).

O CADE é entidade judicante com jurisdição em todo o território nacional, que se constitui em autarquia federal, vinculada ao Ministério da Justiça (art. 4º). Ele é constituído pelos seguintes órgãos: a) Tribunal Administrativo de Defesa Econômica; b) Superintendência-Geral; e c) Departamento de Estudos Econômicos (art. 5º).

Constituem infrações da ordem econômica, independentemente de culpa, os atos sob qualquer forma manifestados, que tenham por objeto ou possam produzir os seguintes efeitos, ainda que não sejam alcançados (art. 36, *caput*): a) limitar, falsear ou de qualquer forma prejudicar a livre concorrência ou a livre iniciativa; b) dominar mercado relevante de bens ou serviços; c) aumentar arbitrariamente os lucros; e d) exercer de forma abusiva posição dominante.

Só haverá configuração de infração da ordem econômica se, **ocorridas quaisquer das hipóteses previstas no artigo 36, § 3º, da Lei 12.529/2011** (exs: preços concertados, divisão ou limitação de acesso a mercado), **tal implicar na ocorrência de uma das quatro situações narradas no parágrafo anterior** (art. 36, *caput*).

A lei prevê sanções pecuniárias (art. 37) e não pecuniárias (art. 38).

No primeiro caso, está multa à pessoa jurídica e também ao administrador desta.

São exemplos de sanções não pecuniárias as seguintes: a imposição de publicação de notícia sobre a ocorrência da prática anticoncorrencial, a proibição de contratar com instituições financeiras oficiais e de participar de licitação, a cisão da sociedade, a transferência de controle societário, a venda de ativos, a cessação parcial da atividade ou qualquer providência necessária à eliminação dos efeitos nocivos à ordem econômica.

9.2. Intervenção do Estado na propriedade privada

9.2.1. Introdução

A propriedade há de atender duas funções: a função individual, mais ligada aos interesses do proprietário; e à função social, ligada ao interesse da sociedade.

Para garantir que a propriedade atenda à sua função social, o Estado nela intervém com vista a preservar os seguintes valores:

a) uso seguro da propriedade: por exemplo, criando leis (Código de Obras) e fiscalizando seu cumprimento;

b) uso organizado da propriedade: por exemplo, criando leis de zoneamento e fiscalizando seu cumprimento;

c) uso legítimo da propriedade: por exemplo, criando leis que impõem o silêncio após dado horário e fiscalizando seu cumprimento;

d) uso social da propriedade: por exemplo, valendo-se dos institutos da desapropriação, servidão, requisição, ocupação temporária;

e) preservação do meio ambiente; por exemplo: valendo-se do instituto do tombamento.

O foco do estudo da intervenção na propriedade recairá sobre as limitações administrativas, exemplificadas nos itens "a" a "c", e também sobre os demais institutos mencionados como exemplos nos itens "d" e "e".

9.2.2. Limitação administrativa

É a imposição unilateral, geral e gratuita, que traz os limites dos direitos e atividades particulares de forma a condicioná-los às exigências da coletividade. Ex.: proibição de construir sem respeitar recuos mínimos; proibição de instalar indústria ou comércio em determinadas zonas da cidade; leis de trânsito, de obras e de vigilância sanitária; lei do silêncio.

A limitação administrativa pode ser de três tipos: *positiva* (ex.: imposição de construção de muro ou de limpar o imóvel), *negativa* (ex.: limitação da altura de uma obra) ou *permissiva* (ex.: permitir vistoria de imóvel pelo Poder Público).

Perceba-se a identidade entre a limitação administrativa e o poder de polícia. Enquanto o poder de polícia é a atividade condicionadora dos direitos aos seus limites, a limitação é o próprio limite que o particular deve observar e que o Poder Público deve levar em conta na sua atividade de poder de polícia.

Nem a limitação administrativa, nem a atividade de condicionamento dos direitos feita pelo Poder Público (poder de polícia), ensejarão indenização ao particular, visto que são imposições que atingem a todos igualmente, não prejudicando ninguém especificamente, mas apenas traçando os limites do direito que cada um de nós temos.

São diferenças entre limitação administrativa e servidão: a primeira não é ônus real, ao passo que a segunda é ônus real; aquela é gratuita (atingindo a todos), enquanto esta é onerosa (pois atinge um bem em particular); a limitação importa e traça deveres de não fazer (*non facere*), já a segunda em deveres de suportar (*pati*) - *suportar* é mais amplo que *não fazer*).

9.2.3. Requisição de bens ou serviços

É o ato pelo qual o Estado determina e efetiva a utilização de bens ou serviços particulares, mediante indenização ulterior, para atender necessidades públicas urgentes e transitórias, ou seja, em caso de iminente perigo público.

O **requisito** para requisição de *bens* está previsto na CF, em seu artigo 5°, XXV: *no caso de iminente perigo público, a autoridade competente poderá usar de propriedade particular, assegurada ao proprietário indenização ulterior, se houver dano.*

São situações de iminente perigo público uma inundação, um incêndio, a falta de alimento etc.. Em caso de inundação, por exemplo, pode o Poder Público, para dar guarida àqueles que poderão ter sua casa invadida pela água, requisitar o ginásio de um clube particular para abrigo de tais pessoas. Após isso, o particular será indenizado.

O fundamento do instituto consiste no estado de necessidade pública. O artigo 22, inciso III, da CF, diz caber privativamente à União legislar sobre "requisições civis ou militares, em caso de iminente perigo público e em tempo de guerra". A requisição administrativa de bens e serviços é tratada pela Lei Delegada 4/1962 e pelo Decreto-lei 2/1966, enquanto que as requisições civis e militares em tempo de guerra estão reguladas pelo Decreto-lei 4.812/1942.

São **diferenças entre desapropriação e requisição** as seguintes: a desapropriação só se refere a *bens*, enquanto a requisição pode ser de *bens* ou *serviços;* a primeira é direcionada a *aquisição* do bem, ao passo que a segunda busca apenas seu *uso*, de forma que a desapropriação visa atender a necessidades *permanentes* e a requisição, a necessidades *transitórias;* a primeira depende de *acordo ou processo* para se efetivar, a segunda é *autoexecutável;* a desapropriação depende de *indenização prévia*, a requisição dá ensejo a *indenização posterior* desde que haja dano.

9.2.4. Ocupação temporária (ou provisória)

Consiste no direito de uso do Poder Público sobre um bem particular não edificado, de forma transitória, remunerada ou gratuita, com o objetivo de executar obras, serviços ou atividades públicas.

O artigo 36 do Decreto-lei 3.365/1941 (Lei de Desapropriação) prevê tal ocupação: *é permitida a ocupação temporária, que será indenizada, a final, por ação própria, de terrenos não edificados, vizinhos às obras e necessários à sua realização. O expropriante prestará caução, quando exigida.*

Quanto às diferenças entre a ocupação e a requisição, a primeira incide sobre bens, enquanto a segunda sobre *bens* e *serviços*; a requisição é típica de situações de urgência, enquanto a ocupação não tem essa característica necessariamente; o exemplo de ocupação mais comum (o trazido acima) prevê que ela só se dá sobre terrenos não edificados e mediante caução (se exigida), enquanto a requisição incide sobre qualquer bem e sem caução.

Em leis esparsas existem outros tipos de ocupação, como aquela destinada a fazer pesquisas acerca da existência de minérios em bens particulares, medida que evita uma desapropriação do bem com posterior ciência de que a suspeita de que havia minério no local era infundada.

9.2.5. Servidões administrativas

É o ônus real de uso imposto pela Administração a um bem particular, com objetivo de assegurar a realização de obras e serviços públicos, assegurada indenização ao particular, salvo se não houver prejuízo.

São exemplos de servidão os seguintes: instalação de linhas e torres de transmissão de energia elétrica em bem particular; servidão de aqueduto; e servidão para instalação de placas indicativas de ruas em imóveis particulares (nesse caso geralmente não haverá dano ao particular, não se podendo falar em indenização).

Institui-se tal ônus real tal qual a desapropriação para aquisição da propriedade de um bem. Há necessidade de ato declaratório da utilidade pública da servidão (art. 40 do Dec.-Lei. 3.365/1941: *o expropriante poderá constituir servidões, mediante indenização **na forma desta lei***), com consequente tentativa de acordo para indenização, que, infrutífera, ensejará processo judicial para sua instituição. Assim, os *títulos* para instituição da servidão podem ser tanto o **acordo administrativo** como a **sentença judicial**. Após isso, um dos dois será **registrado** no Cartório Imobiliário, *constituindo*, finalmente, o direito real em tela.

A indenização segue a sorte daquela prevista para a desapropriação. A Súmula 57 do STF tem o seguinte teor: *na desapropriação para instituir servidão administrativa são devidos juros compensatórios pela limitação do uso da propriedade.* O único cuidado que se deve ter ao ler a presente súmula é não confundir servidão com limitação administrativa.

São diferenças gerais entre a servidão administrativa e a servidão civil: a primeira é ônus real do Poder Público sobre a propriedade, enquanto a segunda é ônus real de um prédio (dominante) em face de outro prédio (serviente); aquela tem serventia pública (utilidade pública) e esta tem serventia privada (utilidade privada e bem certo).

9.2.6. Tombamento

O tombamento pode ser **conceituado** como o *ato do Poder Público que declara de valor histórico, artístico, paisagístico, turístico, cultural ou científico, bens ou locais para fins de preservação.*

O instituto está regulamentado no Dec.-lei 25/1937.

Quanto ao **objeto**, o tombamento pode alcançar tanto bens imóveis individualmente considerados (um prédio histórico), um conjunto arquitetônico (o Pelourinho, em Salvador), um bairro (o Centro do Rio de Janeiro), uma cidade (Ouro Preto) e até um sítio natural. Pode também alcançar bens móveis, como a mobília da casa de um personagem histórico, como Santos Dumont.

Admite-se o chamado *tombamento cumulativo*, que é o tombamento de um mesmo bem por mais de um ente político.

A **instituição** do tombamento pode ser *voluntária* (por requerimento do próprio dono da coisa) ou *contenciosa*. A última impõe a notificação do proprietário para, no prazo de 15 dias, impugnar, se quiser, a intenção do Poder Público de tombar a coisa. Uma vez concluído pelo tombamento, este será feito mediante inscrição do ato num dos quatro Livros do Tombo (Paisagístico, Histórico, Belas Artes e Artes Aplicadas). Em se tratando de imóvel, o ato também deve ser registrado no Registro de Imóveis.

É importante ressaltar que, com a notificação do proprietário, ocorre o *tombamento provisório*, que já limita o uso da coisa por seu dono.

Além de poder ser instituído por *ato administrativo*, o tombamento também pode advir de *ato legislativo* (por exemplo, o art. 216, § 5º, da CF, pelo qual "ficam tombados os documentos e sítios detentores de reminiscências históricas dos antigos quilombos") ou *ato judicial*. No terceiro caso, o juiz, diante de uma ação coletiva (ex.: ação popular ou ação civil pública), determina a inscrição do tombamento no Livro do Tombo.

Quanto aos **efeitos** do tombamento, temos, entre outros, os seguintes: a) o proprietário deverá conservar a coisa (se não tiver recursos, deve levar ao conhecimento do Poder Público, que fica autorizado legalmente a executar a obra); b) o proprietário não pode reparar, pintar ou restaurar a coisa, sem prévia autorização especial do Poder Público; c) os vizinhos não podem reduzir a visibilidade da coisa tombada, nem colocar anúncios sem prévia autorização especial; d) os entes políticos têm direito de preferência na aquisição da coisa, caso o proprietário queira aliená-la; e) o bem tombado, se for um bem público, ou seja, pertencente a uma pessoa jurídica de direito público, é inalienável; f) o bem tombado não pode sair do País, salvo se por prazo curto, sem alienação, para fim de intercâmbio cultural e mediante autorização do Poder Público; g) o proprietário do bem tombado tem direito de ser indenizado, caso sofra restrição especial que o prejudique economicamente.

A Constituição traz uma norma especial sobre o tombamento do patrimônio cultural ao dispor que "ficam tombados todos os documentos e os sítios detentores de reminiscências históricas dos antigos quilombos" (art. 216, § 5º).

O Dec.-lei 25/1937 é de leitura obrigatória para se conhecer mais sobre o instituto do tombamento.

9.2.7. Expropriação (art. 243 da CF)

A expropriação pode ser **conceituada** como *a retirada da propriedade de alguém sem o pagamento de indenização alguma.*

O instituto é cabível nas seguintes **hipóteses:**

a) sobre gleba onde forem localizadas culturas ilegais de plantas psicotrópicas;

b) sobre bem apreendido em decorrência de tráfico.

Os bens expropriados terão a seguinte **destinação:**

a) glebas serão destinadas ao assentamento de colonos para cultivo de produtos alimentícios/ medicamentosos;

b) os bens serão revertidos em benefício de instituições e pessoal especializados no tratamento de viciados e no aparelhamento e custeio de atividades de fiscalização, controle, prevenção e repressão do crime de tráfico.

Resta estudar agora a desapropriação, que consiste na retirada da propriedade de terceiro, mas mediante o devido pagamento.

9.2.8. Desapropriação

9.2.8.1. Fundamentação legal

O instituto da desapropriação está regulamentado nos seguintes diplomas: Constituição Federal - arts. 5º, XXIV, 182, § 3º, 184/185 e 243; Decreto-lei 3.365/1941 (utilidade e necessidade pública), Lei 4.132/1962 (interesse social), Decreto-Lei 1.075/1970 (imissão provisória na posse em imóveis residenciais urbanos), Lei 8.257/1991 (glebas com culturas ilegais de plantas psicotrópicas), Lei 8.629/1993 (reforma agrária), Lei Complementar 76/1993 (rito sumário de contraditório especial para reforma agrária) e Lei 10.257/2001 (desapropriação por interesse social como instrumento de política urbana).

9.2.8.2. Direito material

Pode-se **conceituar** a desapropriação como o *procedimento pelo qual o Poder Público, fundado em necessidade pública, utilidade pública ou interesse social, compulsoriamente adquire para si um bem certo, em caráter originário, mediante indenização prévia, justa e pagável em dinheiro, salvo no caso de imóveis em desacordo com a função social da propriedade, hipóteses em que a indenização far-se-á em títulos da dívida pública.*

A desapropriação é expressão do princípio da supremacia do interesse público sobre o particular. É muito comum que entrem em choque dois interesses. De um lado, o Poder Público, interessado muitas vezes em utilizar um dado imóvel particular para, por exemplo, construir uma escola, um hospital ou uma repartição pública. De outro, o particular interessado em não alienar nem ceder um imóvel do qual é titular do direito de propriedade. Entre o interesse do Poder Público e o interesse do particular, prevalecerá o primeiro, ou seja, o Poder Público poderá exigir que o particular entregue o bem de sua propriedade, e, em troca, o particular terá direito de ser indenizado, indenização que será, em regra, prévia, justa e pagável em dinheiro.

A desapropriação é **forma originária de aquisição da propriedade**, não se vinculando, portanto, ao título anterior. Isso significa, por exemplo, que as dívidas do imóvel ficam sub-rogadas no preço pago pela desapropriação e não mais neste (art. 31 do Decreto-lei 3.356/1941). Ademais, mesmo que se tenha desapropriado imóvel de pessoa que não era seu dono, não haverá invalidade (ou seja, não há direito de reivindicação por terceiro – art. 35 do Decreto-lei 3.365/1941), ressalvado o direito de o verdadeiro dono se insurgir contra o que se supunha dono do imóvel.

A **competência para legislar** sobre desapropriação é privativa da União (art. 22, II, CF).

São **fases** da desapropriação a **declaratória,** em que o ente declara de utilidade pública determinada área a ser desapropriada, e a **executória**, em que são tomadas providências concretas para efetivar a manifestação de vontade anterior. Tenta-se, em primeiro lugar, fazer um acordo com o proprietário (desapropriação extrajudicial). Não sendo frutífera tal tentativa, ingressa-se com ação de desapropriação.

A **competência para a primeira fase** (competência para declarar bem de utilidade pública ou interesse social) é dos entes políticos (União, Estados, DF e Municípios), do DNIT (Lei 10.233/2001) e da ANEEL (art. 10 da Lei 9.074/1995).

A **competência para a segunda fase** (competência para executar a desapropriação) é dos entes políticos, autarquias e fundações públicas; concessionárias de serviço público ou entes delegados pelo Poder Público, desde que autorizados expressamente pela lei ou pelo contrato (art. 3º do Decreto-lei).

O **objeto** da desapropriação é qualquer bem (móvel ou imóvel, material ou imaterial, inclusive o espaço aéreo e o subsolo), exceto moeda corrente nacional (salvo moedas raras), pessoas e direitos personalíssimos. O objeto deve também ser existente, preciso, certo e possível. É cabível a desapropriação do espaço aéreo e do subsolo quando de sua utilização pelo Poder Público resultar prejuízo patrimonial ao proprietário do solo.

Bem público pode ser desapropriado. A União pode desapropriar de todos os entes, além dos particulares. Estados desapropriam dos Municípios e dos particulares. Municípios, só dos particulares. Quando a desapropriação se dá sobre bem público, além de se respeitar os limites acima, deve ser precedida de autorização legislativa.

Por fim, vale destacar que não é possível a autodesapropriação, ou seja, a desapropriação de bem da própria pessoa.

A **declaração de utilidade pública** consiste no ato pelo qual o Poder Público manifesta intenção de adquirir compulsoriamente determinado bem submetendo-o à sua força expropriatória. Deve-se identificar o *bem*, seu *destino* e o *dispositivo legal* que autoriza o ato. Faz-se por decreto, normalmente. O Poder Legislativo pode tomar a iniciativa, cabendo ao Executivo efetivá-la. Ao Poder Judiciário é vedado decidir se se verificam ou não os casos de utilidade pública (art. 9º do Dec.-lei).

São **efeitos da declaração:** a) submete o bem à força expropriatória do Estado; **b) fixa o estado** dos bens, o que não significa que não possa ser vendido ou alterado (importante, pois o Estado deverá indenizar as benfeitorias necessárias efetuadas posteriormente; as benfeitorias úteis, por sua vez, só serão indenizadas pelo Estado se este autorizar sua realização; as voluptuárias nunca serão indenizadas); **c) confere ao Poder Público o direito de penetrar** no bem, com auxílio de força policial se o caso (art. 7º do Dec.-lei – tal efeito demonstra a autoexecutoriedade do Decreto); **d) dá início ao prazo de caducidade** da declaração.

A **caducidade da declaração** consiste na perda de sua validade pelo decurso do tempo sem que o Poder Público promova os atos concretos de expropriação, ficando inviabilizada a desapropriação. Nas hipóteses de desapropriação por **utilidade pública, o prazo de caducidade é de 5 anos** (art. 10, Decreto-lei). No caso de desapropriação por **interesse social, a caducidade se dá após 2 anos** (art. 3º, Lei 4.132/1961). A desapropriação por interesse social se dá quando não se cumpre a função social da propriedade, sendo as demais por utilidade ou necessidade pública. Caso haja a caducidade, somente **decorrido 1 ano** poderá haver nova declaração sobre aquele bem.

Imissão provisória de posse é a transferência da posse do bem objeto de desapropriação para o expropriante, já no início da lide, concedida pelo Juiz, se o Poder Público declarar urgência e depositar, em Juízo, a favor do proprietário, importância fixada segundo critério legal.

A **indenização** será sempre **justa**, **prévia** e, como regra, em **dinheiro**. Mas quando não se atender à função social, seja em área urbana, seja em área rural, a desapropriação decorrente de tal situação implicará pagamento por títulos públicos, resgatáveis anual e sucessivamente. Vale dizer, em que pese o pagamento seja prévio, não será em dinheiro, mas em títulos resgatáveis anualmente. Vejamos as hipóteses de pagamento com títulos públicos:

Imóvel rural: a União é competente para desapropriá-lo quando o fundamento é o não atendimento à função social; o pagamento é feito em títulos da dívida agrária, com cláusula de preservação do valor real, resgatáveis em até 20 anos, a partir do segundo ano de emissão do título. Cuidado, pois as benfeitorias úteis e necessárias são indenizadas em dinheiro (art. 184, § 1º, da CF).

Imóvel urbano: o Município é o competente para desapropriá-lo quando o fundamento é o não atendimento à função social da propriedade (imóvel não edificado, subutilizado ou não utilizado). Depende de lei específica, para a área incluída no Plano Diretor, a exigência, nos termos de lei federal, de que o proprietário promova o adequado aproveitamento do imóvel, sob pena de, sucessivamente, determinar-se o parcelamento ou edificação compulsórios, instituir-se IPTU progressivo no tempo, para só depois, mantida a situação, efetivar-se a desapropriação. Nesse caso o pagamento será feito em títulos da dívida pública (de emissão previamente aprovada pelo Senado), resgatáveis em até 10 anos, em parcelas anuais, iguais e sucessivas, assegurados o valor real da indenização e os juros legais. Não há previsão de pagamento em dinheiro das benfeitorias, talvez porque geralmente não haverá benfeitoria alguma (art. 182, CF).

Não há indenização (confisco): na expropriação de gleba de qualquer região, onde forem localizadas culturas ilegais de plantas psicotrópicas, o mesmo ocorrendo com bens de valor econômico apreendidos em decorrência de tráfico ilícito de entorpecentes e drogas afins. Há, portanto, o confisco de tais bens, que serão utilizados em projetos sociais (assentamentos, cultivos, instituições, recuperação, fiscalização etc.).

A **justa indenização** compreende o valor de mercado do imóvel, abrangendo os danos emergentes e os lucros cessantes do proprietário. Inclui juros moratórios, compensatórios, correção monetária e honorários advocatícios. Os juros moratórios, segundo a MP 2.183-56, correm a partir de 1º de janeiro do exercício seguinte ao que o pagamento deveria ser feito. Os juros compensatórios são contados desde o momento da imissão antecipada na posse, pois, a partir daí, o proprietário não mais terá a disponibilidade do bem, devendo ser compensado por isso. A correção monetária é contada desde a realização do laudo pericial que fixa o valor do bem expropriado. Os honorários são fixados tendo por base de cálculo a diferença entre o oferecido pelo Poder Público e o fixado pelo Poder Judiciário.

Consuma-se a desapropriação com o pagamento da indenização, pois a Constituição diz que a desapropriação requer prévia (e justa) indenização. É importante saber qual o momento em que se consuma a desapropriação, a fim de concluir-se até quando o Poder Público pode dela desistir Destarte, pode-se desistir da desapropriação até o último momento anterior ao do pagamento da indenização. Deve-se ressaltar que eventuais danos causados ao particular devem ser ressarcidos.

Desapropriação por zona *é aquela de área maior do que a necessária à realização de obra ou serviço, para abranger zona contígua a ela, tendo em vista* reservá-la *para o futuro* ou revendê-la, *se extraordinária valorização for decorrência da desapropriação a ser efetuada*. Ou seja, consiste em desapropriar área maior do que a necessária naquele momento, com a finalidade de garantir espaço para realização de obras no futuro ou com o objetivo de revender a área maior desapropriada, quando houver valorização muito grande do local, a fim de não causar enriquecimento sem causa ao antigo proprietário. A declaração de utilidade deve compreendê-las, mencionando qual é para revenda e qual será para o desenvolvimento da obra (art. 4º do Decreto-lei). Parte da doutrina defende que o Poder Público deveria, no caso de valorização, cobrar o tributo contribuição de melhoria, já que se trata de alternativa menos gravosa ao proprietário, entendimento não compartilhado pela jurisprudência do STF.

Direito de extensão *consiste na faculdade do expropriado de exigir que na desapropriação se inclua a parte restante do bem que se tornou inútil ou de difícil utilização*. Deve ser exercido quando da realização do acordo administrativo ou no bojo da ação de desapropriação, sob pena de se considerar que houve renúncia.

Segundo o art. 20 do Dec.-lei 3.365/1941, a contestação somente poderá versar sobre dois pontos: a) vício do processo judicial; b) impugnação do preço. Qualquer outra questão deverá ser decidida por ação autônoma.

Quanto ao vício do processo judicial pode-se alegar, em preliminar, tanto defeitos processuais (ausência de pressupostos processuais) como aqueles relativos à ação (ausência de condição de ação).

Quanto à impugnação ao preço, o que se permite é discutir o *quantum* ofertado pelo Poder Público na sua petição inicial.

Por outro lado, pode o particular exercer o direito de extensão, ou seja, o direito *de exigir que na desapropriação se inclua a parte restante do bem que se tornou inútil ou de difícil utilização*, na própria contestação, apresentando outra avaliação do bem, abrangendo a integralidade do imóvel, e não apenas a parte incluída no plano de desapropriação, conforme entendimento do Superior Tribunal de Justiça.

O fundamento jurídico desse direito também é a norma constitucional que determina a fixação da justa indenização (art. 5º, XXIV). Isso porque, caso o expediente da desapropriação parcial com esvaziamento econômico da área remanescente não fosse impedido, a justa indenização, por vias transversas, estaria sendo prejudicada.

Não bastasse isso, há diversas outras normas repelindo esse tipo de conduta e conferindo ao prejudicado o direito de extensão. Por exemplo, há o antigo Decreto Federal n. 4.956, de 1903, que, em seu art. 12, prevê expressamente esse direito, sendo certo que esse decreto não foi revogado expressa ou tacitamente pelo Decreto-lei 3.365/1941. Há, também, a Lei Complementar nº 76/1993, que dispõe sobre o procedimento sumário de desapropriação para fins de reforma agrária, e que contempla expressamente, em seu art. 4º, o direito de extensão.

Retrocessão *importa no direito do ex-proprietário de reaver o bem expropriado que não foi utilizado em finalidade pública*. O requisito aqui é o desvio de finalidade, a chamada tredestinação, utilizando-se o bem expropriado em fim não público. Não configura o instituto a utilização do bem em destinação distinta da prevista no decreto expropriatório, quando a nova finalidade for de interesse público.

9.2.8.3. Direito processual na desapropriação direta

9.2.8.3.1. Competência

O foro competente para o julgamento de ação de desapropriação é o da situação da área desapropriada. No caso da Justiça Federal, a regra permanece, ou seja, é competente o juízo federal onde se situa o imóvel objeto da demanda.

9.2.8.3.2. Legitimidade

a) Ativa: podem propor a ação de desapropriação as pessoas competentes para a fase de execução da desapropriação (vistas acima), ou seja, os entes políticos, as autarquias e as fundações públicas, as concessionárias de serviço público e os entes delegados pelo Poder Público também poderão, desde que autorizados expressamente por lei ou por contrato (art. 3º do Dec.-lei);

b) Passiva: sofre a ação de desapropriação o proprietário do bem.

9.2.8.3.3. Petição inicial

A petição inicial conterá:

a) preenchimento dos requisitos previstos no art. 282 do CPC;

b) oferta do preço;

c) exemplar do contrato, ou do jornal oficial, em que foi publicado o decreto (serve cópia autenticada);

d) planta ou descrição do bem e suas confrontações.

9.2.8.3.4. Imissão provisória na posse

Muitas vezes, o Poder Público não tem como esperar o final da ação de desapropriação para adentrar no bem. As demandas sociais costumam ser urgentes. Nesses casos, o Poder Público pode pedir para ingressar imediatamente no imóvel. São necessários dois requisitos para a imissão provisória na posse (art. 15, *caput*, do Dec.-lei), analisados abaixo.

Alegação de urgência: aqui, há três observações a serem feitas. A primeira, no sentido de que basta a mera alegação de urgência para que o requisito seja preenchido, ou seja, não é necessária a demonstração da urgência em juízo, por se tratar de questão de conveniência e oportunidade da administração pública; a segunda, no sentido de que essa alegação pode acontecer tanto no decreto expropriatório, como em momento posterior; e a terceira, no sentido de que a alegação de urgência não poderá ser renovada e obrigará o expropriante a requerer a imissão provisória dentro do prazo improrrogável de 120 dias.

Depósito imediato de quantia arbitrada pelo juiz, na forma da lei: aqui, há duas observações importantes a serem feitas. A primeira, no sentido de que não se busca, nessa fase, a fixação do real valor de mercado do imóvel que está sendo desapropriado; o que temos aqui são critérios estabelecidos pela lei para que o magistrado, num juízo preliminar, chegue a um valor razoável para determinar a imissão provisória na posse; a segunda observação é a de que existem duas regulamentações sobre a imissão provisória na posse:

a) regra (art. 15, § 1º, do Dec.-lei): a imissão será autorizada mediante depósito que observe um dos seguintes critérios: a1) valor equivalente a, pelo menos, vinte vezes o valor locativo do imóvel; a2) valor venal do imóvel, desde que atualizado no ano fiscal anterior; a3) no caso de inexistência de atualização do venal do imóvel, o juiz fixará o valor do depósito observando a data da fixação do valor venal e a valorização ou desvalorização ocorridas posteriormente. Na prática, acaba sendo utilizado o valor venal atualizado. O STF emitiu a Súmula 652, dispondo ser constitucional a utilização dos critérios citados. O expropriado poderá levantar até 80% do valor depositado, após as providência do art. 34 do Dec.-lei;

b) **regra para desapropriação de prédios residenciais urbanos (arts. 1º a 4º do Dec.-lei 1.075/1970):** a imissão será autorizada com o simples depósito do preço oferecido na petição inicial de desapropriação, todavia, caso o expropriado, em 5 dias da intimação da oferta, impugne o preço oferecido, o juiz, servindo-se de perito avaliador (caso necessário), fixará, em 48 horas, o valor provisório do imóvel; se o valor arbitrado for maior do que o oferecido na inicial pelo Poder Público, o juiz só admitirá a imissão provisória se este complementar o depósito para que esta atinja a metade do valor arbitrado. O expropriado poderá levantar a totalidade do valor depositado (ou seja, 50% do *preço depositado e complementado*) ou, quando o valor arbitrado for igual ou menor ao dobro do preço oferecido, é lícito ao expropriado optar por levantar 80% do *preço oferecido*.

9.2.8.3.5. Contestação

Segundo o art. 20 do Dec.-lei, a contestação somente poderá versar sobre dois pontos: a) vício do processo judicial; b) impugnação do preço. Qualquer outra questão deverá ser decidida por ação autônoma.

Quanto ao vício do processo judicial pode-se alegar, em preliminar, tanto defeitos processuais (ausência de pressupostos processuais) como aqueles relativos à ação (ausência de condição de ação).

Quanto à impugnação ao preço, o que se permite é discutir o *quantum* ofertado pelo Poder Público na sua petição inicial.

É importante ressaltar que, caso o particular queira exercer o direito de extensão, ou seja, o direito *de exigir que na desapropriação se inclua a parte restante do bem que se tornou inútil ou de difícil utilização*, poderá fazê-lo na contestação, apresentando outra avaliação do bem, abrangendo a integralidade do imóvel, e não apenas a parte incluída no plano de desapropriação. Segundo o STJ, "o pedido e extensão formulado na contestação em nada ofende o art. 20 do Decreto-lei 3.365/1941" (Resp. 882.135/SC, DJ 17/05/07, e Resp. 816.535/SP, DJ 16/02/07).

O fundamento jurídico desse direito também é a norma constitucional que determina a fixação da justa indenização (art. 5º, XXIV). Isso porque, caso o expediente da desapropriação parcial com esvaziamento econômico da área remanescente não fosse impedido, a justa indenização, por vias transversas, estaria sendo prejudicada.

Além disso, há diversas outras normas repelindo esse tipo de conduta e conferindo ao prejudicado o direito de extensão. José Fernandes Carvalho Filho lembra que o antigo Decreto Federal n. 4.956, de 1903, em seu art. 12, prevê expressamente esse direito, sendo certo que esse decreto não foi revogado expressa ou tacitamente pelo Decreto-lei 3.365/1941. O doutrinador cita, ainda, a Lei 4.504/64 (art. 19), que dispunha sobre a reforma agrária, e, atualmente, a Lei Complementar nº 76/1993, que dispõe sobre o procedimento sumário de desapropriação para fins de reforma agrária, e que contempla expressamente, em seu art. 4º, o direito de extensão. Para Carvalho Filho, "essas leis mais novas demonstram, à evidência, que o legislador nunca quis banir o direito de extensão do ordenamento jurídico. Ao contrário, restabeleceu-o expressamente em outras leis como que para indicar que em todos os casos de desapropriação, e presentes os mesmos pressupostos, é assegurado ao proprietário usar de seu direito de extensão". (**Manual de Direito Administrativo**, 18ª edição, Rio de Janeiro: Lumen Juris, p. 770, 2007).

Para Celso Antônio Bandeira de Mello pode-se discutir, ainda, no bojo da ação expropriatória, vícios na declaração de utilidade pública, inclusive desvio de finalidade: "se o proprietário puder objetivamente e indisputavelmente demonstrar que a declaração de utilidade pública não é um instrumento para a realização dos fins a que se preordena, mas um recurso ardiloso para atingir outro resultado, o juiz deverá reconhecer-lhe o vício e, pois, sua invalidade; cumpre que tal apreciação possa ser feita até mesmo na ação expropriatória, que, se assim não fora, de nada valeria ao particular demonstrar-lhe o vício posteriormente, pois, uma vez integrado o bem, ainda que indevidamente, ao patrimônio público – ex vi do art. 35 do Decreto-lei 3.365/1941 –, a questão resolver-se-ia por perdas e danos, donde ser ineficiente tal meio para garantir ao proprietário despojado a proteção estabelecida no art. 5º, XXIV, da Carta Magna" (**Curso de Direito Administrativo**, 24ª edição, São Paulo: Malheiros, pp. 866-7, 2007).

Cuidado, pois é excepcional a possibilidade de discutir a questão referida no parágrafo anterior, na ação de desapropriação. Como regra, esse tipo de questão deve ser objeto de ação própria.

9.2.8.3.6. Procedimento

Na fase judicial a desapropriação se desenvolve segundo o seguinte procedimento:

a) petição inicial, com os requisitos já mencionados, e eventual requerimento de imissão provisória na posse;

b) havendo requerimento de imissão provisória na posse, o juiz deve tomar as providências mencionadas (fixar valor para depósito e proceder à imissão na posse);

c) ao despachar a inicial o juiz deverá tomar duas providências: c1) determinar a citação do réu; c2) designar um perito de sua livre escolha para proceder à avaliação dos bens;

d) feita a citação, a ação seguirá o rito ordinário.

9.2.8.3.7. Sentença

A sentença deverá tratar dos seguintes assuntos:

a) das impugnações processuais alegadas em preliminares;

b) do *quantum* indenizatório, que deverá ser fixado levando em conta o valor de mercado do bem (a Constituição fala em "justa indenização"), os danos emergentes e os lucros cessantes, a partir do livre convencimento do juiz em face das avaliações do perito e das argumentações das partes e de seus assistentes técnicos;

c) dos consectários legais, tais como juros compensatórios, juros moratórios, correção monetária, custas e despesas processuais e honorários advocatícios.

Sobre os valores principais e os consectários legais, no caso de desapropriação se efetivar, temos o seguinte:

a) **valor de mercado do bem:** o juiz deverá arbitrar quantia que corresponda ao valor do mercado do bem, com todas as benfeitorias que já existiam no imóvel antes do ato expropriatório; quanto às benfeitorias feitas posteriormente, serão pagas as necessárias e as úteis, estas quando realizadas com autorização do expropriante. Se houver desapropriação de parte de um imóvel, tornando a parte remanescente economicamente inviável, pode-se pedir indenização pelo valor total do bem, exercendo o chamado direito de extensão;

b) **danos emergentes e lucros cessantes:** aqui entram os valores que o juiz pode arbitrar para desmonte e transporte de equipamentos instalados e em funcionamento (art. 25, parágrafo único, do Dec.-lei), os valores devidos ao proprietário da coisa que tiver fundo de comércio próprio no local (ponto comercial), os valores relativos à valorização ou depreciação de eventual área remanescente, pertencente ao réu (art. 27, *caput*, do Dec.-lei), dentre outros; quanto aos lucros cessantes, deve-se tomar cuidado para que não haja cumulação indevida deles com juros compensatórios (STJ, Resp. 509.854/RS, DJ 17/04/07);

c) **juros compensatórios:** esses juros são devidos quando o Poder Público promove a imissão provisória na posse do imóvel. Nessa circunstância, o expropriado poderá levantar parte do valor depositado em juízo, mas só receberá o valor total (de mercado) do seu bem após a sentença definitiva; é sobre a diferença entre o valor total do bem e o valor ofertado por ocasião da imissão provisória na posse da coisa que incidirão os juros compensatórios. São juros justos, pois o proprietário da coisa, ao se ver desprovido dela, deixa de poder auferir renda com o bem, sendo correto que receba juros compensatórios quanto a essa diferença. Assim, os juros compensatórios são **contados** da imissão na posse (art. 15-A do Dec.-lei, acrescentado pela MP 2.183/01). A medida provisória referida estabeleceu, também, que os juros compensatórios seriam "de até 6% (seis por cento) ao ano"; todavia, o STF, na ADI 2.332-2, deferiu liminar para suspender a eficácia da expressão "de até 6% ao ano" e também para determinar "que a base de cálculo dos juros compensatórios será a diferença eventualmente apurada entre 80% do preço ofertado em juízo e o valor do bem fixado na sentença". A ideia de substituir a expressão "preço ofertado em juízo" pela expressão "80% do preço ofertado em juízo" tem razão no fato de que, normalmente, o expropriado só levanta 80% do preço depositado em juízo; com relação ao montante do juros, com a retirada da expressão, remanesce a regra estabelecida na Súmula 618 do STF, pela qual a taxa de juros compensatórios é de 12% ao ano. Por fim, vale a pena dizer que os juros compensatórios são devidos mesmo que o imóvel não produza renda, pois o STF suspendeu a eficácia dos §§ 1º e 2º do art. 15-A do Dec.-lei;

d) **juros moratórios:** esses juros são devidos quando há atraso, pelo Poder Público, do pagamento que deverá efetuar pela desapropriação. Como o pagamento, de regra, é feito por precatório, esse atraso só passa a existir "a partir de 1º de janeiro do exercício seguinte àquele em que o pagamento deveria ser feito, nos termos do art. 100 da Constituição" (art. 15-B do Dec.-lei); o mesmo dispositivo estabelece que esses juros serão de 6% ao ano. Esse dispositivo não foi alterado pelo STF;

e) **correção monetária:** é contada desde a realização do laudo pericial que fixa o valor do bem expropriado;

f) **custas e despesas processuais:** são de responsabilidade do Poder Público os honorários periciais, no caso de o valor por ele oferecido ser majorado pelo magistrado;

g) **honorários advocatícios:** os honorários serão fixados entre 0,5 e 5% da diferença entre o valor oferecido pelo Poder Público e o valor fixado pelo Poder Judiciário (art. 27, § 1º, do Dec.-lei, com a redação dada pela MP 2.183-56/01), diferença que deve ser atualizada. No mesmo parágrafo do art. 27, havia previsão de que os honorários não poderiam ultrapassar os R$ 151 mil; todavia, na ADI 2.332-2 o STF também suspendeu a eficácia da expressão. É importante ressaltar que na base de cálculo dos honorários advocatícios devem ser incluídas as parcelas devidas a título de juros moratórios e compensatórios, também devidamente atualizados, nos termos da Súmula 131 do STJ.

9.2.8.3.8. Recursos

Na desapropriação, cabem os recursos à moda do que ocorre nas ações de rito ordinário. Assim, a título de exemplo, da decisão interlocutória cabe agravo, ao passo que da sentença terminativa ou de mérito cabe apelação. Das decisões proferidas pelos Tribunais Estaduais ou Federais, cabem, por exemplo, recurso especial ou recurso extraordinário.

No que concerne aos efeitos do recurso de apelação, temos as seguintes regras (art. 28 do Dec.-lei):

a) se interposta pelo expropriado: terá efeito apenas devolutivo;

b) se interposta pelo Poder Público: terá efeito devolutivo e suspensivo.

Por fim, é fundamental lembrar que, no caso de a sentença condenar a Fazenda Pública em quantia superior ao dobro da oferecida na petição inicial, ficará sujeita ao duplo grau de jurisdição.

9.2.8.3.9. Desistência da desapropriação

Conforme já escrito, pode-se desistir da desapropriação até o último momento anterior ao do pagamento da indenização. Deve-se ressaltar que os danos causados ao particular devem ser ressarcidos. Assim, a desistência só se efetivará se o Poder Público: a) fizer o pedido antes de ultimada a desapropriação; b) ressarcir o expropriado de todos os danos que tiver; c) pagar as despesas processuais; d) devolver o bem.

Todavia, o STJ vem entendendo que há um quinto requisito que deve ser atendido, qual seja, o de que não tenha havido substanciais alterações no imóvel por parte do Poder Público, tornando impossível a restituição no estado em que se encontrava antes da imissão provisória (STJ, REsp 132.398/SP – Min. Hélio Mosimann, DJ. 19/10/1998).

9.2.8.3.10. Intercorrências no pagamento da indenização fixada na sentença

A quantia fixada na sentença será paga por meio da expedição de precatório, ressalvadas as quantias definidas pela lei como de pequeno valor. Do valor fixado na sentença somente será abatido o montante que já tiver sido depositado por eventual imissão provisória na posse que tiver sido executada.

O pagamento por meio de precatório segue a sorte do art. 100, § 5º, da Constituição Federal: "é obrigatória a inclusão, no orçamento das entidades de direito público, de verba necessária ao pagamento de seus débitos oriundos de sentenças transitadas em julgado, constantes de precatórios judiciários, apresentados até 1º de julho, fazendo o pagamento até o final do exercício seguinte, quando terão seus valores atualizados monetariamente". Cabe ao Presidente do Tribunal que proferir a decisão exequenda determinar o pagamento segundo as possibilidade de depósito (art. 100, § 6º, CF).

Nos trâmites relativos ao pagamento dos precatórios podem ocorrer as seguintes intercorrências:

a) preterição da ordem cronológica: é o caso de um credor ter depositada a quantia a que tem direito antes de outro com ordem cronológica mais antiga; nesse caso, o credor mais antigo poderá ingressar com "pedido de sequestro da quantia necessária à satisfação do seu débito", que deve ser feito para o Presidente do Tribunal que tiver determinado a expedição do precatório;

b) não efetivação do depósito no prazo previsto no § 1º do art. 100 da CF: nesse caso, incidem as hipóteses dos arts. 34, V, "a", e 35, I, da CF, que permitem a intervenção da União nos Estados e dos Estados nos Municípios, quando deixar de ser paga, sem motivo de força maior, por dois anos consecutivos, a dívida fundada;

9.2.8.3.11. Pagamento integral

Efetuado o pagamento integral do valor da indenização, será expedido mandado de imissão na posse, valendo a sentença como título para registro no Registro de Imóveis.

9.2.8.4. Retrocessão

Infelizmente, é muito comum o Poder Público desapropriar um imóvel e não utilizá-lo posteriormente numa atividade de interesse público. Em algumas vezes, o Poder Público simplesmente não utiliza o imóvel. Em outras, utiliza, mas em atividades que não são de interesse público.

O Superior Tribunal de Justiça vem, em matéria de desapropriação, fazendo a distinção entre tredestinação lícita e tredestinação ilícita.

A tredestinação consiste na mudança de destinação de um imóvel desapropriado.

Como se sabe, quando se expede o decreto expropriatório, é necessário indicar a finalidade daquela desapropriação que se deseja fazer. Assim, indica-se no decreto se a finalidade é construir uma escola, construir um hospital, construir casas populares, alargar uma via pública etc.. A tredestinação ocorre quando a Administração Pública, de posse do imóvel desapropriado, acaba utilizando-o em finalidade distinta da prevista inicialmente.

Ocorre que essa mudança de finalidade pode se dar para atender outra demanda de interesse público. Um exemplo dessa situação é a desapropriação de uma área para construir uma escola e depois acabar construindo um hospital. Nesse caso, tem-se a tredestinação lícita, não sendo possível questionar a desapropriação realizada e os atos subsequentes.

Outra possibilidade é a de a Administração mudar a finalidade da desapropriação realizada para o fim de atender uma demanda que não é de interesse público. Um exemplo é desapropriar uma área para construir uma escola e depois ceder essa área para um comerciante local montar uma loja de venda de automóveis. Nesse caso, tem-se a tredestinação ilícita, que autoriza a nulidade do ato consequente e a retomada da coisa pelo anterior proprietário, que tem o direito de retrocessão.

Nesses casos, fica a dúvida: o antigo proprietário poderá reivindicar o imóvel de volta, devolvendo os valores que tiver recebido, terá direito a uma mera indenização ou não terá direito algum?

Para responder a essa pergunta, temos que tratar do instituto da retrocessão.

Pelo conceito tradicional, **retrocessão** *importa no direito do ex-proprietário de reaver o bem expropriado que não foi utilizado em finalidade pública*. O requisito, como se viu, é o desvio de finalidade, a chamada tredestinação, utilizando-se o bem expropriado em finalidade não pública. Não configura o instituto a utilização do bem em finalidade distinta da prevista no decreto expropriatório, quando a nova finalidade for de interesse público.

A primeira regra sobre o assunto foi o art. 1.150 do antigo CC, cujo texto era imperativo: o Poder Público oferecerá o imóvel ao ex-proprietário, caso não tenha o destino que deu origem à desapropriação, pelo preço que o foi. Apesar da imperatividade do texto, dando a entender tratar-se de direito real do antigo proprietário, por estar o dispositivo no capítulo do direito pessoal de preferência, foi muito forte a corrente no sentido de que o direito do ex-proprietário era meramente pessoal.

Sobreveio o art. 35 do Decreto-lei 3.365/1941, cuja redação não permite a reivindicação do bem, após desapropriado. Com a entrada em vigor desse decreto-lei, ganhou força a tese de que a retrocessão tratava-se de mero direito pessoal do antigo proprietário.

Todavia, alguns acórdãos do STF também reconheceram o caráter de direito real do ex-proprietário.

O STJ, por sua vez, já há alguns anos entende tratar-se de direito real o direito do ex-proprietário, conforme se vê do seguinte acórdão: Edcl. no REsp 623.511/RJ, DJ 26/09/2005.

Há três temas bastante polêmicos que devem, ainda, ser aclarados.

O primeiro é concernente ao seguinte ponto: quando o imóvel não é utilizado em finalidade alguma pelo Poder Público, qual é o prazo para se considerar o bem não utilizado para fins de exercício do direito de retrocessão?

A resposta a essa pergunta depende da modalidade de desapropriação envolvida:

a) na desapropriação por interesse social, prevalece a tese de que o prazo é de 2 anos, visto que, segundo o art. 3º da Lei 4.132/1962, é o prazo para que o Poder Público adote "as providências de aproveitamento do bem expropriado";

b) na desapropriação para reforma agrária, o art. 16 da Lei 8.629/1993 estabelece o prazo de três anos, contados da data de registro do título translativo de domínio, para que o órgão expropriante destine a respectiva área aos beneficiários da reforma agrária;

c) na desapropriação por descumprimento da função social em imóvel urbano, o art. 8º da Lei 10.257/2001 dispõe que o Município tem o prazo de cinco anos para proceder ao adequado aproveitamento do imóvel, contado de sua incorporação ao patrimônio público;

d) na desapropriação por utilidade ou necessidade públicas, não há, na lei, prazo máximo para a ocupação do bem pelo Poder Público, prevalecendo a tese de que o prazo, então, será de 5 anos, mantendo-se a harmonia com o prazo de caducidade do decreto expropriatório, à moda do que acontece para esses dois prazos na desapropriação por interesse social.

O segundo ponto é relativo ao prazo para ingressar com a ação de retrocessão. Prevalece o entendimento de que se deve utilizar o prazo prescricional previsto para os direitos reais. Como o art. 205 do CC não faz distinção entre ações reais e pessoais, deve-se utilizar o prazo geral previsto no dispositivo, que é de 10 anos. Se o entendimento prevalecente fosse de que a retrocessão é direito pessoal, o prazo seria o previsto para ações indenizatórias contra o Poder Público.

O último ponto diz respeito à autonomia da ação que deverá ser aforada. Nesse sentido, é pacífico que se deve ingressar com ação própria, não sendo possível aproveitar a ação de desapropriação originária.

Por fim, é importante ressaltar que "ao imóvel desapropriado para implantação de parcelamento popular, destinado às classes de menor renda, não se dará outra utilização nem haverá retrocessão" (art. 5º, § 3º, do Dec.-lei 3.365/1941).

Confira acórdão do STJ reconhecendo o caráter real do direito de retrocessão, e, consequentemente, que o prazo prescricional respectivo é o das ações de natureza real:

> "1. A jurisprudência desta Corte e do STF adotou corrente no sentido de que a ação de retrocessão é de natureza real e, portanto, aplica-se o art. 177 do CC/16 e não o prazo quinquenal de que trata o Decreto 20.910/1932. 2. Recurso especial provido." (STJ, REsp 2006.01546994, DJ14/03/2007).

9.2.8.5. Situação jurídica de terceiros

Há quatro tipos de terceiros que podem ter seus direitos afetados por uma desapropriação. Confira:

a) verdadeiro proprietário da coisa, que não consta como réu na ação de desapropriação: quanto a essa pessoa, incide o art. 35 do Dec.-lei, que dispõe que "os bens expropriados, uma vez incorporados à Fazenda

Pública, não podem ser objeto de reivindicação, ainda que fundada em nulidade do processo de desapropriação"; assim, o verdadeiro proprietário deve acionar aquele que recebeu a indenização e buscar a satisfação dos seus interesses por meio de perdas e danos, ou seja, o Poder Público, por adquirir de forma originária o bem objeto de expropriação, não sofre os efeitos da evicção;

b) **credor do expropriado:** quanto ao credor com garantia real, incide o art. 31 do Dec.-lei, pelo qual "ficam sub-rogados no preço quaisquer ônus ou direitos que recaiam sobre o bem expropriado", ou seja, o credor com direito real sobre a coisa passará a ter direito real sobre a quantia depositada em juízo, operando-se, inclusive, o vencimento antecipado da dívida; já o credor sem garantia especial poderá pedir a penhora dos valores depositados em juízo;

c) **locatário do expropriado:** aquele que é locatário de um imóvel que está sendo desapropriado não tem direito de manter a locação. Esse contrato fica extinto e o locatório poderá pedir indenização do Poder Público pelos danos que tiver, por exemplo, pela perda do fundo de comércio (ponto comercial). O fundamento desse pedido é a responsabilidade objetiva do Estado pelos danos causados às pessoas e o deve ser deduzido em ação própria de indenização (art. 20 do Dec.-lei);

d) **vizinho do expropriado:** segundo o art. 37 do Dec.--lei, "aquele cujo bem for prejudicado extraordinariamente em sua destinação econômica pela desapropriação de área contígua terá direito a reclamar perdas e danos do expropriante".

9.2.8.6. Desapropriação indireta

Infelizmente, é comum que o Poder Público se aproprie de bem particular sem observância dos requisitos da declaração e da indenização prévia. O nome dessa situação é **desapropriação indireta**, que também pode ser conceituada como *a abusiva e irregular apropriação do imóvel particular pelo Poder Público, com sua consequente integração no patrimônio público, sem obediência às formalidades e cautelas do processo de expropriação e que abre ao lesado o recurso à via judicial para ser indenizado.*

Perceba que para configurar o instituto da desapropriação indireta não basta o mero apossamento administrativo, ou seja, não basta uma invasão do Poder Público, por seus agentes, em um imóvel particular. É necessário que haja uma invasão somada a uma utilização do bem numa situação de interesse público.

Um exemplo bem comum da desapropriação indireta é a utilização de uma área particular para construção de um trecho de uma estrada.

Apesar da abusividade do procedimento, o Poder Público tem direito de ser mantido no bem, preenchido o requisito de sua utilização em atividade de interesse público. O fundamento desse direito é o próprio art. 35 do Dec.-lei, que assegura que "os bens expropriados, uma vez incorporados à Fazenda Pública, não podem ser objeto de reivindicação, ainda que fundada em nulidade do processo de desapropriação. Qualquer ação, julgada procedente, resolver-se-á em perdas e danos". Trata-se do princípio do fato consumado.

Também fundamentam o instituto o art. 5º, XXIV, da CF, e o art. 15, § 3º, do Decreto-lei 3.365/1941. O primeiro porque determina o pagamento de indenização justa quando ocorre desapropriação, o que deve ocorrer tanto para aquela que respeita as regras jurídicas e, principalmente, para aquelas feitas de modo abusivo e irregular. E o segundo dispositivo porque estabelece valer para a desapropriação indireta a disciplina dos juros compensatórios, em matéria de desapropriação, quando houver imissão provisória na posse.

O particular prejudicado tem direito de ingressar com ação de indenização por desapropriação indireta.

A legitimidade ativa para a demanda é do proprietário do imóvel. Por envolver a perda da propriedade, há decisões que entendem ter a ação natureza real, de modo que o cônjuge do proprietário deve participar da demanda (STJ, REsp 64.177, DJ 25/09/1995).

A legitimidade passiva da ação é da pessoa jurídica de direito público responsável pela incorporação do bem ao seu patrimônio.

Sob o argumento de que a ação se funda em direito real sobre o imóvel, há decisões do STF no sentido de que a competência é do foro do local onde ele se encontra (STF, RE 111.988). O STJ vem julgando nesse sentido (STJ, CC 46.771-RJ, DJ 19/09/2005).

O prazo prescricional para ingressar com a ação de indenização por desapropriação indireta, nos termos da Súmula 119 do STJ, é de 20 anos. O fundamento da súmula é que esse é o prazo para a usucapião extraordinária de bens imóveis, sob a égide do antigo Código Civil (arts. 550/551). Todavia, no atual CC, o prazo da usucapião extraordinária é de 15 anos, como regra, e de 10 anos, quando o possuidor houver estabelecido no imóvel sua moradia habitual, ou nele realizado obras ou serviços de caráter produtivo, conforme o art. 1.238 do CC.

A indenização deve abarcar os seguintes pontos:

a) **valor de mercado do bem:** observar o mesmo item da desapropriação direta; se houver desapropriação indireta de parte de um imóvel, tornando a parte remanescente economicamente inviável, pode-se pedir indenização pelo valor total do bem, exercendo o chamado direito de extensão;

b) **danos emergentes e lucros cessantes:** observar o mesmo item da desapropriação direta;

c) **juros compensatórios:** aqui, os juros compensatórios são devidos desde a ocupação do imóvel pelo Poder Público. Os juros incidirão sobre o total de indenização, uma vez que, diferente da desapropriação direta, não há diferença entre o valor fixado na sentença e o valor ofertado, pois aqui não se fala em valor ofertado; os juros, aqui, terão o mesmo percentual dos juros compensatórios na desapropriação direta, uma vez que foi suspensa pelo STF a disposição que estabelecia juros de até 6% ao ano (*vide* art. 15-A, § 3º, do Dec.-lei). Assim, remanesce a regra estabelecida na Súmula 618 do STF, pela qual a taxa de juros compensatórios é de 12% ao ano;

d) **juros moratórios:** esses juros são devidos quando há atraso, pelo Poder Público, do pagamento que deverá efetuar pela desapropriação. Como o pagamento, de regra, é feito por precatório, esse atraso só passa a existir "a partir de 1º de janeiro do exercício seguinte àquele em que o pagamento deveria ser feito, nos termos do art. 100 da Constituição" (art. 15-B do Dec.-lei); o mesmo dispositivo estabelece que esses juros serão de 6% ao ano, mas ele não foi alterado pelo STF;

e) **correção monetária:** é contada desde a realização do laudo pericial que fixa o valor do bem expropriado;

f) **custas e despesas processuais:** são de responsabilidade do Poder Público os honorários periciais, inclusive quanto ao adiantamento das quantias para fazer frente a essas despesas (STJ, REsp 788.817, j. 19/06/2007);

g) **honorários advocatícios:** o Dec.-lei dispõe que, à moda do que ocorre na desapropriação direta, os honorários serão fixados entre 0,5 e 5% da diferença entre o valor oferecido pelo Poder Público e o valor fixado pelo Poder Judiciário (art. 27, §§ 1º e 3º, do Dec.-lei, com a redação dada pela MP 2.183-56/01); todavia, como não há diferença entre valor fixado pelo juiz e valor ofertado pelo Poder Público, já que este se apoderou do bem sem seguir os trâmites legais, devem incidir os honorários sobre o valor total da condenação, prevalecendo os parâmetros previstos no art. 20, § 3º, do CPC (entre 10% e 20% do valor da condenação), conforme lição de José Fernandes Carvalho Filho (**Manual de Direito Administrativo**, 18ª edição, Rio de Janeiro: Lumen Juris, 2007, p. 767). É importante ressaltar que na base de cálculo dos honorários advocatícios devem ser incluídas as parcelas devidas a título de juros moratórios e compensatórios, também devidamente atualizados, nos termos da Súmula 131 do STJ.

9.2.8.7. Desapropriação por não atendimento à função social da propriedade

Em área rural, a desapropriação-sanção deve atender às seguintes regras (art. 184 da CF):

a) União é quem tem competência para a desapropriação para reforma agrária pelo não cumprimento da função social da propriedade;

b) o pagamento será feito com títulos da dívida agrária, resgatáveis em até 20 anos, a partir do 2º ano de sua emissão;

c) as benfeitorias úteis e necessárias serão indenizadas em dinheiro;

d) não cabe desapropriação para reforma agrária: i) em caso de pequena e média propriedade rural se o proprietário não tiver outra; ii) em caso de propriedade produtiva.

Em área urbana, a desapropriação-sanção deve atender às seguintes regras (art. 182 da CF):

a) o Município desapropria o imóvel urbano que não estiver cumprindo a função social da propriedade;

b) o pagamento será feito com títulos da dívida pública, de emissão aprovada pelo Senado, resgatáveis em até 10 anos, em parcelas anuais, iguais e sucessivas;

c) o Estatuto da Cidade estabelece que o valor a ser apurado é o *valor venal* e não haverá *lucros cessantes*;

d) são requisitos para a aplicação do instituto os seguintes: i) lei federal, plano diretor municipal, lei municipal específica indicando áreas que devem ser utilizadas; ii) notificação para parcelamento, edificação ou utilização compulsória (1 ano para projeto e 2 anos para iniciar as obras); iii) IPTU progressivo por 5 anos, com alíquota de até 15%, no máximo dobrando a cada ano.

Cumpridos os requisitos mencionados, e permanecendo a propriedade sem cumprir a sua função social, o Município pode ingressar com ação de desapropriação-sanção.

10. Responsabilidade civil do Estado

10.1. Evolução histórica e teorias sobre a responsabilidade estatal

A responsabilidade patrimonial do Estado passou pelas seguintes fases:

a) **fase da irresponsabilidade:** nessa fase, o Estado não respondia por danos causados aos particulares, sob o argumento de que o poder soberano dos reis era divino, de modo que não era correto dizer que o rei errava ("the king can do no wrong");

b) **fase civilista:** nessa fase, o Estado passou a responder, mas apenas se o dano tivesse sido causado por *culpa ou dolo de um funcionário estatal*; assim, caso o motorista de uma Prefeitura, por exemplo, atropelasse alguém por conta de uma manobra imprudente, o Estado responderia civilmente pela respectiva indenização;

c) **fase publicista:** nessa fase, o Estado passou a responder civilmente mediante a aplicação de institutos jurídicos mais adequados às características estatais, ou seja, segundo princípios próprios do direito público, daí o nome de fase *publicista*; pertencem a essa fase a responsabilização estatal segundo dois fundamentos:

   c1) **culpa administrativa:** aqui, o Estado responde se o dano tiver origem num *serviço defeituoso*; por exemplo, caso alguém sofra um acidente automotivo pelo fato de haver uma enorme cratera numa rua já há alguns meses, caracteriza-se o serviço estatal defeituoso e, consequentemente, a culpa administrativa a ensejar a responsabilidade civil do Estado. Repare que, aqui, o foco não é a culpa do *funcionário*, mas a culpa do *serviço*, também chamada de culpa anônima do serviço, pois não se analisa a conduta de alguém em especial, mas o desempenho do serviço público;

   c2) **risco administrativo:** aqui, o Estado responde objetivamente pelos danos que causar, ou seja, basta que uma conduta estatal cause um dano indenizável a alguém para que o Estado tenha de responder civilmente, pouco importando se há culpa do funcionário ou se há culpa administrativa. Um exemplo é um policial atirar para se defender e a bala acabar atingindo um terceiro (a chamada "bala perdida"); nesse caso, pouco importa se o policial agiu com culpa ou não, respondendo o Estado objetivamente. O princípio maior que rege a Teoria do Risco Administrativo é o da igualdade, não sendo justo que a vítima sofra sozinha por conduta estatal que, em tese, beneficia a todos; a teoria em questão objetiva que haja igualdade nos ônus e encargos sociais.

A responsabilidade fundada no **risco administrativo** é a regra hoje no direito brasileiro, que, assim, impõe que o Estado responda objetivamente pelos danos que seus agentes causarem a terceiros (art. 37, § 6º, da CF).

A responsabilidade objetiva estatal tem como marco histórico o famoso Caso Blanco, em que uma menina fora atropela por veículo público e ficou decidido que o Poder Judiciário (que analisava casos cíveis, com princípios próprios) não era o competente para conhecer da questão, mas sim o Conselho de Estado (que analisava casos afetos ao Poder Público), que deveria aplicar princípios próprios do direito público, como o da igualdade e da legalidade, que impõem a indenização ao particular que é lesado em detrimento de uma atividade de proveito à coletividade.

Por fim, é bom ressaltar que a responsabilidade objetiva no Brasil admite excludentes de responsabilidade do Estado, de modo que não adotamos a **Teoria do Risco Integral**, que não admite excludentes, mas a **Teoria do Risco Administrativo**, conforme mencionado, teoria essa que admite excludentes de responsabilidade.

A Teoria do Risco Integral vem sendo aplicada, sem controvérsia alguma, na responsabilidade por *dano nuclear*, seja o responsável pelo dano o Estado ou o particular.

10.2. Modalidades de responsabilidade

Conforme vimos no item anterior, a responsabilidade do Estado, como regra, é objetiva, fundada no *risco administrativo*.

Porém, a jurisprudência vem reconhecendo que, em alguns casos, a responsabilidade estatal é subjetiva, fundada na *culpa administrativa*.

Assim sendo, pode-se dizer, hoje, que há duas modalidades de responsabilidade civil estatal.

A primeira modalidade é a **responsabilidade objetiva**. Trata-se da regra em matéria de responsabilidade do Estado, nos termos do art. 37, § 6º, da CF. A responsabilidade é objetiva em duas situações:

a) **por conduta comissiva do Estado:** nesse caso pode-se dizer que o Estado causou materialmente um dano, já que atuou positivamente (comissivamente), o que faz incidir o texto do art. 37, § 6º, da CF, que não reclama conduta culposa ou dolosa para que o Estado responda civilmente por danos causados a terceiros; são exemplos de *condutas comissivas* a bala perdida de um policial, a agressão feita por agente público com arma da corporação, a transfusão de sangue contaminado com HIV em hospital público, a interdição indevida de um estabelecimento comercial, um acidente com um carro oficial dirigido de modo imprudente, dentre outros. O art. 37, § 6º, da CF estabelece que essa responsabilidade objetiva alcança as pessoas jurídicas de direito público (entes políticos, mais entidades com natureza autárquica) e as pessoas jurídicas de direito privado prestadoras de serviços públicos;

b) **por atividade de risco estatal:** nesse caso, temos situações em que não se sabe muito bem se o Estado age numa conduta comissiva ou omissiva; por exemplo, imagine um depósito de explosivos das Forças Armadas, que acaba por pegar fogo, gerando inúmeros danos na vizinhança. Perceba que pouco importa se a conduta estatal é comissiva ou omissiva, pois como a atividade de armazenar explosivos é uma atividade de risco, aplica-se o disposto no art. 927, p. ún., do Código Civil, para efeito de responsabilizar o Estado objetivamente; vale ressaltar que qualquer pessoa, de direito público ou de direito privado, responde objetivamente por danos causados por atividades de risco que pratiquem.

A segunda modalidade é a **responsabilidade subjetiva**. Trata-se de exceção em matéria de responsabilidade do Estado. A responsabilidade será subjetiva em três situações:

a) **por conduta omissiva do Estado:** nesse caso não se pode dizer que o Estado causou materialmente um dano, pois uma omissão não é capaz de "causar" coisa alguma, situação que impede a aplicação da responsabilidade objetiva prevista no art. 37, § 6º, da CF, que se aplica quando o Estado, por seus agentes, "causa" um dano a terceiro; por outro lado, não é possível simplesmente aplicar o Código Civil nesse tipo de situação (omissiva), pois esse Código é fundado em princípios de Direito Privado, e a responsabilidade estatal deve ser fundada em princípios de Direito Público; assim sendo, em caso de conduta omissiva do Estado, esse responderá **subjetivamente**, mas com fundamento na **culpa administrativa** e não na culpa do funcionário público. A culpa administrativa ocorre quando se demonstra que o serviço é **defeituoso** (a chamada "falta do serviço"), ou seja, quando se demonstra que o serviço: i) não funcionou, ii) funcionou atrasado ou iii) funciona mal; tal apreciação é feita levando-se em conta o que legitimamente se espera do serviço estatal. São exemplos de condutas omissivas estatais que costumam gerar responsabilidade por envolver serviço defeituoso o não recapeamento de ruas pelo Poder Público, propiciando acidentes automobilísticos; a falta de limpeza de bueiros e córregos, propiciando alagamentos e deslizamentos de imóveis; a morte de detento ocasionada por outro detento; a ausência de fiscalização ambiental pelo Estado, propiciando danos ambientais; a existência de animal em estrada, causando acidente; a falha no semáforo, causando acidente; o acidente em sala de aula de escola pública, machucando aluno; dentre outros. Todavia, a jurisprudência não costuma responsabilizar o Estado por atos causados por um fugitivo da prisão, que, tempos depois da fuga, comete crimes, causando danos a terceiros; por enquanto, o STF e o STJ vêm entendendo que a responsabilidade do Estado por omissão é subjetiva; vale ressaltar que o STF tem decisão no sentido de que a responsabilidade estatal por atos omissivos *específicos* é objetiva; um exemplo de caso de omissão específica do Estado é a agressão física a aluno por colega, em escola estadual, hipótese em que a responsabilidade estatal será objetiva, com base na Teoria do Risco Administrativo (STF, ARE 697.326 AgR/RS, DJ 26/04/13); não se pode confundir uma *conduta omissiva genérica* (ex: o Estado não conseguir evitar todos os furtos de carros), com uma *conduta omissiva específica* (ex: o Estado ter o dever de vigilância sobre alguém e não evitar o dano); no primeiro caso, o Estado responde *subjetivamente*, só cabendo indenização se ficar provado que o serviço foi defeituoso (ex: um policial presencia um furto e nada faz); no segundo caso, o Estado responde *objetivamente*, não sendo necessário perquirir sobre se o serviço estatal foi ou não defeituoso;

b) **por condutas omissivas ou comissivas de pessoas jurídicas de direito privado estatais exploradoras de atividade econômica:** essas pessoas não são alcançadas pela responsabilidade objetiva prevista no art. 37, § 6º, da CF; dessa forma, a regulamentação de sua responsabilidade cabe ao direito privado e este, como regra, estabelece a responsabilidade civil subjetiva, em que a pessoa jurídica só responderá se um agente seu agir mediante conduta culposa ou dolosa (art. 186 do Código Civil). Todavia, o caso concreto pode envolver situação que gere responsabilidade objetiva, não pela Constituição Federal, mas pela legislação infraconstitucional; por exemplo, se a pessoa jurídica em tela causar dano em virtude de atividade de risco, responderá objetivamente (art. 927, p. ún., do CC); o mesmo acontecerá se se tratar de uma relação de consumo (por exemplo, a relação entre o Banco do Brasil e seus clientes);

c) **quanto à responsabilidade civil do agente público:** nesse caso, o próprio art. 37, § 6º, da CF estabelece que o agente público só responderá por danos causados a terceiros se agir com culpa ou dolo e, mesmo assim, apenas em ação regressiva movida pelo Poder Público, não sendo possível que a vítima ingresse com ação indenizatória diretamente contra o agente público que lhe causar dano.

10.3. Fundamentos da responsabilidade objetiva e motivos que ensejam

São fundamentos da responsabilidade objetiva do Estado os princípios da **igualdade** e da **legalidade**.

De acordo com o princípio da *igualdade*, não é isonômico que uma pessoa sofra danos por obra do Estado, que age em favor de todas as outras pessoas, e não seja indenizada por isso.

O princípio da *legalidade*, por sua vez, não permite que o Estado haja de forma a causar danos às pessoas, pois isso é ilegal. Agindo assim, o Estado, fica, então, com a obrigação de reparar o dano.

Há quem complemente os fundamentos expostos neste estudo para dizer que a responsabilidade objetiva do Estado fundamenta-se, também, no princípio da **solidariedade social**, previsto no art. 3º da CF.

Quanto aos motivos que ensejam a responsabilidade objetiva estatal, a doutrina destaca que as funções estatais (ex.: atuação policial, realização de grandes obras etc.) ensejam danos mais intensos do que o normal, o que faz com que o Estado mereça um tratamento diferenciado, no sentido de responder efetivamente quando causá-los a terceiros.

O fato é que os deveres públicos colocam o Estado permanentemente obrigado a agir no mundo dos fatos. Não bastasse isso, o Estado possui o direito de usar a força, o que dá ensejo a maior causação de danos.

O administrado, por sua vez, não tem como se evadir dos perigos gerados pelo Estado, já que esse dita os termos de sua atividade.

Tudo isso faz com que somente a responsabilidade objetiva do Estado seja apta a garantir o efetivo ressarcimento a todas as pessoas sujeitas aos perigos causados pelo Poder Público.

10.4. Pressupostos ou requisitos da responsabilidade objetiva

Considerando os elementos vistos no item 10.2, é possível, agora, sistematizar os requisitos para que o Estado responda objetivamente.

Grosso modo, os requisitos são três: a) conduta comissiva (não é necessário que haja culpa ou dolo); b) dano indenizável; c) nexo de causalidade entre a conduta e o dano.

Adensando melhor essas ideias, temos como primeiro requisito da responsabilidade objetiva o seguinte: **fato ou ato de agente das pessoas jurídicas de direito público ou das pessoas privadas prestadoras de serviço público.**

Dois pontos devem ser ressaltados.

O primeiro, quanto ao fato de que as pessoas jurídicas de direito público, como também as pessoas jurídicas de direito privado prestadoras de serviço público (ex.: Correios), respondem objetivamente.

O segundo, quanto ao fato de que tais pessoas respondem pelos atos lesivos praticados por seus agentes contra terceiros, desde que esses agentes tenham agido "na qualidade de agentes públicos".

Assim, se um servidor público, no final de semana, vai a um bar e acaba se desentendendo com alguém, espancando esse alguém e gerando uma série de sequelas nele, o Estado não irá responder por esse ato, pois o agente público não atuou, no caso, na qualidade de agente público.

De qualquer forma, é bom ressaltar que, se um agente público usa a arma da corporação para causar um dano a alguém, mesmo que isso ocorra em período de folga, o Estado responderá objetivamente.

O segundo requisito – **dano indenizável** - requer que o dano causado a terceiro tenha os seguintes requisitos:

a) **lesão a *direito* da vítima**, vale dizer, à esfera juridicamente protegida do indivíduo;

b) **dano *certo*** (dano necessário, não apenas eventual), ***especial*** (dano que atinge pessoas em particular e não coletividade em geral) e ***anormal*** (dano que ultrapassa os problemas e dificuldades comuns da vida em sociedade; ex.: uma pequena fila numa repartição pública ou o pó de uma obra pública não configuram o dano anormal, não gerando indenização).

O terceiro requisito – **nexo de causalidade entre a conduta estatal e o dano** - impõe que haja um nexo entre o ato estatal e o dano causado a terceiro. O STF entende que não há nexo de causalidade quando um detento foge da prisão e, tempos depois, comete crimes ou com a ajuda de comparsas (STF, AR 1.376). Todavia, houve um caso em que um presidiário, que já havia fugido sete vezes da prisão, acabou por estuprar um menor de 12 anos, caso esse que levou o STF a entender que havia nexo de causalidade, uma vez que, se a lei de execução penal tivesse sido corretamente aplicada, o preso estaria em regime fechado e não teria conseguido fugir pela oitava vez e cometido o crime (STF, RE 409.203).

10.5. Excludentes da responsabilidade do Estado

Conforme visto no item 10.1, o Brasil adota a Teoria do Risco Administrativo em matéria de responsabilidade do Estado e não a Teoria do Risco Integral.

Assim sendo, a responsabilidade do Estado admite excludentes.

Confira os casos em que se reconhece que a responsabilidade estatal ficará excluída: a) força maior (ex.: um tornado causa estragos em diversos imóveis de uma cidade); b) culpa exclusiva de terceiro; c) culpa exclusiva da vítima.

A culpa concorrente da vítima e do Estado não exclui a responsabilidade estatal, gerando apenas atenuação do *quantum* indenizatório.

10.6. Responsabilidade do agente público. Denunciação da lide do agente público que causou o dano e direito de regresso

O agente público, segundo o art. 37, § 6º, da CF, responde pelos danos que causar a terceiros, perante a pessoa com quem trabalha, se agir com culpa ou dolo.

Ou seja, os agentes públicos têm dupla proteção: a) a primeira é de só responder se agirem com culpa ou dolo; b) a segunda, de não poderem ser acionados diretamente pelo terceiro lesado.

Quanto a esse segundo aspecto, fica, então, a notícia de que o terceiro lesado só poderá ingressar com ação diretamente contra o Poder Público. Em seguida, em ação de regresso, o agente público que tiver atuado com culpa ou dolo pode ser acionado pelo Poder Público para que este se ressarça dos prejuízos que teve de arcar por conta do agente público responsável pelo dano.

Assim, não cabe a responsabilidade "per saltum" da pessoa natural do agente público (STF, RE 327.904, rel. Min. Carlos Brito, j. em 15/08/06 - Informativo 436), devendo o juiz julgar extinta, por ilegitimidade de parte, eventual ação promovida pelo terceiro lesado em face do agente público.

Resta saber se o Estado poderá, logo que acionado pelo terceiro lesado, denunciar da lide o agente público, criando demanda paralela a ser julgada em sentença única.

O Superior Tribunal de Justiça vem aceitando a denunciação da lide nesses casos. Porém, vem crescendo o entendimento de que a denunciação da lide somente é possível quando a causa de pedir trazida na ação de responsabilidade seja a narração de uma conduta culposa ou dolosa do agente público. Nesse caso, como a ação já é fundada na culpa, não há problema em se denunciar da lide o agente público, eis que a sua culpa já estará sendo discutida na demanda principal.

Porém, quando a petição inicial se funda, fática e juridicamente, na responsabilidade objetiva do Estado, parece-nos temerário que o juiz admita eventual denunciação da lide do Poder Público. Isso porque ela não se coaduna com a ideia de responsabilidade objetiva, que visa a uma indenização pronta e rápida que não aconteceria se pudesse ser chamado o agente público para responder, instaurando-se uma lide paralela, em que se tivesse que discutir sua culpa ou seu dolo.

Aliás, o STJ é pacífico no sentido de que a ação de denunciação da lide não importa na perda do direito do Estado de ingressar com ação de regresso contra o servidor, já que o Estado tem garantido o direito de se ressarcir na própria Constituição Federal (art. 37, § 6º, da CF).

Vale lembrar que, uma vez que o Estado arque com indenização em favor de terceiro e o agente público responsável pelo ato danoso tenha agido com culpa ou dolo, o Estado nem sempre terá de ingressar com ação de regresso, sendo possível, desde que haja concordância do agente público, desconto da indenização em folha de pagamento, na forma da lei, e desde que seja parceladamente, de modo a não comprometer a subsistência do agente e de sua família.

10.7. Responsabilidade das pessoas jurídicas prestadoras de serviço público

Conforme já visto, a responsabilidade dessas pessoas, nos termos do art. 37, § 6º, da CF, também é objetiva. Assim, as concessionárias de serviço público, por exemplo, nas áreas de água e esgoto, energia elétrica, telefonia, transporte público, dentre outras, respondem pelos danos que seus agentes causarem, independentemente de culpa.

É importante ressaltar que o STF vinha entendendo que a responsabilidade objetiva dos concessionários (prevista no art. 37, § 6º, da CF) só existiria em relação ao usuário do serviço e não em relação a terceiro não usuário, que sofre dano no contexto da prestação de um serviço público. O terceiro deveria buscar responsabilização da concessionária com fundamento em outras regras jurídicas.

No entanto, houve **mudança** na orientação jurisprudencial, para admitir a responsabilidade objetiva também em favor do não usuário do serviço público. Confira:

> "A responsabilidade civil das pessoas jurídicas de direito privado prestadoras de serviço público é objetiva relativamente a terceiros usuários e não usuários do serviço, segundo decorre do art. 37, § 6º, da Constituição Federal. II – A inequívoca presença do nexo de causalidade entre o ato administrativo e o dano causado ao terceiro não usuário do serviço público, é condição suficiente para estabelecer a responsabilidade objetiva da pessoa jurídica de direito privado." (STF, RE 591874)

O STF passou a entender que a expressão "terceiros", contida no dispositivo constitucional citado, inclui os terceiros não usuários do serviço público. Primeiro porque não há restrição redacional nesse sentido, não se podendo fazer interpretação restritiva do dispositivo constitucional. Segundo porque a Constituição, interpretada à luz do princípio da isonomia, não permite que se faça qualquer distinção entre os chamados "terceiros", usuários e não usuários do serviço público, uma vez que todos podem sofrer dano em razão da ação administrativa estatal. Terceiro porque os serviços públicos devem ser prestados de forma adequada e em caráter geral, estendendo-se, indistintamente, a todos os cidadãos, beneficiários diretos ou indiretos da ação estatal.

10.8. Responsabilidade das pessoas de direito privado estatais exploradoras de atividade econômica

O § 6º do art. 37 da Constituição Federal estabelece ser objetiva a responsabilidade das pessoas jurídicas de *direito público* e das pessoas jurídicas de *direito privado prestadoras de serviço público*.

Nesse sentido, pessoa jurídica de direito privado *exploradora de atividade econômica* não se enquadra na regra matriz da responsabilidade objetiva do Estado.

Ao contrário, tais entidades estão submetidas, como regra, ao regime jurídico próprio das empresas privadas, inclusive quanto às obrigações civis, o que inclui a responsabilidade civil (art. 173, § 1º, II, da CF), que, no Direito Privado, como regra, ainda é de natureza subjetiva.

Todavia, é bom ressaltar que o regime jurídico de direito privado, no que tange à responsabilidade civil, sofreu muitas transformações, deixando de ser calcado sempre na responsabilidade subjetiva e passando a trazer regras bastante abrangentes de responsabilidade objetiva.

Dessa forma, dependendo do tipo de relação jurídica existente entre as partes e dos contornos fáticos que envolveram a atuação da empresa estatal, pode-se caracterizar situação que enseja responsabilidade objetiva também. E isso não por conta do art. 37, § 6º, da Constituição, que não se aplica ao caso, mas por conta das próprias regras de Direito Privado.

Por exemplo, caso se configure, no caso concreto, relação de consumo ou hipótese de vítima equiparada a consumidor, a responsabilidade da empresa será objetiva. Outra possibilidade é de, apesar de a relação jurídica entre vítima e empresa ser regulada pelo Código Civil, configurar-se dano causado por atividade de risco (art. 927, p. ún., do CC) ou por circulação de produtos (art. 931 do CC), situações essas para as quais o atual Código Civil estabelece responsabilidade objetiva.

10.9. Responsabilidade por obra pública

Quando é o próprio Estado que executa uma obra por agentes públicos pertencentes aos quadros da própria Administração, não há dúvida alguma de que o Estado responde objetivamente por danos causados a terceiros.

A dúvida sobre se o Estado responde ou não existe quando a obra pública causadora de dano foi encomendada pelo Estado a uma empreiteira, ou seja, a um particular que tenha celebrado contrato administrativo com a Administração Pública.

A Lei 8.666/1993, que regula as licitações e os contratos administrativos, é clara ao dispor que o contratado é responsável pelos danos causados a terceiros, decorrentes de sua culpa ou dolo na execução do contrato (art. 70). O dispositivo também esclarece que tal responsabilidade não fica excluída ou reduzida pela fiscalização ou acompanhamento pelo órgão interessado.

Assim sendo, não há responsabilidade primária e solidária do Estado pelos danos causados por obras realizadas por empreiteira contratada deste.

Mas há duas situações em que o Estado poderá responder por conta de uma obra pública que tiver encomendado a um empreiteiro.

O primeiro caso diz respeito às situações em que os danos causados a terceiros são produzidos por motivo inerente à obra encomendada pelo Estado. São aquelas situações em que o contratado não age com culpa ou dolo, mas, em virtude de características próprias da obra, danos serão inevitáveis. Por exemplo, em caso de nivelamento de ruas, é praticamente inexorável a causação de danos, vez que casas à margem da via ficarão em nível mais baixo ou mais elevado que esta.

O segundo caso diz respeito à hipótese em que o contratado pela Administração, culpado pelos danos decorrentes da obra, não tem recursos para arcar com os ônus decorrentes da responsabilidade civil que carrega. Nesse caso, o Estado, por ser o patrocinador da obra e por agir em favor de toda a coletividade, deve indenizar os danos causados, socializando a sua reparação em favor daquele que sofreria sozinho caso não fosse indenizado. Tem-se, no caso, responsabilidade subsidiária do Estado.

Ante o exposto, e considerando que no caso presente houve culpa exclusiva do empreiteiro, o Estado não responde primária e solidariamente pelos danos causados, podendo responder subsidiariamente, diante da impotência econômica ou financeira daquele.

10.10. Responsabilidade do tabelião e do registrador

Tanto o tabelião como o registrador respondem objetivamente perante terceiros, nos termos do que determina o art. 37, § 6º, da CF.

Além disso, o Estado, que confere uma delegação a essas pessoas, também responde objetivamente e diretamente pelos danos por eles causados. Confira a casuística:

> "RESPONSABILIDADE OBJETIVA - ESTADO - RECONHECIMENTO DE FIRMA - CARTÓRIO OFICIALIZADO. Responde o Estado pelos danos causados em razão de reconhecimento de firma considerada assinatura falsa. Em se tratando de atividade cartorária exercida à luz do artigo 236 da Constituição Federal, a responsabilidade objetiva é do notário, no que assume posição semelhante à das pessoas jurídicas de direito privado prestadoras de serviços públicos - § 6º do artigo 37 também da Carta da República." (STF, 2ª T., RE 201.595/SP, relator Min. MARCO AURÉLIO, DJ 20-04-2001)

> "RESPONSABILIDADE CIVIL. NOTÁRIO. LEGITIMIDADE PASSIVA AD CAUSAM. RESPONSABILIDADE OBJETIVA DO ESTADO DE PERNAMBUCO PELOS DANOS CAUSADOS PELO TITULAR DE SERVENTIA EXTRAJUDICIAL NÃO OFICIALIZADA. PRECEDENTES. A responsabilidade civil por dano causado a particular por ato de oficial do Registro de Imóveis é pessoal, não podendo o seu sucessor, atual titular da serventia, responder pelo ato ilícito praticado pelo sucedido, antigo titular. Precedentes. Recurso especial provido." (STJ, 3ª T., REsp 696.989/PE, Rel. Ministro CASTRO FILHO, julgado em 23.05.2006, DJ 27.11.2006 p. 278)

O Ofício de Notas não é uma pessoa jurídica, mas sim uma estrutura organizada para a prestação de serviços notariais. Tal estrutura é organizada técnica e administrativamente pelo notário, que é uma pessoa física a quem é delegado o exercício da atividade notarial, mediante concurso público.

O notário exerce, então, função pública, sendo tratado pela doutrina como um particular em colaboração com o Poder Público. Trata-se, na verdade, de um agente público delegado, ou seja, de um agente público que recebe a delegação de um serviço público, que será prestado em nome próprio e por conta e risco do notário.

Assim sendo, a pessoa física titular da serventia extrajudicial é quem responde, com seu patrimônio pessoal, por eventuais danos causados a terceiros por atos praticados por si ou por seus prepostos. Nesse sentido é o disposto no art. 22 da Lei 8.935/1994. O notário, responsabilizado, poderá exercer o direito de regresso no caso de culpa ou dolo de seus prepostos.

Porém, não se pode olvidar de que a atividade prestada pelo notário é uma atividade administrativa e, portanto, de interesse estatal. Por isso, o Estado também responde pelos atos praticados pelos notários e seus prepostos.

Como tais serviços são organizados pelos Estados-membros, estes serão os responsáveis civilmente pelos prejuízos causados a terceiros, nos termos do art. 37, § 6º, da CF.

Segundo o STF, a responsabilidade civil do notário e a do Estado são objetivas, no caso.

Assim, o terceiro lesado poderá propor ação contra o notário, contra o Estado ou contra ambos, sendo que é objetiva tanto a responsabilidade da pessoa física do notário como a responsabilidade da pessoa jurídica do Estado-membro respectivo.

Vale ressaltar que há decisão do STJ com entendimento um pouco diferente. No caso, entende este Tribunal que se deve ingressar com ação em face do notário e, caso este não possa suportar a indenização, aí sim caberá acionar o Estado subsidiariamente (STJ, REsp 1.163.652/PE, DJ 01/07/2010).

10.11. Responsabilidade por atos legislativos e jurisdicionais

O Estado não responde, como regra, pela edição de leis que prejudiquem alguém.

Tal regra só cede nas seguintes situações: a) se uma lei declarada inconstitucional causa danos ao particular; b) em caso de lei de efeito concreto causar dano a uma pessoa em particular (ex: criação de Parque Florestal em área privada).

O Estado também não responde, como regra, pela expedição de decisões que prejudiquem alguém. Como exceção temos: a) o caso de erro judiciário, que é aquele reconhecido em revisão criminal ou o decorrente de prisão de alguém além do tempo permitido; b) os casos em que o juiz responde pessoalmente por dolo, fraude, recusa, omissão ou retardamento injustificado de providências de seu ofício, nos termos do art. 133 do CPC; c) os casos de erro grave (ex: prisão de alguém sem qualquer envolvimento com o fato criminoso – *vide* o caso do "Bar Bodega" no **Informativo** 570 do STF).

10.12. Responsabilidade por atos do Ministério Público

O Ministério Público não é pessoa jurídica, mas órgão da Administração Direta da União (Ministério Público da União – art. 128) e dos Estados-membros.

Assim, não tendo o Ministério Público personalidade jurídica, não há como responsabilizá-lo civilmente por seus atos.

Por outro lado, a responsabilidade do Estado é, como regra, objetiva, de modo que quando um órgão estatal causa um dano a terceiro, a pessoa jurídica estatal correspondente tem de responder, ressalvada a ação de regresso em face do agente público que tiver agido com culpa ou dolo, no caso, o membro do Ministério Público.

Esse é o posicionamento do STF (AI 552.366 AgR, DJ 28-10-2009).

10.13. Responsabilidade subsidiária

O Estado responde subsidiariamente pelos danos causados pelas seguintes pessoas que estiverem atuando em atividades que ele mesmo deveria prestar: a) pessoas jurídicas de direito público da Administração Indireta (autarquias, fundações públicas, agências reguladoras e associações públicas); b) pessoas jurídicas de direito privado prestadoras de serviço público; c) pessoas jurídicas de direito privado executoras de obra pública, por danos decorrentes dessa obra.

Há de se ressaltar que a responsabilidade subsidiária, para acontecer, depende da impotência econômica ou financeira da entidade estatal.

10.14. Prescrição

Até pouco tempo atrás não havia controvérsia alguma sobre qual era o prazo prescricional para o exercício da pretensão indenizatória em face do Estado.

Doutrina e jurisprudência eram uníssonas no sentido de que esse prazo era de 5 anos, nos termos do art. 1º do Decreto 20.910/1932, que regula a prescrição contra a Fazenda Pública.

Porém, com a entrada em vigor do atual Código Civil, que estabelece que o prazo prescricional para ações indenizatórias é de 3 anos (art. 206, § 3º, V), uma forte corrente passou a considerar que esse prazo também deveria ser aplicado às ações indenizatórias em face da Fazenda Pública. Isso porque o art. 10 do Decreto 20.910/1932 prevê que o prazo de 5 anos nele previsto "não altera as prescrições de menor prazo, constantes das leis e regulamentos, as quais ficam subordinadas às mesmas regras". Dessa forma, como o prazo previsto no Código Civil é, atualmente, um prazo "menor" do que o de 5 anos previsto no Decreto mencionado, dever-se-ia aplicar o prazo previsto no Código, fazendo com que a prescrição de ações de reparação civil em geral tivesse prazo de 3 anos contra a Fazenda Pública.

A questão hoje é bastante controversa.

Porém, o STJ, que estava bastante dividido, tem-se encaminhado no sentido de que o prazo continua de 5 anos (AgRg no Ag 1.364.269, DJ 24/09/2012). O argumento da primeira turma é no sentido de que o prazo de 5 anos é um prazo histórico, previsto em norma especial e igual a uma série de outros prazos de prescrição previstos para o exercício de pretensão indenizatória de outras naturezas em face do Estado (EResp 1.081.885/RR, rel. Hamilton Carvalhido, DJ 01/02/2011). Ao contrário, o prazo previsto no Código Civil é prazo destinado a regular as relações de Direito Privado.

Pra resolver de vez a questão, em recurso repetitivo restou estabelecido pelo STJ que as ações patrimoniais passivas ou ativas de que seja parte a Fazenda Pública regem-se pelo prazo prescricional previsto no Decreto nº 20.910/1932. Vale a pena replicar ementa a respeito do tema: "ADMINISTRATIVO. PROCESSUAL CIVIL. RESPONSABILIDADE CIVIL DO ESTADO. AÇÃO DE INDENIZAÇÃO CONTRA A FAZENDA PÚBLICA. PRAZO PRESCRICIONAL. DECRETO N. 20.910/1932. QUINQUENAL. TEMA OBJETO DE RECURSO REPETITIVO. SÚMULA 168/STJ. INCIDÊNCIA. 1. A jurisprudência desta Corte firmou-se no sentido de que a prescrição contra a Fazenda Pública é quinquenal, mesmo em ações indenizatórias, uma vez que é regida pelo Decreto n. 20.910/1932. Orientação reafirmada em recurso submetido ao regime do art. 543-C do CPC (REsp 1251993/PR, Rel. Min. Mauro Campbell Marques, Primeira Seção, DJe 19.12.2012). 2. Incidência da Súmula 168/STJ, *in verbis*: 'Não cabem embargos de divergência, quando a jurisprudência do tribunal se firmou no mesmo sentido do acórdão embargado'. Agravo regimental improvido" (AgRg nos EAREsp 53471/RS, relator Ministro HUMBERTO MARTINS, 1ª Seção, j. 27/02/2013).

Há de se aguardar, agora, como se posicionará a jurisprudência em relação à responsabilização civil de *pessoas jurídicas* que causarem danos à Administração por condutas definidas na Lei 12.846, de 1º de agosto de 2013. Parece-nos que, de acordo com essa lei, a prescrição da pretensão do Poder Público de buscar a reparação civil no caso mencionado (de pessoa jurídica cuja conduta incida no art. 5º da lei), voltará a ser de 5 anos, nos termos de seu art. 25, *caput*. Apesar de a lei ter usado uma terminologia totalmente inadequada ("prescrição da infração"), parece-nos que dispositivo citado *não fez* distinção entre a aplicação de sanções civis (como a de reparação civil, que, inclusive, envolve verdadeiro prazo *prescricional*) e administrativas (que, em verdade, envolve prazo decadencial, apesar de ser comum a lei usar a palavra "prescrição" para abranger prazos decadenciais também), de modo que o prazo prescricional de 5 anos se aplicaria tanto às sanções civis, como às sanções administrativas para as pessoas jurídicas que praticarem condutas definidas no art. 5º da Lei 12.846/2013.

Ainda em relação à questão da prescrição, há dois casos específicos em que o prazo prescricional para a ação indenizatória estão definidos por existir regra especial estabelecendo tais prazos, sem que haja exceção quanto à sua aplicação. O primeiro é prazo para ingresso de ação indenizatória por desapropriação indireta (prazo prescricional de 10 anos) e o segundo é para ingresso de ação indenizatória por restrições decorrentes de atos do Poder Público (prazo prescricional de 5 anos – art. 10 do Dec.-lei 3.365/1941).

Por fim, de rigor lembrar que há três casos de imprescritibilidade da pretensão de reparação civil, quais sejam: a) ressarcimento do erário; b) ressarcimento de dano ambiental; c) ressarcimento de danos por perseguição política, prisão e tortura durante a ditadura militar. Quanto a esse último caso, *vide*, por exemplo, o AgRg no Ag 1.428.635, julgado pelo STJ em 02/08/2012.

Vale, também, uma palavra sobre o termo *a quo* da contagem do prazo prescricional.

No caso, esse prazo é contado da data do fato ou do ato lesivo. Todavia, caso o dano tenha sido causado por conduta considerada crime na esfera penal, o prazo prescricional começará a fluir a partir do trânsito em julgado da ação penal (STJ, AgRg no Ag 1383364/SC, DJ 25/05/2011).

10.15. Responsabilidade civil e administrativa de pessoas jurídicas (Lei 12.846/2013)

A Lei 12.846, de 1º de agosto de 2013, dispõe sobre a responsabilização **objetiva**, nas esferas administrativa e civil, de **pessoas jurídicas**, pela prática, por estas, de atos contrários à Administração Pública, **inclusive** atos contrários à Administração Pública estrangeira, ainda que cometidos no exterior (arts. 1º e 28).

Essa responsabilidade objetiva, todavia, somente se aplica quanto aos atos lesivos **definidos no art. 5º da Lei** (por exemplo: fraude à licitação), e desde que a pessoa que tenha cometido tais atos seja uma pessoa jurídica. As demais pessoas (pessoas físicas ou naturais) e os demais casos (ilícitos não previstos no art. 5º da Lei 12.846/2013), continuam regulamentados pelas leis existentes ao tempo da Lei 12.846/2013, podendo se tratar tanto de responsabilidade subjetiva (quando se aplicar o art.186 do Código Civil, por exemplo), como de responsabilidade objetiva (quando se aplicar os arts. 927, p. ún. e 931 do Código Civil, também por exemplo).

Outro requisito para que a responsabilidade administrativa e civil da pessoa jurídica perante a Administração é que os atos lesivos respectivos tenham sido praticados em seu **interesse ou benefício**, ainda que não exclusivamente em seu interesse ou benefício (art. 2º).

As sanções administrativas podem ser aplicadas **sem intervenção do Judiciário** no caso de aplicação de *multa* e de *publicação extraordinária de decisão condenatória* (art. 6º). A multa variará de 0,1% a 20% do faturamento bruto da pessoa jurídica no último exercício anterior ao da instauração do processo administrativo, em valor nunca inferior à vantagem auferida. Quanto à publicação extraordinária de decisão condenatória, consiste em se determinar a publicação, às expensas da pessoa jurídica infratora, de extrato da decisão condenatória em meio de comunicação de grande circulação, em edital afixado pelo prazo mínimo de 30 dias no próprio estabelecimento ou no local da atividade, e no sítio eletrônico da pessoa jurídica.

Quanto às demais sanções administrativas previstas no art. 19 da Lei (que incluem o perdimento de bens, a suspensão ou interdição parcial de atividades, a dissolução compulsória da pessoa jurídica e a proibição de contratar com a Administração), bem como quanto à reparação civil, cabe ao Poder Público ingressar com **ação judicial**, para que o Judiciário promova a devida responsabilização. A ação em questão seguirá o rito da Lei de Ação Civil Pública (art. 21, *caput*), e pode ser ajuizada não só por meio das procuradorias dos entes públicos, como também pelo Ministério Público (art. 19, *caput*), sendo, que na omissão das autoridades administrativas, este poderá também pedir em juízo a aplicação das sanções previstas no art. 6º da Lei.

É importante ressaltar que a aplicação das sanções previstas na lei ora comentada **não afeta** os processos de responsabilização e aplicação de penalidades decorrentes dos atos de improbidade nos termos da Lei 8.429/1992 e de ilícitos alcançados pela Lei 8.666/1993 ou outras normas de licitação e contratos.

Quanto à **decadência** ou **prescrição** para aplicar as sanções previstas na Lei, o prazo é de 5 anos, contados da data da ciência da infração ou, no caso de infração permanente ou continuada, do dia em que tiver cessado (art. 25). Na esfera administrativa ou judicial, a prescrição será interrompida com a instauração de processo que tenha por objeto a apuração da infração.

Outro ponto importante da lei, que deverá provocar mais efetividade na apuração dessas infrações, é a regulamentação do chamado **acordo de leniência** (art. 16). De acordo com este, a autoridade máxima de cada órgão ou entidade pública poderá celebrar acordo de leniência com as pessoas jurídicas responsáveis pela prática dos atos previstos na Lei que colaborem efetivamente com as investigações e o processo administrativo, desde que dessa colaboração resulte a identificação dos demais envolvidos na infração, quando couber, e a obtenção célere de informações e documentos que comprovem o ilícito sob apuração. A celebração do acordo de leniência isentará a pessoa jurídica das sanções previstas no inciso II do art. 6º e no inciso IV do art. 19 e reduzirá em até 2/3 (dois terços) o valor da multa aplicável. Vale ressaltar que o acordo de leniência não exime a pessoa jurídica da obrigação de reparar integralmente o dano causado.

Por fim, importante destacar que "os órgãos ou entidades dos Poderes Executivo, Legislativo e Judiciário de todas as esferas de governo deverão informar e manter atualizados, para fins de publicidade, no **Cadastro Nacional de Empresas Inidôneas e Suspensas – CEIS**, de caráter público, instituído no âmbito do Poder Executivo federal, os dados relativos às sanções por eles aplicadas, nos termos do disposto nos arts. 87 e 88 da Lei 8.666, de 21 de junho de 1993" (art. 23, g.n.).

11. Licitação pública

11.1. Finalidades ou objetivos

A Administração Pública, para cumprir suas tarefas, **precisa realizar muitos contratos**. A maior parte deles envolve **aquisição** de bens, serviços e obras. Mas há também situações em que a Administração **aliena** bens ou faz **permissões e concessões**.

No entanto, é fundamental que a Administração Pública, previamente à contratação, siga um procedimento destinado a preservar certos princípios. Esse procedimento tem o nome de **licitação**.

A Lei 8.666/1993, em sua redação original, dispunha que a licitação tinha por finalidade atender aos seguintes objetivos (art. 3º, *caput*): a) garantir a observância do princípio da **isonomia**; b) garantir a seleção da proposta **mais vantajosa** para a administração.

A simples existência de um processo de licitação já evita que interessados em contratar com a Administração Pública sejam excluídos dessa possibilidade, o que preserva o princípio da igualdade. Além disso, a existência de concorrência entre interessados, por si só, já é capaz de obrigá-los a formular a mais vantajosa proposta possível, o que atende ao princípio da indisponibilidade do interesse público.

Mas como tais finalidades da licitação devem ser buscadas da maneira mais efetiva possível, não basta que a licitação seja procedimento obrigatório para contratações da Administração Pública. É necessário, também, que todas as regras do procedimento sejam direcionadas ao máximo atendimento desses objetivos.

Um exemplo de regra que visa a garantir o princípio da isonomia é a que veda a criação de requisitos de habilitação que não estejam dispostos no art. 27 e seguintes da Lei 8.666/1993.

Um exemplo de regra que visa a garantir a proposta mais vantajosa para a Administração é a que estabelece, na modalidade pregão, que os licitantes, depois de apresentadas suas propostas, terão oportunidade de fazer lances verbais com vistas a se chegar a melhor proposta possível (art. 4º, VIII, da Lei 10.520/2002).

A Lei 12.349/2010 alterou o art. 3º, *caput*, da Lei 8.666/1993, criando uma terceira finalidade para a licitação, qual seja: promover o **desenvolvimento nacional sustentável**.

Exemplo de regra que visa a promover o desenvolvimento nacional sustentável é a que estabelece que, em caso de empate, terão preferência as propostas relativas a bens e serviços produzidos no País (art. 3º, § 2º, II, da Lei 8.666/1993).

Em resumo, a licitação tem três finalidades: a) garantir a isonomia; b) garantir a proposta mais vantajosa para a administração; c) promover o desenvolvimento nacional sustentável.

11.2. Legislação

A **regra-matriz** da licitação encontra-se no art. 37, XXI, da Constituição Federal, *in verbis*:

> "ressalvados os casos especificados na legislação, as obras, serviços, compras e alienações serão contratados mediante processo de licitação pública que assegure igualdade de condições a todos os concorrentes, com cláusulas que estabeleçam obrigações de pagamento, mantidas as condições efetivas da proposta, nos termos da lei, o qual somente permitirá as exigências de qualificação técnica e econômica indispensáveis à garantia do cumprimento das obrigações"

Repare que a regra-matriz traz, pelo menos, os seguintes princípios licitatórios:

a) princípio da obrigatoriedade da licitação, pelo qual qualquer contrato deve ser por ela precedido, ressalvados os casos especificados na lei;

b) princípio da isonomia, pelo qual se deve assegurar "igualdade de condições a todos os concorrentes", bem como só se permitirá exigências de qualificação "indispensáveis à garantia do cumprimento das obrigações", de modo a garantir que interessados na licitação não sejam excluídos sem justa causa;

c) princípio da indisponibilidade, pelo qual só se permitirá exigências de qualificação "indispensáveis à garantia do cumprimento das obrigações", o que garante o maior número possível de licitantes, medida que tende a fazer com que haja maior concorrência e, consequentemente, melhores propostas;

d) princípio da proporcionalidade, também decorrente da ideia de que só se permitirá exigências de qualificação "indispensáveis à garantia do cumprimento das obrigações", o que faz com a Administração não faça exigências que não sejam estritamente necessárias para cumprir as finalidades do processo de licitação;

e) princípio do devido procedimento administrativo, pelo qual as contratações da Administração devem ser feitas mediante *processo* de licitação pública, o que faz com que fique reduzida a discricionariedade da Administração, que deve seguir ritos e regras previstos em lei.

Uma vez estabelecida a regra-matriz da licitação, a Constituição Federal tratou de dispor sobre quem tem **competência para legislar** nessa matéria. Nesse sentido, o art. 22, XXVII, da CF estabelece que compete privativamente à União legislar sobre "normas gerais de licitação e contratação, em todas as modalidades, para as administrações públicas diretas, autárquicas e fundacionais da União, Estados, Distrito Federal e Municípios, obedecido o disposto no art. 37, XXI, e para as empresas públicas e sociedades de economia mista, nos termos do art. 173, § 1º, III".

Assim, a CF elegeu a **União** como responsável, privativamente, pela edição de **normas gerais** sobre licitação.

Normas gerais sobre licitação *são aquelas que tratam de questões que reclamam tratamento homogêneo em todo o País*. Já as **normas especiais** sobre licitação *são aquelas que tratam de questões que requerem tratamento peculiar no âmbito do ente local ou aquelas que envolvam a operacionalização da aplicação da lei geral no ente local.*

Argumentando ofensa à competência da União, o STF entendeu inconstitucional uma lei do Distrito Federal que criava, no âmbito da licitação, restrições a empresas que discriminarem na contratação de mão de obra (ADI 3.670, DJ 18.05.2007). O Pretório Excelso também entendeu inconstitucional lei do estado do Rio Grande do Sul que criava, também no âmbito da licitação, preferência a licitantes que usassem softwares livres ou sem restrições proprietárias (ADI 3.059, DJ 20.08.2004).

Por outro lado, na ADI 927, o STF entendeu que as disposições da Lei 8.666/1993 que tratam da doação de bem imóvel e da permuta de bem móvel têm aplicação apenas à União, já que as questões relativas ao destino de bens públicos estão ligadas ao autogoverno dos demais entes políticos quanto ao seu patrimônio público, envolvendo questão de interesse local a justificar certas normas especiais por parte destes.

Outro ponto importante sobre o disposto no art. 22, XXVII, da CF é o fato de ter sido feita uma ressalva para as empresas públicas e sociedades de economia mista, que deveriam obedecer ao art. 173, § 1º, III, da CF, introduzida pela EC 19/1998.

Esse dispositivo tem o seguinte teor: "§ 1º – A lei estabelecerá o estatuto jurídico da empresa pública, da sociedade de economia mista e de suas subsidiárias que explorem atividade econômica de produção ou comercialização de bens ou de prestação de serviços, dispondo sobre: (...) III – licitação e contratação de obras, serviços, compras e alienações, observados os princípios da administração pública."

Repare que a Constituição admitiu que pudesse haver uma lei paralela tratando da licitação e contratação por parte de empresas públicas exploradoras de atividade econômica (produção, comércio e prestação de serviços). Essa lei, que deverá ser ordinária e federal, tem uma única condicionante: deve estabelecer as regras do certame observando os princípios da administração pública.

No entanto, enquanto essa lei não vem, entende-se que tais pessoas jurídicas têm que realizar licitação nos termos da Lei 8.666/1993, ressalvadas hipóteses em que ela não atender ao *pressuposto jurídico* – de ser conveniente ao interesse público – como no caso em que tais entidades, em sua atuação no mercado, desejem fazer contratos ligados à sua atividade-fim e a realização da licitação possa comprometer as atividades da estatal, impedindo que ela atue no mercado em condições paritárias com as demais empresas.

A própria Lei 8.666/1993, em seu art. 17, II, "e", estabelece que é dispensada a licitação na venda de bens móveis produzidos ou comercializados por órgãos ou entidades da Administração, em virtude de suas finalidades.

De qualquer forma, fica a notícia de que, enquanto não editada a lei referida, as empresas estatais exploradoras de atividade econômica em sentido estrito devem fazer licitação com base na Lei 8.666/1993, com a ressalva sobre os contratos relativos à sua atividade-fim e sobre o caso da Petrobras, que ainda não tem posição definitiva no STF.

O caso da Petrobras diz respeito ao art. 67 da Lei 9.478/1997, que estabelece que "os contratos celebrados pela PETROBRAS, para aquisição de bens e serviços, serão precedidos de procedimento licitatório simplificado, a ser definido em decreto do Presidente da República". Esse decreto foi editado (Decreto 2.745/1998). Todavia, entendemos que se trata de decreto inconstitucional, pois o art. 173, § 1º, III, da CF é claro ao dispor que somente uma lei poderá estabelecer regras sobre a licitação de empresas estatais exploradoras de atividade econômica.

Todavia, o STF, nas poucas decisões dadas a respeito, demonstra que tende a fixar entendimento no sentido da validade do referido decreto. *Vide* os seguintes casos: AC 1.193, RE 441.280, MS 25.888 e MS 27.837.

O art. 175 da CF também trata do instituto da licitação quando dispõe que a concessão e a permissão de serviços públicos devem se dar "sempre através de licitação".

Resta, agora, tecer umas palavras sobre a licitação na legislação infraconstitucional.

Nesse sentido, confira as principais leis que fazem referência ao instituto:

a) Lei 8.666/1993, a mais importante delas, traz normas gerais sobre licitações e contratos da Administração Pública;

b) Lei 10.520/2002, que trata da licitação na modalidade pregão; o Decreto 3.555/00 regulamenta o procedimento do pregão na esfera federal; o Decreto 5.450/2005 define o procedimento a ser adotado no pregão eletrônico;

c) Lei Complementar 123/2006, que, em seus arts. 42 a 49, contém normas sobre licitação, favorecendo as microempresas e empresa de pequeno porte;

d) Lei 12.642/2011, que institui o Regime Diferenciado de Contratações Públicas - RDC;

e) Lei 11.488/2007, que, em seu art. 34, determina a aplicação da Lei Complementar 123/2006 às sociedades cooperativas;

f) Lei 8.987/1995, que trata da permissão e concessão de serviço público, inclusive quanto à licitação cabível à espécie;

g) Lei 11.079/2004, que trata das parcerias público-privadas, inclusive quanto à licitação cabível à espécie;

h) Lei 12.232/2010, que trata da licitação quanto aos contratos de serviços de publicidade;

i) Lei 9.472/1997, que estabelece novas modalidades licitatórias para a ANATEL, o pregão e a consulta (arts. 54 a 57);

j) Lei 9.648/1998, que dispensa a licitação para a celebração de contratos de prestação de serviços com as organizações sociais;

k) Lei 11.107/2005 que, regulamentando os consórcios públicos, dobra o limite de valor para a contratação direta por essas entidades.

11.3. Princípios da licitação

O art. 3º da Lei 8.666/1993 estabelece os seguintes princípios da licitação: a) legalidade; b) impessoalidade; c) moralidade; d) igualdade; e) publicidade; f) probidade administrativa; g) vinculação ao instrumento convocatório; h) do julgamento objetivo; e e) os princípios correlatos.

Para guardar, lembre-se de que há quatro princípios da Administração (legalidade, impessoalidade, moralidade e publicidade) mais os seguintes: igualdade (que já está no conceito de impessoalidade), probidade (que já está no conceito de moralidade), vinculação ao instrumento convocatório e julgamento objetivo. O princípio da eficiência não está expresso no art. 3º da Lei 8.666/1993, mas, naturalmente, aplica-se à licitação, já que está expresso na Constituição Federal (art. 37, *caput*).

O princípio da **legalidade** impõe que a Administração só faça, numa licitação, o que a lei determina ou autoriza. Assim, não pode a Administração desconsiderar o disposto na Lei 8.666/1993, criando, por exemplo, novas regras sobre dispensa de licitação, modalidades de licitação novas, tipos de licitação novos, dentre outras.

O princípio da **impessoalidade** impõe que a Administração trate os licitantes de modo igualitário, não promovendo perseguições ou favorecimentos indevidos. Esse princípio também impõe que seja respeitado o princípio da finalidade, o que faz com que a licitação não possa ser utilizada para outras finalidades que não as três que o instituto tem, quais sejam, garantir a isonomia, garantir a proposta mais vantajosa para a Administração e promover o desenvolvimento nacional sustentável.

O princípio da **igualdade**, contido no princípio da impessoalidade, tem efeito relevante no que diz respeito às restrições que a Administração faz a que certas pessoas contratem com ela. Ademais, o princípio também incide quando a Administração quer ter direitos adicionais aos que já estão estipulados como cláusulas exorbitantes. Por conta disso, a Administração não pode inventar novas cláusulas exorbitantes que não estejam expressamente permitidas em lei, sob pena de ferir não só o princípio da legalidade como também o da igualdade. Há casos, todavia, em que é possível restringir a participação de certas pessoas em procedimentos licitatórios, das cooperativas na licitação para a contratação de prestação de serviços com locação de mão de obra, quando o trabalho, por sua natureza, demandar necessidade de subordinação, ante os prejuízos que podem advir para a Administração Pública caso o ente cooperativo se consagre vencedor no certame e não cumpra suas obrigações (REsp 1.204.186, DJ 29/10/2012).

Os princípios da **moralidade** e da **probidade** impõem que a Administração Pública aja sempre de forma honesta, proba, leal e de boa-fé. O princípio impede, por exemplo, que haja favorecimento indevido a algum licitante, o que também é vedado pela aplicação do princípio da impessoalidade. Impede, também, que a Administração se valha de sua condição privilegiada para fazer exigências indevidas do licitante ou contratante. Certa vez tomei conhecimento de uma situação em que um órgão público, que deixou em aberto vários pagamentos a uma empresa fornecedora, condicionou a emissão de um atestado de cumprimento da obrigação por parte desta para apresentar declaração dando por quitados todos os débitos dos órgãos públicos. No caso, a fornecedora acabou aceitando essa situação surreal, pois precisava desse atestado para participar de outro certame licitatório. A conduta da Administração Pública, no caso, foi lastimável e merece total reprovação, pois viola o princípio da boa-fé objetiva, corolário do princípio da moralidade.

O princípio da **publicidade** impõe uma série de providências em matéria de licitação. Uma delas é a exigência de que seja publicado em diário oficial e em jornal de grande circulação aviso contendo o resumo dos editais, inclusive com indicação de onde os interessados poderão ler seu texto integral (art. 21 da Lei 8.666/1993). Outra exigência é a de que todas as compras feitas pela Administração sejam objeto de publicidade em órgãos de divulgação ou em quadro de avisos de amplo acesso público (art. 16 da Lei 8.666/1993). As contratações sem licitação (licitação dispensada, dispensabilidade e inexigibilidade) também serão objeto de publicação na imprensa oficial, no prazo de 5 dias, como condição de eficácia dos atos (art. 26 da Lei 8.666/1993). Será obrigatória audiência pública nas licitações cujo valor estimado for superior a R$ 150 milhões (art. 39 da Lei 8.666/1993). Além disso, a publicação resumida do instrumento de contrato ou de seus aditamentos na imprensa oficial, que é condição indispensável para sua eficácia, será providenciada pela Administração até o quinto dia útil do mês seguinte ao de sua assinatura, para ocorrer no prazo de vinte dias daquela data, qualquer que seja seu valor, ainda que sem ônus (art. 61, p. ún., da Lei 8.666/1993). Atos que afetem direitos dos licitantes serão publicados na imprensa oficial, caso os prepostos destes não estiverem presentes nos atos respectivos (art. 109, § 1º, da Lei 8.666/1993). Os Tribunais de Contas e os órgãos integrantes do sistema de controle interno poderão solicitar para exame, até o dia imediatamente anterior à data do recebimento das propostas, cópia do edital de licitação já publicado (art. 113, § 2º, da Lei 8.666/1993). Os órgãos da Administração poderão expedir normas relativas aos procedimentos operacionais a serem observados na execução das licitações, no âmbito de sua competência, observadas as disposições da Lei 8.666/1993, sendo que tais normas, após aprovação da autoridade competente, deverão ser publicadas na imprensa oficial (art. 115 da Lei 8.666/1993). As sociedades de economia mista, empresas e fundações públicas e demais entidades controladas direta ou indiretamente pela União editarão regulamentos próprios devidamente publicados, ficando sujeitas às disposições da Lei 8.666/1993. Os regulamentos mencionados, no âmbito da Administração Pública, após aprovados pela autoridade de nível superior a que estiverem vinculados os respectivos órgãos, sociedades e entidades, deverão ser publicados na imprensa oficial (art. 119 da Lei 8.666/1993).

Em que pese todo esse dever de publicidade, na modalidade de licitação convite não será necessária a publicação de aviso do edital na imprensa e em jornal de grande circulação. Aliás, nessa modalidade de licitação sequer há edital. O que existe é a elaboração de uma carta-convite, que será enviada a pelo menos três fornecedores, convidando-os a participar de licitação e oferecer proposta para a Administração. A publicidade à qual se reduz esse convite é a publicação desse instrumento convocatório em local apropriado da Administração (art. 22, § 3º, da Lei 8.666/1993).

O princípio da **vinculação ao instrumento convocatório** determina que, além das disposições legais, a Administração deve seguir, rigorosamente, os termos do edital ou do convite. Assim, todas as disposições do instrumento convocatório têm de ser seguidas, sejam as que tratam dos requisitos de habilitação e dos critérios de julgamento da licitação, sejam as que tratam dos termos em que serão celebrados o futuro contrato administrativo. No mesmo sentido do princípio da vinculação ao instrumento convocatório estão também as regras da "vinculação ao termo que dispensou ou declarou inexigível a licitação" e da "vinculação à proposta do licitante vencedor", nos termos do art. 55, XI, da Lei 8.666/1993 ("a vinculação ao edital de licitação ou ao termo que a dispensou ou a inexigiu, ao convite e à proposta do licitante vencedor").

O princípio do **julgamento objetivo** se dirige a dois momentos da licitação. Primeiro quanto à estipulação dos critérios de julgamento. Nesse sentido, o art. 40, VII, da Lei 8.666/1993 impõe que o edital indique, obrigatoriamente, critério de julgamento, com disposições claras e parâmetros objetivos. Segundo, quanto ao julgamento em si, que será feito em momento posterior. Nesse sentido, "no julgamento das propostas, a Comissão levará em consideração os critérios objetivos definidos no edital ou convite", sendo "vedada a utilização de qualquer elemento, critério ou fator sigiloso, subjetivo ou reservado que possa ainda que indiretamente elidir o princípio da igualdade entre os licitantes" (art. 44, § 1º, da Lei 8.666/1993). Ademais, "o julgamento das propostas será objetivo, devendo a Comissão de licitação ou o responsável pelo convite realizá-lo em conformidade com os tipos de licitação, os critérios previamente estabelecidos no ato convocatório e de acordo com os fatores exclusivamente nele referidos, de maneira a possibilitar sua aferição pelos licitantes e pelos órgãos de controle" (art. 45 da Lei 8.666/1993). A lei está tão preocupada com o dever de julgamento objetivo que há vários outros dispositivos reforçando a sua necessidade: arts. 30, § 8º, 31, §§ 2º e 5º, 42, § 5º, 46, § 1º, I, § 2º, I, e § 3º, todos da Lei 8.666/1993.

11.4. Quem deve licitar?

O art. 1º, p. ún., da Lei 8.666/1993 responde à pergunta formulada neste item. Confira: "subordinam-se ao regime desta Lei, além dos órgãos da administração direta, os fundos especiais, as autarquias, as fundações públicas, as empresas públicas, as sociedades de economia mista e demais entidades controladas direta ou indiretamente pela União, Estados, Distrito Federal e Municípios".

Em resumo, pode-se dizer que estão sujeitos à Lei 8.666/1993 os seguintes entes:

a) os entes políticos (União, Estados, Distrito Federal e Municípios);

b) as pessoas jurídicas de direito público (autarquias, fundações públicas, agências reguladoras e associações públicas);

c) as pessoas jurídicas de direito privado estatais (empresas públicas, sociedades de economia mista, fundações privadas criadas pelo Estado e consórcios públicos de direito privado);

d) as entidades controladas direta ou indiretamente pelos entes políticos;

e) os fundos especiais.

Repare que as entidades paraestatais, ou seja, entidades não criadas pelos Estados, mas que atuam em atividades de utilidade pública, não têm o dever de licitar.

Assim, não são obrigadas a licitar as entidades do Sistema "S", as Organizações Sociais (OS) e as Organizações da Sociedade Civil de Interesse Público (OSCIPs). Nesse sentido, confira a seguinte decisão do Tribunal de Contas da União (TCU): "é assente que as entidades do Sistema 'S' não estão obrigadas a seguir rigorosamente os ditames da Lei 8.666/1993, todavia têm que observar os princípios constitucionais gerais da Administração Pública" (TCU, Acórdão 88/08, DOU 01/02/08).

Assim, tais entidades não precisam fazer a licitação segundo a Lei 8.666/1993, mas devem fazer seus gastos observando, dentre outros, os princípios da impessoalidade, da moralidade e da eficiência.

A OAB também não tem o dever de licitar. Na ADI 3.026-4, o STF decidiu que a OAB não é uma autarquia especial e não integra a Administração Indireta como outro tipo de pessoa jurídica, de modo que não se sujeita ao controle estatal. Por outro lado, o STF reconhece que a OAB presta, sim, um serviço público. Na prática isso significa que a OAB, de um lado, não é obrigada a fazer concursos públicos, **licitações** e a se submeter à fiscalização do TCU e ao regime estatutário dos agentes públicos, podendo contratar pelo regime celetista. De outro, por ser um serviço público, a OAB pode fiscalizar os advogados e também tem direito a vantagens tributárias. Na ementa do acórdão, o STF deixa claro que a OAB não é integrante da Administração Indireta, tratando-se de uma figura ímpar no País, no caso, um Serviço Público Independente. O acórdão também conclui que a OAB não pode ser comparada às demais entidades de fiscalização profissional, pois não está voltada exclusivamente a finalidades corporativas, possuindo finalidade institucional.

11.5. Contratação direta

11.5.1. Pressupostos da licitação

A Constituição Federal estabelece que a Administração deve, como regra, contratar apenas mediante licitação (art. 37, XXI, da CF). Todavia, o próprio dispositivo citado admite que a lei preveja situações em que a contratação poderá ser direta, ou seja, sem licitação.

Nesse sentido, a doutrina aponta os pressupostos para que a licitação se dê. Confira:

a) **pressuposto lógico:** para que seja possível a realização da licitação, deve existir pluralidade de objetos e de ofertantes; caso o objeto seja singular ou o fornecedor seja exclusivo, estará inviabilizada a licitação; 859

b) **pressuposto jurídico:** também será necessário que a realização da licitação seja conveniente ao interesse público. Ex.: não é de interesse público que o Estado que tenha uma empresa de Imprensa Oficial faça licitação para que seja escolhida outra empresa para publicar seu Diário Oficial, devendo contratar diretamente com aquela;

c) **pressuposto fático:** não fará sentido fazer-se a licitação acaso não compareça nenhum interessado.

11.5.2. Grupos de contratação direta

Há três grupos de contratação direta. Confira:

a) **licitação dispensada (art. 17):** relativa à alienação de bens públicos; a lei traz um rol taxativo desses casos; não há discricionariedade para a Administração, que, nos casos indicados, não deve fazer licitação;

b) **dispensa de licitação (art. 24)**: o art. 24 traz os casos em que daria para fazer a licitação, mas a lei autoriza sua não realização; trata-se de rol taxativo de casos de dispensa; há discricionariedade para a Administração decidir se vai ou não realizar a licitação no caso concreto; a lei faculta a dispensa, sem obrigar que a Administração não realize a licitação;

c) **inexigibilidade de licitação (art. 25)**: o art. 25 estabelece que, quando a licitação é inviável ("não tem como ser feita"), é hipótese de sua inexigibilidade; tal dispositivo traz um rol de casos de inviabilidade, mas se trata de um rol exemplificativo; aqui não há discricionariedade para a Administração, que, nos casos de inviabilidade, não deve fazer licitação.

11.5.3. Licitação dispensada

O art. 17 da Lei 8.666/1993 prevê diversos casos de licitação dispensada, tema visto na matéria "bens públicos". De qualquer forma, vale fazer a lembrança de alguns casos.

Quanto aos **imóveis**, a alienação depende de interesse público, *autorização legislativa*, avaliação e licitação, dispensada esta na:

a) dação em pagamento;

b) doação para Administração ou para programas sociais;

c) investidura (alienação a proprietário lindeiro de área remanescente ou resultante de obra pública inaproveitável isoladamente).

Quanto aos **móveis**, a alienação depende de interesse público, avaliação e licitação, dispensada esta na doação social, na permuta entre órgãos da Administração e outros casos.

11.5.4. Dispensa de licitação

O art. 24 estabelece mais de 30 hipóteses de dispensa de licitação. Para facilitar a compreensão, classificaremos essas hipóteses em cinco grupos.

11.5.4.1. Em razão do valor (I e II)

a) contratos de até 10% do valor limite para o convite, ou seja:

✔ R$ 15 mil para obras e serviços de engenharia;

✔ R$ 8 mil para compras e serviços;

b) contratos de até 20% do valor limite para o convite, se feitos por consórcios públicos, empresas estatais e agências executivas (p. ún. do art. 24).

Obs.: não é possível o **fracionamento** de contratações que possam ser feitas de uma só vez, para que não haja violação reflexa da lei.

11.5.4.2. Em razão de situações excepcionais

a) em caso de **guerra** ou **grave perturbação da ordem** (III) – ex.: greve;

b) em caso de **calamidade pública** ou **emergência** (IV):

✔ ex.: desmoronamento de uma ponte;

✔ somente para os bens/serviços relacionados à urgência;

✔ por, no máximo, 180 dias, vedada prorrogação do contrato;

c) em caso de **licitação deserta** (V):

✔ caso não haja interessados à licitação e esta não possa ser repetida sem prejuízo, mantidas as condições do edital.

Obs.: não se deve confundir **licitação deserta** com **licitação fracassada**; na última, aparecem interessados, mas esses ou são inabilitados ou são desclassificados, não cabendo dispensa, mas concessão de prazo para os licitantes apresentarem nova documentação;

d) quando a União tiver que intervir no **domínio econômico** para regular preços ou normalizar o abastecimento (VI);

e) em caso de **rescisão contratual**, para conclusão do remanescente de obra; contrata-se o 2º melhor classificado nas condições oferecidas pelo vencedor do certame (XI).

11.5.4.3. Em razão do objeto

a) Para *compra* ou *locação* de **imóvel** pela Administração (X):

✔ ex.: aluguel de imóvel para instalar um creche municipal;

✔ imóvel destinado a finalidade precípua da Administração;

✔ imóvel com instalação/localização ideais para Administração;

✔ imóvel com valor compatível com o de mercado;

b) Para *aquisição* ou *restauração* de **obras de arte** e **objetos históricos** (XV):

✔ desde que de autenticidade certificada;

✔ desde que compatível com finalidade do órgão.

11.5.4.4. Em razão da pessoa

a) na contratação de **instituição brasileira** de pesquisa, ensino. desenvolvimento institucional ou recuperação de preso, **com** inquestionável reputação ético-profissional e **sem** fins lucrativos (XIII):

✔ ex: contratação da FGV para uma consultoria;

b) na contratação de serviços de **organizações sociais** para atividades contempladas no contrato de gestão (XXIV).

11.5.4.5. Outros casos

VII. quando as propostas apresentadas consignarem preços manifestamente superiores aos praticados no mercado nacional, ou forem incompatíveis com os fixados pelos órgãos oficiais competentes, casos em que, observado o parágrafo único do art. 48 da Lei 8.666/1993 e, persistindo a situação, será admitida a adjudicação direta dos bens ou serviços por valor não superior ao constante do registro de preços, ou dos serviços;

VIII. para a aquisição, por pessoa jurídica de direito público interno, de bens produzidos ou serviços prestados por órgão ou entidade que integre a Administração Pública e que tenha sido criado para esse fim específico em data anterior à vigência da Lei 8.666/1993, desde que o preço contratado seja compatível com o praticado no mercado;

IX. quando houver possibilidade de comprometimento da segurança nacional, nos casos estabelecidos em decreto do Presidente da República, ouvido o Conselho de Defesa Nacional;

XII. nas compras de hortifrutigranjeiros, pão e outros gêneros perecíveis, no tempo necessário para a realização dos processos licitatórios correspondentes, realizadas diretamente com base no preço do dia;

XVI. para a impressão dos diários oficiais, de formulários padronizados de uso da administração, e de edições técnicas oficiais, bem como para prestação de serviços de informática a pessoa jurídica de direito público interno, por órgãos ou entidades que integrem a Administração Pública, criados para esse fim específico;

XVII. para a aquisição de componentes ou peças de origem nacional ou estrangeira, necessários à manutenção de equipamentos durante o período de garantia técnica, junto ao fornecedor original desses equipamentos, quando tal condição de exclusividade for indispensável para a vigência da garantia;

XVIII. nas compras ou contratações de serviços para o abastecimento de navios, embarcações, unidades aéreas ou tropas e seus meios de deslocamento quando em estada eventual de curta duração em portos, aeroportos ou localidades diferentes de suas sedes, por motivo de movimentação operacional ou de adestramento, quando a exiguidade dos prazos legais puder comprometer a normalidade e os propósitos das operações e desde que seu valor não exceda ao limite previsto na alínea "a" do inciso II do art. 23 da Lei 8.666/1993;

XIX. para as compras de material de uso pelas Forças Armadas, com exceção de materiais de uso pessoal e administrativo, quando houver necessidade de manter a padronização requerida pela estrutura de apoio logístico dos meios navais, aéreos e terrestres, mediante parecer de comissão instituída por decreto;

XX. na contratação de associação de portadores de deficiência física, sem fins lucrativos e de comprovada idoneidade, por órgãos ou entidades da Administração Pública, para a prestação de serviços ou fornecimento de mão de obra, desde que o preço contratado seja compatível com o praticado no mercado;

XXI. para a aquisição de bens e insumos destinados exclusivamente à pesquisa científica e tecnológica com recursos concedidos pela CAPES, pela FINEP, pelo CNPq ou por outras instituições de fomento a pesquisa credenciadas pelo CNPq para esse fim específico;

XXII. na contratação de fornecimento ou suprimento de energia elétrica e gás natural com concessionário, permissionário ou autorizado, segundo as normas da legislação específica;

XXIII. na contratação realizada por empresa pública ou sociedade de economia mista com suas subsidiárias e controladas, para a aquisição ou alienação de bens, prestação ou obtenção de serviços, desde que o preço contratado seja compatível com o praticado no mercado;

XXV. na contratação realizada por Instituição Científica e Tecnológica - ICT ou por agência de fomento para a transferência de tecnologia e para o licenciamento de direito de uso ou de exploração de criação protegida;

XXVI. na celebração de contrato de programa com ente da Federação ou com entidade de sua administração indireta para a prestação de serviços públicos de forma associada nos termos do autorizado em contrato de consórcio público ou em convênio de cooperação;

XXVII. na contratação da coleta, processamento e comercialização de resíduos sólidos urbanos recicláveis ou reutilizáveis, em áreas com sistema de coleta seletiva de lixo, efetuados por associações ou cooperativas formadas exclusivamente por pessoas físicas de baixa renda reconhecidas pelo poder público como catadores de materiais recicláveis, com o uso de equipamentos compatíveis com as normas técnicas, ambientais e de saúde pública;

XXVIII. para o fornecimento de bens e serviços, produzidos ou prestados no País, que envolvam, cumulativamente, alta complexidade tecnológica e defesa nacional, mediante parecer de comissão especialmente designada pela autoridade máxima do órgão;

XXIX. na aquisição de bens e contratação de serviços para atender aos contingentes militares das Forças Singulares brasileiras empregadas em operações de paz no exterior, necessariamente justificadas quanto ao preço e à escolha do fornecedor ou executante e ratificadas pelo Comandante da Força;

XXX. na contratação de instituição ou organização, pública ou privada, com ou sem fins lucrativos, para a prestação de serviços de assistência técnica e extensão rural no âmbito do Programa Nacional de Assistência Técnica e Extensão Rural na Agricultura Familiar e na Reforma Agrária, instituído por lei federal;

XXXI. nas contratações visando ao cumprimento do disposto nos arts. 3º, 4º, 5º e 20 da Lei nº 10.973, de 2 de dezembro de 2004, observados os princípios gerais de contratação dela constantes.

XXXII. na contratação em que houver transferência de tecnologia de produtos estratégicos para o Sistema Único de Saúde – SUS, no âmbito da Lei nº 8.080, de 19 de setembro de 1990, conforme elencados em ato da direção nacional do SUS, inclusive por ocasião da aquisição destes produtos durante as etapas de absorção tecnológica.

XXXIII. na contratação de entidades privadas sem fins lucrativos, para a implementação de cisternas ou outras tecnologias sociais de acesso à água para consumo humano e produção de alimentos, para beneficiar as famílias rurais de baixa renda atingidas pela seca ou falta regular de água.

11.5.5. Inexigibilidade de licitação

O art. 25 da Lei 8.666/1993 dispõe que a licitação é inexigível quando houver **inviabilidade de competição.** O mesmo dispositivo apresenta um rol exemplificativo (três hipóteses) de casos em que existe tal **situação.**

11.5.5.1. Em caso de fornecedor exclusivo (I)

Por exemplo, quando há um único fornecedor de um medicamento. Outro exemplo é a contratação de serviço postal, que só pode ser feito pelos Correios, que tem o monopólio desse serviço.

A lei traz a seguinte disposição sobre esse caso de inexigibilidade: "para aquisição de materiais, equipamentos ou gêneros que só possam ser fornecidos por produtor, empresa ou representante comercial exclusivo, vedada a preferência de marca, devendo a comprovação de exclusividade ser feita através de atestado fornecido pelo órgão de registro do comércio do local em que se realizaria a licitação ou a obra ou serviço, pelo Sindicato, Federação ou Confederação Patronal, ou, ainda, pelas entidades equivalentes".

Trata-se de situação em que seria inútil licitar, dada a impossibilidade de competição.

Não se deve, todavia, confundir a exclusividade de produtor-vendedor com a exclusividade comercial. A primeira sempre gera a inexigibilidade. Já a segunda depende de se aferir a exclusividade do vendedor na praça de comércio em que se esteja realizando a licitação.

Em caso positivo, estar-se-á em caso de inexigibilidade; se negativo, não.

No convite, considera-se como praça de comércio a localidade. Na tomada de preços, observando-se o registro cadastral. E na concorrência, o País.

Não se deve confundir, outrossim, fornecedor exclusivo com *preferência de marca.* Essa não é permitida pela Lei de Licitações, que só abre exceção quando se trata da dispensa de certame para aquisição de certos equipamentos pelas Forças Armadas, preenchidos os requisitos legais, a fim de manter a *padronização.*

11.5.5.2. Caso seja necessário contratar serviço singular (II)

Serviço singular é aquele serviço técnico *diferenciado*, não podendo se tratar de um serviço *comum.* Um exemplo é a necessidade de contratar uma consultoria para a modelagem de uma parceria público-privada, serviço que, efetivamente, é singular. Já a contratação de um escritório de advocacia para o ingresso com uma ação simples, como uma ação de revisão contratual, não envolve serviço singular, mas serviço comum, corrente.

Uma vez havendo necessidade de contratar um serviço singular, deve-se contratar *profissional com notória especialização.*

A lei traz a seguinte disposição sobre esse caso de inexigibilidade: "*para a contratação de serviços técnicos enumerados no art. 13 desta Lei, de natureza singular, com profissionais ou empresas de notória especialização, vedada a inexigibilidade para serviços de publicidade e divulgação*".

Repare que a lei dispõe que não há possibilidade de contratar por inexigibilidade serviços de publicidade ou divulgação.

11.5.5.3. Na contratação de artista (III)

A lei traz a seguinte disposição sobre esse caso de inexigibilidade: "para contratação de profissional de qualquer setor artístico, diretamente ou através de empresário exclusivo, desde que consagrado pela crítica especializada ou pela opinião pública".

11.5.6. Formalidades para a contratação direta

As dispensas, as inexigibilidades e o retardamento previsto no art. 8º, p. ún., da Lei 8.666/1993 deverão ser feitos mediante os seguintes requisitos, conforme o caso (art. 26 da Lei 8.666/1993):

a) existência de um processo administrativo;

b) justificativa da não realização da licitação;

c) justificativa de preço – pesquisa de preço;

d) razão da escolha do fornecedor;

e) comunicação, em 3 dias úteis, à autoridade superior, para ratificação;

f) publicação da contratação, em 5 dias, para eficácia do ato.

11.5.7. Responsabilidade em caso de superfaturamento

O art. 25, § 2º, da Lei 8.666/1993 estabelece nos casos de inexigibilidade e em qualquer dos casos de dispensa, se comprovado superfaturamento, que respondem *solidariamente* pelo dano causado à Fazenda Pública o *fornecedor ou o prestador de serviços* e o *agente público* responsável, sem prejuízo de outras sanções legais cabíveis.

11.6. Fases da licitação

11.6.1. Fase interna

O procedimento licitatório importa numa sucessão de atos com vistas à escolha do vencedor do certame.

Essa sucessão de atos pode ser dividida, num primeiro momento, em duas grandes etapas, quais sejam: a fase interna e a fase externa da licitação.

A fase interna consiste no conjunto de preparativos feitos no interior da Administração, prévios à publicação do edital ou ao envio da carta-convite.

Dentre os principais atos da fase interna, destacam-se os seguintes:

a) *abertura de processo administrativo, devidamente autuado, protocolado e numerado*;

b) *solicitação de contratação com indicação sucinta do objeto*, ou seja, o órgão interessado indicará a necessidade de se fazer a compra, da contratação de serviço, da contratação de obra etc.;

c) *verificação acerca da existência de dotação orçamentária para a despesa*, ou seja, verifica-se se há previsão orçamentária para a contratação solicitada pelo órgão interessado;

d) *verificação do impacto orçamentário-financeiro*, ou seja, verifica-se se, no momento, há recursos financeiros disponíveis;

e) *autorização para abertura de licitação e designação de comissão especial de licitação, de leiloeiro ou de responsável pelo convite, de acordo com o caso*;

f) *realização de audiência pública, quando for o caso*; essa audiência é necessária quando o valor estimado para uma licitação ou conjunto de licitações com objetos similares (simultâneas ou sucessivas) for superior a R$ 150 milhões (são simultâneas aquelas que têm objetos similares e com realização prevista em intervalo de até 30 dias; são sucessivas aquelas com objetos similares, cujo edital da mais recente tenha data anterior a 120 dias do término do contrato resultante da licitação antecedente);

g) *elaboração ou finalização do texto da minuta do edital*;

h) *exame e aprovação da minuta do edital pela assessoria jurídica da Administração*; vale lembrar que o STF entende que o parecer da assessoria jurídica tem natureza jurídica de decisão (*parecer vinculante*), o que faz com que o assessor jurídico responda por qualquer irregularidade no edital que tiver aprovado;

i) *aprovação do edital*; ou seja, autoridade competente deverá apreciar a minuta e aprovar o edital.

Antes de passarmos para a fase externa da licitação, vale tratar um pouco sobre as pessoas que dirigirão os trabalhos numa licitação.

Nesse sentido, o art. 51 da Lei 8.666/1993 estabelece que a licitação será processada e julgada por comissão permanente ou especial de, *no mínimo, 3 (três) membros*, sendo pelo menos *2 (dois) deles* servidores qualificados pertencentes aos quadros *permanentes* dos órgãos da Administração responsáveis pela licitação. Ou seja, só um membro pode ser daqueles que têm cargo em comissão.

No caso de convite, a Comissão de licitação, excepcionalmente, nas pequenas unidades administrativas e em face da exiguidade de pessoal disponível, poderá ser substituída por servidor formalmente designado pela autoridade competente.

A Comissão para julgamento dos pedidos de inscrição em registro cadastral, sua alteração ou cancelamento será integrada por profissionais legalmente habilitados no caso de obras, serviços ou aquisição de equipamentos.

Os membros das Comissões de licitação responderão *solidariamente* por todos os atos praticados pela Comissão, salvo se posição individual divergente estiver devidamente fundamentada e registrada em *ata lavrada* na reunião em que tiver sido tomada a decisão.

A investidura dos membros das Comissões permanentes *não excederá a 1 (um) ano*, vedada a recondução da totalidade de seus membros para a mesma comissão no período subsequente.

No caso da modalidade *concurso*, o julgamento será feito por uma comissão especial integrada por pessoas de reputação ilibada e reconhecido conhecimento da matéria em exame, servidores públicos ou não.

11.6.2. Fase externa

Uma vez que a minuta do edital estiver aprovada, passa-se à fase externa da licitação, fase essa que tem os seguintes momentos:

11.6.2.1. Publicação do instrumento convocatório

Nessa etapa, temos duas possibilidades.

Se se tratar de licitação na modalidade **convite**, não há edital. O instrumento convocatório é a **carta-convite**, que deverá ser remetida a pelo menos 3 interessados, cadastrados ou não na Administração.

Repare que devem ser feitos, no mínimo, 3 convites. O ideal é fazer o maior número possível. Ademais, há de se convidar tanto pessoas cadastradas como pessoas não cadastradas na Administração.

Por fim, faz-se necessário afixar cópia da carta-convite em quadro de aviso da Administração.

Nas demais modalidades de licitação, o instrumento convocatório tem o nome de **edital**.

O edital é o *ato pelo qual são convocados os interessados e estabelecidas as condições que regerão o certame*, devendo **tratar**, obrigatoriamente, do seguinte (art. 40 da Lei 8.666/1993):

a) **regras procedimentais:** *modalidade* de licitação (*caput*); *objeto* do certame (I); onde estão as *informações* relevantes (IV, V e VIII); quais são as *datas* para recebimento dos envelopes com a documentação e a proposta e para início da abertura dos envelopes (*caput*); *forma de apresentação* das propostas (VI);

b) **condições de participação:** qualificação para participação na licitação (VI), em conformidade com os artigos 27 a 31; disciplina sobre a participação de consórcios no certame;

c) **critérios de julgamento:** *tipo* de licitação, tais como menor preço, melhor técnica etc. (*caput*); *critérios de avaliação* das propostas (VII); *padrão mínimo de qualidade*;

d) **futuro contrato:** *direitos* e *obrigações* de cada parte (pagamento, entrega e prazos); *prerrogativas extraordinárias* da Administração Pública; modos de *recomposição* da equação econômico-financeira (reajustes e revisões); hipóteses de *rescisão contratual*; *sanções* cabíveis e sua quantificação;

e) **anexo:** o edital deve trazer em anexo as especificações complementares e a minuta do futuro contrato a ser celebrado.

Qualquer modificação no edital exige divulgação pela mesma forma que se deu no texto original, reabrindo-se o prazo inicialmente estabelecido, exceto quando, inquestionavelmente, a alteração não afetar a formulação das propostas (art. 21, § 4º, da Lei 8.666/1993).

Os prazos estabelecidos para a apresentação da proposta pelo licitante serão contados a partir da última publicação do edital resumido ou da expedição do convite, ou ainda da efetiva disponibilidade do edital ou do convite e respectivos anexos, prevalecendo a data que ocorrer mais tarde (art. 21, § 3º, da Lei 8.666/1993).

O edital poderá ser impugnado. Essa **impugnação** obedece às seguintes regras (art. 41):

a) pode ser feita por um *interessado* e também por qualquer *cidadão*;

b) o prazo para o *cidadão* impugnar é até de *5 dias úteis* da data da abertura dos envelopes de habilitação, devendo a Administração julgar e responder à impugnação em até *3 dias úteis*;

c) o prazo para o *licitante* impugnar é até o 2º dia útil da data da abertura dos envelopes de habilitação ou da data da sessão de leilão.

A impugnação feita tempestivamente pelo licitante não o impedirá de participar do processo licitatório até o trânsito em julgado da decisão a ela pertinente.

A inabilitação do licitante importa preclusão do seu direito de participar das fases subsequentes.

Independentemente dos prazos para impugnação, nada impede que qualquer licitante, contratado ou pessoa jurídica ou física, represente para o Ministério Público, para o órgão de controle interno da Administração ou para o Tribunal de Contas acerca de irregularidades que encontrar (art. 113, § 1º).

11.6.2.2. Habilitação

11.6.2.2.1. Conceito

A expressão "habilitação" ora é utilizada para designar um *procedimento* (uma série de atos, portanto), ora é utilizada para designar um *ato administrativo* só.

Na sua **acepção procedimental**, a habilitação *é o conjunto de atos destinados a apurar a idoneidade e a capacitação de um sujeito para contratar com a Administração Pública.*

Já na **acepção de ato administrativo**, a habilitação *é o ato pelo qual a Administração Pública decide se um sujeito é dotado da idoneidade necessária para a participação na licitação.*

Em termos práticos, essa fase licitatória tem por fim verificar se o interessado tem *idoneidade* e *capacitação* para vir a contratar com a Administração Pública. O foco aqui não é verificar qual interessado tem a melhor proposta comercial (isso é visto na fase de julgamento e classificação), mas se o interessado tem aptidão para vir a ser contratado pela Administração Pública.

A Constituição Federal, em seu art. 37, XXI, acaba por trazer duas disposições sobre a habilitação, que são as seguintes: a) "processo de licitação pública que assegure igualdade de condições a todos os concorrentes"; e b) processo de licitação em que só se permite "exigências de qualificação técnica e econômica indispensáveis à garantia do cumprimento das obrigações".

O princípio da igualdade admite certas restrições à participação de interessados na licitação. Um exemplo é uma licitação para fornecimento de combustível para uma Prefeitura, em que o edital estabelece que só poderão participar do certame postos de gasolina que estejam situados até 15 km do pátio de carros da Prefeitura. Trata-se de limitação lícita, pois, se um posto de gasolina muito distante ganhar o certame, a Prefeitura gastará muita gasolina para ir ao posto abastecer os carros.

No caso relatado, a restrição à participação tem pertinência. Porém, há várias situações em administrações públicas no País que criam restrições impertinentes e, portanto, violadoras do princípio da igualdade. Confira, a respeito, a seguinte decisão do STF:

> "LICITAÇÃO PÚBLICA. Concorrência. Aquisição de bens. Veículos para uso oficial. **Exigência de que sejam produzidos no Estado-membro**. Condição compulsória de acesso. Art. 1º da Lei nº 12.204/98, do Estado do Paraná, com a redação da Lei nº 13.571/2002. Discriminação arbitrária. Violação ao princípio da isonomia ou da igualdade. Ofensa ao art. 19, II, da vigente Constituição da República. Inconstitucionalidade declarada. Ação direta julgada, em parte, procedente. Precedentes do Supremo. É inconstitucional a lei estadual que estabeleça como condição de acesso a licitação pública, para aquisição de bens ou serviços, que a empresa licitante tenha a fábrica ou sede no Estado-membro." (STF, ADI 3583, DJ 13-03-2008)

As exigências, além de atender à isonomia, devem estar previstas em lei (princípio da legalidade) e ser indispensáveis à garantia do cumprimento das obrigações pelo interessado. Confira decisão do Tribunal de Contas da União (TCU), que se deparou com exigência em edital não prevista em lei:

"Além disso, para a habilitação de interessado em participar de licitação só pode ser exigida a documentação exaustivamente enumerada nos arts. 27 a 31 da Lei de Licitações e Contratos, onde não há menção à necessidade de comprovação de que a empresa não tenha entre seus sócios participante de outra entidade que esteja em situação de inadimplência em contratação anterior com a Administração Pública." (TCU, Acórdão 991/06, DOU 26.06.2006).

11.6.2.2.2. Momento

Após a publicação do edital, segue-se um prazo para os interessados na licitação apresentarem dois envelopes para a Administração. O primeiro envelope é composto dos documentos que comprovam a *idoneidade* e a *capacitação* do licitante (documentos de habilitação) e o segundo traz documento com a proposta comercial do licitante (documentos de proposta).

A fase de habilitação consiste justamente em abrir o envelope contendo os documentos de habilitação e em verificar se o interessado atende às qualificações necessárias à participação no certame.

Resta saber em que momento isso deve ser feito, ou seja, quando é que ocorre a fase de habilitação.

Como **regra**, a habilitação ocorre logo após o recebimento dos dois envelopes mencionados e antes da abertura dos envelopes com a proposta (art. 43 da Lei 8.666/1993). Em outras palavras, a habilitação normalmente ocorre após a publicação do edital e antes da fase de julgamento e classificação.

O procedimento de habilitação envolve os seguintes atos:

a) os documentos poderão ser apresentados em *original*, por qualquer processo de *cópia autenticada* por cartório competente ou por *servidor da administração ou publicação em órgão da imprensa oficial* (art. 32);

b) os envelopes serão abertos e os documentos apreciados (art. 43, I);

c) os licitantes presentes e a comissão rubricarão todos os documentos (art. 43, § 2º);

d) os licitantes que demonstrarem os requisitos de qualificação serão habilitados;

e) os licitantes que não demonstrarem os requisitos de qualificação serão inabilitados;

f) caso não haja recurso por parte dos inabilitados, serão devolvidos a estes os envelopes fechados contendo as respectivas propostas; havendo recurso, os envelopes fechados só serão devolvidos quando e se o recurso for denegado (art. 43, II);

g) a inabilitação posterior de um licitante só poderá acontecer se houver fatos supervenientes ou se fatos que já ensejavam a inabilitação só forem conhecidos após o julgamento;

h) após a fase de habilitação, não cabe desistência de proposta, salvo por motivo justo decorrente de fato superveniente e aceito pela comissão (art. 43, § 6º);

i) se todos os licitantes forem inabilitados, a Administração poderá fixar aos licitantes o prazo de 8 dias úteis para a apresentação de nova documentação escoimada das causas referidas que levaram à inabilitação, facultada, no caso de convite, a redução deste prazo para três dias úteis (art. 48, § 3º).

Na **tomada de preços**, o momento da habilitação é um pouco diferente. Isso porque, nessa modalidade, só poderá participar da licitação aquele que já esteja previamente cadastrado ou que apresente os documentos para o devido cadastro até o 3º dia anterior à data do recebimento das propostas.

Assim, na tomada de preços temos a chamada *habilitação prévia* e não a *habilitação preliminar*, que é aquela que ocorre após o edital (e que é a regra, como vimos).

Num primeiro momento, só pode participar da tomada de preços quem já esteja previamente *cadastrado*, ou seja, que já tenha a documentação de habilitação já apresentada à Administração.

Os arts. 34 a 37 da Lei 8.666/1993 tratam dos registros cadastrais, que são muito comuns nos órgãos e entidades da Administração Pública que realizam frequentemente licitações. O registro cadastral deve estar permanente aberto aos interessados, devendo a unidade responsável proceder, no mínimo anualmente, ao chamamento público para a atualização dos registros existentes e ingresso de novos interessados, sendo autorizado que unidades administrativas utilizem registros cadastrais de outros órgãos ou entidades da Administração Pública.

O interessado que já tem registro cadastral receberá um documento cujo nome é "certificado de registro cadastral" (art. 32, § 2º, da Lei 8.666/1993), o qual será apresentado quando for participar de uma tomada de preços.

Já o interessado em participar de uma tomada de preços que não estiver previamente cadastrado tem a possibilidade de participar da licitação desde que atenda às condições exigidas para cadastramento até o 3º dia anterior à data do recebimento das propostas. Ou seja, publicado o edital de uma tomada de preços, o interessado deverá correr para conseguir seu cadastramento, nos termos dos arts. 34 a 37 da Lei 8.666/1993 e das demais regras locais, até o momento acima referido.

Caso a *comissão do certame* ou a *comissão de cadastramento*, no momento do recebimento dos envelopes com a proposta, não tenha tido tempo ainda de analisar se os documentos apresentados para cadastro são suficientes, deverá a comissão de licitação receber a proposta sob condição, vale dizer, condicionada à regularidade do cadastro solicitado, que será verificada em seguida. Nesse caso, procede-se de modo semelhante à concorrência, pois a comissão vai ter que parar e verificar a qualificação antes de abrir os envelopes das propostas, podendo marcar outra data para tanto, se for o caso.

Já quanto ao **convite**, ao **concurso**, ao **leilão** e ao **fornecimento de bens para pronta entrega**, pode-se dispensar, no todo ou em parte, a documentação dos arts. 28 a 31. Ou seja, na prática, seguem o critério de habilitação preliminar, mas, em alguns casos, pode a Administração dispensar todas ou algumas das exigências de qualificação. No entanto, a regularidade do interessado com a Seguridade Social é exigência de qualificação que não pode ser dispensada em hipótese alguma, nos termos do art. 195, § 3º, da CF.

Por fim, no **pregão** temos uma inversão de fases. Primeiro é aberto o envelope com as propostas comerciais, passando à existência de lances verbais e a uma negociação com o melhor classificado e depois é aberto o envelope com os documentos de habilitação do melhor classificado no certame (art. 4º, XII, da Lei 10.520/2002). Ou seja, primeiro vem a fase de julgamento e classificação e depois a de habilitação. Aqui, fala-se em **habilitação posterior**.

Em resumo, o momento da habilitação, em regra, é logo após a publicação do edital (*habilitação preliminar*), mas se dará antes do edital na tomada de preços (*habilitação prévia*) e após o julgamento e classificação no pregão (*habilitação posterior*).

11.6.2.2.3. Documentação a ser apresentada (qualificação)

O art. 27 da Lei 8.666/1993 dispõe que, nas licitações, exigir-se-á dos interessados, exclusivamente, documentação relativa a:

a) habilitação jurídica;
b) qualificação técnica;
c) qualificação econômico-financeira;
d) regularidades fiscais;
e) regularidade quanto ao trabalho de menores.

A **habilitação jurídica** consiste na *comprovação da existência de capacidade de fato e da titularidade de condições para contratar com a Administração Pública*. São exigidos, conforme o caso, os seguintes documentos (art. 28 da Lei 8.666/1993):

a) cédula de identidade;
b) registro comercial, no caso de empresa individual;
c) ato constitutivo, estatuto ou contrato social em vigor, devidamente registrado, em se tratando de sociedades comerciais, e, no caso de sociedades por ações, acompanhado de documentos de eleição de seus administradores;
d) inscrição do ato constitutivo, no caso de sociedades civis, acompanhada de prova de diretoria em exercício;
e) decreto de autorização, em se tratando de empresa ou sociedade estrangeira em funcionamento no País, e ato de registro ou autorização para funcionamento expedido pelo órgão competente, quando a atividade assim o exigir.

A **regularidade fiscal** *consiste na existência de inscrição nos cadastros públicos de contribuinte e na inexistência de débitos fiscais exigíveis*. São exigidos, conforme o caso, os seguintes documentos (art. 29 da Lei 8.666/1993):

a) prova de inscrição no Cadastro de Pessoas Físicas (CPF) ou no Cadastro Geral de Contribuintes (CGC);
b) prova de inscrição no cadastro de contribuintes estadual ou municipal, se houver, relativo ao domicílio ou sede do licitante, pertinente ao seu ramo de atividade e compatível com o objeto contratual;
c) prova de regularidade para com a Fazenda Federal, Estadual e Municipal do domicílio ou sede do licitante, ou outra equivalente, na forma da lei;
d) prova de regularidade relativa à Seguridade Social e ao Fundo de Garantia por Tempo de Serviço (FGTS), demonstrando situação regular no cumprimento dos encargos sociais instituídos por lei.

Há de se ressaltar que só se pode exigir do licitante a apresentação de inscrições e certidões pertinentes. Assim, uma empresa prestadora de serviço não é obrigada a apresentar demonstração de inscrição no Fisco estadual, nem certidão negativa de tributo estadual.

Da mesma forma, não se pode exigir certidões com requisitos formais que podem não ser uniformes nas mais variadas esferas administrativas brasileiras. Nesse sentido, confira a seguinte decisão do STJ:

> "A despeito da vinculação ao edital a que se sujeita a Administração Pública (art. 41 da Lei nº 8.666/1993), afigura-se ilegítima a exigência da apresentação de certidões comprobatórias de regularidade fiscal quando não são fornecidas, do modo como requerido pelo edital, pelo município de domicílio do licitante" (STJ, REsp 974854/MA, DJ 16/05/2008)

A **qualificação técnica** *consiste na idoneidade técnica para a execução do objeto licitado, mediante a demonstração de experiência anterior na execução de contrato similar e da disponibilidade de pessoal e de equipamentos indispensáveis.* Podem ser exigidos, conforme o caso, os seguintes documentos (art. 30 da Lei 8.666/1993):

a) registro ou inscrição na entidade profissional competente (capacidade genérica);

b) comprovação de aptidão para desempenho de atividade pertinente e compatível em características, quantidades e prazos com o objeto da licitação (capacidade específica);

c) indicação das instalações e do aparelhamento e do pessoal técnico adequados e disponíveis para a realização do objeto da licitação, bem como da qualificação de cada um dos membros da equipe técnica que se responsabilizará pelos trabalhos (capacidade operacional);

d) comprovação, fornecida pelo órgão licitante, de que recebeu os documentos e, quando exigido, de que tomou conhecimento de todas as informações e das condições locais para o cumprimento das obrigações objeto da licitação;

e) prova de atendimento de requisitos previstos em lei especial, quando for o caso.

As qualificações previstas nos itens "b" e "c" serão feitas por **atestados** fornecidos por pessoas jurídicas de direito público ou privado. Caso se trate de serviços ou obras, será necessário que os atestados sejam registrados nas entidades profissionais competentes.

A respeito da exigência de atestados, um exemplo é uma licitação para construir uma rodovia. Certamente, o edital exigirá, como qualificação técnica, dentre outros requisitos, que os licitantes apresentem atestado de que já fizeram obra semelhante, requisito indispensável para se aferir sua aptidão para executar a obra caso venha a ganhar a licitação. Por se tratar de obra, tal atestado deverá ser registrado na entidade profissional competente.

Quanto à capacitação técnico-profissional (pessoal técnico especializado), a exigência deve se limitar à comprovação do licitante de possuir em seu quadro permanente, na data prevista para entrega da proposta, profissional detentor de atestado de responsabilidade técnica por execução de obra ou serviço de características semelhantes, limitadas estas exclusivamente às parcelas de maior relevância e valor significativo do objeto da licitação, vedadas as exigências de quantidades mínimas ou prazos máximos. Tais profissionais deverão participar da obra ou serviço objeto da licitação, admitindo-se a substituição por profissionais de experiência equivalente ou superior, desde que aprovada pela administração.

Será sempre admitida a comprovação de aptidão através de certidões ou atestados de obras ou serviços similares de complexidade tecnológica e operacional equivalente ou superior.

É vedada a exigência de comprovação de atividade ou de aptidão com limitações de tempo ou de época ou ainda em locais específicos, ou quaisquer outras não previstas na Lei 8.666/1993 que inibam a participação na licitação.

As exigências mínimas relativas a instalações de canteiros, máquinas, equipamentos e pessoal técnico especializado, considerados essenciais para o cumprimento do objeto da licitação, serão atendidas mediante a apresentação de relação explícita e da declaração formal da sua disponibilidade, sob as penas cabíveis, vedadas as exigências de propriedade e de localização prévia.

Segundo o art. 30, § 8º, da Lei 8.666/1993, no caso de obras, serviços e compras de grande vulto, de alta complexidade técnica, poderá a Administração exigir dos licitantes a metodologia de execução, cuja avaliação, para efeito de sua aceitação ou não, antecederá sempre à análise dos preços e será efetuada exclusivamente por critérios objetivos.

Entende-se por licitação de alta complexidade técnica aquela que envolva alta especialização como fator de extrema relevância para garantir a execução do objeto a ser contratado, ou que possa comprometer a continuidade da prestação de serviços públicos essenciais.

O Tribunal de Contas da União (TCU), chamado a interpretar várias das disposições acima em caso concreto, exarou interessante decisão, que determinou à Administração Pública que:

> "9.3.4. Abstenha-se de exigir comprovação de vínculo empregatício do responsável técnico de nível superior com a empresa licitante, uma vez que extrapola as exigências de qualificação técnico-profissional, definidas no art. 30, inciso II e § 1º, da Lei 8.666/1993.
>
> 9.3.5. Abstenha-se de exigir, para a comprovação de qualificação técnico-operacional dos licitantes, o requisitos de propriedade e de localização prévia dos equipamentos a serem utilizados na obra, conforme o disposto no § 6º do art. 30 da Lei 8.666/1993.

9.3.6. Não exija, como requisito para habilitação dos licitantes, a apresentação de certificados de qualidade e outros documentos que não integrem o rol da documentação exigida por lei, para comprovação de capacidade técnica, nos termos do inciso II c/c o § 1º, ambos do art. 30 da Lei 8.666/1993, abstendo-se especialmente de exigir certificado do Programa Brasileiro de Qualidade e Produtividade de Habitat (PBQPH) – Nível A, aceitando-o, se for o caso, apenas como critério de pontuação técnica.

9.3.7. Abstenha-se de efetuar exigência de quantitativos mínimos de serviços nos atestados técnico-profissionais, para fins de qualificação técnico-profissional, ante a expressa vedação do art. 30, § 1º, I, da Lei 8.666/1993" (TCU Acórdão 608/08, Plenário, DOU 14.05.08).

A **qualificação econômico-financeira** *consiste em o licitante ter recursos financeiros e situação econômica adequados à satisfatória execução do objeto da contratação.* Podem ser exigidos, conforme o caso, os seguintes documentos (art. 31 da Lei 8.666/1993):

a) balanço patrimonial e demonstrações contábeis do último exercício social, já exigíveis e apresentados na forma da lei, que comprovem a boa situação financeira da empresa, vedada a sua substituição por balancetes ou balanços provisórios, podendo ser atualizados por índices oficiais quando encerrado há mais de 3 (três) meses da data de apresentação da proposta;

b) certidão negativa de falência, concordata ou recuperação judicial expedida pelo distribuidor da sede da pessoa jurídica, ou de execução patrimonial, expedida no domicílio da pessoa física;

c) garantia, nas mesmas modalidades e critérios previstos no "caput" e § 1º do art. 56 da Lei 8.666/1993, limitada a 1% (um por cento) do valor estimado do objeto da contratação.

A exigência de *índices* limitar-se-á à demonstração da capacidade financeira do licitante para assumir compromissos caso seja contratado, vedada a exigência de valores mínimos de faturamento anterior, índices de rentabilidade ou lucratividade.

A Administração, nas *compras para entrega futura* e na *execução de obras e serviços*, poderá exigir capital mínimo ou patrimônio líquido mínimo, ou ainda as garantias previstas no § 1º do art. 56 da Lei 8.666/1993, como dado objetivo de comprovação da qualificação econômico-financeira dos licitantes e para efeito de garantia ao adimplemento do contrato a ser ulteriormente celebrado.

O capital mínimo ou o valor do patrimônio líquido a que nos referimos não poderá exceder a 10% (dez por cento) do valor estimado da contratação, devendo a comprovação ser feita relativamente à data da apresentação da proposta, na forma da lei, admitida a atualização para esta data através de índices oficiais.

Poderá ser exigida, ainda, a relação dos compromissos assumidos pelo licitante que importem diminuição da capacidade operativa ou absorção de disponibilidade financeira (dívidas do licitante!), calculada esta em função do patrimônio líquido atualizado e sua capacidade de rotação.

A comprovação de boa situação financeira da empresa será feita de forma objetiva, através do cálculo de índices contábeis previstos no edital e devidamente justificados no processo administrativo da licitação que tenha dado início ao certame, vedada a exigência de índices e valores não usualmente adotados para correta avaliação de situação financeira suficiente ao cumprimento das obrigações decorrentes da licitação.

O Tribunal de Constas da União (TCU), chamado a interpretar questão atinente à qualificação econômico-financeira em caso concreto, exarou interessante decisão:

"Os índices e seus valores devem ser fixados de modo a avaliar a capacidade financeira da empresa em cumprir com suas obrigações contratuais. Não é fazendo comparações com a capacidade econômico-financeira das maiores empresas do ramo (índices de liquidez geral e de liquidez corrente iguais ou superiores a 3,00) que se aferirá a capacidade econômico-financeira para a execução de determinado contrato. A obra em questão, devido a seu porte, não necessita da capacidade técnica, operacional e econômico-financeira de grandes construtoras, de grandes empresas de capital aberto, mas, antes, se destina a empresas locais e regionais de médio porte (TCU, Acórdão 1.899/06, Plenário, DOU 16.10.2006).

A **regularidade quanto ao trabalho de menores** *consiste em o licitante cumprir o disposto no inciso XXXIII do art. 7º da CF, que proíbe o trabalho noturno, perigoso e insalubre a menor de 18 anos, bem como qualquer trabalho a menores de 16 anos, salvo na condição de aprendiz, a partir de 14 anos.*

O licitante deve demonstrar essa qualificação por meio da apresentação de uma declaração de regularidade.

O descumprimento dessa regra, caso descoberto no futuro, ensejará a rescisão do contrato administrativo (art. 78, XVIII, da Lei 8.666/1993).

Resta saber como fica o atendimento aos requisitos de habilitação quando um **consórcio** de empresas participa como licitante.

Em primeiro lugar, é importante dizer que o edital deve prever se é possível ou não a participação de um consórcio de empresas.

Caso o edital preveja essa possibilidade, há de determinar o seguinte aos consorciados:

a) que comprovem o *compromisso* público ou particular, subscrito pelos consorciados, de constituir formalmente o consórcio, caso venham a ser contratados; a constituição e o registro do consórcio serão feitos antes da celebração do contrato;

b) que indiquem a *empresa líder* do consórcio, que será responsável por este e deverá atender às condições de liderança previstas no edital, valendo salientar que somente empresa brasileira pode ser líder de consórcio;

c) que fica *proibida a participação* de empresa consorciada, na mesma licitação, através de mais de um consórcio ou isoladamente;

d) que ficam responsáveis *solidariamente* pelos atos praticados em consórcio, tanto na fase de licitação, quanto na de execução do contrato.

Resta saber, agora, quais regras regerão o cumprimento dos requisitos para a habilitação quando se tem um consórcio de empresas disputando a licitação. Confira:

a) cada consorciado deve apresentar os documentos de habilitação (arts. 28 a 31 da Lei 8.666/1993);

b) para efeito de qualificação técnica, admite-se o somatório dos quantitativos de cada consorciado, na proporção de sua respectiva participação;

c) para efeito de qualificação econômico-financeira, admite-se o somatório dos valores de cada consorciado, na proporção de sua respectiva participação;

d) pode a administração estabelecer, para o consórcio, um acréscimo de até 30% dos valores exigidos para licitante individual, inexigível este acréscimo para os consórcios compostos, em sua totalidade, por micro e pequenas empresas assim definidas em lei.

A **regularidade trabalhista** *consiste na inexistência de débitos inadimplidos perante a Justiça do Trabalho (Lei 12.440/2011).*

A prova dessa regularidade se dá pela CNDT (Certidão Negativa de Débitos Trabalhistas), expedida eletrônica e gratuitamente.

O interessado não obterá CNDT se em seu nome constar inadimplemento de obrigações estabelecidas em sentença transitada em julgado, acordos judiciais e acordos firmados perante o Ministério Público do Trabalho ou Comissão de Conciliação Prévia

Todavia, verificada a existência de débitos garantidos por penhora suficiente ou com exigibilidade suspensa, será expedida Certidão Positiva de Débitos Trabalhistas em nome do interessado com os mesmos efeitos da CNDT.

A CNDT certificará a empresa em relação a todos os seus estabelecimentos, agências e filiais e o seu prazo de validade é de 180 dias contados de sua emissão.

11.6.2.3. Julgamento e classificação

Essa fase consiste na *verificação objetiva da conformidade das propostas com os critérios previamente estabelecidos, bem como na sua ordenação em ordem da melhor para a pior para a Administração.*

Nessa fase, deve a Administração abrir os envelopes que contêm as *propostas comerciais* dos licitantes.

Vale lembrar que, aqui, as propostas também devem ser rubricadas pelos licitantes presentes e pela comissão (art. 43, § 2º, da Lei 8.666/1993).

As propostas devem ser analisadas, em primeiro lugar, quanto à sua aptidão. Havendo vícios na proposta, o licitante será desclassificado.

Confira os vícios que ensejam desclassificação:

a) vício formal: *consiste no descompasso da proposta com as regras e padrões estipulados no edital ou na lei.* Dentre os vícios formais está a existência de proposta que faz referência à proposta de outro (ex.: "a proposta da empresa é R$ 0,01 centavo mais barata que a proposta mais barata dos demais licitantes");

b) vício material: *consiste no descompasso da proposta com o objeto licitado.* Um exemplo é uma licitação para adquirir papel A4, mas que recebe uma proposta para papel A3;

c) vício quanto à exequibilidade: *consiste na existência de proposta de valor insuficiente para cobrir os custos do fornecedor.* Imagine uma licitação para comprar combustível, em que o fornecedor vencedor oferece o preço de R$ 1,39 para fornecer gasolina, tendo a Administração feito pesquisa de preço e encontrado como valor de mercado a quantia de R$ 2,90; ora, com um preço desses, ou a gasolina é roubada ou é "batizada"; esse preço é manifestamente inexequível. A lei exige que a proposta seja *manifestamente inexequível* para que seja desclassificada, devendo-se levar em conta os parâmetros estabelecidos no § 1º do art. 41 da Lei 8.666/1993;

d) outros vícios: não se admitirá proposta que apresente preços global ou unitários simbólicos, irrisórios ou de valor zero, incompatíveis com os preços dos insumos e salários de mercado, acrescidos dos respectivos encargos, ainda que o ato convocatório da licitação não tenha estabelecido limites mínimos, exceto quando se referirem a materiais e instalações de propriedade do próprio licitante, para os quais ele renuncie a parcela ou à totalidade da remuneração (art. 44, § 3º, da Lei 8.666/1993).

Quando todos os licitantes são inabilitados, quando todas as propostas forem desclassificadas, a Administração poderá fixar aos licitantes o prazo de 8 dias úteis para a apresentação de outras propostas escoimadas de vícios, facultada, no caso de convite, a redução deste prazo para 3 dias úteis.

Em seguida à verificação de vícios nas propostas, deve a Administração julgar aquelas consideradas aptas, procedendo-se, depois, à classificação das que forem aceitas.

Não se considerará qualquer oferta de vantagem não prevista no edital ou no convite, inclusive financiamentos subsidiados ou a fundo perdido, nem preço ou vantagem baseada nas ofertas dos demais licitantes.

O julgamento e a classificação variarão de acordo com o tipo de licitação (menor preço, maior lance, melhor técnica etc.), tema que será visto em item adiante.

11.6.2.4. Homologação

A homologação *é o ato pelo qual se examina a regularidade do procedimento licitatório.*

A autoridade competente (por exemplo, o Secretário Municipal de Administração) deve verificar a regularidade do procedimento e, estando este em ordem, deve homologar o certame licitatório.

11.6.2.5. Adjudicação

A adjudicação *é o ato pelo qual se atribui o objeto do certame ao vencedor da licitação.*

Como regra, a adjudicação é feita após a homologação (art. 43, VI, da Lei 8.666/1993).

Porém, na modalidade de licitação pregão, primeiro é feita a adjudicação e, depois, a homologação (art. 4º, XXI e XXII, da Lei 10.520/2002).

São efeitos da adjudicação os seguintes:

a) o direito de o adjudicatório não ser preterido, caso a Administração faça a contratação;

b) a vinculação do adjudicatário à proposta por ele feita;

c) a liberação dos demais licitantes para retirar documentos e levantar garantias.

Apesar da vinculação do adjudicatário, decorridos 60 (sessenta) dias da data da entrega das propostas, sem a convocação para a contratação, esse ficará liberado dos compromissos assumidos (art. 64, § 3º, da Lei 8.666/1993).

A recusa injustificada do adjudicatário em assinar o contrato, aceitar ou retirar o instrumento equivalente, dentro do prazo estabelecido pela Administração, caracteriza o descumprimento total da obrigação assumida, sujeitando-o às penalidades legalmente estabelecidas (art. 81 da Lei 8.666/1993).

11.7. Modalidades de licitação

11.7.1. Concorrência

A expressão "modalidades" significa "procedimento", "rito". Não se deve confundir *modalidade* de licitação (concorrência, tomada de preços, convite etc.) com *tipo* de licitação (menor preço, melhor técnica etc.). A primeira, como se viu, diz respeito ao *procedimento* a ser seguido pela Administração. O segundo diz respeito ao *critério de julgamento* a ser seguido pela Administração.

A concorrência pode ser **conceituada** como *a modalidade destinada a transações de grande vulto e a casos especiais elencados na lei, que permite a participação de qualquer interessado que, na fase inicial de habilitação, comprove possuir os requisitos mínimos de qualificação exigidos no edital.*

Essa modalidade tem **destinação obrigatória** para os contratos de:

a) **grande vulto**, ou seja, para *obras e serviços de engenharia* de valor superior a R$ 1,5 milhão, e, quanto às *compras e demais serviços*, de valor superior a R$ 650 mil;

b) **compra de imóveis**, de qualquer valor;

c) **alienações de imóveis**, de qualquer valor; vale salientar que também se admite o leilão para alienação de imóveis adquiridos em processos judiciais e por dação em pagamento (art. 19 da Lei 8.666/1993);

d) **alienação de móveis**, quando estes forem avaliados em valor superior a R$ 650 mil; se o valor for inferior a essa quantia, pode-se usar a modalidade tomada de preços ou leilão (art. 17, § 6º, da Lei 8.666/1993);

e) **concessões de direito real de uso** (art. 23, § 3º, da Lei 8.666/1993);

f) **concessões de serviço público** (art. 2º, II, da Lei 8.987/1995);

g) **licitações internacionais**, de qualquer valor; vale salientar que, nas licitações internacionais, é cabível também a tomada de preços, quando o órgão ou entidade dispuser de cadastro internacional de fornecedores, bem como convite, se não houver fornecedor do bem ou serviço no País (art. 23, § 3º, da Lei 8.666/1993);

h) **aquisição de bens por sistema de registro de preços** (art. 15, § 3º, I, da Lei 8.666/1993): vale salientar que o registro de preços também pode ser feito por meio da modalidade pregão (art. 11 da Lei 10.520/2002); o Sistema de Registro de Preços é um procedimento que a Administração pode adotar perante compras rotineiras de bens padronizados (ex.: material de escritório, medicamentos): presumindo que adquirirá tais bens múltiplas vezes, a Administração abre licitação, e aquele que oferecer a cotação mais baixa terá seus preços registrados para quando a Administração precisar; não se trata de modalidade de licitação, já que inclusive é precedida de uma (concorrência ou pregão), mas de procedimento a ser feito para situações de fornecimento contínuo[14].

14. Cada registro valerá por um ano. O § 3º do art. 15 da Lei dispõe que o sistema de registro de preços será regulamentado por decreto, atendidas as peculiaridades regionais, observado o seguinte: I – seleção feita mediante concorrência; II – estipulação prévia do sistema de controle e atualização dos preços registrados; III – validade do registro não superior a 1 ano. O § 4º, por sua vez, assevera que a existência de preços regis-

Essa modalidade tem **destinação facultativa** para os casos em que couber modalidade licitatória de menor expressão, tais como tomada de preços e convite (art. 23, § 4º, da Lei 8.666/1993).

A concorrência tem como **principais características** as seguintes:

a) **prazos maiores:** o prazo mínimo entre a publicação do aviso do edital e o recebimento das propostas é de 30 dias, como regra, e de 45 dias se o contrato a ser celebrado contemplar o regime de empreitada integral ou quando a licitação for do tipo "melhor técnica" ou "técnica e preço" (art. 21, § 2º, I, "b", e II, "a", da Lei 8.666/1993); há de se lembrar que o prazo é contado da última publicação do aviso do edital; além disso, na contagem do prazo, deve-se excluir o dia do início e incluir o dia do vencimento (art. 110 da Lei 8.666/1993);

b) **universalidade:** a concorrência admite a participação de qualquer interessado que atenda, na fase inicial de habilitação preliminar, os requisitos de qualificação previstos no edital (art. 22, § 1º, da Lei 8.666/1993), ou seja, não é necessário que o interessado esteja previamente cadastrado para participar da concorrência, daí porque se fala em acesso universal ao certame; todavia, na fase de habilitação, aquele licitante que não cumprir os requisitos de qualificação será inabilitado;

c) **habilitação preliminar:** conforme já mencionado, a habilitação, na concorrência, é feita logo após a publicação do edital e antes do julgamento das propostas, daí porque se fala em *habilitação preliminar*, diferente da tomada de preços (*habilitação prévia*) e do pregão (*habilitação posterior*).

11.7.2. Tomada de preços

A tomada de preços pode ser **conceituada** como *a modalidade destinada a transações de médio vulto, que só permite a participação de interessados devidamente cadastrados ou que atendam às condições do cadastro até o 3º dia anterior à data do recebimento das propostas, observada a necessária qualificação* (art. 22, § 2º, da Lei 8.666/1993).

Essa modalidade tem **destinação prevista** para os contratos de:

a) **médio vulto**, ou seja, para *obras e serviços de engenharia* de valor até R$ 1,5 milhões, e, quanto às *compras e demais serviços*, de valor até R$ 650 mil;

b) **licitações internacionais**, quando o órgão ou a entidade dispuser de cadastro internacional de fornecedores, bem como convite, se não houver fornecedor do bem ou serviço no País (art. 23, § 3º, da Lei 8.666/1993).

trados não obriga a Administração a firmar as contratações que deles poderão advir, ficando-lhe facultada a utilização de outros meios, respeitada a legislação relativa às licitações, sendo assegurado ao beneficiário do registro preferência em igualdade de condições.

Essa modalidade tem **destinação facultativa** para os casos em que couber o convite, modalidade licitatória de menor expressão (art. 23, § 4º, da Lei 8.666/1993).

Existe uma **proibição** muito séria, que tem em mira evitar fraudes na utilização das modalidades licitatórias.

É vedada a utilização da modalidade "tomada de preços" para parcelas de uma mesma obra ou serviço, ou ainda para obras e serviços da mesma natureza e no mesmo local que possam ser realizadas conjunta e concomitantemente, sempre que o somatório de seus valores caracterizar o caso de concorrência, exceto para as parcelas de natureza específica que possam ser executadas por pessoas ou empresas de especialidade diversa daquela do executor da obra ou serviço (art. 23, § 5º, da Lei 8.666/1993).

A ideia da lei é evitar fracionamentos de contratos para que se utilize tomada de preços quando caberia concorrência.

A tomada de preços tem como **principais características** as seguintes:

a) **prazos intermediários:** o prazo mínimo entre a publicação do aviso edital e o recebimento das propostas é de 15 dias, como regra, e de 30 dias quando a licitação for do tipo "melhor técnica" ou "técnica e preço" (art. 21, § 2º, II, "b", e III, da Lei 8.666/1993); há de se lembrar que o prazo é contado da última publicação do aviso do edital; além disso, na contagem do prazo, deve-se excluir o dia do início e incluir o dia do vencimento;

b) **prévio cadastro:** o interessado em participar da licitação deve já ter um registro cadastral, ou seja, deve ter um documento cujo nome é *certificado de registro cadastral* (art. 32, § 2º, da Lei 8.666/1993), documento esse que será apresentado por ele quando for participar da tomada de preços; caso o interessado não tenha cadastro prévio, poderá participar da licitação desde que atenda às condições exigidas para cadastramento até o 3º dia anterior à data do recebimento das propostas; ou seja, publicado o edital, o interessado deverá correr para conseguir seu cadastramento, nos termos dos arts. 34 a 37 da Lei 8.666/1993 e das demais regras locais, até o momento acima referido.

11.7.3. Convite

O convite pode ser **conceituado** como *a modalidade destinada a transações de menor vulto, na qual se deve convidar ao menos três interessados, cadastrados ou não, permitida a participação de outros interessados cadastrados que manifestarem interesse com antecedência de até 24 horas da data da apresentação das propostas* (art. 22, § 3º, da Lei 8.666/1993).

Essa modalidade tem **destinação** para os contratos de **menor vulto**, ou seja, para *obras e serviços de engenharia* de valor até R$ 150 mil, e, quanto às *compras e demais serviços*, de valor até R$ 80 mil.

Aqui também existe aquela séria **proibição**, que tem em mira evitar fraudes na utilização das modalidades licitatórias.

É vedada a utilização da modalidade "convite" para parcelas de uma mesma obra ou serviço, ou ainda para obras e serviços da mesma natureza e no mesmo local que possam ser realizadas conjunta e concomitantemente sempre que o somatório de seus valores caracterizar o caso de tomada de preços ou concorrência, exceto para as parcelas de natureza específica que possam ser executadas por pessoas ou empresas de especialidade diversa daquela do executor da obra ou serviço (art. 23, § 5º, da Lei 8.666/1993).

A ideia da lei é evitar fracionamentos de contratos para que se utilize convite, quando caberia tomada de preços ou concorrência.

O convite tem como **principais características** as seguintes:

a) **prazo menor:** o prazo mínimo entre a publicação do aviso edital e o recebimento das propostas é de 5 dias *úteis*, contados da expedição do convite (art. 21, § 2º, IV, e § 3º, da Lei 8.666/1993); há de se lembrar que o prazo é contado da última publicação do aviso do edital; além disso, na contagem do prazo, deve-se excluir o dia do início e incluir o dia do vencimento;

b) **publicidade reduzida:** no convite, a publicidade se reduz à expedição de carta-convite a pelo menos três interessados e à afixação de cópia do convite no quadro de avisos da Administração Pública;

c) **participação restrita a convidados ou cadastrados:** confira as regras (art. 22, §§ 3º, 6º e 7º, da Lei 8.666/1993):

   c1) devem ser convidados pelo menos três interessados, cadastrados ou não;

   c2) se existir na praça mais de três interessados, a cada novo convite, deve-se chamar, no mínimo, um cadastrado que não tenha sido ainda convidado, até que todos os cadastrados sejam convidados;

   c3) quando, por limitações do mercado ou manifesto desinteresse dos convidados, for impossível a obtenção do número mínimo de licitantes, pode-se convidar número menor, desde que haja a devida motivação, sob pena de repetição do convite;

   c4) interessados em participar da licitação podem fazê-lo mesmo que não tenham sido convidados, desde que sejam cadastrados na repartição e que manifestem interesse até 24 horas da data da apresentação das propostas; é necessário, então, que o interessado faça um requerimento nesse prazo; a doutrina entende que só se pode exigir prévio cadastro desse interessado não convidado se a Administração tiver exigido habilitação no convite feito no caso concreto;

d) **habilitação facultativa:** a fase de habilitação não é obrigatória no convite, podendo ser dispensada no todo ou em parte (art. 32, § 1º, da Lei 8.666/1993); porém, a regularidade com a Seguridade Social deve sempre ser exigida, por força de determinação prevista na Constituição Federal (art. 195, § 3º, da CF);

e) **direção dos trabalhos:** a regra é que a licitação pelo convite seja dirigida por uma comissão de licitação, como nas modalidades concorrência e tomada de preços; porém, em pequenas unidades, pode substituí-la por servidor formalmente designado (art. 51, § 1º, da Lei 8.666/1993).

11.7.4. Concursos

O concurso pode ser **conceituado** como *a modalidade destinada à escolha de trabalho técnico, científico ou artístico, mediante prêmios ou remuneração ao vencedor* (art. 22, § 4º, da Lei 8.666/1993).

Essa modalidade tem **destinação** para a *premiação de trabalhos* técnicos (ex.: concurso para a escolha do melhor projeto arquitetônico), científicos (ex.: concurso para a escolha da melhor monografia jurídica) e artísticos (exs.: concursos para escolha de melhores hino, brasão da cidade, fotografia, poema etc.).

O concurso tem como **principais características** as seguintes:

a) **prazo:** o prazo mínimo entre a publicação do aviso do edital e o recebimento do trabalho pronto é de 45 dias; há de se lembrar que o prazo é contado da última publicação do aviso do edital; além disso, na contagem do prazo, deve-se excluir o dia do início e incluir o dia do vencimento; o prazo é grande, pois o interessado não vai entregar uma mera proposta, mas já entregará o trabalho pronto;

b) **regulamento:** o edital deve, no mínimo, fazer referência ao local onde está o regulamento do concurso; deve também indicar a qualificação exigida dos participantes (ex.: dizer que o concurso é só para os estagiários de uma Prefeitura); deve, ainda, traçar as diretrizes e a forma de apresentação do trabalho, bem como as condições de realização e os prêmios a serem dados ao(s) vencedor(es); se o objeto do concurso for um projeto (ex.: projeto arquitetônico), o vencedor deverá autorizar sua execução a qualquer tempo, segundo a conveniência da Administração;

c) **habilitação facultativa:** a fase de habilitação não é obrigatória no concurso, podendo ser dispensada no todo ou em parte (art. 32, § 1º, da Lei 8.666/1993);

d) **julgamento:** o julgamento será feito por uma comissão especial integrada por pessoas de reputação ilibada e reconhecido conhecimento da matéria em exame, servidores públicos ou não (art. 51, § 5º, da Lei 8.666/1993).

11.7.5. Leilão

O leilão pode ser **conceituado** como *a modalidade destinada à venda de bens móveis inservíveis, de produtos apreendidos ou penhorados, de imóveis adquiridos em processo judicial ou por dação em pagamento e de ativos, ações e outros direitos relacionados ao Programa Nacional de Desestatização.*

Essa modalidade tem **destinação** indicada no conceito, valendo salientar, quanto à desestatização, que essa é regulamentada na Lei 9.491/97.

O leilão tem como **principais características** as seguintes:

a) **prazo:** o prazo mínimo entre a publicação do aviso do edital e a sessão de leilão é de 45 dias; há de se lembrar que o prazo é contado da última publicação do aviso do edital; além disso, na contagem do prazo, deve-se excluir o dia do início e incluir o dia do vencimento;
b) **tipo de licitação:** como o leilão visa à alienação de bens, o tipo licitatório cabível (critério de julgamento) é o de maior lance; esse deve ser igual ou superior ao valor da avaliação; os lances são verbais ou mediante procedimentos tecnológicos;
c) **habilitação facultativa:** a fase de habilitação não é obrigatória no leilão, podendo ser dispensada no todo ou em parte (art. 32, § 1º, da Lei 8.666/1993);
d) **direção dos trabalhos:** pode ser cometida a leiloeiro oficial ou a servidor designado pela Administração (art. 53 da Lei 8.666/1993).

11.7.6. Pregão

Essa modalidade de licitação não está prevista na Lei 8.666/1993, mas na Lei 10.520/2002. Trata-se de modalidade aplicável à Administração Pública Direta e Indireta de todos os entes políticos (União, Estados, DF e Municípios).

O pregão pode ser **conceituado** como *a modalidade destinada à aquisição de bens e serviços comuns, caracterizada pela inversão de fases, aumento dos momentos de competição, celeridade, oralidade e redução de exigências para a participação* (art. 22, § 4º, da Lei 8.666/1993).

Essa modalidade é **destinada** à aquisição de *bens e serviços comuns.*

Bens e serviços comuns são "aqueles cujos padrões de desempenho e qualidade possam ser objetivamente definidos no edital, por meio de especificações usuais no mercado" (art. 1º, p. ún., da Lei 10.520/2002).

Enfim, bens e serviços comuns são aqueles que têm especificações usuais no mercado.

São exemplos de *bens comuns* os seguintes: água mineral, combustível, material hospitalar, medicamentos, material de limpeza, móveis, veículos, computadores, dentre outros.

São exemplos de *serviços comuns* os seguintes: de digitação, de manutenção, de assinatura (de TV, revista e telefonia móvel), de copa, de garçom, de ascensorista, de lavanderia, de limpeza, de reprografia, de vigilância, dentre outros.

O fato é que, nos dias de hoje, quase tudo tem especificação usual no mercado e, portanto, quase tudo pode ser adquirido pela Administração mediante a modalidade pregão.

Aliás, é bom ressaltar que não há limitação de valor para aquisição mediante o pregão. Assim, até mesmo uma compra de milhões de reais, que ensejaria concorrência, pode ser feita pelo pregão.

A única exigência é que se trate de bens e serviços comuns.

Nada obstante, há situações que não ensejam o uso de pregão. Um exemplo é a contratação de uma obra. A *obra* não está no conceito nem de *serviço*, nem de *compra de bens*, para fins de licitação (art. 6º, I, II e III, da Lei 8.666/1993). Como regra, também não é possível a utilização de pregão para alienação de bens e para as locações imobiliárias.

Serviços de engenharia, ao contrário, desde que sejam serviços com especificações usuais no mercado, como o serviço de terraplenagem, podem ser contratados mediante pregão.

O pregão tem como **principais características** as seguintes (Lei 10.520/2002):

a) **prazo:** o prazo mínimo entre a publicação do aviso do edital e a data para a apresentação das propostas (data da sessão de pregão) é de *8 dias úteis* (art. 4º, V);
b) **tipo de licitação**: menor preço (art. 4º, X);
c) **direção dos trabalhos:** haverá um pregoeiro e a respectiva equipe de apoio, sendo que esta será integrada em sua maioria por servidores ocupantes de cargo efetivo ou emprego na Administração Pública (art. 3º, IV);
d) **inversão de fases:** primeiro vem a fase de *julgamento* e depois a de *habilitação*; primeiro vem a *adjudicação* e depois a *homologação* (art. 4º, VII, XII, XXI e XXII);
e) **lances verbais:** faz-se uma classificação provisória e depois selecionam-se as melhores propostas (1ª classificada mais propostas até 10% superiores, garantidas três propostas diferentes) para uma fase de lances verbais, com vistas a alcançar a proposta mais vantajosa para a Administração (art. 4º, VIII);
f) **negociação do preço:** o licitante que chegar à melhor proposta estará sujeito, ainda, a uma negociação de preço que o pregoeiro fará caso o proposto não atinja um valor aceitável (art. 4º, XI, XVI e XVII);
g) **exigências vedadas:** é vedada a exigência de *garantia da proposta*, de *aquisição de edital* por interessado e de pagamento de *taxas* (salvo de reprografia) (art. 5º);
h) **redução das exigências de habilitação** (art. 4º, XIII);
i) **concentração dos atos do certame na sessão de pregão:** faz-se tudo na sessão, inclusive a adjudicação do objeto do certame, se não houver recurso;
j) **recurso único e oral** (art. 4º, XVIII).

Quanto ao **procedimento** da fase externa do pregão, confira o passo a passo:

a) publicação do edital;
b) antes de iniciar a sessão pública, faz-se o credenciamento do licitante ou de seus representantes, que devem identificar-se e, conforme o caso, comprovar a existência de poderes para a formulação de propostas e para a prática de todos os demais atos inerentes ao certame;

c) aberta a sessão, os interessados apresentarão uma *declaração de habilitação* (declaração dando ciência de que cumprem os requisitos de habilitação) e entregarão os *envelopes contendo a proposta comercial*;

d) *abertura dos envelopes com a proposta comercial*;

e) *desclassificação* de eventuais propostas com vícios;

f) elaboração de *classificação provisória*;

g) *seleção das propostas* que passarão aos lances verbais; deve-se selecionar o 1º classificado (autor da oferta de valor mais baixo) e os autores das ofertas com preços até 10% superiores àquela; há de se garantir, no mínimo, três propostas diferentes; repare que não são três licitantes diferentes, mas três propostas de valor diferente, o que faz com que, muitas vezes, haja bem mais do que três licitantes nessa fase, bastando que haja licitantes com propostas de valor igual;

h) *início de nova disputa*, com *lances verbais* e sucessivos, até se chegar ao melhor lance possível;

i) *classificação definitiva*, levando em conta também os que não foram selecionados para os lances verbais, mas excluindo os que já foram desclassificados;

j) *negociação* com o autor da oferta de menor valor;

k) *exame da aceitabilidade* da proposta de menor valor;

l) *declaração da aceitabilidade da proposta* ou nova negociação com outro classificado;

m) *abertura do envelope de habilitação* da oferta com preço aceitável;

n) *saneamento de eventuais falhas* nos documentos de habilitação;

o) *declaração de habilitação* do licitante que tem preço aceitável ou exame sucessivo das ofertas subsequentes até apuração de uma aceitável e que atenda aos requisitos de habilitação;

p) *declaração do licitante vencedor*;

q) consulta aos licitantes sobre o interesse em apresentar *recurso*;

r) *adjudicação do objeto do certame ao vencedor na própria sessão de pregão*, caso não haja recurso; o recurso deve ser interposto na própria sessão de pregão (por meio do pregoeiro), apresentando-se o motivo; em seguida, a sessão ficará suspensa e o recorrente terá 3 dias para apresentar suas razões, seguindo-se o prazo de 3 dias para os demais licitantes se manifestarem;

s) *elaboração e subscrição da ata da sessão*;

t) *homologação do certame pela autoridade competente* (não é o pregoeiro, mas a autoridade superior) e publicação da decisão homologatória;

u) *empenho de despesa*;

v) *convocação do vencedor* para celebração do contrato; vale salientar que o prazo de validade das propostas é de 60 dias, se outro não estiver fixado no edital;

x) havendo recusa do adjudicatário, negociação com os próximos classificados, até que haja preço aceitável com condições de habilitação;

z) *celebração do contrato*.

Vale salientar que a Lei 10.520/2002 admite o pregão por meio eletrônico, cuja regulamentação se encontra no Decreto 5.450/2005 para o âmbito da União.

Esse decreto dispõe que o pregão eletrônico deve ser utilizado preferencialmente em relação ao pregão presencial.

Uma diferença básica do pregão eletrônico para o pregão presencial é o fato de que, no primeiro, o interessado deve estar previamente credenciado no SICAF – Sistema de Cadastramento Unificado de Fornecedores.

11.7.7. Vedação

Por fim, vale citar que é **vedada** a criação de outras modalidades de licitação ou a combinação das previstas em lei (art. 22, § 8º, da Lei 8.666/1993).

Assim, não é possível que qualquer dos entes da Administração Pública venha a criar uma nova modalidade de licitação, ou mesmo combinar modalidades para o fim de criar uma inédita modalidade licitatória.

Somente por meio de lei – e deve se tratar de uma lei federal, pois somente a União poderá legislar sobre normas gerais em matéria de licitação – é que é possível criar uma nova modalidade licitatória.

Um exemplo é o **pregão**, que foi criado pela Lei 10.520/2002.

Outro exemplo é a modalidade de licitação denominada **consulta**, que é exclusiva da Agência Nacional de Telecomunicações – ANATEL. O art. 54 da Lei 9.472/1997 estabelece que essa agência pode utilizar o procedimento da consulta mediante procedimentos próprios determinados por atos normativos expedidos pela agência, desde que não seja para a contratação de obras e serviços de engenharia.

11.8. Tipos de licitação

Não se deve confundir as *modalidades* de licitação (ou procedimentos licitatórios - concorrência, convite etc.) com *tipos* de licitação (ou critérios de julgamento - menor preço, melhor técnica etc.).

Feita tal observação, vejamos os tipos de licitação.

11.8.1. Menor preço

Esse tipo é o mais comum em matéria de licitação. Isso porque a Administração adquire muitos bens, e esse tipo é o adequado para as compras e aquisições estatais.

Esse tipo de licitação é compatível com as modalidades concorrência, tomada de preços, convite e pregão.

Devem ser desclassificadas as propostas com preço simbólico, irrisório, de valor zero ou impraticável, tanto para mais como para menos.

A lei diz que serão desclassificadas as propostas com preços manifestamente inexequíveis ou que não venham a ter demonstrada sua viabilidade através de documentação da coerência com os custos dos insumos e a produtividade.

Em caso de empate, têm preferência, sucessivamente, os bens e serviços:

a) produzidos no País;
b) produzidos ou prestados por empresas brasileiras;
c) produzidos ou prestados por empresas que invistam em pesquisa e desenvolvimento de tecnologia no País.

Permanecendo o empate, far-se-á um sorteio, em ato público, para o qual todos os licitantes serão convocados, vedado qualquer outro processo.

11.8.2. Maior lance ou oferta

Esse tipo de licitação é próprio para a alienação de bens móveis e imóveis e concessão de direito real de uso de bens públicos.

Esse tipo de licitação é compatível com as modalidades concorrência e leilão.

11.8.3. Melhor técnica e técnica e preço

Esses tipos de licitação são utilizados exclusivamente para *serviços de natureza predominantemente intelectual*, em especial na elaboração de projetos, cálculos, fiscalização, supervisão e gerenciamento, de engenharia consultiva em geral e, em particular, para elaboração de estudos técnicos preliminares e projetos básicos e executivos, bem como para contratação de bens e serviços de informática.

Excepcionalmente, utilizar-se-á esse tipo de licitação para fornecimento de bens, execução de obras ou prestação de serviços de grande vulto, quando dependentes de tecnologia sofisticada, desde que haja autorização expressa da autoridade de maior nível hierárquico da Administração promotora da licitação.

No tipo "melhor técnica", o ato convocatório fixará preço máximo a ser pago. Há três tipos de documentos: com a qualificação, com a proposta técnica e com a proposta de preço. Deve-se seguir o seguinte procedimento:

a) abertura de *envelope com a documentação de habilitação*;
b) quanto aos habilitados, abertura do *envelope com a proposta técnica*; tal proposta seguirá os termos do edital e poderá tratar da capacitação e experiência; da metodologia e organização; da tecnologia e dos recursos materiais; da qualificação das equipes técnicas;
c) *avaliação e classificação das propostas técnicas*;
d) *valorização mínima* das propostas técnicas;
e) abertura dos envelopes com as *propostas de preço* daqueles que têm a valorização mínima;
f) negociação entre os licitantes, considerando a melhor proposta técnica e o menor preço com valorização mínima, até se chegar ao vencedor.

No tipo "melhor técnica e preço" far-se-á a classificação das propostas segundo critério de média nas notas respectivas. Deve-se seguir o seguinte procedimento:

a) abertura de *envelope com a documentação de habilitação*;
b) quanto aos habilitados, abertura do *envelope com a proposta técnica*; tal proposta seguirá os termos do edital e poderá tratar da capacitação e experiência; da metodologia e organização; da tecnologia e dos recursos materiais; da qualificação das equipes técnicas;
c) avaliação e classificação das *propostas técnicas*;
d) será feita a avaliação e a valorização das *propostas de preços*, de acordo com critérios objetivos preestabelecidos no instrumento convocatório;
e) a classificação dos proponentes far-se-á de acordo com a *média ponderada das valorizações das propostas técnicas e de preço*, de acordo com os pesos preestabelecidos no instrumento convocatório.

11.9. Licitação com participação de Microempresa (ME) e Empresa de Pequeno Porte (EPP)

Em primeiro lugar, vale trazer a definição dessas empresas (art. 3º da Lei Complementar 123/2006, alterado pela Lei Complementar 139/2011):

a) microempresa: empresário ou pessoa jurídica que aufira, em cada ano-calendário, receita bruta igual ou inferior a R$ 360 mil;
b) empresa de pequeno porte: empresário ou pessoa jurídica que aufira, em cada ano-calendário, receita bruta superior a R$ 360 mil e igual ou inferior a R$ 3,6 milhões.

Considera-se receita bruta o produto da venda de bens e serviços nas operações de conta própria, o preço dos serviços prestados e o resultado nas operações em conta alheia, não incluídas as vendas canceladas e os descontos incondicionais concedidos.

Não poderá se beneficiar do tratamento jurídico diferenciado previsto na Lei Complementar 123/2006 a pessoa jurídica:

a) de cujo capital participe outra pessoa jurídica;
b) que seja filial, sucursal, agência ou representação, no País, de pessoa jurídica com sede no exterior;
c) de cujo capital participe pessoa física que seja inscrita como empresário ou seja sócia de outra empresa que receba tratamento jurídico diferenciado nos termos da Lei Complementar, desde que a receita bruta global ultrapasse o limite de R$ 3,6 milhões;

d) cujo titular ou sócio participe com mais de 10% (dez por cento) do capital de outra empresa não beneficiada pela Lei Complementar, desde que a receita bruta global ultrapasse o limite de R$ 3,6 milhões;

e) cujo sócio ou titular seja administrador ou equiparado de outra pessoa jurídica com fins lucrativos, desde que a receita bruta global ultrapasse o limite de R$ 3,6 milhões;

f) constituída sob a forma de cooperativas, salvo as de consumo;

g) que participe do capital de outra pessoa jurídica;

h) que exerça atividade de banco comercial, de investimentos e de desenvolvimento, de caixa econômica, de sociedade de crédito, financiamento e investimento ou de crédito imobiliário, de corretora ou de distribuidora de títulos, valores mobiliários e câmbio, de empresa de arrendamento mercantil, de seguros privados e de capitalização ou de previdência complementar;

i) resultante ou remanescente de cisão ou qualquer outra forma de desmembramento de pessoa jurídica que tenha ocorrido em um dos 5 (cinco) anos-calendário anteriores;

j) constituída sob a forma de sociedade por ações.

Para fins dos benefícios tributários previstos na lei complementar há outras pessoas jurídicas excluídas (art. 17). Mas para fins das vantagens decorrentes do acesso aos mercados, basta verificar os requisitos de faturamento já citados, bem como as pessoas jurídicas que estão excluídas do benefício.

Confira agora os direitos conferidos a uma ME ou EPP na licitação:

a) **comprovação diferida da regularidade fiscal:** nas licitações públicas, a comprovação de regularidade fiscal das MEs e EPPs somente será exigida para efeito de assinatura do contrato (art. 42 da LC 123/2006); as MEs e EPPs, por ocasião da participação em certames licitatórios, deverão apresentar toda a documentação exigida para efeito de comprovação de regularidade fiscal, mesmo que esta apresente alguma restrição, hipótese em que será assegurado o prazo de 2 (dois) dias úteis, cujo termo inicial corresponderá ao momento em que o proponente for declarado o vencedor do certame, prorrogáveis por igual período, a critério da Administração Pública, para a regularização da documentação, pagamento ou parcelamento do débito e emissão de eventuais certidões negativas ou positivas com efeito de certidão negativa; a não regularização da documentação nesse prazo implicará decadência do direito à contratação, sem prejuízo das sanções previstas no art. 81 da Lei nº 8.666/1993, sendo facultado à Administração convocar os licitantes remanescentes, na ordem de classificação, para a assinatura do contrato, ou revogar a licitação (art. 43 da LC 123/2006);

b) **empate ficto:** nas licitações será assegurada, como critério de desempate, preferência de contratação para as MEs e EPPs; entende-se por empate aquelas situações em que as propostas apresentadas pelas microempresas e empresas de pequeno porte sejam iguais ou até 10% (dez por cento) superiores à proposta melhor classificada (na modalidade de pregão, o intervalo percentual será de até 5% (cinco por cento) superior ao melhor preço). Ocorrendo o empate, a ME ou EPP melhor classificada poderá apresentar proposta de preço inferior àquela considerada vencedora do certame, situação em que será adjudicado em seu favor o objeto licitado; não ocorrendo a contratação da ME ou EPP, serão convocadas as remanescentes que porventura se enquadrem nessa condição, na ordem classificatória, para o exercício do mesmo direito; no caso de equivalência dos valores apresentados pelas MEs e EPPs que se encontrem nos intervalos estabelecidos, será realizado sorteio entre elas para que se identifique aquela que primeiro poderá apresentar melhor oferta. Na hipótese da não contratação de uma ME ou EPP, o objeto licitado será adjudicado em favor da proposta originalmente vencedora do certame; o empate ficto somente se aplicará quando a melhor oferta inicial não tiver sido apresentada por microempresa ou empresa de pequeno porte; no caso de pregão, a ME ou EPP melhor classificada será convocada para apresentar nova proposta no prazo máximo de 5 (cinco) minutos após o encerramento dos lances, sob pena de preclusão (arts. 44 e 45 da LC 123/2006);

c) **cédula de crédito microempresarial:** a ME e a EPP titulares de direitos creditórios decorrentes de empenhos liquidados por órgãos e entidades da União, Estados, Distrito Federal e Município não pagos em até 30 (trinta) dias contados da data de liquidação poderão emitir cédula de crédito microempresarial; essa cédula é título de crédito regido, subsidiariamente, pela legislação prevista para as cédulas de crédito comercial, tendo como lastro o empenho do poder público, cabendo ao Poder Executivo sua regulamentação no prazo de 180 (cento e oitenta) dias a contar da publicação da LC 123/2006 (art. 46 da LC 123/2006);

d) **tratamento diferenciado:** nas contratações públicas da União, dos Estados e dos Municípios, poderá ser concedido tratamento diferenciado e simplificado para as microempresas e empresas de pequeno porte objetivando a promoção do desenvolvimento econômico e social no âmbito municipal e regional, a ampliação da eficiência das políticas públicas e o incentivo à inovação tecnológica, desde que previsto e regulamentado na legislação do respectivo ente (art. 47 da LC 123/2006), tudo conforme as possibilidades a serem verificadas nos três itens abaixo;

e) **licitação exclusiva para ME e EPP:** a administração pública poderá realizar processo licitatório destinado exclusivamente à participação de microempresas e empresas de pequeno porte nas contratações cujo valor seja de até R$ 80.000,00 (oitenta mil reais);

f) **subcontratação obrigatória para ME e EPP:** a administração pública poderá realizar processo licitatório em que seja exigida dos licitantes a subcontratação de microempresa ou de empresa de pequeno porte, desde que o percentual máximo do objeto a ser subcontratado não exceda a 30% (trinta por cento) do total licitado;

g) **cota obrigatória para ME e EPP:** a administração pública poderá realizar processo licitatório em que se estabeleça cota de até 25% (vinte e cinco por cento) do objeto para a contratação de microempresas e empresas de pequeno porte, em certames para a aquisição de bens e serviços de natureza divisível.

Em relação aos três últimos itens, o valor licitado nessas condições não poderá exceder a 25% (vinte e cinco por cento) do total licitado em cada ano civil.

Na hipótese da subcontratação obrigatória, os empenhos e pagamentos do órgão ou entidade da administração pública poderão ser destinados diretamente às microempresas e empresas de pequeno porte subcontratadas.

Não se aplicam os três últimos itens nos seguintes casos:

a) os critérios de tratamento diferenciado e simplificado para as microempresas e empresas de pequeno porte não forem expressamente previstos no instrumento convocatório;

b) não houver um mínimo de 3 (três) fornecedores competitivos enquadrados como microempresas ou empresas de pequeno porte sediados local ou regionalmente e capazes de cumprir as exigências estabelecidas no instrumento convocatório;

c) o tratamento diferenciado e simplificado para as microempresas e empresas de pequeno porte não for vantajoso para a administração pública ou representar prejuízo ao conjunto ou complexo do objeto a ser contratado;

d) a licitação for dispensável ou inexigível, nos termos dos arts. 24 e 25 da Lei nº 8.666, de 21 de junho de 1993.

11.10. Licitação e promoção do desenvolvimento nacional

A Lei 12.349/2010 alterou o art. 3º da Lei 8.666/1993 para o fim de estabelecer um novo objetivo para a licitação, qual seja, a *promoção do desenvolvimento nacional sustentável.*

Para tanto, essa lei trouxe as seguintes ferramentas, previstas nos §§ 5º a 13 do art. 3º da Lei 8.666/1993:

a) **margem de preferência ordinária:** nos processos de licitação, poderá ser estabelecida margem de preferência para *produtos manufaturados e para serviços nacionais que atendam a normas técnicas brasileiras*; essa margem de preferência será estabelecida com base em estudos revistos periodicamente, em prazo não superior a 5 (cinco) anos, que levem em consideração: geração de emprego e renda; efeito na arrecadação de tributos federais, estaduais e municipais; desenvolvimento e inovação tecnológica realizados no País; custo adicional dos produtos e serviços; e em suas revisões, análise retrospectiva de resultados;

b) **margem de preferência adicional:** para *os produtos manufaturados e serviços nacionais resultantes de desenvolvimento e inovação tecnológica realizados no País*, poderá ser estabelecida margem de preferência adicional àquela prevista no item anterior.

As margens de preferência por produto, serviço, grupo de produtos ou grupo de serviços referidas acima serão definidas pelo Poder Executivo federal, não podendo a soma delas ultrapassar o montante de 25% (vinte e cinco por cento) sobre o preço dos produtos manufaturados e serviços estrangeiros.

As margens de preferências mencionadas não se aplicam aos bens e aos serviços cuja capacidade de produção ou prestação no País seja inferior:

a) à quantidade a ser adquirida ou contratada;

b) ao quantitativo fixado com fundamento no § 7º do art. 23 da Lei 8.666/1993, quando for o caso.

A margem de preferência ordinária poderá ser estendida, total ou parcialmente, aos bens e serviços originários dos Estados Partes do Mercado Comum do Sul - Mercosul.

A título de exemplo do item ora estudado, o Decreto n. 7.709/12 dá margem de preferência de 18% e 10%, respectivamente, para aquisições de motoniveladora e retroescavadeira nacionais.

Os editais de licitação para a contratação de bens, serviços e obras poderão, mediante prévia justificativa da autoridade competente, exigir que o contratado promova, em favor de órgão ou entidade integrante da administração pública ou daqueles por ela indicados a partir de processo isonômico, medidas de compensação comercial, industrial, tecnológica ou acesso a condições vantajosas de financiamento, cumulativamente ou não, na forma estabelecida pelo Poder Executivo federal.

Nas contratações destinadas à implantação, manutenção e ao aperfeiçoamento dos sistemas de tecnologia de informação e comunicação, considerados estratégicos em ato do Poder Executivo federal, a licitação poderá ser restrita a bens e serviços com tecnologia desenvolvida no País e produzidos de acordo com o processo produtivo básico de que trata a Lei nº 10.176, de 11 de janeiro de 2001.

Será divulgada na internet, a cada exercício financeiro, a relação de empresas favorecidas em decorrência das margens de preferência, com indicação do volume de recursos destinados a cada uma delas.

11.11. RDC – Regime Diferenciado de Contratações Públicas

A Lei 12.462/2011 estabelece o RDC – Regime Diferenciado de Contratações Públicas, aplicável **exclusivamente** às contratações necessárias à realização (art. 1º):

a) das Olimpíadas/2016 e Paraolimpíadas/2016;

b) da Copa das Confederações/2013 e Copa do Mundo/2014;

c) das obras de infraestruturas e serviços para os aeroportos das capitais do Estados distantes até 350 km das cidades sedes dos mundiais referidos acima;

d) das ações do Programa de Aceleração do Crescimento – PAC.

A opção pelo RDC **afasta** a aplicação da Lei 8.666/1993 (art. 1º, § 2º).

A Lei de RDC acrescenta os **princípios** da "economicidade" e da "eficiência", que não estavam expressos na Lei 8.666/1993 (art. 3º).

Essa lei também admite a chamada **contratação integrada**, ou seja, contratar uma empresa para fazer tudo, do projeto básico e executivo, à execução, testes e pré-operação (art. 9º).

Essa também inovou ao admitir **remuneração variável** do contratado, vinculada ao desempenho, com base em metas, qualidade, sustentabilidade e prazos (art. 10).

A licitação se desenrola nas seguintes **fases**, nesta ordem: preparatória, publicação do instrumento convocatório (com prazos menores[15]), apresentação de propostas ou lances, julgamento, habilitação, recursal e encerramento (adjudicar e homologar - art. 12).

Quanto aos **tipos de licitação**, a lei prevê os seguintes: menor preço ou maior desconto, técnica e preço, melhor técnica e conteúdo artístico, maior oferta de preço ou maior retorno econômico (art. 18).

Outra inovação interessante é a vedação do **nepotismo** nas contratações diretas, ou seja, nas contratações sem licitação (art. 37).

11.12. Licitação e Sistemas de Defesa

A Lei 12.598/2012 estabelece normas especiais para compras, contratações e desenvolvimento de produtos e sistemas de defesa.

Exemplo de norma especial e a promoção de **licitação exclusiva** para as chamadas EED – Empresas Estratégicas de Defesa, pessoa jurídica credenciada pelo Ministério da Defesa, com sede, operação, pesquisa e desenvolvimento de tecnologia no Brasil.

11.13. Revogação da licitação

A revogação da licitação é possível, desde que fundada em situação ulterior aferida pela autoridade competente que a justifique, ou seja, que torne conveniente ou oportuna a extinção do certame, sempre respeitando a ampla defesa e o contraditório e mediante motivação.

A revogação da licitação tem efeitos *ex nunc*, já que, até a sua ocorrência, não havia nenhuma ilegalidade, daí porque, se já há vencedor e a licitação for revogada licitamente, deve-se indenizá-lo das eventuais despesas que já teve.

Caso a licitação seja revogada ilicitamente, indeniza-se o prejudicado completamente.

11.14. Anulação da licitação

A anulação da licitação deve ser de ofício ou provocada, assegurada a ampla defesa e o contraditório, e tem por motivo ilegalidade ocorrida no certame (art. 59 da Lei 8.666/1993).

Anulada a licitação, o contrato também fica anulado automaticamente, se já celebrado.

A anulação tem efeitos *ex tunc*, não gerando indenização, ressalvado o que o contratado já realizou e desde que ele não tenha sido o culpado pela anulação.

Ou seja, indenizar-se-á só o que está de boa-fé e apenas quanto ao que já foi executado, valendo lembrar que a boa-fé é presumida.

A revogação só poderá ser feita pela autoridade competente e não pelo órgão julgador do certame, diferente do que ocorre na anulação, que pode ser feita pela comissão ou pelas demais autoridades competentes, bem como pelo Poder Judiciário.

---

15. Art. 15. Será dada ampla publicidade aos procedimentos licitatórios e de pré-qualificação disciplinados por esta Lei, ressalvadas as hipóteses de informações cujo sigilo seja imprescindível à segurança da sociedade e do Estado, devendo ser adotados os seguintes prazos mínimos para apresentação de propostas, contados a partir da data de publicação do instrumento convocatório:
I – para aquisição de bens:
a) 5 (cinco) dias úteis, quando adotados os critérios de julgamento pelo menor preço ou pelo maior desconto; e
b) 10 (dez) dias úteis, nas hipóteses não abrangidas pela alínea a deste inciso;
II – para a contratação de serviços e obras:
a) 15 (quinze) dias úteis, quando adotados os critérios de julgamento pelo menor preço ou pelo maior desconto; e
b) 30 (trinta) dias úteis, nas hipóteses não abrangidas pela alínea a deste inciso;
III – para licitações em que se adote o critério de julgamento pela maior oferta: 10 (dez) dias úteis; e
IV – para licitações em que se adote o critério de julgamento pela melhor combinação de técnica e preço, pela melhor técnica ou em razão do conteúdo artístico: 30 (trinta) dias úteis.

12. Contratos administrativos

12.1. Conceito

O contrato administrativo pode ser conceituado *como o acordo de vontades entre a Administração e terceiros pertinente a obras, serviços, compras, alienações ou locações, em que existem cláusulas exorbitantes em favor da primeira, preservado o equilíbrio econômico-financeiro entre as partes.*

Repare que um contrato só será do tipo "contrato administrativo" se o acordo de vontades cumprir os seguintes requisitos: a) presença da *Administração Pública*; b) existência de cláusulas que coloquem a Administração em *posição de supremacia* em relação à outra parte contratante; c) *reciprocidade nas obrigações*, que devem ser pertinentes a obras, serviços, compras, alienações ou locações.

Quanto ao terceiro requisito, vale destacar que o contrato administrativo não se confunde com o convênio administrativo, pois, no primeiro, há obrigações recíprocas (um quer uma coisa ou serviço e o outro quer uma remuneração em dinheiro), ao passo que no segundo há interesses comuns (os convenentes querem desenvolver um projeto comum, dividindo tarefas), estabelecendo-se uma parceria para unir esforços no cumprimento desse interesse comum.

Preenchidos tais requisitos, estar-se-á diante de um contrato administrativo, cujo regime jurídico, naturalmente, é diferenciado em relação ao dos contratos privados.

12.2. Características principais

O contrato administrativo tem duas características marcantes. A primeira delas é a existência de **cláusulas exorbitantes** em favor do Poder Público, que tem mais direitos que o particular em relação às *cláusulas regulamentares* do contrato. A segunda é o direito ao **equilíbrio econômico-financeiro**, o que faz com que ambas as partes tenham direito a que as *cláusulas econômicas* do contrato mantenham o equilíbrio que detinham quando de sua celebração.

Vamos a um exemplo. A Administração, em virtude de ter cláusulas exorbitantes em seu favor, pode, unilateralmente, modificar uma cláusula contratual para o fim de determinar que o contratado forneça mais produtos do que o previsto no contrato. Esse direito da Administração existe justamente porque há **cláusulas exorbitantes** em seu favor, cláusulas essas que existem apenas quanto às *cláusulas regulamentares* do contrato (ex.: prazos, quantidade, especificações etc.). O contratado será obrigado a cumprir essa ordem da Administração, mas terá, de outra parte, direito a que seja mantido o **equilíbrio econômico-financeiro**, ou seja, a que seja mantido o equilíbrio das *cláusulas econômicas* do contrato. Isso se dará mediante o aumento da quantia a ser paga para o contratado, que, tendo de trazer mais produtos, deverá receber mais por isso.

As **cláusulas exorbitantes** se justificam pois a Administração, diferentemente do particular, age em nome de toda a coletividade, de forma que tais poderes são indispensáveis à preservação do interesse público buscado na contratação.

O art. 58 da Lei 8.666/1993 exemplifica esse tipo de cláusula ao dispor que a Administração tem a prerrogativa de interferir nos contratos para:

a) **modificá-los, unilateralmente**, para melhor adequação às finalidades de interesse público, respeitados os direitos do contratado;

b) **rescindi-los, unilateralmente**, nos casos especificados no inc. I do art. 79 da Lei 8666/93;

c) **fiscalizar-lhes a execução;**

d) **aplicar-lhes sanções** motivadas pela inexecução total ou parcial do ajuste;

e) **nos casos de serviços essenciais**, ocupar, provisoriamente, bens móveis, imóveis, pessoal e serviços vinculados ao objeto do contrato, na hipótese de necessidade de acautelar apuração administrativa de faltas contratuais pelo contratado, bem como na hipótese de rescisão do contrato administrativo (essa cláusula era muito utilizada nas concessões de serviço público; porém, com a edição da Lei 8.987/1995, passou-se a aplicar as regras específicas desta lei).

Quanto à característica da **manutenção do equilíbrio econômico-financeiro**, vale salientar que essa ela tem raiz constitucional, estando prevista no art. 37, XXI, do Texto Maior, no ponto em que o dispositivo assevera que o processo de licitação pública deve assegurar "*igualdade de condições a todos os concorrentes, com cláusulas que estabeleçam obrigações de pagamento, mantidas as condições efetivas da proposta* (...)". Além disso, também está prevista na Lei 8.666/1993, que estabelece que as cláusulas econômicas de contrato administrativo não podem ser alteradas sem a concordância do contratado, devendo ser revistas se houver alteração contratual que desequilibre a equação econômico-financeira original (art. 58, § 1º, da Lei 8.666/1993).

12.3. Regime jurídico

Como se sabe, os contratos administrativos têm seu regime jurídico delineado na Lei 8.666/1993. Porém, além dessa lei, a Constituição e outros diplomas legislativos também participam da formação do precitado regime jurídico.

Sobre o tema, confira o art. 54 da Lei 8.666/1993: "os contratos administrativos de que trata esta Lei regulam-se pelas suas cláusulas e pelos preceitos de direito público, aplicando-se-lhes, supletivamente, os princípios da teoria geral dos contratos e as disposições de direito privado".

Assim, pode-se sistematizar a questão, concluindo-se que se aplicam aos contratos administrativos as seguintes normas jurídicas, sucessivamente:

1º) **CF:** ex.: princípio da eficiência;

2º) **Lei 8.666/1993 e Preceitos de Direito Público:** ex.: casos de rescisão;

3º) **Cláusulas editalícias e contratuais;**

4º) **Princípios da Teoria Geral dos Contratos:** ex.: princípio da função social dos contratos;

5º) **Disposições de Direito Privado:** ex.: regras sobre vícios redibitórios (Código Civil e CDC), desconsideração da personalidade jurídica (art. 50 do Código Civil), cláusula penal máxima (art. 412 do Código Civil), juiz pode reduzir valor de multa, se excessiva, como no caso de uma multa de 88% reduzida para 10% (*vide* REsp 330.677).

12.4. Formalização

Para um contrato administrativo ser celebrado são necessários os seguintes requisitos:

a) ato administrativo motivado especificando a necessidade de contratação;

b) solicitação com indicação do objeto a ser contratado e de sua quantidade;

c) constatação da existência de recurso próprio para a despesa;

d) verificação do impacto orçamentário-financeiro; não basta haver previsão orçamentária. No curso de cada exercício financeiro há de se verificar se existem recursos em caixa, respeitando-se as cotas trimestrais de despesas fixadas (art. 47 da Lei 4.320/1964) e há de se obedecer também a outros requisitos legais (ex.: art. 42 da Lei de Responsabilidade Fiscal – LC 101/2000);

e) autorização para abertura de licitação;

f) elaboração e aprovação de edital;

g) reserva de recursos;

h) *licitação*, salvo dispensa ou inexigibilidade desta;

i) *convocação do adjudicatário*: estipula-se prazo para o adjudicatário (vencedor da licitação) comparecer para assinar o contrato (art. 64, *caput*), o qual pode ser prorrogado uma vez, com justificativa do contratado (art. 64, § 1º). Decorridos 60 dias da data de entrega das propostas, sem convocação, o adjudicatário fica liberado do dever de assinar o contrato, ou seja, fica liberado dos compromissos assumidos (art. 64, § 3º). Se o convocado não assinar contrato, a Administração tem duas opções (art. 64, § 2º): i) convocar o licitante remanescente, nas mesmas condições do vencedor; ou ii) revogar o certame;

j) os contratos devem conter determinadas cláusulas *escritas* acerca do *regime de execução, reajustes, condições de pagamento e atualização, prazos de início, execução, conclusão, multas e rescisão; garantias (caução, seguro, fiança)*;

k) *devem ser escritos*, sendo nulo o contrato verbal com a Administração, salvo o de pequenas compras de pronto pagamento, assim entendidas aquelas de valor não superior a 5% do limite para aquisições por convite. A lei admite em alguns casos o regime de adiantamento (art. 68 da Lei 4.320/1964), em que se entrega numerário ao servidor para gasto futuro. Isso deve acontecer apenas nos casos definitivos em lei, como, por exemplo, no pagamento de diárias;

l) o *instrumento* do contrato é obrigatório nos casos de concorrência e de tomada de preços, bem como nas dispensas e inexigibilidades compreendidas naquelas modalidades, e facultativo nas compras de entrega imediata e sem obrigações futuras, bem como nos demais casos escritos não compreendidos nas duas modalidades acima, nos quais pode ser substituído por carta-contrato, nota de empenho de despesa, autorização de compra ou ordem de execução de serviço. A minuta do futuro contrato integrará sempre o edital;

m) o *contrato* tem como condição de *eficácia* a publicação de seu resumo na Imprensa Oficial, a qual deve se dar até o 5º dia útil do mês seguinte à sua assinatura e até 20 dias após esta, seja de que valor for;

n) faculta-se à Administração a exigência de *garantias* a fim de assegurar a execução do contrato, devendo estar prevista no edital. O particular deve escolher entre caução, em dinheiro ou títulos da dívida pública, seguro-garantia ou fiança bancária. A garantia não pode exceder a 5% do valor do contrato, salvo quanto a obras, serviços e fornecimentos de grande vulto envolvendo alta complexidade técnica e riscos financeiros consideráveis, quando o limite poderá ser elevado até a 10% do valor do contrato. A garantia será liberada ou restituída após a execução, e, quando em dinheiro, será atualizada monetariamente.

12.5. Alterações dos contratos (art. 65)

12.5.1. Unilaterais

São as alterações feitas por imposição da Administração. As modificações aqui permitidas, que serão a seguir expostas, são feitas unilateralmente pela Administração, mas não podem implicar alteração do objeto contratual, sob pena de se caracterizar burla ou fraude à licitação feita. Permitem-se apenas alterações no projeto ou meramente quantitativas. Vejamos as alterações permitidas (art. 65, I):

a) **qualitativa:** *quando houver modificação do projeto ou das especificações para melhor adequação técnica aos seus objetivos;*

b) **quantitativa:** *quando necessária a modificação do valor contratual em decorrência de acréscimo ou diminuição quantitativa de seu objeto, nos limites permitidos na lei.*

No caso de alteração do projeto ou especificações (alteração qualitativa), temos duas situações típicas:

a) situações novas: por exemplo, decisão judicial impondo que dada obra atenda a preceitos técnicos em matéria de acústica;

b) situações existentes, mas desconhecidas: o solo se revela diferente do imaginado (ex.: tem muita pedra; tem falha geológica), impondo fundação diferenciada.

Um bom projeto básico evita isso, o que faz com que os tribunais de contas tenham cada vez mais recomendado a feitura de bons projetos antes que um edital de licitação seja elaborado.

A alteração qualitativa não admite que seja alterado o próprio objeto contratual. Assim, não é possível alterar o objeto contratual de cimento para tijolo, por exemplo.

Já quando é necessária a modificação do valor contratual em decorrência de acréscimo ou diminuição nas obras, serviços e compras, temos os seguintes limites:

a) acréscimo: até 25% do valor inicial; tratando-se de reforma, é possível acréscimo de até 50% do valor inicial;

b) diminuição: até 25% do valor inicial.

Não são computados nos limites os *reajustes* e *revisões*.

As alterações de valor devem levar em conta os ganhos e as perdas de escala.

12.5.2. Bilaterais

São as autorizadas pela lei, sendo feitas de comum acordo entre as partes, ou por processo judicial promovido pelo interessado, para restabelecer o equilíbrio inicial quando houver prejuízo significativo causado por um dos seguintes fatos:

a) **força maior ou caso fortuito:** alteração que requer i) desequilíbrio contratual, ii) evento lesivo consistente em força maior ou caso fortuito e iii) configuração de álea econômica extraordinária e extracontratual (prejuízo significativo). Ex.: uma grande chuva destrói uma obra pública em andamento, executada por uma construtora contratada pela Administração;

b) **sujeições ou interferências imprevistas:** *descoberta de um óbice natural ao cumprimento do contrato na forma prevista.* Ex.: descoberta de que o terreno em que o particular deverá construir a obra contratada é rochoso, aumentando em demasia os custos para a realização da fundação. Preenchidos os requisitos de desequilíbrio e configuração de álea extraordinária, também se enseja a alteração bilateral;

c) **fato da administração**: *toda ação ou omissão da Administração que se dirige e incide direta e especificamente sobre o contrato, retardando ou impedindo sua execução.* Ex.: atraso do Poder Público na entrega do imóvel para feitura de uma obra contratada com o particular. Esta alteração unilateral também gera, por óbvio, direito ao reequilíbrio econômico-financeiro[16]. Para alteração do contrato motivada pelo fato da administração é necessário: i) desequilíbrio contratual, ii) fato da administração e iii) configuração de álea econômica extraordinária e extracontratual (prejuízo significativo);

d) **fato do príncipe:** *fato geral do Poder Público que afeta substancialmente o contrato, apesar de não se dirigir especificamente a ele.* Ex.: mudança de política cambial por parte do Banco Central (STJ, ROMS 15.154);

e) **modificação tributária:** *criação, alteração ou extinção de tributo ou encargo legal que interfira diretamente nos preços (custos) para mais ou para menos* (art. 65, § 5º). Assim, aumentos significativos em tributos como ISS, ICMS, IPI, dentre outros, geram o direito à revisão contratual. Note que o aumento no imposto sobre a renda não interfere nos custos de uma empresa, mas apenas na renda desta, não ensejando a revisão contratual; da mesma forma, a criação da CPMF não enseja a revisão, por não gerar um prejuízo significativo, segundo o Tribunal de Contas da União (TCU);

f) **aplicação da Teoria da Imprevisão:** caso não se configure nenhuma das hipóteses acima, é possível invocar-se cláusula genérica para alteração contratual, que requer *desequilíbrio contratual causado pela sobrevinda de fatos imprevisíveis ou previsíveis, porém de consequências incalculáveis, retardadores ou impeditivos da execução do contrato.* Vale dizer, são necessários: i) desequilíbrio contratual ulterior, ii) imprevisibilidade ou previsibilidade de consequência incalculável e iii) retardamento ou impedimento da execução do ajustado (prejuízo significativo). Ex.: advento de guerra causando aumento demasiado no preço do petróleo, atingindo contratos em curso; crise mundial aumentando muito o dólar.

Não caberá revisão contratual nos seguintes casos: a) de culpa do contratado; b) de evento existente antes das propostas; c) de ausência de prejuízo significativo.

A jurisprudência entende que não dá ensejo à revisão contratual dois fatos: a) dissídio coletivo, por se tratar de algo previsível (STJ, REsp 668.376); b) inflação, por também se tratar de fato previsível e que é compensado pelo instituto do *reajuste* e não da *revisão*.

O reajuste *é a atualização monetária em contratos de trato sucessivo, feita a cada 12 meses*. Ele difere da revisão, pois esta decorre de evento *extraordinário*, ao passo que o reajuste decorre de evento *ordinário*.

16. Art. 65: (...) "§ 6.º Em havendo alteração unilateral do contrato que aumente os encargos do contratado, a Administração deverá restabelecer, por aditamento, o equilíbrio econômico-financeiro inicial."

O reajuste tem como termo inicial a data prevista para a apresentação da proposta do licitante (art. 40, XI, da Lei 8.666/1993 e art. 3º, § 1º, da Lei 10.192/2001), nos termos do que decide o STJ (REsp 846.367/RS).

Em caso de atraso no pagamento, incide correção monetária mensal (art. 15 da Lei do Plano Real).

Por fim, e voltando à questão da *revisão* contratual, caso qualquer das situações ocorridas anteriormente leve a uma consequência tal que a revisão contratual não consiga trazer novamente o equilíbrio originário, o contrato deverá ser extinto.

12.6. Execução do contrato

Dispõe o artigo 66 da Lei 8.666/1993 que o contrato deverá ser executado fielmente:

> Art. 66. O contrato deverá ser executado fielmente pelas partes, de acordo com as cláusulas avençadas e as normas desta lei, respondendo cada uma delas pelas consequências de sua inexecução total ou parcial.

O contrato administrativo, portanto, faz lei entre as partes, que devem cumpri-lo integralmente.

Nada obstante, como se viu, tal regra sofre as seguintes exceções:

a) a Administração pode modificar unilateralmente condições contratuais;

b) nestes casos, e naqueles outros em que se configurarem hipóteses de desequilíbrio econômico-financeiro, deve-se promover sua modificação.

Outra questão importante nesta matéria é o fato de que a Administração deverá manter um representante para fiscalizar a execução dos contratos, enquanto o contratado deve indicar um preposto, aceito pela primeira, para acompanhar a execução do ajuste.

Deve-se destacar, ainda, que o contratado, na execução do ajuste, não pode deixar de cumprir suas obrigações por suspensão do contrato de até 120 dias, bem como por atraso no seu pagamento por até 90 dias. Vale dizer: a exceção de contrato não cumprido não pode ser alegada pelo particular em tais condições, em que pese poder ser alegada pelo Poder Público, se a culpa é do particular.

O contratado tem como prestação principal adimplir o objeto contratual, devendo também: observar as normas técnicas adequadas, empregar o material apropriado, sujeitar-se aos acréscimos e supressões legais, executar pessoalmente o objeto do contrato (a execução é pessoal, mas não personalíssima, daí a possibilidade de contratar terceiros para colaborar ou até para executar partes, desde que nos limites admitidos pela Administração na execução do contrato – *vide* art. 72, por exemplo, que trata da subcontratação), atender aos encargos trabalhistas, previdenciários, fiscais e comerciais decorrentes da execução, bem como manter o preposto acima indicado.

Vale ressaltar que, na execução do contrato, o particular é responsável pelas obrigações que contrair, as quais não poderão ser imputadas ao Poder Público:

> Art. 71. O contratado é responsável pelos encargos trabalhistas, previdenciários, fiscais e comerciais resultantes da execução do contrato.

Assim sendo, a Administração não poderá ser acionada por terceiros, em virtude de atos do contratado.

A Lei 9.032/1995, todavia, dispõe que a Administração Pública responde solidariamente com o contratado pelos *encargos previdenciários* resultantes da inexecução do contrato, nos termos do art. 31 da Lei 8.212/1991.

O TST também admite que a Administração responda por encargos trabalhistas no caso de terceirização de serviços, como nos contratos em que a Administração faz com empresas de vigilância, limpeza, dentre outros. Porém, a responsabilidade da Administração é subsidiária e depende de que esta tenha agido com culpa ou dolo na aplicação da Lei 8.666/1993 (conforme nova redação da Súmula 331 do TST).

Executado o contrato, esse será recebido provisoriamente pela Administração, em até 15 dias da comunicação escrita do contratado, pelo responsável pelo acompanhamento e definitivamente por servidor ou comissão designada pela autoridade, após decurso do prazo de observação ou vistoria que ateste a adequação do objeto ao contrato, tudo sem prejuízo da responsabilidade civil pela solidez e segurança da obra ou do serviço (art. 73).

A **inexecução total ou parcial** do contrato enseja sua rescisão, com as consequências contratuais e as previstas em lei ou regulamento (art. 77). O art. 78 da Lei 8.666/1993 enumera os motivos para rescisão do contrato, dentre eles os seguintes:

a) o não cumprimento ou o cumprimento irregular de cláusulas contratuais;

b) a lentidão no seu cumprimento, o atraso injustificado no início, a paralisação sem justa causa e sem prévia comunicação;

c) a subcontratação não admitida no contrato;

d) o desatendimento das determinações regulares da autoridade designada para acompanhamento de sua execução;

e) razões de interesse público (revogação do contrato);

f) *suspensão* da execução por mais de 120 dias ou *atraso* por mais de 90 dias; em ambos os casos a extinção será opção do contratado, não cabendo rescisão, todavia, se houver calamidade pública, grave perturbação da ordem interna ou guerra;

g) caso fortuito ou força maior impeditivos da execução.

Os casos de rescisão serão formalmente motivados nos autos do processo administrativo, assegurados o contraditório e a ampla defesa. Quando a rescisão não se der por culpa do contratado (incisos XII a XVII do art. 78), esse será ressarcido dos prejuízos que houver sofrido, tendo ainda direito à devolução da garantia, pagamento pela execução até a rescisão e pagamento do custo da desmobilização. A rescisão pelo não cumprimento das cláusulas contratuais acarretará, sem prejuízo das sanções legais, na assunção imediata do objeto pela Administração, com a ocupação e utilização do local, instalações, equipamentos, material e pessoal empregados na execução do contrato necessários à sua continuidade e retenção dos créditos decorrentes do contrato até o limite dos prejuízos causados à Administração.

Os artigos 86 e seguintes tratam das sanções administrativas cabíveis em caso de inexecução parcial ou total do contrato, garantida prévia defesa, servindo como exemplo: advertência, multa, suspensão temporária de participação em licitação e impedimento de contratar por prazo não superior a 2 anos, declaração de inidoneidade para licitar ou contratar com a Administração enquanto durarem os motivos da punição ou até que seja promovida a reabilitação perante a autoridade, que depende de cumprimento de sanções e ressarcimento ao erário, podendo-se aplicar as duas últimas sanções também aos profissionais que tiverem dado causa ao ilícito.

12.7. Extinção do contrato

O contrato administrativo se extingue pelas seguintes causas:

a) **conclusão do objeto ou decurso do tempo:** quanto à questão da duração do contrato, é importante que fique claro que todo contrato administrativo deve ter prazo determinado e respeitar os créditos orçamentários; quanto aos serviços contínuos (ex.: limpeza, vigilância merenda etc.), cabem sucessivas prorrogações, limitando-se a contratação total a até 60 meses, sendo que, em casos excepcionais, devidamente justificados e mediante autorização da autoridade superior, cabe outra prorrogação, por mais 12 meses, totalizando 72 meses; já quanto a serviços relativos à segurança nacional, o prazo máximo do contrato é de 120 meses;

b) **acordo entre as partes (rescisão amigável ou bilateral):** ocorre por acordo entre as partes, desde que haja interesse público. A extinção bilateral também é chamada de distrato;

c) **culpa da Administração (rescisão judicial):** a chamada *rescisão judicial* ocorre por ação judicial promovida pelo particular, que não pode promover a extinção do ajuste unilateralmente. O particular deverá trazer como fundamento o descumprimento, por parte do Poder Público, de obrigações contratuais. Conforme já escrito, o particular não pode alegar a exceção de contrato não cumprido até 120 dias de suspensão do contrato e 90 dias de atraso no pagamento; a suspensão do contrato consiste em a Administração dizer para o contratado que é para ele suspender o cumprimento de suas obrigações, período em que também não receberá quantia alguma; o atraso no pagamento é pior, pois o particular deve continuar cumprindo com suas obrigações, mas nada poderá fazer para rescindir o contrato se o atraso não superar 90 dias. Naturalmente, o contratado prejudicado pela suspensão ou atraso no contrato poderá, posteriormente, requerer compensação financeira pelos danos que suportar com essas condutas da Administração;

d) **por vontade da Administração (rescisão unilateral ou administrativa):** essa forma de extinção é promovida pela Administração, respeitando o contraditório e a ampla defesa, nos seguintes casos:

d1) anulação: por motivo de *ilegalidade* na licitação ou no contrato;

d2) revogação: por inconveniência ou inoportunidade;

d3) inexecução do contrato pelo contratado.

12.8. Outras questões

Uma questão que aparece com certa frequência é saber se é possível a aplicação do instituto da **arbitragem** para regular contratos administrativos.

A jurisprudência vem entendendo que essa possibilidade existe, caso se trate de empresas estatais, dada a natureza dos interesses de que cuidam tais empresas.

Não há norma na Lei 8.666/1993 estabelecendo a possibilidade de aplicação da mediação e da arbitragem quanto às pessoas jurídicas de direito público.

Porém, em matéria de concessão de serviço público e de parceria público-privada, a lei admite que o edital preveja a utilização de arbitragem para a resolução de disputas decorrentes ou relacionadas ao contrato (art. 23-A da Lei 8.987/1995 e art. 11, III, da Lei 11.079/2004).

Naturalmente, a arbitragem não poderá discutir cláusulas regulamentares desses contratos, podendo incidir apenas sobre questões de outra natureza.

Outra questão bastante polêmica é quanto à possibilidade de **retenção de pagamento da contratada pela não manutenção da regularidade fiscal**. O STJ entende que não é possível *retenção* por esse motivo, já que não há previsão legal nesse sentido, lembrando que o objetivo da retenção é cobrir prejuízos causados pelo contratado e multas aplicadas pela Administração (arts. 80, IV, e 87, § 2º). Porém, é possível *rescindir* o contrato no caso por descumprimento de cláusula essencial desse.

13. Serviço público

13.1. Conceito

O serviço público pode ser conceituado como *toda atividade oferecida aos administrados, prestada pelo Estado ou por concessionário, sob regime de Direito Público.*

São exemplos de serviço público os serviços de fornecimento de energia, água, telefone, transporte coletivo, coleta de lixo, dentre outros.

13.2. Instituição

A Constituição Federal e as leis federais, estaduais ou municipais são os instrumentos aptos a instituir os serviços públicos.

Assim, não é possível que o Chefe do Executivo, por exemplo, por meio de decreto determine que um dado serviço, antes privado, passe a ser público. Ou seja, caso determinado Município queira estabelecer que o serviço funerário é um serviço público, será necessário que uma lei local traga essa disposição.

São exemplos de serviços públicos criados pela Constituição Federal os seguintes: serviço postal, telecomunicações, radiodifusão sonora e de sons e imagens, energia elétrica, navegação aérea, aeroespacial, infraestrutura aeroportuária, transporte ferroviário, portos, transporte rodoviário, transporte coletivo urbano, seguridade social, saúde, educação, dentre outros.

13.3. Características

Quando a CF ou a lei elegem um dado serviço como público, o Poder Público passa a ser o ***titular*** de serviço, ou seja, passa a ter o direito e o dever de **regulamentar**, **fiscalizar** e **executar** o serviço.

Com relação à **execução**, ou seja, à sua mera prestação aos usuários, o Poder Público pode passar seu exercício ao particular, por meio de concessão ou permissão de serviço público, precedidas de licitação.

O Estado continuará a ser titular, dono do serviço, ditando as regras e fiscalizando sua prestação, e o particular ficará com seu exercício, em troca do qual receberá uma remuneração.

Há serviços, todavia, inerentes à própria ideia de Estado (como o de polícia judiciária, polícia administrativa, jurisdição, dentre outros), que não podem ser concedidos, eis que são ***serviços próprios do Estado***, ou seja, ***de execução privativa deste***.

Há, de outra parte, serviços, como educação e saúde, em que o particular não precisa receber concessão ou permissão do Poder Público para prestá-lo, ficando, todavia, sujeito à fiscalização estatal (arts. 199 e 209 da CF, respectivamente).

A Lei 8.987/1995 dispõe sobre o regime de concessão e permissão da prestação de serviços previsto no art. 175 da Constituição Federal.

13.4. Serviço adequado

O art. 6º da Lei 8.987/1995 impõe a que o serviço público seja adequado, estabelecendo que **serviço adequado** é o que satisfaz as seguintes condições:

13.4.1. Generalidade

Todos devem ter acesso ao serviço, garantido o tratamento equânime aos usuários que estiverem na mesma situação.

13.4.2. Eficiência

Os serviços públicos devem ser atuais e atender satisfatoriamente aos interesses dos usuários.

13.4.3. Segurança

Os serviços devem ser seguros, não causando danos ao particular.

13.4.4. Cortesia

Os usuários devem ser tratados com urbanidade, respeito, educação e atenção.

13.4.5. Atualidade

Compreende a modernidade das técnicas, do equipamento e das instalações e a sua conservação, bem como a melhoria e a expansão do serviço.

13.4.6. Modicidade das tarifas

Ou seja, as tarifas devem ter preços acessíveis.

13.4.7. Regularidade e continuidade

Impõe que o serviço esteja sempre à disposição para utilização coletiva.

O serviço público não pode ser interrompido, mesmo em caso de greve, quando será mantido para garantir o mínimo à população, salvo em situação de emergência ou após aviso prévio por: a) razões de ordem técnica ou segurança; b) inadimplemento do usuário, considerado o interesse da coletividade. O STJ admite o corte do serviço por inadimplemento. Não cabe o corte, porém, em quatro casos:

a) serviços essenciais (STJ, AgRg no Edcl na Susp. de Liminar 606/CE);

b) débitos antigos (STJ AgRg no Ag 88.502); apenas o débito presente enseja o corte; débitos antigos devem ser cobrados pelas vias ordinárias;

c) cobrança por aferição unilateral em caso de fraude no medidor (STJ, REsp 975.314); nesse caso, como é a concessionária que estipula o valor a ser pago, não seria correto que ela pudesse cortar o serviço;

d) cobrança feita junto ao atual usuário do serviço por débito pretérito de usuário anterior; aliás, o atual usuário sequer pode ser cobrado pela dívida do usuário anterior (STJ, AgRg no REsp 1.327.162, DJ 28/09/2012).

13.5. Classificação

13.5.1. Quanto à obrigatoriedade

a) **compulsórios:** *são os de utilização obrigatória;* por conta disso, são remunerados por taxa (regime tributário), como o serviço de coleta de lixo;

b) **facultativos**: *são os de utilização não obrigatória;* portanto, são remunerados por tarifa ou preço público (regime não tributário), como o de transporte coletivo.

13.5.2. Quanto à essencialidade

a) **serviços públicos:** *são os que a Administração presta diretamente à comunidade por serem essenciais à sobrevivência do grupo social* (exs.: defesa, polícia); tais serviços também são chamados de *pró-comunidade* ou *próprios* do Estado;

b) **serviços de utilidade pública:** *são os prestados pela Administração ou concessionários, por ser conveniente que haja regulamentação e controle* (exs.: luz, gás, telefone); tais serviços são chamados de *pró-cidadão* ou *impróprios do Estado.*

13.5.3. Quanto aos destinatários

a) ***uti singuli***: *são os que têm usuários determinados* (ex.: água, luz);

b) ***uti universi***: *são os que têm usuários indeterminados* (ex.: segurança).

13.5.4. Quanto à finalidade

a) **administrativos:** *são os executados para atender às necessidades da Administração ou preparar outros serviços que serão prestados ao público;*

b) **industriais/comerciais:** *são os que produzem renda para quem os presta, por meio de tarifa ou preço público* (ex.: correios);

c) **sociais:** *são os definidos pela Constituição como serviços sociais,* como o de educação, saúde etc..

14. Concessões de serviço público

14.1. Conceito de concessão de serviço público

A concessão de serviço público pode ser conceituada como a *atribuição pelo Estado, mediante licitação, do exercício de um serviço público de que é titular, a alguém que aceita prestá-lo em nome próprio, por sua conta e risco, nas condições fixadas e alteráveis unilateralmente pelo Poder Público, ressalvada a manutenção do equilíbrio econômico-financeiro do contrato*[17].

A matéria vem regulamentada na Lei 8.987/1995, nos termos das diretrizes apontadas no art. 175 da Constituição Federal[18].

14.2. Noções gerais acerca da concessão de serviço público

O concessionário de serviço público recebe o **exercício (e não a titularidade)** dos serviços públicos. Assim, só se concede o exercício do serviço público e não sua titularidade, que continua com o Estado, o qual, por ser dele titular, ditará as regras e fiscalizará o exercício concedido ao particular. A saúde e a educação, apesar de serem serviços públicos, não dependem de concessão para que os particulares as prestem, bastando autorizações, em alguns casos. O objetivo da concessão é o de obter o melhor serviço possível.

Quanto à **remuneração** do concessionário, esta se dará por tarifa, subsídio e outros meios alternativos, como a publicidade, a qual é muito comum e pode ser verificada nos anúncios publicitários afixados nos ônibus de transporte coletivo.

A natureza da concessão não é simplesmente contratual, mas complexa. Trata-se de relação jurídica com três partes:

a) **ato regulamentar:** ato unilateral do Poder Público que fixa as condições de funcionamento, organização e modo da prestação dos serviços, podendo ser alterado unilateralmente também, de acordo com as necessidades públicas;

b) **ato condição:** concordância do concessionário, que aceita submissão ao ato regulamentar e às demais condições;

c) **contrato:** instrumento no qual estará prevista a questão financeira, garantindo-se, para o presente e para o futuro, o equilíbrio econômico-financeiro

17. *Vide* a obra de Celso Antônio Bandeira de Mello.

18. "Art. 175. Incumbe ao Poder Público, na forma da lei, diretamente ou sob regime de concessão ou permissão, sempre através de licitação, a prestação de serviços públicos.
Parágrafo único. A lei disporá sobre:
I – o regime das empresas concessionárias e permissionárias de serviços públicos, o caráter especial de seu contrato e de sua prorrogação, bem como as condições de caducidade, fiscalização e rescisão da concessão ou permissão;
II – os direitos dos usuários;
III – a política tarifária;
IV – a obrigação de manter serviço adequado."

dos contratantes; caso haja alteração regulamentar ou outra alteração extracontratual que cause desequilíbrio, deve o Poder Público reequilibrar o contrato, mantendo a proporção, a igualdade inicial.

O Estado muda, unilateralmente, a regulamentação (as cláusulas regulamentares, que trazem as especificações de como e em que condições os serviços devem ser prestados), só respeitando a natureza do objeto do contrato e a equação econômico-financeira (cláusulas regulamentares que trazem as especificações sobre a parte econômica do contrato).

14.3. Formalidades para a realização da concessão

Uma vez que um serviço é considerado público e se trate de um daqueles que o Estado pode fazer concessão, esta dependerá dos seguintes requisitos para que aconteça:

a) **lei:** esta deverá autorizar a concessão ou permissão do serviço público;
b) **licitação na modalidade concorrência:** além de ser necessária a realização de licitação, ela deve se dar, em matéria de concessão de serviço público, naquela modalidade mais abrangente, qual seja, a concorrência.

Quanto à licitação para a outorga de concessão, o julgamento será feito segundo um dos seguintes critérios: a) menor valor da tarifa; b) maior oferta pela concessão; c) melhor proposta técnica com preço fixado no edital; d) combinação de proposta técnica com valor da tarifa; e) combinação de proposta técnica com o preço da concessão; f) melhor preço da concessão, após aprovação da proposta técnica; g) menor tarifa, após aprovação da proposta técnica.

A Lei 9.491/97, que regula o Programa Nacional de Desestatização, traz a modalidade leilão como adequada à respectiva licitação.

14.4. Poderes do concedente

A Lei 8.987/1995 estabelece que o titular do serviço público (concedente) tem os seguintes poderes numa concessão de serviço públicos:

a) **de inspeção e fiscalização:** vê-se desempenho, cumprimento de deveres e de metas;
b) **de alteração unilateral das cláusulas regulamentares:** respeitados equilíbrio financeiro e os limites legais (p. ex. não pode alterar a natureza do objeto da concessão);
c) **de intervenção:** em casos de comprometimento do serviço público, a Administração pode intervir na concessionária para regularizar a situação; ex.: intervenção em empresa de ônibus que não está desempenhando corretamente seu papel, mesmo após notificações e aplicação de multa;
d) **extinção da concessão antes do prazo:** a extinção pode se dar, dentre outros motivos, por conveniência e oportunidade do concedente para melhorar o serviço público (encampação ou resgate), ou por falta cometida pelo concessionário (caducidade);
e) **aplicação de sanções ao concessionário inadimplente:** multas, por exemplo.

14.5. Prazo

A Lei 8.987/1995 não estabelece prazo máximo ou mínimo para a concessão de serviço público.

Portanto, faz-se necessário que o edital de concorrência pública para a outorga da concessão estabeleça qual será o prazo do contrato celebrado com o vencedor do certame.

Admite-se prorrogação da concessão, desde que haja previsão editalícia.

14.6. Transferência da concessão e do controle acionário da concessionária

A lei autoriza a transferência da concessão se a Administração previamente anuir, o que parece burlar a ideia de licitação, a nosso ver.

Por maior razão, a lei também autoriza a transferência do controle acionário da pessoa jurídica vencedora da licitação, também desde que haja anuência do Poder Concedente.

O art. 27 da Lei dispõe ser causa de caducidade da concessão (extinção por culpa do particular) a transferência da concessão ou do controle acionário sem tal anuência do Poder Concedente.

14.7. Direitos do concessionário

O concessionário tem dois direitos básicos:

a) **manutenção do equilíbrio econômico-financeiro** do contrato no decorrer de sua execução;
b) não sofrer exigência de prestação **estranha ao objeto da concessão.**

Uma vez garantidos esses direitos, o concessionário é obrigado a cumprir as determinações regulamentares do Poder Concedente, que, de acordo com as exigências do interesse público, modificará as cláusulas regulamentares do serviço, estabelecendo os detalhes de como este deverá ser prestado.

14.8. Formas de extinção

a) **Advento do termo contratual:** forma usual, em que termina o prazo da concessão e ela fica extinta. Os bens aplicados no exercício do serviço são revertidos para o Poder Concedente, nos termos previstos no edital. Hely Lopes Meirelles denomina tal forma de extinção como reversão, porque há retorno do serviço ao Poder Concedente. Preferimos não tratar da hipótese por este nome, uma vez que o instituto da reversão, que será visto a seguir, é a *consequência* da extinção da concessão e não uma *forma* de sua extinção.

b) **Rescisão judicial:** forma de extinção feita a pedido de qualquer um dos "contratantes". Como o Poder Público pode extinguir de ofício a concessão, geralmente a rescisão judicial será pedida pelo concessionário, por culpa do Poder Concedente. Na ação pode-se pleitear indenização por não ter havido, ainda, amortização do investimento feito pelo concessionário. Os serviços prestados pela concessionária não poderão ser interrompidos ou paralisados até a decisão judicial transitar em julgado. Extinta a concessão, os bens também são revertidos para o poder público, para garantia da continuidade do serviço público, na forma prevista no edital.

c) **Rescisão consensual:** mútuo acordo, com reversão dos bens da mesma forma.

d) **Rescisão por ato unilateral do Poder Concedente:**

- ✔ **encampação ou resgate:** é o encerramento da concessão por ato do Poder Concedente, durante o transcurso do prazo inicialmente fixado, *por motivo de conveniência e oportunidade administrativa* (espécie de revogação) sem que o concessionário haja dado causa ao ato extintivo. Depende de lei específica que o autorize, como forma de proteção ao concessionário e também porque geralmente enseja grandes custos. É necessária prévia indenização, que compense o investimento ainda não amortizado, bem como que faça frente aos lucros cessantes pela extinção prematura do contrato de concessão, já que não há culpa do concessionário. Bens revertem ao Poder Concedente. Ex.: fim dos bondes.
- ✔ **caducidade ou decadência:** encerramento da concessão antes do prazo, *por inadimplência do concessionário*[19]. Depende de prévio processo administrativo, com direito a ampla defesa, para apuração da falta grave do concessionário, processo que só poderá ser acionado após comunicação detalhada à concessionária dos descumprimentos contratuais referidos no § 1º do art. 38 da Lei, dando-lhe prazo para regularização. Além das hipóteses previstas em tal dispositivo, é também causa da caducidade a transferência da concessão ou do controle acionário sem prévia anuência do Poder Concedente (art. 27). A declaração de caducidade será feita por decreto do Poder Concedente. Só se indeniza a parcela não amortizada, uma vez que houve culpa daquele que exercia o serviço público. Da eventual indenização devida serão descontados os valores relativos a multas contratuais e danos causados pela concessionária.
- ✔ **anulação da concessão:** é o encerramento da concessão quando esta for outorgada com vício jurídico. Se não houve má-fé por parte do concessionário, este terá direito à indenização pelas despesas que teve e para a amortização do investimento.
- ✔ **falência da concessionária:** faz com que se extinga a concessão feita.
- ✔ **extinção da empresa ou morte do concessionário:** também faz extinguir a concessão.

14.9. Reversão dos bens

887

Consiste na *passagem ao Poder Concedente dos bens do concessionário aplicados no serviço público como consequência da extinção da concessão, cuja finalidade é manter a continuidade do serviço público.*

A reversão se dará nos limites definidos no edital de convocação para a licitação, assegurando-se ao concessionário a amortização do investimento que fez. Ex.: frota de ônibus de empresa que teve sua concessão extinta passa para o Poder Público.

14.10. Responsabilidade do concessionário

Cabe lembrar aqui que o § 6º do artigo 37 da CF, que prevê a responsabilidade objetiva do Estado, dispõe que *as pessoas jurídicas de direito privado prestadoras de serviço público* respondem pelos danos que seus agentes, nessa qualidade, causarem a terceiros.

Daí se conclui não somente que a responsabilidade dos concessionários é objetiva, como também que o Estado não responderá pelos danos causados por tais pessoas jurídicas a terceiros, mas sim o próprio concessionário.

O Poder Público responderá apenas subsidiariamente (ou seja, após o esgotamento do patrimônio da concessionária), desde que o dano tenha sido causado na prestação do serviço público.

19. "Art. 38. A inexecução total ou parcial do contrato acarretará, a critério do poder concedente, a declaração de caducidade da concessão ou a aplicação das sanções contratuais, respeitadas as disposições deste artigo, do art. 27, e as normas convencionadas entre as partes.
§ 1º A **caducidade da concessão poderá ser declarada pelo poder concedente quando**:
I – o serviço estiver sendo prestado de forma inadequada ou deficiente, tendo por base normas, critérios, indicadores e parâmetros definidores de qualidade do serviço;
II – a concessionária descumprir cláusulas contratuais ou disposições legais ou regulamentares concernentes à concessão;
III – a concessionária paralisar o serviço ou concorrer para tanto, ressalvadas as hipóteses decorrentes de caso fortuito ou força maior;
IV – a concessionária perder as condições econômicas, técnicas ou operacionais para manter a adequada prestação do serviço concedido;
V – a concessionária não cumprir as penalidades impostas por infrações, nos devidos prazos;
VI – a concessionária não atender a intimação do poder concedente no sentido de regularizar a prestação do serviço;
VII – a concessionária for condenada por sentença transitada em julgado por sonegação de tributos, inclusive contribuições sociais."

14.11. Permissões de serviço público

O **conceito tradicional** de permissão de serviço público é o seguinte: *ato unilateral e precário, "intuito personae", por meio do qual o Poder Público transfere a alguém o exercício de um serviço público, mediante licitação.*

Apesar da confusão na doutrina e na jurisprudência, principalmente após a Constituição de 1988 (que parece dar natureza contratual à permissão) e a Lei 8.987/1995 (que também utiliza a palavra "contrato de adesão" para designá-la), deve-se encarar a permissão como *ato unilateral, precário e sem direito à indenização por extinção unilateral*, adotando-se seu conceito tradicional, já que o art. 2º, IV, da Lei 8.987/1995 é claro ao dispor que a permissão é precária, característica essa incompatível com a ideia de contrato, que é vínculo firme, que faz lei entre as partes, e não vínculo precário.

Assim, a Administração deve ser muito responsável quando analisa se um caso concreto é hipótese de concessão ou de permissão de serviço público. Se este requisitar grandes investimentos (ex.: serviço de transporte coletivo de massa), a Administração deverá outorgar concessão. Senão, poderá ser outorgada permissão (ex.: serviço de transporte individual por táxi).

Isso não foi respeitado no passado, principalmente na concessão do serviço de transporte coletivo, em que se outorgava permissão, quando deveria ser concessão.

Dessa forma, tendo em vista o princípio da boa-fé, da presunção de legitimidade dos atos da Administração e da relevância desses fatos, em casos em que caberia concessão e fora dada permissão, caso haja revogação dessa antes do tempo, deve-se usar o regime jurídico da concessão para reger as consequências decorrentes de tal intenção do Poder Público.

Nesse sentido, Maria Sylvia Zanella Di Pietro traz a diferenciação entre a permissão tradicional e a **permissão condicionada ou qualificada**, ensinando o seguinte: "A rigor, a autorização de uso e a permissão de uso são precárias, enquanto a concessão é estável. Na prática administrativa, tem-se admitido autorização e permissão com prazo (sendo chamadas de condicionadas ou qualificadas), o que confere ao beneficiário a mesma estabilidade que decorre da concessão e, portanto, o mesmo direito à indenização, em caso de revogação do ato antes do prazo estabelecido. Confundem-se, nessas hipóteses, os institutos da autorização e permissão, de um lado, e a concessão, de outro."

Com o fim de fecharmos o raciocínio, podemos conferir as disposições da Lei 8.987/1995 acerca da concessão e da permissão de serviço público:

a) **concessão de serviço público:** *a delegação de sua prestação, feita pelo Poder Concedente, mediante licitação, na modalidade concorrência, à pessoa jurídica ou consórcio de empresas que demonstre capacidade para o seu desempenho, por sua conta e risco e por prazo determinado* (art. 2º, II);

b) **permissão de serviço público:** *a delegação, a título precário, mediante licitação, da prestação de serviços públicos, feita pelo Poder Concedente à pessoa física ou jurídica que demonstre capacidade para o seu desempenho, por sua conta e risco* (art. 2º, IV).

Por outro lado, o art. 40 da Lei 8.987/1995 estabelece que "a permissão de serviço público será formalizada mediante **contrato de adesão** que observará os termos desta lei, das demais normas pertinentes e do edital de licitação, inclusive quanto à precariedade e à revogabilidade unilateral do contrato pelo poder concedente. Parágrafo único. Aplica-se às permissões o disposto nesta lei." (g.n.)

Diante de todo o exposto, confiram-se as principais diferenças entre os institutos da concessão e da permissão:

a) enquanto a concessão tem efetiva natureza contratual, a permissão é precária, não dando ensejo a indenização pela sua extinção (a lei diz que se formalizará a permissão mediante um *contrato* de adesão, mas deixa claro, mais de uma vez, sua precariedade), salvo em caso de permissão condicionada ou qualificada;
b) a concessão só pode ser atribuída a pessoa jurídica ou consórcios de empresas, enquanto que a permissão pode ser atribuída tanto a pessoa jurídica quanto física;
c) a concessão requer licitação na modalidade concorrência, ao passo que permissão apenas requer licitação, não havendo necessidade de que se utilize a modalidade em questão.

14.12. Concessão de serviço público precedida da execução de obra pública

O art. 2º, inciso III, da Lei 8.987/1995 define tal concessão como "a construção total ou parcial, conservação, reforma, ampliação ou melhoramento de quaisquer obras de interesse público, delegada pelo poder concedente, mediante licitação, na modalidade concorrência, à pessoa jurídica ou consórcio de empresas que demonstre capacidade para a sua realização, por sua conta e risco, de forma que o investimento da concessionária seja remunerado e amortizado mediante a exploração do serviço ou da obra por prazo determinado."

14.13. Parcerias Público-Privadas

14.13.1. Introdução

A tão esperada Lei da Parceria Público-Privada é mais uma etapa da chamada Reforma do Estado, que se iniciou em meados da década de 1990, e que tinha e tem por finalidade reduzir a participação do Estado na execução de tarefas econômicas, próprias do particular.

São **marcos** dessa reforma: a) o Programa de Privatização do Governo Federal, caracterizado pela venda de ações e de outros ativos de empresas estatais; b) a criação das agências reguladoras, com consequente incremento das concessões de serviços públicos aos particulares; c) e as parcerias público-privadas.

Tais parcerias foram criadas sob os seguintes **argumentos**: a) necessidade de investimentos na área da infraestrutura; b) carência de recursos públicos atuais para esses investimentos; c) desinteresse do setor privado na sua realização, principalmente em setores incapazes de gerar remuneração direta compatível com o custo do empreendimento.

A ideia central da parceria, portanto, é unir duas forças, a pública e a privada, com garantias especiais e reforçadas de que o parceiro privado será efetiva e adequadamente remunerado.

Mesmo antes da lei federal que hoje regula a matéria, diversos Estados-membros já haviam legislado sobre o tema, como Minas Gerais (Lei n. 14.868/2003), Goiás (Lei n. 14.910/2004), Santa Catarina (Lei n. 12.930/2004) e São Paulo (Lei 11.688/04).

Diante desse quadro, qual lei deverá prevalecer, a local ou a federal? A lei federal é expressa ao dispor que se aplica à administração direta e indireta da União, dos Estados, do Distrito Federal e dos Municípios. Assim, e considerando que compete à lei federal traçar normas gerais de licitação e contratação (art. 22, XXVII, CF), as leis locais serão aplicadas no que não contrariar as normas gerais previstas na Lei 11.079/2004.

14.13.2. Conceito de PPP

A partir das disposições da lei, elaboramos um conceito de parceria público-privada: *é o contrato de prestação de serviços ou de concessão de serviços públicos e de obras públicas, de grande vulto e de período não inferior a 5 anos, caracterizado pela busca da eficiência na realização de seu escopo e pela existência de garantias especiais e reforçadas para o cumprimento da necessária contraprestação pecuniária do parceiro público ao parceiro privado, financiado pelo mercado financeiro.*

Confira o conceito, agora, esquematizado:

- ✔ contrato de prestação de serviços ou de concessão de serviços públicos ou de obras públicas:
- ✔ de grande vulto (igual ou superior a R$ 20 milhões);
- ✔ de período não inferior a 5 anos;
- ✔ caracterizado pela busca da eficiência na realização de seu escopo
- ✔ e pela existência de garantias especiais e reforçadas
- ✔ para o cumprimento da necessária contraprestação pecuniária do parceiro público ao parceiro privado;
- ✔ financiado pelo mercado financeiro.

14.13.3. Espécies

A lei usa a expressão "modalidades" de parceria para fazer referência ao tema. Por ser uma expressão que indica o "procedimento licitatório" (concorrência, tomada de preços etc.), preferimos reservar a palavra "modalidade" para tratar do *procedimento* do certame para a contratação da parceria, e a palavra "espécie" para tratar das duas *formas* de parceira.

A **concessão patrocinada** *é a concessão de serviços públicos ou de obras públicas em que, além das tarifas cobradas dos usuários, faz-se necessária uma contraprestação pecuniária do parceiro público ao parceiro privado* (art. 2º, § 1º).

São exemplos de concessão patrocinada as relativas a concessões para o saneamento básico, para construção e reforma de rodovias e para a consecução de outros serviços públicos delegáveis em que as tarifas a serem cobradas não sejam suficientes para cobrir os custos do concessionário.

A *concessão patrocinada* é muito parecida com a *concessão de serviço público* prevista na Lei 8.987/1995. A diferença é que, na primeira, as tarifas cobradas dos usuários do serviço (por exemplo, o pedágio de uma rodovia) não são suficientes para cobrir os custos do serviço e a remuneração da concessionária, o que faz com que seja necessário um "patrocínio" por parte do parceiro público (o Poder Público), que pagará uma contraprestação ao parceiro privado (ao concessionário do serviço).

Já a **concessão administrativa** *é contrato de prestação de serviços (qualificados) de que a Administração seja usuária direta ou indireta* (art. 2º, § 2º).

Quando a Administração contrata a prestação de um serviço do particular, essa contratação é regulada pela Lei 8.666/1993, tratando-se de um *contrato administrativo* simples.

Porém, quando a Administração contrata serviços de que seja usuária direta ou indireta, serviços esses que <u>não têm</u> como objetivo único o fornecimento de mão de obra, o fornecimento e instalação de equipamentos ou a execução de obra pública, aí sim teremos o instituto da concessão administrativa, uma das duas espécies de parceria público-privada.

São exemplos de concessão administrativa a construção de centros administrativos para as instalações do Poder Público, de hospitais, de escolas, de presídios etc. Perceba-se que, em qualquer dos casos, não há tarifa a ser paga pelos usuários, mas só contraprestação a ser paga pelo Poder Público.

Assim, na concessão administrativa temos as seguintes características:

a) não há cobrança de tarifa de usuários;

b) não cabe se tiver como objeto único o fornecimento de mão de obra, o fornecimento e instalação de equipamentos ou a execução de obra pública;

c) são exemplos a construção de escolas, hospitais e presídios, desde que o concessionário não se limite a fazer as construções, tendo também como tarefa a administração desses equipamentos públicos.

A criação das duas concessões especiais mencionadas fez com que a lei se referisse às demais concessões, regidas pela Lei 8.987/1995, como **concessões comuns** (art. 2º, § 3º). Estas continuarão a ser utilizadas para os casos em que as tarifas dos usuários forem suficientes para cobrir os custos do contratado, o prazo contratual for inferior a 5 anos ou o valor do contrato, inferior a R$ 20 milhões.

14.13.4. Diretrizes

O art. 4º da lei elenca as diretrizes que deverão ser observadas na contratação de parceria público-privada. Vejamos:

a) **Busca da eficiência no cumprimento das missões estatais e no emprego dos recursos públicos.** Decorrem desta diretriz as regras que estabelecem:
   - a1) o dever de criação de critérios objetivos de avaliação de desempenho do parceiro privado (art. 5º, VII);
   - a2) a realização de vistoria dos bens reversíveis (art. 5º, X);
   - a3) a necessidade de compartilhamento com a Administração de ganhos efetivos do parceiro decorrentes da redução do risco de crédito dos financiamentos utilizados pelo parceiro privado (art. 5º, IX);

b) **Responsabilidade fiscal na celebração e na execução das parcerias.** Decorrem desta diretriz as regras que estabelecem:
   - b1) a elaboração de estimativa de impacto financeiro nos exercícios em que deva vigorar a parceria (art. 10, II);
   - b2) a necessidade de compatibilidade entre o contrato e as leis de diretrizes orçamentárias e do plano plurianual (art. 10, III e V);
   - b3) a necessidade de autorização legislativa específica para as concessões patrocinadas em que mais de 70% da remuneração do parceiro for paga pela Administração (art. 10, § 3º);

c) **Respeito ao interesse dos destinatários dos serviços.** Decorrem desta diretriz as regras que estabelecem a necessidade de que haja previsão contratual de mecanismos para:
   - c1) a preservação da atualidade da prestação dos serviços;
   - c2) a avaliação do desempenho do parceiro privado, segundo critérios objetivos (art. 5º, V e VII);

d) **Transparência dos procedimentos e das decisões.** Decorrem desta diretriz as regras que estabelecem:
   - d1) a submissão da minuta de edital a consulta pública, com prazo mínimo de 30 dias para o oferecimento de sugestões (art. 10, VI);
   - d2) a necessidade de fixação no contrato das penalidades aplicáveis à Administração e aos parceiros privados (art. 5º, II), providência rara nos contratos administrativos;

e) **Repartição objetiva dos riscos entre as partes.** Decorre desta diretriz a regra que estabelece a repartição de riscos, inclusive os referentes a caso fortuito, força maior, fato do príncipe e álea econômica extraordinária (art. 5º, III);

f) **Respeito aos interesses do parceiro privado.** Decorrem desta diretriz as regras que estabelecem:
   - f1) a vigência do contrato compatível com a amortização dos investimentos, não inferior a 5, nem superior a 35 anos, incluindo eventual prorrogação (art. 5º, I);
   - f2) a aplicação automática das cláusulas de atualização monetária (art. 5º, § 1º);
   - f3) a possibilidade de as obrigações pecuniárias da Administração terem garantias especiais, tais como vinculação de receitas, instituição de fundos especiais, contratação de seguro-garantia, oferecimento de garantias prestadas por instituições financeiras, organismos internacionais, e fundo garantidor e empresa estatal criados para esta finalidade (art. 8º);

g) **Diferimento dos valores a serem pagos pelo Poder Público.** Decorre dessa diretriz a regra que estabelece que a contraprestação da Administração será obrigatoriamente *precedida* da entrega do serviço (art. 7º). Ou seja, primeiro o parceiro privado faz sua parte e apenas após a Administração faz o pagamento. Não mais se fará pagamentos mensais mediante medições dos serviços prestados. O pagamento se dará apenas após a conclusão da obra. A lei permite que a Administração, nos termos do contrato, efetue pagamento da contraprestação relativa a parcela fruível de serviço objeto do contrato de parceira.

14.13.5. Características marcantes

Das sete diretrizes apontadas, as três primeiras ("a", "b" e "c") já estavam adequadamente definidas em lei (*vide* as Leis 8.987/1995 e 8.666/1993, e a Lei de Responsabilidade Fiscal). A quarta e a quinta ("d" e "e") geravam uma série de dúvidas. E a sexta e a sétima ("f" e "g") são bem inovadoras.

A sétima diretriz é bem interessante, pois cria um modelo novo. Para fazer frente à escassez de recursos para o presente, a Administração se reserva o direito de **só pagar** sua contraprestação ao parceiro privado **quando** este disponibilizar o serviço objeto do contrato. Assim, somente após a construção da escola, do hospital, do presídio, da rodovia, é que a Administração pagará sua contraprestação. Além de não gastar agora, a Administração se livra de uma série de transtornos decorrentes das medições mensais para pagamento, das revisões contratuais e dos problemas na condução e na fiscalização do contratado. Este, por sua vez, ganha em eficiência, pois se compromete a entregar um projeto pronto.

E como o modelo resolve o problema do financiamento do particular? Afinal de contas, como o parceiro privado conseguirá fazer tão grandes investimentos sem o aporte de recursos pela Administração mês a mês? A solução encontrada pela lei é o financiamento no mercado financeiro.

A lei dispõe que, antes da celebração do contrato, deverá ser criada uma Sociedade de Propósito Específico (SPE), cuja incumbência é implantar e gerir o objeto da parceria. Tal sociedade poderá assumir a forma de companhia aberta, com valores mobiliários admitidos a negociação no mercado. Deve obedecer a padrões de governança corporativa e adotar contabilidade e demonstrações financeiras padronizadas. A Administração não poderá ser titular da maioria de seu capital votante (art. 9º).

Trata-se de uma sociedade criada pelo *próprio* parceiro privado, ou seja, pelo vencedor do certame licitatório para a consecução de suas atividades. Há pelo menos três vantagens na criação da SPE: a) evita a figura do consórcio na execução do contrato, focando a cobrança da execução do serviço numa pessoa apenas; b) permite que valores mobiliários dessas empresas sejam vendidos, atraindo investimento; c) possibilita que a empresa consiga empréstimos em bancos de fomento, também para atrair investimentos.

Eis o novo modelo. O parceiro privado tomará empréstimos no mercado financeiro para realizar investimentos para o parceiro público, que somente começará a pagar sua contraprestação após a disponibilização do serviço.

E como o modelo resolve o problema do risco em se emprestar dinheiro para parceiros da Administração? Afinal de contas, no Brasil o Poder Público é useiro e vezeiro em não pagar os particulares. A solução encontrada pela lei foi dar garantias especiais e reforçadas de que o parceiro irá receber sua contraprestação e, consequentemente, terá como pagar o mercado financeiro pelos investimentos feitos.

A questão está colocada na sexta diretriz do item anterior, que estabelece dois princípios: a) o da *garantia da amortização do investimento*; e b) o da *garantia da satisfação efetiva e imediata do crédito*. O primeiro se revela com a fixação de prazos mínimos de vigência da parceria. Já o segundo, com a criação de garantias especiais e reforçadas em favor do parceiro privado.

As garantias passam por fianças bancárias e seguros e preveem até a instituição de um "fundo garantidor ou uma empresa estatal criada para essa finalidade" (art. 8º, V).

Para o âmbito da União, a lei autorizou que as pessoas de direito público correspondentes (União, autarquias, fundações públicas), seus fundos especiais e suas empresas públicas dependentes (as duas últimas só apareceram com a Lei 12.409/2011) participem, no limite global de R$ 6 bilhões do que chamou de Fundo Garantidor de Parcerias Público-Privadas (FGP), de natureza privada e patrimônio próprio separado do patrimônio pessoal de seus participantes. Tal fundo está sendo formado por aporte de bens (dinheiro, imóveis dominicais, móveis) e direitos (ações excedentes ao necessário para o controle de sociedades de economia mista, e títulos da dívida pública) dos participantes, também chamados de cotistas. Empresa especializada será incumbida de avaliar os bens e direitos transferidos (art. 16).

O FGP será criado, administrado, gerido e representado, judicial e extrajudicialmente, por instituição financeira controlada, direta ou indiretamente, pela União, que zelará pela manutenção de sua rentabilidade e liquidez (art. 17).

O estatuto e o regulamento do FGP devem deliberar sobre a política de concessão de garantias, inclusive no que se refere à relação entre ativos e passivos do Fundo (art. 18, *caput*). A garantia será prestada nas seguintes modalidades: fiança, sem benefício de ordem para o fiador; penhor de bens móveis e hipoteca de bens imóveis, ambos do Fundo; alienação fiduciária; garantia, real ou pessoal, vinculada ao patrimônio de afetação do Fundo (art. 18, § 1º).

A garantia poderá ser acionada a partir do 45º dia do vencimento de título exigível aceito pelo parceiro público. No caso de emissão de fatura não aceita, mas também não rejeitada expressa e motivadamente, a garantia poderá ser acionada transcorridos 90 dias de seu vencimento (art. 18, §§ 4º e 5º). A quitação do débito pelo Fundo importará sua sub-rogação nos direitos do parceiro privado.

Se necessário, os bens e direitos do fundo poderão ser objeto de constrição judicial e alienação para satisfazer as obrigações garantidas (art. 18, § 7º).

O FGP poderá usar parcela da cota da União para prestar garantia aos seus fundos especiais, às suas autarquias, às suas fundações públicas e às suas empresas estatais dependentes (art. 18, § 7º, incluído pela Lei nº 12.409/2011).

Toda essa sistemática de garantias especiais tem uma razão: conforme visto, o Poder Público não costuma pagar em dia seus fornecedores, gerando grande insegurança por parte destes, principalmente quanto à realização de grandes investimentos. O não pagamento pela Administração ensejava a propositura de ação judicial, com recebimento do crédito, ao final, após a expedição de precatórios.

Se de um lado, resolve o problema, de outro, a solução sofre críticas de alguns, no sentido de que é inconstitucional, porque trata de modo diferente os credores do Poder Público. Não satisfeitos seus créditos, uma parte dos credores (aqueles que têm outros contratos com a Administração) deve recorrer ao Judiciário, e só receberá após a expedição de um precatório. A outra parte (a dos que têm uma parceria público-privada) receberá sem ter que esperar por um precatório judicial.

Críticas à parte, é bom destacar que os demais entes da federação também poderão criar, por meio de lei, fundo com características semelhantes ou mesmo uma empresa estatal (como foi o caso de São Paulo, que criou a Companhia Paulista de Parcerias), uma vez que essa garantia é prevista de modo genérico (para todos os entes políticos) no art. 8º, V, da Lei.

Por fim, vale destacar um ponto bastante polêmico, que é o da possibilidade de o edital (e o respectivo contrato) prever que se possa usar a arbitragem para a solução dos conflitos entre os parceiros. Dispõe o inciso III do art. 11 da Lei que tais instrumentos poderão prever "o emprego dos mecanismos privados de resolução de disputas, inclusive a arbitragem, a ser realizada no Brasil e em língua portuguesa, nos termos da Lei n. 9.037, de 23 de setembro de 1996, para dirimir conflitos decorrentes ou relacionados ao contrato". De nossa parte, entendemos que esse mecanismo de solução de conflitos só poderá incidir quanto a questões de ordem estritamente técnica não jurídica, tais como questões econômicas, contábeis e de engenharia. O princípio da indisponibilidade do interesse público impede que decisões de ordem administrativa sejam revistas por órgão que não seja a própria Administração ou o Poder Judiciário.

14.13.6. Procedimento e tipo licitatório

O *procedimento* ou *modalidade* de licitação para contratação da parceria é o da concorrência. O rito, todavia, sofre duas alterações marcantes. De um lado, traz a previsão de regras semelhantes às do pregão. De outro, permite o saneamento de falhas cometidas pelos licitantes. Quanto ao tipo licitatório, também temos novidade.

Vejamos as novidades:

a) **Inversão de fases.** O art. 13 dispõe que o edital *poderá* prever a inversão das fases de habilitação e julgamento. Quanto a este, há previsão de que possa ser precedido de uma etapa chamada de "qualificação de propostas técnicas", desclassificando-se os licitantes que não alcançarem a pontuação mínima (art. 12, I). Repare que não se trata de "qualificação habilitatória", mas de valoração de propostas técnicas;

b) **Lances verbais.** Com relação às propostas econômicas, o edital definirá se haverá apenas "propostas escritas em envelopes lacrados" ou se haverá "propostas escritas, seguidas de lance em viva voz" (art. 12, III);

c) **Tipo de "menor valor da contraprestação a ser paga pela Administração".** Na verdade, trata-se do famoso tipo "menor preço" adaptado às características das parcerias. A lei também admite o tipo "melhor proposta em razão da combinação do menor valor da contraprestação a ser paga pela Administração com o critério de melhor técnica, de acordo com os pesos estabelecidos no edital" (*vide* art. 12, II);

d) **Saneamento de falhas.** O edital poderá prever a possibilidade de saneamento de falhas, de complementação de insuficiências ou ainda de correções de caráter formal no curso do procedimento, desde que o licitante possa satisfazer as exigências dentro do prazo fixado no instrumento convocatório (art. 12, IV).

15. Controle da Administração

15.1. Controle interno

15.1.1. Introdução

O controle interno pode ser **conceituado** como o *controle exercido no interior da própria Administração, tendo fundamento no princípio da autotutela.*

Quanto à **iniciativa**, o controle interno deve se dar *de ofício*, podendo iniciar-se, também, por *provocação do interessado.*

Quanto à **extensão**, o controle abrange a fiscalização *contábil, financeira, orçamentária, operacional* e *patrimonial* (art. 70 da CF).

Quanto aos **meios**, o controle interno se dá pela *fiscalização hierárquica* (já vista no item Poder Hierárquico), pela *supervisão ministerial* (vista no capítulo da Organização da Administração) e também pelos *recursos administrativos*, que serão analisados no próximo item.

15.1.2. Recursos administrativos em sentido amplo

Os **recursos administrativos** são *todos os meios administrativos hábeis a provocar o controle da atividade administrativa.* Aqui a expressão "recursos administrativos" é utilizada em sentido amplo, abrangendo todo e qualquer tipo de provocação administrativa do interessado, com vistas ao controle da atividade da Administração.

São **modalidades** dos recursos administrativos:

a) **representação**, consistente na denúncia de irregularidade, feita na Administração;

b) **reclamação administrativa**, consistente na dedução das seguintes pretensões:

b1) **pedido de reconsideração:** feito para a mesma autoridade que decidiu;

b2) **revisão:** destinada ao reexame de matéria já definitivamente apreciada pela Administração quando surgirem fatos ou circunstâncias que possam modificar a decisão anterior, não podendo haver reforma em prejuízo de quem a pede (art. 65 da Lei 9.784/1999), ou seja, em matéria de revisão não cabe *reformatio in pejus*. Um exemplo é o pedido de revisão da demissão de um agente público, mas que acabou sendo absolvido na esfera criminal por negativa de autoria ou inexistência do fato;

b3) **recurso hierárquico:** feito para o superior hierárquico de quem decidiu. Será hierárquico *próprio* se dirigido à autoridade superior do mesmo órgão da inferior (ex.: para secretário da educação contra ato de um diretor da secretaria); será hierárquico *impróprio*, se dirigido para autoridade superior fora do órgão da inferior (ex.: para o Prefeito contra ato do secretário da saúde).

15.1.3. Recurso hierárquico

Como regra, o recurso hierárquico tem somente **efeito** devolutivo, tendo também efeito suspensivo nas hipóteses em que a lei assim dispuser ou quando o administrador aplicá-lo motivadamente, não se presumindo sua existência. Recebido no efeito suspensivo, sem exigência de caução do particular, este não terá interesse processual em ingressar com demanda no Poder Judiciário (salvo se o recurso pleitear que a administração deixe de se omitir diante de um caso concreto). Disso decorre o impedimento da fluência do prazo prescricional.

Tem **legitimidade** para interpor recurso as seguintes pessoas: a) os titulares dos direitos discutidos no processo; b) os terceiros afetados pela decisão; c) as organizações e associações representativas, em caso de interesses coletivos; d) os cidadãos ou associações, quanto aos interesses difusos.

Quanto ao recurso hierárquico, a Lei 9.784/1999 dispõe, em seu art. 56, que os recursos serão **dirigidos** à autoridade que proferiu a decisão, a qual, se não a reconsiderar no prazo de 5 dias, o encaminhará à autoridade superior.

O **prazo** para recurso é, como regra, de 10 dias, contado da ciência ou divulgação oficial da decisão (art. 59), sendo que, na contagem dos prazos, exclui-se o dia do início e inclui-se o do vencimento (art. 66).

O recurso administrativo **tramitará no máximo por três instâncias**, salvo disposição legal diversa (art. 57).

O **não conhecimento** do recurso não impede a Administração de rever de ofício o ato ilegal, desde que não ocorrida a preclusão administrativa (art. 63).

O órgão competente para decidir o recurso pode tomar as **seguintes decisões**: não conhecer do recurso, ou confirmar, modificar, anular ou revogar, total ou parcialmente, a decisão recorrida, se a matéria for de sua competência.

Cabe *reformatio in pejus*, mas o recorrente deve ser cientificado para a defesa, se, da aplicação de tal regra, puder decorrer gravame à situação do recorrente (art. 64).

15.1.4. Coisa julgada e prescrição administrativas

Toda decisão administrativa é passível de ser reapreciada pelo Poder Judiciário nos aspectos de legalidade, moralidade e razoabilidade.

Assim, uma decisão administrativa, mesmo confirmada por um recurso administrativo, não faz aquela coisa julgada prevista na lei processual civil ou penal, coisa julgada que faz com que a decisão fique, definitivamente, imutável no mundo jurídico.

Porém, na esfera administrativa existe a chamada **coisa julgada administrativa**, que consiste na *impossibilidade de retratação por parte da Administração Pública, quando decida favoravelmente ao administrado, desde que, é claro, não se trate de decisão ilegal.*

Em outras palavras, a coisa julgada administrativa consiste no não cabimento mais de recursos na esfera administrativa. De qualquer forma, nada impede que a decisão seja revista no âmbito do Poder Judiciário ou, caso seja ilegal, seja revista pela Administração no prazo de 5 anos (art. 54 da Lei 9.784/1999), sob pena de decadência, salvo comprovada má-fé, hipótese em que não há prazo para anulá-la.

O outro conceito importante é o de **prescrição administrativa,** que *consiste na perda do prazo para recorrer de decisão administrativa (prazo previsto na lei local) ou na perda do prazo para que a Administração reveja seus atos (5 anos) ou, ainda, na perda do prazo para punir (previsto também na lei local).*

Prescrição das pretensões contra o particular: o prazo prescricional para a Administração ingressar com demanda contra o particular é o da lei civil (10 anos, como regra; 3 anos para reparação civil; 5 anos para responsabilidade contratual).

Prescrição das pretensões contra a Fazenda Pública: o prazo é de 5 anos, permitida uma única interrupção, quando então o prazo recomeça a contar, agora, por mais 2 anos e meio, desde que, na somatória do prazo que já decorreu com esse novo prazo não fique reduzido a prazo inferior aos 5 anos originariamente previstos. A súmula 383 do STF assim dispõe: *a prescrição em favor da Fazenda Pública recomeça a correr, por dois anos e meio, a partir do ato interruptivo, mas não fica reduzida aquém de cinco anos, embora o titular do direito a interrompa durante a primeira metade do prazo.* Vale salientar que o art. 10 do Decreto 20.910/1932, que trata da prescrição quinquenal contra a Fazenda, dispõe que o prazo de cinco anos *"não altera as prescrições de menor prazo, constantes das leis e regulamentos, as quais ficam subordinadas às mesmas regras".*

15.1.5. Processo administrativo

No contexto do controle interno da Administração, o processo administrativo é tema de bastante importância.

É por meio do processo administrativo que os requerimentos do particular serão analisados, que punições serão constituídas, que a Administração desenvolverá suas competências.

O controle interno se dará, então, por meio de processos administrativos.

O estudo dos recursos administrativos, visto há pouco, ocorre no âmbito de processos administrativos. Porém, há alguns temas de processo administrativo que não foram vistos quando estudamos o recurso administrativo, daí porque abrimos o presente item, com o fito de estudá-los.

O processo administrativo pode ser **conceituado** como *o conjunto de atos coordenados para obtenção de uma decisão final no âmbito administrativo.* São exemplos de processo administrativo o processo disciplinar, o processo licitatório, o processo para aplicação de sanções decorrentes da polícia administrativa, dentre outros.

O *processo administrativo* não se confunde com o *procedimento administrativo*. Este consiste no rito, no procedimento aplicável a um processo administrativo. No processo judicial há diversos ritos, como o ordinário, o sumário, dentre outros.

No plano federal, há uma **Lei de Processo Administrativo Federal**, que é a **Lei 9.784/1999**. Essa lei traz as regras do processo administrativo na esfera federal, para as três esferas da administração (do Legislativo, do Executivo e do Judiciário), inclusive para o Ministério Público e para Tribunal de Contas.

Essa lei traz **princípios administrativos** (art. 2º), bem como regras sobre **direitos e deveres dos administrados** (arts. 3º e 4º), **formação do processo** (arts. 5º a 8º), **legitimação dos interessados** (arts. 9º e 10), **competência** (arts. 11 a 17), **impedimentos e suspeições** (arts. 18 a 21), **forma, comunicações, instrução, julgamento e motivação** (arts. 22 a 50), **desistência, casos de extinção, anulação, revogação, convalidação, recurso administrativo e revisão** (arts. 51 a 65), dentre outros aspectos, sendo diploma de importante leitura.

Como **princípios específicos** do processo administrativo, pode-se apontar:

a) **legalidade objetiva** (art. 2º, *caput*, da Lei 9.784/1999): o processo é para fazer valer a lei;
b) **oficialidade ou impulsão** (art. 29, Lei 9.784/1999): a Administração instaura e movimenta o processo de ofício;
c) **informalismo** (art. 2º, p. ún., IX, da Lei 9.784/1999): respeita-se a forma legal tendo em conta a instrumentalidade das formas;
d) **verdade material:** impõe a busca da verdade real;
e) **publicidade** (art. 2º, p. ún., V, da Lei 9.784/1999): impõe a divulgação dos atos do processo;
f) **contraditório e ampla defesa** (art. 5º, LX, da CF);
g) **devido processo legal** (art. 5º, LIV, da CF): impõe respeito às normas que regem o processo;
h) **razoável duração do processo** (art. 5º, LXXVIII, da CF): além dos meios que garantam a celeridade da tramitação.

As **fases** do processo administrativo são as seguintes: instauração, instrução, defesa, relatório (peça informativa e opinativa) e julgamento pela autoridade competente.

Como **modalidades** de processo administrativo tem-se:

a) processo de expediente: é aquele destinado a registrar situações administrativas, não incidindo sobre direitos, daí a impropriedade do nome;
b) processo de outorga: é aquele em que se pleiteia um direito ou situação individual perante a Administração;
c) processo de controle: é aquele em que se controla o mérito de atos praticados (aprovação) ou o respeito às formalidades legais (homologação);
d) processo punitivo: é aquele destinado à imposição de penalidades em geral;
e) processo administrativo disciplinar: é aquele destinado à apuração de faltas disciplinares de servidores;
f) processo administrativo tributário, dentre outros.

A Lei 9.784/1999 é a Lei Geral de Processo Administrativo Federal. Assim, havendo uma lei específica tratando de alguma espécie de processo administrativo (exs.: Lei 8.666/1993, que trata do processo licitatório; Lei 8.112/1990, que trata do processo disciplinar), a Lei 9.784/1999 só poderá ser aplicada subsidiariamente (art. 69).

No mais, a Lei 9.784/1999 poderá também ser aplicada em relação a processos administrativos de Estados-membros e Municípios. A Lei Federal se aplicará por inteiro quando não houver lei de processo administrativo num dado Estado--membro ou município e se aplicará de modo subsidiário quando já houver lei de processo em algum ente federativo.

A aplicação subsidiária consiste em a Lei Geral de Processo Administrativo incidir quanto a aspectos que não foram regulados pela lei específica ou pela lei local.

15.2. Controle externo

15.2.1. Introdução

O controle externo pode ser **conceituado** como *aquele exercido por órgão ou pessoa que está fora da Administração*.

Quanto ao órgão controlador, o controle externo pode ser de duas espécies, quais sejam, **parlamentar** e **judicial**.

15.2.2. Controle parlamentar

O art. 49, X, da CF, diz ser **competência exclusiva** do Congresso Nacional *fiscalizar e controlar, diretamente, ou por qualquer de suas Casas, os atos do Poder Executivo, incluídos os da administração indireta*.

Tal controle, no plano financeiro-econômico, é exercido com o **auxílio** dos tribunais de contas, que são órgãos independentes, mas que atuam como auxiliares do Poder Legislativo no controle parlamentar.

Os tribunais de contas fiscalizam toda a administração direta e indireta, bem como qualquer pessoa física ou jurídica, desde que tenha recebido recurso de origem estatal.

O controle externo da Câmara Municipal será exercido com o auxílio dos Tribunais de Contas dos Estados ou dos Conselhos ou Tribunais de Contas dos Municípios, onde houver, sendo vedada a criação de Tribunais, Conselhos ou órgãos de Contas Municipais (art. 31, CF), ressalvados os já existentes, no Município de São Paulo e no Município do Rio de Janeiro.

O parecer prévio, emitido pelo órgão competente sobre as contas que o Prefeito deve anualmente prestar, só deixará de prevalecer por decisão de dois terços dos membros da Câmara Municipal (art. 31, CF).

Quanto ao controle legislativo, vale lembrar que o artigo 49, V, diz que é competência exclusiva do Congresso *"sustar os atos normativos do Poder Executivo que exorbitem do poder de regulamentar ou dos limites de delegação legislativa"*.

O artigo 49, IX, por sua vez, confere a competência para *"julgar anualmente as contas prestadas pelo Presidente da República e apreciar os relatórios sobre a execução dos planos de governo"*.

Vale salientar que a Constituição Federal traz uma série de situações em que o Poder Legislativo controlará atos do Poder Executivo, como na aprovação de tratados e convenções internacionais, autorização para declarar guerra e fazer a paz, aprovação ou suspensão de intervenção federal ou estado de sítio, todas previstas no artigo 49. Há também controle, previsto no artigo 52, a ser feito pelo Senado Federal, quanto à aprovação da escolha de ocupantes de certos cargos, autorização de operações externas financeiras e endividamentos. Tudo sem contar o fato de que se pode constituir CPI por prazo certo e para apurar fato determinado (art. 58, § 3º).

O artigo 71 da Constituição traz, ainda, as seguintes disposições a respeito da competência do Tribunal de Contas:

a) *aplicar aos responsáveis, em caso de ilegalidade de despesa ou irregularidades de contas, as sanções previstas em lei, que estabelecerá, entre outras cominações, multa proporcional ao dano causado ao erário;*

b) *assinar prazo para que o órgão ou entidade adote as providências necessárias ao exato cumprimento da lei, se verificada ilegalidade;*

c) *sustar, se não atendida, a execução do ato impugnado, comunicando a decisão à Câmara dos Deputados e ao Senado Federal;*

d) *no caso de contrato, o ato de sustação será adotado diretamente pelo Congresso Nacional, que solicitará, de imediato, ao Poder Executivo as medidas cabíveis;*

e) *se o Congresso Nacional ou o Poder Executivo, no prazo de noventa dias, não efetivar as medidas previstas no item anterior, o Tribunal decidirá a respeito;*

f) *as decisões do Tribunal de que resulte imputação de débito ou multa terão eficácia de título executivo.*

15.2.3. Controle judicial

O controle judicial dos atos da administração pública pode se dar por qualquer tipo de demanda judicial.

Porém, há **ações especiais** contra atos do Poder Público, como o mandado de segurança, o *habeas data*, a ação popular e a ação civil pública, por exemplo.

Não há ato administrativo **imune** ao controle judicial. Até o ato discricionário está sujeito ao controle jurisdicional, desde que tal controle se atenha aos aspectos de legalidade, razoabilidade e moralidade, não sendo possível invadir-se o puro mérito administrativo, ou seja, a conveniência e a oportunidade que remanesce ao agente público diante dos chamados atos discricionários.

Neste ponto, vale destacar que determinados atos estão sujeitos a **controle especial**. São eles: os atos políticos (ex.: iniciativa e veto a projeto de lei, nomeação de Ministro, concessão de indulto etc.), os atos legislativos (leis) e os atos *interna corporis* (regimentos de tribunais e de corporações legislativas).

Os primeiros terão âmbito de controle muito pequeno. Os segundos serão controlados por meio de ações de constitucionalidade, salvo as leis de efeito concreto, que podem ser atacadas por meios comuns, como o mandado de segurança e a ação popular. Os últimos, por dizerem respeito aos interesses internos da corporação legislativa, não são passíveis de controle quanto ao seu conteúdo, sendo possível tão somente analisá-los quanto a aspectos formais.

Em virtude do princípio da inafastabilidade da jurisdição, o interessado **não é obrigado a esgotar as vias administrativas** para pleitear proteção judicial em decorrência de lesão a direito seu. Nesse sentido, confira a seguinte decisão do STJ: "o esgotamento prévio das instâncias administrativas não é condição para que a parte se socorra do Poder Judiciário e pleiteie o reconhecimento de seu direito líquido e certo" (STJ, RMS 13.893/MS, DJ 24/03/2008).

Questão importante diz respeito ao prazo de **prescrição** para o ingresso com ação contra a Fazenda Pública.

Como regra, esse prazo é de 5 anos, nos termos do art. 1º do Decreto 20.910/1932.

Todavia, em matéria de ação indenizatória há dúvidas sobre se o prazo é de 3 ou de 5 anos, conforme foi visto no item referente à responsabilidade civil do Estado.

Há tema bastante interessante no que diz respeito ao prazo prescricional para ingressar com ação contra a Fazenda Pública quanto a eventos que ensejam direitos de trato sucessivo.

A título de exemplo, imagine que os vencimentos de servidor público não tenham sido adequadamente reajustados há 10 anos. É possível, hoje, que esse servidor proponha ação judicial visando à condenação do ente federativo em relação ao pagamento retroativo do reajuste bem como à determinação de que esse reajuste seja aplicado aos vencimentos futuros?

O Decreto nº 20.910/1932, que regula a prescrição das dívidas da Fazenda Pública, dispõe que essas prescrevem em 5 anos, contados da data do ato ou fato do qual se originarem (art. 1º), conforme já vimos.

Todavia, há súmula do Superior Tribunal de Justiça que estabelece que, nas relações de trato sucessivo em que a Fazenda Pública figure como devedora, quando *não haja negativa* do direito reclamado pelo interessado, a prescrição atinge apenas as prestações vencidas antes do quinquênio anterior à propositura da ação, não ocorrendo prescrição do fundo de direito.

Assim, desde que não tenha havido negativa expressa da Administração em relação ao direito do servidor, este poderá aforar ação mesmo já tendo transcorrido o prazo de 5 anos da data em que os reajustes deveriam ter sido feitos. E isso se dá porque, nas relações de trato sucessivo, a lesão se renova mensalmente.

Apesar de a prescrição não atingir o fundo de direito, o servidor não poderá reclamar, na ação proposta, prestações vencidas antes do quinquênio anterior à propositura da ação, por ter ocorrido prescrição.

Quanto à ação adequada a ser proposta pelo servidor, em que pese não se operar a decadência para a propositura de mandado de segurança com relação a prestações de trato sucessivo, essa ação não é adequada, pois haveria problema em se formar título executivo para a cobrança dos últimos cinco anos de prestações devidas.

Como é cediço, o mandado de segurança não pode ser utilizado como ação de cobrança. O máximo que a Lei de Mandado de Segurança permite é que o pagamento de prestações pecuniárias asseguradas na sentença será efetuado relativamente às prestações que se vencerem a contar do ajuizamento da inicial.

Dessa forma, o servidor deve ingressar com ação de conhecimento pelo rito ordinário, objetivando a cobrança das prestações atrasadas e das prestações que se vencerem a contar do ajuizamento da inicial (obrigação de pagar), bem como a implantação do reajuste para as prestações futuras (obrigação de fazer), com pedido de tutela antecipada.

A respeito, confira os seguintes entendimentos jurisprudenciais:

Súmula 85 do STJ. "Nas relações jurídicas de trato sucessivo em que a fazenda pública figure como devedora, quando não tiver sido negado o próprio direito reclamado, a prescrição atinge apenas as prestações vencidas antes do quinquênio anterior à propositura da ação."

"A Administração Pública quedou-se omissa em repassar o reajuste de fevereiro de 1995 determinado pelas Leis Municipais n°s 10.688/88 e 10.722/89 aos vencimentos dos servidores públicos municipais. Desse modo, verifica-se tratar de lesão que se renova mensalmente, caracterizando, por conseguinte, relação jurídica de trato sucessivo, nos termos da Súmula 85 do STJ." (STJ, AgRg no Ag 1118098/SP, DJ 29/06/2009)

"Nas demandas em que se discute o reajuste de vencimentos de servidores, e não havendo negativa expressa da Administração, a prescrição não atinge o próprio fundo de direito, mas tão somente as parcelas anteriores ao quinquênio que antecedeu à propositura da ação." (STJ, AgRg no Ag 1056855/SP, DJ 13/10/2008)

"Por se tratar de prestação de trato sucessivo, o termo inicial para a impetração da ação mandamental se renova a cada mês que a administração se omite em aplicar o reajuste pleiteado; não ocorre, portanto, a decadência do artigo 18 da Lei 1.533/1951. O STJ possui jurisprudência uniforme no sentido de que, sem a negativa do próprio direito reclamado, não ocorre a prescrição do fundo de direito, mas, tão somente, das parcelas vencidas antes do quinquênio que antecedeu a propositura da ação." (STJ, RMS 24.094/RS, DJ 19/12/2008)

10. Direito Tributário

Robinson Sakiyama Barreirinhas

1. Introdução

O Estado atua de diversas formas para atender às expectativas do povo: conduzindo a política monetária (emitindo moeda, orientando os juros no mercado), regulamentando setores da economia (por meio das agências reguladoras, por exemplo), administrando empresas estatais etc.

Entretanto, uma das principais formas de atuação estatal refere-se à política fiscal ou orçamentária, relativa à prestação de serviços públicos (por meio de despesas públicas) e à arrecadação dos recursos financeiros necessários para isso.

A principal fonte de receitas à disposição do Estado é a tributação, ou seja, o recolhimento de tributos pelos cidadãos e sociedades, na forma da lei.

O direito tributário regula a relação jurídica estabelecida por lei entre o Fisco (arrecadador dos tributos) e os contribuintes e responsáveis (sujeitos passivos, que recolhem os tributos ao Fisco) no âmbito da tributação.

Gabarito de concurso público
Direito tributário é o conjunto de normas que regula o comportamento das pessoas de levar dinheiro aos cofres públicos. **(Procurador do Estado/SE – FCC – 2005)**

Assim, as normas tributárias referem-se à obrigação tributária principal (cujo objeto é o recolhimento de tributos e penalidades pecuniárias), às obrigações acessórias (relativas aos deveres instrumentais a cargo dos contribuintes e responsáveis, como emissão de nota fiscal, prestação de informações, registros fiscais etc.), além da própria atividade arrecadatória (lançamento, cobrança, processo administrativo, formas de extinção do crédito etc.).

2. Tributo – Definição

2.1. A definição é dada pela lei complementar federal

No sistema jurídico brasileiro, compete à lei complementar federal, entre outras coisas, definir o que é *tributo, conforme dispõe o art. 146, III, a, da CF:*

> Art. 146. Cabe à lei complementar:
>
> (...)
>
> III – estabelecer normas gerais em matéria de legislação tributária, especialmente sobre:
>
> a) definição de tributos e de suas espécies, (...);

No âmbito puramente financeiro, pelo enfoque do ente arrecadador, o tributo é definido como receita corrente derivada, nos termos do art. 9º da Lei 4.320/1964.

Pelo enfoque da relação entre o Fisco e os sujeitos passivos, a norma nacional que define tributo é o Código Tributário Nacional – CTN.

Ambos os normativos (Lei 4.320/1964 e CTN) são formalmente leis ordinárias, mas materialmente leis complementares. Significa que, embora tenham sido aprovados como leis ordinárias, foram recepcionados pela Constituição Federal como leis complementares.

Gabarito de concurso público
O CTN continua sendo lei ordinária, mas com força de lei complementar. **(Magistratura/SC – 2010)**

Antes de estudarmos especificamente a definição dada pelo CTN, é interessante anotarmos que a função essencial dos tributos é arrecadatória, representando a receita básica necessária para o sustento financeiro do Estado. Trata-se da *função fiscal*.

É muito importante, entretanto, a utilização dos tributos como ferramenta de intervenção social e econômica – a *função extrafiscal*.

Finalmente, há autores que se referem à *função parafiscal* dos tributos, quando a lei delega a sujeição ativa a determinada entidade que arrecada os valores e os utiliza para cumprimento de suas importantes funções de interesse público. Por exemplo, a União tem competência para instituir e cobrar as contribuições de interesse de categorias profissionais (art. 149 da CF), mas delega a sujeição ativa, por exemplo, ao Conselho Regional de Medicina, que passa a cobrar a contribuição devida pelos médicos em sua região e, ademais, fica com os recursos arrecadados (não os repassa para a União).

Funções dos tributos	
Fiscal	arrecadatória, receitas para o funcionamento do Estado
Extrafiscal	intervenção no mercado, interferências nas relações privadas
Parafiscal	arrecadação em favor de entidades paraestatais, que cobram e ficam com os recursos

2.2. Código Tributário Nacional

O Código Tributário Nacional, como dito, embora formalmente lei ordinária, foi recepcionado pela Constituição Federal como lei complementar.

É por essa razão que eventuais mudanças no CTN devem, necessariamente, ser veiculadas por lei complementar federal.

Nos termos do art. 146, III, *a*, da CF, o art. 3º do CTN **define** o que é tributo:

> Art. 3º Tributo é toda prestação pecuniária compulsória, em moeda ou cujo valor nela se possa exprimir, que não constitua sanção de ato ilícito, instituída em lei e cobrada mediante atividade administrativa plenamente vinculada.

Vamos analisar, a seguir, cada um dos aspectos dessa definição.

2.3. Tributo é prestação

O tributo é definido, pelo CTN, como *prestação*.

Prestação é o objeto de relação obrigacional (= aquilo que o devedor deve fazer em relação ao credor, aquilo que o credor pode exigir do devedor).

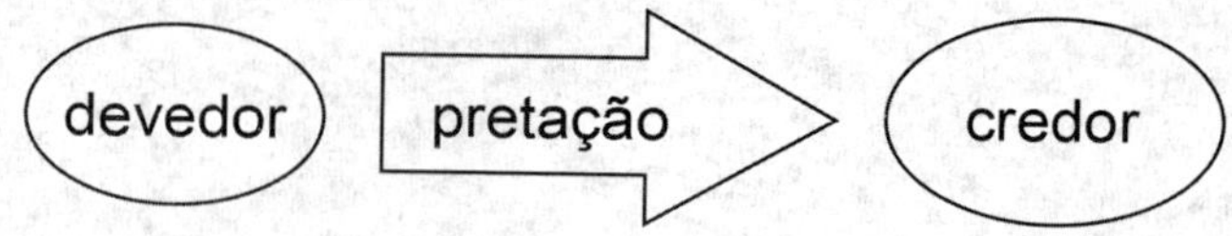

No Direito Tributário, o devedor é conhecido como *sujeito passivo* e o credor é o *sujeito ativo*.

Mais adiante, veremos que o sujeito passivo pode ser o contribuinte ou o responsável tributário.

2.4. Tributo é prestação pecuniária

O tributo refere-se à entrega de **dinheiro** pelo devedor ao credor. O objeto da relação obrigacional tributária corresponde a uma quantia em moeda.

É isso que significa o termo *pecuniária*.

Não há tributo *in labore* (= trabalho) ou *in natura* (entrega de algum outro bem que não seja dinheiro).

Não são tributos: prestação de serviço militar, serviço eleitoral, entrega de sacas de café.

Tampouco são tributos: obrigações tributárias acessórias, como emissão de nota fiscal ou escrituração de livros.

O art. 3º do CTN traz a expressão *em moeda ou cujo valor nela se possa exprimir*, o que apenas confirma o conceito, pois o termo *pecuniária* já indica exatamente isso.

Salientamos que a forma de pagamento não altera a natureza pecuniária (cheque, vale-postal, estampilha, papel selado, processo mecânico – art. 162 do CTN).

Em regra, somente quando a quantia em reais (moeda corrente nacional) chega aos cofres do Fisco é que há cumprimento da obrigação tributária principal (por exemplo, quando o cheque é compensado).

As diversas modalidades de extinção do crédito (dação de imóvel em pagamento) ou a penhora em execução tampouco alteram a natureza pecuniária.

2.5. Tributo é prestação compulsória

O tributo independe da vontade do devedor. É isso que significa prestação *compulsória*.

Diferentemente das obrigações do direito privado em geral, a obrigação tributária não surge a partir de um ato de vontade.

Quando alguém concorda em comprar um automóvel, por exemplo, surge a obrigação de pagar uma quantia em dinheiro ao vendedor (= prestação pecuniária), mas ela somente surgiu porque o indivíduo optou por isso. Não há, nesse caso, compulsoriedade (embora haja obrigatoriedade).

A obrigação tributária é *ex lege*, ou seja, surge a partir da *vontade da lei*.

É por isso que há fato gerador, e não ato gerador dos tributos (a vontade ou mesmo a capacidade do agente é irrelevante).

A expressão *instituída em lei* no art. 3º do CTN apenas reforça esse conceito, já que ninguém pode ser obrigado a fazer algo independentemente de sua vontade senão em virtude de lei – art. 5º, II, da CF.

Vale dizer: se algo é compulsório, como a prestação pecuniária, é preciso que haja lei nesse sentido.

2.6. Tributo não é sanção por ato ilícito

O fato gerador (o que faz surgir o tributo) é sempre lícito (auferir renda, ser proprietário de algo etc.).

Não fazem surgir tributo: atrasar o pagamento de imposto, ultrapassar limite de velocidade no trânsito etc. (ilícitos). Embora possam surgir obrigações pecuniárias a partir desses ilícitos (pagamento de multa), não se trata de tributo!

São tributados os fatos lícitos, ainda que realizados ilicitamente (por ex., renda auferida por promotor de jogo do bicho – aplicação do brocardo "*pecunia non olet*"). Perceba que auferir renda, em si, é ato lícito, ainda que realizado por meios criminosos.

Ao Direito Tributário interessa, nesses casos, apenas o fato gerador tributário (por ex., auferir renda), que é fato lícito, o que não afasta eventual responsabilidade criminal.

Gabaritos de concursos públicos
Escapa ao conceito de tributo a ideia de penalidade. **(Magistratura/MT – 2009 – VUNESP)** *A partir do conceito legal de tributo, é possível afirmar que a multa NÃO é espécie de tributo porque o tributo não é sanção por ato ilícito e a multa é sanção pecuniária por prática de ato ilícito.* **(Procurador do Município/Teresina-PI – 2010 – FCC)**

Jurisprudência

Sonegação fiscal de lucro advindo de atividade criminosa: "non olet". Drogas: tráfico de drogas, envolvendo sociedades comerciais organizadas, com lucros vultosos subtraídos à contabilização regular das empresas e subtraídos à declaração de rendimentos: caracterização, em tese, de crime de sonegação fiscal, a acarretar a competência da Justiça Federal e atrair pela conexão, o tráfico de entorpecentes: irrelevância da origem ilícita, mesmo quando criminal, da renda subtraída à tributação. A exoneração tributária dos resultados econômicos de fato criminoso – antes de ser corolário do princípio da moralidade – constitui violação do princípio de isonomia fiscal, de manifesta inspiração ética. **HC 77.530/RS, STF, Rel. Min. Sepúlveda Pertence, j. 25.08.1998.**

Assim, por exemplo, a renda obtida com o tráfico de drogas deve ser tributada, já que o que se tributa é o aumento patrimonial e não o próprio tráfico. Nesse caso, a ilicitude é circunstância acidental à norma de tributação. No caso de importação ilícita, reconhecida a ilicitude e aplicada a pena de perdimento, não poderá ser cobrado o imposto de importação, já que "importar mercadorias" é elemento essencial do tipo tributário. Assim, a ilicitude da importação afeta a própria incidência da regra tributária no caso concreto. **REsp 984.607/PR, STJ, Rel. Ministro Castro Meira, j. 07.10.2008.**

Obs.: o STJ entendeu, entretanto, que pode incidir IPI, PIS e Cofins, nesse caso (o acórdão refere-se a *produto industrializado* **e** *faturamento***).**

2.7. Tributo é cobrado mediante atividade administrativa plenamente vinculada

O sujeito ativo deve cobrar o tributo sem qualquer margem para juízo de conveniência ou oportunidade (não há discricionariedade).

Ocorrendo o fato gerador, o tributo deve ser exigido em estrita conformidade com a lei (não há, tampouco, arbitrariedade).

O lançamento é atividade vinculada, sob pena de responsabilidade funcional (art. 142, parágrafo único, do CTN).

3. Espécies tributárias

3.1. Critério para a classificação (CTN)

As espécies tributárias também são definidas por lei complementar federal.

O CTN, em seu art. 4º, dá o critério para essa classificação, determinando que a natureza *específica* do tributo é indicada por seu *fato gerador:*

> Art. 4º A natureza jurídica específica do tributo é determinada pelo fato gerador da respectiva obrigação, sendo irrelevantes para qualificá-la: (...)

Gabarito de concurso público
A natureza jurídica específica do tributo é determinada pelo fato gerador da obrigação. **(Magistratura/SP – 2007)** *Por meio da base de cálculo, é possível identificar o tipo de tributo.* **(Procurador do Estado/GO – 2010)**

A doutrina acrescenta que a natureza é determinada pelo *fato gerador* e pela ***base de cálculo***.

Se o fato gerador for a propriedade de veículo automotor, estaremos diante do IPVA (imposto estadual que incide sobre esse domínio). Sua base de cálculo deve ser o *valor do automóvel*, que tem direta correspondência com o fato gerador (note que a base de cálculo quantifica o fato gerador). A base de cálculo não poderia ser a renda do proprietário, por exemplo, o que indicaria outra natureza específica (do imposto de renda, no caso).

3.2. Aspectos irrelevantes para qualificar a natureza específica (art. 4º, I e II, do CTN)

É irrelevante para qualificar a natureza específica do tributo:

a) denominação e demais características formais adotadas pela lei; ou

b) a destinação legal do produto da sua arrecadação.

Assim, o nome dado pelo legislador não altera a natureza do tributo. Tampouco é relevante a destinação dada aos valores arrecadados pelo Fisco (veremos a importante exceção do empréstimo compulsório, mais adiante).

Jurisprudência
"Taxa de armazenagem portuária" é preço público, e não tributo, apesar da denominação. **REsp 205.241/SP, STJ, Rel. Ministro Castro Meira, j. 01.03.2005.**
Obs.: por essa razão, essa "taxa" não se sujeita ao princípio da legalidade (seus valores são fixados por portaria ministerial).

3.3. Espécies tributárias

A doutrina clássica classificou os tributos em três espécies: impostos, taxas e contribuições de melhoria. São essas as espécies indicadas no art. 145 da CF e no art. 5º do CTN.

Trata-se da *teoria tripartida*.

Mais modernamente, a *teoria pentapartida* reconhece a existência de duas outras espécies tributárias: os empréstimos compulsórios e as contribuições especiais (alguns autores referem-se a contribuições *parafiscais*).

Espécies Tributárias		
Teoria Pentapartida	**Teoria Tripartida**	**Impostos**
		Taxas
		Contribuições de melhoria
		Empréstimos compulsórios
		Contribuições especiais

Gabarito de concurso público
A adoção da teoria do "pentapartite" pelo STF implica a adoção de cinco modalidades de tributos previstos na Constituição Federal. Em consequência, a Súmula 418 do STF, que dispõe que "o empréstimo compulsório não é tributo, e sua arrecadação não está sujeita à exigência constitucional de prévia autorização orçamentária", perdeu sua eficácia. **(Magistratura/PA – 2008 – FGV)**

3.4. Impostos

3.4.1. Definição de imposto

A definição dessa espécie tributária é dada pelo art. 16 do CTN:

> Art. 16. Imposto é o tributo cuja obrigação tem por fato gerador uma situação independente de qualquer atividade estatal específica, relativa ao contribuinte.

Perceba que a definição refere-se ao fato gerador (critério definidor), que é qualquer situação que não esteja ligada a uma atividade estatal específica, voltada ao contribuinte.

Por essa razão, o imposto é conhecido como *tributo não vinculado*.

Gabarito de concurso público
A cobrança de impostos deve sempre decorrer de uma situação que independa de qualquer atividade estatal específica. **(Magistratura Federal/3ª Região – 2010)**

São exemplos de fatos geradores de impostos: auferir renda, ser proprietário de algo, promover circulação de mercadoria, industrializar produtos, importar etc.

Note que essas situações não se relacionam com atividade estatal. Diferentemente das taxas, por exemplo, em que há sempre uma prestação de serviço ou fiscalização (= atividades estatais específicas voltadas aos contribuintes), que estudaremos mais adiante.

3.4.2. Características dos impostos

O art. 145, § 1º, da CF refere-se à pessoalidade e à graduação segundo a capacidade econômica do contribuinte, como características dos impostos, *sempre que possível*.

> Art. 145, § 1º, da CF – Sempre que possível, os impostos terão caráter pessoal e serão graduados segundo a capacidade econômica do contribuinte (...)

Embora a legislação tributária deva ser genérica (a mesma para todos), é possível que o legislador adote determinadas características pessoais como critérios para a cobrança do tributo. Por exemplo, a legislação do imposto de renda procura onerar menos o cidadão que tenha mais dependentes (= pessoalidade), pois presume que ele tem menor capacidade econômica.

Pela capacidade contributiva (= capacidade econômica), quem tem mais condições econômicas deve contribuir com mais para a manutenção do Estado (deve pagar mais tributos).

A progressividade das alíquotas em relação à base de cálculo, que veremos mais a fundo em seguida, é instrumento pelo qual se dá a gradação segundo a capacidade econômica do contribuinte.

O legislador não pode vincular a receita arrecadada com impostos a determinada despesa (*não afetação*), mas há exceções em relação à saúde e à educação, por exemplo (art. 167, IV, da CF).

3.4.3. Progressividade

A progressividade das alíquotas em relação à base de cálculo, poderosa ferramenta para graduação da tributação segundo a capacidade econômica dos contribuintes, implica alíquotas maiores para bases de cálculo maiores – não é simples proporcionalidade.

Veja esse exemplo fictício, com duas pessoas (Pedro e Maria) com salários de R$ 1 mil e R$ 10 mil. Na segunda linha, hipótese de proporcionalidade, com alíquota única de imposto sobre essas rendas. Na terceira linha, hipótese de progressividade, com alíquota superior para cálculo do imposto incidente sobre o salário maior:

	Pedro: salário de R$ 1 mil	Maria: salário de R$ 10 mil
Proporcionalidade	10% de R$ 1 mil	10% de R$ 10 mil
Progressividade	5% de R$ 1 mil	10% de R$ 10 mil

Perceba que há sempre proporcionalidade quando uma alíquota única (10%, no exemplo) incide sobre uma base de cálculo variável (renda do contribuinte, no caso). Isso, repetimos, não é progressividade.

A progressividade somente existe quando há diversas alíquotas escalonadas, incidindo as maiores sobre as bases maiores.

Devem ser progressivos, segundo a CF, o imposto de renda (IR) e o imposto territorial rural (ITR).

Pode ser progressivo, segundo a CF, o imposto predial e territorial urbano (IPTU). Interessante notar que, além da progressividade em relação à base de cálculo, esse imposto municipal comporta também a progressividade no tempo, como ferramenta do direito urbanístico (art. 182, § 4º, II, da CF).

Não podem ser progressivos, segundo o STF: outros impostos reais, como ITBI (Súmula 656 do STF), ITCMD e IPVA, considerando inexistir previsão constitucional expressa nesse sentido.

Jurisprudência
(...) 2. O efeito extrafiscal ou a calibração do valor do tributo de acordo com a capacidade contributiva não são obtidos apenas pela modulação da alíquota. O escalonamento da base de cálculo pode ter o mesmo efeito. 3. Ao associar o tipo de construção (precário, popular, médio, fino e luxo) ao escalonamento crescente da avaliação do valor venal do imóvel, a Lei 3.326/1996 do Município de Campo Grande passou a graduar o valor do tributo de acordo com índice hábil à mensuração da frivolidade ou da essencialidade do bem, além de lhe conferir mais matizes para definição da capacidade contributiva. Impossibilidade, nos termos do texto constitucional anterior à inovação trazida pela EC 29/2000. **AI 583.636 AgR/MS, STF, Rel. Min. Joaquim Barbosa, j. 06.04.2010.**

3.5. Taxas

3.5.1. Definição e tipos

A Constituição Federal prevê taxas pelo exercício do poder de polícia (= fiscalização) ou pela prestação de determinados serviços públicos.

> Art. 145, II, da CF – taxas, em razão do exercício do poder de polícia ou pela utilização, efetiva ou potencial, de serviços públicos específicos e divisíveis, prestados ao contribuinte ou postos a sua disposição;

Há somente esses dois tipos de taxa. Não existe, por exemplo, taxa pelo uso de bem público.

3.5.2. Características gerais das taxas

A taxa é tributo **vinculado** a determinada atividade estatal voltada ao contribuinte (o oposto do imposto!)

A base de cálculo não pode ser idêntica à do imposto (art. 145, § 2º, da CF e art. 77, parágrafo único do CTN).

A CF usa o termo *própria*, mas o STF acolheu o texto mais restritivo do CTN, que impede o uso de base de cálculo *idêntica* à de imposto:

> Súmula Vinculante 29 do STF: É constitucional a adoção, no cálculo do valor de taxa, de um ou mais elementos da base de cálculo própria de determinado imposto, desde que não haja integral identidade entre uma base e outra.

Gabarito de concurso público
Lei publicada no Diário Oficial do Estado em 21.07.2009 institui, a partir de 01.01.2010, taxa de licenciamento de veículos, fixando como alíquota o percentual de 5% e tomando como base de cálculo o valor venal dos automóveis. Tal norma é inconstitucional, pois institui taxa, adotando base de cálculo própria de imposto.
Interpreta-se dando por constitucional a adoção, no cálculo da taxa, de um ou mais elementos da base de cálculo própria de determinado imposto, desde que não haja integral identidade entre uma base e outra. **(Magistratura Federal-4ª Região – 2010)**

3.5.3. Taxa pelo exercício do poder de polícia

O art. 78 do CTN define *poder de polícia*, cujo exercício permite a cobrança de taxa:

> Art. 78 do CTN. Considera-se poder de polícia atividade da administração pública que, limitando ou disciplinando direito, interesse ou liberdade, regula a prática de ato ou abstenção de fato, em razão de interesse público (...)

São as taxas de **fiscalização**, que deve ser efetiva, ainda que a cobrança seja periódica (o STJ afastou a Súmula 157, admitindo taxa na renovação de licença).

Gabaritos de concursos públicos
O tributo que tem por fato gerador o exercício regular do poder de polícia, como, por exemplo, a fiscalização dos serviços notariais e registrais, é denominado taxa. **(Cartório/AP – 2011 – VUNESP)**
O poder de polícia é a faculdade discricionária de condicionar o uso e o gozo de bens, atividades, serviços e direitos individuais, em prol do interesse público. **(Ministério Público/MG – 2007)**

A base de cálculo deve refletir o custo da fiscalização, ou seja, deve ter relação com a despesa realizada pela administração com o exercício do poder de polícia.

3.5.4. Taxa de serviço

3.5.4.1. Definição e características

A taxa de serviço incide apenas no caso de serviços *específicos* e *divisíveis*.

> Art. 145, II, da CF – taxas, (...) pela utilização, efetiva ou potencial, de serviços públicos específicos e divisíveis, prestados ao contribuinte ou postos a sua disposição;

São os serviços prestados *uti singuli*, ou seja, quando é possível identificar quanto cada pessoa se utilizou dele.

Exemplos: coleta de lixo, emissão de passaporte, serviços judiciários. Em todos esses casos, é possível indicar, pelo menos em tese, quanto cada cidadão utilizou do serviço.

Não é o caso, por exemplo, do serviço de limpeza de ruas e praças, em relação ao qual é impossível identificar quanto cada cidadão utilizou (é serviço *uti universi*, prestado indistintamente a toda a coletividade, que não permite a cobrança de taxa).

Gabarito de concurso público
Segundo o STF, são específicos e divisíveis os serviços públicos municipais de coleta, remoção e tratamento ou destinação de lixo ou resíduos provenientes de imóveis, desde que essas atividades sejam completamente dissociadas de outros serviços públicos de limpeza realizados em benefício da população em geral e de forma indivisível, a exemplo dos serviços de conservação e limpeza de bens públicos, como praças, calçadas, ruas e bueiros. **(Defensoria Pública da União – 2010 – CESPE)**

3.5.4.2. Serviços de utilização compulsória

Há serviços que são essenciais para o interesse público (interessa à coletividade que todos sejam atendidos).

Nesses casos, a utilização é compulsória, ou seja, todos devem utilizá-los, mesmo contra sua vontade.

A prestação desses serviços de utilização compulsória permite a cobrança de taxa pela utilização potencial, desde que o serviço esteja à disposição do usuário (arts. 77, *caput, in fine*, e 79, I, *b*, do CTN). Assim, mesmo que o cidadão não utilize efetivamente o serviço, deverá pagar a taxa.

Exemplo: coleta de lixo domiciliar. Se o caminhão de lixo passa em frente ao imóvel do cidadão, a taxa poderá ser cobrada, ainda que nenhum resíduo seja produzido ou coletado (= utilização potencial).

Gabarito de concurso público
A taxa pode ter como fato gerador a utilização potencial de serviço público específico e divisível, posto à disposição do contribuinte mediante atividade administrativa em efetivo funcionamento, desde que tal serviço seja de utilização compulsória. **(Ministério Público/ES – 2010 – CESPE)**

3.5.4.3. Serviços de utilização não compulsória

Há serviços indelegáveis, ínsitos à soberania.

Esses serviços não são de utilização compulsória.

Há certa facultatividade, que não é total, pois, em determinadas circunstâncias, o cidadão não tem escolha senão valer-se do serviço.

Nesses casos, a taxa somente pode ser cobrada no caso de utilização efetiva do serviço (não há cobrança pela simples disponibilização do serviço, como no caso dos de utilização compulsória).

Exemplos: serviços judiciais, de emissão de passaporte etc.

3.5.4.4. As duas categorias de serviços taxáveis

Veja o seguinte resumo a respeito dos serviços específicos e divisíveis que podem ser taxados: de utilização compulsória (permitem cobrança pela simples disponibilização) e de utilização não compulsória (permitem cobrança apenas quando há efetiva prestação e utilização).

Serviços de utilização compulsória	– Essenciais ao interesse público – Permitem cobrança também pela utilização potencial, quando o serviço está à disposição do contribuinte – Exemplo: coleta de lixo residencial
Serviços de utilização não compulsória	– Indelegáveis, ínsitos à soberania – Permitem cobrança apenas pela utilização efetiva – Exemplos: emissão de passaporte, judiciais

3.5.4.5. Não permitem cobrança de taxa

Vejamos os serviços que **não** permitem a cobrança de taxa.

Serviços *uti universi*: limpeza de ruas e praças, segurança pública, iluminação urbana. São aqueles que não permitem a identificação do uso por cada um dos cidadãos.

Quanto você utilizou de iluminação pública no mês passado? Essa pergunta não pode ser respondida, pois o serviço é *uti universi*.

Serviços de utilização totalmente facultativa (admitem preço público): cópia simples de autos judiciais, publicidade em equipamentos públicos. Há, nesse caso, concorrência com serviços privados.

Uso de espaços públicos (admite preço público). Lembre-se que, no Brasil, não há taxa pelo uso de bens públicos.

Serviços prestados por concessionárias de serviço público, remunerados por tarifa paga pelo usuário: fornecimento de água, esgoto, energia, *pedágio*. O Judiciário pacificou o entendimento nesse sentido (concessionária de serviço público cobra tarifa, e não tributo).

Jurisprudência
(...) Ocorre que o e. STF apreciou a questão de maneira diversa, focando a normatização do regime de concessões (Direito Administrativo). Nos termos do art. 175, parágrafo único, III, da CF, as concessionárias de serviços públicos são remuneradas por tarifa, inclusive no caso de fornecimento de água e coleta de esgoto. Precedentes: RE-ED 447536/SC, rel. Min. Carlos Velloso, j. 28.06.2005, DJ 26.08.2005, e RE 503.759/MS, rel. Min. Cármen Lúcia, j. 02.10.2007, DJ 25.10.2007. (...) Nos termos dos arts. 9º e 13 da Lei 8.987/1995, os valores cobrados pela concessionária de serviço público pela coleta de esgoto têm natureza tarifária. **REsp 1.027.916/MS, STJ, Rel. Min. Herman Benjamin, j. 25.03.2008.** *A Primeira Seção, ao analisar a prescrição relativa à contraprestação pelos serviços de água e esgoto, fixou o entendimento de que "é irrelevante a condição autárquica do concessionário do serviço público. O tratamento isonômico atribuído aos concessionários (pessoas de direito público ou de direito privado) tem por suporte, em tais casos, a idêntica natureza da exação de que são credores. Não há razão, portanto, para aplicar ao caso o art. 1º do Decreto 20.910/1932, norma que fixa prescrição em relação às dívidas das pessoas de direito público, não aos seus créditos".* **EREsp 989.762/RS, STJ, Rel. Min. Herman Benjamin, j. 09.09.2009.**

3.6. Contribuição de melhoria

3.6.1. Definição

Contribuição de melhoria é o tributo cujo fato gerador é a valorização imobiliária decorrente de obra pública (art. 81 do CTN).

Trata-se de tributo **vinculado** a determinada atividade estatal, mediatamente (indiretamente) voltada ao contribuinte (= obra pública que gera valorização imobiliária).

Gabarito de concurso público
A contribuição de melhoria é instituída para fazer face ao custo de obras públicas do qual decorra valorização imobiliária. **(Magistratura Federal/3ª Região – 2010)**

Permitem a cobrança de contribuição de melhoria: construção de praças, escolas, hospitais, avenidas que valorizem o imóvel próximo.

Não permitem a cobrança: simples manutenção de equipamentos (recapeamento de rua, reforma da praça, conserto de viaduto) ou obras que desvalorizem o imóvel.

3.6.2. Limites para cobrança da contribuição de melhoria

O Fisco não pode cobrar contribuições de melhoria além de um limite total (valor global arrecadado) e de um limite individual (montante exigido de cada contribuinte).

Limite total: é o valor da despesa realizada com a obra (a soma dos valores cobrados de cada contribuinte não pode ultrapassar o custo total da obra). O Fisco não pode "ter lucro" com a cobrança da contribuição de melhoria. A jurisprudência é pacífica no sentido de que esse limite total subsiste no sistema tributário brasileiro, mas há entendimento doutrinário *minoritário* em contrário.

Limite individual: é o acréscimo de valor que da obra resultar para cada imóvel beneficiado (não se pode exigir de cada contribuinte mais do que a valorização do seu imóvel). O art. 12 do Dec.-lei 195/1967 refere-se ao limite anual de 3% do maior valor fiscal do imóvel.

3.6.3. Procedimento

Não se pode esquecer que a contribuição de melhoria, sendo tributo, depende de lei.

Ademais, é necessária a publicação prévia de edital, com informações detalhadas a respeito da obra e da valorização esperada em relação aos imóveis, com prazo mínimo de 30 dias para impugnação pelos interessados (art. 82 do CTN):

> Art. 82. A lei relativa à contribuição de melhoria observará os seguintes requisitos mínimos:
>
> I – publicação prévia dos seguintes elementos:
>
> a) memorial descritivo do projeto;
>
> b) orçamento do custo da obra;
>
> c) determinação da parcela do custo da obra a ser financiada pela contribuição;
>
> d) delimitação da zona beneficiada;
>
> e) determinação do fator de absorção do benefício da valorização para toda a zona ou para cada uma das áreas diferenciadas, nela contidas;
>
> II – fixação de prazo não inferior a 30 (trinta) dias, para impugnação pelos interessados, de qualquer dos elementos referidos no inciso anterior;

A rigor, a contribuição de melhoria é tributo dificílimo de ser instituído e cobrado regularmente atendendo à interpretação da lei dada pelos Tribunais. De fato, o STJ entende que, antes de cobrar o tributo, o Poder Público deve demonstrar inequivocamente a efetiva ocorrência da valorização imobiliária em relação ao imóvel de cada contribuinte, o que, na prática, é bastante difícil, senão impossível.

Jurisprudência

Compete à Fazenda Pública demonstrar a base de cálculo da contribuição de melhoria (valorização do imóvel) em decorrência da obra pública, afastando-a de qualquer resquício confiscatório, como se daria na sua cobrança com base de cálculo presumida.

AgRg no Ag 1.190.553/RS, STJ, Rel. Min. Eliana Calmon, j. 17.08.2010.

É pacífico no Superior Tribunal de Justiça o entendimento de que a valorização individualizada do imóvel do contribuinte é fator delimitador da base de cálculo da contribuição de melhoria, não sendo permitido tão somente o rateio do custo da obra entre aqueles que residem na área em que foi realizada a obra pública. (...) No caso, como o Tribunal de origem consignou que não houve o cálculo individualizado do benefício trazido ao imóvel de cada um dos contribuintes localizados na área abrangida pela respectiva obra pública, forçoso reconhecer, então, que o acórdão recorrido viola os artigos 81 e 82 do CTN.

REsp 147.094/PR, STJ, Rel. Min. Benedito Gonçalves, j. 15.02.2011.

É pacífico no Superior Tribunal de Justiça o entendimento de que a valorização individualizada do imóvel do contribuinte é fator delimitador da base de cálculo da contribuição de melhoria, não sendo permitido tão somente o rateio do custo da obra entre aqueles que residem na área em que foi realizada a obra pública. (...) No caso, como o Tribunal de origem consignou que não houve o cálculo individualizado do benefício trazido ao imóvel de cada um dos contribuintes localizados na área abrangida pela respectiva obra pública, forçoso reconhecer, então, que o acórdão recorrido viola os artigos 81 e 82 do CTN.

REsp 147.094/PR, STJ, Rel. Min. Benedito Gonçalves, j. 15.02.2011.

3.7. Empréstimo compulsório

3.7.1. Hipóteses

Diferentemente dos impostos, taxas e contribuições de melhoria (espécies tributárias conforme a teoria tripartida), o empréstimo compulsório não é definido pelo fato gerador, mas sim pelas hipóteses que permitem sua instituição (determinadas despesas extraordinárias e investimentos públicos).

> Art. 148 da CF. A União, mediante lei complementar, poderá instituir empréstimos compulsórios:
>
> I – para atender a despesas extraordinárias, decorrentes de calamidade pública, de guerra externa ou sua iminência;
>
> II – no caso de investimento público de caráter urgente e de relevante interesse nacional, observado o disposto no art. 150, III, "b".

Há somente essas duas hipóteses que permitem a instituição do tributo. Não subsiste aquela prevista no art. 15, III, do CTN (não foi recepcionada pelo sistema tributário atual).

Gabaritos de concursos públicos

No que concerne aos empréstimos compulsórios, aplica-se o princípio da anterioridade aos empréstimos compulsórios, no caso de investimento público de caráter urgente e de relevante interesse nacional; a competência para instituir empréstimo compulsório é exclusiva da União; a lei fixa obrigatoriamente o prazo de empréstimo compulsório e as condições de seu resgate; segundo o STF, se o empréstimo compulsório for pago em dinheiro, a sua restituição deve ser também em dinheiro. **(Procurador de Contas TCE/ES – CESPE – 2009)**

3.7.2. Empréstimos compulsórios: características

Apenas a União detém a competência para a instituição de empréstimos compulsórios.

A instituição, a modificação e a extinção exigem lei complementar federal (não basta simples lei ordinária – não é possível por medida provisória, portanto).

Como já dito, a CF não indica fatos geradores.

Reiteramos que a instituição do empréstimo compulsório é possível apenas nas duas hipóteses previstas no art. 148 da CF: despesa extraordinária (calamidade pública ou guerra externa) e investimento público urgente e de relevante interesse nacional.

No caso de despesa extraordinária, não se observa a anterioridade (princípio que será estudado mais adiante), de modo que o tributo pode ser cobrado no mesmo ano em que for instituído.

A aplicação dos recursos provenientes de empréstimo compulsório será vinculada à despesa que fundamentou sua instituição (art. 148, parágrafo único, da CF). Trata-se de espécie tributária em que a destinação dos recursos arrecadados é relevante para sua caracterização.

A lei deve fixar o prazo e as condições de resgate. Não se pode esquecer que é um empréstimo, ou seja, deve ser devolvido, e o legislador deve indicar quando e como.

Gabarito de concurso público
Nos termos do artigo 148, inciso I da Constituição Federal, a União poderá, mediante lei complementar, instituir empréstimo compulsório para atender a despesas extraordinárias, sem sujeição ao princípio da anterioridade tributária, anual e nonagesimal, em situação de iminência de guerra externa. **(Defensoria Pública/SP – 2010 – FCC)**

3.8. Contribuições especiais

As contribuições especiais são caracterizadas por sua finalidade e não pelo fato gerador (diferentemente, portanto, dos impostos, taxas e contribuições de melhoria).

Alguns autores referem-se a elas como contribuições *parafiscais*.

É comum serem classificadas como tributos vinculados a atividade estatal, ainda que indiretamente.

Há as seguintes contribuições especiais, todas definidas por sua finalidade (arts. 149, 149-A e 195 da CF):

a) sociais;

b) intervenção no domínio econômico (CIDE);

c) interesse das categorias profissionais ou econômicas;

d) custeio de regimes próprios dos servidores;

e) custeio do serviço de iluminação pública.

3.8.1. Contribuições sociais

3.8.1.1. Definição e características

Contribuições sociais são tributos da competência da **União,** cuja **finalidade** é o custeio da seguridade social (previdência, saúde e assistência).

Gabarito de concurso público
As contribuições de seguridade social têm natureza jurídica de tributo. **(Defensoria/MG – 2009 – FURMARC)**

Submetem-se apenas ao princípio da anterioridade nonagesimal (estudaremos mais adiante).

As contribuições sociais previstas expressamente pelo art. 195 da CF são veiculadas por lei ordinária.

Entretanto, a União pode criar outras contribuições sociais, além daquelas expressamente previstas no dispositivo citado, hipótese em que a instituição deve ser por lei complementar (art. 195, § 4º, da CF). Ademais, essas outras contribuições não poderão ser cumulativas, nem podem repetir base de cálculo ou fato gerador de outra já existente (aplicação do art. 154, I, da CF).

Gabarito de concurso público
As contribuições sociais residuais devem ser instituídas por lei complementar, ser não cumulativas e ter bases de cálculo e fatos geradores diferentes dos de outras contribuições sociais. **(Magistratura Federal-5ª Região – 2011)**

3.8.1.2 Contribuições sociais previstas expressamente no art. 195 da CF

O art. 195 da CF prevê expressamente a cobrança das seguintes contribuições sociais:

a) dos empregadores, das empresas e equiparados (i) sobre folha de salários e rendimentos pagos a pessoas físicas, (ii) sobre a receita ou o faturamento e (iii) sobre o lucro;

b) dos trabalhadores e equiparados;

c) sobre concursos de prognósticos (loterias);

d) dos importadores.

Como já dito, a União pode instituir outras contribuições, por lei complementar, observado o art. 154, I, da CF.

3.8.1.3 Contribuições sociais: outras normas (arts. 149 e 195 da CF)

As contribuições sociais (e as CIDEs):

a) não incidem sobre receitas decorrentes de exportação;

b) incidem sobre importações;

c) suas alíquotas podem ser *ad valorem (*tendo por base o faturamento, a receita bruta ou o valor da operação e, no caso de importação, o valor aduaneiro) ou específicas (tendo por base a unidade de medida adotada).

A pessoa em débito com a seguridade social, conforme lei, não pode contratar com o Poder Público, nem dele receber benefícios ou incentivos fiscais ou creditícios.

São *isentas* (imunes) as entidades beneficentes de assistência social, atendidos os requisitos legais.

O produtor rural e o pescador artesanal em economia familiar (sem empregados permanentes) contribuem sobre o resultado da comercialização da produção.

As contribuições sociais devidas pelos empregadores e equiparados poderão ter alíquotas ou bases de cálculo diferenciadas, em razão da atividade econômica, da utilização intensiva de mão de obra, do porte da empresa ou da condição estrutural do mercado de trabalho.

É vedada a concessão de remissão ou anistia (perdão) de contribuições sociais sobre salários e rendimentos pagos e de contribuições devidas pelos empregados e equiparados em valor superior ao fixado em lei complementar.

A lei definirá setores para os quais as contribuições sobre receita, faturamento e importadores serão não cumulativas.

Essa não cumulatividade aplica-se à substituição gradual, total ou parcial, da contribuição sobre salários e rendimentos pagos, pela contribuição sobre receita ou faturamento.

3.8.2. Contribuições de intervenção no domínio econômico – CIDE

3.8.2.1. Definição

As CIDEs são tributos da União cuja **finalidade** é *extrafiscal*, de intervenção no mercado.

Temos hoje no Brasil a CIDE sobre combustíveis, a CIDE sobre remessas ao exterior e as contribuições ao Sistema "S", por exemplo.

As CIDEs (e as contribuições sociais):

a) não incidem sobre receitas decorrentes de exportação;

b) incidem sobre importações;

c) suas alíquotas podem ser *ad valorem (*tendo por base o faturamento, a receita bruta ou o valor da operação e, no caso de importação, o valor aduaneiro) ou específicas (tendo por base a unidade de medida adotada).

Gabarito de concurso público
As contribuições de intervenção no domínio econômico poderão ter alíquotas ***ad valorem****, tendo por base o valor da operação, e, no caso de importação, o valor aduaneiro.* **(Magistratura/RO – 2011 – PUCPR)**

Jurisprudência
(...) A imunidade prevista no art. 149, § 2º, I, da Constituição, introduzida pela Emenda Constitucional n. 33/2001, não alcança a Contribuição Social sobre o Lucro Líquido (CSLL), haja vista a distinção ontológica entre os conceitos de lucro e receita. 6. Vencida a tese segundo a qual a interpretação teleológica da mencionada regra de imunidade conduziria à exclusão do lucro decorrente das receitas de exportação da hipótese de incidência da CSLL, pois o conceito de lucro pressuporia o de receita, e a finalidade do referido dispositivo constitucional seria a desoneração ampla das exportações, com o escopo de conferir efetividade ao princípio da garantia do desenvolvimento nacional (art. 3º, I, da Constituição). 7. A norma de exoneração tributária prevista no art. 149, § 2º, I, da Constituição também não alcança a Contribuição Provisória sobre Movimentação ou Transmissão de Valores e de Créditos e Direitos de Natureza Financeira (CPMF), pois o referido tributo não se vincula diretamente à operação de exportação. A exação não incide sobre o resultado imediato da operação, mas sobre operações financeiras posteriormente realizadas. **RE 474.132/SC, STF, Rel. Min. Gilmar Mendes, Tribunal Pleno, j. 12.08.2010**

3.8.2.2. CIDE sobre combustíveis – art. 177, § 4º, da CF

Contribuição relativa à importação ou à comercialização de petróleo, gás natural e derivados, além de álcool combustível.

Pode ter alíquotas diferenciadas por produto e uso e que podem ser reduzidas e restabelecidas pelo Executivo, não se submetendo à anterioridade.

Os recursos arrecadados destinam-se a subsidiar preços ou transporte dos combustíveis, financiar projetos ambientais relacionados à indústria do petróleo e gás e programas de infraestrutura em transportes.

3.8.3. Contribuições de interesse de categorias profissionais ou econômicas

3.8.3.1. Definição

São tributos da União, mas cobrados por entidades de classe, que ficam com os recursos arrecadados para que possam realizar suas atividades (= *parafiscalidade*).

As contribuições para os conselhos profissionais (CREA, CRM, CRC etc.) e a contribuição sindical são exemplos de contribuições de interesse de categorias profissionais ou econômicas.

Não é o caso da contribuição confederativa, que não tem natureza tributária (não é compulsória).

3.8.4. Contribuições dos servidores

3.8.4.1. Definição

São tributos dos entes políticos (União, Estados, DF e Municípios), cuja **finalidade** é o custeio dos regimes próprios de previdência dos servidores.

Perceba que, diferentemente da contribuição social, da CIDE e da contribuição de interesse de categorias, a competência, nesse caso, não é exclusiva da União.

Jurisprudência
A Constituição de 1988 – art. 149, § 1º – define que "os Estados, o Distrito Federal e os Municípios poderão instituir contribuição, cobrada de seus servidores, para o custeio, em benefícios destes, de sistemas de previdência e assistência social". O preceito viola o texto da Constituição de 1988 ao instituir contribuição compulsória. Apenas os servidores públicos titulares de cargos efetivos podem estar compulsoriamente filiados aos regimes próprios de previdência. Inconstitucionalidade da expressão "definidos no art. 79" contida no artigo 85, caput, da LC 64/2002. 2. Os Estados-membros não podem contemplar de modo obrigatório em relação aos seus servidores, sob pena de mácula à Constituição do Brasil, como benefícios, serviços de assistência médica, hospitalar, odontológica, social, e farmacêutica. O benefício será custeado mediante o pagamento de contribuição facultativa aos que se dispuserem a dele fruir. **ADI 3106/MG, STF, Rel. Min. Eros Grau, Tribunal Pleno, j. 14.04.2010**   **A competência dos Estados refere-se apenas aos servidores efetivos. Abrange apenas a previdência (antes da EC 41/2003, abrangia também a assistência social).**   **Assim, não pode haver cobrança compulsória para assistência à saúde.**

3.8.4.2 Características

A instituição da contribuição dos servidores, para custeio dos sistemas próprios de previdência, é obrigatória para Estados, Distrito Federal e Municípios.

Ademais, a alíquota cobrada não pode ser inferior à da contribuição a cargo dos servidores efetivos da União (11%).

3.8.5. Contribuição para custeio do serviço de iluminação pública (COSIP, CIP ou CCSIP)

3.8.5.1. Definição

Tributo municipal e do DF, cuja **finalidade**, como o nome indica, é custear a iluminação pública.

Os municípios sempre tentaram cobrar taxas de iluminação pública, que eram derrubadas na Justiça, pois o serviço é *uti universi*.

Atendendo ao pleito das cidades, o constituinte derivado criou essa contribuição especial, prevista no art. 149-A da CF.

3.8.5.2. Características

Pode ser cobrada na fatura de consumo de energia elétrica (o consumidor pode ser o contribuinte).

É comum a cobrança por valores fixos, até para não se confundir com o ICMS.

4. Competência tributária e sujeição ativa

4.1. Definição de competência

Competência tributária refere-se à possibilidade da União, dos Estados, do DF e dos Municípios (= entes políticos, entes tributantes) instituírem, modificarem e extinguirem tributos.

Competência tributária é a atribuição dada pela Constituição Federal à União, aos Estados, ao Distrito Federal e aos Municípios para instituírem, alterarem e extinguirem tributos por meio de lei

Compreende a **competência legislativa** plena para criar, alterar e extinguir tributos (art. 6º do CTN), ou seja, só tem competência tributária quem tem competência legislativa (= entes políticos).

Gabarito de concurso público
A instituição do tributo ocorre em função da competência tributária do ente da Federação. **(Ministério Público/RO – 2008 – CESPE)**

A competência tributária (= competência para legislar) não se confunde com sujeição ativa (= ocupação do polo ativo da obrigação tributária, capacidade tributária ativa, para cobrar o tributo).

A distribuição da receita da arrecadação (art. 6º, parágrafo único, do CTN) ou a parafiscalidade não alteram a competência tributária fixada constitucionalmente.

4.2. Disposições constitucionais

A CF não institui tributos, apenas fixa as competências.

Somente os entes políticos (União, Estados, DF e Municípios) têm competência tributária. Uma autarquia, por exemplo, pode até ser sujeito ativo (cobrar o tributo), mas jamais terá competência tributária, pois nunca poderá legislar a respeito do tributo.

O Distrito Federal acumula as competências estaduais e municipais.

Gabarito de concurso público
Cabe ao Distrito Federal, na competência que é própria de Município, instituir imposto sobre transmissão **causa mortis** *e doação, de quaisquer bens ou direitos.* **(Magistratura/DF - 2007)**

Nos Territórios Federais (hoje não há), os impostos estaduais serão da competência da União, assim como os municipais, se não houver Municípios. Caso o Território Federal seja dividido em Municípios, cada um deles cobrará os tributos municipais.

Gabarito de concurso público
Se, na região Norte do país, for criado território federal, mediante lei complementar, competirá à União a instituição do ICMS nesse território. **(Procurador Federal - 2010 - CESPE)**

4.3. Classificação tradicional

Dentre diversas classificações, há uma clássica, bastante exigida em concursos, que divide as competências em: privativa, comum, residual e extraordinária.

A competência privativa refere-se aos impostos.

A competência comum atine aos tributos que podem ser instituídos e cobrados por qualquer ente político, caso das taxas e das contribuições de melhoria.

A competência residual é aquela da União, prevista no art. 154, I, da CF. Somente ela pode instituir outros impostos além daqueles previstos expressamente na Constituição Federal (Estados, Distrito Federal e Municípios somente podem instituir os impostos listados taxativamente na CF).

Finalmente, fala-se da competência extraordinária, também da União, para instituir imposto por simples lei ordinária em caso de guerra externa ou sua iminência – art. 154, II, da CF.

Competência privativa	– dos entes políticos em relação aos impostos
Competência comum	– dos entes políticos, para taxas e contribuições de melhoria
Competência residual	– da União, que pode criar outros impostos além dos listados na CF
Competência extraordinária	– da União, para imposto em caso de guerra externa ou sua iminência

4.3.1. Competência privativa – impostos

A CF lista os impostos federais, estaduais e municipais, sendo que cada ente político somente pode legislar a respeito dos respectivos tributos.

O IR somente pode ser instituído pela União. O IPVA somente pelos Estados e DF. O IPTU apenas pelos Municípios e DF. Daí a *privatividade* a que se refere essa classificação.

Gabarito de concurso público
As competências para instituição de impostos são classificadas como legislativas exclusivas e não podem ter seu rol ampliado. **(Defensoria/PA - 2009 - FCC) [Obs.: note a terminologia diferente adotada pela FCC]**

4.3.2. Competência comum – taxas e contribuições de melhoria

Todos os entes políticos podem criar taxas e contribuições de melhoria, em relação a suas fiscalizações, seus serviços e suas obras.

Por essa razão, afirma-se que há competência *comum* em relação a essas espécies tributárias.

4.3.3. Competência residual da União

A CF lista taxativamente todos os impostos Estaduais (ITCMD, IPVA e ICMS) e Municipais (ITBI, IPTU e ISS).

A listagem dos impostos federais, entretanto, não é taxativa.

A União, e somente ela, pode criar outros impostos além dos listados na CF. Daí a competência *residual.*

Eventual imposto no âmbito da competência residual deve ser instituído por lei complementar, deverá ser não cumulativo e não poderá ter fato gerador ou base de cálculo de outro já existente (art. 154, I, da CF), ou seja, não pode haver bitributação ou *bis in idem.*

Gabaritos de concursos públicos
Em nosso sistema tributário, os impostos designados residuais são de competência privativa da União e só podem ser instituídos mediante lei complementar. **(Magistratura/PE - 2011 - FCC)** *De acordo com o art. 154, I, da Constituição Federal, poderá a União, por intermédio da chamada competência residual, instituir impostos, mediante lei complementar, que sejam não cumulativos e não tenham fato gerador ou base de cálculo próprios dos discriminados na Constituição.* **(Magistratura Federal/3ª Região - 2010)**

4.3.4. Competência extraordinária da União

A União pode criar o imposto extraordinário em caso de guerra externa ou sua iminência - art. 154, II, da CF.

Essa competência é exercida por simples lei ordinária (não se exige lei complementar, como no caso da competência residual).

A CF não indica o fato gerador desse imposto extraordinário (apenas a hipótese que dá ensejo à sua criação – guerra externa ou sua iminência).

Assim, o legislador federal pode escolher qualquer fato gerador, inclusive algum já existente (pode haver bitributação ou *bis in idem*).

Gabarito de concurso público
A competência extraordinária é uma permissão expressa na Constituição Federal para a bitributação e para o **bis in idem. (Defensoria/MT – 2007)**

O imposto extraordinário deve ser suprimido, gradualmente, cessadas as causas de sua criação (o art. 76 do CTN prevê prazo de 5 anos para isso).

4.4. Características da competência

A doutrina costuma indicar algumas características da competência tributária (não confunda com a classificação antes estudada, que usa terminologia semelhante).

A competência é

a) privativa: somente o ente competente pode legislar acerca de seus tributos; não há, em regra, isenções heterônomas – art. 151, III, da CF;

b) indelegável: o ente político não pode delegar a outro a competência legislativa (pode delegar a sujeição ativa, que veremos mais adiante, mas não a competência tributária);

c) incaducável e irrenunciável: o decurso de tempo não afasta a competência, nem pode haver renúncia;

d) inalterável: a legislação não pode alterar os conceitos, institutos e formas utilizados pela CF para delimitar as competências – art. 110 do CTN;

e) facultativa: o ente político não é obrigado a instituir, efetivamente, todos os tributos de sua competência (embora possa haver sanções no âmbito do direito financeiro, por conta da responsabilidade fiscal).

Gabarito de concurso público
A competência tributária é indelegável, inalienável, imprescritível, irrenunciável e inalterável. **(Defensoria/PA – 2009 – FCC)**

4.5. Exercício da competência

Em regra, cada ente político exerce sua competência tributária por meio de **lei ordinária.**

Alguns tributos federais exigem lei complementar: empréstimo compulsório, imposto da competência residual, outras contribuições sociais (não previstas expressamente na CF) e imposto sobre grandes fortunas.

Medida provisória e lei delegada substituem lei ordinária, mas não lei complementar. Por exemplo, é possível alterar a alíquota do imposto de renda por medida provisória (substituindo a lei ordinária federal), mas não sua base de cálculo, pois esta última deve ser regulada por lei complementar federal (art. 146, III, *a*, da CF).

4.6. Conflito de competência

Há **bitributação** quando dois entes políticos pretendem tributar a mesma situação, o que não é permitido, em princípio. Por exemplo, se a União cobra ITR e o Município exige IPTU sobre o mesmo imóvel, há indevida bitributação.

Há *bis in idem* quando o mesmo ente político pretende tributar duas vezes a mesma situação, o que tampouco se admite. Por exemplo, o Município cobra ITBI no momento em que o cidadão registra a escritura de compra e venda e, posteriormente, quando leva ao registro imobiliário.

> CF, Art. 24. Compete à União, aos Estados e ao Distrito Federal legislar concorrentemente sobre:
>
> I – direito tributário, financeiro (...)

4.7. Competência concorrente

A competência para instituir, modificar e extinguir tributos (competência tributária em sentido estrito) é privativa, como visto anteriormente. 909

O art. 24 da CF refere-se às demais normas da tributação, especialmente aquelas gerais, ao inseri-las na competência concorrente da União, dos Estados e do Distrito Federal:

> Art. 24 da CF. § 1º – No âmbito da legislação concorrente, a competência da União limitar-se-á a estabelecer normas gerais.
>
> Art. 146 da CF. Cabe à lei complementar:
>
> I – dispor sobre conflitos de competência, em matéria tributária, entre a União, os Estados, o Distrito Federal e os Municípios;
>
> II – regular as limitações constitucionais ao poder de tributar;
>
> III – estabelecer normas gerais em matéria de legislação tributária, especialmente sobre:
>
> (...)

Perceba que a União não pode invadir a competência tributária (em sentido estrito) dos Estados, DF e Municípios, ou seja, não pode instituir, isentar, extinguir tributos estaduais e municipais. Detém, entretanto, competência para fixar normas gerais relativas à tributação, por meio de lei complementar (arts. 24, § 1º, e 146 da CF):

Normas gerais são aquelas que dão uniformidade ao sistema tributário nacional, regulando a tributação em todas as esferas da Federação. Por exemplo, as regras atinentes a decadência, prescrição, lançamento, fato gerador, espécies tributárias etc.

4.8. Competência suplementar

A União, portanto, produz as normas gerais em matéria tributária. Aos Estados e ao Distrito Federal cabe, nos termos do art. 24, § 2º, da CF, suplementar essa legislação, regulando a tributação conforme as peculiaridades locais, além de exercer efetivamente a competência tributária:

> Art. 24 da CF. (...) § 2º – A competência da União para legislar sobre normas gerais não exclui a competência suplementar dos Estados.

Gabarito de concurso público
Existindo norma geral da União, é facultado aos Estados legislar supletivamente em matéria tributária. **(Procurador do Estado/SP – FCC – 2009)**

É comum, entretanto, que a União não exerça plenamente sua competência para legislar nacionalmente, ou seja, para produzir normas gerais em matéria tributária.

Por exemplo, perceba que compete à União, por meio de lei complementar, determinar as bases de cálculo, os fatos geradores e os contribuintes em relação aos impostos previstos na Constituição (art. 146, III, *a*, da CF). Ocorre que jamais foram produzidas tais normas gerais em relação ao IPVA estadual.

Nesse caso de omissão do Congresso Nacional em determinar o fato gerador, a base de cálculo e os contribuintes do IPVA, será que os Estados e o Distrito Federal simplesmente ficam impossibilitados de instituir e cobrar seu imposto sobre a propriedade de veículos automotores?

A resposta é negativa. Na omissão da União, cada Estado e o Distrito Federal legislarão amplamente sobre o IPVA (= exercício da competência legislativa plena para atender a suas peculiaridades), inclusive adentrando o campo legislativo das leis complementares (definindo o fato gerador, a base de cálculo e os contribuintes do imposto), conforme o art. 24, § 3º, da CF:

> Art. 24 da CF. (...) § 3º – Inexistindo lei federal sobre normas gerais, os Estados exercerão a competência legislativa plena, para atender a suas peculiaridades.

Gabarito de concurso público
Inexistindo lei federal sobre normas gerais, os Estados exercerão sua competência legislativa plena, para atender a suas peculiaridades. **(Procurador do Estado/SP – FCC – 2009)**
A competência tributária abrange o poder de legislar plenamente, incluindo-se o estabelecimento de normas gerais em matéria tributária, desde que não existam normas gerais impostas pela União sobre a mesma matéria. **(Ministério Público/RR – 2008 – CESPE)**

Jurisprudência
IPVA. Estado de Minas Gerais. Legalidade da cobrança, independentemente de existência de pretérita lei complementar. Precedentes desta Corte. Agravo improvido. 1. A exação em tela se mostra perfeitamente legal, prescindindo da edição de lei complementar, bastando, para tanto, a lei estadual, ainda que editada anteriormente à vigência da Constituição Federal de 1988. (...)
RE 262.643 AgR/MG, STF, rel. Min. Dias Toffoli, j. 06.04.2010

Quando o Congresso Nacional eventualmente produzir a norma nacional do IPVA, as leis estaduais terão sua eficácia suspensa, na parte que lhe for contrária, conforme o art. 24, § 4º, da CF:

> Art. 24 da CF. (...) § 4º – A superveniência de lei federal sobre normas gerais suspende a eficácia da lei estadual, no que lhe for contrário.

Parece-nos que a omissão do Congresso em relação a normas gerais não prejudica tampouco os Municípios (caso de aspectos do ITBI, por exemplo):

> CF, Art. 30. Compete aos Municípios:
>
> II – suplementar a legislação federal e a estadual no que couber; (...)

4.9. Tabela resumo: a competência de cada ente

Veja a seguinte tabela com os tributos da competência da cada ente político, para estudo e memorização.

União	– II, IE, IR, IPI, IOF, ITR, imposto sobre grandes fortunas (art. 153 da CF) – imposto extraordinário, imposto da competência residual (art. 154 da CF) – empréstimo compulsório (art. 148 da CF) – contribuições especiais (sociais, CIDE, categorias profissionais ou econômicas – arts. 149 e 195 da CF)
Estados e DF	– ITCMD, ICMS e IPVA (art. 155 da CF)
Municípios e DF	– ITBI, IPTU, ISS (art. 156 da CF) – Contribuição para custeio dos serviços de iluminação pública (art. 149-A da CF)
Todos os entes	– taxas, contribuições de melhoria (art. 145, II e III, da CF) – contribuição dos servidores para custeio do regime previdenciário próprio (art. 149, § 1º, da CF)

4.10. Sujeição ativa

4.10.1. Definição e características

Sujeito ativo é o credor da obrigação tributária, quem ocupa o polo ativo da relação obrigacional tributária. Refere-se à capacidade tributária ativa, à aptidão para cobrar o crédito tributário.

Em regra, sujeito ativo é o próprio ente competente (União, Estado, DF ou Município), mas o legislador pode indicar outra pessoa (normalmente autarquia) para cobrar o tributo (= delegação da capacidade ativa).

Não há solidariedade ativa, ou seja, não há dois sujeitos ativos tributários em relação ao mesmo tributo.

4.10.2. Desmembramento

Se houver desmembramento de Estado ou de Município, o novo ente político criado sub-roga-se dos direitos do ente originário, aplicando sua legislação. Ou seja, o novo Estado ou Município irá cobrar os tributos relativos aos fatos geradores ocorridos em seu território, à luz da legislação do ente político originário, até que produza sua própria legislação:

> CTN, Art. 120. Salvo disposição de lei em contrário, a pessoa jurídica de direito público, que se constituir pelo desmembramento territorial de outra, sub-roga-se nos direitos desta, cuja legislação tributária aplicará até que entre em vigor a sua própria.

Gabarito de concurso público
Salvo disposição de lei em contrário, a pessoa jurídica de direito público que se constituir pelo desmembramento territorial de outra aplica a legislação tributária da pessoa jurídica de direito público da qual se desmembrou até que entre em vigor a própria legislação. **(Ministério Público/ES – 2010 – CESPE)**

4.11. Delegação

O ente competente pode delegar a sujeição ativa por meio de lei:

> CTN, Art. 7º A competência tributária é indelegável, salvo atribuição das funções de arrecadar ou fiscalizar tributos, ou de executar leis, serviços, atos ou decisões administrativas em matéria tributária, conferida por uma pessoa jurídica de direito público a outra, nos termos do § 3º do artigo 18 da Constituição.
>
> § 1º A atribuição compreende as garantias e os privilégios processuais que competem à pessoa jurídica de direito público que a conferir.
>
> § 2º A atribuição pode ser revogada, a qualquer tempo, por ato unilateral da pessoa jurídica de direito público que a tenha conferido.
>
> § 3º Não constitui delegação de competência o cometimento, a pessoas de direito privado, do encargo ou da função de arrecadar tributos.

Não confunda: a competência tributária (competência para legislar acerca do tributo) é indelegável, mas o legislador pode delegar a sujeição ativa, isto é, indicar outra pessoa (normalmente autarquia) para ocupar o polo ativo da obrigação tributária.

Por exemplo, os conselhos profissionais (como o CRM dos médicos) detêm a sujeição ativa para cobrar as contribuições de interesse das respectivas categorias profissionais.

O tributo é da competência da União, nos termos do art. 149 da CF. Ou seja, somente a União pode legislar a respeito. Mas a cobrança é feita por essa entidade fiscalizadora e representativa da categoria profissional (= delegação legal da sujeição ativa), por meio de execução fiscal, com todas as garantias e privilégios do crédito tributário (art. 7º, § 1º, do CTN).

A contratação de bancos para recebimento do tributo é simples cometimento (não delegação). Nesse caso, a efetiva cobrança é feita pelo sujeito ativo (ente público, autarquia), sendo a instituição financeira mera prestadora de serviço intermediário.

4.12. Parafiscalidade

Há *parafiscalidade* quando o sujeito ativo delegado fica com os recursos arrecadados para realizar suas atividades essenciais.

É o caso dos conselhos profissionais, já citados (CRF, CRC etc.), que cobram tributo federal (contribuição de interesse de categoria) e ficam com os valores (não os repassam à União).

Repetimos que a competência tributária em relação a essas contribuições é da União, nos termos do art. 149 da CF, ou seja, somente ela pode legislar acerca desses tributos (a competência é indelegável). Mas quem ocupa o polo ativo da obrigação (quem exige o tributo) é o Conselho profissional, que fica com o valor arrecadado.

Interessante anotar que a OAB é considerada serviço público independente e não autarquia especial (como CRM, CREA etc.) – ADI 3.026/DF-STF. Seus créditos (da OAB) têm natureza cível, não tributária – REsp 1.066.288/PR-STJ.

4.13. O caso do ITR

Os Municípios podem optar por fiscalizar e cobrar o ITR federal, ficando com 100% da arrecadação – arts. 153, § 4º, III, e 158, II, *in fine*, da CF.

É um caso excepcional em que a própria Constituição prevê uma espécie de parafiscalidade entre entes políticos (o Município cobra tributo federal e fica com o valor arrecadado).

Não há delegação da competência tributária (somente a União pode legislar)

A opção do Município não pode implicar redução do imposto ou qualquer outra forma de renúncia fiscal.

Gabarito de concurso público
A competência para instituição do ITR é da União, mas a capacidade **[sic – significa capacidade ativa, sujeição ativa]** *poderá ser transferida aos Municípios que optarem pela arrecadação e fiscalização deste tributo, nos termos da lei.* **(Defensoria/PA – 2009 – FCC)**

5. Imunidades

5.1. Definição

Vimos que a Constituição fixa as competências tributárias dos entes políticos de modo positivo, ou seja, indica quais tributos poderão ser exigidos pela União, pelos Estados, pelo DF e pelos Municípios.

Ademais, a Constituição também delimita negativamente a competência tributária, afastando a possibilidade de os entes políticos instituírem e exigirem tributos em relação a determinadas pessoas ou situações.

Essa delimitação negativa da competência é o que se denomina *imunidade.*

5.2. Disposições constitucionais

Sempre que a CF afastar a competência, há imunidade, independentemente do termo utilizado (*isenção* – arts. 184, § 5º, e 195, § 7º – ou *não incidência* – art. 156, § 2º, I).

Gabarito de concurso público
O art. 155, § 2º, inciso X, letra "d", da CF, enuncia que o ICMS "não incidirá" sobre prestação de serviços de comunicação nas modalidades de radiodifusão e transmissão de imagens. O dispositivo consagra imunidade tributária. **(Magistratura/PE – 2011 – FCC)**

São *limitações constitucionais do poder de tributar.*

Há autores que defendem que as imunidades referem-se apenas a impostos, mas há casos de imunidades em relação a contribuições sociais (arts. 149, § 2º, I, e 195, § 7º) e a taxas (art. 5º, XXXIV, LXXIV, LXXVI e LXXVII).

5.3. Distinção entre imunidade e isenção

A imunidade é norma constitucional – a isenção é norma legal produzida pelo ente competente.

A imunidade afasta a competência tributária – a isenção pressupõe a competência.

Quando há imunidade, não existe norma de incidência – quando há isenção, segundo o CTN, ocorre o fato gerador e surge a obrigação, mas o pagamento do crédito é dispensado.

5.4. Distinção entre imunidade e não incidência

Não incidência refere-se genericamente a situações fora do alcance da norma de incidência.

No caso de não incidência, não se cogita da cobrança do tributo.

Por exemplo, a propriedade de cavalo é caso de não incidência (ninguém defende que o IPVA poderia incidir nesse caso).

A imunidade é norma constitucional expressa que afasta a competência. Por exemplo, não se pode cobrar IPVA sobre veículo da União, pois a competência é afastada expressamente nessa hipótese (= imunidade recíproca, que veremos mais adiante).

5.5 Distinção entre imunidade e isenção heterônoma

Em princípio, somente quem tem competência tributária pode criar isenção.

Excepcionalmente, a CF prevê que o Congresso Nacional excluirá da incidência do ISS as exportações de serviços (= isenção heterônoma).

É caso único em que a União (pelo Congresso Nacional) afasta a tributação municipal.

5.6. Regras aplicáveis às imunidades recíproca, dos templos, dos partidos, entidades sindicais de trabalhadores e das entidades educacionais e assistenciais

Mais adiante estudaremos cada uma das imunidades previstas no art. 150, VI, da CF. Antes disso, é interessante fixarmos algumas regras aplicáveis à imunidade recíproca, dos templos, dos partidos políticos e das entidades educacionais e de assistência social sem fins lucrativos (art. 150, VI, *a* a *c*, da CF).

Essas imunidades referem-se apenas a **impostos**, e **não** a taxas, contribuição de melhoria, contribuições especiais e empréstimos compulsórios. Ou seja, o partido político, por exemplo, não se exime de recolher taxa pela coleta de lixo, contribuição social em relação aos rendimentos pagos a trabalhadores etc.

Essas imunidades abrangem qualquer imposto que implique redução do patrimônio, prejudique a renda ou onere os serviços da entidade imune.

Assim, essas imunidades referem-se a impostos sobre patrimônio (ITR, IPVA, IPTU), renda (IR) e serviços (ISS, ICMS), mas também sobre transmissão de bens (ITCMD e ITBI), operações financeiras (IOF) e importações em que o ente imune é o contribuinte de direito (II, IPI e ICMS).

O imóvel alugado para terceiro também é imune em relação ao IPTU, desde que a renda seja aplicada nas atividades essenciais da entidade protegida (Súmula 724 do STF, aplicável aos templos, partidos, entidades sindicais, educacionais e assistenciais).

Gabarito de concurso público
Os frutos da atividade de locação de espaço para estacionamento dos fiéis pela entidade religiosa estão abrangidos pela imunidade tributária, desde que esses valores sejam revertidos para as atividades essenciais da entidade. **(Magistratura/RO – 2011 – PUCPR)**

A imunidade não afasta as obrigações relativas à responsabilidade tributária, nem o dever de cumprimento das obrigações acessórias – art. 9º, § 1º, do CTN:

Jurisprudência
A responsabilidade ou a substituição tributária não alteram as premissas centrais da tributação, cuja regra-matriz continua a incidir sobre a operação realizada pelo contribuinte. Portanto, a imunidade tributária não afeta, tão somente por si, a relação de responsabilidade tributária ou de substituição e não exonera o responsável tributário ou o substituto. **RE 202987/SP, STF, Rel. Min. Joaquim Barbosa, j. 30.06.2009.**

Como exemplo, determinada instituição educacional sem fins lucrativos, apesar de imune em relação aos impostos, não pode deixar de escriturar os livros fiscais ou prestar as informações ao fisco conforme a legislação aplicável, nem pode abster-se de reter o imposto de renda na fonte, na condição de responsável tributário, em relação aos salários pagos a seus empregados.

A imunidade afasta a tributação na exploração de atividade econômica, sendo importante salientar que há precedentes do STF reconhecendo a imunidade em caso de produção e venda de mercadoria por entidade imune.

Gabarito de concurso público
A imunidade tributária não exclui o pagamento do IPI e ICMS da pessoa política que explora atividade econômica privada. **(Magistratura/SP – 2008)**

Finalmente, a imunidade não beneficia o contribuinte de direito que vende produto, bem ou serviço a ente imune (Súmula 591 do STF).

Veja o seguinte exemplo: imagine que um ente imune (templo, partido etc.) adquira um automóvel. Haverá, nesse caso, incidência do ICMS sobre a venda, pois o contribuinte ("de direito"), conforme a legislação, é o estabelecimento vendedor, que não é beneficiado pela imunidade (ou seja, o vendedor, que não é imune, recolherá o tributo estadual):

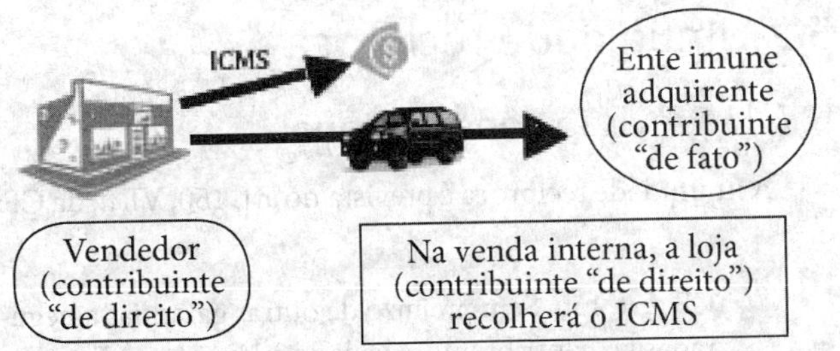

Gabarito de concurso público
Em virtude [sic – apesar] da imunidade recíproca a que se refere o artigo 150, VI, "a", da Constituição Federal, se um Estado compra de uma empresa privada um produto industrializado, nessa venda, há incidência do IPI e também da COFINS. **(Magistratura Federal – 3ª Região – XIII)**

Jurisprudência
I – A imunidade do art. 150, VI, a, da Constituição somente se aplica ao imposto incidente diretamente sobre serviço, patrimônio ou renda do próprio ente beneficiado, ou seja, na qualidade de contribuinte de direito. II – O Município é contribuinte de fato do ICMS relativo aos bens e serviços, portanto, não faz jus a imunidade em questão. **AI 805.295 AgR/MG, STF, Rel. Min. Ricardo Lewandowski, j. 02.12.2010.**

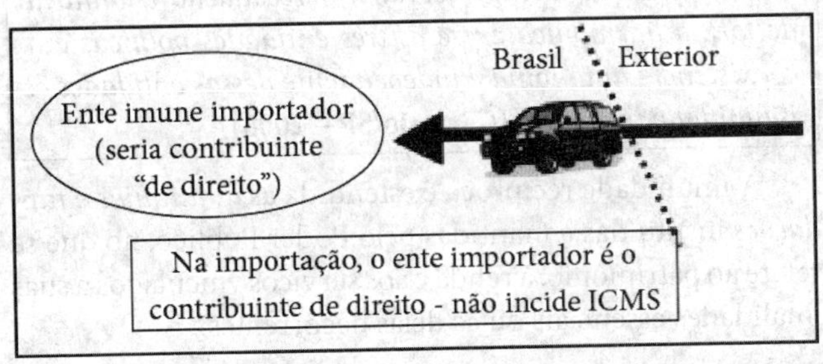

Por outro lado, caso este mesmo ente imune importe o veículo, não haverá incidência do ICMS. Isso porque, na importação, contribuinte do imposto estadual é o importador (é ele o contribuinte "de direito"). Veja que, se houvesse a cobrança, o ente imune ocuparia a condição de contribuinte do imposto, o que atingiria diretamente o seu patrimônio e é inconstitucional:

Jurisprudência
Na tributação das operações de importação, o contribuinte por excelência do tributo é o importador (que tende a ser o adquirente da mercadoria) e não o vendedor. Há confusão entre as figuras do contribuinte de direito e do contribuinte de fato. 2. Assim, não faz sentido argumentar que a imunidade tributária não se aplica à entidade beneficente de assistência social nas operações de importação, em razão de a regra constitucional não se prestar à proteção de terceiros que arquem com o ônus da tributação. **AI 476.664 AgR/RS, STF, Rel. Min. Joaquim Barbosa, j. 06.04.2010.**

5.7. Imunidade recíproca

5.7.1. Previsão constitucional

A imunidade recíproca é prevista no art. 150, VI, *a*, da CF:

> CF, Art. 150. Sem prejuízo de outras garantias asseguradas ao contribuinte, é vedado à União, aos Estados, ao Distrito Federal e aos Municípios:
>
> (...)
>
> VI – instituir impostos sobre:
>
> a) patrimônio, renda ou serviços, uns dos outros;
>
> (...)

5.7.2. Imunidade recíproca – entes imunes

A imunidade recíproca refere-se à União, aos Estados, ao DF e aos Municípios, decorrendo do princípio federativo. Eles não podem cobrar impostos uns dos outros, o que agrediria as respectivas autonomias financeiras.

Gabarito de concurso público
A imunidade tributária recíproca sob o prisma teleológico, assegura, confirma e preserva o regime constitucional federativo. **(Magistratura/SP – 2009 – VUNESP)**
O princípio que visa preservar a arrecadação tributária de forma harmônica entre as três entidades políticas e a coexistência autônoma e independente dessas entidades é: imunidade recíproca. **(Cartório/SP – 2008)**

A imunidade recíproca é estendida às *autarquias* e *fundações* instituídas e mantidas pelo Poder Público, no que se refere ao patrimônio, à renda e aos serviços vinculados a suas finalidades essenciais ou às delas decorrentes.

5.7.3. Imunidade recíproca – entidades de direito privado

Em princípio, a imunidade recíproca não abrange entidades de direito privado da administração indireta: empresas públicas e sociedades de economia mista.

Excepcionalmente, o STF entende que a Empresa de Correios e Telégrafos (ECT) e a Empresa Brasileira de Infraestrutura Aeroportuária (Infraero) são imunes em relação aos serviços de prestação obrigatória e exclusiva pelo Estado.

5.7.4. Imunidade recíproca – exploração de atividade econômica

> CF, Art. 150. (...)
>
> (...)
>
> § 3º – As vedações do inciso VI, "a", e do parágrafo anterior [imunidade recíproca] não se aplicam ao patrimônio, à renda e aos serviços, relacionados com exploração de atividades econômicas regidas pelas normas aplicáveis a empreendimentos privados, ou em que haja contraprestação ou pagamento de preços ou tarifas pelo usuário (...)

A imunidade não beneficia entidades que explorem atividade econômica (generalidade das empresas públicas e de economia mista).

O STF, entretanto, reconheceu o benefício em caso de entidade imune (de assistência social) que produz e vende mercadoria.

A imunidade recíproca não abrange concessionárias de serviço público, que cobram tarifa dos usuários (art. 13 do CTN), nem registros públicos, cartorários e notariais delegados.

Gabarito de concurso público
O Supremo Tribunal Federal inclinou-se pela orientação de que os serviços de registros públicos, notariais e cartorários embora públicos, não são imunes ao ISSQN. **(Magistratura/SP – 2009 – VUNESP)**

Não exonera o promitente comprador da obrigação de pagar imposto relativamente ao bem imóvel (ITBI e IPTU, Súmulas 75 e 583 do STF) – art. 150, § 3º, *in fine*, da CF.

5.8. Imunidade dos templos de qualquer culto

5.8.1. Previsão constitucional

A imunidade dos templos é prevista no art. 150, VI, *b*, da CF:

> CF, Art. 150. Sem prejuízo de outras garantias asseguradas ao contribuinte, é vedado à União, aos Estados, ao Distrito Federal e aos Municípios:
>
> (...)
>
> VI – instituir impostos sobre:
>
> (...)
>
> b) templos de qualquer culto;
>
> (...)

5.8.2. Imunidade dos templos – abrangência

Essa imunidade procura proteger e garantir a liberdade de culto, sem margem para juízo valorativo pelo Fisco, ou seja, qualquer igreja é beneficiada.

Abrange toda a atividade e o espaço necessário para o culto, incluindo anexos, casa do religioso, estacionamento para os fiéis, banheiros, retiros, desde que "relacionados com as finalidades essenciais" (art. 150, § 4º, da CF).

Como já dito, o imóvel alugado para terceiro também é imune em relação ao IPTU, desde que a renda seja aplicada nas atividades essenciais do templo (Súmula 724 do STF).

Abrange a venda de bens relacionados ao culto (velas, incensos), mas não a exploração de atividade econômica efetiva (caso a igreja abra um supermercado, haverá incidência do ICMS).

Jurisprudência
Os cemitérios que consubstanciam extensões de entidades de cunho religioso estão abrangidos pela garantia contemplada no artigo 150 da Constituição do Brasil. Impossibilidade da incidência de IPTU em relação a eles. A imunidade aos tributos de que gozam os templos de qualquer culto é projetada a partir da interpretação da totalidade que o texto da Constituição é, sobretudo do disposto nos artigos 5º, VI, 19, I e 150, VI, b. **RE 578.562/BA, STF, Rel. Eros Grau, j. 21.05.2008**

5.9. Imunidade dos partidos, entidades sindicais, educacionais e de assistência social

5.9.1. Previsão constitucional

Essa imunidade é prevista no art. 150, VI, *c*, da CF:

CF, Art. 150. Sem prejuízo de outras garantias asseguradas ao contribuinte, é vedado à União, aos Estados, ao Distrito Federal e aos Municípios:

(...)

VI – instituir impostos sobre:

(...)

c) patrimônio, renda ou serviços dos partidos políticos, inclusive suas fundações, das entidades sindicais dos trabalhadores, das instituições de educação e de assistência social, sem fins lucrativos, atendidos os requisitos da lei;

5.9.2. Imunidade dos partidos e entidades sindicais, educacionais e de assistência social – abrangência

Essa imunidade prestigia entidades essenciais para a democracia representativa, para a defesa dos direitos dos trabalhadores e as que colaboram com o Estado em áreas sensíveis (educação e assistência social).

Refere-se apenas a entidades sindicais de **trabalhadores, não a entidades patronais (estas não são imunes).**

Gabarito de concurso público
O Sindicato Patronal das Indústrias do Setor de Plásticos e Derivados, alegando como argumento o fato de constituir- se como sindicato, requereu imunidade constitucional tributária abrangendo a totalidade de seu patrimônio, renda e serviços. Com relação ao pleito e fundamentação apresentada, não se aplica a imunidade por se tratar de sindicato patronal. **(Procurador do Estado/RO – 2011 – FCC)**

Somente são beneficiadas as entidades educacionais e de assistência social sem fins lucrativos, na forma da lei (essa lei regulamentadora, veremos, é o CTN, por seu art. 14).

O STF reconheceu a imunidade em caso de entidade de assistência social que produz e vende mercadoria.

Abrange todo o patrimônio necessário para as atividades essenciais, incluindo prédios administrativos e estacionamento para estudantes (precedentes do STF).

O imóvel alugado para terceiro também é imune ao IPTU, desde que a renda seja aplicada nas atividades essenciais da entidade (Súmula 724 do STF).

Como as outras imunidades do art. 150, VI, da CF, esta também se refere apenas a impostos. Há, entretanto, imunidade em relação a contribuições sociais, prevista no art. 195, § 7º, da CF (embora o constituinte tenha utilizado o termo *isenção*).

5.9.3. Entidades educacionais e de assistência social – requisitos (art. 14 do CTN)

Para que a entidade educacional ou de assistência social seja beneficiada pela imunidade, é preciso que atenda aos requisitos do art. 14 do CTN:

a) não pode distribuir qualquer parcela de seu patrimônio ou de suas rendas, a qualquer título;

b) deve aplicar integralmente, no País, os seus recursos na manutenção dos seus objetivos institucionais;

c) deve manter escrituração de suas receitas e despesas em livros revestidos de formalidades capazes de assegurar sua exatidão;

d) deve reter tributos na fonte e cumprir os demais deveres instrumentais.

A imunidade é dada pela CF, cabendo ao Fisco apenas reconhecê-la, desde que preenchidos os requisitos.

O fato de a entidade não ter fins lucrativos não impede a cobrança de mensalidade, o superávit de suas contas (ela não precisa ter prejuízos) ou o pagamento de salários.

Entretanto, os salários e os benefícios pagos devem ser compatíveis com o mercado para não representarem distribuição disfarçada de lucro ou dilapidação do patrimônio.

5.10. Imunidade dos livros, jornais e periódicos

5.10.1. Previsão constitucional

A imunidade dos livros, jornais e periódicos é prevista no art. 150, VI, *d*, da CF:

> CF, Art. 150. Sem prejuízo de outras garantias asseguradas ao contribuinte, é vedado à União, aos Estados, ao Distrito Federal e aos Municípios:
>
> (...)
>
> VI – instituir impostos sobre:
>
> (...)
>
> d) livros, jornais, periódicos e o papel destinado a sua impressão.
>
> (...)

5.10.2. Imunidade de livros, jornais e periódicos – impostos

A imunidade é **objetiva** e restrita aos **impostos** incidentes sobre os livros, jornais, periódicos e o papel para impressão.

Abrange, portanto, Imposto de Importação, IPI e ICMS relativos à compra do papel, produção e comercialização desses **bens.**

Não há imunidade em relação aos tributos que incidem direta ou indiretamente sobre a **atividade** ou **outros bens** (ISS, IR, IOF, IPTU etc.).

Assim, a gráfica não paga II ou IPI, quando importa o papel, nem ICMS quando vende o livro, o jornal ou o periódico. Mas paga ISS sobre serviços prestados, IR sobre o lucro auferido, IOF sobre suas operações financeiras, IPTU em relação ao imóvel de sua propriedade etc..

5.10.3. Imunidade de livros e periódicos – abrangência

Pretende-se prestigiar o acesso à informação, à educação e à cultura.

Assim, a imunidade abrange toda publicação, independentemente do conteúdo (mesmo fescenino, de baixo nível). Não há margem para juízo valorativo do Fisco.

A imunidade inclui listas telefônicas, livros-brinquedo (*pop up*, com música infantil, bonecos afixados etc.).

Em princípio, abrange o conteúdo do livro eletrônico, mas não o próprio equipamento (ainda não há jurisprudência pacificada a respeito).

O STF vem entendendo que a imunidade abrange, além do próprio livro, jornal ou periódico, apenas o papel utilizado na impressão, filmes e papéis fotográficos (Súmula 657 do STF).

A Suprema Corte não reconhece a imunidade em relação às tintas e aos equipamentos para impressão.

Jurisprudência
A imunidade tributária prevista no art. 150, VI, da Constituição não alcança os serviços de composição gráfica ou de impressão onerosos, oferecidos a terceiros interessados. Segundo o quadro fático-jurídico definido nos autos, o material produzido pela agravante é inassimilável aos conceitos constitucionais-tributários de jornal, livro e periódico, porquanto mais se aproximam de material promocional ou de propaganda.   AI 723.018 AgR/MG, STF, Rel. Min. Joaquim Barbosa, j. 06/03/2012   *A jurisprudência do Supremo Tribunal Federal, que me parece juridicamente correta, é firme no sentido de que a distribuição de periódicos, revistas, publicações, jornais e livros não está abrangida pela imunidade tributária da alínea "d" do inciso VI do art. 150 do Magno Texto.*   RE 630.462 AgR/PR, STF, Rel. Min. Ayres Britto, j. 07.02.2012

5.11. Imunidade dosfonogramas e videofonogramas, suportes materiais e arquivos digitais

Recentemente, o Constituinte derivado incluiu nova imunidade no texto constitucional, em favor dos músicos brasileiros:

> CF, Art. 150. Sem prejuízo de outras garantias asseguradas ao contribuinte, é vedado à União, aos Estados, ao Distrito Federal e aos Municípios:
>
> (...)
>
> VI – instituir impostos sobre:
>
> (...)
>
> e) fonogramas e videofonogramas musicais produzidos no Brasil contendo obras musicais ou literomusicais de autores brasileiros e/ou obras em geral interpretadas por artistas brasileiros bem como os suportes materiais ou arquivos digitais que os contenham, salvo na etapa de replicação industrial de mídias ópticas de leitura a laser.
>
> (...)

O intuito é fomentar e proteger relevante aspecto cultural brasileiro, afastando a incidência de impostos sobre a produção musical de artistas nacionais, especificamente sobre as gravações, sejam elas veiculada por CD, DVD ou simples arquivo digital.

Ressalvou-se a tributação sobre a produção industrial das mídias ópticas (CD e DVD).

5.12. Outras imunidades

Além das imunidades previstas no art. 150, VI, a Constituição Federal prevê também outras:

a) Contribuição social e CIDE sobre receitas decorrentes de exportação – art. 149, § 2º, I, da CF;

b) Contribuição social de entidades beneficentes de assistência social – art. 195, § 7º, da CF;

c) Contribuição social sobre aposentadoria e pensão concedida pelo regime geral de previdência social (RGPS-INSS) – art. 195, II, *in fine*, da CF;

d) IPI e ICMS sobre exportação – arts. 153, § 3º, III, e 155, § 2º, X, *a*, da CF;

e) ITR sobre pequenas glebas – art. 153, § 4º, II, da CF;

f) ITBI sobre alterações societárias – art. 156, § 2º, I, da CF.

Gabarito de concurso público
Considere-se que Joaquina tenha 80 anos de idade e seja aposentada pelo RGPS. Nessa situação, não há incidência de contribuição previdenciária sobre a aposentadoria percebida por Joaquina, em razão de imunidade tributária específica. **(Procuradoria Federal – 2007 – CESPE)**

6. Princípios

6.1. Definição e aspectos gerais

Princípios são proposições normativas de alta carga valorativa, que orientam a produção e a interpretação das demais normas.

Há diversos princípios tributários incluídos entre as *limitações constitucionais ao poder de tributar.* Outros princípios tributários são implícitos.

Muitos deles refletem princípios gerais do Direito brasileiro (ex.: legalidade) e outros indicam regras bastante objetivas (ex.: anterioridade).

Gabarito de concurso público
Os princípios constitucionais tributários são expressão da soberania estatal e traduzem-se em limitações ao poder de tributar, o que não impede que o Estado exija dos indivíduos, por atividade vinculada, parcela do seu patrimônio. **(MAGISTRATURA/PB – 2011 – CESPE)**

6.2. Princípio da legalidade

6.2.1. Disposição constitucional

O princípio da legalidade tributária é expressamente previsto no art. 150, I, da CF.

> CF, Art. 150. Sem prejuízo de outras garantias asseguradas ao contribuinte, é vedado à União, aos Estados, ao Distrito Federal e aos Municípios:
>
> I – exigir ou aumentar tributo sem lei que o estabeleça;
>
> (...)

Trata-se de aspecto do princípio da legalidade que abrange todo o sistema jurídico brasileiro, previsto no art. 5º, II, da CF.

Não há tributação sem previsão legal.

Gabarito de concurso público
O Princípio da Legalidade Tributária não significa um direito do Fisco, visto que traduz uma limitação em sua ação, conforme dispõe o artigo 150 da Constituição Federal. **(Ministério Público/MG – 2008)**

O dispositivo constitucional tem um viés em favor dos contribuintes, inserido na ideia de limitação constitucional do poder de tributar.

Entretanto, é importante ressaltar que a legalidade refere-se não apenas à instituição e à majoração de tributos, mas também à redução ou extinção (veja o art. 150, § 6º, da CF). De fato, o poder público não pode abrir mão de receitas públicas sem previsão legal.

6.2.2. Princípio da legalidade – abrangência

Os elementos essenciais da tributação devem ser estabelecidos por lei (art. 97 do CTN):

a) instituição, majoração, redução, dispensa e extinção de tributos e de penalidades;

b) fato gerador da obrigação principal;

c) alíquotas e base de cálculo;

d) cominação de penalidades, sua dispensa ou redução;

e) hipóteses de suspensão, extinção e exclusão do crédito tributário.

Não se exige lei, em sentido estrito, em relação a elementos instrumentais da tributação e, excepcionalmente, para alteração de determinadas alíquotas. Eis matérias que podem ser veiculadas por normas infralegais:

a) alteração de alíquotas de II, IE, IPI, IOF e CIDE sobre combustíveis, atendidas as condições e os limites estabelecidos pela lei

b) correção monetária da base de cálculo, dentro do índice oficial de inflação (Súmula 160 do STJ);

c) vencimento do tributo;

d) modelos de guias e livros fiscais;

e) definição dos locais de pagamento.

Jurisprudência
O Plenário desta Corte, ao julgar os RREE 154.273 e 172.394, não acolheu a alegação de ofensa ao princípio constitucional da legalidade. – Por outro lado, ainda no julgamento do citado RREE, ficou decidido que, no caso, "não se compreendendo no campo reservado à lei, pelo Texto Constitucional, a definição do vencimento e do modo pelo qual se procederá à atualização monetária das obrigações tributárias, também não se pode ter por configurada delegação de poderes no cometimento desse encargo, pelo legislador ordinário, ao Poder regulamentar". **RE 154.248/SP, STF rel. Min. Moreira Alves, j. 26.03.2002**

6.2.3. Princípio da legalidade – nomenclatura

A doutrina muitas vezes utiliza diversas expressões para se referir a aspectos do princípio da legalidade, em geral:

Reserva legal: a tributação depende sempre de lei;

Reserva absoluta de lei: a incidência e as condutas da administração devem ser previstas em lei;

Reserva de lei formal: a tributação depende de lei em sentido estrito, em regra aquela produzida pelo Legislativo e enviada à sanção do Executivo, embora se admitam MP e normas infralegais relativas a determinadas alíquotas de impostos;

Tipicidade fechada: os elementos da incidência devem estar exaustivamente previstos em lei.

6.2.4. Princípio da legalidade – alíquotas

As alíquotas devem ser, em regra, fixadas ou alteradas por lei.

Há, entretanto, hipóteses excepcionais de determinados tributos federais que podem ter suas alíquotas alteradas por normas infralegais (decretos, portarias etc.), desde que atendidas as condições e os limites estabelecidos em lei:

a) imposto de importação;

b) imposto de exportação;

c) IPI;

d) IOF;

e) redução e restabelecimento da alíquota da CIDE sobre combustíveis (art. 177, § 4º, I, *b*, da CF).

São tributos de carga fortemente *extrafiscal*, que visam à intervenção no mercado, e não, prioritariamente, a arrecadação (não têm caráter estritamente *fiscal*, arrecadatório).

Por essa razão, o legislador entendeu por bem autorizar a modificação das alíquotas por norma infralegal (decreto, portaria etc. – a competência não é privativa do Presidente da República), garantindo maior agilidade no uso desse importante instrumento.

Jurisprudência
É compatível com a Carta Magna a norma infraconstitucional que atribui a órgão integrante do Poder Executivo da União a faculdade de estabelecer as alíquotas do Imposto de Exportação. Competência que não é privativa do Presidente da República. **RE 570.680/RS, STF, rel. Min. Ricardo Lewandowski, Pleno, j. 28.10.2009, Reperc. Geral**

Gabarito de concurso público
A competência para a fixação das alíquotas do imposto de exportação de produtos nacionais ou nacionalizados não é exclusiva do presidente da República. **(Defensoria Pública da União – 2010 – CESPE)**

6.2.5. Princípio da legalidade – Obrigações acessórias

O CTN, ao tratar da obrigação principal (tributo e penalidade pecuniária) refere-se sempre à *lei* (arts. 97, III, e 114). Ao dispor sobre a obrigação acessória (deveres instrumentais, como emissão de documentos fiscais, escrituração, declarações etc.) refere-se à *legislação* (que inclui normas infralegais – arts. 96, 113, § 2º, e 115).

Por essa razão, discute-se se a obrigação acessória exige lei ou se pode ser instituída por norma infralegal (decretos, portarias etc.).

No julgamento da ACO 1.098 AgR-TA/MG-STF, o Min. Marco Aurélio posicionou-se pela necessidade de lei, mesmo no caso da obrigação acessória, o que fez constar na ementa a seguir transcrita. É importante notar, entretanto, que o Min. Ricardo Lewandowski, por exemplo, ao acompanhar o Min. Marco Aurélio, entendeu que a instrução normativa em análise poderia ter infringido os limites da lei complementar (fundamento diverso):

Jurisprudência
Ante o disposto no artigo 113, § 2º, do Código Tributário Nacional, a exigir lei em sentido formal e material para ter-se o surgimento de obrigação tributária, ainda que acessória, mostra-se relevante pedido de tutela antecipada veiculado por Estado, visando a afastar sanções, considerado o que previsto em instrução da Receita Federal. **ACO 1.098 AgR-TA/MG, STF, rel. p/ acórdão Min. Marco Aurélio, Tribunal Pleno, j. 08.10.2009**

O STJ tem precedente no sentido de desnecessidade de lei para fixação da obrigação acessória:

Jurisprudência
A legalidade exigida para a imposição da obrigação tributária instrumental não é estrita, ou seja, pode advir de ato normativo que não a lei em sentido formal. Todos aqueles veículos normativos previstos no art. 96 do CTN, tais como decretos e regulamentos, entre outros contidos no art. 100, são aptos a formar vínculo jurídico tributário acessório. No caso, a exigência da obrigação acessória de que ora se cuida – anotação nas notas fiscais do número do lote dos medicamentos – não viola o princípio da legalidade, já que encontra previsão expressa no Decreto n.º 43.128/2002, amparado pelo acordo do CONFAZ entabulado por meio do AJUSTE SINIEF n.07/2002. **RMS 20.587/MG, STJ, rel. Ministro Castro Meira, j. 09.11.2010**

Em outros casos, o Superior Tribunal de Justiça aceita obrigações acessórias previstas de maneira ampla em lei e detalhadas em norma infralegal:

Jurisprudência
1. São legais as disposições contidas na Instrução Normativa SRF 304/2003, exigindo Declaração de Informações sobre Atividades Imobiliárias – DIMOB. Precedente do STJ. *2. Descabe falar em ausência de previsão legal no tocante à multa por descumprimento da obrigação acessória, uma vez que fundada no art. 57 da Medida Provisória 2.158/2001.* **REsp 838.143/PR, STJ, rel. Ministra Eliana Calmon, j. 15.10.2009** **Obs.: o art. 57 da MP 2.158/2001 remete ao art. 16 da Lei 9.779/1999 que, por sua vez, determina genericamente que "compete à Secretaria da Receita Federal dispor sobre as obrigações acessórias relativas aos impostos e contribuições por ela administrados, estabelecendo, inclusive, forma, prazo e condições para o seu cumprimento e o respectivo responsável".**

Enfim, importante conhecer todos esses posicionamentos, mas é difícil falar hoje em entendimento jurisprudencial pacífico a respeito da matéria.

Parece-nos possível, entretanto, afirmar que há necessidade de lei, mas que pode ser genérica, sendo a obrigação acessória detalhada por norma infralegal (a prevalecer o posicionamento do STJ no REsp 838.143/PR, que nos parece adequado).

6.2.6. Princípio da legalidade – Benefícios fiscais

No caso de benefícios fiscais, exige-se não apenas lei, mas também que ela seja específica, regulando apenas o benefício ou o próprio tributo:

Assim, não é possível incluir uma isenção de imposto de renda, por exemplo, em uma lei que cuide de servidores públicos ou de rodovias federais. A lei deve tratar apenas do benefício fiscal ou somente do imposto de renda.

Gabarito de concurso público
Diz respeito a taxas a regra de que qualquer subsídio ou isenção, redução de base de cálculo, concessão de crédito presumido, anistia ou remissão só poderá ser concedido por lei específica que regule exclusivamente essas matérias ou a correspondente exação. **(Magistratura/DF – 2007)**

6.3. Princípio da isonomia

6.3.1. Disposição constitucional

> CF, Art. 150. Sem prejuízo de outras garantias asseguradas ao contribuinte, é vedado à União, aos Estados, ao Distrito Federal e aos Municípios:
>
> (...)
>
> II – instituir tratamento desigual entre contribuintes que se encontrem em situação equivalente, proibida qualquer distinção em razão de ocupação profissional ou função por eles exercida, independentemente da denominação jurídica dos rendimentos, títulos ou direitos; (...)

O princípio tributário da isonomia é previsto no art. 150, II, da CF:

Perceba que o constituinte deixou claro que não importa a denominação dos rendimentos ou da ocupação profissional: a tributação deve ser a mesma para todos. Isso evita discussões quanto ao IR incidente sobre soldos de militares ou sobre o salário de juízes, por exemplo (não são exceções à regra impositiva).

6.3.2. Princípio da isonomia – critério

Isonomia é tratar igualmente os contribuintes na mesma situação e desigualmente aqueles em situações distintas, conforme a desigualdade.

O critério de comparação é a capacidade contributiva ou capacidade econômica, que pode ser avaliada objetivamente, em relação a cada tributo.

Gabarito de concurso público
Sobre o princípio da capacidade contributiva, é correto afirmar que é o principal critério de aplicação da igualdade tributária no âmbito dos impostos com finalidade fiscal. **(Procurador do Estado/RS – FUNDATEC – 2010)**

A capacidade contributiva é princípio norteador do direito tributário, ínsito à ideia de justiça, pela qual os que possuem mais contribuem com mais para o funcionamento do Estado.

Toda a tributação, desde a definição das competências tributárias pela Constituição até a efetiva instituição dos tributos pelos entes políticos, além da própria exigência fiscal, deve ser orientada por esse princípio.

Isso significa que todo aquele que apresente a mesma capacidade contributiva deve, em regra, pagar tributo equivalente, daí porque se relaciona mais diretamente com a função fiscal dos tributos (função arrecadatória).

Também é comum referir-se à capacidade contributiva em relação aos impostos (art. 145, § 1º, da CF), até porque nesses casos (dos impostos, tributos não vinculados – art. 16 do CTN) não há contraprestação ou valorização de bem (caso das taxas e contribuições de melhoria, respectivamente) que balizem o valor a ser cobrado do contribuinte (muito embora, repetimos, a capacidade tributária e a isonomia sejam aplicáveis a toda a tributação).

6.3.3. Princípio da isonomia – Instrumentos

Diversos instrumentos viabilizam a isonomia, permitindo que as pessoas paguem tributos conforme sua capacidade econômica:

a) progressividade de alíquotas do IR, ITR, IPTU e ITCMD (este último com reconhecimento recente pelo STF);

b) isenções e outros benefícios em favor de contribuintes de menor capacidade econômica;

c) seletividade de alíquotas do IPI e do ICMS;

d) diferenciação de alíquotas do IPVA e do IPTU;

e) tratamento diferenciado e favorecido para cooperativas e micro e pequenas empresas.

Perceba, portanto, que uma isenção (que afasta a cobrança de tributo em relação a determinada pessoa ou situação), por exemplo, atende a isonomia, desde que exonere quem tenha menor capacidade contributiva.

6.3.4. Princípio da isonomia – Entes federados

É vedado à União tributar a renda das obrigações da dívida pública dos Estados, do Distrito Federal e dos Municípios, bem como a remuneração e os proventos dos respectivos agentes públicos, em níveis superiores aos que fixar para suas obrigações e para seus agentes – art. 151, II, da CF.

Isso decorre não apenas da isonomia, mas também do pacto federativo e da autonomia dos entes políticos.

6.4. Princípio da irretroatividade

6.4.1. Disposição constitucional

A irretroatividade tributária, que decorre também de um princípio geral do direito brasileiro (irretroatividade das normas jurídicas), é prevista no art. 150, III, *a*, da CF:

> CF, Art. 150. Sem prejuízo de outras garantias asseguradas ao contribuinte, é vedado à União, aos Estados, ao Distrito Federal e aos Municípios:
>
> (...)
>
> III – cobrar tributos:
>
> a) em relação a fatos geradores ocorridos antes do início da vigência da lei que os houver instituído ou aumentado;
>
> (...)

6.4.2. Princípio da irretroatividade – Aspectos

A legislação tributária aplica-se imediatamente aos fatos geradores futuros e aos pendentes (aqueles iniciados, mas ainda não concluídos) – art. 105 do CTN.

STF julgou válida lei relativa ao IR publicada em 31.12.1994, "a tempo, portanto, de incidir sobre o resultado do exercício financeiro encerrado", tendo observado a irretroatividade – RE 232.084/SP.

Jurisprudência
Diploma normativo que foi editado em 31.12.1994 [sábado], a tempo, portanto, de incidir sobre o resultado do exercício financeiro encerrado. Descabimento da alegação de ofensa aos princípios da anterioridade e da irretroatividade, relativamente ao Imposto de Renda, o mesmo não se dando no tocante à contribuição social, sujeita que está à anterioridade nonagesimal prevista no art. 195, § 6º da CF, que não foi observado. **RE 232.084/SP, STF, rel. Ministro Ilmar Galvão, j. 04.04.2000**

Gabaritos de concursos públicos
O Princípio da Anterioridade Tributária guarda pertinência com o postulado da não surpresa tributária. **(Ministério Público/MG – 2008)** *Atende ao princípio da anterioridade de exercício a publicação, no Diário Oficial, da lei instituidora de imposto no dia 31.12, sábado, apesar de a sua circulação dar-se apenas na segunda-feira.* **(Magistratura Federal/1ª Região – 2009 – CESPE)**

6.4.3. Princípio da irretroatividade – Exceções

A lei se aplica a atos e fatos pretéritos nos casos de:

a) lei expressamente interpretativa, sem penalidade pela infração dos dispositivos interpretados (art. 106, I, do CTN);

b) norma sancionadora mais benéfica ao infrator (*lex mitior*), exceto no caso de ato definitivamente julgado (art. 106, II, do CTN);

c) novas regras para a fiscalização ou aumento das garantias e privilégios do crédito, exceto criação de responsabilidade (art. 144, § 1º, do CTN).

A doutrina costuma se referir a essas hipóteses como exceções à irretroatividade.

Caso bastante famoso de aplicação retroativa de normas atinentes à fiscalização tributária é o da utilização dos dados da antiga CPFM para fiscalização de outros tributos:

Jurisprudência
É possível a utilização de informações provenientes da arrecadação da CPMF para a instauração de procedimento administrativo-fiscal objetivando a cobrança de créditos relativos a outros tributos, inclusive quanto a fatos geradores anteriores a 2001, nos termos do art. 11, § 3º, da Lei 9.311/1996, com a redação dada pela Lei 10.174/2001, do art. 6º da Lei Complementar 105/2001, e do art. 144, § 1º, do CTN. **EREsp 806.753/RS, STJ, rel. Ministro Herman Benjamin, j. 22/08/2007**

Gabarito de concurso público
Os princípios constitucionais tributários estabelecem limites ao poder de tributar. Assim, o princípio da irretroatividade da lei tributária não é violado quando a lei é aplicada de maneira interpretativa a ato ou fato pretérito, excluindo a aplicação de penalidade à infração. **(Cartório/SP – 2008)**

6.4.4. Princípio da irretroatividade – *Lex mitior*

Perceba que somente a norma que reduz ou exclui *penalidades* retroage para beneficiar o infrator (*lex mitior*), mas nunca a norma relativa ao tributo (essa jamais retroage).

Assim, a alíquota e a base de cálculo do imposto, da taxa, da contribuição etc. serão sempre aquelas vigentes à época do fato gerador.

Eventual multa, entretanto, poderá ser reduzida por norma posterior, desde que ela ainda não tenha sido paga, quando na vigência da nova legislação, e que não seja questão definitivamente julgada.

Exemplo:

Perceba, nesse exemplo, que o contribuinte não pagou o tributo na época correta (em 2008), quando a alíquota aplicável era de 10% e a multa pelo atraso, de 20%.

Posteriormente, houve redução desses percentuais, mas apenas a multa é minorada em favor do infrator. A alíquota do tributo será sempre aquela vigente à época do fato gerador.

6.5. Princípio da anterioridade

6.5.1. Disposição constitucional

O princípio da anterioridade é regra peculiar do Direito Tributário, que protege o contribuinte contra a exigibilidade imediata de tributo instituído ou majorado (não surpresa).

Se houver instituição ou aumento, ele será exigível apenas após determinado período (90 dias ou 1º exercício seguinte ao da publicação da lei, o que ocorrer depois):

> CF, Art. 150. Sem prejuízo de outras garantias asseguradas ao contribuinte, é vedado à União, aos Estados, ao Distrito Federal e aos Municípios: (...)
>
> III – cobrar tributos: (...)
>
> b) no mesmo exercício financeiro em que haja sido publicada a lei que os instituiu ou aumentou;
>
> c) antes de decorridos noventa dias da data em que haja sido publicada a lei que os instituiu ou aumentou, observado o disposto na alínea b; (...)

6.5.2. Aspectos

A eficácia da norma que institui ou majora tributo se dá somente após 90 dias da **publicação** (anterioridade nonagesimal) ou em 1º de janeiro do ano seguinte (anterioridade anual), o que ocorrer depois.

Por exemplo, se o ICMS é majorado em abril deste ano, o aumento somente é exigível a partir de 1º de janeiro do ano seguinte (anterioridade anual). Entretanto, se o ICMS é aumentado em novembro deste ano, somente em fevereiro do ano seguinte é que se poderá cobrar o valor a maior (anterioridade nonagesimal). Vale sempre a data posterior.

A anterioridade refere-se somente aos casos de instituição ou majoração, não aos de redução ou extinção. É proteção ao contribuinte, de modo que norma mais benéfica pode ter eficácia imediata.

Como exemplo, se o ISS é reduzido em fevereiro desse ano, o benefício vale imediatamente (não há anterioridade).

Apesar da expressão "cobrar tributos", entende-se que se refere aos fatos geradores, ou seja, a nova norma (que aumente ou institua tributo) aplica-se a fatos geradores ocorridos após o período da anterioridade.

Trata-se de cláusula pétrea (direito e garantia individual), segundo o STF, não podendo ter seu alcance reduzido pelo constituinte derivado.

Jurisprudência
1. O poder constituinte derivado não é ilimitado, visto que se submete ao processo consignado no art. 60, §§ 2º e 3º, da Constituição Federal, bem assim aos limites materiais, circunstanciais e temporais dos §§ 1º, 4º e 5º do aludido artigo. 2. A anterioridade da norma tributária, quando essa é gravosa, representa uma das garantias fundamentais do contribuinte, traduzindo uma limitação ao poder impositivo do Estado. **RE 587.008/SP, STF, rel. Min. Dias Toffoli, Tribunal Pleno, j. 02.02.2011, Repercussão Geral – Mérito**

A alteração do prazo de recolhimento não implica aumento ou diminuição do tributo, de modo que não se sujeita à anterioridade (entendimento do STF e do STJ).

Jurisprudência
O Supremo Tribunal Federal fixou entendimento no sentido de que a alteração do prazo para recolhimento das contribuições sociais, por não gerar criação ou majoração de tributo, não ofende o Princípio da Anterioridade Tributária [artigo 195, § 6º, CB/1988]. **RE 295.992 AgR/SC, STF, rel. Min. Eros Grau, j. 10/06/2008**

Gabaritos de concursos públicos
Não ofende o princípio da legalidade decreto que antecipa data de recolhimento de tributo. **(Magistratura Federal/1ª Região – 2009 – CESPE)**
Norma legal que altera o prazo de recolhimento da obrigação tributária não se sujeita ao princípio da anterioridade. **(Procurador do Município/Florianópolis-SC – 2010 – FEPESE)**

Há peculiaridade no caso do IR, conforme o disposto na Súmula 584 do STF: aplica-se a lei vigente no ano da declaração.

O fato gerador do IR, por sua natureza, ocorre durante o ano-base, que se inicia em 1º de janeiro e termina no último instante de 31 de dezembro, de modo que o valor somente pode ser cobrado no ano seguinte (ano-exercício).

Por essa razão, o STF entendeu que, se a lei que majora o IR é publicada durante o ano-base, aplica-se a ele, pois o valor correspondente somente será cobrado no exercício seguinte. Ainda há muito debate doutrinário a respeito, até porque não houve caso recente levado ao Judiciário.

Jurisprudência
Diploma normativo que foi editado em 31.12.1994 [sábado], a tempo, portanto, de incidir sobre o resultado do exercício financeiro encerrado. Descabimento da alegação de ofensa aos princípios da anterioridade e da irretroatividade, relativamente ao Imposto de Renda, o mesmo não se dando no tocante à contribuição social, sujeita que está à anterioridade nonagesimal prevista no art. 195, § 6º da CF, que não foi observado. **RE 232.084/SP, STF, rel. Ministro Ilmar Galvão, j. 04.04.2000**

Interessante adiantarmos que o IR submete-se apenas à anterioridade anual, não à nonagesimal (é exceção).

Jurisprudência
(...) 4. A revogação do artigo que estipulava diminuição de alíquota da CPMF, mantendo-se o mesmo índice que vinha sendo pago pelo contribuinte, não pode ser equiparada à majoração de tributo. 5. Não incidência do princípio da anterioridade nonagesimal. 6. Vencida a tese de que a revogação do inciso II do §3º do art. 84 do ADCT implicou aumento do tributo para fins do que dispõe o art. 195, § 6º da CF. **RE 566.032/RS, STF, rel. Min. Gilmar Mendes, Tribunal Pleno, j. 02.02.2011, Repercussão Geral – Mérito**

6.5.3. Princípio da anterioridade – Medida provisória

No caso de medida provisória que institua ou majore **imposto** (exceto II, IE, IPI, IOF e extraordinário), só produzirá efeito no exercício seguinte se houver sido convertida em lei até o último dia do ano em que foi editada – art. 62, § 2º, da CF.

A anterioridade nonagesimal é contada da edição da MP, não de sua conversão (há discussão).

Perceba que essa regra vale apenas para impostos. A majoração de uma contribuição social por MP, por exemplo, é exigível 90 dias após sua publicação, mesmo que isso ocorra antes do 1º dia do exercício seguinte e mesmo que ela não seja convertida em lei até o final do ano.

6.5.4. Princípio da anterioridade – Exceções

Há diversas exceções ao princípio da anterioridade anual e nonagesimal. Veja a seguinte tabela para estudo e memorização, pois isso é muito exigido em concursos:

Exceções à anterioridade anual	Exceções à anterioridade nonagesimal
Empréstimo compulsório em caso de despesa extraordinária	Empréstimo compulsório em caso de despesa extraordinária
Impostos de importação e exportação	Impostos de importação e exportação
IPI	Imposto de Renda
IOF	IOF
Imposto extraordinário	Imposto extraordinário
Restabelecimento da alíquota do ICMS e da CIDE sobre combustíveis e lubrificantes	Fixação da base de cálculo do IPVA e do IPTU
Contribuições sociais	

Perceba, por exemplo, que o IPI é exceção ao princípio da anterioridade anual, mas não ao da nonagesimal. Assim, se sua alíquota é majorada em março deste ano, por exemplo, somente será exigível (o aumento) em junho seguinte.

De modo inverso, o IR é exceção ao princípio da anterioridade nonagesimal, mas não ao da anual. Caso sua alíquota seja majorada em novembro deste ano, o aumento valerá já em 1º de janeiro do exercício seguinte.

Gabaritos de concursos públicos
A regra da anterioridade NÃO se aplica aos impostos de importação e exportação. **(Magistratura/PE – 2011 – FCC)**
Aplica-se o princípio da anterioridade aos empréstimos compulsórios, no caso de investimento público de caráter urgente e de relevante interesse nacional. **(Procurador de Contas TCE/ES – CESPE – 2009)**   *O ICMS poderá ser aumentado no mesmo exercício financeiro em que foi publicada a lei que o instituiu ou aumentou, quando se tratar de combustíveis e lubrificantes sobre os quais o imposto incidirá uma única vez.* **(Magistratura/RO – 2011 – PUCPR)**

6.6. Princípio da vedação de confisco

6.6.1. Disposição constitucional

O tributo, embora implique redução do patrimônio do particular em favor do Estado, não pode significar supressão da propriedade, pois o confisco é vedado:

> CF, Art. 150. Sem prejuízo de outras garantias asseguradas ao contribuinte, é vedado à União, aos Estados, ao Distrito Federal e aos Municípios:
>
> (...)
>
> IV – utilizar tributo com efeito de confisco;
>
> (...)

6.6.2. Princípio da vedação de confisco – Aspectos

O princípio da vedação de confisco decorre do princípio da capacidade contributiva e do direito à propriedade.

A tributação não pode reduzir de maneira acentuada a propriedade do indivíduo – art. 5º, *caput*, da CF. Não deve atingir as fontes produtoras de riqueza dos contribuintes.

O STF entende que o princípio é aplicável também às penalidades tributárias, embora admita percentuais bastante altos para as sanções.

Jurisprudência
1. Conforme orientação fixada pelo Supremo Tribunal Federal, o princípio da vedação ao efeito de confisco aplica-se às multas. 2. Esta Corte já teve a oportunidade de considerar multas de 20% a 30% do valor do débito como adequadas à luz do princípio da vedação do confisco. Caso em que o Tribunal de origem reduziu a multa de 60% para 30%. 3. A mera alusão à mora, pontual e isoladamente considerada, é insuficiente para estabelecer a relação de calibração e ponderação necessárias entre a gravidade da conduta e o peso da punição. É ônus da parte interessada apontar peculiaridades e idiossincrasias do quadro que permitiriam sustentar a proporcionalidade da pena almejada.   **RE 523.471 AgR/MG, rel. Min. Joaquim Barbosa, j. 06.04.2010**
A desproporção entre o desrespeito à norma tributária e sua consequência jurídica, a multa, evidencia o caráter confiscatório desta, atentando contra o patrimônio do contribuinte, em contrariedade ao mencionado dispositivo do texto constitucional federal.   **ADI 551/RJ, STF, rel. Min. Ilmar Galvão, j. 24.10.2002**

Gabarito de concurso público
Pode-se concluir que o conceito "efeito de confisco" permite que o Poder Judiciário o reconheça em sede de controle normativo abstrato, ainda que se trate de multa fiscal. **(Magistratura/SP – 2009 – VUNESP) ver ADI 551/RJ**

O caráter confiscatório é fácil de se identificar no caso dos impostos sobre propriedade e renda, das taxas e das contribuições de melhoria. IPTU de 50%, por exemplo, é claramente confiscatório.

Mas é difícil de aferir no caso dos impostos sobre produção e circulação de bens e serviços, à luz da seletividade. IPI de 50% sobre bebidas alcoólicas, por exemplo, não seria confiscatório (na verdade, o percentual é superior a isso).

São admitidas alíquotas muito altas no caso de impostos *extrafiscais*, que servem para o Estado intervir no mercado (caso dos impostos aduaneiros, por exemplo – II e IE).

Jurisprudência

1. A caracterização do efeito confiscatório pressupõe a análise de dados concretos e de peculiaridades de cada operação ou situação, tomando-se em conta custos, carga tributária global, margens de lucro e condições pontuais do mercado e de conjuntura social e econômica (art. 150, IV da Constituição). 2. O isolado aumento da alíquota do tributo é insuficiente para comprovar a absorção total ou demasiada do produto econômico da atividade privada, de modo a torná-la inviável ou excessivamente onerosa. **RE 448.432 AgR/CE, STF, rel. Min. Joaquim Barbosa, j. 20.04.2010**

A progressividade indevida pode ser confiscatória e, portanto, inconstitucional:

Jurisprudência

O acórdão recorrido está em harmonia com o entendimento desta Suprema Corte que, no julgamento da ADI 2.010-MC, decidiu que a instituição de alíquotas progressivas para a contribuição previdenciária dos servidores públicos ofende o princípio da vedação à utilização de qualquer tributo com efeito de confisco, nos termos do art. 150, IV, da Constituição. **AI 676.442 AgR/PR, STF rel. Min. Ricardo Lewandowski, j. 19.10.2010**

6.7. Princípio da vedação de limitação ao tráfego de pessoas ou bens

6.7.1. Disposição constitucional

O tributo não pode ser usado para interferir no direito de ir e vir:

CF, Art. 150. Sem prejuízo de outras garantias asseguradas ao contribuinte, é vedado à União, aos Estados, ao Distrito Federal e aos Municípios:

(...)

V – estabelecer limitações ao tráfego de pessoas ou bens, por meio de tributos interestaduais ou intermunicipais, ressalvada a cobrança de pedágio pela utilização de vias conservadas pelo Poder Público;

(...)

6.7.2. Princípio da vedação de limitação ao tráfego de pessoas ou bens – Aspectos

Inexiste, em princípio, tributo interestadual ou intermunicipal que possa embaraçar o tráfego de pessoas ou bens. De qualquer forma, caso os Estados, o Distrito Federal ou os Municípios apliquem a legislação tributária de modo a interferir no direito de ir e vir dentro do território nacional, haverá inconstitucionalidade.

Eventualmente, a União poderia pretender criar imposto nesse sentido, no exercício da competência residual, o que seria vedado.

O pedágio, a rigor, costuma ser classificado como preço público ou tarifa, no caso de concessão.

6.8. Princípio da uniformidade territorial

6.8.1. Disposição constitucional

Os tributos federais devem ser uniformes em todo o Brasil, com uma única exceção:

CF, Art. 151. É vedado à União:

I – instituir tributo que não seja uniforme em todo o território nacional ou que implique distinção ou preferência em relação a Estado, ao Distrito Federal ou a Município, em detrimento de outro, admitida a concessão de incentivos fiscais destinados a promover o equilíbrio do desenvolvimento socioeconômico entre as diferentes regiões do País;

(...)

6.8.2. Princípio da uniformidade territorial – Aspectos

Trata-se de princípio aplicável especificamente à União.

Garante tratamento isonômico aos contribuintes em todo o país.

É permitida a diferenciação em relação às realidades locais. É o caso do ITR, que não incide sobre pequenas glebas: uma pequena gleba em São Paulo é muito menor que uma pequena gleba no Amazonas, por exemplo.

A única exceção prevista no dispositivo constitucional é a concessão de incentivos fiscais destinados a promover o equilíbrio do desenvolvimento socioeconômico entre as diferentes regiões do País.

Gabarito de concurso público

O princípio da uniformidade geográfica admite excepcionalmente que sejam concedidos incentivos fiscais destinados a promover o equilíbrio do desenvolvimento socioeconômico entre as diferentes regiões do país. **(Magistratura/MS – 2008 – FGV)**

6.9. Princípio da não diferenciação em razão da origem ou do destino dos bens e serviços

6.9.1. Disposição constitucional

O art. 152 da CF prevê esse princípio a ser observado pelos fiscos locais:

CF, Art. 152. É vedado aos Estados, ao Distrito Federal e aos Municípios estabelecer diferença tributária entre bens e serviços, de qualquer natureza, em razão de sua procedência ou destino.

6.9.2. Princípio da não diferenciação em razão da origem ou do destino dos bens – Aspectos

É princípio aplicável especificamente aos Estados, ao DF e aos Municípios, que veda a cobrança de ICMS ou ISS de maneira discriminatória.

O incentivo à produção e à economia local não pode se dar em detrimento da unidade da Federação.

7. Legislação tributária

7.1. Definição

O art. 96 do CTN define *legislação tributária:*

CTN, art. 96. A expressão "legislação tributária" compreende as leis, os tratados e as convenções internacionais, os decretos e as normas complementares que versem, no todo ou em parte, sobre tributos e relações jurídicas a eles pertinentes.

É expressão que corresponde àquilo que a doutrina costuma denominar fontes, fontes formais, veículos normativos, instrumentos normativos, instrumentos introdutórios de normas etc.

7.2. "Legislação" conforme o CTN

Perceba, portanto, que, para o CTN, *legislação* não é apenas o conjunto de leis. Além delas, abrange tratados, decretos e normas complementares.

Para que fique bem claro, segundo o art. 96 do CTN, a expressão *legislação tributária* abarca:

- ✔ Leis;
- ✔ Tratados e convenções internacionais;
- ✔ **Decretos;**
- ✔ Normas complementares:
  - *Atos normativos expedidos pelas autoridades administrativas;*
  - *Decisões administrativas com eficácia normativa;*
  - *Práticas reiteradas das autoridades administrativas;*
  - *Convênios entre União, Estados, DF e Municípios.*

Perceba que *normas complementares* são uma categoria de *legislação tributária* abaixo dos decretos.

É importante memorizar que *decreto* não é *norma complementar,* pois isso é muito exigido em concursos.

7.3. Estrutura do sistema normativo

Veja a seguinte representação gráfica do sistema normativo tributário:

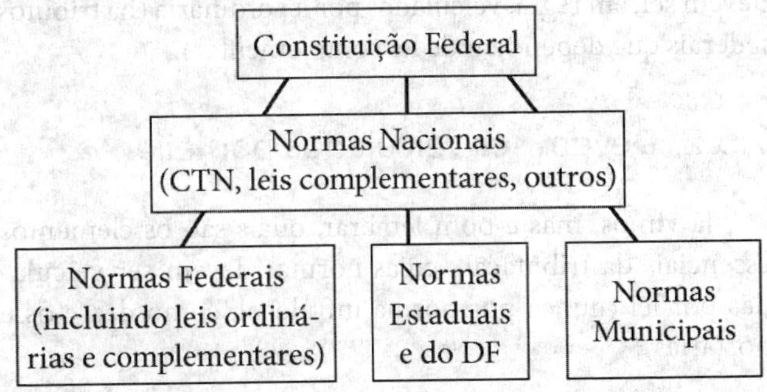

No topo do sistema temos a Constituição Federal, que fixa as competências, as imunidades, os princípios etc.

Na base temos as normas produzidas por União, Estados, DF e Municípios, no exercício de suas competências tributárias, instituindo, alterando e extinguindo tributos, regulando suas respectivas administrações tributárias e a exigência das exações.

Perceba que entre as normas constitucionais (competência tributária, princípios, imunidades etc.) e as normas produzidas por cada ente tributante (federais, estaduais, distritais e municipais) há uma categoria intermediária, de normas nacionais, que, embora produzidas pelo Congresso Nacional (Legislativo da União), aplicam-se a todos os entes federados (União, Estados, DF e Municípios), dando unidade ao sistema tributário nacional.

7.4. Constituição Federal e emendas

As normas tributárias básicas estão na Constituição Federal.

Os princípios expressos e implícitos são encontrados na CF.

Já vimos que a Constituição veicula as normas de competência tributária.

A CF pode ser emendada pelo constituinte derivado (Congresso Nacional), por meio de um procedimento específico, com quórum qualificado.

Há determinadas cláusulas pétreas, ou seja, matérias que não podem ser veiculadas por emenda constitucional.

O STF já decidiu, por exemplo, que não é possível reduzir o alcance ou criar novas exceções à anterioridade (que é garantia individual) e à imunidade recíproca (ligada ao princípio federativo).

7.5. Lei ordinária

7.5.1. Conceitos básicos

A lei ordinária é o instrumento normativo básico, produzido pelo Legislativo de cada ente tributante.

Quando a CF refere-se simplesmente à *lei*, entende-se que é lei ordinária.

Os elementos essenciais da tributação (art. 97 do CTN) devem ser, em regra, veiculados por lei ordinária (há tributos federais que dependem de lei complementar).

7.5.2. Devem ser veiculados por lei

Já vimos, mas é bom lembrar, quais são os elementos essenciais da tributação, cujas normas devem ser veiculadas por lei (nunca por norma infralegal, como decretos e portarias):

a) instituição, majoração, redução, dispensa e extinção de tributos e de penalidades;

b) fato gerador da obrigação principal;

c) alíquotas e base de cálculo;

d) cominação de penalidades, sua dispensa ou redução;

e) hipóteses de suspensão, extinção e exclusão do crédito tributário.

7.5.3. Não precisam ser veiculados por lei

Também é interessante rememorar as matérias que não exigem lei, podendo ser tratadas por normas infralegais (decretos, portarias etc.):

a) alteração de alíquotas de II, IE, IPI, IOF e CIDE sobre combustíveis, atendidas as condições e os limites estabelecidos pela lei;

b) correção monetária da base de cálculo, dentro do índice oficial de inflação (Súmula 160 do STJ);

c) vencimento do tributo;

d) modelos de guias e de livros fiscais;

e) locais de pagamento.

7.6. Lei complementar (normas nacionais e federais)

Naquela representação gráfica vista anteriormente, do sistema normativo tributário, repare que as normas nacionais (que se aplicam a todos os entes tributantes) e determinadas normas federais (que se referem à competência tributária da União) devem ser veiculadas por lei complementar federal.

Veremos, inicialmente, as leis complementares que veiculam essas normas nacionais, que dão unidade ao sistema tributário brasileiro. É o caso, por exemplo, do CTN, da LC 87/1996, que regula nacionalmente o ICMS, e da LC 116/2003, que regula o ISS (são normas que se aplicam a todos os Estados e Municípios brasileiros).

Mais adiante, trataremos das leis complementares que veiculam simples normas federais, relativas à competência tributária da União. São normas que não se aplicam, em princípio, a Estados, DF e Municípios.

7.6.1. Lei complementar: normas nacionais (arts. 146 e 146-A da CF)

Os arts. 146 e 146-A da CF indicam as matérias que devem ser veiculadas por lei complementar federal, de natureza nacional (aplicáveis a todos os entes tributantes):

a) conflitos de competência;

b) regulamentação das limitações constitucionais ao poder de tributar;

c) normas gerais em matéria de legislação tributária;

d) critérios especiais de tributação para prevenir desequilíbrios da concorrência.

É a lei complementar, por exemplo, que indica quando incide o ITR e quando incide o IPTU em relação a determinado imóvel (rural ou urbano). É também lei complementar que define a incidência do ISS ou do ICMS, quando serviços são prestados com fornecimento de mercadoria. São exemplos de normas nacionais que resolvem conflitos de competência.

Gabarito de concurso público
Os conflitos sobre competência tributária entre Estados-membros e Municípios serão resolvidos por Lei Complementar. **(Magistratura Federal – 1ª Região – 2005)**

As limitações constitucionais ao poder de tributar, especificamente as imunidades, devem ser reguladas por lei complementar federal. É o caso do art. 14 do CTN, que regulamenta a imunidade de entidades educacionais e de assistência social.

As normas gerais em matéria tributária são importantíssimas e serão estudadas em tópico próprio, logo em seguida.

Finalmente, cabe à lei complementar federal fixar critérios para que a tributação possa ser utilizada como ferramenta em favor da concorrência.

7.6.1.1. Normas gerais em matéria de legislação tributária (art. 146, III, da CF)

O art. 146, III, e seu parágrafo único, da CF dão exemplos de normas gerais em matéria tributária que devem ser veiculadas por lei complementar federal:

a) definição de tributos e de suas espécies, bem como, em relação aos impostos discriminados na CF, a dos respectivos fatos geradores, bases de cálculo e contribuintes;

b) obrigação, lançamento, crédito, prescrição e decadência tributários (Súmula Vinculante 8 do STF);

c) tratamento diferenciado ao ato cooperativo;

d) tratamento diferenciado e favorecido às microempresas e às empresas de pequeno porte, inclusive regimes especiais ou simplificados;

e) Simples Nacional (LC 123/2006).

Jurisprudência
Súmula Vinculante 8 do STF: São inconstitucionais o parágrafo único do artigo 5º do decreto-lei n. 1.569/1977 e os artigos 45 e 46 da lei n. 8.212/1991, que tratam de prescrição e decadência de crédito tributário. **Obs.: contribuições previdenciárias são tributos e a matéria – prescrição e decadência tributárias – é regulada por lei complementar, de modo que se aplicam os prazos quinquenais do CTN.**

Gabarito de concurso público
O art. 146 da Constituição Federal dispõe que cabe à lei complementar definir tratamento diferenciado e favorecido para as microempresas e para as empresas de pequeno porte. **(Magistratura/DF – 2011)**

Os Estados e o DF podem suprir a ausência de norma produzida pela União, para atendimento de suas peculiaridades, inclusive em matéria tributária (art. 24, §§ 3º e 4º, da CF).

A lei estadual perde a eficácia, no que for contrário, com o surgimento de lei federal.

Municípios tampouco podem ter sua competência tributária prejudicada pela omissão da União, cabendo, nesse caso, exercê-las plenamente.

7.6.2. Lei complementar: normas federais

Além de veicular normas nacionais, a lei complementar federal também veicula normas federais, ou seja, normas relativas à competência tributária da União:

a) empréstimos compulsórios;

b) impostos da competência residual;

c) outras contribuições sociais;

d) imposto sobre grandes fortunas.

Nesses casos, o Congresso Nacional, ao produzir uma lei complementar, está apenas tratando de tributos da competência da União, e não de normas aplicáveis a Estados, DF e Municípios (não são normas nacionais).

7.7. Medida Provisória

A Medida Provisória, produzida pelo Executivo, substitui a lei ordinária (jamais a lei complementar).

Não pode tratar de matéria processual tributária.

No caso da instituição e majoração de impostos (exceto II, IE, IPI, IOF e imposto extraordinário), produzirá efeitos apenas no exercício seguinte, se for convertida em lei até o final do ano de sua edição (art. 62, § 2º, da CF).

Gabarito de concurso público
A MP que aumentar alíquota de imposto de renda e proventos de qualquer natureza só produzirá efeitos no exercício financeiro seguinte se houver sido convertida em lei até o último dia daquele em que foi editada. **(Magistratura/RS – 2009)**

O STF admitiu MP estadual, com base no princípio da simetria.

7.8. Lei delegada

O Congresso Nacional pode atender à solicitação do Presidente e, por meio de resolução, delegar poder para produzir lei, nos termos do art. 68 da CF.

Se a delegação determinar a apreciação do projeto pelo Congresso, será em votação única, sem emenda.

Não pode veicular matéria reservada à lei complementar.

7.9. Decretos legislativos e resoluções

Os decretos legislativos e as resoluções são produzidos pelo Legislativo, mas sem posterior sanção do chefe do Executivo.

O decreto legislativo serve para: ratificação de tratados internacionais; disciplina das relações decorrentes de MP rejeitada ou que perdeu eficácia; ratificação de convênios.

As resoluções são utilizadas para o Senado Federal fixar: alíquotas máximas do ITCMD; alíquotas interestaduais, mínimas e máximas do ICMS; alíquotas mínimas do IPVA (perceba que essas são normas nacionais, aplicáveis aos Estados e DF, produzidas pelo Senado).

7.10. Tratados internacionais

Os tratados ou convenções internacionais são celebrados pelo Presidente da República (art. 84, VIII, da CF), muitas vezes por meio do plenipotenciário (seu representante no âmbito internacional).

Posteriormente, submete-se ao referendo do Congresso Nacional (art. 49, I, da CF), que pode aprová-lo por meio de decreto legislativo.

A seguir, o Presidente ratifica o tratado, manifestando, aos demais países, seu consentimento.

Finalmente, o Presidente promulga o tratado por decreto, cuja publicação insere-o no sistema jurídico nacional.

1º O Presidente da República celebra o tratado, muitas vezes por meio de plenipotenciário – art. 84, VIII, da CF
2º O Congresso Nacional referenda o tratado, aprovando-o por decreto legislativo – art. 49, I, da CF
3º O Presidente ratifica o tratado, manifestando o consentimento aos demais países
4º O Presidente promulga o tratado, por decreto, cuja publicação insere-o no sistema jurídico interno

Gabarito de concurso público

No ordenamento jurídico interno brasileiro, tratado internacional acerca de matéria tributária passa a vigorar na data de início da vigência do decreto que o promulgar. **(Ministério Público/ES – 2010 – CESPE)**

Em princípio, não há *acordos executivos* (sem referendo pelo Congresso) em matéria tributária.

Em geral, os tratados são equivalentes a leis ordinárias federais (exceto no caso de direitos humanos), mas há grande debate em relação à matéria tributária (art. 98 do CTN).

> CTN, Art. 98. Os tratados e as convenções internacionais revogam ou modificam a legislação tributária interna, e serão observados pela que lhes sobrevenha.

Perceba que o art. 98 do CTN claramente indica a supremacia do tratado internacional em relação às normas internas tributárias.

Considerando que os tratados são equiparados a lei ordinária federal, não serviriam, em princípio, para conceder benefícios fiscais relativos a tributos estaduais ou municipais (art. 151, III, da CF). Há também grande debate doutrinário a respeito disso, com entendimentos favoráveis.

São amplamente aceitos, entretanto, tratados que garantem ao bem estrangeiro o mesmo tratamento tributário dado ao similar nacional (GATT, OMC – Súmula 575 do STF e Súmulas 20 e 71 do STJ).

Assim, se o peixe nacional é isento de ICMS, o importado também deverá ser beneficiado.

Gabarito de concurso público

O juiz Nerivaldo Branquinho, ao examinar mandado de segurança impetrado por Exportadora e Importadora Ltda. contra o Sr. Delegado Regional Tributário de Xiririca da Serra, que objetiva a isenção de ICMS sobre filé de merluza importado da Argentina, sob o fundamento de o Brasil ser signatário de tratado internacional, julga corretamente quando decide que à mercadoria importada do país signatário do GATT, ou membro do ALALC, estende-se a isenção do Imposto de Circulação de Mercadorias concedida a similar nacional. **(Magistratura/SP – 2011 – VUNESP)**

A CESPE já se posicionou de maneira dúbia em gabarito oficial, no sentido de que "a celebração de tratado internacional com cláusula que prevê exoneração tributária não é equivalente à instituição de isenção de tributo estadual pela União e, portanto, essa isenção de imposto estadual não viola a CF".

Gabarito de concurso público

Considerando que a União, antes de a CF entrar em vigor, tenha celebrado tratado internacional que concede isenção de tributos para a importação de mercadoria para o Brasil, se há isenção para o produto nacional similar e considerando o disposto no art. 151, inciso III, da CF, segundo o qual é vedado à União instituir isenções de tributos da competência dos estados, do DF ou dos municípios: A hipótese descrita no art. 151, inciso III, da CF veda a instituição da isenção denominada heterônoma. A celebração de tratado internacional com cláusula que prevê exoneração tributária não é equivalente à instituição de isenção de tributo estadual pela União e, portanto, essa isenção de imposto estadual não viola a CF. **(Cartório/DF – 2008 – CESPE)**

Não fica claro, pelo gabarito, se a banca entende que o tratado internacional pode instituir isenção (ou "exoneração") de tributo estadual. O fato incontestável, entretanto, é que a jurisprudência ratifica esses tratados, que, repetimos, apenas garantem tratamento isonômico ao similar importado (não instituem efetivamente novo benefício fiscal).

Já a FGV afirmou, em gabarito oficial, "que o STF entende que a concessão de isenção na via do tratado não se sujeita à vedação à concessão de isenção heterônoma, pois o âmbito de aplicação do art.151, III, da CRFB é o das relações das entidades federadas entre si, não alcançando a União quando esta se apresenta na ordem externa" (XI Exame da OAB Unificado).

7.11. Decretos

Os decretos são produzidos pelo chefe do Executivo (Presidente, Governadores e Prefeitos), normalmente referendados por Ministros ou secretários.

Regulamentam as leis e não podem ultrapassar seus limites (não há, em princípio, *decretos autônomos* em matéria tributária).

Servem também para consolidar a legislação (o CTN prevê consolidação anual – art. 212).

Excepcionalmente podem ser utilizadas para alteração de alíquotas de tributos federais (II, IE, IPI, IOF, CIDE sobre combustíveis), embora a União, em regra, utilize outros instrumentos normativos (portaria ministerial, por exemplo).

Não são *normas complementares*, como definidas pelo CTN. As normas complementares, que veremos a seguir, estão abaixo dos decretos.

7.12. Normas complementares

Segundo o art. 100 do CTN, são normas complementares:

a) atos normativos expedidos pelas autoridades administrativas;

b) decisões administrativas com eficácia normativa;

c) práticas reiteradas das autoridades administrativas;

d) convênios entre União, Estados, DF e Municípios.

Gabarito de concurso público
Se o secretário de Fazenda do estado do Amazonas profere uma decisão com eficácia normativa, é correto afirmar que tal decisão somente tem efeitos jurisdicionais se assim previr a lei. **(Ministério Público/AM – 2008 – CESPE)**

O parágrafo único do art. 100 do CTN traz norma importantíssima, muito exigida em concursos:

> CTN, Art. 100. Parágrafo único. A observância das normas referidas neste artigo exclui a imposição de penalidades, a cobrança de juros de mora e a atualização do valor monetário da base de cálculo do tributo.

Perceba que a norma complementar, por não ser lei, não pode reduzir ou afastar tributos. Assim, caso o Executivo produza uma norma complementar nesse sentido, ela não será válida.

Entretanto, se o contribuinte cumpre a norma complementar posteriormente reconhecida como irregular e paga menos tributo do que era devido, deverá recolher a diferença, mas não poderá ser punido por isso (o erro foi do Executivo!). Nesse caso, o contribuinte deverá pagar o tributo que não recolheu, mas não serão cobrados multas ou juros de mora, conforme o art. 100, parágrafo único, do CTN.

Gabarito de concurso público
A observância das práticas reiteradas das autoridades administrativas livra o contribuinte da imposição de penalidades, da cobrança de juros de mora e da atualização do valor monetário da base de cálculo do tributo. *(Magistratura/RO – 2011 – PUCPR)*

8. Vigência, aplicação, interpretação e integração da legislação tributária

8.1. Vigência

8.1.1. Distinção entre validade, vigência e eficácia

A doutrina nem sempre é harmônica na definição dos conceitos de validade, vigência e eficácia. Apresentamos entendimento que se alinha com as normas do CTN e da CF em matéria tributária.

Validade é a pertinência da norma ao sistema jurídico. Norma válida é a produzida pelo órgão competente, observadas as regras aplicáveis.

Vigência é a delimitação **temporal** e **espacial** da validade da norma.

Eficácia refere-se à possibilidade de a norma produzir efeitos concretos.

8.1.2. Exemplos: validade, vigência e eficácia

Norma válida, mas não vigente: durante *vacatio legis*.

Norma não válida, mas vigente: norma revogada, com vigência para fatos passados.

Norma válida e vigente, mas não eficaz: ausência de regulamentação necessária para sua aplicação, ou antes de decorrido o prazo da anterioridade.

8.1.3. Vigência no espaço

Em conformidade com o *princípio da territorialidade*, as normas têm vigência nos limites do território do ente tributante (País, Estado, DF ou Município).

Uma norma da União aplica-se em todo o território nacional. Uma norma do Estado vige em seu respectivo território. O mesmo vale para o DF e para cada Município. 929

No âmbito federal, o IR aplica-se a fatos ocorridos no exterior, desde que haja elemento de conexão com o Brasil. São comuns tratados contra bitributação.

No âmbito dos Estados, DF e Municípios, é possível a extraterritorialidade conforme convênios ou normas gerais – art. 102 do CTN.

Jurisprudência
Não há violação do princípio da territorialidade quando o município competente para cobrança de ISS exige obrigação acessória de cadastramento das empresas contribuintes quando estas possuem sede em outro município, mas prestam serviços no município arrecadador. **AgRg no REsp 1.140.354/SP, STJ, rel. Min. Humberto Martins, j. 11.05.2010**

8.1.4. Vigência no tempo

A vigência no tempo é regulada pelas normas gerais do direito brasileiro – regra de 45 dias para *vacatio legis* (art. 1º da LINDB).

Atualmente, as leis devem indicar quando entram em vigor (art. 8º da LC 95/1998), sendo comum a expressão "essa lei entra em vigor na data de sua publicação".

O tratado internacional entra em vigor no âmbito interno com a vigência do decreto presidencial que o promulga; no âmbito externo, o tratado entra em vigor conforme acordado ou a partir da manifestação de consentimento dos Estados.

Gabarito de concurso público
No ordenamento jurídico interno brasileiro, tratado internacional acerca de matéria tributária passa a vigorar na data de início da vigência do decreto que o promulgar. **(Ministério Público/ES – 2010 – CESPE)**

O CTN traz regras específicas para a vigência da legislação complementar (art. 103 do CTN), salvo disposição em contrário:

a) atos normativos das autoridades administrativas: vigência a partir da data de sua publicação;

b) decisões com eficácia normativa: vigência 30 dias após a publicação;

c) convênios: vigência na data neles prevista (a rigor, não há regra subsidiária no CTN, para o caso de omissão).

Gabarito de concurso público
Caso a União celebre com os estados-membros convênio para a adoção de método eletrônico para o lançamento de certos tributos, o referido convênio entrará em vigor na data nele prevista. **(Advogado da União/AGU – CESPE – 2009)**

8.1.5. Vigência no tempo: questão da isenção

Pela literalidade do CTN, a isenção é simples exclusão do crédito (dispensa do pagamento), de modo que há fato gerador e surge a obrigação.

A revogação da isenção, assim, não corresponderia à instituição do tributo ou à sua majoração.

Nesse sentido, há forte entendimento, especialmente jurisprudencial, de que a revogação da isenção, em geral, não se submete à anterioridade, exceto no caso de impostos sobre patrimônio (ITR, IPTU, IPVA) e renda (IR), porque, nesses casos, há norma expressa no CTN:

> CTN, art. 104. Entram em vigor no primeiro dia do exercício seguinte àquele em que ocorra a sua publicação os dispositivos de lei, referentes a impostos sobre o patrimônio ou a renda:
>
> (...)
>
> III – que extinguem ou reduzem isenções, salvo se a lei dispuser de maneira mais favorável ao contribuinte, e observado o disposto no artigo 178.

Jurisprudência
Revogada a isenção, o tributo torna-se imediatamente exigível. Em caso assim, não há que se observar o princípio da anterioridade, dado que o tributo já é existente. **RE 204.062/ES, STF, Rel. Min. Carlos Veloso, j. 27.09.1996**
A redução ou a extinção de desconto para pagamento de tributo sob determinadas condições previstas em lei, como o pagamento antecipado em parcela única, não pode ser equiparada à majoração do tributo em questão, no caso, o IPVA. Não incidência do princípio da anterioridade tributária. ADI 4.016/PR-MC, STF, rel. Min. Gilmar Mendes, j. 01.08.2008
Súmula 615 do STF. O princípio constitucional da anualidade (§ 29 do art. 153 da CF) não se aplica à revogação de isenção do ICM.
Obs.: embora a súmula utilize o termo *anualidade*, trata-se do princípio da anterioridade anual, que era previsto no art. 153, § 29, da CF/1967 conforme a EC 1/1969

Interessante anotar, entretanto, que, para boa parte da doutrina mais moderna, a isenção afasta a incidência tributária, ou seja, não há fato gerador, nem obrigação tributária.

Nessa linha de raciocínio, a revogação da isenção **sempre corresponde** à instituição ou majoração do tributo, de modo que se submete à anterioridade.

Perceba, portanto, que há duas linhas interpretativas a respeito da revogação da isenção e da vigência da tributação correspondente, muito embora, como visto, a jurisprudência se incline para a primeira delas.

8.2 Aplicação

8.2.1. Definição

Aplicação refere-se ao ato de vontade pelo qual determinados agentes, em face de uma situação concreta, decidem qual a norma incidente.

8.2.2. Aplicação a fatos futuros e pendentes

Conforme o art. 105 do CTN, a legislação aplica-se imediatamente aos fatos geradores futuros e pendentes.

Gabarito de concurso público
A legislação tributária aplica-se imediatamente aos fatos geradores pendentes e futuros. **(Magistratura/PB – 2011 – CESPE)**

Vimos o caso do IR, ao estudar a irretroatividade (durante o ano-base, seu fato gerador está pendente, concluindo-se apenas no último instante do dia 31 de dezembro).

8.2.3. Aplicação a fatos pretéritos

Ao estudarmos o princípio da irretroatividade, apontamos os casos excepcionais em que a lei se aplica a fato anterior à sua vigência:

a) lei expressamente interpretativa, sem penalidade pela infração dos dispositivos interpretados (art. 106, I, do CTN);

b) norma sancionadora mais benéfica ao infrator (*lex mitior*), exceto no caso de ato definitivamente julgado (art. 106, II, do CTN);

c) novas regras para a fiscalização ou aumento das garantias e privilégios do crédito, exceto criação de responsabilidade (art. 144, § 1º, do CTN).

Jurisprudência
Lei supostamente interpretativa que, em verdade, inova no mundo jurídico deve ser considerada como lei nova. **RE 566.621/RS, STF, Rel. Min. Ellen Gracie, j. 04.08.2011** **Obs.: na linha desse entendimento, o prazo quinquenal da repetição de indébito previsto na LC 118/2005 vale apenas para ações ajuizadas após o início de sua vigência.**

Gabarito de concurso público
Se, em procedimento administrativo fiscal, houver discussão sobre o alcance de uma norma impositiva, e, em face disso, tiver sido editada lei explicitando o sentido da referida norma, essa lei terá efeito retroativo. **(Procurador do Estado/PE – CESPE – 2009)**

A retroatividade não se aplica às multas administrativas:

Jurisprudência
Inaplicável a disciplina jurídica do Código Tributário Nacional, referente à retroatividade de lei mais benéfica (art. 106 do CTN), às multas de natureza administrativa. **REsp 1.176.900/SP, STJ, rel. Min. Eliana Calmon, j. 20.04.2010**

Se já houve o pagamento da penalidade pecuniária (ato jurídico perfeito) e, posteriormente, há redução da sanção, não há retroatividade (quem pagou não pode pedir devolução com base em legislação posterior):

Jurisprudência
2. Somente há que se falar em ato não definitivamente julgado, para efeito do art. 106, II, c, do CTN, se o crédito tributário ainda não estiver sido extinto ao tempo do protocolo da impugnação administrativa ou judicial em curso. 3. O pedido judicial de redução da penalidade somente ocorreu após os créditos terem sido integralmente extintos pelo adimplemento das parcelas, sendo assim, o pagamento integral do parcelamento extinguiu o crédito tributário na forma do art. 156, I, do CTN, o que inviabiliza a redução da penalidade com base no art. 106, II, c, do mesmo diploma legal, a despeito da superveniente edição da Lei n. 9.430/1996, que reduziu o limite da multa moratória prevista na Lei n. 8.981/1995 de 30% para 20% sobre o valor do débito. **REsp 852.647/RS, STJ, rel. Min. Mauro Campbell Marques, j. 24.08.2010**

Também há entendimento jurisprudencial no sentido de que a retroatividade não se aplica ampliativamente, como no caso de inclusão de atividade em regime especial de tributação:

Jurisprudência
(...) a Lei n. 10.034/2000, que possibilitou que instituições de ensino optassem pelo SIMPLES não pode ter efeitos retroativos, visto que ela não se enquadra em nenhuma das hipóteses do art. 106 do CTN. **REsp 1.194.524/RJ, STJ, rel. Min. Mauro Campbell Marques, j. 05.08.2010**

8.3. Interpretação

8.3.1. Definição

Interpretar é construir o conteúdo, o sentido e o alcance das normas jurídicas a partir da leitura dos textos legais.

Por outra linha doutrinária, interpretar é o esforço para extrair do texto legal o significado depositado pelo legislador.

A interpretação é pressuposto para a aplicação da legislação.

8.3.2. Métodos interpretativos

Aplicam-se ao Direito Tributário os métodos interpretativos da teoria geral do direito:

a) gramatical ou literal;

b) lógico-sistemático;

c) teleológico ou conforme a finalidade;

d) histórico.

Há, entretanto, regras específicas no CTN, que veremos mais adiante (arts. 109 a 112).

8.4 Integração

Em caso de ausência de disposição expressa (lacuna), a autoridade competente para aplicar a legislação tributária utilizará, sucessivamente, na ordem indicada (art. 108 do CTN):

1º – analogia
2º – princípios gerais de direito tributário
3º – princípios gerais de direito público
4º – equidade

É importante que o estudante memorize esses instrumentos de integração, inclusive sua ordem de aplicação, pois isso é muito exigido em concursos.

Gabarito de concurso público
Antes de aplicar os princípios gerais de direito tributário, o juiz deve fazer uso, se possível, da analogia. Entre a analogia e a equidade, o juiz deverá aplicar a primeira. **(Magistratura/PI – 2008 – CESPE)**

8.4.1. Analogia

Em caso de lacuna, o intérprete busca situação fática semelhante, verifica a norma aplicável a ela e, em seguida, adota-a para o caso analisado (= analogia).

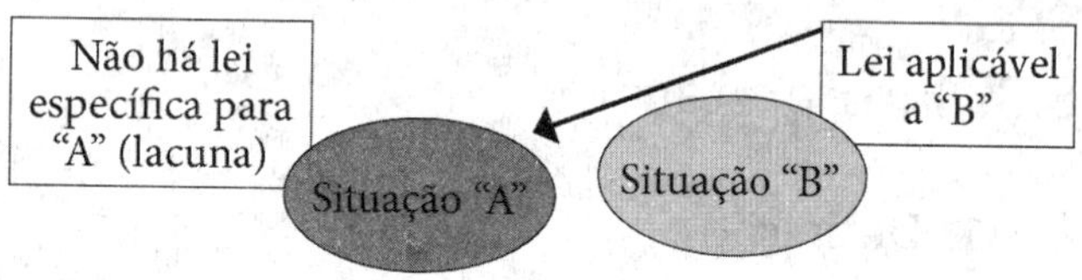

No diagrama acima, não há lei específica regulando a situação "A" (há lacuna), mas há uma situação semelhante (a situação "B"). Nesse caso, a lei aplicável à situação "B" é aplicada por analogia à situação "A".

Parte-se da premissa de que, se o legislador tivesse pensado no caso em análise, teria fixado a mesma norma aplicável para a situação semelhante.

O emprego da analogia não poderá resultar na exigência de tributo não previsto em lei.

Gabarito de concurso público
O emprego da analogia não poderá resultar na exigência de tributo não previsto em lei. **(Magistratura/PA – 2008 – FGV)**

Jurisprudência
O princípio da estrita legalidade tributária não permite dar à regra de responsabilidade tributária alcance nela não compreendido inicialmente, nem mesmo por analogia (art. 108, § 1º, do CTN). **REsp 866.152/SC, STJ, Rel. Min. Mauro Campbell Marques, j. 05/08/2010**

Tampouco é possível aplicar a analogia para ampliar benefícios fiscais, já que eles dependem de lei específica (art. 150, § 6º, da CF) que deve ser interpretada estritamente (ou literalmente, para usar o termo do art. 111 do CTN).

8.4.2. Princípios gerais de Direito Tributário

Outro instrumento para a solução de lacunas é a utilização dos princípios gerais de Direito Tributário, como capacidade contributiva, isonomia, irretroatividade, anterioridade, não confisco, uniformidade territorial, não diferenciação etc.

8.4.3. Princípios gerais de direito público

O aplicador da lei utilizará, ainda, os princípios gerais de direito público, como supremacia do interesse público sobre o particular, indisponibilidade do interesse público, ampla defesa etc.

8.4.4. Equidade

Equidade é a justiça aplicada ao caso concreto.

Embora a aplicação da lei seja inafastável (*dura lex sede lex* – a lei é dura, mas é a lei), é preciso reconhecer que sua aplicação cega pode implicar injustiça para todos (*summum jus summa injuria* – quanto maior o direito, maior pode ser a injustiça).

O emprego da equidade não poderá resultar na dispensa do pagamento de tributo devido.

Jurisprudência
No caso dos autos, tendo o acórdão recorrido assentado que os ora agravantes praticam operação de mera comercialização de produtos no varejo, o que não gera a incidência do tributo em questão, deve ser rejeitada a equiparação pretendida, pois, em atenção às regras de hermenêutica insertas nos art. 108, § 2º, e 111 do CTN, a equidade não pode ser aplicada para dispensar o pagamento de tributo devido nem é possível ampliação jurisprudencial da norma que concede renúncia fiscal. **AgRg no REsp 786.079/SC, STJ, Rel. Min. Herman Benjamin, j. 03.12.2009**

Gabarito de concurso público
O emprego da equidade não poderá resultar na dispensa de pagamento de tributo devido. **(Magistratura/PA – 2008 – FGV)**

8.5. Princípios de direito privado na interpretação tributária

> CTN, Art. 109. Os princípios gerais de direito privado utilizam-se para pesquisa da definição, do conteúdo e do alcance de seus institutos, conceitos e formas, mas não para definição dos respectivos efeitos tributários.

Se a norma tributária refere-se a "pai" ou a "curador", o intérprete analisará o conceito à luz do direito privado, mas não seus efeitos tributários (responsabilidade pelo tributo, por exemplo).

Dessa forma, consultará o Código Civil para definir o que é *pai* ou *curador*, mas não para a definição de responsabilidade. A responsabilidade tributária do pai ou do curador (efeito tributário) será interpretada à luz da legislação e dos princípios tributários.

Jurisprudência
O CTN dispõe que os princípios de direito privado não têm o condão de desqualificar o regime tributário de determinada exação (art. 109 do CTN). **REsp 1.013.458/SC, STJ, Rel. Min. Luiz Fux, j. 09.12.2008**

8.6. Interpretação das normas de competência

> CTN, Art. 110. A lei tributária não pode alterar a definição, o conteúdo e o alcance de institutos, conceitos e formas de direito privado, utilizados, expressa ou implicitamente, pela Constituição Federal, pelas Constituições dos Estados, ou pelas Leis Orgânicas do Distrito Federal ou dos Municípios, para definir ou limitar competências tributárias

A competência fixada pela CF é inalterável pela lei.

Assim, se o constituinte definiu que o Estado pode tributar a propriedade de veículos automotores, não pode o legislador local consignar que, para fins de IPVA, cavalos serão considerados veículo automotor.

Isso seria o mesmo que ampliar a competência tributária, o que não pode ser feito por norma infraconstitucional.

Jurisprudência
O art. 110 do CTN é mera explicitação do princípio da supremacia da Carta Magna, veiculando norma que versa sobre os limites da competência tributária concorrente e, assim, é revestido de carga constitucional, que não pode ser analisada em recurso especial. **AgRg no REsp 1.121.931/PR, STJ, Rel. Min. Luiz Fux, j. 15.02.2011**

Gabarito de concurso público
O conceito de mercadoria adotado pela Constituição Federal é o que a lei comercial define como tal. **(Magistratura/SP – 2009 – VUNESP)**

8.7. Interpretação literal dos benefícios

> CTN, Art. 111. Interpreta-se literalmente a legislação tributária que disponha sobre:
>
> I – suspensão ou exclusão do crédito tributário;
>
> II – outorga de isenção;
>
> III – dispensa do cumprimento de obrigações tributárias acessórias.

A regra é a incidência tributária e o cumprimento dos deveres acessórios. A exceção (benefício fiscal) deve ser interpretada estritamente (ou literalmente, conforme o CTN).

Isso significa que uma isenção, por exemplo, jamais pode ser interpretada extensivamente para abranger situações ou pessoas não indicadas expressamente na lei.

Gabarito de concurso público
Interpreta-se literalmente a legislação tributária que disponha sobre dispensa do cumprimento de obrigações tributárias acessórias. **(Procurador do Município/Florianópolis-SC – 2010 – FEPESE)**

Já vimos que os benefícios fiscais devem ser veiculados por lei específica, que trate apenas do benefício ou do tributo a que se referem, conforme o art. 150, § 6º, da CF:

> CF, art. 150, § 6º Qualquer subsídio ou isenção, redução de base de cálculo, concessão de crédito presumido, anistia ou remissão, relativos a impostos, taxas ou contribuições, só poderá ser concedido mediante lei específica, federal, estadual ou municipal, que regule exclusivamente as matérias acima enumeradas ou o correspondente tributo ou contribuição, sem prejuízo do disposto no art. 155, § 2.º, XII, *g* [benefícios de ICMS dependem de convênios interestaduais].

Jurisprudência
Ademais, a criação e extensão de benefício fiscal exige lei específica (art. 150, § 6º da Constituição Federal) e há vedação expressa à interpretação extensiva (art. 111 do CTN). **AgRg no REsp 1.226.371/RS, Rel. Min. Humberto Martins, j. 03.05.2011**

8.8. Interpretação benigna das sanções

Havendo dúvida, a lei tributária sancionadora deve ser interpretada de modo mais benéfica ao acusado.

> CTN, Art. 112. A lei tributária que define infrações, ou lhe comina penalidades, interpreta-se da maneira mais favorável ao acusado, em caso de dúvida quanto:
>
> I – à capitulação legal do fato;
>
> II – à natureza ou às circunstâncias materiais do fato, ou à natureza ou extensão dos seus efeitos;
>
> III – à autoria, imputabilidade, ou punibilidade;
>
> IV – à natureza da penalidade aplicável, ou à sua graduação.

É regra parecida com o *in dubio pro reo* do Direito Penal.

Perceba, entretanto, que essa interpretação mais benéfica é feita apenas no caso de dúvida a respeito das matérias indicadas no dispositivo.

9. Obrigação tributária, fato gerador e crédito

9.1. Obrigação tributária

A obrigação tributária refere-se à relação entre o sujeito passivo e o sujeito ativo, que surge com o fato gerador, e à prestação correspondente.

Veja uma representação gráfica da obrigação tributária, surgida com o fato gerador, e a constituição do crédito tributário pelo lançamento (o lançamento se refere à obrigação principal, como veremos mais adiante).

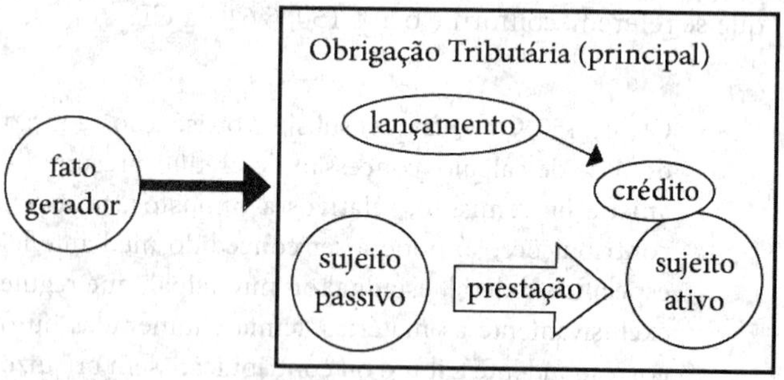

9.1.1. Espécies (art. 113 do CTN)

Há duas espécies de obrigação tributária:

a) Obrigação principal (tem por objeto prestação pecuniária, tributo ou penalidade);

b) Obrigação acessória (a prestação não é pecuniária).

9.1.1.1. Obrigação principal

> CTN, Art. 113, § 1º A obrigação principal surge com a ocorrência do fato gerador, tem por objeto o pagamento de tributo ou penalidade pecuniária e extingue-se juntamente com o crédito dela decorrente.

O objeto da obrigação principal é sempre a entrega de dinheiro (tributo ou penalidade pecuniária).

Apesar de ser obrigação **tributária** principal, seu objeto pode ser tributo ou algo que não é tributo (multa não é tributo, pois decorre de fato ilícito).

9.1.1.2. Obrigação acessória

> CTN, Art. 113, § 2º A obrigação acessória decorre da legislação tributária e tem por objeto as prestações, positivas ou negativas, nela previstas no interesse da arrecadação ou da fiscalização dos tributos.

O objeto da obrigação acessória não é pecuniário, ou seja, é qualquer outra coisa que não seja entregar dinheiro ao Fisco, mas que tenha relação, evidentemente, com a tributação. Exemplos: emitir nota fiscal, escriturar livros, apresentar declarações, permitir a entrada do fiscal no estabelecimento.

Jurisprudência
Inscrever-se no Cadastro Nacional de Pessoa Jurídica (CNPJ) antes de iniciar a atividade econômica é uma obrigação acessória. **(Ministério Público/RO – 2008 – CESPE)**

A obrigação acessória decorre da *legislação tributária* (não necessariamente lei, mas também pode ser decreto, portaria etc.).

Apesar do nome *acessória*, essa obrigação pode existir independentemente de obrigação principal. Por exemplo, as entidades imunes devem manter escrituração fiscal (obrigação acessória), embora não haja obrigação principal (dever de pagar tributo). Outro exemplo é o caso da suspensão da exigibilidade do crédito tributário (obrigação principal), que não afasta as obrigações acessórias.

Jurisprudência
Isto porque, ainda que, em tese, o deslocamento de bens do ativo imobilizado e de material de uso e consumo entre estabelecimentos de uma mesma instituição financeira não configure hipótese de incidência do ICMS, compete ao Fisco Estadual averiguar a veracidade da aludida operação, sobressaindo a razoabilidade e proporcionalidade da norma jurídica que tão somente exige que os bens da pessoa jurídica sejam acompanhados das respectivas notas fiscais. **REsp 1.116.792/PB, Rel. Ministro Luiz Fux, j. 24.11.2010**

Caso haja descumprimento da obrigação acessória (inadimplemento), surge penalidade pecuniária (multa):

> CTN, Art. 113, § 3º A obrigação acessória, pelo simples fato da sua inobservância, converte-se em obrigação principal relativamente à penalidade pecuniária.

Já vimos, ao estudarmos o princípio da legalidade, o debate a respeito da necessidade de lei em sentido estrito para a instituição de obrigação acessória.

Lembre-se que o CTN, ao tratar da obrigação principal (tributo e penalidade pecuniária), refere-se sempre à *lei* (arts. 97, III, e 114). Ao dispor sobre a obrigação acessória (deveres instrumentais, como emissão de documentos fiscais, escrituração, declarações etc.), refere-se à *legislação* (que inclui normas infralegais – arts. 96, 113, § 2º, e 115).

Como dito anteriormente, apesar da incerteza jurisprudencial, parece-nos possível afirmar que há necessidade de lei, mas que pode ser genérica, sendo a obrigação acessória detalhada por norma infralegal (a prevalecer o posicionamento do STJ no REsp 838.143/PR, que nos parece adequado).

9.2. Fato gerador

9.2.1. Fato gerador: duplo sentido

A expressão *fato gerador* é utilizada em dois sentidos:

a) previsão legal (geral e abstrata) da situação que faz surgir a obrigação tributária = hipótese de incidência, fato gerador abstrato.

b) efetiva ocorrência do fato da vida previsto na lei = fato imponível, fato gerador concreto, fato jurídico tributário.

9.2.2. Fato gerador da obrigação principal

> CTN, Art. 114. Fato gerador da obrigação principal é a situação definida em lei como necessária e suficiente à sua ocorrência.

Fato gerador da obrigação principal é a situação prevista em **lei, necessária** e **suficiente** para sua ocorrência:

a) **necessária**: sem o fato gerador não há obrigação;

b) **suficiente**: não é preciso mais nada para surgir a obrigação tributária.

9.2.3. Fato gerador da obrigação acessória

> CTN, Art. 115. Fato gerador da obrigação acessória é qualquer situação que, na forma da legislação aplicável, impõe a prática ou a abstenção de ato que não configure obrigação principal.

Fato gerador da obrigação acessória é a situação prevista na legislação que faz surgir essa relação obrigacional não pecuniária.

Perceba que o CTN não faz referência à *lei*, mas apenas à *legislação*, o que gera o debate que já vimos ao estudarmos a obrigação acessória (necessidade de lei em sentido estrito para sua instituição).

É definido por exclusão (faz surgir obrigação tributária que não é principal, ou seja, que não é pecuniária).

9.2.4. Fato gerador: momento da ocorrência

Se o fato gerador for *situação de fato*, dá-se por ocorrido desde o momento em que se verifiquem as circunstâncias materiais necessárias a que produza os efeitos que normalmente lhe são próprios (art. 116, I, do CTN).

Por exemplo, a circulação de mercadoria (fato gerador do ICMS) é uma situação de fato, que ocorre com a saída para o adquirente.

Se for *situação jurídica*, desde o momento em que esteja definitivamente constituída, nos termos de direito aplicável (art. 116, II, do CTN).

Por exemplo, a transmissão de imóvel (fato gerador do ITBI ou do ITCMD) é uma situação jurídica, pois é regulada por outro ramo do direito (o Direito Civil), segundo o qual o domínio existe a partir do registro imobiliário. Assim, o fato gerador do imposto correspondente (ITBI se a transmissão for onerosa; ITCMD se for *causa mortis* ou por doação) ocorre somente a partir do registro imobiliário.

9.2.5. Fato gerador: momento da ocorrência de situação jurídica condicionada

Se o fato gerador for situação jurídica e houver condição suspensiva, entende-se que ocorre desde o momento de seu implemento (somente então ocorre o fato gerador – art. 117, I, do CTN).

Por exemplo, em uma doação condicionada a evento futuro e incerto (casamento do beneficiado), o fato gerador do ITCMD (imposto estadual que incide sobre doações) ocorre apenas no momento em que a condição é implementada (com o casamento e a efetiva doação, nesse exemplo).

Se o fato gerador for situação jurídica com condição resolutiva (ou resolutória), dá-se por ocorrido desde o momento da prática do ato ou da celebração do negócio (art. 117, II, do CTN). A rigor, essa condição é irrelevante para o fato gerador.

Por exemplo, um empréstimo bancário com cláusula extintiva em caso de alta inflação. No momento em que o empréstimo é realizado, com a disponibilização do dinheiro ao tomador, incide o IOF federal, sendo irrelevante o implemento futuro da cláusula resolutiva.

9.2.6. Fato gerador: irrelevância da validade ou dos efeitos

A definição legal do fato gerador é interpretada abstraindo-se (art. 118 do CTN):

a) da validade jurídica dos atos efetivamente praticados e da natureza de seu objeto ou dos seus efeitos – ex.: advocacia por profissional sem registro na OAB (incide o ISS);

b) dos efeitos dos fatos efetivamente ocorridos – ex.: mercadoria roubada após a venda (incide o ICMS).

A situação que configura o **fato** gerador é necessária e suficiente, de modo que a validade ou os efeitos dos atos praticados e dos atos ocorridos é irrelevante.

Gabaritos de concursos públicos
Podem ser tributados os atos nulos e os atos ilícitos, em face do princípio da interpretação objetiva do fato gerador. **(Defensoria/MT - 2007)**
Contra um menor absolutamente incapaz foi lavrado um auto de infração e imposição de multa constituindo crédito tributário relativo a negócio que o menor praticou sem estar devidamente representado. Esta exigência tributária, em tese, está correta, pois a validade jurídica dos atos efetivamente praticados e os efeitos dos fatos efetivamente ocorridos são irrelevantes para a definição do fato gerador, não havendo impedimento, portanto, para que o negócio celebrado seja fato gerador de tributo. **(Procurador do Município/Teresina-PI - 2010 - FCC)**

9.2.7. Fato gerador: norma antielisiva

> CTN, Art. 116, Parágrafo único. A autoridade administrativa poderá desconsiderar atos ou negócios jurídicos praticados com a finalidade de dissimular a ocorrência do fato gerador do tributo ou a natureza dos elementos constitutivos da obrigação tributária, observados os procedimentos a serem estabelecidos em lei ordinária.

O legislador pretendeu reduzir as brechas pelas quais os contribuintes buscam reduzir o recolhimento do tributo.

A rigor, elisão fiscal ou planejamento tributário é algo legal. O que se veda é a evasão fiscal (= ilícito).

Dissimular é ocultar a ocorrência do fato gerador. Caso haja dissimulação, a autoridade administrativa deve desconsiderar os atos ou negócios praticados com essa finalidade e cobrar o tributo devido.

Discute-se se a falta de propósito negocial ou o abuso de forma seriam elementos para identificar a dissimulação ilícita. Não há, ainda, lei regulamentadora.

9.2.8. Fato gerador: uma classificação

Dentre as diversas classificações dos fatos geradores, apresentamos uma bastante adotada, que aponta o instantâneo, o periódico e o continuado:

Fato gerador instantâneo	– evento isolado, ocorrido em momento determinado – ex.: ICMS, IPI, II
Fato gerador periódico	– perfaz-se ao longo de um período, dentro do qual está *pendente* – ex.: IR
Fato gerador continuado	– situação que tende a perdurar indefinidamente no tempo: ex.: ITR, IPTU

9.3. Crédito tributário

9.3.1. Aspectos gerais

A obrigação tributária nasce automaticamente com a ocorrência do fato gerador, mas é *inexigível* pelo Fisco antes do lançamento.

Com o lançamento, constitui-se o **crédito** tributário, que decorre da obrigação principal e tem a mesma natureza desta (art. 139 do CTN). A partir daí, com o vencimento, a obrigação torna-se exigível.

A extinção do crédito extingue a obrigação (art. 113, § 1º, do CTN).

Gabarito de concurso público
Nos termos do Código Tributário Nacional, considera-se constituído o crédito tributário com a ocorrência do lançamento do crédito tributário efetuado pela autoridade administrativa. **(Magistratura/SC - 2010)**

9.3.2. Crédito tributário: arts. 140 e 141 do CTN

As circunstâncias que modificam o crédito, sua extensão ou seus efeitos, ou as garantias ou os privilégios, ou que excluem sua exigibilidade não afetam a obrigação tributária.

Por exemplo, a nulidade do crédito ou eventual garantia real dada pelo contribuinte não alteram, necessariamente, a obrigação.

A modificação, a suspensão, a extinção e a exclusão ocorrem somente nos casos previstos no CTN.

O crédito e suas garantias não podem ser dispensados pela administração tributária, sob pena de responsabilidade funcional do agente.

Gabarito de concurso público
As circunstâncias que modificam o crédito tributário, sua extensão ou seus efeitos, ou as garantias ou os privilégios a ele atribuídos, ou que excluem sua exigibilidade, não afetam a obrigação tributária que lhe deu origem. **(Magistratura/DF - 2011)**

10. Lançamento tributário

10.1. Definição do CTN

O lançamento tributário, pelo qual se constitui o crédito, é definido pelo art. 142 do CTN:

> Art. 142. Compete **privativamente** à autoridade administrativa **constituir** o crédito tributário pelo lançamento, assim entendido o procedimento adminis-

trativo tendente a verificar a ocorrência do fato gerador da obrigação correspondente, determinar a matéria tributável, calcular o montante do tributo devido, identificar o sujeito passivo e, sendo caso, propor a aplicação da penalidade cabível.

10.2. Lançamento tributário: características

O fato gerador faz surgir imediatamente a obrigação tributária. Com o lançamento (e após o vencimento), a obrigação principal (tributo ou penalidade pecuniária) torna-se exigível pelo Fisco.

Segundo o CTN, o lançamento **constitui** o crédito.

Gabarito de concurso público
No que concerne ao lançamento é correto afirmar: é ato administrativo constitutivo, pois dá nascimento a crédito tributário. **(Ministério Público/GO – 2005)**

Boa parte da doutrina, entretanto, entende que o lançamento **declara** o crédito, que surge automaticamente com a obrigação.

Há uma tese conciliatória, pela qual o lançamento **declara** a ocorrência do fato gerador (passado) e **constitui** o crédito tributário (presente).

10.3. Lançamento tributário: privatividade

Segundo o CTN, o lançamento é privativo do Fisco.

Gabarito de concurso público
Em ação judicial movida pelo contribuinte questionando os critérios constantes em legislações distintas para o lançamento, o juiz, na sentença de mérito, deverá indicar qual o critério a ser seguido. Nesse caso, mesmo que haja a possibilidade de obtenção do valor devido em liquidação por arbitramento, a autoridade fazendária na atividade de lançamento não poderá ser substituída. **(Magistratura/BA – 2006 – CESPE)**

Trata-se de atividade vinculada e obrigatória, sob pena de responsabilidade funcional (art. 142, parágrafo único, do CTN).

Gabarito de concurso público
O ato administrativo denominado de lançamento é vinculado para o agente da administração tributária. **(Delegado/PA – 2009 – MOVENS)**

A jurisprudência, entretanto, entende que a declaração prestada pelo contribuinte, na forma da legislação de determinados tributos (por exemplo, a DCTF federal ou as declarações relativas ao ICMS), indicando a ocorrência do fato gerador e o valor do tributo devido, constitui o crédito.

Assim, se o contribuinte entrega a DCTF (declaração federal) registrando a ocorrência do fato gerador da COFINS em determinado período, com a indicação do valor devido, mas não o recolhe, entende-se que o Fisco não precisa lançar, pois o crédito já está constituído (Súmula 436 do STJ). Nesse caso, bastará inscrever o valor em dívida ativa e executá-lo judicialmente.

Jurisprudência
Súmula 436 do STJ. A entrega de declaração pelo contribuinte reconhecendo débito fiscal constitui o crédito tributário, dispensada qualquer outra providência por parte do fisco.

10.4. Lançamento tributário: formalização

O lançamento documenta a ocorrência do fato gerador e formaliza a relação jurídica obrigacional.

Pelo lançamento, indica-se o sujeito passivo, o valor do tributo (calculado normalmente pela multiplicação de uma alíquota pela base de cálculo), das multas, dos juros e da correção monetária.

Se o valor estiver em moeda estrangeira, será feita a conversão em reais no lançamento, pelo câmbio da data de ocorrência do fato gerador.

Gabarito de concurso público
Quando o pagamento de um tributo depende da conversão de moeda estrangeira, o câmbio para a conversão é: o vigente no dia da ocorrência de fato gerador. **(Magistratura Federal – 1a Região – 2005)**

10.5. Lançamento tributário: terminologia

Muitas vezes, utiliza-se o termo *lançamento* para o tributo e *autuação* quando há constituição do crédito pela fiscalização, com aplicação de multa.

Segundo o CTN, a autoridade lançadora *propõe* a aplicação de penalidade para a autoridade superior, que decidiria a respeito.

Atualmente, entretanto, o próprio fiscal já aplica a multa, que pode ser contestada administrativamente.

10.6. Lançamento tributário: constituição provisória e definitiva

Para a jurisprudência que vem se pacificando, a notificação do lançamento constitui provisoriamente o crédito tributário.

A constituição definitiva ocorre somente com o fim do processo administrativo ou após o prazo para impugnação ou recurso pelo sujeito passivo (ver, por ex., Súmula Vinculante 24 do STF).

Jurisprudência
Súmula Vinculante 24/STF: Não se tipifica crime material contra a ordem tributária, previsto no art. 1º, incisos I a IV, da Lei n. 8.137/1990, antes do lançamento definitivo do tributo.

10.7. Lançamento tributário: lei aplicável

> CTN, art. 144. O lançamento reporta-se à data da ocorrência do fato gerador da obrigação e rege-se pela lei então vigente, ainda que posteriormente modificada ou revogada.
>
> (...)

A lei aplicável em relação ao tributo é sempre aquela vigente à época do fato gerador (art. 144 do CTN).

Lembre-se, entretanto, que se aplica a lei posterior ao fato gerador que (art. 144, § 1º, e art. 106, II, do CTN):

a) fixa novos critérios de apuração ou processos de fiscalização;

b) amplia os poderes de investigação do Fisco;

c) outorga maiores garantias ou privilégios ao crédito, exceto a atribuição de nova responsabilidade tributária a terceiros;

d) *lex mitior* (norma sancionadora mais benéfica).

Gabaritos de concursos públicos
O lançamento tributário rege-se pela lei vigente na data da ocorrência do fato gerador, ainda que ao tempo da constituição do crédito tal lei haja sido revogada. **(Magistratura/PB – 2011 – CESPE)**
Se uma nova lei for publicada após a ocorrência do fato gerador de imposto não lançado por período certo de tempo, ampliando os poderes de investigação das autoridades administrativas, o lançamento será regido pela lei em vigor na data da feitura do lançamento. **(Ministério Público/ES – 2010 – CESPE)**

10.8. Lançamento tributário: modificação

O lançamento notificado só pode ser alterado em caso de (art. 145 do CTN):

a) impugnação do sujeito passivo;

b) recurso de ofício ou;

c) iniciativa de ofício da autoridade, nos casos do art. 149 do CTN (lançamento de ofício).

Gabarito de concurso público
Em conformidade com o CTN, quando regularmente notificado o sujeito passivo, o lançamento somente pode ser alterado por impugnação do próprio sujeito passivo, recurso de ofício ou por iniciativa de ofício da autoridade administrativa. **(Magistratura/PA – 2008 – FGV)**

Jurisprudência
O princípio da imutabilidade do lançamento tributário, insculpido no artigo 145 do CTN, prenuncia que o poder-dever de autotutela da Administração Tributária, consubstanciado na possibilidade de revisão do ato administrativo constitutivo do crédito tributário, somente pode ser exercido nas hipóteses elencadas no artigo 149 do Codex Tributário, e desde que não ultimada a extinção do crédito pelo decurso do prazo decadencial quinquenal, em homenagem ao princípio da proteção à confiança do contribuinte (encartado no artigo 146) e no respeito ao ato jurídico perfeito. **REsp 1.115.501/SP, STJ, Rel. Min. Luiz Fux, j. 10.11.2010 – repetitivo**

A modificação de critérios jurídicos não permite a alteração do lançamento (erro de direito) – Súmula 227 do TFR e art. 146 do CTN.

> CTN, art. 146. A modificação introduzida, de ofício ou em consequência de decisão administrativa ou judicial, nos critérios jurídicos adotados pela autoridade administrativa no exercício do lançamento somente pode ser efetivada, em relação a um mesmo sujeito passivo, quanto a fato gerador ocorrido posteriormente à sua introdução.

Jurisprudência
Súmula 227 do TFR. A mudança de critério jurídico adotado pelo fisco não autoriza a revisão de lançamento.

Significa que, se o Fisco muda sua interpretação a respeito da norma tributária, deverá aplicá-la aos lançamentos futuros, mas não para modificar os já realizados.

10.9. Lançamento tributário: revisão por erro

Veja os seguintes exemplos de erros de fato (que permite a modificação do lançamento) e de direito (mudança de entendimento, que não permite a alteração do lançamento):

Erro de fato (permite a revisão)	– a autoridade lançadora engana-se quanto à matéria tributável, pois pensou que o motor era elétrico, mas é a diesel, com alíquota aplicável maior. Nesse caso, pode e deve revisar o lançamento
Erro de direito (não permite a revisão)	– a autoridade lançadora interpreta erroneamente a legislação aplicável, pois sabia que o motor era a diesel, mas entendeu que se aplicava, por analogia, benefício fiscal dado ao motor elétrico. Há erro de direito, que não admite a revisão do lançamento

10.10. Modalidades de lançamento

Há somente três modalidades de lançamento: por declaração (ou misto), de ofício (ou direto) e por homologação (ou autolançamento):

Lançamento por **declaração** (ou misto)	– o sujeito passivo declara e o Fisco calcula o crédito e notifica para o pagamento
Lançamento de **ofício** (ou direto)	– o Fisco faz tudo, calcula e notifica o sujeito passivo para o pagamento – ex.: IPVA, IPTU
Lançamento por **homologação** (ou autolançamento)	– o contribuinte faz tudo, calcula e recolhe o tributo (o Fisco só homologa) – ex.: ICMS, IPI, ISS, contribuições

Gabarito de concurso público
São exemplos de impostos sujeitos normalmente a lançamento de ofício e por homologação, respectivamente: IPTU e IPI. **(Defensoria/SP – 2007 – FCC)**

10.11. Lançamento por declaração (misto)

10.11.1. Definição

Lançamento por declaração é aquele realizado com base na declaração do sujeito passivo ou de terceiro, prestada ao Fisco, na forma da *legislação*, com informações sobre **matéria de fato** indispensáveis para a constituição do crédito (art. 147 do CTN).

O Fisco analisa essa declaração e, com base nela, calcula o valor devido, notificando o contribuinte para que pague.

Gabarito de concurso público
Considere que, após preencher e entregar ao órgão fiscal todos os documentos e informações necessários à apuração de determinado tributo, a empresa X receba uma notificação para pagamento. Nessa situação, tal tributo tem lançamento por declaração. **(Magistratura/SE – 2008 – CESPE)**

Alguns autores afirmam que o ITR é lançado por declaração, mas a jurisprudência pacificou-se em sentido diverso (o ITR é lançado por homologação – ver REsp 1.027.051/SC-STJ).

A rigor, praticamente não existe tributo relevante no Brasil que seja atualmente lançado por declaração.

10.11.2. Lançamento por declaração: erro e retificação

O declarante pode retificar a declaração que vise a reduzir ou a excluir o tributo somente **antes da notificação** do lançamento, desde que comprove o erro (art. 147, § 1º, do CTN).

Gabarito de concurso público
A retificação da declaração por iniciativa do próprio declarante, quando vise à redução ou exclusão de tributo, somente pode ser admitida mediante comprovação do erro em que se funde, e antes de notificado o lançamento. **(Defensoria/SP – 2009 – FCC)**

Depois da notificação, o sujeito passivo pode contestar judicialmente o crédito (entendimento doutrinário).

Se o erro for apurável pelo próprio exame da declaração, será corrigido de ofício pela autoridade (art. 147, § 2º, do CTN).

10.11.3. Lançamento por declaração: arbitramento

> CTN, art. 148. Quando o cálculo do tributo tenha por base, ou tome em consideração, o valor ou o preço de bens, direitos, serviços ou atos jurídicos, a autoridade lançadora, mediante processo regular, arbitrará aquele valor ou preço, sempre que sejam omissos ou não mereçam fé as declarações ou os esclarecimentos prestados, ou os documentos expedidos pelo sujeito passivo ou pelo terceiro legalmente obrigado, ressalvada, em caso de contestação, avaliação contraditória, administrativa ou judicial.

Quando há **omissão** ou **não mereçam fé** os documentos, declarações ou esclarecimentos, cabe arbitramento por parte do Fisco.

O arbitramento refere-se a **valores ou preços** de bens, direitos, serviços ou atos jurídicos necessários para o lançamento.

Deve ser instaurado **processo administrativo regular** pelo Fisco para **arbitramento** do valor ou preço (não é arbitrariedade!), garantido o **contraditório** (administrativo e judicial) em caso de contestação (art. 148 do CTN).

Essas regras do art. 148 do CTN são aplicáveis a qualquer arbitramento realizado pela autoridade fiscal, mesmo no caso de autuação (lançamento de ofício) relativa a tributo originariamente lançado por homologação.

Jurisprudência
A apuração do valor da base de cálculo pode ser feita por arbitramento nos termos do artigo 148 do CTN quando for certa a ocorrência do fato imponível e a declaração do contribuinte não mereça fé, em relação ao valor ou preço de bens, direitos, serviços ou atos jurídicos registrados. Nesse caso, a Fazenda Pública fica autorizada a proceder ao arbitramento mediante processo administrativo-fiscal regular, assegurados o contraditório e a ampla defesa, exatamente o que ocorreu no caso, em que foi utilizado o próprio Livro de Inventário do Centro de Distribuição. **REsp 1.109.298/RS, STJ, Min. Castro Meira, j. 26.04.2011**

Gabarito de concurso público
Se o cálculo do tributo tiver por base valor de bens ou direitos, e estes não forem corretamente informados pelo sujeito passivo, a autoridade que efetivar o lançamento arbitrará estes valores, podendo o sujeito passivo contraditá-los. **(Auditor Fiscal/CE – 2006 – ESAF – adaptado)**

10.12. Lançamento de ofício (direto)

10.12.1. Definição

Lançamento de ofício é a modalidade em que o Fisco lança diretamente, verificando a ocorrência do fato gerador, determinando a matéria tributável, calculando o montante do tributo, identificando o sujeito passivo e aplicando a penalidade (art. 149 do CTN).

Não há, nesse caso, participação direta do sujeito passivo.

O Fisco utiliza dados de cadastros, muitas vezes alimentados por declarações dos contribuintes, mas isso não pode levar o estudante a confundir o lançamento de ofício com o lançamento por declaração.

10.12.2. Lançamento de ofício: cabimento

Cabe lançamento de ofício para **todos** os tributos:

a) originariamente, quando a lei indica essa modalidade de lançamento para o tributo;

b) subsidiariamente, quando o tributo deveria ter sido lançado por declaração ou por homologação, mas não foi, por omissão, culpa, erro, fraude etc.

O art. 149 do CTN cuida também da aplicação de penalidade pecuniária isolada (sem lançamento de tributo) e da revisão do lançamento de ofício anteriormente realizado (por erro ou falta funcional).

10.12.3. Lançamento de ofício: art. 149 do CTN

Vejamos, a seguir, as hipóteses de lançamento e revisão de ofício, listadas no art. 149 do CTN.

Art. 149. O lançamento é efetuado e revisto de ofício pela autoridade administrativa nos seguintes casos:

I – quando a lei assim o determine;

(...)

O inciso I indica o caso do lançamento de ofício originário, quando a lei determina essa modalidade para determinado tributo (ex.: IPVA, IPTU).

Art. 149. O lançamento é efetuado e revisto de ofício pela autoridade administrativa nos seguintes casos:

(...)

II – quando a declaração não seja prestada, por quem de direito, no prazo e na forma da legislação tributária;

(...)

O inciso II corresponde ao caso de omissão do sujeito passivo ou do terceiro obrigado à declaração (no lançamento por declaração), que leva o Fisco a lançar de ofício.

Art. 149. O lançamento é efetuado e revisto de ofício pela autoridade administrativa nos seguintes casos:

(...)

III – quando a pessoa legalmente obrigada, embora tenha prestado declaração nos termos do inciso anterior, deixe de atender, no prazo e na forma da legislação tributária, a pedido de esclarecimento formulado pela autoridade administrativa, recuse-se a prestá-lo ou não o preste satisfatoriamente, **a juízo daquela autoridade**;

(...)

Outro caso de omissão, em relação a pedido de esclarecimento feito pelo Fisco, no inciso III. Há uma peculiar discricionariedade da administração tributária que, se entender que o esclarecimento não é satisfatório (ou não ocorreu), deverá lançar de ofício.

> Art. 149. O lançamento é efetuado e revisto de ofício pela autoridade administrativa nos seguintes casos:
>
> (...)
>
> IV – quando se comprove falsidade, erro ou omissão quanto a qualquer elemento definido na legislação tributária como sendo de declaração obrigatória;
>
> (...)

Conforme o inciso, IV, há lançamento de ofício também no caso de falsidade ou erro na declaração prestada pelo particular.

Jurisprudência

1. A Administração Tributária tem o poder/dever de revisar de ofício o lançamento quando se comprove erro de fato quanto a qualquer elemento definido na legislação tributária como sendo de declaração obrigatória (art. 145, III, c/c art. 149, IV, do CTN).
2. A este poder/dever corresponde o direito do contribuinte de retificar e ver retificada pelo Fisco a informação fornecida com erro de fato, quando dessa retificação resultar a redução do tributo devido.
3. Caso em que a Administração Tributária Municipal, ao invés de corrigir o erro de ofício, ou a pedido do administrado, como era o seu dever, optou pela lavratura de cinco autos de infração eivados de nulidade, o que forçou o contribuinte a confessar o débito e pedir parcelamento diante da necessidade premente de obtenção de certidão negativa.
4. Situação em que o vício contido nos autos de infração (erro de fato) foi transportado para a confissão de débitos feita por ocasião do pedido de parcelamento, ocasionando a invalidade da confissão.
5. A confissão da dívida não inibe o questionamento judicial da obrigação tributária, no que se refere aos seus aspectos jurídicos. Quanto aos aspectos fáticos sobre os quais incide a norma tributária, a regra é que não se pode rever judicialmente a confissão de dívida efetuada com o escopo de obter parcelamento de débitos tributários. No entanto, como na situação presente, a matéria de fato constante de confissão de dívida pode ser invalidada quando ocorre defeito causador de nulidade do ato jurídico (v.g. erro, dolo, simulação e fraude).
REsp 1.133.027/SP, STJ, Rel. p/ acórdão Min. Mauro Campbell Marques, j. 13.10.2010, repetitivo

> Art. 149. O lançamento é efetuado e revisto de ofício pela autoridade administrativa nos seguintes casos:
>
> (...)
>
> V – quando se comprove omissão ou inexatidão, por parte da pessoa legalmente obrigada, no exercício da atividade a que se refere o artigo seguinte [lançamento por homologação];
>
> (...)

Hipótese de omissão ou inexatidão do sujeito passivo em relação ao lançamento por homologação. Nesse caso, do inciso V, o Fisco lançará de ofício.

> Art. 149. O lançamento é efetuado e revisto de ofício pela autoridade administrativa nos seguintes casos:
>
> (...)
>
> VI – quando se comprove ação ou omissão do sujeito passivo, ou de terceiro legalmente obrigado, que dê lugar à aplicação de penalidade pecuniária;
>
> (...)

O inciso VI refere-se à aplicação de penalidade pecuniária, sendo comum o uso do termo *autuação* para esse lançamento de ofício.

> Art. 149. O lançamento é efetuado e revisto de ofício pela autoridade administrativa nos seguintes casos:
>
> (...)
>
> VII – quando se comprove que o sujeito passivo, ou terceiro em benefício daquele, agiu com dolo, fraude ou simulação;
>
> (...)

Trata-se, no inciso VII, de reiteração da possibilidade de autuação no caso de ilícito tributário.

> Art. 149. O lançamento é efetuado e revisto de ofício pela autoridade administrativa nos seguintes casos:
>
> (...)
>
> VIII – quando deva ser apreciado fato não conhecido ou não provado por ocasião do lançamento anterior;
>
> (...)

Hipótese (inciso VIII) de revisão de anterior lançamento de ofício, em que a matéria tributável não havia sido adequadamente apreciada (erro de fato). Lembre-se que o erro de direito (mudança de entendimento quanto à interpretação da legislação) não permite a revisão.

Gabarito de concurso público

O lançamento é efetuado e revisto de ofício pela autoridade administrativa nas seguintes hipóteses, dentre outras, previstas no artigo 149 do CTN quando deve ser apreciado fato não conhecido por ocasião do lançamento anterior e quando a declaração não seja prestada, por quem de direito, no prazo e na forma da legislação tributária. **(Auditor Fiscal/MS – 2006 – FGV)**

> Art. 149. O lançamento é efetuado e revisto de ofício pela autoridade administrativa nos seguintes casos:
>
> (...)
>
> IX – quando se comprove que, no lançamento anterior, ocorreu fraude ou falta funcional da autoridade que o efetuou, ou omissão, pela mesma autoridade, de ato ou formalidade especial.
>
> (...)

O inciso IX refere-se à revisão do lançamento de ofício anteriormente realizado, por fraude, falta ou omissão da autoridade fiscal.

> Art. 149. O lançamento é efetuado e revisto de ofício pela autoridade administrativa nos seguintes casos:
>
> (...)
>
> Parágrafo único. A revisão do lançamento só pode ser iniciada enquanto não extinto o direito da Fazenda Pública.

Após o prazo decadencial, não é mais possível revisar o lançamento anterior. Estudaremos a decadência quando analisarmos as modalidades de extinção do crédito tributário, mais adiante.

10.13. Lançamento por homologação (autolançamento)

10.13.1 Definição

Lançamento por homologação é aquele em que o próprio sujeito passivo verifica a ocorrência do fato gerador, calcula o tributo devido e, antes de qualquer atuação do Fisco, recolhe o valor correspondente.

À autoridade administrativa, resta homologar a atividade do sujeito passivo, expressa ou tacitamente.

Como o sujeito passivo faz tudo, é também conhecido como *autolançamento*.

10.13.2. Art. 150, *caput*, do CTN

> Art. 150. O lançamento por homologação, que ocorre quanto aos tributos cuja legislação atribua ao sujeito passivo o dever de **antecipar o pagamento** sem prévio exame da autoridade administrativa, **opera-se pelo ato** em que a referida **autoridade**, tomando conhecimento da atividade assim exercida pelo obrigado, **expressamente a homologa**.
>
> (...)

O CTN procurou manter a tese de que o lançamento é privativo do Fisco, razão pela qual se refere à homologação pela autoridade competente, que pode ser tácita. Na verdade, quase sempre há apenas homologação tácita.

10.13.3. Lançamento por homologação: momento da extinção do crédito

> Art. 150. § 1º. O pagamento antecipado pelo obrigado nos termos deste artigo extingue o crédito, sob condição resolutória da ulterior homologação ao lançamento.
>
> (...)

Atualmente, após enorme discussão judicial, a legislação é clara ao afirmar que a extinção do crédito se dá com o pagamento realizado pelo sujeito passivo, e não com a homologação pelo Fisco – art. 3º da LC 118/2005.

Isso é relevante para a contagem do prazo para a repetição de eventual indébito (quando o sujeito paga tributo indevido e pede a restituição do valor). Voltaremos ao assunto ao tratarmos da extinção do crédito e das ações tributárias.

10.13.4. Homologação tácita – Art. 150, § 4º, CTN

Se não houver homologação expressa do Fisco, ocorre a homologação tácita, após 5 anos contados do fato gerador.

Com a sua ocorrência, não há como o Fisco rever o lançamento (ocorre decadência).

Entretanto, para que seja possível, é preciso que tenha ocorrido recolhimento.

Não há homologação tácita, tampouco, no caso de dolo, fraude ou simulação.

Jurisprudência
O prazo decadencial quinquenal para o Fisco constituir o crédito tributário (lançamento de ofício) conta-se do primeiro dia do exercício seguinte àquele em que o lançamento poderia ter sido efetuado, nos casos em que a lei não prevê o pagamento antecipado da exação ou quando, a despeito da previsão legal, o mesmo inocorre, sem [ou ocorre pagamento antecipado com] a constatação de dolo, fraude ou simulação do contribuinte, inexistindo declaração prévia do débito **REsp 973.733/SC, STJ, Rel. Min. Luiz Fux, j. 12.08.2009 – repetitivo**
Obs.: esse repetitivo trata de decadência, mas deixa claro que não há homologação tácita quando: – não ocorre o pagamento – o pagamento ocorre com dolo, fraude ou simulação. Ademais, para que haja lançamento de ofício subsidiário, não pode ter havido declaração prévia de débito (já que essa declaração do sujeito passivo tem o efeito de constituir o crédito, sendo desnecessário lançamento pelo fisco – Súmula 436 do STJ)

10.13.5. Tributo declarado e não pago

Nos tributos empresariais lançados por homologação (IPI, ICMS, COFINS etc.) costuma haver declaração prestada ao Fisco, informando a matéria tributável e o valor do tributo (ex.: DCTF).

Essa declaração é considerada "confissão" do devedor, que corresponde ao próprio lançamento:

Jurisprudência
Súmula 436 do STJ: A entrega de declaração pelo contribuinte reconhecendo débito fiscal constitui o crédito tributário, dispensada qualquer outra providência por parte do fisco.

O Fisco não precisa realizar lançamento de ofício (não há contagem de prazo decadencial), bastando inscrever o débito e executá-lo.

Discute-se se há, nessa hipótese, lançamento por homologação ou se é outra modalidade.

Gabaritos de concursos públicos
Quando o contribuinte apura o imposto devido e informa tal valor ao fisco sem, entretanto, efetuar o recolhimento, desnecessário se faz o procedimento administrativo fiscal para verificar a ocorrência do fato gerador, apontar a matéria tributável, calcular o valor e indicar o sujeito passivo. **(Magistratura/BA – 2006 – CESPE)** *O juiz de direito Libório Rangel, no exercício de suas funções, depara-se com o seguinte caso: sujeito passivo de obrigação tributária alega que não tem obrigação de pagar o tributo, porquanto, no caso em espécie, não ocorreu processo administrativo.* *O Magistrado decidirá corretamente quando: tratando-se de débito declarado pelo próprio contribuinte, o chamado autolançamento, a exigência fiscal não se baseia em prévio procedimento administrativo, daí por que julga improcedente a demanda.* **(Magistratura/SP – 2011 – VUNESP)**

Há uma situação muito peculiar, em que o contribuinte declara o débito tributário em conjunto com crédito que entende possuir contra o mesmo ente público, para fins de compensação tributária. Muitas vezes, o Fisco indefere a compensação (por entender que o crédito privado não é válido, por exemplo) e, automaticamente, inscreve e inicia a cobrança do débito tributário.

Ocorre que o STJ afasta a aplicação de sua Súmula 436 nesse caso, exigindo o lançamento de ofício por parte do Fisco, permitindo impugnação administrativa pelo sujeito passivo antes da inscrição e cobrança:

Jurisprudência
O STJ possui entendimento pacificado no sentido de que é vedada a imediata inscrição em dívida ativa dos valores confessados em DCTF, quando o referido documento informar a quitação do crédito tributário por meio de compensação. Nessa hipótese, rejeitada a compensação declarada, impõe-se o lançamento de ofício, com abertura de prazo para impugnação. **REsp 1.179.646/PR, STJ, Rel. Min. Herman Benjamin, j. 17.08.2010**

10.13.6. Depósito judicial e lançamento

A suspensão da exigibilidade do crédito não impede o lançamento tributário – ver REsp 1.129.450/SP.

Entretanto, no caso do depósito judicial (que é modalidade de suspensão do crédito), o lançamento não é necessário em relação ao montante depositado.

Essa desnecessidade também ocorre no caso de depósito judicial realizado para suspender o crédito antes do lançamento.

Isso porque, para realizar o depósito, o sujeito passivo acaba identificando a matéria tributável e o valor do tributo, conforme exigido pelo Fisco (o que corresponde ao lançamento).

Jurisprudência
No caso de tributos sujeitos a lançamento por homologação, o contribuinte, ao realizar o depósito judicial com vistas à suspensão da exigibilidade do crédito tributário, promove a constituição deste nos moldes do que dispõe o art. 150 e parágrafos do CTN. Isso, porque verifica a ocorrência do fato gerador, calcula o montante devido e, em vez de efetuar o pagamento, deposita a quantia aferida, a fim de impugnar a cobrança da exação. Assim, o crédito tributário é constituído por meio da declaração do sujeito passivo, não havendo falar em decadência do direito do Fisco de lançar, caracterizando-se, com a inércia da autoridade fazendária apenas a homologação tácita da apuração anteriormente realizada. Não há, portanto, necessidade de ato formal de lançamento por parte da autoridade administrativa quanto aos valores depositados. **EREsp 686.479/RJ, STJ, Rel. Min. Denise Arruda, j. 27.08.2008**

11. Sujeição passiva

11.1. Definição

A sujeição passiva refere-se à ocupação do polo passivo da obrigação tributária, à condição de devedor da prestação correspondente.

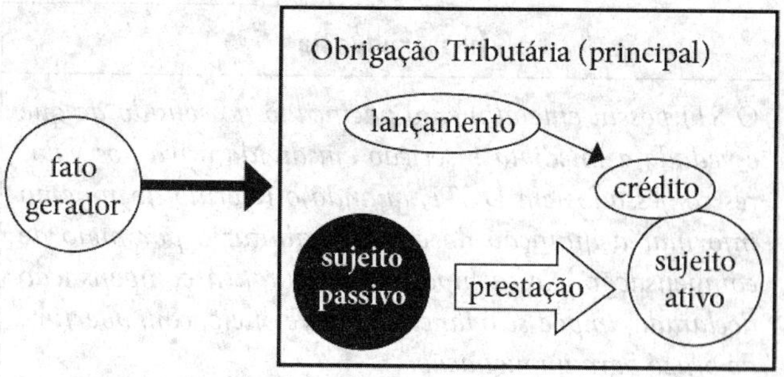

Sujeito passivo da obrigação principal é a pessoa obrigada ao pagamento do tributo ou da penalidade pecuniária (art. 121, *caput*, do CTN).

Sujeito passivo da obrigação acessória é a pessoa obrigada às prestações que constituem seu objeto (art. 122 do CTN).

11.2. Legalidade

O sujeito passivo deve ser indicado pela lei.

No caso dos impostos previstos na CF, o **contribuinte** (uma das duas espécies de sujeito passivo tributário) deve estar definido em lei complementar federal (art. 146, III, *a*, da CF).

11.3. Convenções particulares não alteram a sujeição passiva

Nos termos do art. 123 do CTN, salvo disposições de lei em contrário, as convenções particulares, relativas à responsabilidade pelo pagamento de tributos, não podem ser opostas à Fazenda Pública, para modificar a definição legal do sujeito passivo das obrigações tributárias correspondentes.

É comum, por exemplo, que nos contratos de locação de imóvel o inquilino fique responsável pelo recolhimento do IPTU. Para o Fisco, entretanto, essa disposição contratual é irrelevante. Em caso de inadimplemento, o tributo será cobrado do proprietário que a lei indica como contribuinte do imposto municipal.

Jurisprudência

A jurisprudência do STJ entende que o locatário não tem legitimidade ativa para a ação de repetição de indébito tributário do IPTU, uma vez que, à luz do art. 34 do CTN, o "contribuinte do imposto é o proprietário do imóvel, o titular do seu domínio útil, ou o seu possuidor a qualquer título", não se admitindo, por outro lado, nos termos do art. 123 do CTN, que convenções particulares, relativas à responsabilidade pelo pagamento de tributos, possam modificar a definição legal do sujeito passivo das obrigações tributárias correspondentes.

AgRg no AgRg no REsp 1.131.379/RJ, STJ, Rel. Min. Benedito Gonçalves, j. 18.03.2010

Gabarito de concurso público

Não é pessoalmente responsável pela obrigação tributária, perante a Fazenda Pública, o locatário cujo contrato prevê a responsabilidade tributária. **(Ministério Público/PB - 2010)**

De fato, se o sujeito passivo é indicado pela lei, não haveria como um acordo privado alterá-lo perante o Fisco.

Gabaritos de concursos públicos

Um estado, ao firmar contrato com uma empresa privada, desobrigando-a de recolher tributo devido pela sua atividade, passou a ser responsável pelo seu pagamento. Caso não haja disposição de lei em contrário, nenhuma convenção ou contrato tem validade para alterar o sujeito passivo de obrigação tributária perante a fazenda pública. **(Procurador do Estado/PI - 2008 - CESPE)**

Determinada empresa contratou os serviços de um contador e entregou a ele, regularmente, todos os cheques para a quitação dos impostos devidos. Certo dia, essa empresa recebeu do fisco estadual e do federal a informação de que estava devendo impostos aos quais se destinavam aqueles cheques, bem como multas. Em ambos os casos, a responsabilidade pelo pagamento dos tributos e das multas é da empresa. **(Ministério Público/SE - 2010 - CESPE)**

11.4. Espécies de sujeito passivo (obrigação principal)

Há apenas duas espécies de sujeito passivo da obrigação principal: o contribuinte e o responsável tributário.

Contribuinte (sujeito passivo natural, direto) é o sujeito passivo que tem relação pessoal e direta com a situação que constitua o fato gerador (é o agente, o titular ou o beneficiário dessa situação).

Responsável (sujeito passivo indireto) é o sujeito passivo que, sem se revestir da condição de contribuinte, tem sua obrigação decorrente de disposição expressa da **lei.** Ou seja, é definido por exclusão: responsável é o sujeito passivo indicado pela lei, mas que não tem relação pessoal e direta com o fato gerador (não é contribuinte).

Gabarito de concurso público

Em nosso sistema tributário, a diferença entre o contribuinte e o responsável tributário é que enquanto o contribuinte realiza o fato gerador, a responsabilidade deste último deriva exclusivamente da lei. **(Magistratura/PE - 2011 - FCC)**

11.5. Contribuinte (sujeito passivo natural, direto)

Veja, na seguinte representação gráfica, que o contribuinte é o sujeito passivo que tem relação pessoal e direta com o fato gerador.

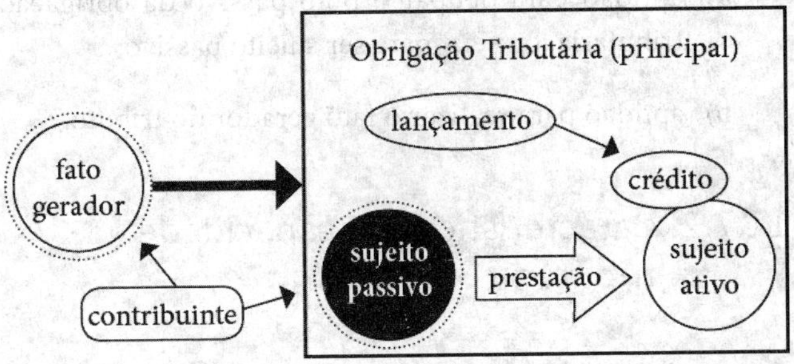

Contribuinte é o agente, o titular ou o beneficiário da situação que configura o fato gerador.

Essa relação é tão próxima que, como veremos a seguir, pela própria identificação do fato gerador é possível, de pronto, reconhecer o contribuinte.

11.5.1. Contribuinte: exemplos

Lembre-se que contribuinte é o agente, o titular ou o beneficiário da situação que configura o fato gerador, tendo com ela uma relação pessoal e direta.

Veja, nos seguintes exemplos, como é fácil identificá-lo, a partir dos fatos geradores:

- ✔ IR: o fato gerador do imposto de renda é auferir renda, logo, contribuinte é quem aufere a renda (agente);
- ✔ ICMS: o principal fato gerador corresponde à circulação de mercadoria, de modo que contribuinte é quem promove essa circulação (agente);
- ✔ ISS: o fato gerador é a prestação de determinados serviços, razão pela qual contribuinte é quem presta o serviço (agente);
- ✔ ITR, IPVA, IPTU: o fato gerador desses impostos é a propriedade (de imóveis ou automóveis), de modo que o contribuinte só poderia ser o respectivo proprietário (titular);
- ✔ Taxas: o fato gerador é o exercício do poder de polícia ou a prestação de determinados serviços, logo, contribuintes são, respectivamente, o fiscalizado e o usuário do serviço (beneficiários);
- ✔ Contribuição de melhoria: o fato gerador é a valorização imobiliária decorrente de obra pública, razão pela qual contribuinte é quem percebe o aumento patrimonial decorrente da obra (beneficiário).

11.5.2. Contribuinte: capacidade contributiva

Contribuinte é o sujeito passivo direto, quem *naturalmente* deve ocupar o polo passivo da obrigação, pois é quem demonstra *capacidade contributiva*, quem deve ser onerado pelo tributo.

Por essa razão, quando a lei indica responsável tributário, traz ferramentas para que o ônus econômico recaia sobre o contribuinte (ou quem deveria ser contribuinte), como a retenção na fonte ou o repasse no preço.

Jurisprudência
3. O contribuinte tem relação pessoal e direta com o fato gerador e, como regra, responde diretamente pelo ônus da tributação, em atenção ao princípio da capacidade contributiva. *4. Na sistemática da substituição tributária, o substituto apura e recolhe o ICMS que incidirá na operação futura a ser realizada pelo substituído. É este último, como contribuinte, que deve suportar diretamente o ônus do tributo, ainda que o repasse ao consumidor final, por se tratar de imposto indireto.* **REsp 1.090.414/RS, STJ Rel. Min. Luiz Fux, Primeira Seção, j. 23.02.2011**

Gabarito de concurso público
O tratamento jurídico do sujeito passivo tributário pode ser separado do econômico, daí é que a pessoa responsável pelo recolhimento do imposto aos cofres públicos pode não ser o que suporta o ônus do tributo. **(Defensoria/SE – 2006 – CESPE)**

11.6. Solidariedade

11.6.1. Definição

Há solidariedade no Direito Tributário quando duas ou mais pessoas ocupam o polo passivo da obrigação tributária.

Não há benefício de ordem perante o Fisco (eventual direito de regresso é regulado pelo direito privado), ou seja, a administração tributária pode cobrar a totalidade do crédito de qualquer um dos sujeitos passivos solidários.

Há duas grandes distinções em relação à solidariedade do Código Civil: no Direito Tributário, a solidariedade é somente passiva e jamais decorre da vontade das partes.

11.6.2. Solidariedade: espécies (art. 124 do CTN)

Existem duas espécies de solidariedade tributária: natural e legal.

Natural: é a solidariedade entre as pessoas que têm interesse comum na situação que constitua o fato gerador da obrigação principal.

Por exemplo, condôminos em relação ao IPTU, comunhão universal em relação ao IR. Não é o caso do vendedor e do adquirente em relação ao ITBI, pois os interesses não são comuns (um quer vender e o outro quer comprar).

Apesar de pecuniária, a prestação tributária é tratada como sendo indivisível.

Legal: é a solidariedade entre pessoas expressamente designadas em lei.

> **Jurisprudência**
>
> *A jurisprudência desta Corte consolidou-se no sentido de que inexiste solidariedade passiva em execução fiscal apenas por pertencerem as empresas ao mesmo grupo econômico, já que tal fato, por si só, não justifica a presença do "interesse comum" previsto no artigo 124 do Código Tributário Nacional.*
>
> **AgRg no REsp 1.102.894/RS, Rel. Min. Castro Meira, j. 21/10/2010**

11.6.3. Solidariedade: efeitos

O art. 125 do CTN traz os efeitos da solidariedade tributária:

> Art. 125. Salvo disposição de lei em contrário, são os seguintes os efeitos da solidariedade:
>
> I – o pagamento efetuado por um dos obrigados aproveita aos demais;
>
> II – a isenção ou remissão de crédito exonera todos os obrigados, salvo se outorgada pessoalmente a um deles, subsistindo, nesse caso, a solidariedade quanto aos demais pelo saldo;
>
> III – a interrupção da prescrição, em favor ou contra um dos obrigados, favorece ou prejudica aos demais.

Perceba o caso peculiar do inciso II. O benefício fiscal concedido pessoalmente a um dos obrigados não aproveita aos outros. Por exemplo, se há isenção de IPTU para maiores de 60 anos e apenas um dos dois condôminos preenche o requisito (o outro é mais jovem), somente o primeiro deles é beneficiado, em relação à sua parcela do imóvel.

> **Gabaritos de concursos públicos**
>
> *Em decorrência da solidariedade tributária, o pagamento efetuado por um dos obrigados aproveita aos demais.* **(Magistratura/PR – 2008)**
>
> *Na solidariedade tributária, a isenção ou remissão outorgada pessoalmente a um dos obrigados não exonera os demais, ficando mantida a solidariedade quanto ao saldo.* **(Magistratura/SP – 2007)**

11.7. Capacidade tributária

11.7.1 Definição

Capacidade tributária é expressão utilizada em dois sentidos:

a) aptidão para ocupar o polo passivo da obrigação tributária, ou seja, para ser sujeito passivo;

b) aptidão para realizar o fato gerador do tributo.

11.7.2. Características da capacidade tributária

> CTN, Art. 126. A capacidade tributária passiva independe:
>
> I – da capacidade civil das pessoas naturais;
>
> II – de achar-se a pessoa natural sujeita a medidas que importem privação ou limitação do exercício de atividades civis, comerciais ou profissionais, ou da administração direta de seus bens ou negócios;
>
> III – de estar a pessoa jurídica regularmente constituída, bastando que configure uma unidade econômica ou profissional.

Mesmo os incapazes (absoluta ou relativamente) podem ser sujeitos passivos de tributos. Temos **fato** gerador, não **ato** gerador, de modo que a vontade do agente é irrelevante, em princípio, para fins tributários. Menor de idade, deficientes mentais, pródigos etc., todos eles têm capacidade tributária.

Falido, profissional com licença cassada etc., também podem ser sujeitos passivos.

Sociedade irregular, espólio, condomínio, massa falida têm capacidade tributária e podem ser sujeitos passivos (ainda que não tenham personalidade jurídica própria).

> **Gabarito de concurso público**
>
> *Uma criança recém-nascida já tem capacidade tributária para ser devedora de IPTU.* **(Ministério Público/RR – 2008 – CESPE)**

11.8. Domicílio tributário

11.8.1. Definição

Domicílio tributário é o local em que o sujeito passivo deve ser encontrado; onde as notificações serão entregues; onde, em princípio, o tributo será recolhido (art. 159 do CTN); onde a execução será proposta.

11.8.2. Eleição pelo próprio sujeito passivo

Em regra, o sujeito passivo escolhe seu domicílio tributário na forma da legislação.

Ele pode indicar ao Fisco qualquer endereço, desde que não prejudique a cobrança. Entende-se que essa escolha deve recair em uma localidade dentro do território do ente tributante.

Gabarito de concurso público
De regra, o contribuinte tem domicílio fiscal ou tributário no lugar onde eleger, desde que não recusado pela autoridade administrativa. **(Ministério Público/MS – 2011 – FADEMS)**

O CTN traz regras subsidiárias para a definição do domicílio somente para os casos em que não há essa opção expressa pelo sujeito passivo ou quando ela é recusada pelo Fisco.

11.8.3. Domicílio: regra subsidiária

Veja, portanto, que, quando o sujeito passivo não indica expressamente seu domicílio, aplica-se o art. 127 do CTN para sua fixação:

> CTN, Art. 127. Na **falta de eleição**, pelo contribuinte ou responsável, de domicílio tributário, na forma da legislação aplicável, considera-se como tal:
>
> I – quanto às pessoas naturais, a sua residência habitual, ou, sendo esta incerta ou desconhecida, o centro habitual de sua atividade;
>
> II – quanto às pessoas jurídicas de direito privado ou às firmas individuais, o lugar da sua sede, ou, em relação aos atos ou fatos que derem origem à obrigação, o de cada estabelecimento;
>
> III – quanto às pessoas jurídicas de direito público, qualquer de suas repartições no território da entidade tributante.
>
> (...)

Ademais, se as regras dos incisos anteriormente transcritos não forem aplicáveis, ou se o domicílio eleito for recusado pelo Fisco, considera-se o local da situação dos bens ou da ocorrência dos atos ou fatos que deram origem à obrigação:

> CTN, Art. 127. (...)
>
> § 1º Quando não couber a aplicação das regras fixadas em qualquer dos incisos deste artigo, considerar-se-á como domicílio tributário do contribuinte ou responsável o lugar da situação dos bens ou da ocorrência dos atos ou fatos que deram origem à obrigação.
>
> § 2º A autoridade administrativa pode recusar o domicílio eleito, quando impossibilite ou dificulte a arrecadação ou a fiscalização do tributo, aplicando-se então a regra do parágrafo anterior.

Gabarito de concurso público
A autoridade administrativa pode recusar o domicílio eleito, no caso de impossibilitar a fiscalização do tributo **(Ministério Público/GO – 2005)**

11.9. Responsável tributário

11.9.1. Definição

O **responsável** (sujeito passivo indireto) é definido por exclusão: é aquele a quem a lei impõe a obrigação tributária, sem se revestir da condição de contribuinte.

Não sendo contribuinte, não tem relação pessoal e direta com o fato gerador, mas deve ter algum vínculo com ele.

Significa que o legislador não pode escolher qualquer pessoa para ser responsável, pois ela tem que ter alguma relação, ainda que indireta, com o fato gerador.

Responsável tributário é expressão utilizada somente para a obrigação principal.

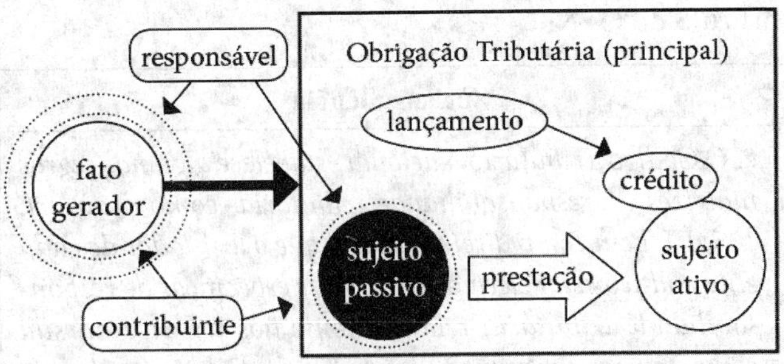

Veja na representação gráfica acima que, enquanto o contribuinte tem relação pessoal e direta com o fato gerador (é o agente, titular ou beneficiário da situação que o configura), a relação do responsável é mais distante, apenas indireta.

Por exemplo, quando o trabalhador recebe o salário, identifica-se como contribuinte do imposto de renda, pois tem relação pessoal e direta com o fato gerador (é ele quem aufere a renda). O empregador pode ser indicado como responsável tributário, pois não tem essa relação pessoal e direta com o fato gerador (não é ele quem aufere a renda), mas possui claramente vínculo indireto (o empregador é quem paga o salário, permitindo que o contribuinte aufira a renda). Perceba com há uma relação do responsável tributário com o fato gerador, ainda que mais distante em relação àquela do contribuinte.

11.9.2. Responsável tributário: art. 128 do CTN

> CTN, Art. 128. Sem prejuízo do disposto neste capítulo, a **lei** pode atribuir de modo expresso a responsabilidade pelo crédito tributário a terceira pessoa, **vinculada ao fato gerador** da respectiva obrigação, excluindo a responsabilidade do contribuinte ou atribuindo-a a este em caráter supletivo do cumprimento total ou parcial da referida obrigação.

O art. 128 deixa claro que há casos de responsabilidade previstos no próprio CTN (que estudaremos mais adiante), mas também que a lei de cada ente tributante pode prever outras hipóteses de responsabilidade tributária.

A responsabilidade pode ser: exclusiva, subsidiária, principal ou solidária.

Gabarito de concurso público
É admissível que a lei atribua a um contribuinte a responsabilidade supletiva parcial pelo pagamento de determinado tributo. **(Ministério Público/RR – 2008 – CESPE)**

Importante salientar que, ao criar nova espécie de responsabilidade, o legislador ordinário deve observar as "regras matrizes de responsabilidade de terceiros estabelecidas em caráter geral" pelos arts. 134 e 135 do CTN, conforme entendimento do STF. Significa dizer que o legislador ordinário não pode, por exemplo, criar responsabilidade de sócio decorrente de simples inadimplemento tributário, pois isso se afastaria da norma geral fixada pelo art. 135 do CTN.

Jurisprudência
2. O Código Tributário Nacional estabelece algumas regras matrizes de responsabilidade tributária, como a do art. 135, III, bem como diretrizes para que o legislador de cada ente político estabeleça outras regras específicas de responsabilidade tributária relativamente aos tributos da sua competência, conforme seu art. 128. 3. O preceito do art. 124, II, no sentido de que são solidariamente obrigadas "as pessoas expressamente designadas por lei", não autoriza o legislador a criar novos casos de responsabilidade tributária sem a observância dos requisitos exigidos pelo art. 128 do CTN, tampouco a desconsiderar as regras matrizes de responsabilidade de terceiros estabelecidas em caráter geral pelos arts. 134 e 135 do mesmo diploma. **RE 562.276, Rel. Min. Ellen Gracie, Tribunal Pleno, j. 03.11.2010, Repercussão Geral – Mérito**

11.9.3. Espécies de responsabilidade

Dentre diversas classificações doutrinárias, é bastante adotada aquela que indica haver responsabilidade por *transferência* e por *substituição*:

- ✔ **Transferência:** a obrigação tributária surge em relação ao contribuinte, mas, por conta de evento posterior ao fato gerador, outra pessoa passa a ocupar o polo passivo (basicamente, os casos previstos no CTN são de transferência);
- ✔ **Substituição**: quando a obrigação já surge em relação ao responsável, pois a lei exclui a figura do contribuinte (caso da substituição "para frente" e da retenção na fonte).

Gabarito de concurso público
A extinta CPMF é exemplo de responsabilidade tributária por substituição, visto que, embora o fato gerador do tributo fosse a movimentação bancária e o contribuinte era o correntista que movimentava os próprios recursos financeiros, a lei determinava às instituições financeiras o dever de recolher o tributo. **(Procurador do Estado/PB – 2008 – CESPE)**

11.9.4. Substituição tributária "para trás"

A substituição tributária "para trás" implica diferimento (adiamento) no recolhimento do tributo, que é feito nas operações seguintes, dentro da cadeia de produção, comercialização e consumo.

Normalmente é prevista para casos em que há muitos fornecedores de insumos para um ou alguns poucos adquirentes.

Por exemplo, o adquirente dos insumos recolhe o imposto devido sobre essa operação posteriormente, no momento em que vende o produto final:

Veja que, em princípio, os produtores de leite, nesse exemplo, deveriam recolher o imposto incidente sobre as vendas para a fábrica, mas esse pagamento é diferido (adiado) para a operação seguinte. Ou seja, o produtor do leite não paga o imposto, deixando para a fábrica esse dever.

Gabarito de concurso público
A responsabilidade tributária por substituição comporta espécie apelidada "para trás", em que há postergação do pagamento do tributo, transferindo-se a terceiro a obrigação de reter e recolher o montante devido. **(Magistratura Federal – 4ª Região – XIII – 2008)**

11.9.5. Substituição tributária "para frente"

A substituição tributária "para frente" é, de certa forma, o oposto da substituição tributária "para trás".

Normalmente é adotada quando há um ou alguns poucos fabricantes e muitos adquirentes.

Por exemplo, o fabricante recolhe não apenas o imposto incidente sobre a operação que realiza, mas antecipa também os valores que seriam pagos pelos adquirentes, em relação às operações subsequentes dentro da cadeia de produção, comercialização e consumo.

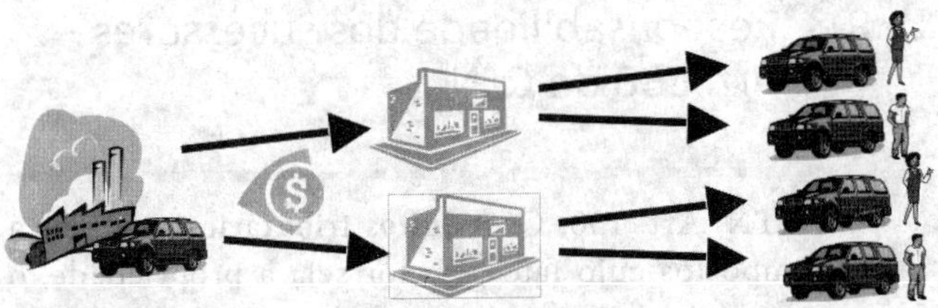

A fábrica (substituta) recolhe não apenas o imposto devido pela venda dos carros para as concessionárias (substituídas), mas também **antecipa** aquele devido sobre as vendas posteriores para os consumidores

Note que, nesse exemplo, a concessionária de veículos não recolhe imposto ao fisco sobre as vendas dos veículos aos consumidores finais, pois o montante correspondente já foi pago antecipadamente pela fábrica, na operação anterior.

Jurisprudência
Inviável exigir do recorrido-substituto o ICMS não recolhido, se inexistiu culpa ou dolo. Ao contrário, respeitou-se determinação judicial para não apurar e recolher o tributo. Em caso de cobrança, seria impossível ao responsável repassar o ônus do tributo ao substituído--contribuinte. **REsp 1.090.414/RS, STJ, Rel. Min. Luiz Fux, Primeira Seção, j. 23.02.2011**

Como há recolhimento antecipado, em relação a fato gerador futuro, sempre houve muita discussão quanto à constitucionalidade dessa sistemática, que foi reconhecida pelo Judiciário e, posteriormente, ratificada pelo constituinte derivado, que incluiu o § 7º ao art. 150 da CF:

> CF, Art. 150, § 7º. A lei poderá atribuir a sujeito passivo de obrigação tributária a condição de responsável pelo pagamento de imposto ou contribuição, cujo fato gerador deva ocorrer posteriormente, assegurada a imediata e preferencial restituição da quantia paga, caso não se realize o fato gerador presumido.

Perceba que, nos termos do art. 150, § 7º, da CF, se o fato gerador futuro não ocorrer (por exemplo, se o veículo é roubado na concessionária, antes da venda para o consumidor final), o valor antecipadamente recolhido pela fábrica deve ser devolvido pelo Fisco.

Segundo o STF, a devolução do ICMS somente é devida em caso de não ocorrência do fato gerador futuro, mas não na hipótese de ele ocorrer por valor menor que o presumido (ainda há debate):

Jurisprudência
O fato gerador presumido, por isso mesmo, não é provisório, mas definitivo, não dando ensejo a restituição ou complementação do imposto pago, senão, no primeiro caso, na hipótese de sua não realização final. Admitir o contrário valeria por despojar-se o instituto das vantagens que determinaram a sua concepção e adoção, como a redução, a um só tempo, da máquina-fiscal e da evasão fiscal a dimensões mínimas, propiciando, portanto, maior comodidade, economia, eficiência e celeridade às atividades de tributação e arrecadação. Ação conhecida apenas em parte e, nessa parte, julgada improcedente. **ADI 1.851/AL, rel. Min. Ilmar Galvão, Tribunal Pleno, j. 08.05.2002**

O STJ aplica esse entendimento da Suprema Corte apenas em relação aos Estados signatários do Convênio ICMS 13/1997, apreciado pelo STF ao julgar a citada ADI 1.851/AL, por entender que esse precedente restringe-se aos signatários do acordo:

Jurisprudência
2. O STF, ao apreciar a sistemática da substituição tributária "para frente" (art. 150, § 7º, da CF), admitiu a restituição do ICMS apenas no caso de não ocorrência do fato gerador presumido. *3. O STJ adota esse entendimento ao analisar matéria infraconstitucional correspondente (arts. 6º e 10 da LC 87/1996), com relação aos Estados signatários do Convênio ICMS 13/1997, apreciado pelo STF ao julgar a Adin 1.851-4/AL.* **AR 3.147/GO, Rel. Min. Herman Benjamin, j. 24.03.2010** Obs.: No caso dos Estados não signatários do Convênio (SP, PE, PR e SC), o STJ mantém o entendimento favorável à restituição no caso de operação a valor menor que o presumido

11.9.6. Responsabilidade no CTN

O CTN regula basicamente três categorias de responsabilidade:

Dos sucessores (arts. 129 a 133)	– adquirentes de bens, espólio, herdeiros; sociedades resultantes de fusão, incorporação etc.; adquirentes de fundos de comércio
De terceiros (arts. 134 e 135)	– pais, tutores, administradores, inventariantes, tabeliães, sócios etc.
Por infrações (arts. 136 a 138)	– responsabilidade independentemente da intenção do agente, hipóteses de responsabilidade pessoal do agente, exclusão da responsabilidade pelas multas em caso de denúncia espontânea

Analisaremos, a seguir, cada um dos casos previstos no Código Tributário Nacional.

Antes disso é interessante mencionar outra responsabilidade, prevista no art. 208 do CTN, especificamente atinente à emissão dolosa ou fraudulenta de certidão negativa de débito, com erro contra a fazenda:

> CTN, art. 208. A certidão negativa expedida com dolo ou fraude, que contenha erro contra a Fazenda Pública, responsabiliza pessoalmente o funcionário que a expedir, pelo crédito tributário e juros de mora acrescidos.
>
> Parágrafo único. O disposto neste artigo não exclui a responsabilidade criminal e funcional que no caso couber.

Gabarito de concurso público
O funcionário do fisco que expedir fraudulentamente certidão negativa contra a fazenda pública responderá pelo crédito tributário, já que estará caracterizada a responsabilidade de terceiro pela obrigação tributária. **(Magistratura Federal/1ª Região – 2009 – CESPE)**

Feita a anotação, passamos a analisar as normas de responsabilidade previstas nos arts. 129 a 138 do CTN.

11.9.7. Responsabilidade dos sucessores

> CTN, Art. 129. O disposto nesta Seção aplica-se por igual aos **créditos** tributários definitivamente constituídos ou em curso de constituição à data dos atos nela referidos, e aos constituídos posteriormente aos mesmos atos, desde que relativos a obrigações tributárias surgidas até a referida data.

A responsabilidade dos sucessores abrange o tributo e a penalidade pecuniária, mesmo quando o artigo correspondente (arts. 131, 132 e 133 do CTN) refere-se apenas ao tributo.

Jurisprudência
A responsabilidade tributária do sucessor abrange, além dos tributos devidos pelo sucedido, as multas moratórias ou punitivas, que, por representarem dívida de valor, acompanham o passivo do patrimônio adquirido pelo sucessor, desde que seu fato gerador tenha ocorrido até a data da sucessão. **REsp 923.012/MG, rel. Min. Luiz Fux, j. 09.06.2010 – repetitivo**

Todos os fatos geradores já ocorridos são abarcados pela responsabilidade, ainda que o crédito seja constituído depois do evento que gera a responsabilidade.

11.9.8. Responsabilidade dos sucessores – Art. 130 do CTN

> CTN, Art. 130. Os **créditos tributários** relativos a impostos cujo fato gerador seja a propriedade, o domínio útil ou a posse de bens **imóveis**, e bem assim os relativos a taxas pela prestação de serviços referentes a tais bens, ou a contribuições de melhoria, sub-rogam-se na pessoa dos respectivos adquirentes, **salvo quando conste do título a prova de sua quitação**.
>
> Parágrafo único. No caso de arrematação em **hasta pública**, a sub-rogação ocorre sobre o respectivo preço.

O adquirente do imóvel passa a ser responsável pelos tributos relacionados ao bem.

Para afastar a responsabilidade, o adquirente deve conseguir Certidão Negativa de Débito e fazer constar a informação no título translativo (na escritura).

A aquisição em hasta pública é considerada originária e afasta essa responsabilidade (o ônus tributário recai sobre o preço pago).

Gabarito de concurso público
Considere que pessoa jurídica tenha adquirido imóvel não residencial em hasta pública. Em consonância com a jurisprudência do STJ, a arrematação tem o efeito de expurgar qualquer ônus obrigacional sobre o imóvel para a pessoa jurídica arrematante, devendo a transferência ocorrer livre de qualquer encargo ou responsabilidade tributária. **(Defensoria da União – 2010 – CESPE)**

Jurisprudência
O adquirente só deixa de ter responsabilidade pelo pagamento dos débitos anteriores que recaiam sobre o bem, se ocorreu, efetivamente, depósito do preço, que se tornará a garantia dos demais credores. De molde que o crédito fiscal perquirido pelo fisco é abatido do pagamento, quando da praça, por isso que, encerrada a arrematação, não se pode imputar ao adquirente qualquer encargo ou responsabilidade. **REsp 1.179.056/MG, STJ, Rel. Min. Humberto Martins, j. 07.10.2010**

Assim, o juiz, ao receber o valor pago pela arrematante, deve determinar o recolhimento dos tributos devidos, antes de liberar eventual diferença para o credor. Se o montante pago pelo arrematante não for suficiente para a quitação total do crédito tributário, a diferença é exigível, mas apenas contra o antigo proprietário (o arrematante não deve nada ao Fisco):

Jurisprudência

De igual modo, quando o imóvel é arrematado em hasta pública, se a arrematação não enseja a quitação dos débitos fiscais – como ocorre no caso dos autos –, não há falar em extinção do crédito tributário. Especificamente em relação a esta hipótese, impende ressaltar que o parágrafo único do art. 130 do CTN traz uma exceção de responsabilidade oponível apenas pelo adquirente do imóvel em hasta pública, ou seja, não beneficia o antigo proprietário, como bem observou o Tribunal de origem.

REsp 1.087.275/SP, STJ, Rel. Min. Denise Arruda, j. 17.11.2009

Note que o dispositivo do CTN exonera apenas o arrematante (quem dá o lance no leilão judicial), não eventual adjudicatário (credor que fica com o bem penhorado para quitação do débito em execução):

Jurisprudência

De igual modo, quando o imóvel é arrematado em hasta pública, se a arrematação não enseja a quitação dos débitos fiscais – como ocorre no caso dos autos –, não há falar em extinção do crédito tributário. Especificamente em relação a esta hipótese, impende ressaltar que o parágrafo único do art. 130 do CTN traz uma exceção de responsabilidade oponível apenas pelo adquirente do imóvel em hasta pública, ou seja, não beneficia o antigo proprietário, como bem observou o Tribunal de origem.

REsp 1.179.056/MG, STJ, Rel. Min. Humberto Martins, j. 07.10.2010

Importante salientar que tabeliães também podem ser responsabilizados, mas como terceiros, não como sucessores, nos termos dos arts. 134, VI, e 135, I, do CTN (estudaremos mais adiante).

11.9.9. Responsabilidade dos sucessores – Art. 131 do CTN

CTN, Art. 131. São pessoalmente responsáveis:

I – o adquirente ou remitente, pelos tributos relativos aos bens adquiridos ou remidos;

II – o sucessor a qualquer título e o cônjuge meeiro, pelos tributos devidos pelo *de cujus* até a data da partilha ou adjudicação, limitada esta responsabilidade ao montante do quinhão do legado ou da meação;

III – o espólio, pelos tributos devidos pelo *de cujus* até a data da abertura da sucessão.

Embora o dispositivo refira-se a tributos (não a crédito, que abrange tributos e penalidades pecuniárias), a jurisprudência entende que a responsabilidade prevista no art. 131 do CTN abrange também as multas, como já adiantamos.

Em princípio, herdeiros e legatários não deveriam ser responsabilizados, pois os créditos devem ser recolhidos pelo espólio antes da partilha (art. 192 do CTN), mas pode haver lançamento posterior.

O STJ entende que a aquisição em hasta pública afasta a responsabilidade também em relação aos bens móveis, muito embora o art. 131 do CTN não tenha disposição expressa, a exemplo daquela prevista no art. 130, parágrafo único.

Jurisprudência

Na arrematação de bem móvel em hasta pública, os débitos de IPVA anteriores à venda sub-rogam-se no preço da hasta, quando há ruptura da relação jurídica entre o bem alienado e o antigo proprietário. Aplicação analógica do artigo 130, parágrafo único, do CTN.

REsp 1.128.903/RS, STJ, Rel. Min. Castro Meira, j. 08.02.2011

Interessante notar que o inventariante também pode ser responsabilizado, mas como terceiro, não como sucessor, nos termos dos arts. 134, IV, e 135, I, do CTN.

11.9.10. Responsabilidade dos sucessores – Art. 132 do CTN

CTN, Art. 132. A pessoa jurídica de direito privado que resultar de fusão, transformação ou incorporação de outra ou em outra é responsável pelos tributos devidos até à data do ato pelas pessoas jurídicas de direito privado fusionadas, transformadas ou incorporadas.

Essa responsabilidade do art. 132 refere-se às operações ou alterações societárias.

Jurisprudência

Transformação, incorporação, fusão e cisão constituem várias facetas de um só instituto: a transformação das sociedades. Todos eles são fenômenos de natureza civil, envolvendo apenas as sociedades objeto da metamorfose e os respectivos donos de cotas ou ações.

REsp 242.721/SC, rel. p/ acórdão Min. Humberto Gomes de Barros, j. 19.06.2001

Repetimos que, embora o dispositivo refira-se a tributos, entende-se que a responsabilidade abrange também as penalidades pecuniárias.

Em regra, a sociedade resultante das operações responde pelos créditos tributários deixados pelas outras.

Vejamos, a seguir, cada um dos casos.

11.9.10.1. Fusão

Na fusão, duas ou mais sociedades se unem formando uma nova. A sociedade resultante responde por todos os débitos tributários deixados pelas que se uniram.

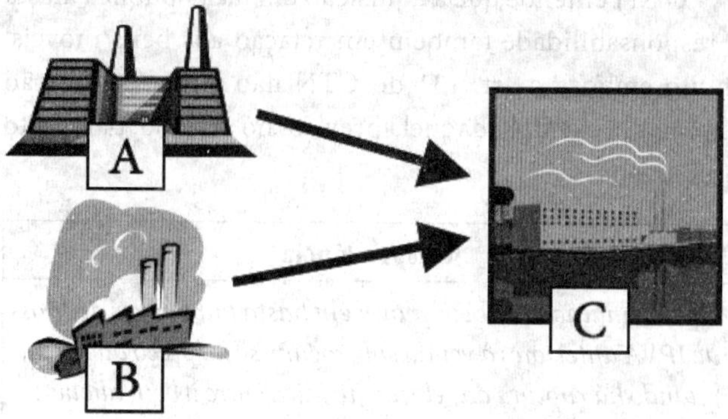

Perceba que, nesse exemplo, as sociedades A e B desaparecem ao formarem a sociedade C (resultante da fusão).

11.9.10.2. Transformação

A sociedade passa de um tipo para outro na transformação. Nesse caso, não há discussão, já que a sociedade é, na prática, a mesma, e responde por todos os débitos anteriores.

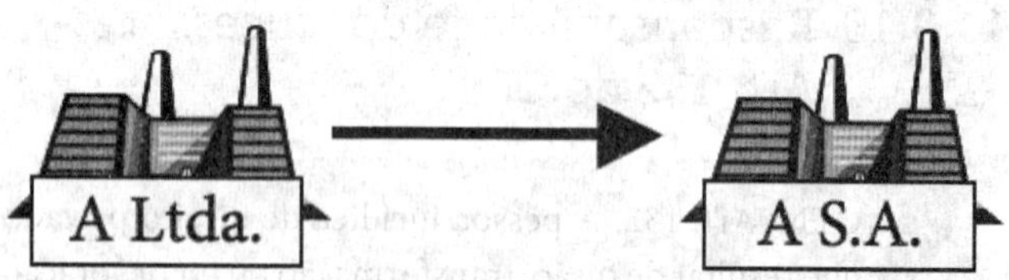

Nesse exemplo, a sociedade A simplesmente deixou de ser sociedade limitada e passou a existir como sociedade anônima, após a transformação.

11.9.10.3. Incorporação

Na incorporação, uma sociedade remanescente absorve outra, que deixa de existir. A sociedade subsistente responde por todos os débitos deixados pela extinta.

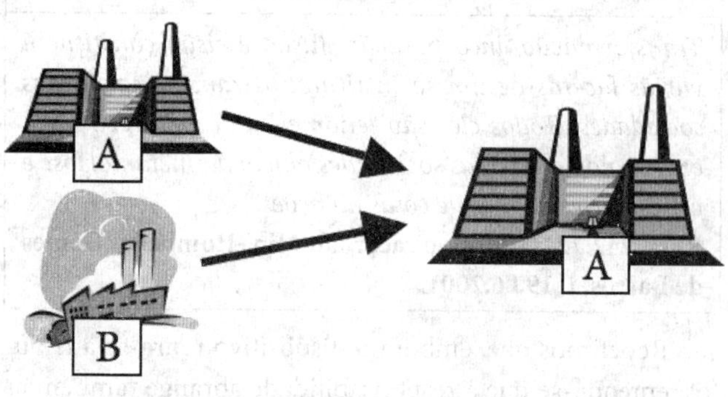

Nesse exemplo, a sociedade A incorporou a sociedade B. Note que a sociedade B deixa de existir, diferentemente da sociedade A, que subsiste. Essa é a diferença em relação à fusão, em que ambas as sociedades originárias desaparecem.

11.9.10.4. Cisão

Com a cisão, a sociedade transfere parcela de seu patrimônio para outra(s).

A transferência do patrimônio pela sociedade cindida pode ser total, hipótese em que deixa de existir (subsistem apenas as sociedades resultantes da cisão), como no exemplo abaixo (= cisão total). Outra hipótese é de transferência apenas parcial do patrimônio, em que a sociedade cindida subsiste (= cisão parcial).

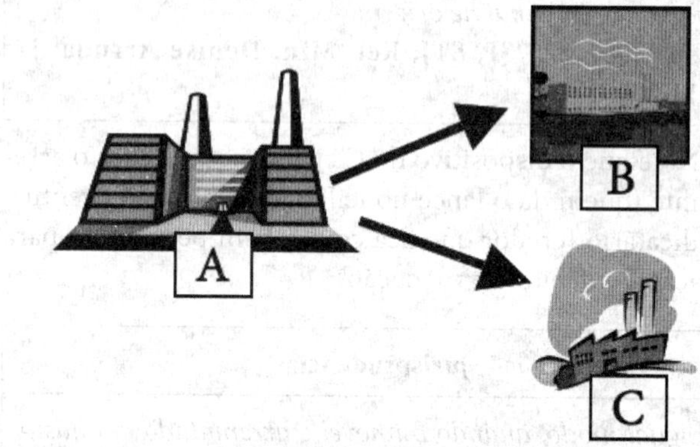

O exemplo acima é de cisão total, pois a sociedade A cindida deixa de existir, surgindo as sociedades B e C, que dividem o patrimônio social original.

A cisão não é prevista expressamente no CTN, mas a jurisprudência é pacífica no sentido de que há responsabilidade por sucessão também nesse caso:

Jurisprudência
Embora não conste expressamente do rol do art. 132 do CTN, a cisão da sociedade é modalidade de mutação empresarial, sujeita, para efeito de responsabilidade tributária, ao mesmo tratamento jurídico conferido às demais espécies de sucessão. **REsp 852.972/PR, STJ, Rel. Min. Teori Albino Zavascki, j. 25.05.2010**

Nesse caso, há grande discussão, pois a Lei das Sociedades Anônimas (posterior ao CTN) prevê que os atos societários podem dispor sobre os haveres e os deveres assumidos por cada uma das sociedades resultantes.

O Fisco entende que, em regra, as sociedades subsistentes respondem solidariamente pelos créditos tributários deixados pela cindida.

Há jurisprudência reconhecendo a solidariedade especificamente entre a sociedade resultante da cisão e a empresa cindida originária que continue a existir:

Jurisprudência
A empresa resultante de cisão que incorpora parte do patrimônio da outra responde solidariamente pelos débitos da empresa cindida. *Irrelevância da vinculação direta do sucessor do fato gerador da obrigação.* **REsp 970.585/RS, rel. Min. José Delgado, j. 04/03/2008**

11.9.11. Responsabilidade dos sucessores – Art. 132, parágrafo único, do CTN

> CTN, Art. 132. Parágrafo único. O disposto neste artigo aplica-se aos casos de extinção de pessoas jurídicas de direito privado, quando a exploração da respectiva atividade seja continuada por qualquer sócio remanescente, ou seu espólio, sob a mesma ou outra razão social, ou sob firma individual.

O CTN prioriza a tributação da empresa, ou seja, da atividade empresarial.

Por essa razão, quem continua a exploração da empresa (sócio ou espólio) responde pelos débitos anteriores.

11.9.12. Responsabilidade dos sucessores – Art. 133 do CTN

> CTN, Art. 133. A pessoa natural ou jurídica de direito privado que adquirir de outra, por qualquer título, fundo de comércio ou estabelecimento comercial, industrial ou profissional, e continuar a respectiva exploração, sob a mesma ou outra razão social ou sob firma ou nome individual, responde pelos tributos, relativos ao fundo ou estabelecimento adquirido, devidos até à data do ato:
>
> I – integralmente, se o alienante cessar a exploração do comércio, indústria ou atividade;
>
> II – subsidiariamente com o alienante, se este prosseguir na exploração ou iniciar dentro de seis meses a contar da data da alienação, nova atividade no mesmo ou em outro ramo de comércio, indústria ou profissão.

A responsabilidade do art. 133 refere-se também aos tributos e às penalidades pecuniárias, conforme entendimento jurisprudencial.

Para haver a responsabilidade é preciso que, cumulativamente:

a) o sujeito **adquira o estabelecimento;** e

b) **continue a mesma atividade empresarial.**

Se o alienante abandonar a atividade empresarial, a responsabilidade do adquirente é integral. Se o alienante continuar na atividade empresarial (ainda que em outro ramo) ou retornar em 6 meses, a responsabilidade do adquirente é subsidiária.

O ônus de se comprovar, para fins desta responsabilidade, que houve efetiva aquisição do estabelecimento é, em princípio, do Fisco:

Jurisprudência
A responsabilidade do artigo 133 do Código Tributário Nacional surge em decorrência da aquisição do fundo de comércio ou estabelecimento, fato que não está caracterizado no caso dos autos. **AgRg no Ag 1.321.679/RJ, STJ, Rel. Min. Mauro Campbell Marques, j. 21.10.2010**
Obs.: nesse caso, a nova empresa instalou-se no imóvel em que funcionava a devedora e passou a exercer a mesma atividade, mas não se comprovou a aquisição do estabelecimento empresarial (ônus do fisco)

Vejamos alguns exemplos, para fixar o conceito, muito exigido em concursos.

Exemplo 1: João compra o estabelecimento de Pedro (uma farmácia), e continua a exploração da mesma atividade empresarial. Nesse caso, **há** responsabilidade **integral**, caso Pedro abandone a atividade empresarial, ou **subsidiária**, caso Pedro continue na atividade empresarial ou retorne dentro de 6 meses.

Gabarito de concurso público
Ômega adquiriu, a título oneroso, estabelecimento empresarial de Delta Auto Peças Ltda. e, após três meses, Delta iniciou nova atividade empresarial, na área de venda de medicamentos. Ômega será subsidiariamente responsável pelos débitos tributários devidos por Delta até a alienação. **(Magistratura Federal-5ª Região – 2011)**

Exemplo 2: João compra o estabelecimento de Pedro (uma farmácia), mas não continua a exploração da mesma atividade empresarial (passa a vender calçados). Nesse caso, **não há** responsabilidade.

Exemplo 3: Pedro, que explora a atividade de farmácia, é despejado pelo dono do imóvel porque não pagava o aluguel. João passa a alugar o imóvel e instala uma nova farmácia (não comprou nada de Pedro). Nesse caso, **não há** responsabilidade, pois não houve aquisição do estabelecimento empresarial.

Jurisprudência
A responsabilidade do art. 133 do CTN ocorre pela aquisição do fundo de comércio ou estabelecimento, ou seja, pressupõe a aquisição da propriedade com todos os poderes inerentes ao domínio, o que não se caracteriza pela celebração de contrato de locação, ainda que mantida a mesma atividade exercida pelo locador. **REsp 1.140.655/PR, STJ, Rel. Min. Eliana Calmon, j. 1712.2009**

11.9.12.1. Responsabilidade dos sucessores – Art. 133, § 1º, do CTN – Falência e recuperação judicial

> CTN, Art. 133. § 1º. O disposto no **caput** deste artigo não se aplica na hipótese de alienação judicial:
>
> I – em processo de falência;
>
> II – de filial ou unidade produtiva isolada, em processo de recuperação judicial.

A partir da LC 118/2005, passou-se a prestigiar a recuperação da empresa, facilitando-se a alienação total ou parcial do estabelecimento da devedora.

O adquirente, nesse caso, não responde pelos débitos tributários, com as exceções do § 2º:

> CTN, Art. 133. § 2º Não se aplica o disposto no § 1º deste artigo quando o adquirente for:
>
> I – sócio da sociedade falida ou em recuperação judicial, ou sociedade controlada pelo devedor falido ou em recuperação judicial;
>
> II – parente, em linha reta ou colateral até o 4º (quarto) grau, consanguíneo ou afim, do devedor falido ou em recuperação judicial ou de qualquer de seus sócios; ou
>
> III – identificado como agente do falido ou do devedor em recuperação judicial com o objetivo de fraudar a sucessão tributária.

Essas exceções buscam evitar fraudes contra o Fisco.

Gabarito de concurso público
Entre os casos em que não haverá responsabilidade por sucessão, está a de qualquer alienação judicial [de estabelecimento] em processo de falência, a um concorrente do devedor que não tenha relação com ele nem com sócio seu. **(Procurador da Fazenda Nacional - 2007 - ESAF)**

Os recursos arrecadados com a alienação judicial serão utilizados para pagar créditos extraconcursais (posteriores à quebra e à recuperação, basicamente), além de trabalhistas (até 150 salários mínimos por credor), acidentários e com garantias reais (limitados ao valor do bem gravado):

> CTN, Art. 133. § 3º. Em processo da falência, o produto da alienação judicial de empresa, filial ou unidade produtiva isolada permanecerá em conta de depósito à disposição do juízo de falência pelo prazo de 1 (um) ano, contado da data de alienação, somente podendo ser utilizado para o pagamento de créditos extraconcursais ou de créditos que preferem ao tributário.

11.9.13. Responsabilidade de terceiros – Art. 134 do CTN

Até aqui, vimos os casos de responsabilidade dos sucessores.

Os artigos 134 e 135 do CTN tratam da responsabilidade de terceiros.

> CTN, Art. 134. Nos casos de **impossibilidade de exigência** do cumprimento da obrigação principal pelo contribuinte, respondem solidariamente com este nos **atos em que intervierem** ou pelas **omissões de que forem responsáveis**:
>
> I – os pais, pelos tributos devidos por seus filhos menores;
>
> II – os tutores e curadores, pelos tributos devidos por seus tutelados ou curatelados;
>
> III – os administradores de bens de terceiros, pelos tributos devidos por estes;
>
> IV – o inventariante, pelos tributos devidos pelo espólio;
>
> V – o síndico e o comissário, pelos tributos devidos pela massa falida ou pelo concordatário;
>
> VI – os tabeliães, escrivães e demais serventuários de ofício, pelos tributos devidos sobre os atos praticados por eles, ou perante eles, em razão do seu ofício;
>
> VII – os sócios, no caso de liquidação de sociedade de pessoas.
>
> Parágrafo único. O disposto neste artigo só se aplica, em matéria de penalidades, às de caráter moratório.

A responsabilidade do art. 134 é **subsidiária** em relação ao **tributo** e à multa **moratória** (não punitiva) e surge somente se atendidos cumulativamente os seguintes requisitos:

a) se o Fisco não puder cobrar o tributo diretamente do contribuinte; e

b) se houver ato praticado pelo responsável ou omissão relacionados ao débito (é preciso haver culpa – é praticamente uma sanção imposta ao responsável).

Jurisprudência
Tributário. Imposto sobre Transmissão *Causa Mortis* e Doação, de quaisquer bens e direitos. Responsabilidade de terceiros. Art. 134 do CTN. Responsabilidade subsidiária. Precedente da Primeira Seção do STJ. REsp 909.215/MG, STJ, Rel. Min. Teori Albino Zavascki, j. 14.09.2010 Obs.: Nesse caso houve análise da responsabilidade dos tabeliães pelo ITCMD, concluindo-se que, apesar de o art. 134 do CTN fazer referência à solidariedade, a responsabilidade é **subsidiária**.

Exemplos:

✔ João não recolhe o IR devido por seu filho Pedro. Posteriormente, o Fisco não consegue cobrar o débito do contribuinte (de Pedro), pois o filho não tem mais patrimônio: o pai responde pela dívida tributária;

- ✔ Responsável pelo registro de imóveis não exige a comprovação do recolhimento do ITBI, conforme a legislação municipal, antes de registrar a alienação: se não for possível cobrar o contribuinte, o titular do cartório responde pelo débito.

Gabarito de concurso público
Quando do registro da escritura pública de venda e compra, o Oficial do Registro de Imóveis tem o dever legal de fiscalizar o recolhimento do imposto incidente sobre a operação. Se o registro acontecer sem o recolhimento do imposto de transmissão devido, o Oficial responderá solidariamente com o contribuinte, no caso de impossibilidade de exigência do cumprimento da obrigação principal por este, pelo tributo devido sobre o ato de transmissão praticado em razão de seu ofício. **(Cartório/AP - 2011 - VUNESP)**

11.9.14. Responsabilidade de terceiros – Art. 135 do CTN

> CTN, Art. 135. São pessoalmente responsáveis pelos créditos correspondentes a obrigações tributárias resultantes de atos praticados com excesso de poderes ou infração de lei, contrato social ou estatutos:
>
> I - as pessoas referidas no artigo anterior;
>
> II - os mandatários, prepostos e empregados;
>
> III - os diretores, gerentes ou representantes de pessoas jurídicas de direito privado.

A responsabilidade prevista no art. 135 do CTN é de situação mais grave que a do art. 134, pois há excesso de poderes, violação de lei, contrato social ou estatutos (dolo, e não simples culpa).

O terceiro responde pelo tributo e pela penalidade pecuniária.

O Judiciário vinha entendendo que a responsabilidade do administrador é subsidiária em relação à empresa, muito embora a Súmula 430 do STJ faça referência à responsabilidade solidária (nossos grifos):

Jurisprudência
É igualmente pacífica a jurisprudência do STJ no sentido de que a simples falta de pagamento do tributo não configura, por si só, nem em tese, circunstância que acarreta a responsabilidade ***subsidiária*** *do sócio, prevista no art. 135 do CTN.* **REsp 1.101.728/SP, STJ, Rel. Min. Teori Albino Zavascki, j. 11.03.2009 - repetitivo**
Súmula 430 do STJ: O inadimplemento da obrigação tributária pela sociedade não gera, por si só, a responsabilidade ***solidária*** *do sócio-gerente.*

Perceba que esse enunciado sumular consolidou uma antiga e pacífica jurisprudência: a simples inadimplência não é ilícito grave o suficiente para ensejar a responsabilidade do administrador da sociedade.

Por outro lado, a dissolução irregular implica responsabilidade:

Jurisprudência
Súmula 435 do STJ: Presume-se dissolvida irregularmente a empresa que deixar de funcionar no seu domicílio fiscal, sem comunicação aos órgãos competentes, legitimando o redirecionamento da execução fiscal para o sócio-gerente.
O sócio-gerente que deixa de manter atualizados os registros empresariais e comerciais, em especial quanto à localização da empresa e à sua dissolução, viola a lei (arts. 1.150 e 1.151, do CC, e arts. 1º, 2º, e 32, da Lei 8.934/1994, entre outros). A não localização da empresa, em tais hipóteses, gera legítima presunção iuris tantum de dissolução irregular e, portanto, responsabilidade do gestor, nos termos do art. 135, III, do CTN, ressalvado o direito de contradita em Embargos à Execução. **EREsp 716.412/PR, STJ, Rel. Min. Herman Benjamin, j. 12.09.2007**

Para que fique claro: simplesmente deixar de pagar o tributo não é considerado ilegalidade apta a gerar a responsabilidade do administrador da sociedade devedora. Entretanto, a dissolução irregular da sociedade (sem baixa na junta comercial e nos registros fiscais, por exemplo) implica descumprimento da legislação que rege a matéria, levando à responsabilidade tributária do administrador.

Como já dito, essas normas dos arts. 134 e 135 do CTN são consideradas gerais, a serem observadas pelo legislador ordinário que venha a criar nova modalidade de responsabilidade de terceiros, conforme o art. 128 do CTN.

Jurisprudência
2. O Código Tributário Nacional estabelece algumas regras matrizes de responsabilidade tributária, como a do art. 135, III, bem como diretrizes para que o legislador de cada ente político estabeleça outras regras específicas de responsabilidade tributária relativamente aos tributos da sua competência, conforme seu art. 128. 3. O preceito do art. 124, II, no sentido de que são solidariamente obrigadas "as pessoas expressamente designadas por lei", não autoriza o legislador a criar novos casos de responsabilidade tributária sem a observância dos requisitos exigidos pelo art. 128 do CTN, tampouco a desconsiderar as regras matrizes de responsabilidade de terceiros estabelecidas em caráter geral pelos arts. 134 e 135 do mesmo diploma. **RE 562.276, Rel. Min. Ellen Gracie, Tribunal Pleno, j. 03.11.2010, Repercussão Geral - Mérito** Obs.: no caso analisado, haveria inconstitucionalidade também pela confusão patrimonial entre sociedade e sócio, em violação ao direito à propriedade e à iniciativa privada (arts. 5º, XXII, e 170, parágrafo único, da CF).

11.9.15. Responsabilidade por infrações

11.9.15.1. Características da responsabilidade por infrações

> CTN, Art. 136. Salvo disposição de lei em contrário, a responsabilidade por infrações da legislação tributária independe da intenção do agente ou do responsável e da efetividade, natureza e extensão dos efeitos do ato.

Muitos autores se referem à responsabilidade *objetiva* em relação às infrações tributárias, mas o art. 136 do CTN trata da irrelevância da intenção e do resultado.

Se o contribuinte não recolhe o tributo, o Fisco não precisa investigar a intenção do agente ou do responsável. Cobrará a penalidade independentemente disso.

Se não houve emissão de nota fiscal, é devida a multa, ainda que não haja prejuízo para o Fisco (caso o contribuinte tenha recolhido corretamente o tributo, por exemplo), pois o resultado é irrelevante.

Gabarito de concurso público
Salvo disposição legal em contrário, a responsabilidade por infração da legislação tributária independe da intenção do agente ou do responsável, da efetividade, natureza e extensão dos efeitos do ato. **(Magistratura/PA – 2008 – FGV)**

11.9.15.2. Casos em que a intenção é relevante e há responsabilidade pessoal do agente

Embora a regra seja a irrelevância da intenção do agente, há exceções que implicam sua responsabilidade pessoal.

Isso ocorre no caso de o ilícito tributário configurar também crime:

> CTN, Art. 137. A responsabilidade é pessoal ao agente:
>
> I – quanto às infrações conceituadas por lei como crimes ou contravenções, salvo quando praticadas no exercício regular de administração, mandato, função, cargo ou emprego, ou no cumprimento de ordem expressa emitida por quem de direito;
>
> (...)

É possível que a norma tributária, excepcionalmente, defina o dolo do agente como elementar para a configuração da infração. Nesse caso, a responsabilidade será pessoal:

> CTN, Art. 137. A responsabilidade é pessoal ao agente:
>
> (...)
>
> II – quanto às infrações em cuja definição o dolo específico do agente seja elementar;
>
> (...)

O inciso III traz outra hipótese em que, excepcionalmente, o dolo é relevante e há responsabilidade pessoal do agente. Trata-se do caso em que o infrator age contra aquele a quem deveria mostrar lealdade:

> CTN, Art. 137. A responsabilidade é pessoal ao agente:
>
> (...)
>
> III – quanto às infrações que decorram direta e exclusivamente de dolo específico:
>
> a) das pessoas referidas no artigo 134, contra aquelas por quem respondem;
>
> b) dos mandatários, prepostos ou empregados, contra seus mandantes, preponentes ou empregadores;
>
> c) dos diretores, gerentes ou representantes de pessoas jurídicas de direito privado, contra estas.

Gabarito de concurso público
A responsabilidade será pessoal, dos pais, quanto às infrações que decorram direta e exclusivamente de dolo específico contra os filhos. **(Magistratura/PI – 2008 – CESPE)**

11.9.15.3. Denúncia espontânea

O legislador busca incentivar o recolhimento espontâneo do tributo, ainda que a destempo, antes de qualquer atividade fiscalizatória.

Como incentivo, afasta a exigência das multas. É o benefício da denúncia espontânea, previsto no art. 138 do CTN:

> CTN, Art. 138. A responsabilidade é excluída pela denúncia espontânea da infração, acompanhada, se for o caso, do pagamento do tributo devido e dos juros de mora, ou do depósito da importância arbitrada pela autoridade administrativa, quando o montante do tributo dependa de apuração.
>
> Parágrafo único. Não se considera espontânea a denúncia apresentada após o início de qualquer procedimento administrativo ou medida de fiscalização, relacionados com a infração.

Para haver o benefício da denúncia espontânea, é preciso:

a) recolhimento total do tributo (ou do valor arbitrado) corrigido monetariamente e dos juros de mora;

b) deve ocorrer antes do início de qualquer procedimento fiscalizatório relacionado com a infração (pode haver fiscalização em relação a outro tributo, por exemplo).

Gabarito de concurso público
Segundo o Código Tributário Nacional, a denúncia espontânea está afastada se realizada após início de procedimento de fiscalização. **(Procurador do Município/Teresina-PI – 2010 – FCC)**

A fiscalização cujo início afasta a denúncia espontânea é somente aquele relativo ao tributo pago. Por exemplo, se a empresa está sendo fiscalizada em relação especificamente ao imposto de renda e, imediatamente, recolhe IPI em atraso, há denúncia espontânea em relação a esse último tributo (porque não há fiscalização do IPI em andamento).

Ademais, somente a fiscalização realizada pela autoridade fiscal competente impede o benefício da denúncia espontânea (simples inquérito policial, por exemplo, não ilide a espontaneidade).

Jurisprudência
1. "Procedimento de fiscalização que obsta a denúncia espontânea não pode ser genérico, ao contrário, tem de relacionar-se com a infração." (...) *2. A preexistência de inquérito policial não constitui procedimento apto a descaracterizar, por si só, a denúncia espontânea.* **AgRg no REsp 1.156.606/SP, STJ, Rel. Min. Arnaldo Esteves Lima, j. 14.06.2011**

A denúncia espontânea afasta qualquer espécie de multa (moratória ou punitiva).

Não subsistem entendimentos diversos do Fisco, que muitas vezes exige a multa moratória, por ter natureza primordialmente indenizatória pelo atraso no pagamento, consignando que somente a multa punitiva, de caráter estritamente sancionador, estaria abrangida pela denúncia espontânea.

Como dito, esse entendimento está ultrapassado pela jurisprudência:

Jurisprudência
A regra do artigo 138 do CTN não estabelece distinção entre multa moratória e punitiva com o fito de excluir apenas esta última em caso de denúncia espontânea. **REsp 908.086/RS, rel. Min. Castro Meira, j. 05.06.2008**

Simples parcelamento do débito não implica denúncia espontânea (art. 155-A, § 1º, do CTN).

Não há denúncia espontânea no caso de obrigações acessórias formais, sem vínculo direto com o fato gerador, como a entrega de declaração do IR em atraso (a multa é sempre exigida).

Jurisprudência
A denúncia espontânea não tem o condão de afastar a multa decorrente do atraso na entrega da declaração de rendimentos, uma vez que os efeitos do artigo 138 do CTN não se estendem às obrigações acessórias autônomas. **REsp 1.129.202/SP, STJ, Min. Castro Meira, j. 17.06.2010** *1 – A entrega das declarações de operações imobiliárias fora do prazo previsto em lei constitui infração formal, não podendo ser considerada como infração de natureza tributária, apta a atrair o instituto da denúncia espontânea previsto no art. 138 do Código Tributário Nacional. Do contrário, estar-se-ia admitindo e incentivando o não pagamento de tributos no prazo determinado, já que ausente qualquer punição pecuniária para o contribuinte faltoso.* *2 – A entrega extemporânea das referidas declarações é ato puramente formal, sem qualquer vínculo com o fato gerador do tributo e, como obrigação acessória autônoma, não é alcançada pelo art. 138 do CTN, estando o contribuinte sujeito ao pagamento da multa moratória devida.* **AgRg no REsp 884.939/MG, rel. Min. Luiz Fux, j. 05.02.2009**

A legislação relativa a muitos tributos lançados por homologação exige declarações periódicas por parte dos contribuintes, que devem apontar, entre outras coisas, os valores devidos. Já vimos, inclusive, que essas declarações têm o efeito de constituir o crédito tributário, nos termos da Súmula 436 do STJ.

Pois bem: caso o contribuinte declare o valor devido, mas pague-o extemporaneamente, não há denúncia espontânea. Considera-se que o Fisco já sabia do débito, por conta da própria declaração do contribuinte, o que afasta a espontaneidade. Esse entendimento jurisprudencial foi consolidado pela Súmula 360 do STJ:

Jurisprudência
Súmula 360/STJ: O benefício da denúncia espontânea não se aplica aos tributos sujeitos a lançamento por homologação, regularmente declarados, mas pagos a destempo.

Gabarito de concurso público
O benefício da denúncia espontânea não se aplica aos tributos sujeitos a lançamento por homologação regularmente declarados, mas pagos a destempo. **(Procurador do Município/Florianópolis-SC – 2010 – FEPESE)**

12. Suspensão, extinção e exclusão do crédito tributário

12.1. Introdução

Após o surgimento da obrigação tributária, o natural seria a constituição do crédito e seu pagamento.

Entretanto, há casos de **exclusão**, em que, apesar do surgimento da obrigação tributária, afasta-se a possibilidade de constituição do crédito.

Além do pagamento, há outras modalidades de **extinção.**

Finalmente, há hipóteses em que a exigibilidade do crédito fica **suspensa** (não pode ser cobrado durante determinado período).

A suspensão e a exclusão do crédito **não** dispensam o cumprimento das obrigações acessórias.

12.2. Tabela-resumo

É importante memorizar as modalidades de suspensão, extinção e exclusão do crédito tributário, previstas no CTN.

Suspensão	– moratória – depósito integral – reclamações e recursos administrativos – liminar em MS – liminar ou tutela antecipada em outras espécies de ação – parcelamento
Extinção	– pagamento – compensação – transação – remissão – prescrição e decadência – conversão de depósito em renda – pagamento antecipado e homologação do pagamento – consignação em pagamento – decisão administrativa irreformável – decisão judicial transitada em julgado – dação em pagamento de imóveis
Exclusão	– isenção – anistia

Repare que *moratória* é modalidade de suspensão e *remissão* é modalidade de extinção.

Ademais, perceba que há apenas duas modalidades de exclusão: *isenção* e *anistia*.

Muitas vezes os examinadores exigem esse conhecimento.

Gabaritos de concursos públicos
De acordo com o Código Tributário Nacional são modalidades de suspensão da exigibilidade do crédito tributário: concessão de medida liminar ou tutela antecipada e depósito do montante integral. **(Procurador do Estado/RO – 2011 – FCC)** *A suspensão do crédito tributário não ocorre em casos de: consignação em pagamento.* **(Procurador do Estado/PB – 2008 – CESPE)** *Nos termos do Código Tributário Nacional, é modalidade de suspensão de exigibilidade do crédito tributário a: moratória.* **(Auditor Fiscal/RJ – 2008 – FGV)** *São modalidades de extinção do crédito tributário: prescrição, decadência, transação, conversão do depósito em renda e consignação em pagamento.* **(Magistratura Federal/3ª Região – 2010)**

Discute-se a possibilidade de novas modalidades de suspensão, extinção e exclusão do crédito serem criadas por lei ordinária federal, estadual, distrital ou municipal.

O STF, ao julgar a ADI 2.405 MC/RS, admitiu a instituição nova modalidade de extinção do crédito por lei estadual (dação em pagamento de imóveis antes da previsão no CTN) – a reserva de LC refere-se apenas a prescrição e decadência.

Jurisprudência
Extinção de crédito tributário, criação de nova modalidade (dação em pagamento) por lei estadual: possibilidade do Estado-membro estabelecer regras específicas de quitação de seus próprios créditos tributários. **ADI 2.405 MC/RS, STF, Min. Carlos Britto, Pleno, j. 06.11.2002**

Posteriormente, ao analisar a ADI 1.917/DF, não houve consenso no STF quanto à possibilidade de criação de nova modalidade de extinção do crédito por lei local (dação de bens móveis), mas concordou-se que, no caso em análise, haveria ofensa ao princípio da licitação (lei declarada inconstitucional).

Jurisprudência
I – Lei ordinária distrital – pagamento de débitos tributários por meio de dação em pagamento. II – Hipótese de criação de nova causa de extinção do crédito tributário. III – Ofensa ao princípio da licitação na aquisição de materiais pela administração pública. IV – Confirmação do julgamento cautelar em que se declarou a inconstitucionalidade da lei ordinária distrital 1.624/1997. **ADI 1.917-DF, STF, Min. Ricardo Lewandowski, Pleno, j. 26.04.2007** Obs.: nesse caso, discutiu-se no STF se havia incompatibilidade com a ADI 2405-MC/RS.

Interessante notar que gabarito oficial da FGV (em exame da OAB-2ª fase, 2011.1) adotou o entendimento de que existem somente as modalidades previstas no CTN (art. 141 do CTN), sendo inviável a criação de outras por lei ordinária.

Embora persista esse debate, não há qualquer dúvida em relação especificamente à decadência e à prescrição tributárias, que, por força de previsão expressa no art. 146, III, *b*, da CF, somente podem ser veiculados por lei complementar federal, nos termos da Súmula Vinculante 8 do STF.

Gabarito de concurso público
O prazo de 10 (dez) anos para a cobrança das contribuições previdenciárias foi julgado inconstitucional pelo Supremo Tribunal Federal, resultando em súmula vinculante. **(Magistratura/PR – 2010 – PUC/PR)**

12.3. Instituição de benefícios

O CTN prevê modalidades, mas muitas delas exigem lei de cada ente tributante (moratória, parcelamento, compensação, transação, remissão, dação de imóveis em pagamento, isenção e anistia).

Interessante lembrar que o art. 150, § 6º, da CF dispõe que "qualquer subsídio ou isenção, redução de base de cálculo, concessão de crédito presumido, anistia ou remissão, relativos a impostos, taxas ou contribuições, só poderá ser concedido mediante lei específica, federal, estadual ou municipal, que regule exclusivamente as matérias acima enumeradas ou o correspondente tributo ou contribuição, sem prejuízo do disposto no art. 155, § 2.º, XII, *g*", da Constituição (exigência de convênio interestadual para concessão de benefícios relativos ao ICMS).

Excepcionalmente, a União pode conceder moratória em relação a tributos de outros entes e benefícios de ICMS são concedidos por convênio interestadual, como já dito.

Tratados internacionais (GATT, OMC) **em regra** apenas garantem o mesmo tratamento tributário ao similar importado (não concedem benefícios). Ou seja, a isenção de ICMS para pescados pode ser dada pelos Estados e Distrito Federal, mas admite-se que o tratado internacional firmado pela União garanta que o peixe importado goze do mesmo benefício fiscal.

12.4. Suspensão do crédito – Características gerais

A suspensão do crédito **não** dispensa obrigações acessórias. Ou seja, mesmo que haja uma liminar suspendendo a exigibilidade do ICMS (= obrigação principal), por exemplo, o comerciante não pode deixar de emitir notas fiscais ou prestar informações ao Fisco (= obrigações acessórias).

A suspensão do crédito impede a cobrança pelo Fisco e, consequentemente, suspende a prescrição (*actio nata* se o fisco não pode cobrar, não corre contra ele o prazo prescricional).

Apesar de impossibilitar a cobrança, caso a suspensão tenha ocorrido antes da constituição do crédito (por exemplo, antecipação de tutela em ação declaratória), nada impede que o Fisco realize o lançamento, até para evitar a decadência (o prazo para o lançamento não se suspende ou interrompe, no caso).

Jurisprudência
A suspensão da exigibilidade do crédito tributário na via judicial impede o Fisco de praticar qualquer ato contra o contribuinte visando à cobrança de seu crédito, tais como inscrição em dívida, execução e penhora, mas não impossibilita a Fazenda de proceder à regular constituição do crédito tributário para prevenir a decadência do direito. **REsp 1.129.450/SP, rel. Min. Castro Meira, j. 17.02.2011**

Gabarito de concurso público
A concessão de medida liminar em ação judicial suspende a exigibilidade do crédito tributário, mas não a possibilidade de sua constituição pelo fisco. **(Magistratura Federal/1ª Região – 2009 – CESPE)**

Interessante lembrar que especificamente no caso de depósito judicial integral realizado antes do lançamento não há necessidade de qualquer atuação do Fisco (o depósito judicial constituiu por si só o crédito tributário).

Como são benefícios fiscais, devem ser interpretadas literalmente – art. 111, I, do CTN.

Nos próximos tópicos, analisaremos cada uma das modalidades de suspensão do crédito previstas no CTN.

12.5. Suspensão: moratória

12.5.1. Definição de moratória

Moratória é a ampliação do prazo de pagamento, favor legal que adia a exigibilidade do tributo.

Há entendimento (adotado pelo CESPE em determinados gabaritos, como veremos mais adiante) de que a moratória é concedida **antes** do vencimento (distinção com parcelamento, que seria concedido após o vencimento).

A rigor, moratória concedida após o vencimento tem apenas o efeito de afastar a exigência de penalidades e juros pelo pagamento posterior.

Por outro lado, se ainda não ocorreu o vencimento, basta norma infralegal para adiá-lo (não se trata de matéria reservada à lei, conforme entendimento do STF).

Gabarito de concurso público
A moratória deve ser concedida por lei do ente político competente para a instituição de tributo, significando dilação do prazo para pagamento do crédito. **(Procurador do Município/Teresina-PI – 2010 – FCC)**

12.5.2. Espécies de moratória (art. 152 do CTN)

A moratória pode ser concedida em caráter geral ou individual:

- ✔ **Caráter geral:** quando é concedida pelo ente competente ou, excepcionalmente, pela União.
  A União pode conceder moratória de tributos estaduais e municipais, desde que fixe o mesmo favor em relação aos seus próprios tributos e às obrigações privadas. É mesmo situação excepcionalíssima de favor legal heterônomo (concedido por quem não é o ente competente em relação ao tributo);
- ✔ **Caráter individual:** quando a moratória é concedida por despacho da autoridade administrativa, conforme a lei, ao analisar, caso a caso, se o interessado preenche os requisitos legais.

O art. 153, III, *b*, do CTN prevê moratória com prestações e vencimentos (= parcelamento), sendo que a lei *poderia* atribuir à autoridade administrativa a fixação dos prazos (o que é discutível, por conta da reserva legal relativa à concessão de benefícios fiscais).

12.5.3. Delimitação da moratória

A moratória pode ser restrita a determinada região, ou a determinada classe ou categoria de sujeitos passivos (art. 152, parágrafo único, do CTN).

Gabarito de concurso público
No que respeita à moratória, conforme disciplinada no Código Tributário Nacional, é correto afirmar que a lei que a conceder pode circunscrever expressamente a sua aplicação a determinada classe ou categoria de sujeitos passivos. **(Magistratura/MT – 2009 – VUNESP)**

Salvo disposição legal em contrário, abrange apenas os créditos constituídos, ou com lançamento iniciado, à data da lei ou do despacho concessivo.

A moratória não aproveita a casos de dolo, fraude ou simulação.

12.5.4. Requisitos da lei de moratória

A lei que concede a moratória deve indicar:

a) o prazo de duração;

b) sendo o caso, os tributos a que se aplica, o número de prestações e os vencimentos;

c) no caso de moratória de caráter individual, também:

✔ as condições para concessão;

✔ as garantias a serem fornecidas pelo beneficiado;

✔ autoridade pode fixar as prestações e vencimentos.

12.5.5. Revogação da moratória individual

A concessão de moratória, remissão, isenção ou anistia em caráter individual não gera direito adquirido.

Se o Fisco verificar que o beneficiado não satisfazia ou deixou de satisfazer os requisitos para o benefício, deverá revogá-lo de ofício.

Há distinção para as hipóteses em que o beneficiário agiu, ou não, com dolo, fraude ou simulação, no que se refere às consequências da revogação:

Situação	Consequência
O beneficiário agiu com dolo, fraude ou simulação	– O crédito tributário deve ser pago com juros moratórios e penalidades – O tempo entre a concessão e a revogação do benefício não conta para fins de prescrição do direito à cobrança (**não corre prescrição** contra o Fisco)
O beneficiário não agiu com dolo, fraude ou simulação (houve simples erro)	– O crédito tributário deve ser pago com juros moratórios, mas sem penalidades – A revogação só pode ocorrer antes do término do prazo para cobrança, que não para de fluir (corre prescrição contra o Fisco)

É importante ressaltar que essas regras de revogação da moratória individual aplicam-se também às revogações de remissões, isenções e anistias concedidas individualmente.

Gabarito de concurso público
O tempo decorrido entre a concessão da moratória e sua revogação não se computa para efeito da prescrição do direito à cobrança do crédito tributário, quando a moratória é concedida em caráter individual, por dolo do beneficiado. Os juros de mora são devidos também no caso de revogação da moratória concedida em caráter individual por erro da autoridade fiscal, desde que o crédito tributário não esteja prescrito. **(Magistratura/PR – 2010 – PUC/PR)**

12.6. Suspensão: parcelamento

12.6.1. Definição

O parcelamento é espécie de moratória em que a exigibilidade do crédito fica adiada (suspensa até data futura), qualificada pela possibilidade de pagamentos periódicos (art. 155-A do CTN).

Como já dito, o CESPE apresentou gabaritos no sentido de que a moratória (mesmo parcelada) é concedida antes do vencimento, enquanto o parcelamento é posterior ao vencimento.

Gabarito de concurso público
Um contribuinte inadimplente de determinado tributo requereu na secretaria de fazenda o pagamento integral do débito, incluindo os juros e multas, em parcelas mensais e iguais, o que foi aceito pelo fisco. O contribuinte requereu o instituto denominado parcelamento, uma vez que o débito já está vencido. **(Ministério Público/RO – 2008 – CESPE)**

12.6.2. Características do parcelamento

Aplicam-se ao parcelamento subsidiariamente as regras da moratória (art. 155-A, § 2º, do CTN).

Salvo disposição contrária, o parcelamento refere-se apenas aos créditos já constituídos ou com lançamento iniciado à data da lei ou do despacho concessivo.

Ainda que a lei estenda o benefício, o crédito deve estar constituído para o efetivo parcelamento (normalmente exige-se confissão pelo contribuinte).

Jurisprudência
Quanto aos aspectos fáticos sobre os quais incide a norma tributária, a regra é que não se pode rever judicialmente a confissão de dívida efetuada com o escopo de obter parcelamento de débitos tributários. No entanto, como na situação presente, a matéria de fato constante de confissão de dívida pode ser invalidada quando ocorre defeito causador de nulidade do ato jurídico (v.g. erro, dolo, simulação e fraude). **REsp 1.133.027/SP, Rel. p/ Acórdão Ministro Mauro Campbell, j. 13.10.2010 – repetitivo**

Não se trata de novação, mas suspensão do crédito, ou seja, não há alteração da obrigação tributária, ainda que haja oferecimento de garantias reais pelo devedor (ver art. 183, parágrafo único, do CTN).

O parcelamento não exclui juros e multas, salvo disposição em contrário (não há denúncia espontânea – Súmula 208 do TFR).

12.6.3. Parcelamento na recuperação judicial – Art. 155-A, §§ 3º e 4º, do CTN

Em relação à recuperação judicial, lei específica de cada ente disporá sobre as condições de parcelamento dos tributos devidos.

Enquanto inexistir essa lei específica, aplicam-se as leis gerais de parcelamento do ente tributante, sendo que o prazo não pode ser inferior ao da lei federal.

Busca-se, com isso, fomentar o instrumento da recuperação judicial, já que o empresário deve estar em situação regular perante o Fisco para sua concessão.

12.7. Suspensão: depósito integral

Para que haja suspensão do crédito tributário, o depósito deve ser **integral e em dinheiro**:

Jurisprudência
Súmula 112 do STJ. O depósito somente suspende a exigibilidade do crédito tributário se for integral e em dinheiro.

Gabarito de concurso público
A suspensão da exigibilidade do crédito tributário com o depósito integral acarreta o impedimento à inscrição como dívida ativa, se realizado posteriormente à constituição definitiva do crédito. **(Auditor Fiscal/RJ)**

O depósito pode ser judicial (mais comum) ou administrativo (feito perante o próprio Fisco).

O depósito é prerrogativa do sujeito passivo, não imposição contra ele: não pode ser exigido como requisito para ações ou recursos administrativos ou judiciais (Súmula Vinculante 21 do STF e Súmula 373 do STJ):

Jurisprudência
Súmula Vinculante 21 do STF. É inconstitucional a exigência de depósito ou arrolamento prévios de dinheiro ou bens para admissibilidade de recurso administrativo.   *Súmula 373 do STJ. É ilegítima a exigência de depósito prévio para admissibilidade de recurso administrativo.*

Entretanto, caso o devedor opte por fazer o depósito judicial, não poderá levantá-lo antes do trânsito em julgado, com mérito favorável a ele. Assim, ainda que o depósito seja prerrogativa do sujeito passivo que implica suspensão da exigibilidade do crédito, depois de realizado não pode ser revertido livremente.

Jurisprudência

2. O direito – ou faculdade – atribuído ao contribuinte, de efetuar o depósito judicial do valor do tributo questionado, não importa o direito e nem a faculdade de, a seu critério, retirar a garantia dada, notadamente porque, suspendendo a exigibilidade do crédito tributário, ela operou, contra o réu, os efeitos próprios de impedi-lo de tomar qualquer providência no sentido de cobrar o tributo ou mesmo de, por outra forma, garanti-lo.
3. As causas de extinção do processo sem julgamento do mérito são invariavelmente imputáveis ao autor da ação, nunca ao réu. Admitir que, em tais casos, o autor é que deve levantar o depósito judicial, significaria dar-lhe o comando sobre o destino da garantia que ofereceu, o que importaria retirar do depósito a substância fiduciária que lhe é própria.
4. Assim, ressalvadas as óbvias situações em que a extinção do processo decorre da circunstância de não ser a pessoa de direito público parte na relação de direito material questionada, o depósito judicial somente poderá ser levantado pelo contribuinte que, no mérito, se consagrar vencedor. Nos demais casos, extinto o processo sem julgamento de mérito, o depósito de converte em renda.
EREsp 227.835/SP, STJ, Rel. Ministro Teori Albino Zavascki, j. 09.11.2005

Veja, por esse precedente citado, que o STJ admite apenas uma hipótese em que o sujeito passivo pode levantar o depósito mesmo sem vencer a demanda no mérito: quando o juiz entender que o Fisco litigante não é o sujeito ativo tributário (o depósito não pode, evidentemente, ser convertido em renda em favor de quem não é titular do crédito).

Gabarito de concurso público

O depósito somente suspende a exigibilidade do crédito tributário se for integral e em dinheiro e somente poderá ser levantado, ou convertido em renda, após o trânsito em julgado da sentença. **(Magistratura/SC – 2008)**

A jurisprudência do STJ é no sentido de que o depósito judicial, quando realizado antes do lançamento, constitui o crédito tributário, sendo dispensável ato do Fisco nesse sentido. Ou seja, o depósito implica "lançamento tácito" em relação ao valor consignado judicialmente.

Jurisprudência

Os depósitos efetuados pelo contribuinte por ocasião do questionamento judicial do tributo suspendem a exigibilidade do mesmo, enquanto perdurar a contenda, ex vi do art. 151, II, do CTN e, por força do seu desígnio, implica lançamento tácito do montante exato do quantum depositado, conjurando eventual alegação de decadência do direito de constituir o crédito tributário.
REsp 1.157.786/MG, rel. Min. Luiz Fux, j. 19.10.2010

Atualmente, o depósito judicial em favor da União é imediatamente disponibilizado ao Tesouro (Lei 9.703/1998). Permite-se sistemática semelhante para Estados, DF e Municípios.

12.8. Suspensão: reclamações e recursos administrativos

O sujeito passivo pode impugnar o lançamento perante o próprio Fisco. Ou seja, pode apresentar reclamação ou recurso administrativo contra a exigência, que será julgado pelo próprio ente tributante.

Gabarito de concurso público

As reclamações e os recursos administrativos são os modos pelos quais o contribuinte exterioriza seu inconformismo, sem correr o risco de vir a sofrer execução fiscal enquanto não julgados definitivamente. **(Magistratura/SC – 2008)**

O processo administrativo fiscal refere-se a essas impugnações ao lançamento, embora prestem-se também à discussão relativa a compensações, parcelamentos, regimes especiais de tributação etc.

Durante o processo administrativo em que se impugna o lançamento, a exigibilidade do crédito fica suspensa.

Assim, enquanto o Fisco estiver examinando a impugnação do sujeito passivo contra a exigência tributária, não poderá cobrá-lo administrativa ou judicialmente.

Há precedentes do STJ entendendo que mesmo o processo administrativo em que se discute a compensação tem também o efeito de suspender a exigibilidade do crédito tributário:

Jurisprudência

O pedido administrativo de compensação tem o condão de suspender a exigibilidade do crédito tributário.
Agravo regimental improvido.
AgRg no REsp 1.301.890/RS, rel. Min. Cesar Asfor Rocha, j. 21.06.2012

Por outro lado, o entendimento é diverso no caso específico de pedido de compensação com precatório devido por outra pessoa jurídica (o devedor do precatório não corresponde ao próprio sujeito ativo do tributo que se pretende compensar), ou seja, em que a compensação é claramente indevida, conforme a jurisprudência pacífica. Nesse caso, o STJ entende que o processo administrativo correspondente não tem o efeito de suspender a exigibilidade do crédito tributário:

Jurisprudência

A orientação adotada pelo STJ é no mesmo sentido do aresto impugnado: a suspensão da exigibilidade do crédito tributário não encontra amparo em precatórios apontados com o propósito de compensação, mormente quando este possui natureza diversa e se trata de créditos titularizados por pessoa jurídica diferente da que compõe a relação jurídico-tributária que se pretende extinguir pela compensação.
AgRg no AREsp 135.557/RS, rel. Min. Castro Meira, j. 14.08.2012

Não se pode exigir depósito ou garantia de instância como requisitos para o processo administrativo (Súmula Vinculante 21 do STF, semelhante à Súmula 373 do STJ). Por essa razão, a exigência do arrolamento de bens no processo administrativo fiscal federal (art. 33, § 2º, do Dec.-lei 70.235/1972) foi afastada pelo STF (ADI 1.976/DF).

Devem ser observados o contraditório e a ampla defesa também no processo administrativo – art. 5º, LV, da CF.

12.9. Suspensão: liminares e tutelas antecipadas

A simples impetração de mandado de segurança ou o ajuizamento de ação ordinária **não** suspende a exigibilidade do crédito tributário.

Para isso, é necessário que o juiz defira **liminar** ou conceda **antecipação da tutela**, que são modalidades de suspensão previstas no CTN.

Como já vimos, elas não impedem o lançamento do tributo, caso ainda não realizado (ou poderia haver decadência, cujo prazo não se suspende).

Gabarito de concurso público
A medida liminar em mandado de segurança afasta (suspende) o ato impugnado até o final julgamento, para evitar danos irreparáveis ou de difícil reparação. **(Magistratura/SC – 2008)**

12.10. Extinção: pagamento

12.10.1. Definição

No Direito Tributário, pagamento refere-se à entrega de **dinheiro** ao Fisco e é a modalidade básica de extinção do crédito tributário.

12.10.2. Características do pagamento

A imposição de penalidade não afasta a obrigação de pagamento integral do crédito (art. 157 do CTN).

O pagamento não importa presunção de quitação das demais prestações ou de outros créditos tributários (art. 158 do CTN).

Gabaritos de concursos públicos
O pagamento do crédito tributário não resta ilidido pela imposição de penalidade por descumprimento da legislação tributária. **(Procurador do Município/Teresina-PI – 2010 – FCC)**
Quando o pagamento é total, não importa na presunção de pagamento de outros créditos referentes ao mesmo tributo ou a outros. **(Procurador do Estado/CE – 2008 – CESPE)**
[O pagamento] Quando parcial, não importa presunção de pagamento das prestações em que se decomponha. **(Auditor Fiscal/MS – 2006 – FGV)**

12.10.3. Local do pagamento

Se a legislação não dispuser em contrário, o pagamento é feito na repartição do Fisco localizada no domicílio do sujeito passivo (art. 159 do CTN). Veja, para fins de comparação, a regra civilista do art. 327 do CC.

12.10.4. Formas de pagamento

O pagamento é efetuado em dinheiro, cheque ou vale postal (nestes últimos casos, a legislação pode exigir garantias). No caso do cheque, a rigor, somente com o recebimento do dinheiro pelo Fisco (compensação do título) é que se considera extinto o crédito (art. 162, § 2º, do CTN).

A lei pode prever pagamento em estampilha, papel selado ou processo mecânico, o que não é comum atualmente.

12.10.5. Vencimento e atraso

Se a legislação não fixar a data de vencimento, será 30 dias após a notificação do lançamento (trata-se, portanto, de regra subsidiária – art. 160 do CTN). Lembre-se que o vencimento do tributo não depende de lei (pode ser fixado e alterado por norma infralegal).

A legislação pode conceder desconto pela antecipação do recolhimento pelo sujeito passivo.

O atraso implica juros de mora, independentemente do motivo, com penalidades e execução de garantias (art. 161 do CTN).

Gabarito de concurso público
O crédito não integralmente pago no vencimento é acrescido de juros de mora, seja qual for o motivo determinante da falta, sem prejuízo da imposição das penalidades cabíveis e da aplicação de qualquer medida de garantia prevista na legislação. **(Magistratura/PR – 2008)**

Se a lei não indicar outro, os juros moratórios serão de 1% ao mês (outra regra subsidiária).

Caso o sujeito passivo tenha dúvida razoável em relação à tributação, pode formular consulta ao próprio Fisco. Se a consulta for apresentada, na forma da legislação, antes do vencimento, não haverá multa ou fluência de juros até a resposta pela autoridade fiscal (ou seja, o sujeito passivo pode aguardar a resposta antes de pagar o crédito em discussão).

12.10.6. Imputação em pagamento

Se houver mais de um débito vencido, do mesmo sujeito passivo em relação ao mesmo sujeito ativo, a administração deve observar a imputação, nessa ordem (art. 163 do CTN):

a) débitos por obrigação própria, depois os relativos a responsabilidade tributária;

b) contribuição de melhoria, depois taxas, por fim impostos;

c) ordem crescente dos prazos de prescrição;

d) ordem decrescente dos montantes.

Gabaritos de concursos públicos
Nessa situação, a referida imputação deve-se dar, primeiramente, quanto aos débitos oriundos de obrigação própria e, em segundo lugar, aos decorrentes de responsabilidade tributária. **(Procurador Federal - 2010 - CESPE)** *Considere que Gustavo possua débitos vencidos relativos ao imposto sobre a renda correspondente aos períodos de 2003 e de 2005, que, juntos, totalizem R$ 9.000,00. Considere, ainda, que, intencionando regularizar sua situação perante o fisco, Gustavo efetue o pagamento de parte desse valor. Nessa situação hipotética, a autoridade tributária, ao receber o pagamento, deverá determinar a respectiva imputação, na ordem crescente dos prazos de prescrição.* **(Advogado da União/AGU - CESPE - 2009)**

A rigor, isso não é comum, atualmente, pois os contribuintes recolhem os valores por meio de guias bancárias, com indicação expressa e exata do tributo que está sendo pago.

12.11. Extinção: compensação

12.11.1. Características

Diferentemente do que ocorre no âmbito das relações privadas, a compensação tributária somente ocorre se houver previsão expressa em lei do ente competente (art. 170 do CTN).

Jurisprudência
O Superior Tribunal de Justiça pacificou entendimento no sentido de que a compensação de débito tributário com precatórios depende de lei autorizadora, inexistente no Estado do Rio Grande do Sul. **AgRg no Ag 1.367.821/RS, STJ, Rel. Ministro Arnaldo Esteves Lima, j. 17.03.2011**

Mesmo no caso em que o particular é titular de precatório devido pelo ente tributante, não pode pretender compensá-lo com o tributo devido se não houver lei autorizativa.

Admite-se a compensação de crédito tributário com créditos líquidos, certos, vencidos e também **vincendos (= ainda não vencidos)** do particular contra o Fisco.

Se o crédito do particular for vincendo, a administração deve apurar o valor, exigindo desconto pela antecipação, que não pode ser maior que 1% ao mês.

12.11.2. Compensação no Judiciário

Jurisprudência
Súmula 212 do STJ. A compensação de créditos tributários não pode ser deferida em ação cautelar ou por medida liminar cautelar ou antecipatória.

Gabarito de concurso público
A compensação de créditos tributários não poderá ser deferida em ação cautelar ou por medida liminar cautelar ou antecipatória. **(Magistratura/SC - 2010)**

> CTN, art. 170-A. É vedada a compensação mediante o aproveitamento de tributo, objeto de contestação judicial pelo sujeito passivo, antes do trânsito em julgado da respectiva decisão judicial.

Jurisprudência
Súmula 213 do STJ. O mandado de segurança constitui ação adequada para a declaração do direito à compensação tributária.

Perceba, pela Súmula 213 do STJ, que o Superior Tribunal de Justiça, muito peculiarmente, reconhece o pedido declaratório no mandado de segurança para fins de compensação. Trata-se de mandado de segurança impetrado preventivamente, para resguardar a compensação a ser realizada pelo sujeito passivo e impedir a autuação fiscal posterior.

Entretanto, se o sujeito passivo já realizou a compensação por sua conta e risco, nos termos da legislação aplicável, não cabe impetrar o *writ* apenas para convalidá-la:

Jurisprudência
Súmula 460 do STJ. É incabível o mandado de segurança para convalidar a compensação tributária realizada pelo contribuinte.

Gabarito de concurso público
A compensação de créditos tributários não poderá ser deferida em ação cautelar ou por medida liminar cautelar ou antecipatória. **(Magistratura/SC - 2010)**

A lei aplicável à compensação é aquela vigente à época do encontro de contas. Se a compensação for pleiteada judicialmente, aplica-se a lei vigente quando da propositura da ação, ainda que posteriormente modificada.

Jurisprudência
A lei que regula a compensação tributária é a vigente à data do encontro de contas entre os recíprocos débito e crédito da Fazenda e do contribuinte. **REsp 1.164.452/MG, rel. Min. Teori Albino Zavascki, j. 25.08.2010 – repetitivo** *Ainda que superado este óbice, a Primeira Seção pacificou o entendimento de que a lei aplicável na compensação é aquela vigente à época do ajuizamento da ação, não podendo a causa ser julgada à luz do direito superveniente, já que os novos preceitos normativos condicionam a sua aplicação ao atendimento de requisitos outros que não constaram da causa de pedir nem foram objeto de exame nas instâncias ordinárias.* **AgRg no Ag 1.422.316/DF, rel. Min. Herman Benjamin, j. 18.10.2011**

Gabarito de concurso público
Quanto à compensação de tributos federais, é matéria firme na atual jurisprudência do Superior Tribunal de Justiça deve ser considerado o regime jurídico vigente à época do ajuizamento da demanda, não podendo ser a causa julgada à luz do direito superveniente. **(Magistratura Federal-4ª Região – 2010)**
Obs.: nada impede, entretanto, que o interessado pleiteie a compensação à luz da nova lei na esfera administrativa, por meio de outro pedido, ou mesmo que proponha outra demanda judicial, com o novo fundamento.

12.12. Extinção: transação

> CTN, Art. 171. A lei pode facultar, nas condições que estabeleça, aos sujeitos ativo e passivo da obrigação tributária celebrar transação que, mediante concessões mútuas, importe em determinação de litígio e consequente extinção de crédito tributário.
> Parágrafo único. A lei indicará a autoridade competente para autorizar a transação em cada caso.

A transação tributária, como modalidade de extinção do crédito, deve estar prevista minuciosamente em lei.

No Direito Tributário, há somente transação terminativa de litígio, não preventiva.

12.13. Extinção: remissão

12.13.1. Definição

Remissão (do verbo *remitir*) significa **perdão** do crédito tributário.

Não confundir com *remição*, do verbo *remir*, resgatar.

Gabarito de concurso público
A remissão é ato de autoridade administrativa dotada de expressa autorização legal; a remição, por seu turno, é ato de resgate que pode ser realizado pelo particular em relação a bem penhorado em execução fiscal. **(Magistratura Federal – 4ª Região – XII – 2005)**

Refere-se ao tributo e à penalidade pecuniária (= crédito), diferente da anistia, que se restringe à multa.

Como os demais benefícios fiscais, exige lei específica, que regule apenas o perdão (benefício) ou o tributo a que se refere – art. 150, § 6º, da CF.

12.13.2. Requisitos da lei de remissão

A lei autoriza a autoridade a conceder, por despacho fundamentado, remissão total ou parcial, atendendo (art. 172 do CTN):

a) à situação econômica do sujeito passivo;

b) ao erro ou ignorância excusáveis do sujeito passivo, quanto a matéria de fato;

c) à diminuta importância do crédito tributário;

d) a considerações de equidade, em relação a características pessoais ou materiais do caso;

e) a condições peculiares a determinada região do território da entidade tributante.

Perceba, portanto, que o legislador não pode conceder remissões livremente, fora dessas hipóteses previstas no CTN.

Ademais, o CTN não faz referência expressa à remissão em caráter geral, referindo-se apenas à concessão pela autoridade fiscal, por meio de despacho fundamentado.

Lembre-se que, no caso de remissão concedida individualmente, eventual revogação é regulada pelas mesmas normas atinentes à moratória (art. 172, parágrafo único, c/c art. 155 do CTN). Vimos isso ao estudarmos aquela modalidade de suspensão do crédito tributário.

12.13.3. Vedação de remissão e anistia para contribuições sociais – art. 195, § 11, da CF

A Constituição Federal veda expressamente a concessão de remissão ou anistia para débitos superiores ao valor fixado em lei complementar para as contribuições sociais devidas por:

a) empregadores e equiparados sobre folhas de salários e demais rendimentos pagos a pessoas físicas;

b) trabalhadores e equiparados.

12.14. Extinção: decadência

12.14.1. Definição

Decadência é a perda do direito de o Fisco constituir o crédito tributário (lançar) pelo decurso do prazo de 5 anos (art. 173 do CTN).

É indicada pelo CTN como modalidade de extinção do crédito tributário (muito embora ocorra antes de sua constituição, impedindo o lançamento).

As normas relativas à decadência e à prescrição tributária devem ser veiculadas exclusivamente por lei complementar federal, nos termos do art. 146, III, *b*, da CF.

Por essa razão, o STF declarou inconstitucionais dispositivos de lei ordinária que fixavam prazos decadenciais e prescricionais relativos a contribuições sociais (Súmula Vinculante 8 do STF).

Jurisprudência
Súmula Vinculante 8 do STF. São inconstitucionais o parágrafo único do artigo 5º do Decreto-lei n. 1.569/1977 e os artigos 45 e 46 da Lei n. 8.212/1991, que tratam de prescrição e decadência de crédito tributário. Obs.: as contribuições previdenciárias são tributos e a matéria – prescrição e decadência tributárias – é regulada por lei complementar, de modo que se aplicam os prazos quinquenais do CTN.

Para que não haja dúvida: há somente prazos decadenciais e prescricionais de 5 anos, previstos no CTN.

Gabarito de concurso público
Nos casos de tributos que não estão sujeitos a lançamento por homologação, o direito de a Fazenda Pública constituir o crédito tributário extingue-se após cinco anos, contados do primeiro dia do exercício seguinte àquele em que o lançamento poderia ter sido efetuado. **(Auditor Fiscal/RJ – 2008 – FGV)**

12.14.2. Contagem do prazo decadencial

O prazo decadencial é quinquenal (5 anos), contado (art. 173 do CTN):

a) do primeiro dia do exercício seguinte àquele em que o lançamento poderia ter sido efetuado (regra);

b) da data em que se tornar definitiva a decisão que houver anulado, por vício formal, o lançamento anteriormente efetuado (caso de interrupção);

c) da data em que tenha se iniciado a constituição do crédito pela notificação do sujeito passivo, a respeito de qualquer medida preparatória indispensável.

12.14.3. Decadência no lançamento de ofício

Veja na seguinte representação gráfica um exemplo de contagem do prazo decadencial em relação a tributo lançado de ofício.

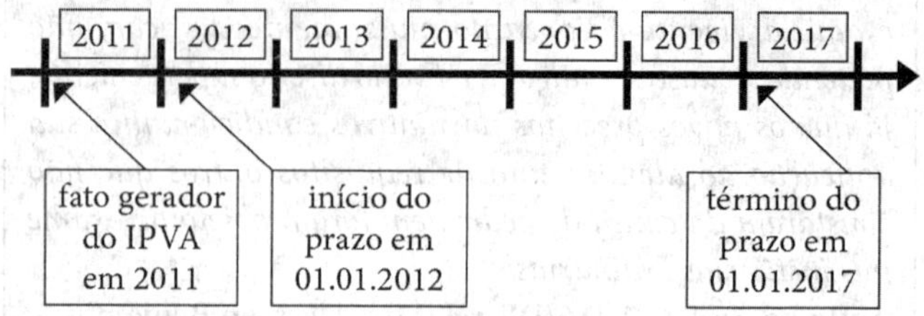

Se o fato gerador ocorreu em 2011, o tributo poderia ser lançado já nesse exercício. Por essa razão, o prazo decadencial quinquenal começa a correr em 1º de janeiro do ano seguinte (2012), terminando em 1º de janeiro de 2017.

12.14.4. Decadência no lançamento por homologação

No lançamento por homologação, há regra específica, pois ocorre homologação tácita (que impede a revisão pelo fisco) após 5 anos contados do fato gerador (art. 150, § 4º, do CTN).

Se não houve pagamento ou se ocorreu dolo, fraude ou simulação, **não há falar em homologação tácita** e se aplica a regra do art. 173, I, do CTN (primeiro dia do exercício seguinte).

Gabarito de concurso público
A contagem do prazo decadencial para a Fazenda Pública lançar o crédito tributário depende, em regra, do tipo de lançamento previsto em lei para a sua liquidação. **(Magistratura/RO – 2011 – PUCPR)**

Jurisprudência
A jurisprudência desta Corte entende que nas exações cujo lançamento se faz por homologação, havendo pagamento antecipado, conta-se o prazo decadencial a partir da ocorrência do fato gerador (art. 150, § 4º, do CTN). Somente quando não há pagamento antecipado, ou há prova de fraude, dolo ou simulação é que se aplica o disposto no art. 173, I, do CTN. **AgRg no Ag 1.216.911/RS, STJ, Rel. Ministro Benedito Gonçalves, j. 03.05.2011**

Vejamos os exemplos seguintes.

12.14.4.1. Decadência no lançamento por homologação – Se houve pagamento sem dolo, fraude ou simulação

Quando há pagamento sem dolo fraude ou simulação, o prazo decadencial é o do art. 150, § 4º, do CTN.

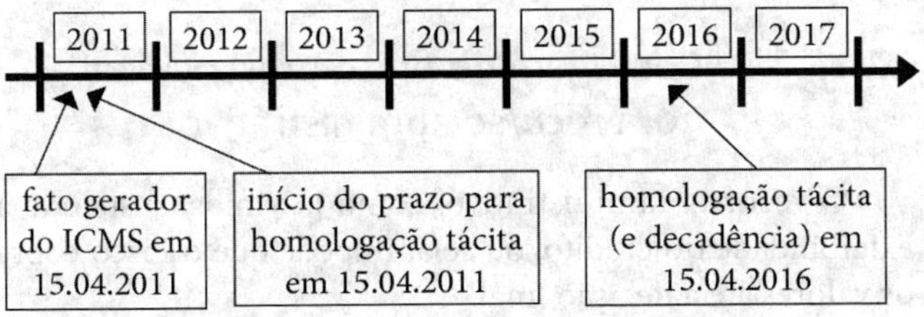

Nesse caso, o quinquênio é contado a partir do fato gerador (não do primeiro dia do exercício seguinte).

12.14.4.2. Decadência no lançamento por homologação – Se não houve pagamento ou se ocorreu dolo, fraude ou simulação

A contagem do art. 150, § 4º, do CTN (a partir do fato gerador) somente ocorre quando há, efetivamente, homologação tácita, ou seja, quando há recolhimento antecipado, sem dolo, fraude ou simulação.

Se não há pagamento ou ocorre algum desses vícios, o prazo quinquenal é contado na forma do art. 173, I, do CTN, a partir do primeiro dia do exercício seguinte:

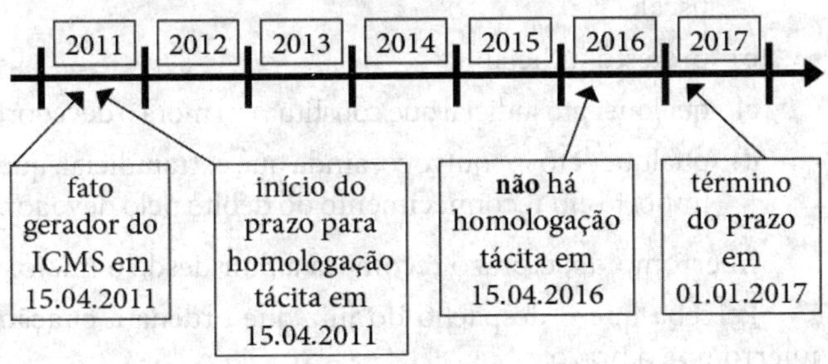

12.15. Extinção: prescrição

12.15.1. Definição

É a perda do direito de o Fisco cobrar o crédito tributário, pelo decurso do prazo de 5 anos (art. 174 do CTN).

É indicada pelo CTN como modalidade de extinção do crédito tributário, ou seja, não apenas afasta o direito à cobrança, mas também atinge o próprio direito material (o crédito tributário).

Por essa razão, se houve prescrição, posterior pagamento realizado pelo sujeito passivo é indevido, cabendo pedido de restituição (note a diferença em relação ao direito privado).

Gabarito de concurso público
A dívida tributária prescrita que ainda assim seja paga poderá ser devolvida. **(Magistratura/RO – 2011 – PUCPR)**

Perceba que a decadência ocorre antes do lançamento, enquanto a prescrição se dá após a constituição do crédito.

Assim como a norma relativa à decadência, aquela atinente à prescrição deve ser veiculada exclusivamente por lei complementar federal, conforme dispõe o art. 146, III, *b*, da CF (Súmula Vinculante 8 do STF).

Essa prescrição, anterior à propositura da execução fiscal, pode ser decretada de ofício pelo juiz. Veremos, ao estudarmos a execução fiscal, que há também a prescrição intercorrente, a ser decretada no curso do processo, com regras bastante específicas.

Gabarito de concurso público
[A prescrição] Pode ser decretada, de ofício, pelo juiz, não necessitando ser alegada por uma das partes; admite tanto causas suspensivas, como interruptivas; pode operar antes do ajuizamento da ação, como durante o seu curso. **(Procuradoria Distrital – 2007)**

12.15.2. Contagem do prazo prescricional

O prazo prescricional é quinquenal (5 anos), contado da data da constituição definitiva do crédito tributário.

Gabaritos de concursos públicos
Em nosso sistema tributário, a data da constituição definitiva do crédito tributário é o marco fundamental para contagem do prazo de prescrição tributária. **(Magistratura/PE – 2011 – FCC)**
Quanto à prescrição e à decadência do crédito tributário, podem-se identificar diversos prazos de um lustro previstos no Código Tributário Nacional. **(Magistratura/PR – 2010 – PUC/PR)**
Obs.: lustro = 5 anos

Pela *actio nata*, o prazo somente flui a partir do momento em que o Fisco pode cobrar o tributo.

Assim, após a notificação do lançamento, se não há impugnação, o prazo começa a partir do vencimento.

Jurisprudência
Apenas com o transcurso do prazo da notificação para o sujeito passivo da obrigação tributária efetuar o pagamento é que nasce o direito do Fisco de ajuizar ação de cobrança. Assim, só há falar em prescrição no momento em que o direito de ação for exercitável (princípio da ***actio nata****).* **AgRg nos EDcl no REsp 1.225.654/RJ, STJ, Rel. Min. Herman Benjamin, j. 10.05.2011**

Se há recurso administrativo (que suspende a exigibilidade do crédito), a prescrição somente flui após a decisão final.

Vimos anteriormente que a legislação de muitos tributos lançados por homologação prevê declarações pelos contribuintes, nas quais informam o valor a ser recolhido. Essas declarações têm o efeito de constituir o crédito tributário (valem como lançamento), nos termos da Súmula 436 do STJ.

Se houve tributo declarado e não pago, o prazo prescricional para a cobrança (não há prazo decadencial para lançamento) começa a partir do vencimento.

Há ainda outra hipótese peculiar, em que essa declaração do contribuinte, em relação aos tributos lançados por homologação, é feita, na forma da legislação aplicável, após o vencimento. Nesse caso, o prazo prescricional começa a correr a partir da declaração (quando o Fisco fica sabendo da constituição do crédito).

Jurisprudência

Consequentemente, o **dies a quo** *do prazo prescricional para o Fisco exercer a pretensão de cobrança judicial do crédito tributário declarado, mas não pago, é a data do vencimento da obrigação tributária expressamente reconhecida.*
(...)
Vislumbra-se, portanto, peculiaridade no caso sub examine, uma vez que a declaração de rendimentos entregue no final de abril de 1997 versa sobre tributo que já deveria ter sido pago no ano-calendário anterior, inexistindo obrigação legal de declaração prévia a cada mês de recolhimento, consoante se depreende do seguinte excerto do acórdão regional: (...)
12. Consequentemente, o prazo prescricional para o Fisco exercer a pretensão de cobrança judicial da exação declarada, in casu, iniciou-se na data da apresentação do aludido documento, vale dizer, em 30.04.1997, escoando-se em 30.04.2002, não se revelando prescritos os créditos tributários na época em que ajuizada a ação (05.03.2002).
REsp 1.120.295/SP, STJ, Rel. Min. Luiz Fux, j. 12.05.2010 – repetitivo

Também por conta da *actio nata*, qualquer outra modalidade de suspensão da exigibilidade do crédito (liminares, parcelamentos etc.) suspende o prazo prescricional.

Vejamos os exemplos seguintes para melhor compreensão e memorização.

12.15.2.1. Contagem do prazo prescricional – Sem recurso administrativo

Se não há recurso administrativo, o prazo quinquenal começa a correr já a partir do vencimento, logo após a notificação do lançamento (o vencimento, em regra, ocorre 30 dias após a notificação):

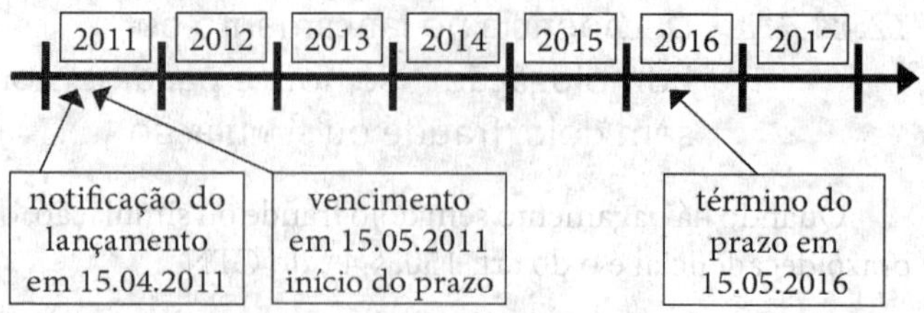

12.15.2.2. Contagem do prazo prescricional – Com recurso administrativo

O recurso administrativo, como já vimos, suspende a exigibilidade do crédito, ou seja, impede que o Fisco cobre os valores até a decisão final.

Se não é possível cobrar, não há como contar o prazo prescricional (*actio nata*).

Assim, o quinquênio se inicia apenas após a decisão administrativa final (a rigor, após o vencimento, posterior à decisão):

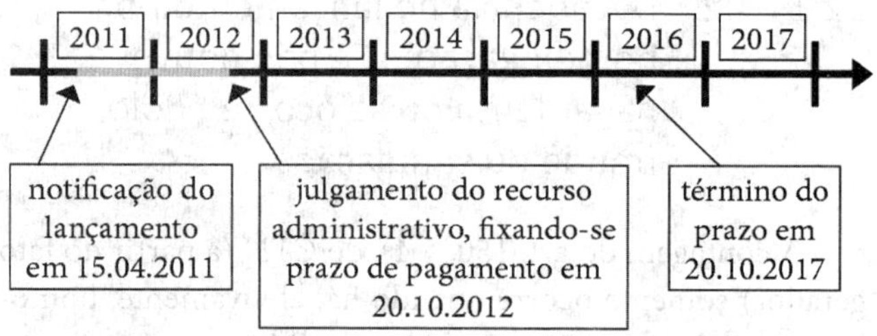

12.15.3. Interrupção da prescrição

Interrompem a prescrição (art. 174, parágrafo único, do CTN):

a) despacho do juiz que ordena a citação em execução fiscal;
b) protesto judicial;
c) qualquer ato judicial que constitua em mora o devedor;
d) qualquer ato inequívoco, ainda que extrajudicial, que importe em reconhecimento do débito pelo devedor.

Interrompido, o prazo recomeça a fluir desde o início.

Perceba que o despacho do juiz que ordena a citação interrompe o prazo.

O STJ, ao interpretar o dispositivo do CTN cotejando-o ao art. 219, § 1º, do CPC, entendeu que a interrupção da prescrição pela citação (pelo despacho que a ordena, no caso) retroage à data da propositura da ação:

Jurisprudência

O Codex Processual, no § 1º, do artigo 219, estabelece que a interrupção da prescrição, pela citação, retroage à data da propositura da ação, o que, na seara tributária, após as alterações promovidas pela Lei Complementar 118/2005, conduz ao entendimento de que o marco interruptivo atinente à prolação do despacho que ordena a citação do executado retroage à data do ajuizamento do feito executivo, a qual deve ser empreendida no prazo prescricional.
REsp 1.120.295/SP, STJ, Rel. Min. Luiz Fux, j. 12.05.2010 – repetitivo

Assim, o Fisco deve se acautelar para iniciar a execução fiscal em tempo hábil, ou seja, em menos de 5 anos contados da constituição do crédito.

Porém, se há demora na citação por sua culpa exclusiva, não há essa retroatividade, ou seja, pode ser reconhecida a prescrição:

Jurisprudência
Ainda que se entenda em sentido contrário, é firme a orientação da Primeira Seção desta Corte de que não retroage a prescrição à data da propositura da ação, conforme o art. 219, § 1º, do CPC, quando a demora na citação é imputada exclusivamente ao Fisco. *AgRg no AREsp 167.198/DF, rel. Min. Napoleão Nunes Maia Filho, j. 21.06.2012*

A confissão de dívida é comumente exigida pela legislação como pressuposto para a concessão ou reconhecimento de benefícios fiscais, especialmente o parcelamento.

Há autores afirmando que o parcelamento teria o efeito de interromper a prescrição, o que nos parece incorreto. O parcelamento apenas suspende o prazo prescricional. É essa confissão de dívida prévia, normalmente exigida para fins do parcelamento, que o interrompe.

Gabaritos de concursos públicos
A prescrição da ação de cobrança do crédito tributário considera-se interrompida, no caso do contribuinte reconhecer a dívida e aderir a parcelamento, no âmbito extrajudicial. **(Ministério Público/PR – 2009)**
A empresa GLOF Indústria de Cabos Elétricos Ltda., em agosto de 2005, foi notificada de auto de lançamento contra si lavrado em virtude de sonegação fiscal do ICMS que perpetrou em novembro de 2000. Em julho de 2008, ajuizou ação anulatória de auto de lançamento, mas não obteve tutela antecipada para suspender a exigibilidade do crédito tributário. Em novembro de 2009, aproveitando-se de lei estadual que autorizava parcelamento, firmou pedido de parcelamento do crédito tributário. No mesmo pedido, havia cláusula pela qual a empresa se confessava devedora do mencionado crédito tributário, reconhecendo sua liquidez e certeza. Entretanto pagou apenas a primeira parcela, em novembro de 2009, deixando sem pagamento as demais. Diante disso, em agosto de 2011, a Fazenda Pública ajuizou ação de execução fiscal para a cobrança do crédito tributário. Diante dessa situação hipotética [é correto afirmar que] a ação de execução fiscal foi legitimamente ajuizada, uma vez que não decorrido o prazo de prescrição. **(Procurador do Estado/AC – FMP – 2012)**

12.16. Extinção: conversão do depósito em renda

O depósito administrativo ou judicial apenas suspende a exigibilidade do crédito tributário.

Com a decisão final, favorável ao Fisco, esse depósito torna-se receita tributária, ou seja, é convertido em renda do ente tributante.

Essa conversão, semelhante ao pagamento em dinheiro, é modalidade de extinção do crédito tributário.

12.17. Extinção: Pagamento antecipado e homologação

No lançamento por homologação, quando o sujeito passivo recolhe o valor devido, ocorre a extinção do crédito tributário (como no caso do pagamento), condicionada à posterior homologação.

Havia entendimento no sentido de que a extinção ocorreria no momento da homologação (expressa ou tácita), o que ficou ultrapassado pela interpretação autêntica veiculada pelo art. 3º da LC 118/2005: a extinção ocorre no momento do pagamento antecipado.

12.17.1. Extinção: Consignação em pagamento

Cabe ação de consignação em caso de (art. 164 do CTN):

a) recusa de recebimento, ou subordinação deste ao pagamento de outro tributo ou de penalidade, ou ao cumprimento de obrigação acessória;

b) subordinação do recebimento ao cumprimento de exigências administrativas sem fundamento legal; e

c) exigência, por mais de uma pessoa jurídica de direito público, de tributo idêntico sobre um mesmo fato gerador.

A rigor, a simples propositura da ação consignatória não extingue o crédito tributário.

Somente com o julgamento de procedência é que o valor consignado é convertido em renda e, com isso, extingue-se o crédito.

12.18. Extinção: decisão administrativa irreformável e decisão judicial transitada em julgado

A decisão administrativa irreformável e a decisão judicial transitada em julgado, favoráveis ao sujeito passivo, extinguem o crédito tributário.

Se a decisão foi pela invalidade do lançamento, sem afastar a ocorrência do fato gerador, é possível nova constituição do crédito, desde que não esgotado o prazo decadencial.

Se afastada apenas parcela do crédito e for possível aferir o montante restante por simples cálculo aritmético, não há necessidade de novo lançamento (basta retificação da inscrição em dívida ativa e da certidão correspondente, em caso de execução fiscal em andamento).

12.19. Extinção: dação em pagamento de bens imóveis

Para que haja a possibilidade de dação em pagamento de bens imóveis, como modalidade de extinção do crédito, é preciso lei autorizativa do respectivo ente tributante (não basta a previsão genérica do CTN).

A dação refere-se apenas a bens imóveis (art. 156, XI, do CTN). O Código Tributário Nacional não prevê a possibilidade de dação de bens móveis em pagamento. Lei distrital nesse sentido foi declarada inconstitucional pelo STF (ADI 1.917/DF – haveria ofensa ao princípio da licitação).

Havendo lei autorizativa, o Fisco avalia o imóvel, inclusive quanto à conveniência em aceitá-lo (a lei pode prever a recusa), e, havendo concordância, imputa o valor no pagamento do crédito (se o valor do imóvel for maior que a dívida, o Fisco devolve a diferença; se o valor do bem for inferior, o crédito tributário subsiste pela diferença).

12.20. Exclusão: modalidades

O CTN prevê apenas duas hipóteses de exclusão do crédito tributário, ou seja, situações em que ocorre o fato gerador, surge a obrigação tributária, mas o crédito é excluído (não pode ser constituído pelo Fisco).

Essas duas únicas modalidades de exclusão são a isenção e a anistia, que somente podem ser concedidas por lei específica, que regule apenas o benefício ou o tributo – art. 150, § 6º, da CF.

Gabarito de concurso público
A isenção e anistia, pelo CTN, são causas de exclusão do crédito tributário, isto é, no primeiro caso o contribuinte fica exonerado do pagamento do tributo e no segundo da penalidade imposta. **(Ministério Público/SC – 2010)**

Devem ser interpretadas estritamente (literalmente), a exemplo dos outros benefícios fiscais – art. 111, I e II, do CTN.

A exclusão **não** dispensa as obrigações acessórias – art. 175, parágrafo único, do CTN. Assim, mesmo uma pessoa isenta deve prestar informações ao Fisco (= obrigação acessória), na forma da legislação aplicável, por exemplo.

12.21. Exclusão: isenção

12.21.1. Definição

Lembre-se de que a isenção é uma das duas modalidades de exclusão do crédito tributário (a outra é a anistia – art. 175 do CTN).

O CTN trata a isenção como dispensa do pagamento: há fato gerador e obrigação, mas o Fisco não pode constituir o crédito (ele é excluído).

A doutrina mais moderna entende que a isenção delimita negativamente a norma de incidência: não há fato gerador, nem obrigação tributária, em relação à situação ou ao sujeito isento.

Essa distinção tem relevância ao se discutir a vigência da norma que revoga a isenção (vimos isso ao estudarmos a vigência da legislação tributária).

Gabaritos de concursos públicos
Ocorre a isenção tributária quando, mesmo havendo fato gerador e obrigação tributária, exclui-se a constituição do crédito tributário. **(Procurador do Município/Aracaju – 2008 – CESPE)**
A dispensa, por questão de política fiscal, de pagamento de tributo regularmente devido caracteriza isenção. **(Magistratura Federal – 1ª Região – 2005)**
Qualquer isenção ou subsídio relativos a impostos só poderão ser concedidos por meio de lei específica, que regule exclusivamente a respectiva matéria. **(Ministério Público/RO – 2008 – CESPE)**
O governador desse estado não poderia ter enviado para a casa legislativa projeto contendo matéria sobre isenção de ICMS sem que antes houvesse deliberação sobre o assunto por parte dos outros estados e do DF, que deveriam anuir com a concessão. **(Procurador do Estado/PI – 2008 – CESPE)**

12.21.2. Requisitos da lei e delimitação

A lei isentiva deve especificar as condições e os requisitos para a concessão do benefício, os tributos a que se aplica e, sendo o caso, o prazo de sua duração (art. 176 do CTN).

Salvo disposição legal em contrário, não abrange (i) taxas e contribuições de melhoria, nem (ii) tributos instituídos posteriormente à sua concessão (art. 177 do CTN).

Pode ser restrita a determinada região, em função de condições a ela peculiares.

12.21.3. Distinção da isenção em relação à imunidade e à não incidência

A imunidade é norma constitucional, enquanto a isenção é norma legal produzida pelo ente competente.

A imunidade afasta a competência tributária, enquanto a isenção pressupõe a competência.

A não incidência refere-se genericamente a situações fora do alcance da norma de incidência.

Gabaritos de concursos públicos
Em relação ao Imposto Sobre Serviços, se não consta da lista anexa à Lei Complementar n. 116/2003 determinado serviço, podemos afirmar que a sua não exigência ocorre em vista de não incidência. **(Auditor Fiscal/CE – 2006 – ESAF)**
Para discernir a isenção do diferimento do tributo, basta considerar que enquanto aquela desonera o pagamento do tributo, este implica em adiamento da incidência. **(Magistratura/PE – 2011 – FCC)**

12.21.4. Isenção de caráter individual

Se a isenção não for concedida em caráter geral, a autoridade administrativa a efetivará, caso a caso, ao analisar o requerimento do interessado, que deve comprovar que preenche as condições e requisitos para o benefício (art. 179 do CTN).

Se o tributo for lançado periodicamente, a autoridade deverá renovar a concessão a cada período.

12.21.5. Revogação da isenção

A isenção pode ser revogada a qualquer tempo, desde que por lei, já que a competência tributária é inafastável.

Entretanto, se a isenção foi concedida por prazo certo e em função de determinadas condições, ela não pode ser livremente revogada, ou seja, deve-se respeitar o direito adquirido (art. 178 do CTN – veja que a Súmula 544 do STF refere-se apenas à condição onerosa).

Por exemplo, se um município concede isenção de IPTU por 20 anos (tempo certo) para empresas que construam fábricas em seu território (condição onerosa), e uma sociedade preencha esses requisitos, ela terá direito ao benefício durante esse período de tempo, ainda que a norma venha a ser revogada.

Gabarito de concurso público
Nos termos do Código Tributário Nacional, a isenção concedida por prazo certo e em função de determinadas condições não pode ser revogada a qualquer tempo. **(Procurador do Estado/RO – 2011 – FCC)**

Finalmente, lembre-se de que há regras específicas para a revogação de isenção concedida individualmente, idênticas àquelas aplicáveis às moratórias – art. 179, § 2º, c/c art. 155 do CTN. Vimos isso ao estudarmos essa modalidade de suspensão do crédito.

12.22. Exclusão: anistia

12.22.1. Definição

Anistia é o perdão das infrações (art. 180 do CTN), referindo-se apenas às penalidades pecuniárias (diferente da remissão, que é perdão de todo o crédito).

12.22.2. Delimitação da anistia

A anistia abrange exclusivamente as infrações cometidas anteriormente à vigência da lei concessiva e não se aplica (art. 180, I e II):

a) a atos tipificados criminalmente ou como contravenção;

b) a atos praticados com dolo, fraude ou simulação;

c) salvo disposição em contrário, às infrações resultantes de conluio.

12.22.3. Anistia de caráter individual

Se a anistia não for concedida em caráter geral, a autoridade administrativa a efetivará, caso a caso, ao analisar o requerimento do interessado, que deve comprovar que preenche as condições e os requisitos para o benefício.

Lembre-se de que as regras para a revogação de moratórias individualmente concedidas aplicam-se também à anistia – art. 182, parágrafo único, c/c art. 155 do CTN.

Gabaritos de concursos públicos
Tanto a isenção quanto a anistia, quando não concedidas em caráter geral, são efetivadas, em cada caso, por despacho da autoridade administrativa, tratando-se de ato administrativo vinculado à lei. **(Ministério Público/SC – 2010)**
Suponha que uma lei isente de IPTU os proprietários de imóveis nascidos há mais 60 anos. Nessa situação, tal isenção deve ser efetivada por despacho da autoridade administrativa, em requerimento com o qual o interessado prove o cumprimento dos requisitos previstos na lei. **(Ministério Público/AM – 2008 – CESPE)**

12.22.4. Concessão limitada

A anistia pode ser concedida limitadamente (art. 181, II, do CTN):

a) às infrações relativas a determinado tributo;

b) às infrações punidas com penalidades pecuniárias até determinado montante, conjugadas ou não com penalidades de outra natureza;

c) a determinada região do território da entidade tributante, em função de condições a ela peculiares;

d) sob condição do pagamento de tributo no prazo fixado pela lei que a conceder, ou cuja fixação seja atribuída pela mesma lei à autoridade administrativa.

Gabaritos de concursos públicos
É inadmissível um estado conceder anistia em caráter limitado a multas de contribuintes que tenham, no mínimo, certa idade. **(Ministério Público/SE – 2010 – CESPE)**

12.22.5. Vedação de remissão e anistia para contribuições sociais – art. 195, § 11, da CF

A Constituição Federal veda expressamente a concessão de remissão ou anistia para débitos superiores ao valor fixado em lei complementar para as contribuições sociais devidas por:

a) empregadores e equiparados sobre folhas de salários e demais rendimentos pagos a pessoas físicas; e

b) trabalhadores e equiparados.

13. Impostos em espécie

13.1. Introdução

13.1.1. Competências relativas a impostos

A Constituição Federal indica expressamente os impostos da competência de cada ente político (União, Estados, Distrito Federal e Municípios).

Lembre-se que essa indicação é taxativa, exceto para a União, que detém a chamada competência residual (somente ela pode instituir outros impostos além daqueles previstos expressamente na CF), conforme o art. 154, I, da Constituição Federal.

Veja a seguinte tabela, que indica os impostos da competência de cada ente federado, para estudo e memorização:

União	– II, IE, IR, IPI, IOF, ITR, imposto sobre grandes fortunas (art. 153 da CF) – imposto extraordinário, imposto da competência residual (art. 154 da CF)
Estados e DF	– ITCMD, ICMS e IPVA (art. 155 da CF)
Municípios e DF	– ITBI, IPTU, ISS (art. 156 da CF)

13.1.2. Lançamento

Basicamente, todos os impostos são lançados por homologação, com exceção do IPVA e do IPTU na maior parte dos Estados e Municípios, que são lançados de ofício (depende da lei local).

Lançamento de ofício	– IPVA e IPTU, conforme a legislação local
Lançamento por homologação	– II, IE, IR, IPI, IOF – ITR – ICMS, ITCMD – ITBI, ISS

Perceba que o imposto de renda, apesar da famosa declaração de bens, é tributo lançado por homologação.

A legislação do ITR prevê expressamente o lançamento por homologação, mas, como há diversas declarações que são prestadas pelo proprietário rural, em relação ao imóvel, seu valor e índices de produtividade, há autores que consideram ser caso de lançamento por declaração. De qualquer forma, é importante salientar que a jurisprudência dominante reconhece tratar-se de lançamento por homologação, conforme expressamente dispõe o Regulamento do ITR.

Jurisprudência
Esta linha de argumentação é corroborada pelo que determina o art. 111 do Código Tributário Nacional – CTN (interpretação restritiva da outorga de isenção), em especial pelo fato de que o ITR, como imposto sujeito a lançamento por homologação, e em razão da parca arrecadação que proporciona (como se sabe, os valores referentes a todo o ITR arrecadado é substancialmente menor ao que o Município de São Paulo arrecada, por exemplo, a título de IPTU), vê a efetividade da fiscalização no combate da fraude tributária reduzida. **REsp 1.027.051/SC, rel. p/ acórdão Min. Mauro Campbell Marques, j. 07.04.2011**

RITR, art. 48. O lançamento do ITR é procedimento de competência privativa da autoridade administrativa, que se opera de ofício ou por homologação, destinado à constituição do crédito tributário.

(...)

Art. 50. Caso o sujeito passivo deixe de tomar as iniciativas necessárias ao lançamento por homologação pela Fazenda Pública, esta deve proceder à determinação e ao lançamento de ofício do crédito tributário.

13.1.3. Regra-matriz de incidência

A regra-matriz de incidência é uma ferramenta interessante para o estudo dos impostos em espécie.

Quando falamos de fato gerador, até aqui, referimo-nos ao critério material (auferir renda, ser proprietário, promover a circulação). Entretanto, para que haja a incidência, além do critério material, há os critérios especial e temporal.

Somente quando se observam os três critérios do *antecedente* da regra-matriz (material, espacial e temporal) é que há incidência, devendo ser verificados, então, os dois critérios do *consequente* da regra-matriz (pessoal e quantitativo).

Antecedente		**Consequente**
- Critério material - Critério espacial - Critério temporal	deve ser ⇒	- Critério pessoal - Critério quantitativo

Por exemplo, para que haja incidência do ICMS goiano, é preciso que o empresário promova a circulação da mercadoria (critério material), no território do Estado de Goiás (critério espacial), considerando-se o momento da saída da mercadoria do estabelecimento (critério temporal). Nesse caso, o critério pessoal corresponde ao sujeito passivo (quem promove a operação) e ao sujeito ativo (Estado de Goiás); o critério quantitativo refere-se à alíquota (18%, por exemplo) que é multiplicada pela base de cálculo (valor da operação).

Como outro exemplo, para que haja incidência do IPVA paulista, é preciso que alguém seja proprietário de um veículo automotor (critério material), no território do Estado de São Paulo (critério espacial), considerando-se o primeiro dia de cada ano (critério temporal). Nesse caso, o critério pessoal corresponde ao sujeito passivo (proprietário do automóvel) e ao sujeito ativo (Estado de São Paulo); o critério quantitativo refere-se à alíquota (4%, por exemplo) que é multiplicada pela base de cálculo (valor do veículo).

Ao estudarmos esses critérios para cada um dos impostos, teremos analisado os principais aspectos de cada tributo.

13.2. Impostos da União

13.2.1. Imposto de importação – II

13.2.1.1. Critério material do II

O critério material do II é a entrada de mercadoria estrangeira no território nacional.

Inclui entrada de bem que será posteriormente exportado (embora haja benefícios fiscais e regimes especiais, como o chamado *drawback*).

A bagagem trazida pelo viajante é abrangida pelo critério material, podendo haver tributação.

Não inclui simples passagem pelo território, como, por exemplo, quando um avião de carga estrangeiro faz apenas escala no Brasil, seguindo viagem para o destino final em outro país. Nesse caso, não há falar em incidência do II.

O STJ afastou a incidência em caso de importação ilícita, em que é aplicada a pena de perdimento (o importador perde o bem):

Jurisprudência
No caso de importação ilícita, reconhecida a ilicitude e aplicada a pena de perdimento, não poderá ser cobrado o imposto de importação, já que "importar mercadorias" é elemento essencial do tipo tributário. **REsp 984.607/PR, rel. Ministro Castro Meira, j. 07.10.2008**

13.2.1.2. Critério espacial do II

O II refere-se a todo o território nacional, correspondendo ao território aduaneiro. Ou seja, a entrada de bem estrangeiro em qualquer ponto do território brasileiro está abrangido pela tributação do II.

13.2.1.3. Critério temporal do II

A incidência do II ocorre no momento da entrada no território nacional, considerada como sendo:

a) a data do registro da declaração de importação (= início do despacho aduaneiro);

b) o dia do lançamento, no caso de remessa postal e de bagagens;

c) outras regras do art. 73 do Regulamento Aduaneiro – RA.

Jurisprudência
I. – Fato gerador do imposto de importação de mercadoria despachada para consumo considera-se ocorrido na data do registro na repartição aduaneira competente, da declaração apresentada pelo importador (art. 23 do Decreto-lei 37/1966). II. – O que a Constituição exige, no art. 150, III, a, é que a lei que institua ou majore tributos seja anterior ao fato gerador. No caso, o decreto que alterou as alíquotas é anterior ao fato gerador do imposto de importação. **AI 420.993 AgR/PR, STF, rel. Min. Carlos Velloso, j. 31.05.2005**

13.2.1.4. Critério pessoal do II

Sujeito ativo do II é a União.

Contribuinte do II, conforme o art. 22 do CTN, é:

a) o importador ou equiparado; e

b) o arrematante de produtos apreendidos ou abandonados.

13.2.1.5 Critério quantitativo do II

As alíquotas do II podem ser *ad valorem* (= percentual a ser multiplicado pela base de cálculo, alterável por ato infralegal) ou específica (quantia em reais a ser multiplicada por uma unidade de medida).

Elas podem ser alteradas por norma infralegal, pelo próprio Executivo, nas condições e limites fixados pela lei. É um tributo de carga fortemente extrafiscal, de intervenção no mercado.

A base de cálculo é (i) o valor aduaneiro (preço normal) conforme GATT ou (ii) a unidade de medida (no caso da alíquota específica). O CTN cita também (iii) o preço da arrematação.

Quando a legislação prevê que o II será calculado pela multiplicação da alíquota de 10% sobre o valor aduaneiro do produto importado, estamos diante de uma alíquota *ad valorem*.

Entretanto, se a legislação prevê o cálculo do II pela multiplicação de R$ 10,00 por cada contêiner de produto, trata-se de alíquota específica.

Gabarito de concurso público
A base de cálculo do imposto sobre importações, quando a alíquota seja **ad valorem**, *é o valor aduaneiro, ou seja, o valor pelo qual foi realizado o eventual negócio jurídico referente à importação.* **(Magistratura Federal – 5ª Região – 2007 – CESPE)**

13.2.2. Imposto de Exportação – IE

13.2.2.1. Critério material do IE

O critério material do IE é a saída de mercadorias nacionais ou nacionalizados do território nacional.

13.2.2.2. Critério espacial do IE

O IE refere-se a todo o território nacional, correspondendo ao território aduaneiro.

13.2.2.3. Critério temporal do IE

O IE incide na data do registro de exportação (= início do despacho aduaneiro).

13.2.2.4. Critério pessoal do IE

Sujeito ativo é a União.

Contribuinte é o exportador ou equiparado.

13.2.2.5. Critério quantitativo do IE

A alíquota pode ser *ad valorem* (alterável por ato infralegal) ou específica (quantia em reais), como no caso do II.

Elas podem ser alteradas por norma infralegal, pelo próprio Executivo, nas condições e limites fixados pela lei. É um tributo de carga fortemente extrafiscal, de intervenção no mercado.

A base de cálculo é (i) o preço normal que o produto ou similar alcançaria, ao tempo da exportação, em uma venda em condições normais de livre concorrência ou (ii) a unidade de medida (no caso de alíquota específica).

13.2.3. Imposto de renda – IR

13.2.3.1. Princípios específicos do IR

O IR submete-se aos princípios da:

a) **generalidade**: o imposto atinge todas as pessoas, sem distinção;

b) **universalidade**: o imposto abrange todas as rendas e proventos apurados no período;

c) **progressividade**: as alíquotas devem ser maiores, conforme maiores sejam as bases de cálculo.

É vedado “instituir tratamento desigual entre contribuintes que se encontrem em situação equivalente, proibida qualquer distinção em razão de ocupação profissional ou função por eles exercida, independentemente da denominação jurídica dos rendimentos, títulos ou direitos” (art. 150, II, da CF).

13.2.3.2. Critério material do IR

Em relação ao critério material, o IR incide sobre a aquisição da disponibilidade econômica ou jurídica:

a) de renda, que é o produto do capital, do trabalho, ou da combinação de ambos;

b) de proventos de qualquer natureza, que são acréscimos **patrimoniais** não compreendidos no conceito de renda.

O salário, por exemplo, é renda, pois é produto do trabalho. O aluguel recebido é renda, já que é produto do capital (exploração do patrimônio imobiliário).

Um prêmio de loteria, embora não seja produto do capital ou do trabalho de quem aufere (não é renda, portanto), é provento de qualquer natureza, tributável pelo IR, pois implica acréscimo patrimonial.

São irrelevantes: denominação da renda, do rendimento, localização, condição jurídica ou nacionalidade da fonte, origem e forma de percepção.

O Judiciário vem entendendo que as indenizações por danos morais, além daquelas por danos emergentes, não se submetem ao IR.

Jurisprudência
Súmula 498 do STJ. Não incide imposto de renda sobre a indenização por danos morais.
Súmula 463 do STJ. Incide imposto de renda sobre os valores percebidos a título de indenização por horas extraordinárias trabalhadas, ainda que decorrentes de acordo coletivo.
Súmula 386 do STJ. São isentas de imposto de renda as indenizações de férias proporcionais e o respectivo adicional.
Súmula 215 do STJ. A indenização recebida pela adesão ao programa de incentivo à demissão voluntária não está sujeita à incidência do imposto de renda.
Súmula 125 do STJ. O pagamento de férias não gozadas por necessidade de serviço não está sujeito à incidência do Imposto de Renda.

Jurisprudência
As verbas concedidas ao empregado por mera liberalidade do empregador quando da rescisão unilateral de seu contrato de trabalho implicam acréscimo patrimonial por não possuírem caráter indenizatório, sujeitando-se, assim, à incidência do imposto de renda. **REsp 1.102.575/MG, STJ, rel. Min. Mauro Campbell Marques, j. 23.09.2009 – repetitivo**
O tema referente à incidência do imposto de renda sobre os juros de mora já foi amplamente discutido pela Primeira Seção, por ocasião do julgamento do recurso especial repetitivo n. 1.227.133-RS, no qual, objetivamente, se decidiu que: 'Não incide imposto de renda sobre os juros moratórios legais vinculados a verbas trabalhistas reconhecidas em decisão judicial, por força de lei específica de isenção referente às verbas discutidas naquela ocasião (art. 6º, inciso V, da Lei n. 7.713/1988). **AgRg EDcl REsp 1.132.119/RS, STJ, Rel. Min. Benedito Gonçalves, Primeira Turma, j. 27.03.212**
Obs.: em relação aos IR sobre juros de mora, alguns Ministros do STJ entenderam que não há acréscimo patrimonial, outros que há isenção especificamente no caso de verbas trabalhistas reconhecidas judicialmente – não há, até o momento, consenso no Tribunal

Gabaritos de concursos públicos
Na alienação de propriedade de ações efetuada por residente no País não incide o imposto de renda se a sociedade transferir ações de outras sociedades constantes do seu ativo, se a transferência for feita a título de devolução de capital, pelo valor contábil na sociedade que reduz o capital. **(Magistratura Federal – 3ª Região – XIII)**
Considere que certa sociedade cooperativa, formada por professores de língua estrangeira, tenha auferido vultosa quantia monetária proveniente de suas aplicações financeiras. Nesse caso, a sociedade cooperativa deve recolher o imposto de renda sobre o resultado das referidas aplicações. **(Procuradoria Federal – 2007 – CESPE)**
Obs.: perceba que, mesmo que o candidato não conheça em detalhes a legislação do imposto de renda, é possível aferir se houve ou não acréscimo patrimonial e, consequentemente, se incidiu ou não o IR

13.2.3.3. Critério espacial do IR

O IR incide sobre rendas e proventos auferidos em qualquer lugar do mundo, desde que haja elemento de conexão com o território nacional (domicílio do contribuinte, localização da fonte etc.).

Há acordos internacionais para evitar bitributação, além de regra no regulamento do IR no sentido de que, se o contribuinte já pagou IR em outro país, em relação a uma renda auferida por lá (por exemplo, aluguel de imóvel localizado no exterior), poderá abater o valor recolhido, reduzindo o imposto de renda devido ao Fisco brasileiro.

Em outras palavras, ainda que não haja acordo internacional, permite-se abater valores recolhidos a título de IR a outros países, relativo a fonte localizada no exterior, desde que haja reciprocidade (art. 103 do RIR).

13.2.3.4. Critério temporal do IR

O IR refere-se a rendas, proventos e lucro apurados durante o ano civil.

O fato gerador é *pendente* durante o exercício, concluindo-se no último instante do dia 31 de dezembro.

Assim, para apuração do valor devido, leva-se em consideração todo acréscimo patrimonial ocorrido entre o primeiro instante do dia 1º de janeiro até o último instante do dia 31 de dezembro de cada ano (= ano-base).

Por essa razão, há autores que consideram o fato gerador como *periódico*. Outros estudiosos, por outra aproximação, defendem que o IR incide apenas no último instante do dia 31 de dezembro do ano-base.

Há incidências exclusivas e antecipações. Por exemplo, sobre os rendimentos financeiros (aplicações em instituições financeiras) o IR incide exclusivamente na fonte (ou seja, não entra no posterior ajuste anual, feito no momento da declaração).

O art. 43, § 2º, do CTN, buscando tributar a renda auferida no exterior, determina que a lei estabelecerá as condições e o momento em que se dará sua disponibilidade, nesse caso, para fins de incidência do IR.

> CTN, art. 43, § 2º – Na hipótese de receita ou de rendimento oriundos do exterior, a lei estabelecerá as condições e o momento em que se dará sua disponibilidade, para fins de incidência do imposto referido neste artigo.

O STF analisa a constitucionalidade da regulamentação desse dispositivo, que considera disponibilizado o lucro para a controladora ou coligada brasileira na data do balanço da empresa estrangeira (antes, portanto, da distribuição desse lucro) – RE 611.586/PR (repercussão geral).

13.2.3.5. Critério pessoal do IR

Sujeito ativo é a União.

> CTN, art. 45. Contribuinte do imposto é o titular da disponibilidade a que se refere o artigo 43, sem prejuízo de atribuir a lei essa condição ao possuidor, a qualquer título, dos bens produtores de renda ou dos proventos tributáveis.
>
> Parágrafo único. A lei pode atribuir à fonte pagadora da renda ou dos proventos tributáveis a condição de responsável pelo imposto cuja retenção e recolhimento lhe caibam.

Contribuinte é o titular da disponibilidade da renda ou do provento. Ademais, nos termos do art. 45 do CTN, a lei pode atribuir a condição de contribuinte ao possuidor, a qualquer título, dos bens produtores de renda ou dos proventos tributáveis.

É comum a responsabilidade por retenção na fonte.

13.2.3.6. Critério quantitativo do IR

As alíquotas do IR são *ad valorem* (%) e progressivas, ou seja, há percentuais maiores para bases de cálculo maiores.

A base de cálculo do IR é o montante real, arbitrado ou presumido, da renda ou dos proventos tributáveis.

No caso das pessoas jurídicas, a base de cálculo corresponde ao lucro (real, presumido ou arbitrado) observado no ano-base (determinadas despesas autorizadas por lei são subtraídas das receitas auferidas no exercício).

No caso das pessoas físicas, a base de cálculo é o rendimento líquido anual (os rendimentos, menos determinadas despesas previstas em lei).

13.2.4. Imposto sobre produtos industrializados – IPI

13.2.4.1. Princípios e características do IPI

O IPI submete-se ao princípio da seletividade conforme a essencialidade do produto. Significa que as alíquotas devem ser menores para os produtos essenciais (alimentos da cesta básica etc.) e maiores para os produtos não essenciais (cigarros, bebidas alcoólicas etc.). Eis uma tabela exemplificativa:

Produto	Alíquota
Cigarros	300%
Chopp	40%
Batom	22%
Automóvel 1.0	7%
Medicamentos	0%
Feijão e arroz	NT (não tributado)

O IPI é não cumulativo, compensando-se o valor devido em cada operação com o montante cobrado nas anteriores.

As exportações são imunes em relação ao IPI (assim como em relação ao ICMS).

O impacto do IPI será reduzido sobre a aquisição de bens de capital pelo contribuinte.

Bens de capital são aqueles equipamentos necessários para a produção de outros bens: máquinas, instalações industriais etc.

13.2.4.2. Princípio da não cumulatividade

Vejamos o seguinte exemplo simplificado de uma cadeia de produção e comercialização para entendermos bem como funciona a não cumulatividade. Para esse exemplo, imaginemos uma alíquota única de 10% incidente em cada etapa:

venda: R$ 100,00	venda: R$ 150,00	venda: R$ 200,00
IPI: R$ 10,00	IPI: R$ 15,00	IPI: R$ 20,00
pgto: R$ 10,00	crédito: R$ 10,00	crédito: R$ 15,00
	pagto: R$ 5,00	pagto: R$ 5,00

Perceba que, quando o extrativista vende as toras de madeira por R$ 100,00, recolherá ao Fisco R$ 10,00 de IPI.

Quando a serralheria vende as tábuas produzidas a partir das toras por R$ 150,00, o IPI devido será de R$ 15,00 (10%), mas, por conta da não cumulatividade, o contribuinte irá subtrair aquilo que foi pago pelo extrativista (R$ 10,00 da operação anterior).

Ao final, a soma de tudo que foi recolhido ao Fisco, por todos os contribuintes, foi R$ 20,00, que corresponde a 10% sobre o preço final da cadeira.

Isso demonstra que a não cumulatividade é uma ferramenta que permite a distribuição do encargo financeiro por toda a cadeia de produção e consumo.

Dito de outra forma, por maior que seja a cadeia de produção e consumo, o valor recolhido ao Fisco será sempre de 10% sobre o preço final do produto (desde que a alíquota seja única e não haja benefícios fiscais).

Note também que o creditamento refere-se ao produto adquirido que acaba sendo incorporado àquele vendido pelo contribuinte (a madeira cortada pela indústria extrativista está incorporada à cadeira ao final produzida).

Após muito debate, consolidou-se o entendimento jurisprudencial no sentido de que não há creditamento fictício em caso de entrada de produto isento, não tributado ou sujeito à alíquota zero, pois não houve cobrança de IPI na operação anterior. Isso somente seria possível em caso de previsão legal expressa.

O princípio da não cumulatividade por si tampouco garante a manutenção do crédito em caso de saídas não tributadas. Nesse caso, entretanto, há disposição legal admitindo a possibilidade (a partir da Lei 9.779/1999 – antes dessa lei, os sujeitos passivos deveriam cancelar os créditos relativos às operações anteriores).

Tudo isso a exemplo do que ocorre com o ICMS estadual, que conta com vedação expressa nesse sentido no texto constitucional (ver art. 155, § 2º, II, da CF).

Jurisprudência
A jurisprudência do Supremo Tribunal Federal é no sentido de que não há direito à utilização de créditos do IPI na aquisição de insumos não tributados, isentos ou sujeitos à alíquota zero. **RE 508.708 AgR/RS, STF, rel. Min. Ayres Britto, j. 04.10.2011** *Nos termos da orientação firmada por esta Suprema Corte, o direito ao creditamento do montante do IPI cobrado na aquisição de insumo ou matéria-prima que será utilizado em operação da qual resulte a saída de bem desonerado depende de expressa autorização legal.* **AI 843.665 AgR/RS, STF, rel. Min. Joaquim Barbosa, j. 06.03.2012**

Houve também muito debate acerca da possibilidade de creditamento em relação à energia elétrica. O STF e o STJ já pacificaram o entendimento em sentido contrário, até porque a operação não se sujeita ao IPI (incide apenas o ICMS).

Jurisprudência
A energia elétrica utilizada pela indústria não é considerada produto intermediário para efeito de creditamento, pela sistemática da não cumulatividade, seja porque não é produto no sentido jurídico-tributário do termo, seja porque não incide IPI sobre o consumo, o que desautoriza a adoção da técnica do aproveitamento. **REsp 749.466/PR, STJ, rel. Min. Eliana Calmon, j. 03.11.2009**

Gabarito de concurso público
A indústria não pode creditar-se do valor do IPI relativo à energia elétrica consumida no processo de industrialização, por não se tratar de insumo ou matéria-prima que se incorpore à transformação do produto. **(Magistratura Federal/1ª Região – 2009 – CESPE)**

O crédito na sistemática da não cumulatividade é escritural, razão pela qual não cabe sua correção monetária, exceto se o contribuinte não o aproveitou por conta de óbice injustificado do Fisco.

Jurisprudência
1. A correção monetária não incide sobre os créditos de IPI decorrentes do princípio constitucional da não cumulatividade (créditos escriturais), por ausência de previsão legal. *2. A oposição constante de ato estatal, administrativo ou normativo, impedindo a utilização do direito de crédito oriundo da aplicação do princípio da não cumulatividade, descaracteriza referido crédito como escritural, assim considerado aquele oportunamente lançado pelo contribuinte em sua escrita contábil.* **REsp 1.035.847/RS, STF, rel. Min. Luiz Fux, j. 24.06.2009**

Gabarito de concurso público
É devida a correção monetária de créditos escriturais de imposto sobre produtos industrializados na hipótese em que o seu não aproveitamento pelo contribuinte em tempo oportuno tenha ocorrido em razão da demora motivada por ato administrativo ou normativo do fisco considerado ilegítimo. **(Procurador Federal – 2010 – CESPE)**

13.2.4.3. Critério material do IPI

O critério material é a operação relativa a produto industrializado, basicamente sua venda.

Considera-se industrializado o produto que tenha sido submetido a qualquer operação que lhe modifique a natureza ou a finalidade, ou o aperfeiçoe para o consumo (art. 46, parágrafo único, do CTN). Trata-se de transformação, beneficiamento, montagem, acondicionamento, reacondicionamento, renovação ou recondicionamento (art. 4º do Regulamento do IPI – RIPI).

13.2.4.4. Critério espacial do IPI

O IPI refere-se às operações realizadas no território nacional, inclusive na entrada de produto estrangeiro (incide também na importação).

13.2.4.5. Critério temporal do IPI

O IPI incide no momento da saída do produto do estabelecimento do contribuinte.

No caso da importação, o IPI incide no momento do desembaraço aduaneiro do produto.

Pode haver incidência também no momento da arrematação de produto apreendido ou abandonado.

13.2.4.6. Critério pessoal do IPI

Sujeito ativo do IPI é a União.

Contribuinte é:

a) industrial ou equiparado;

b) importador ou equiparado;

c) comerciante que revende produto tributado a industrial;

d) arrematante.

É interessante notar o caso do item "c", acima, de comerciante que, em princípio, não seria contribuinte do IPI. Entretanto, se esse comerciante está no meio da cadeia industrial, ou seja, se revende insumos para a indústria, deverá recolher o IPI:

De fato, se o comerciante não fosse contribuinte, isso seria prejudicial para a indústria "B" que adquire o produto, já que não haveria direito a creditamento. Lembre-se que somente há esse direito caso a operação anterior tenha sido tributada. Caso o comerciante não se sujeitasse ao IPI nessa hipótese, a indústria "B" pagaria IPI "cheio" na venda de seu produto, sem qualquer abatimento, "perdendo-se" o que foi recolhido pela indústria "A".

13.2.4.7. Critério quantitativo do IPI

As alíquotas **devem** ser seletivas conforme a essencialidade do produto (tributo extrafiscal).

Elas podem ser alteradas por norma infralegal, pelo próprio Executivo, nas condições e limites fixados pela lei. É um tributo de carga fortemente extrafiscal, de intervenção no mercado.

As alíquotas devem ser reduzidas para bens de capital (= são os bens aplicados na produção de outros bens – ex.: máquinas, equipamentos, instalações industriais).

A base de cálculo do IPI é:

a) o valor da operação;

b) o preço normal na importação, somado ao imposto de importação, às taxas e aos encargos cambiais; ou

c) o preço da arrematação.

13.2.5. Imposto sobre operações financeiras – IOF

13.2.5.1 Critério material do IOF

O critério material do IOF são as operações de crédito, câmbio e seguro, relativas a títulos e valores mobiliários e com ouro como ativo financeiro ou instrumento cambial (art. 63 do CTN).

Operação	**Descrição**
Crédito	Dinheiro a ser restituído no futuro, empréstimo, linha de crédito, cheque especial, desconto de títulos
Câmbio	Troca de moedas
Seguro	Cobertura de risco, álea
Títulos e valores mobiliários	Emitidos por empresas, negociados no mercado próprio)
Ouro ativo financeiro ou cambial	Investimentos, lastro cambial (ouro-mercadoria submete-se ao ICMS)

13.2.5.2. Critério espacial

O IOF refere-se às operações realizadas no território brasileiro, embora nem sempre seja fácil identificar isso.

13.2.5.3. Critério temporal do IOF

Os incisos do art. 63 do CTN descrevem didaticamente o critério temporal do IOF, em relação a cada uma das operações tributadas (no caso do ouro, o momento da incidência consta do art. 153, § 5º, da CF):

Operação	Momento da incidência
Crédito	Entrega total ou parcial do valor objeto da obrigação, ou sua colocação à disposição do interessado
Câmbio	Entrega da moeda ou do documento representativo, ou sua colocação à disposição do interessado
Seguro	Emissão da apólice ou documento equivalente, ou recebimento do prêmio
Títulos e valores mobiliários	Emissão, transmissão, pagamento ou resgate
Ouro ativo financeiro ou cambial	Somente na operação de origem

Jurisprudência

A jurisprudência do Supremo Tribunal Federal é firme no sentido da constitucionalidade do inciso I do art. 1º da Lei 8.033/1990, que trata da incidência do IOF sobre transmissão ou resgate de títulos mobiliários, públicos e privados, inclusive de aplicações de curto prazo, tais como letras de câmbio, depósitos a prazo com ou sem emissão de certificado, letras imobiliárias, debêntures e cédulas hipotecárias.
RE 287.628 AgR/PR, STF, rel. Min. Ayres Britto, j. 06.03.2012

No julgamento do RE n. 190.363/RS, o Plenário desta Corte assentou que, nas operações com ouro, como ativo financeiro ou instrumento cambial, incide IOF apenas na operação de origem.
RE 181.849 AgR/RS, STF, rel. Min. Dias Toffoli, j. 08.05.2012

13.2.5.4. Critério pessoal do IOF

Sujeito ativo do IOF é a União.

Contribuinte (art. 66 do CTN) é qualquer das partes na operação, conforme a lei.

13.2.5.5. Critério quantitativo do IOF

As alíquotas do IOF podem ser alteradas por norma infralegal, pelo próprio Executivo, nas condições e limites fixados pela lei. É um tributo de carga fortemente extrafiscal, de intervenção no mercado.

A base de cálculo depende de cada incidência, podendo ser (art. 64 do CTN):

Operação	Momento da incidência
Crédito	Montante da operação de crédito, incluindo principal e juros
Câmbio	Montante em reais da operação
Seguro	Montante do prêmio (= valor pago pelo segurado)
Títulos e valores mobiliários	Valor nominal na emissão do título ou do valor mobiliário, acrescido do ágio; preço, valor nominal ou cotação na transmissão; preço no resgate

13.2.6. Imposto territorial rural – ITR

13.2.6.1. Princípios e características do ITR

O ITR será progressivo e terá suas alíquotas fixadas de forma a desestimular a propriedade improdutiva.

É um imposto de carga extrafiscal, que visa a estimular o uso socialmente responsável da propriedade rural.

Há imunidade para as pequenas glebas rurais, definidas em lei, quando exploradas por proprietário que não possua outro imóvel.

Pode ser fiscalizado e cobrado pelos Municípios que optarem, na forma da lei, vedada a redução do imposto ou outra forma de renúncia.

13.2.6.2. Critério material do ITR

O critério material do ITR é a propriedade, o domínio útil ou a posse de imóvel por natureza, conforme definido na lei civil.

Imóvel por natureza significa, para fins do ITR, a terra nua (o solo, o terreno), e não as construções, plantações etc.

Há precedentes do STJ afastando a tributação em caso de imóvel invadido por sem-terras, em que houve omissão do Poder Público na reintegração de posse determinada judicialmente.

Jurisprudência

Na peculiar situação dos autos [invasão do imóvel por sem-terras e omissão do Estado na reintegração], ao considerar-se a privação antecipada da posse e o esvaziamento dos elementos de propriedade sem o devido êxito do processo de desapropriação, é inexigível o ITR diante do desaparecimento da base material do fato gerador e da violação dos referidos princípios da propriedade, da função social e da proporcionalidade.
REsp 1.144.982/PR, STJ, rel. Min. Mauro Campbell, j. 13.10.2009

13.2.6.3. Critério espacial do ITR

O ITR incide sobre imóveis localizados fora da área urbana definida pela lei municipal.

Veremos, ao estudarmos o IPTU, que a lei municipal não pode indicar qualquer área como sendo urbana, pois deve observar os requisitos do art. 32, § 1º, do CTN (é preciso que haja determinadas melhorias no local).

O ITR incide excepcionalmente sobre imóveis localizados dentro da área urbana, desde que utilizados em exploração de atividade extrativa vegetal, agrícola, pecuária ou agroindustrial (art. 15 do Dec.-lei 57/1966 – REsp 1.112.646/SP repetitivo).

13.2.6.4. ITR e IPTU

Veja a seguinte representação gráfica para compreender bem o âmbito de incidência do ITR, em relação ao do IPTU.

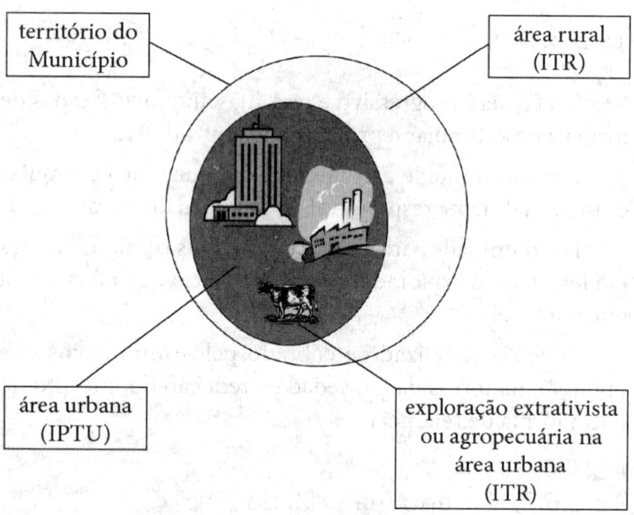

13.2.6.5. Critério temporal do ITR

O ITR incide em 1º de janeiro de cada ano.

13.2.6.6. Critério pessoal do ITR

O sujeito ativo do ITR é a União, mas pode ser o Município que optar por fiscalizar e cobrar o tributo, na forma da lei – art. 153, § 4º, III, da CF (nesse caso, o Município fica com 100% do valor arrecadado, e não apenas 50% – art. 158, II, da CF).

Gabarito de concurso público
[O ITR] Será fiscalizado e cobrado pelos Municípios que assim optarem, na forma da lei, desde que não implique redução do imposto ou qualquer outra forma de renúncia fiscal. **(Cartório/MS – 2009 – VUNESP)**

Sujeito passivo é (i) o proprietário do imóvel; (ii) o titular do domínio útil; ou (iii) o possuidor.

Perceba que o Fisco não pode, em princípio, escolher de quem cobrar o imposto. Contribuinte é sempre o proprietário. Excepcionalmente, se houver enfiteuse, será o titular do domínio útil. Também excepcionalmente, o contribuinte poderá ser o possuidor que ocupe o imóvel como se fosse proprietário, com *animus domini*, e que possa efetivamente vir a ser o proprietário no futuro, por usucapião (*ad usucapionem*).

Entretanto, é bom salientar que o STJ, ao analisar a sujeição passiva do IPTU, tem entendido que o promitente-comprador do imóvel (= possuidor com *animus domini*) é solidariamente responsável com o proprietário (promitente vendedor, que consta como proprietário no registro imobiliário) – ver REsp 1.110.551/SP repetitivo.

13.2.6.7. Critério quantitativo do ITR

As alíquotas do ITR devem ser progressivas e devem desestimular a propriedade improdutiva.

A base de cálculo é o valor fundiário, ou seja, o da terra nua tributável (o ITR não incide sobre o valor das construções, diferentemente do IPTU, nem plantações).

Jurisprudência
Não se encontrando individualizada na averbação, a reserva florestal não poderá ser excluída da área total do imóvel desapropriando para efeito de cálculo da produtividade. **MS 24.924/DF, STF, rel. para o acórdão Min. Joaquim Barbosa, j. 24.02.2011** *Sem dúvida, é assim: a existência da reserva legal não depende da averbação para os fins do Código Florestal e da legislação ambiental. Mas isto nada tem a ver com o sistema tributário nacional. Para fins tributários, a averbação deve ser condicionante da isenção, tendo eficácia constitutiva.* **REsp 1.027.051/SC, rel. Min. Mauro Campbell, j. 07.04.2011**

13.3. Impostos dos Estados e do Distrito Federal

13.3.1. Imposto sobre circulação de mercadorias e prestação de serviços – ICMS

13.3.1.1. Princípios e características do ICMS

As alíquotas do ICMS **podem** ser seletivas conforme a essencialidade da mercadoria ou do serviço. Perceba que o IPI **deve** ser seletivo, enquanto o ICMS **pode** ser seletivo.

Seletividade significa que o ICMS incidente sobre um bem essencial (alimento da cesta básica, por exemplo) deve ter alíquota baixa (ou mesmo isenção), enquanto o imposto sobre mercadoria não essencial deve ser maior (cigarros, bebidas alcoólicas, por exemplo).

Há imunidade de ICMS sobre (i) exportações; (ii) operações interestaduais com petróleo, derivados e energia elétrica; (iii) ouro como ativo financeiro ou instrumento cambial; e (iv) rádio e TV aberta (de recepção livre e gratuita).

Apesar de se tratar de um tributo estadual, diversas matérias relacionadas ao ICMS devem ser reguladas por lei complementar federal (além daquelas aplicáveis a todos os impostos – art. 146, III, *a*, da CF), conforme o art. 155, § 2º, XII, da CF, dando-lhe característica de tributo nacional. Dentre essas matérias reservadas à lei complementar, está regular a forma como, mediante deliberação dos Estados e do Distrito Federal, isenções, incentivos e benefícios fiscais serão concedidos e revogados (alínea *g*), *assunto que retomaremos logo mais.*

O ICMS é tributo não cumulativo, como o IPI.

Como dito, o ICMS é não cumulativo, de modo que o contribuinte abate, do valor a ser recolhido, os montantes de ICMS cobrados nas operações anteriores (art. 155, § 2º, I, da CF).

As isenções e não incidências afastam o creditamento.

Assim, se o estabelecimento adquire um produto isento, por exemplo, não poderá abater nada do valor a ser recolhido nas operações subsequentes (não há creditamento fictício, em caso de não tributação da operação anterior, salvo disposição legal em contrário).

De modo semelhante, se a saída da mercadoria for isenta, o estabelecimento deverá estornar (cancelar) eventuais créditos relativos à aquisição do bem:

No exemplo acima, a fábrica de leite em caixinha recolheu R$ 0,18 de ICMS pela venda no valor de R$ 1,00. O estabelecimento comercial adquirente desse leite teria direito, em princípio, de se creditar desses R$ 0,18, pela sistemática da não cumulatividade. Entretanto, como a operação seguinte realizada pelo estabelecimento comercial (venda do leite para o consumidor final) é isenta, o crédito deverá ser cancelado, ou seja, não poderá ser aproveitado pelo comerciante.

Jurisprudência
O Plenário do Supremo Tribunal Federal (RE 174.478/SP, rel. p/ o acórdão o Min. Cezar Peluso, DJ 30.09.2005), ao apreciar questão similar à destes autos, assentou que a redução da base de cálculo do ICMS corresponderia a uma isenção parcial, possibilitando o estorno proporcional do tributo, e que tal compensação não afronta o princípio da não cumulatividade. **AI 565.666 AgR/RS, STF, rel. Min. Ellen Gracie, j. 31.08.2010**
A jurisprudência do Supremo Tribunal Federal é firme no sentido de que não afronta o princípio constitucional da não cumulatividade a sistemática para compensação do ICMS resultante da aquisição de bens para o ativo fixo conforme previsto na LC 102/2000. **AI 667.826 AgR/SP, STF, rel. Min. Ayres Britto, j. 13.03.2012**

O creditamento relativo a mercadorias destinadas a uso e consumo vem sendo adiado sucessivamente pela legislação complementar (art. 33, I, da LC 87/1996).

O creditamento atinente à energia elétrica é restrito, na forma do art. 33, II, da LC 87/1996.

No caso da mercadoria destinada ao ativo permanente, o creditamento cabe somente a partir da LC 87/1996, e de modo escalonado (1/48 por mês – art. 20, § 5º, I, da LC 87/1996).

Assim como no caso do IPI, o crédito de ICMS na sistemática da não cumulatividade é escritural, razão pela qual não cabe sua correção monetária, exceto se o contribuinte não o aproveitou por conta de óbice injustificado do fisco.

13.3.1.1.2. Benefícios fiscais

Isenções, incentivos e benefícios fiscais devem ser concedidos e revogados mediante deliberação dos Estados e do Distrito Federal (por convênio interestadual), na forma da lei complementar (regra que procura evitar a "guerra fiscal") – art. 155, § 2º, XII, *g*, da CF e art. 1º da LC 24/1975.

Para que fique claro: o Estado ou o DF não podem isoladamente conceder benefício fiscal de ICMS, devendo submeter sua intenção aos demais Estados (art. 155, § 2º, XII, *g*, da CF).

Gabarito de concurso público
Qualquer benefício fiscal concedido ao tributo de ICMS depende de deliberação entre os estados e o DF, o que é pressuposto para a criação da legislação específica. **(Magistratura/AL – 2008 – CESPE)**

Essa norma visa a minorar a guerra fiscal, ou seja, a competição predatória entre os entes federados, que passam a reduzir agressivamente a tributação para atrair investimentos que, em princípio, seriam alocados em outro Estado.

Para a realização do convênio de ICMS, todos os Estados e o DF devem ser convocados para a reunião do CONFAZ.

Para a concessão de benefícios exige-se unanimidade dos presentes na reunião e, depois, ratificação por todos os Estados e o DF em 15 dias.

Para revogação total ou parcial, é necessária aprovação de 4/5 dos presentes na reunião do Confaz e, depois, ratificação por 4/5 em 15 dias.

Interessante anotar que a jurisprudência do STF é pacífica no sentido da invalidade de benefícios fiscais concedidos sem prévia aprovação pelo CONFAZ. O STJ, entretanto, decide que enquanto o STF não afastar especificamente a lei estadual em análise, os outros Estados (e o DF) devem respeitar os creditamentos eventualmente realizados pelos contribuintes com base na legislação impugnada (ou seja, o STF deve declarar inconstitucional cada uma das leis estaduais que fixam benefícios sem convênio interestadual, ou talvez fixar o tema em Súmula Vinculante, o que vem sendo cogitado).

Jurisprudência

Não pode o Estado-membro conceder isenção, incentivo ou benefício fiscal, relativos ao ICMS, de modo unilateral, mediante decreto ou outro ato normativo, sem prévia celebração de convênio intergovernamental no âmbito do CONFAZ.

ADI 2.345/SC, STF, rel. Min. Cezar Peluso, j. 30.06.2011

Entretanto, o colegiado reviu esse entendimento para impor a observância do crédito fictício pelo Estado de destino, acolhendo a tese de que a inconstitucionalidade deve ser previamente declarada em ADIn específica, relativa à lei do Estado de origem.

RMS 32.453/MT, STJ, rel. Min. Herman Benjamin, j. 07.06.2011

13.3.1.1.3. Imunidades e não incidência

Há imunidade de ICMS sobre (art. 155, § 2º, X, da CF):

- ✔ exportações, com manutenção e aproveitamento do ICMS cobrado nas operações anteriores;
- ✔ operações interestaduais com petróleo, derivados e energia elétrica (quando destinados a industrialização ou comercialização, incidindo nas operações internas posteriores);
- ✔ ouro enquanto ativo financeiro ou instrumento cambial (incide apenas o IOF); e
- ✔ rádio e TV aberta (de recepção livre e gratuita).

Ademais, o STF julgou inconstitucional a incidência do ICMS sobre (i) transporte aéreo internacional de carga e (ii) transporte aéreo intermunicipal, interestadual e internacional de passageiros – ADI 1.600/UF.

Gabarito de concurso público

Segundo jurisprudência do STF, é inconstitucional cobrar, das empresas aéreas nacionais, ICMS sobre a prestação de serviços de transporte aéreo internacional de cargas. **(Advogado da União/AGU – CESPE – 2009)**

13.3.1.2. Critério material do ICMS

Quanto ao critério material, o ICMS incide sobre (art. 2º da LC 87/1996):

a) operações relativas à circulação de mercadorias;

b) prestação de serviços de transporte interestadual e intermunicipal e de comunicação;

c) entrada de bem ou mercadoria importada do exterior;

d) prestação de serviços no exterior;

e) prestação de serviços não incluídos na competência dos Municípios, com fornecimento de mercadorias;

f) aquisição em licitação de mercadorias ou bens apreendidos ou abandonados.

Gabarito de concurso público

Mercadorias são as coisas objeto do comércio, destinadas à circulação econômica. **(Procurador do Estado/PR – 2007)**

Segundo jurisprudência do STJ, é ilegítima a cobrança do ICMS sobre o serviço de habilitação de telefone celular. **(Advogado da União/AGU – CESPE – 2009)**

Obs.: o ICMS incide apenas sobre os serviços de comunicação em si (por exemplo, prestado pela concessionária quando fazemos uma ligação telefônica), e não sobre os serviços preparatórios ou complementares (como habilitação, assistência técnica, secretária eletrônica etc.)

Os programas de computador "de prateleira", ou seja, aqueles vendidos como mercadoria (não sob encomenda, não personalizados) sujeitam-se ao ICMS. A jurisprudência tem acompanhado a evolução tecnológica e reconhecido a incidência do imposto estadual mesmo quando não há substrato físico, caso dos *softwares* adquiridos por *download*.

Jurisprudência

ICMS. Incidência sobre softwares adquiridos por meio de transferência eletrônica de dados (art. 2º, § 1º, item 6, e art. 6º, § 6º, ambos da Lei impugnada). Possibilidade. Inexistência de bem corpóreo ou mercadoria em sentido estrito. Irrelevância.

ADI 1.945 MC/MT, STF, rel. Min. Gilmar Mendes, j. 26.05.2010

A propósito, essa é uma regra para distinguir a incidência do ICMS em relação ao ISS. Quando se tratar de mercadoria genérica, vendida indistintamente a consumidores (mercadoria "de prateleira"), incide o ICMS. Se for bem encomendado por determinada pessoa, para ser produzido de modo personalizado, há prestação de serviço e incidência do ISS. Isso vale para medicamentos (se for comum, de prateleira, incide ICMS; se for manipulado, personalizado, incide o ISS), para *softwares* (como já visto) e para produção de gráficas.

Jurisprudência

Súmula 156 do STJ. A prestação do serviço de composição gráfica, personalizada e sob encomenda, ainda que envolva fornecimento de mercadorias, está sujeita, apenas, ao ISS.

No caso especificamente das gráficas, é preciso salientar que o STF fixou o entendimento de que não incide o ISS no caso de embalagens fornecidas para a indústria, como insumo, o que dá margem à tributação pelo ICMS.

Jurisprudência
*Até o julgamento final e com eficácia apenas para o futuro (**ex nunc**), concede-se medida cautelar para interpretar o art. 1º, caput e § 2º, da Lei Complementar 116/2003 e o subitem 13.05 da lista de serviços anexa, para reconhecer que o ISS não incide sobre operações de industrialização por encomenda de embalagens, destinadas à integração ou utilização direta em processo subsequente de industrialização ou de circulação de mercadoria.* **ADI 4.389 MC/DF, STF, rel. Min. Joaquim Barbosa, j. 13.04.2011**

13.3.1.3. Critério espacial do ICMS

O ICMS incide sobre as operações e prestações realizadas no território de cada ente tributante.

13.3.1.4. Critério temporal do ICMS

Ocorre a incidência nos seguintes momentos:

a) na saída da mercadoria do estabelecimento (ver Súmula 166 do STJ: não incide no simples deslocamento entre estabelecimentos);

b) no início da prestação do serviço de transporte;

c) no desembaraço aduaneiro;

d) na arrematação em hasta pública;

e) outras situações previstas no art. 12 da LC 87/1996.

A saída do estabelecimento refere-se às situações em que há efetiva circulação econômica do bem (basicamente, nos casos de venda da mercadoria).

Gabarito de concurso público
O ICMS pode incidir sobre a importação de produto do exterior, sendo legítima a sua cobrança antes de o produto circular no território nacional. **(Procurador do Estado/PE – CESPE – 2009)**

13.3.1.5. Critério pessoal do ICMS

Sujeito ativo do ICMS é o Estado ou o DF em cujo território ocorre o fato gerador, conforme art. 11 da LC 87/1996.

Contribuinte é qualquer pessoa que realize, com **habitualidade** ou em volume que caracterize intuito comercial, operações de circulação de mercadoria ou prestações de serviços de transporte interestadual e intermunicipal e de comunicação, ainda que as operações e as prestações se iniciem no exterior (art. 4º da LC 87/1996).

O requisito da habitualidade significa que um particular que vende seu veículo, por exemplo, não deve recolher o ICMS. Entretanto, se começar a comprar e vender carros com habitualidade, passará a ser contribuinte do imposto estadual.

Outros contribuintes são: quem (i) importa bens, (ii) é destinatário de serviços prestados no exterior ou lá iniciados, (iii) adquire bens em hasta pública etc.

É importante perceber que, nesses outros casos (importação, arrematação), a habitualidade é irrelevante. Se um particular importa um único veículo, ainda que para uso próprio (a destinação tampouco é relevante), deverá recolher o ICMS (art. 155, § 2º, IX, *a*, da CF).

Gabarito de concurso público
No que tange à circulação de bens, a importação de mercadorias por consumidor final está sujeita à incidência do Imposto sobre Circulação de Mercadorias e Serviços pelo Estado do domicílio do importador. **(Magistratura/AL – 2007 – FCC)**
[Incide ICMS] na importação de veículo por pessoa física, destinado a uso próprio. **(Magistratura/GO – 2009 – FCC)**

A lei refere-se ao "estabelecimento responsável (...) autônomo" (art. 11, *caput*, e § 3º, II, da LC 87/1996), de modo que o Fisco sempre entendeu que a circulação de mercadorias entre estabelecimentos do mesmo contribuinte submetia-se à tributação. Isso, entretanto, tem sido afastado pela jurisprudência, por inexistir efetiva circulação econômica, nos termos da Súmula 166 do STJ, inclusive no caso de transferências interestaduais (estabelecimentos localizados em Estados diferentes) conforme o REsp 1.125.133/SP repetitivo.

Jurisprudência
Súmula 166 do STJ. Não constitui fato gerador do ICMS o simples deslocamento de mercadoria de um para outro estabelecimento do mesmo contribuinte.

Gabarito de concurso público
Não constitui fato gerador do ICMS o simples deslocamento de mercadoria de um para outro estabelecimento do mesmo contribuinte. **(Magistratura/GO – 2009 – FCC)**

13.3.1.6. Critério quantitativo do ICMS

A base de cálculo do ICMS é o valor da operação de circulação ou o preço da prestação do serviço.

No caso da importação, a base de cálculo inclui o II, o IPI, o IOF sobre câmbio e outras despesas.

O ICMS é calculado "por dentro", ou seja, compõe sua própria base de cálculo.

Por exemplo, se o valor da venda da mercadoria é R$ 100,00, o ICMS de 18% não é acrescido ao montante (não se cobra R$ 118,00, o que seria cálculo "por fora"). Por ser calculado "por dentro", o preço cobrado do adquirente será de R$ 100,00 e a nota trará um simples destaque de R$ 18,00, significando que esse valor, a ser recolhido ao Fisco, está "embutido" no preço.

Veja o seguinte exemplo, de duas notas fiscais fictícias, em que apresentamos (simplificadamente) a cobrança do IPI "por fora" (na primeira nota) e do ICMS "por dentro" (na segunda nota):

Cálculo "por fora"	
preço:	R$ 100,00
IPI:	R$ 15,00
Total:	R$ 115,00

Cálculo "por dentro"	
preço:	R$ 100,00
ICMS:	R$ 18,00
Total:	R$ 100,00

Perceba como o valor do IPI foi acrescido ao preço do produto, sendo que o adquirente pagou o total de R$ 115,00 ao vendedor. Já no caso do ICMS, o total cobrado foi R$ 100,00, com o ICMS "embutido" no preço.

Nas operações entre contribuintes com produto destinado à industrialização ou à comercialização, o IPI não é incluído na base do ICMS.

A alíquota interna é fixada por cada Estado e DF; o Senado **pode** fixar alíquotas mínimas e máximas.

Alíquotas interestaduais, incidentes quando a mercadoria ou o serviço é vendido para contribuinte do ICMS localizado em outro Estado (ou DF), **são** fixadas pelo Senado:

a) a alíquota interestadual geral é de 12%;

b) excepcionalmente, é de 7% nas operações e prestações originadas de Estados do Sul e do Sudeste com destino a Estados (e ao DF) das regiões Norte, Nordeste, Centro-Oeste e ao Espírito Santo; e

c) a partir de janeiro/2013: alíquota interestadual de 4% para produtos importados (intuito de enfrentar a "guerra dos portos").

13.3.1.7. Operações interestaduais para contribuintes do ICMS

As alíquotas interestaduais, menores que as internas, são aplicadas nas vendas realizadas para **contribuintes** localizados em outros Estados (ou DF).

Veja o seguinte exemplo com alíquota interestadual de 7% e interna de 18% (colocamos os mesmos preços de venda para simplificar e facilitar a visualização):

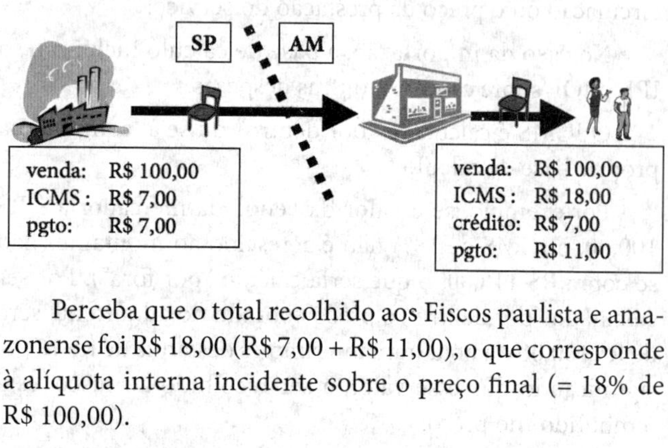

Perceba que o total recolhido aos Fiscos paulista e amazonense foi R$ 18,00 (R$ 7,00 + R$ 11,00), o que corresponde à alíquota interna incidente sobre o preço final (= 18% de R$ 100,00).

Quando o estabelecimento revende a mercadoria no Estado de destino, ele terá se creditado em percentual menor que a alíquota interna, de modo que recolherá mais imposto do que pagaria se tivesse adquirido o bem no próprio Estado.

Perceba que a alíquota interestadual permite a divisão da receita do ICMS entre o Estado de destino e o Estado de origem. Quanto menor for a alíquota interestadual, menos recursos ficam na origem e mais recursos ficam no destino.

Por essa razão, quando a operação interestadual é realizada de um Estado considerado mais desenvolvido economicamente (Sul, Sudeste, excluindo o ES) para um que seria menos desenvolvido (outras regiões e ES), a alíquota interestadual é menor (7%), o que favorece estes últimos (Estados considerados menos desenvolvidos economicamente).

Gabarito de concurso público
Nas operações interestaduais entre contribuintes do ICMS o destinatário deve se creditar da alíquota interestadual e se debitar da alíquota interna. **(Magistratura/SC – 2010)**

13.3.1.8. Operações interestaduais para NÃO contribuintes do ICMS

Se a operação interestadual for destinada a quem não é contribuinte do ICMS, incide apenas a alíquota interna.

Veja o seguinte exemplo, com alíquota interna de 18%.

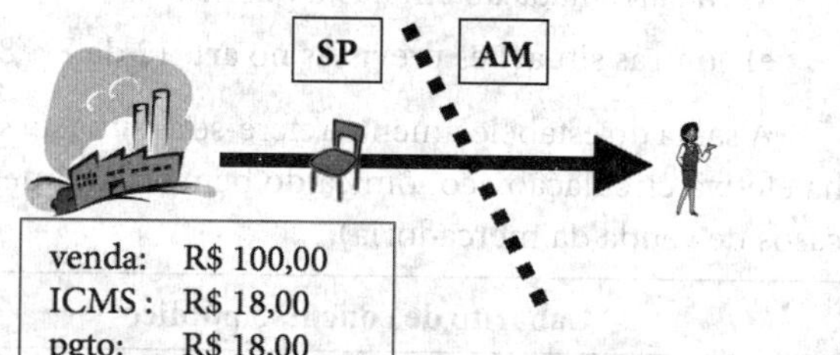

O tributo, nesse caso, é totalmente recolhido na origem (SP).

É por isso que os Estados que não são grandes produtores e vendedores de mercadorias reclamam da sistemática atual, que prestigia os Estados fornecedores (origem). Há grande debate para que o ICMS passe a ser pago no Estado de destino, o que dependeria de ampla reforma constitucional.

13.3.2. Imposto sobre transmissão *causa mortis* e doação – ITCMD

O Congresso Nacional não produziu até hoje a norma nacional específica para o ITCMD, nos termos do art. 146, III, *a*, da CF.

Por essa razão, continuam sendo aplicadas as regras do antigo imposto estadual sobre transmissão de imóveis e direitos relacionados, previstas nos arts. 35 a 42 do CTN, no que forem compatíveis com as normas constitucionais.

Interessante anotar que essas mesmas normas são também aplicadas ao ITBI (não há, tampouco, lei complementar relativa a esse tributo).

De fato, os Estados e o DF não podem ser prejudicados pela omissão do Congresso. Quanto aos temas em que não há regulamentação nacional, os Estados e o DF exercem sua competência legislativa plena, nos termos do art. 24, § 3º, da CF.

Jurisprudência

Ante a omissão do legislador federal em estabelecer as normas gerais pertinentes ao imposto sobre a doação de bens móveis, os Estados-membros podem fazer uso de sua competência legislativa plena com fulcro no art. 24, § 3º, da Constituição.

RE 601.247 AgR/RS, STF, Min. Ricardo Lewandowski, j. 29.05.2012

Obs: esse precedente se refere especificamente ao IPVA, que tampouco conta com lei complementar a fixar suas normas gerais

13.3.2.1. Critério material do ITCMD

O critério material do ITCMD é a transmissão *causa mortis* ou por doação de quaisquer bens ou direitos.

13.3.2.2. Critério espacial do ITCMD

O critério espacial corresponde ao território do ente tributante (Estado ou Distrito Federal).

13.3.2.3. Critério temporal do ITCMD

A transmissão *causa mortis* (fato gerador) ocorre no momento da morte do autor da herança (conforme a lei civil).

No caso de doação, a transmissão se dá no momento do registro imobiliário (bens imóveis) ou da tradição (bens móveis).

Perceba que o ITCMD é um tributo cujo fato gerador é "situação jurídica", conforme o art. 116, II, do CTN, ou seja, regulada por outro ramo do direito (o direito civil, neste caso). Por essa razão, o intérprete da norma tributária deve analisar as normas que regulam essa situação, para reconhecer o momento da ocorrência do fato gerador.

13.3.2.4. Critério quantitativo do ITCMD

As alíquotas do ITCMD são fixadas pela lei estadual e não podem ser progressivas.

O Senado deve fixar teto por resolução (atualmente de 8%).

A base de cálculo é o valor venal dos bens e direitos.

O imposto *causa mortis* é calculado sobre os valores dos bens na data da avaliação (Súmula 113 do STF), pela alíquota vigente ao tempo da abertura da sucessão (Súmula 112 do STF).

Jurisprudência

Constitucional manteve a antiga regra de que cabe ao Senado Federal estabelecer as alíquotas máximas do imposto de transmissão causa mortis. Diante da existência de resolução reguladora da matéria, compatível com o novo Texto, não restou espaço para o legislador estadual dispor acerca da alíquota do tributo, sob invocação do § 3º do art. 34 do Ato das Disposições Constitucionais Transitórias.

AI 147.490 AgR, STF, rel. Min. Ilmar Galvão, j. 14.09.1993

Não se coaduna com o sistema constitucional norma reveladora de automaticidade quanto à alíquota do imposto de transmissão causa mortis, a evidenciar a correspondência com o limite máximo fixado em resolução do Senado Federal.

RE 213.266/PE, rel. Min. Marco Aurélio, j. 20.10.1999

13.3.2.5. Critério pessoal do ITCMD

Sujeito ativo do ITCMD é: 985

a) no caso de imóveis e respectivos direitos, o Estado (ou DF) onde está localizado o bem;

b) no caso de bens móveis, títulos e créditos, o Estado (ou DF) onde se processar o inventário ou arrolamento ou onde o doador tiver domicílio;

c) a lei deve regulamentar os casos de doador domiciliado ou residente no exterior e de falecido que possuía bens, era residente ou domiciliado ou teve seu inventário processado no exterior.

Gabarito de concurso público

Sr. Gabriel Khalil possuía o seguinte patrimônio: um apartamento onde residia em Rondônia (RO); uma aplicação na caderneta de poupança em agência bancária situada na Cidade de São Paulo (SP); um imóvel comercial no Rio de Janeiro (RJ); e uma fazenda no Mato Grosso (MT). Em viagem de turismo em Minas Gerais (MG) veio a falecer naquele estado. Aberta a sucessão, seu inventário tramita na Justiça de Rondônia, local de seu domicílio. De acordo com as normas da Constituição Federal, será cabível o ITCMD, pertencente ao estado RO sobre o imóvel residencial e aplicação financeira em SP; ao estado do RJ sobre o imóvel comercial; e ao estado do MT em relação à fazenda. **(Procurador do Estado/ RO – 2011 – FCC)**

Sujeito passivo é qualquer das partes, na forma da lei.

13.3.3. Imposto sobre a propriedade de veículos automotores – IPVA

A exemplo do ITCMD, o Congresso Nacional não produziu até hoje a norma nacional específica para o IPVA, nos termos do art. 146, III, *a*, da CF.

Isso não impede o exercício da competência tributária pelos Estados e pelo Distrito Federal que, enquanto perdurar a omissão do Congresso, exercerão a competência legislativa plena, nos termos do art. 24, § 3º, da CF.

Jurisprudência
Ante a omissão do legislador federal em estabelecer as normas gerais pertinentes ao imposto sobre a doação de bens móveis, os Estados-membros podem fazer uso de sua competência legislativa plena com fulcro no art. 24, § 3º, da Constituição. **RE 601.247 AgR/RS, STF, Min. Ricardo Lewandowski, j. 29.05.2012**

13.3.3.1. Critério material do IPVA

O critério material do IPVA é a propriedade de veículos automotores terrestres (carros, caminhões, motocicletas).

O STF entende que o imposto não incide sobre a propriedade de embarcações e aeronaves.

Jurisprudência
IPVA – Imposto sobre Propriedade de Veículos Automotores (CF, art. 155, III; CF 69, art. 23, III e § 13, cf. EC 27/85): campo de incidência que não inclui embarcações e aeronaves. **RE 255.111/SP, STF, rel. Min. Sepúlveda Pertence, j. 29.05.2002**

Gabarito de concurso público
A incidência do IPVA só alcança os veículos terrestres, de acordo com a jurisprudência do STF. **(Procurador do Estado/PB – 2008 – CESPE)**

Perceba, para fins de concursos estaduais principalmente, que a legislação dos Estados costuma manter a previsão de incidência do IPVA sobre a propriedade de aeronaves e embarcações, apesar do entendimento pacífico do STF. Preste, nesses casos, muita atenção na pergunta. Note que no exemplo dado (concurso do CESPE), o examinador tomou a cautela de questionar "de acordo com a jurisprudência do STF". Se a pergunta fosse "de acordo com a Lei do Estado de (...)" o gabarito poderia ser outro.

13.3.3.2. Critério espacial do IPVA

O critério espacial refere-se ao território de cada Estado e do DF (local do registro, que deve corresponder ao do domicílio ou residência do proprietário).

13.3.3.3. Critério temporal do IPVA

O momento da incidência é fixado pela legislação de cada Estado e do DF, sendo comum os seguintes critérios:

a) 1º de janeiro de cada ano;

b) aquisição do veículo novo pelo 1º proprietário;

c) desembaraço aduaneiro, quando importado pelo consumidor final.

13.3.3.4. Critério pessoal do IPVA

Sujeito ativo do IPVA é o Estado ou o Distrito Federal onde está registrado o veículo.

Contribuinte é o proprietário.

13.3.3.5. Critério quantitativo do IPVA

As alíquotas são fixadas pela lei de cada Estado e do Distrito Federal.

O Senado fixará alíquotas mínimas (para evitar "guerra fiscal" e fraude por pessoas que registram o veículo em outro Estado para se aproveitarem de alíquotas menores).

As alíquotas podem ser diferenciadas em função do tipo e utilização do veículo. É comum, por exemplo, que o legislador fixe alíquotas menores para veículos utilitários (caminhões, tratores) em relação a veículos de passeio.

Jurisprudência
Não se admite a alíquota diferenciada de IPVA para veículos importados e os de procedência nacional. O tratamento desigual significaria uma nova tributação pelo fato gerador da importação. **RE 367.785 AgR/RJ, STF, rel. Min. Eros Grau, j. 9.5.2006**
A jurisprudência do STF firmou orientação no sentido de que, mesmo antes da EC 42/2003 – que incluiu o § 6º, II, ao art. 155 da CF –, já era permitida a instituição de alíquotas de IPVA diferenciadas segundo critérios que não levem em conta a capacidade contributiva do sujeito passivo, por não ensejar a progressividade do tributo. É o que se observa no caso dos autos, em que as alíquotas do imposto foram estabelecidas em razão do tipo e da utilização do veículo. **RE 601.247 AgR/RS, STF, Min. Ricardo Lewandowski, j. 29.05.2012**

Gabarito de concurso público
Lei estadual pode fixar alíquotas diversas do IPVA para dois automóveis com as mesmas características e faixa de valor, caso um deles seja movido a gasolina e o outro a álcool. Lei estadual pode fixar alíquotas diversas do IPVA para dois automóveis com a mesma potência e faixa de valor, caso um deles seja destinado ao transporte coletivo de passageiros e o outro seja caracterizado como automóvel de passeio. **(Procurador do Estado/SP – FCC – 2009)**

A base de cálculo é o valor venal do veículo (= valor de mercado, preço do veículo em uma venda normal, à vista), conforme a legislação de cada Estado e do Distrito Federal.

A simples atualização da base de cálculo, dentro dos índices inflacionários, comumente realizada pelos Estados e pelo Distrito Federal a cada ano, pode ser feita por norma infralegal (art. 97, § 2º, do CTN e, por analogia, a Súmula 160 do STJ).

Gabarito de concurso público
O valor venal do automóvel é a base de cálculo do IPVA, entretanto, sua atualização não está sujeita ao princípio da legalidade estrita estabelecida para as normas tributárias. **(Procurador do Estado/PE – CESPE – 2009)**

Interessante relembrar que a fixação de sua base de cálculo (assim como a do IPTU) não se sujeita à anterioridade nonagesimal (art. 150, § 1º, *in fine*, da CF).

13.4. Impostos dos Municípios e Distrito Federal

13.4.1. Imposto sobre a propriedade predial e territorial urbana – IPTU

13.4.1.1. Critério material do IPTU

O critério material do IPTU é a propriedade, domínio útil ou posse de imóvel por natureza ou por acessão física (terreno e construções).

Perceba que, diferente do ITR, o IPTU incide não apenas sobre a propriedade do terreno, mas também sobre as construções.

13.4.1.2. Critério temporal do IPTU

O momento da incidência é definido pela lei de cada município e do Distrito Federal, sendo comum 1º de janeiro de cada ano (a exemplo dos demais impostos sobre a propriedade).

Há municípios que preveem a incidência proporcional, no caso de construção realizada durante o ano. Por exemplo, se a obra é concluída em julho, cobra-se aproximadamente 50% do IPTU relativo à construção.

13.4.1.3. Critério espacial do IPTU

O IPTU incide sobre imóveis localizados na zona urbana do Município, delimitada pela lei local.

Entretanto, a lei municipal não pode definir qualquer área como sendo urbana. É preciso que a localidade tenha pelo menos 2 melhoramentos dentre os listados no art. 32, § 1º, do CTN:

> CTN, art. 32. (...)
>
> § 1º Para os efeitos deste imposto, entende-se como zona urbana a definida em lei municipal; observado o requisito mínimo da existência de melhoramentos indicados em pelo menos 2 (dois) dos incisos seguintes, construídos ou mantidos pelo Poder Público:
>
> I – meio-fio ou calçamento, com canalização de águas pluviais;
>
> II – abastecimento de água;
>
> III – sistema de esgotos sanitários;
>
> IV – rede de iluminação pública, com ou sem posteamento para distribuição domiciliar;
>
> V – escola primária ou posto de saúde a uma distância máxima de 3 (três) quilômetros do imóvel considerado.
>
> (...)

Ademais, a lei pode indicar como urbana a área urbanizável, ou de expansão urbana, em loteamento aprovado, destinado a habitação, indústria ou comércio (art. 32, § 2º, do CTN).

Por exemplo, se a área é rural (não tem qualquer melhoramento), mas a lei municipal permite que haja loteamento urbano na localidade (é área de expansão urbana) e, posteriormente, a Prefeitura aprova efetivamente um loteamento no local, poderá incidir o IPTU.

Jurisprudência
O § 2º do art. 32 do CTN permite sejam inseridos na zona urbana os imóveis "urbanizáveis, ou de expansão urbana, constantes de loteamentos aprovados pelos órgãos competentes, destinados à habitação, à indústria ou ao comércio", ainda que não beneficiados por no mínimo dois dos melhoramentos listados em seu § 1º. **REsp 613.102/DF, STJ, rel. Min. Teori Zavascki, j. 20.09.2005**

13.4.1.4. IPTU e ITR

Veja a seguinte representação gráfica, que distingue as áreas submetidas à incidência do ITR federal e do IPTU municipal.

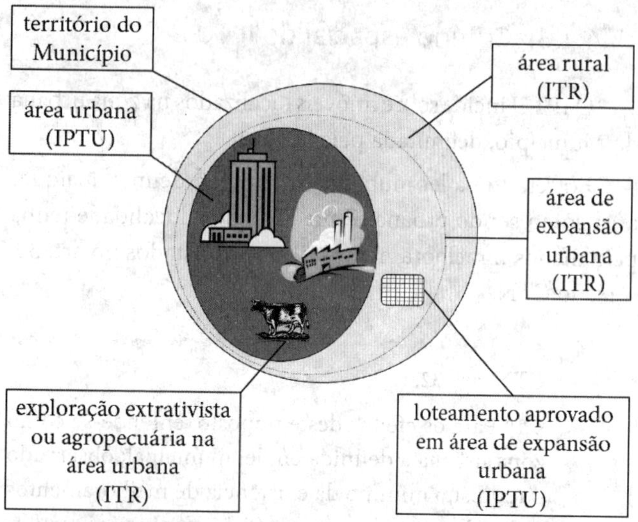

Lembre-se que o ITR incide excepcionalmente sobre imóveis localizados dentro da área urbana, desde que utilizados em exploração de atividade extrativa vegetal, agrícola, pecuária ou agroindustrial (art. 15 do Dec.-lei 57/1966 – REsp 1.112.646/SP repetitivo). Isso afasta, por consequência, a tributação municipal (não incide IPTU, ou haveria bitributação).

13.4.1.5. Critério pessoal do IPTU

Sujeito ativo do IPTU é o Município onde está localizado o imóvel.

Sujeito passivo é o proprietário, titular do domínio útil ou o possuidor (*animus domini* ou *ad usucapionem*).

Jurisprudência
A jurisprudência do Superior Tribunal de Justiça firmou-se no sentido de ser indevida a cobrança de IPTU das sociedades empresárias arrendatárias de áreas no Porto de Santos, porquanto não exercem a posse com **animus domini.** **AgRg Ag 1.357.283/SP, rel. Min. Arnaldo Esteves, j. 24.05.2011**

Em princípio, contribuinte é sempre o proprietário. Excepcionalmente, se houver enfiteuse, será o titular do domínio útil. Também excepcionalmente, o contribuinte poderá ser o possuidor que ocupe o imóvel como se fosse proprietário, com *animus domini* e que possa efetivamente vir a ser o proprietário no futuro, por usucapião (posse *ad usucapionem*).

Jurisprudência
Súmula 583 do STF. Promitente-comprador de imóvel residencial transcrito em nome de autarquia é contribuinte do Imposto Predial e Territorial Urbano.

Entretanto, é bom salientar que o STJ tem entendido que o promitente-comprador do imóvel (= possuidor com *animus domini*) é solidariamente responsável com o proprietário (promitente vendedor, que consta como proprietário no registro imobiliário) – ver REsp 1.110.551/SP repetitivo.

Jurisprudência
A jurisprudência desta Corte Superior é no sentido de que tanto o promitente comprador (possuidor a qualquer título) do imóvel quanto seu proprietário/promitente vendedor (aquele que tem a propriedade registrada no Registro de Imóveis) são contribuintes responsáveis pelo pagamento do IPTU. **REsp 1.110.551/SP, STJ, Min. Mauro Campbell, j. 10.06.2009 – repetitivo**

Gabarito de concurso público
Nessa situação hipotética, tanto a promitente compradora [possuidora a qualquer título] do imóvel quanto o proprietário são contribuintes responsáveis pelo pagamento do IPTU. **(Defensoria Pública da União – 2010 – CESPE)**

Note que, embora a jurisprudência tenha sido construída em relação ao IPTU, aplica-se por analogia ao ITR, o outro imposto que incide sobre a propriedade imobiliária.

13.4.1.6. Critério quantitativo do IPTU

As alíquotas do IPTU devem ser fixadas pela lei municipal, podendo ser (art. 156, § 1º, da CF):

a) progressivas em razão do valor do imóvel;

b) diferenciadas conforme a localização e o uso;

c) progressivas no tempo, para o promover o adequado aproveitamento do imóvel (art. 182, § 4º, II, da CF).

Note que o IPTU pode ser progressivo em relação ao valor do imóvel (quanto maior o valor, maior a alíquota aplicável). A Súmula 668 do STF refere-se ao período anterior à EC 29/2000, que alterou o art. 156, § 1º, da CF para prever expressamente essa progressividade.

Ademais, o IPTU pode ser progressivo no tempo, como ferramenta para impor ao proprietário o uso socialmente responsável do imóvel, conforme o plano diretor, nos termos do art. 182, § 4º, II, da CF. Trata-se de utilização extrafiscal do IPTU bastante peculiar, servindo a progressividade como espécie de sanção.

Gabarito de concurso público
O IPTU pode ser progressivo no tempo, sendo essa uma das formas de apenação em caso de descumprimento de exigência pelo poder público municipal de adequado aproveitamento de solo urbano não edificado, subutilizado ou não utilizado. **(Magistratura/PI – 2008 – CESPE)**

É muito comum a diferenciação de alíquotas conforme o uso do imóvel. Por exemplo, imóveis comerciais e indústrias sujeitam-se a alíquotas superiores àquelas aplicáveis aos residenciais. A diferenciação conforme a localização também é possível.

A base de cálculo do IPTU é o valor venal do terreno **e** das construções. O imposto não incide sobre móveis mantidos para utilização, exploração, aformoseamento ou comodidade.

Valor venal não significa, necessariamente, o valor pago pelo proprietário. Valor venal é o valor de mercado do bem, o preço que o imóvel alcançaria, em tese, em uma venda normal, à vista.

Lembre-se de que o ITR incide apenas sobre o valor da terra nua, mas o IPTU incide também sobre o valor das construções.

Como o IPTU é, em regra, lançado de ofício (em conformidade com a legislação de cada Município e do Distrito Federal), a base é aferida pelo próprio Fisco. Tradicionalmente, o Judiciário brasileiro exige que essa base de cálculo individualizada (para cada contribuinte) seja fixada pela própria lei local, por meio das chamadas plantas genéricas de valores. Admite-se, entretanto, que o Executivo atualize essa base anualmente por norma infralegal, desde que dentro dos limites dos índices oficiais de inflação (se o aumento for maior que a inflação, somente poderá ser feito por lei).

Jurisprudência
Súmula 160 do STJ. É defeso, ao Município, atualizar o IPTU, mediante decreto, em percentual superior ao índice oficial de correção monetária. *Súmula 397 do STJ. O contribuinte do IPTU é notificado do lançamento pelo envio do carnê ao seu endereço.*

13.4.2. Imposto sobre transmissão *inter vivos* de bens imóveis – ITBI

13.4.2.1. Critério material do ITBI

O critério material do ITBI é a transmissão *inter vivos*, a qualquer título, por ato oneroso, de bens imóveis, por natureza ou acessão física, e de direitos reais sobre imóveis, exceto os de garantia, bem como cessão de direitos a sua aquisição.

13.4.2.2. Critério espacial do ITBI

O critério espacial é o território do Município tributante.

13.4.2.3. Critério temporal do ITBI

O ITBI incide no momento da transmissão (fato gerador), que ocorre quando do registro imobiliário, conforme a legislação civil.

Há municípios que cobram o ITBI no momento da escritura (lavrada no cartório de notas, antes do registro imobiliário), mas isso vem sendo afastado pela jurisprudência.

Trata-se de outro tributo cujo fato gerador é "situação jurídica", conforme o art. 116, II, do CTN, ou seja, regulada por outro ramo do direito (o direito civil, neste caso). Por essa razão, o intérprete da norma tributária deve analisar as normas que regulam essa situação, para reconhecer o momento da ocorrência do fato gerador.

13.4.2.4. Critério pessoal do ITBI

Sujeito ativo do ITBI é o Município onde está localizado o imóvel.

Contribuinte é qualquer das partes (adquirente ou alienante), conforme a lei local. Normalmente, o legislador municipal escolhe o adquirente do imóvel, no caso de transmissão do domínio.

13.4.2.5. Critério quantitativo do ITBI

As alíquotas do ITBI são fixadas pela lei local e não podem ser progressivas (ver Súmula 656 do STF).

A base de cálculo é o valor venal do imóvel (terreno e construções), no caso de transmissão do domínio. Normalmente, a lei municipal reduz a base de cálculo nos casos de transmissão de outros direitos reais, como a posse, o usufruto etc.

Jurisprudência
Súmula 656 do STF. É inconstitucional a lei que estabelece alíquotas progressivas para o imposto de transmissão ***inter vivos*** *de bens imóveis – ITBI com base no valor venal do imóvel.*

13.4.2.6. Imunidades do ITBI

O art. 156, § 2º, I, da CF fixa imunidade em relação a determinadas transmissões de bens ou direitos no bojo de operações societárias (integralização de capital, fusões, incorporações, cisões etc.), desde que a atividade preponderante da sociedade adquirente não seja a exploração imobiliária:

> CF, art. 156, § 2º – O imposto previsto no inciso II [ITBI]:
>
> I – não incide sobre a transmissão de bens ou direitos incorporados ao patrimônio de pessoa jurídica em realização de capital, nem sobre a transmissão de bens ou direitos decorrente de fusão, incorporação, cisão ou extinção de pessoa jurídica, salvo se, nesses casos, a atividade preponderante do adquirente for a compra e venda desses bens ou direitos, locação de bens imóveis ou arrendamento mercantil; (...)

Gabarito de concurso público
[O ITBI] incide sobre a transmissão de bens ou direitos decorrente de fusão de pessoa jurídica quando a atividade preponderante do adquirente for locação de bens imóveis. **(Cartório/MS – 2009 – VUNESP)**

Ademais, conforme o art. 184, § 5º, da CF, são imunes em relação ao ITBI as transferências de imóveis desapropriados para reforma agrária.

Importante destacar que, nos termos do art. 150, § 3º, *in fine*, da CF e, especificamente, da Súmula 75 do STF, sendo vendedora uma autarquia, a sua imunidade fiscal não compreende o Imposto de Transmissão *inter vivos*, que é encargo do comprador (a imunidade recíproca jamais aproveita a particulares).

13.4.3. Imposto sobre serviços de qualquer natureza – ISS

13.4.3.1. Critério material do ISS

O critério material do ISS é a prestação dos serviços listados na LC 116/2003.

A lista é taxativa, mas permite interpretação extensiva de seus itens (*v.g.* serviços de informática e congêneres – item 1 da lista; Súmula 424 do STJ – serviços bancários congêneres).

O ISS não incide sobre locações de bens móveis:

Jurisprudência
Súmula Vinculante 31 do STF. É inconstitucional a incidência do imposto sobre serviços de qualquer natureza – ISS sobre operações de locação de bens móveis.

Se o serviço, previsto na LC 116/2003, é prestado com fornecimento de mercadoria, incide ISS sobre o preço total, exceto se a própria lista fizer ressalva.

13.4.3.2. Serviços com mercadorias

Veja a seguinte tabela, com os casos em que há serviço prestado com fornecimento de mercadoria.

Perceba que o critério preponderante é a listagem na LC 116/2003. Se o serviço estiver listado, incide ISS sobre o preço total, exceto se houver disposição em contrário na própria lei. Caso o serviço não esteja listado na LC 116/2003, incide ICMS sobre o preço total.

Situação	Incidência	Exemplo
Serviço na lista da LC 116/2003	ISS sobre tudo	– Serviços gráficos (Súmula 156 do STJ) – Assistência médica (Súmula 274 do STJ)
Serviço na lista da LC 116/2003, que faz ressalva em relação à mercadoria	ISS sobre o serviço e ICMS sobre a mercadoria	– Conserto de veículos e máquinas – Recondicionamento de motores – Bufê
Serviço não constante da lista da LC 116/2003	ICMS sobre tudo	Bares e restaurantes (Súmula 163 do STJ)

É muito importante notar que o valor do serviço ou da mercadoria (critério da preponderância) é irrelevante.

13.4.3.3. Incidências do ISS

Em regra, incide ISS na produção de *softwares*, medicamentos manipulados, cartões magnéticos **personalizados e sob encomenda** (na comercialização de bens "de prateleira" incide o ICMS).

Por exemplo, se vou até a loja e compro um sistema operacional "na caixa", incidirá o ICMS, pois se trata de mercadoria. Entretanto, se contrato um programador para fazer um aplicativo específico para minha empresa (personalizado e sob encomenda), incidirá o ISS.

Incide ISS na industrialização sob encomenda (matéria-prima fornecida exclusivamente pelo contratante do serviço), não o IPI.

É comum, por exemplo, que uma pedreira envie blocos de pedra para uma indústria, encomendando o corte do produto em peças menores, para serem usadas como piso residencial. A indústria realiza os cortes e devolve as pedras para a pedreira. Nesse caso, a indústria realizou um serviço, incidindo exclusivamente o ISS.

Incide ISS sobre os serviços dos tabeliães e notários, mesmo sendo serviço público delegado com cobrança de taxa (emolumentos).

Incide também sobre o *leasing* financeiro e o *lease back*.

Não incide ISS, entretanto, sobre operações de industrialização por encomenda de embalagens, destinadas à indústria ou ao comércio, pois, nesse caso, ainda que haja personalização e encomenda, o STF entendeu tratar-se de insumo industrial, sujeito ao ICMS.

Gabaritos de concursos públicos
Compete aos municípios instituir o ISS sobre o **leasing** *financeiro, uma vez que o* **leasing** *é contrato complexo e não se confunde com contratos de aluguel, compra e venda ou com operação de crédito.* **(Defensoria Pública da União – 2010 – CESPE)**
Obs.: O STF pacificou o entendimento de que incide ISS sobre **leasing** *financeiro e lease back, embora não incida na modalidade* **leasing** *operacional – ver RE 547.245/SC*
O Supremo Tribunal Federal inclinou-se pela orientação de que os serviços de registros públicos, notariais e cartorários embora públicos, não são imunes ao ISSQN. **(Magistratura/SP – 2009 – VUNESP)**

13.4.3.4. Critério espacial do ISS

O critério espacial do ISS é o território do Município tributante.

O serviço considera-se prestado, em regra, no local do estabelecimento do prestador ou de seu domicílio. O STJ muitas vezes afasta essa norma.

Há diversas exceções (art. 3º da LC 116/2003), em que o local da efetiva prestação é facilmente identificável e o serviço considera-se lá prestado (ex.: obras, limpeza, vigilância, transportes, estacionamento, armazenagem, exposições, diversões, cessão de mão de obra, pedágio).

13.4.3.5. Critério temporal do ISS

O imposto incide no momento em que o serviço é disponibilizado ao tomador.

13.4.3.6. Critério pessoal do ISS

Sujeito ativo do ISS é o Município onde o serviço é prestado.

Contribuinte é o prestador do serviço.

A LC 116/2003 traz uma série de casos de responsáveis tributários, como o importador e o tomador de determinados serviços.

13.4.3.7. Critério quantitativo do ISS

As alíquotas do ISS são fixadas pela lei local, observado o piso **real** de 2% (exceto para obras) e o teto de 5%.

Não se admitem benefícios ou incentivos que reduzam a tributação abaixo dos 2% sobre o preço.

Por exemplo, a lei municipal não pode dispor que a alíquota é de 2%, mas que a base de cálculo corresponde a 50% do preço do serviço (isso seria o mesmo que uma alíquota de 1% sobre o preço, o que está abaixo do piso).

Gabaritos de concursos públicos
A alíquota do ISSQN não poderá ser superior a 5% do preço do serviço. **(Cartório/SC – 2008)**
De acordo com o Ato das Disposições Constitucionais Transitórias da CRFB/1988, a alíquota mínima do ISS é de 2%. **(Auditor Fiscal/RJ – 2008 – FGV)**

A base de cálculo do ISS é o preço do serviço. O STJ tem afastado a possibilidade de abatimento dos materiais empregados em obras.

Existe tributação fixa (valor fixo em reais) para profissionais liberais e sociedades uniprofissionais (sociedades formadas por uma única categoria de profissionais liberais), como escritórios de advocacia, de contabilidade, arquitetura, sociedades formadas por médicos, dentistas etc.

Somente há tributação fixa em relação a sociedades com responsabilidade pessoal dos sócios, sem caráter empresarial. Nesses casos, é cobrado um valor determinado em reais para cada um dos profissionais.

14. Garantias e privilégios do crédito tributário

14.1. Introdução

O crédito tributário corresponde a receita pública, **privilegiada** em relação aos créditos privados.

Para assegurar o recebimento do crédito pelo Estado, o CTN enumera **garantias**, mas a listagem não é taxativa (art. 183 do CTN).

Tudo isso decorre da indisponibilidade e da supremacia do interesse público.

Gabarito de concurso público
As garantias e privilégios do crédito tributário decorrem da noção de verticalidade que marca a relação jurídica tributária. **(Magistratura/SP – 2009 – VUNESP)**

A lei pode prever expressamente outras garantias (reais, fianças etc.), em função da natureza ou das características de cada tributo, o que é comum no caso de parcelamentos, compensações e moratórias.

A natureza das garantias dadas ao crédito não altera sua natureza, nem a da obrigação tributária.

A legislação que cria novas garantias é aplicada no momento do lançamento a fatos geradores pretéritos, exceto se houver atribuição de responsabilidade tributária a terceiros – art. 144, § 1º, do CTN.

14.2. Bens que respondem pelo débito

Sem prejuízo de privilégios especiais, previstos em lei, **todos os bens e rendas do sujeito passivo**, seu espólio ou massa falida, respondem pelo débito, mesmo os bens gravados por ônus real ou cláusula de inalienabilidade ou impenhorabilidade.

Gabarito de concurso público
Em se tratando de imóvel gravado com cláusula de impenhorabilidade, decorrente de disposição testamentária, é certa a afirmação de que responde pela satisfação do crédito tributário, não sendo o gravame oponível à Fazenda na execução do seu crédito. **(Auditor Fiscal/RJ)**

Não respondem os bens que a lei declare absolutamente impenhoráveis (imóvel residencial, salários, seguro de vida etc. – Lei 8.009/1990 e art. 649 do CPC).

Interessante lembrar que no caso do bem de família, a impenhorabilidade não é oponível em caso de cobrança de impostos, predial ou territorial, taxas e contribuições devidas em função do imóvel familiar (art. 3º, IV, da Lei 8.009/1990).

14.3. Presunção de fraude contra a fazenda – Art. 185 do CTN

Presume-se fraudulenta a alienação ou oneração de bens ou rendas, ou seu começo, por sujeito passivo em débito, desde que:

a) o crédito esteja inscrito em dívida ativa; e

b) não tenham sido reservados bens ou rendas suficientes para o pagamento total da dívida inscrita.

Gabarito de concurso público
A fraude à execução fiscal ocorre com a alienação de bens pelo sujeito passivo em débito tributário para com a fazenda pública, após a regular inscrição do crédito tributário na dívida ativa, tornando-o insolvente. **(MAGISTRATURA/PB – 2011 – CESPE)**

Assim, qualquer alienação ou oneração ocorrida após a inscrição em dívida ativa pode ser considerada fraudulenta e inoponível contra o Fisco, desde que o devedor não tenha recursos suficientes para responder pelo débito.

Atualmente o STJ entende desnecessário o registro da penhora ou prova da má-fé do terceiro adquirente para configuração da fraude, sendo inaplicável a Súmula 375 do STJ ao caso.

Jurisprudência
*1. A lei especial prevalece sobre a lei geral (**lex specialis derrogat lex generalis**), por isso que a Súmula n. 375 do Egrégio STJ não se aplica às execuções fiscais.* *(...)* *9. Conclusivamente: (a) a natureza jurídica tributária do crédito conduz a que a simples alienação ou oneração de bens ou rendas, ou seu começo, pelo sujeito passivo por quantia inscrita em dívida ativa, sem a reserva de meios para quitação do débito, gera presunção absoluta (**jure et de jure**) de fraude à execução (lei especial que se sobrepõe ao regime do direito processual civil); (...) (c) a fraude de execução prevista no artigo 185 do CTN encerra presunção jure et de jure, conquanto componente do elenco das "garantias do crédito tributário"; (...)* **REsp 1.141.990/PR, rel. Min. Luiz Fux, j. 10.11.2010 – repetitivo**

É comum a doutrina e a jurisprudência referirem-se à *fraude à execução*, ao tratar do art. 185 do CTN, mas perceba que ela é presumida a partir da inscrição em dívida ativa (antes da ação de execução), embora, de fato, seja efetivamente discutida no bojo da execução fiscal ou dos embargos.

Gabarito de concurso público
A Fábrica de Doces Martinica Ltda. não pagou uma dívida tributária, face a dificuldades financeiras. O sócio administrador, em seguida, conseguiu realizar a venda do único imóvel da sociedade, visando obter recursos para investir em aumento de produção e de faturamento, embora ficando a sociedade, momentaneamente, sem renda ou bens suficientes para pagar a dívida. Nessas condições, de acordo com o Código Tributário Nacional, essa alienação será considerada fraudulenta, desde que o crédito tributário esteja regularmente inscrito como dívida ativa. **(Procurador do Estado/SC – 2009)**
Obs.: Na prática, o imóvel poderá ser penhorado, independentemente da boa-fé do adquirente

14.4. Penhora *on-line* – Arts. 655, I, e 655-A do CPC

O CTN prevê expressamente a penhora *on-line* de contas e investimentos bancários.

Assim, o magistrado da execução fiscal pode ordenar, pelo sistema informatizado (Bacenjud), que as entidades financeiras bloqueiem valores nas contas-correntes e de investimentos, suficientes para responder pelo débito tributário, colocando-os à disposição do juízo.

Essa penhora *on-line* corresponde à constrição de dinheiro, de modo que é preferencial. Ou seja, o juiz pode determinar a penhora *on-line* ainda que não tenham se esgotado as diligências para localização de outros bens penhoráveis.

Jurisprudência
Nada obstante, a partir da vigência da Lei 11.382/2006, os depósitos e as aplicações em instituições financeiras passaram a ser considerados bens preferenciais na ordem da penhora, equiparando-se a dinheiro em espécie (artigo 655, I, do CPC), tornando-se prescindível o exaurimento de diligências extrajudiciais a fim de se autorizar a penhora **on-line** *(artigo 655-A, do CPC).* **REsp 1.141.990/PR, rel. Min. Luiz Fux, j. 10.11.2010 – repetitivo.**

14.5. Indisponibilidade universal – Art. 185-A do CTN

Esgotadas as diligências para encontrar bens penhoráveis no curso da execução fiscal, o juiz poderá determinar a indisponibilidade universal de bens e direitos do devedor (art. 185-A do CTN).

Para isso, é preciso que:

a) o devedor tenha sido citado;

b) não tenha pago, nem apresentado bens à penhora no prazo legal; e

c) não tenham sido localizados bens penhoráveis.

Gabarito de concurso público
A indisponibilidade dos bens do sujeito passivo pode ser determinada pelo juiz sempre que o contribuinte, no prazo legal, não pagar e não forem encontrados bens passíveis de penhora. **(Magistratura/AL – 2007 – FCC)**

O juiz comunicará a decisão, preferencialmente por meio eletrônico, aos órgãos e entidades que promovem registros de transferências de bens (bolsa de valores, departamentos de trânsito, registros imobiliários etc.).

Jurisprudência
1. O bloqueio universal de bens e de direitos, previsto no art. 185-A do CTN, não se confunde com a penhora de dinheiro aplicado em instituições financeiras, por meio do sistema BacenJud, disciplinada no art. 655-A do CPC (redação conferida pela Lei 11.382/2006). *2. O bloqueio incide na hipótese em que "o devedor tributário, devidamente citado, não pagar nem apresentar bens à penhora no prazo legal e não forem encontrados bens penhoráveis", e abrangerá todo e qualquer bem ou direito do devedor, observado como limite o valor do crédito tributário, se verificado o concurso dos requisitos previstos no art. 185-A do CTN.* *3. Consoante jurisprudência do STJ, a aplicação da referida prerrogativa da Fazenda Pública pressupõe a comprovação do esgotamento das diligências para localização de bens do devedor.* **AgRg Ag 1.164.948/SP, rel. Min. Herman Benjamin, j. 04.11.2010**

Esse precedente do STJ é bastante interessante, pois distingue o bloqueio universal, previsto no art. 185-A do CTN (depende de esgotamento das diligências), da penhora *on-line*, disciplinada pelo art. 655-A do CPC (que não depende do esgotamento das diligências).

Entretanto, é comum autores e mesmo gabaritos de concursos confundirem os conceitos, o que merece atenção do candidato:

Gabarito de concurso público
A penhora **on-line***, no Direito Tributário, encontra amparo no CTN e permite a decretação judicial da indisponibilidade dos bens e direitos do devedor, com a comunicação da decisão, preferencialmente por meio eletrônico, aos órgãos e entidades que promovem os registros de transferência de bens, a fim de que, no âmbito de suas atribuições, façam cumprir a ordem judicial. (Magistratura/PA – 2008 – FGV)*

14.6. Preferência geral

Em atenção ao princípio da supremacia do interesse público em relação ao privado, o crédito tributário prefere a qualquer outro, exceto aos trabalhistas e acidentários (art. 186 do CTN).

Ou seja, o pagamento dos tributos e penalidades pecuniárias é prioritário em relação a qualquer outro, salvo os trabalhistas e acidentários.

Sua cobrança não se sujeita ao concurso de credores ou à habilitação em falência, recuperação, inventário ou arrolamento.

14.7. Preferência na falência

Embora o crédito tributário não precise ser habilitado na falência, sua preferência é bastante mitigada nesse caso. De fato, o juiz da falência determinará o pagamento de diversos outros créditos e, apenas se sobrar recursos da massa, permitirá a quitação dos tributários.

Na falência, há determinados créditos que são extraconcursais, isto é, não entram no concurso de credores e são pagos antes. Em regra, são as dívidas assumidas durante o processo de recuperação judicial e da própria falência. Isso inclui os tributos cujos fatos geradores ocorreram após a quebra.

Gabarito de concurso público
Segundo o CTN, os créditos tributários decorrentes de fatos geradores ocorridos no curso do processo de falência são considerados extraconcursais. **(Magistratura/PA – 2008 – FGV)**

Dentre os créditos concursais, ou seja, basicamente aqueles relativos ao período anterior à quebra, há uma ordem de preferência, de modo que aqueles mais abaixo somente serão pagos se sobrar dinheiro após o pagamento dos anteriores (art. 186 do CTN e art. 83 da Lei 11.101/2005).

Ordem de classificação dos créditos na falência (art. 83 da LF)
1º – os créditos derivados da legislação do trabalho, limitados a 150 (cento e cinquenta) salários-mínimos por credor, os decorrentes de acidentes de trabalho. Também os créditos equiparados a trabalhistas, como os relativos ao FGTS (art. 2º, § 3º, da Lei 8.844/1994) e os devidos ao representante comercial (art. 44 da Lei 4.886/1965)
2º – créditos com garantia real até o limite do valor do bem gravado (será considerado como valor do bem objeto de garantia real a importância efetivamente arrecadada com sua venda, ou, no caso de alienação em bloco, o valor de avaliação do bem individualmente considerado)
3º – créditos tributários, independentemente da sua natureza e tempo de constituição, excetuadas as multas tributárias
4º – com privilégio especial (= os previstos no art. 964 da Lei 10.406/2002; os assim definidos em outras leis civis e comerciais, salvo disposição contrária da LF; e aqueles a cujos titulares a lei confira o direito de retenção sobre a coisa dada em garantia)
5º – créditos com privilégio geral (= os previstos no art. 965 da Lei n 10.406/2002; os previstos no parágrafo único do art. 67 da LF; e os assim definidos em outras leis civis e comerciais, salvo disposição contrária da LF)
6º – créditos quirografários (= aqueles não previstos nos demais incisos do art. 83 da LF; os saldos dos créditos não cobertos pelo produto da alienação dos bens vinculados ao seu pagamento; e os saldos dos créditos derivados da legislação do trabalho que excederem o limite estabelecido no inciso I do *caput* do art. 83 da LF). Ademais, os créditos trabalhistas cedidos a terceiros serão considerados quirografários
7º – as multas contratuais e as penas pecuniárias por infração das leis penais ou administrativas, inclusive as multas tributárias
8º – créditos subordinados (= os assim previstos em lei ou em contrato; e os créditos dos sócios e dos administradores sem vínculo empregatício)
Lembre-se que os **créditos extraconcursais** (= basicamente os surgidos no curso do processo falimentar, que não entram no concurso de credores) são pagos com precedência sobre todos esses anteriormente mencionados, na ordem prevista no art. 84 da LF: (i) remunerações devidas ao administrador judicial e seus auxiliares, e créditos derivados da legislação do trabalho ou decorrentes de acidentes de trabalho relativos a serviços prestados após a decretação da falência; (ii) quantias fornecidas à massa pelos credores; (iii) despesas com arrecadação, administração, realização do ativo e distribuição do seu produto, bem como custas do processo de falência; (iv) custas judiciais relativas às ações e execuções em que a massa falida tenha sido vencida; e (v) obrigações resultantes de atos jurídicos válidos praticados durante a recuperação judicial, nos termos do art. 67 da LF, ou após a decretação da falência, e tributos relativos a fatos geradores ocorridos após a decretação da falência, respeitada a ordem estabelecida no art. 83 da LF.

Perceba que, na falência, o crédito relativo ao tributo fica abaixo dos trabalhistas (até 150 salários-mínimos) e acidentários e dos créditos com garantia real (até o valor do bem gravado). As multas tributárias ficam ainda mais abaixo, depois dos créditos quirografários.

Gabarito de concurso público
No processo falimentar, o crédito tributário não tem preferência sobre os créditos com garantia real, no limite do valor do bem gravado. **(Procurador da Fazenda Nacional – 2007 – ESAF)**

14.8. Concurso de preferência entre fiscos

Há preferência entre os entes federados, na cobrança tributária, com a União em primeiro lugar, Estados e DF depois e, por fim, os Municípios (art. 187, parágrafo único, do CTN).

1º União
2º Estados, DF e Territórios, conjuntamente e pró rata
3º Municípios, conjuntamente e pró rata

A Lei 6.830/1980 inclui as respectivas autarquias ao lado de cada ente, na ordem de preferências.

Gabarito de concurso público
Os créditos tributários da União preferem os dos Estados e os do Distrito Federal, e destes os dos Municípios **(Ministério Público/MA – 2002)**

14.9. Preferência em inventários, arrolamentos e liquidação

A LC 118/2005, que reduziu a preferência do crédito tributário na falência, não alterou as regras relativas aos inventários, arrolamentos e liquidação.

Os créditos tributários, vencidos ou vincendos, exigíveis no decurso do inventário, do arrolamento ou da liquidação são pagos preferencialmente a quaisquer outros (arts. 189 e 190 do CTN).

Gabarito de concurso público
São pagos, preferencialmente a quaisquer outros, os créditos tributários vencidos ou vincendos, a cargo de pessoas jurídicas de direito privado em liquidação judicial ou voluntária, exigíveis no decurso da liquidação. **(Magistratura/MT – 2009 – VUNESP)**

14.10. Exigência de quitação dos tributos

É preciso comprovar a quitação dos tributos para a (arts. 191 a 192 do CTN):

a) extinção das obrigações do falido;

b) concessão de recuperação judicial;

c) sentença de julgamento de partilha ou adjudicação.

Perceba que essa exigência é uma forma indireta de incentivar o pagamento dos tributos, garantindo o seu recebimento pelo Fisco nessas situações.

A comprovação de regularidade fiscal é feita pela apresentação de certidão negativa de débitos ou de certidão positiva com efeito de negativa, que estudaremos mais adiante.

14.11. Vedação de contrato

A contratação com a administração ou a participação em concorrência depende de quitação de todos os tributos devidos à Fazenda interessada, relativos à atividade a ser contratada (salvo se expressamente autorizado por lei) – art. 193 do CTN.

Outro meio indireto de garantir, ou pelo menos favorecer, o recebimento dos créditos tributários pelo Fisco.

15. Administração tributária

15.1. Introdução

Administração tributária é expressão que se refere aos órgãos da administração pública relacionados à fiscalização e à cobrança dos tributos, abrangendo as atividades de lançamento, inscrição em dívida, execução fiscal, análise de pedidos de compensação, parcelamento e de outros benefícios fiscais.

Trata-se de aspecto essencial do Poder Público, pois garante a existência de recursos necessários ao próprio funcionamento do aparato estatal, observando-se a impessoalidade, a transparência e o tratamento isonômico em relação a todos os contribuintes.

Por essa razão, o constituinte prestigiou a administração tributária no art. 37, XVIII e XXII, da CF, nos seguintes termos:

> CF, art. 37. (...) XVIII – a administração fazendária e seus servidores fiscais terão, dentro de suas áreas de competência e jurisdição, precedência sobre os demais setores administrativos, na forma da lei; (...)
>
> XXII – as administrações tributárias da União, dos Estados, do Distrito Federal e dos Municípios, atividades essenciais ao funcionamento do Estado, exercidas por servidores de carreiras específicas, terão recursos prioritários para a realização de suas atividades e atuarão de forma integrada, inclusive com o compartilhamento de cadastros e de informações fiscais, na forma da lei ou convênio. (...)

Jurisprudência
A atividade de lançamento é privativa de fiscais de carreira, nos termos do art. 37, XXII, da Constituição Federal. O Secretário de Fazenda secunda o Governador na elaboração e implantação das políticas fiscais, o que não se confunde com lançamento e cobrança de ICMS. **AgRg RMS 18.140/RJ, Min. Herman Benjamin, j. 08.09.2009**

Gabarito de concurso público
Os servidores que exercem atividades da administração tributária têm autonomia e independência. **(Magistratura/SE – 2008 – CESPE)**

15.2. Fiscalização

15.2.1. Legislação relativa à fiscalização

A legislação relativa à fiscalização, que define a competência e os poderes das autoridades, aplica-se a todas as pessoas, naturais ou jurídicas, contribuintes ou não, inclusive às imunes e isentas (art. 194 do CTN).

Não se aplicam à fiscalização disposições legais que limitem ou excluam o direito de examinar mercadorias, livros, arquivos, documentos e papéis dos sujeitos passivos e sua obrigação de exibi-los (art. 195 do CTN).

15.2.2. Fiscalização, livros, auxílio policial

O início da fiscalização deve ser registrado nos livros fiscais exibidos ou em documento próprio, com cópia autenticada entregue ao fiscalizado – a legislação deve fixar prazo máximo para o procedimento (art. 196 do CTN).

Os livros obrigatórios, a escrituração empresarial e fiscal e os comprovantes dos lançamentos contábeis devem ser conservados até o término do prazo prescricional.

As autoridades podem solicitar auxílio policial em caso de necessidade, embaraço ou desacato, ainda que não se configure crime ou contravenção (art. 200 do CTN).

Perceba, portanto, que os agentes da fiscalização tributária podem realizar suas atividades, adentrando os estabelecimentos empresariais e apreendendo os livros e registros fiscais, independentemente de ordem judicial.

Gabarito de concurso público
Agentes do Fisco Estadual apreenderam notas e livros fiscais, durante determinada atividade fiscalizadora na empresa Beta, sem estarem munidos de mandado judicial para tal fim. Esse procedimento é considerado legal, sendo os documentos de exibição obrigatória pelo contribuinte. **(Magistratura/PA – 2009 – FGV)**

Entretanto, é importante salientar que o STF afastou a possibilidade de o fiscal entrar em espaços privados não abertos ao público onde alguém exerce sua atividade profissional, como eventualmente é o caso de escritórios de contabilidade. Esses ambientes foram equiparados ao domicílio, para fins de proteção, de modo que o agente da fiscalização precisará de autorização judicial para neles realizar diligências.

Jurisprudência
*Sem que ocorra qualquer das situações excepcionais taxativamente previstas no texto constitucional (art. 5º, XI), nenhum agente público, ainda que vinculado à administração tributária do Estado, poderá, contra a vontade de quem de direito ("**invito domino**"), ingressar, durante o dia, sem mandado judicial, em espaço privado não aberto ao público, onde alguém exerce sua atividade profissional, sob pena de a prova resultante da diligência de busca e apreensão assim executada reputar-se inadmissível, porque impregnada de ilicitude material.*   **HC 82.788/RJ, STF, Min. Celso de Mello, j. 12.04.2005**

15.2.3. Dever de prestar informações

Devem prestar informações sobre bens, negócios e atividades de terceiros à fiscalização, mediante intimação escrita (art. 197 do CTN):

a) tabeliães, escrivães etc.;

b) instituições financeiras;

c) administradoras de bens;

d) corretores, leiloeiros e despachantes oficiais;

e) inventariantes;

f) administradores judiciais;

g) quaisquer outras entidades ou pessoas que a lei designe.

Esse dever não existe no caso de sigilo em razão de cargo, ofício, função, ministério, atividade ou profissão. Ou seja, o advogado, por exemplo, não tem dever de prestar informações ao Fisco sobre seus clientes, relacionadas à tributação, desde que delas tenha conhecimento por conta de sua atividade (há sigilo profissional, no caso).

Gabarito de concurso público
Não são obrigados a prestar à autoridade administrativa todas as informações de que disponham com relação aos bens, negócios ou atividades de terceiros entidades ou pessoas que a lei designe, em razão de seu cargo, ofício, função, ministério, atividade ou profissão, quando o informante esteja legalmente obrigado a observar segredo em razão de cargo, ofício, função, ministério, atividade ou profissão. **(Auditor Fiscal/RJ – 2008 – FGV)**

Jurisprudência
Não há falar em inexistência de dever de prestar informações relativas a operações de compra e venda e aluguel de imóveis [DIMOB], já que as administradoras de bens e os corretores são obrigados, nos termos do art. 197, III e IV, do CTN.   *No mundo atual, em que as declarações fiscais são enviadas quase que exclusivamente por meio eletrônico, pela rede mundial de computadores, seria inadequado interpretar o vetusto art. 197 do CTN no sentido de que a Secretaria da Receita Federal deveria solicitar informações individualmente, por intimações escritas em papel.*   **REsp 1.105.947/PR, Min. Herman Benjamin, j. 23.06.2009**

15.2.4. Sigilo fiscal

Não podem ser divulgadas informações obtidas em razão da fiscalização sobre a situação econômica ou financeira do sujeito passivo ou de terceiros, nem sobre a natureza e o estado de seus negócios ou atividades, **exceto** nos casos de (art. 198, § 1º, do CTN):

a) requisição judicial;

b) solicitação de autoridade administrativa, para investigação do sujeito passivo por prática de infração administrativa, mediante regular processo, com entrega pessoal mediante recibo e preservação do sigilo.

Outros casos em que se **admite** a divulgação (art. 198, § 3º, do CTN):

a) representação fiscal para fins penais;

b) inscrição em dívida ativa;

c) parcelamento ou moratória;

d) assistência mútua e permuta de informações entre os Fiscos federal, estaduais, distrital e municipais, para fiscalização dos respectivos tributos, na forma de lei ou de convênio;

e) a União pode permutar informações fiscais com Estados estrangeiros, conforme tratados.

Gabaritos de concursos públicos
Visando a garantia da preservação do sigilo, no caso de intercâmbio de informações sigilosas, no âmbito da Administração Pública, a entrega da informação à autoridade solicitante deve ser feita pessoalmente, mediante recibo, e desde que exista processo regularmente instaurado. (Procurador do Estado/SC – 2009)   *A Fazenda Pública pode divulgar as informações econômicas e financeiras do sujeito passivo, para investigação administrativa, desde que apurada em procedimento administrativo instaurado. (Magistratura/SP – 2008)*   *É permitida a divulgação, por parte da Fazenda Pública, de informação obtida em razão do ofício sobre a situação econômica ou financeira do sujeito passivo, mediante requisição de autoridade judiciária no interesse da justiça. (Procurador do Estado/SC – 2010 – FEPESE)*

15.3. Dívida ativa

15.3.1. Inscrição e características

Após o vencimento, o crédito tributário é inscrito em dívida ativa pela procuradoria.

É importante ressaltar que há dívida ativa tributária e não tributária – art. 2º da Lei 6.830/1980. Ou seja, mesmo créditos públicos de natureza não tributária (multas administrativas, por exemplo) são inscritas em dívida ativa.

A dívida regularmente inscrita goza de presunção relativa de certeza e liquidez e tem efeito de prova pré-constituída (art. 204 do CTN).

A presunção pode ser ilidida (afastada) por prova inequívoca, a cargo do sujeito passivo ou do terceiro a que aproveite.

A fluência de juros de mora não afasta a liquidez do crédito inscrito (art. 201, parágrafo único, do CTN).

Gabaritos de concursos públicos
A inscrição do crédito tributário na dívida ativa e a consequente expedição da certidão é pressuposto para a cobrança por meio de execução fiscal. **(Magistratura/PB – 2011 – CESPE)**   *A presunção de certeza e liquidez de que goza a dívida ativa regularmente inscrita é sempre relativa. A cobrança de juros de mora feita administrativamente pela fazenda pública não impede, de maneira nenhuma, a inscrição do título como dívida ativa e sua execução.* **(Procurador do Município/Aracaju – 2008 – CESPE)**   *A execução fiscal é o único local adequado para discussão judicial da Dívida Ativa, salvo as hipóteses de mandado de segurança, da ação de repetição do indébito e da ação anulatória do ato declarativo da dívida.* **(Procuradoria Distrital – 2007) – [obs.: literalidade do art. 38 da Lei 6.830/1980]**

Em atenção à presunção de liquidez e certeza da inscrição, o STJ entende que, se o nome do sócio consta da Certidão da Dívida Ativa – CDA (que estudaremos a seguir), compete ao particular o ônus de provar que não há sua responsabilidade tributária. Esse ônus é do Fisco apenas se pretender redirecionar a execução contra sócio cujo nome não consta da CDA. 997

Jurisprudência
A orientação da Primeira Seção desta Corte firmou-se no sentido de que, se a execução foi ajuizada apenas contra a pessoa jurídica, mas o nome do sócio consta da CDA, a ele incumbe o ônus da prova de que não ficou caracterizada nenhuma das circunstâncias previstas no art. 135 do CTN, ou seja, não houve a prática de atos "com excesso de poderes ou infração de lei, contrato social ou estatutos".   **REsp 1.104.900/ES, Min. Denise Arruda, j. 25.03.2009, repetitivo.**

Gabarito de concurso público
No curso de execução fiscal promovida contra sociedade empresária e seus sócios-gerentes, cabe a estes o ônus da prova para dirimir ou excluir a responsabilidade, via embargos do devedor, porquanto a certidão de dívida ativa goza de presunção ***juris tantum*** *de liquidez e certeza.* **(Advogado da União/AGU – CESPE – 2009)**

15.3.2. Requisitos do termo de inscrição

O termo de inscrição em dívida ativa, autenticado pela autoridade competente, deve conter (art. 202 do CTN):

a) o nome do devedor, o dos corresponsáveis e, se possível, seus domicílios ou residências;

b) a quantia devida e a maneira de calcular os juros de mora;

c) a origem e a natureza do crédito e a disposição da lei em que seja fundado;

d) a data em que foi inscrita;

e) sendo caso, o número do processo administrativo

A Certidão da Dívida Ativa – CDA, extraída a partir dessa inscrição, é título executivo extrajudicial (art. 585, VII, do CPC) e contém todos esses requisitos, além da indicação do livro e da folha da inscrição.

15.3.3. Nulidade da inscrição e CDA

A omissão ou erro em relação a qualquer dos requisitos implica nulidade da inscrição e do respectivo processo de cobrança.

Entretanto, a nulidade pode ser sanada até a sentença nos embargos à execução fiscal, mediante substituição da certidão nula, devolvendo-se o prazo para defesa em relação à parte modificada – art. 203 do CTN e art. 2º, § 8º, da Lei 6.830/1980 – Súmula 392 do STJ.

Jurisprudência

Conforme a jurisprudência do STJ, não é cabível a extinção da Execução Fiscal com base na nulidade da CDA, sem a anterior intimação da Fazenda Pública para emenda ou substituição do título executivo, quando se tratar de erro material ou formal. Precedentes do STJ.

AgRg AREsp 96.950/RS, STJ, Herman Benjamin, j. 20.03.2012

É possível prosseguir a execução da parte válida da CDA se, por meros cálculos aritméticos, for possível aferir os valores.

AgRg REsp 1.216.672/SC, STJ, Min. Castro Meira, j. 19.06.2012

6. Consequentemente, tendo em vista a desnecessidade de revisão do lançamento, subsiste a constituição do crédito tributário que teve por base a legislação ulteriormente declarada inconstitucional, exegese que, entretanto, não ilide a inexigibilidade do débito fiscal, encartado no título executivo extrajudicial, na parte referente ao quantum a maior cobrado com espeque na lei expurgada do ordenamento jurídico, o que, inclusive, encontra-se, atualmente, preceituado nos artigos 18 e 19, da Lei 10.522/2002, verbis: (...) (...)

8. Consectariamente, dispensa-se novo lançamento tributário e, a fortiori, emenda ou substituição da certidão de dívida ativa (CDA).

REsp 1.115.501/SP, STJ, rel. Min. Luiz Fux, j. 10.11.2010 – repetitivo.

A emenda ou substituição da Certidão da Dívida Ativa são admitidas diante da existência de erro material ou formal, não sendo possível, entretanto, a alteração do sujeito passivo da obrigação tributária.

REsp 880.724/BA, STJ, Min. Luiz Fux, j. 23.10.2007

Gabaritos de concursos públicos

A nulidade do termo de inscrição da dívida ativa pode ser sanada, mediante substituição da certidão nula, devendo ser devolvido à devedora o prazo para defesa, que somente pode versar sobre a parte modificada. **(Magistratura Federal – 5ª Região – 2011)**

A Fazenda Pública, na execução fiscal, poderá substituir a Certidão da Dívida Ativa até a prolação da sentença de embargos, quando se tratar de correção de erro material e formal, vedada a modificação do sujeito passivo da execução. **(Magistratura/SC – 2010)**

15.3.4. Certidões negativas

A lei pode exigir que a prova de quitação dos tributos, quando exigível, seja feita por certidão negativa, emitida pelo Fisco por requerimento do interessado, contendo todas as informações para sua identificação, domicílio fiscal, ramo de negócio ou atividade, e período a que se refere (art. 205 do CTN).

A certidão deve ser emitida em até 10 dias do requerimento, nos termos em que foi pedida.

Cabe certidão positiva com efeito de negativa no caso de créditos não vencidos, com exigibilidade suspensa ou de execução garantida por penhora efetiva e suficiente (art. 206 do CTN).

Jurisprudência

1. Não se reveste de ilegalidade a determinação de que a expedição de certidão positiva com efeito de negativa esteja condicionada à penhora de bens suficientes que garantam o débito exequendo, posto que a exegese do art. 206 do CTN conspira em prol do interesse público.
2. Para ser reconhecido o direito à Certidão Negativa de débito, não basta o oferecimento de bens à penhora. É necessário seja a mesma efetivada, garantindo o débito.

REsp 408.677/RS, STJ, rel. Min. Luiz Fux, j. 27.08.2002

Gabaritos de concursos públicos
A certidão em que constar a existência de crédito não vencido, no curso de cobrança executiva em que tenha sido efetivada a penhora, ou cuja exigibilidade tenha sido suspensa, será considerada "positiva, com efeito, de negativa". (Magistratura/PA – 2008 – FGV)
NÃO será expedida a certidão positiva de débitos com efeitos de negativa quando os débitos forem objeto de execução fiscal na qual foi apresentada apenas exceção de pré-executividade. (Procurador do Estado/RR – 2006 – FCC)

15.3.5. Dispensa de certidão negativa e responsabilidade

A prova de quitação é dispensada no caso de ato indispensável para evitar a caducidade de direito, mas os participantes respondem pelo tributo eventualmente devido, juros e penalidades, exceto infrações com responsabilidade pessoal do infrator (art. 207 do CTN).

O funcionário responde pessoalmente pelo crédito (com juros) no caso de certidão expedida com dolo ou fraude, com erro contra a fazenda, sem prejuízo da responsabilidade criminal e funcional (art. 208 do CTN).

Gabarito de concurso público
Será responsabilizado pessoalmente pelo crédito tributário o funcionário que expedir certidão negativa, com fraude, contendo erro contra a Fazenda Pública. **(Ministério Público/MS – 2011 – FADEMS)**

16. Processo administrativo tributário

16.1. Introdução e denominação

É comum distinguir-se *procedimento fiscal* do *processo administrativo fiscal*, especialmente no dia a dia da administração tributária.

Procedimento fiscal refere-se à *fiscalização* em sentido estrito, que é a atividade do auditor fiscal atinente à análise de livros, registros, notas, estoques do sujeito passivo e que eventualmente termina com a lavratura do auto de infração (lançamento de ofício).

O início do procedimento fiscal deve ser documentado, sempre que possível, nos livros fiscais exibidos. Se em documento separado, deve ser dada cópia autenticada para o fiscalizado – art. 196 do CTN.

A legislação fixará prazo máximo para conclusão da fiscalização.

Processo administrativo fiscal é aquele iniciado com a impugnação ao lançamento (= fase litigiosa do procedimento, na terminologia do art. 14 do Decreto 70.235/1972) ou com a consulta formulada pelo interessado.

É comum referir-se a processo administrativo também em relação aos pedidos de concessão ou de reconhecimento de benefícios fiscais (parcelamentos, isenções, anistias etc.), regimes especiais de tributação, compensações etc.

Gabaritos de concursos públicos
Processo administrativo tributário é o conjunto de atos decorrentes da relação jurídica estabelecida em contraditório, entre a administração fazendária e o sujeito passivo de obrigação tributária ou de outro dever jurídico. **(Auditor Fiscal/MS – 2006 – FGV)**
Conforme o Decreto n. 70.235, de 06 de março de 1972, que dispõe sobre o processo administrativo fiscal, a impugnação da exigência instaura a fase litigiosa do procedimento administrativo fiscal. (Procurador do Estado/SC – 2010 – FEPESE)

16.2. Objetivo e princípios

Por meio do processo administrativo fiscal, busca-se uma decisão da administração tributária a respeito da impugnação feita pelo sujeito passivo, mantendo, modificando ou afastando o lançamento, ou ainda a resposta à consulta formulada.

Como já dito, admite-se que há processo administrativo fiscal também nos casos em que a legislação prevê procedimento para concessão de benefícios fiscais, compensações, parcelamentos etc. Nesse caso, o sujeito passivo busca o deferimento do pedido, com reconhecimento ou concessão do benefício pleiteado.

No processo administrativo fiscal devem ser observados os princípios constitucionais do contraditório e da ampla defesa (art. 5º, LV, da CF).

Veja o seguinte gabarito da ESAF, que indica de maneira bastante didática os mais importantes princípios específicos que orientam o processo administrativo fiscal:

Gabarito de concurso público
***Livre convencimento**: o julgador não está adstrito à conclusão apresentada como resultado da diligência solicitada, podendo dele divergir, desde que fundamentadamente.* ***Contraditório e ampla defesa**: se no curso do processo ocorrer alteração da fundamentação legal, devolve-se ao sujeito passivo o prazo para impugnação.* ***Oficialidade**: iniciado o processo, compete à própria administração impulsioná-lo até sua conclusão, diligenciando no sentido de reunir o conhecimento dos atos necessários ao seu deslinde.* ***Verdade material**: a autoridade julgadora tem o direito e o dever de carrear para o expediente todos os dados, informações, documentos a respeito da matéria tratada, sem estar jungida aos aspectos considerados pelos sujeitos.* **(Auditor da Previdência Social – 2002 – ESAF)**

Além deles, há também o princípio da *informalidade*. O julgador, por exemplo, não declara desnecessariamente nulidades, nos casos dos arts. 59, § 3º, e 60 do Decreto 70.235/1972.

Gabaritos de concursos públicos
Os princípios que expressam a garantia da parte de tomar conhecimento dos atos processuais e de reagir contra esses, bem como o dever da administração pública de apreciar a legalidade dos atos de seus agentes independentemente de provocação, devendo impulsionar o processo até sua conclusão e diligenciar no sentido de reunir o conhecimento dos atos necessários ao seu deslinde, são, respectivamente contraditório e oficialidade. **(Auditor Fiscal da Receita Federal - 2002.1 - ESAF)**
Requisitos da decisão administrativa. Imparcialidade: Independência perante os interesses privados, individuais ou de grupos, perante os interesses partidários, perante os concretos interesses políticos do Governo; Constitui uma das características de que se compõe o princípio da eficiência do ato administrativo. Motivação: Objetiva garantir a ampla defesa e a plena possibilidade de controle, inclusive jurisdicional, da validade do ato; narrativa dos fatos e das razões jurídicas ensejadores do ato e demonstração da pertinencialógica entre eles. Publicidade: Relaciona-se com a transparência do ato administrativo. **(Auditor Fiscal da Previdência Social - 2002 - ESAF)**
Não tendo ocorrido recusa ou sonegação de documento ou informação por parte do sujeito passivo, o ônus da prova do ilícito é da fiscalização. Um indício, isoladamente, não é meio de prova que autorize o lançamento. A presunção legal relativa inverte o ônus da prova. Em se tratando de presunção legal absoluta, qualquer prova em contrário apresentada pelo sujeito passivo não será considerada. **(Auditor Fiscal da Previdência Social - 2002 - ESAF)**

16.3. Características

A legislação de cada ente regula o procedimento e o processo administrativo fiscal.

No âmbito federal, temos o Decreto 70.235/1972 e a Lei 9.784/1999 (esta é norma geral, relativa a todos os processos administrativos, não apenas aos fiscais).

Em atenção ao direito de petição e aos princípios do contraditório e da ampla defesa, não podem ser exigidos depósitos ou garantias como condição para a impugnação administrativa (início do processo) ou para os recursos administrativos, conforme a Súmula Vinculante 21 do STF e a Súmula 373 do STJ. Por essa razão, a exigência do arrolamento de bens no processo administrativo fiscal federal (art. 33, § 2º, do Dec.-lei 70.235/1972) foi afastada pelo STF (ADI 1.976/DF).

Gabarito de concurso público
É inconstitucional a exigibilidade do arrolamento de bens no valor equivalente a 30% da exigência fiscal, prevista pelo Decreto 70.235/1972, como pressuposto de admissibilidade do recurso voluntário na esfera administrativa federal, conforme procedência do pedido na ADI 1976/07. **(Magistratura/MS - 2008 - FGV)**

O processo administrativo em que se impugna o lançamento suspende a exigibilidade do crédito.

Assim, enquanto o Fisco estiver examinando a impugnação do sujeito passivo contra a exigência tributária, não poderá cobrá-lo administrativa ou judicialmente.

Há precedentes do STJ entendendo que mesmo o processo administrativo em que se discute a compensação tem também o efeito de suspender a exigibilidade do crédito tributário (AgRg no REsp 1.301.890/RS).

Por outro lado, o entendimento é diverso no caso específico de pedido de compensação com precatório devido por outra pessoa jurídica (o devedor do precatório não corresponde ao próprio sujeito ativo do tributo que se pretende compensar), ou seja, em que a compensação é claramente indevida, conforme a jurisprudência pacífica. Nesse caso, o STJ entende que o processo administrativo correspondente não tem o efeito de suspender a exigibilidade do crédito tributário (ver AgRg no AREsp 135.557/RS).

A jurisprudência tem entendido que o lançamento será definitivo apenas com a decisão administrativa definitiva ou com o decurso de prazo para impugnação (ver, por exemplo, Súmula Vinculante 24 do STF).

Jurisprudência
Súmula Vinculante 24 do STF: Não se tipifica crime material contra a ordem tributária, previsto no art. 1º, incisos I a IV, da Lei n. 8.137/1990, antes do lançamento definitivo do tributo.

Gabarito de concurso público
Enquanto pendente o processo administrativo, subsiste a incerteza sobre a existência e o conteúdo da obrigação tributária, não se podendo falar em crédito constituído antes do encerramento da discussão. **(Fiscal de Tributos Estaduais/AL - 2002 - CESPE)**

A consulta formulada antes do vencimento afasta a cobrança de juros moratórios - art. 161, § 2º, do CTN.

17. Ações tributárias

17.1. Introdução

Veja a seguinte tabela para visualizar as principais ações tributárias propostas pelos contribuintes.

Principais ações propostas pelo particular	
Ação	Cabimento
Declaratória	– Antes do lançamento tributário
Anulatória	– Após o lançamento, mesmo depois do início da execução
Mandado de segurança	– Preventivamente ou até 120 dias após o lançamento ou ato coator, desde que não haja necessidade de dilação probatória – Também para declarar direito à compensação
Consignatória	– Quando o Fisco, injustificadamente, recusa-se a receber ou impossibilita o pagamento, ou quando há mais de um Fisco exigindo tributo relativo ao mesmo fato gerador
Repetição	– Para restituição de tributo indevidamente recolhido
Embargos	– Para opor-se à execução fiscal

O Fisco propõe Execução Fiscal e, eventualmente, Cautelar Fiscal.

17.2. Ação declaratória de inexistência de obrigação tributária

A ação declaratória de inexistência de obrigação tributária é ação ordinária, proposta antes do lançamento.

Nela o autor suscita a invalidade da norma tributária, a inocorrência de fato gerador, o receio de que o sujeito passivo seja incorretamente identificado etc.

A propositura da ação ordinária (qualquer que seja) não impede, por si, o lançamento e a posterior cobrança, ou seja, o fato de alguém ter proposto a ação não impede que o valor lançado seja inscrito em dívida ativa e cobrado judicialmente.

Para suspensão da exigibilidade do crédito, após o lançamento, é necessário depósito integral em dinheiro, antecipação de tutela ou liminar em cautelar. Somente assim evita-se a inscrição em dívida ativa e a execução fiscal.

17.3. Ação anulatória do lançamento (ou declaratória de nulidade)

A ação anulatória é ação ordinária, proposta após o lançamento, em que o autor suscita sua nulidade.

Gabarito de concurso público
Para distinguir a ação declaratória de inexigibilidade de crédito fiscal e a ação anulatória de débito fiscal, basta considerar que a primeira supõe inexistência de procedimento fiscal constitutivo do crédito tributário e a segunda sua constituição definitiva. **(Magistratura/AL – 2007 – FCC)**

Admite-se a anulatória até mesmo após o início da execução fiscal, em atenção ao princípio da inafastabilidade da tutela jurisdicional (acesso ao Judiciário). Isso é relativamente comum nos casos em que o executado não pode garantir o juízo da execução (o que impede a interposição dos embargos) ou quando perdeu o prazo para os embargos.

Gabarito de concurso público
É cabível a propositura de ação anulatória de débito fiscal quando já iniciada a execução fiscal e ainda não foi realizada a garantia do juízo da execução. **(Magistratura/SC – 2009)**
A proposição de Ação Anulatória, estando em curso Execução Fiscal, é possível, mas a suspensão da exigibilidade do débito só se fará mediante prova do depósito integral do seu valor. **(Magistratura/PA – 2009 – FGV)** **Obs.: a rigor, é possível também antecipação de tutela em anulatória, com efeito de suspensão da exigibilidade do crédito**

Há precedentes do STJ no sentido de que há prazo de 5 anos contados a partir do lançamento para que o sujeito passivo proponha a anulatória.

Não se exige depósito prévio (Súmula Vinculante 28 do STF), apesar de disposição legal nesse sentido (art. 38 da Lei 6.830/1980).

Gabaritos de concursos públicos
É inconstitucional a exigência de depósito prévio como requisito de admissibilidade de ação judicial na qual se pretenda discutir a exigibilidade de crédito tributário. **(Magistratura Federal – 4ª Região – 2010)**
Segundo a doutrina majoritária, o depósito preparatório do valor do débito, monetariamente corrigido e acrescido dos juros e multa de mora e demais encargos, não é pressuposto de admissibilidade da ação anulatória de débito fiscal; contudo, se efetuado o depósito do montante integral nesse caso, estará suspensa a exigibilidade do crédito por parte da Fazenda. **(Magistratura/PA – 2008 – FGV)**

O depósito, é bom lembrar, é sempre uma prerrogativa do devedor para a suspensão do crédito, não uma imposição a ele.

A propositura da anulatória (assim como a de qualquer ação ordinária) não suspende a exigibilidade do crédito. É preciso depósito integral em dinheiro, antecipação de tutela ou liminar em cautelar para essa finalidade.

É possível haver conexão com a execução e litispendência em relação aos embargos à execução.

Ao optar pela ação judicial, o sujeito passivo renuncia ao direito de recorrer administrativamente e desiste do processo administrativo eventualmente em andamento, em que se impugna o mesmo crédito, nos termos do art. 38, parágrafo único, da Lei 6.830/1980.

Gabarito de concurso público
A propositura, pelo contribuinte, de ação anulatória do ato declarativo da dívida, importa em renúncia ao poder de recorrer na esfera administrativa e desistência do recurso acaso interposto. **(Procurador do Estado/SC – 2010 – FEPESE)**

17.4. Mandado de segurança

O mandado de segurança (MS) impugna ato ilegal praticado por autoridade que ofende direito líquido e certo.

O MS pode ser preventivo ou repressivo, devendo ser impetrado, nesse último caso, em até 120 dias após o ato coator.

Quando o impetrante se opõe ao lançamento, o prazo é contado da respectiva notificação.

Não cabe MS contra lei em tese (Súmula 266 do STF).

É preciso prova pré-constituída, pois não há dilação probatória, ou seja, o impetrante deve provar todos os fatos documentalmente, já com a petição inicial.

O MS em si, assim como as ações ordinárias, não suspende a exigibilidade do crédito tributário. Para isso, é preciso que o juiz conceda liminar ou que seja realizado depósito integral em dinheiro.

Cabe MS para declarar o direito à compensação, mas não para convalidar a compensação já realizada (Súmulas 213 e 460 do STJ).

17.5. Consignação em pagamento

O sujeito passivo pode consignar judicialmente o valor do crédito tributário nos casos de (art. 164 do CTN):

a) recusa de recebimento, ou subordinação ao pagamento de outro tributo ou de penalidade, ou ao cumprimento de obrigação acessória;

b) subordinação do recebimento ao cumprimento de exigências administrativas sem fundamento legal;

c) exigência, por mais de uma pessoa, de tributo idêntico sobre o mesmo fato gerador.

A consignação só pode se referir ao valor que o consignante se propõe a pagar, ou seja, o autor deve depositar o que ele acha correto, ainda que inferior ao montante cobrado pelo Fisco.

A ação não suspende a exigibilidade do crédito, exceto se o depósito corresponder ao valor exigido.

Não cabe consignatória para a realização de parcelamento.

A extinção do crédito somente ocorre no caso de procedência, com conversão do depósito em renda.

Se a consignatória for julgada improcedente, ainda que em parte, o crédito é cobrado com juros de mora e multas.

17.6. Repetição de indébito

17.6.1. Aspectos gerais

A ação de repetição de indébito é uma ação ordinária condenatória para que o Fisco devolva valores indevidamente recolhidos (art. 165 do CTN).

A ação independe de comprovação de erro ou de prévio protesto, ou seja, se alguém pagou tributo indevido ou a maior, presume-se o erro (não se imagina que houve doação, por exemplo).

Gabarito de concurso público
O pagamento do crédito tributário quando indevido, gera ao sujeito passivo o direito à restituição, ainda quando o pagamento tenha se dado independentemente de prévio protesto, desde que requerido administrativa ou judicialmente no prazo legal. **(Procurador do Município/Teresina-PI – 2010 – FCC)**

A restituição parcial ou total do tributo implica restituição proporcional dos juros de mora e multas, exceto as relativas a infrações de caráter formal, não prejudicadas pela causa da restituição.

17.6.2. Prazo para a repetição

O prazo prescricional para a repetição judicial do indébito é de **5 anos** contados (art. 168 do CTN):

a) da extinção do crédito (**pagamento indevido**);

b) da data em que se tornar definitiva a decisão administrativa ou transitar em julgado a decisão judicial que tenha reformado, anulado, revogado ou rescindido a decisão condenatória.

Se houve pedido administrativo de restituição, o prazo para a ação é de apenas **2 anos** contados da decisão administrativa denegatória. O prazo é interrompido pelo início da ação, recomeçando pela metade.

Atualmente, após enorme discussão judicial, a legislação é clara ao afirmar que a extinção do crédito, no caso dos tributos lançados por homologação, se dá com o pagamento realizado pelo sujeito passivo e não com a homologação pelo Fisco – art. 3º da LC 118/2005. Esse, portanto, é o termo inicial para a contagem do prazo quinquenal para repetição de indébito: data do pagamento feito pelo sujeito passivo.

Gabarito de concurso público
Prazo para pedir a devolução dos tributos sujeitos a lançamento por homologação se conta do pagamento antecipado e não mais da extinção efetiva do crédito tributário. **(Magistratura/RO – 2011 – PUC/PR)**

17.6.3. Restituição de tributos indiretos

O CTN refere-se ao contribuinte "de fato" para fins de legitimidade ativa processual na repetição do indébito (art. 166).

Há tributos empresariais (IPI, ICMS, ISS) que, por sua natureza jurídica, permitem a transferência do ônus econômico ao adquirente dos bens ou serviços (= tributos indiretos). O sujeito passivo, embora seja o *contribuinte "de direito"*, não assume o encargo financeiro da tributação, que é arcado pelo consumidor final, que é *contribuinte "de fato"*.

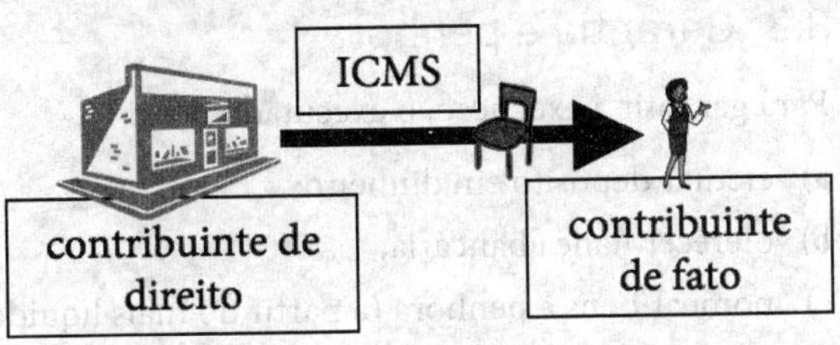

Nesse caso, se houve pagamento a maior ou indevido, presume-se que o adquirente (*contribuinte "de fato"*) é que assumiu o ônus financeiro.

Para que o sujeito passivo (*contribuinte "de direito"*) repita o indébito, deve afastar essa presunção e comprovar que assumiu o ônus econômico do tributo indevidamente recolhido, ou então deve conseguir autorização do *contribuinte "de fato"* para que possa ingressar em juízo e pedir a devolução.

Ademais, o *contribuinte "de fato"* não tem legitimidade ativa para propor a ação, já que a relação jurídico-tributária se dá entre o sujeito passivo (*contribuinte "de direito"*) e o Fisco. É bom ressalvar, entretanto, que o STJ reconheceu excepcionalmente a legitimidade ativa processual do consumidor final de energia elétrica, fornecida por concessionária em regime de exclusividade.

Jurisprudência
O "contribuinte de fato" **(in casu,** *distribuidora de bebida) não detém legitimidade ativa ad causam para pleitear a restituição do indébito relativo ao IPI incidente sobre os descontos incondicionais, recolhido pelo "contribuinte de direito" (fabricante de bebida), por não integrar a relação jurídica tributária pertinente.* **REsp 903.394/AL, rel. Min. Luiz Fux, j. 24.03.2010, repetitivo**
Diante do que dispõe a legislação que disciplina as concessões de serviço público e da peculiar relação envolvendo o Estado-concedente, a concessionária e o consumidor, esse último tem legitimidade para propor ação declaratória c/c repetição de indébito na qual se busca afastar, no tocante ao fornecimento de energia elétrica, a incidência do ICMS sobre a demanda contratada e não utilizada. O acórdão proferido no REsp 903.394/AL (repetitivo), da Primeira Seção, Ministro Luiz Fux, DJe de 26.04.2010, dizendo respeito a distribuidores de bebidas, não se aplica ao casos de fornecimento de energia elétrica. **REsp 1.299.303/SC, rel. Min. Cesar Asfor, j. 08.08.2012, repetitivo**

17.7. Cautelar Fiscal

A cautelar fiscal é detalhadamente regulada pela Lei 8.397/1992.

Serve para garantir que o Fisco receba os valores devidos pelo sujeito passivo na Execução Fiscal (garantia de efetividade da execução).

Pode ser proposta após o lançamento (regra) e, excepcionalmente, antes da constituição do crédito.

É preciso (art. 3º): (i) prova literal da constituição do crédito e (ii) prova documental de algum dos casos previstos no art. 2º da Lei.

> Art. 2º A medida cautelar fiscal poderá ser requerida contra o sujeito passivo de crédito tributário ou não tributário, quando o devedor:
>
> I – sem domicílio certo, intenta ausentar-se ou alienar bens que possui ou deixa de pagar a obrigação no prazo fixado;
>
> II – tendo domicílio certo, ausenta-se ou tenta se ausentar, visando a elidir o adimplemento da obrigação;
>
> III – caindo em insolvência, aliena ou tenta alienar bens;
>
> IV – contrai ou tenta contrair dívidas que comprometam a liquidez do seu patrimônio;
>
> V – notificado pela Fazenda Pública para que proceda ao recolhimento do crédito fiscal:
>
> a) deixa de pagá-lo no prazo legal, salvo se suspensa sua exigibilidade;

b) põe ou tenta por seus bens em nome de terceiros;

VI – possui débitos, inscritos ou não em Dívida Ativa, que somados ultrapassem trinta por cento do seu patrimônio conhecido;

VII – aliena bens ou direitos sem proceder à devida comunicação ao órgão da Fazenda Pública competente, quando exigível em virtude de lei;

VIII – tem sua inscrição no cadastro de contribuintes declarada inapta, pelo órgão fazendário;

IX – pratica outros atos que dificultem ou impeçam a satisfação do crédito.

Gabaritos de concursos públicos
A medida cautelar fiscal pode ser instaurada antes ou após a constituição do crédito, mesmo já estando em curso a execução judicial da Dívida Ativa. **(Procuradoria Distrital - 2007)** *Na medida cautelar fiscal, o requerido será citado para, no prazo de 15 (quinze) dias, contestar o pedido, indicando as provas que pretenda produzir.* **(Magistratura/PR - 2008)** *É admitida a substituição da medida cautelar fiscal decretada, a qualquer tempo, pela prestação de garantia correspondente ao valor da prestação da Fazenda Pública.* **(Procurador do Estado/SC - 2010 - FEPESE)**

17.8. Execução fiscal e embargos

17.8.1. Aspectos gerais

A execução fiscal serve para cobrança da dívida ativa tributária ou não tributária dos entes políticos e suas autarquias (Lei 6.830/1980).

A certidão da dívida ativa (CDA), extraída a partir da inscrição em dívida ativa, é o título executivo e, em princípio, corresponde à inicial.

A execução pode ser promovida contra o sujeito passivo (contribuinte ou responsável) ou o fiador.

A competência para a execução exclui a de qualquer outro juízo, inclusive o da falência e o do inventário.

As intimações da fazenda são sempre pessoais.

Gabarito de concurso público
A intervenção do Ministério Público nas execuções fiscais é desnecessária. (Magistratura/PA - 2008 - FGV)

Até a sentença, a CDA pode ser emendada ou substituída, com devolução de prazo, vedada a modificação do sujeito passivo (Súmula 392 do STJ).

Presume-se fraudulenta a alienação ou oneração de bens ou rendas, sem reserva de recursos para atender ao crédito **inscrito em dívida ativa** (a Súmula 375 do STJ não se aplica ao crédito tributário).

17.8.2. Despacho inicial na execução

O despacho do juiz que defere a inicial determina:

a) a citação (em regra pelo correio) para que o executado pague a dívida ou garanta a execução em 5 dias;

b) a penhora, se não houver pagamento ou garantia;

c) o arresto, se o executado não for localizado;

d) o registro da penhora ou do arresto;

e) a avaliação dos bens penhorados ou arrestados.

É importante lembrar que o despacho do juiz que determina a citação interrompe o prazo prescricional, ou seja, o Fisco deve se acautelar para que proponha a execução observando o prazo de 5 anos.

Gabaritos de concursos públicos
O despacho do juiz que defere a inicial da execução fiscal importa em ordem para citação, penhora, arresto, registro da penhora ou do arresto, e avaliação dos bens penhorados ou arrestados. **(Procuradoria Distrital - 2007)**
Nesse caso, e de acordo com a Lei de Execução Fiscal, o juiz deve, inicialmente, determinar a citação pelo correio, com aviso de recebimento, e a citação deve ser considerada feita na data da entrega da carta no endereço do executado. (Magistratura Federal/5ª Região - 2009 - CESPE)
A citação por edital na execução fiscal é cabível quando frustradas as demais modalidades. (Magistratura Federal - 4ª Região - 2010)

17.8.3. Garantia e penhora

Para garantir a execução, o executado pode:

a) efetuar depósito em dinheiro;

b) oferecer fiança bancária;

c) nomear bens à penhora (a partir do mais líquido);

d) indicar bens oferecidos por terceiros à penhora, desde que aceitos pela fazenda.

O executado pode requerer a substituição do bem penhorado por dinheiro ou fiança, o que será deferido. Qualquer outra substituição dependerá da concordância do Fisco.

Se o executado não garantir a execução, o Fisco pode requerer a penhora *on-line* ou a penhora de outros bens.

Gabarito de concurso público
Tendo em vista o disposto na Lei n. 6.830, de 22.09.1980, que trata da execução fiscal, não ocorrendo o pagamento nem a garantia da execução legalmente prevista, a penhora poderá recair em qualquer bem do executado, exceto, unicamente, os bens e rendas que a lei declara absolutamente impenhoráveis. **(Procurador do Estado/SC - 2009)**

O juiz deferirá pedido da fazenda de substituição do bem penhorado por qualquer outro, independentemente da ordem de liquidez, ou de reforço da penhora insuficiente. Perceba que, no caso do pedido de substituição formulado pelo Fisco, não será necessária a concordância do executado.

Jurisprudência
Se há penhora efetivada, esse fato não é suficiente para obstar a penhora **on-line** *a pedido da Fazenda exequente, uma vez que a substituição do bem penhorado é prerrogativa que lhe é assegurada por lei especial.* **AgRg Ag 1.221.342/SP, rel. Min. Benedito Gonçalves, j. 12.04.2011**

A fazenda poderá recusar a substituição de bem penhorado por outro menos líquido (caso do precatório, em regra).

Jurisprudência
Súmula 406 do STJ. A Fazenda Pública pode recusar a substituição do bem penhorado por precatório.
A jurisprudência do Superior Tribunal de Justiça admite a penhora de crédito relativo a precatório judicial. Todavia, não se equiparando o precatório a dinheiro ou a fiança bancária, mas a direito de crédito, a Fazenda Pública pode recusar a nomeação ou a substituição do bem por quaisquer das causas previstas no art. 656 do CPC, ou nos arts. 11 e 15 da LEF. **AgRg AREsp 48.580/RS, Min. Humberto Martins, j. 22.11.2011**

O juiz pode determinar a penhora *on-line* de contas e investimentos bancários, não sendo necessário o esgotamento das diligências para localização de bens.

Esgotadas as diligências, o juiz poderá determinar a indisponibilidade universal de bens e direitos do devedor (art. 185-A do CTN).

17.8.4. Embargos à execução

Garantida a execução, o executado poderá oferecer embargos no prazo de **30 dias** contados (i) do depósito, (ii) da juntada da prova da fiança bancária ou (iii) da intimação da penhora.

No prazo para embargos, toda a matéria de defesa deve ser alegada, as provas requeridas, os documentos juntados, além do rol de testemunhas.

Não se admite reconvenção ou compensação e as exceções (salvo suspeição, incompetência e impedimento) serão arguidas como preliminar.

No caso da compensação, o que não se admite é o executado pleitear a extinção do crédito no curso da execução. Por outro lado, pode comprovar que o crédito já foi extinto por compensação no âmbito administrativo ou em demanda judicial anterior (isso é possível).

A Fazenda tem **30 dias** para impugnar os embargos interpostos pelo executado.

Atualmente, os embargos à execução não são recebidos com efeito suspensivo automático, o que deve ser deferido pelo juiz nos termos do art. 739-A do CPC.

Jurisprudência
Após a entrada em vigor da Lei 11.382/2006, que incluiu no CPC o art. 739-A, os Embargos do Devedor poderão ser recebidos com efeito suspensivo somente se houver requerimento do embargante e, cumulativamente, estiverem preenchidos os seguintes requisitos: a) relevância da argumentação; b) grave dano de difícil ou incerta reparação; e c) garantia integral do juízo. **AgRg Ag 121.809/PR, rel. Min. Herman Benjamin, j. 03.05.2012**

Gabarito de concurso público
Os embargos serão recebidos em efeito suspensivo somente a requerimento do embargante, quando forem relevantes seus fundamentos e o prosseguimento da execução puder causar ao executado dano de difícil ou incerta reparação. **(Magistratura Federal-4ª Região – 2010)**

17.8.5. Adjudicação dos bens pela fazenda

A fazenda pode ficar com os bens penhorados (adjudicá-los):

a) antes do leilão, pelo preço da avaliação, se a execução não for embargada ou se os embargos forem rejeitados;

b) findo o leilão, (i) se não houver licitante, pelo preço da avaliação, ou, (ii) havendo licitante, com preferência, em igualdade de condições com a melhor oferta, no prazo de 30 dias.

17.8.6. Exceção de pré-executividade

O executado pode, excepcionalmente, opor-se à execução sem garantia do juízo, por meio de exceção de pré-executividade, desde que alegue matérias cognoscíveis de ofício (ordem pública) que não demandem dilação probatória.

Jurisprudência
Súmula 393 do STJ. A exceção de pré-executividade é admissível na execução fiscal relativamente às matérias conhecíveis de ofício que não demandem dilação probatória.

Gabaritos de concursos públicos
A exceção de pré-executividade é admissível na execução fiscal relativamente às matérias conhecíveis de ofício que não demandem dilação probatória. **(Magistratura Federal-4ª Região – 2010)**   *Segundo a doutrina majoritária, o contribuinte pode opor objeção de pré-executividade quando a execução fiscal violar preceitos de ordem pública, como, por exemplo, o pagamento do crédito realizado antes da execução.* **(Magistratura/PA – 2008 – FGV)**

17.8.7. Prescrição

A prescrição comum (antes da execução) pode ser conhecida de ofício (Súmula 409 do STJ).

Assim, se o juiz percebe que a execução foi proposta depois dos 5 anos contados a partir do lançamento (art. 174 do CTN), deverá declarar de ofício a prescrição.

Interrompem a prescrição (art. 174, parágrafo único, do CTN):

a) despacho do juiz que ordena a citação em execução fiscal;

b) protesto judicial;

c) qualquer ato judicial que constitua em mora o devedor;

d) qualquer ato inequívoco, ainda que extrajudicial, que importe em reconhecimento do débito pelo devedor.

Interrompido, o prazo recomeça a fluir desde o início.

Ao estudarmos as modalidades de extinção do crédito tributário, vimos que o despacho do juiz que ordena a citação interrompe o prazo prescricional (art. 174, parágrafo único, I, do CTN).

O STJ, ao interpretar o dispositivo do CTN cotejando-o ao art. 219, § 1º, do CPC, entendeu que a interrupção da prescrição pela citação (pelo despacho que a ordena, no caso) retroage à data da propositura da ação:

Jurisprudência
O Codex Processual, no § 1º, do artigo 219, estabelece que a interrupção da prescrição, pela citação, retroage à data da propositura da ação, o que, na seara tributária, após as alterações promovidas pela Lei Complementar 118/2005, conduz ao entendimento de que o marco interruptivo atinente à prolação do despacho que ordena a citação do executado retroage à data do ajuizamento do feito executivo, a qual deve ser empreendida no prazo prescricional. **REsp 1.120.295/SP, STJ, Rel. Min. Luiz Fux, j. 12/05/2010 – repetitivo**

Assim, o Fisco deve se acautelar para iniciar a execução fiscal em tempo hábil, ou seja, em menos de 5 anos contados da constituição do crédito.

Porém, se há demora na citação por culpa exclusiva do Fisco, não há essa retroatividade, ou seja, pode ser reconhecida a prescrição:

Jurisprudência
Ainda que se entenda em sentido contrário, é firme a orientação da Primeira Seção desta Corte de que não retroage a prescrição à data da propositura da ação, conforme o art. 219, § 1º, do CPC, quando a demora na citação é imputada exclusivamente ao Fisco. *AgRg no AREsp 167.198/DF, rel. Min. Napoleão Nunes Maia Filho, j. 21.06.2012*

Isso não se confunde com a prescrição intercorrente, que corre durante o processo de execução.

17.8.8. Prescrição intercorrente

Se o devedor ou bens não forem localizados, o juiz suspenderá o processo por até 1 ano, período em que não corre a prescrição, abrindo vista à fazenda (não é necessária sua intimação, quando ela mesmo requer a suspensão), nos termos do art. 40 da Lei 6.830/1980.

Jurisprudência
1. Esta Egrégia Corte tem decidido que são prescindíveis as intimações da Fazenda Pública das decisões que suspendem ou determinam o arquivamento do feito executório, a pedido do próprio órgão público. Precedentes. *(...)* **AgRg AREsp 10.703/RS, STJ, Min. Castro Meira, j. 17.11.2011**

Após isso, o juiz ordena o arquivamento, iniciando-se a contagem do prazo de 5 anos da prescrição intercorrente.

Jurisprudência
Súmula 314 do STJ. Em execução fiscal, não localizados bens penhoráveis, suspende-se o processo por um ano, findo o qual se inicia o prazo da prescrição quinquenal intercorrente.

Passados 5 anos, o juiz, depois de ouvida a fazenda, reconhece de ofício a prescrição intercorrente.

A falta de intimação da Fazenda para ser ouvida, antes da decretação da prescrição, implicará nulidade apenas se demonstrado o prejuízo (*pas de nullité sans grief*).

Jurisprudência
2. A ausência de intimação da Fazenda, para seu pronunciamento, antes de decretar-se a prescrição intercorrente, tem sido reconhecida nos casos em que o órgão público demonstra o efetivo prejuízo nas razões do recurso de apelação, o que não ocorreu no caso em debate (**pas de nullité sans grief**). **AgRg AREsp 10.703/RS, STJ, Min. Castro Meira, j. 17.11.2011**

17.8.9. Abandono

O STJ também já admitiu a decretação de abandono da execução por inércia do Fisco, após intimação regular, independentemente de requerimento do interessado (até porque, muitas vezes nem há citação), afastando, portanto, o disposto na Súmula 240 do STJ.

Jurisprudência
A inércia da Fazenda exequente, ante a intimação regular para promover o andamento do feito e a observância dos artigos 40 e 25 da Lei de Execução Fiscal, implica a extinção da execução fiscal não embargada ex officio, afastando-se o Enunciado Sumular 240 do STJ, segundo o qual "a extinção do processo, por abandono da causa pelo autor, depende de requerimento do réu". Matéria impassível de ser alegada pela exequente contumaz. **REsp 1.120.097/SP, rel. Min. Luiz Fux, j. 13.10.2010, repetitivo**

11. Direito Internacional Público

Renan Flumian

1. Introdução

O Direito Internacional Público é composto de princípios e regras – sendo estas positivadas ou costumeiras –, cuja função é reger a comunidade internacional mediante o estabelecimento de direitos e deveres aos sujeitos de Direito Internacional.

A comunidade internacional tem por característica a ausência de mecanismos altamente centralizados e compulsórios de criação e aplicação do Direito. Ela repousa sobre o consentimento dos Estados.

O Direito Internacional Público, como todas as áreas do Direito, passou por diversas fases ao longo de sua evolução. A mais emblemática relaciona-se ao seu âmbito de atuação, já que, inicialmente, tratava-se de direito de inspiração eurocêntrica (conhecido como "Direito Público da Europa"), tornando-se, posteriormente, direito de inspiração mundial. Tal constatação fica clara com a exteriorização de importantes acontecimentos que o moldaram em sua trajetória: **a)** Tratados de Vestfália em 1648; **b)** Congresso de Viena em 1815; **c)** Tratado de Versalhes em 1919 – e, dentro deste, o Pacto da Sociedade das Nações; e **d)** Sistema da Organização das Nações Unidas (ONU) em 1945.

O Direito Internacional é condição de sobrevivência da humanidade. Dessa forma, o Direito Internacional Pós-Moderno é pautado pelo reconhecimento do ser humano como sujeito e objeto de proteção pelo ordenamento jurídico internacional.

Antes de avançarmos no estudo dos fundamentos do Direito Internacional Público, cabe apontar algumas diferenças em relação ao Direito Interno, tornando, assim, mais claras a estrutura e a função do Direito Internacional Público.

2. Diferenças entre o Direito Internacional Público e o Direito Interno

2.1. Sujeitos de Direito

a) Direito Internacional: Estado, Organização Internacional (incluindo os blocos regionais) e pessoa humana – teoria eclética ou heteropersonalista. Cabe reiterar que a teoria clássica, que defende o Estado como único sujeito de Direito Internacional, está há muito superada.

b) Direito Interno: pessoa física e pessoa jurídica.

2.2. Função

a) Direito Internacional: reger a comunidade internacional.

b) Direito Interno: reger o seu próprio Estado.

2.3. Criação e Aplicação do Direito

a) Direito Internacional: **ausência** de mecanismos altamente centralizados e compulsórios.

b) Direito Interno: **presença** de mecanismos altamente centralizados e compulsórios.

3. Fundamentos

Existem duas correntes principais que englobam todas as demais: a *voluntarista* e a *naturalista*. São duas formas de justificar a existência e a validade do Direito Internacional Público.

A corrente voluntarista tem por fundamento a própria vontade dos Estados. Em um paralelo, seria como o Direito Positivo, em que os Estados pactuam, por exemplo, firmando um tratado, e, dessa maneira, criam direitos e obrigações baseados na reciprocidade. É nessa corrente que aparece o princípio do *pacta sunt servanda*.

Por sua vez, a corrente naturalista tem por fundamento razões objetivas, que se encontram situadas acima do caráter volitivo dos Estados. É nessa corrente que aparece o *jus cogens* – tipificado no art. 53 da Convenção de Viena sobre Direito dos Tratados[1]. Aliás, a Convenção de Viena sobre Direito dos Tratados entrou em vigor internacional em 27 de janeiro de 1980 e só foi promulgada no Brasil pelo Decreto 7.030, de 14 de dezembro de 2009. A ratificação não só demorou, mas veio com reserva aos artigos 25 e 66. O artigo 25 cuida da aplicação provisória de um tratado e determina que, se for assim disposto ou acordado pelas partes, o tratado pode obter uma vigência provisória mesmo sem ter sido objeto de ratificação. O Brasil não aceita tal prática, já que, em regra, a ratificação dos tratados depende de um procedimento complexo, no qual o Congresso Nacional deve aprovar o texto do tratado por meio de um decreto legislativo promulgado pelo Presidente do Senado e publicado no Diário Oficial da União. Assim, a regra é que os tratados celebrados pelo Presidente da República sejam apreciados pelo Congresso Nacional (art. 84, VIII, da CF/1988). Já o artigo 66 discorre sobre o processo de solução judicial, de arbitragem e de conciliação, e determina a competência obrigatória da Corte Internacional de Justiça quando houver conflito ou superveniência de norma imperativa de Direito Internacional (*jus cogens*). Esse artigo não foi aceito pelo Brasil, já que o país não está vinculado ao art. 36 do Estatuto da Corte Internacional de Justiça que disciplina a "cláusula facultativa de jurisdição obrigatória".

Vale lembrar que a máxima *pacta sunt servanda* é a base do Direito dos Tratados e diz respeito somente aos Estados que pactuaram livremente, isto é, o terceiro Estado que não é parte do tratado não poderá ser obrigado por este[2]. Por seu turno, o *jus cogens* (normas cogentes de Direito Internacional) é calcado no reconhecimento da existência de direitos e de obrigações naturais, independentemente da existência de algum tratado internacional. O *jus cogens* seria como um qualificador de regras consideradas basilares para a ordenação e a viabilidade da comunidade internacional.

3.1. Perspectiva

O Direito Internacional Público sempre foi concebido como a expressão da vontade dos Estados no plano internacional. Não se tinha a ideia de uma comunidade internacional, mas somente a existência de Estados que buscavam se relacionar com os demais para satisfazer interesses próprios determinados e limitados. Foi dentro deste contexto que o princípio *pacta sunt servanda* imperou.

Apesar de os Estados ainda se relacionarem consoante seus próprios interesses, hodiernamente alcançou-se consenso sobre determinados temas considerados de interesse de todos os sujeitos de Direito Internacional. Assim, a compreensão da existência de uma comunidade internacional e de interesses que advêm dela[3] (sobretudo para sua existência, como, por exemplo, na proteção internacional do meio ambiente), e não apenas de Estados na sua individualidade, deu suporte para o aparecimento do *jus cogens*, sobretudo no considerado Direito Internacional Pós-Moderno. Com base em tal mentalidade, a qualidade de sujeito de Direito Internacional foi estendida às Organizações Internacionais e ao ser humano, como veremos mais adiante.

Portanto, é possível afirmar que a própria dinâmica da vida internacional derrubou o voluntarismo como suporte único e fundamental das relações internacionais, ou seja, o positivismo voluntarista não foi capaz de explicar o aparecimento das normas cogentes de Direito Internacional (*jus cogens*), que só pode ser explicado por razões objetivas de justiça, as quais darão, por sua vez, vazão a uma consciência jurídica universal. Nesse sentido é a colocação de Antônio Augusto Cançado Trindade: "(...) o modelo westfaliano do ordenamento internacional afigura-se esgotado e superado[4]".

4. Fontes do Direito Internacional

O art. 38 do Estatuto da Corte Internacional de Justiça (CIJ) determina que a função da Corte é decidir as controvérsias que lhe forem submetidas com base no Direito Internacional. Ademais, indica as fontes que serão utilizadas pelos juízes na confecção de suas decisões, a saber: **a)** as

1. "É nulo um tratado que, no momento de sua conclusão, conflite com uma norma imperativa de Direito Internacional Geral. Para os fins da presente Convenção, uma norma imperativa de Direito Internacional Geral é uma norma aceita e reconhecida pela comunidade internacional dos Estados como um todo, como norma da qual nenhuma derrogação é permitida e que só pode ser modificada por norma ulterior de Direito Internacional Geral da mesma natureza". Por exemplo, a proibição da escravidão é uma norma imperativa de Direito Internacional, pois é considerada inderrogável por toda a comunidade internacional.
2. O art. 26 da Convenção de Viena sobre Direito dos Tratados assim dispõe: "Todo tratado em vigor obriga as partes e deve ser cumprido por elas de boa fé".
3. Historicamente, pode-se indicar o Direito Humanitário, a Liga das Nações e a Organização Internacional do Trabalho como os primeiros exemplos de limitação, oriunda da comunidade internacional, que os Estados sofreram em sua inabalável soberania.
4. Voto Concorrente na Opinião Consultiva 16/1999 da Corte Interamericana de Direitos Humanos, p. 90.

convenções internacionais; **b)** o costume internacional; **c)** os princípios gerais do Direito; **d)** as decisões judiciárias e a doutrina dos juristas mais qualificados das diferentes nações. Por fim, ainda aponta a possibilidade de a Corte decidir por equidade[5] (*ex aequo et bono*), desde que convenha às partes.

4.1. Tratado

Devido à extensão do item, discorreremos sobre ele em tópico próprio.

4.2. Costume internacional

Para ser considerado costume internacional, é necessário que a prática seja geral e reiterada (elemento objetivo ou material), e aceita como o Direito[6] (elemento subjetivo ou psicológico). A Corte Internacional de Justiça definiu o que é o costume no conhecido julgamento do caso da Plataforma Continental do Mar do Norte, em 1969, descrevendo o conceito como "(...) a prática reiterada, acompanhada da convicção quanto a ser obrigatória essa prática, por tratar-se de norma jurídica". Trata-se do costume qualificado pela *opinio juris*[7].

O costume no âmbito internacional adquire grande destaque porque, diferentemente dos Estados, em que há mecanismos altamente centralizados e compulsórios de criação e de aplicação de normas, a sociedade internacional não comporta mecanismo parecido, o que a torna uma *sociedade consuetudinária* por excelência.

Ademais, o costume[8] assume importante papel na evolução do Direito Internacional por possibilitar a produção de novas normas, tendo em vista a demora do processo de obtenção de consenso entre os Estados para a produção normativa. Tal papel é ainda mais relevante na atualidade, uma época marcada pelo constante progresso da ciência e da tecnologia, o que ocasiona mudanças rápidas e, por conseguinte, a ininterrupta necessidade de novas regras.

5. Até a presente data (22 de novembro de 2012), não há registro de decisão por equidade.
6. Prática necessária, justa e correta.
7. "A *opinio juris* (convicção do Direito) não é apenas um acordo tácito ou abstrato de vontades (como pretendem os voluntaristas), mas sim a crença prematura dos atores da sociedade internacional (criadores daqueles "precedentes" já referidos) de que aquilo que se pratica reiteradamente se estima obrigatório pelo fato de ser justo e pertencente ao universo do Direito" (MAZZUOLI, V. O. **Curso de Direito Internacional Público**. 6. ed. São Paulo: Ed. RT, 2012. p. 124.).
8. O costume está experimentando um processo de codificação de suas regras pela adoção expressa em tratados, sendo a Convenção de Viena sobre Relações Diplomáticas um grande exemplo desse processo.

É imperioso noticiar o atual desprestígio da teoria do *objetor persistente*. Essa teoria predica que um Estado pode se livrar da incidência da regra costumeira desde que tenha abertamente a contrariado desde os primórdios de sua formação. Percebe-se o caráter voluntarista de tal teoria, motivo que denuncia o seu atual demérito em função das bases sobre as quais o costume é hodiernamente formado[9].

Por fim, deve-se lembrar de que o costume poderá ser extinto em função do desuso, da adoção de um novo costume ou da incompatibilidade com um novo tratado internacional. Cabe afirmar que não há hierarquia entre tratados e costumes internacionais, como fontes de Direito Internacional; assim, costumes podem revogar tratados e tratados podem revogar costumes.

4.3. Princípios gerais do Direito

Os Princípios Gerais do Direito são axiomas valorativos que servem de instrumento para os juízes interpretarem os tratados e os costumes internacionais e, destarte, aplicarem o Direito Internacional em conformidade com os valores compartilhados pela comunidade internacional.

De forma prática, os princípios gerais do Direito são na sua maioria extraídos das constituições nacionais. Desse modo, para um princípio ser alçado à categoria de princípio geral do Direito, é necessário que ele seja previsto na maior parte das constituições nacionais (princípio majoritariamente compartilhado pela comunidade internacional).

A fórmula empregada no Estatuto da CIJ (Corte Internacional de Justiça) refere-se aos princípios gerais do Direito reconhecidos pelas nações civilizadas, o que foi apontado pelos novos países independentes como manifestação do colonialismo europeu. O uso da expressão "nações civilizadas" deve ser repreendido, apesar de ela ainda constar no Estatuto.

Um ponto interessante é a transformação do princípio geral em costume, que ocorre quando o princípio recebe a chancela da *opinio juris*, isto é, passa a ser encarado como obrigatório pelos atores internacionais. Outro aspecto interessante é a inclusão dos princípios gerais como fonte do

9. "(...) Como se vê, essa doutrina, de cunho voluntarista, pretende fundamentar-se no princípio de que o Direito Internacional depende essencialmente do consenso dos Estados. Atualmente, é evidente que tal doutrina – que se baseia numa ideia equivocada e já superada sobre a formação do costume – não tem mais qualquer razão de ser, uma vez que o entendimento atual é no sentido de não necessitar o costume, para a sua formação, do consentimento *unânime* dos Estados-membros da sociedade internacional. O que se requer – como explica Cassese – é que certo comportamento esteja difuso dentre a maioria dos sujeitos internacionais, entendendo estes últimos que tal comportamento os obriga juridicamente" (MAZZUOLI, V. O. **Curso de Direito Internacional Público**. 6. ed. São Paulo: Ed. RT, 2012. p. 130-131).

Direito Internacional, pois diante desse quadro a Corte não pode eximir-se de julgar sob a alegação de inexistência de normas oriundas dos tratados ou dos costumes; portanto, fica proibido de forma indireta, o *non liquet*.

A CIJ não listou os princípios gerais do Direito, mas é possível apontar alguns: **a)** princípio da não agressão; **b)** princípio da solução pacífica dos litígios; **c)** princípio da autodeterminação dos povos; **d)** princípio da boa-fé no cumprimento das obrigações internacionais; **e)** princípio da igualdade soberana dos Estados; **f)** princípio da não intervenção em assuntos domésticos dos Estados; **g)** princípio do *pacta sunt servanda*; **h)** princípio do dever de cooperação internacional; **i)** princípio da proibição de ameaça ou emprego de força; **j)** princípio da inalterabilidade do julgamento ou coisa julgada (*res iudicata*); **l)** princípio do livre consentimento; **m)** princípio do respeito universal e observância dos direitos humanos e das liberdades fundamentais para todos etc.

4.4. A jurisprudência e a doutrina

Consoante o que dispõe o art. 38, 5, do Estatuto da CIJ, a Corte poderá utilizar como meio auxiliar, as decisões judiciárias e a doutrina dos autores mais qualificados para determinar as regras de direito. Tais regras visam, como no caso dos princípios gerais do Direito, a evitar o *non liquet*.

As decisões judiciárias, acima mencionadas, comportam tanto as decisões dos tribunais internacionais, dos tribunais arbitrais internacionais e dos tribunais de algumas Organizações Internacionais, quanto dos tribunais nacionais, existindo entre tais decisões uma hierarquia material.

Com relação à jurisprudência da Corte, cabe apontar que o art. 59 do Estatuto afastou a aplicação da doutrina do *stare decisis*, segundo a qual os precedentes judiciais anteriores vinculam os juízes na solução de controvérsias futuras. Mas, mesmo assim, a Corte pauta-se cada vez mais em seus precedentes, o que contribuiu para o desenvolvimento de uma jurisprudência robusta e caracterizada por sua estabilidade e previsibilidade.

Cabe lembrar que, além da atividade jurisdicional propriamente dita da CIJ, esta também elabora pareceres consultivos que lhe são encomendados. Esses pareceres são utilizados para expressar a interpretação da Corte sobre normas internacionais determinadas. Os pareceres, ao contrário das sentenças, não possuem força vinculante.

A doutrina tem grande importância no Direito Internacional, inclusive maior do que no Direito Nacional, pois as normas internacionais, em geral, são mais vagas e imprecisas em função dos diversos interesses que coexistem na comunidade internacional. Além disso, a doutrina é importante para o processo de individualização das normas jurídicas, sobretudo no caso dos costumes e dos princípios gerais do Direito. Ainda, ela funciona como criadora de normas em relação aos novos ramos do Direito Internacional, o que ficou evidenciado no Direito do Mar, em que a doutrina auxiliou na determinação das noções de plataforma continental e de zona econômica exclusiva.

O expoente máximo da doutrina internacional é o Instituto de Direito Internacional, o qual, mediante resoluções e votos, edita verdadeiras súmulas de princípios do Direito Internacional, o que acaba influenciando a confecção de tratados.

4.5. Outras considerações

Mesmo não constando do rol do artigo 38, pode-se indicar também como fonte do Direito Internacional tanto as resoluções emanadas das Organizações Internacionais (OIs), como os atos unilaterais dos Estados (ambos denominados pela doutrina como fontes auxiliares ou subsidiárias).

4.5.1. Resoluções das Organizações Internacionais

Em que pese indicarmos como fonte as *resoluções* das OIs, deve ser dito que os atos emanados por elas podem revestir-se das mais variadas formas, como, por exemplo, recomendações, pareceres, decisões, regulamentos etc.

Assim, é importante ter em mente certa diferenciação entre tais atos, pois eles podem apresentar consequência jurídica diversa. Para elucidar esse terreno de desencontros doutrinários, o art. 288 do Tratado sobre Funcionamento da União Europeia é muito útil, pois dispõe que as decisões, os regulamentos e as resoluções são atos de caráter vinculante, e as recomendações e os pareceres não possuem obrigatoriedade de vinculação.

Além disso, há muito as resoluções são consideradas como possíveis exemplos da manifestação do costume internacional. Isso porque, intrinsecamente, essas resoluções têm um valor político e moral, e, com a *opinio juris*, tornam-se costume legal. É imperioso ter consciência de que cada vez mais o costume é obra da ação coletiva dos Estados no interior das OIs.

Mas isso não é tudo, pois a OI, quando adota uma resolução dirigida aos seus membros, está a produzir normas de Direito Internacional (quando estas forem de caráter obrigatório). Esse poder normativo da OI é geralmente exercido em relação aos seus membros (*poder normativo interno*).

Entretanto, existem situações em que se afigura o dito *poder normativo externo* das OIs, isto é, suas resoluções afetando Terceiros Estados, ao arrepio do tradicional *princípio consensualista*. Um exemplo desse tipo são as OIs criadas para gerir espaços internacionalizados determinados, como as Comissões instituídas para disciplinar a navegação em rios internacionais (Comissão Central do Reno, do Elba, do Danúbio etc.). Ora, nesses casos, as regulamentações que disciplinam a navegação são aplicadas a todos indistintamente, inclusive aos Estados que não fazem parte da OI e que exercem jurisdição sobre o navio que arvora sua bandeira.

Outro exemplo que se encaixa no poder normativo externo das OIs é o da ONU, pois os arts. 2º, § 6º, e 35, § 2º, de sua Carta transparecem a possibilidade de, em certas situações, emitir resoluções que obriguem Terceiros Estados. A razão aqui reside no caráter indivisível da paz e coletivo da segurança internacional, isto é, assuntos que tratam da sobrevivência de toda a humanidade. Percebe-se que, nesse quadro, a resolução da ONU será obrigatória para todos os Estados, sem distinção, inclusive para os não membros.

Cabe ainda apontar que a interpretação do alcance jurídico de qualquer resolução ou recomendação tem por base a análise do texto e do contexto de seu surgimento, entre outros fatores. Em outras palavras, é necessária uma análise caso a caso.

Essa fonte só não aparece no rol do art. 38 do Estatuto da Corte Internacional de Justiça porque sua elaboração ocorreu em uma época em que as OIs não desfrutavam da relevância atual. Ademais, a aceitação dessa fonte inscreve-se na mudança paradigmática instalada pelo dito Direito Internacional Pós-Moderno.

4.5.2. Atos unilaterais dos Estados

Os atos unilaterais dos Estados não têm por base tratado ou costume prévios, mas sim a vontade estatal discricionária. Ao longo da História, tal expediente serviu de mecanismo para a criação de normas internacionais, ou seja, a criação de direitos e deveres desse Estado perante a sociedade internacional. Exemplo disso é a declaração, em 1945, do presidente dos Estados Unidos Harry S. Truman, que indicava a jurisdição de seu país sobre a Plataforma Continental, o que logo após se converteu em prática generalizada e deu origem a uma nova regra na seara do Direito do Mar. Outro exemplo é a abertura do rio Amazonas à navegação internacional em 1866.

Há duas condições para que o ato unilateral de um Estado possa gerar direitos e obrigações na comunidade internacional: o ato unilateral deve ser público e o Estado deve ter a intenção de se obrigar pelo ato unilateral produzido (princípio de *estoppel*).

5. Tratado

5.1. Conceito

Tratado é todo acordo formal concluído entre pessoas jurídicas do Direito Internacional Público que tenha por escopo a produção de efeitos jurídicos. Ou consoante o art. 2, ponto 1, *a*, da Convenção de Viena sobre Direito dos Tratados, tratado é um acordo internacional concluído por escrito entre Estados e regido pelo Direito Internacional, quer conste de um instrumento único, quer de dois ou mais instrumentos conexos, qualquer que seja sua denominação específica.

5.2. Terminologia

Existem inúmeras variantes terminológicas de tratado[10] – que foram muito bem catalogadas por Francisco Rezek[11]. Como, por exemplo, acordo, ajuste, arranjo, ata, ato, carta, código, compromisso, constituição, contrato, convenção, convênio, declaração, estatuto, memorando, pacto, protocolo e regulamento. Esses termos indicam a mesma ideia, não obstante certas preferências observáveis pela análise estatística. Assim, pode-se apontar que *carta* e *constituição* são utilizadas para nomear tratados constitutivos de Organizações Internacionais, enquanto *ajuste*, *arranjo* e *memorando* são utilizados para denominar tratados bilaterais de pouca importância. A *convenção* costuma ser multilateral e dispor acerca dos grandes temas do Direito Internacional. Apenas o termo *concordata* possui significado singular, pois é utilizado especificamente para nomear o tratado bilateral em que uma das partes é a Santa Sé, e que tem por objeto a organização do culto, a disciplina eclesiástica, missões apostólicas, relações entre a Igreja católica local e o Estado copactuante.

Antes de analisarmos as classificações dos tratados, cabe apresentar o princípio *in dubio mitius*, que se refere à interpretação literal restritiva dos tratados, em decorrência da soberania dos Estados. Em outras palavras, ele parte da premissa de que, se o significado de um termo ou disposição é ambíguo, interpreta-se de modo menos oneroso para a parte que assume a obrigação, ou que interfira menos na soberania das partes, ou, ainda, que envolva menos restrições gerais aplicáveis às partes.

5.3. Classificação dos tratados

5.3.1. Classificação formal

5.3.1.1. Quanto às partes

Diz-se bilateral o tratado entre apenas duas partes, e multilateral ou coletivo quando se tratar dos demais casos, ou seja, quando o número de pactuantes for igual ou superior a três.

10. Cabe aqui fazer um esclarecimento. O *gentlemen's agreement* é fundado sobre a honra e condicionado, no tempo, à permanência de seus atores no poder, mas não é uma forma de tratado internacional, e sim um acordo informal que não pode ser exigido formalmente se assim for desejado. Ademais, tratado é todo acordo formal concluído, por escrito, entre pessoas jurídicas de Direito Internacional Público que tenha por escopo a produção de efeitos jurídicos, enquanto que o *gentlemen's agreement* é concluído geralmente por pessoas físicas, de forma oral, e não pode ter efeitos jurídicos.
11. **Direito Internacional Público.** 11. ed. São Paulo: Ed. Saraiva, 2008. p. 16.

5.3.1.2. Quanto ao procedimento

Tal critério é utilizado para diferenciar os tratados solenes dos acordos executivos. Acordo executivo é uma expressão criada nos EUA para designar aquele tratado que se conclui sob a autoridade do chefe do Poder Executivo, independentemente do parecer ou do consentimento do Poder Legislativo.

É possível apontar alguns exemplos de acordos executivos permitidos no Brasil: **a)** os acordos que objetivam simplesmente interpretar cláusulas de um tratado já vigente; **b)** os que decorrem, lógica e necessariamente, de algum tratado vigente e são editados para complementá-lo; e **c)** os de *modus vivendi*, que visam a manter uma situação já concretizada ou estabelecer bases para negociações futuras.

5.3.2. Classificação material

5.3.2.1. Quanto à matéria

Tal critério é utilizado para distinguir os tratados-contratos (tratados contratuais) dos tratados-leis (tratados normativos). Apesar de não ter grande importância, é nítida a diferença entre os tratados-contratos – assim chamados

porque, por meio deles, as partes regulam interesses recíprocos dos Estados, normalmente de natureza bilateral – e os tratados-leis, os quais têm por escopo criar normas de Direito Internacional, usualmente pactuado entre muitos Estados. A inutilidade de tal classificação é ancorada no fato de que todos os tratados são normativos, dos mais abrangentes pactos universais aos acordos de comércio realizados em âmbito bilateral. Quando menos, o tratado contratual terá seu texto regrado pelas cláusulas finais, cujo caráter normativo é inegável.

5.3.2.2. Quanto à execução no tempo

Critério utilizado para distinguir o tratado que cria uma situação jurídica estática, objetiva e definitiva, daquele que estabelece uma relação jurídica obrigacional dinâmica, com o escopo de vincular as partes por tempo certo ou indefinido. O exemplo clássico da primeira espécie é o tratado de fronteiras.

5.3.2.3. Quanto à execução no espaço

O art. 29 da Convenção de Viena sobre Direito dos Tratados dispõe que o tratado obriga cada uma das partes em relação a todo o seu território. Todavia, comporta exceções expressas, como, por exemplo, o Tratado de Cooperação Amazônica, no qual ocorre uma limitação do alcance territorial por razões técnicas.

5.3.2.4. Quanto à possibilidade de adesão

Critério utilizado para diferenciar os tratados abertos, – que possibilitam a futura adesão de Estados não signatários, – dos fechados, – que não possibilitam ulterior adesão.

5.4. Condição de validade

5.4.1. Capacidade das partes pactuantes

A Convenção de Viena sobre o Direito dos Tratados dispõe que todo Estado tem capacidade para concluir tratados (art. 1º). Do mesmo modo, a Convenção de Viena sobre o Direito dos Tratados entre Estados e Organizações Internacionais ou entre Organizações Internacionais (conhecida como Convenção de Viena de 1986) também confere capacidade para as Organizações Internacionais firmarem tratados[12].

5.4.2. Habilitação dos agentes signatários

Os representantes dos Estados estarão aptos para proceder à assinatura de tratados desde que apresentem plenos poderes para tanto. A carta de plenos poderes é firmada pelo Chefe de Estado ou pelo Ministro das Relações Exteriores.

Cabe lembrar que a apresentação de plenos poderes é dispensada quando se tratar de chefes de Estado ou de governo, de ministros das relações exteriores e de chefes de missão diplomática (art. 7º da Convenção de Viena sobre Direito dos Tratados).

5.4.3. Consentimento mútuo

O tratado é um acordo de vontades, destarte só será aceito se tiver o consentimento de todos os Estados que participaram de sua confecção. No caso dos tratados multilaterais, que são negociados em conferências internacionais, sua aceitação decorre do consentimento de dois terços dos Estados presentes e votantes, a não ser que, pelo mesmo quórum, adotem regra diversa (art. 9º, 2, da Convenção de Viena sobre Tratados).

5.4.4. Objeto lícito e possível

No Direito Internacional, como no Direito Nacional, só se pode criar obrigações e direitos desde que sejam permitidos pelo Direito e pela moral, e sejam materialmente possíveis de se cumprir e de se efetivar.

12. O art. 1º da Convenção de Viena de 1986 assim estatui: "A presente Convenção aplica-se: a) aos tratados entre um ou vários Estados e uma ou várias organizações internacionais; e b) aos tratados entre organizações internacionais".

5.5. Efeitos em relação a terceiros

Um tratado só obriga as partes pactuantes (art. 35 da Convenção de Viena sobre Tratados). Tal princípio decorre da soberania dos Estados e da autonomia da vontade. Aplica-se igualmente às Organizações Internacionais. E, no caso de criação de direitos em favor de terceiros, é imperioso seu respectivo consentimento, embora, nesse caso, possa ser tácito em função do que dispõe o art. 36 da Convenção de Viena sobre Tratados. Esse artigo define que o consentimento nesse caso específico é presumido. Ou seja, se o tratado nada prever, o terceiro Estado beneficiado deverá expressamente dissentir para o pacto não gerar efeitos sobre ele.

Cabe especificar que para o tratado poder ser invocado perante qualquer órgão das Nações Unidas é necessário seu prévio registro e publicação pelo Secretariado da organização[13].

Este princípio pode ser excepcionado, pois o art. 38 da Convenção de Viena sobre Direito dos Tratados defende que as regras de um tratado podem se tornar obrigatórias para Terceiros Estados quando se transformarem em costume internacional.

5.6. Expressão do consentimento

O art. 11 da Convenção de Viena sobre o Direito dos Tratados disciplina que "o consentimento de um Estado em obrigar-se por um tratado pode manifestar-se pela assinatura, troca dos instrumentos constitutivos do tratado, ratificação, aceitação, aprovação ou adesão, ou por quaisquer outros meios, se assim acordado".

5.6.1. Assinatura

É o ato que finaliza uma negociação, fixando e autenticando o texto do tratado, mas, acima disso, exteriorizando preliminarmente o consentimento das pessoas jurídicas de Direito Internacional que os signatários representam.

A assinatura não cria a obrigação de ratificar o acordado, mas é o primeiro passo rumo à ratificação. É necessário apontar que alguns tratados de importância reduzida não exigem a ratificação, bastando a assinatura para colocá-los em vigência (acordos executivos ou *executive agreements*). Aliás, essa é a prática adotada entre os países da União Europeia.

É importante destacar que o art. 18 da Convenção de Viena sobre o Direito dos Tratados de 1969 prevê a obrigação do Estado de não frustrar o objeto e a finalidade de um tratado antes de sua entrada em vigor. Em seus estritos termos, o Estado é obrigado a abster-se da prática de atos que frustrariam o objeto e a finalidade de um tratado, quando **a)** tiver assinado ou trocado instrumentos constitutivos do tratado, sob reserva de ratificação, aceitação ou aprovação, enquanto não tiver manifestado sua intenção de não se tornar parte no tratado, ou **b)** tiver expressado seu consentimento em obrigar-se pelo tratado no período que precede a entrada em vigor do tratado e com a condição de esta não ser indevidamente retardada. Essa obrigação decorre do princípio da boa-fé que fundamenta o Direito dos Tratados. Portanto, o Estado não pode ser obrigado a ratificar tratado, mas pode ser cobrado para que não frustre o objeto e a finalidade do tratado.

5.6.2. Ratificação

É o ato administrativo unilateral mediante o qual a pessoa jurídica de Direito Internacional, signatária de um tratado, exprime definitivamente, no plano internacional, seu consentimento.

A ratificação tem que ser expressa e a sua consumação é obtida com a troca dos instrumentos de ratificação com a outra parte contratante, ou a sua entrega ao depositário. Neste último caso trata-se, geralmente, dos tratados multilaterais.

O depositário é, na maioria das vezes, o Estado onde o tratado foi assinado, ou, no caso dos tratados celebrados no âmbito das Nações Unidas e da Organização dos Estados Americanos, a sede dessas organizações. É comum, no caso de tratados multilaterais, a previsão de um quórum mínimo de ratificações para que o tratado se aperfeiçoe, do contrário sua efetividade estaria ameaçada.

5.6.2.1. Ratificação no Brasil

No Brasil é necessário um procedimento complexo para proceder à ratificação de tratados. O Congresso Nacional deve aprovar o texto do tratado, e o fará por meio de um decreto legislativo[14] promulgado pelo presidente do Senado e publicado no Diário Oficial da União. Em seguida, cabe ao presidente da República ratificar ou não – lembrando que a aprovação congressional não obriga a ulterior ratificação do tratado pelo presidente da República.

Por fim, o tratado regularmente concluído depende da promulgação e da publicidade levada a efeito pelo presidente da República para integrar o Direito Nacional. No Brasil, a promulgação ocorre por meio de decreto presidencial e a publicidade perfaz-se com a publicação no Diário Oficial.

5.6.3. Adesão ou aceitação

É o ato administrativo unilateral mediante o qual a pessoa jurídica de Direito Internacional, não signatária de um tratado, exprime definitivamente, no plano internacional, seu consentimento.

13. Conforme redação do art. 102, pontos 1 e 2, da Carta das Nações Unidas.

14. Lembrando que as matérias de competência exclusiva do Congresso Nacional (art. 49 da CF/1988) devem ser normatizadas via decreto legislativo.

É o caso dos países que desejam aderir a um tratado que já vige. Como no caso da ratificação, a adesão ou a aceitação deverá ser feita junto à organização ou ao Estado depositário.

Apesar de algumas divergências doutrinárias, esses dois termos devem ser encarados como sinônimos.

5.6.3.1. Adesão ou aceitação no Brasil

O mesmo procedimento no tocante à ratificação no Brasil deverá ser observado quando da adesão ou da aceitação promovida pelo país. Ou seja, é peremptório um procedimento complexo que privilegie a comunhão de vontades do Congresso Nacional e da Presidência da República.

5.6.4. Reserva

A reserva é um condicionante do consentimento. Ou seja, é a declaração unilateral do Estado aceitando o tratado, mas sob a condição de que certas disposições não valerão para ele.

A reserva pode aparecer tanto no momento da assinatura do tratado como no da ratificação ou da adesão, momento em que o Congresso Nacional pode fazer ressalvas sobre o texto do tratado e até mesmo desabonar as reservas feitas por ocasião da assinatura do tratado. No primeiro caso, as ressalvas serão traduzidas em reservas no momento da ratificação pelo presidente da República e, no segundo caso, o presidente da República fica impedido de confirmar as reservas previamente feitas. E, por razões óbvias, a reserva é fenômeno incidente sobre os tratados multilaterais.

Cabe ressaltar que, de acordo com a Convenção de Viena sobre Direito dos Tratados, um tratado pode proibir expressamente a formulação de reservas[15] (art. 19, *a*, da Convenção de Viena sobre o Direito dos Tratados) e que, se ele nada dispuser sobre o assunto, entende-se que as reservas a um tratado internacional são possíveis, a não ser que sejam incompatíveis com seu objeto e sua finalidade (art. 19, *c*, da Convenção de Viena sobre o Direito dos Tratados).

Por fim, a Convenção de Viena sobre Direito dos Tratados também traz um conceito de reserva no seu art. 2º, I, *d*:

> *"(...) reserva significa uma declaração unilateral, qualquer que seja a sua redação ou denominação, feita por um Estado ao assinar, ratificar, aceitar ou aprovar um tratado, ou a ele aderir, com o objetivo de excluir ou modificar o efeito jurídico de certas disposições do tratado em sua aplicação a esse Estado."*

15. O Tribunal Penal Internacional (TPI) foi constituído na Conferência de Roma, em 17 de julho de 1998, onde se aprovou o Estatuto de Roma–tratado que não admite a apresentação de reservas.

5.6.5. Emendas e revisão ou reforma

Todo Estado pactuante é livre para propor a iniciativa de emenda ao tratado. No Brasil, o procedimento de aceitação de emendas segue a lógica do procedimento prévio de ratificação e de adesão. Destarte, no geral, necessário se faz a comunhão de vontades do Legislativo e do Executivo. Mas, como dito, segue a sorte da expressão inicial de consentimento, assim, se se tratar de um acordo executivo, a proposta de emenda poderá ser aceita pelo presidente da República. A aprovação da emenda pelo Congresso Nacional também é formalizada pelo decreto legislativo.

Revisão ou reforma é a denominação dada à modificação de maior abrangência, ao passo que a emenda é pontual. O procedimento para sua aceitação é o mesmo do referente às emendas.

5.6.6. Vícios do consentimento

Nos seus arts. 47 até 52, a Convenção de Viena sobre Tratados dispõe sobre os vícios de consentimento.

Ocorrerá a nulidade do tratado nos casos em que configurar erro, dolo, corrupção do representante do Estado, coerção exercida sobre o representante do Estado e coerção decorrente de ameaça ou emprego de força, além da confecção de tratado contrário ao *jus cogens*.

5.7. Incorporação no Direito Brasileiro

Nesta matéria surgem inúmeras discussões doutrinárias sobre o relacionamento entre o Direito Internacional e o Nacional. De tais discussões desenvolveram-se, de um lado, a tese *monista*, e, de outro, a *dualista*.

Segundo a tese monista, o Direito Internacional e o Nacional fazem parte do mesmo sistema jurídico, ou seja, incidem sobre o mesmo espaço. Logo, os compromissos normativos que os países – adeptos do monismo como França, Bélgica e Holanda –, assumem na comunidade internacional passam a ter vigência imediata no ordenamento interno de tais Estados, gerando a figura da *incorporação automática*.

Opondo-se a essa ideia, a tese dualista advoga que cada um pertence a um sistema distinto e, portanto, incide sobre espaços diversos. Assim, essa concepção não possibilita a configuração da incorporação automática.

A tese monista subdivide-se em: ***a)*** *monismo radical: prega a preferência pelo Direito Internacional em detrimento do Direito Nacional; e* ***b)*** *monismo moderado: prega a equivalência entre o Direito Internacional e o Direito Nacional.* É importante apontar que a jurisprudência internacional aplica o monismo radical; tal escolha é respaldada pelo art. 27 da Convenção de Viena sobre Direito dos Tratados: "Uma parte não pode invocar as disposições de seu direito interno para justificar o inadimplemento de um tratado".

O dualismo também se subdivide: ***a)*** *dualismo radical: impõe a edição de uma lei distinta para incorporação do tratado; e* ***b)*** *dualismo moderado ou temperado: não exige lei para incorporação do tratado, apenas se exige um procedimento complexo, com aprovação do Congresso e promulgação do Executivo.*

A Constituição Federal silenciou nesse aspecto, e, em virtude da omissão constitucional, a doutrina defende que o Brasil adotou a corrente dualista, ou, melhor dizendo, a corrente dualista moderada. Isso porque o tratado só passará a ter validade interna após ter sido aprovado pelo Congresso Nacional[16] e ratificado e promulgado pelo presidente da República. Lembremos ainda que a promulgação é efetuada mediante decreto presidencial.

Depois de internalizado, o tratado é equiparado hierarquicamente à norma infraconstitucional. Assim, as normas infraconstitucionais preexistentes ao tratado serão derrogadas quando com ele colidirem. Em relação a quaisquer leis posteriores que venham a colidir com o tratado, o tema já foi decidido pelo STF na ADI-MC 1.480/DF, momento em que o Pretório Excelso exarou entendimento de que os tratados internacionais, em geral, ingressam no sistema jurídico brasileiro com força de lei ordinária federal e, portanto, podem ser revogados por lei posterior e de mesma natureza que com ele colidir, ainda que isso gere responsabilidade no plano internacional. Esse posicionamento do STF é, contudo, altamente criticável, pois a Convenção de Viena sobre Direitos dos Tratados está em vigor no Brasil, e o seu art. 27 assim dispõe: "Uma parte não pode invocar as disposições de seu direito interno para justificar o inadimplemento de um tratado".

Tal dúvida não existe em matéria tributária, já que o art. 98 do CTN adotou a prevalência do tratado sobre o direito interno, determinando que a legislação tributária posterior ao tratado lhe deve obediência. Tal previsão, apesar de anterior, está em consonância com a nova ordem jurídica nacional (modificada com a internalização da Convenção de Viena sobre Direitos dos Tratados).

Com a edição da Emenda Constitucional 45, os tratados de direitos humanos que forem aprovados por quórum qualificado, ou seja, em cada Casa do Congresso Nacional, em dois turnos, por três quintos dos votos dos respectivos membros, serão equivalentes às emendas constitucionais – consoante o que determina o art. 5º, § 3º, da CF/1988. Assim, tais tratados terão hierarquia constitucional.

Muito se discutiu em relação à hierarquia dos tratados de direitos humanos que foram internalizados anteriormente à edição da EC 45/2004. Mas, em 3 de dezembro de 2008, o Ministro Gilmar Mendes, no RE 466.343-SP, defendeu a tese da supralegalidade de tais tratados, ou seja, sua superioridade em relação às normas infraconstitucionais e sua inferioridade em relação às normas constitucionais. O voto do Ministro Gilmar Mendes foi acompanhado pela maioria.

16. O art. 84, VIII, da CF assim dispõe: "(...) celebrar tratados, convenções e atos internacionais, sujeitos a referendo do Congresso Nacional".

Todavia, tal assunto desperta calorosas discussões. Tomemos como exemplo o fato de que, no mesmo recurso extraordinário em que foi exarada a tese da supralegalidade, o Ministro Celso de Mello defendeu o caráter constitucional dos tratados de direitos humanos independentemente do quórum de aprovação.

Apesar de a tese da supralegalidade ser um avanço na jurisprudência brasileira, deve-se apontar que uma leitura mais acurada da CF já permitiria afirmar que os tratados de direitos humanos internalizados sem o procedimento especial teriam *status* constitucional – isso porque o § 2º do art. 5º da CF/1988 inclui os direitos humanos provenientes de tratados entre os seus direitos protegidos, ampliando o seu bloco de constitucionalidade. É importante lembrar que o bloco de constitucionalidade é composto por todas as normas do ordenamento jurídico que possuem *status* constitucional.

5.8. Registro e publicidade

Em relação aos tratados multilaterais e seguindo uma sistemática já utilizada pelo sistema da Sociedade das Nações, o sistema das Nações Unidas determina o registro *ex officio* (pelo secretário-geral) do tratado em que a ONU ou quaisquer de suas instituições especializadas figure como parte ou como depositário. O registro deverá ocorrer somente depois que o compromisso tenha entrado em vigor.

5.8.1. Promulgação e publicidade no Brasil

Conforme já exteriorizado no subitem **5.6.2.1**, para integrar o Direto Nacional, o tratado regularmente concluído depende da promulgação e da publicidade levada a efeito pelo presidente da República. A promulgação ocorre por meio de decreto presidencial e a publicidade perfaz-se com a publicação no Diário Oficial.

5.9. Formas de extinção ou suspensão

5.9.1. Por violação substancial

A violação substancial de um tratado dá direito à parte prejudicada de torná-lo extinto ou de suspender sua execução no todo ou em partes. A Convenção de Viena sobre Direito dos Tratados disciplina, no seu art. 60, que violação substancial pode ser tanto o repúdio puro e simples do compromisso quanto a afronta a um dispositivo essencial para a consecução de seu objeto e finalidade.

5.9.2. Por vontade comum ou ab-rogação

O fenômeno de extinção de tratado por vontade das partes é denominado ab-rogação. Esse tipo de extinção sempre poderá ocorrer, independentemente de previsão, pois o tratado só foi confeccionado por existir vontade das partes nesse sentido. Assim, a partir do momento em que essa vontade criadora não mais existir, o tratado perde sua razão de ser.

5.9.3. Por vontade unilateral ou denúncia

O fenômeno da extinção do tratado por vontade unilateral de uma das partes é denominado *denúncia*. Este tipo de extinção[17] assemelha-se à ratificação e à adesão, porém com efeito jurídico inverso, pois, pela denúncia, o Estado exterioriza sua retirada do acordo internacional.

No entanto, existem tratados que, por sua própria natureza, são imunes a esse tipo de extinção. É o caso dos tratados de vigência estática[18] – consoante o abordado no subitem **5.3.2.2.** – Por outro lado, alguns tratados facultam a denúncia a todo o momento, exigindo apenas o decurso de certo prazo (pré-aviso), tudo para proteger os interesses dos copactuantes. Em relação ao pré-aviso, a Convenção de Viena sobre Direitos dos Tratados estatui regra geral que condiciona a validade da denúncia à sua comunicação com pelo menos doze meses de antecedência (art. 56, ponto 2), e a violação de tal regra gera responsabilidade internacional do Estado.

Sobre o instituto, cabe ilustrarmos algumas considerações talhadas por Alberto do Amaral Júnior:

> "Em geral, a denúncia é efetuada em relação à globalidade do tratado. Só será consentida denúncia parcial se as cláusulas, que se pretende denunciar, forem separáveis do restante do acordo, não afetando a aplicação do tratado. A retratação da denúncia é cabível tão somente quando ainda não tiver produzido os efeitos jurídicos que lhe são inerentes".[19]

O procedimento para realizar a denúncia é simples: exige-se uma comunicação por escrito em forma de notificação, carta ou instrumento para o outro Estado, nos tratados bilaterais, e para o depositário, nos tratados multilaterais. Tal transmissão significa a saída do acordo internacional pela parte comunicante.

5.9.4. Denúncia no Brasil

Como dito anteriormente, a denúncia assemelha-se à ratificação e à adesão, ou seja, é necessário um procedimento complexo em que tanto o Congresso Nacional como o presidente da República emitam sua chancela. Daí a discussão se há a necessidade de ambos os poderes participarem ou apenas um.

17. A denúncia extingue somente os tratados bilaterais, pois nos multilaterais ela significa apenas a saída da parte denunciante.
18. Por exemplo, os tratados que definem fronteiras.
19. **Curso de Direito Internacional Público**. 2. ed. São Paulo: Ed. Atlas, 2011. p. 116.

Na visão de Francisco Rezek[20], parece lógico que, onde a comunhão de vontades entre os Poderes Executivo e Legislativo é necessária para tornar o Estado obrigado por um acordo internacional, seja suficiente apenas a vontade de um daqueles dois poderes para desobrigá-lo por meio da denúncia. O consentimento do Estado apoiava-se sobre duas bases, destarte, quando não mais existir uma delas, a consequência será a denúncia do tratado. Essa posição é a mais aceita.

A outra posição defende a chamada previsão convencional da denúncia, ou seja, a denúncia só tomará corpo após a concordância do Congresso Nacional e do presidente da República. Essa posição é defendida por Valério de Oliveira Mazzuoli[21].

5.9.5. Outras considerações

Resta lógico que, se a execução do tratado tornar-se impossível no decorrer de sua vigência por extinção definitiva do respectivo objeto, os pactuantes estarão livres para se desobrigar. Entretanto, se a impossibilidade for temporária, os compromissos oriundos do acordo ficarão suspensos.

Dentro dessas considerações reguladas pela Convenção de Viena sobre Direito dos Tratados, aparece a regulamentação da cláusula *rebus sic stantibus* pelo art. 62 da supracitada Convenção. Tal cláusula permite a extinção ou a suspensão do tratado, desde que ocorra alguma das circunstâncias autorizadoras[22].

20. **Direito Internacional Público.** 11. ed. São Paulo: Ed. Saraiva, 2008. p. 112. Posição endossada por Alberto do Amaral Júnior em: **Curso de Direito Internacional Público**. 2. ed. São Paulo: Ed. Atlas, 2011. p. 116.
21. **O Controle Jurisdicional da Convencionalidade das Leis. 2.** ed. São Paulo: Ed. RT, 2011. p. 64.
22. Artigo 62 da Convenção de Viena sobre Direitos dos Tratados: **Mudança Fundamental de Circunstâncias**
1. Uma mudança fundamental de circunstâncias, ocorrida em relação às existentes no momento da conclusão de um tratado, e não prevista pelas partes, não pode ser invocada como causa para extinguir um tratado ou dele retirar-se, salvo se:
a) a existência dessas circunstâncias tiver constituído uma condição essencial do consentimento das partes em obrigarem-se pelo tratado; e
b) essa mudança tiver por efeito a modificação radical do alcance das obrigações ainda pendentes de cumprimento em virtude do tratado.
2. Uma mudança fundamental de circunstâncias não pode ser invocada pela parte como causa para extinguir um tratado ou dele retirar-se:
a) se o tratado estabelecer limites; ou
b) se a mudança fundamental resultar de violação, pela parte que a invoca, seja de uma obrigação decorrente do tratado, seja de qualquer outra obrigação internacional em relação a qualquer outra parte no tratado.
3. Se, nos termos dos parágrafos anteriores, uma parte pode invocar uma mudança fundamental de circunstâncias como causa para extinguir um tratado ou dele retirar-se, pode também invocá-la como causa para suspender a execução do tratado.

Também é importante dizer que o rompimento de relações diplomáticas ou consulares entre partes em um tratado não afetará as relações jurídicas estabelecidas entre elas por esse tratado, salvo na medida em que a existência de relações diplomáticas ou consulares for indispensável à sua aplicação (art. 63 da Convenção de Viena sobre Direito dos Tratados).

6. Estado

6.1. Conceito

É um agrupamento humano estabelecido sobre um território determinado e guiado por um governo independente.

Da análise do conceito supracitado podem-se apontar os elementos constitutivos do Estado, que são: **a)** população permanente; **b)** território determinado; **c)** governo independente; **d)** capacidade de manter relações com os demais Estados.

Deve-se reiterar também que a personalidade jurídica do Estado é originária, em contrapartida à da Organização Internacional, que é derivada, pois são formadas a partir da vontade dos Estados.

6.2. Classificação

6.2.1. Estado simples

São os Estados que não comportam divisão de autonomias em relação às competências internas e apresentam-se no cenário internacional como um todo homogêneo e indivisível. Portugal é um exemplo de Estado simples.

6.2.2. Estado composto por coordenação

Nesses Estados existem ou uma associação de Estados soberanos ou uma associação de unidades autônomas, todas iguais entre si e mantenedoras de autonomia interna. O poder soberano é investido em um órgão central.

Esse tipo de Estado pode ser formado de três maneiras: **a)** união pessoal; **b)** confederação de Estados; e **c)** federação de Estados.

A união pessoal é a reunião de dois ou mais Estados sob a autoridade de um soberano comum, e ela só pode ocorrer pela forma monárquica. Como exemplo, podemos citar a Bélgica e o Congo entre 1885 e 1908.

A confederação de Estados é a associação de Estados soberanos que mantêm a autonomia e a personalidade internacional, mas conferem certas funções à autoridade central, como, por exemplo, a manutenção de paz entre os Estados confederados. É o caso da Confederação Germânica entre 1815 e 1866.

Por fim, a federação de Estados ou Estado federal é a união permanente de dois ou mais Estados, em que cada um deles conserva apenas a autonomia interna, pois a soberania externa é exercida por um órgão central, normalmente denominado *governo federal*. O Brasil é Estado federal desde a Constituição Federal de 1891. Portanto, sempre é o governo central que atuará perante a comunidade internacional, já que é o representante do Estado como um todo, o único detentor de personalidade jurídica internacional.

6.2.3. Estado composto por subordinação

Esse tipo de Estado diz respeito à associação em que os Estados não são iguais, pois alguns destes nem ao menos detêm autonomia interna.

Historicamente, tais Estados foram tratados como Estados vassalos, protetorados e Estados clientes. Atualmente não existem mais exemplos dessa estrutura. Borgonha é um exemplo de Estado vassalo, em relação ao reino da França, antes de sua anexação.

6.3. Território e soberania

O Território é um dos elementos constitutivos do Estado e representa a porção do espaço terrestre onde este exerce sua soberania.

Soberania[23] é o poder exclusivo que o Estado, representado geralmente pelo governo, detém de constituir direitos e impor deveres sobre um grupo de pessoas conjugadas em um espaço terrestre delimitado pela jurisdição desse mesmo Estado. Esse seria o âmbito interno da soberania, e como âmbito externo pode-se indicar a condição de igualdade que todos os Estados possuem na comunidade internacional.

Resta saber qual é a abrangência desse espaço no qual o Estado exerce sua soberania, o que veremos a seguir. Mas cabe adiantar que o território nacional, em seu sentido jurídico, é mais amplo que o território considerado pela geografia política, pois abrange áreas físicas que vão além dos limites e das fronteiras ditadas por esta.

6.3.1. Domínio terrestre

O domínio terrestre de um Estado compreende seu solo e o respectivo subsolo, e sua abrangência é determinada por limites, as ditas fronteiras. Todavia, deve-se ponderar que a ideia de fronteira é mais ampla que a de linha divisória, pois diz respeito a uma zona.

Em relação a esse tema, cabe mencionar o princípio *uti possidetis*, que foi muito utilizado para a determinação dos

23. O conceito adotado tem por base o sistema Westphaliano.

limites territoriais do Brasil[24], em contrapartida ao clamor dos governos hispano-americanos, que utilizavam o princípio *uti possidetis juris* para resolver suas contendas demarcatórias. Em poucas palavras, o *uti possidetis* significa a posse real e efetiva sobre determinada área, o que autoriza sua junção ao domínio terrestre controlado pela soberania do Estado. Já o *uti possidetis juris* prescinde de ocupação efetiva, ficando a análise somente nos aspectos jurídicos.

6.3.2. Domínio fluvial

O domínio fluvial de um Estado compreende os rios e demais cursos d'água que passam por seu território.

A divisão entre rios nacionais e internacionais baseia-se em um critério espacial. Ou seja, se o curso do rio ficar comprimido somente dentro dos limites territoriais do Estado, este será nacional, ao passo que, se ultrapassar tais limites, será internacional.

Entre os rios internacionais existe também uma divisão: contíguos e sucessivos. Contíguos quando passam entre os territórios de dois Estados, dando origem a uma soberania compartilhada, ou seja, a soberania de cada Estado alcança a linha divisória do rio. E sucessivos quando passam pelos territórios de dois ou mais Estados; neste caso, cada Estado exercerá soberania em relação à parte do rio que passar por seu território.

6.3.3. Domínio marítimo

O domínio *marítimo de um Estado compreende as águas interiores, o mar territorial, a zona contígua, a zona econômica exclusiva e a plataforma continental.*

É importante citar aqui o art. 125 da Convenção das Nações Unidas sobre o Direito do Mar, que permite aos Estados sem litoral usufruírem do direito de acesso ao mar pelo território dos Estados vizinhos que tenham litoral, mas estes podem tomar todas as medidas necessárias para assegurar que os direitos e facilidades conferidos aos Estados sem litoral, não prejudiquem de forma alguma os seus legítimos interesses.

Agora estudaremos cada uma dessas partes que formam o domínio marítimo de um Estado. Devemos lembrar ainda que o grande diploma legal que regula o Direito Marítimo é a Convenção das Nações Unidas sobre o Direito do Mar, concluída em Montego Bay, Jamaica, em 10 de dezembro de 1982.

24. "Desde o início do séc. XVIII, a extensão geográfica da Colônia nada mais tinha a ver com a incerta linha de Tordesilhas. Restava fazer conhecer de direito as novas fronteiras, uma questão a ser definida com a Espanha. Isso ocorreu através do Tratado de Madrid, entre as coroas portuguesa e espanhola, onde se reconheceu o princípio do *uti possidetis*, beneficiando os portugueses" (FAUSTO, Boris. **História Concisa do Brasil**, p. 74-75, Ed. USP).

6.3.3.1. Águas interiores

As águas interiores abrangem toda quantidade de água que se encontra na parte anterior da linha de base.

A linha de base é utilizada para determinar o início do mar territorial, e é traçada tomando por base a linha da maré baixa ao longo da costa, alternada com a linha de reserva das águas interiores quando existirem baías ou portos.

É importante lembrar que, no âmbito das águas interiores ou nacionais, o Estado exerce soberania ilimitada, não sendo possível a dita passagem inocente dos navios mercantes estrangeiros, o que é permitido no âmbito do mar territorial. Ademais, os navios estrangeiros só podem atracar nos portos quando autorizados pela respectiva capitania.

6.3.3.2. Mar territorial

O mar territorial é a parte do mar compreendida entre a linha de base e o limite de 12 milhas marítimas na direção do mar aberto.

Cabe sublinhar que os "baixios a descoberto"[25] que se encontrem, parcialmente, a uma distância do continente que não exceda a largura do mar territorial podem ser utilizados como parâmetro para medir a largura do mar territorial (art. 13, ponto 1, da Convenção das Nações Unidas sobre Direito do Mar).

No âmbito do mar territorial, o Estado exerce soberania com algumas limitações. Essa soberania alcança não apenas as águas, mas também o leito do mar, seu respectivo subsolo e o espaço aéreo sobrejacente. Como adendo, reiteramos que a doutrina é uniforme em defender que não existem limitações à soberania referente ao espaço atmosférico acima do mar territorial.

Como dito no subitem anterior, a soberania sobre o mar territorial é mitigada pelo direito de passagem inocente, reconhecido em favor dos navios de qualquer Estado. Mas deve-se atentar que esse direito deve ser exercido de maneira contínua, rápida e ordeira, sob pena de configurar ato ilícito. Já os submarinos devem navegar na superfície e com o pavilhão arvorado. Ainda, tal soberania pode ser limitada em função da proteção ambiental.

Por exercer soberania sobre o mar territorial, o Estado costeiro poderá exercer poder de polícia, para proceder à fiscalização aduaneira e sanitária, como também à regulamentação dos portos e do trânsito[26] pelas águas territoriais, inclusive tomar medidas para reprimir as infrações às leis de seu território.

25. Trata-se de uma extensão natural de terra rodeada de água, que, na baixa-mar, fica acima do nível do mar, mas que submerge na preia-mar.

26. A passagem de trânsito também se aplica às aeronaves.

6.3.3.3. Zona contígua

A zona contígua trata-se de uma segunda faixa, a qual é adjacente ao mar territorial, e, em princípio, também de 12 milhas de largura.

No âmbito da zona contígua, o Estado costeiro também exerce soberania e, destarte, poderá exercer seu poder de polícia e, assim, proceder à fiscalização no que concerne à alfândega, à imigração, à saúde e, ainda, à regulamentação dos portos e do trânsito pelas águas territoriais, como também tomar medidas para reprimir as infrações às leis de seu território.

6.3.3.4. Zona econômica exclusiva (ZEE)

A zona econômica exclusiva (ZEE) é aquela situada além do mar territorial e a este adjacente – logo, se sobrepõe à zona contígua. Ela possui largura de duzentas milhas marítimas contadas da linha de base. Assim, se a largura for medida a partir do mar territorial, a ZEE terá 188 milhas marítimas de largura, e, se for medida a partir da linha de base, a ZEE terá 200 milhas marítimas de largura.

O Estado costeiro também exerce direitos de soberania sobre a zona econômica exclusiva. O art. 56 da Convenção sobre Direito do Mar disciplina tais direitos, dentre os quais se destacam: **a)** exploração de recursos naturais vivos ou não vivos; **b)** exploração econômica de caráter abrangente, como, por exemplo, a produção de energia a partir da água, do vento etc.; **c)** investigação científica; **d)** proteção e preservação do meio marinho; **e)** instalação de ilhas artificiais etc.

Em contrapartida, o Estado costeiro tem que suportar os direitos dos outros Estados, como, por exemplo, a navegação, o sobrevoo e a colocação de cabos ou dutos submarinos.

6.3.3.5. Plataforma continental

A plataforma continental é a parte do mar adjacente à costa cuja profundidade normalmente atinge duzentos metros e que, distante do litoral, cede lugar às inclinações abruptas que conduzem aos fundos marinhos.

O Estado costeiro tem o direito exclusivo de explorar os recursos naturais encontrados sobre a plataforma e seu subsolo. Tal direito é justificado pelo princípio da contiguidade.

6.3.3.6. Alto-mar

O alto-mar é a parcela do mar que não se encontra sob jurisdição de nenhum Estado.

Por fim, a título de consolidação da matéria, cabe destacar que no alto-mar vige o princípio da liberdade: é livre a navegação, assim como todas as formas possíveis de aproveitamento econômico, e não existe interferência da soberania de qualquer Estado.

Tal liberdade só é restringida pela obrigação de utilizá-lo para fins pacíficos e sempre respeitando os interesses dos demais Estados.

6.3.3.7. Fundos marinhos

O leito marinho, fora dos limites de qualquer jurisdição, é patrimônio comum da humanidade. Assim sendo, nenhum Estado exerce sua soberania sobre ele.

Tal determinação provém da Declaração de Princípios votada na Assembleia Geral da ONU. Cabe apontar que o determinante de tal votação foi a participação dos países em desenvolvimento, que viram a possibilidade de participar, mediante um regime internacional, da exploração dos recursos minerais que se encontram nos fundos dos oceanos e no seu subsolo.

6.3.3.8. Navios

O Estado exerce jurisdição sobre o navio que arvora sua bandeira, como também sobre as pessoas que nele se encontrem, além de exercê-la sobre os navios de seus nacionais.

Pela teoria da territorialidade ficta, os navios representam o prolongamento do domínio dos Estados. Apesar das inúmeras críticas recebidas, essa teoria teve acolhida na Corte Permanente de Justiça Internacional (CPJI), pois no caso do *navio Lótus*, em 1927, o voto dos juízes teve por fundamentação tal teoria.

A Convenção de Montego Bay classifica os navios da seguinte maneira: **a)** navios de guerra; **b)** navios públicos de fins não comerciais; **c)** navios públicos de fins comerciais; e **d)** navios privados ou mercantes.

Os navios privados ou mercantes ficarão sob a jurisdição do Estado do pavilhão quando se encontrarem em águas nacionais ou em alto-mar. Já os navios de guerra são como órgãos do poder público, por isso são soberanos e ficarão sob a jurisdição do Estado do pavilhão onde quer que estejam, mas sempre deverão respeitar as regras do Estado estrangeiro onde se encontrem. Por sua vez, os navios públicos que não têm caráter militar possuem certas prorrogativas, mas em menor amplitude do que aquelas conferidas aos navios de guerra.

6.3.3.9. Tribunal Internacional do Direito do Mar

O Tribunal Internacional do Direito do Mar, criado pela Convenção das Nações Unidas sobre o Direito do Mar (também conhecida como Convenção de Montego Bay) e sediado em Hamburgo, tem por missão a solução de controvérsias marítimas. O Tribunal está devidamente regulado pelo Estatuto do Tribunal Internacional do Direito do Mar (Anexo VI da Convenção de Montego Bay).

Segundo os arts. 2º, ponto 1, e 5º, ponto 1, ambos do Estatuto, o Tribunal é composto por 21 membros independentes e eleitos por nove anos com direito a reeleição. Lembrando que os membros são escolhidos entre pessoas que gozem da mais alta reputação pela sua imparcialidade e integridade e sejam de reconhecida competência em matéria de direito do mar. E o ponto 2 do art. 2º traz uma ressalva: "A representação dos principais sistemas jurídicos do mundo e uma distribuição geográfica equitativa devem ser asseguradas na composição global do Tribunal".

Outra ressalva em relação aos membros – aliás, que sempre aparece nos tribunais internacionais – é a de que o Tribunal não pode ter como membros mais de um nacional do mesmo Estado (art. 3º, ponto 1, do Estatuto do Tribunal Internacional do Direito do Mar).

E os membros do Tribunal, no exercício das suas funções, gozam de privilégios e imunidades diplomáticos (art. 10 do Estatuto). Importante apontar a exigência de 11 membros presentes para atingir o quórum mínimo necessário para a constituição do Tribunal (art. 13 do Estatuto).

O Estatuto cria a Câmara de Controvérsias dos Fundos Marinhos do Tribunal Internacional do Direito do Mar (art. 14 do Estatuto) e acena para a possibilidade do Tribunal criar câmaras especiais quando considerar necessário para o deslinde de certa controvérsia (art. 15, ponto 1, do Estatuto).

Um ponto muito importante é o referente à jurisdição do Tribunal e esta só pode ser provocada pelos estados partes (art. 20, ponto 1, do Estatuto). O Tribunal tem jurisdição

sobre todas as controvérsias e pedidos que lhe sejam submetidos em conformidade com a Convenção de Montego Bay, bem como todas as questões especialmente previstas em qualquer outro acordo que confira jurisdição ao Tribunal Internacional do Direito do Mar (art. 21 do Estatuto do Tribunal Internacional do Direito do Mar). E também possui jurisdição se todas as partes num tratado ou convenção já em vigor sobre matérias cobertas pela presente Convenção assim o acordarem, qualquer controvérsia relativa à interpretação ou aplicação de tal tratado ou convenção pode, em conformidade com tal acordo, ser submetida ao Tribunal (art. 22 do Estatuto).

Por fim e para entender a amplitude da missão institucional do Tribunal Internacional do Direito do Mar, nada melhor do que estudar a sua competência, a qual está disciplinada no art. 187 da Convenção de Montego Bay, que tem a seguinte redação: "A Câmara de Controvérsias dos Fundos Marinhos terá competência, nos termos da presente parte e dos anexos com ela relacionados, para solucionar as seguintes categorias de controvérsias referentes a atividades na área: **a)** controvérsias entre Estados Partes relativas à interpretação ou aplicação da presente parte e dos anexos com ela relacionados; **b)** controvérsias entre um Estado Parte e a Autoridade relativas a: i) atos ou omissões da Autoridade ou de um Estado Parte que se alegue constituírem violação das disposições da presente parte ou dos anexos com ela relacionados ou das normas, regulamentos e procedimentos da Autoridade adoptados de conformidade com as mesmas disposições; ou ii) atos da Autoridade que se alegue constituírem abuso ou desvio de poder; **c)** controvérsias entre partes num contrato, quer se trate de Estados Partes, da Autoridade ou da empresa, de empresas estatais e de pessoas jurídicas, singulares ou coletivas, referidas na alínea *b* do n. 2 do art. 153º, relativas a: i) interpretação ou execução de um contrato ou de um plano de trabalho; ou ii) atos ou omissões de uma parte no contrato relacionados com atividades na área que afetem a outra parte ou prejudiquem diretamente os seus legítimos interesses; **d)** controvérsias entre a Autoridade e um candidato a contratante que tenha sido patrocinado por um Estado, nos termos da alínea *b* do n. 2 do art. 153º, e preenchido devidamente as condições estipuladas no n. 6 do art. 4º e no n. 2 do art. 13º do anexo III, relativas a uma denegação de um contrato ou a uma questão jurídica suscitada na negociação do contrato; **e)** controvérsias entre a Autoridade e um Estado Parte, uma empresa estatal ou uma pessoa jurídica, singular ou coletiva, patrocinada por um Estado Parte nos termos da alínea *b* do n. 2 do art. 153º, quando se alegue que a Autoridade incorreu em responsabilidade nos termos do art. 22º do anexo III; **f)** Quaisquer outras controvérsias relativamente às quais a jurisdição da Câmara esteja expressamente prevista na presente Convenção".

6.3.4. Domínio aéreo

O *domínio aéreo de um Estado compreende os ares situados acima de seu território e de seu mar territorial.*

Desse modo, o regime jurídico incidente no espaço aéreo de um Estado é o mesmo da superfície subjacente, com a diferença de não ser permitido o direito de passagem inocente, o qual é tolerado no mar territorial. Todavia, a navegação aérea, civil ou militar, é livre sobre os espaços onde não incide nenhuma soberania estatal: o alto-mar – incluindo o Polo Norte – e o continente antártico.

6.3.4.1. Aeronaves

É obrigação internacional que todo avião que trafega internacionalmente possua uma nacionalidade, a qual será determinada por seu registro ou matrícula. Esse vínculo implica a responsabilidade de um Estado sobre a aeronave e autoriza a respectiva proteção.

Pela teoria da territorialidade ficta, as aeronaves representam o prolongamento do domínio dos Estados.

O Código Brasileiro do Ar (Decreto-lei 483/1938), substituído pelo Código Brasileiro de Aeronáutica (Lei 7.565/1986), classificava as aeronaves da seguinte maneira: **a)** aeronaves de guerra; **b)** aeronaves públicas de fins não comerciais; **c)** aeronaves públicas de fins comerciais; e **d)** aeronaves privadas ou mercantes. Todavia, existe certa equiparação das aeronaves públicas de fins comerciais com as privadas, em função do fato de a maioria das companhias de aviação civil ser pública.

Por fim, cabe apontar que existe um importante diploma legal sobre a matéria: a Convenção sobre Aviação Civil Internacional, concluída em Chicago em 7 de dezembro de 1944 e firmada pelo Brasil, em Washington, em 29 de maio de 1945.

6.3.4.2. Espaço ultraterrestre ou sideral

O espaço ultraterrestre é patrimônio comum da humanidade. Assim, nenhum Estado exerce soberania sobre ele. Em outras palavras, o domínio público internacional refere-se a espaços de interesse geral pertencentes a todas as nações.

6.3.5. Regiões polares

As regiões antártica (Polo Sul) e ártica (Polo Norte) são de suma importância para o equilíbrio do clima no planeta Terra. Nenhum Estado exerce soberania sobre o continente antártico, ao passo que o Canadá, a Dinamarca, a Finlândia, a Islândia, a Suécia, a Noruega, a Rússia e os Estados Unidos exercem soberania sobre a região ártica.

Essa soberania compartilhada pode ser criticada, pois a região nada mais é do que um oceano coberto por gelo, e, como sabemos, nos mares vige o princípio da liberdade (reler subitem **6**.3.3.6).

Em relação ao Polo Sul, existe o Tratado da Antártida, assinado em 1º de dezembro de 1959 e ratificado pelo Brasil em 1975 (Decreto 75.963), que tem por objetivo garantir que a Antártida seja sempre utilizada para fins pacíficos. Podemos citar como princípios informadores desse tratado: **a)** utilização do continente antártico exclusivamente para fins pacíficos; **b)** liberdade de pesquisa e intercâmbio de informações científicas; **c)** congelamento de quaisquer reivindicações territoriais no continente antártico; **d)** direito de cada uma das partes do tratado de proceder, a qualquer tempo, à inspeção das instalações das demais; e **e)** preservação e conservação dos recursos vivos na Antártida (art. 9º, ponto 1, do Tratado da Antártida).

Apesar de o tratado não prever expressamente que a Antártida é "patrimônio comum da humanidade", cabe dizer que "a internacionalização, como modo de exclusão das pretensões de apropriação com intuito de exercer a soberania estatal, se deu e, todavia, se encontra em curso, em relação aos espaços polares. Alguns países pretenderam alegações de reivindicações sobre parcelas da Antártida. Mas esta se considera aqui dentre os espaços internacionalizados, e a prática internacional tem sido em tal sentido. A ser revisto em futuro próximo, o **Tratado da Antártica** de 1959 não deve voltar atrás, no sentido de acolher pretensões nacionais de apropriação de quinhões do continente gelado".[27]

27. CASELLA, Paulo Borba. **Direito Internacional dos Espaços.** São Paulo: Atlas, 2009. p. 572.

6.3.6. Trânsito marítimo: estreitos e canais

O estreito é o corredor formado pelas águas do mar territorial de um ou mais estados, que permite a comunicação entre espaços de alto-mar ou zona econômica exclusiva. Tem grande utilidade para a navegação internacional. A Convenção das Nações Unidas sobre o Direito do Mar, realizada em Montego Bay, possibilita o direito de passagem em trânsito a navios e a aeronaves, civis ou militares, de qualquer bandeira nos estreitos. Exemplos de estreitos conhecidos são: Gilbratar, Magalhães, Bósforo, Dardanelos etc.

Os canais também são corredores que facilitam o trânsito entre dois espaços marítimos. Todavia, são criados artificialmente, razão pela qual o regime jurídico dos canais utilizados na navegação internacional é determinado, geralmente, pelo estado que o construiu em seu próprio território. Exemplos de canais conhecidos são o de Suez e o de Panamá.

6.4. Reconhecimento

Existe grande divergência doutrinária no tocante a esse tema. A parcela maior da doutrina defende que o reconhecimento de um Estado por seus pares tem natureza declaratória (é a posição adotada pelo Instituto de Direito Internacional), ao passo que a outra parcela defende que tal reconhecimento tem natureza constitutiva. O aclamado princípio da autodeterminação dos povos dá suporte à tese da natureza declaratória do reconhecimento.

Discussões à parte, o reconhecimento pode ser expresso ou tácito, mas deve ser inequívoco. Exemplos de reconhecimento expresso são: tratado, decreto, nota etc. E exemplos do tácito são: início das relações diplomáticas ou a celebração de um tratado qualquer com o novo Estado.

Pode também ser *de jure* ou *de facto*. O reconhecimento *de jure* é definitivo, já o *de facto* é provisório ou limitado.

Ainda se pode classificar o reconhecimento como individual ou coletivo. O individual é efetuado por apenas um Estado, já o coletivo, por vários Estados. Na atualidade, o reconhecimento coletivo tem maior incidência, porque está ligado à aderência do novo Estado à Organização das Nações Unidas.

6.4.1. Reconhecimento de governo

O Estado em si mesmo já é reconhecido, ou seja, tem personalidade jurídica de direito internacional. Contudo, uma ruptura na ordem política – uma revolução ou um golpe de Estado, por exemplo – faz com que se instaure no país um novo esquema de poder, contrário às regras constitucionais pertinentes à renovação do governo. Aqui, a grande discussão doutrinária refere-se à forma expressa ou à forma tácita do reconhecimento.

6.5. Imunidades

No plano internacional, os Estados em si possuem imunidades, assim como os agentes estatais, tanto do corpo diplomático como do consular. As imunidades diplomáticas e consulares têm por finalidade garantir o eficaz desempenho das funções das missões diplomáticas, em seu caráter de representantes dos Estados.

Vejamos, primeiramente, o significado das duas convenções celebradas em Viena sobre as imunidades dos agentes estatais, uma delas sobre relações diplomáticas (1961), a outra sobre relações consulares (1963).

6.5.1. Imunidades diplomáticas

No âmbito da missão diplomática, tanto os membros do quadro diplomático de carreira quanto os membros do quadro administrativo e técnico gozam de ampla imunidade de jurisdição penal, civil e administrativa, esta última sendo a mais mitigada, que se estende aos membros da família quando estes vivam sob sua dependência e tenham sido incluídos na lista diplomática. São, ademais, fisicamente invioláveis e em caso algum podem ser obrigados a depor como testemunhas. Reveste-os, além disso, a imunidade tributária.

 São também fisicamente invioláveis os locais da missão diplomática com todos os bens ali situados, assim como os locais residenciais utilizados pelo quadro diplomático e pelo quadro administrativo e técnico para fins da missão e por conta do Estado acreditante – salvo o imóvel privado. Esses imóveis e os valores mobiliários neles encontráveis não podem ser objeto de busca, requisição, penhora ou medida qualquer de execução (imunidade de execução). Os arquivos e documentos da missão diplomática são invioláveis onde quer que estejam. Nesse sentido é o art. 22, ponto 2, da Convenção de Viena sobre Imunidades Diplomáticas, pois determina que o Estado acreditado (o que recebe o agente diplomático ou consular) tem a obrigação especial de adotar todas as medidas apropriadas para proteger os locais da missão contra qualquer dano e evitar perturbações à sua tranquilidade ou ofensas à sua dignidade.

Importante destacar que no caso *Yerodia* – República Democrática do Congo v. Reino da Bélgica –, a Corte Internacional de Justiça determinou que a imunidade de ministro de estado das relações exteriores é absoluta e se equipara à imunidade diplomática. Outro caso digno de nota é o caso *Pinochet*, onde ficou definido que a imunidade de ex-chefe de estado vale somente para atos de Estado, não incluindo nestes os crimes de direito internacional.

Em que pesem as imunidades diplomáticas, o Estado acreditado poderá a qualquer momento, e sem ser obrigado a justificar sua decisão, notificar o Estado acreditante de que o chefe da missão ou qualquer membro do pessoal diplomático da missão é *persona non grata* ou que outro membro do pessoal da missão não é aceitável. O Estado acreditante, conforme o caso, retirará a pessoa em questão ou dará por terminadas suas funções na missão. Uma pessoa pode ser declarada *non grata* ou não aceitável mesmo antes de chegar ao território do Estado acreditado (art. 9º, ponto 1, da Convenção de Viena sobre Relações Diplomáticas).

Também é possível que o Estado acreditado não conceda o *agrément*. *Agrément* é o ato por meio do qual o Estado acreditado manifesta sua concordância com a nomeação de um agente diplomático por parte do Estado acreditante. Ademais, o Estado acreditado não precisa dar os motivos da recusa do *agrément* (art. 4º, ponto 2, da Convenção de Viena sobre Relações Diplomáticas).

6.5.2. Imunidades consulares

Os cônsules e os funcionários consulares gozam de inviolabilidade física e de imunidade ao processo apenas no tocante aos atos relacionados ao trabalho (atos oficiais). Os locais consulares são invioláveis na medida estrita de sua utilização funcional e gozam de imunidade tributária. Os arquivos e documentos consulares são invioláveis em qualquer circunstância e onde quer que se encontrem.

6.5.3. Resumo comparativo das imunidades

1) Imunidades diplomáticas: **a)** titularidade: membros do quadro diplomático de carreira e do quadro administrativo e técnico; **b)** amplitude: jurisdição penal, civil e administrativa; **c)** fisicamente invioláveis: sim; **d)** podem depor como testemunha: não; e **e)** imunidade tributária: sim.

2) Imunidades consulares: **a)** titularidade: os cônsules e os funcionários consulares; **b)** amplitude: apenas em relação aos processos relacionados ao trabalho; **c)** fisicamente invioláveis: sim; **d)** podem depor como testemunha[28]: sim; e **e)** imunidade tributária: sim.

6.5.4. Renúncia

O Estado acreditante (o que envia o agente diplomático ou consular) pode renunciar, se entender conveniente, às imunidades de índole penal e civil de que gozam seus representantes diplomáticos e consulares. Em caso algum o próprio beneficiário da imunidade pode renunciar.

28. A título de informação, "Os Deputados e Senadores não serão obrigados a testemunhar sobre informações recebidas ou prestadas em razão do exercício do mandato, nem sobre as pessoas que lhes confiaram ou deles receberam informações" (art. 53, § 6º, da CF/1988).

6.5.5. Imunidade do Estado

A regra de imunidade jurisdicional do Estado, enquanto pessoa jurídica de direito externo, existe há muito tempo no plano internacional e se consubstancia na impossibilidade de o Estado figurar como parte perante tribunal estrangeiro contra sua vontade (*par in parem non habet judicium*). Mais tarde, tal regra foi corroborada pelo princípio da igualdade soberana dos Estados.

No entanto, essa outrora absoluta imunidade vem sendo reconfigurada. A título de exemplo, aponta-se a Convenção Europeia sobre a Imunidade dos Estados, concluída em Basileia e em vigor desde 1976, que exclui do âmbito da imunidade do Estado as ações decorrentes de contratos celebrados e exequendos *in loco*. Dispositivo semelhante aparece no *State Immunity Act*, que se editou na Grã-Bretanha em 1978. Também se pode apontar a Convenção sobre as Imunidades dos Estados e seus Bens, adotada pela ONU, que tem por linha-base a exclusão do âmbito de imunidade estatal as atividades de notável caráter econômico. No Brasil, por exemplo, o STF decidiu, no julgamento da ACI 9.696 em 1989, que Estado estrangeiro não tem imunidade em causa de natureza trabalhista, entendida como ato de gestão. Ou seja, todo ato de gestão que envolva relação civil, comercial ou trabalhista não se encontra abrangido pela imunidade de jurisdição estatal. Assim, a imunidade recai apenas sobre os atos de império, mas pode ser afastada mediante concordância do Estado por ela beneficiado.

Percebe-se que a imunidade jurisdicional do Estado estrangeiro passou de um costume internacional absoluto a matéria a ser regulada internamente por cada Estado.

Em geral, pode-se dizer que a imunidade jurisdicional estatal não mais incidirá nos processos provenientes de relação jurídica entre o Estado estrangeiro e o meio local – mais exatamente os particulares locais (atos de gestão ou *ius gestionis*).

6.5.6. Imunidade de execução

Conforme já dito quando tratamos das imunidades diplomáticas, os Estados possuem imunidade de execução, o que significa que não poderá ser decretada execução forçada – como o sequestro, o arresto e o embargo – contra os bens de um Estado estrangeiro.

Essa imunidade é considerada absoluta por parcela da doutrina[29], mas pode ser renunciada pelo próprio Estado (*vide* RE-AgR 222.368/PE, STF) ou relativizada quando a execução for de bens não afetos aos serviços diplomáticos e consulares do Estado estrangeiro – por exemplo, recursos financeiros vinculados a atividades empresariais disponíveis em contas bancárias (*vide* SBDI-2 ROMS 282/2003-000-10-00-1). E caso este não possua bens estranhos à sua representação diplomática nos limites da jurisdição brasileira, deve ser expedida carta rogatória, acompanhada de gestões diplomáticas, para se proceder à cobrança do crédito.

6.6. Exclusão do estrangeiro

6.6.1. Condição jurídica do estrangeiro

Consoante o art. 5º da CF/1988, o estrangeiro tem aqui proteção da ordem jurídica como qualquer nacional, apenas com a diferença de não se beneficiar dos direitos políticos. Esse tipo de tratamento é conferido por quase todos os Estados.

Cabe lembrar que todo Estado tem a prerrogativa de decidir sobre a conveniência da entrada ou não de estrangeiros em seu território nacional.

6.6.2. Deportação

A deportação é a saída compulsória, do território nacional, do estrangeiro que ingressou irregularmente ou cuja presença tenha se tornado irregular – quase sempre por expiração do prazo de permanência ou por exercício de atividade não permitida, como trabalho remunerado no caso do turista.

A medida não é exatamente punitiva nem deixa sequelas. Seu procedimento é simples. O estrangeiro é notificado para sair do Brasil e, caso não obedeça, pode ser decretada, pelo juiz federal, sua prisão com a finalidade de ulterior deportação.

De suma importância sobre o instituto é a impossibilidade de proceder à deportação se isso implicar extradição inadmitida pela lei brasileira (art. 63 do Estatuto do Estrangeiro). Portanto, a deportação não é permitida quando relacionada à prática de crimes políticos, de imprensa, religiosos e militares.

A deportação não deve ser confundida com o impedimento à entrada de estrangeiro, que ocorre quando não forem cumpridas as exigências necessárias para o ingresso.

Por fim, o deportado só poderá reingressar no território nacional se ressarcir o Tesouro Nacional, com correção monetária, das despesas com sua deportação e efetuar, se for o caso, o pagamento da multa devida à época, também corrigida (art. 64 do Estatuto do Estrangeiro).

29. Para parte da doutrina, a imunidade de execução foi relativizada na medida em que **bens de uso comercial sem função pública** podem ser objeto de penhora. É a visão, por exemplo, de Antenor Madruga.

6.6.3. Expulsão

A expulsão é a saída compulsória, do território nacional, do estrangeiro que constituir perigo ou ameaça à ordem pública. Podem-se citar tais atos como possíveis de gerar a expulsão: **a)** conspirações; **b)** espionagem; **c)** provocação de desordens; **d)** mendicidade e vagabundagem etc. A medida deixa sequelas e pode ser considerada punitiva.

Antes de tudo, deve-se dizer que, diferentemente de outras constituições brasileiras (por exemplo, a de 1946), a Constituição de 1988 não adota norma a respeito do tema, que é disciplinado pela Lei 6.815/1980 (Estatuto do Estrangeiro). Referida lei, no art. 65, dispõe que "é passível de expulsão o estrangeiro que, de qualquer forma, atentar contra a segurança nacional, a ordem política ou social, a tranquilidade ou moralidade pública e a economia popular, ou cujo procedimento o torne nocivo à conveniência e aos interesses nacionais". O parágrafo único do mesmo artigo prevê outros casos em que a expulsão do estrangeiro pode ocorrer[30].

Por outro lado, o art. 75, II, da Lei 6.815/1980 dispõe que não se procederá à expulsão "quando o estrangeiro tiver: **a)** cônjuge brasileiro do qual não esteja divorciado ou separado, de fato ou de direito, e desde que o casamento tenha sido celebrado há mais de 5 (cinco) anos; ou **b)** filho brasileiro que, comprovadamente, esteja sob sua guarda e dele dependa economicamente". Em relação à segunda situação, deve-se asseverar que o STF possui orientação consolidada no sentido de que o nascimento de filho brasileiro após a prática da infração penal não caracteriza óbice à expulsão (vide Informativo 554 do STF[31]). Todavia, essa outrora posição consolidada parece ser flexibilizada em função do afeto enquanto valor constitucional central. Hodiernamente, especialmente pelo defendido no HC 114.901/DF[32], sublinha-se o dever constitucional do Estado de proteger a unidade e de preservar a integridade das entidades familiares, além da necessidade de proteção integral e efetiva à criança e ao adolescente nascidos no Brasil. Logo, a posição apontada, outrora indiscutível, começa a ser relativizada, conforme verificado em excerto do citado *habeas corpus*: "constando dos autos que o nascimento do mencionado filho do paciente ocorreu após o fato criminoso e não havendo comprovação de que o menor dependa economicamente do pai e de que tenham eles convivência socioafetiva, a jurisprudência desta Corte, **ainda que mais flexível com o propósito de beneficiar a prole brasileira,** não ampara a pretensão de impedir a efetiva expulsão do estrangeiro, condenado por tráfico de drogas". (grifo nosso)

Na prática, o estrangeiro, depois de notificado de sua expulsão, deve se retirar do Brasil, do contrário poderá receber pena, geralmente de prisão, e somente após seu cumprimento vai ser enviado ao seu país, o qual não poderá negar sua entrada. É importante apontar que a pena também será imposta ao estrangeiro que, depois de sair, retornar ao Brasil sem que a expulsão tenha sido revogada, caso em que incorre no crime tipificado no art. 338 do CP ("Reingressar no território nacional o estrangeiro que dele foi expulso").

O procedimento é complexo, pois necessária se faz a realização de um inquérito[33] no âmbito do Ministério da Justiça, no qual se assegura ao estrangeiro o direito de defesa (contraditório). Após, o presidente da República decidirá sobre a expulsão, devendo materializá-la por meio de decreto (art. 66 do Estatuto do Estrangeiro). E da decisão do presidente da República cabe pedido de reconsideração no prazo de dez dias, a contar da publicação do decreto de expulsão, no Diário Oficial da União (art. 72 do Estatuto do Estrangeiro). Não caberá pedido de reconsideração nos seguintes casos: infração contra a segurança nacional, a ordem política ou social e a economia popular; comércio, posse ou facilitação de uso indevido de substância entorpecente ou que determine dependência física ou psíquica; ou desrespeito à proibição especialmente prevista em lei para estrangeiro (arts. 71 e 72 da Lei 6.815/1980).

Por sua importância, cabe apontarmos o art. 67 do Estatuto do Estrangeiro: "Desde que conveniente ao interesse nacional, a expulsão do estrangeiro poderá efetivar-se, ainda que haja processo ou tenha ocorrido condenação". Tal regra foi utilizada recentemente pelo STF, na Ext. 1.133/República da Argentina[34], diante da impossibilidade de extraditar estrangeiro que responde a processo penal no Brasil pela prática do crime de furto.

30. "**a)** praticar fraude a fim de obter a sua entrada ou permanência no Brasil; **b)** havendo entrado no território nacional com infração à lei, dele não se retirar no prazo que lhe for determinado para fazê-lo, não sendo aconselhável a deportação; **c)** entregar-se à vadiagem ou à mendicância; ou d) desrespeitar proibição especialmente prevista em lei para estrangeiro".

31. No mesmo sentido, o art. 75, § 1º, do Estatuto do Estrangeiro assim dispõe: "não constituem impedimento à expulsão a adoção ou o reconhecimento de filho brasileiro supervenientes ao fato que o motivar".

32. **Informativo** 690 do STF.

33. Art. 71 do Estatuto do Estrangeiro: "Nos casos de infração contra a segurança nacional, a ordem política ou social e a economia popular, assim como nos casos de comércio, posse ou facilitação de uso indevido de substância entorpecente ou que determine dependência física ou psíquica, ou de desrespeito à proibição especialmente prevista em lei para estrangeiro, **o inquérito será sumário e não excederá o prazo de quinze dias**, dentro do qual fica assegurado ao expulsando o direito de defesa".

34. Rel. Min. Gilmar Mendes, 09.08.2011 (**Inform.** STF 635).

Por fim, deve-se apontar que a regra no ordenamento jurídico brasileiro é que não há contraditório em procedimento investigatório, como, por exemplo, o inquérito policial. Todavia, como acabamos de ver, o procedimento de expulsão de estrangeiro do território nacional é uma exceção à regra geral (em companhia do procedimento para apurar falta disciplinar), pois permite a defesa do estrangeiro.

6.6.4. Extradição

A extradição *é a entrega de um Estado para outro Estado, a pedido deste, de indivíduo que em seu território deva responder a processo penal ou cumprir pena por prática de crime de certa gravidade. Uma condicionante dessa entrega é a confirmação de que os direitos humanos do extraditando serão respeitados (chamada limitação humanística).*

A grande finalidade da extradição é garantir, por meio da cooperação internacional, que a prática de crime não ficará sem punição. E o fundamento jurídico do pedido de extradição pode ser a existência de um tratado[35] que preveja tal hipótese ou, na falta deste, a declaração de reciprocidade[36], que funciona como suporte jurídico para o procedimento. A aceitação da promessa de reciprocidade é, no entanto, ato discricionário do Estado que a recebe.

Deve-se ponderar que a extradição não é permitida quando relacionada à prática de crimes políticos, de imprensa, religiosos e militares. E se o indivíduo foi condenado à morte, a extradição só deve tomar curso se ficar assegurada a conversão da pena de morte em pena de prisão. Ademais, a maioria dos países não permite a extradição de nacional seu – nesse sentido o art. 5º, LI, da CF/1988 determina: "nenhum brasileiro será extraditado, **salvo o naturalizado**, em caso de crime comum, praticado antes da naturalização, ou de comprovado envolvimento em tráfico ilícito de entorpecentes e drogas afins, na forma da lei".

35. Além dos tradicionais tratados bilaterais a respeito, cada vez mais o pedido de extradição tem por suporte tratado multilateral, especialmente os onusianos. Exemplo do dito é a Ext. 1212/Estados Unidos da América, rel. Min. Dias Toffoli, 09.08.2011 (Inform. STF 635), na qual o pedido de extradição teve por base a Convenção das Nações Unidas contra o Crime Organizado Transnacional.

36. Recentemente o STF negou a extradição do libanês Assad Khalil Kiwan (PPE 623), preso no Brasil há três anos e acusado de tráfico internacional de armas e de drogas, porque o Estado do Líbano não fez declaração de reciprocidade – Brasil e Líbano não possuem tratado que regule a extradição. O voto da Ministra Cármen Lúcia (relatora) foi acompanhado pelos demais ministros presentes à sessão, que determinaram, ainda, a remessa do processo ao Ministério Público Federal para que o órgão decida se deve enviar o caso ao Ministério da Justiça, com a sugestão de que o libanês seja expulso do Brasil. Cabe lembrar que somente o Poder Executivo tem prerrogativa para determinar a expulsão de um estrangeiro.

6.6.4.1. Procedimento no Brasil

O procedimento extraditório no Brasil foi recentemente alterado pela Lei 12.878, de 4 de novembro de 2013, que deu nova redação aos arts. 80, 81 e 82[37] da Lei 6.815/1980.

Em linhas gerais e num primeiro momento, o país interessado formula pedido de extradição que é transmitido por via diplomática para o Ministério das Relações Exteriores ou, na falta de agente diplomático do Estado que a requerer ou mediante previsão em tratado, diretamente de governo a governo, devendo sempre o pedido ser instruído com a cópia autêntica ou a certidão da sentença condenatória, da sentença de pronúncia ou da que decretar a prisão preventiva, proferida por juiz ou autoridade competente. Importante destacar a exigência de o pedido de extradição ser instruído

37. Tais artigos passaram a ter a seguinte redação: "A extradição será requerida por via diplomática ou, quando previsto em tratado, diretamente ao Ministério da Justiça, devendo o pedido ser instruído com a cópia autêntica ou a certidão da sentença condenatória ou decisão penal proferida por juiz ou autoridade competente.
§ 1º O pedido deverá ser instruído com indicações precisas sobre o local, a data, a natureza e as circunstâncias do fato criminoso, a identidade do extraditando e, ainda, cópia dos textos legais sobre o crime, a competência, a pena e sua prescrição.
§ 2º O encaminhamento do pedido pelo Ministério da Justiça ou por via diplomática confere autenticidade aos documentos.
§ 3º Os documentos indicados neste artigo serão acompanhados de versão feita oficialmente para o idioma português."
O pedido, após exame da presença dos pressupostos formais de admissibilidade exigidos nesta Lei ou em tratado, será encaminhado pelo Ministério da Justiça ao Supremo Tribunal Federal.
Parágrafo único. Não preenchidos os pressupostos de que trata o caput, o pedido será arquivado mediante decisão fundamentada do Ministro de Estado da Justiça, sem prejuízo de renovação do pedido, devidamente instruído, uma vez superado o óbice apontado."
O Estado interessado na extradição poderá, em caso de urgência e antes da formalização do pedido de extradição, ou conjuntamente com este, requerer a prisão cautelar do extraditando por via diplomática ou, quando previsto em tratado, ao Ministério da Justiça, que, após exame da presença dos pressupostos formais de admissibilidade exigidos nesta Lei ou em tratado, representará ao Supremo Tribunal Federal.
§ 1º O pedido de prisão cautelar noticiará o crime cometido e deverá ser fundamentado, podendo ser apresentado por correio, fax, mensagem eletrônica ou qualquer outro meio que assegure a comunicação por escrito.
§ 2º O pedido de prisão cautelar poderá ser apresentado ao Ministério da Justiça por meio da Organização Internacional de Polícia Criminal (Interpol), devidamente instruído com a documentação comprobatória da existência de ordem de prisão proferida por Estado estrangeiro.
§ 3º O Estado estrangeiro deverá, no prazo de 90 (noventa) dias contado da data em que tiver sido cientificado da prisão do extraditando, formalizar o pedido de extradição.
§ 4º Caso o pedido não seja formalizado no prazo previsto no § 3º, o extraditando deverá ser posto em liberdade, não se admitindo novo pedido de prisão cautelar pelo mesmo fato sem que a extradição haja sido devidamente requerida."

com indicações precisas sobre o local, a data, a natureza e as circunstâncias do fato criminoso, a identidade do extraditando e, ainda, cópia dos textos legais sobre o crime, a competência, a pena e a sua prescrição (§ 1º do art. 80 do Estatuto do Estrangeiro).

Feito isso, cabe ao Ministério da Justiça fazer uma análise identificadora da presença ou não dos pressupostos formais de admissibilidade exigidos no Estatuto do Estrangeiro ou em tratado. Caso o resultado seja positivo, o pedido de extradição será encaminhado ao Supremo Tribunal Federal (art. 102, I, *g*, da CF/1988). Percebe-se aqui uma grande modificação, pois antes o Ministério da Justiça ordenava a prisão do extraditando e somente depois de efetivada o pedido era encaminhado ao STF, para esse tomar as providências de julgamento. Agora, como visto, a regra geral é a análise dos requisitos formais pelo Ministério da Justiça e o encaminhamento ao STF quando esses estiverem presentes, sem necessidade de se impor a prisão cautelar.

A prisão preventiva para fins de extradição passou de requisito automático e presente em todos os procedimentos de extradição para elemento excepcional e carente de pedido específico por parte do Estado requerente (art. 82 do Estatuto do Estrangeiro). Essa prisão fazia parte do próprio procedimento de extradição, mas agora só ocorrerá se tiver o pedido expresso do Estado requerente e a correlata justificação (§ 1º do art. 82 do Estatuto do Estrangeiro).

Ou seja, com a nova redação legal dada ao art. 82 do Estatuto do Estrangeiro, a prisão cautelar em análise ganhou roupagem de medida excepcional, como toda prisão preventiva deve ter no seio de um Estado Democrático de Direito. De agora em diante, o Estado interessado na extradição poderá, em caso de urgência e antes da formalização do pedido de extradição, ou conjuntamente com este, requerer a prisão cautelar do extraditando por via diplomática ou, quando previsto em tratado, ao Ministério da Justiça, que, após exame da presença dos pressupostos formais de admissibilidade exigidos no Estatuto do Estrangeiro ou em tratado, representará ao Supremo Tribunal Federal.

Caso seja concedida a prisão preventiva para fins de extradição, é importante asseverar que o Estado estrangeiro deverá, no prazo de 90 dias contado da data em que tiver sido cientificado da prisão do extraditando, formalizar o pedido de extradição (§ 3º do art. 82 do Estatuto do Estrangeiro). E se o pedido não for formalizado dentro do prazo especificado acima, o extraditando deverá ser posto em liberdade, não se admitindo novo pedido de prisão cautelar pelo mesmo fato sem que a extradição haja sido devidamente requerida (§ 4º do art. 82 do Estatuto do Estrangeiro).

Com relação ao prazo dessa prisão cautelar, o instituto sofreu uma mitigação pela jurisprudência, sendo atribuído limite temporal a ela, compatível com o princípio da proporcionalidade, quando são avaliadas sua necessidade, sua adequação e sua proporcionalidade em sentido estrito. Tal consideração sobre a prisão preventiva para fins de extradição foi fruto de uma modificação de entendimento pelo STF[38], que antes, com base no art. 84, parágrafo único, do Estatuto do Estrangeiro, defendia que a prisão iria perdurar até o julgamento final da extradição.

Cabe destacar que o fundamento para concessão de toda extradição pode ser tanto o fato de o governo requerente se fundamentar em tratado, como quando prometer ao Brasil a reciprocidade.

E o art. 77 da Lei 6.815/1980 cuida das situações em que a extradição não será concedida, a saber: **a)** se tratar de brasileiro, salvo se a aquisição dessa nacionalidade verificar-se após o fato que motivar o pedido (ler o art. 5º, LI, da CF/1988); **b)** o fato que motivar o pedido não for considerado crime no Brasil ou no Estado requerente (necessidade da presença dos requisitos da dupla tipicidade e da dupla punibilidade); **c)** o Brasil for competente, segundo suas leis, para julgar o crime imputado ao extraditando; **d)** a lei brasileira impuser ao crime a pena de prisão igual ou inferior a 1 (um) ano; **e)** o extraditando estiver respondendo a processo ou já houver sido condenado ou absolvido no Brasil pelo mesmo fato em que se fundar o pedido; **f)** estiver extinta a punibilidade pela prescrição segundo a lei brasileira ou a do Estado requerente; **g)** o fato constituir crime político (mas ocorrerá a extradição quando o fato constituir, principalmente, infração da lei penal comum ou quando o crime comum, conexo ao delito político, constituir o fato principal); e **h)** o extraditando houver de responder, no Estado requerente, perante tribunal ou juízo de exceção.

Por outro lado, a Súmula 421 do STF assim dispõe: "Não impede a extradição a circunstância de ser o extraditando casado com brasileira ou ter filho brasileiro".

Antes de analisarmos as características do processo de extradição, cabe transcrever as condições para a concessão de extradição insculpidas no art. 78 da Lei 6.815/1980: **a)** ter sido o crime cometido no território do Estado requerente ou serem aplicáveis ao extraditando as leis penais desse Estado; e **b)** existir sentença final de privação de liberdade ou estar a prisão do extraditando autorizada por juiz, tribunal ou autoridade competente do Estado requerente, salvo em caso de urgência, quando poderá ser ordenada a prisão preventiva do extraditando (art. 82 da Lei 6.815/1980).

38. HC 91657/SP, rel. Min. Gilmar Mendes, 13.09.2007 (**Inform. STF** 479). Segue trecho: "Inicialmente, salientou-se a necessidade de ser revisitado o tema da prisão preventiva para fins de extradição, em face do significado ímpar atribuído pela CF/1988 aos direitos individuais. Destacou-se que, em nosso Estado de Direito, a prisão seria uma medida excepcional e, por isso, não poderia ser utilizada como meio generalizado de limitação das liberdades dos cidadãos, não havendo razão, tanto com base na CF/1988 quanto nos tratados internacionais com relação ao respeito aos direitos humanos e à dignidade da pessoa humana, para que tal entendimento não fosse aplicado no que tange às prisões preventivas para fins de extradição". No mesmo sentido é a Ext. 1254 QO/Romênia, rel. Min. Ayres Britto, 06.09.2011 (**Inform. STF** 639).

O processo de extradição possui peculiaridades, pois o Estado requerente não é parte e o Ministério Público atua como fiscal da lei, isto é, seu caráter contencioso é mitigado. Mas, apesar disso, o STF admite que o Estado requerente seja representado por advogado.

Contudo, a defesa do extraditando não pode explorar o mérito da acusação. Isso porque o exame do STF recairá somente sobre a existência ou não dos pressupostos autorizadores da extradição. Tanto é assim que o STF tem jurisprudência no seguinte sentido: "Entendeu que o Supremo não é o foro adequado para análise da imputabilidade do extraditando e eventual imposição de medida de segurança. Asseverou que, de acordo com precedentes da Corte (Ext. 367/Estados Unidos da América, *DJU* de 31.10.79; Ext. 553/ República Federal da Alemanha, *DJU* de 18.8.95), o estado de saúde do extraditando apenas pode influir por ocasião do momento de entrega deste às autoridades estrangeiras e que a questão acerca da inimputabilidade deve ser suscitada na ação penal originária"[39].

Por fim, caso o STF decida pela extradição, o governo, pelo Itamaraty, colocará o indivíduo à disposição do Estado requerente, que dispõe de um prazo improrrogável de 60 dias (art. 86 do Estatuto do Estrangeiro), salvo disposição diversa em tratado bilateral, para retirá-lo do território nacional. Se o prazo não for respeitado, o indivíduo será solto e o pedido extraditório não poderá ser renovado. De outro modo, negada a extradição, não se admitirá novo pedido baseado no mesmo fato (art. 88 do Estatuto do Estrangeiro).

Mas, no julgamento da Extradição 1.085 (caso Cesare Battisti), o STF decidiu que é possível declarar a ilegalidade do ato, do Executivo, de concessão de refúgio e que o acatamento da extradição pela Corte tem o condão de *autorizar* o presidente da República a efetivar tal medida, isto é, cabe ao chefe do Executivo decidir sobre a conveniência de tal medida. Configura-se uma mudança de posicionamento, pois ao STF sempre coube *determinar* a extradição quando entendesse presentes seus pressupostos, e agora o acolhimento da demanda de extradição pela Corte gera apenas uma autorização. A partir dessa decisão, pode-se defender que, no Brasil, quem decide, em última instância, sobre a extradição ou não, é o presidente da República (sistema "belga" ou da contenciosidade limitada[40]), com a ressalva de que este deva acatar decisão do STF que reconheça alguma irregularidade no processo de extradição, ou seja, "indeferido o pedido, deixa-se de constituir o título jurídico sem o qual o Presidente da República não pode efetivar a extradição; se deferida, a entrega do súdito ao Estado requerente fica a critério discricionário do Presidente da República[41]".

39. Trecho da Ext. 932/ República Italiana, rel. Min. Joaquim Barbosa, 31.05.2007 (**Inform. STF** 469).

40. Art. 83 da Lei 6.815/1980: "Nenhuma extradição será concedida sem prévio pronunciamento do Plenário do Supremo Tribunal Federal sobre sua legalidade e procedência, não cabendo recurso da decisão".

41. Trecho da Extradição 1.114/STF.

Posteriormente a tal julgamento, foi impetrada pela República Italiana a Reclamação 11.243, ocasião em que o STF decidiu ser procedente a preliminar de não cabimento da reclamação em função de ser irrecorrível o ato do presidente da República, pois se trata de ato de soberania nacional que está ancorado nos arts. 1º, 4º, I, e 84 da CF/1988. Portanto, cabe ao STF analisar a legalidade e a procedência do pedido de extradição, e inscreve-se na competência do presidente da República a decisão sobre a sorte do extraditando. A Corte entendeu nesse julgamento que a soberania nacional, no plano transnacional, funda-se no princípio da independência nacional, efetivada pelo presidente da República, consoante suas atribuições previstas no art. 84, VII e VIII, da Constituição brasileira.

E o governo italiano vislumbra em tal situação um descumprimento do tratado firmado entre o Brasil e a Itália para regular a extradição, portanto, tem-se uma lide entre Estados soberanos, que provavelmente será resolvida pela Corte Internacional de Justiça (vide o item **7.5.3.**).

Por fim, é importante dizer que o reconhecimento da situação de refugiado pelo Poder Executivo não impede a extradição se o estrangeiro estiver sendo acusado de crime comum que não tenha qualquer pertinência com os fatos considerados para a concessão do refúgio.

6.6.4.2. Acordo de Extradição do Mercosul

O Dec. 4.975/2004 internalizou o Acordo de Extradição entre os Estados-partes do Mercosul.

O art. 1º cuida da obrigação de conceder a extradição e assim dispõe: "Os Estados-partes obrigam-se a entregar, reciprocamente, segundo as regras e as condições estabelecidas no presente acordo, as pessoas que se encontrem em seus respectivos territórios e que sejam procuradas pelas autoridades competentes de outro Estado-parte, para serem processadas pela prática presumida de algum delito, que respondam a processo já em curso ou para a execução de uma pena privativa de liberdade".

E darão causa à extradição os atos tipificados como delito segundo as leis do Estado-parte requerente e do Estado-parte requerido, independentemente da denominação dada aos crimes, os quais sejam puníveis em ambos os Estados com pena privativa de liberdade de duração máxima não inferior a dois anos (art. 2º, ponto 1, do Acordo de Extradição do Mercosul). Cabe ressalvar que, se a extradição for requerida para a execução de uma sentença, exige-se que a parte da pena ainda por cumprir não seja inferior a seis meses (art. 2º, ponto 2, do Acordo de Extradição do Mercosul).

Pela leitura do Acordo de Extradição do Mercosul, pode-se afirmar que não será concedida a extradição nas seguintes hipóteses: **a)** prática de delitos políticos (art. 5º); **b)** prática de delitos militares (art. 6º); **c)** em caso de ocorrência da coisa julgada, indulto, anistia e graça que beneficie o reclamado (art. 7º); **d)** caso o reclamado tenha sido condenado ou deva ser julgado no Estado-parte requerente por um Tribunal de Exceção ou *Ad Hoc* (art. 8º); **e)** caso a ação ou a pena estiverem prescritas conforme a legislação do Estado-parte requerente ou do Estado-parte requerido (art. 9º); e **f)** caso o reclamado for menor de 18 anos na época da prática do fato que ensejou o pedido extraditório (art. 10, ponto 1). Nesse último caso, o Estado-parte requerido tomará as medidas corretivas que, de acordo com seu ordenamento jurídico, seriam aplicáveis caso os fatos houvessem sido praticados em seu território por um menor inimputável (art. 10, ponto 2). Excepcionalmente e com a devida fundamentação, o Estado-parte requerido poderá denegar o pedido de extradição quando seu cumprimento for contrário à segurança, à ordem pública ou a outros interesses essenciais do Estado-parte requerido (art. 30).

Vale destacar que, concedida a extradição, o governo, pelo Itamaraty, colocará o indivíduo à disposição do Estado-parte requerente, que dispõe de um prazo improrrogável de 30 dias. Findo o prazo, a pessoa reclamada será posta em liberdade e o Estado requerido poderá negar novo pedido de extradição (art. 22, ponto 4, do Acordo de Extradição do Mercosul). Lembrando que o prazo no procedimento "comum" de extradição é de 60 dias e não 30, ou seja, entre os países-membros do Mercosul o extraditando ficará à disposição do Estado requerente pelo prazo de 30 dias, e entre o Brasil e outro país que não faça parte do Mercosul, pelo prazo de 60 dias.

O art. 25 do Acordo trata dos pedidos concorrentes[42], isto é, ocasião em que dois ou mais Estados requerem a extradição de uma mesma pessoa. O ponto 2 desse artigo traz uma ordem de preferência quando os pedidos referirem-se a um mesmo delito, qual seja: **a)** ao Estado em cujo território se houver cometido o delito; **b)** ao Estado em cujo território tenha residência habitual a pessoa reclamada; **c)** ao Estado que primeiro apresentou o pedido. Com base nesse regramento, o STF julgou prejudicado o pedido de extradição formulado pela República Oriental do Uruguai na Ext. 974/República Argentina, de relatoria do Ministro Marco Aurélio. E quando os pedidos se referirem a delitos distintos, o Estado-parte requerido, segundo sua legislação, dará preferência ao Estado que tenha jurisdição relativamente ao delito mais grave. Havendo igual gravidade, dar-se-á preferência ao Estado que primeiro apresentou o pedido (art. 25, ponto 3, do Acordo de Extradição do Mercosul).

Por fim, o Estado-parte requerido poderá conceder a extradição se a pessoa reclamada, com a devida assistência jurídica e perante a autoridade judicial do Estado-parte requerido, declarar sua expressa anuência em se entregar ao Estado-parte requerente, depois de haver sido informada de seu direito a um procedimento formal de extradição e da proteção que tal direito encerra (art. 27 do Acordo de Extradição do Mercosul). Trata-se da chamada **extradição simplificada ou voluntária**.

42. Importante dizer que o art. 79 do Estatuto dos Estrangeiro (Lei 6.815/1980) traz regramento no mesmo sentido.

6.7. Regime de vistos no Brasil

Para ingressar no Brasil, o estrangeiro deverá ser portador de documento de viagem reconhecido pelo governo brasileiro, de Certificado Internacional de Imunização, quando exigido, e de visto de entrada concedido por missões diplomáticas, repartições consulares de carreira, vice-consulados e, quando autorizados pela Secretaria de Estado das Relações Exteriores (SERE), pelos consulados honorários. Os casos de dispensa de visto, por força de acordo firmado com base na reciprocidade, são indicados no Quadro de Regime de Vistos. As solicitações de visto devem ser feitas no exterior, diretamente às repartições consulares.

Os vistos de entrada são classificados, em função da natureza da viagem e da estada no Brasil, em: **a)** visto diplomático (Vidip): concedido a autoridades e funcionários estrangeiros e de organismos internacionais que tenham *status* diplomático e viajem ao Brasil em caráter transitório ou permanente; **b)** visto oficial (Visof): concedido a autoridades e funcionários estrangeiros e de organismos internacionais que viajem ao Brasil em missão de caráter transitório ou permanente, incluídas, nessa definição, as missões de caráter científico-cultural, de cunho oficial, e a assistência técnica praticada no âmbito de acordos que contemplem a concessão de Visof a técnicos e peritos cooperantes; **c)** visto de cortesia (Vicor): concedido a personalidades e autoridades estrangeiras em viagem não oficial ao Brasil, para visitas por prazo não superior a 90 dias e também para os dependentes maiores de 21 anos e aos serviçais de funcionários diplomáticos, administrativos ou técnicos estrangeiros, designados para missão de caráter permanente no Brasil, bem como para os serviçais de funcionários do quadro do Ministério das Relações Exteriores de regresso de missão oficial no exterior; **d)** visto de turista (Vitur): concedido ao estrangeiro que viaje ao Brasil em caráter recreativo ou de visita, assim considerado aquele que não tenha intuito imigratório nem intenção de exercício de atividade remunerada; **e)** visto de trânsito (Vitra): concedido ao estrangeiro que, para atingir o país de destino, necessite transitar pelo território brasileiro – esse tipo de visto não será exigido quando o interessado, em viagem contínua, tenha de fazer escalas ou conexões no Brasil, sem abandonar a área de trânsito do porto ou aeroporto em que a escala ou a conexão ocorra; **f)** visto temporário (Vitem): veremos no subitem **6.7.1**; e **g)** visto permanente (Viper): veremos no subitem **6.7.2**.

É importante saber que os vistos diplomáticos serão concedidos pelas missões diplomáticas e, excepcionalmente, mediante autorização da SERE, pelas repartições consulares. Já os vistos oficiais e os vistos de cortesia serão concedidos pelas missões diplomáticas e repartições consulares.

6.7.1. Vistos temporários

Os vistos temporários (Vitem), subdividem-se, em função da atividade a ser desempenhada no país, em: **a)** Vitem I – para missões culturais, de pesquisa ou estudos, e de assistência social, quando não contempladas pelo Vitem V; **b)** Vitem II –

em viagem de negócios, assistência técnica e adoções; **c)** Vitem III – para artistas e desportistas; **d)** Vitem IV – para estudantes e bolsistas de instituições de ensino brasileiras, inclusive as de formação religiosa; **e)** Vitem V – para profissionais sob regime de contrato com empresa no Brasil ou com órgão do governo; **f)** Vitem VI – para correspondentes de meios de comunicação estrangeiros; e **g)** Vitem VII – para ministros de confissão religiosa, membros de instituto de vida consagrada ou ordem religiosa, que viajem ao Brasil como missionários.

No caso dos Vitems II e III, o prazo de estada no Brasil é de até 90 dias. Os Vitems IV e VII, até um ano, com a possibilidade do Vitem IV ser prorrogado, quando for o caso, mediante prova do aproveitamento escolar e da matrícula. Nos demais casos, o correspondente à duração da missão (Vitem I), do contrato (Vitem V) ou da prestação de serviços (Vitem VI), comprovada perante a autoridade consular, observado o disposto na legislação trabalhista (art. 14 do Estatuto do Estrangeiro).

6.7.2. Vistos permanentes

O visto permanente pode ser concedido ao estrangeiro que pretenda se fixar definitivamente no Brasil, e a imigração objetivará, primordialmente, propiciar mão de obra especializada aos vários setores da economia nacional, visando à Política Nacional de Desenvolvimento em todos os aspectos e, em especial, ao aumento da produtividade, à assimilação de tecnologia e à captação de recursos para setores específicos (art. 16 do Estatuto do Estrangeiro). Cabe ressalvar que a concessão do visto permanente poderá ficar condicionada, por prazo não superior a cinco anos, ao exercício de atividade certa e à fixação em região determinada do território nacional (art. 18 do Estatuto do Estrangeiro).

Os vistos permanentes (Viper) subdividem-se em duas categorias: **a)** imigração dirigida; e **b)** imigração espontânea. As solicitações de vistos permanentes referentes à imigração dirigida estão contempladas pelos acordos bilaterais de imigração e devem ser informadas segundo o disposto nesses instrumentos. Já no âmbito da imigração espontânea, serão examinados exclusivamente pela SERE os casos de: **a)** reunião familiar; e **b)** transferência de rendimentos de aposentadoria.

Por fim, é possível ao estrangeiro domiciliado em cidade de país limítrofe, exercer atividade remunerada no Brasil independentemente de visto de permanência, mediante documento especial que o identifique e caracterize sua condição, podendo, inclusive, ser expedida carteira de trabalho e previdência social (art. 21 da Lei 6.815/1980).

6.7.3. Transformação dos vistos

Os vistos temporários V e VII podem ser transformados em visto permanente, mas o titular do visto temporário VII só conseguirá a transformação após o prazo de dois anos de residência no Brasil (art. 37, *caput* e § 1º, da Lei 6.815/1980).

O art. 38 do Estatuto do Estrangeiro é peremptório ao vedar a legalização da estada de clandestino e de irregular, e a transformação em permanente, dos vistos de trânsito, de turista, temporário (Vitems I, II, III, IV e VI) e de cortesia.

Já o titular de visto diplomático ou oficial pode obter transformação desses vistos para temporário (Vitems I a VI) ou para permanente, ouvido o Ministério das Relações Exteriores e satisfeitas as exigências legais. Importante destacar que a transformação do visto oficial ou diplomático em temporário ou permanente importará na cessação de todas as prerrogativas, privilégios e imunidades decorrentes daqueles vistos (art. 39 da Lei 6.815/1980).

6.8. Extinção e sucessão

O grande princípio do tema é o da continuidade do Estado, pois, como visto no item **6.1**, todo Estado é um agrupamento humano estabelecido sobre um território determinado e guiado por um governo independente e, destarte, não é somente um produto convencional chancelado pelo direito, mas antes de tudo uma realidade física. Percebe-se o quão difícil é a extinção de um Estado.

6.8.1. Modalidades

6.8.1.1. Fusão

A fusão ocorre na hipótese em que dois ou mais Estados passam a constituir um único.

A fusão pode tomar várias formas, por exemplo: um Estado pode deixar de existir e se integrar a outro, como também dois Estados podem deixar de existir e formar um novo Estado.

6.8.1.2. Desmembramento e secessão

O desmembramento ou a secessão ocorrem pela formação de dois ou mais Estados provenientes da divisão de um Estado.

Como grande exemplo tem-se o processo de desmembramento da República Socialista Federativa da Iugoslávia.

6.8.1.3. Transferência territorial

A transferência territorial ocorre quando uma parcela territorial integrante de um Estado se transfere para outro.

Um exemplo é o Acre, que, em 17 de novembro de 1903, com a assinatura do Tratado de Petrópolis, tornou-se posse definitiva do Brasil. O território passou para o domínio brasileiro em troca do pagamento de 2 milhões de libras esterlinas, de terras de Mato Grosso e do acordo sobre a construção da estrada de ferro Madeira-Mamoré.

Nessa hipótese não se configura surgimento ou desaparecimento de soberania, mas somente uma mudança da soberania incidente sobre a parcela territorial transferida.

6.8.2. Consequências

6.8.2.1. Nacionalidade

O reflexo da sucessão incide de forma variada sobre a nacionalidade. Se o que ocorreu foi a fusão de dois Estados, seus nacionais adquirem a nacionalidade do recém-criado Estado e, paralelamente, perdem sua antiga nacionalidade.

No caso de desmembramento, os habitantes do novo Estado adquirem automaticamente sua nacionalidade, perdendo a antiga e tendo um eventual direito de escolha. Da mesma maneira se procede na chamada transferência de território.

6.8.2.2. Bens públicos

A "propriedade" dos bens públicos passará ao Estado sucessor em cujo território se encontrem. Esse patrimônio, acessório do território, será sempre do Estado detentor da soberania incidente. Por outro lado, os bens imóveis e móveis localizados no exterior serão divididos pelos Estados sucessores de forma equitativa.

6.8.2.3. Dívida externa

O Estado resultante da fusão é responsável pelo conjunto das obrigações convencionais e dos débitos de seus integrantes. No desmembramento e na transferência territorial, vige o *princípio da repartição ponderada da dívida*, levando-se em conta principalmente a destinação que tenha sido dada ao produto dos empréstimos externos.

6.8.2.4. Tratados

A matéria é regulada pela Convenção de Viena sobre Sucessão de Estados em Matéria de Tratados, a qual foi assinada em 23 de agosto de 1978 e entrou em vigor em 1996.

Na hipótese de desmembramento de Estado, vige o princípio da tábula rasa, o que permite ao Estado recém-criado se ver diante de uma mesa vazia de obrigações convencionais, ou seja, começar do zero no que tange à participação em tratados. Tal princípio vige também no caso dos tratados multilaterais, mas o novo Estado pode escolher ser parte, devendo enviar uma notificação de sucessão ao depositário, observados, neste último caso, os limites impostos para o ingresso de novos Estados-partes.

Na hipótese de fusão de Estado, os tratados multilaterais devem continuar em vigor; do contrário, o funcionamento do sistema internacional ficaria em perigo. Os tratados bilaterais devem ser renegociados, caso não exista acordo em mantê-los.

Por fim, o art. 11 da Convenção supracitada determina que os tratados relativos às fronteiras não sofrem modificação alguma na ocorrência de qualquer modalidade de sucessão de Estados, tampouco as obrigações e os direitos estabelecidos em tratado relativo ao regime vigente na zona fronteiriça.

7. Organizações internacionais

As organizações internacionais (OIs) são constituídas pela vontade coletiva dos Estados ou por outras organizações internacionais, entre elas ou com Estados, e possuem personalidade jurídica de direito internacional. Essa personalidade é derivada, consoante visto no item **6.1**, e distinta da personalidade de seus membros, o que permite às OIs exprimir vontade própria – distinta da de seus Estados-membros – ao agir nos domínios em que desenvolvem sua ação. Tal se dá tanto nas relações com seus membros quanto no relacionamento com outros sujeitos do Direito Internacional.

O protagonismo das organizações internacionais fica cada vez mais em evidência, pois o multilateralismo ocupa lugar de destaque na comunidade internacional. Com o tempo, percebeu-se a existência de problemas internacionais – por exemplo, o problema ambiental – que demandam respostas internacionais; nesse contexto, as respostas bilaterais não são tão eficazes. Ademais, a interdependência crescente dos Estados, nos mais diversos domínios, transformou as OIs no mecanismo por excelência da cooperação internacional.

Podem-se citar como grandes atores internacionais as Nações Unidas, de caráter universal, a União Europeia e a Organização dos Estados Americanos, de caráter regional. Ao lado dessas organizações intergovernamentais, cabe destacar a atuação das organizações não governamentais (ONGs) no cenário internacional. Todavia, deve-se lembrar que as ONGs não são criadas por Estados nem são reguladas pelo Direito Internacional, mas pelo direito interno do país onde foram constituídas.

Em outras palavras, as ONGs aparecem como uma federação de organizações nacionais congêneres. Elas associam-se por possuírem objetivos comuns no plano internacional e podem ser classificadas em função de sua finalidade, como nestes exemplos: **a)** finalidade humanitária – Anistia Internacional, Cruz Vermelha Internacional, Assistência Médica Internacional (Médicos Sem Fronteiras) etc.; **b)** finalidade social, cultural e recreativa – Rotary Club International, Lions Clube etc.; **c)** finalidade política – Internacional Socialista etc.; **d)** finalidade desportiva – Fifa (Federação Internacional das Associações de Futebol), COI (Comitê Olímpico Internacional) etc.

Portanto, as ONGs não têm, em princípio, personalidade jurídica internacional, embora esse caráter tenha sido atribuído, de forma especial, ao Comitê Internacional da Cruz Vermelha pela comunidade internacional em função da prestação de verdadeiro serviço público em escala global – o que é confirmado pelos tratados firmados[43] e pelo exercício do direito de legação. Com isso, esse comitê pode relacionar-se diretamente com os Estados e as organizações intergovernamentais quando tratar das matérias abrangidas por seu campo específico de atuação.

Antes de passarmos a analisar mais detidamente a personalidade jurídica das organizações internacionais, cabe esclarecer que o presente item 7 foi desenvolvido com base na importante obra intitulada *Organizações Internacionais*[44].

7.1. Personalidade jurídica

Como já dito no subitem 2.1., as OIs possuem personalidade jurídica e esta pode ser dividida em interna e internacional. A interna aparece em relação aos seus estados-membros e aos estados hospedeiros. Já a internacional está relacionada aos direitos, obrigações e prerrogativas em relação aos outros sujeitos de direito internacional.

A questão que suscita mais dúvidas é aquela referente a oponibilidade da personalidade jurídica internacional da OI em relação aos outros sujeitos de direito internacional (art. 35 da Convenção de Viena sobre Tratados). Ainda não existe um consenso em relação a todas OIs, mas pode-se afirmar, por exemplo, que a ONU e suas organizações especializadas ("constelação onusiana") têm personalidade jurídica internacional *erga omnes*, ou seja, extensível a todos os sujeitos de direito internacional, inclusive os estados não membros.

Tratando da personalidade jurídica internacional das OIs, de importância indiscutível mencionar o art. 6º da Convenção de Viena sobre o Direito dos Tratados entre Estados e Organizações Internacionais ou entre Organizações Internacionais: "a capacidade de uma organização internacional para celebrar tratados rege-se pelas regras dessa organização". Isto é, cada OI vai regular as características de sua personalidade jurídica. Todavia, cabe apontar que se o ato constitutivo de uma OI for omisso a esse respeito, isso não possibilitaria a contestação de sua personalidade jurídica (interna e internacional), pois esta é um atributo de toda organização social (como a OI o é), sem o qual não é possível agir em nome próprio no mundo do direito.

Mas existe uma distinção entre a personalidade jurídica internacional dos estados, que é plena, e a personalidade jurídica internacional das organizações internacionais, que é de certa forma limitada. A limitação ocorre em função do reconhecimento da personalidade jurídica estar umbilicalmente associado aos objetivos perseguidos pela OI. Dito de outro modo, a personalidade jurídica internacional das OIs é um atributo instrumental à prossecução dos objetivos sobre os quais têm competência para realizar. Ou seja, a limitação ocorre em função de seus objetivos. Já os Estados têm personalidade jurídica internacional *de per si*.

43. Convenções de Genebra de 1949.

44. CAMPOS, João Mota (coordenador). 4. ed. Coimbra: Ed. Coimbra, 2010.

E a personalidade jurídica internacional é fundamental para as OIs, pois, como dito, todas desempenham missões que implicam uma capacidade de ação autônoma nas relações internacionais, exercida a par ou mesmo à margem dos estados-membros e, portanto, uma personalidade jurídica internacional distinta das destes.

Ademais, o art. 42 do CC assim dispõe: "São pessoas jurídicas de direito público externo os Estados estrangeiros e todas as pessoas que forem regidas pelo direito internacional público".

Por fim e a título histórico, importante dizer que a personalidade jurídica das organizações internacionais foi reconhecida no parecer consultivo da Corte Internacional de Justiça no caso *Folke de Bernadotte*[45]: "A Corte, em parecer consultivo de 11 de abril de 1949, deixa claro que em semelhante hipótese a própria organização sofre um dano em seus serviços, e à conta desse dano – que não se confunde com aqueles causados diretamente às vítimas e a seus sucessores – tem direito a uma reparação adequada. Transparece do texto a convicção de que, por igual, a organização, titular que é de personalidade jurídica distinta das de seus Estados componentes, pode acaso ser autora de um ilícito e sofrer as respectivas consequências. A responsabilidade internacional, assim, pode envolver organizações internacionais tanto como autoras quanto como vítimas do ato ilícito segundo o direito das gentes[46]".

7.1.1. Direito de legação

O *direito de legação é a possibilidade de receber agentes diplomáticos (legação passiva) e de enviá-los (legação ativa). Os Estados e as organizações internacionais recebem e, geralmente, apenas os Estados enviam.*

Como dito, as OIs normalmente apenas gozam do direito de legação passiva, ou seja, de acolher ou acreditar os representantes dos Estados (mediante uma missão permanente). É o caso da ONU, da OCDE, da OTAN etc.

Por outro lado, a Santa Sé e a Soberana Ordem de Malta gozam do direito de legação ativo e passivo.

Agora passemos a análise de algumas das possíveis classificações das OIs.

7.2. Classificação

7.2.1. Quanto ao âmbito geográfico

Podem classificar-se em *universais* ou *regionais*. São universais as OIs que têm por escopo tratar de assuntos que interessam a todos os países, e, logo, estão abertas para a associação de todos os países. Já regionais porque tratam

45. Conde sueco e mediador da ONU na Palestina que, no exercício de suas funções, foi assassinado por extremistas israelenses em Jerusalém, em 1948.

46. REZEK, Francisco. *Direito Internacional Público*. 11. ed. São Paulo: Ed. Saraiva, 2008. p. 269-270.

de assuntos do interesse de uma parcela de países que se encontram geralmente numa mesma região e estão abertas somente para a associação destes países.

Exemplos de OIs de caráter universal são a ONU e suas agências especializadas. Cabe apontar algumas das principais organizações internacionais especializadas de vocação universal: **a)** Organização Internacional do Trabalho (OIT); **b)** Organização para a Alimentação e Agricultura (FAO); **c)** Organização para a Educação, Ciência e Cultura (UNESCO); **d)** Organização Mundial de Saúde (OMS); **e)** Organização Mundial para a Propriedade Intelectual (OMPI); **e)** Banco Mundial; **f)** Fundo Monetário Internacional (FMI). Tais organizações, como dito, fazem parte da chamada "constelação onusiana".

Constelação ou sistema onusiano é o conjunto de OIs que, embora detentoras de personalidade jurídica própria e fins específicos, coordenam sua atividade em função dos objetivos das Nações Unidas.

E exemplos de OIs de caráter regional são a União Europeia (UE), o Conselho da Europa, a Organização dos Estados Americanos (OEA), o Mercosul, a Organização da Unidade Africana, dentre outros. A Organização do Tratado do Atlântico Norte (OTAN) é um bom exemplo de OI regional, mesmo que seus membros não se encontrem geograficamente tão próximos.

7.2.2. Quanto ao âmbito funcional

Podem classificar-se em *de fins gerais* ou *de fins específicos*. São de fins gerais as OIs que têm por objetivo, consoante ao definido no respectivo pacto constitutivo, tratar de uma gama de assuntos referentes às relações pacíficas entre seus membros e a resolução de conflitos internacionais. Ao passo que são de fins específicos as OIs que têm por objetivo, consoante ao definido no respectivo pacto constitutivo, cuidar de assuntos particulares da cooperação internacional.

O exemplo mais emblemático de OI dirigida à fins gerais é a ONU, pois é a OI com a maior variedade de finalidades até hoje constituída. Outros exemplos são o Conselho da Europa, a Organização dos Estados Americanos (OEA) e a Organização da Unidade Africana.

E exemplos de OIs de fins específicos são Organização dos Países Exportadores de Petróleo (OPEP), Organização das Nações Unidas para Agricultura e Alimentação (FAO), Fundo Monetário Internacional (FMI), Organização Internacional do Trabalho (OIT), Organização Mundial de Saúde (OMS), Organização para a Cooperação e Desenvolvimento Econômico (OCDE), dentre outras.

7.2.3. Quanto ao âmbito estrutural

Podem classificar-se em *de cooperação* ou *de integração*. Basicamente a caracterização de uma ou outra vai ser determinada pela extensão da transferência de competências que os estados-membros decidiram em favor das organizações em que participam.

As OIs de cooperação possuem basicamente tais características: **a)** competências limitadas; **b)** estrutura institucional simples; **c)** decisões tomadas por consenso ou unanimidade; e **d)** deliberações que só criam obrigações aos estados e não diretamente aos nacionais destes estados.

Já as OIs de integração ou supranacionais (que veremos bem no capítulo 9) possuem basicamente essas características: **a)** competências amplas; **b)** estrutura institucional complexa; **c)** decisões tomadas por maioria simples ou qualificada, e sempre vinculativas; **d)** deliberações que criam obrigações aos estados e aos seus nacionais; **e)** existência de órgãos próprios para o exercício do poder executivo e das atividades administrativas; **f)** existência de um tribunal independente (poder jurisdicional obrigatório) constituído no seio da própria organização.

As características apontadas para os dois tipos de OIs representam apenas um quadro geral. Na prática, é comum que uma OI colecione tanto as características típicas de uma OI de cooperação como de uma OI de integração. Neste caso, é necessária uma ponderação entre as funções da OI para inseri-la em uma das duas categorias.

Os dois grandes exemplos de OI de integração são a União Europeia e o Mercosul. E a grande maioria das organizações internacionais tem a estrutura de OI de cooperação.

7.2.4. Quanto ao âmbito participativo

Podem classificar-se em *abertas* ou *fechadas*. São abertas as que condicionem a participação dos países a certos requisitos objetivos. Um bom exemplo de OI aberta é a ONU, consoante ao texto de art. 4º, § 1º, da Carta das Nações Unidas.

Por seu lado, são fechadas as OIs que limitam a participação de estados por não apresentarem certos requisitos tidos como essenciais. Esta limitação é motivada pelo caráter, objetivo ou âmbito geográfico da OI. Um bom exemplo de OI fechada é o Conselho da Europa, pois esta organização só permite o ingresso de estado europeu que seja uma democracia representativa e pluralista, além de respeitador dos direitos humanos.

7.3. Imunidades e privilégios

As OIs também gozam de privilégios e imunidades, tal como os estados. Todavia, enquanto os estados (e seus agentes diplomáticos e consulares – ver subitem 6.5.5.) possuem tais privilégios com fundamento no princípio da reciprocidade, as OIs e seus funcionários os têm como condição para o desempenho, com plena liberdade, das funções determinadas no seu estatuto.

Geralmente, os privilégios e as imunidades são disciplinados no denominado *acordo de sede*, concluído com o estado ou estados-hospedeiros. Neste(s) estado(s) funcionará a sede da OI e seus centros de atividade. Um acordo de sede conhecido foi o firmado entre os EUA e a ONU em 1947.

Sobre a matéria, é importante apontar que os privilégios e as imunidades das OIs e dos seus agentes somente são válidas nos estados-membros. Todavia, os privilégios e as imunidades da ONU são válidas perante qualquer país, mesmo os não membros.

Os privilégios e as imunidades de que as OIs podem se beneficiar revestem natureza e extensão diversas e isto em função da natureza de cada OI e de suas correlatas competências. Mas, de um modo geral, podemos listar como imunidades e privilégios das OIs e seus agentes, os seguintes: **a)** imunidade de jurisdição[47]; **b)** inviolabilidade dos locais de atividade da organização internacional e o correspondente direito de assegurar a proteção desses locais; **c)** inviolabilidade de todos os bens da OI (não passíveis de requisição, confisco ou expropriação) – imunidade de execução; **d)** garantia de livre comunicação com o exterior; **e)** inviolabilidade dos arquivos em qualquer circunstância e onde quer que se encontrem; e **f)** imunidades fiscais.

Quanto à imunidade de jurisdição e execução, importante abordar brevemente os recursos extraordinários já indicados na nota de rodapé 46. Trata-se de uma reclamação trabalhista ajuizada contra a Organização das Nações Unidas (ONU) e sua agência Programa das Nações Unidas para o Desenvolvimento (PNUD), onde se pedia o afastamento da imunidade de jurisdição desse organismo internacional, a fim de executar a sentença concessiva de direitos trabalhistas em favor de brasileiro contratado pelo PNUD. Todavia, foi defendido, pelo Plenário e de forma majoritária (conforme o voto da rel. Min. Ellen Gracie), que a ONU e suas agências especializadas possuem imunidade de jurisdição e de execução relativamente a causas trabalhistas. Do contrário, configuraria uma violação da Seção 2 da Convenção sobre Privilégios e Imunidades das Nações Unidas[48], promulgada pelo Decreto 27.784/1950.

Interessante nesse caso foram as ponderações do Min. Teori Zavascki, que apontou que a não observância de tratados internacionais, já incorporados ao direito interno, ofenderia a Súmula Vinculante 10[49]. Ainda, sublinhou que, se cláusula pertencente a sistema estabelecido em compromissos internacionais fosse considerada inconstitucional, seria necessário, além de sua formal declaração interna de revogação ou de inconstitucionalidade, também a denúncia em foro internacional próprio.

47. Vide RE 578543-MT/STF e RE 597368-MT/STF, rel. Min. Ellen Gracie.

48. "A Organização das Nações Unidas, seus bens e haveres, qualquer que seja sua sede ou o seu detentor, gozarão da imunidade de jurisdição, salvo na medida em que a Organização a ela tiver renunciado em determinado caso. Fica, todavia, entendido que a renúncia não pode compreender medidas executivas".

49. "Viola a cláusula de reserva de plenário (CF/1988, art. 97) a decisão de órgão fracionário de tribunal que, embora não declare expressamente a inconstitucionalidade de lei ou ato normativo do poder público, afasta sua incidência, no todo ou em parte".

Depois do breve estudo das possíveis classificações das OIs e de suas respectivas imunidades e privilégios, cabe verificarmos como se dá a criação, a extinção e a sucessão das organizações internacionais.

7.4. A Criação, a extinção e a sucessão

7.4.1. Criação das OIs

Como as OIs são constituídas pela vontade coletiva dos Estados ou por outras organizações internacionais, entre elas ou com Estados, pode-se afirmar que a criação das OIs dá-se normalmente por tratado internacional. Assim ocorreu com a dita primeira organização internacional: a Comissão Central do Reno. Esta Comissão foi instituída pela Ata Final do Congresso de Viena de 1815.

Foi dito "normalmente" porque existem exemplos de criação de OI por deliberação tomada no seio de uma OI. Nesta toada, a Resolução 2029 (XX) criou o Programa das Nações Unidas para o Desenvolvimento (PNUD) e a Resolução 1995 (XIX) criou a Comissão das Nações Unidas para o Comércio e o Desenvolvimento (CNUCED).

Percebe-se que estas duas OIs foram criadas para cumprir objetivos específicos que estão entre as finalidades das NU. Assim, pode-se vislumbrar a vontade dos Estados por trás das resoluções constitutivas dessas OIs, pois os estados criaram a ONU e concordaram em se empenhar com a persecução dos seus objetivos. Isto é, tal criação já estaria aceita pelos estados quando, primeiro, criaram a ONU.

7.4.2. Denominação do ato constitutivo

Antes de estudarmos o fenômeno da extinção das OIs, cabe prestar atenção ao fato de que os tratados constitutivos das OIs apresentam designações diferentes, mesmo que seja indiferente no plano prático. Segue alguns exemplos: **a)** Carta (Carta das NU); **b)** Estatuto (Estatuto do Conselho da Europa); **c)** Pacto (Pacto da Organização do Tratado do Atlântico Norte – OTAN); **d)** Convenção (Convenção de Estocolmo que criou a Associação Europeia de Comércio Livre); **e)** Constituição (Constituição da Organização Internacional do Trabalho – OIT); **f)** Tratado (Tratado de Roma – instituiu a Comunidade Europeia); e **g)** Resolução (Resolução 2029 (XX) que criou o Programa das Nações Unidas para o Desenvolvimento).

A lição que deve ser retirada é a de que, independentemente da designação, o ato constitutivo funciona como a "carta constitucional" da OI. Esta lição nos leva à consideração de que toda atividade desempenhada pela OI, incluída a produção das regras derivadas, deve ser subordinada ao estabelecido em sua carta constitutiva, sob pena de invalidade. A título conclusivo, cada OI tem uma ordem jurídica interna hierarquizada (no seu topo figura a carta constitutiva).

Outra consequência da lição aprendida é a da primazia da carta constitutiva da OI sobre os outros compromissos internacionais dos estados-membros. Tal ideia aparece no art. 103 da Carta das Nações Unidas: "No caso de conflito entre as obrigações dos Membros das Nações Unidas, em virtude da presente Carta e as obrigações resultantes de qualquer outro acordo internacional, prevalecerão as obrigações assumidas em virtude da presente Carta."

7.4.3. Extinção das OIs

As OIs são criadas, em regra, para funcionarem por tempo indeterminado. Mas existem alguns exemplos de instituição de OIs para viger por prazo determinado. Este é o caso da Comunidade Europeia do Carvão e Aço (CECA), criada pelo Tratado de Paris para viger pelo prazo de 50 anos.

Todavia, como dito, a regra é a criação de OIs para funcionarem por tempo indeterminado e a sua extinção ocorrerá consoante ao determinado no seu ato constitutivo (logicamente, apenas quando isto for previsto). De qualquer modo, a OI pode sempre se extinguir pela vontade dos próprios sujeitos de direito internacional que a criaram.

7.4.4. Sucessão das OIs

No terreno das sucessões das OIs, o mais corrente é que o patrimônio e as funções da OI extinta sejam transmitidos para uma OI existente ou uma a ser criada. Foi o que ocorreu em 1945, quando a ONU sucedeu à Sociedade das Nações (SDN). Outros exemplos são o Tribunal Internacional de Justiça (TIJ) que sucedeu o Tribunal Permanente de Justiça Internacional (TPJI), a Organização para a Cooperação e Desenvolvimento Econômico (OCDE) que sucedeu à Organização Europeia de Cooperação Econômica (OECE), entre outros.

Aqui também o ideal é que a própria OI discipline o seu processo sucessório, principalmente no tocante aos bens e aos feitos jurídicos dos atos adotados pela organização extinta. Uma sucessão bem regulada foi a da OECE pela OCDE.

Passemos a analisar as características e a atuação de algumas das principais Organizações Internacionais.

7.5. Organização das Nações Unidas (ONU)

A ONU é uma organização internacional que tem por objetivo facilitar a cooperação em matéria de Direito Internacional, segurança internacional, desenvolvimento econômico, progresso social, direitos humanos e a realização da paz mundial. Por isso, diz-se que é uma organização internacional de vocação universal.

Sua lei básica é a Carta das Nações Unidas, elaborada em São Francisco, de 25 de abril a 26 de junho de 1945. A Carta tem como anexo o Estatuto da Corte Internacional de Justiça.

Conforme se depreende do conceito, os propósitos da ONU são: **a)** manter a paz e a segurança internacionais; **b)** desenvolver relações amistosas entre as nações; **c)** realizar a cooperação internacional para resolver os problemas mundiais de caráter econômico, social, cultural e humanitário, promovendo o respeito aos direitos humanos e às liberdades fundamentais; e **d)** ser um centro destinado a harmonizar a ação dos povos para a consecução desses objetivos comuns.

E os princípios que devem nortear a atuação da ONU e de seus membros são: **a)** da igualdade soberana de todos os seus membros; **b)** da boa-fé no cumprimento dos compromissos da Carta; **c)** da solução de controvérsias por meios pacíficos; **d)** da proibição de recorrer à ameaça ou ao emprego da força contra outros Estados; **e)** da assistência às Nações Unidas; **f)** da não intervenção em assuntos essencialmente nacionais.

A ONU reúne quase a totalidade dos Estados existentes. Entre estes, existem os membros originários e os eleitos. Estes últimos são admitidos pela Assembleia Geral mediante recomendação do Conselho de Segurança. E só podem ser admitidos os Estados "amantes da paz" que aceitarem as obrigações impostas pela Carta e forem aceitos como capazes de cumprir tais obrigações.

Os membros podem ser suspensos quando o Conselho de Segurança instalar uma ação preventiva ou coercitiva contra eles, como também expulsos quando violarem insistentemente os princípios da Carta. A expulsão é processada pela Assembleia Geral mediante recomendação do Conselho de Segurança.

Passemos agora a abordar pontualmente a parte principal do organograma do sistema ONU.

7.5.1. Assembleia Geral

A Assembleia Geral é composta de todos os membros da ONU, cabendo a cada Estado-membro apenas um voto. Ela reúne-se em sessões ordinárias, uma vez por ano, e em sessões extraordinárias sempre que preciso for.

As decisões da Assembleia Geral são tomadas pela maioria simples dos membros presentes e votantes. Mas pode-se definir que o quórum será de dois terços quando tratar de questões consideradas importantes.

Entre algumas de suas funções, podem-se citar: **a)** aprovação do orçamento; **b)** eleição dos membros não permanentes do Conselho de Segurança e dos membros do Conselho Econômico e Social; **c)** nomeação do secretário-geral das Nações Unidas; e **d)** eleição, em conjunto com o Conselho de Segurança, dos juízes da Corte Internacional de Justiça.

7.5.2. Conselho de Segurança

No início, o Conselho de Segurança era composto de cinco membros permanentes (China, EUA, França, Reino Unido e URSS) e seis membros não permanentes, totalizando 11 membros, os quais eram eleitos pela Assembleia Geral para exercer mandato de dois anos, vedada a reeleição para o período seguinte. Depois de modificado em 1963, o Conselho de Segurança passou a ser composto dos mesmos cinco membros permanentes (China, EUA, França, Reino Unido e Rússia) e dez membros não permanentes, totalizando 15 membros, os quais continuam sendo eleitos pela Assembleia Geral para exercer mandato de dois anos, vedada a reeleição para o período seguinte. Cada membro do Conselho tem apenas um voto.

As decisões, quando processuais, dependem do voto afirmativo de nove membros. No restante das matérias, o mesmo quórum é necessário, mas com o acréscimo de que todos os membros permanentes devem votar afirmativamente – é o chamado *direito de veto*. Em que pese a Carta da ONU prever a unanimidade dos membros permanentes, a prática tem permitido que estes se abstenham da votação, o que configura a consensualidade, e não a unanimidade.

O Conselho de Segurança é o maior responsável pela manutenção da paz e da segurança internacionais.

7.5.3. Corte Internacional de Justiça (CIJ)

A Corte é o principal órgão judicial da ONU, substituindo a Corte Permanente de Justiça Internacional (CPJI) de 1922, que foi a primeira Corte internacional com jurisdição universal. A Corte funciona com base em seu estatuto e pelas chamadas *Regras da Corte* – espécie de código de processo.

A competência da Corte é ampla. Em relação à *ratione materiae*, a Corte pode analisar todas as questões levadas até ela, como também todos os assuntos previstos na Carta da ONU ou em tratados e convenções em vigor (art. 36, ponto 1, do Estatuto da CIJ). Já a competência *ratione personae* é mais limitada, pois a Corte só pode receber postulações de Estados, sejam ou não membros da ONU (art. 34, ponto 1, do Estatuto da CIJ).

O art. 36, ponto 2, do Estatuto da CIJ assim dispõe a cláusula facultativa de jurisdição obrigatória: "Os Estados-partes do presente estatuto poderão, em qualquer momento, declarar que reconhecem como obrigatória *ipso facto* e sem acordo especial, em relação a qualquer outro Estado que aceite a mesma obrigação, a jurisdição do tribunal em todas as controvérsias jurídicas que tenham por objeto: **a)** a interpretação de um tratado; **b)** qualquer ponto de Direito Internacional; **c)** a existência de qualquer fato que, se verificado, constituiria violação de um compromisso internacional; e **d)** a natureza ou a extensão da reparação devida pela ruptura de um compromisso internacional". A declaração de reconhecimento da jurisdição da Corte pode ser feita pura e simplesmente ou sob condição de reciprocidade, ou ainda por prazo determinado (art. 36, ponto 3, do Estatuto da CIJ). Lembrando que a CIJ resolve qualquer dúvida que surgir sobre sua jurisdição (art. 36, ponto 6, do Estatuto da CIJ).

Portanto, a título conclusivo, "a Corte Internacional de Justiça não tem competência automática sobre os Estados, e estes só poderão ser obrigados à submissão da Corte se: estiver previsto em tratado de submissão de um conflito à CIJ; decisão voluntária das partes envolvidas por meio de um compromisso; aceitação de jurisdição da CIJ em processo proposto por outro Estado; declaração de submissão pela cláusula facultativa de jurisdição obrigatória[50]". Por fim, cabe lembrar que a cláusula facultativa de jurisdição obrigatória foi inventada pelo diplomata brasileiro Raul Fernandes.

O art. 96, ponto 1, da Carta da ONU prevê uma função consultiva para a Corte. Assim, qualquer organização internacional intergovernamental – especialmente os órgãos das Nações Unidas – pode requerer parecer consultivo à Corte. Percebe-se que os Estados-membros não podem solicitar, diretamente, parecer consultivo à CIJ. Tal função permite à Corte ser um órgão produtor de doutrina internacional.

As decisões da Corte com base em sua competência contenciosa possuem caráter obrigatório (art. 59 do Estatuto da CIJ) e cada membro das Nações Unidas compromete-se a conformar-se com a decisão da Corte em qualquer caso em que for parte (art. 94, ponto 1, da Carta da ONU). Cabe dizer que se uma das partes em determinado caso deixar de cumprir as obrigações que lhe incumbem em virtude de sentença proferida pela Corte, a outra terá direito de recorrer ao Conselho de Segurança, que poderá, se o julgar necessário, fazer recomendações ou decidir sobre medidas a serem tomadas para o cumprimento da sentença (art. 94, ponto 2, da Carta da ONU). Já os pareceres consultivos não possuem caráter vinculativo.

Importante apontar também que a sentença da Corte é definitiva e inapelável. Todavia, em caso de controvérsia quanto ao seu sentido e alcance e desde que solicitado por qualquer das partes, a Corte a interpretará (art. 60 do Estatuto da CIJ). Por sua vez, o pedido de revisão da sentença só pode ser feito em razão de fato novo suscetível de exercer influência determinante e que, na ocasião de ser proferida a sentença, era desconhecido da Corte e também da parte que solicita a revisão, contanto que tal desconhecimento não tenha sido devido a negligência (art. 61, ponto 1, do Estatuto da CIJ).

A Corte é composta de 15 juízes eleitos de três em três anos para um período de nove anos e com a possibilidade de reeleição. Mas não é possível que seja eleito mais de um juiz

50. PORTELA, Paulo Henrique Gonçalves. **Direito Internacional Público e Privado**. 2. ed. Salvador: Ed. JusPodivm, 2010. P. 476-477.

da mesma nacionalidade. Em relação às qualificações necessárias para ser eleito, cabe reproduzirmos o art. 2º do Estatuto: "a Corte será composta de um corpo de juízes independentes, eleitos sem atenção à sua nacionalidade, entre pessoas que gozem de alta consideração moral e possuam as condições exigidas em seus respectivos países para o desempenho das mais altas funções judiciárias, ou que sejam jurisconsultos de reconhecida competência em direito internacional".

Por fim, o art. 31, ponto 1, do Estatuto da CIJ dispõe que "os juízes da mesma nacionalidade de qualquer das partes conservam o direito de funcionar numa questão julgada pela Corte" e o ponto 3 do artigo prossegue: "se a Corte não incluir entre os seus membros nenhum juiz de nacionalidade das partes, cada uma destas poderá proceder à escolha de um juiz". Assim, perante um caso prático, o Estado envolvido que não tenha juiz da mesma nacionalidade na Corte poderá indicar um juiz de sua nacionalidade para participar do julgamento.

7.5.4. Secretariado

O Secretariado é o órgão executivo da ONU. No ápice desse órgão encontra-se o secretário-geral da ONU[51], eleito pela Assembleia Geral mediante recomendação do Conselho de Segurança.

O secretário-geral atua como o principal funcionário administrativo da Organização, devendo, conforme o art. 98 da Carta da ONU, estar presente em todas as reuniões da Assembleia Geral, do Conselho de Segurança e do Conselho Econômico e Social, além de desempenhar outras funções que lhe forem atribuídas por esses órgãos.

7.5.5. Conselho Econômico e Social

O Conselho Econômico e Social é composto de 54 membros das Nações Unidas, eleitos para um período de três anos; a reeleição é permitida. Por último, a deliberação toma corpo pela maioria dos membros presentes e votantes.

Algumas de suas funções são: **a)** realizar estudos e apresentar relatórios sobre assuntos internacionais de caráter econômico, social, cultural, educacional etc.; **b)** confeccionar recomendações à Assembleia Geral, aos membros das Nações Unidas e às entidades especializadas interessadas; **c)** promover a cultura de respeito e implementar os direitos humanos; **d)** convocar conferências sobre os assuntos de seu interesse.

51. Segue para informação a lista de todos os secretários-gerais da ONU: Trygve Lie (Noruega) – 1946-1953; Dag Hammarskjold (Suécia) – 1953-1961; U Thant (Mianmar, antiga Birmânia) – 1961-1971; Kurt Waldheim (Áustria) – 1972-1981; Javier Pérez de Cuellar (Peru) – 1982-1991; Boutros Boutros-Ghali (Egito) – 1992-1996; Kofi Annan (Gana) – 1997-2006; Ban Ki-moon (Coreia do Sul) – 2007-atualidade.

7.5.5.1. Comissão Econômica para a América Latina e o Caribe – CEPAL

A CEPAL foi estabelecida, em 25 de fevereiro de 1948, pela Resolução 106 (VI) do Conselho Econômico e Social. Ela é uma das cinco comissões regionais das Nações Unidas e sua sede central está em Santiago, no Chile. E as suas sedes sub-regionais estão na Cidade do México (para a América Central) e em Porto Espanha (para o Caribe).

Sua grande missão era contribuir com o desenvolvimento econômico da América Latina, mediante a coordenação das ações tomadas para este fim e o auxílio para a melhora das relações econômicas entre os países membros e destes com as demais nações do mundo. Posteriormente, sua função se ampliou com a entrada, por meio da Resolução 67/1984 do Conselho Econômico e Social, dos países do Caribe e com a assunção do objetivo de também promover o desenvolvimento social.

A Comissão é reconhecida como uma escola de pensamento especializada na análise das tendências econômicas e sociais de médio e longo prazo dos países latino-americanos e caribenhos.

Celso Furtado e Raúl Prebisch tiveram grande destaque na CEPAL. Prebisch foi seu secretário executivo de 1950 a 1963.

7.5.6. Conselho de Tutela

O Conselho de Tutela foi criado para controlar o exercício da tutela sobre territórios não autônomos. Esse Conselho sucedeu à Comissão de Mandatos da SDN.

Após a independência de Palau (último território sob tutela), em 1º de novembro de 1994, sua atividade foi suspensa, embora continue a existir formalmente.

7.6. Organização Mundial do Comércio

A OMC é uma organização internacional, com sede em Genebra, na Suíça, que tem por objetivo zelar pelas normas que regem o comércio entre os países, em nível mundial ou quase mundial. Por isso, diz-se que é uma organização internacional especializada de vocação universal.

De maneira mais ampla, a OMC é uma organização para liberalização do comércio, um fórum para que os governos negociem acordos comerciais e um lugar para que os governos resolvam suas diferenças comerciais. Ademais, é encarregada de aplicar um sistema de normas comerciais – o chamado sistema de resolução de controvérsias da OMC.

O antigo Acordo Geral de Tarifas e Comércio (Gatt, 1947) não era uma organização internacional, mas sim um acordo temporário que teve vigência de 1948 a 1994, ano em que foi absorvido pelo conjunto institucional mais amplo e mais estruturado que é a OMC. Tal acontecimento se deu na Rodada Uruguai de negociações do Gatt e tomou corpo mediante a Reunião Ministerial de Marrakesh, entrando em vigor em 1º de janeiro de 1995 com sua ratificação (Decreto 1.355/1994). Sua estrutura comportava um acordo-base (instituidor da OMC), três anexos disciplinando acordos obrigatórios (entre eles a submissão do Estado-membro ao sistema de solução de controvérsias) e um anexo cuidando de um facultativo.

Antes mesmo do Gatt tencionou-se fundar a Organização Internacional do Comércio (Carta de Havana) no âmbito da Conferência de Bretton Woods, na qual se criou o Banco Mundial com a finalidade de possibilitar a reconstrução da Europa e o Fundo Monetário Internacional (FMI) para regulação do câmbio internacional. Mas a Organização Internacional do Comércio não saiu do papel, sobretudo pelas limitações do executivo estadunidense.

A Conferência de Bretton Woods estabeleceu as regras para as relações comerciais e financeiras entre os países mais industrializados do mundo, ou seja, elaborou um sistema de regras, instituições (Banco Mundial e FMI[52]) e procedimentos para regular a política econômica internacional.

No âmbito da OMC, vige a regra do *single undertaking*, ou seja, os países que aderirem à Organização automaticamente adotam os Anexos 1, 2 (Entendimento Relativo às Normas e Procedimentos sobre Solução de Controvérsias) e 3 (Mecanismo de Exame de Políticas Comerciais) do Acordo Constitutivo da OMC. O Anexo 4 (Acordos Plurilaterais[53]) é opcional. Lembrando que o Anexo 1A cuida dos Acordos Multilaterais sobre Comércio de Bens, o Anexo 1B regula o Acordo Geral sobre o Comércio de Serviços (Gats) e o Anexo 1C disciplina o Acordo sobre Aspectos dos Direitos de Propriedade Intelectual.

A OMC pauta-se no livre-comércio e na igualdade entre os países e atua com base nos seguintes princípios: **a)** princípio da não discriminação – é a coletivização do princípio da nação mais favorecida. A cláusula da nação mais favorecida foi muito utilizada pela Inglaterra no século XVIII, que aproveitava sua teia de relacionamento global – fato incomum na época – para conseguir o melhor acordo comercial possível com todos os países. Em termos práticos, a Inglaterra firmava um tratado com um país "B" para diminuir as tarifas sobre certo produto e garantia que seu produto receberia o melhor tratamento possível com a inserção da cláusula da nação mais favorecida, pois, nesse caso, a Inglaterra tinha sempre de ser a nação mais favorecida. Assim, se o país "B" diminuísse ainda mais as tarifas sobre aquele produto em proveito do país "C", as tarifas em relação ao produto da Inglaterra abaixariam automaticamente. Essa cláusula já não é mais aceita na atualidade – assim se garante tratamento igual para todos os países. Importante dizer que esse princípio comporta duas exceções: uma são os acordos regionais caracterizados como união aduaneira ou zona de livre comércio (art. XXIV do Gatt) e a outra engloba a concessão de benefícios dos países desenvolvidos em proveito dos países em desenvolvimento, como também as concessões mútuas de benefícios entre países em desenvolvimento (Sistema Geral de Preferências); **b)** princípio da previsibilidade – para facilitar o acesso ao comércio internacional. Nesse princípio aparece a consolidação tarifária, que nada mais é que a determinação de um teto limitador da incidência tarifária em certos produtos oriundos do exterior. Assim, antes de exportar determinado produto para o país "A", já é possível saber o máximo possível de incidência tarifária. Todavia, cabe dizer que os Estados-membros não são obrigados a consolidar todos os produtos, mas devem indicar na lista de concessões tarifárias quais deles foram consolidados e com que teto. Em outras palavras, "tarifa consolidada é o valor máximo (teto) de alíquota do imposto de importação que cada membro da OMC se compromete a aplicar para certos produtos do seu universo tarifário[54]"; **c)** princípio da concorrência leal – visa a garantir um comércio internacional justo; **d)** princípio da proibição da proteção nacional – a OMC, em geral, não permite a utilização de restrições quantitativas como forma de proteger a produção nacional. Melhor dizendo, não pode haver qualquer tratamento diferenciado que visa beneficiar os produtos nacionais em detrimento dos importados; e **e)** princípio do tratamento especial e diferenciado para os países em desenvolvimento – por esse princípio, por exemplo, os países em desenvolvimento têm vantagens tarifárias.

A estrutura institucional da OMC está assim definida: **a)** Conferência Ministerial – é o órgão supremo da OMC, do qual participam todos os Estados-membros por meio de seus ministros das Relações Exteriores ou equivalentes; tem competência para decidir sobre qualquer matéria objeto dos acordos. Reúne-se a cada dois anos ou quando for necessário. Cada membro tem direito a um representante e um voto; **b)** Conselho Geral – é o órgão executivo da OMC, composto dos embaixadores ou dos enviados dos Estados-membros. Cada membro tem direito a um representante e um voto; **c)** Órgão de Solução de Controvérsias – tem a função de dirimir as disputas comerciais entre os Estados-membros e é composto dos integrantes do Conselho Geral, que se reúnem mensalmente; **d)** Órgão de Revisão de Política Comercial – tem a função de examinar as decisões governamentais, no âmbito do comércio dos Estados-membros, com o intuito

52. Ambas as instituições são agências especializadas das Nações Unidas e exercem funções complementares.
53. Anexo 4A – Acordo sobre Comércio de Aeronaves Civis; Anexo 4B – Acordo sobre Compras Governamentais; Anexo 4C – Acordo Internacional de Produtos Lácteos; Anexo 4D – Acordo Internacional sobre Carne Bovina.
54. TIMM, Luciano Benetti; RIBEIRO, Rafael Pellegrini; ESTRELLA, Angela T. Gobbi. **Direito do Comércio Internacional.** Rio de Janeiro: Ed. FGV, 2009. p. 124.

de identificar violações aos acordos celebrados; **e)** Conselho sobre Comércio de Bens, Conselho sobre Comércio de Serviços e Conselho sobre os Direitos de Propriedade Intelectual Relacionados ao Comércio – cuidam da implementação dos acordos específicos nessas áreas e subordinam-se ao Conselho Geral.

Por fim, as Rodadas de Negociação na história do sistema multilateral de comércio são:

Gatt:

1ª rodada: Genebra, 1947 – 23 países participantes; tema coberto: tarifas.

2ª rodada: Annecy, 1949 – 13 países participantes; tema coberto: tarifas.

3ª rodada: Torquay, 1950, 51 – 38 países participantes; tema coberto: tarifas.

4ª rodada: Genebra, 1955, 56 – 26 países participantes; tema coberto: tarifas.

5ª rodada: Dillon, 1960, 61 – 26 países participantes; tema coberto: tarifas.

6ª rodada: Kennedy, 1964, 67 – 62 países participantes; temas cobertos: tarifas e medidas *antidumping*.

7ª rodada: Tóquio[55], 1973, 79 – 102 países participantes; temas cobertos: tarifas, medidas não tarifárias, cláusula de habilitação.

8ª rodada: Uruguai, 1986, 93 – 123 países participantes; temas cobertos: tarifas, agricultura, serviços, propriedade intelectual, medidas de investimento, novo marco jurídico, OMC.

OMC:

9ª rodada: Doha[56], 2001, ? – 149 países participantes; temas cobertos: tarifas, agricultura, serviços, facilitação de comércio, solução de controvérsias, regras em sentido geral.

7.6.1. Sistema de solução de controvérsias

O sistema de solução de controvérsias da OMC, como dito acima, tem a função de dirimir as disputas comerciais entre os Estados-membros e é basicamente dividido em cinco fases: consultas, painéis, apelação, implementação e retaliação. Cabe dizer que o sistema é fruto das normas, procedimentos e práticas elaborados desde o surgimento do Gatt em 1947[57].

Antes de analisar cada etapa, é importante destacar a mudança da regra do *consenso positivo*, vigente no Gatt, para a regra do *consenso negativo ou invertido*, norteadora do sistema de solução de controvérsias da OMC. Pela regra antiga era necessário um consenso de todos os membros do Gatt, inclusive o reclamado, para que um painel fosse instalado, um parecer técnico aprovado e retaliações comerciais fossem levadas a cabo pelo reclamante. Não é necessário mencionar a dificuldade desse sistema em funcionar, pois quase sempre o reclamado votava contra as medidas que o prejudicariam – assim, a regra antiga do consenso positivo impossibilitava, por razões políticas, o manuseio do importante sistema de solução de controvérsias da OMC. Por outro lado, todas essas etapas se tornaram praticamente automáticas com a regra do *consenso negativo ou invertido*, pois o painel só não é instalado se todos os Estados-membros da OMC, incluído o reclamante, forem contra. O mesmo se aplica para aprovação do parecer técnico e para permissão de adoção de retaliações comerciais. Essa automatização das etapas permite a prevalência das decisões jurídicas sobre as decisões políticas no seio da OMC.

Outro ponto importante antes de adentrarmos a análise das etapas componentes do sistema de solução de controvérsias é a limitação *ratione personae*, ou seja, apenas os Estados podem iniciar uma disputa na OMC, nunca os atores privados.

As etapas processuais são as seguintes:

a) etapa de consultas: antes de solicitar a criação de um painel junto à OMC, as partes em desacordo devem utilizar as consultas bilaterais – bons ofícios, conciliação e mediação – por provocação do reclamante. A etapa de consultas é obrigatória e deve durar 60 dias;

b) etapa de painéis I: se as consultas bilaterais não funcionarem, o reclamante pode solicitar, por escrito, a criação de um painel junto à OMC, mas cabe lembrar que o reclamado tem o direito de impedir a instauração do painel na primeira reunião. O painel é formado a cada caso e é composto normalmente por três indivíduos independentes e altamente qualificados, que possuem a missão de apreciar objetivamente a questão colocada e elaborar um parecer com o objetivo de aclarar se o reclamado descumpriu ou não as regras do comércio internacional estabelecidas pela OMC. O parecer deverá ser entregue às partes no prazo de seis meses, contado da formação do painel, e ao Órgão de Solução de Controvérsias no prazo de nove meses, contado também da formação do painel. É importante dizer que os especialistas em direito e comércio internacional são indicados por cada Estado-membro e devem ser aprovados pelo Órgão de Solução de Controvérsias;

c) etapa de painéis II: com o recebimento do parecer e sem a interposição do recurso de apelação, o Órgão de Solução de Controvérsias deve adotar o parecer no prazo de 60 dias – respeitando a regra do *consenso negativo*;

55. Até a Rodada Tóquio, os grandes participantes foram EUA e Europa.

56. Também conhecida como Rodada do Desenvolvimento.

57. Cabe recordar que o sistema de solução de controvérsias do antigo Gatt possuía apenas uma etapa de painéis, de cujas decisões não cabia recurso.

d) etapa da apelação: qualquer parte pode notificar o Órgão de Solução de Controvérsias de sua decisão de recorrer. O exercício do direito de recorrer fica condicionado ao respeito do prazo temporal, ou seja, 60 dias contados do recebimento do parecer elaborado pelo Órgão de Solução de Controvérsias. Nesse caso, o Órgão de Apelação terá o prazo de 60 dias para confeccionar um parecer sobre questões de direito da contenda comercial, lembrando que o Órgão de Apelação é um colegiado permanente que emite pareceres em sede de revisão e possui composição fixa (mandato de quatro anos, permitida uma reeleição[58]), a qual é escolhida por consenso entre todos os membros da OMC. Os relatórios do Órgão de Apelação são adotados pelo Órgão de Solução de Controvérsias e aceitos incondicionalmente pelas partes em litígio, salvo se o Órgão de Solução de Controvérsias decidir por consenso, incluindo o reclamante e o reclamado, não adotar o relatório confeccionado pelo Órgão de Apelação;

e) etapa da implementação: sendo aceita a reclamação, o reclamado apontado como o infrator deve tomar as medidas necessárias para modificar a conduta censurada pelas regras da OMC, consoante determinado no parecer do painel ou do Órgão de Apelação. As medidas devem ser tomadas dentro de um prazo razoável, que não pode exceder 15 meses contados da adoção pelo Órgão de Solução de Controvérsias do parecer confeccionado pelo painel ou pelo Órgão de Apelação. Entretanto, o supracitado prazo pode ser prorrogado por decisão das partes;

f) etapa da retaliação: caso o Estado-membro reclamado não cumpra a decisão do Órgão de Solução de Controvérsias após transcorridos 30 dias contados do final do prazo razoável, o Estado reclamante pode solicitar a permissão para adotar retaliações comerciais em desfavor do reclamado para, assim, buscar a compensação dos prejuízos sofridos. O termo técnico é suspensão de concessões. E "essa *suspensão de concessões* é uma autorização para o membro reclamante deixar de cumprir, em relação ao reclamado, obrigações decorrentes dos compromissos assumidos na OMC, em grau equivalente aos prejuízos decorrentes da infração às regras cometida pelo reclamado. Na prática, é uma autorização para impor retaliações comerciais[59]".

58. Art. 17, ponto 2, do Acordo sobre Normas e Procedimentos para Solução de Disputas.

59. TIMM, Luciano Benetti; RIBEIRO, Rafael Pellegrini; ESTRELLA, Angela T. Gobbi. **Direito do Comércio Internacional.** Rio de Janeiro: Ed. FGV, 2009. p. 123.

7.6.2. Mecanismos de defesa comercial

Depois de explicitado o sistema de solução de controvérsias da OMC, cabe apresentar sucintamente os três mecanismos de defesa comercial que os Estados podem utilizar para proteger a produção nacional.

7.6.2.1. Medidas compensatórias

Comecemos pelas *medidas compensatórias* (art. 4º do Acordo de Subsídios e Direitos Compensatórios – Decreto 93.962/1987), utilizadas para amortecer o potencial dano na importação de produtos que recebem subsídio em seu país de origem. Na prática, funciona com a imposição de sobretaxa para a importação desses produtos.

O "subsídio é qualquer contribuição financeira, suporte de renda ou preços concedido pelo governo ou órgão público, gerando um benefício (vantagem) privado, que seja específico para uma empresa ou setor industrial. Trata-se, portanto, de uma ação do governo que beneficia individualmente uma empresa ou setor industrial, reduzindo artificialmente os seus custos de produção[60]". Essa interferência estatal viola o princípio da concorrência leal, o qual visa a garantir um comércio internacional justo.

7.6.2.2. *Antidumping*

O *antidumping* também funciona com a imposição de sobretaxa para a importação de certos produtos (medida seletiva[61]). Todavia, ao contrário do subsídio, o *dumping*[62] é uma medida estritamente privada, isto é, praticada pelos atores privados.

Dito isso, cabe diferenciar a concorrência comercial leal da desleal, pois muitas vezes um produto com preço baixo oriundo do exterior está ancorado em competências bem realizadas, isto é, não viola o princípio da concorrência leal. Outras vezes, no entanto, o preço baixo é fruto de uma decisão que ambiciona prejudicar os fabricantes locais de produtos similares para, passado certo tempo e depois de eliminar tais concorrentes, dominar o mercado local de certo produto e, assim, impor tranquilamente seu preço diante da inexistência de concorrência.

60. TIMM, Luciano Benetti; RIBEIRO, Rafael Pellegrini; ESTRELLA, Angela T. Gobbi. **Direito do Comércio Internacional.** Rio de janeiro: Ed. FGV, 2009. p. 142.

61. Art. 8º, ponto 2, do Acordo *Antidumping.*

62. Art. 2º, ponto 1, do Acordo Relativo à Implementação do Art. VI do Acordo Geral sobre Tarifas Aduaneiras e Comércio: "Para os fins deste Código, um produto é objeto de *dumping*, isto é, introduzido no mercado de outro país a preço inferior ao seu valor normal, se o preço de exportação do produto, quando exportado de um país para outro, for inferior ao preço comparável, praticado no curso de operações comerciais normais, de um produto similar destinado ao consumo no país exterior".

Pelo descrito acima, fica claro que, no primeiro caso, o valor, apesar de ser baixo, é real, fruto do bom desempenho de competências. Entretanto, no segundo caso, o valor é baixo e irreal, fruto de um plano desleal de eliminar a concorrência em determinado setor. Dito isso, fica claro que situações que se encaixem no segundo caso violam o princípio da concorrência leal e autorizam a utilização da medida *antidumping*. Ainda mais restritivo é o considerando do Acordo Relativo à Implementação do Artigo VI do Acordo Geral sobre Tarifas Aduaneiras e Comércio ou Acordo *Antidumping*: "as práticas *antidumping* não devem constituir um entrave injustificável ao comércio internacional e (...) os direitos *antidumping* somente podem ser utilizados contra o *dumping* se este causa ou ameaça causar um dano considerável a uma indústria instalada ou se retarda sensivelmente a implantação de uma indústria[63]".

De suma importância é o art. 9º, ponto 1, do Acordo *Antidumping*: "Os direitos *antidumping* vigorarão somente durante o tempo e na medida necessária para neutralizar o *dumping* que estiver causando um dano". Todavia, o ponto 2 do artigo determina: "Quando se justificar, as autoridades encarregadas da investigação reexaminarão a necessidade de continuar a aplicar o direito *antidumping*, por iniciativa própria, ou por solicitação de qualquer parte interessada que justifique através de dados concretos a necessidade de tal reexame". E sempre os Estados devem relatar ao Comitê de Práticas *Antidumping* suas ações preliminares e finais (art. 14, ponto 4, do Acordo *Antidumping*).

As receitas oriundas da cobrança dos direitos *antidumping* e dos direitos compensatórios serão destinadas ao Ministério do Desenvolvimento, Indústria e Comércio Exterior, para aplicação na área de comércio exterior, conforme diretrizes estabelecidas pela Camex (art. 10, parágrafo único, da Lei 9.019/1995).

Por fim, cabe apontarmos a figura do *dumping* social. Tal medida garante que o produto tenha um valor mais barato do que o de mercado em função dos baixos salários pagos aos trabalhadores, do não respeito aos demais direitos trabalhistas, como também, em casos extremos, de utilização de trabalho escravo ou infantil.

7.6.2.3. Salvaguardas

Diferentemente das medidas de defesa anteriormente vistas, as salvaguardas não são utilizadas para defender a produção nacional contra um subsídio concedido por governo estrangeiro (medidas compensatórias) ou contra a deslealdade de um exportador estrangeiro (*antidumping*), mas sim para proteger temporariamente parcela da indústria nacional[64] que será diretamente atingida com a abertura ao comércio internacional. Por exemplo, o setor têxtil é "fechado" no Brasil, ou seja, é proibida a importação de qualquer produto têxtil, eis que o governo brasileiro decide permitir a importação de produtos têxteis a partir de certo momento. Diante desse fato e para proteger o setor têxtil brasileiro, o governo impõe as salvaguardas, as quais podem ser na forma de sobretaxas (da mesma forma como o procedido nas medidas compensatórias e *antidumping*) ou na forma de limitações quantitativas com a determinação de quotas de importação.

Como dito, "no caso das salvaguardas não existe a questão de uma prática comercial desleal a ser *punida*. Trata-se de um problema específico da indústria nacional de determinado país, que ainda não tem condições de enfrentar a concorrência de produtos importados. Por isso, a imposição de medidas de salvaguarda é vinculada a um compromisso de reestruturação do setor beneficiado pela proteção e sujeita o país que as aplica a ter de outorgar compensações aos parceiros comerciais prejudicados com perda de exportações[65]". Portanto, o país prejudicado pode exigir compensações (art. 11 do Acordo sobre Salvaguardas). Por fim, tal matéria é tratada no Acordo sobre Salvaguardas da OMC.

7.7. Organização Internacional do Trabalho - OIT

A Organização Internacional do Trabalho (OIT) é uma organização internacional que tem por objetivo melhorar as condições do trabalho no mundo. Por isso, diz-se que é uma organização internacional especializada de vocação universal.

A OIT foi criada em 1919, como parte do Tratado de Versalhes, que pôs fim à Primeira Guerra Mundial. Fundou-se sobre a convicção primordial de que a paz universal e permanente somente pode estar baseada na justiça social. É a única das agências do Sistema das Nações Unidas com uma estrutura tripartite, composta de representantes de governos e de organizações de empregadores e de trabalhadores. A OIT é responsável pela formulação e aplicação das normas internacionais do trabalho (convenções e recomendações). O Brasil está entre os membros fundadores da OIT e participa da Conferência Internacional do Trabalho desde sua primeira reunião.

Durante seus primeiros quarenta anos de existência, a OIT concentrou a maior parte de suas energias a desenvolver normas internacionais do trabalho e a garantir sua aplicação. Entre 1919 e 1939 foram adotadas 67 convenções e 66 recomendações. A eclosão da Segunda Guerra Mundial interrompeu temporariamente esse processo.

63. Promulgado no Brasil pelo Decreto 93.941/1987.

64. Considera-se como indústria nacional o conjunto de produtores de bens similares ou diretamente concorrentes ao produto importado, estabelecido no território brasileiro, ou os produtores cuja produção total de bens similares ou diretamente concorrentes ao importado constitua uma proporção substancial da produção nacional de tais bens. O termo indústria inclui, ainda, as atividades ligadas à agricultura.

65. TIMM, Luciano Benetti; RIBEIRO, Rafael Pellegrini; ESTRELLA, Angela T. Gobbi. **Direito do Comércio Internacional.** Rio de Janeiro Ed. FGV, 2009. p. 142-143.

No final da guerra, nasceu a Organização das Nações Unidas (ONU), com o objetivo de manter a paz através do diálogo entre as nações. A OIT, em 1946, se transformou em sua primeira agência especializada.

7.7.1. Objetivos e fins

Os objetivos e os fins da OIT estão definidos principalmente na Declaração da Filadélfia de 1944, que ampliou e aprofundou a Constituição Originária da OIT.

Podemos listar alguns deles: **a)** liberdade sindical; **b)** formação profissional; **c)** proteção dos trabalhadores migrantes; **d)** combate ao desemprego; **e)** regulamentação da duração do trabalho; **f)** proteção contra acidentes de trabalho; **g)** desenvolvimento da segurança social.

Tais objetivos e fins serão perseguidos sempre com respeito aos princípios fundamentais sobre os quais a OIT foi fundada (art. 1º da Declaração de Filadélfia): **a)** o trabalho não é uma mercadoria; **b)** a liberdade de expressão e de associação é uma condição indispensável para um progresso constante; **c)** a pobreza, onde quer que exista, constitui um perigo para a prosperidade de todos; **d)** a luta contra a necessidade deve ser conduzida com uma energia inesgotável por cada nação e através de um esforço internacional contínuo e organizado pelo qual os representantes dos trabalhadores e dos empregadores, colaborando em pé de igualdade com os Governos, participem em discussões livres e em decisões de caráter democrático, tendo em vista promover o bem comum.

Passemos, agora, a analisar pontualmente os principais órgãos do OIT.

7.7.2. Conferência Geral do Trabalho

É o órgão plenário e deliberante da OIT. Todos os estados-membros estão nela representados pela suas delegações. As delegações são compostas de dois delegados indicados pelo governo, um delegado representante dos empregadores e outro representante dos trabalhadores. Todos os membros da delegação têm direito de voto e podem divergir.

A Conferência reúne-se anualmente e tem competência ampla. Segue algumas de suas competências: **a)** adotar convenções e recomendações; **b)** controlar a aplicação pelos estados-membros das normas internacionais do trabalho constantes das convenções e recomendações; **c)** aprovar o orçamento da Organização; **d)** deliberar, por maioria de dois terços, sobre a conveniência de aceitar novos estados-membros; **e)** nomear os juízes do Tribunal Administrativo da OIT.

7.7.3. Conselho de Administração

É o órgão executivo da OIT e realiza três sessões por ano. Nomeia o Diretor-Geral da Repartição Internacional do Trabalho, que exerce as funções sob a autoridade do conselho.

7.7.4. Repartição Internacional do Trabalho

É um órgão permanente e funciona como secretariado da Organização. Desta forma, tem função burocrática e algumas funções executivas. Como dito, o Diretor-Geral é escolhido pelo Conselho e tem mandato de 5 anos.

Como atribuição, pode-se destacar a preparação das reuniões da Conferência Geral e a implementação de suas orientações, sob a orientação do Conselho de Administração.

7.7.5. Tribunal Administrativo

O Tribunal Administrativo da OIT é composto por três juízes efetivos e três suplentes, de diferentes nacionalidades, nomeados pela Conferência Geral do Trabalho por um período de três anos.

Este Tribunal não é privativo da OIT, assim, está aberto para qualquer organização internacional interestatal que reconhecer sua competência.

O Tribunal tem uma sessão ordinária anual e, eventualmente, sessões extraordinárias. E suas decisões são definitivas para os funcionários recorrentes, mas não são para as OIs que figuram no litígio, isto porque estas poderão pedir um parecer para o Tribunal Internacional de Justiça sobre a validade ou não da decisão proferida pelo Tribunal Administrativo da OIT.

7.8. União Europeia

Devido a uma maior proximidade temática, a União Europeia será analisada no item **10** (Direito Comunitário ou Direito da Integração).

7.9. Organização dos Estados Americanos

A Organização dos Estados Americanos (OEA) é uma organização internacional que tem por objetivo garantir a paz e a segurança no continente americano. Por isso, diz-se que é uma organização internacional de vocação regional.

Foi instituída na Nona Conferência Internacional Americana, que se reuniu em Bogotá (Colômbia), em 1948, pela Carta da Organização dos Estados Americanos e é considerada um organismo regional das Nações Unidas. A possibilidade de ingresso na OEA é aberta a todo Estado independente americano. No quesito ingresso, cabe fazer uma ponderação em relação a Cuba, pois tal país foi suspenso da OEA em 31 de janeiro de 1962, após seu governo declarar o caráter socialista da Revolução Cubana e se aliar à URSS. A suspensão foi revogada em 3 de junho de 2009 pela 39ª Assembleia Geral da OEA. A resolução que cessa a suspensão de Cuba determina que seu ingresso será pautado por um processo de diálogo com suporte nas práticas, propósitos e princípios da OEA.

Passemos, agora, à analise pontual dos principais órgãos da OEA.

7.9.1. Assembleia Geral

É o órgão superior da OEA, composto dos representantes de todos os Estados-membros, os quais têm direito a um voto cada. Reúne-se anualmente.

7.9.2. Conselhos

A OEA conta com o Conselho Interamericano Econômico e Social, o Conselho Permanente e o Conselho Interamericano de Educação, Ciência e Cultura, todos caudatários da Assembleia Geral.

7.9.3. Comissão Jurídica Interamericana

É o órgão consultivo em relação aos assuntos jurídicos, mas também atua no desenvolvimento e codificação do Direito Internacional.

7.9.4. Comissão Interamericana de Direitos Humanos

Tem por função primordial promover o respeito e a defesa dos direitos humanos, além de ser o órgão consultivo no referente aos assuntos humanitários.

7.9.5. Secretaria Geral

A Secretaria Geral é regida pelo secretário-geral, eleito para um mandato de cinco anos com impossibilidade de reeleição. É importante aventar que o secretário-geral não pode ser sucedido por pessoa de mesma nacionalidade.

7.10. Organizações especializadas

Cabe apontar algumas das principais organizações internacionais especializadas de vocação universal: **a)** Organização Internacional do Trabalho (OIT); **b)** Organização para a Alimentação e a Agricultura (FAO); **c)** Organização para a Educação, Ciência e Cultura (Unesco); **d)** Organização Mundial da Saúde (OMS); **e)** Organização Mundial para a Propriedade Intelectual (Ompi); **e)** Banco Mundial; **f)** Fundo Monetário Internacional (FMI).

8. Ser humano

A Declaração Universal dos Direitos Humanos de 1948 marca o início de um movimento de reconstrução da dignidade humana, após o vilipêndio sofrido com os terrores do nazifascismo. A partir de então, a proteção do ser humano dá-se também por um sistema internacional, ao contrário do que antes ocorria – a proteção dos direitos humanos ficava a cargo somente dos diplomas nacionais.

Visto que, o enfoque sobre a afirmação dos direitos do homem será deixado para a matéria de Direitos Humanos, o que importa analisar agora é o ser humano como sujeito de direito internacional.

A atribuição de personalidade jurídica internacional aos seres humanos data da última metade do século XX, sendo uma evolução do processo, mencionado acima, de reconstrução da dignidade humana. Destarte, o indivíduo adquiriu capacidade processual para pleitear direitos na esfera internacional. Lembrando-se que os tratados de direitos humanos atuam em harmonia com o direito interno, assim, vige o princípio do esgotamento dos recursos internos antes de se recorrer à tutela prestada pelos órgãos internacionais.

Outro fato que contribuiu para uma maior concretização da personalidade jurídica internacional do indivíduo foi, sem dúvida, a adoção do Estatuto do Tribunal Penal Internacional (TPI) pela Conferência de Roma em 17 de julho de 1998. Tem-se a partir de então um tribunal permanente para julgar indivíduos acusados da prática de crimes de genocídio, crimes de guerra, crimes de agressão e crimes contra a humanidade. Tal fato corrobora com a ideia de responsabilidade internacional do indivíduo, consoante o que se iniciou com os Tribunais de Nurembergue e de Tóquio[66], e depois de Ruanda e da Iugoslávia.

Ora, só os sujeitos de direito internacional podem ser responsabilizados perante a comunidade internacional. Assim, sob esse prisma também se pode afirmar que o ser humano é um sujeito de direito internacional.

Essa emancipação do ser humano perante a comunidade internacional é consequência da corrosão do positivismo voluntarista, o qual defendia os Estados como únicos sujeitos de direito internacional e excluía o destinatário final das normas jurídicas: a pessoa humana.

Passemos agora à análise de alguns direitos, reconhecidos pelo ordenamento internacional, do ser humano.

66. Tanto o Tribunal de Nurembergue como o de Tóquio foram instituídos para julgar os crimes de guerra e contra a humanidade perpetrados durante a Segunda Guerra Mundial. O Tribunal de Nurembergue tinha por missão julgar os líderes nazistas (o julgamento começou em 20 de novembro de 1945) e foi idealizado pelos Aliados (principais: EUA, URSS, Reino Unido e França) da Segunda Guerra, que escalou o Chefe da Justiça estadunidense, Robert Jackson, para ser seu coordenador. Cabe lembrar que a experiência de Nurembergue foi a primeira em que crimes de guerra foram julgados por um tribunal internacional. Já o Tribunal de Tóquio ou Tribunal Militar Internacional para o Extremo Oriente tinha por missão julgar os líderes do Império japonês (o julgamento começou em 3 de maio de 1946) e também foi idealizado pelos Aliados da Segunda Guerra. Uma crítica que se faz aos dois tribunais é que se trata de uma "justiça dos vencedores".

8.1. Nacionalidade

A nacionalidade é o vínculo político existente entre o Estado soberano e o indivíduo.

O art. 15 da Declaração Universal dos Direitos Humanos determina que nenhum Estado pode arbitrariamente retirar do indivíduo sua nacionalidade ou seu direito de mudar de nacionalidade. E o art. 20 da Convenção Americana sobre Direitos Humanos, celebrada em São José da Costa Rica, dispõe que toda pessoa tem direito à nacionalidade do Estado em cujo território houver nascido, se não tiver direito a outra. Pela redação desses dois diplomas fica claro que o ordenamento internacional combate a apatridia. Apátrida é a condição do indivíduo que não possui nenhuma nacionalidade. Por outro lado, o polipátrida é o indivíduo que possui mais de uma nacionalidade.

A nacionalidade será originária ou primária quando provier do nascimento – logo, involuntária –, e adquirida ou secundária quando resultar de alteração de nacionalidade por meio da naturalização ou em virtude de casamento – logo, voluntária. A nacionalidade originária pode ser a do Estado de nascimento (*jus soli*) ou a de seus pais (*jus sanguinis*). No Brasil, o critério adotado para determinar quem é brasileiro nato é o *jus soli*, todavia, existem exceções que utilizam o critério *jus sanguinis* (art. 12, I, *b* e *c*, da CF/1988), logo, pode-se afirmar que o Brasil usa um critério misto para a fixação da nacionalidade.

Cabe mencionar a existência do instituto chamado *jus laboris*, o qual possibilita que o serviço em prol do Estado seja um elemento favorecedor e facilitador para obtenção da naturalização.

Outro direito do indivíduo, que é consequência da condição de nacional, é a proibição do banimento. Assim, nenhum Estado pode expulsar nacional seu, com destino a território estrangeiro ou a espaço de uso comum.

8.1.1. Nacionalidade no Brasil

O art. 12 da CF/1988 regula a condição de brasileiro nato e naturalizado, como também as situações de perda da nacionalidade brasileira.

Segundo o inc. I do art. 12, são brasileiros natos: a) os nascidos em território brasileiro, embora de pais estrangeiros, desde que estes não estejam a serviço de seu país; b) os nascidos no estrangeiro, de pai ou mãe brasileiros, desde que qualquer deles esteja a serviço do Brasil; e c) os nascidos no estrangeiro, de pai ou mãe brasileiros, desvinculados do serviço público, desde que sejam registrados em repartição brasileira competente ou venham a residir no território nacional e optem, a qualquer tempo, depois de atingida a maioridade, pela nacionalidade brasileira.

Deve-se comentar que a terceira hipótese exposta acima foi disciplinada pela EC 54/2007, que ainda criou o art. 95 do ADCT: "Os nascidos no estrangeiro entre 7 de junho de 1994 e a data da promulgação desta Emenda Constitucional, filhos de pai brasileiro ou mãe brasileira, poderão ser registrados em repartição diplomática ou consular brasileira competente ou em ofício de registro, se vierem a residir na República Federativa do Brasil".

Consoante o inc. II do art. 12, são brasileiros naturalizados: **a)** os que, na forma da lei, adquiram a nacionalidade brasileira, exigidas aos originários de países de língua portuguesa apenas residência por um ano ininterrupto e idoneidade moral; e **b)** os estrangeiros de qualquer nacionalidade, residentes no Brasil há mais de 15 anos ininterruptos e sem condenação penal, desde que requeiram a nacionalidade brasileira (conhecida como naturalização extraordinária). A lei ordinária regulamentadora n. 6.815/1980 disciplina a possibilidade de aquisição da nacionalidade brasileira e, para tanto, exige, no mínimo, quatro anos de residência no Brasil, idoneidade, boa saúde e domínio do idioma (conhecida como naturalização ordinária). A naturalização só produzirá efeitos depois da entrega do certificado pelo juiz federal competente (arts. 119, *caput*, e 122, ambos da Lei 6.815/1980).

O § 1º do art. 12 da CF/1988 traz regra que permite conceder aos portugueses com residência permanente no Brasil, desde que haja reciprocidade em favor de brasileiros, os direitos e garantias fundamentais inerentes ao brasileiro naturalizado.

Por sua vez, o § 4º do art. 12 traz duas situações em que o brasileiro perderá a nacionalidade. Em uma delas (inciso II), a extinção do vínculo patrial pode atingir tanto o brasileiro nato (nacionalidade originária) quanto o naturalizado (nacionalidade derivada), bastando para isso que adquira outra nacionalidade, por naturalização voluntária. Tal possibilidade admite duas exceções: uma é no caso de a lei estrangeira reconhecer a nacionalidade originária; e a outra é quando a lei estrangeira impõe a naturalização ao brasileiro residente em país estrangeiro como condição para a permanência em seu território ou para o exercício de direitos civis. Na outra situação (inciso I), apenas o brasileiro naturalizado poderá perder a nacionalidade, o que ocorrerá quando a naturalização for cancelada, por sentença judicial, pelo exercício de atividade contrária ao interesse nacional. Nesse último caso, só é possível readquirir a nacionalidade brasileira por meio de ação rescisória, cabível somente quando a sentença judicial já estiver transitada em julgado.

8.1.2. Disciplina constitucional da distinção entre brasileiros naturalizados e natos

Segundo o art. 12, § 2º, da CF/1988, a lei não poderá estabelecer distinção entre brasileiros natos e naturalizados, salvo nos casos previstos na Constituição. Assim, segue a relação das únicas situações em que a CF/1988 disciplinou a distinção de tratamento entre brasileiros natos e naturalizados:

a) art. 12, § 3º, da CF/1988 – lista os cargos que só podem ser ocupados por brasileiros natos: presidente e vice-presidente da República; presidente da Câmara dos Deputados; presidente do Senado Federal; ministro do Supremo Tribunal Federal; carreira diplomática; oficial das Forças Armadas; e ministro de Estado da Defesa;

b) art. 5º, LI, da CF/1988 – o brasileiro nato nunca será extraditado e o naturalizado será em caso de crime comum, praticado antes da naturalização, ou de comprovado envolvimento em tráfico ilícito de entorpecentes e drogas afins;

c) art. 89, VII, da CF/1988 – lista os componentes do Conselho da República: entre eles, seis cidadãos brasileiros natos, com mais de 35 anos de idade, sendo dois nomeados pelo presidente da República, dois eleitos pelo Senado Federal e dois eleitos pela Câmara dos Deputados, todos com mandato de três anos, vedada a recondução;

d) art. 222 da CF/1988 – a propriedade de empresa jornalística e de radiodifusão sonora e de sons e imagens é privativa de brasileiros natos ou naturalizados há mais de dez anos, ou de pessoas jurídicas constituídas sob as leis brasileiras e que tenham sede no país.

8.2. Asilo

8.2.1. Asilo territorial

O asilo territorial é o acolhimento, pelo Estado, em seu território, de estrangeiro perseguido em seu país por causa de dissidência política, de delitos de opinião ou por crimes que, relacionados com a segurança do Estado, não configurem infração penal comum.

O direito do Estado de conceder asilo tem fundamento em sua soberania e deve ser respeitado pelos outros Estados. Deve-se lembrar, ainda, que o Estado asilante tem o direito de negar o asilo por motivos de segurança nacional.

Esse tipo de asilo é concedido pelo chefe de Estado.

8.2.2. Asilo diplomático

O asilo diplomático é o acolhimento, pelo Estado, em sua representação diplomática, do estrangeiro que busca proteção. É considerado uma forma provisória do asilo territorial, todavia, não assegura automaticamente sua concessão, a qual terá de ser processada para analisar o devido preenchimento de certas condições.

Essa modalidade de asilo tem grande aceitação na América Latina, sobretudo em função de seu passado de instabilidade política. A Convenção de Caracas de 1954[67] disciplina o instituto latino-americano denominado asilo diplomático. Seu art. 1º assim dispõe: "O asilo outorgado em legações, navios de guerra e acampamentos ou aeronaves militares, a pessoas perseguidas por motivos ou delitos políticos, será respeitado pelo Estado territorial, de acordo com as disposições desta Convenção. Para os fins desta Convenção, legação é a sede de toda missão diplomática ordinária, a residência dos chefes de missão, e os locais por eles destinados para esse efeito, quando o número de asilados exceder a capacidade normal dos edifícios. Os navios de guerra ou aeronaves militares, que se encontrarem provisoriamente em estaleiros, arsenais ou oficinas para serem reparados, não podem constituir recinto de asilo".

Os pressupostos do asilo diplomático são, em última análise, os mesmos do asilo territorial, isto é, a natureza política dos delitos atribuídos ao perseguido e a contemporaneidade da persecução.

Por fim, os locais onde esse asilo pode ocorrer são as missões diplomáticas – não as repartições consulares – e, por extensão, os imóveis residenciais cobertos pela inviolabilidade nos termos da Convenção de Viena sobre Relações Diplomáticas; e, ainda, consoante o costume, os navios de guerra porventura acostados ao litoral.

8.3. Refúgio

O refúgio é o acolhimento, pelo Estado, em seu território, de indivíduo perseguido por motivos de raça, religião, nacionalidade, grupo social ou opiniões políticas.

Deve-se atentar que o refúgio tem por base a situação de indivíduo que se encontre fora de seu país de nacionalidade e não possa ou não queira, por temor, regressar ou a situação de apátrida, que esteja fora do país onde teve sua última residência habitual e não possa ou não queira, por temor, regressar a tal país. Além disso, é possível considerar refugiado todo aquele que for vítima de grave e generalizada violação de direitos humanos.

8.4. Proteção diplomática

A proteção diplomática é a assunção de defesa de nacional por seu Estado.

A concessão de proteção diplomática é denominada endosso e exige alguns requisitos para ocorrer: **a)** a condição de nacional do indivíduo prejudicado (pessoa física ou jurídica); **b)** o esgotamento dos recursos internos (não só a existência de tais vias, como também sua acessibilidade, eficácia e imparcialidade); e **c)** a conduta escorreita do indivíduo reclamante (leia-se: não ter violado o ordenamento jurídico interno ou internacional).

Em outras palavras, o nacional – pessoa física ou jurídica – que for vítima de um procedimento estatal arbitrário no exterior e restar impossibilitado de fazer valer seus direitos

67. Promulgada pelo Dec. 42.628, de 13 de novembro de 1957, pelo então Presidente Juscelino Kubitschek.

pede ao seu país que lhe represente, isto é, pede a proteção diplomática. Deve-se dizer que tal direito do indivíduo nacional não significa obrigação de seu Estado em conceder a proteção, o qual ficará livre para aquiescer ou não.

Discussões surgem quando aparece a dupla nacionalidade ou a múltipla nacionalidade. Neste caso, qualquer dos Estados patriais pode proteger o indivíduo contra terceiro Estado. Contudo, o endosso não poderá tomar corpo se a reclamação for contra um dos Estados patriais; tal impossibilidade tem por fundamento o princípio da igualdade soberana dos Estados.

Outro ponto importante sobre a matéria é a possibilidade de as organizações internacionais protegerem seus agentes, quando estes a seu serviço forem vítimas de ato ilícito. Tal possibilidade foi aventada no parecer consultivo da Corte Internacional de Justiça no caso Folke de Bernadotte[68]. A tal modalidade de endosso dá-se o nome de proteção funcional. Nesse sentido são as palavras de Francisco Rezek: "no parecer consultivo referente ao caso Bernadotte, a Corte da Haia revelou que não apenas os Estados podem proteger seus nacionais no plano internacional, mas também as organizações internacionais encontram-se habilitadas a semelhante exercício, quando um agente a seu serviço é vítima de ato ilícito. Não há entre o agente e a organização um vínculo de nacionalidade, mas um substitutivo deste para efeito de legitimar o endosso, qual seja o vínculo resultante da função exercida pelo indivíduo no quadro da pessoa jurídica em causa. A essa moderna variante da proteção diplomática dá-se o nome de proteção funcional[69]".

A consequência jurídica do endosso é transformar o Estado em *dominus litis*, ou seja, daí para a frente o Estado vai agir em nome próprio, sendo livre para escolher os meios para materializar a proteção, como também para transigir ou desistir no curso da proteção.

Por fim, sobre o tema cabe mencionar a doutrina ou cláusula Calvo. Segundo Francisco Rezek[70], essa cláusula fundou-se na ideia de que não deve o Direito Internacional prestigiar teorias aparentemente justas e neutras, cujo efeito prático é, no entanto, acobertar privilégios em favor de um reduzido número de Estados. Ministro das Relações Exteriores da Argentina, Carlos Calvo estatuiu, em 1868, que para os estrangeiros, assim como para os nacionais, as cortes locais haveriam de ser as únicas vias de recurso contra atos da administração. Dessa forma, o endosso deveria ser recusado pelas potências estrangeiras a seus nacionais inconformados. Desde o aparecimento dessa doutrina, uma cláusula se fez com frequência incorporar aos contratos de concessão e ajustes análogos, celebrados entre governos latino-americanos e pessoas físicas ou jurídicas estrangeiras, segundo cujos termos as últimas renunciam desde logo, e para todos os efeitos, à proteção diplomática de seus países de origem em caso de litígio relacionado ao contrato. Trata-se da chamada *renúncia prévia à proteção diplomática.*

9. Responsabilidade internacional

De forma geral, a responsabilidade internacional decorre de ato ilícito (comissivo ou omissivo), em face do ordenamento internacional (tratados, princípios e costumes), imputável ao agente de Estado ou de organização internacional[71] que cause dano a algum sujeito de direito internacional. Mas a responsabilidade internacional pode restar configurada mesmo por ato lícito, desde que cause prejuízo a algum sujeito de direito internacional. Nas palavras de Alberto do Amaral Júnior: "é a chamada responsabilidade civil do Estado no Direito Internacional Público[72]".

Assim, o causador de dano, por ilícito internacional, deve ao Estado prejudicado uma reparação adequada. Em outras palavras, "assim, pode-se considerar como incontestável a regra de que o Estado é internacionalmente responsável por todo ato ou omissão que lhe seja imputável e do qual resulte a violação de uma norma jurídica internacional ou de suas obrigações internacionais[73]".

Vale destacar que "o fundamento da responsabilidade internacional compõe-se de dois pilares: o dever de cumprir as obrigações internacionais livremente avençadas e a obrigação de não causar dano a outrem[74]".

Existem três teorias sobre a natureza jurídica da responsabilidade internacional: subjetivista, objetivista e mista. A teoria objetivista da responsabilização prescinde da culpa e do dolo, tal como regulada pelos ordenamentos jurídicos nacionais[75]. Assim, a responsabilidade do Estado ou da organização internacional restará configurada pela simples (sem prova de culpa e dolo) prática de ilícito internacional e pela consequente produção de dano a outro Estado ou a nacional de outro Estado, como também a agente de organização internacional. Entretanto, como regra geral, não se admite uma responsabilização objetiva em direito internacional

68. Conde sueco e mediador da ONU na Palestina que, no exercício de suas funções, foi assassinado por extremistas israelenses em Jerusalém, em 1948.
69. **Direito Internacional Público.** 11. ed. São Paulo: Ed. Saraiva, 2008. p. 281.
70. **Direito Internacional Público.** 11. ed. São Paulo: Ed. Saraiva, 2008. p. 284.
71. **Vide art.** 57 do Projeto de Convenção sobre Responsabilidade dos Estados.
72. AMARAL JÚNIOR, Alberto do. **Manual do candidato: direito internacional,** p. 176.
73. ACCIOLY, Hildebrando; NASCIMENTO E SILVA; CASELLA, Paulo Borba. **Manual de Direito Internacional Público.** 19. ed. São Paulo: Ed. Saraiva, 2011. p. 385.
74. PORTELA, Paulo Henrique Gonçalves. **Direito Internacional Público e Privado.** 4. ed. Salvador: JusPodivm, 2012. p. 368-369.
75. Art. 186 do CC: "Aquele que, por ação ou omissão voluntária, negligência ou imprudência, violar direito e causar dano a outrem, ainda que exclusivamente moral, comete ato ilícito". E art. 927 do CC: "Aquele que, por ato ilícito (arts. 186 e 187), causar dano a outrem, fica obrigado a repará-lo".

(a regra é a teoria subjetivista ou da culpa), sendo sempre imperioso verificar a culpa ou o dolo no procedimento ilícito do Estado ou da organização internacional, exceto em casos especiais e tópicos – como, por exemplo, de danos advindos de atividades nucleares[76] (Tratado sobre Responsabilidade Internacional dos Estados por Danos Causados pela Exploração da Energia Nuclear, de 1963), da poluição marinha por óleo (Tratado sobre Danos Oriundos da Poluição Marinha por Óleo, de 1969) e do lançamento de objetos espaciais (Convenção sobre Responsabilidade Internacional por Danos Causados por Objetos Espaciais, de 1972)[77]. O Brasil é parte dos três diplomas internacionais citados, que cuidam de situações extremamente perigosas (*ultra-hazardous activities*).

Pelo dito, percebe-se que a regra geral é a da responsabilidade subjetiva dos Estados, ou seja, seus atos devem ser ilícitos e culposos – teoria da culpa[78]. Tal regra é excepcionada em situações específicas, em que a responsabilidade dos Estados será objetiva – teoria do risco. Nas palavras de Paulo Henrique Gonçalves Portela: "para a teoria objetivista, exige-se meramente o nexo causal entre o ato ilícito e a lesão daí decorrente[79]".

Cabe, por fim, apontar que a teoria mista exige para a configuração da responsabilidade internacional, por omissão, a prova de culpa, especificamente na modalidade de negligência. Por sua vez, nos atos comissivos bastará haver o nexo causal entre a conduta e o resultado prejudicial, tal qual ocorre na teoria objetivista.

Passemos à análise pontual dos elementos configuradores da responsabilidade internacional.

9.1. Elementos

9.1.1. Ato ilícito

O ato ilícito é um comportamento, comissivo ou omissivo, que viola o direito internacional *(convencional e costumeiro)*.

De forma mais detalhada, "a responsabilidade pode ser delituosa ou contratual, segundo resulte de atos delituosos ou da inexecução de compromissos contraídos"[80]. A jurisprudência tem apontado que a configuração do ato ilícito dá-se mais por violação de tratados e dos costumes internacionais.

76. Com previsão expressa no art. 21, XXIII, *d*, da Constituição brasileira.
77. Nesse sentido é a redação do art. 927, parágrafo único, do CC: "Haverá obrigação de reparar o dano, independentemente de culpa, nos casos especificados em lei, ou quando a atividade normalmente desenvolvida pelo autor do dano implicar, por sua natureza, risco para os direitos de outrem".
78. Tem por supedâneo o princípio de Direito romano *qui in culpa non est, natura ad nihil tenetur*.
79. **Direito Internacional Público e Privado.** 4. ed. Salvador: JusPodivm, 2012. p. 369.
80. ACCIOLY, Hildebrando; NASCIMENTO E SILVA; CASELLA, Paulo Borba. **Manual de Direito Internacional Público.** 19. ed. São Paulo: Ed. Saraiva, 2011. p. 385.

9.1.2. Dano

O dano é o prejuízo sofrido, por algum sujeito de direito internacional, em função de ato ilícito perpetrado por alguma pessoa jurídica de direito internacional. Isto é, o ato ilícito, mencionado no subitem anterior, tem de causar dano a algum sujeito de direito internacional. Lembremos, ainda, que o dano pode ser material ou imaterial (moral). Caso não se configure o dano no caso concreto, não subsistirá o dever de reparar.

9.1.3. Nexo de causalidade

O *nexo de causalidade é o vínculo existente entre a conduta ilícita e o dano, ou seja, o dano deve decorrer diretamente do ato ilícito internacional.*

O ato ilícito, comissivo ou omissivo, deve ser imputado a uma pessoa jurídica de direito internacional internacional. Importante asseverar que essa imputação é ficta, pois quem comete o ilícito é o agente, assim, é imprescindível que tenha praticado o ato ilícito na qualidade de oficial de órgão do Estado, e não como simples particular.

9.2. Outras considerações

A responsabilidade, no caso dos Estados, pode ser *direta* ou *indireta*. Será direta quando o ato ilícito for perpetrado por órgão de qualquer natureza ou nível hierárquico, e indireta quando o ato ilícito for praticado por dependência sua, como, por exemplo, um ilícito praticado por um dos estados componentes da República Federativa do Brasil.

O ato ilícito internacional normalmente é praticado por agentes do Poder Executivo. Mas é possível que o ilícito internacional resulte de atos oriundos do Poder Legislativo e do Judiciário. Entretanto, o ilícito internacional proveniente de ato dos particulares não dá causa, por si só, à responsabilidade internacional do Estado; necessário se faz comprovar a falta de diligência do Estado, notadamente em seus deveres de prevenção e de repressão.

Por outro lado, a configuração da responsabilidade do Estado não afasta *de per si* a responsabilidade pessoal de seus agentes (art. 58 do Projeto de Convenção sobre Responsabilidade dos Estados – *Draft articles on Responsibility of States for Internationally Wrongful Acts* – da Comissão de Direito Internacional da ONU).

A validade do ato em face da legislação interna é irrelevante para a responsabilidade internacional do Estado – ver arts. 1º, 2º e 3º do Projeto de Convenção sobre Responsabilidade dos Estados (*Draft articles on Responsibility of States for Internationally Wrongful Acts*), da Comissão de Direito Internacional da ONU.

9.3. Causas atenuantes e excludentes da ilicitude

São causas atenuantes, reconhecidas pela comunidade internacional, a imprecisão da regra internacional dita violada e o comportamento da vítima do ato ilícito.

As causas excludentes são: **a)** o consentimento (livre); **b)** a legítima defesa; **c)** as contramedidas; **d)** a força maior; **e)** o perigo; e **f)** o estado de necessidade. Tais causas excludentes da ilicitude encontram-se nos arts. 20 a 26 do projeto de Convenção da Comissão de Direito Internacional das Nações Unidas sobre a Responsabilidade dos Estados por Danos Transfronteiriços.

Deve-se ponderar, por fim, que mesmo com o consentimento da vítima estará configurada a responsabilidade internacional quando normas *jus cogens* forem violadas.

9.4. Reparação do dano

O responsável pelo dano deverá efetuar uma reparação condizente com a extensão do dano sofrido pela outra personalidade jurídica internacional, trata-se da chamada reparação integral. Em outros termos, todo Estado tem a obrigação primária de respeitar o ordenamento jurídico internacional (convencional e costumeiro). Uma vez desrespeitada essa obrigação primária, nasce a secundária, que é o dever de reparar.

O retorno ao *status quo ante* é a melhor forma de reparação, destarte, é o objetivo primordial de toda reparação. Todavia, o que se observa na comunidade internacional é a reparação por indenização. Ou seja, resolve-se a reparação com o pagamento de valores monetários. Mas, segundo a jurisprudência internacional, tal indenização deve cobrir os danos materiais (dano emergente e lucros cessantes) e os morais, quando existirem. E é importante sublinhar que a reparação integral do dano inclui a possibilidade de impor sanções penais a indivíduos (arts. 34 e 58 do Projeto de Convenção sobre Responsabilidade dos Estados, da Comissão de Direito Internacional da ONU), as quais, por sua vez, nunca poderão ser aplicadas aos Estados.

Cabe atentar às outras possibilidades de reparação, como a garantia de não repetição dos atos ilícitos.

Por fim, o dano essencialmente moral deverá ser reparado por meio condizente com sua natureza, como, por exemplo, o desagravo público, o pedido formal de desculpas, a punição das pessoas responsáveis.

10. Solução pacífica de controvérsias internacionais

As Convenções da Haia de 1899 e 1907 regularam a solução de controvérsias entre estados e marcaram o início de uma fase do direito internacional caracterizada pela institucionalização dos mecanismos de solução pacífica de disputas internacionais. Esta fase se consolidou com a criação do Tribunal Permanente de Justiça Internacional em 1921 e se intensificou no pós-Segunda Guerra Mundial.

A partir de então pode-se identificar inúmeros mecanismos de solução pacífica de controvérsias internacionais, tais como: meios diplomáticos e políticos, arbitragem, cortes judiciárias de âmbito regional e universal etc. Outra classificação é aquela que separa a solução pacífica em *amistosa* (meios diplomáticos, políticos e jurídicos) e *não amistosa* (meios coercitivos). Nessa obra adotaremos a classificação idealizada pelo jurista Francisco Rezek[81], em função de sua maior incidência em provas e exames.

Antes de adentrarmos ao estudo de cada modalidade de solução pacífica de disputas internacionais, é fundamental buscarmos uma definição de *controvérsia internacional.* Desde a decisão do TPJI no caso Mavromatis[82], pode-se afirmar que controvérsia internacional é um desacordo, entre dois sujeitos de direito, sobre uma questão de fato ou de direito. A controvérsia internacional tem origem no desacordo entre dois ou mais Estados, um Estado e uma organização internacional ou duas organizações internacionais.

Diante deste quadro, uma definição útil de controvérsia internacional pode ser essa: desacordo, entre dois sujeitos de direito, sobre uma questão de fato ou de direito que seja regulada pelo direito internacional público.

Por fim, é importante comentar a importância da solução pacífica de conflitos internacionais no "sistema onusiano". A solução pacífica de controvérsias internacionais figura como um dos propósitos da ONU (art. 1º da Carta da ONU). Neste sentido importante conhecer a redação do art. 33, § 1º, da Carta da ONU: "As partes em uma controvérsia, que possa vir a constituir uma ameaça à paz e à segurança internacionais, procurarão, antes de tudo, chegar a uma solução por negociação, inquérito, mediação, conciliação, arbitragem, solução judicial, recurso a entidades ou acordos regionais, ou a qualquer outro meio pacífico à sua escolha".

10.1. Meios diplomáticos

10.1.1. Entendimento direto

Trata-se de método de solução de controvérsias amistosa que envolve negociação entre os adversários, sem a presença de terceiros. O entendimento direto ocorre de maneira avulsa ou mediante utilização da comunicação diplomática já existente entre dois estados. Materialmente, pode ser oral ou por meio de troca de notas entre chancelaria e embaixada.

81. REZEK, Francisco. **Direito Internacional Público.** 11. ed. São Paulo: Ed. Saraiva, 2008.
82. Também chamado de "caso das concessões Mavromatis na Palestina", situação em que o Estado Grego demandou na Corte Permanente de Justiça internacional para defender o interesse de um cidadão grego em face da Inglaterra.

10.1.2. Sistema consultivo

Trata-se de método de solução de controvérsias amistosa que envolve negociação programada entre os adversários, sem a presença de terceiros. As consultas não ocorrem de maneira improvisada, mas por estarem previamente programadas.

O método consultivo tem grande importância no continente americano, principalmente após a Conferência Interamericana de Petrópolis, onde tentou-se implementar uma coordenação de medidas de proteção e de ajuda entre as repúblicas americanas, além de garantir a manutenção da paz no continente.

Por fim, pode-se dizer que o sistema consultivo é utilizado como um método de solução de controvérsias e também para a resolução de problemas que demandam resposta rápida e despertam o interesse dos estados-membros da OEA.

10.1.3. Bons ofícios

Trata-se de método de solução de controvérsias amistosa que envolve negociação entre os adversários, facilitada pela ação instrumental de um terceiro interessado. Instrumental porque este terceiro interessado, o prestador de bons ofícios, não propõe solução para a controvérsia, apenas a facilita mediante a aproximação das partes.

Fundamental saber que o prestador de bons ofícios pode ser um estado, uma organização internacional ou até mesmo uma pessoa, desde que reúna prestígio e reputação, e depende da aquiescência dos contendores para atuar, sob pena de caracterizar intromissão indevida nos assuntos de outros estados.

Por fim, deve-se frisar que a prestação de bons ofícios se enquadra nas atribuições do Secretário-Geral da ONU. Um exemplo conhecido foi a oferta de bons ofícios do Secretário-Geral da ONU na crise dos mísseis em Cuba, em 1962.

10.1.4. Mediação

Trata-se de método de solução de controvérsias amistosa que envolve negociação entre os adversários, facilitada pela ação decisiva de um terceiro interessado. Decisiva porque o terceiro interessado propõe solução para a controvérsia.

A escolha do mediador é geralmente feita em conjunto e por concordância dos adversários, mas não é sempre facultativa, podendo ser determinada por um tribunal ou mesmo imposta pelo Direito de determinado Estado. O mediador recolhe informações sobre a disputa e os argumentos de cada parte para ao final confeccionar uma solução, a qual não obriga as partes.

10.1.5. Conciliação

Trata-se de método de solução de controvérsias amistosa que envolve negociação entre os adversários, facilitada pela ação decisiva de um terceiro interessado. A conciliação é uma mistura de inquérito e mediação, pois engloba uma etapa de esclarecimento de fatos e outra de apresentação de solução para a controvérsia.

Outra diferença com a mediação é o seu caráter mais formal. A conciliação toma corpo com a constituição da comissão de conciliadores, geralmente formada por três ou cinco pessoas, dentre as quais figuram representantes dos estados em conflito e elementos neutros. A Comissão estabelecerá as regras que orientaram o procedimento de conciliação. Percebe-se que seu exercício é coletivo, ou seja, não existe conciliador singular e as deliberações geralmente ocorrem por maioria.

O relatório da comissão de conciliadores não é de todo obrigatório para as partes, mas existe certa expectativa sobre a sua aceitação.

Por fim, é de suma importância apontar o Anexo Único da Convenção de Viena sobre Direito dos Tratados, isto porque este traz a figura da conciliação obrigatória. Tal previsão já aparece em inúmeros tratados internacionais.

10.1.6. Inquérito

Trata-se de procedimento específico e preparatório de outro método de solução de controvérsias. Específico porque tem por função esclarecer a situação fática que ocasiona discordância e preparatório porque, como dito, antecede outros métodos (não só os meios diplomáticos) de solução pacífica de controvérsia internacional. Todavia, o inquérito pode constituir um método autônomo de investigação também, isto é, não necessariamente servir de etapa preparatória para outro método de solução de controvérsia internacional.

O inquérito pode ser realizado por especialista ou por uma comissão de especialistas, o que é mais comum. Os membros desta comissão provêm geralmente de governos e organizações internacionais.

Por fim, é importante frisar que a Assembleia Geral da ONU criou uma comissão de inquérito e conciliação para auxiliar na resolução de disputas que figurem estados-membros ou órgãos onusianos.

10.1.7. Perspectiva

Depois de analisar os meios diplomáticos de solução de controvérsias internacionais, é importante ter consciência de que as negociações bilaterais perdem importância na atualidade e isto se deve a maior utilização das negociações coletivas no seio de organizações internacionais para dirimir os conflitos internacionais.

10.2. Meios políticos

10.2.1. Nações Unidas – âmbito Global

Tanto a Assembleia Geral quanto o Conselho de Segurança das Nações Unidas funcionam como instâncias políticas de solução de disputas internacionais. Todavia, este meio só será utilizado diante de conflitos considerados graves, como, por exemplo, ameaça à paz. Depois que estes dois órgãos procederem à investigação da controvérsia, eles poderão emitir recomendações para os conflitantes (art. 39 da Carta das Nações Unidas).

Um dado importante e que o difere dos meios diplomáticos de solução de controvérsias, é o fato de o procedimento poder ser instaurado à revelia de uma das partes ou até de ambas, quando denunciado pelo secretário-geral da ONU ou terceiro estado-membro.

Além disso, apenas o Conselho de Segurança tem competência para agir preventiva ou corretivamente, utilizando-se até mesmo de força militar - mantida à sua disposição por membros das Nações Unidas - contra Estado ou movimento armado no interior de algum país (arts. 42 a 47 da Carta das Nações Unidas).

O emprego de força militar suscita considerações a respeito da sua legitimidade[83], entretanto, o art. 24, ponto 1, da Carta das Nações Unidas parece resolver essa questão: "A fim de assegurar uma ação pronta e eficaz por parte das Nações Unidas, os seus membros conferem ao Conselho de Segurança a principal responsabilidade na manutenção da paz e da segurança internacionais e concordam em que, no cumprimento dos deveres impostos por essa responsabilidade, o Conselho de Segurança aja em nome deles". Ou seja, todos os estados-membros da ONU transferiram ao Conselho de Segurança a responsabilidade no que tange à manutenção da paz e da segurança internacionais. E também as decisões de uso de força militar tomadas nos últimos anos, com grande acolhida da maioria dos estados, parece ter tornado o uso da força militar, em casos extremos, para manutenção da paz e da segurança internacionais em costume internacional.

Por fim, pode-se citar como exemplo recente a Resolução 1973 aprovada, em 2011, pelo Conselho de Segurança das Nações Unidas e que permitia o emprego de força militar na Líbia pela OTAN. O objetivo era impedir o massacre de civis por tropas do então ditador Muamar Kadafi e, assim, garantir a paz internacional.

10.2.2. Âmbito regional

Exercem essa função as organizações regionais que tenham vocação política, como, por exemplo, a Liga dos Estados Árabes e a Organização dos Estados Americanos.

83. Pois o grande objetivo da ONU é a manutenção da paz e da segurança internacionais.

Essas instâncias políticas de solução de controvérsias exercem papel parecido ao do Conselho de Segurança e da Assembleia Geral, no plano mundial.

Também podem exercer essa função as organizações de fins específicos que porventura possuam mecanismos não jurisdicionais de solução de controvérsias entre seus membros, delimitados *ratione materiae*. Um exemplo neste sentido é o Conselho da Organização da Aviação Civil Internacional (OACI), que é competente para examinar e formular solução para a controvérsia surgida entre seus membros, desde que seja no domínio da interpretação e aplicação da própria carta e de compromissos bilaterais concernentes à aviação civil internacional.

10.3. Meios jurídicos

10.3.1. Arbitragem

Trata-se de método de solução de controvérsias amistosa baseado na sentença arbitral confeccionada por árbitros escolhidos pelas partes.

Antes de qualquer consideração, é fundamental frisar que a arbitragem é uma via jurisdicional, porém não judiciária, de solução pacífica de controvérsias internacionais. Como dito, os árbitros serão escolhidos pelas partes, que também descreverão a matéria conflituosa e determinarão o direito aplicável para o deslinde da disputa. Neste último caso, poderão permitir que os árbitros decidam *ex aequo et bono* (senso de justiça).

Na prática, a base jurídica da arbitragem pode ser tanto a cláusula arbitral ou compromissória que figura no corpo de um tratado qualquer, como o compromisso arbitral prévio ou posterior ao conflito. Deve-se apontar que a estipulação da cláusula arbitral não dispensa a celebração do compromisso arbitral quando for necessário dispor sobre todos os aspectos necessários para a instalação e o bom funcionamento do tribunal arbitral.

O compromisso arbitral é um tratado específico que vai regular todos os aspectos da arbitragem. Por exemplo, no compromisso ficam qualificadas as partes, estipulado o nome dos árbitros e seus respectivos substitutos, determinado o objeto do litígio e o âmbito dos fatos controversos, como também as regras que regerão a instalação e o funcionamento do tribunal arbitral.

Mais precisamente, os estados escolhem um ou dois árbitros, os quais escolherão o presidente. Esses árbitros confeccionarão a sentença arbitral, que funciona como uma decisão jurídica, sendo obrigatória e definitiva. O fundamento dessa obrigatoriedade é o compromisso assumido pelas partes, onde se comprometeram em executar a sentença. Assim, em última análise, esse fundamento tem por base o princípio *pacta sunt servanda*. Mas o problema identificado é que a decisão arbitral tem que ser executada de boa-fé pelas partes, pois não existe a possibilidade de execução forçada, tal qual acontece no direito interno. Todavia, é importante esclarecer que o descumprimento da sentença arbitral configura ato ilícito internacional.

Por fim, a sentença arbitral não é passível de recurso, a menos que esteja previsto no compromisso arbitral e subordinado a descoberta de fatos novos, que não eram conhecidos na época em que a sentença arbitral foi proferida, que possam alterar a substância da decisão. Não obstante, é sempre possível que uma das partes entre com pedido de interpretação ou acuse de nulidade a sentença arbitral, desde que o árbitro incorra em falta grave, como, por exemplo, dolo, corrupção, abuso ou desvio de poder.

10.3.1.1. Corte Permanente de Arbitragem

A Corte Permanente de Arbitragem (CPA) é uma organização internacional, criada pela Primeira Conferência Internacional da Paz, de 1899, realizada na Haia, com o objetivo de facilitar o recurso imediato à arbitragem de controvérsias internacionais. A criação da CPA, até hoje sediada no Palácio da Paz, na Haia, representou o primeiro esforço de institucionalização da solução de controvérsias por meios pacíficos.

A CPA pode arbitrar e promover conciliações entre estados e entre estados e outras partes, inclusive organizações intergovernamentais. Cada estado parte pode indicar até quatro especialistas em Direito Internacional como membros da CPA, compondo os Grupos Nacionais.

É possível afirmar que não se trata de verdadeira corte, pois é uma lista permanente de pessoas qualificadas para funcionar como árbitros, quando escolhidos pelos estados litigantes.

Por fim, a CPA funciona também como um centro de pesquisa em arbitragem.

10.3.2. Cortes Internacionais

Hodiernamente, existem inúmeras cortes ou tribunais internacionais, tanto de âmbito global como regional, que são permanentes, compostos por juízes independentes e têm competência para dirimir disputas com supedâneo no direito internacional.

Segue alguns exemplos: **a)** no âmbito da ONU tem-se a Corte Internacional de Justiça (rever o subitem 7.5.3.); **b)** o Tribunal Internacional do Direito do Mar que foi instituído pela Convenção de Montego Bay e tem por função solucionar as controvérsias, entre seus membros, sobre o direito do mar (conforme vimos no subitem 6.3.3.9.); **c)** o Tribunal Penal Internacional que foi instituído para julgar indivíduos acusados da prática de crimes de genocídio, de crimes de guerra, de crimes de agressão e de crimes contra a humanidade (vamos estudar no capítulo 11); **d)** no âmbito do Conselho da Europa tem-se a Corte Europeia de Direitos Humanos (vamos estudar em direitos humanos); **e)** no âmbito da OEA tem-se a Corte Interamericana de Direitos Humanos (vamos estudar em direitos humanos). Pode-se citar também os tribunais internacionais *ad hoc* de Tóquio, Nuremberg, Ruanda e Ex-Iugoslávia.

A título histórico, cabe apontar qual foi o primeiro tribunal internacional de caráter permanente: "A instituição pioneira – o primeiro órgão de jurisdição internacional permanente – teve âmbito geográfico regional... Trata-se da Corte de Justiça Centro-Americana, instituída por tratado de 20 de dezembro de 1907 entre Costa Rica, El Salvador, Guatemala, Honduras e Nicarágua. Durou dez anos essa experiência, precoce a vários títulos. A Corte era aberta até mesmo à ação do particular, nacional de um de seus Estados-membros, que em determinadas circunstâncias pretendesse processar outro Estado. No seu breve período de existência a Corte de Justiça Centro-Americana julgou uma dezena de feitos, quatro dos quais ajuizados por particulares[84]".

10.4. Meios coercitivos

10.4.1. Retorsão

Trata-se de método de solução de controvérsias não amistosa que envolve a aplicação das mesmas medidas sofridas pelo Estado prejudicado contra o Estado agressor. Este método de solução de controvérsias não amistosa reverbera a ideia da pena de talião (*olho por olho, dente por dente*).

Deve-se ponderar que o ato praticado por um Estado, no exercício de sua soberania, em prejuízo de outro, nem sempre configura ato ilícito internacional. Dentro desse contexto aplica-se a retorsão. A base de tal método de solução de conflitos é o princípio da reciprocidade e do respeito mútuo entre Estados.

Passemos a alguns exemplos de situações autorizadoras da medida de retorsão: **a)** aumento exagerado, por um Estado, do imposto de importação sobre os produtos de outro Estado; **b)** proibição de acesso aos portos de um Estado direcionada a determinado Estado; dentre outros.

Por fim, é importante destacar que a prática da retorsão encontra certa resistência na prática internacional, apesar de sua legitimidade.

10.4.2. Represálias

Trata-se de método de solução de controvérsias não amistosa que envolve a prática de ato danoso em prejuízo de um Estado, que previamente prejudicou o agora Estado violador.

84. REZEK, Francisco. **Direito Internacional Público.** 11. ed. São Paulo: Ed. Saraiva, 2008. p. 355.

As medidas consideradas como represálias normalmente violam o direito internacional, todavia, não são consideradas ilícitas por serem uma reação contra o dano previamente sofrido.

As represálias são diferentes da retorsão em três sentidos: **a)** *motivação*: enquanto a retorsão tem por motivo um dano causado por um ato legal, as represálias têm por motivo um dano causado por um ato ilegal; **b)** *resposta*: enquanto a retorsão consiste na aplicação de medida semelhante à sofrida, as represálias não necessitam ser semelhantes; **c)** *materialidade*: enquanto a retorsão toma corpo geralmente mediante medidas legislativas e administrativas, as represálias tomam corpo mediante atos concretos e geralmente violentos.

Apesar de método ainda aceito na prática internacional, as represálias estão condicionadas a certas circunstâncias: **a)** é necessário que haja uma violação flagrante do direito internacional; **b)** a resposta tem que ser proporcional ao dano sofrido; **c)** é aplicada como último caso (*ultima ratio*); **d)** é cessada na medida em que a reparação é obtida; **e)** os efeitos danosos devem atingir apenas o Estado violador, nunca particulares e terceiros Estados.

Por fim, deve-se constatar que as represálias têm maior incidência em tempo de guerra.

10.4.3. Embargo

Trata-se de método de solução de controvérsias não amistosa que envolve a prática de ato danoso em prejuízo de um Estado, que previamente prejudicou o agora Estado violador. Pelo conceito percebe-se que se trata de uma forma de represália, mas devido sua especificidade será tratado separadamente.

Toma corpo, geralmente, pelo sequestro, em tempo de paz, de navios ou mercadorias de estrangeiros que estejam em portos ou águas territoriais do Estado que lança mão do embargo. Funciona como um penhor, mas com a posterior declaração de guerra torna-se presa bélica mediante confisco.

Este meio coercitivo de solução de controvérsias já não possui tanta acolhida na prática internacional.

10.4.4. Bloqueio pacífico

Trata-se de método de solução de controvérsias não amistosa que envolve a prática de ato danoso em prejuízo de um Estado, que previamente prejudicou o agora Estado violador. Pelo conceito percebe-se que se trata de uma forma de represália, mas devido sua especificidade será tratado separadamente.

Toma corpo, geralmente, pelo uso de força armada para impedir as comunicações com os portos ou o litoral de um país. Esta ação tem por finalidade obrigar que o "estado bloqueado" tome certas providências. Todavia, o bloqueio não pode afetar navios de outros países, pois, consoante ao visto no subitem 10.4.2, os efeitos danosos devem atingir apenas o estado violador. Nesse caso, o meio coercitivo vai atingir os nacionais do estado bloqueado, mas é a única maneira de tornar a medida efetiva.

O Instituto de Direito Internacional, na sessão de Heidelberg, em 1887, estabeleceu três condições para que o bloqueio seja legítimo: **a)** que o bloqueio não impeça a entrada de navios estrangeiros; **b)** que o bloqueio seja declarado e notificado oficialmente, além de ser executado por força suficiente; **c)** que os navios que desrespeitem o bloqueio sejam somente objeto de sequestro, com a correlata obrigação de os devolver para seus donos após a cessação do bloqueio, sem direito à indenização.

10.4.5. Boicotagem

Trata-se de método de solução de controvérsias não amistoso que envolve a interrupção das relações comerciais com um Estado, que previamente prejudicou o agora Estado violador ou o agora particular violador. Pelo conceito percebe-se que esse método coercitivo pode ser utilizado tanto pelo governo como por seus particulares e visa à "persuasão forçada" do Estado considerado ofensor dos interesses do Estado agredido ou de seus nacionais, no sentido de mudar de atitude.

A boicotagem só vai ser autêntica se for empregada como legítima defesa diante de atos de injustiça ou de agressão. Quando considerada como legítima defesa, não gerará a responsabilidade internacional do estado.

As maiores discussões concentram-se na configuração da responsabilidade internacional do Estado quando a boicotagem for empreendida por particulares. Assim, a boicotagem voluntária é legítima e não gera responsabilidade para o Estado, enquanto que a boicotagem compulsória é ilegítima e gera responsabilidade para o Estado.

Por fim, a boicotagem pode ser utilizada, por decisão do Conselho de Segurança da ONU, para dar efetividade às suas decisões que envolvam situações de ameaça a paz internacional (art. 41 da Carta da ONU).

10.4.6. Ruptura das relações diplomáticas

Trata-se de método de solução de controvérsias não amistosa que envolve a ruptura das relações diplomáticas com um Estado, para persuadi-lo a mudar de atitude, considerada danosa ao Estado ora violador, ou para persuadi-lo a chegar a um acordo sobre determinado assunto que o separa do Estado ora violador.

O art. 41 da Carta da ONU também prevê tal medida, todavia, apenas como meio para se buscar um acordo sobre assunto que ameace a paz internacional.

A ruptura de relações diplomáticas toma corpo ou pela entrega de passaportes ao diplomata do Estado a que se aplica ou pela retirada do seu próprio diplomata da capital do Estado a que se aplica, ou até pelas duas medidas concomitantemente.

Normalmente é interpretada na prática internacional como um protesto, o que não necessariamente leva à situação de guerra.

10.5. Operações de manutenção de paz

Pela dificuldade de enquadrá-la nos subitens anteriores, devido sua característica única de misto de meio diplomático e coercitivo, trataremos do tema no item separado. O instituto da "manutenção da paz" não foi disciplinado na Carta das Nações Unidas e Dag Hammarskjöld, então segundo Secretário-Geral da ONU, sugeriu que essas operações pertenceriam ao "Capítulo Seis e Meio" da Carta. Lembrando que o capítulo VI da Carta cuida das medidas pacíficas de solução de controvérsias, enquanto o VII cuida das medidas coercitivas.

Primeiramente, os três princípios básicos das operações de manutenção de paz da ONU são: **a)** consenso das partes; **b)** imparcialidade; e **c)** proibição do uso da força — a não ser em legítima defesa e em defesa do mandato. Tais princípios foram construídos na que viria a ser propriamente a primeira operação de manutenção de paz – a UNEF – levado a cabo pela ONU, e que atuou na crise do Suez. Deve-se dizer que a iniciativa de criar tais operações surgiu no mandato de Dag Hammarskjöld, o segundo Secretário-Geral da ONU. Assim, pode-se afirmar que a ONU apenas vai possuir legitimidade para implantar uma operação de paz se os princípios apontados forem respeitados no caso concreto. Todavia, importante saber que o princípio do consenso das partes é mitigado sobretudo nas situações de guerras civis e pelo conceito *Responsibility to Protect* (Resolução 63/308 da Assembleia Geral das Nações Unidas).

Cabe lembrar que as operações de manutenção de paz estão cada vez mais voltadas para os conflitos internos ou guerra civis. Tome de exemplo a conhecida – pelo grande fracasso – operação de manutenção de paz em Ruanda (UNAMIR) que ocorreu de 1993 a 1995.

Por fim, imperativo indicar que o Brasil é um dos mais tradicionais contribuintes de efetivos militares para operações de manutenção da paz das Nações Unidas. A atuação constante do Brasil nessas operações está embasada no art. 4º, VI e VII, da CF/1988 e no fato de o Brasil ser membro fundador da ONU e essa organização ter por principal propósito manter a paz e a segurança internacionais. Vale destacar, por exemplo, que o Brasil comandou a recente Operação de Manutenção de Paz das Nações Unidas no Haiti (MINUSTAH).

11. Direito comunitário

O direito comunitário é o ordenamento jurídico, em seu sentido lato, criado por um bloco regional de integração. Bloco regional, a exemplo do Mercosul e da União Europeia, é a associação de países regionalmente próximos com o intuito de prover a integração entre eles em diversos sentidos.

Existem inúmeras maneiras de proceder à integração regional, normalmente apontadas como um processo evolucional rumo à integralização máxima. Conforme a tipologia das etapas do processo de integração elaborada pelo economista húngaro Béla Balassa, são elas:

a) Zona de Preferência Tarifária – dois ou mais países gozam de tarifas mais baixas do que as aplicadas a outros que não possuem acordo preferencial. É o caso da Aladi (Associação Latino-Americana de Integração);

b) Zona de Livre-Comércio – os países do bloco reduzem drasticamente ou eliminam as tarifas alfandegárias ou não alfandegárias entre eles. É o caso do Nafta (Acordo de Livre-Comércio da América do Norte), formado por Estados Unidos, Canadá e México;

c) União Aduaneira – além de os países do bloco eliminarem as tarifas alfandegárias ou não alfandegárias entre eles, estabelecem as mesmas tarifas de importação (TEC – Tarifa Externa Comum) para o comércio internacional fora do bloco. O melhor exemplo é o Mercosul, apesar de este ser considerado uma união aduaneira imperfeita;

d) Mercado Comum – conserva as características da união aduaneira com acréscimo das outras liberdades fundamentais do mercado (livre circulação de pessoas, serviços e capitais). Percebe-se que na união aduaneira existe tão somente a livre circulação de bens. O exemplo foi a Comunidade Europeia – leia-se União Europeia antes da entrada em vigor do Tratado de Maastricht de 1993;

e) União Econômica e Monetária – conserva todas as características anteriormente apresentadas com o acréscimo de possuir uma política macroeconômica unificada. Percebe-se que a principal diferença entre o mercado comum e a união econômica e monetária reside na política macroeconômica coordenada do primeiro e na unificada do segundo. A título de solapar possíveis dúvidas, a adoção de moeda única não é condição para constituição da união econômica e monetária, mas sim o ponto alto de tal modalidade de integração. É o caso da União Europeia pós-Tratado de Maastricht.

Após a breve exposição sobre direito comunitário ou direito da integração, passemos à *análise pontual dos dois grandes exemplos de integração hoje existentes: Mercosul e União Europeia.*

11.1. Mercosul

O Mercosul é uma união aduaneira formada por Argentina, Uruguai, Brasil, Paraguai (encontra-se suspenso do bloco após o duvidoso "*impeachment*" do ex-Presidente Fernando Lugo) e, mais recentemente, pela Venezuela também e funciona pela cooperação intergovernamental. Os Estados Associados do Mercosul são Bolívia, Chile, Colômbia, Equador e Peru. Apesar da indiscutível personalidade jurídica de direito internacional ostentada pelo Mercosul, cabe reproduzir o muito citado art. 34 do Protocolo de Ouro Preto: "O Mercosul terá personalidade jurídica de Direito Internacional".

Importante sublinhar que o Mercosul é fundado na reciprocidade de direitos e obrigações entre os Estados-partes (art. 2º do Tratado de Assunção) e o seu funcionamento é viabilizado por um sistema deliberativo que funciona via o consenso dos Estados-partes.

A maneira escolhida pelo Mercosul para iniciar o processo de integração regional foi associar-se em forma de união aduaneira, mas seu fim último é constituir-se em mercado comum, seguindo os objetivos estabelecidos no Tratado de Assunção, por meio do qual o bloco foi fundado, em 1991.

Segundo o art. 1º do Tratado de Assunção, o Mercado Comum implica: **a)** a livre circulação de bens, serviços e fatores produtivos entre os países por meio, entre outros aspectos, da eliminação dos direitos alfandegários e restrições não tarifárias à circulação de mercadorias e de qualquer outra medida de efeito equivalente; **b)** o estabelecimento de uma tarifa externa e de uma política comercial comuns em relação a Terceiros Estados ou agrupamentos de Estados, e a coordenação de posições em foros econômico-comerciais regionais e internacionais; **c)** a coordenação de políticas macroeconômicas e setoriais – de comércio exterior, agrícola, industrial, fiscal, monetária, cambial e de capitais, de serviços, alfandegária, de transportes e comunicações e outras que se acordem – entre os Estados-partes, a fim de assegurar condições adequadas de concorrência entre eles; e **d)** o compromisso dos Estados-partes de harmonizar suas legislações, nas áreas pertinentes, para lograr o fortalecimento do processo de integração.

Todavia, o Mercosul vem sendo considerado uma união aduaneira imperfeita devido a inúmeros problemas para sua implementação. Citem-se as exceções à Tarifa Externa Comum (TEC) impostas pelos países-membros em decorrência das assimetrias internas, como a conscientização de que o pacto não avançou na livre circulação de bens e de serviços, nem no completo desmantelamento das barreiras alfandegárias. Ademais, não foi estabelecido um regime de distribuição de receita aduaneira entre os membros do grupo.

Passemos à análise pontual dos principais órgãos do Mercosul, tanto os de capacidade decisória e natureza intergovernamental (Conselho do Mercado Comum, Grupo Mercado Comum e Comissão de Comércio) como os consultivos (Parlamento, Secretaria Administrativa e Foro Consultivo Econômico e Social).

11.1.1. Conselho do Mercado Comum (CMC)

Segundo o art. 3º do Protocolo de Ouro Preto, o Conselho do Mercado Comum (CMC) é o órgão superior do Mercosul e tem por finalidade a condução política do processo de integração e a tomada de decisões para assegurar o cumprimento dos objetivos estabelecidos pelo Tratado de Assunção e para lograr a constituição final do mercado comum.

O CMC funciona como uma conferência ministerial, mantendo o caráter intergovernamental das instituições do Mercosul, e exerce a titularidade da personalidade jurídica do Mercosul. Ademais, deverá reunir-se toda vez que reputar-se oportuno e, ao menos uma vez por semestre, com a participação dos presidentes dos Estados-membros.

Cabe apontar algumas funções do CMC: **a)** designar o diretor da Secretaria Administrativa do Mercosul; **b)** criar, modificar ou extinguir órgãos quando estimar necessário; **c)** negociar e firmar acordos em nome do Mercosul com terceiros países, grupos de países e organizações internacionais – podendo ainda delegar tais funções para o Grupo Mercado Comum; **d)** adotar decisões em matéria financeira e orçamentária.

O CMC manifestar-se-á mediante decisões, as quais serão obrigatórias para os Estados-partes.

Sua composição reúne os ministros das Relações Exteriores e da Economia dos países-membros, e a presidência será exercida por rotação dos Estados-partes, em ordem alfabética, pelo período de seis meses.

Por fim, o art. 37 do Protocolo de Ouro Preto determina que as decisões dos órgãos do Mercosul serão tomadas por consenso e com a presença de todos os Estados-partes. O art. 2º, por sua vez, enumera os órgãos com capacidade decisória dentro do organograma do Mercosul: o Conselho do Mercado Comum, o Grupo Mercado Comum e a Comissão de Comércio do Mercosul.

11.1.2. Grupo Mercado Comum (GMC)

O Grupo Mercado Comum (GMC) é o órgão executivo do Mercosul e encontra-se subordinado ao CMC. As resoluções, decididas por consenso, são obrigatórias para os membros do Mercosul.

Entre suas funções, podem-se destacar: **a)** organização das reuniões do CMC; **b)** eleição do diretor da Secretaria Administrativa do Mercosul (SAM); **c)** aprovação dos orçamentos; **d)** aprovação do orçamento e da prestação de contas anual apresentada pela SAM.

O GMC é composto de quatro membros titulares e quatro membros suplentes por país, designados pelos respectivos governos, entre os quais devem constar representantes dos ministérios das Relações Exteriores e da Economia e dos bancos centrais.

Por fim, o GMC reunir-se-á de forma ordinária ou extraordinária. A primeira se realiza de maneira rotativa, por ordem alfabética, nos Estados-membros, pelo menos uma vez a cada três meses. Já a segunda pode ocorrer a qualquer momento, desde que solicitada por um Estado-membro.

11.1.3. Comissão de Comércio do Mercosul (CCM)

A Comissão de Comércio do Mercosul (CCM) exerce atividade consultiva e de assessoramento. Algumas de suas funções são: **a)** velar pela aplicação dos instrumentos de política comercial para o bom funcionamento da união aduaneira; **b)** tomar as decisões vinculadas à administração e à aplicação da Tarifa Externa Comum e dos instrumentos de política comercial acordados pelos Estados-partes; **c)** propor a revisão das alíquotas tarifárias de itens específicos da Tarifa Externa Comum; **d)** propor ao GMC novas normas ou modificações às normas existentes sobre a matéria comercial e aduaneira etc.

O CCM é composto de quatro membros titulares e quatro membros suplentes indicados por país, e será coordenada pelos Ministérios das Relações Exteriores (art. 17 do Protocolo de Ouro Preto).

11.1.4. Parlamento

O Parlamento do Mercosul foi constituído em 6 de dezembro de 2006, em substituição à Comissão Parlamentar Conjunta.

Entre suas funções, podem-se destacar: **a)** velar pela observância das normas do Mercosul; **b)** elaborar e publicar anualmente um relatório sobre a situação dos direitos humanos nos Estados-membros; **c)** organizar reuniões públicas sobre questões vinculadas ao desenvolvimento do processo de integração, com entidades da sociedade civil e os setores produtivos; **d)** emitir declarações, recomendações e relatórios sobre questões vinculadas ao desenvolvimento do processo de integração etc. Sua atuação mais importante, entretanto, é elaborar pareceres sobre os projetos de normas, apresentadas pelo CMC antes de sua aprovação, que requerem aprovação legislativa nos Estados-membros.

Percebe-se aqui a grande diferença entre o Mercosul e a União Europeia: enquanto no primeiro o processo de internalização dos tratados do bloco depende da aprovação legislativa de cada país-membro, na segunda vigora o princípio da aplicação imediata das normas comunitárias.

11.1.5. Secretaria Administrativa do Mercosul (SAM)

A Secretaria Administrativa do Mercosul (SAM) é o órgão que fornece apoio operativo em tarefas técnicas, administrativas e de organização a todos os outros órgãos do bloco (suas funções estão designadas no art. 32 do Protocolo de Ouro Preto).

Sua administração fica a cargo de um diretor, o qual deverá ser nacional de um dos Estados-partes. Seu mandato é de dois anos, vedada a reeleição.

Trata-se do único órgão que funciona de forma ininterrupta e tem sede fixa (Montevidéu).

11.1.6. Solução de controvérsias

O Protocolo de Olivos[85] reorganizou o sistema de solução de controvérsias do Mercosul. Sua maior inovação foi a criação de um Tribunal Permanente de Revisão, o qual é encarregado de julgar, em grau de recurso, as decisões proferidas pelos tribunais arbitrais *ad hoc*, isto é, foi instituído o duplo grau de jurisdição para solução de controvérsias no Mercosul. Lembrando que o recurso é limitado a questões de direito tratadas na controvérsia e às interpretações jurídicas desenvolvidas no laudo do Tribunal Arbitral *Ad Hoc* (art. 17, ponto 2, do Protocolo de Olivos).

A título de sistematização, quando surgir alguma contenda envolvendo os países do bloco, o primeiro passo é aplicar as negociações diretas. Com o fracasso destas, passa-se ao Tribunal Arbitral *Ad Hoc* – funciona como primeira instância. Lembrando que, antes de as partes submeterem o caso ao Tribunal Arbitral *Ad Hoc*, podem escolher (ou seja, é facultativa) a etapa intermediária, que toma corpo com o envio da contenda para o Grupo Mercado Comum, que promoverá estudos sobre a disputa e formulará recomendações não cogentes. Depois, com a provocação das partes, exerce-se o duplo grau de jurisdição mediante a análise da decisão do Tribunal Arbitral *Ad Hoc* pelo Tribunal Permanente de Revisão. Entretanto, pode-se passar diretamente das negociações diretas malsucedidas para o Tribunal Permanente de Revisão. Nesse último caso, o tribunal vai julgar a demanda de forma definitiva.

Assim, o procedimento compreende duas etapas: a fase diplomática e a jurisdicional. A primeira poderá começar por iniciativa dos Estados ou dos particulares, já a segunda somente toma curso por iniciativa dos Estados.

85. O art. 1º, ponto 1, do Protocolo de Olivos cuida do âmbito de aplicação do Protocolo: "As controvérsias que surjam entre os Estados-partes sobre a interpretação, a aplicação ou o não cumprimento do Tratado de Assunção, do Protocolo de Ouro Preto, dos protocolos e acordos celebrados no marco do Tratado de Assunção, das Decisões do Conselho do Mercado Comum, das Resoluções do Grupo Mercado Comum e das Diretrizes da Comissão de Comércio do Mercosul serão submetidas aos procedimentos estabelecidos no presente Protocolo".

11.1.6.1. Tribunal Arbitral Permanente de Revisão (TPR)

O Tribunal Permanente é composto de cinco árbitros e tem sede permanente em Assunção, no Paraguai. Cada Estado-membro envia um titular e um suplente por um período de dois anos, renovável por no máximo dois períodos consecutivos. Já o quinto árbitro é designado por um período de três anos não renovável e escolhido, por unanimidade ou por critério definido por unanimidade, numa lista de oito nomes. Esse árbitro tem de ter a nacionalidade de algum dos Estados-membros.

Diante de controvérsia entre dois Estados-partes, o tribunal funcionará com três árbitros, sendo dois destes nacionais dos Estados em litígio e o terceiro, que será o presidente, designado por sorteio, organizado pelo diretor da Secretaria Administrativa, entre os outros árbitros do tribunal. Se a controvérsia envolver três ou mais Estados, o tribunal funcionará com todos os seus cinco membros.

Entre suas funções, podem-se destacar: **a)** rever as decisões dos tribunais arbitrais *ad hoc* do Mercosul (os laudos emitidos *ex aequo et bono* não são suscetíveis de revisão); **b)** decidir como instância única quando as partes assim optarem; e **c)** pronunciar-se como instância única consultiva[86].

Por fim, os laudos do Tribunal *Ad Hoc* ou os do Tribunal Permanente de Revisão, conforme o caso, deverão ser cumpridos no prazo que os respectivos tribunais estabelecerem. Se não for estabelecido um prazo, os laudos deverão ser cumpridos no prazo de 30 dias seguintes à data de sua notificação. Se um Estado-parte na controvérsia não cumprir total ou parcialmente o laudo do Tribunal Arbitral, a outra parte terá a faculdade, dentro do prazo de um ano, contado a partir do dia seguinte ao término do prazo de 30 dias ou de outro que o tribunal estabelecer, de iniciar a aplicação de medidas compensatórias temporárias, como a suspensão de concessões ou outras obrigações equivalentes, com vistas a obter o cumprimento do laudo.

11.1.7. Outras considerações

Por fim, segue a lista dos instrumentos normativos do Mercosul:

- **a)** Tratado de Assunção – fundador do Mercosul;
- **b)** Protocolo de Ouro Preto – trata da estrutura institucional do Mercosul;
- **c)** Protocolo de Brasília – trata do sistema de solução de controvérsias;
- **d)** Protocolo de Olivos – reorganiza o sistema de solução de controvérsias;
- **e)** Protocolo de Ushuaia – dispõe sobre o compromisso democrático do Mercosul;
- **f)** Protocolo Modificativo do Protocolo de Olivos;
- **g)** Protocolo de Adesão da República Bolivariana da Venezuela ao Mercosul;
- **h)** Protocolo Constitutivo do Parlamento do Mercosul.

11.2. União Europeia (UE)

A União Europeia (UE) é uma união econômica e monetária. Ela não é um superestado, mas sim uma entidade supranacional, ou, ainda melhor, uma entidade que funciona por cooperação supranacional. Pode-se também dizer, de uma perspectiva mais sociológica, que é um projeto de integração política que utiliza mecanismos econômicos como instrumento para sua evolução.

Sabe-se que, anteriormente ao atual estágio, alguns países europeus constituíram, pelo Tratado de Paris, em 1951, a Comunidade Europeia do Carvão e do Aço (Ceca), e, em 1957, esses países assinaram os Tratados de Roma, prorrogando e ampliando a cooperação estabelecida no âmbito da Ceca com a criação da Comunidade Econômica Europeia (CEE) e da Comunidade Europeia de Energia Atômica (Ceea).

A União Europeia foi formalmente criada pelo Tratado de Maastricht, assinado em 7 de fevereiro de 1992 e em vigor desde 1993, mas apenas obteve personalidade jurídica de direito internacional com o Tratado de Lisboa, em 2003. Hoje conta com 27 países-membros e continua em processo de ampliação.

Passemos à análise pontual dos principais órgãos supranacionais da União Europeia.

11.2.1. Parlamento

O Parlamento Europeu é o local onde os povos dos Estados-membros são representados. A eleição dos deputados se dá mediante sufrágio universal direto, em escrutínios realizados simultaneamente em todos os países comunitários. Ele desempenha três funções principais: **a)** debate e aprova a legislação da UE (juntamente com o Conselho); **b)** fiscaliza outras instituições da UE, nomeadamente a Comissão, a fim de assegurar que funcionam de forma democrática; e **c)** debate e aprova o orçamento da UE (juntamente com o Conselho).

11.2.2. Conselho

O Conselho Europeu é composto de um representante de cada Estado-membro, cuja presidência é exercida rotativamente por seus integrantes no período de seis meses. Cabe ao Conselho definir as principais políticas para a manutenção e aperfeiçoamento da União Europeia.

86. A Emenda Regimental 48 do STF disciplinou o acesso dos magistrados brasileiros, e também das partes nos processos, às opiniões consultivas do Tribunal Permanente de Revisão, que funcionam como pareceres sobre casos concretos e situações específicas em causas que envolvem direito internacional do bloco.

11.2.3. Comissão

A Comissão Europeia deve garantir o respeito às regras e aos princípios comunitários, propor políticas ao Conselho com o fito de desenvolver as políticas comunitárias, como também executar as políticas comunitárias com suporte nas decisões do Conselho ou diretamente nos tratados.

É composta de nacionais dos Estados-membros, nomeados de comum acordo pelos governos.

11.2.4. Tribunal de Justiça

O Tribunal de Justiça da União Europeia tem competência para anular os atos da Comissão, do Conselho ou emanados dos governos nacionais quando contrariarem os tratados, como também pronunciar-se, a pedido de tribunal ou juiz nacional, sobre a correta interpretação das normas comunitárias. Existe ainda a competência de emitir pareceres vinculantes sobre os acordos que a União Europeia firmar com Estados terceiros.

O tribunal é composto de 27 juízes, cada um indicado por um Estado-membro e com mandato renovável de seis anos.

Deve-se ponderar, por fim, que o Tribunal exerce função de grande relevância na criação e na uniformização da interpretação das normas comunitárias.

11.3. Características do direito comunitário

Os elementos ou princípios que caracterizam o direito comunitário surgiram basicamente da jurisprudência do Tribunal de Justiça da União Europeia, que é a autoridade judiciária da União Europeia e responsável, em colaboração com os órgãos jurisdicionais dos Estados-membros, pela aplicação e interpretação uniformes do direito comunitário.

O Tribunal de Justiça da União Europeia é composto de três jurisdições: o Tribunal de Justiça, o Tribunal Geral e o Tribunal da Função Pública.

Essas características funcionam como princípios gerais do direito comunitário, que auxiliam na superação das lacunas do direito e identificam a existência de uma ordem jurídica supranacional.

Passemos à análise pontual dos princípios gerais do direito comunitário.

11.3.1. Aplicação imediata

As normas comunitárias adquirem vigência de forma imediata na jurisdição interna de cada um dos Estados-membros. Percebe-se que não é necessário o procedimento de incorporação (tal qual estudamos no subitem **5.7**), logo é um caso típico de aplicação da teoria monista, ou melhor, do monismo radical (rever o subitem **5.7**).

Esse princípio tem por consequência a impossibilidade de o Estado-membro opor-se, por motivos de ordem legal e constitucional, à aplicação de normas comunitárias.

11.3.2. Aplicação direta

Como consequência do princípio anterior, as normas do direito comunitário criam direitos e obrigações não somente para os Estados-membros, mas também para seus cidadãos. Percebe-se uma grande diferença em relação ao direito internacional típico, pois enquanto este apenas tem incidência em relação aos Estados, o direito comunitário incide sobre os Estados e seus cidadãos.

Como consequência desse princípio, o juiz nacional é obrigado a reconhecer direitos concedidos diretamente por tratados, regulamentos, decisões comunitárias, ou seja, não é necessário que haja uma norma jurídica interna concedendo tal direito.

11.3.3. Aplicação por juízes nacionais

Como corolário dos princípios anteriores, os juízes ordinários dos Estados-membros devem aplicar o direito comunitário. Tal situação permite afirmar que todo juiz nacional ordinário de um Estado-membro é também juiz comunitário.

Esse princípio corrobora o que foi dito no subitem **11.2.4**: o Tribunal de Justiça é a autoridade judiciária da União Europeia e responsável, em colaboração com os órgãos jurisdicionais dos Estados-membros, pela aplicação e interpretação uniformes do direito comunitário. Tal colocação nos leva a outra consideração, qual seja, o Tribunal de Justiça da União Europeia é a mais alta instância para todos os juízes ordinários dos Estados-membros quando se tratar da aplicação do direito comunitário.

11.3.4. Aplicação predominante do direito comunitário

Esse princípio indica que, caso ocorra conflito entre normas comunitárias e nacionais (mesmo estas sendo de índole constitucional), as primeiras sempre vencerão. Traz um pouco da ideia abordada no subitem **11.3.1** (aplicação imediata do direito comunitário): esse princípio tem por consequência a impossibilidade de o Estado-membro opor-se, por motivos de ordem legal e constitucional, à aplicação de normas comunitárias.

Tal característica tem importância fundamental para o funcionamento do sistema comunitário, pois garante a uniformidade na aplicação do direito comunitário em todos os Estados-membros, garantindo, assim, a eficiência dos órgãos comunitários.

11.4. Diferenças entre a União Europeia e o Mercosul

Os sistemas institucionais das duas organizações internacionais são formal e materialmente muito distintos. Para esclarecer esse hiato, vamos fazer algumas comparações de viés didático.

11.4.1. Finalidade política

a) União Europeia: projeto de integração política que utiliza mecanismos econômicos como instrumento para sua evolução.

b) Mercosul: não visa a uma integração política.

c) balanço: na UE o mercado comum é o meio, já no Mercosul é a finalidade.

11.4.2. Integração × cooperação

a) União Europeia: existe concessão de poderes soberanos dos Estados para os órgãos de integração. Assim, ocorre a substituição dos interesses nacionais pelos interesses comuns.

b) Mercosul: não existe concessão de poderes soberanos dos Estados para os órgãos de integração. Assim, ocorre a preponderância dos interesses nacionais.

c) balanço: na UE tem-se integração e no Mercosul, cooperação.

11.4.3. Autonomia institucional

a) União Europeia: seus funcionários representam o interesse geral comunitário. Para ter uma ideia, na UE, quatro de suas cinco instituições são compostas de funcionários "neutros" (Comissão, Parlamento, Corte de Justiça e Tribunal de Contas). No quinto órgão, o Conselho, apesar de seus integrantes serem funcionários dos Estados-membros, eles são obrigados a funcionar segundo as regras do sistema comunitário, ou seja, não podem deixar de lado o interesse desse sistema.

b) Mercosul: seus funcionários representam o interesse de seus respectivos Estados.

c) balanço: na UE tem-se autonomia institucional, já no Mercosul não.

11.4.4. Autonomia legal

a) União Europeia: as normas elaboradas por suas instituições têm aplicação imediata e direta, além de prevalência sobre o direito nacional dos Estados-membros, e podem ser aplicadas pelos juízes nacionais ordinários.

b) Mercosul: as normas elaboradas por suas instituições não têm aplicação imediata e direta, além de não terem prevalência sobre o direito nacional dos Estados-membros e não poderem ser aplicadas pelos juízes ordinários nacionais. Ou seja, as normas confeccionadas no seio do Mercosul só obrigam os Estados-membros e dependem de incorporação para ter vigência na ordem jurídica interna dos Estados-membros, ademais de só serem aplicadas pelos tribunais arbitrais *ad hoc* previstos no sistema do Mercosul.

c) balanço: na UE tem-se autonomia legal, já no Mercosul não.

12. Tribunal Penal Internacional (TPI)

O Tribunal Penal Internacional (TPI) foi constituído na Conferência de Roma, em 17 de julho de 1998, na qual se aprovou o Estatuto de Roma (tratado que não admite a apresentação de reservas), que só entrou em vigor internacionalmente em 1º de julho de 2002 e passou a vigorar, para o Brasil, em 1º de setembro de 2002. A partir de então, tem-se um tribunal permanente para julgar **indivíduos**[87] acusados da prática de crimes de genocídio, de crimes de guerra, de crimes de agressão e de crimes contra a humanidade. Deve-se apontar que "*indivíduos*" diz respeito a quaisquer indivíduos, independentemente de exercerem funções governamentais ou cargos públicos (art. 27 do Estatuto de Roma), desde que, à data da alegada prática do crime, tenham completado 18 anos de idade.

Cabe destacar que nenhuma pessoa será considerada criminalmente responsável por uma conduta anterior à entrada em vigor do Estatuto de Roma – é a chamada irretroatividade *ratione personae*. O TPI é orientado pelos princípios da legalidade e da anterioridade penal, o que é bem delineado pela redação do art. 5º, ponto 2, do Estatuto de Roma.

A criação do TPI corrobora a ideia de responsabilidade internacional do indivíduo, consoante o que se iniciou com os Tribunais *Ad Hoc* de Nurembergue e de Tóquio, e depois de Ruanda e da Iugoslávia.

O Tribunal é uma entidade independente da ONU e tem sede em Haia, nos Países Baixos, contudo, sempre que entender conveniente, o Tribunal poderá funcionar em outro local, nos termos do Estatuto de Roma (art. 3º). Ademais, tem personalidade jurídica de direito internacional e é formado pela Presidência, Seção de Instrução, Seção de Julgamento em Primeira Instância, Seção de Recursos, Procuradoria e Secretaria.

---

87. Percebe-se que aqui, ao contrário da responsabilidade internacional estudada no capítulo 9, a responsabilidade pelo ato internacional ilícito é imputada exclusivamente ao indivíduo. Além dos crimes tipificados no Estatuto de Roma, podemos citar o tráfico de drogas e de escravos e a pirataria como outros exemplos de atos ilícitos internacionais imputados exclusivamente ao indivíduo.

As línguas oficiais do TPI são: árabe, chinesa, espanhola, francesa, inglesa e russa, ao passo que as línguas de trabalho são apenas a francesa e a inglesa, embora outras línguas oficiais possam ser usadas como língua de trabalho, conforme o regulamento processual (art. 50, ponto 2, do Estatuto de Roma).

A grande característica do Tribunal é sua *complementaridade*, isto é, a jurisdição do TPI somente será exercida caso a Seção de Instrução verificar que existem provas suficientes para o acusado ser levado para julgamento e concluir que algum sistema jurídico nacional tenha sido incapaz ou não tenha demonstrado interesse em julgar o caso. Esse último requisito pode ser verificado quando ocorrer demora injustificada no procedimento, falta de independência do Poder Judiciário e até falta de capacidade para realizar a justiça penal. Em outras palavras, a jurisdição do TPI tem caráter excepcional, isto é, os Estados têm primazia para investigar os crimes previstos no Estatuto de Roma. Cabe também destacar, consoante o que dispõe o art. 29 do Estatuto de Roma, que os crimes da competência do TPI não prescrevem.

A acusação, referente à prática de algum dos crimes tipificados no art. 5º do Estatuto de Roma, pode ser levada até o conhecimento do TPI, que tem jurisdição para julgar os crimes cometidos nos territórios dos Estados-partes ou dos Estados que reconheçam sua competência, por meio de algum Estado-parte, pelo Conselho de Segurança (nos termos do Capítulo VII da Carta da ONU) ou pelo procurador-geral do TPI.

Cabe destacar o importante papel desempenhado pelo procurador no processamento da acusação, pois fará, em primeira mão, a análise sobre a seriedade da dita acusação, podendo recolher informações suplementares junto aos Estados, aos órgãos da Organização das Nações Unidas, às Organizações Intergovernamentais ou Não Governamentais, ou outras fontes fidedignas que considere apropriadas, bem como recolher depoimentos escritos ou orais na sede do Tribunal (art. 15, ponto 2, do Estatuto de Roma). Ainda pode, por sua própria iniciativa, abrir um inquérito com base em informações sobre a prática de crimes da competência do Tribunal (art. 15, ponto 1, do Estatuto de Roma).

Se a acusação for devidamente processada e aceita pela Câmara Preliminar, o TPI poderá julgar o caso. E, caso condene o indiciado culpado, a pena imposta terá de respeitar o limite máximo de 30 anos (art. 77, ponto 1, *a*, do Estatuto de Roma). Todavia, caso o crime seja de extrema gravidade e as condições pessoais do condenado justificar, poderá ser aplicada a pena de prisão perpétua, todavia, essa pena poderá ser reexaminada com vistas à sua redução quando já tiver sido cumprido vinte e cinco anos de prisão. Concomitantemente, poderá ser aplicada a pena de multa e de confisco, caso restar comprovado que o culpado adquiriu bens de forma ilícita (art. 77 do Estatuto de Roma).

Além de sanções de natureza penal, o TPI pode determinar a reparação às vítimas de crimes e respectivos familiares, principalmente por meio da restituição, da indenização ou da reabilitação. Ainda, o Tribunal poderá, de ofício ou por requerimento, em circunstâncias excepcionais, determinar a extensão e o nível dos danos, da perda ou do prejuízo causados às vítimas ou aos titulares do direito à reparação, com a indicação dos princípios nos quais fundamentou sua decisão (art. 75 do Estatuto de Roma).

Por fim, a grande inovação do Estatuto foi a criação do instituto da *entrega* ou *surrender*, ou seja, *a entrega de um Estado para o TPI (plano vertical), a pedido deste, de indivíduo que deva cumprir pena por prática de algum dos crimes tipificados no art. 5º do Estatuto de Roma*. A título comparativo, *a extradição é a entrega de um Estado para outro Estado (plano horizontal), a pedido deste, de indivíduo que em seu território deva responder a processo penal ou cumprir pena por prática de crime de certa gravidade*.

A grande finalidade do instituto da *entrega* é driblar o princípio da não extradição de nacionais e, logicamente, garantir o julgamento do acusado, pois o TPI não julga indivíduos à revelia. Assim, criou-se tal figura para permitir que o Estado entregue indivíduo que seja nacional seu ao TPI.

Em outras palavras, a *entrega* nada mais é do que o cumprimento de ordem emanada do Tribunal Penal Internacional. A legitimidade dessa autoridade reside no fato de o Tribunal realizar os anseios de justiça de toda a comunidade internacional, julgando e condenando autores de crimes nefastos para a humanidade. Assim, o Estado, como signatário do Estatuto de Roma, deve cooperar e entregar seu nacional para ser julgado pelo TPI. A título comparativo, a *entrega* é de interesse de toda a comunidade internacional, ao passo que a *extradição* é de interesse do país requerente.

O Brasil, com fundamento no art. 5º, LI e § 4º, da CF/1988, permite a entrega de nacional seu ao TPI, mas proíbe a extradição de nacional seu ao Estado requerente. Lembrando, com base no inc. LI supracitado, que existe uma exceção ao princípio da não extradição de nacionais no Brasil: trata-se do caso de brasileiro naturalizado que tiver comprovado envolvimento em tráfico ilícito de entorpecentes e drogas afins. Como curiosidade, cabe lembrar que os EUA não reconhecem a jurisdição do TPI.

Por fim, vamos definir pontualmente os crimes dispostos no art. 5º do Estatuto de Roma.

12.1. Crime de genocídio

A Convenção sobre a Prevenção e Repressão do Crime de Genocídio adotada pela Resolução 260 A (III) da Assembleia Geral das Nações Unidas, em 9 de dezembro de 1948, definiu no art. 2º que *crime de genocídio é a conduta criminosa que tenha a intenção de destruir, no todo ou em parte, um grupo nacional, étnico, religioso ou racial*. Tal definição foi reproduzida no art. 6º do Estatuto de Roma.

O próprio art. 2º indica os tipos de crime considerados genocídio (também reproduzidos pelo art. 6º do Estatuto de Roma): **a)** assassinato de membros do grupo; **b)** atentado grave à integridade física e mental de membros do grupo; **c)** submissão deliberada do grupo a condições de existência que acarretarão sua destruição física, total ou parcial; **d)** medidas destinadas a impedir os nascimentos no seio do grupo; e **e)** transferência forçada das crianças do grupo para outro grupo.

O art. 3º dispõe que além do genocídio serão punidas as demais condutas: **a)** o acordo com vista a cometer genocídio; **b)** o incitamento, direto e público, ao genocídio; **c)** a tentativa de genocídio; e **d)** a cumplicidade no genocídio.

Por fim, é interessante lembrar que o crime de genocídio, quando praticado no estrangeiro por brasileiro ou pessoa domiciliada no Brasil, deve ser julgado pelo juiz brasileiro e terá a incidência da lei nacional (trata-se de uma das hipóteses de extraterritorialidade incondicionada – art. 7º, I, do CP).

12.2. Crime contra a humanidade ou de lesa humanidade

O art. 7º do Estatuto de Roma define que o *crime contra humanidade é a conduta criminosa cometida no quadro de um ataque, sistemático ou generalizado, contra qualquer população civil, desde que haja conhecimento desse ataque.*

O próprio art. 7º indica os tipos de crime considerados contra a humanidade: **a)** homicídio; **b)** extermínio; **c)** escravidão; **d)** deportação ou transferência forçada de uma população; **e)** prisão ou outra forma de privação da liberdade física grave, em violação das normas fundamentais de direito internacional; **f)** tortura; **g)** agressão sexual, escravatura sexual, prostituição forçada, gravidez forçada, esterilização forçada ou qualquer outra forma de violência no campo sexual de gravidade comparável; **h)** perseguição de um grupo ou coletividade que possa ser identificado, por motivos políticos, raciais, nacionais, étnicos, culturais, religiosos ou de gênero, ou ainda em função de outros critérios universalmente reconhecidos como inaceitáveis no direito internacional, relacionados com qualquer ato referido nessas alíneas ou com qualquer crime da competência do Tribunal; **i)** desaparecimento forçado de pessoas; **j)** crime de *apartheid*; e **k)** outros atos desumanos de caráter semelhante, que causem intencionalmente grande sofrimento ou afetem gravemente a integridade física ou a saúde física ou mental.

Apesar da definição normativa ora analisada, é importante destacar que muitos defendem, com base na definição consuetudinária de crime contra a humanidade, que os crimes acima listados dispensariam o contexto de ataque, isto é, tais crimes seriam considerados como contra a humanidade mesmo que fossem praticados fora do contexto de um ataque contra uma certa população civil.

12.3. Crime de guerra

O art. 8º do Estatuto de Roma define que o *crime de guerra é a conduta criminosa cometida como parte integrante de um plano ou de uma política ou como parte de uma prática em larga escala desse tipo de crimes.*

O próprio art. 8º indica uma lista extensa dos tipos de crime considerados de guerra. Basicamente, eles foram disciplinados pelas Convenções de Genebra de 1949 e seus Protocolos Adicionais e pelo chamado direito de Haia, formado por acordos internacionais obtidos durante a Conferência de Paz de 1907.

12.4. Crime de agressão

O Estatuto de Roma não definiu o crime agressão. Assim, somente em junho 2010, na Conferência de Revisão do Estatuto de Roma, realizada em Kampala, capital de Uganda, o crime de agressão foi definido.

Crime de agressão é a conduta criminosa cometida por pessoa que detenha controle ou poder de direção efetivo sobre a ação política ou militar de um país, desde que sua conduta cause por sua gravidade, características e escala uma violação latente da Carta das Nações Unidas.

Além da prática do crime de agressão, serão punidos o planejamento, a preparação e a tentativa do crime de agressão.

Mas o TPI só pode exercer sua jurisdição em relação aos crimes de agressão quando pelo menos 30 Estados tenham ratificado sua previsão (o que ainda não aconteceu).

12. Direito Internacional Privado

Renan Flumian

1. Introdução

O Direito Internacional Privado (DIPr) é composto de princípios e regras, sendo estas positivadas ou costumeiras, que têm por primordial função resolver os conflitos de leis no espaço.

Para um maior entendimento do conceito supracitado, faz-se necessário saber o que são e por que surgem tais conflitos.

O conflito de leis no espaço nada mais é do que a situação de existência de duas ou mais leis aplicáveis ao mesmo fato ou mesma relação jurídica, das quais ao menos uma pertence a um ordenamento jurídico estrangeiro. Em outras palavras, um fato ou uma relação jurídica que gera efeitos em dois ou mais ordenamentos jurídicos (leia-se Estados).

Assim, a causa do conflito de leis no espaço é o elemento estrangeiro (também chamado de estraneidade) contido na relação jurídica, situação que se afigura cada vez mais cotidiana em função do atual cosmopolitismo humano impulsionado pela globalização econômica, cultural e política.

O Direito Internacional Privado auxilia o juiz nacional na determinação do direito aplicável aos casos, a ele submetido, que contenham elementos estrangeiros. Essa situação pode ocasionar a flexibilização do princípio da territorialidade das leis na medida em que prescreve, em determinados casos, a aplicação do direito estrangeiro pelo juiz nacional.

Mesmo que as normas de DIPr indiquem a aplicação de normas de direito material de natureza privada, a natureza de suas normas é de direito público, porque se dirigem ao juiz (o administrador da justiça em nome do Estado).

Para entendermos como o DIPr aparece como ferramenta de auxílio para o juiz brasileiro, passemos a estudar suas fontes.

2. Fontes

Consoante o estudado no item referente às fontes do DIPu, o art. 38, ponto 1, do Estatuto da Corte Internacional de Justiça (CIJ) determina que a função da Corte é decidir as controvérsias que lhe forem submetidas com base no direito internacional. Ademais, indica as fontes que serão utilizadas pelos juízes na confecção de suas decisões, a saber: *a)* as convenções internacionais; *b)* o costume internacional; *c)* os princípios gerais do direito; *d)* as decisões judiciárias; e *e)* a doutrina dos juristas mais qualificados das diferentes Nações. Por fim, aponta a possibilidade de a Corte decidir por equidade (*ex aequo et bono*), desde que convenha às partes (art. 38, ponto 2, do Estatuto da Corte).

Mesmo não constando do rol do art. 38, podem-se indicar também como fonte do direito internacional tanto as resoluções emanadas das organizações internacionais como os atos unilaterais dos Estados.

Até aqui se conserva semelhança com as fontes do DIPu, todavia, a fonte por excelência do DIPr é a lei interna, ou seja, cada Estado tem competência para legislar sobre direito internacional privado ("direito internacional privado autônomo").

Mas a grande característica da matéria na atualidade é a busca de harmonização e de uniformização mediante a produção convencional internacional ("direito internacional privado convencional e institucional"), até mesmo pela dita *soft law*.

Com ímpeto meramente classificatório, o direito internacional privado convencional é aquele que provém de tratados e convenções, e o direito internacional privado institucional é aquele que provém da produção normativa de blocos regionais de integração, como a União Europeia e o Mercosul.

Soft law indica as fontes que não são obrigatórias, mas que têm importante papel referencial para o juiz nacional e influenciam a confecção de regras tanto em nível convencional internacional como em nível autônomo nacional. Como exemplo, podem-se citar os princípios, códigos de conduta, recomendações, diretrizes, convenções não ratificadas etc. Percebe-se que algumas das fontes elencadas no art. 38 da CIJ caberiam no conceito de *soft law*.

No Brasil, a principal fonte do DIPr é a Lei de Introdução às Normas do Direito Brasileiro (Decreto-Lei 4.657/1942), que trata do DIPr nos arts. 7º a 17. Além dessa, é possível identificar na legislação nacional outros diplomas que abordam assuntos de interesse do DIPr, tais como: *a)* a Constituição Federal trata da sucessão internacional no art. 5º, XXXI, e da competência do STJ em temas de cooperação judiciária internacional no art. 105, I, *i*; *b)* o Código de Processo Civil trata da competência internacional do juiz brasileiro nos arts. 88 a 90; das cartas rogatórias nos arts. 200 a 204, 210 a 212; da prova do direito estrangeiro no art. 337; e, por fim, das sentenças estrangeiras nos arts. 483 e 484.

Antes de iniciarmos o estudo pormenorizado da Lei de Introdução às Normas do Direito Brasileiro, é importante analisar as principais organizações internacionais elaboradoras de regras do DIPr.

2.1. Conferência de Haia

É uma organização intergovernamental que tem por função trabalhar para a unificação progressiva das regras de direito internacional privado. Funciona por meio da reunião de seus membros (mais de 60 Estados) para a elaboração de tratados que busquem a unificação do DIPr. Pode-se afirmar que é a grande referência na atualização multilateral do direito internacional privado.

Seu estatuto constitutivo foi adotado em 1951 por ocasião da 7ª Conferência.

2.2. Instituto de Direito Internacional

Fundada em 1973 por juristas que se dedicavam ao estudo do direito internacional, é uma instituição privada que tem por função promover o estudo e o desenvolvimento do direito internacional. Funciona por meio de sessões anuais e de comissões científicas. Estas últimas emitem resoluções de caráter normativo.

2.3. Instituto Internacional para a Unificação do Direito Privado (Unidroit)

É uma organização intergovernamental que tem por função estudar as formas de harmonizar e de coordenar o direito internacional privado entre Estados e preparar gradualmente a adoção, pelos diversos Estados, de uma legislação de direito internacional privado uniforme.

Primeiramente fundado em 1926 como órgão auxiliar da Liga das Nações e depois restabelecido em 1940 por meio de um tratado multilateral que determinou seu Estatuto, funciona por meio de reuniões periódicas de seus membros e de grupos de estudos especiais.

Por fim, cabe ressaltar que as regras uniformes elaboradas pelo Instituto valem como tratados.

2.4. Conferências Especializadas Interamericanas sobre Direito Internacional Privado (Cidips)

A Assembleia Geral da Organização dos Estados Americanos (OEA) convoca as Cidips. Até hoje foram realizadas seis conferências, cada uma organizada por reuniões técnicas setoriais. Isto é, aplica-se o mesmo método da Conferência da Haia, ou seja, elaboram-se convenções sobre temas específicos.

Entre as vantagens das atividades desenvolvidas pelas Conferências Especializadas, enfatiza-se a aproximação entre os dois mais importantes sistemas jurídicos do continente: o sistema consuetudinário e o sistema de direito civil. Além disso, tem-se procurado criar convenções com normas não só conflituais, mas também substantivas, de forma a uniformizar o direito material dos países latino-americanos. Outras características das convenções originadas das Cidips são sua concepção universal, a permissão para reservas apenas de caráter especial e a inserção de cláusulas de interpretação para sua futura aplicação pelo juiz nacional.

2.5. Código Bustamante

Apesar de não ser uma organização internacional elaboradora de regras do DIPr, é importante citá-lo, pois é o tratado mais antigo no campo do DIPr ratificado pelo Brasil, e ainda em vigor.

O Código Bustamante é a denominação dada à Convenção de Havana de Direito Internacional Privado de 1928, aprovada no seio da Conferência Pan-Americana realizada na capital cubana nesse mesmo ano. Na prática, funciona como um código internacional de DIPr, logo, obra do direito internacional privado convencional.

Cuida de inúmeras matérias, mas encontra séria resistência, por parte dos magistrados brasileiros, para sua aplicação. Um ponto que suscita muitas dúvidas é o fato de o Código ser de aplicação universal ou com incidência limitada aos casos que envolvam pessoas ligadas (por domicílio ou pela nacionalidade) aos Estados-membros.

O movimento de uniformização e harmonização do DIPr na América Latina prosseguiu sobretudo com as Cidips, as quais estudamos no item anterior.

3. Regras de conexão da Lei de Introdução às Normas do Direito Brasileiro

As regras de conexão do DIPr são indiretas, pois não resolvem os problemas materiais nem as questões processuais, apenas o conflito de leis no espaço. Melhor dizendo, não solucionam o caso, apenas indicam a solução, isto é, a(s) norma(s) jurídicas a ser(em) aplicada(s) para resolvê-lo.

As normas diretas preveem fatos e apontam soluções (resolvem diretamente o problema); já as indiretas não preveem fatos, mas indicam a lei a ser aplicada (resolvem indiretamente o problema).

Por fim, e antes de passarmos ao estudo das regras de conexão do DIPr brasileiro, é premente observar que as regras de conexão são utilizadas nos casos que envolvem relação jurídica ou fato dotados de elemento estrangeiro, isto é, relações jurídicas que gerem efeitos em dois ou mais ordenamentos jurídicos (leia-se Estados).

3.1. Art. 7º – *Lex domicilii*

> "Art. 7º A lei do país em que domiciliada a pessoa determina as regras sobre o começo e o fim da personalidade, o nome, a capacidade e os direitos de família."

A regra de conexão antiga era a da nacionalidade[1]. Assim, aplicava-se ao estatuto pessoal a lei da nacionalidade do interessado. Esse critério era muito criticado, pois não resolvia o problema dos apátridas e fazia com que um estrangeiro residente por muito tempo aqui, continuasse a ter seu estatuto pessoal determinado pelas leis de sua nacionalidade.

O critério atual gira em torno do domicílio da pessoa, ou seja, a regra de conexão é a *lex domicilii*. Assim, a lei do domicílio da pessoa determina as regras sobre o começo e o fim da personalidade, o nome, a capacidade e os direitos de família.

A configuração do domicílio só é regulada pela Convenção Interamericana sobre Domicílio das Pessoas Físicas no Direito Internacional Privado. Em que pese a Convenção não estar ratificada no Brasil, nada impede que o juiz brasileiro a utilize como uma fonte de *soft law*. O art. 2º da Convenção dispõe que o domicílio será determinado em tais circunstâncias e ordem: *a)* pelo lugar da residência habitual; *b)* pelo lugar do centro principal de seus negócios; *c)* na ausência dessas circunstâncias, considerar-se-á como domicílio o lugar da simples residência; *d)* em sua falta, se não houver simples residência, o lugar onde se encontrar.

1. Antes do advento do Dec.-lei 4.657/1942, o art. 8º da Lei de Introdução ao CC/1916 estabelecia como regra de conexão a nacionalidade.

No art. 6º, a Convenção determina: "quando uma pessoa tiver domicílio em dois Estados-partes, será considerada domiciliada naquele em que tiver a simples residência e, se tiver em ambos, preferir-se-á o lugar onde se encontrar".

3.1.1. § 1º do art. 7º – *Lex loci celebrationis*

> "§ 1º Realizando-se o casamento no Brasil, será aplicada a lei brasileira quanto aos impedimentos dirimentes e às formalidades da celebração."

A regra de conexão é a *lex loci celebrationis*. Assim, o casamento é regido, no que tange às suas formalidades, pela lei do local de sua celebração. Cabe especificar que essas formalidades estão disciplinadas nos arts. 1.525 a 1.542 do CC/2002; os impedimentos matrimoniais se encontram disciplinados no art. 1.521 do CC/2002; e os casos de anulabilidade do casamento, no art. 1.550 do CC/2002.

Desse modo, o casamento realizado no exterior, o qual respeitou a lei do país de constituição do matrimônio, terá validade no Brasil desde que não ofenda a ordem pública (art. 17 da LINDB). Os limites à aplicação da lei estrangeira serão estudados no item 7.

Importante apontar o art. 1.544 do CC/2002, que dispõe sobre a obrigatoriedade de registro do casamento de brasileiros realizado no exterior. Tal registro deve dar-se no prazo de 180 dias contados da volta de um ou de ambos os cônjuges ao Brasil, no cartório do respectivo domicílio ou, em sua falta, no 1º Ofício da capital do Estado em que passarem a residir.

3.1.2. § 2º do art. 7º – Exceção à *lex loci celebrationis*

> "§ 2º O casamento de estrangeiros poderá celebrar-se perante autoridades diplomáticas ou consulares do país de ambos os nubentes."

Seria como uma exceção à regra de conexão *lex loci celebrationis*, pois nubentes estrangeiros poderiam aqui se casar com base em sua lei da nacionalidade, desde que perante autoridades diplomáticas ou consulares do país de *ambos* os nubentes.

O parágrafo consagra indiretamente a lei da nacionalidade dos nubentes como regra de conexão. Assim, o casamento é regido, no que tange às suas formalidades, pela citada lei, mas o regime de bens continua sendo regulado pela lei do domicílio dos nubentes, consoante determina o art. 7º, *caput*, da LINDB.

Como estamos falando de casamento, é interessante trazer uma informação. Os funcionários e funcionárias diplomáticos e consulares, conforme determina o art. 1º, *caput*, da Lei 1.542/1952, só poderão casar-se com estrangeiros(as) após obterem licença do ministro de Estado das Relações

Exteriores.[2] O art. 2º *da lei supracitada dispõe: "O funcionário da carreira de Diplomata casado com pessoa de nacionalidade estrangeira não poderá servir ao país de origem do seu cônjuge, salvo decisão em contrário do Presidente da República". Por fim, não existe o tal impedimento se o matrimônio for contraído com brasileira naturalizada.*

3.1.3. § 3º do art. 7º – Primeiro domicílio conjugal – Invalidade do casamento

> "§ 3º Tendo os nubentes domicílio diverso, regerá os casos de invalidade do matrimônio a lei do primeiro domicílio conjugal."

Caso o domicílio dos nubentes for diverso, aplicar-se-á, aos casos de invalidade do casamento, a lei do país do primeiro domicílio conjugal (regra de conexão subsidiária). Do contrário, aplica-se a lei do país do domicílio conjugal atual.

Primeiro domicílio conjugal não é necessariamente o do país em que foi realizado o casamento, pois os nubentes podem contratar matrimônio em um país e estabelecer-se em outro.

3.1.4. § 4º do art. 7º – Primeiro domicílio conjugal – Regime de bens

> "§ 4º O regime de bens, legal ou convencional, obedece à lei do país em que tiverem os nubentes domicílio, e, se este for diverso, a do primeiro domicílio conjugal."

Caso o domicílio dos nubentes for diverso, aplicar-se-á, ao regime de bens, a lei do país do primeiro domicílio conjugal (regra de conexão subsidiária). Do contrário, aplica-se a lei do país do domicílio conjugal atual.

Primeiro domicílio conjugal, como visto, não é necessariamente o do país em que foi realizado o casamento, pois os nubentes podem contratar matrimônio em um país e estabelecer-se em outro.

3.1.5. § 5º do art. 7º – Modificação do regime de bens

> "§ 5º O estrangeiro casado, que se naturalizar brasileiro, pode, mediante expressa anuência de seu cônjuge, requerer ao juiz, no ato de entrega do decreto de naturalização, se apostile ao mesmo a adoção do regime de comunhão parcial de bens, respeitados os direitos de terceiros e dada esta adoção ao competente registro."

O parágrafo abarca a modificação do regime de bens do casal após o casamento. No caso, é o estrangeiro casado que adquire a naturalização brasileira e, mediante expressa anuência de seu cônjuge, requer ao juiz a adoção do regime de comunhão parcial de bens, respeitados os direitos de terceiros e feito o competente registro. Essa regra tem como finalidade garantir ao casal a liberdade de gerenciamento do patrimônio conjugal e, ao mesmo tempo, proteger direitos de terceiros.

Ademais, guarda sintonia com o princípio da mutabilidade justificada do regime adotado (art. 1.639, § 2º, do CC/2002), o qual permite a alteração do regime de bens mediante autorização judicial em pedido motivado por ambos os cônjuges, apurada a procedência das razões invocadas e ressalvados os direitos de terceiros.[3]

3.1.6. § 6º do art. 7º – Divórcio realizado no exterior

> "§ 6º O divórcio realizado no estrangeiro, se um ou ambos os cônjuges forem brasileiros, só será reconhecido no Brasil depois de 1 (um) ano da data da sentença, salvo se houver sido antecedido de separação judicial por igual prazo, caso em que a homologação produzirá efeito imediato, obedecidas as condições estabelecidas para a eficácia das sentenças estrangeiras no país. O Superior Tribunal de Justiça, na forma de seu regimento interno, poderá reexaminar, a requerimento do interessado, decisões já proferidas em pedidos de homologação de sentenças estrangeiras de divórcio de brasileiros, a fim de que passem a produzir todos os efeitos legais."

O § 6º já não se encontra em compatibilidade com a ordem constitucional brasileira, porque a EC 66/2010 suprimiu a separação judicial como requisito prévio para pedir o divórcio, bem como a obrigatoriedade do prazo de um ano de separação judicial (antigo divórcio-conversão) ou de dois anos de separação de fato (antigo divórcio-direto).[4]

Dessa forma, o divórcio realizado no exterior, quando um ou ambos os cônjuges forem brasileiros, será homologado no Brasil sem o decurso do prazo de um ano da data da sentença estrangeira. Lembremos apenas que a homologação deverá obedecer às condições estabelecidas para a eficácia das sentenças estrangeiras no país. Tais condições serão estudadas no item 6.

2. O casamento dos funcionários diplomáticos é regulamentado pelos arts. 48 a 50 do Decreto 93.325/1986.

3. O STJ entende que essa alteração é possível inclusive para os casamentos ocorridos antes da entrada em vigor do atual Código Civil.

4. Ou seja, o divórcio agora pode ser feito sem que se aguarde o período de tempo e sem prévia separação judicial, sendo denominado pela doutrina como "divórcio-relâmpago". Ademais, pode ser feito em Cartório Extrajudicial, com presença de advogado e desde que sem filhos menores.

3.1.7. § 7º do art. 7º – Extensão do domicílio conjugal

> "§ 7º Salvo o caso de abandono, o domicílio do chefe da família estende-se ao outro cônjuge e aos filhos não emancipados, e o do tutor ou curador aos incapazes sob sua guarda."

Tal previsão encontra-se derrogada em função do art. 226, § 5º, da CF/1988. Isto é, o juiz brasileiro, quando da aplicação da lei brasileira, indicada pela regra de conexão domicílio, deverá levar em conta os valores constitucionais que irradiam sobre todo o ordenamento jurídico.

Assim, a releitura do § 7º é no sentido de que o *domicílio conjugal* (atribuído a ambos os cônjuges) se estende aos filhos incapazes e não emancipados (aplicação do critério da unidade do domicílio familiar).

3.1.8. § 8º do art. 7º – Caracterização do domicílio

> "§ 8º Quando a pessoa não tiver domicílio, considerar-se-á domiciliada no lugar de sua residência ou naquele em que se encontre."

O parágrafo traz regra para determinar o domicílio da pessoa, o qual é o elemento de conexão para indicação da lei aplicável ao estatuto pessoal. Isto é, quando o domicílio for indeterminado, a pessoa será considerada domiciliada no lugar de sua residência ou naquele em que se encontre.

A doutrina conceitua o indivíduo sem domicílio como adômide. Mas sua caracterização é muito difícil, pois, como visto acima, se o domicílio do indivíduo for indeterminado, este será determinado pelo lugar de residência ou até mesmo onde se encontre. Para tal situação, Maria Helena Diniz diz tratar-se de um "concurso sucessivo de elementos de conexão, pois, faltando o critério de conexão principal, que é o domicílio, a lei indica dois critérios de conexão subsidiários, ou seja, o do lugar da residência ou o daquele em que a pessoa se achar, destinados a funcionar sucessivamente na medida em que o anterior não possa preencher sua função".[5]

3.2. Art. 8º – Lex rei sitae

> "Art. 8º Para qualificar os bens e regular as relações a eles concernentes, aplicar-se-á a lei do país em que estiverem situados."

Trata-se da regra de conexão *lex rei sitae*, sobre a qualificação dos bens e a regulação das relações a eles concernentes. Ou seja, é a lei do local da situação dos bens que vai regulá-los (aplicação do princípio da territorialidade).

> *"Será preciso, ainda, não olvidar que a lex rei sitae regulará tão somente os bens móveis e imóveis considerados individualmente (uti singuli), pertencentes a nacionais ou estrangeiros, domiciliados ou não no país. Quando forem elementos de uma universalidade, afastado estará tal critério, pois a lei normalmente competente para regê-los sob esse aspecto é aquela a que se subordina o instituto correspondente. Assim, os bens considerados uti universitas, como o espólio, o patrimônio conjugal, escapam à aplicação da lex rei sitae, passando a se reger pela reguladora da sucessão (lex domicilii do autor da herança) (LINDB, art. 10); da sociedade conjugal (LINDB, art. 7º)."6-7*

A título conclusivo: "É mister salientar que a capacidade para exercer direitos reais ou efetivar contratos a eles relativos rege-se pela *lex domicilii*, e a forma extrínseca dos atos negociais destinados à aquisição, transmissão e extinção de direitos reais obedece ao *locus regit actum*, mas as condições da constituição da aquisição, da transferência do direito real, p. ex., a exigência de tradição ou do assento no registro imobiliário, submetem-se à *lex rei sitae*".[8]

É importante esclarecer que os direitos reais dizem respeito às relações jurídicas proprietárias, possessórias ou de garantias sobre bens.

3.2.1. § 1º do art. 8º – *Lex domicilii* do proprietário

> *"§ 1º Aplicar-se-á a lei do país em que for domiciliado o proprietário, quanto aos bens móveis que ele trouxer ou se destinarem a transporte para outros lugares."*

O parágrafo cuida de uma regra de conexão subsidiária – a lei do domicílio do proprietário (*lex domicilii* do proprietário) –, aplicada quando os bens estiverem em situação de intensa mobilidade e trânsito, o que tornaria impossível sua localização espacial para fins de aplicação da lei indicada pela regra de conexão *lex rei sitae*.

Assim, os bens móveis que estiverem em situação de intensa mobilidade terão como regra de conexão a lei do domicílio do proprietário. Ou seja, a qualificação desses bens e a regulação de suas relações serão determinados pela lei do domicílio do proprietário.

5. DINIZ, Maria Helena. **Lei de Introdução ao Código Civil interpretada**. 16. ed. São Paulo: Saraiva, 2011. p. 293.
6. DINIZ, *op. cit.*, p. 317.
7. No mesmo sentido, ler BASSO, Maristela. **Curso de Direito Internacional Privado**. 2. ed. São Paulo: Atlas, 2011. p. 191.
8. DINIZ, *op. cit.*, p. 319.

3.2.2. § 2º do art. 8º – *Lex domicilii* do possuidor

"*§ 2º O penhor regula-se pela lei do domicílio que tiver a pessoa, em cuja posse se encontre a coisa apenhada.*"

Cuida de uma regra de conexão subsidiária – a lei do domicílio do possuidor (*lex domicilii* do possuidor) –, aplicada somente no tocante ao penhor, isto é, daquele que se encontrar com a posse direta da coisa empenhada, no momento da constituição dos direitos de garantia real.

O objetivo de tal regra é dar maior segurança ao negócio, pois o credor, após a tradição do bem dado em penhor, será o possuidor direto.

3.2.3. Navios, aeronaves e embarcações

Tais bens móveis são considerados de natureza especial, pois têm por característica a intensa circulação transfronteiriça e a pouca fixação em determinado território. Assim, são regrados pela lei de matrícula ou de seu abandeiramento, ou seja, a lei do país onde forem registrados por seu proprietário os regulará no que tange à qualificação e às relações a eles concernentes.

Essa regra de conexão não tem previsão na Lei de Introdução às Normas do Direito Brasileiro, mas é oriunda dos arts. 274 a 284 do Código Bustamante.

3.3. Art. 9º – *Locus regit actum*

"Art. 9º Para qualificar e reger as obrigações, aplicar-se-á a lei do país em que se constituírem."

Trata-se da regra de conexão *locus regit actum* sobre a qualificação e a regulação das obrigações (leia-se: seus aspectos extrínsecos). Ou seja, é a lei do local em que as obrigações foram constituídas que vai regulá-las.

É importante apontar que as obrigações surgem dos contratos, dos delitos e dos quase delitos (crimes praticados com culpa – negligência, imprudência e imperícia). Mas, em função do comércio internacional, os contratos adquirem grande destaque nas discussões do DIPr.

A regra do art. 9º, *caput*, tem por pressuposto que o local onde a obrigação foi constituída também será a sede da relação jurídica. Isso porque o DIPr tem por prática aplicar a lei do país-sede da relação jurídica, o que permite aplicar a lei do local onde a relação jurídica está produzindo efeitos. Dito isso, pode-se afirmar que o juiz brasileiro poderá aplicar a lei nacional (*lex fori*), sem afrontar o art. 9º, quando um contrato constituído no estrangeiro for executado majoritariamente no Brasil. E um exemplo comum desse caso é a aplicação da *lex loci executionis* aos contratos de trabalho celebrados no exterior, mas com a execução das atividades laborais tomando corpo inteiramente em solo brasileiro.

3.3.1. Autonomia da vontade

A autonomia da vontade como regra de conexão no tocante aos contratos é adotada na maioria dos países na atualidade. Tal regra privilegia a flexibilidade e promove um ambiente propício aos negócios. A título de exemplo, tal regra encontra-se insculpida na Convenção de Roma de 1980 e na Convenção Interamericana sobre Direito Aplicável aos Contratos Internacionais de 1994.

A autonomia da vontade apenas teria limitações ditadas pela ordem pública do país no qual o contrato vai ser executado. Isto é, faz-se necessário que a lei escolhida para reger o contrato não desrespeite a ordem pública do país-sede da execução do contrato. Leia-se aqui "ordem pública" como o conjunto de regras e princípios basilares de um certo ordenamento jurídico.

O art. 9º da LINDB funciona como um limitador da autonomia da vontade, na medida em que determina que as obrigações serão reguladas pela lei do país onde forem constituídas. Ora, em tal quadro as partes não podem escolher a lei aplicável ao contrato constituído. Todavia, se a lei do país onde a obrigação foi constituída permitir a autonomia da vontade sobre a escolha da lei incidente ao contrato, permitida estará a escolha da lei aplicável pelas partes, sendo limitada apenas pela ordem pública do país-sede da execução do contrato.

3.3.2. Arbitragem

A arbitragem está regulada no Brasil pela Lei 9.307/1996. Seu art. 2º, § 1º, permite que as partes escolham livremente as regras de direito que serão aplicadas na arbitragem, desde que não haja violação dos bons costumes e da ordem pública.

Tal possibilidade de escolha da lei aplicável ao contrato não entra em confronto com o art. 9º da LINDB. Isso porque a possibilidade de escolha da lei que vai reger o contrato, uma das características marcantes da arbitragem, diz respeito àquelas matérias que podem ser objeto de arbitragem: somente direitos patrimoniais disponíveis.[9] "*A contrario sensu*, são insuscetíveis de submissão à arbitragem as questões extrapatrimoniais ou as que envolvem direitos indisponíveis".[10] E a Súmula 485 do STJ ainda possibilita que a Lei de Arbitragem seja aplicada aos contratos que contenham cláusula arbitral, ainda que celebrados antes da sua edição.

A título de elucidação, cabe apontar que arbitragem é uma forma alternativa de dirimir conflitos, mediante a qual

9. São direitos que têm valor pecuniário, pertencentes a uma pessoa que deles pode dispor livremente sem qualquer autorização legal ou de outrem, como, por exemplo, aqueles oriundos do contrato de seguro, resseguro, previdência complementar e capitalização.
10. ARAUJO, Nadia de. **Direito Internacional Privado**. 5. ed. Rio de Janeiro: Renovar, 2011. p. 510.

as partes estabelecem em contrato ou simples acordo que vão utilizar o juízo arbitral para solucionar controvérsia existente ou eventual em vez de procurar o Poder Judiciário.

Claro está que o art. 9º da LINDB e o art. 2º, § 1º, da Lei 9.307/1996 se aplicam a situações distintas. Com base no art. 9º, o juiz nacional terá de decidir sobre qual a lei aplicável à relação obrigacional que tem elemento estrangeiro. Ao passo que, com suporte no art. 2º, § 1º, o árbitro ou tribunal arbitral irá dirimir os conflitos oriundos da relação obrigacional com suporte nas regras indicadas pelas partes (quando houver indicação da lei reguladora pelas partes) ou terá de decidir sobre o conflito de leis no espaço oriundo da relação jurídica obrigacional. Vale frisar que as partes podem decidir que a arbitragem terá por base não regras de direito, mas sim a equidade. E a arbitragem será considerada mista quando verificado que os árbitros basearam suas decisões em regras jurídicas e critério de equidade.

Percebe-se que a convenção de arbitragem impede o conhecimento da causa pelo Poder Judiciário,[11] constituindo o que a doutrina denominou de *pressuposto processual negativo*, que ocasionará a extinção do processo sem resolução do mérito[12] em função da autonomia da cláusula arbitral (art. 267, VII, do CPC).

Ademais, "a arguição de nulidade da cláusula arbitral deve ser submetida obrigatoriamente ao próprio árbitro antes da judicialização da questão, nos termos do art. 8º, parágrafo único, da Lei 9.307/1996. O entendimento é aplicável indistintamente tanto à cláusula compromissória instituída em acordo judicial homologado quanto àquela firmada em contrato. O parágrafo único do art. 8º da Lei de Arbitragem determina que caberá ao árbitro decidir as questões referentes à existência, validade e eficácia da convenção de arbitragem e do contrato como um todo. Assim, por expressa previsão legal, não pode a parte ajuizar ação anulatória para desconstituir acordo judicial homologado com base na nulidade da cláusula compromissória ali presente antes de submeter o assunto ao árbitro. Isso não significa que o Judiciário não poderá apreciar a questão em momento posterior; pois, segundo o art. 33, § 3º, da Lei de Arbitragem, poderá ser arguida a nulidade mediante ação de embargos do devedor, conforme o art. 741 e seguintes do CPC se houver execução judicial".[13]

11. Uma vez que o tribunal arbitral esteja formado, o Poder Judiciário se torna incompetente até mesmo para julgar ação em caráter cautelar. Esse foi o entendimento adotado pela Terceira Turma do Superior Tribunal de Justiça – STJ, no julgamento do REsp 1297974/RJ, 3ª T., j. 12.06.2012, rel. Min. Nancy Andrighi, *DJe* 19.06.2012.
12. Nesse caso, o juiz irá prolatar uma sentença terminativa ou meramente processual, pois não decide a lide. Por outro lado, tem-se uma sentença definitiva quando a lide é decidida no mérito (hipóteses disciplinadas no art. 269 do CPC).
13. STJ, REsp 1.302.900/MG, 3ª T., j. 09.10.2012, rel. Min. Sidnei Beneti, *DJe* 16.10.2012 (Inf. 506 do STJ).

3.3.3. § 1º do art. 9º – *Lex loci executionis*

> *"§ 1º Destinando-se a obrigação a ser executada no Brasil e dependendo de forma essencial, será esta observada, admitidas as peculiaridades da lei estrangeira quanto aos requisitos extrínsecos do ato."*

Não se trata de regra de conexão subsidiária, mas sim de regra unilateral, pois determina a aplicação da lei brasileira no tocante à forma essencial para a validade da obrigação constituída no exterior e que será executada no Brasil (*lex loci executionis*). Leia-se aqui "forma essencial" como requisitos para validade do negócio jurídico.

É interessante verificar que a regra do § 1º não colide, mas sim reforça a regra geral de conexão *locus regit actum*. Isso porque prescreve, além do respeito à forma essencial ditada pelo direito brasileiro, a aplicação da lei do local onde a obrigação se constituiu.

Um exemplo disso é a exigência estipulada pelo art. 108 do CC/2002: um negócio constituído no exterior que envolva a constituição ou a transferência de direitos reais sobre imóvel, situado no Brasil, com valor superior a 30 vezes o maior salário-mínimo vigente no país, dependerá para sua efetivação que se proceda à lavratura da escritura pública, caso não disponha a lei em contrário.

3.3.4. § 2º do art. 9º – Obrigação resultante do contrato

> *"§ 2º A obrigação resultante do contrato reputa-se constituída no lugar em que residir o proponente."*

A regra do § 2º aplica-se aos contratos *entre ausentes* (leia--se: contratantes residentes em países diversos). Assim, a lei do país onde residir o proponente regulará e qualificará o contrato firmado entre ausentes. Em outras palavras, aplicar-se-á a lei brasileira sempre que a parte ofertante residir no Brasil. É necessário recordar que o art. 9º, *caput*, é aplicado aos contratos internacionais *entre presentes* e determina que é a lei do local em que as obrigações foram constituídas que vai regulá-las.

Importante é esclarecer o sentido correto do termo "residir". Maria Helena Diniz[14] derruba a pretensão de contradição entre o art. 9º, § 2º, da LINDB e o art. 435 do CC/2002 (aplicável aos contratos de índole nacional), pois aponta que o termo "residir" refere-se ao local "em que se encontra" ou "estabelece morada" (bem diferente da norma de DIPr internacional *lex domicilii* do proponente). Destarte, "o país onde residir o proponente" significa "o país onde ele estiver". E, por fim, ambos os artigos pregam a aplicação da lei do local onde foi feita a proposta.

14. DINIZ, *op. cit.*, p. 333.

Tal interpretação é condizente com o cosmopolitismo do mundo dos negócios, marcado pela intensa mobilidade dos potenciais contratantes.

3.4. Art. 10 – Lex domicilii do defunto ou do desaparecido

> "Art. 10. A sucessão por morte ou por ausência obedece à lei do país em que domiciliado o defunto ou o desaparecido, qualquer que seja a natureza e a situação dos bens."

O artigo traz como regra de conexão a lei do país de último domicílio do defunto ou do desaparecido (*lex domicilii* do defunto ou do desaparecido) no que tange à regulação da sucessão por morte ou por ausência, qualquer que seja a natureza e a situação dos bens. Resta clara a concepção unitarista da sucessão, tal qual adotada nos países de tradição jurídica romano-germânica.

O contraponto seria a concepção pluralista da sucessão, adotada nos países de tradição jurídica *common law*. A título explicativo, a pluralidade sucessória prega que cada bem, individualmente considerado, deve ser regulado pela lei de sua localização (*lex rei sitae*).

Conforme dito no subitem **3.3**, a regra de conexão *lex domicilii* do defunto ou do desaparecido diz respeito aos aspectos intrínsecos do testamento, como, por exemplo, o conteúdo das disposições de última vontade, sua admissibilidade e os efeitos dela decorrentes. Por outro lado, os aspectos extrínsecos do testamento teriam como regra de conexão o *locus regit actum* (lei do local onde o negócio jurídico tenha se constituído). Como exemplos de aspectos extrínsecos, podem-se apontar o respeito à forma legal e se o ato foi lavrado pela autoridade competente.

A Lei de Introdução às Normas do Direito Brasileiro não cuidou da comoriência,[15] portanto, é imperioso lançar mão do art. 29 do Código Bustamante, que assim determina: "As presunções de sobrevivência ou de morte simultânea, na falta de prova, serão reguladas pela lei pessoal de cada um dos falecidos em relação a sua respectiva sucessão". Ou seja, sem a existência de provas será aplicada a lei de domicílio do *de cujus* para regular a comoriência.[16]

Por fim, se a sucessão for regulada pela lei brasileira, cabe saber que a sucessão se abre no lugar do último domicílio do falecido (art. 1.785 do CC/2002).

15. Presunção jurídica de que duas ou mais pessoas morreram ao mesmo tempo em função de contexto fático marcado pela simultaneidade.
16. No Brasil, o art. 8º do CC/2002 assim disciplina a comoriência: "Se dois ou mais indivíduos falecerem na mesma ocasião, não se podendo averiguar se algum dos comorientes precedeu aos outros, presumir-se-ão simultaneamente mortos".

3.4.1. § 1º do art. 10 – Exceção benéfica

> "§ 1º A sucessão de bens de estrangeiros, situados no País, será regulada pela lei brasileira em benefício do cônjuge ou dos filhos brasileiros, ou de quem os represente, sempre que não lhes seja mais favorável a lei pessoal do *de cujus*."

Funciona como exceção benéfica, pois a regra de conexão do *caput* será afastada para aplicação da *lex fori* sobre a sucessão de bens de estrangeiros, situados no país, desde que não seja mais favorável para o cônjuge ou os filhos brasileiros a lei pessoal do *de cujus*.

Tal regra é reforçada pela mesma previsão insculpida na Constituição brasileira (art. 5º, XXXI). Ademais, é um exemplo de aplicação do princípio da pluralidade sucessória, o que destoa da concepção unitarista adotada pelo DIPr brasileiro.

3.4.2. § 2º do art. 10 – *Lex domicilii* do herdeiro ou do legatário

> "§ 2º A lei do domicílio do herdeiro ou legatário regula a capacidade para suceder."

Funciona como exceção à lei do último domicílio do defunto, pois a capacidade para suceder será regulada pela lei do domicílio do herdeiro ou do legatário (*lex domicilii* do herdeiro ou do legatário).

Percebe-se que é a lei do último domicílio do *de cujus* que definirá quem é herdeiro ou não. Após a definição dos herdeiros, cabe verificar a capacidade para suceder de cada um. Tal verificação é balizada pela lei do domicílio do herdeiro.

3.5. Art. 11 – Lei do país de constituição das organizações de interesse coletivo

> *"Art. 11. As organizações destinadas a fins de interesse coletivo, como as sociedades e as fundações, obedecem à lei do Estado em que se constituírem."*

O artigo traz como regra de conexão a lei do país de constituição das organizações de interesse coletivo (sociedade, fundação particular, associação, cooperativa) no que tange à regulação da criação, funcionamento e extinção da pessoa jurídica (critério da incorporação[17]).

17. Ampla aplicação no direito inglês e estadunidense.

Tal regra de conexão deu origem ao princípio do reconhecimento da pessoa jurídica de direito estrangeiro. Isto é, o reconhecimento dos entes coletivos de direito estrangeiro prescinde de ato de autoridade governamental de outras jurisdições; trata-se de um reconhecimento automático pela comunidade internacional. Todavia, tanto a criação de filiais em outras jurisdições como o regime de sua responsabilidade devem guardar respeito à lei do país em que forem se instalar.

Cabe apontar a existência da regra de conexão "lei do país-sede de atividades" no DIPr convencional (critério da sede social[18]). Essa regra aparece na Convenção Relativa ao Reconhecimento Jurídico das Companhias, Associações e Instituições Internacionais, no âmbito das Conferências da Haia. Mas na Convenção Interamericana sobre Conflitos de Leis em Matéria de Sociedades Mercantis, no âmbito da OEA, é a regra de conexão "lei do país de constituição das organizações" a adotada.

Por fim, o critério do controle excepciona a regra de atribuição da nacionalidade às pessoas jurídicas. Assim, a nacionalidade da pessoa jurídica é determinada pelos interesses nacionais que levaram à sua constituição, que são geralmente determinados pela nacionalidade dos possuidores do capital da sociedade.

3.5.1. § 1º do art. 11 – Autorização condicionada

> "*§ 1º Não poderão, entretanto, ter no Brasil filiais, agências ou estabelecimentos antes de serem os atos constitutivos aprovados pelo Governo brasileiro, ficando sujeitas à lei brasileira.*"

O parágrafo cuida de autorização condicionada para funcionamento de filiais, agências ou estabelecimentos de pessoa jurídica estrangeira no Brasil; condicionada porque não poderão aqui funcionar antes de ter seus atos constitutivos aprovados pelo governo brasileiro (ver também o art. 1.134 do CC/2002); após aprovação, ficam sujeitos à lei brasileira.

A sujeição à lei doméstica aplica-se somente às operações da pessoa jurídica no Brasil, ou melhor, em relação à filial, e não em relação à matriz.

É importante saber que a autorização concedida pelo governo brasileiro pode ser por ele cancelada caso a pessoa jurídica infrinja disposição de ordem pública ou pratique atos contrários aos fins declarados em seu estatuto. Tal regra está prevista no art. 1.125 do CC/2002.

Cada vez mais adquire importância tal regra, pois a realidade hodierna é marcada pela atuação transfronteiriça das organizações de interesse coletivo. Podem-se apontar como atores de grande importância no cenário internacional as empresas, as ONGs e as fundações com atuação transnacional. Essa característica traz consigo forte apelo para adaptação das legislações domésticas no sentido de facilitar a atuação das organizações transnacionais.

18. De grande aplicação nos países da Europa Continental.

3.5.2. § 2º do art. 11 – Proibição de aquisição de bens imóveis

> "§ 2º Os Governos estrangeiros, bem como as organizações de qualquer natureza, que eles tenham constituído, dirijam ou hajam investido de funções públicas, não poderão adquirir no Brasil bens imóveis ou susceptíveis de desapropriação."

O texto traz uma proibição no que se refere à aquisição de bens imóveis no Brasil. Segundo o § 2º do art. 11 da LINDB, o Estado estrangeiro ou a organização internacional ficam impedidos de adquirir bens imóveis ou suscetíveis de desapropriação no território brasileiro. O impedimento estende-se ainda às entidades criadas por Estados estrangeiros.

A razão de ser de tal regra é a proteção da soberania do Estado brasileiro.

3.5.3. § 3º do art. 11 – Exceção à proibição de aquisição de bens imóveis

> "§ 3º Os Governos estrangeiros podem adquirir a propriedade dos prédios necessários à sede dos representantes diplomáticos ou dos agentes consulares."

A regra estipulada no § 2º é excepcionada pela permissão conferida aos Estados estrangeiros de adquirir a propriedade dos prédios necessários à sede dos representantes diplomáticos ou dos agentes consulares. Essa exceção é pautada no princípio da proteção do exercício das atividades diplomáticas pelos Estados.

O princípio supracitado tem acolhida no DIPr convencional, consoante o que se vê na Convenção de Viena sobre Relações Diplomáticas, de 1961, e na Convenção de Viena sobre Relações Consulares, de 1963.

4. Aplicação do direito estrangeiro

Viu-se que com a aplicação da regra de conexão é possível determinar o direito material que vai regular o caso com elemento de estraneidade. Esse direito indicado pela norma indireta do DIPr pode ser tanto o nacional como o estrangeiro. Ou seja, em determinadas situações o juiz brasileiro terá de aplicar o direito estrangeiro.[19]

19. "Caracterizada a norma estrangeira como lei e não fato, segue-se que sua ignorância não é admitida, que o juiz deve aplicá-la *ex officio*, que pode ser invocada a qualquer tempo, isto é, em qualquer fase do processo, e que, em nosso regime processual, pode ser objeto de recurso especial e de ação rescisória. O recurso especial se dará quando nossos tribunais negarem vigência à lei estrangeira competente, ou aplicando-a, lhe derem interpretação divergente da que lhe tenha sido dada por outro acórdão, também de tribunal brasileiro" (DOLINGER, Jacob. **Direito Internacional Privado**. 10. ed. Rio de Janeiro: Forense, 2012. p. 283).

Tendo por base tal possibilidade, passemos agora ao estudo de algumas considerações importantes para o perfeito entendimento do tema "aplicação do direito estrangeiro pelo juiz brasileiro".

4.1. Proibição de reenvio ou devolução – Art. 16 da LINDB

Como visto, o direito indicado pela regra de conexão e que incidirá no fato ou na relação jurídica com elemento estrangeiro é o direito material, tanto nacional como internacional.

Todavia, juízes de alguns países aplicavam não o direito material do país estrangeiro, mas sim seu DIPr, o que possibilitava, em algumas situações, o reenvio ou retorno, ou seja, a regra de conexão estrangeira indicava a *lex fori* como apta a resolver o caso misto.

Funciona como se a solução fosse enviada para o direito de certo país e o direito desse país a reenviasse (de volta ou para outro país). Em outras palavras, o reenvio é uma interpretação que despreza a norma material indicada pela regra de conexão e aplica DIPr estrangeiro para chegar a outra norma material, geralmente de índole nacional.

O reenvio pode ser de distintos graus: *a)* reenvio de 1º grau: refere-se a dois países, isto é, a legislação do país

A remete à do país B, que reenvia para A; *b)* reenvio de 2º grau: refere-se a três países, situação em que a legislação de A remete à de B, que reenvia para C; *c)* e reenvio de 3º grau: refere-se a quatro países; é similar ao reenvio de 2º grau, com a diferença de que nesta a legislação de C remete à do país D.

Dentro desse quadro, ergue-se o art. 16 da LINDB e proíbe o juiz nacional de utilizar-se do reenvio. O juiz aplica o DIPr brasileiro para determinar o direito material aplicável, e, se este for estrangeiro, caberá ao magistrado aplicá-lo.

Interessante é perceber que o instituto do reenvio é um desfigurador das regras de conexão, pois a estas cabe solucionar os conflitos de leis no espaço, e, a partir do momento em que o DIPr brasileiro indicar o DIPr estrangeiro, ele não estará cumprindo com sua função.

4.2. Prova do direito estrangeiro –Art. 14 da LINDB

A aplicação da lei estrangeira, quando determinada pelo DIPr brasileiro, é uma obrigação do juiz, e não mera faculdade. Tanto é assim, que a doutrina brasileira tem entendimento robusto no sentido de aplicação *ex officio* do direito estrangeiro pelo magistrado.

A dúvida que o art. 14 da LINDB cria é no tocante à prova do texto e da vigência do direito estrangeiro. Como a Lei de Introdução não disciplina a forma como deve se dar a prova do texto e da vigência do direito estrangeiro, é interessante vermos o que dispõe o art. 409 do Código Bustamante: "A parte que invoque a aplicação do direito de qualquer Estado contratante em um dos outros, ou dela divirja, poderá justificar o texto legal, sua vigência e sentido mediante certidão, devidamente legalizada, de dois advogados em exercício no país de cuja legislação se trate".

O Código Bustamante ainda traz outra maneira de proceder à verificação do texto e da vigência do direito estrangeiro, insculpida no art. 410 (pela via diplomática). E os Estados se obrigam a fornecer a informação requerida sobre o texto e a vigência de seu direito (art. 411 do Código Bustamante).

Percebe-se que o juiz brasileiro terá o auxílio do Código Bustamante para bem aplicar o direito estrangeiro e utilizará o art. 14 da Lei de Introdução e o art. 337 da CPC para exigir da parte que o invoca a prova de seu texto e de sua vigência, no caso de não o conhecer.

A título conclusivo, pode-se dizer que o juiz deve aplicar *ex officio* o direito estrangeiro, caso o conheça. Do contrário, pedirá que as partes provem o texto e a vigência desse direito. Mas caso seja inviável a produção da prova do teor e da vigência de lei estrangeira, o juiz brasileiro aplicará o direito nacional, pois o litígio não pode ficar sem solução (em função do princípio da proibição do *non liquet*).

Cabe mencionar a Convenção Interamericana sobre Prova e Informação acerca do Direito Estrangeiro, de 1979, que, no âmbito da OEA, foi incorporada pelo Brasil na segunda Cidip.

Por fim, deve-se dizer que a lei estrangeira, aplicada por força de dispositivo de Direito Internacional Privado brasileiro, se equipara à legislação federal brasileira, para efeito de admissibilidade de recurso especial, quando contrariada ou lhe for negada vigência pelo juiz nacional (STF, RE 93.131-7/MG, 2ª T., j. 17.12.1981, rel. Min. Moreira Alves, *DJ* 17.12.1981).

4.3. Prova dos fatos ocorridos no estrangeiro – Art. 13 da LINDB

A prova dos fatos ou atos ocorridos no estrangeiro deverá ser feita com base na *lex loci*. É a lei do país onde ocorreu o fato ou o ato que vai regular o procedimento probatório (*locus regita ctum*).

O mencionado acima transmite uma parte da regra disposta no art. 13 da LINDB. A outra parte que funciona como ressalva dispõe que o juiz não poderá se valer das provas *não admitidas* pelo direito brasileiro.

"Não admitidas" aparece sublinhada no trecho anterior como forma de contrastar com o texto literal do art. 13, que se refere às provas que a lei brasileira *não conheça*. Se prevalecesse o texto literal, teríamos uma mitigação do direito da parte de defender-se por meio de todas as provas em direito admitidas.

Portanto, deve ser aceito qualquer meio de prova, desde que lícito, conforme os ditames do ordenamento jurídico brasileiro, e que não viole a ordem pública (art. 17 da LINDB). Ademais, o art. 332 do CPC dispõe nesse sentido: "Todos os meios legais, bem como os moralmente legítimos, ainda que não especificados neste Código, são hábeis para provar a verdade dos fatos, em que se funda a ação ou a defesa".

Nesse contexto, cabe apontar as Convenções da Haia sobre Direito Processual Civil de 1954 e sobre Obtenção de Prova no Estrangeiro em Matéria Civil e Comercial de 1970, além da Convenção Interamericana sobre Obtenção de Provas no Exterior de 1975, no âmbito da OEA. Na Convenção Interamericana adotou-se a carta rogatória como instrumento para solicitações, entre juízes, de recebimento e de colheita de provas.

5. Competência internacional

Como estudado até agora, o juiz deve aplicar uma regra de conexão para determinar o direito aplicável ao caso com elemento estrangeiro. Todavia, antes de aplicar o DIPr brasileiro, cabe ao juiz perscrutar sobre sua competência, pois apenas se for competente poderá julgar o caso misto.

Assim, antes do conflito de leis no espaço, existiria um conflito internacional de jurisdição, que deve ser resolvido com suporte na *lex fori*, mais precisamente no art. 12 da LINDB e nos arts. 88, 89 e 90 do CPC.

Passemos agora a analisar o campo do direito processual civil internacional.

5.1. Art. 12 da LINDB

> "Art. 12 É competente a autoridade judiciária brasileira, quando for o réu domiciliado no Brasil ou aqui tiver de ser cumprida a obrigação.
>
> § 1º Só à autoridade judiciária brasileira compete conhecer das ações relativas a imóveis situados no Brasil."

Da leitura do artigo, percebe-se uma diferença de tratamento, entre o *caput* e o § 1º, no que se refere à competência do juiz brasileiro. Essa diferença permite-nos assim dividir a competência do juiz brasileiro: *a)* competência concorrente: ação ajuizada contra réu domiciliado no Brasil ou ação sobre obrigação que deva ser cumprida no Brasil; e *b)* competência exclusiva: ação relativa a imóvel situado no Brasil.

Percebe-se que o art. 12 funciona como norma unilateral, pois determina em quais situações o juiz brasileiro terá competência para resolver casos dotados de elemento estrangeiro. O art. 12 é reforçado e complementado pelos arts. 88 e 89 do CPC.

Como anunciado, a jurisdição internacional brasileira está prevista nas hipóteses dos arts. 88 e 89 do CPC, mas o rol, segundo o STJ[20], não é exaustivo. Assim, pode haver processos que não se encontram na relação contida nessas normas, e que, não obstante, são passíveis de julgamento no Brasil. Deve-se analisar a existência de interesse da autoridade judiciária brasileira no julgamento da causa, na possibilidade de execução da respectiva sentença (princípio da efetividade) e na concordância, em algumas situações, pelas partes envolvidas, em submeter o litígio à jurisdição nacional (princípio da submissão). Porém, cabe destacar também que, para a doutrina clássica, apenas o art. 88 do CPC é exemplificativo.

5.1.1. Competência concorrente ou relativa

Uma das hipóteses de competência concorrente é aquela da ação ajuizada contra réu domiciliado no Brasil. O princípio informador dessa regra é o *actios equitor forum rei.* Em outras palavras, a competência do juiz nacional é determinada pelo critério domiciliar, não importando a condição de estrangeiro do réu. Ademais, reputa-se domiciliada no Brasil a pessoa jurídica estrangeira que aqui tiver agência, filial ou sucursal (art. 88, parágrafo único, do CPC).

Como o critério eleito para definir a competência é o domiciliar, cabe ao juiz bem definir domicílio. Em tal tarefa, lançará mão dos arts. 70 e 71 do CC/2002.

A regra do art. 71 do CC/2002 é de grande utilidade nos casos com elemento estrangeiro, pois a alegação de que o réu possui outra(s) residência(s), além da estabelecida no Brasil, não elidirá a competência do juiz nacional, pois qualquer uma delas poderá ser considerada seu domicílio. Cabe também esclarecer que "é também domicílio da pessoa natural, quanto às relações concernentes à profissão, o lugar onde esta é exercida" (art. 72 do CC/2002).

O art. 75 é utilizado para determinar o domicílio das pessoas jurídicas. A regra geral é que tenham domicílio no local em que funcionarem as respectivas diretorias e administrações, salvo a eleição de domicílio especial na forma do estatuto ou atos constitutivos (art. 75, IV, do CC/2002). Mesmo que a administração tiver sede no estrangeiro, será considerado domicílio, da pessoa jurídica, o local de seu estabelecimento no Brasil.

Outra hipótese de competência concorrente é a que cuida de obrigações, contratuais ou extracontratuais, que devam ser cumpridas no Brasil. Percebe-se que essa regra prescinde do critério domiciliar. Nesse sentido, o STJ decidiu que é vedado às partes dispor (ex.: cláusula de eleição de foro) sobre a competência concorrente de juiz brasileiro por força das normas fundadas na soberania nacional, não suscetíveis à vontade dos interessados.[21]

20. STJ, RO 64/SP (2008/0003366-4), 3ª T., j. 13.05.2008, rel. Min. Nancy Andrighi, *DJe* 23.06.2008.
21. *Vide* STJ, REsp 804.306/SP, 3ª T., j. 19.08.2008, rel. Min. Nancy Andrighi, *DJe* 03.09.2008.

Um exemplo ordinário é o caso de um contrato internacional que estipule sua execução no Brasil. Tal situação torna o juiz brasileiro competente, mas, ao mesmo tempo, não torna incompetente, por exemplo, o juiz do país onde a obrigação foi constituída.

A última hipótese é a regulada pelo art. 88, III, do CPC, que dispõe acerca da competência concorrente sobre ação originada de fato ocorrido ou de ato praticado no Brasil.

5.1.2. Competência exclusiva ou absoluta

O juiz brasileiro terá competência exclusiva para conhecer das ações relativas a imóveis situados no Brasil. Essa competência exclusiva significa que nenhuma outra jurisdição poderá conhecer de ação que envolva bem imóvel situado no Brasil. Assim, por exemplo, sentença estrangeira sobre bem imóvel situado no Brasil nunca será reconhecida no Brasil, isto é, nunca irradiará efeitos em território nacional.

A regra *forum rei sitae* aparece no art. 12, § 1º, da LINDB e no art. 89, I, do CPC. O art. 89, no inc. II, traz outra hipótese de competência exclusiva: ao juiz brasileiro compete proceder a inventário e partilha de bens, situados no Brasil, de titularidade de casal estrangeiro que tenha se divorciado no estrangeiro.

5.2. Cooperação judiciária internacional

Para garantir a efetividade jurisdicional em tempos marcados pelo cosmopolitismo humano e impulsionados pela globalização econômica, cultural e política, é imprescindível a cooperação entre as diferentes jurisdições.

Muitas são as situações em que um juiz depende do Poder Judiciário de outro país para efetuar uma diligência judiciária ou qualquer ato desprovido de carga executória. O instrumento pelo qual um juiz doméstico pede auxílio a um juiz estrangeiro denomina-se carta rogatória. O juiz que pede é denominado rogante (carta rogatória ativa) e o que recebe, rogado (carta rogatória passiva).

A carta rogatória é meio processual adequado para a realização de diligências fora da jurisdição de um determinado Estado, compreendendo tanto os atos ordinatórios (ex.: citação, notificação, cientificação, intimação etc.) como os instrutórios (ex.: coleta de provas). Seu fundamento é um tratado regulando o instituto processual ou o princípio da reciprocidade.

A Lei de Introdução às Normas do Direito Brasileiro dá as coordenadas sobre o assunto:

> *"Art. 12 (...)*
>
> *§ 2º A autoridade judiciária brasileira cumprirá, concedido o exequatur e segundo a forma estabelecida pela lei brasileira, as diligências deprecadas por autoridade estrangeira competente, observando a lei desta quanto ao objeto das diligências".*

Assim, pode-se afirmar que o juiz brasileiro (rogado), após concedido o *exequatur*, deverá cumprir a carta rogatória emitida pelo juiz estrangeiro (rogante).

Em relação ao *exequatur* ("execute-se"), é importante apontar que a carta rogatória deve respeitar a lei do país em que será cumprida (*lex fori* do juiz rogado – arts. 200 a 204 e 210 a 212 do CPC) e nunca violar a ordem pública (art. 17 da LINDB). Os efeitos do cumprimento ou da denegação da carta rogatória fazem apenas coisa julgada formal, ou seja, permitem a reapresentação da carta rogatória.

No Brasil, a competência para conceder *exequatur* às cartas rogatórias é do STJ.[22] Anteriormente era competência do STF, mas desde a edição da EC 45/2004 essa competência passou para o STJ (art. 105, I, *i*, da CF/1988). Cabe dizer que o STJ também é competente para homologar as sentenças estrangeiras (o que estudaremos no item 6).

O procedimento das cartas rogatórias é o seguinte: *a)* recebimento pelo presidente do STJ; *b)* após a concessão de *exequatur*, a carta rogatória é remetida para o juiz federal competente cumpri-la;[23] *c)* após o cumprimento, o juiz tem o prazo de dez dias para devolvê-la ao presidente do STJ, o qual a encaminhará ao Ministério da Justiça ou Ministério das Relações Exteriores, que retornará a carta rogatória ao juiz rogante.

Necessário destacar que, conforme a Resolução 9/2005 do STJ, cabe agravo regimental da decisão do Presidente do STJ que concede *exequatur*.

Por fim, deve-se dizer que o pedido para a produção de prova testemunhal mediante envio de carta rogatória não impede que o processo siga normalmente seu curso. A decisão é da Terceira Turma do Superior Tribunal de Justiça (STJ) e está em consonância com a redação do art. 338 do CPC. Portanto, fica a critério do juiz a suspensão do processo, caso considere a efetivação da carta rogatória imprescindível para o julgamento da causa.[24]

---

22. A competência do STJ é apenas para processar as cartas rogatórias passivas, isto é, aquelas oriundas de juízos ou tribunais estrangeiros.

23. Art. 109, X, da CF/1988: "Aos juízes federais compete processar e julgar: (...) X - os crimes de ingresso ou permanência irregular de estrangeiro, a execução de carta rogatória, após o 'exequatur', e de sentença estrangeira, após a homologação, as causas referentes à nacionalidade, inclusive a respectiva opção, e à naturalização".

24. "Nos casos em que há pedido de prova testemunhal por precatória ou rogatória formalizado antes do saneamento, o juiz possui duas opções: indeferi-la, caso a considere dispensável, ou deferi-la, hipótese em que não estará impedido de julgar a ação, muito menos suspender o processo. A prova apenas útil, esclarecedora ou complementar não deve impedir o processo de seguir seu trâmite regularmente" (trecho do voto da Ministra Nancy Andrighi no REsp 1132818/SP, 3ª T., j. 03.05.2012, *DJe* 10.05.2012).

5.2.1. Protocolo de Las Leñas

O Protocolo de Las Leñas criou um sistema regional de cooperação judiciária entre os países-membros do Mercosul[25]. Esse sistema regional trouxe a figura da autoridade central (no Brasil, é o Ministério das Relações Exteriores) e estabeleceu um procedimento simplificado e mais célere para o cumprimento das cartas rogatórias.

A carta rogatória, consoante art. 8º do Protocolo, deverá ser cumprida de ofício pela autoridade jurisdicional competente do Estado rogado e somente poderá ser denegada quando atentar contra a ordem pública doméstica. Ou seja, o único óbice é a ordem pública.

Mesmo dentro do sistema regional de cooperação judicial criado pelo Protocolo, a carta rogatória deve respeitar a lei do país em que será cumprida[26] (*lex fori* do juiz rogado). Ademais, cria-se a possibilidade de estabelecer procedimento especial de tramitação desde que a pedido da autoridade judicial rogante.

5.2.2. Convenção Interamericana sobre Cartas Rogatórias

No tocante às cartas rogatórias, existe também a Convenção Interamericana sobre Cartas Rogatórias, adotada no âmbito da OEA e ratificada pelo Brasil em 1995. Seu art. 2º assim dispõe: "Esta Convenção aplicar-se-á às cartas rogatórias expedidas em processos relativos à matéria civil ou comercial pelas autoridades judiciárias de um dos Estados-Partes nesta Convenção e que tenham por objeto: a) a realização de atos processuais de mera tramitação, tais como notificações, citações ou emprazamentos no exterior; b) o recebimento e obtenção de provas e informações no exterior, salvo reserva expressa a tal respeito".

No âmbito da OEA também existe a figura da autoridade central, responsável pelo recebimento e distribuição das cartas rogatórias provenientes de outro Estado, membro da OEA e signatário da Convenção (art. 4º).

O *exequatur* só será concedido se forem preenchidos dois requisitos: *a)* que a carta rogatória esteja *legalizada*; e *b)* que a carta rogatória e a documentação anexa estejam devidamente traduzidas para o idioma oficial do Estado requerido (art. 5º). Todavia, o primeiro é flexibilizado pelo art. 6º da Convenção Interamericana: "Quando as cartas rogatórias forem transmitidas por via consular ou diplomática, ou por intermédio da autoridade central, será desnecessário o requisito da legalização".

Por fim, a carta rogatória poderá ter tramitação especial, desde que solicitado pela autoridade judiciária rogante (art. 10).

25. Brasil, Argentina, Uruguai, Paraguai (encontra-se suspenso do bloco após o duvidoso *impeachment* do ex-Presidente Fernando Lugo) e agora a Venezuela também.

26. O art. 12 do Protocolo de Las Leñas sobre Cooperação e Assistência Jurisdicional em Matéria Civil, Comercial, Trabalhista e Administrativa assim dispõe: "A autoridade jurisdicional encarregada do cumprimento de uma carta rogatória aplicará sua lei interna no que se refere aos procedimentos".

5.3. Litispendência internacional

> "Art. 90. A ação intentada perante tribunal estrangeiro não induz litispendência nem obsta a que a autoridade judiciária brasileira conheça da mesma causa e das que lhe são conexas."

O artigo do Código de Processo Civil supracitado é muito criticado pela doutrina internacional, pois esta prega o princípio da não simultaneidade. Ou seja, a jurisdição competente para julgar o caso com elemento estrangeiro é aquela que for competente e à qual o fato foi submetido em primeiro lugar. Assim, a decisão terá validade nessa jurisdição e poderá ser objeto de homologação para também ter validade em outro(s) país(es) que recebe(m) os efeitos do caso com elemento estrangeiro.

A proposta é que o art. 90 seja relido em conjunto com o princípio do respeito à coisa julgada. Dessa forma, se uma decisão estrangeira foi homologada no Brasil, automaticamente o processo que corre no país sobre a mesma causa será extinto em respeito à coisa julgada estrangeira. Em respeito à coisa julgada nacional, não poderá ser homologada decisão oriunda da sucessividade entre processos que versem sobre a mesma causa que divirja da decisão nacional.

Em recente julgado do STJ,[27] o Ministro Teori Zavascki destacou que a ação intentada perante tribunal estrangeiro não induz a litispendência nem impede que a autoridade judiciária brasileira conheça da mesma causa e das que lhe são conexas. "Não é exclusiva, mas concorrente com a estrangeira, a competência da Justiça brasileira para, entre outras, a ação de divórcio, de alimentos ou de regime de guarda de bens, e mesmo a partilha de bens que não sejam bens situados no Brasil", afirmou o ministro.

Segundo Zavascki, a questão que se põe, em tais casos, é saber qual das duas sentenças prevalece, se a nacional ou a estrangeira. "Essa questão, como se percebe, diz respeito à eficácia do julgado, e não à homologabilidade da sentença estrangeira. A resposta se resolve pela prioridade da coisa julgada: prevalece a sentença que transitar em julgado em primeiro lugar, considerando-se, para esse efeito, relativamente à sentença estrangeira, o trânsito em julgado da decisão do STJ que a homologa, já que essa homologação é condição da eficácia da sentença homologanda", ressaltou o Ministro.

27. Em razão de sigilo judicial, o número desse processo não é divulgado (11.09.2012).

O Ministro ainda asseverou que a sentença estrangeira é homologada nos termos e nos limites em que foi proferida, o que significa que, quanto à partilha dos bens, sua eficácia fica limitada aos bens nela partilhados, não a outros. "Registre-se, outrossim, que as disposições da sentença estrangeira sobre alimentos e guarda dos filhos não inibem a sua posterior revisão perante o Judiciário brasileiro, em caso de superveniente alteração no Estado de fato".

Em outra recente decisão[28], os ministros da Terceira Turma do STJ sublinharam que a sentença arbitral estrangeira homologada pelo Superior Tribunal de Justiça (STJ) justifica a extinção, sem julgamento de mérito, de processo judicial movido no Brasil com a mesma questão. Isto é, uma vez homologada a sentença, a extinção do processo judicial nacional, com o mesmo objeto, fundamenta-se na obrigatoriedade que a decisão arbitral adquire no Brasil por força da Convenção de Nova Iorque.

O Ministro Paulo de Tarso Sanseverino apontou que, de acordo com a Convenção de Nova Iorque, da qual o Brasil é signatário, a obrigatoriedade da sentença arbitral estrangeira deve ser assegurada pelos Estados-partes. Segundo os arts. 483 do CPC e 36 da Lei 9.307/1996, a partir de sua homologação, essa sentença passa a ter plena eficácia no território nacional.

"A obrigatoriedade da sentença arbitral, de acordo com os arts. 18 e 31 da Lei 9.307/1996, significa, entre outras características, a impossibilidade de ser ela revista ou modificada pelo Poder Judiciário, o que lhe confere, no Brasil, o *status* de título executivo judicial, sendo executada da mesma forma que a sentença judicial", explicou o Ministro relator Sanseverino.

Por essa razão, finaliza o relator, não há como admitir a continuidade de processo nacional com o mesmo objeto da sentença homologada, o que poderia até mesmo configurar "ilícito internacional".

Por outro lado, o art. 90 do CPC é claro ao afirmar que a ação intentada perante tribunal estrangeiro não induz litispendência no Brasil (*princípio da simultaneidade*). Portanto, todo caso com elemento estrangeiro decidido em outra jurisdição poderá ser objeto de julgamento no Brasil, haja vista o direito de ação e a competência da autoridade judiciária brasileira. No entanto, essa posição, outrora indiscutível, começa a ser revista na jurisprudência consoante os julgados acima comentados, colocando o Brasil em sintonia com a doutrina e a prática internacionais.

O ideal é que a decisão provenha da jurisdição onde o caso com elemento estrangeiro irradie mais efeitos ("sede do fato" de Savigny ou "centro de gravidade" de Otto Gierke) ou de qualquer jurisdição, desde que aplique o direito material do país "sede do fato".

28. REsp 1.203.430, 3ª T., j. 20.09.2012, rel. Min. Paulo Sanseverino.

5.3.1. Protocolo de *Las Leñas*

O art. 22 do Protocolo de Las Leñas garante o respeito à coisa julgada proveniente de algum país-membro, como também defende o princípio da não simultaneidade; destarte, a ação intentada perante tribunal de algum país-membro induz à litispendência. Lembrando que tal regra só é válida na cooperação judicial entre os países-membros do Mercosul.

5.4. Interpretação do direito estrangeiro

Quando o juiz nacional, por intermédio das regras de conexão, tem de aplicar direito material estrangeiro ao caso a ele apresentado, não poderá utilizar-se de métodos interpretativos oriundos de sua própria jurisdição. Ou seja, para bem aplicar o direito estrangeiro terá de interpretá-lo com base nos métodos utilizados no país de origem desse direito (art. 2º da Convenção sobre Regras Gerais de Direito Internacional Privado).

Do contrário, seria prejudicada até mesmo a função do DIPr, pois o direito material indicado, mediante procedimento interpretativo, poderia ser aplicado de maneira muito disforme se se comparar com sua aplicação dentro do sistema jurídico de seu país de origem.

6. Homologação de sentença estrangeira

A sentença judicial é um ato soberano, confeccionada pela autoridade judicial de um determinado Estado. Por ser um ato de soberania, a sentença, como todo ato soberano, incide apenas no território nacional e, destarte, é endereçada à população desse Estado.

Todavia, como vimos, alguns fatos ou relações jurídicas interessam a mais de um país. Assim, o juiz de um desses Estados exercerá sua competência e aplicará o direito material indicado por seu DIPr, mas, como dito, a decisão só valerá no território nacional do juiz prolator, apesar do interesse de outras jurisdições. É nesse contexto que surge a figura da homologação de sentença estrangeira.

Após a homologação pela autoridade competente, a sentença, já apta a produzir efeitos no país prolator, passa a produzir efeitos em outra jurisdição também.[29]

29. Art. 483 do CPC: "A sentença proferida por tribunal estrangeiro não terá eficácia no Brasil senão depois de homologada pelo *Superior Tribunal de Justiça*" (atualizada por nós). A sentença estrangeira homologada pelo STJ é título executivo judicial (art. 475-N, VI, do CPC).

No Brasil, a competência para homologar sentenças estrangeiras era do STF, mas depois da EC 45/2004 essa competência passou para o STJ (art. 105, I, *i*, da CF/1988). Antes de iniciarmos o estudo do procedimento de homologação no Brasil, é importante adiantar que esse procedimento não examina o mérito da sentença estrangeira.[30] Ao STJ cabe apenas a análise dos requisitos formais e, de um viés mais subjetivo, a análise sobre a violação ou não da ordem pública brasileira (art. 17 da LINDB).

É importante sublinhar que a denegação da homologação para reconhecimento ou execução de sentença ou laudo arbitral estrangeiro por vício formal não obsta que a parte interessada renove o pedido, uma vez sanado o vício verificado. Ou seja, o rechaço da homologação não faz coisa julgada material. E, do ponto de vista material, a defesa somente poderá versar sobre a autenticidade dos documentos, a inteligência da decisão e a observância dos requisitos previstos na Resolução 9/2005 do STJ.[31]

Outra consideração preliminar ao nosso estudo do procedimento homologatório é aquela referente ao tipo de sentença. Todo tipo de sentença (declaratória, constitutiva ou condenatória) e a sentença arbitral[32] podem ser objeto de homologação pelo STJ. Em relação à sentença declaratória, é interessante notar que o parágrafo único do art. 15 da LINDB foi revogado pela Lei 12.036/2009. Antes as sentenças meramente declaratórias não necessitavam passar pelo procedimento homologatório para produzir efeitos em território brasileiro porque não possuíam carga executória.

Por outro lado, não dependem de homologação pelo Superior Tribunal de Justiça, para serem executados, os títulos executivos extrajudiciais oriundos de país estrangeiro. O título, para ter eficácia executiva, há de satisfazer os requisitos de formação exigidos pela lei do lugar de sua celebração e indicar o Brasil como o lugar de cumprimento da obrigação (art. 585, § 2º, do CPC).

Passemos agora ao estudo do procedimento homologatório brasileiro.

30. Vide STJ, SEC 651/FR, Corte Especial, j. 16.09.2009, rel. Min. Fernando Gonçalves, *DJe* 05.10.2009, e SEC 1.043/AR, Corte Especial, j. 28.05.2009, rel. Min. Arnaldo Esteves Lima, *DJe* 25.06.2009.
31. Conforme o disposto no art. 9º da Resolução e o disposto em: STJ, SEC 4.616/US, Corte Especial, j. 03.03.2010, rel. Min. Eliana Calmon, *DJe* 25.03.2010.
32. Em procedimento arbitral estrangeiro, a regra aplicável para disciplinar a representação das partes e a forma de ingresso no litígio é a da lei a que elas se submeteram. Na falta de norma acordada, vale a legislação do país onde a sentença arbitral foi proferida. Isso é o que estabelecem a Lei 9.307/1996 e a Convenção de Nova Iorque (STJ, SEC 3709/EX, Corte Especial, j. 14.06.2012, rel. Min. Teori Albino Zavascki, *DJe* 29.06.2012).

6.1. Procedimento homologatório brasileiro

> "Art. 15. Será executada no Brasil a sentença proferida no estrangeiro que reúna os seguintes requisitos:
>
> a) haver sido proferida por juiz competente;
>
> b) terem sido as partes citadas ou haver-se legalmente verificada à revelia;
>
> c) ter passado em julgado e estar revestida das formalidades necessárias para a execução no lugar em que foi proferida;
>
> d) estar traduzida por intérprete autorizado;
>
> e) ter sido homologada pelo Superior Tribunal de Justiça."

O art. 15 da LINDB deve ser conjugado com o art. 5º da Resolução 9/2005 do STJ, conforme dispõe o art. 483, parágrafo único, do CPC. Assim, mais um requisito é adicionado aos acima expostos: estar autenticada pelo cônsul brasileiro.

Passemos ao estudo de cada requisito do procedimento homologatório, isto é, ao que é necessário para que uma sentença ou laudo arbitral estrangeiro venham a ser homologados pelo STJ.

6.1.1. Formalidades externas

Para que uma sentença seja objeto de homologação pelo STJ é imprescindível que ela esteja em conformidade, no que se refere às formalidades externas, com a legislação do país onde foi prolatada. Em outras palavras, a sentença tem de ser válida em seu país de origem. Além disso, o procedimento arbitral tem de estar de acordo com o compromisso arbitral ou cláusula compromissória para ser considerado válido.

6.1.2. Competência do juízo prolator

A sentença tem de ser prolatada por juiz competente segundo as regras de competência do direito processual internacional. Não cabe ao STJ perscrutar sobre qual é o juízo competente para a confecção da sentença, mas apenas verificar se a sentença poderia ter sido proferida pelo juízo da qual emanou.

6.1.3. Citação e revelia

No momento da delibação, cabe ao STJ checar se a citação das partes envolvidas foi regularmente efetuada ou se a revelia foi corretamente configurada com supedâneo na legislação do país onde a sentença foi prolatada. Tal regra tem por supedâneo os princípios constitucionais do devido processo legal, da ampla defesa e do contraditório (art. 5º, LIV e LV, da CF/1988). Por ser direito fundamental, sempre devem ser respeitados.

Cabe apontar que, se o réu tem domicílio no Brasil, o único meio de citá-lo é mediante carta rogatória, a qual depende de *exequatur* do STJ para ser cumprida.[33] Quando o requerido se encontrar em local ignorado, incerto ou inacessível (art. 231, II, do CPC), o STJ entende ser possível a citação por edital.[34]

6.1.4. Trânsito em julgado

A sentença só será aqui homologada se tiver transitado em julgado no país onde foi prolatada. Esse requisito é reforçado pela redação da Súmula 420 do STF.[35]

Tal exigência provém da situação esdrúxula que poderia ocasionar a homologação de uma sentença estrangeira não transitada em julgado, pois, depois de irradiado seus efeitos no Brasil, ela poderia ser alvo de modificação por meio de recurso interposto no país onde foi prolatada.

6.1.5. Tradução juramentada

O art. 224 do CC/2002 dispõe sobre a necessidade dos documentos redigidos em língua estrangeira serem traduzidos para o português para ter efeitos legais no país. A extensão dessa exigência para as sentenças estrangeiras foi uma construção jurisprudencial. Todavia, essa necessidade é premente. O Brasil possui o português como único idioma oficial, o qual deve ser utilizado para todos os fins dentro do território nacional (art. 13 da CF/1988).

6.1.6. Autenticação consular

Como visto, esse requisito provém do art. 5º da Resolução 9/2005 do STJ e determina que a sentença, em seu inteiro teor, seja autenticada (*legalização*) pelo consulado brasileiro no país onde foi prolatada.

Esse requisito deve ser interpretado à luz das Normas de Serviço Consular e Jurídico (NSCJ) – Instrução de Serviço 2/2000 do Ministério das Relações Exteriores. O ato de fé pública representativo de autenticação consular oficial de documentos produzidos no exterior é denominado genericamente de *legalização* e se opera: *a)* mediante reconhecimento da assinatura da autoridade expedidora (que desempenha funções no âmbito da jurisdição consular), quando o documento a ser legalizado estiver assinado; ou *b)* mediante autenticação em sentido estrito, relativamente a documentos que não tenham sido assinados ou em que conste assinatura impressa ou selos secos.[36]

6.1.7. Não ofender a ordem pública

Estudaremos tal requisito no item 7.

6.1.8. Homologação

A homologação é o ato final do procedimento homologatório. Assim, a sentença estrangeira só ganhará a chancela da homologação quando o STJ verificar que todos os requisitos determinados pela *lex fori* foram observados.[37]

Depois de conferir o respeito a todos os requisitos, o STJ homologará a sentença estrangeira, e esta passará a irradiar seus efeitos dentro do território brasileiro. Cabe apontar que a execução da sentença estrangeira depois de homologada é de competência dos juízes federais (art. 109, X, da CF/1988).

Conforme analisamos preliminarmente, os laudos arbitrais, para no Brasil irradiarem seus efeitos, também dependem da chancela homologatória conferida pelo STJ.

6.2. Protocolo de *Las Leñas*

O Protocolo também criou um procedimento mais célere e simples para que as sentenças e os laudos arbitrais prolatados em um país-membro do Mercosul irradiem seus efeitos nos outros países-membros.

O procedimento regional encontra-se disciplinado nos arts. 18 a 24 do Protocolo, sendo sua grande característica o fato de as sentenças irradiarem seus efeitos nos outros Estados-membros após seguirem o procedimento adotado para o *exequatur* das cartas rogatórias. Ou seja, não é necessária a homologação da sentença prolatada por um Estado-membro do Mercosul.

33. Tanto é assim que o STJ recentemente não homologou sentença proferida pela Corte Magistrada de Jerusalém (STJ, SEC 7193/EX, Corte Especial, j. 18.04.2012, rel. Min. Felix Fischer, *Dje* 10.05.2012), que condenou Calina Projetos Culturais e Sociais Ltda. e o Museu de Arte de São Paulo Assis Chateaubriand (Masp) a indenizar o The Israel Museum (TIM) em virtude de inadimplemento contratual. Os ministros da Corte Especial do STJ, seguindo o voto do Ministro Félix Fischer, relator do processo, entenderam que a citação de pessoa domiciliada no Brasil para responder a processo judicial no exterior deve ser feita, necessariamente, por carta rogatória, sendo inadmissível sua realização por outras modalidades. Nas palavras do Ministro Félix Fischer: "De fato, em processo judicial oriundo do exterior, o entendimento consolidado neste STJ é no sentido de que o ato citatório praticado em face de pessoa domiciliada no estrangeiro deve ser realizado de acordo com as leis do país onde tramita a ação. Todavia, se a pessoa a ser citada for domiciliada no Brasil, é necessário que sua regular citação se dê por carta rogatória ou se verifique legalmente a ocorrência de revelia".

34. Vide: STJ, SEC 1.325/PY, Corte Especial, j. 06.10.2010, rel. min. Nancy Andrighi, *DJe* 09.11.2010.

35. "Não se homologa sentença proferida no estrangeiro sem prova do trânsito em julgado."

36. STJ, SEC 587/CH, Corte Especial, j. 11.02.2008, rel. Min. Teori Albino Zavascki, *DJe* 03.03.2008.

37. A simplicidade das sentenças estrangeiras, a exemplo das proferidas nos EUA, não inibe a homologação cabível, quando presentes seus requisitos (STJ, SEC 868/US, Corte Especial, j. 06.08.2008, rel. Min. Nilson Naves, *DJe* 13.10.2008).

O art. 20 do Protocolo disciplina os requisitos para concessão de *exequatur*: *a)* que venham revestidos das formalidades externas necessárias para que sejam considerados autênticos nos Estados de origem; *b)* que estejam, assim como os documentos anexos necessários, devidamente traduzidos para o idioma oficial do Estado em que se solicita seu reconhecimento e execução; *c)* que emanem de um órgão jurisdicional ou arbitral competente, segundo as normas do Estado requerido sobre jurisdição internacional; *d)* que a parte contra a qual se pretende executar a decisão tenha sido devidamente citada e tenha sido garantido o exercício de seu direito de defesa; *e)* que a decisão tenha força de coisa julgada e/ou executória no Estado em que foi ditada; *f)* que claramente não contrariem os princípios de ordem pública do Estado em que se solicita seu reconhecimento e/ou execução.

A parte interessada na execução da sentença em outro Estado-membro também poderá utilizar-se da figura da autoridade central, conforme vimos no subitem *5.2.1*.

7. Ordem pública – Art. 17 da LINDB

> "Art. 17. As leis, atos e sentenças de outro país, bem como quaisquer declarações de vontade, não terão eficácia no Brasil quando ofenderem a soberania nacional, a ordem pública e os bons costumes."

Da leitura do art. 17 da LINDB, percebe-se que existe um filtro em relação aos atos, leis, contratos e sentenças estrangeiras, pois tais só irradiarão seus efeitos no Brasil se não ofenderem a soberania nacional, a ordem pública e os bons costumes.

Poderíamos englobar esses filtros na ideia de ordem pública, mais abrangente. A doutrina por muito tempo tentou estabelecer um conceito indubitável para ordem pública, o que restou infrutífero em função de sua abstratividade.

Todavia, podem-se considerar ordem pública os valores compartilhados por uma dada sociedade em determinado corte temporal (sentido amplo). Pela ideia, percebe-se que é uma noção abstrata e dinâmica, pois se modifica conforme a evolução/involução cultural da sociedade de um país. Em outras palavras, são as ideias políticas, econômicas, culturais etc. compartilhadas por grande parte de uma dada sociedade ou, como dito no subitem *3.3.1*, é o conjunto de regras e princípios basilares de um certo ordenamento jurídico (sentido jurídico).

Sua função dentro do DIPr é defender o sistema de valores de determinado país. Isso porque, por exemplo, uma sentença proveniente de um sistema de valores diverso poderia vir a romper com os valores compartilhados pela nação. Destarte, mesmo se o DIPr brasileiro indicar o direito estrangeiro como aplicável ao caso misto, o juiz poderá afastá-lo para proteger a ordem pública.

Assim, leis estrangeiras, atos ou negócios jurídicos celebrados no exterior (contrato, casamento, testamento etc.) e sentenças estrangeiras serão impedidos de irradiar efeitos no Brasil se atentarem contra a ordem pública. Também ficarão impedidos de aqui irradiar efeitos os laudos arbitrais que atentarem contra a ordem pública,[38] bem como existe limitação à escolha do direito aplicável à arbitragem (art. 2º, § 1º, da Lei 9.307/1996).

Um bom exemplo é a situação de sentenças estrangeiras que determinam o pagamento de dívidas de jogo contraídas no estrangeiro. Ora, tais não poderão ser cumpridas no Brasil por chocarem-se com a determinação do art. 814 do CC/2002. Sendo assim, desrespeitam a ordem pública brasileira.[39]

---

38. Nesse sentido foi a decisão na SEC 978/GB, Corte Especial, j. 17.12.2008, rel. Min. Hamilton Carvalhido, *DJe* 05.03.2009: "Impossibilita a homologação da sentença arbitral estrangeira a ausência de assinatura na cláusula de eleição do juízo arbitral contida em contrato de compra e venda, no seu termo aditivo e na indicação de árbitro em nome da ora requerida, porquanto isso ofende o princípio da autonomia da vontade e a ordem pública (art. 4º, § 2º, da Lei 9.307/1996)" (**Inform.** 381 do STJ).
39. Cabe lembrar que no plano interno, diante da cobrança judicial de dívida de jogo, o juiz deve extinguir o processo sem a análise do mérito em função da impossibilidade jurídica do pedido (art. 267, VI, do CPC).

13. Processo Civil Coletivo e Tutela dos Direitos Fundamentais Sociais

Marcos Destefenni

1. Noções gerais

A Constituição Federal, no título que antecede o art. 5º, enuncia que os direitos fundamentais são individuais e coletivos.

O sistema processual permite a tutela dos direitos individuais por meio das ações individuais. Por exemplo, o mandado de segurança individual é disponibilizado para proteger direito líquido e certo do impetrante. Direito subjetivo titularizado por um indivíduo ou por alguns.

Ações individuais são aquelas que têm por objeto a tutela de um direito individual, movidas, em regra, pelo titular do direito afirmado em juízo (CPC, art. 6º) e que culminam em uma decisão de mérito que produz efeitos *inter partes*, não beneficiando, nem prejudicando terceiros (CPC, art. 472).

Os direitos transindividuais são passíveis de tutela jurisdicional por meio das ações coletivas, assim entendidas aquelas que são movidas por entes legitimados em lei (art. 5º da Lei n. 7.347/1985 e art. 82 da Lei n. 8.078/1990), que não defendem um direito próprio em juízo, mas sim um direito pertencente a uma coletividade de pessoas. Além disso, as ações coletivas se caracterizam pelo regime da coisa julgada material, que produz efeitos *erga omnes* ou *ultra partes*, conforme será estudado à frente.

Assim, conceder-se-á mandado de segurança coletivo para proteger direito líquido e certo de uma coletividade de pessoas.

Podemos citar outro exemplo. A Constituição Federal impôs a proteção de seus direitos individuais e transindividuais (coletivos no sentido amplo), ao determinar a tutela do consumidor, no art. 5º, XXXII.

Em cumprimento ao mandamento constitucional, foi editado o Código de Defesa do Consumidor, que disciplinou a tutela material e processual de toda pessoa natural ou jurídica que adquire ou utiliza produto ou serviço como destinatário final.

A tutela jurisdicional do consumidor pode ser prestada a título individual, quando o consumidor, individualmente, ingressa em juízo, ou a título coletivo, quando uma das entidades legitimadas pelo art. 82 do CDC promove a ação coletiva.

Importante, para os concursos públicos, a classificação do direito transindividual realizada pelo CDC, no art. 81. Trata-se de tema bastante explorado nos concursos públicos.

2. Direito material coletivo (direitos transindividuais)

O CDC foi pioneiro ao trazer uma sistematização do direito material coletivo (transindividual, metaindividual ou supraindividual), classificando-o em: difusos, coletivos (no sentido estrito) e individuais homogêneos. Porém, é importante observar que há direitos que são essencialmente coletivos (os difusos e os coletivos no sentido estrito) e direitos que são individuais, mas passíveis de tutela jurisdicional coletiva (os direitos individuais homogêneos).

Como o próprio nome sugere, os direitos individuais homogêneos são direitos individuais. O CDC, porém, viabilizou a tutela coletiva dos direitos individuais que sejam homogêneos, isto é, que tenham origem em uma mesma situação fática ou jurídica.

A essência dos direitos transindiviuais está na indivisibilidade do seu objeto. Por exemplo, o direito ao meio ambiente ecologicamente equilibrado (difuso) é essencialmente coletivo, pois é impossível, do ponto de vista jurídico ou fático, identificar qual é a parcela de cada cidadão a esse direito.

Quando um direito difuso é lesado ou ameaçado de lesão, é possível a sua tutela jurisdicional, que deve ser pleiteada em juízo por uma das entidades legitimadas em lei (por exemplo, no art. 5º da LACP ou no art. 82 do CDC).

O direito à informação do consumidor também é difuso e, consequentemente, indivisível, pois a lesão a esse direito fundamental afeta, indistintamente, todos os consumidores.

Os direitos difusos e os coletivos são transindividuais e de natureza indivisível. Diferem, no entanto, porque os difusos são referentes a pessoas indeterminadas e indetermináveis, enquanto os coletivos são titularizados por um grupo, por uma categoria ou classe de pessoas. Os titulares dos direitos coletivos são ligados entre si ou com a parte contrária por uma relação jurídica base (art. 81, II, do CDC).

Os interesses individuais homogêneos não são genuinamente coletivos, pois são divisíveis. O que pode unir os diversos titulares é o fato da origem comum.

No concurso do Ministério Público de Goiás (2010), a banca examinadora utilizou-se das seguintes frases (todas estão corretas nas partes citadas) para fazer referência aos direitos transindividuais:

> "I. O processo civil tradicional é vocacionado para resolução dos conflitos individuais. Por outro lado, o processo coletivo volta-se ao conhecimento de demandas envolvendo conflitos de grupos, classes ou categorias de lesados, nominados como interesses difusos, coletivos e individuais homogêneos.
>
> II. Difusos são os interesses que envolvem um grupo indeterminável de lesados, reunidos por uma situação de fato comum, tendo objeto indivisível, v.g., lesão ao meio ambiente de uma região.
>
> III. Interesses coletivos, em sentido estrito, são os que envolvem um grupo determinável, reunido por uma relação jurídica básica comum, tendo também um objeto indivisível, v.g. a nulidade de uma cláusula abusiva em contrato de adesão.
>
> IV. Individuais homogêneos são aqueles que envolvem um grupo determinável, reunido por uma lesão de origem comum, tendo um objeto divisível, v.g. a aquisição de um produto de série com o mesmo defeito".

O fato de os interesses individuais homogêneos não serem genuinamente coletivos (no sentido amplo), por serem direitos divisíveis, também é explorado em concursos públicos.

Por exemplo, a diferença entre os direitos genuinamente coletivos (difusos e coletivos no sentido estrito) e os coletivos apenas quanto à forma de tutela (individuais homogêneos) foi assim expressada pelos examinadores do MP de Minas Gerais (2011): "os direitos difusos e coletivos são indivisíveis e seus titulares são indeterminados ou apenas determináveis, ao passo que os individuais homogêneos são divisíveis e seus titulares são determinados".

No MP do Mato Grosso do Sul (2009), a seguinte afirmativa apontou a peculiaridade dos direitos individuais homogêneos: "os interesses individuais homogêneos são considerados pela doutrina predominante como acidentalmente coletivos, em contraposição aos interesses ou direitos difusos e coletivos *stricto sensu*, definidos como genuinamente ou essencialmente coletivos".

Portanto, para as provas, memorize a distinção apontada pelo parágrafo único do art. 81 do CDC:

> *I – interesses ou direitos difusos, assim entendidos, para efeitos deste código, os transindividuais, de natureza indivisível, de que sejam titulares pessoas indeterminadas e ligadas por circunstâncias de fato;*
>
> *II – interesses ou direitos coletivos, assim entendidos, para efeitos deste código, os transindividuais, de natureza indivisível de que seja titular grupo, categoria ou classe de pessoas ligadas entre si ou com a parte contrária por uma relação jurídica base;*
>
> *III – interesses ou direitos individuais homogêneos, assim entendidos os decorrentes de origem comum.*

Observe, atentamente, os dados importantes:

a) a natureza divisível (individuais homogêneos) ou indivisível (difusos e coletivos);
b) a titularidade: indeterminada ou indeterminável (difusos); de um grupo, classe, ou categoria (coletivos); de pessoas determinadas ou determináveis (individuais homogêneos;
c) o ponto de ligação entre os titulares: circunstâncias de fato no caso dos difusos; relação jurídica base no caso dos coletivos; origem comum no caso dos individuais homogêneos.

O ponto central da distinção entre os direitos essencialmente coletivos e os individuais homogêneos está no fato de que só os individuais homogêneos são divisíveis. Por isso, há um mecanismo próprio e específico para a tutela dos direitos individuais homogêneos, previsto no Capítulo II do CDC, que se inicia no art. 91: As Ações Coletivas Para a Defesa de Interesses Individuais Homogêneos.

O direito material coletivo passou a ser passível de tutela jurisdicional coletiva, de forma sistematizada, a partir de 1985, com a Lei da Ação Civil Pública (Lei n. 7.347/1985). Porém, o CDC (Lei n. 8.078/1990) trouxe novidades e uma nova sistematização da matéria. A grande novidade foi exatamente a possibilidade da tutela jurisdicional coletiva dos direitos individuais homogêneos. A melhor sistematização se deu com o estabelecimento de um microssistema da tutela jurisdicional coletiva, cujos estatutos legislativos fundamentais se complementam: a LACP e o CDC.

A primeira lei, porém, que permitiu a tutela de direitos difusos, no Brasil, foi a Lei da Ação Popular (Lei n. 4.717/1965). Tal detalhe foi explorado na prova do MP de Goiás (2010). A banca afirmou (incorretamente) que "Ação popular não se presta a defesa de interesses difusos e coletivos".

3. Microssistema da tutela coletiva

Enquanto a tutela jurisdicional individual tem como estatuto básico o Código de Processo Civil, a tutela jurisdicional coletiva é regida, fundamentalmente, por um microssistema composto pela interação entre a LACP e o CDC.

Referidos diplomas normativos não são os únicos que se aplicam à tutela coletiva, mas representam a base desse microssistema, em que o CPC é aplicável apenas subsidiariamente.

Há uma mútua referência entre a LACP e o CDC. Ocorre que o art. 21 da LACP manda aplicar, *à defesa dos direitos e interesses difusos, coletivos e individuais, no que for cabível, os dispositivos do Título III da lei que instituiu o Código de Defesa do Consumidor*. O Título III contém as disposições processuais que regulam a ação coletiva para a defesa dos direitos individuais homogêneos.

Por sua vez, o art. 90 do CDC afirma ser aplicável às ações previstas no CDC as normas da Lei n. 7.347/1985, inclusive no que respeita ao inquérito civil.

A aplicação subsidiária do CPC está determinada pelo art. 19 da LACP: *Aplica-se à ação civil pública, prevista nesta Lei, o Código de Processo Civil, aprovado pela Lei n. 5.869, de 11 de janeiro de 1973, naquilo em que não contrarie suas disposições.*

Pelo que se depreende, o microssistema do processo coletivo é formado, principalmente, pela Lei da Ação Civil Pública (Lei n. 7.347/1985) e pelo Código de Defesa do Consumidor (Lei n. 8.078/1990), mas é complementado por inúmeras outras leis, como já afirmou o STJ, no julgamento do REsp 474.475/SP: "O atual microssistema constitucional de tutela dos interesses difusos, hoje composto pela Lei da Ação Civil Pública, a Lei da Ação Popular, o Mandado de Segurança Coletivo, o Código de Defesa do Consumidor e o Estatuto da Criança e do Adolescente, revela normas que se interpenetram, nada justificando que a moralidade administrativa não possa ser veiculada por meio de Ação Popular".

Portanto, o direito material coletivo é tutelado, jurisdicionalmente, por um microssistema normativo.

Tal fato foi observado no concurso do MP do Mato Grosso (2012), em que a seguinte frase (correta) foi utilizada pela banca: "A Ação Popular, como integrante do microssistema processual coletivo, é regida não só pela Lei n. 4.717/1965, mas também pelo Código de Defesa do Consumidor e pela Lei da Ação Civil Pública, sempre de forma complementar".

4. Competência

O microssistema da tutela coletiva tem regras próprias sobre a competência territorial, isto é, sobre o foro competente para o processamento das ações coletivas.

Ao contrário do que ocorre no processo civil individual, em que o foro geral é o do domicílio do réu (art. 94 do CPC), as ações coletivas devem tramitar no foro do local do dano (nesse sentido o art. 2º da LACP e o art. 93, I, do CDC).

A questão é bastante explorada em concursos públicos. Por exemplo, no concurso do Ministério Público/RN/2009/CESPE, restou consignado, de maneira incorreta, que "o foro competente para processar e julgar ação civil pública deve ser o do domicílio do autor da infração".

A escolha do legislador pelo local do dano evidencia o interesse público em que a ação seja processada onde é mais fácil a produção da prova pericial, muito comum em sede de ações coletivas, bem como no foro do local onde devem ser implementadas medidas para a reparação do dano. Enfim, há maior efetividade e, também, celeridade.

Por isso, a competência do foro do local do dano é considerada absoluta.

A razão foi bem explicitada no julgamento do conflito de competência n. 39.111/RJ, em que foi relator o Ministro Luiz Fux: "A *ratio essendi* da competência para a ação civil pública ambiental, calca-se no princípio da efetividade, por isso que, o juízo federal do local do dano habilita-se, funcionalmente, na percepção da degradação ao meio ambiente posto em condições ideais para a obtenção dos elementos de convicção conducentes ao desate da lide".

O fato de a competência ser absoluta, no caso de ação reparatória, foi explorado pelo MP do Ceará (2011):

> "*A ação civil pública será proposta:*
>
> *a) facultativamente no local onde ocorreu o dano ou no domicílio do réu, mas sua propositura não prevenirá a jurisdição para as ações posteriormente intentadas, ainda que tenham a mesma causa de pedir ou o mesmo objeto, porque a hipótese se qualifica como de ações concorrentes.*
>
> *b) sempre no domicílio do réu e, havendo mais de um, no de qualquer deles, mas sua propositura prevenirá a jurisdição do juízo para todas as ações posteriormente intentadas que possuam a mesma causa de pedir ou o mesmo objeto.*
>
> *c) no foro do local onde ocorrer o dano, cujo juízo terá competência funcional para processar e julgar a causa e sua propositura prevenirá a jurisdição do juízo para todas as ações posteriormente intentadas que possuam a mesma causa de pedir ou o mesmo objeto.*
>
> *d) facultativamente, quando a competência for da Justiça Estadual, no foro do local onde ocorreu o dano ou no da Capital do Estado, e, quando neste último, prevenirá a jurisdição para as ações posteriormente intentadas que possuem a mesma causa de pedir e o mesmo objeto.*

e) no foro do domicílio do autor, qualquer que seja o domicílio do réu ou o local dos fatos, e prevenirá a jurisdição do juízo para todas as ações posteriormente intentadas que possuem a mesma causa de pedir ou o mesmo objeto".

Como ficou consignado acima, a ação deve ser proposta no foro do local do dano (art. 2º da LACP), sendo que a referida competência é absoluta. Além disso, há prevenção para as ações conexas posteriormente intentadas, conforme será explicitado. Por isso, correta a alternativa "c".

Se o dano atingir mais de uma comarca ou seção judiciária, a competência será definida pela prevenção, sendo que o juízo prevento, no caso de ações coletivas, é aquele onde se deu, em primeiro lugar, o *ajuizamento* da ação coletiva.

Portanto, trata-se de outra peculiaridade do processo coletivo. Enquanto no processo individual a prevenção é determinada pelo despacho da inicial (art. 106 do CPC) ou pela citação (art. 219), no caso de ação coletiva a prevenção decorre da propositura da ação, por força do que estabelece o parágrafo único do art. 2º da LACP: *A propositura da ação prevenirá a jurisdição do juízo para todas as ações posteriormente intentadas que possuam a mesma causa de pedir ou o mesmo objeto.*

4.1. Danos regionais e nacionais

O CDC, no art. 93, II, consigna que, no caso de dano nacional ou regional, a ação coletiva deve ser proposta *no foro da capital do Estado ou no Distrito Federal.*

De lembrar que a regra do art. 93, II, do CDC, é específica para a ação coletiva que tutela direitos individuais homogêneos. Há controvérsia sobre sua aplicabilidade em todas as ações coletivas, ou seja, naquelas em que há tutela de direitos difusos e coletivos. Porém, tem prevalecido o entendimento no sentido de que, havendo dano regional ou nacional, o foro competente é o da capital do Estado ou do Distrito Federal.

A banca examinadora do concurso do MP de Goiás (2010) consignou, como afirmativa correta: "Na defesa de interesses difusos ou coletivos de caráter regional ou nacional, não há previsão normativa específica, de sorte que, por analogia, deve-se aplicar a regra do CDC, isto é, as ações civis públicas deverão ser ajuizadas no foro da Capital do Estado ou no do Distrito Federal".

Portanto, se o dano for local ou localizado, a ação coletiva deve ser proposta no foro do local do dano. Se os danos forem regionais ou nacionais, a ação tramitará no foro da capital do Estado ou no foro do Distrito Federal.

Assim foi cobrado no concurso do MP de Goiás (2012). A seguinte assertiva foi a afirmativa correta de uma questão: "na defesa de interesses individuais homogêneos, se os danos forem regionais ou nacionais, a ação será proposta, alternativamente, no foro da Capital do Estado ou no do Distrito Federal, aplicando-se as regras do CPC, nos casos de competência concorrente". Na mesma questão foi explorado o fato de existir regra específica no art. 209 do ECA, no sentido de que *as ações previstas neste Capítulo serão propostas no foro do local onde ocorreu ou deva ocorrer a ação ou omissão, cujo juízo terá competência absoluta para processar a causa, ressalvadas a competência da Justiça Federal e a competência originária dos tribunais superiores.*

Trata-se de *detalhe* bastante explorado. Fique atento.

4.2. Ação coletiva preventiva

No caso de ação coletiva preventiva, isto é, voltada a evitar a ocorrência do dano a direito transindividual, a ação deve ser proposta no foro do local onde possa ocorrer o dano, nos termos do art. 93, I, do CDC.

No MP de Sergipe (2010), a seguinte assertiva gabaritou uma das questões: "A propósito da efetividade da tutela jurídica processual coletiva, assinale a opção correta

(...)

b) Na defesa de direitos difusos, admite-se ação ordinária preventiva de natureza mandamental, objetivando tutela inibitória, de modo a compelir o poder público a impedir, em todo o território nacional, o uso ou o consumo de produto nocivo ou perigoso à saúde pública".

4.3. Conexão, continência e juízo universal nas ações coletivas

A conexão e a continência podem determinar a modificação da competência, nos termos do art. 102 do CPC.

O art. 103 do CPC trata da conexão objetiva: *Reputam-se conexas duas ou mais ações, quando lhes for comum o objeto ou a causa de pedir.*

O grande objetivo do art. 103 é evitar decisões contraditórias, de tal forma que a conexão pode determinar a reunião das ações para julgamento conjunto, o que evita sejam proferidas decisões conflitantes.

Assim, embora a conexão possa ser objetiva ou subjetiva, pois, em tese, ela pode ocorrer quando há coincidência de qualquer dos elementos da ação (partes, pedido ou causa de pedir), é a coincidência que envolve a causa de pedir que traz os maiores problemas.

A continência também é definida pelo CPC, no artigo 104: *Dá-se a continência entre duas ou mais ações sempre que há identidade quanto às partes e à causa de pedir, mas o objeto de uma, por ser mais amplo, abrange o das outras.*

Há possibilidade de continência entre ações coletivas, tanto que o STJ, ao julgar o Conflito de Competência n. 22.682/RS, reconheceu a existência de relação de continência entre duas ações civis públicas: "*Conflito de competência. Ação civil pública movida pelo município de Caxias do Sul. Existência de outra ação civil pública movida pelo Ministério Público Federal. Relação de continência*".

A espécie de ação coletiva não é fator que impede o reconhecimento da conexão. Tanto que o STJ já a reconheceu, por exemplo, no caso de ação civil pública e ações populares, como se vê do acórdão lançado no julgamento do Conflito de Competência n. 36.439/SC:

> "*Conflito positivo de competência. Justiça federal e Justiça estadual. Ação civil pública e ações populares com o fim comum de anular processo de licitação. Conexão. Porto de Itajaí. Obras realizadas sobre bens de domínio da união. Competência da justiça federal.*
>
> 1. Competência da Justiça Federal fixada, anteriormente, em conflito julgado pela Seção. Conflito renovado (CC 32.476-SC), sob o fundamento de que compete à Justiça Federal apreciar as causas nas quais estão sendo impugnados projetos que afetam bens da União, ainda que a implementação dessas obras tenha sido delegada a algum município.
>
> 2. A conexão das ações que, tramitando separadamente, podem gerar decisões contraditórias, implica a reunião dos processos em *unum et idem judex*, *in casu*, ações populares e ação civil pública, de interesse da União, posto versarem anulação de licitação sobre o Porto de Itajaí.
>
> 3. Conflito conhecido, para declarar competente o Juízo Federal da 2ª Vara de Itajaí-SJ/SC".

Interessante situação existe no caso da ação popular, pois a Lei n. 4.717/1965 (Lei da Ação Popular), no art. 5º, § 3º, estabelece que *a propositura da ação prevenirá a jurisdição do juízo para todas as ações, que forem posteriormente intentadas contra as mesmas partes e sob os mesmos fundamentos*.

Fala-se, nesse caso, em juízo universal da ação popular, pois a propositura da primeira ação torna aquele juízo prevento para todas as subsequentes.

Para ilustrar, oportuna a decisão proferida pelo STJ no julgamento do Conflito de Competência n. 22.123/MG:

> "*Processual civil. Ações populares aforadas perante juízos diferentes, mas todos com competência territorial e visando o mesmo objetivo. Configuração da conexão e a competência fixada pela prevenção.*
>
> O Juízo da Ação Popular é universal. A propositura da primeira ação previne a jurisdição do juízo para as subsequentemente intentadas contra as mesmas partes e sob a égide de iguais ou aproximados fundamentos.
>
> Para caracterizar a conexão (arts. 103 e 106 do CPC), na forma em que está definida em lei, não é necessário que se cuide de causas idênticas (quanto aos fundamentos e ao objeto); basta que as ações sejam análogas, semelhantes, visto como o escopo da junção das demandas para um único julgamento é a mera possibilidade da superveniência de julgamentos discrepantes, com prejuízos para o conceito do Judiciário, como Instituição.
>
> A interpretação literal, estrita do preceito legal expungiria, do direito pátrio, o instituto da prevenção, nas ações populares. A compreensão e o sentido do dispositivo indicado (art. 5º, § 3º) hão de ser buscados em conjunção com o Código de Processo, que, como se sabe, define os princípios processuais aplicáveis, também, às leis extravagantes.
>
> O malefício das decisões contraditórias sobre a mesma relação de direitos consubstancia a espinha dorsal da construção doutrinária inspiradora do princípio do *simultaneus processus* a que se reduz a criação do *forum connexitatis materialis*. O acatamento e o respeito às decisões da Justiça constituem o alicerce do Poder Judiciário que se desprestigiaria na medida em que dois ou mais Juízes proferissem decisões conflitantes sobre a mesma relação jurídica ou sobre o mesmo objeto da prestação jurisdicional.
>
> A configuração do instituto da conexão não exige perfeita identidade entre as demandas, senão que, entre elas preexista um liame que as torne passíveis de decisões unificadas.
>
> Conflito de Competência que se julga procedente, declarando-se competente para processar e julgar as ações populares descritas na inicial, o Juízo Federal da 13ª Vara Federal da Seção Judiciária de Minas Gerais, por ser o provento, *in casu*, ficando cassada a liminar anteriormente concedida, para o que devem ser remetidas todas as ações (30 ações populares).
>
> Decisão indiscrepante".

No caso de ação de improbidade, o tratamento legal é idêntico.

Com efeito, a Lei n. 8.429/1992, que regula a ação de improbidade, estabelece no art. 17, § 5º, que *a propositura da ação prevenirá a jurisdição do juízo para todas as ações posteriormente intentadas que possuam a mesma causa de pedir ou o mesmo objeto*.

O instituto da prevenção, no caso das ações coletivas, é fundamental para a determinação da competência no caso de lesão ou ameaça de lesão em mais de uma comarca.

O art. 2º da Lei 7.347/1985 (Lei da Ação Civil Pública) estabelece que as ações serão propostas no foro do local onde ocorrer o dano, cujo juízo terá competência funcional para processar e julgar a causa.

Se o dano ocorrido afetar várias comarcas, todas, em tese, serão igualmente competentes para o conhecimento e o julgamento da ação civil pública.

Por isso, fixa-se a competência pela prevenção.

5. Condições da ação

O Código de Processo Civil é estruturado em função de uma trilogia fundamental: pressupostos processuais, condições da ação e mérito.

Por isso, a resolução do mérito depende da observância de determinados requisitos, de tal forma que os pressupostos processuais e as condições da ação são requisitos imprescindíveis para a prestação de tutela jurisdicional.

Embora o direito de ação seja abstrato, o exercício do direito de ação, no caso concreto, depende da verificação desses requisitos, de modo que o juiz só deve resolver o mérito depois de se certificar da presença dos pressupostos de existência e de validade da relação jurídica processual, bem como da presença das condições da ação.

Ocorre que o CPC adotou a teoria original de Enrico Tulio Liebman, isto significa que são condições da ação: a legitimidade das partes, a possibilidade jurídica do pedido e o interesse processual.

Sobre as condições da ação, é importante destacar que:

a) as condições da ação devem ser analisadas em tese, ou seja, com base nas afirmações feitas pelo autor na petição inicial (teoria da asserção);

b) pedido juridicamente possível é o pedido que não é expressamente vedado pelo legislador, ou, então, o pedido que é expressamente admitido;

c) a legitimidade ativa consiste na titularidade de uma relação ou situação jurídica de direito material, afirmada em juízo;

d) a legitimidade passiva consiste na identificação do sujeito passivo da relação ou situação jurídica de direito material afirmada em juízo;

e) o interesse processual é verificável em face da utilidade, necessidade e adequação do provimento jurisdicional solicitado;

f) faltando qualquer condição da ação ocorre a carência de ação e o processo, em regra, deve ser extinto sem resolução do mérito.

5.1. Pedido declaratório de inconstitucionalidade em ação coletiva

Em se tratando de ação coletiva, é possível que a questão da constitucionalidade ou não da norma seja discutida como causa de pedir, isto é, como fundamento da ação.

Não pode a ação coletiva, todavia, veicular pedido declaratório de inconstitucionalidade, pois as ações coletivas não podem usurpar a função da ação direta.

Conforme decidiu o STJ, "é pacífico o entendimento nesta Corte Superior no sentido de que a inconstitucionalidade de determinada lei pode ser alegada em ação civil pública, desde que a título de causa de pedir – e não de pedido –, uma vez que, neste caso, o controle de constitucionalidade terá caráter incidental" (AgRg no REsp 1.106.972/RS).

5.2. A legitimidade ativa (*ad causam*)

Existem dois sistemas para a escolha do adequado portador dos interesses transindividuais em juízo:

a) sistema *ope legis*: ainda predominante no Brasil, de tal forma que é a lei que escolhe taxativamente os legitimados adequados à tutela dos direitos transinvidiuais. Basicamente, estão elencados no art. 5º da Lei n. 7.347/1985 (LACP) e no art. 82 da Lei n. 8.078/1990 (CDC);

b) sistema *ope judicis*: predominante no direito norte-americano, no qual o adequado representante é definido no caso concreto, cabendo ao juiz proferir decisão de admissibilidade da ação se e somente se a classe estiver devidamente representada.

No direito norte-americano, a legitimidade é atribuída a qualquer pessoa (*class action*), uma vez que predomina a ideia de que a atuação do particular, no caso, acaba por favorecer o interesse público.

Como entre nós predomina o sistema *ope legis*, vamos à identificação dos representantes adequados escolhidos pelo legislador brasileiro.

A Lei n. 7.347/1985 e a Lei n. 8.078/1990 legitimam, concorrentemente, o Ministério Público, a Defensoria Pública, a União, os Estados, os Municípios, as autarquias, as empresas públicas, as fundações, as sociedades de economia mista e os órgãos públicos (ainda que despersonalizados). O CDC (Lei n. 8.078/1990) fez referência expressa à legitimação das entidades e dos órgãos da Administração Pública, direta ou indireta, ainda que sem personalidade jurídica, especificamente destinados à defesa dos interesses e direitos transindividuais.

Além dessas entidades estatais, conferiu-se à sociedade a possibilidade de se organizar para a defesa dos *novos direitos*. Ou seja, o *terceiro setor* também foi legitimado pela lei à defesa dos direitos difusos e coletivos.

O legislador, porém, só admitiu a legitimidade de representantes da sociedade por meio de associações constituídas há pelo menos um ano e que incluam, entre as suas finalidades, a proteção de algum dos *novos direitos* (meio ambiente, consumidor, patrimônio artístico, estético, histórico, turístico e paisagístico).

O cidadão, isoladamente, não é legitimado para a propositura de ações coletivas, a não ser no caso de ação popular, que pode ser proposta pelo cidadão eleitor.

Como regra, portanto, a legitimidade é concorrente e disjuntiva, ou seja, são vários entes legitimados. A atuação de um legitimado não impede a atuação do outro.

A doutrina registra divergência acadêmica sobre a questão terminológica referente à legitimidade para as ações coletivas.

Uma parcela da doutrina defende o emprego da terminologia tradicional, de tal forma que o autor da ação coletiva, por não ser titular do direito material, atuaria como legitimado extraordinário. Afinal, defende em juízo, em nome próprio, um direito alheio.

De outro lado, há aqueles que defendem o emprego de uma termologia própria para o processo coletivo, para expressar o fato de que existem particulares no caso de ações coletivas. Por exemplo, a atuação do *substituto processual* é sempre para beneficiar as vítimas ou interessados. No caso de improcedência da ação coletiva, não é prejudicada a pretensão individual. De lembrar que, no processo individual, a atuação do substituto vincula o substituído, inclusive no caso de improcedência da demanda.

Por isso, alguns autores entendem que o autor da ação coletiva é um *legitimado autônomo para a condução do processo* (por exemplo, Nelson Nery Jr.). Há quem fale em legitimação coletiva (por exemplo, Luiz Manoel Gomes Jr.)

5.2.1. O Ministério Público

Trata-se de órgão público que não tem personalidade jurídica própria, mas que é dotado de capacidade postulatória, como proclamou a Suprema Corte, no julgamento do RExt 163.231/SP: "A Constituição Federal confere relevo ao Ministério Público como instituição permanente, essencial à função jurisdicional do Estado, incumbindo-lhe a defesa da ordem jurídica, do regime democrático e dos interesses sociais e individuais indisponíveis (CF, art. 127). Por isso mesmo detém o Ministério Público capacidade postulatória, não só para a abertura do inquérito civil, da ação penal pública e da ação civil pública para a proteção do patrimônio público e social, do meio ambiente, mas também de outros interesses difusos e coletivos (CF, art. 129, I e III)".

Ao atuar como parte, o MP não está obrigado ao adiantamento de despesas processuais e, segundo a grande maioria, também não se sujeita à condenação em custas ou em honorários de advogado.

No que se refere aos prazos, recebe tratamento diferenciado, pois o art. 188 do CPC estabelece que *computar-se-á em quádruplo o prazo para contestar e em dobro para recorrer quando a parte for a Fazenda Pública ou o Ministério Público*.

Tem entendido a jurisprudência, majoritariamente, que o art. 188 se aplica ao Ministério Público, tanto quando é parte como quando funciona como fiscal da lei. Com o intuito de demonstrar o posicionamento jurisprudencial, segue decisão prolatada pela 5ª Turma do STJ (DJ 05.09.2005)

> "RECURSO ESPECIAL. ESTATUTO DA CRIANÇA E DO ADOLESCENTE. MINISTÉRIO PÚBLICO. PRAZO EM DOBRO PARA RECORRER. PRERROGATIVA. ARTS. 188, CPC, E 198, II, DO ECA. Na linha da jurisprudência desta Corte, o *Ministério Público tem prazo em dobro para recorrer, seja nos casos em que atua como parte, seja naqueles em que oficia como fiscal* da lei. O art. 198, do ECA, aplica-se somente na parte expressamente diversa do Código de Processo Civil, que continua a ser adotado no atinente à sistemática recursal, na qual inclui a prerrogativa prevista no art. 188, do CPC. Recurso especial conhecido e provido" (STJ, REsp 706704/SC, 5ª T., j. 04.08.2005, rel. Min. José Arnaldo da Fonseca, *DJ* 05.09.2005).

Além de prazos diferenciados, o MP goza da prerrogativa de ser intimado pessoalmente, com vista dos autos, para a prática dos atos processuais, nos termos do art. 41, IV, da Lei n. 8.625/1993 (Lei Orgânica Nacional do MP).

Por isso, a contagem do prazo para a manifestação do MP não se dá a partir da intimação pessoal, mas sim da remessa dos autos com vista.

O art. 83 do CPC estabelece as regras da intervenção do Ministério Público. Segundo esse artigo, *intervindo como fiscal da lei, o Ministério Público:*

I. terá vista dos autos depois das partes, sendo intimado de todos os atos do processo. A intimação será pessoal (CPC, art. 236, § 2º);

II. poderá juntar documentos e certidões, produzir prova em audiência e requerer medidas ou diligências necessárias ao descobrimento da verdade. Pode, portanto, requerer a produção de provas e recorrer.

Segundo o art. 84, quando a lei considerar obrigatória a intervenção do Ministério Público, a parte promover-lhe-á a intimação sob pena de nulidade do processo.

Se no processo civil individual o MP atua como parte ou como *custos legis*, no processo coletivo o *parquet* também é incumbido de assumir a titularidade ativa no caso de desistência injustificada ou de abandono.

Assim, o MP ocupa posição diferenciada em relação aos demais colegitimados para as ações coletivas, podendo atuar como:

a) parte;

b) órgão interveniente obrigatório (*custos legis*);

c) legitimado superveniente.

De fato, estabelece o art. 5º, § 1º, da Lei 7.347/1985 (LACP), que o MP, *se não intervier no processo como parte, atuará obrigatoriamente como fiscal da lei*. Isso quer dizer o *Parquet* sempre está presente nas ações coletivas, como órgão interveniente ou, então, como autor da ação coletiva.

A legitimidade superveniente surge nos casos de desistência infundada da ação coletiva proposta por outro colegitimado. Com efeito, estabelece o art. 5º, § 3º, da LACP que, *em caso de desistência infundada da ação por associação legitimada, o Ministério Público ou outro legitimado assumirá a titularidade ativa.*

Essa questão comporta divergências doutrinárias, no sentido de esclarecer se o Ministério Público, em caso de desistência da ação, está ou não obrigado a assumir a titularidade.

No processo coletivo, o MP é incumbido de zelar pelos interesses difusos e coletivos, bem como pode postular em juízo a tutela de direitos e interesses individuais homogêneos indisponíveis.

Ou seja, o *parquet* não tutela qualquer direito ou interesse individual. Só os indisponíveis, como, por exemplo, aqueles relacionados à vida, à segurança ou à saúde.

A Lei da Ação Civil Pública (Lei n. 7.347/1985), em seu art. 5º, § 5º, estabelece a possibilidade de litisconsórcio entre Ministérios Públicos: *Admitir-se-á o litisconsórcio facultativo entre os Ministérios Públicos da União, do Distrito Federal e dos Estados na defesa dos interesses e direitos de que cuida esta lei.*

Esse litisconsórcio *especial* é admitido em nome da maior efetividade da tutela coletiva.

O ECA (Lei n. 8.069/1990) também prevê a possibilidade de litisconsórcio de Ministérios Públicos no § 1º do art. 210, assim como o Estatuto do Idoso (Lei n. 10.741/2003), no § 1º do art. 81.

5.2.2. Defensoria Pública

A Defensoria Pública, outro órgão público que não tem personalidade jurídica própria, também está legitimada à tutela dos direitos transindividuais, por força do inciso II do art. 5º da Lei n. 7.347/1985.

Dotada da prerrogativa da intimação pessoal com vista dos autos, a DP tem legitimidade para postular a tutela de toda espécie de direito material coletivo, isto é, difuso, coletivo propriamente dito e individual homogêneo.

Importante, porém, estar atento à sua missão constitucional. Afinal, trata-se de instituição essencial à função jurisdicional do Estado, incumbida da orientação jurídica e da defesa, em todos os graus, dos necessitados, na forma do art. 5º, LXXIV, da CF (art. 134 da CF).

O órgão é incumbido da obrigação de prestar orientação jurídica aos necessitados (*assistência jurídica*), bem como de prestar *assistência judiciária*, isto é, de promover demandas perante o Poder Judiciário em prol dos necessitados.

A Defensoria Pública tem legitimidade para promover ações individuais e coletivas, especialmente a ação civil pública na defesa de um grupo de pessoas hipossuficientes.

Trata-se de legitimidade ampla para a defesa dos direitos dos necessitados, abrangendo seus direitos individuais, coletivos, sociais, econômicos, culturais e ambientais. Pode ser defendido o consumidor hipossuficiente, bem como a criança, o adolescente, o idoso, a pessoa portadora de necessidades especiais, a mulher vítima de violência doméstica e familiar, ou qualquer grupo social vulnerável que mereça proteção especial do Estado.

O art. 4º da Lei Complementar 80/1994, em seu inciso VIII, permite a tutela de direitos e interesses individuais, difusos, coletivos e individuais homogêneos, mas referida legitimidade apresenta algumas controvérsias.

O órgão atua como parte (*substituição processual*) ou sem ostentar a qualidade de parte, mas atuando na defesa da parte hipossuficiente (*representação processual*).

A Defensoria Pública, no campo das ações coletivas, tem afirmado sua legitimidade para:

a) ser autora de ações coletivas, na defesa de direitos transindividuais de qualquer espécie;

b) atuar como assistente judicial de entidades legitimadas à propositura de demandas coletivas. Ou seja, a DP pode ser assistente judicial da entidade que é legitimada à defesa dos direitos transindividuais pelas normas do Processo Coletivo, especialmente pelo art. 5º da LACP e pelo art. 82 do CDC.

Essa atuação da Defensoria Pública suscita a questão da análise da pertinência temática, pois é evidente o órgão público, diante da sua missão constitucional de tutelar os necessitados, não poderá assistir qualquer entidade legitimada, isto é, qualquer associação. Por exemplo, a DP não pode assistir judicialmente a FIESP, por absoluta incompatibilidade com sua missão constitucional.

Registre-se que a legitimidade da Defensoria Pública, para o ajuizamento de ações coletivas, passou a constar expressamente do inciso II do art. 5º da LACP, por força da inclusão determinada pela Lei n. 11.448/2007.

A jurisprudência tem corroborado essa legitimidade. Para ilustrar, pode ser citada a decisão proferida no REsp 912.849/RS (*DJe* de 28.04.2008):

> "*Processual civil. Ação coletiva. Defensoria Pública. Legitimidade ativa. Art. 5º, II, da Lei n. 7.347/1985 (Redação da Lei n. 11.448/2007). Precedente.*
>
> 1. Recursos especiais contra acórdão que entendeu pela legitimidade ativa da Defensoria Pública para propor ação civil coletiva de interesse coletivo dos consumidores.
>
> 2. Este Superior Tribunal de Justiça vem-se posicionando no sentido de que, nos termos do art. 5º, II, da Lei n. 7.347/1985 (com a redação dada pela Lei n. 11.448/2007), a Defensoria Pública tem legitimidade para propor a ação principal e a ação cautelar em ações

civis coletivas que buscam auferir responsabilidade por danos causados ao meio-ambiente, ao consumidor, a bens e direitos de valor artístico, estético, histórico, turístico e paisagístico e dá outras providências".

A legitimidade para a defesa de direitos difusos vem sendo afirmada em face do caráter indivisível desses direitos.

A amplitude da legitimidade da Defensoria Pública foi explorada em concurso (Defensor Público/SP – 2012 – FCC): "Tramita no Supremo Tribunal Federal a Ação Direta de Inconstitucionalidade nº 3.943 interposta pela Associação Nacional dos Membros do Ministério Público – CONAMP, contestando a legitimidade da Defensoria Pública para a propositura de Ação Civil Pública, sob a alegação, em linhas gerais, de que tal legitimidade da Defensoria Pública "afeta diretamente" as atribuições do Ministério Público. De acordo com os diplomas normativos e a doutrina dominante que tratam do Direito Processual Coletivo,

(A) a exclusão da Defensoria Pública do rol dos entes legitimados para a propositura da Ação Civil Pública, especialmente para a hipótese dos direitos difusos, notadamente no caso da proteção do ambiente, segue o caminho da ampliação do acesso à Justiça, encontrando suporte normativo na legislação processual coletiva e mesmo na Lei Fundamental de 1988.

(B) no caso da tutela coletiva dos direitos fundamentais sociais, o ajuizamento de Ação Civil Pública pela Defensoria Pública implica sobreposição de atribuições com o Ministério Público, tomando por base ainda que os beneficiários de tais medidas não se enquadram no público alvo da Defensoria Pública e, por tal razão, não haveria como identificar a pertinência temática no caso.

(C) a legitimidade da Defensoria Pública para a tutela coletiva de direitos difusos – como, por exemplo, a ordem urbanística, o direito aos serviços públicos essenciais de saúde e educação e o direito ao ambiente – está em perfeita sintonia com o art. 5º, II, e o rol exemplificativo de direitos coletivos em sentido amplo trazido pelo art. 1º, ambos da Lei nº 7.347/85.

(D) a Ação Direta de Inconstitucionalidade deve ser julgada procedente, tendo em vista a contrariedade existente entre o art. 5º, II, da Lei nº 7.347/85, e o art. 129, § 1º, da Constituição Federal de 1988, o qual confere ao Ministério Público exclusividade para a propositura de Ação Civil Pública.

(E) a legitimidade da Defensoria Pública em matéria de direitos difusos não pode ser admitida, mas tão somente em relação aos direitos individuais homogêneos, uma vez que não se faz possível a identificação dos beneficiários de uma Ação Civil Pública que tenha tal propósito".

Seguem os comentários: **A:** incorreta, pois a mencionada exclusão contraria a tendência de ampliação do acesso à Justiça; **B:** incorreta, pois a lesão a direitos fundamentais sociais também atinge os necessitados. Maiores considerações no item a seguir; **C:** correta, pois a legitimidade da Defensoria Pública, para o ajuizamento de ações coletivas, passou a constar expressamente do inciso II do art. 5º da LACP, por força da inclusão determinada pela Lei n. 11.448/2007. E a jurisprudência tem corroborado essa legitimidade. Para ilustrar, pode ser citada a decisão proferida no REsp 912.849/RS (DJe, 28-4-2008): "Processual civil. Ação coletiva. Defensoria Pública. Legitimidade ativa. Art. 5º, II, da Lei n. 7.347/1985 (redação da Lei n. 11.448/2007). Precedente. 1. Recursos especiais contra acórdão que entendeu pela legitimidade ativa da Defensoria Pública para propor ação civil coletiva de interesse coletivo dos consumidores. 2. Este Superior Tribunal de Justiça vem-se posicionando no sentido de que, nos termos do art. 5º, II, da Lei n. 7.347/1985 (com a redação dada pela Lei n. 11.448/2007), a Defensoria Pública tem legitimidade para propor a ação principal e a ação cautelar em ações civis coletivas que buscam auferir responsabilidade por danos causados ao meio ambiente, ao consumidor, a bens e direitos de valor artístico, estético, histórico, turístico e paisagístico e dá outras providências". A legitimidade para a defesa de direitos difusos vem sendo afirmada em face do caráter indivisível desses direitos, pois é inegável que a lesão a interesses difusos também atinge os necessitados. Recentemente a Segunda Turma do STJ exaltou a legitimidade da Defensoria Pública no processo coletivo: "O direito à educação legitima a propositura da Ação Civil Pública, inclusive pela Defensoria Pública, cuja intervenção, na esfera dos interesses e direitos individuais homogêneos, não se limita às relações de consumo ou à salvaguarda da criança e do idoso. Ao certo, cabe à Defensoria Pública a tutela de qualquer interesse individual homogêneo, coletivo stricto sensu ou difuso, pois sua legitimidade ad causam, no essencial, não se guia pelas características ou perfil do objeto de tutela (= critério objetivo), mas pela natureza ou *status* dos sujeitos protegidos, concreta ou abstratamente defendidos, os necessitados (= critério subjetivo)" (REsp 1.264.116/RS, DJe 13/04/2012); **D:** incorreta, pois não há legitimidade exclusiva do MP para a propositura de ação civil pública; **E:** incorreta, conforme as considerações feitas no item "c". Portanto, deve ser assinalada a alternativa "c".

5.2.3. O setor público: União, Estados, Municípios e Distrito Federal

Nos termos do art. 82, II, do CDC e do art. 5º, da LACP, as pessoas jurídicas de direito público têm legitimidade para a propositura de ações coletivas.

As regras referentes à representação em juízo estão previstas no Código de Processo Civil, no art. 12.

Discute a doutrina se um estado federado pode propor uma ação coletiva em outro estado. Por exemplo, um estado pode ajuizar uma ação coletiva para a defesa do meio ambiente em outro estado?

Para Rodolfo de Camargo Mancuso,[1] "com relação aos *entes políticos* (União, Estados, Municípios, Distrito Federal) conquanto se lhes possa reconhecer uma aptidão genérica para atuar em prol da coisa pública e dos interesses supraindividuais, daí não se pode extrair, *à outrance*, que possam promover a tutela de interesse concernente a outro ente político ou para defesa de bem situado em outro Estado ou outro Município".

5.2.4. Entidades e órgãos da Administração Pública, direta ou indireta: autarquias, empresas públicas, fundações, sociedades de economia mista e outros órgãos

O art. 82, III, da Lei n. 8.078/1990 CDC, estabelece que são legitimados concorrentemente as entidades e órgãos da Administração Pública, direta ou indireta, ainda que sem personalidade jurídica, especificamente destinados à defesa dos interesses e direitos protegidos pelo CDC.

Imprescindível, portanto, que as autarquias, as empresas públicas, as sociedades de economia mista, e os demais órgãos, tenham entre seus objetivos institucionais a defesa judicial de direitos transindividuais. Ou seja, exige-se dos mencionados órgãos aquilo que se convencionou chamar de *pertinência temática*.

No que se refere às entidades da Administração Pública, Rodolfo de Camargo Mancuso[2] afirma que "cabe a exigência da *pertinência temática* não se concebendo, *v.g.*, que a Fundação Horto Florestal (SP) pugne em juízo em defesa de patrimônio arquitetônico localizado no centro da cidade, ou que a Fundação Procon se abale à proteção judicial do meio ambiente".

Como exemplos de órgãos e entidades legitimados podem ser citados o CONAMA (Conselho Nacional do Meio Ambiente), o PROCON, a OAB, o INMETRO e a SUNAB.

Sobre a OAB, também são oportunas as observações de Rodolfo de Camargo Mancuso:[3] "A OAB encontra-se numa situação singular porque, embora represente, precipuamente, a classe dos advogados, seu espectro de atuação é bem mais amplo: 'Defender a Constituição, a ordem jurídica do Estado democrático de direito, os direitos humanos, a justiça social, e pugnar pela boa aplicação das leis, pela rápida administração da justiça e pelo aperfeiçoamento da cultura e das instituições jurídicas' (art. 44, I, da Lei 8.906/1994). Assim, parece-nos que, em face da OAB, não há como se aplicar a exigência da *pertinência temática*".

1. **Jurisdição coletiva e coisa julgada:** teoria geral das ações coletivas. São Paulo: RT, 2007. p. 411-412.
2. Idem, ibidem, p. 412.
3. Idem, p. 413.

Os conselhos de fiscalização de profissões têm legitimidade para a propositura de ações coletivas. A Súmula n. 66 do Superior Tribunal de Justiça estabelece que: *Compete à Justiça Federal processar e julgar execução fiscal promovida pro Conselho de fiscalização profissional.*

Pense-se, por exemplo, no Conselho da Ordem dos Advogados do Brasil. Não há dúvida de que tem legitimidade para defender interesses coletivos dos advogados.

5.2.5. O terceiro setor: as associações e outras entidades

As associações têm legitimidade para a defesa dos direitos difusos e coletivos, por expressa disposição legal.

Todavia, há necessidade do preenchimento de dois requisitos:

a) estar constituída há pelo menos um ano;

b) incluir entre suas finalidades institucionais a defesa do direito que se pretende tutelar (*pertinência temática*).

O primeiro requisito, segundo o § 4º do art. 5º, da LACP, poderá ser dispensado pelo juiz, quando haja manifesto interesse social evidenciado pela dimensão ou característica do dano, ou pela relevância do bem jurídico a ser protegido.

Afirma-se que, no caso de Mandado de Segurança Coletivo, a exigência da constituição há mais de um ano não pode ser dispensada pelo juiz porque é determinada por norma constitucional (art. 5º, LXX, *b*).

A atuação da associação pode beneficiar pessoas além de seus próprios filiados.

5.2.6. Os sindicatos

A legitimidade dos sindicatos decorre do art. 5º, XXI, e do art. 8º, III, ambos da Constituição Federal. Além disso, por terem a natureza de associação civil, a legitimidade dos sindicatos também decorre do art. 82, IV, do CDC.

5.2.7. Ação popular: cidadão, pessoas jurídicas e Ministério Público

Muitos autores têm mostrado a necessidade de se revisitar os temas relacionados à ação popular, principalmente após a Constituição Federal de 1988 que ampliou o seu objeto.

Um dos temas que merece reflexão refere-se à legitimidade ativa, pois ainda prevalece a questionável limitação da legitimidade ativa ao cidadão eleitor, por força das exigências impostas pela Lei n. 4.717/1965.

De fato, a Lei n. 4.717/1965 dispõe que a ação só pode ser proposta pelo cidadão, uma vez que o art. 1º, § 3º, estabelece que *a prova da cidadania, para ingresso em juízo, será feita com o título eleitoral, ou com documento que a ele corresponda.*

Não é imprescindível que o autor da ação popular seja domiciliado no foro onde a ação é proposta. Basta que seja eleitor.

A legitimidade das pessoas jurídicas é obstada pelo Supremo Tribunal Federal, como se vê da Súmula n. 365: *Pessoa jurídica não tem legitimidade para propor ação popular.*

O art. 6º, § 5º, da Lei n. 4.717/1965, expressamente reconhece a possibilidade de litisconsórcio ativo facultativo superveniente, pois faculta a qualquer cidadão habilitar-se como litisconsorte ou assistente do autor da ação popular.

5.2.8. Ação de improbidade administrativa

A Lei n. 8.429/1992, em seu art. 17, legitima o Ministério Público e a pessoa jurídica interessada no caso de ação de improbidade administrativa.

A legitimidade do MP encontra respaldo na Súmula n. 329 do STJ: *O Ministério Público tem legitimidade para propor ação civil pública em defesa do patrimônio público.*

Alguns autores defendem a ampliação da legitimidade ativa, para incluir, por exemplo, as associações. Prevalece, todavia, o entendimento no sentido de que a legitimidade é restrita ao MP e à pessoa jurídica interessada, isto é, atingida pelo ato ímprobo. Prevalece, ainda, que só têm legitimidade as pessoas jurídicas de direito público.

6. Intervenção de terceiros nas ações coletivas

A doutrina reconhece a possibilidade, em tese, da intervenção de terceiros em sede de ações coletivas. Resta, portanto, a difícil tarefa de identificar as peculiaridades do processo coletivo.

A ação civil pública pode ser proposta por um dos colegitimados mencionados no art. 5º da Lei n. 7.347/1985.

Quando um dos colegitimados toma a iniciativa de propor a ação, entende-se que outro colegitimado pode ingressar no feito, na qualidade de assistente litisconsorcial.

Questão mais delicada diz respeito à possibilidade do particular, que não é colegitimado, de ingressar na demanda coletiva.

Se a ação civil pública for voltada à tutela de direitos difusos ou coletivos, predomina o entendimento no sentido de que não deve ser admitido o ingresso de qualquer pessoa.

Afinal, o indivíduo não será prejudicado por eventual sentença de improcedência da ação coletiva, conforme estabelece o art. 103 do CDC.

No caso da tutela dos direitos individuais homogêneos, todavia, a questão é objeto de regramento específico. Com efeito, estabelece o art. 94 do CDC que, *proposta a ação, será publicado edital no órgão oficial, a fim de que os interessados possam intervir no processo como litisconsortes, sem prejuízo de ampla divulgação pelos meios de comunicação social por parte dos órgãos de defesa do consumidor.*

Embora o art. 94 do CDC afirme que qualquer interessado pode intervir como litisconsorte, o melhor entendimento parece ser no sentido de que o ingresso se dá na condição de assistente simples.

6.1. A denunciação da lide e o chamamento ao processo

No caso das ações coletivas, existindo responsabilidade solidária e objetiva pela reparação de danos causados ao meio ambiente ou ao consumidor, por exemplo, não deve ser admitida a denunciação da lide para o exercício do direito de regresso por parte do demandado. Pelos mesmos motivos, não deve ser admitido o chamamento ao processo.

Ocorre que o ingresso do terceiro, nas mencionadas hipóteses, pode retardar a tutela do direito transindividual, que deve ser considerada prioritária.

Afinal, a discussão sobre o direito de regresso ou da responsabilidade solidária pode comprometer a pronta e efetiva reparação do dano causado ao meio ambiente, por exemplo. Também a introdução da discussão da culpa (o direito de regresso é fundado na responsabilidade subjetiva) pode tornar a lide mais complexa pela discussão de fatos novos.

Elogiável, pois, a orientação restritiva do Superior Tribunal de Justiça, como se vê no julgamento do REsp 232.187/SP (*DJ* de 08.05.2000, p. 67):

> "*Processual civil. Ação civil pública. Dano ambiental.*
>
> 1. É parte legítima para figurar no polo passivo da Ação Civil Pública a pessoa jurídica ou física apontada como tendo praticado o dano ambiental.
>
> 2. A Ação Civil Pública deve discutir, unicamente, a relação jurídica referente à proteção do meio ambiente e das suas consequências pela violação a ele praticada.
>
> 3. Incabível, por essa afirmação, a denunciação da lide.
>
> 4. Direito de regresso, se decorrente do fenômeno de violação ao meio ambiente, deve ser discutido em ação própria".

No mesmo sentido o acórdão proferido no julgamento do REsp 67.285/SP (*DJ* de 03.09.2007, p. 154):

> "*Processual civil e civil. Ação civil pública. Danos ao meio ambiente. Reparação. Responsabilidade solidária. Denunciação da lide. Precedentes.*
>
> 1. Mostra-se induvidosa a responsabilidade solidária e objetiva da recorrente, consoante entenderam as instâncias ordinárias, pelo que seria meramente facultativa a denunciação da lide, pois nada impede que a contratante se volte, posteriormente, contra a contratada, ou outra pessoa jurídica ou física, para o ressarcimento da reparação a que vier a ser condenada.
>
> 2. Precedentes desta Corte".

Quando o Estado se coloca como réu em demandas ambientais, também entende-se pela inadmissibilidade da denunciação da lide para o exercício do direito de regresso.

A propósito, confira-se o acórdão proferido no julgamento do REsp 397.840/SP (*DJ* de 13.03.2006, p. 186):

> "*Ação civil pública. Lançamento em rio de esgoto sem tratamento. Antecipação dos efeitos da tutela para impor à ré a realização de obras para solucionar o problema. Requisitos do art. 273 do CPC. Reexame de prova. Legitimidade do Ministério Público para a defesa dos direitos difusos.*
>
> O Ministério Público, segundo expressa disposição constitucional, tem legitimidade para promover ação civil pública em defesa do meio ambiente e de outros interesses difusos e coletivos. É destes interesses que se cuida no caso, pois visa o *parquet* a coibir o lançamento em rio de esgoto não tratado, problema cuja solução, segundo procura demonstrar o autor, cabe à recorrente (...).
>
> É incabível a denunciação da lide se o alegado direito de regresso não decorre de lei ou contrato, mas depende ainda de apuração segundo as regras genéricas da responsabilidade civil.
>
> Assim sendo, não viola o art. 70, III, do Código de Processo Civil o acórdão que indefere pedido de denunciação da Fazenda local sob o fundamento de que os deveres impostos ao Estado pela Constituição Federal e pela Constituição Estadual não implicam o reconhecimento automático do direito de regresso".

A reparação dos danos ambientais, de fato, é questão prioritária, sendo inviável a admissão do ingresso de terceiros que possa comprometer a efetividade da tutela coletiva.

Por isso, justa a restrição jurisprudencial à denunciação da lide.

Mas atenção nos concursos públicos. Não há uma vedação em tese à intervenção de terceiros nas ações coletivas. Deve ser analisado cada caso concreto.

Por exemplo, no concurso do Ministério Público da Bahia (2008) não foi considerada correta a seguinte alternativa: "Não é cabível a denunciação da lide e o chamamento ao processo em ação civil pública". A intervenção poderá ocorrer se for importante para a tutela mais efetiva dos direitos difusos, coletivos ou individuais homogêneos. Não deve ser admitida quando comprometer a efetividade da tutela.

7. O procedimento no caso de ações coletivas

Diante do princípio da máxima amplitude da tutela jurisdicional coletiva, consagrado no art. 83 do CDC, são admissíveis todas as espécies de ações capazes de propiciar a adequada e efetiva tutela dos direitos transindividuais.

A possibilidade do manuseio de diversas espécies de tutela jurisdicional é fundamental para a efetividade da tutela coletiva.

De outro lado, essa amplitude da tutela coletiva determina que as ações coletivas observem o procedimento adequado à tutela pretendida.

Se não houver procedimento especial previsto em função da pretensão deduzida, a ação civil pública seguirá o rito comum, ordinário ou sumário.

De observar que a Lei n. 7.347/1985 não contém regra sobre procedimento, ao contrário da Lei n. 8.429/1992 que prevê procedimento diferenciado (fase preliminar) no caso de ação civil pública por ato de improbidade administrativa.

No concurso do Ministério Público do Piauí (CESPE –2012) não foi considerada correta a seguinte assertiva: "Constitui procedimento da ACP a realização de audiência de conciliação". Ocorre que, conforme foi dito, nem sempre haverá a designação de audiência de conciliação no caso da tutela de direitos transindividuais, tendo em vista que o procedimento será definido em função da pretensão deduzida em juízo.

8. A cumulação de pedidos

Com fundamento no art. 83 do CDC, o autor pode cumular pedidos em sede de ação coletiva.

Os tribunais já se manifestaram contrariamente à possibilidade de cumulação de pedidos, sobretudo quando há pedido de imposição de obrigação de fazer ou de não fazer.

Referido, entendimento, contudo, já está superado, pois o princípio da máxima efetividade da tutela coletiva pressupõe que seja admitida a cumulação de diversos pedidos em sede de ação civil pública, sendo comum o Ministério Público ajuizar ação com pedido imposição de obrigação de fazer e de condenação pecuniária.

Em caso apreciado pelo Superior Tribunal de Justiça, que bem retrata a necessidade de cumulação, o Ministério Público do Distrito Federal pleiteou a condenação da empresa concessionária de telefonia celular ao cumprimento de obrigação de fazer, consistente na imposição de obrigação de fornecer, sem nenhum encargo, fatura discriminada dos serviços prestados, além de formular pedido de condenação pecuniária, referente à devolução, em dobro, dos valores cobrados pelo detalhamento da conta telefônica.

Acolhidos os pedidos, com expresso reconhecimento da legitimidade *ad causam* do Ministério Público para a tutela de direitos individuais homogêneos, houve interposição de apelação, sendo que o órgão jurisdicional de segunda instância manteve o *decisum* de primeiro grau em todos os seus termos.

A empresa de telefonia, então, interpôs recurso especial para o Egrégio Superior Tribunal de Justiça, sustentando, dentre outras teses, a impossibilidade de cumulação.

Felizmente, ao julgar o REsp 684.712/DF, no dia 07.11.2006, o Ministro relator José Delgado fez constar do acórdão, que negou provimento ao recurso, a possibilidade de cumulação de pedidos, além da legitimidade do Ministério Público para a tutela de direitos individuais homogêneos:

> "Os interesses dos consumidores/assinantes da linha telefônica são de natureza individual, o que, todavia, não afasta seu caráter homogêneo, na medida em que a relação jurídica de consumo se aperfeiçoou por meio de pactos de adesão formulados unilateralmente pela AMERICEL, o que coloca os usuários em situação homogênea, no que se refere à eventual violação de direitos. Portanto, vislumbrada a tutela de interesses individuais homogêneos, tem incidência o art. 81 do CDC (Lei n. 8.078/1990), além do art. 82 deste Diploma, que legitimou o Ministério Público, dentre outros entes, a agir na defesa coletiva dos interesses e direitos dos consumidores.
>
> Esta 1ª Turma, no julgamento do Recurso Especial n. 605.323/MG, emprestou nova interpretação ao art. 3º da Lei n. 7.347/1985, reconhecendo a viabilidade da cumulação de pedidos em sede de ação civil pública. Conferir: (REsp. n. 605.323/MG, Rel. Min. José Delgado, Rel. p/ acórdão Min. Teori Albino Zavascki, *DJ* de 17.10.2005; REsp. n. 625.249/PR, Rel. Min. Luiz Fux, 1ª Turma, *DJ* de 31.08.2006). Não obstante os precedentes tratarem da tutela coletiva do meio ambiente, não seria razoável deixar de estender a mesma exegese conferida ao art. 3º da Lei n. 7.347/1985 também às hipóteses em que a ação civil pública serve à proteção dos direitos do consumidor".

Outra ementa que merece ser transcrita é a referente ao julgamento do REsp 605.323/MG, ocorrido no dia 18.08.2005, sendo relator o Min. José Delgado, quando se afirmou que a ação civil pública deve ter aptidão suficiente para operacionalizar, no plano jurisdicional, a devida e integral proteção do direito material, sob pena de se tornar um instrumento inútil:

> "*Processo civil. Direito ambiental. Ação civil pública para tutela do meio ambiente. Obrigações de fazer, de não fazer e de pagar quantia. Possibilidade de cumulação de pedidos: art. 3º da Lei 7.347/1985. Interpretação sistemática. Art. 225, § 3º, da CF/1988, arts. 2º e 4º da Lei 6.938/1981, art. 25, IV, da Lei 8.625/1993 e art. 83 do CDC. Princípios da prevenção, do poluidor-pagador e da reparação integral.*
>
> 1. O sistema jurídico de proteção ao meio ambiente, disciplinado em normas constitucionais (CF, art. 225, § 3º) e infraconstitucionais (Lei 6.938/1981, arts. 2º e 4º), está fundado, entre outros, nos princípios da prevenção, do poluidor-pagador e da reparação integral. Deles decorrem, para os destinatários (Estado e comunidade), deveres e obrigações de variada natureza, comportando prestações pessoais, positivas e negativas (fazer e não fazer), bem como de pagar quantia (indenização dos danos insuscetíveis de recomposição *in natura*), prestações essas que não se excluem, mas, pelo contrário, se cumulam, se for o caso.
>
> 2. A ação civil pública é o instrumento processual destinado a propiciar a tutela ao meio ambiente (CF, art. 129, III). Como todo instrumento, submete-se ao princípio da adequação, a significar que deve ter aptidão suficiente para operacionalizar, no plano jurisdicional, a devida e integral proteção do direito material. Somente assim será instrumento adequado e útil.
>
> 3. É por isso que, na interpretação do art. 3º da Lei 7.347/1985 ("A ação civil poderá ter por objeto a condenação em dinheiro ou o cumprimento de obrigação de fazer ou não fazer"), a conjunção "ou" deve ser considerada com o sentido de adição (permitindo, com a cumulação dos pedidos, a tutela integral do meio ambiente) e não o de alternativa excludente (o que tornaria a ação civil pública instrumento inadequado a seus fins). É conclusão imposta, outrossim, por interpretação sistemática do art. 21 da mesma lei, combinado com o art. 83 do Código de Defesa do Consumidor ("Art. 83. Para a defesa dos direitos e interesses protegidos por este código são admissíveis todas as espécies de ações capazes de propiciar sua adequada e efetiva tutela") e, ainda, pelo art. 25 da Lei 8.625/1993, segundo o qual incumbe ao Ministério Público "IV – promover o inquérito civil e a ação civil pública, na forma da lei: *a)* para a proteção, prevenção e reparação dos danos causados ao meio ambiente (...)".
>
> 4. Exigir, para cada espécie de prestação, uma ação civil pública autônoma, além de atentar contra os princípios da instrumentalidade e da economia processual, ensejaria a possibilidade de sentenças contraditórias para demandas semelhantes, entre as mesmas partes, com a mesma causa de pedir e com finalidade comum (medidas de tutela ambiental), cuja única variante seriam os pedidos mediatos, consistentes em prestações de natureza diversa. A proibição de cumular pedidos dessa natureza não existe no procedimento comum, e não teria sentido negar à ação civil pública, criada especialmente como alternativa para melhor viabilizar a tutela dos direitos difusos, o que se permite, pela via ordinária, para a tutela de todo e qualquer outro direito.
>
> 5. Recurso especial parcialmente conhecido e, nessa parte, desprovido.

No mesmo sentido o acórdão proferido no julgamento do Recurso Especial n. 625.249/PR, assim como a decisão proferida no Recurso Especial n. 586.307/MT, sendo que em ambos os julgados foi relator o Min. Luiz Fux.

Portanto, deve-se admitir que as ações coletivas, como regra, veiculem todo tipo de pedido de tutela jurisdicional, garantindo-se, pois, uma grande flexibilidade ao pedido imediato formulado em ações coletivas.

Além disso, não é aceitável a tese que veda a cumulação de pedidos e obriga que, para cada tipo de prestação, seja ajuizada uma ação civil pública autônoma.

Referido entendimento compromete decisivamente o princípio da economia processual e atenta contra o princípio da instrumentalidade do processo.

Interessante questão sobre cumulação de pedidos foi formulada no concurso público para Ministério Público do Mato Grosso (2012 – UFMT): "Leia atentamente as situações abaixo descritas.

Situação A: Divulgação de propaganda enganosa sobre determinado produto ou serviço.

Situação B: Cobrança ou aumento ilegal de mensalidade escolar de um determinado estabelecimento educacional.

Em relação a essas situações, analise as assertivas.

I. Na situação A, o ajuizamento de ação coletiva objetivando a suspensão liminar e a cessação definitiva de divulgação trata-se de pretensão difusa; com base no mesmo fato lesivo (divulgação da propaganda enganosa), é cabível a cumulação de pedido condenatório de cunho patrimonial (devolução do preço, indenização) em favor dos consumidores lesados (pretensão individual homogênea).

II. Na situação B, o ajuizamento de ação coletiva objetivando cessar a prática ilegal ou inconstitucional e atender às exigências e parâmetros legais trata-se de pretensão difusa; com base no mesmo fato lesivo (cobrança ilegal), é cabível a cumulação de pedido de devolução da diferença ou do total pago indevidamente pelos alunos (pretensão individual homogênea).

III. Na situação A, o ajuizamento de ação coletiva objetivando a suspensão liminar e a cessação definitiva de divulgação trata-se de pretensão difusa; no entanto, com base no mesmo fato lesivo (divulgação da propaganda enganosa), não é cabível a cumulação de pedido condenatório de cunho patrimonial (devolução do preço, indenização) em favor dos consumidores lesados (pretensão individual homogênea).

IV. Na situação B, o ajuizamento de ação coletiva objetivando cessar a prática ilegal ou inconstitucional e atender às exigências e parâmetros legais trata-se de pretensão coletiva, em sentido estrito; no entanto, com base no mesmo fato lesivo (cobrança ilegal), não é cabível o pedido de devolução da diferença ou do total pago indevidamente pelos alunos (pretensão individual homogênea).

V. Na situação B, o ajuizamento de ação coletiva objetivando cessar a prática ilegal ou inconstitucional e atender às exigências e parâmetros legais trata-se de pretensão coletiva, em sentido estrito; com base no mesmo fato lesivo (cobrança ilegal), é cabível a cumulação de pedido de devolução da diferença ou do total pago indevidamente pelos alunos (pretensão individual homogênea).

Estão corretas as assertivas:

(A) II, III e IV, apenas.

(B) III e V, apenas.

(C) I, II e V, apenas.

(D) III e IV, apenas.

(E) I e V, apenas.

A afirmativa I está correta, pois o interesse à cessação da divulgação é difuso, podendo ser protegido pela imposição de obrigação de não fazer (arts. 3º, 11 e 12 da LACP e art. 84 do CDC). Pode haver cumulação de pedidos, conforme o atual entendimento do STJ, de tal forma que pode ser pleiteada a condenação dos responsáveis na mesma demanda. A assertiva II está incorreta, pois a pretensão, no caso, é de tutela de direitos coletivos *lato sensu* (há uma relação jurídica das vítimas com a parte contrária). Incorreta também está a assertiva III, pois é possível a cumulação de pedidos. A afirmativa IV está incorreta, pois é cabível o formulação dos pedidos mencionados. Por fim, a afirmativa V está correta, pelas razões já expostas. A alternativa correta, portanto, é a "E".

8.1. A limitação do objeto

A Medida provisória nº 2.180-35, de 2001 acrescentou um parágrafo único ao art. 1º da Lei da Ação Civil para limitar o cabimento de ações coletivas: "Não será cabível ação civil pública para veicular pretensões que envolvam tributos, contribuições previdenciárias, o Fundo de Garantia do Tempo de Serviço – FGTS ou outros fundos de natureza institucional cujos beneficiários podem ser individualmente determinados". Evidente que o mencionado dispositivo legal suscita controvérsias, pois não faltam vozes afirmando a inconstitucionalidade da limitação de acesso à tutela jurisdicional.

No concurso para Defensor Público (SE – 2012 – CESPE) foi considerada correta a seguinte alternativa: "De acordo com a legislação de regência, não é cabível o ajuizamento de ACP para veicular pretensão que envolva tributos".

O concurseiro, porém, deve ficar atento ao fato de que a mencionada limitação não impede que uma ação coletiva defenda o erário público. A ação coletiva não tem sido admitida para tutelar os contribuintes.

Esse fato foi cobrado no concurso de Defensor Público (RO – 2012 – CESPE): "O MP ajuizou ação civil pública, visando anular acordo firmado entre o estado X e determinada empresa, por meio do qual o ente federativo concedia à empresa o benefício de inserção em regime especial de apuração tributária. Alegou o MP que a inserção da empresa no referido regime acarretaria cobrança de tributo em valor menor que o devido, o que geraria prejuízo ao referido estado e lesão ao patrimônio público.

Com relação à situação hipotética acima descrita, assinale a opção correta.

(A) A ação civil pública não é cabível na hipótese, sendo a ação popular o instrumento adequado para o caso.

(B) A legitimidade do MP para ajuizar a referida ação civil pública fundamenta-se no fato de o MP estar tutelando a defesa do erário e a higidez da arrecadação tributária.

(C) O MP não possui legitimidade para ajuizar a referida ação civil pública, dada a caracterização de direito disponível, cujos beneficiários são individualizáveis.

(D) O MP não tem legitimidade para ajuizar a referida ação civil pública, visto que a ele não cabe propor ação coletiva cujo objeto seja matéria tributária.

(E) O MP só teria legitimidade para ajuizar a referida ação civil pública provocado por associação ou entidade de representação dos contribuintes, situação em que o parquet figuraria no polo ativo da ação como substituto processual".

No caso, foi considerada correta a alternativa "b". Afinal, na hipótese da alternativa "b" não há mera defesa de contribuintes, o que poderia ser um fator restritivo da ação civil pública (art. 1º, parágrafo único, da Lei n. 7.347/85). Trata-se da defesa da higidez da arrecadação tributária. Como já advertiu o STF, "o *Parquet* tem legitimidade para propor ação civil pública com o objetivo de anular Termo de Acordo de Regime Especial – TARE, em face da legitimação *ad causam* que o texto constitucional lhe confere para defender o erário. Não se aplica à hipótese o parágrafo único do artigo 1º da Lei 7.347/1985" (RE 576.155/DF).

9. O incremento dos poderes instrutórios

Com fundamento no art. 6º, VIII, do CDC, o autor da ação coletiva pode pleitear a inversão do ônus da prova, uma vez que o juiz, nesse caso, tem amplos poderes instrutórios.

Demonstrada a verossimilhança da alegação ou evidenciada a hipossuficiência do autor, que pode ser técnica, é possível a distribuição do ônus da prova pelo juiz às partes.

Quanto ao momento processual, o STJ afirmou, recentemente, que a inversão não deve ocorrer no momento da sentença, sob pena de se violar o devido processo legal, por ofensa ao contraditório, causando-se surpresa à parte prejudicada.

O **Informativo** n. 469 do STJ trouxe o entendimento da 2ª Seção do STJ sobre o tema:

"*Inversão. Ônus. Prova. CDC.*

Trata-se de REsp em que a controvérsia consiste em definir qual o momento processual adequado para que o juiz, na responsabilidade por vício do produto (art. 18 do CDC), determine a inversão do ônus da prova prevista no art. 6º, VIII, do mesmo *codex*. No julgamento do especial, entre outras considerações, observou o Min. Relator que a distribuição do ônus da prova apresenta extrema relevância de ordem prática, norteando, como uma bússola, o comportamento processual das partes. Naturalmente, participará da instrução probatória com maior vigor, intensidade e interesse a parte sobre a qual recai o encargo probatório de determinado fato controvertido no processo. Dessarte, consignou que, influindo a distribuição do encargo probatório decisivamente na conduta processual das partes, devem elas possuir a exata ciência do ônus atribuído a cada uma delas para que possam produzir oportunamente as provas que entenderem necessárias. Ao contrário, permitida a distribuição ou a inversão do ônus probatório na sentença e inexistindo, com isso, a necessária certeza processual, haverá o risco de o julgamento ser proferido sob uma deficiente e desinteressada instrução probatória, na qual ambas as partes tenham atuado com base na confiança de que sobre elas não recairia o encargo da prova de determinado fato. Assim, entendeu que a inversão *ope judicis* do ônus da prova deve ocorrer preferencialmente no despacho saneador, ocasião em que o juiz decidirá as questões processuais pendentes e determinará as provas a serem produzidas, designando audiência de instrução e julgamento (art. 331, §§ 2º e 3º, do CPC). Desse modo, confere-se maior certeza às partes referente aos seus encargos processuais, evitando a insegurança. Com esse entendimento, a Seção, ao prosseguir o julgamento, por maioria, negou provimento ao recurso, mantendo o acórdão que desconstituiu a sentença, a qual determinara, nela própria, a inversão do ônus da prova. Precedentes citados: REsp 720.930-RS, *DJe* 09.11.2009, e REsp 881.651-BA, *DJ* 21.05.2007; REsp 802.832-MG, Rel. Min. Paulo de Tarso Sanseverino, julgado em 13.04.2011".

Também decidiu o STJ que a inversão do ônus da prova pode ser a favor do Ministério Público, autor de ação coletiva:

"*ACP. Inversão. Ônus. Prova. MP.*

Trata-se, na origem, de ação civil pública (ACP) interposta pelo MP a fim de pleitear que o banco seja condenado a não cobrar pelo serviço ou excluir o extrato consolidado que forneceu a todos os clientes sem prévia solicitação, devolvendo, em dobro, o que foi cobrado. A Turma entendeu que, na ACP com cunho consumerista, pode haver inversão do ônus da prova em favor do MP. Tal entendimento busca facilitar a defesa da coletividade de indivíduos que o CDC chamou de consumidores (art. 81 do referido código). O termo "consumidor", previsto no art. 6º do CDC, não pode ser entendido apenas como parte processual, mas sim como parte material da relação jurídica extraprocessual, ou seja, a parte envolvida na relação de direito material consumerista – na verdade, o destinatário do propósito protetor da norma. REsp 951.785-RS, Rel. Min. Luis Felipe Salomão, julgado em 15.02.2011".

No julgamento do REsp 1.060.753/SP (2ª Turma, *DJe* 14.12.2009), o STJ determinou a inversão do ônus da prova, calcado no princípio da precaução:

"O princípio da precaução pressupõe a inversão do ônus probatório, competindo a quem supostamente promoveu o dano ambiental comprovar que não o causou ou que a substância lançada ao meio ambiente não lhe é potencialmente lesiva.

Nesse sentido e coerente com esse posicionamento, é direito subjetivo do suposto infrator a realização de perícia para comprovar a ineficácia poluente de sua conduta, não sendo suficiente para torná-la prescindível informações obtidas de sítio da internet.

A prova pericial é necessária sempre que a prova do fato depender de conhecimento técnico, o que se revela aplicável na seara ambiental ante a complexidade do bioma e da eficácia poluente dos produtos decorrentes do engenho humano".

A referida decisão foi questionada no concurso para Defensor Público (FCC – 2012 – DPE-SP): "A inversão do ônus da prova em Ação Civil Pública em matéria ambiental, conforme entendimento jurisprudencial do Superior Tribunal de Justiça, consolidado no julgamento do Recurso Especial n. 1.060.753/SP, de relatoria da Ministra Eliana Calmon, tem como fundamento normativo principal, além da relação interdisciplinar entre as normas de proteção ao consumidor e as de proteção ambiental e o caráter público e

coletivo do bem jurídico tutelado, o princípio:

a) da precaução.
b) da função ambiental da propriedade.
c) do usuário-pagador.
d) do desenvolvimento sustentável.
e) da cooperação

Obviamente que a alternativa "a" é a correta.

10. Sentença e congruência

Como se sabe, por força dos arts. 128 e 460 do CPC, é proibido ao juiz proferir sentença, a favor do autor, de natureza diversa da pedida, bem como condenar o réu em quantidade superior ou em objeto diverso do que lhe foi demandado.

Nas ações coletivas, todavia, existem situações em que a *incongruência* é legítima.

A hipótese mais importante é a da ação de improbidade administrativa, pois tem prevalecido o entendimento segundo o qual o juiz não fica adstrito aos pedidos formulados pelo autor, podendo dar aos fatos definição jurídica diversa daquela apontada na inicial.

A propósito, assim veiculou o **Informativo** n. 0441 do STJ:

"Trata-se de ação civil pública (ACP) ajuizada na origem pelo MP estadual por ato de improbidade na contratação de serviço de transporte público para alunos, de modo fracionado, em três períodos, quando já havia a dimensão do serviço por todo o ano letivo. Segundo a sentença condenatória, esse fracionamento em períodos sucessivos deu-se para haver dispensa da modalidade de licitação de tomada de preços e possibilitar a licitação por convite. Daí o juiz considerar nulas as licitações e condenar o ex-prefeito e demais corréus por prática de ato de improbidade, nos termos do art. 11, I, da Lei n. 8.429/1992 (LIA), aplicando-lhes ainda multa civil. No entanto, o tribunal *a quo* reformou essa decisão, excluindo os honorários advocatícios da condenação dos corréus, bem como afastou a multa ao fundamento de não haver pedido específico do MP. Para a Min. Relatora, esse fundamento não pode ser mantido, visto que, em se tratando de ACP por ato de improbidade administrativa, o magistrado não fica adstrito aos pedidos formulados pelo autor. Foi por esse mesmo motivo que o juiz tipificou as condutas dos agentes em dispositivo diverso daquele apontado pelo *Parquet*. Nesses casos, assevera que, segundo a jurisprudência, basta que o autor faça uma descrição genérica dos fatos e imputação dos réus, sem necessidade de descrever, em minúcias, os comportamentos e as sanções devidas de cada agente (*jura novit curia* e da *mihi factum dabo tibi ius*). Quanto às penas aplicadas aos agentes ímprobos, ressalta também a jurisprudência que o magistrado não está obrigado a aplicar cumulativamente todas as penas previstas no art. 12 da citada lei, podendo, mediante fundamentação, fixá-las e dosá-las segundo a natureza e as consequências da infração. Observa, outrossim, que, no caso dos autos, o tribunal *a quo* afirmou estar comprovada a existência do dano, o que não comporta reexame. Também afirma com base em precedentes da Turma que a falta da notificação prevista no art. 17, § 7º, da citada lei não invalida os atos processuais ulteriores, salvo se ocorrer efetivo prejuízo. Por essa razão, a Turma não proveu o recurso do ex-prefeito e proveu o recurso do MP apenas para restabelecer as multas civis. Precedentes citados: REsp 658.389-MG, *DJ* 03.08.2007; REsp 631.301-RS, *DJ* 25.09.2006; REsp 507.574-MG, *DJ* 08.05.2006; REsp 825.673-MG, *DJ* 25.05.2006; REsp 964.920-SP, *DJe* 13.03.2009; REsp 944.555-SC, *DJe* 20.04.2009; REsp 680.677-RS, *DJ* 02.02.2007, e REsp 619.946-RS, *DJ* 02.08.2007; REsp 1.134.461-SP, Rel. Min. Eliana Calmon, julgado em 03.08.2010".

11. Sistema recursal

No processo coletivo são cabíveis os mesmos recursos do processo individual. A grande diferença está no fato de que os recursos não são providos de efeito suspensivo automático.

Ocorre que o art. 14 da Lei da Ação Civil Pública dá ao juiz o poder de conferir efeito suspensivo aos recursos para evitar dano irreparável à parte. Ou seja, adota-se o sistema *ope judicis*, em que a atribuição do efeito suspensivo é decidida em cada caso.

No concurso do Ministério Público do Mato Grosso (2012 – UFMT), a seguinte frase foi considerada verdadeira. "Nas ações propostas com base na Lei de Ação Civil Pública, os recursos têm o efeito devolutivo como regra geral, podendo o juiz conferir-lhes caráter suspensivo para evitar dano irreparável à parte".

12. Reexame necessário

O instituto do reexame necessário é previsto, genericamente, no art. 475 do CPC.

Nas hipóteses mencionadas, a sentença somente produzirá seus efeitos depois de submetida ao reexame por órgão hierarquicamente superior.

Enquanto no processo individual o reexame necessário tutela interesses patrimoniais (interesse público secundário) do Estado, no processo coletivo o instituto protege interesses superiores.

Por exemplo, a Lei n. 7.853/1989, que dispõe sobre o apoio às pessoas portadoras de necessidades especiais e sua integração social, estabelece, em seu art. 4º, § 1º, que a sentença que concluir pela carência ou pela improcedência da ação fica sujeita ao duplo grau de jurisdição, não produzindo efeito senão depois de confirmada pelo tribunal.

Na prova do MP de Mato Grosso (2012 – UFMT), a peculiaridade da Lei n. 7.853/1989 foi suscitada. Eis a questão: "A ação civil pública proposta com fundamento na Lei n. 7.853/1989 que for considerada procedente terá obrigatório duplo grau de jurisdição, subindo ao Tribunal de Justiça sem a necessidade de recurso". O gabarito: "Em caso de carência ou improcedência da ação".

Trata-se de norma que procura dar maior efetividade à tutela jurisdicional dos interesses dessas pessoas, dando ao reexame necessário um colorido diferente, pois aqui não são tutelados direitos monetários do poder público.

Portanto, na tutela dos interesses metaindividuais pode ocorrer uma situação diferenciada. Se o poder público for réu na ação, a sentença de procedência não deverá ser objeto de reexame, mas sim a sentença de improcedência da demanda.

Na ponderação dos interesses envolvidos, isto é, interesses pecuniários da Fazenda Pública e interesses indisponíveis das pessoas portadoras de necessidades especiais, o legislador, corretamente, optou pelo valor mais elevado.

A Lei da Ação Popular (Lei n. 4.717/1965), em seu art. 19, dispõe sobre o reexame necessário da sentença proferida na ação popular: *A sentença que concluir pela carência ou pela improcedência da ação está sujeita ao duplo grau de jurisdição, não produzindo efeito senão depois de confirmada pelo tribunal; da que julgar a ação procedente caberá apelação, com efeito suspensivo.*

Como se vê, é a sentença de improcedência da ação popular movida pelo cidadão que se sujeita ao reexame necessário.

Além disso, o reexame necessário da sentença de improcedência ou de carência de ação coletiva vem sendo preconizado pela jurisprudência, invocando-se a aplicação analógica do art. 19 da Lei da Ação Popular (Lei n. 4.717/1965) às demais ações coletivas.

O **Informativo** n. 395 do STJ veiculou decisão proferida pela 2ª Turma do Superior Tribuna de Justiça:

"*Ação civil pública. Remessa necessária.*

Na ausência de dispositivo sobre remessa oficial na Lei da Ação Civil Pública (Lei n. 7.347/1985), busca-se norma de integração dentro do microssistema da tutela coletiva, aplicando-se, por analogia, o art. 19 da Lei n. 4.717/1965. Embora essa lei refira-se à ação popular, tem sua aplicação nas ações civis públicas, devido a serem assemelhadas as funções a que se destinam (a proteção do patrimônio público e do microssistema processual da tutela coletiva), de maneira que as sentenças de improcedência devem sujeitar-se indistintamente à remessa necessária. De tal sorte, a sentença de improcedência, quando proposta a ação pelo ente de Direito Público lesado, reclama incidência do art. 475 do CPC, sujeitando-se ao duplo grau obrigatório de jurisdição. Ocorre o mesmo quando a ação for proposta pelo Ministério Público ou pelas associações, incidindo, dessa feita, a regra do art. 19 da Lei da Ação Popular, uma vez que, por agirem os legitimados em defesa do patrimônio público, é possível entender que a sentença, na hipótese, foi proferida contra a União, estado ou município, mesmo que tais entes tenham contestado o pedido inicial. Com esse entendimento, a Turma deu provimento ao recurso do Ministério Público, concluindo ser indispensável o reexame da sentença que concluir pela improcedência ou carência da ação civil pública de reparação de danos ao erário, independentemente do valor dado à causa ou mesmo da condenação. REsp 1.108.542-SC, Rel. Min. Castro Meira, julgado em 19.05.2009".

A especificidade do art. 19 da LAP foi questionada no MP de São Paulo (2011), que considerou correta a seguinte alternativa: "A coisa julgada na ação civil pública para defesa de interesses difusos tem abrangência similar à da ação popular, ou seja, é *erga omnes*, salvo se tiver sido julgada improcedente por insuficiência de provas, embora a sentença, no segundo caso, esteja submetida ao reexame necessário para transitar em julgado".

Também tem sido determinado o reexame necessário da sentença de improcedência ou de carência da ação de improbidade administrativa.

Assim decidiu a 2ª Turma do STJ, no julgamento do Agravo Regimental no Recurso Especial n. 1.219.033/RJ (*DJe* de 25.04.2011):

"*Processual civil. Ação civil pública. Improbidade administrativa. Reexame necessário. Cabimento. Aplicação, por analogia, do art. 19 da Lei 4.717/1965.*

1. Por aplicação analógica da primeira parte do art. 19 da Lei n. 4.717/1965, as sentenças de improcedência de ação civil pública sujeitam-se indistintamente ao reexame necessário (REsp 1.108.542/SC, Rel. Ministro Castro Meira, j. 19.05.2009, *DJe* 29.05.2009).

2. Agravo Regimental não provido".

13. Coisa julgada

A sentença, no processo individual, faz coisa julgada às partes entre as quais foi dada, não prejudicando nem beneficiando terceiros. Ou seja, a coisa julgada produz efeitos *inter partes*.

No caso das ações coletivas, há extensão dos limites subjetivos da coisa julgada, de tal forma que a decisão de mérito proferida em ação coletiva poderá beneficiar quem não foi parte na demanda coletiva (efeitos *erga omnes* ou *ultra partes*).

No concurso do MP de Minas Gerais (2010.1), foi considerada incorreta a seguinte assertiva: "Em relação às ações coletivas, pode-se afirmar: A coisa julgada terá somente efeitos *erga omnes* ou *ultra partes*". O efeito *erga omnes* ou *ultra partes* ocorre no caso de procedência da ação coletiva. Não em todo caso.

A extensão subjetiva da imutabilidade da coisa julgada não é privativa da jurisdição coletiva, pois há muito tempo encontra-se disciplinada a ação civil *ex delicto*, que permite a extensão da eficácia condenatória da sentença penal transitada em julgado para beneficiar a vítima do crime.

A extensão subjetiva dos efeitos da coisa julgada pode beneficiar as vítimas que, como se sabe, não podem ser autoras de demandas coletivas.

Por isso, se for julgada procedente a ação coletiva ajuizada pela entidade legitimada, as vítimas poderão se valer da decisão condenatória para pleitear a liquidação e a execução dos danos individualmente sofridos.

A extensão *in utilibus* dos efeitos da coisa julgada foi objeto do concurso para Defensor Público (SE – 2012 – CESPE): "Em caso de ajuizamento de ação coletiva com a finalidade de se obter tutela jurisdicional que condene determinada instituição financeira a reparar o dano causado a determinada coletividade de poupadores,

(A) os efeitos da sentença de improcedência da ação coletiva se estenderão às ações individuais com o mesmo objeto.

(B) a sentença de procedência somente poderá beneficiar os poupadores, e não seus sucessores.

(C) as ações individuais que tenham por objeto a mesma questão não poderão ser liquidadas ou executadas com base na sentença coletiva que julgue procedente o pedido.

(D) os efeitos da sentença de procedência ou de improcedência se estenderão às vítimas e seus sucessores.

(E) admite-se o aproveitamento da coisa julgada coletiva benéfica para as pretensões individuais, que podem ser liquidadas e executadas com base na sentença coletiva".

Deve ser assinalada a alternativa "e", pois as pretensões individuais, no caso, não são prejudicadas pelo que for decidido na ação coletiva. Afinal, apenas os efeitos da sentença de procedência se estenderão às vítimas e seus sucessores (CDC, art. 103, III, CDC). Sendo assim, admite-se o aproveitamento da coisa julgada coletiva benéfica, como se depreende dos arts. 97 e 98 do CDC.

Além disso, é importante notar que a coisa julgada material, no processo individual, ocorre no caso de decisão de mérito de procedência ou de improcedência.

No âmbito da jurisdição coletiva, mais especificamente entre os colegitimados para a tutela de direitos difusos e coletivos no sentido estrito, a autoridade da coisa julgada é condicionada ao resultado do processo (*secundum eventum litis*) e à qualidade das provas que foram produzidas (*secundum eventum probationis*).

Portanto, principalmente pela extensão dos limites subjetivos da coisa julgada, bem como pela possibilidade de sua formação de acordo com o resultado do processo, a disciplina da coisa julgada nas ações coletivas é diferente do sistema do Código de Processo Civil.

Assim, se a ação coletiva for julgada procedente, opera-se a imutabilidade dos efeitos da sentença em relação às partes do processo, em relação a todos os demais colegitimados, bem como em relação às vítimas individualmente. Por isso se diz que os efeitos são *erga omnes*, isto é, em relação a todos.

No caso de improcedência da ação coletiva por motivo que não seja a insuficiência de provas, opera-se a imutabilidade dos efeitos da sentença em relação às partes do processo coletivo, isto é, entre os colegitimados. Todavia, não são obstadas eventuais ações individuais de vítimas ou interessados.

E o art. 103, § 2º, do CDC, acrescenta: "Na hipótese prevista no inciso III, em caso de improcedência do pedido, os interessados que não tiverem intervindo no processo como litisconsortes poderão propor ação de indenização a título individual". A interpretação a contrário *sensu* nos revela que o interessado que ingressar na ação coletiva para a tutela de direitos individuais homogêneos não poderá propor a ação a título individual se a ação coletiva for julgada improcedente.

Esse detalhe foi cobrado, por exemplo, no concurso do MP de Minas Gerais (2008), que considerou correta a seguinte frase: "Os titulares do direito pleiteado na ação coletiva poderão ingressar no polo ativo como litisconsortes; e os que nela ingressarem serão atingidos pelos efeitos da coisa julgada material na hipótese de o pedido ser, no mérito, considerado improcedente, não podendo renovar a ação a título individual".

A improcedência por falta de provas permite o ajuizamento de nova ação coletiva por qualquer colegitimado. Imprescindível, porém, que sejam apresentadas novas provas. A ação coletiva, nesse caso, poderá ser ajuizada pelo próprio autor, vencido na demanda coletiva, bem como por qualquer outro colegitimado.

O tema foi explorado no concurso do MP do Paraná (2011), que julgou correta a seguinte assertiva: "Na ação civil pública, assim como na ação popular, a sentença será ou não acobertada pela autoridade da coisa julgada dependendo do resultado da lide, de tal modo que, caso o pedido seja julgado improcedente por insuficiência de provas, qualquer legitimado poderá intentar outra ação com idêntico fundamento, valendo-se de nova prova".

Importante destacar que a extensão da autoridade da coisa julgada é para beneficiar vítimas ou interessados, mas a liquidação e a execução devem ser promovidas em face daquele que ocupou o polo passivo da ação coletiva.

No julgamento do REsp 462.847/RS, a 5ª Turma do STJ afirmou a impossibilidade de extensão da coisa julgada operada em ação civil pública proposta contra a União em desfavor do INSS:

> "*Recurso especial. Ministério público federal. Ação civil pública. União. Reajuste de 28,86%. Condenação genérica. Liquidação proposta pelo servidor. INSS. Polo passivo. Ilegitimidade.*
>
> I – A Autarquia federal não possui legitimidade para figurar no polo passivo da liquidação e execução de sentença genérica, em ação civil pública, proferida contra União, na qual se objetivava o pagamento do reajuste de 28,86%, porquanto, por ser pessoa jurídica distinta da União, possui autonomia administrativa e financeira.
>
> II – O efeito *erga omnes* previsto no art. 16 da Lei n. 7.347, de 1985, não vai ao ponto de comprometer a situação jurídica de terceiro que não participou do polo passivo da relação processual (art. 472 do CPC)".

13.1. Limites territoriais da coisa julgada

A Lei n. 9.494/1997 alterou a redação do artigo 16 da Lei da Ação Civil Pública (Lei n. 7.347/1985) e estabeleceu que a sentença fará coisa julgada *erga omnes*, nos limites da competência territorial do órgão prolator.

A limitação territorial da coisa julgada em função da competência territorial do órgão prolator da decisão sempre foi muito criticada pela doutrina, que considerou a novidade inconstitucional, por afrontar a garantia da coisa julgada material (CF, art. 5º, XXXVI), além de apontar a sua ineficácia, pois uma sentença, em regra, produz efeitos em todo território nacional.

A extensão dos efeitos de uma decisão deve ser avaliada em função do pedido formulado pelo autor e, no caso do processo coletivo, pela espécie de direitos transindividuais defendidos (difusos, coletivos ou individuais homogêneos).

Essa, aliás, é a atual orientação da Corte Especial do STJ, como se vê da ementa do julgamento do Recurso Especial n. 1.243.887/PR (*DJe* de 12.12.2011):

> "*Direito processual. Recurso representativo de controvérsia (art. 543-C, CPC). Direitos metaindividuais. Ação civil pública. Apadeco x Banestado. Expurgos inflacionários. Execução/liquidação individual. Foro competente. Alcance objetivo e subjetivo dos efeitos da sentença coletiva. Limitação territorial. Impropriedade. Revisão jurisprudencial. Limitação aos associados. Inviabilidade. Ofensa à coisa julgada.*
>
> A liquidação e a execução individual de sentença genérica proferida em ação civil coletiva pode ser ajuizada no foro do domicílio do beneficiário, porquanto os efeitos e a eficácia da sentença não estão circunscritos a lindes geográficos, mas aos limites objetivos e subjetivos do que foi decidido, levando-se em conta, para tanto, sempre a extensão do dano e a qualidade dos interesses metaindividuais postos em juízo (arts. 468, 472 e 474, CPC e 93 e 103, CDC)".

A questão dos possíveis limites territoriais da coisa julgada coletiva foi explorada no concurso para Defensor Público do Paraná (2012 – FCC): "Um cidadão procura os serviços de assistência jurídica da Defensoria Pública do Paraná em Curitiba, relatando a cobrança da 'taxa para procedimentos operacionais', no valor de R$ 5.000,00, pelo Banco Lucrobom, para a expedição da declaração de quitação integral do financiamento imobiliário que havia contratado. Ao pesquisar sobre o assunto, o Defensor Público responsável pelo caso identificou uma ação civil pública ajuizada pela Defensoria Pública do Ceará, na 1ª Vara Cível da Comarca de Fortaleza, contra o mesmo banco e questionando a mesma taxa, cuja sentença, ao julgar procedente a demanda, proibiu a cobrança da taxa em novas oportunidades e determinou a devolução em dobro para aqueles que já a haviam custeado. A decisão transitara em julgado um mês antes, após julgamento da apelação, à qual se negou provimento, pelo Tribunal de Justiça do Ceará. Diante desses fatos, a medida a ser adotada pelo Defensor Público é:".

No caso, deveria ser assinalada a alternativa "b", segundo a qual "a execução individual da decisão em Curitiba, já que a eficácia da sentença em ação civil pública não sofre limitação territorial, alcançando todos que dela possam beneficiar-se". Como se disse acima, esse é o atual entendimento do STJ.

14. A liquidação da sentença e a tutela dos direitos difusos e coletivos

No caso da tutela dos direitos difusos e coletivos, a sentença condenatória, se for o caso, deve ser liquidada e executada em uma fase subsequente do processo. Ou seja, procede-se ao cumprimento da sentença condenatória no mesmo processo em que a decisão foi proferida.

No caso da ação coletiva para a tutela de direitos individuais homogêneos, porém, a sentença condenatória é genérica, isto é, ilíquida, por força do que estabelece o art. 95 do CDC.

Sendo assim, a liquidação é um procedimento sempre necessário no caso da tutela dos direitos individuais homogêneos, pois não há discussão, na fase de conhecimento de qualquer ação coletiva, das situações individuais.

A liquidação e a execução, então, ocorrerão em um processo autônomo, que poderá ser deflagrado por um ente legitimado (execução coletiva) ou pela própria vítima (execução individual).

Por isso que o CDC prevê três formas de liquidação da sentença condenatória genérica: individual, coletiva e residual.

A liquidação individual (habilitação) e a coletiva estão previstas no art. 97 do CDC.

Com efeito, estabelece o art. 97 do CDC que a liquidação e a execução de sentença poderão ser promovidas pela vítima e seus sucessores, assim como pelos legitimados de que trata o art. 82.

A liquidação individual é chamada pelo art. 100 do CDC de habilitação e em muito se equipara à ação de cumprimento do processo trabalhista.

Cada vítima, por meio de seu advogado, ingressa em juízo para provar o nexo causal com a situação discutida na primeira fase da ação coletiva, que culminou na condenação do infrator. Além disso, a liquidação também é voltada à apuração do dano individualmente sofrido.

Portanto, é necessário destacar que a liquidação individual sempre discutirá "fato novo", qual seja, o nexo de causalidade entre a conduta considerada lesiva na ação coletiva e o dano individualmente sofrido pela vítima. Além disso, como ocorre em toda liquidação, o procedimento também será destinado à fixação do *quantum debeatur*.

Diz-se, então, que a liquidação será sempre por artigos, pois se trata do procedimento adequado e compatível com a discussão de fatos novos.

A liquidação coletiva se dá por meio da representação processual exercida por um dos colegitimados previstos no art. 82 do CDC, que, em nome próprio, promoverá a liquidação em prol das vítimas. Na liquidação, porém, há necessidade de que sejam as vítimas identificadas, bem como pormenorizados os fatos referentes a cada uma das situações. Afinal, o objetivo é mensurar os danos individuais.

Quanto à liquidação residual, estabelecida no art. 100 do CDC, tem-se que, decorrido o prazo de um ano sem habilitação de interessados em número compatível com a gravidade do dano, será permitida a liquidação residual para a apuração dos danos causados. Portanto, as exigências para tal liquidação são as seguintes:

a) decurso do prazo de um ano;

b) habilitação de número não significativo de vítimas.

A legitimidade para a liquidação residual é concorrente e pertence às entidades legitimadas por lei para a tutela coletiva dos direitos transindividuais (Ministério Público, Defensoria Pública, associações etc.).

O objeto da liquidação residual é estimar os *danos causados*, pois não houve número significativo de pedidos de indenizações pelos *danos sofridos*.

Portanto, a partir de uma decisão condenação genérica, poderá haver:

a) liquidação individual, para a qual é legitimada cada uma das vítimas;

b) liquidação coletiva, para a qual estão legitimados os mesmos entes que podem promover a ação condenatória genérica, isto é, os relacionados nos arts. 5º da LACP e 82 do CDC;

c) liquidação residual, cuja legitimidade também é exclusiva dos entes legitimados à ação coletiva. Além disso, ela só é possível se configurados os requisitos do art. 100 do CDC.

A doutrina discute se o prazo de um ano, após o qual será possível a liquidação residual, é prescricional ou decadencial, mas, na verdade, o prazo não está relacionado à extinção do direito ou da pretensão à reparação de danos.

Trata-se de prazo simplesmente relacionado à legitimação para que seja deflagrada a liquidação residual. A prescrição da pretensão à reparação dos danos individualmente sofridos ocorre, segundo o pensamento da maioria, no prazo de cinco anos, salvo previsão de prazo específico em lei. É justo que o prazo prescricional individual passe a fluir do trânsito em julgado da sentença condenatória genérica do art. 95 do CDC.

Em relação à competência, pode-se dizer que a liquidação e a execução coletiva e a residual devem ser propostas perante o mesmo juízo que proferiu a sentença excepcionalmente ilíquida.

As alterações trazidas pela Lei n. 11.232/2005 aplicam-se à tutela coletiva.

Por isso, a competência, em regra, é do mesmo juízo que processou a causa em primeiro grau de jurisdição, devendo ser lembrado que a liquidação, nesse caso, é mero procedimento subsequente à sentença condenatória.

A flexibilização determinada pela Lei n. 11.232/2005, ao permitir que o exequente opte pelo juízo do local onde se encontram os bens ou do atual domicílio do executado parece-nos plenamente aplicável à jurisdição coletiva, mesmo porque é fundada em razões de ordem pública.

Muitos autores chegaram a afirmar que teria havido uma relativização da competência para a execução, mas o STJ entendeu, recentemente, que a competência para a execução de título judicial continua sendo absoluta. Para o STJ, o exequente pode requerer que a execução proceda no local dos bens ou no local do atual domicílio do executado, mas cabe ao juízo da fase de conhecimento verificar se é o caso de remeter os autos para o outro foro. A competência, portanto, é do juízo que proferiu a sentença condenatória (perante o juízo que processou a causa no primeiro grau de jurisdição), e continua sendo de caráter absoluto, embora o juízo da condenação possa remeter os autos para o foro do local dos bens ou do atual domicílio do devedor, a requerimento do credor.

No caso da liquidação e da execução individual da decisão condenatória genérica proferida em ação coletiva, valem as mesmas regras anteriormente aludidas, sendo que também existe a possibilidade de que o credor/consumidor opte também pelo foro de seu domicílio.

15. Tutela de urgência

No âmbito da jurisdição coletiva é possível a tutela de urgência cautelar (conservativa), bem como a tutela antecipatória (satisfativa).

Como estabelece expressamente o art. 4º da Lei da Ação Civil Pública, *poderá ser ajuizada ação cautelar para os fins desta Lei, objetivando, inclusive, evitar o dano ao meio ambiente, ao consumidor, à ordem urbanística ou aos bens e direitos de valor artístico, estético, histórico, turístico e paisagístico.*

O art. 12 da mesma lei dispõe sobre as liminares: *Poderá o juiz conceder mandado liminar, com ou sem justificação prévia, em decisão sujeita a agravo.*

Se não bastasse, o art. 83 do Código de Defesa do Consumidor estabelece que, *para a defesa dos direitos e interesses protegidos por este código são admissíveis todas as espécies de ações capazes de propiciar sua adequada e efetiva tutela.*

E sabemos que não há uma tutela adequada e efetiva se o juiz não for dotado do poder geral de cautela e do poder geral de antecipação dos efeitos da tutela jurisdicional.

Também não pode ser esquecido o § 3º do art. 84 do CDC, que trata da ação que tem por objeto o cumprimento de obrigação de fazer e de não fazer: *Sendo relevante o fundamento da demanda e havendo justificado receio de ineficácia do provimento final, é lícito ao juiz conceder a tutela liminarmente ou após justificação prévia, citado o réu.*

Mesmo que não existissem referidos dispositivos legais, a possibilidade de todas as formas de tutela de urgência decorre do fato de que o Código de Processo Civil é aplicado subsidiariamente na jurisdição coletiva, conforme determina o art. 19 da Lei da Ação Civil Pública.

A amplitude da tutela de urgência foi objeto do concurso para Defensor Público (AM – 2013 – FCC): "O sistema processual faz distinções entre a tutela cautelar e a tutela antecipada, sendo que no subsistema das ações coletivas em sentido amplo,

(A) nas ações coletivas, admite-se somente a tutela cautelar e não a tutela antecipatória.

(B) nas ações coletivas admite-se somente a concessão de liminar, mas não de antecipação de tutela.

(C) julgada procedente a ação civil pública, confirmando-se a antecipação de tutela em sentença, o recurso de apelação será recebido no duplo efeito.

(D) é vedada a concessão de liminar ou de antecipação de tutela contra ato do Poder Público quanto à pagamento de qualquer natureza a servidor público.

(E) o juiz independe de pedido do autor tanto para conceder a liminar – instrumental ou antecipatória – ou a antecipação de tutela como para impor multa diária para assegurar o cumprimento de sua decisão.

A alternativa "a" está incorreta, uma vez que , como se viu acima, a tutela de urgência (conservativa e satisfativa) é admissível no âmbito do processo coletivo. Também está incorreta a alternativa "b", pois a liminar pode ter natureza antecipatória (satisfativa) ou cautelar (conservativa). A alternativa "c" está errada, pois no âmbito da tutela coletiva, a concessão de efeito suspensivo não é automática, dependendo de expressa deliberação do juiz (sistema *ope judicis*), como se depreende do art. 14 da Lei n. 7.347/85. A alternativa correta é a "d". Afinal, a restrição está prevista no art. 7º, § 2º, da Lei n. 12.016/2009: "Não será concedida medida liminar que tenha por objeto a compensação de créditos tributários, a entrega de mercadorias e bens provenientes do exterior, a reclassificação ou equiparação de servidores públicos e a concessão de aumento ou a extensão de vantagens ou pagamento de qualquer natureza. Por fim, a alternativa "e" não pode ser assinalada. Ocorre que, se é verdade que o juiz pode, de ofício, impor multa diária, a concessão de medida de urgência satisfativa depende de requerimento da parte (CPC, art. 273, *caput*).

16. Inquérito Civil e procedimento preparatório de IC

O inquérito civil e o compromisso de ajustamento de conduta são importantíssimas formas de composição alternativa e administrativa do litígio transindividual.

O inquérito civil está previsto na Lei da Ação Civil Pública (Lei 7.347/1985) que, em seu art. 8º, § 1º, prevê a possibilidade de o Ministério Público instaurá-lo.

Também está previsto na Constituição Federal, no artigo 129, inciso III. Ocorre que a Lei Maior afirma ser função institucional do Ministério Público promover o inquérito civil e a ação civil pública, para a proteção do patrimônio público e social, do meio ambiente e de outros direitos difusos e coletivos.

Também foi regulamentado pelo Conselho Nacional do Ministério Público por meio da Resolução n. 23, de 17 de setembro de 2007, que sofreu alterações pela Resolução n. 35, de 23 de março de 2009.

Trata-se de um procedimento investigatório, inquisitório, e, em regra, preparatório da ação civil pública, destinado à obtenção de elementos de convicção para que o órgão do MP possa propor a celebração de compromisso de ajustamento de conduta ou, eventualmente, promover a ação civil pública.

Trata-se de procedimento que, em regra, é público. O MP de Minas Gerais (2006) considerou correta a seguinte assertiva: "O Inquérito Civil, tal qual os atos processuais, está submetido ao princípio da publicidade, podendo nos casos estabelecidos pela Constituição da República, estabelecer limites dessa publicidade para resguardar a privacidade e o sigilo da correspondência, das comunicações telegráficas, de dados e das comunicações telefônicas".

O art. 1º da Resolução CNMP n. 23 afirma que o inquérito civil, de natureza unilateral e facultativa, será instaurado para apurar fato que possa autorizar a tutela dos interesses ou direitos a cargo do Ministério Público nos termos da legislação aplicável, servindo como preparação para o exercício das atribuições inerentes às suas funções institucionais.

Além do inquérito civil, a Resolução n. 23 do CNMP prevê a possibilidade da instauração do procedimento preparatório de inquérito civil (PPIC), que deve ser concluído no prazo máximo de noventa dias (art. 2º, § 6º, da Resolução n. 23), prorrogável uma única vez, por igual, em caso de motivo justificável.

Esgotado o prazo máximo, o membro do Ministério Público: a) promoverá seu arquivamento; b) ajuizará a respectiva ação civil pública; c) converterá o procedimento preparatório em inquérito civil.

De observar que é possível a cada Ministério Público estabelecer regulamentação específica, quanto ao prazo de tramitação, do IC e do PPIC.

Voltando a falar do inquérito civil, importante frisar que seu fim é reunir elementos de convicção para que possa o *parquet* formar sua convicção quanto à necessidade ou não da propositura de ação coletiva.

Importante frisar que o IC deve ser instaurado para apurar fato certo e determinado, de tal forma que a portaria de instauração deve especificar o fato a ser apurado.

O IC não é pressuposto ou condição de procedibilidade para a ação civil pública, uma vez que esta pode ser proposta independentemente da existência de um inquérito civil instaurado e em andamento.

A instauração do inquérito civil, por força de norma constitucional (CF, art. 129, III), é função institucional do Ministério Público.

Assim, embora sejam vários os colegitimados à propositura de ações coletivas, só o Ministério Público tem legitimidade para a instauração do inquérito civil.

Os atos instrutórios são determinados diretamente pelo presidente do procedimento, sendo que a intervenção jurisdicional ocorre se houver necessidade de obtenção de prova acobertada por sigilo ou, então, para controlar a legalidade da instauração.

Portanto, sua instauração não é aleatória e não pode ser infundada, pois existem mecanismos que podem ser utilizados se houver abusividade, como a ação de Mandado de Segurança.

O MP pode instaurar o inquérito civil de ofício, quando tomar conhecimento da existência de algum dano difuso, coletivo ou individual homogêneo que justifique a eventual propositura da ação coletiva. Também pode instaurar o IC após representação de algum interessado.

Os requisitos da portaria de instauração estão previstos no art. 4º da Resolução n. 23.

Faz-se necessário o aditamento da portaria se, no curso do procedimento, surgirem novos fatos indicando a necessidade de investigação de objeto diverso do que estiver sendo investigado.

Nesse caso, o membro presidente do inquérito civil deverá aditar a portaria inicial ou, sendo o caso, determinar a extração de peças para instauração de outro inquérito civil.

Instaurado o inquérito civil, deverá ser concluído no prazo de um ano, segundo o art. 9º da Resolução 23 do CNMP, que ainda prevê a possibilidade de que cada Ministério Público, no âmbito de sua competência administrativa, estabeleça prazo inferior, bem como limite a prorrogação mediante ato administrativo do Órgão da Administração Superior competente.

A instauração do IC pode decorrer de representação endereçada ao MP.

A Resolução n. 23, no art. 2º, § 3º, dispôs que o conhecimento por manifestação anônima, justificada, não implicará ausência de providências, desde que obedecidos os mesmos requisitos para as representações em geral.

A representação poderá ser indeferida pelo Ministério Público, sendo assegurado ao autor da representação o direito de ser cientificado e atacar a decisão de indeferimento por recurso administrativo, com as respectivas razões, no prazo de dez dias.

Interposto o recurso, se não houver retratação, no prazo de três dias, o inconformismo deve ser remetido ao Conselho Superior do Ministério Público (MP dos Estados) ou à Câmara de Coordenação e Revisão respectiva (MP Federal) para apreciação.

Se não houver recurso, a Resolução n. 23, no § 4º do art. 5º, permite que os autos sejam arquivados na própria origem.

Com a formal instauração do IC, legitimam-se os poderes instrutórios do MP, previstos na CF e em diversas leis ordinárias.

Nos termos do § 1º do art. 8º da Lei da Ação Civil Pública, o MP poderá "requisitar, de qualquer organismo público ou particular, certidões, informações, exames ou perícias, no prazo que assinalar, o qual não poderá ser inferior a dez dias úteis".

A recusa, o retardamento ou a omissão de dados técnicos indispensáveis à propositura da ação civil, quando requisitados pelo Ministério Público, poderá configurar crime.

O poder instrutório do MP não é absoluto, sofrendo restrições nos casos em que há sigilo imposto pela lei ou reconhecido pela jurisprudência. Lembre-se, por exemplo, o sigilo das comunicações telefônicas. Nesses casos, deve o *parquet* formular solicitação ao Poder Judiciário.

Além das certidões e informações, como vimos, pode o MP *requisitar* exames e perícias.

Concluído o inquérito civil, o membro do Ministério Público poderá ajuizar a ação coletiva, bem como poderá concluir que é o caso de arquivar o inquérito civil.

O arquivamento decorre do fato da inexistência de justa causa para a propositura da ação coletiva, que pode ser em decorrência dos seguintes fatos: a) falta de provas da autoria do dano difuso, coletivo ou individual homogêneo; b) falta de provas da materialidade; c) inexistência de dano; d) reparação integral dos danos; e) falta de legitimidade do Ministério Público para a propositura da ação, como ocorre, por exemplo, se se tratar de direito individual disponível.

Após promover, fundamentadamente, o arquivamento do inquérito, ou do procedimento preparatório, o órgão de execução deverá cientificar os interessados.

Após, deverá encaminhar os autos para o órgão de revisão competente (Conselho Superior do Ministério Público ou da Câmara de Coordenação e Revisão), no prazo de três dias.

A promoção de arquivamento é submetida a exame e deliberação do órgão de revisão competente, qual seja, o Conselho Superior do Ministério Público, no caso do Ministério Público dos Estados, ou a Câmara de Coordenação e Revisão, no âmbito do Ministério Público Federal.

A Lei Complementar n. 75/1993, que dispõe sobre a organização, as atribuições e o estatuto do Ministério Público da União, estabelece, em seu art. 43, IV, que as Câmaras de Coordenação e Revisão do Ministério Público Federal são órgãos do Ministério Público Federal, sendo que a competência das Câmaras está prevista no art. 62 do mesmo estatuto.

As normas relativas à organização e ao funcionamento das Câmaras de Coordenação e Revisão do Ministério Público Federal estão disciplinas em Resoluções do Conselho Superior do MP Federal, especialmente as Resoluções n. 6 e 20.

A promoção de arquivamento poderá ser homologada pelo órgão de revisão.

Todavia, se essa não for à conclusão do órgão de revisão, ele poderá proceder nos termos do art. 10, § 4º da Resolução n. 23:

Deixando o órgão de revisão competente de homologar a promoção de arquivamento, tomará uma das seguintes providências:

I. converterá o julgamento em diligência para a realização de atos imprescindíveis à sua decisão, especificando-os e remetendo ao órgão competente para designar o membro do Ministério Público que irá atuar;

II. deliberará pelo prosseguimento do inquérito civil ou do procedimento preparatório, indicando os fundamentos de fato e de direito de sua decisão, adotando as providências relativas à designação, em qualquer hipótese, de outro membro do Ministério Público para atuação.

Importante registrar a vedação ao arquivamento implícito, determinada pela Resolução n. 23 do CNMP, em seu art. 13.

Ocorre que há procedimentos investigatórios que apuram diversos fatos. Se houve a propositura de ação coletiva em relação a algum deles, é necessário que haja o arquivamento expresso em relação aos demais, sendo vedado, portanto, o arquivamento implícito.

A decisão homogatória do arquivamento não adquire a autoridade de coisa julgada, isto é, não é imutável.

Por isso, é possível o desarquivamento do procedimento investigatório. O requisito específico é a notícia de novas provas.

A questão está disciplinada no art. 12 da Resolução n. 23 do CNMP: "O desarquivamento do inquérito civil, diante de novas provas ou para investigar fato novo relevante, poderá ocorrer no prazo máximo de seis meses após o arquivamento. Transcorrido esse lapso, será instaurado novo inquérito civil, sem prejuízo das provas já colhidas. Parágrafo único. O desarquivamento de inquérito civil para a investigação de fato novo, não sendo caso de ajuizamento de ação civil pública, implicará novo arquivamento e remessa ao órgão competente, na forma do art. 10, desta Resolução".

No concurso do MP do Piauí (2012 – CESPE), a questão foi explorada. A banca considerou incorreta a seguinte afirmativa: "O arquivamento de inquérito civil induz os efeitos da preclusão e de coisa julgada e impede a propositura de ACP".

17. Compromisso de ajustamento de conduta

Os órgãos públicos legitimados à propositura de ACP, a partir de 1990, podem celebrar compromisso de ajustamento de conduta com o autor de fato lesivo aos direitos e interesses transindividuais.

Atenção: não é qualquer colegitimado que pode celebrar o CAC. Só os órgãos públicos. Acertou uma questão do MP de Minas Gerais (2006) quem observou estar incorreta a seguinte frase: "O Termo de Ajustamento de Conduta é possível ser celebrado por todos os legitimados ativos".

A previsão legal expressa, que consta dos art. 5º, § 6º da LACP, decorre da Lei n. 8.078/1990. Assim, o CAC é referido na LACP, no CDC e, registre-se, pelo pioneirismo, no art. 211 do ECA.

Existe uma situação peculiar que, portanto, deve ser observada: no caso de improbidade administrativa, a Lei n. 8.429/1992 (art. 17, § 1º) não admite a transação.

Trata-se de acordo que constitui título executivo extrajudicial. A eficácia executiva, no caso do MP de São Paulo, é condicionada à homologação pelo Conselho Superior.

Em síntese, podemos dizer que o objeto do acordo é o estabelecimento de compromisso quanto à prática ou à cessação de determinada conduta, normalmente pelo estabelecimento de obrigações de fazer e de não fazer.

A celebração de Termo de Ajustamento de Conduta nem sempre encerra o inquérito civil, pois é possível que ele seja meramente procedimental, isto é, estabeleça conduta referente à apuração dos fatos, um compromisso do próprio investigado, por exemplo, à produção de determinada prova relevante para a formação de convicção. Além disso, o CAC pode não abranger todos os danos.

A propósito, foi considerada correta a seguinte assertiva do concurso do MP da Bahia (2008): "O compromisso de ajustamento de conduta celebrado pelo Promotor de Justiça no bojo de um inquérito civil pode ser apenas parcial, de forma a obter a composição relativamente a algumas das ilicitudes apuradas, caso em que o procedimento investigatório deverá prosseguir relativamente às demais ilicitudes que não foram objeto de composição no compromisso".

O TAC pode ser celebrado administrativamente ou perante órgão jurisdicional, ocasião em que sua homologação o converterá em título executivo judicial.

A homologação, no caso, se dá pelo juiz de direito. Não há necessidade de homologação pelo órgão superior do MP do compromisso celebrado em juízo.

Por exemplo, foi considerada incorreta a seguinte frase pela banca do MP de Mato Grosso (2012 – UFMT): "O compromisso de ajustamento de conduta, quando firmado no curso de uma ação civil pública, está sujeito à homologação do Conselho Superior do Ministério Público como condição de validade do próprio compromisso".

Como o controle do inquérito civil cabe ao Conselho Superior do Ministério Público, também o compromisso de ajustamento deve ser submetido a esse órgão.

A atuação do Defensor Público, diante de TAC celebrado pelo MP, foi objeto de indagação no concurso da Defensoria Pública (Defensor Público/PR – 2012 – FCC): "O Ministério Público do Paraná firmou termo de ajustamento de conduta com o Município de Londrina para que uma creche que atendia 200 crianças fosse temporariamente fechada, por seis meses, para que se realizassem reformas no prédio no intuito de acabar com graves problemas estruturais que colocavam a segurança das crianças e dos funcionários em risco. Um grupo de mães de alunos procurou a Defensoria Pública do Paraná em Londrina relatando que não foram disponibilizadas pelo Município vagas em outras creches e que, questionada, a Prefeitura informou que as mães deveriam aguardar o final da reforma. Diante dessa situação, o Defensor Público deve".

(A) ajuizar ação civil pública contra o Ministério Público e o Município, com pedido de nulidade do termo de ajustamento de conduta por não prever medida compensatória para as crianças que ficaram sem creche e, sucessivamente, pedido para que o Município disponibilize vagas em outras unidades até o final da reforma.

(B) oficiar ao Ministério Público relatando o caso, já que apenas esse órgão poderia tomar novas providências por já ter firmado o termo de ajustamento de conduta com o Município, solicitando um aditamento ao termo.

(C) propor novo termo de ajustamento de conduta com o Município para que sejam garantidas vagas para as crianças em outras creches durante a reforma e, caso o Município, sob qualquer argumento, recuse-se a regularizar a situação, ajuizar ação civil pública.

(D) apresentar recurso administrativo ao Conselho Superior do Ministério Público contra o termo de ajustamento de conduta firmado, requerendo o aditamento do termo para constar medidas que assegurem vagas para as crianças em outras creches.

(E) diante da existência de termo de ajustamento de conduta sobre o caso, que esgota a possibilidade de intervenção coletiva, ajuizar ações individuais para cada uma das duzentas crianças, requerendo vaga em alguma das creches municipais.

O candidato deveria assinalar a alternativa "c", pois o compromisso de ajustamento de conduta não contém qualquer vício, não sendo o caso, portanto, de ação anulatória. Ademais, sendo o compromisso celebrado pelo MP insuficiente para tutelar o direito das mães, está a Defensoria Pública, como órgão público, legitimada a tomar novo termo e, se for o caso, propor ação civil pública para exigir outras providências, que tutelem, efetivamente, o direito das mães.

18. Da recomendação

É possível ao Ministério Público e à Defensoria Pública expedir recomendações, fundamentadas, a autoridades públicas ou a particulares, no que se refere à necessidade de ajustar suas condutas aos ditames legais.

Dispõe sobre a recomendação o art. 15 da Resolução n. 23 do CNMP: "O Ministério Público, nos autos do inquérito civil ou do procedimento preparatório, poderá expedir recomendações devidamente fundamentadas, visando à melhoria dos serviços públicos e de relevância pública, bem como aos demais interesses, direitos e bens cuja defesa lhe caiba promover. Parágrafo único. É vedada a expedição de recomendação como medida substitutiva ao compromisso de ajustamento de conduta ou à ação civil pública".

Questão interessante foi veiculada na prova do MP do Rio de Janeiro (2011): "A recomendação expedida pelo Ministério Público:

(A) tem caráter vinculativo, na medida em que impõe a adequação da prestação de um serviço de relevância pública, podendo ser expedida para órgãos públicos e empresas privadas;

(B) tem caráter vinculativo, uma vez que é exarada por órgão que tem legitimação para o ajuizamento das ações coletivas e da persecução penal, podendo ser destinada apenas para órgãos públicos;

(C) não tem caráter vinculativo, pois sua finalidade é apenas notificar o infrator de que ele está sob investigação, como forma de garantia de seus direitos fundamentais, podendo ser destinada para pessoas físicas e jurídicas;

(D) tem eficácia apenas admonitória, em razão de sua natureza extrajudicial, podendo ser destinada apenas para órgãos públicos encarregados da regulação ou prestação de serviços de relevância pública;

(E) tem eficácia apenas admonitória, podendo ser destinada para pessoas físicas e jurídicas, públicas e privadas, cujas condutas que estejam em desconformidade com a recomendação serão, após o seu recebimento, consideradas dolosas".

Seguem os comentários: A: incorreta, pois não há caráter vinculativo; B: incorreta, pois, como dito, não há caráter vinculativo; C: incorreta, pois sua finalidade não é apenas a de notificar o infrator, mas visa à melhoria dos serviços públicos e de relevância pública, bem como aos demais interesses, direitos e bens cuja defesa lhe caiba promover (Lei Complementar n. 75/1993, art. 6º, inciso XX, Lei n. 8.625/1993, art. 27, parágrafo único, IV, e art. 15 da Resolução n. 23 do CNMP); D: incorreta, pois a recomendação não se destina apenas a órgãos públicos. Nos termos da Lei n. 8.625/1993, art. 27, a recomendação pode ser dirigida aos poderes estaduais ou municipais; aos órgãos da Administração Pública Estadual ou Municipal, direta ou indireta; aos concessionários e permissionários de serviço público estadual ou municipal; às entidades que exerçam outra função delegada do Estado ou do Município ou executem serviço de relevância pública; E: correta, pois, como mencionado no item anterior, a recomendação pode ser dirigida a diversas pessoas. Gabarito "E".

19. Tutela coletiva dos direitos fundamentais sociais

Os direitos fundamentais sociais são considerados direitos de segunda geração ou dimensão. A revelação dos mencionados direitos trouxe profundos impactos para os ordenamentos jurídicos, tendo em vista que são direitos que exigem uma atuação positiva do Estado, de tal forma que se opõem aos direitos de primeira geração (liberdades públicas), que se caracterizam, predominantemente, por impor limites ao Poder Público.

Por isso, oportuna uma breve síntese.

19.1. As gerações ou dimensões de direitos fundamentais individuais e coletivos

É bastante difundida a ordenação dos direitos fundamentais que se revelaram e que ainda vão se revelar historicamente em "gerações de direitos".

Trata-se de visão historicista atribuída a Karel Vasak e difundida por Norberto Bobbio.

Parte da relação dos direitos fundamentais aos chamados ideais da revolução francesa (liberdade, igualdade e fraternidade). Assim, os direitos de primeira geração, relacionados à liberdade, seriam relacionados às liberdades fundamentais, decorrentes da exigência de limitação do Poder Público (obrigações de não fazer).

Por sua vez, a segunda geração (igualdade) é relacionada a direitos econômicos, sociais e culturais, ou seja, que exigem do Estado a promoção da isonomia material por meio de uma atuação positiva, prestacional (obrigações de fazer).

Os direitos de solidariedade seriam os de terceira geração, a qual incluiria os direitos difusos. Basicamente, direitos do consumidor e do meio ambiente. Podem ser positivos ou negativos, pois a proteção do meio ambiente, por exemplo, pode exigir tanto uma atuação positiva do Estado (fazer alguma coisa) como uma abstenção (não fazer alguma coisa).

Nesse contexto, é imprescindível constatar que a exigibilidade dos direitos de liberdade estaria mais consolidada do que a exigibilidade dos direitos sociais. Daí a importância do estudo dos mecanismos de tutela jurisdicional dos direitos fundamentais sociais.

Importante observar, também, que a "visão geracional" dos direitos fundamentais não é pacífica e recebe críticas de vários autores, conscientes de que não há uma continuidade histórica no surgimento e na consagração dos direitos fundamentais. Por isso que alguns autores preferem referir-se às diferentes "dimensões" dos direitos fundamentais.

Nesse sentido Paulo Bonavides:[4] "O vocábulo 'dimensão' substitui, com vantagem lógica e qualitativa, o termo 'geração', caso este último venha a induzir apenas a sucessão cronológica e, portanto, suposta caducidade dos direitos das gerações antecedentes, o que não é verdade".

Flávia Piovesan[5] prega a indivisibilidade dos direitos fundamentais, afirmando que devem ser "concebidos como uma unidade interdependente, inter-relacionada e indivisível": "Partindo-se do critério metodológico que classifica os direitos humanos em gerações, adota-se o entendimento de que uma geração de direitos não substitui a outra, mas com ela interage. Isto é, afasta-se a ideia da sucessão 'geracional'

4. **Curso de direito constitucional**. 24. ed. São Paulo: Malheiros, 2009. p. 571-572.
5. **Temas de direitos humanos**. 3. ed. São Paulo: Saraiva, 2009. p. 8.

de direitos, na medida em que se acolhe a ideia de expansão, cumulação e fortalecimento dos direitos humanos consagrados, todos essencialmente complementares e em constante dinâmica de interação".

Adotada a visão de que os direitos fundamentais apresentam diferentes dimensões, é importante observar que existem direitos universais, que pertencem a um número indeterminável de pessoas, o que exige a revisitação de inúmeros institutos processuais, a fim de se viabilizar a tutela jurisdicional dos mencionados direitos.

Afinal, como adverte Paulo Bonavides,[6] "os direitos da segunda, da terceira e da quarta gerações não se interpretam, *concretizam-se*".

19.2. A inadequação do sistema processual clássico para a tutela dos novos direitos e as ondas renovatórias do processo

A revelação de direitos transindividuais, de direitos sociais, evidenciou a inadequação do sistema processual clássico (processo civil individual de cunho individualista) para a tutela efetiva dos mencionados direitos, o que culminou no desenvolvimento do já comentado microssistema coletivo.

Portanto, a *descoberta* das novas categorias de direitos trouxe consequências para o plano jurisdicional. A doutrina brasileira, por exemplo, voltou-se para o estudo das ações de classe (*Class Action*) do direito americano, que permitem uma *substituição processual*, isto é, a postulação do direito de todos os componentes da classe por apenas um dos lesados, desde que presentes determinados requisitos.

Referida forma de se pleitear a tutela jurisdicional é desvinculada da tradicional legitimidade ordinária (art. 6º do CPC), em que é imprescindível a presença de todos os titulares dos direitos discutidos em juízo.

Além do direito americano, a doutrina brasileira foi influenciada pelo sistema europeu, sendo que o confronto das duas experiências permitiu o desenvolvimento de um sistema próprio para a tutela coletiva dos direitos transindividuais.

Preocupados com a questão da reivindicação dos direitos em juízo, Mauro Cappelletti e Bryant Garth produziram um famoso estudo sobre as ondas renovatórias do processo civil na efetivação da garantia fundamental do acesso à justiça.

Revelando preocupação semelhante à de Bobbio consignaram os citados autores:[7] "O acesso à justiça pode ser encarado como o requisito fundamental – o mais básico dos direitos humanos – de um sistema jurídico moderno e igualitário que pretenda garantir, e não apenas proclamar os direitos de todos".

Apontaram[8], também, a existência de duas finalidades básicas no implemento do acesso à justiça efetivo: "Primeiro, o sistema deve ser igualmente acessível a todos; segundo, ele deve produzir resultados que sejam individual e socialmente justos".

Nesse contexto, os autores revelaram vários problemas relacionados ao acesso à justiça: os altos custos envolvidos; a questão dos ônus da sucumbência; a formalidade dos processos judiciários tradicionais e a incompatibilidade com as pequenas causas; a questão da representação processual dos litigantes de baixo nível econômico e educacional; os efeitos do tempo na solução dos litígios e o consequente aumento dos custos e da pressão aos hipossuficientes; as vantagens dos economicamente poderosos no que diz respeito à litigância e às delongas do litígio; a existência de julgadores excessivamente passivos; a falta de aptidão de muitas pessoas para reconhecer e defender um direito seu; a falta de disposição a recorrer a processos judiciais para reivindicar os direitos; a vantagem dos litigantes habituais sobre os eventuais; a necessidade de ser bem escolhido o representante adequado para a tutela dos interesses difusos.

Após apontar os inúmeros obstáculos reais ao acesso à justiça eficiente, Mauro Cappelletti e Bryant Garth[9] enumeram os três grandes instrumentos utilizados para incrementar o sistema, daí surgindo a expressão *três ondas renovatórias do processo*: "Podemos afirmar que a primeira solução para o acesso – a primeira 'onda' desse movimento novo – foi a *assistência judiciária*; a segunda dizia respeito às reformas tendentes à proporcionar *representação jurídica para os interesses 'difusos'*, especialmente nas áreas da proteção ambiental e do consumidor; e o terceiro – e mais recente – é o que nos propomos a chamar simplesmente '*enfoque de acesso à justiça*' porque inclui os posicionamentos anteriores, mas vai muito além deles, representando, dessa forma, uma tentativa de atacar as barreiras do acesso de modo mais articulado e compreensivo".

Em síntese, as três ondas são:

1) A implementação da assistência judiciária gratuita para os necessitados;

2) A escolha de representantes adequados para a tutela dos direitos transindividuais;

3) A criação de procedimentos, de instituições e de operadores que possam garantir a tutela efetiva dos direitos.

No Brasil constatamos as influências das três ondas de reformas do sistema processual, pois se verificou:

a) O incremento da assistência judiciária para os pobres, especialmente com a missão conferida à Constituição Federal à Defensoria Pública;

6. **Curso de direito constitucional**, cit., p. 572.
7. **Acesso à justiça**, trad. Ellen Gracie Northfleet, Porto Alegre: Sergio Fabris, 1988, p. 12.
8. Idem, ibidem, p. 8.
9. Idem, ibidem, p. 31.

b) A sistematização da tutela jurisdicional coletiva dos direitos transindividuais, inclusive dos direitos individuais homogêneos com o Código de Defesa do Consumidor;

c) A criação de Juizados Especiais para a resolução das pequenas causas e das causas de menor complexidade. Também foram criadas tutelas diferenciadas para diversas situações, podendo ser destacada a possibilidade conferida aos juízes de antecipação dos efeitos da tutela jurisdicional (art. 273 do CPC).

19.3. Tutela coletiva dos direitos fundamentais sociais

Os direitos fundamentais são direitos humanos consagrados no plano interno. Assim, enquanto a expressão "direitos humanos" é utilizada para fazer referência a direitos consagrados no plano internacional, os direitos fundamentais são representados pelos direitos que constam nas Constituições de cada país.

A Constituição Federal de 1988, batizada como "Constituição Cidadã", foi a primeira lei fundamental brasileira a consagrar os direitos sociais como direitos fundamentais.

Nesse sentido Fabiana Kelbert: "De forma pioneira na história constitucional brasileira, a Constituição Federal de 1988 erigiu os direitos sociais à categoria de direitos fundamentais, ao incluí-los, expressamente, sob o Título II, 'Dos Direitos e Garantias Fundamentais'. Esse caráter de fundamentabilidade reconhecido a direitos que antes (desde a Constituição de 1934) apenas se enquadravam na categoria de direitos econômicos e sociais..." (**Reserva do possível e a efetividade dos direitos sociais no direito brasileiro**, Porto Alegre: Livraria do Advogado, 2011, p. 33).

Costumeiramente os direitos sociais são considerados direitos que exigem uma ação (um fazer) por parte do Estado. É importante, porém, ter presente que esta característica não impede o reconhecimento de que existem direitos sociais que exigem omissões do Poder Público. Para fazer referência a direitos sociais com esta característica, a doutrina usa a expressão "liberdades sociais".

A propósito, assim se manifesta Fabiana Kelbert: "É preciso referir que os direitos sociais não se limitam às prestações positivas, mas também abrangem as chamadas 'liberdades sociais', a exemplo do direito de greve, direito a férias, dentre outros, conforme a lição de Ingo Wolfgang Sarlet" (**Reserva do possível e a efetividade dos direitos sociais no direito brasileiro**, Porto Alegre: Livraria do Advogado, 2011, p. 32).

O direito à moradia é utilizado como exemplo pela citada autora, uma vez que sua garantia pode exigir uma omissão (vedação da penhora) ou uma ação (assegurar o acesso à moradia).

É importante frisar que os direitos sociais são direitos fundamentais, tanto do ponto de vista formal, quanto material.

Formalmente, pois inseridos pela CF no rol dos direitos fundamentais, embora a posição topográfica, isto é, o fato de serem consagrados pelo art. 6º suscite algumas divergências.

Ocorre que o rol dos direitos fundamentais não é taxativo, de tal forma que os direitos sociais são fundamentais se observada a regra constitucional do art. 5º, § 2º: "Os direitos e garantias expressos nesta Constituição não excluem outros decorrentes do regime e dos princípios por ela adotados, ou dos tratados internacionais em que a República Federativa do Brasil seja parte".

Do ponto de vista material, os direitos sociais são fundamentais por estarem relacionados a bens e a valores fundamentais. São essenciais à dignidade da pessoa humana.

Se são fundamentais, os direitos sociais são protegidos de eventual proposta de supressão (art. 60, § 4º, IV, CF), são submetidos ao regime do § 1º do art. 5º da CF e são dotados de plena eficácia, embora a efetividade possa variar.

Por isso, as normas definidoras dos direitos e garantias fundamentais sociais têm aplicação imediata e vinculam a Administração Pública, no sentido de obrigá-la à efetivação. Não pode ser aceita a tese segunda a qual as normas que consagram os direitos sociais seriam meramente programáticas, ou seja, dependeriam, decisivamente da produção normativa infraconstitucional.

Por isso, é possível reivindicar os direitos sociais, no plano individual ou no plano coletivo. São direitos doados de exigibilidade judicial.

Relevante a seguinte decisão do Pretório Excelso, sobre a questão, proferida no julgamento da ADI 3.768/DF:

> "AÇÃO DIRETA DE INCONSTITUCIONALIDADE. ART. 39 DA LEI N. 10.741, DE 1º DE OUTUBRO DE 2003 (ESTATUTO DO IDOSO), QUE ASSEGURA GRATUIDADE DOS TRANSPORTES PÚBLICOS URBANOS E SEMIURBANOS AOS QUE TÊM MAIS DE 65 (SESSENTA E CINCO) ANOS. DIREITO CONSTITUCIONAL. NORMA CONSTITUCIONAL DE EFICÁCIA PLENA E APLICABILIDADE IMEDIATA. NORMA LEGAL QUE REPETE A NORMA CONSTITUCIONAL GARANTIDORA DO DIREITO. IMPROCEDÊNCIA DA AÇÃO.
>
> 1. O art. 39 da Lei n. 10.741/2003 (Estatuto do Idoso) apenas repete o que dispõe o § 2º do art. 230 da Constituição do Brasil. A norma constitucional é de eficácia plena e aplicabilidade imediata, pelo que não há eiva de invalidade jurídica na norma legal que repete os seus termos e determina que se concretize o quanto constitucionalmente disposto.
>
> 2. Ação direta de inconstitucionalidade julgada improcedente".

Os direitos sociais são muito diversos e, por isso, devem ser buscados na CF, embora o rol seja exemplificativo. Estão consagrados, precipuamente, no art. 6º da Lei Maior. Por exemplo, saúde, assistência social, moradia, previdência social e salário mínimo.

19.4. O direito-garantia ao mínimo existencial

O mínimo existencial é tanto um direito (inclusive subjetivo), quanto uma garantia, sendo relacionado às condições materiais que asseguram uma vida com dignidade. Tem *status* constitucional.

Atribui-se sua origem ao direito alemão, em função da postulação ao Judiciário de prestação que garanta a sobrevivência e a inserção social do indivíduo. Por exemplo, um indivíduo carente tem direito a um auxílio material do Estado.

Importante destacar que o direito-garantia comentado não se limita a um mínimo vital ou a um mínimo de sobrevivência.

Abrange sim o chamado "mínimo fisiológico", relacionado à sobrevivência e às condições materiais mínimas. Porém, também envolve o "mínimo sociocultural".

A garantia é considerada implícita, isto é, embora não goze de uma expressa previsão constitucional é extraída da Lei Maior.

Pode ser fundamentada na exigência de Justiça Social (CF, art. 170) ou no princípio da dignidade da pessoa humana (CF, art. 1º, III).

Referido direito-garantia apresenta uma "dimensão econômica" importante que não pode ser ignorada. Afinal, a

efetivação dos direitos sociais exige dinheiro, isto é, recursos financeiros que, conforme sabemos, são limitados.

A dimensão econômica suscita a questão da "reserva do possível" e de outros temas, como a possibilidade de se exigir a efetivação junto ao Poder Judiciário, o que provoca discussões sobre as competências constitucionais, o princípio da separação de poderes, a reserva de lei orçamentária e o próprio princípio federativo.

19.5. A reserva do possível fática e jurídica

O seu desenvolvimento também é atribuído à doutrina alemã, quando do enfrentamento da questão da limitação do número de vagas em algumas universidades públicas.

Está relacionado à constatação de que a efetivação dos direitos sociais tem uma dimensão econômica, isto é, existem limites financeiros e questões orçamentárias envolvidos na promoção da saúde, da segurança e da educação, por exemplo.

A efetivação dos direitos de liberdade também gera custos. Porém, os custos para a efetivação de direitos prestacionais são mais significativos.

Aliás, a doutrina costuma apontar uma tríplice dimensão da reserva do possível, que estaria ligada a questões fáticas (a existência de recursos), jurídicas (os aspectos legais, sobretudo orçamentários) e, também, a limites de razoabilidade (e/ou proporcionalidade.).

A reserva do possível, por isso, é invocada pela Administração Pública como limite e obstáculo à reivindicação judicial de direitos sociais.

Parcela da doutrina afirma que a reserva do possível também teria dimensão constitucional, a partir da constatação de que evita o caos financeiro do Estado. Assim, garantiria um equilíbrio na prestação dos direitos sociais, evitando o privilégio de alguns, à custa do sacrifício de outros.

No Brasil, há divergência quanto a se tratar de um princípio ou uma cláusula restritiva de direitos fundamentais.

Para a Defensoria Pública, a consagração dos direitos sociais como fundamentais vincula o legislador, o administrador e o Poder Judiciário, de tal forma que existe um compromisso constitucional superior à "vontade" e à "discricionariedade" dos agentes públicos.

O Estado está vinculado, obrigado à efetivação dos direitos sociais, de tal forma que a aceitação da reserva do possível deve ser excepcional.

A existência de limites fáticos à efetivação dos direitos sociais (inexistência de recursos) e de limites jurídicos (indisponibilidade orçamentária), cabe à Defensoria Pública reivindicá-los junto a Poder Judiciário, que não está, como o Administrador Público, vinculado às previsões orçamentárias.

Cabe ao Judiciário, diante da eventual colisão de direitos e valores fundamentais, fazer prevalecer o direito "mais fundamental".

Em conclusão, todo ônus de provar a reserva do possível é do Administrador Público.

19.6. A proporcionalidade

Cabe ao Judiciário, portanto, ponderar os interesses em conflito, lembrando que a proporcionalidade não aponta apenas para a proibição de excesso, mas também para a proibição de proteção insuficiente dos direitos fundamentais sociais.

Assim, o processo da ponderação é conduzido pela proporcionalidade, que também não admite uma proteção insuficiente dos bens e valores fundamentais sociais.

A técnica da ponderação permite a resolução de situações de real conflito entre valores e princípios fundamentais.

De lembrar que a doutrina afirma que o princípio da proporcionalidade pode ser decomposto em três subprincípios: adequação, necessidade ou exigibilidade e proporcionalidade em sentido estrito.

O subprincípio da adequação determina que, em um primeiro momento, seja verificada a finalidade da norma e idoneidade para atingir os fins almejados pelo legislador.

Constatada a adequação, deve-se indagar se a solução é a menos gravosa possível, em função do resultado pretendido.

Se houver pertinência com a finalidade, bem como a solução se evidenciar a menos gravosa possível, deve-se passar à fase da ponderação (proporcionalidade em sentido estrito), sopesando-se os interesses sacrificados e os fins perseguidos.

A grande virtude do princípio é evitar os excessos na aplicação da norma. Daí a sua referência sempre ligada à ideia de razoabilidade.

19.7. A tutela coletiva de direitos sociais

Os direitos sociais podem ser reivindicados por meio de ações civis públicas ou, mais genericamente, por meio de ações coletivas.

Podem ser citados diversos dispositivos legais que fundamentam pedidos de imposição de obrigações de fazer (e também de não fazer, no caso das *liberdades sociais*).

Por exemplo, a LACP, em seu art. 3º, dispõe que "a ação civil poderá ter por objeto a condenação em dinheiro ou o cumprimento de obrigação de fazer ou não fazer". Acrescenta o art. 11 do mencionado diploma normativo: "Na ação que tenha por objeto o cumprimento de obrigação de fazer ou não fazer, o juiz determinará o cumprimento da prestação da atividade devida ou a cessação da atividade nociva, sob pena de execução específica, ou de cominação de multa diária, se esta for suficiente ou compatível, independentemente de requerimento do autor".

As obrigações prestacionais podem ser impostas liminarmente, uma vez que o art. 12 da LACP estabelece: "Poderá o juiz conceder mandado liminar, com ou sem justificação prévia, em decisão sujeita a agravo".

Não pode deixar de ser mencionado o art. 84 do CDC: "Na ação que tenha por objeto o cumprimento da obrigação de fazer ou não fazer, o juiz concederá a tutela específica da obrigação ou determinará providências que assegurem o resultado prático equivalente ao do adimplemento".

Imposta a obrigação relacionada à conduta do Administrador Público, o cumprimento da sentença ou a efetivação de provimento antecipatório que impõe obrigação de fazer ou de não fazer é um dever do juiz, que tem uma plêiade de meios executórios à sua disposição, extraídos, principalmente, dos arts. 84 do CDC e 461 do CPC.

Deve-se buscar o adimplemento na forma estabelecida, e a conversão em perdas e danos deve ser considerada como *ultima ratio*. Há uma primazia da tutela específica.

Por isso, a conversão em perdas e danos deve ser admitida apenas no caso de impossibilidade do cumprimento da obrigação específica (art. 461, § 1º).

Na efetivação das obrigações de fazer e de não fazer devem ser empregadas as medidas de apoio dos §§ 4º e 5º do art. 461 do CPC, cujo rol é exemplificativo, isto é, existem medidas típicas e atípicas.

Assim, as medidas de apoio podem ser:

a) atípicas: as medidas que o juiz entender como oportunas e necessárias à efetivação da tutela jurisdicional;

b) típicas: são aquelas previstas no § 5º do art. 461, ou seja, imposição de multa, busca e apreensão, remoção de pessoas e coisas, desfazimento de obras, impedimento de atividade nociva, além de requisição de força policial.

A medida empregada pelo juiz deve ser a mais adequada ao caso concreto, podendo assumir caráter mandamental ou executivo, sendo certo que o juiz é dotado do poder de inovar no momento em que ocorre a efetivação, observando, sempre, a garantia do contraditório na definição da prestação equivalente e na definição das medidas de apoio.

O § 5º do art. 461 do CPC estabelece que, para a efetivação da tutela específica ou a obtenção do resultado prático equivalente, poderá o juiz, de ofício ou a requerimento, determinar as medidas necessárias, tais como a imposição de multa por tempo de atraso, busca e apreensão, remoção de pessoas e coisas, desfazimento de obras e impedimento de atividade nociva, se necessário com requisição de força policial.

Dentre as medidas, a mais destacada é a da *astreinte*, isto é, a multa cominatória imposta pelo juiz que pode ser cumulada com a obrigação principal por ser desprovida de caráter compensatório e assumir nítido caráter coercitivo.

Relevante a citação de trecho do Informativo nº 505 do STJ (Período: 20 de setembro a 3 de outubro de 2012), noticiando decisão da Terceira Turma: 1107

> "DIREITO PROCESSUAL CIVIL. *ASTREINTES*. ESTIPULAÇÃO *EX OFFICIO* E CUMULAÇÃO COM JUROS DE MORA.
>
> É cabível a cumulação de *astreintes* com juros de mora, bem como sua estipulação de ofício. Ao juiz é facultado arbitrar multa *ex officio* como forma de obtenção da tutela específica da obrigação, objetivo principal da execução, conforme expressamente permite o parágrafo único do art. 621 do CPC. Quanto à cumulação das *astreintes* com encargos contratuais, esclareceu-se que é admissível devido à natureza jurídica distinta entre as parcelas, pois a primeira tem natureza processual e os juros de mora têm natureza material. Ademais, estes se destinam à reparação de parte dos prejuízos ensejados pela mora; por outro lado, a multa cominatória diária é meio de coerção para que o devedor cumpra a obrigação específica. Ressalvou-se, contudo, a hipótese em que houver previsão de *astreintes* no título, pois assim seria apenas possível ao juiz reduzir o valor, se excessivo (art. 645, parágrafo único, do CPC). Precedentes citados: REsp 940.309-MT, DJe 25/5/2010, e REsp 859.857-PR, DJe 19/5/2010. REsp 1.198.880-MT, Rel. Min. Paulo de Tarso Sanseverino, julgado em 20/9/2012".

A multa astreinte não tem o mesmo caráter da multa decorrente da prática de ato atentatório ao exercício da jurisdição, prevista no parágrafo único do art. 14 do CPC, pois a multa por ato atentatório tem caráter punitivo, isto é, voltada à conduta praticada (no passado), enquanto que a astreinte se dirige à conduta que deve ser praticada (no futuro).

O juiz, de ofício ou a requerimento, deve fixar o valor da multa, a periodicidade da sua incidência e a data a partir da qual será devida, adotando como critérios a situação patrimonial do devedor inadimplente e o grau de resistência do devedor.

É de observar que, em certos casos, não tem sentido falar em multa diária, de tal forma que a periodicidade é fixada pelo juiz com o fim de tutelar o interesse do exequente e de preservar a autoridade da função jurisdicional.

O § 6º do art. 461 do CPC é expresso quanto à possibilidade de alteração da multa: O juiz poderá, de ofício, modificar o valor ou a periodicidade da multa, caso verifique que se tornou insuficiente ou excessiva.

Não nos parece adequado o entendimento que procura impor limites ao valor da multa, que incide a partir do momento em que se verificar o descumprimento da ordem. Ou seja, desde o dia em que se esgotar o prazo judicial fixado para o seu cumprimento.

Questão polêmica diz respeito ao momento em que se dá a exigibilidade da multa.

Em se tratando de ações coletivas, há norma expressa: o art. 12 da Lei da Ação Civil Pública (Lei n. 7.347/85). Referida lei estabelece que a multa só é exigível após o trânsito em julgado da decisão favorável ao autor, mas será devida desde o dia em que se houver configurado o descumprimento.

Referida regra, contudo, não tem sido considerada absoluta pela jurisprudência, como se vê no seguinte julgamento, citado no Informativo nº 511 do STJ (período: 6 de fevereiro de 2013), proferido pela Quarta Turma:

"DIREITO PROCESSUAL CIVIL. *ASTREINTES*. EXECUÇÃO PROVISÓRIA.

O valor referente à astreinte fixado em tutela antecipada ou medida liminar só pode ser exigido e só se torna passível de execução provisória, se o pedido a que se vincula a astreinte for julgado procedente e desde que o respectivo recurso não tenha sido recebido no efeito suspensivo. A multa pecuniária arbitrada judicialmente para forçar o réu ao cumprimento de medida liminar antecipatória (art. 273 e 461, §§ 3º e 4º, do CPC) detém caráter híbrido, englobando aspectos de direito material e processual, pertencendo o valor decorrente de sua incidência ao titular do bem da vida postulado em juízo. Sua exigibilidade, por isso, encontra-se vinculada ao reconhecimento da existência do direito material pleiteado na demanda. Para exigir a satisfação do crédito oriundo da multa diária previamente ao trânsito em julgado, o autor de ação individual vale-se do instrumento jurídico-processual da execução provisória (art. 475-O do CPC). Contudo, não é admissível a execução da multa diária com base em mera decisão interlocutória, fundada em cognição sumária e precária por natureza, como também não se pode condicionar sua exigibilidade ao trânsito em julgado da sentença. Isso porque os dispositivos legais que contemplam essa última exigência regulam ações de cunho coletivo, motivo pelo qual não são aplicáveis às demandas em que se postulam direitos individuais. Assim, por seu caráter creditório e por implicar risco patrimonial para as partes, a multa diária cominada em liminar está subordinada à prolação de sentença de procedência do pedido, admitindo-se também a sua execução provisória, desde que o recurso seja recebido apenas no efeito devolutivo. Todavia, revogada a tutela antecipada, na qual estava baseado o título executivo provisório de astreinte, fica sem efeito o crédito derivado da fixação da multa diária, perdendo o objeto a execução provisória daí advinda. Precedentes citados: REsp 1.006.473-PR, DJe 19/6/2012, e EDcl no REsp 1.138.559-SC, DJe 1º/7/2011. REsp 1.347.726-RS, Rel. Min. Marco Buzzi, julgado em 27/11/2012".

A multa somente deixa de incidir na impossibilidade de cumprimento da ordem, caso em que deixará de incidir a partir dessa data.

A multa deve ser cobrada por meio do procedimento para a execução por quantia certa, sendo bastante tormentosa a questão da possibilidade ou não de cobrança da multa no caso de improcedência da demanda, prevalecendo o entendimento contrário.

A multa pode ser imposta à Fazenda Pública (***STJ***, AgRg no REsp 1.358.472/RS, 1ª Turma, DJe 22/08/2013):

"PROCESSUAL CIVIL E ADMINISTRATIVO. AGRAVO REGIMENTAL NO RECURSO ESPECIAL. OBRIGAÇÃO DE FAZER. APLICAÇÃO DE MULTA CONTRA A FAZENDA PÚBLICA (*ASTREINTES*). POSSIBILIDADE. JURISPRUDÊNCIA PACÍFICA DO STJ.

1. Esta Corte Superior de Justiça possui entendimento sedimentado de que, em se tratando de obrigação de fazer, é permitida ao Juízo a imposição de multa cominatória ao devedor, mesmo que seja contra a Fazenda Pública. Precedentes: AgRg no REsp 1129903/GO, Rel. Ministro Hamilton Carvalhido, Primeira Turma, DJe 24/11/2010; AgRg no Ag 1247323/SC, Rel. Ministro Herman Benjamin, Segunda Turma, DJe 01/07/2010; AgRg no REsp 1064704/SC, Rel. Ministro Francisco Falcão, Primeira Turma, DJe 17/11/2008). 2. Agravo regimental não provido".

A astreinte nem sempre pode ser fixada pelo juiz, como noticia o Informativo nº 460 do STJ:

"ASTREINTE. FAZENDA PÚBLICA.

A *quaestio juris* está na possibilidade de aplicação de multa cominatória (*astreinte*) contra a Fazenda Pública na hipótese em que o juízo singular considere descumprida ordem judicial que determinava a apresentação de documentos necessários ao deslinde da controvérsia. É cediço que o *Codex* processual, entre outras medidas coercitivas, atribuiu ao juiz a faculdade de impor *astreinte* em desfavor do devedor – ainda que se trate da Fazenda Pública –, objetivando inibir o descumprimento das obrigações de fazer ou não fazer (fungíveis ou infungíveis) ou de entregar coisa, que deverá incidir a partir da ciência do obrigado e da sua recalcitrância. Ressalte-se que, quanto à obrigação de entregar coisa, o art. 461-A, § 2º, do CPC determina que, não cumprida a obrigação no prazo fixado pelo juiz, expede-se, em favor do credor, mandado de busca e apreensão ou de imissão na posse conforme se tratar de coisa móvel ou imóvel. No caso dos autos, trata-se de multa cominatória imposta pelo juízo singular em ação mandamental, em função do descumprimento pela Fazenda Nacional de ordem judicial para a apresentação de cópias das fichas financeiras dos servidores públicos federais, objetivando a apuração da existência de descontos indevidos nos vencimentos. Dessarte, havendo a possibilidade de expedição de mandado de busca e apreensão dos documentos requisitados pela autoridade judicial (arts. 461, § 5º, e 461-A, § 2º, do mesmo diploma), como na hipótese, não se mostra razoável a fixação de multa pecuniária pelo descumprimento da ordem de apresentação, ademais, quando existente pedido de dilação de prazo formulado pela recorrente (Fazenda Nacional), o que afasta a caracterização de seu suposto intuito recalcitrante. Com essas considerações, a Turma deu provimento ao recurso, determinando a exclusão da *astreinte* cominada pelo juízo singular em desfavor da Fazenda Pública. Precedentes citados: REsp 1.162.239-PR, DJe 8/9/2010; AgRg no REsp 1.176.638-RS, DJe 20/9/2010; AgRg no Ag 1.247.323-SC, DJe 1º/7/2010, e REsp 987.280-SP, DJe 20/5/2009. REsp 1.069.441-PE, Rel. Min. Luiz Fux, julgado em 14/12/2010".

Também não deve ser imposta ao agente público (Informativo nº 429):

"*ASTREINTES*. GOVERNADOR.

Em execução de obrigação de fazer resultante de mandado de segurança, o ente federado foi condenado a incorporar certo percentual aos vencimentos e proventos de seus servidores. Sucede que foram impostas *astreintes* aos representantes daquele ente público (o governador e a secretária de gestão administrativa) correspondentes a diários 50% do valor do salário-mínimo, caso, após citados, não procedessem às aludidas incorporações em 30 dias. Anote-se que essa sanção pecuniária não se confunde com a de natureza punitiva derivada de ato atentatório ao exercício da jurisdição (art. 14, V, parágrafo único, do CPC). Diante disso, a jurisprudência do STJ permite a imposição de multa diária à Fazenda Pública na execução imediata, porém sua extensão ao agente público, ainda que escorada na necessidade de dar efetivo cumprimento à ordem mandamental, é despida de juridicidade, pois inexiste norma que determine esse alcance da pessoa física representante da pessoa jurídica de direito público. No caso, além de sequer haver contraditório e ampla defesa, os agentes não foram partes na execução e atuaram no MS apenas como substitutos processuais. Por último, note-se que a execução da ação mandamental foi dirigida ao ente federado, pessoa jurídica de direito interno, e há norma que restringe ao réu a imposição das referidas *astreintes* (art. 461, § 4º, do CPC). Precedentes citados: REsp 770.753-RS, DJ 15/3/2007; REsp 893.041-RS, DJ 14/12/2006, e AgRg no Ag 1.028.620-DF, DJe 3/11/2008. REsp 747.371-DF, Rel. Min. Jorge Mussi, julgado em 6/4/2010".

Além das *astreintes*, o juiz pode se utilizar de outras medidas de apoio, previstas ou não em lei, tendo em vista o princípio da atipicidade das referidas medidas.

O § 5º do art. 461 do CPC é expresso quanto à possibilidade de que outras medidas de apoio sejam utilizadas pelo julgador: Para a efetivação da tutela específica ou a obtenção do resultado prático equivalente, poderá o juiz, de ofício ou a requerimento, determinar as medidas necessárias, tais como a imposição de multa por tempo de atraso, busca e apreensão, remoção de pessoas e coisas, desfazimento de obras e impedimento de atividade nociva, se necessário com requisição de força policial.

19.8. O papel da Defensoria Pública na implantação das políticas públicas

O seguinte Informativo noticia decisão que bem ilustra o papel da Defensoria Pública na implantação das políticas públicas:

"INFORMATIVO Nº 711

Políticas públicas – Controle jurisdicional – Legitimidade – Defensoria Pública – Implantação (Transcrições)

PROCESSO: AI – 598212

Políticas públicas – Controle jurisdicional – Legitimidade – Defensoria Pública – Implantação (Transcrições) AI 598.212/PR – RELATOR: Min. Celso De Mello EMENTA: Defensoria Pública. Implantação. Omissão estatal que compromete e frustra direitos fundamentais de pessoas necessitadas. Situação constitucionalmente intolerável. O reconhecimento, em favor de populações carentes e desassistidas, postas à margem do sistema jurídico, do "direito a ter direitos" como pressuposto de acesso aos demais direitos, liberdades e garantias. Intervenção jurisdicional concretizadora de programa constitucional destinado a viabilizar o acesso dos necessitados à orientação jurídica integral e à assistência judiciária gratuitas (CF, art. 5º, inciso LXXIV, e art. 134). Legitimidade dessa atuação dos Juízes e Tribunais. O papel do Poder Judiciário na implementação de políticas públicas instituídas pela Constituição e não efetivadas pelo Poder Público. A fórmula da reserva do possível na perspectiva da teoria dos custos dos direitos: impossibilidade de sua invocação para legitimar o injusto inadimplemento de deveres estatais de prestação constitucionalmente impostos ao Estado. A teoria da "restrição das restrições" (ou da "limitação das limitações"). Controle jurisdicional de legitimidade sobre a omissão do Estado: atividade de fiscalização judicial que se justifica pela necessidade de observância de certos parâmetros constitucionais (proibição de retrocesso social, proteção ao mínimo existencial, vedação da proteção insuficiente e proibição de excesso). Doutrina. Precedentes. A função constitucional da Defensoria Pública e a essencialidade dessa instituição da República. Recurso extraordinário conhecido e provido. DECISÃO: O recurso extraordinário a que se refere o presente agravo de instrumento foi interposto contra acórdão que, proferido pelo E. Tribunal de Justiça do Estado do Paraná, está assim ementado (fls. 182): "AÇÃO CIVIL PÚBLICA. DEFENSORIA PÚBLICA. IMPLANTAÇÃO POR DECISÃO JUDICIAL. AFRONTA AO PRINCÍPIO DA AUTONOMIA E INDEPENDÊNCIA DOS PODERES. O preceito constitucional que prevê a criação da Defensoria Pública, como meio de assegurar o amplo acesso à justiça, é norma de eficácia contida e depende de lei que o regulamente. Exigir que o Estado elabore uma lei e crie a defensoria na Comarca, através de decisão judicial afronta ao princípio da divisão e autonomia dos Poderes. RECURSO PROVIDO. REEXAME NECESSÁRIO PREJUDICADO." (grifei) A parte ora agravante, ao deduzir o recurso extraordinário em questão, sustentou que o Tribunal "a quo" teria transgredido preceitos inscritos na Constituição da República. O Ministério Público Federal, em manifestação da lavra da ilustre Subprocuradora-Geral da República Dra. SANDRA CUREAU, ao opinar pelo provimento do presente agravo de instrumento (fls. 271/274), formulou parecer assim ementado (fls. 271): "AGRAVO DE INSTRUMENTO. NEGATIVA DE SEGUIMENTO A RECURSO EXTRAORDINÁRIO. I – EXAME DO MÉRITO DO APELO EXTREMO PELA CORTE 'A QUO'. IMPOSSIBILIDADE. EXTRAORDINÁRIO QUE SATISFAZ OS PRESSUPOSTOS DE ADMISSIBILIDADE INERENTES À VIA. RELEVÂNCIA JURÍDICA DA CONTROVÉRSIA. II – PARECER PELO PROVIMENTO DO AGRAVO." (grifei) Sendo esse o contexto, passo a examinar o presente agravo de instrumento. E, ao fazê-lo, destaco, inicialmente, a significativa importância de que se reveste, em nosso sistema normativo, e nos planos jurídico, político e social, a Defensoria Pública, elevada à dignidade constitucional de instituição permanente, essencial à função jurisdicional do Estado, e reconhecida como instrumento vital à orientação jurídica e à defesa das pessoas desassistidas e necessitadas. É imperioso ressaltar, desde logo, a essencialidade da Defensoria Pública como instrumento de concretização dos direitos e das liberdades de que também são titulares as pessoas carentes e necessitadas. É por esse motivo que a Defensoria Pública foi qualificada pela própria Constituição da República como instituição essencial ao desempenho da atividade jurisdicional do Estado. Não se pode perder de perspectiva que a frustração do acesso ao aparelho judiciário do Estado, motivada pela injusta omissão do Poder Público – que, sem razão, deixa de adimplir o dever de conferir expressão concreta à norma constitucional que assegura, aos necessitados, o direito à orientação jurídica e à assistência judiciária –, culmina por gerar situação socialmente intolerável e juridicamente inaceitável. Lamentavelmente, o povo brasileiro continua não tendo acesso pleno ao sistema de administração da Justiça, não obstante a experiência altamente positiva dos Juizados Especiais, cuja implantação efetivamente vem aproximando o cidadão comum do aparelho judiciário do Estado. É preciso, no entanto, dar passos mais positivos no sentido de atender à justa reivindicação da sociedade civil que exige, do Estado, nada mais senão o simples e puro cumprimento integral do dever que lhe impôs o art. 134 da Constituição da República. Cumpre, desse modo, ao Poder Público, dotar-se de uma organização formal e material que lhe permita realizar, na expressão concreta de sua atuação, a obrigação constitucional mencionada, proporcionando, efetivamente, aos necessitados, plena orientação jurídica e integral assistência judiciária, para que os direitos e as liberdades das pessoas atingidas pelo injusto estigma da exclusão social não se convertam em proclamações inúteis, nem se transformem em expectativas vãs. A questão da Defensoria Pública, portanto, não pode (e não deve) ser tratada de maneira inconsequente, porque, de sua adequada organização e efetiva institucionalização, depende a proteção jurisdicional de milhões de pessoas – carentes e desassistidas –, que sofrem inaceitável processo de exclusão que as coloca, injustamente, à margem das grandes conquistas jurídicas e sociais. De nada valerão os direitos e de nenhum significado revestir-se-ão as liberdades, se os fundamentos em que eles se apoiam – além de desrespeitados pelo Poder Público ou transgredidos por particulares – também deixarem de contar com o suporte e o apoio de um aparato institucional, como aquele proporcionado pela Defensoria Pública, cuja função precípua, por efeito de sua própria vocação constitucional (CF, art. 134), consiste em dar efetividade e expressão concreta, inclusive mediante acesso do lesado à jurisdição do Estado, a esses mesmos direitos, quando titularizados por pessoas necessitadas, que são as reais destinatárias tanto da norma inscrita no art. 5º, inciso LXXIV, quanto do preceito consubstanciado no art. 134, ambos da Constituição da República. É preciso reconhecer, desse modo, que assiste, a toda e qualquer pessoa – especialmente quando se tratar daquelas que nada têm e que de tudo necessitam –, uma prerrogativa básica que se qualifica como fator de viabilização dos demais direitos e liberdades. Torna-se imperioso proclamar, por isso mesmo, que toda pessoa tem direito a ter direitos, assistindo-lhe, nesse contexto, a prerrogativa de ver tais direitos efetivamente implementados em seu benefício, o que põe em evidência – cuidando-se de pessoas necessitadas (CF, art. 5º, LXXIV) – a significativa importância jurídico-institucional e político-social da Defensoria Pública. É que, sem se reconhecer a realidade de que a Constituição impõe, ao Estado, o dever de atribuir aos desprivilegiados – verdadeiros marginais do sistema jurídico nacional – a condição essencial de titulares do direito de serem reconhecidos como pessoas investidas de dignidade e merecedoras do respeito social, não se tornará possível construir a igualdade, nem realizar a edificação de uma sociedade justa, fraterna e solidária, frustrando-se, assim, um dos objetivos fundamentais da República (CF, art. 3º, I). Vê-se, portanto, de um lado, a enorme relevância da Defensoria Pública, enquanto instituição permanente da República e organismo essencial à função jurisdicional do Estado, e, de outro, o papel de grande responsabilidade do Defensor Público, em sua condição de agente incumbido de viabilizar o acesso dos necessitados à ordem jurídica justa, capaz de propiciar-lhes, mediante adequado patrocínio técnico, o gozo – pleno e efetivo – de seus direitos, superando-se, desse modo, a situação de injusta desigualdade socioeconômica a que se acham lamentavelmente expostos largos segmentos de nossa sociedade. Cabe destacar, por oportuno, ante a inquestionável procedência de suas observações, o seguinte fragmento da decisão que o eminente Ministro AYRES BRITTO, Relator, proferiu quando do julgamento do RE 574.353/PR: "5. Vê-se, portanto, que a Constituição Federal alçou a defensoria pública ao patamar de instituição permanente, essencial à prestação jurisdicional do Estado. Uma instituição especificamente voltada para a implementação de políticas públicas de assistência jurídica, assim no campo administrativo como no judicial. Pelo que, sob este último prisma, se revela como instrumento de democratização do acesso às instâncias judiciárias, de modo a efetivar o valor constitucional da universalização da justiça (inciso XXXV do art. 5º do Texto Magno). Fazendo de tal acesso um direito que se desfruta às expensas do Estado, em ordem a se postarem (as defensorias) como um luminoso ponto de interseção do constitucionalismo liberal com o social. Vale dizer, fazem com que um clássico direito individual se mescle com um moderno direito social. Tornando a prestação jurisdicional do Estado um efetivo dever de tratar desigualmente pessoas economicamente desiguais. Os mais pobres a compensar a sua inferioridade material com a superioridade jurídica de um gratuito bater às portas do Poder Judiciário. O que já se traduz na concreta possibilidade de gozo do fundamental direito de ser parte processual. Parte que, perante outra, vai compor a relação sem a qual a jurisdição mesma não tem como operar na órbita dos chamados processos subjetivos. A jurisdição e os órgãos que lhe são essenciais a se imbricar, portanto, sem que se possa dizer onde começa uma e terminam os outros. Numa frase, aparelhar as defensorias públicas é servir, sim, ao desígnio constitucional de universalizar e aperfeiçoar a própria jurisdição como atividade básica do Estado e função específica do Poder Judiciário. (...)." (grifei) Nem se diga que o Poder Judiciário não disporia de competência para colmatar, "in concreto", omissões estatais caracterizadas pelo inadimplemento, por parte do Poder Público, de dever jurídico que lhe foi imposto pela própria Constituição da República, como resulta claro, presente o contexto ora em exame, do seu art. 5º, inciso LXXIV, c/c o art. 134. O Supremo Tribunal Federal firmou entendimento no sentido de que é lícito, ao Poder Judiciário, em face do princípio da supremacia da Constituição, adotar, em sede jurisdicional, medidas destinadas a tornar efetiva a implementação de políticas públicas, se e quando se registrar, como sucede no caso, situação configuradora de inescusável omissão estatal. A omissão do Estado – que deixa de cumprir, em maior ou em menor extensão, a imposição ditada pelo texto constitucional – qualifica-se como comportamento revestido da maior gravidade político-jurídica, eis que, mediante inércia, o Poder Público também desrespeita a Constituição, também ofende direitos que nela se fundam e também impede, por ausência (ou insuficiência) de medidas concretizadoras, a própria aplicabilidade dos postulados e princípios da Lei Fundamental, tal como tem advertido o Supremo Tribunal Federal: "DESRESPEITO À CONSTITUIÇÃO – MODALIDADES DE COMPORTAMENTOS INCONSTITUCIONAIS DO PODER PÚBLICO. - O desrespeito à Constituição tanto pode ocorrer mediante ação estatal quanto mediante inércia governamental. A situação de inconstitucionalidade pode derivar de um comportamento ativo do Poder Público, que age ou edita normas em desacordo com o que dispõe a Constituição, ofendendo-lhe, assim, os preceitos e os princípios que nela se acham consignados. Essa conduta estatal, que importa em um 'facere' (atuação positiva), gera a inconstitucionalidade por ação. Se o Estado deixar de adotar as medidas necessárias à realização concreta dos preceitos da Constituição, em ordem a torná-los efetivos, operantes e exequíveis, abstendo-se, em consequência, de cumprir o dever de prestação que a Constituição lhe impôs, incidirá em violação negativa do texto constitucional. Desse 'non facere' ou 'non praestare', resultará a inconstitucionalidade por omissão, que pode ser total, quando é nenhuma a providência adotada, ou parcial, quando é insuficiente a medida efetivada pelo Poder Público. (...)." (ADI 1.458-MC/DF, Rel. Min. CELSO DE MELLO) Vê-se, pois, que, na tipologia das situações inconstitucionais, inclui-se, também, aquela que deriva do descumprimento, por inércia estatal, de norma impositiva de determinado comportamento – como aquele estabelecido no art. 5º, LXXIV, e no art. 134 da Lei Fundamental – atribuído ao Poder Público pela própria Constituição. As situações configuradoras de omissão inconstitucional – ainda que se cuide de omissão parcial derivada de insuficiente concretização, pelo Poder Público, do conteúdo material da norma impositiva fundada na Carta Política – refletem comportamento estatal que deve ser repelido, pois a inércia do Estado, como a que se registra no caso ora em exame, qualifica-se, perigosamente, como um dos processos informais de mudança da Constituição, expondo-se, por isso mesmo, à censura do magistério doutrinário (ANNA CÂNDIDA DA CUNHA FERRAZ, **Processos Informais de Mudança da Constituição**, p. 230/232, item n. 5, 1986, Max Limonad; JORGE MIRANDA, **Manual de Direito Constitucional**, tomo II/406 e 409, 2. ed., 1988, Coimbra Editora; J. J. GOMES CANOTILHO e VITAL MOREIRA, **Fundamentos da Constituição**, p. 46, item n. 2.3.4, 1991, Coimbra Editora). O fato inquestionável é um só: a inércia estatal em tornar efetivas as imposições constitucionais traduz inaceitável gesto de desprezo pela Constituição e configura comportamento que revela um incompreensível sentimento de desapreço pela autoridade, pelo valor e pelo alto significado de que se reveste a Constituição da República. Nada mais nocivo, perigoso e ilegítimo do que elaborar uma Constituição sem a vontade de fazê-la cumprir integralmente ou, então, de apenas executá-la com o propósito subalterno de torná-la aplicável somente nos pontos que se mostrarem convenientes aos desígnios dos governantes, em detrimento dos interesses maiores dos cidadãos. A percepção da gravidade e das consequências lesivas, derivadas do gesto infiel do Poder Público que transgride, por omissão ou por insatisfatória concretização, os encargos de que se tornou depositário, por efeito de expressa determinação constitucional, foi revelada, entre nós, já no período monárquico, em lúcido magistério, por Pimenta Bueno (**Direito Público Brasileiro e Análise da Constituição do Império**, p. 45, reedição do Ministério da Justiça, 1958) e reafirmada por eminentes autores contemporâneos (José Afonso da Silva, **Aplicabilidade das Normas Constitucionais**, p. 226, item n. 4, 3. ed., 1998, Malheiros; Anna Cândida da Cunha Ferraz, "Processos Informais de Mudança da Constituição", p. 217/218, 1986, Max Limonad; Pontes de Miranda, **Comentários à Constituição de 1967 com a Emenda n. 1, de 1969**, tomo I/15-16, 2ª ed., 1970, RT, v.g.), em lições que acentuam o desvalor jurídico do comportamento estatal omissivo. O desprestígio da Constituição – por inércia de órgãos meramente constituídos – representa um dos mais graves aspectos da patologia constitucional, pois reflete inaceitável desprezo, por parte das instituições governamentais, da autoridade suprema da Lei Fundamental do Estado. Essa constatação, feita por KARL LOEWENSTEIN (**Teoria de la Constitución**, p. 222, 1983, Ariel, Barcelona), coloca em pauta o fenômeno da erosão da consciência constitucional, motivado pela instauração, no âmbito do Estado, de um preocupante processo de desvalorização funcional da Constituição escrita, como já ressaltado, pelo Supremo Tribunal Federal, em diversos julgamentos, como resulta, exemplificativamente, da seguinte decisão consubstanciada em acórdão assim ementado: "A TRANSGRESSÃO DA ORDEM CONSTITUCIONAL PODE CONSUMAR-SE MEDIANTE AÇÃO (VIOLAÇÃO POSITIVA) OU MEDIANTE OMISSÃO (VIOLAÇÃO NEGATIVA). O desrespeito à Constituição tanto pode ocorrer mediante ação estatal quanto mediante inércia governamental. A situação de inconstitucionalidade pode derivar de um comportamento ativo do Poder Público, seja quando este vem a fazer o que o estatuto constitucional não lhe permite, seja, ainda, quando vem a editar normas em desacordo, formal ou material, com o que dispõe a Constituição. Essa conduta estatal, que importa em um 'facere' (atuação positiva), gera a inconstitucionalidade por ação. Se o Estado, no entanto, deixar de adotar as medidas necessárias à realização concreta dos preceitos da Constituição, abstendo-se, em consequência, de cumprir o dever de prestação que a própria Carta Política lhe impôs, incidirá em violação negativa do texto constitucional. Desse 'non facere' ou 'non praestare', resultará a inconstitucionalidade por omissão, que pode ser total (quando é nenhuma a providência adotada) ou parcial (quando é insuficiente a medida efetivada pelo Poder Público). Entendimento prevalecente na jurisprudência do Supremo Tribunal Federal: RTJ 162/877-879, Rel. Min. CELSO DE MELLO (Pleno). A omissão do Estado – que deixa de cumprir, em maior ou em menor extensão, a imposição ditada pelo texto constitucional – qualifica-se como comportamento revestido da maior gravidade político-jurídica, eis que, mediante inércia, o Poder Público também desrespeita a Constituição, também ofende direitos que nela se fundam e também impede, por ausência (ou insuficiência) de medidas concretizadoras, a própria aplicabilidade dos postulados e princípios da Lei Fundamental. DESCUMPRIMENTO DE IMPOSIÇÃO CONSTITUCIONAL LEGIFERANTE E DESVALORIZAÇÃO FUNCIONAL DA CONSTITUIÇÃO ESCRITA. O Poder Público – quando se abstém de cumprir, total ou parcialmente, o dever de legislar, imposto em cláusula constitucional, de caráter mandatório – infringe, com esse comportamento negativo, a própria integridade da Lei Fundamental, estimulando, no âmbito do Estado, o preocupante fenômeno da erosão da consciência constitucional (ADI 1.484- -DF, Rel. Min. CELSO DE MELLO). A inércia estatal em adimplir as imposições constitucionais traduz inaceitável gesto de desprezo pela autoridade da Constituição e configura, por isso mesmo, comportamento que deve ser evitado. É que nada se revela mais nocivo, perigoso e ilegítimo do que elaborar uma Constituição, sem a vontade de fazê-la cumprir integralmente, ou, então, de apenas executá-la com o propósito subalterno de torná-la aplicável somente nos pontos que se mostrarem ajustados à conveniência e aos desígnios dos governantes, em detrimento dos interesses maiores dos cidadãos. (...)." (RTJ 183/818-819, Rel. Min. CELSO DE MELLO, Pleno) É importante enfatizar, desse modo, que, mesmo em tema de implementação de políticas governamentais previstas e determinadas no texto constitucional, a Corte Suprema brasileira tem proferido decisões que neutralizam os efeitos nocivos, lesivos e perversos resultantes da inatividade governamental, em situações nas quais a omissão do Poder Público representa um inaceitável insulto a direitos básicos assegurados pela própria Constituição da República, mas cujo exercício está sendo inviabilizado por contumaz (e irresponsável) inércia do aparelho estatal (RTJ 174/687 – RTJ 175/1212-1213 – RTJ 199/1219-1220). O

Supremo Tribunal Federal, em referidos julgamentos, colmatou a omissão governamental e conferiu real efetividade a direitos essenciais, dando-lhes concreção e viabilizando, desse modo, o acesso das pessoas à plena fruição de direitos fundamentais cuja realização prática lhes estava sendo negada, injustamente, por arbitrária abstenção do Poder Público. Vale relembrar, ainda, por necessário, que o caráter programático da regra constitucional – que tem por destinatários os entes políticos que compõem, no plano institucional, a organização federativa do Estado brasileiro – não pode converter-se em promessa constitucional inconsequente, sob pena de o Poder Público, fraudando justas expectativas nele depositadas pela coletividade, substituir, de maneira ilegítima, o cumprimento de seu impostergável dever, por um gesto irresponsável de infidelidade governamental ao que determina a própria Lei Fundamental do Estado (RE 273.834-AgR/RS, Rel. Min. CELSO DE MELLO, v.g.). Assentadas tais premissas, tenho para mim que a r. sentença proferida pelo ilustre magistrado de primeira instância bem examinou a controvérsia suscitada na presente causa, ajustando-se, quanto ao seu conteúdo, à jurisprudência constitucional que esta Suprema Corte construiu a respeito do tema em análise. Com efeito, o Supremo Tribunal Federal, considerada a dimensão política da jurisdição constitucional de que se acham investidos os órgãos do Poder Judiciário, tem enfatizado que os juízes e Tribunais não podem demitir-se do gravíssimo encargo de tornar efetivas as determinações constantes do texto constitucional, inclusive aquelas fundadas em normas de conteúdo programático (RTJ 164/158-161, Rel. Min. CELSO DE MELLO, v.g.). É que, se tal não ocorrer, restarão comprometidas a integridade e a eficácia da própria Constituição, por efeito de violação negativa do estatuto constitucional motivada por inaceitável inércia governamental no adimplemento de prestações positivas impostas ao Poder Público, consoante já advertiu o Supremo Tribunal Federal, por mais de uma vez, em tema de inconstitucionalidade por omissão (RTJ 175/1212-1213, Rel. Min. CELSO DE MELLO – RTJ 185/794-796, Rel. Min. CELSO DE MELLO, v.g.). É certo – tal como observei no exame da ADPF 45/DF, Rel. Min. CELSO DE MELLO (**Informativo/STF** nº 345/2004) – que não se inclui, ordinariamente, no âmbito das funções institucionais do Poder Judiciário – e nas desta Suprema Corte, em especial – a atribuição de formular e de implementar políticas públicas (JOSÉ CARLOS VIEIRA DE ANDRADE, "Os Direitos Fundamentais na Constituição Portuguesa de 1976", p. 207, item n. 05, 1987, Almedina, Coimbra), pois, nesse domínio, como adverte a doutrina (MARIA PAULA DALLARI BUCCI, **Direito Administrativo e Políticas Públicas**, 2002, Saraiva), o encargo reside, primariamente, nos Poderes Legislativo e Executivo. Impende assinalar, no entanto, que tal incumbência poderá atribuir-se, embora excepcionalmente, ao Poder Judiciário, se e quando os órgãos estatais competentes, por descumprirem os encargos político-jurídicos que sobre eles incidem em caráter vinculante, vierem a comprometer, com tal comportamento, a eficácia e a integridade de direitos individuais e/ou coletivos impregnados de estatura constitucional, como sucede na espécie ora em exame. Não deixo de conferir, no entanto, assentadas tais premissas, significativo relevo ao tema pertinente à "reserva do possível" (LUÍS FERNANDO SGARBOSSA, **Crítica à Teoria dos Custos dos Direitos**, vol. 1, 2010, Fabris Editor; STEPHEN HOLMES/CASS R. SUNSTEIN, **The Cost of Rights**, 1999, Norton, New York; ANA PAULA DE BARCELLOS, **A Eficácia Jurídica dos Princípios Constitucionais**, p. 245/246, 2002, Renovar; FLÁVIO GALDINO, **Introdução à Teoria dos Custos dos Direitos**, p. 190/198, itens ns. 9.5 e 9.6, e p. 345/347, item n. 15.3, 2005, Lumen Juris), notadamente em sede de efetivação e implementação (usualmente onerosas) de determinados direitos cujo adimplemento, pelo Poder Público, impõe e exige, deste, prestações estatais positivas concretizadoras de tais prerrogativas individuais e/ou coletivas. Não se mostrará lícito, contudo, ao Poder Público, criar obstáculo artificial que revele – a partir de indevida manipulação de sua atividade financeira e/ou político-administrativa – o arbitrário, ilegítimo e censurável propósito de fraudar, de frustrar e de inviabilizar o estabelecimento e a preservação, em favor da pessoa e dos cidadãos, de condições materiais mínimas de existência e de gozo de direitos fundamentais (ADPF 45/DF, Rel. Min. CELSO DE MELLO, **Informativo/STF** nº 345/2004), a significar, portanto, que se revela legítima a possibilidade de controle jurisdicional da invocação estatal da cláusula da "reserva do possível", considerada, para tanto, a teoria das "restrições das restrições", segundo a qual – consoante observa LUÍS FERNANDO SGARBOSSA (**Crítica à Teoria dos Custos dos Direitos**, vol. 1/273-274, item n. 2, 2010, Fabris Editor) – as limitações a direitos fundamentais, como o de que ora se cuida, sujeitam-se, em seu processo hermenêutico, a uma exegese necessariamente restritiva, sob pena de ofensa a determinados parâmetros de índole constitucional, como, p. ex., aqueles fundados na proibição de retrocesso social, na proteção ao mínimo existencial (que deriva do princípio da dignidade da pessoa humana), na vedação da proteção insuficiente e, também, na proibição de excesso. Cumpre advertir, desse modo, na linha de expressivo magistério doutrinário (OTÁVIO HENRIQUE MARTINS PORT, **Os Direitos Sociais e Econômicos e a Discricionariedade da Administração Pública**, p. 105/110, item n. 6, e p. 209/211, itens ns. 17-21, 2005, RCS Editora Ltda., v.g.), que a cláusula da "reserva do possível" – ressalvada a ocorrência de justo motivo objetivamente aferível – não pode ser invocada, pelo Estado, com a finalidade de exonerar-se, dolosamente, do cumprimento de suas obrigações constitucionais, notadamente quando, dessa conduta governamental negativa, puder resultar nulificação ou, até mesmo, aniquilação de direitos constitucionais impregnados de um sentido de essencial fundamentalidade. Cabe referir, ainda, neste ponto, ante a extrema pertinência de suas observações, a advertência de LUIZA CRISTINA FONSECA FRISCHEISEN, ilustre Procuradora Regional da República ("Políticas Públicas – A Responsabilidade do

Administrador e o Ministério Público", p. 59, 95 e 97, 2000, Max Limonad), cujo magistério, a propósito da limitada discricionariedade governamental em tema de concretização das políticas públicas constitucionais, assinala: "Nesse contexto constitucional, que implica também na renovação das práticas políticas, o administrador está vinculado às políticas públicas estabelecidas na Constituição Federal; a sua omissão é passível de responsabilização e a sua margem de discricionariedade é mínima, não contemplando o não fazer. Como demonstrado no item anterior, o administrador público está vinculado à Constituição e às normas infraconstitucionais para a implementação das políticas públicas relativas à ordem social constitucional, ou seja, própria à finalidade da mesma: o bem-estar e a justiça social. Conclui-se, portanto, que o administrador não tem discricionariedade para deliberar sobre a oportunidade e conveniência de implementação de políticas públicas discriminadas na ordem social constitucional, pois tal restou deliberado pelo Constituinte e pelo legislador que elaborou as normas de integração. As dúvidas sobre essa margem de discricionariedade devem ser dirimidas pelo Judiciário, cabendo ao Juiz dar sentido concreto à norma e controlar a legitimidade do ato administrativo (omissivo ou comissivo), verificando se o mesmo não contraria sua finalidade constitucional, no caso, a concretização da ordem social constitucional." (grifei) Resulta claro, pois, que o Poder Judiciário dispõe de competência para exercer,
 no caso concreto, controle de legitimidade sobre a omissão do Estado na implementação de políticas públicas cuja efetivação lhe incumbe por efeito de expressa determinação constitucional, sendo certo, ainda, que, ao assim proceder, o órgão judiciário competente estará agindo dentro dos limites de suas atribuições institucionais, sem incidir em ofensa ao princípio da separação de poderes, tal como tem sido reconhecido, por esta Suprema Corte, em sucessivos julgamentos (RE 367.432-AgR/PR, Rel. Min. EROS GRAU – RE 543.397/PR, Rel. Min. EROS GRAU – RE 556.556/PR, Rel. Min. ELLEN GRACIE, v.g.): "8. Desse modo, não há falar em ingerência do Poder Judiciário em questão que envolve o poder discricionário do Poder Executivo, porquanto se revela possível ao Judiciário determinar a implementação pelo Estado de políticas públicas constitucionalmente previstas. (...)." (RE 574.353/PR, Rel. Min. AYRES BRITTO – grifei). Sendo assim, pelas razões expostas, conheço do presente agravo de instrumento, para, desde logo, conhecer do recurso extraordinário e dar-lhe provimento (CPC, art. 544, § 4º, na redação anterior à Lei nº 12.322/2010), em ordem a restabelecer a sentença proferida pelo magistrado de primeira instância, que condenou o Estado do Paraná a cumprir a obrigação "de implantar e estruturar a Defensoria Pública do Estado do Paraná, no prazo de 06 (seis) meses, sob pena de cominação de multa diária de R$ 1.000,00 (um mil reais), valor que será destinado ao Fundo de Defesa dos Direitos Difusos, na forma do artigo 13 da Lei nº 7.347/85" (fls. 114/124). Publique-se. Brasília, 10 de junho de 2013. Ministro CELSO DE MELLO Relator – decisão republicada no DJe de 20.6.2013 INOVAÇÕES LEGISLATIVAS 17 a 21 de junho de 2013 Lei nº 12.830, de 20.6.2013 – Dispõe sobre a investigação criminal conduzida pelo delegado de polícia. Publicada no DOU, Seção 1, p. 1, em 21.6.2013. Lei nº 12.832, de 20.6.2013 – Altera dispositivos das Leis ns. 10.101, de 19.12.2000, que dispõe sobre a participação dos trabalhadores nos lucros ou resultados da empresa, e 9.250, de 26.12.1995, que altera a legislação do imposto de renda das pessoas físicas. Publicada no DOU, Seção 1, p. 2, em 21.6.2013".

Outro julgamento deve ser citado, que se refere à tutela coletiva do direito à saúde (STF, RE 642.536 AgR/AP, Relator Min. LUIZ FUX, Julgamento: 05/02/2013 - Órgão Julgador: Primeira Turma):

> "AGRAVO REGIMENTAL NO RECURSO EXTRAORDINÁRIO. ADMINISTRATIVO E PROCESSUAL CIVIL. REPERCUSSÃO GERAL PRESUMIDA. SISTEMA PÚBLICO DE SAÚDE LOCAL. PODER JUDICIÁRIO. DETERMINAÇÃO DE ADOÇÃO DE MEDIDAS PARA A MELHORIA DO SISTEMA. POSSIBILIDADE. PRINCÍPIOS DA SEPARAÇÃO DOS PODERES E DA RESERVA DO POSSÍVEL. VIOLAÇÃO. INOCORRÊNCIA. AGRAVO REGIMENTAL A QUE SE NEGA PROVIMENTO.
>
> 1. A repercussão geral é presumida quando o recurso versar questão cuja repercussão já houver sido reconhecida pelo Tribunal, ou quando impugnar decisão contrária a súmula ou a jurisprudência dominante desta Corte (artigo 323, § 1º, do RISTF).
>
> 2. A controvérsia objeto destes autos – possibilidade, ou não, de o Poder Judiciário determinar ao Poder Executivo a adoção de providências administrativas visando a melhoria da qualidade da prestação do serviço de saúde por hospital da rede pública – foi submetida à apreciação do Pleno do Supremo Tribunal Federal na SL 47-AgR, Relator o Ministro Gilmar Mendes, DJ de 30.4.10.
>
> 3. Naquele julgamento, esta Corte, ponderando os princípios do "mínimo existencial" e da "reserva do possível", decidiu que, em se tratando de direito à saúde, a intervenção judicial é possível em hipóteses como a dos autos, nas quais o Poder Judiciário não está inovando na ordem jurídica, mas apenas determinando que o Poder Executivo cumpra políticas públicas previamente estabelecidas.
>
> 4. Agravo regimental a que se nega provimento".

Sobre a tutela coletiva do direito à educação, relevante o seguinte julgado do STF (ARE 639337 AgR/SP, Relator: Min. CELSO DE MELLO, Julgamento: 23/08/2011, Órgão Julgador: Segunda Turma):

"CRIANÇA DE ATÉ CINCO ANOS DE IDADE – ATENDIMENTO EM CRECHE E EM PRÉ-ESCOLA – SENTENÇA QUE OBRIGA O MUNICÍPIO DE SÃO

PAULO A MATRICULAR CRIANÇAS EM UNIDADES DE ENSINO INFANTIL PRÓXIMAS DE SUA RESIDÊNCIA OU DO ENDEREÇO DE TRABALHO DE SEUS RESPONSÁVEIS LEGAIS, SOB PENA DE MULTA DIÁRIA POR CRIANÇA NÃO ATENDIDA – LEGITIMIDADE JURÍDICA DA UTILIZAÇÃO DAS "*ASTREINTES*" CONTRA O PODER PÚBLICO – DOUTRINA – JURISPRUDÊNCIA – OBRIGAÇÃO ESTATAL DE RESPEITAR OS DIREITOS DAS CRIANÇAS – EDUCAÇÃO INFANTIL – DIREITO ASSEGURADO PELO PRÓPRIO TEXTO CONSTITUCIONAL (CF, ART. 208, IV, NA REDAÇÃO DADA PELA EC Nº 53/2006) – COMPREENSÃO GLOBAL DO DIREITO CONSTITUCIONAL À EDUCAÇÃO – DEVER JURÍDICO CUJA EXECUÇÃO SE IMPÕE AO PODER PÚBLICO, NOTADAMENTE AO MUNICÍPIO (CF, ART. 211, § 2º) – LEGITIMIDADE CONSTITUCIONAL DA INTERVENÇÃO DO PODER JUDICIÁRIO EM CASO DE OMISSÃO ESTATAL NA IMPLEMENTAÇÃO DE POLÍTICAS PÚBLICAS PREVISTAS NA CONSTITUIÇÃO – INOCORRÊNCIA DE TRANSGRESSÃO AO POSTULADO DA SEPARAÇÃO DE PODERES – PROTEÇÃO JUDICIAL DE DIREITOS SOCIAIS, ESCASSEZ DE RECURSOS E A QUESTÃO DAS "ESCOLHAS TRÁGICAS" – RESERVA DO POSSÍVEL, MÍNIMO EXISTENCIAL, DIGNIDADE DA PESSOA HUMANA E VEDAÇÃO DO RETROCESSO SOCIAL – PRETENDIDA EXONERAÇÃO DO ENCARGO CONSTITUCIONAL POR EFEITO DE SUPERVENIÊNCIA DE NOVA REALIDADE FÁTICA – QUESTÃO QUE SEQUER FOI SUSCITADA NAS RAZÕES DE RECURSO EXTRAORDINÁRIO – PRINCÍPIO *JURA NOVIT CURIA* – INVOCAÇÃO EM SEDE DE APELO EXTREMO – IMPOSSIBILIDADE – RECURSO DE AGRAVO IMPROVIDO. POLÍTICAS PÚBLICAS, OMISSÃO ESTATAL INJUSTIFICÁVEL E INTERVENÇÃO CONCRETIZADORA DO PODER JUDICIÁRIO EM TEMA DE EDUCAÇÃO INFANTIL: POSSIBILIDADE CONSTITUCIONAL. A educação infantil representa prerrogativa constitucional indisponível, que, deferida às crianças, a estas assegura, para efeito de seu desenvolvimento integral, e como primeira etapa do processo de educação básica, o atendimento em creche e o acesso à pré-escola (CF, art. 208, IV). Essa prerrogativa jurídica, em consequência, impõe, ao Estado, por efeito da alta significação social de que se reveste a educação infantil, a obrigação constitucional de criar condições objetivas que possibilitem, de maneira concreta, em favor das "crianças até 5 (cinco) anos de idade" (CF, art. 208, IV), o efetivo acesso e atendimento em creches e unidades de pré-escola, sob pena de configurar-se inaceitável omissão governamental, apta a frustrar, injustamente, por inércia, o integral adimplemento, pelo Poder Público, de prestação estatal que lhe impôs o próprio texto da Constituição Federal. A educação infantil, por qualificar-se como direito fundamental de toda criança, não se expõe, em seu processo de concretização, a avaliações meramente discricionárias da Administração Pública nem se subordina a razões de puro pragmatismo governamental. Os Municípios – que atuarão, prioritariamente, no ensino fundamental e na educação infantil (CF, art. 211, § 2º) – não poderão demitir-se do mandato constitucional, juridicamente vinculante, que lhes foi outorgado pelo art. 208, IV, da Lei Fundamental da República, e que representa fator de limitação da discricionariedade político-administrativa dos entes municipais, cujas opções, tratando-se do atendimento das crianças em creche (CF, art. 208, IV), não podem ser exercidas de modo a comprometer, com apoio em juízo de simples conveniência ou de mera oportunidade, a eficácia desse direito básico de índole social. – Embora inquestionável que resida, primariamente, nos Poderes Legislativo e Executivo, a prerrogativa de formular e executar políticas públicas, revela-se possível, no entanto, ao Poder Judiciário, ainda que em bases excepcionais, determinar, especialmente nas hipóteses de políticas públicas definidas pela própria Constituição, sejam estas implementadas, sempre que os órgãos estatais competentes, por descumprirem os encargos político- -jurídicos que sobre eles incidem em caráter impositivo, vierem a comprometer, com a sua omissão, a eficácia e a integridade de direitos sociais e culturais impregnados de estatura constitucional. DESCUMPRIMENTO DE POLÍTICAS PÚBLICAS DEFINIDAS EM SEDE CONSTITUCIONAL: HIPÓTESE LEGITIMADORA DE INTERVENÇÃO JURISDICIONAL. O Poder Público – quando se abstém de cumprir, total ou parcialmente, o dever de implementar políticas públicas definidas no próprio texto constitucional – transgride, com esse comportamento negativo, a própria integridade da Lei Fundamental, estimulando, no âmbito do Estado, o preocupante fenômeno da erosão da consciência constitucional. Precedentes: ADI 1.484/DF, Rel. Min. CELSO DE MELLO, v.g. A inércia estatal em adimplir as imposições constitucionais traduz inaceitável gesto de desprezo pela autoridade da Constituição e configura, por isso mesmo, comportamento que deve ser evitado. É que nada se revela mais nocivo, perigoso e ilegítimo do que elaborar uma Constituição, sem a vontade de fazê-la cumprir integralmente, ou, então, de apenas executá-la com o propósito subalterno de torná-la aplicável somente nos pontos que se mostrarem ajustados à conveniência e aos desígnios dos governantes, em detrimento dos interesses maiores dos cidadãos. A intervenção do Poder Judiciário, em tema de implementação de políticas governamentais previstas e determinadas no texto constitucional, notadamente na área da educação infantil (RTJ 199/1219-1220), objetiva neutralizar os efeitos lesivos e perversos, que, provocados pela omissão estatal, nada mais traduzem senão inaceitável insulto a direitos básicos que a própria Constituição da República assegura à generalidade das pessoas. Precedentes. A CONTROVÉRSIA PERTINENTE À "RESERVA DO POSSÍVEL" E A INTANGIBILIDADE DO MÍNIMO EXISTENCIAL: A QUESTÃO DAS "ESCOLHAS TRÁGICAS". A destinação de recursos públicos, sempre tão dramaticamente escassos, faz instaurar situações de conflito, quer com a execução de políticas públicas definidas no texto constitucional, quer, também, com a própria implementação de direitos sociais assegurados pela Constituição da República, daí resultando contextos de antagonismo que impõem, ao Estado, o encargo de superá-los mediante opções por determinados valores, em detrimento de outros igualmente relevantes, compelindo, o Poder Público, em face dessa relação dilemática, causada pela insuficiência de disponibilidade financeira e orçamentária, a proceder a verdadeiras "escolhas trágicas", em decisão governamental cujo parâmetro, fundado na dignidade da pessoa humana, deverá ter em perspectiva a intangibilidade do mínimo existencial, em ordem a conferir real efetividade às normas programáticas positivadas na própria Lei Fundamental. Magistério da doutrina. – A cláusula da reserva do possível – que não pode ser invocada, pelo Poder Público, com o propósito de fraudar, de frustrar e de inviabilizar a implementação de políticas públicas definidas na própria Constituição – encontra insuperável limitação na garantia constitucional do mínimo existencial, que representa, no contexto de nosso ordenamento positivo, emanação direta do postulado da essencial dignidade da pessoa humana. Doutrina. Precedentes. A noção de "mínimo existencial", que resulta, por implicitude, de determinados preceitos constitucionais (CF, art. 1º, III, e art. 3º, III), compreende um complexo de prerrogativas cuja concretização revela-se capaz de garantir condições adequadas de existência digna, em ordem a assegurar, à pessoa, acesso efetivo ao direito geral de liberdade e, também, a prestações positivas originárias do Estado, viabilizadoras da plena fruição de direitos sociais básicos, tais como o direito à educação, o direito à proteção integral da criança e do adolescente, o direito à saúde, o direito à assistência social, o direito à moradia, o direito à alimentação e o direito à segurança. Declaração Universal dos Direitos da Pessoa Humana, de 1948 (Artigo XXV). A PROIBIÇÃO DO RETROCESSO SOCIAL COMO OBSTÁCULO CONSTITUCIONAL À FRUSTRAÇÃO E AO INADIMPLEMENTO, PELO PODER PÚBLICO, DE DIREITOS PRESTACIONAIS. O princípio da proibição do retrocesso impede, em tema de direitos fundamentais de caráter social, que sejam desconstituídas as conquistas já alcançadas pelo cidadão ou pela formação social em que ele vive. - A cláusula que veda o retrocesso em matéria de direitos a prestações positivas do Estado (como o direito à educação, o direito à saúde ou o direito à segurança pública, v.g.) traduz, no processo de efetivação desses direitos fundamentais individuais ou coletivos, obstáculo a que os níveis de concretização de tais prerrogativas, uma vez atingidos, venham a ser ulteriormente reduzidos ou suprimidos pelo Estado. Doutrina. Em consequência desse princípio, o Estado, após haver reconhecido os direitos prestacionais, assume o dever não só de torná-los efetivos, mas, também, se obriga, sob pena de transgressão ao texto constitucional, a preservá-los, abstendo-se de frustrar – mediante supressão total ou parcial – os direitos sociais já concretizados. LEGITIMIDADE JURÍDICA DA IMPOSIÇÃO, AO PODER PÚBLICO, DAS *ASTREINTES*. Inexiste obstáculo jurídico-processual à utilização, contra entidades de direito público, da multa cominatória prevista no § 5º do art. 461 do CPC. A *astreinte* – que se reveste de função coercitiva – tem por finalidade específica compelir, legitimamente, o devedor, mesmo que se cuide do Poder Público, a cumprir o preceito, tal como definido no ato sentencial. Doutrina. Jurisprudência".

14. Direito do Consumidor

Wander Garcia

1. Antecedentes históricos

O século XX foi marcado pelo processo de industrialização do Brasil. Esse processo levou ao aparecimento da chamada "sociedade de consumo", que tem as seguintes peculiaridades:

a) **produção em série** de produtos, ou seja, produção em grandes quantidades e diversidade;
b) **distribuição em massa de produtos e serviços**, destacando-se o aparecimento de grandes centros comerciais, tais como supermercados, shoppings e lojas de departamento;
c) **publicidade em grande escala**, no oferecimento de produtos e serviços, inclusive a publicidade por meio de *merchandising*;
d) **oferecimento generalizado de crédito** ao consumidor;
e) formalização das aquisições por **contrato de adesão**.

Essas peculiaridades levaram ao aparecimento de uma situação de verdadeira desigualdade entre fornecedores e consumidores, propiciando o aparecimento de uma legislação de defesa do segundo.

2. Legislação

Entre a entrada em vigor do antigo Código Civil (em 1917) e os dias atuais houve grande lapso temporal em que o consumidor não recebeu proteção legal alguma.

Por conta disso, a Constituição de 1988 deixou claro que deveria ser elaborado um código de defesa do consumidor, que acabou por vir ao mundo jurídico por meio da Lei 8.078/1990.

É importante destacar que a Constituição determinou a elaboração de um código de **defesa** do consumidor, e não de um mero código de relações de consumo. Isso significa que o código deveria trazer (e trouxe!) normas que tomam partido em favor do consumidor, tratando-o de maneira especial, com vantagens e prerrogativas maiores do que as do fornecedor, tudo com vistas a deixar mais equilibrada a relação jurídica entre os dois.

A Constituição de 1988 estava tão preocupada com o grande desequilíbrio que havia entre o fornecedor e o consumidor, que acabou por trazer várias normas acerca da proteção do consumidor, conforme se pode verificar na seguinte relação:

a) art. 48, ADCT: *"o Congresso Nacional, dentro de cento e vinte dias da promulgação da Constituição, elaborará código de defesa do consumidor"*.
b) art. 5º, XXXII, CF: *"o Estado promoverá, na forma da lei, a defesa do consumidor"*. Repare que a defesa do consumidor é cláusula pétrea, pois está no art. 5º da CF.
c) art. 1º, inciso III, CF: é fundamento da República a *"dignidade da pessoa humana"*. Essa dignidade das pessoas deve estar protegida em todos os aspectos de sua personalidade, tais como a pessoa como *trabalhadora*, como parte de uma *família*, como *presidiária*, como *consumidora* etc.
d) art. 150, § 5º, CF: *"a lei determinará medidas para que os consumidores sejam esclarecidos acerca dos impostos que incidam sobre mercadorias e serviços"*. Essa lei ainda não existe.

e) art. 170, CF: um dos princípios da ordem econômica é a *"defesa do consumidor"*. Aliás, a finalidade da ordem econômica é *"assegurar a todos existência digna, conforme os ditames da justiça social"*.

Passemos, agora, ao estudo dos princípios do Direito do Consumidor, que decorrem das normas expressas na Lei 8.078/1990.

3. Princípios do Direito do Consumidor

3.1. Introdução

Em primeiro lugar, faz-se necessário lembrar que os **princípios** são *normas jurídicas de especial relevância e alta carga valorativa, que, além de vincular, servem de vetor interpretativo a todos os destinatários do direito.*

São, então, (1) alicerces do ordenamento jurídico, (2) normas vinculantes, (3) vetores interpretativos, (4) normas relevantes, além de deter (5) alta carga valorativa.

Nesse sentido, os princípios têm posição especial no ordenamento jurídico. Eles não só instituem normas a serem aplicadas diretamente às relações de consumo, como também orientam a aplicação das outras normas previstas no CDC e nos contratos de consumo.

Os princípios do CDC incidem não somente sobre as regras do próprio CDC, como também em relação a *regras* previstas em leis especiais, em que se possa vislumbrar a existência de uma relação de consumo. Por exemplo, podemos citar a Lei de Plano de Saúde. Caso haja um conflito entre uma *regra* dessa lei e uma *regra* do CDC, prevalece a *regra* da Lei de Plano de Saúde, pois esta é uma lei especial em relação ao CDC. No entanto, se houver um conflito entre uma regra da Lei de Plano de Saúde e um princípio do CDC, prevalece o princípio do CDC, pois os *princípios* têm hierarquia material em relação às meras *regras*.

Feita a presente introdução, passemos ao estudo dos princípios em espécie.

3.2. Princípio da vulnerabilidade

Esse princípio pode ser **conceituado** como *aquele que impõe o reconhecimento da vulnerabilidade do consumidor no mercado de consumo.*

O princípio está previsto no art. 4º, I, do CDC.

O CDC traz **presunção absoluta** da vulnerabilidade do consumidor, vulnerabilidade essa que pode ser verificada nos seguintes aspectos: econômico (ex.: consumidor x poder econômico do banco), físico (ex.: consumidor x riscos de acidente aéreo), informativo (ex.: consumidor x desconhecimento das condições reais de financiamento), técnico (ex.: consumidor x ignorância sobre o funcionamento de equipamentos eletrônicos) e científico (ex.: consumidor x ignorância dos efeitos de um medicamento).

O reconhecimento da vulnerabilidade do consumidor faz com que a lei trate o consumidor de modo diferenciado.

Vejamos alguns **exemplos** de situações que revelam esse tratamento desigual entre o consumidor e o fornecedor:

a) *"as cláusulas contratuais serão interpretadas de maneira mais favorável ao consumidor"* (art. 47 do CDC);

b) *o* consumidor pode desistir de contrato feito fora do estabelecimento (art. 49), também pode desistir de alguns outros contratos, em alguns casos com direito ao reembolso de quantias pagas, ressalvados alguns descontos (art. 53).

O princípio da vulnerabilidade se relaciona com os princípios da *igualdade*, do *equilíbrio* e do *protecionismo*.

3.3. Princípio da ordem pública e do interesse social

Esse princípio pode ser **conceituado** como *aquele que dispõe ser o CDC uma lei que estabelece normas de ordem pública e interesse social.*

O princípio está previsto no art. 1º do CDC.

O fato de o CDC ser uma norma de **ordem pública** tem as seguintes consequências:

a) o juiz pode conhecer de ofício o foro de eleição abusivo; o STJ é pacífico nesse sentido; no entanto, o STJ não admite que o juiz, de ofício, reconheça a nulidade de outras cláusulas contratuais (*vide*, por exemplo, a Súmula 381 do STJ, pela qual, "nos contratos bancários, é vedado ao julgador conhecer, de ofício, da abusividade das cláusulas);

b) não há preclusão para alegação de uma nulidade de pleno direito (art. 51 do CDC), que pode ser suscitada em qualquer grau de jurisdição; um exemplo é a alegação feita somente por ocasião de um recurso de apelação de que dada multa em contrato de consumo é ilegal. Essa tese se contrapõe ao *princípio do dispositivo*, previsto no CPC. Assim, essa segunda consequência não é pacífica, devendo-se aguardar pronunciamento específico dos tribunais a respeito dessa possibilidade.

O fato de o CDC ser uma norma de **interesse social** tem como consequência a possibilidade de o Ministério Público defender certos direitos individuais do consumidor.

Isso porque, apesar de o art. 127 da CF só autorizar ao Ministério Público a defesa de *interesses individuais indisponíveis*, esse mesmo dispositivo confere ao *Parquet* o dever de defender os *interesses sociais*.

Assim, o Ministério Público pode defender interesses individuais homogêneos quando houver interesse social envolvido, como nos casos de educação e saúde.

Nesse sentido, a Súmula 643 do STF estabelece que "o Ministério Público tem legitimidade para promover ação civil pública cujo fundamento seja a ilegalidade de reajuste de mensalidades escolares".

Porém, o Ministério Público não tem legitimação, por não haver interesse social envolvido, para atuar em benefício de segurado, em caso de seguro obrigatório de veículo. Nesse sentido, a Súmula 470 do STJ estabelece que "o Ministério Público não tem legitimidade para pleitear, em ação civil pública, a indenização decorrente do DPVAT em benefício do segurado".

3.4. Princípio do dever de informar

Esse princípio pode ser **conceituado** como *aquele que estabelece o dever de o fornecedor informar de modo adequado e claro as características, uso, risco e preço dos produtos e serviços.*

São exemplos de aplicação prática do princípio as seguintes regras do CDC:

a) é dever do fornecedor informar de modo adequado e claro os produtos e serviços e todas as suas características, tais como quantidade, composição, validade, riscos, forma de uso, preço etc. (art. 31 do CDC);

b) o contrato não obrigará o consumidor se este não tomar conhecimento prévio de seus termos ou se o instrumento for redigido de modo a dificultar a sua compreensão (art. 46).

O princípio da informação impõe não só *informações*, como também algumas *explicações*. Nesse sentido, o STJ determina que, na venda de alimentos, não é suficiente colocar "contém glúten". É necessário que o fabricante explique as consequências disso (Inform. 417 do STJ).

Por outro lado, quanto ao tema das etiquetas em supermercado, o STJ entende que não é mais necessário colocar etiqueta com o preço em cada produto, pois a Lei 10.962/2004 admite, hoje, a utilização do sistema de código de barras, além de outros métodos previstos nessa lei.

3.5. Princípio da prevenção

Esse princípio pode ser **conceituado** como *aquele que obriga o fornecedor a tomar todas as precauções para evitar qualquer tipo de dano ao consumidor.*

Decorrem de tal princípio as seguintes regras:

a) o dever de informação ostensiva dos **perigos** e da **forma de uso** dos produtos (arts. 8º e 9º do CDC);

b) a **proibição** de venda de produto ou serviço de **alto grau de nocividade** ou **periculosidade** (art. 10 do CDC);

c) no caso de **conhecimento ulterior** do perigo, o fornecedor deve **comunicar** o fato às **autoridades competentes** e aos **consumidores**, mediante **anúncios publicitários** (art. 10, § 1º, do CDC), efetivando-se o **"recall"**;

d) sempre que tiverem conhecimento da periculosidade de produtos ou serviços à saúde ou segurança dos consumidores, a União, os Estados, o Distrito Federal e os Municípios deverão informá-los a respeito (art. 10, § 3º, do CDC).

3.6. Princípio da reparação integral dos danos

Esse princípio pode ser **conceituado** como *aquele que impõe reparação de todos os danos causados ao consumidor.*

O princípio, que decorre do disposto no art. 6º, VI, do CDC, tem as seguintes **consequências**:

a) há de se reparar os **danos patrimoniais** e **morais** (art. 6º, inciso VI);

b) há de se reparar os danos **individuais**, **coletivos** e **difusos** (art. 6º, inciso VI).

Por conta desse princípio, o STJ entende que não pode haver **tabelamento** para fixação de danos materiais e morais.

Assim, não prevalecem em face do CDC as leis que limitam a indenização em favor do consumidor, como é o caso da Convenção de Varsóvia, aplicável, por exemplo, quando há atrasos em voo ou extravio de bagagem. Essa lei estabelece limites à indenização nesses casos, limite esse que não está de acordo com o princípio estudado no presente item, conforme entendimento pacífico do STJ.

3.7. Princípio da responsabilidade objetiva

Esse princípio pode ser **conceituado** como *aquele pelo qual o fornecedor responde, independentemente da existência de culpa, pelos danos causados aos consumidores.*

O princípio decorre do disposto nos artigos 12 a 18 do CDC, que serão vistos oportunamente.

Por conta da responsabilidade objetiva, o fornecedor só conseguirá se eximir de sua responsabilidade se provar uma das seguintes situações: a) que não colocou o produto no mercado; b) que o produto ou o serviço não é defeituoso; c) que a culpa é exclusiva da vítima ou de terceiro.

O **objetivo é garantir a efetiva reparação dos danos**, uma vez que a **prova da culpa** é muito difícil.

Esse princípio impôs uma mudança de paradigma. Com a entrada em vigor do CDC, em vez de a vítima sofrer sozinha os efeitos dos danos causados numa relação de consumo, passou a ocorrer uma **socialização dos danos**, em que todos pagam pelos danos ocorridos, já que o fornecedor embutirá no preço o risco do seu negócio, que aumentou muito com a instituição da responsabilidade objetiva.

É importante ressaltar que o princípio da responsabilidade objetiva tem uma exceção no CDC, qual seja: a responsabilidade pessoal do **profissional liberal** deve ser apurada mediante a verificação de culpa (art. 14, § 4º, do CDC). Ou seja, a responsabilidade do fornecedor profissional liberal, como o médico, é *subjetiva* no âmbito das relações de consumo.

3.8. Princípio da solidariedade

Esse princípio pode ser conceituado como *aquele que estabelece que, tendo* mais de um autor a ofensa, *todos respondem solidariamente, independentemente da existência de culpa* (art. 7º, p. ún., do CDC).

Confira algumas consequências práticas do princípio:

a) o plano de saúde responde por dano causado por médico conveniado;

b) a agência de turismo responde por dano causado em hotel por ela recomendado;

c) a corretora de seguro pode responder junto com a seguradora, quando não apresentar informação adequada;

d) a empresa área responde junto com a fabricante de um avião que tiver caído por problema na fabricação deste;

e) a concessionária de veículos responde junto com a montadora pelo conserto de veículo vindo com vício de fabricação.

É importante destacar que, na responsabilidade pelo *fato do produto*, também chamada de responsabilidade por *defeito* ou *acidente de consumo*, o comerciante não responde junto com o fabricante da coisa que tiver causado o acidente, conforme se pode verificar do art. 12 do CDC. Assim, caso um veículo tenha defeito de fabricação e tal defeito venha a causar um *acidente de consumo*, o comerciante não responderá pela indenização pelos danos morais e materiais causados, mas somente a montadora responderá por tais danos, tratando-se de uma exceção ao princípio da solidariedade entre os fornecedores.

Por fim, é imperioso lembrar que, havendo solidariedade entre os fornecedores, o consumidor poderá acionar apenas um deles e cobrar desse um a obrigação por inteiro. Em seguida, o fornecedor que responder ingressará com ação de regresso contra os demais fornecedores.

Acerca da solidariedade, confira, ainda, os seguintes artigos do CDC: 18, 19, 25, 28, § 3º e 34.

3.9. Princípio da facilitação da defesa dos direitos do consumidor

Esse princípio pode ser **conceituado** como *aquele que estabelece que a defesa do consumidor será facilitada por meio de normas de direito material e processual, bem como por atuação específica do Estado.*

Confira algumas *consequências práticas* ou *expressões* do princípio:

a) o Estado deve manter assistência jurídica gratuita e promotorias, delegacias e juizados específicos (art. 5º do CDC);

b) a responsabilidade objetiva facilita a defesa dos direitos do consumidor;

c) as ações coletivas facilitam a defesa dos consumidores em juízo;

d) a possibilidade de inversão do ônus da prova também facilita a defesa do consumidor em juízo.

Quanto à inversão do ônus da prova, o CDC dispõe que esta poder ser deferida "quando, a critério do juiz, for verossímil a alegação ou quando for ele hipossuficiente, segundo as regras ordinárias de experiências" (art. 6º, VIII).

Adotou-se, assim, a chamada Teoria da Carga Dinâmica, pela qual a *carga* (ou *ônus da prova*) pode ser modificada pelo juiz.

O STJ é pacífico, hoje, no sentido de que a **inversão do ônus da prova não é automática** (*ope legis*), dependendo de decisão judicial (*ope iudices*). Só há uma exceção em que o ônus da prova é invertido automaticamente pela lei, sendo de responsabilidade direta do fornecedor. Trata-se do ônus da prova sobre a veracidade da *publicidade*, que pertence a quem a patrocina (art. 38 do CDC), ou seja, ao anunciante.

No mais, para que o juiz determine a inversão do ônus da prova, é necessário que ele verifique a existência de um dos seguintes **requisitos**: a) verossimilhança das alegações do consumidor; b) hipossuficiência do consumidor.

Repare que basta a configuração de **um** dos dois requisitos para que o juiz determine a inversão do ônus da prova, sendo que a hipossuficiência não se confunde com a vulnerabilidade, já que esta é presumida e está ligada ao direito ao material, ao passo que a hipossuficiência tem relação com o direito processual.

O STJ entende que a inversão do ônus da prova não impõe que a parte desfavorecida com a medida pague a **prova pericial**. No entanto, a não realização desse tipo de prova acabará prejudicando aquele que tem o ônus probatório.

Por fim, vale salientar que o STJ entende que o **Ministério Público também pode requerer a inversão do ônus da prova**, já que, em última análise, o *Parquet* atua, em juízo, na defesa da coletividade, que, no caso das relações de consumo, é composta de consumidores.

3.10. Princípio da modificação e da revisão contratual

Esse princípio pode ser **conceituado** como *aquele que, pondo fim ao dogma do "pacta sunt servanda", estabelece o* direito de modificação *das cláusulas contratuais que estabeleçam* prestações desproporcionais, *bem como o* direito de revisão *das cláusulas contratuais* em razão de fatos supervenientes que as tornem excessivamente onerosas (art. 6º, V).

O **direito de modificação** incide sobre aquelas cláusulas que já nascem desproporcionais, abusivas (ex.: cláusula que diz que só o fornecedor pode rescindir unilateralmente o contrato).

Já o **direito de revisão** incide sobre cláusulas que nasceram proporcionais, mas que se tornaram excessivamente onerosas por um fato superveniente. Um exemplo é a cláusula de indexação de contrato de *leasing* pela variação cambial que se torna excessivamente onerosa por um aumento abrupto e altíssimo no preço do dólar.

Quanto ao direito de revisão, perceba-se que se trata de faculdade mais ampla do que a trazida na Teoria da Imprevisão, prevista nos arts. 317 e 478 do Código Civil. Neste diploma legislativo, a lei exige, para a aplicação do direito à revisão, que o fato superveniente seja *extraordinário* e *imprevisível*, requisito este não exigido no CDC.

Assim, caso um contrato seja indexado pela variação cambial e o valor do dólar suba significativamente (fato superveniente), tornando excessivamente onerosa a cláusula para o consumidor, este terá direito à revisão contratual, pouco importando se a variação para cima do câmbio é extraordinária ou não, e se é previsível ou não.

3.11. Princípio da boa-fé objetiva

Esse princípio pode ser **conceituado** como *aquele que impõe ao fornecedor e ao consumidor presumirem e praticarem os atos da relação de consumo com boa-fé, entendida esta como aquela extraída da ética.*

Repare que o CDC adotou a concepção ética (objetiva) da boa-fé, e não a concepção individual (subjetiva) da boa-fé. Ou seja, o juiz deve verificar se os contratantes agiram de boa-fé comparando as atitudes destes com a boa-fé extraída da sociedade (boa-fé objetiva) e não com a boa-fé individual do juiz ou de uma pessoa qualquer, ou seja, o que o juiz ou terceiro entendem, particularmente, o que é agir de boa-fé numa dada situação (boa-fé subjetiva).

Há jurisprudência do STJ, de lavra do Min. Rui Rosado, que dispõe ferir o princípio da boa-fé a conduta de um fornecedor (uma instituição financeira) de pedir a busca e apreensão de um veículo alienado fiduciariamente, em face da inadimplência tão somente da **última** parcela de um financiamento, providência esta que, por sua desproporção e deslealdade, caracteriza ato que afronta a boa-fé objetiva. No caso, o fornecedor deve simplesmente fazer a cobrança da parcela não paga, não sendo razoável retirar o carro do consumidor por conta do não pagamento de apenas uma parcela do financiamento.

4. Relação jurídica de consumo

4.1. Importância da temática

Para que se aplique o CDC é necessário que se configure uma relação de consumo ou alguma hipótese em que o CDC equipare algumas pessoas a consumidor.

Para a configuração de uma relação de consumo são necessários três elementos: a) o *objetivo* (a existência de um produto *ou* de um serviço); b) o *subjetivo* (a existência de um fornecedor *e* de um consumidor); e c) o *finalístico* (a aquisição ou utilização de produto ou serviço como destinatário final).

Esses elementos serão estudados nos itens que seguem.

4.2. Elementos subjetivos

A relação de consumo só se configura, quanto ao elemento *subjetivo*, se, num dado caso concreto, estiver presente um consumidor *e* um fornecedor.

O **consumidor** é toda pessoa física ou jurídica que adquire ou utiliza produto ou serviço como destinatário final (art. 2º do CDC).

Repare que a *pessoa jurídica* também pode ser consumidora. Ou seja, é possível que uma empresa adquira algum produto e venha a pedir a proteção do CDC.

Para que isso aconteça, é necessário que se configurem os outros elementos para a formação de uma relação de consumo.

Já o **fornecedor** é definido como *toda pessoa física ou jurídica, pública ou privada, nacional ou estrangeira, bem como os entes despersonalizados, que desenvolvem atividade de produção, montagem, criação, construção, transformação, importação, exportação, distribuição ou comercialização de produtos ou prestação de serviços* (art. 3º, *caput*, do CDC).

Repare que uma *pessoa física* também pode ser fornecedora. São exemplos o médico, o arquiteto, o fisioterapeuta, que atuam de modo autônomo.

Quanto às pessoas jurídicas, repare que as *pessoas jurídicas de direito público* (União, Estados, DF, Municípios, autarquias, agências reguladoras, fundações públicas e associações públicas) também podem ser fornecedoras. Tal situação não é muito comum, pois tais pessoas costumam celebrar contratos regidos pelo direito público e não pelo direito privado. Mas em situações excepcionais pode-se configurar uma relação de consumo com a presença de uma pessoa jurídica de direito público, como é o caso da prestação de serviço de reprografia por parte de uma repartição pública, situação em que se aplicará o CDC e não uma norma de direito público.

As *pessoas jurídicas estrangeiras* também podem ser fornecedores para fim de aplicação do CDC. Tal situação pode ocorrer quando uma pessoa jurídica estrangeira vem a atuar em território nacional, como ocorre com companhias aéreas que fazem escalas de voo no Brasil. Caso, nessa escala no Brasil, a empresa aérea venda produtos aos passageiros, aplicar-se-á o CDC.

Há um acórdão muito interessante do STJ que responsabiliza uma empresa multinacional, mas com unidade constituída sob as leis brasileiras (a "Panasonic"), por problema em filmadora adquirida em unidade do exterior. O consumidor, mesmo tendo adquirido a filmadora em viagem, conseguiu a condenação da empresa brasileira, pertencente à mesma marca. De acordo com o STJ, *"o mercado consumidor, não há como negar, vê-se hoje 'bombardeado' diuturnamente por intensa e hábil propaganda, a induzir a aquisição de produtos, notadamente os sofisticados de procedência estrangeira, levando em linha de conta diversos fatores, dentre os quais, e com relevo, a respeitabilidade da marca. Se empresas nacionais se beneficiam de marcas mundialmente conhecidas, incumbe-lhes responder também pelas deficiências dos produtos que anunciam e comercializam, não sendo razoável destinar-se ao consumidor as consequências negativas dos negócios envolvendo objetos defeituosos"* (REsp 63.981/SP).

Enfim, as disposições do CDC sobre as pessoas jurídicas como fornecedoras é tão ampla, que se pode concluir que toda pessoa jurídica está sujeita, em tese, à aplicação do CDC.

Além das pessoas físicas e das pessoas jurídicas, os *entes despersonalizados* também podem ser fornecedores. Nesse sentido, pessoas que se reúnem, sem formalização jurídica, para desenvolver atividades no mercado de consumo, também respondem perante o CDC, como é o caso de camelôs e sociedades de fato.

Por fim, não basta que se esteja diante de uma pessoa física, de uma pessoa jurídica ou de um ente despersonalizado, para que se tenha um fornecedor. Para que se tenha um fornecedor que responda perante o CDC tais entes devem *"desenvolver atividades"* de produção, montagem, criação, comércio, prestação de serviço etc..

Isso significa que só será fornecedor aquele que *pratica uma atividade* de produção, montagem, comércio etc., ficando de fora do conceito de fornecedor aquele que pratica uma única conduta de produção, montagem, venda etc.

Assim, uma pessoa física, que só tem um imóvel, e que o vende a uma outra pessoa (a um vizinho, por exemplo) não será considerada fornecedora, pois não "desenvolve atividade" de venda, tendo feito tal contrato numa situação isolada, aplicando-se o Código Civil ao negócio celebrado entre as partes. Ao contrário, uma incorporadora, cujo objetivo é justamente incorporar e vender imóveis, será considerada fornecedora, aplicando-se o CDC ao negócio entabulado.

Por fim, há de se ressaltar que é fornecedor quem desenvolve as seguintes atividades: de *produção, montagem, criação, construção, transformação, importação, exportação, distribuição* ou *comercialização de produtos* ou *prestação de serviços*.

Dessa forma, o fornecedor é o gênero, que tem como espécies o produtor, o montador, o criador, o construtor, o transformador, o importador, o exportador, o distribuidor, o comerciante e o prestador de serviços.

4.3. Elementos objetivos

A relação de consumo só se configura, quanto ao elemento *objetivo*, se estiver presente um produto *ou* um serviço.

O **produto** é qualquer bem, móvel ou imóvel, material ou imaterial (art. 3º, § 1º, do CDC).

Quanto aos produtos imateriais, pode-se citar como exemplo a aquisição de um CD com um programa antivírus.

Já o **serviço** é qualquer *atividade fornecida no mercado de consumo, mediante remuneração*, inclusive as de natureza bancária, financeira, de crédito e securitária, *salvo as decorrentes das relações de caráter trabalhista* (art. 3º, § 2º, do CDC).

Há três pontos a se ressaltar no que diz respeito ao **conceito de serviço**.

O primeiro é que, para que se tenha um serviço regido pelo CDC, deve-se tratar de uma *atividade fornecida no mercado de consumo*.

Atividades fornecidas no mercado de consumo são aquelas que envolvem oferta ao mercado, produção em série, oferecimento ao público, ofertas em veículos de comunicação etc..

Nesse sentido, atividades que não envolvam *oferta ao público* (ex.: encomenda de um quadro a um pintor famoso), *produção em série* (ex.: prestação de serviço especializadíssimo a uma grande montadora de automóveis) ou *grande possibilidade de publicidade* (ex.: serviço de advocacia) tendem a não ser consideradas *"atividades fornecidas no mercado de consumo"* e, portanto, não envolvem relação de consumo, mas relação regida pelo Código Civil, por exemplo.

O segundo ponto a destacar é o fato de que, para que se tenha um serviço regido pelo CDC, deve-se tratar de serviço prestado *mediante remuneração*. Assim, serviços puramente gratuitos, como os serviços prestados por uma entidade assistencial, não são considerados serviços para efeito de aplicação do CDC.

Há de se tomar certo cuidado, pois alguns serviços têm remuneração indireta e, dessa forma, estão sujeitos à incidência do CDC.

Um exemplo é a "lavagem grátis", oferecida por alguns postos de gasolina para quem abastece o carro com um número mínimo de litros. Nesse caso, a tal lavagem grátis não é tão grátis assim... O custo dessa lavagem está embutido no preço do combustível, de modo que, havendo qualquer problema no serviço de lavagem oferecido, é possível dizer que se aplica o CDC, por envolver serviço remunerado indiretamente.

O terceiro ponto a destacar é o fato de que não se caracteriza como serviço regido pelo CDC os serviços *decorrentes das relações de caráter trabalhista*. Tais serviços são regidos pela CLT e não pelo CDC.

Por fim, o CDC, que define serviço como qualquer "atividade" fornecida no mercado de consumo, acaba por trazer alguns exemplos de atividades que são regidas pelo próprio Código, quais sejam: atividades de natureza bancária, financeira, de crédito e securitária.

O CDC resolveu trazer expressamente essas indicações, pois o legislador já imaginava que haveria muitos questionamentos, principalmente das instituições financeiras e de seguro, que iriam tentar fugir da sua aplicação.

Mesmo com indicação expressa de que tais atividades estão sujeitas à incidência do CDC, houve muitos questionamentos dessas instituições, o que levou o STJ a editar súmulas confirmando a aplicação do CDC em relação a contratos bancários (Súm. 297), a contratos de plano de saúde (Súm. 469) e a contratos de previdência privada (Súm. 321).

4.4. Elemento finalístico

A relação de consumo só se configurará, quanto ao elemento *finalístico*, se o consumidor adquirir ou utilizar produto ou serviço como **destinatário final**.

Dessa forma, não é suficiente que se tenha um consumidor, um fornecedor e um produto ou serviço para que se tenha uma relação de consumo. Faz-se necessário que o consumidor adquira ou utilize o produto ou serviço como *destinatário final* destes.

Configurados todos esses requisitos, teremos uma relação de consumo, relação esta que será regida pelo CDC.

O problema é que a expressão "destinatário final" é bastante vaga e sujeita a muitas controvérsias.

Vamos a um exemplo. É possível dizer que um taxista é destinatário final de um táxi quando adquire o veículo numa concessionária? No *plano fático*, o taxista é destinatário final, pois compra o carro para ficar com ele e não para revendê-lo. Ou seja, o destino final fático do táxi é o próprio taxista. Já no *plano econômico*, o taxista não é destinatário final, pois o carro é utilizado numa atividade econômica, que transcende a figura do taxista. Ou seja, o destino final econômico do táxi atinge outras pessoas que não só o taxista.

Em suma, de acordo com a definição que se dê à expressão *destinatário final*, pode-se incluir ou excluir determinada relação da incidência do CDC.

Isso levou à formulação de diversas teorias a respeito da definição de destinatário final. Confira-as:

A **teoria finalista (ou subjetiva)** propõe que *consumidor é aquele que adquire produto ou serviço como* destinatário final fático e econômico.

Assim, só é consumidor quem usa o produto não profissionalmente. Por exemplo, é consumidor aquele que adquire produtos num supermercado para consumo em família, pois tais produtos não serão utilizados profissionalmente.

Por outro lado, não é fornecedor quem adquire produtos ou serviços para uso profissional ou empresarial. Por exemplo, não é consumidor aquele que adquire *insumos, matéria-prima* e *bens de capital* para usar numa produção industrial.

O STJ adotou essa teoria. Por conta disso, esse tribunal exclui da aplicação do CDC, por exemplo, os contratos de empréstimos bancários feitos por empresas para incrementar sua atividade econômica.

Já a **teoria maximalista** propõe que *consumidor é aquele que adquire produto ou serviço como* destinatário final fático, *pouco importando se é ou não destinatário final econômico*.

Assim, basta que alguém adquira um produto ou serviço para si, sem intuito de revenda, para que se tenha uma relação de consumo, o que faz com que também seja consumidor aquele que usa o produto profissionalmente, desde que não o revenda, já que, neste caso, não seria destinatário final fático.

Portanto, quem compra insumos e bens de capital, desde que não seja para revenda ou aluguel, é considerado consumidor, o que faz com que uma empresa que contraia um empréstimo bancário para incrementar sua atividade seja considerada consumidora.

Essa teoria acaba protegendo pessoas que não precisam de uma proteção especial, isto é, empresas de enorme porte podem ser protegidas pelo CDC em contratos nos quais não estejam em situação de vulnerabilidade.

Por fim, a **teoria intermediária** propõe que *consumidor é aquele que adquire produto ou serviço como destinatário final fático e econômico, podendo-se também aplicar o CDC em caso de comprovação de vulnerabilidade técnica, jurídica ou econômica.*

O STJ vem, aos poucos, rendendo-se a essa teoria. Na verdade, essa teoria adota a teoria finalista (que exige destinação fática e econômica para se configurar uma relação de consumo), mas admite a aplicação do CDC em casos em que se comprove que o adquirente de produto ou serviço é vulnerável.

Quando uma empresa é do tipo microempresa ou empresa individual, o STJ costuma entender que há vulnerabilidade, justificando a aplicação do CDC, desde que haja, pelo menos, destinação final fática. Um exemplo está no Informativo 441 do STJ, em que se entendeu que uma empresa dessa natureza, que havia adquirido uma máquina de bordar, tinha direito à proteção do CDC. Outro exemplo está no Informativo 383 do STJ, em que se entendeu que um caminhoneiro tinha, também, direito à proteção do CDC.

Sobre a questão, vale a pena citar interessante decisão do STJ: "a jurisprudência desta Corte, no tocante à matéria relativa ao consumidor, tem mitigado os rigores da teoria finalista para autorizar a incidência do Código de Defesa do Consumidor nas hipóteses em que a parte (pessoa física ou jurídica), embora não seja tecnicamente a destinatária final do produto ou serviço, se apresenta em situação de vulnerabilidade. O Acórdão recorrido destaca com propriedade, porém, que a recorrente é uma sociedade de médio porte e que não se vislumbra, no caso concreto, a vulnerabilidade que inspira e permeia o Código de Defesa do Consumidor" (REsp 1.027.165/ES, DJe 14/06/2011).

O STJ também costuma denominar essa nova forma de encarar a teoria finalista como finalismo aprofundado. Nesse sentido, vale também citar o seguinte precedente: "a jurisprudência do STJ, tomando por base o conceito de consumidor por equiparação previsto no art. 29 do CDC, tem evoluído para uma aplicação temperada da teoria finalista frente às pessoas jurídicas, num processo que a doutrina vem denominando finalismo aprofundado, consistente em se admitir que, em determinadas hipóteses, a pessoa jurídica adquirente de um produto ou serviço pode ser equiparada à condição de consumidora, por apresentar frente ao fornecedor alguma vulnerabilidade, que constitui o princípio-motor da política nacional das relações de consumo, premissa expressamente fixada no art. 4º, I, do CDC, que legitima toda a proteção conferida ao consumidor. A doutrina tradicionalmente aponta a existência de três modalidades de vulnerabilidade: técnica (ausência de conhecimento específico acerca do produto ou serviço objeto de consumo), jurídica (falta de conhecimento jurídico, contábil ou econômico e de seus reflexos na relação de consumo) e fática (situações em que a insuficiência econômica, física ou até mesmo psicológica do consumidor o coloca em pé de desigualdade frente ao fornecedor). Mais recentemente, tem se incluído também a vulnerabilidade informacional (dados insuficientes sobre o produto ou serviço capazes de influenciar no processo decisório de compra). A despeito da identificação in abstracto dessas espécies de vulnerabilidade, a casuística poderá apresentar novas formas de vulnerabilidade aptas a atrair a incidência do CDC à relação de consumo. Numa relação interempresarial, para além das hipóteses de vulnerabilidade já consagradas pela doutrina e pela jurisprudência, a relação de dependência de uma das partes frente à outra pode, conforme o caso, caracterizar uma vulnerabilidade legitimadora da aplicação da Lei nº 8.078/1990, mitigando os rigores da teoria finalista e autorizando a equiparação da pessoa jurídica compradora à condição de consumidora. Hipótese em que revendedora de veículos reclama indenização por danos materiais derivados de defeito em suas linhas telefônicas, tornando inócuo o investimento em anúncios publicitários, dada a impossibilidade de atender ligações de potenciais clientes. A contratação do serviço de telefonia não caracteriza relação de consumo tutelável pelo CDC, pois o referido serviço compõe a cadeia produtiva da empresa, sendo essencial à consecução do seu negócio. Também não se verifica nenhuma vulnerabilidade apta a equipar a empresa à condição de consumidora frente à prestadora do serviço de telefonia. Ainda assim, mediante aplicação do direito à espécie, nos termos do art. 257 do RISTJ, fica mantida a condenação imposta a título de danos materiais, à luz dos arts. 186 e 927 do CC/02 e tendo em vista a conclusão das instâncias ordinárias quanto à existência de culpa da fornecedora pelo defeito apresentado nas linhas telefônicas e a relação direta deste defeito com os prejuízos suportados pela revendedora de veículos" (REsp 1.195.642/RJ, DJ 21/11/2012).

4.5. Outros entendimentos jurisprudenciais sobre o tema

A jurisprudência vem tomando uma série de decisões acerca da existência ou não de relação de consumo em determinadas situações.

Confira relação com casos em que se entende que **não há relação de consumo**:

a) na relação entre o condômino e o condomínio edilício, já que não se configura a definição de prestação de serviço prevista no CDC (STJ, AgRg no Ag 1.122.191, DJ 01.07.2010);

b) na locação de imóvel urbano, já que há lei específica tratando da questão, a Lei 8.245/1991 (STJ, AgRg no Ag 1.089.413, DJ 28.06.2011);

c) na relação entre o Fisco e os contribuintes de impostos e taxas, já que há um regime de direito público específico para a questão;

d) na relação entre o INSS e seus segurados, já que também há um regime jurídico de direito público específico para a questão (STJ, REsp 143.092);

e) no consumo de energia elétrica não residencial (art. 25 da MP 2.198-4 – "MP do Apagão");

f) na atividade profissional desenvolvida pelo advogado, já que este não atua no mercado de consumo, além de haver lei específica regulando sua responsabilidade, a Lei 8.906/1994 (STJ, REsp 532.377/RJ);

g) no contrato de crédito educativo, pois o objeto do contrato é um programa de governo, em benefício do estudante, sem conotação de serviço bancário (STJ, REsp 1.256.227, DJ 21/08/2012).

Confira, agora, relação com casos em que se entende que **há relação de consumo**:

a) na alienação fiduciária (art. 53 do CDC);

b) no *leasing* (STJ, AgRg no REsp 275.391/MG);

c) no contrato bancário (Súmula 297 do STJ);

d) na previdência privada (Súmula 321 do STJ);

e) nos planos de saúde (Súmula 469 do STJ);

f) nos contratos de transporte aéreo;

g) quanto ao beneficiário de serviço público que não seja daqueles que só o Estado pode prestar, como segurança pública, justiça etc. (art. 22 do CDC). Ex.: consumidor de água, luz, energia e telefonia;

h) na doação de sangue feita a um hospital que cobra o sangue do paciente que irá recebê-lo;

i) entre torcedores e entidades do esporte (Estatuto do Torcedor);

j) nos serviços prestados gratuitamente na internet, mas que sejam remunerados indiretamente por anúncios, como é o caso do Google; todavia, há de se verificar no caso concreto se o serviço foi defeituoso, considerando o que legitimamente se espera; nesse sentido o STJ decidiu que o serviço do Google "deve garantir o sigilo, a segurança e a inviolabilidade dos dados cadastrais de seus usuários, bem como o funcionamento e a manutenção das páginas na Internet que contenham os blogs individuais desses usuários. No que tange à fiscalização do conteúdo das informações postadas por cada usuário, não se trata de atividade intrínseca ao serviço prestado, de modo que não se pode reputar defeituoso, nos termos do art. 14 do CDC, o site que não examina e filtra o material nele inserido". (...) " Não bastasse isso, a verificação antecipada, pelo provedor, do conteúdo de todas as informações inseridas na web eliminaria – ou pelo menos alijaria – um dos maiores atrativos da Internet, que é a transmissão de dados em tempo real". (...) " Contudo, essas normas não livram indiscriminadamente os provedores de responsabilidade pelo tráfego de informações em seus sites. Há, como contrapartida, o dever de, uma vez ciente da existência de mensagem de conteúdo ofensivo, retirá-la imediatamente do ar, sob pena, aí sim, de responsabilização" (REsp 1.192.208, DJ 02/08/2012).

4.6. Consumidores equiparados

O Código de Defesa do Consumidor também se aplica a outras situações em que não se configuram exatamente os elementos da relação de consumo mencionados.

Isso porque o CDC criou a figura dos consumidores equiparados, que recebem a proteção do regime jurídico especial previsto na lei consumerista, mesmo não se tratando do consumidor-padrão, do consumidor *standard*.

O consumidor-padrão (consumidor *standard*), como já sabemos, é a *pessoa que adquire ou utiliza produto/serviço como destinatário final* (art. 2º do CDC).

Mas é equiparada a consumidor a coletividade de pessoas, *ainda que indetermináveis, que haja intervindo nas relações de consumo* (art. 2º, parágrafo único).

Outro caso de consumidor equiparado é o dos **consumidores bystanders**. Estes consistem *nas vítimas do evento decorrente de responsabilidade pelo fato do produto ou serviço* (art. 17 do CDC). Um exemplo é o pedestre que acaba sendo atropelado por um acidente ocorrido com um ônibus. A vítima (o pedestre) não é consumidor-padrão, pois não adquire nem utiliza o serviço de transporte coletivo oferecido no ônibus acidentado. No entanto, essa pessoa, por ser vítima de um acidente de consumo, é equiparada a consumidor, levando o nome de consumidor "bystander". Como consumidor equiparado, essa pessoa receberá todas as vantagens da aplicação do CDC.

Mas há ainda um terceiro caso de consumidor equiparado, que é o das *pessoas, determináveis ou não,* expostas às práticas comerciais *de oferta, publicidade, práticas abusivas, cobranças de dívidas e bancos de dados e cadastros de consumidores* (art. 29 do CDC). Pode-se citar como exemplos os telespectadores de televisão que assistem a uma propaganda e uma pessoa que teve seu nome incluído indevidamente do Serasa. Ainda que os telespectadores ou a pessoa negativada não tenham adquirido ou utilizado produto ou serviço algum, tais pessoas são equiparadas a consumidores e recebem a proteção do CDC.

5. Responsabilidade pelo fato do produto ou do serviço (defeito)

A responsabilidade pelo **fato do produto ou do serviço** também é chamada de responsabilidade por **defeito** ou de responsabilidade por **acidente de consumo**.

Tal responsabilidade pode ser **conceituada** como *a obrigação de indenizar por danos causados por defeito ou falta de informação de produto ou serviço.*

Um exemplo é um problema no freio de um veículo que causa um acidente com vítima. Outro exemplo é um problema em tratamento estético que causa a queda de todo o cabelo de uma pessoa.

Repare que o *defeito* consiste num tipo de problema de um produto ou de um serviço que causa um dano à *saúde* ou à *segurança* de uma pessoa, ensejando direito à indenização.

É por isso que o *defeito* costuma ser conceituado como um "problema externo" do produto ou do serviço. Ou seja, não se trata de um simples problema interno num produto (ex.: uma televisão que não funciona), mas de problema externo, que causa um dano à saúde ou à segurança do consumidor (ex.: uma televisão que dá um choque no consumidor).

Confira, agora, os **requisitos** da responsabilidade pelo fato do produto ou do serviço:

a) *existência de um defeito do produto ou serviço, ou falta de informação acerca de um produto ou serviço;*

b) *dano relacionado à saúde ou segurança do consumidor;*

c) *nexo de causalidade* entre o defeito, ou falta de informação, e o dano.

Repare que, na narrativa do primeiro requisito, nada se escreveu quanto à necessidade de haver conduta *culposa* ou *dolosa* por parte do fornecedor.

Isso porque a responsabilidade no CDC é *objetiva*, não depende de comprovação de conduta culposa ou dolosa do fornecedor para que se configure.

A única exceção é a dos *profissionais liberais*. Estes somente responderão mediante a comprovação de culpa ou dolo de sua parte (art. 14, § 4º, do CDC). Assim, um médico, um dentista, um fisioterapeuta, um encanador, um eletricista e qualquer outro profissional liberal, caso atuem como autônomos, e não no contexto de uma pessoa jurídica, responderão apenas *subjetivamente*, ou seja, se atuarem com culpa ou dolo.

A responsabilidade desses profissionais só será objetiva caso se configurem outras circunstâncias que levem a uma responsabilidade objetiva, como a prevista no art. 927, p. ún., do Código Civil (*atividade de risco*) ou como a existência de uma *obrigação de resultado*, tal como a obrigação de um médico cirurgião plástico.

De toda forma, em qualquer dos dois casos, nada impede que o juiz inverta o ônus da prova e determine que o próprio profissional liberal demonstre que não agiu com culpa ou dolo.

Ainda quanto ao primeiro requisito (*existência de um defeito do produto ou serviço, ou falta de informação acerca de um produto ou serviço*), há de se tratar, agora, acerca das características do conceito de defeito em sentido amplo.

O **defeito**, em sentido amplo, pode ser conceituado como a situação em que um produto ou serviço *não oferece a segurança que dele legitimamente se espera*.

Para se verificar se há a existência ou não de um *defeito*, deve-se levar em consideração os seguintes pontos:

a) apresentação ou modo de fornecimento do produto ou serviço;
b) resultado e riscos que razoavelmente se espera do produto ou serviço;
c) época em que o produto ou serviço foi colocado no mercado.

O CDC estabelece que não há defeito pelo simples fato de haver um produto ou serviço de melhor qualidade. Assim, não é porque um dado veículo de luxo tem freios com funcionalidades bem mais avançadas que os demais veículos que não os têm estejam com defeito.

Outra questão importante é a das *espécies* de defeitos. São **tipos de defeitos** os seguintes:

a) de concepção: projeto, *design* (ex.: uma embalagem de extrato de tomate cortante);
b) de produção: fabricação, construção, montagem (ex.: um freio montado errado pela montadora);
c) de informação: falta desta quanto à utilização e riscos do produto ou serviço (exs.: a falta de informação sobre riscos de um pesticida ou sobre a profundidade de uma piscina num hotel).

Quanto aos **sujeitos da relação jurídica** de responsabilidade, temos os *sujeitos ativos*, ou seja, aqueles que têm direito a uma indenização, e os *sujeitos passivos*, ou seja, aqueles que deverão arcar com a indenização decorrente do fato do produto ou do serviço.

São **sujeitos ativos** da relação de responsabilidade os seguintes:

a) a vítima que adquiriu ou utilizou produto ou serviço;
b) a vítima de um acidente de consumo, ainda que não tenha adquirido ou utilizado o produto ou o serviço respectivos (art. 17 do CDC).

São **sujeitos passivos** da relação de responsabilidade os seguintes:

a) o fabricante (art. 12 do CDC);
b) o produtor (art. 12 do CDC);
c) o construtor, nacional ou estrangeiro (art. 12 do CDC);
d) o importador (art. 12 do CDC);
e) o prestador de serviço (art. 14 do CDC).

Observe que não são todos os *fornecedores* que respondem quando há acidente de consumo. O *comerciante*, por exemplo, não responde por esse tipo de evento. Assim, caso o consumidor compre um veículo numa concessionária (*comerciante*) e esse veículo tenha um problema que venha a causar um acidente vitimando o consumidor, este só poderá ingressar com pedido indenizatório em face da montadora do veículo (*fabricante*), não cabendo ação contra o *comerciante* (a concessionária). Já num acidente aéreo causado por problema no avião, o consumidor lesado (ou sua família, caso este venha a falecer) pode ingressar com ação tanto em face da empresa aérea (*prestador de serviço*), como em face da montadora do avião (*fabricante*), podendo ingressar com ação também contra o *fabricante da peça* do avião que tiver causado o problema (art. 25, § 2º, do CDC: *"sendo o dano causado por componente ou peça incorporada ao produto ou serviço, são responsáveis solidários seu fabricante, construtor ou importador e o que realizou a incorporação"*).

No entanto, há alguns casos em que o *comerciante* responderá por um acidente de consumo. São os seguintes (art. 13 do CDC):

a) se o fabricante, o construtor, o produtor ou o importador não puderem ser identificados (ex.: produtos vendidos *in natura* numa quitanda);

b) se o produto for fornecido sem identificação clara de seu fabricante, produtor, construtor ou importador (ex.: produtos vendidos sem que constem na embalagem dados suficientes sobre seu fabricante ou importador);

c) se o comerciante não conservar adequadamente os produtos perecíveis (ex.: produtos que dependem de refrigeração, mas que não passam por tal procedimento à noite, pelo fato de um dado supermercado desligar as geladeiras no período noturno).

Uma vez ocorridas as situações "a" e "b", o comerciante que tiver que pagar alguma indenização poderá ingressar com ação de regresso contra os demais responsáveis (fabricante, importador etc.), nos termos do art. 13, p. ún., do CDC.

Tema relevante em matéria de acidente de consumo é o das **excludentes de responsabilidade** do fornecedor.

Com relação às excludentes de responsabilidade, o fornecedor não responderá se *provar* o seguinte (arts. 12, § 3º, e 14, § 3º, do CDC):

a) *que não colocou o produto no mercado*. Ex.: o fornecedor demonstra em juízo que o produto com problema tinha sido furtado de sua fábrica antes de finalizada sua produção, tendo sido colocado no mercado por pessoas que cometeram crime de receptação;

b) *que inexiste defeito*. Ex.: em perícia judicial, o fornecedor consegue demonstrar que o freio de um carro acidentado não estava com problema, tendo o acidente outra causa;

c) *que houve culpa exclusiva do consumidor*. Ex.: em perícia judicial o fornecedor consegue demonstrar que o consumidor sofreu um acidente de consumo por mau uso da coisa ou sem seguir regras explícitas de segurança;

d) *que houve culpa exclusiva de terceiro*. Exs.: em instrução probatória, o fornecedor demonstra que não havia problema no produto, mas que uma assistência técnica não autorizada, ao mexer neste, acabou causando o problema; outro exemplo é a empresa de ônibus demonstrar que terceiro lançou uma pedra dentro do ônibus, causando a lesão no passageiro deste.

A doutrina controverte sobre se o caso fortuito ou de força maior também é causa excludente da responsabilidade por acidente de consumo.

Muitos dizem que não, pois a lei não traz expressamente essa possibilidade, mas somente as apontadas anteriormente (arts. 12, § 3º, e 14, § 3º, do CDC).

No entanto, prevalece o entendimento de que tais eventos são, sim, causas excludentes da responsabilidade, desde que o fortuito tenha ocorrido após o encerramento do processo produtivo.

Trata-se da famosa diferença entre o *fortuito interno* e o *fortuito externo*. O primeiro é aquele que ocorre durante o processo produtivo, não excluindo a responsabilidade. E o segundo é aquele que ocorre após o fim do processo produtivo, excluindo a responsabilidade.

Para melhor entendermos a questão, vamos a dois exemplos.

Imagine que no meio da produção de um refrigerante um raio tenha atingido as instalações elétricas de uma indústria, ocasionando falta de energia e problemas na produção. Imagine, agora, que um consumidor tenha comprado um produto fabricado nessas condições e tenha sofrido um dano por conta de um problema no produto. Ora, o fortuito causador de tudo ocorreu no bojo do processo de produção (*fortuito interno*), estando, portanto, na esfera de controle do fornecedor. Dessa forma, este irá responder pelos danos causados, não sendo o fortuito uma causa excludente de responsabilidade.

Imagine agora que, no bojo do processo produtivo, não tenha ocorrido problema algum, e que um consumidor compre um produto isento de que qualquer problema. Imagine que, posteriormente à aquisição do produto, este venha a ser atingido por um raio, já na casa do consumidor. Ora, agora temos um *fortuito externo* que, certamente, exclui a responsabilidade do fornecedor, que não tem nada a ver com o ocorrido.

A respeito do tema, vale trazer a interessante Súmula 479 do STJ: "as instituições financeiras respondem objetivamente pelos danos gerados por fortuito interno relativo a fraudes e delitos praticados por terceiros no âmbito de operações bancárias" (DJ 01/08/2012).

Outro tema relevante em matéria de responsabilidade por fato do produto é o da **prescrição**. Isso porque esse tipo de responsabilidade consiste em o fornecedor pagar uma indenização ao consumidor, e a condenação de alguém a pagar uma indenização envolve prazo prescricional. Lembre-se de que não se deve confundir o *vício* (problema interno do produto), que possibilita que o consumidor peça o *conserto* da coisa, com o *defeito* (problema externo do produto que atinge a saúde ou a segurança do consumidor), que possibilita que o consumidor peça uma *indenização* por danos materiais e morais. Neste item estamos estudando o instituto do defeito e, portanto, é preciso verificar qual é o prazo prescricional para se exercer em juízo a pretensão indenizatória.

A resposta a essa pergunta está no art. 27 do CDC, que estabelece que "prescreve em cinco anos a pretensão à reparação pelos danos causados por fato do produto ou do serviço (...), iniciando-se a contagem do prazo a partir do conhecimento do dano e de sua autoria".

Há dois pontos importantes na regra. O primeiro é quanto ao prazo, que é de **5 anos**, sendo certo que, se existir prazo maior no Código Civil, prevalece o prazo do Código Civil, pois o CDC veio para melhorar os direitos do consumidor e não para reduzi-los. O segundo ponto é o termo *a* *quo* do prazo de 5 anos. Repare que esse prazo só começa a contar do conhecimento do dano **e** de sua autoria. Ou seja, não conhecido o dano, o prazo não tem início ainda. É necessário o conhecimento deste e também o conhecimento da autoria do dano para que o prazo se inicie.

Em matéria de responsabilidade da indústria de cigarro por danos causados aos consumidores, o STJ, apesar de estar julgando improcedente tais ações (v., por exemplo, REsp 1.197.660, DJ 01/08/2012), vem entendendo, especificamente quanto ao prazo prescricional para o seu ingresso, que este se inicia, no mínimo, após a lei que determinou que constasse de cada maço de cigarro informação sobre os malefícios deste.

6. Responsabilidade pelo vício do produto ou do serviço (vício)

A responsabilidade por *vício* pode ser **conceituada** como a *obrigação de sanar problemas intrínsecos de produtos ou serviços.*

Os vícios são problemas de *qualidade* e *quantidade* de produtos ou serviços. Um exemplo é a compra de uma televisão que não funciona (problema de qualidade) ou a compra de alimento numa embalagem que indica 5 kg, mas que, na verdade, tem apenas 4,5 kg do produto.

Repare, nos dois casos, que o problema é *intrínseco*, ou seja, a coisa tem um problema interno, mas que não causa (ou não causou ainda) um dano à saúde ou à segurança do consumidor.

Havendo vício, o consumidor não terá, num primeiro momento, direito a uma indenização, como ocorre quando há um defeito (*acidente de consumo* ou *fato do produto ou do serviço*). O consumidor, a princípio, terá direito ao conserto da coisa, no problema de qualidade, e direito à complementação do peso ou medida, no problema de quantidade.

Assim, não se pode confundir o instituto do *vício*, que será aprofundado neste capítulo, com o instituto do *defeito*, que foi visto no capítulo anterior.

Os vícios podem gerar nos produtos ou serviços as seguintes **características (ou tipos de vícios)**:

a) *impropriedade ao consumo.* Exs.: produto com validade vencida, deteriorado, adulterado, falsificado, nocivo, perigoso ou em desacordo com as normas;

b) *inadequação ao consumo.* Ex.: televisão que não funciona;

c) *diminuição de valor.* Ex.: veículo novo vindo com um risco no capô;

d) *disparidade na informação.* Ex.: veículo novo vindo sem algum acessório informado em sua propaganda;

e) *quantidade menor.* Ex.: produto com 100 ml a menos do que o informado na embalagem.

Uma vez constatado o vício, a responsabilidade do fornecedor é **objetiva**, ou seja, independe de culpa ou dolo de sua parte.

É importante consignar que, em caso de vício em serviço prestado por profissional liberal (ex.: serviço prestado com disparidade com a proposta feita pelo profissional), a responsabilidade deste também é objetiva. Ou seja, apesar de o profissional liberal responder *subjetivamente* na responsabilidade por *defeito* (art. 14, § 4º, do CDC), esse mesmo profissional, na responsabilidade por *vício* (art. 20 do CDC), responde *objetivamente.*

Quanto aos **sujeitos da relação jurídica** de responsabilidade, temos os sujeitos ativos, ou seja, aqueles que têm direito ao conserto do problema ou à reexecução dos serviços, e os sujeitos passivos, ou seja, aqueles que deverão desfazer o vício do produto ou do serviço.

São **sujeitos ativos** da relação de responsabilidade por vício os seguintes:

a) o adquirente do produto ou serviço. Ex.: a pessoa que compra uma televisão com problema numa loja;

b) o destinatário do produto ou serviço. Ex.: a pessoa que ganha de presente um produto com problema.

Vale dizer, é sujeito ativo o consumidor-padrão, ou seja, aquele que adquire ou utiliza produto ou serviço.

São **sujeitos passivos** da relação de responsabilidade: os fornecedores em geral (arts. 18, *caput*, 19, *caput*, e 20, *caput*, do CDC).

Repare que todos os fornecedores respondem. Não se exclui, aqui, o *comerciante.* Assim, se alguém compra uma televisão com problema numa loja, é possível reclamar que o vício seja sanado não só pela empresa que montou a televisão (*fabricante*), como também pela empresa que a vendeu (*comerciante*).

Aliás, os fornecedores envolvidos nessa cadeia comercial (comerciante, produtor, fornecedor etc.) respondem *solidariamente.* Ou seja, o consumidor pode escolher apenas um dos fornecedores e tentar fazer valer todos os seus direitos em face do que foi escolhido.

Há comerciantes que costumam dizer que só trocarão equipamentos eletrônicos com problema se a reclamação se der em até 10 dias, por exemplo. E que, depois, o consumidor deverá buscar seus direitos com o fabricante. Trata-se de prática totalmente contrária ao que a lei determina, pois o *comerciante* tem responsabilidade objetiva e solidária com o *fabricante* na responsabilidade por *vício*, devendo atender ao consumidor durante todo o prazo de garantia.

Em matéria de vício, a lei quer facilitar a vida do consumidor, que pode buscar seus direitos diretamente com o *comerciante*, facultado a este o ingresso com ação regressiva, num segundo momento, contra o *fabricante* do produto.

Outro ponto importante a respeito do sujeito passivo da responsabilidade é o fato de que a ignorância do *fornecedor* sobre a existência do vício não exime sua responsabilidade (art. 23 do CDC). Aliás, nem mesmo uma disposição contratual é capaz de eximir a responsabilidade do fornecedor por vícios em produtos (art. 24 do CDC).

Resta saber agora **quais direitos** têm o consumidor em caso de vício em produto e em serviço.

Comecemos com o **vício de qualidade do produto** (art. 18 do CDC). O consumidor tem dois passos a tomar.

O **1º passo** consiste em *reclamar a substituição das partes viciadas*. Ou seja, o consumidor deve procurar qualquer dos fornecedores envolvidos (fabricante ou comerciante) e pedir o conserto do vício. Por exemplo, deve buscar a loja onde comprou a televisão e pedir que a televisão com problema seja consertada.

Naturalmente, o **consumidor deve procurar** extrajudicialmente o fornecedor dentro do prazo de garantia (30 dias para produto não durável e 90 dias para produto durável, ressalvada a existência de garantia contratual, que é complementar). E para que o consumidor comprove que reclamou dentro do prazo de garantia, é importante que o consumidor reclame por escrito ou guarde algum documento que demonstre que levou o produto para conserto em determinada data.

Em seguida, o fornecedor instado a sanar o vício terá o prazo máximo de **30 dias** para consertar o produto. Em geral, as pessoas se assustam quando ficam sabendo que o fornecedor tem um prazo tão grande para sanar o vício. No entanto, esse prazo está previsto na lei (art. 18, § 1º, do CDC). De qualquer forma, é bom informar que, por ocasião da celebração do contrato, as partes podem convencionar prazo diferente para sanar o vício, que poderá variar de 7 a 180 dias, sendo que, caso o contrato seja de adesão, a cláusula com modificação de prazo deverá ser convencionada em separado, por meio de manifestação expressa do consumidor (art. 18, § 2º, do CDC).

Caso o fornecedor sane os vícios do produto, ótimo, a questão estará resolvida. No entanto, caso o fornecedor se recuse a consertar o produto ou não o faça no prazo de 30 dias, o consumidor deve partir para o segundo passo.

O **2º passo** consiste em o consumidor ingressar em juízo para exigir, alternativamente e à sua escolha, uma das seguintes opções:

a) **substituição** do produto por outro da mesma espécie, em perfeitas condições de uso;

b) **restituição** imediata da quantia paga, atualizada, sem prejuízo de eventuais perdas e danos;

c) **abatimento** proporcional do preço.

O consumidor é livre para escolher qualquer das opções anteriores. No exemplo da televisão, o consumidor tem direito de pedir uma nova televisão, da mesma marca e modelo, mas em perfeitas condições de uso (opção "a"), podendo haver substituição por outro de espécie diferente, mediante complemento ou restituição de preço (art. 18, § 4º, do CDC); ou poderá pedir a rescisão do contrato, entregando a televisão para fornecedor e recebendo o dinheiro de volta, atualizado monetariamente, sem prejuízo de se pedir uma indenização por perdas e danos (opção "b"); ou poderá pedir um desconto, por conta do problema na televisão (opção "c").

Logo que tiver ciência inequívoca de que o fornecedor não irá sanar o vício, o consumidor deverá tomar uma providência urgente. Isso porque o prazo de garantia, que fica suspenso quando o consumidor pede que o vício seja sanado, volta a correr logo que há a ciência inequívoca da negativa de resolução do problema. Assim, o consumidor pode até fazer mais uma tentativa extrajudicial de resolver o problema, mas o ideal é que ingresse imediatamente com ação fazendo uma das três escolhas mencionadas, evitando, assim, que se opere a decadência, pelo fim do prazo de garantia sem ingresso com a ação competente.

Em suma, o consumidor que se deparar com um vício de qualidade num produto deve, em primeiro lugar, pedir que o vício seja sanado (1º passo) e, caso não obtenha sucesso, deve ingressar com ação fazendo uma das três escolhas mencionadas.

No entanto, a lei estabelece três casos em que o consumidor poderá pular o primeiro passo, buscando diretamente qualquer das três escolhas mencionadas (art. 18, § 3º, do CDC). Trata-se da chamada *tutela antecipada de direito material*.

A lei confere esse direito ao consumidor em três casos, quais sejam:

a) se, em razão da extensão do vício, a substituição das partes viciadas *puder comprometer a qualidade ou características do produto*;

b) se a substituição das partes viciadas *diminuir o valor do produto*;

c) se se tratar de *produto essencial*.

A título de exemplo, imagine que você tenha comprado um pão em fatias num supermercado e que, ao chegar em casa, você verifique que tal pão está mofado. Nesse caso, não há como substituir as partes viciadas *sem comprometer o produto*, o que possibilita que você volte ao supermercado e passe diretamente ao 2º passo, pedindo outro pão no lugar (substituição do produto) ou o desfazimento da compra (rescisão do contrato). O abatimento no preço não se coloca no presente caso, pois um pão mofado não tem valor algum. De qualquer forma, como você terá um bom prazo de garantia pela frente, nada impede que você busque resolver a questão extrajudicialmente, partindo para uma ação judicial apenas se a questão não for resolvida imediatamente.

Outro caso em que cabe a tutela antecipada de direito material é quando o produto é *essencial*. O problema é que a expressão produto essencial é muito vaga é dá margem a muitas interpretações. Ademais, o que para alguns é essencial para outros pode não ser, o que gera muita controvérsia nessa matéria.

A título de exemplo, a 3ª Câmara de Coordenação e Revisão da Procuradoria-Geral da República, aprovou enunciado (Enunciado nº 8, de 29/06/2011), com o seguinte teor: "o aparelho de telefone celular é produto essencial, para os fins previstos no art. 18, § 3º, da Lei 8.078/1990 (CDC)". Aliás, o Departamento de Proteção e Defesa do Consumidor (DPDC), do Ministério da Justiça, também já havia tomado decisão nesse sentido. No entanto, há ação judicial questionando a decisão tomada pelo DPDC, estando a questão *sub judice*.

Esse exemplo foi trazido apenas para que você comece a refletir sobre o instituto da tutela antecipada e sobre sua aplicação aos chamados *produtos essenciais*. Para o consumidor, quase tudo será produto essencial (telefone, televisão, carro, alimentos etc.). Já o fornecedor sempre defenderá a tese de que um dado produto não é essencial, como vem acontecendo agora com o telefone celular.

Vamos agora ao estudo das providências que o consumidor deve tomar quando houver um **vício de quantidade do produto** (art. 19 do CDC).

Nesse caso, o consumidor não tem que cumprir os dois passos, podendo passar direto para a escolha de uma das seguintes alternativas:

a) **substituição** do produto por outro da mesma espécie, sem o vício de quantidade;
b) **restituição** imediata da quantia paga, atualizada, sem prejuízo de eventuais perdas e danos;
c) **abatimento** proporcional do preço;
d) **complementação do peso ou medida.**

Em relação ao vício de qualidade do produto, repare que há uma opção a mais, qual seja, a possibilidade do consumidor pedir a "complementação do peso ou medida", providência pertinente aos vícios de quantidade.

Ocorrendo vício de quantidade em produto, o consumidor deve, portanto, partir direto para qualquer uma das opções mencionadas e, caso o fornecedor não atenda à sua solicitação, o consumidor deverá, no prazo de garantia, ingressar com ação judicial para fazer valer sua escolha.

Resta agora fazer o estudo das providências que o consumidor deve tomar quando houver um **vício na prestação de serviço** (art. 20 do CDC).

Nesse caso, o consumidor também não tem que cumprir os dois passos, podendo passar direto para a escolha de uma das seguintes alternativas:

a) **reexecução dos serviços**, sem custo adicional e quando cabível;
b) **restituição** imediata da quantia paga, atualizada, sem prejuízo de eventuais perdas e danos;
c) **abatimento** proporcional do preço.

Em relação ao vício de qualidade do produto, repare que no lugar da opção "substituição do produto" está a opção "reexecução dos serviços".

Ocorrendo vício na prestação de serviço, o consumidor deve, portanto, partir direto para qualquer uma das opções mencionadas e, caso o *fornecedor* (*prestador de serviço*) não atenda à sua solicitação, o consumidor deverá, ainda no prazo de garantia, ingressar com ação judicial para fazer valer sua escolha.

Por fim, há de se discutir o **prazo decadencial** para o consumidor reclamar dos vícios em produto ou serviço. Enquanto na responsabilidade por *defeito* o prazo é prescricional (de 5 anos), na responsabilidade por *vício* o prazo é decadencial (de 30 ou 90 dias).

Esse prazo é também chamado prazo de *garantia legal*, pois se trata de um prazo previsto na lei (art. 26 do CDC).

O **prazo** varia de acordo com o tipo de produto ou serviço. Se estes forem *não duráveis*, o prazo para reclamar é de 30 dias. Já se forem *duráveis* o prazo é de 90 dias (art. 26 do CDC). E, se houver garantia contratual, esta será somada à garantia legal (art. 50 do CDC).

O **termo inicial** da contagem desse prazo varia de acordo com o tipo de vício. Se o vício for *aparente*, o prazo de garantia começa a contar da entrega efetiva do produto ou do término da execução dos serviços (art. 26, § 1º, do CDC). Já se o vício for *oculto*, o prazo se inicia no momento em que ficar evidenciado o defeito (art. 26, § 3º, do CDC).

Um ponto a ser comentado é que, no âmbito do CDC, o vício pode ser tanto *oculto* como *aparente*, diferentemente do Código Civil, em que somente vício *oculto* confere direitos ao comprador da coisa.

Outro ponto a comentar é o fato de que, quando o vício é *aparente*, o prazo de garantia deve começar a ser contado logo. Afinal de contas, trata-se de um vício aparente, de fácil percepção. Assim, o prazo se inicia com a entrega efetiva do produto ou com o término da execução dos serviços.

Já se o vício é *oculto*, o prazo de garantia se inicia apenas no momento em que ficar evidenciado o "defeito" (a lei deveria ter usado a expressão "vício"), o que pode acontecer anos depois da entrega do produto ou do término da execução dos serviços.

Outra questão fundamental quanto ao prazo de garantia é a possibilidade de **suspensão do prazo decadencial**. Tal suspensão se dá nos seguintes casos:

a) no momento da reclamação comprovadamente formulada pelo consumidor perante o fornecedor, até a resposta negativa correspondente, que deve ser transmitida de forma inequívoca;
b) no momento da instauração de inquérito civil até o seu encerramento.

Isso significa que, se o consumidor comprou um produto durável há 10 dias e efetuou reclamação para que o produto fosse consertado, o prazo de 90 dias ficará suspenso até que o fornecedor responda inequivocamente que não vai consertar a coisa. Uma vez feita essa resposta negativa, o prazo voltará a correr e o consumidor terá 80 dias para ingressar com ação contra o fornecedor.

Havendo inquérito civil pendente, o prazo decadencial também fica suspenso, tudo conforme o disposto no art. 26, § 2º, do CDC.

Por fim, vale trazer à colação a Súmula 477 do STJ: "a decadência do art. 26 do CDC não é aplicável à prestação de contas para obter esclarecimentos sobre cobrança de taxas, tarifas e encargos bancários" (DJ 19/06/2012).

7. Desconsideração da personalidade jurídica da sociedade (*disregard of the legal entity*)

Como regra, a personalidade de uma pessoa jurídica é distinta da personalidade daquelas pessoas que a compõem, de modo que somente a primeira responde com seu patrimônio por suas dívidas.

Nada obstante, permite-se que, em algumas situações, seja desconsiderada a personalidade da pessoa jurídica, atingindo a personalidade das próprias pessoas que a compõem.

O art. 28 do CDC estabelece as seguintes **hipóteses de desconsideração** da personalidade:

a) abuso de direito;

b) excesso de poder;

c) infração da lei;

d) fato ou ato ilícito;

e) violação dos estatutos ou contrato social;

f) quando houver falência, estado de insolvência, encerramento ou inatividade da pessoa jurídica, provocados por má administração;

g) sempre que a personalidade for obstáculo ao ressarcimento de prejuízos causados ao consumidor.

Repare, no item "f", que não é qualquer falência, estado de insolvência ou encerramento ou inatividade da pessoa jurídica que leva à desconsideração da personalidade, mas somente quando tais fatos tenham sido causados por má administração do fornecedor.

De qualquer forma, no plano prático, basta verificar a extensão da regra prevista no item "g" para perceber que, **na verdade, sempre que necessário, caberá desconsideração** da personalidade do fornecedor para atingir o patrimônio de seus sócios.

Nesse sentido, o Superior Tribunal de Justiça vem entendendo que o CDC adotou a **Teoria Menor da Desconsideração**, pela qual há "menos" requisitos para que esta se dê. No caso, exige-se apenas a dificuldade em penhorar bens do fornecedor, não sendo necessário comprovar fatos adicionais, como abuso da personalidade, confusão patrimonial, dentre outros, como se dá no âmbito das relações regidas pelo Código Civil (art. 50 do CC).

Tema correlato, mas que não se confunde com o instituto da desconsideração da personalidade, é a possibilidade de se responsabilizar pessoas jurídicas integrantes de **grupos societários**, **sociedades consorciadas** e **sociedades coligadas**.

Assim, há de se investigar, agora, como se deve proceder em caso do fornecedor responsável estar no contexto de sociedades múltiplas.

Quanto às *sociedades integrantes de grupos societários e sociedades controladas* (art. 265 da Lei 6.404/1976 – sociedade controladora e sua controlada podem constituir grupo de sociedades, mediante convenção, para combinar recursos e esforços para a realização de seus objetos), a responsabilidade é *subsidiária*.

Quanto às *sociedades consorciadas* (art. 278 da Lei 6.404/1976 – aliança para a execução conjunta de determinado empreendimento), a responsabilidade é *solidária*.

E quanto às sociedades coligadas (art. 243, § 1º, da Lei 6.404/1976 – são coligadas as sociedades nas quais a investidora tenha influência significativa), só respondem por *culpa*.

8. Práticas comerciais

8.1. Introdução

No tema das práticas comerciais estuda-se a *oferta*, a *publicidade*, as *práticas abusivas*, a *cobrança de dívidas* e o *banco de dados* e *cadastros de consumidores*.

Para fins de estudo das práticas comerciais, o art. 29 do CDC dispõe que "*equiparam-se aos consumidores todas as pessoas determináveis ou não expostas às práticas nele previstas*".

Ou seja, qualquer pessoa exposta a uma prática comercial, mesmo que não se enquadre no conceito de consumidor-padrão (ou *standard*), será equiparada a consumidor e terá direito à proteção do CDC.

Passemos ao estudo dos temas citados.

8.2. Oferta

Em sentido amplo, oferta pode ser **conceituada** como o "veículo que transmite uma mensagem, seja ela *informação* ou *publicidade*".

Um exemplo de *informação* é a resposta que o gerente ou atendente dá ao consumidor.

Um exemplo de *publicidade* é um anúncio em revista.

A oferta, em sentido amplo, segue o **princípio da vinculação**, que tem o seguinte teor: "*toda* informação ou publicidade, *suficientemente precisa, veiculada por* qualquer forma ou meio de comunicação *com relação a produtos e serviços oferecidos ou apresentados,* obriga o fornecedor *que a fizer veicular ou dela se utilizar e* integra o contrato *que vier a ser celebrado*" (art. 30).

Ou seja, a oferta vincula fortemente o fornecedor. Aliás, este (o fornecedor) *"é solidariamente responsável pelos atos de seus prepostos ou representantes autônomos"* (art. 34 do CDC). Assim, ofertas feitas pelos prepostos ou representantes autônomos do fornecedor de um produto ou serviço vinculam esse fornecedor, que responde solidariamente com as pessoas mencionadas.

Por conta do princípio da vinculação, o CDC estabelece que, **em caso de recusa à oferta**, o consumidor poderá, alternativamente e à sua livre escolha (art. 35):

a) exigir o cumprimento forçado da obrigação, nos termos da oferta, apresentação ou publicidade (execução específica);

b) aceitar outro produto ou prestação de serviço equivalente;

c) rescindir o contrato, com direito à restituição de quantia eventualmente antecipada, monetariamente atualizada, e perdas e danos.

Ainda no contexto da oferta em sentido amplo, existe o **princípio da informação adequada**, que tem o seguinte teor (art. 31 do CDC): *"a oferta e apresentação de produtos ou serviços devem assegurar* informações *corretas,* claras, precisas, ostensivas *e em língua portuguesa sobre suas características, qualidades, quantidade, composição, preço,*

garantia, prazos de validade e origem, entre outros dados, bem como sobre os riscos que apresentam à saúde e segurança dos consumidores".

Assim, o fornecedor é obrigado a informar sobre tudo que é relevante para o consumidor, e tal princípio é extremamente rigoroso no CDC.

Uma das espécies de oferta, como se viu, é a **publicidade**. E tal instituto (o da publicidade) tem, também, alguns regramentos específicos.

De acordo com o CDC, a publicidade obedece ao **princípio da identificação**, pelo qual esta *"deve ser veiculada de tal forma que o consumidor, fácil e imediatamente, a identifique como tal"* (art. 36, *caput*, do CDC). Por conta disso, ferem o princípio citado aquelas propagandas que têm o mesmo estilo editorial das reportagens de jornal.

Outro princípio que incide sobre a publicidade é o **princípio da veracidade**, pelo qual *"o fornecedor, na publicidade de seus produtos ou serviços, manterá, em seu poder, para informação dos legítimos interessados, os dados fáticos, técnicos e científicos que dão sustentação à mensagem"* (art. 36, p. ún., do CDC).

Por conta disso *"o ônus da prova da veracidade e correção da informação ou comunicação publicitária cabe a quem as patrocina"* (art. 38 do CDC).

A doutrina denomina a hipótese de **inversão legal ou obrigatória da prova**, pois a própria lei já estabelece a inversão do ônus da prova, não sendo necessário que o juiz tome qualquer decisão nesse sentido.

O CDC veda a *publicidade enganosa* e a *publicidade abusiva* (art. 37 do CDC). Para tanto, a lei traz as seguintes distinções:

a) **publicidade enganosa**: *"é enganosa qualquer modalidade de informação ou comunicação de caráter publicitário,* inteira ou parcialmente falsa, *ou, por qualquer outro modo, mesmo por omissão,* capaz de induzir em erro o consumidor *a respeito da natureza, características, qualidade e quantidade, propriedades, origem, preço e quaisquer outros dados sobre produtos e serviços"*. Ex.: é enganosa a publicidade de um posto de gasolina que anuncia um preço e cobra outro. O CDC prossegue e estabelece que *"a publicidade é* enganosa *por omissão quando deixar de informar sobre* dado essencial *do produto ou serviço"*.

b) **publicidade abusiva**: *"é abusiva, dentre outras, a publicidade* discriminatória *de qualquer natureza, a que* incite à violência, explore o medo ou a superstição, se aproveite da deficiência de julgamento e experiência da criança, desrespeite valores ambientais, *ou que seja capaz de* induzir o consumidor a se comportar de forma prejudicial ou perigosa *à sua saúde ou segurança"*. Ex.: é abusiva a publicidade de um veículo em que se incite o consumidor a dirigir acima dos limites de velocidade estabelecidos na lei.

É importante perceber que, enquanto na propaganda enganosa a preocupação é de ordem mais econômica, na propaganda abusiva, a preocupação é mais voltada para a saúde, a segurança e a dignidade dos consumidores.

8.3. Práticas abusivas

As práticas abusivas podem ser **conceituadas** como as *práticas utilizadas pelo fornecedor e vedadas pela CDC, por serem lesivas à boa-fé, à vulnerabilidade e à liberdade de escolha do consumidor.*

As práticas abusivas podem se dar na fase de produção ou na fase de venda do produto ou serviço, e podem ser pré ou pós contratuais.

Uma informação importante é que o rol de práticas abusivas previsto no art. 39 do CDC é **meramente exemplificativo**. Há hipóteses de práticas abusivas por todo o CDC, como é o caso da publicidade disfarçada e o emprego de peça usada em conserto de produtos.

Confira as práticas abusivas previstas no art. 39 do CDC:

I. **fazer venda casada** e **exigir condição quantitativa, salvo justa causa**.

Ex.1: lanchonete que só aceita venda conjunta de lanche, batata frita e refrigerante (venda casada);

Ex.2: cinema que só vende copos de refrigerante com conteúdo mínimo de 700 ml (condição quantitativa);

Ex.3: um fabricante que só comercializa açúcar em embalagens mínimas de 1 Kg pratica algo justificável, ou seja, com justa causa, de modo que não faz prática abusiva; da mesma forma, um supermercado que limita a aquisição de produtos em até 5 unidades também atua com justa causa, pois confere oportunidade a outros consumidores;

Ex.4: Súm. STJ 356 – "É legítima a cobrança da tarifa básica pelo uso dos serviços de telefonia fixa";

Ex.5: Súm. STJ 473 - "O mutuário do SFH não pode ser compelido a contratar o seguro habitacional obrigatório com a instituição financeira mutuante ou com a seguradora por ela indicada" (DJ 19/06/12);

II. **recusar atendimento à demanda de consumidor, na medida do estoque.**

Ex.: postos de gasolina que esperam um aumento no valor do produto para vendê-lo ao consumidor; taxista que não aceita transportar o consumidor para um trecho muito curto;

III. **promover fornecimento de produto ou serviço, sem solicitação do consumidor.**

Sanção: equiparam-se à amostra grátis os serviços prestados e os produtos remetidos ou entregues sem solicitação. Ex.: "couvert" deixado na mesa de restaurante sem que o consumidor tenha pedido; cartão de crédito enviado ao endereço do consumidor sem que este tenha pedido;

IV. **aproveitar da fraqueza ou ignorância do consumidor;**

V. **exigir do consumidor vantagem manifestamente excessiva.**

O STJ entende que uma instituição financeira não pode cobrar tarifa pela emissão de boleto bancário (Inf. 423);

VI. **executar serviços sem prévios orçamento e autorização, salvo costume entre as partes.**

O art. 40 do CDC dispõe que o orçamento deve discriminar mão de obra, materiais, condições de pagamento, início e término dos serviços e, salvo estipulação em contrário, o valor orçado tem validade de 10 dias, contado de seu recebimento;

VII. **repassar informação depreciativa de consumidor no exercício de seu direito;**

VIII. **colocar no mercado de consumo produto em desacordo com as normas técnicas.**

Ex.: produtos que não respeitem as normas do INMETRO;

IX. **recusar venda a quem se dispõe comprar mediante pronto pagamento;**

X. **elevar sem justa causa o preço de produtos ou serviços.**

O STJ invoca esse dispositivo para proibir diferença de preço para pagamento em dinheiro, cheque ou cartão (In. 427);

XI. **aplicar fórmula ou índice de reajuste diverso do previsto no contrato;**

XII. **deixar de estipular prazo para cumprimento ou início da obrigação.**

8.4. Cobrança de dívidas

Quanto aos **limites** na cobrança de débitos, o consumidor inadimplente não será exposto a ridículo nem será submetido a qualquer tipo de constrangimento ou ameaça (art. 42, *caput*, do CDC).

Quanto às consequências de uma **cobrança indevida**, o consumidor cobrado indevidamente tem direito à repetição do indébito, por valor igual ao dobro do que pagou em excesso, acrescido de correção e juros legais, salvo engano justificável (art. 42, p. ún., do CDC).

Repare que essa pena incide tanto na cobrança judicial como na extrajudicial. Mas é necessário que o pagamento tenha sido feito pelo consumidor para que ele tenha direito à aplicação da sanção da devolução em dobro em desfavor do fornecedor. 1133

Por fim, vale trazer à baila o disposto no art. 42-A do CDC, pelo qual em todos os **documentos de cobrança de débitos** apresentados ao consumidor deverão constar o nome, o endereço e o número de inscrição no Cadastro de Pessoas Físicas – CPF ou no Cadastro Nacional de Pessoa Jurídica – CNPJ do fornecedor do produto ou serviço correspondente. Em outras palavras, os documentos de cobrança devem deixar claro quem é o fornecedor que está promovendo a cobrança, deixando essa mais justa e transparente.

8.5. Banco de dados e Cadastro de Consumidores

O tema em tela diz respeito aos Serviços de Proteção ao Crédito, como SPC e SERASA, mas também abrange o sistema de informações que o Banco Central compartilha com os bancos, que é o SISBACEN.

O fato é que o CDC permite que o nome do consumidor seja negativado nesses bancos de dados. Todavia, há regras bem rígidas a serem seguidas, para que não haja abuso na prática de "sujar" o nome do consumidor no mercado de consumo.

Um dos princípios mais importantes nessa matéria é o que estabelece o **direito à informação**, ou seja, o consumidor terá amplo acesso às informações existentes em cadastros, fichas, registros e dados pessoais e de consumo arquivados sobre ele, bem como sobre as suas respectivas fontes (art. 43 do CDC).

Outra regra diz respeito à **caducidade da informação**. De acordo com ela, o cadastro não pode conter informações negativas referentes a período superior a 5 anos, sendo que, consumada a prescrição da cobrança do débito, o dado também não pode mais ser oferecido aos interessados (art. 43, § 5º, do CDC).

Em nossa opinião, a regra é muito clara: a informação negativa a respeito do consumidor deve ser apagada quando consumada a prescrição da cobrança, respeitado o prazo máximo de 5 anos.

No entanto, por conta das regras atinentes à ação monitória, que permite que alguém ingresse com essa ação no prazo de até 5 anos, o STJ editou a Súmula nº 323, que tem o seguinte teor: "a inscrição do nome do devedor pode ser mantida nos serviços de proteção ao crédito até o prazo máximo de 5 anos, independentemente da prescrição da execução".

Essa súmula faz com que, na prática, alguém que dê um cheque sem fundo fique com o nome negativado por 5 anos, já que, mesmo com a prescrição do cheque se dando em período bem inferior, a possibilidade de ingressar com monitória faz com que se possa deixar a informação negativa enquanto couber a propositura dessa ação de rito especial para a cobrança do valor expresso no cheque.

Uma regra muito relevante acerca dos bancos de dados é sobre a **comunicação de abertura de cadastro.** Confira essa regra: "a abertura de cadastro, ficha, registro e dados pessoais e de consumo deve ser comunicada por escrito ao consumidor, quando não solicitada por ele" (art. 43, § 2º, do CDC).

Ademais, uma vez que algum apontamento seja feito no nome do consumidor, este, sempre que encontrar inexatidão nos seus dados e cadastros, poderá exigir sua imediata correção, devendo o arquivista, no prazo de 5 dias úteis, comunicar a alteração aos eventuais destinatários das informações incorretas (art. 43, § 3º, do CDC). Repare que o prazo é de 5 dias úteis e não de 5 dias corridos.

No dia a dia, há dois grandes tipos de problemas do consumidor com a negativação de seu nome.

O primeiro problema se dá quando há negativação indevida por conta de informação equivocada dada pelo credor (uma instituição financeira, por exemplo). Nesse caso, não se deve ingressar com ação contra o Serviço de Proteção ao Crédito (o Banco de Dados), mas contra o credor que deu a informação equivocada (a instituição financeira, no exemplo dado).

O segundo tipo de problema se dá quando se mantém uma informação indevida no Banco de Dados mesmo após ciência inequívoca, por parte do Serviço de Proteção ao Crédito, do erro no apontamento. Nesse caso, sim, deve-se ingressar com ação diretamente contra o Banco de Dados (por exemplo, contra a Serasa).

Sobre o tema, vale trazer à colação os seguintes entendimentos jurisprudenciais:

a) Súm. STJ 359: "cabe ao órgão mantenedor do Cadastro de Proteção ao Crédito a notificação do devedor antes de proceder à inscrição";

b) Súm. STJ 404: "é dispensável o aviso de recebimento (AR) na carta de comunicação ao consumidor sobre a negativação de seu nome em bancos de dados e cadastros";

c) Súm. STJ 385: "da anotação irregular em cadastro de proteção ao crédito, não cabe indenização por dano moral, quando preexistente legítima inscrição, ressalvado o direito ao cancelamento";

d) STJ: discussão judicial da dívida não é suficiente para suspender a negativação do nome; o consumidor há de demonstrar requisitos para a concessão de tutela de urgência;

e) Súm. STJ 380: "a simples propositura da ação de revisão de contrato não inibe a caracterização da mora do autor".

Fechando o presente item, vale lembrar que hoje também existe o chamado cadastro de adimplemento, regulamentado pela Lei 12.414/2011. Essa lei disciplina a formação e a consulta a banco de dados com informações sobre o histórico do crédito de uma pessoa física ou jurídica.

A ideia é que os chamados "bons pagadores" possam se beneficiar dessa condição, contraindo financiamentos ou vendas a prazo com juros mais baixos.

9. Proteção contratual

9.1. Disposições gerais

Uma vez que o consumidor celebre um contrato com o fornecedor, o primeiro passa a receber uma proteção especial, que é a proteção contratual, prevista nos arts. 46 e seguintes do CDC.

A primeira regra de proteção é a que estabelece dois **pressupostos de vinculação do consumidor a um contrato**. Esses pressupostos são os seguintes: a) a oportunidade de conhecimento prévio de seu conteúdo; b) a existência de redação e apresentação de fácil compreensão.

Confira a regra do art. 46 do CDC: "os contratos que regulam as relações de consumo não obrigarão os consumidores, se não lhes for dada oportunidade de tomar conhecimento prévio de seu conteúdo, ou se os respectivos instrumentos forem redigidos de modo a dificultar a compreensão de seu sentido e alcance."

Outra importante regra de proteção contratual é a da **interpretação mais favorável** ao consumidor (art. 47 do CDC), cujo teor é a seguinte: *"as cláusulas contratuais serão interpretadas de maneira mais favorável ao consumidor"*.

Repare que no CDC não é necessário que a cláusula contratual seja ambígua para que se busque a interpretação mais favorável ao consumidor. Repare, outrossim, que tal regra vale para qualquer contrato de consumo e não só para contratos de adesão.

Isso faz com que o disposto no art. 47 do CDC não se confunda com o disposto no art. 423 do Código Civil, que tem regra semelhante, mas que somente se aplica se houver cláusula ambígua e desde que se trate de contrato de adesão.

Outra regra importante de proteção contratual é a que estabelece a **vinculação de escritos.** Confira (art. 48 do CDC): *"as declarações de vontade constantes de escritos particulares, recibos e pré-contratos relativos às relações de consumo vinculam o fornecedor, ensejando inclusive execução específica, nos termos do art. 84 e parágrafos".*

Essa regra é interessante, devendo o consumidor, quando for comprar um imóvel, por exemplo, guardar os rascunhos das propostas, bem como outros documentos e escritos, pois tais elementos vinculam o fornecedor e permitem que o consumidor ingresse com ação buscando execução específica das obrigações decorrentes desses escritos.

Outra regra bastante importante é a que assegura o **direito de arrependimento nas compras feitas fora de estabelecimento comercial,** também chamada de **denúncia vazia do contrato de consumo**. Confira a regra (art. 49): *"o consumidor pode desistir do contrato, no prazo de sete dias a contar de sua assinatura ou do ato de recebimento do produto ou serviço, sempre que a contratação de fornecimento de produtos ou serviços ocorrer fora do estabelecimento comercial, especialmente por telefone ou a domicílio. (...) Se o consumidor exercitar o direito de arrependimento previsto neste artigo, os valores eventualmente pagos, a qualquer título, durante o prazo de reflexão, serão devolvidos, de imediato, monetariamente atualizados".*

Repare que esse direito só existe em compras feitas fora do estabelecimento comercial (exs.: por telefone, em domicílio, pela internet). Repare, também, que o consumidor tem 7 dias corridos, e não 7 dias úteis, para exercer seu direito de arrependimento, sendo que esse prazo começa a ser contado do momento em que o consumidor estiver com o produto em sua disponibilidade, o que coincide, normalmente, com a entrega do produto ou serviço. Por fim, repare que o consumidor tem direito de receber tudo o que pagou de volta, inclusive com correção monetária.

9.2. Cláusulas abusivas

Conforme já visto, o CDC é uma norma de ordem pública (art. 1º), ou seja, uma norma que não pode ser afastada pela vontade das partes.

Assim, quando uma cláusula contratual está em desacordo com as normas do CDC, tal cláusula é considerada *nula* e não meramente *anulável*.

O art. 51 do CDC usa, inclusive, uma expressão bem chamativa, dispondo que as cláusulas contratuais contrárias ao Código "são nulas de pleno direito". Essa expressão "de pleno direito" é apenas um reforço, para lembrar que a nulidade é uma sanção jurídica que se aplica automaticamente, ou seja, independentemente de alguém ingressar com uma ação para a anulação do negócio.

Por conta disso, toda vez que uma cláusula contratual violar o CDC, ter-se-á, imediatamente, uma cláusula que não pode produzir efeitos. O ingresso com ação posterior serve apenas para declarar a nulidade, pois essa sanção já está aplicada pelo próprio Direito quando se acorda uma cláusula que fere o CDC.

Para facilitar a vida do consumidor, o artigo 51 do CDC traz um rol exemplificativo de cláusulas contratuais consideradas nulas de pleno direito.

Trata-se de **rol exemplificativo**, pois qualquer cláusula contratual que esteja em desacordo com qualquer princípio ou regra do CDC é considerada nula de pleno direito (art. 51, XV, do CDC), independente de constar casuisticamente de algum inciso do art. 51 do CDC.

Passemos à análise das hipóteses previstas no art. 51 do CDC, que considera nulas de pleno direito, dentre outras, as cláusulas que:

I. **impossibilitem, exonerem ou atenuem a responsabilidade do fornecedor por vícios de qualquer natureza dos produtos e serviços ou impliquem renúncia ou disposição de direitos. Nas relações de consumo entre o fornecedor e o consumidor pessoa jurídica, a indenização poderá ser limitada, em situações justificáveis.**

Repare que, se o consumidor é *pessoa física*, não cabe cláusula alguma que mitigue ou exclua a responsabilidade do fornecedor. Nesse sentido, o STJ entende que é nula qualquer cláusula que exonere o estabelecimento por furto ocorrido em seu estacionamento (Súmula 130). No entanto, se o consumidor for *pessoa jurídica* e houver motivo justificável, é cabível convenção entre as partes *limitando* a indenização, mas não é cabível convenção impossibilitando ou exonerando o fornecedor de pagar indenização;

II. **subtraiam ao consumidor a opção de reembolso de quantia já paga, nos casos previstos no CDC.**

Um exemplo de nulidade nesse caso é a cláusula contratual que retira do consumidor o direito de arrependimento em contratos celebrados fora de estabelecimento comercial (art. 49 do CDC);

III. **transfiram responsabilidades a terceiros.**

Um exemplo é a cláusula contratual que dispõe que o consumidor só poderá acionar a seguradora do fornecedor, e nunca este diretamente;

IV. **estabeleçam obrigações consideradas iníquas, abusivas, que coloquem o consumidor em desvantagem exagerada, ou sejam incompatíveis com a boa-fé ou a equidade.**

Por exemplo, é considerada abusiva a cláusula que limita os dias de internação por parte de plano de saúde (Súmula 302 do STJ).

Para facilitar a aplicação desse inciso, o CDC presume exagerada, entre outras, a vontade que (art. 51, § 1º, do CDC):

i) ofende os princípios fundamentais do sistema;

ii) restringe direitos ou obrigações fundamentais inerentes à natureza do contrato, de tal modo a ameaçar seu objeto ou o equilíbrio contratual;

iii) mostre-se excessivamente onerosa ao consumidor, considerando-se a natureza e conteúdo do contrato, o interesse das partes e outras circunstâncias peculiares ao caso.

Exemplo de cláusula exagerada (portanto, abusiva) é a que fixa foro de eleição oneroso ao consumidor;

V. **vetado;**

VI. **estabeleçam inversão do ônus da prova em prejuízo do consumidor.**

Qualquer cláusula nesse sentido é totalmente nula. Não há exceções. Vale lembrar que o ônus da prova, em qualquer ação de conhecimento, é sempre do autor da demanda. No entanto, no âmbito do CDC, o juiz poderá inverter o ônus da prova em favor do consumidor, não em favor do fornecedor (art. 6º, VIII, do CDC). E, no caso de publicidade, a própria lei já inverte o ônus da prova sobre a veracidade e a correção desta, dispondo que aquele que patrocina a comunicação tem o ônus da prova correspondente;

VII. **determinem a utilização compulsória de arbitragem.**

Por conta desse inciso, é nula a cláusula num contrato de consumo que determina que eventual controvérsia entre as partes será dirimida por meio da arbitragem. Dessa forma, a arbitragem só será cabível quando o consumidor, após ter assinado o contrato, acaba por aceitá-la livremente;

VIII. **imponham representante para concluir ou realizar outro negócio jurídico pelo consumidor.**

Um exemplo é aquela situação em que o consumidor autoriza que uma terceira pessoa emita nota promissória em seu nome, situação vedada pelo inciso em tela e pela Súmula 60 do STJ;

IX. **deixem ao fornecedor a opção de concluir ou não o contrato, embora obrigando o consumidor;**

X. **permitam ao fornecedor, direta ou indiretamente, variação do preço de maneira unilateral;**

XI. **autorizem o fornecedor a cancelar o contrato unilateralmente, sem que igual direito seja conferido ao consumidor;**

XII. **obriguem o consumidor a ressarcir custos de cobrança de sua obrigação, sem que igual direito lhe seja conferido contra o fornecedor;**

XIII. **autorizem o fornecedor a modificar unilateralmente o conteúdo ou a qualidade do contrato, após sua celebração.**

Os cinco incisos anteriores têm o mesmo sentido, qual seja, o de deixar claro que determinadas prerrogativas contratuais só serão válidas se forem atribuídas igualmente às duas partes, ou seja, ao fornecedor e ao consumidor;

XIV. **infrinjam ou possibilitem violação de normas ambientais.**

Para que um contrato atenda à sua função social, não basta que haja equilíbrio e justiça entre as partes contratuais. É necessário, também, que as cláusulas contratuais não firam direitos coletivos, como os expressados nas normas ambientais;

XV. **estejam em desacordo com o sistema de proteção ao consumidor.**

Conforme já escrito, esse inciso cria uma regra de extensão, que torna o art. 51 do CDC uma norma que traz efetivamente um rol exemplificativo de cláusulas abusivas. Assim, qualquer cláusula contratual que fira uma norma prevista no CDC, independente do caso se enquadrar nos demais incisos desse artigo, é considerada nula de pleno direito;

XVI. **possibilitem a renúncia do direito de indenização por benfeitorias necessárias.**

As benfeitorias necessárias são aquelas indispensáveis à conservação da coisa. No Direito Civil, até o possuidor de má-fé que tiver de sair da coisa tem direito de ser indenizado pelas benfeitorias necessárias que fizer. Se assim é com o possuidor de má-fé, não é possível ser diferente com o consumidor, que merece sempre uma proteção especial. Assim, um consumidor que comprar uma casa a prestação e tiver de devolvê-la terá direito de ser indenizado pelas benfeitorias necessárias que fizer, mesmo que haja cláusula contratual em sentido contrário.

Uma vez que uma cláusula contratual é nula, isso não quer dizer que o contrato inteiro será nulo. Vige, no caso, o princípio da conservação dos contratos. No entanto, quando a nulidade da cláusula importar em ônus excessivo a qualquer das partes, é possível que a melhor solução seja a extinção do contrato como um todo. Nesse sentido, confira o § 2º do art. 51 do CDC: *"a nulidade de uma cláusula contratual abusiva não invalida o contrato, exceto quando de sua ausência, apesar dos esforços de integração, decorrer ônus excessivo a qualquer das partes"*.

Por fim, vale trazer uma palavra sobre a chamada ação anulatória geral, prevista no § 4º do art. 51 do CDC: *"é facultado a qualquer consumidor ou entidade que o represente requerer ao Ministério Público que ajuíze a competente ação para ser declarada a nulidade de cláusula contratual que contrarie o disposto neste Código ou de qualquer forma não assegure o justo equilíbrio entre direitos e obrigações das partes"*.

Considerando que o Ministério Público só pode defender interesses individuais indisponíveis e interesses sociais (art. 127, *caput*, da CF), tal ação só será cabível nos contratos que envolverem tais interesses, como é o caso do contrato educacional.

9.3. Fornecimento de produtos ou serviços que envolva outorga de crédito ou concessão de financiamento ao consumidor (art. 52)

Cada vez mais o consumidor celebra contratos que envolvem crédito puro (ex.: empréstimo de dinheiro) ou financiamento para aquisição de um bem (ex.: aquisição de um carro, de um imóvel ou de um aparelho eletrônico).

Normalmente, o consumidor está em grande desvantagem nessas transações, já que precisa do crédito, de um lado, e tem, do outro, a presença de grandes e impositivas empresas, como são as instituições financeiras.

É por isso que o CDC estabelece regras específicas sobre esse tipo de contratação.

A primeira regra é a da **informação**. De acordo com o disposto no art. 52 do CDC, o fornecedor deverá, entre outros requisitos, **informar** o consumidor, *prévia* e *adequadamente*, sobre o seguinte:

a) preço do produto ou serviço em moeda corrente nacional;

b) montante dos juros de mora e da taxa efetiva anual de juros;

c) acréscimos legalmente previstos;

d) número e periodicidade das prestações;

e) soma total a pagar, com e sem financiamento.

Outra regra importante diz respeito ao **limite de multa de mora**. De acordo com o disposto no art. 52, § 1º, do CDC, as multas de mora decorrentes do inadimplemento de obrigações no seu termo não poderão ser superiores a dois por cento (2%) do valor da prestação.

Repare que o CDC não traz limitação à taxa de **juros compensatórios**. Tais taxas devem respeitar, portanto, o disposto no Código Civil, que limita os juros ao mesmo índice aplicável aos débitos com a Fazenda Pública (art. 591 c.c. art. 406 ambos do CC). Todavia, as instituições financeiras não são obrigadas a respeitar tal limite. Já quanto aos **juros moratórios**, o STJ determina que "nos contratos bancários não regidos por legislação específica, os juros moratórios poderão ser fixados em até 1% ao mês".

Por fim, há uma última regra protetiva do consumidor sobre o assunto. Trata-se do **direito do consumidor liquidar antecipadamente o débito**, total ou parcialmente, mediante **redução proporcional dos juros e demais acréscimos** (art. 52, § 2º, do CDC). Assim, um consumidor que tenha tomado um empréstimo para pagar em 24 meses, por exemplo, poderá, a qualquer momento, não só pagar antecipadamente todas as parcelas ou parte das parcelas que ainda irão vencer, como também receber um abatimento no valor das prestações adiantadas, tendo em vista a redução proporcional dos juros e demais acréscimos.

Repare que esse direito só vale para contratos de crédito ou de financiamento. Portanto, caso alguém tenha feito um contrato de arrendamento mercantil (*leasing*), que é uma locação com opção de compra, e queira antecipar parcelas da locação, não haverá o direito à redução proporcional no valor das parcelas, pois não se trata, no plano jurídico, de um empréstimo, mas de uma locação. Ao contrário, se um carro estiver sendo adquirido por meio de alienação fiduciária, cabe redução proporcional dos juros, pois esse contrato nada mais é do que um mútuo (empréstimo de dinheiro), com o carro dado em garantia.

9.4. Compra e venda de móveis ou imóveis por prestações e alienação fiduciária

Nos contratos de *compra e venda de móveis ou imóveis por prestações* (ex.: compra de um terreno a prazo, diretamente do loteador) e no *contrato de alienação fiduciária* (aquisição de veículo mediante empréstimo bancário garantido pela alienação em confiança do veículo à instituição financeira) há uma regra muito interessante que protege o consumidor no caso de resolução do contrato, que será vista após a exemplificação feita nos dois próximos parágrafos.

Normalmente, quando o consumidor não tem mais condições de arcar com as prestações nas aquisições mencionadas, o contrato acaba se resolvendo e o fornecedor recebe de volta a coisa. Nos exemplos dados, o loteador volta a ficar com o terreno e a instituição financeira fica com o carro.

Porém, é comum, nesses casos, que o fornecedor queira ficar também com todo ou quase todo o valor já pago pelo consumidor.

Para que isso não aconteça, o CDC estabelece a seguinte regra (art. 53): *"(...) consideram-se nulas de pleno direito as cláusulas que estabeleçam a* perda total *das prestações pagas em benefício do credor que, em* razão do inadimplemento, pleitear a resolução do contrato e a retomada do produto alienado".

Partindo do exemplo da aquisição do terreno, caso no compromisso de compra e venda respectivo haja cláusula dispondo que o consumidor perderá o valor das parcelas pagas, tal disposição será nula de pleno direito.

O STJ entende que o consumidor tem direito de receber de volta todas as parcelas que já tenha pago, abatido 10% do valor, para compensar o fornecedor. Naturalmente, caso o consumidor chegue a usar a coisa que teve de devolver, o fornecedor terá direito de ficar com quantia superior aos 10%, sob pena de enriquecimento sem causa do consumidor.

O CDC traz, ainda, uma importante regra sobre o **contrato de consórcio**. Confira (art. 53, § 2º, do CDC): *"nos contratos do sistema de* consórcio *de produtos duráveis, a compensação ou a restituição das parcelas quitadas, na forma* *deste artigo, terá* descontada, *além da* vantagem econômica auferida com a fruição, *os* prejuízos que o desistente ou inadimplente causar ao grupo."

9.5. Contratos de adesão[1]

O CDC **conceitua** o contrato de adesão como *"aquele cujas cláusulas tenham sido* aprovadas pela autoridade competente *ou* estabelecidas unilateralmente *pelo fornecedor de produtos ou serviços, sem que o consumidor* possa discutir ou modificar substancialmente seu conteúdo" (art. 54).

Repare que há **duas espécies** de contrato de adesão, quais sejam: a) contratos com cláusulas estabelecidas pela Administração Pública; b) contratos estabelecidos unilateralmente pelo fornecedor, sem que o consumidor possa discutir ou modificar substancialmente seu conteúdo.

O fato de o consumidor conseguir inserir alguma cláusula num formulário de um contrato estabelecido unilateralmente pelo fornecedor não desnatura esse contrato, que continua de adesão (art. 54, § 1º, do CDC). Ou seja, um contrato originariamente de adesão só deixará de sê-lo se o consumidor conseguir discutir e modificá-lo substancialmente.

O fato de um contrato de consumo ser, também, um contrato de adesão tem os seguintes **efeitos**:

a) o contrato recebe normalmente a proteção geral prevista no CDC;

b) o contrato recebe, adicionalmente, três proteções específicas para o contrato de adesão (art. 54, §§ 2º, 3º e 4º, do CDC).

A primeira proteção específica para o contrato de adesão é o chamado **direito de escolha** em caso de possibilidade de resolução do negócio. Confira a regra (art. 53, § 2º, do CDC): "nos contratos de adesão admite-se cláusula resolutória, desde que a alternativa, cabendo a escolha ao consumidor (...)".

Vamos ao exemplo. Imagine que um consumidor tenha celebrado um compromisso de compra e venda de um apartamento com uma construtora e que, depois de pagar várias parcelas, torne-se inadimplente. Imagine, ainda, que se trata de um contrato de adesão (e normalmente tais contratos são mesmo de adesão) e que haja cláusula resolutiva expressa, ou seja, cláusula dispondo que o não pagamento de prestações importará na resolução do contrato. Pois bem, quando a lei dispõe que a cláusula resolutória é uma alternativa cuja escolha compete ao consumidor, está dizendo que o consumidor tem duas alternativas numa situação dessas, quais sejam: a) aceitar a resolução do contrato; b) purgar a mora para evitar a resolução do contrato.

No exemplo em tela, o consumidor tem, então, a opção de manter o contrato, desde que pague as parcelas atrasadas, ou seja, desde que purgue a mora.

A segunda proteção específica diz respeito às **características da redação contratual em geral**. Os contratos de adesão devem ter sua redação geral dotada dos seguintes atributos, de modo a facilitar a compreensão pelo consumidor (art. 53, § 3º, do CDC):

a) redação em termos claros;

b) redação com caracteres ostensivos e legíveis, cujo tamanho da fonte não será inferior ao corpo 12 (doze).

Caso um contrato não respeite tal disposição, estaremos diante de um contrato nulo, nos termos do art. 51, XV, do CDC.

A terceira proteção específica diz respeito às **características da redação quanto às cláusulas limitativas de direito**. Todo contrato de adesão tem uma série de cláusulas que limitam os direitos do consumidor. Tais cláusulas deverão ser redigidas com **destaque**, permitindo sua imediata e fácil compreensão.

A redação com destaque significa **ou** letra maior, **ou** negrito **ou** sublinhado. Caso alguma cláusula limitativa de direito num contrato de adesão regido pelo CDC não esteja assim redigida, será nula de pleno direito, nos termos do art. 51, XV, do CDC.

10. Sanções administrativas nas relações de consumo

10.1. Introdução

O CDC prevê a *proteção civil* do consumidor, o que é feito por meio de ações judiciais coletivas ou individuais. Prevê também a *proteção criminal* deste, o que é feito por meio de ações penais públicas incondicionadas, diante dos diversos tipos penais previstos no próprio CDC. E, por fim, prevê a proteção administrativa do consumidor, que é feita por todos os entes políticos (União, Estados, Distrito Federal e Municípios), no exercício do chamado poder de polícia administrativa (arts. 55 a 60 do CDC).

A Constituição Federal, em seu artigo 24, V e VIII, dispõe que é competência concorrente da União, Estados e Distrito Federal legislar sobre direito do consumidor, cabendo à União traçar as normas gerais e aos Estados e Distrito Federal suplementar a legislação federal, sem prejuízo, por óbvio, da competência dos Municípios para legislar sobre assuntos de interesse local.

1 O novo Código Civil traz algumas disposições acerca dos contratos de adesão por ele regidos:
"Art. 423. Quando houver no contrato de adesão cláusulas ambíguas ou contraditórias, dever-se-á adotar a interpretação mais favorável ao aderente."
"Art. 424. Nos contratos de adesão, são nulas as cláusulas que estipulem a renúncia antecipada do aderente a direito resultante da natureza do negócio."

O CDC é justamente a **norma geral** de que trata a CF, norma geral essa que traz também a proteção administrativa das relações de consumo, a qual deve, em cada esfera de atuação dos entes políticos, ser regulamentada para aplicação das sanções administrativas.

No âmbito da União, tal regulamentação da proteção administrativa foi veiculada por meio do Decreto nº 2.181/1997, pelo qual se trouxe a forma como será realizado o poder de polícia em estudo, estabelecendo os órgãos incumbidos da fiscalização, as hipóteses de prática ilícita, as sanções aplicáveis (em consonância com as previstas no CDC) e a gradação da sanção.

10.2. Poder de polícia nas relações de consumo

O poder de polícia nas relações de consumo pode ser **conceituado** como a *atividade do Poder Público de condicionar a atividade dos fornecedores* baixando normas *(União, Estados e Distrito Federal) relativas à produção, industrialização, distribuição e consumo de produtos e serviços, bem como* fiscalizando e controlando *(União, Estados Distrito, Federal e Municípios) tais itens e também a publicidade respectiva, tudo no interesse da preservação da vida, da saúde, da segurança, da informação e do bem-estar do consumidor.*

Num primeiro momento, o **poder de polícia** atua por meio da edição de leis. Trata-se do poder de polícia em sentido amplo, que *consiste no fato de a União (normas gerais) e os Estados e Distrito Federal (suplementando a legislação federal)* baixarem leis *trazendo os limites da conduta dos fornecedores e o tipo de sanção administrativa correspondente a cada descumprimento dos limites legais da sua conduta.* A maior expressão do poder de polícia em sentido amplo é justamente o CDC, que traz os limites das atividades dos fornecedores e as sanções administrativas aplicáveis.

Num segundo momento, temos o **poder de polícia em sentido estrito**, que se dá por meio de regulamentos administrativos e atos concretos. Esse poder de polícia, também chamado de polícia administrativa, consiste *na atuação da Administração Pública de* fiscalizar e controlar *as atividades dos fornecedores, estabelecendo, num primeiro momento, regulamentos para fiel execução das leis acima, e, num segundo momento, expedindo atos administrativos, na observação concreta da conduta dos fornecedores, a fim de verificar se estes estão cumprindo ou não as leis acima referidas, aplicando, se for o caso, a sanção administrativa correspondente.* É expressão da polícia administrativa um fiscal do Procon fiscalizar o cumprimento da lei de consumo, aplicando as sanções administrativas previstas no CDC.

Os órgãos federais, estaduais, do Distrito Federal e municipais com atribuições para **fiscalizar e controlar** o mercado de consumo manterão comissões permanentes para elaboração, revisão e atualização dos **regulamentos** atinentes à fiscalização e ao controle administrativo das atividades dos fornecedores.

Para garantir a efetividade da fiscalização e o controle administrativo, o CDC confere aos órgãos públicos poderes semelhantes aos que tem o Ministério Público **(poder de notificação ou requisição)**, facultando a tais órgãos a expedição de notificações aos fornecedores para que, sob pena de desobediência, prestem informações sobre questões de interesse do consumidor, resguardado o segredo industrial.

10.3. Sanções administrativas cabíveis

As sanções administrativas a seguir expostas são aquelas que cada ente político (União, Estados, DF e Municípios), em função do regulamento que fizer para fiel execução da lei, poderá prever para o exercício do poder de polícia administrativa local.

Tais sanções devem ser aplicadas pela autoridade administrativa, no âmbito de sua atribuição, de forma cumulativa ou não, inclusive por *medida cautelar* antecedente ou incidente de procedimento administrativo.

Vejamos, então, as sanções administrativas previstas no CDC, atentando para o fato de que, com exceção da multa, que pode ser estipulada livremente pelo regulamento para qualquer tipo de prática ilícita nas relações de consumo, as demais só podem ser aplicadas para um âmbito previamente definido pelo CDC. Confira-se:

a) **multa:** será graduada de acordo com a gravidade da infração, a vantagem auferida e a condição econômica do fornecedor, aplicando-se mediante procedimento administrativo e revertendo-a para o fundo de direitos difusos correspondente a cada ente político; seu valor será de 200 a 3 milhões de UFIRs ou índice que venha a substituí-la;

b) **apreensão do produto;**

c) **inutilização do produto;**

d) **cassação do registro do produto junto ao órgão competente;**

e) **proibição de fabricação do produto;**

f) **suspensão de fornecimento de produtos e serviço;**

g) **revogação de concessões ou permissão de uso:** aplicada à concessionária de serviço público, quando violar obrigação legal ou contratual.

   As sanções mencionadas (itens "b" a "g") serão aplicadas pela administração, mediante procedimento administrativo, assegurada ampla defesa, quando forem constatados vícios de quantidade ou de qualidade por inadequação ou insegurança do produto ou serviço;

h) **suspensão temporária da atividade;**

i) **cassação de licença do estabelecimento ou atividade;**

j) **interdição, total ou parcial, de estabelecimento, de obra ou de atividade;**

k) **intervenção administrativa:** será aplicada sempre que as circunstâncias de fato desaconselharem a cassação de licença, a interdição ou a suspensão da atividade.

As sanções anteriores (itens "h" a "k") serão aplicadas mediante procedimento administrativo, assegurada ampla defesa, quando o fornecedor reincidir na prática das infrações de maior gravidade previstas no Código e na legislação de consumo;

l) **imposição de contrapropaganda:** será cominada quando o fornecedor incorrer na prática de propaganda enganosa ou abusiva, sempre às expensas do infrator, devendo ser divulgada da mesma forma, frequência e dimensão e, preferencialmente, no mesmo veículo, local, espaço e horário, de forma capaz de desfazer o malefício da publicidade enganosa ou abusiva.

11. Sistema Nacional de Defesa do Consumidor – SNDC

São **integrantes** do SNDC os órgãos federais, estaduais, do Distrito Federal e municipais e as entidades privadas de defesa do consumidor (art. 105 do CDC).

O órgão de coordenação política do sistema é o Departamento Nacional de Defesa do Consumidor (da Secretaria Nacional de Defesa do Consumidor, do Ministério da Justiça), o qual deverá:

I. *planejar, elaborar, propor, coordenar e executar a política nacional de proteção ao consumidor;*

II. *receber, analisar, avaliar e encaminhar consultas, denúncias ou sugestões apresentadas por entidades representativas ou pessoas jurídicas de direito público ou privado;*

III. *prestar aos consumidores orientação permanente sobre seus direitos e garantias;*

IV. *informar, conscientizar e motivar o consumidor através dos diferentes meios de comunicação;*

V. *solicitar à polícia judiciária a instauração de inquérito policial para a apreciação de delito contra os consumidores, nos termos da legislação vigente;*

VI. *representar ao Ministério Público competente para fins de adoção de medidas processuais no âmbito de suas atribuições;*

VII. *levar ao conhecimento dos órgãos competentes as infrações de ordem administrativa que violarem os interesses difusos, coletivos, ou individuais dos consumidores;*

VIII. *solicitar o concurso de órgãos e entidades da União, Estados, do Distrito Federal e Municípios, bem como auxiliar a fiscalização de preços, abastecimento, quantidade e segurança de bens e serviços;*

IX. *incentivar, inclusive com recursos financeiros e outros programas especiais, a formação de entidades de defesa do consumidor pela população e pelos órgãos públicos estaduais e municipais;*

XIII. *desenvolver outras atividades compatíveis com suas finalidades.*

Para consecução de seus objetivos, o Departamento Nacional de Defesa do Consumidor poderá solicitar o concurso de órgãos e entidades de notória especialização técnico-científica.

12. Convenção coletiva de consumo

A convenção coletiva de consumo pode ser **conceituada** como a *convenção escrita estabelecida entre as entidades civis de consumidores e as associações de fornecedores ou sindicatos de categoria econômica, que tem por fim regular relações de consumo e por objeto estabelecer condições relativas ao preço, à qualidade, à quantidade, à garantia e características de produtos e serviços, bem como reclamação e composição do conflito de consumo* (art. 107 do CDC).

Quanto às **formalidades**, a convenção, além de dever ser escrita, apenas se tornará obrigatória a partir do registro do instrumento no cartório de títulos e documentos.

Quanto à **abrangência** da convenção, esta somente obrigará os filiados às entidades signatárias.

Além disso, não se exime de cumprir a convenção o fornecedor que se desligar da entidade em data posterior ao registro do instrumento.

13. Defesa do consumidor em juízo: individual e coletiva

13.1. Tipos de interesses

A defesa do consumidor em juízo poderá se dar individual ou coletivamente. A **defesa coletiva** será exercida quando se tratar de um dos seguintes interesses (art. 81, p. ún., do CDC):

I. **interesses ou direitos difusos:** os transindividuais, de natureza indivisível, de que sejam titulares pessoas indeterminadas e ligadas por circunstâncias de fato. Ex.: direito ao meio ambiente ecologicamente equilibrado;

II. **interesses ou direitos coletivos:** os transindividuais, de natureza indivisível, de que seja titular grupo, categoria ou classe de pessoas ligadas entre si ou com a parte contrária por uma relação jurídica base. Ex.: direito dos integrantes de um consórcio de carro;

III. **interesses ou direitos individuais homogêneos:** os decorrentes de origem comum. Ex.: direito das vítimas de um acidente aéreo.

13.2. Legitimados concorrentes para a defesa coletiva

Segundo o CDC, são legitimados para a defesa dos interesses coletivos em sentido amplo os seguintes (art. 82 do CDC):

I. Ministério Público;

II. União, Estados, Distrito Federal e Municípios;

III. entidades da administração pública direta e indireta;

IV. órgãos da administração pública direta ou indireta, especificamente destinadas à defesa dos interesses e direitos protegidos pelo CDC;

IV. associações legalmente constituídas há pelo menos 1 (um) ano e que incluam entre seus fins institucionais a defesas dos interesses e direitos protegidos pelo CDC, dispensada a autorização assemblear.

O requisito de pré-constituição pode ser dispensado pelo juiz nas ações que visem à proteção de interesses individuais homogêneos, quando haja manifesto interesse social evidenciado pela dimensão ou características do dano, ou pela relevância do bem jurídico a ser protegido (art. 82, § 1º, do CDC).

13.3. Tipos de ações admissíveis para proteção dos direitos do consumidor

O art. 83 do CDC dispõe que, para a defesa dos direitos e interesses protegidos pelo Código, são admissíveis todas as espécies de ações capazes de propiciar sua adequada e efetiva tutela.

Vale dizer, pode o autor escolher o *rito* procedimental que deseja imprimir à demanda (rito sumário, rito ordinário, rito do mandado de segurança etc.), bem como pode pedir qualquer tipo de *provimento* jurisdicional (provimento declaratório, provimento constitutivo, provimento condenatório, provimento mandamental, provimento executivo *latu sensu*), devendo escolher qual *rito* e *provimento* será mais eficaz para atender ao direito pleiteado.

Vale lembrar que o provimento mandamental é o melhor deles, já que, em tal caso, o juiz, na sentença, determina que alguém faça ou deixe de fazer alguma coisa, determinação essa que será enviada por ofício à pessoa destinatária da ordem, sem necessidade de abertura de processo de execução de sentença, o que a torna menos burocrática, além da vantagem de, em caso de seu descumprimento, configurar-se o crime de desobediência à ordem judicial, o que torna a sentença muitíssimo eficaz.

O veto presidencial ao dispositivo que tratava da possibilidade de se ingressar com ação mandamental foi inócuo, eis que o fato de se admitir todas as espécies de ações já é suficiente para que se possa ingressar com tal espécie de pedido.

13.4. Provimento jurisdicional final e tutela antecipada nas obrigações de fazer ou não fazer

O art. 84 do CDC traz uma série de regras interessantes acerca dos comandos judiciais cabíveis nas ações que tenham por objeto obrigação de fazer. Confira:

a) *na ação que tenha por objeto o cumprimento de obrigação de fazer ou não fazer, o juiz concederá a tutela específica da obrigação ou determinará providências que assegurem o resultado prático equivalente ao do adimplemento;*

b) *sendo relevante o fundamento da demanda e havendo justificado receio de ineficácia do provimento final, é lícito ao juiz conceder a tutela liminarmente ou após justificação prévia, citando o réu.*

Na busca de tal tutela específica, o CDC traz incentivos negativos ao réu para cumprir o que o autor da ação deseja, e o faz dizendo que o *juiz poderá, na hipótese de concessão da tutela antecipada ou na sentença, impor multa diária ao réu, independentemente de pedido do autor, se for suficiente ou compatível com a obrigação, fixando prazo razoável para o cumprimento do preceito.*

Vale ressaltar, todavia, que *a multa só será exigível do réu após o trânsito em julgado da sentença favorável ao autor, mas será devida desde o dia em que se houver configurado o descumprimento.*

O juiz poderá, ainda, determinar as medidas necessárias, tais como busca e apreensão, remoção de coisas e pessoas, desfazimento de obra, impedimento de atividade nociva, além de requisição de força policial.

Com todas as possibilidades previstas no CDC para que uma obrigação de fazer seja cumprida pelo fornecedor, a conversão da obrigação em perdas e danos somente será admissível se por elas optar o autor ou se for impossível a tutela específica ou a obtenção do resultado prático correspondente.

13.5. Isenção de custas

Nas ações coletivas não haverá adiantamento de custas, emolumentos, honorários periciais e quaisquer outras despesas.

Nada obstante, o juiz condenará a associação autora a pagar ao réu os honorários advocatícios, custas e demais despesas em caso de litigância de má-fé, hipótese em que a associação autora e os diretores responsáveis pela propositura da ação serão solidariamente condenados ao décuplo das custas, sem prejuízo de responsabilidade por perdas e danos.

13.6. Ação de regresso e denunciação da lide

Na hipótese do art. 13, p. ún. do CDC (que traz as exceções em que há responsabilidade do comerciante por fato do produto), a ação de regresso do comerciante contra o fornecedor responsável poderá ser ajuizada em processo autônomo, facultada a possibilidade de prosseguir-se nos mesmos autos, vedada a denunciação da lide.

13.7. Ações coletivas para a defesa de interesses individuais homogêneos

Veremos agora o específico regime das ações coletivas destinadas à defesa dos interesses individuais homogêneos.

Os legitimados para propositura desse tipo de demanda são exatamente aqueles a que nos referimos acima (MP, entes e órgãos da Administração Pública Direta e Indireta e associações), devendo-se salientar que o Ministério Público, por ser o interesse em questão normalmente disponível, só terá legitimidade quando os interesses individuais homogêneos tiverem expressão para a coletividade, como os que dizem respeito à *saúde* ou à *segurança* das pessoas, o acesso à *educação*, a prestação de serviços públicos, bem como quanto àqueles em que haja *grande dispersão dos lesados*.

 O STJ reconhece, pacificamente, a legitimidade do MP para defender consumidores contra mensalidades abusivas praticadas por escolas privadas.

Quanto aos serviços públicos, o STJ também reconhece a legitimidade do Ministério Público para defender interesses individuais homogêneos relativos a desrespeito de direitos de usuários de serviço de telefonia (REsp 568.734, DJ 29/06/2012).

Os legitimados para as ações de que trata o presente item proporão as respectivas ações em nome próprio e no interesse das vítimas ou seus sucessores, ação civil coletiva essa que buscará a efetivação da responsabilidade pelos danos individualmente sofridos.

O Ministério Público, se não ajuizar a ação, atuará sempre como fiscal da lei.

A competência para esse tipo de demanda segue um regime um pouco diferente daquela prevista na Lei de Ação Civil Pública (que é a do *local do dano*) e do ECA (que é a do *local da ação ou omissão*).

O CDC ressalva a competência da Justiça Federal, dizendo que é competente para a causa a justiça local (art. 93):

I. no foro do lugar onde ocorreu ou deva ocorrer o dano, quando de âmbito local;

II. no foro da Capital do Estado ou no do Distrito Federal, para os danos de âmbito nacional ou regional, aplicando-se as regras do Código de Processo Civil aos casos de competência concorrente.

Vale dizer, a competência aqui só será a do foro do local onde ocorreu ou deva ocorrer o dano se este for de âmbito local. Caso o dano seja de âmbito regional, a competência será a do foro da Capital do Estado correspondente e, em sendo o dano de âmbito nacional, a competência será a do foro do Distrito Federal.

Outra questão importante nesse tipo de ação é a preocupação com a situação dos lesados que queiram intervir na demanda coletiva ou que já ingressaram com alguma demanda individual.

Por isso é que a lei dispõe que, proposta a ação, será publicado edital no órgão oficial a fim de que os interessados possam intervir no processo como litisconsortes, sem prejuízo de ampla divulgação pelos meios de comunicação social por parte dos órgãos de defesa do consumidor (art. 94 do CDC).

Julgada procedente a demanda, far-se-á uma condenação genérica, que simplesmente fixa a responsabilidade dos réus pelos danos causados (art. 95 do CDC). Isso porque existem diversas pessoas naquela situação, não sendo o caso de se chamar todas para apuração do *quantum* do dano que cada uma sofreu, o que pode ser relegado para um momento posterior, o da liquidação de sentença.

A liquidação e a execução de sentença poderão ser promovidas tanto pela vítima e seus sucessores como também pelos legitimados à propositura dessa ação coletiva (art. 97 do CDC).

A execução coletiva, promovida pelos legitimados de que trata o art. 82, abrange as vítimas cujas indenizações já tiverem sido fixadas em sentença de liquidação, sem prejuízo do ajuizamento de outras execuções (art. 98 do CDC).

A execução coletiva far-se-á com base em certidão das sentenças de liquidação, da qual deverá constar a ocorrência ou não do trânsito em julgado.

É competente para a execução o juízo:

I. da liquidação da sentença ou da ação condenatória, no caso de execução individual;

II. da ação condenatória, quando coletiva a execução.

No primeiro caso (execução individual), perceba-se que há uma opção para aquele que ajuíza uma ação individual. Este pode escolher tanto o juízo por onde pediu a liquidação individual da sentença como o juízo que exarou a sentença condenatória coletiva em seu favor.

No segundo caso (execução coletiva), é prevento o juízo por onde correu a ação condenatória correspondente.

Vale ressaltar que em caso de concurso de créditos decorrentes de condenação prevista na Lei de Ação Civil Pública e de indenizações pelos prejuízos individuais resultantes do mesmo evento, estas terão preferência de pagamento (art. 99 do CDC). Vale dizer, ocorrido um evento que gera indenização à coletividade como um todo e também àquelas pessoas que tiveram danos individualizados, os créditos dessas terão preferência em relação aos da coletividade.

Assim, a destinação da importância recolhida ao Fundo criado pela lei de Ação Civil Pública ficará sustada enquanto pendentes de decisão de segundo grau as ações de indenização pelos danos individuais, salvo na hipótese de o patrimônio do devedor ser manifestamente suficiente para responder pela integralidade das dívidas.

Por fim, há questão importante a se comentar, que diz respeito à inércia do interessado em liquidar e executar seus danos individuais. Decorrido o prazo de 1 ano sem habilitação de interessados em número compatível com a gravidade do dano, poderão os legitimados do art. 82 promover a liquidação e a execução da indenização devida (art. 100 do CDC). O produto da indenização devida reverterá para o Fundo criado pela Lei 7.347/1985.

13.8. Ações de responsabilidade do fornecedor de produtos e serviços

Passemos, agora, ao comentário das especificidades das ações que envolvam responsabilidade do fornecedor de produtos e serviços, responsabilidade essa que pode ser tanto por fato do produto ou do serviço como por vício do produto ou do serviço.

De acordo com o artigo 101 do CDC, a ação de responsabilidade civil do fornecedor de produtos e serviços, sem prejuízo das disposições há pouco vistas (disposições gerais e ação coletiva para defesa de interesses individuais homogêneos), terá as seguintes particularidades:

a) competência: *a ação pode ser proposta no domicílio do autor*; vale dizer, além do domicílio do réu, poderá ser promovida facultativamente no domicílio do autor, normalmente o próprio consumidor;

b) admissão de chamamento ao processo: *o réu que houver contratado seguro de responsabilidade poderá chamar ao processo o segurador, vedada a integração do contraditório pelo Instituto de Resseguros do Brasil. Nesta hipótese, a sentença que julgar procedente o pedido condenará o réu nos termos do art. 80 do CPC. Se o réu houver sido declarado falido, o administrador judicial será intimado a informar a existência de seguro de responsabilidade facultando-se, em caso afirmativo, o ajuizamento de ação de indenização, diretamente contra o segurador, vedada a denunciação da lide ao Instituto de Resseguros do Brasil e dispensado o litisconsórcio obrigatório como este.*

Uma questão muito interessante nesse tipo de ação de responsabilidade do fornecedor de produtos e serviços é a possibilidade de os legitimados de agir na forma do CDC poderem propor ação visando a compelir o Poder Público competente a proibir, em todo o território nacional, a produção, divulgação, distribuição ou venda, ou a determinar alteração na composição, estrutura, fórmula ou acondicionamento de produto, cujo uso ou consumo regular se revele nocivo ou perigoso à saúde pública ou à incolumidade pessoal. Ex.: Procon ingressar com ação para compelir o Poder Público a proibir a fabricação de produtos com insumos agrícolas transgênicos não autorizados.

13.9. Coisa julgada

O regime da coisa julgada nas ações coletivas do CDC é bem diferente do previsto nas ações individuais em geral, que costumam ter limites subjetivos restritos e pouca flexibilidade.

Vejamos, então, esse regime diferenciado.

Dispõe o artigo 103 do CDC que nas ações coletivas nele previstas a sentença fará coisa julgada:

I. *erga omnes*, exceto se o pedido for julgado improcedente por insuficiência de provas, hipótese em que qualquer legitimado poderá intentar outra ação, com idêntico fundamento, valendo-se de nova prova, **na hipótese dos interesses difusos**;

II. *ultra partes*, mas limitadamente ao grupo, categoria ou classe, salvo improcedência por insuficiência de provas, nos termos do inciso anterior, **nas hipóteses de interesses coletivos**;

III. *erga omnes*, apenas no caso de procedência do pedido, para beneficiar todas as vítimas e seus sucessores, **na hipótese de interesses individuais homogêneos.**

Para efeito de fixação da matéria, seguem abaixo dois quadros, um sobre as características dos interesses difusos, coletivos e individuais homogêneos e outro com a questão da coisa julgada nesse tema.

Interesses	Grupo	Objeto	Origem	Disposição	Exemplos
Difusos	indeterminável	indivisível	situação de fato	indisponível	interesse das pessoas na despoluição de um rio
Coletivos	determinável	indivisível	relação jurídica	disponível apenas pelo grupo	interesse dos condôminos de edifício na troca de um elevador com problema
Individ. Homog.	determinável	divisível	origem comum	disponível individualmente	interesse de vítimas de acidente rodoviário em receber indenização

	Procedência	Improcedência	Improcedência por falta de provas	Observação
Difusos	*erga omnes*	*erga omnes*	**sem eficácia** *erga omnes*	**Interesses individuais não ficam prejudicados pela improcedência**
Coletivos	*ultra partes*, limitada ao grupo categoria ou classe	*ultra partes*	**sem eficácia** *ultra partes*	**Interesses individuais não ficam prejudicados pela improcedência**
Individuais homogênos	*erga omnes*, para beneficiar vítimas e sucessores, salvo se a vítima, ciente da ação coletiva, preferiu continuar com a ação individual	**sem eficácia** *erga omnes*	**sem eficácia** *erga omnes*	**Interesses individuais não ficam prejudicados pela improcedência**

Um ponto importante é a criação de um novo tipo de julgado, o de **improcedência por falta de provas**, o qual beneficia terceiros que não participaram da ação e que não puderam contribuir na prova nela feita.

Não bastasse isso, mesmo que uma ação seja julgada improcedente (não se trata da improcedência por falta de provas), os efeitos da coisa julgada dessa ação, quando veiculados interesses difusos ou coletivos, **não prejudicarão interesses e direitos individuais dos integrantes da coletividade, do grupo, categoria ou classe**. Vale dizer, mesmo após uma improcedência da questão numa ação coletiva, será possível que uma pessoa prejudicada ingresse com ação individual buscando seus direitos.

A preocupação do CDC é tão grande em resguardar interesses individuais que os efeitos da coisa julgada prevista na Lei de Ação Civil Pública, que também são *erga omnes*, limitados à competência territorial do órgão prolator, também não prejudicarão as ações de indenização por danos pessoalmente sofridos, propostas individualmente ou na forma prevista no CDC; mas, procedente o pedido, beneficiarão as vítimas e seus sucessores, que poderão proceder à liquidação e à execução nos termos dos dispositivos relativos à ação coletiva para defesa de interesses individuais homogêneos.

Aplica-se o disposto no parágrafo anterior à sentença penal condenatória.

As ações coletivas, relativas às hipóteses de interesses difusos e coletivos, não induzem litispendência para as ações individuais (art. 104 do CDC). Vale dizer, as ações individuais promovidas na pendência de ações para defender direitos difusos ou coletivos não serão extintas, já que é a lei que diz não se induzir litispendência nesse caso.

Porém, os efeitos da coisa julgada *erga omnes* ou *ultra partes*, relativos às hipóteses de interesses coletivos e individuais homogêneos, não beneficiarão os autores das ações individuais, se não for requerida sua suspensão no prazo de 30 (trinta) dias, a contar da ciência nos autos do ajuizamento da ação coletiva. Isto é, podem correr juntas ações para defesa de interesses difusos e individuais homogêneos, de um lado, e ações individuais, de outro, mas, caso os autores das ações individuais não requeiram sua suspensão dentro do prazo de 30 dias do conhecimento de que foi ajuizada ação coletiva correspondente, os efeitos da coisa julgada daquelas ações não os beneficiarão.

15. Estatuto da Criança e do Adolescente

Eduardo Dompieri

1. Tratamento na CF, normativa no direito internacional, estrutura, conceitos básicos e princípios

1.1. Introdução

1.1.1. Previsão constitucional – CF/88

Confere tratamento especial à criança e ao adolescente, na medida em que destina ao tema praticamente um capítulo próprio – arts. 226 a 230.

1.1.2. Lei 8.069/1990 – Estatuto da Criança e do Adolescente

Com o propósito de regulamentar e conferir efetividade às normas constitucionais que tratam do tema, entra em vigor o ECA.

1.1.3. Convenções e tratados internacionais

a) Declaração Universal dos Direitos da Criança: aos 20 de novembro de 1959, a Assembleia Geral das Nações Unidas, em votação unânime, proclama a Declaração Universal dos Direitos da Criança, instrumento que contempla dez princípios que devem nortear o tratamento dispensado à criança. Teve como fonte inspiradora a Declaração Universal dos Direitos do Homem, com o qual, bem por isso, guarda certa similitude, tendo, inclusive, a ele feito referência no seu preâmbulo. Isso porque vários direitos previstos neste documento foram inseridos na Declaração Universal dos Direitos da Criança. Importante que se diga que, a partir do advento deste documento, a criança deixou de ser vista como mero objeto de proteção para ser alçada a sujeito de direitos, o que representou, portanto, marcante mudança de paradigma de tratamento conferido à criança. Problema: padecia de falta de coercibilidade, dado que o cumprimento dos direitos ali previstos não poderia ser imposto aos Estados-Membros.

b) Convenção sobre os Direitos da Criança: cuida-se de tratado internacional de proteção de direitos humanos, que, em 20 de novembro de 1989, foi adotado pela Organização das Nações Unidas, com vigência a partir de 1990. Constitui o documento internacional de direitos humanos mais aceito de que se tem notícia (193 países o ratificaram). Estabelece que criança é "todo ser humano com menos de 18 (dezoito) anos de idade, a não ser que pela legislação aplicável, a maioridade seja atingida mais cedo". A exemplo do que se verifica na Declaração Universal dos Direitos da Criança, a Convenção incorporou a filosofia da proteção integral, reputando a criança como autêntico sujeito de direitos, a quem, portanto, devem ser conferidas proteção integral e prioridade absoluta. Contém 54 artigos, que são divididos em três partes e um preâmbulo. Ratificada, no Brasil, em 24 de setembro de 1990, serviu, ao lado da Constituição Federal de 1988, de fonte inspiradora para a elaboração da Lei 8.069/1990 – Estatuto da Criança e do Adolescente, que entraria em vigou em 14 de outubro de 1990.

c) Convenção sobre os Aspectos Civis do Sequestro Internacional de Crianças (Convenção de Haia): concebida e concluída na cidade de Haia, em 25 de outubro de 1980, foi aprovada pelo Congresso Nacional por meio do Decreto Legislativo 79, de 15 de setembro de 1999, e promulgada, pelo Executivo, por meio do Decreto 3.413, de 14 de abril de 2000. Seu escopo principal é estabelecer mecanismos para impedir a transferência internacional de crianças, de forma ilícita, entre países.

d) Convenção relativa à Proteção das Crianças e à Cooperação em Matéria de Adoção Internacional: concluída em Haia, em 29 de maio de 1993, foi promulgada, em 21 de junho de 1999, por meio do Decreto 3.087, passando a vigorar, no Brasil, a partir de 1º de julho de 1999. Estabelece regras mínimas e obrigatórias para a adoção internacional, sendo seus objetivos (art. 1º): a) "estabelecer garantias para que as adoções internacionais sejam feitas segundo o interesse superior da criança e com respeito aos direitos fundamentais que lhe reconhece o direito internacional; b) "instaurar um sistema de cooperação entre os Estados Contratantes que assegure o respeito às mencionadas garantias e, em consequência, previna o sequestro, a venda ou o tráfico de crianças"; c) "assegurar o reconhecimento nos Estados Contratantes das adoções realizadas segundo a convenção". *Vide* Decreto n. 3.174, de 16 de setembro de 1999, que designa as autoridades centrais encarregadas de dar cumprimento às normas previstas nesta Convenção.

e) Regras Mínimas da ONU para Proteção dos Jovens Privados de Liberdade e para Administração da Justiça da Infância e da Juventude (Regras de Beijing): são recomendações formuladas no 7º Congresso das Nações Unidas sobre prevenção de delito e tratamento do infrator, realizado em Milão, no período compreendido entre os dias 26 de agosto de 1985 e 6 de novembro do mesmo ano, e adotadas pela Assembleia Geral, em 29 de novembro de 1985. Traça regras e garantias que devem nortear o processo de apuração de atos infracionais.

1.2. Estrutura

O ECA é constituído por dois livros:

1.2.1. Livro I

Corresponde à Parte Geral e contém 3 títulos:

a) Disposições Preliminares (Título I);
b) Direitos Fundamentais (Título II);
c) Formas de Prevenção (Título III).

1.2.2. Livro II

Corresponde à Parte Especial e contém 7 títulos:

a) Políticas de Atendimento (Título I);
b) Medidas de Proteção (Título II);
c) Prática de Ato Infracional (Título III);
d) Medidas pertinentes aos pais ou responsável (Título IV);
e) Conselho Tutelar (Título V);
f) Acesso à Justiça (Título VI);
g) Crimes e Infrações Administrativas (Título VII).

1.2.3. Estrutura – Conteúdo

a) Livro I: cuida de matérias de natureza civil; das formas de colocação em família substituta; da definição de família natural, dentre outros temas;
b) Livro II: trata do acesso à Justiça; procedimentos; apuração de ato infracional; crimes e infrações administrativas contra crianças e adolescentes, dentre outros temas.

1.3. Conceitos e incidência – art. 2º do ECA

O ECA, no Título I da Parte Geral, "Disposições Preliminares", em seu art. 2º, *caput*, traz os conceitos de *criança* e de *adolescente*, a saber:

a) criança: *pessoa de até doze anos de idade incompletos*;
b) adolescente: *pessoa entre doze anos (completos) e dezoito anos de idade (incompletos)*.

1.3.1. Importância da distinção entre criança e adolescente

a) a criança infratora não se submete a medida socioeducativa; somente se sujeita a medida de proteção (art. 105, ECA);
b) o adolescente infrator, ao contrário, submete-se a *medida socioeducativa* – art. 112, I a VI, do ECA - bem assim a *medida de proteção* – art. 112, VII, do ECA.

1.3.2. Outra diferença

No processo de adoção, o adolescente necessariamente será ouvido, a fim de externar o seu consentimento (art. 45, § 2º, do ECA).

1.4. Aplicação excepcional do Estatuto

Apesar de o ECA ter sido concebido para disciplinar a situação de *crianças* e *adolescentes*, ele também incidirá, excepcionalmente, sobre pessoas com idade entre 18 e 21 anos (incompletos), no que concerne às medidas socioeducativas de *semiliberdade* e de *internação* do adolescente, cujo cumprimento deverá, necessariamente, findar até os 21 anos da pessoa, respeitado o período máximo de 3 anos. *Vide*, a esse respeito, Informativo STF 547. Neste caso, é imprescindível que o ato infracional tenha sido praticado antes de a pessoa tornar-se imputável, é dizer, completar 18 anos; caso contrário, está-se a falar de responsabilidade penal, em que a resposta estatal consiste em *pena* e *medida de segurança*. Assim, leva-se em conta a idade do adolescente na data do fato (conduta), ainda que a consumação do ato infracional tenha se operado quando ele já atingiu a maioridade. É o que estabelece o art. 104 do Estatuto.

Nessa linha, confira o posicionamento pacífico do Supremo Tribunal Federal:

> *Medida Socioeducativa e Advento da Maioridade*
>
> A Turma reafirmou jurisprudência da Corte no sentido de que o atingimento da maioridade não impede o cumprimento de medida socioeducativa de semiliberdade e indeferiu *habeas corpus* em que se pleiteava a extinção dessa medida aplicada ao paciente que, durante o seu curso, atingira a maioridade penal. Sustentava a impetração constrangimento ilegal, dado que, como o paciente completara a maioridade civil — 18 anos —, e, portanto, alcançara a plena imputabilidade penal, não teria mais legitimação para sofrer a imposição dessa medida socioeducativa. Asseverou-se, todavia, que, se eventualmente a medida socioeducativa superar o limite etário dos 18 anos, ela poderá ser executada até os 21 anos de idade, quando a liberação tornar-se-á compulsória. Alguns precedentes citados: HC 91441/RJ (DJU de 29.6.2007); HC 91490/RJ (DJU de 15.6.2007) e HC 94938/RJ (DJE de 3.10.2008). **HC 96355/RJ, rel. Min. Celso de Mello, 19.5.2009.** (HC-96355) (Inform. STF 547)

1.5. Princípios informadores do ECA

1.5.1. Princípio da proteção integral

a) conceito: *todas as crianças e adolescentes, como sujeitos de direito, são merecedores de ampla e integral proteção;*

b) previsão: art. 1º do ECA;

c) exemplos: art. 6º da CF ("são direitos sociais a educação (...) a proteção à infância..."); medidas aplicáveis aos pais ou responsável – art. 129 do ECA.

1.5.2. Princípio da prioridade absoluta

a) conceito: *impõe à família, à sociedade e ao Estado o dever de assegurar que os direitos das crianças e dos adolescentes sejam efetivados preferencialmente, com primazia em relação aos demais indivíduos;*

b) previsão: arts. 227, *caput*, da CF e 4º do ECA;

c) aspectos do postulado (o tratamento preferencial compreende quatro aspectos, contidos no art. 4º, parágrafo único): primazia de receber proteção e socorro em quaisquer circunstâncias; precedência de atendimento nos serviços públicos ou de relevância pública; preferência na formulação e na execução das políticas sociais públicas; destinação privilegiada de recursos públicos nas áreas relacionadas com a proteção à infância e à juventude.

1.5.3. Princípio da condição peculiar de pessoa em desenvolvimento

O destinatário das normas contempladas no ECA é um sujeito especial de direito, em processo de formação, razão por que toda medida a ele aplicada deve levar em conta essa situação peculiar – art. 6º do ECA.

1.5.4. Princípio da excepcionalidade

Previsto no art. 227, § 3º, V, da CF, estabelece que a medida privativa de liberdade terá caráter excepcional, isto é, somente terá incidência na falta de outra mais adequada.

1.5.5. Princípio da brevidade

Previsto no art. 227, § 3º, V, da CF, prescreve que a medida privativa de liberdade deve durar pelo prazo mais breve possível, apenas o necessário ao fim a que se destina (ressocialização do adolescente infrator).

2. Direitos fundamentais I

2.1. Direito à vida e à saúde

2.1.1. Previsão

Arts. 7º a 14 do ECA.

2.1.2. Noção geral

Consta do *caput* do art. 7º do ECA que a criança e o adolescente são titulares do direito fundamental à vida e à saúde, cuja proteção será implementada por meio de políticas públicas que viabilizem o nascimento e o desenvolvimento sadio e harmonioso, em condições dignas de existência. Em relação aos outros direitos fundamentais, o direito à vida assume posição de destaque, já que, sem ele, os demais perdem a razão de ser.

2.1.3. Início da proteção

Tem início com o atendimento pré e perinatal assegurado à gestante, por meio do SUS - art. 8º do ECA (direito fundamental da gestante).

2.1.4. Considerações importantes

a) a parturiente será atendida, de preferência, pelo mesmo médico que fez o seu pré-natal - art. 8º, § 2º, do ECA;

b) incumbe ao Poder Público propiciar apoio alimentar à gestante e à nutriz que dele necessitem - art. 8º, § 3º, do ECA; bem assim proporcionar apoio psicológico à gestante e à mãe, no período pré e pós-natal, inclusive como forma de prevenir ou minorar as consequências do estado puerperal - art. 8º, § 4º, do ECA, serviço esse que será prestado na hipótese de a gestante ou mãe manifestar o desejo de entregar seu filho para adoção - art. 8º, § 5º, do ECA;

c) Poder Público, instituições e empregadores devem criar condições ao aleitamento materno, inclusive quando se tratar de nutriz submetida a medida privativa de liberdade - a teor do art. 9º do ECA.

2.1.5. Os hospitais e os estabelecimentos congêneres – públicos e particulares – devem obedecer às seguintes regras impostas pelo art. 10 do ECA:

a) manter, pelo prazo de 18 anos, registro das atividades desenvolvidas por meio de prontuários individuais - *vide* crime do art. 228 do ECA;

b) identificar o recém-nascido por meio do registro de sua impressão plantar e digital e da impressão digital da mãe, sem prejuízo de outras formas normatizadas pela autoridade administrativa competente - *vide* crime do art. 229 do ECA;

c) realizar exames visando ao diagnóstico e terapêutica de anormalidades no metabolismo do recém-nascido, bem como prestar orientação aos pais - *vide* crime do art. 229 do ECA;

d) fornecer declaração de nascimento da qual constem necessariamente as intercorrências do parto e do desenvolvimento do neonato - *vide* crime do art. 228 do ECA;

e) manter alojamento conjunto, possibilitando ao neonato a permanência junto à mãe.

2.1.6. Criança e adolescente – art. 11 do ECA

É assegurado, por meio do SUS, o atendimento integral à saúde da criança e do adolescente, garantido o acesso universal e igualitário às ações e serviços para promoção, proteção e recuperação da saúde, observando-se os seguintes pontos:

a) que a criança e o adolescente portadores de deficiência receberão atendimento especializado - art. 11, § 1º;

b) que constitui incumbência do Poder Público fornecer gratuitamente àqueles que necessitarem os medicamentos, próteses e outros recursos relativos ao tratamento, habilitação ou reabilitação - art. 11, § 2º.

2.1.7. Direito de um dos pais ou responsável permanecer na companhia da criança ou adolescente em caso de internação hospitalar – art. 12 do ECA

Na hipótese de internação de criança ou adolescente, os estabelecimentos de atendimento à saúde deverão proporcionar condições para que um dos pais ou responsável permaneça em tempo integral na companhia do filho ou representado. Tal se dá porque, segundo se entende, a companhia de um dos pais ou mesmo do responsável em muito contribui para que o paciente, que é uma pessoa ainda em formação, possa recuperar-se de forma mais satisfatória.

2.1.8. Providência em caso de maus-tratos e prevenção de enfermidades – arts. 13 e 14 do ECA

Nos casos de suspeita ou ainda de confirmação de maus-tratos contra criança ou adolescente, será obrigatória a comunicação do fato ao Conselho Tutelar da respectiva localidade, sem prejuízo de outras providências legais - art. 13, *caput*, do ECA. Estão obrigados a efetuar a comunicação o médico, o professor ou o responsável por estabelecimento de atenção à saúde e de ensino fundamental, pré-escola ou creche. Se não o fizerem, incorrerão na multa correspondente à infração administrativa prevista no art. 245 do ECA. De outro lado, o SUS promoverá programas de assistência médica e odontológica para prevenir as enfermidades típicas da população infantil, sendo obrigatória a vacinação das crianças nos casos recomendados pelas autoridades sanitárias - art. 14 do ECA.

2.2. Direito à liberdade, ao respeito e à dignidade

2.2.1. Direito à liberdade

Previsto no art. 16 do ECA, compreende as seguintes formas (aspectos):

a) ir, vir e estar nos logradouros públicos e espaços comunitários, ressalvadas as restrições legais. Tema bastante em voga atualmente é o chamado "toque de recolher", providência adotada sob a forma de portaria judicial por diversas varas da infância e juventude com vistas a restringir, em determinados horários e sob certas condições, o direito de ir e vir de crianças e adolescentes. O Conselho Nacional de Justiça – CNJ, ao ser provocado, negou, em liminar, a suspensão dos efeitos dessas portarias. Em seguida, o Plenário, ao analisar o caso, não conheceu do pedido, visto que entendeu ter natureza jurisdicional. O TJ/SP, por sua vez, manifestou-se, em diversas decisões, favorável a essa forma de restrição imposta à liberdade de locomoção. Exemplo disso é a decisão tomada na apelação 990.10.094596-3, de 13.12.10. De se ver, de outro lado, que o STJ, em recente decisão (01.12.2011), tomada no HC 207.720-SP, reconheceu a ilegalidade do toque de recolher instituído e disciplinado por meio de portaria. Como se pode ver, o tema é polêmico e tem suscitado entendimentos nos dois sentidos;

b) opinião e expressão;

c) crença e culto religioso;

d) brincar, praticar esportes e divertir-se;

e) participar da vida familiar e comunitária, sem discriminação;

f) participar da vida política, na forma da lei. O voto para os adolescentes é facultado aos 16 anos. Dessa forma, ainda antes de atingir a maioridade civil, eles têm a oportunidade de começar a participar e se envolver na vida política do país, num exemplo de verdadeiro exercício de cidadania;

g) buscar refúgio, auxílio e orientação.

2.2.2. Direito ao respeito – art. 17 do ECA

Todos somos titulares desse direito, já que são invioláveis nossa integridade física, psíquica e também a moral. Sucede que as crianças e os adolescentes, por serem pessoas em desenvolvimento, têm o que podemos chamar de "direito qualificado", pois os prejuízos que podem ser gerados a eles em face da violação desse direito com certeza são mais graves.

***Art. 18, ECA:** todos têm o dever de velar pela dignidade da criança e do adolescente, pondo-os a salvo de todo tratamento desumano, violento ou constrangedor.*

3. Direitos fundamentais II – Direito à convivência familiar e comunitária (aspectos gerais)

3.1. Localização

Capítulo III do Título II (direitos fundamentais) do Livro I (Parte Geral) do ECA. Constitui, portanto, um dos direitos fundamentais, assim como o direito à vida, à saúde, à liberdade, ao respeito e à dignidade.

3.2. Aspectos gerais acerca do tema

3.2.1. Importância da convivência familiar

O ECA erigiu a convivência familiar e comunitária ao patamar de direito fundamental porque considera que crianças e adolescentes, na condição de pessoas em formação, precisam de valores morais e éticos para atingir a fase adulta com uma formação sólida, com a personalidade bem estruturada.

3.2.2. Caráter supletivo da adoção

Com o novo panorama instaurado pela Lei Nacional de Adoção – Lei 12.010/2009, busca-se, em primeiro lugar e com absoluta prioridade, a manutenção da criança ou do adolescente na sua família natural. Diante da imperiosa necessidade de se retirar a pessoa em desenvolvimento de sua família natural, será encaminhada para sua família extensa; não sendo isso possível, para programa de acolhimento familiar ou institucional, ou, ainda, para as modalidades de família substituta (guarda ou tutela). Se, neste ínterim, a família natural não se reestruturar, aí sim, a criança ou adolescente poderá ser encaminhado para adoção – art. 19, *caput e* § 3º do ECA. A adoção, portanto, deve ser vista, no atual contexto, como o último recurso, a última alternativa.

3.2.3. Carência de recursos

A falta ou a carência de recursos materiais não constitui motivo bastante para justificar a suspensão ou a perda do poder familiar – art. 23, *caput*, do ECA.

3.2.4. Mudança de nomenclatura

A teor do art. 21 do ECA, o *poder familiar* - expressão que substituiu, por força do art. 3º da Lei 12.010/2009, a nomenclatura *pátrio poder* - enuncia a ideia de igualdade entre gêneros no que toca aos direitos e deveres atinentes à sociedade conjugal.

3.3. Acolhimento familiar e institucional

3.3.1. Previsão legal e conceito

Disciplinados no art. 19, §§ 1º e 2º, do ECA, constituem, a teor do art. 101, VII e VIII, também do ECA, medida de proteção cujo propósito reside na retirada da criança ou adolescente de sua família e o seu encaminhamento para uma família acolhedora ou para uma entidade de atendimento (presente situação de risco à criança ou ao adolescente).

3.3.2. Prazos e observações

Somente o juiz pode determinar o encaminhamento. Período máximo para reavaliação da medida: 6 meses – art. 19, § 1º, do ECA (válido para os dois modelos de acolhimento), após o que, diante do relatório confeccionado por equipe multidisciplinar, deverá o juiz decidir se é caso de reintegração familiar ou colocação em família substituta. O prazo máximo de permanência em programa de acolhimento institucional é de até dois anos, salvo comprovada necessidade que atenda ao interesse da criança ou do adolescente. No caso do prazo máximo de permanência no acolhimento familiar, ante a omissão do legislador, aplica-se, por analogia, o art. 19, § 2º, do ECA, previsto para o acolhimento institucional.

3.4. Família natural, extensa e substituta

3.4.1. Família natural – art. 25, *caput*, do ECA

Comunidade constituída pelos pais ou qualquer deles e seus descendentes. Neste último caso, família *monoparental*. Pouco importa o vínculo existente entre os pais, isto é, ainda que sejam divorciados, solteiros ou casados, mesmo assim a família será classificada como natural. Constitui, segundo o ECA, o ambiente mais favorável ao desenvolvimento da criança e do adolescente.

3.4.2. Família extensa ou ampliada – art. 25, parágrafo único, do ECA

Além da unidade constituída por pais e filhos ou o núcleo formado pelo casal, deve-se entender por esta modalidade de família (inserida pela Lei 12.010/2009) aquela que contempla também os parentes próximos que convivem e mantêm vínculos de afinidade e afetividade com a criança ou o adolescente.

Importância: no caso de colocação de criança ou adolescente em família substituta, deve-se conferir primazia à família extensa. *Vide*, a esse respeito, o seguinte julgado do STJ: REsp 945.283-RN, Rel. Min. Luis Felipe Salomão, j. 15.9.2009.

3.4.3. Família substituta – art. 28 e seguintes do ECA

É medida excepcional que será determinada diante de situações em que a permanência da criança ou do adolescente junto à sua família natural torna-se inviável. Comporta três modalidade: *guarda, tutela* e *adoção.*

Família substituta - aspectos gerais:

a) havendo possibilidade, a teor do art. 28, § 1º, do ECA, a criança ou adolescente será ouvido por equipe interprofissional, sendo a sua opinião levada em conta;

b) se se tratar de adolescente, seu consentimento, colhido em audiência, é necessário para a sua colocação em família substituta – art. 28, § 2º, do ECA;

c) o art. 28, § 3º, do ECA estabelece um critério para colocação da criança ou adolescente em família substituta, qual seja, sempre que se fizer necessária a retirada da pessoa em desenvolvimento de sua família natural, ela deve ser acolhida, preferencialmente, por uma família substituta constituída por parentes próximos com os quais ela tenha vínculos de afinidade e afetividade. É a família extensa ou ampliada (com o objetivo de atenuar as consequências decorrentes da medida);

d) grupos de irmãos devem, em regra, permanecer juntos, quando inseridos em família substituta, salvo comprovada existência de risco de abuso ou outra situação que justifique a adoção de solução diversa – art. 28, § 4º, do ECA;

e) a colocação da criança ou do adolescente em família substituta será antecedida, na dicção do art. 28, § 5º, do ECA, de *preparação gradativa* e *acompanhamento posterior*, realizados por equipe interprofissional a serviço da Justiça da Infância e da Juventude;

f) o art. 28, § 6º, do ECA estabelece uma série de exigências a serem observadas quando se tratar de criança ou adolescente indígena ou proveniente de comunidade remanescente de quilombo;

g) a colocação em família substituta não será deferida à pessoa que revele, por qualquer modo, incompatibilidade com a natureza da medida ou não ofereça ambiente familiar adequado, pois se busca, com a medida, proporcionar à pessoa em desenvolvimento um ambiente saudável para o seu desenvolvimento físico e psíquico;

h) a colocação em família substituta estrangeira, só admissível na modalidade de adoção, constitui medida excepcional. Adoção internacional *é aquela em que a criança deve se deslocar do seu país de origem.*

4. Direitos fundamentais III – Guarda e tutela

4.1. Guarda

4.1.1. Previsão legal

Arts. 33, 34 e 35 do ECA.

4.1.2. Conceito

Modalidade de colocação da criança ou do adolescente em família substituta destinada a regularizar a posse de fato, a ser deferida no curso dos processos de tutela e adoção, bem assim, em caráter excepcional, para atender a situações peculiares ou ainda para suprir a falta eventual dos pais ou responsável.

Observação: a guarda não será concedida no curso do processo de adoção por estrangeiros – art. 33, § 1º, do ECA.

4.1.3. Características e pontos relevantes

a) esta modalidade de colocação em família substituta é *provisória*, na medida em que, depois de concedida, a criança ou o adolescente poderá retornar à sua família natural ou permanecer sob guarda até ser encaminhado para uma família substituta definitiva;

b) a guarda obriga a prestação de assistência material, moral e educacional à criança ou adolescente;

c) pode o detentor da guarda opor-se a terceiros, inclusive aos pais;

d) ao contrário da tutela, a guarda é compatível com o poder familiar. Assim, sua concessão a terceiros não obsta o exercício do direito de visitas pelos pais, bem como o dever de prestar alimentos, salvo determinação em contrário;

e) a *guarda*, como forma provisória de colocação da criança ou do adolescente em família substituta, não deve ser confundida com o *dever de guarda*, que é imanente ao exercício do *poder familiar* e é prevista, como dever dos cônjuges, no art. 1.566, IV, do Código Civil (CC); o descumprimento do *dever de guarda*, que decorre do poder familiar, faz surgir a modalidade de colocação em família substituta denominada *guarda*;

f) por se tratar de instituto de natureza provisória, a guarda pode ser revogada a qualquer tempo, mediante ato judicial fundamentado, ouvido o MP – art. 35 do ECA;

g) a inclusão de pessoa em desenvolvimento em programa de acolhimento familiar, o que pode se dar mediante guarda, tem preferência ao acolhimento institucional – art. 34, § 1º, do ECA;

h) inexiste a guarda para fins somente *previdenciários*, sendo necessário, ao deferimento da medida, a presença de uma situação de risco; de outro lado, a guarda confere à criança ou ao adolescente a condição de dependente, para todos os fins de direito, inclusive *previdenciários* – art. 33, § 3º, do ECA. *Vide*, a esse respeito: STJ, REsp 993.458-MA, Rel. Min. Nancy Andrighi, j. 7.10.08;

i) guarda compartilhada (Lei 11.698/2008) *é aquela cuja responsabilidade é exercida de forma conjunta e simultânea pelo pai e pela mãe que não residem juntos*;

j) permite a representação em caráter excepcional (para atos determinados).

4.2. Tutela

4.2.1. Previsão legal

Arts. 36, 37 e 38 do ECA.

4.2.2. Conceito

Constitui forma de colocação da criança ou do adolescente em família substituta que pressupõe a perda ou a suspensão do poder familiar (art. 36, parágrafo único, do ECA). Também regulariza a posse de fato.

4.2.3. Limite de idade

A tutela somente será deferida a pessoa com até 18 anos incompletos – art. 36, *caput*, do ECA.

4.2.4. Características e pontos relevantes

a) ao contrário da guarda, em que se confere ao seu detentor o direito de representação para a prática de atos *determinados*, na tutela é conferido ao tutor amplo direito de representação, que deverá, por conta disso, administrar bens e interesses do pupilo;

b) determina o art. 38 do ECA que, no que concerne à destituição da tutela, aplica-se o art. 24, que prescreve que a perda ou suspensão do poder familiar somente será decretada em processo judicial no qual seja assegurado o contraditório;

c) os arts. 1.736 e seguintes do CC listam as hipóteses de escusa da tutela. Ex.: mulheres casadas; maiores de 60 anos.

4.2.5. Classificação

a) tutela testamentária: *prevista nos arts. 37 do ECA e 1.729 do CC, é aquela instituída por vontade dos pais, em conjunto;* deve constar de testamento ou de outro documento autêntico;

b) tutela legítima: *à falta de tutor nomeado pelos pais, incumbe a tutela aos parentes consanguíneos do menor, conforme ordem estabelecida no art. 1.731 do CC;*

c) tutela dativa: diante da falta de tutor testamentário ou legítimo, ou quando estes forem excluídos ou escusados da tutela, ou ainda quando removidos por inidoneidade, o juiz nomeará tutor idôneo – art. 1.732 do CC.

5. Direitos fundamentais IV – da adoção, do direito à educação, à cultura, ao esporte e ao lazer e do direito à profissionalização e à proteção no trabalho

5.1. Adoção

5.1.1. Conceito

É a modalidade de colocação de criança ou adolescente em família substituta que tem o condão de estabelecer o parentesco civil entre adotante e adotado.

5.1.2. Modalidades de adoção

a) unilateral: *prevista no art. 41, § 1º, do ECA, é aquela em que permanecem os vínculos de filiação com apenas um dos pais biológicos (um dos cônjuges ou conviventes adota o filho do outro);*

b) bilateral: *aqui, o vínculo de filiação rompe-se por completo.*

5.1.3. Medida excepcional (art. 39, § 1º, do ECA)

É medida excepcional e irrevogável, à qual só se deve recorrer quando não for possível a manutenção da *pessoa em desenvolvimento* na sua família natural ou a sua colocação em família extensa.

5.1.4. Requisitos de idade

a) adotando: deve contar com, no máximo, 18 anos à data do pedido, salvo se já estiver sob a guarda ou tutela dos adotantes – art. 40 do ECA;

b) adotante: deve ser maior de 18 anos, independentemente do estado civil (art. 42, *caput*, do ECA);

c) diferença de idade: o adotante deve ser 16 anos mais velho que do o adotando – art. 42, § 3º, do ECA.

5.1.5. Outros requisitos

a) consentimento dos pais e do adolescente: segundo impõe o art. 45, § 1º, do ECA, o consentimento dos pais ou do representante legal será dispensado quando aqueles forem desconhecidos ou destituídos do poder familiar; no caso de adolescente, estatui o art. 45, § 2º, do ECA que o seu consentimento será necessário;

b) estágio de convivência: este requisito, conforme estabelece o art. 46, *caput*, do ECA, terá o prazo de duração que o juiz fixar, levando-se em conta as peculiaridades de cada caso, exceção feita à *adoção internacional*, em que o legislador achou por bem estabelecer um prazo mínimo, que é de 30 dias (art. 46, § 3º, do ECA). O estágio de convivência poderá ser dispensado na hipótese de o adotando já estar sob a guarda legal ou tutela do adotante durante tempo suficiente para se avaliar a conveniência da constituição do vínculo, conforme reza o art. 46, § 1º, do ECA;

c) o art. 43 do ECA estabelece como requisito ao deferimento da adoção que esta apresente *reais vantagens* para o adotando e se funde em *motivos legítimos*.

5.1.6. Adoção – impedimentos e vedações

a) é vedada a adoção por procuração. Trata-se, pois, de ato personalíssimo – art. 39, § 2º, do ECA;

b) são impedidos de adotar os ascendentes e os irmãos do adotando (art. 42, § 1º, do ECA). Tios, portanto, podem adotar; avós, no entanto, não podem. Nesse sentido: TJ-SP, Câmara Especial, Apelação 26.159-0, Rel. Des. Lair Ribeiro, j. 29.6.95;

c) não pode o tutor ou curador adotar o pupilo ou o curatelado enquanto não der conta de sua administração e saldar o seu débito (art. 44 do ECA).

5.1.7. Características

a) é medida excepcional e irrevogável, a ela somente podendo recorrer quando esgotados os recursos visando à manutenção da criança ou adolescente na sua família natural ou extensa; é irrevogável porque é defeso à família original retomar o poder familiar;

b) é plena: o adotado adquire a mesma condição dos filhos biológicos, com os mesmos direitos e deveres, inclusive sucessórios, desligando-se de qualquer vínculo com pais e parentes, salvo os impedimentos matrimoniais, que são preservados – art. 41, *caput*, do ECA;

c) não admissão de escritura pública para a constituição do vínculo de adoção: somente a sentença judicial tem o condão de constituir esse vínculo (sentença, portanto, de natureza constitutiva), que se torna definitivo a partir do trânsito em julgado (art. 47, *caput*, do ECA).

5.1.8. Adoção conjunta (bilateral)

a) o art. 42, § 2º, do ECA exige que, para a adoção conjunta, os adotantes sejam casados ou vivam em união estável, comprovada a estabilidade da família;

b) o § 4º do mesmo dispositivo, por sua vez, estatui que podem também adotar conjuntamente os divorciados, os judicialmente separados e os ex-companheiros, desde que acordem sobre a guarda e o regime de visitas e contanto que o estágio de convivência tenha sido iniciado na constância do período de convivência e que seja comprovada a existência de vínculos de afinidade e afetividade com aquele não detentor da guarda que justifiquem a medida. Poderá até, desde que demonstrado efetivo benefício para o adotando, ser concedida a guarda compartilhada (§ 5º).

5.1.9. Adoção por casais homoafetivos

É fato que a adoção por casais homoafetivos não é contemplada de forma expressa pelo ECA nem pelo CC/2002. De outro lado, não se pode virar as costas para a realidade. A despeito de respeitáveis juristas manifestarem-se contra, cada vez mais temos convivido com decisões favoráveis à adoção de crianças e adolescentes por casais de homossexuais. Essas decisões em geral levam em conta dois aspectos: o fato de a união entre pessoas do mesmo sexo poder ser reconhecida como entidade familiar (mais recentemente como união estável), exigindo-se, neste caso, estabilidade, afetividade e ostensibilidade; e também o fato de que esta adoção não traz nenhum prejuízo à criança ou adolescente; pelo contrário, proporciona-lhes vantagens.

Confira, abaixo, decisão emblemática sobre esse tema:

DIREITO CIVIL. FAMÍLIA. ADOÇÃO DE MENORES POR CASAL HOMOSSEXUAL.

SITUAÇÃO JÁ CONSOLIDADA. ESTABILIDADE DA FAMÍLIA. PRESENÇA DE FORTES VÍNCULOS AFETIVOS ENTRE OS MENORES E A REQUERENTE.

IMPRESCINDIBILIDADE DA PREVALÊNCIA DOS INTERESSES DOS MENORES.

RELATÓRIO DA ASSISTENTE SOCIAL FAVORÁVEL AO PEDIDO. REAIS VANTAGENS PARA OS ADOTANDOS. ARTIGOS 1º DA LEI 12.010/2009 E 43 DO ESTATUTO DA CRIANÇA E DO ADOLESCENTE. DEFERIMENTO DA MEDIDA.

1. A questão diz respeito à possibilidade de adoção de crianças por parte de requerente que vive em união homoafetiva com companheira que antes já adotara os mesmos filhos, circunstância a particularizar o caso em julgamento.

2. Em um mundo pós-moderno de velocidade instantânea da informação, sem fronteiras ou barreiras, sobretudo as culturais e as relativas aos costumes, onde a sociedade transforma-se velozmente, a interpretação da lei deve levar em conta, sempre que possível, os postulados maiores do direito universal.

3. O artigo 1º da Lei 12.010/2009 prevê a "garantia do direito à convivência familiar a todas e crianças e adolescentes". Por sua vez, o artigo 43 do ECA estabelece que "a adoção será deferida quando apresentar reais vantagens para o adotando e fundar-se em motivos legítimos".

4. Mister observar a imprescindibilidade da prevalência dos interesses dos menores sobre quaisquer outros, até porque está em jogo o próprio direito de filiação, do qual decorrem as mais diversas consequências que refletem por toda a vida de qualquer indivíduo.

5. A matéria relativa à possibilidade de adoção de menores por casais homossexuais vincula-se obrigatoriamente à necessidade de verificar qual é a melhor solução a ser dada para a proteção dos direitos das crianças, pois são questões indissociáveis entre si.

6. Os diversos e respeitados estudos especializados sobre o tema, fundados em fortes bases científicas (realizados na Universidade de Virgínia, na Universidade de Valência, na Academia Americana de Pediatria), "não indicam qualquer inconveniente em que crianças sejam adotadas por casais homossexuais, mais importando a qualidade do vínculo e do afeto que permeia o meio familiar em que serão inseridas e que as liga a seus cuidadores".

7. Existência de consistente relatório social elaborado por assistente social favorável ao pedido da requerente, ante a constatação da estabilidade da família. Acórdão que se posiciona a favor do pedido, bem como parecer do Ministério Público Federal pelo acolhimento da tese autoral.

8. É incontroverso que existem fortes vínculos afetivos entre a recorrida e os menores – sendo a afetividade o aspecto preponderante a ser sopesado numa situação como a que ora se coloca em julgamento.

9. Se os estudos científicos não sinalizam qualquer prejuízo de qualquer natureza para as crianças, se elas vêm sendo criadas com amor e se cabe ao Estado, ao mesmo tempo, assegurar seus direitos, o deferimento da adoção é medida que se impõe.

10. O Judiciário não pode fechar os olhos para a realidade fenomênica. Vale dizer, no plano da "realidade", são ambas, a requerente e sua companheira, responsáveis pela criação e educação dos dois infantes, de modo que a elas, solidariamente, compete a responsabilidade.

11. Não se pode olvidar que se trata de situação fática consolidada, pois as crianças já chamam as duas mulheres de mães e são cuidadas por ambas como filhos. Existe dupla maternidade desde o nascimento das crianças, e não houve qualquer prejuízo em suas criações.

12. Com o deferimento da adoção, fica preservado o direito de convívio dos filhos com a requerente no caso de separação ou falecimento de sua companheira. Asseguram-se os direitos relativos a alimentos e sucessão, viabilizando-se, ainda, a inclusão dos adotandos em convênios de saúde da requerente e no ensino básico e superior, por ela ser professora universitária.

13. A adoção, antes de mais nada, representa um ato de amor, desprendimento. Quando efetivada com o objetivo de atender aos interesses do menor, é um gesto de humanidade. Hipótese em que ainda se foi além, pretendendo-se a adoção de dois menores, irmãos biológicos, quando, segundo dados do Conselho Nacional de Justiça, que criou, em 29 de abril de 2008, o Cadastro Nacional de Adoção, 86% das pessoas que desejavam adotar limitavam sua intenção a apenas uma criança.

14. Por qualquer ângulo que se analise a questão, seja em relação à situação fática consolidada, seja no tocante à expressa previsão legal de primazia à proteção integral das crianças, chega-se à conclusão de que, no caso dos autos, há mais do que reais vantagens para os adotandos, conforme preceitua o artigo 43 do ECA. Na verdade, ocorrerá verdadeiro prejuízo aos menores caso não deferida a medida.

15. Recurso especial improvido.

(STJ, REsp 889852/RS, Rel. Ministro LUIS FELIPE SALOMÃO, QUARTA TURMA, julgado em 27/04/2010, DJe 10/08/2010)

5.1.10. Adoção *post mortem*

É aquela em que o adotante, tendo manifestado de forma inequívoca sua vontade no sentido de adotar, vem a falecer no curso do processo, desde que ainda não prolatada a sentença – art. 42, § 6º, do ECA. Neste caso, a adoção será deferida.

5.1.11. Fases do procedimento da adoção – preparação e cadastramento

O art. 50 do ECA contém uma série de normas que têm como escopo disciplinar o cadastramento daqueles que pretendem postular a adoção. O *caput* desse dispositivo impõe ao magistrado o dever de manter na respectiva comarca ou foro regional um registro de crianças e adolescentes em condições de serem adotados e outro de pessoas interessadas na adoção. Consta do § 3º do dispositivo que a inscrição de postulantes à adoção será precedida de um período de preparação psicossocial e jurídica. A adoção somente será deferida à família substituta cadastrada. Entretanto, o § 13 estabelece algumas exceções, entre as quais o pedido de adoção unilateral. A *preparação* constitui a primeira fase do procedimento da adoção. Nela, ao casal que deseja adotar são transmitidas as dificuldades que podem surgir no dia a dia da convivência entre adotado e adotante. Procura-se, desse modo, preparar o casal por meio de cursos, palestras e entrevistas, desmistificando a ideia de que a adoção é uma "panaceia", algo "maravilhoso", que não impõe aos adotantes nenhuma dificuldade, nenhum dissabor. Conforme prescreve o art. 50, § 4º, do ECA, sempre que possível e recomendável, fará parte da *preparação* o contato dos adotantes com crianças e adolescentes em acolhimento familiar ou institucional em condições de serem adotados, a ser realizado sob a orientação, supervisão e avaliação da equipe técnica da Justiça da Infância e da Juventude. A segunda fase é a *incrição no cadastro*, este constituído pelos *interessados em adotar* e também pelos *possíveis adotandos*. Em consonância com o que prevê o § 5º do art. 50 do ECA, devem ser criados e implementados cadastros estaduais e um nacional de crianças e adolescentes em condições de serem adotados e de pessoas ou casais habilitados à adoção. É exigido também que haja cadastros distintos para pessoas ou casais residentes fora do país, que somente serão consultados se inexistentes postulantes nacionais habilitados (art. 50, § 6º, do ECA). O Conselho Nacional de Justiça – CNJ, com o escopo de criar um banco de dados que contivesse informações acerca de crianças e adolescentes a serem adotados bem como de pretendentes a adotar, baixou a Resolução 54. Objetiva-se, dessa forma, facilitar a procura por postulantes à adoção.

5.1.12. Direito do adotado de conhecer sua origem biológica e de ter acesso ao processo

O art. 48 do ECA, com a redação que lhe deu a Lei 12.010/2009, passa a conferir ao adotado, após completar 18 anos, o direito de conhecer sua origem biológica, bem como o de obter acesso irrestrito ao processo no qual a medida foi aplicada e seus eventuais incidentes. Se ainda não atingiu os 18 anos, o acesso ao processo de adoção poderá ser deferido ao adotado, a seu pedido, assegurada orientação e assistência jurídica e psicológica.

5.1.13. Adoção internacional

a) previsão legal: arts. 51 e 52 do ECA;

b) conceito: *é aquela em que a pessoa ou casal postulante é residente ou domiciliado fora do Brasil* (art. 51, *caput*, do ECA).

5.1.14. Consequências extraídas da definição

a) o critério empregado é o *local de domicílio dos postulantes*;

b) a adoção realizada por estrangeiros, por si só, não se qualifica como internacional;

c) brasileiros residentes no exterior submetem-se às regras da adoção internacional, embora tenham primazia diante dos estrangeiros;

d) estrangeiros residentes no Brasil submetem-se às regras da adoção nacional.

5.1.15. Requisitos necessários à efetivação da adoção internacional (art. 51, § 1º, do ECA)

a) que a colocação em família substituta revele ser a solução adequada ao caso concreto: a adoção internacional constitui medida subsidiária. Diante da impossibilidade de se manter a criança ou adolescente na sua família natural (princípio da prevalência da família), será este inserido em família substituta, na forma de guarda, tutela ou adoção, conferindo-se, sempre, primazia àquela constituída por parentes próximos (família extensa). Não sendo isso possível e em face da falta de pretendentes à adoção nacional, recorre-se, em último caso, à adoção internacional;

b) que, em se tratando de adolescente, este tenha sido consultado, por meios adequados ao seu estágio de desenvolvimento, e que se encontre preparado para a medida;

c) que tenha sido observada a preferência pela adoção por brasileiros residentes no exterior;

d) cumprimento do estágio de convivência, que, a teor do art. 46, § 3º, do ECA, é, nas adoções internacionais, obrigatório e terá o prazo mínimo de trinta dias, devendo ser cumprido em território nacional.

5.1.16. Tratados e convenções internacionais sobre o tema

Convenção relativa à Proteção das Crianças e à Cooperação em Matéria de Adoção Internacional, que estabelece regras mínimas e obrigatórias para a adoção internacional. Recomenda-se a leitura.

5.2. Direito à Educação, à cultura, ao esporte e ao lazer

5.2.1. Localização

Arts. 53 ao 59 do ECA.

5.2.2. Considerações relevantes

a) trata-se de mais um direito fundamental, ao lado do direito à vida e à saúde e de outros contemplados no ECA;

b) são assegurados à criança e ao adolescente, entre outros (art. 53 do ECA):

b1) igualdade de condições para o acesso e permanência na escola;

b2) acesso à escola pública e gratuita próxima de sua residência. *Vide*: STJ, REsp 1.175.445-PR, Rel. Min. Eliana Calmon, j. 4.3.2010;

c) é direito dos pais ou responsável conhecer o processo pedagógico, bem como participar da definição das propostas educacionais;

d) constitui dever do Estado, entre outros, assegurar à criança e ao adolescente (art. 54 do ECA):

d1) ensino fundamental, obrigatório e gratuito, inclusive para os que a ele não tiveram acesso na idade própria.

O art. 208, I, da CF, cuja redação foi determinada pela EC 50/09, impõe ao Estado o dever de garantir a todos educação básica obrigatória e gratuita dos 4 aos 17 anos de idade, assegurada inclusive sua oferta gratuita para todos os que a ela não tiveram acesso na idade própria;

d2) o ensino médio, porque integra o ensino básico, é obrigatório e imediato;

d3) atendimento em creche e pré-escola às crianças de 0 a 6 anos de idade. Nesse sentido, conferir: STF, AI 677.274/SP, Rel. Min. Celso de Mello, j. 18.9.08;

d4) oferta de ensino noturno regular, adequado às condições do adolescente trabalhador;

e) é dever dos pais ou responsável matricularem seus filhos ou pupilos na rede regular de ensino – art. 55 do ECA.

Observação: o STJ já decidiu que inexiste amparo constitucional e legal que autorize os pais a ministrarem disciplinas do ensino fundamental aos filhos;

f) os dirigentes de estabelecimentos de ensino fundamental devem comunicar ao Conselho Tutelar:

f1) maus-tratos envolvendo seus alunos;

f2) reiteração de faltas injustificadas e de evasão escolar;

f3) elevados níveis de repetência.

5.3. Direito à profissionalização e à proteção no trabalho

5.3.1. Localização

Arts. 60 a 69 do ECA.

5.3.2. Considerações relevantes

a) segundo o art. 7º, XXXIII, da CF, é proibido o trabalho *noturno, perigoso* ou *insalubre* a menores de 18 anos, e de qualquer trabalho a menores de 16 anos, salvo na condição de aprendiz, se contar, no mínimo, com 14 anos. Temos, portanto, três situações distintas:

a1) menos de 14 anos: trabalho proibido;

a2) entre 14 e 16 anos: somente na condição de aprendiz;

a3) entre 16 e 18 anos: qualquer trabalho, menos noturno, insalubre e perigoso;

b) atualmente, o contrato de aprendizagem tem seu conceito e sua disciplina no art. 428 da CLT;

6. Prevenção e medidas de proteção

6.1. Prevenção

6.1.1. Localização

Arts. 70 a 85 do ECA (Título III da Parte Geral).

6.1.2. Conceito

Trata-se do complexo de normas destinadas a prevenir a violação a direitos fundamentais da criança e do adolescente.

6.1.3. Disposições gerais (arts. 70 a 73 do ECA)

Aqui, o ECA traça normas gerais, que devem ser observadas por todos, fazendo menção, inclusive, à condição peculiar de pessoa em desenvolvimento (Capítulo I).

6.1.4. Prevenção especial

a) a criança e o adolescente terão acesso a diversões e a espetáculos públicos adequados à sua faixa etária, segundo classificação estabelecida por portaria do Ministério da Justiça (art. 75, *caput*, do ECA);

b) crianças menores de 10 anos somente poderão ingressar e permanecer nos locais de apresentação ou exibição quando acompanhadas dos pais ou responsável (art. 75, parágrafo único, do ECA);

c) os responsáveis por diversões e espetáculos públicos estão obrigados a afixar, em lugar visível e de fácil acesso, na entrada do local de exibição, informação destacada sobre a natureza do espetáculo e a faixa etária especificada no certificado de classificação;

d) as emissoras de rádio e TV estão obrigadas, conforme dispõe o art. 76, *caput*, do ECA, a exibir programas compatíveis com o horário;

e) os proprietários e os demais funcionários de empresas que explorem a venda ou o aluguel de fitas de vídeo devem se cercar de todos os cuidados para impedir o comércio ou a locação desses produtos em desacordo com a classificação contida na portaria do MJ (art. 77 do ECA);

f) no que concerne às revistas e publicações, há duas situações distintas: se o conteúdo for inadequado, determina o art. 78, *caput*, do ECA que a revista deverá ser vendida com a embalagem lacrada, com a advertência de seu conteúdo; de outro lado, se as capas contiverem mensagens pornográficas, devem ser protegidas com embalagem opaca;

g) segundo o art. 79 do ECA, as revistas e publicações destinadas ao público infantojuvenil não poderão fazer qualquer menção a bebidas alcoólicas, tabaco, armas e munições, devendo, outrossim, respeitar os valores éticos e sociais da pessoa e da família. O descumprimento desta norma sujeita o agente à multa prevista para a infração administrativa correspondente ao art. 257 do Estatuto;

h) o responsável por estabelecimento que explore comercialmente bilhar, sinuca ou congênere, ou por casas de jogos (realiza apostas), cuidará para que não seja permitida a entrada de criança e adolescente no local. Se assim não fizer, incorrerá na infração administrativa do art. 258 do ECA;

i) o art. 81 do ECA traz uma lista de proibições, entre elas a venda à criança e ao adolescente de armas, munições e explosivos; bebidas alcoólicas; bilhetes lotéricos e equivalentes, entre outros.

6.1.5. Autorização para viajar

a) esclarecimentos preliminares: a pretexto de preservar os direitos de que são titulares crianças e adolescentes, evitando-se, com isso, que sejam expostos a situações de perigo, pode o legislador estabelecer normas com o propósito de restringir o direito de ir e vir da criança e do adolescente, impondo-lhes determinadas condições para viajar, como, por exemplo, a autorização judicial;

b) viagem – criança:

b1) regra: a criança não poderá viajar para fora da comarca na qual reside desacompanhada dos pais ou responsável, sem expressa autorização judicial – art. 83, *caput*, do ECA;

b2) exceções: o art. 83, § 1º, do ECA estabelece algumas exceções (a autorização judicial não será exigida): quando se tratar de comarca contígua à da residência da criança, se na mesma unidade da Federação, ou incluída na mesma região metropolitana; a criança estiver acompanhada: de ascendente ou colateral maior, até o terceiro grau, comprovado documentalmente o parentesco; de pessoa maior, expressamente autorizada pelo pai, mãe ou responsável.

c) viagem – adolescente: quanto ao adolescente, o ECA não impôs restrição alguma, isto é, poderá o adolescente viajar sozinho pelo território nacional desacompanhado de seus pais, sem que para isso precise de autorização judicial.

d) viagem ao exterior: a matéria encontra-se disciplinada na Resolução 131 do Conselho Nacional de Justiça, que revogou a de nº 74, essa última editada com o propósito de uniformizar o entendimento a respeito do tema. Observações:

d1) sendo a viagem ao exterior autorizada pelos pais ou responsável, não é necessária a autorização judicial (necessário é o reconhecimento de firma por semelhança - mudança introduzida pela Res. 131);

d2) se a viagem for autorizada por um dos pais para que a criança ou adolescente viaje na companhia do outro, também não é necessária a autorização judicial. Basta, neste caso, autorização do outro, com firma reconhecida por semelhança;

d3) se desacompanhado ou na companhia de terceiros maiores e capazes, designados pelos genitores, é dispensável a autorização judicial, bastando, aqui, a autorização de ambos os pais, com firma reconhecida;

d4) dependerá de autorização judicial a viagem de criança ou adolescente ao exterior na companhia de estrangeiro domiciliado no exterior, ainda que este conte com o consentimento dos pais.

6.2. Medidas de proteção

6.2.1. Previsão legal

Arts. 98 a 102 do ECA.

6.2.2. Conceito

São as medidas aplicadas sempre que a criança ou o adolescente encontrar-se em situação de risco, ou ainda quando do cometimento de ato infracional. Dessa forma, são aplicáveis sempre que os direitos consagrados no ECA forem ameaçados ou violados, seja por ação ou omissão da sociedade, do Estado ou dos pais ou responsáveis, seja em razão da própria conduta do adolescente ou da criança – art. 98 do ECA.

6.2.3. Quem pode aplicá-las

O Conselho Tutelar somente está credenciado a aplicar a crianças e adolescentes em situação de risco ou a crianças que cometeram ato infracional as medidas de proteção a que alude o art. 101, I a VI, do ECA, sendo-lhe defeso, portando, aplicar as medidas de *acolhimento institucional, inclusão em programa de acolhimento familiar* e *colocação em família substituta.*

Esclarecimentos: em vista do disposto nos arts. 101, § 2º, e 136, parágrafo único, ambos do ECA, é inconcebível que o Conselho Tutelar aplique a medida de acolhimento institucional, já que esta implica o afastamento da criança ou adolescente do convívio familiar, o que somente poderá ser feito pelo juiz da Infância e da Juventude.

Quando se tratar da prática de ato infracional por criança, o Conselho Tutelar poderá aplicar as medidas de proteção previstas no art. 101, I a VI, do Estatuto.

As medidas de proteção em comento poderão ser aplicadas ao adolescente infrator em conjunto ou não com as medidas socioeducativas previstas no art. 112 do ECA.

O juiz está credenciado a aplicar todas as medidas de proteção. Se na comarca não houver Conselho Tutelar, a aplicação da medida de proteção cabe ao juiz (art. 262 do ECA).

6.2.4. Medidas de proteção em espécie (art. 101 do ECA)

a) encaminhamento aos pais ou responsável, mediante termo de responsabilidade;

b) orientação, apoio e acompanhamento temporários;

c) matrícula e frequência obrigatórias em estabelecimento oficial de ensino fundamental;

d) inclusão em programa comunitário ou oficial de auxílio à família, à criança e ao adolescente;

e) requisição de tratamento médico, psicológico ou psiquiátrico, em regime hospitalar ou ambulatorial;

f) inclusão em programa oficial ou comunitário de auxílio, orientação e tratamento a alcoólatras e toxicômanos;

g) acolhimento institucional: tem caráter provisório e excepcional (art. 101, § 1º, ECA). Só pode ser aplicado pelo juiz, a quem cabe fiscalizar o cumprimento da medida. Havendo risco que justifique a retirada da criança ou adolescente de sua família natural, deverão esses serem inseridos, sob a forma de guarda ou tutela, na sua família extensa (família substituta); não sendo possível, recorre-se ao acolhimento familiar e, após, ao institucional; tanto uma quanto a outra tem caráter provisório. Assim, tão logo a situação de risco cesse, a criança ou adolescente retornará à família natural; se isso não for possível, será encaminhado para adoção;

h) inclusão em programa de acolhimento familiar: também tem caráter provisório e excepcional. Só o juiz pode determinar tal medida protetiva. Neste caso, a criança ou adolescente ficará sob os cuidados de uma família acolhedora. Esta, que somente entra em cena ante a impossibilidade de a criança ou o adolescente permanecer na sua família natural ou extensa, deve ser previamente cadastrada no programa de acolhimento.

Assim, trata-se de pessoas que tomam a iniciativa de colaborar com seres em desenvolvimento que, em determinado momento da vida, encontram-se em situação de risco, o que, sem dúvida, é louvável;

i) colocação em família substituta.

7. Ato Infracional e garantias processuais

7.1. Ato Infracional

7.1.1. Conceito e considerações preliminares

É a conduta descrita como crime ou contravenção penal (art. 103 do ECA). Ou ainda, a ação que viola as normas que definem os crimes ou as contravenções. Assim, o menor de 18 anos – inimputável – não pratica infração penal, mas, sim, *ato infracional.* Vale dizer, caso uma criança ou um adolescente cometa um fato descrito na lei como crime, estará cometendo um ato infracional. Por serem inimputáveis, não estão sujeitos à responsabilidade penal (não receberão pena como sanção); nada obstante, deverão ser submetidos ou a *medidas de proteção*, se crianças, ou a *medidas socioeducativas*, se adolescentes, podendo, ainda, ser submetidos às duas, no caso dos adolescentes.

Observações: a despeito de o art. 103 somente haver feito referência à tipicidade, é necessário que o fato também seja *ilícito*, bem assim deve estar presente a *reprovabilidade* do adolescente (culpabilidade). Ademais, os princípios de direito penal (legalidade, reserva legal, anterioridade, insignificância, adequação social etc.) são aplicados aos atos infracionais.

Nesse sentido:

ESTATUTO DA CRIANÇA E DO ADOLESCENTE. HABEAS CORPUS. ATO INFRACIONAL EQUIPARADO AO CRIME DE FURTO. PRINCÍPIO DA INSIGNIFICÂNCIA.

INCIDÊNCIA. AUSÊNCIA DE TIPICIDADE MATERIAL. INEXPRESSIVA LESÃO AO BEM JURÍDICO TUTELADO.

1. A intervenção do Direito Penal apenas se justifica quando o bem jurídico tutelado tenha sido exposto a um dano com relevante lesividade. Inocorrência de tipicidade material, mas apenas a formal quando a conduta não possui relevância jurídica, afastando-se, por consequência, a ingerência da tutela penal, em face do postulado da intervenção mínima. É o chamado princípio da insignificância.

2. Reconhece-se a aplicação do referido princípio quando verificadas "(a) a mínima ofensividade da conduta do agente, (b) a nenhuma periculosidade social da ação, (c) o reduzidíssimo grau de reprovabilidade do comportamento e (d) a inexpressividade da lesão jurídica provocada" (HC 84.412/SP, Ministro Celso de Mello, Supremo Tribunal Federal, DJ de 19/11/2004).

3. No caso, não há como deixar de reconhecer a mínima ofensividade do comportamento do paciente, que supostamente subtraiu do interior de um estabelecimento comercial 2 (dois) bonés avaliados em R$ 15,00 (quinze reais), cada um.

4. Ordem concedida para restabelecer a decisão do Juiz de primeiro grau que rejeitou a representação ofertada contra o adolescente.

(HC 241.248/SP, Rel. Ministro OG FERNANDES, SEXTA TURMA, julgado em 16/08/2012, DJe 27/08/2012)

7.1.2. Tempo do ato infracional (art. 104, parágrafo único, do ECA)

Para os efeitos do ECA, deve ser considerada a idade do adolescente à data da conduta (ação ou omissão). Suponhamos, assim, que a prática da conduta tenha se dado a poucos dias de o adolescente atingir a maioridade (o disparo de uma arma de fogo em alguém, por exemplo) e o resultado tenha sido produzido quando o agente completou 18 anos (morte da vítima); valerá, aqui, a data do fato e não a do resultado, de forma que o agente ficará sujeito a uma medida socioeducativa, isto é, não responderá criminalmente. Incorporou-se, portanto, a teoria da atividade, consagrada no art. 4º do Código Penal, segundo a qual se considera praticado o crime no momento da ação ou omissão (conduta), ainda que outro seja o do resultado.

Nesse sentido:

HABEAS CORPUS. ESTATUTO DA CRIANÇA E DO ADOLESCENTE. MEDIDA DE INTERNAÇÃO. IMPLEMENTO DA MAIORIDADE CIVIL. IRRELEVÂNCIA.

PRECEDENTES DESTA CORTE E DO SUPREMO TRIBUNAL FEDERAL.

1. Conforme pacífico entendimento deste Superior Tribunal de Justiça, considera-se, para a aplicação das disposições previstas na Lei n.º 8.069/1990, a idade do adolescente à data do fato (art. 104, parágrafo único, do ECA). Assim, se à época do fato o adolescente tinha menos de 18 (dezoito) anos, nada impede que permaneça no cumprimento de medida socioeducativa imposta, ainda que implementada sua maioridade civil.

2. O Novo Código Civil não revogou o art. 121, § 5.º, do Estatuto da Criança e do Adolescente, devendo permanecer a idade de 21 (vinte e um) anos como limite para a liberação compulsória.

3. Recurso em habeas corpus a que se nega provimento.

(STJ, RHC 31.763/RJ, Rel. Ministro VASCO DELLA GIUSTINA (DESEMBARGADOR CONVOCADO DO TJ/RS), SEXTA TURMA, julgado em 15/05/2012, DJe 13/06/2012)

7.1.3. Ato infracional cometido por criança

Consta do art. 105 do ECA que as crianças que cometerem ato infracional estarão sujeitas tão somente a *medidas protetivas*. Em hipótese alguma, pois, será a elas impingida *medida socioeducativa*. Pode-se dizer, portanto, que, em relação a elas, vige o *sistema da irresponsabilidade*, já que as medidas de proteção não têm caráter punitivo. Têm, sim, natureza administrativa e podem ser aplicadas pelo Conselho Tutelar. Podemos ainda afirmar que, em relação aos adolescentes, dada a natureza de sanção que têm as medidas socioeducativas, sua responsabilidade pela prática de ato infracional é *especial*, porque disciplinada em *legislação especial*.

7.1.4. Direitos individuais

a) hipóteses em que o adolescente poderá ter a sua liberdade tolhida (privação da liberdade) - art. 106 do ECA:

a1) flagrante de ato infracional;

a2) por ordem escrita e fundamentada da autoridade judiciária competente (juiz da Infância e da Juventude – art. 146 do ECA).

Observações:

a) crianças, quando surpreendidas diante da prática de ato infracional, serão encaminhadas ao Conselho Tutelar; se ainda não instalados, ao Juízo da Infância e Juventude;

b) as situações flagranciais de ato infracional são exatamente as mesmas que autorizam a prisão dos adultos (imputáveis) – art. 302 do Código de Processo Penal, incidindo no ECA, portanto, subsidiariamente;

c) a apreensão de menores de 18 anos fora das hipóteses listadas no art. 302 do CPP (flagrante de ato infracional) ou diante da inexistência de ordem escrita e fundamentada da autoridade judiciária configura o crime do art. 230, *caput*, do ECA, além do que o ato ilegal pode ser combatido por meio de *habeas corpus*;

d) art. 106, parágrafo único, do ECA: o adolescente tem direito à identificação dos responsáveis pela sua apreensão, devendo ser informado sobre seus direitos, como o de permanecer calado e de ter a assistência de sua família e de seu advogado, direitos consagrados no texto constitucional (art. 5º, LXIII, da CF);

e) art. 107, *caput*: a apreensão do adolescente e o local onde se encontra serão incontinenti comunicados ao Juiz da Infância e da Juventude e também à família do apreendido ou à pessoa que ele indicar. A autoridade policial que deixar de tomar tal providência incorrerá nas penas do crime do art. 231 do ECA; determina o parágrafo único do dispositivo que a autoridade judiciária, assim que tomar conhecimento da apreensão, examinará a possibilidade de liberação imediata, sob pena de responsabilidade. Se tomar conhecimento da apreensão ilegal e, sem justa causa, deixar de determinar a imediata liberação, cometerá o crime do art. 234 do ECA.

b) internação provisória - art. 108 do ECA – peculiaridades:

b1) constitui medida excepcional (antes da sentença) que somente poderá ser decretada diante da demonstração imperiosa de sua *necessidade*, além de se basear em indícios suficientes de *autoria* e *materialidade*;

b2) a medida não poderá durar mais de quarenta e cinco dias, prazo em que o processo deverá ser ultimado (art. 183 do ECA). Findo este prazo, o adolescente deverá ser imediatamente liberado. Há decisões, contudo, que entendem que, a depender da particularidade do caso concreto, é possível estendê-lo, notadamente quando é a defesa que dá causa à dilação. O descumprimento injustificado deste prazo configura o crime do art. 235 do ECA;

b3) o magistrado somente poderá decretar a internação provisória se o Ministério Público já houver oferecido a representação, isto é, não cabe esta medida privativa de liberdade em procedimento apuratório;

b4) reza o art. 185 do ECA que a internação será cumprida em entidade de atendimento. Não sendo possível a pronta transferência, o adolescente poderá, excepcionalmente, aguardar sua remoção, durante o prazo máximo de cinco dias, em repartição policial, desde que em seção separada da dos adultos;

c) identificação do adolescente – art. 109 do ECA: a regra estampada no preceptivo está em consonância com o art. 5º, LVIII, da CF, pois considera que a *identificação dactiloscópica* (impressão digital), colhida pelos órgãos policiais, de proteção e judiciais, constitui medida excepcional, que somente terá lugar para fins de confrontação, diante de dúvida fundada. Constitui dúvida fundada, entre outras, as hipóteses elencadas no art. 3º da Lei 12.037/2009. Alguns exemplos: documento com rasura ou indício de falsificação (inciso I); o fato de o indiciado portar documentos conflitantes entre si (inciso III).

7.2. Garantias processuais

7.2.1. Devido processo legal (art. 110 do ECA)

Desse princípio decorrem todas as demais garantias processuais, tais como o contraditório, a ampla defesa, presunção de inocência, direito ao duplo grau de jurisdição, dentre outros. No mais, deve-se ressaltar que todas as garantias asseguradas aos imputáveis são estendidas aos adolescentes. Além disso, o devido processo legal, que consiste em um processo justo, em que se atenda ao procedimento estabelecido em lei, assegurando-se às partes o contraditório e a ampla defesa, deve ser observado sempre que for atribuído ao adolescente a prática de ato infracional, e não somente quando se tratar de ato do qual resulte a restrição de sua liberdade. Súmula 342 do STJ: "no procedimento para aplicação de medida socioeducativa, é nula a desistência de outras provas em face da confissão do adolescente".

7.2.2. Art. 111, I, do ECA

É assegurado ao adolescente pleno e formal conhecimento da atribuição de ato infracional, através de citação ou meio equivalente. Sem essa *comunicação*, o adolescente não tem como tomar conhecimento da inicial da ação socioeducativa. É imprescindível, pois, ao exercício do contraditório e ampla defesa.

7.2.3. Art. 111, II, do ECA

Igualdade na relação processual, podendo confrontar-se com vítimas e testemunhas e produzir todas as provas necessárias à sua defesa.

7.2.4. Art. 111, III, do ECA

Defesa técnica por advogado. Art. 207, *caput*, do ECA: nenhum adolescente a quem se atribua a prática de ato infracional, ainda que ausente ou foragido, será processado sem defensor. Desse modo, logo na audiência de apresentação, o magistrado cuidará para que o adolescente possa se entrevistar com o seu defensor constituído. Se não houver constituído defensor, o juiz, neste caso, deverá nomear-lhe um, ressalvado o direito de o adolescente, a todo tempo, constituir outro de sua preferência – art. 207, § 1º, do ECA.

7.2.5. Art. 111, IV, do ECA

Assistência judiciária gratuita e integral aos necessitados, na forma da lei. A assistência judiciária gratuita e integral se dá na forma da Lei 1.060/50. Tal atribuição é da Defensoria Pública.

7.2.6. Art. 111, V, do ECA

Direito de ser ouvido pessoalmente pela autoridade competente. É direito do adolescente expor à autoridade judiciária sua versão dos fatos, relatar-lhe como, na sua visão, os fatos que lhe são imputados se deram.

7.2.7. Art. 111, VI, do ECA

Direito de solicitar a presença de seus pais ou responsável em qualquer fase do procedimento. O adolescente, no curso do procedimento que visa apurar o ato infracional, tem o direito de solicitar, a qualquer momento, o comparecimento de seus pais ou ainda de seu responsável. A teor do art. 184, § 2º, do ECA, se os pais ou responsável não forem localizados, a autoridade judiciária dará ao adolescente curador especial durante a audiência de apresentação e a audiência de continuação.

8. Medidas socioeducativas I

8.1. Considerações preliminares

8.1.1. Competência para a aplicação

Somente o juiz poderá aplicar as medidas socioeducativas. A autoridade competente a que faz menção o *caput* do art. 112 é, segundo o art. 146 do ECA, o juiz da infância e da juventude. Se alguma dúvida ainda havia, a Súmula 108 do STJ pacificou a questão: "a aplicação de medidas socioeducativas ao adolescente, pela prática de ato infracional, é da competência exclusiva do juiz".

8.1.2. Art. 114, parágrafo único, do ECA

Para a imposição da medida socioeducativa de *advertência*, a mais branda de todas, basta a prova da materialidade e indícios suficientes de autoria; já no que toca às outras medidas (obrigação de reparar o dano, prestação de serviços à comunidade, liberdade assistida, inserção em regime de semiliberdade e internação), é necessária a existência de provas suficientes da autoria e da materialidade da infração (art. 114, *caput*, do ECA).

8.1.3. Aplicação cumulativa de medida socioeducativa e de proteção

O art. 112, VII, do ECA traz a possibilidade de o juiz aplicar ao adolescente, além da medida socioeducativa, também medida de proteção (art. 101, I a VI, do ECA), sempre que ele encontrar-se em situação de risco.

8.1.4. Critérios para aplicação

O art. 112, § 1º, do ECA estabelece que o juiz, ao aplicar ao adolescente a medida socioeducativa, levará em conta a sua capacidade de cumpri-la, as circunstâncias e a gravidade do ato.

8.1.5. Objetivos

A recente Lei 12.594/2012, que instituiu o Sistema Nacional de Atendimento Socioeducativo – SINASE- e disciplinou a execução das medidas socioeducativas destinadas a adolescente em conflito com a lei, estabeleceu, em seu art. 2º, os objetivos das medidas socioeducativas, previstas no art. 112 do ECA.

8.1.6. Trabalho forçado

O ECA, em seu art. 112, § 2º, proíbe, em qualquer hipótese e sob qualquer pretexto, a prestação de trabalho forçado, o que está em consonância com o art. 5º, XLVII, *c*, da CF.

8.1.7. Adolescentes portadores de doença ou deficiência mental

Receberão tratamento individual e especializado (art. 112, § 3º, do ECA). Não serão submetidos a medidas socioeducativas.

8.2. Conceito

É a medida aplicada pelo Estado, em procedimento contraditório, ao adolescente que cometeu ato infracional.

8.3. Espécies

8.3.1. Advertência (art. 112, I, do ECA)

É a mais branda de todas as medidas, reservada, por isso, para os atos infracionais de pequena gravidade. Consiste em admoestação verbal. Basta, para sua incidência, prova da materialidade e *indícios* suficientes da autoria (art. 114, parágrafo único, do ECA). Será reduzida a termo e assinada pelo juiz, pelo representante do MP, pelo adolescente e pelos seus pais ou responsável (art. 115 do ECA).

8.3.2. Obrigação de reparar o dano (art. 112, II, do ECA)

Medida adequada aos atos infracionais com reflexos patrimoniais, podendo a autoridade determinar, se for o caso, que o adolescente restitua a coisa, promova o ressarcimento do dano, ou, por outra forma, compense o prejuízo causado à vítima (art. 116 do ECA).

8.3.3. Prestação de serviços à comunidade (art. 112, III, do ECA)

Consiste na realização de tarefas gratuitas de interesse geral, por período não excedente a seis meses, junto a entidades assistenciais, hospitais, escolas e outros estabelecimentos congêneres, bem como em programas comunitários e governamentais (art. 117, *caput*, do ECA). As tarefas serão atribuídas conforme as aptidões do adolescente, devendo ser cumpridas durante a jornada máxima de oito horas semanais, aos sábados, domingos e feriados ou em dias úteis, de modo a não prejudicar a frequência à escola ou à jornada normal de trabalho.

8.3.4. Liberdade assistida (art. 112, IV, do ECA)

Das medidas socioeducativas em meio aberto, é a mais rígida. O adolescente submetido a esta medida permanece na companhia de sua família e inserido na comunidade, com vistas a fortalecer seus vínculos, mas deverá sujeitar-se a acompanhamento, auxílio e orientação (art. 118 do ECA). Será executada por entidade de atendimento, que cuidará de indicar pessoa capacitada para a função de orientadora (com designação pelo juiz). A liberdade assistida será fixada pelo prazo *mínimo* de seis meses, podendo, a qualquer tempo, ser prorrogada, revogada ou substituída por outra medida, ouvido o orientador, o MP e o defensor (art. 118, § 2º, do ECA). Quanto ao prazo máximo, nada previu a esse respeito o legislador, sendo o caso, assim, de aplicar, por analogia, o dispositivo que prevê o período máximo para a internação (3 anos).

8.3.5. Semiliberdade (art. 112, V, do ECA)

É espécie de medida socioeducativa privativa da liberdade. Situa-se entre a internação, a mais severa de todas, e as medidas em meio aberto. Diferentemente da internação, a inserção em regime de semiliberdade (art. 120 do ECA) permite ao adolescente a realização de atividades externas, independentemente de autorização judicial. É obrigatória a escolarização e a profissionalização, devendo, sempre que possível, ser utilizados os recursos existentes na comunidade. A exemplo da internação, esta medida não comporta prazo determinado, sendo, pois, seu prazo máximo de três anos, devendo a sua manutenção ser avaliada no máximo a cada seis meses, já que se deve aplicar, no que couber, as disposições relativas à internação. No mais, pode ser determinada desde o início ou como forma de transição para o meio aberto.

8.3.6. Internação (art. 112, VI, do ECA)

Das medidas socioeducativas, é a mais severa, pois constitui modalidade de medida privativa de liberdade. É informada pelos princípios da brevidade, respeito à condição peculiar de pessoa em desenvolvimento e excepcionalidade. Esta medida, segundo dispõe o art. 121, § 2º, do ECA, não comporta prazo determinado, devendo sua manutenção ser reavaliada, mediante decisão fundamentada, no máximo a cada seis meses. O período de internação não excederá a 3 anos (art. 121, § 3º, do ECA). Findo esse prazo, poderá o juiz: a) liberar o adolescente, se a medida atingiu sua finalidade; b) colocá-lo em regime de semiliberdade; c) colocá-lo em liberdade assistida. De qualquer forma, a liberação será compulsória aos 21 anos (art. 121, § 5º, do ECA).

Quanto ao caráter excepcional da medida socioeducativa de internação, conferir:

> PENAL E PROCESSUAL PENAL. *HABEAS CORPUS*. ECA. ATO INFRACIONAL EQUIPARADO AO DELITO DE PORTE ILEGAL DE ARMA DE FOGO DE USO PERMITIDO. APLICAÇÃO DE MEDIDA SOCIOEDUCATIVA DE INTERNAÇÃO POR PRAZO INDETERMINADO. REITERAÇÃO NO COMETIMENTO DE OUTROS ATOS INFRACIONAIS GRAVES. MEDIDA FUNDAMENTADA.
>
> 1. Em razão do princípio da excepcionalidade, a medida de internação somente é possível nas hipóteses previstas no art. 122 da Lei n.º 8.069/1990, ou seja, quando o ato infracional for praticado com grave ameaça ou violência contra a pessoa; quando houver o reiterado cometimento de outras infrações graves; ou ainda, quando haja o descumprimento reiterado e injustificável de medida anteriormente imposta.
>
> 2. É cediço que se impõe a aplicação da medida de internação nas hipóteses em que o caráter excepcional dos atos infracionais cometidos e o comportamento social do adolescente exigem a medida extrema.
>
> 3. A imposição da medida excepcional se revela necessária, ainda, quando o adolescente possui histórico de cumprimento de medidas outras (prestação de serviços à comunidade, liberdade assistida e semiliberdade) que se revelaram insuficientes no processo de ressocialização e reeducação preconizados pelo ECA.
>
> 4. Por fim, no presente caso, a medida de internação encontra seu fundamento, ainda, no inciso II do art. 122 do ECA (reiteração no cometimento de outras infrações graves), uma vez que o adolescente ostenta 3 (três) outros graves registros por atos infracionais, análogos aos crimes de roubo (duas vezes) e estupro de vulnerável.
>
> 5. Ordem denegada.
>
> (STJ, HC 207.582/DF, Rel. Ministro OG FERNANDES, SEXTA TURMA, julgado em 16/08/2012, DJe 27/08/2012)

8.4. Hipóteses em que a internação tem lugar – art. 122 do ECA

8.4.1. Ato infracional cometido mediante grave ameaça ou violência à pessoa

Estão inseridos nesse contexto atos infracionais equiparados aos crimes de roubo, homicídio, estupro, dentre outros em que o adolescente emprega, para a sua prática, violência (força física) contra a pessoa ou grave ameaça. Não fazem parte deste rol, portanto, os crimes de tráfico de drogas, embora seja equiparado a hediondo, furto qualificado, entre outros. Nesse sentido: STJ, HC 165.704-SP, Rel. Min. Maria Thereza e Assis Moura, j. 2.9.2010. Consolidando esse entendimento, o STJ editou, recentemente, a Súmula 492: "o ato infracional análogo ao tráfico de drogas, por si só, não conduz obrigatoriamente à imposição de medida socioeducativa de internação".

8.4.2. Reiteração no cometimento de outras infrações graves

O tráfico de drogas, embora isoladamente não justifique a aplicação da medida de internação, pode determiná-la diante de sua reiteração. Assim, "outras infrações" significa infrações não abrangidas pelo inciso I. Para o STJ, reiteração é, no mínimo, três infrações graves. Diferente, portanto, de reincidência.

8.4.3. Descumprimento reiterado e injustificável da medida anteriormente imposta

Esta é a chamada *internação com prazo determinado* ou *internação-sanção*. Assim, uma vez aplicada a medida por sentença em processo de conhecimento, cabe ao adolescente a ela submeter-se, independentemente de sua vontade. Se assim não fizer, poderá sujeitar-se à internação-sanção, cujo prazo de duração, a teor do art. 122, § 1º, do ECA, com redação dada pela Lei 12.594/2012, poderá chegar a três meses. Segundo o STJ, a reiteração pressupõe mais de três atos. Além disso, o descumprimento há de ser injustificável, devendo o juiz, portanto, ouvir as razões do adolescente. A esse respeito, a Súmula 265 do STJ: "é necessária a oitiva do menor infrator antes de decretar-se a regressão da medida socioeducativa".

9. Medidas socioeducativas II e remissão

9.1. Medidas socioeducativas – continuação

Observação importante: a Lei 12.594/2012, em seu art. 35, enuncia os princípios informadores da execução das medidas socioeducativas.

9.1.1. Cumprimento da internação – arts. 123 a 125 do ECA e Lei 12.594/2012 (Sinase)

Atualmente, a execução das medidas socioeducativas deve seguir o regramento trazido pela Lei 12.594/2012 (que instituiu o Sinase – Sistema Nacional de Atendimento Socioeducativo) e também pela Resolução 119, do Conanda (Conselho Nacional dos Direitos da Criança e do Adolescente), que contemplam diversos dispositivos que regulamentam o cumprimento dessas medidas.

O cumprimento da medida de internação dar-se-á nos moldes estabelecidos no *caput* do art. 123 do Estatuto: deverá ser executada em entidade exclusiva para adolescentes, em local distinto daquele destinado ao *abrigo*, obedecida rigorosa separação por critérios de *idade, compleição física* e *gravidade da infração*. Além disso, consta do parágrafo único do dispositivo que, durante o período de internação, ainda que provisória, são obrigatórias atividades pedagógicas.

9.1.2. Direitos do adolescente privado de liberdade

O art. 124 do ECA contempla, em dezesseis incisos, os direitos do adolescente que se acha privado de sua liberdade, entre os quais entrevistar-se pessoalmente com o promotor de justiça, receber visitas, ao menos semanalmente etc.. Além desses, o art. 49 da Lei 12.594/2012 conferiu ao adolescente privado de liberdade outros direitos.

9.1.3. Observações quanto aos direitos do adolescente privado de sua liberdade

a) é vedada a incomunicabilidade do adolescente, salvo se, em determinada situação, o seu isolamento dos demais internos (colocação em ambiente separado) mostrar-se a medida mais adequada à segurança dele – art. 124, § 1º, do ECA;

b) se a autoridade judiciária entender que existem motivos sérios e fundados que tornam a visita, inclusive dos pais ou responsável, prejudicial aos interesses do adolescente, poderá suspendê-la temporariamente – art. 124, § 2º, do ECA;

c) o Estado tem o dever de zelar pela integridade física e mental dos internos, a ele cabendo adotar as medidas adequadas de contenção e segurança – art. 125 do ECA.

9.1.4. Prescrição

À falta de norma que discipline este tema, o STJ editou a Súmula 338, cujo teor é o seguinte: "a prescrição penal é aplicável nas medidas socioeducativas". Assim, firmou-se o entendimento segundo o qual as regras que regem, na Parte Geral do Código Penal, a prescrição aplicam-se, de forma supletiva, às medidas socioeducativas. Sucede que a questão, a despeito da edição da súmula, não é pacífica, já que parte minoritária da doutrina entende que a prescrição não poderia ser aplicada às medidas socioeducativas.

9.2. Remissão

9.2.1. Previsão legal

Arts. 126, 127 e 128 do ECA.

9.2.2. Conceito

É o perdão concedido pelo MP ao adolescente autor de ato infracional. Neste caso, tem natureza administrativa e depende de homologação. Inexiste inconstitucionalidade nesta medida, já que está o Ministério Público credenciado a decidir pela aplicação da remissão ou pelo oferecimento da representação. Essa é a *remissão ministerial* (art. 126, *caput*, do ECA). Uma vez iniciado o procedimento, a remissão não mais poderá ser concedida pelo promotor de justiça, somente pela autoridade judiciária. Essa é a *remissão judicial*, que importa em suspensão ou extinção do processo (art. 126, parágrafo único, do ECA) e tem como propósito amenizar os efeitos da continuidade desse.

9.2.3. Observações quanto às duas espécies de remissão, ministerial e judicial

a) a remissão ministerial importa na exclusão do início do processo de conhecimento. Já a judicial, que é aquela em que o processo de conhecimento já teve início com a representação formulada pelo MP, implica a extinção ou suspensão do processo – em curso;

b) a despeito de a lei nada ter dito a esse respeito, a remissão ministerial está condicionada ao consentimento expresso do adolescente e de seu representante legal. Motivo: na hipótese de o adolescente sustentar que não cometeu o ato infracional a ele imputado, terá a oportunidade, por meio do processo de conhecimento, de provar sua inocência. Com muito mais razão, quando se tratar de remissão cumulada com medida socioeducativa (STJ entende ser possível a cumulação);

c) a remissão judicial prescinde de anuência do MP, que, no entanto, será ouvido, sob pena de nulidade. A esse respeito, conferir: STF, HC 96.659-MG, Rel. Min. Gilmar Mendes, j. 28.9.2010;

d) ainda no âmbito da remissão judicial, o juiz da infância e da juventude poderá, neste caso, suspender (paralisar) ou ainda extinguir (pôr fim) o processo. Suspenderá na hipótese de o adolescente ser submetido a uma medida socioeducativa em que se faça necessário o seu acompanhamento, como, por exemplo, a prestação de serviços à comunidade. Ao término desta, o processo será extinto. Por fim, será extinto sempre que não for necessária a imposição de medida socioeducativa cumulada com a remissão ou mesmo no caso de ser aplicada medida que prescinda de acompanhamento. Ex.: advertência;

e) a remissão não implica necessariamente o reconhecimento ou comprovação da responsabilidade, nem prevalece para efeito de antecedentes (art. 127 do ECA). É dizer, o fato de o adolescente e seu representante aquiescerem na aplicação da medida não quer dizer que aquele está admitindo culpa pelo ato infracional praticado; se assim preferir, poderá recusar a benesse e provar a sua inocência no curso do processo de conhecimento;

f) a medida que eventualmente for aplicada junto com a remissão, que nunca poderá ser a de colocação em regime de semiliberdade e internação, poderá ser revista judicialmente a qualquer tempo, mediante pedido do adolescente ou de seu representante legal, ou do MP.

10. Medidas pertinentes aos pais ou responsável e Conselho Tutelar

10.1. Medidas pertinentes aos pais ou responsável – arts. 129 e 130 do ECA

10.1.1. Conceito

São as medidas aplicáveis aos pais ou responsável (crianças ou adolescentes criados por avós, irmãos – que detêm a guarda de fato) quando violarem direitos das crianças e dos adolescentes. Essas medidas terão lugar em relação aos pais em face da violação do poder familiar, que é, *grosso modo*, a autoridade que estes exercem sobre a criança e o adolescente. O não exercício desta prerrogativa acarreta a perda ou suspensão do poder familiar. Os deveres inerentes ao poder familiar estão no art. 22 do ECA (guarda, sustento e educação).

10.1.2. Medidas em espécie e primazia dada àquelas que buscam a manutenção da pessoa em desenvolvimento no seu lar

Seguindo a tônica estabelecida pela Lei 12.010/2009, que prestigia a manutenção da criança e do adolescente junto à sua família natural (à sua falta, a extensa), dado que este é o ambiente considerado mais favorável ao seu bom desenvolvimento, as medidas contempladas no art. 129, I a VII, do ECA que não afastam as crianças e os adolescentes de seus pais ou responsável, têm primazia em relação àquelas que implicam a retirada da pessoa em desenvolvimento de seu lar, com o inevitável afastamento desta de seus pais ou responsável, previstas no art. 129, VIII, IX e X, do ECA. A aplicação das medidas previstas no art. 129, I a VII, é de atribuição do Conselho Tutelar, conforme dispõe o art. 136, II, do ECA. Nada impede, todavia, que o juiz da Infância e da Juventude possa também, de forma subsidiária, aplicar tais medidas. No que toca às medidas contidas no art. 129, VIII, IX e X, do ECA, respectivamente *perda da guarda, destituição da tutela* e *suspensão ou destituição do poder familiar*, estas modalidades somente podem ser determinadas pelo juiz da Infância e da Juventude.

A seguir, as medidas aplicáveis aos pais ou responsável:

I. encaminhamento a programa oficial ou comunitário de proteção à família;

II. inclusão em programa oficial ou comunitário de auxílio, orientação e tratamento a alcoólatras e toxicômanos;

III. encaminhamento a tratamento psicológico ou psiquiátrico;

IV. encaminhamento a cursos ou programas de orientação;

V. obrigação de matricular o filho ou pupilo e acompanhar sua frequência e aproveitamento escolar;

VI. obrigação de encaminhar a criança ou adolescente a tratamento especializado;

VII. advertência;

VIII. perda da guarda;

IX. destituição da tutela;

X. suspensão ou destituição do poder familiar.

10.2. Conselho Tutelar

10.2.1. Previsão legal

Arts. 131 a 140 do ECA.

10.2.2. Conceito

Constitui órgão permanente e autônomo, não jurisdicional, encarregado pela sociedade de zelar pelo cumprimento dos direitos da criança e do adolescente, definidos nesta Lei (art. 131 do ECA).

10.2.3. Características

a) o Conselho Tutelar não possui personalidade jurídica, uma vez que é *órgão*, e não *pessoa jurídica*. Insere-se, pois, na estrutura da administração pública municipal (vide art. 132 do ECA, cuja redação foi modificada pela Lei 12.696/2012);

b) sendo um órgão permanente, o Conselho Tutelar tem natureza contínua; é autônomo porque, embora esteja sujeito à fiscalização do MP e do Poder Judiciário, é independente nas suas atribuições;

c) é órgão não jurisdicional, isto é, diante de um conflito de interesses envolvendo criança ou adolescente, não estará credenciado a atuar, somente podendo fazê-lo o juiz da Vara da Infância e Juventude.

10.2.4. Estrutura e requisitos para candidatura

a) cada município e cada Região Administrativa do Distrito Federal deverá ter, no mínimo, um Conselho Tutelar constituído de cinco membros (art. 132 do ECA), ainda que se trate de cidade com número pequeno de habitantes. Se porventura no município ainda não houver sido instalado o Conselho Tutelar, caberá ao juiz da Vara da Infância e da Juventude fazer as suas vezes (art. 262 do ECA). Sendo um órgão integrante da administração pública municipal, a sua estrutura administrativa, remuneração dos conselheiros, local e dia de funcionamento e tudo o mais que se fizer necessário ao bom funcionamento do Conselho Tutelar deverá ser disciplinada por lei a ser editada pelo legislativo municipal ou distrital (art. 134 do ECA). Dada a modificação implementada no art. 134 do ECA pela Lei 12.696/2012, os membros do Conselho Tutelar passam agora a contar com alguns direitos previdenciários e trabalhistas, a saber: a) cobertura previdenciária; b) gozo de férias anuais remuneradas, acrescidas de um terço do valor da remuneração mensal; c) licença-maternidade; d) licença-paternidade; e e) gratificação natalina;

b) a despeito de haver decisões em sentido contrário, prevalece o entendimento segundo o qual a lei municipal pode estabelecer outras condições de exigibilidade além daquelas referidas no art. 133 do ECA (reconhecida idoneidade moral; idade superior a vinte e um anos; e residência no município). Trata-se, pois, de requisitos mínimos.

10.2.5. Composição

Os Conselhos Tutelares são compostos de cinco membros, denominados conselheiros, escolhidos pela comunidade para um mandato de quatro anos, permitida uma recondução, a teor do art. 132 do ECA. A redação anterior desse artigo fixava em três anos o mandato do membro do Conselho Tutelar.

10.2.6. Eleição

Os conselheiros devem ser eleitos em voto direto, facultativo e secreto, em eleições promovidas pelo Conselho Municipal dos Direitos da Criança e do Adolescente, sob a fiscalização do Ministério Público – art. 139, caput, do ECA. Em consonância com o que estabelece o art. 139, § 1º, do ECA, introduzido pela Lei 12.696/2012, o processo de escolha do Conselheiro ocorrerá em data unificada em todo o território nacional a cada quatro anos, no primeiro domingo do mês de outubro do ano subsequente ao da eleição presidencial. A posse dos conselheiros, a teor do que dispõe o art. 139, § 2º, do ECA, também introduzido pela Lei 12.696/2012, dar-se-á no dia 10 de janeiro do ano seguinte. É vedado ao candidato, no processo de escolha, doar, oferecer, prometer ou entregar ao eleitor bem ou vantagem pessoal de qualquer natureza. É o que estabelece o recém-introduzido art. 139, § 3º, do ECA.

10.2.7. Impedimentos

Pela disciplina estabelecida no art. 140 do ECA, as pessoas ali listadas estão impedidas de servir como conselheiro tutelar no mesmo Conselho, o que não impede, por conseguinte, que pai e filho, por exemplo, exerçam esta função pública em Conselhos diferentes.

10.2.8. Atribuições

I. atender as crianças e adolescentes nas hipóteses previstas nos arts. 98 e 105 do ECA, aplicando as medidas previstas no art. 101, I a VII, do Estatuto;

II. atender e aconselhar os pais ou responsável, aplicando as medidas previstas no art. 129, I a VII, do ECA;

III. promover a execução de suas decisões, podendo, para tanto:

   a) requisitar serviços públicos nas áreas de saúde, educação, serviço social, previdência, trabalho e segurança;

   b) representar junto à autoridade judiciária nos casos de descumprimento injustificado de suas deliberações;

IV. encaminhar ao MP notícia de fato que constitua infração administrativa ou penal contra os direitos da criança ou adolescente;

V. encaminhar à autoridade judiciária os casos de sua competência;

VI. providenciar a medida estabelecida pela autoridade judiciária, dentre as previstas no art. 101, de I a VI, do ECA para o adolescente autor de ato infracional;

VII. expedir notificações;

VIII. requisitar certidões de nascimento e de óbito de criança ou adolescente quando necessário;

IX. assessorar o Poder Executivo local na elaboração de proposta orçamentária para planos e programas de atendimento dos direitos da criança e do adolescente;

X. representar, em nome da pessoa e da família, contra a violação dos direitos previstos no art. 220, § 3º, II, da CF;

XI. representar ao MP para efeito das ações de perda ou suspensão do poder familiar, após esgotadas as possibilidades de manutenção de criança ou adolescente junto à família natural.

11. Apuração de ato infracional

11.1. Esclarecimentos preliminares

Antes de o Ministério Público, titular da chamada *ação socioeducativa*, provocar a função jurisdicional, por meio do exercício do direito de ação, algumas providências, previstas e disciplinadas pelo ECA, hão de ser tomadas. São as chamadas medidas pré-processuais, já que antecedem a instauração do processo perante a Justiça da Infância e da Juventude.

11.2. Apreensão de adolescente

Em conformidade com o prescrito nos arts. 106, *caput*, 171 e 172 do ECA, a apreensão do adolescente somente se dará em duas situações, a saber: flagrante de ato infracional; e por força de ordem judicial.

Observações: a teor do art. 171 do ECA, o adolescente apreendido por força de ordem judicial (para o cumprimento de medida socioeducativa de internação; para que compareça à audiência de apresentação etc.) será encaminhado à autoridade judiciária. De outro lado, pela disciplina do art. 172 do ECA, o adolescente apreendido em flagrante de ato infracional deverá ser conduzido à presença da autoridade policial competente. Se se tratar de ato infracional praticado em coautoria com maior e havendo repartição policial especializada no atendimento de adolescente, prevalecerá a atribuição desta.

11.3. Flagrante de ato infracional praticado por adolescente - providências

Há, aqui, duas situações distintas:

11.3.1. Ato infracional cometido mediante violência ou grave ameaça à pessoa

Neste caso, a autoridade policial, que é aquela a quem deve ser encaminhado o adolescente surpreendido na prática de ato infracional (art. 302 do CPP), cuidará para que sejam tomadas as seguintes providências: lavratura do auto de apreensão; apreensão do produto e dos instrumentos da infração; requisição dos exames e perícias; assegurar que o adolescente conheça a identidade dos responsáveis por sua apreensão bem como seja informado de seus direitos; comunicação imediata à família ou pessoa indicada, bem como à autoridade judiciária; liberação ou condução ao MP (art. 173, *caput*, do ECA).

11.3.2. Ato infracional praticado sem violência ou grave ameaça contra a pessoa

Neste caso, as providências a serem tomadas são as seguintes (art. 173, parágrafo único, do ECA): em vez de auto de apreensão, boletim de ocorrência circunstanciado; apreensão do produto e dos instrumentos da infração; requisição dos exames e perícias; assegurar que o adolescente conheça a identidade dos responsáveis por sua apreensão bem como seja informado de seus direitos; comunicação imediata à família ou pessoa indicada, bem como à autoridade judiciária; liberação ou condução ao MP.

11.4. Liberação do adolescente – cabimento

Reza o art. 174 do ECA que, na hipótese de comparecimento de qualquer dos pais ou responsável, o adolescente será prontamente liberado pela autoridade policial, devendo o responsável, sob compromisso, fazer apresentar o adolescente ao MP no primeiro dia útil imediato. **Exceção:** quando, pela gravidade do ato infracional e sua repercussão social, deva o adolescente permanecer sob internação para garantia de sua segurança pessoal ou manutenção da ordem pública. Neste caso, o adolescente será encaminhado ao MP, juntamente com a cópia do auto de apreensão ou boletim de ocorrência. Não sendo possível, a autoridade policial encaminhará o adolescente à entidade de atendimento, que o apresentará ao MP em 24 horas (art. 175 do ECA).

11.5. Oitiva informal do adolescente

O art. 179 do ECA instituiu importante instrumento para auxiliar o membro do MP a formar sua convicção, já que lhe permite ouvir o adolescente, seus pais ou responsável, bem assim vítimas e testemunhas.

11.5.1. Obrigatoriedade da medida

Há duas correntes. Prevalece, atualmente, aquela que entende que a ausência de oitiva informal promovida pelo MP não tem o condão de gerar a nulidade da representação e dos atos seguintes. É este o entendimento do STJ. A esse respeito, conferir: STJ, 5ª T., REsp. 662.499/SC, Rel. Min. Felix Fischer, j. 7.12.04.

11.5.2. Providências – após oitiva informal (art. 180 do ECA)

Após a oitiva informal a que alude o art. 179 do Estatuto, o promotor de justiça tomará uma das seguintes providências: promoverá o *arquivamento dos autos* (se verificar que o adolescente não foi o autor do ato; que o ato não é típico – não encontra figura correspondente na legislação penal; ou ainda ocorreu excludente de ilicitude); concederá a *remissão*; ou oferecerá a *representação*.

11.5.3. Homologação judicial

Em vista do disposto no art. 181 do ECA, nos casos de arquivamento e remissão, os autos serão conclusos à autoridade judiciária para homologação. Se o juiz discordar, remeterá os autos ao procurador-geral de Justiça, a quem incumbirá oferecer representação, designar outro promotor para fazê-lo ou ratificar o arquivamento ou remissão, sendo que somente nesse caso o juiz estará obrigado a homologar.

11.6. Fase processual – esclarecimentos preliminares

Conforme já expusemos, algumas providências previstas no ECA, chamadas medidas pré-processuais, que antecedem a instauração do processo perante a Justiça da Infância e da Juventude, devem ser tomadas, como, por exemplo, em alguns casos, a apreensão em flagrante do adolescente e a sua liberação, a depender do caso, aos seus pais. São as normas que regem a fase pré-processual de apuração do ato infracional. Passaremos agora ao exame das normas que disciplinam a *fase processual de apuração do ato infracional* (arts. 182 a 190 do ECA).

11.7. Ministério Público – único legitimado

A chamada ação socioeducativa tem uma peculiaridade: o MP tem legitimidade exclusiva para ajuizá-la. Vale dizer, é defeso à vítima propor a ação socioeducativa. Mais: o MP, no seu exercício do direito de ação, não está subordinado a condição alguma.

11.8. Representação

11.8.1. Conceito

É a petição inicial da ação socioeducativa. Está prevista no art. 182 do ECA. Equivale, na ação penal pública, à denúncia.

11.8.2. Características

a) comporta a forma escrita ou oral;

b) não depende de prova pré-constituída de autoria e materialidade (para a instauração bastam indícios);

c) deve conter breve resumo dos fatos e a classificação do ato infracional, bem assim, quando necessário, o rol de testemunhas.

Observação: o adolescente defende-se, no processo, do fato a ele atribuído pelo MP na inicial, e não de sua classificação.

11.9. Providências judiciais

Com a representação ofertada pelo MP, os autos vão conclusos ao juiz, a quem caberá: rejeitá-la, determinar que seja a representação emendada ou recebê-la. Neste último caso, o magistrado deverá designar audiência de apresentação do adolescente e determinar a *cientificação* e *notificação* do adolescente e de seus pais ou responsável.

11.10. Audiência de apresentação

Trata-se do primeiro contato entre juiz e adolescente, bem assim com os pais deste. Se comparecerem adolescente e seus pais, todos serão ouvidos. Com relação àquele, insta ressaltar que serão aplicadas, no que toca à sua oitiva, as regras do inter-
rogatório previstas no CPP. Feito isso, o magistrado ouvirá os pais ou responsável pelo adolescente e, em seguida, tomará uma das seguintes providências: ouvido o MP, concederá remissão (art. 186, § 1º, do ECA); ou designará audiência em continuação.

Observações: é necessária a presença de advogado na audiência de apresentação; a teor do art. 186, § 3º, do ECA, o defensor do adolescente – constituído ou nomeado – no prazo de 3 dias da audiência de apresentação oferecerá defesa prévia e rol de testemunhas.

11.11. Audiência em continuação

É constituída pelos seguintes atos: oitiva das testemunhas de acusação e defesa; relatório confeccionado pela equipe interprofissional, que será acostado aos autos do processo; debates. Primeiro do promotor e, após, da defesa; e sentença.

12. Crimes e infrações administrativas

12.1. Crimes

12.1.1. Observações preliminares

Se o ECA não dispuser de forma contrária, aplicam-se aos crimes nele definidos as regras da Parte Geral do CP e, no que toca ao processo, as pertinentes ao CPP – art. 226 do ECA. Os crimes previstos no ECA são de ação penal pública incondicionada.

12.1.2. Crimes em espécie

Aqui abordaremos os principais delitos definidos no ECA e seus elementos.

Art. 229. Deixar o médico, enfermeiro ou dirigente de estabelecimento de atenção à saúde de gestante de identificar corretamente o neonato e a parturiente, por ocasião do parto, bem como deixar de proceder aos exames referidos no art. 10 desta Lei:

Pena – detenção de 6 meses a 2 anos.

Parágrafo único. Se o crime é culposo:

Pena – detenção de dois a seis meses ou multa.

a) sujeito ativo: somente o médico, o enfermeiro e o dirigente de estabelecimento de atenção à saúde da gestante. Trata-se, portanto, de *crime próprio*, já que exige do agente uma característica especial;

b) sujeito passivo: o neonato e a parturiente (na primeira figura); e o recém-nascido (na segunda);

c) tipo objetivo: são duas as condutas punidas: a primeira consiste em deixar, que significa *omitir-se*, de proceder à identificação (individualização) correta do neonato e da parturiente; a outra conduta punida é deixar (omissão dos mesmos sujeitos) de realizar os exames a que faz menção o art. 10 do ECA, assim entendidos aqueles que visam ao diagnóstico e terapêutica de anormalidades no metabolismo do recém-nascido;

d) tipo subjetivo: é o dolo, representado pela vontade livre e consciente de praticar a conduta prevista no tipo. Há previsão, no parágrafo único, da forma culposa, em que incorrerá o agente que cometer o delito por negligência.

Art. 230. Privar a criança ou o adolescente de sua liberdade, procedendo à sua apreensão sem estar em flagrante de ato infracional ou inexistindo ordem escrita da autoridade judiciária competente:

Pena – detenção de 6 meses a 2 anos.

Parágrafo único. Incide na mesma pena aquele que procede à apreensão sem observância das formalidades legais.

a) sujeito ativo: qualquer pessoa (crime comum);

b) sujeito passivo: a criança ou o adolescente;

c) tipo objetivo: o verbo nuclear do tipo penal é *privar*, que quer dizer tolher, impedir. Este crime, dada a pena a ele cominada, não deve ser confundido com o do art. 148 do CP (sequestro e cárcere privado), visto que a prática do delito em estudo implica somente a apreensão do menor, sem, com isso, inseri-lo no cárcere. Se o fizer, caracterizado estará o crime do CP, cuja pena é bem superior;

d) tipo subjetivo: é o dolo, representado pela vontade livre e consciente de praticar a conduta prevista no tipo. Não há previsão da modalidade culposa.

Art. 240. Produzir, reproduzir, dirigir, fotografar, filmar ou registrar, por qualquer meio, cena de sexo explícito ou pornográfica, envolvendo criança ou adolescente.
Pena – reclusão, de 4 a 8 anos, e multa.

§ 1º Incorre nas mesmas penas quem agencia, facilita, recruta, coage, ou de qualquer modo intermedeia a participação de criança ou adolescente nas cenas referidas no caput deste artigo, ou ainda quem com esses contracena.

§ 2º Aumenta-se a pena de 1/3 se o agente comete o crime:

I – no exercício de cargo ou função pública ou a pretexto de exercê-la;

II – prevalecendo-se de relações domésticas, de coabitação ou de hospitalidade; ou
III – prevalecendo-se de relações de parentesco consanguíneo ou afim até o terceiro grau, ou por adoção, de tutor, curador, preceptor, empregador da vítima ou de quem, a qualquer outro título, tenha autoridade sobre ela, ou com seu consentimento.

a) sujeito ativo: qualquer pessoa (delito comum);

b) sujeito passivo: a criança ou o adolescente;

c) tipo objetivo: o tipo penal incriminador é constituído por seis condutas típicas. A elas: *produzir* quer dizer gerar, criar; *reproduzir* significa produzir novamente ou ainda imitar; *dirigir* quer dizer comandar, liderar; *fotografar* significa gerar a imagem por meio de fotografia; *filmar* significa registrar imagem e som por meio de vídeo; *registrar*, por fim, quer dizer salvar em base de dados. Sendo o tipo misto alternativo, incorrendo o agente, desde que no mesmo contexto fático, em mais de uma conduta prevista no tipo, responderá por crime único (princípio da alternatividade);

d) tipo subjetivo: somente se pune a forma dolosa.

Art. 241. Vender ou expor à venda fotografia, vídeo ou outro registro que contenha cena de sexo explícito ou pornografia envolvendo criança ou adolescente.
Pena – reclusão, de 4 a 8 anos, e multa.

a) sujeito ativo: sendo delito comum, pode ser praticado por qualquer pessoa. Não se exige, portanto, nenhuma qualidade especial do agente;

b) sujeito passivo: a criança ou o adolescente;

c) tipo objetivo: o tipo penal é constituído por dois verbos nucleares: *vender* e *expor à venda* (tipo misto alternativo ou plurinuclear). *Vender* significa alienar por determinado valor; *expor à venda* quer dizer apresentar para que seja alienado. Constituem objeto do tipo incriminador: fotografia, vídeo ou registro. O meio mais comum, hodiernamente, empregado pelo sujeito ativo na prática deste crime é a internet;

d) tipo subjetivo: o tipo penal somente comporta a forma dolosa, já que não é prevista a modalidade culposa.

Art. 241-A. Oferecer, trocar, disponibilizar, transmitir, distribuir, publicar ou divulgar por qualquer meio, inclusive por meio de sistema de informática ou telemático, fotografia, vídeo ou outro registro que contenha cena de sexo explícito ou pornografia envolvendo criança ou adolescente:

Pena – reclusão, de 3 a 6 anos, e multa.

§ 1º Nas mesmas penas incorre quem:

I – assegura os meios ou serviços para o armazenamento das fotografias, cenas ou imagens de que trata o caput deste artigo;

II – assegura, por qualquer meio, o acesso por rede de computadores às fotografias, cenas ou imagens de que trata o caput deste artigo.

§ 2º As condutas tipificadas nos incisos I e II do § 1º deste artigo são puníveis quando o responsável legal pela prestação do serviço, oficialmente notificado, deixa de desabilitar o acesso ao conteúdo ilícito de que trata o caput deste artigo.

a) sujeito ativo: sendo delito comum, pode ser praticado por qualquer pessoa. Não se exige, portanto, nenhuma característica específica do agente;

b) sujeito passivo: a criança ou o adolescente;

c) tipo objetivo: o tipo penal é constituído por sete ações nucleares (tipo misto alternativo ou plurinuclear). Neste crime, o objeto material, já produzido, terá seu âmbito de alcance ampliado por meio, sobretudo, da internet. *Oferecer* significa ofertar, apresentar; *trocar* significa permutar; *disponibilizar* quer dizer viabilizar o acesso; *transmitir* significa remeter de uma localidade para outra; *distribuir* quer dizer fazer entrega a diversas pessoas; *publicar* significa tornar público e notório; *divulgar* significa difundir;

d) tipo subjetivo: o tipo penal somente comporta a forma dolosa, já que não é prevista a modalidade culposa.

Art. 241-D. Aliciar, assediar, instigar ou constranger, por qualquer meio de comunicação, criança, com o fim de com ela praticar ato libidinoso:

Pena – reclusão, de 1 a 3 anos, e multa.

Parágrafo único. Nas mesmas penas incorre quem:

I – facilita ou induz o acesso à criança de material contendo cena de sexo explícito ou pornografia com o fim de com ela praticar ato libidinoso;

II – pratica as condutas descritas no caput deste artigo com o fim de induzir criança a se exibir de forma pornográfica ou sexualmente explícita.

a) sujeito ativo: sendo delito comum, pode ser praticado por qualquer pessoa. Não é exigida nenhuma qualidade específica do agente;

b) sujeito passivo: somente a criança, isto é, a pessoa em desenvolvimento com até 12 anos incompletos;

c) tipo objetivo: o tipo penal é constituído por quatro ações nucleares (tipo misto alternativo ou plurinuclear). São elas: aliciar (atrair, cooptar); assediar (importunar); instigar (incentivar); e constranger (forçar);

d) tipo subjetivo: o tipo penal somente comporta a forma dolosa, já que não é prevista a modalidade culposa. Exige-se, também, o elemento subjetivo específico de praticar com a criança ato libidinoso.

Art. 241-E. Para efeito dos crimes previstos nesta Lei, a expressão "cena de sexo explícito ou pornográfica" compreende qualquer situação que envolva criança ou adolescente em atividades sexuais explícitas, reais ou simuladas, ou exibição dos órgãos genitais de uma criança ou adolescente para fins primordialmente sexuais.

Art. 244-B. Corromper ou facilitar a corrupção de menor de 18 anos, com ele praticando infração penal ou induzindo-o a praticá-lo:

Pena – reclusão, de 1 a 4 anos.

§ 1º incorre nas penas previstas no caput deste artigo quem pratica as condutas tipificadas utilizando-se de quaisquer meios eletrônicos, inclusive salas de bate-papo da internet.

§ 2º as penas previstas no caput deste artigo são aumentadas de 1/3 no caso de a infração cometida ou induzida estar incluída no rol do art. 1º da Lei 8.072/1990, de 25 de julho de 1990.

a) esclarecimento preliminar: a corrupção de menores, antes prevista no art. 1º da Lei 2.252/1954, foi revogada pela Lei 12.015/2009, que introduziu esse crime, com redação idêntica, no art. 244-B do ECA;

b) sujeito ativo: sendo delito comum, pode ser praticado por qualquer pessoa.

c) sujeito passivo: somente o menor de 18 anos, desde que ainda não corrompido;

d) tipo objetivo: o tipo penal é constituído por duas ações nucleares (tipo misto alternativo ou plurinuclear), a saber: *corromper* (perverter) ou *facilitar a corrupção* (favorecer a corrupção, torná-la mais fácil, viabilizá-la). A criança ou adolescente corrompido não comete infração penal (crime e contravenção), mas, sim, ato infracional; já o maior (imputável) será responsabilizado por crime ou contravenção;

e) tipo subjetivo: a punição somente se opera a título de dolo.

12.2. Infrações administrativas

12.2.1. Esclarecimento preliminar

Não abordaremos, neste tópico, as infrações administrativas em espécie, como fizemos com os crimes, mas, sim, seus aspectos gerais mais relevantes.

12.2.2. Infrações administrativas – características

Estão previstas nos arts. 245 a 258-B do ECA, que contemplou um total de 14 infrações administrativas. A sua apuração, em procedimento judicial perante a Vara da Infância e da Juventude, deve obedecer ao rito estabelecido nos arts. 194 a 198 do ECA. O procedimento será deflagrado por meio de autuação do Serviço de Voluntariados da Vara da Infância e da Juventude, de Conselheiros Tutelares e também do MP. A exemplo do que se dá com as leis penais, aplica-se aqui o princípio da legalidade, é dizer, somente haverá infração administrativa se houver previsão legal nesse sentido; da mesma forma, a sanção só será aplicada se houver cominação legal.

12.2.3. Tentativa

A tentativa de infração administrativa não é punida, já que inexiste, no ECA, norma de extensão que viabilize tal punição, como ocorre no CP, em seu art. 14, II.

12.2.4. Prescrição

A exemplo do que se dá com a tentativa, não há, no ECA, norma que faça alusão expressa ao instituto da prescrição da conduta ilícita relativa à infração administrativa. Dessa forma, tendo a infração administrativa essa natureza, aplicam-se, no que concerne à prescrição, as regras do Direito Administrativo, em que o prazo prescricional é quinquenal, isto é, de cinco anos. Assim tem decidido a jurisprudência. A conferir: STJ, Resp 820.364, rel. Min. Eliana Calmon, j. 20.3.2007.

16. Direito Ambiental

Wander Garcia

1. Introdução

O estudo do meio ambiente sempre foi chamado de "ecologia", palavra criada a partir das expressões gregas *oikos* (casa) e *logia* (estudo), resultando na ideia de "estudo da casa". Essa palavra é utilizada desde o século XIX, como ramo da Biologia.

Já o estudo do meio ambiente, em termos legais, é bem recente. Até pouco tempo atrás sequer havia lei que tratasse do Direito Ambiental.

No plano mundial, o primeiro grande marco dessa preocupação foi a Conferência de Estocolmo (1972), na qual foi feita a "Declaração do Meio Ambiente" e asseverou-se a importância de compatibilizar o desenvolvimento com a proteção ambiental, dando início ao estudo do princípio do desenvolvimento sustentável e a disseminação de leis ambientais nas legislações estrangeiras.

Em 1992, o Brasil sediou a segunda grande conferência mundial sobre o meio ambiente (a Rio-92), conferência que resultou na "Declaração do Rio", que consagrou o princípio do desenvolvimento sustentável. Na ocasião, ficou acordada a aprovação de um documento com compromissos para um futuro sustentável, a Agenda 21, além de terem sido produzidos os seguintes outros documentos: a) Princípios para o desenvolvimento sustentável das florestas; b) Convenção sobre a biodiversidade; c) Convenção sobre as mudanças no clima.

Em 2002, a África do Sul sediou a terceira conferência mundial sobre o meio ambiente (a Rio+10). Dela resultou uma declaração política, "O Compromisso de Joanesburgo sobre Desenvolvimento Sustentável", e um plano de implementação, cujos objetivos maiores são erradicar a pobreza, mudar os padrões insustentáveis de produção e consumo e proteger os recursos naturais.

Em 2012, o Rio de Janeiro sediou a quarta conferência mundial sobre o meio ambiente (a Rio+20). Dela resultou o documento "O Futuro que Queremos", documento um pouco genérico, que basicamente reafirmou compromissos anteriores, principalmente no que diz respeito à erradicação da pobreza e ao desenvolvimento sustentável com inclusão social.

No plano interno, apenas em 1981 é que surgiu a primeira legislação preocupada especificamente com a proteção ambiental, a Lei de Política Nacional do Meio Ambiente (Lei 6.938/1981). De lá para cá, como se verá em capítulo próprio, diversas leis cuidaram do assunto.

Nos últimos anos, dois temas ganharam grande expressão no Direito Ambiental. O primeiro deles é o *aquecimento global*, que passou a sensibilizar inclusive países como os Estados Unidos, que até então faziam vista grossa para o problema. E o segundo, os estudos, pesquisas e práticas relativas à utilização de material genético, tais como os relacionados aos alimentos transgênicos, à utilização de células-tronco e à clonagem.

A proteção e a promoção do meio ambiente ganham especial relevância na atualidade, em virtude do estágio em que se encontra o regime capitalista. Esse regime, como se sabe, trabalha com a ideia de lucro a qualquer preço e com o aumento progressivo do consumo por parte das pessoas.

De um lado, a ética do lucro a qualquer preço faz com que a proteção do meio ambiente seja apenas um entrave aos negócios de muitos empreendedores. Se num dado país não se pode mais prejudicar o meio ambiente, então que se vá a outro país em que isso ainda é possível, mesmo que por ausência de fiscalização. Assim, verifica-se um movimento de multinacionais de países desenvolvidos instalando-se em países subdesenvolvidos, ou em países em grande desenvolvimento, como a China, locais em que, na maior parte das vezes, a proteção do meio ambiente é muito fraca.

De outro lado, o *marketing* cada vez mais nos atinge e nos exige um aumento do consumo. "Necessidades" novas são criadas para nossas vidas a cada dia. O crédito para aquisição de produtos é cada vez maior. Tudo a fazer com que consumamos cada vez mais, gerando uma destruição crescente dos recursos naturais.

A falta de ética ambiental e a escalada do consumo, somadas a tudo o que já se destruiu nos últimos séculos, fazem com que estejamos no momento mais crítico, em termos ambientais, da história humana. Essa situação faz com que o estudo do Direito Ambiental ganhe enorme relevância, impondo cada vez mais aos estudantes, futuros advogados, futuros agentes públicos e aos já profissionais da área jurídica, que conheçam e apliquem efetivamente os princípios, regras e institutos desse ramo do Direito.

Não há dúvida de que a proteção do meio ambiente trabalha com uma *visão antropocêntrica*, ou seja, de que o homem é o centro da vida. Aliás, o Princípio 1º da Declaração de Estocolmo dispõe que "os seres humanos estão no centro das preocupações com o desenvolvimento sustentável; têm direito a uma vida saudável e produtiva, em harmonia com a natureza".

Não adotamos uma *visão ecocêntrica*, ou seja, a de que todas as formas de vida devem ser preservadas.

Todavia, há hoje uma evolução da visão adotada, com a ideia de antropocentrismo alargado ou holístico, para o fim de reconhecer o valor intrínseco do meio ambiente, independente do valor que ele tem para o ser humano.

É com essa *visão antropocêntrica alargada* que propomos fazer uma viagem de descoberta e aprendizado do Direito Ambiental.

Nos próximos itens deste capítulo, veremos os conceitos básicos do Direito Ambiental, sua regulamentação na Constituição Federal, a competência em matéria ambiental, os princípios do Direito Ambiental, a Política Nacional do Meio Ambiente, seus instrumentos, a responsabilidade civil, administrativa e penal nessa matéria, e a Lei de Biossegurança.

2. Conceitos básicos

2.1. Meio ambiente

2.1.1. Conceito

O meio ambiente pode ser conceituado como *o conjunto de condições, leis, influências e interações de ordem física, química e biológica que permite, abriga e rege a vida em todas as suas formas*. Este é o conceito trazido no art. 3º, I, da Lei 6.938/1981.

Note que a definição engloba tanto os elementos vivos ou não da natureza, como também aqueles que abrigam qualquer tipo de vida, o que inclui espaços artificiais, ou seja, espaços criados pelo homem.

2.1.2. Espécies de bens ambientais

O meio ambiente não se limita aos recursos naturais. Ele engloba também todos aqueles elementos que contribuem para o bem-estar e a felicidade humana.

Assim, os bens ambientais podem ser de três espécies:

a) meio ambiente natural (ou físico), *que consiste nos elementos que existem mesmo sem influência do homem*. Ex.: solo, água, ar, fauna e flora. A Constituição, principalmente no art. 225, traz a regra matriz da proteção do meio ambiente natural;

b) meio ambiente artificial, *que consiste no espaço construído pelo homem, na interação com a natureza*. Ex.: edificações e espaços públicos abertos. A Constituição trata do assunto principalmente em seu art. 182, quando trata da política de desenvolvimento urbano, o que inclui, claro, as construções, os espaços e as atividades desenvolvidas pelos homens na interação com a natureza;

c) meio ambiente cultural, *que consiste no espaço construído pelo homem, na interação com a natureza, mas que detém um valor agregado especial por ser referência ligada à memória, aos costumes ou aos marcos da vida humana*. Ex.: patrimônio histórico, arqueológico, artístico, paisagístico e cultural. A Constituição, em seu art. 216, trata do meio ambiente cultural.

A doutrina também aponta como bem ambiental o meio ambiente do trabalho, que é *o lugar onde o ser humano exerce suas atividades laborais*. Pode ser tanto um lugar aberto, como um prédio. A ideia, aqui, é preservar a saúde, a segurança e o bem-estar do trabalhador no seu ambiente de trabalho. A Constituição, em art. 200, VIII, faz referência ao *meio ambiente do trabalho*.

2.1.3. Natureza do bem ambiental

Quando nos perguntam qual a natureza do bem ambiental, temos que fazer uma divisão em dois aspectos. Podem estar querendo perguntar sobre a natureza do bem para fins processuais, ou seja, se se trata de bem difuso, coletivo ou individual. Ou podem estar querendo saber sobre a titularidade desse bem, se público, privado ou de natureza peculiar.

Para fins processuais, o meio ambiente ecologicamente equilibrado é um bem difuso, já que se enquadra perfeitamente ao disposto no art. 81, parágrafo único, I, do Código do Consumidor, que define bens difusos como aqueles "*transindividuais, de natureza indivisível, de que sejam titulares pessoas indeterminadas e ligadas por circunstâncias de fato*".

Na verdade, o direito ao meio ambiente ecologicamente equilibrado pertence a um número indeterminado de pessoas ligadas por mera circunstância de fato, e não pode ser divido entre cada um de nós. Não é possível, por exemplo, dizer que cada um de nós tem direito a uma parte do ar, da água e da fauna, por exemplo, o que demonstra o caráter indivisível do interesse.

Já quanto à titularidade, a natureza do bem difuso é de bem público ou de bem privado? A Constituição Federal dispõe que o meio ambiente ecologicamente equilibrado é bem de uso comum do povo.

O problema é que o Código Civil divide os bens públicos (do Estado), quanto a sua destinação, em bens de uso comum do povo (afetados ao uso indistinto de todos), de uso especial (afetados aos serviços e equipamentos públicos) e dominicais (sem afetação nenhuma), tudo a dar a impressão de que os bens ambientais são públicos, já que a Constituição usou a mesma expressão "bens de uso comum do povo" para o meio ambiente.

Nada obstante, nós sabemos que nem todos os bens ambientais são de propriedade do Estado. Há milhares de áreas verdes, por exemplo, que pertencem a particulares. Isso sem contar com o meio ambiente artificial e cultural, também muitas vezes dos particulares.

Assim sendo, quando a CF diz que o meio ambiente destina-se ao *uso comum do povo*, não está conferindo a propriedade dele ao Estado ou ao povo, só está deixando claro que Estado e povo têm direito de exigir sua proteção (e o dever de protegê-lo). Aliás, basta ler com atenção o art. 225 da CF para perceber que o que é "bem de uso comum do povo" não é exatamente o meio ambiente, mas o "meio ambiente ecologicamente equilibrado", bem esse sobre o qual o povo não exerce a propriedade em sentido estrito, mas o uso direto ou indireto, na medida em que dependemos dele para nossa sobrevivência.

2.2. Poluição e degradação do meio ambiente

Além do conceito de meio ambiente, a Lei 6.938/1981 traz outros conceitos básicos de suma importância.

Há dois conceitos que devem ser diferenciados. São os de degradação da qualidade ambiental e de poluição. Enquanto a primeira consiste na *alteração adversa do meio ambiente*, a segunda significa a mesma alteração, mas provocada por uma *atividade*, vale dizer, por uma conduta humana (art. 3º, II e III).

Já o poluidor, de acordo com a lei, pode ser tanto uma pessoa física como uma pessoa jurídica, pública ou privada, responsável, direta ou indiretamente, por atividade causadora de degradação ambiental (art. 3º. IV).

Por fim, são considerados recursos ambientais a atmosfera, as águas interiores, superficiais e subterrâneas, os estuários, o mar territorial, o solo, o subsolo, os elementos da biosfera, a fauna e a flora (art. 3º, V).

Porém, não se devem confundir os recursos ambientais (anteriormente enumerados) com as espécies de bens ambientais, pois estas abrangem o meio ambiente artificial e o meio ambiente cultural.

3. O Direito Ambiental na Constituição Federal

3.1. Proteção geral do meio ambiente

Antes da Constituição de 1988, que tratou de forma bastante expressiva e inédita da proteção ao meio ambiente, tínhamos poucos textos legislativos regulando a matéria.

Demorou até que tomássemos consciência de que dependemos de um meio ambiente ecologicamente equilibrado para sobrevivermos. Também tardou a percepção de que grande parte dos recursos naturais é limitada ou está em processo de extinção.

No Brasil, apenas na década de 1960 é que surgiram leis tratando do assunto, como os Códigos Florestal (Lei 4.771/1965), de Caça (Lei 5.197/1967), de Pesca (Dec.-Lei 221/1967) e de Mineração (Dec.-Lei 227/1967), mesmo assim eram diplomas voltados para a questão administrativa e penal, sem que trouxessem instrumentos materiais e processuais tendentes a garantir a reparação efetiva de danos ao meio ambiente.

A preocupação com a *reparação dos danos ambientais* ganhou importante aliado, ainda que tão somente quanto ao direito material, com o advento da Lei 6.938/1981, que instituiu a chamada "Política Nacional do Meio Ambiente", estabelecendo: a) conceitos importantes; b) formas de atuação do poder público; c) e a *responsabilidade objetiva* em matéria de dano ambiental.

A Lei 7.347/1985 (Lei de Ação Civil Pública), por sua vez, completou as lacunas existentes, instituindo um instrumento processual eficaz na busca da reparação dos danos causados ao meio ambiente, conferindo *legitimidade para agir* ao Ministério Público, ao poder público e até às associações civis para o ingresso de demandas visando proteger esse tipo de interesse difuso, que é o meio ambiente.

Sobreveio a CF/88, aliada decisiva na proteção ambiental, que estabeleceu os seguintes comandos:

a) que o meio ambiente ecologicamente equilibrado é tanto um direito como um dever de todos, inclusive do Estado;

b) que as futuras gerações também têm esse direito;

c) que o poder público tem também deveres específicos de proteção, como restaurar processos ecológicos essenciais, prover o manejo ecológico, preservar a diversidade e integridade do patrimônio genético, fiscalizar a manipulação de material genético, definir espaços de conservação especialmente protegidos, exigir estudos prévios de impacto ambiental nas atividades perigosas, controlar determinadas atividades (inclusive industriais e comerciais), promover a educação ambiental, dentre outros deveres;

d) que a responsabilidade civil é objetiva;

e) que a reparação do dano deve importar na *recuperação* do bem violado, de acordo com a solução técnica exigida pelo órgão público competente, não devendo ser suficiente a mera conversão da obrigação em perdas e danos;

f) que os causadores de danos ambientais também poderão responder na esfera penal;

g) que as pessoas jurídicas também poderão responder na esfera criminal;

h) que as responsabilidades civil, administrativa e criminal são independentes;

i) que a Floresta Amazônica, a Mata Atlântica, a Serra do Mar, o Pantanal Mato-Grossense e a Zona Costeira são patrimônios nacionais especialmente protegidos; repare que o Cerrado e a Caatinga são ecossistemas que não foram considerados, pela Constituição, como patrimônio nacional;

j) que são indisponíveis as terras devolutas ou arrecadadas pelos Estados, por ações discriminatórias, necessárias à proteção dos ecossistemas naturais;

k) que as usinas que operarem com reator nuclear deverão ter sua localização definida em lei federal, sem o que não poderão ser instaladas.

O tratamento constitucional do meio ambiente está nos seguintes pontos:

a) na tutela geral do meio ambiente (art. 225);

b) no princípio da função social da propriedade (arts. 5º, XXIII, 182 e 186);

c) na enumeração dos bens da União (art. 20, II);

d) na divisão de competência entre os entes federativos (arts. 21, XIX, 23, III, VI e VII, e 24, VI, VII e VIII);

e) na possibilidade de instaurar inquérito civil e ação civil pública para a proteção do meio ambiente (art. 129, III);

f) na regulamentação da ordem econômica (art. 170, VI);

g) na atribuição do sistema único de saúde de colaborar com a proteção do meio ambiente, nele compreendido o do trabalho (art. 200, VIII);

h) na proteção do patrimônio cultural (art. 216);

h) nas restrições às propagandas (art. 220, § 3º, II);

i) e nos arts. 91, § 1º, III, e 231, § 1º.

Perceba, diante desse relato histórico, que a evolução histórica do Direito Ambiental brasileiro passa por três fases, segundo a doutrina:

a) a fase de exploração desregrada, que ocorreu até a década de 60 do século XX e cuja característica principal é a ausência de normas de proteção;

b) a fase fragmentária, que ocorreu até o início dos anos 80 do século XX, e cuja característica principal é a existência de leis pontuais tratando do meio ambiente (ex.: antigo Código Florestal, de 1965; Código de Caças, de 1967);

c) a fase holística, que nasce com a Lei de Política Nacional do Meio Ambiente (Lei 6.938/1981) e é consagrada pela Constituição Federal de 1988 e depois com a Lei 9.605/1998, e é nela que se percebe um tratamento global da proteção do meio ambiente, com a instituição de um Sistema Nacional do Meio Ambiente (SISNAMA), de princípios, conceitos e objetivos da proteção ambiental e de uma série de instrumentos desta proteção.

3.2. Proteção do patrimônio cultural

A Constituição tratou, de modo especial, da proteção do meio ambiente cultural.

O art. 216 da Constituição trouxe a definição do que é patrimônio cultural brasileiro, a determinação dos responsáveis por sua promoção e proteção e a enumeração dos instrumentos a serem utilizados para a preservação desse bem ambiental.

De acordo com o *caput* do dispositivo, constituem patrimônio cultural brasileiro "os bens de natureza material e imaterial, tomados individualmente ou em conjunto, portadores de referência à identidade, à ação, à memória dos diferentes grupos formadores da sociedade brasileira, nos quais se incluem: I – as formas de expressão; II – os modos de criar, fazer e viver; III – as criações científicas, artísticas e tecnológicas; IV – as obras, objetos, documentos, edificações e demais espaços destinados às manifestações artístico-culturais; V – os conjuntos urbanos e sítios de valor histórico, paisagístico, artístico, arqueológico, paleontológico, ecológico e científico".

Perceba que para ser patrimônio cultural o bem deve ter um *valor especial*, valor esse decorrente de ser uma referência à identidade, à ação ou à memória dos diferentes grupos formadores da sociedade brasileira. Nesse sentido temos obras de arte, casas históricas, sítios arqueológicos, bairros com referência histórica etc..

Repare que a Constituição incluiu como patrimônio cultural "as formas de expressão", "os modos de criar, fazer e viver" e as "criações científicas, artísticas e tecnológicas". Quanto às formas de expressão, temos a música, o teatro e a literatura, por exemplo. Quanto aos modos de criar, fazer e viver, temos os costumes indígenas ou os costumes de uma dada comunidade tradicional de pescadores, por exemplo. E quanto às criações científicas, artísticas e tecnológicas, não se deve deixar de lembrar que, a par da proteção que receberão dos direitos empresarial e civil, elas também devem ser protegidas por integrar o patrimônio cultural brasileiro.

O legitimado para a *promoção* e a *proteção* desse patrimônio é o Poder Público, em colaboração com a comunidade (art. 216, § 1º, CF).

E os instrumentos para a promoção e a proteção desse patrimônio são os seguintes: "registros, vigilância, tombamento e desapropriação, e outras formas de acautelamento e preservação" (art. 216, § 1º, CF).

Os registros são muito utilizados para a proteção das criações científicas, artísticas e tecnológicas, que são registradas, por exemplo, no INPI e na Biblioteca Nacional.

O tombamento, por sua vez, é muito utilizado quanto a prédios e conjuntos urbanos de valor histórico, bem como para sítios especiais, como praias, florestas e outros dotados de valor paisagístico, arqueológico e ecológico. Temos aqui, por exemplo, o espaço urbano da cidade mineira de Ouro Preto/MG, o Pelourinho (em Salvador/BA) e a praia de Canoa Quebrada, no Ceará.

Por fim, a desapropriação importa em o Poder Público ficar proprietário da coisa, mediante pagamento de indenização prévia, justa e em dinheiro. Esse instrumento só é utilizado em situações excepcionais, quando a coisa, para ser protegida, tenha que ficar sob a propriedade do Poder Público. Quando estudarmos as unidades de conservação, veremos que algumas delas reclamam que a coisa a ser protegida passe para a esfera de titularidade da Administração Pública.

4. Competência em matéria ambiental

A Constituição também traça a competência em matéria ambiental, que se divide em competência legislativa e administrativa.

Comecemos com a competência administrativa (que, por óbvio, depende da edição de leis para que seja exercida), em que se confere o dever-poder de agir na matéria *meio ambiente* a todos os entes da federação.

Segundo o art. 23 da Constituição, é *competência comum* da União, dos Estados, do Distrito Federal e dos Municípios:

a) proteger os documentos, as obras e outros bens de valor histórico, artístico e cultural, os monumentos, as paisagens naturais notáveis e os sítios arqueológicos;

b) proteger o meio ambiente e combater a poluição em qualquer de suas formas;

c) preservar as florestas, a fauna e a flora.

Percebe-se a amplitude do dever que têm a União, os Estados, o Distrito Federal e o Município na proteção do meio ambiente, bem jurídico esse que deve ser objeto de cuidado em cada ato praticado por tais entes e que deve ser objeto de medidas que visem a sua promoção e proteção.

A competência administrativa (competência para executar as leis) também é chamada de competência executiva, englobadas, dentre outras, as seguintes atividades: a) vigilância do meio ambiente; b) fiscalização; c) licenciamento ambiental; d) tombamento.

Assim, em matéria de fiscalização, por exemplo, são competentes para a imposição de sanções agentes públicos de todos os entes federativos. Pode um agente municipal, portanto, aplicar sanção prevista em lei federal ambiental (por exemplo, na Lei 9.605/1998). É o caso de autuação de alguém que está transportando carga de madeira sem a ATPF (Autorização de Transporte de Produtos Florestais). Vale salientar que o pagamento de multa imposta por Estado ou Município substitui a multa federal na hipótese (art. 76 da Lei 9.605/1998).

Já em matéria de licenciamento ambiental, apesar da competência também ser comum, há regras específicas que serão estudadas no capítulo reservado a essa atividade administrativa.

De qualquer forma, é bom lembrar que a Constituição Federal estabelece, em seu art. 23, parágrafo único, que leis complementares regularão a cooperação entre os entes políticos no exercício da competência administrativa comum nela prevista. E a boa notícia é que já há uma lei complementar tratando dessa cooperação em matéria ambiental. Trata-se da Lei Complementar 140/2011, que regula a competência comum para o licenciamento ambiental.

Já quanto à competência legislativa, temos, num primeiro momento, atribuição concorrente entre União (que edita leis gerais) e Estados e Distrito Federal (que suplementam a legislação federal), sendo certo que, na falta de norma geral da União, os Estados exercerão a competência legislativa plena para atender a suas peculiaridades. Porém, a superveniência de lei federal sobre normas gerais suspende a eficácia da lei estadual no que a contrariar.

Segundo o art. 24 da Constituição, compete à União, aos Estados e ao Distrito Federal legislar concorrentemente sobre:

a) florestas, caça, pesca, fauna, conservação da natureza, defesa do solo e dos recursos naturais, proteção do meio ambiente e controle da poluição;

b) proteção ao patrimônio histórico, cultural, turístico e paisagístico;

c) responsabilidade por dano ao meio ambiente, ao consumidor, a bens e direitos de valor estético, histórico, turístico e paisagístico.

Vale ressaltar, quanto à competência em geral do Estado-membro, que esse detém, ainda, a competência residual para tratar de todas as matérias que não sejam vedadas pela CF, pois, segundo o § 1° de seu art. 25, "são reservadas aos Estados as competências que não lhes sejam vedadas pela Constituição".

Por fim, ainda no plano legislativo, vale lembrar que o Município poderá legislar sobre matéria ambiental (a princípio, competência da União, dos Estados e do Distrito Federal) em questões de *interesse peculiar* ao respectivo ente, vale dizer, em questões de *interesse local*, específico daquele Município, sem prejuízo da edição de leis que visem a suplementar a legislação federal e estadual, no que couber, ou seja, quanto a questões de interesse local (art. 30, I e II, da CF).

Em resumo, pode-se dizer que, em matéria de competência legislativa quanto ao meio ambiente, a União tem a primazia, pois é a responsável pela edição de normas gerais sobre o assunto (exs.: Lei de Política Nacional do Meio Ambiente, Lei de Sistema Nacional de Unidades de Conservação e Lei de Crimes Ambientais). Os Estados-membros podem suplementar a legislação federal (ou seja, legislar sobre um dos aspectos de um dado tema, não tratados na lei federal geral sobre o respectivo assunto), além de poderem exercer a competência legislativa plena em relação àqueles ainda não legislados pela União. E os Municípios podem legislar sempre que houver assunto de interesse local, seja para tratar originalmente dele, seja para suplementar a legislação estadual ou federal que reclame tratamento local quanto a algum aspecto.

5. Princípios do Direito Ambiental

Os princípios são normas jurídicas de especial relevância e alta carga valorativa, que vinculam e servem de vetor interpretativo aos aplicadores do Direito.

Perceba que os princípios têm duplo papel.

O primeiro papel diz respeito à força vinculativa. Nesse ponto, é importante ressaltar que os princípios carregam normas de hierarquia superior às meras regras. Se um dado princípio estiver em norma constitucional, por exemplo, a superioridade hierárquica em relação às regras infraconstitucionais será de natureza formal. Já se um princípio estiver em norma infraconstitucional, a superioridade hierárquica em relação a uma regra infraconstitucional será de natureza material. Assim, os princípios podem ter hierarquia formal ou material em relação a meras regras de Direito.

Já o segundo papel dos princípios é servir de vetor, de norte, de orientador das interpretações. Nesse sentido, os princípios são vetores interpretativos. Quando um aplicador da lei estiver diante de um caso concreto, ele deve interpretar as regras legais com as lentes dos princípios.

O Direito Ambiental tem uma série de princípios. Assim, passemos ao tratamento de cada um deles lembrando em cada passo dos dois papéis que os princípios têm no sistema jurídico.

5.1. Princípio do desenvolvimento sustentável

Esse princípio pode ser conceituado como *aquele que determina a harmonização entre o desenvolvimento econômico e social e a garantia da perenidade dos recursos ambientais.*

O princípio tem como antecedente a chamada Carta de Estocolmo (1972), que trazia a Declaração do Meio Ambiente, a qual, apesar de reconhecer o direito de desfrutar do meio ambiente, declarava o dever de sua proteção. A ECO-92, por sua vez, que formulou a Declaração do Rio, deixa claro que a proteção do meio ambiente deve ser parte integrante do processo de desenvolvimento e não algo isolado dele.

O fundamento legal do princípio é a CF, que, em seu artigo 170, ao tratar da ordem econômica, deixa claro que o objetivo desta é assegurar a todos existência digna, conforme os ditames da justiça social, e que são princípios de tal ordem tanto a propriedade privada e sua função social como a defesa do meio ambiente. O princípio também decorre do art. 4º, I, da Lei 6.938/1981.

Como característica marcante, o princípio do desenvolvimento sustentável valoriza tanto a importância do desenvolvimento econômico e social do país como a necessidade de compatibilizar tal desenvolvimento com a proteção do meio ambiente. Assim, quem deseja ter uma atividade econômica poderá fazê-lo, desde que não degrade o meio ambiente, seja evitando práticas lesivas, seja garantindo a constante renovação dos recursos naturais.

Como exemplo da aplicação prática do princípio pode-se citar o fato de que, em algumas cidades brasileiras, há leis determinando que os novos prédios devem ter aquecimento solar, descargas sustentáveis (que liberam pouca água), sistema de reutilização de água das chuvas, implantação de nova vegetação, telhado verde (jardim na cobertura do prédio), coleta seletiva, dentre outras medidas.

5.2. Princípio do poluidor-pagador

Esse princípio pode ser conceituado como *aquele que impõe ao poluidor tanto o dever de prevenir a ocorrência de danos ambientais como o de reparar integralmente eventuais danos que causar com sua conduta.*

O princípio 16 da Declaração do Rio ressalta o caráter dúplice do princípio, que tem os seguintes aspectos: a) repressivo, ao impor responsabilidade objetiva àquele que degrada o meio ambiente; b) preventivo, ao impor a internalização das externalidades negativas.

As externalidades negativas consistem no próprio uso do meio ambiente. E a internalização consiste em o poluidor arcar com o custo da poluição, com a devida atenção ao interesse público, e sem provocar distorções no comércio e nos investimentos internacionais.

O fundamento legal do princípio decorre dos arts. 170 e 225 da CF, bem como do art. 4º, VII, da Lei 6.938/1981.

Como característica marcante, o princípio não permite a poluição, conduta absolutamente vedada e passível de diversas e severas sanções. Tal princípio apenas reafirma, faz lembrar o dever de prevenção e de reparação integral por parte de quem pratica atividade que possa poluir.

Como exemplo da aplicação prática do princípio pode-se citar o instituto da outorga onerosa do direito de construir, previsto no art. 28 do Estatuto da Cidade, pelo qual o empreendedor deverá pagar para construir além do coeficiente básico de aproveitamento do imóvel, usando-se o dinheiro para colaborar com a promoção do meio ambiente.

Outro exemplo decorre do Protocolo de Kyoto. De acordo com esse documento, os países desenvolvidos que a ele aderiram se comprometeram a diminuir a emissão de gases na atmosfera. Caso o empreendedor local queira emitir gases acima dos limites permitidos, terá de comprar "créditos de carbono", fazendo-o, por exemplo, com pessoas que tenham diminuído a emissão de gases na atmosfera, gerando o crédito a ser vendido.

5.3. Princípio da obrigatoriedade da intervenção estatal

Esse princípio pode ser conceituado como *aquele que impõe ao Estado o dever de garantir o meio ambiente ecologicamente equilibrado para as presentes e futuras gerações.*

O fundamento legal do princípio está no *caput* do art. 225 da CF, encontrando especificações no § 1º do mesmo artigo. Também decorre dos dispositivos da Lei 6.938/1981.

Como característica marcante, o princípio impõe ao poder público, dentre outros, deveres específicos de: a) restaurar processos ecológicos essenciais; b) prover o manejo ecológico, preservar a diversidade e a integridade do patrimônio genético; c) definir espaços de conservação especialmente protegidos; d) exigir estudos prévios de impacto ambiental nas atividades perigosas (EIA); e) controlar determinadas atividades; f) promover a educação ambiental; g) proteger a fauna e a flora.

5.4. Princípio da participação coletiva ou da cooperação de todos

Esse princípio pode ser conceituado como *aquele que impõe à coletividade (além do Estado) o dever de garantir o meio ambiente ecologicamente equilibrado para as presentes e futuras gerações.*

O fundamento legal do princípio está previsto no *caput* do art. 225 da CF.

Como característica marcante, o princípio reafirma que, além de o *meio ambiente ecologicamente equilibrado* ser um *direito* de todos (um bem de uso comum do povo), trata-se também de um dever da coletividade, que deve defendê-lo e preservá-lo.

É importante ressaltar que o princípio também cria direitos às pessoas, que podem ter acesso às informações relativas ao meio ambiente, participar de audiências e consultas públicas, iniciativa popular de leis, atuação em órgãos colegiados dotados de poder normativo (ex.: CONAMA), ingressar com ações judiciais (ex.: ação popular) etc..

5.5. Princípio da responsabilidade objetiva e da reparação integral

Esse princípio pode ser conceituado como *aquele que impõe o dever de qualquer pessoa de responder integralmente pelos danos que causar ao meio ambiente, independentemente de prova de culpa ou dolo.*

O fundamento legal do princípio está no § 3º do art. 225 da CF, bem como no § 1º do art. 14 da Lei 6.938/1981.

Perceba que a proteção é dupla. Em primeiro lugar, fixa-se que a responsabilidade é objetiva, o que impede que o causador do dano deixe de ter a obrigação de repará-lo sob o argumento de que não agiu com culpa ou dolo. Em segundo lugar, a obrigação de reparar o dano não se limita a pagar uma indenização, mas impõe que ela seja específica, isto é, deve-se buscar a restauração ou recuperação do bem ambiental lesado, procurando, assim, retornar à situação anterior.

5.6. Princípio da prevenção

Esse princípio pode ser conceituado como *aquele que impõe à coletividade e ao Poder Público a tomada de medidas prévias para garantir o meio ambiente ecologicamente equilibrado para as presentes e futuras gerações.*

O fundamento legal do princípio está na própria CF, que traz medidas de prevenção, como a instituição de unidades territoriais de preservação e a necessidade de se exigir estudo prévio de impacto ambiental (EIA) para as atividades potencialmente causadoras de significativa degradação do meio ambiente.

A doutrina faz uma distinção entre o princípio da prevenção e o princípio da precaução. O primeiro incide naquelas hipóteses em que se tem certeza de que dada conduta causará um dano ambiental. O princípio da prevenção atuará de forma a evitar que o dano seja causado, impondo licenciamentos, estudos de impacto ambiental, reformulações de projeto, sanções administrativas etc.. A ideia aqui é eliminar os perigos já comprovados. Já o segundo incide naquelas hipóteses de incerteza científica sobre se dada conduta pode ou não causar um dano ao meio ambiente. O princípio da precaução atuará no sentido de que, na dúvida, deve-se ficar com o meio ambiente, tomando as medidas adequadas para que o suposto dano de fato não ocorra. A ideia aqui é eliminar a probabilidade do próprio perigo se concretizar.

O princípio da precaução impõe que "na dúvida, deve ser ficar com o interesse da coletividade, e não dos empreendedores" (*in dubio pro societate*).

Nesse sentido, o princípio determina uma inversão do ônus da prova, fazendo com que o empreendedor tenha que demonstrar que suas atividades não causarão lesão ao meio ambiente ecologicamente equilibrado.

O princípio da precaução acabou sendo inserido em nossa legislação em virtude da aprovação, pelo Decreto Legislativo 1/04, do acordado na Conferência sobre Mudanças Climáticas, na ECO 92, cujo 15º princípio tem o seguinte teor: "Princípio 15. Com o fim de proteger o meio ambiente, o princípio da precaução deverá ser amplamente observado pelos Estados, de acordo com suas capacidades. Quando houver ameaça de danos graves ou irreversíveis, a ausência de certeza científica absoluta não será utilizada como razão para o adiamento de medidas economicamente viáveis para prevenir a degradação ambiental".

Um exemplo de aplicação prática do princípio está na Lei 11.105/2005, que regula os OGMs – Organismos Geneticamente Modificados. Essa lei, de modo a fazer valer os princípios citados, impõe, em matéria de alimentos transgênicos, por exemplo, a realização de estudos de impacto ambiental, a aprovação das atividades por comissões públicas e a informação adequada aos consumidores.

5.7. Princípio da educação ambiental

Esse princípio pode ser conceituado como *aquele que impõe ao Poder Público o dever de promover a educação ambiental em todos os níveis de ensino e a conscientização pública para a preservação do meio ambiente.*

Perceba que a educação ambiental deve estar presente em todos os níveis (infantil, fundamental, médio, superior e especial).

O fundamento legal do princípio está no inciso VI do § 1º do artigo 225 da CF. A Lei Federal 9.795/1999 traz as minúcias e as diretrizes acerca da educação ambiental.

5.8. Outros princípios

A doutrina também aponta os seguintes princípios do Direito Ambiental:

a) princípio do direito humano fundamental: *é aquele pelo qual os seres humanos têm direito a uma vida saudável e produtiva, em harmonia com o meio ambiente.* De acordo com o princípio, as pessoas têm direito ao meio ambiente ecologicamente equilibrado. O princípio está previsto nas declarações das conferências de Estocolmo e da Rio-92, além de estar presente no *caput* do art. 225 da Constituição;

b) princípio da ubiquidade: *é aquele pelo qual as questões ambientais devem ser consideradas em todas as atividades humanas.* Ubiquidade quer "dizer existir concomitantemente em todos os lugares". De fato, o meio ambiente está em todos os lugares, de modo que qualquer atividade deve ser feita com respeito a sua proteção e promoção;

c) princípio do usuário-pagador: *é aquele pelo qual as pessoas que usam recursos naturais devem pagar por tal utilização.* Esse princípio difere do princípio do poluidor-pagador, pois o segundo diz respeito a condutas ilícitas ambientalmente, ao passo que o primeiro refere-se a condutas lícitas ambientalmente. Assim, aquele que polui (conduta ilícita) deve reparar o dano, pelo princípio do poluidor-pagador. Já aquele que usa água (conduta lícita) deve pagar pelo seu uso, pelo princípio do usuário-pagador. A ideia é que o usuário pague com o objetivo de incentivar o uso racional dos recursos naturais, além de fazer justiça, pois há pessoas que usam mais e pessoas que usam menos dados recursos naturais;

d) princípio da informação e da transparência das informações e atos: *é aquele pelo qual as pessoas têm direito de receber todas as informações relativas à proteção, preventiva e repressiva, do meio ambiente.* Assim, pelo princípio, as pessoas têm direito de consultar os documentos de um licenciamento ambiental, assim como têm direito de participar de consultas e de audiências públicas em matéria de meio ambiente. Esse princípio está expresso, por exemplo, no art. 6º da Lei 11.428/2006 (Lei de Proteção da Mata Atlântica);

e) princípio da função socioambiental da propriedade: *é aquele pelo qual a propriedade deve ser utilizada de modo sustentável, com vistas não só ao bem-estar do proprietário, mas também da coletividade como um todo.* Esse princípio também está expresso, por exemplo, no art. 6º da Lei 11.428/2006 (Lei de Proteção da Mata Atlântica);

f) princípio da equidade geracional: *é aquele pelo qual as presentes e futuras gerações têm os mesmos direitos quanto ao meio ambiente ecologicamente equilibrado.* Assim, a utilização de recursos naturais para a satisfação das necessidades atuais não deverá comprometer a possibilidade das gerações futuras satisfazerem suas necessidades. O princípio impõe, também, equidade na distribuição de benefícios e custos entre gerações quanto à preservação ambiental. Esse princípio está expresso no art. 6º da Lei 11.428/2006 (Lei de Proteção da Mata Atlântica). Em consequência, a pretensão com vistas à condenação de alguém a reparar o meio ambiente é imprescritível, conforme já vem decidindo o STJ. Com efeito, se o meio ambiente tem que ser preservado para as presentes e futuras gerações, não há que se falar em prescrição da reparação ambiental, de modo a não prejudicar os interesses das últimas.

6. Política Nacional do Meio Ambiente (PNMA)

A Política Nacional do Meio Ambiente (PNMA) pode ser conceituada como *aquela que tem por objetivo a preservação, melhoria e recuperação da qualidade ambiental propícia à vida, visando assegurar, no país, condições ao desenvolvimento socioeconômico, aos interesses da segurança nacional e à proteção da dignidade da vida humana* (art. 2º da Lei 6.938/1981).

A PNMA tem os seguintes princípios (art. 2º da Lei 6.938/1981):

a) ação governamental na manutenção do equilíbrio ecológico, considerando o meio ambiente como um patrimônio público a ser necessariamente assegurado e protegido, tendo em vista o uso coletivo;

b) racionalização do uso do solo, do subsolo, da água e do ar;

c) planejamento e fiscalização do uso dos recursos ambientais;

d) proteção dos ecossistemas, com a preservação de áreas representativas;

e) controle e zoneamento das atividades potencial ou efetivamente poluidoras;

f) incentivos ao estudo e à pesquisa de tecnologias orientadas para o uso racional e a proteção dos recursos ambientais;

g) acompanhamento do estado da qualidade ambiental;

h) recuperação de áreas degradadas;

i) proteção de áreas ameaçadas de degradação;

j) educação ambiental em todos os níveis de ensino, inclusive na educação da comunidade, objetivando capacitá-la para participação ativa na defesa do meio ambiente.

A PNMA tem por objetivos (art. 4º da Lei 6.938/1981):

a) o desenvolvimento sustentável;

b) o estabelecimento de critérios e padrões de qualidade ambiental;

c) o desenvolvimento e a difusão de pesquisas e tecnologias para o uso racional dos recursos ambientais;

d) a preservação e a restauração dos recursos ambientais;

e) a responsabilização integral do poluidor e do predador.

Para que a PNMA fosse implementada, foi criado um sistema, denominado Sistema Nacional do Meio Ambiente, que pode ser conceituado como *o conjunto articulado de órgãos e entidades da União, dos Estados, do Distrito Federal, dos Territórios e dos Municípios, bem como as fundações instituídas pelo Poder Público, responsáveis pela proteção e melhoria da qualidade ambiental* (art. 6º da Lei 6.938/1981).

A estrutura do SISNAMA é a seguinte:

a) Órgão Superior: é o Conselho de Governo – CG, que tem a função de *assessorar* o Presidente da República na formulação da política nacional e nas diretrizes governamentais para o meio ambiente e os recursos ambientais;

b) Órgão Consultivo e Deliberativo: é o Conselho Nacional do Meio Ambiente – CONAMA, que tem a finalidade de *assessorar*, *estudar* e *propor* ao CG diretrizes de políticas governamentais para o meio ambiente e os recursos naturais; e *deliberar*, no âmbito de sua competência, sobre *normas e padrões* ambientais;

c) Órgão Central: é a Secretaria do Meio Ambiente da Presidência da República, que tem a finalidade de *planejar, coordenar, supervisionar e controlar* a política nacional e as diretrizes governamentais fixadas para o meio ambiente;

d) Órgãos Executores: são o Instituto Chico Mendes, autarquia responsável pela unidades de conservação federal e o Instituto Nacional do Meio Ambiente e dos Recursos Renováveis – IBAMA, autarquia federal que tem a finalidade de *executar* e *fazer executar*, como ente federal, a política e diretrizes governamentais fixadas para o meio ambiente;

e) Órgãos Seccionais: são os órgãos ou entidades estaduais responsáveis pela *execução* de programas, projetos e pelo *controle* e *fiscalização* de atividades capazes de provocar a degradação ambiental. Ex.: Secretarias Estaduais do Meio Ambiente, Conselhos Estaduais do Meio Ambiente, dentre outros;

f) Órgãos locais: são os órgãos ou entidades municipais, responsáveis pelo *controle* e *fiscalização* dessas atividades, nas suas respectivas circunscrições. Ex.: Secretaria Municipal do Meio Ambiente.

Tem papel de destaque no SISNAMA o CONAMA, que, como seu viu, pode ser conceituado como o seu órgão consultivo e deliberativo, *cujas atribuições são de assessorar, estudar e propor ao CG diretrizes de políticas governamentais para o meio ambiente e os recursos naturais, bem como de deliberar, no âmbito de sua competência, sobre normas e padrões ambientais.*

O CONAMA tem, portanto, as seguintes competências (art. 8º da Lei 6.938/1981):

a) estabelecer *normas para o licenciamento ambiental.* Para tanto, receberá proposta do IBAMA;

b) determinar estudos especiais, no caso de obras ou atividades de significativa degradação ambiental;

c) homologar acordos de comutação de penas pecuniárias para obrigação de executar medidas de interesse ambiental;

d) determinar a perda ou restrição de benefícios fiscais, ou a perda ou suspensão de linha de financiamento em instituições oficiais de crédito. Essa competência será exercida a partir de representação do IBAMA;

e) estabelecer, privativamente, normas de controle de poluição emitida por veículos automotores, aeronaves e embarcações;

f) estabelecer **normas, critérios e padrões relativos ao controle e à manutenção da qualidade do meio ambiente** com vistas ao uso racional dos recursos ambientais, principalmente os hídricos.

Destacam-se na competência do CONAMA as atribuições de expedir normas acerca de padrões ambientais (trata-se quase de uma "legislação" sobre padrões ambientais a serem seguidos em diversas atividades que utilizam recursos naturais) e de estabelecer normas para o licenciamento ambiental e o estudo de impacto ambiental.

O CONAMA traz ao mundo jurídico suas deliberações por meio de resoluções, que têm força vinculativa, já que é a própria lei que atribui tal poder normativo ao órgão, como se infere das competências acima trazidas.

O CONAMA é presidido pelo Ministro do Meio Ambiente, tendo como secretário executivo o Secretário Executivo do Ministério do Meio Ambiente.

A composição do CONAMA conta, ainda, com representantes do IBAMA, do Instituto Chico Mendes, da Agência Nacional de Águas (ANA), dos Ministérios, dos Estados, de Municípios, bem como 21 representantes dos trabalhadores e da sociedade civil organizada. O Conselho terá um membro honorário indicado pelo Plenário, além de conselheiros convidados (sem direito a voto); um representante do Ministério Público Federal, um representante dos Ministérios Públicos Estaduais, um representante da Comissão de Meio Ambiente da Câmara dos Deputados.

Os membros do CONAMA não recebem remuneração, nem qualquer quantia pelo deslocamento e estada em Brasília, que serão suportados pelas entidades representadas. Porém, a participação no conselho é considerada *serviço público relevante*.

A estrutura do CONAMA inclui o Plenário, a Câmara Especial Recursal, o Comitê de Integração de Políticas Ambientais, as Câmaras Técnicas e os Grupos de Trabalho e Assessores.

Faz-se necessário que o leitor conheça o texto do Decreto 99.274/1990, que regulamenta a Lei 6.938/1981, decreto esse que traz mais detalhes, entre outros assuntos, acerca da estrutura do CONAMA.

Por fim, é importante dizer que de nada adiantaria a PNMA ser estruturada em vários órgãos e entidades (SISNAMA) se a lei não tivesse dotado os integrantes desse sistema de instrumentos para atingir os seus princípios e fins.

Para tanto, o artigo 9º da Lei 6.938/1981 traz os instrumentos legais da PNMA, sem prejuízo de outros previstos em lei:

a) licenciamento e revisão de atividades efetiva ou potencialmente poluidoras;

b) avaliação de impactos ambientais;

c) criação de espaços territoriais especialmente protegidos pelo Poder Público federal, estadual e municipal;

d) zoneamento ambiental;

e) utilização de instrumentos econômicos, como concessão florestal, servidão ambiental, seguro ambiental e outros;

f) normatização de padrões de qualidade ambiental;

g) tombamento;

h) responsabilidade civil ambiental;

i) responsabilidade administrativa ambiental;

j) responsabilidade penal ambiental;

k) incentivos à produção e instalação de equipamentos e à criação ou absorção de tecnologia voltados para a melhoria da qualidade ambiental;

l) manutenção de um sistema nacional de informações sobre o meio ambiente;

m) manutenção do Cadastro Técnico Federal de Atividades e Instrumentos de Defesa Ambiental, bem como de Cadastro Técnico de atividades potencialmente poluidoras;

n) aplicação de penalidades disciplinares ou compensatórias para o não cumprimento das medidas necessárias à preservação ou correção da degradação ambiental;

o) instituição do Relatório de Qualidade Ambiental do Meio Ambiente, a ser divulgado anualmente pelo IBAMA.

Os dez primeiros instrumentos serão analisados um a um nos próximos capítulos, a começar pelo licenciamento ambiental.

7. Licenciamento ambiental

O licenciamento ambiental pode ser conceituado como *o procedimento administrativo destinado a licenciar atividades ou empreendimentos utilizadores de recursos ambientais, efetiva ou potencialmente poluidores ou capazes, sob qualquer forma, de causar degradação ambiental* (art. 2º, I, da Lei Complementar 140/2011).

Assim, toda vez que uma determinada atividade puder causar degradação ambiental, além das licenças administrativas pertinentes, o responsável pela atividade deve buscar a necessária licença ambiental também.

A regulamentação do licenciamento ambiental compete ao CONAMA, que expede normas e critérios para o licenciamento. A Resolução nº 237 do órgão traz as normas gerais de licenciamento ambiental. Há também sobre o tema o Decreto 99.274/1990. Há, outrossim, agora, a Lei Complementar 140/2011, que trata da cooperação dos entes políticos para o exercício da competência comum em matéria ambiental e que consagrou a maior parte das disposições da Resolução CONAMA 237, colocando pá de cal sobre qualquer dúvida que existisse sobre a competência do Município para o exercício do licenciamento ambiental em casos de impacto ambiental local.

Já a competência para executar o licenciamento ambiental é assim dividida:

a) impacto nacional e regional: é da União, por meio do IBAMA. Assim, a competência para o licenciamento ambiental de uma obra do porte da transposição do Rio São Francisco é do IBAMA. A Lei Complementar 140/2011, em seu artigo 7º, XIV, dispõe que compete à União promover o licenciamento ambiental de atividades binacionais, localizados em dois ou mais locais, no mar territorial, plataforma continental, zona econômica exclusiva, terras indígenas, unidades de conservação da União (exceto APAs – Áreas de Proteção Ambiental), de caráter militar, nuclear e demais tipologias estabelecidas pelo Executivo (após proposição da Comissão Tripartite Nacional);

b) impacto em dois ou mais municípios (impacto microrregional): é dos Estados-membros. Por exemplo, uma estrada que liga 6 municípios de um dado Estado-membro;

c) impacto local: é do Município. Por exemplo, o licenciamento para a construção de um prédio de apartamentos. A Lei Complementar 140/2011, em seu art. 9º, XIV, estabelece que o Município promoverá o licenciamento ambiental das atividades ou empreendimentos localizados em suas unidades de conservação e também das demais atividades e empreendimentos que causem ou possam causar impacto ambiental local, conforme tipologia definida pelos respectivos Conselhos Estaduais do Meio Ambiente, considerados os critérios de porte, potencial poluidor e natureza da atividade.

O art. 13 da Lei Complementar 140/2011 consagra o *princípio da unicidade*, pelo qual os empreendimentos e atividades são licenciados ou autorizados, ambientalmente, por um único ente federativo. Os demais entes interessados podem se manifestar junto ao órgão responsável pela licença ou autorização, de maneira não vinculante, respeitados os prazos e procedimentos do licenciamento ambiental.

No entanto, é bom deixar claro que Municípios, Estados e Distrito Federal só podem promover licenciamento ambiental se tiverem estrutura para tanto e Conselho do Meio Ambiente. Caso isso não ocorra, instaura-se a chamada *atuação supletiva* (arts. 2º, II, e 15 da Lei Complementar 140/2011), na qual o Estado substitui o Município e a União substitui o Estado ou o Distrito Federal.

Não se deve confundir a atuação supletiva com atuação subsidiária. Essa consiste na ação do ente da Federação que vise a auxiliar no desempenho das competências comuns, quando *solicitado* pelo ente federativo originariamente detentor das atribuições definidas na lei.

O art. 14 da Lei Complementar 140/2011 consagra também o *princípio da eficiência*, exigindo que os órgãos licenciadores observem os prazos estabelecidos para tramitação dos processos de licenciamento. As exigências de complementação oriundas da análise do empreendimento devem ser comunicadas pela autoridade licenciadora de uma única vez ao empreendedor, ressalvadas aquelas decorrentes de fatos novos. Ademais, as exigências de complementação de informações, documentos ou estudos feitas pela autoridade licenciadora suspendem o prazo de aprovação, que continua a fluir após o seu atendimento integral pelo empreendedor.

Vale observar que o decurso do prazo de licenciamento, sem emissão da licença, não implica emissão tácita nem autoriza a prática de ato que dela dependa, mas instaura a competência supletiva do art. 15 da lei complementar. A renovação de licenças ambientais deve ser requerida com antecedência mínima de 120 dias da expiração de seu prazo de validade, ficando este automaticamente prorrogado até a manifestação definitiva do órgão ambiental competente.

Quanto à fiscalização, o art. 17 da Lei Complementar 140/2011 dispõe que compete ao órgão responsável pelo licenciamento de um empreendimento lavrar auto de infração ambiental e instaurar processo administrativo para a apuração de infrações à legislação ambiental cometidas pelo empreendimento ou atividade licenciada ou autorizada. Nos casos de iminência ou ocorrência de lesão ambiental, o ente federativo que tiver ciência do fato tomará medidas para evitá-la, cessá-la ou mitigá-la, comunicando imediatamente ao órgão competente para as providências cabíveis. Tudo sem prejuízo do exercício pelos entes federativos da atribuição comum de fiscalização dos empreendimentos, prevalecendo o auto de infração ambiental lavrado por órgão que detenha a atribuição de licenciamento ou autorização para o empreendimento.

Há três espécies de licenciamento ambiental (art. 19 do Decreto 99.274/1990):

a) Licença Prévia (LP): *é o ato que aprova a localização, a concepção do empreendimento e estabelece os requisitos básicos a serem atendidos nas próximas fases*; trata-se de licença ligada à fase preliminar de planejamento da atividade, já que traça diretrizes relacionadas à localização e instalação do empreendimento. Por exemplo, em se tratando do projeto de construir um empreendimento imobiliário na beira de uma praia, essa licença dirá se é possível o empreendimento no local e, em sendo, quais os limites e quais as medidas que deverão ser tomadas, como construção de estradas, instalação de tratamento de esgoto próprio etc.. Essa licença tem validade de até 5 anos;

b) Licença de Instalação (LI): é o *ato que autoriza a implantação do empreendimento, de acordo com o projeto executivo aprovado*. Depende da demonstração de possibilidade de sua efetivação, analisando o projeto executivo e eventual estudo de impacto ambiental. Essa licença autoriza as intervenções no local, ou seja, permite que as obras se desenvolvam. Sua validade é de até 6 anos;

c) Licença de Operação (LO): *é o ato que autoriza o início da atividade e o funcionamento de seus equipamentos de controle de poluição, nos termos das licenças anteriores*. Aqui, o empreendimento já está pronto e pode funcionar. A licença de operação só é concedida se for constatado o respeito às licenças anteriores, bem como se não houver perigo de dano ambiental, independentemente daquelas. Sua validade é de 4 a 10 anos.

O procedimento de licenciamento ambiental obedecerá às seguintes etapas:

a) Definição pelo órgão ambiental competente, com a participação do empreendedor, dos documentos, projetos e estudos ambientais, necessários ao início do processo de licenciamento correspondente à licença a ser requerida;

b) Requerimento da licença ambiental pelo empreendedor, acompanhado dos documentos, projetos e estudos ambientais pertinentes, dando-se a devida publicidade;

c) Análise pelo órgão ambiental competente, integrante do SISNAMA, dos documentos, projetos e estudos ambientais apresentados e a realização de vistorias técnicas, quando necessárias;

d) Solicitação de esclarecimentos e complementações pelo órgão ambiental competente, integrante do SISNAMA, uma única vez, em decorrência da análise dos documentos, projetos e estudos ambientais apresentados, quando couber, podendo haver a reiteração da mesma solicitação caso os esclarecimentos e complementações não tenham sido satisfatórios;

e) Audiência pública, quando couber, de acordo com a regulamentação pertinente;

f) Solicitação de esclarecimentos e complementações pelo órgão ambiental competente, decorrentes de audiências públicas, quando couber, podendo haver reiteração da solicitação quando os esclarecimentos e complementações não tenham sido satisfatórios.

g) Emissão de parecer técnico conclusivo e, quando couber, parecer jurídico;

h) Deferimento ou indeferimento do pedido de licença, dando-se a devida publicidade.

É importante ressaltar que a licença ambiental, diferentemente da licença administrativa (por exemplo, licença para construir uma casa), apesar de normalmente envolver competência vinculada, tem prazo de validade definido e não gera direito adquirido para seu beneficiário. Assim, de tempos em tempos a licença ambiental deve ser renovada. Além disso, mesmo que o empreendedor tenha cumprido os requisitos da licença, caso, ainda assim, tenha sido causado dano ao meio ambiente, a existência de licença em seu favor não o exime de reparar o dano e de tomar as medidas adequadas à recuperação do meio ambiente.

O licenciamento ambiental, como se viu, é obrigatório para todas as atividades que utilizam recursos ambientais em que há possibilidade de se causar dano ao meio ambiente. Em processos de licenciamento ambiental é comum se proceder a Avaliações de Impacto Ambiental (AIA). Há, contudo, atividades que, potencialmente, podem causar danos *significativos* ao meio ambiente, ocasião em que, além do licenciamento, deve-se proceder a uma AIA mais rigorosa e detalhada, denominada Estudo de Impacto Ambiental (EIA), que será consubstanciado no Relatório de Impacto Ambiental (RIMA). O órgão ambiental competente, verificando que a atividade ou empreendimento não é potencialmente causador de significativa degradação do meio ambiente, definirá os estudos ambientais pertinentes ao respectivo processo de licenciamento.

O EIA pode ser conceituado como *o estudo prévio das prováveis consequências ambientais de obra ou atividade, que deve ser exigido pelo Poder Público, quando estas forem potencialmente causadoras de* significativa *degradação do meio ambiente* (art. 225, § 1º, IV, CF).

Destina-se a averiguar as alterações nas propriedades do local e de que forma tais alterações podem afetar as pessoas e o meio ambiente, o que permitirá ter uma ideia acerca da viabilidade da obra ou atividade que se deseja realizar[1].

---

1 De acordo com o art. 6º da Resolução CONAMA 1/1986:
"Artigo 6º – O estudo de impacto ambiental desenvolverá, no mínimo, as seguintes atividades técnicas:
I – Diagnóstico ambiental da área de influência do projeto completa descrição e análise dos recursos ambientais e suas interações, tal como existem, de modo a caracterizar a situação ambiental da área, antes da implantação do projeto, considerando:
a) o meio físico – o subsolo, as águas, o ar e o clima, destacando os recursos minerais, a topografia, os tipos e aptidões do solo, os corpos d'água, o regime hidrológico, as correntes marinhas, as correntes atmosféricas;
b) o meio biológico e os ecossistemas naturais – a fauna e a flora, destacando as espécies indicadoras da qualidade ambiental, de valor científico e econômico, raras e ameaçadas de extinção e as áreas de preservação permanente;
c) o meio socioeconômico – o uso e ocupação do solo, os usos da água e a socioeconomia, destacando os sítios e monumentos arqueológicos, históricos e culturais da comunidade, as relações de dependência entre a sociedade local, os recursos ambientais e a potencial utilização futura desses recursos.
II – Análise dos impactos ambientais do projeto e de suas alternativas, através de identificação, previsão da magnitude e interpretação da importância dos prováveis impactos relevantes, discriminando: os impactos positivos e negativos (benéficos e adversos), diretos e indiretos, imediatos e a médio e longo prazos, temporários e permanentes; seu grau de reversibilidade; suas propriedades cumulativas e sinérgicas; a distribuição dos ônus e benefícios sociais.
III – Definição das medidas mitigadoras dos impactos negativos, entre elas os equipamentos de controle e sistemas de tratamento de despejos, avaliando a eficiência de cada uma delas.
IV – Elaboração do programa de acompanhamento e monitoramento (os impactos positivos e negativos, indicando os fatores e parâmetros a serem considerados).
Parágrafo Único – Ao determinar a execução do estudo de impacto ambiental o órgão estadual competente, ou o IBAMA ou, quando couber, o Município fornecerá as instruções adicionais que se fizerem necessárias, pelas peculiaridades do projeto e características ambientais da área.

A partir do estudo, é possível concluir o seguinte: a) que a atividade não causará problema algum ao meio ambiente; b) que a atividade é totalmente inconveniente e não deve ser realizada; c) que a atividade só pode ser implementada se forem tomadas várias medidas de proteção; d) que a atividade não pode ser implementada como proposta, devendo o empreendimento sofrer modificações no seu escopo. A ideia é tentar viabilizar o empreendimento, nos limites do possível e do recomendável, levando em conta o princípio do desenvolvimento sustentável.

O Decreto 99.274/1990 conferiu ao CONAMA atribuição para traçar as regras de tal estudo. A Resolução 1/86 desse órgão traz tais diretrizes, estabelecendo, por exemplo, um rol exemplificativo de atividades que devem passar por um EIA, apontando-se, dentre outras, a implantação de estradas com duas ou mais faixas de rolamento, de ferrovias, de portos, de aterros sanitários, de usina de geração de eletricidade e de distritos industriais.

O EIA trará conclusões quanto à fauna, à flora, às comunidades locais, dentre outros aspectos, devendo ser realizado por equipe multidisciplinar que, ao final, deverá redigir um relatório de impacto ambiental (RIMA), o qual trará os levantamentos e conclusões obtidos, devendo o órgão público licenciador receber o relatório para análise das condições do empreendimento.

O empreendedor é quem escolhe os componentes da equipe e é quem arca com os custos respectivos. Os profissionais que farão o trabalho terão todo interesse de agir com correção, pois fazem seus relatórios sob as penas da lei.

Como regra, o estudo de impacto ambiental e seu relatório são públicos, podendo o interessado solicitar sigilo industrial, fundamentando o pedido.

Após a data de recebimento do RIMA, o órgão ambiental fixará em edital e anunciará pela imprensa local a abertura de prazo de, no mínimo, 45 dias para solicitação de audiência pública. Podem requerê-la: a) 50 ou mais cidadãos; b) o Ministério Público; c) o órgão ambiental competente.

Se o EIA não for realizado, caberá ação civil pública para obrigar a sua feitura, cabendo pedido liminar para paralisar a obra ou o projeto. Apesar de haver alguma discricionariedade na avaliação da existência ou não de potencial significativo de impacto ambiental, principalmente quanto às atividades não descritas expressamente na Resolução 1/86 como dependentes de EIA/RIMA, o certo é que o Judiciário, nos limites da legalidade, tem alguma possibilidade de apreciar se a decisão de dispensar o estudo está correta ou não.

O EIA normalmente é exigido antes da licença prévia, mas é cabível mesmo para empreendimentos já licenciados.

Além do licenciamento ambiental, outro instrumento relevante de defesa do meio ambiente é o da criação das unidades de conservação.

8. Sistema Nacional de Unidades de Conservação – SNUC

O SNUC poder ser conceituado como *o conjunto de unidades territoriais de conservação das esferas federativas, cujo objetivo é contribuir para a manutenção da diversidade biológica, dos recursos genéticos e do meio ambiente ecologicamente equilibrado.*

Já uma unidade de conservação *é o espaço territorial e seus recursos ambientais, incluindo as águas jurisdicionais, com características naturais relevantes, legalmente instituído pelo Poder Público, com objetivo de conservação e limites definidos, sob regime especial de administração, ao qual se aplicam garantias adequadas de proteção* (art. 2º, I, Lei 9.985/2000).

Nas unidades de conservação são proibidas quaisquer alterações, atividades ou modalidades de utilização em desacordo com os seus objetivos, o seu Plano de Manejo e seus regulamentos. O manejo é *todo e qualquer procedimento que vise a assegurar a conservação da diversidade biológica e dos ecossistemas*. Enquanto que a recuperação visa a restituir a natureza degradada a uma condição não degradada, que pode ser diferente da original, a restauração busca uma condição mais próxima possível da primária. O zoneamento consiste na definição de setores nas unidades com manejo e normas específicas.

Existem alguns conceitos básicos previstos na Lei de Unidades de Conservação, que são muitos perguntados nas provas e exames. Confira alguns (art. 2º da Lei 9.985/2000):

a) unidades de conservação: espaços territoriais com características naturais relevantes, instituídos pelo Poder Público com o objetivo de conservação;

b) manejo: todo e qualquer procedimento que vise a assegurar a conservação da diversidade biológica e dos ecossistemas;

c) plano de manejo: documento técnico que estabelece o zoneamento e as normas que presidem o uso de uma área;

d) recuperação: restituição de um ecossistema ou de uma população silvestre degradada a uma condição não degradada, que pode ser diferente de sua condição original;

e) restauração: restituição de um ecossistema ou de uma população silvestre degradada o mais próximo possível da sua condição original;

f) zona de amortecimento: o entorno de uma unidade de conservação, onde as atividades humanas estão sujeitas a normas e restrições específicas, para minimizar os impactos negativos sobre a unidade;

g) corredores ecológicos: porções de ecossistemas, ligando unidades de conservação, que possibilitam entre elas o fluxo de genes e o movimento da biota, facilitando a dispersão de espécies, a recolonização de áreas degradadas e a manutenção de populações que demandam para sua sobrevivência áreas com extensão maior do que a das unidades individuais.

São órgãos gestores do SNUC:

a) Órgão Consultivo e Deliberativo: CONAMA, que acompanha a implementação do sistema;
b) Órgão Central: Ministério do Meio Ambiente, que coordena o sistema;
c) Órgãos Executores: IBAMA, órgãos estaduais e municipais, que implementam o sistema, subsidiam as propostas de criação e administram as unidades de conservação nas respectivas esferas de atuação.

São categorias de unidades de conservação:

a) Unidades de Proteção Integral: *são os espaços que buscam a preservação da natureza, sendo admitido apenas o uso indireto dos seus recursos naturais, salvo exceções legais.* No caso de recaírem sobre bem particular, este deve ser desapropriado, salvo se a unidade criada for *monumento natural* ou *refúgio de vida silvestre*, hipótese em que poderá ser mantida a propriedade particular.

O grupo das Unidades de Proteção Integral é composto das seguintes categorias de unidade de conservação:

a1) Estação Ecológica: tem por objetivo a preservação e a realização de pesquisas científicas;

a2) Reserva Biológica: tem por objetivo a preservação integral da biota e demais atributos, sem interferência humana direta ou modificações ambientais, salvo medidas de recuperação e manejo necessárias para preservar a área;

a3) Parque Nacional: tem por objetivo a preservação de ecossistemas naturais de grande relevância ecológica e beleza cênica, possibilitando a realização de pesquisas e atividades de educação, recreação e turismo ecológico;

a4) Monumento Natural: tem por objetivo a preservação dos sítios naturais raros, singulares ou de grande beleza cênica. Se o proprietário da área não concordar com as limitações propostas pelo Poder Público, a área será desapropriada;

a5) Refúgio de Vida Silvestre: tem por objetivo a proteção de ambientes naturais com o fim de garantir existência e reprodução de espécies da flora ou fauna. Se o proprietário da área não concordar com as limitações propostas pelo Poder Público, a área será desapropriada;

b) Unidades de Uso Sustentável: *são espaços que buscam a preservação da natureza, sendo admitido o uso direto da coisa, mas com restrições que assegurem a sustentabilidade do uso dos recursos naturais.*

b1) Área de Proteção Ambiental: área extensa, com certo grau de ocupação humana, dotada de atributos naturais importantes, que deve ser protegida, disciplinando-se a ocupação e o uso sustentável. Pode ser constituída por terra particular;

b2) Área de Relevante Interesse Ecológico: área em geral pequena, com pouca ou nenhuma ocupação humana, com características naturais extraordinárias ou que abriga exemplares raros da biota regional, que tem como objetivo manter o ecossistema local a partir da disciplina de seu uso admissível. Pode ser constituída por terra particular;

b3) Floresta Nacional: área com cobertura florestal de espécies predominantemente nativas. A área deve ser desapropriada, se for privada. Objetivos: uso sustentável da floresta nativa e pesquisa;

b4) Reserva Extrativista: área utilizada por populações tradicionais, cuja subsistência baseia-se no extrativismo e, de forma complementar, na agricultura e na criação de animais de pequeno porte. Objetivos: proteger os meios de vida e cultura do povo, bem como o uso sustentável. Área de domínio público, com uso concedido às populações, ou, se particulares, devem ser desapropriadas;

b5) Reserva de Fauna: área natural com populações animais de espécies nativas adequadas para pesquisas sobre seu manejo econômico. A área deve ser desapropriada se for privada;

b6) Reserva de Desenvolvimento Sustentável: área natural que abriga populações tradicionais, cuja existência se dá pela exploração sustentável dos recursos naturais, com conhecimentos que devem ser valorizados e aperfeiçoados, sendo área de domínio público, ou que pode ser desapropriada;

b7) Reserva Particular do Patrimônio Natural: área privada, gravada com perpetuidade, com o objetivo de conservar a diversidade biológica. Faz-se termo de compromisso a ser averbado no Cartório.

Sobre as formas de instituição, majoração, redução e desafetação das unidades de conservação temos as seguintes disposições.

As unidades são criadas por ato do Poder Público (decreto ou lei específica), devendo – a criação – ser precedida de estudos técnicos e de consulta pública (essa, para permitir identificar a localização, a dimensão e os limites mais adequados para a unidade). A consulta pública não é obrigatória para a criação de Estação Ecológica ou Reserva Biológica

É possível transformar uma *unidade de uso sustentável* em *unidade de proteção integral* (majorar), ou ampliar os limites de unidade de conservação (sem mudança de categoria), por meio de ato do mesmo nível daquele que criou a unidade. São também necessários estudos técnicos e consulta pública, sem exceções.

Já a desafetação ou redução dos limites de uma unidade só pode se dar mediante lei específica.

Nos casos de licenciamento ambiental de empreendimentos de significativo impacto ambiental, assim considerado pelo órgão ambiental competente, com fundamento em estudo de impacto ambiental e respectivo relatório – EIA/RIMA, o empreendedor é obrigado a apoiar a implantação e manutenção de unidade de conservação do Grupo de Proteção Integral, de acordo com o disposto no art. 36 da Lei 9.985/2000.

O licenciamento ambiental e a instituição de unidades de conservação são instrumentos normalmente preventivos de defesa ambiental. O mesmo se pode dizer do zoneamento ambiental. Todavia, há instrumentos de ordem repressivo-preventiva também de grande importância na defesa do meio ambiente. Destaca-se nesse tema a responsabilização civil, administrativa e criminal dos envolvidos em danos ambientais.

9. Outros instrumentos de proteção do meio ambiente

9.1. Espaços especialmente protegidos

Um dos instrumentos de proteção ao meio ambiente é a criação de espaços especialmente protegidos. Esses espaços podem ser tantos específicos (como uma unidade de conservação criada pelo Poder Público), como genéricos, ou seja, aqueles espaços que devem ser protegidos em todas as propriedades que tenham dadas características (como as áreas de proteção especial, de preservação permanente e de reserva legal).

Confira, a partir de agora, as quatro espécies de espaços especialmente protegidos.

9.1.1. Unidades de Conservação (Lei 9.985/2000 – Lei das UCs)

As unidades de conservação foram vistas no capítulo anterior, ocasião em que se pôde verificar que são de duas espécies, quais sejam, unidades de proteção integral (que só permitem uso indireto) e unidades de uso sustentável (que permitem uso direto em condições especiais). As UCs têm por característica marcante a existência de um regime especial de administração, que, muitas vezes, inclui a desapropriação da área.

9.1.2. Áreas de Proteção Especial (Lei 6.766/1979 – Lei de Parcelamento do Solo Urbano)

O empreendedor que deseja fazer um loteamento ou um desmembramento deve respeitar as normas sobre as áreas de proteção especial.

De acordo com a Lei 6.766/1979 (art. 13), são áreas de proteção especial aquelas de interesse especial, tais como as de proteção aos mananciais ou ao patrimônio cultural, histórico, paisagístico e arqueológico, assim definidas por legislação estadual ou federal.

O Estados definirão, por decreto, as áreas de proteção especial e as normas que elas deverão seguir quando for executado um projeto de loteamento ou de desmembramento.

Caberão aos Estados o exame e a anuência prévia para a aprovação, pelos Municípios, de loteamento e desmembramento localizados nessas áreas de interesse especial.

9.1.3. Áreas de Preservação Permanente – APP (Lei 12.651/2012 – Novo Código Florestal)

O Código Florestal estabelece normas gerais sobre a proteção da vegetação, áreas de Preservação Permanente e as áreas de Reserva Legal; a exploração florestal, o suprimento de matéria-prima florestal, o controle da origem dos produtos florestais e o controle e prevenção dos incêndios florestais, e prevê instrumentos econômicos e financeiros para o alcance de seus objetivos (art. 1º-A).

A APP é definida pelo Código como *a área protegida, coberta ou não por vegetação nativa, com a função ambiental de preservar os recursos hídricos, a paisagem, a estabilidade geológica e a biodiversidade, facilitar o fluxo gênico de fauna e flora, proteger o solo e assegurar o bem-estar das populações humanas* (art. 3º, II).

O art. 4º do Código traz um rol de áreas consideradas de preservação permanente pelo só efeito da lei, ou seja, independente de qualquer declaração do Poder Público. Por exemplo, são APPs as restingas, como fixadoras de dunas ou estabilizadoras de mangues; os manguezais, em toda a sua extensão; as bordas dos tabuleiros ou chapadas, até a linha de ruptura do relevo, em faixa nunca inferior a 100 (cem) metros em projeções horizontais; no topo de morros, montes, montanhas e serras, com altura mínima de 100 (cem) metros e inclinação média maior que 25°, as áreas delimitadas a partir da curva de nível correspondente a 2/3 (dois terços) da altura mínima da elevação sempre em relação à base, sendo esta definida pelo plano horizontal determinado por planície ou espelho d'água adjacente ou, nos relevos ondulados, pela cota do ponto de sela mais próximo da elevação, dentre outras.

Já o art. 6º do Código traz rol de áreas que podem ser declaradas pelo Poder Público como de preservação permanente, tais como as florestas e demais formas de vegetação natural destinadas a conter a erosão do solo e mitigar riscos de enchentes e deslizamentos de terra e de rocha, a formar faixas de proteção ao longo de ferrovias e rodovias e a asilar exemplares da fauna e da flora ameaçados de extinção.

As áreas de preservação permanente, como o próprio nome diz, não podem ser suprimidas. São responsáveis pela manutenção da vegetação o proprietário da área, o possuidor e o ocupante a qualquer título, pessoa física ou jurídica, de direito público ou privado, tratando-se de obrigação de natureza real (*propter rem*), que é transmitida inclusive para o sucessor da área (art. 7º, *caput*, e § 2º).

Vale salientar que há exceções, em que se admite a supressão de áreas de preservação permanente.

O art. 8º da Lei dispõe que "a intervenção ou a supressão de vegetação nativa em Área de Preservação Permanente somente ocorrerá nas hipóteses de utilidade pública, de interesse social ou de baixo impacto ambiental previstas nesta Lei" (*vide* incisos VIII, IX e X do art. 3º do Código Florestal).

9.1.4. Reserva Legal (Lei 12.651/2012 – Novo Código Florestal)

A Reserva Florestal Legal (RFL) é definida pela lei como *a área localizada no interior de uma propriedade ou posse rural, delimitada nos termos da lei, com a função de assegurar o uso econômico de modo sustentável dos recursos naturais do imóvel rural, auxiliar a conservação e a reabilitação dos processos ecológicos e promover a conservação da biodiversidade, bem como o abrigo e a proteção de fauna silvestre e da flora nativa.*

Perceba que há duas características marcantes. A primeira é a de que a reserva legal está sempre no interior de uma propriedade ou posse *rural*. A segunda é a de que a reserva legal sempre existe nessas propriedades, independentemente das características do local, e consiste numa percentagem da área cujo corte raso está vedado.

A vegetação da reserva legal não pode ser suprimida, podendo apenas ser utilizada sob regime de manejo florestal sustentável, previamente aprovado pelo órgão competente do SISNAMA (art. 17, § 1º), ressalvadas as exceções previstas para a pequena propriedade ou posse rural familiar.

O percentual de *reserva legal* na propriedade segue as seguintes regras (art. 12):

a) na Amazônia Legal: 80% da propriedade rural situada em área de floresta, 35% da propriedade rural situada em área de cerrado e 20% no imóvel situado em área de campos gerais;

b) no Resto do País: 20% da propriedade rural.

Nas demais áreas da propriedade a supressão de vegetação é permitida, ressalvadas eventuais áreas de preservação permanente ou de proteção especial.

É permitido, preenchidos certos requisitos, o cômputo das áreas relativas à vegetação nativa existente em área de preservação permanente no cálculo do percentual de reserva legal (art. 12).

A localização do percentual de reserva legal deverá ser aprovada pelo órgão ambiental estadual competente, considerando os critérios estabelecidos no art. 14 do Código Florestal.

A área de Reserva Legal deverá ser registrada no órgão ambiental competente por meio de inscrição no CAR (Cadastro Ambiental Rural) de que trata o art. 29 do Código Florestal, sendo vedada a alteração de sua destinação nos casos de transmissão, a qualquer título, ou de desmembramento, com as exceções previstas na Lei (art. 18).

A inscrição da Reserva Legal no CAR será feita mediante a apresentação de planta e memorial descritivo, contendo a indicação das coordenadas geográficas com pelo menos um ponto de amarração, conforme ato do Chefe do Poder Executivo.

A inserção do imóvel rural em perímetro urbano definido mediante lei municipal não desobriga o proprietário ou posseiro da manutenção da área de Reserva Legal, que só será extinta concomitantemente ao registro do parcelamento do solo para fins urbanos aprovado segundo a legislação específica e consoante as diretrizes do plano diretor (art. 19).

Poderá ser instituído Reserva Legal em regime de condomínio ou coletiva entre propriedades rurais, respeitado o percentual previsto na lei em relação a cada imóvel (art. 16).

9.1.5. Proteção Especial na Mata Atlântica (Lei 11.428/2006)

A Lei 11.428/2006 estabelece regras adicionais ao Código Florestal (art. 1º da Lei). Seu objetivo é regulamentar a conservação, a proteção, a regeneração e a utilização do Bioma Mata Atlântica, que é patrimônio nacional, de acordo com a Constituição.

A lei estabelece que o corte, a supressão e a exploração da vegetação do Bioma Mata Atlântica far-se-ão de maneira diferenciada, conforme se trate de vegetação primária ou secundária, nesta última levando-se em conta o estágio de regeneração. A exploração eventual, sem propósito comercial direto ou indireto, de espécies da flora nativa, para consumo nas propriedades ou posses das populações tradicionais ou de pequenos produtores rurais, independe de autorização dos órgãos competentes, conforme regulamento. Já as demais formas de exploração, quando cabíveis (há diversas vedações de cortes e supressões no art. 11 da Lei), dependem de autorização da autoridade competente.

A lei também cria hipóteses de obrigatoriedade de realização de EIA/RIMA, trata de incentivos econômicos para a proteção do Bioma, cria o Fundo de Restauração do Bioma Mata Atlântica e estabelece novas penalidades de natureza criminal e administrativa.

9.2. Zoneamento ambiental

O zoneamento ambiental pode ser definido como *a delimitação geográfica de áreas territoriais com o objetivo de estabelecer regimes especiais de uso, gozo e fruição da propriedade.*

A ideia é planejar e organizar a utilização de espaços territoriais para que não haja conflitos entre as zonas de conservação do meio ambiente, as zonas de produção industrial, as zonas de habitação das pessoas, dentre outras.

São exemplos de zoneamento os seguintes:

a) Zoneamento Urbano (na cidade; previsto nas leis locais): por exemplo, com divisão da cidade em zonas residenciais, mistas, industriais etc.;

b) Zoneamento Costeiro (previsto na Lei 7.661/1988);

c) Zoneamento Agrícola (previsto na Lei 4.504/1964 – Estatuto da Terra);

d) Zoneamento Ecológico-Econômico – ZEE (previsto no Decreto 4.297/2002): é o instrumento utilizado para organizar o processo de ocupação socioeconômico-ambiental de uma Região, de um Estado ou de um Município; o Poder Público federal faz o ZEE nacional; o estadual, o ZEE estadual; e o municipal, o Plano Diretor; esse instrumento é tão importante que Edis Milaré ensina que "ocorrendo a incompatibilidade do plano, do programa, do projeto ou da atividade com as diretrizes do ZEE, não caberá a concessão ou renovação da licença ambiental, ficando inviabilizada a iniciativa, quer por parte do setor público, quer do particular, dado que o ZEE é procedimento legalmente estabelecido"2.

Tema interessante em matéria de zoneamento ambiental é a discussão sobre a possibilidade de alguém invocar a "pré-ocupação" de um dado local para não ter que se submeter a um novo zoneamento.

Como o licenciamento ambiental é concedido por prazo certo, essa alegação não pode prevalecer. Já na hipótese de a licença ainda estar em curso, pode o Poder Público cancelá-la, desde que indenize o licenciado pelos prejuízos que teria até a data em que produziria efeitos a licença que detinha.

9.3. Instrumentos econômicos: servidão ambiental e concessão florestal

9.3.1. Servidão ambiental

A *servidão ambiental* consiste na *renúncia voluntária pelo proprietário rural, em caráter permanente ou temporário, total ou parcialmente, do direito de uso, exploração ou supressão de recursos naturais existentes na sua propriedade.*

Trata-se de novidade trazida pela Lei nº 11.284/2006, que incluiu o art. 9º-A na Lei 6.938/1981, posteriormente alterado pela Lei nº 12.651/2012. É necessária anuência do órgão ambiental competente.

A servidão ambiental não se aplica às áreas de preservação permanente e de reserva legal.

A limitação ao uso ou exploração da vegetação da área sob servidão instituída em relação aos recursos florestais deve ser, no mínimo, a mesma estabelecida para a reserva legal.

2. **Direito Ambiental**, 3ª ed., São Paulo: RT, 2004, p. 422.

A servidão ambiental deve ser averbada no registro de imóveis competente.

Na hipótese de compensação de reserva legal, a servidão deve ser averbada na matrícula de todos os imóveis envolvidos.

É vedada, durante o prazo de vigência da servidão ambiental, a alteração da destinação da área, nos casos de transmissão do imóvel a qualquer título, de desmembramento ou de retificação dos limites da propriedade.

Por que um proprietário instituiria uma servidão ambiental? Porque teria vantagens econômicas.

Por exemplo, aquele que institui uma servidão ambiental do tipo servidão florestal tem direito de emitir Cota de Reserva Ambiental – CRA, título representativo da vegetação nativa sob regime de servidão florestal ou outro instrumento de proteção ambiental (art. 44 do Novo Código Florestal), títulos que, mediante regulamentação, poderão ser vendidos em bolsa.

Nos EUA há instituto semelhante, denominado *conservation easement*, no qual o proprietário recebe vantagens tributárias pela servidão ambiental.

9.3.2. Concessão florestal

A Lei 11.284/2002, que trata da gestão de florestas pertencentes ao Poder Público, permite que essa gestão se dê diretamente pelo Poder Público ou por meio de concessão florestal para o particular.

A lei prevê opções de gestão para florestas públicas. A primeira consiste em criar e manter unidades de conservação de uso sustentável ou em dar concessões de uso para reforma agrária, destinadas ao uso familiar ou comunitário. A segunda, esgotada a opção anterior para uma determinada região, consiste em realizar contratos de concessão florestal.

A concessão florestal é conceituada pela lei como *a delegação onerosa, feita pelo poder concedente, do direito de praticar manejo florestal sustentável para exploração de produtos e serviços numa unidade de manejo, mediante licitação, à pessoa jurídica, em consórcio ou não, que atenda às exigências do respectivo edital de licitação e demonstre capacidade para seu desempenho, por sua conta e risco e por prazo determinado.*

A concessão florestal terá como objeto a exploração de produtos e serviços florestais, contratualmente especificados, em unidade de manejo de floresta pública, com perímetro georreferenciado, registrada no respectivo cadastro de florestas públicas e incluída no lote de concessão florestal.

O poder concedente publicará, previamente ao edital de licitação, ato justificando a conveniência da concessão florestal, caracterizando seu objeto e a unidade de manejo.

As licitações para concessão florestal serão realizadas na modalidade concorrência e outorgadas a título oneroso, ou seja, o concessionário terá que pagar para o Poder Público.

No julgamento da licitação, a melhor proposta será considerada em razão da combinação dos seguintes critérios:

I. o maior preço ofertado como pagamento ao poder concedente pela outorga da concessão florestal;

II. a melhor técnica, considerando: a) o menor impacto ambiental; b) os maiores benefícios sociais diretos; c) a maior eficiência; d) a maior agregação de valor ao produto ou serviço florestal na região da concessão.

O prazo dos contratos de concessão florestal será estabelecido de acordo com o ciclo de colheita ou exploração, considerando o produto ou grupo de produtos com ciclo mais longo incluído no objeto da concessão, podendo ser fixado prazo equivalente a, no mínimo, um ciclo e, no máximo, 40 (quarenta) anos.

O prazo dos contratos de concessão exclusivos para exploração de serviços florestais será de, no mínimo, 5 (cinco) e, no máximo, 20 (vinte) anos.

Sem prejuízo das ações de fiscalização ordinárias, as concessões serão submetidas a auditorias florestais, de caráter independente, em prazos não superiores a 3 (três) anos, cujos custos serão de responsabilidade do concessionário.

9.4. Padrões de qualidade ambiental

A manutenção do meio ambiente ecologicamente equilibrado impõe o estabelecimento de padrões de qualidade ambiental, que terão por função compatibilizar as ações humanas com os fatores físicos, químicos, biológicos, antrópicos, sociais e econômicos.

Nesse tema, destacam-se os padrões de qualidade do ar, da água e dos ruídos.

Quanto à qualidade do ar, a Resolução CONAMA nº 05/1989 estabelece o Programa Nacional de Controle de Qualidade do Ar – PRONAR, que, dentre outras providências, trata do controle e do monitoramento da poluição do ar e estabelece os limites nacionais para as emissões. No plano internacional, temos o Protocolo de Quioto (de 1997), tratado internacional que tem por objetivo estabilizar a emissão de gases de efeito estufa para a atmosfera, reduzindo o aquecimento global e seus possíveis impactos.

Os países industrializados devem buscar a diminuição das emissões de forma direta e utilizar, de maneira acessória, outros mecanismos para tornar menos onerosa sua atuação. Nesse sentido, destaca-se a possibilidade de adquirir créditos de carbono.

Quanto à qualidade da água, a Resolução CONAMA nº 357/2005 estabelece a classificação dos corpos de água e diretrizes ambientais para o seu enquadramento, bem como estabelece as condições e padrões de lançamento de efluentes.

Trata-se de padrão de qualidade de fundamental importância, uma vez que existe hoje uma possibilidade concreta de escassez de água doce no mundo, a qual representa menos de 1% do total de água no planeta e que, cada vez mais, vem tendo aumento na sua utilização, com o agravante de não ser recurso natural renovável.

Quanto à qualidade dos ruídos, há diversas Resoluções do CONAMA (01/1990, 01/1993 e 20/1994). A poluição sonora é uma das principais causas de doenças do trabalho. Decorre majoritariamente da atuação de indústrias, bares e casas noturnas, cultos religiosos, aeroportos, veículos automotores, dentre outros.

São instrumentos para a prevenção e a repressão à poluição sonora o zoneamento ambiental, o licenciamento das atividades (inclusive com realização de relatórios de impacto de vizinhança – RIVI) e a fiscalização para a responsabilização civil, administrativa e penal.

9.5. Tombamento (Dec.-Lei 25/1937)

O tombamento pode ser conceituado como o *ato do Poder Público que declara de valor histórico, artístico, paisagístico, turístico, cultural ou científico bens ou locais para fins de preservação*.

Quanto ao objeto, o tombamento pode alcançar tanto bens imóveis individualmente considerados (um prédio histórico), um conjunto arquitetônico (o Pelourinho, em Salvador), um bairro (o Centro do Rio de Janeiro), uma cidade (Ouro Preto) e até um sítio natural. Pode também alcançar bens móveis, como a mobília da casa de um personagem histórico, como Santos Dumont.

Admite-se o chamado *tombamento cumulativo*, que é o tombamento de um mesmo bem por mais de um ente político.

A instituição do tombamento pode ser *voluntária* (por requerimento do próprio dono da coisa) ou *contenciosa*. A última impõe a notificação do proprietário para, no prazo de 15 dias, impugnar, se quiser, a intenção do Poder Público de tombar a coisa. Uma vez concluído pelo tombamento, este será feito mediante inscrição do ato num dos quatro Livros do Tombo (Paisagístico, Histórico, Belas Artes e Artes Aplicadas). Em se tratando de imóvel, o ato também deve ser registrado no Registro de Imóveis.

É importante ressaltar que, com a notificação do proprietário, ocorre o *tombamento provisório*, que já limita o uso da coisa por seu dono.

Além de poder ser instituído por *ato administrativo*, o tombamento também pode advir de *ato legislativo* (por exemplo, o art. 216, § 5º, da CF, pelo qual "ficam tombados os documentos e os sítios detentores de reminiscências históricas dos antigos quilombos") ou *ato judicial*. No terceiro caso, o juiz, diante de uma ação coletiva (ex.: ação popular ou ação civil pública), determina a inscrição do tombamento no Livro do Tombo.

Quanto aos efeitos do tombamento, temos, entre outros, os seguintes: a) o proprietário deverá conservar a coisa (se não tiver recursos, deve levar ao conhecimento do Poder Público, que fica autorizado legalmente a executar a obra); b) o proprietário não pode reparar, pintar ou restaurar a coisa, sem prévia autorização especial do Poder Público; c) os vizinhos não podem reduzir a visibilidade da coisa tombada, nem colocar anúncios, sem prévia autorização especial; d) os entes políticos têm direito de preferência na aquisição da coisa, caso o proprietário queira aliená-la; e) o bem tombado, se for um bem público, ou seja, pertencente a uma pessoa jurídica de direito público, é inalienável; f) o bem tombado não pode sair do País, salvo se por prazo curto, sem alienação, para fim de intercâmbio cultural e mediante autorização do Poder Público; g) o proprietário do bem tombado tem direito de ser indenizado, caso sofra restrição especial que o prejudique economicamente.

O Dec.-lei 25/1937 é de leitura obrigatória para se conhecer mais sobre o instituto do tombamento.

10. Responsabilidade civil ambiental

A responsabilidade civil em matéria ambiental pode ser dividida em três aspectos: quanto ao seu caráter objetivo, quanto à reparação integral dos danos e quanto à sua efetivação em juízo.

10.1. Responsabilidade objetiva

A responsabilidade objetiva pode ser conceituada como o dever de responder por danos ocasionados ao meio ambiente independentemente de culpa ou dolo do agente responsável pelo evento danoso. Essa responsabilidade está prevista no § 3º do art. 225 da CF, bem como no § 1º do art. 14 da Lei 6.938/1981.

Quanto aos requisitos da responsabilidade objetiva, são três: conduta, dano e nexo de causalidade.

Quanto à teoria adotada (Teoria do Risco *x* Teoria do Risco Integral), a doutrina diverge quanto à possibilidade de se invocar as excludentes de responsabilidade "força maior" e "caso fortuito". Certo é que, em matéria de dano nuclear, a responsabilidade é objetiva e não é admitido qualquer tipo de excludente de responsabilidade (Teoria do Risco Integral).

O STJ vem decidindo que é dispensável a prova do nexo de causalidade na responsabilidade de adquirente de imóvel já danificado, por se tratar de obrigação *propter rem* (REsp 1.056.540, DJ 25/08/2009).

Aliás, essa questão está agora prevista em lei. O Novo Código Florestal, em seu art. 2º, § 2º, dispõe que "as obrigações previstas nesta Lei têm natureza real e são transmitidas ao sucessor, de qualquer natureza, no caso de transferência de domínio ou posse do imóvel rural".

Em suma, pode-se dizer o seguinte: a responsabilidade objetiva em matéria ambiental depende de conduta, dano e nexo de causalidade, mas há casos em que o nexo de causalidade é desnecessário, como na hipótese da responsabilidade por dano nuclear, em que se adotou a Teoria do Risco Integral; e no caso da responsabilidade de novo proprietário por danos ambientais causados pelo proprietário anterior, em que se tem uma obrigação *propter rem*.

Quanto ao sujeito responsável pela reparação do dano, é o poluidor, que pode ser tanto pessoa física como jurídica, pública ou privada.

Quando o Poder Público não é o responsável pelo empreendimento, ou seja, não é o poluidor, sua responsabilidade é subjetiva, ou seja, depende, para se configurar, de comprovação de culpa administrativa do serviço de fiscalização (STJ, REsp 647.493). Assim, o Poder Público pode responder pelo dano ambiental por omissão no dever de fiscalizar. Nesse caso, haverá responsabilidade solidária do poluidor e do Poder Público.

Em se tratando de pessoa jurídica, a Lei 9.605/1998 estabelece que esta será responsável *nos casos em que a infração for cometida por decisão de seu representante legal ou contratual, ou de seu órgão colegiado, no interesse ou benefício da sua entidade*. Essa responsabilidade da pessoa jurídica não exclui a *das pessoas físicas, autoras, coautoras ou partícipes do mesmo fato*.

A Lei 9.605/1998 também estabelece uma cláusula geral que permite a **desconsideração da personalidade jurídica**, em qualquer caso, desde que destinada ao ressarcimento dos prejuízos causados à qualidade do meio ambiente. Segundo o seu art. 4º, *poderá ser desconsiderada a pessoa jurídica sempre que sua personalidade for obstáculo ao ressarcimento dos prejuízos causados à qualidade do meio ambiente*.

Adotou-se, com isso, a chamada teoria menor da desconsideração, para a qual basta a insolvência da pessoa jurídica para que se possa atingir o patrimônio de seus membros. No Direito Civil, ao contrário, adotou-se a teoria maior da desconsideração, teoria que exige maiores requisitos, no caso, a existência de um desvio de finalidade ou de uma confusão patrimonial para que haja desconsideração.

Vale ressaltar, também, que, além de objetiva, a responsabilidade civil ambiental, quando há mais de um responsável, é considerada **solidária** pelo Superior Tribunal de Justiça.

10.2. Reparação integral dos danos

A obrigação de reparar o dano não se limita a pagar uma indenização. Ela vai além: a reparação deve ser específica, isto é, ela deve buscar a restauração ou recuperação do bem ambiental lesado, ou seja, o seu retorno à situação anterior. Assim, a responsabilidade pode envolver as seguintes obrigações, conforme lição de Édis Milaré:

a) **de reparação natural ou** in specie: é a reconstituição ou recuperação do meio ambiente agredido, cessando a atividade lesiva e revertendo-se a degradação ambiental. É a primeira providência que deve ser tentada, ainda que mais onerosa que outras formas de reparação;

b) **de indenização em dinheiro:** consiste no ressarcimento pelos danos causados e não passíveis de retorno à situação anterior. Essa solução só será adotada quando não for viável fática ou tecnicamente a reconstituição. Trata-se de forma indireta de sanar a lesão. A indenização aqui cumprirá dois objetivos: i) dar uma resposta econômica aos danos sofridos pelas vítimas (o indivíduo e a sociedade); ii) dissuadir comportamentos semelhantes do poluidor ou de terceiros.

Há também uma terceira forma de reparação, além da recuperação específica e de reparação pecuniária. Trata-se da reparação por meio da **compensação ambiental.** Na lição de Marcos Destefenni, "a compensação é uma forma alternativa à reparação específica do dano ambiental, consistente na adoção de uma medida de equivalente importância ecológica dentro do mesmo ecossistema em que ocorreu o dano e mediante a observância de critérios técnicos especificados por órgãos públicos e aprovação prévia do órgão ambiental competente, admissível desde que seja impossível a reparação específica".

O STF entendeu constitucional a regra de compensação ambiental que determina apoio financeiro a unidades de conservação de proteção integral em caso de atividades sujeitas a EIA (ADI 3.378).

10.3. Dano ambiental

É importante anotar que não é qualquer alteração adversa no meio ambiente causada pelo homem que pode ser considerada dano ambiental para fins de recuperação e indenização.

Por exemplo, o simples fato de alguém inspirar oxigênio e expirar gás carbônico não pode ser considerado dano ambiental.

O art. 3º, III, da Lei 6.938/1981 nos ajuda a desvendar quando se tem realmente um dano ambiental ao dispor que poluição é a degradação ambiental resultante de atividades que direta ou indiretamente:

a) prejudiquem a saúde, a segurança e o bem-estar da população;

b) criem condições adversas às atividades sociais e econômicas;

c) afetem desfavoravelmente a biota;

d) afetem as condições estéticas ou sanitárias do meio ambiente;

e) lancem matérias ou energia em desacordo com os padrões ambientais estabelecidos.

Assim, o dano ambiental pode ser conceituado como *aquele dano que prejudica a saúde, a segurança e o bem-estar da população, cria condições adversas às atividades sociais e econômicas, afeta desfavoravelmente a biota ou as condições estéticas ou sanitárias do meio ambiente, ou lançam matérias ou energia em desacordo com os padrões ambientais estabelecidos.*

Quanto aos direitos atingidos pelo dano ambiental, este pode atingir pessoas indetermináveis e ligadas por circunstâncias de fato (ocasião em que serão difusos), grupos de pessoas ligadas por relação jurídica base (ocasião em que serão coletivos), vítimas de dano oriundo de conduta comum (ocasião em que serão individuais homogêneos) e vítima do dano (ocasião em que serão individuais puros).

De acordo com o pedido formulado na ação reparatória é que se saberá que tipo de interesse (difuso, coletivo, individual homogêneo ou individual puro) está sendo protegido naquela demanda.

Quanto à extensão do dano ambiental, a doutrina reconhece que este pode ser material (patrimonial) ou moral (extrapatrimonial). Será da segunda ordem quando afetar o bem-estar de pessoas, causando sofrimento e dor. Há de se considerar que há decisão do STJ no sentido de que não se pode falar em dano moral difuso, já que o dano deve estar relacionado a pessoas vítimas de sofrimento e não a uma coletividade de pessoas. De acordo com essa decisão, pode haver dano moral ambiental a pessoa determinada, mas não pode haver dano moral ambiental a pessoas indetermináveis.

No entanto, o STJ ainda está dividido com relação à existência ou não de dano moral coletivo. A favor dessa possibilidade, confira o REsp nº 1.180.078 (2ª T.). Contra essa possibilidade, confira o AgRg no REsp nº 1.109.905 (1ª T.).

10.4. A proteção do meio ambiente em juízo

A reparação do dano ambiental pode ser buscada extrajudicialmente, quando, por exemplo, é celebrado termo de compromisso de ajustamento de conduta com o Ministério Público, ou judicialmente, pela propositura da ação competente.

Há duas ações vocacionadas à defesa do meio ambiente. São elas: a ação civil pública (art. 129, III, da CF e Lei 7.347/1985) e a ação popular (art. 5º, LXXIII, CF e Lei 4.717/1965). A primeira pode ser promovida pelo Ministério Público, por entes da Administração Pública ou por associações constituídas há pelo menos um ano que tenham por objetivo a defesa do meio ambiente. Já a segunda é promovida pelo cidadão.

Também são cabíveis em matéria ambiental o mandado de segurança (art. 5º, LXIX e LXX, da CF e Lei 12.016/2009), individual ou coletivo, preenchidos os requisitos para tanto, tais como prova pré-constituída e ato de autoridade ou de agente delegado de serviço público; o mandado de injunção (art. 5º, LXXI, da CF), quando a falta de norma regulamentadora torne inviável o exercício dos direitos e liberdades constitucionais e das prerrogativas inerentes à nacionalidade, à soberania e à cidadania; as ações de inconstitucionalidade (arts. 102 e 103 da CF e Leis 9.868/1999 e 9.882/1999); e a ação civil de responsabilidade por ato de improbidade administrativa em matéria ambiental (art. 37, § 4º, da CF, Lei 8.429/1992 e art. 52 da Lei 10.257/2001).

Voltando à Lei 9.605/1998, sua preocupação com a reparação do dano é tão grande que, mesmo para o processo penal, determina a realização de uma perícia de constatação do dano ambiental, a qual, sempre que possível, fixará o montante do prejuízo causado para efeitos de concessão de fiança e cálculo da multa (art. 19), devendo a sentença penal condenatória, também, sempre que possível, fixar o valor mínimo para reparação dos danos causados pela infração, considerando os danos sofridos pelo ofendido ou pelo meio ambiente, valor que deve ser executado sem prejuízo da liquidação para apuração do dano efetivamente sofrido (art. 20).

Além disso, nos casos em que é cabível a transação penal, é requisito de sua concessão a prévia composição dos danos, salvo comprovada impossibilidade (art. 27). A suspensão do processo, quando concedida, só poderá implicar a posterior extinção da punibilidade se houver laudo de constatação de reparação do dano ambiental; em não havendo reparação completa, a suspensão será prorrogada até o limite máximo, acrescido de um ano, para efetiva reparação do dano (art. 28), podendo haver mais uma prorrogação, limitada ao período total anterior.

Vale lembrar, ainda, que, aplicada multa por infração administrativa ambiental, seu valor será revertido ao Fundo Nacional do Meio Ambiente, fundos estaduais ou municipais do meio ambiente, devendo ser utilizado para prevenção e reparação do dano ambiental. Permite-se aos órgãos executivos integrantes do SISNAMA a celebração de termo de compromisso de ajustamento de conduta, com fim de prevenir e/ou reparar danos ambientais.

Por fim, faz-se necessário informar que o Superior Tribunal de Justiça vem entendendo que a pretensão de reparação do meio ambiente é imprescritível. Tal entendimento decorre de vários fundamentos doutrinários, tais como os seguintes: a lesão ambiental é permanente, o meio ambiente deve ser protegido para as presentes e futuras gerações (art. 225, *caput*, da CF) e a imprescritibilidade da pretensão de ressarcimento ao erário (art. 37, § 5º, da CF) deve ser estendida para o caso.

Confira a seguinte decisão no sentido da imprescritibilidade: "o direito ao pedido de reparação por danos ambientais, dentro da logicidade hermenêutica, está protegido pelo manto da imprescritibilidade, por se tratar de direito inerente à vida, fundamental e essencial à afirmação dos povos, independentemente de não estar expresso em texto legal" (STJ, REsp's 1.120 .117e 647.493).

11. Responsabilidade administrativa ambiental

Outra forma muito eficaz de prevenir e reprimir danos ao meio ambiente é aplicar sanções administrativas àqueles que se envolverem em atividades que possam causar prejuízos ambientais.

A responsabilidade administrativa ocorre quando alguém pratica uma infração administrativa.

A infração administrativa é assim conceituada pela lei (arts. 70 e seguintes da Lei 9.605/1998): *considera-se infração administrativa ambiental toda ação ou omissão que viole as regras jurídicas de uso, gozo, promoção, proteção e recuperação do meio ambiente.*

O Decreto 6.514/2008 adensa o conceito acima, estabelecendo uma séria de *tipos administrativos* que ensejam a aplicação das respectivas sanções. Esse decreto é de leitura obrigatória.

São autoridades competentes para lavrar auto de infração ambiental e instaurar processo administrativo os funcionários de órgãos ambientais integrantes do SISNAMA, designados para as atividades de fiscalização, bem como os agentes das Capitanias dos Portos. Qualquer pessoa pode representar a essas autoridades, que estão obrigadas a proceder à apuração imediata do fato mediante processo administrativo próprio, assegurados os direitos de ampla defesa e contraditório.

O rito do processo administrativo segue o seguinte trâmite: uma vez lavrado o auto de infração, o infrator terá 20 dias para oferecer defesa ou impugnação, contados da ciência da autuação; apresentada ou não a defesa ou a impugnação, a autoridade competente terá 30 dias para julgar o autor da infração; se o julgamento importar em decisão condenatória, o infrator terá 20 dias para recorrer à instância superior do SISNAMA ou à Diretoria de Portos e Costas do Ministério da Marinha; o pagamento da multa deverá ser feito em 5 dias, contados da data do recebimento da notificação.

As sanções serão aplicadas observando:

a) a gravidade do fato (tendo em vista os motivos da infração e as consequências para a saúde pública e para o meio ambiente);

b) os antecedentes do infrator quanto ao cumprimento da legislação ambiental; e

c) a situação econômica do infrator, no caso de multa.

Além disso, o aplicador deverá observar as disposições do Decreto 6.514/2008, que especifica as sanções cabíveis para cada *tipo administrativo* lá previsto, principalmente quanto ao valor da multa cabível para cada tipo. Se o infrator cometer, simultaneamente, duas ou mais infrações, ser-lhe-ão aplicadas, cumulativamente, as sanções a elas cominadas. A Lei 9.605/1998 estabelece as seguintes sanções:

a) Advertência: será aplicada pela inobservância das disposições da legislação em vigor, sem prejuízo das demais sanções abaixo;

b) Multa simples: será aplicada sempre que o agente, por negligência ou dolo: i) não sanar as irregularidades no prazo estabelecido na advertência; ii) opuser embaraço à fiscalização dos órgãos ambientais;

c) Multa diária: será aplicada sempre que o cometimento da infração se prolongar no tempo.

Observações: a multa terá por base a unidade (hectare, metro cúbico, quilograma ou outra medida pertinente), sendo que seu valor será fixado em regulamento, variando de R$ 50 a R$ 50 milhões, corrigidos periodicamente; o pagamento de multa imposta pelos Estados e Municípios, Distrito Federal ou Territórios substitui a multa federal na mesma hipótese de incidência;

d) Apreensão dos animais, produtos e subprodutos da fauna e flora, instrumentos, petrechos, equipamentos ou veículos de qualquer natureza utilizados na infração: segundo o art. 25 da Lei 9.605/1998, verificada a infração, serão apreendidos seus produtos e instrumentos, lavrando-se os respectivos autos; os animais serão libertados em seu hábitat ou entregues a zoológicos, fundações ou entidades assemelhadas; os produtos perecíveis ou madeiras serão avaliados e doados a instituições científicas, hospitalares, penais e outras com fins beneficentes; os produtos e subprodutos da fauna serão destruídos ou doados a instituições científicas, culturais ou educacionais; os instrumentos da infração serão vendidos, garantida sua descaracterização por meio da reciclagem;

e) Destruição ou inutilização do produto: *vide* item "d" acima;

f) Suspensão de venda e fabricação do produto: será aplicada quando o produto não obedecer às prescrições legais ou regulamentares;

g) Embargo de obra ou atividade: será aplicado quando a obra ou atividade não obedecer às prescrições legais ou regulamentares;

h) Demolição de obra: será aplicada quando a obra não obedecer às prescrições legais ou regulamentares;

i) Suspensão total ou parcial de atividades: será aplicada quando a atividade não obedecer às prescrições legais ou regulamentares;

j) Restritiva de direitos: são sanções desse tipo a suspensão ou cancelamento de registro, licença ou autorização; a perda ou restrição de incentivos ou benefícios legais; a perda ou suspensão de linhas de financiamento oficiais; e proibição de contratar com o poder público por até 3 anos.

O infrator pode se insurgir contra a aplicação da sanção administrativa na via judicial. A defesa pode se dar por ação anulatória de débito fiscal (no caso de aplicação de multa, em que ainda não houve oportunidade de oferecer embargos à execução fiscal), embargos à execução fiscal (também no caso de multa), mandado de segurança contra a sanção aplicada (a ação pode ser promovida contra a aplicação de quaisquer das sanções administrativas, mas reclama direito líquido e certo, ou seja, direito cujos fatos possam ser comprovados de plano, com prova pré-constituída) ou outra ação de conhecimento, em que o autor poderá questionar qualquer sanção, inclusive com a possibilidade de fazer pedido cautelar ou de tutela antecipada, respeitados os requisitos dessas medidas contra o Poder Público.

Por fim, vale trazer informação acerca da prescrição da cobrança de multa ambiental. Com efeito, o STJ vem entendendo que se aplica, no caso, a prescrição quinquenal prevista no Decreto 20.910/1932, ou seja, o Poder Público tem 5 anos para fazer a cobrança de multa ambiental, contados do vencimento do crédito sem o pagamento.

17. Direitos do Idoso

Anna Carolina Bontempo

1. Disposições preliminares

1.1. Histórico

No âmbito constitucional, a Constituição Federal de 1988 foi a primeira a destacar um capítulo especialmente ao Idoso (Título VIII, Capítulo VII – Da Família, da Criança, do Adolescente, do Jovem e do **Idoso**).

Em 1994, foi promulgada a Lei 8.842, de 4 de janeiro de 1994, que dispõe sobre a Política Nacional do Idoso e criou o Conselho Nacional do Idoso. O Decreto 1.948/1996 regulamenta a referida lei.

A Lei 10.173/2001 determinou prioridade de tramitação aos procedimentos judiciais em que figure como parte pessoa com idade igual ou superior a 65 anos (arts. 1.211-A, 1.211-B e 1.211-C do CPC).

Em janeiro de 2004 entrou em vigor o Estatuto do Idoso (Lei 10.741/2003), trazendo regras de direito público, privado, previdenciário, civil e processo civil, inclusive a tutela penal da pessoa penal. Portanto, o Estatuto do Idoso é um microssistema jurídico de proteção à pessoa idosa.

Sob o prisma do direito internacional, no final da década de 1980, foram incorporadas medidas específicas em favor das pessoas idosas no Sistema Interamericano de Direitos Humanos por meio do *Protocolo de San Salvador*, o qual consagra especificamente os direitos do idosos (art. 17), sendo promulgado no Brasil pelo Decreto 3.321/1999.

Recentemente, em setembro de 2012, o Conselho de Direitos Humanos (CDH), ligado à Organização das Nações Unidas (ONU), aprovou resolução para reconhecer os direitos humanos dos idosos. A resolução, intitulada Direitos Humanos dos Idosos, é o primeiro texto do CDH especificamente para essa parcela da população.

1.2. Conceito de idoso

O legislador usou o critério cronológico para definir a pessoa idosa. O Estatuto do Idoso define como idoso as pessoas com idade igual ou superior a 60 anos (art. 1º). O limite de 60 anos também é considerado pela Organização Mundial de Saúde nos países em desenvolvimento.

Ressalta-se que a Lei 8.842/1994, que dispõe sobre a Política Nacional do Idoso, em seu art. 2º, considera idosa a pessoa maior de 65 anos de idade.

A comprovação com a certidão de nascimento ou qualquer outro documento oficial é suficiente para receber de imediato todos os direitos e garantias específicos previstos no Estatuto do Idoso.

No entanto, alguns direitos **somente são adquiridos pelos idosos com 65 anos**, como o benefício da prestação continuada (art. 34 do Estatuto do Idoso) e também a gratuidade no transporte coletivo urbano e semiurbano (art. 39, *caput*, do Estatuto do Idoso e art. 230, § 2º, da CF). No caso das pessoas entre 60 e 65 anos, ficará a critério da legislação local dispor sobre as condições da gratuidade (art. 39, § 3º, do Estatuto do Idoso).

Cumpre salientar no tocante ao idoso que cometa algum crime (não vítima), o Código Penal considera a idade de 70 anos. Nesse contexto, o art. 115 do diploma legal em comento prevê a possibilidade de redução pela metade do prazo prescricional para maiores de 70 anos de idade na data da prolação da sentença.

Mesmo com o advento do Estatuto do Idoso, esse continua sendo o critério cronológico utilizado no âmbito penal, por se tratar de norma especial, sendo esse o entendimento do Supremo Tribunal Federal, vejamos:

> *Prescrição. Idoso. Art. 115 do CP e Lei 10.741/2003.* **A completude e o caráter especial da norma do art. 115 do CP excluem a observação do Estatuto do Idoso – Lei 10.741/2003 –, no que revela, como faixa etária a ser considerada, a representada por sessenta anos de vida.** *Prescrição. Art. 115 do CP. Aferição da idade na dicção da ilustrada maioria.* **Afere-se a idade do condenado, para definir-se a prescrição, na data da apreciação do mérito da ação penal.** Ainda sob essa óptica, estando pendentes embargos declaratórios quando do implemento da idade, dá-se a incidência do preceito. Entendimento diverso do relator, que leva em conta a faixa etária, para tal efeito, desde que completado o número de anos exigido em lei até o trânsito em julgado do decreto condenatório, nos termos de precedente do Plenário – Extradição 591-0, por mim relatada, cujo acórdão foi publicado no Diário da Justiça de 22 de setembro de 1995.
>
> (STF, HC 89969, Rel. Min. Marco Aurélio, 1ª Turma, julgado em 26.06.2007, *DJ* 05.10.2007) (grifo nosso).

O marco inicial para averiguação da idade do idoso para redução do prazo prescricional é da data da sentença de primeira instância. Todavia, é possível alteração desse marco, conforme voto do Min. Ricardo Lewandowski no HC 86.320/SP, disponibilizado no **Informativo** 445 do STF:

> *Penal. Processual penal.* Habeas corpus. *Agente maior de 70 (setenta) anos. Estatuto do Idoso. Redução de metade no prazo prescricional. Marco temporal. Sentença condenatória.* **I – A idade de 60 (sessenta) anos, prevista no art. 1º do Estatuto do Idoso, somente serve de parâmetro para os direitos e obrigações estabelecidos pela Lei 10.741/2003. Não há que se falar em revogação tácita do art. 115 do CP, que estabelece a redução dos prazos de prescrição quando o criminoso possui mais de 70 (setenta) anos de idade na data da sentença condenatória. II – A redução do prazo prescricional é aplicada, analogicamente, quando a idade avançada é verificada na data em que proferida decisão colegiada condenatória de agente que possui foro especial por prerrogativa de função, quando há reforma da sentença absolutória ou, ainda, quando a reforma é apenas parcial da sentença condenatória em sede de recurso. III – Não cabe aplicar o benefício do art. 115 do CP quando o agente conta com mais de 70 (setenta) anos na data do acórdão que se limita a confirmar a sentença condenatória.** IV – Hipótese dos autos em que o agente apenas completou a idade necessária à redução do prazo prescricional quando estava pendente de julgamento agravo de instrumento interposto de decisão que inadmitiu recurso extraordinário[1]. V – Ordem denegada.
>
> (STF, HC 86320, Rel. Min. Ricardo Lewandowski, 1ª Turma, julgado em 17.10.2006, *DJ* 24.11.2006) (grifo nosso).

O conceito de *sentença* foi estendido sendo considerado também como decisões colegiadas:

> "Considerou-se que a prolação do acórdão somente deve ser reputada como marco temporal para a redução da prescrição, quando:
>
> a) tiver o agente sido julgado diretamente por um colegiado;
>
> b) houver reforma da sentença absolutória em julgamento de recurso para condenar o réu e
>
> c) ocorrer a substituição do decreto condenatório em sede de reurso no qual reformada parcialmente a sentença" (**Informativo** 445 do STF).

1.3. Natureza e extensão dos direitos do idoso

O art. 2º do Estatuto do Idoso prevê que a pessoa idosa goza de todos os direitos fundamentais inerentes à pessoa humana. Entende-se que "direitos fundamentais são aqueles sem os quais a pessoa humana não tem condições de desenvolver uma vida digna compatível com a sua condição natural de homem".[2]

Portanto, aos idosos são assegurados todos os direitos que são conferidos a todas as pessoas, sem prejuízo da proteção integral de que o Estatuto confere.

A lei ou outros meios, como políticas públicas ou atitudes efetivas da sociedade, deverão assegurar todas as oportunidades e facilidades para preservação de sua saúde física e mental e seu aperfeiçoamento moral, intelectual, espiritual e social, em condições de liberdade e dignidade (art. 2º do Estatuto do Idoso).

Nota-se que o idoso passa a ter direitos específicos e diferenciados em relação às demais pessoas, por precisar de uma proteção especial em razão da sua idade avançada.

---

1. Com o advento da Lei 12.322/2010, contra decisão que inadmite recurso especial ou extraordinário deve ser interposto agravo nos próprios autos.
2. PINHEIRO, Naide Maria (coord.). **Estatuto do Idoso Comentado.** Campinas, SP: Servanda Ed., 2012. p. 41.

1.4. Sujeitos passivos dos direitos do idoso

A Constituição Federal (art. 230, *caput*) e o Estatuto do Idoso (art. 3º) impõe **à família, à comunidade, à sociedade e ao Poder Público** a proteção da pessoa idosa, de modo a evitar que o idoso fique desamparado, sendo todos **solidariamente** responsáveis por garantir sua dignidade como pessoa humana. Assim, deve-se assegurar ao idoso, com absoluta prioridade, a efetivação do direito à vida, à saúde, à alimentação, à educação, à cultura, ao esporte, ao lazer, ao trabalho, à cidadania, à liberdade, à dignidade, ao respeito e à convivência familiar e comunitária.

A família tem papel importante na proteção à pessoa idosa, sob pena de incidir crime de abandono previsto no art. 98 do Estatuto do Idoso.

O § 1º do art. 4º do Estatuto do Idoso estabelece que é dever de todos prevenir a ameaça ou violação aos direitos do idoso, sob pena de incorrer no art. 97 do mencionado diploma legal. Assim, nenhum idoso poderá ser vítima de qualquer tipo de negligência, discriminação, violência, crueldade ou opressão. Todo atentado aos seus direitos, por ação ou omissão, será punido na forma da lei (arts. 93 a 109).

Tanto a pessoa física como jurídica são responsáveis pela violação às normas de prevenção aos direitos do idoso, estando sujeitos à obrigação de reparar o dano ocasionado, tanto por ação ou por omissão (art. 5º do Estatuto do Idoso).

1.5. Garantias de prioridade aos idosos

O Estatuto do Idoso, em seu art. 3º, parágrafo único, traz o rol de **garantias de prioridade** às pessoas idosas, o qual foi inspirado nas diretrizes da Política Nacional do Idoso, previstas no art. 4º da Lei 8.842/1994, vejamos:

> Art. 3º, parágrafo único. A garantia de prioridade compreende:
>
> I – atendimento preferencial imediato e individualizado junto aos órgãos públicos e privados prestadores de serviços à população;
>
> II – preferência na formulação e na execução de políticas sociais públicas específicas;
>
> III – destinação privilegiada de recursos públicos nas áreas relacionadas com a proteção ao idoso;
>
> IV – viabilização de formas alternativas de participação, ocupação e convívio do idoso com as demais gerações;
>
> V – priorização do atendimento do idoso por sua própria família, em detrimento do atendimento asilar, exceto dos que não a possuam ou careçam de condições de manutenção da própria sobrevivência;
>
> VI – capacitação e reciclagem dos recursos humanos nas áreas de geriatria e gerontologia e na prestação de serviços aos idosos;
>
> VII – estabelecimento de mecanismos que favoreçam a divulgação de informações de caráter educativo sobre os aspectos biopsicossociais de envelhecimento;
>
> VIII – garantia de acesso à rede de serviços de saúde e de assistência social locais;
>
> IX – prioridade no recebimento da restituição do Imposto de Renda (Incluído *pela Lei 11.765/2008*).

O descumprimento de quaisquer das determinações legais acerca da prioridade de atendimento ao idoso configura a infração administrativa do art. 58 do Estatuto do Idoso.

O § 2º do art. 4º do Estatuto do Idoso determina que as obrigações previstas na lei não se esgotam, por se tratar de rol exemplificativo. O legislador objetivou não deixar que qualquer outro direito relativo à pessoa idosa ficasse fora do âmbito de resguardo pela prevenção.

O Estatuto do Idoso trata, nos arts. 55 a 58, das penalidades a que estão sujeitas as entidades de atendimento à pessoa idosa pelo descumprimento de normas.

1.6. Prevenção

No que tange à prevenção, vale trazer à baila a lição de Naide Maria Pinheiro, pela qual "a prevenção deve ocorrer em três níveis: primário, secundário e terciário".[3]

A prevenção primária é concretizada pela adoção de medidas que tenham por escopo garantir os direitos fundamentais do idoso, em todas as áreas, em especial por meio de políticas públicas.

A secundária diz respeito aos programas de atendimento, auxílio e orientação, que evitem a marginalização e discriminação das pessoas idosas.

Finalmente, a terciária refere-se à punição àqueles que descumprem as normas de proteção aos idosos, servindo a sanção como caráter educativo e desestimulador de condutas ilícitas.

A lei incumbe a todo cidadão o **dever** de comunicar à autoridade competente sobre qualquer abuso ou desrespeito aos direitos da pessoa idosa que tenha presenciado ou conhecimento (art. 6º do Estatuto do Idoso). A mesma determinação é prevista no art. 10, § 3º, da Lei 8.842/1994.O referido art. 6º do Estatuto impõe uma obrigação sem instituir uma sanção correspondente. Entretanto, o art. 5º, § 3º, do CPP é claro ao estabelecer que: "qualquer pessoa do povo que tiver conhecimento da existência de infração penal em que caiba ação pública poderá, verbalmente ou por escrito, comunicá-la à autoridade policial, e esta, verificada a procedência das informações, mandará instaurar inquérito".

3. PINHEIRO, Naide Maria (coord.). **Estatuto do Idoso Comentado.** Campinas, SP: Servanda Ed., 2012. p. 68.

Nesse mesmo sentido, a Lei das Contravenções Penais (Decreto-lei 3.688/1941) em seu art. 66, I, determina que: "deixar de comunicar à autoridade competente: I – crime de ação pública, de que teve conhecimento **no exercício de função pública**, desde que a ação penal não dependa de representação" acarreta pena de multa.

Os Conselhos Nacional, Estaduais, do Distrito Federal e Municipais do Idoso, previstos na Lei 8.842/1994, deverão zelar pelo cumprimento dos direitos do idoso previstos no Estatuto do Idoso.

Os arts. 6º e 7º da mencionada lei preveem a estrutura e competência desses Conselhos:

> Art. 6º Os conselhos nacional, estaduais, do Distrito Federal e municipais do idoso serão órgãos permanentes, paritários e deliberativos, compostos por igual número de representantes dos órgãos e entidades públicas e de organizações representativas da sociedade civil ligadas à área.
>
> Art. 7º Compete aos Conselhos de que trata o art. 6º desta Lei a supervisão, o acompanhamento, a fiscalização e a avaliação da política nacional do idoso, no âmbito das respectivas instâncias político-administrativas. (*Redação dada pela Lei 10.741/2003*).

Assim, **os Conselhos juntamente com a família, com a sociedade e com o Poder Público ampararão e zelarão pelo efetivo cumprimento dos direitos e das garantias fundamentais da população idosa**. Portanto, o Conselho do Idoso é mais um órgão a contribuir para a efetividade da política de atendimento às pessoas idosas.

2. Direitos fundamentais

2.1. Direito à vida

O Estatuto do Idoso (art. 8º) eleva o processo natural e inevitável do envelhecimento a um **direito personalíssimo** e determina que sua **proteção** constitui um **direito social**.

A proteção ao envelhecimento torna-se um **direito indisponível**, tendo em vista sua condição de direito social, sendo dever do Estado assegurar a proteção à vida e à saúde mediante políticas sociais públicas que permitam um envelhecimento saudável e em condições de dignidade.

2.2. Direito à liberdade, ao respeito e à dignidade

É dever do Estado e da sociedade, garantir ao idoso a liberdade, o respeito e a dignidade, como pessoa humana e sujeito de direitos civis, políticos, individuais e sociais, assegurados no texto constitucional e nas leis.

O direito à liberdade, nas palavras de Roberto Mendes de Freitas Junior,[4] "significa conceder ao idoso a possibilidade de atuar segundo seu livre-arbítrio, ou seja, de alcançar suas realizações pessoais de forma que lhe convier".

Nos termos do § 1º do art. 10 do Estatuto, o direito à liberdade abrange, entre outros, os seguintes aspectos:

> I – faculdade de ir, vir e estar nos logradouros públicos e espaços comunitários, ressalvadas as restrições legais;
> II – opinião e expressão;
> III – crença e culto religioso;
> IV – prática de esportes e de diversões;
> V – participação na vida familiar e comunitária;
> VI – participação na vida política, na forma da lei;
> VII – faculdade de buscar refúgio, auxílio e orientação.

No que tange ao direito de ir e vir do idoso, esse tem por base o art. 5º, XV, da CF e em caso de constrangimento ilegal na liberdade de locomoção é cabível *habeas corpus* (art. 5º, LXVIII, da CF).

Nota-se que a liberdade de ir e vir também está relacionada à acessibilidade urbana, devendo os logradouros, edifícios e veículos de transportes coletivos serem adaptados. Esse assunto é abordado pela Constituição (arts. 227, § 2º e 244) e também pela Lei 10.098/2000 (art. 2º, I) no que concerne às pessoas com deficiência ou com mobilidade reduzida, portanto, a acessibilidade também é aplicável à população idosa, de modo efetivar a dignidade da pessoa humana.

Nesse contexto, o Superior Tribunal de Justiça já decidiu que haja acessibilidade às pessoas com deficiência e aos idosos:

> Processual civil. Recurso especial. Ação rescisória. Violação a disposição literal de lei. Ação que visa à tutela de interesse de portador de deficiência e de idoso. Interesse público coletivo.
>
> Intervenção do Ministério Público. Obrigatoriedade. **Há interesse público coletivo na ação proposta com o objetivo de assegurar o direito de acesso físico a edifício de uso coletivo por idosos, portadores de deficiência e pessoas com mobilidade reduzida.**
>
> **A Lei 7.853/1989 deve ser interpretada à luz da igualdade de tratamento e oportunidade entre as pessoas que fazem uso de edifício destinados a uso coletivo, facilitando o acesso daqueles que têm a mobilidade reduzida em razão de necessidade especial.**

4. FREITAS JUNIOR, Roberto Mendes. **Direitos e Garantias do Idoso: doutrina, jurisprudência e legislação.** 2. ed. São Paulo: Atlas, 2011. p. 45.

> Nas causas em que se discute interesse de pessoa portadora de deficiência ou pessoa com dificuldade de locomoção, e também interesse de idoso, é obrigatória a intervenção do Ministério Público.
>
> Recurso especial provido para julgar procedente o pedido formulado na ação rescisória.
>
> (STJ, REsp 583464/DF, Rel. Min. Nancy Andrighi, 3ª Turma, julgado em 01.09.2005, *DJ* 24.10.2005, p. 308) (grifo nosso).

Quanto à participação na vida política, não se deve olvidar que, mesmo possuindo título de eleitor, **os idosos a partir de 70 anos não são obrigados a votar**, nos termos do art. 14, § 1º, II, *b*, da CF.

Ademais, cumpre ressaltar que para **cargos eletivos não há limite máximo de idade para candidatura**, havendo somente exigência de idade mínima (art. 14, § 3º, VI, da CF), no entanto, a ocupação de **cargos efetivos tem como limite máximo a idade de 70 anos** (art. 40, § 1º, da CF).

O direito ao respeito *consiste na inviolabilidade da integridade física, psíquica e moral, abrangendo a preservação da imagem, da identidade, da autonomia, de valores, ideias e crenças, dos espaços e dos objetos pessoais.*

O Estatuto do Idoso com base no art. 230, *caput*, da CF,[5] em seu art. 10, § 3º, estabelece que **todos têm a obrigação de zelar pela dignidade do idoso**, colocando-o a salvo de qualquer tratamento desumano, violento, aterrorizante, vexatório ou constrangedor.

2.3. Alimentos

A obrigação alimentar tem origem constitucional, nos termos do art. 229, "os pais têm o dever de assistir, criar e educar os filhos menores, e **os filhos maiores têm o dever de ajudar e amparar os pais na velhice, carência ou enfermidade**".

O Estatuto do Idoso regula o direito à prestação alimentícia à pessoa idosa, devendo ser observada à legislação civil vigente (arts. 1.694 a 1.710 do CC e Lei 5.478/1968). A matéria também é disciplinada nos arts. 732 a 735 e 852 a 854, todos do CPC.

Com relação ao idoso, **o que impõe a obrigação alimentar é o parentesco**, com base no *princípio da solidariedade familiar ou parental*, **podendo o idoso optar entre os prestadores**. Portanto, diferentemente do Código Civil (art. 1.698), que a regra é a subsidiariedade (há uma ordem a ser seguida entre aqueles familiares chamados a prestar alimentos), **no Estatuto do Idoso a obrigação é solidária (art. 12)**, a pessoa idosa poderá demandar quaisquer de seus parentes (princípio da especialidade).

Nessa esteira, O Superior Tribunal de Justiça já decidiu que não existe litisconsórcio passivo necessário entre os filhos:

> Direito civil e processo civil. Ação de alimentos proposta pelos pais idosos em face de um dos filhos. Chamamento da outra filha para integrar a lide. Definição da natureza solidária da obrigação de prestar alimentos à luz do Estatuto do Idoso.
>
> A doutrina é uníssona, sob o prisma do Código Civil, em afirmar que o dever de prestar alimentos recíprocos entre pais e filhos não tem natureza solidária, porque é conjunta.
>
> **A Lei 10.741/2003, atribuiu natureza solidária à obrigação de prestar alimentos quando os credores forem idosos, que por força da sua natureza especial prevalece sobre as disposições específicas do Código Civil.**
>
> **O Estatuto do Idoso, cumprindo política pública (art. 3º), assegura celeridade no processo, impedindo intervenção de outros eventuais devedores de alimentos.**
>
> **A solidariedade da obrigação alimentar devida ao idoso lhe garante a opção entre os prestadores (art. 12).**
>
> Recurso especial não conhecido.
>
> (STJ, REsp 775565/SP, Rel. Min. Nancy Andrighi, 3ª Turma, julgado em 13.06.2006, *DJ* 26.06.2006, p. 143) (grifo nosso).

Não é necessária ação judicial para que determine obrigação de prestar alimentos. As transações relativas a alimentos poderão ser celebradas perante o **Promotor de Justiça ou Defensor Público**, que as referendará, e passarão a ter efeito de **título executivo extrajudicial** nos termos da lei processual civil (art. 13 do Estatuto do Idoso), podendo ser diretamente executado judicialmente na hipótese de descumprimento da obrigação alimentar.

No caso do idoso ou seus familiares não possuírem condições econômicas de prover o seu sustento, impõe-se ao Estado esse provimento, no âmbito da assistência social.

O art. 203 do Texto Maior prevê que a assistência social será prestada a quem dela necessitar, independentemente de contribuição à seguridade social.

A Lei 8.742/1993, dando aplicação ao determinado no referido dispositivo constitucional, em seu art. 20, contempla o **Benefício de Prestação Continuada**, pelo qual garante ao idoso com **65 anos** um salário-mínimo mensal, desde que comprove não possuir meios de prover sua própria subsistência e nem de tê-la provida por sua família. O Estatuto do Idoso, em seu art. 34, traz a mesma previsão contida no art. 20 da Lei 8.742/1993. Vale destacar que antes do advento da Lei 12.435/2011, que alterou a redação do citado artigo 20, esse trazia a idade de 70 anos, razão pela qual era aplicado o Estatuto do Idoso, pois se levava em consideração o princípio da especialidade.

---

5. Art. 230. A família, a sociedade e o Estado têm o dever de amparar as pessoas idosas, assegurando sua participação na comunidade, defendendo sua dignidade e bem-estar e garantindo-lhes o direito à vida.

2.4. Direito à saúde

Sem a saúde não há vida digna, daí a atenção do legislador à saúde dentre os direitos fundamentais, conforme o art. 196 da CF *in verbis*: "a saúde é direito de todos e dever do Estado, garantido mediante políticas sociais e econômicas que visem à redução do risco de doença e de outros agravos e ao acesso universal e igualitário às ações e serviços para sua promoção, proteção e recuperação".

Ao idoso é assegurada a atenção integral à saúde, por intermédio do Sistema Único de Saúde (SUS), assegurando-lhe o acesso universal e igualitário, em conjunto articulado e contínuo das ações e serviços, para a prevenção, promoção, proteção e recuperação da saúde, incluindo a atenção especial às doenças que afetam preferencialmente os idosos (art. 15 do Estatuto do Idoso).

A prevenção e a manutenção da saúde do idoso serão **efetivadas** por meio de:

a) cadastramento da população idosa em base territorial;

b) atendimento geriátrico e gerontológico em ambulatórios;

c) unidades geriátricas de referência, com pessoal especializado nas áreas de geriatria e gerontologia social;

d) atendimento domiciliar, incluindo a internação, para a população que dele necessitar e esteja impossibilitada de se locomover, inclusive para idosos abrigados e acolhidos por instituições públicas, filantrópicas ou sem fins lucrativos e eventualmente conveniadas com o Poder Público, nos meios urbano e rural;

e) reabilitação orientada pela geriatria e gerontologia, para redução das sequelas decorrentes do agravo da saúde.

A lei impõe ao Poder Público o fornecimento gratuito aos idosos de medicamentos, principalmente os de uso continuado, assim como próteses, órteses e outros recursos relativos ao tratamento, habilitação ou reabilitação (art. 15, § 2º, do Estatuto do Idoso).

No que concerne à omissão do Poder Público no fornecimento de medicamentos imprescindíveis à concretização do direito de saúde, recentemente o Min. Gilmar Mendes, em seu voto proferido no julgamento do AgR-STA 175, ratificou o caráter fundamental dos direitos sociais. Apesar de ser imprescindível o cauteloso exame do caso concreto e de ter o constituinte conferido prioridade *prima facie* à concretização do direito à saúde em sua dimensão coletiva e mediante políticas públicas, admitiu-se a possibilidade de sua efetivação pelo Poder Judiciário em demandas específicas.[6]

A competência para cuidar da saúde é **concorrente** entre União, Estados, Distrito Federal e Municípios, conforme entendimento do Superior Tribunal de Justiça:

> *Administrativo. Direito à saúde. Responsabilidade solidária dos entes federativos pelo funcionamento do sistema único de saúde. Legitimidade passiva* ad causam *do estado.*
>
> **1. O funcionamento do Sistema Único de Saúde é de responsabilidade solidária da União, dos Estados e dos Municípios, de modo que qualquer um desses entes tem legitimidade *ad causam* para figurar no polo passivo de demanda que objetiva a garantia do acesso a medicamentos para tratamento de problema de saúde. Precedentes.**
>
> 2. Agravo regimental não provido.
>
> (STJ, AgRg no REsp 1017055/RS, Rel. Min. Castro Meira, 2ª Turma, julgado em 11.09.2012, *DJe* 18.09.2012) (grifo nosso).

O § 3º do art. 15 **proíbe a discriminação do idoso nos planos de saúde pela cobrança de valores diferenciados em razão da idade**, inclusive este vinha sendo o posicionamento do Superior Tribunal de Justiça:

> *Agravo Regimental. Plano de saúde. Reajuste de mensalidade em razão de mudança de faixa etária (idoso). Inadmissibilidade. Ocorrência de discriminação e de abusividade. Decisão agravada. Manutenção.*
>
> **A jurisprudência deste Tribunal Superior consagrou o entendimento de ser abusiva a cláusula contratual que prevê o reajuste da mensalidade de plano de saúde com base exclusivamente em mudança de faixa etária, mormente se for consumidor que atingir a idade de 60 anos, o que o qualifica como idoso, sendo vedada, portanto, a sua discriminação.**
>
> Agravo regimental improvido.
>
> (STJ, AgRg nos EDcl no REsp 1113069/SP, Rel. Min. Sidnei Beneti, 3ª Turma, julgado em 17.03.2011, *DJe* 29.03.2011) (grifo nosso).

> *Direito civil e processual civil. Estatuto do Idoso. Planos de Saúde.* ***Reajuste de mensalidades em razão de mudança de faixa etária. Vedação.***
>
> [...]
>
> **– Veda-se a discriminação do idoso em razão da idade, nos termos do art. 15, § 3º, do Estatuto do Idoso, o que impede especificamente o reajuste das mensalidades dos planos de saúde que se derem por mudança de faixa etária; tal vedação não envolve, portanto, os demais reajustes permitidos em lei, os quais ficam garantidos às empresas prestadoras de planos de saúde, sempre ressalvada a abusividade.**
>
> Recurso especial conhecido e provido.
>
> (STJ, REsp 989380/RN, Rel. Min. Nancy Andrighi, 3ª Turma, julgado em 06.11.2008, *DJe* 20.11.2008) (grifo nosso).

6. **Informativo** 585 do STF.

No entanto, frisa-se que o mencionado Tribunal, em recente julgado, relativizou a literalidade do dispositivo legal em apreço, vejamos:

> *Direito civil. Consumidor. Plano de saúde. Ação civil pública. Cláusula de reajuste por mudança de faixa etária. Incremento do risco subjetivo. Segurado idoso. Discriminação. Abuso a ser aferido caso a caso. Condições que devem ser observadas para validade do reajuste.*
>
> 1. Nos contratos de seguro de saúde, de trato sucessivo, os valores cobrados a título de prêmio ou mensalidade guardam relação de proporcionalidade com o grau de probabilidade de ocorrência do evento risco coberto. Maior o risco, maior o valor do prêmio.
>
> 2. É de natural constatação que quanto mais avançada a idade da pessoa, independentemente de estar ou não ela enquadrada legalmente como idosa, maior é a probabilidade de contrair problema que afete sua saúde. Há uma relação direta entre incremento de faixa etária e aumento de risco de a pessoa vir a necessitar de serviços de assistência médica.
>
> 3. Atento a tal circunstância, veio o legislador a editar a Lei Federal 9.656/1998, rompendo o silêncio que até então mantinha acerca do tema, preservando a possibilidade de reajuste da mensalidade de plano ou seguro de saúde em razão da mudança de faixa etária do segurado, estabelecendo, contudo, algumas restrições e limites a tais reajustes.
>
> **4. Não se deve ignorar que o Estatuto do Idoso, em seu art. 15, § 3º, veda "a discriminação do idoso nos planos de saúde pela cobrança de valores diferenciados em razão da idade". Entretanto, a incidência de tal preceito não autoriza uma interpretação literal que determine, abstratamente, que se repute abusivo todo e qualquer reajuste baseado em mudança de faixa etária do idoso. Somente o reajuste desarrazoado, injustificado, que, em concreto, vise de forma perceptível a dificultar ou impedir a permanência do segurado idoso no plano de saúde implica na vedada discriminação, violadora da garantia da isonomia.**
>
> **5. Nesse contexto, deve-se admitir a validade de reajustes em razão da mudança de faixa etária, desde que atendidas certas condições, quais sejam: a) previsão no instrumento negocial; b) respeito aos limites e demais requisitos estabelecidos na Lei Federal 9.656/1998; e c) observância ao princípio da boa-fé objetiva, que veda índices de reajuste desarrazoados ou aleatórios, que onerem em demasia o segurado.**
>
> 6. Sempre que o consumidor segurado perceber abuso no aumento de mensalidade de seu seguro de saúde, em razão de mudança de faixa etária, poderá questionar a validade de tal medida, cabendo ao Judiciário o exame da exorbitância, caso a caso.
>
> 7. Recurso especial provido.
>
> (STJ, REsp 866840/SP, Rel. Min. Luis Felipe Salomão, Rel. p/ acórdão Min. Raul Araújo, 4ª Turma, julgado em 07.06.2011, *DJe* 17.08.2011) (grifo nosso).[7]

Assim, o Superior Tribunal de Justiça, diante da decisão acima transcrita, "entende que os reajustes implementados pelos planos de saúde em razão da mudança de faixa etária, por si sós, não constituem ilegalidade e devem ser apreciados com respeito às singularidades de cada caso, de modo a não ferir os direitos do idoso nem desequilibrar as contas das seguradoras."[8]

O idoso que esteja no domínio de suas faculdades mentais tem o direito de optar pelo tratamento de saúde que lhe for reputado mais favorável (art. 17 do Estatuto do Idoso). Isso demonstra que a pessoa idosa não perde sua capacidade de discernimento e sua higidez emocional em razão da idade avançada. Em caso de não estar em condições de proceder à opção, esta será feita:

a) **pelos familiares**, quando o idoso não tiver curador ou este não puder ser contactado em tempo hábil;
b) **pelo curador**, quando o idoso for interditado;
c) **pelo médico**, quando ocorrer iminente risco de vida e não houver tempo hábil para consulta a curador ou familiar;

Quando não houver curador ou familiar conhecido, o médico deverá comunicar o fato ao Ministério Público, para que este tome providências no sentido de determinar um curador ao idoso.

O Estatuto do Idoso, sobre os casos de suspeita ou confirmação de violência praticada contra pessoas idosas, estabelece que serão objeto de **notificação compulsória** pelos serviços de saúde públicos e privados à autoridade sanitária, devendo ser **comunicados** por eles à autoridade policial, ao Ministérios Público ou aos Conselhos Municipal, Estadual ou Nacional do Idoso (art. 19).

2.5. Educação, cultura, esporte e lazer

O art. 20 do Estatuto do Idoso põe em relevo o mandamento constitucional (art. 205 e ss.), assegurando **o direito à educação, cultura, esporte, lazer, diversões, espetáculos, produtos e aos serviços que respeitem sua peculiar condição de idade**.

O Poder Público criará oportunidades de acesso do idoso à educação, apropriando currículos, metodologias e material didático aos programas educacionais a ele destinados. Portanto, a instituição de ensino deverá se adequar para receber os idosos, inclusive com adaptação física de todos os seus ambientes, resguardando a acessibilidade.

Os cursos especiais para idosos incluirão conteúdo relativo às técnicas de comunicação, computação e demais avanços tecnológicos, para sua integração à vida moderna.

7. **Informativo** 476 do STJ

8. Disponível em: [http://www.stj.gov.br/portal_stj/publicacao/engine.wsp?tmp.area=398&tmp.texto=102246]. Acesso em 02.04.2013.

O art. 22 prevê que nos currículos mínimos[9] dos diversos níveis de ensino formal serão inseridos conteúdos voltados ao processo de envelhecimento, ao respeito e à valorização do idoso, de forma a eliminar o preconceito e a produzir conhecimentos sobre a matéria.

Com relação à prática de esportes, impende citar o art. 217 da Carta Magna que impõe ao Estado fomentar práticas desportivas formais e não formais e, também, o art. 23 do Estatuto do Idoso que assegura às pessoas idosas descontos de pelo menos 50% em atividades culturais e de lazer.

2.6. Profissionalização e trabalho

O trabalho é um direito fundamental e a idade avançada não está relacionada com incapacidade, tendo o idoso direito ao exercício de atividade profissional, respeitadas suas condições físicas, intelectuais e psíquicas.

Na admissão do idoso em qualquer trabalho ou emprego, pelo art. 27 do Estatuto do Idoso, **é proibida a discriminação e a fixação de limite máximo de idade**, inclusive para concursos, ressalvados os casos em que a natureza do cargo o exigir.

Dessa forma, desde que compatível com as atribuições do cargo e esteja a restrição prevista em lei (art. 5º, II, da CF), é possível a fixação de limite máximo para acesso a cargos púbicos, sendo esse o posicionamento do Supremo Tribunal Federal:

Constitucional. Administrativo. Agravo regimental em agravo de instrumento. Concurso público. Limite de idade. Lei específica. Súmula 683 do STF. Alegada ofensa ao art. 93, IX, da CF. Agravo improvido. **I – o acórdão recorrido encontra-se em consonância com a jurisprudência desta Corte, no sentido de que o limite de idade para inscrição em concurso público só se legitima quando previsto em lei e possa ser justificado pela natureza das atribuições do cargo a ser preenchido**. II – Não há contrariedade ao art. 93, IX, da mesma Carta, quando o acórdão recorrido encontra-se suficientemente fundamentado. III – Agravo regimental improvido. (STF, AI 722490 AgR, Rel. Min. Ricardo Lewandowski, 1ª Turma, julgado em 03.02.2009, *DJe* 05.03.2009) (grifo nosso).

Esgotados os critérios de desempate em concurso público, deve-se usar a questão da idade, dando-se **preferência ao de idade mais elevada:**

I. Mandado de segurança: legitimação ativa: composição de lista para a promoção por merecimento de juízes aos tribunais. No procedimento de promoção de magistrados, todos os concorrentes à lista e nela não incluídos estão legitimados, em princípio, para questionar em juízo a validade da sua composição, se, do reconhecimento da nulidade arguida, possa decorrer a renovação do ato de escolha, que estariam qualificados para disputar. II. Justiça Federal: lista de promoção por merecimento de juízes ao Tribunal Regional Federal: desempate em favor do mais idoso, conforme norma regimental: validade. **Não ofende a Constituição a norma regimental de TRF de que, após sucessivos empates na composição da lista de juízes para a promoção por merecimento, prescreve o desempate em favor do mais idoso**: não se trata – ao contrário dos precedentes do STF, que o rejeitaram, da adoção do critério objetivo de antiguidade para desempate na promoção por merecimento – mas, sim, de um dado subjetivo dos candidatos, a idade, que se reputou – sem ofensa ao princípio da razoabilidade – se devesse seguir à avaliação dos méritos dos candidatos, reputados equivalentes pela votação idêntica obtida, em sucessivos escrutínios.

(STF, MS 24509, Rel. Min. Sepúlveda Pertence, Tribunal Pleno, julgado em 23.10.2003, *DJ* 26.03.2004)[10] (grifo nosso).

2.7. Previdência e assistência social

A seguridade social compreende ações de saúde, previdência e assistência social (art. 194 da CF).

A previdência social é instituto estritamente contributivo, isto é, apenas serão beneficiados aqueles que contribuíram ao longo do tempo. Sua finalidade é assegurar aos seus beneficiários meios indispensáveis de manutenção, por motivo de incapacidade, desemprego involuntário, idade avançada, tempo de serviço, encargos familiares e prisão ou morte daqueles de quem dependiam economicamente (art. 1º da Lei 8.213/1991).

A concessão dos benefícios de aposentadoria e pensão do Regime Geral da Previdência Social observará critérios de cálculo que preservem o valor real dos salários sobre os quais incidiram contribuição, nos termos da legislação vigente.

O art. 30 do Estatuto do Idoso traz a mesma regra disposta no art. 3º, § 1º, da Lei 10.666/2003, segundo a qual ainda que haja a perda da qualidade de segurado, a aposentadoria por idade estará assegurada desde que seja observado o número mínimo de contribuições.

Nesse diapasão, vale transcrever julgado publicado no Informativo 426 do Superior Tribunal de Justiça:

9. Entende-se por currículo mínimo o conteúdo básico a que estão vinculadas as várias instituições educacionais, isto é, o componente obrigatório daquilo que não pode faltar nos respectivos currículos dos diversos níveis de ensino (PINHEIRO, Naide Maria (coord.). **Estatuto do Idoso Comentado.** Campinas, SP: Servanda Ed., 2012. p. 68).

10. **Informativo** 326 do STF

Aposentadoria. Idade. Irrelevância. Preenchimento simultâneo. Requisitos.

A Seção reiterou o seu entendimento e acolheu os embargos ao afirmar que **não é exigida a implementação simultânea dos requisitos legais para a concessão da aposentadoria por idade. É devido o benefício independentemente da posterior perda da qualidade de segurado à época em que preenchido o requisito da idade, desde que o obreiro tenha recolhido à Previdência Social o número de contribuições previstas na tabela disposta no art. 142 da Lei 8.213/1991**, como demonstrado pela análise soberana das provas realizadas pelo tribunal *a quo*. Precedentes citados: REsp 800.860-SP, *DJe* 18.05.2008; AR 1.776-SP, *DJe* 06.08.2008; AgRg no REsp 637.761-SC, *DJ* 18.02.2008, e EREsp 649.496-SC, *DJ* 10.04.2006 (EREsp 776.110-SP, Rel. Min. Og Fernandes, julgados em 10.03.2010) (grifo nosso).

No âmbito da assistência social, os benefícios independem de contribuição (art. 203 da CF). O instituto visa tutelar as pessoas em estado de miserabilidade, concedendo-lhes o mínimo necessário à sua sobrevivência.

Nesse contexto, o Estatuto do Idoso, em seu art. 34, **garante um benefício mensal no valor de um salário mínimo à pessoa idosa a partir de *65 anos* de idade, desde que não tenha meios de prover sua subsistência, nem de tê-la provida por sua família**, nos termos da Lei Orgânica da Assistência Social (Lei 8.742/1993).

2.8. Habitação

Moradia digna constitui direito da pessoa idosa, seja no seio da família natural ou substituta, seja desacompanhado de seus familiares, quando assim o desejar, ou, ainda, em instituição pública ou privada. Então, **cabe exclusivamente ao idoso a decisão sobre onde e com quem irá residir.**

Ao idoso é conferida **assistência integral**, na *modalidade de entidade de longa permanência*,[11] quando constatada inexistência de grupo familiar, casa-lar, abandono ou carência de recursos financeiros próprios ou da família.

O idoso goza de **prioridade na aquisição de imóvel para moradia própria nos programas habitacionais**, públicos ou subsidiados com recursos públicos, observado o seguinte:

a) reserva de **pelo menos** 3% (três por cento) das unidades habitacionais residenciais para atendimento aos idosos;

b) implantação de equipamentos urbanos comunitários voltados ao idoso;

c) eliminação de barreiras arquitetônicas e urbanísticas, para garantia de acessibilidade ao idoso;

d) critérios de financiamento compatíveis com os rendimentos de aposentadoria e pensão.

Destaque-se que as unidades residenciais reservadas para atendimento a idosos devem situar-se, preferencialmente, no **pavimento térreo**.

2.9. Transporte

2.9.1. Transporte público coletivo

Seguindo o preceito constitucional (art. 230), o Estatuto do Idoso em seu art. 39 assegura, aos maiores de 65 anos, a gratuidade dos transportes coletivos públicos urbanos e semiurbanos, exceto nos serviços seletivos e especiais, quando prestados paralelamente aos serviços regulares.

O dispositivo em comento foi objeto de Ação Direita de Inconstitucionalidade (ADI 3.768), promovida pela Associação Nacional das Empresas de Transporte Urbano, que pretendia a declaração de inconstitucionalidade da gratuidade do transporte público aos idosos. A ação foi julgada improcedente, pois se entendeu que o art. 39 do Estatuto, bem como o art. 230 da CF, garantem o direito a uma dignidade humana mínima no que concerne a integração social do idoso.

O § 1º do art. 39 é claro ao dispor que **basta que o idoso apresente qualquer documento pessoal que faça prova de sua idade para ter acesso à gratuidade.**

Entretanto, recentemente o Estado do Rio de Janeiro obriga o idoso a realizar cadastro no "RioCard" para ter o benefício da gratuidade, esta determinação foi objeto de discussão perante o Superior Tribunal de Justiça, que reconheceu a legalidade do ato administrativo que exige prévio cadastramento, sob pena de lesão à ordem e à economia públicas:

Pedido de suspensão de liminar e de sentença. Lesão à ordem e à economia públicas. **Os idosos não pagam o transporte coletivo, mas estão sujeitos a cadastramento; a decisão que os libera dessa exigência dificulta o controle e a administração do município sobre o transporte público, causando lesão à ordem e à economia públicas.** Agravo regimental não provido.

(STJ, AgRg na SLS 1070/RJ, Rel. Min. Ari Pargendler, Corte Especial, julgado em 06.10.2010, *DJe* 14.12.2010) (grifo nosso).

11. São locais de acolhimento em regime integral, tratando-se de moradias especializadas para receber as pessoas idosas. No que tange ao conceito de instituição de longa permanência: ver artigo 3º do Decreto 1.948/1996, que regulamentou a Lei 8.842/1994 (Política Nacional do Idoso) e a Resolução da Diretoria Colegiada da Anvisa (RDC 283/2005 – item 3.6 de seu anexo).

A decisão em tela revela um retrocesso da Corte, já que é claramente contrária ao que determina a legislação.[12]

No caso das pessoas compreendidas na faixa etária entre 60 e 65 anos, ficará a critério da legislação local dispor sobre as condições para exercício da gratuidade nos meios de transporte previstos no *caput* deste artigo.

2.9.2. Transporte coletivo interestadual

O Estatuto do Idoso (art. 40), no que tange ao sistema de transporte coletivo interestadual, traz as seguintes regras:

a) **reserva de duas vagas gratuitas por veículo** para idosos com **renda igual ou inferior a dois salários mínimos**;

b) **desconto de 50%, no mínimo, no valor das passagens**, para os idosos que **excederem as vagas gratuitas, com renda igual ou inferior a dois salários-mínimos.**

Incumbe aos órgãos competentes definir os mecanismos e os critérios para o exercício dos direitos acima elencados.

Mister **diferenciar a gratuidade** no sistema de transporte coletivo público (art. 39) e no sistema de transporte coletivo interestadual (art. 40):

a) **Idade:** no primeiro a idade mínima é de 65 anos, já no segundo é de 60 anos;

b) **Beneficiários:** no primeiro todos os idosos são beneficiários, ao passo que no segundo somente **dois** idosos são beneficiários (**duas** vagas).

Lembrando que aos idosos que excederem as duas vagas gratuitas deve ser concedido desconto de no mínimo 50% no valor das passagens. Tanto na reserva de vagas quanto na concessão de desconto, a renda da pessoa idosa deve ser igual ou inferior a dois salários mínimos.

Interessante destacar que o Decreto 5.934/2006 estabelece mecanismos e critérios a serem adotados na aplicação do disposto no art. 40 do Estatuto, contudo, somente disciplina o sistema de transporte coletivo interestadual, nos modais rodoviário, ferroviário e aquaviário. Portanto, não há norma regulamentadora com relação ao *transporte aéreo*. Entretanto, os Tribunais tem admitido a reserva de vagas:

> *Constitucional, administrativo e processual civil. Transporte gratuito a idosos e pessoas deficientes carentes. Reintegração à lide de empresas aéreas. Município de Santarém: ilegitimidade passiva* ad causam. *Não exclusão do transporte aéreo. Dignidade das pessoas hipossuficientes. Lei 8.899/1994 e Lei 10.741/2003.*
>
> [...]
>
> 6. Nessa perspectiva, não há nenhuma objeção a que se estenda o benefício do passe livre aos idosos e a pessoas portadoras de deficiência comprovadamente carentes. **No entanto, tal extensão deve seguir, provisoriamente, os mesmos parâmetros já estabelecidos na Portaria Interministerial 003/2001 e no Decreto 5.934/2006, pelo que é de ser parcialmente provida, no particular, a remessa oficial tida por interposta. Por conseguinte, até que seja expedida normatização específica, é de se limitar o acesso ao transporte gratuito a 02 (dois) assentos por voo regular aos idosos com idade igual ou superior a sessenta anos e renda igual ou inferior a dois salários-mínimos, e 02 (dois) assentos por voo regular às pessoas portadoras de deficiência comprovadamente carentes, devendo a comprovação de renda seguir os mesmos moldes já traçados na Portaria e Decreto acima referidos.**
>
> [...]
>
> (TRF da 1ª Região, AC 0000780-64.2004.4.01.3902/PA, Rel. Des. Fagundes de Deus, 5ª Turma, e-DJF1 p.97 de 07.02.2012) (grifo nosso).

Ainda no que se refere ao transporte, é assegurada aos idosos a reserva de 5% das vagas nos estacionamentos públicos e privados, as quais deverão ser posicionadas de forma a garantir a melhor comodidade ao idoso.

3. Medidas de proteção

Como visto, os arts. 4º a 6º do Estatuto do Idoso trazem o dever geral de proteção integral dos direitos e garantias das pessoas idosas. No entanto, é imprescindível um **sistema jurídico de mecanismos para assegurar a efetividade desta proteção**, nesse sentido o legislador criou medidas que são aplicáveis sempre que os direitos reconhecidos no Estatuto forem **ameaçados ou violados**:

a) por ação ou omissão da sociedade ou do Estado;

b) por falta, omissão ou abuso da família, curador ou entidade de atendimento;

c) em razão de sua condição pessoal.

3.1. Medidas específicas de proteção

O art. 44 do Estatuto do Idoso traz as diretrizes gerais para **aplicação das medidas de proteção aos idosos**:

a) poderão ser aplicadas isolada ou cumulativamente;

12. Vale trazer à baila decisão que considerou ilícita exigência de cadastro ao idoso para gozo da gratuidade no transporte público: *Administrativo. Transporte. Passe livre. Idosos. Dano moral coletivo. Desnecessidade de comprovação da dor e de sofrimento. Aplicação exclusiva ao dano moral individual. Cadastramento de idosos para usufruto de direito. Ilegalidade da exigência pela empresa de transporte. Art. 39, § 1º, do Estatuto do Idoso. Lei 10741/2003 viação não prequestionado.* [...] 4. **Conduta da empresa de viação injurídica se considerado o sistema normativo.** [...] 5. Recurso especial parcialmente provido (STJ, REsp 1057274/RS, Rel. Min. Eliana Calmon, 2ª Turma, julgado em 01.12.009, *DJe* 26.02.2010) (grifo nosso).

b) considerarão os fins sociais a que se destinam, bem como fortalecimento dos vínculos familiares e comunitários.

Ocorrendo ameaça ou violação aos direitos dos idosos, o legislador estatutário estabeleceu as seguintes medidas (art. 45 do Estatuto do Idoso):

a) encaminhamento à família ou curador, mediante termo de responsabilidade;

b) orientação, apoio e acompanhamento temporários;

c) requisição para tratamento de sua saúde, em regime ambulatorial, hospitalar ou domiciliar;

d) inclusão em programa oficial ou comunitário de auxílio, orientação e tratamento a usuários dependentes de drogas lícitas ou ilícitas, ao próprio idoso ou à pessoa de sua convivência que lhe cause perturbação;

e) abrigo em entidade;

f) abrigo temporário.

Vale ressaltar que é perfeitamente cabível a utilização de outras formas de proteção à população idosa, além das elencadas no Estatuto. Portanto, trata-se de rol meramente exemplificativo. Cita-se como exemplo, ação civil pública, mandado de segurança, "realização de visitas domiciliares por psicólogos e assistentes sociais, a inserção do idoso em programa de reabilitação alimentar com acompanhamento de nutricionistas, bem como em programas de atividades físicas etc."[13]

Nessa esteira, Roberto Mendes de Freitas Junior[14] cita decisão em que se mostra ser possível o fornecimento de cesta básica pelo Poder Público à idosa carente como medida protetiva:

> *Agravo de instrumento. Medida de proteção ao idoso. Deferimento de antecipação de tutela. Entrega de uma cesta básica. Requisitos presentes. Interlocutória mantida.* Se a medida protetiva consubstanciada pela entrega de uma cesta básica é reconhecida após o estudo social da família do idoso, deve esta ser mantida, até que haja mudança na situação fática, principalmente, enquanto se aguarda decisão judicial na qual se persegue benefício em favor de filho deficiente mental, não sendo esta suficiente a causar prejuízo ao erário público.
>
> (TJ-MT, AI 4900/2007, 1ª Câmara Cível, Rel. Des. Paulo S. Careira de Souza, 23.04.2007).

4. Política de atendimento ao idoso

Nem todas as pessoas idosas podem permanecer com a família, sendo necessário o abrigamento destas em **entidades de atendimento**, *que são unidades que estão habilitadas a hospedar e cuidar de idosos.*

O Texto Maior, em seu art. 230, § 1º, é claro ao dispor que "os programas de amparo aos idosos serão executados **preferencialmente em seus lares**". Logo, trata-se do **abrigamento em entidades de atendimento de medida excepcional.**

Os arts. 46 e 47 do Estatuto do Idoso disciplinam a política de atendimento ao idoso, abrangendo as ações governamentais e não governamentais da União, dos Estados, do Distrito Federal e dos Municípios.

São **linhas de ação da política de atendimento** (art. 47):

a) políticas sociais básicas, previstas na Lei 8.842/1994, que dispõe sobre a política nacional do idoso;

b) políticas e programas de assistência social, em **caráter supletivo**, para aqueles que necessitarem;

c) serviços especiais de prevenção e atendimento às vítimas de negligência, maus-tratos, exploração, abuso, crueldade e opressão;

d) serviço de identificação e localização de parentes ou responsáveis por idosos abandonados em hospitais e instituições de longa permanência;

e) proteção jurídico-social por entidades de defesa dos direitos dos idosos;

f) mobilização da opinião pública no sentido da participação dos diversos segmentos da sociedade no atendimento do idoso.

4.1. Entidades de atendimento ao idoso

As entidades de atendimento são responsáveis pela manutenção das próprias unidades, respeitadas as normas de planejamento e execução emanadas do órgão competente da Política Nacional do Idoso, de acordo com a Lei 8.842/1994.

As entidades governamentais e não governamentais de assistência ao idoso ficam sujeitas à **inscrição de seus programas**, junto ao órgão competente da **Vigilância Sanitária e Conselho Municipal da Pessoa Idosa**, e **em sua falta, junto ao Conselho Estadual ou Nacional da Pessoa Idosa**, especificando os regimes de atendimento, observados os seguintes **requisitos:**

a) oferecimento de instalações físicas em condições adequadas de habitabilidade, higiene, salubridade e segurança;

b) apresentação de objetivos estatutários e plano de trabalho compatíveis com os princípios desta Lei;

c) constituição regular;

d) demonstração da idoneidade de seus dirigentes.

As **entidades que desenvolvam programas de institucionalização de longa permanência,** que são locais de acolhimento em regime integral, tratando-se de moradias especializadas

13. FREITAS JUNIOR, Roberto Mendes. **Direitos e Garantias do Idoso: doutrina, jurisprudência e legislação.** 2. ed. São Paulo: Atlas, 2011. p. 161.
14. Idem, ibidem, p. 161.

para receber as pessoas idosas, deverão atender os seguintes **princípios** (art. 49 do Estatuto do Idoso):

a) preservação dos vínculos familiares;

b) atendimento personalizado e em pequenos grupos;

c) manutenção do idoso na mesma instituição, salvo em caso de força maior;

d) participação do idoso nas atividades comunitárias, de caráter interno e externo;

e) observância dos direitos e garantias dos idosos;

f) preservação da identidade do idoso e oferecimento de ambiente de respeito e dignidade.

Com o intuito de proteger os direitos e garantias das pessoas idosas, o legislador, no art. 50 do Estatuto do Idoso, estabeleceu diversas **obrigações** às entidades de atendimento:

a) celebrar contrato escrito de prestação de serviço com o idoso, especificando o tipo de atendimento, as obrigações da entidade e prestações decorrentes do contrato, com os respectivos preços, se for o caso;

b) observar os direitos e as garantias de que são titulares os idosos;

c) fornecer vestuário adequado, se for pública, e alimentação suficiente;

d) oferecer instalações físicas em condições adequadas de habitabilidade;

e) oferecer atendimento personalizado;

f) diligenciar no sentido da preservação dos vínculos familiares;

h) proporcionar cuidados à saúde, conforme a necessidade do idoso;

i) promover atividades educacionais, esportivas, culturais e de lazer;

k) proceder a estudo social e pessoal de cada caso;

l) comunicar à autoridade competente de saúde toda ocorrência de idoso portador de doenças infectocontagiosas;

m) providenciar ou solicitar que o Ministério Público requisite os documentos necessários ao exercício da cidadania àqueles que não os tiverem, na forma da lei;

n) fornecer comprovante de depósito dos bens móveis que receberem dos idosos;

o) manter arquivo de anotações onde constem data e circunstâncias do atendimento, nome do idoso, responsável, parentes, endereços, cidade, relação de seus pertences, bem como o valor de contribuições, e suas alterações, se houver, e demais dados que possibilitem sua identificação e a individualização do atendimento;

p) comunicar ao Ministério Público, para as providências cabíveis, a situação de abandono moral ou material por parte dos familiares;

q) manter no quadro de pessoal profissionais com formação específica.

O Estatuto do Idoso, em seu art. 51, traz a possibilidade de **pessoas jurídicas** serem assistidas pela Defensoria Pública, *in verbis*: "as instituições filantrópicas ou sem fins lucrativos prestadoras de serviço ao idoso terão direito à assistência judiciária gratuita".

4.2. Fiscalização das entidades de atendimento

As entidades governamentais e não governamentais ficarão submetidas a constante fiscalização, a fim de se evitar abusos e maus-tratos aos direitos dos idosos abrigados.

O art. 52 do Estatuto do Idoso institui que as fiscalizações serão realizadas pelos Conselhos do Idoso, Ministério Público, Vigilância Sanitária e outros previstos em lei.

Nota-se que se trata de rol meramente exemplificativo, tendo em vista que o próprio preceito reza que a fiscalização também poderá ser exercida por outros órgãos públicos previstos em lei, sem especificá-los. O próprio Estatuto, como visto, em seu art. 6º, atribui o dever de comunicar à autoridade competente a todo cidadão, que tenha presenciado ou que detenha conhecimento sobre qualquer forma de violação aos direitos dos idosos.

Compete aos Conselhos Nacional, Estaduais, do Distrito Federal e Municipais a supervisão, o acompanhamento, a fiscalização e a avaliação da política nacional do idoso, no âmbito das respectivas instâncias político-administrativas, de acordo com o art. 53 do Estatuto do Idoso.

4.2.1. Penalidades previstas às entidades de atendimento

Na hipótese de descumprimento às determinações do Estatuto do Idoso, a entidade de atendimento estará sujeita a sanções, sem prejuízo da responsabilidade civil e criminal de seus dirigentes ou prepostos, às seguintes **penalidades**:

ENTIDADES GOVERNAMENTAIS	ENTIDADES NÃO GOVERNAMENTAIS
1 – advertência	1 – advertência
2 – afastamento provisório de seus dirigentes	2 – multa
3 – afastamento definitivo de seus dirigentes	3 – suspensão parcial ou total do repasse de verbas públicas
4 – fechamento de unidade ou interdição de programa	4 – interdição de unidade ou suspensão de programa
	5 – proibição de atendimento a idosos a bem do interesse público

Caso ocorra infração por entidade de atendimento, que coloque em risco os direitos assegurados no Estatuto, será o fato comunicado ao Ministério Público, para as providências cabíveis, inclusive para promover a suspensão das atividades ou dissolução da entidade, com a proibição de atendimento a idosos a bem do interesse público, sem prejuízo das providências a serem tomadas pela Vigilância Sanitária.

Na **aplicação das penalidades**, **serão consideradas a natureza e a gravidade da infração** cometida, **os danos** que dela provierem para o idoso, **as circunstâncias agravantes ou atenuantes e os antecedentes da entidade.**

4.3. Infrações administrativas

Os arts. 56 a 58 disciplinam **três infrações na seara administrativa**:

INFRAÇÃO ADMINISTRATIVA	PENA
Art. 56. Descumprimento, pela entidade de atendimento aos idosos, das obrigações elencadas no art. 50 do Estatuto do Idoso.	**Multa** de R$ 500,00 (quinhentos reais) a R$ 3.000,00 (três mil reais), **se o fato não for considerado como crime**, podendo haver a interdição do estabelecimento até que sejam cumpridas as exigências legais.
Art. 57. Omissão por parte do profissional de saúde, ou do responsável por estabelecimento de saúde, ou de instituição de longa permanência em comunicar à autoridade competente os casos de crimes contra idoso de que tiver conhecimento.	Multa de R$ 500,00 (quinhentos reais) a R$ 3.000,00 (três mil reais), **aplicada em dobro no caso de reincidência**.
Art. 58. Descumprimento das determinações do Estatuto do Idoso acerca da prioridade no atendimento ao idoso.	Multa de R$ 500,00 (quinhentos reais) a R$ 1.000,00 (um mil reais) **e** multa civil a ser estipulada pelo juiz, conforme o dano sofrido pelo idoso.

Caso o estabelecimento seja interditado, as pessoas idosas abrigadas serão transferidas para outra instituição, as expensas da entidade interditada, enquanto perdurar a interdição.

Os valores das multas serão atualizados anualmente e revertidos ao Fundo do Idoso, onde houver, ou na falta deste, ao Fundo Municipal de Assistência Social, **ficando vinculados ao atendimento ao idoso**, consoante arts. 59 c/c 84 do Estatuto do Idoso.

4.3.1. Apuração administrativa de infração às normas de proteção ao idoso

O procedimento para a imposição de penalidade administrativa por infração às normas de proteção ao idoso terá início com:

a) requisição do Ministério Público, **ou**

b) auto de infração elaborado por servidor efetivo e assinado, se possível, por duas testemunhas.

No tocante ao conceito de *servidor efetivo*, o Superior Tribunal de Justiça entende que este deve possuir, entre suas atribuições, a função de fiscalizar a aplicação das normas de proteção ao idoso:

> *Administrativo. Mandado de segurança. Recurso ordinário. Auto de infração Estatuto do Idoso (art. 60). Código de organização e divisão judiciárias do Rio de Janeiro. Interpretação sistemática.*
>
> 1. Os arts. 102 e 92, I, VIII e X do Código de Organização e Divisão Judiciárias do Estado do Rio de Janeiro estabelecem competência ao Juiz de Direito e atribuição ao Ministério Público na fiscalização de instituições, programas, organizações governamentais e quaisquer entidades de atendimento ao idoso, assegurando funcionamento eficiente e coibindo irregularidades.
>
> 2. A burocracia fiscalizatória fica a cargo do Serviço de Fiscalização do Juízo da Infância, da Juventude e do Idoso, em auxílio ao juiz.
>
> **3. A interpretação sistemática dos arts. 52 e 60 da Lei 10.741/2003 (Estatuto do Idoso), combinada com o Código de Organização e Divisão Judiciárias do Estado do Rio de Janeiro, leva ao entendimento de que a expressão "servidor efetivo" constante do art. 60 do Estatuto do Idoso, dirige-se ao serventuário do Serviço de Fiscalização específico.**
>
> 4. Auto de infração lavrado pelo "servidor efetivo" da serventia própria, assinado por duas testemunhas, formalmente inatacável.
>
> 5. Recurso ordinário não provido.
>
> (STJ, RMS 26166/RJ, Rel. Min. Eliana Calmon, 2ª Turma, julgado em 07.05.2009, *DJe* 27.05.2009) (grifo nosso).

O auto de infração não constitui medida indispensável à instauração do procedimento administrativo. Contudo, sempre que possível, à verificação da infração seguir-se-á a lavratura do auto, ou este será lavrado dentro de 24 horas, por motivo justificado, nos termos do art. 60, § 2º, do Estatuto do Idoso.

Em atendimento ao princípio da ampla defesa, o autuado terá prazo de **10 dias** para a apresentação da defesa, contado da data da intimação, que será feita:

a) pelo autuante, no instrumento de autuação, quando for lavrado na presença do infrator;

b) por via postal, com aviso de recebimento.

O Estatuto do Idoso é omisso ao não especificar qual é a autoridade pública competente para aplicação das referentes às infrações administrativas previstas nos arts. 56 a 58, cabendo ao intérprete a definição.

Nos ensinamento de Roberto Mendes de Freitas Junior,[15] "as infrações administrativas devem ser apuradas por meio de procedimento administrativo, instaurado perante o Poder Executivo Municipal, do local da infração, que terá competência para aplicação das penalidades correspondentes".

Em contrapartida, Marcos Ramayana, entende que a aplicação das penalidades em comento cabe ao Conselho Estadual do Idoso ou ao Juiz de Direito com competência na Vara Cível, visto que a medida administrativa poderá ser pleiteada, por exemplo, na petição inicial de uma medida cautelar inominada.[16]

Por sua vez, Damásio Evangelista de Jesus, defende a competência jurisdicional para o procedimento do art. 60 do Estatuto do Idoso, devendo a lei de organização judiciária definir o órgão competente.[17]

4.3.2. Apuração judicial de irregularidades em entidade de atendimento

O procedimento de apuração de irregularidade em entidade governamental e não governamental de atendimento ao idoso terá início mediante petição fundamentada de:

a) pessoa interessada, **ou**

b) iniciativa do Ministério Público.

Havendo motivo grave, poderá a autoridade judiciária, mediante decisão fundamentada, após oitiva do Ministério Público, decretar liminarmente o afastamento provisório do dirigente da entidade ou outras medidas que julgar adequadas, para evitar lesão aos direitos do idoso.

Por seu turno, o dirigente da entidade será citado para, no prazo de **10 dias**, oferecer resposta escrita, podendo juntar documentos e indicar as provas a produzir.

Consecutivamente, o juiz poderá aplicar o procedimento sumário previsto no Código de Processo Civil, atendendo as disposições do Estatuto do Idoso, ou se necessário, designará audiência de instrução e julgamento, deliberando sobre a precisão de produção de outras provas.

Salvo manifestação em audiência, as partes e o Ministério Público terão **5 dias** para oferecer alegações finais, decidindo a autoridade judiciária em igual prazo.

Ocorrendo afastamento provisório ou definitivo de dirigente de entidade governamental, o juiz deverá oficiar a autoridade administrativa imediatamente superior ao afastado, para realizar a substituição no prazo de 24 horas.

Antes de o juiz aplicar qualquer das penalidades, poderá fixar prazo para a remoção das irregularidades verificadas. Satisfeitas as exigências, o processo será extinto, sem julgamento do mérito, nos termos no art. 68, § 3º, do Estatuto do Idoso.

Apuração Administrativa X Apuração Judicial	
Apuração *Administrativa* de Infração às Normas de Proteção ao Idoso	**Apuração *Judicial* de Irregularidades em Entidade de Atendimento**
Art. 60. O procedimento **terá início** com *requisição do Ministério Público* ou *auto de infração* elaborado por *servidor efetivo* e assinado, se possível, por duas testemunhas.	Art. 65. O procedimento **terá início** mediante petição fundamentada de pessoa interessada ou iniciativa do Ministério Público.
§ 2º. Sempre que possível, à verificação da infração seguir-se-á a lavratura do auto, ou este será lavrado dentro de **24 horas**, por motivo justificado.	Art. 66. Havendo motivo grave, poderá a autoridade judiciária, ouvido o Ministério Público, **decretar liminarmente o afastamento provisório do dirigente da entidade ou outras medidas que julgar adequadas**, para evitar lesão aos direitos do idoso, mediante decisão fundamentada.

15. FREITAS JUNIOR, Roberto Mendes. Direitos e Garantias do Idoso: doutrina, jurisprudência e legislação. 2. ed. São Paulo: Atlas, 2011. p. 188.
16. RAMAYANA, Marcos. **Estatuto do Idoso Comentado.** Rio de Janeiro: Roma Victor, 2004. p. 76.
17. JESUS. Damásio Evangelista. (coord.). **Estatuto do Idosos Anotado – Lei 10.741/2003, aspectos civis e administrativos.** São Paulo: Damásio de Jesus, 2005. p. 172.

Art. 61. O autuado terá prazo de **10 dias** para a **apresentação da defesa**, contado da data da intimação, que será feita: I – pelo autuante, **no instrumento de autuação**, quando for lavrado na presença do infrator; II – **por via postal**, com aviso de recebimento.	Art. 67. O dirigente da entidade será citado para, no prazo de **10 dias**, **oferecer resposta escrita**, podendo juntar documentos e indicar as provas a produzir.
Art. 60, § 1º. No procedimento iniciado com o auto de infração poderão ser usadas fórmulas impressas, especificando-se a natureza e as circunstâncias da infração.	Art. 68. Apresentada a defesa, o juiz procederá: a) aplica o procedimento sumário do Código de Processo Civil, ou, b) se necessário, designará audiência de instrução e julgamento, deliberando sobre a necessidade de produção de outras provas.
Art. 62. *Havendo* risco para a vida ou à saúde do idoso, a autoridade competente aplicará à entidade de atendimento as sanções regulamentares, sem prejuízo da iniciativa e das providências que vierem a ser adotadas pelo Ministério Público ou pelas demais instituições legitimadas para a fiscalização.	Art. 68, § 1º. **Salvo manifestação em audiência**, as partes e o Ministério Público terão **5 dias** para oferecer **alegações finais**, decidindo a autoridade judiciária em igual prazo.
Art. 63. Nos casos em que *não* houver risco para a vida ou a saúde da pessoa idosa abrigada, a autoridade competente aplicará à entidade de atendimento as sanções regulamentares, sem prejuízo da iniciativa e das providências que vierem a ser adotadas pelo Ministério Público ou pelas demais instituições legitimadas para a fiscalização.[18]	Art. 68, § 2º. **Em se tratando de afastamento provisório ou definitivo de dirigente de *entidade governamental***, a autoridade judiciária oficiará a autoridade administrativa imediatamente superior ao afastado, fixando-lhe prazo de **24 horas para proceder à substituição.**
	Art. 68, § 3º. **Antes de aplicar qualquer das medidas, a autoridade judiciária poderá fixar prazo para a remoção das irregularidades verificadas.** Satisfeitas as exigências, o processo será extinto, sem julgamento do mérito.

5. Acesso à Justiça

5.1. Disposições gerais

Os direitos dos idosos devem ser assegurados judicialmente via tutela coletiva ou por demanda individual, nesse contexto, o Título V do Estatuto do Idoso trata exatamente do acesso à Justiça.

É facultado ao Poder Público criar varas especializadas e exclusivas do idoso, consoante art. 70 de Estatuto do Idoso.

Tendo em vista a idade avançada, a tutela do idoso deve ser rápida, assim, o legislador optou por aplicar, subsidiariamente, o **procedimento sumário** previsto no Código de Processo Civil, naquilo que não contrarie os prazos previstos no Estatuto do Idoso.

O art. 71 do Estatuto do Idoso assegura, **à pessoa com idade igual ou superior a *60 anos***, que figure como **parte ou interveniente, a prioridade na tramitação dos processos e procedimentos e na execução dos atos e diligências judiciais, em qualquer instância**.

A prioridade não cessará com a morte do beneficiado, estendendo-se em favor do cônjuge supérstite, companheiro ou companheira, com união estável, maior de 60 anos.

O Supremo Tribunal Federal já decidiu que basta simples requerimento nos autos, comprovando a idade para a prioridade na tramitação, sendo desnecessária impetração de mandado de segurança:

> *Agravo regimental. Mandado de segurança. Idoso. Prioridade de tramitação. Processo judicial. Lei 10.741/2003. Não cabimento do mandado segurança. Prejudicialidade. Pedido de celeridade em recurso extraordinário já julgado.* 1. A prioridade de tramitação nos casos em que figurem como parte os maiores de sessenta anos abrange todas as instâncias recursais [art. 71 da Lei 10.741/2003]. **2. Não há razão para falar-se na impetração de mandado de segurança visando à concessão do benefício, bastando o requerimento com prova de sua idade, nos próprios autos em que se pretende a prioridade de tramitação [art. 71, § 1º, da Lei 10.741/2003].** 3. Hipótese em que o recurso extraordinário em que requerida a prioridade já foi julgado. Agravo a que se nega provimento.
>
> (STF, MS 26946 AgR, Rel. Min. Eros Grau, Tribunal Pleno, julgado em 08.10.2008, *DJe* 13.11.2008) (grifo nosso).

18. O artigo 63 reproduziu as regras do artigo 62, diferenciando-se quanto ao grau de implicação das condutas que devem ser sancionadas, ou seja, no artigo 63 deverão ser mais brandas, tendo em vista que não houve risco à vida ou à saúde do idoso.

Essa prioridade se estende aos processos e procedimentos na Administração Pública, empresas prestadoras de serviços públicos e instituições financeiras, ao atendimento preferencial junto à Defensoria Publica da União, dos Estados e do Distrito Federal em relação aos Serviços de Assistência Judiciária.

Ainda no tocante à prioridade ao idoso, ressalta-se que em recente julgamento das Ações Diretas de Inconstitucionalidade 4357 e 4425, o Supremo Tribunal Federal considerou inconstitucional a expressão "*na data de expedição do precatório*" do art. 100, § 2º, da CF (redação dada pela Emenda Constitucional 62/2009). Assim, é inconstitucional a referida Emenda fixar como critério para enquadramento do credor de precatórios como idoso, somente o fato de pessoa possuir 60 anos de idade ou mais na época em que o precatório foi formalizado ou expedido.

Para a Corte, a redação transgride os princípios da isonomia, da dignidade da pessoa humana e da proteção aos idosos, uma vez que a preferência deve ser estendida a todos credores que completassem 60 anos de idade na pendência de pagamento de precatório e não na época da sua expedição.

5.2. Ministério Público

As funções do Ministério Público serão exercidas nos termos da respectiva Lei Orgânica (Lei 8.625/1993 – Lei Orgânica Nacional do Ministério Público).

A **competência do Ministério Público**, no que se refere aos interesses dos idosos, está prevista no art. 74 do Estatuto do Idoso:

a) instaurar o **inquérito civil e a ação civil pública** para a proteção dos direitos e interesses difusos ou coletivos, individuais indisponíveis e individuais homogêneos do idoso;

b) promover e acompanhar as ações de alimentos, de interdição total ou parcial, de designação de curador especial, em circunstâncias que justifiquem a medida e oficiar em todos os feitos em que se discutam os direitos de idosos em condições de risco;

c) atuar como substituto processual do idoso em situação de risco, conforme o disposto no art. 43 do Estatuto do Idoso;

d) promover a revogação de instrumento procuratório do idoso, nas hipóteses previstas no art. 43 desta Lei, quando necessário ou o interesse público justificar;

e) instaurar procedimento administrativo e, para instruí-lo (expedir notificações; colher depoimentos; requisitar conduções coercitivas; requisitar informações, exames periciais, documentos; promover inspeções e diligências investigatórias; requisitar informações e documentos particulares de instituições privadas);

f) instaurar sindicâncias, requisitar diligências investigatórias e a instauração de inquérito policial, para a apuração de ilícitos ou infrações às normas de proteção ao idoso;

g) zelar pelo efetivo respeito aos direitos e garantias legais assegurados ao idoso, promovendo as medidas judiciais e extrajudiciais cabíveis;

h) inspecionar as entidades públicas e particulares de atendimento e os programas de que trata o Estatuto do Idoso, adotando de pronto as medidas administrativas ou judiciais necessárias à remoção de irregularidades porventura verificadas;

i) requisitar força policial, bem como a colaboração dos serviços de saúde, educacionais e de assistência social, públicos, para o desempenho de suas atribuições;

j) referendar transações envolvendo interesses e direitos dos idosos previstos nesta lei.

A legitimação do Ministério Público para as ações cíveis previstas no art. 74 não impede a de terceiros, nas mesmas hipóteses, de acordo com o disposto na lei.

Cumpre destacar que as atribuições constantes no referido dispositivo não excluem outras, desde que compatíveis com a finalidade e atribuições do Ministério Público.

O representante do Ministério Público, no exercício de suas funções, terá livre acesso a toda entidade de atendimento ao idoso.

O art. 75 do Estatuto do Idoso trata da função *custos legis* do Ministério Público, segundo o qual **nos processos e procedimentos em que não for parte, é obrigatória sua participação** na defesa dos direitos e interesses das pessoas idosas, hipóteses em que terá vista dos autos depois das partes, podendo juntar documentos, requerer diligências e produção de outras provas, usando os recursos cabíveis.

A **falta de intervenção** do Ministério Público acarreta a **nulidade** do feito, que será declarada de ofício pelo juiz ou a requerimento de qualquer interessado, nos termos do art. 77 do Estatuto do Idoso.

A **intimação** do Ministério Público, em qualquer caso, será feita **pessoalmente**.

5.3. Proteção judicial dos interesses difusos, coletivos e individuais indisponíveis ou homogêneos

O art. 78 do Estatuto do Idoso, reforça o disposto na Lei Orgânica Nacional do Ministério Público (art. 43, III, Lei 8.625/1993), pelo qual as manifestações processuais do representante do Ministério Público deverão ser fundamentadas.

Segundo o art. 79, o Estatuto do Idoso rege as ações de responsabilidade por ofensa aos direitos assegurados ao idoso, referentes à omissão ou ao oferecimento insatisfatório de:

a) acesso às ações e serviços de saúde;

b) atendimento especializado ao idoso portador de deficiência ou com limitação incapacitante;

c) atendimento especializado ao idoso portador de doença infectocontagiosa;

d) serviço de assistência social visando ao amparo do idoso.

As hipóteses previstas no mencionado dispositivo não excluem da proteção judicial outros interesses difusos, coletivos, individuais indisponíveis ou homogêneos, próprios do idoso, protegidos em lei.

5.3.1. Foro competente

As ações que buscam tutelar interesses difusos, coletivos, individuais indisponíveis ou homogêneos serão propostas no **foro do domicílio do idoso**, cujo juízo terá **competência absoluta** para processar a causa, **ressalvadas as competências da Justiça Federal e a competência originária dos Tribunais Superiores** (art. 80 do Estatuto do Idoso).

5.3.2. Legitimidade

São **legitimados concorrentes** para as ações em comento (art. 81 do Estatuto do Idoso):

a) Ministério Público;

b) União, Estados, Distrito Federal e Municípios;

c) Ordem dos Advogados do Brasil;

d) associações legalmente constituídas há pelo menos um ano e que incluam entre os fins institucionais a defesa dos interesses e direitos da pessoa idosa, dispensada a autorização da assembleia, se houver prévia autorização estatutária.

É pacífico no Superior Tribunal de Justiça a legitimidade do Ministério Público para atuar na defesa de uma pessoa idosa se houver interesse individual indisponível:

> *Processual civil e administrativo. Ação civil pública. Atuação do Ministério Público. Direito individual indisponível de pessoa idosa. Fornecimento de medicamento. Legitimidade ativa do Ministério Público.*
>
> **1. A Jurisprudência mais recente das Turmas de Direito Público do STJ tem entendido que o Ministério Público tem legitimidade ativa *ad causam* para propor ação civil pública com o objetivo de proteger interesse individual de idoso, ante o disposto nos arts. 74, 15 e 79 do Estatuto do Idoso (Lei 10.741/2003). Precedentes.**
>
> 2. Embargos de divergência não providos.
>
> (STJ, EREsp 695665/RS, Rel. Min. Eliana Calmon, 1ª Seção, julgado em 23.04.2008, *DJe* 12.05.2008) (grifo nosso).

Admite-se litisconsórcio facultativo entre os Ministérios Públicos da União e dos Estados na defesa dos interesses e direitos dos idosos.[19]

O Ministério Público ou outro legitimado deverá assumir o polo ativo da demanda na hipótese de desistência ou abandono da ação por associação legitimada.

5.3.3. Amplitude da atuação judicial

Para defesa dos interesses e direitos protegidos no Estatuto do Idoso, são admissíveis todas as espécies de ação pertinentes.

Caberá mandado de segurança contra atos ilegais ou abusivos de autoridade pública ou agente de pessoa jurídica no exercício de atribuições de Poder Público, que lesem direito líquido e certo previsto no Estatuto do Idoso, conforme estabelece o parágrafo único do art. 82 do referido diploma legal.

Na ação que tenha por objeto o cumprimento de obrigação de fazer ou não fazer, o juiz concederá a tutela específica da obrigação ou determinará providências que assegurem o resultado prático equivalente ao adimplemento.

Sendo relevante o fundamento da demanda e havendo justificado receio de ineficácia do provimento final, é lícito ao juiz conceder a tutela liminarmente ou após justificação prévia, na forma do art. 273 do CPC.

O juiz poderá, na hipótese da tutela concedida liminarmente ou na sentença, impor multa diária ao réu, independentemente do pedido do autor, se for suficiente ou compatível com a obrigação, fixando prazo razoável para o cumprimento do preceito.

A multa só será exigível do réu após o trânsito em julgado da sentença favorável ao autor, mas será devida desde o dia em que se houver configurado.

Os valores das multas previstas no Estatuto do Idoso serão revertidas ao Fundo do Idoso,[20] onde houver, ou na falta deste, ao Fundo Municipal de Assistência Social, **ficando vinculados ao atendimento ao idoso.**

As multas não recolhidas até 30 dias após o trânsito em julgado da decisão, serão exigidas por meio de execução promovida pelo Ministério Público, nos mesmos autos, facultada igual iniciativa aos demais legitimados em caso de inércia daquele.

O Estatuto do Idoso, no art. 85, **possibilita ao juiz conferir efeito suspensivo aos recursos**, para evitar dano irreparável à parte. Vale lembrar que a regra geral é efeito devolutivo, de modo que o interessado deverá demonstrar a possibilidade de ocorrência de dano irreparável com a execução provisória, para que seja atribuído efeito suspensivo.

19. Nesse sentido, STJ, REsp 382659/RS, Rel. Min. Humberto Gomes de Barros, 1ª Turma, julgado em 02.12.2003, *DJ* 19.12.2003.
20. A Lei 12.213/2010 instituiu o Fundo Nacional do Idoso.

Após o trânsito em julgado da sentença que impuser condenação ao Poder Público, o juiz determinará a remessa de peças à autoridade competente, para apuração da responsabilidade civil e administrativa do agente a que se atribua a ação ou omissão.

Transcorridos 60 dias do trânsito em julgado da sentença condenatória favorável ao idoso **sem que este promova a execução, deverá fazê-lo o Ministério Público**, facultada, igual iniciativa aos demais legitimados, como assistentes ou assumindo o polo ativo, em caso de inércia desse órgão.

Nas demandas de que trata este capítulo, não haverá adiantamento de custas, emolumentos, honorários periciais e quaisquer outras despesas.

Nos termos do art. 88, parágrafo único, do Estatuto do Idoso, ao Ministério Público inexiste condenação em sucumbência, salvo quando houver comprovada má-fé, vejamos:

> *Processual civil. Ação civil pública. Termo de ajustamento de conduta. Embargos à execução. Ônus de sucumbência. Condenação do Ministério Público. Impossibilidade, salvo se comprovada má-fé.* Art. 18 da Lei 7.347/1985.
>
> **1. É incabível a condenação do Ministério Público ao pagamento de honorários advocatícios em sede de ação civil pública, execução e embargos a ela correspondentes, salvante na hipótese de comprovada e inequívoca má-fé do *Parquet*. Precedentes do STJ: REsp 419.110/SP, *DJ* 27.11.2007, REsp 736.118/SP, *DJ* 11.05.2006 e REsp 664.442/MG, julgado em 21.03.2006.**
>
> 2. A atuação do Ministério Público, *pro populo*, nas ações difusas, justificam, ao ângulo da lógica jurídica, sua dispensa em suportar os ônus sucumbenciais, acaso inacolhida a ação civil pública.
>
> 3. O ônus da sucumbência na ação civil pública subordina-se a um duplo regime a saber: (a) Vencida a parte autora, aplica-se a *lex specialis* (Lei 7.347/1985), especificamente os arts. 17 e 18, cuja *ratio essendi* é evitar a inibição dos legitimados ativos na defesa dos interesses transindividuais e (b) Vencida a parte ré, aplica-se *in totum* o art. 20 do CPC, na medida em que, à míngua de regra especial, emprega-se a *lex generalis*, *in casu*, o Código de Processo Civil.
>
> 4. Recurso especial provido para afastar a condenação ao pagamento de honorários advocatícios imposta ao Ministério Público do Estado do Rio Grande do Sul, ora Recorrente.
>
> (STJ, REsp 896679/RS, Rel. Min. Luiz Fux, 1ª Turma, julgado em 01.04.2008, *DJe* 12.05.2008) (grifo nosso).

O art. 89 do Estatuto **faculta a qualquer pessoa** e estabelece como **dever do servidor**, provocar a iniciativa do Ministério Público, prestando-lhe informações sobre os fatos que constituam objeto de ação civil e indicando-lhe os elementos de convicção.

Os agentes públicos em geral, os juízes e tribunais, no exercício de suas funções, quando tiverem conhecimento de fatos que possam configurar crime de ação pública contra idoso ou ensejar a propositura de ação para sua defesa, devem encaminhar as peças pertinentes ao Ministério Público, para as providências cabíveis.

O interessado, para instruir a petição inicial, poderá requerer às autoridades competentes as certidões e informações que julgar necessárias, que serão fornecidas no prazo de 10 dias.

O Ministério Público também poderá instaurar inquérito civil, ou requisitar, de qualquer pessoa, organismo público ou particular, certidões, informações, exames ou perícias, no prazo que assinalar, o qual não poderá ser inferior a 10 dias.

Esgotadas todas as diligências, caso Ministério Público se convença da inexistência de fundamento para a propositura da ação civil ou de peças informativas, determinará o seu arquivamento, fazendo-o fundamentadamente.

Os autos do inquérito civil ou as peças de informação arquivados serão remetidos, sob pena de se incorrer em falta grave, no prazo de três dias, ao Conselho Superior do Ministério Público ou à Câmara de Coordenação e Revisão do Ministério Público.

Até que seja homologado ou rejeitado o arquivamento, pelo Conselho Superior do Ministério Público ou por Câmara de Coordenação e Revisão do Ministério Público, as associações legitimadas poderão apresentar razões escritas ou documentos, que serão juntados ou anexados às peças de informação.

Deixando o Conselho Superior ou a Câmara de Coordenação e Revisão do Ministério Público de homologar a promoção de arquivamento, será designado outro membro do Ministério Público para o ajuizamento da ação.

6. Crimes

6.1. Disposições gerais

O legislador estatutário, diante da importância dos direitos da população idosa, criou novos tipos penais, alterou diversos dispositivos do Código Penal e de outras leis especiais com o fito de tutelar os direitos e garantias dos idosos.

A tutela penal da pessoa idosa é disciplinada nos arts. 93 a 109 do Estatuto do Idoso.

O art. 93 preconiza que se aplicam subsidiariamente, no que couber, as disposições da Lei 7.347/1985, que regula a ação civil pública.

Por sua vez, o art. 94 estabelece a aplicação do procedimento previsto na Lei 9.099/1995 (Juizado Especiais Cíveis e Criminais) aos crimes previstos no Estatuto, cuja pena máxima privativa de liberdade não ultrapasse 4 anos, e, subsidiariamente, no que couber, as disposições do Código Penal e do Código de Processo Penal.

Os crimes definidos no Estatuto do Idoso são de **ação penal pública incondicionada**, não se lhes aplicando os arts. 181 e 182 do CP.

6.2. Crimes em espécie – Quadro sinóptico

TIPO	PENA
Discriminação contra Idoso **Art. 96.** Discriminar pessoa idosa, impedindo ou dificultando seu acesso a operações bancárias, aos meios de transporte, ao direito de contratar ou por qualquer outro meio ou instrumento necessário ao exercício da cidadania, por motivo de idade. **§ 1º Na mesma pena** incorre quem desdenhar, humilhar, menosprezar ou discriminar pessoa idosa, por qualquer motivo. **§ 2º** A pena será **aumentada de 1/3** se a **vítima se encontrar sob os cuidados ou responsabilidade do agente.**	Reclusão de 6 meses a 1 ano e multa. § 1º Reclusão de 6 meses a 1 ano e multa. § 2º Aumento de 1/3
Omissão no Socorro ao Idoso **Art. 97.** Deixar de prestar assistência ao idoso, quando possível fazê-lo sem risco pessoal, em situação de iminente perigo, ou recusar, retardar ou dificultar sua assistência à saúde, sem justa causa, ou não pedir, nesses casos, o socorro de autoridade pública. **Parágrafo único. A pena é aumentada de metade**, se da omissão resulta lesão corporal de natureza grave, e triplicada, se resulta a morte.	Detenção de 6 meses a 1 ano e multa. **Parágrafo único.** Aumento de metade
Abandono local ou material **Art. 98.** Abandonar o idoso em hospitais, casas de saúde, entidades de longa permanência, ou congêneres, ou não prover suas necessidades básicas, quando obrigado por lei ou mandado.	Detenção de 6 meses a 3 anos e multa.
Exposição de Idoso a Perigo **Art. 99.** Expor a perigo a integridade e a saúde, física ou psíquica, do idoso, submetendo-o a condições desumanas ou degradantes ou privando-o de alimentos e cuidados indispensáveis, quando obrigado a fazê-lo, ou sujeitando-o a trabalho excessivo ou inadequado. § 1º Se do fato resulta lesão corporal de natureza grave § 2º Se resulta a morte	Detenção de 2 meses a 1 ano e multa. § 1º Reclusão de 1 a 4 anos. § 2º reclusão de 4 a 12 anos.
Negativa de Direitos **Art. 100.** Constitui crime punível com reclusão de 6 meses a 1 ano e multa: **I** – obstar o acesso de alguém a qualquer cargo público por motivo de idade; **II** – negar a alguém, por motivo de idade, emprego ou trabalho; **III** – recusar, retardar ou dificultar atendimento ou deixar de prestar assistência à saúde, sem justa causa, a pessoa idosa; **IV** – deixar de cumprir, retardar ou frustrar, sem justo motivo, a execução de ordem judicial expedida na ação civil a que alude esta Lei; **V** – recusar, retardar ou omitir dados técnicos indispensáveis à propositura da ação civil objeto desta Lei, quando requisitados pelo Ministério Público.	Reclusão de 6 meses a 1 ano e multa.
Descumprimento de Ordem Judicial **Art. 101.** Deixar de cumprir, retardar ou frustrar, sem justo motivo, a execução de ordem judicial expedida nas ações em que for parte ou interveniente o idoso.	Detenção de 6 meses a 1 ano e multa.
Apropriação ou Desvio de Rendimentos do Idoso **Art. 102.** Apropriar-se de ou desviar bens, proventos, pensão ou qualquer outro rendimento do idoso, dando-lhes aplicação diversa da de sua finalidade.	Reclusão de 1 a 4 anos e multa.

Negativa de Acolhimento **Art. 103.** Negar o acolhimento ou a permanência do idoso, como abrigado, por recusa deste em outorgar procuração à entidade de atendimento.	Detenção de 6 meses a 1 ano e multa.
Retenção de Documento como Garantia de Pagamento de Dívida **Art. 104.** Reter o cartão magnético de conta bancária relativa a benefícios, proventos ou pensão do idoso, bem como qualquer outro documento com objetivo de assegurar recebimento ou ressarcimento de dívida.	Detenção de 6 meses a 2 anos e multa.
Publicidade Negativa ao Idoso **Art. 105.** Exibir ou veicular, por qualquer meio de comunicação, informações ou imagens depreciativas ou injuriosas à pessoa do idoso.	Detenção de 1 a 3 anos e multa.
Indução para Outorga de Mandato **Art. 106.** Induzir pessoa idosa sem discernimento de seus atos a outorgar procuração para fins de administração de bens ou deles dispor livremente.	Reclusão de 2 a 4 anos.
Coação para Outorga de Mandato **Art. 107.** Coagir, de qualquer modo, o idoso a doar, contratar, testar ou outorgar procuração.	Reclusão de 2 a 5 anos.
Supressão Notarial de Vontade do Idoso sem Representação **Art. 108.** Lavrar ato notarial que envolva pessoa idosa sem discernimento de seus atos, sem a devida representação legal.	Reclusão de 2 a 4 anos.
Obstrução à Atuação Fiscalizatória **Art. 109.** Impedir ou embaraçar ato do representante do Ministério Público ou de qualquer outro agente fiscalizador.	Reclusão de 6 meses a 1 ano e multa.

7. Disposições finais e transitórias

Os arts. 109 a 118 do Estatuto do Idoso tratam das disposições finais e transitórias.

Como já mencionado, o Estatuto trouxe várias alterações no Código Penal e em várias leis especiais, que já estão incorporadas nos respectivos textos.

O art. 115 do Estatuto do Idoso determina que "o Orçamento da Seguridade Social destinará ao Fundo Nacional de Assistência Social, até que o Fundo Nacional do Idoso[21] seja criado, os recursos necessários, em cada exercício financeiro, para aplicação em programas e ações relativos ao idoso".

Deverão ser incluídos nos censos demográficos dados relativos à população idosa do País.

O Poder Executivo encaminhará ao Congresso Nacional projeto de lei revendo os critérios de concessão do Benefício de Prestação Continuada previsto na Lei Orgânica da Assistência Social, de forma que garanta que o acesso ao direito seja condizente com o estágio de desenvolvimento socioeconômico alcançado pelo País.

21. A Lei 12.213/2010 instituiu o Fundo Nacional do Idoso.

18. Direitos da Pessoa com Deficiência

Anna Carolina Bontempo

1. Introdução

Segundo o Censo 2010, 45 milhões de brasileiros disseram ter algum tipo de deficiência, ou seja, quase 24% da população.

Atualmente, o Brasil, segundo a Organização Mundial da Saúde, é um dos países que mais se preocupa com a pessoa com deficiência, no que concerne à existência da vasta legislação para assegurar seus direitos. Por outro lado, a falta de efetividade destas leis pelo Poder Público e pela sociedade equivale a retrocesso de centenas de anos, sacrificando o exercício dos direitos destas pessoas.[1]

A nossa primeira Constituição (1824), já mencionava no corpo de seu texto a necessária proteção aos direitos humanos (art. 179). No entanto, somente em 1978, por força da Emenda 12 à Constituição de 1967, que se assegurou a assistência social às pessoas com deficiência.

Foi com o advento da Constituição Federal de 1988 que ocorreram significativas mudanças com relação aos direitos fundamentais. Por meio dos princípios trazidos em seu corpo, dotados de força normativa, todo ordenamento jurídico viu-se vinculado às novas diretrizes interpretativas propostas pelo constituinte. Assim, toda legislação já existente e porvindoura deve estar em consonância com a perspectiva constitucional.

A Carta Cidadã consagrou diversos dispositivos às pessoas com deficiência, seguindo-se a edição de leis ordinárias, vale destacar a Lei 7.853/1989, que dispõe sobre o apoio às pessoas com deficiência e sua integração social e foi regulada somente dez anos após pelo Decreto 3.298/1999. O referido decreto traz a *Política Nacional para a Integração da Pessoa Portadora de Deficiência*, que se trata do conjunto de orientação normativas, de comandos legislativos, cujo principal objetivo é assegurar que os direitos individuais e sociais das pessoas com deficiência sejam inteiramente garantidos e respeitados (art. 1º).

No âmbito internacional, temos a Convenção Interamericana para a Eliminação de Todas as Formas de Discriminação contra as Pessoas Portadoras de Deficiência (Convenção da Guatemala de 1999 – Decreto 3.956/2001) e a Convenção Internacional sobre os Direitos das Pessoas com Deficiência e seu Protocolo Facultativo (Convenção de Nova York de 2007). Trata-se esta última Convenção do único ato, até o momento, incorporado com força normativa equivalente à emenda constitucional, tendo em vista a expressiva relevância do assunto (Decreto 6.949/2009).

2. Definição de pessoa com deficiência

Tem sido árdua a tarefa de definir, juridicamente, a pessoa com deficiência, apesar dos esforços envidados no sentido de buscar uma terminologia, ainda hoje persiste a confusão.

Impende frisar que deficiência não se confunde com incapacidade, "deficiência é uma limitação significativa física, sensorial ou mental [...]. A incapacidade para alguma coisa (nadar, subir escadas, ver, ouvir etc.) é uma consequência da deficiência, que deve ser vista de forma localizada, pois não implica em incapacidade para outras atividades".[2]

A expressão "pessoa portadora de deficiência" é adotada pelo Constituição Federal e pela legislação esparsa voltada à tutela desse núcleo populacional, bem como em boa parte da literatura sobre o assunto.

1. OAB/SP e FIESP. Guia dos Direitos das Pessoas com Deficiência. 2007. Disponível em: [http://www.oabsp.org.br/comissoes2010/defesa-direitos-pessoas-especiais/cartilhas/guia_direito.pdf]. Acesso em: 29.03.2013.

2. FÁVERO, Eugênia Augusta Gonzaga. **Direito das Pessoas com Deficiência: garantia de igualdade na diversidade.** Rio de Janeiro: WVA Ed., 2004. p. 24-25.

O emprego da expressão "portador" vem sendo questionado. Atualmente, há um consenso de que o termo é impróprio, visto que "a deficiência não é algo que se carrega, não é um objeto que se porta durante um certo tempo e depois se desfaz. A deficiência é parte constituinte da pessoa. Não há como a pessoa se desfazer dela por sua mera vontade. Assim, a pessoa não porta deficiência, ela a possui como integrante de sua identidade, de seu ser".[3]

Com o advento da Convenção sobre os Direitos das Pessoas com Deficiência (Decreto 6.949/2009) com *status* de emenda constitucional, definiu-se como **adequada** a expressão "pessoas com deficiência". Desse modo, o núcleo central da expressão é a *pessoa*, que tem uma deficiência (e não a porta).

A Constituição Federal e a Lei 7.853/1989 não definiram o conceito de pessoas com deficiência. A Convenção Internacional sobre os Direitos das Pessoas com Deficiência introduziu o seguinte conceito:

> Art. 1º. Pessoas com deficiência são aquelas que têm impedimentos de longo prazo de natureza física, mental, intelectual ou sensorial, os quais, em interação com diversas barreiras, podem obstruir sua participação plena e efetiva na sociedade em igualdades de condições com as demais pessoas.

O Decreto 5.296/2004,[4] em seu art. 5º, § 1º, I, traz catego-

rias de deficiências, conceituando a deficiência física, auditiva, visual, mental e múltipla. No que diz respeito à deficiência mental, não se pode confundi-la com doença mental. *A deficiência mental é o desenvolvimento mental incompleto*, enquanto a doença mental associa-se aos transtornos mentais,[5] aos quais se refere a Lei 10.216/2000.[6]

O Decreto 3.298/1999, que regulamenta a Lei 7.853/1989, consolidou as normas de proteção e trouxe as seguintes definições:

> Art. 3º Para os efeitos deste Decreto, considera-se:
>
> I – deficiência – toda perda ou anormalidade de uma estrutura ou função psicológica, fisiológica ou anatômica que gere incapacidade para o desempenho de atividade, dentro do padrão considerado normal para o ser humano;
>
> II – deficiência permanente – aquela que ocorreu ou se estabilizou durante um período de tempo suficiente para não permitir recuperação ou ter probabilidade de que se altere, apesar de novos tratamentos; e
>
> III – incapacidade – uma redução efetiva e acentuada da capacidade de integração social, com necessidade de equipamentos, adaptações, meios ou recursos especiais para que a pessoa portadora de deficiência possa receber ou transmitir informações necessárias ao seu bem-estar pessoal e ao desempenho de função ou atividade a ser exercida.

As definições trazidas pelos mencionados decretos são utilizadas naquilo que não contrariar ou limitar a essência do amplo conceito da Convenção Internacional sobre os Direitos das Pessoas com Deficiência, que transcende o aspecto puramente clínico e assistencialista. Nesse contexto, a jurisprudência vem decidindo no sentido de que deve ser respeitado o Decreto 3.298/1999 e o Decreto 5.296/2004 para se amparar a pessoa com deficiência, como fica claro no RMS 26.071-1/DF, pelo voto vista da Ministra Relatora Cármen Lúcia.[7]

> Os decretos citados [3.298/1999 e 5.296/2004] **são parâmetros confiáveis para a Administração Pública dar o tratamento adequado àqueles que são considerados deficientes físicos, posto serem indispensáveis para evitar abusos de toda ordem** – como, por exemplo, quem usa óculos passar a ser considerado como deficiente físico. (STF, RMS 26071, Rel. Min. Carlos Britto, 1ª Turma, julgado em 13.11.2007, *DJe* 31.01.2008) (grifo nosso).

O Projeto de Lei 06/2003, que trata do Estatuto da Pessoa com Deficiência, em tramitação no Congresso Nacional[8] busca trazer um conceito amplo de pessoa com deficiência.

3. A tutela da pessoa com deficiência no âmbito constitucional

Um dos fundamentos da República Federativa do Brasil é a dignidade da pessoa humana (art. 1º, III, da CF) e tem como um de seus objetivos a construção de uma sociedade livre, justa e solidária. O termo *justa* pressupõe igualdade e vedação de preconceito. Assim, **devem-se incluir as minorias em direitos e garantias fundamentais, sendo vedada qualquer forma de discriminação** (art. 3º, I e IV, da CF).

3. OAB/SP e FIESP. Guia dos Direitos das Pessoas com Deficiência. 2007. Disponível em: [http://www.oabsp.org.br/comissoes2010/defesa-direitos-pessoas-especiais/cartilhas/guia_direito.pdf]. Acesso em: 29.03.2013.
4. Regulamenta as Leis 10.048, de 8 de novembro de 2000, que dá prioridade de atendimento às pessoas que especifica, e 10.098, de 19 de dezembro de 2000, que estabelece normas gerais e critérios básicos para a promoção da acessibilidade das pessoas portadoras de deficiência ou com mobilidade reduzida.
5. RIBEIRO, Lauro Luiz Gomes. **Manual de Direitos da Pessoa com Deficiência.** São Paulo: Verbatim, 2010. p. 9.
6. A Lei 10.216/2001 dispõe sobre a proteção e os direitos das pessoas portadoras de transtornos mentais e redireciona o modelo assistencial em saúde mental.
7. No mesmo sentido: *Administrativo. Concurso público. Portador de visão monocular. Direito a concorrer às vagas destinadas aos portadores de deficiência física. Recurso ordinário provido.* 1. **O art. 4º, III, do Decreto 3.298/1999, que define as hipóteses de deficiência visual, deve ser interpretado em consonância com o art. 3º do mesmo diploma legal**, de modo a não excluir os portadores de visão monocular da disputa às vagas destinadas aos portadores de deficiência física. Precedentes. 2. Recurso ordinário provido (STJ, RMS 19257/DF, Rel. Min. Arnaldo Esteves Lima, 5ª Turma, julgado em 10.10.2006, *DJ* 30.10.2006, p. 333) (grifo nosso).
8. Aprovado no Senado Federal, seguiu para a Câmara Federal, agora sob a denominação de PL 7.699/2006.

No âmbito dos direitos e garantias fundamentais destaca-se o **princípio da igualdade** (art. 5º, *caput*, da CF), por meio deste o legislador buscou ir além da isonomia meramente formal (*tratamento igualitário a todos perante a lei*) e consagrou a **isonomia material**, a qual não permite tratamento desigual entre pessoas na mesma situação, mas admite tratamento diferenciado àqueles que se encontram em circunstâncias de desigualdades. Não obstante, esse princípio impõe que sejam tomadas providências, a partir de um horizonte de igualdade real e material, almejando à efetiva redução das desigualdades.

No plano dos direito sociais, há **vedação de qualquer discriminação quanto a salário e critérios de admissão do trabalhador com deficiência** (art. 7º, XXXI, da CF).

Ainda na seara do acesso ao mercado de trabalho, a Constituição garante **reserva de mercado às pessoas com deficiência no âmbito da Administração Pública**, em seu art. 37, VIII, *in verbis*: "a lei reservará percentual dos cargos e empregos públicos para as pessoas portadoras de deficiência e definirá os critérios de sua admissão".

Outro direito assegurado na Magna Carta é o **atendimento educacional especializado** às pessoas com deficiência, preferencialmente na rede regular de ensino (art. 208, III).

O Texto Maior incumbe ao Estado promover programas de assistência integral à saúde da criança, do adolescente e do jovem, admitida a participação de entidades não governamentais, mediante políticas específicas, devendo ser obervado *a **criação de programas de prevenção e atendimento especializado para as pessoas com deficiência física, sensorial ou mental**, bem como de integração social do adolescente e do jovem portador de deficiência, mediante o **treinamento para o trabalho e a convivência, e a facilitação do acesso aos bens e serviços coletivos, com a eliminação de obstáculos arquitetônicos e de todas as formas de discriminação*** (art. 227, § 1º, II, da CF).

O **acesso adaptado** é fundamental à locomoção das pessoas com deficiência, nesse sentido há comando normativo constitucional direcionado para a construção dos logradouros e dos edifícios de uso público e de fabricação de veículos de transporte coletivo, com o fito de garantir o acesso adequado (arts. 227, § 2º e 244, da CF).

Finalmente, para regulamentar os critérios básicos para a promoção da acessibilidade das pessoas com deficiência, foi editada a Lei 10.098/2000, que disciplina a eliminação das barreiras arquitetônicas para a inclusão dessa classe social. Assim, trata dos elementos de urbanização, com os mobiliários urbanos, estacionamentos públicos, acessibilidade dos edifícios públicos e os de uso privado, transporte coletivo e da acessibilidade nos sistemas de comunicação.

A Constituição, em seu art. 203, também assegura a **assistência social** às pessoas com deficiência, independentemente de contribuição à seguridade social, que tem entre seus objetivos a habilitação e reabilitação das pessoas com deficiência e a promoção de sua integração à vida comunitária. A assistência social também compreende a garantia de um salário-mínimo de benefício mensal à pessoa com deficiência, que comprove não possuir meios de prover à própria manutenção ou de tê-la provida por sua família.

4. A tutela da pessoa com deficiência no âmbito civil

4.1. Política Nacional para Integração das Pessoas com Deficiência – Lei 7.853/1989 e Decreto 3.298/1999

A Lei 7.853/1989 trouxe normas gerais que garantem o pleno exercício dos direitos individuais e sociais das pessoas com deficiência e sua efetividade integração social. Nesse contexto, seu art. 2º incumbe ao Poder Público e seus órgãos assegurar às pessoas com deficiência o pleno exercício de seus direitos básicos, inclusive dos direitos à educação, à saúde, ao trabalho, ao lazer, à previdência social, ao amparo à infância e à maternidade, e de outros que, decorrentes da Constituição e das leis, propiciem seu bem-estar pessoal, social e econômico.

Na aplicação e interpretação desta lei, serão considerados os valores básicos da igualdade de tratamento e oportunidade, da justiça social, do respeito à dignidade da pessoa humana, do bem-estar, e outros, indicados na Constituição ou justificados pelos princípios gerais de direito.

As normas desta lei visam garantir às pessoas com deficiência as ações governamentais necessárias ao seu cumprimento e das demais disposições constitucionais e legais que lhes concernem, afastadas as discriminações e os preconceitos de qualquer espécie, e entendida a matéria como obrigação nacional a cargo do Poder Público e da sociedade.

As ações governamentais necessárias ao cumprimento da Lei 7.853/1989 não são apenas os atos praticados pelo Poder Público diretamente a beneficiar a pessoa com deficiência, mas a fiscalização por este de que a norma está sendo cumprida pelo particular.

Também por meio da Lei 7.853/1989, foi criada a Coordenadoria Nacional para Integração da Pessoa Portadora de Deficiência (Corde), órgão incumbido de elaborar os planos e programas que compõem a *Política Nacional para Integração da Pessoa Portadora de Deficiência*, bem como propor medidas que garantam sua completa implantação e seu adequado desenvolvimento, além de acompanhar e orientar a execução dessa Política.

O Decreto 3.298/1999 regulamentou a Lei 7.853/1989, definindo a *Política Nacional para a Interação da Pessoa Portadora de Deficiência*, executada sob coordenação da Corde, que compreende o conjunto de orientações normativas que objetivam assegurar o pleno exercício dos direitos individuais e sociais das pessoas com deficiência.

Portanto, objetivou-se assegurar à pessoa com deficiência sua integração ao convívio social, garantindo seu bem-estar e desenvolvimento da vida cotidiana de maneira pacífica e segura.[9]

9. Art. 2º do Decreto 3.298/1999: Cabe aos órgãos e às entidades do Poder Público assegurar à pessoa portadora de deficiência o pleno exercício de seus direitos básicos, inclusive dos direitos à educação, à saúde, ao trabalho, ao desporto, ao turismo, ao lazer, à previdência social, à assistência social, ao transporte, à edificação pública, à habitação, à cultura, ao amparo à infância e à maternidade, e de outros que, decorrentes da Constituição e das leis, propiciem seu bem-estar pessoal, social e econômico.

4.1.1. Princípios, diretrizes e objetivos da Política Nacional para a Integração da Pessoa com Deficiência

DECRETO 3.298/1999		
PRINCÍPIOS – ART. 5º	**DIRETRIZES – ART. 6º**	**OBJETIVOS – ART. 7º**
a) desenvolvimento de **ação conjunta do Estado e da sociedade civil**, de modo a **assegurar a plena integração da pessoa portadora de deficiência no contexto socioeconômico e cultural;**	a) estabelecer mecanismos que acelerem e favoreçam a **inclusão social** da pessoa portadora de deficiência;	a) o acesso, o ingresso e a permanência da pessoa portadora de deficiência em todos os **serviços oferecidos à comunidade;**
b) estabelecimento de **mecanismos e instrumentos legais e operacionais** que assegurem às pessoas portadoras de deficiência **o pleno exercício de seus direitos básicos que, decorrentes da Constituição e das leis, propiciam o seu bem-estar pessoal, social e econômico;**	b) adotar estratégias de **articulação com órgãos e entidades públicos e privados, bem assim com organismos internacionais e estrangeiros** para a implantação desta Política;	b) integração das ações dos órgãos e das entidades públicos e privados nas áreas de saúde, educação, trabalho, transporte, assistência social, edificação pública, previdência social, habitação, cultura, desporto e lazer, visando **à prevenção das deficiências, à eliminação de suas múltiplas causas e à inclusão social;**
c) **respeito** às pessoas portadoras de deficiência, que devem receber **igualdade de oportunidades na sociedade por reconhecimento dos direitos que lhes são assegurados,** sem privilégios ou paternalismos.	c) incluir a pessoa portadora de deficiência, respeitadas as suas peculiaridades, em todas as **iniciativas governamentais** relacionadas à educação, à saúde, ao trabalho, à edificação pública, à previdência social, à assistência social, ao transporte, à habitação, à cultura, ao esporte e ao lazer;	c) desenvolvimento de **programas setoriais** destinados ao atendimento das necessidades especiais da pessoa portadora de deficiência;
	d) viabilizar a **participação da pessoa portadora de deficiência** em **todas as fases de implementação dessa Política,** por intermédio de suas entidades representativas;	d) formação de **recursos humanos** para atendimento da pessoa portadora de deficiência;
	e) ampliar as alternativas de inserção econômica da pessoa portadora de deficiência, proporcionando a ela **qualificação profissional e incorporação no mercado de trabalho;**	e) garantia da efetividade dos programas de **prevenção,** de **atendimento especializado** e de **inclusão social.**
d) garantir **o efetivo atendimento** das necessidades da pessoa portadora de deficiência, **sem o cunho assistencialista.**		

Por meio dos três pilares acima elencados nota-se que se objetivou a **inclusão plena** das pessoas com deficiência, não se admitindo que a proteção dessa população tenha caráter meramente assistencialista, de forma a garantir o pleno exercício de sua cidadania.

Impende frisar que se deve adotar estratégias para a implementação dessa Política Nacional, de forma articulada e conjunta, por meio dos órgãos públicos, privados e internacionais, no sentido de viabilizar a integração de todas as ações para inclusão social desse núcleo de pessoas.

4.1.2. Instrumentos da Política Nacional para a Integração da Pessoa com Deficiência

O Decreto 3.298/1999, em seu art. 8º, elenca os instrumentos para o implemento dessa Política Nacional, visando assegurar a efetividade das diretrizes e objetivos apontados.

A atuação deve ser descentralizada e em qualquer nível federal, ou seja, as entidades governamentais e não governamentais estão aptas a atuar na proteção dos interesses das pessoas com deficiência na esfera federal, estadual, do Distrito Federal e municipal.

Outro instrumento trata-se do incentivo à formação de recursos humanos para adequado e eficiente atendimento da pessoa com deficiência. Assim, as ações do Poder Público devem ser direcionadas a proporcionar o máximo de acessibilidade e integração.

Também dentre os instrumentos, em consonância com as diretrizes, destaca-se a aplicação da legislação específica que disciplina a reserva de mercado de trabalho, em favor da pessoa com deficiência, nos órgãos e nas entidades públicos e privados.

Como um dos instrumentos aparece o fomento da tecnologia de bioengenharia voltada para a pessoa com deficiência, bem como a facilitação da importação de equipamentos, de modo a garantir uma melhor inclusão social.

Portanto, é fundamental e indispensável a fiscalização do cumprimento da legislação pertinente à pessoa com deficiência, visando assegurar-lhe o pleno exercício de seus direitos básicos.

4.2. Direitos das pessoas com deficiência

Ao Poder Público e seus órgãos cabe assegurar às pessoas com deficiência o pleno exercício de seus direitos básicos, inclusive dos **direitos à educação, à saúde, ao trabalho, ao lazer, à previdência social, ao amparo à infância e à maternidade**, e de outros que, decorrentes da Constituição e das leis, propiciem seu bem-estar pessoal, social e econômico.

4.2.1. Educação

As pessoas com deficiência devem receber educação o mais próximo possível daquela dedicada às demais pessoas, delas somente afastando na medida em que sofram o óbice da deficiência.

Tanto a Lei 7.853/1989 quanto o Decreto 3.298/1999 preveem o desenvolvimento de educação especial, **em todos os níveis de escolaridade**[10] em instituições públicas e privadas, de modo a possibilitar a condição de isonomia no acesso à educação das pessoas com deficiência.

O Decreto 3.298/1999 regulamentou o art. 208, III, da CF[11] ao esclarecer que os alunos com deficiência deverão ser atendidos pelas escolas especiais *exclusivamente* quando impossibilitada a rede regular de ensino (art. 25).[12], inclusive esse tem sido o entendimento dos nossos Tribunais, vejamos:

> *Processual civil. Agravo de instrumento. Efeito suspensivo. Não cabimento. Ação de reparação de danos.* ***Recusa de matrícula de aluno com deficiência por escola regular. Inclusão prevista em lei.*** *Antecipação de tutela. Requisitos. Presença. Manutenção da decisão agravada.* Astreintes. *Limitação. Necessidade. Recurso conhecido e não provido.* [...] **Estando presentes os requisitos legalmente exigidos, deve ser deferida antecipação de tutela em favor de estudante deficiente para possibilitar sua matrícula em colégio regular, se não restou demonstrado nos autos que ele é plenamente incapaz.** [...] Recurso conhecido e não provido. Multa limitada de ofício.
>
> (TJMG, Agravo de Instrumento 1.0512.10.001322-0/001, Rel. Des. Márcia De Paoli Balboni, 17ª Câmara Cível, *DJ* 07.10.2010) (grifo nosso).

A educação do aluno com deficiência deverá iniciar-se na educação infantil, a partir de zero ano.

O mencionado decreto, em seu art. 24, estabelece que os órgãos e as entidades da Administração Pública Federal direta e indireta responsáveis pela educação dispensarão tratamento prioritário e adequado aos assuntos objeto do decreto, viabilizando, sem prejuízo de outras, as seguintes medidas:

a) a **matrícula compulsória** em cursos regulares de estabelecimentos públicos e particulares de pessoa com deficiência capazes de se integrar na rede regular de ensino;

b) a inclusão, no sistema educacional, da **educação especial** como modalidade de educação escolar que permeia transversalmente **todos os níveis e as modalidades de ensino;**

c) a inserção, no sistema educacional, das escolas ou **instituições especializadas** públicas e privadas;

---

10. Embora a Lei 7.853/1989 somente não faça referência ao *ensino superior* (art. 2º, I, *a*), com advento da Convenção Internacional sobre os Direitos das Pessoas com Deficiência (Decreto 6.949/2009), o ensino superiro também deve ser abrangido, sob pena de inconstitucionalidade (art. 24, 5).

11. Art. 208. O dever do Estado com a educação será efetivado mediante a garantia de: (...)
III – atendimento educacional especializado aos portadores de deficiência, **preferencialmente na rede regular de ensino** (grifo nosso).

12. Art. 25. Os serviços de educação especial serão ofertados nas instituições de ensino público ou privado do sistema de educação geral, de forma transitória ou permanente, mediante programas de apoio para o aluno que está integrado no sistema regular de ensino, ou **em escolas especializadas exclusivamente quando a educação das escolas comuns não puder satisfazer as necessidades educativas ou sociais do aluno ou quando necessário ao bem-estar do educando.** (grifo nosso)

d) a oferta, **obrigatória e gratuita**, da **educação especial** em estabelecimentos públicos de ensino;

e) o oferecimento obrigatório dos serviços de educação especial ao educando com deficiência em **unidades hospitalares** e congêneres nas quais esteja **internado por prazo igual ou superior a um ano**; e

f) o acesso de aluno com deficiência aos **benefícios** conferidos aos demais educandos, inclusive **material escolar, transporte, merenda escolar e bolsas de estudo**.

Para efeitos do decreto em tela, entende-se por educação especial, a modalidade de educação escolar oferecida preferencialmente na rede regular de ensino para educando com necessidades educacionais especiais, entre eles o portador de deficiência.

A educação especial caracteriza-se por constituir processo flexível, dinâmico e individualizado, oferecido principalmente nos níveis de ensino considerados obrigatórios.

A educação especial contará com equipe multiprofissional, com a adequada especialização, e adotará orientações pedagógicas individualizadas.

Os serviços de educação especial serão ofertados nas instituições de ensino público ou privado do sistema de educação geral, de forma transitória ou permanente, mediante

programas de apoio para o aluno que está integrado no sistema regular de ensino, ou em escolas especializadas exclusivamente quando a educação das escolas comuns não puder satisfazer as necessidades educativas ou sociais do aluno ou quando necessário ao bem-estar do educando.

No que concerne ao ensino superior, as instituições deverão oferecer adaptações de provas e os apoios necessários, previamente solicitados pelo aluno com deficiência, inclusive tempo adicional para realização das provas, conforme as características da deficiência. Isso também se aplica ao sistema geral do processo seletivo para ingresso em cursos universitários de instituições de ensino superior.

O legislador preocupado com o ingresso da pessoa com deficiência no mercado de trabalho, determinou que o aluno com deficiência matriculado ou egresso do ensino fundamental ou médio, de instituições públicas ou privadas, terá acesso à **educação profissional**, a fim de obter **habilitação profissional** que lhe proporcione oportunidades de acesso ao mercado de trabalho (art. 28 do Decreto 2.398/1999).

A educação profissional para a pessoa com deficiência será oferecida nos níveis básico, técnico e tecnológico, em escola regular, em instituições especializadas e nos ambientes de trabalho.

As instituições públicas e privadas que ministram educação profissional deverão, obrigatoriamente, oferecer cursos profissionais de nível básico à pessoa com deficiência, condicionando a matrícula à sua capacidade de aproveitamento e não a seu nível de escolaridade.

Entende-se por habilitação profissional o processo destinado a propiciar à pessoa com deficiência, em nível formal e sistematizado, aquisição de conhecimentos e habilidades especificamente associados à determinada profissão ou ocupação.

Na hipótese de negativa do atendimento especializado à educação de pessoas com deficiência, há violação de direito fundamental ao ensino eficaz, sendo cabível intervenção jurisdicional, a fim de garantir a efetividade dos preceitos legais e constitucionais, senão vejamos:

> *Mandado de segurança. Ensino médio. Necessidade de acompanhamento de aluna por intérprete de linguagem de sinais.* A impetrante é adolescente portadora de deficiência auditiva e está impossibilitada de cursar o ensino médio, em razão da falta de professores habilitados. **Nesse contexto, cabe ao Estado disponibilizá-los imediatamente de modo a cumprir os ditames legais, assegurando o direito à educação sem qualquer discriminação.** Concederam a segurança, por maioria (segredo de justiça).
>
> (TJ-RS, Mandado de Segurança 70033604216, 4º Grupo de Câmaras Cíveis, Rel. Rui Portanova, julgado em 12/03/2010) (grifo nosso).

4.2.2. Saúde

O direito a saúde, também fundamental, deve ser tutelado por meio de **ações preventivas**, que objetivem evitar a ocorrência da deficiência ou seu agravamento. Para os efeitos do Decreto 3.298/1999, "***prevenção** compreende as ações e medidas orientadas a evitar as causas das deficiências que possam ocasionar incapacidade e as destinadas a evitar sua progressão ou derivação em outras incapacidades*" (art. 16, § 1º).

O citado decreto, em seu art. 16, prevê que os órgãos e as entidades da Administração Pública Federal direta e indireta responsáveis pela saúde devem dispensar aos assuntos objeto deste decreto tratamento prioritário e adequado, viabilizando, sem prejuízo de outras, as seguintes medidas:

a) a promoção de **ações preventivas**, como as referentes ao planejamento familiar, ao aconselhamento genético, ao acompanhamento da gravidez, do parto e do puerpério, à nutrição da mulher e da criança, à identificação e ao controle da gestante e do feto de alto risco, à imunização, às doenças do metabolismo e seu diagnóstico, ao encaminhamento precoce de outras doenças causadoras de deficiência, e à detecção precoce das doenças crônico-degenerativas e a outras potencialmente incapacitantes;

b) o desenvolvimento de programas especiais de **prevenção de acidentes domésticos**, de trabalho, de trânsito e outros, bem como o desenvolvimento de programa para tratamento adequado a suas vítimas;

c) a criação de **rede de serviços** regionalizados, descentralizados e hierarquizados em crescentes níveis de complexidade, voltada ao **atendimento à saúde e reabilitação** da pessoa com deficiência, articulada com os serviços sociais, educacionais e com o trabalho;

d) a **garantia de acesso** da pessoa com deficiência aos **estabelecimentos de saúde públicos e privados** e de seu adequado tratamento sob normas técnicas e padrões de conduta apropriados;

e) a garantia de **atendimento domiciliar de saúde** ao portador de deficiência **grave não internado**;

f) o **desenvolvimento de programas de saúde** voltados para a pessoa com deficiência, desenvolvidos com a **participação da sociedade** e que lhes ensejem a inclusão social; e

g) o papel estratégico da atuação dos agentes comunitários de saúde e das equipes de saúde da família na **disseminação das práticas e estratégias de reabilitação** baseada na comunidade.

É beneficiária do processo de reabilitação a pessoa que apresenta deficiência, qualquer que seja sua natureza, agente causal ou grau de severidade.

Considera-se ***reabilitação*** *o processo de duração limitada e com objetivo definido, destinado a permitir que a pessoa com deficiência alcance o nível físico, mental ou social funcional ótimo, proporcionando-lhe os meios de modificar sua própria vida, podendo compreender medidas visando a compensar a perda de uma função ou uma limitação funcional e facilitar ajustes ou reajustes sociais* (art. 17, § 1º).

Toda pessoa que apresente redução funcional devidamente diagnosticada por equipe multiprofissional terá direito a beneficiar-se dos processos de reabilitação necessários para corrigir ou modificar seu estado físico, mental ou sensorial, quando este constitua obstáculo para sua integração educativa, laboral e social.

Incluem-se na assistência integral à saúde e reabilitação da pessoa com deficiência a concessão de órteses, próteses, bolsas coletoras e materiais auxiliares, dado que tais equipamentos complementam o atendimento, aumentando as possibilidades de independência e inclusão da pessoa com deficiência.

Nesse contexto, cumpre destacar a responsabilidade do Estado em fornecer medicamentos às pessoas com deficiência, inclusive é este o entendimento jurisprudencial:

> **PRESTAÇÃO DE SERVIÇO PÚBLICO. Fornecimento dos medicamentos** Diazepam Germed 10mg, Oxcarb 300mg e Amplictil 100mg. Pessoa hipossuficiente, **portadora de deficiência mental. Admissibilidade. Direito fundamental à vida e à saúde, assegurado pela Constituição Federal**. Sentença mantida. Recurso não provido. Constituição Federal
>
> (TJSP, Apelação Cível 71456020108260066, Rel. Peiretti de Godoy, Data de julgamento 23.02.2011, 13ª Câmara de Direito Público, Data de publicação 23.02.2011) (grifo nosso).

É considerado parte integrante do processo de reabilitação o provimento de medicamentos que favoreçam a estabilidade clínica e funcional e auxiliem na limitação da incapacidade, na reeducação funcional e no controle das lesões que geram incapacidades.

O tratamento e a orientação psicológica serão prestados durante as distintas fases do processo reabilitador, destinados a contribuir para que a pessoa com deficiência atinja o mais pleno desenvolvimento de sua personalidade.

Durante a reabilitação, será propiciada, se necessária, assistência em saúde mental com a finalidade de permitir que a pessoa submetida a esta prestação desenvolva ao máximo suas capacidades.

É mister salientar que diversas medidas previstas na Lei 7.853/1989 e no seu decreto regulamentador no tocante à educação e saúde mantêm características programáticas, exigindo especial atenção do Ministério Público e das associações quanto à eficácia de tais normas, não somente com relação à possibilidade de ações judiciais, mas também sugerindo à Administração Pública alternativas que auxiliem a operacionalizar a política estatal para as pessoas com deficiência.[13]

4.2.3. Formação profissional e do trabalho

Como já visto, a Constituição Federal veda qualquer discriminação ao trabalhador com deficiência em seu art. 7º, XXXI.

Nesse mesmo sentido, a Convenção Interamericana para Eliminação de todas as Formas de Discriminação contra as Pessoas Portadoras de Deficiência, instituída pelo Decreto 3.956/2001, visa prevenir e eliminar todas as formas de discriminação contra as pessoas com deficiência e propiciar a sua plena integração à sociedade.

É finalidade primordial da política de emprego estabelecida no Decreto 3.298/1999 a inserção das pessoas com deficiência no mercado de trabalho ou sua incorporação ao sistema produtivo mediante regime especial de trabalho protegido.

Nos casos de deficiência grave ou severa, a inserção das pessoas com deficiência no mercado de trabalho poderá ser efetivada mediante a contratação das cooperativas sociais de que trata a Lei 9.867/1999.

No termos do art. 35 do Decreto 3.298/1999, são **modalidades de inserção laboral** das pessoas com deficiência:

a) ***colocação competitiva:*** processo de contratação regular, nos termos da legislação trabalhista e previdenciária, que independe da adoção de procedimentos especiais para sua concretização, não sendo excluída a possibilidade de utilização de apoios especiais;

13. ASSIS, Olney Queiroz. POZZOLI, Lafayette. **Pessoa Portadora de Deficiência: direitos e garantias.** 2. ed. São Paulo: Ed. Damásio de Jesus, 2005. p. 318.

b) ***colocação seletiva:*** processo de contratação regular, nos termos da legislação trabalhista e previdenciária, que depende da adoção de procedimentos e apoios especiais para sua concretização; e

c) ***promoção do trabalho por conta própria:*** processo de fomento da ação de uma ou mais pessoas, mediante trabalho autônomo, cooperativado ou em regime de economia familiar, com vista à emancipação econômica e pessoal.

A Lei 8.112/1990 assegura até 20% dos cargos e empregos públicos às pessoas com deficiência, vejamos:

> Art. 5º São requisitos básicos para investidura em cargo público:
>
> [...]
>
> § 2º Às pessoas portadoras de deficiência é assegurado o direito de se inscrever em concurso público para provimento de cargo cujas atribuições sejam compatíveis com a deficiência de que são portadoras; para tais pessoas serão reservadas até 20% (vinte por cento) das vagas oferecidas no concurso.

Ainda nesse contexto, no que tange ao setor privado, também foi criada a Lei 8.213/1991, conhecida também como *Lei de Cotas*, que determina, em seu art. 93, a reserva de vagas de emprego para pessoas com deficiência (habilitadas) ou acidentados de trabalho beneficiários da Previdência Social (reabilitados), ou seja, as empresas com 100 ou mais empregados são obrigadas a preencher de 2% a 5% de seus cargos com beneficiários reabilitados ou pessoas com deficiência habilitadas. A dispensa de trabalhador reabilitado ou com deficiência habilitado só pode ocorrer após a contratação de substituto em situação semelhante.

O Decreto 3.298/1999, em seu art. 36, também tratou sobre o preenchimento de cargos no setor privado das pessoas reabilitadas ou com deficiência habilitadas, reproduzindo as mesmas porcentagens trazidas na citada Lei de Cotas:

> Art. 36. A empresa com cem ou mais empregados está obrigada a preencher de dois a cinco por cento de seus cargos com **beneficiários da Previdência Social reabilitados ou com pessoa portadora de deficiência habilitada**, na seguinte proporção:
>
> I – até duzentos empregados, dois por cento;
>
> II – de duzentos e um a quinhentos empregados, três por cento;
>
> III – de quinhentos e um a mil empregados, quatro por cento; ou
>
> IV – mais de mil empregados, cinco por cento.

Consideram-se beneficiários reabilitados todos os segurados vinculados ao Regime Geral da Previdência Social, submetidos ao processo de reabilitação profissional desenvolvido ou homologado pelo INSS.

Pessoa com deficiência habilitada é aquela que concluiu curso de educação profissional de nível básico, técnico ou tecnológico, ou curso superior, com certificação ou diplomação expedida por instituição pública ou privada, legalmente credenciada pelo Ministério da Educação ou órgão equivalente, ou aquela com certificado de conclusão de processo de habilitação ou reabilitação profissional fornecido pelo INSS.

Considera-se, também, pessoa com deficiência habilitada aquela que, não tendo se submetido a processo de habilitação ou reabilitação, esteja capacitada para o exercício da função.

O art. 89 da Lei de Cotas estabelece que o INSS deverá promover, a reabilitação e habilitação profissional e social ao trabalhador beneficiário incapacitado parcial ou totalmente para o trabalho, e às pessoas com deficiência, como também os meios para a (re)educação e (re)adaptação profissional e social indicados para participar do mercado de trabalho e do contexto em que vive.

A fiscalização da Lei de Cotas é realizada, por um lado, pelo Ministério do Trabalho e Emprego, por meio das Delegacias do Trabalho e, de outro, pelas ações do Ministério Público do Trabalho, que firma termos de compromisso com as empresas e, caso não haja acordo, inicia processos judiciais.[14]

No que concerne aos cargos públicos, fica assegurado à pessoa com deficiência o direito de se inscrever em concurso público, em igualdade de condições com os demais candidatos, **para provimento de cargo cujas atribuições sejam compatíveis com a deficiência de que é portador** (art. 37 do Decreto 3.298/1999).

O candidato com deficiência, em razão da necessária igualdade de condições, concorrerá a todas as vagas, **sendo reservado no mínimo o percentual de 5% cento em face da classificação obtida, ressalvados:**

a) cargo em comissão ou função de confiança, de livre nomeação e exoneração; e

b) cargo ou emprego público integrante de carreira que exija aptidão plena do candidato.

Caso a aplicação do percentual não resultar número inteiro, o Supremo Tribunal Federal já decidiu que se impõe o arredondamento para cima, vejamos:

> *Administrativo. Concurso público. Reserva de vagas para portadores de deficiência. Art. 37, inciso VIII, da CF.* A exigência constitucional de reserva de vagas para portadores de deficiência em concurso público se impõe ainda que o percentual legalmente previsto seja inferior a um, **hipótese em que a fração deve ser**

14. OAB/SP e FIESP. Guia dos Direitos das Pessoas com Deficiência. 2007. Disponível em: [http://www.oabsp.org.br/comissoes2010/defesa-direitos-pessoas-especiais/cartilhas/guia_direito.pdf]. Acesso em: 29.03.2013.

arredondada. Entendimento que garante a eficácia do art. 37, inciso VIII, da CF, que, caso contrário, restaria violado. Recurso extraordinário conhecido e provido.

(STF, RE 227299, Rel. Min. Ilmar Galvão, 1ª Turma, julgado em 14.06.2000, *DJ* 06.10.2000) (grifo nosso).

Os editais de concursos públicos deverão conter:

a) o número de vagas existentes, bem como o total correspondente à reserva destinada à pessoa com deficiência;

b) as atribuições e tarefas essenciais dos cargos;

c) previsão de adaptação das provas, do curso de formação e do estágio probatório, conforme a deficiência do candidato; e

d) exigência de apresentação, pelo candidato com deficiência, no ato da inscrição, de laudo médico atestando a espécie e o grau ou nível da deficiência, com expressa referência ao código correspondente da Classificação Internacional de Doença (CID), bem como a provável causa da deficiência.

Nesse diapasão, o Superior Tribunal de Justiça já decidiu que é obrigatória a reseva de vagas para pessoas com deficiência:

Recurso ordinário em mandado de segurança. Candidato portador de deficiência visual parcial. Concurso público para o cargo de escrivão da polícia civil do estado da Paraíba. Reserva de vaga desrespeitada pela administração no tocante à classificação geral dos candidatos e à classificação dos candidatos portadores de necessidades especiais. Art. 42 do Decreto 3.298/1999. Direito líquido e certo. Recurso provido.

1. A reserva de vagas aos portadores de necessidades especiais, em concursos públicos, é prescrita pelo art. 37, VIII, CR/1988, regulamentado pela Lei 7.853/1989 e, esta, pelos Decretos 3.298/1999 e 5.296/2004.

2. Segundo o Decreto 3.298/1999, os concursos públicos devem reservar 5% das vagas aos portadores de necessidades especiais.

3. Nos termos do art. 42 do mesmo decreto, a Administração, ao promover a classificação dos portadores de necessidades especiais, deve-a realizar segundo a classificação geral e, depois, segundo a classificação apenas dos portadores de deficiência.

4. Recurso ordinário provido.

(STJ, RMS 20.300/PB, Rel. Min. Paulo Medina, 6ª Turma, julgado em 03.08.2006, *DJ* 16.10.2006, p. 431) (grifo nosso).

Nessa esteira, vale trazer à baila recente decisão do Supremo Tribunal Federal proferida pela Ministra Cármen Lúcia no Recurso Extraordinário 676335, que julgou o concurso público para escrivão, perito criminal e delegado da Polícia Federal, suspenso desde julho de 2012, como válido. Para tanto, é preciso reserva de vagas para pessoas com deficiência.

A Ministra "reiterou que a reserva de vagas determinada pela Constituição tem dupla função: inserir as pessoas com deficiência no mercado de trabalho e permitir o preenchimento de cargos públicos com pessoas qualificadas e capacitadas para o exercício da função".[15]

Para a Ministra, as razões da exclusão do candidato "deverão estar pautadas pelos princípios do concurso público, da legalidade, da igualdade e da impessoalidade, visando assegurar a eficácia da prestação do serviço público e o interesse social. Conforme destacou, caberá à Administração Pública, por meio dos órgãos competentes para avaliar e resolver as questões do concurso, avaliar as limitações físicas ou psicológicas dos candidatos deficientes que efetivamente comprometam o desempenho das atividades inerentes aos cargos a serem preenchidos, seguindo critérios objetivos previstos em lei e reproduzidos no edital do concurso".[16]

4.2.4. Acessibilidade – Lei 10.098/2000 e Decreto 5.296/2004

Atos comuns, como o acesso a elevadores, bibliotecas, transportes coletivos, telefones públicos, bebedouros etc., podem se tornar impossíveis ou imensamente difíceis às pessoas com deficiência. Assim, a criação ou adequação dos ambientes, para esse fim, concretiza o direito de acesso desse núcleo populacional, livrando-os, no mínimo, de constrangimentos que retardam sua inclusão na sociedade.

A Lei 7.853/1989, em seu art. 2º, V, traz a norma programática quanto à edição de leis garantam a funcionalidade e o acesso aos edifícios, vias públicas e meios de transporte, para a certeza da funcionalidade das vias públicas.[17]

Nesse sentido, foi criada a Lei 10.098/2000, conhecida como *Lei de Acesso*, que estabelece normas gerais e critérios básicos para a promoção da acessibilidade das pessoas com deficiência ou com mobilidade reduzida.

O Decreto 5.296/2004, que regulamenta a citada lei, define a **acessibilidade**, em seu art. 8º, I, como: "*condição para utilização, com segurança e autonomia, total ou assistida, dos espaços, mobiliários e equipamentos urbanos, das edificações, dos serviços de transporte e dos dispositivos, sistemas e meios de comunicação e informação, por pessoa portadora de deficiência ou com mobilidade reduzida*".

15. Disponível em: [http://www.stf.jus.br/portal/cms/verNoticiaDetalhe.asp?idConteudo=225772]. Acesso em: 03.04.2013.
16. Disponível em: [http://www.stf.jus.br/portal/cms/verNoticiaDetalhe.asp?idConteudo=234698]. Acesso em: 03.04.2013
17. A Constituição Federal em seus arts. 227, § 2º e 244 também traz a mesma norma programática.

O decreto em comento, no seu art. 24, determina que os estabelecimentos de ensino de qualquer nível, etapa ou modalidade, públicos ou privados, proporcionarão condições de acesso e utilização de todos os seus ambientes ou compartimentos para pessoas com deficiência ou com mobilidade reduzida, inclusive salas de aula, bibliotecas, auditórios, ginásios e instalações desportivas, laboratórios, áreas de lazer e sanitários.

O planejamento e a urbanização das vias públicas, dos parques e dos demais espaços de uso público deverão ser concebidos e executados de forma a torná-los acessíveis para as pessoas com deficiência ou com mobilidade reduzida.

As vias públicas, os parques e os demais espaços de uso público existentes, assim como as respectivas instalações de serviços e mobiliários urbanos deverão ser adaptados, obedecendo-se a ordem de prioridade que vise à maior eficiência das modificações, no sentido de promover a mais ampla acessibilidade às pessoas com deficiência ou com mobilidade reduzida.

Os parques de diversões, públicos e privados, devem adaptar, no mínimo, 5% de cada brinquedo e equipamento e identificá-lo para possibilitar sua utilização por pessoas com deficiência ou com mobilidade reduzida, tanto quanto tecnicamente possível.

Os banheiros de uso público existentes ou a construir

em parques, praças, jardins e espaços livres públicos deverão ser acessíveis e dispor, pelo menos, de um sanitário e um lavatório que atendam às especificações das normas técnicas da ABNT.

Os locais de espetáculos, conferências, aulas e outros de natureza similar deverão dispor de espaços reservados para pessoas que utilizam cadeira de rodas, e de lugares específicos para pessoas com deficiência auditiva e visual, inclusive acompanhante, de acordo com a ABNT, de modo a facilitar-lhes as condições de acesso, circulação e comunicação.

Em todas as áreas de estacionamento de veículos, localizadas em vias ou em espaços públicos, **deverão ser reservadas vagas próximas dos acessos de circulação de pedestres, devidamente sinalizadas**, para veículos que transportem pessoas com deficiência ou com dificuldade de locomoção.

A Lei 10.098/2000, em seu art. 11, obriga que toda construção, ampliação ou reforma de edifícios públicos ou privados destinados ao uso coletivo deverão ser executadas de modo que sejam ou se tornem acessíveis às pessoas com deficiência ou com mobilidade reduzida.

Também determinou ao Poder Público a eliminação de barreiras e estabelecimento de mecanismos e alternativas técnicas às pessoas com deficiência sensorial, tais como formação de profissionais intérprete de escrita em braile, linguagem de sinais etc. e aos serviços de radiodifusão sonora de sons e imagens, a adoção de técnicas que permitam o uso de linguagem de sinais e assemelhado aos deficientes auditivos.

Nesse contexto, o Superior Tribunal de Justiça já cominou **multa diária** para que a Fazenda Pública promovesse obras para acesso aos deficientes físicos:

> *Processual civil. Administrativo. Ação civil pública. Obras de adequação do prédio do fórum de Santa Fé do Sul. Eliminação de barreiras de arquitetônicas. Acessibilidade de deficientes físicos. Antecipação de tutela cominação de multa diária. Astreintes. Obrigação de fazer. Incidência do meio de coerção. Ausência de violação do art. 461, § 4º, do CPC. Prequestionamento. Súmulas 282 e 356 do STF.*
>
> **1. É cabível a cominação de multa diária (*astreintes*) em face da Fazenda Pública, como meio de vencer a obstinação quanto ao cumprimento da obrigação de fazer (fungível ou infungível) ou entregar coisa, incidindo a partir da ciência do obrigado e da sua recalcitrância. Precedentes do STJ**: AgRg no Ag 1025234/SP, *DJ* de 11.09.2008; AgRg no Ag 1040411/RS, *DJ* de 19.12.2008; REsp 1067211/RS, *DJ* de 23.10.2008; REsp 973.647/RS, *DJ* de 29.10.2007; REsp 689.038/RJ, *DJ* de 03.08.2007: REsp 719.344/PE, *DJ* de 05.12.2006; e REsp 869.106/RS, *DJ* de 30.11.2006.
>
> 2. Ação civil pública promovida pelo Ministério Público Estadual, objetivando a adequação do Prédio do Fórum de Santa Fé do Sul, para garantir acessibilidade aos portadores de deficiência física, no qual foi deferida a antecipação dos efeitos da tutela, para determinar que o demandado iniciasse as obras de adequação do prédio, no prazo de três meses, sob pena de pagamento de multa diária no valor de R$ 400,00, na hipótese de descumprimento.
>
> 3. A simples indicação dos dispositivos legais tidos por violados (art. 12, § 2º, da Lei 7.347/1985; art. 84, § 3º, da Lei 8.078/1990; arts. 461, § 4º; 273, § 3º e 644, do CPC), sem referência com o disposto no acórdão confrontado, obsta o conhecimento do recurso especial. Incidência dos verbetes das Súmulas 282 e 356 do STF.
>
> 4. Recurso especial parcialmente conhecido e, nesta parte, provido.
>
> (STJ, REsp 987.280/SP, Rel. Min. Luiz Fux, 1ª Turma, julgado em 16.04.2009, *DJe* 20.05.2009).

As disposições da Lei 10.098/2000 aplicam-se aos edifícios ou imóveis declarados bens de interesse cultural ou de valor histórico-artístico, desde que as modificações necessárias observem as normas específicas reguladoras destes bens.

As organizações representativas de pessoas com deficiência terão legitimidade para acompanhar o cumprimento dos requisitos legalmente determinados.

O Poder Público promoverá campanhas informativas e educativas dirigidas à população em geral, com a finalidade de conscientizá-la e sensibilizá-la quanto à acessibilidade e à integração social da pessoa com deficiência ou com mobilidade reduzida.

Por fim, o legislador institui, no âmbito da Secretaria de Estado de Direitos Humanos do Ministério da Justiça, o *Programa Nacional de Acessibilidade*, com dotação orçamentária específica, cuja execução será disciplinada em regulamento.

4.2.5. Prioridade no atendimento – Lei 10.048/2000 e Decreto 5.296/2004

A Lei 10.0048/2000, também regulamentada pelo Decreto 5.296/2004, dá prioridade de atendimento às pessoas com deficiência, aos idosos com idade igual ou superior a 60 anos, às gestantes, às lactantes e as pessoas acompanhadas por crianças de colo.

Segundo o art. 5º do mencionado decreto, "os órgãos da administração pública direta, indireta e fundacional, as empresas prestadoras de serviços públicos e as instituições financeiras deverão dispensar atendimento prioritário às pessoas portadoras de deficiência ou com mobilidade reduzida".

No tocante às instituições financeira, o Superior Tribunal de Justiça já decidiu que o acesso prioritário às edificações e serviços dessas instituições deve seguir as normas técnicas da ABNT no que não conflitarem com a Lei 7.102/1983 (dispõe sobre segurança para estabelecimentos financeiros:

> *Direito civil. Processual civil. Responsabilidade civil. Serviços bancários. Deficientes. Acessibilidade. Obrigação de fazer. Regulamentação. ABNT. Inexistência de ato ilícito. Dano moral. Afastamento.*
>
> **1. A Lei 10.098/2000 e o Decreto 5.296/2004 estabelecem que as instituições financeiras deverão dispensar atendimento prioritário às pessoas deficientes ou com mobilidade reduzida e, ao definir acessibilidade, prevê a possibilidade de utilização dos espaços, mobiliários e equipamentos urbanos, com segurança e autonomia, total ou assistida.**
>
> **2. Os equipamentos e mobiliários de agências bancárias devem seguir às determinações da regulamentação infralegal, por questões relacionadas não apenas ao conforto dos usuários, mas também à segurança do sistema bancário. No tocante à acessibilidade de deficientes, o acesso prioritário às edificações e serviços das instituições financeiras deve seguir as normas técnicas de acessibilidade da ABNT no que não conflitarem com a Lei 7.102/1983, observando, ainda, a Resolução 2.878/2001[18], do Conselho Monetário Nacional.**
>
> 3. Na época do ajuizamento da ação, e até a edição da norma técnica da ABNT 15.250, não havia definição dos parâmetros técnicos para fabricação e instalação dos equipamentos de autoatendimento adaptados postulados pelo autor. Editada a regulamentação, o réu procedeu à adequação do terminal de atendimento, conforme os parâmetros normativos estabelecidos, sem satisfazer a pretensão do autor.
>
> 4. A desigualdade de acesso, no caso, não deriva de ato ilícito praticado pelo réu, mas de circunstâncias relacionadas às especificidades da deficiência física do autor e da limitação dos meios disponíveis para mitigá-la.
>
> **5. Não há direito à instalação de terminal de autoatendimento para melhor atender às condições pessoais do autor, se aquele já existente se encontra em conformidade com os parâmetros legalmente fixados.**
>
> 6. Recurso especial provido.
>
> (STJ, REsp 1107981/MG, Rel. Min. Luis Felipe Salomão, Rel. p/ Acórdão Min. Maria Isabel Gallotti, 4ª Turma, julgado em 03.05.2011, *DJe* 01.06.2011) (grifo nosso).

Sequencialmente, o art. 6º do Decreto 5.296/2004 estabelece que *o atendimento prioritário compreende tratamento diferenciado e atendimento imediato* e especifica o tratamento diferenciado:

a) assentos de uso preferencial sinalizados, espaços e instalações acessíveis;

b) mobiliário de recepção e atendimento obrigatoriamente adaptado à altura e à condição física de pessoas em cadeira de rodas, conforme estabelecido nas normas técnicas de acessibilidade da ABNT;

c) serviços de atendimento para pessoas com deficiência auditiva, prestado por intérpretes ou pessoas capacitadas em Língua Brasileira de Sinais – LIBRAS e no trato com aquelas que não se comuniquem em LIBRAS, e para pessoas surdo-cegas, prestado por guias-intérpretes ou pessoas capacitadas neste tipo de atendimento;

d) pessoal capacitado para prestar atendimento às pessoas com deficiência visual, mental e múltipla, bem como às pessoas idosas;

e) disponibilidade de área especial para embarque e desembarque de pessoa com deficiência ou com mobilidade reduzida;

f) sinalização ambiental para orientação das pessoas com deficiência;

g) divulgação, em lugar visível, do direito de atendimento prioritário das pessoas com deficiência ou com mobilidade reduzida;

h) admissão de entrada e permanência de cão-guia ou cão-guia de acompanhamento junto de pessoa com deficiência ou de treinador nos locais dispostos no art. 5º, bem como nas demais edificações de uso público e naquelas de uso coletivo, mediante apresentação da carteira de vacina atualizada do animal; e

i) a existência de local de atendimento específico para as pessoas com deficiência.

18. Revogada pela Resolução 3.694/2009.

As repartições públicas e empresas concessionárias de serviços públicos estão obrigadas a dispensar atendimento prioritário, por meio de serviços individualizados que assegurem tratamento diferenciado e atendimento imediato às pessoas com deficiência.

As empresas públicas de transporte e as concessionárias de transporte coletivo reservarão assentos, devidamente identificados, aos idosos, gestantes, lactantes, pessoas com deficiência e pessoas acompanhadas por crianças de colo.

Ainda no que concerne ao transporte, convém transcrever decisão do Supremo Tribunal Federal que confere gratuidade no transporte às pessoas com deficiência:

> *Agravo Regimental no Agravo de Instrumento. Ação Civil Pública.* ***Gratuidade de transporte para pessoas com deficiência mental****. Julgamento antecipado da lide (art. 330, I, do CPC). Alegado cerceamento de defesa. Análise de matéria infraconstitucional.*
>
> [...]
>
> 3. *In casu*, o acórdão recorrido assentou: "Processual civil. Ação civil pública com pedido de antecipação dos efeitos da tutela. Pretensão de determinação à permissionária de serviço público para o transporte gratuito de pessoas portadoras de deficiência mental. Improvimento ao recurso. I – **Nos termos do art. 203, IV, da Constituição Federal, 'a assistência social será prestada a quem dela necessitar, independentemente de contribuição à seguridade social, e tem por objetivos (...) a habilitação e reabilitação das pessoas portadoras de deficiência e a promoção de sua integração à vida comunitária; (...)'. O transporte dos deficientes físicos promove a sua integração à vida comunitária e o Colendo Supremo Tribunal Federal através de seu venerando Tribunal Pleno, julgando a ADI 3768/DF, na qual foi relatora a eminente Ministra Cármen Lúcia, em julgamento de 19.09.2007, conforme *DJ* de 20.10.2007, afastou a exigência de fonte de custeio quando se trata de transporte capaz de viabilizar a concretização da dignidade da pessoa humana e de seu bem-estar. Fundamentando-se diretamente na Constituição Federal, o direito ao transporte gratuito de deficientes afasta a necessidade de fonte de custeio; II – Ademais, 'qualquer cidadão sabe que, independentemente da quantidade de pessoas que utilizam o transporte público, ele deverá ser prestado em horários predeterminados pela Administração. O custo desta operacionalização é estável. O que se quer demonstrar é que a empresa não tem um custo maior por estar transportando pessoas idosas. O transporte encontra-se ali, disponível, com o custo já estabelecido.' III – Os deficientes físicos 'não são em número suficiente para aniquilar os ganhos dos empresários' e as empresas não têm um custo maior pelo fato de transportá-los, sobretudo a Apelante que já vinha concedendo a gratuidade nos transportes coletivos a 652 pessoas portadoras de deficiência mental sem previsão de fonte de custeio; IV – Improvimento ao recurso.**" 4. Agravo regimental a que se nega provimento. (STF, AI 847845 AgR, Rel. Min. Luiz Fux, 1ª Turma, julgado em 11.12.2012 *DJe* 07.02.2013) (grifo nosso).

Os logradouros e sanitários públicos, bem como os edifícios de uso público, terão normas de construção, para efeito de licenciamento da respectiva edificação, baixadas pela autoridade competente, destinadas a facilitar o acesso e uso desses locais pelas pessoas com deficiência.

Com o intuito de dar efetividade à Lei 10.048/2000, o legislador impôs sanções em caso de descumprimento ao disposto na lei em apreço.

> Art. 6º A infração ao disposto nesta Lei sujeitará os responsáveis:
>
> I – no caso de servidor ou de chefia responsável pela repartição pública, às penalidades previstas na legislação específica;
>
> II – no caso de empresas concessionárias de serviço público, a multa de R$ 500,00 (quinhentos reais) a R$ 2.500,00 (dois mil e quinhentos reais), por veículos sem as condições previstas nos arts. 3º e 5º;
>
> III – no caso das instituições financeiras, às penalidades previstas no art. 44, incisos I, II e III, da Lei 4.595, de 31 de dezembro de 1964.

Em caso de reincidência, as citadas penalidades serão elevadas ao dobro.

4.2.6. Cultura, desporto, turismo e lazer

Cabe aos órgãos e entidades públicos e privados incluir as pessoas com deficiência, respeitadas suas peculiaridades, em todas as iniciativas relacionadas à cultura, desporto, turismo e lazer facilitando o acesso, ingresso e a permanência desta parcela da população em todos os serviços oferecidos à comunidade.

Nessa esteira, o Decreto 3.298/1999, em seu art. 46 estabelece que os órgãos e as entidades da Administração Pública Federal direta e indireta responsáveis pela cultura, pelo desporto, pelo turismo e pelo lazer dispensarão tratamento prioritário e adequado aos assuntos objeto deste Decreto, com vista a viabilizar, sem prejuízo de outras, as seguintes medidas:

a) promover o **acesso** da pessoa com deficiência aos **meios de comunicação social**;

b) criar **incentivos** para o **exercício de atividades criativas**, mediante:

   b.1) participação da pessoa com deficiência em concursos de prêmios no campo das artes e das letras; e

   b.2) exposições, publicações e representações artísticas de pessoa com deficiência;

c) **incentivar a prática desportiva formal e não formal** como direito de cada um e **o lazer** como forma de promoção social;

d) **estimular** meios que facilitem o **exercício de atividades desportivas entre a pessoa com deficiência e suas entidades representativas**;

f) assegurar a **acessibilidade às instalações desportivas dos estabelecimentos de ensino**, desde o nível pré-escolar até à universidade;

g) promover a **inclusão de atividades desportivas** para pessoa com deficiência na prática da **educação física** ministrada nas instituições de ensino públicas e privadas;

h) apoiar e promover a **publicação e o uso de guias de turismo com informação adequada à pessoa com deficiência**; e

i) estimular a **ampliação do turismo** à pessoa com deficiência ou com mobilidade reduzida, mediante a oferta de **instalações hoteleiras acessíveis** e de **serviços adaptados de transporte**.

Os recursos do Programa Nacional de Apoio à Cultura financiarão, entre outras ações, a produção e a difusão artístico-cultural de pessoa com deficiência (art. 47).

Os projetos culturais financiados com recursos federais, inclusive oriundos de programas especiais de incentivo à cultura, deverão facilitar o livre acesso da pessoa com deficiência, de modo a possibilitar-lhe o pleno exercício dos seus direitos culturais.

Serão prioritariamente apoiadas a manifestação desportiva de rendimento e a educacional, compreendendo as atividades de (art. 48, parágrafo único):

a) desenvolvimento de recursos humanos especializados;

b) promoção de competições desportivas internacionais, nacionais, estaduais e locais;

c) pesquisa científica, desenvolvimento tecnológico, documentação e informação; e

d) construção, ampliação, recuperação e adaptação de instalações desportivas e de lazer.

Ao Conselho Nacional dos Direitos da Pessoa Portadora de Deficiência (Conade), órgão superior de deliberação colegiada, compete, dentre outras funções, "acompanhar o planejamento e avaliar a execução das políticas setoriais de educação, saúde, trabalho, assistência social, transporte, cultura, turismo, desporto, lazer, política urbana e outras relativas à pessoa portadora de deficiência", nos termos do art. 11, II, do Decreto 3.298/1999.

4.2.7. Acesso à Justiça

As ações civis públicas destinadas à **proteção de interesses coletivos ou difusos** das pessoas com deficiência poderão ser propostas por:

a) Ministério Público;

b) União, Estados, Municípios e Distrito Federal;

c) associação **constituída há mais de um ano**, nos termos da lei civil;

d) autarquia;

e) empresa pública;

f) fundação ou sociedade de economia mista que inclua, entre suas **finalidades institucionais, a proteção das pessoas com deficiência**.

Os demais legitimados ativos poderão se habilitar como litisconsortes nas ações propostas por qualquer deles.

Em caso de desistência ou abandono da ação, qualquer dos colegitimados pode assumir o polo ativo.

Para instruir a inicial, o interessado poderá requerer às autoridades competentes as certidões e informações que julgar necessárias.

As certidões e informações mencionadas deverão ser fornecidas dentro de 15 dias da entrega, sob recibo, dos respectivos requerimentos, e só poderão ser utilizadas para a instrução da ação civil.

Somente nos casos em que o interesse público, devidamente justificado, impuser sigilo, poderá ser negada certidão ou informação. Nesse caso, a ação poderá ser proposta desacompanhada das certidões ou informações negadas, cabendo ao juiz, após apreciar os motivos do indeferimento, e, salvo quando se tratar de razão de segurança nacional, requisitar umas e outras; feita a requisição, o processo correrá em segredo de justiça, que cessará com o trânsito em julgado da sentença.

A sentença terá eficácia de coisa julgada oponível *erga omnes*, salvo na hipótese de haver sido a ação julgada improcedente por deficiência de prova, caso em que qualquer legitimado poderá intentar outra ação com idêntico fundamento, valendo-se de nova prova.

A sentença que concluir pela **carência ou pela improcedência** da ação fica sujeita ao **duplo grau de jurisdição**, não produzindo efeito senão depois de confirmada pelo tribunal.

Qualquer legitimado ativo poderá recorrer das sentenças e decisões proferidas contra o autor da ação e suscetíveis de recurso.

Aplicam-se à ação civil pública prevista na Lei 7.853/1989, no que couber, os dispositivos da Lei 7.347/1985, que disciplina a ação civil pública por danos causados ao meio ambiente, ao consumidor, a bens e direitos de valor artístico, estético, histórico, turístico e paisagístico.

4.2.7.1. Ministério Público

O Ministério Público **intervirá obrigatoriamente** nas *ações públicas, coletivas ou individuais*, **em que se discutam interesses relacionados à deficiência** das pessoas.

Nesse contexto, cumpre salientar que segundo a jurisprudência é obrigatória a intervenção do Ministério Público como *custos legis* na ação judicial que tenha por objeto a defesa do interesse de deficiente físico cuja nomeação em concurso público tenha sido negada:

> *Agravo regimental. Recurso especial. Processo civil.* ***Concurso público. Negativa de nomeação. Deficiente físico. Direito individual indisponível. Intervenção obrigatória do Ministério Público, como custos legis.*** *Nulidade. Ocorrência. Retorno dos autos à origem.* 1. A intervenção do Ministério Público fundamentada na qualidade de parte dotada de capacidade civil deve envolver direitos indisponíveis ou de tamanha relevância social que evidenciem a existência de interesse público no feito (art. 82, III, do CPC). **2. Nas causas que tratam da negativa de nomeação de portador de deficiência física com fundamento na ausência de capacitação física indispensável ao desempenho das funções inerentes ao cargo pretendido, que envolvem exame de ofensa a direito individual indisponível de deficiente físico a ingressar no serviço público, é obrigatória a intervenção do *Parquet*.** 3. Agravo regimental provido, para dar provimento ao recurso especial e declarar a nulidade do processo pela ausência de intervenção ministerial em primeira instância, determinando-se o retorno dos autos ao Juízo de 1º grau para regular prosseguimento do feito.
>
> (STJ, AgRg no REsp 565084/DF, Rel. Min. Maria Thereza de Assis Moura, 6ª Turma, julgado em 24.08.2009, *DJe* 14.09.2009) (grifo nosso).

O Ministério Público poderá instaurar, sob sua presidência, inquérito civil, ou requisitar, de qualquer pessoa física ou jurídica, pública ou particular, certidões, informações, exame ou perícias, no prazo que assinalar, não inferior a 10 dias úteis.

Esgotadas as diligências, caso se convença o órgão do Ministério Público da inexistência de elementos para a propositura de ação civil, promoverá fundamentadamente o arquivamento do inquérito civil, ou das peças informativas. Nesta hipótese, deverá remeter a reexame os autos ou as respectivas peças, em três dias, ao Conselho Superior do Ministério Público, que os examinará, deliberando a respeito, conforme dispuser seu Regimento.

Caso a promoção do arquivamento for reformada, o Conselho Superior do Ministério Público designará desde logo outro órgão do Ministério Público para o ajuizamento da ação.

5. A tutela da pessoa com deficiência no âmbito penal

A Lei 7.853/1989, em seu art. 8º, criminalizou algumas condutas que impedem o livre exercício dos direitos individuais consagrados na Constituição Federal e na Convenção Internacional sobre Direitos das Pessoas com Deficiência (Decreto 6.949/2009), vejamos:

TIPO	PENA
Negativa ao Direito à Educação **Art. 8º, I** – Recusar, suspender, procrastinar, cancelar ou fazer cessar, sem justa causa, a inscrição de aluno em estabelecimento de ensino de qualquer curso ou grau, público ou privado, por motivos derivados da deficiência que porta	Reclusão de 1 a 4 anos, e multa
Negativa ao Direito ao Trabalho **Art. 8º** **II** – obstar, sem justa causa, o acesso de alguém a qualquer cargo público, por motivos derivados de sua deficiência **III** – negar, sem justa causa, a alguém, por motivos derivados de sua deficiência, emprego ou trabalho	
Omissão no Socorro à Pessoa com Deficiência **Art. 8º, IV** – recusar, retardar ou dificultar internação ou deixar de prestar assistência médico-hospitalar e ambulatorial, quando possível, à pessoa portadora de deficiência	
Descumprimento de Ordem Judicial **Art. 8º, V** – deixar de cumprir, retardar ou frustrar, sem justo motivo, a execução de ordem judicial expedida na ação civil a que alude esta Lei	
Negativa de Informação **Art. 8º, VI** – recusar, retardar ou omitir dados técnicos indispensáveis à propositura da ação civil objeto desta Lei, quando requisitados pelo Ministério Público	

Embora seja pacífica na jurisprudência a reserva de vagas para pessoas com deficiência em concursos públicos, o cargo deve ser compatível com a deficiência:

> *Criminal. Ação penal originária. Denúncia.* ***Crime contra portador de deficiência. Obstar, sem justa causa, o acesso a cargo público.***
>
> *Concurso para magistratura do trabalho. Improcedência da acusação.*
>
> ***Indeferimento de inscrição definitiva devidamente motivado. Justa causa configurada. Conduta atípica.*** *Acusação atribuída à segunda acusada, não sujeita à jurisdição desta corte, que também não configura ilícito penal. Acusação julgada improcedente.*
>
> Hipótese em que a denúncia trata da suposta prática de crime contra pessoa portadora de necessidades especiais, consistente em obstar, sem justa causa, o acesso a qualquer cargo público, por motivos derivados de sua deficiência, pois a acusada teria indeferido a inscrição definitiva de candidato ao XXIX Concurso

para a Magistratura do Trabalho da 2ª Região, sendo ele portador de sequelas de paralisia cerebral decorrente de traumatismo de parto.

Cuidando-se de ação penal originária, faz-se mister examinar se é o caso de eventual conclusão sobre a improcedência da acusação, na forma de julgamento antecipado da lide, nos termos do art. 6º da Lei n. 8038/1990.

A improcedência, contudo, só pode ser reconhecida quando evidenciada, estreme de dúvidas, a inviabilidade da instauração do processo, quando for possível afirmar-se, sem necessidade de instrução, que a acusação não procede.

Deve ser levado em conta, de qualquer forma, que na decisão final a dúvida beneficia o réu e, nesta fase de recebimento da exordial, a dúvida beneficia a acusação. Precedente da Corte Especial do STJ.

Necessidade de avaliar a existência, ou não, de justa causa na conduta imputada à primeira denunciada, Maria Aparecida Pellegrini, sem a necessidade de instrução probatória.

Em observância ao direito à integração social, o Estado deve viabilizar medidas na área da formação profissional e do trabalho para promover o surgimento e manutenção de empregos destinados ao portadores de deficiência que não têm acesso aos empregos comuns.

Obstar, sem justa causa, tal acesso aos cargos públicos configura comportamento contrário à intenção do referido Diploma Legal e, portanto, é conduta delituosa – que não é a situação dos autos.

O indeferimento da inscrição, procedido pela primeira denunciada, detentora de prerrogativa de foro, foi devidamente motivado, eis que as necessidades especiais do candidato, relacionadas a dificuldades com motricidade, conjunto de funções nervosas e musculares que permite os movimentos voluntários ou automáticos do corpo, e à dicção, maneira de articular ou pronunciar as palavras, mostram-se incompatíveis com o exercício do cargo de Juiz do Trabalho, caracterizado pela realização de grande número de audiências, oportunidades em que o uso desenvolto da palavra é imprescindível.

O tipo visa a impor sanção penal ao agente que discriminar deficientes quanto ao acesso a cargo público, sendo indispensável, para a configuração do delito, a inexistência de justa causa, pois o que se pretende submeter à persecução penal do Estado é a simples discriminação, por si só, o preconceito, a intolerância, ensejadores do óbice ao exercício de cargo público, pelo simples fato de alguém ser portador de deficiência.

É penalmente relevante a discriminação propulsora do "obstar", do "impedir", o acesso a cargo público sem qualquer razão.

O óbice ao acesso ao cargo de Juiz do Trabalho não resultou de mera discriminação pelos simples fato de o candidato ser portador de deficiência física.

Caracterizada, *in casu*, a justa causa para o óbice ao cargo público, o que afasta a tipicidade da conduta da denunciada.

Quanto à codenunciada, mesmo não sendo detentora de prerrogativa de foro, esta Corte deve rejeitar a acusação também quanto a ela.

Precedente do STF.

A conduta atribuída à segunda denunciada consiste na expedição de declaração cujo teor dá conta do comparecimento do candidato ao local de realização das provas da primeira fase do XXIX Concurso da Magistratura do Trabalho da 2ª Região e do indeferimento de sua inscrição.

O ato impeditivo da feitura dos exames do concurso foi o indeferimento da inscrição definitiva do candidato, procedido, justificadamente, pela Presidente da Comissão do Certame, a primeira denunciada, e, não, a declaração expedida pela Secretária e segunda acusada.

Reputado atípico o indeferimento da inscrição do candidato pela denunciada detentora da prerrogativa de foro, não se pode admitir como delituosa a simples emissão de declaração retratando o óbice à realização das provas do concurso.

Acusação julgada improcedente, nos termos do art. 6º da Lei 8.038/1990.

(STJ, Apn 324/SP, Rel. Min. Gilson Dipp, Corte Especial, julgado em 04.05.2005, *DJ* 13.06.2005) (grifo nosso)

19. DIREITO SANITÁRIO

Fábio Tavares Sobreira

1. Breve retrospecto histórico

A concepção do Estado Democrático de Direito contemporâneo originou-se através da ampla evolução da forma como as sociedades se organizaram ao longo dos séculos. As origens do Estado Democrático de Direito podem ser atribuídas aos gregos que, já nos séculos V a I a. C., ponderavam sobre a melhor forma de organização social para o atendimento do interesse comum. Contudo, as grandes bases do Estado de Direito foram consolidadas ao final do século XIX. Já no final do século XVIII, houve a queda dos Estados absolutistas, modelo de organização social que sucedeu ao modelo feudal e centralizava todo o poder nas mãos dos reis soberanos, representantes diretos de Deus na Terra. Nesses regimes absolutistas, os reis possuíam poderes plenos, reunindo em suas mãos os Poderes Executivo, Legislativo e Judiciário. Dessa forma, por inúmeras vezes eles agiam de forma arbitrária e despótica pela prática de reiterados atos de injustiças e desequilíbrios sociais e prejudicando, acima de tudo, os interesses de uma nova classe social que então ascendia – a burguesia.

O poder em demasia do rei absolutista levou a burguesia, classe econômica, política e social ascendente na época, a procurar formas de organização social nas quais o poder do soberano não fosse ilimitado. Diversos filósofos e teóricos passaram a deliberar racionalmente quais seriam as melhores formas de organização social e de exercício do poder que poderiam ser adotadas para a proteção, a um só tempo, da coletividade e das liberdades individuais. Questionavam, ademais, a ideia de que o poder político decorreria de Deus, pois identificavam que o poder da sociedade deveria vir das pessoas que a formavam. Competia, então, ao homem, e somente a ele, encontrar quais seriam os direitos básicos de todo ser humano e como deveria ser a organização social para a concretização e respeito desses direitos. Em tal quadro, não era possível manter a organização política e social fundada no poder que derivava de Deus.

Sobre a evolução da racionalização dos direitos naturais e os movimentos que reduziram os poderes absolutistas, é importante citar um estudo realizado pelo Ministério da Saúde, denominado *Manual de Direito Sanitário com enfoque na Vigilância em Saúde*, que segue:

> "Com a racionalização dos direitos naturais (até então divinos), foram surgindo movimentos que, aos poucos, reduziram o poder do rei absolutista, enfraquecendo a base do seu poder, que era, exatamente, o vínculo direto com Deus. A busca de outros fundamentos para os direitos naturais do homem além daqueles baseados puramente na fé e em Deus acelerou o rompimento definitivo entre Estado e religião. Surge a ideia do jusnaturalismo, ou seja, de que existem direitos que são naturais ao homem e independem de qualquer fundamentação divina, uma vez que defluem da própria natureza humana. Cabia portanto ao ser humano racionalizar sobre sua própria natureza para desvendar, então, quais seriam os direitos naturais do homem, os direitos básicos para que o ser humano pudesse viver dignamente.
>
> "Esse homem natural, ser pensante dotado de uma dignidade humana, sujeito de liberdades e de direitos, passou a ser considerado capaz de constituir sua própria regra de conduta, sem subordinação a qualquer autoridade metafísica. Dentre os filósofos e os teóricos que se esforçaram e se destacaram na procura dos direitos naturais e irrenunciáveis do homem, convém

destacar alguns que ofereceram ideias atuais até hoje. Thomas Hobbes defendia, já em 1651, que somente o direito de proteger-se a si mesmo era irrenunciável, sendo todos os outros direitos derivados deste (HOBBES, [196-?]). Já Locke, grande teórico do liberalismo, elencava três direitos naturais básicos: a liberdade, a propriedade e a vida, defendendo, até mesmo, o direito de qualquer povo destituir o poder que não garantisse tais direitos."[1]

Defendeu Rousseau, no final do século XVIII, que "os direitos inalienáveis do homem seriam a garantia equilibrada da igualdade e da liberdade". Para o pensador, "a liberdade consistia no direito de obedecer às leis e vê-las sendo obedecidas". O filósofo francês desenvolveu então obra na qual defende que a organização social deve basear-se em um *contrato social* firmado entre todos os cidadãos que compõem a sociedade. Por meio do contrato social, o cidadão cede parcela de sua liberdade ao Estado, que se incumbirá de garantir o uso e o gozo plenos dos demais direitos naturais e inalienáveis do homem, como a própria liberdade (ou o que restar dela), a segurança e a propriedade.

Importante seria mencionar trecho do **Manual de Direito Sanitário com enfoque na Vigilância em Saúde** sobre as contribuições sobre a racionalização de Montesquieu:

> "quando lançou as sementes da ideia de separação de poderes (tripartição das funções do Estado), fundamental na defesa dos direitos individuais. Afirmava que antes de todas as leis "existem as da natureza, assim chamadas porque decorrem unicamente de nosso ser. Para conhecê-las bem é preciso considerar o homem antes do estabelecimento das sociedades" (Montesquieu, p. 34)".
>
> "Essa transição do mundo medieval para o mundo moderno, representada pelo nascimento e pela queda dos Estados absolutistas, além de riquíssima em doutrina, também foi pródiga em fatos históricos que contribuíram definitivamente para a consolidação do Estado moderno e de alguns direitos naturais do ser humano, na gênese do que hoje conhecemos como direitos humanos. Tais movimentos históricos produziram documentos que até hoje fundamentam os direitos humanos no mundo".[2]

A Inglaterra, país onde, primeiramente e durante o século XVII, aconteceram importantes movimentos em defesa das liberdades individuais e contra arbitrariedades do Estado.

É curioso notar que a Constituição da República da França (4 de outubro de 1958) incorporou em seu texto, integralmente, o texto da Declaração dos Direitos do Homem e do Cidadão, que forma o que os franceses denominam como *bloc de constitutionnalité* dentre os quais destacamos os seguintes:

I. Revolução Puritana, 1628 – *Petition of Rights*, que institui a necessidade de aprovação parlamentar de tributos e a proibição de punição de súditos sem amparo na lei;
II. *Habeas Corpus Act* – 1679, em proteção à liberdade e ao devido processo legal;
III. Revolução Gloriosa – 1689 – *Bill of Rights*, obrigatoriedade de aprovação das leis pelo Parlamento, garantia de liberdade religiosa. Na esteira dos ventos que sopravam da metrópole, os Estados Unidos da América declararam, em 1776, sua independência, afirmando em sua Carta de Independência valores como os da igualdade de todos os homens e a existência de certos direitos inalienáveis, como a vida, a liberdade e a busca pela felicidade.

A Revolução Francesa de 1789, consistiu em um dos fatos mais marcantes para o início da evolução dos direitos do homem, da qual resultou a Declaração dos Direitos do Homem e do Cidadão, um dos principais documentos históricos que marcam o início do Estado moderno que previu serem **"todos os homens são iguais pela natureza e perante a lei"** e que **"a finalidade da sociedade é a felicidade comum – o governo é instituído para garantir a fruição de seus direitos naturais e imprescritíveis. Esses direitos são a liberdade, a segurança e a propriedade"**. A lei, *lato sensu*, passou a ter papel fundamental na organização social, ao ser, na época, o meio pelo qual o poder do povo se manifestava, vinculando a todos de forma igualitária: governantes e governados são igualmente sujeitos às determinações cominadas em lei. A lei passa a representar a vontade da sociedade, devendo ser respeitada por todos. Nasce daí a ideia de estado de direito.

2. Constituição e concretização dos direitos humanos fundamentais

Atualmente, grande parte dos Estados modernos e suas ordens jurídicas fundamentam-se em uma norma de hierarquia superior denominada Constituição. As regras fundamentais estruturais, funcionais e organizacionais do poder, bem como as definidoras dos direitos basilares, não importando o regime político nem a forma de distribuição de competência aos poderes estabelecidos, são, portanto, matéria de direito constitucional.[3]

1. **Manual de Direito Sanitário com enfoque na Vigilância em Saúde.** Ministério da Saúde. Disponível em: [http://bvsms.saude.gov.br/bvs/publicacoes/manual_direito_sanitario.pdf]. Acesso em: 27.11.2013.
2. **Manual de Direito Sanitário...** cit.

3. BONAVIDES, Paulo. **Curso de direito constitucional.** 9. ed. São Paulo: Malheiros Editores, 2000. p. 26.

Sobre o tema, J. J. Canotilho entende que "O constitucionalismo é a teoria que ergue o princípio do governo limitado indispensável à garantia dos direitos em dimensão estruturante da organização político-social de uma comunidade. Nesse sentido, o constitucionalismo moderno representará uma técnica específica de limitação do poder com fins garantísticos. [...] Numa outra acepção histórico-descritiva – fala-se em constitucionalismo moderno para designar o movimento político, social e cultural que, sobretudo a partir de meados do século XVIII, questiona nos planos político, filosófico e jurídico os esquemas tradicionais de domínio político, sugerindo, ao mesmo tempo, a invenção de uma nova forma de ordenação e fundamentação do poder político".[4]

As principais características do constitucionalismo surgiram com o advento do Estado moderno, principalmente após a Revolução Francesa, de 1789, sendo importante destacar: a positivação do princípio da legalidade; o surgimento de constituições escritas e rígidas, que exigem procedimentos mais complexos para sua alteração; a positivação do princípio de divisão de poderes; a positivação de direitos individuais inalienáveis e imprescritíveis – propriedade, liberdade e igualdade; a legitimação do poder político nas mãos da soberania popular, que pode exercê-lo diretamente ou por meio de representatividade no Poder Legislativo; a elevação da noção de cidadania; e o surgimento de um Estado liberal destinado prioritariamente a garantir a liberdade individual, sem quase nenhuma preocupação com o bem-estar coletivo e caracterizado pelo absenteísmo *laissez-faire, laissez-passer*.

Sobre essas características, importante se faz mencionar trecho do *Manual de Direito Sanitário com enfoque na Vigilância em Saúde* elaborado pelo Ministério da Saúde

> As Constituições francesa, em 1791; dos Estados Unidos da América, em 1787; a espanhola e a portuguesa, em 1812; a belga, em 1822, e a brasileira, em 1824. Essas constituições refletiram o liberalismo burguês, pensamento dominante da época, orientando uma atitude passiva do Estado, como simples conservador dos direitos dos que já os possuíam, sem nada fazer pelos que não tinham qualquer direito a conservar. A ordem política instalada pela nova classe dominante, detentora do poder econômico, a burguesia do laissez-faire, laissez-passer, pregava a não intervenção do Estado na liberdade de iniciativa e de contrato (inclusive de trabalho). Tal orientação política, absorvida pelo direito, acabou gerando um enorme desequilíbrio social, no qual patrões exploravam empregados com a aplicação da "mais-valia", regimes trabalhistas de semiescravidão – com jornadas de trabalho de até 16 horas por dia –, trabalho infantil generalizado e direitos trabalhistas quase inexistentes.
>
> Essas desigualdades estimularam o surgimento, ainda no século XIX, de movimentos em prol da positivação dos direitos sociais. O Estado, tal como estava sendo utilizado, tornou-se um instrumento de opressão dos trabalhadores e das classes menos favorecidas. Os movimentos do século XIX questionavam a questão da liberdade como um direito apenas destinado ao burguês, já que somente quem tinha tempo poderia fazer reuniões e somente quem tinha meios poderia expressar suas opiniões. Os direitos individuais conquistados eram encarados como direitos meramente formais, existentes para uma pequena parcela da população e causadores de exclusões sociais gritantes. Denunciava-se a suplantação do direito de igualdade pelo direito de liberdade. O que estava sendo colocado em xeque era o fato de a proteção exclusiva dos direitos individuais não estar contemplando os princípios da Revolução de 1789, uma vez que haviam sido deixadas de lado a igualdade e a fraternidade.[5]

Caberia ao Estado, dessa forma, intervir na atividade privada (administrados) para que estes usufruíssem a liberdade individual sem prejuízo dos direitos sociais e da persecução pela igualdade. Nesse mesmo sentido já tendenciava a Igreja Católica que, pelo papa Leão XIII, em 1891, lavrou a encíclica *Rerum Novarum*, em que intercedia a intervenção ativa do Estado em questões sociais, com o intuito de melhorar as condições de vida dos miseráveis e dos excluídos.

Contudo, apenas no século XX os direitos sociais começaram a ser incorporados às constituições dos Estados. A pioneira na incorporação desses direitos foi a Constituição mexicana, em 1917, sendo seguida por diversas outros Estados, dentre eles o Brasil. Essa evolução histórica de constitucionalização (fundamentalização) culminou em um modelo estatal seguido pela maioria dos países, que figuram, desde o início do século, de um lado, os direitos individuais, provindos da *Bill of Rights* e da Declaração dos Direitos do Homem e do Cidadão.

Os direitos individuais são direitos de proteção do indivíduo contra as arbitrariedades do Estado, podendo ser elencados, dentre outros: vida, segurança, igualdade de tratamento perante a lei, propriedade, liberdade (de ir e vir, de expressão, de reunião, de associação, dentre outras liberdades). Não é demais dizer que é possível encontrar em diversas constituições normas positivadas no que tange aos direitos sociais, econômicos e culturais, que refletem pretensões do indivíduo perante o Estado; trabalho (greve, salário mínimo, jornada máxima de trabalho, aposentadoria), acesso aos bens históricos e culturais e às ciências, educação, saúde, moradia, lazer, segurança, previdência social, dentre outros.

Ao analisar as últimas décadas, pudemos notar o surgimento dos direitos que têm como titular não os indivíduos na sua singularidade, mas grupos humanos, como a família,

4. CANOTILHO, J. J. Gomes. **Direito constitucional e teoria da constituição.** 3. ed. Coimbra: Editora Almedina, 1998. p. 51-52.

5. **Manual de Direito Sanitário...** cit.

o povo, a nação ou a própria humanidade. Integram, ainda, esse conjunto de direitos humanos os direitos ao desenvolvimento, à paz, de propriedade sobre o patrimônio comum da humanidade, ao meio ambiente e de comunicação.

Destaque-se que o "estado de direito brasileiro, que tem como fundamento jurídico-normativo a Constituição de 1988, pressupõe que '**todos são iguais perante a lei, sem distinção de qualquer natureza, garantindo-se aos brasileiros e aos estrangeiros residentes no país a inviolabilidade do direito à vida, à liberdade, à igualdade, à segurança e à propriedade**' (Constituição da República Federativa do Brasil de 1988, art. 5º, *caput*). Ao mesmo tempo em que reconhece e protege os direitos individuais, civis e políticos, o estado de direito brasileiro protege os direitos sociais, ao reconhecer, na Constituição de 1988, que "são direitos sociais a educação, a saúde, a alimentação, o trabalho, a moradia, o lazer, a segurança, a previdência social, a proteção à maternidade e à infância, a assistência aos desamparados, na forma desta Constituição". E, complementando o arcabouço constitucional de proteção dos direitos humanos, o § 2º do art. 5º da Constituição dispõe que '**os direitos e garantias expressos nesta Constituição não excluem outros decorrentes do regime e dos princípios por ela adotados, ou dos tratados internacionais em que a República Federativa seja parte**".[6]

No estado de direito brasileiro existem direitos fundamentais (positivados constitucionalmente) que devem ser difundidos e protegidos pela sociedade como um todo e, principalmente, pelos órgãos de administração do Estado previstos e criados pela Constituição.

Vale dizer, todo poder necessita do aparelho administrativo para a execução de suas determinações. O estado de direito brasileiro representa o modelo modernamente adotado para a garantia dos "princípios axiológicos supremos" dos direitos humanos, quais sejam: a liberdade, a igualdade e a fraternidade (solidariedade).[7]

Desde o término da Segunda Guerra Mundial, o direito passou a dar tutela especial à proteção dos direitos humanos, ou seja, aos direitos fundamentais e mínimos inerentes a todos os seres humanos. O estado de direito é, assim, instrumento viabilizador da efetivação dos direitos humanos, voltado ao amparo e à elevação da liberdade, da igualdade e da fraternidade.

A liberdade se apresenta, no estado de direito, pela expressão da intersubjetividade dos indivíduos, que tem como núcleo o conceito da autonomia, explanada por meio da subordinação de todos os membros de uma determinada sociedade às regras que ela própria institui e ao poder do governante que ela própria elege.

O preâmbulo da Constituição apresente a exata dimensão do aspecto do estado de direito: **"Nós, representantes do povo brasileiro, reunidos em Assembleia Nacional Constituinte para instituir um Estado Democrático, destinado a assegurar o exercício dos direitos sociais e individuais, a liberdade, a segurança, o bem-estar, o desenvolvimento, a igualdade e a justiça como valores supremos de uma sociedade fraterna, pluralista e sem preconceitos [...] promulgamos, sob a proteção de Deus, a seguinte Constituição da República Federativa do Brasil".**[8]

Ademais, o estado de direito materializa em seu plano, a igualdade formal, no sentido de que todos são iguais perante a lei, sem distinção de leis ou regras aplicáveis apenas a alguns, da mesma forma que essas leis não podem privilegiar indivíduos ou grupos em detrimento de outros. A igualdade formal, necessita, para sua concretização, do princípio axiológico supremo da **solidariedade.** Não haverá razão de existência se todos os indivíduos tiverem a igualdade formal garantida se as diferenças materiais existentes entre eles anularem essa proteção.

Dizer que formalmente todos os sujeitos têm direito à propriedade não é suficiente para que a sociedade respeite os direitos humanos se a propriedade apenas estiver ao alcance de poucos.

Nesse sentido, o Ministério da Saúde alude, em estudo mencionado anteriormente, ao Estado de Direito Social:

> "O terceiro elemento que compõe a tríade de princípios axiológicos supremos, dando a dimensão dos elementos essenciais do denominado ESTADO DE DIREITO SOCIAL, é a fraternidade. A fraternidade, ou solidariedade, expressa-se como o conjunto de regras voltadas a um escopo comum de progresso e melhoria da qualidade de vida de todos aqueles que compõem o grupo social, determinando que um dos grandes objetivos do ser humano é possuir uma sociedade que ofereça a todos os seus integrantes a **igualdade material**. Para tanto, foram sendo positivados os direitos sociais como direitos humanos, destinados a garantir condições mínimas de existência a todos os seres humanos, em especial aos mais fracos e aos mais pobres. **A saúde encaixa-se, exatamente, nesse grupo de direitos, que necessita de uma atuação ativa do Estado para sua proteção".** [9]

A proteção dos direitos sociais necessita a adoção pelo Estado, e consequentemente de seus órgãos, de medidas ativas e intervencionistas para promoção dos direitos sociais na sociedade, em prol da busca do ideal da igualdade material. É necessária a garantia do patamar mínimo de vida para a sociedade brasileira, competindo ao Estado o dever de promover e proteger os direitos sociais (e constitucionais), principalmente para aqueles que não tem acesso a esses direitos.

6. Manual de Direito Sanitário... cit.
7. COMPARATO, Fabio Konder. Op. cit., p. 50.
8. Constituição da República Federativa do Brasil de 1988. Preâmbulo.
9. **Manual de Direito Sanitário**... cit.

> A gênese dos estados de direito modernos encontra-se justamente na positivação do direito, ou seja, na consolidação das expectativas sociais na Constituição. A proteção internacional dos direitos humanos testemunhou, nas últimas décadas, tentativas ou propostas de categorizações de direitos, dentre as quais a mais próxima da operação dos meios de implementação tem sido precisamente a da suposta distinção entre direitos civis e políticos e direitos econômicos, sociais e culturais. Não tardou muito para que se percebesse que, assim como há direitos civis e políticos que requerem ação positiva do Estado, também há os direitos econômicos, sociais e culturais ligados à garantia do exercício de medida de liberdade (por exemplo, direito à greve e à liberdade sindical), ao que há de se acrescentar a vinculação dos direitos humanos à garantia efetiva da liberdade da pessoa humana. [10]

O crescente desenvolvimento do direito oferece um importante fator de publicização internacional do direito revigorado, sobretudo a partir da segunda metade do século XX, após a desconsideração dos direitos mínimos na última Guerra Mundial. Destarte, além da proteção dos direitos humanos positivada nos ordenamentos jurídicos internos das nações soberanas, consagrada nas constituições dos Estados modernos, há um sistema de proteção universal dos direitos de todos os seres humanos do mundo fundado em diversos instrumentos normativos internacionais. Essas normas internacionais representam um grande marco na defesa concreta dos direitos humanos, inclusive o direito à saúde, mas certamente a proteção internacional dos direitos humanos ainda tem muito a evoluir. Destaca-se nesse momento, textos importantes que formam os pilares do direito internacional moderno, especialmente no tocante à relação com o direito sanitário. São eles: **a Carta das Nações Unidas; a Declaração Universal dos Direitos Humanos; o Pacto dos Direitos Civis e Políticos; o Pacto dos Direitos Econômicos, Sociais e Culturais; a criação da Organização Mundial da Saúde; a Carta da Organização dos Estados Americanos e a criação da Organização Pan-Americana da Saúde.**

Com isso denota-se:

> O núcleo de direitos humanos possui caráter inderrogável (por exemplo, direitos à vida, a não ser submetido à tortura ou à escravidão), encontrando-se inelutavelmente ligado à salvaguarda da própria existência, da liberdade e da dignidade da pessoa humana, compreende-se a razão de, no transcurso das três últimas décadas, ter havido uma reconsideração geral da dicotomia entre os direitos econômicos, sociais e culturais e os direitos civis e políticos (Trindade, 1997, p. 359-360). O ilustre jurista lembra-nos, ainda, que o divisor de águas nesse sentido foi a I Conferência Mundial de Direitos Humanos, realizada em Teerã no ano de 1968. A conferência proclamou a indivisibilidade dos direitos humanos, afirmando que a realização plena dos direitos civis e políticos seria impossível sem o gozo dos direitos econômicos, sociais e culturais. Em suma, **"entre as duas categorias de direitos, individuais e sociais ou coletivos, não pode haver senão complementaridade interação, e não compartimentalização e antinomia".** [11]

O fim da evolução dos estados de direito indica a construção de um estado democrático de direito, ou seja, um estado de direito protetor dos direitos humanos baseado na democracia.

Desde a Idade Clássica empregou-se o termo democracia para designar uma das formas de governo, vale dizer, um dos diversos modos de governo com que pode ser exercido o poder político. Especificamente assinala a forma de governo na qual o poder público será exercido pelo povo.

Além de figurar como uma das formas de governo em que se pode exercer o poder político, a soberania popular hoje possui um valor universal a ser perseguido por toda a humanidade. Essa universalização axiológica da democracia ganhou amplo apoio após a Segunda Guerra Mundial. A dimensão das aversões verificadas nessa guerra inspirou a criação da Organização das Nações Unidas, em 1945, e na aprovação, em 1948, por sua Assembleia-Geral, da Declaração Universal dos Direitos Humanos. Fábio Comparato ensinou: [...] outro traço saliente da Declaração Universal de 1948 é a afirmação da democracia como único regime político compatível com o pleno respeito aos direitos humanos (arts. XXI e XXIX, alínea 2). O regime democrático já não é, pois, uma opção política entre muitas outras, mas a única solução legítima para a organização do Estado.[12]

No que tange à escolha dos governantes e representantes, transcrevemos trecho do **Manual de Direito Sanitário com enfoque na Vigilância em Saúde:**

> Por meio do regime democrático, cidadãos livres e iguais escolhem aqueles que serão seus representantes para o exercício do poder ou, em determinados casos, exercem o poder de forma direta, por meio de canais diretos de participação da comunidade nas políticas de Estado. Os governos representativos devem, assim, executar políticas que busquem a promoção e a proteção dos direitos humanos, e qualquer política que não tenha essa finalidade se torna imediatamente uma política inconstitucional (ou ilegal), por ser contrária aos interesses dos seres humanos que compõem o Estado. Esses seres humanos, que habitam o Estado e formam seu povo, são os titulares do poder estatal e se fazem representar, transitoriamente, por um determinado

10. **Manual de Direito Sanitário... cit.**

11. **Manual de Direito Sanitário... cit.**

12. Comparato, Fabio Konder. Op. cit., p. 215.

governo. Mas a democracia moderna não se esgota nos meios tradicionais de representatividade ou de participação, como as eleições, os referendos e os plebiscitos. Nas sociedades complexas modernas, faz-se necessário ampliar a participação da sociedade para aproximar o cidadão das questões relacionadas à elaboração, ao planejamento e à execução das políticas públicas. De fato, a promoção e a proteção dos direitos humanos e dos demais direitos reconhecidos em um ordenamento jurídico, como segurança, liberdade, saúde, educação, informação, etc., são realizadas, pelo Estado, por meio da execução de políticas públicas, política de segurança, política judiciária, política de saúde, política de educação, política de democratização dos meios de comunicação, etc. A elaboração dessas políticas deve estar em consonância com os ditames da Constituição e dos demais instrumentos normativos do ordenamento jurídico, bem como deve sempre ter como finalidade o interesse público e a promoção e a proteção de direitos, em especial daqueles reconhecidos expressamente como direitos humanos fundamentais, dentre eles os direitos sociais e especialmente o direito à saúde.

Leciona Habermas: a [...] nova compreensão do direito atinge também, inclusive em primeira linha, o problema relativo à construção do Estado Democrático de Direito em sociedades complexas [...] A passagem para o modelo de Estado Social se impôs porque os direitos subjetivos podem ser lesados, não somente através de intervenções ilegais, mas também através da omissão da administração.[13]

Sobre o assunto, conclui o estudo realizado pelo Ministério da Saúde:

> No que se refere à área da saúde, a implantação de uma gestão democrática dos serviços de saúde é um desafio a ser enfrentado pelo Estado moderno. O Brasil tem avançado muito nesse aspecto, como teremos oportunidade de verificar mais amiúde, mas a democracia sanitária ainda tem muito a evoluir. No caso do direito à saúde, sua plena realização depende diretamente da atuação do Estado, já que a promoção, a proteção e a recuperação da saúde dependem sempre de uma determinada ação a ser tomada pelos órgãos estatais, seja essa ação de cunho legislativo (elaboração de leis voltadas à proteção do direito à saúde), seja executivo (execução de políticas públicas, como vigilância sanitária, atendimento clínico ou hospitalar, regulamentação e aplicação de alguma lei, fornecimento de medicamentos), seja judicial (exercício da jurisdição quando um cidadão se sentir lesado no seu direito à saúde). É justamente nesse sentido que o direito cresce de importância para o desenvolvimento social do país.
>
> A boa execução de políticas de saúde e a plena realização do direito à saúde dependem de uma correta interpretação do direito de suas novas funções na sociedade moderna. E o desempenho dessa nova função está diretamente associado à aplicação integral do princípio de participação da comunidade na gestão das políticas públicas de saúde, compreendendo a participação na elaboração, na regulamentação normativa, no planejamento e na execução das políticas públicas.[14]

3. O Direito Sanitário propriamente dito

O reconhecimento do direito à saúde não ocorre apenas na Constituição Federal, reconhece-se, também, nos tratados e nas declarações internacionais, *v.g.* a questão da integração entre o ordenamento jurídico internacional e o ordenamento jurídico nacional é disciplinada pela Convenção de Viena.

O sistema de proteção dos direitos humanos brasileiro agrega ao ordenamento jurídico nacional as proteções oferecidas pelos normas jurídicas de direito internacional.

A Constituição do Brasil prevê no art. 84, VIII, que compete privativamente ao presidente da República celebrar tratados, convenções e atos internacionais sujeitos ao referendo do Congresso Nacional. Além disso, o art. 49, I, do mesmo diploma legal determina que é o Congresso Nacional detém competência exclusiva para resolver, definitivamente, sobre tratados, acordos ou atos internacionais. Portanto, para que as normas internacionais passem a produzir efeitos no Brasil, necessário se faz a elaboração e seguimento de um procedimento complexo em que se integram a vontade do Poder Executivo, por meio do presidente da República, e o desígnio do Congresso Nacional.

Sucintamente, o processo tem início a partir da celebração dos tratados, acordos e atos que forem de interesse para o país pelo presidente da República, no plano internacional. Uma vez assinado, compete ao Congresso Nacional submeter o documento assinado pelo presidente a deliberação, mediante aprovação de decreto legislativo. Aprovado o documento internacional pelo Congresso Nacional, estará o presidente autorizado a ratificá-lo, promulgando, por meio de decreto, seu conteúdo, ato este que deverá ser publicado no *Diário Oficial da União*, em língua portuguesa. O ato do presidente não tem natureza de ratificação, é, apenas, condição formal de validade no âmbito interno. Publicado o decreto, compete ao Poder Executivo depositar o instrumento de ratificação no órgão internacional competente e a partir do depósito, o Brasil será responsável, inclusive internacionalmente, pelas obrigações assumidas no âmbito internacional.

Acerca da integração e força jurídica interna do tratado internacional e a Constituição, transcrevemos importante trecho do *Manual de Direito Sanitário*, publicado pelo Ministério da Saúde:

13. HABERMAS, Jurgen. **Direito e democracia:** entre facticidade e validade. Tradução Flávio Beno Siebeneichler. Rio de Janeiro: Ed. Tempo Brasileiro, 1997. v. 2. p. 170.

14. **Manual de Direito Sanitário**... cit.

Uma vez integrado o tratado internacional ao ordenamento jurídico interno, este passa a ter força jurídica interna obrigatória e vinculante. A violação de um tratado internacional ratificado pelo país implica responsabilização internacional do Estado violador. De fato, existe no mundo moderno uma tendência majoritária de internalização das normas de proteção aos direitos humanos firmadas no plano internacional.

Assistimos a uma crescente abertura das constituições contemporâneas às normas internacionais de proteção dos direitos humanos. Essa abertura é tanto maior quando deparamos com as normas internacionais de proteção de direitos humanos. O Brasil adotou uma fórmula jurídica que integra automaticamente ao ordenamento nacional as normas jurídicas internacionais de proteção de direitos e garantias fundamentais ao dispor, em seu artigo 5º , § 2º, da Constituição Federal que "os direitos e garantias expressos nessa Constituição não excluem outros decorrentes do regime e dos princípios por ela adotados, ou dos tratados internacionais em que a República Federativa do Brasil seja parte". Tal dispositivo estipula a validade interna de todas as normas internacionais de proteção dos direitos e das garantias fundamentais ratificadas pelo Brasil.[15]

Assim, se houver contradição entre uma disposição de proteção a direitos humanos de um tratado internacional e o ordenamento jurídico interno, tornam-se imediatamente revogadas do ordenamento interno as normas que incompatíveis com as disposições do tratado internacional. Essa solução será um tanto mais difícil se existir uma disposição internacional contrária a um princípio positivado na própria Constituição.

Há que se pontuar que quando uma convenção ou um tratado internacional sobre direitos humanos, incluindo os direcionados à proteção do direito à saúde, for submetido à deliberação pelo Congresso Nacional na forma prevista pelo no art. 5º, § 3º , da CF, as normas jurídicas nele previstas serão internalizadas ao direito brasileiro como normas jurídicas constitucionais. O Brasil encontra-se aberto ao fenômeno da internacionalização do direito,principalmente no tocante à internacionalização da proteção dos direitos humanos, especialmente o direito à saúde.

4. Direito Sanitário no Brasil e sua concretização

O direito à saúde está previsto em nossa Constituição nos chamados direitos sociais ou direitos humanos de segunda dimensão. A própria Constituição de 1988 declara expressamente a saúde como um direito social em seu art. 6º, da CF.

15. Manual de Direito Sanitário... cit.

O direito à saúde possui o atributo programático de exigir do Estado brasileiro ações concretas e efetivas para a promoção, a proteção e a recuperação da saúde. Deve assim o Estado intervir na dinâmica social para a proteção do direito à saúde.

Não é demais dizer que a saúde também possui inúmeras características que lhes proporcionam margens de direito subjetivo público. O direito à saúde é também considerado um direito subjetivo público (faculdade de agir por parte de um cidadão ou de uma coletividade para ver um direito seu ser observado), uma vez que dá a faculdade ao cidadão de ingressar com uma ação judicial para exigir do Estado ou de terceiros legalmente responsáveis a adoção ou a abstenção de medidas concretas em favor da saúde.

Em decorrência dessa presunção lógica que o art. 196 dispõe expressamente: ***"A saúde é direito de todos e dever do Estado, garantido mediante políticas sociais e econômicas que visem à redução do risco de doença e de outros agravos e ao acesso universal e igualitário às ações e serviços para sua promoção, proteção e recuperação".***

Vejamos a jurisprudência:

a) "Consolidou-se a jurisprudência desta Corte no sentido de que, embora o art. 196 da Constituição de 1988 traga norma de caráter programático, o Município não pode furtar-se do dever de propiciar os meios necessários ao gozo do direito à saúde por todos os cidadãos. Se uma pessoa necessita, para garantir o seu direito à saúde, de tratamento médico adequado, é dever solidário da União, do Estado e do Município providenciá-lo. (**AI 550.530-AgR**, rel. min. **Joaquim Barbosa**, julgamento em 26-6-2012, Segunda Turma, *DJE* de 16-8-2012"; 1235

b) "O recebimento de medicamentos pelo Estado é direito fundamental, podendo o requerente pleiteá-los de qualquer um dos entes federativos, desde que demonstrada sua necessidade e a impossibilidade de custeá-los com recursos próprios. Isso por que, uma vez satisfeitos tais requisitos, o ente federativo deve se pautar no espírito de solidariedade para conferir efetividade ao direito garantido pela Constituição, e não criar entraves jurídicos para postergar a devida prestação jurisdicional." (**RE 607.381-AgR**, Rel. Min. **Luiz Fux**, julgamento em 31-5-2011, Primeira Turma, *DJE* de 17-6-2011.) **No mesmo sentido**: **AI 553.712-AgR**, Rel. Min. **Ricardo Lewandowski**, julgamento em 19-5-2009, Primeira Turma, *DJE* de 5-6-2009; **AI 604.949-AgR**, Rel. Min. **Eros Grau**, julgamento em 24-10-2006, Segunda Turma, *DJ* de 24-11-2006;

c) "Vilipêndio do dever fundamental de prestação de serviços de saúde (art. 196 da Constituição), pois o bem tributado é equipamento médico (sistema de tomografia computadorizada). Impossibilidade. Não há imunidade à tributação de operações ou bens relacionados à saúde. Leitura do princípio da seletividade." (**RE 429.306**, Rel. Min. **Joaquim Barbosa**, julgamento em 1º-2-2011, Segunda Turma, *DJE* de 16-3-2011.);

d) "O direito a saúde é prerrogativa constitucional indisponível, garantido mediante a implementação de políticas públicas, impondo ao Estado a obrigação de criar condições objetivas que possibilitem o efetivo acesso a tal serviço." (**AI 734.487-AgR**, Rel. Min. **Ellen Gracie**, julgamento em 3-8-2010, Segunda Turma, *DJE* de 20-8-2010.) **Vide: RE 436.996-AgR**, Rel. Min. **Celso de Mello**, julgamento em 22-11-2005, Segunda Turma, *DJ* de 3-2-2006; **RE 271.286-AgR**, Rel. Min. **Celso de Mello**, julgamento em 12-9-2000, Segunda Turma, *DJ* de 24-11-2000.

O direito à saúde é um direito humano fundamental da sociedade brasileira e necessário ao desenvolvimento do país. Assim, as ações e os serviços de saúde devem ser considerados de relevância pública e devem estar a todo tempo subordinados aos instrumentos de controle social de uma democracia para que, dessa forma, sejam evitados abusos a esse direito. Salienta-se que o poder constituinte originário deixou claro que o bem jurídico saúde prepondera no sistema jurídico brasileiro.

Para que o direito à saúde seja um direito plenamente eficaz no Brasil, a Constituição Federal proporcionou diversos mecanismos protetivos, dentre os quais vale a pena destacar a que a proteção do direito à saúde é dever do Estado. Ou seja, o Estado passou a legislar das mais diversas formas para organizar as ações e os serviços públicos necessários à proteção, à promoção e à recuperação da saúde. Dessa forma, a legislação brasileira, passou a contar com diversas leis direcionadas especificamente para a plena eficácia e garantia do direito à saúde. É importante citar as leis: Lei 8.080/1990, Lei 8.142/1990, Lei 9.782/1999, Lei 9.961/2000, Lei 6.259/1975, Lei 6.437/1977, Lei 5.991/1973, entre outras.

Em consequência dessa produção legislativa, foram aprovados importantes normas regulamentadoras. São os decretos, as portarias (como, por exemplo, os que aprovam as Normas Operacionais Básicas do SUS (NOB/SUS) e as Normas de Organização da Assistência à Saúde (Noas)); as resoluções (como, por exemplo as resoluções de órgãos colegiados, de agências reguladoras, do Conselho Nacional de Saúde) entre outros.

Essa grande quantidade de normas focadas na proteção do direito à saúde fez surgir um novo ramo jurídico no Brasil, que teve por escolha terminológica direito sanitário.

Nesta esteira temos o art. 197, da Constituição Federal que determina: **"São de relevância pública as ações e serviços de saúde, cabendo ao Poder Público dispor, nos termos da lei, sobre sua regulamentação, fiscalização e controle, devendo sua execução ser feita diretamente ou através de terceiros e, também, por pessoa física ou jurídica de direito privado".**

Com isso, a jurisprudência do STF ratifica:

a) "A saúde é direito fundamental de todos e dever do Estado (arts. 6º e 196 da CF). Dever que é cumprido por meio de ações e serviços que, em face de sua prestação pelo Estado mesmo, se definem como de natureza pública (art. 197 da Lei das leis). A prestação de ações e serviços de saúde por sociedades de economia mista corresponde à própria atuação do Estado, desde que a empresa estatal não tenha por finalidade a obtenção de lucro(**RE 580.264**, Rel. p/ o ac. Min. **Ayres Britto**, julgamento em 16-12-2010, Plenário, *DJE* de 6-10-2011, com repercussão geral.);

b) "Cumpre assinalar que a essencialidade do direito à saúde fez com que o legislador constituinte qualificasse, como prestações de relevância pública, as ações e serviços de saúde (CF, art. 197), em ordem a legitimar a atuação do Ministério Público e do Poder Judiciário naquelas hipóteses em que os órgãos estatais, anomalamente, deixassem de respeitar o mandamento constitucional, frustrando-lhe, arbitrariamente, a eficácia jurídico-social, seja por intolerável omissão, seja por qualquer outra inaceitável modalidade de comportamento governamental desviante. Tenho para mim, desse modo, presente tal contexto, que o Estado não poderá demitir-se do mandato constitucional, juridicamente vinculante, que lhe foi outorgado pelo art. 196, da Constituição, e que representa – como anteriormente já acentuado – fator de limitação da discricionariedade político-administrativa do Poder Público, cujas opções, tratando-se de proteção à saúde, não podem ser exercidas de modo a comprometer, com apoio em juízo de simples conveniência ou de mera oportunidade, a eficácia desse direito básico de índole social. Entendo, por isso mesmo, que se revela inacolhível a pretensão recursal deduzida pela entidade estatal interessada, notadamente em face da jurisprudência que se formou, no Supremo Tribunal Federal, sobre a questão ora em análise. Nem se atribua, indevidamente, ao Judiciário, no contexto em exame, uma (inexistente) intrusão em esfera reservada aos demais Poderes da República." (**STA 175-AgR**, Rel. Min. Presidente **Gilmar Mendes**, voto do Min. **Celso de Mello**, julgamento em 17-3-2010, Plenário, *DJE* de 30-4-2010.)

Indubitavelmente, os preceitos jurídicos que compõem o direito sanitário brasileiro obedecem a uma hierarquia que corresponde: Constituição; leis complementares, leis ordinárias (8.080/90; 8.142/90; 9.782/99; 9.961/00; 6.259/75 ...); decretos; portarias/resoluções.

Sendo a promoção, a proteção e a recuperação da saúde um dever do Estado, a Constituição Federal criou, e o direito sanitário desenvolveu, um sistema voltado à organização das ações e dos serviços públicos de saúde a serem prestados pelo Estado. Trata-se do Sistema Único de Saúde (SUS).

5. O Sistema Único de Saúde – SUS

A Constituição Federal, reconhece ao passo que reconhece a saúde como um direito de todos, confere ao Estado o encargo basilar de organizar um conjunto de ações e serviços públicos de saúde aptos a reduzir os riscos de enfermidades e de outros agravos à saúde, além de garantir integralmente à população o acesso universal e igualitário às ações e aos serviços para a promoção, ao amparo e a recuperação da saúde. Para que o Estado seja possível alcançar esse importante objetivo, a Carta Política criou o Sistema Único de Saúde (SUS), instituição-organismo de direito público que centralizou os meios para que o Estado brasileiro evolua nas atividades necessárias para a garantia do direito à saúde no Brasil. O Sistema Único de Saúde é hoje a mais importante instituição jurídica do direito sanitário brasileiro uma vez que integra e aparelha diversas outras instituições jurídicas.

O conjunto de instituições jurídicas responsáveis pela execução de ações e serviços públicos de saúde compõe o SUS. É dizer que o SUS emprega um sistema que define, harmoniza, integra e organiza as ações desenvolvidas por diversas instituições-organismos de direito público existentes no Brasil, tais como o Ministério da Saúde, as secretarias estaduais e municipais de saúde e as agências reguladoras.

Nos termos do art. 198 da Constituição federal "as ações e serviços públicos de saúde integram uma rede regionalizada e hierarquizada e constituem um sistema único, organizado de acordo com as seguintes diretrizes: I - descentralização, com direção única em cada esfera de governo; II - atendimento integral, com prioridade para as atividades preventivas, sem prejuízo dos serviços assistenciais; III - participação da comunidade".

Vejamos:

a) "Para efeito de suspensão de antecipação de tutela, não constitui decisão genérica a que determina fornecimento de medicamentos a pacientes usuários do SUS, residentes nos Municípios da comarca ou da seção judiciária, mediante prescrição expedida por médico vinculado ao SUS." (STA 328-AgR, Rel. Min. Presidente **Cezar Peluso**, julgamento em 24-6-2010, Plenário, *DJE* de 13-8-2010.)

b) "Para obtenção de medicamento pelo SUS, não basta ao paciente comprovar ser portador de doença que o justifique, exigindo-se prescrição formulada por médico do Sistema." (STA 334-AgR, Rel. Min. Presidente **Cezar Peluso**, julgamento em 24-6-2010, Plenário, *DJE* de 13-8-2010.)

c) "A justiça estadual é competente para processar e julgar médico por crime de concussão praticado contra pacientes internados mediante convênio com o Sistema Único de Saúde – SUS, quando não evidenciado o prejuízo para União, suas autarquias ou empresas públicas. Precedentes." (**HC 81.912**, Rel. Min. **Carlos Velloso**, julgamento em 20-8-2002, Segunda Turma, *DJ* de 13-9-2002.)

d) "Incumbe ao Estado (gênero) proporcionar meios visando a alcançar a saúde, especialmente quando envolvida criança e adolescente. O SUS torna a responsabilidade linear alcançando a União, os Estados, o Distrito Federal e os Municípios" (**RE 195.192**, Rel. Min. **Marco Aurélio**, julgamento em 22-2-2000, Segunda Turma, *DJ* de 31-3-2000.)

e) "O fato de o Sistema Único de Saúde ter descentralizado os serviços e conjugado os recursos financeiros dos entes da Federação, com o objetivo de aumentar a qualidade e o acesso aos serviços de saúde, apenas reforça a obrigação solidária e subsidiária entre eles. As ações e os serviços de saúde são de relevância pública, integrantes de uma rede regionalizada e hierarquizada, segundo o critério da subsidiariedade, e constituem um sistema único. (...) Além disso, a agravante, reiterando os fundamentos da inicial, aponta, de forma genérica, que a decisão objeto desta suspensão invade competência administrativa da União e provoca desordem em sua esfera, ao impor-lhe deveres que são do Estado e do Município. Contudo, a decisão agravada deixou claro que existem casos na jurisprudência desta Corte que afirmam a responsabilidade solidária dos entes federados em matéria de saúde. Após refletir sobre as informações colhidas na Audiência Pública – Saúde e sobre a jurisprudência recente deste Tribunal, é possível afirmar que, em matéria de saúde pública, a responsabilidade dos entes da Federação deve ser efetivamente solidária. No RE 195.192-3/RS, a Segunda Turma deste Supremo Tribunal consignou o entendimento segundo o qual a responsabilidade pelas ações e serviços de saúde é da União, dos Estados e do Distrito Federal e dos Municípios. (...) Assim, apesar da responsabilidade dos entes da Federação em matéria de direito à saúde suscitar questões delicadas, a decisão impugnada pelo pedido de suspensão, ao determinar a responsabilidade da União no fornecimento do tratamento pretendido, segue as normas constitucionais que fixaram a competência comum (art. 23, II, da CF), a Lei Federal 8.080/1990 (art. 7º, XI) e a jurisprudência desta Corte. Entendo, pois, que a determinação para que a União arque com as despesas do tratamento não configura grave lesão à ordem pública." (STA 175-AgR, voto do Rel. Min. Presidente **Gilmar Mendes**, julgamento em 17-3-2010, Plenário, *DJE* de 30-4-2010.) **No mesmo sentido**: RE 607.385-AgR, Rel. Min. **Cármen Lúcia**, julgamento em 21-6-2011, Primeira Turma, *DJE* de 1º-8-2011; AI 808.059-AgR, Rel. Min. **Ricardo Lewandowski**, julgamento em 2-12-2010, Primeira Turma, *DJE* de 1º-2-2011.

Melhor dizendo, o Estado possui a obrigação de garantir a saúde de sua população ao mesmo tempo em que a Constituição Federal adota a ideia de que detém a iniciativa privada a liberdade de desenvolver ações e serviços privados de saúde.

Na área da saúde, a iniciativa privada pode ser suplementar ou complementar. Será suplementar nas hipóteses em que for desenvolvida unicamente na esfera privada, sem que suas ações guardem quaisquer relações com o SUS. Será complementar nos casos em que for desenvolvida nos termos do art. 199, § 1º, da Constituição Federal, que prevê:

> Art. 199 (...) § 1º. As instituições privadas poderão participar de forma complementar do sistema único de saúde, segundo diretrizes deste, mediante contrato de direito público ou convênio, tendo preferência as entidades filantrópicas e as sem fins lucrativos.

A atuação da iniciativa privada na área da saúde inspirou a criação de algumas instituições-organismos de direito privado, dentre eles: os hospitais privados, os planos e os seguros de saúde, as clínicas e os laboratórios privados de saúde.

Conforme a jurisprudência do STF "o indivíduo tem liberdade para se utilizar, conjunta ou exclusivamente, do atendimento prestado pelo serviço público de saúde ou daquele disponibilizado por entidades particulares. Inexiste ofensa à Constituição no fato de o paciente, à custa de recursos próprios, complementar com o serviço privado o atendimento arcado pelo SUS." (**RE 516.671-AgR**, Rel. Min. **Ricardo Lewandowski**, julgamento em 1º-6-2010, Primeira Turma, *DJE* de 6-8-2010.).

Ainda neste diapasão: "A CF assegura que a saúde é direito de todos e dever do Estado, facultada à iniciativa privada a participação de forma complementar no sistema único de saúde, por meio de contrato ou convênio, tendo preferência as entidades filantrópicas e as sem fins lucrativos (CF, art. 199, § 1º). Por outro lado, assentou balizas entre previdência e assistência social, quando dispôs no art. 201, *caput* e inciso I, que os planos previdenciários, mediante contribuição, atenderão à cobertura dos eventos ali arrolados, e no art. 203, *caput*, fixou que a assistência social será prestada a quem dela necessitar, independentemente de contribuição à seguridade social, tendo por fim a proteção à família, à maternidade, à infância, à adolescência e à velhice; o amparo às crianças e adolescentes carentes; à habilitação e reabilitação das pessoas deficientes e à promoção de sua integração à vida comunitária; à garantia de um salário-mínimo de benefício mensal à pessoa portadora de deficiência e ao idoso que comprovem não possuir meios de prover à própria manutenção ou de tê-la provida por sua família, inferindo-se desse conjunto normativo que a assistência social está dirigida à toda coletividade, não se restringindo aos que não podem contribuir. Vê-se, pois, que a assistência à saúde não é ônus da sociedade isoladamente e sim dever do Estado. A iniciativa privada não pode ser compelida a assistir à saúde ou a complementar a previdência social sem a devida contraprestação. Por isso, se as entidades privadas se dispuseram a conferir aos seus filiados benefícios previdenciários complementares e os contratados assumiram a obrigação de pagar por isso, o exercício dessa faculdade não lhes assegura o direito à imunidade tributária constitucional, outorgada pelo legislador apenas às entidades que prestam assistência social, independentemente de contribuição à seguridade social (CF, art. 203), como estímulo ao altruísmo dos seus instituidores" (**RE 202.700**, voto do Rel. Min. **Maurício Corrêa**, julgamento em 8-11-2001, Plenário, *DJ* de 1-3-2002.).

O texto constitucional determina ainda que é vedada a destinação de recursos públicos para auxílios ou subvenções às instituições privadas com fins lucrativos, bem como a participação direta ou indireta de empresas ou capitais estrangeiros na assistência à saúde no País, salvo nos casos previstos em lei.

Por fim, o art. 199, § 4º, da CF determina que a lei disporá sobre as condições e os requisitos que facilitem a remoção de órgãos, tecidos e substâncias humanas para fins de transplante, pesquisa e tratamento, bem como a coleta, processamento e transfusão de sangue e seus derivados, sendo vedado todo tipo de comercialização (**ATENÇÃO!** ***O Plenário do STF, no julgamento da ADI 3.510, declarou a constitucionalidade do art. 5º da Lei 11.105/2005 (Lei de Biossegurança), por entender que as pesquisas com células-tronco embrionárias não violam o direito à vida ou o princípio da dignidade da pessoa humana.)***.

6. Os objetivos, os princípios e as diretrizes do Sistema Único de Saúde

6.1. Objetivos

Os objetivos do SUS estão mencionados na Constituição Federal e na Lei 8.080/90. A Constituição Federal define no art. 196 como direto de todos e dever do Estado "a redução de riscos de doenças e de outros agravos à saúde bem como o acesso universal e igualitário às ações e aos serviços para sua promoção, proteção e recuperação". Já a Lei 8.080/90 foi mais específica, ao definir, em seu art. 5º, os objetivos do SUS:

> [...] "a identificação e divulgação dos fatores condicionantes e determinantes da saúde; a formulação de política de saúde destinada a promover, nos campos econômico e social, a observância do dever do Estado de garantir a saúde consiste na formulação e execução de políticas econômicas e sociais que visem à redução de riscos de doenças e de outros agravos e no estabelecimento de condições que assegurem acesso universal e igualitário às ações e aos serviços para a sua promoção, proteção e recuperação; a assistência às pessoas por intermédio de ações de promoção, proteção e recuperação da saúde, com a realização integrada das ações assistenciais e das atividades preventivas".

Ao definir os objetivos do SUS, o § 2º do art. 2º da Lei 8.080/90 prevê que "o dever do Estado não exclui o das pessoas, da família, das empresas e da sociedade". A interpretação do mencionado dispositivo leva a conclusão de que, embora o Estado seja obrigado a buscar todas as medidas necessárias e possíveis para a proteção do direito à saúde, todos têm a obrigação de adotar atitudes que protejam e promovam a saúde individual e coletiva, como a higiene, a alimentação equilibrada, a realização de exercícios etc.

6.2. Análise principiológica

Tendo em vista ser uma instituição jurídica pertencente ao direito sanitário, o Sistema Único de Saúde sujeita-se aos princípios que o orientam.

É de se ressaltar que o direito sanitário contribui para a consolidação do SUS ao passo que determina juridicamente os institutos axiológicos e diretrizes que devem direcionar a atuação de todas as entes jurídicos, públicas ou privadas, que participem do sistema.

O Sistema Único de Saúde – SUS, foi criado nos termos do art. 198 como o conjunto de ações e serviços públicos de saúde. Os grandes mentores pela organização e pela execução das ações e dos serviços públicos de saúde são os órgãos do Poder Executivo de cada ente federativo brasileiro. Com o fito de auxiliar o administrador público na sua importante tarefa, o legislador constitucional optou por expressamente inserir no texto constitucional as linhas mestras que deveriam ser seguidas para que o SUS se concretizasse de maneira condizente com a dignidade da pessoa humana e com o pleno respeito aos direitos humanos.

A propósito dos valores basilares, transcrevemos um fragmento do o *Manual de Direito Sanitário*, publicado pelo Ministério da Saúde:

> "Os princípios do SUS fornecidos pela Constituição Federal servem de base para o sistema e constituem seus alicerces. Uma vez estabelecidos os princípios que organizam o SUS, a Constituição aponta os caminhos (diretrizes) que devem ser seguidos para que se alcancem os objetivos nela previstos. Se os princípios são os alicerces do sistema, as diretrizes são seus contornos. O recado dado pela Constituição é evidente: os objetivos do SUS devem ser alcançados de acordo com princípios fundamentais e em consonância com diretrizes expressamente estabelecidas pela Constituição e pela Lei Orgânica da Saúde. Tais princípios e diretrizes vinculam todos os atos realizados no âmbito do sistema (sejam eles da administração direta ou indireta, sejam eles normativos ou fiscalizatórios)".[16]

16. **Manual de Direito Sanitário**... cit.

No mesmo diapasão, ainda sobre os princípios, tema deste tópico, aduz o estudo do Ministério da Saúde:

> "O primeiro princípio está disposto no art. 196 da Constituição Federal: **"O Estado deve garantir o acesso universal e igualitário às ações e aos serviços públicos de saúde"**). Significa dizer que as ações e os serviços públicos de saúde realizados pelo SUS devem ser acessíveis a todos os que deles necessitem e devem ser fornecidos de forma igual e equitativa. De tais princípios decorre que as ações e os serviços de saúde devem ser prestados sem discriminações de qualquer natureza e gratuitamente para que o acesso seja efetivamente universal. Outro importante princípio constitucional do SUS é o da **regionalização**. Para compreendê-lo é preciso entender o fenômeno da descentralização do Estado na prestação de serviços públicos. Esse princípio representa uma forma avançada de descentralização das ações e dos serviços de saúde na medida em que organiza as ações do Estado não só puramente por meio da descentralização política, que atomiza as competências e as ações dentro dos territórios de cada ente federativo, mas também por meio de uma organização fundada na cooperação entre esses diversos entes federativos para que se organizem e juntem esforços rumo à consolidação de um sistema eficiente de prestação de ações e serviços públicos de saúde. A regionalização deve ser feita em respeito à autonomia de cada ente federativo, sendo o consenso entre esses diferentes entes federativos fundamental para uma definição inteligente das atribuições específicas que caberão a cada um. Nas palavras de Maria Sylvia Zanella di Pietro: [...] 'a descentralização política ocorre quando o ente descentralizado exerce atribuições próprias que não decorrem do ente central; é a situação dos Estados-membros da Federação e, no Brasil, também dos municípios. Cada um desses entes locais detém competência legislativa própria que não decorre da União nem a ela se subordina, mas encontra seu fundamento na própria Constituição Federal'".

A descentralização política deve ser aprimorada para que cada ente federativo exerça sua autonomia de forma integrada com os demais entes federativos (municípios contíguos, estado-membro do qual faz parte, União), por meio do processo de regionalização. O SUS aparelha sua regionalização empregando acordos obtidos no âmbito de instâncias administrativas criadas para favorecer esse diálogo, são elas as Comissões Intergestores Tripartites e Bipartites.

Em síntese, o a descentralização do Estado, especificamente no SUS, ocorre de duas formas: pela descentralização política, que estabelece os níveis de competência da União, dos estados, do Distrito Federal e dos municípios, organizando a categorização de tarefas para o exercício da competência comum determinada pelo art. 23, II, da Constituição Federal; e pela regionalização, que organiza no território a atuação dos entes federativos, promovendo maior eficiência no desenvolvimento das ações e dos serviços públicos de saúde.

Prevê o art. 10 da Lei 8.080/1990: "os municípios poderão constituir consórcios para desenvolver em conjunto as ações e os serviços de saúde que lhes correspondam", Lembre-se que há dois instrumentos normativos infralegais importantes para a efetivação desses valores básicos. Uma delas é a Norma Operacional Básica do Sistema Único de Saúde (NOB/SUS 1996), aprovada pela Portaria GM/MS 2.203, de 5 de novembro de 1996, e a Norma Operacional da Assistência à Saúde Noas/SUS 1/2002, aprovada pela Portaria GM 373, de 27 de fevereiro de 2002.

Essas duas normas operacionais básicas têm grande relevância no direito sanitário devido ao fato de que foram pactuados entre a União, os estados, o Distrito Federal e os municípios por meio da Comissão Intergestores Tripartite, além do fato de terem recebido a aprovação do Conselho Nacional de Saúde. Dessa forma, em que pese sejam instrumentos normativos de baixa hierarquia (portarias) possuem estes relevância no Sistema Único de Saúde e devem ser lembrados nessa teoria geral.

6.3. Linha diretiva

Após a definição dos princípios do SUS no art. 196, a Constituição Federal tratou de estabelecer as linhas diretivas sobre as quais deve trilhar o sistema. Fixa o art. 198 da Constituição Federal que "as ações e serviços públicos de saúde integram uma rede regionalizada e hierarquizada e constituem um sistema único, organizado de acordo com as seguintes diretrizes: [...] descentralização, com direção única em cada esfera de governo, atendimento integral, com prioridade para as atividades preventivas, sem prejuízo dos serviços assistenciais, e participação da comunidade e financiamento permanente com vinculação de recursos orçamentários".

A descentralização com direção única em cada esfera de governo significa que, na esfera da descentralização política do SUS, cada ente da federação deve capacitar-se para a execução de atribuições constitucionais relacionadas à promoção, à proteção e à recuperação da saúde. Significa, em outras palavras, que cada um desses entes federativos terá uma direção única. Dispõe o inciso IX do art. 7º da Lei 8.080/90, que é diretriz do SUS a "descentralização político-administrativa, com direção única em cada esfera de governo". E o referido dispositivo legal ainda detalha que tal descentralização deverá ter "ênfase na descentralização dos serviços para os municípios" e deverá respeitar um processo de "regionalização e hierarquização da rede de serviços de saúde".

A diretriz indicada no inciso II do art. 198 da Constituição dispõe sobre a obrigatoriedade do SUS em prover "atendimento integral, com prioridade para as atividades preventivas, sem prejuízo das assistenciais". O art. 7º da Lei 8.080/1990 dispõe em seus incisos I e II que são diretrizes do SUS: [...] universalidade de acesso aos serviços de saúde em todos os níveis de assistência; integralidade de assistência, entendida como conjunto articulado e contínuo das ações e serviços preventivos e curativos, individuais e coletivos, exigidos para cada caso em todos os níveis de complexidade do sistema.

A integralidade, as ações e os serviços públicos de saúde perfazem um importante instrumento de defesa do cidadão contra eventuais omissões do Estado, vez que este é obrigado a oferecer, prioritariamente, o acesso às atividades preventivas de proteção da saúde.

Sobre a prevenção, segue excerto do Manual de Direito Sanitário elaborado pelo Ministério da Saúde:

> A prevenção é fundamental para evitar a doença. Entretanto, sempre que esta acometer um cidadão, compete ao Estado oferecer o atendimento integral, ou seja, todos os cuidados de saúde cabíveis para cada tipo de doença, em conformidade com o estágio de avanço do conhecimento científico existente. Assim, sempre que houver uma pessoa doente, caberá ao Estado fornecer o tratamento terapêutico para a recuperação da saúde dessa pessoa de acordo com as possibilidades oferecidas pelo desenvolvimento científico. Assim, não importa o nível de complexidade exigido, a diretriz de atendimento integral obriga o Estado a fornecer todos os recursos que estiverem a seu alcance para a recuperação da saúde de uma pessoa, desde o atendimento ambulatorial até os transplantes mais complexos. Todos os procedimentos terapêuticos reconhecidos pela ciência e autorizados pelas autoridades sanitárias competentes devem ser disponibilizados para a proteção da saúde da população.[17]

Por derradeiro, há a diretriz da participação da comunidade, vigorada pelo art. 7º da Lei 8.080/90 e pela Lei 8.142/90. Esta diretriz impõe aos agentes públicos a criação de mecanismos de participação da comunidade na formulação, na gestão e na execução das ações e dos serviços públicos de saúde, incluindo aí a normatização. A Lei 8.142/90, na mesma linha, criou duas instituições jurídicas importantes que institucionalizam a participação da comunidade no Sistema Único de Saúde (as conferências e os conselhos de saúde), porém não há impedimentos, pelo contrário, tudo orienta o poder público a criar novos mecanismos de participação da comunidade na gestão da coisa pública, como os plebiscitos, os referendos, as audiências públicas, as consultas públicas etc.

17. **Manual de Direito Sanitário**... cit.

Bibliografia consultada e recomendada

ARISTÓTELES. **Ética a Nicômaco.** São Paulo: Editora Edipro – Edições Profissionais Ltda., 2000.

BOBBIO, Norberto. **Estado, governo, sociedade:** para uma teoria geral da política. 9. ed. Tradução Marco Aurélio Nogueira. São Paulo: Paz e Terra, 2001.

BONAVIDES, Paulo. **Curso de direito constitucional.** 9. ed. São Paulo: Malheiros Editores, 2000. p. 26.

CANOTILHO, J. J. Gomes. **Direito constitucional e teoria da constituição.** 3. ed. Coimbra: Editora Almedina, 1998.

COMPARATO, Fabio Konder. **A afirmação histórica dos direitos humanos.** 1. ed. São Paulo: Editora Saraiva, 1999.

DALLARI, Dalmo de Abreu. **Elementos de teoria geral do Estado.** 16. ed. São Paulo: Editora Saraiva, 1991. p. 179.

HABERMAS, Jürgen. **Direito e democracia:** entre facticidade e validade. Tradução Flávio Beno Siebeneichler. Rio de Janeiro: Ed. Tempo Brasileiro, 1997. v. 2.

HOBBES, Thomas. **Leviathan**. London: Collier-MacMillan, [196-?].

HOUAISS, Antônio; VILLAR, Mauro de Salles. **Dicionário Houaiss da língua portuguesa**. Rio de Janeiro: Objetiva, 2001.

KELSEN, Hans. **Teoria pura do direito**. 2. ed. São Paulo: Editora Martins Fontes, 1987. p. 303.

LAFER, Celso. **A reconstrução dos direitos humanos**: um diálogo com o pensamento de Hannah Arendt. 2. reimp. São Paulo: Companhia das Letras, 1988. p. 121.

______. **A reconstrução histórica dos direitos humanos.** 2. ed. São Paulo: Companhia das Letras, 1998. p. 125-137.

MELO, Celso Antonio Bandeira de. **Curso de direito administrativo.** São Paulo: Editora Malheiros, 2002.

MIRANDA, Jorge. **Manual de direito constitucional.** 6. ed. Coimbra: Coimbra Editora, 1997. Tomo I. p. 46. Manual de direito sanitário com enfoque na vigilância em saúde **132**

MONTESQUIEU. **Do espírito das leis.** São Paulo: Abril Cultural, 1973. p. 34.

NIKEN, Pedro. **El concepto de derechos humanos.** [S. l.]: Instituto Interamericano de Derechos

HUMANOS, 1994. Tomo I, p. 22 (Serie Estudios Básicos de Derechos Humanos).

Organização Mundial Da Saúde (OMS). **Constituição da Organização Mundial da Saúde.** Genebra, 1946.

Organização Pan-Americana da Saúde. Disponível em: <http://www.opas.org.br>.

PIETRO, Maria Sylvia Zanella Di. **Parcerias na administração pública.** 4. ed. São Paulo: Editora Atlas, 2002. p. 50-51.

Platão. **A República.** São Paulo: Editora Edipro – Edições Profissionais Ltda., 2001.

ROUSSEAU, Jean-Jacques. **O contrato social.** São Paulo: Editora Cultrix Ltda., [19--].

TRINDADE, Antônio Augusto Cançado. **Tratado de direito internacional dos direitos humanos.** 1. ed. Porto Alegre: Sergio Antonio Fabris Editor, 1997. v. 1. p. 359-360.

20. Direito do Trabalho Individual e Coletivo

Hermes Cramacon

Parte I
Direito Individual do Trabalho

1. Introdução

1.1. Evolução histórica

Para compreendermos corretamente o direito do trabalho, é importante saber a origem da palavra "trabalho".

A expressão se origina do termo latim *tripalium*, instrumento de tortura utilizado na antiga Roma, sendo formado por três estacas (paus) cravadas no chão na forma de uma pirâmide, no qual eram torturados os escravos.

Traduzindo para nosso vernáculo, "trabalhar", do latim *tripaliare,* possuía naquela época conotação de tortura e, consequentemente, de escravidão, sentido diverso do que a expressão sugere nos dias de hoje.

Na maioria das sociedades da Idade Antiga predominava a escravidão, quando o trabalhador (escravo) não era considerado sujeito de direito. Nessa fase histórica, o escravo era tido como uma coisa, um objeto, e nessa condição ele era negociado. Seu trabalho era exaustivo e não remunerado e todo o lucro desse labor pertencia ao seu proprietário.

Após a decadência do Império Romano, predominou na Europa, durante a Idade Média, o feudalismo. Esse modo de organização era caracterizado pelo poder centralizado nas mãos dos senhores feudais, cuja economia era baseada na agricultura e pecuária, com utilização do trabalho dos servos, camponeses que cuidavam da agropecuária dos feudos e, em troca, recebiam o direito a um pedaço de terra para morar e estariam protegidos dos bárbaros.

A servidão consistia em um labor em que o trabalhador (servo) não detinha a condição de escravo, mas na realidade não dispunha de sua liberdade.

Ainda na Idade Média, a partir do século XII, surgiram as corporações de ofício, constituídas por mestres, jornaleiros e aprendizes, como eram chamados.

Com o surgimento e desenvolvimento das primeiras cidades, aumentou a demanda por produtos agrícolas, o que elevou os preços das mercadorias e permitiu aos servos a compra de suas próprias terras e o consequente desligamento das ordens dos senhores feudais.

Já no século XVIII, com a descoberta da máquina a vapor como fonte de energia, substituindo a força do homem, deu-se início à Revolução Industrial.

A máquina a vapor, multiplicando a força de trabalho, substituía a força humana, em média, em 20 homens, o que implicou redução de mão de obra.

Nesse período, os trabalhadores viviam em condições terríveis. Muitos deles tinham um cortiço como moradia e eram submetidos a jornadas de trabalho que chegavam até a 80 horas por semana. As crianças e as mulheres também eram submetidas a esse trabalho exaustivo e, absurdamente, recebiam valores inferiores àqueles pagos aos homens.

Nessa linha, os trabalhadores se uniram, surgindo assim os primeiros sindicatos, que reivindicavam melhorias nas condições de trabalho e melhorias salariais.

1.1.1. Evolução histórica no Brasil

Com a Revolução de 1930, que culminou no golpe de Estado chamado de "golpe de 1930", pondo fim à República Velha, iniciou-se a Era Vargas. Getúlio Vargas instituiu políticas de modernização do País, criando, inclusive, o Ministério do Trabalho. Foi Vargas, também, quem instituiu a Lei da Sindicalização.

Vargas pretendia, com isso, ganhar o apoio popular, por isso houve durante seu primero governo (1930-1945) grandes avanços na legislação trabalhista dos quais o maior foi o estabelecimento da CLT – Consolidação das Leis do Trabalho e, ainda, a criação do salário-mínimo.

1.2. Natureza jurídica

A divisão tradicional do direito supõe: um ramo voltado à organização do Estado, chamado de Direito Público, e o Direito Privado, que se refere à regulação dos interesses dos particulares.

Embora possamos observar no Direito do Trabalho diversas normas de caráter cogente, não podemos afirmar que esse ramo do direito seja considerado parte do Direito Público, na medida em que não regulam os interesses do Estado. O que existe é uma intervenção do Estado.

Pensamos que o Direito do Trabalho é um ramo do Direito Privado, pois regula a relação dos particulares envolvidos, tendo como foco central o contrato de trabalho.

1.3. Autonomia

Para saber se uma área de estudo é uma ciência, é necessária a presença de alguns requisitos como: extensão de matéria, doutrinas, princípios específicos e método próprio.

É nítida a autonomia do Direito do Trabalho, na medida em que é bastante amplo, originando institutos e princípios próprios.

Diversos são os princípios específicos do Direito do Trabalho. Ademais, há institutos capazes de demonstrar a autonomia dessa área em relação a outros ramos do direito, os quais representam fontes especiais do Direito do Trabalho. Destacam-se entre eles a convenção coletiva de trabalho e a sentença normativa, institutos que não poderiam ser incluídos em qualquer outro ramo do Direito, tampouco explicados por outra doutrina que não a trabalhista.

1.4. Fontes do Direito do Trabalho

As fontes do direito podem ser classificadas como: fontes materiais e fontes formais.

1.4.1. Fontes materiais

É o momento pré-jurídico da norma, ou seja, a norma ainda não positivada. Representa a pressão exercida pelos trabalhadores contra o Estado buscando melhores condições de trabalho. As fontes materiais referem-se aos fatores sociais, econômicos, históricos, políticos e, ainda, filosóficos, que originam o direito, influenciando na criação da norma jurídica.

1.4.2. Fontes formais

Correspondem à norma jurídica já constituída, já positivada. Em outras palavras, representam a exteriorização dessas normas, ou seja, é a norma materializada.

As fontes formais, por sua vez, subdividem-se em:

1.4.2.1. Fontes formais heterônomas

Decorrem da atividade normativa do Estado. Caracterizam-se pela participação de um agente externo (Estado) na elaboração da norma jurídica. São exemplos: a Constituição Federal, a CLT, leis, sentença normativa, tratados internacionais ratificados pelo Brasil.

1.4.2.1.1. Sentença normativa

Não sendo os conflitos coletivos solucionados por meio da negociação coletiva e recusada a arbitragem, serão eles submetidos à Justiça do Trabalho por meio dos dissídios coletivos.

A sentença normativa consiste na decisão proferida nos dissídios coletivos, estabelecendo normas e condições de trabalho aplicáveis aos envolvidos na lide por meio do poder normativo da Justiça do Trabalho.

Com relação à vigência da sentença normativa, imperiosa a leitura do Precedente Normativo 120 da SDC do TST:

> PRECEDENTE NORMATIVO 120 DA SDC DO TST – SENTENÇA NORMATIVA. DURAÇÃO. POSSIBILIDADE E LIMITES
>
> A sentença normativa vigora desde seu termo inicial até que sentença normativa, convenção coletiva de trabalho ou acordo coletivo de trabalho superveniente produza sua revogação, expressa ou tácita, respeitado, porém, o prazo máximo legal de quatro anos de vigência.

1.4.2.1.2. Sentença arbitral

Os conflitos coletivos poderão ser resolvidos por meio da arbitragem, nos termos do art. 114, §§ 1º e 2º, da CF/1988.

Nas lições de Gustavo Felipe Barbosa Garcia (em **Curso de Direito do Trabalho**, 6ª ed., Rio de Janeiro, Forense, 2012, pág. 64): "a arbitragem é forma de solução de conflitos, no caso, heterônoma, pois um terceiro (árbitro) é quem decidirá o litígio, por meio da sentença arbitral. É estabelecida por meio da convenção de arbitragem que engloba a cláusula compromissória e o compromisso arbitral (art. 3º da Lei 9.307/1996)."

Como se sabe, o Direito Individual do Trabalho é pautado pelo princípio da irrenunciabilidade. Assim, vigora na doutrina e jurisprudência entendimento de que a arbitragem está restrita ao Direito Coletivo do Trabalho, sendo incompatível com o Direito Individual, tendo em vista que, nos termos do art. 1º da Lei 9.307/1996, o instituto está restrito a direitos patrimoniais disponíveis.

1.4.2.2. Fontes formais autônomas

Ao contrário das fontes heterônomas, essas se caracterizam por serem formadas com a participação imediata dos próprios destinatários da norma jurídica. Aqui, eles participam diretamente no processo de sua elaboração sem a interferência do agente externo (Estado). São exemplos: a convenção coletiva e o acordo coletivo de trabalho.

1.4.2.2.1. Convenção coletiva

É o acordo de caráter normativo entre um ou mais sindicatos de empregados e de empregadores, de modo a definir as condições de trabalho que serão observadas em relação a todos os trabalhadores dessas categorias.

1.4.2.2.2. Acordo coletivo

É o pacto entre uma ou mais empresas com o sindicato da categoria profissional, em que são estabelecidas condições de trabalho aplicáveis às empresas envolvidas.

A convenção e o acordo coletivo serão estudados no capítulo II, item 3.4.2, ao qual remetemos o leitor.

1.4.2.2.3. Leis

Deverão ser consideradas fontes formais heterônomas do Direito do Trabalho as leis em sentido amplo.

Assim, são consideradas fontes: a Consolidação das Leis do Trabalho – CLT (Decreto-lei 5.452/1943); leis esparsas, como a Lei 605/1949, que cuida do Repouso Semanal Remunerado; a Lei 5.889/1973, que cuida do trabalho rural, entre outras.

1.4.2.2.4. Atos do Poder Executivo

A legislação trabalhista possui disposições provenientes de atos do Poder Executivo. Nesse sentido, importante fazer referência aos decretos que regulamentam leis relacionadas ao Direito do Trabalho. Como exemplo, podemos citar o Decreto 27.048/1949, que regulamenta a Lei 605/1949.

Além disso, o Ministério do Trabalho e Emprego também poderá regulamentar questões trabalhistas, como faz, por exemplo, na Instrução Normativa 15, de 14 de julho de 2010, que estabelece procedimentos para assistência do empregado na rescisão do contrato, no âmbito do Ministério do Trabalho e Emprego.

1.4.3. Fontes supletivas

É certo que a legislação não consegue observar todas as situações sociais, o que leva à existência de lacunas na ordem jurídica.

De outro lado, nos termos do art. 126 do CPC, não pode o juiz se eximir de sentenciar ou despachar alegando lacuna ou obscuridade da lei. Nessa linha, continua o citado dispositivo ensinando que não havendo normais legais deverá o juiz recorrer à analogia, aos costumes e aos princípios gerais do direito. A Lei de Introdução às Normas do Direito Brasileiro, no art. 4º, traz ensinamento no mesmo sentido, devendo o juiz atender aos fins sociais a que a lei se dirige e às exigências do bem comum, em conformidade com o art. 5º do mesmo diploma legal.

A legislação trabalhista traz a integração das normas no art. 8º da CLT que dispõe que, na falta de disposição legal ou contratual, o operador do direito deverá se socorrer da analogia, da jurisprudência, da equidade, dos princípios, dos usos e costumes e do direito comparado.

1.4.3.1. Analogia

É a aplicação de uma lei existente para exata hipótese a um caso semelhante. Consiste, em outras palavras, em aplicar a um caso não previsto de modo direto por uma norma jurídica uma norma prevista para uma hipótese semelhante àquela.

Assim, não havendo lei específica para um caso concreto, a primeira medida a ser tomada é verificar a existência de outra lei prevista para um caso semelhante.

1.4.3.2. Jurisprudência

Muito se discute acerca da classificação da jurisprudência como fonte de direito.

A expressão "jurisprudência" se origina do termo latim *iurisprudentia,* direito dos escritos dos *iuris* prudentes, conhecedores do direito. Na época clássica romana, as respostas dadas por estes conhecedores do direito eram consideradas como leis.

Jurisprudência consiste no conjunto de reiteradas decisões dos tribunais sobre certa matéria.

Não pode ser considerada como fonte do direito, pois, em regra, não é tida como de observância obrigatória, pois apenas demonstra o caminho predominante em que os tribunais entendem aplicar a lei, suprindo, inclusive, eventuais lacunas.

Podemos lembrar algumas exceções: a primeira delas vem disposta no § 2º do art. 102 da CF quando menciona que "as decisões definitivas de mérito, proferidas pelo Supremo Tribunal Federal, nas ações diretas de inconstitucionalidade e nas ações declaratórias de constitucionalidade produzirão eficácia contra todos e efeito vinculante, relativamente aos demais órgãos do Poder Judiciário e à administração pública direta e indireta, nas esferas federal, estadual e municipal".

Outra exceção traz o art. 103-A da CF que ensina que "o Supremo Tribunal Federal poderá, de ofício ou por provocação, mediante decisão de dois terços de seus membros, após reiteradas decisões sobre matéria constitucional, aprovar súmula que, a partir de sua publicação na imprensa oficial, terá efeito vinculante em relação aos demais órgãos do Poder Judiciário e à administração pública direta e indireta, nas esferas federal, estadual e municipal, bem como proceder à sua revisão ou cancelamento, na forma estabelecida em lei".

Já a Lei 9.868/1999, que dispõe sobre o processo e julgamento da ADI e ADC, estabelece no parágrafo único do art. 28 que "a declaração de constitucionalidade ou de inconstitucionalidade, inclusive interpretação conforme a Constituição e a declaração parcial de inconstitucionalidade sem redução de texto, têm eficácia contra todos e efeito vinculante em relação aos órgãos do Poder Judiciário e à Administração Pública federal, estadual e municipal".

O Tribunal Superior do Trabalho manifesta seu entendimento por meio das súmulas e orientações jurisprudenciais (OJs), que orientam os operadores do Direito do Trabalho, embora não possuam força vinculante.

1.4.3.3. Princípios gerais de direito

Nas lições de Miguel Reale (em **Lições preliminares de Direito**, 27ª ed. São Paulo, Saraiva, 1996, pág. 300): "são enunciações normativas de valor genérico, que condicionam e orientam a compreensão do ordenamento jurídico em sua aplicação e integração ou mesmo para a elaboração de novas normas."

São, portanto, verdadeiros alicerces de um ordenamento jurídico.

1.4.3.4. Equidade

Forma de integração da norma jurídica a um caso específico em que são observados os critérios de justiça e igualdade.

Pela equidade, a regra é interpretada para um caso específico, deixando a norma mais justa àquele determinado caso.

1.4.3.5. Costumes

Os costumes são regras sociais que resultam da prática reiterada, generalizada e prolongada de um certo comportamento, que resulta em uma convicção de obrigatoriedade, de acordo com a cultura específica de cada sociedade.

São comportamentos reiterados por um longo espaço de tempo, por toda uma sociedade, transformando esse comportamento em norma jurídica.

1.4.3.6. Direito comparado

Objetiva o conhecimento dos ordenamentos jurídicos de outros países com base em estudos comparados de seus sistemas.

Como o próprio nome diz, é feito um estudo comparado entre os diversos sistemas jurídicos para a interpretação de determinada norma.

1.5. Princípios trabalhistas

Na definição de Mauricio Godinho Delgado (em **Curso de Direito do Trabalho**, 8ª ed., São Paulo, LTr, 2009, pág. 171): "*são proposições fundamentais que se formam na consciência das pessoas e grupos sociais, a partir de certa realidade, e que, após formadas, direcionam-se à compreensão, reprodução ou recriação dessa realidade*".

São 4 os princípios norteadores do Direito do Trabalho:

1.5.1. Princípio protetor

Tem por escopo atribuir uma proteção maior ao empregado, parte hipossuficiente da relação jurídica laboral. Em outras palavras, visa a atenuar a desigualdade existente entre as partes do contrato de trabalho.

O princípio protetor incorpora outros 3 subprincípios:

1.5.1.1. *In dubio pro operario*

Por meio desse princípio, uma norma jurídica que admita diversas interpretações deverá ser interpretada da maneira que mais favorecer o empregado, ou seja, havendo dúvida quanto à interpretação da norma, deverá ser interpretada de maneira mais vantajosa para o trabalhador.

Impende destacar que não é admitida a aplicação de tal princípio no campo processual. Tal princípio não possui incidência no campo probatório, devendo ser aplicadas nesse caso as regras atinentes ao ônus da prova, em conformidade com o art. 333 do Código de Processo Civil e art. 818 da CLT.

1.5.1.2. Aplicação da norma mais favorável

Havendo diversas normas válidas incidentes sobre a mesma relação jurídica de emprego, deve ser aplicada aquela mais benéfica ao trabalhador, independentemente da sua posição na hierarquia das leis.

Existem critérios para, de fato, verificar-se qual é a norma mais favorável.

A primeira delas é a teoria da *acumulação*, em que as diversas disposições contidas em diferentes instrumentos normativos devem ser comparadas individualmente, escolhendo, sempre, as mais favoráveis, aplicando, assim, diversas disposições de diversas normas, como se fosse formada uma terceira norma, apenas com as disposições benéficas.

A segunda é a teoria do *conglobamento,* que estabelece que os instrumentos normativos devem ser comparados em seu todo, aplicando-se aquele que, no conjunto, for mais benéfico ao empregado.

A última delas é a teoria do *conglobamento mitigado*, que busca a norma mais benéfica através da comparação das diversas regras sobre cada instituto ou matéria, aplicando aquela em que o instituto for mais benéfico ao empregado.

Assim, nosso ordenamento jurídico acolheu a teoria do conglobamento mitigado, como se vê no art. 3º, II, da Lei 7.064/1982, que dispõe sobre a situação de trabalhadores brasileiros contratados ou transferidos para prestar serviços no exterior:

> Art. 3º. A empresa responsável pelo contrato de trabalho do empregado transferido assegurar-lhe-á, independentemente da observância da legislação do local da execução dos serviços:
>
> I – (...)
>
> II – a aplicação da legislação brasileira de proteção ao trabalho, naquilo que não for incompatível com o disposto nesta lei, quando mais favorável do que a legislação territorial, no conjunto de normas em relação a cada matéria.

1.5.1.3. Condição mais benéfica

Consagra a aplicação da teoria do direito adquirido. Tal princípio informa ao operador do direito que as vantagens adquiridas não podem ser retiradas, tampouco modificadas para pior.

A CLT traz o princípio da condição mais benéfica em seu art. 468, que assim dispõe: "Nos contratos individuais de trabalho só é lícita a alteração das respectivas condições por mútuo consentimento, e ainda assim desde que não resultem, direta ou indiretamente, prejuízos ao empregado, sob pena de nulidade da cláusula infringente desta garantia."

Assim, as condições mais vantajosas estabelecidas no contrato de trabalho irão prevalecer na hipótese de edição de norma superveniente menos favorável ao empregado.

O TST por meio da Súmula 51, item I, trouxe em seu bojo a aplicação do citado princípio, no qual entendeu que "as cláusulas regulamentares que revoguem ou alterem vantagens deferidas anteriormente, só atingirão os trabalhadores admitidos após a revogação ou alteração do regulamento".

1.5.2. Princípio da irrenunciabilidade

Os direitos trabalhistas são irrenunciáveis. As normas trabalhistas, em geral, possuem caráter imperioso ou cogente, na medida em que são normas de ordem pública e, por sua vez, não podem ser modificadas pelo empregador.

Esse princípio informa ao operador do direito que não se admite, em tese, que o empregado renuncie, abrindo mão dos direitos assegurados por lei.

Porém, como todo princípio, esse também não é absoluto, na medida em que pode haver renúncia desses direitos em determinados casos.

O primeiro critério utilizado é quanto à origem do direito. Por meio desse critério, se o direito estiver previsto na lei, ele será indisponível. No entanto, se estiver previsto em trato consensual, ele será renunciável, desde que não haja proibição legal, prejuízo para o trabalhador, em conformidade com o art. 468 da CLT, e vício de consentimento (arts. 138 a 165 do Código Civil).

O segundo critério é o temporal, ou seja, o momento em que será realizada a renúncia. Desta forma, durante a celebração do contrato de trabalho, não se admite qualquer tipo de renúncia; na vigência do contrato de trabalho será admitida renúncia se houver previsão legal para tanto; já após a cessação do contrato de trabalho é admitida com menor restrição.

1.5.3. Princípio da continuidade da relação de emprego

Tem por objetivo preservar o contrato de trabalho, presumindo a contratação por prazo indeterminado, sendo a exceção o contrato com prazo determinado.

Nessa linha, nos termos do art. 448 da CLT, qualquer mudança na propriedade ou na estrutura jurídica da empresa não afetará os contratos de trabalho dos respectivos empregados. Da mesma forma, qualquer alteração na estrutura jurídica da empresa não afetará os direitos adquiridos por seus empregados (art. 10 da CLT).

O TST faz menção ao princípio em comento na Súmula 212 que ensina: "O ônus de provar o término do contrato de trabalho, quando negados a prestação de serviço e o despedimento, é do empregador, pois o princípio da continuidade da relação de emprego constitui presunção favorável ao empregado."

1.5.4. Princípio da primazia da realidade sobre a forma

Por meio desse princípio, deve prevalecer a efetiva realidade dos fatos e não eventual forma construída em desacordo com a verdade. Havendo desacordo entre o que na verdade acontece com o que consta dos documentos, deverá prevalecer a realidade dos fatos. Isso porque vigora no Direito do Trabalho o chamado "contrato-realidade", no qual se ignora a disposição contratual para se examinar o que ocorre efetivamente.

1.5.5. Princípio da intangibilidade salarial

O princípio da intangibilidade salarial vem estampado no art. 462 da CLT, que determina a proibição ao empregador de efetuar descontos no salário do empregado, o qual deve receber seu salário de forma integral. Apenas será permitido o desconto se resultar de adiantamento, de dispositivos de lei ou de contrato coletivo.

Para mais considerações sobre esse princípio, remetemos o leitor ao item 3.8.5 em que é estudado o tema salário e remuneração.

2. Direito Internacional do Trabalho

O Direito Internacional do Trabalho é um ramo do Direito Internacional Público.

No que se refere à relação entre o Direito Internacional e o Direito interno de cada Estado, duas teorias se destacam:
 a teoria monista e a teoria dualista.

No Brasil prevalece a teoria monista, onde "o Direito Internacional e Direito Interno integram uma mesma unidade de ordem jurídica" (Gustavo Felipe Barbosa Garcia, em **Curso de Direito do Trabalho**, 6ª ed., Rio de Janeiro, Forense, 2012, pág. 122).

Para que as normas jurídicas internacionais integrem nosso sistema jurídico, é necessário que passem por um processo de aprovação.

Nessa linha dispõe o art. 84, VIII, da CF:

> Art. 84. Compete privativamente ao Presidente da República:
>
> (...)
>
> VIII – celebrar tratados, convenções e atos internacionais, sujeitos a referendo do Congresso Nacional;

A celebração é composta de 3 fases:

a) fase de negociação: nessa fase são discutidas as disposições da norma a ser firmada;

b) fase deliberatória: nessa fase discute-se o conteúdo que irá integrar a norma internacional;

c) fase de assinatura: é nessa fase que se materializa a celebração da norma na esfera internacional.

Porém, é necessário, ainda, a aprovação pelo Congresso Nacional.

Assim, o Congresso Nacional poderá, por meio de Decreto Legislativo, aprovar ou rejeitar a norma internacional celebrada. Uma vez aprovada, deverá ser realizada a ratificação do ato, por meio de seu depósito no órgão internacional.

Após sua celebração, aprovação e ratificação a norma será promulgada pelo Presidente da República, por meio de Decreto presidencial.

3. Contrato de trabalho

3.1. Relação de emprego e relação de trabalho

É comum a utilização das expressões "relação de emprego" e "contrato de trabalho" para se referir ao vínculo empregatício existente entre empregado e empregador. Trata-se, pois, do contrato individual de trabalho.

Relação de trabalho possui caráter genérico, referindo-se a toda modalidade de contratação de trabalho humano. Todas as relações jurídicas caracterizadas por terem sua prestação essencial centrada em uma obrigação de fazer consubstanciada em labor humano, em troca de um valor pecuniário ou não pecuniário, consistem em uma relação de trabalho.

Abarca, portanto, a relação de emprego e as demais relações de trabalho como a relação do autônomo, do eventual, do avulso, do temporário, do estagiário etc.

Já a relação de emprego é uma espécie de relação de trabalho, firmada por meio de contrato de trabalho que, por sua vez, é composto pela reunião dos elementos fático-jurídicos dispostos nos arts. 2º e 3º da CLT. O correto seria, então, ser chamado de contrato de emprego e não de contrato de trabalho.

Para diferenciarmos as relações de trabalho das relações de emprego, devemos levar em conta o elemento **subordinação**, ou seja, o vínculo de dependência existente entre os contratantes. Assim, é correto afirmar que a relação de emprego seria uma espécie de relação de trabalho, diferenciada das demais em vista da presença do elemento **subordinação**.

3.2. Conceito

O art. 442 da CLT ensina que contrato de trabalho *é o acordo tácito ou expresso correspondente à relação de emprego*. Em outras palavras, é o negócio jurídico em que o empregado compromete-se a prestar serviços de forma pessoal, subordinada e não eventual ao empregador, mediante o pagamento de uma contraprestação.

3.3. Características

Podemos citar como características do contrato de trabalho:

3.3.1. Contrato de direito privado

Como dissemos, embora possamos observar no Direito do Trabalho diversas normas de caráter cogente, não podemos afirmar que esse ramo do direito possa classificar-se como de Direito Público, na medida em que não regula os interesses do Estado.

O que existe é uma intervenção do Estado, estando as partes livres para estipular as cláusulas, desde que respeitem as normas de proteção existentes na Constituição Federal e na CLT.

3.3.2. *Intuitu personae* em relação ao empregado

A prestação de serviço deve ser pessoal, sendo vedada a substituição do empregado, salvo concordância do empregador.

3.3.3. Consensual

Surge da vontade das próprias partes, resultante de um acordo de vontades.

3.3.4. Sinalagmático

Gera deveres e obrigações entre cada uma das partes. O empregado tem a obrigação de prestar o serviço para o qual foi contratado; dever de obediência ao poder de direção do empregador e o direito de receber sua remuneração. O empregador tem a obrigação de pagar o salário ajustado e o direito de exigir o serviço prestado.

3.3.5. Sucessivo ou continuado

A relação apresenta continuidade no tempo. O contrato pressupõe a continuidade da prestação de serviço, não se tratando de obrigação instantânea; a obrigação de fazer não se esgota em uma única prestação.

3.3.6. Oneroso

Não se trata de trabalho gratuito. O contrato implica o pagamento de uma remuneração como contraprestação do serviço realizado.

3.4. Requisitos

A partir do conceito explicitado, podemos extrair os requisitos do contrato de trabalho, ou melhor, os requisitos caracterizadores da relação de emprego, quais sejam:

3.4.1. Pessoa física

O empregado é sempre uma pessoa física ou natural.

3.4.2. Pessoalidade

O empregado deve prestar pessoalmente os serviços, não podendo fazer-se substituir por outra pessoa. O trabalho deve ser exercido pelo próprio trabalhador, em razão de suas qualificações profissionais e pessoais, por isso diz-se que o contrato de trabalho é "*intuitu personae*" ou personalíssimo.

3.4.3. Não eventualidade ou habitualidade

O empregado presta serviços de maneira contínua, não eventual. O trabalho deve ser contínuo.

Ao falarmos de habitualidade, devemos ter em mente a expectativa de que ambas as partes possuem na prestação laboral, ou seja, o trabalhador sabe que deve ir todos os dias ao trabalho e, de outro lado, o empregador aguarda todos os dias seu empregado para o desempenho das atividades laborais.

3.4.4. Subordinação

O empregado é um trabalhador cuja atividade é exercida sob dependência de outrem, para quem sua atividade é dirigida: o empregador.

O empregado presta serviço subordinado, pois deve acolher o poder de direção do empregador no modo de realização do labor.

A dependência ou subordinação é decorrente do contrato de trabalho, por isso é chamada de "subordinação jurídica".

O trabalho é, desta forma, dirigido pelo empregador, que exerce o poder diretivo.

3.4.5. Onerosidade

O trabalho é exercido almejando o recebimento de salário. Em outras palavras, podemos dizer que, ao firmar o contrato de trabalho, o empregado objetiva o recebimento dessa contraprestação pelo serviço que presta.

Caso os serviços sejam executados gratuitamente, não restará configurada a relação de emprego. É o que ocorre, por exemplo, com os serviços religiosos, voluntários, comunitários, filantrópicos etc.

3.4.6. Período de experiência na atividade contratada

O art. 442-A, inserido na CLT com o advento da Lei 11.644/2008, impôs ao empregador um limite temporal para contratação de empregados.

Pelo novel dispositivo legal, o empregador não poderá exigir, no ato da contratação, mais de 6 (seis) meses de prática do candidato para a atividade, ou seja, não poderá o empregador exigir dos pretensos empregados período de experiência superior a 6 (seis) meses para aquela determinada função.

Dispõe o art. 442-A da CLT:

> "Para fins de contratação, o empregador não exigirá do candidato a emprego comprovação de experiência prévia por tempo superior a 6 (seis) meses no mesmo tipo de atividade".

É importante ressaltar que a limitação vale para todos os cargos e categorias profissionais, inclusive para cargos de chefia, gerentes, e, ainda, para contratação com a Administração Pública, quando regidos pela CLT.

Por não fazer qualquer tipo de limitação em relação à atividade a ser contratada, a norma não comporta interpretação restritiva. Deve, contudo, ser interpretada ampliativamente, pois representa uma norma de caráter genérico que deve ser aplicada a toda espécie de contratação.

Como dito, essa imposição afetará, também, a contratação com a Administração Pública quando adotar o regime jurídico celetista para contratação (arts. 37, II, e 173, § 1º, II, da CF). Desta forma, ao abrir um concurso público e adotar o regime jurídico celetista para contratação, a Administração Pública deverá obedecer à nova imposição legal, não podendo lançar no edital do concurso exigência superior a 6 meses para a função.

Por último, vale lembrar que essa limitação em nada se confunde com o prazo de 90 dias estabelecido para o contrato de experiência contido no art. 445, parágrafo único, da CLT. A limitação em estudo representa um elemento pré-contratual, ao passo que o contrato de experiência é um contrato de trabalho formalizado e com prazo determinado.

3.4.7. Exclusividade

Apenas para melhor elucidar os requisitos do contrato de trabalho, é importante lembrar que a exclusividade na prestação não é uma exigência legal.

Desta forma, legitimamente, nada impede que alguém possua mais de um emprego, desde que haja compatibilidade de horários.

3.5. Elementos do contrato de trabalho

O contrato de trabalho é o "acordo, tácito ou expresso, correspondente à relação de emprego".

Para ser válido deverá observar os elementos de validade do negócio jurídico, previstos no art. 104 do Código Civil, quais sejam: agente capaz, objeto lícito, vontade sem vícios, forma prescrita ou não proibida por lei.

3.5.1. Forma

A lei trabalhista não prescreve, em regra, forma especial, podendo ser pactuado de forma verbal, inclusive tácita. É correto afirmar, portanto, que, em regra, o contrato de trabalho não é contrato do tipo solene, tendo em vista que a lei trabalhista não exige nenhuma forma especial para sua validade. Apenas em alguns contratos especiais exige-se forma prescrita, como, por exemplo, o contrato de aprendiz, entre outros.

3.5.2. Agente capaz

É importante frisar que a Constituição Federal, em seu art. 7º, XXXIII, proíbe o trabalho noturno, perigoso e insalubre aos menores de 18 anos e de qualquer trabalho aos menores de 16 anos, salvo na condição de aprendiz, a partir dos 14 anos.

Na esfera trabalhista, a capacidade poderia ser dividida da seguinte maneira:

3.5.2.1. Absolutamente incapazes

Seriam os menores de 14 anos, na medida em que é vedado a eles qualquer tipo de atividade.

3.5.2.2. Relativamente incapazes

Aqueles com idades entre 14 e 18 anos. Em conformidade com o art. 7º, XXXIII, da CF, o trabalho é proibido para idades entre 16 e 18 anos no horário noturno e em condições perigosas ou insalubres e, em qualquer atividade, aos menores de 16 anos, salvo como aprendiz a partir dos 14 anos de idade.

3.5.2.3. Capazes

As pessoas com idade igual ou superior a superior a 18 anos de idade.

3.5.2.4. Trabalho do índio

Nos termos do art. 4º, parágrafo único, do Código Civil: "a capacidade dos índios será regulada por legislação própria."

A legislação que regula a situação jurídica dos índios é a Lei 6.001/1973 (Estatuto do Índio). O seu art. 8º dispõe:

> Art. 8º São nulos os atos praticados entre o índio não integrado e qualquer pessoa estranha à comunidade indígena quando não tenha havido assistência do órgão tutelar competente.

Todavia, dispõe o parágrafo único do mesmo dispositivo que essa regra não se aplica ao índio que revele consciência e conhecimento do ato praticado, desde que não lhe seja prejudicial, e da extensão dos seus efeitos.

Com relação à capacidade, é importante destacar o art. 4º da Lei 6.001/1973:

> Art. 4º. Os índios são considerados:
>
> I – Isolados – Quando vivem em grupos desconhecidos ou de que se possuem poucos e vagos informes através de contatos eventuais com elementos da comunhão nacional;
>
> II – Em vias de integração – Quando, em contato intermitente ou permanente com grupos estranhos, conservam menor ou maior parte das condições de sua vida nativa, mas aceitam algumas práticas e modos de existência comuns aos demais setores da comunhão nacional, da qual vão necessitando cada vez mais para o próprio sustento;
>
> III – Integrados – Quando incorporados à comunhão nacional e reconhecidos no pleno exercício dos direitos civis, ainda que conservem usos, costumes e tradições característicos da sua cultura.

Nessa linha, ensina o art. 15 da mesma lei que o contrato de trabalho firmado com o índio considerado isolado é nulo de pleno direito.

Já com o indígena em processo de integração, o trabalho dependerá de prévia aprovação do órgão de proteção do ao índio, a FUNAI (Fundação Nacional do Índio), instituída pela Lei 5.371/67.

Desta forma, podemos entender a capacidade para o trabalho do índio da seguinte forma:

a) capacidade plena: aos índios integrados à sociedade;

b) capacidade relativa: índios em processo de integração, cujo trabalho dependerá da aprovação da FUNAI;

c) incapacidade: são incapazes os índios isolados.

Importante ressaltar que nos casos de contrato de trabalho celebrado com indígena isolado ou em processo de integração, sem a aprovação do órgão competente, todos os direitos trabalhistas lhe serão assegurados.

3.5.3. Objeto

Com relação ao objeto, cumpre distinguir o trabalho ilícito do trabalho proibido.

Trabalho proibido é aquele que, por motivos vários, a lei impede que seja exercido por determinadas pessoas ou em determinadas circunstâncias, como, por exemplo, o trabalho do menor em condições insalubres (art. 405, I, da CLT). Nessa hipótese, o trabalhador poderá reclamar o que lhe é devido pelos serviços prestados, ainda que o contrato seja nulo. Desta forma, caso um menor seja admitido como empregado, desfeito o contrato sem culpa sua, terá todos os direitos que a lei assegura a quem presta trabalho subordinado e em função do tempo de serviço.

Por outro lado, trabalho ilícito é aquele não permitido porque seu objeto consiste na prestação de atividades criminosas e/ou contravencionais. Nele não se cogita vínculo de emprego, pois o respectivo negócio jurídico é destituído de validade, conforme dispõe o art. 104, II, do Código Civil. Se a nulidade decorre da ilicitude do objeto do contratado, o trabalhador já não poderá reclamar o pagamento dos serviços prestados.

Assim, se uma pessoa presta serviços a outrem, mas o objeto da prestação é ilícito, como, por exemplo, o jogo do bicho, não haverá relação de emprego.

A respeito do trabalho ilícito, a SDI 1 do TST editou a Orientação Jurisprudencial 199, que assim dispõe:

> OJ-SDI1-199 – JOGO DO BICHO. CONTRATO DE TRABALHO. NULIDADE. OBJETO ILÍCITO
>
> É nulo o contrato de trabalho celebrado para o desempenho de atividade inerente à prática do jogo do bicho, ante a ilicitude de seu objeto, o que subtrai o requisito de validade para a formação do ato jurídico.

Será considerado nulo o contrato de trabalho nos mesmos casos de nulidade do ato jurídico em geral, ou quando concluído com o objetivo de desvirtuar, impedir ou fraudar as normas de proteção ao trabalho, em conformidade com o art. 9.º da CLT.

3.6. Contratação pela administração pública

Nos termos do art. 37, II, da CF a investidura em cargo ou emprego público depende, em regra, de aprovação prévia em concurso público de provas ou de provas e títulos, de acordo com a natureza e a complexidade do cargo ou emprego.

Desta forma, para que o contrato seja considerado lícito, deverá seguir a obrigatoriedade de concurso público, inclusive as sociedades de economia mista e as empresas públicas.

Nessa linha, entende o TST, através da Súmula 363, que após a Constituição Federal de 1988 a contratação de servidor público, sem prévia aprovação em concurso público, encontra óbice no art. 37, II e § 2º, sendo o contrato considerado nulo. Nesse caso, somente será garantido ao obreiro o direito ao pagamento da contraprestação pactuada, em relação ao número de horas trabalhadas, respeitado o valor da hora do salário-mínimo, e dos valores referentes aos depósitos do FGTS.

Importante lembrar o recente entendimento consubstanciado na Súmula 430 do TST:

> SÚMULA 430 – ADMINISTRAÇÃO PÚBLICA INDIRETA. CONTRATAÇÃO. AUSÊNCIA DE CONCURSO PÚBLICO. NULIDADE. ULTERIOR PRIVATIZAÇÃO. CONVALIDAÇÃO. INSUBSISTÊNCIA DO VÍCIO.
>
> Convalidam-se os efeitos do contrato de trabalho que, considerado nulo por ausência de concurso público, quando celebrado originalmente com ente da Administração Pública Indireta, continua a existir após a sua privatização.

3.7. Contrato de trabalho por equipe

O contrato de equipe não pode ser confundido com o contrato coletivo de trabalho, que é regulado pelo Direito Coletivo do Trabalho.

O contrato de equipe é constatado pela reunião de diversos contratos individuais de trabalho, mantidos em conjunto, mas cada um deles considerados autonomamente.

Esses diversos contratos de trabalho estão ligados entre si em decorrência da própria forma de prestação de serviços, existência de objeto comum e identidade de empregador.

Como exemplo, podemos imaginar a contratação de uma banda musical ou orquestras.

3.8. Duração dos contratos de trabalho

Em função do princípio da continuidade da relação de emprego, os contratos de trabalho são, em regra, por prazo indeterminado. Assim, presume-se (presunção relativa – *juris tantum*) que o contrato de trabalho tenha sido pactuado por prazo indeterminado, regra do sistema trabalhista brasileiro.

Excepcionalmente são admitidos, pela legislação, os contratos a termo ou por prazo determinado. Nesses contratos as partes já sabem previamente qual será a data de seu início e término, ou seja, o contrato é celebrado por certo lapso temporal. Este tipo de contrato somente poderá ser pactuado nos casos permitidos pela legislação em vigor.

Três modalidades de contratos a termo estão dispostos na própria CLT, em seu art. 443 e parágrafos, enquanto os demais estão previstos em legislações esparsas.

3.8.1. Contratos por prazo determinado da CLT

Para hipóteses de serviços cuja natureza ou transitoriedade justifique a predeterminação do prazo, para atividades empresarias de caráter transitório e por contrato de experiência, a CLT admite que o contrato de trabalho seja pactuado por prazo certo.

3.8.1.1. Serviços cuja natureza ou transitoriedade justifiquem a predeterminação do prazo

A CLT admite em seu art. 443, § 2º, "*a*", a contratação com prazo determinado em se tratando de serviço cuja natureza ou transitoriedade justifiquem a predeterminação do prazo.

Essa hipótese ocorrerá quando o serviço possuir caráter transitório, ou seja, é levada em consideração a natureza ou a periodicidade do serviço prestado, como, por exemplo, a contratação de um empregado para atender a um aumento transitório na produção de ovos de chocolate, no período de Páscoa.

3.8.1.2. Atividades empresarias de caráter transitório

Nas atividades empresariais de caráter transitório, diferentemente da hipótese estudada anteriormente, a própria atividade da empresa possui caráter transitório. Podemos citar como exemplo um restaurante que funciona apenas em certas épocas do ano, como no Natal ou Ano Novo.

Em ambas as hipóteses, o contrato não poderá exceder o período de 2 (dois) anos, admitindo-se apenas uma única prorrogação, desde que obedecido esse prazo máximo, ou seja, mesmo prorrogado o contrato não poderá exceder 2 (dois) anos.

3.8.1.3. Contrato de experiência

Disciplinado no art. 443, § 2º, "c", da CLT, é uma modalidade do contrato por prazo determinado, no qual as partes irão se testar mutuamente, ou seja, o empregador verificará se o empregado tem aptidão para exercer a função para a qual foi contratado e o empregado irá verificar se o empregador cumpre com suas obrigações em dia, se é tratado com civilidade etc.

O contrato de experiência não poderá exceder 90 dias e, também, só poderá ser prorrogado uma única vez, sempre observado o prazo máximo de sua duração.

É importante ressaltar a regra disposta no art. 452 da CLT que ensina ser necessário, entre uma contratação e outra, a observância de um período mínimo de 6 meses, sob pena de ser considerado contrato por prazo indeterminado.

O próprio art. 452, em sua parte final, traz exceção a essa regra. Assim, o empregador poderá contratar novamente com prazo determinado, mesmo antes do prazo de 6 meses:

a) caso a expiração do primeiro contrato tenha dependido da execução de serviços especializados: são hipóteses em que o profissional contratado exerce um serviço especializado, por exemplo, o profissional que montará um equipamento na empresa; permite-se a celebração de um novo contrato a prazo para a montagem de um novo maquinário;

b) caso a expiração do primeiro contrato ocorra pela realização de certos acontecimentos: ocorre com o trabalhador contratado para trabalhar em períodos de aumento de serviços, como no Natal, carnaval, férias, entre outros. Cessando esses acontecimentos, poderá haver nova contratação mesmo antes do período de 6 meses.

3.6.2. Rescisão nos contratos por prazo determinado

Os contratos com prazo determinado poderão se extinguir pelo seu termo ou, antecipadamente, por vontade de qualquer das partes.

Na primeira hipótese, o contrato se encerrará com o advento do seu termo. Porém, extinto antecipadamente o contrato de trabalho por vontade do empregador, nos termos do art. 479 da CLT, será este obrigado a pagar indenização correspondente à metade da remuneração a que teria direito até o termo do contrato. Caso seja o empregado que, sem justa causa, queira rescindir o contrato antes do prazo ajustado, será obrigado a indenizar o empregador dos prejuízos que desse fato lhe resultarem – art. 480 da CLT. Nesse caso, a indenização paga pelo empregado não poderá ser mais alta do que ele teria direito em iguais condições.

No entanto, é permitido às partes instituírem uma cláusula que cuide da hipótese de rescisão antecipada do contrato por prazo determinado pactuado. Nesses termos, convencionada a *cláusula assecuratória do direito recíproco de rescisão* e exercido tal direito por qualquer das partes, serão aplicados os princípios que regem a rescisão dos contratos por prazo indeterminado, em conformidade com o art. 481 da CLT, inclusive com a incidência de aviso-prévio.

É importante ressaltar que a regra contida no art. 479 da CLT não é aplicável aos contratos com prazo determinado disciplinados pela Lei 9.601/1998 por expressa vedação da art. 1º, § 1º, I, da Lei 9.601/1998.

Para maiores considerações acerca do tema, remetemos o leitor ao Capítulo 6, item 2.

3.6.3. Contrato de trabalho temporário

Regulado pela Lei 6.019/1974, é aquele prestado por pessoa física para atender à necessidade transitória de substituição de pessoal regular e permanente ou ao acréscimo extraordinário de serviços da empresa.

A contratação de um temporário ocorre por meio da chamada **empresa de trabalho temporário**. Nesse caso configura-se uma relação triangular, na qual o trabalhador mantém relação jurídica com a empresa de trabalho temporário, que o coloca à disposição da empresa tomadora de serviços.

Havendo contratação fora das hipóteses em que é admitida, formar-se-á o vínculo diretamente com a empresa tomadora de serviços. Nessa hipótese, há responsabilidade solidária entre a empresa de trabalho temporário e a tomadora de serviços com relação aos créditos trabalhistas.

Vale lembrar que não é admitida a contratação de temporários no âmbito rural, devendo a empresa de trabalho temporário ser, necessariamente, urbana, em conformidade com o art. 4º da Lei 6.019/1974.

O contrato de trabalho do temporário não poderá exceder 3 (três) meses, salvo autorização de prorrogação conferida pelo Ministério do Trabalho e Emprego, pelo mesmo período, uma única vez, desde que a empresa justifique que a necessidade transitória de substituição excedeu o prazo previsto e que as circunstâncias que geraram o acréscimo extraordinário dos serviços sejam mantidas.

3.6.4. Contrato por prazo determinado da Lei 9.601/1998

Diferentemente da modalidade prevista na CLT, em que a contratação deve ocorrer para serviços cuja natureza ou transitoriedade justifique a predeterminação do prazo ou para atividades empresariais de caráter transitório, a lei em comento admite a contratação do obreiro para quaisquer atividades na empresa.

A lei, no entanto, condiciona a contratação à prévia negociação coletiva, com a respectiva assinatura de acordo ou convenção coletiva.

No respectivo instrumento – acordo coletivo ou convenção coletiva, as partes estabelecerão indenização para as hipóteses de rescisão antecipada do contrato, seja por iniciativa do empregador seja por iniciativa do empregado, tendo em vista que, nos termos do art. 1º, I, da lei, a indenização estipulada nos arts. 479 e 480 da CLT não é aplicável aos obreiros contratados pela Lei 9.601/1998. Desta forma, o acordo coletivo ou a convenção coletiva estabelecerá a indenização por rescisão antecipada do contrato, não se aplicando, portanto, a multa de 40% sobre os depósitos do FGTS, bem como o aviso-prévio.

No instrumento coletivo ficarão estabelecidas, também, as multas pelo descumprimento das cláusulas nele estabelecidas.

Nos termos do art. 1º, § 4º, da Lei 9.601/1998, à gestante, ao dirigente sindical, ainda que suplente, ao empregado eleito para cargo de direção de comissões internas de prevenção de acidentes, ao empregado acidentado, nos termos do art. 118 da Lei 8.213/1991, são garantidas as estabilidades provisórias, durante a vigência do contrato por prazo determinado, que não poderá ser rescindido antes do prazo estipulado pelas partes.

A contratação deverá, ainda, representar um acréscimo no número de empregados da empresa, tudo em conformidade com o art. 1º, *caput*, da lei que dispõe: "As convenções e os acordos coletivos de trabalho poderão instituir contrato de trabalho por prazo determinado, de que trata o art. 443 da Consolidação das Leis do Trabalho – CLT, independentemente das condições estabelecidas em seu § 2º, em qualquer atividade desenvolvida pela empresa ou estabelecimento, para admissões que representem acréscimo no número de empregados."

O prazo máximo de sua duração é de 2 (dois) anos, sendo permitidas inúmeras prorrogações, desde que obedecido o prazo máximo de duração.

É importante saber que a regra contida no art. 451 consolidado, que ensina que o contrato de trabalho por prazo determinado que, tácita ou expressamente, for prorrogado mais de uma vez passará a vigorar sem determinação de prazo, não é aplicável a essa espécie de contratação com base no § 2º do art. 1º da Lei 9.601/1998.

3.6.5. Contrato do trabalhador rural por pequeno prazo

Trata-se de um contrato por prazo determinado que somente poderá ser firmado por pessoa física, não sendo admitida a contratação por pessoa jurídica, em razão da própria redação do art. 14-A da Lei 5.889/1973.

O prazo da contratação é regulado pelo § 1º do art. 14-A, o qual prescreve que a contratação não poderá exceder, dentro do período de 1 (um) ano, 2 (dois) meses e, caso não seja respeitado esse prazo, será automaticamente convertido em contrato por prazo indeterminado.

O dispositivo em estudo nos mostra, também, que é permitida a prorrogação do contrato de trabalho rural por pequeno prazo, por quantas vezes se mostrar necessário, desde que obedeça ao prazo máximo de 2 meses, dentro do período de 1 ano, sob pena de se tornar contrato por prazo indeterminado.

Em razão do princípio da isonomia, são assegurados ao trabalhador contratado por pequeno prazo todos os direitos assegurados ao emprego rural comum.

A inclusão do trabalhador rural contratado nessa modalidade na Guia de Recolhimento do Fundo de Garantia do Tempo de Serviço e Informações à Previdência Social – GFIP é obrigatória por parte do empregador.

3.7. Contrato de empreitada

Disciplinada nos arts. 610 a 626 do CC, a empreitada pode ser definida, conforme as lições de Maria Helena Diniz (em **Código Civil Anotado**, 8ª ed., São Paulo, Saraiva, 2002, pág. 397) como o "contrato pelo qual um dos contraentes (empreiteiro) se obriga, sem subordinação ou dependência, a realizar, pessoalmente ou por meio de terceiro, certa obra para o outro (dono da obra ou comitente), com material próprio ou por este fornecido, mediante remuneração determinada ou proporcional ao trabalho executado."

Portanto, a empreitada objetiva a entrega de uma obra mediante o pagamento de um preço.

Nota-se que nos contratos de empreitada não está presente o elemento subordinação, mas sim a autonomia.

O empreiteiro é um profissional que vende seus serviços para outras pessoas, fornecendo a mão de obra e os materiais ou tão somente a mão de obra. Assim, verifica-se que o empreiteiro, para o desenvolvimento de suas atividades, possui uma equipe de trabalhadores, que são seus empregados.

Portanto, entre o empreiteiro e seus empregados, temos diversos contratos de trabalho, ao passo que, no contrato entre o empreiteiro e o dono da obra, temos um contrato de empreitada, nos moldes da lei civil.

3.7.1. Subempreitada

Ocorrerá a subempreitada sempre que o empreiteiro principal efetuar a contratação de outros empreiteiros (subempreiteiros) para o cumprimento de suas obrigações contratuais.

Ao contratar um subempreiteiro, o empreiteiro principal, além dos riscos quanto à realização da obra, assume as obrigações trabalhistas, em conformidade com o art. 455 da CLT:

> Art. 455. Nos contratos de subempreitada responderá o subempreiteiro pelas obrigações derivadas do contrato de trabalho que celebrar, cabendo, todavia, aos empregados, o direito de reclamação contra o empreiteiro principal pelo inadimplemento daquelas obrigações por parte do primeiro.

Desta forma, caso não adimplidas as obrigações trabalhistas pelo subempreiteiro, os empregados poderão reclamar do empreiteiro principal o cumprimento delas.

3.7.1.1. Responsabilidade do dono da obra

A responsabilidade pelo pagamento das obrigações trabalhistas não pode recair sobre o dono da obra. Não pode o dono da obra ser responsabilizado pelas obrigações trabalhistas do empreiteiro e subempreiteiro.

Nesse sentido o TST se pronunciou por meio da orientação jurisprudencial 191 da SDI 1 do TST:

> ORIENTAÇÃO JURISPRUDENCIAL 191 DA SDI 1 DO TST – CONTRATO DE EMPREITADA. DONO DA OBRA DE CONSTRUÇÃO CIVIL. RESPONSABILIDADE
>
> Diante da inexistência de previsão legal específica, o contrato de empreitada de construção civil entre o dono da obra e o empreiteiro não enseja responsabilidade solidária ou subsidiária nas obrigações trabalhistas contraídas pelo empreiteiro, salvo sendo o dono da obra uma empresa construtora ou incorporadora.

4. Dano moral e dano material

Nas lições de Maria Helena Diniz (em Curso de Direito Civil brasileiro: responsabilidade civil, 9ª ed., São Paulo, Saraiva, 1995, pág. 48), "dano é o prejuízo causado à pessoa, ou seja, lesão a bem ou interesse jurídico, podendo ser de ordem material ou moral".

O dano moral afeta os direitos da pessoa humana, ou seja, os direitos da personalidade, violando a honra, a fama, a intimidade etc. O dano material, por outro lado, relaciona-se com a lesão aos direitos de ordem patrimonial.

Nos domínios do Direito do Trabalho, o dano moral trabalhista é aquele oriundo da relação de trabalho, ou seja, ocorrido no âmbito laboral. Embora a tradicional definição de dano moral como a lesão aos direitos da pessoa humana, nossa jurisprudência entende que as pessoas jurídicas também poderão sofrer danos morais. Isso porque o art. 52 do Código Civil determina ser aplicável às pessoas jurídicas, no que couber, a proteção dos direitos da personalidade. Nesse sentido é a Súmula 227 do STJ:

> SÚMULA 227 STJ – A pessoa jurídica pode sofrer dano moral.

Por fim, com relação à atualização monetária e juros de mora, importante lembrar o entendimento disposto na Súmula 439 do TST:

> SÚMULA 439 TST – DANOS MORAIS. JUROS DE MORA E ATUALIZAÇÃO MONETÁRIA. TERMO INICIAL

Nas condenações por dano moral, a atualização monetária é devida a partir da data da decisão de arbitramento ou de alteração do valor. Os juros incidem desde o ajuizamento da ação, nos termos do art. 883 da CLT.

5. Assédio moral

O assédio moral se caracteriza por condutas reiteradas de violência psicológica capazes de causar desequilíbrio emocional e doenças de ordem psíquicas ou até mesmo físicas.

No assédio moral, o trabalhador é exposto a situações constrangedoras, repetitivas e prolongadas durante seu labor no exercício de suas funções.

A intolerância contínua, o exagero de ordens e cobranças desproporcionais em relação a um empregado podem configurar o assédio moral.

Mauricio Godinho Delgado (em **Curso de Direito do Trabalho**, 8ª ed., São Paulo, LTr, 2009, pág. 1122) ensina: "registre-se que, entre os dispositivos que podem incidir sobre o denominado assédio moral do empregador sobre o empregado (alíneas *a*, *b*, *d*, *e* e *f* do art. 483 da CLT), esté é, certamente, de maneira geral, o mais apropriado."

Contudo, além da hipótese mais comum, que é o assédio moral por parte do empregador, também chamado de assédio moral vertical descendente, poderá ocorrer também o assédio por parte do "colega" de trabalho que ocupa a mesma posição hierárquica, conhecido como assédio moral horizontal ou, ainda, por grupo de empregados em posição hierarquicamente inferior, chamado de assédio moral vertical ascendente.

6. Sujeitos da relação de emprego

6.1. Empregado

O conceito de empregado vem disciplinado no art. 3º da CLT, que ensina: "considera-se empregado toda pessoa física que prestar serviços de natureza não eventual a empregador, sob a dependência deste e mediante salário."

Desta forma, é considerado empregado todo trabalhador que prestar serviços a um empregador.

Os requisitos já foram devidamente estudados quando tratamos do contrato de trabalho e de toda forma serão aqui aplicáveis.

6.1.1. Espécies de empregados

Podemos destacar algumas espécies de empregados, ou modalidades especiais de empregados:

6.1.1.1. Empregados domésticos

Em conformidade com o art. 1º da Lei 5.859/1972, que disciplina a profissão, são considerados empregados domésticos aqueles que prestam serviços de natureza contínua, à pessoa ou à família, no âmbito residencial dessas e que não desenvolve atividade econômica.

Pode ser também conceituado como qualquer pessoa física que presta serviços contínuos a um ou mais empregadores, em suas residências, desde que sem fins lucrativos, de forma não eventual, contínua, subordinada, individual e mediante remuneração.

Nos termos do art. 7º, *a*, da CLT os preceitos dispostos no texto consolidado não são aplicáveis aos empregados domésticos, que são regulados pela Lei 5.859/1972, com as alterações trazidas pela Lei 11.324/2006.

A Constituição Federal prevê os direitos assegurados ao empregado doméstico no parágrafo único do art. 7º, recentemente alterado pela Emenda Constitucional 72, de 02 de abril de 2013.

Segue a nova redação dada ao parágrafo único do art. 7º da CF pela Emenda Constitucional 72/2013:

> "Art. 7º ...
>
> Parágrafo único. São assegurados à categoria dos trabalhadores domésticos os direitos previstos nos incisos IV, VI, VII, VIII, X, XIII, XV, XVI, XVII, XVIII, XIX, XXI, XXII, XXIV, XXVI, XXX, XXXI e XXXIII e, atendidas as condições estabelecidas em lei e observada a simplificação do cumprimento das obrigações tributárias, principais e acessórias, decorrentes da relação de trabalho e suas peculiaridades, os previstos nos incisos I, II, III, IX, XII, XXV e XXVIII, bem como a sua integração à previdência social."

Criada com o intuito de equiparar os direitos dos empregados domésticos, a citada Emenda acrescentou direitos antes garantidos somente aos empregados urbanos e rurais, tais como: indenização em caso de dispensa imotivada; seguro-desemprego; FGTS obrigatório; garantia de salário, nunca inferior ao mínimo, para os que percebem remuneração variável; adicional noturno; proteção do salário, sendo crime a retenção dolosa de pagamento; salário família; jornada de trabalho de 8 horas por dia e 44 por semana; direito a hora extra; observância de norma de higiene, saúde e segurança no trabalho; auxílio creche e pré-escola para os filhos e dependentes até os 5 anos de idade; seguro contra acidente de trabalho; proibição de discriminação em relação à pessoa com deficiência; proibição do trabalho noturno, perigoso ou insalubre aos menores de 16 anos.

No entanto, por expressa determinação do texto constitucional, alguns direitos dependem de regulamentação para serem efetivados.

Nessa ordem, são de aplicação imediata os seguintes direitos:

- ✔ salário-mínimo;
- ✔ irredutibilidade de salário;
- ✔ garantia de salário, nunca inferior ao mínimo, para os que percebem remuneração variável;
- ✔ 13º salário com base na remuneração integral ou no valor da aposentadoria;
- ✔ proteção do salário na forma da lei, constituindo crime sua retenção dolosa;
- ✔ duração do trabalho normal não superior a 8 (oito) horas diárias e 44 (quarenta e quatro semanais), facultada a compensação de horários e a redução da jornada, mediante acordo ou convenção coletiva de trabalho;
- ✔ remuneração do serviço extraordinário superior, no mínimo, em 50% à do normal;
- ✔ repouso semanal remunerado, preferencialmente aos domingos;
- ✔ gozo de férias anuais remuneradas com, pelo menos, 1/3 a mais do que o salário normal;
- ✔ licença à gestante, sem prejuízo do emprego e do salário, com a duração de 120 (cento e vinte dias);
- ✔ licença-paternidade;
- ✔ aviso prévio proporcional ao tempo de serviço, sendo no mínimo de 30 (trinta) dias, nos termos da lei;
- ✔ redução dos riscos inerentes ao trabalho, por meio de normas de saúde, higiene e segurança;
- ✔ aposentadoria;
- ✔ reconhecimento das convenções e acordos coletivos de trabalho;
- ✔ proibição de diferença de salários, de exercício de funções e de critério de admissão por motivo de sexo, idade, cor ou estado civil;
- ✔ proibição de qualquer discriminação no tocante a salário e critérios de admissão do trabalhador portador de deficiência;
- ✔ proibição de trabalho noturno, perigoso ou insalubre a menores de dezoito e de qualquer trabalho a menores de dezesseis anos, salvo na condição de aprendiz, a partir de quatorze anos.

No entanto, dependem de regulamentação:

- ✔ relação de emprego protegida contra despedida arbitrária ou sem justa causa, nos termos de lei complementar, que preverá indenização compensatória, dentre outros direitos;
- ✔ seguro-desemprego, em caso de desemprego involuntário;
- ✔ fundo de garantia do tempo de serviço;
- ✔ remuneração do trabalho noturno superior à do diurno;
- ✔ salário-família pago em razão do dependente do trabalhador de baixa renda;
- ✔ assistência gratuita aos filhos e dependentes desde o nascimento até 5 (cinco) anos de idade em creches e pré-escolas;
- ✔ seguro contra acidentes de trabalho, a cargo do empregador, sem excluir a indenização a que este está obrigado, quando incorrer em dolo ou culpa.

Importante destacar que os direitos indicados no art. 7º da CF/1988 são considerados direitos fundamentais. Nessa linha, determina o § 1º do art. 5º do texto constitucional que as normas definidoras dos direitos e garantias fundamentais têm aplicação imediata. Assim, salvo os casos excepcionados expressamente no parágrafo único do art. 7º da CF, os direitos do empregado doméstico devem ter aplicação imediata, cabendo ao intérprete do direito a melhor interpretação para buscar efetividade aos direitos reconhecidos constitucionalmente.

Desta forma, salvo as exceções expressas do texto constitucional, até que norma especial venha regulamentar os direitos assegurados pela EC 72/2013, deverá o operador do direito aplicar as normas da CLT.

Ponto marcante da EC 72/2013 foi a fixação da jornada de trabalho de 8 horas diárias e 44 semanais, nos termos do art. 7º, XIII, da CF e caso ultrapassado esse limite, um adicional de horas extras de, no mínimo, 50% sobre a hora normal de trabalho, nos termos do inciso XVI do art. 7º da CF. Essa importante garantia fez surgir uma grande discussão acerca do período de intervalo e refeição para os empregados domésticos.

Nesse sentido, sustentamos que o capítulo II da CLT que cuida da duração do trabalho, no tocante aos intervalos intra e interjornadas, dispostos nos arts. 66 e 71 da CLT; a possibilidade de desconto por atraso no trabalho, assim como o limite para cômputo das horas extras e o tempo à disposição previsto no art. 4º da CLT, pelas razões expostas acima, são aplicáveis aos empregados domésticos.

No plano infraconstitucional a Lei 5.859/1972 fixou como direitos do empregado doméstico: a anotação na CTPS; férias anuais de 30 dias; vedação contra despedida arbitrária ou sem justa causa da empregada doméstica gestante, desde a confirmação da gravidez até 5 meses após o parto.

Vale dizer que a Lei 12.506/2011 que regula o aviso prévio proporcional é aplicável aos empregados domésticos.

Por último, aos empregados domésticos são assegurados os benefícios e serviços da Lei Orgânica da Previdência Social na qualidade de segurados obrigatórios.

6.1.1.2. Empregado rural

Dispõe o art. 2º da Lei 5.889/1973 que empregado rural é toda pessoa física que, em propriedade rural ou prédio rústico, presta serviços de natureza não eventual a empregador rural, sob a dependência deste e mediante salário. É, portanto, aquele que presta serviços nas atividades da agricultura ou da pecuária a um empregador rural, em propriedade rural ou prédio rústico, entendido como sendo aquele prédio situado em zona urbana, mas dedicado à atividade rural.

Por força do art. 7º, *caput*, da CF, seus direitos foram totalmente equiparados aos direitos dos trabalhadores urbanos.

O contrato de trabalho rural pode ter duração determinada e indeterminada.

É importante lembrar que o TST por meio da Orientação Jurisprudencial 315 da SDI 1 do TST entende ser trabalhador rural o motorista que trabalha no âmbito de empresa cuja atividade é preponderantemente rural, considerando que, de modo geral, não enfrenta o trânsito das estradas e cidades.

6.1.1.3. Empregado em domicílio

Empregado em domicílio é aquele que trabalha na sua própria residência. Nessa linha, o art. 83 da CLT define o trabalho em domicílio como aquele executado na habitação do empregado ou em oficina de família, por conta de empregador que o remunere, sendo garantido o salário-mínimo.

Importante frisar que o art. 6º da CLT, com a nova redação dada pela Lei 12.551/2011, leciona que não se distingue entre o trabalho realizado no estabelecimento do empregador, o executado no domicílio do empregado e o realizado a distância, desde que estejam caracterizados os pressupostos da relação de emprego. Os requisitos da relação de emprego já foram estudados, mas apenas para recordar, vale dizer que são eles: subordinação jurídica, onerosidade, pessoa física, pessoalidade, habitualidade e alteridade.

Visando a atender, portanto, o trabalho em domicílio, o parágrafo único do art. 6º consolidado equipara os meios telemáticos e informatizados de comando, controle e supervisão, para fins de subordinação jurídica, aos meios pessoais e diretos de comando, controle e supervisão do trabalho alheio.

Desta forma, o período em que o empregado permanecer em sua residência recebendo ordens emanadas de seus superiores hierárquicos representará, nos termos do art. 4º da CLT, tempo à disposição do empregador, devendo ser computado na jornada de trabalho do empregado.

6.1.1.4. Empregado aprendiz

O art. 428 da CLT define o contrato de aprendizagem como sendo um contrato de trabalho especial, ajustado por escrito e por prazo determinado, em que o empregador se compromete a assegurar ao maior de 14 (quatorze) e menor de 24 (vinte e quatro) anos, inscrito em programa de aprendizagem, formação técnico-profissional metódica, compatível com o seu desenvolvimento físico, moral e psicológico, e o aprendiz, a executar com zelo e diligência as tarefas necessárias a essa formação.

Aprendiz é, portanto, o empregado maior de 14 anos e o menor de 24 anos que celebra contrato de aprendizagem.

É importante mencionar que o limite de idade máxima estabelecido de 24 anos não se aplica a aprendizes portadores de deficiência, nos termos do § 5º do art. 428 consolidado.

O contrato de aprendizagem não poderá ser estipulado por prazo superior a 2 (dois) anos, exceto quando se tratar de aprendiz portador de deficiência.

A contratação do aprendiz poderá ser efetivada pela empresa na qual se realizará a aprendizagem ou por entidades sem fins lucrativos que tenham por objetivo a assistência ao adolescente e à educação profissional, registradas no Conselho Municipal dos Direitos da Criança e do Adolescente.

O aprendiz é, portanto, um empregado, pois possui vínculo de emprego com a empresa contratante. No entanto, é importante ressaltar que a contratação efetivada através de entidades sem fins lucrativos que objetivam a assistência ao adolescente e à educação profissional não gera vínculo de emprego entre o aprendiz e a empresa tomadora dos serviços.

A validade do contrato de aprendizagem está condicionada à anotação na carteira de trabalho, matrícula e frequência do aprendiz na escola, caso o aprendiz não tenha concluído o ensino médio, e inscrição em programa de aprendizagem desenvolvido sob orientação de entidade qualificada em formação técnico-profissional metódica.

Para os aprendizes que não tenham concluído o ensino médio, a matrícula e a frequência em escola serão obrigatórias. No entanto, caso não haja na localidade oferta de ensino médio, a contratação do aprendiz poderá ocorrer sem a frequência à escola, mas desde que ele já tenha concluído o ensino fundamental.

A duração do trabalho do aprendiz não poderá exceder 6 (seis) horas diárias, sendo vedadas a prorrogação e a compensação de jornada.

O contrato de aprendizagem será extinto no seu termo ou quando o aprendiz completar 24 anos, ressalvada a proposição quanto ao portador de necessidades especiais.

Porém, poderá cessar de forma antecipada havendo desempenho insuficiente ou inadaptação do aprendiz, falta disciplinar grave, ausência injustificada à escola que provoque perda do ano letivo ou, ainda, a pedido do aprendiz.

Vale dizer que nas hipóteses de cessação antecipada do contrato, não serão aplicadas as indenizações previstas nos arts. 479 e 480 da CLT.

Por último, nos termos do art. 429 da CLT os estabelecimentos de qualquer natureza são obrigados a empregar e matricular nos cursos dos Serviços Nacionais de Aprendizagem número de aprendizes equivalente a 5% (cinco por cento), no mínimo, e 15% (quinze por cento), no máximo, dos trabalhadores existentes em cada estabelecimento, cujas funções demandem formação profissional.

A Lei 12.594/2012 incluiu o § 2º no citado dispositivo, determinando que os estabelecimentos deverão ofertar vagas de aprendizes a adolescentes usuários do Sistema Nacional de Atendimento Socioeducativo (Sinase) nas condições a serem dispostas em instrumentos de cooperação celebrados entre os estabelecimentos e os gestores dos Sistemas de Atendimento Socioeducativo locais.

6.1.1.5. Diretor de sociedade

Considera-se diretor empregado aquele que, participando ou não do risco do empreendimento, seja contratado ou promovido para cargo de direção, mantendo as características inerentes à relação de emprego.

6.1.1.6. Empregado público

Os empregados públicos ocupam empregos públicos, subordinados às normas da CLT, e são contratados por prazo indeterminado para exercício de funções na administração direta, autárquica e fundacional. Trata-se do servidor público regido pela CLT.

É aquele que ocupa emprego público criado por lei, em decorrência de aprovação em concurso público. Possui vínculo de emprego, sendo regido pela CLT, podendo atuar na Administração Direta, autarquias, fundações e associações públicas, empresas públicas e sociedade de economia mista.

Os empregados públicos, assim como os servidores estatutários, em regra, somente poderão ser admitidos ao serviço público por meio de concurso público, de acordo com redação do art. 37, II, da CF. Em algumas situações, como a prevista no art. 198, §§ 4º e 5º, da CF, é permitida a contratação sem concurso, por meio de um processo seletivo público.

6.1.1.7. Mãe social

As instituições sem finalidade lucrativa, ou de utilidade pública de assistência ao menor abandonado, e que funcionem pelo sistema de casas-lares, poderão contratar mães sociais visando a propiciar ao menor as condições familiares ideais ao seu desenvolvimento e reintegração social.

Desta forma, em conformidade com o art. 2º da Lei 7.644/1987, é considerada mãe social aquela que, dedicando-se à assistência ao menor abandonado, exerça o encargo em nível social, dentro do sistema de casas-lares. Casa-lar é a unidade residencial sob responsabilidade de mãe social, que poderá abrigar até 10 (dez) menores.

A mãe social é, portanto, empregada da instituição de assistência ao menor abandonado e tem como atribuições: propiciar o surgimento de condições próprias de uma família, orientando e assistindo os menores colocados sob seus cuidados, devendo, igualmente, administrar o lar, realizando e organizando as tarefas a ele pertinentes e dedicar-se, com exclusividade, aos menores e à casa-lar que lhes forem confiados.

A mãe social deverá, ainda, residir, juntamente com os menores que lhe forem confiados, na casa-lar que lhe for destinada.

À mãe social são assegurados os seguintes direitos: anotação na carteira de trabalho, remuneração não inferior ao salário-mínimo, repouso semanal remunerado de 24 horas consecutivas, apoio técnico, administrativo e financeiro no desempenho de suas funções, férias remuneradas de 30 dias, benefícios e serviços previdenciários, inclusive em caso de acidente do trabalho, na qualidade de segurada obrigatória, 13º salário e FGTS ou indenização, nos termos da legislação pertinente.

Uma vez extinto o contrato de trabalho, deverá a mãe social retirar-se da casa-lar que ocupava, cabendo à entidade empregadora providenciar a imediata substituição.

6.1.1.8. Motorista profissional

Em 02 de maio de 2012, foi sancionada a Lei 12.619/2012, que entrou em vigor no dia 16 de junho de 2012, regulamentando a profissão de motorista com vínculo empregatício, acrescentando os arts. 235-A a 235-H e, também, o § 5º no art. 71 na Consolidação das Leis do Trabalho. A lei inseriu, ainda, os arts. 67-A a 67-C e alterou outros dispositivos do Código de Transito Brasileiro – Lei 9.503/1997.

Nos termos do parágrafo único e incisos do art. 1º da Lei 12.619/2012, integrará a categoria profissional o motorista de veículo automotor em que a condução exija formação profissional e possuam vínculo empregatício nas atividades de transporte rodoviário de passageiro e transporte rodoviário de carga.

A lei específica prevê como direitos assegurados ao motorista profissional o acesso gratuito a programas de formação e aperfeiçoamento profissional, em cooperação com o poder público, além de controle fidedigno da jornada de trabalho.

A legislação cria, também, o acesso ao Sistema Único de Saúde com atendimento profilático, terapêutico e reabilitador das enfermidades que o acometam, isenção de responsabilidade por prejuízos patrimoniais causados por terceiros e proteção do Estado contra ações criminosas que lhes sejam dirigidas no efetivo exercício da profissão.

Traço marcante da nova legislação é a jornada de trabalho, em especial para os intervalos de descanso para o motorista profissional. A lei traz algumas particularidades à profissão de motorista profissional ao proporcionar jornada de trabalho especial e regular os tempos de repouso a eles destinados.

Dispõe o art. 235-C da CLT que a jornada de trabalho do motorista profissional será aquela estabelecida na Constituição Federal ou a estabelecida mediante instrumentos de acordo ou convenção coletiva de trabalho. Assim, caso não exista acordo ou convenção coletiva prevendo jornada de trabalho diferenciada ao motorista profissional, sua jornada de trabalho será de 8 (oito) horas por dia e 44 (quarenta e quatro) por semana, nos termos do art. 7º, XIII, da CF.

Nessa linha, nos termos do art. 235-F da CLT, acordo ou convenção coletiva de trabalho poderão prever jornada especial de 12 (doze) horas de trabalho por 36 (trinta e seis) horas de descanso, em razão da especificidade do transporte, de sazonalidade ou de característica que justifique.

A lei admite a prorrogação da jornada em até 2 (duas) horas, nos termos do § 1º do art. 235-C consolidado e a compensação de jornada desde que haja previsão em instrumento coletivo, em conformidade com o art. 235-C, § 6º, da CLT.

Outro ponto que merece destaque é o novo instituto chamado de *período de espera*, previsto no § 8º do art. 235-C da CLT, que abrange as horas excedentes à jornada normal de trabalho do motorista de transporte rodoviário de cargas que ficar aguardando para carga ou descarga do veículo no embarcador ou destinatário ou para fiscalização da mercadoria transportada em barreiras fiscais ou alfandegárias, não sendo computadas como horas extraordinárias.

Note que a lei determina que esse período não seja computado como horas extras. No entanto, as horas relativas ao tempo de espera serão indenizadas com base no salário-hora normal acrescido de 30% (trinta por cento), nos termos do § 9º do art. 235-C da CLT.

Com relação às viagens de longa distância, assim consideradas aquelas em que o motorista permanece fora da base da empresa, matriz ou filial e de sua residência por mais de 24 (vinte e quatro) horas, o art. 235-D da CLT determina que seja assegurado um intervalo mínimo de 30 (trinta) minutos para descanso a cada 4 (quatro) horas de tempo ininterrupto de direção, podendo ser fracionados o tempo de direção e o de intervalo de descanso, desde que não completadas as 4 (quatro) horas ininterruptas de direção.

Desta forma, de acordo com a nova legislação, fica proibido a direção do motorista profissional por mais de 4 (quatro) horas ininterruptas, podendo, em situações excepcionais e desde que não comprometa a segurança rodoviária, prorrogar sua jornada por mais uma hora, de modo a garantir que o condutor chegue a um lugar que ofereça segurança e atendimento, nos termos do art. 67-A, § 2º, da Lei 9.503/1997 – Código de Trânsito Brasileiro.

Vale ressaltar que por motivo de força maior, devidamente comprovado, a duração da jornada de trabalho do motorista poderá ser elevada pelo tempo necessário para sair da situação extraordinária e chegar a um local seguro ou ao seu destino, de acordo com o art. 235-E, § 9º, da CLT.

Prevê, ainda, o mesmo dispositivo consolidado intervalo mínimo de 1 (uma) hora para refeição, podendo coincidir ou não com o intervalo de descanso retro mencionado e, também, repouso diário obrigatoriamente com o veículo estacionado, podendo ser feito em cabine-leito do veículo ou em alojamento do empregador, do contratante do transporte, do embarcador ou do destinatário ou em hotel, salvo casos em que o empregador adotar revezamento de motoristas trabalhando em dupla no mesmo veículo, nos termos do art. 235-E, § 6º, da CLT.

Vale dizer, ainda, que nas viagens com duração superior a 1 (uma) semana, o descanso semanal será de 36 (trinta e seis) horas por semana trabalhada, salvo se a empresa oferecer condições adequadas para o efetivo gozo do referido descanso, em conformidade com o art. 235-E, § 1º, da CLT.

Para o controle de jornada de trabalho a lei prevê sua anotação fidedigna, pelo empregador, em diário de bordo, papeleta, ficha de trabalho externo ou ainda em meios eletrônicos idôneos instalados nos veículos.

Nas viagens de longa distância e duração, nas operações de carga ou descarga e nas fiscalizações em barreiras fiscais ou aduaneiras de fronteira, o tempo parado que exceder a jornada normal, não é considerado horas extraordinárias, mas será computado como tempo de espera e indenizado com adicional de 30% (trinta por cento), na forma dos §§ 8º e 9º do art. 235-C da CLT.

Por outro lado, em conformidade com o art. 235-B da CLT, ao motorista profissional foram designados alguns deveres, como, por exemplo, estar atento às condições de segurança do veículo e, durante sua condução, fazê-lo com prudência e zelo, observando os princípios da direção defensiva; e submeter-se a teste e a programa de controle de uso de droga e de bebida alcoólica, instituído pelo empregador, com ampla ciência do empregado, sendo sua recusa considerada infração disciplinar.

6.1.2. Modalidades especiais de trabalhadores

Relação de trabalho corresponde a qualquer modalidade de contratação do trabalho humano, ou, em outras palavras, como ensina Renato Saraiva (em **Curso de Direito Processual do Trabalho**, 4ª ed., São Paulo, Método, 2007, pág. 68): "relação de trabalho corresponde a qualquer vínculo jurídico por meio da qual uma pessoa natural executa obra ou serviços para outrem, mediante pagamento."

Podemos afirmar, portanto, que toda relação de emprego é uma relação de trabalho, mas nem toda relação de trabalho é uma relação de emprego, pois como vimos esta é uma espécie do gênero relação de trabalho.

Vejamos as espécies mais comuns de relação de trabalho:

6.1.2.1. Trabalhador autônomo

Nas lições de Sergio Pinto Martins (em **Direito do Trabalho**, 5ª ed., São Paulo, Malheiros, 1998, pág. 127) trabalhador autônomo é aquele que "irá trabalhar por contra própria".

Difere-se do empregado, pois não há subordinação. O trabalhador autônomo desenvolve suas atividades com autonomia, atuando por conta própria, assumindo ele próprio o risco das atividades.

Dispõe o art. 12, V, *h*, da Lei 8.212/1991, que trabalhador autônomo é a pessoa física que exerce por conta própria atividade econômica de natureza urbana, com fins lucrativos ou não.

Essa definição é imprecisa ao mencionar que o autônomo é apenas quem exerce atividade de natureza urbana, pois profissões como a de engenheiro agrônomo, ou veterinário, podem ser exercidas no âmbito rural.

6.1.2.2. Trabalhador eventual

É o trabalhador admitido numa empresa para determinado evento. Em outras palavras, é o trabalho realizado de maneira eventual, de curta duração, cujos serviços não coincidem com os fins normais da empresa.

O trabalhador eventual carece de um dos elementos necessários para a caracterização da relação de empregado, qual seja, a "não eventualidade", ou seja, o elemento "continuidade" não se encontra presente nesse tipo de contrato.

O trabalhador eventual é vulgarmente chamado de "bico" ou "*freelancer*", laborando de maneira precária, na medida em que não se encontra presente o elemento habitualidade.

O trabalhador eventual realiza apenas serviços esporádicos, distintos dos fins da empresa, não demonstrando qualquer habitualidade. Como exemplo podemos citar o pintor que faz reparos no muro de uma empresa.

6.1.2.3. Trabalhador avulso – portuário

Pela redação do art. 12, VI, da Lei 8.212/1991, trabalhador avulso é entendido como quem presta, a diversas empresas, sem vínculo empregatício, serviços de natureza urbana ou rural definidos no regulamento.

O trabalho avulso encontra-se disciplinado na Lei 12.815/2013, mais especificamente nos arts. 32 a 44, sendo 3 os sujeitos envolvidos nessa relação: a) Órgão Gestor de Mão de Obra (OGMO): órgão gestor que concentra a administração do trabalho portuário; b) operador portuário: empresa que explora as atividades portuárias; e, por último, c) trabalhador portuário: são os próprios trabalhadores, aqueles que exercem as atividades de carga e descarga de navios.

Cumpre destacar que não há poder de direção do OGMO sobre o avulso, nem subordinação deste com aquele. No trabalho avulso não há subordinação, razão pela qual o avulso presta serviços sem vínculo de emprego, nem com o OGMO, muito menos com as empresas para as quais presta serviços.

O OGMO apenas reúne a mão de obra e paga os prestadores de serviço, de acordo com o valor recebido das empresas, que será dividido proporcionalmente entre os trabalhadores.

O OGMO não responde por prejuízos causados pelos trabalhadores portuários avulsos aos tomadores dos seus serviços ou a terceiros.

Porém, responde, solidariamente com os operadores portuários, pela remuneração devida ao trabalhador portuário avulso e pelas indenizações decorrentes de acidente de trabalho.

Não é preciso que o trabalhador avulso seja sindicalizado. O que importa é que haja a intermediação obrigatória do sindicato na colocação do trabalhador na prestação de serviços às empresas, que procuram a agremiação buscando trabalhadores.

Podem ser destacadas as seguintes características do avulso: a) a liberdade na prestação de serviços, pois não tem vínculo com o OGMO, tampouco com as empresas tomadoras de serviço; b) podem prestar serviços a mais de uma empresa; c) o OGMO é quem faz a intermediação da mão de obra, manejando os trabalhadores de acordo com a necessidade dos serviços, cobrando um determinado valor pelos préstimos, incluindo direitos trabalhistas e encargos previdenciários e fiscais, e dividindo proporcionalmente entre as pessoas que participam do labor.

Nos termos do art. 7.º, XXXIV, a Constituição Federal assegurou igualdade de direitos entre o trabalhador avulso e aquele que mantém vínculo de emprego permanente.

6.1.2.4. Estagiário

Regulado pela Lei 11.788/2008, o estágio é considerado um ato educativo escolar supervisionado, desenvolvido no ambiente de trabalho, que visa à preparação para o trabalho produtivo de educandos que estejam frequentando o ensino regular em instituições de educação superior, de educação profissional, de ensino médio, da educação especial e dos anos finais do ensino fundamental, na modalidade profissional da educação de jovens e adultos.

Uma vez observados certos requisitos impostos pela lei, o estágio não criará vínculo empregatício de qualquer natureza.

A Lei 11.788/2008 exige, em seu art. 3º, que o estagiário seja matriculado e frequente regularmente um curso de educação superior, de educação profissional, de ensino médio, da educação especial e nos anos finais do ensino fundamental, na modalidade profissional da educação de jovens e adultos, atestado pela instituição de ensino; seja celebrado termo de compromisso entre o estagiário, a parte concedente do estágio e a instituição de ensino; e compatibilidade entre as atividades desenvolvidas no estágio e aquelas previstas no termo de compromisso.

O descumprimento de qualquer dos requisitos ou de qualquer outra obrigação contida no termo de compromisso caracteriza vínculo de emprego do educando com a parte concedente do estágio para todos os fins da legislação trabalhista e previdenciária.

O recebimento de bolsa ou de outra forma de contraprestação, bem como do auxílio-transporte, será obrigatório na hipótese de estágio não compulsório. Já para o estágio obrigatório, será uma faculdade das partes, podendo ser acordado o recebimento de bolsa ou outra forma de contraprestação.

A jornada de atividade do estágio deverá ser compatível com as atividades escolares e será definida de comum acordo entre a instituição de ensino, a parte concedente e o estagiário ou seu representante legal e não poderá ultrapassar:

a) 4 (quatro) horas diárias e 20 (vinte) horas semanais, para estudantes de educação especial e dos anos finais do ensino fundamental, na modalidade profissional de educação de jovens e adultos;

b) 6 (seis) horas diárias e 30 (trinta) horas semanais, no caso de estudantes do ensino superior, da educação profissional de nível médio e do ensino médio regular.

No que concerne aos cursos que alternam teoria e prática, nos períodos em que não estão programadas aulas presenciais, a jornada poderá ser de até 40 (quarenta) horas semanais, desde que isso esteja previsto no projeto pedagógico do curso e da instituição de ensino.

O prazo de duração do contrato de estágio vem esculpido no art. 11 da citada lei, que registra que o contrato não poderá exceder 2 (dois) anos, exceto quando se tratar de estagiário portador de deficiência.

Novidade inserida pela Lei 11.788/2008 foi o direito relativo às férias, tratada pela lei como *recesso*. Assim, hoje é assegurado ao estagiário período de recesso de 30 (trinta) dias, a ser gozado preferencialmente durante suas férias escolares, sempre que o estágio tenha duração igual ou superior a 1 (um) ano. Aos contratos de estágio com duração inferior a um ano, os dias de recesso deverão ser concedidos proporcionalmente. Vale dizer que por tal período não ser considerado como férias propriamente ditas, mas sim um período de recesso, o estagiário não fará jus ao recebimento do terço constitucional.

Vale frisar que referido período de recesso deverá ser remunerado quando o estagiário receber bolsa ou outra forma de contraprestação.

Por último, ainda com relação ao estagiário, a Seção de Dissídios Individuais 1 do TST editou a orientação jurisprudencial 366 que entendeu ser impossível o reconhecimento do vínculo empregatício com a Administração Pública direta ou indireta pela ausência de concurso público, ainda que desvirtuada a finalidade do estágio: "Ainda que desvirtuada a finalidade do contrato de estágio celebrado na vigência da Constituição Federal de 1988, é inviável o reconhecimento do vínculo empregatício com ente da Administração Pública direta ou indireta, por força do art. 37, II, da CF/1988, bem como o deferimento de indenização pecuniária, exceto em relação às parcelas previstas na Súmula nº 363 do TST, se requeridas."

6.2. Empregador

O conceito pode ser extraído da redação do art. 2.º da CLT: empregador é a pessoa física ou jurídica "que, assumindo os riscos da atividade econômica, admite, assalaria e dirige a prestação pessoal de serviços". É, portanto, aquele que admite trabalhadores como empregados.

Cabe destacar que, nos termos do § 1º do art. 2º da CLT, são equiparados a empregador os profissionais liberais, as instituições de beneficência, as associações recreativas ou outras instituições sem fins lucrativos que admitirem trabalhadores como empregados.

6.2.1. Grupo de empresas

Considera-se um grupo de empresas sempre que uma ou mais empresas estiverem sob a direção, controle ou administração de outra, constituindo grupo comercial, industrial ou de qualquer outra atividade econômica. É a teoria do empregador único, na qual a empresa principal e cada uma das subordinadas serão solidariamente responsáveis, para os efeitos da relação de emprego, nos exatos termos do art. 2º, § 2º, da CLT.

Para que o grupo se caracterize, deverá haver uma relação de coordenação entre as diversas empresas sem que necessariamente exista uma em posição predominante.

Vale lembrar que a prestação de serviços a mais de uma empresa do mesmo grupo econômico, durante a mesma jornada de trabalho, não caracteriza a coexistência de mais de um contrato de trabalho, salvo ajuste em contrário, em conformidade com a Súmula 129 do TST.

Havendo aquisição de uma empresa pertencente ao mesmo grupo econômico, nos termos da Orientação Jurisprudencial 411 da SDI 1 do TST, o sucessor não responde solidariamente por débitos trabalhistas de empresa não adquirida, integrante do mesmo grupo econômico da empresa sucedida, quando, à época, a empresa devedora direta era solvente ou idônea economicamente, ressalvada a hipótese de má-fé ou fraude na sucessão.

6.2.2. Consórcio de empregadores

Consórcio de empregadores é o conjunto de pessoas físicas ou jurídicas que desejam repartir mão de obra comum por meio de um ajuste contratual entre elas, não configurando sociedade. Nada mais é que um "concurso de empregadores".

José Augusto Rodrigues Pinto (em Curso de Direito Individual do Trabalho, 5ª ed., São Paulo, LTr, 2003, pág. 603) define o consórcio de empregadores como sendo "um ajuste de vontades de empregadores pessoas físicas ou jurídicas, objetivando a admissão e utilização em comum de empregados para execução de serviços no interesse e sob subordinação individualizados das respectivas empresas individuais ou coletivas."

Entre os exemplos mais comuns podemos mencionar: vigia de rua contratado por vários moradores; vigia de carros

de uma determinada rua comercial em que há várias lojas; a doméstica que a cada dia da semana atende a um morador diferente de um condomínio residencial.

6.2.3. Sucessão de empregadores

Sucessão de empregadores ocorre com a transferência da titularidade do negócio pelo titular primário, chamado de sucedido, a um novo titular, chamado sucessor, que se tornará responsável por todos os direitos e dívidas do negócio existentes até então.

A mudança pode ocorrer na propriedade da empresa, como vimos, podendo ocorrer também na alteração de sua estrutura jurídica, que é a modificação em sua forma ou modo de constituir-se.

Assim, na aquisição ocorre uma alteração na propriedade por meio da alienação da empresa para outro empresário. Já a alteração na estrutura jurídica ocorre quando há mudanças na forma de a empresa constituir-se. Como exemplo de alteração na estrutura jurídica da empresa, podemos citar a transformação, que é a operação pela qual uma sociedade passa de uma espécie para outra, como por exemplo: de sociedade limitada para sociedade anônima.

Cabe ressaltar que, de acordo com os arts. 10 e 448 da CLT, qualquer alteração na estrutura jurídica da empresa não afetará os direitos adquiridos por seus empregados e não afetará os contratos de trabalho dos respectivos empregados.

A legislação trabalhista, na defesa dos contratos de trabalho e visando à garantia do empregado, estabelece o princípio da continuidade do vínculo jurídico trabalhista, declarando que a alteração na estrutura jurídica e a sucessão de empresas em nada o afetarão. O atual proprietário responderá pelos créditos dos empregados e ex-empregados, pois estes vinculam-se à empresa, não aos seus titulares.

Importante lembrar, ainda, que havendo sucessão de empregadores que estejam em liquidação extrajudicial, o sucessor responde pela obrigação do sucedido, não podendo se beneficiar de qualquer privilégio a este destinado, sendo devida, também, a incidência de juros de mora em relação aos débitos trabalhistas da empresa que está em liquidação extrajudicial. Nessa linha, cabe transcrever a Orientação Jurisprudencial 408 da SDI 1 do TST.

> OJ-SDI1-408 JUROS DE MORA. EMPRESA EM LIQUIDAÇÃO EXTRAJUDICIAL. SUCESSÃO TRABALHISTA.
>
> É devida a incidência de juros de mora em relação aos débitos trabalhistas de empresa em liquidação extrajudicial sucedida nos moldes dos arts. 10 e 448 da CLT. O sucessor responde pela obrigação do sucedido, não se beneficiando de qualquer privilégio a este destinado.

Por último, tema de grande relevância é a hipótese de sucessão na aquisição de empresas pertencentes ao mesmo grupo econômico. Nessa linha, cabe transcrever a Orientação Jurisprudencial 411 da SDI 1 do TST, publicada em 26/10/2010.

> ORIENTAÇÃO JURISPRUDENCIAL 411 DA SDI 1 DO TST – SUCESSÃO TRABALHISTA. AQUISIÇÃO DE EMPRESA PERTENCENTE A GRUPO ECONÔMICO. RESPONSABILIDADE SOLIDÁRIA DO SUCESSOR POR DÉBITOS TRABALHISTAS DE EMPRESA NÃO ADQUIRIDA. INEXISTÊNCIA.
>
> O sucessor não responde solidariamente por débitos trabalhistas de empresa não adquirida, integrante do mesmo grupo econômico da empresa sucedida, quando, à época, a empresa devedora direta era solvente ou idônea economicamente, ressalvada a hipótese de má-fé ou fraude na sucessão.

6.2.4. Serviços notariais e de registro

A delegação do serviço notarial e de registro depende de prévia aprovação em concurso público, nos termos do art. 236, § 3º, da CF/1988:

> Art. 236. Os serviços notariais e de registro são exercidos em caráter privado, por delegação do Poder Público.

> (...)
>
> § 3º O ingresso na atividade notarial e de registro depende de concurso público de provas e títulos, não se permitindo que qualquer serventia fique vaga, sem abertura de concurso de provimento ou de remoção, por mais de seis meses.

Com a aprovação em concurso público, a respectiva serventia é transferida ao novo titular que, nos termos do art. 21 da Lei 8.935/1994 (Lei dos Cartórios), será responsável por montar a estrutura necessária à prestação dos serviços.

Nessa linha, ensinam os arts. 20 e 21 da citada lei que, para o desempenho de suas funções, cabe ao tabelião ou oficial de registro contratar escreventes e auxiliares como empregados, com remuneração livremente ajustada e sob o regime da legislação trabalhista.

Importante notar que a relação de trabalho se estabelece diretamente entre o notário ou o registrador e seus respectivos prepostos.

A regra insculpida no art. 236 da CF/1988 ensina que os serviços notariais e de registro são exercidos em caráter privado, por delegação do Poder Público. De acordo com o texto constitucional o Estado não é o empregador, mas sim o titular da serventia, que é quem detém a responsabilidade de contratar, assalariar e dirigir a prestação laboral, sendo, portanto, equiparado a empregador (art. 2º, § 2º, da CLT).

Em outras palavras, podemos concluir que a imputação de responsabilidade pelos créditos trabalhistas à serventia e não ao tabelião encontra vedação no próprio art. 236 da CF/1988, na medida em que o tabelião aprovado em concurso é quem possui legitimidade para contratar sob o regime trabalhista.

6.2.4.1. Sucessão trabalhista nos serviços notariais e de registro

Como ensina a doutrina e a jurisprudência, para a caracterização da sucessão trabalhista (arts. 10 e 448 da CLT) são exigidos dois requisitos, quais sejam: a) transferência da unidade econômico-jurídica; e b) a continuidade na prestação laboral.

Nesse contexto, devemos lembrar que a extinção da delegação implicará a interrupção da concessão do serviço notarial e de registro, dissolvendo-se, assim o vínculo do ex-titular com a administração. Em um segundo momento, há a criação de novo vínculo com a posse do novo delegado aprovado em concurso público.

Nesse ponto, importante a disposição do art. 39, § 2º, da Lei 8.935/1994:

> § 2º. Extinta a delegação a notário ou a oficial de registro, a autoridade competente declarará vago o respectivo serviço, designará o substituto mais antigo para responder pelo expediente e abrirá concurso.

Essa regra nos ajuda a lembrar que o delegado aprovado em concurso público não recebe a delegação por transmissão do anterior titular, de forma derivada, mas sim diretamente do Estado, de forma originária, afastando a responsabilidade por obrigações pretéritas.

Também não poderia ser diferente. Imputar as obrigações pretéritas ao novo delegado implicaria a inviabilidade dos concursos para delegação de serviços notariais e de registro.

Portanto, podemos concluir que a exigência de concurso público feita pelo art. 236 da CF/1988 aponta que o titular que ingressa na atividade recebe a delegação de forma originária pelo Estado; outrossim, o titular não recebe o patrimônio do antigo empregador, não ocorrendo, destarte, o fenômeno da sucessão trabalhista e, por consequência, nenhum crédito ou débito lhe é transferido.

6.2.5. Poder diretivo do empregador

Poder diretivo ou poder de direção consiste na capacidade que o empregador possui de organizar, controlar e disciplinar a prestação dos serviços por parte do empregado, que assim o faz, de forma subordinada.

O poder diretivo é limitado, devendo ser exercido dentro das balizas previstas em lei, resguardando, sempre, os direitos e garantias dos empregados. 1263

O poder diretivo pode ser estudado sob 3 aspectos:

a) Poder de organização: é o empregador quem deve organizar seu empreendimento, distribuindo os empregados em suas respectivas funções, local de trabalho, horários de entrada e saída etc.;

b) Poder de controle: é o empregador quem deve gerenciar, fiscalizar a atividade laboral de seus empregados, para que sejam cumpridas as regras impostas pelo próprio empregador e pelo sistema jurídico, como, por exemplo, a obediência ao horário de trabalho (art. 74 da CLT) e o uso dos Equipamentos de Proteção Individual – EPIs;

c) Poder disciplinar: tendo em vista que o empregador tem o poder de organizar e controlar o trabalho desenvolvido por seus empregados, caberá a ele a aplicação das penalidades ao empregado que não observar as regras de organização impostas.

Embora a CLT preveja expressamente somente 2 (duas) espécies de punições a serem impostas ao empregado, na verdade 3 (três) são as espécies:

a) advertência: não prevista expressamente na CLT, é um aviso, que poderá ser verbal ou escrito, ao empregado para que ele tome conhecimento de seu comportamento inadequado e das implicações que poderão lhe causar;

b) suspensão: limitada a 30 (trinta) dias consecutivos, nos termos do art. 474 da CLT, tem como objetivo resgatar o comportamento do empregado que cometeu uma falta;

c) dispensa por justa causa: é considerada a punição mais severa, pois acarreta na extinção do contrato de trabalho e ocorrerá nas hipóteses previstas no art. 482 da CLT.

Não se exige que as punições sejam aplicadas de forma gradual, ou seja, em primeiro lugar a advertência; em segundo a suspensão e por último a justa causa. A punição imposta deverá ser proporcional à falta cometida pelo empregado, podendo inclusive ser aplicada, de plano, a dispensa por justa causa.

Importante lembrar que, em regra, não se admite a multa como punição do empregado, na medida em que contraria o princípio da intangibilidade salarial disposto no art. 462 da CLT.

No entanto, a Lei 9.615/98 autoriza em seu art. 48, inciso III, a punição do atleta profissional com aplicação de multa.

6.2.5.1 Verificação de *e-mail* do empregado

Muito se discute se a verificação de email do empregado estaria contida no poder de controle do empregador.

O *e-mail* particular do empregado está plenamente acobertado pela garantia constitucional de proibição de violação do sigilo das comunicações e de dados (art. 5º, XII, da CF).

Porém, a grande discussão gira em torno do *e-mail* corporativo, aquele disponibilizado pelo empregador ao empregado como ferramenta de trabalho, ou seja, para o desempenho das atividades laborais.

Prevalece na jurisprudência que não excede o poder de controle o empregador que obtém acesso do *e-mail* corporativo de seu empregado, pois possui a prerrogativa de zelar pelo correto uso de todos os meios proporcionados a todos os funcionários. Poderá o empregador monitorar e rastrear a atividade do empregado em seu ambiente de trabalho, ainda que virtual, como ocorre com os *e-mails*, tanto do ponto de vista formal como material, relacionado ao conteúdo da mensagem eletrônica enviada.

Podemos concluir, portanto, que não há violação à intimidade do obreiro prevista no art. 5º, XII, da CF a fiscalização de *e-mail* corporativo, que poderá, inclusive, ser objeto de prova pelo empregador para comprovar a justa causa do obreiro.

Sobre o tema, o TST se pronunciou no julgamento do processo nº TST-AIRR-1640/2003-051-01-40.0 de 15/10/2008:

> AGRAVO DE INSTRUMENTO EM RECURSO DE REVISTA – *E-MAIL* CORPORATIVO – ACESSO PELO EMPREGADOR SEM A ANUÊNCIA DO EMPREGADO – PROVA ILÍCITA – NÃO CARACTERIZADA. Consoante entendimento consolidado neste Tribunal, o *e-mail* corporativo ostenta a natureza jurídica de ferramenta de trabalho, fornecida pelo empregador ao seu empregado, motivo pelo qual deve o obreiro utilizá-lo de maneira adequada, visando à obtenção da maior eficiência nos serviços que desempenha. Dessa forma, não viola os arts. 5º, X e XII, da Carta Magna a utilização, pelo empregador, do conteúdo do mencionado instrumento de trabalho, uma vez que cabe àquele que suporta os riscos da atividade produtiva zelar pelo correto uso dos meios que proporciona aos seus subordinados para o desempenho de suas funções. Não se há de cogitar, pois, em ofensa ao direito de intimidade do reclamante.

6.2.5.2. Revistas íntimas

O art. 373-A, VI, da CLT veda a revista íntima nas empregadas e funcionárias. O texto consolidado traz regra de proteção do trabalho da mulher, que, por força do art. 5º, I, da CF, pode ser aplicado perfeitamente aos empregados do sexo masculino.

A revista íntima que se refere o dispositivo celetista em comento é aquela que viole a intimidade, a vida privada, a honra e a imagem do empregado, em conformidade com o art. 5º, X, da CF.

Desta forma, embora existam posições contrárias em atenção aos direitos da dignidade da pessoa humana, previsto no art. 1º da CF, é vedada toda e qualquer revista pessoal em qualquer circunstância, na medida em que o empregador pode se valer de outros meios para a proteção de seus bens, como, por exemplo, o uso de câmeras em locais comuns.

Sobre o tema, imperioso destacar a seguinte decisão do TST no julgamento do processo nº RR – 324500-05.2008.5.09.0195:

> "...
>
> DANO MORAL. REVISTA ÍNTIMA.
>
> Esta Corte Superior tem se posicionado no sentido de que a revista visual de pertences dos empregados, feita de forma impessoal e indiscriminada, é inerente aos poderes de direção e de fiscalização do empregador e, por isso, não constitui ato ilícito. No presente caso, contudo, o quadro fático delineado no acórdão regional evidencia a existência de abuso de direito no procedimento de revista adotado pela ré. Consequentemente, ficou demonstrado o dano moral que teria atingido a autora, e o consequente sofrimento psíquico advinda do contato físico. Assim, ficou comprovado o ato ilícito praticado pelo reclamado. Por outro lado, o Tribunal Regional, ao fixar o valor da indenização em R$ 15.000,00 a título de danos morais, levou em consideração o dano sofrido, a condição da autora, o fim pedagógico e a capacidade econômica do reclamado.

Tem-se, portanto, que foram observados os princípios da proporcionalidade e da razoabilidade insertos no artigo 944 do Código Civil, o qual vincula a indenização à extensão do dano. Recurso de revista de que não se conhece." (RR – 324500-05.2008.5.09.0195, Relator Ministro: Pedro Paulo Manus, Data de Julgamento: 14/11/2012, 7ª Turma, Data de Publicação: 19/11/2012)

6.2.5.3. Terceirização

Terceirização pode ser entendida como a transferência de atividades estranhas ao objeto principal da empresa – atividade-meio – que serão exercidas por empresas distintas e especializadas.

Assim, uma determinada empresa – empresa tomadora de serviços – delega parte de suas atividades, que serão exercidas por outra empresa – empresa prestadora de serviços – que deverá colocar um trabalhador à disposição da empresa tomadora de serviços para o exercício da atividade contratada.

Nota-se, desta forma, que na terceirização existe uma relação trilateral ou triangular, ou seja, empregado, empregador e "cliente". Vejamos: entre a empresa prestadora de serviços – EPS – e o trabalhador existe uma relação de emprego propriamente dita. Entre a EPS e a empresa tomadora de serviços existe uma relação de natureza civil, que tem como objeto a prestação de serviços. Por último, entre a tomadora de serviços e o trabalhador não há uma típica relação de trabalho, na medida em que é empregado vinculado à EPS, mas sim uma mera relação jurídica, pois seu labor é executado na empresa tomadora de serviços.

6.2.5.3.1. Terceirização lícita

A terceirização é permitida em alguns casos. Vejamos:

6.2.5.3.1.1. Trabalho temporário

A Súmula 331, item I, do TST entende ser lícita a contratação por empresa de trabalho temporário disciplinada pela Lei 6.019/1974.

Contudo, a lei em questão admite a contratação por empresa de trabalho temporário em restritas hipóteses.

Para o estudo das hipóteses, remetemos o leitor ao item 2.6.3.

6.2.5.3.1.2. Serviços de vigilância e limpeza

A Súmula 331, item III, do TST entende ser lícita a contratação de serviços de vigilância, disciplinada pela Lei 7.102/83, assim como e de conservação e limpeza, não formando vínculo de emprego com o tomador de serviços.

6.2.5.3.1.3. Atividade-meio

A terceirização poderá ocorrer nas atividades da empresa definidas como atividade-meio, entendida como aquela que não constitui o objeto principal da empresa, desde que inexistente a subordinação e a pessoalidade. Não poderá, portanto, haver terceirização de atividade-fim da empresa, definida como o objeto principal da empresa, em regra descrito no respectivo contrato social, sob pena de ser declarada ilícita ou fraudulenta.

Ainda que seja contratada para o exercício de atividade-meio da empresa, não podem estar presentes os requisitos da pessoalidade e subordinação.

Como sabemos, a pessoalidade indica que os trabalhos devem ser prestados pelo trabalhador, sem que haja substituições.

Na terceirização lícita, ao tomador de serviços pouco importa a pessoa que estará prestando o serviço, tendo em vista que a empresa tomadora contrata o serviço e não o trabalhador.

Desta forma, para que a terceirização seja considerada lícita, não poderá o tomador de serviços exigir a presença de um determinado trabalhador. Caso haja essa exigência restará ilícita a terceirização, reconhecendo-se o vínculo trabalhista entre o empregado e a tomadora de serviços.

Com relação à subordinação sabemos que a prestação dos serviços é dirigida pelo empregador, que exerce o poder de direção.

Na terceirização lícita não pode haver subordinação pela tomadora de serviços, sob pena de se reconhecer sua ilicitude. O poder disciplinar deverá ser exercido por seu empregador, ou seja, a empresa prestadora de serviços. É ela, também, quem deverá fiscalizar, controlar e organizar as atividades do empregado e não a tomadora de serviços.

Importante lembrar que esses poderes não podem ser exercidos pela empresa tomadora de serviços, sob pena de se reconhecer o vínculo de emprego entre o trabalhador e a tomadora de serviços, com fundamento no art. 9º da CLT.

6.2.5.3.2. Terceirização ilícita

Celebrada fora das hipóteses permitidas, será declarada a nulidade da terceirização, nos moldes do art. 9º da CLT.

Declarada a nulidade da terceirização, será reconhecido o vínculo de emprego diretamente com o tomador de serviços. Nesse sentido, ensina a Súmula 331, I, do TST: "A contratação de trabalhadores por empresa interposta é ilegal, formando-se o vínculo diretamente com o tomador dos serviços, salvo no caso de trabalho temporário (Lei 6.019, de 03.01.1974)."

Desta forma, celebrada a terceirização e considerada ilícita ou fraudulenta, deverá o magistrado reconhecer o vínculo de emprego com a tomadora de serviços, sendo-lhe aplicada, nesse caso, a responsabilidade solidária quanto às verbas decorrentes do contrato de trabalho inadimplidas pela empresa prestadora de serviços.

6.2.5.3.3. Responsabilidade

Na terceirização a responsabilidade pelas obrigações trabalhistas pode ser solidária ou subsidiária.

A responsabilidade será **subsidiária** nos casos de terceirização **lícita**, ou seja, nos casos em que a terceirização é permitida – item 6.2.5.3.1. Naqueles casos, a responsabilidade surge tão somente com o inadimplemento do devedor principal.

Por outro lado, em se tratando de terceirização **ilícita** a responsabilidade será **solidária**, tendo em vista que a contratação por meio de empresa interposta é ilegal e não produz qualquer efeito, nos moldes do art. 9º da CLT.

6.2.5.3.4. Terceirização na Administração Pública

É admitida a terceirização de atividade ou serviço pela Administração Pública. Nesse caso, tem-se a figura do contrato administrativo, firmado com a empresa prestadora de serviços que, em regra, é precedido de licitação.

A CF exige do empregado público prévia aprovação em concurso público nos termos do art. 37, II e § 2º, da CF. Por essa razão não é possível o reconhecimento do vínculo empregatício entre as partes.

No entanto, a Súmula 331, item V, do TST impõe à Administração Pública obrigação de indenizar ao atribuí-la a responsabilidade subsidiária. Assim, havendo o inadimplemento das obrigações trabalhistas por parte do empregador, a responsabilidade será da Administração Pública.

No entanto, diferente do que ocorre para a iniciativa privada onde basta o mero inadimplemento das obrigações por parte da empresa prestadora de serviços – devedor principal – em se tratando de Administração Pública, é necessário que se comprove culpa na observância das normas dispostas na Lei 8.666/1993.

Como se sabe, cabe ao ente da Administração o poder de fiscalização. Trata-se de uma prerrogativa do Poder Público de fazer acompanhar a fiel execução do contrato celebrado. Assim, não cumprida essa obrigação surge a obrigação de indenizar.

Desta forma, havendo o inadimplemento por parte da empresa prestadora de serviços e comprovada conduta culposa no cumprimento das obrigações da Lei 8.666/1993, surge a responsabilidade subsidiária da Administração Pública no pagamento das obrigações trabalhistas do empregado.

SÚMULA 331 TST – CONTRATO DE PRESTAÇÃO DE SERVIÇOS. LEGALIDADE.

(...)

V – Os entes integrantes da Administração Pública direta e indireta respondem subsidiariamente, nas mesmas condições do item IV, caso evidenciada a sua conduta culposa no cumprimento das obrigações da Lei n.º 8.666, de 21.06.1993, especialmente na fiscalização do cumprimento das obrigações contratuais e legais da prestadora de serviço como empregadora. A aludida responsabilidade não decorre de mero inadimplemento das obrigações trabalhistas assumidas pela empresa regularmente contratada.

VI – A responsabilidade subsidiária do tomador de serviços abrange todas as verbas decorrentes da condenação referentes ao período da prestação laboral.

7. Remuneração e salário

7.1. Remuneração

Segundo a redação do art. 457 da CLT, remuneração consiste na somatória da contraprestação paga diretamente pelo empregador, seja em pecúnia, seja em utilidades, com a quantia recebida pelo obreiro de terceiros a título de gorjeta.

Assim, compreende-se na remuneração do empregado, para todos os efeitos legais, além do salário devido e pago diretamente pelo empregador, como contraprestação do serviço, as gorjetas que receber. Em outras palavras, remuneração é salário + gorjeta.

Remuneração é, portanto, gênero que engloba as espécies: salário e gorjetas.

7.2. Salário

É contraprestação paga diretamente pelo empregador ao empregado pelos serviços prestados, seja em dinheiro, seja em utilidades, por exemplo: habitação, alimentação e vestuário, nos termos do art. 458, *caput*, e seu § 2º, da CLT.

O salário é formado pela somatória do salário básico (soma do salário em dinheiro com o salário *in natura*) acrescido do sobressalário (complementos do salário básico que irão integrar o salário do trabalhador, como adicional noturno, adicional de insalubridade etc.), de acordo com o art. 457, § 1º, da CLT.

Qualquer que seja a modalidade do trabalho, o pagamento do salário não deve ser estipulado por período superior a 1 (um) mês, salvo no que concerne a comissões, percentagens e gratificações. Quando o pagamento houver sido estipulado por mês, deverá ser efetuado, o mais tardar, até o quinto dia útil do mês subsequente ao vencido.

O atraso no pagamento do salário, chamado mora salarial, implica a rescisão indireta do contrato de trabalho, por descumprimento contratual, nos termos do art. 483, *d*, da CLT.

Sobre mora salarial é importante trazer o posicionamento contido na Súmula 13 do TST: "O só pagamento dos salários atrasados em audiência não ilide a mora capaz de determinar a rescisão do contrato de trabalho."

7.3. Salário *in natura*

O salário *in natura*, também conhecido como salário-utilidade, é conceituado como sendo toda parcela, bem ou vantagem fornecida pelo empregador como gratificação pelo trabalho desenvolvido ou pelo cargo ocupado.

Para ser reconhecido como tal, dois requisitos devem ser levados em consideração. O primeiro deles ensina que a utilidade deve ser habitual; e o outro informa que essa utilidade seja fornecida de forma gratuita.

Assim, não sendo habitual e gratuito o fornecimento da utilidade ao empregado, restará prejudicada sua caracterização como parte integrante do salário, ou seja, sendo a utilidade fornecida de forma eventual e/ou onerosa ao empregado, não poderá ser considerada como salário-utilidade.

Para determinar se uma prestação será ou não considerada como salário *in natura*, devemos avaliar se a prestação é cedida como um benefício "**pelo**" trabalho ou se cedida "**para**" a prestação do labor. Assim, se a prestação for concedida ao obreiro pelo trabalho exercido, essa parcela deverá ser considerada como salário *in natura*. No entanto, sendo a prestação concedida para a realização do trabalho, ela não integrará o salário do obreiro.

Nesse sentido é a Súmula 367 do TST, que no item I leciona: "a habitação, a energia elétrica e veículo fornecidos pelo empregador ao empregado, quando indispensáveis para a realização do trabalho, não têm natureza salarial, ainda que, no caso de veículo, seja ele utilizado pelo empregado também em atividades particulares."

Desta forma, em conformidade com o § 2º do art. 458 da CLT, não se consideram como salário, desde que compreendidas a todos os empregados, as seguintes utilidades:

a) vestuários, equipamentos e outros acessórios fornecidos aos empregados e utilizados no local de trabalho para a prestação do serviço;

b) educação, em estabelecimento de ensino próprio ou de terceiros, compreendendo os valores relativos a matrícula, mensalidade, anuidade, livros e material didático;

c) transporte destinado ao deslocamento para o trabalho e retorno, em percurso servido ou não por transporte público;

d) assistência médica, hospitalar e odontológica, prestada diretamente ou mediante seguro-saúde;

e) seguros de vida e de acidentes pessoais;

f) previdência privada;

g) o valor correspondente ao vale-cultura.

Em nenhum caso será permitido o pagamento com bebidas alcoólicas ou drogas nocivas. O cigarro não se considera salário-utilidade em face de sua nocividade à saúde (Súmula 367, II, do TST).

Também não se incorporam ao salário a alimentação fornecida de acordo com o programa alimentação do trabalhador e o vale-alimentação.

Convém ressaltar que o pagamento de cesta básica, se estiver em norma coletiva, não poderá ser considerado como salário. No entanto, caso seu fornecimento seja espontâneo por parte do empregador, passará a ter natureza salarial.

Não obstante, é importante destacar que, nos termos da Súmula 241 do TST, o vale para refeição, fornecido por força do contrato de trabalho, tem caráter salarial, integrando a remuneração do empregado para todos os efeitos legais.

7.4. Gorjeta

As gorjetas, previstas no art. 457, § 3º, da CLT, correspondem à importância paga por terceiros ao empregado, que pode ser de forma espontânea ou cobrada pela empresa. Em outras palavras, é a importância dada ou cobrada do cliente pela empresa, a qualquer título e destinada à distribuição aos empregados, por exemplo: os 10% sobre a conta de um restaurante, bem como importância dada espontaneamente pelo cliente ao empregado (as "caixinhas").

As gorjetas, cobradas pelo empregador na nota de serviço ou oferecidas espontaneamente pelos clientes, nos termos da Súmula 354 do TST, integram a remuneração do empregado, mas não servem de base de cálculo para as parcelas de aviso-prévio, adicional noturno, horas extras e repouso semanal remunerado.

7.5. Parcelas salariais

O art. 457, § 1º, da CLT ensina que integram o salário não só a importância fixa estipulada, como também as comissões, percentagens, gratificações ajustadas, diárias para viagens e abonos pagos pelo empregador.

Essas parcelas salariais correspondem ao que chamamos de "sobressalário", que são complementos do salário básico que integrarão a remuneração do trabalhador.

7.5.1. Comissões e percentagens

As comissões não podem ser confundidas com as percentagens. A comissão é um valor determinado e fixo, ao passo que percentagem é uma parte da venda repassada ao empregado, não possuindo um valor certo.

Àquele empregado que recebe salário variável será assegurado o salário-mínimo.

Vale lembrar que em conformidade com a Súmula 27 do TST é devida a remuneração do repouso semanal e dos dias feriados ao empregado comissionista, ainda que pracista.

Com relação aos bancários, é necessário lembrar o posicionamento do TST consubstanciado na Súmula 93 que diz integrar a remuneração do bancário a vantagem pecuniária por ele auferida na colocação ou na venda de papéis ou valores mobiliários de empresas pertencentes ao mesmo grupo econômico, se exercida essa atividade no horário e no local de trabalho e com o consentimento, tácito ou expresso, do banco empregador.

No caso de cessar o contrato de trabalho, as comissões devem ser pagas ao empregado, ou seja, a cessação do contrato não retira do empregado o direito ao recebimento das comissões.

O pagamento de comissões e percentagens só é exigível depois de ultimada a transação a que se referem

7.5.2. Gratificações

É o pagamento de um valor realizado pelo empregador ao empregado, como forma de prêmio ou incentivo.

As gratificações ajustadas no contrato de trabalho integrarão o salário, em conformidade com o art. 457, § 1º, da CLT. Podem ainda ser previstas em convenções e acordos coletivos ou por livre arbítrio do empregador.

Nos termos da Súmula 372, item I, do TST, percebida a gratificação de função por dez ou mais anos pelo empregado, se o empregador, sem justo motivo, revertê-lo a seu cargo efetivo, não poderá retirar-lhe a gratificação, tendo em vista o princípio da estabilidade financeira e, uma vez mantido o empregado no exercício da função comissionada, não pode o empregador reduzir o valor da gratificação (Súmula 372, II, do TST).

Com relação ao empregado bancário, o adicional por tempo de serviço integra o cálculo da gratificação paga aos gerentes, prevista no art. 224, § 2º, da CLT, de acordo com a Súmula 240 do TST. Ainda com relação ao bancário, a gratificação por tempo de serviço integra o cálculo das horas extras (Súmula 226 do TST).

É importante ressaltar o recente posicionamento do STF consubstanciado na súmula vinculante 15, de 25 de junho de 2009, que ensina: "o cálculo de gratificações e outras vantagens do servidor público não incide sobre o abono utilizado para se atingir o salário-mínimo."

Por último, deve-se frisar que a parcela de participação nos lucros ou resultados, habitualmente paga, nos termos do art. 3º da Lei 10.101/2000, não possui natureza salarial, não integrando a remuneração do empregado.

7.5.3. Gratificação natalina

Com previsão no art. 7º, VIII, da CF e instituída pela Lei 4.090/1962, a gratificação natalina, mais conhecida como 13º salário, é compulsória e equivale a um mês da remuneração do empregado quando este tenha completado 12 (doze) meses de serviços ou proporcional ao meses de trabalho quando incompletos 12 (doze) meses, com base na remuneração do empregado, no mês de dezembro de cada ano.

O pagamento da primeira parcela ou, em outras palavras, o adiantamento do 13º salário, deverá ser feito entre fevereiro e novembro de cada ano e o valor corresponderá à metade do salário percebido no mês anterior, devendo o empregador efetuá-lo de uma só vez.

Contudo, o empregador não estará obrigado a pagar o adiantamento, no mesmo mês, a todos os seus empregados.

7.5.4. Quebra de caixa

Quebra de caixa é a verba destinada a cobrir os riscos assumidos pelo empregado que lida com manuseio constante de numerário.

É um adicional pago ao trabalhador que exerce controle sobre ativos do empregador, na medida em que, caso haja alguma diferença a menos no caixa, o empregado deverá prestar conta da quantia. Exemplo de trabalhador que recebe este adicional são os caixas de banco.

O TST, através da Súmula 247, entendeu que a parcela paga aos bancários sob a denominação quebra de caixa possui natureza salarial, integrando o salário do prestador dos serviços para todos os efeitos legais.

7.6. Salário complessivo

Salário complessivo é a forma de ajustar um só salário, globalizando todas as outras parcelas variáveis, ou seja, nada mais é do que o salário pago globalmente, sem especificação, no recibo, do que está sendo pago. Esta prática é ilegal, sendo o ato tido como nulo, nos termos do art. 9º da CLT, visto que o obreiro tem direito de saber a quantia que está recebendo e a que título ela está sendo remunerada.

É juridicamente impraticável, conforme entendimento cristalizado na Súmula 91 do TST, que entende ser nula cláusula contratual que fixa determinada importância ou porcentagem para atender englobadamente vários direitos legais ou contratuais do trabalhador.

7.7. Gueltas

As gueltas podem ser conceituadas como gratificações ou prêmios oferecidos por terceiros aos empregados pela promoção do produto ou marca.

As gueltas são incentivos pagos pelo fornecedor, produtor ou distribuidor ao empregado de um terceiro, com o intuito de promover as vendas de seus produtos.

O oferecimento das gueltas ocorre muito em farmácias na venda de medicamentos quando o farmacêutico sugere determinado medicamento em vez de outro, ou ainda em algumas lojas quando ofertam vantagens a um determinado cartão de crédito.

O TST pacificou o entendimento no sentido de que as gueltas assemelham-se às gorjetas, pois englobam valores pagos por terceiros durante o exercício da relação de emprego, na medida em que, enquanto as gorjetas compreendem a retribuição pela prestação de um serviço de boa qualidade, as gueltas são retribuições pagas pela indicação de determinado produto e, portanto, integram a remuneração do empregado, não servindo de base de cálculo para as parcelas de aviso-prévio, adicional noturno, horas extras e repouso semanal remunerado, incidindo reflexos na gratificação natalina, férias, depósitos de FGTS e contribuição previdenciária.

Desta forma, por possuírem a mesma natureza jurídica, é aplicável por analogia o entendimento consubstanciado na Súmula 354 do TST.

7.8. Normas de proteção do salário

O art. 7º, X, da CF informa que são direitos dos trabalhadores urbanos e rurais, além de outros que visem à melhoria de sua condição social, a proteção do salário na forma da lei, constituindo crime sua retenção dolosa.

Na legislação infraconstitucional, em diversos dispositivos encontramos regras que visam à proteção do salário do obreiro, seja em face do próprio empregador, seja em face dos credores do empregado ou, ainda, em um plano mais profundo, proteção em face dos credores do empregador.

7.8.1. Proteção contra o empregador

A proteção do salário em face do empregador encontra-se prevista no art. 464 da CLT, que dispõe que o pagamento do salário deverá ser efetuado contra recibo, assinado pelo empregado. Em se tratando de empregado analfabeto, a assinatura se dará mediante sua impressão digital, ou, não sendo esta possível, a seu rogo, ou seja, a seu mando, por alguém que faça por ele, desde que devidamente habilitado.

7.8.2. Proteção contra credores do empregado

O art. 649, IV, do CPC, prevê como proteção do salário em face dos credores do empregado a regra da impenhorabilidade.

Dispõe o inciso IV do art. 649 do CPC que são absolutamente impenhoráveis "os vencimentos, subsídios, soldos, salários, remunerações, proventos de aposentadoria, pensões, pecúlios e montepios; as quantias recebidas por liberalidade de terceiro e destinadas ao sustento do devedor e sua família, os ganhos de trabalhador autônomo e os honorários de profissional liberal."

Nessa linha, é matéria pacífica na doutrina e na jurisprudência a impenhorabilidade dos rendimentos decorrentes do trabalho assalariado, exceto em se tratando de não pagamento de prestação alimentícia.

7.8.3. Proteção contra credores do empregador

Como proteção em face dos credores do empregador, podemos destacar as regras contidas na Lei 11.101/2005 e, dentre elas, a regra de que os créditos trabalhistas devidos aos trabalhadores que, mesmo após a decretação da falência da empresa, continuarem a trabalhar nela, serão considerados extraconcursais e deverão ser pagos com precedência de qualquer outro crédito.

7.8.4. Princípio da irredutibilidade salarial

Em regra o salário é irredutível, não sendo permitida sua redução. No entanto, o legislador constituinte permitiu que em determinadas situações o salário possa ser reduzido, mediante negociação coletiva. É o que dispõe o art. 7º, VI, da CF.

Essa ideia é reforçada pelo art. 468 CLT, que proíbe, sob pena de nulidade, qualquer alteração que cause prejuízo ao trabalhador.

7.8.5. Intangibilidade salarial

Disposta no art. 462 da CLT, ensina que não poderá haver desconto no salário do obreiro. O obreiro deve receber seu salário de forma integral, sendo proibido ao empregador efetuar descontos no salário de seu empregado, salvo se resultar de adiantamento, de dispositivos de lei ou de contrato coletivo.

Não obstante, o TST, através da Súmula 342, entendeu ser lícito o desconto no salário do obreiro desde que haja autorização expressa por escrito e espontânea por parte do empregado.

Sendo assim, podemos dizer que, como regra, o salário é intangível, intocável, não podendo haver quaisquer descontos, sendo permitidos apenas aqueles decorrentes de: contribuições previdenciárias; contribuições sindicais; imposto de renda; desconto para prestação alimentícia; desconto para pagamento de pena criminal pecuniária; pagamento de custas judiciais; pagamento de prestações do Sistema Financeiro de Habitação; retenção de saldo salarial por falta de aviso-prévio do empregado; faltas injustificadas; empréstimos, até 30%; desconto de antecipações salariais.

Por último, vale dizer que os danos causados pelo empregado, de forma dolosa, poderão ser descontados do salário. No entanto, em caso de culpa, o desconto será permitido desde que haja o consentimento do empregado.

7.8.6. Pagamento em moeda corrente

O salário deverá ser pago em moeda corrente do País, em conformidade com o art. 463, *caput*, da CLT. Uma vez realizado de maneira diversa, será considerado como não feito.

No entanto, admite-se que o empregador realize o pagamento por meio de cheque ou por depósito em conta corrente aberta para esse fim. Porém, o empregador deverá assegurar ao empregado tempo hábil para desconto imediato do cheque; transporte, caso seja necessário sua utilização para o deslocamento até o estabelecimento bancário, de modo que possa se utilizar da quantia em conformidade com os arts. 145, 459, § 1º, e 465, todos da CLT.

O pagamento do salário deverá ser efetuado contra recibo, assinado pelo empregado e, em se tratando de analfabeto, mediante sua impressão digital, ou, não sendo esta possível, a seu rogo.

Para o pagamento realizado por depósito bancário, terá força de recibo o comprovante de depósito em conta bancária, aberta para esse fim em nome do empregado.

7.9. Equiparação salarial

Sendo idêntica a função, a todo trabalho de igual valor, prestado ao mesmo empregador, na mesma localidade, corresponderá igual salário. Esta é a expressão do art. 461 da CLT, que tem como fundamento o inciso XXX do art. 7º da CF, o qual proíbe a diferença de salários, de exercício de funções e de critério de admissão, por motivo de sexo, idade, cor ou estado civil.

Para se pleitear a equiparação salarial, mister se faz o preenchimento de alguns requisitos, a saber:

7.9.1. Trabalho de igual valor

É aquele desenvolvido com a mesma produtividade e perfeição técnica entre trabalhadores cuja diferença no tempo de serviço na mesma "função" não seja superior a 2 anos. Para efeitos de equiparação conta-se o tempo de serviço na função e não no emprego, entendimento cristalizado na Súmula 6, item II, do TST.

7.9.2. Mesmo empregador

O pedido de equiparação é possível desde que os empregados, paradigma e paragonado, laborem para o mesmo empregador.

Apesar de vozes contrárias, prevalece na jurisprudência ser possível o pedido de equiparação salarial para empregados de empresas pertencentes ao mesmo grupo econômico. Esse entendimento é baseado na tese de empregador único e na Súmula 129 do TST.

Convém ressaltar que a teor da Súmula 6, item IV, do TST é desnecessário que, ao tempo da reclamação trabalhista, ambos trabalhadores, paradigma e paragonado, estejam trabalhando na mesma empresa, desde que o pedido se relacione com a situação pretérita.

7.9.3. Identidade de funções

A equiparação salarial só é possível se o empregado e o paradigma exercerem a mesma função, desempenhando as mesmas tarefas, não importando se os cargos possuem, ou não, a mesma denominação.

Ignora-se a disposição contratual para examinar-se a realidade dos fatos, pouco importando o cargo existente no contrato pactuado, levando-se em consideração as tarefas exercidas pelos obreiros.

7.9.4. Mesma localidade

De acordo com a orientação do TST consubstanciada no item X da Súmula 6, devemos compreender o termo "mesma localidade" contido no art. 461 da CLT como sendo o mesmo município, ou municípios distintos que, comprovadamente, pertençam à mesma região metropolitana.

7.9.5. Inexistência de quadro de carreira

Outro requisito para a equiparação salarial é a inexistência de quadro de carreira em uma empresa. Isso porque determina o art. 461, § 2º, da CLT que, quando o empregador tiver pessoal organizado em quadro de carreira, não será possível a equiparação salarial. Isso porque nesses casos as promoções deverão obedecer aos critérios de antiguidade e merecimento de forma alternada.

O TST firmou entendimento na OJ 418 da SDI 1 ao consignar que não há impedimento à equiparação salarial pela existência de plano de carreira e salários que preveja critério de promoção apenas por merecimento ou antiguidade, pois não atende o requisito de alternância previsto no art. 461, § 2º, da CLT.

No entanto, o TST firmou entendimento consubstanciado na Súmula 6, item I, no sentido de que esse quadro de carreira apenas terá validade se homologado pelo Ministério do Trabalho, salvo em se tratando das entidades de direito público da administração direta, autárquica e fundacional, hipótese em que não haverá a exigência da homologação, visto que aprovado por ato administrativo da autoridade competente.

7.9.6. Ônus da prova

Estabelece o art. 818 da CLT que a prova incumbe a quem fizer a alegação. Assim, ao empregado cabe provar o exercício da mesma função que o paradigma.

Já ao empregador, com fulcro no art. 333, II, do CPC e na Súmula 6, item VIII, do TST, cabe o ônus da prova do fato impeditivo, modificativo ou extintivo da equiparação salarial. Assim, caso queira o empregador impedir o direito à equiparação salarial do empregado, deverá juntar, por exemplo, quadro de carreira nos termos acima expostos.

7.9.7. Equiparação para o trabalho intelectual

É possível a equiparação salarial do trabalho intelectual desde que atendidos os requisitos elencados no art. 461 consolidado.

O TST, porém, firmou entendimento que a avaliação para efeitos da equiparação poderá ser feita com base na perfeição técnica, adotando critérios objetivos.

7.10. Salário-família

Previsto no art. 7º, XII, da CF, o salário-família é pago em razão do dependente do trabalhador de baixa renda. O salário família está previsto na Lei 8.213/1991, arts. 65 a 70 e no Decreto 3.048/1999, nos arts. 81 a 92.

Embora possua denominação de salário, não possui natureza salarial e/ou remuneratória, na medida em que constitui um benefício previdenciário, devido mensalmente ao empregado segurado, ao trabalhador avulso e, de acordo com a atual redação dada ao parágrafo único do art. 7º, da CF, pela EC 72/2013, ao empregado doméstico (ainda pendente de regulamentação) conforme a proporção do número de filhos ou equiparados.

Para a concessão do salário-família, a Previdência Social não exige tempo mínimo de contribuição.

Nos termos do art. 88 do Decreto 3.048/1999 o direito ao salário-família cessa automaticamente:

> I – por morte do filho ou equiparado, a contar do mês seguinte ao do óbito;
>
> II – quando o filho ou equiparado completar quatorze anos de idade, salvo se inválido, a contar do mês seguinte ao da data do aniversário;
>
> III – pela recuperação da capacidade do filho ou equiparado inválido, a contar do mês seguinte ao da cessação da incapacidade; ou
>
> IV – pelo desemprego do segurado.

Para a concessão do salário-família, a Previdência Social não exige tempo mínimo de contribuição e será devido, nos termos do art. 82 do Decreto 3.048/1999:

> I – ao empregado, pela empresa, com o respectivo salário, e ao trabalhador avulso, pelo sindicato ou órgão gestor de mão de obra, mediante convênio;
>
> II – ao empregado e trabalhador avulso aposentados por invalidez ou em gozo de auxílio-doença, pelo Instituto Nacional do Seguro Social, juntamente com o benefício;
>
> III – ao trabalhador rural aposentado por idade aos sessenta anos, se do sexo masculino, ou cinquenta e cinco anos, se do sexo feminino, pelo Instituto Nacional do Seguro Social, juntamente com a aposentadoria; e
>
> IV – aos demais empregados e trabalhadores avulsos aposentados aos sessenta e cinco anos de idade, se do sexo masculino, ou sessenta anos, se do sexo feminino, pelo Instituto Nacional do Seguro Social, juntamente com a aposentadoria.

Importante lembrar que os desempregados não têm direito ao benefício em debate.

7.11. Salário-educação

A contribuição social do salário-educação está prevista no art. 212, § 5º, da CF e regulamentada pelas Leis 9.424/1996, 9.766/1998 (regulamentada pelo Decreto 6.003/2006) e 11.457/2007.

Nos termos do art. 15 da Lei 9.424/1996: "*O salário-educação previsto no art. 212, § 5º, da CF e devido pelas empresas, na forma em que vier a ser disposto em regulamento, é calculado com base na alíquota de 2,5% (dois e meio por cento) sobre o total de remunerações pagas ou creditadas, a qualquer título, aos segurados empregados, assim definidos no art. 12, inciso I, da Lei 8.212, de 24 de julho de 1991.*"

Vale dizer que o salário-educação não possui caráter remuneratório na relação de emprego e não se vincula, para nenhum efeito, ao salário ou à remuneração percebida pelos empregados das empresas contribuintes.

Estão isentas do recolhimento da contribuição social do Salário-Educação, nos termos do § 1º do art. 1º da Lei 9.766/1998:

> I – a União, os Estados, o Distrito Federal e os Municípios, bem como suas respectivas autarquias e fundações;

II – as instituições públicas de ensino de qualquer grau;

III – as escolas comunitárias, confessionais ou filantrópicas, devidamente registradas e reconhecidas pelo competente órgão de educação, e que atendam ao disposto no inc. II do art. 55 da Lei 8.212, de 24 de julho de 1991;

IV – as organizações de fins culturais que, para este fim, vierem a ser definidas em regulamento;

V – as organizações hospitalares e de assistência social, desde que atendam, cumulativamente, aos requisitos estabelecidos nos incs. I a V do art. 55 da Lei 8.212, de 1991.

7.12. Salário do menor e do aprendiz

Nos termos do art. 7º, XXX, da CF, é proibida a diferença de salários, de exercício de funções e de critério de admissão por motivo de sexo, idade, cor ou estado civil.

Assim, ao trabalho do menor corresponde igual salário ao dos demais trabalhadores.

Ademais, o salário-mínimo é garantia constitucional assegurada para todos trabalhadores, nos termos do inc. IV do art. 7º da CF,

Com relação ao menor aprendiz o art. 428, § 2º, da CLT ao menor aprendiz, salvo condição mais favorável, será garantido o salário-mínimo hora.

Ao menor, nos termos do art. 439 da CLT é lícito firmar recibo pelo pagamento dos salários. Porém, em se tratando de rescisão do contrato de trabalho, é vedado ao menor de 18 (dezoito) anos dar, sem assistência dos seus responsáveis legais, quitação ao empregador pelo recebimento da indenização que lhe for devida.

8. Duração do trabalho

8.1. Jornada de Trabalho

A palavra "jornada" provém do termo italiano *giorno*, que traduzido para nosso vernáculo significa "dia", traduzindo a ideia de "dia de trabalho".

A jornada de trabalho vem disciplinada no art. 7º, incisos XIII e XIV da CF, e nos arts. 57 a 75 do diploma consolidado, sendo entendida, nos termos do art. 4.º, *caput*, da CLT, como o lapso temporal em que o empregado está à disposição do empregador, executando ou não o seu labor.

Para o ilustre Ministro Mauricio Godinho Delgado (em **Curso de Direito do Trabalho**, 8ª ed., São Paulo, LTr, 2009, pág. 774) jornada de trabalho seria "o lapso temporal diário em que o empregado se coloca à disposição do empregador em virtude do respectivo contrato. É, desse modo, a medida principal do tempo diário de disponibilidade do obreiro em face de seu empregador como resultado do cumprimento do contrato de trabalho que os vincula."

Assim, tempo de serviço efetivo deve ser entendido como o lapso de tempo em que o empregado está à disposição do empregador, aguardando ou cumprindo ordens.

Nessa linha, importante ressaltar o período de sobreaviso, que consiste no período computado como tempo à disposição do empregador, em que o empregado, mesmo fora do local de trabalho, fica aguardando ordens.

A respeito do período de sobreaviso o TST editou a Súmula 428 que assim dispõe:

> Súmula 428 TST.
>
> I – O uso de instrumentos telemáticos ou informatizados fornecidos pela empresa ao empregado, por si só, não caracteriza o regime de sobreaviso.
>
> II – Considera-se em sobreaviso o empregado que, à distancia e submetido a controle patronal por instrumentos telemáticos ou informatizados, permanecer em regime de plantão ou equivalente, aguardando a qualquer momento o chamado para o serviço durante o período de descanso.

Nesse período o empregado fica previamente avisado que a qualquer momento pode ser chamado para algum trabalho, como ocorre, por exemplo, com os eletricistas.

Vale dizer que a Lei 12.551/2011, que deu nova redação ao art. 6º da CLT, não distingue o trabalho realizado no estabelecimento do empregador, o executado no domicílio do empregado e o realizado à distância, desde que estejam caracterizados os pressupostos da relação de emprego.

A referida lei acrescentou o parágrafo único ao art. 6º consolidado, equiparando os meios telemáticos e informatizados de comando, controle e supervisão, para fins de subordinação jurídica, aos meios pessoais e diretos de comando, controle e supervisão do trabalho alheio.

Por esse motivo o TST modificou o entendimento cristalizado na Súmula 428 para instruir que o uso de instrumentos telemáticos ou informatizados fornecidos pela empresa ao empregado, por si só, não caracteriza regime de sobreaviso.

Sobre o tema, importante citar a Súmula 429 editada pelo TST que considera tempo à disposição do empregador o período de deslocamento entre a portaria e o local de trabalho, desde que supere o limite de 10 (dez) minutos diários, disposto no art. 58, § 1º, CLT.

A duração do trabalho não será superior a 8 horas diárias, observado o limite de 44 horas semanais, facultando a compensação de horários e a redução da jornada, mediante acordo ou convenção coletiva, em conformidade com o art. 7º, XIII, da CF.

A CLT traz regra nesse mesmo sentido, em que aponta que a duração normal do trabalho não poderá exceder 8 (oito) horas diárias, desde que não seja fixado expressamente outro limite.

O objetivo dessa limitação é a proteção da saúde do trabalhador, evitando acidentes do trabalho e doenças ocupacionais pelo longo exercício do labor. São normas de ordem pública e, portanto, irrenunciáveis pelas partes.

Vale lembrar que nos termos do art. 58, § 1º, da CLT, não serão descontadas nem computadas na jornada de trabalho as variações de horário no registro de ponto não excedentes de cinco minutos, observado o limite máximo de dez minutos diários.

8.2. Classificações da Jornada de Trabalho

A jornada de trabalho pode ser classificada em:

8.2.1. Ordinária

É o limite máximo imposto pela norma constitucional. Em outras palavras, é a jornada comum de trabalho para os obreiros. A Constituição Federal em seu art. 7º, XIII, c/c o art. 58 da CLT, fixou como limite a jornada de oito horas diárias e 44 horas semanais.

É possível ainda fixação mais benéfica ao trabalhador, seja por lei, seja por convenções coletivas, que podemos chamar de limites especiais, como por exemplo: advogados e turnos ininterruptos de revezamento (art. 7º, XIV, da CF).

8.2.2. Extraordinária

São as horas laboradas acima do limite legal convencional, ou seja, as horas que extrapolam a jornada ordinária de trabalho.

8.2.3. Diurna

Nas atividades urbanas, é considerada jornada diurna aquela desempenhada das 5 horas até às 22 horas.

8.2.4. Noturna

No âmbito urbano, compreende-se aquele labor desempenhado entre as 22 horas de um dia e 5 horas do dia seguinte. Para o trabalhador urbano há a chamada "hora fictamente reduzida" em que a hora possui, fictamente, 52 minutos e 30 segundos e não 60 minutos.

É oportuno enfatizar que o direito à hora reduzida de 52 minutos e 30 segundos aplica-se ao vigia noturno, em conformidade com a Súmula 65 do TST.

Vale destacar, ainda, que o trabalho noturno dos empregados nas atividades de exploração, perfuração, produção e refinação do petróleo, industrialização do xisto, indústria petroquímica e transporte de petróleo e seus derivados, por meio de dutos, é regulado pela Lei 5.811/72, não se aplicando, ainda, a hora reduzida de 52 minutos e 30 segundos prevista no art. 73, § 1º, da CLT, nos termos da Súmula 112 do TST.

Já no âmbito rural devemos diferenciar o trabalho exercido nas atividades de agricultura e o desenvolvido na pecuária.

Na lavoura, o período noturno é aquele desenvolvido entre 21 horas de um dia até às 5 horas do dia seguinte, ao passo que na pecuária será o período compreendido entre as 20 horas de um dia até 4 horas do dia seguinte, nos termos do art. 7º da Lei 5.889/1973.

É importante mencionar que no âmbito rural, seja na agricultura, seja na pecuária, não se aplica a regra da "hora fictamente reduzida".

Outra peculiaridade consiste no adicional devido aos trabalhadores que exercem suas atividades no período noturno. Esse adicional difere, também, para os empregados dos âmbitos urbano e rural.

O trabalho noturno exercido no âmbito urbano é de 20%, ao passo que no âmbito rural, por não terem os obreiros a jornada reduzida, seu adicional será de 25%.

8.3. Jornadas de trabalhos especiais

Ao lado da duração normal de trabalho estabelecida no art. 7º, XIII, da CF de 8 horas ao dia, 44 horas na semana e 220 horas no mês, existem jornadas de trabalho com caráter especial, regidos por parâmetros distintos.

8.3.1. Jornadas superiores

Existem poucas jornadas especiais criadas por lei que extrapolam o modelo padrão de 8 horas diárias criado para as atividades laborais no País.

Certas categorias profissionais, em face das peculiaridades do setor, tendem a se submeter à fixação de lapsos temporais diários, sem detrimento do limite semanal, mais amplos.

Como exemplos de categorias que possuem jornadas eventualmente superiores ao limite constitucional diário de 8 horas por dia temos: os aeronautas, os ferroviários, entre outros.

8.3.2. Jornadas inferiores

Entretanto, para determinadas categorias existem jornadas de trabalho inferiores ao limite constitucional estabelecido no citado art. 7º, XIII, da CF.

Representam, portanto, jornadas mais favoráveis em relação ao padrão estabelecido pelo constituinte originário.

Como exemplos de jornadas inferiores ao modelo constitucional temos: os empregados em minas no subsolo (art. 293 da CLT); telegrafistas e telefonistas, nos termos do art. 227 da CLT; a jornada variável para os operadores cinematográficos, nos termos do art. 234 e suas alíneas; entre outros.

8.3.3. Bancários

Ensina o art. 224 da CLT que a duração normal do trabalho dos empregados em bancos será de seis horas contínuas, com exceção dos sábados, perfazendo um total de 30 horas semanais.

Poderá haver prorrogação da jornada do bancário até oito horas diárias, não podendo exceder 40 horas semanais.

Vale destacar que, nos termos da Súmula 113 do TST, o sábado é considerado dia útil não trabalhado e não dia de repouso remunerado.

Conforme art. 224, § 2º, da CLT, os bancários que exercem funções de direção, gerência, fiscalização, chefia e equivalentes, ou que desempenhem outros cargos de confiança, desde que recebam gratificação não inferior a 1/3 (um terço) do salário do cargo efetivo, não estão abrangidos pela jornada especial de trabalho de 6 horas, fixada no *caput* do citado dispositivo legal.

Os bancários não enquadrados na hipótese mencionada, mesmo que recebam gratificação de função, não poderão ter as horas extras compensadas com o valor daquela vantagem, nos termos da Súmula 109 do TST.

Os cargos a que alude o § 2º do art. 224 da CLT são considerados "cargos de confiança especial" e decorrem da natureza da atividade do trabalhador.

Desta forma, a exceção que traz o art. 224, § 2º, da CLT, que sujeita o bancário a oito horas diárias de trabalho, abrange todos os cargos que pressupõem atividades de coordenação, supervisão ou fiscalização, não exigindo a lei poderes de mando e direção, como aqueles dispostos no art. 62 consolidado.

8.3.4. Digitadores

A CLT é omissa a respeito da atividade de digitador. Entretanto, a jurisprudência tem considerado aplicável, extensivamente, a regra do art. 72 consolidado que determina a observância de intervalos remunerados de 10 minutos a cada 90 minutos laborados em serviços permanentes de mecanografia, o qual não é deduzido da duração normal do trabalho. Nessa linha, o TST concretizou esse entendimento através da Súmula 346.

Com isso, temos que a enumeração do art. 72 da CLT é meramente exemplificativa e não taxativa, permitindo, portanto, o descanso de 10 minutos a cada 90 trabalhados, desde que trabalhe como digitador de forma permanente e não intercalada.

8.3.5. Empresas de telefonia e operadores de *telemarketing*

Nos termos do art. 227 da CLT, "nas empresas que explorem o serviço de telefonia, telegrafia submarina ou subfluvial, de radiotelegrafia ou de radiotelefonia, fica estabelecida para os respectivos operadores a duração máxima de seis horas contínuas de trabalho por dia ou 36 (trinta e seis) horas semanais."

Portanto, de acordo com o dispositivo legal em debate, a jornada de trabalho especial estabelecida seria aplicada apenas a telefonistas que operassem mesa de transmissão com ramais, não fazendo uso do telefone comum para atender e fazer as ligações exigidas no exercício de sua função.

No entanto, operadores de *telemarketing*, profissionais que laboram com sistema direto de vendas por telefone, ingressavam com reclamações trabalhistas reivindicando a aplicação analógica da jornada de trabalho especial prevista no art. 227 consolidado.

Em setembro de 2002 foi editada a OJ 273 da SDI 1 do TST nos seguintes termos:

> OJ-273 da SDI1 do TST – "TELEMARKETING". OPERADORES. ART. 227 DA CLT. INAPLICÁVEL
> A jornada reduzida de que trata o art. 227 da CLT não é aplicável, por analogia, ao operador de televendas, que não exerce suas atividades exclusivamente como telefonista, pois, naquela função, não opera mesa de transmissão, fazendo uso apenas dos telefones comuns para atender e fazer as ligações exigidas no exercício da função.

O entendimento disposto na orientação jurisprudencial em questão vigorou por quase 10 (dez) anos, até que em maio de 2011, por meio da Resolução 175/2011, a OJ 273 SDI 1 TST foi **cancelada**, sendo certo que atualmente é possível a aplicação analógica do art. 227 da CLT aos operadores de *telemarketing*.

8.3.6. Advogado empregado

Advogado empregado é aquele profissional que atua com a devida anotação em CTPS e com os demais requisitos caracterizadores da relação de emprego, nos termos dos arts. 2º e 3º da CLT.

Nos termos do art. 20 da Lei 8.906/1994 (Estatuto da Advocacia e a Ordem dos Advogados do Brasil), a jornada de trabalho do advogado empregado, no exercício da profissão, não poderá exceder a duração diária de 4 (quatro) horas contínuas e a de 20 (vinte) horas semanais, salvo acordo ou convenção coletiva ou em caso de dedicação exclusiva.

Nota-se, portanto, que o legislador abre 3 exceções com relação à jornada de trabalho do advogado empregado, quais sejam: acordo coletivo, convenção coletiva de trabalho e o caso de dedicação exclusiva.

De acordo com o art. 12 do Regulamento Geral do Estatuto da Advocacia e da OAB, considera-se de dedicação exclusiva o regime de trabalho que for expressamente previsto em contrato individual de trabalho.

Nessa linha, em caso de dedicação exclusiva, em que o advogado não pode atuar em nome de outra pessoa, a jornada de trabalho será de 8 (oito) horas por dia e não de 4 (quatro) horas como previsto no art. 20 do EAOAB.

Dispõe o art. 12 do Regulamento Geral do Estatuto da Advocacia e da OAB:

> Art. 12. Para os fins do art. 20 da Lei 8.906/1994, considera-se de dedicação exclusiva o regime de trabalho que for expressamente previsto em contrato individual de trabalho.
>
> Parágrafo único. Em caso de dedicação exclusiva, serão remuneradas como extraordinárias as horas trabalhadas que excederem a jornada normal de oito horas diárias.

Por isso se afirma que a dedicação exclusiva deve ser expressamente prevista no contrato de trabalho do advogado, sob pena de ser considerada a jornada de trabalho especial prevista no EAOAB.

Havendo prestação de serviço extraordinário, as horas trabalhadas excedidas serão remuneradas por um adicional não inferior a 100% sobre o valor da hora normal, mesmo havendo contrato escrito.

Por fim, o trabalho noturno do advogado empregado é aquele realizado no período das 20 horas de um dia até as 5 horas do dia seguinte, devendo ser acrescidas do adicional de 25% (vinte e cinco por cento).

Sobre o tema, importante se faz a leitura da OJ 403 da SDI 1 do TST:

> OJ 403 da SDI 1 do TST – ADVOGADO EMPREGADO. CONTRATAÇÃO ANTERIOR A LEI 8.906, de 04.07.1994. JORNADA DE TRABALHO MANTIDA COM O ADVENTO DA LEI. DEDICAÇÃO EXCLUSIVA. CARACTERIZAÇÃO.
>
> O advogado empregado contratado para jornada de 40 horas semanais, antes da edição da Lei 8.906, de 04.07.1994, está sujeito ao regime de dedicação exclusiva disposto no art. 20 da referida lei, pelo que não tem direito à jornada de 20 horas semanais ou 4 diárias.

8.4. Turnos ininterruptos de revezamento

Previsto no inciso XIV do artigo 7º da Constituição Federal, o regime de revezamento é aquele em que os trabalhadores se sucedem na empresa, pressupõe trabalho e horários com sucessivas modificações, de modo que o empregado labore ora no período noturno, ora no diurno, ora no vespertino. Nesse sentido o TST cristalizou seu entendimento na Orientação Jurisprudencial 360 da SDI – 1: "*faz jus à jornada especial prevista no art. 7º, XIV, da CF/1988 o trabalhador que exerce suas atividades em sistema de alternância de turnos, ainda que em dois turnos de trabalho, que compreendam, no todo ou em parte, o horário diurno e o noturno, pois submetido à alternância de horário prejudicial à saúde, sendo irrelevante que a atividade da empresa se desenvolva de forma ininterrupta.*"

O turno ininterrupto de revezamento se caracterizará quando os empregados prestarem serviços em horários de trabalho alternados em turnos de revezamento, ou seja, alternando seu horário nos períodos da manhã, tarde e/ou noite, de forma contínua para o empregador.

Para os empregados que laborem em turnos de revezamento, em decorrência da prejudicialidade à saúde do trabalhador, a Constituição Federal fixou no citado art. 7º, 1275
XIV, limite diário de 6 horas, salvo negociação coletiva.

No entanto, a jurisprudência tem se posicionado no sentido de, havendo negociação coletiva, poder existir jornada superior a 6 horas, limitada a 8 horas diárias. Nesse caso, os empregados submetidos aos turnos ininterruptos de revezamento não terão direito ao pagamento da 7ª e 8ª horas como extras, em conformidade com a Súmula 423 do TST.

É importante lembrar que o Ministério do Trabalho e Emprego (MTE) expediu a Portaria 412, de setembro de 2007, que em seu art. 1º considera ilícita a alteração da jornada e do horário de trabalho dos empregados que trabalhem em regime de turnos ininterruptos de revezamento, salvo mediante convenção ou acordo coletivo de trabalho.

No entanto, há que se ressaltar o entendimento cristalizado na OJ 420 da SDI 1, segundo o qual se mostra inválido o instrumento normativo que, regularizando situações pretéritas, estabelece jornada de oito horas para o trabalho em turnos ininterruptos de revezamento.

No que tange à jornada de trabalho noturna do trabalho em turno ininterruptos de revezamento, convém destacar a Orientação Jurisprudencial 395 da SDI 1 do TST.

> ORIENTAÇÃO JURISPRUDENCIAL 395 DA SDI 1 DO TST – TURNO ININTERRUPTO DE REVEZAMENTO. HORA NOTURNA REDUZIDA. INCIDÊNCIA.

O trabalho em regime de turnos ininterruptos de revezamento não retira o direito à hora noturna reduzida, não havendo incompatibilidade entre as disposições contidas nos arts. 73, § 1º, da CLT e 7º, XIV, da Constituição Federal.

8.5. Trabalho em regime de tempo parcial

Previsto no art. 58-A da CLT, o regime de tempo parcial é aquele cuja duração não exceda 25 horas semanais.

Para os trabalhadores contratados nesse regime de trabalho, o salário pago será proporcional àquele pago aos empregados que cumpram, na mesma função, tempo integral, em conformidade com o art. 58-A, §1º, da CLT.

Nessa linha é a jurisprudência do TST, consubstanciada na orientação jurisprudencial 358 da SDI 1, na qual havendo contratação para cumprimento de jornada reduzida, inferior à revisão constitucional de oito horas diárias ou quarenta e quatro semanais, é lícito o pagamento do piso salarial ou do salário-mínimo proporcional ao tempo trabalhado.

Nos moldes do art. 59, § 4º, consolidado, para os empregados contratados sob o regime de tempo parcial é vedada a prestação de horas extraordinárias, pois atentam contra a própria natureza do instituto.

O período de férias do empregado contratado em regime de tempo parcial também é diferenciado e dependerá da jornada de trabalho exercida, nos moldes do art. 130-A da CLT.

Os empregados contratados por esse regime também não poderão converter um terço de suas férias em abono pecuniário, em conformidade com o art. 143, § 3º, da CLT.

8.6. Horas *in itinere*

É o período de deslocamento gasto pelo empregado de sua residência até o local de trabalho e vice-versa em transporte fornecido pelo empregador.

Assim dispõe o art. 58, § 2º, da CLT: "O tempo despendido pelo empregado até o local de trabalho e para o seu retorno, por qualquer meio de transporte, não será computado na jornada de trabalho, salvo quando, tratando-se de local de difícil acesso ou não servido por transporte público, o empregador fornecer a condução."

Em regra esse período não é computado na jornada de trabalho. Porém, caso o empregador forneça o transporte e o local de trabalho for de difícil acesso ou não servido por transporte público, esse período será computado na jornada de trabalho do obreiro. Somente com a reunião desses dois elementos é que se poderá falar em horas *in itinere*.

No que diz respeito ao local não servido por transporte público, vale dizer que a incompatibilidade entre os horários de início e término da jornada do empregado e os do transporte público regular é circunstância que também gera o direito às horas *in itinere*.

Entretanto, a mera insuficiência de transporte público não enseja o pagamento de horas *in itinere*. Isso porque, se o transporte é insuficiente significa dizer que ele existe, não havendo, deste modo, direito às horas *in itinere*.

Diferente não poderia ser, pois impor o pagamento das horas *in itinere* àquele empregador que fornece transporte para seus empregados, em trajeto coberto por transporte público insuficiente, seguramente faria com que ele retirasse o transporte oferecido, na medida em que o art. 58, § 2º, da CLT aponta apenas para o local não servido por transporte público.

Por fim, vale lembrar que havendo transporte público regular em parte do trajeto percorrido em condução da empresa, as horas *in itinere* remuneradas irão se limitar ao trecho não alcançado pelo transporte público.

Sobre o tema, remetemos o leitor ao estudo da Súmula 90 do TST:

SÚMULA 90 TST – HORAS "IN ITINERE". TEMPO DE SERVIÇO

I – O tempo despendido pelo empregado, em condução fornecida pelo empregador, até o local de trabalho de difícil acesso, ou não servido por transporte público regular, e para o seu retorno é computável na jornada de trabalho.

II – A incompatibilidade entre os horários de início e término da jornada do empregado e os do transporte público regular é circunstância que também gera o direito às horas "in itinere".

III – A mera insuficiência de transporte público não enseja o pagamento de horas "in itinere".

IV – Se houver transporte público regular em parte do trajeto percorrido em condução da empresa, as horas "in itinere" remuneradas limitam-se ao trecho não alcançado pelo transporte público.

V – Considerando que as horas "in itinere" são computáveis na jornada de trabalho, o tempo que extrapola a jornada legal é considerado como extraordinário e sobre ele deve incidir o adicional respectivo.

8.7. Prorrogação da Jornada do Trabalho

A Constituição Federal estabelece o limite da jornada de trabalho. Assim, qualquer trabalho realizado acima desse limite implicará a prorrogação da jornada de trabalho.

Em 4 casos a CLT admite a prorrogação da jornada de trabalho:

8.7.1. Acordo de prorrogação de horas

Nos termos do art. 59 da CLT, a duração normal do trabalho poderá ser acrescida de horas suplementares, em número não excedente de 2 (duas). Contudo, esse ajuste deverá ser formalizado por acordo escrito, compreendendo o acordo coletivo, a convenção coletiva e o acordo individual. Nesse caso, o limite de horas extraordinárias a serem prestadas é de até 2 horas por dia, ou seja, a jornada de trabalho não poderá ser superior a 10 horas diárias.

Sempre que houver a prestação de serviços extraordinários, será devido um adicional por hora extraordinária de no mínimo 50% sobre a hora normal.

Vale dizer que nos termos do art. 20, § 2º, da Lei 8.906/1994, o adicional de horas extras do advogado é de 100%.

É importante ressaltar que, nos termos do art. 60 da CLT, para as atividades insalubres quaisquer prorrogações só poderão ser acordadas mediante licença prévia do Ministério do Trabalho.

Uma vez fixada em contrato de trabalho uma jornada inferior ao limite máximo legal, essa será lei entre as partes e qualquer trabalho que exceder esse limite será computado como horas extraordinárias.

O TST solidificou entendimento na Súmula 291, com a nova redação dada pela Resolução 174/2011, certificando que as horas extraordinárias prestadas habitualmente durante 1 ano, no mínimo, assegura ao empregado o direito à indenização correspondente ao valor de 1 (um) mês das horas suprimidas, total ou parcialmente, para cada ano ou fração igual ou superior a seis meses de prestação de serviço acima da jornada normal. O cálculo deverá observar a média das horas suplementares nos últimos 12 (doze) meses anteriores à mudança, multiplicada pelo valor da hora extra do dia da supressão.

Para os trabalhadores menores de 18 anos a prorrogação poderá ocorrer, independente de acréscimo salarial, ou seja, sem o pagamento de horas extras, somente por acordo ou convenção coletiva, devendo compensar em outro dia, não podendo ultrapassar as 44 horas semanais impostas pela Constituição Federal.

Além disso, permitir-se-á a prorrogação do dia de trabalho do menor, com acréscimo de 50% da hora normal, em até 12 horas, por motivo de força maior, desde que o trabalho do menor seja imprescindível ao funcionamento do estabelecimento, conforme art. 413, II, da CLT.

8.7.2. Acordo de compensação de jornadas

Previsto no art. 59, § 2º, da CLT, nada mais é que a compensação do excesso de *horas* trabalhadas em um dia, com a correspondente diminuição em outro dia. Em outras palavras, o trabalhador labora mais em alguns dias para descansar em outro.

Dispõe o art. 59, § 2 º, da CLT:

> Art. 59. (...)
>
> § 2º. Poderá ser dispensado o acréscimo de salário se, por força de acordo ou convenção coletiva de trabalho, o excesso de horas em um dia for compensado pela correspondente diminuição em outro dia, de maneira que não exceda, no período máximo de um ano, à soma das jornadas semanais de trabalho previstas, nem seja ultrapassado o limite máximo de dez horas diárias.

O acordo de compensação deve ser ajustado por acordo individual escrito, acordo coletivo ou convenção coletiva, a teor da Súmula 85, I, do TST.

O acordo individual para compensação de horas somente será válido caso não haja norma coletiva em sentido contrário proibindo tal compensação.

Em maio de 2011, o Tribunal Superior do Trabalho conferiu nova redação à Súmula 85, passando a diferenciar o sistema de "compensação de horas" do sistema chamado de "banco de horas", que eram utilizados de forma análoga.

Como vimos, a compensação de jornada consiste no sistema onde as horas extras trabalhadas em um dia poderão ser compensadas com a correspondente diminuição em outro dia. Desta mesma forma ocorre com o banco de horas.

Porém, no item V da Súmula 85 o TST faz distinção entre o sistema de compensação e o sistema de banco de horas.

A jornada de trabalho que utiliza o regime de "compensação de horas" não se confunde com a jornada de trabalho utilizada no instituto "banco de horas". A instauração do regime de compensação de horas é mais flexível que a do banco de horas, motivo pelo qual não se faz necessário a formalização de acordo ou convenção coletiva, bastando o mero ajuste entre empregado e empregador.

Por outro lado, o regime de compensação anual previsto pelo art. 59 da CLT – banco de horas, somente pode ser pactuado pelos instrumentos de negociação coletiva, na medida em que a CF não permite que acordo individual pactue medida desfavorável à saúde e segurança do trabalhador.

Desta forma, podemos entender como "sistema de compensação" aquele voltado para horas extras que serão compensadas em curtos períodos: semana ou mês. Em outras palavras, pequenos lapsos que não são capazes de prejudicar a saúde do trabalhador. Nesse caso, o pacto poderá ser celebrado por acordo individual escrito.

Já o regime de "banco de horas" será utilizado para horas extras que serão compensadas em longos períodos, ou seja, em um ano.

A grande diferença reside, portanto, na forma de pactuação. O sistema de compensação, por ser mais flexível, poderá ser pactuado por acordo individual escrito, acordo coletivo ou convenção coletiva, nos termos da Súmula 85, I, TST. Já o sistema "banco de horas" poderá ser pactuado apenas por negociação coletiva, em conformidade com o item V da Súmula 85 do TST.

Vale lembrar que nas atividades consideradas como insalubres, em conformidade com a Súmula 349 do TST, a validade de acordo coletivo ou convenção coletiva de compensação de jornada de trabalho em atividade insalubre prescindia, ou seja, dispensava a inspeção prévia da autoridade competente em matéria de higiene do trabalho, o Ministério do Trabalho.

Ocorre que a Súmula 349 foi cancelada em maio de 2011, em decorrência da Resolução 174/2011 do TST, não podendo mais tratar como dispensável a inspeção prévia do Ministério do Trabalho para que seja pactuado o regime de compensação de horas em atividades insalubres.

Desta forma, há de ser obedecida a regra disposta no art. 60 da CLT, sendo necessária a licença prévia das autoridades competentes em matéria de higiene do trabalho para que seja pactuado o sistema de compensação em atividades insalubres.

Celebrado o acordo de compensação de jornada e havendo a respectiva prorrogação, não haverá pagamento de horas extraordinárias, pois essas horas serão abatidas em outro dia como descanso para o obreiro.

Cabe destacar que, havendo prestação de horas extras habituais, o acordo de compensação de jornada restará descaracterizado, em conformidade com o entendimento consubstanciado na Súmula 85, item IV, do TST. Nesta hipótese, as horas que ultrapassarem a jornada semanal normal deverão ser pagas como horas extraordinárias e, quanto àquelas destinadas à compensação, deverá ser pago a mais apenas o adicional por trabalho extraordinário.

Importante destacar, ainda, que, por meio da Orientação Jurisprudencial 323 da SDI 1, o TST admite o sistema de compensação de jornada conhecida como "jornada de trabalho espanhola", na qual o trabalhador alterna sua jornada de trabalho laborando uma semana com 40 horas semanais e outra com 48 horas.

Entende-se que essa forma, a jornada espanhola, não viola os arts. 59, § 2º, da CLT e 7º, XIII, da CF/1988, desde que seu ajuste se dê mediante acordo ou convenção coletiva de trabalho.

A compensação deverá ser feita num período de até 1 (um) ano respeitando a soma das jornadas semanais do trabalho nesse período.

Caso não sejam observados os requisitos formais, como, por exemplo, a necessidade do acordo ser escrito, o empregado não terá direito ao pagamento das horas extraordinárias trabalhadas, mas apenas fará jus ao adicional de horas extras, nos termos da Súmula 85, III, do TST. Isso porque, na hipótese, o empregado compensou as horas que ultrapassaram a jornada normal de trabalho, observando o limite semanal. Por essa razão, essas horas já se encontram devidamente remuneradas, sendo devido somente o respectivo adicional.

No entanto, sobrevindo a rescisão contratual e ainda existindo horas a serem compensadas, deverá o empregador pagá-las como horas extraordinárias.

8.7.3. Prorrogação por necessidade imperiosa

A prorrogação da jornada de trabalho poderá decorrer de necessidade imperiosa. Prevista no art. 61 da CLT, a necessidade imperiosa é gênero do qual são espécies: serviços inadiáveis e motivo de força maior. Nesses casos, como não é possível prever a necessidade de prorrogação da jornada de trabalho, não será necessário a pactuação de acordo individual, acordo coletivo ou convenção coletiva.

8.7.3.1. Serviços inadiáveis

São aqueles que devem ser terminados na mesma jornada de trabalho, pois, se assim não for, o empregador sofrerá grandes prejuízos. Como exemplo podemos citar o trabalho em jornada suplementar na construção civil onde se constrói uma laje, atividade que não pode ser paralisada sob pena de se perder o concreto já feito.

Nesses casos o trabalho não poderá extrapolar 12 horas, ou seja, 8 horas da jornada comum e mais 4 horas de prorrogação, devendo, necessariamente, haver comunicação do fato ao Ministério do Trabalho e Emprego no prazo de 10 dias, em consonância com o art. 61, § 1º, da CLT.

Para os serviços inadiáveis, não é necessário que seja feito acordo individual escrito, acordo coletivo ou convenção coletiva, justamente por sua natureza, ou seja, não há como prever tal situação.

8.7.3.2. Força maior

Nos termos do art. 501, *caput*, da CLT, entende-se por força maior todo acontecimento inevitável, em relação à vontade do empregador, e para a realização do qual este não concorreu, direta ou indiretamente.

Como exemplo, podemos citar o trabalho em um resgate de acidente aéreo ou desmoronamento de prédios.

Para esses casos, a norma não fixou limite para prestação de horas extraordinárias, portanto, a prorrogação ocorrerá sem limites de horas, ou seja, a jornada será prorrogada pelo número de horas que se mostrar necessário, sempre remunerada com adicional de no mínimo 50%.

8.7.4. Recuperação de tempo por não realização do trabalho

Nesse caso o trabalho é impossibilitado por causas acidentais ou de força maior, permanecendo a empresa paralisada em razão desses incidentes.

Ocorrendo tais acontecimentos, a empresa pode exigir a reposição desse tempo perdido, mediante prévia concordância da Delegacia Regional do Trabalho. Como exemplo, podemos lembrar as catástrofes ocorridas no Estado de Santa Catarina.

Justamente por ser um fato imprevisto, não se exige que seja feita por acordo individual, acordo coletivo e convenção coletiva.

Porém, a prorrogação poderá ocorrer apenas pelo número de dias indispensáveis para a recuperação do trabalho perdido, não podendo exceder em 45 dias por ano e no máximo 2 horas por dia.

8.8. Empregados excluídos do controle de jornada do trabalho

No art. 62, a CLT traz um rol em que determinados empregados são excluídos do capítulo referente à duração do trabalho. Podemos dizer, portanto, que esses empregados não farão jus à proteção existente no capítulo de duração do trabalho constante na CLT e, por consequência, não terão direito ao recebimento de horas extraordinárias.

Desse modo, os empregados que exercem atividade externa incompatível com a fixação de horário de trabalho, assim como os gerentes, diretores ou chefes de departamento, desde que essa condição seja anotada na CTPS e no Livro de Registro de Empregados, não estão abrangidos pelas regras da duração do trabalho.

É importante enfatizar que esses empregados estão excluídos não apenas das horas extraordinárias, mas sim de todo o capítulo da duração do trabalho, inclusive adicional noturno, intervalos para descanso, entre outros.

Contudo, para que se configure o cargo de confiança, o empregado deve possuir subordinados e receber, além de seu salário efetivo, uma gratificação pela função de no mínimo 40%. Deve, ainda, possuir poderes de mando, ou seja, para tomar decisões importantes, poderes de direção da empresa. São os chamados poderes de direção interno, como admitir e demitir empregados, impor penalidades etc.; e os poderes de direção externa, como compras ou vendas em nome do empregador.

8.9. Intervalos para descanso

É o período destinado ao repouso e à alimentação do empregado, não sendo computado na duração do trabalho.

A todo trabalho corresponde um descanso, que visa a garantir a reposição das energias psicofísicas do trabalhador.

Existem intervalos para descanso dentro de um dia de trabalho, os chamados *intervalos intrajornada*; há aquele entre uma jornada e outra, o chamado *intervalo interjornada*; há também o descanso após uma semana, ou seja, o descanso semanal remunerado (DSR); e, por último, o repouso anual, que são as férias.

8.9.1. Intervalo intrajornada

São intervalos intrajornada aqueles que ocorrem dentro da mesma jornada de trabalho e tem como objetivos a alimentação e o descanso do empregado. Importante lembrar que os intervalos de descanso não serão computados na duração do trabalho, consoante disposição do art. 71, § 2º, da CLT.

Nas atividades cuja jornada de trabalho não ultrapassar 4 (quatro) horas, não há previsão legal para o intervalo para refeição e descanso. Já para os trabalhadores cuja duração do trabalho é superior a 4 (quatro) horas e inferior a 6 (seis) horas, o obreiro terá um intervalo para repouso e alimentação de 15 minutos, em conformidade com o art. 71, § 1º, da CLT.

Por último, para os trabalhadores que cumprem jornada de trabalho superior a 6 horas, o descanso será de no mínimo 1 (uma) e no máximo 2 (duas) horas, de acordo com o art. 71 da CLT.

Em conformidade com o art. 71 da CLT, admite-se a fixação do intervalo superior a 2 (duas) horas, desde que precedido de negociação coletiva.

Por outro lado, a duração do intervalo somente poderá ser reduzida por ato do Ministro do Trabalho, após consulta à Secretaria de Segurança e Saúde do Trabalhador, uma vez verificado que o estabelecimento atende às exigências legais concernentes à organização de refeitórios e que seus empregados não estão cumprindo jornada prorrogada.

Vale lembrar que os intervalos concedidos pelo empregador na jornada de trabalho que não estão previstos em lei representam tempo à disposição da empresa. Logo, devem ser remunerados como serviço extraordinário, se acrescidos ao final da jornada, conforme entendimento cristalizado na Súmula 118 do TST.

Com relação ao trabalhador rural, determina o art. 5º da Lei 5.889/1973:

> Art. 5º Em qualquer trabalho contínuo de duração superior a seis horas, será obrigatória a concessão de um intervalo para repouso ou alimentação observados os usos e costumes da região, não se computando este intervalo na duração do trabalho. Entre duas jornadas de trabalho haverá um período mínimo de onze horas consecutivas para descanso.

De acordo com o dispositivo em questão, caso existam usos e costumes na região quanto à concessão do intervalo, esses deverão ser observados. No entanto, caso não haja na região usos e costumes, por força do 5º, §§ 1º e 2º, do Decreto 73.626/1974 e do art. 1º da Lei 5.889/1973, deverá ser aplicada a regra disposta no art. 71 do texto consolidado.

A não concessão ou a concessão parcial desse intervalo acarretará o pagamento integral do período. Nessa linha, importante a leitura da Súmula 437, item I, do TST:

> SÚMULA 437 TST – INTERVALO INTRAJORNADA PARA REPOUSO E ALIMENTAÇÃO. APLICAÇÃO DO ART. 71 DA CLT
>
> I – Após a edição da Lei 8.923/1994, a não concessão ou a concessão parcial do intervalo intrajornada mínimo, para repouso e alimentação, a empregados urbanos e **rurais**, implica o pagamento total do período correspondente, e não apenas daquele suprimido, com acréscimo de, no mínimo, 50% sobre o valor da remuneração da hora normal de trabalho (art. 71 da CLT), sem prejuízo do cômputo da efetiva jornada de labor para efeito de remuneração.
>
> II – (...) (grifou-se)

8.9.1.1. Ausência do gozo de intervalo

Caso o empregador não conceda o período destinado a descanso e alimentação ao empregado, fazendo com que esse não desfrute do intervalo intrajornada, ou seja, caso o trabalhador não pare para descansar, o empregador ficará obrigado a remunerar o período correspondente com um acréscimo de 50% do valor da remuneração, em conformidade com o que dispõe o § 4º do art. 71 da CLT:

> § 4º – Quando o intervalo para repouso e alimentação, previsto neste artigo, não for concedido pelo empregador, este ficará obrigado a remunerar o período correspondente com um acréscimo de no mínimo 50% (cinquenta por cento) sobre o valor da remuneração da hora normal de trabalho.

Nesse sentido, a Súmula 437, item I, do TST já estudada, ensina que a não concessão total ou parcial do intervalo intrajornada mínimo, para repouso e alimentação, implica o pagamento total do período correspondente, com acréscimo de, no mínimo, 50% sobre o valor da remuneração da hora normal de trabalho.

Com relação ao intervalo intrajornada previsto em norma coletiva, é imperioso consignar que, de acordo com o item II da Súmula 437 do TST, é inválida cláusula de acordo ou convenção coletiva de trabalho que contemple a supressão ou redução do intervalo intrajornada, visto que este intervalo constitui medida de higiene, saúde e segurança do trabalho.

Assim, o trabalhador que não gozou do intervalo para descanso e alimentação ou teve suprimida parte de seu intervalo, será remunerado com o pagamento integral do intervalo e não apenas com o valor correspondente ao período suprimido.

Por fim, de acordo com o entendimento solidificado na Súmula 437, item III, do TST, essa parcela possui natureza salarial, repercutindo, assim, no cálculo de outras parcelas salariais.

8.9.2. Intervalos especiais

Em regra, os descansos não são computados na jornada de trabalho do obreiro, nos termos do art. 71, § 2º, da CLT. Existem, porém, descansos computáveis na jornada de trabalho e devidos aos empregados que trabalhem em condições especiais, visando a compensar o trabalho mais penoso e prevenir doenças profissionais. São alguns exemplos:

8.9.2.1. Mecanografia

Disposto no art. 72 da CLT, trata dos serviços de mecanografia, ou seja, realizados com a ajuda de máquinas de escrever, podendo, ainda, referir-se aos trabalhos de cálculo industrial ou comercial com a ajuda de máquinas contábeis.

Essa orientação foi estendida, também, aos digitadores, a teor da Súmula 346 do TST. Para todos eles, a cada 90 minutos de trabalho o obreiro deve receber um intervalo de 10 minutos de descanso.

8.9.2.2. Câmeras frigoríficas

A regra prevista no art. 253 da CLT ensina que o trabalhador submetido a atividades que envolvam o deslocamento em ambientes com variação de temperatura significativa faz jus a um intervalo de vinte minutos a cada uma hora e quarenta minutos de atividade contínua, computado como tempo de trabalho efetivo.

Nesse sentido, dispõe a Súmula 438 do TST:

> SÚMULA 438 TST – INTERVALO PARA RECUPERAÇÃO TÉRMICA DO EMPREGADO. AMBIENTE ARTIFICIALMENTE FRIO. HORAS EXTRAS. ART. 253 DA CLT. APLICAÇÃO ANALÓGICA.

O empregado submetido a trabalho contínuo em ambiente artificialmente frio, nos termos do parágrafo único do art. 253 da CLT, ainda que não labore em câmara frigorífica, tem direito ao intervalo intrajornada previsto no *caput* do art. 253 da CLT.

8.9.2.3. Minas de subsolo

O disposto no art. 298 da CLT assinala ser devido ao trabalho exercido em minas de subsolo, a cada 3 horas de trabalho, um intervalo de 15 minutos para descanso, que será computado como de trabalho efetivo.

8.9.2.4. Amamentação do próprio filho

A regra prevista no art. 396 da CLT ensina que a mulher terá direito a 2 (dois) descansos especiais de 30 minutos cada um até que o filho complete 6 meses de idade, não podendo esse período de descanso ser deduzido de sua jornada de trabalho.

8.9.3. Intervalo interjornadas

É o intervalo que ocorre entre uma e outra jornada de trabalho. Desta forma, em conformidade com o art. 66 da CLT, entre o final de um dia de trabalho e o início de outro, o empregado deverá ter um descanso mínimo de 11 (onze) horas.

Vale lembrar que, nos termos do art. 229 da CLT, para os empregados que estão sujeitos a horários variáveis, fica estabelecida a duração máxima de 7 (sete) horas diárias de trabalho e 17 (dezessete) horas de folga, deduzindo-se deste tempo 20 (vinte) minutos para descanso, de cada um dos empregados, sempre que se verificar um esforço contínuo de mais de 3 (três) horas.

No que diz respeito aos operadores cinematográficos e seus ajudantes, naqueles estabelecimentos que funcionam normalmente no horário noturno, será facultado, mediante acordo ou contrato coletivo de trabalho e com um acréscimo de 25% sobre o salário da hora normal, executar o trabalho em sessões diurnas extraordinárias e, cumulativamente, nas noturnas, desde que isso se verifique até 3 (três) vezes por semana e entre as sessões diurnas e as noturnas haja o intervalo de 1 (uma) hora, no mínimo, de descanso. Em seguida a cada período de trabalho haverá um intervalo de repouso no mínimo de 12 (doze) horas.

Existem outros intervalos interjornadas especiais previstos para algumas profissões, como, por exemplo, telefonia e telegrafia, cujo intervalo é de 17 horas para horários variáveis; cabineiro e ferroviário (art. 245 da CLT), cujo intervalo é de 14 horas; jornalistas, que, nos termos do art. 308 da CLT, possuem intervalo de 10 horas.

O desrespeito ao intervalo mínimo interjornadas acarreta, por analogia, os mesmos efeitos previstos no § 4º do art. 71 da CLT e na Súmula 110 do TST, devendo-se pagar a integralidade das horas que foram subtraídas do intervalo, acrescidas do respectivo adicional.

Assim, a não concessão do intervalo interjornadas de 11 horas na sua integralidade, acarretará ao empregador o pagamento de horas extraordinárias com acréscimo de 50%.

8.10. Descanso semanal remunerado

O repouso semanal remunerado é regulado pela Lei 605/1949 e regulamentado pelo Decreto 27.048/1949 e pode ser entendido como uma hipótese de interrupção do contrato de trabalho.

Nesses termos, será assegurado a todo empregado um descanso semanal de 24 (vinte e quatro) horas consecutivas, o qual, salvo motivo de conveniência pública ou necessidade imperiosa do serviço, deverá coincidir com o domingo, no todo ou em parte.

Em regra, o descanso semanal é obrigatório, porém sua remuneração dependerá do cumprimento da jornada semanal integral realizada pelo obreiro.

Desta forma, caso o empregado não cumpra jornada semanal integral, perderá tão somente a respectiva remuneração, mas nunca o direito ao repouso.

Nessa linha, nos termos da Súmula 15 do TST, a justificação da ausência do empregado motivada por doença, para a remuneração do repouso semanal, deverá observar a seguinte ordem preferencial dos atestados médicos: o médico da empresa ou seu convênio e, em seguida, os médicos do sindicato ou de entidades públicas.

Vale destacar que, nos termos do parágrafo único do art. 6º da Lei 10.101/2000, o repouso semanal remunerado nas atividades de comércio em geral deverá coincidir, pelo menos uma vez no período máximo de três semanas, com o domingo, respeitadas as demais normas de proteção ao trabalho e outras a serem estipuladas em negociação coletiva.

O repouso semanal deverá ser concedido ao obreiro após 7 (sete) dias consecutivos de trabalho. A concessão após esse período constitui violação ao repouso semanal, devendo ser pago em dobro. Nesse sentido a SDI 1 do Tribunal Superior do Trabalho editou a Orientação Jurisprudencial 410, *in verbis:*

> ORIENTAÇÃO JURISPRUDENCIAL 410 DA SDI 1 DO TST – REPOUSO SEMANAL REMUNERADO. CONCESSÃO APÓS O SÉTIMO DIA CONSECUTIVO DE TRABALHO. ART. 7º, XV, DA CF. VIOLAÇÃO.
>
> Viola o art. 7º, XV, da CF a concessão de repouso semanal remunerado após o sétimo dia consecutivo de trabalho, importando no seu pagamento em dobro.

8.11. Férias

As férias correspondem a um direito irrenunciável assegurado a todos os trabalhadores urbanos e rurais previsto no art. 7º, XVII, da CF. A legislação infraconstitucional cuida da matéria nos arts. 129 e seguintes da CLT.

Assim, todos os trabalhadores, urbanos e rurais; servidores públicos (art. 39, § 3º, da CF); membros das forças armadas (art. 142, § 3º, VIII, da CF); e empregados domésticos (art. 7º, parágrafo único, da CF), têm direito ao gozo de um período de férias anualmente, sem prejuízo de sua remuneração.

Para todos os efeitos, nos termos do art. 130, § 2º, da CLT, o período das férias será computado como tempo de serviço.

Podemos dizer que são características das férias: a *anualidade*, pois as férias são devidas após 1 (um) ano contado da data de contratação; a *remunerabilidade*, pois as férias são remuneradas com acréscimo de um terço (art. 7º, XVII, da CF); a *continuidade*, pois em regra devem ser contínuas, sem interrupção; a *irrenunciabilidade*, pois não podem ser renunciadas pelo trabalhador; e, por último, a *proporcionalidade*, pois depende da assiduidade do obreiro, nos termos do art. 130 e incisos da CLT.

As férias correspondem ao descanso anual, porém para o obreiro fazer jus a elas deve cumprir o que a doutrina chama de "período aquisitivo", ou seja, período de 12 meses de trabalho contado da data de sua contratação.

Em outras palavras, após cada período de 12 meses de vigência do contrato de trabalho, o empregado terá direito a férias.

Vale lembrar a posição consolidada na Súmula 261 do TST, que entende que o empregado que pede demissão antes de completado o primeiro período aquisitivo faz jus a férias proporcionais.

O período de duração das férias está definido no art. 130 consolidado e irá depender do número de faltas injustificadas que cada empregado teve no período aquisitivo.

É importante notar que, em se tratando de trabalhador que labore em regime de tempo parcial, regime de trabalho cuja duração não ultrapasse 25 horas por semana, o período

de aquisição não irá depender da frequência do empregado, mas sim de sua jornada de trabalho, em conformidade com o art. 130-A da CLT.

Cumprido o período aquisitivo por parte do empregado, inicia-se para o empregador o período concessivo, ou seja, a obrigação de conceder as férias, que corresponderá aos 12 meses subsequentes à data em que o empregado tiver adquirido o direito.

As férias serão concedidas por ato do empregador, devendo, em regra, ser cedidas em um só período, admitido-se seu fracionamento somente em casos excepcionais, hipóteses que serão concedidas em 2 (dois) períodos, um dos quais não poderá ser inferior a 10 (dez) dias corridos.

Aos menores de 18 (dezoito) anos e aos maiores de 50 (cinquenta) anos de idade, as férias serão sempre concedidas de uma só vez, não podendo haver o fracionamento.

O período de concessão das férias será escolhido, exclusivamente, pelo empregador, nos moldes do art. 136 da CLT. A concessão deverá ser feita por escrito e noticiada ao empregado (que dessa notificação dará recibo), com antecedência de, no mínimo, 30 dias (art. 135 da CLT), para que possa esquematizar e preparar suas férias.

Porém, os membros de uma família que trabalharem no mesmo estabelecimento ou empresa terão direito a gozar férias no mesmo período, se assim o desejarem e se disto não resultar prejuízo para o serviço.

Da mesma forma, o empregado estudante, menor de 18 (dezoito) anos, terá direito a fazer coincidir suas férias com as férias escolares.

As férias deverão ser anotadas na Carteira de Trabalho do empregado, conforme art. 133, § 1º, da CLT combinado com o art. 135, §§ 1º e 2º, da CLT.

Reza o art. 133 da CLT que perderá o direito a férias o trabalhador que: deixar o emprego e não for readmitido dentro de 60 dias subsequentes à sua saída; permanecer em gozo de licença, com percepção de salários, por mais de 30 (trinta) dias; deixar de trabalhar, com percepção do salário, por mais de 30 (trinta) dias, em virtude de paralisação parcial ou total dos serviços da empresa; ficar afastado do serviço, durante o período aquisitivo, decorrente da concessão pelo INSS de auxílio-doença, previdenciário ou acidentário, ultrapassando 6 meses, sejam eles contínuos ou descontínuos. Nesses casos, ao retornar ao serviço, inicia-se nova contagem do período aquisitivo.

Por fim, vale dizer que, durante as férias, o empregado não poderá prestar serviços a outro empregador, salvo se estiver obrigado a fazê-lo em virtude de contrato de trabalho regularmente mantido com aquele, nos termos do art. 138 da CLT.

8.11.1. Férias coletivas

O art. 139 da CLT prevê as férias coletivas ao dispor que: "Poderão ser concedidas férias coletivas a todos os empregados de uma empresa ou de determinados estabelecimentos ou setores da empresa".

Desta forma, as férias coletivas podem ser concedidas para toda a empresa ou apenas para uma parte dela.

Os empregados contratados há menos de 12 (doze) meses gozarão, na oportunidade, de férias proporcionais, iniciando-se, então, novo período aquisitivo.

As férias poderão ser gozadas em 2 períodos anuais, desde que nenhum deles seja inferior a 10 dias corridos. Para tanto, o empregador deverá comunicar ao órgão local do Ministério do Trabalho e Emprego, com a antecedência mínima de 15 dias, as datas de início e fim das férias, informando quais os estabelecimentos ou setores participarão das férias coletivas. Nesse mesmo prazo, o empregador deverá encaminhar cópia da comunicação aos Sindicatos representativos da respectiva categoria profissional, providenciando a afixação de aviso nos locais de trabalho.

Em se tratando de férias coletivas, o abono de férias deverá ser objeto de acordo coletivo entre o empregador e o sindicato representativo da respectiva categoria profissional, independentemente do requerimento individual do empregado.

8.11.2. Remuneração e abono de férias

8.11.2.1. Remuneração das férias

O empregado receberá, durante as férias, a remuneração que lhe for devida na data da sua concessão, acrescida do terço constitucional (art. 7º, XVII, da CF).

Para os trabalhadores cujo salário seja pago por hora com jornadas variáveis, apurar-se-á a média do período aquisitivo, aplicando-se o valor do salário na data da concessão das férias. Em se tratando de salário pago por tarefa, tomar-se-á por base a média da produção no período aquisitivo do direito a férias, aplicando-se o valor da remuneração da tarefa na data da concessão das férias.

Por último, para o salário pago por percentagem, comissão ou viagem, apurar-se-á a média percebida pelo empregado nos 12 (doze) meses que precederem à concessão das férias.

8.11.2.2. Abono de férias

O art. 143 da CLT permite que o empregado converta 1/3 (um terço) do período de férias a que tiver direito em abono pecuniário, no valor da remuneração que lhe seria devida nos dias correspondentes. Contudo, a conversão total de férias em pagamento em dinheiro é proibida.

Para poder exercer esse direito, o trabalhador deverá requerer tal prerrogativa, nos 15 dias anteriores ao término do período aquisitivo, nos termos do § 1º do art. 143 da CLT.

Vale esclarecer que a percepção do abono é uma opção do empregado, que uma vez requerido independe da concordância do empregador, pois representa um direito potestativo do empregado.

O pagamento da remuneração das férias e, se for o caso, o do abono serão efetuados até 2 (dois) dias antes do início do período de férias.

Sempre que as férias forem concedidas após o período concessivo, o empregador deverá pagar em dobro a respectiva remuneração.

Mesmo que o empregador tenha concedido as férias dentro do período concessivo, mas caso não efetue o pagamento da remuneração das férias e seu abono dentro do prazo legal de 2 (dois) dias, deverá pagar em dobro a respectiva remuneração das férias.

Nesse sentido, o Tribunal Superior do Trabalho editou entendimento consubstanciado na Orientação Jurisprudencial 386 da SDI 1:

> ORIENTAÇÃO JURISPRUDENCIAL 386 DA SDI 1 TST – FÉRIAS. GOZO NA ÉPOCA PRÓPRIA. PAGAMENTO FORA DO PRAZO. DOBRA DEVIDA. ARTS. 137 E 145 DA CLT.
>
> É devido o pagamento em dobro da remuneração de férias, incluído o terço constitucional, com base no art. 137 da CLT, quando, ainda que gozadas na época própria, o empregador tenha descumprido o prazo previsto no art. 145 do mesmo diploma legal.

Por último, é importante lembrar que os empregados que trabalhem sob o regime de tempo parcial não poderão converter as férias em abono pecuniário por expressa vedação contida no art. 143, § 3º, da CLT.

8.11.2.3. Concessão das férias após período concessivo

Nos termos do art. 134 da CLT, o empregador deverá conceder as férias nos 12 meses subsequentes à aquisição do direito pelo empregado.

Caso o empregador não obedeça ao prazo estipulado pelo legislador, nos termos do art. 137 da CLT, deverá pagar em dobro a respectiva remuneração das férias, inclusive acrescido do 1/3 constitucional (art. 7º, XVII, da CF).

Importante lembrar que ainda que o trabalhador receba a respectiva remuneração, mas não usufrua do período de descanso, as férias deverão ser concedidas e pagas com a dobra em debate, que possui natureza jurídica de verba indenizatória (art. 28, § 9º, alínea "d", da Lei 8.212/1991).

Poderá ocorrer, também, a concessão de parte do período das férias fora do período concessivo. Imagine o seguinte exemplo: período concessivo que se encerra no dia 30 de maio. Sendo o período de 30 dias de férias concedido no dia 20 de maio e encerrado no dia 18 de junho, temos que entre os dias 20 e 30 de maio, ou seja, os 11 primeiros dias, estão dentro do período concessivo. Os demais dias, portanto, deverão ser pagos em dobro, em conformidade com a Súmula 81 do TST, que assim dispõe:

> SÚMULA 81 TST – FÉRIAS
>
> Os dias de férias gozados após o período legal de concessão deverão ser remunerados em dobro.

9. Alteração, suspensão e interrupção do contrato de trabalho

9.1. Alteração do contrato de trabalho

O princípio da inalterabilidade contratual prejudicial ao obreiro está consagrado no art. 468 da CLT, que assim dispõe: "só é lícita a alteração das respectivas condições por mútuo consentimento e, ainda assim, desde que não resultem, direta ou indiretamente, prejuízos ao empregado, sob pena de nulidade da cláusula infringente dessa garantia."

É o empregador que dirige a prestação do labor de seus empregados, ou seja, o empregado é subordinado juridicamente ao empregador, podendo ser punido caso cometa falta, ficando sujeito às penas de advertência, de suspensão ou, ainda, de dispensa por justa causa.

No Direito do Trabalho, há a necessidade específica de que a alteração seja benéfica, em razão da hipossuficiência do empregado, pois, como se sabe, as partes no contrato de trabalho não estão em igualdade.

Nessa linha, não pode o empregado hipossuficiente suportar os riscos do negócio, na medida em que é uma característica do contrato de trabalho a alteridade, segundo a qual o empregador adquire a força de trabalho e a utiliza como um dos fatores de produção, não podendo repassar os riscos de sua atividade para o obreiro.

Pois bem. A Constituição Federal determina em seu art. 7º, VI a irredutibilidade de salários, salvo negociação coletiva. Consiste, portanto, na possibilidade de obter a redução dos salários, via tutela sindical (negociação coletiva).

Nesse sentido, dispõe o art. 503 da CLT: "É lícita, em caso de força maior ou prejuízos devidamente comprovados, a redução geral dos salários dos empregados da empresa, proporcionalmente aos salários de cada um, não podendo, entretanto, ser superior a 25%, respeitado, em qualquer caso, o salário-mínimo da região."

E continua no parágrafo único: "Cessados os efeitos decorrentes do motivo de força maior, é garantido o restabelecimento dos salários reduzidos."

Convém esclarecer que o mandamento do art. 503 da CLT deve ser interpretado em conjunto com o art. 7º, VI, da CF, autorizando, assim, a redução do salário por motivo de força maior, por negociação coletiva.

9.1.1. *Jus resistente* – direito de resistência do empregado

O direito de resistência do empregado consiste no direito que este possui de não acatar algum tipo de alteração que seja ilícita.

Desta forma, poderá o empregado se opor a modificações que lhe causem prejuízos ou sejam ilegais, pleiteando inclusive a rescisão indireta do contrato de trabalho, nos moldes do art. 483 da CLT.

9.1.2. *Jus variandi* do empregador

Consiste no direito do empregador variar a prestação de serviços, ou seja, o poder de realizar modificações no contrato de trabalho.

Dessa forma, o empregador tem o poder de manejar a forma como quer a prestação dos serviços.

Esse poder de modificação não é ilimitado, já que encontra limite na própria lei. Assim, as alterações podem ser realizadas livremente em aspectos nos quais a lei não preveja proibição.

Em alguns casos, a lei permite que o empregador realize pequenas modificações no contrato de trabalho que não venham a alterar significativamente o pacto laboral e desde que não importem em prejuízo ao trabalhador. Como exemplo, citamos o empregado de confiança que pode retornar, por determinação do empregador, ao exercício do cargo que ocupara anteriormente ao exercício do cargo de confiança. A própria CLT não considera tal alteração unilateral, conforme disposição literal do parágrafo único do art. 468 consolidado.

Sempre que o empregador exorbitar, surge para o empregado o direito de resistência.

9.1.3. Transferência de empregados

A transferência do empregado decorre do *jus variandi* do empregador.

O art. 469 da CLT ensina:

> Art. 469. Ao empregador é vedado transferir o empregado, sem a sua anuência, para localidade diversa da que resultar do contrato, não se considerando transferência a que não acarretar necessariamente a mudança do seu domicílio.
>
> § 1º Não estão compreendidos na proibição deste artigo: os empregados que exerçam cargo de confiança e aqueles cujos contratos tenham como condição, implícita ou explícita, a transferência, quando esta decorra de real necessidade de serviço.
>
> § 2º É lícita a transferência quando ocorrer extinção do estabelecimento em que trabalhar o empregado.
>
> § 3º Em caso de necessidade de serviço o empregador poderá transferir o empregado para localidade diversa da que resultar do contrato, não obstante as restrições do artigo anterior, mas, nesse caso, ficará obrigado a um pagamento suplementar, nunca inferior a 25% (vinte e cinco por cento) dos salários que o empregado percebia naquela localidade, enquanto durar essa situação.

A mudança proibida pelo citado dispositivo legal é aquela que determina a mudança do domicílio do trabalhador, ou seja, a mudança do local de trabalho deve modificar o local físico da residência do obreiro. Assim, a transferência do empregado de um estabelecimento para outro pode ser feita, desde que não seja necessária a mudança de seu domicílio.

Por outro lado, seja na transferência provisória, seja na definitiva, o empregador deverá pagar as despesas dessa transferência, na medida em que representam gastos por parte do obreiro.

Desta maneira, o trabalhador transferido para local mais distante da empresa, ainda que essa transferência não acarrete mudança de seu domicílio, fará jus ao recebimento das despesas incursas com a transferência.

O Colendo TST, por meio do enunciado da Súmula 29, ensina: "Empregado transferido, por ato unilateral do empregador, para local mais distante de sua residência, tem direito a suplemento salarial correspondente ao acréscimo da despesa de transporte."

Embora o TST tenha se utilizado da expressão "suplemento salarial", essa complementação não possui natureza salarial, mas sim de reembolso de despesas.

Verifica-se, destarte, que nas transferências que importem a mudança de residência do obreiro deverá haver sua anuência, pois naquelas que não importarem na mudança de seu domicílio o empregador fará uso de seu *jus variandi*, não havendo necessidade da anuência do empregado; mas sempre deve pagar as despesas decorrentes da transferência.

A CLT elenca hipóteses em que a transferência pode ocorrer de forma unilateral pelo empregador, ou seja, sem o consentimento do obreiro. São elas:

a) empregados que exerçam cargos de confiança, isto é, aqueles que exerçam amplos poderes de mando, de modo a representarem a empresa nos atos de sua administração;

b) empregados cujos contratos contenham cláusulas expressas prevendo essa possibilidade;

c) nos casos em que a transferência decorra da própria natureza do serviço para o qual o empregado foi contratado, por exemplo: o viajante, inspetor etc.

Nesses casos deverá haver a real necessidade dos serviços prestados por esses trabalhadores, sob pena de ser taxada de abusiva.

Nesse sentido é a Súmula 43 do TST: "Presume-se abusiva a transferência de que trata o § 1º do art. 469 da CLT, sem comprovação da necessidade do serviço."

A transferência é permitida ainda:

d) ocorrendo a extinção do estabelecimento;

e) por necessidade de serviço, desde que a transferência seja provisória, devendo a empresa, nesse caso, pagar ao empregado um adicional, nunca inferior a 25% do salário percebido na localidade da qual foi transferido, enquanto durar essa situação.

No entanto, caso a alteração não seja feita nos ditames dos parágrafos do art. 469 consolidado, caberá ao empregado prejudicado requerer medida liminar, nos termos do art. 659, IX, da CLT, para tornar sem efeito a transferência por ventura realizada.

9.1.4. Transferência definitiva e provisória

A princípio, para mensurar se a transferência é definitiva ou provisória, utilizamos o critério temporal, ou seja, o tempo de duração da transferência.

Porém, esse não pode ser o único parâmetro. Devemos utilizar o critério circunstancial, ou seja, analisar as circunstâncias que envolvem a atitude do empregado com intenção de se enraizar naquela determinada localidade, como, por exemplo, a matrícula dos filhos na escola, sua associação em um clube na cidade, entre outras.

São as lições de ilustre professor Mauricio Godinho Delgado (em **Curso de Direito do Trabalho**, 8ª ed., São Paulo, LTr, 2009, pág. 963)

> "O melhor critério – por transparente e objetivo – parece-nos aquele que contrapõe a noção de provisoriedade à de definitividade: *definitiva* é aquela alteração que se estabilizou plenamente no contrato, de modo que sua causa, conteúdo e validade não podem mais ser sequer questionados e aferidos; em contraponto, provisória é aquela mudança ainda precária na história do contrato, uma vez que sua causa, conteúdo e validade podem ser questionados e aferidos. Assim, definitiva será a modificação circunstancial que se tenha produzido já no período prescrito do contrato, ao passo que *provisória* será aquela transferência que tenha ocorrido no período contratual não prescrito. Efetivando-se a remoção no período imprescrito, será, desse modo, considerada provisória para fins do art. 469, § 3º, da CLT."

Cabe ressaltar que o adicional de transferência de 25% descrito no § 3º do art. 469 da CLT somente será devido na transferência provisória, visto que o empregado está fora do seu local de trabalho, necessitando, portanto, de uma compensação.

Esse adicional não se incorpora ao salário do empregado e pode ser suprimido com o término da transferência, ou seja, com o retorno ao local da contratação.

Convém, ainda, destacar que a transferência provisória depende da real necessidade do trabalho daquele determinado obreiro, de modo que o trabalho deste não possa ser realizado por outro trabalhador naquela localidade.

A transferência realizada fora das hipóteses previstas nos parágrafos do art. 469 consolidado será tida como abusiva, possibilitando ao empregado o provimento liminar para não ser transferido, de acordo com o art. 659, IX, da CLT.

9.2. Suspensão e interrupção do contrato de trabalho

A suspensão, também chamada por alguns doutrinadores de suspensão total, e a interrupção, conhecida também como suspensão parcial, representam fatos que determinam que temporariamente o contrato de trabalho pare de produzir seus efeitos.

Na suspensão, o contrato de trabalho para de produzir efeitos de forma bilateral, ou seja, não produz efeitos para o empregado tampouco para o empregador. Desta forma, ambos contratantes têm contraprestações suspensas, ou seja, o trabalhador não necessita trabalhar e o empregador não tem o dever de efetuar o pagamento de salários.

Já na interrupção ocorre a não produção dos efeitos de forma unilateral. Assim, na interrupção somente o trabalhador para de trabalhar, devendo o empregador continuar a pagar os salários do obreiro.

9.2.1. Suspensão do contrato de trabalho

Na suspensão do contrato de trabalho, as obrigações contratuais são suspensas por ambos os contratantes, ou seja, empregado e empregador. Assim, o trabalhador não presta serviços ao empregador que, em contrapartida, não pagará a esse obreiro seu salário.

O ilustre professor Maurício Godinho Delgado (em **Curso de Direito do Trabalho**, 8ª ed., São Paulo, LTr, 2009, pág. 971) ensina a suspensão contratual como sendo "a sustação temporária dos principais efeitos do contrato de trabalho no tocante às partes, em virtude de um fato juridicamente relevante, sem ruptura, contudo, do vínculo contratual formado. É a sustação ampliada e recíproca dos efeitos contratuais, preservado, porém, o vínculo entre as partes".

Deixando de existir o motivo que determinou a suspensão do contrato, é assegurado ao empregado o retorno ao cargo que exercia na empresa anteriormente, sendo que lhe serão garantidas todas as vantagens que, durante sua ausência, tenham sido atribuídas à categoria à qual pertence.

Desta forma, nos termos do art. 471 da CLT, se durante a suspensão do contrato surgirem novas vantagens à categoria do empregado, decorrentes de lei, acordo coletivo ou convenção coletiva, sentença normativa ou até mesmo por espontaneidade do empregador, o empregado será beneficiado, da mesma forma, a partir do dia em que, cessada a causa do afastamento, retornar ao serviço.

Podemos destacar as seguintes hipóteses de suspensão do contrato de trabalho:

a) acidente de trabalho ou doença, a partir do 16º dia, tendo em vista que o trabalhador percebe o benefício do auxílio-doença, que é pago pela Previdência Social (art. 59 da Lei 8.213/1991);

b) período de suspensão disciplinar, que não poderá ser superior a 30 (trinta) dias, sob pena de ficar reconhecida dispensa sem justa causa (art. 474 da CLT);

c) aposentadoria por invalidez, nos termos do art. 475 da CLT;

Sobre a aposentadoria por invalidez o TST entende que, estando o contrato de trabalho suspenso em razão do citado benefício, a empresa não poderá retirar do empregado o plano de saúde ou assistência médica. É o que ensina a Súmula 440 do TST.

> SÚMULA 440 TST – AUXÍLIO-DOENÇA ACIDENTÁRIO. APOSENTADORIA POR INVALIDEZ. SUSPENSÃO DO CONTRATO DE TRABALHO. RECONHECIMENTO DO DIREITO À MANUTENÇÃO DE PLANO DE SAÚDE OU DE ASSISTÊNCIA MÉDICA.
>
> Assegura-se o direito à manutenção de plano de saúde ou de assistência médica oferecido pela empresa ao empregado, não obstante suspenso o contrato de trabalho em virtude de auxílio-doença acidentário ou de aposentadoria por invalidez.

d) greve, enquanto direito assegurado a todos os trabalhadores que se encontra previsto no art. 9º da CF, sendo regulado pela Lei 7.783/1989. Dispõe o art. 7º da referida Lei que a greve é hipótese de suspensão de contrato de trabalho.

Poderá, no entanto, ser considerada como interrupção do contrato de trabalho, caso haja negociação coletiva, ou até mesmo sentença normativa, na qual se pactue que os dias de paralisação serão remunerados;

e) ausência para exercício de cargo público (exemplo: para cargo político eletivo), nos termos do art. 472 consolidado;

f) faltas injustificadas, entre outras.

9.2.2. Interrupção do contrato de trabalho

Na interrupção do contrato de trabalho, o empregado suspende a prestação de serviços, mas continua recebendo a remuneração pelo empregador.

Há uma simples interrupção na prestação de serviços pelo empregado, prevalecendo, para o empregador, a obrigatoriedade de pagar os salários, no todo ou em parte.

Assim, embora não trabalhe, ou seja, não preste serviços, o empregado continuará recebendo sua remuneração, contando-se esse período como tempo de serviço.

Podemos destacar as seguintes hipóteses de interrupção do contrato de trabalho:

a) acidente de trabalho ou doença até o 15º dia, tendo em vista que o pagamento dos primeiros 15 (quinze) dias de ausência é de responsabilidade do empregador, em conformidade com o art. 60, § 3º, da Lei 8.213/1991;

b) licença-maternidade, que se encontra prevista no art. 7º, XVIII, da CF, c/c o art. 71 da Lei 8.213/1991, pelo período de 120 dias.

Nos termos da Lei 11.770/2008, esse período poderá ser prorrogado por mais 60 (sessenta dias) caso o empregador, pessoa jurídica, resolva aderir ao programa Empresa Cidadã, desde que a empregada a requeira até o final do primeiro mês após o parto, e a prorrogação seja concedida imediatamente após a fruição da licença-maternidade.

Vale dizer que a prorrogação será garantida, na mesma proporção, também à empregada que adotar ou obtiver guarda judicial para fins de adoção de criança, de acordo com a redação do art. 392-A da CLT.

É importante notar que a mãe que adotasse ou obtivesse a guarda judicial possuía licença-maternidade proporcional à idade da criança, em conformidade com os parágrafos 1º a 3º do art. 392-A da CLT.

Porém, com a edição da Lei 12.010 de 3 de agosto de 2009, foram revogados expressamente os referidos parágrafos.

c) ausências legais, nas hipóteses do art. 473 da CLT;

d) férias, que estão previstas no art. 7º, XVII, da CF e arts. 129 a 153 da CLT;

e) qualquer espécie de licença remunerada;

f) licença-paternidade, prevista no art. 7º, XIX, da CF, c/c o art. 10, II, § 1º do ADCT, pelo período de 5 dias;

g) licença remunerada em caso de aborto não criminoso, hipótese em que a empregada terá direito a duas semanas de descanso, em conformidade com o art. 395 da CLT;

h) descanso semanal remunerado, previsto no art. 7º, XV, da CF;

i) feriados, disciplinados no art. 1º da Lei 605/1949;

j) encargos públicos específicos, como por exemplo: testemunha e atuação como mesário em eleições são ausências consideradas como de serviço efetivo, devendo ser pagos os salários correspondentes;

k) *lockout*, que consiste na paralisação das atividades, por iniciativa do empregador, com o objetivo de frustrar negociação ou dificultar o atendimento das reivindicações dos empregados.

Caso isso ocorra, os trabalhadores terão direito à percepção dos salários durante o período da paralisação (art. 17, parágrafo único, da Lei 7.783/1989), caracterizando-se, portanto, como forma de interrupção do contrato de trabalho.

Vale lembrar que em todas as hipóteses de interrupção do contrato de trabalho, como as supramencionadas, serão devidos os respectivos salários, sendo computadas, também, como tempo de serviço efetivo.

9.3. Suspensão e interrupção nos contratos por prazo determinado

É importante lembrar que tanto a suspensão quanto a interrupção não afetam a fluência do contrato com prazo determinado, tendo em vista que as partes já conhecem de antemão a data de término do contrato.

Os contratos a termo não se prorrogam caso ocorra suspensão ou interrupção. Por esse motivo, apenas se as partes acordarem é que esses períodos não serão computados como tempo de afastamento do empregado para a contagem do prazo para o término do ajuste, em conformidade com o § 2.º do art. 472 da CLT.

Desta forma, caso não seja acordado entre as partes, os períodos irão ser computados como de efetivo serviço.

9.4. Prazo para o retorno

Em regra, o empregado deve retornar ao emprego imediatamente, ou seja, assim que terminar o motivo deve voltar ao trabalho.

Caso o empregado não retorne ao trabalho, terá faltas injustificadas ao serviço. Desta forma, caso as faltas ultrapassem 30 dias haverá presunção de abandono de emprego, nos termos da Súmula 32 do TST, que dispõe: "Presume-se o abandono de emprego se o trabalhador não retornar ao serviço no prazo de 30 (trinta) dias após a cessação do benefício previdenciário nem justificar o motivo de não o fazer."

Em se tratando de afastamento por serviço militar, nos termos do art. 472, § 1º, da CLT, o empregado é obrigado a notificar que tem intenção de retornar ao trabalho no cargo que exercia, no prazo de 30 dias contados da baixa do serviço militar. Caso o empregado assim não proceda, o contrato restará extinto.

Quanto ao serviço militar temos, ainda, o art. 132 da CLT: "o tempo de trabalho anterior à apresentação do empregado para serviço militar obrigatório será computado no período aquisitivo, desde que ele compareça ao estabelecimento dentro de 90 (noventa) dias da data em que se verificar a respectiva baixa."

Assim, se o empregado retornar ao serviço no prazo de 90 dias, o período anterior é computável para a aquisição do período de férias.

9.5. Dispensa do empregado durante a suspensão e interrupção do contrato de trabalho

Muito se discute acerca da possibilidade ou não da dispensa do empregado durante a suspensão ou mesmo durante a interrupção do contrato de trabalho.

Nota-se que na suspensão do contrato de trabalho os principais efeitos do contrato, contagem do período como tempo de serviço e remuneração são suspensos, não sendo devidos. Na interrupção do contrato há a suspensão da prestação de serviços, porém o empregado continua recebendo a remuneração pelo empregador.

Nessas duas hipóteses, ou seja, estando o contrato de trabalho suspenso ou interrompido, o trabalhador está na condição de "afastado" e, consequentemente, não poderá ser demitido sem justa causa. Ressalta-se que, tendo o empregado cometido justa causa (art. 482 da CLT), será permitida sua demissão.

Tanto a figura da suspensão como a figura da interrupção contratual, ao produzirem efeitos no contrato de trabalho, inviabilizam a extinção do contrato por vontade do empregador. Nota-se que o pedido de demissão do empregado durante a suspensão e interrupção do contrato de trabalho é admitido em razão da liberdade de trabalho insculpida no art. 5º, XIII, da CF.

Fundamentando seu posicionamento no art. 471 da CLT, ensina Gustavo Felipe Barbosa Garcia (em **Curso de Direito do Trabalho**, 2ª ed., São Paulo, Método, 2008, pág. 514):

"como a lei assegura todas as vantagens que, na ausência do empregado, tenham sido atribuídas à categoria, 'por ocasião de sua volta', é porque esse retorno, após a alta médica, não pode ser obstado pelo empregador, vedando a prática de ato que impeça a aplicação desta norma de ordem pública trabalhista (art. 9º da CLT)."

Assim, caso o empregador efetue a dispensa do empregado durante o período de suspensão ou interrupção contratual, tal dispensa será considerada nula de pleno direito. A decisão que declarar a nulidade do ato de dispensa terá efeitos retroativos, considerando o contrato de trabalho vigente, o que resultará na reintegração do empregado.

10. Extinção do contrato de trabalho

Uma vez estudada a formação e o desenvolvimento do contrato de trabalho, é imprescindível estudar sua extinção.

10.1. Extinção do contrato de trabalho por prazo indeterminado

O diploma consolidado utiliza o termo rescisão do contrato de trabalho para abarcar todas as modalidades de terminação do contrato de trabalho.

10.1.1. Resilição

Ocorrerá resilição do contrato de trabalho sempre que uma ou ambas as partes resolvam, sem justo motivo, romper o pacto laboral.

10.1.1.1. Dispensa sem justa causa

A primeira forma de resilição do contrato é a dispensa sem justa causa do empregado, que ocorre quando o vínculo empregatício é rompido imotivadamente pelo empregador.

Nesse caso, o empregado fará jus aos seguintes direitos: aviso-prévio; saldo de salário; férias proporcionais, simples ou em dobro, mais 1/3 (um terço); 13º salário; multa de 40% e levantamento do FGTS; e seguro-desemprego.

10.1.1.2. Pedido de demissão do empregado

Consiste no pedido de rompimento do contrato de trabalho pelo próprio empregado.

Ao fazer o pedido de demissão, surge para o obreiro o dever de prestar o aviso-prévio para seu empregador; a falta de aviso-prévio por parte do empregado dá ao empregador o direito de descontar os salários correspondentes ao prazo respectivo, em conformidade com o art. 487, § 2º, da CLT.

Ao fazer o pedido de demissão o empregado fará jus aos seguintes direitos: saldo de salário; férias proporcionais, simples ou em dobro, acrescido do terço constitucional; e 13º salário. Os demais direitos, quais sejam, aviso-prévio; multa de 40% e levantamento do FGTS; e seguro-desemprego não serão devidos, tendo em vista que o próprio obreiro é quem rompeu o pacto laboral.

10.1.1.3. Programa de Incentivo à Demissão Voluntária

A última forma de resilição do contrato de trabalho é o distrato que consiste na terminação do contrato empregatício por vontade de ambas as partes, ou seja, por mútuo acordo entre os contratantes.

Ocorre que, em razão dos princípios trabalhistas que visam a proteger o trabalhador, parte hipossuficiente na relação de trabalho, devem ser assegurados aos trabalhadores todos os direitos, como se a terminação do contrato tivesse ocorrido, imotivadamente, por vontade do empregador.

Nesse contexto surge o Programa de Incentivo à Demissão Voluntária – PIDV, modalidade de término do contrato de trabalho convencionado entre as partes, classificada como um tipo de transação extrajudicial, pois não é feito com a presença do Estado-Juiz.

Sobre o instituto em comento, tema de maior relevância reside na eficácia liberatória dos citados programas de incentivo. Isso porque as normas do Direito do Trabalho são normas indisponíveis, que não podem ser modificadas pelo empregador. Ademais, o Direito do Trabalho se norteia pelos princípios da proteção e da irrenunciabilidade dos direitos.

Os programas de incentivo à demissão voluntária não são aptos a extinguirem todos os direitos havidos no contrato de trabalho extinto, mas somente em relação às parcelas constantes no recibo. Esse entendimento encontra-se cristalizado na Orientação Jurisprudencial 270 da SDI 1 do TST.

> ORIENTAÇÃO JURISPRUDENCIAL 270 DA SDI 1 DO TST – PROGRAMA DE INCENTIVO À DEMISSÃO VOLUNTÁRIA. TRANSAÇÃO EXTRAJUDICIAL. PARCELAS ORIUNDAS DO EXTINTO CONTRATO DE TRABALHO. EFEITOS.
>
> A transação extrajudicial que importa rescisão do contrato de trabalho ante a adesão do empregado a plano de demissão voluntária implica quitação exclusivamente das parcelas e valores constantes do recibo.

O valor pago como incentivo à demissão possui natureza jurídica de *indenização*, na medida em que é pago como forma de consolar a perda do emprego, nos termos da Orientação Jurisprudencial 207 da SDI 1 do TST.

Por último, é importante lembrar que não é possível compensar a indenização paga pela adesão ao PIDV com créditos trabalhistas reconhecidos em juízo, na medida em que possuem naturezas distintas. Nesse sentido é a Orientação Jurisprudencial 356 da SDI 1 do TST.

10.1.2. Resolução

Ocorrerá a resolução do contrato de trabalho sempre que uma ou ambas as partes praticarem uma falta.

Assim, a resolução do contrato está relacionada com a inexecução do contrato, ou seja, a um ato faltoso.

Desta forma, podemos ter a resolução do pacto laboral por dispensa por justa causa do empregado, por rescisão indireta ou, ainda, por culpa recíproca.

10.1.2.1. Dispensa por justa causa

A dispensa por justa causa ocorrerá sempre que o empregado cometer falta considerada como grave. Ocorrendo falta considerada grave, poderá o empregador dispensar seu empregado por justa causa, nas hipóteses previstas no art. 482 da CLT.

A falta grave deve ser provada pelo empregador, devendo constar de forma expressa na carta de despedida o motivo pelo qual o contrato de trabalho está sendo extinto.

Configurada a justa causa, o empregado fará jus apenas ao saldo de salário e férias não gozadas com o terço constitucional.

São causas de justa causa do empregado:

a) *Ato de improbidade:* a improbidade revela mau caráter, maldade, desonestidade, má-fé, que cause prejuízo ou até risco à integridade do patrimônio do empregador, como, por exemplo, furto ou roubo de bens da empresa;

b) *Incontinência de conduta:* comportamento desregrado ligado à vida sexual do obreiro, comportamento este que traz perturbações ao ambiente de trabalho, como, por exemplo, visitas a sites pornográficos na *internet*;

c) *Mau procedimento:* comportamento incorreto ligado aos demais atos que não podem ser enquadrados em nenhuma das demais alíneas do art. 482 da CLT, configurando-se, portanto, uma atitude irregular do empregado;

d) *Negociação habitual:* tem como pressupostos a ausência de autorização do empregador, a concorrência à empresa ou prejuízo ao serviço e à habitualidade.

e) *Condenação criminal:* somente se caracteriza quando a sentença já tiver transitado em julgado, ou, ainda, quando esta não tenha concedido a suspensão da execução da pena (*sursis*). Se o empregado tem possibilidade de dar continuidade ao emprego, não pode haver a dispensa por falta grave;

f) *Desídia no desempenho das respectivas funções:* hipótese em que o empregado deixa de prestar o serviço com zelo, interesse, empenho, passando a laborar com negligência;

g) *Embriaguez habitual ou em serviço:* decorrente de álcool ou drogas. Desmembra-se em duas situações: o empregado embriaga-se de maneira contumaz fora do serviço, transportando consequências para o local de trabalho; ou mesmo que a embriaguez não seja habitual, quando ela é realizada em serviço, nesses casos restarão configuradas faltas graves;

h) *Violação de segredo da empresa:* trata-se da violação do dever de fidelidade do empregado para com o empregador;

i) *Ato de indisciplina ou de insubordinação:* a indisciplina consiste no descumprimento de ordens gerais de serviço. A insubordinação, por sua vez, consiste no descumprimento de ordens pessoais de serviço;

j) *Abandono de emprego:* configura-se por faltas reiteradas ao serviço sem justo motivo e sem a autorização do empregador. Cabe ressaltar que de acordo com a Súmula 32 do TST: "presume-se o abandono de emprego se o trabalhador não retornar ao serviço no prazo de 30 (trinta) dias após a cessação do benefício previdenciário nem justificar o motivo de não o fazer."

k) *Ato lesivo da honra ou da boa fama, ou ofensas físicas, contra qualquer pessoa:* é o ato em que o empregado atinge ou fere a honra de outros empregados ou de terceiros, salvo quando o fizer em legítima defesa;

l) *Ato lesivo da honra ou da boa fama, ou ofensas físicas, contra empregador e superior hierárquico:* é a mesma hipótese da situação acima, porém aqui a ofensa é dirigida ao empregador ou seu superior hierárquico;

m) *Prática constante de jogos de azar:* é necessária a prática habitual, não importando se o jogo é a dinheiro ou não. Deve-se destacar que, para se configurar justa causa, a prática de jogos de azar deve interferir no ambiente de trabalho, não a configurando se a prática de jogos for realizada fora do ambiente de trabalho.

Havendo a demissão por justa causa do empregado, ele fará jus aos seguintes direitos: saldo de salário; férias simples e vencidas + 1/3 constitucional, 13º salário integral e depósitos de FGTS de 8% sobre o salário.

Não há pagamento de férias proporcionais, nos termos da Súmula 171 do TST, tampouco o pagamento de 13º salário proporcional, em conformidade com o art. 3º da Lei 4.090/1962.

10.1.2.2. Rescisão indireta

Encontra-se disciplinada no art. 483 da CLT. É a justa causa do empregador.

São casos de rescisão indireta do contrato de trabalho:

a) Quando forem exigidos esforços superiores às forças do empregado;

b) Quando forem exigidos serviços proibidos pela lei, ou seja, não pode o empregador exigir que o empregado opere de forma ilícita;

c) Atitudes contrárias aos bons costumes, como, por exemplo, exigir que uma recepcionista use roupas com decotes;

d) Serviços alheios ao contrato (em regra o empregado só faz aquilo para o que foi contratado);

e) Tratamento com rigor excessivo, é o que chamamos de assédio moral, ou seja, uma perseguição ao empregado;

f) Correr perigo de mal considerável, ou seja, o empregador pode colocar o empregado em situações de riscos;

g) Não cumprir o empregador as obrigações do contrato de trabalho. Vale lembrar que, de acordo com a corrente majoritária, a rescisão indireta por atraso no pagamento de salário ou o não pagamento só ocorrerá após 03 meses de atraso;

h) Praticar o empregador ou seus prepostos atos lesivos da honra e boa fama. São atos lesivos do empregador que podem ser não só contra o empregado, mas contra sua família;

i) O empregador ou seus prepostos ofenderem fisicamente o empregado;

j) Empregador que reduzir o trabalho que é remunerado por peça ou tarefa.

Nesses casos serão devidas ao obreiro as verbas que teria direito caso fosse dispensado imotivadamente, ou seja, saldo de salário; férias proporcionais, simples ou em dobro, mais 1/3 (um terço); 13° salário; multa de 40% e levantamento do FGTS; e seguro-desemprego. E, ainda, o aviso-prévio, nos termos do art. 487, § 4º, da CLT.

10.1.2.3. Rescisão específica para o menor

Nos termos do art. 407 da CLT, verificado pela autoridade competente que o trabalho executado pelo menor é prejudicial à sua saúde, ao seu desenvolvimento físico ou à sua moralidade, poderá ela obrigá-lo a abandonar o serviço, devendo a respectiva empresa, quando for o caso, proporcionar ao menor todas as facilidades para mudar de funções.

É importante lembrar, ainda, que se a empresa não tomar as medidas possíveis e recomendadas pela autoridade competente para que o menor mude de função, configurar-se-á a rescisão do contrato de trabalho, na forma do art. 483 da CLT.

Ao menor é lícito firmar recibo pelo pagamento dos salários. Porém, em se tratando de rescisão do contrato de trabalho, é vedado ao menor de 18 (dezoito) anos dar, sem assistência dos seus responsáveis legais, quitação ao empregador pelo recebimento da indenização que lhe for devida.

10.1.2.4. Culpa recíproca

Dispõe o art. 484 consolidado que, havendo culpa recíproca no ato que determinou a rescisão do contrato de trabalho, o Tribunal do Trabalho reduzirá a indenização, que seria devida ao trabalhador em caso de culpa exclusiva do empregador, pela metade.

Por essa modalidade, todas as verbas serão pagas como se fosse uma hipótese de rescisão por culpa do empregador, porém pela metade, com exceção do saldo de salário, que será integral. Nesse sentido é o entendimento consubstanciado na Súmula 14 do TST.

> SÚMULA 14 TST – CULPA RECÍPROCA
> Reconhecida a culpa recíproca na rescisão do contrato de trabalho (art. 484 da CLT), o empregado tem direito a 50% (cinquenta por cento) do valor do aviso-prévio, do décimo terceiro salário e das férias proporcionais.

Nesse tipo de extinção, algumas parcelas são pagas na integralidade e outras pela metade, ou seja, 50%. Assim, as verbas rescisórias ficariam da seguinte maneira: saldo de salário (integral), aviso-prévio (50%), 13º salário integral, 13º salário proporcional (50%), férias simples ou vencidas + adicional de 1/3(integral), férias proporcionais + adicional de 1/3 (50%), depósitos de FGTS de 8% sobre o salário (integral), multa de 40% sobre os depósitos do FGTS será pela metade, ou seja, 20%, liberação das guias para levantamento do FGTS.

10.1.3. *Factum principis*

Consiste em uma modalidade de extinção do contrato de trabalho por ato da autoridade pública, federal, estadual ou municipal, inclusive de autarquias, que, por via administrativa ou legislativa, impossibilita a continuação da atividade da empresa temporária ou definitivamente. Em outras palavras, é um ato do governo que torna impossível a execução do contrato de trabalho.

O *factum principis* é extraído do art. 486 da CLT.

> Art. 486. No caso de paralisação temporária ou definitiva do trabalho, motivada por ato de autoridade municipal, estadual ou federal, ou pela promulgação de lei ou resolução que impossibilite a continuação da atividade, prevalecerá o pagamento da indenização, que ficará a cargo do governo responsável.

10.2. Extinção dos contratos a termo

Os contratos a termo ou com prazo determinado podem se encerrar no seu tempo ajustado ou de forma antecipada.

10.2.1. Extinção do contrato a termo no prazo estipulado

Encerra-se com o advento do termo.

As verbas rescisórias devidas na extinção de um contrato por prazo determinado são: saldo de salários, 13º salário vencido e proporcional, férias vencidas e proporcionais, acrescidas do terço constitucional, saque do FGTS referente ao período contratual, guia do seguro-desemprego.

10.2.2. Extinção antecipada do contrato a termo

Ocorre por um motivo que não o advento do termo. Pode ocorrer por vontade do empregador ou por vontade do próprio empregado.

Sendo antecipada a dispensa do obreiro por vontade do *empregador,* serão devidas as mesmas verbas especificadas acima, ou seja: saldo de salários, 13º salário vencido e proporcional, férias vencidas e proporcionais, acrescidas do terço constitucional, saque do FGTS referente ao período contratual e guia do seguro-desemprego. Nessa hipótese, porém, o empregador deverá pagar a título de indenização o valor correspondente à metade da remuneração que o trabalhador teria direito até o final do contrato, nos termos do art. 479 da CLT, acrescida, ainda, da indenização de 40% do FGTS.

Caso a terminação antecipada seja solicitada pelo *empregado*, ou seja, pedido de demissão do empregado antes do término do contrato, ele fará jus ao recebimento de: saldo de salários, 13º vencido e proporcional, férias vencidas e proporcionais, acrescidas do terço constitucional, conforme entendimento contido da Súmula 171 do TST. Nesse caso, por ter sido o próprio empregado quem colocou fim ao contrato de trabalho, não será possível o levantamento do FGTS.

Porém, como deu causa ao término do contrato, o empregado será obrigado a indenizar seu empregador pelos prejuízos que sofreu, em conformidade com o art. 480 da CLT, que dispõe: "Havendo termo estipulado, o empregado não se poderá desligar do contrato, sem justa causa, sob pena de ser obrigado a indenizar o empregador dos prejuízos que desse fato lhe resultarem."

Nesse caso, a indenização paga pelo empregado não poderá ser superior à que ele teria direito em iguais condições.

Admite-se que as partes instituam uma cláusula que trate da hipótese de rescisão antecipada do contrato por prazo determinado. Nessa linha, convencionada a chamada *cláusula assecuratória do direito recíproco de rescisão* e exercido tal direito por qualquer das partes, serão aplicados os princípios que regem a rescisão dos contratos por prazo indeterminado, em conformidade com o art. 481 da CLT, sendo devido, inclusive, o aviso-prévio.

É importante ressaltar que a regra contida no art. 479 da CLT não é aplicável aos contratos com prazo determinado disciplinados pela Lei 9.601/1998 por expressa vedação de seu art. 1º, § 1º, I.

10.3. Formalidades para a extinção do contrato de trabalho

As formalidades para a extinção do contrato de trabalho estão dispostas nos arts. 477 e seguintes da CLT, de importante leitura, que assim dispõe:

"Art. 477. É assegurado a todo empregado, não existindo prazo estipulado para a terminação do respectivo contrato, e quando não haja ele dado motivo para cessação das relações de trabalho, o direto de haver do empregador uma indenização, paga na base da maior remuneração que tenha percebido na mesma empresa.

§ 1º O pedido de demissão ou recibo de quitação de rescisão, do contrato de trabalho, firmado por empregado com mais de 1 (um) ano de serviço, só será válido quando feito com a assistência do respectivo Sindicato ou perante a autoridade do Ministério do Trabalho e Previdência Social.

§ 2º O instrumento de rescisão ou recibo de quitação, qualquer que seja a causa ou forma de dissolução do contrato, deve ter especificada a natureza de cada parcela paga ao empregado e discriminado o seu valor, sendo válida a quitação, apenas, relativamente às mesmas parcelas.

§ 3º Quando não existir na localidade nenhum dos órgãos previstos neste artigo, a assistência será prestada pelo Representante do Ministério Público ou, onde houver, pelo Defensor Público e, na falta ou impedimento deste, pelo Juiz de Paz.

§ 4º O pagamento a que fizer jus o empregado será efetuado no ato da homologação da rescisão do contrato de trabalho, em dinheiro ou em cheque visado, conforme acordem as partes, salvo se o empregado for analfabeto, quando o pagamento somente poderá ser feito em dinheiro.

§ 5º Qualquer compensação no pagamento de que trata o parágrafo anterior não poderá exceder o equivalente a um mês de remuneração do empregado.

§ 6º O pagamento das parcelas constantes do instrumento de rescisão ou recibo de quitação deverá ser efetuado nos seguintes prazos:

a) até o primeiro dia útil imediato ao término do contrato; ou

b) até o décimo dia, contado da data da notificação da demissão, quando da ausência do aviso-prévio, indenização do mesmo ou dispensa de seu cumprimento.

§ 7º O ato da assistência na rescisão contratual (§§ 1º e 2º) será sem ônus para o trabalhador e empregador.

§ 8º A inobservância do disposto no § 6º deste artigo sujeitará o infrator à multa de 160 BTN, por trabalhador, bem assim ao pagamento da multa a favor do empregado, em valor equivalente ao seu salário, devidamente corrigido pelo índice de variação do BTN, salvo quando, comprovadamente, o trabalhador der causa à mora.

O *caput* do art. 477 trata de uma antiga indenização. Hoje, a relação empregatícia é protegida apenas pela indenização compensatória, disciplinada no art. 7º, I, da CF.

O § 1º do art. 477 traz em seu bojo um grande divisor de período. Assim, caso o contrato tenha durado menos de um ano não será necessária a homologação com assistência do sindicato, mas, se o contrato tiver mais de 1 (um) ano, deve haver a assistência.

É importante notar que o dispositivo em apreço não traz a regra para extinção do contrato de trabalho, pois não é necessária a homologação para vê-lo extinto. É o ajuste final, ou seja, o pagamento das verbas rescisórias que apenas ocorrerá, nos casos de empregados com mais de 1 (um) ano de serviços prestados, se tiver assistência do sindicato. Logo, a assistência existe apenas para quitação, não constitui requisito para validar o fim do contrato de trabalho.

No entanto, em conformidade com o art. 500 da CLT, o pedido de demissão do empregado estável só será válido quando feito com a assistência do respectivo Sindicato e, se não houver um, perante autoridade local competente do Ministério do Trabalho e Previdência Social ou da Justiça do Trabalho.

Nesse caso, o pedido de demissão do estável decenal somente será válido com a assistência do sindicato, constituindo, nesse caso, requisito de validade do ato, requisito solene para a extinção do contrato.

Qualquer que seja o tipo de extinção do contrato deve estar especificada a natureza de cada parcela paga e discriminado seu respectivo valor.

O TST, por meio da Súmula 330, entende que a quitação passada pelo empregado, com assistência da entidade sindical de sua categoria, ao empregador, com observância dos requisitos exigidos nos parágrafos do art. 477 da CLT, tem eficácia liberatória apenas em relação às parcelas expressamente consignadas no recibo, salvo se oposta ressalva expressa e especificada ao valor dado à parcela ou parcelas impugnadas.

A quitação não abrange, ainda, parcelas não consignadas no recibo de quitação e, consequentemente, seus reflexos em outras parcelas, ainda que estas constem desse recibo.

Quanto a direitos que deveriam ter sido satisfeitos durante a vigência do contrato de trabalho, a quitação é válida em relação ao período expressamente consignado no recibo de quitação.

Não se aceita, desta forma, o pagamento complessivo. Deve haver discriminação quanto às parcelas e aos valores. A quitação se dá pela parcela e não pelo valor. Assim, por exemplo: aviso-prévio pago, não se discute mais.

A homologação deve ser feita preferencialmente nos sindicatos, mas a lei não coloca ordem, Sindicato ou Ministério do Trabalho. A assistência será prestada pelo Ministério Público ou Defensor Público ou juiz de paz.

O pagamento das verbas deverá ser realizado no ato da homologação. O pagamento poderá ser feito em dinheiro, cheque visado ou depósito em conta corrente.

Caso o empregado seja analfabeto, o pagamento deve ser feito em dinheiro ou por meio de depósito em conta corrente.

Poderá ocorrer pedido de compensação desde que as dívidas sejam da mesma natureza, ou seja, natureza trabalhista, até o limite de uma remuneração do empregado.

O prazo para pagamento das verbas rescisórias é até o primeiro dia útil imediato ao término do contrato sempre que o aviso-prévio for trabalhado ou término de contrato a termo.

Poderá ocorrer até o 10º dia contado da data da notificação da demissão, como, por exemplo, nas dispensas por justa causa.

O parágrafo 8º impõe o pagamento de duas multas: a primeira delas é a multa administrativa, imposta pelo auditor fiscal do trabalho que reverte ao governo; a segunda que é revertida ao empregado, salvo quando este der causa à mora, paga no valor do salário base apenas.

Caso seja o empregado que cause a mora, o empregador não poderá ser responsabilizado.

Nesse caso, para que o empregador não incorra em mora, poderá ele se utilizar da ação de consignação em pagamento.

É importante lembrar que, de acordo com a cancelada Orientação Jurisprudencial 351 da SDI 1 do TST, caso esteja *sub judice* a questão do vínculo de emprego, entendia-se que a multa do art. 477, § 8º, da CLT não era devida. No entanto, com o cancelamento dessa orientação pelo TST, a multa em questão não incidirá, de plano, o que permite ao juiz do trabalho decidir a questão de acordo com o conjunto probatório dos autos.

Outrossim, vale lembrar que, conforme entendimento consubstanciado na Súmula 388, o TST ensina que a massa falida não se sujeita à penalidade do art. 467 e nem à multa do § 8º do art. 477, ambos da CLT.

Por último, é importante trazer o ensinamento consubstanciado na Orientação Jurisprudencial 238 da SDI 1 do TST: "Submete-se à multa do artigo 477 da CLT a pessoa jurídica de direito público que não observa o prazo para pagamento das verbas rescisórias, pois nivela-se a qualquer particular, em direitos e obrigações, despojando-se do *jus imperii* ao celebrar um contrato de emprego."

10.4. Indenização por frutos recebidos por posse de má-fé do empregador – art. 1.216 do Código Civil

Nos termos do art. 1.216 do Código Civil aquele que se apossar indevidamente de um bem deverá responder pelos "frutos" colhidos no período. Em poucas palavras essa é a teoria dos frutos recebidos por posse de má-fé.

Dispõe o art. 1.216 do Código Civil:

> Art. 1.216. O possuidor de má-fé responde por todos os frutos colhidos e percebidos, bem como pelos que, por culpa sua, deixou de perceber, desde o momento em que se constituiu de má-fé; tem direito às despesas da produção e custeio.

Na Justiça do Trabalho esse pedido é muito comum, principalmente em ações contra instituições bancárias, em que o reclamante pleiteia além das verbas rescisórias, o recebimento de indenização por ter o banco se apossado das verbas trabalhistas não pagas nos prazos estabelecidos em lei e ter auferido lucros ao utilizar o valor do inadimplemento para lucrar com empréstimos e outros produtos disponibilizados aos seus clientes. Em outras palavras, os advogados dos empregados argumentavam que, ao não pagar as verbas trabalhistas, o empregador estaria se beneficiando desse dinheiro, buscando rendimentos.

No entanto, o TST editou a Súmula 445 entendendo que em caso de inadimplemento das verbas trabalhistas é indevida a indenização por frutos recebidos prevista no art. 1.216 do Código Civil, por ser matéria própria aos direitos das coisas (direitos reais) que não se mostra compatível com o Direito do Trabalho, nos termos do art. 8º da CLT, cujo contrato de trabalho possui cunho obrigacional.

> SÚMULA 445 TST – INADIMPLEMENTO DE VERBAS TRABALHISTAS. FRUTOS. POSSE DE MÁ-FÉ. ART. 1.216 DO CÓDIGO CIVIL. INAPLICABILIDADE AO DIREITO DO TRABALHO. A indenização por frutos percebidos pela posse de má-fé, prevista no art. 1.216 do Código Civil, por tratar-se de regra afeta a direitos reais, mostra-se incompatível com o Direito do Trabalho, não sendo devida no caso de inadimplemento de verbas trabalhistas.

10.5. Força maior no direito do trabalho

Nos termos do art. 501 da CLT "entende-se como força maior todo acontecimento inevitável, em relação à vontade do empregador, e para a realização do qual este não concorreu, direta ou indiretamente."

Força maior é, portanto, o acontecimento inevitável, evento que decorre na própria natureza, como por exemplo, catástrofes naturais tais como: tornados, enchentes, terremotos etc. Devemos entender como fato inevitável todo aquele cujo acontecimento não ocorreu por vontade do empregador, que nos termos do dispositivo legal em debate, não tem participação direta ou indireta.

A participação do empregador não pode ser direta nem indireta, tanto é que nos termos do § 1º do art. 501 da CLT a imprevidência do empregador, ou seja, o descuido, a falta de precaução por parte do empregador, exclui a razão de força maior. Entende-se que deveria o empregador tomar as devidas precauções a fim de evitar o acontecimento.

Nessa linha, importante lembrar que acontecimentos como problemas financeiros da empresa provenientes de políticas econômicas, não são conhecidos como força maior. Tais atos decorrem do risco da atividade do empregador (princípio da alteridade).

Vale lembrar, ainda, a redação do § 2º do art. 501 da CLT:

> § 2º À ocorrência do motivo de força maior que não afetar substâncialmente, nem for suscetível de afetar, em tais condições, a situação econômica e financeira da empresa não se aplicam as restrições desta Lei referentes ao disposto neste Capítulo.

Dispõe o art. 502 da CLT:

> *"ocorrendo motivo de força maior que determine a extinção da empresa, ou de um dos estabelecimentos em que trabalhe o empregado, é assegurada a este, quando despedido, uma indenização na forma seguinte:*
>
> *I – sendo estável, nos termos dos arts. 477 e 478;*
>
> *II – não tendo direito à estabilidade, metade da que seria devida em caso de rescisão sem justa causa;*
>
> *III – havendo contrato por prazo determinado, aquela a que se refere o art. 479 desta Lei, reduzida igualmente à metade."*

A estabilidade a que se referem os incisos I e II do dispositivo legal em questão é a estabilidade decenal. Assim, esses incisos tratam da indenização por tempo de serviço devida aos empregados não optantes pelo sistema do FGTS antes da promulgação da atual Constituição Federal que tornou obrigatório o sistema de FGTS. Nesse sentido ensina o art. 14 da Lei 8.036/1990:

> Art. 14. Fica ressalvado o direito adquirido dos trabalhadores que, à data da promulgação da Constituição Federal de 1988, já tinham o direito à estabilidade no emprego nos termos do Capítulo V do Título IV da CLT.

Assim, nos termos do art. 504 da CLT se comprovada a falsa alegação do motivo de força maior, aos empregados estáveis é garantida a reintegração ao emprego, e aos não estáveis, não optantes pelo sistema do FGTS, o complemento da indenização já percebida, assegurado a ambos o pagamento da remuneração atrasada.

No entanto, para os empregados disciplinados pelo atual sistema do FGTS, na hipótese de cessação do contrato de trabalho por motivo de força maior, o § 2º do art. 18 da Lei 8.036/1990 determina:

> Art. 18. Ocorrendo rescisão do contrato de trabalho, por parte do empregador, ficará este obrigado a depositar na conta vinculada do trabalhador no FGTS os valores relativos aos depósitos referentes ao mês da rescisão e ao imediatamente anterior, que ainda não houver sido recolhido, sem prejuízo das cominações legais.
>
> § 1º Na hipótese de despedida pelo empregador sem justa causa, depositará este, na conta vinculada do trabalhador no FGTS, importância igual a quarenta por cento do montante de todos os depósitos realizados na conta vinculada durante a vigência do contrato de trabalho, atualizados monetariamente e acrescidos dos respectivos juros.
>
> *§ 2º Quando ocorrer despedida por culpa recíproca ou força maior, reconhecida pela Justiça do Trabalho, o percentual de que trata o § 1º será de 20 (vinte) por cento.*
>
> § 3º As importâncias de que trata este artigo deverão constar da documentação comprobatória do recolhimento dos valores devidos a título de rescisão do contrato de trabalho, observado o disposto no art. 477 da CLT, eximindo o empregador, exclusivamente, quanto aos valores discriminados.

Por último, vale dizer que o art. 503 da CLT ensina ser lícita, em caso de força maior ou prejuízos devidamente comprovados, a redução geral dos salários dos empregados, respeitado, em qualquer caso, o salário-mínimo, não podendo, entretanto, ser superior a 25% (vinte e cinco por cento).

No entanto, a referida norma deverá ser interpretada de acordo com a regra constitucional disposta no art. 7º, VI, da CF que permite a redução dos salários por meio de acordo coletivo ou convenção coletiva. Assim, ocorrendo motivo de força maior, por meio de convenção coletiva ou acordo coletivo será possível a redução salarial, não superior a 25% (vinte e cinco por cento).

Vale dizer, ainda, que cessados os efeitos decorrentes do motivo de força maior, é garantido o restabelecimento dos salários reduzidos.

10.6. Aviso-prévio

Consiste em uma comunicação que uma parte faz à outra, de que pretende extinguir o pacto laboral. Em outras palavras, é a comunicação de uma parte a outra da intenção de estabelecer um termo final ao contrato de trabalho.

O aviso-prévio é devido por ambas as partes. A simples comunicação não extingue o contrato de trabalho, que não ocorre de imediato, somente após o término do aviso-prévio.

Em regra, é utilizado para os contratos com prazo indeterminado, podendo, porém, ser utilizado nos contratos com prazo determinado, caso tenham as partes ajustado a "cláusula assecuratória do direito recíproco da rescisão", prevista no art. 481, da CLT, hipótese em que serão aplicadas as regras dos contratos com prazo indeterminado, sendo devido, portanto, o aviso-prévio.

O aviso-prévio visa a evitar a surpresa na ruptura do contrato de trabalho, possibilitando ao empregador a reposição de um empregado para o cargo vago e ao empregado sua nova inserção no mercado, ou seja, para que as partes possam se adequar ao término do contrato de trabalho.

A CF estabelece no art. 7º, XXI, como direito dos trabalhadores urbanos e rurais, aviso-prévio proporcional ao tempo de serviço, sendo no mínimo de trinta dias, nos termos da lei.

Sempre que o empregador manifestar o desejo de romper o contrato de trabalho, o empregado terá direito e poderá optar entre a redução de sua jornada de trabalho em duas horas diárias ou pela não prestação de serviços por sete dias corridos, a teor do art. 488 da CLT.

Vale lembrar que são 7 (sete) dias corridos, podendo ser no começo, no meio ou ao final do mês de aviso-prévio.

Em se tratando de empregado rural, caso o empregador conceda o aviso-prévio, nos moldes do art. 15 da Lei 5.889/1973, o empregado terá direito a faltar um dia por semana, sem prejuízo de seu salário.

Importante lembrar o entendimento consubstanciado na Súmula 230 do TST, que considera ilegal substituir o período que se reduz da jornada de trabalho, no aviso-prévio, pelo pagamento das horas correspondentes, tendo em vista que esse lapso tem como objetivo assegurar ao obreiro tempo suficiente para buscar um novo emprego. Havendo a substituição do período por horas extras, considera-se não dado o aviso-prévio, devendo o empregador pagar o período correspondente.

Outro ponto que merece destaque é o fato de que o registro da candidatura do empregado a cargo de dirigente sindical durante o período de aviso-prévio não lhe assegura a estabilidade no emprego, em razão de ser inaplicável a regra contida no § 3º do art. 543 da CLT, a teor da Súmula 369, item V, do TST.

Como visto, a parte que quiser por fim ao contrato de trabalho deverá conceder à outra parte o aviso-prévio. Portanto, o aviso-prévio deverá ser concedido por ambas as partes.

A falta do aviso-prévio por parte do empregado dá ao empregador o direito de descontar os salários correspondentes ao respectivo período nos termos do art. 487, § 2º, da CLT. A compensação é automática, descontada diretamente na fonte.

No entanto, se a falta do aviso-prévio for do empregador, terá o empregado o direito aos salários referentes ao prazo do aviso-prévio, também chamado de "aviso-prévio indenizado". Nesse caso, há a projeção do período de aviso-prévio no contrato de trabalho, sendo esse período computado como tempo de serviço para todos os fins.

Convém ressaltar que havendo a projeção do período de aviso-prévio no contrato de trabalho, a data de saída a ser anotada na CTPS deve corresponder à do término do prazo do aviso-prévio, ainda que indenizado e/ou proporcional, em conformidade com a Orientação Jurisprudencial 82 da SDI do TST.

Ademais, importante lembrar que o valor das horas extraordinárias habituais integra o aviso-prévio indenizado, nos termos do art. 487, § 5º, da CLT.

O direito ao aviso-prévio é irrenunciável por parte do empregado. Nessa linha, cabe trazer à baila o entendimento contido na Súmula 276 do TST, que dispõe: "o direito ao aviso-prévio é irrenunciável pelo empregado. O pedido de dispensa de cumprimento não exime o empregador de pagar o respectivo valor, salvo comprovação de haver o prestador dos serviços obtido novo emprego."

A súmula em questão ensina ser possível a renúncia do aviso-prévio pelo empregado, e do pagamento do seu respectivo valor, caso o empregador comprove que o empregado obteve novo emprego. Isso se dá pela própria razão de ser do aviso-prévio que, quando concedido ao empregado, consiste exatamente em proporcionar a este, no curso do aviso, a possibilidade de encontrar um novo emprego. Desta forma, caso o empregador comprove a obtenção de novo emprego, o empregado não fará jus ao recebimento do respectivo período.

Em se tratando de aviso-prévio concedido pelo empregado, o empregador poderá renunciar o respectivo período, persistindo, porém, o dever de indenizar.

Caso o empregador opte pela dispensa no cumprimento do aviso-prévio, ou quando da ausência do respectivo período, ou ainda da indenização do mesmo, o pagamento das parcelas constantes no instrumento de rescisão ou recibo de quitação deverá ser efetuado até o décimo dia, contado da data da notificação da demissão ou dispensa de seu cumprimento. No entanto, se o aviso-prévio for cumprido, ou seja, caso o empregador não dispense o empregado do cumprimento do respectivo período, as verbas rescisórias deverão ser quitadas até o 1º dia útil imediato, em conformidade com o art. 477, § 6º, alíneas "a" e "b", da CLT.

Importante lembrar que o pagamento relativo ao período de aviso-prévio, trabalhado ou indenizado, está sujeito à contribuição para o FGTS, nos termos da Súmula 305 do TST.

No entanto, para fins de cálculo da multa de 40% sobre os depósitos do FGTS, o valor do aviso-prévio indenizado não poderá ser considerado, em conformidade com o item II da Orientação Jurisprudencial 42 da SDI 1 do TST.

Por fim, como se sabe, o art. 9º da Lei 6.708/1979 criou uma indenização adicional visando a impedir a dispensa do empregado nos 30 (trinta) dias que antecedem a data-base dos trabalhadores.

Nesse caso, o aviso-prévio poderá ser utilizado no cômputo do trintídio. Assim, concedido o aviso-prévio e findando-se nos 30 (trinta) dias que antecedem sua data-base, o empregado fará jus à indenização prevista na Lei 6.708/1979.

10.6.1. Reconsideração do aviso-prévio

É possível a reconsideração do aviso-prévio. Isso porque, dado o aviso-prévio, a rescisão torna-se efetiva depois de expirado o respectivo prazo. Isso possibilita à parte notificante reconsiderar o ato, antes de seu termo. Porém, é facultado à outra parte aceitar ou não o pedido de reconsideração, ou seja, deve haver o consentimento da parte notificada do aviso-prévio.

Sendo aceita a reconsideração ou continuando a prestação de serviços depois de expirado o prazo, ou seja, reconsideração tácita, o contrato continuará a vigorar, como se o aviso-prévio não tivesse sido dado.

Importante ressaltar que no curso do aviso pode ocorrer falta grave, seja pelo empregado, seja pelo empregador, passando a ser uma rescisão por justa causa do empregado ou por rescisão indireta, justa causa do empregador.

Por fim, vale lembrar o disposto na Súmula 73 do TST: "A ocorrência de justa causa, salvo a de abandono de emprego, no decurso do prazo do aviso-prévio dado pelo empregador, retira do empregado qualquer direito às verbas rescisórias de natureza indenizatória".

10.6.2. Aviso-prévio proporcional – Lei 12.506/2011

Com o advento da Constituição da República de 1988 foi inserido no rol dos direitos de todos os trabalhadores urbanos e rurais o aviso-prévio proporcional ao tempo de serviço, sendo de no mínimo 30 (trinta) dias.

Temos, portanto, que o inciso I do art. 487 da CLT que institui aviso-prévio de 8 (oito) dias não foi recepcionado pela atual Constituição Federal.

O dispositivo constitucional em apreço traz uma norma de eficácia limitada, na medida em que o constituinte originário estabeleceu o período mínimo de 30 (trinta dias) de aviso-prévio, norma de aplicabilidade imediata e deixou para o constituinte derivado a regulamentação de sua proporcionalidade, ao usar a expressão "nos termos da lei".

Com a publicação da Lei 12.506, de 11 de outubro de 2011, que entrou em vigor no dia 13 de outubro de 2011, o aviso-prévio proporcional foi devidamente regulado.

A Lei 12.506/2011 ensina que o aviso-prévio será concedido na proporção de 30 dias aos empregados que contem até 1 (um) ano de serviço na mesma empresa.

De acordo com a Nota Técnica 184/2012 do MTE, do dia 07 de maio de 2012, configurada relação de emprego superior a um ano na mesma empresa, sobre esse período serão acrescidos 3 (três) dias por ano de serviço prestado na mesma empresa, até o máximo de 60 dias, perfazendo um total de até 90 dias.

Após diversas conversações, a Secretaria de Relações do Trabalho MTE, modificando entendimento anterior disposto na circular nº 10 de 2011, apresentou a seguinte tabela:

TEMPO DE SERVIÇO ANOS COMPLETOS	PERÍODO DE AVISO-PRÉVIO
ATÉ 1 ANO **(1 ano incompleto)**	30 DIAS
1 ANO	33 DIAS
2 ANOS	36 DIAS
3 ANOS	39 DIAS
4 ANOS	42 DIAS
5 ANOS	45 DIAS
6 ANOS	48 DIAS
7 ANOS	51 DIAS
8 ANOS	54 DIAS
9 ANOS	57 DIAS
10 ANOS	60 DIAS
11 ANOS	63 DIAS
12 ANOS	66 DIAS
13 ANOS	69 DIAS
14 ANOS	72 DIAS
15 ANOS	75 DIAS
16 ANOS	78 DIAS
17 ANOS	81 DIAS
18 ANOS	84 DIAS
19 ANOS	87 DIAS
20 ANOS	90 DIAS

10.6.2.1. Direito intemporal

Após a publicação da Lei 12.506/2011, muitas dúvidas começaram a surgir acerca da aplicação da nova regra aos contratos de trabalho.

Diante da situação e com o intuito de dirimir algumas dessas dúvidas, o Ministério do Trabalho e Emprego (MET) expediu em 07 de maio de 2012 a Nota Técnica 184.

Nessa linha, o MTE entende que a nova regulamentação do aviso-prévio servirá somente para os avisos prévios concedidos após o dia 13 de outubro de 2011, data em que a lei entrou em vigor.

Nesse sentido, em setembro de 2012 o TST editou a Súmula 441, que assim dispõe:

> SÚMULA 441 TST – AVISO-PRÉVIO. PROPORCIONALIDADE.
>
> O direito ao aviso-prévio proporcional ao tempo de serviço somente é assegurado nas rescisões de contrato de trabalho ocorridas a partir da publicação da Lei nº 12.506, em 13 de outubro de 2011.

Assim, a Lei 12.506/2011 não retroagirá em favor dos contratos extintos antes de sua publicação, na medida em que aqueles contratos foram resolvidos sob a regra do aviso-prévio de 30 dias, estando estas rescisões acobertadas pelo ato jurídico perfeito, nos termos do art. 5º, XXXVI, da CF.

Desta forma, a Lei 12.506/2011 alcança somente as novas relações de emprego e os contratos de trabalho em curso quando da sua entrada em vigor em 13 de outubro de 2011. Todavia, aos contratos extintos antes dessa data não serão aplicadas as regras do aviso-prévio proporcional.

10.6.2.2. Abrangência da aplicação do aviso-prévio proporcional

Outro tema que vem despertando diversos debates é a abrangência da aplicação das novas regras do aviso-prévio, ou seja, se a norma em questão deve ser aplicada para os empregadores e todos os empregados.

Note que ainda não existem posições jurisprudenciais acerca dessa abrangência. No entanto, o Ministério do Trabalho e Emprego – MTE, por meio da Nota Técnica 184/2012, sustenta que a nova norma é de aplicação restrita aos empregados.

Nessa linha, não poderá o empregador exigir do seu empregado o cumprimento de aviso-prévio proporcional. Esse entendimento se baseia no art. 7º da CF que assegura o direito de aviso-prévio ali previsto a todos os trabalhadores urbanos, rurais e domésticos.

11. Estabilidade absoluta e Estabilidade provisória/garantia de emprego

11.1. Estabilidade absoluta e estabilidade provisória

A estabilidade é uma das garantias fundamentais conferidas ao trabalhador, origina-se do princípio trabalhista da "continuidade da relação de emprego" e do "princípio da proteção". A estabilidade impossibilita a dispensa arbitrária ou abusiva.

O termo "estabilidade" é comumente utilizado pela doutrina e jurisprudência para abarcar o que poderíamos chamar de estabilidade absoluta e estabilidade provisória, esta última também denominada de "garantia de emprego".

No Direito do Trabalho, temos como estabilidade absoluta apenas a hipótese da estabilidade decenal. Os demais tipos constituem verdadeiras estabilidades provisórias, ou, em outras palavras, garantias de emprego, que serão estudadas adiante.

Esses tipos de "estabilidades" não podem ser confundidos com aquela estabilidade insculpida no art. 41 da CF/1988, garantida aos servidores públicos nomeados para cargo de provimento efetivo em virtude de concurso público, nos termos do art. 37, II, da CF.

De acordo com o texto constitucional, é requisito para a aquisição da estabilidade no serviço público, além do cumprimento do estágio probatório de 3 (três) anos, ser o funcionário investido em cargo público de provimento efetivo.

Assim, pela nova redação conferida ao art. 41 da CF pela EC 19/1998, os empregados públicos estariam excluídos da regra, ou seja, não seriam detentores da estabilidade ali garantida, na medida em que são investidos em emprego e não em cargo.

Todavia, o TST firmou entendimento cristalizado na Súmula 390 item I garantindo ao servidor público celetista da *administração direta, autárquica ou fundacional* a estabilidade prevista no art. 41 da CF/1988.

Já as *empresas públicas* e *sociedades de economia mista*, embora seus empregados (empregados públicos) necessitem da realização de concurso público para a investidura no emprego, não são detentores da estabilidade prevista no art. 41 da CF/1988. Isso porque, por força do art. 173, § 1º, II, da CF/1988, as empresas públicas e as sociedades de economia mista se submetem ao regime jurídico próprio das empresas privadas, sujeitando-se, portanto, às regras celetistas.

Dessa forma, os empregados de empresas públicas e sociedades de economia mista não são detentores da estabilidade disposta no art. 41 da Carta Magna, podendo, se for o caso, ser detentores das hipóteses de estabilidades provisórias garantidas aos trabalhadores em geral.

Superada essa problemática, surge a questão sobre a necessidade de motivação do ato de demissão dos empregados públicos. A jurisprudência do Tribunal Superior do Trabalho pacificou-se no sentido de que não se estende aos empregados de empresa pública e de sociedade de economia mista a garantia de dispensa necessariamente motivada ou mediante procedimento administrativo, por força da aplicação do art. 173, §1º, II, da CF/1988.

Contudo, à Empresa Brasileira de Correios e Telégrafos ECT são assegurados os privilégios inerentes à Fazenda Pública, pois, em virtude de seu serviço postal prestado em caráter de exclusividade, entendeu a mais alta Corte Trabalhista que os atos administrativos da ECT deveriam se vincular aos princípios que regem a Administração Pública Direta, inclusive quanto à motivação da despedida de seus empregados. Assim, a Subseção de Dissídios Individuais 1 do TST editou a Orientação Jurisprudencial 247, que dispõe:

> ORIENTAÇÃO JURISPRUDENCIAL 247 DA SDI 1 TST – SERVIDOR PÚBLICO. CELETISTA CONCURSADO. DESPEDIDA IMOTIVADA. EMPRESA PÚBLICA OU SOCIEDADE DE ECONOMIA MISTA. POSSIBILIDADE.
>
> I – A despedida de empregados de empresa pública e de sociedade de economia mista, mesmo admitidos por concurso público, independe de ato motivado para sua validade;
>
> II – A validade do ato de despedida do empregado da Empresa Brasileira de Correios e Telégrafos (ECT) está condicionada à motivação, por gozar a empresa do mesmo tratamento destinado à Fazenda Pública em relação à imunidade tributária e à execução por precatório, além das prerrogativas de foro, prazos e custas processuais

11.1.1. Estabilidade decenal

O art. 492 da CLT dispõe que, após 10 anos na mesma empresa, o empregado não poderá ser despedido senão por motivo de falta grave, devidamente apurada por meio de reclamação trabalhista que se denomina "inquérito judicial para apuração de falta grave", nos termos do art. 853 da CLT, que deverá ser proposta pelo empregador no prazo decadencial de 30 dias contados da suspensão do empregado.

Com o advento da Lei 5.107/1966, foi instituído o regime do Fundo de Garantia do Tempo de Serviço (FGTS), que estabeleceu a opção do empregado entre esse regime jurídico e o da estabilidade prevista no art. 492 consolidado.

Contudo, promulgada a Constituição da República, em 05 de outubro de 1988, modificou-se o sistema, eliminando a possibilidade de opção entre a estabilidade e fundo de garantia, consoante ao seu art. 7º I e II.

Nessa linha, ensina o ilustre professor Arnaldo Süssekind (em **Curso de Direito do Trabalho**, Rio de Janeiro, Renovar, 2002, pág. 386): "Revogado está, portanto o art. 492 da CLT, que previa a aquisição do direito de estabilidade no emprego após 10 anos de serviço na mesma empresa. É evidente, porém, que os empregados que adquiriram a estabilidade preservam esse direito. Neste sentido definiu-se o legislador (art. 12 da Lei 7.839 de 12/10/1989)".

Assim, pode-se afirmar que a estabilidade prevista no art. 492 da CLT foi abolida, ressalvando-se o direito adquirido.

11.2. Estabilidade provisória

Nas lições de Gustavo Felipe Barbosa Garcia (em **Curso de Direito do Trabalho**, 2ª ed., São Paulo, Método, 2008, pág. 613), estabilidade pode ser conceituada como "o direito do empregado de permanecer no emprego, restringindo o direito do empregador de dispensá-lo sem justa causa ou de forma arbitrária, só autorizando a cessação contratual em caso de falta grave, força maior, força maior que determine a extinção da empresa, ou cessação das atividades da empresa." Em outras palavras podemos dizer que a estabilidade é o direito do obreiro continuar em seu trabalho, mesmo que contra a vontade de seu empregador.

Passamos a analisar as principais estabilidades:

11.2.1. Dirigente sindical

Nos termos do art. 8º, VIII, da CF/1988 e do § 3º do art. 543 da CLT, é vedada a dispensa do empregado sindicalizado, a partir do registro de sua candidatura a cargo de direção ou representação sindical até um ano após o final de seu mandato, caso seja eleito, salvo se cometer falta grave.

Desta forma, possui garantia de emprego a partir do registro de sua candidatura a cargo de dirigente sindical e, se eleito, ainda como suplente, até 1 (um) ano após o fim do mandato, salvo se cometer falta grave, devidamente apurada por inquérito judicial para apuração de falta grave.

No que se refere ao registro da candidatura, o § 5º do art. 543 da CLT determina que, no prazo de 24 (vinte e quatro) horas, a entidade sindical comunique por escrito a empresa sobre o dia e a hora do registro da candidatura do seu empregado.

Ocorre que, em setembro de 2012, o TST conferiu nova redação ao item I da Súmula 369, assegurando a estabilidade provisória ao empregado dirigente sindical, ainda que a comunicação do registro da candidatura ou da eleição e da posse seja realizada fora do prazo previsto no art. 543, § 5º, da CLT, desde que a ciência ao empregador, por qualquer meio, ocorra na vigência do contrato de trabalho.

Insta ressaltar que o empregado dirigente sindical não poderá ser impedido de prestar suas funções, nem poderá ser transferido para local ou cargo que lhe dificulte ou torne impossível o desempenho de suas atribuições sindicais.

Apenas para melhor elucidação sobre o tema, é importante lembrar que a estabilidade prevista no art. 8º, VIII, da CF/1988 é garantida, exclusivamente, aos dirigentes sindicais que exerçam ou ocupem cargos de direção nos sindicatos, submetidos a processo eletivo, não se estendendo por via de consequência ao delegado sindical.

Isso porque o § 4º do art. 543 consolidado prescreve que se considera cargo de direção ou de representação sindical aquele cujo exercício ou indicação decorre de eleição prevista em lei. Por outro lado, o art. 523 do mesmo diploma legal prevê a figura do delegado sindical, estabelecendo que os delegados sindicais serão designados pela diretoria dentre os associados enraizados no território da correspondente delegacia. Assim, como os delegados sindicais não são eleitos, mas sim indicados pela diretoria da entidade, não fará jus à garantia de emprego estabelecida no art. 8º, VIII, da CF/1988 e do § 3º, do art. 543 da CLT. Nesse sentido é a jurisprudência consolidada na Orientação Jurisprudencial 369 da SDI 1 do TST.

Por último, vale lembrar que o membro de conselho fiscal de sindicato não tem direito à estabilidade prevista nos arts. 543, § 3º, da CLT e 8º, VIII, da CF/1988, pois não atua na defesa de direitos da categoria profissional, tendo sua competência limitada à fiscalização da gestão financeira do sindicato, em conformidade com o art. 522, § 2º, da CLT e Orientação Jurisprudencial 365 da SDI 1 do TST.

11.2.2. Representantes dos empregados na CIPA

Estabelece a CF/1988 no art. 10, inciso II, "a", do Ato das Disposições Constitucionais Transitórias que até que seja promulgada Lei Complementar a que se refere o art. 7º, I, da Constituição Federal, fica vedada a dispensa arbitrária ou sem justa causa do empregado eleito para cargo de direção de Comissões Internas de Prevenção de Acidentes, desde o registro da sua candidatura até um ano após o final de seu mandato.

A legislação infraconstitucional, art. 165 da CLT, dispõe que: "os titulares da representação dos empregados nas CIPA(s) não poderão sofrer despedida arbitrária, entendendo-se como tal a que não se fundar em motivo técnico, econômico ou financeiro".

É importante ressaltar que o TST, por meio da Súmula 339, item I, entende que essa estabilidade é estendida ao suplente ao ensinar que: "O suplente da CIPA goza da garantia de emprego prevista no art. 10, II, "a", do ADCT a partir da promulgação da Constituição Federal de 1988."

11.2.3. Empregada gestante

A garantia de emprego da empregada gestante vem disciplinada no art. 10, inciso II, "b", do Ato das Disposições Constitucionais Transitórias. Esse direito é assegurado a toda empregada gestante, inclusive a empregada doméstica, desde a confirmação da gravidez até 5 meses após o parto.

É imperioso observar que o desconhecimento do estado gravídico por parte do empregador não afasta o direito a estabilidade, teoria acolhida pelo TST na Súmula 244, item I.

Tema que sempre envolveu grande discussão na doutrina foi a garantia de emprego em se tratando de contrato de experiência, tendo em vista que nessa modalidade de contrato as partes já sabem de antemão a data de início e término do referido contrato. Assim, o TST havia consolidado entendimento através do item III da Súmula 244 entendendo que não teria direito à estabilidade provisória na hipótese de admissão mediante contrato de experiência, tendo em vista que, nessa situação, a extinção da relação de emprego, em face do término do prazo, não constitui dispensa arbitrária ou sem justa causa.

Todavia, em setembro de 2012, o TST reviu seu entendimento e deu nova redação ao item III da Súmula 244, para assegurar o direito à estabilidade provisória prevista no art. 10, II, "b", do ADCT, mesmo na hipótese de admissão mediante contrato por tempo determinado.

Note que de acordo com o novo entendimento do TST é assegurada a estabilidade em contratação por prazo determinado e não apenas na hipótese de contrato de experiência.

Desta forma, objetivando uma maior segurança para a mãe e para o nascituro, é assegurada a estabilidade provisória para a empregada gestante, desde a confirmação da gravidez até 5 meses após o parto, ainda que contratada mediante qualquer modalidade de contrato por prazo determinado.

Por último, importante a transcrição da OJ 30 da SDC do TST:

> ORIENTAÇÃO JURISPRUDENCIAL – 30 SDC
> ESTABILIDADE DA GESTANTE. RENÚNCIA OU TRANSAÇÃO DE DIREITOS CONSTITUCIONAIS. IMPOSSIBILIDADE
>
> Nos termos do art. 10, II, "b", do ADCT, a proteção à maternidade foi erigida à hierarquia constitucional, pois retirou do âmbito do direito potestativo do empregador a possibilidade de despedir arbitrariamente a empregada em estado gravídico. Portanto, a teor do artigo 9º da CLT, torna-se nula de pleno direito a cláusula que estabelece a possibilidade de renúncia ou transação, pela gestante, das garantias referentes à manutenção do emprego e salário.

11.2.4. Empregado acidentado – acidente de trabalho

A Lei 8.213/1991, em seu art. 118, assegura estabilidade no emprego ao trabalhador que sofrer acidente de trabalho pelo prazo mínimo de doze meses após o afastamento pela Previdência Social. A estabilidade se estende aos casos de acidente ocorrido no trajeto entre a residência e o trabalho e do trabalho à residência do obreiro e, ainda, de doença profissional ou do trabalho.

Desta forma, o segurado que sofreu acidente do trabalho tem garantido, pelo prazo mínimo de 12 meses, a manutenção de seu contrato de trabalho após a cessação do auxílio-doença acidentário, independentemente da percepção de auxílio-acidente.

Para a aquisição da estabilidade decorrente de acidente de trabalho ou doença profissional, a Lei prevê dois requisitos básicos: a ocorrência de acidente de trabalho ou doença laboral e a percepção do auxílio-doença acidentário, entendimento consubstanciado no item II da Súmula 378 do TST.

Em setembro de 2012, o TST inseriu o item III à Súmula 378 do TST firmando posicionamento no sentido de que, ainda que se trate de contrato com prazo determinado, qualquer que seja sua modalidade, será assegurada a garantia de emprego ao empregado acidentado que preencha os requisitos do item II da súmula em debate. Dispõe o item III da Súmula 378 do TST:

> SÚMULA 378 TST
> (...)
> III – O empregado submetido a contrato de trabalho por tempo determinado goza da garantia provisória de emprego, decorrente de acidente de trabalho, prevista no art. 118 da Lei nº 8.213/1991.

11.2.5. Comissão de Conciliação Prévia

O art. 625-B, § 1º, da CLT dispõe ser vedada a dispensa dos representantes dos empregados na Comissão de Conciliação Prévia, titulares e suplentes, desde o registro da candidatura e, se eleitos, até um ano após o fim do mandato, salvo se cometerem falta grave.

11.2.6. Empregados membros do conselho curador do FGTS

Aos membros efetivos do Conselho Curador do FGTS e aos seus suplentes, enquanto representantes dos trabalhadores, é assegurada a estabilidade no emprego, desde a nomeação até um ano após o término do mandato, somente podendo ser demitidos por motivos de falta grave, regularmente comprovada, nos termos do art. 3º, § 9º, da Lei 8.036/1990.

11.2.7. Empregados membros do Conselho Nacional de Previdência Social

Preceitua a Lei 8.213/1991, art. 3º, § 7º, que "aos membros do CNPS, enquanto representantes dos trabalhadores em atividade, titulares e suplentes, é assegurada a estabilidade no emprego, da nomeação até um ano após o término do mandato de representação, somente podendo ser demitidos por motivo de falta grave, regularmente comprovada através de processo judicial".

11.2.8. Empregados eleitos diretores de sociedades cooperativas

A Lei 5.764/1971, que trata da política nacional de cooperativismo, estabeleceu no seu art. 55 que os empregados de empresas que sejam eleitos diretores de sociedades cooperativas por eles mesmos criadas gozarão das garantias asseguradas aos dirigentes sindicais.

É importante lembrar que a lei trata apenas dos "diretores de sociedades cooperativas" e não de seus suplentes.

A legislação prevê a estabilidade provisória/garantia de emprego nas situações abaixo listadas através das seguintes normas jurídicas:

Situações	Norma Jurídica
Dirigente Sindical	Art. 8º, VIII, da CF/1988 e art. 543, § 3º, da CLT.
CIPA e suplente	Art. 10, II, alínea "a" do Ato das Disposições Constitucionais Transitórias (ADCT) da CF/1988 e art. 165 da CLT.
Gestante	Art. 10, II, alínea "b" do Ato das Disposições Constitucionais Transitórias (ADCT) da CF/1988.
Acidente de trabalho	Art. 118 da Lei 8.213/1991
Comissão de Conciliação Prévia	Art. 625-B, § 1º, da CLT.
Membro do conselho curador do FGTS	Art. 3º, § 9º, da Lei 8.036/1990.
Empregados membros do Conselho Nacional de Previdência Social	Art. 3º, § 7º, da Lei 8.213/1991
Diretores de sociedade cooperativa	Art. 55 da Lei 5.764/1971.

11.3. Garantia de emprego para o empregado portador do vírus HIV ou de outra doença grave

Há muito tempo se discute na jurisprudência a respeito da garantia de emprego no emprego do portador do vírus HIV.

AIDS é a sigla em inglês para definir *Acquired Immunodeficiency Syndrome* (ou Síndrome da Imunodeficiência Adquirida). No Brasil, não há legislação instituindo a estabilidade no emprego para o portador do vírus HIV.

Essa lacuna levou diversos Tribunais a decidirem de diferentes maneiras sobre o tema. Nessa linha, algumas decisões negavam a estabilidade no emprego sob o argumento de que nosso ordenamento jurídico é omisso com relação à estabilidade do portador do HIV.

No entanto, outras decisões assinalavam que, mesmo não havendo preceito legal garantindo a estabilidade ao empregado portador do vírus HIV, ao Estado-Juiz, nos termos do art. 8º da CLT, compete valer-se dos princípios gerais do direito, da analogia e dos costumes para solucionar os conflitos.

Esse segundo posicionamento culminou na edição da Súmula 443 do TST, que reconhece a presunção de dispensa discriminatória do portador do vírus HIV ou de outra doença grave. Dispõe a referida súmula:

> SÚMULA 443 DO TST – DISPENSA DISCRIMINATÓRIA. PRESUNÇÃO. EMPREGADO PORTADOR DE DOENÇA GRAVE. ESTIGMA OU PRECONCEITO. DIREITO À REINTEGRAÇÃO.
>
> Presume-se discriminatória a despedida de empregado portador do vírus HIV ou de outra doença grave que suscite estigma ou preconceito. Inválido o ato, o empregado tem direito à reintegração no emprego.

O entendimento sumulado, portanto, é no sentido de ser discriminatória a demissão imotivada do portador de HIV. Isso porque se presume que a despedida ocorreu pelo fato de o empregado ser portador do vírus ou outra doença grave.

Vale dizer que, de acordo com a corrente majoritária, é irrelevante o conhecimento da doença por parte da empresa. Essa teoria aplica, analogicamente, a regra para a estabilidade da gestante disposta na Súmula 244, item I, do TST.

Desta forma, o empregado portador do vírus HIV ou de outra doença grave somente poderá ser demitido por justa causa, nas hipóteses do art. 482 da CLT.

A CF/1988 tem como base a dignidade da pessoa humana consagrada em seu art. 1º, III. Já no capítulo referente aos direitos sociais, em seu art. 6º, assegura o direito ao trabalho, proibindo em paralelo qualquer tipo de discriminação, nos termos do art. 5º, *caput*, da CF/1988 que assim dispõe:

> "Art. 5º Todos são iguais perante a lei, sem distinção de qualquer natureza, garantindo-se aos brasileiros e aos estrangeiros residentes no país, a inviolabilidade do direito à vida, à liberdade, à igualdade, à segurança e à propriedade."

Ademais, a Lei 9.029/1995, que coíbe toda forma de discriminação, reza em seu art. 4º ser direito do empregado:

> Art. 4º O rompimento da relação de trabalho por ato discriminatório, nos moldes desta Lei, além do direito à reparação pelo dano moral, faculta ao empregado optar entre:

I – a readmissão com ressarcimento integral de todo o período de afastamento, mediante pagamento das remunerações devidas, corrigidas monetariamente, acrescidas dos juros legais;

II – a percepção, em dobro, da remuneração do período de afastamento, corrigida monetariamente e acrescida dos juros legais.

Assim, podemos concluir que é assegurada a garantia no emprego ao portador do vírus HIV ou de outra doença grave, na medida em que se presume discriminatória sua demissão imotivada, podendo ser demitido somente na ocorrência de justa causa, nas hipóteses do art. 482 da CLT.

Ocorrendo a dispensa imotivada além da indenização por danos morais, é assegurada sua reintegração ao emprego com o ressarcimento integral de todo o período que esteve afastado ou a percepção em dobro do respectivo período.

12. Normas de proteção ao trabalho

12.1. Proteção ao trabalho da mulher

A Constituição Federal, em seu art. 7º, XX, confere a proteção ao mercado de trabalho da mulher ao ordená-la, mediante incentivos específicos, nos termos da lei.

A legislação consolidada, no art. 373-A, impõe limitações ao empregador que visam a corrigir o acesso da mulher ao mercado de trabalho. São elas:

a) publicar ou fazer publicar anúncio de emprego no qual haja referência ao sexo, à idade, à cor ou situação familiar, salvo quando a natureza da atividade a ser exercida, pública e notoriamente, assim o exigir;

b) recusar emprego, promoção ou motivar a dispensa do trabalho em razão de sexo, idade, cor, situação familiar ou estado de gravidez, salvo quando a natureza da atividade seja notória e publicamente incompatível;

c) considerar o sexo, a idade, a cor ou situação familiar como variável determinante para fins de remuneração, formação profissional e oportunidades de ascensão profissional;

d) exigir atestado ou exame, de qualquer natureza, para comprovação de esterilidade ou gravidez, na admissão ou permanência no emprego;

e) impedir o acesso ou adotar critérios subjetivos para deferimento de inscrição ou aprovação em concursos, em empresas privadas, em razão de sexo, idade, cor, situação familiar ou estado de gravidez;

f) proceder o empregador ou preposto a revistas íntimas nas empregadas ou funcionárias.

As disposições atinentes ao trabalho noturno seguirão as normas aplicáveis a todo trabalhador, inclusive o adicional de 20% e a hora fictamente reduzida.

Já com relação aos períodos de descanso, temos identidade dos intervalos para todos os tipos de trabalhadores, com exceção de um intervalo especial para hipóteses de prorrogação da jornada de trabalho da mulher, previsto no art. 384 da CLT: "em caso de prorrogação do horário normal, será obrigatório um descanso de 15 (quinze) minutos no mínimo, antes do início do período extraordinário do trabalho."

A CLT traz ainda regras atinentes ao local de trabalho da mulher, determinando que toda empresa é obrigada a:

a) prover os estabelecimentos de medidas concernentes à higienização dos métodos e locais de trabalho, tais como ventilação e iluminação e outros que se fizerem necessários à segurança e ao conforto das mulheres,

b) a instalar bebedouros, lavatórios, aparelhos sanitários; dispor de cadeiras ou bancos, em número suficiente, que permitam às mulheres trabalhar sem grande esgotamento físico;

c) instalar vestiários com armários individuais privativos das mulheres, exceto os estabelecimentos comerciais, escritórios, bancos e atividades afins, em que não seja exigida a troca de roupa e outros, admitindo-se como suficientes as gavetas ou escaninhos, onde possam as empregadas guardar seus pertences.

Os estabelecimentos em que trabalharem pelo menos 30 (trinta) mulheres com mais de 16 (dezesseis) anos de idade deverão possuir local apropriado onde seja permitido às empregadas guardar sob vigilância e assistência os seus filhos no período da amamentação.

Essa exigência poderá ser suprida por meio de creches distritais mantidas, diretamente ou mediante convênios, com outras entidades públicas ou privadas, pelas próprias empresas, em regime comunitário, ou a cargo do SESI, do SESC, da LBA ou de entidades sindicais.

O art. 390 consolidado veda ao empregador utilizar a mulher em serviço que demande o emprego de força muscular superior a 20 (vinte) quilos para o trabalho contínuo, ou 25 (vinte e cinco) quilos para o trabalho ocasional.

O legislador garante à mulher, para amamentar o próprio filho até que este complete 6 (seis) meses de idade, durante a jornada de trabalho, 2 (dois) descansos especiais de meia hora cada um.

Entretanto, caso a saúde do filho exija, o período de 6 (seis) meses poderá ser dilatado, a critério da autoridade competente.

12.1.1. Licença-maternidade

Prevista no art. 7º, XVIII, da CF, art. 392 da CLT e art. 71 da Lei 8.213/1991, pelo período de 120 dias, prorrogáveis por mais 60 dias, nos termos do art. 1º da Lei 11.770/2008.

A prorrogação será garantida à empregada da pessoa jurídica que aderir ao programa Empresa Cidadã, desde que a empregada a requeira até o final do primeiro mês após o parto, e concedida imediatamente após a fruição da licença-maternidade.

Em conformidade com o § 2º do art. 1º da Lei 11.770/2008, a prorrogação será garantida na mesma proporção também à empregada que adotar ou obtiver guarda judicial para fins de adoção de criança.

Pois bem: à empregada que adotar ou obtiver guarda judicial para fins de adoção de criança será concedida licença-maternidade nos termos do art. 392 consolidado, em conformidade com o art. 392-A da CLT.

Ocorre que a Lei 12.010, de 3 de agosto de 2009, que entrou em vigor em 1º de novembro de 2009, revogou expressamente, em seu art. 8º, aludidos períodos de licença-maternidade. Portanto, após a vigência da lei em comento, a mãe que adotar ou que obtiver a guarda judicial, independente da idade da criança, terá a licença-maternidade de 120 (cento e vinte) dias, prorrogáveis por mais 60 (sessenta dias).

A empregada deverá notificar o seu empregador da data do início do afastamento do emprego, que poderá ocorrer entre o 28º dia antes do parto e ocorrência deste, nos termos do art. 392, § 1º, da CLT.

12.2. Proteção ao trabalho do menor

O art. 402 da CLT considera menor o trabalhador de quatorze até dezoito anos.

O art. 7º, XXXIII, da CF proíbe o trabalho noturno, perigoso ou insalubre a menores de dezoito e de qualquer trabalho a menores de dezesseis anos, salvo na condição de aprendiz, a partir de quatorze anos.

A capacidade, nos domínios do Direito do Trabalho, poderia ser classificada da seguinte maneira:

a) absolutamente incapazes: até 14 anos de idade, pois não podem trabalhar;

b) relativamente incapazes: dos 14 aos 18, pois podem laborar nas hipóteses descritas em lei;

c) plenamente capazes: trabalhadores com idade igual ou superior a 18 anos.

O art. 405 da CLT ensina que ao menor não será permitido o trabalho em locais e serviços perigosos ou insalubres e, também, em locais ou serviços prejudiciais à sua moralidade.

Será considerado prejudicial à moralidade do menor o trabalho:

a) prestado de qualquer modo em teatros de revista, cinemas, boates, cassinos, cabarés, *dancings* e estabelecimentos análogos;

b) em empresas circenses, em funções de acrobata, saltimbanco, ginasta e outras semelhantes;

c) de produção, composição, entrega ou venda de escritos, impressos, cartazes, desenhos, gravuras, pinturas, emblemas, imagens e quaisquer outros objetos que possam, a juízo da autoridade competente, prejudicar sua formação moral;

d) consistente na venda, a varejo, de bebidas alcoólicas.

O trabalho em empresas circenses ou aqueles prestados em teatro, cinemas e similares, poderá ser autorizado pelo Juiz da Vara da Infância e Juventude.

Por outro lado, verificado que o trabalho executado pelo menor é prejudicial à sua saúde, ao seu desenvolvimento físico ou a sua moralidade, o Juiz poderá obrigá-lo a abandonar o serviço, devendo a respectiva empresa, quando for o caso, proporcionar ao menor todas as facilidades para mudar de funções. Caso a empresa assim não proceda, o contrato de trabalho estará extinto na forma do art. 483 da CLT.

Ao menor é lícito firmar recibo pelo pagamento dos salários. Tratando-se, porém, de rescisão do contrato de trabalho, é vedado ao menor de 18 (dezoito) anos dar, sem assistência dos seus responsáveis legais, quitação ao empregador pelo recebimento da indenização que lhe for devida.

Embora ao menor de 18 (dezoito) anos seja vedado o trabalho noturno, a duração do trabalho do menor é como a dos trabalhadores em geral, podendo, porém, prorrogar sua jornada de trabalho, nos termos do art. 413 da CLT, apenas em dois casos:

a) por até mais 2 (duas) horas, independentemente de acréscimo salarial, mediante convenção ou acordo coletivo, desde que o excesso de horas em um dia seja compensado pela diminuição em outro, de modo a ser observado o limite máximo de 44 (quarenta e quatro) horas semanais ou outro inferior legalmente fixado;

b) por motivo de força maior, até o máximo de 12 (doze) horas, com acréscimo salarial de, pelo menos, 50% sobre a hora normal e desde que o trabalho do menor seja imprescindível ao funcionamento do estabelecimento.

Aos menores, assim como às mulheres, em caso de prorrogação do horário normal, será obrigatório um descanso de 15 (quinze) minutos no mínimo, antes do início do período extraordinário do trabalho.

Por fim, vale dizer que, nos termos do art. 440 da CLT, contra os menores de 18 (dezoito) anos não corre nenhum prazo de prescrição.

12.2.1. Aprendizes

Contrato de aprendizagem é o contrato de trabalho especial, ajustado por escrito e por prazo determinado, em que o empregador se compromete a assegurar ao maior de 14 (quatorze) e menor de 24 (vinte e quatro) anos inscrito em programa de aprendizagem formação técnico-profissional metódica compatível com o seu desenvolvimento físico, moral e psicológico, e o aprendiz, a executar com zelo e diligência as tarefas necessárias a essa formação.

Importa frisar que a idade máxima prevista não se aplica a aprendizes portadores de deficiência, em conformidade com o art. 428, § 5º, da CLT.

A validade do contrato de aprendizagem pressupõe anotação na Carteira de Trabalho e Previdência Social, matrícula e frequência do aprendiz na escola, caso não haja concluído o ensino médio, e inscrição em programa de aprendizagem desenvolvido sob orientação de entidade qualificada em formação técnico-profissional metódica.

O contrato de aprendizagem não poderá ser estipulado por mais de 2 (dois) anos, exceto quando se tratar de aprendiz portador de necessidades especiais, hipótese em que não se aplica esse limite.

A duração do trabalho do aprendiz não excederá de seis horas diárias, sendo vedadas a prorrogação e a compensação de jornada.

O limite previsto poderá ser de até oito horas diárias para os aprendizes que já tiverem completado o ensino fundamental se nelas forem computadas as horas destinadas à aprendizagem teórica.

Nos termos do art. 433 da CLT, o contrato de aprendizagem extinguir-se-á no seu termo ou quando o aprendiz completar 24 (vinte e quatro) anos, salvo em se tratando de aprendiz portador de necessidades especiais, ou ainda antecipadamente nas seguintes hipóteses:

a) desempenho insuficiente ou inadaptação do aprendiz;

b) falta disciplinar grave;

c) ausência injustificada à escola que implique perda do ano letivo; ou

d) a pedido do aprendiz.

12.3. Segurança e medicina do trabalho

Leciona o art. 7º, XXII, da CF que é um direito dos trabalhadores urbanos e rurais a redução dos riscos inerentes ao trabalho, por meio de normas de saúde, higiene e segurança.

A legislação infraconstitucional determina que nenhum estabelecimento poderá iniciar suas atividades sem prévia inspeção e aprovação das respectivas instalações pela autoridade regional competente em matéria de segurança e medicina do trabalho.

Uma vez constatado por laudo técnico do serviço competente algum tipo de grave e iminente risco para o trabalhador, o delegado regional do trabalho poderá interditar estabelecimento, setor de serviço, máquina ou equipamento, ou, ainda, embargar uma obra que esteja em andamento.

Considera-se grave e iminente risco toda condição ambiental de trabalho que possa causar acidente do trabalho ou doença profissional com lesão grave à integridade física do trabalhador.

A interdição importará na paralisação total ou parcial do estabelecimento, setor de serviço, máquina ou equipamento, ao passo que o embargo importará na paralisação total ou parcial da obra.

O delegado regional deverá, nesse caso, indicar as providências que deverão ser adotadas para prevenção de infortúnios de trabalho. Uma vez cumpridas as exigências, será realizado novo laudo técnico, podendo o delegado regional do trabalho retirar o embargo ou a interdição.

Vale lembrar que durante a paralisação dos serviços, em decorrência da interdição ou embargo, os empregados deverão receber seus salários como se estivessem em efetivo exercício do labor.

12.3.1. Comissão Interna de Prevenção de Acidentes – CIPA

Ao teor do disposto no art. 162 da CLT, as empresas estão obrigadas a manter serviços especializados em segurança e em medicina do trabalho.

Por essa razão será obrigatória a constituição de Comissão Interna de Prevenção de Acidentes (CIPA) nos estabelecimentos ou locais de obra nelas especificadas.

A CIPA é composta de representantes da empresa e dos empregados e tem como fim prevenir acidentes de trabalho dentro da empresa.

O mandato dos membros eleitos da CIPA terá a duração de 1 (um) ano, sendo permitida uma reeleição.

Os titulares da representação dos empregados nas CIPAs não poderão sofrer despedida arbitrária, entendendo-se como tal a que não se fundar em motivo disciplinar, técnico, econômico ou financeiro.

O art. 10, II, "a", do ADCT veda a dispensa arbitrária ou sem justa causa do empregado eleito para cargo de direção de comissões internas de prevenção de acidentes, desde o registro de sua candidatura até um ano após o final de seu mandato.

Entretanto, o TST através da Súmula 339 garante também aos suplentes o direito à estabilidade.

Dispõe a Súmula 339 do TST:

> SÚMULA 339 TST – CIPA. SUPLENTE. GARANTIA DE EMPREGO. CF/1988
>
> I – O suplente da CIPA goza da garantia de emprego prevista no art. 10, II, "a", do ADCT a partir da promulgação da Constituição Federal de 1988.
>
> II – A estabilidade provisória do cipeiro não constitui vantagem pessoal, mas garantia para as atividades dos membros da CIPA, que somente tem razão de ser quando em atividade a empresa. Extinto o estabelecimento, não se verifica a despedida arbitrária, sendo impossível a reintegração e indevida a indenização do período estabilitário.

12.3.2. Equipamentos de proteção individual

A empresa é obrigada a fornecer aos empregados, gratuitamente, equipamento de proteção individual adequado ao risco e em perfeito estado de conservação e funcionamento sempre que as medidas de ordem geral não ofereçam completa proteção contra os riscos de acidentes e danos à saúde dos empregados.

Pois bem: considera-se Equipamento de Proteção Individual – EPI todo dispositivo de uso individual destinado a proteger a integridade física do trabalhador.

Desta forma, a empresa é obrigada a fornecer aos empregados, gratuitamente, EPI adequado ao risco e em perfeito estado de conservação e funcionamento nas seguintes circunstâncias:

a) sempre que as medidas de proteção coletiva forem tecnicamente inviáveis ou não oferecerem completa proteção contra os riscos de acidentes do trabalho e/ou de doenças profissionais e do trabalho;
b) enquanto as medidas de proteção coletiva estiverem sendo implantadas;
c) para atender a situações de emergência.

Cumpre destacar que ao empregador são impostas algumas obrigações em relação ao cumprimento das normas de segurança e medicina do trabalho.

Assim, compete ao empregador:

a) cumprir e fazer cumprir as disposições legais e regulamentares sobre segurança e medicina do trabalho;
b) elaborar ordens de serviço sobre segurança e medicina do trabalho, dando ciência aos empregados, com os seguintes objetivos:
   I. prevenir atos inseguros no desempenho do trabalho;
   II. divulgar as obrigações e proibições que os empregados devam conhecer e cumprir;
   III. dar conhecimento aos empregados de que serão passíveis de punição pelo descumprimento das ordens de serviço expedidas;
   IV. determinar os procedimentos que deverão ser adotados em caso de acidente do trabalho e doenças profissionais ou do trabalho;
   V. adotar medidas determinadas pelo Ministério do Trabalho;
   VI. adotar medidas para eliminar ou neutralizar a insalubridade e as condições inseguras de trabalho.

De outro lado, estão as obrigações impostas ao empregado, quais sejam:

a) cumprir as disposições legais e regulamentares sobre segurança e medicina do trabalho, inclusive as ordens de serviço expedidas pelo empregador;
b) usar o EPI fornecido pelo empregador;
c) submeter-se aos exames médicos previstos;
d) colaborar com a empresa na aplicação das Normas Regulamentadoras.

Por último, constitui ato faltoso do empregado a recusa injustificada à observância das instruções expedidas pelo empregador ou ao uso dos equipamentos de proteção individual fornecidos pela empresa.

12.3.3. Atividades insalubres

Pela redação do art. 189 da CLT, são consideradas atividades ou operações insalubres aquelas que, por sua natureza, condições ou métodos de trabalho, exponham os empregados a agentes nocivos à saúde acima dos limites de tolerância fixados em razão da natureza e da intensidade do agente e do tempo de exposição aos seus efeitos.

Importa ressaltar que para fazer jus ao adicional de insalubridade não é necessário que o labor exponha os empregados de forma contínua a agentes nocivos. Isso porque a Súmula 47 do TST estabelece que o caráter intermitente do trabalho executado em condições insalubres não afasta o direito de recebimento do respectivo adicional.

Nas atividades insalubres, quaisquer prorrogações só poderão ser acordadas mediante licença prévia do Ministério do Trabalho, que procederá aos exames do local de trabalho, métodos e dos processos de trabalho.

O quadro das atividades e operações insalubres será aprovado pelo Ministério do Trabalho, que deverá adotar normas sobre os critérios de caracterização da insalubridade, os limites de tolerância aos agentes agressivos, meios de proteção e o tempo máximo de exposição do empregado a esses agentes.

Nesse sentido dispõe a Orientação Jurisprudencial 4 da SDI 1 do TST:

> ORIENTAÇÃO JURISPRUDENCIAL 4 DA SDI 1 DO TST – ADICIONAL DE INSALUBRIDADE. LIXO URBANO.
>
> I – Não basta a constatação da insalubridade por meio de laudo pericial para que o empregado tenha direito ao respectivo adicional, sendo necessária a classificação da atividade insalubre na relação oficial elaborada pelo Ministério do Trabalho.
>
> II – A limpeza em residências e escritórios e a respectiva coleta de lixo não podem ser consideradas atividades insalubres, ainda que constatadas por laudo pericial, porque não se encontram dentre as classificadas como lixo urbano na Portaria do Ministério do Trabalho.

De acordo com o item I da Orientação Jurisprudencial 173 da SDI 1 do TST, nas atividades a céu aberto por sujeição à radiação solar é indevido o adicional de insalubridade ao trabalhador, tendo em vista a ausência de previsão legal.

Todavia, em setembro de 2012, o TST acrescentou o item II à Orientação Jurisprudencial 173 da SDI 1, assegurando direito à percepção ao adicional de insalubridade ao empregado que exercer atividade exposto ao calor acima dos limites de tolerância, inclusive em ambiente externo com carga solar, nas condições previstas no Anexo 3 da NR 15 da Portaria 3.214/1978 do MTE.

Pois bem: determina o art. 192 da CLT que o exercício de trabalho em condições de insalubridade assegura ao trabalhador a percepção de um adicional, incidente sobre o salário-mínimo, equivalente a: 40% para insalubridade de grau máximo, 20% para insalubridade de grau médio e 10% para insalubridade de grau mínimo.

No caso de incidência de mais de um fator de insalubridade, será apenas considerado o de grau mais elevado, para efeito de acréscimo salarial, sendo vedada a percepção cumulativa.

A eliminação ou neutralização da insalubridade determinará a cessação do pagamento do adicional respectivo.

A eliminação ou neutralização da insalubridade deverá ocorrer:

a) com a adoção de medidas de ordem geral que conservem o ambiente de trabalho dentro dos limites de tolerância;

b) com a utilização de equipamento de proteção individual que diminuam a intensidade do agente agressivo a limites de tolerância.

Nessa linha, porém, o TST editou a Súmula 289 entendendo que o simples fornecimento do aparelho de proteção pelo empregador não o exime do pagamento do adicional de insalubridade. Cabe-lhe tomar as medidas que conduzam à diminuição ou eliminação da nocividade, entre as quais as relativas ao uso efetivo do equipamento pelo empregado.

Para que referido adicional deixe de ser devido, é necessário que a insalubridade seja eliminada ou reduzida aos níveis de tolerância indicados na Norma Regulamentadora 15 da Portaria 3.214/1978 do Ministério do Trabalho e Emprego.

Desta forma, eliminada a insalubridade do ambiente de trabalho, o pagamento do referido adicional desaparece. Nesse sentido é a Súmula 80 do TST: "A eliminação da insalubridade mediante fornecimento de aparelhos protetores aprovados pelo órgão competente do Poder Executivo exclui a percepção do respectivo adicional.".

O referido art. 192 da CLT dispõe que o adicional de insalubridade será calculado com base no salário-mínimo.

Porém, a CF/1988, em seu art. 7º, IV, veda a vinculação do salário-mínimo para qualquer fim. Assim, não poderia servir de base para o cálculo do adicional de insalubridade.

Desta forma, o STF editou a súmula vinculante 4, que dispõe: "salvo nos casos previstos na Constituição, o salário-mínimo não pode ser usado como indexador de base de cálculo de vantagem de servidor público ou de empregado, nem ser substituído por decisão judicial."

Por esse motivo, o TST modificou a redação da Súmula 228, que passou a dispor: "A partir de 9 de maio de 2008, data da publicação da Súmula Vinculante 4 do Supremo Tribunal Federal, o adicional de insalubridade será calculado sobre o salário básico, salvo critério mais vantajoso fixado em instrumento coletivo."

O adicional passou a ser calculado tendo como base o salário básico sem os acréscimos de outros adicionais, ou seja, aplicação analógica do adicional de periculosidade.

Como não existe lei mandando aplicar o adicional de insalubridade com base no salário básico, a Confederação Nacional das Indústrias propôs Reclamação ao STF contra a nova redação conferida à Súmula 228 do TST.

O Presidente do STF, Ministro Gilmar Mendes, em decisão liminar, determinou a suspensão da Súmula 228 do TST na parte em que permite a utilização do salário básico para calcular o adicional de insalubridade, o que motivou em setembro de 2012 que o TST fizesse uma ressalva na Súmula 228, registrando a suspensão provisória de sua eficácia por decisão liminar do Supremo Tribunal Federal.

Nessa linha, o STF entendeu que, enquanto não exista nova lei determinando uma base de cálculo para o adicional de insalubridade, deve ser utilizado como base o salário-mínimo, ainda que contrarie a súmula vinculante 4 na medida em que o empregado não deve ficar sem receber o aludido adicional.

12.3.4. Atividades perigosas

Leciona o art. 193 da CLT, com a nova redação dada pela Lei 12.740/2012, que são consideradas atividades ou operações perigosas, na forma da regulamentação aprovada pelo Ministério do Trabalho e Emprego, aquelas que, por sua natureza ou métodos de trabalho, impliquem risco acentuado em virtude de exposição permanente do trabalhador a:

a) inflamáveis, explosivos ou energia elétrica e

b) roubos ou outras espécies de violência física nas atividades profissionais de segurança pessoal ou patrimonial.

A citada lei ao redefinir os critérios para caracterização das atividades ou operações perigosas e inserir como atividades perigosas aquelas que expõem os trabalhadores a roubos ou outras espécies de violência física, conferiu direito ao adicional de periculosidade para esses profissionais.

Contudo, a aplicabilidade do adicional para esses profissionais não é imediata, dependendo de regulamentação por parte do Ministério do Trabalho.

Em decisão proferida pela 42ª Vara do Trabalho de São Paulo, no processo 242/2013, entendeu a magistrada que, em conformidade com o art. 193, *caput* e inciso II, da CLT, a regulamentação pelo Ministério do Trabalho é necessária a fim de especificar as funções que teriam exposição permanente do trabalhador na atividade de segurança pessoal ou patrimonial.

Ademais, importante salientar que o art. 195 exige que a classificação e a caracterização da periculosidade sejam feitas através de perícia a cargo de Médico do Trabalho ou Engenheiro do Trabalho, registrados no Ministério do Trabalho. E, ainda, determina o art. 196 da CLT que os efeitos pecuniários decorrentes do trabalho nessa condição somente serão devidos a contar da data da inclusão da respectiva atividade nos quadros aprovados pelo Ministério do Trabalho.

O trabalho em condições de periculosidade garante ao empregado um adicional de 30% sobre o salário sem os acréscimos resultantes de gratificações, prêmios ou participações nos lucros da empresa.

Nesse sentido é a Súmula 191 do TST: "O adicional de periculosidade incide apenas sobre o salário básico e não sobre este acrescido de outros adicionais (...)"

A súmula em destaque traz em sua parte final uma exceção à regra do cálculo do referido adicional. Por meio dessa súmula, os empregados dos setores de energia elétrica terão seu adicional de periculosidade calculado sobre a soma de todas as parcelas salariais.

Assim, continua a Súmula 191 do TST: "(...) Em relação aos eletricitários, o cálculo do adicional de periculosidade deverá ser efetuado sobre a totalidade das parcelas de natureza salarial."

No mesmo sentido a Orientação Jurisprudencial 279 da SDI 1 do TST ensina que o adicional de periculosidade dos eletricitários deverá ser calculado sobre o conjunto de parcelas de natureza salarial.

Vale lembrar que os empregados que operam em bomba de gasolina têm direito ao adicional de periculosidade, nos termos da Súmula 39 do TST.

Para o recebimento do adicional de periculosidade não é necessária a exposição do trabalhador de maneira contínua ou permanente, na medida em que aludido adicional é devido pelo risco à vida do trabalhador.

Nesse sentido, consolidando esse entendimento, são as Súmulas 361 e 364, ambas do TST:

> SÚMULA 361 TST – ADICIONAL DE PERICULOSIDADE. ELETRICITÁRIOS. EXPOSIÇÃO INTERMITENTE
>
> O trabalho exercido em condições perigosas, embora de forma intermitente, dá direito ao empregado a receber o adicional de periculosidade de forma integral, porque a Lei nº 7.369, de 20.09.1985, não estabeleceu nenhuma proporcionalidade em relação ao seu pagamento.
>
> SÚMULA 364 TST – ADICIONAL DE PERICULOSIDADE. EXPOSIÇÃO EVENTUAL, PERMANENTE E INTERMITENTE
>
> Tem direito ao adicional de periculosidade o empregado exposto permanentemente ou que, de forma intermitente, sujeita-se a condições de risco. Indevido, apenas, quando o contato dá-se de forma eventual, assim considerado o fortuito, ou o que, sendo habitual, dá-se por tempo extremamente reduzido.

Importante ressaltar que o item II da Súmula 364 em debate, antes de 31 de maio de 2011, permitia a fixação do adicional de periculosidade em patamar inferior ao mínimo legal de 30% proporcionalmente ao tempo de exposição ao risco, desde que compactuado por acordo ou convenção coletiva.

O item II da Súmula 364 do TST foi revisto e cancelado, não sendo possível, portanto, a fixação de adicional abaixo do mínimo legal estipulado no art. 193 da CLT.

Por fim, impende destacar que o direito do empregado ao adicional de insalubridade ou de periculosidade cessará com a eliminação do risco à sua saúde ou integridade física (art. 194 da CLT).

Ainda sobre o tema, é importante destacar o posicionamento consubstanciado na Orientação Jurisprudencial 406 da SDI 1 do TS,T no sentido de que o pagamento de adicional de periculosidade efetuado por mera liberalidade da empresa, ainda que de forma proporcional ao tempo de exposição ao risco ou em percentual inferior ao máximo legalmente previsto, dispensa a realização da prova técnica exigida pelo art. 195 da CLT, pois torna incontroversa a existência do trabalho em condições perigosas.

13. Fundo de Garantia do Tempo de Serviço – FGTS

13.1. Conceito

O Fundo de Garantia do Tempo de Serviço – FGTS – é um direito dos empregados urbanos e rurais e, de acordo com a EC 72/2013, também dos empregados domésticos, que tem como finalidade constituir um fundo de depósitos em pecúnia, com valores designados a garantir indenização pelo tempo de serviço prestado ao empregador.

Nas lições de Mauricio Godinho Delgado (**Curso de Direito do Trabalho**, 8ª edição, Ed. LTr, São Paulo, pág. 1165) *consiste em recolhimentos pecuniários mensais, em conta bancária vinculada em nome do trabalhador, conforme parâmetro de cálculo estipulado legalmente, podendo ser sacado pelo obreiro em situações tipificadas pela ordem jurídica, sem prejuízo de acréscimo percentual condicionado ao tipo de rescisão de seu contrato laborativo, formando, porém, o conjunto global e indiferenciado de depósitos um fundo social de destinação legalmente especificada.*

De acordo com o art. 2º da Lei 8.036/1990 o FGTS é constituído pelos saldos das contas vinculadas a que se refere a lei e outros recursos a ele incorporados, devendo ser aplicados com atualização monetária e juros, de modo a assegurar a cobertura de suas obrigações.

O FGTS foi criado pela Lei 5.107 de 13 de setembro de 1966. Inicialmente era um sistema opcional ao empregado. Com a promulgação da lei, o empregado regido pela CLT poderia optar pelo regime do FGTS ou pela indenização por tempo de serviço prevista nos arts. 477, 478, 496 e 498 da CLT.

Assim, caso o empregado optasse pelo sistema de FGTS faria jus aos depósitos, como garantia por tempo de serviço, não podendo mais adquirir os direitos à indenização e à estabilidade decenal prevista no art. 492 consolidado.

Com a CF/1988, o FGTS passou a ser previsto como direito de todos os trabalhadores urbanos, rurais, conforme art. 7º, III, inclusive aos empregados domésticos, nos termos do parágrafo único do mesmo dispositivo. Atualmente o FGTS é regulado pela Lei 8.036/1990.

13.2. Natureza jurídica

A natureza jurídica do FGTS é tema de grande controvérsia na doutrina. Prevalece, porém, na doutrina e na jurisprudência que a contribuição do FGTS não possui natureza jurídica tributária, mas sim de contribuição social, especial, de natureza trabalhista.

Nesse sentido ensina a Súmula 353 do STJ: "As disposições do Código Tributário Nacional não se aplicam às contribuições para o FGTS".

Inclusive os prazos prescricionais aplicáveis ao FGTS não são aqueles dispostos no Código Tributário Nacional, como se observa pela redação das Súmulas 362 do TST e 210 do STJ.

13.3. Obrigação dos depósitos

Nos termos do art. 15 da Lei 8.036/1990 todos os *empregadores* estão obrigados a depositar, até o dia 07 de cada mês, em conta bancária vinculada, a importância correspondente a 8% da remuneração paga ou devida, no mês anterior, a cada *trabalhador*, incluídas na remuneração as gorjetas que receber como também as comissões, percentagens, gratificações ajustadas, diárias para viagens, abonos pagos pelo empregador, além do salário *in natura* e gratificação de natalina (13º salário).

Vale dizer que para o contrato de aprendiz as alíquotas serão reduzidas para 2% nos termos do art. 15, § 7º, da Lei 8.036/1990.

Caso o empregador não efetue o depósito no prazo estipulado por lei, nos termos do art. 22 da Lei 8.036/1990, responderá pela incidência da TR (taxa referencial) sobre a importância devida, acrescida de juros de mora de 0,5% ao mês.

Nos termos do art. 15, § 1º da citada lei "*entende-se por empregador a pessoa física ou a pessoa jurídica de direito privado ou de direito público, da administração pública direta, indireta ou fundacional de qualquer dos Poderes, da União, dos Estados, do Distrito Federal e dos Municípios, que admitir trabalhadores a seu serviço, bem assim aquele que, regido por legislação especial, encontrar-se nessa condição ou figurar como fornecedor ou tomador de mão de obra, independente da responsabilidade solidária e/ou subsidiária a que eventualmente venha obrigar-se*".

De outro lado, "*considera-se trabalhador toda pessoa física que prestar serviços a empregador, a locador ou tomador de mão de obra, excluídos os eventuais, os autônomos e os servidores públicos civis e militares sujeitos a regime jurídico próprio*", nos termos do § 2º do art. 15 da Lei 8.036/1990.

Com relação aos empregados domésticos, a EC 72/2013 tornou obrigatórios os depósitos fundiários, em conformidade com a nova redação dada ao parágrafo único do art. 7º da CF.

No entanto, referida garantia necessita de regulamentação específica, como se nota por expressa disposição do novo texto constitucional.

Pois bem, o empregador deverá efetuar depósito referente a 8% da remuneração devida no mês anterior, nos termos do art. 15 da Lei 8.036/1990. A Instrução Normativa 84/2010 do MTE em seu art. 8º explica a incidência do FGTS sobre as seguintes verbas de natureza remuneratória:

I – o salário-base, inclusive as prestações *in natura*;

II – as horas extras;

III – os adicionais de insalubridade, periculosidade e do trabalho noturno;

IV – o adicional por tempo de serviço;

V – o adicional por transferência de localidade de trabalho;

VI – o salário-família, no que exceder o valor legal obrigatório;

VII – o abono ou gratificação de férias, desde que excedente a 20 (vinte) dias do salário, concedido em virtude de cláusula contratual, de regulamento da empresa, ou de convenção ou acordo coletivo;

VIII – o valor de 1/3 (um terço) constitucional das férias;

IX – as comissões;

X – as diárias para viagem, pelo seu valor global, quando excederem a 50% (cinquenta por cento) da remuneração do empregado, desde que não haja prestação de contas do montante gasto;

XI – as etapas, no caso dos marítimos;

XII – as gorjetas;

XIII – a gratificação de natal, seu valor proporcional e sua parcela incidente sobre o aviso-prévio indenizado, inclusive na extinção de contrato a prazo certo e de safra, e gratificação periódica contratual, pelo seu duodécimo;

XIV – as gratificações ajustadas, expressas ou tácitas, tais como de produtividade, de balanço, de função ou por exercício de cargo de confiança;

XV – as retiradas de diretores não empregados, quando haja deliberação da empresa, garantindo-lhes os direitos decorrentes do contrato de trabalho;

XVI – o valor pago a título de licença-prêmio;

XVII – o valor pago pelo repouso semanal e feriados civis e religiosos;

XVIII – o valor pago a título de aviso-prévio, trabalhado ou indenizado; e,

XIX – o valor pago a título de quebra de caixa.

Parágrafo único. As contribuições mencionadas no art. 5º também incidirão sobre:

I – o valor contratual mensal da remuneração do empregado afastado na forma do art. 6º desta IN, inclusive sobre a parte variável, calculada segundo os critérios previstos na CLT e na legislação esparsa, atualizada sempre que ocorrer aumento geral na empresa ou para a categoria;

II – o valor da remuneração paga pela entidade de classe ao empregado licenciado para desempenho de mandato sindical, idêntico ao que perceberia caso não licenciado, inclusive com as variações salariais ocorridas durante o licenciamento, obrigatoriamente informadas pelo empregador à respectiva entidade.

III – o salário contratual e o adicional de transferência devido ao empregado contratado no Brasil transferido

para prestar serviço no exterior;

IV – a remuneração percebida pelo empregado ao passar a exercer cargo de diretoria, gerência ou outro cargo de confiança imediata do empregador, salvo se a do cargo efetivo for maior;

V – remuneração paga a empregado estrangeiro, em atividade no Brasil, independente do local em que for realizado o pagamento.

Analisadas as hipóteses de incidência para o cálculo do FGTS, cabe destacar as parcelas que não possuem natureza remuneratória.

Nos termos do art. 15, § 6º, da Lei 8.036/1990, não se incluem na remuneração, para os fins desta Lei, as parcelas elencadas no § 9º do art. 28 da Lei 8.212/1991.

A Instrução Normativa 84/2010 do MTE ensina em seu art. 9º que não integram a remuneração as seguintes parcelas:

I – participação do empregado nos lucros ou resultados da empresa, quando paga ou creditada de acordo com a Lei n.º 10.101, de 19 de dezembro de 2000;

II – abono correspondente à conversão de 1/3 (um terço) das férias em pecúnia e seu respectivo adicional constitucional;

III – abono ou gratificação de férias, concedido em virtude de contrato de trabalho, de regulamento da empresa, de convenção ou acordo coletivo de trabalho, cujo valor não exceda a 20 (vinte) dias do salário;

IV – o valor correspondente ao pagamento em dobro da remuneração de férias concedidas após o prazo legal;

V – importâncias recebidas a título de férias indenizadas e o respectivo adicional constitucional;

VI – indenização por tempo de serviço anterior a 05 de outubro de 1988, de empregado não optante pelo FGTS;

VII – indenização relativa à dispensa de empregado no período de 30 (trinta) dias que antecede sua data-base, de acordo com o disposto no art. 9º da Lei 7.238, de 29 de outubro de 1984;

VIII – indenização por despedida sem justa causa do empregado nos contratos com termo estipulado de que trata o art. 479 da CLT, bem como na indenização prevista no art. 12, inciso "f", da Lei 6.019, de 03 de janeiro de 1974;

IX – indenização do tempo de serviço do safrista, quando do término normal do contrato de que trata o art. 14 da Lei 5.889, de 8 de junho de 1973;

X – indenização recebida a título de incentivo à demissão;

XI – indenização de 40% (quarenta por cento) sobre o montante de todos os depósitos de FGTS realizados na conta vinculada do trabalhador.

XII – indenização relativa à licença-prêmio;

XIII – ajuda de custo, em parcela única, recebida exclusivamente em decorrência de mudança de localidade de trabalho do empregado, na forma do art. 470 da CLT;

XIV – ajuda de custo, em caso de transferência permanente, e o adicional mensal, em caso de transferência provisória, recebidos pelo aeronauta nos termos da Lei 5.929, de 30 de outubro de 1973;

XV – diárias para viagem, desde que não excedam a 50% (cinquenta por cento) da remuneração mensal percebida pelo empregado;

XVI – valor da bolsa de aprendizagem, garantida ao adolescente até 14 (quatorze) anos de idade, de acordo com o disposto no art. 64 da Lei 8.069, de 13 de julho de 1990, vigente até 15 de dezembro de 1998;

XVII – valor da bolsa ou outra forma de contraprestação, quando paga ao estagiário nos termos da Lei 11.788, de 25 de setembro de 2008;

XVIII – cotas do salário-família e demais benefícios pagos pela Previdência Social, nos termos e limites legais, salvo o salário-maternidade e o auxílio-doença decorrente de acidente do trabalho;

XIX – parcela in natura recebida de acordo com o Programa de Alimentação do Trabalhador – PAT, instituído pela Lei 6.321, de 14 de abril de 1976;

XX – vale-transporte, nos termos e limites legais, bem como transporte fornecido pelo empregador para deslocamento ao trabalho e retorno, em percurso servido ou não por transporte público;

XXI – valor da multa paga ao trabalhador em decorrência do atraso na quitação das parcelas rescisórias;

XXII – importâncias recebidas a título de ganhos eventuais e abonos expressamente desvinculados do salário por força de lei;

XXIII – abono do Programa de Integração Social – PIS e do Programa de Assistência ao Servidor Público – PASEP;

XXIV – valores correspondentes a transporte, alimentação e habitação fornecidos pelo empregador ao empregado contratado para trabalhar em localidade distante de sua residência, em canteiro de obras ou local que, por força da atividade, exija deslocamento e estada, observadas as normas de proteção estabelecidas pelo MTE;

XXV – importância paga ao empregado a título de complementação ao valor do auxílio-doença, desde que este direito seja extensivo à totalidade dos empregados da empresa;

XXVI – parcelas destinadas à assistência ao empregado da agroindústria canavieira, de que trata o art. 36 da Lei 4.870, de 1º de dezembro de 1965;

XXVII – valor das contribuições efetivamente pagas pelo empregador a título de previdência privada;

XXVIII – valor relativo a assistência médica, hospitalar e odontológica, prestada diretamente pelo empregador ou mediante seguro-saúde;

XXIX – valor correspondente a vestuários, equipamentos e outros acessórios fornecidos ao empregado e utilizados no local de trabalho para prestação dos serviços;

XXX – ressarcimento de despesas pelo uso de veículo do empregado, quando devidamente comprovadas;

XXXI – valor relativo à concessão de educação, em estabelecimento de ensino do empregador ou de terceiros, compreendendo valores relativos a matrícula, mensalidade, anuidade, livros e material didático;

XXXII – valores recebidos em decorrência da cessão de direitos autorais;

XXXIII – auxílio-creche pago em conformidade com a legislação trabalhista, para ressarcimento de despesas devidamente comprovadas com crianças de até 6 (seis) anos de idade;

XXXIV – auxílio-babá, limitado ao salário-mínimo, pago em conformidade com a legislação trabalhista e condicionado a comprovação do registro na Carteira de Trabalho e Previdência Social – CTPS, para ressarcimento de despesas de remuneração e contribuição previdenciária de empregado que cuide de crianças de até 6 (seis) anos de idade; e

XXXV – valor das contribuições efetivamente pagas pelo empregador a título de prêmio de seguro de vida e de acidentes pessoais.

13.4. Saque do FGTS

Nos termos do art. 20 da Lei 8.036/1990, permite-se a movimentação da conta do FGTS, nas seguintes hipóteses:

I – despedida sem justa causa, inclusive a indireta, de culpa recíproca e de força maior;

II – extinção total da empresa, fechamento de quaisquer de seus estabelecimentos, filiais ou agências, supressão de parte de suas atividades, declaração de nulidade do contrato de trabalho nas condições do art. 19-A, ou ainda falecimento do empregador individual sempre que qualquer dessas ocorrências implique rescisão de contrato de trabalho, comprovada por declaração escrita da empresa, suprida, quando for o caso, por decisão judicial transitada em julgado;

Nessas situações entende a doutrina que a retirada a que o obreiro pode efetuar corresponde aos depósitos efetuados no último contrato de trabalho.

III – aposentadoria concedida pela Previdência Social;

IV – falecimento do trabalhador, sendo o saldo pago a seus dependentes, para esse fim habilitados perante a Previdência Social, segundo o critério adotado para a concessão de pensões por morte. Na falta de dependentes, farão jus ao recebimento do saldo da conta vinculada os seus sucessores previstos na lei civil, indicados em alvará judicial, expedido a requerimento do interessado, independente de inventário ou arrolamento;

V – pagamento de parte das prestações decorrentes de financiamento habitacional concedido no âmbito do Sistema Financeiro da Habitação (SFH), desde que:

a) o mutuário conte com o mínimo de 3 (três) anos de trabalho sob o regime do FGTS, na mesma empresa ou em empresas diferentes;

b) o valor bloqueado seja utilizado, no mínimo, durante o prazo de 12 (doze) meses;

c) o valor do abatimento atinja, no máximo, 80 (oitenta) por cento do montante da prestação;

VI – liquidação ou amortização extraordinária do saldo devedor de financiamento imobiliário, observadas as condições estabelecidas pelo Conselho Curador, dentre elas a de que o financiamento seja concedido no âmbito do SFH e haja interstício mínimo de 2 (dois) anos para cada movimentação;

VII – pagamento total ou parcial do preço de aquisição de moradia própria, ou lote urbanizado de interesse social não construído, observadas as seguintes condições:

a) o mutuário deverá contar com o mínimo de 3 (três) anos de trabalho sob o regime do FGTS, na mesma empresa ou empresas diferentes;

b) seja a operação financiável nas condições vigentes para o SFH;

Vale dizer que, nos termos do § 3º do art. 20 da Lei, o direito de adquirir moradia com recursos do FGTS, pelo trabalhador, só poderá ser exercido para um único imóvel.

> VIII – quando o trabalhador permanecer três anos ininterruptos, a partir de 1º de junho de 1990, fora do regime do FGTS, podendo o saque, neste caso, ser efetuado a partir do mês de aniversário do titular da conta.
>
> IX – extinção normal do contrato a termo, inclusive o dos trabalhadores temporários regidos pela Lei 6.019, de 3 de janeiro de 1974;
>
> X – suspensão total do trabalho avulso por período igual ou superior a 90 (noventa) dias, comprovada por declaração do sindicato representativo da categoria profissional.
>
> XI – quando o trabalhador ou qualquer de seus dependentes for acometido de neoplasia maligna.
>
> XII – aplicação em quotas de Fundos Mútuos de Privatização, regidos pela Lei 6.385 de 7 de dezembro de 1976, permitida a utilização máxima de 50 % (cinquenta por cento) do saldo existente e disponível em sua conta vinculada do Fundo de Garantia do Tempo de Serviço, na data em que exercer a opção.
>
> XIII – quando o trabalhador ou qualquer de seus dependentes for portador do vírus HIV;
>
> IV – quando o trabalhador ou qualquer de seus dependentes estiver em estágio terminal, em razão de doença grave, nos termos do regulamento;
>
> XV – quando o trabalhador tiver idade igual ou superior a setenta anos.
>
> XVI – necessidade pessoal, cuja urgência e gravidade decorra de desastre natural, conforme disposto em regulamento, observadas as seguintes condições:
>
> a) o trabalhador deverá ser residente em áreas comprovadamente atingidas de Município ou do Distrito Federal em situação de emergência ou em estado de calamidade pública, formalmente reconhecidos pelo Governo Federal;
>
> b) a solicitação de movimentação da conta vinculada será admitida até 90 (noventa) dias após a publicação do ato de reconhecimento, pelo Governo Federal, da situação de emergência ou de estado de calamidade pública; e
>
> c) o valor máximo do saque da conta vinculada será definido na forma do regulamento.
>
> XVII – integralização de cotas do FI-FGTS, respeitado o disposto na alínea i do inciso XIII do art. 5º desta Lei, permitida a utilização máxima de 30% (trinta por cento) do saldo existente e disponível na data em que exercer a opção.

Importante ressaltar que a mudança do regime celetista para o estatutário não possibilita o levantamento do FGTS, pois não há rescisão do vínculo, tampouco determinação da lei nesse sentido.

> **SÚMULA 382 TST – MUDANÇA DE REGIME CELETISTA PARA ESTATUTÁRIO. EXTINÇÃO DO CONTRATO. PRESCRIÇÃO BIENAL**
>
> A transferência do regime jurídico de celetista para estatutário implica extinção do contrato de trabalho, fluindo o prazo da prescrição bienal a partir da mudança de regime.

Assim, ainda que a mudança do regime celetista para o estatutário implique na extinção do contrato de trabalho, não significa dizer que é permitida a movimentação da conta do FGTS, pois a lei não autoriza a movimentação nessa hipótese.

13.5. Prescrição do FGTS

Apesar de existir grande controvérsia doutrinária quanto ao prazo prescricional do FGTS, tendo em vista sua própria natureza jurídica, o entendimento que prevalece está previsto na Súmula 362 do TST, que assim dispõe:

> **SÚMULA 362 TST – FGTS. PRESCRIÇÃO**
>
> É trintenária a prescrição do direito de reclamar contra o não recolhimento da contribuição para o FGTS, observado o prazo de 2 (dois) anos após o término do contrato de trabalho.

Nesse mesmo sentido é a Súmula 210 do STJ:

> A ação de cobrança das contribuições para o FGTS prescreve em 30 (trinta) anos.

O fundamento para o prazo diferenciado de prescrição está na própria Lei 8.036/1990 que em seu art. 23, § 5º, dispõe:

> § 5º O processo de fiscalização, de autuação e de imposição de multas reger-se-á pelo disposto no Título VII da CLT, respeitado o privilégio do FGTS à prescrição trintenária.

Adota-se, portanto, a prescrição trintenária. Todavia, para se efetivar a cobrança de direitos relacionados ao FGTS, deverá ser observado o prazo de prescrição bienal, contados da extinção do contrato de trabalho. Assim, após a extinção do contrato de trabalho, o obreiro interessado terá o prazo prescricional de 2 (dois) anos para ingressar com a competente reclamação, podendo pleitear os 30 anos anteriores à propositura da ação.

A súmula em debate aplica-se somente ao FGTS postulado de forma principal, ou seja, sobre parcelas remuneratórias pagas ao longo do pacto laboral.

Nessa linha, importante destacar a Súmula 206 do TST, que assim dispõe:

> SÚMULA 206 TST – FGTS. INCIDÊNCIA SOBRE PARCELAS PRESCRITAS
>
> A prescrição da pretensão relativa às parcelas remuneratórias alcança o respectivo recolhimento da contribuição para o FGTS.

O entendimento disposto na súmula é no sentido de que se determinada parcela remuneratória já estiver prescrita, estará prescrito, também, o direito de pleitear o FGTS referente a essa parcela.

Parte II
Direito Coletivo do Trabalho

1. Aspectos gerais e princípios

1.1. Conceito

É o ramo do direito do trabalho capaz de regular a organização sindical, a negociação coletiva bem como os instrumentos normativos decorrentes dessa negociação, a representação dos trabalhadores na empresa e, ainda, o direito de greve. Nas lições de Mauricio Godinho Delgado (em **Curso de Direito do Trabalho**, 8ª ed., São Paulo, LTr, 2009, pág. 1179/1180) o direito coletivo do trabalho pode ser conceituado como o "complexo de institutos, princípios e regras jurídicas que regulam as relações laborais de empregados e empregadores e outros grupos jurídicos normativamente especificados, considerada sua ação coletiva, realizado autonomamente ou através das respectivas entidades sindicais".

1.2. Natureza jurídica

A autonomia do direito coletivo do trabalho é tema polêmico.

Pequena parte da doutrina sustenta que esse ramo do direito possui autonomia científica. Para essa corrente de pensamento esse ramo do direito possui sujeito, objeto e relação jurídica diversos do direito individual do trabalho.

Para essa doutrina, o sujeito do direito coletivo do trabalho é a categoria, enquanto no direito individual o sujeito é o trabalhador; o objeto do direito coletivo consiste na satisfação do direito do trabalhador, não como pessoa, mas sim como integrante da categoria, ao passo que no direito individual o objeto é a satisfação do trabalhador como pessoa individual; e, por último, a relação jurídica do direito individual cria relação de cunho contratual, no direito coletivo a relação jurídica estabelece condições com mais vantagens do que aquelas incorporadas ao contrato de trabalho.

Contudo, o entendimento que prevalece afirma que o direito coletivo do trabalho não possui autonomia, haja vista a identidade legislativa, na medida em que o corpo normativo do direito coletivo é o mesmo do restante do direito do trabalho; existência de identidade doutrinária; presença de identidade jurisdicional, na medida em que é o judiciário trabalhista que cuida das relações coletivas, não existindo um ramo próprio, entre outros aspectos.

1.3. Evolução histórica

Como visto, no capítulo 1 de direito individual do trabalho, no século XVIII, com a Revolução Industrial na Inglaterra, as máquinas foram ganhando mais espaço nas fábricas, tomando, assim, o lugar de muitos operários.

Nesse momento, surgiram duas classes sociais: o capitalista, que é o proprietário dos meios de produção; e o proletário, proprietário apenas de sua força de trabalho, que recebia salários cada vez mais baixos, trabalhando em uma jornada que chegava a até 16 horas.

A par dessa situação, os proletariados perceberam a necessidade de se associarem para, juntos, buscarem melhores condições de trabalho, surgindo com isso os primeiros sindicatos.

A organização dos operários inicialmente era definida como crime, resultando em penas severas, inclusive a morte. Posteriormente, as reuniões e associações passaram a ser toleradas, sendo, finalmente, um direito garantido por lei.

O sindicalismo nasceu na Inglaterra em 1720, onde os trabalhadores se organizaram em associações para reivindicar melhores salários e condições de trabalho.

Na França, apenas em 1884 foi reconhecida a liberdade de associação. Já na Alemanha somente a partir de 1919 a Constituição daquele país passou a reconhecer a liberdade de organização sindical. Foi a primeira constituição de um país a garantir este direito.

Já em 1948, a Declaração Universal dos Direitos Humanos trouxe em seu conteúdo a garantia da livre participação sindical. No mesmo ano, a Organização Internacional do Trabalho (OIT) estabeleceu, através da Convenção 87, linhas gerais sobre o direito de livre sindicalização. No entanto, é importante destacar que esta Convenção Internacional ainda não foi ratificada pelo Brasil, apesar da participação brasileira em sua elaboração.

Desta forma, o direito coletivo do trabalho está enraizado no próprio direito do trabalho.

1.4. Princípios

1.4.1. Princípio da liberdade associativa e sindical

Por meio desse princípio se postula a prerrogativa do obreiro em associar-se e, consequentemente, sindicalizar-se.

A liberdade associativa visa a proteger qualquer reunião estável e pacífica, seja qual for seu segmento social ou temas causadores dessa reunião.

A liberdade sindical, por sua vez, abrange a liberdade de criação dos sindicatos e sua extinção. Abrange, também, a livre vinculação a um sindicato bem como a livre desfiliação de seus quadros.

A Constituição Federal trata sobre o assunto no art. 5º, XX, que ensina: "ninguém poderá ser compelido a associar-se ou a permanecer associado."

A liberdade sindical encontra-se regulada na Convenção 87 da Organização Internacional do Trabalho – OIT de 1948, norma internacional não ratificada pelo Brasil.

1.4.2. Princípio da autonomia sindical

Para Mauricio Godinho Delgado (em **Curso de Direito do Trabalho**, 8ª ed., São Paulo, LTr, 2009, pág. 1204), o "princípio sustenta a garantia de autogestão às organizações associativas e sindicato dos trabalhadores, sem interferências empresariais ou do Estado. Trata-se ele, portanto, da livre estruturação interna do sindicato, sua livre atuação externa, sua sustentação econômico-financeira e sua desvinculação de controles administrativos estatais ou em face do empregador."

O sindicato possui, então, livre estruturação interna, detém autonomia funcional e não há controles administrativos estatais, tampouco por parte dos empresários.

A CF/1988 eliminou o controle político-administrativo do Estado sobre a estrutura dos sindicatos, seja com relação à sua criação, seja quanto à sua gestão, nos termos do seu art. 8º, I.

A Constituição Federal foi além, aumentando as prerrogativas da atuação dos sindicatos em questões judiciais e administrativas, em conformidade com o art. 8º, III, em que "ao sindicato cabe a defesa dos direitos e interesses coletivos ou individuais da categoria, inclusive em questões judiciais ou administrativas"; nas negociações coletivas (art. 8º, VI) onde "é obrigatória a participação dos sindicatos nas negociações coletivas de trabalho" e art. 7º, XXVI, que estabelece o "reconhecimento das convenções e acordos coletivos de trabalho"; e com relação ao direito de greve, previsto no art. 9º da CF, segundo o qual "é assegurado o direito de greve, competindo aos trabalhadores decidir sobre a oportunidade de exercê-lo e sobre os interesses que devam por meio dele defender".

1.4.3. Princípio da adequação setorial negociada

Refere-se aos limites que as normas decorrentes de negociação coletiva devem observar.

Por esse princípio, as normas autônomas construídas para incidirem sobre certo "grupo profissional" podem prevalecer sobre as normas imperativas estatais existentes. Em outras palavras, os instrumentos coletivos podem estabelecer condições mais benéficas aos trabalhadores em conformidade com o princípio da norma mais favorável contido no art. 7º, *caput*, da CF.

1.4.4. Princípio da criatividade jurídica da negociação coletiva

Traz a ideia de que a negociação coletiva e seus instrumentos (contrato coletivo, acordo coletivo, convenção coletiva) podem criar normas jurídicas, desde que não contrariem a norma estatal.

1.4.5. Princípio da lealdade e transparência na negociação coletiva

Objetiva a lealdade e o livre acesso a informações, ou seja, lisura e transparência na conduta negocial. Em outras palavras, deve ser inferida na simples ideia de lealdade e boa-fé.

2. Organização sindical

2.1. Evolução do sindicalismo no Brasil

Após a abolição da escravatura e a proclamação da República, imigrantes da Europa que possuíam uma experiência de trabalho assalariado, já com direitos trabalhistas, chegaram ao Brasil e encontraram uma sociedade atrasada com relação aos direitos e, ainda, com práticas escravocratas. Esses trabalhadores, então, começaram a se organizar, formando o que viriam a ser os sindicatos.

O movimento sindical mais forte ocorreu em São Paulo, onde os imigrantes que integravam a massa de trabalhadores das fábricas e indústrias desencadearam uma onda de revolta, que foi contida por uma violenta repressão policial. No Rio de Janeiro, porém, o movimento estava calcado em causas mais imediatas como a melhoria de salários e a diminuição do horário de trabalho.

A expressão "sindicato" passou a ser utilizada a partir de 1903, com o Decreto Legislativo 979 e, posteriormente, com o Decreto Legislativo 1637 de 1907, nasceu, no Brasil, a primeira fase do Sindicalismo.

Em 1930, o Governo Federal cria o Ministério do Trabalho e em 1931, por meio de decreto, que regulamentou a sindicalização das classes patronais e operárias, criaram-se, então, as Juntas de Conciliação e Julgamento. Com a promulgação da Constituição de 1988, nascem a liberdade e unicidade sindical.

As organizações sindicais passaram a ter caráter paraestatal, sendo instituído o imposto sindical, e nesse momento histórico a greve ficou proibida. Somente em 1955 o movimento sindical brasileiro voltou a se expandir.

A Constituição Federal de 1988 disciplinou a organização sindical da forma mais democrática nos artigos 8º a 11, desvinculando-a do Estado. Nasceram, assim, a autonomia coletiva privada e a liberdade sindical.

2.2. Sistema sindical

A Constituição Federal brasileira, em seu art. 8º, *caput*, consagra o princípio da liberdade sindical, alicerce da organização sindical no Brasil.

O sistema sindical brasileiro adota o princípio da "unicidade sindical", consagrada no art. 8º, II, da CF, que ensina ser livre a associação profissional ou sindical, sendo, porém, vedada a criação de mais de uma organização sindical, em qualquer grau, representativa de categoria profissional ou econômica, na mesma base territorial, que será definida pelos trabalhadores ou empregadores interessados, não podendo ser inferior à área de um município.

Institui que cabe ao sindicato a defesa dos direitos e interesses coletivos ou individuais da categoria, inclusive em questões judiciais ou administrativas.

A Assembleia Geral fixará a contribuição que, em se tratando de categoria profissional, será descontada em folha para custeio do sistema confederativo da representação sindical respectiva, independentemente da contribuição prevista em lei.

Na legislação infraconstitucional, a organização é disciplinada nos arts. 511 a 610 da CLT.

O art. 511 consolidado ensina ser lícita a associação para fins de estudo, defesa e coordenação dos seus interesses econômicos ou profissionais de todos os que, como empregadores, empregados, agentes ou trabalhadores autônomos ou profissionais liberais exerçam, respectivamente, a mesma atividade ou profissão ou atividades ou profissões similares ou conexas. Essa associação mencionada no referido dispositivo legal é o que chamamos de sindicato, como se vê pela redação do art. 512 da CLT.

2.2.1. Classificação das categorias

O sistema sindical é organizado em categorias e deve ser entendido, nas lições de Gustavo Felipe Barbosa Garcia (em **Curso de Direito do Trabalho**, 2ª ed., São Paulo, Método, 2008, pág. 1068), como "o conjunto de pessoas com interesses profissionais ou econômicos em comum, decorrentes de identidade de condições ligadas ao trabalho ou atividade econômica desempenhada."

Categoria econômica consiste na solidariedade de interesses econômicos daqueles que explorem atividades idênticas, similares ou conexas. É, portanto, a categoria dos empregadores. Já categoria profissional é aquela que possui semelhança de condições de vida oriunda da profissão ou trabalho em comum, em situação de emprego na mesma atividade econômica ou em atividades econômicas similares ou conexas; em outras palavras, é a categoria dos empregados.

Existe, também, a chamada categoria profissional diferenciada, que deve ser entendida como aquela formada pelos empregados que exerçam profissões ou funções diferenciadas por força de estatuto profissional especial ou em consequência de condições de vida singulares.

Sobre as categorias profissionais diferenciadas é importante lembrar os ensinamentos contidos na Orientação Jurisprudencial 36 da SDC do TST:

> ORIENTAÇÃO JURISPRUDENCIAL 36 DA SDC DO TST – EMPREGADOS DE EMPRESA DE PROCESSAMENTO DE DADOS. RECONHECIMENTO COMO CATEGORIA DIFERENCIADA. IMPOSSIBILIDADE.
>
> É por lei e não por decisão judicial, que as categorias diferenciadas são reconhecidas como tais. De outra parte, no que tange aos profissionais da informática, o trabalho que desempenham sofre alterações, de acordo com a atividade econômica exercida pelo empregador.

2.3. Entidades sindicais

São três as entidades sindicais, a saber: sindicatos, federações e confederações.

2.3.1. Sindicatos

São entidades associativas que representam os grupos coletivos, tanto laborais, quanto patronais. Nas lições de Alice Monteiro de Barros (em **Curso de Direito do Trabalho**, 3ª ed., São Paulo, LTr, 2007, pág. 1207), sindicato é definido como uma "forma de associação profissional devidamente reconhecida pelo Estado como representante legal da categoria."

Cabe ao sindicato defender os direitos e interesses coletivos ou individuais da categoria, inclusive em questões judiciais ou administrativas. Também são prerrogativas dos sindicatos: celebrar contratos coletivos de trabalho; colaborar com o Estado, como órgãos técnicos e consultivos, no estudo e solução dos problemas que se relacionam com a respectiva categoria ou profissão liberal; e, ainda, impor contribuições a todos aqueles que participam das categorias econômicas ou profissionais ou das profissões liberais representadas.

2.3.1.1. Natureza jurídica

O sindicato é uma pessoa jurídica de direito privado e possui formato de associação.

Este entendimento, inclusive confirmado na III Jornada de Direito Civil realizado pelo Conselho da Justiça Federal, levou à edição do Enunciado 142 ("Os partidos políticos, os sindicatos e as associações religiosas possuem natureza associativa, aplicando-se lhes o Código Civil") e do Enunciado 144 ("A relação das pessoas jurídicas de direito privado, constante do art. 44, incs. I a V, do Código Civil, não é exaustiva").

Vale ressaltar que no atual sistema sindical não é permitida a interferência do Estado, em função do princípio da liberdade sindical.

2.3.1.2. Personalidade jurídica

O sindicato adquire sua personalidade jurídica com o registro no Ministério do Trabalho e Emprego, em conformidade com a Súmula 677 do STF, que assim dispõe: "Até que lei venha a dispor a respeito, incumbe ao Ministério do Trabalho proceder ao registro das entidades sindicais e zelar pela observância do princípio da unicidade."

Porém, é necessário, também, que o sindicato proceda ao registro no cartório de registro civil das pessoas jurídicas, em conformidade com o Código Civil pátrio.

Desta forma, a partir da vigência da CF/1988, as entidades sindicais tornam-se pessoas jurídicas, desde sua inscrição e registro no Cartório de Registro Civil das Pessoas Jurídicas, não conferindo personalidade jurídica, ou qualquer consequência jurídica, o simples arquivamento de seus atos constitutivos no Ministério do Trabalho e Emprego.

Porém, a comprovação da legitimidade *ad processum* da entidade sindical se faz por seu registro no órgão competente do Ministério do Trabalho, mesmo após a promulgação da Constituição Federal de 1988. É o que dispõe a Orientação Jurisprudencial 15 da SDC do TST.

2.3.1.3. Estrutura dos sindicatos

Os sindicatos são compostos por três órgãos, a saber:

2.3.1.3.1. Assembleia geral

É o órgão competente para eleger, dentre os associados, o representante da categoria.

É a assembleia geral que toma e aprova as contas e julga os atos da diretoria quanto a penalidades impostas aos associados.

À assembleia geral compete, também, deliberar sobre os dissídios do trabalho e eleger os diretores e membros do conselho fiscal.

2.3.1.3.2. Diretoria

Órgão composto de, no mínimo, três e, no máximo, sete membros, dentre os quais será eleito o presidente do sindicato pela assembleia geral.

2.3.1.3.3. Conselho fiscal

O conselho fiscal é o órgão competente para supervisionar a gestão financeira do sindicato, composto por três membros, eleitos pela assembleia geral.

2.3.2. Federações

São entidades de grau superior organizadas nos Estados, formadas por número não inferior a cinco sindicatos, representando a maioria absoluta de um grupo de atividades ou profissões idênticas, similares ou conexas, em conformidade com o art. 534 da CLT.

São como órgãos internos das federações:

2.3.2.1. Diretoria

A diretoria é formada por, no mínimo, três diretores, não havendo limite máximo de membros.

2.3.2.2. Conselho de representantes

Órgão composto pelas delegações dos sindicatos ou federações filiadas, constituída cada uma por dois membros, com mandato de três anos.

2.3.2.3. Conselho fiscal

Órgão composto por três membros com competência para fiscalizar a gestão financeira das federações.

2.3.3. Confederações

As confederações são entidades sindicais de grau superior de âmbito nacional, formadas, nos termos do art. 535 da CLT, por no mínimo três federações, tendo sua sede em Brasília.

Nos termos do art. 538 da CLT a administração das federações e confederações é realizada pela: a) Diretoria composta por, no mínimo, três membros; b) Conselho de Representantes e c) Conselho Fiscal.

2.3.4. Estabilidade sindical

A CF/1988, em seu art. 8º, VIII, bem como o art. 543, § 3º, da CLT, ensinam que é vedada a dispensa sem justa causa do empregado sindicalizado a partir do registro de sua candidatura a cargo de direção ou representação sindical e, se eleito, ainda que suplente, até um ano após o mandato, salvo se cometer falta grave.

A falta grave necessitará ser apurada mediante a instauração de inquérito judicial para apuração de falta grave, nos termos do art. 853 e seguintes da CLT.

Nesse sentido é a Súmula 379 do TST: "O dirigente sindical somente poderá ser dispensado por falta grave mediante a apuração em inquérito judicial, inteligência dos arts. 494 e 543, § 3º, da CLT."

Para que o empregado adquira a estabilidade é indispensável que a entidade sindical comunique o empregador, na forma do § 5º do art. 543 da CLT, por escrito, no prazo de 24 (vinte e quatro) horas, o dia e a hora do registro da candidatura do seu empregado e, em igual prazo, sua eleição e posse.

Vale dizer que o registro da candidatura a cargo de dirigente sindical durante o período de aviso-prévio, ainda que indenizado, não lhe assegura a estabilidade, em conformidade com a Súmula 369, V, do TST.

O art. 522 da CLT estabelece que a administração do sindicato será exercida por uma diretoria constituída no máximo de sete e no mínimo de três membros e de um conselho fiscal composto de três membros, eleitos esses órgãos pela assembleia geral.

Desta forma, os 7 (sete) dirigentes sindicais, bem como seus suplentes, farão jus à estabilidade prevista no citado dispositivo. Nesse sentido o TST firmou entendimento cristalizado na Súmula 369, item II, de acordo com a redação dada pela Resolução 174/2011 do mesmo tribunal.

No entanto, a estabilidade em questão não será assegurada aos membros do conselho fiscal, na medida em que exercem fiscalização financeira do sindicato, não exercendo função de representação da categoria.

Com relação ao empregado de categoria diferenciada, apenas desfrutará da estabilidade caso exerça na empresa atividade pertinente à categoria profissional do sindicato para o qual foi eleito dirigente.

Por último, importa ressaltar que, havendo extinção da atividade empresarial no âmbito da base territorial do sindicato, não há razão para subsistir a estabilidade.

2.3.5. Centrais sindicais

Devem ser entendidas como entidades associativas de direito privado compostas por organizações sindicais de trabalhadores. São entidades de representação geral dos trabalhadores, constituídas em âmbito nacional e possuem natureza jurídica de direito privado, sendo associações civis.

Nas lições de Gustavo Felipe Barbosa Garcia (em **Curso de Direito do Trabalho**, 2ª ed., São Paulo, Método, 2008, pág. 1104), "são órgãos de cúpula, intercategoriais, de âmbito nacional, coordenando os demais órgãos, sem integrar o sistema sindical confederativo regulado na Constituição Federal."

As centrais sindicais têm como atribuições coordenar a representação dos trabalhadores por meio das organizações sindicais a elas filiadas e também participar de negociações em fóruns, colegiados de órgãos públicos e demais espaços de diálogo social que possuam composição tripartite, nos quais estejam em discussão assuntos de interesse geral dos trabalhadores.

Detalhe importante no que diz respeito às centrais sindicais é que mesmo com a edição da Lei 11.648 de 2008, que reconheceu formalmente as centrais sindicais, elas não fazem parte do sistema sindical brasileiro.

As centrais sindicais não integram o sistema confederativo previsto na Constituição Federal, tampouco na CLT, que se baseia na unicidade de representação em todos os níveis.

São consideradas associações civis, legalmente constituídas, nos termos do que estabelece o art. 5º, incisos XVII e XXI, da CF.

Na condição de associações civis que são, as centrais sindicais não têm legitimidade jurídica para "decretar greves, celebrar convenções ou acordos coletivos de trabalho, instituir juízo arbitral ou representar categoria de trabalhadores em dissídio coletivo da competência da Justiça do Trabalho", nas lições de Arnaldo Süssekind (em **Direito Constitucional do Trabalho**, 2ª ed. ampliada e atualizada, Rio de Janeiro/São Paulo, Renovar, 2001, pág.389).

É importante ressaltar, desta forma, que, não sendo as Centrais Sindicais uma associação de natureza sindical, mas sim de natureza civil, não faz jus seu dirigente à estabilidade sindical prevista no art. 8º, VIII, da CF.

2.4. Modelos sindicais

2.4.1. Unicidade sindical

Modelo baseado em reconhecer um único sindicato como representante de cada grupo profissional.

Consagrado na CF/1988 em seu art. 8º, II, significa dizer que não pode haver criação de mais de uma organização sindical, em qualquer grau, de uma mesma categoria profissional ou econômica na mesma base territorial, que deve ser, no mínimo, igual ao território de um Município.

2.4.2. Unidade sindical

Não se confunde unidade sindical com a já estudada unicidade sindical.

De acordo com essa modalidade, um único sindicato representa a categoria. Essa determinação não decorre de lei, mas sim de decisão tomada pelos próprios interessados.

Por não ser imposta por lei, é plenamente compatível com o princípio da liberdade sindical, sendo compatível, também, com a Convenção 87 da Organização Internacional do Trabalho – OIT.

2.4.3. Pluralismo sindical

Modelo de organização por meio do qual os próprios trabalhadores escolhem a forma de representação de modo flexível e através de uma escolha política.

Nesse modelo, não adotado pelo Brasil, existe mais de um ente sindical representando a mesma categoria, na mesma base territorial.

Está em perfeita harmonia com o princípio da liberdade sindical, na medida em que autoriza os interessados a se unirem e organizarem entes sindicais, independentemente da existência de outro sindicato.

2.5. Sistema de custeio

O custeio dos sindicatos é formado por quatro sistemas, denominados: contribuição legal, contribuição assistencial, contribuição confederativa e contribuição voluntária.

2.5.1. Contribuição sindical

De natureza compulsória, a contribuição sindical possui natureza jurídica de imposto, ou seja, seu pagamento é obrigatório por todo trabalhador.

Disciplinada nos arts. 578 a 610 da CLT, é devida por todos os membros de uma categoria econômica ou profissional, independentemente de filiação.

De acordo com o art. 580 consolidado, a contribuição sindical corresponde, para os empregados, à remuneração de um dia de trabalho; para os agentes ou trabalhadores autônomos e para os profissionais liberais, numa importância correspondente a 30% do maior valor de referência fixado pelo Poder Executivo vigente à época em que é devida a contribuição sindical. Já a patronal corresponde a uma importância proporcional ao capital social da empresa, mediante a aplicação de alíquotas baseada em uma tabela progressiva.

2.5.2. Contribuição confederativa

Objetiva custear o sistema confederativo como um todo, ou seja, tanto a categoria profissional como a categoria econômica e encontra-se prevista no inciso IV do art. 8º da Constituição Federal: "a assembleia geral fixará a contribuição que, em se tratando de categoria profissional, será descontada em folha, para custeio do sistema confederativo da representação sindical respectiva, independentemente da contribuição prevista em lei".

Essa contribuição é devida somente aos associados, posição firmada pelo STF por meio da Súmula 666 que ensina: "a contribuição confederativa de que trata o art. 8º, IV, da Constituição, só é exigível dos filiados ao sindicato respectivo".

Nessa mesma linha, a Seção de Dissídios Coletivos do TST editou a Orientação Jurisprudencial 17, que dispõe:

> ORIENTAÇÃO JURISPRUDENCIAL 17 DA SDC – CONTRIBUIÇÕES PARA ENTIDADES SINDICAIS. INCONSTITUCIONALIDADE DE SUA EXTENSÃO A NÃO ASSOCIADOS.
>
> As cláusulas coletivas que estabeleçam contribuição em favor de entidade sindical, a qualquer título, obrigando trabalhadores não sindicalizados, são ofensivas ao direito de livre associação e sindicalização, constitucionalmente assegurado, e, portanto, nulas, sendo passíveis de devolução, por via própria, os respectivos valores eventualmente descontados.

2.5.3. Contribuição assistencial

Prevista no art. 513, alínea *e*, da CLT, consiste em uma contribuição dada em favor do sindicato, em razão dos custos decorrentes da negociação coletiva. Na maioria das vezes essa contribuição é fixada em negociação coletiva.

Como a contribuição é confederativa, ela somente pode ser cobrada dos associados, posição adotada pelo TST no Precedente Normativo 119.

> Precedente Normativo 119
>
> "Contribuições Sindicais – Inobservância de preceitos Constitucionais. A Constituição da República, em seus arts. 5º, XX e 8º, V, assegura o direito de livre associação e sindicalização. É ofensiva a essa modalidade de liberdade cláusula constante de acordo, convenção coletiva ou sentença normativa estabelecendo contribuição em favor de entidade sindical a título de taxa para custeio do sistema confederativo, assistencial, revigoramento ou fortalecimento sindical e outras da mesma espécie, obrigando trabalhadores não sindicalizados. Sendo nulas as estipulações que inobservem tal restrição, tornam-se passíveis de devolução os valores irregularmente descontados."

2.5.4. Contribuição voluntária

A contribuição voluntária também é chamada de "mensalidade sindical". Ela está prevista no estatuto da entidade sindical, sendo devida somente pelos filiados do sindicato.

2.6. Substituição processual dos sindicatos

A norma contida no inciso III do art. 8º da CF confere aos sindicatos legitimidade ativa e passiva para representar os trabalhadores integrantes da categoria profissional em processos judiciais e administrativos.

O citado dispositivo constitucional assegura a substituição processual geral e irrestrita aos sindicatos e não mera representação processual.

Tratada no art. 12 do CPC, podemos dizer que na representação o representante age em nome do representado, ou seja, atua em nome alheio, na defesa de um interesse alheio.

Vale dizer que o representante não é parte do processo, a parte no processo é o representado.

Na substituição processual, a lei autoriza que alguém vá em juízo defender em nome próprio interesses alheios. Nesta, o substituto processual age em nome próprio, ou seja, é a parte no processo, porém atua na defesa de interesses dos substituídos.

A substituição pelo sindicato abrange todos os membros da categoria, indistintamente, sejam eles filiados ou não ao respectivo sindicato.

A substituição não é ilimitada, sendo aplicável apenas nas hipóteses em que a lei expressamente autorizar.

Desse modo, e nos termos da legislação em vigor, os sindicatos têm legitimidade para representar seus integrantes, como substituto processual, nas seguintes questões:

a) ação de cumprimento de sentença normativa ou de acordo homologado em processo de dissídio coletivo, nos termos do art. 872, parágrafo único, da CLT;

b) procedimento administrativo para aferição de insalubridade ou periculosidade em estabelecimento ou local de trabalho, conforme art. 195, § 1º, da CLT;

c) ação de cobrança dos adicionais de insalubridade ou periculosidade, nos moldes do art. 195, § 2°, da CLT. Nesse sentido é a Orientação Jurisprudencial 121 da SDI 1 do TST, que dispõe: "O sindicato tem legitimidade para atuar na qualidade de substituto processual para pleitear diferença de adicional de insalubridade."

Ademais, poderá ser substituto processual em:

d) ação objetivando a efetivação dos depósitos relativos ao FGTS (art. 25, da Lei 8.036/1990).

Além dessas prerrogativas processuais, há de se frisar que somente o sindicato possui legitimidade para participar das negociações que objetivam a celebração de acordo ou convenção coletiva de trabalho, afastando assim a possibilidade de participação de qualquer outro ente em tais negociações.

No entanto, nos termos da Orientação Jurisprudencial 19 da SDC do TST, para a instauração de instância contra empresas sua legitimidade está condicionada à prévia autorização dos trabalhadores da suscitada diretamente envolvidos no conflito.

Vale lembrar que, para ser reconhecida como tal, a entidade sindical deve proceder ao registro no cartório de registro civil das pessoas jurídicas e, ainda, no Ministério do Trabalho. Nessa linha a Seção de Dissídios Coletivos do TST decidiu:

ORIENTAÇÃO JURISPRUDENCIAL 15 DA SDC DO TST – SINDICATO. LEGITIMIDADE "AD PROCESSUM". IMPRESCINDIBILIDADE DO REGISTRO NO MINISTÉRIO DO TRABALHO.

A comprovação da legitimidade "ad processum" da entidade sindical se faz por seu registro no órgão competente do Ministério do Trabalho, mesmo após a promulgação da Constituição Federal de 1988.

Por último, importante ressaltar que, ocorrendo substituição processual pelo sindicato, serão devidos honorários do advogado, nos termos da Súmula 219, item III, do TST. O raciocínio utilizado pelo Tribunal Superior segue a linha das causas em que o sindicato presta assistência judiciária gratuita ao empregado, nos termos do art. 14 da Lei 5.584/1970.

Dispõe a Súmula 219, item III, do TST:

SÚMULA 219 TST – HONORÁRIOS ADVOCATÍCIOS. HIPÓTESE DE CABIMENTO

(...)

III – São devidos os honorários advocatícios nas causas em que o ente sindical figure como substituto processual e nas lides que não derivem da relação de emprego.

3. Conflitos coletivos de trabalho

3.1. Conceito

São conflitos nos quais estão em disputa interesses abstratos de uma categoria ou grupo. Em outras palavras, quando o interesse de determinada categoria profissional se opõe à resistência da categoria econômica, surgem os conflitos coletivos de trabalho.

Os dissídios coletivos objetivam atender interesses abstratos de sujeitos indetermináveis que pertençam ou venham a pertencer a alguma categoria.

O traço marcante do dissídio coletivo é a indeterminação de sujeitos que pertencem ou pertencerão a alguma categoria, cujos interesses abstratos estão em conflito.

Os conflitos coletivos de trabalho não podem ser confundidos com os dissídios individuais plúrimos.

Isso porque, nos dissídios plúrimos, os trabalhadores figuram no polo ativo da demanda em litisconsórcio, defendendo interesses concretos de cada um deles.

3.1.1. Competência

Nos dissídios coletivos, a competência é originária dos Tribunais, ou seja, esses conflitos se iniciam em um Tribunal Regional do Trabalho – TRT ou no Tribunal Superior do Trabalho – TST e nunca nas varas do trabalho, como ocorre nos dissídios individuais, inclusive nos plúrimos.

A competência será dos Tribunais Regionais do Trabalho, nos termos do art. 678 da CLT: ao Pleno, quando divididos em Turmas, ou, onde houver, à Seção Especializada em dissídios coletivos, quando a base territorial do sindicato limitar-se a um Estado; ou a competência será do Tribunal Superior do Trabalho, caso a base territorial do sindicato exceda a jurisdição dos Tribunais Regionais do Trabalho, ou seja, caso abranja mais de um Estado, em conformidade com o art. 702, I, alínea "b", da CLT.

3.1.2. Processamento

Havendo convenção, acordo ou sentença normativa em vigor, o dissídio coletivo deverá ser instaurado dentro dos 60 dias anteriores ao respectivo termo final para que o novo instrumento possa ter vigência no dia imediato a esse termo.

Em dissídios coletivos não há contestação nem, tampouco, há que se falar em revelia, tendo em vista não haver pedido, mas sim propostas de criação de novas normas.

Recebida e protocolada a petição do dissídio, o Presidente do Tribunal designará a audiência de conciliação, dentro do prazo de 10 dias, determinando a notificação dos dissidentes.

Na audiência marcada, comparecendo ambas as partes, o Presidente do Tribunal as convidará para se pronunciarem sobre as bases da conciliação. Caso não sejam aceitas as bases propostas, o Presidente submeterá aos interessados a solução que lhe pareça capaz de resolver o dissídio.

Havendo acordo, o Presidente o submeterá à homologação do Tribunal na primeira sessão.

Não havendo acordo, ou não comparecendo ambas as partes ou uma delas, o Presidente submeterá o processo a julgamento, depois de realizadas as diligências que entender necessárias.

3.2. Classificação

Os conflitos coletivos de trabalho podem ser classificados em: conflitos coletivos de natureza econômica e conflitos coletivos de natureza jurídica.

3.2.1. Conflitos coletivos de natureza econômica

Para a instituição de normas e condições de trabalho, como, por exemplo, reajustes salariais, jornadas de trabalho, dentre outras, voltadas à observância nos contratos individuais de trabalho.

3.2.2. Conflitos coletivos de natureza jurídica

Objetivam interpretar disposição normativa específica da categoria. Têm por finalidade tornar possível a aplicação de norma já existente através da interpretação. Portanto, possui natureza declaratória e não constitutiva.

A interpretação não pode se operar sobre fato genérico, mas sim sobre fato concreto, a teor da Orientação Jurisprudencial 7 da SDC do TST que assim dispõe: "Dissídio Coletivo. Natureza jurídica. Interpretação de norma de caráter genérico. Inviabilidade. Não se presta o dissídio coletivo de natureza jurídica à interpretação de normas de caráter genérico, a teor do disposto no art. 313, II, do RITST."

Assim, vale dizer que, nos termos da Orientação Jurisprudencial 9 da SDC do TST, "o dissídio coletivo não é meio próprio para o sindicato vir a obter o reconhecimento de que a categoria que representa é diferenciada, pois esta matéria – enquadramento sindical – envolve a interpretação de norma genérica, notadamente do art. 577 da CLT".

O atual art. 114 da CF, com a redação dada pela Emenda Constitucional 45/2004, estabelece que no dissídio de natureza jurídica a tentativa de negociação coletiva não é condição da ação ou pressuposto processual para a instauração do dissídio.

Podem os dissídios coletivos ainda ser classificados como:

3.2.3. Originário

Será aplicado quando inexistentes ou em vigor normas e condições especiais de trabalho, decretadas em sentença normativa.

3.2.4. De revisão

São dissídios destinados a reavaliar normas e condições coletivas de trabalho preexistentes que se tornaram injustas ou ineficazes pela modificação das circunstâncias que as ditaram.

3.2.5. De declaração

Os dissídios de declaração são realizados em razão da paralisação do trabalho decorrente de greve.

Importa ressaltar que o acordo judicial homologado no processo de dissídio coletivo, abrangendo a totalidade ou parte das pretensões, tem força de decisão irrecorrível para as partes.

3.3. Formas de Solução

Os conflitos coletivos podem se resolver de diversos modos.

3.3.1. Autodefesa

Nessa modalidade, as próprias partes procedem à defesa de seus interesses, como, por exemplo, a greve e o *lockout*.

A greve, que será estudada no item 4, adiante, é um direito de todo trabalhador consagrado no art. 9º da CF e regulado pela Lei 7.783/1989.

Já o *lockout* é proibido no Brasil, nos termos do art. 17 da Lei 7.783/1989, que dispõe: "Fica vedada a paralisação das atividades, por iniciativa do empregador, com o objetivo de frustrar negociação ou dificultar o atendimento de reivindicações dos respectivos empregados (*lockout*)."

3.3.2. Autocomposição

Por essa modalidade a solução do conflito é realizada pelas próprias partes, sem a interferência de qualquer agente externo.

Em outras palavras, é um procedimento em que os próprios interessados resolvem suas controvérsias, como, por exemplo, a convenção coletiva e os acordos coletivos de trabalho.

A autocomposição se subdivide em:

3.3.2.1. Unilateral

Ocorre na hipótese de renúncia de parte da pretensão ou pelo reconhecimento da pretensão da parte adversa.

3.3.2.2. Bilateral

Nesse caso ocorrem concessões recíprocas, com natureza de transação.

3.3.3. Heterocomposição

A solução do conflito se dá pela interferência de um terceiro estranho à lide, geralmente um órgão do Estado, independente de aceitação das partes integrantes da controvérsia.

A heterocomposição pode ocorrer de dois modos, a saber:

3.3.3.1. Arbitragem

Prevista na Constituição Federal no art. 114, §§ 1º e 2º, na Lei 7.783/1989 em seu art. 3º, *caput*, na Lei 10.101/2000 no art. 4º, inciso II, e regulada pela Lei 9.307/1996, consiste em uma forma alternativa de resolver conflitos por meio da qual as partes estabelecem no contrato que, em vez de procurar o Poder Judiciário, irão utilizar o juízo arbitral para a solução da controvérsia.

Nessa linha, o art. 114, § 1º, da CF estabelece que, frustrada a negociação coletiva, poderão as partes eleger árbitro.

A convenção de arbitragem pode ser pactuada por compromisso arbitral ou por cláusula compromissória, sendo que o árbitro é um terceiro escolhido pelas próprias partes, que poderão determinar o procedimento a ser adotado, bem como o prazo para a conclusão da arbitragem.

Uma vez submetido à arbitragem, o processo torna-se sigiloso, característica que apenas pode ser quebrada pelas partes.

A convenção de arbitragem não viola o livre acesso ao Poder Judiciário (art. 5º, XXXV, da CF), na medida em que a escolha fica a cargo das próprias partes.

O procedimento arbitral apenas poderá ser realizado para causas que tratarem sobre direitos patrimoniais disponíveis, razão pela qual não é admitida em dissídios individuais trabalhistas, sendo admitida, somente, em se tratando de dissídio coletivo de trabalho.

3.3.3.2. Jurisdição

Etimologicamente, a palavra "jurisdição" provém do termo latim *iurisdictio*, o qual significa "dizer o direito".

Nessa modalidade, para a solução do conflito, constata-se a interferência de um agente externo, o Estado. O órgão do Estado que faz a intermediação para o conflito de interesses é o Juiz do Trabalho, sendo possível, em se tratando de dissídios coletivos de natureza econômica, a incidência do poder normativo da Justiça do Trabalho, que será estudado em seguida

Nessa linha, estabelece o art. 114, § 2º, da CF:

> Art. 114. (...)
>
> § 2º Recusando-se qualquer das partes à negociação coletiva ou à arbitragem, é facultado às mesmas, de comum acordo, ajuizar dissídio coletivo de natureza econômica, podendo a Justiça do Trabalho decidir o conflito, respeitadas as disposições mínimas legais de proteção ao trabalho, bem como as convencionadas anteriormente.

Em primeiro lugar, é importante ressaltar que a exigência do dispositivo em comento se dá apenas para o dissídio coletivo de natureza econômica, não sendo requisito para o ajuizamento do dissídio coletivo de natureza jurídica.

Pois bem. Conforme a redação do art. 114, § 2º, da CF, o dissídio coletivo de natureza econômica somente poderá ser ajuizado uma vez que não for obtida a solução do conflito pela negociação coletiva ou se as partes se recusarem a realizar a arbitragem.

Desse modo, é uma condição da ação específica do dissídio coletivo a recusa à negociação prévia ou à arbitragem, sem as quais não existirá interesse processual para o ajuizamento do dissídio.

O dispositivo em questão traz, ainda, como exigência o "comum acordo". Exige-se, portanto, o consenso entre as partes envolvidas no conflito para a instauração do dissídio.

Por último, importante destacar que nos termos da OJ 22 da SDC do TST, "é necessária a correspondência entre as atividades exercidas pelos setores profissional e econômico, a fim de legitimar os envolvidos no conflito a ser solucionado pela via do dissídio coletivo."

3.3.3.2.1. Poder normativo da Justiça do Trabalho

O poder normativo consiste na competência legal dos Tribunais trabalhistas de criarem novas normas jurídicas nas decisões que proferem em dissídios coletivos. Nas lições de Renato Saraiva (em **Curso de Direito Processual do Trabalho**, 4ª ed., São Paulo, Método, 2007, pág. 823), o poder normativo da Justiça do Trabalho

> consiste na competência constitucionalmente assegurada aos Tribunais laborais de solucionar os conflitos coletivos de trabalho, estabelecendo, por meio da denominada sentença normativa, normas gerais e abstratas de conduta, de observância obrigatória para as categorias profissionais e econômicas abrangidas pela decisão, repercutindo nas relações individuais de trabalho.

No julgamento dos dissídios coletivos, os tribunais resolvem o conflito com regras aplicáveis às relações de trabalho em geral das entidades envolvidas mediante o uso de normas

legais já existentes, como ocorre nos dissídios coletivos de revisão, ou da criação de novas normas, como no dissídio coletivo de natureza econômica. Portanto, quando os Tribunais decidem sobre as disputas coletivas de trabalho estão autorizados, por lei, a exercer função tipicamente legislativa. Contudo, esse poder não é ilimitado.

Tem como limite as normas mínimas de proteção do trabalho já existentes, ou seja, o poder normativo encontra limites na própria lei, somente podendo atuar no vazio deixado pela norma, não sendo lícito, entretanto, sobrepor-se ou contrariar a legislação em vigor.

Desta maneira, as normas contidas na legislação trabalhista e aquelas normas já convencionadas e em vigor deverão ser observadas, não podendo o poder normativo afrontar tais disposições de forma a prejudicar os trabalhadores.

3.3.4. Sentença normativa

A decisão proferida pelos Tribunais Regionais do Trabalho ou pelo Tribunal Superior do Trabalho no julgamento dos dissídios coletivos leva o nome de sentença normativa.

Tem esse nome porque possui cláusulas normativas que estabelecem benefícios individuais para os trabalhadores, como, por exemplo, reajuste de salário, entre outros.

As sentenças normativas, além de possuírem cláusulas normativas, podem também estabelecer cláusulas obrigacionais estipulando direitos e deveres recíprocos, como, por exemplo, um adicional maior do que aquele estabelecido por lei.

Insta ressaltar que, em se tratando de dissídio coletivo de natureza econômica, a sentença normativa terá natureza constitutiva, ao passo que se o dissídio for de natureza jurídica a sentença possuirá natureza declaratória.

3.3.4.1. Vigência

O início da vigência da sentença normativa pode ocorrer em 3 momentos:

a) a partir da data de sua publicação na imprensa oficial, quando ajuizado após o prazo de 60 dias estabelecido no art. 616, § 3º, da CLT;

b) a partir do dia do termo final da vigência do acordo coletivo, convenção coletiva ou sentença normativa, quando ajuizado dentro desse mesmo prazo de 60 dias;

c) a partir da data do ajuizamento, caso não haja acordo coletivo, convenção coletiva ou sentença normativa em vigor.

O prazo máximo para a vigência da sentença normativa é de 4 anos, a teor do art. 868, parágrafo único, da CLT e não pode ser confundido com o prazo máximo de 2 anos para a vigência do acordo ou convenção coletiva.

3.3.5. Ação de cumprimento

A sentença normativa, quando não cumprida, não deve ser executada como acontece com as decisões proferidas em dissídio individual, isso porque não possui natureza condenatória, como vimos.

Esta decisão submete-se ao que chamamos de ação de cumprimento, como ensina o art. 872 da CLT:

> Art. 872. Celebrado o acordo, ou transitada em julgado a decisão, seguir-se-á o seu cumprimento, sob as penas estabelecidas neste Título.
>
> Parágrafo único. Quando os empregadores deixarem de satisfazer o pagamento de salários, na conformidade da decisão proferida, poderão os empregados ou seus sindicatos, independentes de outorga de poderes de seus associados, juntando certidão de tal decisão, apresentar reclamação à Junta ou Juízo competente, observado o processo previsto no Capítulo II deste Título, sendo vedado, porém, questionar sobre a matéria de fato e de direito já apreciada na decisão.

A ação de cumprimento é uma ação de conhecimento de cunho condenatório, proposta pelo sindicato, como substituto processual, ou pelos próprios trabalhadores perante a vara do trabalho, em conformidade com o art. 651 da CLT, sendo vedado, porém, questionar sobre a matéria de fato e de direito já apreciada na decisão.

É importante lembrar que o prazo prescricional para seu ajuizamento é de 2 anos (art. 7º, XXIX, da CF/1988) e, embora seja dispensável o trânsito em julgado da sentença normativa para a propositura da ação de cumprimento, o prazo prescricional será contado a partir de seu trânsito em julgado, em conformidade com a Súmula 350 do TST: "Prescrição. Termo inicial. Ação de Cumprimento. Sentença Normativa – O prazo de prescrição com relação à ação de cumprimento de decisão normativa flui apenas da data de seu trânsito em julgado."

3.4. Negociação coletiva

Nas lições de Alice Monteiro de Barros (em **Curso de Direito do Trabalho**, 3ª ed., São Paulo, LTr, 2007, pág. 1224), a negociação coletiva consiste em "uma modalidade de autocomposição de conflitos advinda do entendimento entre os interlocutores sociais." Em outras palavras, é uma modalidade de autocomposição de conflitos assim como a conciliação.

Nessa linha, para a instituição de convenções e acordos coletivos é exercida a autonomia coletiva dos particulares, através do poder normativo, o que possibilita a solução dos conflitos coletivos pelas próprias partes envolvidas.

A prática de negociação coletiva gera a contratação coletiva de trabalho e os interessados fixam normas que regulam as suas relações jurídicas.

A contratação coletiva de trabalho ou o contrato coletivo de trabalho são formados pelas convenções coletivas de trabalho e acordos coletivos de trabalho, em conformidade com o art. 7º, XXVI, da CF/1988.

3.4.1. Convenção coletiva

Disciplinada no art. 611, *caput*, da CLT, "é o acordo de caráter normativo, pelo qual dois ou mais Sindicatos representativos de categorias econômicas e profissionais estipulam condições de trabalho, aplicáveis no âmbito das respectivas representações, às relações individuais de trabalho". Em outras palavras, é o acordo de caráter normativo, entre um ou mais sindicatos de empregados e de empregadores, de modo a definir as condições de trabalho que serão observadas em relação a todos os trabalhadores dessas empresas.

3.4.2. Acordo coletivo

Encontra-se previsto no art. 611, § 1º, da CLT, que leciona:

> É facultado aos Sindicatos representativos de categorias profissionais celebrar Acordos Coletivos com uma ou mais empresas da correspondente categoria econômica, que estipulem condições de trabalho, aplicáveis no âmbito da empresa ou das acordantes respectivas relações de trabalho.

É, portanto, o pacto entre uma ou mais empresas com o sindicato da categoria profissional, em que são estabelecidas condições de trabalho aplicáveis às empresas envolvidas.

Desta forma, a principal diferença entre convenção coletiva de trabalho e acordo coletivo de trabalho reside no fato de que na primeira temos a presença de ambos os sindicatos, ou seja, sindicatos dos empregados (categoria profissional) e dos sindicatos dos empregadores (categoria econômica), ao passo que no segundo temos de um lado o sindicato dos trabalhadores e de outro lado a empresa, sem estar representada pelo sindicato.

Assim sendo, é obrigatória a presença dos sindicatos dos trabalhadores nas negociações coletivas para se pactuar acordo coletivo.

Cabe lembrar a regra contida no art. 617, § 1º, da CLT que cuida da hipótese do sindicato da categoria profissional que, no prazo de 8 dias, não avoca a direção dos entendimentos entre os interessados para a concretização do acordo coletivo de trabalho.

Nessa hipótese, poderão os interessados dar conhecimento do fato à Federação a que estiver vinculado o sindicato e, na sua ausência, deverão comunicar à Confederação, para que no mesmo prazo assuma a direção dos entendimentos.

Se, ainda assim, nenhuma entidade assumir o encargo ou se ultrapassado esse prazo, poderão os interessados prosseguir diretamente na negociação coletiva até o final.

3.4.3. Cláusulas

As cláusulas contidas nos acordos e convenções coletivas de trabalho podem ser classificadas como:

3.4.3.1. Cláusulas obrigacionais

São aquelas que estabelecem direitos e obrigações a serem cumpridas pelas partes pactuantes, como, por exemplo, uma cláusula que prevê o pagamento de uma multa pelo descumprimento do acordo ou da convenção coletiva.

3.4.3.2. Cláusulas normativas

São aquelas que estabelecem condições de trabalho capazes de refletir nos contratos individuais da categoria envolvida, como, por exemplo, uma cláusula que confira um aumento salarial para aquela determinada categoria profissional.

3.4.4. Condições de validade e vigência

O art. 613 da CLT traz um rol com as matérias que devem constar obrigatoriamente nas convenções e acordos coletivos, vejamos:

> Art. 613. As Convenções e os Acordos deverão conter obrigatoriamente:
>
> I – Designação dos Sindicatos convenentes ou dos Sindicatos e empresas acordantes;
>
> II – Prazo de vigência;
>
> III – Categorias ou classes de trabalhadores abrangidas pelos respectivos dispositivos;
>
> IV – Condições ajustadas para reger as relações individuais de trabalho durante sua vigência;
>
> V – Normas para a conciliação das divergências sugeridas entre os convenentes por motivos da aplicação de seus dispositivos;
>
> VI – Disposições sobre o processo de sua prorrogação e de revisão total ou parcial de seus dispositivos;
>
> VII – Direitos e deveres dos empregados e empresas;
>
> VIII – Penalidades para os Sindicatos convenentes, os empregados e as empresas em caso de violação de seus dispositivos.

É importante destacar que o parágrafo único do mencionado dispositivo legal estabelece que as convenções e os acordos coletivos de trabalho serão celebrados por escrito, sem emendas nem rasuras, em tantas vias quantos forem os Sindicatos convenentes ou as empresas acordantes, além de outra destinada a registro.

Nos termos do art. 614, § 3º, da CLT, a convenção coletiva e o acordo coletivo terão prazo máximo de validade de dois anos e, nos termos do art. 614, § 1º, da CLT, as convenções e os acordos entrarão em vigor 3 (três) dias após a data da entrega destes no órgão referido neste artigo.

É importante ressaltar, ainda, o recente entendimento do Colendo Tribunal Superior do Trabalho consubstanciado na Súmula 277, que assim dispõe:

> SÚMULA 277 TST – CONVENÇÃO COLETIVA DE TRABALHO OU ACORDO COLETIVO DE TRABALHO. EFICÁCIA. ULTRATIVIDADE.
>
> As cláusulas normativas dos acordos coletivos ou convenções coletivas integram os contratos individuais de trabalho e somente poderão ser modificadas ou suprimidas mediante negociação coletiva de trabalho.

Para que seja válida, a norma coletiva terá que ser precedida de Assembleia Geral convocada para esse fim, de acordo com as determinações de seus respectivos Estatutos. Em primeira convocação, deverão comparecer e votar 2/3 (dois terços) dos associados da entidade, em se tratando de convenção. Em se tratando de acordo, 2/3 (dois terços) dos interessados. Na segunda convocação, deverá comparecer 1/3 (um terço) dos membros.

O *quorum* de comparecimento e votação será de 1/8 (um oitavo) dos associados em segunda convocação nas entidades sindicais que tenham mais de 5.000 associados.

3.4.5. Negociação coletiva na administração pública

Em regra, o servidor público tem direito a sindicalização, mas não pode negociar por acordo ou convenção coletiva de trabalho, em razão do princípio da legalidade que norteia a Administração Pública direta e indireta de qualquer dos Poderes da União, dos Estados, do Distrito Federal e dos Municípios, em conformidade com o art. 37 da CF.

Contudo, para as empresas públicas e sociedades de economia mista, há a possibilidade da utilização de acordos e convenções coletivas, na medida em que estas entidades seguem o regime das empresas privadas.

No entanto, em se tratando de pessoa jurídica de Direito Público que mantenha em seus quadros empregados, será admitido o ajuizamento de dissídio coletivo unicamente para apreciação de cláusulas de natureza social, cuja repercussão econômica independa de prévia dotação orçamentária. Portanto, não será possível dissídio para análise das cláusulas que contenham reivindicações referentes ao rol de vedações constantes no art. 169 da CF.

Dessa forma, o TST conferiu nova redação à Orientação Jurisprudencial 5 da SDC:

> DISSÍDIO COLETIVO. PESSOA JURÍDICA DE DIREITO PÚBLICO. POSSIBILIDADE JURÍDICA. CLÁUSULA DE NATUREZA SOCIAL.
>
> Em face de pessoa jurídica de direito público que mantenha empregados, cabe dissídio coletivo exclusivamente para apreciação de cláusulas de natureza social. Inteligência da Convenção nº 151 da Organização Internacional do Trabalho, ratificada pelo Decreto Legislativo nº 206/2010.

4. Greve

4.1. Conceito

Greve consiste na suspensão coletiva temporária, total ou parcial, da prestação pessoal de serviços a empregador.

A palavra tem origem no termo francês *grève*, utilizado com o mesmo sentido, oriundo da *Place de Grève*, em Paris, na margem do Rio Sena, local utilizado antigamente como palco de reuniões de desempregados e operários insatisfeitos com as condições de trabalho da época.

A greve é um direito fundamental assegurado a todo trabalhador, disciplinado pelo artigo 9º da Constituição Federal, que assim dispõe:

> Art. 9º. É assegurado o direito de greve, competindo aos trabalhadores decidir sobre a oportunidade de exercê-lo e sobre os interesses que devam por meio dele defender.

§ 1º A lei definirá os serviços ou atividades essenciais e disporá sobre o atendimento das necessidades inadiáveis da comunidade.

§ 2º Os abusos cometidos sujeitam os responsáveis às penas da lei.

O direito de greve dos trabalhadores do setor privado é regulamentado pela Lei nº 7.783/1989.

Para ser considerada greve, a suspensão do trabalho deve ser realizada pelo grupo de empregados de forma coletiva e nunca de forma individual. A suspensão deve, ainda, ser temporária e não de forma definitiva, caso em que poderia ser configurado abandono de emprego.

É importante ressaltar, outrossim, que essa paralisação não poderá ser violenta, ou seja, é vedada a violência a pessoas e bens.

4.1.1. Natureza jurídica

Funda-se no princípio da liberdade de trabalho. Possui natureza jurídica de um direito ou uma liberdade; quanto aos seus efeitos sobre o contrato de trabalho, a greve é considerada, como regra, suspensão do contrato de trabalho. Porém, nada obsta que no instrumento de negociação seja considerada como forma de interrupção do contrato de trabalho, mas jamais será uma forma de extinção do contrato.

4.2. As greves no Brasil

Quanto à evolução legislativa do direito de greve, destaca-se o Código Penal de 1890 que proibia a greve.

As Constituições de 1891 e 1934 não dispunham sobre o direito de greve. Já a Constituição de 1937 considerava a greve como recurso antissocial e nocivo ao trabalho.

Em 1946, a Constituição muda a orientação da norma anterior e reconhece o direito de greve; entre 1967 e 1969 é concedido o direito de greve aos trabalhadores, com exceção dos serviços públicos e atividades essenciais.

Por fim, a Constituição Federal de 1988 assegura o direito de greve, devendo os trabalhadores decidir sobre os interesses que irão defender e a oportunidade de fazê-lo.

As greves foram proibidas no Brasil no período militar (1964-1985), chamados Anos de Chumbo. Ainda assim, nesse período, houve paralisações famosas como a ocorrida em Contagem, Estado de Minas Gerais, e em Osasco, região de São Paulo, em 1968, bem como as greves ocorridas na região do ABC de São Paulo, no final da década de 1970.

4.3. Classificação

Pode ser classificada como:

4.3.1. Quanto à licitude

a) lícita: quando atendidas as determinações legais;

b) ilícitas: quando não são atendidas as determinações impostas pela lei.

4.3.2. Quanto aos limites

a) abusiva: quando são cometidos abusos, excedendo as determinações legais. Nos termos do art. 14 da Lei 7.783/1989 (Lei de Greve), "constitui abuso do direito de greve a inobservância das normas contidas na presente Lei, bem como a manutenção da paralisação após a celebração de acordo, convenção ou decisão da Justiça do Trabalho";

b) não abusivas: aquela exercida dentro das previsões legais, sem excessos.

4.3.3. Quanto à extensão

a) global: aquela que alcança todos os empregados da categoria profissional;

b) parcial: envolve apenas algumas empresas da categoria ou setores da empresa.

É importante lembrar que a chamada "greve de zelo", popularmente conhecida como "operação tartaruga", não pode ser considerada greve na acepção jurídica do termo, na medida em que não há paralisação dos serviços.

4.4. Legitimidade

Por se tratar de um direito de natureza coletiva, a legitimação para iniciação da greve é do sindicato dos trabalhadores.

Na ausência do sindicato, a legitimidade será da federação e na ausência desta última a legitimidade será da confederação. Persistindo a ausência, é admitida comissão de negociação pelos próprios trabalhadores. Essa comissão representará os interesses dos trabalhadores nas negociações ou na própria Justiça do Trabalho.

O titular desse direito, porém, é o trabalhador. Recai nele o ônus de decidir sobre a oportunidade de exercer tal direito. Aliás, são os trabalhadores que decidem sobre a conveniência e sobre os interesses a serem defendidos no processo de greve.

4.5. Limitações

O direito à greve não constitui um direito absoluto, podendo sofrer limitações. Essas limitações ao seu exercício devem ser observadas e consistem em disposições constitucionais que visam a garantir a segurança e a ordem pública, bem como a defender interesses da coletividade

Nessa linha, o direito de greve, como direito constitucional que é, necessita conviver com outros direitos e garantias constitucionais, como o direito à vida, liberdade, segurança e propriedade, assegurados no art. 5º, *caput*, da CF.

É importante lembrar que pela determinação contida no art. 142, § 3º, IV, da CF aos militares são proibidas a sindicalização e a greve.

4.6. Processamento

A primeira fase pode ser tida como preparatória. Para a deflagração da greve é obrigatória prévia tentativa de negociação, tendo em vista que a lei somente autoriza o início da paralisação quando frustrada a autocomposição. Nesse sentido, o TST entendeu na Orientação Jurisprudencial 11 da SDC que "é abusiva a greve levada a efeito sem que as partes hajam tentado, direta e pacificamente, solucionar o conflito que lhe constitui o objeto".

Não havendo êxito na negociação coletiva é facultado às partes solucionar o conflito por meio da arbitragem.

Ultrapassadas essas fases, a Assembleia Geral será convocada a fim de se definir as reivindicações a serem feitas pela categoria.

A última etapa consiste no aviso-prévio de greve, não sendo lícita a greve surpresa, na medida em que o empregador tem o direito de saber, de forma antecipada, sobre a futura paralisação.

Nesse sentido, o art. 3º, parágrafo único, da Lei 7.783/1989 estabelece que para a deflagração da greve em serviços ou atividades em geral, ou não essenciais, as entidades sindicais ou os trabalhadores são obrigados a comunicar a decisão à população com antecedência mínima de 48 (quarenta e oito) horas.

Já para a greve em serviços ou atividades essenciais, as entidades sindicais de empregadores ou os empregadores ficam obrigados, conforme o caso, a comunicar à população com antecedência mínima de 72 (setenta e duas) horas a operacionalização dos serviços mínimos.

4.6.1. Definição de serviços e atividades essenciais

São considerados serviços e atividades essenciais:

a) tratamento e abastecimento de água, produção e distribuição de energia elétrica, gás e combustíveis;

b) assistência médica e hospitalar;

c) distribuição e comercialização de medicamentos e alimentos;

d) funerários;

e) transporte coletivo;

f) captação e tratamento de esgoto e lixo;

g) telecomunicações;

h) guarda, uso e controle de substâncias radioativas, equipamentos e materiais nucleares;

i) processamento de dados ligados a serviços essenciais;

j) controle de tráfego aéreo;

k) compensação bancária.

É importante ressaltar que, nos serviços ou atividades essenciais, os sindicatos, os empregadores e os trabalhadores ficarão obrigados, de comum acordo, a garantir, durante a greve, a prestação dos serviços indispensáveis ao atendimento das necessidades inadiáveis da comunidade.

Necessidades inadiáveis da comunidade são aquelas que, uma vez não atendidas, colocarão em perigo iminente a sobrevivência, a saúde ou a segurança da população.

Caso não seja observada a citada regra, caberá ao Poder Público assegurar a prestação dos serviços indispensáveis.

Nesse sentido decidiu o Colendo Tribunal Superior do Trabalho através da orientação jurisprudencial 38 da SDC: "É abusiva a greve que se realiza em setores que a lei define como sendo essenciais à comunidade, se não é assegurado o atendimento básico das necessidades inadiáveis dos usuários do serviço, na forma prevista na Lei 7.783/1989."

4.7. Efeitos no contrato de trabalho

De acordo com o art. 7º da Lei 7.783/1989, temos que, observadas as condições previstas na lei, a participação em greve suspende o contrato de trabalho, devendo as relações obrigacionais, durante o período, ser regidas pelo acordo, convenção, laudo arbitral ou decisão da Justiça do Trabalho.

Durante a greve é vedada a rescisão de contrato de trabalho, bem como a contratação de trabalhadores para substituição daqueles que aderiram à greve.

No entanto, o empregador poderá, quando não houver acordo e enquanto perdurar a greve, contratar diretamente os serviços necessários para assegurar a realização daqueles cuja paralisação resulte em prejuízo irreparável, pela deterioração irreversível de bens, máquinas e equipamentos, bem como a manutenção daqueles essenciais à retomada das atividades da empresa quando da cessação do movimento grevista, ou ainda, em caso de abuso do direito de greve.

Sobre o tema é importante trazer a disposição da Orientação Jurisprudencial 10 da SDC do TST:

> ORIENTAÇÃO JURISPRUDENCIAL 10 DA SDC DO TST – GREVE ABUSIVA NÃO GERA EFEITOS.
>
> É incompatível com a declaração de abusividade de movimento grevista o estabelecimento de quaisquer vantagens ou garantias a seus partícipes, que assumiram os riscos inerentes à utilização do instrumento de pressão máximo.

4.8. Direitos e deveres dos grevistas

Frustrada a negociação ou verificada a impossibilidade de recursos na via arbitral, é facultada a cessação coletiva do trabalho.

A entidade patronal correspondente ou os empregadores diretamente interessados serão notificados, com antecedência mínima de 48 horas ou 72 horas, a depender do caso, acerca da paralisação.

É direito dos grevistas a utilização de meios pacíficos visando a aliciar os demais trabalhadores a aderirem ao movimento grevista. É permitida, também, a arrecadação de fundos e a livre divulgação do movimento. De outro lado, é dever dos grevistas não proibir o acesso ao trabalho daqueles que assim quiserem, por se tratar de um direito facultativo de cada trabalhador. Também não podem causar ameaça ou dano a propriedade ou pessoa.

4.9. Vedações

É vedado às empresas adotar meios para constranger o empregado ao comparecimento ao trabalho durante o período de greve, bem como aqueles capazes de frustrar a divulgação do movimento.

Em nenhuma hipótese os meios adotados por empregados e empregadores poderão violar ou constranger os direitos e garantias fundamentais de outrem.

4.10. Greve no serviço público

Nos serviços públicos, o direito à greve foi regulado no art. 37, VII, da CF.

Quanto à interpretação deste dispositivo, surgem dois posicionamentos: o primeiro sustenta que o dispositivo mencionado é norma de eficácia limitada, tendo em vista que o exercício do direito de greve pelos servidores públicos depende de lei específica e, enquanto essa lei não for editada, a greve não será permitida no serviço público.

Já o segundo entendimento sustenta que a Constituição Federal autoriza a greve dos servidores públicos na medida em que eliminou a proibição contida na Constituição anterior, sendo este dispositivo de eficácia contida.

A questão foi levada ao Supremo Tribunal Federal (STF) e foi julgada por meio de dois Mandados de Injunção (MIs 670 e 712) impetrados pelo Sindicato dos Servidores Policiais Civis do Espírito Santo (Sindipol) e pelo Sindicato dos Trabalhadores do Poder Judiciário do Estado do Pará (Sinjep), que alegavam omissão do Congresso Nacional por não elaborar, no tempo hábil, lei para regulamentar o direito de greve dos servidores públicos.

Os Ministros decidiram que dispositivos da Lei de Greve (Lei 7.783/1989), que regem o exercício de greve dos trabalhadores da iniciativa privada, também valem para as greves do serviço público.

Em outras palavras, enquanto o Congresso Nacional não regulamentar o dispositivo constitucional que garante o direito de greve do funcionalismo público (art. 37, VII, da CF), será aplicada a Lei 7.783/1989, que regulamenta a greve para o setor privado, guardadas as diferenças entre o serviço público e o privado.

Segundo o voto do Ministro Relator, a Lei nº 7.783/1989 "não se presta, sem determinados acréscimos, bem assim algumas reduções do seu texto, a regular o exercício do direito de greve pelos servidores públicos". Veja bem, os artigos 10 e 11 da Lei, que definem os serviços e atividades essenciais, não se aplicariam porque todo o serviço público é atividade essencial. Assim, no serviço público, a greve somente será possível se assegurada a prestação dos serviços indispensáveis.

Desta forma, será considerada lícita greve de servidor público desde que não prejudique os serviços prestados ao público em geral.

4.11. Instauração do dissídio de greve

A Justiça do Trabalho, por iniciativa de qualquer das partes ou do Ministério Público do Trabalho, decidirá sobre a procedência, total ou parcial, ou improcedência das reivindicações, cumprindo ao Tribunal publicar, de imediato, o competente acórdão.

A iniciativa é, portanto, de qualquer das partes envolvidas na negociação.

Por outro lado, o art. 114, § 2º, da CF exige o consenso entre as partes para o ajuizamento do dissídio coletivo.

O dissídio de greve contém algumas peculiaridades em relação ao dissídio coletivo de natureza econômica e por isso não pode com ele ser confundido.

No dissídio de greve notam-se aspectos tanto de cunho declaratório, quando decide sobre abusividade ou não de um movimento grevista, como econômico, ao decidir sobre novas condições de trabalho, com incidência do poder normativo.

Além disso, é no dissídio de greve que são reguladas, nos termos do art. 7º da Lei 7.783/1989, as relações obrigacionais do período. O dissídio de greve, portanto, não pode ser confundido com o dissídio de natureza econômica.

Por essa razão, embora não seja pacífico, entende-se que para a instauração do dissídio de greve não se exige o "comum acordo", ou seja, não há necessidade do consenso entre as partes, vigorando a possibilidade de instauração do dissídio coletivo em caso de greve por iniciativa de qualquer das partes ou do Ministério Público do Trabalho.

Outra interpretação não poderia vingar, até porque comumente quando se tem greve os ânimos se encontram à flor da pele o que dificulta, ou torna quase impossível, o consenso entre as partes.

Assim, em se tratando de dissídio de greve, a instauração é feita pelo Ministério Público do Trabalho, não se exigindo o comum acordo das partes, em conformidade com o art. 114, § 3º, da CF.

A legitimidade do Ministério Público do Trabalho, nesse caso, restringe-se aos casos de greve em atividade essencial e com possibilidade de lesão ao interesse público.

Os dissídios coletivos de greve são de competência originária do Tribunal Regional do Trabalho ou do Tribunal Superior do Trabalho, em conformidade com o art. 2º, I, alínea "a", da Lei 7.701/1988.

Cabe ressaltar que a greve pode originar ações não apenas no campo trabalhista, mas também na esfera cível, como, por exemplo, uma ação de responsabilidade civil aforada por um terceiro que sofreu prejuízos por um ato culposo praticado por um grevista. Essa ação será de competência da Justiça do Trabalho, em conformidade com o art. 114, inciso II, da CF. Porém, deverá ser aforada na vara do trabalho e não nos Tribunais Regionais do Trabalho, que possuem competência originária apenas para dissídios coletivos.

4.12. *Lockout*

É a recusa por parte da entidade patronal em ceder aos trabalhadores os instrumentos de trabalho necessários para a sua atividade.

Nas lições de Gustavo Felipe Barbosa Garcia (em **Curso de Direito do Trabalho**, 2ª ed., São Paulo, Método, 2008, pág. 1068), *lockout* "significa a paralisação das atividades por iniciativa do empregador, com o objetivo de frustrar a negociação ou dificultar o atendimento de reivindicações dos respectivos empregados."

O *lockout* é pratica expressamente proibida na ordem jurídica brasileira no art. 17 da Lei de Greve (Lei 7.783/1989), que assim dispõe: "Fica vedada a paralisação das atividades, por iniciativa do empregador, com o objetivo de frustrar negociação ou dificultar o atendimento de reivindicações dos respectivos empregados (*lockout*)".

A CLT regulamenta a realização do *lockout* em seu artigo 722, estabelecendo penalidades para os empregadores que, individual ou coletivamente, suspenderem os trabalhos dos seus estabelecimentos, sem prévia autorização do Tribunal competente, ou que violarem, ou se recusarem a cumprir decisão proferida em dissídio coletivo.

4.12.1. *Lockin*

É o contrário do *lockout*. Em outras palavras, é o impedimento para que os trabalhadores deixem o espaço físico do trabalho, ou seja, impedimento para que os obreiros saiam do seu local de trabalho. Constitui a uma prática criminosa de privação de liberdade, passível de impetração de *habeas corpus* perante a Justiça do Trabalho.

21. Processo do Trabalho

Hermes Cramacon

1. Características do processo do trabalho

1.1. Conflito trabalhista

A vida em sociedade causa inúmeros conflitos, que podem ser tidos como a falta de entendimento entre duas ou mais partes, choque ou enfrentamento. Esses conflitos são de diversas ordens e, para nosso estudo, interessam os conflitos trabalhistas.

Os conflitos trabalhistas podem surgir tanto na esfera individual como na coletiva. Na esfera individual há o conflito entre empregado e empregador ou prestador e tomador de serviços, chamado de dissídio individual. Já na esfera coletiva há o dissídio coletivo, ação em que os sindicatos defendem os interesses dos grupos ou categorias econômicas visando à criação e interpretação de normas que irão incidir no âmbito destas categorias.

Os dissídios coletivos podem ser:

a) *jurídico ou de interpretação*

Objetivam declarar o alcance de determinado dispositivo legal, convencional ou regulamentar.

b) *econômico*

Objetivam a criação de novos direitos, exercendo a Justiça do Trabalho o chamado "poder normativo".

Vale lembrar que apenas nos dissídios coletivos de natureza econômica é que a Justiça do Trabalho exerce o poder normativo, não existindo tal espaço nos conflitos coletivos jurídicos ou de interpretação.

Os dissídios coletivos de natureza econômica podem ser:

a) originários: quando não há norma coletiva anterior, seja ela acordo, convenção ou sentença normativa;

b) de revisão: objetivam alterar cláusulas já fixadas pelo Poder Judiciário em sentenças normativas;

c) de declaração sobre paralisação do trabalho: decorrente de greve dos trabalhadores.

1.2. Poder normativo

Pode ser entendido como a competência assegurada pela Constituição aos Tribunais do Trabalho para solução dos conflitos coletivos, estabelecendo, através da denominada sentença normativa, normas gerais e abstratas de observância obrigatória para as categorias envolvidas no dissídio, repercutindo nas relações individuais de trabalho.

É importante lembrar que esse poder não é ilimitado, encontrando limite na própria lei.

1.3. Formas de solução dos conflitos

1.3.1. Autotutela

É o meio de solução em que uma das partes, com utilização de força, impõe sua vontade sobre a vontade da outra parte.

No Direito Civil é admitida no caso de legítima defesa da posse (art. 1.210, § 1º, do Código Civil). No Código Penal temos o estado de necessidade e a legítima defesa, institutos previstos nos arts. 24 e 25, respectivamente.

Na esfera trabalhista, como exemplo de autotutela, temos a greve, regulada pela Lei 7.783/1989 e, ainda, o poder de resistência do empregado em relação às alterações lesivas, em conformidade com os arts. 468 e 483 da CLT.

1.3.2. Autocomposição

Modalidade de solução dos conflitos pelas próprias partes interessadas sem a intervenção de um terceiro. São exemplos: a negociação coletiva ou o acordo coletivo.

1.3.3. Heterocomposição

A solução dos conflitos é realizada pelo ingresso de um agente externo, ou seja, um terceiro, que não possui interesse no litígio. Essa decisão será imposta às partes de forma coercitiva, como, por exemplo, toda decisão judicial.

1.3.4. Mediação e conciliação

A mediação é forma de solução do conflito em que o *mediador* se coloca entre as partes, procurando aproximá-las para que cheguem a uma solução consensual do litígio, sem interferir na decisão das partes envolvidas.

Já a conciliação consiste na forma de solução do conflito, com ingresso do *conciliador* que irá aproximar as partes buscando a solução da lide mediante concessões recíprocas, inclusive sugerindo-lhes possibilidades de acordo.

1.4. Princípios

Nas lições de Celso Antonio Bandeira de Mello (em **Curso de Direito Administrativo**. 8. ed. São Paulo: Malheiros, 1996. p. 545), "princípio é o mandamento nuclear de um sistema, verdadeiro alicerce dele, disposição fundamental que se irradia sobre diferentes normas, compondo-lhes o espírito e servindo de critério para sua exata compreensão e inteligência, exatamente por definir a lógica e a racionalidade do sistema normativo no que lhe confere a tônica e lhe dá sentido harmônico."

Os princípios possuem o que a doutrina costuma chamar de "tríplice função", ou seja, função inspiradora para o legislador; função interpretativa; e por último a função integradora da norma, suprindo as omissões e lacunas do ordenamento jurídico.

1.4.1. Princípios específicos do processo do trabalho

O direito processual do trabalho se sujeita aos princípios constitucionais do processo, como, por exemplo: o princípio do devido processo legal, previsto no art. 5º, LIV, e o princípio do contraditório e ampla defesa, previstos no art. 5º, LV, ambos da CF e, ainda, os princípios do direito processual civil.

Alguns princípios, porém, são específicos do direito processual do trabalho, dentre os quais podemos destacar:

1.4.1.1. Princípio protecionista

Não se trata do princípio da proteção estudado no direito material do trabalho, mas sim a prestação analisada sob o ponto de vista processual, evidenciando normas que objetivam proteger o trabalhador assegurando prerrogativas processuais devido à hipossuficiência que possui.

Como exemplos do princípio da proteção, podemos destacar a gratuidade de justiça e a assistência judiciária, que são destinadas apenas aos trabalhadores, e o impulso oficial nas execuções trabalhistas, em conformidade com o art. 878 da CLT, quando o juiz do trabalho *ex officio* impulsionará o processo de execução.

1.4.1.2. Princípio conciliatório

Previsto no art. 764 da CLT de forma explícita, ensina que tanto os dissídios individuais como os dissídios coletivos estão sujeitos à conciliação.

A CLT determina que, obrigatoriamente, sob pena de nulidade, a conciliação seja tentada pelo juiz do trabalho em dois momentos: na audiência, antes da apresentação da resposta pela reclamada (art. 846 consolidado) e após a eventual apresentação de razões finais, conforme art. 850 da CLT.

É importante lembrar que, ao homologar o acordo, o magistrado deve estar atento à observância das normas de proteção ao trabalhador, sendo permitida sua recusa à homologação quando não observadas tais normas protetivas, em conformidade com a Súmula 418 do TST.

Uma vez celebrado o acordo, será lavrado o termo de conciliação, que é considerado título executivo extrajudicial, nos termos do art. 876 da CLT.

Essa decisão transita em julgado imediatamente para as partes, não ensejando, portanto, a interposição de recurso por estas. Porém, a lei admite a interposição de recurso ordinário pelo INSS apenas com relação às contribuições devidas.

A referida homologação apenas poderá ser impugnada pelas partes mediante o ajuizamento de uma ação rescisória, em conformidade com a Súmula 259 do TST.

1.4.1.3. Princípio dispositivo

Previsto no art. 2º do CPC é conhecido, também, como princípio da inércia da jurisdição, e ensina que o juiz somente prestará a tutela jurisdicional quando a parte ou o interessado a requerer.

O processo se inicia com a iniciativa da parte e se desenvolve por impulso oficial, conforme art. 262 do CPC.

1.4.1.4. Princípio da oralidade

Consiste na realização dos atos processuais pelas partes e pelo juiz na audiência, de forma verbal. Como exemplo, podemos citar o art. 847 da CLT, o qual ensina que após a leitura da petição inicial a parte terá prazo de 20 minutos para contestar.

1.4.1.5. Princípio da identidade física do juiz

Este princípio leciona que o juiz que colhe a prova é o juiz que deverá proferir a sentença. Tal princípio não era aplicado na Justiça do Trabalho, pois a jurisdição em primeiro grau era exercida pelas Juntas de Conciliação e Julgamento, as quais eram formadas por um juiz togado e por dois juízes classistas temporários, ficando, portanto, impossibilitada a aplicação desse princípio.

Com o advento da Emenda Constitucional 24/1999, extinguiram-se os juízes classistas e foram criadas as Varas do Trabalho, passando a jurisdição de primeiro grau a ser exercida por juiz do trabalho, monocraticamente, não existindo razão, portanto, para que o princípio não fosse aplicado.

Desse modo, durante anos vigorou o entendimento cristalizado na Súmula 136 do TST que entendia não ser aplicável tal princípio na seara trabalhista, até que em setembro de 2012 o TST cancelou a mencionada súmula, passando a admitir a aplicação do princípio da identidade física do juiz aos processos trabalhistas.

Vale lembrar, no entanto, a disposição da Súmula 222 do STF:

> SÚMULA 222 – STF – O PRINCÍPIO DA IDENTIDADE FÍSICA DO JUIZ NÃO É APLICÁVEL ÀS JUNTAS DE CONCILIAÇÃO E JULGAMENTO DA JUSTIÇA DO TRABALHO.

1.4.1.6. Princípio da irrecorribilidade imediata das decisões interlocutórias

O conceito de decisão interlocutória encontra disposto no art. 162, § 2º, do CPC, como sendo o ato pelo qual o juiz, no curso do processo, resolve questão incidente.

Nos domínios do processo do trabalho, este princípio ensina que, em regra, as decisões interlocutórias não ensejam, de imediato, a interposição de qualquer recurso, permitindo a apreciação do seu merecimento em recurso de decisão definitiva, nos termos do art. 893, § 1º, da CLT.

No entanto, a regra da irrecorribilidade imediata das decisões interlocutórias possui exceções previstas no art. 799, § 2º, da CLT e, também, na Súmula 214 do TST:

> SÚMULA 214 – DECISÃO INTERLOCUTÓRIA. IRRECORRIBILIDADE
>
> Na Justiça do Trabalho, nos termos do art. 893, § 1º, da CLT, as decisões interlocutórias não ensejam recurso imediato, salvo nas hipóteses de decisão:
>
> a) de Tribunal Regional do Trabalho contrária à Súmula ou Orientação Jurisprudencial do Tribunal Superior do Trabalho;
>
> b) suscetível de impugnação mediante recurso para o mesmo Tribunal;
>
> c) que acolhe exceção de incompetência territorial, com a remessa dos autos para Tribunal Regional distinta daquela a que se vincula o juízo excepcionado, consoante ao disposto no art. 799, § 2º, da CLT.

1.4.1.7. Princípio do *jus postulandi* da parte

Previsto no art. 791 da CLT, estabelece que as partes, empregado e empregador, poderão reclamar e acompanhar pessoalmente, perante a Justiça do Trabalho, sem a presença de advogado, suas reclamações trabalhistas do início ao final do processo.

Como o dispositivo em comento não estabelece qualquer limite ao *jus postulandi,* na medida em que o texto é expresso ("perante a Justiça do Trabalho"), parte significativa da doutrina entende que o limite seria a própria Justiça do Trabalho, ou seja, reclamante e reclamado poderiam fazer uso do *jus postulandi* até o Tribunal Superior do Trabalho, inclusive em grau de recurso de revista.

No entanto, uma segunda corrente, que podemos chamar do *jus postulandi* mitigado, ensina que esse princípio possui como limite a segunda instância trabalhista, ou seja, as partes podem fazer uso somente até os Tribunais Regionais do Trabalho, não se admitindo a interposição de recurso de natureza extraordinária.

Por muito tempo prevaleceu a aplicação da primeira corrente até que, em abril de 2010, o Tribunal Superior do Trabalho editou a Súmula 425, pondo fim à problemática e estabelecendo que o *jus postulandi* das partes é limitado às Varas do Trabalho e aos Tribunais Regionais do Trabalho, não alcançando a ação cautelar, ainda que proposta em primeira instância, a ação rescisória, o mandado de segurança, bem como os recursos de competência do Tribunal Superior do Trabalho.

> SÚMULA 425 TST – *JUS POSTULANDI* NA JUSTIÇA DO TRABALHO. ALCANCE.
>
> O *jus postulandi* das partes, estabelecido no art. 791 da CLT, limita-se às Varas do Trabalho e aos Tribunais Regionais do Trabalho, não alcançando a ação rescisória, a ação cautelar, o mandado de segurança e os recursos de competência do Tribunal Superior do Trabalho.

2. Organização da Justiça do Trabalho

2.1. Estrutura do judiciário trabalhista

O judiciário trabalhista possui 3 graus de jurisdição. De acordo com o art. 111 da CF, são órgãos da Justiça do Trabalho:

a) Tribunal Superior do Trabalho;

b) Tribunais Regionais do Trabalho;

c) Juízes do Trabalho.

2.1.1. Tribunal Superior do Trabalho

O Tribunal Superior do Trabalho – TST – é o órgão máximo da Justiça do Trabalho, possui sede em Brasília e tem jurisdição em todo o território nacional.

O TST é composto por 27 (vinte e sete) ministros escolhidos dentre brasileiros com mais de 35 anos de idade e menos de 65 anos, nomeados pelo Presidente da República, após aprovação por maioria absoluta pelo Senado Federal.

Deverá, ainda, ser observado o quinto constitucional em relação aos membros do Ministério Público do Trabalho e da Ordem dos Advogados do Brasil. Assim, um quinto dos membros do TST deverá ser composto por advogados com mais de 10 anos de efetiva atividade profissional, com notório saber jurídico e reputação ilibada e membros do MPT, com mais de 10 anos de efetivo exercício.

Serão indicados em lista sêxtupla pelos órgãos de representação de suas classes. Recebidas as indicações o Tribunal formará uma lista tríplice, que será enviada ao Poder Executivo.

Os demais membros serão juízes de Tribunais Regionais do Trabalho, oriundos da carreira da magistratura, indicada pelo próprio Tribunal Superior do Trabalho.

O TST pode funcionar em sua plenitude ou dividido em Órgão Especial, Seções e Subseções Especializadas e Turmas.

Assim, de acordo com o art. 59 de seu Regimento Interno (Resolução Administrativa 1.295/2008), são órgãos do Tribunal Superior do Trabalho: o Tribunal Pleno, o Órgão Especial, a Seção Especializada em Dissídios Coletivos, a Seção Especializada em Dissídios Individuais, que é dividida em duas subseções, e as Turmas.

É importante lembrar também que são órgãos que funcionam junto ao Tribunal Superior do Trabalho a Escola Nacional de Formação e Aperfeiçoamento de Magistrados do Trabalho – ENAMAT, que dentre outras funções irá regulamentar os concursos oficiais para ingresso e promoção na carreira, e o Conselho Superior da Justiça do Trabalho – CSJT, que irá exercer a supervisão administrativa, orçamentária, financeira e patrimonial da Justiça do Trabalho de 1° e 2° graus.

2.1.2. Tribunais Regionais do Trabalho

Compostos de no mínimo 7 (sete) juízes, que serão recrutados, preferencialmente, na região a que forem vinculados, com idade superior a 30 anos e inferior a 65 anos, sendo nomeados pelo Presidente da República, nos termos do art. 115 CF.

Nos TRTs também deverá ser obedecida a regra do quinto constitucional, ou seja, um quinto dos membros do Tribunal deverá ser formado entre advogados e membros do Ministério Público do Trabalho. Os demais serão juízes do trabalho que serão, de forma alternada, promovidos por antiguidade e merecimento.

Vale lembrar que os Tribunais Regionais do Trabalho instalarão a justiça itinerante, com a realização de audiências e demais funções de atividade jurisdicional, nos limites territoriais da respectiva jurisdição. Além disso, poderão funcionar descentralizadamente, constituindo câmaras regionais a fim de assegurar o pleno acesso do jurisdicionado à justiça em todas as fases do processo.

A competência territorial atribuída aos TRTs é regulada pelo art. 677 da CLT e determinada pela regra indicada no art. 651 e seus parágrafos. No entanto, em se tratando de dissídio coletivo, a competência é determinada pelo local onde o dissídio ocorrer.

Aos Tribunais Regionais, quando divididos em Turmas, compete, como determina o art. 678 consolidado:

> "I – ao Tribunal Pleno, especialmente:
>
> a) processar, conciliar e julgar originariamente os dissídios coletivos;
>
> b) processar e julgar originariamente:
>
> 1) as revisões de sentenças normativas;
>
> 2) a extensão das decisões proferidas em dissídios coletivos;
>
> 3) os mandados de segurança;
>
> 4) as impugnações à investidura de vogais e seus suplentes nas Juntas de Conciliação e Julgamento;
>
> c) processar e julgar em última instância:
>
> 1) os recursos das multas impostas pelas Turmas;
>
> 2) as ações rescisórias das decisões das Juntas de Conciliação e Julgamento, dos juízes de direito investidos na jurisdição trabalhista, das Turmas e de seus próprios acórdãos;
>
> 3) os conflitos de jurisdição entre as suas Turmas, os juízes de direito investidos na jurisdição trabalhista, as Juntas de Conciliação e Julgamento, ou entre aquêles e estas;
>
> d) julgar em única ou última instâncias:
>
> 1) os processos e os recursos de natureza administrativa atinentes aos seus serviços auxiliares e respectivos servidores;

2) as reclamações contra atos administrativos de seu presidente ou de qualquer de seus membros, assim como dos juízes de primeira instância e de seus funcionários.

II – às Turmas:

a) julgar os recursos ordinários previstos no art. 895, alínea a ;

b) julgar os agravos de petição e de instrumento, estes de decisões denegatórias de recursos de sua alçada;

c) impor multas e demais penalidades relativas e atos de sua competência jurisdicional, e julgar os recursos interpostos das decisões das Juntas dos juízes de direito que as impuserem.

Parágrafo único. Das decisões das Turmas não caberá recurso para o Tribunal Pleno, exceto no caso do item I, alínea "c" , inciso 1, deste artigo."

No entanto, quando não forem divididos em Turmas, incumbirá aos Tribunais Regionais, por seu órgão pleno, o julgamento das matérias retromencionadas, com exceção dos recursos das multas impostas pelas Turmas, nos termos do art. 679 da CLT.

2.1.3. Juízes do Trabalho

Em função de extinção das Juntas de Conciliação e Julgamento pela Emenda Constitucional 24/1999, a primeira instância da jurisdição trabalhista passou a ser exercida por um juiz singular, o Juiz do Trabalho, que exerce suas funções nas varas do trabalho.

Nas localidades onde não haja vara do trabalho, a matéria trabalhista será de competência do Juiz de Direito, com o respectivo recurso dirigido ao Tribunal Regional do Trabalho daquela determinada região (art. 112 da CF). Instalada Vara do Trabalho na localidade, a competência do Juiz de Direito cessa, inclusive para as execuções de sentença que proferir, nos termos da Súmula 10 do STJ.

2.2. Jurisdição e competência

Para de fato compreendermos o que vem a ser "competência" é necessário que se façam algumas considerações sobre o termo "jurisdição".

O termo "jurisdição" emana do latim *iuris dictio* que traduzido para nosso vernáculo significa: "dizer o direito".

Na sociedade moderna, esse poder de dizer o direito foi atribuído ao Estado, em substituição aos particulares. Desta forma, havendo um conflito, não poderá o particular resolvê-lo por vontade própria, deverá se socorrer ao Estado para que este, através de um órgão oficial, o resolva. O órgão do Estado incumbido dessa tarefa é o Juiz. A jurisdição é, portanto, una e indivisível.

A jurisdição é, antes de tudo, expressão de poder do Estado. É, portanto, a função/poder do Estado de, quando provocado, dar uma solução impositiva e definitiva aos conflitos aplicando a lei ao caso concreto. Assim, uma vez provocado, as partes se submetem à solução imposta pelo Estado-Juiz.

Para que o Estado possa cumprir essa função de "dizer o direito" (função jurisdicional), de maneira plena, satisfatória e razoável aos jurisdicionados, são estabelecidas regras, ou seja, o Estado viabiliza instrumentos para que se alcance a atividade jurisdicional. O instrumento que viabiliza esse direito é o *processo*, instrumento capaz de conferir a garantia de que o Poder Estatal será exercido democraticamente.

Desta forma, a jurisdição objetiva a aplicação do direito material ao caso concreto, que será aplicado por meio do instrumento denominado *processo*.

O processo possui duas facetas. A primeira é de ordem subjetiva, na medida em que o processo estabelece uma relação jurídica entre as partes e o Estado. Estabelece, em outras palavras, uma relação jurídica trilateral, ou seja, uma relação entre as partes e o Estado e outra existente apenas entre as partes.

A segunda é de ordem objetiva, que consiste nos atos a serem praticados no processo. É, portanto, a maneira pela qual os atos processuais irão se desenvolver; é o que chamamos de *procedimento*. O procedimento indicará quais atos serão praticados e de que forma serão praticados, visando a atingir seu objetivo final.

Ao Estado cabe, assim, a função de "dizer o direito". Para que possa cumprir essa função de forma plena, satisfatória e razoável, ele se utiliza de alguns critérios. Dentre eles, estão as regras de competência absoluta e relativa.

Nesse prisma, tendo em mente a relação jurídica existente entre as partes e o Estado, sempre que algum critério utilizado for dirigido ou de interesse do Estado, como as regras de competência material, em razão da pessoa e a competência funcional, iremos dizer que são regras de competência absoluta, ao passo que sempre que esse critério for dirigido ou de interesse das partes, como, por exemplo, a competência territorial, iremos dizer que são critérios de competência relativa.

Por este motivo, as regras de competência absoluta poderão ser reconhecidas *ex officio* pelo Juiz. Já as regras de competência relativa necessitam sempre de manifestação da parte para que o Juiz possa se pronunciar a respeito.

2.3. Competência material da Justiça do Trabalho

Para que a atividade judicial seja prestada de uma maneira mais eficaz e justa, a competência foi dividida por matérias.

A competência material da Justiça do Trabalho vem disciplinada no art. 114 da CF/1988, de acordo com a redação dada pela Emenda Constitucional 45/2004, que aumentou de forma considerável a competência material da Justiça do Trabalho.

2.3.1. Controvérsias oriundas e decorrentes da relação de trabalho

Sem dúvida, a maior inovação trazida pela Emenda Constitucional 45/2004 foi a ampliação da competência da Justiça do Trabalho, que passou a apreciar todas as lides oriundas da relação de trabalho e não apenas aquelas decorrentes de relações de emprego. Relação de emprego, como se sabe, configura-se apenas quando presentes os requisitos dos arts. 2º e 3º da CLT.

Já relação de trabalho pressupõe trabalho exercido por conta alheia, na qual o trabalhador coloca sua força de trabalho em proveito de outra pessoa, seja esta física ou jurídica. Em outras palavras, podemos dizer que relação de trabalho é qualquer vínculo jurídico no qual uma pessoa física presta serviços para outra pessoa, física ou jurídica, mediante uma contraprestação.

Assim, é possível asseverar que relação de trabalho é gênero do qual é uma espécie a relação de emprego. Por isso, toda relação de emprego corresponde a uma relação de trabalho, mas nem toda relação de trabalho corresponde a uma relação de emprego.

É importante destacar que, no que diz respeito às ações acidentárias, aquelas decorrentes de acidente do trabalho,

que possuem natureza previdenciária, são de competência da justiça comum estadual, que detém competência para processar e julgar ações acidentárias propostas pelo empregado em face do INSS, em conformidade com o art. 109, I, da CF e art. 643, § 2º, da CLT.

Nesse contexto, é importante destacar que se inscreve na competência material da Justiça do Trabalho a lide entre empregado e empregador tendo por objeto indenização pelo não fornecimento das guias do seguro-desemprego, nos termos da Súmula 389, I, do TST.

Por último, vale ressaltar que, nos termos da Súmula 300 do TST, pertence à competência material da Justiça do Trabalho as ações ajuizadas por empregados em face de empregadores relativas ao cadastramento no Programa de Integração Social (PIS).

2.3.1.1. Servidores da administração pública

Ao ampliar a competência material da Justiça do Trabalho, foi atribuída, também, a competência para os dissídios envolvendo a administração pública direta e indireta da União, Estados, DF e Municípios.

No entanto, o art. 114, I, da CF foi objeto de uma ADI – Ação Direta de Inconstitucionalidade, processo nº 3395-6, ajuizada pela Associação dos Juízes Federais do Brasil, em que foi concedida liminar, suspendendo "*ad referendum*, toda e qualquer interpretação dada ao inciso I do art. 114 da CF, na redação dada pela EC 45/2004, que inclua, na competência da Justiça do Trabalho, a (...) apreciação (...) de causas que (...) sejam instauradas entre o Poder Público e seus servidores, a ele vinculados por típica relação de ordem estatutária ou de caráter jurídico-administrativo". A medida liminar foi referendada pelo Plenário do STF em 05 de abril de 2006.

Desta forma, a Justiça do Trabalho não é competente para processar e julgar as ações envolvendo servidores da administração pública, sendo competente a justiça comum estadual ou federal, a depender do tipo de servidor. Nessa linha são as Súmulas 137 e 218 do STJ.

Convém lembrar que naqueles casos em que a relação não for tipicamente estatutária, ou seja, quando a relação for regida pela CLT, como é o caso dos empregados públicos, a competência será da Justiça do Trabalho.

Vale lembrar ainda que a Orientação Jurisprudencial 205 da SDI 1 do TST, que admitia a competência material da Justiça do Trabalho para dirimir dissídio individual entre trabalhador e ente público se houvesse controvérsia acerca do vínculo empregatício, foi cancelada pela Resolução 156/2009 do TST, sendo essa questão atualmente de competência da justiça comum estadual ou federal, conforme o caso, na medida em que esses trabalhadores não estão sob o regime da CLT.

As sociedades de economia mista e as empresas públicas, por serem pessoas jurídicas de direito privado, submetem-se ao regime próprio das empresas privadas, sendo regidas, portanto, pela CLT.

2.3.2. Ações que envolvem o exercício do direito de greve

A greve é um direito constitucional assegurado aos trabalhadores e encontra-se previsto no art. 9º, da CF, e regulado pela Lei 7.783/1989. O exercício abusivo desse direito sujeita os responsáveis às penas impostas pela lei que o regula.

Ao inserir na competência da Justiça do Trabalho as ações que envolvam o direito de greve, o legislador atribuiu à Justiça do Trabalho a competência para todas aquelas ações que se relacionam direta ou indiretamente com o direito de greve.

Assim, as ações inibitórias que visam a assegurar o exercício do direito de greve, as ações possessórias para proteger o patrimônio do empregador, as ações de reparação de danos, quer pelo empregado, quer pelo empregador ou, ainda, contra terceiros são de competência da Justiça do Trabalho.

Com relação às ações possessórias em decorrência do direito de greve, é importante trazer o entendimento da Suprema Corte ao editar a Súmula Vinculante 23, garantindo à Justiça do Trabalho a competência para processar e julgar as ações possessórias ajuizadas em decorrência do exercício do direito de greve pelos trabalhadores da iniciativa privada.

2.3.3. Ações sobre representação sindical

O inciso III do art. 114 da CF/1988 confere competência para a Justiça do Trabalho processar e julgar as ações sobre representação sindical, entre sindicatos, entre sindicatos e trabalhadores, e entre sindicatos e empregadores.

O termo "sindicato" contido no dispositivo constitucional citado deve ser interpretado de forma ampla a abranger todas as entidades sindicais de grau superior, como as federações (art. 534 da CLT) e confederações (art. 535 da CLT).

Pelo dispositivo em apreço, as lides entre sindicatos que disputam base territorial serão de competência da Justiça do Trabalho.

Em outras palavras, temos que o inciso III do art. 114 da CF abrange todas as ações que envolvam matéria sindical no âmbito trabalhista.

Desta forma, ensina Mauro Schiavi (em **Curso de Direito Processual do Trabalho**. 2. ed. São Paulo: LTr, 2009. p. 196) que os dissídios que envolvem sindicatos podem ser classificados em:

a) coletivos: que envolvem os dissídios coletivos;

b) intersindicais não coletivos: que envolvem conflitos entre sindicatos;

c) intrassindicais: que envolvem questões internas do sindicato;

d) dissídios sobre contribuições sindicais.

Nesse sentido é o enunciado 24 da ANAMATRA:

> ENUNCIADO 24. Competência da Justiça do Trabalho. Conflitos inter e intrassindicais. Os conflitos inter e intrassindicais, inclusive os que envolvam sindicatos de servidores públicos (estatutários e empregados públicos), são da competência da Justiça do Trabalho.

2.3.4. Mandado de segurança, *habeas corpus* e *habeas data*

2.3.4.1. Mandado de segurança

O mandado de segurança está disposto no art. 5º, LXIX, da CF/1988 e regulado pela Lei 12.016/2009 e pode ser classificado como uma ação constitucional de natureza mandamental destinada a proteger direito legítimo e certo contra ato de autoridade, praticado com ilegalidade ou abuso de poder.

Será admitido sob a óptica do art. 114, IV, da CF/1988 sempre que o ato impugnado estiver relacionado com a jurisdição trabalhista.

A competência para o mandado de segurança é fixada em razão da matéria, ou seja, o ato taxado de ilegal ou abusivo deve estar submetido à jurisdição trabalhista.

A competência funcional para o mandado de segurança irá depender da autoridade tida como coatora. Assim, será de competência da vara do trabalho o mandado de segurança impetrado contra ato de auditor fiscal; do TRT quando o ato taxado de ilegal ou abusivo for do juiz do trabalho, diretor e demais funcionários, juízes de direito investidos na jurisdição trabalhista (art. 112 da CF/1988), juízes e funcionários do TRT; e, por último, do TST quando o ato for praticado pelo Presidente do TST ou outro Ministro.

2.3.4.2. *Habeas corpus*

Remédio constitucional de natureza mandamental de rito especial, que objetiva evitar ou cessar violência ou ameaça ao direito de ir e vir, em razão de ilegalidade ou abuso de poder.

Dispõe o art. 5º, LXVIII, da CF: "conceder-se-á *habeas-corpus* sempre que alguém sofrer ou se achar ameaçado de sofrer violência ou coação em sua liberdade de locomoção, por ilegalidade ou abuso de poder."

Com o advento da Emenda Constitucional 45/2004, a Justiça do Trabalho possui competência para apreciar *habeas corpus* com relação àquelas matérias sujeitas a sua apreciação.

Desta forma, sempre que o ato taxado de abusivo e ilegal envolver matéria sujeita à jurisdição trabalhista, a Justiça do Trabalho será competente para apreciar o pedido de *habeas corpus*.

A competência para apreciação do pedido de *habeas corpus* será das varas do trabalho quando for impetrado contra ato de particular, como, por exemplo, no caso em que o empregador impede que seus funcionários saiam da empresa para participar do movimento paredista.

A competência será dos TRTs quando o HC for impetrado contra ato de juiz da vara do trabalho. Será competência do TST quando o *habeas corpus* for impetrado em face dos TRTs.

Por último, quando o *habeas corpus* for impetrado em face de atos dos Ministros do TST, a competência para apreciação será do STF, em conformidade com o art. 102, I, "i", da CF.

Como exemplo de hipótese de cabimento de *habeas corpus* na justiça do trabalho podemos citar, na fase de execução da sentença, a prisão de um depositário infiel determinada por um juiz do trabalho.

No entanto, tendo em vista a edição da súmula vinculante 25, que ensina ser ilícita a prisão do depositário infiel, será difícil sua aplicação do *habeas corpus* na esfera laboral.

Vale trazer à baila o entendimento cristalizado na nova redação dada a Orientação Jurisprudencial 143 da SDI 2 do TST.

> ORIENTAÇÃO JURISPRUDENCIAL 143 SDI 2 TST – *HABEAS CORPUS*. PENHORA SOBRE COISA FUTURA E INCERTA. PRISÃO. DEPOSITÁRIO INFIEL.

Não se caracteriza a condição de depositário infiel quando a penhora recair sobre coisa futura e incerta, circunstância que, por si só, inviabiliza a materialização do depósito no momento da constituição do paciente em depositário, autorizando-se a concessão de "habeas corpus" diante da prisão ou ameaça de prisão que sofra.

Ainda sobre *habeas corpus* e depositário infiel, a SDI 2 se pronunciou:

ORIENTAÇÃO JURISPRUDENCIAL 89 SDI 2 TST – *HABEAS CORPUS*. DEPOSITÁRIO. TERMO DE DEPÓSITO NÃO ASSINADO PELO PACIENTE. NECESSIDADE DE ACEITAÇÃO DO ENCARGO. IMPOSSIBILIDADE DE PRISÃO CIVIL.

A investidura no encargo de depositário depende da aceitação do nomeado que deve assinar termo de compromisso no auto de penhora, sem o que, é inadmissível a restrição de seu direito de liberdade.

Deve-se ressaltar que por não ter o inciso LXVIII do art. 5° da CF/1988 exigido que o constrangimento seja exercido por agente do poder publico, admite-se o uso de *habeas corpus* contra ato particular, como o caso do empregador que não permite que seus empregados saiam da empresa para aderirem ao movimento paredista.

2.3.4.3. *Habeas data*

Dispõe o art. 5°, LXXII, da CF:

LXXII – conceder-se-á *habeas-data*:
a) para assegurar o conhecimento de informações relativas à pessoa do impetrante, constantes de registros ou bancos de dados de entidades governamentais ou de caráter público;
b) para a retificação de dados, quando não se prefira fazê-lo por processo sigiloso, judicial ou administrativo.

Trata-se de uma ação mandamental que tem como objetivo garantir ao interessado, pessoa física ou jurídica ou ente despersonalizado, o exercício do direito fundamental de livre acesso a dados pessoais constantes em registro ou em banco de dados. Além do livre acesso aos registros ou banco de dados, esse remédio pode objetivar, também, a retificação desses registros ou, ainda, sua complementação.

O procedimento do *habeas data* encontra-se previsto na Lei 9.507/1997 que, em seu art. 2°, traz uma condição especial para seu cabimento, qual seja, a prévia postulação administrativa.

Art. 2º. O requerimento será apresentado ao órgão ou entidade depositária do registro ou banco de dados e será deferido ou indeferido no prazo de quarenta e oito horas.

Desta forma, o pedido de *habeas data* só se justifica depois de feito e rejeitado o requerimento na forma do art. 2º supracitado.

A petição inicial deverá preencher os requisitos dos arts. 282 a 285 do CPC e será apresentada em duas vias, devendo os documentos que a instruíram ser reproduzidos por cópia na segunda via.

Importante lembrar que, nos termos do parágrafo único do art. 8º da Lei 9.507/1997, a petição inicial deverá ser instruída com prova:

Parágrafo único. (...)

I – da recusa ao acesso às informações ou do decurso de mais de dez dias sem decisão;

II – da recusa em fazer-se a retificação ou do decurso de mais de quinze dias, sem decisão; ou

III – da recusa em fazer-se a anotação a que se refere o § 2° do art. 4° ou do decurso de mais de quinze dias sem decisão.

Poderá figurar no polo ativo qualquer pessoa física ou jurídica e, ainda, os entes despersonalizados que possuam capacidade processual como, por exemplo, a massa falida, condomínio, entre outros. Por outro lado, no polo passivo da ação poderão figurar os órgãos da administração pública direta e indireta, bem como as instituições, entidades ou pessoas jurídicas de direito privado que prestem serviços para o público ou de interesse público, desde que sejam depositárias de dados.

Como exemplo de impetração de *habeas data* na Justiça do Trabalho, o ilustre Professor Carlos Henrique Bezerra Leite ensina (em **Curso de Direito Processual do Trabalho**. 7. ed. São Paulo: LTr, 2009. p. 1070) "Outra hipótese reside na possibilidade de impetração de *habeas data* pelo empregador em face do órgão de fiscalização da relação de trabalho que esteja se negando a fornecer informações sobre o processo administrativo em que ele esteja sofrendo penalidade administrativa."

2.3.5. Conflitos de competência entre órgãos de jurisdição trabalhista

Ensina o art. 114, V, da CF/1988 que compete à Justiça do Trabalho processar e julgar os conflitos de competência entre órgãos com jurisdição trabalhista, ressalvado o disposto no art. 102, I, "o", que confere ao STF o julgamento dos conflitos de competência entre o Superior Tribunal de Justiça e quaisquer tribunais, entre Tribunais Superiores, ou entre estes e qualquer outro tribunal.

Ocorre o conflito de competência quando dois órgãos judiciais se dizem competentes, denominado conflito positivo de competência; ou quando dois órgãos judiciais se dizem incompetentes, denominado conflito negativo de competência; ou, ainda, quando entre dois juízes surge controvérsia sobre a reunião ou separação de processos, nos termos do art. 804 da CLT e 115 do CPC.

Desta forma, em conformidade com o art. 803 da CLT, os conflitos de jurisdição podem ocorrer entre:

a) Varas do trabalho e juízes de direito investidos na jurisdição trabalhista;

b) Tribunais Regionais do Trabalho;

c) Juízos e tribunais do trabalho e órgãos da justiça ordinária;

d) Câmaras do Tribunal Superior do Trabalho

Serão resolvidos pelo TRT quando for suscitado conflito de competência entre varas do trabalho da mesma região, ou entre varas do trabalho e juiz de direito investido na jurisdição trabalhista na mesma região, os termos do art. 808 da CLT.

Sobre o tema, o STJ editou a Súmula 180 que ensina: "na lide trabalhista, compete ao Tribunal Regional do Trabalho dirimir conflito de competência verificado, na respectiva região, entre juiz estadual e junta de conciliação e julgamento."

Serão resolvidos pelo TST sempre que for suscitado o conflito entre TRTs ou entre Varas do Trabalho e Juízes de Direito investidos na jurisdição trabalhista sujeitos à jurisdição de TRTs diferentes.

Sobre o tema, o STJ editou a Súmula 236 em que ensina não ser de competência daquele Tribunal os conflitos de competência envolvendo juízes do trabalho vinculados a TRTs diversos.

Os conflitos serão resolvidos pelo STJ quando suscitado entre Vara de Trabalho e Juiz de Direito não investido na jurisdição trabalhista, em conformidade com o art. 105, I, "d", da CF.

Por último serão resolvidos pelo STF os conflitos suscitados entre o TST e órgãos de outro ramo do judiciário, nos termos do art. 102, I, "o", da CF.

É importante lembrar as lições trazidas na Súmula 420 do TST, que assim dispõe:

> SÚMULA 420 DO TST – COMPETÊNCIA FUNCIONAL. CONFLITO NEGATIVO. TRT E VARA DO TRABALHO DE IDÊNTICA REGIÃO. NÃO CONFIGURAÇÃO.
>
> Não se configura conflito de competência entre Tribunal Regional do Trabalho e Vara do Trabalho a ele vinculada.

2.3.6. Ações de indenização por dano moral ou patrimonial

A Carta Maior confere competência à Justiça do Trabalho para processar e julgar ações de indenização por dano moral ou patrimonial decorrentes da relação de trabalho.

Assim, toda e qualquer ação de dano moral ou patrimonial, quando decorrentes da relação de trabalho, proposta pelo empregado em face do empregador, será de competência da Justiça do Trabalho.

Muito se discutiu acerca da competência para aquelas ações que estavam em andamento quando da promulgação da EC 45/2004, até que o Supremo Tribunal Federal editou a Súmula Vinculante 22, que assim dispõe:

> SÚMULA VINCULANTE 22 STF – A Justiça do Trabalho é competente para processar e julgar as ações de indenização por danos morais e patrimoniais decorrentes de acidente de trabalho propostas por empregado contra empregador, inclusive aquelas que ainda não possuíam sentença de mérito em primeiro grau quando da promulgação da Emenda Constitucional nº 45/2004.

Tema importante envolvendo a competência em comento refere-se às ações acidentárias, ou seja, lides previdenciárias derivadas de acidente do trabalho propostas pelo trabalhador em face do INSS. Essas serão de competência da justiça comum e nunca da Justiça do Trabalho.

Vale esclarecer que caso seja o acidente de trabalho causado por negligência do empregador responsável pelo cumprimento das normas de segurança e saúde do trabalho, poderá o INSS ajuizar ação regressiva em face desse empregador, devendo esta ação de regresso ser proposta na justiça federal.

Apenas as ações propostas pelo trabalhador em face do empregador serão de competência da Justiça do Trabalho.

Por último, é importante asseverar que os danos morais dispostos no texto constitucional dizem respeito aos danos pré e pós-contratuais, sendo todas as ações de competência da Justiça do Trabalho.

2.3.7. Ações relativas às penalidades administrativas impostas aos empregadores pelos órgãos de fiscalização das relações de trabalho

Trata-se de ações propostas por empregadores que objetivam anular sanções administrativas impostas pelo Ministério do Trabalho e Emprego.

Trata-se, portanto, de uma inovação trazida pela Emenda Constitucional 45/2004, haja vista que essas ações eram de competência da justiça federal.

2.3.8. Execução das contribuições sociais de ofício

Trata-se das contribuições do empregador, incidentes sobre a folha de salários e demais rendimentos do trabalho pagos ou creditados, a qualquer título, à pessoa física que lhe preste serviço, mesmo sem vínculo empregatício, bem como da contribuição devida pelo trabalhador e pelos demais segurados da previdência social.

Serão executadas tais contribuições em decorrência das sentenças que o juiz proferir.

Vale destacar a Orientação Jurisprudencial 414 da SDI 1 do TST, que assim dispõe:

> ORIENTAÇÃO JURISPRUDENCIAL 414 da SDI 1 do TST – COMPETÊNCIA DA JUSTIÇA DO TRABALHO. EXECUÇÃO DE OFÍCIO. CONTRIBUIÇÃO SOCIAL REFERENTE AO SEGURO DE ACIDENTE DE TRABALHO (SAT). ARTS. 114, VIII, E 195, I, "A", DA CONSTITUIÇÃO DA REPÚBLICA.
>
> Compete à Justiça do Trabalho a execução, de ofício, da contribuição referente ao Seguro de Acidente de Trabalho (SAT), que tem natureza de contribuição para a seguridade social (arts. 114, VIII, e 195, I, "a", da CF), pois se destina ao financiamento de benefícios relativos à incapacidade do empregado decorrente de infortúnio no trabalho (arts. 11 e 22 da Lei nº 8.212/1991).

2.4. Competência em razão da função

Diz respeito à distribuição das atribuições aos diferentes órgãos do Poder Judiciário. A competência funcional ou hierárquica trabalhista, como também é chamada, regula a competência dos órgãos de 1º, 2º e 3º graus dentro da Justiça do Trabalho.

Desta forma, em conformidade com o art. 111 da CF, é correto dizer que a competência funcional será dividida entre os órgãos que compõem a Justiça do Trabalho, quais sejam: as Varas do Trabalho, Tribunais Regionais do Trabalho – TRTs e o Tribunal Superior do Trabalho – TST.

A competência funcional diz respeito, portanto, às atribuições confiadas a cada órgão do Poder Judiciário, especificamente, para nosso estudo, dentro da Justiça do Trabalho.

A análise da competência em razão da função será realizada após avaliação da competência material. Assim, em primeiro plano, deve ser realizado um exame acerca da competência material e somente após este exame é que teremos de analisar a competência funcional dos órgãos do Poder Judiciário.

Importante ressaltar que a competência em razão da função é absoluta, podendo ser conhecida *ex officio* pelo juiz, ou seja, sem necessidade de provocação da parte.

A competência funcional se divide em:

2.4.1. Competência funcional originária

É aquela que conhece da causa em primeiro plano. Via de regra a competência originária pertence à Vara do Trabalho (1º grau de jurisdição) nos termos do art. 652 da CLT, salvo regra expressa em sentido contrário, como, por exemplo, a ação rescisória, que se inicia no TRT, nos termos do art. 678, I, "c", item 2, da CLT; ou no TST, em conformidade com os arts. 70, I, "d" e 71, III, "a", ambos do regimento interno do TST.

A competência funcional originária dos TRTs, quando divididos em turmas, vem disposta nos arts. 678 e 680 da CLT. Quando os TRTs não forem divididos em turmas, dispõe o art. 679 da CLT que os Tribunais Regionais apreciarão as matérias contidas no art. 678 da CLT, com exceção dos recursos das multas impostas pelas Turmas bem como os conflitos de jurisdição entre Turmas, na medida em que não as possuem.

Por último, a competência funcional do TST vem disposta na Lei 7.701/1998. O art. 4º estabelece a competência funcional do Tribunal Pleno; a seção especializada em dissídios individuais – SDI tem sua competência estabelecida no art. 3º da Lei 7.701/1998; a seção especializada em dissídios coletivos, nos termos do art. 2º da citada lei; e, por último, a competência funcional das Turmas do TST vem disposta no art. 5º da Lei 7.701/1998.

2.4.2. Competência funcional recursal

É a competência para prática de determinados atos em grau de recurso.

2.4.3. Competência funcional executória

Diz respeito à competência para realização da execução, seja judicial, seja extrajudicial (arts. 877 e 877-A da CLT).

2.5. Competência territorial da Justiça do Trabalho

Competência territorial ou competência do foro (*ratione loci*), como também é chamada, diz respeito ao limite territorial de cada órgão da Justiça do Trabalho.

Na Justiça do Trabalho a competência territorial vem disciplinada no art. 651 da CLT, que dispõe:

> Art. 651. A competência das Juntas de Conciliação e Julgamento é determinada pela localidade onde o empregado, reclamante ou reclamado, prestar serviços ao empregador, ainda que tenha sido contratado noutro local ou no estrangeiro.

Pela determinação do dispositivo supracitado, a competência é determinada pela localidade da última prestação de serviço pelo obreiro, ainda que tenha sido contratado em outro lugar.

Vale ressaltar que a regra do domicílio do réu disposta no processo civil não é aplicável ao processo do trabalho.

Portanto, o *caput* do art. 651 traz a regra geral para fixação de competência. Todavia, os parágrafos trazem as exceções à regra.

Estabelece o § 3º do citado dispositivo que é assegurado ao empregado apresentar reclamação trabalhista no foro da celebração do contrato ou no foro da prestação dos serviços, em se tratando de empregador que promova suas atividades fora do local da celebração do contrato de trabalho, como, por exemplo, empresas de atividades teatrais. Assim, se um empregado é contratado em determinado lugar para prestar serviço em outra localidade, eventual reclamação trabalhista poderá ser ajuizada no local da contratação ou da prestação dos serviços.

Outra exceção à regra de competência é a hipótese do viajante comercial. Nos termos do § 1º do dispositivo, o empregado deverá propor a reclamação na vara da localidade onde a empresa possuir agência ou filial e a esta esteja ele subordinado. Não existindo filial ou agência, poderá o empregado optar por onde possuir domicílio ou na localidade mais próxima.

A última exceção contida no art. 651 consolidado vem estabelecida em seu § 2º, que trata das lides de empregados brasileiros em agência ou filial situada no estrangeiro, desde que possuam sede, filial ou representante no Brasil. Nesse caso, a competência será da Justiça do Trabalho brasileira, caso não haja convenção internacional em sentido contrário.

Importante notar que para esses conflitos ocorridos no exterior será aplicada a regra do direito processual brasileiro, na medida em que a demanda tramitará perante a Justiça do Trabalho brasileira. No entanto, com relação ao direito material, por meio da Súmula 207, o TST havia firmado posicionamento no sentido da aplicação da lei do local da execução do contrato de trabalho, ou seja, seria aplicada a legislação do país onde o trabalho foi prestado.

No entanto, a Súmula 207 do TST foi cancelada, prevalecendo o entendimento que, de acordo com o art. 3º, inciso II, da Lei 7.064/1982, deverá ser aplicada a legislação mais favorável ao trabalhador. O posicionamento atual adotou a teoria do *conglobamento mitigado*.

2.6. Foro de eleição

Previsto no art. 111 do CPC, é aquele em que os contratantes escolhem livremente, de antemão, o foro onde serão dirimidos eventuais conflitos decorrentes do negócio jurídico avençado.

No processo de trabalho, as regras de competência são de ordem pública e, dessa forma, não podem ser derrogadas pelas partes.

Referida incompatibilidade decorre da hipossuficiência econômica do trabalhador, haja vista que a regra do art. 651 e seus parágrafos tem por objetivo facilitar o acesso do trabalhador ao judiciário.

2.7. Modificação da competência

A competência absoluta (em razão da matéria, em razão da pessoa e em razão da função) não pode ser modificada, nem por circunstâncias processuais, tampouco por vontade das partes.

Já a competência relativa (competência territorial) poderá sofrer modificações, seja por circunstâncias processuais e nas hipóteses em que a lei autoriza, nos termos do art. 102 do CPC.

A modificação de competência poderá ocorrer por:

2.7.1. Prorrogação

Dispõe o art. 114 do CPC:

> Art. 114. Prorrogar-se-á a competência se dela o juiz não declinar na forma do parágrafo único do art. 112 desta Lei ou o réu não opuser exceção declinatória nos casos e prazos legais.

A incompetência em razão do território deve ser alegada pela parte no prazo de resposta (defesa), sob pena de prorrogar-se a competência. Em outras palavras, a incompetência territorial se convalidará caso a parte interessada não oponha exceção de incompetência no prazo legal.

Desta forma, ocorrendo a prorrogação da competência de um juiz do trabalho territorialmente incompetente, este se tornará competente para apreciação daquela demanda.

2.7.2. Conexão

Disciplinada no art. 103 do CPC, a conexão ocorre quando forem comuns a causa de pedir ou o pedido de duas ou mais ações.

São elementos da ação: as partes, a causa de pedir (fundamentos) e o objeto (pedido). Pois bem. Haverá conexão entre as ações quando tiverem o mesmo pedido ou os mesmos fundamentos. Basta um destes elementos e não a cumulação deles. Ressalta-se que não haverá conexão se forem comuns as partes.

Caso as ações conexas estejam transitando perante juízos com mesma competência, será considerada prevento nos domínios do processo de trabalho aquele em que a reclamação tenha sido protocolada em primeiro lugar, não se aplicando a parte final da regra disposta no art. 106 do CPC.

2.7.3. Continência

Ensina o art. 104 do CPC que haverá continência sempre que houver identidade entre as partes e a causa de pedir (fundamento), mas o objeto (pedido) de uma for mais amplo do que o da outra.

Diferentemente da conexão, na qual há necessidade de identidade de um dos elementos da ação (causa de pedir ou pedido), na continência se faz necessário a cumulação de dois elementos: as partes e causa de pedir, devendo, contudo, o pedido de um ser mais abrangente do que o outro.

Como exemplo, podemos citar o pedido de uma ação que vise à anulação de uma cláusula contratual e de outra, com as mesmas partes e causa de pedir, que busque a anulação de todo o contrato.

3. Atos, termos, prazos e nulidades processuais

3.1. Considerações

O processo pode ser conceituado, em poucas palavras, como sendo um conjunto de atos coordenados que objetivam a busca da tutela jurisdicional.

Nos termos do art. 162 do CPC, os atos do Juiz consistirão em: despachos, decisões interlocutórias e sentenças. Nessa

linha é importante lembrar que a assinatura dos juízes em todos os graus de jurisdição poderá ser feita eletronicamente.

3.1.1. Despacho

Utilizava-se o termo "despacho de mero expediente", termo muito criticado pela doutrina. Em 2006, com a publicação da Lei 11.276, a expressão "mero expediente" foi retirada do art. 504 do CPC, utilizando-se atualmente a expressão "despacho". Os despachos são atos desprovidos de conteúdo decisório, como, por exemplo, a remessa dos autos ao contador.

3.1.2. Decisões interlocutórias

A decisão interlocutória é conceituada como sendo o ato pelo qual, no curso do processo, o Juiz resolve questão incidente. As decisões interlocutórias são dotadas de conteúdo decisório. Vale lembrar que, nos termos do art. 893, § 1º, da CLT, na Justiça do Trabalho as decisões interlocutórias são irrecorríveis de imediato. As exceções à regra da irrecorribilidade imediata das decisões interlocutórias encontram-se na Súmula 214 do TST:

> Na Justiça do Trabalho, nos termos do art. 893, § 1º, da CLT, as decisões interlocutórias não ensejam recurso imediato, salvo nas hipóteses de decisão:
>
> a) de Tribunal Regional do Trabalho contrária à Súmula ou Orientação Jurisprudencial do Tribunal Superior do Trabalho;
>
> b) suscetível de impugnação mediante recurso para o mesmo Tribunal;
>
> c) que acolhe exceção de incompetência territorial, com a remessa dos autos para Tribunal Regional distinto daquele a que se vincula o juízo excepcionado, consoante o disposto no art. 799, § 2º, da CLT.

3.1.3. Sentença

Nos termos do art. 162, § 1º, do CPC, sentença é o ato do juiz que implica algumas das situações previstas nos arts. 267 ou 269 do CPC, ou seja, ato do juiz que extingue o processo sem ou com resolução de mérito.

As decisões proferidas pelo Juiz do Trabalho, nos termos do art. 832 da CLT, deverão conter o nome das partes, o resumo do pedido e da defesa, a apreciação das provas, os fundamentos da decisão e a conclusão. A sentença que concluir pela procedência do pedido determinará o prazo e as condições para o seu cumprimento.

3.2. Realização dos atos processuais

De acordo com o art. 770 da CLT, em regra, os atos processuais serão públicos, salvo quando o contrário determinar o interesse social, e deverão ser realizados nos dias úteis das 6 (seis) às 20 (vinte) horas. Vale ressaltar que a penhora poderá ser realizada aos domingos ou feriados mediante autorização expressa do Juiz do Trabalho.

3.2.1. Ato processual via fac-símile

Instituído pela Lei 9.800/99, os atos processuais que necessitam ser feitos por petição escrita poderão ser realizados via fac-símile.

Reza o art. 2º da citada lei que a utilização de sistema não prejudica o cumprimento dos prazos, devendo os originais ser entregues em juízo, necessariamente, até 5 (cinco) dias da data do término do prazo estipulado para o ato. Já os atos praticados via fac-símile que não possuem prazo deverão ter entregues a via original dentro do prazo de 5 (cinco) dias contados da data recepção do material enviado.

A lei ensina, ainda, que aquele que fizer uso de sistema de transmissão torna-se responsável pela qualidade e fidelidade do material transmitido e por sua entrega ao órgão judiciário.

Sobre o tema, é importante destacar a Súmula 387 do TST, que recentemente teve inserido o item IV, de acordo com a Resolução 174/2011 do mesmo Tribunal Superior:

> SÚMULA 387 TST. RECURSO. FAC-SÍMILE. LEI Nº 9.800/1999)
>
> I – A Lei nº 9.800, de 26.05.1999, é aplicável somente a recursos interpostos após o início de sua vigência.

II – A contagem do quinquídio para apresentação dos originais de recurso interposto por intermédio de fac-símile começa a fluir do dia subsequente ao término do prazo recursal, nos termos do art. 2º da Lei nº 9.800, de 26.05.1999, e não do dia seguinte à interposição do recurso, se esta se deu antes do termo final do prazo.

III – Não se tratando a juntada dos originais de ato que dependa de notificação, pois a parte, ao interpor o recurso, já tem ciência de seu ônus processual, não se aplica a regra do art. 184 do CPC quanto ao "dies a quo", podendo coincidir com sábado, domingo ou feriado.

IV – A autorização para utilização do fac-símile, constante do art. 1º da Lei n.º 9.800, de 26.05.1999, somente alcança as hipóteses em que o documento é dirigido diretamente ao órgão jurisdicional, não se aplicando à transmissão ocorrida entre particulares.

3.3. Prazos processuais

Os prazos processuais contam-se a partir da data em que for feita pessoalmente, ou recebida, a notificação. Nos termos da Súmula 16 do TST, presume-se recebida a notificação 48 (quarenta e oito) horas depois de sua postagem. O seu não recebimento ou a entrega após o decurso desse prazo constitui ônus de prova do destinatário. Em se tratando de edital, inicia-se na respectiva data.

Porém, é importante ter em mente que os prazos serão contabilizados excluindo o dia do começo e incluindo o dia do vencimento.

Nos termos do art. 775 da CLT os prazos processuais são contínuos e irreleváveis, podendo, entretanto, ser prorrogados pelo tempo estritamente necessário pelo Juiz ou Tribunal, ou em virtude de força maior, devidamente comprovada nos autos.

Vale lembrar, ainda, que os prazos que se vencerem em sábado, domingo ou dia feriado terminarão no primeiro dia útil seguinte, nos termos do art. 775, parágrafo único, da CLT.

3.4. Nulidades processuais

Dispõe o art. 154 do CPC que os atos e termos processuais não dependem de forma determinada, salvo quando a lei expressamente a exigir, tendo como válidos os atos que, realizados de outro modo, alcancem sua finalidade essencial.

Nos domínios do processo do trabalho, a nulidade somente será declarada quando resultar dos atos que resultem manifesto prejuízo às partes litigantes.

A nulidade do ato se dá quando lhe falta algum requisito que a lei ordena como necessário e pode ser classificado como: nulidade absoluta e nulidade relativa.

3.4.1. Nulidade absoluta

A nulidade absoluta ocorre sempre que o ato violar normas de ordem pública, ou seja, normas de interesse público, como, por exemplo, as regras de competência material e funcional. A nulidade absoluta poderá ser decretada *ex officio* pelo magistrado ou a requerimento da parte.

Importante lembrar a regra estabelecida no art. 795, § 1º, da CLT que determina que o magistrado declare *ex officio* a nulidade fundada em incompetência de foro. A incompetência de foro a que o dispositivo legal se refere é a competência material, que é absoluta, e não a competência territorial disposta no art. 651 da CLT, que é relativa.

Nesse caso, havendo a declaração da nulidade absoluta, serão considerados nulos os atos decisórios.

3.4.2. Nulidade relativa

Haverá nulidade relativa sempre que o ato violar normas de interesse privado e somente serão declaradas mediante provocação das partes, as quais deverão argui-las à primeira vez em que tiverem de falar em audiência ou nos autos, nos termos do art. 795 da CLT.

Importante ressaltar que não será pronunciada a nulidade do ato quando for possível repeti-lo ou mesmo suprir sua falta. Da mesma forma, não será declarada a nulidade do ato quando arguida por quem lhe tiver dado causa.

3.5. Audiência trabalhista

Na Justiça do Trabalho, as audiências serão públicas e deverão ser realizadas em dias úteis previamente fixados, entre 8 (oito) e 18 (dezoito) horas, e não poderão ultrapassar 5 (cinco) horas seguidas, salvo quando houver matéria urgente. Caso seja necessário, o magistrado poderá, ainda, realizar audiências extraordinárias.

O reclamante e o reclamado comparecerão à audiência acompanhados das suas testemunhas, apresentando, também, as demais provas.

No horário designado, o Juiz abrirá a audiência, convocando as partes, testemunhas e demais pessoas que devam comparecer. Caso o Juiz não compareça até 15 (quinze) minutos após o horário marcado, os presentes poderão retirar-se, devendo o ocorrido constar do livro de registro das audiências.

Na audiência deverão estar presentes o reclamante e o reclamado, independentemente do comparecimento de seus representantes, salvo nos casos de reclamações plúrimas ou ações de cumprimento, quando os empregados poderão fazer-se representar pelo Sindicato de sua categoria.

O empregador poderá fazer-se substituir pelo gerente ou qualquer outro preposto que tenha conhecimento do fato, cujas declarações obrigarão o proponente.

Nos termos da Súmula 377 do TST, exceto quanto à reclamação de empregado doméstico, ou contra micro ou pequeno empresário, o preposto deve ser necessariamente empregado do reclamado.

Como dito, na audiência deverão estar presentes ambas as partes. Nessa linha, é importante lembrar que o não comparecimento do reclamante à audiência importa o arquivamento da reclamação.

Porém, se por doença ou qualquer outro motivo poderoso, devidamente comprovado, o reclamante não puder comparecer pessoalmente, poderá fazer-se representar por outro empregado que pertença à mesma profissão ou pelo seu sindicato. A presença de outro empregado ou do sindicato objetiva, exclusivamente, o não arquivamento da reclamação.

Já o não comparecimento do reclamado importa revelia, além de confissão quanto à matéria de fato. Nessa linha ensina a Súmula 122 do TST: "a reclamada, ausente à audiência em que deveria apresentar defesa, é revel, ainda que presente seu advogado munido de procuração, podendo ser ilidida a revelia mediante a apresentação de atestado médico, que deverá declarar, expressamente, a impossibilidade de locomoção do empregador ou do seu preposto no dia da audiência".

3.6. Despesas processuais

 Nos dissídios individuais, ainda que propostos perante a Justiça Estadual no exercício da jurisdição trabalhista (art. 112 da CF), as custas relativas ao processo de conhecimento sempre serão no importe de 2% (dois por cento) e serão calculadas da seguinte maneira:

a) Em caso de acordo ou condenação, as custas serão calculadas sobre o respectivo valor. Vale lembrar que, sempre que houver acordo, o pagamento das custas caberá em partes iguais aos litigantes se outra forma não for convencionada;

b) caso o processo seja extinto sem julgamento do mérito ou julgado totalmente improcedente, as custas serão calculadas sobre o valor da causa;

c) Nas ações declaratórias e constitutivas, também serão calculadas sobre o valor da causa;

d) Para as ações que o valor da condenação for indeterminado, deverá o magistrado fixar um valor.

As custas serão pagas pelo vencido após o trânsito em julgado da decisão. No caso de recurso, serão pagas e comprovado o recolhimento dentro do prazo recursal, em conformidade com a Súmula 245 do TST.

No que diz respeito aos dissídios coletivos, o pagamento das custas será no importe de 2% calculados sobre o valor arbitrado pelo Juiz na decisão. Porém, reza o § 4º do art. 789 da CLT que as partes vencidas responderão solidariamente pelo pagamento das custas.

Por último, cabe ressaltar que no processo de execução as custas serão sempre de responsabilidade do executado e pagas ao final do processo.

3.6.1. Isenção

Nos termos do art. 790-A da CLT, além dos beneficiários da justiça gratuita – Lei 1.060/1950 – são isentos do pagamento de custas a União, os Estados, o Distrito Federal, os Municípios e respectivas autarquias e fundações públicas federais, estaduais ou municipais que não explorem atividade econômica e o Ministério Público do Trabalho.

É importante destacar que as isenções acima citadas não alcançam as entidades fiscalizadoras do exercício profissional, como, por exemplo, a OAB, CREA, entre outras.

A responsabilidade pelo pagamento dos honorários periciais é da parte sucumbente na pretensão objeto da perícia, salvo se beneficiária de justiça gratuita.

4. Partes e procuradores

4.1. Aspectos gerais

São 3 os elementos capazes de identificar uma ação. Assim, podemos dizer que duas ações são idênticas quando possuírem os mesmos elementos. São eles:

a) partes: sujeito ativo e sujeito passivo;

b) causa de pedir: corresponde aos fundamentos de fato – causa de pedir próxima – e aos fundamentos de direito – causa de pedir remota;

c) pedido: que consiste no provimento jurisdicional pretendido.

Podemos dizer que é parte no processo aquele que requer a tutela jurisdicional e, também, aquele contra quem a tutela é impetrada. São, portanto, exequente e executado, no processo de execução; embargante e embargado, em processos de embargos à execução e embargos de terceiro; impetrante e impetrado, em mandados de segurança; reconvinte e reconvindo, em reconvenção; e, nos domínios do processo do trabalho, reclamante e reclamado, nas reclamações trabalhistas.

4.2. Capacidade

Cumpre, primeiramente, salientar que capacidade processual não se confunde com capacidade de ser parte, tampouco com capacidade postulatória.

Capacidade de ser parte nada mais é do que a capacidade de direito, ou seja, é a aptidão para figurar como parte em um dos polos da relação processual e está disciplinada nos arts. 1º e 2º do CC. Desta forma, todas as pessoas físicas e jurídicas e alguns entes despersonalizados possuem capacidade de ser parte.

Já a capacidade processual é a aptidão para agir em juízo. Assim, toda pessoa que se acha no exercício dos seus direitos tem capacidade para estar em juízo, conforme reza o art. 7º do CPC.

Destarte, uma vez verificada a capacidade de ser parte, deve-se analisar se aquele sujeito é capaz de praticar os atos processuais sozinho, sem o acompanhamento de outras pessoas, ou se necessitarão de assistência ou representação, conforme o caso.

Nos domínios do processo do trabalho, a capacidade de estar em juízo sem assistência ou representação acontece, em conformidade com o art. 792 da CLT, aos 18 anos de idade.

Já a capacidade postulatória ou *jus postulandi* consiste na capacidade para prática de atos processuais em juízo que, em regra, pertence ao advogado devidamente inscrito na OAB e aos membros do Ministério Público.

Há, no entanto, casos em que não é exigida a capacidade postulatória para agir em juízo, como, por exemplo, nos juizados especiais cíveis, em que se dispensa a capacidade postulatória para o ajuizamento das ações cujo valor não exceda a 20 salários mínimos (art. 9º da Lei 9.099/1995). Outrossim, também dispensa-se a capacidade postulatória para a impetração de *habeas corpus* e, ainda, para propositura de reclamação trabalhista.

4.2.1. *Jus postulandi*

O *jus postulandi* encontra-se disciplinado no art. 791 da CLT, que ensina que empregados e os empregadores poderão reclamar pessoalmente perante a Justiça do Trabalho e acompanhar as suas reclamações até o final.

Dessa forma, temos que, no âmbito da Justiça do Trabalho, empregados e empregadores poderão, sem a presença de advogado, reclamar e acompanhar suas ações até o final, ou seja, poderão reclamar em juízo e interpor recurso pessoalmente. Em outras palavras, poderão atuar sem a presença de advogado em todas as instâncias trabalhistas.

Porém, para a interposição de recurso extraordinário para o STF deverá a parte fazê-lo por intermédio de um advogado, sob pena de não conhecimento do recurso.

A aplicação do *jus postulandi* já foi polêmica. Isso porque parte da doutrina entendia que a presença do advogado é dispensável somente na primeira e segunda instância trabalhista, excluindo a possibilidade de a própria parte apresentar recurso de revista, em face de sua natureza extraordinária.

Entretanto, como já exposto, em abril de 2010, o Tribunal Superior do Trabalho editou a Súmula 425, estabelecendo que o *jus postulandi* das partes é limitado às Varas do Trabalho e aos Tribunais Regionais do Trabalho, não alcançando a ação cautelar, ainda que proposta em primeira instância, a ação rescisória e o mandado de segurança, bem como os recursos de competência do Tribunal Superior do Trabalho.

4.3. Sucessão das partes

Sucessão das partes (ou sucessão processual) nada mais é que a substituição da parte do processo em decorrência da alteração de titularidade do direito material discutido em juízo. Como exemplo, podemos citar o caso de morte de uma das partes, hipótese em que haverá sua substituição pelo espólio ou pelos sucessores, nos termos do art. 43 do CPC, devendo ser observada, igualmente, a regra disposta no art. 265, I, do CPC.

A sucessão processual não pode ser confundida com a substituição processual, também chamada de legitimidade extraordinária, que será estudada no item 4.5, a qual é conceituada como o fenômeno processual pelo qual alguém, autorizado por lei, atua em juízo como parte, em nome próprio, na defesa de interesse alheio.

Nos domínios do processo do trabalho, ocorrendo a morte do empregado, os dependentes poderão assumir o polo ativo.

Nesse sentido, dispõe o art. 1º da Lei 6.858/1980:

> Art. 1º. Os valores devidos pelos empregadores aos empregados e os montantes das contas individuais do Fundo de Garantia do Tempo de Serviço e do Fundo de Participação PIS-PASEP, não recebidos em vida pelos respectivos titulares, serão pagos, em quotas iguais, aos dependentes habilitados perante a Previdência Social ou na forma da legislação específica dos servidores civis e militares, e, na sua falta, aos sucessores previstos na lei civil, indicados em alvará judicial, independentemente de inventário ou arrolamento.
>
> § 1º. As quotas atribuídas a menores ficarão depositadas em caderneta de poupança, rendendo juros e correção monetária, e só serão disponíveis após o menor completar 18 (dezoito) anos, salvo autorização do juiz para aquisição de imóvel destinado à residência do menor e de sua família ou para dispêndio necessário à subsistência e educação do menor.
>
> § 2º. Inexistindo dependentes ou sucessores, os valores de que trata este artigo reverterão em favor, respectivamente, do Fundo de Previdência e Assistência Social, do Fundo de Garantia do Tempo de Serviço ou do Fundo de Participação PIS-PASEP, conforme se tratar de quantias devidas pelo empregador ou de contas de FGTS e do Fundo PIS PASEP.

4.4. Representação processual

É a possibilidade de atuar no processo em nome de outrem. Consiste, portanto, na possibilidade de uma pessoa demandar em juízo em nome alheio, defendendo interesse alheio.

Logo, o representante age em nome do representado, defendendo interesse do próprio representado, não agindo na qualidade de parte.

A representação pode ser legal, nas hipóteses em que a lei indica o representante, como no art. 12, I e II, do CPC, ou pode ser convencional ou voluntária, que é feita por vontade da parte, como nas hipóteses do art. 12, VI, primeira parte.

A CLT, por sua vez, ensina que é facultado ao empregador fazer-se substituir pelo gerente ou qualquer outro preposto que tenha conhecimento do fato.

Contudo, o TST consolidou entendimento consubstanciado na Súmula 377, com a nova redação dada pela resolução 146 de 2008, na qual ensina que, "exceto quanto à reclamação de empregado doméstico, ou contra micro ou pequeno empresário, o preposto deve ser necessariamente empregado do reclamado. Inteligência do art. 843, § 1º, da CLT e do art. 54 da Lei Complementar nº 123, de 14 de dezembro de 2006."

Já o empregado que esteja doente ou não possa comparecer à audiência por qualquer outro motivo poderoso ou relevante poderá ser representado por outro empregado da mesma profissão ou pelo sindicato, que comparecerá à audiência informando o justo motivo para o não comparecimento do reclamante, com o fito de evitar o arquivamento do processo, nos termos do art. 843, § 2º, da CLT.

Com relação ao empregador doméstico, poderá este ser representado por qualquer pessoa da família.

4.5. Mandato

Como visto, na Justiça do Trabalho as partes são dotadas de capacidade postulatória e poderão fazer uso do *jus postulandi* nos exatos termos do art. 791 da CLT e da Súmula 425 do TST.

Porém, nada impede que as partes constituam procuradores mediante instrumento de mandato, ou seja, a procuração *ad judicia*, por meio da qual a parte lhe outorga os poderes.

Com relação ao mandato outorgado por pessoa jurídica, a Orientação Jurisprudencial 373 da SDI 1 do TST dispõe:

> ORIENTAÇÃO JURISPRUDENCIAL 373 DA SDI 1 DO TST – REPRESENTAÇÃO. PESSOA JURÍDICA. PROCURAÇÃO. INVALIDADE. IDENTIFICAÇÃO DO OUTORGANTE E DE SEU REPRESENTANTE
>
> É inválido o instrumento de mandato firmado em nome de pessoa jurídica que não contenha, pelo menos, o nome da entidade outorgante e do signatário da procuração, pois estes dados constituem elementos que os individualizam.

Nos termos do art. 37 do CPC, a representação em juízo é feita por meio do instrumento de mandato.

A Súmula 395, I, do TST ensina ser válido o instrumento de mandato com prazo determinado que contém cláusula estabelecendo a prevalência dos poderes para atuar até o final da demanda.

O outorgante poderá fixar prazo para a juntada do instrumento de mandato e, nesse caso, diante da existência dessa previsão, o instrumento de mandato só tem validade se anexado ao processo dentro do prazo estabelecido.

O outorgado poderá substabelecer os poderes conferidos pelo outorgante, ou seja, transmitir os poderes para outros advogados. Assim, são válidos os atos praticados pelo substabelecido, ainda que não haja, no mandato, poderes expressos para substabelecer, nos termos da Súmula 395, III, do TST.

Nesse sentido, é importante destacar que se configura a irregularidade de representação se o substabelecimento é anterior à outorga passada ao substabelecente.

Havendo mais de um advogado representando o empregado, poderão estes advogados requerer que as comunicações sejam feitas em nome de um determinado advogado. Nessa hipótese, o TST por meio da Súmula 427, entende ser nula a comunicação em nome de outro profissional constituído nos autos.

Há de se ressaltar que é necessário que haja prejuízo à parte, sob pena de não ser reconhecida a nulidade do ato.

É importante lembrar que é inadmissível, em instância recursal, o oferecimento tardio de procuração, nos termos do art. 37 do CPC, ainda que mediante protesto por posterior juntada, já que a interposição de recurso não pode ser reputada ato urgente. Da mesma forma, é inadmissível na fase recursal a regularização da representação processual, na forma do art. 13 do CPC, cuja aplicação se restringe ao Juízo de 1º grau.

Todavia, na Justiça do Trabalho admite-se o mandato tácito ou *apud acta*, ou seja, mandato constituído na própria ata de audiência.

Desse modo dispõe o art. 791, § 3º, da CLT:

> Art. 791 (...)
>
> § 3º A constituição de procurador com poderes para o foro em geral poderá ser efetivada, mediante simples registro em ata de audiência, a requerimento verbal do advogado interessado, com anuência da parte representada.

Importante ressaltar, contudo, que nos termos da Orientação Jurisprudencial 200 da SDI 1 do TST, é inválido o substabelecimento de advogado investido de mandato tácito.

4.6. Assistência judiciária e justiça gratuita

Nos termos do art. 5º, LXXIV, da CF, "o Estado prestará assistência jurídica integral e gratuita aos que comprovarem insuficiência de recursos."

A concessão da assistência judiciária gratuita vem regulada pela Lei 1.060/1950. No entanto, o art. 14 da Lei 5.584/1970 ensina que a assistência judiciária a que se refere a Lei 1.060/1950 será prestada pelo sindicato da classe ao trabalhador, ainda que não seja associado.

Determina o § 1º do citado art. 14 que a "assistência é devida a todo aquele que perceber salário igual ou inferior ao dobro do mínimo legal, ficando assegurado igual benefício ao trabalhador de maior salário, uma vez provado que sua situação econômica não lhe permite demandar, sem prejuízo do sustento próprio ou da família."

A assistência judiciária não se confunde com a justiça gratuita. Isso porque a primeira compreende, além dos préstimos de um advogado, os benefícios da justiça gratuita. Assim, é possível que um empregado não goze da assistência judiciária prestada pelo sindicato da classe, mas preencha os requisitos dispostos no art. 790, § 3º, da CLT e seja beneficiário da justiça gratuita.

Dispõe o art. 790, § 3º, da CLT:

> "Art. 790.
>
> § 3º É facultado aos juízes, órgãos julgadores e presidentes dos tribunais do trabalho de qualquer instância conceder, a requerimento ou de ofício, o benefício da justiça gratuita, inclusive quanto a traslados e instrumentos, àqueles que perceberem salário igual ou inferior ao dobro do mínimo legal, ou declararem, sob as penas da lei, que não estão em condições de pagar as custas do processo sem prejuízo do sustento próprio ou de sua família."

Sendo concedida a assistência judiciária, o trabalhador gozará dos benefícios do art. 3º da Lei 1.060/1950, que determina:

> "Art. 3º. A assistência judiciária compreende as seguintes isenções:
>
> I – das taxas judiciárias e dos selos;
>
> II – dos emolumentos e custas devidos aos Juízes, órgãos do Ministério Público e serventuários da justiça;
>
> III – das despesas com as publicações indispensáveis no jornal encarregado da divulgação dos atos oficiais;
>
> IV – das indenizações devidas às testemunhas que, quando empregados, receberão do empregador salário integral, como se em serviço estivessem, ressalvado o direito regressivo contra o poder público federal, no Distrito Federal e nos Territórios; ou contra o poder público estadual, nos Estados;
>
> V – dos honorários de advogado e peritos;
>
> VI – das despesas com a realização do exame de código genético – DNA que for requisitado pela autoridade judiciária nas ações de investigação de paternidade ou maternidade;
>
> VII – dos depósitos previstos em lei para interposição de recurso, ajuizamento de ação e demais atos processuais inerentes ao exercício da ampla defesa e do contraditório. Parágrafo único. A publicação de edital em jornal encarregado da divulgação de atos oficiais, na forma do inciso III, dispensa a publicação em outro jornal.

4.6.1. Assistência judiciária gratuita para pessoa jurídica

Uma vez mais, lembremos que o art. 5º, LXXIV, da CF dispõe que: "o Estado prestará assistência jurídica integral e gratuita aos que comprovarem insuficiência de recursos."

Como vimos, no plano infraconstitucional, o art. 2º da Lei 1.060/1950 estabelece que serão beneficiários da assistência judiciária os nacionais ou estrangeiros residentes no País que necessitarem recorrer à Justiça penal, civil, militar ou do trabalho, considerando-se necessitado todo aquele cuja situação econômica não lhe permita pagar as custas do processo e os honorários de advogado, sem prejuízo do sustento próprio ou da família (art. 2º, parágrafo único da citada lei).

O texto constitucional, ao assegurar a assistência jurídica integral e gratuita, não distinguiu entre pessoas físicas ou jurídicas, conferindo tal garantia a todos aqueles que *"comprovarem insuficiência de recursos"*. Isso porque, nos termos do art. 5º, *caput*, da Magna Carta, todos são iguais perante a lei.

Por isso, a assistência judiciária também poderá ser concedida à pessoa jurídica. No entanto, devemos distinguir as pessoas jurídicas sem fins lucrativos e as pessoas jurídicas com fins lucrativos.

A pessoa jurídica sem fins lucrativos faz jus aos benefícios da assistência judiciária na seara trabalhista e o procedimento para o pedido se equipara ao da pessoa física (empregado), para quem basta a simples informação na petição de que não está em condições de pagar as custas do processo e os honorários de advogado, sem prejuízo próprio ou de sua família, nos termos do art. 4º da Lei 1.060/1950. 1343

Já para as pessoas jurídicas com fins lucrativos, diferentemente de como ocorre com o empregado (pessoa física), ou seja, mediante simples pedido formulado na petição, ela deverá comprovar que não possui meios suficientes de arcar com os custos de um processo, sem prejudicar a sua própria manutenção.

A comprovação de miserabilidade jurídica poderá ser feita por meio de documentos, como, por exemplo, balanços contábeis e imposto e renda, que comprovem a efetiva situação precária.

Sobre a possibilidade de concessão do benefício da justiça gratuita às pessoas jurídicas, o STJ decidiu na Súmula 481:

> Faz jus ao benefício da justiça gratuita a pessoa jurídica *com* ou *sem* fins lucrativos que demonstrar sua impossibilidade de arcar com os encargos processuais.

Quanto ao momento para ser feito o pedido da justiça gratuita, importante a redação da Orientação Jurisprudencial 269 da SDI 1 do TST:

ORIENTAÇÃO JURISPRUDENCIAL 269 SDI 1 do TST: JUSTIÇA GRATUITA. REQUERIMENTO DE ISENÇÃO DE DESPESAS PROCESSUAIS. MOMENTO OPORTUNO.

O benefício da justiça gratuita pode ser requerido em qualquer tempo ou grau de jurisdição, desde que, na fase recursal, seja o requerimento formulado no prazo alusivo ao recurso.

4.7. Litisconsórcio

Nas lições de Marcus Vinicius Rios Gonçalves (**Novo Curso de Direito Processual Civil**. 6. ed., vol.1. São Paulo: Saraiva, 2009. p. 145), é "um fenômeno que ocorre quando duas ou mais pessoas figuram como autoras ou rés no processo. Se forem autoras, o litisconsórcio será ativo; se rés, passivo; se ambas, bilateral ou misto."

Nos domínios do processo do trabalho, o art. 842 da CLT assim dispõe:

Art. 842. Sendo várias as reclamações e havendo identidade de matéria, poderão ser acumuladas num só processo, se se tratar de empregados da mesma empresa ou estabelecimento.

O dispositivo em apreço trata da reclamação trabalhista plúrima, ou seja, uma hipótese de litisconsórcio ativo.

Com relação ao litisconsórcio passivo, podemos citar como exemplo as demandas em que figuram como rés a empresa fornecedora de mão de obra e a tomadora de serviços. Veja a Súmula 331, item IV, do TST.

Nos termos do art. 48 do CPC, *salvo disposição em contrário*, os litisconsortes serão considerados, em suas relações com a parte adversa, como litigantes distintos; os atos e as omissões de um não prejudicarão nem beneficiarão os outros.

Com isso, o art. 191 do CPC determina que aos litisconsortes que possuírem procuradores distintos os prazos serão contados em dobro para contestar, para recorrer e, de modo geral, para falar nos autos.

No entanto, por meio da OJ 310 da SDI 1, o TST se pronunciou para a inaplicabilidade do art. 191 do CPC ao processo do trabalho, por ser com ele incompatível. Dispõe a citada OJ:

ORIENTAÇÃO JURISPRUDENCIAL 310 da SDI do TST – LITISCONSORTES. PROCURADORES DISTINTOS. PRAZO EM DOBRO. ART. 191 DO CPC. INAPLICÁVEL AO PROCESSO DO TRABALHO

A regra contida no art. 191 do CPC é inaplicável ao processo do trabalho, em decorrência da sua incompatibilidade com o princípio da celeridade inerente ao processo trabalhista.

4.8. Substituição processual

Substituição processual ou legitimidade extraordinária pode ser conceituada como sendo o fenômeno processual pelo qual alguém, autorizado por lei, atua em juízo como parte, em nome próprio, na defesa de interesse alheio.

Nessa linha, dispõe o art. 6º do CPC: "ninguém poderá pleitear, em nome próprio, direito alheio, salvo quando autorizado por lei."

Esse ponto é fundamental para distinguir a substituição da representação processual. Isso porque, na representação, o representante não é parte, mas apenas a representa; ao passo, que na substituição processual, o substituto é parte no processo, seja na qualidade de autor, seja na qualidade de réu.

A CF/1988 estabelece, no art. 8º, III, que compete ao sindicato a defesa dos direitos e interesses coletivos ou individuais da categoria, inclusive em questões judiciais ou administrativas.

Essa legitimação extraordinária é irrestrita para que o sindicato atue em nome próprio na tutela de interesses da classe operária que defende.

Vale ressaltar o entendimento cristalizado na OJ 121 da SDI 1 do TST, que ensina: "o sindicato tem legitimidade para atuar na qualidade de substituto processual para pleitear diferença de adicional de insalubridade".

Por último, importante lembrar o entendimento disposto a primeira parte do item III da Súmula 219 do TST, que determina o pagamento de honorários advocatícios nas causas em que o ente sindical figure como substituto processual.

4.9. Honorários advocatícios

Como estudado, na Justiça do Trabalho admite-se o *jus postulandi* da parte, previsto no art. 791 da CLT, não necessitando que a parte esteja representada por um advogado para que possa ingressar com uma ação na Justiça do Trabalho.

Ocorre que, em regra, os honorários advocatícios na Justiça do Trabalho não decorrem da mera sucumbência. Segundo o posicionamento do TST, para que sejam devidos os honorários advocatícios é necessário que o empregado esteja representado por advogado do sindicato de sua categoria e, percebendo até dois salários mínimos, demonstre que sua situação econômica não lhe permite demandar sem prejuízo do sustento próprio ou da família. Desta forma, deverá o empregado estar assistido por advogado e ser beneficiário da justiça gratuita.

Nessa linha é a orientação jurisprudencial 305 da SDI 1 do TST:

ORIENTAÇÃO JURISPRUDENCIAL 305 SDI 1 TST – HONORÁRIOS ADVOCATÍCIOS. REQUISITOS. JUSTIÇA DO TRABALHO.

Na Justiça do Trabalho, o deferimento de honorários advocatícios sujeita-se à constatação da ocorrência concomitante de dois requisitos: o benefício da justiça gratuita e a assistência por sindicato.

Na hipótese tratada acima, os honorários advocatícios nunca serão superiores a 15% do valor da condenação e serão devidos ao sindicato profissional.

Nesse sentido dispõe a Súmula 219 do TST:

> SÚMULA 219 TST – HONORÁRIOS ADVOCATÍCIOS. HIPÓTESE DE CABIMENTO. (nova redação do item II e inserido o item III à redação)
>
> I – Na Justiça do Trabalho, a condenação ao pagamento de honorários advocatícios, nunca superiores a 15% (quinze por cento), não decorre pura e simplesmente da sucumbência, devendo a parte estar assistida por sindicato da categoria profissional e comprovar a percepção de salário inferior ao dobro do salário-mínimo ou encontrar-se em situação econômica que não lhe permita demandar sem prejuízo do próprio sustento ou da respectiva família.
>
> II – É cabível a condenação ao pagamento de honorários advocatícios em ação rescisória no processo trabalhista.
>
> III – São devidos os honorários advocatícios nas causas em que o ente sindical figure como substituto processual e nas lides que não derivem da relação de emprego.

Contudo, impende destacar que para lides que envolvam relação de trabalho que não relação de emprego, os honorários são devidos pela mera sucumbência.

Nota-se que a Instrução Normativa 27/2005 do TST em seu art. 5º dispõe:

> Art. 5º. Exceto nas lides decorrentes da relação de emprego, os honorários advocatícios são devidos pela mera sucumbência.

Desta forma, os honorários serão devidos por mera sucumbência apenas nas causas que não envolvam relação de emprego, nos termos da Instrução Normativa 27/2005 do TST. Contudo, para as lides decorrentes da relação de emprego, o cabimento dos honorários advocatícios dependerá da parte estar assistido por advogado e ser beneficiário da justiça gratuita, nos termos acima expostos.

5. Dissídio individual

5.1. Reclamação verbal ou escrita

Nos termos do art. 840 da CLT, a reclamação trabalhista poderá ser verbal ou escrita.

5.1.1. Reclamação verbal

Na reclamação trabalhista verbal (art. 840, § 2º, da CLT), o reclamante procura o próprio Tribunal Regional do Trabalho de sua região e expõe seus motivos ao servidor daquele tribunal. Uma vez verificada a possibilidade de ingresso na Justiça do Trabalho, a reclamação trabalhista deverá ser distribuída antes mesmo de sua redução a termo, em conformidade com o art. 93, XV, da CF e art. 786 da CLT.

Distribuída a reclamação verbal, o reclamante deverá, salvo motivo de força maior, apresentar-se, no prazo de 5 (cinco) dias, ao cartório ou à secretaria, para reduzi-la a termo, sob a pena de perder, pelo prazo de 6 meses, o direito de reclamar perante a Justiça do Trabalho, o que, nos termos do art. 731 da CLT, a doutrina costuma chamar de perempção provisória.

Reduzida a termo, o escrivão ou secretário, dentro de 48 horas, remeterá a segunda via do termo ao réu, notificando-o ao para comparecer à audiência.

Vale lembrar que, de acordo com o entendimento disposto no art. 841, *caput*, parte final, da CLT, entre a data do recebimento da notificação pela reclamada e a data designada para a audiência deverá ser obedecido o prazo mínimo de 5 (cinco) dias, sob pena de nulidade. Em se tratando de Fazenda Pública, esse prazo deverá ser contado em quádruplo, ou seja, entre a data do recebimento da notificação e a data da audiência deverá ser observado um lapso temporal de 20 (vinte) dias, nos termos do art. 1º, II, do Decreto-Lei 779/1969.

Nessa linha, presume-se recebida a notificação 48 (quarenta e oito) horas depois de sua postagem. O seu não recebimento ou a entrega após o decurso desse prazo constitui ônus de prova do destinatário, em conformidade com a Súmula 16 do TST.

5.1.2. Reclamação escrita

A reclamação trabalhista escrita, em atendimento ao disposto no art. 840, § 1º, da CLT, deverá conter a designação do juiz da vara do trabalho, ou do juiz de direito (art. 112 da CF) a quem for dirigida, a qualificação do reclamante e do reclamado, uma breve exposição dos fatos de que resulte a desavença, o pedido, a data e a assinatura do reclamante ou de seu representante.

A reclamação escrita deverá ser formulada em duas vias e desde logo acompanhada dos documentos em que se fundar.

Assim como a reclamação verbal, o escrivão ou secretário, dentro de 48 horas, remeterá a segunda via da petição ao réu, notificando-o para comparecimento à audiência, que deverá ser marcada obedecendo ao prazo mínimo de 5 (cinco) dias, observada a regra do art. 1º, II, do Decreto-Lei 779/1969 para a Fazenda Pública.

5.2. Comissão de Conciliação Prévia

Estabelece o art. 625-D da CLT que qualquer demanda de natureza trabalhista será submetida à Comissão de Conciliação Prévia – CCP – se, na localidade da prestação de serviços, houver sido instituída a Comissão no âmbito da empresa ou do sindicato da categoria.

As Comissões de Conciliação Prévia não integram a estrutura da Justiça do Trabalho, que se encontra esculpida no art. 111 da CF, estudado no capítulo 2.

O dispositivo legal em questão estabelece, portanto, que qualquer reclamação trabalhista deve ser submetida à CCP antes de ser ajuizada, quando, na localidade da prestação de serviços, houver sido instituída tal comissão no âmbito da empresa ou do sindicato da categoria.

Ocorre que o art. 625-D da CLT foi objeto de duas Ações Diretas de Inconstitucionalidade - ADIs. A primeira delas, ADI 2139, ajuizada pelo PCdoB, PSB, PT e PDT; e a segunda, ADI 2160, ajuizada pela Confederação Nacional dos Trabalhadores no Comércio - CNTC.

A Suprema Corte decidiu por maioria de votos que as ações trabalhistas podem ser submetidas ao judiciário trabalhista mesmo antes de se submeter a questão à Comissão de Conciliação Prévia - CCP. Para os ministros da Suprema Corte, a decisão preserva o direito universal dos cidadãos de acesso à Justiça.

Desta forma, de acordo com a interpretação conferida ao dispositivo em questão pela Suprema Corte, a submissão de conflitos à Comissão de Conciliação Prévia não constitui condição da ação para o ajuizamento da reclamação trabalhista, não sendo possível a extinção do processo sem resolução do mérito em caso de ausência de tentativa de conciliação perante a CCP.

Qualquer interessado poderá apresentar seu pedido à Comissão, que uma vez provocada terá prazo de 10 (dez) dias para a realização da sessão de tentativa de conciliação. Não havendo realização da sessão de conciliação no aludido prazo, deverá ser entregue ao empregado declaração de tentativa de conciliação frustrada. Vale lembrar que o não comparecimento da parte na sessão de conciliação não implica revelia.

Submetida a demanda à Comissão de Conciliação Prévia e não prosperando a conciliação, deverá ser fornecida ao empregado e ao empregador declaração da tentativa conciliatória frustrada com a descrição de seu objeto, que deverá ser juntada à eventual reclamação trabalhista.

No entanto, caso seja aceita a conciliação, deverá ser lavrado termo que será assinado pelo empregado, pelo empregador ou seu proposto e pelos membros da Comissão. O termo de conciliação é título executivo extrajudicial e terá eficácia liberatória geral, exceto quanto às parcelas expressamente ressalvadas.

A partir da provocação da Comissão de Conciliação Prévia, independentemente da realização da sessão de conciliação, o prazo prescricional será suspenso e recomeçará a fluir a partir da tentativa frustrada de conciliação ou, se for o caso, do esgotamento do prazo de dez dias, quando lhe será entregue a declaração de conciliação frustrada.

5.3. Petição inicial trabalhista

Como já estudado, nos termos do art. 840, § 1º, da CLT, a reclamação trabalhista escrita deverá conter a designação do juiz da vara do trabalho, ou do juiz de direito, nas hipóteses do art. 112 da CF, a quem for dirigida, a qualificação completa do reclamante, conforme art. 282 e seus incisos do CPC, acrescido do nome da mãe e número da CTPS do reclamante, além de uma breve exposição dos fatos dos quais resultaram a desavença, os fundamentos legais, o pedido, a data e a assinatura do reclamante ou de seu representante.

Vale destacar que a indicação do valor da causa na reclamação trabalhista é obrigatória para que se defina a qual procedimento a demanda será submetida. Para as causas cujo valor não exceda 40 salários mínimos, será observado o rito sumaríssimo previsto nos art. 852-A a 852-I da CLT; uma vez ultrapassado esse valor, ou seja, para causas cujo valor exceda 40 salários mínimos, deverá ser observado o procedimento ordinário.

5.3.1. Aditamento da petição inicial

Aditamento da petição inicial, previsto no art. 294 do CPC, consiste na modificação do pedido ou da causa de pedir solicitada pelo reclamante antes da citação, independente de autorização da parte contrária.

A CLT é omissa em relação à possibilidade de aditamento da petição inicial, permitindo-se a aplicação subsidiária do diploma processual civil, em conformidade com o art. 769 da CLT.

Desta forma, nos domínios do direito processual do trabalho, admite-se que o aditamento da petição inicial seja feito até a audiência, antes da apresentação de resposta do réu.

Assim, uma vez realizado o aditamento da petição inicial, o juiz do trabalho designará nova audiência para que o réu possa contestar o novo pedido.

Vale lembrar que, apresentada resposta pelo réu, não será possível o aditamento, salvo com o consentimento daquele, em conformidade com o art. 264 do CPC.

5.3.2. Emenda da petição inicial

Consiste na alteração ou correção da petição inicial, exigida pelo juiz quando este verificar que ela não preenche os requisitos exigidos pela lei processual ou que contém defeitos e irregularidades capazes de atrapalhar o apreciação do mérito da causa.

Dispõe o art. 284 do CPC:

> Art. 284. Verificando o juiz que a petição inicial não preenche os requisitos exigidos nos arts. 282 e 283, ou que apresenta defeitos e irregularidades capazes de dificultar o julgamento de mérito, determinará que o autor a emende, ou a complete, no prazo de 10 (dez) dias.

Desta forma, sempre que a petição inicial contiver lacunas, imperfeições ou omissões, e esses problemas puderem ser sanados, o juiz deverá permitir que a parte complete o pedido no prazo de 10 dias. Somente depois disso, se a parte não cumprir a exigência imposta pelo magistrado, é que este indeferirá a petição inicial, de acordo com o parágrafo único do mesmo dispositivo legal.

Nessa linha, o TST cristalizou o entendimento consubstanciado na Súmula 263, que ensina que, com exceção das hipóteses previstas no art. 295 do CPC, o indeferimento da petição inicial, por encontrar-se desacompanhada de documento indispensável à propositura da ação ou não preencher outro requisito legal, somente é cabível se, depois de intimada para suprir a irregularidade em 10 dias, a parte não o fizer.

Tal regra não está contida na CLT, devendo ser aplicado o CPC de forma subsidiária ao processo do trabalho, em conformidade com o art. 769 da CLT.

Vale lembrar que no procedimento sumaríssimo, em decorrência da disposição contida no art. 852-B, I, da CLT, não é permitida a emenda da petição inicial trabalhista.

5.4. Respostas

Nos termos do art. 841 da CLT, após recebida e protocolada a reclamação, uma segunda via da petição será enviada ao réu, que, no mesmo ato, será notificado para comparecer à audiência.

Aberta a audiência e com a recusa das partes em fazer acordo, o juiz abrirá prazo de 20 minutos para que o réu apresente sua resposta.

São 3 as formas de resposta do réu: contestação, exceção – que poderá ser de impedimento, suspeição ou de incompetência relativa – e, por último, reconvenção.

5.4.1. Contestação

É o principal meio de defesa do réu, por meio do qual este exerce seu direito constitucional ao contraditório.

A contestação está prevista no art. 847 da CLT e no art. 300 e seguintes do CPC, aplicados de forma subsidiária ao processo do trabalho por força do art. 769 da CLT.

Na contestação deverá ser alegada toda a matéria de defesa, expondo as razões de fato e de direito com que o direito do autor é impugnado.

O art. 300 traz em seu bojo os princípios norteadores da contestação, quais sejam: princípio da impugnação especificada e o princípio da eventualidade.

O princípio da impugnação especificada estabelece que o reclamado deve impugnar todos os pedidos formulados pelo reclamante sob pena de serem tidos como incontroversos. Em outras palavras, este princípio impede que seja apresentada impugnação genérica, regra que não é aplicável em se tratando de advogado dativo, curador especial e ao órgão do Ministério Público (art. 302, parágrafo único, do CPC).

Nos domínios do processo do trabalho, aqueles pedidos que não forem impugnados pelo reclamado, ou seja, a parte incontroversa das verbas rescisórias, deverá ser paga na própria audiência, sob pena de ser acrescida uma multa de 50%, nos termos do art. 467 da CLT.

Vale dizer que, em se tratando da União, dos Estados, do Distrito Federal, dos Municípios e autarquias e fundações públicas, essa multa não será devida.

Já o princípio da eventualidade determina que todos os meios de defesa sejam apresentados em uma única oportunidade, possibilitando ao magistrado que, caso não aceite uma delas, reconheça as demais.

Podemos dizer que o reclamado deverá, nesse momento, apresentar todas as suas teses de defesa, mesmo que elas sejam contrárias entre si, pois, caso o juiz não acate uma, poderá acatar a outra. Caso o reclamado não atue dessa maneira, sofrerá os efeitos da preclusão.

A compensação apenas poderá ser alegada como matéria de defesa, ou seja, na contestação, em conformidade com o art. 767 da CLT e Súmula 48 do TST, não podendo exceder o equivalente a um mês de remuneração do empregado (art. 477, § 5º, da CLT), estando restrita a dívidas de natureza trabalhista, entendimento cristalizado na Súmula 18 do TST.

É importante lembrar que valores excedentes ao mês da remuneração do empregado poderão ser requeridos em reconvenção.

Na contestação, compete ao réu, antes de discutir o mérito da ação, apresentar defesa processual, ou seja, alegar os vícios processuais, matérias contidas no art. 301 do CPC, que são chamadas de "preliminares ao mérito."

As preliminares ao mérito são defesas processuais, modalidade de defesa indireta, pois atingem questões que não estão intimamente ligadas ao mérito da causa. São vícios processuais que, uma vez constatados, acarretam a extinção do processo sem resolução do mérito (art. 267 do CPC).

Não se confundem com as prejudiciais ou defesas indiretas de mérito, como a prescrição e decadência, as quais impedem o exame do mérito da causa e, uma vez acatadas pelo juiz, acarretam extinção do processo com resolução do mérito, nos termos do art. 269, IV, do CPC.

5.4.1.1. Prescrição

A prescrição encontra-se disciplinada no art. 7º, XXIX, da CF:

> Art. 7º. (...)
>
> XXIX – ação, quanto aos créditos resultantes das relações de trabalho, com prazo prescricional de cinco anos para os trabalhadores urbanos e rurais, até o limite de dois anos após a extinção do contrato de trabalho.

No âmbito trabalhista, duas regras de prescrição devem ser observadas. A prescrição bienal refere-se ao direito de o trabalhador postular seus direitos após a extinção do contrato de trabalho. O reclamante deverá obedecer à prescrição bienal, ou seja, deverá ingressar com reclamação trabalhista no prazo de 2 (dois) anos contados do término do contrato de trabalho.

Já a prescrição quinquenal se refere às lesões a direitos ocorridas durante a vigência do contrato. Nessa linha, uma vez extinto o contrato de trabalho, o obreiro terá prazo de 2 (dois) anos para pleitear seus direitos na Justiça do Trabalho. Todavia, poderá reclamar os 5 (cinco) anos que antecedem à propositura da reclamação trabalhista.

Sobre o tema prescrição, é importante destacar a Súmula 362 do TST. Por meio da citada súmula, caso o reclamante queira pleitear na Justiça do Trabalho valores referentes ao FGTS, a prescrição é trintenária. Nessa linha, o reclamante deverá ingressar com reclamação trabalhista no prazo de 2 (dois) anos contados do término do contrato de trabalho, respeitando a prescrição bienal. Porém, poderá pleitear os 30 (trinta) anos que antecedem à propositura da ação.

5.4.2. Exceções

Prevista no art. 799 da CLT e art. 304 do CPC, constitui espécie de defesa que tem como fim atacar a parcialidade do juiz ou a competência do juízo a ele vinculado para processar e julgar a lide.

Desta forma, poderão ser apresentadas pelo reclamado exceção de impedimento, exceção de suspeição e exceção de incompetência territorial.

Vale destacar que a incompetência absoluta deverá ser alegada como preliminar de contestação (art. 301, II, do CPC).

Por não existir previsão na norma consolidada, será aplicável o direito processual civil de forma subsidiária.

Nessa linha, dispõe o art. 299 do CPC, parte final, que a exceção deverá ser processada em autos apensos ao principal, ou seja, em autos apartados. Entretanto, os Tribunais Regionais do Trabalho admitem, em razão do princípio da informalidade do processo trabalhista, que ela seja apresentada no bojo da contestação como matéria preliminar.

Uma vez oferecida a exceção, o processo será suspenso até que a questão seja decidida, em conformidade com o art. 306 do CPC.

5.4.2.1. Exceção de incompetência territorial

A exceção de incompetência territorial é uma modalidade de defesa processual que visa ao reconhecimento da incompetência relativa de um juízo em razão da localidade onde a reclamação foi proposta.

Como se sabe, a competência territorial da Justiça do Trabalho, em regra, dá-se pelo local da última prestação de serviços realizada pelo trabalhador, disciplinada no art. 651, *caput*, da CLT, com as exceções trazidas em seus parágrafos.

Constitui, portanto, uma hipótese de incompetência relativa, não podendo ser conhecida de ofício pelo magistrado. Necessita, assim, da manifestação do réu. Caso este não se pronuncie no prazo de defesa, ocorrerá o fenômeno processual da prorrogação de competência, tornando-se competente o juízo.

Apresentada a exceção de incompetência, será aberto prazo ao exceto para em 24 horas se manifestar; na primeira audiência seguinte será proferida sentença pelo juiz.

Acolhida a exceção de incompetência territorial, os autos serão remetidos para o juízo competente, sendo tal decisão recorrível via recurso ordinário, em conformidade com o art. 799, § 2º, da CLT e entendimento sumulado pelo TST em sua Súmula 214, item "c".

5.4.2.2. Exceção de suspeição e impedimento

As exceções de suspeição e impedimento são os meios processuais para atacar a parcialidade do juiz, que tem como finalidade assegurar que o processo seja apreciado por um juiz imparcial.

O impedimento diz respeito à perda de imparcialidade do juiz quando o fato gerador da imparcialidade se dá por critérios objetivos, ou seja, critérios que possam ser demonstrados de forma direta, com a apresentação de documento, como, por exemplo, parentesco por consanguinidade.

Já a suspeição do juiz diz respeito à perda de imparcialidade quando sua causa geradora possui natureza subjetiva, ou seja, necessita de um elemento interno para que possa ser aferida; não pode ser aferida objetivamente por meio de documentos, pois necessita ser interpretada e valorada, como, por exemplo, o caso de amizade íntima.

As hipóteses de impedimento e suspeição estão disciplinadas no art. 801 da CLT, que traz um rol exemplificativo, devendo ser aplicadas, outrossim, as hipóteses previstas nos arts. 134 e 135 do CPC.

Vale dizer que os institutos são diferentes e não podem ser confundidos, pois há pontos que não podem ser esquecidos. A suspeição apenas poderá ser alegada pelas partes por meio da exceção e deve ser apresentada no momento oportuno sob pena de preclusão. Já no impedimento, o juiz poderá se manifestar de ofício, não estando a matéria sujeita à preclusão.

Nota-se que nas exceções de impedimento e suspeição o próprio juiz é o polo passivo do incidente processual e não a parte contrária.

Oferecida a exceção, o juiz poderá tomar dois caminhos: pode o magistrado reconhecer a causa de impedimento ou a suspeição, hipótese em que ordenará a remessa dos autos ao seu substituto legal ou, não se dando por suspeito ou impedido, no prazo de 10 dias, dará as suas razões, acompanhadas de documentos e de rol de testemunhas, se houver, ordenando a remessa dos autos ao tribunal.

5.4.3. Reconvenção

Modalidade de resposta do réu que equivale a um ataque e não a uma defesa. Trata-se de uma ação, sendo esta sua natureza jurídica, proposta pelo réu, chamado de reconvinte, em face do autor, chamado de reconvindo.

Nessa modalidade de resposta, o réu não busca defender-se, mas sim atacar, ou seja, formular uma pretensão contra o autor da ação principal.

Deve ser apresentada na própria audiência em peça distinta da contestação e para ser admitida deve preencher os seguintes requisitos:

a) o juízo da causa principal deve ser competente para apreciar, além da ação principal, a própria reconvenção, nos termos do art. 109 do CPC;

b) deve haver compatibilidade entre os procedimentos aplicáveis à ação principal e à reconvenção (art. 292, § 1º, III, do CPC);

c) pendência da ação principal;

d) deve haver conexão entre as ações, ou seja, quando lhes for comum o objeto ou a causa de pedir (art. 103 do CPC).

5.5. Provas

Nos domínios do processo do trabalho, todos os meios de prova serão admitidos, tais como: depoimento pessoal, interrogatório, confissão, prova testemunhal, documentos, perícia e, ainda, a prova emprestada.

Pela regra, em conformidade com o art. 818 da CLT, o ônus de provar o alegado incumbe à parte que o fizer.

Pela deficiência do assunto na norma consolidada, iremos aplicar ao processo do trabalho os preceitos do direito processual civil, contidos nos art. 333 do CPC, o qual ensina que a prova incumbe ao autor, quanto ao fato constitutivo do seu direito, e ao réu, quanto à existência de fato impeditivo, modificativo ou extintivo do direito do autor.

Com relação às provas, é importante destacar a novidade inserida pela Lei 11.295/2009, que alterou o art. 830 da CLT, determinando que o documento em cópia simples oferecido como prova poderá ser declarado autêntico pelo próprio advogado, sob sua responsabilidade pessoal.

A apresentação de cópia autenticada ou até mesmo o próprio documento original somente deverá ser apresentada se a cópia simples for impugnada pela parte adversa.

Alguns entendimentos emitidos pelo Tribunal Superior do Trabalho a respeito do ônus da prova merecem destaque:

Súmula 6, VIII, do TST: É do empregador o ônus da prova do fato impeditivo, modificativo ou extintivo da equiparação salarial.

Súmula 16 do TST: Presume-se recebida a notificação 48 (quarenta e oito) horas depois de sua postagem. O seu não recebimento ou a entrega após o decurso desse prazo constitui ônus de prova do destinatário.

Súmula 212 do TST: O ônus de provar o término do contrato de trabalho, quando negados a prestação de serviço e o despedimento, é do empregador, pois o princípio da continuidade da relação de emprego constitui presunção favorável ao empregado.

Súmula 338 do TST: I – É ônus do empregador que conta com mais de 10 (dez) empregados o registro da jornada de trabalho na forma do art. 74, § 2º, da CLT. A não apresentação injustificada dos controles de frequência gera presunção relativa de veracidade da jornada de trabalho, a qual pode ser elidida por prova em contrário.

II – A presunção de veracidade da jornada de trabalho, ainda que prevista em instrumento normativo, pode ser elidida por prova em contrário.

III – Os cartões de ponto que demonstram horários de entrada e saída uniformes são inválidos como meio de prova, invertendo-se o ônus da prova, relativo às horas extras, que passa a ser do empregador, prevalecendo a jornada da inicial se dele não se desincumbir.

Importante ressaltar que a Orientação Jurisprudencial 215 da SDI 1 do TST, que entendia pertencer ao empregado o ônus de comprovar que satisfaz os requisitos indispensáveis à obtenção do vale-transporte, foi cancelada em maio de 2011. Referido cancelamento faz com que o ônus probatório passe ao empregador. Isso porque o vale-transporte é um benefício e por essa razão se presume que o empregado não o recusa ou renuncia. Desta forma, caberá à reclamada comprovar que o empregado não faz jus ao benefício.

5.5.1. Depoimento das partes e testemunhas

As partes e testemunhas serão inquiridas pelo Juiz, podendo ser reinquiridas, por seu intermédio, a requerimento das partes, seus representantes ou advogados.

O depoimento da parte e/ou testemunha surda-muda, ou de mudo que não saiba escrever e, ainda, aqueles que não souberem falar a língua nacional, será feito por meio de intérprete nomeado pelo Juiz. Nesses casos, as despesas correrão por conta da parte à qual interessar o depoimento.

Nos termos da Súmula 74 do TST, importante lembrar que se aplica a "pena" de confissão – confissão ficta – à parte que, expressamente intimada com a cominação, deixa de comparecer à audiência em prosseguimento na qual deveria depor.

No entanto, a prova pré-constituída nos autos pode ser levada em conta para confronto com a confissão ficta, não implicando cerceamento de defesa o indeferimento de provas posteriores. Na reclamação trabalhista submetida ao procedimento ordinário, cada uma das partes não poderá indicar mais de 3 (três) testemunhas, que comparecerão à audiência independentemente de notificação ou intimação. Aquelas que não comparecerem sem motivo justificado serão intimadas de ofício pelo Juiz ou a requerimento da parte, ficando sujeitas a condução coercitiva, além do pagamento de multa. É importante lembrar que em se tratando de litisconsórcio ativo o número de testemunhas será limitado a 3 (três) no total, pois não é permitido que cada litisconsorte indique 3 (três) testemunhas.

Deverá o magistrado adotar providências de modo que o depoimento de uma testemunha não seja ouvido pelas demais que tenham de depor no processo.

Vale frisar que, em conformidade com a Súmula 357 do TST, não é suspeita a testemunha pelo simples fato de estar litigando ou de ter litigado contra o mesmo empregador.

Cabe lembrar, ainda, que, nos termos do art. 829 da CLT, a testemunha que for parente até o terceiro grau civil, amigo íntimo ou inimigo de qualquer das partes, será ouvida como informante, não prestando o compromisso legal de dizer a verdade.

5.5.2. Perícia

Havendo pedidos que necessitem de prova técnica, deverá o Juiz designar perito, fixando prazo para entrega do laudo.

Nesse momento, vale dizer que a exigência de depósito prévio para custeio dos honorários periciais é ilegal, dada a incompatibilidade com os ditames do processo trabalhista. Havendo tal exigência, nos termos da Orientação Jurisprudencial 98 da SDI 2 do TST, admite-se a impetração de mandado de segurança visando à realização da perícia, independentemente do depósito.

É permitido a cada uma das partes a indicação de um assistente, que poderá ser indagado pelo Juiz e que deverá apresentar o laudo no mesmo prazo assinado para o perito, sob pena de ser desentranhado dos autos.

Ainda sobre perícia, importante destacar a Orientação Jurisprudencial 278 da SDI 1 do TST:

> OJ-SDI1-278 ADICIONAL DE INSALUBRIDADE. PERÍCIA. LOCAL DE TRABALHO DESATIVADO.
> A realização de perícia é obrigatória para a verificação de insalubridade. Quando não for possível sua realização, como em caso de fechamento da empresa, poderá o julgador utilizar-se de outros meios de prova.

Por último, vale destacar que a União é responsável pelo pagamento dos honorários de perito quando a parte sucumbente no objeto da perícia for beneficiária da assistência judiciária gratuita, nos termos da orientação jurisprudencial 387 da SDI 1 do TST.

5.6. Procedimentos sumário e sumaríssimo

Existem dois tipos de ritos concisos ou sucintos na Justiça do Trabalho. O primeiro deles é rito sumário ou rito de alçada, como também é chamado, que se encontra previsto no art. 2º, §§ 3º e 4º da Lei 5.584/1970. O segundo é denominado de sumaríssimo, previsto nos arts. 852-A a 852-I da CLT, inseridos por força da Lei 9.957/2000.

5.6.1. Rito sumário

Disciplinado no art. 2º, §§ 3º e 4º, da Lei 5.584/1970, objetiva maior celeridade e maior efetividade para as demandas cujo valor da causa não ultrapasse dois salários mínimos.

Essas causas se submeterão ao procedimento ordinário com ampla produção de provas. Contudo, não se submeterão às modalidades de recursos trabalhistas.

> Art. 2º. Nos dissídios individuais, proposta a conciliação, e não havendo acordo, o Presidente, da Junta ou o Juiz, antes de passar à instrução da causa, fixar-lhe-á o valor para a determinação da alçada, se este for indeterminado no pedido.
>
> (...)
>
> § 3º. Quando o valor fixado para a causa, na forma deste artigo, não exceder de 2 (duas) vezes o salário-mínimo vigente na sede do Juízo, será dispensável o resumo dos depoimentos, devendo constar da Ata a conclusão da Junta quanto à matéria de fato.
>
> § 4º. Salvo se versarem sobre matéria constitucional, nenhum recurso caberá das sentenças proferidas nos dissídios da alçada a que se refere o parágrafo anterior, considerado, para esse fim, o valor do salário-mínimo à data do ajuizamento da ação.

No procedimento sumário, portanto, não há a possibilidade de interposição de recursos, salvo se tratar de matéria constitucional, hipótese em que será cabível a interposição de recurso extraordinário para o STF, nos termos do art. 102 da CF.

Sintetizando, a reclamação trabalhista que seguir o rito sumário obedecerá aos trâmites do procedimento ordinário, diferenciando-se apenas na fase recursal.

5.6.1.1. Derrogação/revogação do procedimento sumário

Muito se discute na doutrina sobre a revogação do procedimento sumário pelo procedimento sumaríssimo instituído pela Lei 9.957/2000.

Isso porque parte da doutrina, como o Professor Renato Saraiva (**Curso de Direito Processual do Trabalho**. 4. ed. São Paulo: Método, 2007. p. 417), sustenta que a Lei 9.957/2000 teria revogado o procedimento sumário, disposto na Lei 5.584/1970, por se tratar de uma lei mais nova e cuidar de matéria processual trabalhista.

É certo que o procedimento sumário trata de ações cujo valor não exceda 2 (dois) salários mínimos. Já o procedimento sumaríssimo traz em seu bojo ações cujo valor não exceda 40 (quarenta) salários mínimos. É claro que nas causas de até 40 (quarenta) salários mínimos estão compreendidas as ações de até 2 (dois) salários mínimos e por este motivo houve a revogação.

Nesse sentido, o TST editou a Instrução Normativa 27, a qual, em seu art. 1º, ensina que, excetuando aquelas causas de procedimento especial, como ação rescisória e mandado de segurança, as causas na Justiça do Trabalho tramitarão pelo rito ordinário ou sumaríssimo.

> Art. 1º As ações ajuizadas na Justiça do Trabalho tramitarão pelo rito ordinário ou sumaríssimo, conforme previsto na Consolidação das Leis do Trabalho, excepcionando-se, apenas, as que, por disciplina legal expressa, estejam sujeitas a rito especial, tais como o mandado de segurança, *habeas corpus, habeas data*, ação rescisória, ação cautelar e ação de consignação em pagamento.

Desta forma, de acordo com a instrução expedida pelo Colendo TST, entendemos estarem derrogados os dispositivos contidos na Lei 5.584/1970 que cuidam do procedimento sumário na Justiça do Trabalho.

5.6.2. Rito sumaríssimo

Instituído pela Lei 9.957/2000, que inseriu os arts. 852-A a 852-I na CLT, o procedimento sumaríssimo é previsto para as demandas cujo valor da causa não exceda a 40 (quarenta) salários mínimos na data da propositura da ação. Objetiva, por meio de um rito processual mais célere e mais simples, conferir maior efetividade na atividade jurisdicional do Estado.

Vale dizer que nas ações plúrimas, entendidas como aquelas em que há diversos reclamantes em litisconsórcio, o valor total da causa, do pedido de todos reclamantes, não poderá exceder a 40 (quarenta) salários mínimos.

Independentemente de sua complexidade, todas as demandas trabalhistas poderão ser submetidas a tal procedimento. Todavia, assim como as ações coletivas, o art. 852-A, *caput*, e seu parágrafo único, da CLT, ensina que não estão abrangidas pelo rito sumaríssimo as demandas em que for parte a administração pública direta, autárquica e fundacional.

Nas reclamações submetidas ao procedimento sumaríssimo, o pedido deverá ser certo e determinado, necessitando, ainda, a indicação do valor correspondente.

O reclamante deverá indicar o nome correto da reclamada, bem como seu correto endereço, na medida em que é vedada a citação por edital. Caso o reclamante não atenda tais exigências, o processo será arquivado, com o consequente pagamento de custas calculadas sobre o valor da causa, não sendo permitida a emenda da petição inicial.

Mesmo indicando o endereço correto da parte adversa, pode ser que esta venha a se ausentar, furtando-se a receber a notificação, hipótese em que é permitido ao juiz do trabalho que converta o rito sumaríssimo para o rito ordinário, em que se admite a citação editalícia.

A audiência da reclamação submetida ao procedimento sumaríssimo deverá ocorrer no prazo máximo de 15 (quinze) dias contados do ajuizamento da ação, em conformidade com o art. 852-B, III, da CLT.

Outra peculiaridade do procedimento sumaríssimo é a que diz respeito ao número de testemunhas que cada parte poderá levar a juízo. Enquanto no procedimento ordinário permite-se que cada parte traga 3 testemunhas, no procedimento sumaríssimo esse número é diminuído para 2 testemunhas para cada parte, que comparecerão independente de intimação (art. 852-H, § 2º, da CLT). Vale lembrar que, em se tratando de litisconsórcio, o número máximo de testemunhas não é para cada litisconsorte, mas sim para cada parte, ou seja, autor e réu.

Nas sentenças proferidas no procedimento sumaríssimo é dispensável o relatório, devendo, entretanto, mencionar os elementos de convicção do juízo, com resumo dos fatos relevantes ocorridos em audiência.

Convém destacar que nas causas sujeitas ao procedimento sumaríssimo é admitida a prova pericial, também chamada de prova técnica, quando o fato o exigir ou for legalmente imposta, como, por exemplo, nas ações em que se discute adicional de insalubridade ou periculosidade. Nesse caso, o Juiz ficará incumbido de fixar o prazo, o objeto da perícia e nomear o perito, nos termos do art. 852-H, § 4º, da CLT. Poderão as partes indicar peritos assistentes, nos termos do art. 826 da CLT e da Súmula 341 do TST.

6. Recursos

6.1. Conceito

Para Moacyr Amaral Santos (*Primeiras Linhas de Direito Processual Civil*. 24. ed. São Paulo: Saraiva, 2010. p. 84), recurso é *"o poder de provocar o reexame de uma decisão, pela mesma autoridade judiciária, ou por outra hierarquicamente superior, visando a obter a sua reforma ou modificação"*.

6.2. Peculiaridades dos recursos trabalhistas

6.2.1. Irrecorribilidade imediata das decisões interlocutórias

Disciplinada no art. 893, § 1º, da CLT, a regra ensina que as decisões interlocutórias, entendidas como o ato pelo qual o juiz, no curso do processo, resolve questão incidente (art. 162, § 2º, do CPC), não admitem a interposição de recurso imediato, devendo a parte impugná-las somente em recursos da decisão definitiva. Por essa regra, uma questão incidente decidida em audiência não poderá ser atacada, devendo a parte aguardar a prolação da sentença para, no recurso ordinário interposto contra a sentença, impugnar, também, a decisão interlocutória.

6.2.2. Efeito devolutivo

Os recursos no processo do trabalho são dotados unicamente, em regra, do efeito devolutivo. Por meio dessa regra a matéria é submetida a julgamento pelo órgão destinatário do recurso, sendo apreciadas apenas questões debatidas no processo e que constam das razões recursais mediante pedido de nova decisão. É o significado da a expressão *tantum devolutum quantum appellatum*.

Os recursos na Justiça do Trabalho, em regra, não admitem o efeito suspensivo como no processo comum, devendo a parte, caso queira a obtenção desse efeito, ajuizar ação cautelar incidental, em conformidade com a Súmula 414, I, do TST.

6.2.3. Uniformidade do prazo recursal

Determina o art. 6º da Lei 5.584/1970 que o prazo para interpor e contra-arrazoar qualquer recurso trabalhista é de oito dias. Não obstante, alguns recursos possuem prazos diferenciados, como os embargos de declaração, que serão interpostos no prazo de cinco dias (conforme determina o art. 897-A da CLT); o recurso extraordinário para o STF, cujo prazo legal é de 15 dias; e nos dissídios de alçada temos o pedido de revisão, cujo prazo é de 48 horas.

É importante enfatizar que a regra estabelecida no art. 191 do CPC, que estabelece o prazo recursal em dobro nos casos em que os litisconsortes possuem advogados distintos, não é aplicável no âmbito processual trabalhista, conforme estabelece a OJ 310 da SDI-I do TST, por sua incompatibilidade com a celeridade buscada no processo do trabalho:

> Orientação Jurisprudencial 310 da SDI 1 do TST – Litisconsortes. Procuradores distintos. Prazo em dobro. Art. 191 do CPC. Inaplicável ao processo do trabalho.
>
> A regra contida no art. 191 do CPC é inaplicável ao processo do trabalho, em decorrência da sua incompatibilidade com o princípio da celeridade inerente ao processo trabalhista.

As pessoas jurídicas de direito público possuem prazo em dobro para recorrer, mas não para contra-arrazoar. Contudo, essa prerrogativa não é aplicável às empresas públicas e sociedades de economia mista, pois possuem personalidade jurídica de direito privado.

Conforme determina o art. 188 do CPC, aplicado subsidiariamente ao processo do trabalho por força do art. 769 da CLT, o Ministério Público do Trabalho também possui prazo em dobro para recorrer.

6.3. Efeitos dos recursos

6.3.1. Efeito devolutivo

Estabelece o art. 899 da CLT que os recursos trabalhistas serão dotados, em regra, de efeito meramente devolutivo, sendo possível a execução provisória até a penhora.

Por meio do efeito devolutivo, a matéria impugnada pelo recorrente será reexaminada pelo órgão superior hierárquico. O efeito devolutivo devolve o exame da questão impugnada ao órgão superior.

Trata-se do brocardo latino *tantum devolutum quantum appellatum*. Em outras palavras, o Tribunal Regional deverá restringir-se ao que foi objeto no recurso interposto. É o próprio recorrente que delimitará a matéria que o órgão superior examinará no recurso.

Consiste, portanto, em devolver ao grau superior de jurisdição a análise do caso concreto.

Não obstante, o art. 9º da Lei 7.701/1988 e a Lei 10.192/2001, em seu art. 14, admitem que o Presidente do TST conceda efeito suspensivo ao recurso ordinário interposto em face de sentença normativa prolatada pelo TRT, pelo prazo improrrogável de 120 dias, contados da publicação, salvo se o recurso for julgado antes do término do prazo.

6.3.2. Efeito devolutivo em profundidade

Como se sabe, com o efeito devolutivo do recurso ordinário o Tribunal Regional deverá restringir-se ao que foi objeto no recurso ordinário.

O efeito devolutivo em profundidade, que se extrai do § 1º do art. 515 do CPC, transfere ao Tribunal Regional, além da análise dos pedidos formulados no recurso, a análise de todos os fundamentos relacionados à matéria impugnada.

Sobre o tema é importante destacar a Súmula 393 do Tribunal Superior do Trabalho, com redação dada pela resolução 169/2010:

> SÚMULA 393 – RECURSO ORDINÁRIO. EFEITO DEVOLUTIVO EM PROFUNDIDADE. ART. 515, § 1º, DO CPC
>
> O efeito devolutivo em profundidade do recurso ordinário, que se extrai do § 1º do art. 515 do CPC, transfere ao Tribunal a apreciação dos fundamentos da inicial ou da defesa, não examinados pela sentença, ainda que não renovados em contrarrazões. Não se aplica, todavia, ao caso de pedido não apreciado na sentença, salvo a hipótese contida no § 3º do art. 515 do CPC.

6.3.3. Efeito suspensivo

O efeito suspensivo impede a produção imediata dos efeitos da decisão. Em outras palavras, podemos dizer que, uma vez interposto o recurso, dotado desse efeito, a execução da sentença ficará suspensa.

Recebido um recurso no efeito suspensivo, a decisão impugnada não poderá ser executada, devendo a parte interessada aguardar o julgamento do recurso pela instância superior.

Nos domínios do processo do trabalho, poderá ser atribuído efeito suspensivo às decisões das Turmas dos Tribunais do Trabalho no julgamento de processos coletivos, em conformidade com o art. 9º da Lei 7.701/1988.

Não obstante, em regra, os recursos trabalhistas possuem unicamente o efeito devolutivo, permitindo a execução provisória até a penhora, ou seja, não se admite o efeito suspensivo.

Caso a parte pretenda a obtenção de efeito suspensivo, deverá ajuizar ação cautelar incidental, como ensina a parte final da Súmula 414, I, do TST.

6.3.4. Efeito translativo

Como vimos, o efeito devolutivo impede que o juízo profira julgamento além, aquém, ou fora do pedido formulado nas razões recursais.

No entanto, o sistema autoriza o juízo a decidir questões que não foram suscitadas nas razões recursais. São as matérias de ordem pública, que devem ser conhecidas de ofício pelo juiz.

Assim, o efeito translativo consiste na capacidade que o tribunal possui de avaliar matérias que não tenham sido objeto do recurso, por se tratar de matéria de ordem pública.

6.3.5. Efeito substitutivo

O efeito substitutivo dos recursos consiste na substituição da decisão recorrida pela decisão proferida em sede recursal. O efeito substitutivo faz com que a decisão do juízo *ad quem* substitua a decisão recorrida, nos termos do art. 512 do CPC.

Assim, caso o recurso seja, ao menos, conhecido, independentemente de ser dado ou não provimento, opera-se o efeito substitutivo do recurso.

Dessa forma, havendo reforma da decisão de 1º grau, valerá o acórdão; caso não haja reforma, valerá a confirmação da sentença.

6.3.6. Efeito extensivo

O efeito extensivo ou expansivo se dá nos casos em que do julgamento do recurso se enseja decisão mais abrangente do que o reexame da matéria impugnada, que é o mérito do recurso. Terá aplicação na hipótese de litisconsórcio unitário, quando a decisão judicial deve ser uniforme para todos os litisconsortes, em conformidade com o art. 509 do CPC.

6.3.7. Efeito regressivo

É aquele que possibilita a retratação ou reconsideração da decisão impugnada pelo mesmo juízo prolator da decisão. Esse efeito possui incidência no agravo de instrumento e no agravo regimental.

6.4. Juízo de admissibilidade e pressupostos recursais

A admissibilidade da matéria impugnada no recurso está condicionada ao preenchimento de determinados pressupostos, conhecidos como requisitos de admissibilidade. Tais pressupostos dizem respeito tanto ao próprio recurso em si, conhecidos como pressupostos objetivos ou extrínsecos, e àqueles pressupostos ligados ao sujeito recorrente, os pressupostos subjetivos ou intrínsecos.

O não atendimento a esses pressupostos ensejará a inadmissibilidade ou não conhecimento do recurso, prejudicando a análise do seu mérito, ou seja, a análise da matéria impugnada.

Esse exame de admissibilidade será realizado em dois momentos distintos: perante o juízo *a quo*, quando da interposição do recurso e na chegada das contrarrazões recursais, e, num segundo momento, perante o juízo *ad quem*, realizado pelo Desembargador relator, quando o recurso for remetido para instância superior.

6.4.1. Pressupostos subjetivos ou intrínsecos

Dizem respeito à pessoa recorrente. São eles: legitimidade, capacidade e interesse.

6.4.1.1. Legitimidade

Em conformidade com o estabelecido no art. 499 do CPC, o recurso pode ser apresentado pela parte vencida, qualquer terceiro prejudicado e, ainda, pelo Ministério Público naqueles processos em que figurar como parte ou em que atuar como fiscal da lei (*custos legis*), nos termos do art. 83, VI, da Lei Complementar 75/1993.

6.4.1.2. Capacidade

Não basta a parte ter legitimidade, é necessário que no momento da interposição do recurso ela seja plenamente capaz, isto é, deve encontrar-se no pleno exercício de suas capacidades mentais, em observados os arts. 3º, 4º e 5º do Código Civil.

6.4.1.3. Interesse

Para se qualificar o interesse recursal, a parte deve demonstrar que o recurso é útil e necessário, sob pena de não ser conhecido. O interesse não significa mera sucumbência, mas sim o binômio necessidade e utilidade.

Suponha-se que em uma reclamação trabalhista o reclamado conteste o pedido alegando prescrição (matéria que extingue o processo com resolução do mérito e que impede que o reclamante ingresse com nova reclamação trabalhista), o juiz do trabalho extinga o processo por qualquer das hipóteses previstas no art. 267 do CPC, ou seja, sem resolução do mérito (o que permite ao reclamante o ajuizamento de nova reclamação trabalhista). Nesse caso, mesmo não sendo perdedor da reclamação, há interesse recursal objetivando uma decisão de mérito, o que impedirá a propositura de nova ação.

6.4.2. Pressupostos objetivos ou extrínsecos

Os pressupostos objetivos ou extrínsecos dizem respeito a aspectos dos recursos em si. São eles: representação, recorribilidade do ato, adequação, tempestividade e preparo.

6.4.2.1. Representação

Na Justiça do Trabalho admite-se o *jus postulandi*, nos termos do art. 791 da CLT, sendo facultado às partes a contratação de advogados. Nessa linha, estando as partes assistidas por advogados, deverá este estar regularmente representado através de instrumento de mandato (procuração).

Na Justiça do Trabalho admite-se o mandato tácito, constituído por meio da procuração *apud acta*, que é aquela constituída na própria ata da audiência.

Sobre o tema, vale transcrever a Súmula 164 do TST que assim dispõe:

> SÚMULA 164 TST – PROCURAÇÃO – JUNTADA
>
> O não cumprimento das determinações dos §§ 1º e 2º do art. 5º da Lei nº 8.906, de 04.07.1994 e do art. 37, parágrafo único, do Código de Processo Civil importa o não conhecimento de recurso, por inexistente, exceto na hipótese de mandato tácito.

Além disso, os tribunais não admitem o recurso apócrifo, ou seja, aquele que não possui assinatura. Todavia, será conhecido se houver a assinatura do representante na peça de interposição ou nas razões do recurso, em conformidade com a Orientação Jurisprudencial 120 da SDI 1 do TST.

6.4.2.2. Recorribilidade do ato

O ato deve ser recorrível. Os atos do juiz, nos termos do art. 162 do CPC, compreendem: despachos, decisões interlocutórias e sentenças, compreendidos, nessas últimas, os acórdãos.

Os despachos são irrecorríveis dada sua natureza. Já as decisões interlocutórias, nos domínios do processo do trabalho, salvo as exceções previstas na Súmula 214 do TST, são irrecorríveis de imediato. Portanto, salvo as exceções que admitem recurso contra decisão interlocutória, os atos recorríveis na Justiça do Trabalho são sentenças e acórdãos.

Dessa forma, não sendo o ato judicial passível de impugnação via recursal, este não será conhecido por ausência desse pressuposto.

6.4.2.3. Adequação

Não basta que o ato seja recorrível, o recurso utilizado deve estar em conformidade com a decisão, ou seja, para cada ato processual há um recurso adequado e próprio para atacá-lo.

No entanto, existe a possibilidade de o órgão julgador conhecer de um recurso inadequadamente interposto por outro previsto em lei. Trata-se do princípio da fungibilidade que será aplicado desde que vislumbrados 3 requisitos: a) inexistência de erro grosseiro; b) dúvida na doutrina ou jurisprudência quanto ao recurso apto a reformar certa decisão judicial; c) o recurso erroneamente interposto deve obedecer ao prazo do recurso adequado.

6.4.2.4. Tempestividade

O recurso deve ser interposto no prazo legal, sob pena de não ser conhecido por intempestividade. Vale lembrar que, em regra, os recursos trabalhistas possuem prazo unificado de 8 (oito) dias, salvo os embargos de declaração cujo prazo é de 5 (cinco), recurso extraordinário para o STF, com prazo de 15 (quinze) dias, e o pedido de revisão do valor da causa, existente nos dissídios de alçada, com prazo de 48 horas.

A Lei 11.419/2006, que dispõe sobre a informatização do processo judicial, no seu art. 3º admite a interposição de recurso por meio eletrônico. Nos termos da lei, será considerado tempestivo o recurso enviado até as 24 horas do último dia do prazo.

Recentemente, o TST publicou a Súmula 434 que entende em seu item I que o recurso interposto antes da publicação do acórdão é considerado extemporâneo e, portanto, não será conhecido.

> SÚMULA 434 TST – RECURSO. INTERPOSIÇÃO ANTES DA PUBLICAÇÃO DO ACÓRDÃO IMPUGNADO. EXTEMPORANEIDADE
>
> I) É extemporâneo recurso interposto antes de publicado o acórdão impugnado.
>
> II) A interrupção do prazo recursal em razão da interposição de embargos de declaração pela parte adversa não acarreta qualquer prejuízo àquele que apresentou seu recurso tempestivamente.
>
> Em que pese ser uma decisão proferida em processo criminal, vale dizer, que o STF, em julgamento dos embargos de declaração no *Habeas Corpus* 101.132 – Maranhão, entendeu que o recurso interposto antes da publicação da sentença deve ser considerado tempestivo.

6.4.2.5. Preparo

Para o preenchimento desse pressuposto, exige-se que o recorrente recolha as custas e o depósito recursal, sob pena do recurso ser considerado deserto.

6.4.2.5.1. Custas

As custas correspondem ao pagamento das despesas com porte de remessa e retorno dos autos e as despesas postais e serão pagas pelo vencido após o trânsito em julgado da decisão.

Deverão ser recolhidas nas instituições financeiras integrantes da Rede Arrecadadora de Receitas Federais, bastando, conforme entendimento do TST, que seja utilizada a guia correta (DARF) e o código correto para cada caso.

Nessa linha, ensina o § 1º do art. 789 da CLT que, no caso de recurso, as custas serão pagas e comprovado o recolhimento dentro do prazo recursal.

As custas serão pagas pelo recorrente, seja o empregado, seja o empregador. Para o *empregador*, caso queira interpor recurso deverá pagar as custas processuais nos casos de sentença de total procedência ou de procedência em parte.

Vale lembrar que os benefícios da justiça gratuita podem ser concedidos às pessoas jurídicas, desde que comprovem a situação de miserabilidade, o que pode ser feito por meio de seus balanços contábeis. Concedidos os benefícios da justiça gratuita pelo Juiz do Trabalho, a empresa estará isenta do pagamento das custas.

Já o *empregado* apenas pagará as custas nos casos de total improcedência da ação ou se o processo for extinto sem resolução do mérito. O empregado estará isento do pagamento das custas caso tenha os benefícios da justiça gratuita, que poderão ser deferidos pelo Juiz do Trabalho, desde que requeridos pelo reclamante.

Além dos beneficiários de justiça gratuita, são isentos do pagamento de custas a União, os Estados, o Distrito Federal, os Municípios, as respectivas autarquias e fundações públicas federais, estaduais ou municipais que não explorem atividade econômica e o Ministério Público do Trabalho.

Vale ressaltar, todavia, que essa isenção não alcança as entidades fiscalizadoras do exercício profissional (por exemplo, OAB, CREA) e, inclusive, as empresas em liquidação extrajudicial, orientação que consta na parte final da Súmula 86 do TST.

Os privilégios e isenções não abrangem, ainda, as sociedades de economia mista e as empresas públicas, em conformidade com o art. 173, § 2º, da CF e Súmula 170 do TST.

O TST consubstanciou entendimento na Súmula 86 no sentido de que não ocorre deserção de recurso da massa falida por falta de pagamento de custas ou de depósito do valor da condenação.

As custas serão calculadas à base de 2% (dois por cento), da seguinte forma:

a) em processos em que houver acordo ou condenação, sobre esse valor;

b) para ações extintas sem apreciação do mérito ou de total improcedência, sobre o valor da causa;

c) em sentenças de procedência em ações declaratórias ou constitutivas, sobre o valor da causa;

d) sentenças com valores indeterminados, sobre o valor que o juiz fixar na sentença.

6.4.2.5.2. Depósito recursal

O depósito recursal é regulado pela Instrução Normativa 3 do TST, que interpreta o art. 8º da Lei 8.542/92.

O depósito recursal não possui natureza jurídica de taxa de recurso, mas sim de garantia do juízo recursal, que pressupõe decisão condenatória ou executória de obrigação de pagamento em pecúnia, com valor líquido ou arbitrado. Consequentemente, o depósito recursal apenas será devido pelo empregador que queira interpor recurso.

Verifica-se, portanto, que dada sua natureza jurídica somente é exigido quando houver condenação em dinheiro, em conformidade com a Súmula 161 do TST. Desta maneira, dada a natureza constitutiva ou declaratória do dissídio coletivo, não se exige o depósito recursal nesse tipo de ação.

O depósito recursal deve ser efetuado na conta vinculada do FGTS do empregado, em conformidade com o art. 899, § 4º, da CLT, e comprovado seu recolhimento no prazo alusivo ao recurso, nos termos da Súmula 245 do TST.

É importante frisar que uma vez depositado o valor total da condenação, nenhum depósito será exigido nos recursos das decisões posteriores, salvo se o valor da condenação vier a ser ampliado.

Havendo acréscimo ou redução da condenação em grau de recurso, o juízo prolator da decisão arbitrará novo valor à condenação, quer para a exigibilidade de depósito ou complementação do valor já depositado, para o caso de novo recurso, quer para liberação do valor excedente decorrente da nova decisão.

A Instrução Normativa 3 do TST dispõe em seu item V que: "nos termos do § 3º do art. 40 (da Lei nº 8.177/1991), não é exigido depósito para recurso ordinário interposto, eis que a regra aludida atribui apenas valor ao recurso, com efeitos limitados, portanto, ao das custas processuais."

Sobre depósito recursal é imprescindível a leitura da Súmula 128 do TST.

> SÚMULA 128 TST – DEPÓSITO RECURSAL.
>
> I – É ônus da parte recorrente efetuar o depósito legal, integralmente, em relação a cada novo recurso interposto, sob pena de deserção. Atingido o valor da condenação, nenhum depósito mais é exigido para qualquer recurso.

II – Garantido o juízo, na fase executória, a exigência de depósito para recorrer de qualquer decisão viola os incisos II e LV do art. 5º da CF/1988. Havendo, porém, elevação do valor do débito, exige-se a complementação da garantia do juízo.

III – Havendo condenação solidária de duas ou mais empresas, o depósito recursal efetuado por uma delas aproveita as demais, quando a empresa que efetuou o depósito não pleiteia sua exclusão da lide.

Em que pese a redação dada pela Lei Complementar 132/2009, que inseriu o inciso VII, ao art. 3º da Lei 1.060/1950, a pessoa jurídica que for beneficiária da assistência judiciária gratuita deverá efetuar o depósito recursal.

Dispõe o art. 3º da Lei 1.060/1950:

> Art. 3º. A assistência judiciária compreende as seguintes isenções:
>
> I – das taxas judiciárias e dos selos;
>
> [...]
>
> VII – dos depósitos previstos em lei para interposição de recurso, ajuizamento de ação e demais atos processuais inerentes ao exercício da ampla defesa e do contraditório.

De acordo com o art. 3º da Lei 1.060/1950, a justiça gratuita compreende as taxas judiciárias e outras despesas processuais, além de depósitos previstos em lei, matéria tratada também nos arts. 790-A e 790-B da CLT e no art. 14 da Lei 5.584/1970.

Ocorre que, de acordo com o entendimento do TST o depósito recursal não é considerado taxa judiciária, na medida em que possui natureza jurídica de garantia da execução, o que afasta a aplicação dos benefícios da Lei 1.060/1950 ao depósito recursal.

Assim, tratando-se de empregador, o benefício da assistência judiciária não alcança o depósito recursal, visto que não ostenta natureza de taxa ou emolumento judicial, mas sim de garantia do juízo.

6.5. Recursos em espécie

6.5.1. Embargos de declaração

Previstos no art. 897-A da CLT e nos arts. 535 e seguintes do CPC, aplicados subsidiariamente, são cabíveis, no prazo de 5 (cinco) dias, para impugnar sentenças ou acórdãos quando for verificada a ocorrência de omissão, contradição ou obscuridade.

Os erros materiais, entendidos como aqueles que podem ser percebidos facilmente, por qualquer pessoa, sem a necessidade de interpretação de qualquer conceito, poderão ser corrigidos de ofício ou a requerimento de qualquer das partes, que o farão por meio de embargos de declaração.

Vale frisar que os embargos de declaração não estão sujeitos ao juízo de admissibilidade recursal, sendo essa uma das razões pelas quais se discute sua natureza jurídica. A doutrina dominante sustenta possuir natureza de recurso.

Além de serem opostos contra sentenças ou acórdãos omissos, contraditórios e obscuros, hipóteses em que será requerido o esclarecimento ou complementação do julgado, admite-se a oposição de embargos de declaração para a obtenção de efeito modificativo do julgado, em casos de omissão, contradição ou, ainda, manifesto equívoco no exame dos pressupostos de admissibilidade dos recursos, admitindo-se, ainda, os embargos de declaração para fins de prequestionamento para os recursos de revista, embargos no TST e recurso extraordinário.

6.5.1.1. Efeito interruptivo

A oposição de embargos de declaração interrompe o prazo para a propositura de outros recursos para ambas as partes, em conformidade com o art. 538 do CPC.

Vale destacar que apenas quando conhecidos os embargos de declaração interrompem o prazo recursal. Nessa linha, dispõe o parágrafo único do art. 538 do CPC que, quando manifestamente protelatórios os embargos de declaração, o juiz ou o tribunal, declarando que o são, condenará o embargante a pagar ao embargado multa não excedente de 1% (um por cento) sobre o valor da causa. Na reiteração de embargos protelatórios, a multa é elevada até 10% (dez por cento), ficando condicionada a interposição de qualquer outro recurso ao depósito do valor respectivo.

6.5.1.2. Efeito modificativo

O efeito modificativo ou efeito infringente, como também é chamado, consiste no pedido de procedência dos embargos que acarretará não apenas a complementação ou o aclaramento da decisão, mas também, e principalmente, a reforma do ato judicial embargado.

É importante destacar que, em regra, não há a oposição de "contrarrazões" ou "manifestação" aos embargos de declaração. Porém, existindo o efeito modificativo, a parte contrária deverá ser ouvida, ou seja, deve-se abrir prazo para apresentação de contrarrazões aos embargos de declaração pela parte adversa, sob pena de nulidade.

Nesse sentido, dispõe o item I da Orientação Jurisprudencial 142 da SDI 1 do TST:

> ORIENTAÇÃO JURISPRUDENCIAL 142 SDI 1 TST – EMBARGOS DE DECLARAÇÃO. EFEITO MODIFICATIVO. VISTA À PARTE CONTRÁRIA.
>
> I – É passível de nulidade decisão que acolhe embargos de declaração com efeito modificativo sem que seja concedida oportunidade de manifestação prévia à parte contrária.

> II – Em decorrência do efeito devolutivo amplo conferido ao recurso ordinário, o item I não se aplica às hipóteses em que não se concede vista à parte contrária para se manifestar sobre os embargos de declaração opostos contra sentença.

Importante destacar que somente há necessidade de intimação da parte contrária para manifestação, quando se tratar de embargos de declaração opostos contra acórdão, tendo em vista que pela disposição contida no item II da OJ 142 da SDI 1 do TST, não há necessidade de manifestação da parte contrária quando se tratar de embargos de declaração opostos contra sentença, em razão do efeito devolutivo amplo próprio do recurso ordinário.

6.5.1.3. Embargos de declaração com fins de prequestionamento

O prequestionamento é um pressuposto recursal específico dos recursos de natureza extraordinária, ou seja, aqueles recursos que não se prestam para o exame de matérias fáticas, mas apenas para questões de direito, como no caso do recurso de revista, embargos no TST e recurso extraordinário para o STF.

Prequestionamento é a efetiva apreciação de uma matéria pelo órgão julgador. Nos termos da Súmula 297, item I, do TST, diz-se prequestionada a matéria ou questão quando na decisão impugnada haja sido adotada, explicitamente, tese a respeito.

Nessa linha, admite-se a oposição de embargos de declaração para prequestionamento de matéria não apreciada na decisão, objetivando-se futura interposição de recurso de natureza extraordinária.

Sobre o tema, cabe trazer a Súmula 98 do STJ:

> SÚMULA 98 STJ – Embargos de declaração manifestados com notório propósito de prequestionamento não tem caráter protelatório.

A respeito do prequestionamento para os recursos de natureza extraordinária, é importante destacar o entendimento consubstanciado na Orientação Jurisprudencial 62 da SDI 1 do TST, que diz ser necessário o prequestionamento como pressuposto de admissibilidade em recurso de natureza extraordinária, ainda que se trate de incompetência absoluta.

Contudo, havendo tese explícita sobre a matéria, na decisão recorrida, é desnecessário que contenha nela referência expressa do dispositivo legal para ter-se como prequestionado. É o que dispõe a Orientação Jurisprudencial 118 da SDI 1 do TST.

6.5.1.4. Embargos de declaração por manifesto equívoco no exame dos pressupostos extrínsecos do recurso

Como se sabe, os recursos passam, em regra, por dois juízos de admissibilidade. O primeiro exercido pelo juiz que proferiu a decisão (juízo *a quo*), e o segundo exercido pelo juízo a quem o recurso é dirigido (juízo *ad quem*).

Não obstante sejam feitos esses dois juízos de admissibilidade para os recursos, pode ocorrer de um recurso ser recebido após os exames de admissibilidade e, ao ser levado a julgamento pela turma, não ser conhecido. Em outras palavras, pode o Tribunal em decisão colegiada não conhecer de um recurso.

Nessa linha, caso o Tribunal profira decisão (acórdão) não conhecendo do recurso por manifesto equívoco no exame de seus pressupostos extrínsecos (recorribilidade do ato, representação, adequação, tempestividade e preparo), ela será impugnável via embargos de declaração.

Imagine a seguinte hipótese: em uma reclamação trabalhista foi indeferido o processamento de um recurso ordinário interposto pelo reclamante, o que motivou a interposição de recurso de agravo de instrumento. Todavia, o último dia do prazo para a interposição do referido agravo de instrumento coincidiu com o dia 25 de janeiro, feriado municipal na cidade de São Paulo, devidamente demonstrado no recurso (veja Súmula 385 do TST), de modo que o agravo de instrumento somente foi apresentado no dia seguinte, ou seja, 26 de janeiro. Depois de ultrapassados os juízos de admissibilidade, a Turma do Tribunal Regional proferiu decisão, não se recordando, por lapso, da existência do feriado municipal no dia 25 de janeiro, que considerou o agravo de instrumento intempestivo e dele não conheceu.

Nesse caso, o recurso cabível é o recurso de embargos de declaração, com pedido de efeito modificativo, nos termos do art. 897-A, da CLT, pelo manifesto equívoco do julgado no exame dos pressupostos extrínsecos do recurso de agravo de instrumento.

6.5.2. Recurso ordinário

Previsto no art. 895 da CLT, o recurso ordinário é cabível não somente de sentenças, sendo possível, também, sua interposição contra acórdãos proferidos pelos TRTs em sua competência originária, tanto nos dissídios individuais, em ação rescisória, por exemplo, como nos dissídios coletivos.

De acordo com a redação do art. 895 consolidado, o recurso ordinário é cabível das decisões definitivas (processos extintos com resolução do mérito) e decisões terminativas (extintos sem a resolução do mérito). Assim, havendo indeferimento da petição inicial pela ausência das condições da ação será possível a interposição de recurso ordinário.

Como se sabe, as decisões interlocutórias são irrecorríveis de imediato, em conformidade com o art. 893, § 1º, da CLT.

Todavia, as decisões interlocutórias terminativas de feito admitem interposição de recurso ordinário. É o que ocorre na decisão do juiz que declara a incompetência absoluta da Justiça do Trabalho e determina a remessa dos autos à Justiça Comum, em conformidade com o art. 799, § 2º, da CLT. Outra hipótese de interposição de recurso ordinário em face de uma decisão interlocutória encontra-se prevista na Súmula 214, item "c", do TST, que se refere à decisão que acolhe exceção de incompetência territorial, com a remessa dos autos para Tribunal Regional distinto daquele a que se vincula o juízo excepcionado.

Com relação ao recurso ordinário interposto nas reclamações que tramitam sob o procedimento sumaríssimo, vale lembrar que uma vez recebido no Tribunal ele deverá ser imediatamente distribuído, devendo o relator liberá-lo no prazo máximo de 10 (dez) dias e a secretaria do Tribunal ou Turma deverá colocá-lo imediatamente na pauta para julgamento, sem revisor.

O membro do Ministério Público do Trabalho presente à sessão de julgamento, se entender necessário, promoverá parecer oral com registro na certidão de julgamento.

Como visto, no âmbito processual trabalhista os recursos não possuem, como regra, o efeito suspensivo, pois são dotados unicamente de efeito devolutivo. No entanto, o TST admite, por meio da Súmula 414, I, parte final, o ajuizamento de ação cautelar incidental para a obtenção do efeito suspensivo.

SÚMULA 414 TST – MANDADO DE SEGURANÇA. ANTECIPAÇÃO DE TUTELA (OU LIMINAR) CONCEDIDA ANTES OU NA SENTENÇA

I – A antecipação da tutela concedida na sentença não comporta impugnação pela via do mandado de segurança, por ser impugnável mediante recurso ordinário. **A ação cautelar é o meio próprio para se obter efeito suspensivo a recurso. (grifo nosso)**

6.5.2.1. Processamento

O recurso será elaborado por meio de duas peças. A primeira delas é a peça de interposição do recurso, que será endereçada ao juízo que proferiu a decisão, ou seja, ao juízo *a quo*, qualificando o recorrente, indicando o endereço do seu procurador, manifestando o interesse em recorrer, requerendo o envio do recurso ao tribunal competente e demonstrando o pagamento das custas e depósito recursal, quando necessários; a segunda peça consiste nas razões recursais, que serão dirigidas ao juízo hierarquicamente superior àquele que proferiu a decisão, o juízo *ad quem*.

Interposto o recurso no juízo *a quo*, promoverá este o 1º juízo de admissibilidade, examinando a presença de todos os pressupostos recursais. Feito o exame e constatada a inobservância de um dos pressupostos recursais, será negado seguimento ao recurso, hipótese em que poderá ser interposto agravo de instrumento. Conhecido o recurso, deverá o juiz conceder prazo para apresentação de contrarrazões ao recurso ordinário. Recebida as contrarrazões, o juízo *a quo* poderá proceder outro exame de admissibilidade do recurso, podendo, inclusive, reconsiderar a decisão que o admitiu e dele não conhecendo.

Mantida a decisão, os autos serão remetidos ao Tribunal superior, o juízo *ad quem*. Lá, após parecer do Ministério Público do Trabalho quando necessário, o recurso será distribuído a um juiz relator que fará o 2º juízo de admissibilidade, podendo conhecer ou não do recurso. Após a vista do juiz relator, o recurso será enviado ao juiz revisor e, em seguida, será colocado em pauta para julgamento.

No julgamento, após a leitura do relatório os advogados do recorrente e do recorrido poderão efetuar sustentação oral. Após a sustentação oral o recurso será submetido a julgamento, votando o relator, o revisor e os demais juízes.

Nas causas sujeitas ao procedimento sumaríssimo, o processo será imediatamente distribuído ao juiz relator, sem revisor, podendo o Ministério Público do Trabalho, caso entenda pertinente, emitir parecer oral na própria audiência de julgamento. Após a leitura do relatório os advogados poderão realizar sustentação oral e em seguida será realizado o julgamento.

6.5.3. Agravo de instrumento

Previsto no art. 897, "b", da CLT, o agravo de instrumento é cabível, no prazo de 8 (oito) dias, para impugnar os despachos proferidos pelo juízo *a quo* no 1º juízo de admissibilidade recursal que negarem seguimento a recursos. Assim, cabe agravo de instrumento em face de decisões que negarem seguimento a recurso ordinário, recurso de revista, recurso adesivo, agravo de petição, recurso extraordinário e, inclusive, ao próprio agravo de instrumento, no 1º juízo de admissibilidade.

No entanto, negado seguimento ao recurso de embargos no TST, não será cabível agravo de instrumento, mas sim agravo regimental.

O agravo de instrumento será processado em autos apartados e deverá ser interposto perante o juízo que não conheceu do recurso, admitindo-se o juízo de retração. Assim, interposto o agravo de instrumento, o juiz poderá reconsiderar a decisão agravada, conhecendo do recurso principal, remetendo-o à instância superior para sua apreciação.

Sendo mantida a decisão, o juiz deverá intimar o agravado para apresentação das contrarrazões ao agravo de instrumento e ao recurso principal, nos termos do art. 897, § 6º, da CLT.

A Lei nº 12.275, de 29 de junho de 2010, trouxe uma novidade nas regras de interposição do agravo de instrumento na esfera trabalhista.

A Lei em questão incluiu o § 7º no art. 899 da CLT, criando a necessidade de depósito recursal para a interposição de agravo de instrumento, restrito ao Judiciário Trabalhista, o que exclui, por óbvio, o agravo de instrumento em recurso extraordinário, que tem disciplina própria, conforme arts. 544 e 545, ambos do CPC, e arts. 321 a 329 do Regimento Interno do Supremo Tribunal Federal.

Desta forma, por meio do novo dispositivo legal, no ato de interposição do agravo de instrumento, a parte agravante deverá efetuar o depósito recursal, que corresponderá a 50% (cinquenta por cento) do valor do depósito do recurso ao qual se pretende destrancar.

O agravo de instrumento será julgado pelo Tribunal que seria competente para conhecer do recurso trancado, em conformidade com o art. 897, § 4º, da CLT. Portanto, primeiramente o Tribunal apreciará o agravo de instrumento e, entendendo por seu provimento, passará a julgar o recurso principal.

6.5.3.1. Processamento

Diferente do processo civil, em que o agravo de instrumento é interposto diretamente no Tribunal, nos domínios do processo do trabalho deverá ser interposto no juízo *a quo*, na medida em que se admite a retratação do juízo.

As partes, agravante e agravado, deverão instruir a petição do agravo de instrumento e suas contrarrazões com as peças necessárias para o julgamento de ambos os recursos.

Nos exatos termos do art. 897, § 5º, da CLT, sob pena de não conhecimento, as partes promoverão a formação do instrumento do agravo de modo a possibilitar, caso provido, o imediato julgamento do recurso denegado, instruindo a petição de interposição obrigatoriamente com cópias da decisão agravada, da certidão da respectiva intimação, das procurações outorgadas aos advogados do agravante e do agravado, da petição inicial, da contestação, da decisão originária, da comprovação do depósito recursal e do recolhimento das custas, e facultativamente, com aquelas peças que entenderem necessárias para o julgamento do apelo.

O agravo de instrumento possui efeito devolutivo, limitando-se a matéria que será analisada pelo juízo *ad quem* à validade ou não da decisão denegatória do recurso. Desta forma, somente se o agravo de instrumento for provido poderá o Tribunal examinar o recurso que foi trancado.

Todavia, por não possuir efeito suspensivo, o meio adequado para obtenção desse efeito é a ação cautelar incidental proposta perante o órgão competente para julgar o recurso, desde que demonstrado o *fumus boni iuris* e o *periculum in mora*.

6.5.4. Agravo de petição

Previsto no art. 897, "a", da CLT, o agravo de petição é o recurso cabível, no prazo de 8 (oito) dias, em face das decisões do Juiz do Trabalho proferidas na fase de execução de sentença. Desta forma, não existe agravo de petição na fase de conhecimento.

Embora o texto da lei não especifique qual tipo de decisão poderá ser impugnável, a doutrina dominante sustenta que somente decisões definitivas (art. 269 do CPC) ou terminativas de feito (art. 267 do CPC) podem ser impugnadas via agravo de petição. Essa doutrina se baseia no princípio da irrecorribilidade imediata das decisões interlocutórias, que não admite a imediata interposição de recurso contra essas decisões.

No entanto, admite-se a interposição de agravo de petição contra decisão interlocutória, desde que terminativa de feito. Admitir-se o agravo de petição contra qualquer decisão interlocutória, apenas por ter sido proferida na fase de execução de sentença, afrontaria o princípio da irrecorribilidade imediata das decisões interlocutórias, disciplinada no art. 893, § 1º, da CLT, que tem como finalidade garantir maior celeridade processual. Desta forma, as decisões interlocutórias, que não sejam terminativas de feito, estão sujeitas ao apelo no momento processual adequado por meio dos embargos à execução.

6.5.4.1. Delimitação de matérias e valores

O art. 897, § 1º, da CLT traz em seu bojo um requisito especial de admissibilidade do agravo de petição. Trata-se da delimitação de matérias e valores.

Dispõe o art. 897, § 1º, da CLT:

> Art. 897 (...)
>
> § 1º – O agravo de petição só será recebido quando o agravante delimitar, justificadamente, as matérias e os valores impugnados, permitida a execução imediata da parte remanescente até o final, nos próprios autos ou por carta de sentença.

Desse modo, para que o recurso seja admitido, deverá o agravante delimitar as matérias impugnadas e os valores controversos, a fim de que se proceda a execução definitiva da parte não impugnada.

Nesse sentido, vale trazer à baila o entendimento cristalizado na Súmula 416 do TST:

> SÚMULA 416 TST – MANDADO DE SEGURANÇA. EXECUÇÃO. LEI Nº 8.432/1992. ART. 897, § 1º, DA CLT. CABIMENTO
>
> Devendo o agravo de petição delimitar justificadamente a matéria e os valores objeto de discordância, não fere direito líquido e certo o prosseguimento da execução quanto aos tópicos e valores não especificados no agravo.

6.5.4.2. Processamento

Deverá ser interposto no prazo de 8 (oito) dias na vara do trabalho em que estiver tramitando a execução. O recurso consiste na peça de interposição, bem como as razões recursais, não se esquecendo da delimitação de matérias e valores.

Para a interposição não há o requisito do preparo, na medida em que as custas serão pagas apenas ao final do processo, nos termos do art. 789-A, IV, da CLT. Já o depósito recursal somente será exigido caso a execução não esteja devidamente garantida.

Nesse sentido é a Súmula 128, II, do TST:

> SÚMULA 128 TST (...)
>
> II – Garantido o juízo, na fase executória, a exigência de depósito para recorrer de qualquer decisão viola os incisos II e LV do art. 5º da CF/1988. Havendo, porém, elevação do valor do débito, exige-se a complementação da garantia do juízo.

6.5.5. Agravo regimental

O agravo regimental encontra-se previsto no art. 709, § 1º, da CLT, na Lei 7.701/1988 e, ainda, nos regimentos internos dos Tribunais Regionais e do Tribunal Superior do Trabalho.

O agravo regimental é cabível em face das decisões monocráticas dos juízes relatores dos Tribunais Regionais ou do Tribunal Superior do Trabalho que negarem seguimento a recursos no 2º juízo de admissibilidade. Admite-se, outrossim, a interposição do agravo regimental para atacar decisão monocrática do Presidente do TST que negar seguimento ao recurso de embargos previsto no art. 894 da CLT. E, por último, como ensina Renato Saraiva (**Curso de Direito Processual do Trabalho**. 4. ed. São Paulo: Método, 2007. p. 492), admite-se o agravo regimental para o "reexame pelo tribunal das decisões monocráticas proferidas por seus próprios juízes (...)"

O prazo para interposição do agravo regimental varia de acordo com o regimento interno de cada Tribunal, que, de modo geral, fixam o prazo de cinco dias para sua interposição. No TST, de acordo com o art. 235 de seu regimento interno, o prazo é de 8 dias para a interposição do agravo regimental para o Tribunal Pleno.

O TST admite, em observância ao princípio da fungibilidade, o recebimento de recurso ordinário como agravo regimental, como ensina a Orientação Jurisprudencial 69 da SDI 2 do TST.

> ORIENTAÇÃO JURISPRUDENCIAL 69 SDI 2 TST – FUNGIBILIDADE RECURSAL. INDEFERIMENTO LIMINAR DE AÇÃO RESCISÓRIA OU MANDADO DE SEGURANÇA. RECURSO PARA O TST. RECEBIMENTO COMO AGRAVO REGIMENTAL E DEVOLUÇÃO DOS AUTOS AO TRT.
>
> Recurso ordinário interposto contra despacho monocrático indeferitório da petição inicial de ação rescisória ou de mandado de segurança pode, pelo princípio de fungibilidade recursal, ser recebido como agravo regimental. Hipótese de não conhecimento do recurso pelo TST e devolução dos autos ao TRT, para que aprecie o apelo como agravo regimental.

Todavia, o TST entende não ser aplicável o princípio da fungibilidade em se tratando de agravo inominado ou agravo regimental contra decisão proferida por órgão colegiado, em razão do erro grosseiro na interposição do recurso inadequado.

Assim, dispõe a Orientação Jurisprudencial 412 da SDI 1 do TST:

> ORIENTAÇÃO JURISPRUDENCIAL 412 da SDI 1 do TST – AGRAVO INOMINADO OU AGRAVO REGIMENTAL. INTERPOSIÇÃO EM FACE DE DECISÃO COLEGIADA. NÃO CABIMENTO. ERRO GROSSEIRO. INAPLICABILIDADE DO PRINCÍPIO DA FUNGIBILIDADE RECURSAL.
>
> É incabível agravo inominado (art. 557, §1º, do CPC) ou agravo regimental (art. 235 do RITST) contra decisão proferida por Órgão colegiado. Tais recursos destinam-se, exclusivamente, a impugnar decisão monocrática nas hipóteses expressamente previstas. Inaplicável, no caso, o princípio da fungibilidade ante a configuração de erro grosseiro.

6.5.5.1. Processamento

O agravo regimental deverá ser interposto perante o Desembargador ou Ministro relator que prolatou a decisão, devendo o agravante requerer sua reconsideração ou, sucessivamente, o encaminhamento ao órgão competente para a apreciação do agravo, qual seja, a Turma ou o Pleno do Tribunal, a depender do respectivo regimento interno, não havendo oportunidade para apresentação de contrarrazões, tampouco sustentação oral.

Caso não haja disposição no regimento interno do tribunal sobre a necessidade da formação do instrumento, não há necessidade do agravante trazer cópias dos autos principais para tanto, como ocorre no agravo de instrumento. Nesse sentido a SDI 1 do TST editou a Orientação Jurisprudencial 132, *in verbis*:

> ORIENTAÇÃO JURISPRUDENCIAL 132 SDI 1 TST – AGRAVO REGIMENTAL. PEÇAS ESSENCIAIS NOS AUTOS PRINCIPAIS.
>
> Inexistindo lei que exija a tramitação do agravo regimental em autos apartados, tampouco previsão no Regimento Interno do Regional, não pode o agravante ver-se apenado por não haver colacionado cópia de peças dos autos principais, quando o agravo regimental deveria fazer parte dele.

Vale ressaltar que o agravo regimental não está sujeito ao recolhimento de custas e depósito recursal, não havendo, portanto, o pressuposto extrínseco do preparo.

Em caso de agravo regimental com caráter procrastinatório, casos em que o recurso se mostra manifestamente inadmissível ou infundado, aplica-se a multa entre 1% e 10% do valor corrigido da causa, ficando a interposição de qualquer outro recurso condicionada ao depósito do respectivo valor, conforme art. 557, § 2º, do CPC.

6.5.6. Recurso de revista

Previsto no art. 896 da CLT, é um recurso de natureza extraordinária que visa a atacar decisões proferidas pelos TRTs em dissídios individuais em grau de recurso ordinário. Tem como objetivo uniformizar a interpretação jurisprudencial dos Tribunais acerca da legislação constitucional, federal e estadual e, ainda, a aplicabilidade de determinados instrumentos normativos como acordo coletivo, convenção coletiva, sentença normativa e regulamento de empresa.

Deverá ser interposto no prazo de 8 (oito) dias, dirigido ao Presidente do Tribunal recorrido, estando sujeito ao pagamento de custas e depósito recursal.

Por possuir natureza extraordinária, o recurso de revista não admite o reexame de matéria fática e probatória, em conformidade com a Súmula 126 do TST.

> SÚMULA 126 TST – RECURSO. CABIMENTO.
>
> Incabível o recurso de revista ou de embargos (arts. 896 e 894, "b", da CLT) para reexame de fatos e provas.

6.5.6.1. Requisitos especiais

Ao interpor o recurso de revista, além dos pressupostos gerais de admissibilidade dos recursos, exige-se, ainda, que o recorrente demonstre o preenchimento de mais dois pressupostos especiais, quais sejam, a transcendência e o prequestionamento.

Para que a questão esteja devidamente *prequestionada*, exige-se que a matéria já tenha sido objeto de debates no acórdão guerreado. É importante lembrar que, de acordo com a Súmula 98 do STJ, admitem-se os embargos de declaração exclusivamente com fins de prequestionamento.

Nos termos da Súmula 297 do TST, diz-se prequestionada a matéria ou questão quando na decisão impugnada tiver sido adotada, explicitamente, tese a respeito.

Já *transcendência* nos remete a repercussão, ou seja, a questão debatida no recurso deverá ter repercussão nos aspectos econômicos, jurídicos, políticos e social.

Ao lado dos pressupostos gerais de admissibilidade dos recursos, sem o preenchimento desses dois pressupostos específicos o recurso não será conhecido.

6.5.6.2. Hipóteses de cabimento

O cabimento do recurso de revista merece ser estudado com maior enfoque. Isso porque as hipóteses de cabimento do recurso em estudo variam de acordo com o procedimento adotado.

6.5.6.2.1. Procedimento ordinário

No procedimento comum/ordinário, o recurso de revista é cabível nas hipóteses trazidas nas alíneas do art. 896 consolidado, que assim dispõe:

> Art. 896 – Cabe Recurso de Revista para Turma do Tribunal Superior do Trabalho das decisões proferidas em grau de recurso ordinário, em dissídio individual, pelos Tribunais Regionais do Trabalho, quando:
>
> *a)* derem ao mesmo dispositivo de lei federal interpretação diversa da que lhe houver dado outro Tribunal Regional, no seu Pleno ou Turma, ou a Seção de Dissídios Individuais do Tribunal Superior do Trabalho, ou a Súmula de Jurisprudência Uniforme dessa Corte;
>
> *b)* derem ao mesmo dispositivo de lei estadual, Convenção Coletiva de Trabalho, Acordo Coletivo, sentença normativa ou regulamento empresarial de observância obrigatória em área territorial que exceda a jurisdição do Tribunal Regional prolator da decisão recorrida, interpretação divergente, na forma da alínea a;
>
> *c)* proferidas com violação literal de disposição de lei federal ou afronta direta e literal à Constituição Federal.

a) ***Divergência na interpretação de lei federal:*** a divergência capaz de ensejar o cabimento do recurso de revista deve ser oriunda dos órgãos da Justiça do Trabalho.

Assim, caberá recurso de revista com fulcro na alínea "a" do art. 896 da CLT sempre que o acórdão guerreado interpretar uma lei federal de forma diversa à interpretação dada ao mesmo dispositivo de lei federal por outro Tribunal Regional do Trabalho, pela SDI, por meio de suas orientações jurisprudenciais ou por súmulas do TST.

Vale frisar que a interpretação jurisprudencial deve estar relacionada com o mesmo dispositivo de lei federal, o que a doutrina costuma chamar de divergência específica. Nesse sentido é a Súmula 296 do TST:

> SÚMULA 296 TST – RECURSO. DIVERGÊNCIA JURISPRUDENCIAL. ESPECIFICIDADE.
>
> I – A divergência jurisprudencial ensejadora da admissibilidade, do prosseguimento e do conhecimento do recurso há de ser específica, revelando a existência de teses diversas na interpretação de um mesmo dispositivo legal, embora idênticos os fatos que as ensejaram.

A divergência que dá ensejo à interposição do recurso de revista deve ser atual, ou seja, aquela que não for ultrapassada por súmula ou superada por iterativa e notória jurisprudência do TST. Nessa linha é a Súmula 333 do TST, que assim dispõe:

SÚMULA 333 TST – RECURSOS DE REVISTA. CONHECIMENTO.

Não ensejam recurso de revista decisões superadas por iterativa, notória e atual jurisprudência do Tribunal Superior do Trabalho.

b) ***Divergência na interpretação de lei estadual, convenção coletiva, sentença normativa ou regulamento de empresa***

Ocorre como na alínea anterior, porém, nessa hipótese, a divergência que dá ensejo ao recurso de revista ocorre na interpretação de lei estadual, convenção coletiva, sentença normativa ou regulamento de empresa.

Desta forma, caso o acórdão interprete uma dessas espécies normativas de forma diversa à interpretação dada ao mesmo dispositivo por outro Tribunal Regional do Trabalho, pela SDI, por meio de suas orientações jurisprudenciais ou por súmulas do TST, caberá o recurso de revista com fulcro na alínea "b".

Nesse ponto é de suma importância a observância da Súmula 337 do TST, que sofreu recente alteração e impõe critérios para a comprovação da divergência justificadora do recurso. Desta forma, é necessário que o recorrente: I) junte certidão ou cópia autenticada do acórdão paradigma ou cite a fonte oficial ou o repositório autorizado em que foi publicado; e II) transcreva, nas razões recursais, as ementas e/ou trechos dos acórdãos trazidos à configuração do dissídio, demonstrando o conflito de teses que justifique o conhecimento do recurso, ainda que os acórdãos já se encontrem nos autos ou venham a ser juntados com o recurso.

Vale dizer, ainda, que, nos termos da Súmula 337 do TST, a mera indicação da data de publicação, em fonte oficial, de aresto paradigma é inválida para comprovação de divergência jurisprudencial.

Todavia, esclarece o item IV da referida súmula que é válida para a comprovação da divergência jurisprudencial justificadora do recurso a indicação de aresto extraído de repositório oficial na internet, desde que o recorrente: a) transcreva o trecho divergente; b) aponte o sítio de onde foi extraído; e c) decline o número do processo, o órgão prolator do acórdão e a data da respectiva publicação no Diário Eletrônico da Justiça do Trabalho.

c) ***Violação de literal dispositivo de lei federal ou da Constituição Federal***

Nessa hipótese o acórdão guerreado viola diretamente dispositivo de lei federal ou da CF. Portanto, a decisão recorrida deve tratar da matéria explicitamente, surgindo assim a necessidade do prequestionamento.

Nota-se que nessa hipótese não há divergência jurisprudencial, mas sim afronta direta à lei federal ou à Constituição Federal.

Em se tratando de recurso de revista por violação de lei federal ou da Constituição Federal, a indicação do dispositivo constitucional ou infraconstitucional tido como violado deverá ser indicado expressamente no recurso, sob pena de não ser conhecido.

Dispõe a Súmula 221 do TST:

SÚMULA 221 TST – RECURSO DE REVISTA. VIOLAÇÃO DE LEI. INDICAÇÃO DE PRECEITO.

A admissibilidade de recurso de revista por violação tem como pressuposto a indicação expressa do dispositivo de lei ou da Constituição tido como violado.

Nessa linha, vale destacar a disposição da Orientação Jurisprudencial 257 da SDI 1 do TST:

ORIENTAÇÃO JURISPRUDENCIAL 257 SDI 1 do TST – RECURSO DE REVISTA. FUNDAMENTAÇÃO. VIOLAÇÃO DE LEI. VOCÁBULO VIOLAÇÃO. DESNECESSIDADE

A invocação expressa no recurso de revista dos preceitos legais ou constitucionais tidos como violados não significa exigir da parte a utilização das expressões "contrariar", "ferir", "violar", etc.

6.5.6.2.2. Procedimento sumaríssimo

Nas causas sujeitas ao procedimento sumaríssimo, somente será admitido recurso de revista por contrariedade à Súmula de Jurisprudência Uniforme do Tribunal Superior do Trabalho e violação direta da Constituição da República.

Nota-se, portanto, que, em se tratando de procedimento sumaríssimo, o recurso de revista é admitido por violação da Constituição Federal e contrariedade à súmula do TST, mas não por contrariedade à Orientação Jurisprudencial, em conformidade com o entendimento consubstanciado na Súmula 442 do TST, que assim dispõe:

SÚMULA 442 TST – PROCEDIMENTO SUMARÍSSIMO. RECURSO DE REVISTA FUNDAMENTADO EM CONTRARIEDADE A ORIENTAÇÃO JURISPRUDENCIAL. INADMISSIBILIDADE. ART. 896, § 6º, DA CLT, ACRESCENTADO PELA LEI Nº 9.957, DE 12.01.2000

Nas causas sujeitas ao procedimento sumaríssimo, a admissibilidade de recurso de revista está limitada à demonstração de violação direta a dispositivo da Constituição Federal ou contrariedade a Súmula do Tribunal Superior do Trabalho, não se admitindo o recurso por contrariedade a Orientação Jurisprudencial deste Tribunal (Livro II, Título II, Capítulo III, do RITST), ante a ausência de previsão no art. 896, § 6º, da CLT.

6.5.6.2.3. Fase de execução de sentença

Das decisões proferidas pelos Tribunais Regionais do Trabalho ou por suas Turmas em execução de sentença, inclusive em processo incidente de embargos de terceiro, não caberá Recurso de Revista, salvo na hipótese de ofensa direta e literal de norma da Constituição Federal.

6.5.7. Embargos no TST

O recurso de embargos no TST é, na verdade, gênero do qual são espécies os embargos infringentes e os embargos de divergência, de acordo com a redação do art. 894 da CLT dada pela Lei 11.496/2007.

O antigo art. 894 da CLT, com redação dada pela Lei 7.701/1988, previa 3 (três) modalidades de embargos no TST: embargos de divergência, embargos infringentes e os embargos de nulidade.

A Lei 11.496/2007, portanto, retirou do sistema recursal os embargos de nulidade utilizados para atacar decisões do TST que violassem preceito de lei federal ou da CF, hipóteses que já haviam sido impugnadas por meio de recurso de revista (art. 896, "c", da CLT), o que não justificava sua permanência no sistema recursal.

Dispõe o art. 894 da CLT, com a redação dada pela Lei 11.496/2007:

> Art. 894. No Tribunal Superior do Trabalho cabem embargos, no prazo de 8 (oito) dias:
>
> I – de decisão não unânime de julgamento que:
>
> a) conciliar, julgar ou homologar conciliação em dissídios coletivos que excedam a competência territorial dos Tribunais Regionais do Trabalho e estender ou rever as sentenças normativas do Tribunal Superior do Trabalho, nos casos previstos em lei;
>
> II – das decisões das Turmas que divergirem entre si, ou das decisões proferidas pela Seção de Dissídios Individuais, salvo se a decisão recorrida estiver em consonância com súmula ou orientação jurisprudencial do Tribunal Superior do Trabalho ou do Supremo Tribunal Federal

6.5.7.1. Embargos infringentes

Cabem embargos infringentes das decisões não unânimes proferidas pela seção especializada em dissídios coletivos, no prazo de 8 (oito) dias, contados da publicação do acórdão, nos processos de dissídios coletivos de competência originária do Tribunal.

Os *embargos infringentes* possuem natureza ordinária, podendo ser apreciadas matérias fáticas e jurídicas.

Vale destacar que os embargos infringentes não serão cabíveis caso a decisão guerreada estiver em consonância com precedentes jurisprudenciais ou súmula do TST.

Contra o despacho do Presidente do Tribunal que denegar seguimento aos embargos infringentes caberá a interposição de agravo regimental, no prazo de 8 (oito) dias, para o Órgão Especial, Seções Especializadas ou Turmas, observada a competência dos respectivos órgãos, em conformidade com o Regimento Interno do TST.

Em conformidade com o art. 70, II, "c", do Regimento Interno do TST, os embargos infringentes serão julgados pela Seção Especializada em Dissídios Coletivos (SDC) do TST.

6.5.7.2. Embargos de divergência

Cabem embargos, por divergência jurisprudencial, das decisões entre as Turmas do Tribunal Superior do Trabalho, em dissídios individuais, no prazo de 8 (oito) dias, contados de sua publicação.

Os *embargos de divergência*, que objetivam a uniformização da jurisprudência interna do TST, que julga os recursos nos dissídios individuais, possuem natureza extraordinária, não se sujeitando, portanto, à apreciação de matéria fática, nas linhas da Súmula 126 do TST, necessitando, ainda, que a matéria esteja prequestionada.

Desta forma, serão cabíveis embargos de divergência em 3 situações:

a) das decisões das Turmas do Tribunal Superior do Trabalho que divergirem entre si;

b) se houver divergência entre decisões de uma Turma e a Seção Especializada em Dissídios Individuais;

c) se houver divergência entre uma Turma do Tribunal Superior do Trabalho e súmula do próprio Tribunal Superior do Trabalho.

No entanto, se a decisão recorrida estiver em consonância com súmula ou orientação jurisprudencial do TST ou do STF, o recurso não será conhecido.

Importante a leitura da nova redação da Súmula 353 do TST:

> EMBARGOS. AGRAVO. CABIMENTO. Não cabem embargos para a Seção de Dissídios Individuais de decisão de Turma proferida em agravo, salvo:
>
> a) da decisão que não conhece de agravo de instrumento ou de agravo pela ausência de pressupostos extrínsecos;
>
> b) da decisão que nega provimento a agravo contra decisão monocrática do Relator, em que se proclamou a ausência de pressupostos extrínsecos de agravo de instrumento;
>
> c) para revisão dos pressupostos extrínsecos de admissibilidade do recurso de revista, cuja ausência haja sido declarada originariamente pela Turma no julgamento do agravo;
>
> d) para impugnar o conhecimento de agravo de instrumento;

e) para impugnar a imposição de multas previstas no art. 538, parágrafo único, do CPC, ou no art. 557, § 2º, do CPC;

f) contra decisão de Turma proferida em agravo em recurso de revista, nos termos do art. 894, II, da CLT.

6.5.7.3. Processamento dos embargos no TST

Em qualquer uma das modalidades, os embargos deverão ser opostos no prazo de 8 (oito) dias.

Em se tratando de embargos infringentes, serão esses dirigidos ao Presidente do Tribunal Superior do Trabalho, devendo requerer o encaminhamento das razões recursais à Seção Especializada em Dissídios Coletivos.

Já os embargos de divergência deverão ser interpostos para o Presidente da Turma do TST que julgou o recurso, em petição acompanhada das razões recursais, que serão encaminhadas à Subseção 1 da Seção Especializada em Dissídios Individuais do Tribunal Superior do Trabalho, em conformidade com o art. 71, II, do Regimento Interno do TST.

É imprescindível que o recorrente demonstre em seus embargos a divergência jurisprudencial existente entre as turmas do TST.

Por último, cabe destacar que o recurso de embargos no TST está sujeito ao pagamento de custas e depósito recursal.

6.5.8. Recurso extraordinário

O recurso extraordinário está previsto no art. 102, III, da CF, que assim dispõe:

> Art. 102. Compete ao Supremo Tribunal Federal, precipuamente, a guarda da Constituição, cabendo-lhe: (...) III – julgar, mediante recurso extraordinário, as causas decididas em única ou última instância, quando a decisão recorrida:
>
> a) contrariar dispositivo desta Constituição;
>
> b) declarar a inconstitucionalidade de tratado ou lei federal;
>
> c) julgar válida lei ou ato de governo local contestado em face desta Constituição;
>
> d) julgar válida lei local contestada em face de lei federal.

No processo do trabalho, somente se admitirá o recurso extraordinário de decisões do TST em grau de embargos ou de sentenças da vara do trabalho em procedimento sumário (Lei 5.584/1970), desde que as decisões violem literalmente norma da Constituição Federal.

Tem essa determinação por objetivo o interesse público e não os interesses das partes que estão em litígio, pois visa a assegurar o primado da CF e a unidade de interpretação do direito material e processual em todo o território nacional.

O STF já firmou posicionamento no sentido de que somente as decisões que contrariarem a CF são impugnáveis via recurso extraordinário. Nesse sentido é a Súmula 505 do Pretório Excelso:

> SÚMULA 505 STF – Salvo quando contrariarem a Constituição, não cabe recurso para o Supremo Tribunal Federal, de quaisquer decisões da Justiça do Trabalho, inclusive dos Presidentes de seus Tribunais.

Por possuir natureza extraordinária, não se admite a interposição de recurso extraordinário para o simples reexame de provas, nos termos da Súmula 279 do STF.

6.5.8.1. Processamento

Deverá ser interposto no prazo de 15 (quinze) dias perante o juízo que proferiu a decisão. Desse modo, serão dirigidos ao Presidente do TST os recursos interpostos em grau de embargos e endereçados para o juiz da vara do trabalho nas hipóteses de recurso interposto no dissídio de alçada previsto na Lei 5.584/1970. As razões recursais serão dirigidas ao Supremo Tribunal Federal.

Convém destacar que nesse momento processual não se admite o *jus postulandi* da parte (art. 791 da CLT), que se esgota no TRT, nos termos da Súmula 425 do TST.

O recurso extraordinário se submete a dois juízos de admissibilidade. O primeiro será exercido pelo Presidente do Tribunal ou juiz da vara do trabalho (juízo *a quo*), que poderá admitir ou negar seguimento ao recurso. Sendo negado seguimento ao recurso, poderá a parte interessada interpor agravo de instrumento visando ao seu destrancamento. O segundo juízo de admissibilidade é exercido pelo próprio STF (juízo *ad quem*). Nesse momento processual, caso seja negado seguimento ao recurso, por decisão monocrática proferida pelo relator, o recurso adequado será o agravo regimental.

No exame de admissibilidade, além dos pressupostos genéricos, o recorrente deve observar, ainda, os seguintes pressupostos específicos:

a) existência de uma causa: deve haver uma questão submetida à decisão judicial;

b) decisão de única ou última instância: no sentido de que não é cabível nenhum outro recurso, desde que trate de matéria constitucional.

Decisões de última instância são aquelas proferidas pelo TST por meio de suas seções especializadas ou órgão especial. Já as decisões de única instância são aquelas proferidas pelo TST em casos de sua competência originária que não forem passíveis de embargos. Também são decisões de única instância aquelas proferidas nos dissídios de alçada (Lei 5.584/1970), admitindo, portanto, a interposição de recurso extraordinário.

O recurso extraordinário exige que a matéria esteja prequestionada, que pode ser entendida como sendo aquela matéria que foi amplamente debatida no processo. Dessa forma, deve existir no acórdão impugnado tese explícita acerca da questão debatida, sob pena de não ficar configurado o prequestionamento, possibilitando à parte, nesse caso, a oposição de embargos de declaração para esse fim.

O recorrente deve, por último, demonstrar repercussão geral das questões constitucionais discutidas no processo. Significa dizer que a decisão deve conter em seu bojo relevância geral, ou seja, por meio desse requisito a Suprema Corte passará a analisar decisões que não se limitem aos interesses dos litigantes, transcendendo-os, repercutindo naqueles da coletividade de um modo geral.

Os arts. 543-A e 543-B, inseridos no CPC por força da Lei 11.418/2006, regulamentam a questão da repercussão geral no recurso extraordinário.

Por fim, vale dizer que o recurso extraordinário será recebido apenas no efeito devolutivo, permitindo-se a execução provisória da sentença até o julgamento dos embargos à execução.

6.5.9. Recurso adesivo

Não há previsão do recurso adesivo na CLT, sendo aplicado subsidiariamente o art. 500 do CPC, por força do art. 769 da CLT.

O recurso adesivo será cabível das decisões de procedência parcial, ou seja, quando houver sucumbência recíproca.

O recurso adesivo deverá ser interposto perante a autoridade competente para admitir o recurso principal, no mesmo prazo das contrarrazões ao recurso, e ficará vinculado ao recebimento daquele.

É importante lembrar que o recurso adesivo não será conhecido se houver desistência do recurso principal, ou se for ele declarado inadmissível ou deserto. Assim, caso o recurso principal não seja aceito, o recurso adesivo também não será.

O TST, por meio da Súmula 283, entendeu que o recurso adesivo é compatível com o processo do trabalho e cabe, no prazo de 8 (oito) dias, nas hipóteses de interposição de recurso ordinário, de agravo de petição, de revista e de embargos, sendo desnecessário que a matéria nele veiculada esteja relacionada com a do recurso interposto pela parte contrária.

Por último, vale dizer que, em conformidade com o art. 500, parágrafo único, do CPC, o recurso adesivo se sujeita ao recolhimento de custas e depósito recursal, se for o caso.

6.5.10. Reexame necessário

No direito processual do trabalho, o instituto do reexame necessário não segue, em princípio, as regras do CPC, mas sim o Decreto-lei nº 779/1969, o qual ensina em seu art. 1º, V, ser "privilégio" da União, dos Estados, do Distrito Federal, dos Municípios e das autarquias ou fundações de direito público federais, estaduais ou municipais que não explorem atividade econômica, "o recurso ordinário *ex officio* das decisões que lhe sejam total ou parcialmente contrárias". Note que o dispositivo legal em debate trata, somente, do recurso ordinário *ex officio*, não abrangendo, portanto, o recurso de revista e outros.

Dessa forma, as pessoas jurídicas de direito público interno, em qualquer processo onde seja proferida sentença, ainda que em parte, contrária aos seus interesses, estarão amparadas pelo recurso ordinário *ex officio*,

Importante assinalar que não apenas as *sentenças* desfavoráveis às pessoas indicadas no art. 1º do Decreto-lei 779/1969, mas também os *acórdãos* proferidos em ações ajuizadas originariamente nos Tribunais, que seriam impugnados via recurso ordinário (art. 895, II, da CLT), estarão sujeitos ao reexame necessário.

Muito se discute sobre a natureza recursal do reexame necessário, mas, de qualquer forma, é imperioso lembrar que tal instituto não comporta apresentação de contrarrazões, tampouco de recurso adesivo.

Outro ponto que merece destaque é o entendimento que o TST solidificou na Orientação Jurisprudencial 334 da SDI 1, consignando que, nos casos em que o ente público não tenha interposto recurso ordinário voluntário, não poderá interpor recurso de revista contra a decisão do Tribunal que manter ou confirmar a sentença.

A exceção seria apenas no caso da decisão do Tribunal agravar a condenação do ente público, pois nessa hipótese haveria interesse recursal.

Dispõe a Orientação Jurisprudencial 334 da SDI 1 do TST:

> ORIENTAÇÃO JURISPRUDENCIAL 334 da SDI 1 do TST – REMESSA "EX OFFICIO". RECURSO DE REVISTA. INEXISTÊNCIA DE RECURSO ORDINÁRIO VOLUNTÁRIO DE ENTE PÚBLICO. INCABÍVEL
> Incabível recurso de revista de ente público que não interpôs recurso ordinário voluntário da decisão de primeira instância, ressalvada a hipótese de ter sido agravada, na segunda instância, a condenação imposta.

A respeito do tema, cabe destacar a Súmula 303 do TST:

> SÚMULA 303 TST – FAZENDA PÚBLICA. DUPLO GRAU DE JURISDIÇÃO
>
> I – Em dissídio individual, está sujeita ao duplo grau de jurisdição, mesmo na vigência da CF/1988, decisão contrária à Fazenda Pública, salvo:
>
> a) quando a condenação não ultrapassar o valor correspondente a 60 (sessenta) salários mínimos;
>
> b) quando a decisão estiver em consonância com decisão plenária do Supremo Tribunal Federal ou com súmula ou orientação jurisprudencial do Tribunal Superior do Trabalho.

II – Em ação rescisória, a decisão proferida pelo juízo de primeiro grau está sujeita ao duplo grau de jurisdição obrigatório quando desfavorável ao ente público, exceto nas hipóteses das alíneas "a" e "b" do inciso anterior.

III – Em mandado de segurança, somente cabe remessa "ex officio" se, na relação processual, figurar pessoa jurídica de direito público como parte prejudicada pela concessão da ordem. Tal situação não ocorre na hipótese de figurar no feito como impetrante e terceiro interessado pessoa de direito privado, ressalvada a hipótese de matéria administrativa.

7. Execução

7.1. Introdução

As sentenças na esfera laboral estão sujeitas a fase de execução, diferentemente do processo comum em que se tem a fase de cumprimento da sentença.

Na fase de conhecimento, nas lacunas da norma consolidada, aplicamos o Código de Processo Civil, em conformidade com o art. 769 da CLT. Na fase de execução a aplicação é diversa. Isso porque, em primeiro plano, devemos aplicar a CLT; havendo omissão da norma consolidada aplica-se a Lei 5.584/1970; persistindo a omissão, aplicaremos a lei de execução fiscal (Lei 6.830/1980); sendo esta também omissa, aplicar-se-á por último o CPC.

A fase de execução é composta por 3 (três) partes: a fase de quantificação, a fase de constrição e a fase de expropriação.

A fase de quantificação consiste em fixar o montante da obrigação devida pelo devedor ao credor. Em outras palavras, significa tornar líquido o *quantum* a ser executado.

A fase de constrição indica que, tornado líquido o *quantum* devido, o devedor será intimado para satisfazer a obrigação no prazo de 48 (quarenta e oito) horas. Vencido esse prazo, o devedor está sujeito a ter seus bens penhorados. Serão penhorados tantos bens quanto bastarem para a garantia da obrigação.

Por último temos a fase da expropriação, que visa à alienação dos bens penhorados por meio da praça ou leilão, para a satisfação do crédito do exequente.

7.2. Legitimidade

7.2.1. Legitimidade ativa

A legitimidade ativa vem disposta no art. 878 da CLT, segundo o qual o juiz do trabalho poderá, de ofício, dar início à execução trabalhista de um trabalhador. Poderá também ser promovido por qualquer interessado, ou seja, os legitimados elencados no art. 567 do CPC. Por fim, o Ministério Público do Trabalho possui legitimidade nas causas em que atuou como parte no processo de conhecimento.

7.2.2. Legitimidade passiva

Poderá figurar no polo passivo da execução tanto empregador, o que é mais comum, como empregado, por exemplo, nas hipóteses em que este causou dano ao seu empregador.

Podem figurar como sujeito passivo na execução o espólio, herdeiros e sucessores, fiador, o novo devedor que assumiu a dívida, desde que com consentimento do credor, e o responsável tributário.

7.2.3. Desconsideração da personalidade jurídica

A teoria da desconsideração da personalidade jurídica, também conhecida como teoria da penetração, é utilizada no processo do trabalho por aplicação subsidiária, permitida em razão da norma esculpida nos arts. 8º e 769 da CLT e, ainda, pelo princípio da alteridade.

O direito laboral não possui norma específica permitindo a aplicação da teoria da desconsideração da personalidade jurídica. Porém, o parágrafo único do art. 8º da CLT autoriza a aplicação subsidiária das normas do direito comum desde que haja ausência de norma específica e compatibilidade com os princípios trabalhistas.

Nesse sentido, o TST vem aplicando a desconsideração da personalidade jurídica com apoio no art. 28, § 5º, do Código de Defesa do Consumidor, segundo o qual a personalidade jurídica poderá ser desconsiderada sempre que for, de alguma forma, obstáculo ao ressarcimento de prejuízos causados aos consumidores.

Afirma-se que por ser a personalidade jurídica uma criação da lei concedida pelo Estado, que tem como objetivo a realização de um fim, nada mais lógico do que conferir ao Estado, por meio do órgão jurisdicional, a capacidade de verificar se esse direito está sendo utilizado de forma adequada e, não estando, atingir os responsáveis. Assim, a teoria deve ser utilizada para impedir a fraude ou abuso por meio da personalidade jurídica.

Dessa forma, a teoria da desconsideração da personalidade jurídica é aplicada de forma ampla quando for apurada a insuficiência do patrimônio da empresa para honrar as dívidas contraídas, independentemente de fraude ou simulação, ou seja, basta a insolvência da empresa para que o Estado-juiz autorize a execução dos bens dos sócios considerados individualmente de forma solidária e ilimitada até o pagamento integral dos créditos trabalhistas.

7.3. Títulos executivos

O processo do trabalho admite os seguintes títulos executivos:

7.3.1. Títulos executivos judiciais

a) sentenças ou acórdãos condenatórios transitados em julgado ou que tenham sido impugnados com recurso no efeito devolutivo;

b) decisões que homologam acordo entre as partes.

Cabe destacar que nos termos do art. 884, § 5º, da CLT é considerado inexigível o título judicial fundado em Lei ou ato normativo declarados inconstitucionais pelo Supremo Tribunal Federal ou em aplicação ou interpretação tidas por incompatíveis com a Constituição Federal.

7.3.2. Títulos executivos extrajudiciais

Os títulos executivos extrajudiciais são:

a) os termos de compromisso de ajuste de conduta com conteúdo obrigacional firmados perante o MPT;

b) os termos de conciliação celebrados perante a Comissão de Conciliação Prévia;

c) certidões da dívida ativa, decorrentes das multas aplicadas pelo MTE, de acordo com a redação do art. 114, VII, CF

7.4. Liquidação de sentença

Sendo a sentença ilíquida, deve ser realizada sua prévia liquidação, que, nos termos do art. 879, poderá ser feita por cálculos, por arbitramento e por artigos.

7.4.1. Liquidação por cálculos

A liquidação por cálculos será utilizada quando a determinação do valor da condenação depender de cálculos meramente aritméticos, ou seja, quando todos os elementos necessários para se chegar no valor devido já estiverem nos autos.

A liquidação por cálculos se iniciará com petição do credor, que a instruirá com a respectiva memória de cálculos devidamente atualizados dos valores que julgar devidos.

Nessa fase calculam-se, também, a correção monetária e os juros, esses últimos devidos a partir do ajuizamento da ação no importe de 1% ao mês, ou 12% ao ano, ainda que omisso o pedido na reclamação trabalhista ou na sentença, nos termos da Súmula 211 do TST.

7.4.2. Liquidação por arbitramento

A liquidação será feita por arbitramento se determinado pela sentença, se convencionado pelas partes ou caso a natureza do objeto exigir, nos termos do art. 475-C do CPC.

Nessa modalidade de liquidação, as partes ou o próprio juiz designará um árbitro para que mensure os valores dos direitos assegurados ao exequente na sentença judicial.

De acordo com o art. 879, § 6º, da CLT, tratando-se de cálculos de liquidação complexos, o juiz poderá nomear perito para a elaboração e fixará, depois da conclusão do trabalho, o valor dos respectivos honorários com observância dos critérios de razoabilidade e proporcionalidade.

7.4.3. Liquidação por artigos

Prevista no art. 475-E do CPC, será realizada a liquidação por artigos sempre que houver a necessidade de provar fatos novos que servirão de base para apuração do valor devido ao credor.

Vale ressaltar que nessa modalidade de liquidação não é permitida a iniciativa do juiz *ex officio*.

Um exemplo clássico de liquidação por artigos é o caso da sentença que, embora reconheça o pedido de horas extras, não as quantifica.

Nesse caso, o exequente deverá apresentar uma petição inicial alegando os fatos a serem provados, sendo a parte contrária intimada para responder o pedido e posteriormente proferida uma sentença.

Nota-se que com a liquidação por artigos se inicia um novo processo, que será submetido ao procedimento ordinário, contando, inclusive, com a produção de provas.

7.5. Impugnação à sentença de liquidação

Elaborada a conta e tornada líquida, o Juiz *poderá* abrir às partes prazo sucessivo de 10 (dez) dias para impugnação fundamentada com a indicação dos itens e valores objeto da discordância, sob pena de preclusão.

Convém lembrar que esse prazo de 10 (dez) dias para impugnar a conta de liquidação não é obrigatório para as partes. Porém, a intimação do INSS é um dever por parte do juízo, conforme determina o art. 879, § 3º, da CLT.

Caso o juiz não abra às partes prazo para impugnação nos termos do dispositivo acima citado, a parte interessada apenas poderá impugnar a conta homologada na ocasião dos embargos à execução, art. 884, § 3º, da CLT.

Desta forma, nesse momento processual surge ao Juiz do Trabalho dois caminhos a serem trilhados. O primeiro deles consiste em, homologados os cálculos, abrir prazo sucessivo de 10 (dez) dias para que as partes apresentem impugnação, sob pena de preclusão. O outro caminho que o magistrado poderá adotar é a expedição do mandado de citação, penhora e avaliação, permitindo a apresentação de impugnação apenas na ocasião dos embargos à execução.

Vale dizer que a sentença de liquidação, para a doutrina dominante, possui natureza jurídica de decisão interlocutória, não ensejando a interposição de recursos, em face da previsão legal do art. 893, § 1º, da CLT, e tampouco permite o ajuizamento de ação rescisória.

7.6. Execução contra devedor solvente

A execução contra devedor solvente tem por objetivo expropriar bens do devedor, a fim de satisfazer o direito do credor.

Inicia-se com a expedição do mandado de citação, nos termos do art. 880 da CLT. Na fase de execução de sentença, diferentemente de como ocorre na fase de conhecimento, a citação deve ser pessoal, ou seja, deve ser realizada na pessoa do executado. Não basta a mera notificação (que pode ser entregue a qualquer funcionário da empresa), como ocorre na fase de conhecimento.

O executado será citado para no prazo de 48 (quarenta e oito) horas pagar a quantia devida. Não encontrado por duas vezes, far-se-á a citação por edital.

Caso o executado não pague a importância reclamada, poderá garantir a execução mediante depósito do valor, devidamente atualizado e acrescido das despesas processuais, ou, ainda, nomear bens à penhora, desde que observada a ordem preferencial estabelecida no art. 655 do CPC.

Caso o devedor não pague, não nomeie bens ou não deposite o valor executado em juízo, garantindo-o, serão penhorados seus bens tantos quanto bastarem para a garantia da execução.

7.7. Execução de título executivo extrajudicial

No processo de conhecimento, ao ter reconhecido seu crédito e tornado líquido, deverá o credor promover a execução do julgado, nos termos dos arts. 880 e seguintes da CLT, denominada execução judicial.

Por outro lado, admite-se na seara trabalhista, em algumas hipóteses, que o credor promova a cobrança do seu crédito imediatamente, ou seja, sem a necessidade de um processo de conhecimento. Nesses casos, o credor poderá promover a execução de título executivo extrajudicial, que pressupõe processo autônomo, com citação do devedor para cumprimento da obrigação.

Parte da doutrina sustenta que as hipóteses previstas no art. 876 da CLT são meramente exemplificativas, pois não poderia o legislador excluir da competência da Justiça do Trabalho títulos legitimamente conhecidos pelo legislador no âmbito do Direito Civil, como o cheque, por exemplo. Nessa linha, para aqueles que advogam essa ideia, como a legislação trabalhista autoriza o pagamento de salários e verbas rescisórias através de cheques, que muitas vezes são devolvidos sem fundos, poderia o trabalhador, nesse caso, executar o título na Justiça do Trabalho.

No entanto, convém ressaltar que prevalece na doutrina e jurisprudência que mesmo os cheques dados como pagamento de salários não poderão ser executados na Justiça do Trabalho, tendo em vista a natureza abstrata do título, dado que é desvinculado de sua origem.

Outra corrente doutrinária, adotada pela maior parte da jurisprudência e doutrina – chamada corrente restritiva – sustenta que na Justiça do Trabalho as hipóteses de execução de título executivo extrajudicial ficarão restritas a: a) termos de ajustamento de conduta firmados perante o Ministério Público do Trabalho; b) os termos de conciliação firmados perante a comissão de conciliação prévia, nos termos do art. 876 da CLT; e c) Certidões da Dívida Ativa, decorrentes das multas aplicadas pelo MTE, de acordo com a redação do art. 114, VII, CF.

7.7.1. Processamento

Cabe destacar que, nos termos do art. 889 da CLT, aos trâmites e incidentes do processo da execução são aplicáveis, naquilo em que não violarem os princípios processuais trabalhistas, os preceitos que regem o processo de execução fiscal disposto na Lei 6.830/1980. O Código de Processo Civil será aplicado apenas na omissão da Lei de executivos fiscais.

A competência territorial será determinada de acordo com a regra estabelecida no art. 877-A da CLT, ou seja, pelo juiz que teria competência para o processo de conhecimento relativo à matéria.

Desta forma, nos termos do art. 6º da Lei 6.830/1980, a petição inicial deverá ser instruída com o título executivo extrajudicial, devendo indicar o Juiz a quem é dirigida, o pedido e, por último, o requerimento de citação do devedor, para, no prazo de 5 (cinco) dias, pagar a dívida ou garanti-la, sob pena de penhora.

Feita a citação, o devedor poderá adotar 4 condutas: a) efetuar o pagamento do valor executado; b) depositar em juízo o valor, informando que irá apresentar embargos à execução; c) oferecer bens à penhora para garantia do juízo e apresentar embargos; d) não efetuar o pagamento, nem garantir a dívida, hipótese em que se procederá à penhora.

Nas execuções de título executivo extrajudicial, o executado poderá alegar como matérias de defesa: nulidade da execução, por não ser executivo o título apresentado; penhora incorreta ou avaliação errônea; excesso de execução ou cumulação indevida de execuções; retenção por benfeitorias necessárias ou úteis, nos casos de título para entrega de coisa certa; ou qualquer matéria que lhe seria lícito deduzir como defesa em processo de conhecimento.

7.8. Penhora

Por não existirem normas expressas no texto consolidado, serão aplicadas as regras pertinentes ao processo civil.

A penhora deverá obedecer à regra de nomeação imposta no art. 655 do CPC, podendo a parte impugnar aquela que não obedecer a essa ordem, nos exatos termos do art. 656, I, do CPC.

Realizada a penhora, o exequente deverá ser intimado para manifestar sua concordância ou não com relação ao bem oferecido à penhora pelo próprio devedor ou penhorado por determinação judicial. A não aceitação deverá ser fundamentada.

7.8.1. Bens impenhoráveis

Nos termos do art. 649 do CPC, são considerados absolutamente impenhoráveis:

a) os bens inalienáveis e os declarados, por ato voluntário, não sujeitos à execução;

b) os móveis, pertences e utilidades domésticas que guarnecem a residência do executado, salvo os de elevado valor ou que ultrapassem as necessidades comuns correspondentes a um médio padrão de vida;

c) os vestuários, bem como os pertences de uso pessoal do executado, salvo se de elevado valor;

d) os vencimentos, subsídios, soldos, salários, remunerações, proventos de aposentadoria, pensões, pecúlios e montepios; as quantias recebidas por liberalidade de terceiro e destinadas ao sustento do devedor e sua família, os ganhos de trabalhador autônomo e os honorários de profissional liberal;

e) os livros, as máquinas, as ferramentas, os utensílios, os instrumentos ou outros bens móveis necessários ou úteis ao exercício de qualquer profissão;

f) o seguro de vida;

g) os materiais necessários para obras em andamento, salvo se essas forem penhoradas;

h) a pequena propriedade rural, assim definida em lei, desde que trabalhada pela família;

i) os recursos públicos recebidos por instituições privadas para aplicação compulsória em educação, saúde ou assistência social;

j) até o limite de 40 (quarenta) salários mínimos, a quantia depositada em caderneta de poupança;

l) os recursos públicos do fundo partidário recebidos, nos termos da lei, por partido político.

Embora não estejam elencados no rol do art. 649 do CPC, os bens públicos também são considerados absolutamente impenhoráveis.

Também são considerados impenhoráveis os bens de família previstos na Lei 8.009/1990.

No entanto, não serão considerados como bens de família: os veículos de transporte, as obras de arte e os adornos suntuosos. Isso porque esses bens são considerados como bens de ostentação, desnecessários para a sobrevivência da pessoa.

Dispõe o art. 650 do CPC que, na falta de outros bens, os frutos e rendimentos dos bens inalienáveis, salvo se destinados à satisfação de prestação alimentícia, poderão ser penhorados.

7.9. Execução contra Fazenda Pública

A execução contra a Fazenda Pública possui diversas peculiaridades e por isso não é processada da mesma forma que a execução contra as pessoas físicas ou jurídicas de direito privado.

Isso porque os bens da Fazenda Pública são impenhoráveis. Daí decorre que a Fazenda Pública não é intimada para garantir o juízo, mas sim para apresentar embargos à execução.

No termo "Fazenda Pública" devemos lembrar que estão compreendidos: a União, Estados, Distrito Federal, Municípios, autarquias e as fundações públicas. As sociedades de economia mista e as empresas públicas estão excluídas do conceito de Fazenda Pública.

Como vimos, os bens da Fazenda Pública são impenhoráveis. Assim, transitada em julgado a sentença condenatória, não haverá citação para pagamento ou garantia à execução, mas sim para oferecimento dos embargos nos termos do art. 730 do CPC.

Com relação ao prazo para oferecimento dos embargos, existe grande controvérsia, por parte da doutrina.

O ilustre Professor Carlos Henrique Bezerra Leite (**Curso de Direito Processual do Trabalho**. 7. ed. São Paulo: LTr, 2009), sustenta que: "A elevação do prazo para oferecimento da ação de embargos à execução em favor da Fazenda Pública revela-se, a nosso ver, flagrantemente inconstitucional, na medida em que estabelece um privilégio – que não se confunde com prerrogativa – sem qualquer razoabilidade. Vale dizer, o perceptivo em causa estabelece odioso e injustificável *discrimen* em prol dos entes públicos em detrimento dos seus credores, o que afronta o princípio da igualdade consagrado no art. 5º, *caput*, da CF.".

Dispõe o art. 1º-B da Lei 9.494/1997, *in verbis*:

> Art. 1º-B. O prazo a que se refere o *caput* dos arts. 730 do Código de Processo Civil, e 884 da Consolidação das Leis do Trabalho, aprovada pelo Decreto-Lei nº 5.452, de 1º de maio de 1943, passa a ser de trinta dias.

Em decisões proferidas nos RR 1201.1996.020.04.00-8 e RR 70.1992.011.04.00-7 o TST entendeu pela inconstitucionalidade do dispositivo em comento, sustentando que o favor processual concedido carece de urgência política, não se revelando proporcional.

No entanto, no julgamento da ADC nº 11 o STF, em decisão liminar, determinou a suspensão de todos os processos que discutam a constitucionalidade do dispositivo em questão, rejeitando a posição adotada pelo TST, prevalecendo o prazo de 30 dias.

O art. 741 do CPC traz o rol das matérias que poderão ser alegadas nos embargos à execução, *in verbis*:

> Art. 741. Na execução contra a Fazenda Pública, os embargos só poderão versar sobre:
>
> I – falta ou nulidade da citação, se o processo correu à revelia;
>
> II – inexigibilidade do título;
>
> III – ilegitimidade das partes;
>
> IV – cumulação indevida de execuções;
>
> V – excesso de execução;
>
> VI – qualquer causa impeditiva, modificativa ou extintiva da obrigação, como pagamento, novação, compensação, transação ou prescrição, desde que superveniente à sentença;
>
> VII – incompetência do juízo da execução, bem como suspeição ou impedimento do juiz.
>
> Parágrafo único. Para efeito do disposto no inciso II do caput deste artigo, considera-se também inexigível o título judicial fundado em lei ou ato normativo declarados inconstitucionais pelo Supremo Tribunal Federal, ou fundado em aplicação ou interpretação da lei ou ato normativo tidas pelo Supremo Tribunal Federal como incompatíveis com a Constituição Federal.

7.9.1. Precatório

Proferida a sentença na fase de conhecimento e exaurido o prazo recursal, duas regras deverão ser observadas, nos termos do art. 730 do CPC:

a) o juiz irá requisitar a expedição do precatório para pagamento por intermédio do Presidente do tribunal;

b) o pagamento será realizado na ordem de apresentação do precatório.

No entanto, caso o ente público apresente embargos à execução, o juiz notificará o exequente para impugná-los no prazo de 5 dias. Encerrada a instrução dos embargos, o juiz proferirá a sentença que, ainda que seja desfavorável, no todo ou em parte, ao ente público, não haverá que se falar em recurso de ofício (reexame necessário), tendo em vista que essa é uma prerrogativa do processo de conhecimento. A sentença que julgar os embargos à execução desafia a interposição de agravo de petição que, por se tratar de Fazenda Pública, terá o prazo em dobro, em razão da norma esculpida no art. 1º do Decreto-lei 779/1969.

Ultrapassada essa fase, transitada em julgado a decisão, o juiz irá requisitar, por intermédio do Presidente do tribunal, à autoridade competente o pagamento do valor da dívida fixada na sentença.

Essa requisição é feita por meio do precatório, que, nas lições de Renato Saraiva (**Curso de Direito Processual do Trabalho**. 4. ed. São Paulo: Método, 2007. p. 625), "consiste na requisição, feita pelo Poder Judiciário ao Poder Executivo respectivo, de numerário suficiente para arcar com as condenações impostas à Fazenda Pública mediante sentença judicial a qual não caiba mais recurso."

A CF/1988 trata dos precatórios no art. 100 e seus parágrafos:

> Art. 100. Os pagamentos devidos pelas Fazendas Públicas Federal, Estaduais, Distrital e Municipais, em virtude de sentença judiciária, far-se-ão exclusivamente na ordem cronológica de apresentação dos precatórios e à conta dos créditos respectivos, proibida a designação de casos ou de pessoas nas dotações orçamentárias e nos créditos adicionais abertos para este fim.
>
> § 1º Os débitos de natureza alimentícia compreendem aqueles decorrentes de salários, vencimentos, proventos, pensões e suas complementações, benefícios previdenciários e indenizações por morte ou por invalidez, fundadas em responsabilidade civil, em virtude de sentença judicial transitada em julgado, e serão pagos com preferência sobre todos os demais débitos, exceto sobre aqueles referidos no § 2º deste artigo.
>
> § 2º Os débitos de natureza alimentícia cujos titulares tenham 60 (sessenta) anos de idade ou mais na data de expedição do precatório, ou sejam portadores de doença grave, definidos na forma da lei, serão pagos com preferência sobre todos os demais débitos, até o valor equivalente ao triplo do fixado em lei para os fins do disposto no § 3º deste artigo, admitido o fracionamento para essa finalidade, sendo que o restante será pago na ordem cronológica de apresentação do precatório.
>
> § 3º O disposto no caput deste artigo relativamente à expedição de precatórios não se aplica aos pagamentos de obrigações definidas em leis como de pequeno valor que as Fazendas referidas devam fazer em virtude de sentença judicial transitada em julgado.
>
> § 4º Para os fins do disposto no § 3º, poderão ser fixados, por leis próprias, valores distintos às entidades de direito público, segundo as diferentes capacidades econômicas, sendo o mínimo igual ao valor do maior benefício do regime geral de previdência social.
>
> § 5º É obrigatória a inclusão, no orçamento das entidades de direito público, de verba necessária ao pagamento de seus débitos, oriundos de sentenças transitadas em julgado, constantes de precatórios judiciários apresentados até 1º de julho, fazendo-se o pagamento até o final do exercício seguinte, quando terão seus valores atualizados monetariamente.
>
> § 6º As dotações orçamentárias e os créditos abertos serão consignados diretamente ao Poder Judiciário, cabendo ao Presidente do Tribunal que proferir a decisão exequenda determinar o pagamento integral e autorizar, a requerimento do credor e exclusivamente para os casos de preterimento de seu direito de precedência ou de não alocação orçamentária do valor necessário à satisfação do seu débito, o sequestro da quantia respectiva.

§ 7º O Presidente do Tribunal competente que, por ato comissivo ou omissivo, retardar ou tentar frustrar a liquidação regular de precatórios incorrerá em crime de responsabilidade e responderá, também, perante o Conselho Nacional de Justiça.

§ 8º É vedada a expedição de precatórios complementares ou suplementares de valor pago, bem como o fracionamento, repartição ou quebra do valor da execução para fins de enquadramento de parcela do total ao que dispõe o § 3º deste artigo.

§ 9º No momento da expedição dos precatórios, independentemente de regulamentação, deles deverá ser abatido, a título de compensação, valor correspondente aos débitos líquidos e certos, inscritos ou não em dívida ativa e constituídos contra o credor original pela Fazenda Pública devedora, incluídas parcelas vincendas de parcelamentos, ressalvados aqueles cuja execução esteja suspensa em virtude de contestação administrativa ou judicial.

§ 10. Antes da expedição dos precatórios, o Tribunal solicitará à Fazenda Pública devedora, para resposta em até 30 (trinta) dias, sob pena de perda do direito de abatimento, informação sobre os débitos que preencham as condições estabelecidas no § 9º, para os fins nele previstos.

§ 11. É facultada ao credor, conforme estabelecido em lei da entidade federativa devedora, a entrega de créditos em precatórios para compra de imóveis públicos do respectivo ente federado.

§ 12. A partir da promulgação desta Emenda Constitucional, a atualização de valores de requisitórios, após sua expedição, até o efetivo pagamento, independentemente de sua natureza, será feita pelo índice oficial de remuneração básica da caderneta de poupança, e, para fins de compensação da mora, incidirão juros simples no mesmo percentual de juros incidentes sobre a caderneta de poupança, ficando excluída a incidência de juros compensatórios.

§ 13. O credor poderá ceder, total ou parcialmente, seus créditos em precatórios a terceiros, independentemente da concordância do devedor, não se aplicando ao cessionário o disposto nos §§ 2º e 3º.

§ 14. A cessão de precatórios somente produzirá efeitos após comunicação, por meio de petição protocolizada, ao tribunal de origem e à entidade devedora.

§ 15. Sem prejuízo do disposto neste artigo, lei complementar a esta Constituição Federal poderá estabelecer regime especial para pagamento de crédito de precatórios de Estados, Distrito Federal e Municípios, dispondo sobre vinculações à receita corrente líquida e forma e prazo de liquidação.

§ 16. A seu critério exclusivo e na forma de lei, a União poderá assumir débitos, oriundos de precatórios, de Estados, Distrito Federal e Municípios, refinanciando-os diretamente.

Assim, os pagamentos serão feitos em ordem cronológica de apresentação dos precatórios. Feito o precatório, o juiz da vara remeterá ao Presidente do Tribunal Regional onde será autuado e receberá um número.

Após o exame das regularidades formais, o Presidente do TRT expedirá o precatório ao ente público para que seja providenciada a inclusão no orçamento de numerário suficientes para pagamento. Importante lembrar que os precatórios apresentados até o dia 1º de julho serão relacionados para pagamento dentro no exercício financeiro seguinte, sendo os valores atualizados monetariamente.

Havendo descumprimento da ordem cronológica, poderá a parte fazer o pedido de sequestro da quantia. Nessa linha, destaca-se a orientação jurisprudencial 13 do Tribunal Pleno do TST:

ORIENTAÇÃO JURISPRUDENCIAL 13 DO TRIBUNAL PLENO – PRECATÓRIO. QUEBRA DA ORDEM DE PRECEDÊNCIA. NÃO DEMONSTRAÇÃO DA POSIÇÃO DO EXEQUENTE NA ORDEM CRONOLÓGICA. SEQUESTRO INDEVIDO

É indevido o sequestro de verbas públicas quando o exequente/requerente não se encontra em primeiro lugar na lista de ordem cronológica para pagamento de precatórios ou quando não demonstrada essa condição.

7.9.2. Débitos de pequeno valor

Em se tratando de créditos de pequeno valor, o juiz poderá requisitar o pagamento diretamente à autoridade citada no processo de execução, ou seja, sem a necessidade de expedição de precatório, conforme art. 100, § 3º, da CF.

Nos termos do art. 87 do ADCT, serão considerados créditos de pequeno valor os seguintes:

Art. 87. Para efeito do que dispõem o § 3º do art. 100 da Constituição Federal e o art. 78 deste Ato das Disposições Constitucionais Transitórias serão considerados de pequeno valor, até que se dê a publicação oficial das respectivas leis definidoras pelos entes da Federação, observado o disposto no § 4º do art. 100 da Constituição Federal, os débitos ou obrigações consignados em precatório judiciário, que tenham valor igual ou inferior a:

I – quarenta salários mínimos, perante a Fazenda dos Estados e do Distrito Federal;

II – trinta salários mínimos, perante a Fazenda dos Municípios.

Embora o art. 87 do ADCT não faça referência aos créditos de pequeno valor da União, o art. 17, § 1º, da Lei 10.259/2001 estabelece como de pequeno valor a dívida que não ultrapassar 60 salários mínimos.

Assim, teríamos a seguinte tabela:

a) União: 60 salários mínimos;

b) Estados e Distrito Federal: 40 salários mínimos;

c) Municípios: 30 salários mínimos.

Importante lembrar que as dívidas de pequeno valor, não submetidas ao regime dos precatórios, deverão ser pagas no prazo de 60 dias contados do ato de requisição da autoridade judicial, com fulcro no art. 17 da Lei 10.259/2001, aplicada analogicamente aos débitos dos Estados, Distrito Federal e Municípios. Não sendo atendida a requisição, o juiz deve determinar o sequestro do valor suficiente ao cumprimento da decisão, nos termos do art. 17, § 2º, da Lei 10.259/2001.

Por fim, importante destacar a Orientação Jurisprudencial 9 do Pleno do TST:

ORIENTAÇÃO JURISPRUDENCIAL 9 DO TRIBUNAL PLENO – PRECATÓRIO. PEQUENO VALOR. INDIVIDUALIZAÇÃO DO CRÉDITO APURADO. RECLAMAÇÃO TRABALHISTA PLÚRIMA. EXECUÇÃO DIRETA CONTRA A FAZENDA PÚBLICA. POSSIBILIDADE

Tratando-se de reclamações trabalhistas plúrimas, a aferição do que vem a ser obrigação de pequeno valor, para efeito de dispensa de formação de precatório e aplicação do disposto no § 3º do art. 100 da CF/1988, deve ser realizada considerando-se os créditos de cada reclamante.

7.10. Embargos à execução

Os embargos à execução possuem natureza de ação de cognição incidental em que o executado/ réu requer a extinção total ou parcial da execução, atacando o próprio conteúdo do título.

7.10.1. Matérias arguíveis

As matérias arguíveis por meio dos embargos à execução estão elencadas no art. 884, § 1º, da CLT.

Contudo, esse rol não é exaustivo, aplicando-se subsidiariamente as matérias elencadas no art. 475-L do CPC e, ainda, aquelas matérias apontadas no art. 745 do CPC.

7.10.2. Processamento

Os embargos à execução devem ser opostos no prazo de 5 (cinco) dias, contados da ciência da formalização da penhora. Assim, é condição *sine qua non* para a apresentação dos embargos à execução a prévia garantia do juízo, exceção feita à Fazenda Pública.

Os embargos à execução serão processados nos mesmos autos da execução, sendo recebidos com efeito suspensivo, nas lições de Renato Saraiva (**Curso de Direito Processual do Trabalho**. 4. ed. São Paulo: Método, 2007. p. 587). Assim, uma vez apresentados, a execução será imediatamente suspensa até o julgamento dos embargos.

No entanto, para o Professor carlos Henrique Bezerra Leite (**Curso de Direito Processual do Trabalho**. 7. ed. São Paulo: LTr, 2009. p. 831 e 832) ensina: "Em linha de princípio, o recebimento da impugnação por simples despacho não implica a suspensão do processo. para que o juiz posa emprestar efeito suspensivo à impugnação apresentada pelo devedor é preciso que o magistrado, valendo-se do seu poder geral de cautela, profira decisão interlocutória, fundamentando a existência de *fumus boni iuris* e *periculum in mora*."

Para essa corrente doutrinária, poderá o juiz, a requerimento do embargante, atribuir efeito suspensivo aos embargos quando, sendo relevantes seus fundamentos, o prosseguimento da execução manifestamente possa causar ao executado grave dano de difícil ou incerta reparação, e desde que a execução já esteja garantida por penhora, depósito ou caução suficientes.

Por fim, vale ressaltar que os embargos à execução poderão ser liminarmente indeferidos quando intempestivos, quando inepta sua petição (art. 295 do CPC), ou, ainda, quando manifestamente protelatórios, nos termos do art. 739 do CPC.

7.11. Exceção de pré-executividade

Embora não esteja prevista em nosso ordenamento jurídico, admite-se na Justiça do Trabalho para questões processuais e para matérias que visem a invalidar o título executivo.

Deverá ser proposta entre a data da citação e antes da penhora, portanto não necessita da garantia do juízo. Sua propositura não suspende, tampouco interrompe, o prazo para oferecimento de bens à penhora pelo executado.

Sendo a execução rejeitada pelo juiz, não caberá recurso algum, por ser uma decisão interlocutória, podendo a matéria ser rediscutida em sede de embargos à execução. No entanto, se for acolhida a exceção, total ou parcialmente, a decisão será terminativa de feito, desafiando a interposição de agravo de petição.

7.12. Embargos de terceiro

Os embargos de terceiro encontram-se previstos nos arts. 1.046 a 1.054 do CPC.

Podem ser opostos tanto no processo de conhecimento, antes do trânsito em julgado da sentença ou acórdão, como no processo de execução, até 5 (cinco) dias após a lavratura do termo de penhora com a assinatura do termo de compromisso. Sendo opostos, a execução será suspensa.

Os embargos de terceiros deverão ser distribuídos por dependência ao juízo do processo que originou o ato de constrição e por ele será apreciado.

Com relação aos embargos de terceiros realizados via carta precatória, poderão ser oferecidos tanto no juízo deprecante como no juízo deprecado, mas a competência para julgá-los é do juízo deprecante, salvo se versarem, unicamente, sobre vícios ou irregularidades da penhora, avaliação ou alienação dos bens, praticados pelo juízo deprecado, em que a competência será deste último, nos termos da Súmula 419 do TST.

A decisão proferida nos embargos de terceiro poderá ser impugnada via agravo de petição nos termos do art. 897, "a", da CLT.

7.13. Atos de encerramento da execução

Devidamente julgados os embargos à execução, o procedimento executório seguirá para a arrematação dos bens eventualmente penhorados.

Assim, em observância ao princípio da publicidade, há necessidade de publicação do edital de praça e leilão, em jornal da localidade, com antecedência mínima de 20 (vinte) dias, devendo o devedor ser intimado, nos termos do art. 687, § 5º, do CPC.

A arrematação é a venda do bem penhorado realizada pelo Estado através da praça ou leilão àquele que oferecer maior lance, não se admitindo a venda por preço vil, entendido como aquele de valor desprezível, que não guarda sintonia com o valor constante no edital.

O arrematante deverá garantir seu lance com o sinal de 20% do valor do bem no prazo de 24 horas da arrematação, sob pena de perder esse valor em favor da execução.

Uma vez arrematado os bens penhorados e sendo suficientes para o pagamento da dívida, os valores serão repassados para o credor com o consequente encerramento da execução trabalhista.

8. Ações especiais

8.1. Ação rescisória

Disciplinada no art. 836 da CLT, com aplicação subsidiária dos arts. 485 e seguintes do CPC, a ação rescisória é uma ação que objetiva o desfazimento dos efeitos de sentença já transitada em julgado, tendo em vista a existência de vícios. Possui natureza de ação desconstitutiva ou constitutiva negativa.

O art. 836 da CLT, com a redação dada pela Lei 11.495/2007, determina que o autor da ação rescisória realize depósito prévio de 20% (vinte por cento) do valor da causa, salvo prova de sua miserabilidade.

8.1.1. Requisitos

Para a propositura da ação rescisória dois requisitos são necessários:

8.1.1.1. Sentença de mérito

Somente a sentença de mérito pode ser objeto de ação rescisória, tendo em vista que apenas esta produz a coisa julgada material. Desta forma, as sentenças terminativas não poderão ser atacadas por essa via, na medida em que não produzem coisa julgada material. Nesse sentido é a Orientação Jurisprudencial 134 da SDI 2 do TST.

Também não poderão ser objeto de ação rescisória as sentenças normativas, em conformidade com a Súmula 397 do TST.

8.1.1.2. Trânsito em julgado da decisão

A decisão deve ter transitado em julgado, ou seja, não poderá haver a possibilidade do manejo de recursos.

8.1.2. Hipóteses de cabimento

As hipóteses de cabimento estão elencadas de maneira exaustiva no art. 485 do CPC.

> Art. 485. A sentença de mérito, transitada em julgado, pode ser rescindida quando:
>
> I – se verificar que foi dada por prevaricação, concussão ou corrupção do juiz;
>
> II – proferida por juiz impedido ou absolutamente incompetente;
>
> III – resultar de dolo da parte vencedora em detrimento da parte vencida, ou de colusão entre as partes, a fim de fraudar a lei;
>
> IV – ofender a coisa julgada;
>
> V – violar literal disposição de lei;
>
> VI – se fundar em prova, cuja falsidade tenha sido apurada em processo criminal ou seja provada na própria ação rescisória;
>
> VII – depois da sentença, o autor obtiver documento novo, cuja existência ignorava, ou de que não pôde fazer uso, capaz, por si só, de lhe assegurar pronunciamento favorável;
>
> VIII – houver fundamento para invalidar confissão, desistência ou transação, em que se baseou a sentença;
>
> IX – fundada em erro de fato, resultante de atos ou de documentos da causa.

É importante frisar que o rol disposto no art. 485 é exaustivo, ou seja, trata-se de rol *numerus clausus*.

Nos domínios do processo do trabalho, o termo de conciliação previsto no parágrafo único do art. 831 da CLT somente poderá ser impugnado por ação rescisória, nos termos da Súmula 259 do TST.

8.1.3. Competência

A competência funcional para o processamento da ação rescisória é do TRT quando a decisão rescindenda for de Juiz do Trabalho ou de acórdão do próprio Tribunal Regional do Trabalho.

A competência, todavia, será do TST para o processamento da ação rescisória quando a decisão rescindenda for do próprio TST.

8.1.4. Prazo

De acordo com o art. 495 do CPC, o direito de propor ação rescisória se extingue em 2 (dois) anos, contados do trânsito em julgado da decisão. Trata-se de prazo decadencial. Sobre a contagem do prazo para a ação rescisória é importante a leitura da Súmula 100 do TST.

Vale dizer que o relator mandará citar o réu, assinando-lhe prazo nunca inferior a 15 (quinze) dias nem superior a 30 (trinta), para responder aos termos da ação.

8.1.5. Recurso

Para as *ações rescisórias julgadas originariamente pelos Tribunais Regionais do Trabalho*, o recurso cabível é o recurso ordinário, com fundamento no art. 895, II, da CLT, no prazo de 8 (oito) dias, que será apreciado pelo Tribunal Superior do Trabalho.

Nesse sentido vale transcrever a Súmula 158 do TST.

> SÚMULA 158 TST – AÇÃO RESCISÓRIA
>
> Da decisão de Tribunal Regional do Trabalho, em ação rescisória, é cabível recurso ordinário para o Tribunal Superior do Trabalho, em face da organização judiciária trabalhista.

Convém notar que o depósito recursal para o recurso ordinário somente será devido quando o pedido for julgado procedente e seja imposta condenação em pecúnia.

Nessa linha, em conformidade com a Instrução Normativa 3 do TST, que regulamenta o depósito recursal, julgada procedente a ação rescisória e imposta condenação em pecúnia, será exigido um único depósito recursal, até o limite da condenação, ou o novo valor corrigido, sendo dispensado novo depósito para os recursos subsequentes, salvo o depósito do agravo de instrumento, previsto no art. 899, § 7º, da CLT.

Já nas *ações rescisórias julgadas originariamente pelo Tribunal Superior do Trabalho* poderá haver a interposição de recurso de embargos de divergência, no prazo de 8 (oito) dias, nos termos do art. 894, II, da CLT. Caso não seja possível a interposição de embargos de divergência, poderá, eventualmente, interpor recurso extraordinário, no prazo de 15 (quinze) dias, para o Supremo Tribunal Federal, nos termos do art. 102, III, da CF.

Por último, importante trazer o recente posicionamento do TST consubstanciado no item II da Súmula 219 do TST, com a redação dada pela Resolução 174/2011:

> SÚMULA 219. HONORÁRIOS ADVOCATÍCIOS. HIPÓTESE DE CABIMENTO.
>
> I – (...)
>
> II – É cabível a condenação ao pagamento de honorários advocatícios em ação rescisória no processo trabalhista.

8.2. Mandado de segurança

Disciplinado pela Lei 12.016/2009, trata-se de um remédio constitucional posto à disposição de toda pessoa física ou jurídica, ou mesmo órgão da administração pública com capacidade processual.

Conforme o art. 1º da Lei 12.016/2009, o mandado de segurança será concedido para proteger direito líquido e certo, não amparado por *habeas corpus* ou *habeas data*, sempre que, ilegalmente ou com abuso de poder, qualquer pessoa física ou jurídica sofrer violação ou houver justo receio de sofrê-la por parte de autoridade, seja de que categoria for e sejam quais forem as funções que exerça.

8.2.1. Competência

A competência será a da Justiça do Trabalho (art. 114, IV, da CF) quando o ato taxado de ilegal for proferido por autoridades da Justiça do Trabalho.

Com relação à competência funcional para o processamento do mandado de segurança, ela poderá ser do juiz do trabalho (1ª instância), do TRT (2ª instância) e, ainda, do TST (3ª instância).

Assim, serão da competência do juiz do trabalho os mandados de segurança impetrados contra ato praticado por autoridade fiscalizadora das relações de trabalho.

A competência funcional será do TRT sempre que a autoridade coatora for o Juiz da Vara do Trabalho, diretor da secretaria ou os demais funcionários, juiz de direito, nas hipóteses do art. 112 da CF, e, ainda, contra ato de juízes e funcionários do próprio TRT.

Por último, os mandados de segurança contra atos do Presidente do Tribunal Superior ou por qualquer dos Ministros serão da competência do TST.

8.2.2. Hipóteses de cabimento e não cabimento

8.2.2.1. Hipóteses de cabimento

Para a impetração do mandado de segurança é necessário que a parte demonstre, de plano, o direito líquido e certo violado e a ilegalidade ou abuso de poder praticados pela autoridade pública.

O mandado de segurança não admite a produção de provas, na medida em que os fatos devem ser provados de imediato, mediante prova documental. Isso significa que o direito líquido e certo é condição da ação para a impetração do mandado de segurança.

O ato taxado de ilegal deve ser de autoridade pública, entendida como tal os agentes da administração direta e indireta, assim como os membros e servidores do Poder Legislativo e Judiciário.

Podemos apontar como principais hipóteses de cabimento de mandado de segurança na Justiça do Trabalho as seguintes:

a) deferimento de medida liminar em ação de reintegração e transferência ilegal (art. 659, IX e X, da CLT);

b) deferimento de tutela antecipada (art. 273 do CPC);

c) não admissão de agravo de instrumento no primeiro juízo de admissibilidade.

8.2.2.2. Hipóteses de não cabimento

O mandado de segurança não será concedido caso caiba recurso administrativo com efeito suspensivo, independentemente de caução. A lei exige o esgotamento da esfera administrativa como condição para o mandado de segurança.

Da mesma forma, não caberá mandado de segurança contra decisões judiciais contra as quais caiba recurso com efeito suspensivo.

Nos termos da Súmula 418 do TST, convém destacar que a concessão de liminar ou a homologação de acordo constituem faculdade do juiz, inexistindo direito líquido e certo tutelável pela via do mandado de segurança.

Por último, não será possível a impetração de mandado de segurança de decisão judicial transitada em julgado, por ser impugnável via ação rescisória, em conformidade com a Súmula 33 do TST e Súmula 268 do STF.

Sobre o tema, importante se faz a leitura da Súmula 414 do TST.

SÚMULA 414 MANDADO DE SEGURANÇA. ANTECIPAÇÃO DE TUTELA (OU LIMINAR) CONCEDIDA ANTES OU NA SENTENÇA

I – A antecipação da tutela concedida na sentença não comporta impugnação pela via do mandado de segurança, por ser impugnável mediante recurso ordinário. A ação cautelar é o meio próprio para se obter efeito suspensivo a recurso.

II – No caso da tutela antecipada (ou liminar) ser concedida antes da sentença, cabe a impetração do mandado de segurança, em face da inexistência de recurso próprio.

III – A superveniência da sentença, nos autos originários, faz perder o objeto do mandado de segurança que impugnava a concessão da tutela antecipada (ou liminar).

8.2.3. Processamento

O direito de requerer mandado de segurança extinguir-se-á decorridos 120 (cento e vinte) dias, contados da ciência, pelo interessado, do ato impugnado taxado de ilegal ou abusivo (art. 23 da Lei 12.016/2009). Trata-se de prazo decadencial.

A petição inicial, que deverá preencher os requisitos estabelecidos pela lei processual, será apresentada em duas vias, com os documentos que instruírem a primeira reproduzidos na segunda, e indicará, além da autoridade coatora, a pessoa jurídica que esta integra, à qual se acha vinculada ou da qual exerce atribuições.

A inicial, que poderá conter pedido de liminar, será desde logo indeferida quando não for o caso de mandado de segurança (art. 10 da Lei 12.016/2009) ou lhe faltar algum dos requisitos legais ou quando decorrido o prazo legal para a impetração.

Concedida ou não a medida liminar, caberá agravo regimental, caso a impetração tenha ocorrido nos Tribunais.

Por meio da OJ 140 da SDI 2, com redação de maio de 2004, ou seja, pretérita à EC 45 que ocorreu em dezembro de 2004, o TST firmou entendimento de que é incabível mandado de segurança contra decisão que defere ou indefere liminar em outro mandado de segurança.

No entanto, de acordo com a EC 45/2004, o Juiz da vara do trabalho passou a ter competência para processar e julgar mandado de segurança. Nesse caso a decisão que deferir ou indeferir a liminar, por possuir cunho interlocutório, não desafia a interposição de recurso, podendo ser atacada via mandado de segurança. Nesse sentido são as lições de Carlos Henrique Bezerra Leite (**Curso de Direito Processual do Trabalho**. 7. ed. São Paulo: LTr, 2009. p. 1019).

A autoridade coatora será notificada, a fim de que, no prazo de 10 (dez) dias, preste as informações necessárias sobre o ato taxado de ilegal.

Expirado o prazo de 10 (dez) dias para prestação de informações, será ouvido o membro do Ministério Público do Trabalho e, em seguida, será colocado em julgamento.

Da sentença, denegando ou concedendo a segurança, caberá recurso ordinário para a instância superior.

8.3. Ação de consignação em pagamento

A ação de consignação em pagamento é a medida processual na qual o devedor demanda contra o credor objetivando o pagamento e o consequente reconhecimento judicial do adimplemento da obrigação.

Por não possuir previsão legal na CLT, aplica-se o direito processual civil, nos termos dos arts. 890 e seguintes do CPC.

8.3.1. Hipóteses de cabimento

A ação de consignação em pagamento será cabível nas hipóteses previstas no art. 335 do Código Civil.

Nos domínios do processo do trabalho, as hipóteses mais comuns de ação de consignação em pagamento são:

a) **Dispensa com ou sem justa causa:** hipótese em que o empregador encontra resistência do empregado em receber as verbas rescisórias;

b) **Morte ou ausência do empregado:** hipótese em que o empregador se vê na dúvida de quem são os legítimos herdeiros que deverão receber as verbas rescisórias do seu ex-empregado;

c) **Empregado que se recusa a receber ou dar quitação:** hipótese em que o empregado se recusa a receber de seu empregador determinados valores.

Poderão propor a ação o devedor, que poderá ser tanto o empregado como o empregador, ou o terceiro interessado no pagamento da dívida.

8.3.2. Consignação judicial e extrajudicial

O CPC, aplicado subsidiariamente por força do art. 769 consolidado, disciplina duas modalidades de consignação em pagamento. A consignação extrajudicial e a consignação judicial.

8.3.2.1. Consignação em pagamento extrajudicial

Instituída pela Lei 8.951/1994, a consignação extrajudicial encontra-se disciplinada nos parágrafos do art. 890 do CPC.

Nas lições de Renato Saraiva (**Curso de Direito Processual do Trabalho**. 4. ed. São Paulo: Método, 2007. p. 781), a consignação extrajudicial "*consiste na realização do depósito da quantia devida, pelo devedor ou terceiro, em estabelecimento bancário oficial, nada obstando que o depósito seja realizado em bancos particulares, quando, na localidade onde deva ser adimplida a obrigação, não existam bancos oficiais (Banco do Brasil, CEF etc.)*".

Em outras palavras, trata-se de uma espécie de depósito bancário que envolve determinado valor em dinheiro para que o devedor se livre do vínculo jurídico existente entre ele e o credor da obrigação.

A utilização da consignação extrajudicial não é obrigatória. Trata-se de um modo alternativo para solução de conflitos, podendo a parte, caso assim queira, ingressar com a ação de consignação judicial, antes mesmo da consignação extrajudicial.

8.3.2.1.1. Processamento da consignação extrajudicial

O credor ou o terceiro deverá se dirigir até um estabelecimento bancário oficial, ou na sua falta em bancos particulares, e solicitar a abertura de uma conta específica para consignação do pagamento em nome do credor. Uma vez efetuado o depósito da importância entendida devida, será o credor cientificado, por meio de carta com aviso de recebimento, do referido depósito com o valor devidamente discriminado e corrigido monetariamente.

Nessa notificação será dado um prazo de 10 (dez) dias para sua manifestação. Nesse momento surgem ao credor 4 alternativas: a) levantar o depósito realizado, o que importará na aceitação do pagamento e a consequente extinção da obrigação; b) deixar transcorrer *in albis* o prazo para resposta, o que implicará a aceitação tácita do pagamento, com a consequente extinção da obrigação; c) responder por escrito recusando o levantamento do valor, hipótese em que o valor depositado ficará à disposição do devedor; ou d) realizar o levantamento do valor depositado e simultaneamente responder por escrito que o pagamento não é integral, mediante documento entregue à instituição depositária.

É importante chamar a atenção, porém, para o fato de que a consignação extrajudicial sofre por parte da doutrina e jurisprudência trabalhista uma enorme resistência em relação à sua aplicação na esfera laboral.

Isso porque os trabalhadores poderiam ter afetados seus direitos, na medida em que a eficácia liberatória concedida pelo § 2º do art. 890 é incompatível com o processo do trabalho.

Ademais, nos casos de empregados com mais de um ano de trabalho, a homologação da rescisão necessita da intervenção do sindicato, nos termos do art. 477, § 1º, da CLT, o que prejudicaria a via da consignação extrajudicial.

8.3.2.2. Consignação judicial

É a medida processual pela qual o autor/consignante requer que seja conhecido por sentença judicial o adimplemento de uma obrigação existente entre este e o réu/consignado.

8.3.2.2.1. Processamento

A ação de consignação deverá ser proposta observando-se a regra disposta no art. 651 da CLT, ou seja, local da última prestação de serviços, não se aplicando a norma contida no art. 891 do CPC.

Na petição inicial, o autor/consignante deverá requerer o depósito da quantia ou da coisa e realizá-lo no prazo de 5 (cinco) dias, contados do deferimento da medida. Não realizando o depósito nesse período, o processo será extinto sem resolução do mérito. Recomenda-se que, ao pedir o depósito da quantia, o consignante requeira que esse seja feito na conta vinculada do FGTS do obreiro.

Deverá o consignante especificar, de forma líquida e certa, cada parcela consignada na ação.

Uma vez realizado o depósito, o Juiz do Trabalho designará audiência notificando o consignado para levantar a quantia depositada ou oferecer resposta, nos termos do art. 893, II, do CPC.

Caso o consignado levante a importância depositada, estará reconhecendo a procedência do pedido do consignante, extinguindo-se o processo com resolução do mérito (art. 269, II, do CPC).

Não concordando com os valores depositados, o consignado apresentará qualquer modalidade de resposta: reconvenção, exceção ou contestação. Na contestação, sua resposta ficará restrita às matérias descritas no art. 896 do CPC.

8.4. Inquérito judicial para apuração de falta grave

Previsto nos arts. 853 a 855 da CLT, o inquérito judicial para apuração de falta grave é uma ação ajuizada pelo empregador, objetivando a resolução do contrato de trabalho de seu empregado, que não pode ser despedido arbitrariamente por ser detentor de estabilidade, por cometimento de falta grave.

Determina o art. 494 da CLT que o empregado estável que cometer falta grave poderá ser suspenso de suas atividades, mas a dispensa apenas será válida após o processamento do inquérito judicial que apurará a prática daquela pelo empregado.

8.4.1. Hipóteses de cabimento

O inquérito judicial para apuração de falta grave se mostra necessário apenas nos seguintes casos de estabilidade provisória:

a) Dirigente sindical, nos termos do art. 8º, VIII, da CF e art. 543, § 3º, da CLT;

b) Empregados eleitos membros de comissão de conciliação prévia, nos termos do art. 625-B, § 1º, da CLT;

c) Empregados membros do Conselho Nacional de Previdência Social – CNPS, nos termos do art. 3º, § 7º, da Lei 8.213/91;

d) Empregados eleitos diretores de sociedades cooperativas, nos termos do art. 55 da Lei 5.764/71.

Cabe lembrar que os casos de falta grave estão elencados no art. 482 da CLT, quais sejam: ato de improbidade; incontinência de conduta ou mau procedimento; desídia no desempenho das respectivas funções; embriaguez habitual ou em serviço; violação de segredo da empresa; ato de indisciplina ou de insubordinação; e abandono de emprego, dentre outras condutas.

Pela própria redação do art. 494 da CLT, a suspensão do empregado acusado de falta grave é faculdade do empregador. Por esta razão, o inquérito deverá ser proposto no prazo decadencial de 30 (trinta) dias, contados da data da suspensão ou do cometimento da falta grave.

Determina o art. 495 da CLT que, se não for reconhecida a existência de falta grave, o empregador será obrigado a reintegrar o empregado no serviço e a pagar-lhe os salários a que teria direito no período da suspensão. Todavia, comprovada a prática da falta grave pelo empregado, o contrato será considerado rompido desde a data da suspensão do empregado.

No entanto, sendo desaconselhável a reintegração do empregado, devido à incompatibilidade entre os litigantes, poderá o juiz converter a reintegração em indenização dobrada em favor do empregado, nos termos dos arts. 496 e 497 da CLT.

O inquérito para apuração de falta grave deverá ser proposto perante a Vara do Trabalho ou Juiz de Direito, nas hipóteses do art. 112 da CF, podendo a parte indicar até 6 (seis) testemunhas.

8.5. Ação cautelar

A ação cautelar é o procedimento judicial que visa a prevenir, conservar, defender ou assegurar a eficácia de um direito.

A ação cautelar pressupõe a existência de outro processo, denominado de ação principal. Assim, as cautelares podem ser preparatórias, quando intentadas antes da propositura da ação principal, ou incidentais, quando requeridas depois de ajuizada a ação principal.

Proposta a ação cautelar preparatória, deverá o autor no prazo de 30 (trinta) dias, contados da data da efetivação da medida cautelar, propor a ação principal, sob pena de perda da eficácia da medida, nos termos do art. 808, I, do CPC.

As medidas cautelares serão requeridas ao juiz da causa e, quando preparatórias, ao juiz competente para conhecer da ação principal.

A petição inicial deverá seguir o disposto no art. 801 do CPC.

8.5.1. Requisitos específicos

Além do preenchimento das condições da ação, a ação cautelar exige a presença de *fumus boni iuris*, que consiste na probabilidade da existência do direito alegado, e do *periculum in mora*, ou seja, que a demora na prestação jurisdicional possa causar ao autor danos irreparáveis ou de difícil reparação.

8.5.2. Medidas cautelares específicas

Podemos citar as principais ações cautelares: arresto, sequestro, busca e apreensão, exibição e produção antecipada de provas.

8.5.2.1. Arresto

A medida cautelar de arresto consiste na apreensão judicial de bens do devedor, capazes de garantir o pagamento da dívida líquida e certa, devidamente demonstrada.

De acordo com o art. 813 do CPC, será possível o pedido de arresto:

a) quando o devedor sem domicílio certo intenta ausentar-se ou alienar os bens que possui, ou deixa de pagar a obrigação no prazo estipulado;

b) quando o devedor que tem domicílio se ausenta ou tenta ausentar-se furtivamente;

c) quando o devedor que tem domicílio, caindo em insolvência, aliena ou tenta alienar bens que possui; contrai ou tenta contrair dívidas extraordinárias; põe ou tenta pôr os seus bens em nome de terceiros; ou comete outro qualquer artifício fraudulento, a fim de frustrar a execução ou lesar credores;

d) quando o devedor, que possui bens de raiz, intenta aliená-los, hipotecá-los ou dá-los em anticrese, sem ficar com algum ou alguns, livres e desembargados, equivalentes às dívidas.

Nota-se que é essencial para a procedência do pedido de arresto que o credor demonstre a liquidez e certeza do débito.

Nos domínios do processo do trabalho, o Juiz do Trabalho não exigirá caução, em face da hipossuficiência do trabalhador e a consequente incompatibilidade com as normas processuais trabalhistas.

8.5.2.2. Sequestro

No arresto, estudado acima, como a execução está ligada a uma quantia, ou seja, um valor, não se objetiva a busca de um determinado bem, mas sim de quaisquer bens que garantam a dívida. Diferentemente, o sequestro presta-se à preservação de determinados e específicos bens, sobre os quais incidam o litígio e que estejam em risco.

Nessa linha, estabelece o art. 822 do CPC:

> Art. 822. O juiz, a requerimento da parte, pode decretar o sequestro:
>
> I – de bens móveis, semoventes ou imóveis, quando lhes for disputada a propriedade ou a posse, havendo fundado receio de rixas ou danificações;
>
> II – dos frutos e rendimentos do imóvel reivindicando, se o réu, depois de condenado por sentença ainda sujeita a recurso, os dissipar. (...)

8.5.2.3. Busca e apreensão

Prevista nos arts. 839 e seguintes do CPC, a busca e apreensão é a medida processual destinada a coisas ou pessoas. Na esfera laboral, somente é possível a busca e apreensão de coisas.

A cautela de busca e apreensão se distingue do arresto e do sequestro. Nota-se que as duas primeiras modalidades pressupõem a existência de dívida ou litigiosidade sobre a coisa. A busca e apreensão, no entanto, não possui esses pressupostos. Ademais, no arresto e no sequestro os bens não estão em local incerto, nem precisam ser localizados, basta a indicação do bem. Já na busca e apreensão, há sempre a necessidade de uma procura sobre a localização correta da coisa, devendo o autor indicar o local onde provavelmente se encontra para que se faça a busca.

8.5.2.4. Exibição

A exibição está disciplinada nos arts. 844 e seguintes do CPC, devendo ser movida quando o autor tiver como interesse preservar determinado documento ou coisa para que se o utilize como prova em uma futura reclamação.

Para que se justifique o pedido de exibição, deverá o autor demonstrar o interesse jurídico na exibição do documento ou coisa, sob pena de ser a ação extinta sem resolução do mérito, com fulcro no art. 267, VI, do CPC.

8.5.2.5. Produção antecipada de provas

Disposta nos arts. 846 e seguintes do CPC, a ação cautelar de antecipação de provas objetiva assegurar a prova a ser produzida antes ou no curso da ação principal.

Nessa linha, nos termos do art. 847 do CPC:

> Art. 847. Far-se-á o interrogatório da parte ou a inquirição das testemunhas antes da propositura da ação, ou na pendência desta, mas antes da audiência de instrução:
>
> I – se tiver de ausentar-se;
>
> II – se, por motivo de idade ou de moléstia grave, houver justo receio de que ao tempo da prova já não exista, ou esteja impossibilitada de depor.

Desta forma, existem duas hipóteses para que a prova seja antecipada. A primeira delas e mais comum consiste na possibilidade de perda da produção da prova. Imaginemos uma testemunha que esteja em seu leito de morte e necessite ser ouvida. Nesse caso, a oitiva antecipada dessa testemunha se justifica.

Outra hipótese ocorre quando o ajuizamento da ação principal depender da produção da prova. Imagine a situação em que o trabalhador necessite ajuizar uma reclamação trabalhista com pedido de adicional de insalubridade em uma empresa que esteja prestes a mudar-se de endereço. Nessa hipótese, a prova pericial deverá ser antecipada para que o trabalhador possa ingressar com reclamação trabalhista nesse sentido.

Cabe lembrar que a produção antecipada de provas poderá ser requerida de forma incidental ou preparatória.

Na petição inicial, o autor deverá justificar a necessidade de antecipação de provas, indicando as razões de perigo ou os motivos pelos quais a medida é necessária para a instrução da futura reclamação.

8.6. Ação de cumprimento

Disposta no art. 872 da CLT, a ação de cumprimento é o meio processual que visa ao cumprimento das normas estabelecidas em sentença normativa, convenção ou acordo coletivo.

Como sabemos, acordo coletivo de trabalho é o pacto entre uma ou mais empresas com o sindicato da categoria profissional, em que são estabelecidas condições de trabalho, aplicáveis às empresas envolvidas. Convenção coletiva de trabalho é o acordo de caráter normativo, entre um ou mais sindicatos de empregados e de empregadores, de modo a definir condições de trabalho que deverão ser observadas em relação a todos os trabalhadores dessas categorias. Ambos possuem prazo máximo de duração de 2 (dois) anos.

Desta forma, não sendo observadas as condições de trabalho estabelecidas no instrumento, surge o interesse na propositura da ação de cumprimento.

Sentença normativa é a decisão proferida em dissídio coletivo que estabelece normas gerais e abstratas de conduta, de observância obrigatória para as categorias profissionais e econômicas abrangidas pela decisão (poder normativo da Justiça do Trabalho). Não possui conteúdo condenatório, uma vez que apenas estabelece direitos a serem concedidos que, caso não cumpridos, serão pleiteados via ação de cumprimento, nos termos do art. 872 da CLT.

A ação de cumprimento poderá ser proposta pelos próprios trabalhadores, hipótese em que é denominada ação individual de cumprimento (simples ou plúrima). Poderá, também, ser proposta pelo sindicato da categoria profissional, como substituto processual, quando é denominada ação coletiva de cumprimento.

Embora o texto consolidado do art. 872 estabeleça que para a propositura da ação de cumprimento é necessário o trânsito em julgado da decisão, a Súmula 246 do TST ensina ser este dispensável para a propositura da ação.

A competência para processar e julgar a ação de cumprimento pertence às Varas do Trabalho, nos termos do art. 872, parágrafo único, da CLT e deverá ser distribuída no local da prestação dos serviços, em conformidade com o art. 651 da CLT.

A petição inicial deverá ser instruída com cópia da sentença normativa ou, em se tratando de ação de cumprimento de cláusulas de convenção ou acordo coletivo, com os respectivos instrumentos, sob pena de indeferimento da petição inicial.

8.7. Ação monitória

Criada pela Lei 9.079/1995, que inseriu os arts. 1.102-a, 1.102-b e 1.102-c ao Código de Processo Civil, a ação monitória é admitida no processo do trabalho por força do art. 769 da CLT.

Dispõe o art. 1.102-a do CPC: "A ação monitória compete a quem pretender, com base em prova escrita sem eficácia de título executivo, pagamento de soma em dinheiro, entrega de coisa fungível ou de determinado bem móvel."

A competência material da ação monitória da Justiça do Trabalho será fixada caso o documento escrito emitido seja decorrente da relação de trabalho, nos termos do art. 114 da CF. Com relação à competência territorial, deve ser observada a regra do art. 651 da CLT, ou seja, o local da prestação de serviços.

Podemos citar como exemplo de ação monitória na Justiça do Trabalho a hipótese do termo de acordo extrajudicial firmado entre empregado e empregador. O acordo extrajudicial não está inserido no rol dos títulos executivos previstos no art. 876 da CLT e por essa razão não pode ser executado na Justiça do Trabalho. Assim, por não possuir eficácia executiva, o cumprimento do termo de acordo extrajudicial poderá ser exigido via ação monitória.

A ação monitória constitui uma via processual mais célere, que tem como objetivo antecipar a formação do título exequendo e agilizar a prestação jurisdicional, posta à disposição do credor que detém prova escrita, porém sem eficácia de título executivo. Contudo, é uma faculdade do credor que, não obstante preenchidos os requisitos do art. 1.102-a do CPC, poderá optar pelo procedimento comum, propondo uma reclamação trabalhista.

8.7.1. Processamento

A ação monitória deverá ser proposta na Vara do Trabalho ou perante o Juiz de Direito, nas hipóteses do art. 112 da CF.

O autor deverá instruir a petição inicial observando as regras do art. 840, § 1º, da CLT e arts. 282 e 1.102-a do CPC, devendo obrigatoriamente juntar o título que não tem ou perdeu a eficácia executiva.

Apresentada a inicial, o Juiz do Trabalho poderá determinar ou não a expedição do mandado monitório. Caso o Juiz indefira de plano a petição inicial, caberá recurso ordinário, com base no art. 895, I, da CLT, no prazo de 8 (oito) dias.

Caso o Juiz opte pela expedição do mandado, registrará um prazo de 15 (quinze) dias para seu cumprimento, ou seja, pagamento do valor reclamado, entrega da coisa fungível ou do determinado bem.

Caso o réu satisfaça a obrigação, nos termos do art. 1.102-c, § 1º, do CPC, ficará isento dos pagamentos de custas processuais e honorários advocatícios. Nesse caso, o processo será extinto com resolução do mérito.

Por outro lado, poderá o réu, sem prévia garantia do juízo, apresentar embargos monitórios que suspenderão a eficácia do mandado judicial. Nesse caso, deverá o Juiz do Trabalho designar audiência de conciliação e julgamento, em obediência ao princípio conciliatório.

Sendo rejeitados os embargos monitórios ou se não forem apresentados, o Juiz do Trabalho proferirá sentença, reconhecendo a executoriedade do título.

8.8. Ação de prestação de contas

A ação de prestação de contas está disciplinada nos arts. 914 a 919 do CPC, aplicados subsidiariamente ao processo do trabalho por força do art. 769 consolidado.

Nos termos do art. 914 do CPC, a prestação de contas tem como finalidade a liberação da obrigação daquele que tem o dever de prestá-la ou assegurar o direito daquele que pode exigi-la. As contas devem ser prestadas por quem administra bens ou movimenta dinheiro alheio, como, por exemplo, o tutor com relação ao tutelado.

Atualmente, já não se discute o cabimento da ação de prestação de contas no âmbito da Justiça do Trabalho, desde que a lide seja decorrente da relação de trabalho, nos termos do art. 114 da CF.

Nos domínios do processo do trabalho, a ação poderá ser proposta tanto pelo empregador como pelo empregado. Nessa linha, a hipótese mais comum de ação de prestação de contas na Justiça do Trabalho está relacionada aos vendedores. Assim, poderá o empregador ajuizar a prestação de contas caso não concorde com as contas apresentadas pelo vendedor externo. Isso porque o empregado tem a obrigação de prestar as contas, pois deverá informar a seu empregador quanto foi vendido e quanto foi recebido em decorrência das vendas.

Já o empregado poderá ajuizar a ação quando deixar de receber as comissões pelas vendas efetuadas em determinado período, hipótese em que o empregador não lhe fornece cópias dos pedidos de vendas, o que impossibilita o controle das transações efetivadas. Nessa hipótese, o empregado poderia valer-se da ação de prestação de contas para exigir do empregador o demonstrativo das vendas realizadas, bem como a comprovação do pagamento das comissões pertinentes.

8.8.1. Modalidades

Nos termos do art. 914 da CPC, existem duas espécies de ação de prestação de contas. A primeira delas proposta por quem exige a prestação de contas e a segunda proposta por quem está obrigado a prestar.

8.8.1.1. Ação para exigir a prestação de contas

Nos termos do art. 915 do CPC, aquele que exigir a prestação de contas deverá requerer a notificação do réu para que, em audiência, apresente-as ou conteste a ação.

Em regra, o procedimento é composto por duas fases. A primeira fase consiste em analisar a existência ou não da obrigação de prestar contas. Nessa fase, não se discute o *quantum debeatur*, mas apenas a existência ou não da obrigação.

Decidido que o réu tem a obrigação de prestar contas, iniciar-se-á a segunda fase, em que o réu prestará as contas e o juiz as examinará, verificando se existe saldo em favor do autor ou do réu.

Embora o texto processual tenha se referido como sendo "sentença" o ato do juiz que decide sobre a obrigação de prestar contas, entendemos que esse ato possa ter natureza jurídica de sentença ou decisão interlocutória. Possuirá natureza jurídica de sentença caso o resultado seja de improcedência ou extinção sem resolução de mérito. Já no caso de procedência do pedido de prestação de contas, o ato possuirá natureza jurídica de decisão interlocutória, pois o processo continuará, sendo esta decisão irrecorrível de imediato, nos termos do art. 893, § 1º, da CLT.

A petição inicial deverá seguir as regras do art. 282 do CPC, segundo o qual o autor formulará pedido de notificação do réu para que, em audiência, apresente as contas ou conteste a ação. Surgirão ao réu 3 (três) condutas a serem seguidas: a) reconhecer a obrigação de prestar contas e prestá-las em juízo; b) contestar impugnando a obrigação de prestar contas; c) não comparecer à audiência, mostrando-se revel.

Desta forma, o procedimento a ser adotado dependerá da conduta adotada pelo réu. Assim, se o réu prestar as contas, não será necessária a primeira fase, que será observada apenas caso haja contestação sobre a obrigação de prestar contas.

Caso o réu preste as contas, o autor terá 5 (cinco) dias para se manifestar sobre estas. Caso não haja a necessidade de produção de provas, o juiz proferirá a sentença. No entanto, havendo a necessidade de produção de provas, o juiz designará audiência de instrução e julgamento.

Se o réu não contestar a ação nem impugnar a obrigação de prestar contas, o juiz irá conhecer do pedido, condenando o réu a prestar as contas no prazo de 48 (quarenta e oito) horas, sob pena de não poder impugnar as que o autor apresentar.

Uma vez não apresentadas as contas no prazo legal, deverá o autor apresentá-las no prazo de 10 (dez) dias, sendo as contas julgadas segundo o prudente arbítrio do juiz, que poderá determinar, se necessário, a realização do exame pericial contábil.

Ultrapassada a fase que ordenou a prestação de contas, inicia-se a segunda fase, na qual será analisada sua a exatidão.

Apresentada impugnação pelo autor, o juiz verificará a necessidade de produção de provas e em seguida proferirá sentença, julgando corretas ou não as contas prestadas, declarando o saldo e indicando a quem pertence, ao autor ou ao réu. Por possuir natureza jurídica de sentença, contra essa decisão será cabível recurso ordinário pela parte que se sentir prejudicada.

8.8.1.2. Ação para prestar contas

A presente ação deve ser perpetrada por quem é obrigado a prestar contas, nos termos do art. 914, II, do CPC. É a hipótese de quem deve prestar contas, mas se vê impedido pela recusa da parte contrária.

A ação para prestar contas não é dividida em duas fases. Há apenas uma fase, tendo em vista que as contas são prestadas de imediato, junto com a petição inicial. O foco da questão consiste em aceitar ou não as contas.

A petição inicial deverá seguir as regras do art. 282 do CPC, observados os requisitos do art. 917 do CPC. O autor requererá a notificação do réu para que, em audiência, apresente contestação ou aceite as contas.

Contestada a ação ou impugnadas as contas, o juiz verificará a necessidade de produção de provas e, em seguida, proferirá a sentença. Caso o réu não conteste a ação ou se declarar que aceita as contas oferecidas, deverá o juiz julgar o feito dentro de 10 (dez) dias.

Proferida a sentença, a parte prejudicada poderá interpor recurso ordinário, nos termos do art. 895, I, da CLT.

22. Direito Previdenciário

Henrique Subi

1. Evolução legislativa do Direito Previdenciário

1.1. Breve histórico

A preocupação com a previdência, no sentido de amparo da pessoa em casos de necessidades básicas ou impossibilidade de dedicar-se a atividades remuneradas, por muito tempo ficou a cargo de instituições privadas ligadas a apenas certos grupos determinados de pessoas.

Tais entidades denominavam-se **montepios** e, em essência, eram muito parecidos com os atuais fundos de pensões de determinadas categorias de trabalhadores, ou seja, *os integrantes destes grupos poderiam contribuir para obter determinados benefícios no futuro, os quais também eram chamados de montepios*. Como exemplo, podemos citar o Montepio para a Guarda Pessoal de D. João VI, criado em 1808, e o Montepio Geral dos Servidores do Estado, criado em 1835, para fornecer previdência privada aos servidores públicos.

Em 1923, foi publicado o Decreto Legislativo n. 4.682, também conhecido como **Lei Eloy Chaves**, marco da previdência nacional porque, com o novo diploma, ela passa efetivamente a ser uma previdência **social**, isto é, custeada por diversos setores da sociedade. Com efeito, a Lei Eloy Chaves criou caixas de aposentadoria e pensão para os empregados das empresas ferroviárias, que eram mantidas por contribuição dos empregados, dos empregadores e do próprio Estado.

O termo *previdência social*, porém, somente foi cunhado pela Constituição Federal de 1946, a qual garantiu, pela primeira vez, proteção aos eventos doença, invalidez, velhice e morte de todos aqueles que contribuíssem para o sistema, exceto os trabalhadores rurais e os empregados domésticos.

Essas categorias começaram a ser incluídas no regime de previdência social a partir da década de 1970, com a criação do FUNRURAL, em 1971 (para os trabalhadores rurais), e pela edição da Lei n. 5.859/1972, para os empregados domésticos. Sua acolhida, porém, só foi completa com a promulgação da Constituição Federal de 1988 (CF), conforme veremos mais adiante.

1.2. Situação atual do Direito Previdenciário

Consagrado e amplamente normatizado pela CF, a previdência social hoje encontra guarida no art. 6º, que a relaciona como um **direito social**, e nos arts. 194 e seguintes, que serão objeto de estudo pormenorizado mais adiante.

Com o fito de regulamentar as disposições constitucionais, foram editadas as Leis n. 8.212/1991 e 8.213/1991, responsáveis, respectivamente, pelo Plano de Custeio da Seguridade Social – PCSS e pelo Plano de Benefícios da Previdência Social – PBPS.

Por fim, a dar maior concretude às disposições legais, encontramos o Decreto n. 3.048/1999, conhecido como Regulamento da Previdência Social – RPS.

1.3. Doutrinas do seguro social

Em sua origem, a seguridade social surge vinculada aos conceitos do contrato de seguro regulado pelo Direito Civil. Em tempos idos, o seguro social *trabalhava com a ideia de* ***dano****, que, uma vez ocorrido, fazia nascer para o segurado o direito ao benefício previsto em lei*. Era a **doutrina civilista.**

A evolução da sociedade e do pensamento jurídico, por sua vez, acabou por demonstrar que este conceito não mais servia. A seguridade social, prestada pelo Estado, deveria ir além, protegendo o trabalhador não apenas do **dano**, evento necessariamente nefasto, que lhe causasse alguma desvalia. Ocorrências agradáveis, como a maternidade, igualmente afastavam a possibilidade de a mulher permanecer trabalhando e precisavam ser integradas, portanto, ao regime de previdência.

Avançamos, assim, para a **doutrina social**, que se afasta do conceito de dano e desvincula-se do Direito Civil. *Reconhecidas as naturais semelhanças com o contrato de seguro, a seguridade social estatal é, na verdade, mais abrangente e busca prever todas as* ***contingências*** *possíveis que obstam o trabalho regular da pessoa.* Note a diferença: o dano causa prejuízo, a contingência causa uma necessidade. E é essa necessidade que há de ser satisfeita pelo Estado, cumpridos os requisitos legais.

1.4. Regime Geral e Regimes Próprios de Previdência Social

Mesmo com a pretensão da CF de uniformizar os tratamentos e incluir na proteção do Direito Previdenciário uma grande gama de pessoas, permanece uma divisão dos sistemas destinados aos servidores públicos ocupantes de cargos efetivos e os demais trabalhadores.

Para os primeiros, cada ente de direito público deve criar um sistema próprio de previdência para seus servidores efetivos. Assim, os servidores da União, de cada Estado, do Distrito Federal e de cada Município têm suas próprias regras aplicáveis a aposentadorias, licença para tratamento de saúde, entre outros benefícios, e seus próprios órgãos de gerenciamento e administração dos valores e pagamentos aos beneficiários. São chamados de **regimes próprios de previdência social (RPPS)** e podem ser encontrados nas leis e estatutos que criam direitos e deveres para os servidores públicos. Exemplo: o RPPS dos servidores efetivos da União encontra-se na Lei n. 8.112/1990. Estas regras, por sua especificidade, são estudadas pelo Direito Administrativo.

Para as demais pessoas e trabalhadores, a CF reserva o **regime geral de previdência social (RGPS)**, a cargo do Instituto Nacional da Seguridade Social – INSS, autarquia criada em 1990 para administrar a previdência social geral dos trabalhadores estabelecida nas Leis n. 8.212/1991 e 8.213/1991. É aqui que nosso campo de estudo se concentra.

2. A Previdência Social na Constituição Federal

2.1. Estrutura

Com o advento da CF, o Direito Previdenciário passou por uma verdadeira revolução, uma vez que esta buscou integrar o maior número possível de pessoas ao sistema de previdência social por ela criado.

Inicialmente, a CF consagrou a previdência social como um **direito social** no art. 6º. E mais adiante (art. 194) reuniu-a, para organização conjunta por parte do Estado, com o **direito à saúde e à assistência social**, criando a **seguridade social.**

Portanto, na atual configuração, temos o gênero **seguridade social**, com três pilares de atuação: **saúde, previdência social e assistência social.**

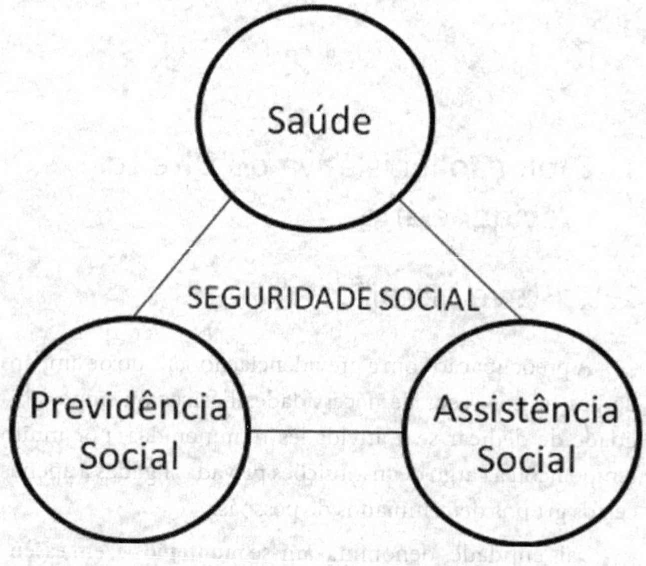

Cada um dos pilares da seguridade social está voltado precipuamente a uma área de atuação e destina-se a grupos diferentes de pessoas, na seguinte conformidade:

a) **Saúde:** nos termos do art. 196 da CF, é um *direito de todos e um dever do Estado*. Sendo assim, a prestação de serviços públicos de saúde não encontra qualquer restrição quanto às características de seus usuários: simplesmente qualquer pessoa que dele necessite deve ser atendida. Não importa se é nacional ou estrangeiro, se paga regularmente seus tributos ou não, se trabalha ou está desempregado, se contribui para o INSS ou não. Ninguém pode ser excluído do serviço público de saúde, desde a pessoa mais rica do país até os cidadãos economicamente menos favorecidos da sociedade;

b) **Assistência social:** destina-se, conforme disposto no art. 203 da CF, ao atendimento *a quem dela necessitar, independentemente de contribuição para a seguridade social*, com objetivos voltados à garantia de uma existência digna. Como se vê, a assistência social já estabelece uma restrição ao seu acesso: a necessidade da pessoa. Ela não se destina a qualquer indivíduo, como a saúde, mas somente àqueles que cumpram determinados requisitos para receberem seus benefícios e serviços, normalmente ligados a um limite máximo de renda familiar. Enquanto a saúde deve acolher todos que dela quiserem fazer uso, pouco importando sua situação econômica, a assistência social é reservada somente a quem não tem condições de subsistência;

c) **Previdência social:** ao contrário das anteriores, a previdência social tem *caráter contributivo* (art. 201 da CF), o que significa dizer que somente aqueles que para ela contribuem financeiramente, por meio de tributos denominados **contribuições sociais**, participarão de seus benefícios e serviços. Dos três pilares, portanto, é o de acesso mais restrito, uma vez que seus beneficiários devem ostentar um mínimo de **capacidade contributiva**, usualmente qualificada como o exercício de qualquer atividade remunerada.

Saúde e assistência social são temas estudados por ramos autônomos do direito, que fogem da alçada do Direito Previdenciário, o qual, como o nome sugere, cuida das normas relacionadas à previdência social. Serão estas, portanto, o foco de nosso trabalho.

Não obstante, não podemos perder de vista que a previdência social está inserida no contexto maior da seguridade social. Isto implica que certas normas de caráter geral, aplicáveis a toda a **seguridade social**, também merecem nossa atenção, visto que a previdência delas não se dissocia na condição de pilar da seguridade. Outras serão específicas, voltadas somente ao Direito Previdenciário. Por isso, cuidado! Ao utilizarmos o termo *seguridade social*, lembre-se de que estamos estudando normas gerais. Quando estivermos tratando de normas específicas, veremos sempre a expressão *previdência social.*

2.2. Princípios e objetivos constitucionais

A CF dedica seu art. 194 para determinar que a **seguridade social** *compreende um conjunto integrado de ações de iniciativa dos Poderes Públicos e da sociedade, destinadas a assegurar os direitos relativos à saúde, à previdência e à assistência social.*

Do *caput* do dispositivo, podemos depreender:

a) **Princípio da solidariedade:** a seguridade social, em seu todo, deve ser prestada não só pelo Estado, como *por toda a sociedade*. Obviamente, compete ao primeiro a estruturação dos serviços e a administração dos benefícios que serão prestados a todos aqueles que fizerem jus a eles. Todavia, o custeio, o financiamento de todo este sistema será feito de forma **solidária:** todos aqueles que puderem contribuir, ainda que não façam uso da saúde, da previdência ou da assistência social, devem contribuir na forma de tributos (**contribuições sociais**) cuja receita é vinculada a programas de governo nestas áreas;

b) **Instrumento de bem-estar e justiça social:** a seguridade social tem por objetivo último garantir a todos o chamado *piso vital mínimo*, ou seja, o acesso às condições econômicas mínimas para uma existência digna. Neste diapasão, é um *instrumento de bem-estar*, já que busca assegurar melhor qualidade de vida aos cidadãos. Em adição, é também *instrumento de justiça social* na medida em que, ao determinar a contribuição ao sistema de todos aqueles que ostentarem **capacidade contributiva**, acaba por incentivar uma melhor distribuição da renda, dado que, naturalmente, os serviços públicos serão mais bem aproveitados por aqueles em situação financeira menos favorável.

A par destes princípios e objetivos **implícitos**, o art. 194, parágrafo único, da CF prossegue listando os **objetivos explícitos** da seguridade social em seus incisos, os quais analisaremos individualmente:

2.2.1. Universalidade da cobertura e do atendimento

Dentro do mesmo inciso, a CF acolheu dois objetivos diferentes: a *universalidade da cobertura* e a *universalidade do atendimento*.

Por **universalidade da cobertura** podemos entender o *dever do Estado de, ao estruturar novos benefícios e serviços da seguridade social, buscar ampliar o quadro de eventos cobertos por esses programas.* Uma nova ação na área da saúde, por exemplo, deve priorizar determinada doença que ainda não foi objeto de atenção mais pormenorizada pelo Serviço Único de Saúde; ou um novo benefício de previdência social, do qual se espera que atinja uma contingência ainda não amparada por benefício já existente.

Universalidade de atendimento, por sua vez, *vincula-se às pessoas que serão atendidas pelos novos benefícios e serviços da seguridade social. Toda ação nesta área deve priorizar o alcance do maior número possível de pessoas.* Com base nisso a CF garante que a saúde é um direito de todos e um dever do Estado, razão pela qual o Governo Federal procura ampliar, ano após ano, o número de famílias cadastradas nos programas de assistência social vigentes. No campo da previdência social, a proteção ao pequeno produtor rural e ao segurado facultativo são ótimos exemplos.

Em resumo, enquanto a universalidade de cobertura refere-se a *benefícios e serviços*, a universalidade de atendimento volta-se aos *beneficiários*.

2.2.2. Uniformidade e equivalência dos benefícios e serviços às populações urbanas e rurais

Novamente, dois objetivos reunidos em um só item. Temos que observar a *uniformidade dos benefícios e serviços* e a *equivalência* destes junto às populações urbanas e rurais.

Um dos grandes avanços da CF, em 1988, foi incluir no RGPS os trabalhadores rurais, até então desprotegidos de quaisquer contingências que os impossibilitassem de trabalhar. Para tanto, garantiu-lhes *os mesmos benefícios e serviços previstos para os trabalhadores urbanos* (aposentadoria, auxílio-doença, pensão por morte etc.), o que chamamos de **uniformidade dos benefícios e serviços**. Em paralelo, cuidou de asseverar que esses benefícios passassem a ser calculados pelos mesmos parâmetros, seja o trabalhador urbano ou rural. Tem-se, daí, a **equivalência dos benefícios e serviços**.

Apenas cuidado com a terminologia. Equivalência não significa que os valores são exatamente iguais, pois isso dependerá do valor com o qual o beneficiário contribuiu ao longo do tempo, significa que os valores serão *proporcionalmente iguais*, resultado de aplicação da mesma fórmula para todos.

2.2.3. Seletividade e distributividade na prestação dos benefícios e serviços

De novo, um inciso, dois objetivos: *seletividade dos benefícios e serviços* e *distributividade dos benefícios e serviços.*

A **seletividade** é um critério político, que determina *a escolha, dentre todas as situações, daquelas que serão cobertas*

pela seguridade social. Em uma primeira análise, tal objetivo conflitaria com a universalidade de cobertura, pois esta pretende estender a seguridade social a todas as situações nas quais ela se faça necessária.

Trata-se, porém, de conflito apenas aparente, porque a *seletividade nada mais é do que instrumento de construção da universalidade*. Há de se reconhecer que abraçar, em um único sistema de seguridade social, todas as contingências necessárias para garantir aos cidadãos uma existência digna, prestando-lhes todos os benefícios e serviços que necessitem para tanto, não é algo que se faça do dia para a noite. Devem ser traçados planos de atuação que, fatalmente, serão implementados aos poucos.

É aí que entra em cena a seletividade, com o papel fundamental de indicar ao legislador e ao administrador público que, neste caminho rumo à universalidade, deve-se priorizar a proteção daquelas contingências que são mais importantes, deixando as demais para um momento posterior.

Essa escolha foi previamente realizada pelo próprio constituinte originário, ao elencar, no art. 201, que a previdência deverá atender aos eventos *doença, invalidez, morte, idade avançada, proteção à maternidade e à gestante e proteção ao trabalhador em situação de desemprego involuntário.*

Já a **distributividade** encontra total amparo na instrumentalização da **justiça social** e na **universalidade de atendimento**. Se o objetivo precípuo da seguridade social é promover a redução das desigualdades, mediante a distribuição de renda, é natural que os benefícios e serviços a serem implantados primeiro sejam aqueles que *permitam, em menor tempo, proteger o maior número de pessoas que deles necessitem em maior grau.* Deve-se distribuir, primeiro, àqueles que mais necessitem de proteção.

2.2.4. Irredutibilidade do valor dos benefícios

A irredutibilidade, aqui, deve ser entendida em duplo aspecto. De um lado, temos a **irredutibilidade nominal** dos benefícios, *que impede que seja reduzido o valor efetivo destes, o valor expresso em moeda corrente*. Exemplo: se determinado benefício é pago a um beneficiário no valor de R$ 1.000,00, em nenhum momento esse valor poderá ser diminuído para R$ 900,00.

Do outro lado, temos a **irredutibilidade real** do valor, *que determina a preservação de seu valor de compra ao longo do tempo, neutralizando-se os efeitos da inflação*. Exemplo: em 2011, R$ 1.000,00 pode comprar diversas coisas, mas para se comprar as mesmas coisas em 2015 serão necessários, diga-se, R$ 1.300,00. Logo, este deve ser o valor do benefício em 2015.

Resta claro que a verdadeira irredutibilidade, aquela que deve sempre ser respeitada, é a irredutibilidade real. Não há dúvidas de que o valor nominal do benefício não pode ser reduzido e, a bem da verdade, ninguém tentaria fazê-lo. Entretanto, não é raro que os reajustes concedidos pelo Governo a fim de conservar o valor real dos benefícios não acolham, integralmente, a inflação do período.

Insta frisar que a regra vem mais uma vez estabelecida, em outras palavras, no art. 201, § 4º, da CF: *é assegurado o reajustamento dos benefícios para preservar-lhes, em caráter permanente, o valor real, conforme critérios definidos em lei.*

2.2.5. Equidade na forma de participação no custeio

Equidade é uma palavra que está sempre ligada ao sentimento de *justiça social*. Tratar com equidade significa *reconhecer as desigualdades sociais e impor condições que visem a reduzi-las.*

Sendo assim, definir a equidade como elemento norteador da forma de participação do custeio da seguridade social culmina em reconhecer, na esfera das contribuições sociais, a aplicação do **princípio do respeito à capacidade contributiva**, determinando-se a colaboração de todos na manutenção do sistema da seguridade social, cada um na medida de suas possibilidades financeiras.

Esse dispositivo é o fundamento, por exemplo, das alíquotas progressivas da contribuição social dos empregados (8%, 9% ou 11%), dependendo do valor do salário de contribuição calculado.

2.2.6. Diversidade da base de financiamento

Tal princípio teve seu nascedouro na Constituição de 1934, que foi a primeira a estabelecer que o financiamento da seguridade social teria três fontes: governo, empregadores e trabalhadores. Chamou-se, na época, de **tripartição, ou tríplice forma de custeio.**

Com o passar dos anos e com as sucessivas alterações legislativas e constitucionais, o que levou a maior atuação do Estado junto à população mais carente, reparou-se que os custos dos programas sociais e da prestação dos serviços a eles relacionados cresciam vertiginosamente. Em respeito ao princípio da solidariedade, portanto, a CF ampliou a ideia cunhada em 1934 e, atualmente, impõe, de forma genérica, a **diversidade** da base de custeio.

Naturalmente, o cerne permanece o mesmo. Grande parte do orçamento da seguridade social continua a ser composto do dinheiro repassado pelo governo e pelas contribuições pagas por empregadores e trabalhadores. Mas a alteração permitiu *adicionar ao elenco as contribuições incidentes sobre os concursos de prognósticos e sobre as operações de importação.* Isso sem contar com a autorização prevista no art. 195, § 4º, da CF, para a instituição de *outras fontes* de custeio destinadas a garantir a *manutenção ou expansão* da seguridade social.

2.2.7. Caráter democrático e descentralizado da administração

O próprio inciso VII do parágrafo único do art. 194 da CF explica como se dá a gestão democrática e descentralizada da seguridade social, ao determinar a gestão **quadripartite**, ou seja, formada por representantes de quatro grupos: governo, empregadores, trabalhadores e aposentados.

A regulamentação desse dispositivo foi incluída na Lei n. 8.213/1991, que cria o Conselho Nacional de Previdência Social – CNPS, composto por seis representantes do Governo Federal (indicados pelo Presidente da República), três dos aposentados e pensionistas, três dos trabalhadores em atividade e três dos empregadores (todos indicados por centrais sindicais e confederações nacionais de sindicatos), para mandato de 2 anos, sendo possível uma recondução (art. 3º da Lei 8.213/1991).

2.2.8. Regra da previsão de custeio

Mais uma regra do que um princípio, como a classificam alguns autores, a CF obriga que qualquer criação, majoração ou ampliação de benefício ou serviço seja acompanhada da respectiva fonte de custeio total.

A regra justifica-se pela necessidade da manutenção do equilíbrio financeiro e atuarial do sistema e pretendia, em seu sentido original, que nada a mais fosse gasto sem que o governo arrecadasse mais para fazer frente a essas novas despesas. Entretanto, a fim de evitar o desgaste político da criação ou do aumento de tributos para sustentar os novos benefícios, atualmente as leis que estendem ou majoram as prestações previdenciárias limitam-se a apontar como fonte de custeio "o orçamento da União" ou expressão similar. Reitere-se que não é essa a pretensão da norma, mas tal postura também não vem sendo questionada.

2.3. Princípios específicos

A par dos princípios gerais estudados, previstos na CF e aplicáveis à seguridade social como um todo, a Lei n. 8.213/1991, no art. 2º, anota outros, destinados exclusivamente à Previdência Social.

2.3.1. Cálculo dos benefícios considerando os salários de contribuição corrigidos monetariamente

O salário de contribuição, estudado em pormenores mais adiante, pode ser definido como a base de cálculo da contribuição social do trabalhador. Além disso, ele é o ponto de partida do cálculo do valor efetivamente pago ao segurado a título de benefício previdenciário.

A norma estabelece que, no momento da apuração da renda mensal devida ao segurado, os salários de contribuição devem ser atualizados, a fim de que correspondam ao valor real da época da concessão do benefício. Isso é salutar, considerando que para a aposentadoria por tempo de contribuição, por exemplo, teremos de considerar salários de contribuição de 35 anos antes!

2.3.2. Valor mínimo do benefício que substitua a remuneração do segurado

Grande parte dos benefícios previdenciários destina-se a assegurar a subsistência do segurado nos períodos em que este, atingido pelas contingências previstas em lei, esteja impossibilitado de trabalhar. Logo, não receberá remuneração de seu empregador.

A medida assegura, nesses casos, o valor mínimo de um salário-mínimo para o benefício previdenciário, ainda que, pelos cálculos realizados conforme a legislação, o montante devesse ser menor.

Repise-se que isso se aplica somente em casos de substituição da remuneração. Benefícios pagos cumulativamente ao salário do empregado podem ser menores que o salário-mínimo (exemplo: auxílio-acidente).

2.3.3. Previdência complementar facultativa, custeada por contribuição adicional

Neste ponto, a Lei n. 8.213/1991 consagra o disposto igualmente no art. 202 da CF, que autoriza a criação de fundos de previdência privada, de contribuição facultativa dos trabalhadores, nos termos de lei complementar.

3. Legislação previdenciária

3.1. Conteúdo

O Direito Previdenciário, ramo do Direito Público, é composto de normas que *estabelecem o estatuto jurídico aplicável a duas espécies de relação jurídica.* Assim, temos:

a) **Normas aplicáveis à relação jurídica de custeio:** são aquelas que *regulamentam a relação do INSS com o segurado na qual esse assume a posição de* ***contribuinte***, ou seja, o conteúdo dessas normas é *a imposição de obrigações tributárias principais e acessórias com o fito de arrecadar dinheiro para que o INSS bem exerça suas funções*;

b) **Normas aplicáveis à relação jurídica de benefício:** são aquelas que *regulamentam a relação do INSS com o segurado na qual esse assume a posição de* ***beneficiário***, ou seja, seu conteúdo liga-se *ao direito do segurado de usufruir dos benefícios previdenciários previstos em lei.*

3.2. Fontes do Direito Previdenciário

Como em qualquer outro ramo do Direito Público, as **fontes imediatas** do Direito Previdenciário são *os diplomas normativos previstos no ordenamento jurídico nacional* –
1386 normas constitucionais, leis, medidas provisórias, decretos, decretos legislativos, resoluções e atos administrativos – dentre as quais destacamos:

a) **Constituição Federal:** como já visto, estabelece a organização da Seguridade Social no país, seus objetivos e princípios, prevê as contribuições sociais e demais formas de custeio que poderão ser criadas e estabelece o estatuto jurídico essencial dos segurados do Regime Geral da Previdência Social;

b) **Lei n. 8.212/1991:** conhecida como **Plano de Custeio da Seguridade Social** (PCSS), traz as principais normais aplicáveis ao pagamento e cobrança das contribuições sociais destinadas ao custeio da Seguridade Social;

c) **Lei n. 8.213/1991:** conhecida como **Plano de Benefícios da Previdência Social** (PBPS), compila as principais disposições relacionadas à relação jurídica de benefício, isto é, elenca quais os benefícios previdenciários devidos aos segurados, como são calculados e os requisitos a serem satisfeitos para seu pagamento;

d) **Decreto n. 3.048/1999:** também chamado de **Regulamento da Previdência Social** (RPS), tem por escopo explicitar as normas contidas tanto no PCSS quanto no PBPS, criando condições concretas para sua aplicação.

Já as **fontes mediatas** são a **doutrina, os costumes, os princípios gerais de direito e as orientações dos Tribunais Superiores**, traduzidas na jurisprudência e nas Súmulas por eles editadas que se refiram, direta ou indiretamente, ao Direito Previdenciário.

3.3. Autonomia

A possibilidade de estudo do Direito Previdenciário como ramo autônomo do Direito para fins didáticos decorre da **existência de um conjunto de atos normativos de conteúdo específico**, como os principais textos elencados no item anterior, e **da identificação de princípios setoriais**, tais quais aqueles estudados nos itens 2.2 e 2.3, supra.

3.4. Vigência

O estudo da vigência das normas previdenciárias depende diretamente da análise de seu conteúdo. Isso ocorre porque as contribuições previdenciárias têm **natureza tributária** e, como tal, devem respeito ao **princípio da anterioridade** aplicável aos tributos em geral.

Por outro lado, as disposições relativas à relação jurídica de benefício têm natureza **estritamente previdenciária**. Portanto, seguem a *regra geral de vigência das normas jurídicas.*

Em resumo, temos:

a) **Normas favoráveis ou indiferentes ao contribuinte na relação jurídica de custeio e normas relativas à relação jurídica de benefício:** por "normas favoráveis" na relação jurídica de custeio entendemos *aquelas que livram o contribuinte do pagamento do tributo ou diminuem seu valor*, caso das leis que criam isenções, que extinguem contribuições, que diminuem a alíquota etc.. "Normas indiferentes" são *aquelas que não interferem no valor do tributo, mas apenas em questões paralelas*, como prazo de pagamento, necessidade de entrega de declarações etc..

Essas normas favoráveis ou indiferentes, bem como aquelas ligadas estritamente a questões de pagamento de benefícios previdenciários, seguem a regra de vigência estabelecida na Lei de Introdução às Normas do Direito Brasileiro – Decreto-lei n. 4.657/1942 (art. 1º, *caput* e § 1º): entram em vigor na data em que indicarem; na ausência desta, em 45 dias contados da publicação para efeitos internos e em 03 meses para efeitos no exterior;

b) **Normas desfavoráveis ao contribuinte na relação jurídica de custeio:** valendo-nos dos mesmos critérios usados anteriormente, "normas desfavoráveis" são *aquelas que determinam o pagamento de tributo novo ou aumentam o valor a pagar*. São exemplos a lei que cria contribuição social nova, que aumenta a alíquota de contribuição já existente, que extingue uma isenção etc.

Nesse caso, a lei somente entra em vigor **90 dias depois de sua publicação, ainda que tal prazo vença dentro do mesmo exercício, que coincide com o ano civil** (de janeiro a dezembro). Isto porque as normas desfavoráveis ao contribuinte relativas a contribuições sociais *não estão sujeitas à anterioridade anual prevista no art. 150, III, "b", da CF, mas apenas à anterioridade nonagesimal, também conhecida como "noventena"* (art. 195, § 6º, da CF).

3.5. Hierarquia

A hierarquia das normas do Direito Tributário em nada difere da estruturação convencional do ordenamento jurídico pátrio, representado usualmente pela Pirâmide de Kelsen. Estabelece-se, então, a superioridade normativa no seguinte escalonamento:

a) **Constituição Federal e Emendas Constitucionais;**

b) **Leis complementares*;**

c) **Leis ordinárias e delegadas, medidas provisórias, decretos legislativos e resoluções;**

d) **Decretos;**

e) **Normas complementares (atos administrativos).**

*Não se perca de vista o posicionamento adotado pelo STF de que *não existe subordinação hierárquica entre leis complementares e leis ordinárias (e suas congêneres)*, havendo unicamente distribuição constitucional de matérias a serem tratadas por cada espécie normativa. O julgado que abriu caminho para essa interpretação (RE 377.457, *DJ* 19.12.2008) versou justamente sobre a revogação de isenção anteriormente concedida à Contribuição para Financiamento da Seguridade Social (COFINS).

3.6. Interpretação

Mais uma vez balizados pela natureza das normas jurídicas em análise, a **interpretação** da legislação previdenciária pode seguir dois caminhos:

a) **Normas aplicáveis à relação jurídica de benefício:** serão interpretadas livremente, com base em todos os instrumentos à disposição do jurista, levando em consideração principalmente a *interpretação teleológica estabelecida no art. 5º da Lei de Introdução às Normas do Direito Brasileiro*;

b) **Normas aplicáveis à relação jurídica de benefício:** devem respeito aos arts. 111 e 112 do Código Tributário Nacional, diante da natureza tributária das contribuições previdenciárias. Assim, devem ser objeto de **interpretação literal** as disposições que versem sobre *suspensão e exclusão do crédito tributário, inclusive concessão de isenções, e dispensa do cumprimento de obrigações tributárias acessórias*, e **serão interpretadas da maneira mais favorável ao acusado** em caso de dúvida *quanto à capitulação legal do fato, à natureza e às circunstâncias do fato ou seus efeitos, à autoria, imputabilidade ou punibilidade do acusado e à natureza ou graduação da penalidade aplicável.*

3.7. Integração

Segue-se mais uma vez a lógica da divisão conforme o conteúdo da legislação previdenciária em exame:

a) **Normas aplicáveis à relação jurídica de benefício:** serão utilizados os **instrumentos de integração** previstos no art. 4º da Lei de Introdução às Normas do Direito Brasileiro, na ordem indicada: analogia, costumes e princípios gerais de Direito;

b) **Normas aplicáveis à relação jurídica de custeio:** devem respeito ao art. 108 do Código Tributário Nacional, que elenca como **instrumentos de integração**, necessariamente na ordem indicada, a analogia, os princípios gerais de Direito Tributário, os princípios gerais de Direito Público e a equidade.

4. Empresa e empregador doméstico: conceito previdenciário

4.1. Empresa

Nos termos do art. 15 do PCSS, é a *firma individual ou sociedade que assume o risco de atividade econômica urbana ou rural, com fins lucrativos ou não, bem como os órgãos e entidades da administração pública direta, indireta e fundacional*. Percebe-se que o conceito previdenciário de empresa é bem mais abrangente do que aquele estabelecido pelo próprio Direito Empresarial. Aqui, é irrelevante a finalidade lucrativa e órgãos públicos também estão incluídos (quando tiverem em seus quadros servidores ocupantes de cargos em comissão ou adotarem a CLT como regime de contratação de pessoal).

Mais além, o PCSS ainda insere nesta classificação pessoas como **equiparados a empresa**: *o contribuinte individual em relação ao segurado que lhe presta serviço* (por exemplo, se um profissional liberal contrata uma secretária, aquele é equiparado a empresa para fins de pagamento de contribuição previdenciária), *a cooperativa, a associação ou entidade de qualquer natureza ou finalidade, a missão diplomática e repartição consular de carreira estrangeiras*. Insere-se neste tópico, outrossim, a pessoa que contrata mão de obra para a construção de sua residência, devendo recolher sua cota patronal e a contribuição social dos pedreiros e outros profissionais a seu serviço.

4.2. Empregador doméstico

Pode ser definido como *a pessoa física que contrata empregado doméstico, que, por sua vez, é o trabalhador que presta serviços de natureza contínua a pessoa ou família, no âmbito residencial desta, em atividade sem fins lucrativos.*

5. Segurados da Previdência

Os segurados da Previdência Social são *todas as pessoas que com ela contribuem, fazendo jus, consequentemente, aos benefícios previdenciários previstos em lei*. Chega o momento de conhecermos as regras e classificações que a eles se aplicam.

5.1. Premissas

O estudo dos segurados da Previdência Social deve sempre ter em vista as seguintes premissas:

a) **o exercício de atividade remunerada implica na filiação obrigatória ao RGPS (art. 9º, § 12, do RPS);**

b) **aquele que exerce, concomitantemente, mais de uma atividade remunerada sujeita ao RGPS é obrigatoriamente filiado em relação a cada uma dessas atividades (art. 9º, § 13, do RPS)**, tendo o direito aos benefícios e, igualmente, o dever de pagar contribuição em relação a cada uma delas;

c) **o aposentado que volte a exercer atividade remunerada abrangida pelo RGPS é segurado obrigatório em relação a esta atividade (art. 11, § 3º, do PBPS)**, mesmo sem ter direito a nova aposentadoria, em consagração ao princípio da solidariedade;

d) **o dirigente sindical, enquanto estiver no exercício do mandato, mantém o mesmo enquadramento que detinha antes da investidura (art. 11, § 4º, do PBPS)**. Exemplo: o empregado eleito presidente do sindicato de sua categoria continuará a ser visto pelo INSS como um segurado empregado, mesmo afastado de suas funções por conta do exercício do mandato sindical.

5.2. Classificação

Os trabalhadores segurados pelo RGPS estão divididos, inicialmente, em dois grandes grupos: os **segurados obrigatórios** e os **segurados facultativos**. Como o próprio nome indica, *os primeiros serão necessariamente segurados da previdência, ainda que isso não desejem*, por conta do exercício de atividade remunerada. *Os segundos participam do RGPS por opção própria*, por não exercerem qualquer atividade remunerada.

Os **segurados obrigatórios** subdividem-se, ainda, em cinco tipos: empregado, empregado doméstico, contribuinte individual, trabalhador avulso e segurado especial.

a) **Segurado Obrigatório – Empregado**

O termo **empregado** pressupõe, para sua utilização, a existência de *relação de emprego*, entendida esta como a do trabalhador que realiza sua atividade com habitualidade, onerosidade, pessoalidade e subordinação, conforme disposto na legislação trabalhista (art. 3º da CLT). A relação de emprego deve estar formalizada com o registro na Carteira de Trabalho e Previdência Social – CTPS, porém sua ausência não desnatura a qualificação de emprego, por conta do princípio da **primazia da realidade**. Ainda que informal a relação de trabalho, o Poder Judiciário pode reconhecer o vínculo de emprego a qualquer momento uma vez presentes os requisitos, o que implicará na sua aceitação, também, para fins previdenciários.

O PCSS (art. 12), o PBPS (art. 11) e o RPS (art. 9º) enumeram, como segurados empregados, os seguintes:

a1) **aquele que presta serviço de natureza urbana ou rural à empresa, em caráter não eventual, sob sua subordinação e mediante remuneração, inclusive como diretor empregado**

Trata-se da típica relação de emprego, chamando a atenção à inclusão expressa do **trabalhador rural**, consequência da determinação constitucional de uniformidade do tratamento entre urbanos e rurais. Ressalte-se, apenas, que também os rurícolas, para se enquadrarem nesse dispositivo, devem, em tese, estar registrados como empregados (*vínculo formal de emprego*), ou, ao menos, terem esse vínculo reconhecido judicialmente.

A inclusão expressa do diretor empregado fundamenta-se no fato de o diretor, usualmente, exercer função de confiança específica, *com poderes de administração da empresa e, por conseguinte, com superioridade hierárquica sobre outros empregados*. Da praxe empresarial extraímos que este profissional, por vezes, é contratado como um prestador de serviços, sem vínculo empregatício. Quando, porém, houver esse vínculo (por exemplo, quando o diretor alcançar o cargo crescendo profissionalmente dentro da empresa), ele será um empregado da empresa, pois ainda haverá pessoas em posição hierarquicamente superior a ele (como o presidente) e, como tal, será visto como **segurado empregado** pelo INSS.

a2) **aquele que, contratado por empresa de trabalho temporário, definida em legislação específica, presta serviço para atender à necessidade transitória de substituição de pessoal regular e permanente ou a acréscimo extraordinário de serviços de outras empresas**

O próprio dispositivo analisado já traz a definição do que se entende por trabalho temporário: aquele *destinado à substituição de pessoal regular e permanente ou acréscimo extraordinário de serviço* (art. 2º da Lei n. 6.019/1974).

Correntemente, a empresa que se vê na necessidade de substituir pessoal permanente ou com acréscimo extraordinário de serviço, usualmente sazonal (por exemplo, vendas de Natal), socorre-se de empresas especializadas em fornecer mão de obra temporária para esses fins. Note que o trabalhador tem vínculo com a empresa de trabalho temporário, mas presta serviços para outrem. Independentemente disso, é visto como segurado empregado enquanto perdurar sua relação de trabalho.

É importante destacar duas outras situações: uma, trabalhador contratado emergencialmente em situação que **não** se enquadre nas duas descritas (substituição de pessoal regular e permanente e acréscimo extraordinário de serviço), não é trabalhador temporário, mas sim **contribuinte individual**; outra, apesar de ambos serem caracterizados como **segurados empregados**, não confundir trabalho temporário com contrato de trabalho com prazo determinado.

a3) **o brasileiro ou estrangeiro domiciliado e contratado no Brasil para trabalhar como empregado em sucursal ou agência de empresa nacional no exterior**

O inciso visa a manter a proteção previdenciária ao trabalhador, brasileiro ou estrangeiro, que seja aqui domiciliado e contratado e é enviado ao exterior por interesse do empregador. Ainda que exercendo seu trabalho em território estrangeiro, continuará filiado à Previdência Social brasileira.

Só não se esqueça dos requisitos: além do **domicílio e da contratação no Brasil**, deve haver **vínculo empregatício** com **empresa nacional**, cujo conceito encontramos no art. 1.126 do Código Civil: *empresa organizada de conformidade com a lei brasileira e que tenha no país sua sede e administração.*

a4) aquele que presta serviço no Brasil a missão diplomática ou a repartição consular de carreira estrangeira e a órgãos a elas subordinados, ou a membros dessas missões e repartições, excluídos o não brasileiro sem residência permanente no Brasil e o brasileiro amparado pela legislação previdenciária do país da respectiva missão diplomática ou repartição consular

Missões diplomáticas (embaixadas) e repartições consulares (consulados), apesar de serem escritórios destinados à representação de interesses de outros países, são equiparadas a empresas quando atuarem em território nacional. Destarte, todos os seus funcionários, brasileiros ou estrangeiros, são **empregados**, sendo assim também considerados aqueles que prestam serviço diretamente aos próprios diplomatas em atuação no país.

O RGPS adota o **princípio da unicidade de proteção,** que determina que, a cada trabalhador, deve corresponder, em regra, apenas uma proteção previdenciária. A norma não descuida, neste sentido, do fato de muitos funcionários das embaixadas e consulados serem estrangeiros e aqui atuarem de forma transitória, no estrito interesse de seu país de origem. Diante da subsistência do vínculo com outro Estado, fica excluído do RGPS o *estrangeiro sem residência permanente no Brasil*, dada a presunção de que está acolhido pela Previdência de seu país. Vale o mesmo raciocínio para excluir do RGPS o brasileiro que trabalha na embaixada ou consulado e que, por expressa determinação da legislação alienígena, por esse fato passa a ser protegido pela Previdência estrangeira.

a5) o brasileiro civil que trabalha para a União, no exterior, em organismos oficiais brasileiros ou internacionais dos quais o Brasil seja membro efetivo, ainda que lá domiciliado e contratado, salvo se segurado na forma da legislação vigente do país de domicílio

O dispositivo abrange apenas o brasileiro **civil**, pois o militar possui regime próprio de previdência. Se ele trabalhar no exterior para a União, ou seja, *em nome e no interesse do Estado brasileiro*, em organismos oficiais brasileiros (*embaixadas e consulados*) ou internacionais (Organização das Nações Unidas – ONU, Organização Mundial do Comércio – OMC, Organização Internacional do Trabalho – OIT), *desde que destas o Brasil seja membro efetivo*, ainda que domiciliado e contratado no exterior, estará filiado ao RGPS na qualidade de empregado. Fica excluído, mais uma vez, o trabalhador que, por força da legislação previdenciária estrangeira, já esteja protegido por regime local de previdência (**princípio da unicidade de proteção**).

Sobre o trabalho nas embaixadas e consulados brasileiros, o RPS inclui ainda como **empregado** (art. 9º, I, "g") o **auxiliar local**, pessoa contratada para *prestar serviços ou desempenhar atividades de apoio que exijam familiaridade com as condições de vida, os usos e os costumes do país onde esteja sediado o posto.* O auxiliar local pode ser estrangeiro ou brasileiro e, como é contratado sem vínculo empregatício, as relações trabalhistas e previdenciárias, em regra, serão regidas pela lei do país da contratação. Estará incluído no RGPS apenas o auxiliar local **brasileiro** que, **em razão de proibição legal**, não possa filiar-se ao sistema previdenciário estrangeiro.

a6) o brasileiro ou estrangeiro domiciliado e contratado no Brasil para trabalhar como empregado em empresa domiciliada no exterior, cuja maioria do capital votante pertença a empresa brasileira de capital nacional

O tópico, apesar da redação complexa, é análogo ao item "a3", ficando claro que a legislação previdenciária equipara a empresa brasileira, já conceituada, com a empresa estrangeira (uma vez que domiciliada no exterior) cuja maioria do capital votante pertença a empresa brasileira de capital nacional, isto é, *cujo controle efetivo pertença a pessoas físicas domiciliadas e residentes no país ou a pessoas jurídicas de direito público interno.*

a7) o servidor público ocupante de cargo em comissão, sem vínculo efetivo com a União, Autarquias, inclusive em regime especial, e Fundações Públicas Federais

De início, o dispositivo determinava a filiação obrigatória ao RGPS como empregado apenas do servidor público ocupante de cargo em comissão, *aquele declarado em lei como de livre nomeação e exoneração* (exemplo: Ministro de Estado). Contudo, com o advento da Emenda Constitucional n. 20/1998, foi introduzido o § 13 no art. 40, que ampliou a aplicação desta determinação legal ao estabelecer a filiação obrigatória ao RGPS, além do ocupante de cargo em comissão, do ocupante de **cargo temporário** e de **emprego público**.

Portanto, a principal parte da alínea a ser lembrada é: "*sem vínculo efetivo*" com a Administração Direta, autárquica ou fundacional. Qualquer funcionário que **não** tenha cargo efetivo será filiado do RGPS na qualidade de empregado (veja, a respeito, as alíneas "i", "l" e "m" do inciso I do art. 9º do RPS).

Paralelamente, cabe destacar que **mesmo servidores ocupantes de cargos efetivos podem ser enquadrados como empregados no RGPS.** Isso ocorrerá sempre que o *respectivo ente político contratante não tenha criado regime próprio de previdência para seus servidores* (art. 9º, I, "j", do RPS). Apesar de a União e de todos os Estados e DF já o terem feito, esta é uma realidade em diversos Municípios do país.

a8) o empregado de organismo oficial internacional ou estrangeiro em funcionamento no Brasil, salvo quando coberto por regime próprio de previdência social

A alínea assegura ao empregado de escritórios representativos de organismos internacionais em funcionamento no Brasil (ONU, OMC, OIT etc.) a proteção previdenciária, exceto se já participantes de regime próprio de previdência de outro país. A menção a "organismo oficial estrangeiro" mostra-se repetitiva, pois tais empregados já estavam acolhidos pela alínea "d" do inciso I do art. 12 do PCSS, estudada no tópico "a4", dado que "organismos oficiais estrangeiros" são apenas as embaixadas e consulados instalados em território nacional.

a9) o exercente de mandato eletivo federal, estadual ou municipal, desde que não vinculado a regime próprio de previdência

Enquanto o cidadão estiver no exercício de mandato eletivo, qualquer que seja ele, contribuirá para a Previdência Social como empregado, a não ser que seja servidor público ocupante de cargo efetivo com regime próprio de previdência. A intenção da norma é não deixar desamparado o exercente de cargo eletivo, considerando, por exemplo, que um membro do Poder Legislativo pode reeleger-se sucessivas vezes, sendo esta sua única atividade remunerada ao longo de muitos anos.

Se o eleito já é servidor público efetivo, será apenas licenciado do cargo, mantendo seu vínculo com o Estado. Por isso continua protegido pelo regime próprio de previdência.

Por conta do julgamento do RE n. 351.717-PR (*DJ* 21.11.2003) pelo STF, o Senado Federal suspendeu a execução da alínea "h" do inciso I do art. 12 do PCSS, de redação idêntica à esposada acima, adotando a posição do Supremo exposta em controle difuso de constitucionalidade sobre a impossibilidade de cobrança de contribuições sociais dos exercentes de mandato eletivo. Ocorre que tal decisão foi tomada antes da publicação da Emenda Constitucional n. 20/1998, a qual, ao dar nova redação ao art. 195, II, da CF, sepultou a discussão ao prever a contribuição para o RGPS pelo "trabalhador e demais segurados", o que, sem dúvida, acolhe os agentes políticos. Por essa razão, foi incluída a alínea "j" no dispositivo com a mesma redação, ora estudada, incluindo-os definitivamente no sistema previdenciário.

a10) o bolsista e o estagiário que prestam serviços à empresa, em desacordo com a Lei n. 11.788, de 25 de setembro de 2008

Os programas de bolsa e de estágio são regulamentados pela Lei n. 11.788/2008, que estabelece uma série de requisitos para que o uso da mão de obra do estudante possa ser assim caracterizado (jornada de trabalho limitada a 04 ou 06 horas diárias, termo de compromisso entre o educando, a parte concedente do estágio e a instituição de ensino, compatibilidade de atividades etc.).

Na falta de qualquer dos requisitos, fica claro que a contratação da pessoa como estagiária provavelmente deu-se com a intenção de fraudar a legislação trabalhista e previdenciária, constituindo verdadeira relação de emprego. Daí porque, estando em desacordo com a lei, o estagiário é segurado empregado.

Voltaremos a este tema mais à frente. Adiantando a curiosidade: o estagiário regular é **segurado facultativo.**

a11) o escrevente e o auxiliar contratados por titular de serviços notariais e de registro a partir de 21 de novembro de 1994, bem como aquele que optou pelo Regime Geral de Previdência Social, em conformidade com a Lei n. 8.935, de 18 de novembro de 2004

A mencionada lei alterou o regime de previdência dos trabalhadores contratados por cartórios extrajudiciais. Até então (novembro de 1994), os funcionários dos cartórios participavam do regime estatutário dos servidores públicos estaduais e, portanto, do respectivo regime próprio de previdência. Com a edição da Lei n. 8.935, os titulares dos serviços notariais e de registro passaram a ser obrigados a contratar novos escreventes e auxiliares conforme a legislação trabalhista (são **empregados** comuns, com carteira assinada). Aqueles que já trabalhavam no cartório puderam optar por manter-se no regime próprio ou migrar para o RGPS. Estes últimos passaram a também ser enquadrados como **empregados.**

a12) o trabalhador rural contratado por produtor rural pessoa física, na forma do art. 14-A da Lei n. 5.889, de 08 de junho de 1973, para o exercício de atividades de natureza temporária por prazo não superior a dois meses dentro do período de um ano

A inclusão expressa do trabalhador rural contratado por pequeno prazo, criado inicialmente pela Medida Provisória n. 410/2007 e definitivamente consagrado na Lei n. 11.718/2008, veio a completar as disposições da Lei n. 5.889/1973, que, com sua nova redação, é clara ao determinar que este trabalhador tem os mesmos direitos do trabalhador permanente. Ou seja, será tratado como **empregado** do produtor rural pessoa física, ainda que a lei autorize sua contratação sem registro na CTPS (art. 14-A, § 3º, II, da Lei n. 5.889/1973).

b) Segurado Obrigatório – Empregado doméstico

É definido em lei como *aquele que presta serviço de natureza contínua a pessoa ou família, no âmbito residencial desta, em atividades sem fins lucrativos.*

Para sua caracterização, é fundamental a concorrência de **todos** os requisitos: atividade contínua, prestada no âmbito residencial, sem fins lucrativos.

Por **atividade contínua** devemos entender *aquela dotada de assiduidade, prestada em dias seguidos ou com periodicidade definida.* É o oposto de atividade eventual, sem dias fixos, contratada apenas conforme a demanda. Buscando dar aplicabilidade ao conceito, a Justiça do Trabalho sempre se debruçou sobre a questão das diaristas, pessoas dedicadas a serviços de faxina e similares em dias predeterminados da semana. A jurisprudência mais recente indica que, se o trabalhador presta serviços até três vezes por semana, **não** está caracterizado o vínculo empregatício e, portanto, para fins previdenciários **não** se trata de empregado doméstico (TST, RR 44600-13.2009.5.04.0016, *DJ* 31.08.2011), **exceto** se o pagamento era realizado **mensalmente** (TST, E-ED-RR 250040-44.2004.5.02.0078, *DJ* 08.09.2011). Neste último caso, em sentido contrário: TST, RR 112900-74.2008.5.01.0071, *DJ* 24.11.2010.

Ausente o requisito da continuidade, o trabalhador se enquadra como **contribuinte individual**.

Âmbito residencial, por sua vez, é *o espaço doméstico, o lugar onde a pessoa ou família faz sua morada*. Frise-se que o termo "âmbito" não foi usado à toa: pretende-se com ele indicar que o empregado doméstico pode prestar serviços mesmo fora da casa, mas no interesse e visando à comodidade da pessoa ou família. É o caso do jardineiro, do caseiro, do motorista particular, entre outros. Todos eles são empregados domésticos.

Em derradeiro, a caracterização como empregado doméstico depende da atividade ser prestada **sem finalidade lucrativa**. O trabalho do empregado doméstico deve voltar-se, exclusivamente, ao conforto da pessoa ou família. Passando a colaborar em atividades lucrativas, ainda que realizadas dentro da casa, fica desnaturada sua condição. É o clássico exemplo da doutrina da faxineira que, além de manter a casa em ordem, auxilia sua empregadora no preparo de doces e salgados que esta revende na vizinhança.

Ausentes os requisitos do âmbito residencial e da atividade sem fins lucrativos, o trabalhador se enquadra como **empregado**.

c) Segurado Obrigatório – Contribuinte individual

Grosso modo, trata-se da categoria dos trabalhadores que *não detêm vínculo empregatício, prestando serviços de forma autônoma a diversos tomadores*.

Mais do que isso, na verdade, a categoria dos contribuintes individuais presta relevante função na busca da **universalidade de atendimento** da Previdência Social: a pretensão de que nenhum trabalhador fique desamparado caso atingido por contingências que impeçam o exercício de sua atividade remunerada. Veremos a seguir que, além dos prestadores de serviços autônomos, diversos outros trabalhadores aqui se incluem com o fito de garantir a todos a proteção previdenciária, razão pela qual esta categoria tem **natureza supletiva**: quem exerce atividade remunerada e não se enquadra em nenhuma das outras categorias, será contribuinte individual.

De toda forma, sua principal característica é a **ausência de subordinação** na realização de sua atividade.

O PCSS (art. 12), o PBPS (art. 11) e o RPS (art. 9º) enumeram, como contribuintes individuais, os seguintes:

c1) a pessoa física, proprietária ou não, que explora atividade agropecuária, a qualquer título, em caráter permanente ou temporário, em área superior a 4 (quatro) módulos fiscais; ou, quando em área igual ou inferior a 4 (quatro) módulos fiscais ou atividade pesqueira, com auxílio de empregados ou por intermédio de prepostos; ou ainda nas hipóteses dos §§ 10 e 11 deste artigo

Refere-se ao *produtor rural pessoa física*, a pessoa que explora atividade rural por conta própria, sem constituir empresa.

A extensa qualificação é salutar para diferenciar este contribuinte individual do segurado especial, figura que será analisada à frente. Com efeito, somente se caracterizará como contribuinte individual o produtor rural atuante em média ou grande propriedade – **maior que quatro módulos fiscais** (o módulo fiscal é uma *unidade de medida agrária, expressa em hectares e variável de acordo com cada município*).

Pode ainda ser considerado contribuinte individual o produtor rural que explore sua atividade em área igual ou inferior a quatro módulos fiscais, **desde que tenha o auxílio permanente de empregados ou prepostos.**

É, outrossim, contribuinte individual o explorador de atividade pesqueira, **não importando a área onde a exerce**, se a fizer com o auxílio de empregados ou prepostos.

Por fim, a menção aos §§ 10 e 11 acolhe as pessoas que, pela ausência de qualquer dos requisitos, não pode ser caracterizada como segurado especial. Vemos aqui a primeira demonstração da **natureza supletiva** da categoria dos contribuintes individuais.

c2) a pessoa física, proprietária ou não, que explora atividade de extração mineral-garimpo, em caráter permanente ou temporário, diretamente ou por intermédio de prepostos, com ou sem o auxílio de empregados, utilizados a qualquer título, ainda que de forma não contínua

O item não traz grandes dificuldades. É importante ressaltar que, diferentemente da atividade agropecuária, aqui **não** influenciam o tamanho da área ou a presença de empregados ou prepostos. O *explorador do garimpo, desde que pessoa física, será sempre contribuinte individual.*

c3) o ministro de confissão religiosa e o membro de instituto de vida consagrada, de congregação ou de ordem religiosa

Ministros de confissão religiosa *são as pessoas que dedicam sua vida a professar determinada fé, conduzindo seus respectivos fiéis nos cultos celebrados*. São os padres, pastores, rabinos, pais de santo etc.

Membros de instituto de vida consagrada *são aqueles que se dedicam integralmente aos dogmas de sua fé, alijando-se das atividades comuns do dia a dia para, unicamente, trabalhar em prol da religião*. São os monges, freiras, frades etc.

Interessante o fato de estas pessoas estarem incluídas como contribuintes individuais, e em consequência como **segurados obrigatórios**, porque isto implica no reconhecimento de que exercem atividade remunerada (art. 9º, § 12, do RPS), **mesmo que o valor por eles recebido não seja considerado remuneração para fins de incidência da contribuição social**.

Explicamos.

O ministro de confissão religiosa e o membro de instituto de vida consagrada são **sempre considerados contribuintes individuais**. Ocorre que, se o valor por eles recebido da instituição religiosa *for apenas em virtude de seu mister religioso ou para sua subsistência e independentemente da natureza e da quantidade do trabalho executado*, este montante **não** é remuneração para fins previdenciários, não devendo incidir sobre ele a contribuição social devida (art. 22, § 13, do PCSS), devendo o religioso declarar o valor do salário de contribuição sobre o qual deseja contribuir (art. 55, § 11, da Instrução Normativa n. 971/2009, da Secretaria da Receita Federal do Brasil).

Em sentido contrário, se o valor percebido pelo ministro de confissão religiosa ou membro de instituto de vida consagrada *exceder o necessário à sua subsistência ou for pago por cada tarefa religiosa cumprida*, tal montante será caracterizado como remuneração e incidirá, então, contribuição social sobre todo ele, respeitado o limite máximo do salário de contribuição.

c4) o brasileiro civil que trabalha no exterior para organismo oficial internacional do qual o Brasil é membro efetivo, ainda que lá domiciliado e contratado, salvo quando coberto por regime próprio de previdência social

Temos a tentação de acreditar que já lemos este texto em outro lugar. Realmente, ele é bastante similar ao item "a5", que define uma das espécies de empregado.

É exatamente por isso que devemos ter especial atenção à única diferença existente: lá, classifica-se como **empregado** o brasileiro civil que trabalha *para a União em organismo internacional no exterior*; aqui, classifica-se como **contribuinte individual** o brasileiro civil que trabalha *para o organismo internacional no exterior*.

Altera-se a parte contratante: é empregado quem trabalha em benefício, defendendo os interesses, da União em repartição de organismo internacional situada no estrangeiro; é contribuinte individual quem trabalha em prol do próprio organismo internacional situado fora do país.

A razão do tratamento diferenciado é o fato do organismo internacional, aqui parte contratante, *estar situado no exterior*, o que impede sua caracterização como empresa. A lei nacional não pode alcançar tais entidades quando sediadas em território estrangeiro. Quando a pessoa, por outro lado, trabalha **para** a União, ainda que fora de nossos limites territoriais, esta será sempre vinculada à legislação brasileira. Da mesma forma, se o escritório do organismo internacional está instalado no Brasil, seu funcionário será também classificado como **empregado**, porque, em nosso território, aplicamos nosso ordenamento jurídico.

Anote, então, o quadro-resumo:

		Contratante	
		União	Organismo Internacional
Localização da repartição	Brasil	**Empregado (a7)**	**Empregado (a8)**
	Exterior	**Empregado (a5)**	**Contrib. Individual (c4)**

c5) o titular de firma individual urbana ou rural, o diretor não empregado e o membro de conselho de administração de sociedade anônima, o sócio solidário, o sócio de indústria, o sócio-gerente e o sócio-cotista que recebam remuneração decorrente de seu trabalho em empresa urbana ou rural, e o associado eleito para cargo de direção em cooperativa, associação ou entidade de qualquer natureza ou finalidade, bem como o síndico ou administrador eleito para exercer atividade de direção condominial, desde que recebam remuneração

Titular de firma individual urbana ou rural, atualmente, é denominado *empresário individual, que é a pessoa que exerce atividade econômica por conta própria, sem outros sócios*.

Diretor e membro do conselho de administração são *administradores das sociedades anônimas, funções definidas na Lei n. 6.404/1976*. Obviamente, aqui se enquadram desde que não sejam empregados da companhia, pois se o forem são classificados como segurados empregados.

Sócio solidário deve ser entendido como *o sócio com responsabilidade ilimitada*, presente nas sociedades em comum, na sociedade em nome coletivo e na sociedade em comandita simples.

Sócio de indústria é termo utilizado pelo revogado Código Comercial para definir *o sócio que contribuía apenas com a prestação de serviços, enquanto outro investia o capital, na então chamada sociedade de capital e indústria*. O artigo 9º, V, "g", do RPS inclui também o sócio capitalista como contribuinte individual. Como este tipo societário foi extinto com o advento do CC em 2002, tais disposições mostram-se inócuas.

Sócio-gerente é *o sócio com poderes de administração da sociedade* e sócio-cotista *é aquele que não possui tais poderes*. Todos eles, **desde que sejam remunerados pela empresa** por conta de trabalhos prestados em seu favor, são segurados obrigatórios na qualidade de contribuintes individuais.

O trabalhador cooperado é considerado, também, como **contribuinte individual** (art. 9º, V, "n", do RPS). Manterá a mesma qualidade se for eleito para cargo de direção da cooperativa ou outra associação de qualquer natureza.

Por último, o dispositivo acolhe os síndicos ou administradores de condomínios, **desde que remunerados.** Se não o forem, serão **segurados facultativos.** Vale lembrar que a isenção da taxa de manutenção condominial enquanto durar o mandato é forma de **remuneração indireta** do síndico, o qual, nesses casos, **deve** contribuir para a Previdência.

c6) quem presta serviço de natureza urbana ou rural, em caráter eventual, a uma ou mais empresas, sem relação de emprego

c7) a pessoa física que exerce, por conta própria, atividade econômica de natureza urbana, com fins lucrativos ou não

Os dois dispositivos merecem análise conjunta, pois tratam da mesma figura: *o prestador de serviços autônomo, que trabalha para pessoas físicas ou jurídicas conforme estas necessitem de sua mão de obra, sem qualquer tipo de vínculo empregatício.* Dada a ausência de subordinação e habitualidade na execução de seu trabalho, é classificado como contribuinte individual (antigamente era chamado de *autônomo*, termo ainda usado na prática pelas pessoas que se aposentaram antes do regime do PCSS).

c8) o Microempreendedor Individual – MEI de que tratam os arts. 18-A e 18-C da Lei Complementar n. 123, de 14 de dezembro de 2006, que opte pelo recolhimento dos impostos e contribuições abrangidos pelo Simples Nacional em valores fixos mensais

Microempreendedor individual (MEI) é o *empresário individual que aufere receita bruta máxima de R$ 60.000,00 (sessenta mil reais) no ano que opte em adimplir suas obrigações tributárias pelo sistema do Simples Nacional* (art. 18-A, § 1º, da Lei Complementar n. 123/2006).

A redação do item pode dar a entender que o MEI que não opte pela sistemática de contribuição fixa deixa de ser contribuinte individual. Há de se ter cuidado, pois isso não é verdade. Ele continuará classificado como contribuinte individual, pois não deixa de ser **titular de firma individual**, conforme descrito no item "c5".

d) Segurado Obrigatório – Trabalhador avulso

É o trabalhador *que presta serviços a diversas empresas, sem vínculo empregatício, porém com intermediação obrigatória do sindicato ou de órgão gestor de mão de obra (OGMO).*

Os principais aspectos do trabalhador avulso são **a ausência de vínculo empregatício** (que o transformaria em empregado) e a **intermediação do sindicato ou OGMO** (que, se não existir, faz do trabalhador um contribuinte individual). Na prática, as empresas interessadas na mão de obra em determinadas atividades, que não queiram contratar empregados, podem contatar o sindicado ou o OGMO e solicitar os trabalhadores. Os intermediadores indicarão as pessoas que realizarão o trabalho por meio de uma lista de obreiros cadastrados, operando-se um revezamento.

O trabalho avulso é regido pela Lei n. 12.815/2013 e está autorizado nas seguintes atividades (art. 9º, VI, do RPS):

d1) o trabalhador que exerce atividade portuária de capatazia, estiva, conferência e conserto de carga, vigilância de embarcação e bloco;

d2) o trabalhador de estiva de mercadorias de qualquer natureza, inclusive carvão e minério;

d3) o trabalhador em alvarenga (embarcação para carga e descarga de navios);

d4) o amarrador de embarcação;

d5) o ensacador de café, cacau, sal e similares;

d6) o trabalhador na indústria de extração de sal;

d7) o carregador de bagagem em porto;

d8) o prático de barra em porto;

d9) o guindasteiro;

d10) o classificador, o movimentador e o empacotador de mercadorias em portos.

Atenção ao fato de que, não obstante a grande maioria das atividades sejam típicas da zona portuária, não é verdade que somente estas autorizam a contratação de trabalhador avulso, como muitos memorizam. Há, ainda, a presença dos ensacadores de grãos, dos trabalhadores da extração de sal e da movimentação de mercadorias (esses últimos previstos na Lei 12.023/2009).

e) Segurado Obrigatório – Segurado especial

Fruto do objetivo constitucional de estender os benefícios do RGPS aos trabalhadores rurais, o segurado especial pode ser sumariamente definido como *o pequeno produtor rural, que trabalha a terra para seu sustento.* Mais pormenorizadamente, seu conceito vem exposto na própria CF (art. 195, § 8º): *"O produtor, o parceiro, o meeiro e o arrendatário rurais e o pescador artesanal, bem como os respectivos cônjuges, que exerçam suas atividades em regime de economia familiar, sem empregados permanentes(...)".*

Conforme se verá mais adiante, a criação da categoria do segurado especial baseia-se, ainda, no princípio da **equidade na forma de participação no custeio** da seguridade social. Como tais pessoas costumam auferir renda apenas em determinadas épocas do ano (a safra), sua contribuição será ajustada a esta realidade e pagam apenas um percentual daquilo obtido com a comercialização da produção. Obviamente, a fim de se manter o equilíbrio financeiro e atuarial do sistema, seus benefícios previdenciários serão limitados a um salário-mínimo.

Reunindo o dispositivo constitucional, o PCSS e o RPS, temos os seguintes requisitos para a caracterização do segurado especial:

e1) Atividade rural em economia familiar: assim considerada aquela *em que o trabalho dos membros da família é indispensável à própria subsistência e ao desenvolvimento socioeconômico do núcleo familiar e é exercido em condições de mútua dependência e colaboração, sem a utilização de empregados permanentes.*

Desta forma, tanto o produtor rural quanto seu cônjuge e filhos maiores de 16 (dezesseis) anos ou equiparados são segurados especiais da Previdência. A proteção, lembre-se, é conferida a todos mediante o pagamento de uma única contribuição calculada sobre o resultado da comercialização da produção;

e2) **Área de produção igual ou inferior a 04 (quatro) módulos fiscais:** caso a atividade explorada seja agropecuária. Para o extrativista vegetal ou seringueiro, não há limite de área;

e3) **Não utilizar embarcação; ou tenha esta até seis toneladas de arqueação bruta, ainda que com auxílio de parceiro; ou embarcação de até dez toneladas de arqueação bruta, no caso de parceiro outorgado:** para o pescador artesanal. Arqueação bruta é a capacidade de peso total que a embarcação pode carregar;

e4) **Não contratar empregados permanentes:** sendo autorizada a contratação de empregados ou contribuintes individuais *à razão de 120 pessoas/dia por ano civil* para fazer frente às necessidades da safra. A razão deve ser entendida da seguinte forma: se o segurado especial contratar um empregado, este poderá trabalhar por até 120 dias, corridos ou intercalados, no mesmo ano civil (de janeiro a dezembro); se contratar dois empregados, poderão ficar por até 60 dias; quatro empregados, 30 dias; e, assim, sucessivamente;

e5) **Não possuir outra fonte de rendimento**: exceto benefício previdenciário de pensão por morte, auxílio-acidente ou auxílio-reclusão, cujo valor não supere o do menor benefício de prestação continuada da Previdência Social (um salário mínimo); benefício de previdência complementar; exercício de atividade remunerada em período de entressafra ou do defeso não superior a 120 dias, corridos ou intercalados, no ano civil; exercício de mandato eletivo de dirigente sindical de organização da categoria de trabalhadores rurais; exercício de mandato de vereador do município onde desenvolve a atividade rural, ou de dirigente de cooperativa rural constituída exclusivamente por segurados especiais; parceria ou meação; atividade artesanal desenvolvida com matéria-prima produzida pelo respectivo grupo familiar, podendo ser utilizada matéria-prima de outra origem, desde que a renda mensal obtida na atividade não exceda ao menor benefício de prestação continuada da Previdência Social; e atividade artística, desde que em valor mensal inferior ao menor benefício de prestação continuada da Previdência Social (art. 9º, § 8º, do RPS). Nestas hipóteses, o trabalhador **deve recolher sua contribuição social conforme as regras da categoria em que se enquadrar** (empregado de uma pessoa jurídica durante a entressafra, por exemplo, terá o desconto na remuneração pela alíquota aplicável a qualquer empregado)**, porém, continua sendo visto pela Previdência Social como segurado especial.**

Por fim, ressaltamos que, nos termos do art. 9º, § 18, do RPS, **não** descaracteriza a condição de segurado especial, dentre outras, a *exploração de atividade turística na propriedade rural, inclusive com hospedagem, por não mais que 120 dias ao ano; a participação em plano de previdência complementar; o fato de algum membro do grupo familiar ser beneficiário de programa de assistência social governamental; a utilização pelo próprio grupo familiar de processo de beneficiamento ou industrialização artesanal na exploração da atividade; e a associação em cooperativa agropecuária.*

A Lei 12.873/2013 previu, ainda, uma nova possibilidade para o segurado especial complementar sua renda sem perder sua caracterização. Ao inserir o § 14 no art. 12 do PCSS, mencionado diploma normativo autorizou a constituição de sociedade empresária, sociedade simples, empresa individual de responsabilidade limitada ou o registro como empresário individual do segurado especial cujo objeto seja de âmbito agrícola, agroindustrial ou agroturístico. Para manter a qualidade de segurado especial, porém, deve se tratar de uma **microempresa**, constituída exclusivamente por segurados especiais do mesmo Município (ou de cidades limítrofes) de sua sede e que continuem a desenvolver suas atividades.

Frise-se, por fim, que nas hipóteses elencadas, nas quais o segurado pode exercer atividade remunerada sem perder essa classificação, deverá recolher normalmente as contribuições previdenciárias incidentes sobre essa outra profissão (art. 12, § 13, do PCSS).

f) **Segurado facultativo**

Recuperando o conceito anotado anteriormente, **segurado facultativo** da Previdência Social é *toda pessoa que, não exercendo atividade remunerada, opta, por iniciativa própria, por contribuir para o RGPS, fazendo jus aos benefícios enunciados em lei.*

O RPS traz alguns exemplos: *dona de casa, síndico não remunerado de condomínio, estudante, brasileiro que acompanha cônjuge que presta serviço no exterior, quem deixou de ser segurado obrigatório, membro de Conselho Tutelar, estagiário nos termos da Lei n. 11.788/2008, bolsista de instituição de pesquisa em regime de dedicação exclusiva, o preso e o brasileiro domiciliado no exterior.*

Repise-se que são exemplos. Qualquer pessoa **maior de 16 anos que não exerça atividade remunerada e não esteja amparada por nenhum outro regime de previdência social** pode se inscrever como segurado facultativo.

A CF veda, expressamente, a inscrição como facultativo de pessoa participante de regime próprio de previdência (art. 201, § 5º).

5.3. Filiação e inscrição

Filiação define-se como *o ato jurídico que vincula o trabalhador à Previdência Social*. Com a filiação, a pessoa torna-se um **segurado**.

Considerando que a filiação ao RGPS é **obrigatória** para aqueles que exercem atividade remunerada, *tão logo esta se inicie, o trabalhador já está filiado à Previdência*. Ainda que o

INSS não saiba da existência deste trabalhador em atividade, sua filiação é uma imposição constitucional. Assim, o fato de alguém estar trabalhando, com ou sem registro de emprego, sem contribuir para a Previdência, coloca esta pessoa em situação de **inadimplemento**, ou seja, ela é devedora de contribuição social e pode, eventualmente, ser cobrada de seu débito com os acréscimos legais (correção monetária, juros e multa).

A despeito de se caracterizar como um vínculo jurídico, a filiação pode ser **múltipla**, ou seja, o *mesmo segurado possuir mais de uma filiação*. Isso ocorre quando a pessoa exerce mais de uma atividade remunerada sujeita ao RGPS, sejam elas de mesma natureza ou de natureza distinta. Nesse caso, o segurado será considerado *filiado em cada uma delas individualmente* (art. 11, § 2º, do PCSS), autorizando o recebimento de benefícios que sejam exclusivos de uma ou de outra. Exemplo: determinado trabalhador está filiado ao RGPS tanto como empregado (por trabalhar com carteira assinada para determinada empresa) quanto como contribuinte individual (por realizar trabalhos autônomos nas horas vagas). Caso venha a sofrer um acidente que deixe sequelas permanentes, reduzindo sua capacidade laborativa, terá direito ao auxílio-acidente porque é segurado empregado. O fato de *também* ser filiado como contribuinte individual (que não faz jus ao auxílio-acidente) não exclui seu direito ao benefício.

Em face do exposto, a filiação pode dar-se de duas formas:

a) **Automática:** quando o trabalhador não precisa praticar nenhum ato formal para obter sua filiação, decorrendo diretamente do exercício de atividade remunerada. É a forma de filiação dos *segurados obrigatórios*;

b) **Mediante inscrição:** para os *segurados facultativos*, que não exercem atividade remunerada e, portanto, participam do RGPS se quiserem, sua filiação decorre de um *ato formal, pelo qual o segurado fornece dados necessários para sua identificação no INSS* (art. 18 do RPS).

Em rigor, a **inscrição deve sempre ser realizada**, afinal é com ela que o INSS obtém os dados cadastrais do segurado e todos aqueles relativos à atividade que exerce. A diferença é que, *enquanto os segurados obrigatórios promovem sua inscrição **depois da filiação** (pois esta ocorre juntamente com o início da atividade), os facultativos devem realizam sua inscrição **antes da filiação** (pois esta decorre da própria inscrição).*

É por isso que não se admite a **filiação retroativa** do segurado facultativo, ou seja, *o pagamento de certa quantia à vista, em determinada data, pretendendo que esta valha como contribuição para uma série de meses anteriores*. Exemplo: um segurado facultativo resolve se inscrever em junho de 2011, pretendendo benefícios da ordem de R$ 700,00. Conforme veremos mais adiante, deverá recolher como contribuição a alíquota de 20%, portanto R$ 140,00. Não se aceita que este novo segurado, ao proceder sua inscrição, recolha R$ 1.400,00 pretendendo "considerar-se filiado" desde 10 meses antes. A inscrição e a filiação do facultativo voltam-se apenas para o futuro.

Não se confunde essa situação com a **quitação de contribuições atrasadas dos segurados obrigatórios**. Suponha que um dentista tenha trabalhado em seu próprio consultório por 10 anos, sem nunca ter promovido sua inscrição no INSS e, por conseguinte, sem nunca ter recolhido qualquer contribuição. Pretendendo fazer contar esse tempo de trabalho para sua aposentadoria, realiza sua inscrição e recolhe, além do mês atual, o equivalente aos 10 anos anteriores **com correção monetária, juros e multa**. Tal recolhimento é **plenamente válido**, porque o contribuinte individual, na verdade, **já era filiado** e estava em débito com a Seguridade Social.

A inscrição do **segurado empregado** e do **trabalhador avulso** deve ser realizada pela empresa ou pelo órgão gestor de mão de obra, respectivamente. Os demais (empregado doméstico, contribuinte individual, segurado especial e segurado facultativo) devem promover, pessoalmente, sua inscrição no INSS.

5.4. Manutenção da qualidade de segurado

Considerando que o RGPS é um sistema **contributivo**, é fácil deduzir que *enquanto o segurado estiver contribuindo para a Previdência Social ele manterá essa qualidade*. Como decorrência lógica, quando deixar de fazê-lo, perderá o *status* de segurado, não mais tendo direito aos benefícios previdenciários previstos em lei.

Este raciocínio, bastante correto, encontra algumas exceções. Sim, há períodos na vida laboral da pessoa em que esta *não contribui para o RGPS, mas mantém a qualidade de segurado por certo período de tempo*. Esse interregno é chamado de **período de graça**.

Isso quer dizer, por exemplo, que se determinado segurado não estiver contribuindo (porque ficou desempregado), porém encontra-se no período de graça, caso venha a ser acometido de determinada doença que imponha repouso absoluto, terá direito de receber auxílio-doença enquanto permanecer nessa situação.

É claro que tal período não pode perdurar indefinidamente, sob pena de fazer ruir o equilíbrio atuarial do sistema previdenciário. Por isso, o PBPS estabelece os prazos aplicáveis ao período de graça:

a) **sem limite de prazo, para quem está em gozo de benefício:** afinal, os benefícios previdenciários são imunes à incidência de contribuição (com exceção do salário-maternidade). Ao contrário do que parece, este item não desdiz a regra exposta anteriormente, de que o período de graça deve durar por prazo determinado. Na verdade, quem está em gozo de benefício previdenciário está, justamente, fazendo uso daquilo que pagou. Não seria admissível imaginar que o próprio benefício, criado pela lei para amparar a pessoa em situações nas quais ela se vê privada da possibilidade de trabalhar, após certo período de tempo fosse suspenso sob o argumento de que a pessoa deixou de ser segurada da Previdência pela ausência de pagamentos mensais. De que serviria o seguro social, então? É fácil vislumbrar na situação da aposentadoria: após contribuir por 35 anos, a pessoa se aposenta por tempo de contribuição. O benefício irá perdurar até sua morte, sem que ela recolha qualquer centavo a mais para a Previdência.

b) **até doze meses após a cessação de benefício por incapacidade ou após a cessação das contribuições, o segurado que deixar de exercer atividade remunerada abrangida pela previdência social ou estiver suspenso ou licenciado sem remuneração:** este é o período de graça padrão do segurado obrigatório, sendo a hipótese mais comum na prática. A lei lhe garante a extensão dos benefícios previdenciários pelo prazo de doze meses contados do momento em que deixou de exercer atividade remunerada (e, presume-se, deixou de contribuir), prazo também aplicável para quem estava no gozo de determinado benefício por incapacidade (exemplo: auxílio-doença) e este é suspenso porque a perícia médica oficial assinalou o retorno da aptidão para o trabalho.

O lapso é ampliado para **24 meses** se o segurado já contava com mais de **120 contribuições mensais** quando deixa de contribuir (art. 15, § 1º, do PBPS). E, em se tratando de desemprego (hipótese exclusiva, portanto, do segurado **empregado**), o período ganha mais **12 meses**, desde que o segurado comprove essa situação mediante registro no órgão próprio do Ministério do Trabalho e Emprego – MTE.

A primeira hipótese é um bônus conferido ao trabalhador que já contribuiu por longo período para a Previdência. A segunda hipótese visa a premiar o cidadão que informa o governo de sua situação de desemprego para auxiliar nas estatísticas oficiais e estratégias de atuação do Poder Público no mercado. Há de se anotar, contudo, que existe corrente jurisprudencial que caminha no sentido de permitir a extensão da graça mesmo sem tal registro, bastando a prova do desemprego por qualquer meio admitido em Direito (Súmula n. 27 da Turma de Uniformização dos Juizados Especiais Federais). Em sentido contrário, reafirmando a necessidade de registro no MTE: STJ, REsp 627.661/RS, *DJ* 02.08.2004.

Em resumo, o período de graça em razão da supressão da atividade remunerada pode ser de 12, 24 ou 36 meses, dependendo da conjugação dos fatores expostos.

c) **até doze meses após cessar a segregação, o segurado acometido de doença de segregação compulsória:** tais males seriam aqueles que determinam, necessariamente, o afastamento social do doente para tratamento, diante de seu estágio avançado ou possibilidade de contágio. Na falta de regulamentação, parte da doutrina utiliza as doenças previstas no art. 151 do PBPS. Não acreditamos que seja a melhor solução, visto que várias das moléstias listadas permitem, sem qualquer prejuízo ao trabalhador ou à sociedade, o tratamento ambulatorial. Ademais, o dispositivo em estudo tem pouquíssima aplicabilidade prática, pois, se a doença que atinge o trabalhador impõe seu afastamento do trabalho, ele passará a receber auxílio-doença; ao se recuperar e ser suspenso o benefício, ele já estaria incluído no item anterior.

d) **até doze meses após o livramento, o segurado detido ou recluso:** trata-se do segurado que veio a ser preso. Manterá essa qualidade quando for posto em liberdade, definitiva ou provisoriamente, por doze meses. Devemos interpretar como liberdade a colocação do detento em regime aberto, diante da suspensão determinada pelo PBPS do auxílio-reclusão pago à sua família quando ocorrer essa progressão de regime.

e) **até três meses após o licenciamento, o segurado incorporado às Forças Armadas para prestar serviço militar:** outro dispositivo de pouco uso concreto, diante do direito trabalhista de suspensão do contrato de trabalho durante o serviço militar (art. 472 da CLT). Isso significa dizer que, ao menos para o segurado empregado, sua fonte de renda ainda estará lá quando for licenciado do serviço militar. A regra tem aplicação, portanto, apenas àqueles que se encontravam em outra categoria de segurados e foram convocados, podendo permanecer até três meses sem contribuir que ainda mantêm a qualidade de segurados.

f) **até seis meses após a cessação das contribuições, o segurado facultativo:** o facultativo tem regra própria, estando ainda coberto pelos benefícios por seis meses após a última contribuição. Atente para um ponto: isso **não** significa que o facultativo pode pagar apenas uma contribuição a cada seis meses que estará sempre segurado! Para manter essa qualidade, deverá pagar as contribuições em atraso.

Vale ressaltar que, em geral, durante o período de graça o segurado conserva íntegro seu direito a *todos os benefícios previdenciários*, havendo apenas uma exceção aplicável ao **salário-maternidade**. A segurada **não** faz jus a este benefício quando estiver *desempregada em razão de demissão sem justa causa ocorrida durante o período de estabilidade provisória* (desde a confirmação da gravidez até cinco meses após o parto, nos termos do art. 10, II, "b", do ADCT). Isso porque, nessa hipótese, o salário-maternidade passa a ser considerado como **verba indenizatória**, cujo pagamento é de responsabilidade do empregador, o que libera o INSS da restituição deste benefício à empresa.

5.5. Perda da qualidade de segurado

Ultrapassado o prazo estabelecido para o período de graça, **perderá** o segurado esta qualidade, ficando sem o amparo da Previdência caso lhe sobrevenha qualquer das contingências protegidas. Ou seja, a determinação do dia em que o trabalhador deixa de ser considerado como segurado da Previdência é de extrema importância, já que o fato ocorrido antes disso lhe assegura proteção, mas o fato posterior nada lhe garantirá.

Dispõe, sobre o tema, o art. 15, § 4º, do PBPS: *"a perda da qualidade de segurado ocorrerá no* ***dia seguinte*** *ao do* ***término do prazo*** *fixado no Plano de Custeio da Seguridade Social* ***para recolhimento da contribuição*** *referente ao* ***mês imediatamente posterior ao do final dos prazos fixados neste artigo*** *e seus parágrafos"* (grifo nosso).

A redação é, sem dúvida, um tanto confusa. Para bem compreendê-la, precisamos conhecer uma regra importante sobre o pagamento das contribuições previdenciárias, o **regime de competência**.

Um exemplo ilustrará bem seu significado: uma pessoa trabalhou em certa empresa ao longo do mês de junho de 2011. Nos primeiros dias de julho de 2011 receberá sua remuneração, *referente ao trabalho prestado em junho*. Dizemos que esta remuneração é da **competência** do mês de junho. Desta remuneração será descontada sua contribuição previdenciária. Logo, a contribuição descontada e paga à União em julho é da **competência** do mês de junho, tal qual a remuneração.

Em outras palavras: *o segurado recolhe, em determinado mês, a contribuição previdenciária referente à remuneração auferida no mês anterior.*

Acompanhe agora o raciocínio com base na seguinte linha do tempo:

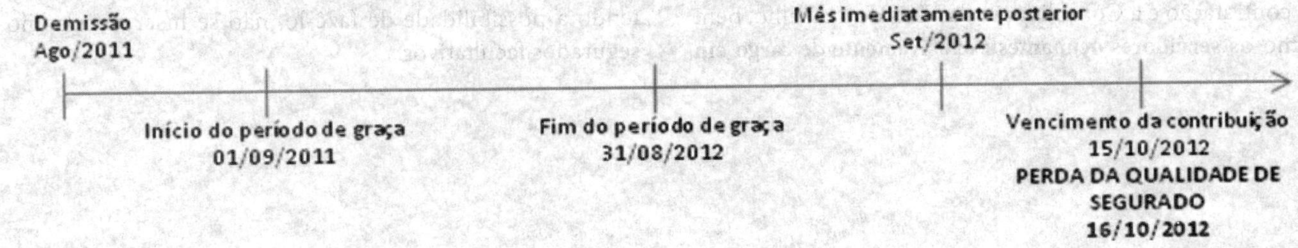

Pois bem. O dispositivo legal diz que a perda da qualidade de segurado é operada no *dia seguinte* ao do *término do prazo* para recolhimento da contribuição. Sua leitura deve ser feita em conjunto com o art. 14 do RPS, que unifica a regra para todos os segurados: não importa qual a categoria do segurado em questão, considera-se o prazo de vencimento do **contribuinte individual**, ou seja, dia 15.

Fiquemos no mesmo exemplo citado, em que tínhamos um segurado empregado. Suponha, agora, que ele seja demitido, sem justa causa, em agosto de 2011, com apenas duas contribuições mensais recolhidas. Como ele trabalhou em agosto e a contribuição relativa a esta competência será paga, seu período de graça começa a contar em setembro de 2011 e será de 12 meses (considerando, ainda, que ele não se registrou no MTE informando sua situação).

Note que o período de graça findará em agosto de 2012. Mas continua o dispositivo legal dizendo que a perda da qualidade de segurado se opera apenas *no dia seguinte **(16)*** ao do *término do prazo **(15)*** para *recolhimento da contribuição referente ao mês imediatamente posterior **(setembro)** ao do final do prazo do período de graça **(agosto)***. A contribuição do mês de setembro deve ser recolhida até 15 de outubro. Logo, em nosso exemplo, a perda da qualidade de segurado será reconhecida em **16 de outubro de 2012**.

5.6. Efeitos da perda da qualidade de segurado

Com a perda da qualidade de segurado, *o trabalhador e seus dependentes deixam de ter, como regra, acesso a qualquer dos benefícios previdenciários*. Esta determinação, todavia, comporta duas exceções:

a) **Direito adquirido:** em respeito a este, se o segurado, ao perder esta qualidade, já havia cumprido todos os requisitos para a concessão de determinado benefício, *continuará a fazer-lhe jus*. Exemplo: ao perder a qualidade de segurado, o trabalhador já detinha todos os requisitos para se aposentar por tempo de contribuição. Poderá requerer o benefício a qualquer momento, por força do direito adquirido;

b) **Aplicação do art. 3º da Lei n. 10.666/2003:** que dispõe que a *perda da qualidade de segurado não será considerada para a concessão das aposentadorias por tempo de contribuição e especial*. Com isso, se o segurado deixar de efetuar suas contribuições por longo período de tempo, perdendo a proteção previdenciária, ao voltar a recolhê-las deve apenas fazê-lo até somar o requisito para aposentadoria. Exemplo: um empregado contribuiu por 33 anos, foi demitido e perdeu a qualidade de segurado. Tempos depois, conseguiu novo emprego. Basta que recolha mais dois anos para ter direito à aposentadoria por tempo de contribuição (que se dá com 35 anos de contribuição para o segurado homem). A perda da qualidade de segurado não lhe atrapalha em nada na concessão deste benefício, desde que, ao longo de sua vida, some o número de contribuições necessárias para se aposentar. Essa regra excepciona também as determinações sobre o período de carência, que serão estudadas mais adiante.

O § 1º do mesmo artigo traz disposição semelhante sobre a aposentadoria por idade, determinando que, neste caso, *desde que o segurado conte com, no mínimo, o tempo de contribuição correspondente ao exigido para efeito de carência na data do requerimento do benefício*, a perda da qualidade de segurado também não será considerada.

Trata da hipótese do segurado que, por exemplo, aos 60 anos de idade, perde a qualidade de segurado. Para se aposentar por idade, o homem precisa contar 65 anos, como regra. Se o segurado de nosso exemplo já tiver realizado 180 contribuições ao longo de sua vida profissional (que é o prazo de carência para este benefício), *basta esperar completar 65 anos de idade* para requerer sua aposentadoria.

5.7. Trabalhadores excluídos do RGPS

Nos termos do art. 201, § 5º, da Constituição Federal, são excluídos do Regime Geral, já que lhes é vedada a inscrição até mesmo como segurados facultativos, os **participantes de regime próprio de previdência,** ou seja, *os servidores públicos ocupantes de cargos efetivos junto à Administração Pública Direta e Indireta*. Note que **empregados públicos**, cujo regime de contratação é a Consolidação das Leis do Trabalho, bem como os **servidores ocupantes exclusivamente de cargo em comissão** são *segurados obrigatórios* do RGPS na qualidade de **empregados**.

Podemos também considerar como excluídos do RGPS todos os trabalhadores que, desatendendo aos comandos constitucionais e legais, não efetuam o recolhimento das contribuições previdenciárias por eles devidas, diante do caráter essencialmente contributivo da Previdência Social. No mesmo diapasão, não se inserem no RGPS aqueles que, tendo a possibilidade de fazê-lo, não se inscrevem como segurados facultativos.

23. Direito Eleitoral

Savio Chalita

Capítulo 1

1. Conceito

O Direito Eleitoral é o ramo do Direito Público que visa a tutelar e a regular, respectivamente, o direito ao sufrágio e o exercício da soberania popular. Além disso, organiza e disciplina o processo eleitoral de forma a concretizar os direitos políticos.

Assim, fundamental observar a relação intrínseca que este ramo possui com a manutenção da democracia (chamada por alguns autores como "antecedente lógico do Direito Eleitoral"), justamente pelos mecanismos que proporciona.

2. Objeto e fonte

O objeto, do ponto de vista jurídico, é trazer adequadas formas de exercício dos direitos políticos e seus reflexos no processo eleitoral. Esta finalidade traz intensas mudanças legislativas a este ramo do Direito Público, que o faz um dos que mais sofre alterações legislativas, no intento lógico de aperfeiçoamento e adequação à demanda real da sociedade. Por exemplo, hoje no Brasil percebemos o processo eleitoral 100% eletrônico, informatizado (urnas eletrônicas, apuração no mesmo dia da eleição, acesso às informações dos candidatos via internet etc.) e a cada eleição novas leis e regramentos.

Quanto às fontes do Direito Eleitoral podemos dividi-las em **primárias** e **secundárias:**

Primária: a Constituição Federal, especificamente os arts. 14 ao 17 e 118 ao 121;

Secundária: Todas as demais fontes que podemos encontrar são consideradas secundárias. De maneira cronológica elencamos alguns exemplos: Código Eleitoral (Lei 4.737/1965), Lei das Eleições (Lei 9.504/1997; Lei 12.034/2009), Lei das Inelegibilidades (LC 64/1990), Lei dos Partidos Políticos (Lei 9.096/1995), Lei 11.300/2006, Lei da "Ficha Limpa" (LC 135/2010), Resoluções do TSE (art. 105 da Lei 9.504/1997 com a alteração trazida pela Lei 12.034/2009), consultas (de atribuição dos TREs e TSE. Importante lembrar que as respostas às consultas possuem duas características importantes: *erga omnes* e caráter vinculante), jurisprudência.

3. Competência legislativa

Cabe privativamente à União legislar sobre matéria eleitoral (inteligência do art. 22, I, da CF). Bem podemos observar, como exemplo, as legislações (fontes secundárias) que nos referimos no item anterior.

O Presidente da República, bem como o Tribunal Superior Eleitoral, poderão expedir instruções que julgarem convenientes à boa execução das leis eleitorais (art. 84, IV, da CF e art. 23, IX, da Lei 4.737/1965).

Medida provisória não pode dispor sobre direitos políticos, direito eleitoral e partidário, conforme dispõe o art. 62, § 1º, I, "a", da CF. Quanto às leis delegadas também observamos a impossibilidade de possuírem como objeto direitos eleitorais e políticos, disposição também encontrada na CF (art. 68, § 1º, II).

4. Princípios do Direito Eleitoral

Primeiramente é necessário relembrar a conceituação de que os princípios são alicerces do ordenamento jurídico, servindo como inspiração à elaboração e interpretação das normas, trazendo em sua essência não só uma característica filosófica, mas alta carga valorativa. Em especial, no Direito Eleitoral, assumem importância fundamental nos casos de lacuna ou omissão da lei.

Ainda que a doutrina cuide de explorar características e classificações dos princípios, bem como elencar inúmeros outros já conhecidos em diversos ramos (princípios da oralidade, contraditório, isonomia, identidade física do juiz, publicidade etc.) trataremos aqui, de maneira objetiva, de dois mais recorrentes e específicos:

Princípio da anualidade eleitoral: também podemos encontrá-lo na nomenclatura de "princípio da anterioridade da lei eleitoral", "antinomia eleitoral" ou "conflito de leis no tempo". É a expressão do princípio do *rules of game* (traz a ideia de que não se pode mudar as "regras do jogo" durante o campeonato). O art. 16 da CF consolida o princípio da anualidade ao dispor que *"a lei que alterar o processo eleitoral entrará em vigor na data de sua publicação, não se aplicando à eleição que ocorra até um ano da data de sua vigência"*. Por este princípio, toda lei que vier a alterar o processo eleitoral entrará em vigor na data de sua publicação, porém apenas será aplicada ao pleito que correr até um ano após a data de sua vigência. Segundo o STF, a concepção de lei abrangeria tanto leis infraconstitucionais quanto leis constitucionais (Emendas Constitucionais).

Princípio da vedação da restrição de direitos políticos: este princípio possui conceituação semelhante ao do já conhecido *"in dubio pro reo"*, amplamente abordado no Direito Processual Penal, uma vez que traz a ideia de que não poderá o intérprete da lei estender interpretação da norma, de maneira a aumentar restrição de direitos políticos ao indivíduo (seja do candidato ou do eleitor). Diante da dúvida deverá o julgador (juiz ou tribunal) prezar pela não restrição de direitos políticos.

Capítulo 2

1. Regime de governo: democracia x autocracia

O regime de governo é o "termômetro" que indicará qual o nível (e quais as formas, meios, mecanismos e instrumentos disponíveis) de participação popular comportadas pelo Estado. No Brasil, vivemos sob o Regime Democrático, compreendido como um princípio constitucional "sensível" (art. 34, VII, "a", da CF), dada sua natureza de garantir ao povo participações efetivas no Estado (por exemplo: voto, plebiscito, referendo, lei de iniciativa popular, ação civil pública de iniciativa popular).

A democracia pode ainda ser analisada sob três espécies:

Democracia direta: o povo exerce efetivamente os poderes do Estado (executivo, legislativo e judiciário), administrando e executando obras, fazendo leis, julgando, defendendo direitos etc.

Democracia indireta (representativa): diferentemente da democracia direta, não há efetivo desempenho popular das atividades do Estado, mas sim uma outorga de direitos, por meio de mandato eletivo e temporário, a um representante a ser escolhido periodicamente.

Democracia mista (semidireta ou eclética): nesta espécie observamos as características da democracia indireta temperadas com algumas outras da democracia direta, conferindo justa classificação como "eclética". O parágrafo único do art. 1° da Constituição Federal dispõe que "todo o poder emana do povo, que o exerce por meio de representantes eleitos ou diretamente, nos termos desta Constituição.".

Na autocracia, regime de governo já extinto no Brasil, todo o governo é exercido por uma só pessoa. Há aqui a figura do absolutismo, completamente avesso à democracia, pois acima do soberano não há qualquer preceito legal, norma máxima, carta magna ou algo parecido. O Brasil, em diversos momentos, sofreu na carne do povo as consequências deste regime. Mesmo regimes que, em tese, atuavam dentro da legalidade, faticamente tinham nódoas absolutistas (governo de Getúlio Vargas entre 1937 e 1945, ditadura militar, reinado de D. Pedro I).

2. Soberania popular: plebiscito, referendo e iniciativa popular

A Constituição Federal, especificamente ao longo do art. 14, elenca as formas em que a soberania popular será exercida:

> "Art. 14. A soberania popular será exercida pelo sufrágio universal e pelo voto direto e secreto, com valor igual para todos, e, nos termos da lei, mediante:
>
> Plebiscito
>
> Referendo
>
> Iniciativa popular".

O sufrágio universal, voto direto e secreto de valor igual para todos, bem como as eleições periódicas, serão oportunamente abordados no capítulo sobre os direitos políticos positivos. Tratemos aqui das três formas de exercício da soberania popular:

2.1. Plebiscito e referendo

São duas formas de consulta popular, diferenciando-se no momento e objeto como ocorrem. O *caput* do art. 2º da Lei Federal 9.709/1998 define plebiscito e referendo como *"consultas formuladas ao povo para que delibere sobre matéria de acentuada relevância, de natureza constitucional, legislativa ou administrativa"*.

O plebiscito é convocado com anterioridade ao ato legislativo ou administrativo, cabendo ao povo, pelo voto, aprovar ou denegar o que tenha sido submetido à consulta (art. 2°, § 1°, da Lei 9.709/1998).

O referendo é a convocação feita posteriormente ao ato legislativo ou administrativo, cabendo ao povo ratificar ou rejeitar o ato através da consulta (art. 2°, § 2°, da Lei 9.709/1998).

Importante observação é que as duas espécies de consulta popular são, na verdade, consultas aos **cidadãos**, uma vez que é imprescindível a inscrição eleitoral para poder votar, tanto no plebiscito quanto no referendo. E, desta forma, aplicam-se as mesmas regras dispostas no art. 14, § 1°, I e II, da CF: obrigatoriedade do voto aos maiores de dezoito anos e facultatividade aos analfabetos, maiores de setenta anos e maiores de dezesseis e menores de dezoito anos.

Na mesma linha de raciocínio é possível verificar que cada eleitor obedecerá a sua zona e sessão eleitoral (principalmente nos casos em que o plebiscito interessar a Estados determinados – art. 4° da Lei 9.709/1998), os brasileiros residentes no exterior não votam e os que no exterior estiverem será necessária a justificativa quando do regresso.

2.2. Iniciativa popular

A iniciativa popular é perfeitamente conceituada pelo art. 13 da já referida Lei 9.709/1998, como a apresentação de projeto de lei à Câmara dos Deputados, subscrito por, no mínimo, 1% do eleitorado nacional, distribuído pelo menos por 5 Estados, com não menos de 0,3% dos eleitores de cada um deles.

O projeto de lei originário de iniciativa popular deverá "circunscrever-se a um só assunto" (art. 13, § 1°, da Lei 9.709/1998), não podendo ser rejeitado pela Casa por vício de forma, cabendo ao órgão competente da Câmara providenciar as correções de eventuais impropriedades técnicas (legislativas ou de redação).

É possível que as Assembleias Legislativas e Câmaras Municipais tragam previsão, em seus textos legais (Constituição Estadual e Lei Orgânica, respectivamente), da iniciativa popular referentes às suas competências.

3. Eleições no Brasil

A Lei 9.504/1997, a qual estabelece normas para as eleições, dispõe que as eleições ocorrerão simultaneamente no seguinte agrupamento:

a) Presidente e Vice-Presidente da República, Governador e Vice-Governador do Estado e Distrito Federal, Senador, Deputado Federal, Deputado Estadual e Deputado Distrital;

b) Prefeito, Vice-Prefeito e Vereador

Em todos os casos, as eleições dar-se-ão em todo o país no primeiro domingo de outubro do ano respectivo.

Todos os mandatos são temporários (validade de 8 anos ao cargo de Senador e 4 anos a todos os demais), podendo haver apenas uma reeleição aos cargos do Poder Executivo (Presidente, Governador e Prefeito) e reiteradas aos cargos do Poder Legislativo (Senador, Deputados, Vereadores).

4. Pluralismo político no Brasil

O pluralismo político traz maior expressão ao analisarmos o art. 1°, V, da CF e perceber sua indicação dentre os fundamentos da República Federativa do Brasil.

Isso significa dizer que nossa sociedade é formada não só por uma rica miscigenação de raças, cores e culturas, mas também por diferentes grupos divididos pela forma de pensar e se manifestar, por diferentes convicções políticas (art. 5°, IV e VIII, da CF), cabendo ao estado garantir a convivência harmônica e pacífica destas diversidades, pois resultam em condicionante essencial da manutenção do regime democrático.

Capítulo 3

1. Capacidade eleitoral ativa: alistamento eleitoral e transferência

Uma das primeiras noções de Direito Eleitoral que trazemos, em razão do estudo do Direito Constitucional, é sobre a obrigatoriedade do voto e as situações em que ocorrem exceções.

A Constituição Federal dispõe ao longo do art. 14, § 1°, I e II, que o voto e o alistamento eleitoral serão obrigatórios para os maiores de 18 anos e facultativos aos analfabetos, maiores de 70 anos e aos maiores de 16 e menores de 18 anos. Outros importantes dispositivos seguem o citado artigo, indicando situações de impossibilidade de alistamento, condições de elegibilidade e previsão de legislação específica para procedimento de alistamento.

Alistamento Eleitoral – O Código Eleitoral, em seu art. 43 e seguintes, dispõe sobre a forma que se dará o alistamento eleitoral. O alistando deverá apresentar em cartório (Eleitoral ou outro local previamente designado) o Requerimento de Alistamento Eleitoral (RAE) além de documento de identificação, certificado de quitação militar (eleitores do sexo masculino). Atualmente, o TSE ainda conta com o alistamento por processamento eletrônico, pelo qual o alistando tem a opção de preenchimento de formulário "online" e apresentação junto à unidade da Justiça Eleitoral em até 5 dias (Resolução 21.538/2003 do TSE).

Importante observação, já explorada em concursos, é sobre o prazo estabelecido pelo art. 91 da Lei 9.504/1997, que prescreve o não recebimento de qualquer requerimento de alistamento eleitoral no interregno de 150 dias antecedentes à data da eleição.

Isso traz alguns questionamentos, também já abordados em prova. Colacionamos o exemplo do jovem que irá completar 16 anos poucos dias antes das eleições, mas pretende exercer seu direito de alistar-se e votar. A solução é simples e pacífica: o jovem deverá requerer sua inscrição ainda antes de completar seus 16 anos, desde que, na data da eleição, possua completa a idade mínima necessária.

Discussões acaloradas na jurisprudência se deram em razão da obrigatoriedade ou não de portadores de deficiência física votarem e também dos índios (integrados e não integrados).

O atual entendimento do TSE paira sobre a obrigatoriedade do voto ainda quanto aos deficientes físicos, podendo estes requerer seja registrada sua deficiência no cartório eleitoral de seu domicílio, para que no pleito seguinte sejam tomadas as providências necessárias de acessibilidade. Ou, ainda, em razão da Resolução 21.920/2004, poderá o portador de deficiência requerer ao juiz que seja registrado o chamado FASE 396, que impossibilitará que sejam geradas multas diante do seu não comparecimento ao local de votação na data da eleição.

Quanto aos índios a discussão é outra. Para todos eles o alistamento e voto são compreendidos como facultativos, porém, caso queiram exercer este direito, as exigências são separadas entre os índios integrados e não integrados. Dos primeiros é exigida a quitação militar, conforme Resolução do TSE 20.806/2001, o que não ocorre em relação aos não integrados.

Transferência – A transferência da inscrição eleitoral de um domicílio eleitoral a outro é facultativa, porém, se requerida, deverá o eleitor estar quite com a Justiça Eleitoral, além de declarar residência mínima de 3 meses, permanência mínima de 1 ano no domicílio eleitoral anterior, anterioridade superior a 150 dias das eleições (art. 91 da Lei 9.504/1997). Essas regras não serão necessárias caso a transferência seja de funcionário público civil, militar ou autárquico (ou sua família).

Deverá ser obedecido procedimento próprio disposto ao longo dos arts. 55 e seguintes do Código Eleitoral. O juiz do novo domicílio poderá deferir ou indeferir o pedido de transferência, devendo ser a decisão publicada (normalmente na primeira quinzena de cada mês) para que só então sejam cabíveis os recursos:

Transferência Deferida – Caso o juiz eleitoral do novo domicílio tenha entendido estarem presentes os requisitos, e então deferido a transferência, poderá o Ministério Público ou partido político recorrer perante o TRE em até 10 dias alegando suas razões, sejam elas inconsistências ou irregularidades observadas.

Transferência Indeferida – O eleitor (interessado) terá o prazo de até 5 dias para recorrer perante o TRE alegando suas razões. Nesta situação, o Ministério Público terá participação como *custos legis*, devendo ter vistas do processo.

1.1. Domicílio eleitoral: circunscrição, zonas e seções eleitorais

Como observado anteriormente, a inscrição ou transferência do eleitor define seu domicílio eleitoral, local onde reside ou mantém moradia, podendo compreender até mesmo duas localidades, conforme dispõe o art. 42 do Código Eleitoral (situação em que o interessado deverá optar por uma), uma vez que o conceito aqui é diferente do domicílio civil.

Os acórdãos do TSE 16.397/2000 e 18.124/2000 atribuíram maior "flexibilidade e elasticidade" ao conceito de domicílio eleitoral, identificando-o com a residência e o lugar onde o interessando mantenha vínculos, sejam eles políticos, sociais, patrimoniais, afetivos ou de trabalho.

O Tribunal Superior Eleitoral em reiterados julgados, já consolidou 3 (três) espécies de vínculos que um cidadão pode manter a fim de caracterizar domicílio eleitoral: a) Familiar; b) Patrimonial; c) Afetivo, social ou Comunitário.

Quanto ao vínculo **Familiar**, podemos compreender como sendo aquela localidade onde seja o domicílio do genitor do cidadão em questão (TSE, AgRg em Ag 4.788/MG).

O vínculo **Patrimonial**, como o próprio nome sugere, a localidade onde o cidadão seja proprietário de imóvel, ainda que não resida nele (TSE, REspe 10.972/SE).

Por fim, o **Vínculo Afetivo, Social ou Comunitário** refere-se à localidade onde o candidato (cidadão que exerce seus direitos políticos passivos), nas eleições imediatamente anteriores, obteve maior parte da sua votação (TSE, REspe16.397/AL).

Importante reflexão reside em compreendermos a diferença sensível entre o Domicílio Eleitoral (Código Eleitoral) e o Domicílio Civil (Código Civil), objeto de recorrentes dúvidas e confusão quanto ao conceito de cada um.

Os arts. 70 e seguintes do Código Civil dispõe que **Domicílio** será o lugar em que a pessoa natural estabeleça sua residência com a intenção manifesta de permanecer, centralizar sua vida, fixar suas atividades e negócios. Ou seja, é exigido o *animus* de permanência na localidade, princípio este exigido até mesmo na hipótese do cidadão possuir diversas residências, pois poderá ser considerado domicílio qualquer uma delas, desde que o cidadão nelas **viva**, mesmo que alternadamente.

Exemplo: Samya é advogada e trabalha em um escritório de advocacia no município de Campos do Jordão/SP. No entanto, reside na cidade de Lorena/SP, de onde se desloca diariamente para seu trabalho. Ainda, duas vezes na semana, dá aulas de Direito Eleitoral na cidade de São Paulo/SP. Com vistas ao que dispõe o Código Civil, arts. 70 e seguintes, qualquer uma das localidades (escritório de advocacia em Campos do Jordão/SP; local onde mora com seus pais, Lorena/SP; universidade que leciona Direito Eleitoral, São Paulo/SP) pode ser considerada seu domicílio, pois mantém, em cada uma delas, uma intenção de permanência, seja em razão de fixar sua residência (moradia com os pais) ou mesmo por desenvolver suas atividades profissionais.

Por outro lado o art. 42 do Código Eleitoral dispõe que **Domicílio Eleitoral** será o lugar de residência ou moradia do cidadão, e, quando possuir mais de uma, poderá ser considerado domicílio eleitoral qualquer uma dessas localidades. Ou seja, diferentemente do que nos traz o Código Civil, o Código Eleitoral dispensa a necessidade de *animus* de permanência, sendo admitida maior flexibilidade ao conceito. A propósito, como vimos pouco antes, o próprio TSE já admitiu vínculos próprios (familiar, patrimonial, social), o que evidencia ainda mais este caráter flexível do conceito de domicílio pela ótica do Código Eleitoral.

Exemplo: *(continuando a ideia do exemplo anterior)* Samya, advogada atuante em Campos do Jordão/SP, considerou estabelecer residência fixa nesta cidade para evitar o desgastante deslocamento diário entre a casa de seus pais, em Lorena/SP, e o escritório. Neste caso, passou a não ter mais qualquer vínculo de moradia ou emprego com a cidade de Lorena/SP. Também, como forma de investir um dinheiro que ganhou de seu pai, comprou um apartamento na cidade do Rio de Janeiro/RJ, que está atualmente locado a um inquilino. Podemos dizer que Samya pode optar, a título hipotético de estabelecer seu domicílio eleitoral, as cidades de Lorena/SP (vínculo familiar), Campos do Jordão/SP (onde fixou moradia e desenvolve suas atividades profissionais – também é seu domicílio civil) ou mesmo Rio de Janeiro/RJ (vínculo patrimonial).

Importante observação deve ser lançada quando tratarmos de **domicílio necessário**, quais sejam os dos servidores públicos e militares, referenciando o local onde desenvolvem suas atividades em caráter permanente.

Outra observação dá-se quanto à disposição do Decreto-Lei 201/1967 ao disciplinar a possibilidade de cassação de mandato de vereador que vier a fixar residência fora do município em que exerce função eletiva.

Circunscrição Eleitoral – É cada ente da federação ao qual todo o procedimento eleitoral, comportado pelos limites políticos[1], estará vinculado.

Zona Eleitoral – Toda circunscrição é dividida em zonas eleitorais, as quais poderão abranger um ou mais municípios. Também é possível que em um mesmo município exista mais de uma zona eleitoral.

O art. 23, VIII, do Código Eleitoral dispõe que será competência do TSE aprovar a divisão dos Estados em zonas eleitorais ou a criação de novas zonas. De maneira específica, a Resolução TSE 19.994/1997 estabelece normas para a criação e desmembramento de zonas eleitorais.

Ainda em referência legislativa, a divisão da circunscrição em zonas eleitorais, bem como a criação de novas zonas são de competência privativa dos Tribunais Regionais Eleitorais (a serem submetidas à aprovação do TSE, conforme art. 23 do CE, abordado no parágrafo anterior), conforme disciplina o art. 30, IX, do Código Eleitoral.

Seção Eleitoral – Dentro de cada zona eleitoral haverá seções eleitorais, que serão subdivisões funcionais, onde efetivamente serão coletados os votos.

As seções são organizadas à medida que são deferidos os pedidos de inscrição, não possuindo mais de 400 eleitores na capital e de 300 nas demais localidades, não podendo também possuir menos de 50 eleitores (art. 117 do Código Eleitoral).

Importante mecanismo de fiscalização é concedido aos partidos que poderão nomear dois delegados (por partido ou coligação) para cada zona eleitoral (no caso de municípios com mais de uma zona eleitoral, poderão ser nomeados dois delegados para cada zona) e dois fiscais para cada seção eleitoral (art. 131 do CE). Os fiscais e delegados não poderão ser escolhidos entre aqueles que, nomeados por juiz eleitoral, façam parte da mesa receptadora da sessão, nem entre as pessoas menores de 18 anos.

1. Limites políticos compreendem as faixas limítrofes que dividem os entes.

1.2. Justificativa de ausência e sanções quanto ao descumprimento de obrigações eleitorais

Já sabemos que o voto é obrigatório para determinado grupo de pessoas e facultativo a outros, razão pela qual torna sensata a ideia de que o descumprimento acarretaria alguma espécie de sanção.

O eleitor regularmente inscrito poderá justificar sua ausência quando diante de situações em que esteja impossibilitado de comparecer à sua seção eleitoral, podendo assim proceder no prazo máximo de 60 dias após o pleito (quando o eleitor encontrava-se no país). Estando o eleitor no exterior no dia das eleições, o prazo será de 30 dias a contar do seu retorno.

Importante observar a possibilidade de eleições no exterior, cabível apenas para a escolha do Presidente e Vice-Presidente da República, as quais serão realizadas perante os consulados e embaixadas brasileiras e organizadas pelo Tribunal Regional Eleitoral do Distrito Federal. Porém, é necessário um mínimo de 30 eleitores inscritos num prazo de até 30 dias antes do pleito.

E quanto aos eleitores que se encontram presos (cumprindo pena ou provisoriamente)? A resposta é simples: os presos que se encontram em penitenciária cumprindo pena (com condenação transitada em julgado) possuem seus direitos políticos suspensos, como bem dispõe o art. 15, III, da CF. Sendo assim, não poderão votar e logicamente o não comparecimento à sua seção não acarretará qualquer sanção (sendo dispensável justificativa por ausência). Porém, os presos provisórios e os adolescentes internados ainda não possuem seus direitos políticos suspensos, podendo exercer seu direito ao voto.

O TSE, através da Resolução 23.219/2000, estabeleceu a possibilidade de criação de seções eleitorais especiais dentro dos estabelecimentos prisionais e unidades de internação, como forma de garantir o direito de voto a estes eleitores (neste caso, deverá ser obedecido um mínimo de 20 eleitores). Os presos provisórios/internos que não realizarem a transferência/inscrição no prazo estabelecido pela lei não poderão votar na seção especial, porém terão a oportunidade de justificar sua ausência normalmente (na própria seção especial).

Por outro lado, muitos eleitores acabam perdendo o prazo estipulado para justificativa da ausência no pleito eleitoral, acabando por experimentar algumas sanções em razão do descumprimento desta obrigação.

O art. 7° do Código Eleitoral enumera algumas destas sanções, dispondo que o eleitor que deixar de votar e não se justificar no prazo estabelecido (60 dias aos eleitores que se encontrarem no Brasil e 30 aos que estiverem no estrangeiro, como já exposto) incorrerá em multa que irá variar de 3% a 10% sobre o valor correspondente a 33,02 UFIRs[2].

No momento da votação é fornecido ao eleitor o comprovante de comparecimento à seção, que servirá de prova de sua quitação no pleito. Sem a prova de que votou ou mesmo pagou a multa respectiva (em razão do não comparecimento ou justificativa em prazo hábil), o eleitor não poderá: I- inscrever-se em concurso ou prova para cargo ou função pública, investir-se ou empossar-se neles; II- receber vencimentos, remuneração, salário ou proventos de função ou emprego público, autárquico ou para estatal, bem como fundações governamentais, empresas, institutos e sociedades de qualquer natureza, mantidas ou subvencionadas pelo governo ou que exerçam serviço público delegado; III- participar de concorrência pública ou administrativa da União, Estados, Distrito Federal ou municípios (ou das respectivas autarquias); IV- obter empréstimos em qualquer estabelecimento bancário ou de crédito mantido pelo governo ou cuja administração este participe; V- obter passaporte ou carteira de identidade; VI- renovar matrícula em estabelecimento de ensino oficial ou fiscalizado pelo governo; VII- praticar qualquer ato para o qual se exija quitação do serviço militar ou imposto de renda.

E mais: o § 3° do art. 7° do CE ainda dispõe que terá sua inscrição cancelada o eleitor que não votar em 3 eleições consecutivas e não pagar a multa e nem justificar no prazo de 6 meses (a contar da última eleição que deveria ter comparecido).

1.3. Cancelamento da inscrição eleitoral

O art. 71 do CE elenca as causas de cancelamento da inscrição do eleitor, quais sejam, a infração aos arts. 5° e 42 do Código Eleitoral, a suspensão ou perda dos direitos políticos, a pluralidade de inscrições, o falecimento do eleitor e deixar de votar em 3 eleições consecutivas.

Ocorrendo qualquer das causas ensejadoras do cancelamento, este se dará *ex officio* pelo juiz eleitoral ou a requerimento do Ministério Público, de delegado de partido ou de qualquer eleitor. No caso dos maiores de 18 anos que forem privados temporária ou definitivamente de seus direitos políticos, a autoridade que impuser a pena comunicará o fato ao juiz eleitoral ou ao Tribunal Regional Eleitoral da circunscrição em que residir o réu.

Os oficiais de Registro Civil enviarão até o 15° dia de cada mês a relação dos óbitos de cidadãos alistáveis do mês anterior, para que seja dado prosseguimento no cancelamento das inscrições.

---

2. A unidade UFIR foi extinta com a vigência da Lei 10.522/2002. O TSE, através da Resolução 21.538, no art. 85, determinou a permanência de seu uso como base de cálculo adotando o seu último valor vigente até que seja aprovado novo parâmetro valorativo (o último valor atribuído à UFIR foi de R$ 1,0641).

Até que seja findo o processo de cancelamento da inscrição, o eleitor então inscrito poderá votar normalmente. Porém, os votos (se considerados suficientes para tal) poderão ser considerados nulos caso venham a alterar o quadro final das eleições, caso se firme a exclusão.

2. Capacidade eleitoral passiva: condições de elegibilidade

Entende-se por capacidade eleitoral passiva o direito de um cidadão ser eleito para um mandato eletivo, ou seja, ser escolhido pelo povo por meio do voto nas urnas. Para tanto, imprescindível que estejam presentes as condições de elegibilidade, bem como ausentes as hipóteses de inelegibilidade.

A Constituição Federal disciplina as chamadas condições de **elegibilidade explícitas** (já que algumas se encontram implícitas no ordenamento) no art. 14, § 3°. São elas:

Nacionalidade brasileira – São considerados brasileiros natos os nascidos no Brasil, ainda que de pais estrangeiros, desde que não estejam a serviço de seu país de origem, bem como os nascidos no estrangeiro, de pai ou mãe brasileiros, desde que qualquer deles esteja a serviço do Brasil. São considerados brasileiros naturalizados aqueles que, na forma da lei, venham a adquirir a nacionalidade brasileira, sendo exigido residência por um ano ininterrupto e idoneidade moral aos originários de países de língua portuguesa e residência há mais de 15 anos ininterruptos e sem condenação penal aos estrangeiros de qualquer outra nacionalidade, desde que assim requeiram.

Em regra, os brasileiros natos e naturalizados podem concorrer a cargos eletivos. Contudo, os candidatos à Presidência ou à Vice-Presidência da República deverão ser brasileiros natos (art. 12, § 3º da CF).

Pleno Exercício dos Direitos Políticos – O cidadão não poderá estar com seus direitos políticos suspensos ou tê-los perdido. Exemplo do embaraço aos direitos políticos pode ser encontrado no art. 47, I, do Código Penal.

Alistamento Eleitoral- A Resolução TSE 21.538/2003, em seu art. 15, dispõe que "o brasileiro nato que não se alistar até os 19 anos ou naturalizado que não se alistar até um ano depois de adquirida a nacionalidade brasileira incorrerá em multa imposta pelo juiz eleitoral e cobrada no ato da inscrição". Ou seja, o alistamento é imprescindível para que o cidadão possa vir a se candidatar a qualquer cargo político eletivo.

Domicílio Eleitoral na Circunscrição- O art. 42 do Código Eleitoral conceitua domicílio eleitoral como sendo o lugar de residência ou moradia do requerente (como já visto em itens anteriores) e, na situação em que o alistando possuir mais de um, poderá ser considerado domicílio qualquer um deles. Também é importante relembrar os aspectos próprios que a transferência do domicílio eleitoral acarretará ao interessado. Diz-se isso porque o requerimento deve ser realizado no cartório eleitoral do novo domicílio em até 151 dias antes da eleição, tenha já ultrapassado 1 ano da inscrição anterior e residência mínima de 3 meses no novo domicílio, atestada pela autoridade policial e provado por outros meios (art. 91 da Lei 9.504/1997 e art. 55 Código Eleitoral).

Filiação Partidária- A Lei 9.096/1995 (Lei Orgânica dos Partidos Políticos) dispõe que os brasileiros natos e naturalizados que gozam de seus direitos políticos deverão se filiar aos partidos políticos até 1 ano antes das eleições pretendidas (considera-se a data da eleição o primeiro domingo de outubro do ano eleitoral). Os partidos políticos enviarão à Justiça Eleitoral, na segunda semana dos meses de abril e outubro (de cada ano), uma lista com as novas filiações do partido. Caso isso não ocorra, a validade das filiações fica assegurada pela última lista enviada, podendo ainda o interessado comprovar por outros meios sua filiação, conforme Súmula 20 do TSE[3].

Idade Mínima- A Constituição traz algumas idades mínimas a serem obedecidas a pretendentes a diferentes cargos eletivos. São elas: 35 anos para Presidente da República e Vice e Senador; 30 anos para Governador de Estado e Distrito Federal e respectivo Vice; 21 anos para Deputado Federal, Deputado Estadual ou Distrital, Prefeito, Vice-Prefeito e juiz de paz; 18 anos para Vereador. Vale salientar que a condição de elegibilidade etária é verificada tendo por referência a data da posse no cargo eletivo (art. 11, § 2º, da Lei 9.504/1997).

Interessante observação é feita quanto ao alistamento do militar que pretende eleger-se, situação onde a Constituição dispõe que deverão ser atendidas algumas condições como: a- se o militar contar com menos de 10 anos de serviço, deverá afastar-se da atividade; b- se o militar contar com mais de 10 anos de serviço será agregado pela autoridade superior e se for eleito, passará automaticamente, no ato da diplomação, para a inatividade.

Capítulo 4

1. Direitos políticos no Brasil

1.1. Direito políticos: conceito

Os direitos políticos são direitos públicos subjetivos que disciplinam os meios necessários e desejados para o exercício da soberania popular. Podemos compreender, como exemplos, a manifestação de convicções filosóficas, ideológicas e de opinião política, a associação civil para fins políticos (partidos políticos), a participação no processo eleitoral (como eleitor ou candidato), a participação da sociedade diretamente no processo legislativo (leis de iniciativa popular) etc.

3. **Súmula 20 do TSE**: *"A falta do nome do filiado ao partido na lista por este encaminhada à Justiça Eleitoral, nos termos do art. 19 da Lei 9.096, de 19.09.1995, pode ser suprida por outros elementos de prova de oportuna filiação".*

2. Direitos políticos positivos

2.1. Conceito

São direitos positivos aqueles que visam a garantir a participação efetiva da população no processo político por meio do voto, nos termos do art. 14 da CF.

2.2. Sufrágio: voto e *impeachment*

O sufrágio pode ser compreendido como o direito subjetivo de natureza política que garante ao cidadão poder escolher (sufrágio ativo) ou ser escolhido (sufrágio passivo) no pleito eleitoral, bem como participar da organização governamental.

Não devemos confundir o conceito de sufrágio com o de eleição, pois o primeiro, como já exposto, é um direito garantidor de participação do cidadão no pleito eleitoral, seja como eleitor ou candidato.

Podemos classificar o sufrágio em universal e restrito, sendo que o primeiro ocorre quando é outorgada a condição de eleitor àqueles que reúnam a capacidade civil prevista no ordenamento além de requisitos básicos legais, sem que sejam exigidas condições mínimas econômicas, posturas religiosas, grau mínimo de instrução escolar ou qualquer aspecto que venha a discriminar o indivíduo. De maneira contrária, a apresentação restrita do sufrágio ocorre quando observarmos requisitos tais para que o indivíduo possa vir a exercer seu direito de participação e escolha.

Voto: O voto pode ser conceituado como um direito subjetivo compreendido como um instrumento do sufrágio, conforme podemos encontrar no art. 14 da CF. Podemos identificar algumas características importantes no modelo de voto comportado pelo ordenamento jurídico brasileiro, quais sejam:

Direto: o eleitor vai pessoalmente à sua seção eleitoral, não há intermediários.

Secreto: historicamente o Brasil enfrentou os famosos "votos de cabresto". Atualmente, ainda que casos criminosos sejam identificados, nosso ordenamento prevê o voto secreto, de maneira a preservar a convicção íntima de cada cidadão.

Universal: todos são titulares do sufrágio (direito subjetivo), homens, mulheres, negros, brancos etc., sendo necessário apenas o preenchimento de requisitos básicos previstos em nosso ordenamento.

Periódico: as eleições ocorrerão a cada 4 anos, com mandatos eletivos de 8 anos para senador e 4 anos para todos os demais cargos. Nosso ordenamento autoriza única reeleição para os cargos do Poder Executivo e não impõe limites aos do Poder Legislativo.

Igualdade: o voto de todo cidadão terá o mesmo "peso", não há diferenciação, independentemente de qualquer situação, o que torna todos iguais perante as urnas.

Impeachment – Os arts. 51 e 52 da Constituição Federal dispõem sobre a competência do Congresso Nacional para promover instauração de investigação contra o Presidente da República a fim de apurar possíveis crimes de responsabilidade (exemplificados pela própria constituição no art. 85). O art. 86 dispõe, ainda sobre o tema, acerca do procedimento a ser obedecido após a instauração de uma investigação. Seguirá algumas etapas, que objetivamente ilustram a seguinte situação:

a) **Etapa inicial:** (art. 51, I, da CF) por votação de 2/3 de seus membros, a Câmara dos Deputados autorizará a instauração de processo em face do Presidente (também Vice-Presidente e Ministro de Estado), de modo que tal ato também é sinônimo de admissão das acusações. Neste caso, a doutrina compreende a Câmara dos Deputados com função semelhante à pronúncia no rito do júri.

b) **Etapa de julgamento:** (art. 52, I, da CF) o Senado iniciará o processamento e julgamento do Presidente pelas acusações admitidas pela Câmara pelos crimes de responsabilidade[4]. Durante o processo de julgamento (ou seja, instaurado o processo pelo Senado Federal ou STF, na situação de crimes comuns) o Presidente ficará suspenso de suas funções.

Decorrido o prazo de 180 dias, caso o julgamento não esteja concluído, cessará o afastamento do Presidente, sem prejuízo do regular prosseguimento do processo.

Importante observação é no sentido de que eventual renúncia ao mandato não afasta a possibilidade de prosseguimento do processo até que seja julgado e, caso seja condenado, da consequente suspensão dos direitos políticos.

2.3. Dos partidos políticos e coligações partidárias

Os **partidos políticos** são pessoas jurídicas de direito privado, tendo sua existência garantida pela Constituição Federal ao longo do art. 17, que dispõe que é livre a criação, fusão, incorporação e extinção de partidos políticos, sendo resguardados a soberania nacional, o regime democrático, o pluripartidarismo, os direitos fundamentais da pessoa humana e a observação de alguns preceitos, quais sejam: caráter nacional, proibição de recebimento de recursos financeiros de entidade ou governo estrangeiros, prestação de contas à Justiça Eleitoral e funcionamento parlamentar de acordo com a lei.

O Texto Constitucional dá aos partidos também autonomia para dispor em seus estatutos sobre critérios de escolha

4. O art. 86 da CF dispõe que nos casos de crimes comuns (que não os de responsabilidade, exemplificados pelo art. 85 da CF), será competente para julgamento o Supremo Tribunal Federal.

e regime de suas coligações, bem como sobre a fidelidade partidária. Estatutos estes que deverão ser registrados no TSE (art. 17, § 2º, da CF).

Aos partidos é garantido acesso aos recursos do fundo partidário e acesso gratuito ao radio e à televisão, nos moldes dos arts. 240 e seguintes do Código Eleitoral, bem como do disposto no art. 7º, § 2º, da Lei 9096/95.

As **coligações partidárias** são expressão de acordos (anteriormente chamados de alianças) realizados entre partidos políticos como forma de melhor se organizarem e se apresentarem diante dos pleitos eleitorais. Possuem um objetivo claro de eleger maior número de candidatos que compuserem a "chapa", formada por essa fusão momentânea dos partidos. Politicamente são uma estratégia prática, tendo em vista a formação de base governamental.

2.4. Da fidelidade partidária

A Constituição Federal de 1988 estabelece a autonomia dos partidos políticos para criarem seus próprios estatutos, onde poderão dispor sobre sua organização, funcionamento e fidelidade partidária.

O TSE tem solidificado entendimento no sentido de que os partidos e coligações têm o direito de preservar a vaga do candidato obtida pelo sistema eleitoral proporcional caso este venha a se filiar a outro partido ou externe votação contrária às diretrizes recomendadas, no interregno de seu mandato, sem que haja razão legítima justificante.

A perda do mandato do candidato eleito será requerida junto ao TSE, para o legislativo federal, e ao TRE para o legislativo estadual e municipal.

A Resolução TSE 22.610 estabelece situações em que a mudança de partido pelo candidato eleito ou mesmo a votação contrária às diretrizes partidárias poderão ser justificadas. São elas: incorporação ou fusão de partido, criação de novo partido, mudança substancial ou desvio reiterado do programa partidário e grave discriminação pessoal.

Capítulo 5

1. Direitos políticos negativos: conceito

Os direitos políticos negativos são um conjunto de regras que excetuam o direito do indivíduo de exercer a cidadania, resultando na suspensão ou perda (temporária ou definitiva, respectivamente) de todos os direitos políticos (como eleitor ou candidato).

Por se tratar de circunstâncias que impedem o exercício de direito fundamental, adota-se aqui o princípio da plenitude do gozo dos direitos políticos, determinando a interpretação restritiva.

1.1. Suspensão e perda dos direitos políticos

O art. 15 da Constituição Federal veda a cassação de direitos políticos. Porém, determina casos em que se dará a perda ou suspensão destes direitos: cancelamento da naturalização por sentença transitada em julgado; incapacidade civil absoluta; condenação criminal transitada em julgado, enquanto durarem seus efeitos; recusa de cumprir obrigação a todos imposta ou prestação alternativa (art. 5°, VIII, da CF) e improbidade administrativa (art. 37, § 4°, da CF).

De maneira geral encontramos duas hipóteses de perda dos direitos políticos: perda da nacionalidade brasileira por adquirir outra voluntariamente e cancelamento da naturalização por sentença transitada em julgado. As demais podem ser classificadas como casos de suspensão, dado o caráter temporário que irão assumir.

Cancelamento da naturalização – O dispositivo encontrado no art. 15, I, da CF apresenta hipótese de perda dos direitos políticos na situação de cancelamento da naturalização por sentença transitada em julgado em razão de exercício de atividade nociva ao interesse nacional (Lei 818/1949). A mesma regra de perda dos direitos políticos é válida aos brasileiros que tiverem declarada a perda da sua nacionalidade em razão da aquisição voluntária de outra. Excetuam-se a este último caso o reconhecimento de nacionalidade originária pela lei estrangeira e a situação de imposição de naturalização pela lei estrangeira ao brasileiro residente no exterior, como condição para permanência e exercício de direitos civis.

Para o caso de perda da nacionalidade em razão de cancelamento da naturalização, a reaquisição será exceção, a depender do regular trâmite de ação rescisória em face da sentença transitada em julgada que decidiu pelo cancelamento da naturalização.

Incapacidade Civil Absoluta – A disposição do art. 15, II, da CF apresenta-se como hipótese de suspensão dos direitos políticos, sendo que apenas ocorrerá quando reconhecida por sentença transitada em julgado, salvo nos casos de menores de 16 anos, uma vez que a incapacidade absoluta é legalmente prevista. O art. 3° do Código Civil dispõe que são absolutamente incapazes de exercer pessoalmente os atos da vida civil os menores de 16 anos e os que, por enfermidade ou deficiência mental, não possuírem o necessário discernimento para a prática de atos da vida civil, ou mesmo aqueles que por causa transitória não puderem exprimir sua vontade.

Condenação Criminal – O dispositivo constitucional do art. 15, III, faz menção à condenação criminal transitada em julgado, enquanto durarem seus efeitos. Ou seja, no caso de sentença irrecorrível que venha a condenar o indivíduo, seus direitos políticos serão suspensos, não sendo necessário que tal disposição venha expressa na sentença, vez que já é pacífico no STF que o art. 15, III (que dispõe sobre a condenação criminal como causa de suspensão dos direitos políticos), enquadra-se no perfil de preceito autoaplicável. Diz-se suspensão dos direitos, pois a restrição irá cessar com o cumprimento da pena ou extinção, conforme inteligência da Súmula 09 do TSE.

Recusa de cumprir obrigação – O art. 15, IV, da CF dispõe outra causa de suspensão dos direitos políticos, qual seja a recusa de cumprir obrigação a todos imposta ou prestação alternativa (art. 5°, VIII, da CF).

Improbidade Administrativa – Prevista no art. 15, V, da CF. Nos termos do art. 37, § 4°, também da CF, o tempo de suspensão dos direitos políticos, neste caso, está previsto em legislação especial, qual seja, a Lei 8.429/1992 (Lei de Improbidade Administrativa). Como na hipótese da condenação criminal, e para afastar abuso e ilegalidade, a situação demanda o trânsito em julgado da sentença. Observação importante se faz quanto à inelegibilidade prevista no art. 1°, I, "l", da LC 64/1990, onde é suficiente que haja condenação por órgão colegiado por ato doloso de improbidade administrativa importando lesão ao patrimônio público e enriquecimento ilícito.

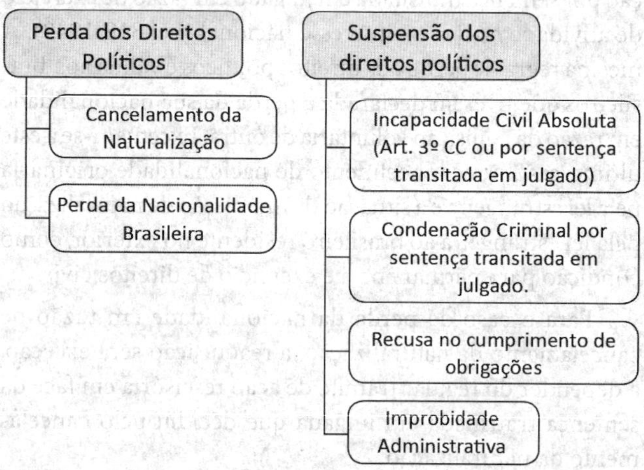

1.2. Inelegibilidade

Podemos compreender **inelegibilidade** com a impossibilidade de o cidadão exercer seus direitos políticos passivos ou negativos (exercer cargo público eletivo) em razão de circunstâncias impeditivas elencadas na Constituição Federal e também pela Lei Complementar 64/1990, com as alterações acertadas da Lei Complementar 135/2010 (Lei da Ficha Limpa).

Deste modo, já podemos dizer que as hipóteses de inelegibilidades serão divididas entre **hipóteses constitucionais** e **hipóteses infraconstitucionais.**

1.2.1. Hipóteses constitucionais

As hipóteses constitucionais estão previstas ao longo do art. 14, §§ 4º ao 7º da Constituição Federal, que dispõe serem inelegíveis os **inalistáveis** e os **analfabetos**.

Lembrando:

Inalistáveis: o art. 14, § 2º, da Constituição Federal dispõe que são inalistáveis os estrangeiros e, durante o período do serviço militar obrigatório, os conscritos. Pode-se, ainda, considerar inalistáveis os que tiveram seus direitos políticos perdidos ou suspensos. O inalistável não preenche todas condições de elegibilidade (art. 14, § 3º, III, da CF) e, consequentemente, é naturalmente inelegível.

Analfabetos (art. 14, § 4º, da CF): Não há um critério unânime para se determinar o que é um "analfabeto". Mas são considerados "analfabetos" aqueles que não dominam a escrita e a compreensão de textos, ainda que singelos, em seu próprio idioma. De outro lado, o domínio em algum grau justifica o *status* de alfabetizado ou semialfabetizado. Para fins eleitorais, pouca instrução não pode ser considerada como analfabetismo. Alguns juízes fazem ditados para aferir se o candidato é alfabetizado ou não, porém não há respaldo jurídico para este método, sendo, inclusive, combatido por violar o princípio da dignidade da pessoa humana (TSE, REspe 21.707/PB, Rel. Humberto Gomes de Barros).

A jurisprudência tem admitido as seguintes premissas para se considerar inelegível um candidato em razão da hipótese de analfabetismo:

I. Não demonstre habilidades mínimas (leitura e escrita) (TSE, REspe 13.180/1996);

II. É incapaz de esboçar sinais gráficos compreensíveis (REspe 10.499/1992);

III. Não mostre aptidão para leitura (REspe 10.845/1992);

IV. Não tenha êxito na prova a que se submeteu, mesmo já tendo exercido a vereança (REspe 21.958/2004).

De maneira sintética o art. 14, § 1º, II, "a", da Constituição Federal dispõe que o alistamento e voto são facultativos aos analfabetos (faculta-se o exercício dos direitos políticos ativos), ou seja, trata-se de um direito prerrogativa (lembrando que para os alistáveis, trata-se de um direito-dever). De outro lado, os analfabetos não podem exercer seus direitos políticos passivos (não podem ser votados), conforme hipótese de inelegibilidade constitucional do art. 14, § 4º, da Constituição Federal.

Observação importante: a condição de analfabeto pode ser, logicamente, provisória, uma vez que o indivíduo pode vir a ser alfabetizado, afastando esta hipóteses de inelegibilidade.

A Constituição Federal também dispõe que "*são inelegíveis, no território de jurisdição do titular, o cônjuge e os parentes consanguíneos ou afins, até o segundo grau ou por adoção, do Presidente da República, de Governador de Estado ou Território, do Distrito Federal, de Prefeito ou de quem os haja substituído dentro dos seis meses anteriores ao pleito, salvo se já titular de mandato eletivo e candidato à reeleição*" (§ 7º do art. 14 da CF).

Neste cenário, é imperioso destacar e relembrar alguns conceitos pontuais:

Cônjuge e Companheiros (União Estável): Compreende-se por cônjuge também o companheiro/convivente na constância da União Estável (registrada ou reconhecida judicialmente), incluindo também os casais de mesmo sexo, não havendo qualquer distinção.

Parentes Consanguíneos e Afins ou por Adoção até o 2º Grau: Parentes consanguíneos até o 2º grau de um cidadão compreendem os seus os avós, pais, irmãos, filhos (não havendo distinção entre adotivos e não adotivos) e netos. Parentes por afinidade até o 2º grau de um cidadão compreendem o sogro, sogra, sogro-avô, sogra-avó, genro, nora, genro-neto, nora-neta, cunhado e cunhada.

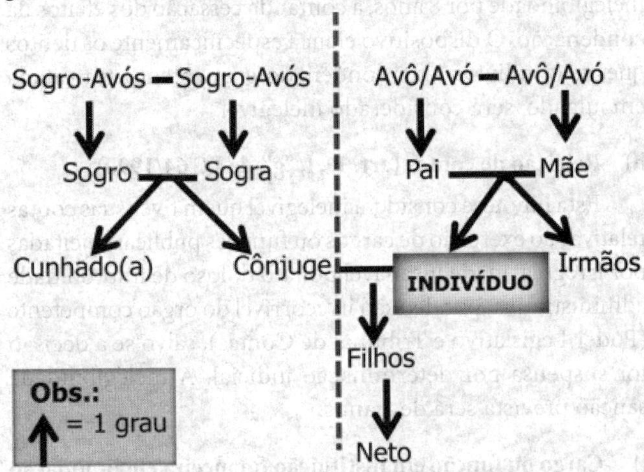

Quanto ao § 8º do art. 14 da CF, ao dispor sobre a inelegibilidade dos militares, ressaltamos objetivamente o intento do Constituinte:

Militares com menos de 10 anos de serviço: Deverá afastar-se da carreira, deixando de integrar os quadros efetivos das Forças Armadas.

Militares com mais de 10 anos de serviço: Será agregado pela autoridade superior. Se eleito, passará, no ato da diplomação, à inatividade (reserva). Se não eleito, retornará às atividades originais.

Por fim, destacamos especial atenção aos §§ 5º e 6º do art. 14 da CF que, nitidamente, tratam de estabelecer a possibilidade de uma única recondução ao cargo de chefe do Executivo, não limitando aos ocupantes de cargos legislativos, e trazendo a ideia do que conceituamos como descompatibilização.[5]

Vejamos:

a) Os chefes do Executivo, para concorrerem a outros cargos, devem renunciar aos seus mandatos até 6 meses antes do pleito.

b) Os chefes do Executivo, concorrendo à reeleição (mesmo cargo), não precisam renunciar aos seus mandatos por falta de previsão legal, muito embora seja incoerente à lógica de se tutelar a lisura das eleições, uma vez que a previsão de desincompatibilização até 6 meses anteriores ao pleito intenta evitar o abuso do poder em razão de função frente a chefia do Executivo.

Importante: Titular e Vice são cargos diferentes, no entanto, quem ocupar o cargo de Titular por 2 mandatos consecutivos, fica impedido de candidatar-se a Vice, consecutivamente, pois haveria a possibilidade de se tornar Titular nas hipóteses de Substituição (caráter temporário, ex: titular em viagem, enfermo etc.) e Sucessão (caráter definitivo, ex: morte do titular).

Aquele que ocupar o cargo de Vice por 2 mandatos consecutivos poderá candidatar-se a Titular em uma terceira eleição consecutiva, desde que não tenha substituído o Titular nos 6 meses anteriores ao pleito (TSE, REspe 19.939/SP).

Importante: As inelegibilidades constitucionais não precluem, podendo ser arguidas tanto na impugnação de candidatura (AIRC – Ação de Impugnação ao Registro de Candidatura) quanto no recurso contra expedição de diploma (RCED – Recurso Contra a Expedição do Diploma).

1.2.2. Hipóteses infraconstitucionais

São aquelas previstas na LC 64/1990 e visam proteger a probidade administrativa, a moralidade no exercício do mandato, considerando a vida pregressa do candidato, e a normalidade das eleições contra a influência do poder econômico ou o abuso do exercício de função ou emprego na administração direta ou indireta, como bem dispõe o § 9º do art. 14 da CF.[6]

5. Art. 14, § 6º, da CF: "*Para concorrerem a outros cargos, o Presidente da República, os Governadores de Estado e do Distrito Federal e os Prefeitos devem renunciar aos respectivos mandatos até seis meses antes do pleito*".

6. Art. 14, § 9º CF: "*Lei complementar estabelecerá outros casos de inelegibilidade e os prazos de sua cessação, a fim de proteger a probidade administrativa, a moralidade para exercício de mandato considerada vida pregressa do candidato, e a normalidade e legitimidade das eleições contra a influência do poder econômico ou o abuso do exercício de função, cargo ou emprego na administração direta ou indireta*".

A LC 64/1990 é extensa em hipóteses de inelegibilidade, trazendo inúmeras situações onde o legislador compreendeu ser plausível que fixasse um impedimento ao cidadão pretenso a concorrer a um determinado cargo público eletivo. Sua extensão também pode ser justificada pelo fato de que não é possível ao intérprete da lei eleitoral ampliar a restrição de exercício de um direito político (no caso, direitos políticos passivos ou negativos), deste modo, cuidou o legislador de "não pecar pelo excesso", muito embora a vida prática nos faz perceber a necessidade de algumas novas hipóteses.

Inicialmente, dado o volume de hipóteses, podemos identificar uma divisão das hipóteses em hipóteses de inelegibilidade infraconstitucionais **absolutas** e **relativas**.

Nas hipóteses absolutas há impedimento para o exercício de qualquer cargo político eletivo (eleições federais, estaduais e municipais), enquanto que nas hipóteses relativas o impedimento é pontual para alguns cargos públicos eletivos.

Em posse desta premissa, cabe elencar uma divisão com base na natureza de cada impedimento previsto:

1.2.2.1. Inelegibilidades absolutas

Poderão ser arguidas por qualquer candidato, partido político, coligação, e pelo Ministério Público Eleitoral. São elas:

a) Perda de mandato legislativo (art. 1º, I, "b", da LC 64/1990)

b) Perda de mandato executivo (art. 1º, I, "c", da LC 64/1990)

c) Renúncia a mandato eletivo (art. 1º, I, "k", da LC 64/1990)

Nestas situações, o ocupante do respectivo cargo que vier a perder seu cargo por infringência a dispositivo da Constituição Federal (art. 55, I e II, aos membros do Congresso Nacional), Constituições Estaduais, Lei Orgânica, será inelegível até o remanescente do fim de sua legislatura e nos 8 anos seguintes ao término do período para que tenha sido eleito.

Também terá a mesma sanção aquele que simplesmente renunciar a mandato após o oferecimento de representação ou petição que tenha aptidão para instaurar processo (evitar que o indivíduo "fuja da inelegibilidade". Inserido pela LC 135/2010 – Lei da Ficha Limpa).

d) Abuso de poder econômico e político (art. 1º, I, "d", da LC 64/1990)

e) Abuso de poder político (art. 1º, I, "h", da LC 64/1990)

Nestes casos são considerados inelegíveis aqueles cidadãos comuns e os detentores de cargos na administração pública (direta, indireta ou fundação) que tenham representação julgada procedente (transitada em julgado) por abuso de poder econômico ou político. No caso do detentor de cargo na administração, o benefício poderá ser próprio ou em favor de terceiro. A inelegibilidade sanção prevista será de 8 anos.

f) Abuso de poder: corrupção eleitora, captação ilícita de sufrágio, captação ou gasto ilícito de recursos em campanha, conduta vedada a agente público (art. 1º, I, "j", da LC 64/1990)

No mesmo sentido, aqueles condenados por a) corrupção eleitoral, b) captação ilícita de sufrágio, c) doação/captação/gastos ilícitos de recursos de campanha ou d) por conduta vedada a agente público em campanhas eleitorais, desde que impliquem em cassação de Registro ou Diploma.

g) Condenação criminal (art. 1º, I, "e", da LC 64/1990)

Com a condenação criminal, transitada em julgado, o indivíduo tem seus direitos políticos suspensos até que cessem os efeitos da condenação. Esta hipótese prevê ainda a inelegibilidade por 8 anos, a contar da cessação dos efeitos da condenação. O dispositivo elenca especificamente os delitos que, se o indivíduo for condenado em sentença transitada em julgado, será considerado inelegível.

h) Rejeição de contas (art. 1º, I, "g", da LC 64/1990)

Esta hipótese considera inelegível quem tiver suas contas relativas ao exercício de cargos ou funções públicas rejeitadas por irregularidade insanável por ato doloso de improbidade administrativa, por decisão irrecorrível do órgão competente (Poder Legislativo e Tribunal de Contas), salvo se a decisão for suspensa por determinação judicial. A inelegibilidade sanção prevista será de 8 anos.

i) Cargo ou função em instituição financeira em liquidação judicial/extrajudicial (art. 1º, I, "i", da LC 64/1990)

São considerados inelegíveis aqueles que tenham exercido cargo ou função de direção, administração ou representação em instituições que estejam em liquidação judicial ou extrajudicial, nos 12 meses anteriores à decretação de liquidação. A inelegibilidade cessará com a exoneração de responsabilidade.

j) Improbidade administrativa (art. 1º, I, "l", da LC 64/1990)

Serão inelegíveis aqueles condenados à suspensão dos direitos políticos, em decisão transitada em julgada ou por órgão colegiado, por improbidade administrativa. Prazo de inelegibilidade de 8 anos, a iniciar após o cumprimento da pena de suspensão dos direitos políticos.

k) Exclusão do exercício profissional (art. 1º, I, "m", da LC 64/1990)

É inelegível aquele que for excluído do exercício de sua profissão por decisão do órgão profissional competente, salvo se o ato houver sido anulado ou suspenso pelo Poder Judiciário. A inelegibilidade sanção prevista será de 8 anos.

l) Simulação conjugal (art. 1º, I, "n", da LC 64/1990)

É inelegível aquele que for condenado, após trânsito em julgado, por simular desfazer vínculo conjugal (casamento ou união estável) a fim de afastar a caracterização de inelegibilidade. A inelegibilidade sanção prevista será de 8 anos.

m) Demissão do serviço público (art. 1º, I, "o", da LC 64/1990)

É inelegível aquele demitido do serviço público em decorrência de processo administrativo ou judicial, salvo se o ato houver sido suspenso ou anulado pelo Poder Judiciário. A inelegibilidade sanção prevista será de 8 anos.

n) Doação ilegal (art. 1º, I, "p", da LC 64/1990)

É inelegível pessoa física ou dirigente de pessoa jurídica que tenha feito doação eleitoral ilegal, após decisão transitada em julgado. A inelegibilidade sanção prevista será de 8 anos.

o) Aposentadoria compulsória e perda de cargo: Magistrados e Membros do MP (art. 1º, I, "q", da LC 64/1990)

Será inelegível o magistrado ou membro do MP que tenha perdido seu cargo por sentença, aposentado compulsoriamente ou se exonerado/aposentado na pendência de processo disciplinar. A inelegibilidade sanção prevista será de 8 anos.

1.2.2.2. Inelegibilidades Relativas

a) Para Presidente e Vice-Presidente da República

É necessário a desincompatibilização de agentes públicos e membros de certas categorias que intentem candidatar-se aos cargos de Presidente e Vice-Presidente da República (v. art. 1º, II, da LC 64/1990).

b) Demais cargos: Governador e Vice; Prefeito e Vice; Senador; Deputado Federal e Estadual; Vereador

Aplica-se, no que couber, as regras para o cargo de Presidente e Vice-Presidente da República, por identidade de situações (art. 1º, incisos III ao VII, da LC 64/1990).

c) Casos específicos

A LC 64/1990 enumera ainda casos específicos nos quais é necessário a descompatibilização a depender do cargo a que se pretende, abaixo os 3 principais:

Magistrados: Afastamento definitivo (exoneração ou aposentadoria) 6 meses antes do pleito;

Membro do MP: Ingressantes na carreira antes da EC 45/2004 não necessitam afastar-se definitivamente; Ingressantes na carreira após a referida EC deverão afastar-se definitivamente;

- Res. TSE 22.045/2005: "*A proibição do exercício de atividade político-partidária ao membro do Ministério Público tem aplicação imediata e linear, apanhando todos aqueles que o integram, pouco importando a data do ingresso*";
- Posição Contrária: TSE REspe 26.768/SP e Res. TSE 22.717/2008.

Importante: Acerca da arguição de inelegibilidade, a competência será absoluta da Justiça Eleitoral em suas 3 instâncias, a ser definida pelo tipo de eleição (federal, estadual ou municipal), e dar-se-ão nas seguintes formas:

Inelegibilidade infraconstitucional: Ação de Impugnação de Registro de Candidatura – AIRC (prazo preclusivo), podendo resultar em negação ou cassação do Registro do Candidato. As inelegibilidades infraconstitucionais devem ser arguidas na ocasião do registro de candidatura, sob pena de preclusão (TSE, AgRg em AgIn 3.328/MG; REspe 19.985/SP).

Inelegibilidade constitucional: Recurso contra Expedição do Diploma – RCED, podendo resultar na cassação do diploma ou perda de mandato eletivo. Não precluem, podendo ser arguidas tanto na impugnação de candidatura quanto no recurso contra expedição de diploma.

1.3. Desincompatibilização

A desincompatibilização é o ato pelo qual o candidato afasta a situação que o torna inelegível em razão de alguma hipótese legal, como as previstas no art. 14 da CF.

Pode compreender o afastamento de determinado cargo (por renúncia ou exoneração - cargos do Executivo) ou mesmo licenciamento (agentes administrativos, membros do Ministério Público).

Capítulo 6

1. Sistemas eleitorais: conceito

Podemos identificar duas espécies de sistemas eleitorais. Consistem em um conjunto de regras e procedimentos adotados na realização do pleito eleitoral. São eles: majoritário e proporcional.

1.1. Majoritário

No sistema majoritário considera-se vencedor do pleito eleitoral aquele candidato que obtiver maioria dos votos. No caso de eleições que se resolvam em apenas um turno (Senadores e Prefeitos em Municípios com menos de 200 mil eleitores), será necessário que o vencedor possua a maioria simples dos votos, ou seja, que o vencedor possua a maioria dos votos, ainda que os candidatos vencidos, juntos, possuam votação superior ao vencedor.

Nas eleições para Prefeito em cidades que possuam mais de 200 mil eleitores, ou nas eleições para Governador (de Estado ou do Distrito Federal) e Presidente da República, será adotado o sistema majoritário de maioria absoluta, situação onde observamos a necessidade de apuração de 50%+1 de todos os votos válidos em favor de um candidato para que seja então definido o vencedor da eleição.

Caso não seja atingido o valor necessário para definição de vencedor, será realizada nova eleição (2° turno) no último domingo do mês de outubro, onde constarão nas urnas os dois candidatos mais bem votados em primeiro turno. Será considerado vencedor, então, aquele que obtiver maioria simples dos votos válidos (arts. 29, II e 77 da CF e arts. 2° e 3° da Lei 9.504/1997).

1.2. Proporcional

No sistema **proporcional**, a ser adotado nas eleições para os cargos de Vereador, Deputado Estadual, Deputado Distrital e Deputado Federal, não encontraremos a mesma sistemática das maiorias (simples ou absoluta), mas sim regras específicas trazidas pelos arts. 105 a 113 do Código Eleitoral.

Podemos classificar 5 passos para que cheguemos até os vencedores de um pleito no sistema proporcional. Abaixo, exemplificaremos com informações fictícias as eleições no sistema proporcional (Vereadores) do Município de Cachoeira Paulista/SP.

1° Passo: Votos Válidos

O primeiro passo é verificar qual o número de votos válidos obtidos na eleição analisada. Para isso, devemos ter em mãos o número total de eleitores que compareceram às urnas, subtraindo deste valor os votos nulos e brancos.

Votos Válidos = (N° Eleitores Presentes) – (Votos Brancos) – (Votos Nulos)

Na hipótese criada, estimemos que tenham comparecido às urnas 18.000 eleitores sendo que votos brancos totalizam 200 e nulos 500. Sendo assim:

Votos Válidos = 18.000–200–500

Votos Válidos = 17.300

2° Passo: Quociente Eleitoral

Segundo passo a ser tomado é descobrir o quociente eleitoral, o qual é obtido a partir da divisão dos votos válidos pelo número de cadeiras a serem ocupadas pelos vereadores. Quanto ao município de Cachoeira Paulista, vamos supor que existam 13 cadeiras na Câmara Municipal, o que geraria a seguinte fórmula e consequente resultado:

Quociente Eleitoral = (Votos Válidos)/(N° de cadeiras)

Quociente Eleitoral = 17.300 / 13

Quociente Eleitoral=1330,76 = 1331*

*Observação: de acordo com o que dispõe o art. 106 do Código Eleitoral, despreza-se a fração, se igual ou inferior a 0,5 (cinco décimos), ou arredonda-se para 1,0, se superior. Por esta razão, no exemplo, o quociente eleitoral será de 1331.

3° Passo: Quociente Partidário

O terceiro passo é a determinação do quociente partidário, o qual será obtido através da divisão realizada entre o total da votação obtida por cada partido ou coligação (votos nominais + votos de legenda) e o quociente eleitoral. Abaixo, tabela exemplificativa:

Partidos/ Coligações	Votos totais (Nominais + Legenda)	Quociente Eleitoral (1331)	Quociente Partidário*
PA/PB	8.000	8.000/1331	6,01 = 6
PC	5.300	5.300/1331	3,98 = 3
PD/PE	3.000	3.000/1331	2,25 = 2
PF	1.000	1.000/1331	0,75 = 0**

*Observação: o art. 107 do Código Eleitoral determina que a fração deverá ser desprezada, não havendo a regra do arredondamento, como ocorre na obtenção do quociente eleitoral.

**Observação: de acordo com o § 2° do art. 109 do Código Eleitoral, o partido político que não conseguir alcançar o quociente eleitoral (no caso, 1331) não concorrerá com a distribuição de cadeiras disponíveis a serem preenchidas. No exemplo, o Partido PF ficou 331 votos atrás do necessário para atingir o quociente eleitoral determinado no pleito.

Importante: o art. 108 do Código Eleitoral dispõe que estarão eleitos tantos candidatos registrados por um partido/coligação quantos o quociente partidário obtido indicar, na ordem da votação nominal que cada um recebeu.

4° Passo: Sobras Eleitorais (Regra da Maior Média - MM)

Analisando a tabela acima é possível constatar que o quociente partidário determina o número de cadeiras a serem ocupadas por cada partido/coligação. O município de Cachoeira Paulista permaneceria então com duas de suas cadeiras desocupadas, vez que a soma dos quocientes partidários totaliza 11 ocupações (6+3+2).

O art. 109 do Código Eleitoral dispõe sobre as sobras eleitorais, trazendo uma regra de distribuição dos lugares não preenchidos. O inciso I do referido artigo determina que será dividido o número de votos válidos de cada partido/coligação pelo número de lugares por ele obtido mais um. Àquele partido/coligação que obtiver maior média caberá um dos lugares a preencher. Este procedimento será adotado até que se esgotem as vagas que inicialmente tenham "sobrado". Vejamos as tabelas exemplificativas:

Partidos/ Coligações	Votos totais (Nominais + Legenda)	N° de Cadeiras Preenchidas + 1	1ª Maior Média (MM)*
PA/PB	8.000	7	1.142,85
PC	**5.300**	**4**	**1.325,00**
PD/PE	3.000	3	1.000,00
PF**	1.000	0	0

*Observação: neste caso, conforme Resolução TSE 16.844/1990, será analisada a fração até sua 14ª casa. Em razão da distância entre os valores, apenas foram atribuídas duas casas decimais.

**Observação: em razão de não ter atingido o Quociente Eleitoral, o partido "PF" não entrará no procedimento de determinação da maior média.

No exemplo, podemos verificar que a 1ª maior média foi encontrada na apuração dos valores obtidos pelo partido "PC". Sendo assim, a primeira cadeira (dentre as duas que sobraram) caberá a ele.

Porém, mesmo assim, ainda restará mais uma cadeira a ser preenchida. Em alguns casos, pode ocorrer de ainda restarem muitas. Nosso exemplo pautou-se por permitir somente duas, apenas para elucidação do procedimento a ser adotado.

Vejamos como será obtida a segunda maior média:

Partidos/ Coligações	Votos totais (Nominais + Legenda)	Nº de Cadeiras Preenchidas + 1	1ª Maior Média (MM)
PA/PB	**8.000**	7	**1.142,85**
PC	5.300	5	1.060,00
PD/PE	3.000	3	1.000,00

Na apuração da segunda maior média (e nas seguintes, caso seja necessário ao preenchimento de maior número de cadeiras que venham a sobrar após a apuração do quociente partidário) será feito o mesmo procedimento, devendo ser tomado o cuidado de inserir ao partido anteriormente beneficiado com uma cadeira o seu novo *"Nº de Cadeiras Preenchidas + 1"*.

Em caso de empate no critério da maior média, observaremos a seguinte regra:

a) Entre candidatos do mesmo partido/coligação: aplica-se a regra disposta pelo art. 110 do CE, cabendo ao candidato mais idoso a cadeira que sobrar.

b) Entre candidatos de partidos/coligações distintos: serão aplicados os critérios, respectivamente, da maior média (com análise da fração até a 14ª casa decimal), maior votação do partido/coligação, maior número de votos nominais (ao candidato) e por fim o critério do art. 110 do CE (candidato mais idoso).

Importante observação dá-se nos casos dispostos pelos arts. 112 e 113 do Código Eleitoral. No caso de afastamento ou cassação de candidatos eleitos pelo sistema proporcional, serão convocados os suplentes, que são os candidatos mais votados sob a mesma legenda e que não foram eleitos efetivamente.

Caso haja suplentes com votações semelhantes, será observado o critério de idade, sendo beneficiado o candidato de idade mais avançada.

Poderá haver também a situação onde não serão encontrados suplentes por quaisquer razões (falecimento do suplente antes de assumir, partido com candidato único etc.). Nestes casos, serão realizadas novas eleições, salvo quando faltarem menos de nove meses para o fim do mandato em pauta (art. 113 do CE dispõe o referido prazo de 9 meses; art. 56, § 2º, da CF dispõe o prazo de 15 meses).

Capítulo 7

1. Investigações judiciais eleitorais (LC 64/1990)

Nos casos em que sejam verificadas transgressões pertinentes à origem de doações, abuso do poder econômico ou político, de forma que venham a ameaçar a liberdade do voto, haverá apuração mediante investigações jurisdicionais, conforme dispõe o art. 19 e seguintes da LC 64/1990, como forma de manter a lisura dos certames eleitorais contra influências de abuso do poder econômico ou mesmo de exercício de cargo ou função na administração (direta, indireta e fundacional)

As representações, que darão ensejo ao início das investigações de que trata o parágrafo anterior, serão promovidas pelos legalmente legitimados, quais sejam o candidato, qualquer partido político ou coligação partidária, bem como o Ministério Público, instruindo o documento com indicação de provas (máximo de 6 testemunhas), indícios e circunstâncias que evidenciem as infrações descritas pelo art. 22 da referida lei (LC 64/1990).

A representação será proposta perante o juiz eleitoral da seção, no caso de eleições municipais (art. 24 da LC 64/1990), perante o corregedor regional do TRE, quando nas eleições para deputados (federal e estadual), senadores e governador, e perante o corregedor geral do TSE, quando diante de eleições presidenciais.

Em posse da representação devidamente instruída, o corregedor/juiz determinará que seja notificado o representado para que apresente sua defesa e rol de testemunhas (como ao representante, é permitido o máximo de 6) no prazo de 5 dias, caso entenda cabível a representação.

De modo contrário, indeferirá o pedido de abertura da investigação jurisdicional, caso entenda não ser o caso de representação ou entender faltar algum dos requisitos legais. Neste caso, caberá ao interessado na representação renová-la perante o Tribunal, que terá o prazo de 24 horas para resolver a questão.

Diante da demora ou recusa no recebimento da representação pelo Tribunal, poderá o interessado encaminhar-se diretamente ao Tribunal Superior Eleitoral, nos moldes do art. 22, III, da LC 64/1990.

Considerando a notificação ao representado, findo o prazo mencionado, em ato uno serão inquiridas as testemunhas arroladas (pelo representante e representado), as quais devem comparecer em local designado independentemente de intimação. Seguido a isso, nos 3 dias subsequentes, o corregedor/juiz procederá às diligências necessárias para forma seu convencimento (oitiva de terceiros e testemunhas referidos pelas partes).

Encerrado o prazo probatório, as partes poderão apresentar alegações finais, como também o Ministério Público, e então os autos seguirão conclusos ao corregedor/juiz para apresentação do relatório conclusivo dos fatos. Tal relatório será encaminhado ao Tribunal competente para inclusão imediata em pauta para julgamento na primeira sessão a ocorrer, concedendo vistas para manifestação do Procurador Eleitoral pelo prazo de 48 horas acerca do relatório. No caso de eleições municipais, o juiz eleitoral prolatará sentença.

Caso a sentença do juiz eleitoral venha a versar sobre hipótese de inelegibilidade apurada durante a investigação jurisdicional, caberá recurso inominado ao Tribunal Regional Eleitoral. No caso de decisão a ser proferida pelo TRE, o recurso cabível será o Recurso Ordinário ao TSE (art. 121, § 4°, III, da CF).

Ao fim, julgada procedente a representação que deu início à investigação, mesmo que o representado tenha sido eleito, será declarada sua inelegibilidade para os próximos 8 anos e consequente cassação do atual registro. Será também determinado o encaminhamento dos autos ao Ministério Público, para que promova ação criminal diante dos fatos apurados de abuso do poder econômico, desvio ou abuso de poder de autoridade ou meios de comunicação.

Capítulo 8

1. Crimes eleitorais e o processo penal nos crimes eleitorais

De maneira geral, são condutas que ofendem os princípios resguardados pela legislação eleitoral e, em especial, os bens jurídicos protegidos pela lei penal eleitoral.

Sinteticamente, estão previstos nos seguintes diplomas: a) Código Eleitoral – arts. 289 a 354; b) Lei das Eleições (Lei 9.504/1997) – arts. 33, § 4º; 34, §§ 2º e 3º; 39, § 5º; 40; 68, § 2º; 72; 87, § 4º; 91, parágrafo único; c) Lei de Inelegibilidades (Lc 64/1990) – art. 25; d) Leis esparsas, como a lei que trata dos transportes dos eleitores em dia de eleição – Lei 6.091/1974, art. 11.

Importante notarmos as seguintes considerações gerais sobre os crimes eleitorais:

a) Sempre que não for indicado grau mínimo, este será de 15 dias para a pena de detenção e de um 1 para a de reclusão;

b) Quando a lei determina a agravação ou atenuação da pena sem mencionar o "*quantum*", o juiz fixará entre 1/5 e 1/3, guardados os limites da pena cominada ao crime;

c) A pena de multa (fixada em "dias-multa") será fixada entre o mínimo, 1 (um) dia-multa, e no máximo, 300 (trezentos) dias-multa; O montante do "dia-multa" será fixado em vista das condições do condenado, não podendo ser inferior ao salário-mínimo diário da região, nem superior ao valor de um salário-mínimo mensal;

d) Nos crimes eleitorais cometidos através da imprensa, rádio ou da televisão, aplicam-se exclusivamente as normas do Código Eleitoral e as remissões a outra lei nele contempladas.

e) São considerados membros e funcionários da Justiça Eleitoral: os magistrados; cidadãos que temporariamente integram órgãos da Justiça Eleitoral; cidadãos nomeados para as mesas ou Juntas Apuradoras; funcionários requisitados pela Justiça Eleitoral; quem, embora transitoriamente ou sem remuneração, exerça cargo, emprego ou função pública; quem exerça cargo, emprego ou função em entidade paraestatal ou em sociedade de economia mista.

Relevante alerta deve ser dado quanto aos crimes contra a honra, trazidos pelo Código Eleitoral (Calúnia – art. 324 do CE; Difamação – art. 325 do CE; Injúria – art. 326 do CE), uma vez que distancia-se substancialmente daqueles crimes, de mesma classificação, contidos no Código Penal (arts. 138, 139 e 140 do Código Penal, respectivamente).

No caso dos previstos na legislação eleitoral, o ato deve ter ocorrido na propaganda eleitoral ou visando a fins de propaganda, como se observa na leitura dos arts. 324, 325 e 326 do Código Eleitoral.

Deste modo, embora conotem como idênticos em primeira análise, podemos perceber a diferença até mesmo pela tutela que se objetiva em cada Diploma. Ainda que guardem natureza de crimes contra a honra, o que logicamente nos guiaria ao estudo da ação penal privada, no caso dos crimes do Código Eleitoral, a ação penal será sempre a **pública incondicionada**, conforme dispõe o art. 355 do Código Eleitoral.

Importante: Não obstante a regra exposta do art. 355 do Código Eleitoral, haverá possibilidade da ação penal privada subsidiária à pública.

1.1. Do processo das infrações (arts. 355 ao 364 do Código Eleitoral)

Qualquer cidadão que venha a tomar conhecimento de infrações penais, daquelas previstas no Código Eleitoral, deverá comunicar ao juiz eleitoral da zona correspondente, podendo ser feita a notícia do eventual crime por escrito ou oralmente. Na última possibilidade, a autoridade judicial reduzirá a termo, colhendo assinaturas do cidadão e de duas testemunhas, e remeterá o documento ao Ministério Público.

O Ministério Público, caso julgue necessário, requisitará maiores esclarecimentos às autoridades ou funcionários que possam fornecê-los. Contrariamente, caso seja verificada a ocorrência da infração penal, o Ministério Público oferecerá denúncia dentro do prazo legal de 10 dias.

Poderá também o órgão ministerial requerer o arquivamento da comunicação de fato criminoso, caso em que poderá o juiz competente, considerando improcedentes as razões que motivaram o requerimento do arquivamento, remeter a comunicação feita (documentalmente ou reduzida a termo, nas condições legais impostas) ao Procurador Regional Eleitoral para que então possa: a) oferecer denúncia, caso se convença da existência da infração penal; b) designe outro representante ministerial para que então ofereça a denúncia; c) ou até mesmo que insista no pedido de arquivamento, situação em que o juiz acatará.

A denúncia será rejeitada caso o fato comunicado não venha a constituir conduta criminosa, estiver extinta a punibilidade ou ocorrer ilegitimidade da parte ou faltar condição da ação para o prosseguimento do feito.

Recebida a denúncia, o infrator será citado e terá o prazo de 10 dias para que proceda a sua defesa e arrole testemunhas, sendo que serão designados pelo juiz dia e hora para seu depoimento pessoal, sendo que será determinada a notificação do Ministério Público.

Ouvidas as testemunhas (acusação e defesa) e realizadas as eventuais diligências requeridas pelo Ministério Público (deferidas ou ordenadas pelo juiz), haverá prazo de 5 dias para que as partes apresentem alegações finais.

Após as alegações finais, os autos serão remetidos à conclusão em até 48 horas, para que, no prazo de 10 dias, seja proferida sentença, cabendo recurso ao Tribunal Regional no prazo de 10 dias.

Na situação de interposição de recurso e posterior confirmação de sentença condenatória, os autos serão baixados imediatamente à instância original para que seja iniciada a execução, que terá início no prazo de 5 dias a contar da data de vista dos autos pelo representante ministerial.

Em todo o processo e julgamento dos crimes relacionados será aplicado, subsidiariamente, o Código de Processo Penal.

Capítulo 9

1. Propaganda partidária e propaganda eleitoral

1.1. Propaganda partidária (horário gratuito em rádio e televisão)

A propaganda partidária tem como objetivo difundir os programas dos partidos, transmitir mensagens aos seus filiados sobre eventos e execuções dos citados programas, divulgação da posição da entidade em relação aos temas políticos, sociais e comunitários, e não enaltecer a pessoa de um ou outro candidato, o que é reservado à propaganda eleitoral.

> "Os partidos políticos têm direito a recursos do fundo partidário e acesso gratuito ao rádio e à televisão, na forma da lei." (art. 17, § 3º, da CF).

Ao dispor que o acesso dos partidos políticos será na forma da lei, a Constituição abriu espaço para a Lei 9.096/1995, que vem estabelecer o direito partidário constitucionalmente previsto, especificamente ao longo dos arts. 45 a 49 e novas menções nos arts. 56 e 57.

As emissoras de rádio e de televisão ficarão obrigadas a realizar transmissões gratuitas para os partidos políticos, sob a responsabilidade dos respectivos órgãos de direção. As transmissões serão realizadas em blocos, sendo em cadeia nacional ou estadual, com inserções de 30 segundos e 1 minuto, durante os intervalos normais das programações de cada emissora.

Os partidos políticos terão direito à realização de 1 programa em cadeia nacional e 1 em cadeia estadual de 20 minutos cada, em um período de 6 meses, e também da utilização de um tempo total de 40 minutos por semestre na cadeia estadual e nacional para inserções de 30 segundos ou 1 minuto.

A propaganda partidária será veiculada em horário nobre, entre as 19 horas e 30 minutos e 22 horas, sendo vedada a realização de propaganda paga ou fora dos limites legais.

Importante observação é quanto à proibição de veiculação de propaganda partidária no rádio e na televisão durante o segundo semestre do ano em que ocorrer eleições, tendo em vista que a natureza e finalidade poderá ser diversa, ou seja, conotar uma propaganda eleitoral ao invés de partidária.

1.2. Propaganda eleitoral

Diferentemente da propaganda partidária, a propaganda eleitoral tem o objetivo de captação de votos do eleitorado com vistas às eleições, trazendo aos cidadãos as razões que levaram um candidato ou outro a dedicar-se a uma candidatura, anexando informações que engrandeçam a figura pessoal do candidato, seus feitos, sua história, de modo que convença o eleitorado que ele é o melhor e mais preparado a ocupar determinado cargo.

> Conforme dispõe art. 242 do Código Eleitoral *"A propaganda, qualquer que seja a sua forma ou modalidade, mencionará sempre a legenda partidária e só poderá ser feita em língua nacional, não devendo empregar meios publicitários destinados a criar, artificialmente, na opinião pública, estados mentais, emocionais ou passionais".*

O Código Eleitoral também dispõe, nos artigos seguintes, que a realização de qualquer ato de propaganda eleitoral (ou partidária), em recinto aberto ou fechado, não dependerá de autorização ou licença da polícia. Porém, o candidato ou partido político deverá comunicar com antecedência de 24 horas para que seja garantida prioridade no uso do local em detrimento de qualquer outro candidato ou partido que também intente realizar o evento na mesma data e lugar. No caso da prévia comunicação, além de garantir a preferência, a autoridade policial estará apta a tomar as devidas e necessárias garantias para a realização do ato, tráfego local e orientações e medidas quanto aos serviços públicos que o evento possa vir a afetar (disposições do art. 245 do CE; art. 39 da Lei 9.504/1997).

O art. 244, I e II, do CE e o art. 39, § § 3° e 5°, da Lei 9.504/1997 asseguram aos partidos políticos o direito de, independentemente de licença de autoridade pública e pagamento de qualquer valor:

a) fazer inscrever, na fachada de suas sedes e dependências, o nome que os designe, pela forma que melhor lhes parecer;

b) instalar e fazer funcionar, no período compreendido entre o início da propaganda eleitoral e a véspera da eleição, das 8 horas às 22 horas, alto-falantes ou amplificadores de som nos locais referidos, assim como em veículos seus ou à sua disposição em território nacional;

c) comercializar material de divulgação institucional, desde que não contenha nome e número de candidato, bem como cargo em disputa.

Quanto aos famosos folhetos ou "santinhos", como são popularmente conhecidos, ou quaisquer outros impressos que possam ser utilizados, deverão ser editados sob a responsabilidade de cada partido, coligação ou do próprio candidato, independente de licença municipal e autorização da Justiça Eleitoral (art. 38 da Lei 9.504/1997). Porém, é obrigatório que se faça inscrever no material impresso o número de CNPJ ou do CPF do responsável pela confecção, bem como de quem o contratou e a respectiva informação de numero de tiragem.

Importante observação é feita com relação aos candidatos que estejam com a candidatura sendo discutida judicialmente, situação em que também fazem jus ao tempo de rádio e televisão, bem como divulgar material, promover e participar de eventos normalmente, conforme dispõe o art. 16 da Resolução TSE 22.718/2008.

De maneira geral, é importante sabermos identificar 5 principais princípios da propaganda eleitoral, vejamos:

2. Abusos e o direito de resposta

O art. 58 da Lei 9.504/1997 dispõe que a partir da escolha do candidato nas convenções, será assegurado o direito de resposta ao candidato, partido ou coligação que tenham sido atingidos, ainda que de forma indireta, por conceito, imagem ou afirmação caluniosa, difamatória, injuriosa ou sabidamente inverídica, difundidos por qualquer veículo de comunicação social. O procedimento, de natureza judicial, consiste numa maneira de proteger candidatos, partidos e coligações.

Quanto à competência para o processamento, temos o seguinte esboço:

a) **Eleições municipais (Prefeito, Vice-Prefeito e Vereador)** – Juiz eleitoral de primeira instância;

b) **Eleições estaduais (Governador, Vice-Governador, Senador, Deputado Estadual, Federal e Distrital)** – Será julgado perante o TRE;

c) **Eleições Presidenciais (Presidente e Vice-Presidente)**- Julgamento perante o TSE.

O ofendido (candidato, partido ou coligação), poderá pleitear o exercício do direito de resposta à Justiça Eleitoral nos seguintes prazos, a partir da veiculação ofensiva:

Prazo	Matéria envolvida
24 horas	Horário eleitoral gratuito
48 horas	Programação normal das emissoras de rádio e televisão
72 horas	Órgão de imprensa escrita

Ao receber o pedido, o ofensor será imediatamente notificado para que em 24 horas apresente sua defesa. A decisão deverá ser prolatada no prazo máximo de 72 horas a contar da data do pedido.

A cada caso de pedido (matéria envolvida, conforme a tabela acima), serão observadas regras especificas:

a) **Veiculação realizada por órgão da imprensa escrita:**

O pedido de direito de resposta deverá ser instruído com cópia do exemplar da publicação e o texto a ser utilizado como resposta. Sendo deferido o pedido pela Justiça Eleitoral, a divulgação da resposta previamente informada pelo ofendido será divulgada no mesmo veículo de comunicação, mesmo espaço, local, página, tamanho, caracteres e quaisquer outros elementos que venham a realçar de maneira semelhante, tal qual a publicação ofensiva, no prazo de até 48 horas após a decisão assim determinando.

Caso o meio de veiculação seja de periodicidade maior do que 48 horas, a resposta será publicada na primeira vez que circular.

A lei faculta ao ofendido que solicite a divulgação de sua resposta a ser inserida em publicação no mesmo dia da semana em que a ofensa foi inicialmente publicada, mesmo que isso venha a ofender o prazo de 48 horas imposto pela lei.

Caso as circunstâncias de publicação venham a inviabilizar a reparação dentro dos prazos estabelecidos pela lei e elencados acima, a Justiça Eleitoral poderá determinar a imediata divulgação da resposta, devendo o ofensor, em todos os casos, comprovar nos autos a distribuição dos exemplares, quantidade impressa e raio de abrangência da distribuição.

b) **Em programação normal das emissoras de rádio e televisão**

A Justiça Eleitoral, recebido o pedido pelo ofendido, notificará imediatamente a emissora (responsável pela reprodução do material ofensivo) para que entregue cópias das gravações, a serem devolvidas após a decisão final.

Deferido o pedido de direito de resposta, o espaço para a mesma ser dada será de até 48 horas (a contar da decisão que a autorizou), em tempo igual ao conferido à matéria ofensiva, porém limitado ao mínimo de 1 minuto.

c) No horário eleitoral gratuito

A regra traz semelhança com a hipótese anterior, uma vez que o ofendido também terá direito de usar o tempo de resposta proporcional ao utilizado durante a ofensa. Não poderá, também, ser um tempo inferior a um minuto, com a diferença de que o tempo utilizado será "descontado" do horário destinado ao partido ou coligação responsável pela ofensa.

A resposta será veiculada no mesmo horário que fora veiculada a matéria ofensiva.

Importante observação se dá quanto ao tempo subtraído do horário eleitoral do partido ou coligação ofensora. Este tempo será utilizado pelo ofendido como forma de garantir-lhe o direito de resposta. Sendo assim, o ofendido deve, necessariamente, utilizar a concessão do espaço para veiculação de sua resposta, pois, caso contrário, poderá ter subtraído tempo idêntico de seu horário além de multa.

d) Em propaganda eleitoral na internet

Deferido o pedido de resposta, este direito será exercido no mesmo veículo, espaço, local, horário, página eletrônica, tamanho, caracteres e tantos quantos forem outros elementos que vieram a realçar no momento da ofensa. Este procedimento deverá ser tomado pelo ofensor no prazo de até 48 horas, a contar da entrega da mídia física (resposta) pelo ofendido.

A resposta do ofendido deverá ficar disponível no ambiente "online" pelo menos o dobro do tempo em que a mensagem ofensiva permaneceu no ar, sendo que eventuais custos com a publicação e divulgação da resposta correrão por conta do responsável pela ofensa.

De todas as decisões serão cabíveis recursos às instâncias superiores no prazo de 24 horas a contar da data de publicação.

Os pedidos de direito de resposta (também as representações por propaganda irregular) terão preferência em relação aos demais processos em curso na Justiça Eleitoral (art. 58-A, Lei 9.504/1997).

3. Representação (abusos) e reclamações relativas à arrecadação e gastos de recursos e contra captação irregular de sufrágio

Representação

A Resolução TSE 23.193/2009 dispõe sobre procedimento da representação específica em razão de abusos previstos pela Lei 9.504/1997:

Art. 20. As representações que visarem à apuração das hipóteses previstas nos arts. 30-A, 41-A, 73 e 81 da Lei nº 9.504/1997 observarão o rito estabelecido pelo art. 22 da Lei Complementar nº 64/90, sem prejuízo da competência regular do Corregedor Eleitoral.

Parágrafo único. As representações de que trata o caput deste artigo poderão ser ajuizadas até a data da diplomação, exceto as do art. 30-A e do art. 81 da Lei nº 9.504/1997, que poderão ser propostas, respectivamente, no prazo de 15 dias e no de 180 dias a partir da diplomação." (Parágrafo com redação alterada pela Resolução TSE nº 23.267, de 18/05/2010).

Reclamações

O art. 30-A da Lei 9.504/1997 disciplina que qualquer partido político ou coligação poderá representar à Justiça Eleitoral, no prazo de 15 dias a contar da diplomação, pedindo início de investigação judicial para que sejam apuradas condutas relativas às arrecadações e gastos de recursos financeiros que estejam em desacordo com as determinações legais contidas no referido texto legal.

A lei também dispõe que será obedecido o mesmo procedimento detalhado no item das investigações judiciais, orientadas pelas regras do art. 22 da LC 64/1990.

Caso venha a ser comprovada a captação ou gastos ilícitos dos recursos financeiros de campanha, será negado o diploma ao candidato representado, ou, caso já tenha lhe sido outorgado o diploma, este será cassado. A contar da data de publicação da decisão sobre a cassação ou impossibilidade de diplomação caberá recurso no prazo de 3 dias.

Quanto aos gastos de campanha, o art. 31 da Lei 9.504/1997 dispõe que as sobras de recursos que porventura venham a ocorrer deverão ser declaradas na prestação de contas (contendo a identificação por candidato) para posteriormente serem transferidas ao órgão do partido ou coligação (a ser dividido entre os partidos componentes).

A documentação atinente à prestação de contas, sobras de campanha e uso dos recursos financeiros deverá ser conservada pelos candidatos ou partidos por até 180 dias após a diplomação.

4. Doações irregulares

O art. 81 da Lei 9.504/1997 dispõe sobre as doações e contribuições de pessoas jurídicas para campanhas eleitorais, determinando que estas poderão ser feitas somente a partir do registro dos comitês financeiros dos partidos ou coligações.

As doações e contribuições feitas por pessoas jurídicas serão limitadas ao valor de até 2% do faturamento bruto do ano anterior ao pleito eleitoral, sendo que, caso venha a extrapolar, a pessoa jurídica poderá ser multada de 5 a 10 vezes o valor que ultrapassar o limite legal.

Outra imposição sancionatória prevista na lei a que poderá estar sujeita a pessoa jurídica é a proibição de participação em licitações públicas e a celebração de contratos com o Poder Público pelo interregno de 5 anos, sanção esta a ser aplicada pela Justiça Eleitoral por meio de processo no qual será garantida a ampla defesa.

Também aqui observaremos o rito do art. 22 da LC 64/1990, inclusive com a previsão de recurso contra as decisões proferidas no prazo de 3 dias a contar da publicação no Diário Oficial.

5. Impugnações contra a diplomação

O art. 14, § 10, da CF dispõe que o mandato eletivo poderá ser impugnado junto à Justiça Eleitoral no prazo de até 15 dias (a contar da diplomação) por petição instruída com as provas de abuso de poder econômico, corrupção ou fraude.

A ação de impugnação de mandato tramitará em segredo de Justiça, sem prejuízo de que o autor responda, na forma da lei, se a acusação for temerária ou de manifesta má-fé.

O art. 3° da LC 64/1990 disciplina o trâmite da ação, que comportará arrolamento de testemunhas e produção de provas (inclusive documentais). O art. 4° dispõe que será de 7 dias o prazo para a contestação do candidato, partido ou coligação, após a devida notificação.

A competência obedecerá às seguintes regras:

a) impugnação de mandato de Prefeito, Vice-Prefeito ou Vereador: a ação será processada e julgada perante o juízo eleitoral de primeiro grau;
b) impugnação de mandato de Governador, Vice-Governador, Senador, Deputado Federal, Deputado Estadual e Deputado Distrital: a ação será processada e julgada perante o Tribunal Regional Eleitoral da circunscrição;
c) impugnação de mandato do Presidente da República e Vice-Presidente da República: a ação será processada e julgada perante o Tribunal Superior Eleitoral.

Capítulo 10

1. Justiça Eleitoral

A Justiça Eleitoral surge nos idos de 1930, com a revolução que deu origem ao Código Eleitoral de 1932 (Decreto 21.076/1932), inspirada pelo ideal de moralização do sistema eleitoral.

De maneira conceitual, pode ser compreendida como um instrumento garantidor da lisura em todo processo eleitoral, preservando direitos subjetivos como o sufrágio, garantindo a ordem e o melhor transcorrer de todos os atos.

É uma Justiça Especial, não possuindo corpo permanente, mas, sim, exercício de mandato por seus membros. Seus órgãos estão previstos nos arts. 92, V, e 118 da Constituição Federal, além de correspondências no Código Eleitoral que serão vistos adiante.

O STF e STJ não integram a base piramidal da Justiça Eleitoral, porém conhecem de matérias em alguns casos:

STF – O Supremo conhecerá de matérias eleitorais, porém na condição de "guardião constitucional", tratando também de resolver conflitos de competência entre o TSE e outro Tribunal Superior. (art. 102 da CF)

STJ – O Superior Tribunal de Justiça integrará matérias eleitorais nas situações previstas no art. 105 da CF, como, por exemplo, no julgamento de crimes cometidos por pessoas com foro de prerrogativa de função e também resolvendo conflitos de competência na situação do art. 105, I, "d", CF.

2. Órgãos da Justiça Eleitoral e sua composição

Segundo a Constituição Federal, especificamente o art. 118, a Justiça Eleitoral é composta pelos seguintes órgãos:

a) Tribunal Superior Eleitoral (TSE)
b) Tribunais Regionais Eleitorais (TREs)
c) Juízes Eleitorais
d) Juntas Eleitorais

TSE – Composto por 7 Ministros, com mandato de 2 anos (admitida uma recondução) sendo: 3 Ministros eleitos entre os membros do STF; 2 Ministros eleitos entre os membros do STJ; 2 Ministros nomeados pelo Presidente da República a partir de duas listas, contendo 3 nomes cada, de advogados de notório saber jurídico e reputação ilibada (formação das listas é feita por indicação do STF). Sua competência abrange as eleições presidenciais, além das fixadas pelos arts. 22 e 23 do Código Eleitoral.

TRE – Composto por 7 Desembargadores, com mandato de 2 anos (admitida uma recondução) sendo: 2 Desembargadores do Tribunal de Justiça; 2 Juízes de Direito escolhidos pelo plenário do Tribunal de Justiça; 1 Juiz do Tribunal Regional Federal e 2 advogados de notório saber jurídico e reputação ilibada escolhidos pelo Presidente da República a partir de duas listas tríplices formadas pelo Tribunal de Justiça. Sua competência abrange as eleições gerais (majoritária e proporcional em âmbito estadual e municipal), em especial as disposições dos arts. 29 e 30 do Código Eleitoral.

Juiz Eleitoral – Trata-se de Juízes de Direito estaduais delegados à função de Juiz da Justiça Especial. Em cidades do interior, onde há apenas uma Vara, ficará esta incumbida de realizar os serviços eleitorais. Havendo mais de uma, o TRE da circunscrição irá designar qual Vara ficará responsável (e respectivamente o Juiz). Sua competência abrange as eleições municipais, em especial as disposições do art. 35 do Código Eleitoral.

Junta Eleitoral – A junta eleitoral é naturalmente formada por um juiz eleitoral (nas comarcas com Vara única, será o próprio juiz que a titulariza) além de 2 a 4 cidadãos (de modo que, juntamente com o Juiz Eleitoral, formem um colegiado de número ímpar) de reputação ilibada indicados pelo Juiz Eleitoral e nomeados pelo presidente do TRE, num prazo de até 60 dias antes da eleições. Neste caso, não se fala em competência, mas em função a ser realizada, todas elas previstas nos arts. 36 a 41 do Código Eleitoral, em especial a apuração das eleições nas zonas eleitorais após o encerramento das votações.

Ministério Público – Ainda que não haja expressa previsão pela Constituição Federal, a atuação do Ministério Público vem disposta especialmente pela LC 75/1993 (art. 72 ao 80). Em 1ª instância atuarão os membros do Ministério Público Estadual, por indicação do Procurador-Geral de Justiça e designados pelo Procurador Regional Eleitoral. Em 2ª instância (TREs) atuarão os Procuradores da República, por designação do Procurador-Geral da República. No Tribunal Superior (TSE) a atuação é por conta do Procurador-Geral da República, sob a denominação de Procurador-Geral Eleitoral.

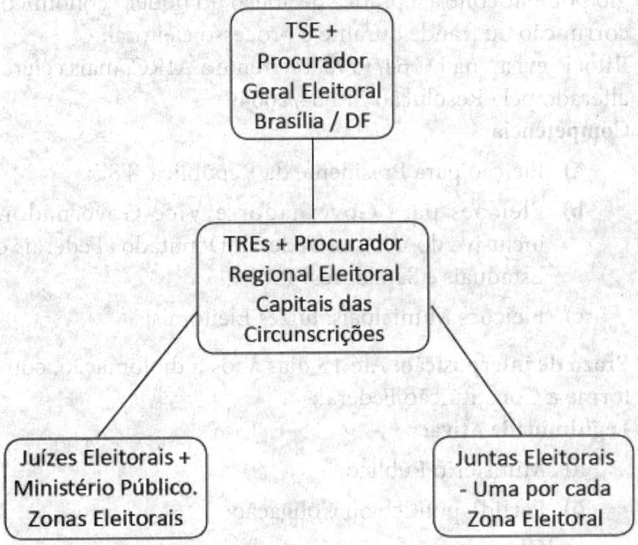

Capítulo 11

1. Ações e recursos eleitorais

Serão competentes para processar e julgar as ações e recursos eleitorais os órgãos da Justiça Eleitoral. Os objetos jurídicos tutelados são a legitimidade e a tranquilidade das eleições, coibindo-se a utilização do poder econômico, fraude, corrupção ou abuso de poder.

Os prazos da Justiça Eleitoral são contínuos e peremptórios (não se suspendem nem se interrompem, além de, uma vez perdidos, não podem ser restituídos).

De maneira especial e pontual destacamos algumas, ressaltando as principais características e peculiaridades:

1.1. Ação de Impugnação de Registro de Candidatura (AIRC)

Legislação: artigos 3º a 17 da LC 64/1990;

Finalidade: impedir que candidato escolhido em convenção partidária seja registrado, em virtude do não atendimento de algum requisito legal ou constitucional, a exemplo da ausência de uma ou mais condições de elegibilidade, a presença de uma causa de inelegibilidade ou mesmo a não apresentação de algum documento indispensável ao pedido de registro de candidatura previsto (art. 11, § 1º, da Lei 9.504/1997);

Rito: Artigos 3º e seguintes da LC 64/1990;

Competência: é determinada em razão do cargo pretendido:

a) **Juízes Eleitorais** – Eleições Municipais;
b) **TRE** – Eleições Estaduais (Governador, Deputados Estaduais/Federais/Distritais, Senadores);
c) **TSE** – Eleições Presidenciais;

Prazo: 5 dias – prazo decadencial, conta-se da publicação do registro do candidato. Ocorre preclusão da matéria não impugnada, salvo se tratar de matéria constitucional;

Legitimidade Ativa:

a) Pré-candidato escolhido em convenção partidária;
b) Coligação Partidária;
c) Ministério Público Eleitoral;
d) Partido Político;
e) eleitor;
f) qualquer cidadão poderá no prazo de 5 (cinco) dias contados da publicação do edital sobre o pedido de registro ingressar com notícia de inelegibilidade ao juiz ou Tribunal competente.

Legitimidade Passiva: pré-candidato escolhido em convenção partidária e que requereu o registro de candidatura;

Consequências:

a) Negação ao registro de candidatura;
b) Cancelamento do registro de candidatura, se acaso já obtido e não diplomado;
c) Anulação do diploma do eleito ou suplente se já diplomado;
d) Afastamento imediato do cargo eletivo, acaso já iniciado o exercício.

Recurso: 3 dias, ao Tribunal (artigos 8º,11 a 13 da LC 64/1990).

1.2. Representação para instauração de Ação de Investigação Judicial Eleitoral – AIJE

Legislação: art. 1º, I, "d" e "h", e 19, além dos artigos 22 e seguintes, da LC 64/1990;

Finalidade: A AIJE visa apurar condutas realizadas com abuso de poder – econômico ou político, este último, no exercício ou função de cargo ou emprego na administração direta ou indireta – que tragam influência a normalidade e a legitimidade das eleições;

Rito: AIJE: art. 22 da LC 64/1990;

Competência: LC 64/1990:

a) Corregedor-Geral Eleitoral: na eleição para Presidente e Vice-Presidente da República;

b) Corregedor-Regional Eleitoral: quando se tratar de eleições para Governador e Vice-Governador; Senadores; Deputados Estaduais/Federais/Distritais;

Prazo: até a diplomação;

Legitimidade Ativa:

a) Ministério Público;

b) Candidato;

c) Partido Político;

d) Coligação;

Legitimidade Passiva:

a) Candidato: que praticou ou foi beneficiado pelo abuso de poder;

b) Terceiros: que praticaram o abuso de poder para benefício de candidato, partido político ou coligação;

Consequências: art. 22, XIV da LC 64/1990:

a) declaração de inelegibilidade;

b) cassação de registro ou diploma;

Recurso: 3 dias (art. 264 e 265 do Código Eleitoral).

1.3. Recurso contra Expedição de Diploma – RCED

Legislação: artigos 216, 262, 265, 266 e 267 do Código Eleitoral;

Finalidade: Visa desconstituir o pronunciamento judicial que deferiu a homologação do resultado das eleições em razão de inelegibilidade ou incompatibilidade de candidato, e erro na contagem de votos e de quociente eleitoral;

Rito: artigos 265 e seguintes do Código Eleitoral;

Consequências: Cassação do diploma do candidato eleito ou suplente, podendo ainda ser aplicada multa nos termos do artigo 41-A da Lei 9.504/1997, se a decisão reconhecer tal prática;

Competência: O RCED será sempre interposto perante o órgão que diplomou o candidato, onde será processado, mas julgado pela instância superior a ele;

IMPORTANTE: Não cabe RCED contra candidatos a Presidente e Vice-Presidente da República;

Prazo: 3 dias, a contar da sessão da diplomação;

Legitimidade Ativa:

a) Ministério Público;

b) Candidato;

c) Partido político;

d) Coligação;

Constitui litisconsórcio necessário entre o candidato e seu partido político;

Legitimidade Passiva: Candidatos eleitos e os suplentes, desde que diplomados;

Consequência: Cassação do diploma (art. 262 do Código Eeleitoral).

Recursos:

a) Eleições Federais e Estaduais: Recurso Ordinário (art. 276, II, "a", do Código Eleitoral);

b) Eleições Municipais: Recurso Inominado;

IMPORTANTE: Art. 216 do Código Eleitoral: *"Enquanto o Tribunal Superior não decidir o recurso interposto contra a expedição do diploma, poderá o diplomado exercer o mandato em toda a sua plenitude"*.

1.4. Ação de Impugnação de Mandato Eletivo – AIME

Legislação: art. 14, §§ 10 e 11, da CF/1988;

Finalidade: Desconstituir a diplomação, que tem a função de declarar a validade de todo o procedimento havido no período eleitoral com relação ao cargo específico, em garantia da normalidade e legitimidade do exercício do poder de sufrágio popular contra a prática de abuso do poder econômico, corrupção ou fraude durante o processo eleitoral;

Rito: Previsto na LC 64/1990, referente à AIRC, mais célere, alterado pela Resolução 21.634/2004;

Competência:

a) Eleição para Presidente da República: TSE;

b) Eleições para Governador e Vice-Governador, inclusive do Distrito Federal, Deputados Federais e Estaduais e Senadores: TRE;

c) Eleições Municipais: Juízes Eleitorais;

Prazo de interposição: Até 15 dias após a diplomação, conforme a Constituição Federal;

Legitimidade Ativa:

a) Ministério Público;

b) Partido político ou Coligação;

c) Candidato;

Observação: Eleitor, não possui legitimidade para propor AIME (TSE, REspe 11.835/PR);

Legitimidade Passiva: Diplomados;

Consequências:

Desconstituição do mandato como consequência do reconhecimento do ilícito eleitoral ou do benefício indevido obtido nas urnas;

Nesta ação não se decreta a inelegibilidade, salvo se ocorrer julgamento em conjunto com a AIJE;

Recurso: Recurso inominado, a ser interposto no prazo de 3 dias;

IMPORTANTE:

Posicionamento dominante do TSE entende que das decisões de impugnação de mandato eletivo que desconstituir a diplomação do impugnado produz efeitos imediatos, sem a necessidade de se aguardar o trânsito em julgado, afastando a aplicação do previsto pelo art. 216 do Código Eleitoral.

24. Filosofia do Direito

Camilo Caldas e Pedro Davoglio

Os concursos da Defensoria Pública têm seguido a tendência de outros concursos públicos no Brasil e passaram a incluir no conteúdo programático das provas disciplinas de cunho humanístico, dentre elas a Filosofia do Direito.

1. Introdução

Pensar o Direito tendo como ponto de partida as *normas jurídicas positivadas pelo Estado* costuma ser denominado *estudo dogmático do Direito*.

A Filosofia do Direito, por outro lado, é considerado um estudo da *zetética jurídica* (cf. Tércio Sampaio Ferraz Jr.), pois **não limita** seu objeto às normas jurídicas estatais. Adota-se uma postura de indagação, de questionamento sobre o que é o Direito, qual sua origem e sua finalidade, porque ele passou a ser identificado com as normas jurídicas estatais etc.

Indicação de leitura

O estudo da Filosofia do Direito traz dificuldades adicionais para o estudante de direito porque demanda conhecimentos da filosofia como um todo. A melhor abordagem – mais didática e completa – sobre o tema pode ser encontrada em: MASCARO, Alysson. **Filosofia do Direito**. 3. ed. São Paulo: Atlas, 2013.

Não existe um critério consensual e objetivo para inserir um pensador nas diversas **áreas da zetética jurídica: Filosofia do Direito, Sociologia do Direito, Teoria Geral do Direito**, História do Direito etc. No máximo, pode-se falar em uma tradição que considera um estudioso como integrante de um ou vários destes campos do conhecimento.

O objetivo da Filosofia do Direito é pensar o fenômeno jurídico do ponto de vista ontológico (o que é o direito, qual a sua forma e seu conteúdo, como se transforma historicamente), epistemológico (qual o método para conhecê-lo cientificamente), axiológico (quais os valores ligados ao Direito), teleológico (qual a finalidade do Direito).

A etimologia de vários termos pode ser encontrada no idioma grego

Dogmática: verbo *dokein* = doutrinar, ensinar.

Zetética: verbo *zetein* = perquirir, questionar, indagar.

Ontologia: *ontos* (ser) + *logos* (teoria, estudo).

Epistemologia: *episteme* (conhecimento) + *logos*.

Axiologia: *aksios* (valor) + *logos* (teoria, estudo).

Teleologia: *telos* (finalidade) + *logos* (teoria, estudo).

Existem diversos critérios para organizar a Filosofia do Direito. O mais comum é adotar uma divisão: (i) por períodos (filosofia antiga, patrística, medieval, renascentista, moderna, iluminista, contemporânea); (ii) por autores; (iii) a partir da dicotomia juspositivismo e jusnaturalismo.

2. Dicotomia Jusnaturalismo e Juspositivismo

Uma das dicotomias tradicionais do Direito divide o pensamento jurídico em duas correntes: o juspositvismo e o jusnaturalismo. A exemplo de outras classificações, há controvérsias quando se trata de enquadrar os pensadores do direito nestes dois grupos. Além disso, tal divisão é criticada porque implica numa simplificação que não abrange perfeitamente algumas linhas filosóficas.

2.1. Jusnaturalismo

O jusnaturalismo é a corrente jurídica predominante até o século XIX. Ela concebe a existência de um "direito natural", que se torna critério para pensar o direito positivo (posto pelo legislador). Afirmar o direito como "natural" significa negar que ele seja algo decorrente da decisão ou vontade humana.

Sob o rótulo de jusnaturalismo encontram-se reflexões diversificadas a respeito do Direito. Ainda assim, é possível encontrar algumas classificações bastante recorrentes, como a que utilizamos a seguir:

a) **Jusnaturalismo antigo:** surge com filosofia grega na antiguidade. O direito é identificado com a *justiça*, mas esta não corresponde necessariamente à lei. A justiça é pensada conjuntamente com a ética e a política, esta última entendida como condição natural dos seres humanos, voltada para o bem comum. Segundo o filósofo grego *Aristóteles* (384 a 322 a.C.), examinar a *natureza das coisas* – não apenas as leis – é indispensável para pensar o justo (a filosofia do Direito aristotélica e a platônica será explicada e exemplificada mais adiante). A filosofia e o direito romano se constituem a partir dos princípios e ideias do pensamento grego.

Epicuro (270 a.C. a 341 a.C.) – Epicurismo

Filósofo grego do período helenístico (último período da filosofia antiga grega). Para ele justiça se estabelece a partir do que é útil socialmente, evitando ou minimizando o desprazer (dor e perturbação) de todos. O justo, portanto, é estabelecido a partir do consenso, pela convenção dos homens, que optam por aquilo que será útil reciprocamente.

> "XXXI – O justo segundo a natureza é a regra do interesse que temos em não nos prejudicarmos nem sermos prejudicados mutuamente.
>
> XXXII – Em relação àqueles, dentre os viventes, que não puderem concluir pactos para não se prejudicarem pessoalmente nem serem prejudicados mutuamente, nada há que seja justo ou injusto Isto também vale para os povos que não puderam ou não quiseram concluir pactos para não se prejudicarem nem serem prejudicados mutuamente.
>
> XXXIII – Nunca houve justiça em si, mas nas relações recíprocas, quaisquer que sejam seu âmbito e as condições do tempo, uma espécie de pacto afim de não prejudicar nem ser prejudicado".
>
> **Máximas Fundamentais**. Campinas: IFCH/Unicamp, 2006. p. 39.

Marco Túlio Cícero (106-43 a.C.) – Estoicismo

Jurista romano da filosofia estoica. O estoicismo se opõe à ideia epicurista de *justiça* como pacto humano que positiva a lei. O justo se apresenta como virtude dirigida pela razão natural, sendo anterior e condicionante do direito positivo.

> "A razão reta, conforme a natureza, gravada em todos os corações, imutável, eterna, cuja voz ensina e prescreve o bem, afasta do mal que proíbe e, ora com seus mandatos, ora com suas proibições, jamais se dirige inutilmente aos bons, nem fica impotente ante os maus. Essa lei não pode ser contestada, nem derrogada em parte, nem anulada; não podemos ser isentos de seu cumprimento pelo povo nem pelo senado; não há que procurar para ela outro comentador nem intérprete; não é uma lei em Roma e outra em Atenas, uma antes e outra depois, mas una, sempiterna e imutável, entre todos os povos e em todos os tempos; uno será sempre o seu imperador e mestre, que é Deus, seu inventor, sancionador e publicador; não podendo o homem desconhecê-la sem renegar-se a si mesmo, sem despojar-se do seu caráter humano e sem atrair sobre si a mais cruel expiação, embora tenha conseguido evitar todos os outros suplícios".
>
> *Da república*. Bauru: Edipro, 1995. p. 75.

b) **Jusnaturalismo Teológico:** para a filosofia patrística e medieval, Deus é a fonte da lei e do justo, portanto, a teologia está diretamente ligada o Direito. Na filosofia antiga, há uma relação entre religiosidade e direito, contudo, este vínculo se apresenta de modo mais profundo e institucional. Conforme a vertente teológica (cristã, islâmica, judaica) há uma fonte sagrada que deve ser considerada necessariamente (Bíblia, Alcorão ou Torá/Pentateuco) na reflexão sobre o justo. Essa corrente dialoga diretamente com os pensadores da filosofia antiga, especialmente Platão e Aristóteles.

Distinção entre filosofia patrística e medieval

Patrística: surge com os fundadores do cristianismo, os pais (padres) da Igreja. Destacam-se, dentre outros representantes, Paulo de Tarso (5 a 67 d.C.) – apóstolo de Cristo, conhecido como São Paulo – e Santo Agostinho (354 a 430 d.C.). Desenvolve-se ao longo do séc. I a VII, no início, concomitantemente com a filosofia antiga. Trata-se de um momento no qual a filosofia cristã tenta afirmar-se diante de outras correntes filosóficas (estoicismo, epicurismo, ceticismo etc.).

Medieval: a vertente cristã se desenvolve do século VIII ao XIV, tentando compatibilizar razão e fé ao tratar das questões relativas a direito e justiça. No catolicismo, a impossibilidade humana de alcançar a plenitude da razão faz com que parte da verdade somente possa ser conhecida pela revelação, que deve ser confirmada pela Instituição Eclesiástica, que neste momento já consolidou seu poder político e o reforça por meio de suas teorias. São Tomás de Aquino e Guilherme de Ockham dois pensadores que se destacam. A expressão "Escolástica" designa parte da filosofia deste período, pois as escolas, controladas pela Igreja, ensinam a filosofia cristã.

São Tomás de Aquino (1225-1274)

A lei estabelece fins que expressam a racionalidade instituída por Deus

"Portanto, assim como razão da divina sabedoria, enquanto por ela foram todas as coisas criadas, tem razão de arte ou exemplar ou ideia, assim também a razão da divina sabedoria ao mover todas as coisas para o devido fim, obtém a razão de lei. E segundo isso, a lei eterna nada é senão a razão da divina sabedoria, segundo é diretiva de todos os atos e movimentos".

Suma teológica. São Paulo: Loyola, 2005. v. IV, p. 547.

O tomismo reinterpreta o aristotelismo conforme o cristianismo

"Como se disse, o direito ou o justo natural é o que, por natureza, é ajustado ou proporcional a outrem. Ora, isso se pode dar de duas maneiras: primeiro, segundo a consideração absoluta da coisa em si mesma. Assim o macho, por natureza, está adaptado à fêmea para dela gerar filhos; e o pai, ao filho, para que o nutra. Segundo, algo é naturalmente adaptado a outrem, não segundo razão absoluta da coisa em si, mas tendo em conta as suas consequências: por exemplo, a propriedade privada. Com efeito, a considerar tal campo de maneira absoluta, nada tem que o faça pertencer a um indivíduo mais do que a outro. Porém, considerado sob o ângulo da oportunidade de cultivá-lo ou de seu uso pacífico, tem certa conveniência que seja de um e não de outro, como o Filósofo [Aristóteles] o põe em evidência".

Suma Teológica. São Paulo: Loyola, 2005. v. VI, p.50.

c) **Jusnaturalismo Moderno:** concebe a existência de direitos naturais individuais, que podem ser reconhecidos por uma razão que é comum a todos os seres humanos, portanto, universal. O direito positivo, dentro desta visão, teria por objetivo garantir a proteção dos direitos naturais. Os Estados que surgem no final da Idade Moderna positivam suas leis na forma de *declarações* (e.g. *Declaração Universal dos Direitos do Homem e do Cidadão* na França). A ideia defendida é que o Estado está apenas reconhecendo certos direitos, não os está criando, ou seja, o direito positivo é mero reprodutor do direito natural inerente de todo indivíduo. Esta corrente é também denominada de *jusnaturalismo racionalista*, pois o pensamento moderno-iluminista propõe-se a pensar o direito natural apenas a partir da *razão*, sem considerar a fé como elemento teórico, a exemplo do que ocorria na escolástica medieval.

John Locke (1632-1704).

Defensor dos ideais liberais, seu pensamento espelha o programa da crescente classe burguesa, que se opõe aos regimes monárquicos absolutistas. A legitimidade do direito positivo decorreria de um "contrato social": um acordo de vontade entre os súditos. A liberdade natural original dos indivíduos e uma escolha racional levariam à submissão consentida: sujeitar-se à autoridade do Estado e do direito, como melhor forma de preservar os direitos naturais individuais (liberdade econômica, igualdade jurídica, propriedade privada, elementos indispensáveis para a reprodução das relações sociais capitalistas nascentes).

O direito natural dá origem ao direito positivo

"Sendo todos os homens, como já foi dito, naturalmente livres, iguais e independentes, ninguém pode ser privado dessa condição nem colocado sob o poder político de outrem sem o seu próprio *consentimento.* A única maneira pela qual uma pessoa qualquer pode abdicar de sua liberdade natural e revestir-se dos elos da sociedade civil é concordando com outros homens em juntar-se e unir-se em uma comunidade, para viverem confortável, segura e pacificamente uns com os outros, num gozo seguro de suas propriedades e com maior segurança contra aqueles que dela não fazem parte", p. 468.

Os direitos naturais são inerentes ao indivíduo

"Todo homem nasce com um duplo direito: em primeiro lugar, o direito à liberdade de sua pessoa, sobre a qual ninguém mais tem nenhum poder, cabendo a ele dispor de si mesmo como quiser. Em segundo lugar, um direito, acima de qualquer outro homem, a herdar, com seus irmãos, os bens de seu pai", p. 554.

Os direitos naturais devem ser respeitados pelo soberano (Estado)

"O poder supremo não pode tomar de homem algum nenhuma parte de sua propriedade sem o seu próprio consentimento. Pois sendo a preservação da propriedade o fim do governo e a razão por que os homens entram em sociedade, isso pressupõe e necessariamente exige que o povo tenha propriedade, sem o que será forçoso supor que todos percam, ao entrarem em sociedade, aquilo que constituía o objetivo pelo qual nela ingressaram – um absurdo por demais flagrante para ser admitido por qualquer um. Portanto, dado que os homens em sociedade possuem propriedade, têm eles sobre os bens que, com base na lei da comunidade, lhes pertencem, um direito tal que a ninguém cabe o direito de tolher seus haveres, ou partes destes, sem o seu próprio consentimento", p. 509.

Dois tratados sobre o governo. São Paulo: Martins Fontes, 2005.

Kant (1724-1804): jusnaturalismo iluminista

"A posse meramente física da terra (sua ocupação) já é um direito a uma coisa, embora certamente não por si suficiente para considera-la como minha. Relativa a outros, visto que (na medida do que se sabe) é primeira posse, é coerente com o princípio da liberdade externa e também está envolvida na posse original em comum, que proporciona *a priori* a base sobre a qual qualquer posse privada é possível. Consequentemente, interferir com o uso de um pedaço de terra pelo seu primeiro ocupante significa lesá-lo. Realizar a primeira tomada de posse tem, portanto, uma base jurídica (*titulus possessionis),* que é posse original em comum; e o brocardo "Felizes são aqueles que têm a posse" (*beati possidentes),* porque ninguém ser obrigado a certificar sua posse é um princípio básico de direito natural, o qual estabelece o tomar a primeira posse como uma base jurídica de aquisição com a qual pode contar todo primeiro possuidor".

A metafísica dos costumes. Lisboa: Edições 70, 2000. p. 97.

Obs.: sua filosofia será explicada em detalhes mais adiante.

2.2. Juspositivismo

O juspositivismo é uma corrente de pensamento que surgiu no século XIX e predomina até o presente. Critica a ideia de direito natural, afirmando que só existe o *direito positivo* (posto pelo Estado), ou seja, decorrente da criação, da decisão humana. A deontologia (o exame do *dever ser*) tem como ponto de partida obrigatório a norma jurídica estatal.

O Direito enquanto norma estatal

Para o juspositivismo, reconhecer a existência de normas oriundas dos costumes e dos contratos, não implica em negar o direito enquanto conjunto ordenado de normas estatais, pois uma norma proveniente de um contrato ou decorrente do costume somente é *norma jurídica* quando reconhecida como tal pelo Estado, conforme as regras estabelecidas previamente por ele mesmo.

A exemplo do que ocorre com o "jusnaturalismo", a denominação de "juspostivista" abrange correntes de pensamento que divergem bastante entre si. O ponto comum entre os pensadores do juspositivismo é a identificação do direito com as normas jurídicas postas pelo Estado.

A dicotomia *juspositivismo vs. jusnaturalismo* é bastante reducionista. Por essa razão o professor Alysson Mascaro, na obra anteriormente indicada, distingue "três caminhos da Filosofia da Direito contemporânea". Além do juspositivismo, que é um dos caminhos, há duas vertentes de crítica ao pensamento juspositivista: as marxistas (e.g. Pachukanis) e as não marxistas (e.g. Carl Schmitt e Michel Foucault).

No interior do juspositivismo, Mascaro estabelece a distinção entre três variantes: o juspositivismo eclético (e.g. Miguel Reale); o juspositivismo estrito (e.g. Hans Kelsen); e o juspositivismo ético (e.g. Jürgen Habermas). Vejamos cada uma das correntes sinteticamente:

a) **Juspositivismo Eclético:** é uma espécie de momento de transição entre o jusnaturalismo e o juspositivismo que surge no século XIX. Identifica o direito a partir das normas positivadas, fundamentando-o, contudo, em algo externo ao ordenamento jurídico: a cultura, a moral, os valores sociais etc. É *eclético* porque afirma que o direito somente pode ser explicado enquanto combinação de várias fontes. Miguel Reale, por exemplo, na obra *Teoria Tridimensional do Direito*, afirma que o direito somente pode ser entendido como integração de *fato, valor* e *norma.* A *Escola Histórica do Direito*, cujo principal expoente é Friedrich Karl von *Savigny*, explica o fenômeno jurídico como manifestação do "espírito do povo" (*Volksgeist*) – cultura, usos e costumes historicamente constituídos – que deve inclusive servir de guia para a adequada interpretação das normas jurídicas.

b) **Juspositivismo Estrito:** esta corrente de pensamento jurídico se opõe às correntes ecléticas (culturalistas, historicistas etc.). Seu maior expoente é Kelsen, autor de *Teoria Pura do Direito* no início do século XX. A condição para o direito ser uma ciência é ter um único objeto: a norma jurídica. Outras fontes, outros objetos, devem ser excluídos do campo científico de estudo, pois a pureza é o pressuposto para a cientificidade. O direito pode ser explicado em termos estritamente normativos, pois o seu fundamento último é uma *norma*.

c) **Juspositivismo** Ético: surge após a "crise" do juspositivismo estrito, uma vez que esta corrente defendia que o Direito não se define enquanto tal a partir de ideias como moral, justiça ou democracia (o Direito, portanto, dos Estados totalitários – e.g. nazistas e fascistas – deveria ser reconhecido igualmente como Direito). Criticando o juspositivismo estrito, o juspositivismo ético se desenvolve na segunda metade do século XX e retoma a reflexão sobre o Direito a partir de princípios éticos e da ideia de consenso social. A *Teoria da Ação Comunicativa* de Habermas é um caso exemplar desta forma de pensar.

Habermas: a validade do dever ser é condicionada eticamente

"O que de fato se exprime na validez deôntica é a autoridade de uma vontade *universal, partilhada* por todos os concernidos, vontade esta que se despiu de toda qualidade imperativa e assumiu uma qualidade moral porque apela a um interesse universal que se pode constatar *discursivamente*, e que, por conseguinte, pode ser apreendido *cognitivamente* e discernido na perspectiva do participante".

HABERMAS, Jürgen. **Consciência moral e agir comunicativo**. Rio de Janeiro: Tempo Brasileiro, 1989. p. 95.

O juspositivismo ético não defende um "direito natural" – conteúdos jurídicos predeterminados – e também não é idêntico ao juspositivismo eclético (embora ambos pensem o direito eticamente), porque para o juspositivismo ético o direito positivo não é uma reescrita dos valores da moral, da cultura, da tradição, pelo contrário, é o direito que deve nortear a sociedade dentro de princípios que são a condição para que se efetive a opção mais racional para o todo social.

As teorias de Miguel Reale, Hans Kelsen e Michel Foucault, dentre outros, serão explicadas em maiores detalhes em capítulos próprios a seguir.

3. Filosofia do Direito Grega

Dentre as diversas civilizações da antiguidade, os gregos e romanos se destacam e se diferenciam por sua forma de pensar o Direito e a Política.

O pensamento político e jurídico contemporâneo tem forte influência do pensamento greco-romano.

O pensamento jurídico moderno estabelece métodos e objetos bastante distintos daqueles que constituem a filosofia do Direito na antiguidade.

Enquanto o positivismo jurídico mais estrito reduz a Ciência do Direito ao estudo das normas estatais, a filosofia do Direito na antiguidade preocupa-se precipuamente com o tema da "justiça".

O direito antigo é diferente do contemporâneo não apenas no conteúdo, mas também na sua forma. Isso ocorre porque as relações sociais de cada período são distintas. Os gregos pensam a política e o direito a partir do todo, da *pólis* (a cidade-Estado). O direito moderno será pensado a partir da ideia de indivíduo.

Observação: o direito antigo e o contemporâneo

Nas sociedades antigas escravistas, o indivíduo (senhor) se relaciona com outro (escravo) negando-lhe, por princípio, concretamente, a condição de sujeito de direito livre e igual. Nas sociedades capitalistas, as relações sociais são de trocas mercantis, há, portanto, de início, o reconhecimento recíproco da condição de sujeito livre e igual (perante a lei).

Assim, o Direito, entendido como relação social, contemporaneamente, tem sua forma determinada pela existência de trocas mercantis, que implicam no reconhecimento recíproco de que todos são sujeitos de direito, livres para contratar, cujos deveres – legais e contratuais – serão garantidos pela força estatal igualmente perante todos.

Portanto, ainda que se possa falar na existência de normas desde a antiguidade, elas não funcionam no passado da mesma forma, não são gerais, impessoais e abstratas como na atualidade. Pelo mesmo motivo, aquilo que se designa como Estado e Direito contemporâneos deixa de estar diretamente relacionado com a vontade de uma classe específica – como ocorria nos modos de produção anteriores. Constitui-se assim, o Estado de Direito tal como o conhecemos contemporaneamente (ainda que o modelo atual de democracia apenas venha posteriormente).

Os filósofos gregos viveram em diversos períodos distribuídos em diferentes regiões europeias. Atenas se destaca por ter abrigado três importantes pensadores que se sucederam: Sócrates, Platão e Aristóteles.

Muitos filósofos da Grécia antiga falaram a respeito do Direito e do justo, dentre eles, Platão e Aristóteles possuem os estudos mais sistemáticos e conhecidos.

Conforme veremos a seguir, não é possível entender as conclusões que um filósofo tem a respeito do direito se não entendermos suas premissas. Isso exige uma compreensão da sua epistemologia, ou seja, da teoria do conhecimento que opera, do método proposto por ele para se alcançar um conhecimento confiável.

3.1. Platão (427 a 347 a.C.)

Platão é discípulo do filósofo Sócrates e foi responsável por transcrever os debates de seu mestre. Platão comumente apresenta suas ideias filosóficas na forma de diálogos, nos quais Sócrates aparece como personagem.

Os escritos de Platão a respeito do Direito estão diretamente ligados com sua epistemologia e podem ser encontrados reunidos em uma mesma obra: *A República*. Vejamos suas principais ideias:

A filosofia platônica parte da distinção entre mundo inteligível e mundo sensível, aplicando tal dicotomia em diversos temas como arte, política, direito etc.

No mundo sensível conhecemos os seres por meio dos sentidos – vemos, ouvimos, tocamos os objetos. O mundo das ideias (inteligível) é conhecido por meio da razão, que é capaz de contemplar – intelectualmente – a essência dos seres.

Para se conhecer o que define um ser – aquilo que ele é – é preciso distinguir os elementos acidentais (fortuitos, variáveis, contingentes) dos essenciais (perenes, invariáveis, necessários).

Enquanto os sentidos apenas captam a *aparência* dos seres, o intelecto conhece a sua *essência*.

O conhecimento sensível é precário, pois, neste mundo os seres estão em constante mudança, contém elementos acidentais e perdem sua identidade. As ideias, no entanto, são cognoscíveis, pois permanecem sempre idênticas a si mesmas.

Para Platão, se a essência das coisas mudasse, ela seria incognoscível. Também não seria possível comunicar nada sobre os seres. Se o que define "cavalo" mudasse, ao se falar sobre "cavalo", não se saberia o que está sendo dito, afinal, o "ser cavalo" não permaneceria idêntico o tempo todo.

Somente há conhecimento se respeitado o *princípio de identidade*: o ser precisa permanecer idêntico a si mesmo. Assim, se os seres no mundo sensível mudam, eles são incognoscíveis e, portanto, somente é possível o conhecimento das ideias (do mundo inteligível).

No livro VII da *República*, Platão apresenta o famoso *Mito da caverna*, no qual utiliza uma alegoria para explicar suas ideias filosóficas.

Mito da caverna

As pessoas, presas desde sempre numa caverna, veem sombras projetadas no fundo. Por nunca terem saído, imaginam que conhecem as coisas como elas são. O filósofo é aquele que sai da caverna e conhece a verdade.

> "Sócrates – Agora, meu caro Glauco, é preciso aplicar, ponto por ponto, esta imagem ao que dissemos atrás e comparar o mundo que nos cerca com a vida da prisão na caverna, e a luz do fogo que a ilumina com a força do sol. Quando à subida à região superior e à contemplação dos seus objetos, se a considerares como a ascensão da alma para a mansão inteligível, não te enganarás quando à minha ideia, visto que também tu desejas conhecê-la. Só Deus sabe se ela é verdade. Quando a mim, a minha opinião é esta: no mundo inteligível, a ideia do bem é a última a ser apreendida, e com dificuldade, mas não se pode apreendê-la sem concluir que ela é a causa de tudo o que de reto e belo existe em todas as coisas; no mundo visível, ela engendrou a luz e o soberano da luz; no mundo inteligível, e é preciso vê-la para se comportar com sabedoria na vida particular e na vida pública".
>
> Platão. **A República**. São Paulo: Nova Cultural, 1997, 228.

A subida para saída da caverna equivale à ascensão intelectual, por meio da razão, ao mundo inteligível. O que é visto (sombras) – o sensível – é apenas uma projeção do inteligível – as coisas como elas são, que estão fora da caverna.

Estabelecida essa explicação, agora é possível entender o pensamento platônico sobre o direito, que implica necessariamente em refletir sobre o justo. A ideia direito não pode ser dissociada da de justiça e verdade.

O conhecimento do justo depende de uma reflexão racional. Decidir conforme o justo é isolar-se das paixões, afastar-se dos impulsos sentimentais. O filósofo se dedica a conhecer a justiça, pois objetiva a verdade, mas não o faz a partir do seu contato com o mundo sensível e sim por meio de uma operação puramente interna do intelecto.

A justiça não é pensada do ponto de vista do indivíduo, mas sim da totalidade, da *pólis*. É, portanto, política. Por essa razão, o filósofo deveria ser o governante, pois exerceria o poder político conforme o justo, propiciando o bem estar de todos.

O rei filósofo, pressuposto para um governo racional e justo

> "Sócrates – Enquanto os filósofos não forem reis nas cidades, ou aqueles que hoje denominamos reis e soberanos não forem verdadeiramente seriamente filósofos, quanto o poder político e a filosofia não convergirem num mesmo indivíduo, enquanto os muitos caracteres que atualmente perseguem um a outro destes objetivos de modo exclusivo não forem impedidos de agir assim, não terão fim, meu caro Glauco, os males das cidades nem, conforme julgo, os do gênero humano, e jamais a cidade que nós descrevemos será edificada. Eis o que eu hesitava há muito em dizer, prevendo quando estas palavras chocariam o senso comum. De fato, é difícil conceber que não haja felicidade possível de outra maneira, para o Estado e para os cidadãos".
>
> Id., ibid., p. 180

O bom governante é virtuoso. A sabedoria, a moderação racional, a coragem, constituem um conjunto de virtudes indispensáveis, que combinadas permitem outra: a justiça. Este é o objetivo das próprias leis, que devem participar da ideia de justiça, assim como os objetos do mundo sensível participam do mundo das ideias.

A lei e o justo

> "Clínias – E não seria, estrangeiro, o parecer que expressamos já há muito tempo atrás o acertado? Dissemos que todas nossas leis devem sempre visar um único objeto, o qual, segundo nosso consenso, é denominado virtude com absoluta propriedade"
>
> Platão. *As leis*. Bauru: Edipro, 1999. p. 502.

Na filosofia platônica, o justo não é identificado com o direito positivado, com as leis. Ao contrário do que concebem os pensadores juspostivistas contemporâneos, não há uma identidade necessária entre o justo e o legislado. Essa relação é contingente, pode ou não ocorrer.

O juízo do justo não é mera aplicação das leis, mas sim resultado da *dialética*, do questionamento racional. O conhecimento ocorre pelo *diálogo* (Em grego: *dia*= através; *logos*= razão), ou seja, por meio da razão. O diálogo consiste no confronto argumentativo, que permite a razão separar os elementos acidentais do ser até identificar aqueles que lhe são essenciais, inerentes.

A dialética platônica

No diálogo entre Sócrates e Céfalo, há um debate a respeito do que é justo. A razão precisa afastar o que aparentemente parece ser a justiça, para conhecer a essência do justo. Trata-se de um processo dialético, de questionamento sucessivo.

> "Sócrates – As tuas são palavras maravilhosas, ó Céfalo. Mas essa virtude de **justiça** resume-se em **proferir a verdade** e em **restituir o que se tomou de alguém**, ou podemos dizer que às vezes é correto e outras vezes incorreto fazer tais coisas? Vê este exemplo: se alguém, em perfeito juízo, entregasse armas a um amigo, e depois, havendo se tornado insano, as exigisse de volta, todos julgariam que o amigo **não lhe as deveria restituir**, **nem mesmo** concordariam em **dizer toda a verdade a um homem enlouquecido**.
>
> Céfalo – Estou de acordo.
>
> Sócrates – Como vês, justiça não significa ser sincero e devolver o que se tomou".
>
> Platão. **A República**, op. cit., p. 9. Destaque nosso.

3.2. Aristóteles (384 a 322 a.C.)

Aristóteles, nascido em Estagira, região da Macedônia, é discípulo de Platão. No entanto, sua filosofia apresenta diversos dissensos em relação ao seu antigo mestre.

O conceito de justiça platônico é tido como idealista demais, razão pela qual Aristóteles resgata a necessidade de uma reflexão a partir da observação daquilo que existe na realidade, concretamente no mundo.

O jurista decide com justiça se fizer um juízo prudencial. O sujeito torna-se prudente a partir do seu contato com o mundo, com a vivência de experiências. O jovem é tendencialmente imprudente, porque é inexperiente, e o sábio é prudente porque é mais experiente.

O juízo prudencial não é decorrência da sistematização de ideias abstratas. A prudência é uma virtude prática, pois está vinculada a um juízo a respeito das circunstâncias e das possibilidades concretas que existem no mundo.

Observação: Jurisprudência e Ciência do Direito

Para os antigos, o jurista não é aquele que simplesmente conhece determinadas técnicas. Conhecer a totalidade, a realidade, não apenas as normas, é indispensável para um juízo sobre o razoável e o justo.

A concepção de uma *ciência do direito* surge com o advento do pensamento juspositivista. Comumente se afirma que a ciência do direito tem como objeto as normas estatais. Operar com o direito seria dominar determinadas técnicas.

Até a idade contemporânea, a expressão *Ciência do Direito* não era utilizada. O termo equivalente era *Jurisprudência*. Os romanos compartilhavam dessa visão ao afirmar que "o direito é arte do bom e do justo". A realização do belo, objetivo da arte, depende da qualidade pessoal do artista e não simplesmente do domínio de determinados procedimentos técnicos.

A expressão *Jurisprudência* foi abandonada justamente quando a ciência do direito reduziu seu objeto às normas estatais. No seu lugar, fala-se em *Ciência Dogmática do Direito*, que opera a partir de um padrão técnico-normativo.

A norma jurídica é o *dogma* do jurista contemporâneo. A deontologia, pensar o que é devido, o *dever-ser*, exige necessariamente tomar a norma estatal como ponto de partida, não questioná-la na sua razão de ser. Lidar com direito torna-se então o domínio de determinadas técnicas voltadas para o manejo da lei.

Os críticos do juspostivismo afirmam que reduzir a *Ciência do Direito* ao seu aspecto normativo a torna mero conjunto de técnicas, não uma ciência propriamente. A *Ciência*, diferentemente, tem como objeto a totalidade relacionada com fenômeno jurídico, portanto, estuda o direito para além das normas estatais positivadas e indaga sobre a ausência e a presença delas.

Para Aristóteles, as reflexões sobre direito e ética não podem estar desvinculadas (ao contrário do que acontece, recorrentemente, na atualidade). Sua principal obra sobre o tema é dedicada a seu filho e denomina-se: Ética a Nicômaco. Dentre todas as partes, o *Livro V* é a mais importante e citada.

Aristóteles sistematiza a reflexão a respeito da justiça a partir da seguinte divisão:

- ✔ Justiça Universal.
- ✔ Justiça Particular:
  1) Justiça distributiva;
  2) Justiça corretiva
     - Voluntária
     - Involuntária
  3) Reciprocidade

A justiça é **universal** porque está em todas as demais virtudes, como a caridade ou a coragem. Ser generoso ou corajoso é uma virtude, mas somente quando é exercida com justiça.

O exercício da justiça depende da *prudência* que deve determinar o *meio-termo* evitando a carência e o excesso, que são os extremos. O covarde foge diante de qualquer risco; o oposto é ser temerário – agir com excesso de ímpeto. A injustiça está nos extremos, a justiça na moderação.

Justiça e a doutrina do meio-termo

> "A justiça é a observância do meio-termo, mas não de maneira idêntica à observância de outras formas de excelência moral, e sim porque ela se relaciona com o meio-termo, enquanto a injustiça se relaciona com os extremos. E a justiça é a qualidade que nos permite dizer que uma pessoa está predisposta a fazer, por sua própria escolha, aquilo que é justo, e, quando se trata de repartir alguma coisa entre si mesma e outra pessoa, ou entre duas pessoas, está disposta a não dar demais a si mesma e muito pouco à outra pessoa daquilo que é desejável, e muito pouco a si mesma e demais à outra pessoa daquilo que é nocivo, e sim dar a cada pessoa o que é proporcionalmente igual, agindo de maneira

identica em relação a duas outras pessoas. A justiça, por outro lado, está relacionada identicamente com o injusto, que é excesso e falta, contrário à proporcionalidade, do útil ou do nocivo. Por esta razão a injustiça é excesso e falta, no sentido de que ela leva ao excesso e à falta – no caso da própria pessoa, excesso do que é útil por natureza e falta do que é nocivo, enquanto no caso de outras pessoas, embora o resultado global seja semelhante ao do caso da própria pessoa, a proporcionalidade pode ser violada em uma direção ou na outra. No ato injusto, ter muito pouco é ser tratado injustamente, e ter demais é agir injustamente".

Aristóteles. **Ética a Nicômaco**. Brasília: Editora UnB, 1999. p.101.

A justiça é **particular** porque é uma virtude em si mesma, não apenas na relação com as demais. Neste caso, justiça consiste em "dar a cada um o que é seu", segundo uma proporção.

A proporção da justiça em Aristóteles irá se expressar na famosa ideia de que o justo é tratar os iguais igualmente e os desiguais desigualmente, na medida de sua desigualdade.

A determinação do que é justo, do que é devido a cada um, realiza-se por meio da **distribuição**, da **correção** ou da **reciprocidade**.

Justiça distributiva e corretiva

"Uma das espécies de justiça em sentido estrito e do que é justo na acepção que lhe corresponde é a que se manifesta na distribuição de funções elevadas de governo, ou de dinheiro, ou das outras coisas que devem ser divididas entre os cidadãos que compartilham dos benefícios outorgados pela constituição da cidade, pois em tais coisas uma pessoa pode ter uma participação desigual ou igual à de outra pessoa; a outra espécie é a que desempenha uma função corretiva nas relações entre as pessoas. Esta última se subdivide em duas: algumas relações são voluntárias e outras são involuntárias; são voluntárias a venda, a compra, o empréstimo a juros, o penhor, o empréstimo sem juros, o depósito e a locação (estas relações são chamadas voluntárias porque sua origem é voluntária); das involuntárias, algumas são sub-reptícias (como o furto, o adultério, o envenenamento, o lenocínio, o desvio de escravos, o assassínio traiçoeiro, o falso testemunho), e outras são violentas, como o assalto, a prisão, o homicídio, o roubo, a mutilação, a injúria e o ultraje."

Id., Ibid., p. 95.

Segundo Aristóteles, somente há justiça se as riquezas, benefícios e honrarias forem distribuídos na *pólis*. Trata-se da justiça **distributiva**.

A distribuição pressupõe que haja, no mínimo, *dois sujeitos* em relação aos quais serão distribuídos os objetos, que, consequentemente, também precisam ser, no mínimo, dois.

O *mérito* é o critério utilizado para determinar como será feita a distribuição. O significado de *mérito* varia conforme aquilo que a *pólis* valoriza, por exemplo, o "homem livre" na democracia; "a nobreza de nascimento", na oligarquia.

A proporção da justiça distributiva é **geométrica**. Ela opera tal como a "regra de três da matemática". Por exemplo, 1 pessoa tem direito a 2 cotas, então 3 pessoas terão direito a 6 cotas. O justo é o respeito à proporção.

Justiça distributiva

"O justo, portanto, pressupõe no mínimo quatro elementos, pois as pessoas para as quais ele é de fato justo são duas, e as coisas nas quais ele se manifesta – os objetos distribuídos – são também duas. E a mesma igualdade existirá entre as pessoas e as coisas envolvidas, pois da mesma forma que as últimas – as coisas envolvidas – são relacionadas entre si, as primeiras também o são; se as pessoas não forem iguais, elas não terão uma participação igual nas coisas, mas isto é a origem de querelas e queixas (quando pessoas iguais têm e recebem quinhões desiguais, ou pessoas desiguais recebem quinhões iguais). Além do mais, isto se torna evidente porque aquilo que é distribuído às pessoas deve sê-lo "de acordo com o mérito de cada uma"; de fato, todas as pessoas concordam em que o que é justo em termos de distribuição deve sê-lo de acordo com o mérito em certo sentido, embora nem todos indiquem a mesma espécie de mérito; [...] O justo, então, é uma espécie do género "proporcional" (a proporcionalidade não é uma propriedade apenas das quantidades numéricas, e sim da quantidade em geral). Com efeito, a proporção é uma igualdade de razões, envolvendo no mínimo quatro elementos [...] Então, o elemento A está para o elemento B assim como elemento C está para o elemento D, e portanto, por alternação, A está para C assim como B está para D. Logo, também a soma do primeiro e do terceiro elemento está para a soma do segundo e do quarto assim como o primeiro elemento está para o segundo. Esta é a combinação efetuada por meio da uma distribuição dos quinhões, e a combinação será justa se as pessoas e os quinhões forem combinados desta maneira".

Id., Ibid., p. 96.

A justiça **corretiva** (*diortótica*) é diferente da justiça distributiva: trata-se de estabelecer uma proporção **aritmética**, que reestabelece a igualdade entre as partes. A correção é aplicada a fatos decorrentes ou não de um acordo de vontades.

Há relações que são **voluntárias**: a compra e venda, a locação etc. Sua origem é um acordo de vontades. Caso uma das partes não cumpra sua obrigação, é necessário aplicar a justiça corretiva, para que uma parte não fique em vantagem e outra em desvantagem.

Há relações que Aristóteles denomina de **involuntárias**: o furto, o homicídio etc. Elas são chamadas de involuntárias não porque o ofensor agiu sem vontade, mas porque não tem origem em um acordo de vontades. Novamente, torna-se necessário reparar a perda sofrida por meio da justiça corretiva, caso contrário haverá vantagem e desvantagem de um sobre outro.

Justiça corretiva

"Com efeito, é irrelevante se uma pessoa boa lesa uma pessoa má, ou se uma pessoa má lesa uma pessoa boa, ou se é uma pessoa boa ou má que comete adultério; a lei contempla somente o aspecto distintivo da justiça, e trata as partes como iguais perguntando somente se uma das partes cometeu e a outra sofreu a injustiça, e se uma infligiu e a outra sofreu um dano. Sendo portanto esta espécie de injustiça uma desigualdade, o juiz tenta restabelecer a igualdade."

Id., Ibid., p. 97.

A justiça decorrente da **reciprocidade** é uma terceira forma que não se inclui nas anteriores (distributiva e corretiva).

A reciprocidade está diretamente ligada ao campo da economia, no qual se estabelece um padrão de equivalência. O dinheiro costuma ser, por conta de uma convenção, aquilo que expressa a equivalência padronizada.

Ao tratar da reciprocidade, Aristóteles mostra que: não é o dinheiro que tem valor, mas os bens e serviços que são permutados por meio dele; justiça é respeitar a equivalência existente entre o valor dos diversos bens e serviços.

Reciprocidade, equivalência e justiça

"Tem de haver então um padrão, e este deve ser convencionado mediante acordo (por isto ele se chama dinheiro); é ele que torna todas as coisas comensuráveis, já que todas as coisas podem ser medidas pelo dinheiro. Seja A uma casa, B dez minas e C um leito. O termo A vale a metade de B, se a casa vale cinco minas (ou seja, se ela é igual a cinco minas); o leito (C) vale um décimo de B; vê-se claramente, então, quantos leitos equivalem a uma casa (ou seja, cinco). É evidente que as permutas se efetuavam desta maneira antes de existir o dinheiro, pois é indiferente permutarmos uma casa por cinco leitos ou pelo equivalente em dinheiro aos cinco leitos."

Id., Ibid., p. 101.

Seguindo as linhas do pensamento platônico, Aristóteles afirma que a decisão a respeito do que é devido não se resume a mera aplicação de leis previamente estabelecidas.

Aristóteles diferencia-se de Platão, porém, à medida que para o estagirita não são as ideias abstratas de justiça – conhecidas internamente pela razão – que orientam a decisão sobre o que é devido, mas sim um juízo a respeito da realidade, da natureza das coisas, das particularidades de cada caso concreto julgado.

Um exemplo ilustra o pensamento aristotélico: pela justiça distributiva, cada aluno deve ter uma nota proporcional aos seus acertos. No entanto, não seria justo aplicar provas iguais para crianças, adolescentes e adultos, avaliando a todos conforme o mesmo padrão.

Para Aristóteles a lei precisa estar em conformidade com um princípio ético, portanto, ela não é válida apenas pela sua forma – pelo procedimento pelo qual foi criada – mas também por conta de seu conteúdo.

A ideia de que as leis da *pólis* podem ser questionadas por um critério externo costuma render a afirmação de que a Aristóteles é um adepto do jusnaturalismo, compactuando, portanto, da ideia de que existe um direito natural.

Aristóteles de fato defende que pensar o Direito exige compreender a *natureza das coisas*, no entanto, ao contrário dos pensadores modernos, seu jusnaturalismo não postula direitos naturais universais, invariáveis no tempo e no espaço. Muito menos concebe que haja direitos subjetivos naturais.

A **equidade** se apresenta em Aristóteles como uma peça fundamental para a concretização da justiça. Ela consiste no juízo que considera as particularidades do caso concreto – a constante transformação da realidade – e aquilo que não está abrangido pela lei, dada sua generalidade. A prudência, nesse sentido, é indispensável ao jurista, conforme dissemos anteriormente.

O juízo equitativo tem papel primordial, não residual, na Filosofia do Direito de Aristóteles. Conhecer as leis e simplesmente aplicá-las indistintamente implica em injustiça por parte de quem decide, portanto, decidir bem exige não apenas conhecimento externo das leis, mas também de outras áreas que permitam ter uma compreensão adequada a respeito do mundo, dos seres, da realidade.

Em Aristóteles, o *dever ser*, não pode ser encontrado simplesmente na lei positivada pelo Estado. Ele é determinado por elementos exteriores, que precisam ser necessariamente conhecidos pelo jurista. Por essa razão, Aristóteles não é visto como um juspositivista.

Equidade e o juízo equitativo

"O assunto que se segue é a equidade e o equitativo e respectivas relações com a justiça e o justo. [...] A mesma coisa, pois, é justa e equitativa, e, embora ambos sejam bons, o equitativo é superior. O que faz surgir o problema é que o equitativo é justo, porém não o legalmente justo, e sim uma correção da justiça legal. A razão disto é que toda lei é universal, mas a respeito de certas coisas não é possível fazer uma afirmação universal que seja correta. Nos casos, pois, em que é necessário falar de modo universal, mas não é possível fazê-lo corretamente, a lei considera o caso mais usual, se bem que não ignore a possibilidade de erro. E nem por isso tal modo de proceder deixa de ser correto, pois o erro não está na lei, nem no legislador, mas na natureza da própria coisa, já que os assuntos práticos são dessa espécie por natureza. [...] Por isso o equitativo é justo, superior a uma espécie de justiça – não justiça absoluta, mas ao erro proveniente do caráter absoluto da disposição legal. E essa é a natureza do equitativo: uma correção da lei quando ela é deficiente em razão da sua universalidade. E, mesmo, é esse o motivo por que nem todas as coisas são determinadas pela lei: em torno de algumas é impossível legislar, de modo que se faz necessário um decreto. Com efeito, quando a coisa é indefinida, a regra também é indefinida, como a régua de chumbo usada para ajustar as molduras lésbicas: a régua adapta-se à forma da pedra e não é rígida, exatamente como o decreto se adapta aos fatos. Torna-se assim bem claro o que seja o equitativo, que ele é justo e é melhor do que uma espécie de justiça."

ARISTÓTELES. **Ética a Nicômaco**. In: **Aristóteles**. São Paulo: Nova Cultura, 1987. p. 96.

4. Kant: filosofia do direito iluminista

Immanuel Kant (1724-1804) é o filósofo alemão de maior destaque na filosofia iluminista do Direito. Convencionou-se
 afirmar que a filosofia kantiana antecede o advento filosofia contemporânea que se inicia com Hegel no século XIX.

A filosofia iluminista desenvolveu-se durante o século XVIII e defendia o domínio da razão, em detrimento da fé, em todos os campos do conhecimento, inclusive na política e no Direito.

Para entender a filosofia do Direito de Kant é preciso relacionar a **Crítica da Razão Pura** – na qual trata da teoria do conhecimento – com a **Crítica da Razão Prática e a Fundamentação da Metafísica dos Costumes** – nas quais trata do conhecimento do justo, do direito e da moral.

Uma moral fundada na razão universal comum a todo indivíduo

"Crítica", no caso de Kant, significa a "verificação das condições de possiblidade de entendimento". Ao propor uma *Crítica da Razão Prática*, Kant pretende examinar se e como é possível fundamentar racionalmente o que é designado como "justo", "moral" e "lícito" etc.

As teorias medievais, que defendiam uma moral revelada por Deus a alguns homens, fortaleciam a autoridade do Clero e de seus aliados, os membros da realeza. Kant, ligado a tradição liberal-iluminista, aponta outro fundamento para a moral: a razão, que é universal e, portanto, comum a todos os seres humanos.

A liberdade, a igualdade, a propriedade, irão aparecer nas teorias liberais como direitos naturais do indivíduo. Tais direitos poderiam ser reconhecidos por qualquer sujeito como inerentes ao indivíduo, bastando para tanto fazer uso das faculdades racionais que lhe são inatas. As teorias iluministas fortaleciam as aspirações políticas da burguesia contra o Clero e os Reis. Ao mesmo tempo, serviam para legitimar a ordem econômica capitalista.

Na **Crítica da razão pura**, Kant revela ter sido influenciado pelos pressupostos da filosofia moderna, que desde René Descartes, no século XVII:

(i) buscavam um conhecimento certo – ideias claras, distintas e indubitáveis – não meramente provável. Opunham-se, portanto, aos antigos, para os quais a prudência era essencial, pois permitia um juízo de probabilidade.

(ii) estabeleceram o sujeito do conhecimento, não os objetos, como ponto de partida de uma epistemologia (teoria do conhecimento). Opunham-se, portanto, aos antigos, cujo ponto de partida para pensar a política e o direito era a totalidade, *a pólis*, não o indivíduo.

Kant afirma que o ceticismo de David Hume (1711-1776) mudou sua forma de pensar: o conhecimento empírico – por meio da experiência no mundo – é sempre precário, pois a repetição de um acontecimento não é suficiente para toma-lo como certo. O juízo *a posterori* (depois da experiência) não é totalmente seguro, portanto, não é perfeitamente confiável.

Nas ciências naturais o conhecimento se dá empiricamente, portanto, nestes campos do conhecimento não é possível conhecer as coisas em si mesmas, mas apenas enquanto *fenômenos* que se apresentam aos sujeitos do conhecimento.

Kant influencia Kelsen

Veremos mais adiante que a filosofia do Direito de Kant influencia diretamente a de Hans Kelsen, jurista de maior destaque no século XX, que por essa razão é considerado um neokantiano.

O pensamento kelseniano afirma que a ciência do direito somente pode alcançar o *status* de ciência – de conhecimento certo – se tiver como objeto apenas as normas jurídicas estatais.

Kelsen, a exemplo de Kant, rejeita que a ciência do direito utilize métodos empíricos para explicar o fundamento do direito e a validade das normas jurídicas. O fundamento do direito é um princípio da razão, que pode ser conhecido sem nenhuma experiência concreta ou método empírico.

"Assim como Kant pergunta: como é possível uma interpretação, alheia a toda metafísica, dos fatos dados aos nossos sentidos nas leis naturais formuladas pela ciência da natureza, a Teoria Pura do Direito pergunta: como é possível uma interpretação, não reconduzível a autoridades metajurídicas, como Deus ou a natureza, do sentido subjetivo de certos fatos como um sistema de normas jurídicas objetivamente válidas descritíveis em preposições jurídicas? A resposta epistemológica

> (teorético-gnoseológica) da Teoria Pura do Direito é: sob a condição de pressupormos a norma fundamental: devemos conduzir-nos como a Constituição prescreve, quer dizer, de harmonia com o sentido subjetivo do ato de vontade constituinte, de harmonia com as prescrições do autor da Constituição".
>
> Kelsen, Hans. **Teoria pura do direito**. São Paulo, Martins Fontes, 2006, p. 225.

Observação: Kelsen, apesar de inspirado na filosofia kantiana, rejeita o jusnaturalismo kantiano, pois para ele o direito não tem nenhum conteúdo específico, natural, como afirmara Kant, ao postular a liberdade e a propriedade como direitos naturais, por exemplo.

No campo do Direito e da Moral, diferentemente, para Kant, existe sim a possibilidade de um entendimento racional de como as coisas são em si mesmas.

Como dito, o conhecimento certo não se dá *a posteriori*. Logo, empiricamente não é possível determinar o justo. Assim, a racionalidade do direito e da moral será explicada a partir de juízos *a priori*, ou seja, anteriores a qualquer experiência.

Essa explicação mostra como a filosofia do Direito de Kant será significativamente distinta da de Aristóteles, pois para este a prudência e a experiência eram fundamentais para pensar a justiça e o direito.

As normas do mundo natural, em Kant, distinguem-se das morais e jurídicas. É apresentada uma distinção clássica (adotada por Kelsen, Reale e outros juspositivistas):

(i) No mundo físico-natural, não há vontade, há uma causalidade universal e necessária, segundo leis da natureza (Se "A" é, "B" é. Há um nexo ôntico).

(ii) No campo da Ética e do Direito, há a imputação de um *dever ser*, para determinadas hipóteses (Se "A" é, "B" deve ser. Há um nexo deôntico). Os agentes, neste caso, são livres, pois dotados de vontade para seguir ou não o que é devido.

A ideia de dever pressupõe a de liberdade

> "Agora afirmo eu: A todo o ser racional que tem uma vontade temos que atribuir-lhe também a ideia da liberdade, unicamente sob a qual ele pode agir. [...] A faculdade de julgar tem de considerar-se a si mesma como autora dos seus princípios, independentemente de influências estranhas; por conseguinte, como razão prática ou como vontade de um ser racional, tem de considerar-se a si mesma como livre; isto é, a vontade desse ser só pode ser uma vontade própria sob a ideia da liberdade, e, portanto, é preciso atribuir, em sentido prático, uma tal vontade a todos os seres racionais."
>
> KANT, Immanuel. **Fundamentação da metafísica dos costumes**. Lisboa, Edições 70. p.95-96.

O agir moral racional deve se orientar por um *imperativo categórico*, que é conhecido por intermédio da razão. Se a vontade que determina a ação for guiada pelo *imperativo categórico* estará em conformidade com a razão.

O imperativo categórico existe a *priori*, pois a razão o conhece independentemente de qualquer experiência. É a lei fundamental da razão pura prática, pois todo direito e moral deve estar em conformidade com o imperativo categórico.

Na *Crítica da Razão Prática*, Kant enuncia o imperativo nos seguintes termos: "Age de tal modo que a máxima da tua vontade possa valer sempre ao mesmo tempo como princípio de uma legislação universal".

Desdobramentos do imperativo categórico

> "O imperativo categórico é portanto só um único, que é este: Age apenas segundo uma máxima tal que possas ao mesmo tempo querer que ela se torne lei universal.
>
> [...] Age como se a máxima da tua ação se devesse tornar, pela tua vontade, em lei universal da razão.
>
> [...] Age de tal maneira que uses a humanidade, tanto na sua pessoa como na pessoa de qualquer outro, sempre e simultaneamente como fim e nunca simplesmente como meio".
>
> KANT, Immanuel. **Fundamentação da metafísica dos costumes**, op. cit., p. 59 e 69.

O imperativo categórico não tem um conteúdo específico. Toda norma, jurídica ou moral, no entanto, tem de estar em conformidade com o imperativo categórico.

Kant dedica-se a examinar, por conseguinte, quais condutas estariam de acordo com o imperativo categórico. Um dos seus ensaios mais famosos neste sentido analisa a possibilidade da mentira e conclui que mentir é contrário ao imperativo categórico, porque não pode ser universalizado.

Ao contrário de Aristóteles, para quem a equidade flexibiliza os rigores de uma lei, para Kant os imperativos categóricos são universais, portanto, o caso concreto e os elementos circunstanciais não servem para fundamentar exceções.

O imperativo categórico não comporta exceção

> "Ser verídico (honesto) em todas as declarações é, portanto, um mandamento sagrado da razão que ordena incondicionalmente e não admite limitação por quaisquer conveniências".
>
> KANT, Immanuel. Sobre um suposto direito de mentir por amor à humanidade. In: **A paz perpétua e outros opúsculos**. Lisboa: Edições 70,1992. p.176.

A ação moral é o cumprimento do dever determinado apenas pelo próprio querer e nada mais. Age moralmente quem cumpre o que é devido intencionalmente, sem nenhuma outra intenção que não seja apenas e tão somente cumprir o dever.

Não age moralmente quem cumpre um dever sem intenção de fazê-lo. Quem fala a verdade quando supunha estar mentindo – quando desejava mentir – não está agindo conforme a moral.

Também não age moralmente quem pratica um dever em função das consequências do ato, seja o benefício individual, social ou mesmo psicológico. Por exemplo, quem fala a verdade para expiar eventual sentimento de culpa ou para ajudar a si mesmo ou a terceiro.

Uma ação não é moral pelas suas consequências

> "O valor moral da ação não reside, portanto, no efeito que dela se espera; também não reside em qualquer princípio da ação que precise pedir o seu móbil a este efeito esperado. [...] Nada senão a representação da lei em si mesma, que *em verdade só no ser racional se realiza*, enquanto é ela, e não o esperado efeito, que determina a vontade, pode constituir o bem excelente a que chamamos moral".
>
> KANT, Immanuel. **Fundamentação da metafísica dos costumes**, op. cit., p 31-32

O reconhecimento da moral e seu cumprimento dependem da disposição de cada indivíduo. Como há uma multiplicidade de interesses individuais, há uma dificuldade para a execução e mesmo para compreensão daquilo que é moral por parte dos indivíduos.

Sendo assim, a boa vontade é fundamental para a realização da moral. A vontade não é "boa" pelas consequências que realiza, mas simplesmente porque ela é a manifestação do querer cumprir o dever moral.

A boa vontade

> "Neste mundo, e até também fora dele, nada é possível pensar que possa ser considerado como bom sem limitação a não ser uma só coisa: uma *boa vontade* [...] A boa vontade não é boa por aquilo que promove ou realiza, pela aptidão para alcançar qualquer finalidade proposta, mas tão somente pelo querer, isto é, em si mesma".
>
> Id., Ibid., p. 21 e 23.

Como o fundamento da moral é reconhecido *a priori* pelo indivíduo, não será a aprovação *a posteriori*, tampouco sua existência na realidade ou concordância social que lhe conferirá valor.

O valor da moral independe da realização pela boa vontade

> "Ainda mesmo que por um desfavor especial do destino, ou pelo apetrechamento avaro duma natureza madrasta, faltasse totalmente a esta boa vontade o poder de fazer vencer as suas intenções, mesmo que nada pudesse alcançar a despeito dos seus maiores esforços, e só afinal restasse a boa vontade (é claro que não se trata aqui de um simples desejo, mas sim do emprego de todos os meios de que as nossas forças disponham), ela ficaria brilhando por si mesma como uma joia, como alguma coisa que em si mesma tem o seu pleno valor".
>
> Id., Ibid., p.23.

O direito, de maneira semelhante à moral, também deve estar em conformidade com o imperativo categórico. No caso de Kant, a exemplo dos demais pensadores liberais, a liberdade, a igualdade e a propriedade privada serão consideradas direitos naturais.

Os direitos naturais são, por princípio, universais. O próprio direito é a afirmação da igualdade de todos exercerem sua liberdade de celebrar contratos, ou seja, de se relacionarem na esfera econômica estabelecendo direitos e deveres igualmente válidos entre si.

A liberdade universal (igual para todos) é pressuposto do direito

> "O conceito de direito, enquanto vinculado a uma obrigação a este correspondente (isto é, o conceito moral de direito) tem a ver, em primeiro lugar, somente com relação externa e, na verdade, prática de uma pessoa outra, na medida em que suas ações, como fatos, possam ter influência (direta ou indireta) entre si. Mas, em segundo lugar, não significa a relação da escolha de alguém com a mera aspiração (daí, por conseguinte, com a mera necessidade) de outrem, como nas ações de beneficência ou crueldade, mas somente uma relação com a escolha do outro. Em terceiro lugar, nessa relação recíproca de escolha, não se leva de modo algum em conta a matéria da escolha, isto é, o fim que cada um tem em mente com o objeto de seu desejo; não é indagado, por exemplo, se alguém que compra mercadorias de mim para seu próprio uso comercial ganhará com a transação ou não. Tudo que está em questão é a forma na relação de escolha por parte de ambos, porquanto a escolha é considerada meramente como livre e se a ação de alguém pode ser unida com a liberdade de outrem em conformidade com uma lei universal.
>
> O direito é, portanto, a soma das condições sob as quais a escolha de alguém pode ser unida à escolha de outrem de acordo com uma lei universal de liberdade".
>
> KANT, Immanuel. **A metafísica dos costumes**. Bauru: Edipro, 2003. p.76.

O direito e a moral estabelecem um dever. No caso da moral, este dever é interno. No caso do direito ele é externo. Por isso, no direito, o simples cumprimento do dever, independentemente da intenção, é suficiente para que se dê por satisfeita a obrigação. Além disso, o direito possui a sanção como forma de constranger o indivíduo a cumprir o seu dever.

A lei moral é interna e relaciona-se com o querer

"Duas coisas enchem o ânimo de admiração e veneração sempre novas e crescentes, quanto mais frequentemente e com maior assiduidade delas se ocupa a reflexão: O céu estrelado sobre mim e a lei moral dentro de mim".

KANT, Immanuel. **Crítica da razão prática**. Lisboa: Edições 70, 1999. p.183.

Para o Direito, se o devedor paga um empréstimo estabelecido em contrato, há o cumprimento integral do dever jurídico. Não importa se o fez motivado pelo medo da sanção ou porque esperava conseguir novo empréstimo no futuro. Não é relevante saber se as razões foram altruístas ou egoístas.

Agir conforme o ditame do dever é suficiente para dizer que a obrigação jurídica foi cumprida. Fazê-lo movido apenas pela intenção de cumprir o dever, não por outras motivações, faz com que o cumprimento da obrigação jurídica coincida também com o dever moral.

Cumprir a obrigação jurídica é um dever, mas ser virtuoso não é cumprir a obrigação por temer a sanção

"Manter os próprios compromissos não constitui dever de virtude, mas dever de direito, a cujo cumprimento pode-se ser forçado. Mas prossegue sendo uma ação virtuosa (uma demonstração de virtude) fazê-lo mesmo onde nenhuma coerção possa ser aplicada. A doutrina do direito e a doutrina da virtude não são, consequentemente, distinguidas tanto por seus diferentes deveres, como pela diferença em sua legislação, a qual relaciona um motivo ou o outro com a lei".

KANT, Immanuel. **A metafísica dos costumes**, op. cit., p.73.

Coagir significa cercear a liberdade. Portanto, a coação implica em contradição com o direito natural de cada indivíduo agir livremente. Se o direito é coercitivo, por conta da sanção, Kant precisa explicar porque neste caso a coerção é válida e está conforme a universalidade exigida pelo imperativo categórico.

Kant afirma que a coerção do direito é necessária, justamente para evitar o cerceamento arbitrário da liberdade de um sujeito por outrem. Neste caso, portanto, o Estado é quem deve garantir o respeito ao Direito por intermédio de atos coercitivos se necessário for. Como o direito é válido igualmente para todos, sua universalidade continuaria sendo preservada.

A coerção, que viola a liberdade, é válida se garante a liberdade

"A resistência que frustra o impedimento de um efeito promove este efeito e é conforme ele. Ora, tudo que é injusto é um obstáculo à liberdade de acordo com leis universais. Mas a coerção é um obstáculo ou resistência à liberdade. Consequentemente, se um certo uso da liberdade é ele próprio um obstáculo à liberdade de acordo com leis universais (isto é, é injusto), a coerção que a isso se opõe (como um impedimento de um obstáculo à liberdade) é conforme à liberdade de acordo com leis universais (isto é, é justa). Portanto, ligada ao direito pelo princípio de contradição há uma competência de exercer coerção sobre alguém que o viola".

Id., Ibid., p.77.

A questão que se coloca, por conseguinte, é: de onde o Estado extrai a legitimidade para impor o cumprimento do Direito por meio da coerção, do cerceamento da liberdade? Do contrato social. Essa resposta está inserida em uma tradição iniciada pelos modernos para explicar a necessidade do Estado.

Os modernos são conhecidos por explicar a legitimidade da autoridade do Estado a partir de teorias contratualistas. O Estado é apresentado como resultado de um consenso social. O indivíduo usa de sua liberdade natural para decidir pelo que seria o mais racional: o Estado ordenando a vida na sociedade civil, o que implica, no limite, no cerceamento da liberdade absoluta.

Kant, seguindo o modelo contratualista moderno, coerente com sua epistemologia, afirma que o contrato social não ocorreu de fato (se assim fosse seria necessário examinar isso empiricamente, na história), mas é o pressuposto racional necessário para regular a vida em sociedade.

Os indivíduos reconhecem por meio da razão a necessidade de uma autoridade externa para preservar seus direitos (vida, liberdade, propriedade etc.). Se há uma concordância acerca da imposição de leis e de coerção, há uma espécie de pacto racional entre os membros da sociedade, ou seja, um contrato social que legitima a autoridade do Estado.

A teoria do contrato social combina com os pressupostos epistemológicos da filosofia kantiana, pois reafirma a legitimidade de um dever – seguir a autoridade do Estado e da lei – sem recorrer a um exame empírico (um estudo dos acontecimentos históricos concretos, por exemplo). Novamente, os fundamentos de sua teoria se apresentam como reconhecíveis *a priori*.

O contrato social, uma ideia da razão, não um fato, **legitima o Estado**

"Eis, pois, um contrato originário apenas no qual se pode fundar entre os homens uma constituição civil, por conseguinte, inteiramente legítima, e também uma comunidade. Mas neste contrato (chamado *contractus originarius* ou *pactum sociale)*, enquanto coligação de todas as vontades particulares e privadas num povo numa vontade geral e pública (em vista de uma legislação simplesmente jurídica), não se deve de modo algum pressupor necessariamente como um *fato* (e nem sequer é possível pressupô-lo). [...] Mas é uma simples ideia da razão, a qual tem no entanto a sua realidade (prática) indubitável: a saber, obriga todo o legislador a fornecer as suas leis como se elas *pudessem* emanar da vontade coletiva de um povo inteiro, e a considerar todo o súdito, enquanto quer ser cidadão, como se ele tivesse assentido pelo seu sufrágio a semelhante vontade. É esta, com efeito, a pedra de toque da legitimidade de toda a lei pública".

KANT, Immanuel. **A paz perpétua e outros opúsculos**. Lisboa: Edições 70, 1992. p.82-83.

Kant é conhecido ainda por afirmar que o Estado de Direito – a defesa de um direito público – se universalizado globalmente, abrangendo todos os Estados, poderia propiciar a paz perpétua em nível mundial.

O otimismo a respeito do papel do Direito para o progresso da sociedade é algo típico do pensamento iluminista, herança do pensamento dos filósofos modernos. Kant compactua destas ideias ao defender que a expansão do direito público corresponderia à universalização da razão e, consequentemente, permitiria o progresso da sociedade.

O direito público em nível mundial construirá paz perpétua

"Se existe um dever e ao mesmo tempo uma esperança fundada de tornar efetivo o estado de um direito público, ainda que apenas numa aproximação que progride até ao infinito, então a paz perpétua, que se segue aos até agora falsamente chamados tratados de paz (na realidade, armistícios), não é uma ideia vazia, mas uma tarefa que, pouco resolvida, se aproxima constantemente do seu fim (porque é de esperar que os tempos em que se produzem iguais progressos se tornem cada vez mais curtos)".

Id., Ibid., p.171.

5. Hans Kelsen: Teoria Pura do Direito

Hans Kelsen (1881-1973) é o jurista mais influente do século XX. Nascido no Império Austro-Húngaro, sua obra **Teoria Pura do Direito**, de cunho neokantiano, provocou inúmeras controvérsias e tornou-se leitura obrigatória para os estudiosos do Direito.

Segundo Kelsen, as teorias jurídicas que o precederam estariam contaminadas por ideologias políticas e/ou pelos ideais jusnaturalistas (sua crítica se dirigia tanto ao jusnaturalismo metafísico-religioso da Idade antiga e medieval, quando ao jusnaturalismo moderno, para ele, pseudorracionalista). Assim, segundo o jurista austríaco, ao invés de uma compreensão objetiva do que é o Direito, as explicações tradicionais se misturavam com questões ético-políticas.

A ciência do Direito busca objetividade e exatidão

"Há mais de duas décadas que empreendi desenvolver uma teoria jurídica pura, isto é, purificada de toda a ideologia política e de todos os elementos de ciência natural, uma teoria jurídica consciente da sua especificidade porque consciente da legalidade específica do seu objeto.

[...]

Logo desde o começa foi meu intento elevar a Jurisprudência, que – aberta ou veladamente – se esgotava quase por completo em raciocínios de política jurídica, à altura de uma genuína ciência, de uma ciência do espirito. Importava explicar, não as suas tendências exclusivamente dirigidas ao conhecimento do Direito, e aproximar tanto quanto possível os seus resultados do ideal de toda a ciência: objetividade e exatidão."

KELSEN, Hans. **Teoria pura do direito**. São Paulo, Martins Fontes, 2006. p. XI.

A pretensão de Kelsen foi constituir uma Ciência do Direito partindo do paradigma da *certeza* (a exemplo de Kant, há a premissa que o conhecimento científico não pode ser meramente provável e os métodos empíricos não são confiáveis). O pressuposto para tanto seria separar a ciência jurídica de outros campos do conhecimento como sociologia, psicologia, política, economia, ética etc. A justiça era um tema que também não deveria ser tratado pela ciência do direito, uma vez que o justo não podia ser determinado cientificamente, ou seja, de maneira objetiva e certa. A ciência do direito deveria se *purificar* das questões tratadas pelas demais ciências e do debate acerca do que é o justo. Partindo dessas premissas, Kelsen defende uma *Teoria Pura do Direito*.

Observação: contexto histórico de Kelsen

O contexto político e econômico no qual Kelsen está inserido explica a razão de ser de sua teoria.

O jusnaturalismo iluminista foi um discurso voltado para limitar o poder dos monarcas em prol de um Estado de direito, condição para o desenvolvimento das relações sociais emergentes (capitalistas) baseadas na propriedade privada e troca de mercadorias por meio de contratos entre sujeitos livres e iguais (não por acaso a propriedade privada, a liberdade e a igualdade figuravam como direitos naturais na teoria dos liberais).

No século XX, com a consolidação dos Estados de direito e a positivação dos direitos outrora tidos como naturais, a retórica jusnaturalista perde seu sentido, pois basta que se cumpra a lei instituída pelo Estado para se garantir a reprodução das relações sociais/econômicas (conforme assinalamos anteriormente, antes do capitalismo, sequer são necessárias práticas e teorias jurídicas, basta o domínio da força para que subsista a escravidão ou a servidão). Nesse contexto contemporâneo, o direito passa a ser pensado apenas como conjunto de normas estatais e surgem as teorias que afirmam existir apenas o direito positivo, como é o caso de Kelsen.

Toda ciência define um objeto de pesquisa e um método a ser utilizado para investigá-lo. Para Kelsen *a ciência do direito tem como objeto as normas jurídicas* que devem ser estudadas por um método analítico. Rejeita-se, portanto, qualquer sincretismo metodológico, bem como a utilização de métodos empíricos voltados a observar e interpretar a realidade. Ao mesmo tempo, especulações filosóficas sobre o justo também não teriam espaço para se atingir uma compreensão científica do direito nos moldes kelsenianos.

Normas jurídicas: o objeto da ciência do direito

> "Quando a si própria se designa como 'pura' teoria do Direito, isto significa que ela se propõe garantir um conhecimento apenas dirigido ao Direito e excluir deste conhecimento tudo quanto não pertença ao seu objeto, tudo quanto se não possa, rigorosamente, determinar como Direito. Quer isto dizer que ela pretende liberar a ciência jurídica de todos os elementos que lhe são estranho. Esse é o seu princípio metodológico fundamental."
>
> Id., Ibid., p. 1.

> "Na afirmação evidente de que o objeto da ciência jurídica é o Direito, está contida a afirmação – menos evidente – de que são as normas jurídicas o objeto da ciência jurídica, e a conduta humana só o é na medida em que é determinada nas normas jurídicas como pressuposto ou consequência, ou – por outras palavras – na medida em que constitui conteúdo de norma jurídicas."
>
> Id., Ibid., p. 79.

Para Kelsen, o Direito não é puro, mas apenas a *ciência do Direito* (seria ingenuidade imaginar que ele não percebe que as normas jurídicas são afetadas por elementos da realidade). O jurista austríaco afirma que o direito sofre, sim, influência de fatores políticos, econômicos, morais etc. No entanto, seu objetivo é formular uma explicação a respeito do Direito que não tenha como objeto tais questões, comumente tratadas por outras ciências (política, econômica, ética, sociologia etc.). E a ciência do direito deveria, necessariamente, proceder assim – sendo pura – se quisesse garantir sua cientificidade, sua certeza. Atingir-se-ia, desse modo, uma Teoria Geral do Direito.

A teoria pura do Direito é uma teoria geral do Direito

> "A Teoria Pura do Direito é uma teoria do Direito positivo – do Direito positivo em geral, não de uma ordem jurídica especial. É teoria geral do Direito, não interpretação de particulares normas jurídicas, nacionais ou internacionais. Contudo, fornece uma teoria da interpretação.
>
> Como teoria, quer única exclusivamente conhecer o seu próprio objeto. Procura responder a esta questão: o que é e como é o Direito? Mas já não lhe importa a questão de saber como deve ser o Direito, ou como deve ele ser feito. É ciência jurídica e não política do Direito. [...]
>
> De um modo inteiramente acrítico, a jurisprudência [o estudo do direito] tem-se confundido com a psicologia e a sociologia, com a ética e a teoria política. Esta confusão pode porventura explicar-se pelo fato de estas ciências se referirem a objetos que indubitavelmente têm uma estreita conexão com o Direito. Quando a Teoria Pura empreende delimitar o conhecimento do Direito em face destas disciplinas, fá-lo não por ignorar ou, muito menos, por negar essa conexão, mas porque intenta evitar um sincretismo metodológico que obscurece a essência da ciência jurídica e dilui os limites que lhe são impostos pela natureza do seu objeto".
>
> Id., Ibid., p.1.

Segundo Kelsen, o direito pode ser pensado do ponto de vista político ou ético, por exemplo. No entanto, sob tais perspectivas, o direito estaria sendo pensado ideologicamente. Isso somente não ocorreria quando o direito fosse pensado apenas em termos normativos.

Os críticos de Kelsen, contudo, ressalvam que seu ideário anti-ideológico, na realidade, é uma ideologia em prol da legalidade e da ordem estatal. Ademais, tal reducionismo faz com que sua obra apresente apenas uma *teoria geral das técnicas jurídicas*, não uma ciência do Direito propriamente, que necessariamente deve ter um horizonte de pesquisa ampliado.

Uma ciência do direito ou apenas uma teoria de técnicas jurídicas?

> "Hans Kelsen, em toda sua obra e, em especial, na *Teoria Pura do Direito*, pretendeu reduzir a compreensão do direito ao estudo apenas das normas jurídicas estatais. Tal seria, para Kelsen, um fundamento técnico universal para todos os direitos. Mas o que se dava era uma grande teoria geral de todos os ferramentais normativos do direito moderno, que é sim essencialmente estatal. Kelsen chamou a isso de ciência do direito quando, na verdade, tratava-se de uma teoria geral sobre as técnicas jurídicas modernas.
>
> Para tratarmos o direito como ciência, deveríamos envolver um grande conjunto de fatos e fenômenos sociais, valendo-nos do concurso de muitas outras ciências. A técnica jurídica, no entanto, é mais restrita, e não é uma ciência, embora também deva ser estudada pela ciência.
>
> [...]
>
> Da mesma maneira, diríamos que a análise das normas jurídicas estatais é uma técnica jurídica, mas dizer-se que a ciência do direito seja a só a análise das normas estatais talvez seja subestimar a abrangência do fenômeno jurídico, porque é preciso entender que ele é maior e mais complexo do que apenas as normas do Estado.

> [...]
>
> Pensar cientificamente sobre o direito exige que se saiba não apenas manejar as técnicas, mas entender as razões que estão por detrás dessas técnicas – daí a diferença entre o mero operador das técnicas do direito e um jurista pleno, que conheça os fundamentos dessa técnica. Mas a ciência do direito ainda é maior: ela coloca em xeque as próprias razões da técnica, e vai verificar os fenômenos jurídicos em horizontes maiores, chegando à própria sociedade, que é o seu lastro necessário".
>
> MASCARO, Alysson. **Introdução ao Estudo do Direito**. São Paulo: Atlas, 2011. p. 40-41.

Kelsen afirma que as normas jurídicas podem ser abordadas sob o ponto de vista da:

(i) Estática jurídica: estuda as normas jurídicas em si mesmas, naquilo que têm de universal. Trata, portanto, dos elementos comuns a toda norma jurídica – enquanto estrutura de proposições – que é dotada de uma lógica interna invariável.

(ii) Dinâmica jurídica: estuda as normas jurídicas no seu conjunto, a relação existente que forma o ordenamento jurídico. Trata da dinâmica de criação e perecimento das normas, na qual um ato normativo dá origem a outro.

Do ponto de vista da dinâmica jurídica, uma das questões suscitadas é a validade das normas jurídicas produzidas.

Como dito, para Kelsen, o direito não tem seu fundamento em algo que lhe seja exterior – um valor, por exemplo – caso contrário a adequação à moral – um fundamento ético – estaria condicionando a validade do direito. O direito também não é válido apenas quando resulta de um governo democrático, porque isso significaria condicionar a validade do direito a um critério político – a existência da democracia. A validade do direito, igualmente, não é determinada por sua adequação ao que se entende por justo.

Kelsen reconhece que há um ato de vontade do legislador na produção das normas, no entanto, a ciência do direito não tem por objeto tal ato – isso exigiria a utilização de métodos empíricos e um estudo não normativo do direito, o que corromperia sua proposta original de uma ciência puramente normativa do Direito. Ademais, entender a motivação do legislador é irrelevante para compreender se seu ato é válido ou não.

A dinâmica jurídica analisará a validade da norma jurídica (produzida por meio de ato de vontade do legislador) considerando o conjunto normativo que lhe precede. Noutras palavras, a validade de uma norma jurídica é determinada a partir de outras normas jurídicas que regulam a produção normativa.

Uma norma jurídica extrai sua validade de outra que lhe é superior

> "Como, dado o caráter dinâmico do Direito, uma norma somente é válida porque e na medida em que foi produzida por uma determinada maneira, isto é, pela maneira determinada por uma outra norma, esta outra norma representa o fundamento de validade daquela. A relação entre a norma que regula a produção de uma outra e a norma assim regularmente produzida pode ser figurada pela imagem espacial da supra-infraordenação. A norma que regula a produção é a norma superior, a norma produzida segundo as determinações daquela é a norma inferior".
>
> HANS, Kelsen, Ibid., p. 246.

Uma vez colocada a questão da validade do direito dentro dessa perspectiva – a validade de uma norma inferior é condicionada por uma superior – surge a questão: quem condiciona a validade das normas que estão no topo da hierarquia normativa?

Se Kelsen afirma que a ciência do direito é puramente normativa, então, o fundamento do direito somente pode ser uma norma (caso contrário, a pureza de seu objeto estaria comprometida). O jurista austríaco, portanto, afirma que todo ordenamento jurídico parte de uma **norma hipotética fundamental**.

A norma hipotética fundamental

> "A norma que representa o fundamento de validade de uma outra norma é, em face desta, uma norma superior. Mas a indagação do fundamento de validade de uma norma não pode, tal como a investigação da causa de um determinado efeito, perder-se no interminável. Tem de determinar numa norma que se pressupõe como a última e a mais elevada. Como norma mais elevada, ela tem de ser pressuposta, visto que não pode ser posta por uma autoridade, cuja competência teria de se fundar numa norma ainda mais elevada. A sua validade já não pode ser derivada de uma norma mais elevada, o fundamento da sua validade já não pode ser posto em questão. Uma tal norma, pressuposta como a mais elevada, será aqui designada como norma fundamental (*Grundnorm*)".
>
> Id., Ibid., p. 217.

Diante da explicação de Kelsen, ao falar de uma norma hipotética fundamental, três indagações costumam surgir: quem pôs esta norma? O que confere validade a esta norma? Tal norma é o fundamento de todo e qualquer ordenamento jurídico em particular (do passado, presente e futuro)?

Para responder a essas indagações, é preciso entender o que significa a norma hipotética fundamental. Para tanto, devemos analisar os termos separadamente. Trata-se de uma:

(i) Norma: toda norma estabelece um *dever ser*. A norma hipotética fundamental, portanto, também estabelece um dever ser. No caso, ela estabelece que *a Constituição* (as normas no topo do ordenamento) *deve ser obedecida*.

(ii) Hipotética: a norma fundamental é *hipotética* porque ela é *pressuposta*. Toda Constituição pressupõe que "deve ser obedecida", portanto, exclui a ideia de que "não deve ser obedecida", caso contrário haveria uma contradição do ponto de vista lógico (seria logicamente contraditório afirmar que a Constituição deve e não deve ser obedecida).

(iii) Fundamental: toda Constituição parte do pressuposto acima indicado, portanto, a norma hipotética é fundamento de todo e qualquer ordenamento jurídico que surja no tempo e no espaço.

Uma vez formulada esta explicação, então é possível responder às indagações apresentadas anteriormente: (i) a norma hipotética fundamental não é posta por ninguém, mas é pressuposto lógico de todo ordenamento jurídico. (ii) A validade da norma hipotética fundamental é o princípio lógico da não contradição, que enuncia que uma coisa "não pode *ser* e *não ser* ao mesmo tempo" (no caso, não se pode pressupor, do ponto de vista lógico, que a Constituição *deve ser* obedecida e, ao mesmo tempo, *não deve ser* obedecida). (iii) a norma hipotética fundamental é universal, portanto, fundamento de todo e qualquer ordenamento jurídico em particular.

Posto desta maneira, nota-se que o fundamento de validade do direito apresentado por Kelsen não é encontrado por meio de métodos empíricos, não parte de um juízo sobre a realidade, sobre o mundo natural. Igualmente, em sua teoria, o direito não encontra sua validade em um valor (como pretendem os pensadores do positivismo eclético), tampouco em um princípio metafísico, como a ideia de Deus (como é o caso do jusnaturalismo teológico). Nota-se, assim, a influência de Kant no pensamento de Kelsen, pois o fundamento do direito é encontrado a partir de um princípio da razão que independe da experiência, da compreensão histórica ou social do mundo.

Kelsen é influenciado por Kant do ponto de vista metodológico

> "Assim como Kant pergunta: como é possível uma interpretação, alheia a toda metafísica, dos fatos dados aos nossos sentidos nas leis naturais formuladas pela ciência da natureza, a Teoria Pura do Direito pergunta: como é possível uma interpretação, não reconduzível a autoridades metajurídicas, como Deus ou a natureza, do sentido subjetivo de certos fatos como um sistema de normas jurídicas objetivamente válidas descritíveis em preposições jurídicas? A resposta epistemológica (teorético-gnoseológica) da Teoria Pura do Direito é: sob a condição de pressupormos a norma fundamental: devemos conduzir-nos como a Constituição prescreve, quer dizer, de harmonia com o sentido subjetivo do ato de vontade constituinte, de harmonia com as prescrições do autor da Constituição".
>
> Id., Ibid., p. 225.

Ressalva: a norma fundamental: uma ficção

Em uma obra póstuma, Kelsen altera sua proposta original e afirma que a norma fundamental é uma ficção, não um pressuposto do pensamento científico do direito. Esta nova posição o distancia do pensamento de Kant, pois a norma fundamental deixa de ser condição teorética de conhecimento – pressuposto epistemológico – do ordenamento jurídico.

> "A norma fundamental de uma ordem jurídica ou moral positivas [...] não é positiva, mas meramente pensada, e isto significa uma norma fictícia, não o sentido de um real ato de vontade, mas sim de um ato meramente pensado. Como tal, ela é uma pura ou "Verdadeira" ficção no sentido da vaihingeriana Filosofia do Como-se, que é caracterizada pelo fato de que ela não somente contradiz a realidade, como também é contraditória em si mesma. [...] Segundo Vaihinger, uma ficção é um recurso do pensamento, do qual se serve se não se pode alcançar o fim do pensamento com o material existente. [...] É de se observar que a norma fundamental, no sentido da vaihingeriana Filosofia do Como-se não é hipótese – como eu mesmo, acidentalmente, a qualifiquei –, e sim uma ficção que se distingue de uma hipótese pelo fato de que é acompanhada pela consciência ou, então, deve ser acompanhada, porque a ela não corresponde a realidade".
>
> Id., **Teoria geral das normas**. Porto Alegre: Sergio Fabris, 1986. p. 328.

Uma das questões que Kelsen tem de enfrentar a partir dos pressupostos estabelecidos é a seguinte: como identificar qual ordenamento jurídico deve ser obedecido? Qual o critério para afirmar que uma Constituição e não outra é obrigatória em relação a um determinado povo? A resposta de Kelsen consiste em afirmar que as normas jurídicas são objetivamente válidas, portanto, independem de uma escolha subjetiva, do reconhecimento dos sujeitos acerca da sua validade.

A validade objetiva do direito

> "Se queremos conhecer a natureza da norma fundamental, devemos sobretudo ter em mente que ela se refere imediatamente a uma Constituição determinada, efetivamente estabelecida, produzida através do costume ou da elaboração de um estatuto, eficaz em termos

globais; e mediatamente se refere à ordem coercitiva de acordo com ela criada. A norma fundamental não é, portanto, o produto de uma descoberta livre. A sua pressuposição não se opera arbitrariamente, no sentido de que temos a possibilidade de escolha entre diferentes normas fundamentais quando interpretamos o sentido subjetivo de um ato constituinte e dos atos postos de acordo com a Constituição por ele criada como seu sentido objetivo, que dizer: como normas jurídicas objetivamente válidas".

Id., **Teoria pura do direito**, op. cit., p. 224.

A resposta de Kelsen é considerada um tanto quanto vaga, razão pela qual os críticos do positivismo jurídico irão afirmar que o Direito se constitui como tal na medida em que é reconhecido como obrigatório, por decorrência de um núcleo de poder que assim o institui e tem força concreta para garantir sua observância (por essa razão, quem detém o poder obriga os demais a reconhecer suas normas como sendo o direito). Essa consideração crítica irá aparecer de maneira atenuada na teoria do direito de Miguel Reale e de modo acentuado em Michel Foucault, autores que serão explicados mais adiante.

As formulações teóricas de Kelsen sobre o direito parecem estar desvinculadas da prática jurídica, no entanto, ocorre exatamente o inverso. Para se constatar isso, basta observar que comumente a validade do direito é pensada em termos estritamente normativos: uma norma jurídica só é considerada sem validade – portanto, inaplicável – quando contraria outra norma jurídica (por exemplo, quando uma lei ordinária contraria a Constituição). Os critérios de justiça e/ou moralidade ficam excluídos do campo de análise do jurista que se inclina em direção ao juspositivismo estrito de Kelsen.

A teoria hermenêutica de Kelsen, que segue os pressupostos de sua teoria, também é comumente adotada. Toda interpretação das leis feita pelos Tribunais, a princípio, é considerada válida, pois apenas o Judiciário está autorizado pela lei a dizer qual é o seu significado. Noutras palavras, até a intepretação tida como absurda (fora do Judiciário) é válida, contanto que dentro do Judiciário ela não seja considerada absurda.

Afirmar que a interpretação do Tribunal é injusta ou imoral, na perspectiva kelseniana, seria avaliar o direito fora dos quadrantes estritamente normativos, ou seja, segundo Kelsen, fora dos limites da ciência do Direito. Do ponto de vista da ciência jurídica, somente há duas interpretações: a autêntica – que por princípio tem validade – e a não autêntica (doutrinária). A primeira vem dos Tribunais, pois eles estão autorizados pelo direito a interpretar as leis (por isso o significado que atribuírem a um texto, qualquer que seja, sempre é válido). A segunda vem dos demais, dos doutrinadores, daqueles que não estão autorizados a interpretar o texto de lei.

Dois tipos de interpretação: autêntica e não autêntica (doutrinária)

"Desta forma, existem duas espécies de interpretação que devem ser distinguidas claramente uma da outra: a interpretação do Direito pelo órgão que o aplica, e a interpretação do Direito que não é realizada por um órgão jurídico, mas por uma pessoa privada e, especialmente, pela ciência jurídica."

Id., Ibid., p. 388.

Kelsen não deixa de reconhecer certa indeterminação do direito, apesar da existência das normas, seja no campo da interpretação, seja no campo da integração do ordenamento jurídico. Isso o aproxima de uma posição decisionista/realista do direito.

A interpretação, segundo Kelsen, é a escolha entre possibilidades interpretativas, opção entre significados que se podem atribuir a um texto normativo, portanto, ela abre um espaço para a decisão política.

Interpretação é escolha de possibilidades

"O Direito a aplicar forma, em todas estas hipóteses, uma moldura dentro da qual existem várias possibilidades de aplicação, pelo que é conforme ao Direito todo ato que se mantenha dentro deste quadro ou moldura, que preencha esta moldura em qualquer sentido possível.

Se por "interpretação" se entende a fixação por via cognoscitiva do sentido do objeto a interpretar, o resultado de uma interpretação jurídica somente pode ser fixação da moldura que representa o Direito a interpretar e, consequentemente, o conhecimento das várias possibilidades que dentro desta moldura existem."

Id., Ibid., p. 390.

A integração do ordenamento jurídico, o preenchimento de lacunas, também evidencia a presença de decisões políticas no âmbito do direito. Kelsen afirma que o ordenamento jurídico é completo, pois tudo que não está proibido por uma lei, está juridicamente autorizado (a legalidade, portanto, tudo regula, seja positivamente, seja por exclusão, pela via negativa). Mesmo assim, os juízes, segundo Kelsen, afirmam a existência de lacunas quando julgam que a ausência de uma lei específica pode produzir uma decisão injusta (por exemplo, o Judiciário concede ao *digitador* o intervalo especial que existe especificamente ao *datilógrafo*, recorrendo à analogia para preencher uma lacuna na lei). As lacunas para Kelsen são "ideológicas", não existem, são apenas ficções do Judiciário para evitar a injustiça.

Essas considerações não afetam o modelo de pureza da ciência do Direito kelseniana. Como dito, Kelsen reconhecia que o Direito não é puro, está permeado por fatores externos às normas jurídicas. Pura seria a Teoria do Direito.

No entanto, as consequências do reducionismo de Kelsen se manifestam novamente nos casos acima mencionados:

(i) A ciência do direito deixa deliberadamente de examinar as razões que motivam as decisões políticas do Judiciário e, assim, não analisa quais fatores contribuem para que o direito se institua concretamente de um ou de outro modo (por meio da decisão judicial), no caso da interpretação ou da integração do ordenamento jurídico;

(ii) A ciência do direito não examina qual decisão política do Judiciário é a mais adequada, a mais justa, seja do ponto de vista ético, econômico, ambiental etc.

Disso decorre a crítica anteriormente mencionada: há em Kelsen apenas uma teoria sobre técnicas jurídicas, não uma ciência do direito propriamente, pois esta deveria ser capaz de avaliar o direito na sua totalidade, tratando das questões acima mencionadas.

6. Miguel Reale: Teoria Tridimensional do Direito

Miguel Reale (1910-2006) é o jurista brasileiro de maior notoriedade no cenário nacional e internacional. É conhecido por ter elaborado a *teoria tridimensional do direito*.

A vertente na qual a teoria do Direito de Reale se insere costuma ser denominada de *culturalismo jurídico*: o direito é parte das leis culturais (a moral também) e tem uma finalidade ética, preservar os valores – bens culturais – de uma sociedade.

Reale é um filósofo contemporâneo de Kelsen, mas os antecedentes de sua teoria são encontrados na *Escola Histórica do Direito* do século XIX, que rejeitava o jusnaturalismo e foi confrontada com o juspositivismo estrito de Kelsen (que por sua vez será criticado pelo jurista brasileiro).

Reale rejeita a teoria pura (unidimensional) de Kelsen

> "Pois bem, o que denominamos *tridimensionalismo* específico assinala um momento ulterior no desenvolvimento dos estudos, pelo superamento das análises em separado do *fato*, do *valor* e da *norma*, como se se tratasse de gomos ou fatias de uma realidade decomponível; pelo reconhecimento, em suma, de que é logicamente inadmissível qualquer pesquisa sobre Direito que não implique consideração concomitante daqueles três fatores. Essa forma de compreensão da matéria veio se constituindo, a partir de 1940, coincidindo, nesse ponto, as contribuições de Sauer com as nossas, muito embora obedecendo a pressupostos metodológicos autônomos e distintos. Consoante se verá, nossa teoria culminará na precisa determinação da tridimensionalidade como sendo *uma das notas essenciais e características da experiência jurídica*, [...]".
>
> REALE, Miguel. **Filosofia do direito**. São Paulo: Saraiva, 2002. p. 513.

Uma teoria jurídica pode ser classificada como eclética na medida em que explica o fundamento e a finalidade do direito não em termos estritamente normativos, mas a partir de outras fontes, fatos e valores.

A partir do conceito de direito de Reale, podemos entender como está organizada sua teoria e filosofia do direito. Façamos uma análise de cada componente da definição proposta por ele: "Direito é a ordenação heterônoma, coercível, bilateral atributiva das relações de convivência, segundo uma integração normativa de fatos segundo valores". (**Lições Preliminares de Direito**. 22. ed. São Paulo: Saraiva, p. 67). Sendo assim, o Direito é:

(i) **Ordenação**: o direito nunca é uma única norma, mas sempre um conjunto de normas sistematizadas, organizadas de maneira hierárquica, onde as superiores conferem validade às inferiores.

(ii) **Heterônomo**: do grego, *héteros* (outro) + *nomos* (norma). O direito considera lícita a conduta pela exterioridade do ato, não pela motivação do sujeito. A moral, pelo contrário, é autônoma, pois o querer interno do sujeito é necessário para se configurar o cumprimento do preceito (vide Kant).

(iii) **Coercível**: o descumprimento do Direito enseja sanções que podem implicar no uso da violência física (vide Kant).

(iv) **Bilateral**: o direito sempre regula uma relação intersubjetiva, ou seja, uma relação entre pelo menos dois sujeitos. Neste aspecto, não difere da moral que também é bilateral.

(v) **Atributivo**: o cumprimento do direito pode ser exigido por um sujeito em relação a outro. Isso é feito por intermédio do Estado.

(vi) Integração **<u>norma</u>**tiva de **<u>fatos</u>** segundo **<u>valores</u>**: o direito não pode ser reduzido apenas ao seu aspecto normativo, deve ser considerada sua dimensão fática e axiológica (relação com valores sociais).

Justamente por pensar o direito como ordenação normativa constituída a partir de fatos e orientada por determinados valores é que Reale propõe uma *Teoria Tridimensional do Direito* – título de uma de suas obras.

Nas palavras de Reale, o Direito é constituído de três dimensões irredutíveis, portanto ele é:

(i) **Fato:** a realização ordenada do bem comum. Neste caso, a Sociologia do Direito examina o fenômeno jurídico como fato social e avalia a eficácia normativa, sua existência concreta.

(ii) **Norma:** ordenação bilateral-atributiva. Neste caso, a Dogmática do Direito estuda a dimensão normativa do direito do ponto de vista de um normativismo abstrato, examinando a validade formal (técnico-jurídica) das normas, que é determinada a partir de outras normas jurídicas.

(iii) **Valor:** concretização da ideia de justiça. Neste caso, a Filosofia do Direito examina o direito como valor do justo, ou seja, avalia o fundamento axiológico do direito, sua conformidade com a moral, com os valores da sociedade.

O direito é tridimensional

"A integração de três elementos na experiência jurídica (o axiológico, o fático e o técnico-formal) revela-nos a precariedade de qualquer compreensão do Direito isoladamente como *fato*, como *valor* ou como *norma*, e, de maneira especial, o equívoco de uma compreensão do Direito como pura forma, suscetível de albergar, com total indiferença, as infinitas e conflitantes possibilidades dos interesses humanos. [...]

Sendo o Direito um bem cultural, nele há sempre uma exigência axiológica atualizando-se na condicionalidade histórica, de maneira que a objetividade do vínculo jurídico está sempre ligada às circunstâncias de cada sociedade, aos processos de opção ou de preferência entre os múltiplos caminhos que, como vimos, se entreabrem no momento de qualquer realização de valores. Põe-se, assim, no âmago da experiência jurídica a problemática do Poder, que procura assegurar por todos os modos, inclusive pela força física, a realização do Direito."

Id., Ibid., p. 699 e 702.

A integração de fato, valor e norma depende de um poder que determine qual valor será protegido por qual norma propiciando ou repelindo a ocorrência de determinados fatos na sociedade.

O poder integra os 3 elementos do direito

"Cada modelo jurídico, em suma, considerado de *per si*, corresponde a um momento de integração de certos fatos segundo valores determinados, representando uma solução temporária (momentânea ou duradoura) de uma tensão dialética entre fatos e valores, solução esta estatuída e objetivada pela interferência decisória do Poder em um dado momento da experiência social".

Id., Ibid., p. 486.

Ao contrário de Kelsen, Reale reconhece que o poder explica a nomogênese jurídica – a constituição do Direito –, no entanto, esse reconhecimento aparece de maneira atenuada em sua teoria, pois o poder não é um dos três elementos constitutivos do direito. Conforme já mencionamos, em Foucault, diferentemente, o poder aparecerá de maneira acentuada, como elemento determinante do direito.

Outro ponto de contraste com a teoria de Kelsen encontra-se na afirmação de Reale de que o direito tem uma finalidade específica: realizar o bem comum, entendido como adequação aos valores da sociedade.

Ao afirmar que o Direito tem uma dimensão axiológica, o autor não defende uma teoria jusnaturalista como a dos modernos, pois o valor do justo não está estabelecido previamente, mas desenvolve-se socialmente, no curso da história.

Os valores não são "dados", são "construídos" socialmente

"Os valores não são, por conseguinte, objetos ideais, modelos estáticos segundo os quais iriam se desenvolvendo, de maneira reflexa, as nossas valorações, mas se inserem antes em nossa experiência histórica, irmanando-se com ela. Entre valor e realidade não há, por conseguinte, um abismo; e isto porque entre ambos existe um nexo de *polaridade* e de *implicação*, de tal modo que a História não teria sentido sem o valor. [...] O valor não se reduz ao real, nem pode coincidir *inteiramente, definitivamente*, com ele: um valor que se *realizasse integralmente*, converter-se-ia em 'dado', perderia a sua essência que é a de *superar* sempre a realidade graças à qual se revela e na qual jamais se esgota.

Realizabilidade e *inexauribilidade* são, por conseguinte, outras características dos valores, quando apreciadas em seu projetar-se histórico."

Id., Ibid., p.207.

Ainda que Reale rejeite as teorias jusnaturalistas, ele afirma que determinados valores se cristalizam socialmente por contingências históricas, ou seja, em decorrência de determinados acontecimentos. Trata-se de **invariantes axiológicas**, valores que se tornam universais e atemporais, como se fossem inatos (mas não o são, porque resultam de uma experiência histórica particular). Neste caso, as normas jurídicas devem se adequar a tais invariantes para serem consideradas justas.

Certos valores que se tornam universais e invariáveis

"*Se* surgem sempre novos valores, não é menos certo que certos valores – como o da vida humana e, mais recentemente, o da ecologia –, uma vez revelados à consciência humana, tornam-se *invariantes axiológicas*, atuando universalmente 'como se' fossem inatos."

Id., Ibid., p.214.

Ainda que a teoria de Miguel Reale possa parecer muito distinta da de Kelsen, trata-se de uma variação do juspositivismo. As normas jurídicas não perdem sua validade formal e, consequentemente, sua obrigatoriedade pela desconformidade com a moral ou pela perda de validade fática (eficácia). O Direito, neste caso, apenas perderia o seu sentido, sua razão de ser, mas não deixaria de ser Direito. Trata-se de uma posição distinta do pensamento antigo, para o qual direito injusto/ineficaz não é direito.

7. Michel Foucault (1926-1984)

O filósofo e historiador francês Michel Foucault é um dos principais expoentes da crítica às teorias do positivismo jurídico. Suas obras **Microfísica do Poder, Vigiar e Punir** e a coletânea de conferências publicadas em **A verdade e as formas jurídicas** têm sido objeto de pesquisas por juristas do Brasil e do mundo.

7.1. O problema da historicidade do direito

Todo o trabalho de Michel Foucault responde à preocupação de produzir uma "história dos sistemas de pensamento", isto é, de compreender o modo e o contexto no qual determinadas ideias e concepções de mundo surgem e desaparecem. É nesse sentido, no interior de tal programa, que o direito penal e o sistema punitivo tornam-se objeto de suas análises. A premissa da qual parte o autor de *Vigiar e punir* é muito simples: o direito nem sempre foi o que é, ele tem uma história própria, muito longa e cheia de particularidades. Embora as narrativas oficiais possam sustentar o contrário, o que Foucault visa a nos demonstrar é que as noções de direito e de punição, as suas instituições e práticas, adquiriram formas absolutamente diversas ao longo da história, sendo dificilmente identificáveis entre si a não ser por meio de métodos extremamente complexos de investigação.

Mas o que pode ser tão diferente? O que separaria de modo tão radical as experiências ditas jurídicas do passado e a nossa contemporânea? O autor nos dá um exemplo particularmente esclarecedor quando fala do sistema probatório no inquérito-julgamento medieval comparando-o àquele que conhecemos contemporaneamente. Hoje está claramente estabelecida uma separação entre investigação e julgamento, todos são formalmente inocentes até que se prove o contrário, e o papel de todo processo é estabelecer uma verdade sobre os fatos em tela baseando-se numa narrativa racional do que supostamente aconteceu; no medievo o procedimento e as suas razões eram muito diversas. No julgamento da Idade Média, se as provas produzidas contra o réu fossem muito frágeis, ele seria considerado "pouco culpado". Do contrário, se fossem robustas, seria "totalmente culpado". Havia um sistema de gradação da culpa do qual era impossível sair ileso. Tais "provas", diz Foucault, eram obtidas através de rituais místicos, como nos casos em que o acusado sofria mutilações e todo tipo de tortura, e quanto mais resistisse sem demonstrar a sua dor, mais inocente se demonstraria. Ademais, esse procedimento de "inquérito" e "instrução" era entendido como uma antecipação do cumprimento das penas que esperariam o réu ao final.

Como se pode depreender daí, há mais do que uma diferenciação procedimental ou de conteúdo das normas afastando o julgamento medieval do moderno direito que conhecemos. Há uma diferença na concepção do que seja julgar alguém, na *expectativa* que se nutre em relação ao que um rito como esse pode promover socialmente e, sobretudo, na função e nos *efeitos* esperados e produzidos por esse tipo de prática. Com isso o que Foucault quer demonstrar é que o direito transforma-se não simplesmente evoluindo no seu conteúdo, mas que os limites daquilo que cada tempo histórico considera direito são extremamente diferentes e mutáveis. Assim, o filósofo francês tenta fixar uma compreensão das mudanças do jurídico não como uma "evolução" do conteúdo das normas no interior de uma estrutura formal estanque, mas como o desaparecimento de formas, funções e técnicas de organização social que dão lugar a outras muito diversas de si.

A noção de direito tem uma história

> "Em lugar de tratar a história do direito penal e a das ciências humanas como duas séries separadas cujo encontro teria sobre uma ou outra, ou sobre as duas talvez, um efeito, digamos, perturbador ou útil, [nosso objeto é] verificar se não há uma matriz comum e se as duas não se originam de um processo de formação 'epistemológico-jurídico'; em resumo, colocar a tecnologia do poder no princípio tanto da humanização da penalidade quanto do conhecimento do homem."
>
> FOUCAULT, Michel. **Vigiar e punir**: nascimento da prisão. Petrópolis: Vozes, 1987. p. 24

7.1.1. O modelo do poder soberano e as penas físicas

É analisando a lógica profunda que diferencia as formas de manifestação histórica dos fenômenos dito jurídicos que Michel Foucault chega à questão da relação específica entre o modelo do poder soberano e as penas físicas próprias à Idade Média.

Nas sociedades medievais o tipo simbolicamente predominante de punição aos criminosos era o suplício. Este se caracterizava pela produção de um sofrimento físico regulado de acordo com o crime cometido, com a distinção social do seu autor, com a identidade da vítima. Mas o suplício era mais do que tudo um ritual, uma cerimônia punitiva que marcava de maneira humilhante a memória do criminoso e que encenava crime e punição diante de todos quantos quisessem ver. E aí reside outro traço marcante do suplício. A ele era dada a máxima publicidade. Se a investigação e o julgamento eram, como dissemos, a hora secreta da condenação, o momento da punição investia-se de extraordinário alarde e visibilidade.

São célebres os relatos das atrocidades cometidas nessas execuções públicas. Nelas, o corpo do condenado tornava-se alvo de todo tipo de castigo, escárnio e dor. Como no caso narrado por Foucault em que após desfilar por toda a cidade encenando o seu crime e recebendo queimaduras com enxofre e ferros quentes, um certo Damiens tem chumbo derretido despejado sobre si, e em seguida é desmembrado por quatro cavalos amarrados aos seus braços e pernas. Ou em outras numerosas ocorrências oficiais de esquartejamentos, marcações, empalamentos, degolas etc. Todos esses casos chocantes, contudo, encontram sua unidade imediata na função que têm de ligar aos olhos de todos, crime e pena. Neste momento, deve ficar claro a quem quer que o presencie, a "verdade" sobre o acontecido, confessada verbal ou implicitamente pelo sentenciado.

Torna-se aqui decisivo compreender que todo esse ritual macabro, longe de ser um excesso cometido pelo carrasco, ou mesmo pelo juiz, corresponde integralmente à própria lógica de funcionamento do sistema penal da época.

Todo esse investimento brutal tinha como objetivo maior promover uma demonstração monumental da força do poder soberano. Nessa assimetria entre a violência isolada do crime e a o ataque cruel e encarniçado ao corpo do condenado, o que brilhava mais do que tudo era a força incomparável do monarca absoluto.

Havia nesse contexto uma lógica muito particular que rezava que ao violar a lei, não se estava apenas causando prejuízo à vítima da violação, mas promovendo um ataque ao soberano, operando um regicídio, afrontando a majestade do rei simbolizada no seu corpo. O *show* da pena física tinha então aí a função precípua de expor a face e a identidade do inimigo do rei, e ao mesmo tempo o tratamento dispensando a qualquer um que se pusesse em tal posição.

O que Foucault tenta demonstrar, portanto, é que sob a brutalidade e a desproporção da pena física que aniquila publicamente o corpo do criminoso, está a lógica de um poder absoluto e indiscriminado, que se impõe socialmente através de espetáculos no quais dá a ver a potência ilimitada de sua força. Tal sistema penal, afirma o autor, encontra o seu fundamento no terror causado pela presença do soberano, num modelo de produção em que o corpo não tem qualquer valor de mercado e no qual, de maneira geral, a atitude em face da morte é muito mais naturalizada e a sua presença corriqueira.

A pena física é um ritual de afirmação do poder soberano

> "O suplício tem então uma função jurídico-política. É um cerimonial para reconstituir a soberania lesada por um instante. Ele a restaura manifestando-a em todo o seu brilho. A execução pública, por rápida e cotidiana que seja, se insere em toda a série dos grandes rituais do poder eclipsado e restaurado [...]: por cima do crime que desprezou o soberano, ela exibe aos olhos de todos uma força invencível. Sua finalidade é menos de estabelecer um equilíbrio que de fazer funcionar, até um extremo, a dissimetria entre o súdito que ousou violar a lei e o soberano todo-poderoso que faz valer sua força. [...] E esta superioridade não é simplesmente a do direito, mas a da força física do soberano que se abate sobre o corpo de seu adversário e o domina: atacando a lei, o infrator lesa a própria pessoa do príncipe: ela – ou pelo menos aqueles a quem ele delegou sua força – se apodera do corpo do condenado para mostrá-lo marcado, vencido, quebrado. A cerimônia punitiva é 'aterrorizante'."
>
> Id., Ibid., p.42-43

7.1.2. A Reforma Humanista do Direito penal e a generalização das penas

Entre os séculos XVII e XVIII o modelo punitivo medieval entra em série crise. Uma profusão de discursos humanitários começa a apregoar com maior força e respaldo a necessidade de transitar para um sistema penal que deixe de vingar de modo passional e comece a punir de modo mais racional a criminalidade social. Neste bojo segue uma retórica dos direitos humanos, em que a vida adquire um caráter absoluto, que merece ser respeitado, já que por trás de qualquer criminoso estaria, acima de tudo, um ser humano.

Mas o que de fato acontece, nos diz Foucault, é que para além da superfície dessa bela oratória, uma série de fatores sociais concretos concorreu para reduzir a pó a efetividade do sistema penal ora em questão. Em meio aos elementos dessa complexa crise, Foucault atribui papel principal a dois deles:

- **(i)** O primeiro, diz respeito à desproporção das penas – até os menores crimes eram punidos severamente – fato que gerava revolta cada vez maior entre os populares. A situação chega a tal nível de acirramento que alguns dos executados passam a ser tratados como heróis pelo povo, e há mesmo numerosos relatos em que os ritos punitivos são encerrados pela invasão dos expectadores que libertam o prisioneiro e executam o carrasco em seu lugar.
- **(ii)** O segundo, correlato a isso, é a progressiva mudança na natureza dos delitos praticados. Com a modificação da matriz produtiva – antes feudal, agora mercantil-capitalista – o crime ocasional e violento contra a vida perde importância quantitativa dando lugar a uma modalidade de crimes habituais e cada vez mais profissionalizados contra o patrimônio.

Tal contexto passa a demandar, portanto, uma estrutura penal mais flexível e abrangente. É preciso modular a intensidade do castigo para que ele possa ser aplicado em escala ampliada. Punir melhor, para punir mais. O novo modelo a ser implantando deve, assim, reduzir o desgaste político causado pelas atrocidades ao mesmo tempo em que garante a propriedade dos comerciantes que começam a adquirir uma importância econômica maior. Deve espraiar-se por todo o corpo social, ampliar sua eficácia e sua capacidade de controle sobre os fluxos. Fugir da lógica do poder soberano e entrar numa nova lógica da norma jurídica, da técnica de punição generalizada.

A reforma do direito penal é uma estratégia de generalização do poder punitivo

> "O que se vai definindo não é tanto um respeito novo pela humanidade dos condenados – os suplícios ainda são frequentes, mesmo para os crimes leves – quanto uma tendência para uma justiça mais desembaraçada e mais inteligente para uma vigilância penal mais atenta do corpo social"
>
> Id., Ibid., p.66

> "A reforma do direito criminal deve ser lida como uma estratégia para o remanejamento do poder de punir, de acordo com modalidades que o tornam mais regular, mais eficaz, mais constante e mais bem detalhado em seus efeitos; enfim, que aumentem os efeitos diminuindo o custo econômico (ou seja, dissociando-o do sistema da propriedade, das compras e vendas, da venalidade tanto dos ofícios quanto das próprias decisões) e seu custo político (dissociando-o do arbitrário do poder monárquico). A nova teoria jurídica da penalidade engloba na realidade uma nova 'economia política' do poder de punir."
>
> Id., Ibid., p.69

7.1.3. Ilegalidade e ilegalismos

Essa transformação do modelo produtivo e do modo como são feitas as trocas de bens na sociedade, bem como a já referida mudança na natureza dos crimes praticados e no seu impacto social, faz com que as noções de ilegalidade e as prioridades de sua aplicação alterem-se também. Se agora o sistema punitivo está mais fortemente vinculado à generalidade das leis estatais, a definição daquilo que é legal e daquilo que é ilegal adquire uma importância maior.

No medievo o que estava dentro e fora da lei tinha contornos pouco definidos. Em última instância, tudo estava submetido à potência absoluta do monarca, e o ilegal muito raramente era sistematicamente perseguido e castigado. Os atos ilegais eram aí, a bem da verdade, elementos tão essenciais, hábitos tão arraigados, que uma tentativa séria de coibi-los acabaria com as próprias condições de vida de camadas da população. A ampla maioria das pessoas, portanto, passava ao largo do controle punitivo, e a observância das legislações não tinha o estatuto de um hábito para os homens daquele tempo. Some-se a isso, a sobreposição cacofônica de várias instâncias julgadoras de caráter "privado" – religiões, senhores, reis, aparatos administrativos – que tornava, mesmo quando havia um afã punitivo verdadeiramente decidido, toda a distribuição das penas demasiado irregular, incerta, desproporcional.

A nova economia política da pena, portanto, requereu um condicionamento inteiramente diverso do corpo social, uma postura menos tolerante com a prática de atos ilegais, mas, sobretudo, uma reestruturação do próprio campo das ilegalidades. Se a burguesia comercial só pôde formar-se violando regularmente as leis alfandegárias, o seu desenvolvimento estava sendo posto em questão pela crescente de roubos, furtos, ataques ao patrimônio e invasões de propriedades. Por isso, a legalidade precisa reconfigurar-se, colocando os crimes contra o patrimônio no centro de suas estratégias punitivas. Codifica-se então essas práticas, para puni-las com segurança. Define-se claramente o que é ilegal e passa-se a vigiar de maneira muito mais intensa qualquer conduta desviante, lançando-se mão de novas técnicas e estratégias punitivas.

O novo direito criminal visa a acabar com a ilegalidade

> "...fazer da punição e da repressão das ilegalidades uma função regular, coextensiva à sociedade; não punir menos, mas punir melhor; punir talvez com uma severidade atenuada, mas para punir com mais universalidade e necessidade; inserir mais profundamente no corpo social o poder de punir."
>
> Id., Ibid., p.79

> "...a reforma penal nasceu no ponto de junção entre a luta contra o superpoder do soberano e a luta contra o infrapoder das ilegalidades conquistadas e toleradas."
>
> Id., Ibid., p.74

7.2. O Direito e as instituições disciplinares

7.2.1. As funções da disciplina

Os reformadores – pais do discurso humanitário do direito penal que citamos acima – tinham um projeto "humanizador" mais ou menos coeso. Para eles, não era mais o caso de expiar a culpa dos crimes cometidos, mas de prevenir para que eles não se repetissem. Seu foco é o futuro, é "reabilitar" o criminoso, moralizá-lo, incutir-lhe novos hábitos, *novas representações*. Mas as instituições formadas na prática, a reforma efetivamente existente não seguiu a sua idealização. Ela não tinha como alvo a representação, nem a pedagogia como instrumento. Os métodos punitivos que se formaram em resposta à crise de eficácia mencionada anteriormente colocavam o corpo no centro do seu dispositivo de poder, e seu método era a repetição incessante do exercício, a coerção que esquadrinha e remodela a postura e as atitudes.

O século XVIII, assim, forma novas instituições baseadas não na educação humanitária dos reformadores, mas na coerção do indivíduo, no treinamento do corpo, na imposição dos hábitos, na submissão direta. Faz isso justamente ao descobrir que o corpo pode ser o alvo imediato de um poder que não é mais a violência do soberano, mas a *técnica disciplinar*. Em que residiria, então, a pretensa novidade desse tipo de técnica de controle? Foucault decompõe tal especificidade em três elementos articulados:

(i) O primeiro deles refere-se à *escala* do controle. O trabalho disciplinar atinge um nível extremamente minucioso, cuida do menor detalhe de cada gesto, apropria-se da menor fração de tempo do indivíduo, tende a eliminar todo espaço vazio de poder.

(ii) O segundo elemento é o *objeto* desse controle. Trata-se não mais de mudar a linguagem corporal, mas de ampliar a força e a eficácia do movimento, de exercitar o corpo para torna-lo útil.

(iii) O terceiro é a *modalidade* do controle que é a de uma coerção ininterrupta, que visa muito mais à atividade do que ao seu resultado.

Toda essa técnica de reforma do corpo corresponde a um imperativo muito bem delineado. Não se trata no processo disciplinar de apenas tornar o corpo dócil, submisso, não criminoso. Trata-se de, sobre o pressuposto dessa obediência irrestrita, edificar um corpo útil, um corpo hábil, capaz de desempenhar tarefas produtivas com destreza. É essa lógica – disciplinar – que se impõe às instituições formadoras a partir de então. Exército, escola, reformatório, prisão, hospital, todos operando como criadores de sujeição, mas também como ampliadores do potencial produtivo dos corpos.

A eficácia do poder disciplinar/normalizador combina três instrumentos: a vigilância hierarquizada, a sanção normalizadora e o exame. Conforme veremos a seguir, estes elementos se articulam entre si e permeiam as técnicas disciplinares.

A disciplina torna os corpos dóceis por meio de exercícios

> "Quanto aos instrumentos utilizados, não são mais jogos de representação que são reforçados e que se faz circular; mas formas de coerção, esquemas de limitação aplicados e repetidos. Exercícios, e não sinais: horários, distribuição do tempo, movimentos obrigatórios, atividades regulares, meditação solitária, trabalho em comum, silêncio, aplicação, respeito, bons hábitos. E finalmente, o que se procura reconstruir nessa técnica de correção não é tanto o sujeito de direito, que se encontra preso nos interesses fundamentais do pacto social: é o sujeito obediente, o indivíduo sujeito a hábitos, regras, ordens, uma autoridade que se exerce continuamente sobre ele e em torno dele, e que ele deve deixar funcionar automaticamente nele. Duas maneiras, portanto, bem distintas de reagir à infração: reconstituir o sujeito jurídico do pacto social – ou formar um sujeito de obediência dobrado à forma ao mesmo tempo geral e meticulosa de um poder qualquer."
>
> Id., Ibid., p.106

> "A disciplina fabrica assim corpos submissos e exercitados, corpos 'dóceis'. A disciplina aumenta as forças do corpo (em termos econômicos de utilidade) e diminui essas mesmas forças (em termos políticos de obediência). Em uma palavra: ela dissocia o poder do corpo; faz dele por um lado uma 'aptidão', uma 'capacidade' que ela procura aumentar; e inverte por outro lado a energia, a potência que poderia resultar disso, e faz dela uma relação de sujeição estrita. Se a exploração econômica separa a força e o produto do trabalho, digamos que a coerção disciplinar estabelece no corpo o elo coercitivo entre uma aptidão aumentada e uma dominação acentuada."
>
> Id., Ibid., p.119

7.2.2. A distribuição espacial

Foucault destaca quatro técnicas disciplinares, sobrepostas ou não, responsáveis por operar a distribuição dos indivíduos no espaço e o seu reordenamento segundo os desígnios do poder de controle.

a) Cerca

A cerca é o dispositivo mais elementar da lógica de disciplinamento. Ela separa os indivíduos ou os grupos, isolando-os, para ampliar a capacidade de controle sobre eles. Tal modelo se expressa no regime educacional de internato, nos quartéis, nas fábricas em que as portas só se abrem para entrada e saída de funcionários. Através dela é possível ampliar a vigilância e impedir a deserção, a fuga, os furtos, o motim, bem como intensificar o aprendizado/trabalho.

b) Quadriculamento

A cerca não é nem indispensável, nem suficiente. Como complemento/substituto ao isolamento físico por ela promovido, pode operar também no disciplinamento dos corpos um regime de quadriculamento ou de localização imediata. Nele, a cada indivíduo é atribuído um lugar e a cada lugar é atribuído um indivíduo. Os grupos são desarticulados e o espaço subdivide-se virtualmente para abrigar quantos corpos individuais houver. Esse tipo de organização espacial elimina a circulação dos agentes, reduzindo o desperdício de tempo através do estabelecimento das ausências e das presenças, o que permite encontrar e sancionar os indivíduos com facilidade. Cria-se com isso um "espaço analítico", capaz de fornecer informações imediatas ao poder de controle.

c) Localização funcional

Se a tática do quadriculamento amplia a capacidade de organização e vigilância sobre os corpos ela pode vir a tornar-se, em muitos sentidos, pouco prática do ponto de vista da organização da produção/aprendizado/tratamento. Na localização funcional, portanto, o quadriculamento submete-se a uma articulação com o aparelho produtivo. A distribuição espacial dos indivíduos se dará de acordo com uma lógica funcional. Assim, num hospital, os doentes são identificados e distribuídos por seção, de acordo com sua doença, idade, sexo, necessidades de cuidado. Numa fábrica, a cada especialista corresponderá um local específico em relação à máquina que centraliza a produção. Institui-se fases, etapas, operações, tudo sob o pleno alcance do poder disciplinar.

d) Disposição em fila

Os três processos de individualização acima mencionados são reunificados pela técnica da disposição em fila. A recomposição do grupo se dá mediante o fazer circular de um conjunto de relações. A sala de aula é dividida em filas, cadeira atrás de cadeira, e o colégio em salas uma ao lado da outra com divisão por idade, divisão por desempenho, divisão por comportamento. Mas há entre esses compartimentos uma relação de continuidade, com dificuldade crescente, assuntos encadeados, deslocamento entre espaços, hierarquia de saber e de poder, intervalos perfeitamente prescritos entre uma posição e outra. Nesse sistema ultracomplexo é possível ensinar, vigiar, hierarquizar, recompensar, tudo simultaneamente.

7.2.3. O controle das atividades

Se o disciplinamento é a arte de criar novos hábitos para o corpo, modificando sua utilidade, força e potencial produtivo, o controle sobre as atividades a que os indivíduos estão obrigados está no centro dos dispositivos de poder mobilizados por ele. Aqui, o meio, o "modo de fazer", é mais visado do que o resultado final dos atos. Foucault destaca cinco elementos da técnica disciplinar de controle das atividades:

a) O horário

O primeiro dispositivo desse tipo de controle é o horário. Institui-se hora de entrada e hora de saída na fábrica. O ritmo das atividades é regularizado e computado. Passa-se então a determinar hora para tudo, cada atividade tem o seu momento preciso, chegando à contagem dos minutos e segundos. Sinos e campainhas orquestram o ritual do tempo absolutamente regulado. Toca o sino e os presos têm 2 minutos para se levantarem pela manhã. Toca novamente e arrumam a cama em 5 minutos. Mais uma vez e se põem em sentido. Outra vez e saem pela porta rumo ao refeitório. O mesmo ocorre com as filas nos pátios dos colégios. Nesse sistema todo o tempo é transformado em tempo integralmente útil. Não há desperdício, impureza, defeito. A exatidão é a virtude do tempo disciplinar.

b) A elaboração temporal do ato

O segundo dispositivo disciplinar de controle da atividade é a elaboração temporal dos atos. Se antes os soldados eram ensinados a marchar intuitivamente no ritmo do tambor, agora o que aprendem é uma técnica rigorosa e minuciosa dos movimentos. Aqui, cada gesto é decomposto, estudado e instruído segundo etapas detalhadas e extremamente precisas. Erguer a perna até alinhar joelho e cintura. Baixar. Arma na vertical. Agora sobre o ombro. Na escola, tempo contado para resolver uma conta. Primeiro multiplica. Depois soma. Etc. Nessa técnica o tempo penetra o corpo junto com o controle do poder.

c) Corpo e gesto em correlação

O controle disciplinar não significa apenas impor uma série de gestos definidos. Trata-se mais do que isso, de estabelecer uma relação entre um gesto singular e uma atitude global do corpo, capaz de criar novas condições para a eficácia e a rapidez de cada ato. Numa palavra, otimizar ao máximo o emprego do corpo, para perfectibilizar cada vez mais o emprego do tempo. Todo o esforço empenhado numa tarefa deve vir estritamente para suportar o ato conforme idealmente prescrito. Um corpo inteiramente disciplinado é a base de um gesto eficiente.

d) A articulação corpo-objeto

Depois do esquadrinhamento minucioso do corpo, da prescrição detalhista da atitude global para desempenhar a menor tarefa, a técnica disciplinar define também cada relação que o corpo treinado deve ter com instrumento que ele manipula. Mão e ferramenta. Tudo deve funcionar como uma engrenagem, numa codificação instrumental que decompõe o gesto em duas séries, a do corpo e a do objeto, para depois reconstruí-lo numa correlação entre ambas. Essa sintaxe de prescrições explícitas e coercitivas que fixa um laço entre o corpo e o aparelho de produção é chamada "manobra".

e) A utilização exaustiva

Por fim, a utilização exaustiva da força como objeto das técnicas disciplinares. Nelas tudo opera sob o imperativo de extrair do tempo sempre mais e mais instantes disponíveis e de cada instante, mais forças úteis. O horário cuida para que não se perca tempo. A disciplina organiza uma economia positiva. Há uma busca pelo encontro entre máxima rapidez e máxima eficiência. Tudo isso se dá mediante a decomposição plena do tempo, em minutos, segundos, séries, repetições. Quanto mais decomposto, mais fácil controlá-lo, acelerando as operações e exaurindo até a última força do corpo disposto.

7.2.4. O controle do tempo

Foucault utiliza a escola como exemplo para analisar as técnicas disciplinares de controle do tempo que começaram a se tornar dominantes a partir do século XVIII. Analisando as escolas industriais corporativas o autor observa a instituição de uma série de mecanismos que passam a regular o tempo dos seus alunos sujeitados. A chamada, a organização dos lugares, a comparação de desempenho, a reunião de classes por aptidão. Prêmio para os melhores, aprovação, reprovação, um diário de classe para registrar qualquer atividade. Mas como isso se articula em torno do controle do tempo? Todas essas disciplinas constituem o que Foucault denominou "aparelhos de capitalizar tempo". Aí, o tempo dos indivíduos é apropriado para gerar mais utilidade. Acumula-se tempo nos corpos: tempo de aprendizagem, tempo de exercício, tempo de treinamento. Tempo transformado em corpo maximamente forte, útil e produtivo. São quatro os processos produtores dessa capitalização:

a) **Dividir o tempo em segmentos sucessivos com tempo de duração**

Devem-se separar os tempos de qualidade e quantidade diferentes. A formação teórica deve ficar apartada da prática. O recruta deve trabalhar num pelotão separado dos oficiais treinados. É um erro ensinar tudo ao mesmo tempo, misturar graus de complexidade e de aptidão variados. Uma coisa deve vir depois da outra, os graus devem ser bem delimitados. Só se deve avançar a uma nova atividade quando a anterior estiver bem aprendida. Além disso, deve-se calcular o tempo regular para a aquisição de cada habilidade, fixando um limite para o término de uma etapa e início da outra. É isso que prescreve a primeira técnica disciplinar de capitalização do tempo.

b) **Organizar as sequências num esquema analítico**

O método tradicional, pré-disciplinar, do treinamento era analógico. Ali, um recruta aprendia a lutar vendo o instrutor lutar. As aquisições se davam por via empírica, através da experiência de repetição do que se observava. O método estritamente disciplinar, por outro lado, é eminentemente analítico. Nele são ensinadas técnicas específicas e detalhadas, subdivididas em etapas e praticadas em exercícios. Agora o soldado não aprende mais a lutar lutando, mas perfectibilizando cada pequeno segmento, cada pequena atitude que comporá a técnica global de cada gesto útil em batalha.

c) **Finalizar cada segmento com uma prova**

Cada etapa desse tempo segmentado e qualificado deve ter um fim virtual e este deve ser marcado por uma prova. A prova será aí responsável por ritualizar o término de um nível de treinamento, indicar a aquisição adequada de uma nova habilidade, mas também testá-la, garanti-la. Do ponto de vista do grupo, a prova serve ainda para indicar a uniformidade da aprendizagem e para traçar as linhas de diferenciação entre os indivíduos.

d) **Estabelecer séries de séries**

A disciplina deve ainda prescrever a cada um de acordo com seu nível, posição, antiguidade, os exercícios que lhe convêm. Os exercícios comuns servem para diferenciar os indivíduos uns dos outros, e cada diferenciação indica a necessidade e a qualidade de exercícios específicos. O tempo da prática pedagógica se destaca do tempo adulto do ofício adquirido – o aprendiz torna-se diferente do profissional. O tempo iniciático tradicional é agora substituído pelo tempo disciplinar das séries progressivas, da evolução. Organizar as atividades em séries sucessivas, além disso, possibilita um controle detalhado e uma intervenção pontual de diferenciação, correção, castigo. Isso também amplia a utilidade dos indivíduos uma vez que é possível identificá-los e recrutá-los para tarefas de acordo com seus níveis. Daí resulta um tempo evolutivo, porque útil. O tempo utilizado não cessa de agregar produtividade e obediência aos corpos que vivem nele.

7.2.5. A composição das séries

A reunificação do grupo social decomposto em individualidades é, como dissemos, uma segunda etapa na lógica do funcionamento do poder disciplinar. Conforme vimos também, a recomposição desse corpo não se dá como justaposição de elementos, mas como a produção de séries espaciais e temporais. Aí, o objetivo é transformar o coletivo numa máquina, numa engrenagem cuja efetividade é ampliada pela articulação adequada de suas peças. Assim, o todo torna-se mais potente do que as suas partes somadas a partir da aquisição de um método de funcionamento orgânico, da composição de um aparelho. Um exemplo pode ser iluminador. Quando se justapõe dois alfaiates fabricantes de camisetas e cada um ocupa-se de todo o processo de produção, cada um produz, digamos, 5 camisetas por hora, totalizando 10 peças. Quando, no entanto, se os organiza em série, fazendo com que um ocupe-se apenas de cortar tecido e outro apenas de costurar, a produção global é ampliada pela especialização do trabalho, pelo disciplinamento da repetição, pela destreza do movimento etc. A composição seriada desse aparelho traduz-se de vários modos:

a) **O corpo singular torna-se elemento móvel do processo**

No processo de composição de séries o corpo torna-se apenas uma peça singular de uma máquina complexa e maior. Aí, o que o define qualitativamente deixa de ser a força, a destreza, a coragem, mas o cumprimento rigoroso do seu lugar, intervalo, regularidade, ordem. O homem torna-se, assim, o fragmento de um espaço móvel, no interior do qual o seu corpo sofre uma drástica redução funcional. Nesse tipo de distribuição do tempo e do espaço cada indivíduo torna-se absolutamente fungível, pois passa a se confundir quase integralmente com a função que ocupa no interior do dispositivo.

b) **As várias séries cronológicas que a disciplina combina também são peças**

Falamos anteriormente da capitalização do tempo, da transformação do corpo em um aparelho de acumular tempo, traduzido em habilidade, aprendizado, técnica, capacidade de produzir. Para que seja possível extrair o máximo de cada tempo é preciso combiná-los de modo útil. Assim, no espaço seriado um corpo útil, isto é, uma unidade de tempo seriado, é utilizada para fazer progredir o outro corpo útil da série. Como no caso da escola, em que o aluno mais velho ajuda o aluno mais jovem ou o aluno mais disciplinado vigia o outro.

c) **Essa combinação exige um comando preciso**

Toda atividade do indivíduo disciplinar deve ser sustentada por injunções eficientes porque breves e claras. Cada comando deve ser compreendido com máxima eficácia, sem suscitar maiores questões. Não se explica, nem formula ordens, mas apenas cria-se comandos condensados e aptos a provocarem o comportamento desejado. O alvo do poder não deve fazer mais do que perceber o sinal e reagir a ele adequadamente. O treinamento militar tem fortes componentes desse tipo de técnica. Sinos, cornetas, tambores, sinais sonoros indicam ao soldado qual série de comandos ele deve repetir e mobilizar a cada momento.

O poder disciplinar potencializa no coletivo o poder individual dos corpos

> "Surge assim uma exigência nova a que a disciplina tem que atender: construir uma máquina cujo efeito será elevado ao máximo pela articulação combinada das peças elementares de que ela se compõe. A disciplina não é mais simplesmente uma arte de repartir os corpos, de extrair e acumular o tempo deles, mas de compor forças para obter um aparelho eficiente".
> Id., Ibid., p.138

A disciplina é uma técnica de produção de individualidades

> "Em resumo, pode-se dizer que a disciplina produz, a partir dos corpos que controla, quatro tipos de individualidade, ou antes uma individualidade dotada de quatro características: é celular (pelo jogo da repartição espacial), é orgânica (pela codificação das atividades), é genética (pela acumulação do tempo), é combinatória (pela composição das forças). E, para tanto, utiliza quatro grandes técnicas: constrói quadros; prescreve manobras; impõe exercícios; enfim, para realizar a combinação das forças, organiza 'táticas'."
> Id., Ibid., p.141

7.3. Direito, disciplina e Poder

Quando do estudo nos capítulos anteriores das matrizes estritamente positivistas e ecléticas tomamos contato com concepções prioritariamente normativistas do direito. Isto é, formas de entender a juridicidade que dão às normas emanadas pelo Estado um papel central, transformando-as na pedra-de-toque das práticas judiciais. Com Foucault trata-se de fazer justamente o oposto. Para o autor, as normas aparecerão como um momento secundário das práticas judiciais, resultado e operador direto do poder que está na sua base.

Isso porque, na esteira do que vimos até aqui, pode-se chegar à conclusão de que as práticas disciplinares tal qual concebidas por Foucault são responsáveis pela constituição do sujeito, do seu desejo e dos seus gestos. Assim, as instituições estatais e não estatais envolvidas na gestão disciplinar dos corpos escapam ao estrito controle das normatizações, podendo, inclusive, suspendê-las.

O direito, nesse sentido, estabelece uma relação bastante próxima e tensa com a noção de poder. A disciplina, como poder, em muitos casos sobrepõe-se às normatizações legislativas, cumprindo-as. É exemplar aqui o caso dos presídios que têm seus horários de despertar, tomar sol, tomar banho, perfeitamente positivados em regimentos e ordenações de conduta. Mas ao mesmo tempo, a disciplina funciona como contradireito. Como nos expedientes flagrantemente ilegais de tortura utilizados pelos carcereiros para estabelecer códigos disciplinares de conduta.

Desse modo, é imprescindível compreender que a lógica do poder disciplinar, não sendo eminentemente jurídica, estabelece uma relação bastante complexa com os aparatos e prescrições que fazem funcionar o direito. A disciplina está ao mesmo tempo dentro, fora, e apesar do direito. Movendo-se contra, a favor, ou indiferente às regras estabelecidas por ele.

Entretanto, não podemos perder de vista que o poder em Foucault cumpre um papel constitutivo. Sendo a norma jurídica um operador social historicamente constituído, toda a sua textura, sua forma e seu conteúdo, são resultantes do potencial criador do poder. Se em Kelsen o poder era criatura da norma, um resultado do estabelecimento das competências jurídicas, aqui toda norma só é possível como ponto de chegada de um investimento do poder. Pode-se mesmo dizer que o direito antes de ser o instituidor, é uma instituição do poder. É uma das suas formas de existência material, um dos modos como ele se orienta no mundo e opera sobre os corpos.

O que temos aqui, portanto, é uma visão extraordinariamente crítica da lógica de funcionamento do jurídico. Com isso, a relação entre o direito e o que tradicionalmente se concebe como "o político" assume contornos extremamente intrincados para, ao fim e ao cabo, estabelecer o primado do poder puro sobre a lógica de sua institucionalização jurídica. Aqui, "o político", que comumente assume o método jurídico de funcionamento, aparece ao mesmo tempo como uma força capaz de operar fora dos seus quadrantes, de evita-lo, miná-lo, suspendê-lo ou, até mesmo, extingui-lo. É assim, sob o signo da historicidade absoluta do direito e dos direitos, que o poder aparece como microfísica instituidora de toda juridicidade.

Por fim, nunca é demais lançar luz novamente sobre o caráter derivado da normatividade jurídica em Foucault. Pois para ele, a verdade do direito não deve ser buscada na relação ideal entre norma e sujeito de direito, entre as construções discursivas do poder político central e o indivíduo senhor da própria vontade. Pelo contrário, é na instituição disciplinar que constitui desejos e vontades "artificialmente", que cria os sujeitos como pontos de junção no campo aberto de uma estrutura, que podemos encontrar os caracteres elementares dos dispositivos jurídicos e não jurídicos de normatização da vida e do corpo.

O poder disciplinar funciona "para além" do direito

"Aparentemente as disciplinas não constituem nada mais que um infradireito. Parecem prolongar, até um nível infinitesimal das existências singulares, as formas gerais definidas pelo direito; ou, ainda, aparecem como maneiras de aprendizagem que permitem aos indivíduos se integrarem a essas exigências gerais. Constituiriam o mesmo tipo de direito fazendo-o mudar de escala, e assim tornando-o mais minucioso e sem dúvida mais indulgente. Temos antes que ver nas disciplinas uma espécie de contradireito. Elas têm o papel preciso de introduzir assimetrias insuperáveis e de excluir reciprocidades. Em primeiro lugar porque a disciplina cria entre os indivíduos um laço "privado", que é uma relação de limitações inteiramente diferente da obrigação contratual; a aceitação de uma disciplina pode ser subscrita por meio de contrato; a maneira como ela é imposta, os mecanismos que faz funcionar, a subordinação não reversível de uns em relação aos outros, o "mais poder" que é sempre fixado do mesmo lado, a desigualdade de posição dos diversos "parceiros" em relação ao regulamento comum opõem o laço disciplinar e o laço contratual, e permitem sistematicamente falsear este último a partir do momento em que tem por conteúdo um mecanismo de disciplina. (...) De

qualquer modo, no espaço e durante o tempo em que exercem seu controle e fazem funcionar as assimetrias de seu poder, elas efetuam uma suspensão, nunca total, mas também nunca anulada, do direito. Por regular e institucional que seja, a disciplina, em seu mecanismo, é um 'contradireito'".

Id., Ibid., p.183-184

ANEXO: Citações de filósofos em acórdãos de Tribunais brasileiros

Aristóteles

"[...] A Constituição Federal em seu art. 226 estabelece que a família é a base da sociedade e tem a especial proteção do Estado; o parágrafo 8º desse dispositivo assegura que a assistência à família será feita na pessoa de cada um dos que a integram, criando mecanismos para coibir a violência no âmbito de suas relações. Também não descuida a Constituição Federal art. 227 de atribuir à família, à sociedade e ao Estado a responsabilidade pelas crianças e adolescentes, com absoluta prioridade, assegurando-lhes:

[...] A Lei Maria da Penha nada mais é que o instrumento legal apto ao alcance desse escopo constitucional.

Não se trata na espécie de aplicação do princípio da igualdade, mas sim, de aplicação da garantia da isonomia, oriunda da acepção aristotélica lançada na obra "Ética a Nicômaco", que nela enxerga a necessidade de "tratar igualmente os iguais e desigualmente os desiguais. (ARISTÓTELES. **Ética a Nicômaco**, p. 124-125.).

Tal princípio garante o sentido de que as normas não devem ser simplesmente elaboradas e aplicadas indistintamente a todos os indivíduos, ele é mais profundo, considera a existência de grupos ditos minoritários e hipossuficientes, que necessitam de uma proteção especial para que alcancem a igualdade processual.

Nesse contexto, a Lei Maria da Penha é um exemplo de implementação para a tutela do gênero feminino, justificando-se pela situação de vulnerabilidade e hipossuficiência em que se encontram as mulheres vítimas da violência doméstica e familiar [...]". TJ/SP. *HABEAS CORPUS* Nº 139.256 – RO (2009/0114702-7).

Aristóteles e Miguel Reale

"[...] De outra banda 'in casu', restou-se apurado, em sede probatória, que o empregador se utilizou do analfabetismo, da inexperiência, da inferioridade econômica e/ou jurídica do obreiro, para impingir-lhe um acordo completamente desproporcional ao que ele teria direito. Assim, diante deste fato, é importante analisar, com equidade, a eficácia liberatória prevista no art. 625-E, da CLT. Aristóteles, já se preocupara com o tema da equidade em uma de suas mais importantes obras, a Ética a Nicômaco. Para o Estagirita, ela era uma forma melhor de justiça, pois funcionava como uma adaptação da lei (abstrata) aos fatos reais, concretos. Na era do pós-positivismo em que nos encontramos, a equidade deixa de pertencer simplesmente ao plano metajurídico e ingressa-se, definitivamente, nos ordenamentos jurídicos modernos, como elemento ético--valorativo a ser utilizado pelo intérprete na apreciação dos casos concretos, seja para suprir lacunas existentes ou mesmo para ajustar a letra fria da lei. Nesse sentido dispõe o art. 8º da CLT: 'Art. 8º – As autoridades administrativas e a Justiça do Trabalho, na falta de disposições legais ou contratuais, decidirão, conforme o caso, pela jurisprudência, por analogia, por equidade e outros princípios e normas gerais de direito, principalmente do direito do trabalho, e, ainda, de acordo com os usos e costumes, o direito comparado, mas sempre de maneira que nenhum interesse de classe ou particular prevaleça sobre o interesse público'. Na espécie, trata-se da equidade romana, que se revela como um instrumento de integração de lacunas normativas. Mas, entendo que esse dispositivo não exclui a utilização da equidade grega, também chamada de aristotélica, que amolda a norma fria do texto legal ao caso concreto, orientando o intérprete na correção de injustiças, encontrando o equilíbrio entre norma, fato e valor (teoria tridimensional de Miguel Reale), autorizando-o a se valer, inclusive, no caso concreto, do contido no art. 5º da Lei de Introdução ao Direito Brasileiro, a qual tem aplicação em toda legislação nacional: 'Art. 5º – Na aplicação da lei, o juiz atenderá aos fins sociais a que ela se dirige e às exigências do bem comum'. Imbuído deste espírito, não se pode aceitar, no âmbito desta provecta justiça, acordos que, em detrimento da dignidade da pessoa humana e dos valores sociais do trabalho, chancelam fraudes a direitos trabalhistas, através dos perversos mecanismos da lesão (instituto do direito civil aplicado analogicamente ao direito do trabalho contra arbitrariedade de empregadores) e da coação famélica [...]". TRT 7ª Região, Recurso Ordinário: RO n. 179003620075070032 CE.

Kant

"RELAÇÃO DE EMPREGO. Tratando-se a Reclamante de esposa de ex-sócio majoritário da Reclamada, que ainda detinha aquela condição na época dos fatos, não havendo prova robusta do preenchimento dos requisitos do artigo 3º da CLT, não se reconhece a relação de emprego por ela buscada.

PROVA POR MEIO DE FITA MAGNÉTICA. Inaceitável a prova por meio de fita magnética quando tem-se que o procedimento adotado para a sua elaboração tangencia à ilicitude. Não se tem como parâmetro para a aceitação de tal prova apenas o direito, mas, e principalmente, a moral. "Direito o moral se dividem, conforme regulam a liberdade interna ou externa. Legalidade e moralidade dirigem, respectivamente, os atos exteriores e interiores do homem. E só a moral implica para o homem a ideia de dever. O direito, já então radicalmente separado da moral, é apenas um princípio de restrição (KANT)". TRT 4ª Região, RECURSO ORDINARIO TRABALHISTA: RO 298005919955040601 RS.

Kant e Kelsen

"DANOS MORAIS. INDENIZAÇÃO EM RAZÃO DE PRISÃO E TORTURA OCORRIDA DURANTE O REGIME DE EXCEÇÃO MILITAR. PRESCRIÇÃO. MÉRITO. 1. O direito de indenização por danos morais decorrentes de prisão e tortura praticados pelos agentes do Regime Militar não está sujeito à prescrição, pois esta é a realização do valor segurança jurídica, que por sua vez é um dos valores que compõe a defesa do valor maior dignidade do ser humano. Não poderia, assim, a regra de prescrição ser aplicada para desconstituir o valor (dignidade) que tem por missão realizar, traindo sua razão de existir. 2. A ofensa à dano moral ocorrida antes da vigência da Constituição de 1988 é indenizável, não se falando em retroatividade. O que se dá é que todos os fatos, atos, relações, direitos e situações jurídicas devem ser reinterpretados de acordo com a nova Ordem Jurídica instituída pela nova Constituição. O que a União pretende é a prevalência do sistema de responsabilidades de Constituição já morta, que não pode se impor à nova Ordem. 3. Dizer que as prisões e torturas praticados durante o regime militar se justificam em razão de estado de necessidade, justificado por situação de exceção e mediante medidas previstas na legislação da época é o mesmo que justificar a lei pela lei, resgatando o mais pobre período do positivismo jurídico, derivado de lições de Kant sobre a impossibilidade de conhecer o número e factibilidade de conhecer apenas o fenômeno, a partir do que Kelsen, no seu pior momento, chegou a declarar que justiça era um ideal irracional (sic) . 4. Deste tipo de positivismo exacerbado e suas tentativas falaciosas de justificação racional de atos de força como válidos simplesmente por serem direito positivo regularmente lançado pelo Estado, surgiram as páginas mais terríveis da História, como o nazismo [...]".

TRF-1 – APELAÇÃO CIVEL AC 7609 GO 2000.35.00.007609-3 (TRF-1)

Kelsen

"[...] 4. Com efeito, revela-se falacioso o argumento ventilado pela Fazenda Nacional nas razões do recurso extraordinário (cuja inadmissão motivou a interposição do agravo de instrumento dirigido ao STF), no sentido de que o aludido *decisum* teria assentado que, mesmo descumprido o dever instrumental previsto no artigo 32, IV, da Lei 8.212/1991, o contribuinte tem direito a obter a certidão negativa, o que importa em flagrante ofensa à cláusula de reserva de plenário e à Súmula Vinculante 10/STF. 5. Deveras, a decisão proferida pelo órgão fracionário do STJ tão somente explicitou que não basta a notícia de ocorrência de determinado evento no mundo real (mera alegação, por parte do Fisco, de descumprimento de obrigação acessória pelo contribuinte) para aplicação da norma jurídica (artigo 32, IV, da Lei 8.21219/91). 6. De acordo com o aludido *decisum*, o acontecimento do mundo social descrito na norma jurídica só se torna fato jurídico quando vertido em linguagem competente (linguagem das provas, prescrita pelo direito positivo, apta a constituir o fato jurídico). Assim, ausente a prova jurídica do fato (auto de infração jurisdicizando o inadimplemento do dever instrumental, constituindo o contribuinte em mora com o Fisco), não há que se falar em incidência da norma jurídica (que impede a expedição de certidão de regularidade fiscal). 7. Isto porque: 'É um princípio fundamental da técnica jurídica, embora frequentemente esquecido, que não existem no domínio do Direito fatos absolutos, diretamente evidentes, 'fatos em si', mas apenas fatos estabelecidos pela autoridade competente em um processo prescrito pela ordem jurídica. Não é ao roubo como um fato em si que a ordem jurídica vincula certa punição. Apenas um leigo formula a regra de Direito dessa maneira. O jurista sabe que a ordem jurídica vincula certa punição apenas a um roubo assim estabelecido pela autoridade competente, seguindo um processo prescrito. Dizer que 'A' cometeu um roubo só pode expressar uma opinião subjetiva. No domínio do Direito, apenas a opinião autêntica, isto é, a opinião da autoridade instituída pela ordem jurídica para estabelecer um fato, é decisiva. Qualquer outra opinião à existência de um fato, tal como determinado pela ordem jurídica, é irrelevante do ponto de vista jurídico.' (Hans Kelsen, in 'O que é Justiça? – A Justiça, o Direito e a Política no Espelho da Ciência', tradução de Luís Carlos Borges, Ed. Martins Fontes, São Paulo, 1997. p. 246) [...]".

Kelsen

"ESTABILIDADE. ACIDENTE DE TRABALHO. LEI Nº 8.213/1991. CONSTITUCIONALIDADE. A tradicional hierarquização das fontes do direito, inspirada no modelo piramidal de Kelsen, deve ser aplicada com ressalvas no Direito do Trabalho, onde o vértice da pirâmide é ocupado pela norma mais favorável ao empregado, ante o princípio de aplicação da norma mais benéfica. Assim, a Constituição Federal constitui apenas um mínimo de garantias ao trabalhador, podendo a legislação ordinária criar vantagens ali não previstas, salvo se houver expressa vedação. Não se vislumbra, pois, a alegada inconstitucionalidade do artigo 118 da Lei nº 8.213/1991, que prevê estabilidade provisória ao empregado que retorna de acidente de trabalho". TRT-4ª Região, RECURSO ORDINARIO RO 21300871993504O402 RS.

Reale

"RECURSO ESPECIAL. EXECUÇÃO FISCAL. PENHORA. BENS DE FAMÍLIA. LEI N. 8.009/1990. ÚNICO IMÓVEL DA FAMÍLIA LOCADO A TERCEIROS. IMPENHORABILIDADE. PRECEDENTES. Predomina nesta egrégia Corte Superior de Justiça o entendimento segundo o qual a locação a terceiros do único imóvel de propriedade da família não afasta o benefício legal da impenhorabilidade do bem de família (art. 1º da Lei n. 8.009/1990). Com efeito, o escopo da lei é proteger a entidade familiar e, em hipóteses que tais, a renda proveniente do aluguel pode ser utilizada para a subsistência da família ou mesmo para o pagamento de dívidas (cf. REsp 462.011/PB, da relatoria deste Magistrado, *DJ* 02.02.2004). 'Dentro de uma interpretação teleológica e valorativa, calcada inclusive na teoria tridimensional do Direito-fato, valor e norma (Miguel Reale), faz jus aos benefícios da Lei 8.009/1990 o devedor que, mesmo não residindo no único imóvel que lhe pertence, utiliza o valor obtido com a locação desse bem como complemento da renda familiar, considerando que o objetivo da norma foi observado, a saber, o de garantir a moradia familiar ou a subsistência da família' (REsp 159.213/ES, Rel. Min. Sálvio de Figueiredo, *DJ* 21.06.1999)". STJ, RECURSO ESPECIAL REsp 445990 MG 2002/0084648-7 (STJ).

Reale

"Revelia e confissão. Matéria unicamente de direito. Efeitos. O instituto da revelia não assume a feição de reconhecer inexoravelmente os fatos expostos na exordial como verdades irrestritas, especialmente se a matéria trazida a juízo é exclusivamente de direito. É que, no cumprimento do ofício jurisdicional, e na busca da verdade real, o juiz deve proferir suas decisões relevando a teoria da tridimensionalidade, consagrada por Miguel Reale. 'In casu', em sendo plenamente de direito o objeto da pretensão exordial, pode vir a ser indeferido, mesmo ocorrendo a revelia, se observado pelo juiz que o tão almejado bem da vida não tem respaldo legal, ou se reveste de inconstitucional, ou mesmo possa vir a enriquecer injustificada e ilicitamente a parte autora. Esse espírito há muito vem crescendo na doutrina e jurisprudência, tendo sido consagrado no novo código civil. A observar que, e apenas para sustentar o espírito do novo Código Civil e da Constituição Federal de 1988, o processo civil moderno rescinde conceitos rígidos, como por exemplo vislumbrando a desnecessidade de formação da relação trilateral para decisão de mérito, cujo teor da petição inicial o juiz observe, de antemão, sua improcedência (Lei nº 11.277, de 07 de fevereiro de 2006).Não há portanto, desobediência ao princípio do devido processo legal nem omissão no v. Acórdão da folha 124". TRT 2ª Região. RECORD: 2438200206902002 SP 02438-2002-069-02-00-2.

Foucault

"A presença de câmeras de vídeo no ambiente laboral, ao argumento de que o objetivo do sistema de vigilância era tanto preservar as informações dos clientes atendidos pelo *call center*, como preservar o patrimônio empresarial, já sucumbe pela própria natureza da atividade (atendimento via telefone junto à terminal de computador), não se cogitando, então, de preservação do cliente, mas tão somente do patrimônio empresarial. Em tese e sem abuso, é legítimo o poder de direção empresarial voltado à vigilância no ambiente de trabalho, desde que justificado por razões de segurança. [...] A ponderação não se faz em tese, nem de maneira apriorística, o que por certo esbarraria na primazia da dignidade humana. No caso, a escusa absolutória invocada pela ré (exercício regular do poder diretivo para salvaguardar o patrimônio empresarial) não lhe socorre, haja vista que se revelou não apenas desnecessária, como abusiva.

Desnecessária, porque a vigilância dos empregados por câmeras enquanto atendem os consumidores via telefone e utilizando terminais de computadores é fator inócuo na segurança daqueles, pois nada obsta que a informação pessoal prestada nesse modo e ambiente seja melhor preservada porque gravada a imagem do trabalhador. Note-se que a discussão não envolve a gravação da conversa telefônica do atendimento no *call center*, ingerência esta que, em tese e sem abuso, encontraria justificativa. Abusiva, porque, uma vez que não encontra justificativa de ordem fática que a legitime, evidente está que a vigilância, eis que esvaziada no próprio ato de controle de 'vigiar e punir' de que já nos alertou FOUCAULT em sua clássica e homônima obra. Uma ingerência tal, voltada mesmo aos mais comezinhos atos implica em franco abuso, que gera dano moral indenizável, justamente porque desarrazoada e violadora da intimidade do trabalhador. A melhor doutrina converge no sentido de que a instalação de câmera de vídeo ou de filmagem constitui uma medida ajustada ao princípio da proporcionalidade [...] DESDE QUE a instalação em local onde o empregado executa suas atividades seja medida justificada, equilibrada e imprescindível. Não se olvide que, também se repele, aqui, a tentativa de se 'coisificar' o homem, posto ser gente e, como tal, suscetível a sentimentos das mais variadas ordens, inclusive o da humilhação de ver-se obrigado a se expor e ser controlado diariamente pelo sistema de vigilância da ré, a fim de garantir sua própria subsistência. Não sobressai razoável a violação da intimidade para fins de atender a interesse privado ou meramente econômico. A abusividade da reclamada em adentrar invasivamente a privacidade do empregado resultou patente, além de manifestamente desnecessária e em menoscabo à garantia constitucional assegurada. *Concessa venia*, não há justificativa plausível para a adoção de tal medida em atividades como a da reclamada (*call center*), nem proporcionalidade ajustada entre a dimensão do vilipêndio à privacidade e a finalidade meramente econômica de proteger o bem patrimonial. Configurado está o dano moral, haja vista que a Carta Constitucional em seu artigo 5º, X, prevê que 'são invioláveis a intimidade, a vida privada, a honra e a imagem das pessoas, assegurando o direito a indenização pelo dano material ou moral decorrente de sua violação'." TRT 9ª Região. 23472008664901 PR.

Foucault

"Responsabilidade civil do Estado. Indenização pela morte de filho no interior do Estabelecimento Penal. Não havendo prova evidente de que o evento ocorreu por culpa ou dolo do agente do Poder Público, improcede o pedido. Recurso desprovido. Ementa do voto vencido do Des. Rui Octavio Domingues: Responsabilidade civil. Preso assassinado dentro de estabelecimento penal do Estado. Ação de indenização ajuizada pela mãe da vítima. Diz a Constituição Federal de 1988: "é assegurado aos presos o respeito à integridade física e moral" (art. 5º, item XLIX). O Estado tem o dever de zelar pela integridade física e moral do preso. Aquele que é sequestrado fisicamente pelo Estado, e é mantido sob coação dentro de estabelecimento fechado, tendo que sentar e levantar, andar e parar, trabalhar manualmente e tomar sol, sempre debaixo das ordens dos agentes do Estado, sem liberdade nem para se defender, não podendo mudar nem de estabelecimento penal, nem de cela, sem ordem dos agentes do Estado, não pode ser assassinado, dentro da prisão, sem responsabilidade do Estado. O dever do transportador, de conduzir incólume o passageiro ao lugar do destino, importa em responsabilidade civil. Com maior razão, o Estado é civilmente responsável se não defende eficazmente a integridade física e moral do preso, assassinado dentro de uma prisão, sem dela poder sair ou se mudar. A situação do preso encontra analogia na do louco sob custodia de um estabelecimento psiquiátrico, ou de um menor asilado. As técnicas de confinamento, a que se referia Michel Foucault, nos seus estudos sobre a gênese dos sistemas de pensamento, são recursos da sociedade diante de indivíduos problemáticos, em que se estabelece uma 'relação de poder', onde esses 'pacientes' (presos, loucos, órfãos) têm um grau mínimo de resistência. Daí se segue a indisfarçável responsabilidade do Estado, capaz de reduzir um homem a uma coisa maleável, tratada às vezes com menos cuidados que os animais (no momento em que vige o modismo da 'ecologia'). Impõe-se a procedência da ação de indenização, pela morte violenta de preso, desarmado, atacado com arma perfurante. Falha no dever de vigilância do Estado. Culpa 'in vigilando'." TJ-RJ. APL: 164 RJ 1989.001.00164.

25. Princípios e Atribuições Institucionais da Defensoria Pública

Rodrigo Saber

1. Defensoria Pública

1.1. Introdução. A Defensoria Pública é uma instituição responsável por proporcionar uma assistência jurídica integral e gratuita aos considerados necessitados (artigo 5º, LXXIV, CF e artigo 1º da Lei Complementar 80 de 1994). Trata-se, segundo o artigo 134 da Constituição Federal, de instituição essencial à função jurisdicional.

1.2. Necessitado. A primeira pergunta que surge, no entanto, é acerca do que seria considerado como "necessitado". Necessitado há de ser considerado como toda pessoa que não poderá arcar com os custos dos serviços jurídicos sem que, para tanto, não ocorra prejuízo à sua própria sobrevivência ou de sua família. Vale dizer que tal conceito não é adstrito a um número determinado de salários mínimos, ou seja, não é estanque, permitindo situações onde uma pessoa com renda familiar de 20 salários possa ser considerada necessitada enquanto uma outra, com renda de 3, não ser assim enquadrada, tudo dependendo de uma análise do caso concreto.

1.3. Assistência Jurídica, Judiciária e Justiça Gratuita. Outra indagação que naturalmente surge é referente ao conceito de "assistência jurídica" e, assim, sua diferença para a assistência judiciária e justiça gratuita.

A assistência jurídica abrange não somente a esfera judicial, mas também fora dela, como em processos administrativos e em outras atividades correlatas, como consultas acerca de problemas diários e sobre contratos.

Já a assistência judiciária possui alcance mais restrito, atuando somente na esfera do Poder Judiciário, permitindo-se, por ela, um patrocínio do processo judicial, seja por advogado, seja pela Defensoria Pública ou por outras entidades, como escritórios modelos de faculdades.

Por fim, como justiça gratuita entende-se pela isenção do pagamento de custas, taxas, emolumentos e despesas processuais.

Isto quer dizer que, por serem institutos distintos, nada impede de uma pessoa solicitar junto ao Poder Judiciário o benefício da justiça gratuita, e ao mesmo tempo atuar por meio de advogado próprio ou vice-versa, isto é, ser amparado pela Defensoria Pública e, nem por isso, ter o direito ao benefício da justiça gratuita. Outra conclusão é a de que a Defensoria Pública não se limita à assistência judiciária, isto é, ela proporciona aos seus assistidos uma assistência jurídica (que, naturalmente, é maior que a assistência judiciária, englobando-a também), obedecendo, assim, a CF e sua própria Lei Orgânica.

1.4. Instituição Essencial à Atividade Jurisdicional. A Defensoria Pública, instituição tida como essencial à atividade jurisdicional, tem, portanto, sua criação exigida pela CF, já que esta trouxe o termo "essencial". Sendo assim, qualquer obstáculo por parte de Governadores acerca de sua criação e expansão deve ser observado com ressalvas e levada a questão ao Judiciário, vez que trata-se de um imperativo constitucional e não de uma discricionariedade dada aos mesmos.

1.5. Competência Legislativa. A Constituição Federal ainda trouxe alguns outros dispositivos relacionados ao tema (artigos 21, 22, 24, 48 e 61, CF). Segundo ela, no tocante à competência legislativa, caberá ao Congresso Nacional organizar somente a Defensoria Pública da União e a dos Territórios, enquanto que perante as Defensorias Públicas Estaduais e do Distrito Federal, competirá a ele somente estabelecer normas gerais. Assim sendo, enquanto para a Defensoria Pública da União e dos Territórios a competência legislativa da União é exclusiva, para àquelas Defensorias Estaduais e para a Defensoria Pública do Distrito Federal, a competência é concorrente entre a União e os Estados-Membros.

1.6. Medida Provisória. Em ato contínuo ao tema competência e Constituição Federal, destaca-se que esta veda a utilização de medidas provisórias quando o assunto tratado exigir lei complementar. Logo, perante o tema "Defensoria", caso a União opte por utilizar de sua competência legislativa, seja exclusiva ou concorrente, não poderá se valer de tal instrumento (medida provisória), já que esta carreira deve ser regulada por lei complementar.

1.7. Outros Temas. Ainda seguindo os ditames constitucionais, ingressa-se na Defensoria Pública por meio de um concurso público de provas e títulos, garantindo-se a estabilidade e sendo vedada a advocacia fora das próprias atribuições institucionais. Além disso, perante as Defensorias Públicas Estaduais e do Distrito Federal concedeu-se autonomia funcional e administrativa, bem como a iniciativa de sua proposta orçamentária, sendo que seus recursos ser-lhes-ão entregues até o dia 20 de cada mês em duodécimos (tais disposições, porém, não foram estendidas à Defensoria Pública da União, nem à dos Territórios).

1.8. Independência Funcional *vs* Autonomia Funcional. Indagação possível pode então surgir sobre se o Defensor Público Federal (que, antigamente, era chamado de Defensor Público da União) possui ou não independência funcional, tendo em vista que a instituição a qual pertence (Defensora Pública da União) não possui autonomia funcional (artigo 134 da CF). Isto é de importância ímpar, pois para se responder a tal indagação, necessário se faz distinguir independência funcional e autonomia funcional.

Autonomia funcional (não prevista para a Defensoria Pública da União nem para a Defensoria Pública dos Territórios) significa a liberdade da instituição perante os demais entes públicos, permitindo-se assim que a mesma fique livre de ingerências políticas, principalmente do Poder Executivo.

Independência funcional, por seu turno, refere-se ao próprio Defensor Público (e não à instituição a que pertence) que terá liberdade de atuação perante a defesa de seus assistidos. Tal independência funcional é atribuída a todos os Defensores Públicos (independentemente da esfera) e, obviamente, possui limites, ou seja, não dá aos mesmos uma "carta branca" para agir. Isto porque por mais que possuam liberdade de atuação, deverão respeitar as leis e normas internas da própria Defensoria Pública, vez que nesta há toda uma organização, com Conselho e Corregedoria, dentre outros órgãos.

1.9. Estabilidade *vs* Vitaliciedade. Outra confusão passível de acontecer é referente à estabilidade conferida ao Defensor Público e à vitaliciedade, que a CF confere a outras carreiras.

A estabilidade é alcançada somente após 3 anos de efetivo exercício na carreira, sendo que por meio dela, o funcionário somente poderá ser demitido em caso de sentença judicial transitada em julgado, processo administrativo (garantida a ampla defesa) ou em caso de procedimento de avaliação periódica.

Já a vitaliciedade é reservada somente aos membros do Ministério Público, Magistrados e àqueles membros do Tribunal de Contas, sendo que ocorrerá após um período de 2 anos. Uma vez vitalício, a pessoa somente poderá perder o cargo que ocupa em caso de sentença judicial transitada em julgado (note que tanto nesta hipótese como naquela prevista para a estabilidade, exige-se somente que a sentença esteja transitada em julgado, não necessitando que seja uma sentença, por exemplo, penal).

1.10. Princípios Institucionais. No tocante à Lei Complementar 80 de 1994, esta trouxe à Defensoria grande suporte estrutural e físico à mesma, permitindo-se, assim, que cumpra com seu papel, isto é, de ser uma instituição essencial à função jurisdicional, instrumento de regime democrático e que busca a promoção dos direitos humanos e a defesa de direitos, tanto de forma individual como coletiva, em busca assim de um maior acesso à Justiça, e à própria Justiça.

Para tanto, esta lei trouxe, dentre outras disposições, princípios e funções institucionais. Como princípios (artigo 3º da Lei Complementar 80 de 1994), elenca três, ou seja, unidade, indivisibilidade e independência funcional.

A independência funcional, tida pela lei como princípio e também como garantia, como já esclarecida, permite a liberdade de atuação do Defensor Público no seu dia a dia, livrando-o de qualquer interferência ou hierarquia politica e externa. Esta independência também o permite atuar livremente perante seus atos. Isto quer dizer que diante de uma situação processual, não necessariamente deverá esgotar todas as vias recursais disponíveis para aquele caso, pois se entender não ser recomendável assim agir, deverá então seguir sua consciência (caso estejamos diante de um processo penal e a parte queira recorrer enquanto seu Defensor Público não, o direito de recorrer deverá prevalecer, mas novo Defensor deverá ser nomeado, visto que caso assim não ocorresse, haveria violação desta garantia prevista).

No tocante à unidade e à indivisibilidade, estas significam que a instituição da Defensoria Pública é um "todo", não sujeito a rupturas, isto é, Defensores poderão ser substituídos por outros num processo, sem que tais princípios sejam violados, pois a Defensoria em si continuará a atuar ininterruptamente no mesmo. Assim sendo, o fato de um Defensor ser promovido e substituído por outro não significará que o processo esteja viciado, pois o assistido em nenhum momento se quedou desamparado, uma vez que sempre a instituição maior (Defensoria) esteve presente.

1.11. Funções Institucionais. Atinente às funções institucionais (artigo 4º da Lei Complementar 80 de 1994), elencadas de forma ampla, porém num rol não taxativo, algumas podem ser destacas.

Conforme disposição legal, são funções institucionais da Defensoria Pública, dentre outras, a de prestar orientação jurídica e exercer a defesa dos necessitados em todos os graus, assim como dar prioridade pela solução extrajudicial dos litígios.

Acerca da prioridade pela solução extrajudicial, esta ocorre por motivo de celeridade, economia e, claro, com o objetivo de desafogar o Poder Judiciário. Para tanto, há inclusive a previsão de criação de núcleos de composição extrajudicial de litígios.

Sobre à função institucional caracterizada por prestar orientação jurídica e exercer a defesa dos necessitados, cumpre esclarecer, além do conceito de necessitado (já exposto), a abrangência deste mesmo conceito, pois em tal campo de atuação engloba-se qualquer pessoa (física ou jurídica), de qualquer nacionalidade (brasileira e estrangeira), incluindo-se os índios. Algumas considerações, porém, são cabíveis quanto às pessoas jurídicas. Isto porque elas deverão comprovar a insuficiência de recursos para, então, solicitarem o serviço da Defensoria Pública, sendo que caso sejam enquadradas como pessoas jurídicas sem finalidade lucrativa, haverá um presunção legal (não absoluta) de que há tal carência financeira.

Ainda sobre ao tema "funções institucionais", destaca-se àquela previsão de que cabe à Defensoria Pública zelar pela promoção da difusão e da conscientização dos direitos humanos, da cidadania e do ordenamento jurídico. Tal previsão é de extrema importância, pois numa sociedade onde grande parcela não possui o conhecimento do ordenamento jurídico, ela torna-se injusta, ao passo que numa sociedade onde os direitos humanos não são respeitados, a convivência pacífica e harmoniosa entre seus habitantes torna-se praticamente inconcebível. Nesta linha, a instituição da Defensoria Pública tem como função levar esta difusão e conscientização não somente às pessoas necessitadas, mas à toda sociedade, para que, assim, se alcance um novo (ou velho) projeto de Estado, isto é, um Estado não somente de Direito ou Democrático de Direito, mas um Estado Democrático de Direito, Justo e Humano.

Chama-se a atenção, ainda, à função institucional singularizada pelo dever da Defensoria Pública em promover ação civil pública e todas as espécies de ações capazes de propiciar a adequada tutela dos direitos difusos, coletivos ou individuais homogêneos quando o resultado da demanda puder beneficiar grupo de pessoas hipossuficientes. Isto porque controvérsias giravam e ainda giram em torno da amplitude desta competência atribuída. Para tal elucidação e compreensão, é importante destacar que a atuação da Defensoria Pública no âmbito coletivo deve ser embasada na intenção de defender os interesses dos necessitados, mas que isto não significa a impossibilidade de sua atuação refletir, de forma indireta, na vida de pessoas não consideradas como necessitadas. Em outras palavras, e a título de exemplo, caso um certo dano afete a vida de pessoas que se encontram em dois bairros vizinhos, sendo um carente e outro de nível econômico elevado, isto não quer dizer que a Defensoria Pública não possa atuar, e, ainda, não possa beneficiar os moradores de ambos os bairros. Ela pode, mas o fundamento para ter assim agido, terá sido o dano gerado àquela população carente.

Duas outras funções institucionais que merecem ser mencionadas, mas de não menos importância, são as de que caberá à Defensoria Pública acompanhar o inquérito policial, inclusive com a comunicação imediata da prisão em flagrante pela autoridade policial, quando o preso não constituir advogado, e a de que incumbe a ela atuar nos estabelecimentos policiais, penitenciários e de internação de adolescentes, visando a assegurar às pessoas, sob quaisquer circunstâncias, o exercício pleno de seus direitos e garantias fundamentais.

No que concerne à primeira função, cabe mencionar que o Código de Processo Penal, em seu artigo 306, § 1º, dispõe que após uma prisão em flagrante, seu auto de prisão deverá ser entregue em até 24 horas ao juiz competente e, caso o autuado não informe o nome de seu advogado, cópia integral para a Defensoria Pública. Trata-se de mais um diploma legal que reafirma àquela função institucional, sendo que como "cópia integral" deve-se compreender como não somente a nota de culpa, mas todos os demais atos relatados, como, por exemplo, a oitiva testemunhal, para, assim, se configurar um amplo contraditório e, por conseguinte, uma ampla defesa.

Já quanto à outra função institucional, os estabelecimentos relacionados ao sistema carcerário deverão, para atender a tal função da Defensoria, propiciar instalações adequadas para o atendimento dos presos por seus Defensores e, ainda, disponibilizar todos os documentos e informações que possuírem acerca dos mesmos.

Por fim, ainda nos resta mencionar sobre mais três funções institucionais elencadas pela lei orgânica da Defensoria Pública. Segundo ela, caberá à Defensoria exercer a curadoria especial nos casos legais, atuar na preservação e reparação dos direitos de pessoas vítimas de tortura, abusos sexuais, discriminação ou qualquer outra forma de opressão ou violência, propiciando o acompanhamento e o atendimento interdisciplinar das vítimas, e, ainda, executar e receber as verbas sucumbenciais decorrentes de sua atuação, inclusive quando devidas por quaisquer entes públicos, destinando-as a fundos geridos pela Defensoria Pública e designados, exclusivamente, ao aparelhamento da Defensoria Pública e à capacitação profissional de seus membros e servidores.

Quanto à curadoria especial, o artigo 33 do Código de Processo Penal traz algumas hipóteses, como quando o ofendido for menor de 18 anos, ou mentalmente enfermo, ou retardado mental, e não tiver representante legal, ou colidirem os interesses deste com os daquele. Quanto ao atendimento das vítimas, estas, conforme novos parâmetros legais, tem recebido uma diferente atenção pelo Poder Judiciário, logo, não sendo diferente a Defensoria Pública. Para tanto, deverá disponibilizar um atendimento interdisciplinar, caracterizado por inúmeros profissionais, inclusive de outras áreas, como a médica, para então concederem o devido auxílio a elas.

Para finalizar, referente à última função institucional, embora haja tal permissão legal de a Defensoria Pública executar os honorários sucumbenciais, honorários estes destinados a um fundo especifico destinado ao aparelhamento da própria Defensoria e à capacitação de seus membros, tal possibilidade de execução, embora possa recair sobre entes públicos, não poderá ocorrer quando for contra o próprio ente público a qual pertença. Portanto, a Defensoria do Estado de São Paulo, por exemplo, poderá atuar contra o próprio Governo do Estado de São Paulo, mas não poderá executar honorários sucumbenciais nesta hipótese. Diferentemente será caso atue contra o Estado do Rio de Janeiro. Além de poder atuar, poderá sim executar tais honorários.

1.12. Organização Estrutural. No tocante à organização da estrutura das Defensorias (artigo 5º da LC 80/94), todas elas contam com órgãos da administração superior, ou seja, com um Conselho Superior (órgão máximo, de cúpula, normativo e o responsável pelas principais decisões de âmbito interno), com uma Defensoria Pública-Geral, Subdefensoria Pública-Geral, e com uma Corregedoria Pública-Geral, sendo que em cada esfera (União, Estados, Distrito Federal e Territórios) peculiaridades surgem quanto a elas.

1.13. Defensor Público-Geral. Quanto ao Defensor Público-Geral, escolhido pelo Chefe do Executivo, diante de uma lista tríplice e que não possui foro por prerrogativa de função, no âmbito federal, tal escolha, após ser feita pelo Presidente da República, deverá ser submetida à análise do Senado Federal, ao passo que no caso da Defensoria Pública dos Territórios, a escolha do Defensor Público-Geral, após ser feita pelo Presidente da República, não necessitará de tal trâmite, isto é, estará livre daquele crivo feito pelo Senado Federal.

Ademais, no tocante às atribuições do Defensor Público--Geral, outras peculiaridades surgem. Como exemplo, em regra, o regimento interno da Defensoria Pública é uma obra composta do trabalho conjunto do Defensor Público-Geral com o do Conselho Superior, mas no âmbito da Defensoria Pública dos Territórios, tal competência será somente do primeiro (Defensor Público-Geral). O mesmo ocorre quando o assunto é sobre o plano de atuação, ou seja, no que toca à Defensoria Pública dos Territórios, não há a obrigatoriedade de ser apresentado tal plano ao Conselho Superior.

1.14. Subdefensor Público-Geral. Acerca do Subdefensor Público-Geral, no âmbito federal (artigo 7º da LC 80/94), ele é escolhido pelo Presidente da República enquanto que no âmbito estadual ou distrital, tal escolha compete ao próprio Defensor Público-Geral. Ainda, permite-se que a lei disponha acerca da possibilidade de haver mais de um Subdefensor Público-Geral, seja no âmbito federal como estadual ou distrital, mas silencia-se sobre tal possibilidade quando o assunto é Defensoria Pública dos Territórios. Por fim, exige-se que a escolha do Subdefensor Público-Geral recaia sobre membros da categoria especial da carreira, mas na esfera estadual e distrital, que seja apenas um membro da carreira estável.

1.15. Conselho Superior. No que se refere ao Conselho Superior, por sua vez, este possui membros tidos como natos e outros eleitos para tanto. Algo de diferente, porém, ocorre no âmbito estadual e distrital, onde haverá a figura do Ouvidor--Geral e este será tido como membro nato de tal órgão.

1.16. Corregedor Público-Geral. Finalmente, quanto ao Corregedor Público-Geral da Defensoria Pública, escolhidos dentre os integrantes da classe mais elevada da carreira (categoria especial), tal escolha competirá ao Presidente da República no âmbito federal e dos Territórios, enquanto que no âmbito estadual e distrital tal escolha caberá ao Defensor Público-Geral.

Defensor Público-Geral	União	Territórios	Estados e Distrito Federal
Escolha	Presidente da República + Senado	Presidente da República	Governador
Membro	Estável	Estável	Estável

Subdefensor Público-Geral	União	Territórios	Estados e Distrito Federal
Escolha	Presidente da República	Presidente da República	Defensor Público-Geral
Membro	Categoria Especial	Categoria Especial	Estável
Número	1 ou + 1	?	1 ou + 1

Corregedor Público-Geral	União	Territórios	Estados e Distrito Federal
Escolha	Presidente da República	Presidente da República	Defensor Público-Geral
Membro	Categoria Especial	Categoria Especial	Categoria Especial

1.17. Observações. Últimas observações. Ao prever a garantia de que o Defensor Público deve sentar-se no mesmo plano do Ministério Público, obviamente, ela refere-se àqueles casos em que as duas instituições estão atuando como partes dentro do processo, isto é, tal garantia não ocorre quando o órgão do Ministério Público figurar apenas como fiscal da lei.

Enquanto cabe ao Ministério Público receber intimações pessoais e com vista dos autos, a lei orgânica da Defensoria Pública prevê a mesma prerrogativa, porém quando se fizer necessária. Vale destacar que isto (intimação pessoal com vista dos autos, quando necessário) não ocorre perante os Juizados Especiais e de que tal previsão é uma prerrogativa, ao passo que àquela previsão de que o Defensor Público pode sentar-se no mesmo plano do Ministério Público trata-se de uma garantia. Diferem-se porque enquanto a primeira (prerrogativa) é um meio com o fim de se permitir a plena defesa dos direitos de seus assistidos, a segunda (garantia) busca permitir ao Defensor Público a plena atuação em seu cargo.

Assim sendo, como outras prerrogativas (e não garantias), temos ainda, dentre outras, o prazo processual em dobro conferido às Defensorias Públicas. Tal prerrogativa, que, assim como àquela da intimação pessoal e com vista dos autos, não ocorre nos Juizados Especiais, não é estendida aos advogados, mesmo que estes atuem em processos com gratuidade de justiça, nem tampouco às Procuradorias e ao Ministério Público, que terão prazos simples, com exceção nos casos de contestação (prazo em quádruplo) e em outros atos que buscam recorrer de alguma decisão (prazo em dobro).

Outra prerrogativa é acerca da prisão, onde o Defensor Público deverá ser recolhido a prisão especial ou a sala especial de EstadoMaior, com direito a privacidade e, após sentença condenatória transitada em julgado, ser recolhido em dependência separada, no estabelecimento em que tiver de ser cumprida a pena. Perceba que esta prerrogativa, conforme assim dispõe a norma, persistirá mesmo após a sentença transitada em julgado, o que difere daquela conferida aos advogados em geral, que cessa com o fim do processo judicial.

Por fim, Defensores Públicos, antes de tudo, são também "advogados", logo, naquilo que for omissa a sua lei orgânica, aplica-se, subsidiariamente o Estatuto da Advocacia.

2. Principais Tópicos da Lei Complementar 80 de 1994

2.1. Introdução. Cabe à LC 80 organizar a Defensoria Pública da União e dos Territórios, além de prescrever normas gerais para a organização das Defensorias Públicas nos Estados e no Distrito Federal.

2.2. Defensoria – Composição. Instituição composta pela Defensoria Pública da União e dos Territórios, Defensoria Pública do Distrito Federal e Defensoria Pública dos Estados (artigo 2º da LC 80/94).

2.3. Princípios Institucionais. São eles: unidade, indivisibilidade e independência funcional (artigo 3º da LC 80/94).

2.4. Objetivos da Defensoria Pública. São eles: primazia da dignidade da pessoa humana e a redução das desigualdades sociais; afirmação do Estado Democrático de Direito; prevalência e efetividade dos direitos humanos; garantia dos princípios constitucionais da ampla defesa e do contraditório (artigo 3º-A da LC 80/94).

2.5. Funções Institucionais. A lei prevê, dentre outras (artigo 4º da LC 80/94), as de: prestar orientação jurídica e exercer a defesa dos necessitados em todos os graus; dar prioridade pela solução extrajudicial dos litígios; promover a difusão e a conscientização dos direitos humanos, da cidadania e do ordenamento jurídico; prestar atendimento interdisciplinar; exercer, mediante recebimento dos autos com vista, a ampla defesa e o contraditório em favor de pessoas naturais e jurídicas, em processos administrativos e judiciais, perante todos os órgãos e em todas as instâncias, ordinárias ou extraordinárias, utilizando todas as medidas capazes de propiciar a adequada e efetiva defesa de seus interesses; representar aos sistemas internacionais de proteção dos direitos humanos, postulando perante seus órgãos; e de promover ação civil pública e todas as espécies de ações capazes de propiciar a adequada tutela dos direitos difusos, coletivos ou individuais homogêneos quando o resultado da demanda puder beneficiar grupo de pessoas hipossuficientes.

É previsto também, como funções institucionais, impetrar *habeas corpus*, mandado de injunção, *habeas data* e mandado de segurança ou qualquer outra ação em defesa das funções institucionais e prerrogativas de seus órgãos de execução; promover a mais ampla defesa dos direitos fundamentais dos necessitados, abrangendo seus direitos individuais, coletivos, sociais, econômicos, culturais e ambientais, sendo admissíveis todas as espécies de ações capazes de propiciar sua adequada e efetiva tutela; exercer a defesa dos interesses individuais e coletivos da criança e do adolescente, do idoso, da pessoa portadora de necessidades especiais, da mulher vítima de violência doméstica e familiar e de outros grupos sociais vulneráveis que mereçam proteção especial do Estado; acompanhar inquérito policial, inclusive com a comunicação imediata da prisão em flagrante pela autoridade policial, quando o preso não constituir advogado; e patrocinar ação penal privada e a subsidiária da pública.

A lei dispõe ainda, como outras funções institucionais, a de exercer a curadoria especial nos casos previstos em lei; atuar nos estabelecimentos policiais, penitenciários e de internação de adolescentes, visando assegurar às pessoas, sob quaisquer circunstâncias, o exercício pleno de seus direitos e garantias fundamentais; atuar na preservação e reparação dos direitos de pessoas vítimas de tortura, abusos sexuais, discriminação ou qualquer outra forma de opressão ou violência, propiciando o acompanhamento e o atendimento interdisciplinar das vítimas; atuar nos Juizados Especiais; participar, quando tiver assento, dos conselhos federais, estaduais e municipais afetos às funções institucionais da Defensoria Pública, respeitadas as atribuições de seus ramos; executar e receber as verbas sucumbenciais decorrentes de sua atuação, inclusive quando devidas por quaisquer entes públicos, destinando-as a fundos geridos pela Defensoria Pública e designados, exclusivamente, ao aparelhamento da Defensoria Pública e à capacitação profissional de seus membros e servidores; e a de convocar audiências públicas para discutir matérias relacionadas às suas funções institucionais.

2.6. Título Executivo Extrajudicial. O instrumento de transação, mediação ou conciliação referendado pelo Defensor Público valerá como título executivo extrajudicial, inclusive quando celebrado com a pessoa jurídica de direito público (artigo 4º, § 4º, da LC 80/94).

2.7. Capacidade Postulatória. A assistência jurídica integral e gratuita custeada ou fornecida pelo Estado será exercida pela Defensoria Pública. A capacidade postulatória do Defensor Público decorre exclusivamente de sua nomeação e posse no cargo público, sendo que ele não necessitará de procuração para atuar, salvo no que se refere aos poderes especiais (artigo 4º da LC 80/94).

2.8. Tratamento Isonômico. Segundo a Lei Complementar, aos membros da Defensoria Pública é garantido sentar-se no mesmo plano do Ministério Público (artigo 4º, § 7º, da LC 80/94).

2.9. Independência Funcional. A lei dispõe que se o Defensor Público entender inexistir hipótese de atuação institucional, dará imediata ciência ao Defensor Público-Geral, que decidirá a controvérsia, indicando, se for o caso, outro Defensor Público para atuar.

2.10. Carteira Funcional. O exercício do cargo de Defensor Público é comprovado mediante apresentação de carteira funcional, a qual valerá como documento de identidade e terá fé pública em todo o território nacional (artigo 4º, § 9º, da LC 80/94).

2.11. Cargo Indelegável e Privativo. O exercício do cargo de Defensor Público é indelegável e privativo de membro da Carreira (artigo 4º, § 10, da LC 80/94).

2.12. Direitos dos Assistidos. Todos tem o direito de informação quanto à localização e horário de funcionamento da Defensoria Pública, assim como a forma de tramitação dos processos e procedimentos necessários à defesa de seus interesses, tudo isto em uma linguagem simples. Tem também o direito a um atendimento eficiente e de qualidade; o direito de ter sua pretensão revista no caso de recusa de atuação pelo Defensor Público; o patrocínio e seus direitos e interesses pelo defensor natural; e, ainda, o direito de que num processo, caso ambas as partes sejam assistidas pela Defensoria Pública, que os dois polos sejam preenchidos por Defensores distintos (artigo 4º-A da LC 80/94).

2.13. Defensoria Pública da União. Segundo o artigo 5º da LC 80/94, a Defensoria Pública da União possui órgãos de administração superior (Defensoria Pública-Geral da União; Subdefensoria Pública-Geral da União; Conselho Superior da Defensoria Pública da União; e Corregedoria-Geral da Defensoria Pública da União), órgãos de atuação (Defensorias Públicas da União nos Estados, no Distrito Federal e nos Territórios; e Núcleos da Defensoria Pública da União) e órgãos de execução (Defensores Públicos Federais).

2.14. Defensor Público-Geral Federal. Integrante da carreira da Defensoria Pública da União, devendo ser um membro estável, com ao menos 35 anos. Uma lista tríplice será formada, através do voto direto, secreto, plurinominal e obrigatório dos membros da Defensoria. Dentre os 3 mais bem votados, o Presidente da República escolherá um, sendo que após a sua aprovação pelo Senado (maioria absoluta), exercerá um mandato de 2 anos, admitindo-se uma única recondução, mediante nova avaliação do Senado Federal (artigo 6º da LC 80/94).

2.15. Atribuições do Defensor Público-Geral Federal. Dentre suas atribuições (artigo 8º da LC 80/94), podemos destacar a de que dirigirá a Defensoria Pública da União, a representando judicial ou extrajudicialmente; a de velar pelo cumprimento de suas finalidades; a de que integrará, como membro nato, e presidirá o Conselho Superior da Defensoria Pública da União; submeterá ao Conselho Superior, eventual criação ou alteração do Regimento da Defensoria Pública da União; a de que autorizará os afastamentos de Defensores, assim como estabelecerá a lotação e distribuição dos mesmos; e a de que decidirá acerca de conflitos de atribuições entre Defensores Públicos Federais, com recurso para o Conselho Superior.

A lei ainda traz, como atribuições do Defensor Público--Geral, as de proferir decisões nas sindicâncias e processos administrativos disciplinares promovidos pela Corregedoria--Geral da Defensoria Pública da União; instaurar processo disciplinar contra membros e servidores da Defensoria Pública da União, por recomendação de seu Conselho Superior; abrir concursos públicos; determinar correições extraordinárias; praticar atos de gestão administrativa, financeira e de pessoal; convocar o Conselho Superior; designar membro da Defensoria Pública da União para exercício de suas atribuições em órgão de atuação diverso do de sua lotação ou, em caráter excepcional, perante Juízos, Tribunais ou Ofícios diferentes dos estabelecidos para cada categoria; requisitar de qualquer autoridade pública e de seus agentes, certidões, exames, perícias, vistorias, diligências, processos, documentos, informações, esclarecimentos e demais providências necessárias à atuação da Defensoria Pública; aplicar a pena da remoção compulsória, aprovada pelo voto de 2/3 do Conselho Superior da Defensoria Pública da União, assegurada ampla defesa; delegar atribuições a autoridade que lhe seja subordinada, na forma da lei; requisitar força policial para assegurar a incolumidade física dos membros da Defensoria Pública da União; e apresentar plano de atuação da Defensoria Pública da União ao Conselho Superior.

2.16. Subdefensor Público-Geral Federal. Conforme o artigo 7º da LC 80/94), o Subdefensor Público-Geral Federal será nomeado pelo Presidente da República, dentre os integrantes da Categoria Especial da Carreira (a mais elevada), escolhidos pelo Conselho Superior, para um mandato de 2 anos (poderá haver mais de um Subdefensor).

2.17. Conselho Superior da Defensoria Pública da União. O Conselho Superior (artigo 9º da LC 80/94) é composto, obrigatoriamente, pelo Defensor Público-Geral Federal (que o presidirá e terá o voto de minerva, salvo quando o assunto for acerca de remoção e promoção, onde a decisão caberá à maioria dos votos), pelo Subdefensor Público-Geral Federal e pelo Corregedor-Geral Federal, como membros natos, e, em sua maioria (em número superior ao número de membros natos), representantes estáveis da Carreira, 2 por categoria, eleitos pelo voto direto, plurinominal, obrigatório e secreto de todos integrantes da Carreira (são assim elegíveis os Defensores Públicos que não estejam afastados da Carreira; o mandato será de 2 anos, admitindo-se uma recondução). Serão suplentes os demais votados. Vale dizer que qualquer membro, exceto os natos, pode desistir de participar do Conselho Superior, assumindo, imediatamente, o respectivo suplente.

2.18. Atribuições do Conselho Superior. Compete ao Conselho Superior exercer o poder normativo; opinar sobre matéria pertinente à autonomia funcional e administrativa da Defensoria Pública da União; elaborar lista tríplice destinada à promoção por merecimento; aprovar a lista de antiguidade; recomendar ao Defensor Público-Geral a instauração de processo disciplinar; conhecer e julgar recurso contra decisão em processo administrativo disciplinar; decidir sobre pedido de revisão de processo administrativo disciplinar; decidir acerca da remoção voluntária dos integrantes da carreira da Defensoria Pública da União; decidir sobre a avaliação do estágio probatório, submetendo sua decisão à homologação do Defensor Público-Geral; decidir acerca da destituição do Corregedor-Geral, por voto de 2/3 de seus membros, assegurada ampla defesa; deliberar sobre a organização de concurso e os organizar; recomendar correições extraordinárias; indicar os 6 nomes dos membros da classe mais elevada da Carreira para que o Presidente da República nomeie, dentre esses, o Subdefensor Público-Geral Federal e o Corregedor-Geral Federal da Defensoria Pública da União; e editar as normas regulamentando a eleição para Defensor Público-Geral Federal (artigo 10 da LC 80/94).

Detalhe. As decisões do Conselho Superior serão motivadas e publicadas, salvo as hipóteses legais de sigilo.

2.19. Corregedoria-Geral da Defensoria Pública da União. É órgão de fiscalização. A Corregedoria-Geral é exercida pelo Corregedor-Geral, que será indicado dentre os integrantes da classe mais elevada da carreira pelo Conselho Superior e nomeado pelo Presidente da República para mandato de 2 anos. Quanto à sua possível destituição, ele poderá ser destituído, antes do término do mandato, por proposta do Defensor Público-Geral, pelo voto de 2/3 dos membros do Conselho Superior, assegurada ampla defesa (artigos 11 e 12 da LC 80/94).

2.20. Atribuições da Corregedoria-Geral. Compete à Corregedoria-Geral realizar correições e inspeções funcionais; sugerir ao Defensor Público-Geral o afastamento de Defensor Público que esteja sendo submetido à correição, sindicância ou processo administrativo disciplinar, quando cabível; propor, fundamentadamente, ao Conselho Superior a suspensão do estágio probatório; receber e processar as representações contra os membros da Defensoria Pública da União, encaminhando-as, com parecer, ao Conselho Superior; apresentar ao Defensor Público-Geral, em janeiro de cada ano, relatório das atividades desenvolvidas; propor a instauração de processo disciplinar; acompanhar o estágio probatório; e propor a exoneração de membros (artigo 13 da LC 80/94).

2.21. Atuação da Defensoria Pública da União. Atuará na Justiça Federal, na do Trabalho, Eleitoral, Militar, assim como nos Tribunais Superiores e nas instâncias administrativas da União (artigo 14 da LC 80/94).

A lei ainda diz que a atuação dela deve ocorrer, preferencialmente, perante o Supremo Tribunal Federal e os Tribunais Superiores. Segundo ela, compete à Defensoria Pública da União o acompanhamento de recursos interpostos pelas Defensorias Públicas Estaduais aos Tribunais Superiores, devendo ser intimada acerca das decisões destes recursos.

2.22. Convênios com Defensorias. Permite-se que a Defensoria Pública da União faça convênios com as Defensorias Públicas dos Estados e do Distrito Federal, para que estas, em seu nome, atuem junto aos órgãos de primeiro e segundo graus de jurisdição (artigo 14, § 1º, da LC 80/94).

2.23. Defensor Público-Chefe. Os órgãos de atuação (Defensorias Públicas da União nos Estados, no Distrito Federal e nos Territórios; e Núcleos da Defensoria Pública da União) serão dirigidos pelo Defensor Público-Chefe, designado pelo Defensor Público-Geral, dentre os integrantes da carreira. Dentre suas funções, podemos destacar a de remeter, semestralmente, ao Corregedor-Geral, relatório das atividades na sua área de competência (artigos 15 e 16 da LC 80/94).

2.24. Descentralização, Atendimento Multidisciplinar e Tutela Coletiva. A organização da Defensoria Pública da União deve primar pela descentralização, e sua atuação deve incluir atendimento interdisciplinar, bem como a tutela dos interesses individuais, difusos, coletivos e individuais homogêneos (artigo 15-A da LC 80/94).

2.25. Núcleos da Defensoria. Conforme os artigos 16 e 17 da LC 80/94, a Defensoria Pública da União nos Estados, no Distrito Federal e nos Territórios poderá atuar por meio de Núcleos (dirigidos por Defensor Público-Chefe).

2.26. Defensores Públicos Federais. A eles incumbe o desempenho da orientação, postulação e defesa dos direitos e interesses dos necessitados.

2.27. Atribuições dos Defensores Públicos Federais. Dentre outras, podemos destacar a de que deverão tentar a conciliação; interpor recurso para qualquer grau de jurisdição e promover revisão criminal, quando cabível; de defender os acusados em processo disciplinar; de participar, com direito de voz e voto, do Conselho Penitenciário; e de certificar a autenticidade de cópias de documentos necessários à instrução de processo administrativo ou judicial, à vista da apresentação dos originais (artigo 18 da LC 80/94).

2.28. Categorias e Atuação. Segundo os artigos 19 a 23 da LC 80/94, temos os Defensores de 2ª Categoria, carreira inicial (atuarão no Juízo Federal, do Trabalho, nas Juntas e perante os Juízes Eleitorais, perante às Auditorias Militares e Juízes Militares, perante o Tribunal Marítimo e instâncias administrativas), os de 1ª Categoria (atuarão nos Tribunais de Justiça, Tribunais Regionais Federais, Eleitorais e do Trabalho e nas Turmas dos Juizados Especiais Federais), os de Categoria Especial (que atuarão perante os Tribunais Superiores) e o Defensor Público-Geral (que atuará no STF).

2.29. Ingresso na Carreira. O concurso de ingresso realizar-se-á, obrigatoriamente, quando o número de vagas exceder a 1/5 dos cargos iniciais da carreira e, facultativamente, quando assim exigir o interesse da administração. O candidato, no momento da inscrição, deve possuir registro na Ordem dos Advogados do Brasil, ressalvada a situação dos proibidos de obtê-la, e comprovar, no mínimo, 2 anos de prática forense. Vale destacar que considera-se como atividade jurídica o exercício da advocacia, o cumprimento de estágio de Direito reconhecido por lei e o desempenho de cargo, emprego ou função, de nível superior, de atividades eminentemente jurídicas. Os candidatos proibidos de inscrição na Ordem dos Advogados do Brasil comprovarão o registro até a posse no cargo de Defensor Público. As bancas examinadoras serão constituídas pelo Conselho Superior e, perante aqueles aprovados, deverá ser ministrado curso oficial de preparação à Carreira (artigos 24 a 27 da LC 80/94).

2.30. Nomeação, Lotação e Distribuição. O aprovado será nomeado pelo Presidente da República, e, posteriormente, serão lotados e distribuídos pelo Defensor Público-Geral (artigos 28 e 29 da LC 80/94).

2.31. Promoção. As promoções obedecerão aos critérios de antiguidade e merecimento alternadamente (artigos 30 a 33 da LC 80/94). A antiguidade será apurada na categoria e determinada pelo tempo de efetivo exercício na mesma. Já a promoção por merecimento dependerá de lista tríplice para cada vaga, organizada pelo Conselho Superior, em sessão secreta, com ocupantes da lista de antiguidade, em seu primeiro terço. Vale dizer que os membros da Defensoria Pública somente poderão ser promovidos após 2 anos de efetivo exercício na categoria, dispensado o interstício se não houver quem preencha tal requisito ou se quem o preencher recusar a promoção. Tais promoções serão efetivadas por ato do Defensor Público-Geral Federal.

É facultada a recusa de promoção, sem prejuízo do critério para o preenchimento da vaga recusada.

O Conselho Superior fixará os critérios de ordem objetiva para a aferição de merecimento, considerando-se, entre outros, a eficiência e a presteza assim como a aprovação em cursos de aperfeiçoamento. Tais cursos de aperfeiçoamento compreenderão necessariamente, a apresentação de trabalho escrito sobre assunto de relevância jurídica e defesa oral do trabalho que tenha sido aceito por banca examinadora.

Não poderá concorrer à promoção por merecimento quem tenha sofrido penalidade de advertência ou suspensão, no período de 1 ano imediatamente anterior à ocorrência da vaga, em caso de advertência, ou de 2 anos, em caso de suspensão.

Por fim, é obrigatória a promoção do Defensor Público que figurar por 3 vezes consecutivas ou 5 alternadas em lista de merecimento, ressalvada, claro, a hipótese prevista no parágrafo anterior, onde o Defensor fora apenado em período não muito distante (1 ou 2 anos, dependendo da pena).

2.32. Inamovibilidade. Defensores serão inamovíveis, salvo se apenados com remoção compulsória. Esta inamovibilidade engloba não somente a transferência para outro Município, mas também àquela para outro órgão de atuação diverso, ainda que na mesma comarca.

2.33. Remoção. Quanto à remoção, esta pode ocorre por pedido, permuta ou por remoção compulsória. Na remoção por pedido, esta será feita ao Defensor Público-Geral, nos 15 dias seguintes à publicação, no Diário Oficial, do aviso de existência de vaga. Atinente à remoção por permuta, onde há uma troca com outro Defensor, a lei complementar dita que deve-se respeitar a ordem de antiguidade da carreira, sendo que o Defensor Público-Geral deverá dar ampla divulgação à tais pedidos de permuta. Quanto à remoção compulsória, esta é uma punição, logo, deve ser precedida de processo administrativo e respeitada a ampla defesa, além de exigir prévio parecer do Conselho Superior e, de que a remoção precederá o preenchimento da vaga por promoção (artigos 34 a 38 da LC 80/94).

A lei orgânica se omite em relação à remoção *ex officio*, que ocorre quando a invalidez, responsável pela aposentadoria de um Defensor Público, cessa, fazendo com que o mesmo retorne à sua antiga atividade e, ainda, no mesmo cargo.

2.34. Empate na Remoção. Caso isto ocorra, a lei traz um critério de desempate. São critérios hierárquicos de desempate: maior tempo na categoria; maior tempo na carreira; maior tempo de serviço público da União; maior tempo de serviço público em geral; maior idade; e, por fim, classificação no concurso de ingresso na carreira.

2.35. Remuneração. Defensores Públicos serão remunerados por meio do sistema de subsídios, de parcela única, embora não abarque as parcelas indenizatórias.

2.36. Férias e Afastamento. Serão concedidas pelas chefias. Quanto ao afastamento, caso este se dê em decorrência de estudos ou missões no interesse da Defensoria Pública, deverá ser autorizada pelo Defensor Público-Geral e, ainda, somente após o Defensor Público cumprir seu estágio probatório (tem que ser estável para tanto) e por um período máximo de 2 anos. Além disso, caso o interesse público exigir, tal afastamento poderá ser interrompido por decisão do Defensor Público-Geral.

É assegurado o direito de afastamento para exercício de mandato em entidade de classe de âmbito nacional, de maior representatividade, sem prejuízo dos vencimentos, vantagens ou qualquer direito inerente ao cargo. Este afastamento será concedido ao presidente da entidade de classe e terá duração igual à do mandato, devendo ser prorrogado no caso de reeleição. Interessante é que tal afastamento será contado como tempo de serviço para todos os efeitos legais (artigos 41 a 42-A da LC 80/94).

2.37. Garantias da Defensoria Pública. São previstas, como garantias, a independência funcional, a inamovibilidade, a irredutibilidade de vencimentos e a estabilidade (artigo 43 da LC 80/94).

2.38. Prerrogativas da Defensoria Pública. Várias são as prerrogativas previstas (artigo 44 da LC 80/94), sendo que as principais são: intimação pessoal e vista dos autos, quando necessário; prazos processuais em dobro; não ser preso, senão por ordem judicial escrita, salvo em flagrante, caso em que a autoridade fará imediata comunicação ao Defensor Público-Geral; ser recolhido à prisão especial ou a sala especial de Estado-Maior, com direito a privacidade e, após sentença condenatória transitada em julgado, ser recolhido em dependência separada, no estabelecimento em que tiver de ser cumprida a pena; usar vestes talares e insígnias privativas da Defensoria Pública; a de ter o direito de ter vista pessoal dos processos fora dos cartórios e secretarias, ressalvadas as vedações legais; a de comunicar-se, pessoal e reservadamente, com seus assistidos, ainda quando esses se acharem presos ou detidos, mesmo incomunicáveis, tendo livre ingresso em estabelecimentos policiais, prisionais e de internação coletiva, independentemente de prévio agendamento.

Prevê ainda, como prerrogativa, a de examinar, em qualquer repartição pública, autos de flagrantes, inquéritos e processos, assegurada a obtenção de cópias e podendo tomar apontamentos; de manifestar-se em autos administrativos ou judiciais por meio de cota; de requisitar de autoridade pública e de seus agentes exames, certidões, perícias, vistorias, diligências, processos, documentos, informações, esclarecimentos e providências necessárias ao exercício de suas atribuições; representar a parte, em feito administrativo ou judicial, independentemente de mandato, ressalvados os casos para os quais a lei exija poderes especiais; ter o mesmo tratamento reservado aos magistrados e demais titulares dos cargos das funções essenciais à justiça; ser ouvido como testemunha, em qualquer processo ou procedimento, em dia, hora e local previamente ajustados com a autoridade competente.

Quando, no curso de investigação policial, houver indício de prática de infração penal por membro da Defensoria Pública, a autoridade policial, civil ou militar, comunicará, imediatamente, o fato ao Defensor Público-Geral, que designará membro da Defensoria Pública para acompanhar a apuração.

2.39. Deveres dos Defensores Públicos. Deverão residir na localidade onde exercem suas funções; desempenhar, com zelo e presteza, os serviços a seu cargo; representar ao Defensor Público-Geral sobre as irregularidades de que tiver ciência, em razão do cargo; prestar informações aos órgãos de administração superior da Defensoria Pública da União, quando solicitadas; atender ao expediente forense e participar dos atos judiciais, quando for obrigatória a sua presença; declarar-se suspeito ou impedido, nos termos da lei; e interpor os recursos cabíveis para qualquer instância ou Tribunal e promover revisão criminal, sempre que encontrar fundamentos na lei, jurisprudência ou prova dos autos, remetendo cópia à Corregedoria-Geral (artigo 45 da LC 80/94).

2.40. Proibições dos Defensores Públicos. É vedado, dentre outras atividades, exercer a advocacia fora das atribuições institucionais; receber, a qualquer título e sob qualquer pretexto, honorários, percentagens ou custas processuais, em razão de suas atribuições; exercer o comércio ou participar de sociedade comercial, exceto como cotista ou acionista; e exercer atividade político-partidária, enquanto atuar junto à justiça eleitoral (artigo 46 da LC 80/94).

2.41. Impedimentos dos Defensores Públicos. Quanto aos impedimentos, é defeso, dentre outras hipóteses legais, exercer suas funções em processo ou procedimento em que seja parte ou, de qualquer forma, interessado; em que haja atuado como representante da parte, perito, Juiz, membro do Ministério Público, Autoridade Policial, Escrivão de Polícia, Auxiliar de Justiça ou prestado depoimento como testemunha; em que for interessado cônjuge ou companheiro, parente consanguíneo ou afim em linha reta ou colateral, até o 3º grau ou, ainda, caso tenha postulado como advogado de qualquer destas pessoas ou, estas mesmas tenham funcionado ou funcione como Magistrado, membro do Ministério Público, Autoridade Policial, Escrivão de Polícia ou Auxiliar de Justiça; e, por fim, quando houver dado à parte contrária parecer verbal ou escrito sobre o objeto da demanda.

Esta lei complementar ainda veda que tais Defensores possam participar de comissão, banca de concurso, ou qualquer decisão, quando o julgamento ou votação disser respeito a seu cônjuge ou companheiro, ou parente consanguíneo ou afim em linha reta ou colateral, até o 3º grau (artigos 47 e 48 da LC 80/94).

2.42. Da Responsabilidade Funcional. Nos termos do artigo 49 da LC 80/94, os membros da Defensoria Pública estarão sujeitos à correição ordinária, realizada anualmente pelo Corregedor-Geral e por seus auxiliares, para verificar a regularidade e eficiência dos serviços; e à correição extraordinária, realizada pelo Corregedor-Geral e por seus auxiliares, de ofício ou por determinação do Defensor Público-Geral.

Caberá ao Corregedor-Geral, concluída a correição, apresentar ao Defensor Público-Geral relatório dos fatos apurados e das providências a serem adotadas (qualquer pessoa poderá representar ao Corregedor-Geral sobre abusos, erros ou omissões cometidos pelos Defensores Públicos).

2.43. Infrações Administrativas e Sanções. São tidas como infrações disciplinares, dentre outras previstas na lei, a violação dos deveres funcionais e vedações contidas nesta lei complementar, bem como a prática de crime contra a Administração Pública ou ato de improbidade administrativa. Diante de tais infrações, os Defensores Públicos estarão sujeitos às sanções de advertência, de suspensão por até 90 dias, de remoção compulsória, de demissão e de cassação da aposentadoria.

A advertência será aplicada por escrito nos casos de violação dos deveres e das proibições funcionais, quando o fato não justificar a imposição de pena mais grave. Já a suspensão será aplicada em caso de reincidência em falta punida com advertência ou quando a infração dos deveres ou das proibições funcionais, pela sua gravidade, justificar a sua imposição. Quanto à remoção compulsória, conforme já exposto anteriormente, será aplicada sempre que a falta praticada, pela sua gravidade e repercussão, tornar incompatível a permanência do faltoso no órgão de atuação de sua lotação. A pena de demissão será aplicável nas hipóteses previstas em lei, e no caso de reincidência em falta punida com suspensão ou remoção compulsória.

Observa-se que as penas de demissão e cassação da aposentadoria serão aplicadas pelo Presidente da República e as demais pelo Defensor Público-Geral, garantida sempre a ampla defesa, sendo obrigatório o inquérito administrativo nos casos de aplicação de remoção compulsória, suspensão, demissão e cassação da aposentadoria (artigos 49 a 51 da LC 80/94).

2.44. Prescrição. Prescrevem em 2 anos, a contar da data do fato, as faltas não tão graves, ou seja, as puníveis com advertência, suspensão e remoção compulsória, aplicando-se, quanto às demais, os prazos previstos em lei (artigo 50, § 7º, da LC 80/94).

2.45. Revisão. A qualquer tempo poderá ser requerida a revisão do processo disciplinar, quando se aduzirem fatos novos ou circunstâncias suscetíveis de provar a inocência do apenado ou de justificar a imposição de pena mais branda. São legitimados para tanto o próprio servidor ou, em caso de incapacidade ou falecimento, a família (não há previsão de curador especial como legitimado). Julgada procedente, e extinta a pena, os direitos atingidos serão restabelecidos, na sua plenitude.

2.46. Defensoria Pública dos Territórios. É organizada e mantida pela União (artigo 52 da LC 80/94).

2.47. Defensor Público-Geral dos Territórios. Deverá ser integrante da carreira da Defensoria Pública da União, estável, com mais de 35 anos, escolhido por meio de uma lista tríplice, formada pelo voto direto, secreto, plurinominal e obrigatório de seus membros, tendo a sua nomeação feita pelo Presidente da República (dentre os mais votados), para um mandato de 2 anos, admitindo-se uma única recondução (artigo 54 da LC 80/94).

2.48. Subdefensor Público-Geral dos Territórios. Deverá ser um integrante da Categoria Especial da carreira (nível mais elevado), dentre os escolhidos pelo Conselho Superior, sendo nomeado pelo Presidente da República para um mandato de 2 anos (artigo 55 da LC 80/94).

2.49. Conselho Superior dos Territórios. Diferentemente do Conselho Superior da Defensoria Pública da União, mas igualmente às demais Defensorias (do Distrito Federal e dos Estados), dispositivo legal dita que o presidente da entidade de classe de maior representatividade dos membros da Defensoria Pública dos Territórios terá assento e voz nas reuniões do Conselho Superior (artigo 57 da LC 80/94).

2.50. Defensoria Pública dos Estados e Defensoria Pública do Distrito Federal. A Defensoria Pública do Distrito Federal não é mais organizada e mantida pela União. Logo, como possui autonomia, assim como as Defensorias Públicas Estaduais, são reguladas por leis próprias, embora a Lei Complementar 80 de 1994 traga normas gerais a elas (artigo 97).

As Defensorias Estaduais e a do Distrito Federal, segundo a Lei Complementar 80 de 1994, possuem órgãos de administração superior (Defensoria Pública-Geral; Subdefensoria Pública-Geral; Conselho Superior da Defensoria Pública; e Corregedoria-Geral da Defensoria Pública), órgãos de atuação (Defensorias Públicas do Estado; e Núcleos da Defensoria Pública); órgãos de execução (Defensores Públicos) e; por fim, e como novidade, órgãos auxiliares (Ouvidoria-Geral e outros órgãos que possam vir a existir).

2.51. Autonomia Funcional, Administrativa e Orçamentária. À Defensoria Pública Estadual (e à do Distrito Federal) é assegurada autonomia funcional, administrativa e iniciativa para elaboração de sua proposta orçamentária, dentro dos limites estabelecidos na lei de diretrizes orçamentárias (artigo 97-A da LC 80/94).

Nos termos do artigo 97-B da LC 80/94, a Defensoria elaborará sua proposta orçamentária atendendo aos seus princípios, às diretrizes e aos limites definidos na lei de diretrizes orçamentárias. Feita, após análise do Conselho Superior, é encaminhada pelo Defensor Público-Geral ao Chefe do Poder Executivo para consolidação e encaminhamento ao Poder Legislativo. Se ela (Defensoria) não encaminhar a respectiva proposta orçamentária dentro do prazo estabelecido na lei de diretrizes orçamentárias, o Poder Executivo considerará, para fins de consolidação da proposta orçamentária anual, os valores aprovados na lei orçamentária vigente, ajustados de acordo com os limites estipulados na lei de diretrizes. Vale dizer que se a proposta orçamentária for encaminhada em desacordo com os limites desta lei de diretrizes orçamentárias, o Poder Executivo procederá aos ajustes necessários para fim de consolidação da proposta orçamentária anual.

A lei complementar ainda dispõe que durante a execução orçamentária do exercício, não poderá haver a realização de despesas que extrapolem os limites estabelecidos na lei de diretrizes orçamentárias, exceto se previamente autorizadas, mediante a abertura de créditos suplementares ou especiais. Diz também que os recursos correspondentes às suas dotações orçamentárias próprias e globais, compreendidos os créditos suplementares e especiais, ser-lhe-ão entregues, até o dia 20 de cada mês.

As decisões da Defensoria Pública do Estado, fundadas em sua autonomia funcional e administrativa, obedecidas as formalidades legais, têm eficácia plena e executoriedade imediata, ressalvada a competência constitucional do Poder Judiciário e do Tribunal de Contas.

A fiscalização contábil, financeira, orçamentária, operacional e patrimonial da Defensoria Pública do Estado, quanto à legalidade, legitimidade, aplicação de dotações e recursos próprios e renúncia de receitas, será exercida pelo Poder Legislativo, mediante controle externo e pelo sistema de controle interno estabelecido em lei.

2.52. Defensor Público-Geral da Defensoria Pública do Estado (ou do Distrito Federal). Integrante da carreira da Defensoria Pública, devendo ser um membro estável, com ao menos 35 anos. Uma lista tríplice será formada pelo Conselho Superior, através do voto direto, secreto, plurinominal e obrigatório dos membros da Defensoria Pública. Dentre os 3 mais bem votados, o Governador do Estado escolherá um, que exercerá um mandato de 2 anos, admitindo-se uma única recondução (artigo 99 da LC 80/94).

Detalhe. Caso o Governador não escolha um dentre os três mais bem votados, num prazo de 15 dias, será investido automaticamente o Defensor Público mais bem votado.

2.53. Subdefensor Público-Geral da Defensoria Pública do Estado (ou do Distrito Federal). Não necessita ser da categoria especial da carreira, bastando ser um membro estável (artigo 99 da LC 80/94).

2.54. Conselho Superior da Defensoria Pública do Estado (ou do Distrito Federal). Além dos membros natos (dentre estes, o Ouvidor-Geral), como demais membros, e em sua maioria, constarão Defensores Públicos, desde que estáveis, e eleitos pelo voto direto, plurinominal, obrigatório e secreto de todos os integrantes da Defensoria Pública, para um mandato de 2 anos, admitida uma única recondução.

Destaca-se que o Defensor Público-Geral terá voto de minerva em caso de empate, exceto em matéria disciplinar. Ademais, o presidente da entidade de classe de maior representatividade dos Defensores Públicos terá assento e voz nas reuniões do Conselho Superior.

2.55. Corregedoria-Geral da Defensoria Pública do Estado (ou do Distrito Federal). A Corregedoria-Geral é exercida pelo Corregedor-Geral, que será indicado dentre os integrantes da classe mais elevada da carreira pelo Conselho Superior, em lista tríplice, e nomeado pelo Defensor Público-Geral (e não pelo Presidente da República, como na Defensoria Pública da União), para mandato de 2 anos, permitida uma única recondução. Quanto à sua possível destituição, ele poderá ser destituído, antes do término do mandato, por proposta do Defensor Público-Geral, pelo voto de 2/3 dos membros do Conselho Superior, assegurada ampla defesa (artigo 104 da LC 80/94).

2.56. Ouvidoria-Geral. Trata-se de órgão auxiliar da Defensoria Pública do Estado, de promoção da qualidade dos serviços prestados pela mesma. O Ouvidor-Geral será escolhido pelo Conselho Superior, dentre cidadãos de reputação ilibada, não integrante da carreira, indicados em lista tríplice formada pela sociedade civil, para mandato de 2 anos, permitida uma recondução. Ele será nomeado pelo Defensor Público-Geral do Estado e tal cargo será exercido em regime de dedicação exclusiva (artigos 105-A e 105-B da LC 80/94).

2.57. Atribuições da Ouvidoria-Geral. À Ouvidoria-Geral compete, dentre outras funções, receber e encaminhar ao Corregedor-Geral representação contra membros e servidores da Defensoria Pública do Estado, assegurada a defesa preliminar; propor aos órgãos de administração superior da Defensoria Pública do Estado medidas e ações que visem à consecução dos princípios institucionais e ao aperfeiçoamento dos serviços prestados; elaborar e divulgar relatório semestral de suas atividades; participar, com direito a voz, do Conselho Superior da Defensoria Pública do Estado; estabelecer meios de comunicação direta entre a Defensoria Pública e a sociedade; e coordenar a realização de pesquisas periódicas.

A lei complementar ainda diz que referente ao recebimento de representações contra membros da Defensoria Pública, estas podem ser apresentadas por qualquer pessoa, inclusive pelos próprios membros e servidores da Defensoria Pública do Estado, entidade ou órgão público (artigo 105-C da LC 80/94).

2.58. Descentralização, Atendimento Multidisciplinar e Tutela Coletiva. A organização da Defensoria Pública do Estado, assim como àquela prevista para a Defensoria da União, deve primar pela descentralização, e sua atuação deve incluir atendimento interdisciplinar, bem como a tutela dos interesses individuais, difusos, coletivos e individuais homogêneos (artigo 106-A da LC 80/94).

2.59. Núcleos da Defensoria. A Defensoria Pública Estadual poderá atuar por intermédio de Núcleos, dando-se prioridade às regiões com maiores índices de exclusão social e adensamento populacional (artigo 107 da LC 80/94).

2.60. Atuação dos Defensores Públicos Estaduais. Atuarão em todos os Juízos de 1º grau de jurisdição, núcleos, órgãos judiciários de 2º grau de jurisdição, instâncias administrativas e Tribunais Superiores (artigo 111 da LC 80/94).

2.61. Afastamento. É assegurado o direito de afastamento para exercício de mandato em entidade de classe de âmbito nacional, de maior representatividade, sem prejuízo dos vencimentos, vantagens ou qualquer direito inerente ao cargo. Interessante é que esta lei complementar permite que lei estadual possa estender este afastamento a outros membros da diretoria eleita da entidade (artigo 126-A da LC 80/94).

2.62. Sanções. As penas de demissão e cassação da aposentadoria serão aplicadas pelo Governador do Estado, enquanto as demais pelo Defensor Público-Geral (artigo 134 da LC 80/94).

Cuidado, pois enquanto a Lei Complementar 80 de 1994 exige, perante a Defensoria Pública da União, o inquérito administrativo nos casos de aplicação de remoção compulsória, suspensão, demissão e cassação da aposentadoria; nas Defensorias Públicas Estaduais e do Distrito Federal o inquérito administrativo somente será obrigatório nos casos de aplicação de remoção compulsória.

3. Justiça Gratuita

3.1. Abrangência. Segundo a Lei 1.060 de 1950, a justiça gratuita será concedida aos brasileiros ou estrangeiros residentes no País que necessitarem recorrer à Justiça penal, civil, militar e do trabalho (artigo 2º). Obviamente que os estrangeiros, que no Brasil não residam, também poderão pleitear tal benefício caso necessitem, pois concluir de forma contrária seria negar o acesso à Justiça a elas, algo inconcebível num Estado Democrático de Direito.

3.2. Isenções. Com tal benefício, a pessoa estará isenta de inúmeras despesas, dentre elas, a do pagamento de taxas judiciárias e emolumentos, despesas com as publicações indispensáveis, honorários advocatícios e periciais, e despesas com a realização do exame de DNA (artigo 3º).

3.3. Concessão. Para ser agraciada com a chamada justiça gratuita, a pessoa deverá somente afirmar, sob as penas da lei, de que não pode arcar com as custas do processo sem que isto interfira na sua própria sobrevivência ou de sua família (artigo 4º).

3.4. Impugnação. Tal afirmação, desde que não manifestamente inverídica, onde o Magistrado poderá indeferi-la de plano, gera uma presunção de necessidade, presunção esta relativa, logo, passível de impugnação (artigo 4º). Vale destacar, que tal impugnação, embora possa vir a ocorrer em qualquer momento, não suspenderá o curso do processo e, ainda, deverá ser feita em autos apartados.

3.5. Prazo. Para a concessão ou para a não concessão do benefício, a lei dá ao Magistrado o prazo de 72 horas, sendo que em caso de deferimento e, posteriormente, de sua revogação, a lei exige que a parte seja ouvido em no máximo 48 horas acerca de tal decisão (artigo 5º).

3.6. Apelação. Destaca-se que contra a decisão que indefere o benefício da justiça gratuita, caberá apelação (artigo 17).

3.7. Termo Final. A justiça gratuita perdurará até a sentença transitada em julgado, ocorrendo, portanto, em todos os atos processuais e em todas as instâncias (artigo 9º).

3.8. Transmissão do Direito. O benefício da justiça gratuita não se transmite nem é concedido automaticamente aos herdeiros em caso de falecimento. Entretanto, a lei permite que em caso de morte haja um pedido de continuação de tal instrumento (artigo 10).

3.9. Ônus sucumbenciais. Caso a parte vencedora seja agraciada com a justiça gratuita, isto não obsta que venha a receber honorários sucumbenciais da parte vencida. Inversamente, entretanto, caso o beneficiário seja o vencido, esta obrigação de pagamento dos honorários sucumbenciais persiste, mas enquanto a pessoa continuar a ser considerada necessitada, tal obrigação não poderá ser executada (artigo 11).

3.10. Prescrição. Caso o beneficiado da justiça gratuita seja o vencido da demanda e permanecer na situação de necessitado durante 5 anos, prazo este contado da sentença final, a obrigação de arcar com os ônus sucumbenciais prescreverá (artigo 12).

4. Principais Tópicos da Lei 1.060 de 1950

4.1. Obrigação. A lei afirma que os poderes públicos federal e estadual concederão assistência judiciária aos necessitados independentemente da colaboração dos Municípios ou da OAB (artigo 1º).

4.2. Beneficiados. Gozarão da justiça gratuita os nacionais ou estrangeiros residentes no país, que necessitarem recorrer à Justiça penal, civil, militar ou do trabalho e que sejam tidos como necessitados, isto é, pessoas que não podem pagar as custas do processo sem que, para tanto, o próprio sustento ou de sua família seja afetado (artigo 2º).

4.3. Isenções. A justiça gratuita compreende as seguintes isenções, dentre outras: taxas judiciárias e dos selos; emolumentos e custas; despesas com as publicações indispensáveis; honorários advocatícios e periciais; despesas com a realização do exame de DNA em que for requisitado pela autoridade judiciárias nas ações de investigação de paternidade ou maternidade; depósitos para o ingresso de ações e para a interposição de recursos; e publicação de edital (artigo 3º).

4.4. Presunção. Presume-se necessitado até que se prove em contrário quando a pessoa afirme estar em tais condições (artigo 4º).

4.5. Concessão. Feita a declaração de que é necessitado, o Magistrado terá 72 horas para decidir acerca do mesmo, sendo que tal benefício poderá ser concedido em qualquer momento do processo (se pedido no curso do processo, este não será suspenso) e, uma vez concedido, persistirá até o fim do processo, até a última instância (artigo 5º).

4.6. Impugnação. Contra o pedido de concessão, caberá impugnação pela parte contrária, sendo que tal instrumento não suspenderá o processo e deverá ser feito em autos apartados (artigo 7º).

4.7. Indeferimento. Caso o Magistrado opte por não conceder a justiça gratuita ou entender pela sua revogação, a parte prejudicada deverá ser ouvida em até 48 horas, sendo que tal decisão será passível de apelação (artigo 8º).

4.8. Deferimento. Deferido o pedido, o Magistrado deverá solicitar que o serviço de assistência judiciária indique um advogado em até 2 dias úteis (artigo 5º, § 1º).

4.9. Defensoria Pública. A lei dita que caso haja um serviço oferecido pela Defensoria Pública, de que seu integrante, isto é, o Defensor Pública terá seus prazos em dobro e de que deverá ser intimado pessoalmente de todos os atos do processo (artigo 5º, § 5º).

4.10. Benefício individual. Sendo individual o benefício, este não se transmite, sendo que seus herdeiros, para continuarem com tal benefício, deverão assim solicitar, sob pena de ser extinta a justiça gratuita (artigo 10).

4.11. Honorários Sucumbenciais. Estes serão arbitrados em até 15% sobre o líquido apurado na execução, e custeado pela parte vencida. Caso o beneficiário da justiça gratuita seja o vencido, poderá ser demandado a pagar o montante desde que não persista mais a condição de necessitado e que tal fato ocorra dentro de 5 anos, período este prescricional desta obrigação (artigo 11).

4.12. Pagamento Parcial. Se a parte vencida puder pagar somente parte dos honorários sucumbenciais, assim arcará (artigo 13).

4.13. Responsabilidade. O profissional que for designado para atender o necessitado, assim deverá fazer, salvo justo motivo, sob pena de multa e outra sanção eventualmente cabível. Destaca-se que tal multa será revertida em benefício do profissional que vier assumir o caso (artigo 14).

4.14. Recusa por justo motivo. A lei elenca hipóteses consideradas como justas para a recusa do atendimento. São elas: impedido de exercer a advocacia; ser procurador da parte contrária ou ter com ela relações profissionais de interesse atual; ter a necessidade de ausentar-se para atender a caso anteriormente outorgado ou para atender interesses próprios inadiáveis; tiver manifestado, anteriormente, por escrito, opinião contrária ao direito que o necessitado pleiteia; e haver dado à parte contrária parecer escrito sobre a lide (artigo 15).

4.15. Mandato. Se não for atendido por advogado integrante de entidade de direito público, exige-se mandato. E, em juízo, caso o advogado não apresente tal instrumento, o Magistrado deverá determinar que se exarem na ata de audiência os termos do mandato (artigo 16).

Mesmo quando não for necessário a sua apresentação, o mandato deverá ser feito em caso de poderes especiais outorgados ou, em caso de requerimento de abertura de inquérito por crime de ação penal privada, ou a própria propositura desta ou, ainda, em caso de representação por crime de ação penal pública condicionada.

5. Jurisprudência acerca da Defensoria Pública

5.1. Informativo 180 do STJ. O Superior Tribunal de Justiça julgou no sentido de que a Defensoria Pública pode atuar como Assistente de Acusação por tal competência estar inserida no conceito da função institucional "patrocínio da ação penal privada e subsidiária da pública".

5.2. Informativo 221 do STJ. Entendeu-se que a Defensoria Pública é legitimada para apresentar o instrumento da revisão judicial, mesmo que, para tanto, não haja procuração do interessado para a mesma.

5.3. Informativo 251 do STJ. Julgou-se no sentido de que cabe à Defensoria Pública (e não ao Ministério Público) a competência para agir em busca de tutela de direito individual de necessitado.

5.4. Informativo 306 do STJ. Com base no entendimento de que a assistência jurídica é diferente do instituto da justiça gratuita, o Superior Tribunal de Justiça posicionou-se no sentido de que o simples patrocínio da causa pela Defensoria Pública, num caso de curadoria especial, não faz com que, por tal motivo, a gratuidade da justiça ocorra. Vale dizer que tal "incongruência" ocorre haja visto que a função de curadoria especial decorre em razão da pessoa ser tida como uma hipossuficiente no processo (seja porque é revel ou, preso, etc.), mas não necessariamente hipossuficiente naquele sentido de não poder arcar com os custos do processo e de advogado sem que, para tanto, não haja interferência nas necessidades básicas da pessoa ou de sua família.

5.5. Informativo 341 do STJ. Este Tribunal entendeu que embora haja uma previsão legal de que caberá à Defensoria Pública da União o acompanhamento dos recursos interpostos pelas Defensorias Públicas Estaduais nos Tribunais Superiores, tal norma buscou apenas aumentar as possibilidades e formas de acompanhamento, não tendo a intenção de retirar esta atribuição do campo de atuação da Defensoria Pública Estadual. Seria um reforço à atuação desta, como forma de auxílio a ela.

5.6. Informativo 348 do STJ. O Superior Tribunal de Justiça concluiu que na hipótese de greve de Defensores Públicos, esta não influirá nos prazos processuais que porventura estejam em vigor, ou seja, estes não serão suspensos em razão de tal greve.

5.7. Informativo 356 do STJ. À Defensoria Pública é concedida a prerrogativa de receber intimação pessoal e com vista dos autos, quando necessário. Caso esta prerrogativa citada não seja respeitada, a Corte entendeu ser o caso de nulidade absoluta.

5.8. Informativo 435 do STJ. Entendeu-se que referente àquela possibilidade legal de a Defensoria Pública referendar instrumento de transação, mediação ou conflito, hipótese esta que valerá como título executivo extrajudicial, tal previsão é extensível também para aqueles casos onde uma das partes for uma Pessoa Jurídica de Direito Público.

5.9. Informativo 444 do STJ. Tal Corte julgou no sentido de que o Ministério Público somente poderá atuar para buscar uma tutela de direito individual caso a Defensoria Pública não esteja devidamente instalada, conferindo, portanto, à atuação um caráter excepcional.

5.10. Informativo 466 do STJ. Em razão de haver a prerrogativa de intimação pessoal e com vista dos autos à

Defensoria Pública, quando necessário, consubstanciou-se o entendimento que nestas hipóteses, os prazos processuais terão início no dia seguinte à da entrada dos autos no respectivo órgão.

5.11. Informativo 115 do STF. O STF afirmou a posição de que a prerrogativa de prazos em dobro proporcionada à Defensoria Pública é exclusiva da mesma, isto é, não poderá ser estendida a outras entidades de assistência jurídica gratuita.

5.12. Informativo 219 do STF. A referida Corte julgou e afirmou o entendimento de que nas localidades onde já estão instaladas as suas Defensorias Públicas, não mais persistirá a legitimidade do Ministério Público para ajuizarem a ação civil *ex delicto*.

5.13. Informativo 223 do STF. Autorizou-se que uma Constituição Estadual estabeleça foro por prerrogativa de função aos Defensores Públicos, onde, por meio dela, o Tribunal de Justiça passa a ser o competente para o processamento e julgamento dos crimes praticados pelos mesmos, ressalvadas, claro, as competências do Tribunal do Júri e da Justiça Eleitoral.

5.14. Informativo 276 do STF. No tocante àquela prerrogativa de receber intimação pessoal e com vista dos autos, concedida à Defensoria Pública, o Supremo entendeu que ela é aplicável até mesmo nos Tribunais Superiores e, ainda, de que sendo matéria processual, Estados e Distrito Federal não poderão legislar sobre o tema, visto que trata-se de competência exclusiva da União.

5.15. Informativo 355 do STF. Em julgamento, foi decidido que as Constituições Estaduais ou a Lei Orgânica Distrital não podem tratar acerca das atribuições dos Defensores Públicos. Assim sendo, foi firmado o pensamento de que elas não poderão, sob pena de inconstitucionalidade, retirar e nem mesmo trazer novas atribuições aos seus respectivos Defensores Públicos.

5.16. Informativo 462 do STF. Posicionamento fora feito acerca da autonomia administrativa conferida às Defensorias Públicas Estaduais e do Distrito Federal. Concluiu-se que eventual subordinação de uma Defensoria Pública a uma Secretaria de Justiça feriria o preceito legal que confere tal autonomia.

5.17. Informativo 515 do STF. O caso relacionou-se com a legitimidade ou ilegitimidade do Ministério Público para a promoção de uma ação civil pública cujo objeto era a internação compulsória de pessoa para tratamento de saúde, tendo em vista sofrer de alcoolismo. O Supremo, então, entendeu pela ilegitimidade do mesmo, pois não se configuraria nenhuma daquelas hipóteses de atuação (interesse social indisponível, defesa da ordem pública ou do regime democrático). Diante disto e pelo fato de na localidade haver a Defensoria Pública, atribuiu a esta tal legitimidade.

5.18. Informativo 524 do STF. O Supremo Tribunal Federal declarou inconstitucional norma estadual que permitia a contratação precária e temporária de funcionários para o exercício da função de assistência jurídica de hipossuficiente.

TUDO em UM

PARA CONCURSOS DE DEFENSORIA

QUESTÕES COMENTADAS

1. Direito Constitucional

Bruna Vieira e Teresa Melo*

1. Poder Constituinte

(Defensor Público/SE – 2012 – CESPE) Assinale a opção correta no que se refere ao poder constituinte.

(A) O caráter ilimitado do poder constituinte originário deve ser entendido guardadas as devidas proporções: embora a Assembleia Nacional Constituinte de 1987/1988 não se subordinasse a nenhuma ordem jurídica que lhe fosse anterior, devia observância a certos limites extrajurídicos, como valores éticos e sociais.

(B) Com a promulgação da CF, esgotou-se, no Brasil, o poder constituinte originário.

(C) Ao serem eleitos, os parlamentares que integraram a Assembleia Nacional Constituinte instalada no Brasil em 1987 tornaram-se os únicos titulares do poder constituinte originário.

(D) A Assembleia Nacional Constituinte instalada no Brasil em 1987 exerceu poder constituinte derivado.

(E) A Assembleia Nacional Constituinte instalada no Brasil em 1987 exerceu poder constituinte originário, caracterizado como inicial e autônomo, não se subordinando a limitações de nenhuma ordem, ainda que extrajurídicas.

A: Correta. O Poder Constituinte Originário (PCO) é inicial porque inaugura uma nova ordem jurídica; ilimitado porque não se submete aos limites impostos pela ordem jurídica anterior; autônomo porque exercido livremente por seu titular (o povo) e incondicionado por não se submeter a nenhuma forma preestabelecida para sua manifestação. Importante ressaltar que, para a doutrina jusnaturalista, o direito natural impõe limites ao PCO que, por essa razão, não seria totalmente autônomo; **B:** Errada. Pode ser exercido novamente, para a criação de uma nova Constituição; **C:** Errada. O titular do poder constituinte é sempre o povo; **D:** Errada. Exerceu poder constituinte originário; **E:** Errada. V. comentários à alternativa "a".

Gabarito "A"

(Defensor Público/SP – 2012 – FCC) A Constituição Federal de 1988, fruto do exercício do Poder Constituinte Originário, inaugurou nova ordem jurídico constitucional. Sobre o relacionamento da Constituição Federal de 1988 com as ordens jurídicas pretéritas (constitucionais e infraconstitucionais) é correto afirmar:

(A) **Normas infraconstitucionais anteriores à Constituição** Federal de 1988, desde que compatíveis material e formalmente com a ordem constitucional atual, continuam válidas.

(B) De acordo com entendimento dominante no Supremo Tribunal Federal, os dispositivos da Constituição de 1967 (com as alterações da Emenda n. 1 de 1969), que não forem contrários à Constituição Federal de 1988, continuam válidos, mas ocupam posição hierárquica infraconstitucional legal.

(C) Por força de norma expressa do Ato das Disposições Constitucionais Transitórias da Constituição Federal de 1988, houve manutenção da aplicação de determinados dispositivos da Constituição de1967 (com as alterações da Emenda n. 1 de 1969).

(D) A promulgação da Constituição Federal de 1988 revogou integralmente a Constituição de 1967 (com as alterações da Emenda n. 1 de 1969), inexistindo, dada a incompatibilidade da ordem constitucional atual com o regime ditatorial anterior, possibilidade de recepção de dispositivos infraconstitucionais.

(E) Dispositivo da Constituição de 1946, que seja plenamente compatível com a ordem constitucional de 1988, com a revogação da Constituição de 1967 (com as alterações da Emenda n. 1 de 1969), tem sua validade retomada.

A: Errada. Só precisam ser materialmente compatíveis; **B:** Errada. O ordenamento brasileiro não admite, como regra geral, o fenômeno da *desconstitucionalização*, segundo o qual as normas da constituição anterior, materialmente compatíveis com a nova ordem constitucional, permanecem em vigor com *status* de lei ordinária. Só existirá desconstitucionalização se o próprio Poder Constituinte assim determinar, haja vista sua autonomia; **C:** Correta. V. art. 28 do ADCT; **D:** Errada. Pelo princípio da recepção, a legislação anterior à nova Constituição, desde que seja *materialmente* compatível com o novo texto, é validada e passa a se submeter à nova disciplina constitucional. Se a contrariedade com a CF de 1988 for apenas formal, sendo válido seu conteúdo, ainda assim são recepcionadas; **E:** Errada. Não existe repristinação nesse caso.

Gabarito "C"

* Bruna Vieira comentou as questões dos concursos DEF/AC/12, DEF/AM/13, DEF/ES/12, DEF/PR/12, DEF/RO/12, DEF/SE/12, DEF/SP/12 e DEF/TO/13.

(Defensor Público/SP – 2012 – FCC) Emmanuel Joseph Sieyès (1748-1836), um dos inspiradores da Revolução Francesa, foi autor de um texto que teve grande repercussão na teoria do Poder Constituinte. O referido texto é:

(A) *Que é o terceiro Estado?*
(B) *O poder do terceiro Estado.*
(C) *Que pretende o terceiro Estado?*
(D) *Que tem sido o terceiro Estado?*
(E) *A importância do terceiro Estado.*

Onde desenvolve a noção de soberania nacional.

Gabarito "A".

(Defensor Público/RS – 2011 – FCC) No que se refere ao Poder Constituinte, é INCORRETO afirmar:

(A) O Poder Constituinte genuíno estabelece a Constituição de um novo Estado, organizando-o e criando os poderes que o regerão.
(B) Existe Poder Constituinte na elaboração de qualquer Constituição, seja ela a primeira Constituição de um país, seja na elaboração de qualquer Constituição posterior.
(C) O Poder Constituinte derivado decorre de uma regra jurídica constitucional, é ilimitado, subordinado e condicionado.
(D) Quando os Estados-Federados, em razão de sua autonomia político-administrativa e respeitando as regras estabelecidas na Constituição Federal, auto-organizam-se por meio de suas constituições estaduais estão exercitando o chamado Poder Constituinte derivado decorrente.
(E) Para parte da doutrina, a titularidade do Poder Constituinte pertence ao povo, que, entretanto, não detém a titularidade do exercício do poder.

A: correta. O poder constituinte genuíno é o originário, também conhecido como inicial ou inaugural; **B** e **D:** corretas. O primeiro é originário e o segundo é derivado. O Poder Constituinte Originário é inicial porque inaugura uma nova ordem jurídica; ilimitado porque não se submete aos limites impostos pela ordem jurídica anterior; autônomo porque exercido livremente por seu titular (o povo) e incondicionado por não se submeter a nenhuma forma preestabelecida para sua manifestação. O Poder Constituinte Derivado é secundário, subordinado, limitado, e exercido pelos representantes do povo. Daí resulta a conclusão de que o poder constituinte derivado encontra limites nas regras previstas pelo constituinte originário. Como defendido em doutrina, o poder constituinte derivado pode ser exercido através da reforma da Constituição Federal ou da Constituição Estadual (poder constituinte derivado reformador), pela revisão da Constituição Federal (poder constituinte derivado revisor, art. 3º do ADCT) ou por intermédio da elaboração das constituições estaduais e da lei orgânica do Distrito Federal (poder constituinte derivado decorrente); **C:** incorreta, pois não é ilimitado, como se lê nos comentários à alternativa "B"; **E:** correta. A titularidade do poder constituinte originário é do povo, seu exercício pode ser realizado pelos representantes do povo.

Gabarito "C".

(Defensor Público/BA – 2010 – CESPE) Julgue os itens que se seguem, relativos ao poder constituinte.

(1) O denominado poder constituinte supranacional tem capacidade para submeter as diversas constituições nacionais ao seu poder supremo, distinguindo-se do ordenamento jurídico positivo interno assim como do direito internacional.
(2) O Brasil adotou a teoria segundo a qual o poder constituinte originário não é totalmente ilimitado, devendo ser respeitadas as normas de direito natural.

1: correta. Maurício Andreiuolo Rodrigues, citado por Pedro Lenza, afirma que o poder constituinte supranacional "faz as vezes do poder constituinte porque cria uma ordem jurídica de cunho constitucional, na medida em que reorganiza a estrutura de cada um dos Estados ou adere ao direito comunitário de viés supranacional por excelência, com capacidade, inclusive, para submeter as diversas constituições nacionais ao seu poder supremo. Da mesma forma, e em segundo lugar, é supranacional, porque se distingue do ordenamento positivo interno assim como do direito internacional"; **2:** incorreta. O Poder Constituinte Originário (PCO) é inicial porque inaugura uma nova ordem jurídica; ilimitado porque não se submete aos limites impostos pela ordem jurídica anterior; autônomo porque exercido livremente por seu titular (o povo) e incondicionado por não se submeter a nenhuma forma preestabelecida para sua manifestação, nem mesmo aos "direitos adquiridos". Importante ressaltar que, para a doutrina jusnaturalista, o direito natural impõe limites ao PCO que, por essa razão, não seria totalmente autônomo.

Gabarito 1C, 2E

(Defensoria Pública da União – 2007 – CESPE) Julgue o item a seguir.

(1) Na elaboração das normas locais, o poder constituinte decorrente deve respeitar o modelo de estruturação do Estado fixado pela CF.

1: correta (art. 25, *caput*, da CF). É verdade que o poder constituinte originário conferiu aos Estados capacidade de auto-organização. Estes, entretanto, devem observar as regras estabelecidas pela Constituição Federal quando da elaboração de suas Constituições.

Gabarito 1C

2. Teoria da Constituição e Princípios Fundamentais

(Defensor Público/ES – 2012 – CESPE) Em relação ao conceito de supremacia constitucional e de constitucionalismo, julgue os itens seguintes.

(1) A rigidez e o controle de constitucionalidade não se relacionam com a supremacia da CF, mas com a compatibilidade das leis com o texto constitucional.
(2) Na perspectiva moderna, o conceito de constitucionalismo abrange, em sua essência, a limitação do poder político e a proteção dos direitos fundamentais.

---

1. Errada. São rígidas as constituições em que o mecanismo de alteração das normas constitucionais é mais difícil que o previsto para a modificação de normas infraconstitucionais. A CF/1988 é rígida, pois estabelece em seu texto um procedimento mais qualificado para aprovação de emendas constitucionais que o de alteração das leis em geral (art. 60 da CF). A rigidez, portanto, tem como consequência a supremacia da Constituição sobre as demais normas jurídicas, pois nenhuma lei ou ato normativo pode contrariar o disposto na CF. Assim, também pelo princípio da supremacia da Constituição qualquer lei ou ato normativo só será válido se compatível com os ditames constitucionais, o que fundamenta o controle de constitucionalidade; **2.** Correta. De acordo com Pedro Lenza (Direito Constitucional Esquematizado, 2013, p. 58), "partindo, então, da ideia de que todo Estado deva possuir uma Constituição, avança-se no sentido de que os textos constitucionais contêm regras de limitação ao poder autoritário e de prevalência dos direitos fundamentais, afastando-se da visão autoritária do antigo regime".

Gabarito 1E, 2C

(Defensor Público/PR – 2012 – FCC) O constitucionalismo fez surgir as Constituições modernas que se caracterizam pela adoção de

(A) rol de direitos civis, políticos, econômicos, sociais e culturais e regime presidencialista de governo;
(B) pactos de poder entre soberanos e súditos que garantem àqueles privilégios, poderes e prerrogativas sem a contrapartida de deveres e responsabilidades exigíveis por estes;
(C) princípio do governo limitado pelas leis, separaçãode poderes e proteção de direitos e garantias fundamentais;
(D) controle de constitucionalidade difuso das normas realizado por qualquer membro do Poder Judiciário;
(E) cartas constitucionais escritas, formais, dogmáticas, dirigentes, analítica e outorgadas.

O constitucionalismo moderno abrange a limitação do poder político e a proteção dos direitos fundamentais. De acordo com Pedro Lenza (Direito Constitucional Esquematizado, 2013, p. 58), "partindo, então, da ideia de que todo Estado deva possuir uma Constituição, avança-se no sentido de que os textos constitucionais contêm regras de limitação ao poder autoritário e de prevalência dos direitos fundamentais, afastando-se da visão autoritária do antigo regime".

Gabarito "C".

(Defensor Público/AM – 2010 – I. Cidades) Quando se usa a expressão "a Constituição é norma pura", "puro dever ser", a concepção de Constituição foi adotada:

(A) no sentido político, como decisão concreta de conjunto sobre o modo e a forma de existência da unidade política.
(B) no sentido jurídico, sem qualquer referência à fundamentação sociológica, política ou filosófica.
(C) no sentido estrutural, como norma em conexão com a realidade social.
(D) no sentido total, com a integração dialética dos vários conteúdos da vida coletiva.
(E) no sentido histórico, como uma concepção do evoluir social em direção à estabilidade.

A ideia de *constituição* é apresentada pela doutrina em três principais noções: a) em sentido sociológico (Ferdinand Lassale); b) em sentido político (Carl Schimitt) e c) em sentido jurídico (Hans Kelsen). O enunciado da questão reproduz a lição de Kelsen, de que a Constituição é norma jurídica fundamental, desdobrando-se nos aspectos lógico-jurídico e jurídico-positivo, sendo certo que o sentido lógico-jurídico é o fundamento de validade para a elaboração da norma jurídico-positiva. De acordo com Pedro Lenza, citando J. H. Meirelles Teixeira, "a concepção culturalista do direito conduz ao conceito de uma Constituição Total em uma visão suprema e sintética que 'apresenta na sua complexidade intrínseca, aspectos econômicos, sociológicos, jurídicos e filosóficos, a fim de abranger o seu conceito em uma perspectiva unitária'".

Gabarito "B".

(Defensor Público/AM – 2010 – I. Cidades) A respeito do conceito e da classificação da Constituição, é correto afirmar que:

(A) A Constituição, na clássica definição de Lassalle, é a decisão política fundamental de um povo, insculpida em um texto normativo que goza de superioridade jurídica frente às demais normas constitucionais.
(B) Para Carl Schimitt, a Constituição é a norma jurídica fundamental do ordenamento jurídico, servindo de fundamento de validade para as demais normas jurídicas.
(C) No entendimento de Hans Kelsen, a Constituição é resultado das forças reais de poder, buscando o seu fundamento de validade em uma norma jurídica epistemológica.
(D) Para Carl Schmitt, não há razão para se fazer distinção entre normas constitucionais em sentido formal e em sentido material, pois tudo o que está na Constituição tem o mesmo status constitucional.
(E) No sentido ontológico (Karl Loewenstein), a Constituição pode ser classificada em semântica, nominal e normativa. A Constituição Federal de 1988 é um exemplo de Constituição normativa.

A, **B**, **C** e **D**: incorretas. Na lição de Pedro Lenza, o sentido sociológico de Ferdinand Lassale significa que "uma constituição só seria legítima se representasse o efetivo poder social, refletindo as forças sociais que constituem o poder". Para Carl Schmitt (sentido político), distingue-se Constituição de lei constitucional. José Afonso da Silva afirma que, para ele, constituição "só se refere à decisão política fundamental (estrutura e órgãos do Estado, direitos individuais, vida democrática etc.); as leis constitucionais seriam os demais dispositivos inseridos no texto do documento constitucional, mas não contêm matéria de decisão política fundamental". O critério de Schmitt, portanto, aproxima-se da diferenciação entre constituição em sentido material e constituição em sentido formal. Por fim, Kelsen defende que a Constituição é norma jurídica fundamental, desdobrando-se nos aspectos lógico-jurídico e jurídico-positivo, sendo certo que o sentido lógico-jurídico é o fundamento de validade para a elaboração da norma jurídico-positiva; **E**: correta. Karl Loewenstein apresenta o sentido ontológico de Constituição (classificação quanto ao uso que os detentores do poder fazem da Constituição), segundo o qual a constituição normativa corresponde à constituição efetiva, ou seja, a que obriga a todos a sua observância; a nominal é a ignorada pela prática do poder e a semântica é a que justifica a dominação daqueles que exercem o poder político.

Gabarito "E".

(Defensor Público/AM – 2010 – I. Cidades) Sobre os métodos e princípios hermenêuticos aplicáveis na seara constitucional é correto afirmar que:

(A) Os métodos clássicos de interpretação (literal ou gramatical, histórico, sistêmico e teleológico), segundo a doutrina majoritária, não são aplicáveis na interpretação do texto constitucional.
(B) Segundo o método tópico-problemático, o intérprete parte de uma pré-compreensão da norma para aplicar ao problema, pois considera que o texto constitucional é um limite intransponível para o intérprete.
(C) De acordo com o princípio da correção funcional, o intérprete não pode subverter o esquema organizatório-funcional estabelecido na Constituição, pois, caso contrário, haveria permissão para que um poder invada a competência de outro.
(D) Pelo princípio da eficácia integradora, o intérprete, ao concretizar a Constituição, deve harmonizar os bens jurídicos envolvidos no conflito, de modo que não seja necessário sacrificar totalmente nenhum deles.
(E) Segundo o princípio da unidade da Constituição, para que não se instaure a total insegurança jurídica, é preciso aceitar o dogma de que existe apenas uma interpretação possível das normas constitucionais.

A e **B**: incorretas. De acordo com Canotilho, a interpretação das normas constitucionais é um conjunto de métodos, que o mestre português divide em: a) jurídico (ou hermenêutico clássico); b) tópico-problemático; c) hermenêutico-concretizador; d) científico-espiritual; e) normativo-estruturante; f) da comparação constitucional. O científico-espiritual é o método valorativo, sociológico, segundo o qual a interpretação das normas constitucionais não se fixa à literalidade da norma, mas leva em conta a realidade social e os valores subjacentes ao texto da Constituição. O normativo-estruturante defende que a literalidade da norma deve ser analisada "à luz da concretização da norma em sua realidade social". O método hermenêutico-concretizador difere do método tópico-problemático justamente porque, no primeiro, parte-se da Constituição para o problema, valendo-se o intérprete de suas pré-compreensões sobre o tema para obter o sentido da norma. Na tópica, ao contrário, parte-se do caso concreto para a norma. O método hermenêutico clássico entende a Constituição como lei e, por isso, a interpreta através dos métodos tradicionais de hermenêutica (gramatical, lógico, sistemático, histórico, teleológico *etc.*). Para melhor compreensão do tema v. Pedro Lenza, *Direito constitucional esquematizado*; **C**: correta. O princípio da correção funcional prescreve que o intérprete deve fiel observância à repartição constitucional de competências e de funções entre os poderes estatais (separação de poderes); **D**: incorreta. De acordo com o princípio do efeito integrador (Canotilho), na resolução dos problemas jurídico-constitucionais deve ser dada primazia aos critérios favorecedores da integração política e social, bem como ao reforço da unidade política; **E**: incorreta. Pelo princípio da unidade da Constituição, as normas constitucionais devem ser interpretadas em conjunto, para evitar possíveis contradições com outras normas da própria Constituição, sendo certo que não há hierarquia formal entre normas constitucionais, podendo-se apenas falar em hierarquia axiológica.

Gabarito "C".

(Defensor Público/BA – 2010 – CESPE) No que se refere à hermenêutica e interpretação constitucional, julgue os itens subsequentes.

(1) De acordo com o denominado princípio do efeito integrador, deve-se dar primazia, na resolução dos problemas jurídico-constitucionais, aos critérios que favoreçam a integração política e social e o reforço da unidade política.
(2) De acordo com o método tópico-problemático, a análise da norma constitucional não deve estar embasada na literalidade da norma, mas na realidade social e nos valores subjacentes do texto constitucional, razão pela qual a Constituição deve ser interpretada, por esse método, como algo em constante renovação, em compasso com as modificações da vida em sociedade.

1: correto. Pelo princípio do efeito integrador (Canotilho), na resolução dos problemas jurídico-constitucionais deve ser dada primazia aos critérios favorecedores da integração política e social, bem como ao reforço da unidade política; **2**: errado. Ainda de acordo com Canotilho, o método hermenêutico-concretizador difere do método tópico-problemático justamente porque, no primeiro, parte-se da Constituição para o problema, valendo-se o intérprete de suas pré-compreensões sobre o tema para obter o sentido da norma. Na tópica, ao contrário, parte-se do caso concreto para a norma.

Gabarito 1C, 2E

(Defensor Público/GO – 2010 – I. Cidades) Quando se usa a expressão "a Constituição é a soma dos fatores reais de poder", está se admitindo a concepção de constituição

(A) no sentido político, como decisão concreta de conjunto sobre o modo e forma de existência da unidade política.
(B) no sentido sociológico, pela qual se entende a constituição escrita apenas como uma "folha de papel".
(C) no sentido lógico-jurídico, como norma jurídica hipotética fundamental.
(D) no sentido jurídico-positivo, como norma positiva suprema que regula a criação de outras normas.
(E) no sentido histórico, como uma concepção do evoluir social em direção à estabilidade.

A ideia de *constituição* é apresentada pela doutrina em três principais noções: a) em sentido sociológico (Ferdinand Lassale); b) em sentido político (Carl Schimitt) e c) em sentido jurídico (Hans Kelsen). Para Ferdinand Lassale, a Constituição diz respeito ao "fato social", pois é resultado do somatório das "forças reais de poder". Caso não haja correspondência entre a constituição real e esse "fato social", a constituição será mera "folha de papel". De acordo com Carl Schmitt (sentido político), distingue-se Constituição de lei constitucional. José Afonso da Silva afirma que, para ele, constituição "só se refere à decisão política fundamental (estrutura e órgãos do Estado, direitos individuais, vida democrática etc.); as leis constitucionais seriam os demais dispositivos inseridos no texto do documento constitucional, mas não contêm matéria de decisão política fundamental". O critério de Schmitt, portanto, aproxima-se da diferenciação entre constituição em sentido material e constituição em sentido formal. Por fim, Kelsen defende que a Constituição é norma jurídica fundamental, desdobrando-se nos aspectos lógico-jurídico e jurídico-positivo, sendo certo que o sentido lógico-jurídico é o fundamento de validade para a elaboração da norma jurídico-positiva.

Gabarito "B".

(Defensoria Pública da União – 2010 – CESPE) Julgue o item seguinte.

(1) Atendendo ao princípio denominado correção funcional, o STF não pode atuar no controle concentrado de constitucionalidade como legislador positivo.

1: correta. O princípio da conformidade (ou correção) funcional, também chamado de *princípio da justeza*, visa impedir, na concretização da CF, a alteração da repartição das funções constitucionalmente estabelecidas.

Gabarito 1C

(Defensoria Pública/SP – 2010 – FCC) A "Constituição Dirigente" determina tarefas, estabelece metas e programas e define fins para o Estado e para a sociedade. Nesse modelo,

(A) são insindicáveis as políticas públicas no que se refere aos meios necessários para atingi-las, pois é nesse aspecto que reside a discricionariedade do Governante.
(B) não se aplica o controle de constitucionalidade das políticas governamentais, pois o Poder Judiciário não tem legitimidade, nem atribuição sem que se viole a separação de poderes.
(C) não cabe controle de constitucionalidade de "questões políticas" desde a Constituição de 1934 que expressamente vedava ao Judiciário conhecer de questões exclusivamente políticas.
(D) é cabível juízo de constitucionalidade de políticas públicas que podem ser consideradas incompatíveis com os objetivos constitucionais que vinculam a ação do Estado.
(E) não é suscetível de controle de constitucionalidade as normas de caráter programático que integram o núcleo político da Constituição, mas não o normativo.

A Constituição dirigente é caracterizada pela existência de normas programáticas em seu texto. As normas programáticas estabelecem um programa de atuação para o legislador infraconstitucional (políticas públicas), indicam os fins a serem alcançados pelos órgãos estatais e estão sujeitas ao controle de constitucionalidade.

Gabarito "D"

(Defensoria/SP – 2009 – FCC) Em relação aos objetivos fundamentais da República Federativa do Brasil previstos no artigo 3º da Constituição Federal, considere as seguintes afirmações:

I. São reveladores de uma axiologia, uma antevisão de um projeto de sociedade mais justa esposado pelo constituinte.
II. Vem enunciados em forma de ação verbal (construir, erradicar, reduzir, promover), que implicam a necessidade de um comportamento ativo pelos que se acham obrigados à sua realização.
III. Como possuem enunciado principialista e generalista não possuem valor normativo, daí porque o estado brasileiro descumpre-os sistematicamente.
IV. O repúdio ao terrorismo e racismo está dentre os objetivos mais importantes, pois respalda outra norma regra objetiva que é a dignidade da pessoa humana.
V. Além de outras normas constitucionais, encontramos vários instrumentos e disposições para efetivação dos objetivos nos títulos que tratam da ordem econômica e da ordem social.

Estão corretas SOMENTE

(A) II, III e IV.
(B) III, IV e V.
(C) I, II e IV.
(D) I, II e V.
(E) I, IV e V.

I: correta. São vetores de interpretação das demais normas constitucionais e infraconstitucionais; **II:** correta. Implicam prestações positivas por parte do próprio Estado; **III:** incorreta. Toda norma constitucional, seja princípio ou regra, tem densidade normativa e eficácia; **IV:** incorreta. A dignidade da pessoa humana é norma-princípio; **V:** correta. Arts. 170 e ss. e arts. 193 e ss., todos da CF.

Gabarito "D"

(Defensoria/MG – 2006) Promulgada a nova Constituição, as leis ordinárias com ela compatíveis continuam válidas pela teoria

(A) da desconstitucionalização
(B) da integração
(C) da recepção
(D) da repristinação
(E) do poder constituinte subordinado

A nova Constituição recepciona a ordem normativa anterior com ela compatível.

Gabarito "C"

(Defensoria/RN – 2006) O direito ao trabalho previsto no artigo 5º da Constituição é norma de

(A) eficácia plena.
(B) eficácia redutível.
(C) eficácia limitada.
(D) princípio programático.

Eficácia redutível ou contida, já que o alcance da norma (art. 5º, XIII, CF) poderá ser reduzido por ação do legislador infraconstitucional.

Gabarito "B"

(Defensoria/SE – 2006 – CESPE) Julgue o seguinte item.

(1) O princípio da supremacia da constituição não abrange todas as espécies de constituição.

1: correta. Tal princípio não incide nas Constituições flexíveis, em relação às quais se aplica procedimento legislativo comum para modificação de suas normas.

Gabarito 1C

(Defensoria/MG – 2006) São fundamentos da República Federativa do Brasil, EXCETO:

(A) a cidadania.
(B) A dignidade da pessoa humana.
(C) A soberania
(D) O voto direto, secreto, obrigatório e periódico.
(E) Os valores sociais do trabalho e da livre-iniciativa.

Art. 1º da CF.

Gabarito "D"

(Defensoria/RN – 2006) A Constituição Federal aponta como fundamento da República Federativa do Brasil a

(A) erradicação da pobreza.
(B) garantia do desenvolvimento social.
(C) existência do pluralismo político.
(D) redução das desigualdades sociais.

Art. 1º, V, da CF.

Gabarito "C"

(Defensor Público/PA – 2006 – UNAMA) A Constituição Brasileira é rígida e, como tal, suscetível de modificações. Deste modo, é correto afirmar:

(A) Somente por três quintos de votos dos membros das duas Casas do Congresso Nacional, em dois turnos de votação, será aprovada proposta de emenda à Constituição.
(B) A proposta de emenda constitucional rejeitada poderá ser reapresentada na mesma sessão legislativa, desde que a requerimento da maioria absoluta dos membros da Câmara e do Senado.
(C) Aprovada, regularmente, a proposta de emenda constitucional será promulgada pelo Presidente da República.
(D) A proposta de emenda, para ser aprovada, exige o quórum de 2/3 dos votos dos membros de cada Casa do Congresso Nacional.

São rígidas as constituições em que o mecanismo de alteração das normas constitucionais é mais difícil que o previsto para a modificação de normas infraconstitucionais. A CF/88 é rígida, pois estabelece em seu texto um procedimento mais qualificado para aprovação de emendas constitucionais que o de alteração das leis em geral (art. 60 da CF). A rigidez, portanto, tem como consequência a supremacia da Constituição sobre as demais normas jurídicas, pois nenhuma lei ou ato normativo pode contrariar o disposto na CF. Sobre o tema, conferir art. 60, I a III e §§ 1º a 5º, da CF.

Gabarito "A"

(Defensor Público/AC – 2006 – CESPE) Acerca da teoria geral da Constituição, assinale a opção correta.

(A) Ferdinand Lassale, seguidor do conceito sociológico, reconhece a Constituição como um instrumento jurídico dotado de força normativa.
(B) A supremacia da Constituição ocorre mesmo nas chamadas constituições flexíveis.
(C) Há hierarquia entre normas constitucionais.
(D) É possível ao Poder Judiciário, excepcionalmente, determinar a implementação de políticas públicas definidas pela própria Constituição, sempre que os órgãos estatais competentes descumprirem os encargos político-jurídicos, de modo a comprometer, com a sua omissão, a eficácia e a integridade de direitos sociais e culturais impregnados de estatura constitucional.

A: incorreta. A ideia de *constituição* é apresentada pela doutrina em três principais noções: a) em sentido sociológico (Ferdinand Lassale); b) em sentido político (Carl Schimitt) e c) em sentido jurídico (Hans Kelsen). Para Ferdinand Lassale a Constituição diz respeito ao "fato social", pois é resultado do somatório das "forças reais de poder". Caso não haja correspondência entre a constituição real e esse "fato social", a constituição será mera "folha de papel". Ao contrário, Konrad Hesse desenvolveu a doutrina da "força normativa da Constituição", segundo a qual os fatores reais de poder são limitados pela própria Constituição. Importante destacar, ainda, a lição de Kelsen, de que a Constituição é norma jurídica fundamental, desdobrando-se nos aspectos lógico-jurídico e jurídico-positivo, sendo certo que o sentido lógico-jurídico é o fundamento de validade para a elaboração da norma jurídico-positiva; **B:** incorreta. São rígidas as constituições em que o mecanismo de alteração das normas constitucionais é mais difícil que o previsto para a modificação de normas infraconstitucionais. A CF/88 é rígida, pois estabelece em seu texto um procedimento mais qualificado para aprovação de emendas constitucionais que o de alteração das leis em geral (art. 60 da CF). A rigidez, portanto, tem como consequência a supremacia da Constituição sobre as demais normas jurídicas, pois nenhuma lei ou ato normativo pode contrariar o disposto na CF. As constituições flexíveis, por sua vez, não preveem mecanismo mais dificultoso para a alteração das normas constitucionais, que podem ser modificadas por leis infraconstitucionais posteriores com elas incompatíveis, não havendo falar, portanto, em supremacia constitucional; **C:** incorreta. Não há hierarquia formal entre normas constitucionais, muito embora se possa falar em hierarquia axiológica. Vige, no direito brasileiro, o princípio da unidade da Constituição; **D:** correta. Em caráter excepcional, como explicado na alternativa, as políticas públicas são sindicáveis pelo Poder Judiciário, uma vez que a regra é a separação de poderes.

Gabarito "D"

3. Hermenêutica Constitucional e Eficácia das Normas Constitucionais

(Defensor Público/PR – 2012 – FCC) Alguns autores têm criticado o que consideram um uso abusivo dos princípios e da ponderação como forma de aplicação dos direitos fundamentais. Com frequência os intérpretes dos direitos fundamentais acabam por transformá-los em princípios, utilizando-se em demasia do sopesamento na interpretação de suas inter-relações, o que ocasiona, muitas vezes, perda de objetividade e racionalidade na interpretação, dificultando seu controle. Sobre esse tema, é correto afirmar:

(A) Há elementos na interpretação com base em princípios que podem aflorar com mais facilidade, como a intuição e a sensibilidade, por exemplo, que permitirão ao bom juiz decidir de forma mais consentânea com a constituição e suas concepções pessoais de justiça.

(B) Não há como se eliminar totalmente toda subjetividade na interpretação e aplicação do direito, mas as relações de preferência simples e sem qualificativos devem ser eliminadas para que hajam relações de preferências fundamentadas, escalonadas e condicionadas sendo possível comparar grau de restrição de um direito fundamental com grau de realização de direito que com ele colide.

(C) Na interpretação de direitos fundamentais não há que se buscar racionalidade ou objetividade já que o próprio constituinte delegou ao intérprete a possibilidade de lhes atribuir significado conforme o momento histórico e as expectativas sociais.

(D) É justamente na criação do Direito, a partir da aplicação dos princípios, que o juiz-intérprete supre a inexistência de legitimidade democrática na sua investidura e exerce plenamente suas prerrogativas constitucionais.

(E) Essa crítica é improcedente já que as normas jurídicas não são fórmulas e nem interpretadas por máquinas. A subjetividade, irracionalidade, impossibilidade de controle e ausência de previsibilidade das decisões são ônus a serem suportados pela sociedade ao escolher um modelo de constituição tão abrangente e irrealizável.

Como a interpretação jurídica é realizada por homens, não há como afastar totalmente a subjetividade. Entretanto, a intuição, a irracionalidade e a total ausência de objetividade não podem estar presentes na interpretação das normas. Além disso, não é a partir da interpretação que o juiz supre a falta de legitimidade democrática de sua investidura/decisões. Toda e qualquer decisão deve ser fundamentada, principalmente diante do conflito entre princípios igualmente protegidos pela Constituição, na busca de uma relação de preferência que não seja discriminatória ou irrazoável.

Gabarito "B"

(Defensor Público/SE – 2012 – CESPE) Com relação aos métodos de interpretação das normas constitucionais, assinale a opção correta.

(A) Segundo o método tópico-problemático, as normas constitucionais são fechadas e determinadas, sem nenhum viés fragmentário.

(B) Para cada caso concreto que envolva normas constitucionais, há um método de interpretação adequado que se revela o correto.

(C) De acordo com o método hermenêutico clássico, devem-se adotar os critérios tradicionais relacionados por Savigny como forma de se preservar o conteúdo da norma interpretada e evitar que ele se perca em considerações valorativas.

(D) Uma das características do método hermenêutico-concretizador é ignorar a pré-compreensão do intérprete.

(E) Consoante o método científico-espiritual, a interpretação da Constituição restringe-se ao campo jurídico-formal, não sendo admitida qualquer perspectiva política ou sociológica de construção e preservação da unidade social.

De acordo com Canotilho, a interpretação das normas constitucionais é um conjunto de métodos, que o mestre português divide em: a) jurídico (ou hermenêutico clássico); b) tópico-problemático; c) hermenêutico-concretizador; d) científico-espiritual; e) normativo-estruturante; f) da comparação constitucional. O científico-espiritual é o método valorativo, sociológico, segundo o qual a interpretação das normas constitucionais não se fixa à literalidade da norma, mas leva em conta a realidade social e os valores subjacentes ao texto da Constituição. O normativo-estruturante defende que a literalidade da norma deve ser analisada "à luz da concretização da norma em sua realidade social". O método hermenêutico-concretizador difere do método tópico-problemático justamente porque, no primeiro, parte-se da Constituição para o problema, valendo-se o intérprete de suas pré-compreensões sobre o tema para obter o sentido da norma. Na tópica, ao contrário, parte-se do caso concreto para a norma. O método hermenêutico clássico entende a Constituição como lei e, por isso, a interpreta através dos métodos tradicionais de hermenêutica (gramatical, lógico, sistemático, histórico, teleológico *etc.*).

Gabarito "C"

(Defensor Público/ES – 2012 – CESPE) Julgue os itens a seguir, relativos as normas constitucionais.

(1) Uma das características da hermenêutica constitucional contemporânea é a distinção entre regras e princípios; segundo Ronald Dworkin, tal distinção é de natureza lógico-argumentativa, pois somente pode ser percebida por meio dos usos dos argumentos e razões no âmbito de cada caso concreto.

(2) De acordo com a classificação de José Afonso da Silva, as normas constitucionais podem ser classificadas, quanto à eficácia e a aplicabilidade, em normas de eficácia plena, normas de eficácia contida e normas de eficácia absoluta.

(3) De acordo com o que dispõe a CF, as normas definidoras de direitos fundamentais tem aplicação imediata, mas gradual.

1. Correta. Já para Alexy, a diferenciação é de natureza morfológica-estrutural; **2.** Errada. De acordo com José Afonso da Silva há: a) normas constitucionais de eficácia plena (ou absoluta) e aplicabilidade imediata, que produzem efeitos plenos tão logo entram em vigor; b) normas constitucionais de eficácia contida (ou redutível ou restringível) e aplicabilidade mediata, que muito embora tenham eficácia direta e aplicabilidade imediata quando da promulgação da CF, podem vir a ser restringidas pelo legislador infraconstitucional no futuro e c) normas constitucionais de eficácia limitada, que, por sua vez, podem ser: c.1) de princípio institutivo (ou organizativo) ou c.2) de princípio programático. Normas constitucionais de eficácia limitada são as que possuem aplicabilidade indireta e eficácia mediata, pois dependem da intermediação do legislador infraconstitucional para que possam produzir seus efeitos jurídicos próprios. Serão de princípio institutivo se contiverem regras de estruturação de instituição, órgãos ou entidades, como a norma do art. 18, § 2º, da CF. As normas constitucionais de eficácia limitada e de princípio programático veiculam programas a serem implementados pelo Estado (arts. 196, 205 e 215, da CF); **3.** Errada. Nem todas as normas definidoras de direitos são de eficácia plena, ou seja, de aplicabilidade direta e eficácia imediata.

Gabarito 1C, 2E, 3E

(Defensor Público/RS – 2011 – FCC) No que se refere à interpretação e à eficácia e aplicabilidade das normas constitucionais, considere as seguintes afirmações:

I. A interpretação constitucional evolutiva, também denominada de mutação constitucional, não implica alteração no texto constitucional, mas na interpretação da regra.

II. As normas que consubstanciam os direitos fundamentais são sempre de eficácia e aplicabilidade imediata.

III. Os direitos e garantias fundamentais consagrados na Carta Magna são ilimitados, tanto que não podem ser utilizados para se eximir alguém da responsabilização pela prática de atos ilícitos.

IV. No Direito Constitucional brasileiro fala-se de uma certa relatividade dos direitos e garantias individuais e coletivos, bem como da possibilidade de haver conflito entre dois ou mais deles, oportunidade em que o intérprete deverá se utilizar do princípio da concordância prática ou da harmonização para coordenar e combinar os bens tutelados, evitando o sacrifício total de uns em relação aos outros, sempre visando ao verdadeiro significado do texto constitucional.

Está correto o que se afirma APENAS em

(A) I e III.
(B) I e IV.
(C) I, II e III.
(D) I, II e IV.
(E) II, III e IV.

I: correta. A alteração da Constituição pode ocorrer pela via formal (emendas à Constituição) ou pela via informal (mutação constitucional). A mutação permite que o sentido e o alcance da norma constitucional sejam alterados sem que haja qualquer modificação no texto do dispositivo da Constituição. É feita pelos órgãos estatais ou pelos costumes sociais; **II:** incorreta. Há também normas de eficácia limitada e de eficácia contida; **III:** incorreta. Os direitos fundamentais possuem caráter histórico (historicidade), pois nasceram com o Cristianismo, passaram por diversos períodos históricos até chegarem à atualidade. São indisponíveis, insuscetíveis de renúncia ou de transferência a terceiros, por não possuírem caráter patrimonial (inalienabilidade). Não podem ser transferidos, gratuita ou onerosamente e são imprescritíveis, ou seja, permanentes, não se sujeitam a decurso de prazo; **IV:** correta. Nenhum direito, por mais fundamental que seja, é absoluto. Assim, o princípio da concordância prática parte da noção de unidade da Constituição para estabelecer a coexistência dos bens constitucionais em jogo, evitando o sacrifício total de um em benefício do outro.

Gabarito "B"

1474 **(Defensoria Pública/SP – 2010 – FCC)** Utilizando-se a classificação de José Afonso da Silva no tocante a eficácia e aplicabilidade das normas constitucionais, a norma constitucional inserida no artigo 5º, XII: "é inviolável o sigilo de correspondência e das comunicações telegráficas, de dados e das comunicações telefônicas, salvo, no último caso, por ordem judicial, nas hipóteses e na forma que a lei estabelecer para fins de investigação criminal ou instrução processual penal", pode ser classificada como norma

(A) de eficácia plena, isto é, de aplicabilidade direta, imediata e integral, não havendo necessidade de lei infraconstitucional para resguardar o sigilo das comunicações.
(B) de eficácia limitada, isto é, de aplicabilidade indireta, mediata e não integral, ou seja, o sigilo somente poderá ser garantido após a integração legislativa infraconstitucional.
(C) de eficácia contida, isto é, de aplicabilidade direta, imediata, porém não integral, ou seja, a lei infraconstitucional poderá restringir sua eficácia em determinadas hipóteses.
(D) com eficácia relativa restringível, isto é, o sigilo pode ser limitado em hipóteses previstas em regramento infraconstitucional.
(E) de eficácia relativa complementável ou dependente de complementação legislativa, isto é, depende de lei complementar ou ordinária para se garantir o sigilo das comunicações.

De acordo com José Afonso da Silva, há: a) normas constitucionais de eficácia plena (ou absoluta) e aplicabilidade imediata, que produzem efeitos plenos tão logo entram em vigor; b) normas constitucionais de eficácia contida (ou redutível ou restringível) e aplicabilidade imediata, que muito embora tenham eficácia direta e aplicabilidade imediata quando da promulgação da CF, podem vir a ser restringidas pelo legislador infraconstitucional no futuro e c) normas constitucionais de eficácia limitada, que, por sua vez, podem ser: c.1) de princípio institutivo (ou organizativo) ou c.2) de princípio programático. Normas constitucionais de eficácia limitada são as que possuem aplicabilidade indireta e eficácia mediata, pois dependem da intermediação do legislador infraconstitucional para que possam produzir seus efeitos jurídicos próprios. Serão de princípio institutivo se contiverem regras de estruturação de instituição, órgãos ou entidades, como a norma do art. 18, § 2º, da CF. As normas constitucionais de eficácia limitada e de princípio programático veiculam programas a serem implementados pelo Estado (arts. 196, 205 e 215, da CF).

Gabarito "C"

(Defensor Público/AM – 2010 – I. Cidades) No art. 196 da Constituição Federal está estabelecido que a "saúde é direito de todos e dever do Estado, garantido mediante políticas sociais e econômicas que visem à redução do risco de doença e de outros agravos e ao acesso universal e igualitário às ações e serviços para sua promoção, proteção e recuperação". A referida norma é:

(A) programática, mas, não obstante essa característica, se algum paciente carente com patologia crônica com indiscutível risco de morte necessitar de remédio de alto custo não fornecido pelo SUS – Sistema Único de Saúde -, será possível mover ação judicial para sua obtenção e, se houver recurso, em última instância a pretensão será acolhida.
(B) de eficácia contida, portanto, lei ordinária federal poderá restringir os casos em que o Sistema Único de Saúde fornecerá assistência farmacêutica e médico-hospitalar.
(C) de eficácia complementável, portanto, deverá ser colmatada pelo legislador infraconstitucional, sob pena de não produzir qualquer efeito jurídico.
(D) de eficácia plena, portanto, se algum paciente carente com patologia crônica com indiscutível risco de morte necessitar de remédio de alto custo não fornecido pelo SUS – Sistema Único de Saúde –, será possível mover ação judicial para sua obtenção e, se houver recurso, em última instância a pretensão será acolhida.
(E) de eficácia plena, portanto, se algum paciente carente com patologia crônica com indiscutível risco de morte necessitar de remédio de alto custo não fornecido pelo SUS – Sistema Único de Saúde –, será possível mover ação judicial para sua obtenção, mas, no entanto, se houver recurso, em última instância a pretensão não será acolhida.

De acordo com José Afonso da Silva, há: a) normas constitucionais de eficácia plena (ou absoluta) e aplicabilidade imediata, que produzem efeitos plenos tão logo entram em vigor; b) normas constitucionais de eficácia contida (ou redutível ou restringível) e aplicabilidade imediata, que muito embora tenham eficácia direta e aplicabilidade imediata quando da promulgação da CF, podem vir a ser restringidas pelo legislador infraconstitucional no futuro e c) normas constitucionais de eficácia limitada, que, por sua vez, podem ser: c.1) de princípio institutivo (ou organizativo) ou c.2) de princípio programático. Normas constitucionais de eficácia limitada são as que possuem aplicabilidade indireta e eficácia mediata, pois dependem da intermediação do legislador infraconstitucional para que possam produzir seus efeitos jurídicos próprios. Serão de princípio institutivo se contiverem regras de estruturação de instituição, órgãos ou entidades, como a norma do art. 18, § 2º, da CF. As normas constitucionais de eficácia limitada e de princípio programático veiculam programas a serem implementados pelo Estado (arts. 196, 205 e 215, da CF).

Gabarito "A"

(Defensor Público/GO – 2010 – I. Cidades) A maioria da doutrina constitucionalista admite a especificidade da interpretação constitucional e lista alguns princípios a serem observados nessa tarefa. Quando o intérprete se depara com duas normas constitucionais aparentemente contraditórias e incidentes sobre a mesma situação fática, o princípio aplicável é o da:

(A) interpretação conforme a Constituição.
(B) unidade da Constituição.
(C) presunção da constitucionalidade das leis e atos do poder público.
(D) máxima efetividade.
(E) força normativa da Constituição.

A: incorreta. A interpretação conforme a Constituição ocorre diante de normas plurissignificativas, ou seja, que admitem mais de uma interpretação possível, devendo-se preferir aquela que mais se aproxima da Constituição. Funciona como técnica de interpretação constitucional e como mecanismo de controle de constitucionalidade, sendo aceita em doutrina e também pela jurisprudência do STF; **B:** correta. Pelo princípio da unidade da Constituição, as normas constitucionais devem ser observadas não como normas isoladas, mas como integrantes de um único sistema, sem que se possa interpretá-las separadamente do conjunto que integram; **C:** incorreta. Não corresponde a princípio próprio de interpretação das normas constitucionais; **D:** incorreta. O princípio da máxima efetividade orienta a interpretação das normas constitucionais de modo a extrair de seu texto a máxima eficácia social possível; **E:** incorreta. A força normativa prioriza a interpretação constitucional que possibilita a atualidade normativa do texto, garantindo, ao mesmo tempo, sua eficácia e permanência.

Gabarito "B"

(Defensor Público/AL – 2009 – CESPE) Acerca da aplicabilidade das normas constitucionais, julgue os itens que se seguem.

(1) De acordo com o entendimento do STF, constitui norma de eficácia restringível o preceito constitucional que veda a prisão civil por dívida, salvo a do responsável por inadimplemento voluntário e inescusável de obrigação alimentícia e a do depositário infiel.

(2) O dispositivo constitucional que assegura aos idosos a gratuidade dos transportes coletivos urbanos constitui norma de eficácia contida.

1: correto. As normas constitucionais *de eficácia contida* (ou redutível ou restringível) correspondem àquelas que, muito embora tenham eficácia direta e aplicabilidade imediata quando da promulgação da CF, podem vir a ser restringidas pelo legislador infraconstitucional no futuro. Sobre o tema, importante notar que a prisão civil por dívida é, em regra, vedada pelo nosso ordenamento. A Constituição Federal, entretanto, estabelece duas exceções à regra geral, legitimando a prisão civil do devedor que não paga pensão alimentícia e a do depositário infiel (art. 5º, LXVII, da CF). Entretanto, o Pacto de San José da Costa Rica, ratificado pelo Brasil, é ainda mais restritivo: só permite a prisão dos devedores de pensão alimentícia; ou seja, com base na Convenção Americana de Direitos Humanos, o depositário infiel não pode ser preso. O conflito entre a norma internacional e a norma constitucional foi inúmeras vezes analisado pelo STF que, em entendimento tradicional, decidia pela prevalência da Constituição e autorizava a prisão do depositário infiel. Ocorre que, em virada jurisprudencial (RE 466.343-1/SP, Rel. Min. Cezar Peluso), o STF acabou por consagrar a tese da *supralegalidade* dos tratados para concluir que a prisão do depositário infiel é ilícita. Com base no entendimento atual do STF, mais restritivo da prisão, só é permitida a prisão do devedor de pensão alimentícia; **2:** errado, pois corresponde a norma de eficácia plena, ou seja, de aplicabilidade imediata e que produzem efeitos plenos tão logo a Constituição entra em vigor.

Gabarito 1C, 2E

(Defensor Público/AL – 2009 – CESPE) A respeito da interpretação das normas constitucionais, julgue os itens seguintes.

(1) A técnica da interpretação conforme somente pode ser utilizada diante de normas polissêmicas.

(2) É possível utilizar-se da declaração de inconstitucionalidade parcial sem redução de texto como instrumento decisório para atingir uma interpretação conforme a CF, técnica que assegura a constitucionalidade da lei ou ato normativo, sem, todavia, alterar seu texto.

1: correta. A interpretação conforme a Constituição ocorre diante de normas plurissignificativas (ou polissêmicas), ou seja, que admitem mais de uma interpretação possível, devendo-se preferir aquela que mais se aproxima da Constituição. Funciona como técnica de interpretação constitucional e como mecanismo de controle de constitucionalidade, sendo aceita em doutrina e também pela jurisprudência do STF; **2:** correta. Para Gilmar Mendes (*Jurisdição Constitucional*, 1996. p. 196 e 197), a declaração parcial de inconstitucionalidade sem redução de texto "refere-se, normalmente, a casos não mencionados no texto, que, por estar formulado de forma ampla ou geral, contém, em verdade, um complexo de normas". A declaração de inconstitucionalidade é parcial porque atinge apenas uma (ou algumas) dessas normas, mantendo-se íntegro o texto.

Gabarito 1C, 2C

(Defensoria/ES – 2009 – CESPE) Acerca da interpretação e da aplicação das normas constitucionais, julgue o item seguinte.

(1) A interpretação conforme a Constituição determina que, quando o aplicador de determinado texto legal se encontrar frente a normas de caráter polissêmico ou, até mesmo, plurissignificativo, deve priorizar a interpretação que possua um sentido em conformidade com a Constituição. Por conseguinte, uma lei não pode ser declarada inconstitucional, quando puder ser interpretada em consonância com o texto constitucional.

A interpretação conforme a Constituição é, ao mesmo tempo, princípio de interpretação e técnica de controle de constitucionalidade, tendo aplicação diante de normas jurídicas plurissignificativas. Vale dizer, a interpretação conforme a Constituição somente será possível quando a norma infraconstitucional apresentar vários significados ou puder ser interpretada de várias formas, umas compatíveis com as normas constitucionais e outras não, devendo-se excluir a interpretação contra o texto constitucional e optar pela interpretação que encontra guarida na CF, ou seja, pela interpretação conforme a Constituição. Entretanto, não legitima o intérprete a atuar como legislador positivo.

Gabarito 1C

(Defensoria/MG – 2009 – FURMARC) O princípio constitucional sensível deve, em termos normativos:

(A) Estar enumerado, expressamente, no texto constitucional.
(B) Ser inserido, de forma implícita, na Constituição.
(C) Jamais ensejar intervenção federal ou estadual.
(D) Provocar silêncio dos poderes instituídos.
(E) Provocar silêncio da opinião pública.

Os princípios constitucionais sensíveis são os listados no art. 34, VII, da CF.

Gabarito "A"

(Defensoria/PI – 2009 – CESPE) Com relação às características das normas constitucionais, assinale a opção correta.

(A) São consideradas materialmente constitucionais as normas que, mesmo não tendo conteúdo propriamente constitucional, possuem em seus enunciados todos os elementos necessários à sua executoriedade direta e integral.

(B) As normas constitucionais programáticas definem objetivos cuja concretização depende de providências situadas fora ou além do texto constitucional, traçando metas a serem alcançadas pela atuação futura dos poderes públicos.

(C) As normas constitucionais definidoras de direitos, por sua natureza, não geram direitos na sua versão positiva; assim, não investem os jurisdicionados no poder de exigir do Estado prestações que proporcionem o desfrute dos bens jurídicos nelas consagrados.

(D) Uma característica que diferencia a norma constitucional das demais normas jurídicas é a natureza da linguagem, na medida em que a Constituição se utiliza apenas de cláusulas fechadas, que exigem aplicação direta e não admitem mediações concretizadoras por parte do intérprete constitucional.

(E) Por desfrutarem de superioridade jurídica em relação a todas as demais normas, as disposições constitucionais são autoaplicáveis, não dependendo de regulamentação.

A: incorreta. Conceito de normas formalmente constitucionais. As materialmente constitucionais são aquelas que veiculam temas fundamentais, que não podem faltar no texto constitucional; **B:** correta. São próprias de Constituições dirigentes e, muitas vezes, traduzem políticas públicas; **C:** incorreta. As definidoras de direitos, como o próprio nome afirma, geram direitos subjetivos, que podem ser exigidos do prestador; **D:** incorreta. Há inúmeras cláusulas abertas na Constituição, o que às vezes é criticado e, outras é tido como necessário; **E:** incorreta. A supremacia da Constituição não impede a existência de normas constitucionais de eficácia limitada.

Gabarito "B"

(Defensoria/PI – 2009 – CESPE) Acerca dos princípios jurídicos e das regras de direito, bem como das técnicas de interpretação constitucional, assinale a opção correta.

(A) Pelo seu caráter abstrato e em razão do seu grau de indeterminação, os princípios jurídicos não são considerados, sob o prisma constitucional, normas jurídicas.

(B) Pela sua natureza finalística, as regras de direito são mandatos de otimização ou preceitos de intensidade modulável, a serem aplicados na medida do possível e com diferentes graus de efetivação.

(C) Os princípios constitucionais identificam as normas que expressam decisões políticas fundamentais, valores a serem observados em razão de sua dimensão ética ou fins públicos a serem realizados, podendo referir-se tanto a direitos individuais como a interesses coletivos.

(D) Todas as normas constitucionais desempenham uma função útil no ordenamento jurídico, mas, diante de contradição entre elas, as normas que compõem a Constituição material têm primazia e possuem status hierárquico superior em relação às que veiculam conteúdo formalmente constitucional.

(E) Em face de normas infraconstitucionais de múltiplos significados, e visando preservar a supremacia da Constituição, o intérprete constitucional deve, como regra, promover o descarte da lei ou do ato normativo cuja constitucionalidade não seja patente e inequívoca.

A: incorreta. Toda norma jurídica, seja norma-regra ou norma-princípio, é dotada de eficácia, podendo revogar as normas em sentido contrário e servir como vetor de interpretação; **B:** incorreta. A alternativa se refere aos princípios, não às regras; **C:** correta. E, como toda norma jurídica, são dotados de eficácia; **D:** incorreta. Não há hierarquia formal entre normas constitucionais, ainda que alguns defendam a "hierarquia axiológica"; **E:** incorreta. O intérprete deve promover a interpretação conforme a Constituição, que tem aplicação diante de normas jurídicas plurissignificativas. Vale dizer, a interpretação conforme a Constituição somente será possível quando a norma infraconstitucional apresentar vários significados ou puder ser interpretada de várias formas, umas compatíveis com as normas constitucionais e outras não, devendo-se excluir a interpretação contra o texto constitucional e optar pela interpretação que encontra guarida na CF, ou seja, pela interpretação conforme a Constituição. Entretanto, não legitima o intérprete a atuar como legislador positivo.

Gabarito "C"

(Defensor Público/MS – 2008 – VUNESP) Considerando a doutrina dominante do direito constitucional, analise as seguintes afirmativas a respeito da interpretação da Constituição.

I. O princípio segundo o qual a interpretação da Constituição deve ser realizada a evitar contradição entre suas normas denomina-se princípio do efeito integrador.

II. O princípio da harmonização é o que dispõe que o intérprete da norma constitucional não pode chegar a uma posição que subverta, altere ou perturbe o esquema organizatório-funcional constitucionalmente estabelecido pelo legislador constituinte originário.

III. A concordância prática se traduz no princípio interpretativo pelo qual se exige a coordenação e a combinação dos bens jurídicos em conflito de forma a evitar o sacrifício total de uns em relação aos outros.

IV. Entre as interpretações possíveis, deve ser adotada aquela que garanta maior eficácia, aplicabilidade e permanência das normas constitucionais: é o que assevera o princípio da força normativa da Constituição.

Está correto apenas o que se afirma em

(A) I, II e III.
(B) I, II e IV.
(C) II e III.
(D) III e IV.

I: Errada. Função exercida pelo princípio da unidade da Constituição; **II** e **III:** Pelo princípio da concordância prática ou harmonização, diante da inexistência de hierarquia entre os princípios constitucionais deve-se buscar a redução proporcional do alcance de cada um dos bens em conflito, de modo que seus núcleos não sejam atingidos, evitando o sacrifício total de um bem em benefício do outro; **IV:** correta. A força normativa prioriza a interpretação constitucional que possibilita a atualidade normativa do texto, garantindo, ao mesmo tempo, sua eficácia e permanência.

Gabarito "D"

(Defensoria/MT – 2007) Concernente à aplicabilidade das normas constitucionais, a doutrina aponta, dentre outras, a existência de normas programáticas. Nesse contexto, assinale a afirmativa que corresponde a um dispositivo constitucional classificado como norma programática.

(A) O art. 5º, XIII, ao descrever que é livre o exercício de qualquer trabalho, de ofício ou profissão, atendidas as qualificações profissionais que a lei estabelecer.
(B) O art. 37, VII, ao indicar que o direito de greve será exercido nos termos e nos limites estabelecidos em lei específica.
(C) O art. 21, IX, ao sinalizar que compete à União elaborar e executar planos nacionais e regionais de ordenação do território e de desenvolvimento social.
(D) O art. 34, VII, b, quando sustenta que a União não intervirá nos Estados e Distrito Federal, exceto para assegurar os direitos da pessoa humana.
(E) O art. 7º, XI, ao dispor que são direitos dos trabalhadores urbanos e rurais a participação nos lucros, ou resultados, desvinculada da remuneração, e, excepcionalmente, participação na gestão da empresa, conforme definido em lei.

O Professor José Afonso da Silva classifica as normas constitucionais de eficácia limitada em *normas de princípio institutivo* e *normas de princípio programático*, sendo estas as que estabelecem um programa a ser desenvolvido por meio de legislação integrativa da vontade constituinte.

Gabarito "C"

(Defensoria/RN – 2006) As normas programáticas

(A) são providas de eficácia jurídica plena.
(B) possuem eficácia equivalente a das normas de eficácia contida.
(C) não possuem qualquer eficácia jurídica, necessitando de legislação complementar.
(D) possuem eficácia jurídica mínima, pois entre outros, impedem a edição de leis contrárias ao mandamento constitucional que encerram.

Trata-se, segundo classificação desenvolvida pelo Professor José Afonso da Silva, de espécie de norma constitucional de eficácia limitada, dotada de eficácia jurídica.

Gabarito "D"

(Defensoria/SE – 2006 – CESPE) Julgue o seguinte item.

(1) A interpretação conforme aplica-se quando, diante de pelo menos duas interpretações possíveis, somente uma ou algumas são compatíveis com o texto constitucional, não havendo necessidade de supressão do texto da norma interpretada.

Terá lugar a denominada *interpretação conforme* quando se tratar de normas plurissignificativas (com mais de uma interpretação possível). Nesse caso, deve-se sempre buscar aquela que se revelar mais próxima da Constituição. Dessa forma, deve o intérprete afastar a aplicação da norma que se mostrar contrária ao texto da Constituição, sendo a ele vedado, nesta atividade, inovar, criar norma.

Gabarito 1C

(DEFENSORIA PÚBLICA DA UNIÃO – 2004 – CESPE) Quanto à aplicabilidade e à interpretação das normas constitucionais, julgue os itens que se seguem.

(1) Embora as normas programáticas sejam alvo de críticas, ao menos parte da doutrina as reconhece; considerando-as existentes, o destinatário dessas normas, juridicamente, é o Poder Executivo.
(2) A doutrina constitucionalista aponta diferenças importantes entre as técnicas hermenêuticas da interpretação conforme a Constituição da República e da declaração de nulidade sem redução de texto; ademais, elas são mutuamente excludentes, ou seja, frente a determinada situação, o intérprete não se pode valer de ambas ao mesmo tempo.

1: errado. As normas programáticas estabelecem um programa de atuação para o legislador infraconstitucional e indicam os fins a serem alcançados pelos órgãos estatais, sendo típicas de constituições ditas dirigentes. Toda norma constitucional, ainda que programática, possui eficácia para revogar as normas em contrário ou para servir de vetor de interpretação para o legislador ordinário. Assim, mesmo tendo baixa densidade normativa, as normas programáticas podem servir como parâmetro para a declaração de inconstitucionalidade das leis que com elas colidem; **2:** errado. A *interpretação conforme a Constituição* é, ao mesmo tempo, princípio de interpretação e técnica de controle de constitucionalidade, tendo aplicação diante de normas jurídicas *plurissignificativas*. Vale dizer, a interpretação conforme a Constituição somente será possível quando a norma infraconstitucional apresentar vários significados ou puder ser interpretada de várias formas, umas compatíveis com as normas constitucionais e outras não, devendo-se excluir a interpretação contra o texto constitucional e optar pela interpretação que encontra guarida na CF, ou seja, pela interpretação conforme a Constituição. Entretanto, não legitima o intérprete a atuar como legislador positivo.

Gabarito 1E, 2E

4. Controle de Constitucionalidade

(Defensor Público/AC – 2012 – CESPE) Considerando o entendimento jurisprudencial do STF no que se refere ao sistema brasileiro de controle de constitucionalidade, assinale a opção correta.

(A) A aplicação direta de norma constitucional que implique juízo de desconsideração de preceito infraconstitucional dispensa a observância da cláusula de reserva de plenário.
(B) Lei ou norma de caráter ou efeito concreto já exaurido pode ser objeto de controle abstrato de constitucionalidade, em ação direta de inconstitucionalidade.

(C) É lícito conhecer de ação direta de inconstitucionalidade como arguição de descumprimento de preceito fundamental, quando coexistentes todos os requisitos de admissibilidade desta, em caso de inadmissibilidade daquela.

(D) A não aplicação, por órgão fracionário de tribunal, de determinada norma jurídica ao caso sob seu exame caracteriza violação da cláusula de reserva de plenário, mesmo que o julgamento não se fundamente na incompatibilidade entre a norma legal tomada como base dos argumentos expostos na ação e a CF.

(E) A cláusula constitucional de reserva de plenário, fundada na presunção de constitucionalidade das leis, impede que os órgãos fracionários dos tribunais rejeitem a arguição de invalidade dos atos normativos.

A: Errada. STF, RE 463278: "Aplicação direta de norma constitucional que implique juízo de desconsideração de preceito infraconstitucional só pode dar-se com observância da cláusula de reserva de Plenário prevista no art. 97 da Constituição da República"; **B:** Errada. STF, ADIn 2980: "Lei ou norma de caráter ou efeito concreto já exaurido não pode ser objeto de controle abstrato de constitucionalidade, em ação direta de inconstitucionalidade"; **C:** Correta. STF, ADIn 4163. Aplicação do princípio da fungibilidade; **D:** Errada. STF, Rcl. 6944: "Para caracterização da contrariedade à súmula vinculante n. 10, do Supremo Tribunal Federal, é necessário que a decisão fundamente-se na incompatibilidade entre a norma legal tomada como base dos argumentos expostos na ação e a Constituição". Súmula Vinculante 10 do STF: "Viola a cláusula de reserva de plenário (CF, artigo 97) a decisão de órgão fracionário de tribunal que, embora não declare expressamente a inconstitucionalidade de lei ou ato normativo do poder público, afasta sua incidência, no todo ou em parte"; **E:** Errada. STF, RE 636359: "A cláusula constitucional de reserva de plenário, insculpida no art. 97 da Constituição Federal, fundada na presunção de constitucionalidade das leis, não impede que os órgãos fracionários ou os membros julgadores dos Tribunais, quando atuem monocraticamente, rejeitem a arguição de invalidade dos atos normativos, conforme consagrada lição da doutrina".

Gabarito "C"

(Defensor Público/AM – 2013 – FCC) Suponha que um partido político tenha ajuizado perante o Supremo Tribunal Federal (STF) arguição de descumprimento de preceito fundamental (ADPF), contra atos normativos infralegais editados por universidade federal, que determinaram a reserva de 20% de suas vagas a candidatos negros. Alegando que os atos normativos referidos violaram preceitos fundamentais da Constituição Federal, pediu o autor da ação que fossem declarados inconstitucionais. Neste caso, considerada a disciplina constitucional e legal e a jurisprudência do STF em matéria de controle de constitucionalidade, a ADPF

(A) não é cabível, uma vez que pede a declaração de inconstitucionalidade de atos normativos infralegais;

(B) pode ser proposta pelo partido político, desde que esse tenha representação no Congresso Nacional e demonstre a pertinência temática entre o objeto da ação e os objetivos do partido;

(C) não é cabível, uma vez que a questão é passível de ser discutida pelos candidatos concretamente interessados na declaração de inconstitucionalidade dos atos praticados pela universidade;

(D) deve ser extinta, sem julgamento do mérito, sendo incabível sua admissão como ação direta de inconstitucionalidade, caso o STF entenda que os atos praticados pela universidade deveriam ter sido impugnados por aquela via;

(E) pode ter a petição inicial indeferida liminarmente pelo Ministro Relator, se for inepta, decisão em face da qual cabe agravo, no prazo de cinco dias.

A e **C:** Erradas. Ao contrário da ADIn, cabe ADPF contra "ato do Poder Público" (em geral), incluídos "os anteriores à Constituição". Art. 1º, *caput* e parágrafo único, I, da Lei 9882/1999; **B:** Errada. A ADPF pode ser proposta pelos mesmos legitimados ativos da ADIn (art. 103, da CF c/c art. 2º, I, da Lei 9.882/1999), sendo certo que a jurisprudência do STF não exige pertinência temática para os partidos políticos que, por isso, são legitimados *universais* para propor ADIn e, por consequência, ADPF; **D:** Errada. O STF entende que a ADIn e a ADPF são fungíveis, desde que presentes os requisitos de admissibilidade; **E:** Correta. Art. 4º, *caput* e § 1º, da Lei 9882/1999.

Gabarito "E"

(Defensor Público/AM – 2013 – FCC) Suponha que determinado Estado-membro tenha editado lei disciplinando o horário de funcionamento de estabelecimentos comerciais, sendo que a matéria já era regulada de modo diverso por leis editadas pelos Municípios do mesmo Estado. Estado e Municípios entendem constitucionais as respectivas leis, e pretendem sustentar judicialmente que elas foram editadas com fundamento na competência legislativa que lhes foi assegurada na Constituição Federal e na Constituição Estadual. Diante desse contexto, considerando a Constituição Federal e a jurisprudência do Supremo Tribunal Federal,

(A) a lei estadual não poderá ser objeto de ação direta de inconstitucionalidade perante o Tribunal de Justiça, caso impugnada em face de norma da Constituição Estadual, admitindo-se, no entanto, que a lei estadual seja impugnada em face da Constituição Estadual mediante instrumentos de controle incidental e difuso de constitucionalidade;

(B) a lei estadual poderá ser objeto de ação direta de inconstitucionalidade perante o Tribunal de Justiça, tendo por parâmetro a Constituição Estadual, podendo ser interposto recurso extraordinário, contra o acórdão proferido pelo Tribunal Estadual, se presentes os pressupostos recursais;

(C) as leis municipais poderão ser objeto de ação direta de inconstitucionalidade perante o Supremo Tribunal Federal, tendo por parâmetro a Constituição Federal;

(D) as leis municipais apenas poderão ser contestadas em face da Constituição Estadual mediante instrumentos processuais que viabilizam o controle incidental e difuso de constitucionalidade;

(E) o ajuizamento de ação direta de inconstitucionalidade (ADI) da lei estadual em face da Constituição do Estado, perante o Tribunal de Justiça, impede a propositura de ADI da mesma lei estadual em face da Constituição Federal, perante o STF, ainda que o Tribunal de Justiça do Estado não tenha julgado a ADI.

A: Errada. Não há vedação para que os TJs controlem a constitucionalidade de lei estadual tendo como parâmetro a Constituição Estadual; **B:** Correta. As leis estaduais estão sujeitas a duplo controle, igualmente abstrato: por intermédio de ADIn no STF (art. 102, I, "a", da CF, tendo como parâmetro a Constituição Federal) e por intermédio de ADIn estadual perante o TJ local (art. 125, § 2º, da CF, tendo por parâmetro a Constituição do Estado). Ao apreciar a constitucionalidade de lei estadual em face da Constituição do Estado, a decisão do TJ local, em regra, não está sujeita a recurso para o STF, que é o guardião da Constituição Federal e não da Constituição do Estado. Entretanto, há casos em que a norma da constituição estadual apontada como violada apenas reproduz uma norma da Constituição Federal, por ser de observância obrigatória pelos estados-membros. Nesses casos a lei estadual, ao violar a Constituição Estadual está, em verdade, afrontando norma da Constituição Federal. Daí a possibilidade de interposição de recurso extraordinário para o STF, pois o parâmetro de controle passa a ser a Constituição Federal. O STF não irá analisar a compatibilidade vertical entre a lei estadual e a Constituição do Estado, mas entre a lei estadual e a Constituição Federal, utilizando, para tanto, um recurso típico do controle difuso. Apesar disso, o controle não perde sua natureza abstrata, razão pela qual a decisão do STF, nesse recurso extraordinário, produzirá os mesmos efeitos da ADIn genérica (*erga omnes*, vinculantes e *ex tunc*); **C:** Errada. Não cabe ADIn perante o STF em face de lei municipal (art. 102, I, "a", da CF); **D:** Errada. Pode ser proposta ADIn estadual no Tribunal de Justiça local, em face de lei municipal ou estadual, tendo por parâmetro a Constituição Estadual. Esse controle é concentrado (ou abstrato); **E:** Errada. É possível a propositura simultânea de ADIn contra a mesma lei estadual perante o Supremo Tribunal Federal e perante o Tribunal de Justiça. Entretanto, deve-se suspender o processo no âmbito da justiça estadual, até a deliberação definitiva do STF.

Gabarito "B"

(Defensor Público/ES – 2012 – CESPE) Em relação ao sistema de controle de constitucionalidade brasileiro, julgue os itens que se seguem.

(1) A DP insere-se entre as instituições legitimadas a ingressar com ACP cujo pedido principal seja a declaração de inconstitucionalidade de uma lei que viole o meio ambiente.

(2) Consoante a jurisprudência do STF, admite-se o controle judicial preventivo de constitucionalidade nos casos de mandado de segurança impetrado por parlamentar, com a finalidade de impedir a tramitação de proposta de emenda constitucional tendente a abolir cláusula pétrea.

(3) A sustação, pelo Poder Legislativo, de atos normativos do presidente da República que exorbitem do poder regulamentar constitui exemplo do controle de constitucionalidade político preventivo.

(4) Adotando-se a tese da inconstitucionalidade superveniente, como o fez o STF, admite-se ação direta de inconstitucionalidade em face de lei anterior a CF.

1. Errada. O controle de constitucionalidade em ACP é exercido incidentalmente, pois a inconstitucionalidade da norma é apreciada como causa de pedir e não como pedido principal da ação; **2.** Correta. O STF admite a impetração de MS por deputados e senadores (não pelo Presidente da República), para evitar a tramitação de proposta de emenda constitucional que fira o art. 60, § 4º, da CF, por entender que os congressistas têm direito líquido e certo ao devido processo legislativo; **3:** Errada. Hipótese de controle político repressivo (após a edição da norma); **4.** Errada. O STF não adota a doutrina da "inconstitucionalidade superveniente", mas entende que as normas pré-constitucionais que não se compatibilizam com o *conteúdo* da nova Constituição são por ela revogadas.

Gabarito 1E, 2C, 3E, 4E

(Defensor Público/PR – 2012 – FCC) O controle abstrato de constitucionalidade previsto pela Constituição Federal de 1988, regulamentado pelas Leis n. 9.868/1999 e 9.882/1999 e interpretado pelo Supremo Tribunal Federal, admite

(A) reconhecimento de fungibilidade apenas entre as ações direta de inconstitucionalidade por ação, ação direta de constitucionalidade e arguição de descumprimento de preceito fundamental;

(B) a possibilidade de reconhecimento da fungibilidade somente entre ação direta de inconstitucionalidade e arguição de descumprimento de preceito fundamental;

(C) conhecimento de ações diretas de inconstitucionalidade como ações diretas de inconstitucionalidade por omissão quando se trata de omissão parcial, em decorrência da fungibilidade;

(D) ser possível a fungibilidade, mas apenas entre as garantias constitucionais do *habeas corpus*, mandado de segurança, ação popular, *habeas data* e mandado de injunção;

(E) a natureza distinta, rito próprio, especificidades e diversas hipóteses de cabimento das ações diretas de controle de constitucionalidade que impede a fungibilidade entre elas, em qualquer situação.

A, B, E: incorretas. Para o STF, há fungibilidade entre as ações diretas de inconstitucionalidade por ação e omissão, além de ser lícito conhecer de ação direta de inconstitucionalidade como arguição de descumprimento de preceito fundamental, quando coexistentes todos os requisitos de admissibilidade desta, em caso de inadmissibilidade daquela; **C:** correta, conforme demonstrado no comentário às alternativas anteriores; **D:** incorreta. Os remédios constitucionais citados não são instrumentos de controle abstrato de constitucionalidade, como requer o enunciado da questão. Além disso, cada um tem objeto próprio.

Gabarito "C"

(Defensor Público/RO – 2012 – CESPE) A respeito do controle de constitucionalidade, assinale a opção correta.

(A) A ação declaratória de inconstitucionalidade e a ação declaratória interventiva possuem os mesmos legitimados ativos.

(B) Na ação declaratória de constitucionalidade, cabe ao advogado-geral da União fazer a defesa do ato normativo.

(C) A arguição de descumprimento de preceito fundamental tem preferência em relação a outros meios eficazes de sanar a lesividade.

(D) Senador da República possui legitimação ativa para suscitar o controle incidental de constitucionalidade pertinente à observância pelas casas do Congresso Nacional dos requisitos que condicionam a válida elaboração das proposições normativas, enquanto estas se acharem em curso no Senado Federal.

(E) A arguição de descumprimento de preceito fundamental não se presta a controle de constitucionalidade de normas infralegais ou atos normativos estaduais e municipais.

A: Errada. Os legitimados para a ADC estão listados no art. 103 da CF. O único legitimado ativo para propor ADIn Interventiva é o Procurador-Geral da República; **B:** Errada. Na ação declaratória já se pede a confirmação da constitucionalidade, não havendo necessidade de o AGU defender a constitucionalidade da norma, como o faz na ADIn (art. 103, § 3º, da CF); **C:** Errada. Deve ser proposta caso não haja outro meio capaz de sanar a lesividade (art. 4º, § 1º, da Lei 9882/1999); **D:** Correta. O STF entende que os congressistas possuem direito líquido e certo ao devido processo legislativo; **E:** Errada. Cabe ADPF contra "ato do Poder Público" em geral, incluídos os anteriores à Constituição (art. 1º, *caput* e parágrafo único, I, da Lei 9882/1999).

Gabarito "D"

(Defensor Público/RO – 2012 – CESPE) Assinale a opção correta a respeito do poder constituinte e da ação direta de inconstitucionalidade por omissão.

(A) Compete ao poder constituinte decorrente elaborar e modificar as constituições dos estados-membros da Federação.

(B) O poder constituinte reformador é, por característica, incondicionado.

(C) A mutação constitucional é expressão do poder constituinte derivado.

(D) Denomina-se repristinação o fenômeno pelo qual a constituição nova recebe a ordem normativa infraconstitucional anterior, surgida sob égide das constituições precedentes, quando compatível com o novo ordenamento constitucional.

(E) A ação direta de inconstitucionalidade por omissão tem por escopo controlar apenas as omissões legislativas.

A: Correta. O poder constituinte derivado pode ser exercido através da reforma da Constituição Federal ou da Constituição Estadual (poder constituinte derivado reformador), pela revisão da Constituição Federal (poder constituinte derivado revisor, art. 3º do ADCT) ou por intermédio da elaboração das constituições estaduais e da lei orgânica do Distrito Federal (poder constituinte derivado decorrente); **B:** Errada. O Poder Constituinte Originário (PCO) é inicial porque inaugura uma nova ordem jurídica; ilimitado porque não se submete aos limites impostos pela ordem jurídica anterior; autônomo, porque exercido livremente por seu titular (o povo) e incondicionado por não se submeter a nenhuma forma preestabelecida para sua manifestação. Já o poder constituinte reformador é, por característica, condicionado; **C:** Errada. A alteração da Constituição pode ocorrer pela via formal (emendas à Constituição) ou pela via informal (mutação constitucional). A mutação permite que o sentido e o alcance da norma constitucional sejam alterados sem que haja qualquer modificação no texto do dispositivo da Constituição; **D:** Errada. Denomina-se recepção; **E:** Errada. Cabível em face de medida que impeça a efetividade de norma constitucional.

Gabarito "A"

(Defensor Público/RO – 2012 – CESPE) Assinale a opção correta acerca do controle de constitucionalidade.

(A) As leis municipais não se sujeitam ao controle de constitucionalidade concentrado perante o STF, podendo, no entanto, ser objeto de ação direta de inconstitucionalidade a ser ajuizada perante o tribunal de justiça do respectivo estado-membro, desde que se alegue ofensa à constituição estadual.

(B) Na ação declaratória de constitucionalidade, é cabível pedido de medida cautelar, cujo provimento pode consistir na suspensão da eficácia da norma objeto da ação ou na suspensão dos processos em que se discuta a constitucionalidade dessa norma.

(C) De acordo com a denominada regra do *fullbench*, somente pelo voto da maioria dos membros do tribunal pode ser declarada a constitucionalidade ou a inconstitucionalidade de leis ou atos normativos emanados do poder público.

(D) O defensor público-geral da União possui legitimidade para ajuizar, no STF, arguição de descumprimento de preceito fundamental, mas não para ajuizar ação direta de inconstitucionalidade ou ação declaratória de constitucionalidade.

(E) Tratando-se de controle de constitucionalidade difuso, a alegação de inconstitucionalidade pode ser apresentada pelo autor, pelo réu, pelo MP ou, ainda, por terceiro interessado, e a inconstitucionalidade pode também ser reconhecida de ofício pelo juiz de primeira instância ao proferir a sentença.

A: Errada. Podem ser objeto de ADPF, que é exemplo de controle concentrado; **B:** Errada. A cautelar na ADC consiste na determinação de que os juízes e os Tribunais suspendam o julgamento dos processos que envolvam a aplicação da lei ou do ato normativo objeto da ação até seu julgamento definitivo. Art. 21 da Lei 9868/1999; **C:** Errada. A regra do *fullbench*, mais conhecida como regra da reserva de plenário (art. 97 da CF), só se aplica em caso de declaração de inconstitucionalidade; **D:** Errada. A legitimidade para propor ADPF é a mesma para propor ADIN e ADC (art. 103 da CF c/c art. 2º, I, da Lei 9882/1999); **E:** Correta. Lembrando-se que constitui causa de pedir, e não pedido principal da ação.

Gabarito "E"

(Defensor Público/SE – 2012 – CESPE) Com base no que determina a CF, no que dispõe a legislação pertinente e no entendimento do STF, assinale a opção correta a respeito das ações de controle concentrado de constitucionalidade.

(A) O presidente da República possui legitimidade universal, podendo ajuizar, no STF, ação direta de inconstitucionalidade, ainda que contra ato normativo municipal, sem a necessidade de demonstração de pertinência temática.

(B) O partido político com representação na Câmara dos Deputados possui legitimidade universal, podendo ajuizar, no STF, ação direta de inconstitucionalidade contra emenda constitucional, sem a necessidade de demonstração de pertinência temática.

(C) Governador de estado possui legitimidade universal, podendo ajuizar, no STF, ação declaratória de constitucionalidade de ato normativo estadual, sem a necessidade de demonstração de pertinência temática.

(D) O procurador-geral da República possui legitimidade universal, podendo ajuizar, no STF, arguição de descumprimento de preceito fundamental contra ato normativo federal, mesmo havendo outros meios eficazes de sanar a controvérsia constitucional, desde que comprove pertinência temática.

(E) A entidade de classe de âmbito regional possui legitimidade especial, podendo ajuizar, no STF, ação declaratória de constitucionalidade contra ato normativo estadual, desde que comprove pertinência temática.

A: Errada. O Presidente da República é legitimado universal para propor ADIn, mas não cabe ação direta de inconstitucionalidade em face de lei municipal (art. 102, I, "a", da CF); **B:** Correta. O partido político com representação na Câmara dos Deputados é legitimado universal e cabe controle de constitucionalidade em face de emendas constitucionais, por constituírem exercício do poder constituinte derivado (art. 103, VIII da CF); **C:** Errada. Os governadores de Estado são legitimados especiais para proporem ADIn, ou seja, precisam demonstrar pertinência temática entre os interesses de seu Estado e a norma atacada. Em acréscimo, não cabe ADC em face de lei estadual, mas apenas em face de lei federal (art. 102, I, "a", da CF); **D:** Errada. A primeira parte está correta, mas só cabe ADPF se não houver outro meio capaz de sanar a lesividade – princípio da subsidiariedade (art. 4º, § 1º, da Lei 9.882/1999); **E:** Errada. Entidades de âmbito **nacional** têm legitimidade especial para propor ADC, que só cabe em face de lei federal (art. 102, I, "a", da CF).

Gabarito "B"

(Defensor Público/TO – 2013 – CESPE) No que se refere ao controle de constitucionalidade, assinale a opção correta.

(A) Quando o STF julga improcedente o pedido deduzido em sede de ação declaratória de constitucionalidade, tal circunstância não impede o posterior ajuizamento, por um dos legitimados ativos, de ADI com o mesmo objeto.

(B) A arguição de descumprimento de preceito fundamental não pode ter por objeto ato normativo já revogado.

(C) Com fundamento na denominada inconstitucionalidade por arrastamento, o STF pode declarar a inconstitucionalidade de norma que não tenha sido objeto do pedido na ADI, sendo a inconstitucionalidade declarada não em decorrência da incompatibilidade direta da norma com a CF, mas da inconstitucionalidade de outra norma com a qual aquela guarde relação de dependência.

(D) Segundo entendimento do STF, não cabe ação direta de inconstitucionalidade contra resoluções do Conselho Nacional de Justiça (CNJ), órgão que não dispõe de poder para editar ato normativo primário.

(E) A entidade de classe de âmbito nacional tem legitimidade para propor ADI, sendo necessário, segundo o STF, que a referida entidade esteja situada em, pelo menos, três estados da Federação.

A: Errada. A doutrina costuma dizer que a ADC é a ADIn com sinal trocado. Assim, ao se julgar improcedente o pedido da ADC (que visa à declaração de constitucionalidade), pode-se dizer que a lei foi considerada inconstitucional (V. art. 23 da Lei 9.868/1999); **B:** Errada. Pode ser proposta em face de "ato do poder público" em geral, incluídos os anteriores à Constituição (art. 1º, *caput* e parágrafo único, I, da Lei 9882/1999); **C:** Correta. Segundo o glossário jurídico do STF: "A inconstitucionalidade por arrastamento ou por atração ocorre quando a declaração de inconstitucionalidade de uma norma impugnada se estende aos dispositivos normativos que apresentam com ela uma relação de conexão ou de interdependência"; **D:** Errada. O STF já julgou, por exemplo, ADIn contra a resolução do CNJ sobre nepotismo; **E:** Errada. De acordo com a jurisprudência do STF, o critério da espacialidade, além da atuação transregional da instituição, demanda a existência de associados em pelo menos nove estados da Federação (aplicação, por analogia, da Lei Orgânica dos Partidos Políticos). V. ADIn 79 QO, Rel. Min. Celso de Mello.

Gabarito "C"

(Defensor Público/BA – 2010 – CESPE) No que se refere ao controle de constitucionalidade no ordenamento jurídico pátrio, julgue os itens a seguir.

(1) O denominado fenômeno da recepção material de normas constitucionais somente é admitido mediante expressa previsão na nova Constituição.

(2) Os efeitos gerais da declaração de inconstitucionalidade, no âmbito da ação direta de inconstitucionalidade, pelo STF são vinculantes em relação aos órgãos do Poder Judiciário e da administração pública federal, estadual, municipal e distrital.

(3) De acordo com a CF, o controle abstrato de constitucionalidade realizado no âmbito do tribunal de justiça do estado, por intermédio de ação direta de inconstitucionalidade, somente pode ter por objeto leis ou atos normativos estaduais ou municipais confrontados perante a Constituição estadual.

(4) O STF admite, com fundamento no princípio da contemporaneidade, a aplicação da denominada teoria da inconstitucionalidade superveniente.

1: correta. Note-se que a alternativa fala em recepção de normas *constitucionais* e não da legislação infraconstitucional anterior. Trata-se, tecnicamente, de indagação sobre *desconstitucionalização*, e não sobre recepção. O advento de uma nova Constituição não revoga automaticamente toda a legislação a ela preexistente. Pelo princípio da recepção, a *legislação infraconstitucional* anterior à nova Constituição, desde que seja *materialmente* compatível com o novo texto, é validada e passa a se submeter à nova disciplina constitucional. Se a contrariedade com a CF de 1988 for apenas formal, sendo válido seu conteúdo, ainda assim serão recepcionadas (mas sua alteração será feita de acordo com a forma que a atual Constituição prevê). O ordenamento brasileiro não admite, como regra geral, o fenômeno da *desconstitucionalização*, segundo o qual as normas da constituição anterior, materialmente compatíveis com a nova ordem constitucional, permanecem em vigor com *status* de lei ordinária. Só existirá desconstitucionalização se o próprio Poder Constituinte assim determinar, haja vista sua autonomia; **2:** correta (Art. 28, parágrafo único, da Lei 9.868/1999); **3:** correta. O STF e os TJ's locais realizam controle concentrado de constitucionalidade, cuja diferença está no parâmetro de controle. Apenas ao STF cabe o controle concentrado (ou abstrato ou por via de ação) de lei ou ato normativo federal ou estadual diante da Constituição Federal (art. 102, I, "a", da CF), mas os TJ's locais também exercem o controle concentrado de constitucionalidade, ao julgar as representações de inconstitucionalidade (ou ADIn estadual) de leis ou atos normativos estaduais e municipais em face da Constituição Estadual (art. 125, § 2º, da CF). Assim, o TJ não realiza controle concentrado de lei federal, nem o controle de lei estadual ou municipal em face da Constituição *Federal*; **4:** incorreta. O STF não adota a doutrina da "inconstitucionalidade superveniente", mas entende que as normas pré-constitucionais que não se compatibilizam com o *conteúdo* da nova Constituição são por ela revogadas. Por isso, não cabe ADIN contra norma anterior à Constituição (mas pode caber ADPF – art. 1º, parágrafo único, I, da Lei 9.882/1999).

Gabarito 1C, 2C, 3C, 4E

(Defensor Público/AM – 2010 – I. Cidades) O governador do Estado do Rio Grande do Sul propôs ação direta de inconstitucionalidade, questionando as expressões contidas nos parágrafos 1º e 2º, do art. 45, da Constituição Federal, os quais preveem, respectivamente, que na formação da Câmara dos Deputados "o número total de Deputados, bem como a representação por Estado e pelo Distrito Federal, será estabelecido por lei complementar, proporcionalmente à população, procedendo-se aos ajustes necessários, no ano anterior às eleições, para que nenhuma daquelas unidades da Federação tenha menos de oito ou mais de setenta Deputados" e que "cada Território elegerá quatro Deputados". Alegou que tais normas são inconstitucionais, pois contrariam normas constitucionais previstas como cláusulas pétreas, tendo em vista a ofensa à isonomia em face da desigualdade da representação política atribuídas aos Estados da região sul, com população e produto interno muito superior proporcionalmente ao de outras unidades da federação que formam outras regiões.

Nesse caso:

(A) o Supremo Tribunal Federal apreciará a ação quanto ao seu mérito, mas deverá julgá-la improcedente, pois não há qualquer ofensa ao princípio da isonomia.
(B) a ação direta não deve ser conhecida, por impossibilidade jurídica do pedido, pois não há hierarquia entre normas constitucionais originárias.
(C) o Supremo Tribunal Federal apreciará a ação quanto ao seu mérito, pois as cláusulas pétreas podem ser invocadas para sustentação da tese da inconstitucionalidade de normas constitucionais originárias.
(D) seria caso de mandado de segurança de competência originária do Supremo Tribunal Federal, portanto, a via eleita escolhida será considerada inadequada.
(E) o Supremo Tribunal Federal apreciará a ação quanto ao seu mérito, pois é o guardião da Constituição Federal, podendo aferir a compatibilidade de disposições constantes do próprio texto da Constituição originária.

É pacífico o entendimento pela possibilidade de controle de constitucionalidade de emendas constitucionais ou de normas oriundas de revisão constitucional (porque são fruto do Poder Constituinte Derivado). Mas não cabe declaração de inconstitucionalidade de normas constitucionais originárias (estabelecidas pelo Poder Constituinte Originário).

Gabarito "B".

(Defensor Público/AM – 2010 – I. Cidades) Qual dos instrumentos abaixo jamais poderá ser utilizado em sede de controle concentrado de constitucionalidade, federal ou estadual:

(A) recurso extraordinário
(B) embargos de declaração
(C) ação rescisória
(D) intervenção de *amicus curiae*
(E) audiência pública

Art. 26 da Lei 9.868/1999.

Gabarito "C".

(Defensor Público/GO – 2010 – I. Cidades) Acerca do controle de constitucionalidade, é correto afirmar:

(A) A jurisprudência do Supremo Tribunal Federal impõe ao Advogado-Geral da União a defesa do ato impugnado em sede de ação direta de inconstitucionalidade, dever do qual fica exonerado somente na hipótese de já existir pronunciamento daquela Corte sobre caso análogo.
(B) O Supremo Tribunal Federal não utiliza a técnica da declaração de inconstitucionalidade por arrastamento, em prestígio do princípio da adstrição.
(C) A modulação de efeitos da declaração de inconstitucionalidade é técnica que pode ser utilizada no controle concentrado ou difuso e tem expressa previsão legal no sistema brasileiro.
(D) O Supremo Tribunal Federal admite a utilização, como parâmetro de aferição de constitucionalidade, de tratados internacionais, tendo em vista que todos eles são dotados de constitucionalidade material.
(E) A turma ou câmara pode reapreciar o decidido pelo pleno ou órgão especial no incidente de inconstitucionalidade, desde que mediante decisão proferida com quórum qualificado.

A: incorreta. O Advogado-Geral da União funciona como curador da constitucionalidade das leis (art. 103, § 3º, da CF). Entretanto, além da hipótese prevista nessa alternativa, o STF já dispensou sua manifestação em outros casos. É importante registrar que o STF recentemente entendeu "ser necessário fazer uma interpretação sistemática, no sentido de que o § 3º do art. 103 da CF concede à AGU o direito de manifestação, haja vista que exigir dela defesa em favor do ato impugnado em casos como o presente, em que o interesse da União coincide com o interesse do autor, implicaria retirar-lhe sua função primordial que é defender os interesses da União (CF, art. 131). Além disso, a despeito de reconhecer que nos outros casos a AGU devesse exercer esse papel de contraditora no processo objetivo, constatou-se um problema de ordem prática, qual seja, a falta de competência da Corte para impor-lhe qualquer sanção quando assim não procedesse, em razão da inexistência de previsão constitucional para tanto" (ADIn 4309/TO, Rel. Min. Cezar Peluso). V. Informativo STF 562/2009; **B:** incorreta. O STF admite a declaração de "inconstitucionalidade por arrastamento", desde que presente relação de prejudicialidade entre a norma declarada inconstitucional e todas as outras normas que nela se fundamentam. Ou seja, se a norma-mãe não está de acordo com a Constituição, as normas dela decorrentes também serão inconstitucionais, podendo o STF declarar a inconstitucionalidade das normas secundárias no mesmo ou em outro processo, mesmo que não haja pedido expresso nesse sentido na petição inicial da ADIn. O objetivo do controle concentrado é a higidez constitucional, o que permite, excepcionalmente, a declaração de inconstitucionalidade de uma norma mesmo que não haja pedido expresso nesse sentido (desde que, importante frisar, haja relação de dependência entre a norma principal e as normas secundárias). Tome nota dos sinônimos da inconstitucionalidade por arrastamento lembrados por Pedro Lenza: inconstitucionalidade por "atração" ou "inconstitucionalidade consequente de preceitos não impugnados"; **C:** incorreta. Pode ser aplicada tanto no controle difuso quanto no concentrado, mas só há previsão legal expressa da modulação de efeitos temporais para a declaração de inconstitucionalidade em controle concentrado, no art. 27 da Lei 9.868/1999. Para o controle difuso, essa regra é aplicada por analogia; **D:** incorreta. O parâmetro de controle de constitucionalidade é a Constituição. O tratado pode ser objeto de controle de constitucionalidade, a fim de verificar a compatibilização de seu texto com o disposto na Constituição; **E:** correta. Não no âmbito do mesmo processo, pois se o incidente de inconstitucionalidade tiver sido submetido ao pleno ou órgão especial do Tribunal, ao órgão fracionário cabe apenas a continuidade do julgamento, resolvendo o caso concreto. Houve, na hipótese, aplicação do principio da reserva de plenário. V. art. 97 da CF e Súmula 513/STF.

Gabarito "E".

(Defensoria Pública/SP – 2010 – FCC) Após grave crise energética, o Governo aprova lei que disciplina o racionamento de energia elétrica, estabelecendo metas de consumo e sanções pelo descumprimento, que podem culminar, inclusive, na suspensão do fornecimento. Questionado judicialmente, se vê o Supremo Tribunal Federal – STF com a missão de resolver a questão, tendo, de um lado, a possibilidade de interrupções no suprimento de energia elétrica, se não houver economia, e, de outro, as restrições a serviço público de primeira necessidade, restrição que atinge a igualdade, porque baseada em dados de consumo pretérito, bem como limitações à livre-iniciativa, ao direito ao trabalho, à vida digna etc. O controle judicial neste caso envolve

(A) a apreciação de colisão de direitos fundamentais, que, em sua maior parte, assumem a estrutura normativa de "regras", o que implica anulação de uns em detrimento de outros.
(B) a aplicação da regra da proporcionalidade, que, segundo a jurisprudência constitucional alemã, tem estrutura racionalmente definida – análise da adequação, da necessidade e da proporcionalidade em sentido estrito.
(C) a utilização do princípio da razoabilidade, já consagrado no Brasil, e que determina tratar os direitos colidentes como "mandamentos de otimização".
(D) a eliminação da falsa dicotomia entre direitos constitucionais, já que a melhor solução é a que os harmoniza, sem retirar eficácia e aplicabilidade de nenhum deles.
(E) juízo de constitucionalidade clássico, pois nem emenda à Constituição pode tender a abolir direitos fundamentais.

A: incorreta. Os direitos fundamentais em geral assumem a estrutura normativa de princípios, não de regras; **B:** correta. A colisão de direitos fundamentais deve ser solucionada a partir da aplicação do princípio da razoabilidade, de modo que a restrição a cada um dos direitos em análise seja a menor possível, tendo como limite o núcleo fundamental de cada um deles; **C:** incorreta. Robert Alexy define princípios (em geral) como "mandamentos de otimização"; **D:** incorreta. Se não se retira nenhuma eficácia ou aplicabilidade dos direitos, não há conflito entre eles; **E:** incorreta. O fato de as emendas à Constituição não poderem abolir direitos fundamentais não impede que, no caso concreto, dois princípios igualmente consagrados pela CF entrem em conflito.

Gabarito "B".

(Defensor Público/AL – 2009 – CESPE) Quanto ao controle de constitucionalidade de leis ou atos normativos estaduais ou municipais, julgue os próximos itens.

(1) Segundo entendimento do STF, quando tramitam simultaneamente duas ações diretas de inconstitucionalidade, uma perante o tribunal de justiça do estado e outra perante o STF, tendo por objeto a mesma lei estadual, impugnada sob o fundamento de afronta a princípios inseridos na Constituição estadual que reproduzam princípios da CF, a ação direta em trâmite perante o tribunal do estado deve ser suspensa até o julgamento final da ação ajuizada perante o STF.

(2) De acordo com o STF, compete ao tribunal de justiça do estado-membro julgar a ação direta de inconstitucionalidade cujo objeto consista em lei ou ato normativo municipal que contrarie previsão inserida na Constituição estadual, ainda que de repetição obrigatória e redação idêntica a dispositivo constante da CF.

1: certo. As leis estaduais podem ser objeto de duplo controle abstrato de constitucionalidade: no TJ local, tendo como parâmetro a Constituição do Estado (art. 125, § 2º, da CF), bem como no STF, tendo como parâmetro a Constituição Federal (art. 102, I, "a", da CF). Assim, em tese, há possibilidade de concomitância de ADIn estadual e de ADIn federal contra a lei estadual, devendo-se, nesse caso, ser suspenso o trâmite da representação de inconstitucionalidade estadual até julgamento final da ADIn pelo STF, pois ao Supremo Tribunal Federal cabe a guarda precípua da Constituição, sendo seu intérprete maior. Importante observar que, ao apreciarem a constitucionalidade de lei estadual em face da Constituição do Estado, a decisão do TJ local, em regra, não está sujeita a recurso para o STF, que é o guardião da Constituição Federal e não da Constituição do Estado. Entretanto, há casos em que a norma da constituição estadual apontada como violada apenas reproduz uma norma da Constituição Federal, por ser de observância obrigatória pelos estados-membros. Nesses casos a lei estadual, ao violar a Constituição Estadual está, em verdade, afrontando norma da Constituição Federal. Daí a possibilidade de interposição de recurso extraordinário para o STF, pois o parâmetro de controle passa a ser a Constituição Federal. O STF não irá analisar a compatibilidade vertical entre a lei estadual e a Constituição do Estado, mas entre a lei estadual e a Constituição Federal, utilizando, para tanto, um recurso típico do controle difuso. Apesar disso, o controle não perde sua natureza abstrata, razão pela qual a decisão do STF, nesse recurso extraordinário, produzirá os mesmos efeitos da ADIn genérica (*erga omnes*, vinculantes e *ex tunc*); **2:** certo. Só cabe ADIn de lei ou ato normativo estadual ou federal (art. 102, I, "a", da CF).

Gabarito 1C, 2C

(Defensoria/ES – 2009 – CESPE) Com relação ao controle de constitucionalidade, julgue os itens subsequentes.

(1) Conforme entendimento do STF, cabe reclamação da decisão que conceder ou negar a liminar proferida em ação direta de inconstitucionalidade.

(2) Caso um cidadão esteja litigando contra o estado do Espírito Santo e o juiz de direito não tenha aplicado, no julgamento dessa causa, o entendimento manifestado pelo plenário do STF em recurso extraordinário interposto em outro processo, não caberá reclamação ao STF contra a decisão do juiz de direito.

1: errado. Não cabe reclamação porque a decisão não tem efeito vinculante. Como já foi gabarito do próprio CESPE, o indeferimento da medida cautelar na ADI não significa confirmação da constitucionalidade da lei com efeito vinculante; **2:** correta, porque a decisão no RE não tem efeito vinculante. Caso se tratasse de decisão final em ADIn, aplicar-se-ia o entendimento do STF de que todos aqueles que comprovarem efetivo interesse de agir, a partir da existência de provimento jurisdicional diverso daquele fixado em ADIn, podem requerer o pronunciamento do Tribunal a respeito, independentemente da condição de parte no processo principal ou da legitimação concorrente para a propositura de ação direta de inconstitucionalidade (art. 103 da CF). Isso porque o objetivo principal da reclamação é a garantia da eficácia vinculante das decisões de mérito do STF, de modo a preservar a higidez constitucional.

Gabarito 1E, 2C

(Defensoria/MA – 2009 – FCC) No ordenamento jurídico pátrio, o controle de constitucionalidade de leis municipais em face da Constituição da República

(A) somente é admitido em sede de controle difuso, pela via incidental.
(B) pode ser objeto de ação direta de inconstitucionalidade, desde que se trate de lei promulgada posteriormente à entrada em vigor da Constituição.
(C) é admitido em sede de ação declaratória de constitucionalidade, por força de interpretação analógica à da regra que a admite em se tratando de lei estadual.
(D) pode ser realizado por meio de arguição de descumprimento de preceito fundamental, mesmo que se trate de lei municipal anterior à Constituição.
(E) não é admitido, uma vez que não há como se caracterizar ofensa direta de lei municipal à Constituição da República, mas apenas à Constituição estadual.

Cabe controle de constitucionalidade de leis municipais em controle difuso ou, diretamente no STF via ADPF, observadas as regras da Lei 9.882/1999, notadamente seu art. 4º, § 1º. Não cabe, entretanto, verificação de lei municipal em face da CF via ADIn ou ADC (art. 102, I, *a*, da CF).

Gabarito "D"

(Defensoria/MT – 2009 – FCC) Analise as assertivas que seguem a propósito da ação direta de inconstitucionalidade.

I. A pertinência temática entre o vício de inconstitucionalidade e a atividade exercida pelo autor legitimado à propositura da ação é, em qualquer hipótese, necessária para que a ação seja conhecida pelo Tribunal.
II. A petição inicial deve ser sempre assinada por advogado.
III. A decisão final de mérito proferida pelo Tribunal é irrecorrível, salvo a oposição de embargos de declaração, não podendo ser objeto de ação rescisória.
IV. A concessão de medida cautelar torna aplicável a legislação anterior acaso existente, salvo expressa manifestação em sentido contrário.
V. Ao declarar a inconstitucionalidade do ato, pode o Tribunal determinar que a decisão somente tenha eficácia a partir de seu trânsito em julgado ou de outro momento que venha a ser fixado.

Está correto o que se afirma SOMENTE em

(A) I, II e III.
(B) II, III e IV.
(C) II, IV e V.
(D) III, IV e V.
(E) III e V.

I: incorreta. O STF distingue os legitimados ativos entre universais e especiais, dependendo da necessidade de demonstração da pertinência temática. De acordo com o Supremo, são legitimados *neutros* ou *universais* para a propositura de ADIn (= têm legitimidade ativa em qualquer hipótese, sem necessidade de demonstração de pertinência temática): o Presidente da República, as Mesas do Senado e da Câmara, o Procurador-Geral da República, o Conselho Federal da OAB e o partido político com representação no Congresso Nacional. São legitimados *interessados* ou *especiais*, ou seja, precisam demonstrar relação de pertinência temática entre o objeto da ADIn e sua esfera jurídica (ou a de seus filiados): o Governador de Estado, a Mesa da Assembleia Legislativa (ou da Câmara Legislativa do DF), bem como as confederações sindicais ou entidades de classe de âmbito nacional; **II:** incorreta, pois Não reflete o disposto no art. 3º, parágrafo único, Lei 9.868/1999; **III:** correta (art. 26 da Lei 9.868/1999); **IV:** correta (art. 11, § 2º, da Lei 9.868/1999); **V:** correta (art. 27 da Lei 9.868/1999). 1481

Gabarito "D"

(Defensoria/MT – 2009 – FCC) Considerando-se a disciplina constitucional e legal da arguição de descumprimento de preceito fundamental, é correto afirmar que

(A) a medida não é admitida quando houver qualquer outro meio eficaz de sanar a lesividade apontada pelo autor da demanda.
(B) a medida é cabível somente no caso de lesão a preceito fundamental, resultante de ato do Poder Público.
(C) a medida tem finalidade apenas repressiva e não preventiva.
(D) seu procedimento não permite a concessão de medida liminar.
(E) não cabe reclamação contra o descumprimento da decisão proferida pelo Tribunal ao final do processo.

A: correta (art. 4º, § 1º, da Lei 9.882/1999); **B:** incorreta. Também cabe ADPF quando for relevante o fundamento da controvérsia constitucional sobre lei ou ato normativo federal, estadual ou municipal, incluídos os anteriores à Constituição (art. 1º, parágrafo único, I, da Lei 9.882/1999); **C:** incorreta, pois pode ser proposta para evitar ou reparar lesão a preceito fundamental (art. 1º, *caput*, da Lei 9.882/1999); **D:** incorreta. O art. 5º da Lei 9.882/1999 expressamente permite a concessão de liminar; **E:** incorreta. Cabe diante dos efeitos vinculantes (art. 10, § 3º, da Lei 9.882/1999).

Gabarito "A"

(Defensoria/PA – 2009 – FCC) Considerando a disciplina constitucional e legal da arguição de descumprimento de preceito fundamental, bem como a jurisprudência do Supremo Tribunal Federal sobre o tema,

I. compete ao Ministro Relator ou ao Tribunal Pleno, conforme o caso, deferir medida liminar consistente na determinação de que juízes e tribunais suspendam o andamento de processo ou os efeitos das decisões judiciais, salvo se decorrentes da coisa julgada;
II. as partes que participaram dos processos que ensejaram a arguição não podem ser ouvidas pelo Supremo Tribunal Federal;
III. a petição inicial não pode ser admitida quando houver qualquer outro meio de sanar a lesividade ao preceito fundamental em questão;

IV. nos processos de caráter urgente, o representante do Ministério Público não será ouvido pelo Supremo Tribunal Federal antes de proferida a decisão final;
V. lei federal, estadual e municipal, ainda que não estejam em vigor, podem ser objeto de arguição.

Está correto o que se afirma SOMENTE em

(A) III, IV e V.
(B) I, II e V.
(C) I, III e V.
(D) II, III e IV.
(E) II, IV e V.

I: correta (art. 5º, §§ 1º e 3º, da Lei 9.882/1999); **II:** incorreta, pois contraria o disposto no art. 6º, § 1º, da Lei 9.882/1999; **III:** correta, pois de acordo com o art. 4º, § 1º, da Lei 9.882/1999; **IV:** incorreta, pois não reflete o disposto no art. 5º, § 2º e no art. 7º, parágrafo único, da Lei 9.882/1999; **V:** correta (art. 1º, parágrafo único, I, da Lei 9.882/1999).

Gabarito "C"

(Defensoria/PI – 2009 – CESPE) Com relação ao controle de constitucionalidade no direito brasileiro, assinale a opção correta.

(A) O controle de constitucionalidade concreto, também chamado controle por via de defesa, deve ser suscitado tanto pelo autor quanto pelo réu da ação, não tendo o magistrado ou o tribunal competência para isso.
(B) Diferentemente do que se verifica com o controle abstrato de normas, que tem como parâmetro de controle a CF vigente, o controle incidental realiza-se em face da constituição sob cujo império foi editada a lei ou o ato normativo.
(C) Aaferição de constitucionalidade de uma EC só é possível em sentido material, não em sentido formal. De igual maneira, o STF não admite a possibilidade de se examinar a constitucionalidade de proposta de EC antes de sua promulgação.
(D) É possível a medida cautelar em ação direta de inconstitucionalidade, mas não em ação declaratória de constitucionalidade.
(E) Aarguição de descumprimento de preceito fundamental é cabível para evitar ou reparar lesão a preceito fundamental resultante de ato do poder público federal ou estadual. Da mesma forma que ocorre em relação às ações diretas de inconstitucionalidade, não cabe a arguição de descumprimento em face de lei ou ato normativo municipal.

A: incorreta. O magistrado pode declarar a inconstitucionalidade de ofício, independentemente de provocação; **B:** correta. Devendo-se notar que o controle de normas pré-constitucionais também pode ser realizado por ADPF (art. 1º, parágrafo único, I, da Lei 9.882/1999); **C:** incorreta. Cabe controle formal ou material de EC, além de o STF ter firme entendimento de que os parlamentares têm direito líquido e certo ao devido processo legislativo, de modo que entende cabível a impetração de mandado de segurança pelos congressistas para "barrar" a tramitação de proposta de emenda constitucional que fira, por exemplo, uma cláusula pétrea; **D:** incorreta, pois não reflete o disposto nos arts. 10 e 21 da Lei 9.868/1999; **E:** incorreta. A lei fala em "ato do Poder Público", sem qualificação, além de consignar expressamente o cabimento de ADPF de lei municipal (art. 1º, *caput* e parágrafo único, I, da Lei 9.882/1999).

Gabarito "B"

(Defensoria/SP – 2009 – FCC) Assinale a alternativa correta.

(A) Quando julga mandado de segurança impetrado por parlamentar federal para defender direito subjetivo à participar de um processo legislativo hígido, o STF incide no controle político de constitucionalidade.
(B) Com o advento da Lei nº 9.882/99, que regulamenta a ADPF, está admitido o exame da legitimidade do direito pré-constitucional em face da norma constitucional superveniente.
(C) Compete ao Tribunal de Justiça exercer o controle concentrado de leis municipais em face da Constituição Federal eis que no artigo 5º XXXV consta expressamente que a lei não excluirá da apreciação do poder judiciário lesão ou ameaça à direito.
(D) As decisões proferidas em ADC têm efeito vinculante em relação aos órgãos do poder Judiciário, do Legislativo e do Executivo, o que implica na imposição de restrição à Administração pública direta e indireta.
(E) Tratando-se de controle de constitucionalidade não é possível aplicação do princípio da simetria federativa para que a ADPF seja inserida no texto constitucional estadual.

A: incorreta. O controle político é o realizado por órgão fora da estrutura do Judiciário; **B:** correta (art. 1º, parágrafo único, I, da Lei 9.882/1999); **C:** incorreta. Os TJs só podem realizar controle de constitucionalidade tendo como parâmetro a Constituição Estadual; **D:** incorreta. Não vincula o Poder Legislativo (art. 28, parágrafo único, da Lei 9.868/1999); **E:** incorreta, pois não há vedação para tanto, desde que observado o modelo federal.

Gabarito "B"

(Defensoria/SP – 2007 – FCC) A lei estadual paulista n. 12.142/05, com o intuito de se respeitar a guarda sabática, estabelece períodos para a realização de concursos ou processos seletivos para provimento de cargos públicos, de exames vestibulares e de provas a alunos do ensino fundamental, médio e superior. Essa lei está sendo questionada no STF através da ADI 3714, proposta pela Confederação Nacional dos Estabelecimentos de Ensino (CONFENEN). Da análise do exposto acima pode-se concluir, conforme a ADI 3714, que essa Lei é

(A) inconstitucional porque fere o pluralismo político previsto no artigo 1º, inciso V, da Constituição Federal.
(B) inconstitucional porque, em relação às escolas particulares, invade competência legislativa da União para legislar sobre diretrizes e bases (22, XXIV da CF) e fere a autonomia das universidades por impor regras próprias de gestão administrativa (artigo 207 da CF).
(C) constitucional porque no preâmbulo da nossa Constituição consta o nome de "Deus" e, portanto, incentiva a sociedade brasileira à prática da religião.
(D) inconstitucional porque a liberdade religiosa, prevista no artigo 5º, inciso VII da Constituição, é espécie pertencente ao gênero liberdade constitucional de pensamento e prevê o direito de não professar nenhuma fé.
(E) inconstitucional porque fere o princípio federativo que diz caber ao município a edição de leis que tratem de assuntos de interesse local, nos termos do que dispõe o artigo 30, I, da CF.

A: incorreta. A guarda sabática é descanso realizado no período que se estende do pôr do sol de sexta-feira ao pôr do sol de sábado, professada por diversas religiões. Nada tem a ver com o pluralismo político; **B:** correta. A questão ainda não foi julgada pelo STF, mas o PGR opinou pela procedência parcial da ADIn sob esses fundamentos: a lei viola a competência da União para legislar sobre diretrizes e bases da educação e fere a autonomia das universidades; **C:** incorreta. Para a doutrina majoritária o preâmbulo não serve de parâmetro de controle de constitucionalidade, pois não possui caráter normativo (mas apenas político, integrativo, interpretativo); **D:** incorreta. A liberdade religiosa está prevista no art. 5º, VI, da CF; **E:** incorreta. Apesar de caber ao Município a edição de normas de interesse local, na forma do art. 30, I, da CF, isso não explica a inconstitucionalidade da lei em questão.

Gabarito "B"

(Defensoria Pública da União – 2007 – CESPE) Julgue o seguinte item.

(1) A suspensão dos efeitos de norma declarada inconstitucional, por qualquer via, depende de edição de resolução pelo Senado Federal.

1: errado. A competência atribuída ao Senado Federal pelo art. 52, X, da CF limita-se ao controle difuso ou incidental de constitucionalidade. No controle concentrado, a decisão do STF, por si só, já produz efeitos contra todos e vinculantes (art. 28, parágrafo único, da Lei 9.868/1999).

Gabarito 1E

(Defensoria Pública da União – 2007 – CESPE) Julgue o seguinte item.

(1) Qualquer pessoa juridicamente interessada na declaração de inconstitucionalidade pode ingressar como assistente na ação direta de inconstitucionalidade.

1: errado. O art. 7º da Lei 9.868/1999 prevê a regra: Não se admitirá intervenção de terceiros no processo de ação direta de inconstitucionalidade. Entretanto, excepcionalmente, o relator poderá admitir a participação de órgãos ou entidades (§ 2º do art. 7º).

Gabarito 1E

(Defensoria Pública da União – 2007 – CESPE) Julgue o seguinte item.

(1) Apenas durante o recesso do STF o relator poderá conceder medida cautelar suspendendo os efeitos da lei.

1: correta (art. 10 da Lei 9.868/1999).

Gabarito 1C

(Defensoria Pública da União – 2007 – CESPE) Julgue o seguinte item.

(1) A declaração de constitucionalidade ou de inconstitucionalidade em ADIN e ação declaratória de constitucionalidade tem sempre efeito vinculante em relação ao Poder Judiciário e à administração pública direta e indireta.

1: correta (art. 28, parágrafo único, da Lei 9.868/1999).

Gabarito 1C

(Defensoria Pública da União – 2007 – CESPE) Julgue o seguinte item.

(1) A decisão sobre a constitucionalidade de uma lei só poderá ser tomada se estiverem presentes ao menos 6 dos 11 ministros do STF na sessão de julgamento.

1: errado. O art. 22 da Lei 9.868/1999 exige a presença de oito ministros.

Gabarito 1E

(Defensoria Pública da União – 2007 – CESPE) Julgue o seguinte item.

(1) Decisão que declara a constitucionalidade ou a inconstitucionalidade de norma pode ser atacada por embargos de declaração, mas não poderá ser desconstituída em ação rescisória.

1: correta. Art. 26 da Lei 9.868/1999.

Gabarito 1C

(Defensoria Pública da União – 2007 – CESPE) Julgue o seguinte item.

(1) O STF só pode determinar a modulação dos efeitos da decisão que declara a inconstitucionalidade de norma em ação direta de inconstitucionalidade.

1: errado. O STF tem admitido a aplicação da norma do art. 27 da Lei 9.868/1999 ao controle difuso, por analogia.

Gabarito 1E

(Defensoria Pública da União – 2007 – CESPE) Julgue o seguinte item.

(1) A OAB não está submetida ao requisito da pertinência temática em ação direta de inconstitucionalidade.

1: correta. De acordo com a jurisprudência do STF, o Conselho Federal da OAB é legitimado universal para a propositura de ADIn, não precisando demonstrar pertinência temática.

Gabarito 1C

(Defensoria Pública da União – 2007 – CESPE) Julgue o seguinte item.

(1) Apesar de uma norma ser considerada constitucional, admite-se que ela possa, depois, ser declarada inconstitucional.

1: correta, por exemplo, nos casos de inconstitucionalidade material superveniente, de inconstitucionalidade progressiva ("lei ainda constitucional") e, também, em virtude da não vinculação do STF aos seus próprios precedentes e às conclusões dos outros Poderes ao exercerem controle de constitucionalidade.

Gabarito 1C

(Defensoria Pública da União – 2007 – CESPE) Julgue o seguinte item.

(1) Qualquer prejudicado poderá, por meio da reclamação, atacar decisão judicial não transitada em julgado que contrarie acórdão sobre a constitucionalidade de norma em ação declaratória de constitucionalidade.

1: correta. Após o julgamento da Rcl 1.880/SP, Rel. Min. Maurício Corrêa, o Supremo passou a admitir reclamação proposta por qualquer pessoa afetada pela desobediência à decisão proferida em controle abstrato, desde que comprovasse interesse de agir.

Gabarito 1C

(Defensor Público/CE – 2007 – CESPE) Julgue os seguintes itens, relacionados ao controle de constitucionalidade das leis.

(1) O autor da ação direta de inconstitucionalidade pode desistir do feito até a notificação das autoridades que participaram da elaboração da norma impugnada.

(2) O prazo para ajuizar rescisória contra acórdão do tribunal de justiça proferido em ação direta de inconstitucionalidade é de dois anos contados do trânsito em julgado.

(3) O STF pode decidir ação direta de constitucionalidade por outros fundamentos ainda que não alegados na petição inicial em razão da causa de pedir aberta.

(4) O controle difuso de constitucionalidade tem sua origem histórica no direito norte-americano, no caso Marbury versus Madison.

(5) A decisão cautelar na ação declaratória de constitucionalidade, por criação do constituinte derivado, somente adquire eficácia vinculante quando o STF expressamente a atribui.

1: errado. Viola o art. 5º da Lei 9.868/1999; **2:** errado. Não cabe ação rescisória (art. 26 da Lei 9.868/1999); **3:** certo. No exame da constitucionalidade de determinada lei ou ato normativo em controle abstrato de constitucionalidade perante a Constituição Federal, o STF analisa o pedido constante da ADIn em face de todo o texto constitucional, e não apenas do dispositivo apontado pelo autor como violado pela lei que está sendo acoimada de inconstitucional. Por isso, fala-se que a causa de pedir na ADIn é *aberta*, já que o órgão julgador está, em princípio, limitado ao pedido de inconstitucionalidade formulado, mas não está adstrito ao fundamento da inconstitucionalidade apontado pelo legitimado ativo. Vale dizer, o STF só pode agir se for provocado, se receber um pedido formalmente válido em ADIn, mas pode declarar a inconstitucionalidade da norma por motivo diverso daquele transcrito na petição inicial da ADIn. Isso não significa, por outro lado, que o autor está dispensado de fundamentar seu pedido, deixando de explicitar os motivos pelos quais entende ser a norma inconstitucional. A fundamentação (causa de pedir) é imprescindível e um dos requisitos da petição inicial, mas como a verificação da compatibilidade da lei ou ato normativo se dá diante de toda a Constituição, o STF pode entender que a norma está em desacordo com outro dispositivo constitucional, que não o apontado pelo autor, o que se costumou chamar de "causa de pedir aberta"; **4:** certo. De acordo com Luís Roberto Barroso, *Marbury v. Madison* foi a primeira decisão na qual a Suprema Corte afirmou seu poder de exercer o controle de constitucionalidade, negando aplicação a leis que, de acordo com sua interpretação, fossem inconstitucionais. No desenvolvimento de seu voto, Marshall (ex-Secretário de Estado de John Adams) dedicou a primeira parte à demonstração de que Marbury (um dos nomeados que não recebeu o ato de investidura com a posse do novo governo) tinha direito à investidura no cargo. Na segunda parte, assentou que, se Marbury tinha o direito, necessariamente deveria haver um remédio jurídico para assegurá-lo. Ao enfrentar a segunda questão – se a Suprema Corte tinha competência para expedir o *writ* – Marshall sustentou que o §13 da Lei Judiciária de 1789, ao criar uma hipótese de competência originária da Suprema Corte fora das que estavam previstas no art. 3º da Constituição, incorria em uma inconstitucionalidade. Diante do conflito entre a lei e a Constituição, chegou a questão central do acórdão: pode a Suprema Corte deixar de aplicar, por inválida, uma lei inconstitucional? Ao expor suas razões, enunciou ainda três grandes fundamentos que justificam o controle judicial de constitucionalidade: a supremacia da Constituição, a nulidade de lei que a contrarie e o Judiciário como intérprete final da Constituição. Na sequência histórica, a Suprema Corte estabeleceu sua competência para exercer também o controle sobre atos, leis e decisões estaduais em face da Constituição e das leis federais; **5:** errado. O art. 102, § 2º, da CF não trata de efeitos da medida cautelar em ADC.

Gabarito 1E, 2E, 3C, 4C, 5E

(Defensor Público/BA – 2006) Relativamente ao tema do controle de constitucionalidade, tem-se que:

I. Podem propor a ação direta de inconstitucionalidade e a ação declaratória de constitucionalidade, o Presidente da República, o Governador de Estado ou do Distrito Federal e a confederação sindical ou entidade de classe de âmbito estadual, dentre outros.

II. O Supremo Tribunal Federal ao apreciar a inconstitucionalidade, em tese, de norma legal ou ato normativo, citará, previamente, o Advogado-Geral da União, que defenderá o ato ou texto impugnado.

III. A súmula vinculante poderá ser revisada ou cancelada por provocação dos mesmos legitimados para propor a ação direta de inconstitucionalidade.

IV. O Conselho Nacional de Justiça é composto por vinte e cinco membros com mais de trinta e cinco anos e menos de sessenta e seis anos de idade, com mandato de dois anos, admitida uma recondução.

Analisando as assertivas acima, verifica-se que:

(A) Estão corretas apenas as assertivas I e III.
(B) Estão corretas apenas as assertivas III e IV.
(C) Estão corretas apenas as assertivas I, II e III.
(D) Estão corretas apenas as assertivas II e III.
(E) Todas as assertivas estão corretas.

I: incorreta (V. art. 103, I a IX, da CF); **II:** correta (art. 103, § 3º, da CF); **III:** correta (art. 103-A, § 2º, da CF. V., tb. art. 3º da Lei 11.417/2006); **IV:** incorreta. Não reflete o disposto no art. 103-B, I a XIII, da CF.

Gabarito "D"

(Defensor Público/PA – 2006 – UNAMA) Com relação à Ação Declaratória de Constitucionalidade, é correto afirmar:

(A) Não caberá agravo da decisão do Relator que indeferir a petição inicial.
(B) Poderá ser admitida a intervenção de terceiros em seu processo.
(C) Proposta a ação, não será admitida desistência.
(D) Terá, obrigatoriamente, de ser subscrita por advogado.

A: incorreta. O art. 15, parágrafo único, da Lei 9.868/1999 prevê expressamente o cabimento de agravo nessa hipótese; **B:** incorreta, pois não se admite intervenção de terceiros em ADIn ou ADC (arts. 7º e 18 da Lei 9.868/1999); **C:** correta (art. 16 da Lei 9.868/1999); **D:** incorreta, pois não existe esta obrigatoriedade (v. art. 14, parágrafo único, da Lei 9.868/1999).
Gabarito "C"

(Defensoria/RN – 2006) Sobre o entendimento doutrinário e jurisprudencial sobre o controle de constitucionalidade na atual ordem é correto se afirmar que

(A) a legislação anterior a ordem constitucional que com relação aquela foi considerada inconstitucional, poderá ser recebida pela nova ordem.
(B) a legislação anterior que não foi revogada não pode ser objeto de ação direta de inconstitucionalidade, mas caberá ação de arguição de descumprimento de preceito fundamental.
(C) admite-se que normas constitucionais da ordem anterior que não entrem em conflito com a carta de 1988 sejam recebidas pela nova ordem como lei complementar.
(D) a incompatibilidade formal do ordenamento infraconstitucional anterior à Carta de 1988 não impede a recepção da norma pela nova ordem.

A: incorreta. Pelo princípio da recepção, a legislação anterior à nova Constituição, desde que seja *materialmente* compatível com o novo texto, é validada e passa a se submeter à nova disciplina constitucional; **B:** incorreta. Caberá ADIn se a norma anterior não revogada se enquadrar no conceito de lei ou ato normativo federal ou estadual (art. 102, I, *a*, CF). Pelo art. 4º, § 1º, da Lei 9.882/1999, caberá ADPF quando não houver "outro meio eficaz de sanar a lesividade". Por isso, admite-se ADPF, *e.g.*, para o controle de lei revogada e de normas municipais; **C:** incorreta, pois denomina-se *desconstitucionalização* o fenômeno pelo qual as normas da Constituição anterior, desde que compatíveis com o novo regime constitucional, permanecem em vigor como leis ordinárias. Só ocorre nos casos em que a nova Constituição expressamente permitir. Pedro Lenza cita o art. 147 da Constituição do Estado de São Paulo como exemplo de desconstitucionalização; **D:** correta. Como o fenômeno da *recepção* apenas analisa a compatibilidade material da norma anterior com a nova Constituição, uma lei ordinária pré-constitucional pode ser recepcionada como lei complementar (como ocorreu com o CTN).
Gabarito "D"

(Defensoria/SE – 2006 – CESPE) Julgue o seguinte item.

(1) A ação popular e a ação civil pública podem ser utilizadas no controle de constitucionalidade, desde que a questão constitucional seja aventada como fundamento de outra pretensão, que não a mera declaração de inconstitucionalidade da norma.

1: correta São exemplos de controle difuso, realizado por qualquer juiz ou tribunal, na análise da inconstitucionalidade como *causa de pedir* e não como *pedido principal*. De acordo com a jurisprudência do STF, a ACP não pode ser utilizada como sucedâneo de ADIn, pois, ante sua eficácia *erga omnes*, constituiria verdadeiro controle concentrado de constitucionalidade.
Gabarito 1C

(Defensoria/SE – 2006 – CESPE) Julgue o seguinte item.

(1) A declaração de constitucionalidade ou de inconstitucionalidade, a interpretação conforme a Constituição e a declaração parcial de inconstitucionalidade sem redução de texto têm eficácia contra todos e efeito vinculante em relação aos órgãos do Poder Judiciário e à administração pública federal, estadual e municipal.

1: correta (art. 28, parágrafo único, Lei 9868/1999).
Gabarito 1C

(Defensoria/MG – 2006) Quanto ao controle de constitucionalidade incidental, é CORRETO afirmar que:

(A) A sentença prolatada produz efeito *inter partes*, a legitimidade ativa é plural, e o controle somente admite o método difuso.
(B) A sua sentença terá sempre efeitos *ex nunc*.
(C) Equivale ao sistema concentrado de controle
(D) Não se vincula a uma ação principal referente ao mérito da questão discutida em juízo.
(E) Sua legitimação ativa é idêntica à da arguição de descumprimento de preceito fundamental.

A: correta. No controle incidental a decisão somente produz efeitos entre as partes envolvidas no litígio (a não ser que o Senado Federal exerça a competência prevista no art. 52, X, CF), qualquer pessoa que participe legitimamente do processo pode arguir a inconstitucionalidade (ver comentário à letra "D"), e insere-se no controle difuso, pois a questão constitucional pode ser conhecida por qualquer juiz ou tribunal; **B:** incorreta. A eficácia temporal da declaração incidental de inconstitucionalidade é, em regra, *ex tunc*. Entretanto, excepcionalmente, o STF aplica o art. 27 da Lei 9.868/1999 ao controle difuso, por analogia; **C:** incorreta. Difere do sistema concentrado de controle, pois no controle incidental ou difuso qualquer juiz ou tribunal pode conhecer e declarar a inconstitucionalidade da lei. Relembre-se, apenas, que para os tribunais existe regra específica (art. 97 da CF); **D:** incorreta. O controle incidental está inserido em uma ação judicial onde há partes em litígio sobre determinada relação jurídica. Por isso, é exemplo de controle *subjetivo*, ao contrário do controle concentrado, que é *objetivo*; **E:** incorreta. Para o controle difuso não existe um rol exaustivo de legitimados ativos, como ocorre com a ADPF (art. 2º da Lei 9.882/1999). No controle incidental podem arguir a inconstitucionalidade o autor, o réu, o Ministério Público, terceiros legitimados (assistente, litisconsorte, opoente), bem como o juiz pode reconhecê-la, de ofício.
Gabarito "A"

(Defensoria/SE – 2006 – CESPE) Julgue o seguinte item.

(1) O STF, para fins de propositura de ação direta de inconstitucionalidade, admite a legitimidade ativa das entidades que congregam outras entidades de classe, de âmbito nacional, ou seja, as denominadas associações de associações.

1: correta. O STF modificou o entendimento anterior e hoje admite a propositura de ADIn por "associação de associações". V. ADIn 3.153/DF, Rel. para acórdão Min. Sepúlveda Pertence.
Gabarito 1C

(Defensoria/SP – 2006 – FCC) A respeito do controle de constitucionalidade considere as seguintes afirmações:

I. O Supremo Tribunal Federal já decidiu após a edição da Constituição Federal de 1988 ser possível a declaração de inconstitucionalidade de norma constitucional.
II. Através do controle concentrado, afirmou o STF haver direitos protegidos pelo inciso IV do parágrafo 4º do artigo 60 fora do rol de direitos individuais do artigo 5º.
III. A inconstitucionalidade por omissão foi introduzida no sistema de controle de constitucionalidade brasileiro pela CF/88 a fim de possibilitar a efetividade das normas constitucionais de eficácia limitada o que permitiu ao Supremo Tribunal Federal reconhecer na ADI 1.458-7 a inconstitucionalidade por omissão parcial na fixação do salário mínimo por não permitir condições básicas de existência.
IV. Ao se regulamentar o processo de julgamento da ação direta de inconstitucionalidade e da ação declaratória de constitucionalidade houve relativização expressa do dogma da retroatividade das decisões em sede de controle de constitucionalidade.

Está correto o que se afirma em

(A) I, II, III e IV.
(B) III e IV, apenas.
(C) II e III, apenas.
(D) I e II, apenas.
(E) II, apenas.

I: correta. É pacífico o entendimento pela possibilidade de controle de constitucionalidade de emendas constitucionais ou de atos de revisão constitucional. **II:** correta, como o princípio da anterioridade tributária (art. 150, III, *b*, da CF). V. ADIn 939-DF, Rel. Min. Sydney Sanches. **III:** correta (art. 103, § 2º, da CF). Na ADIn 1.458-7 o STF reconheceu a omissão parcial da regulamentação ao art. 7º, IV, da CF, pois apesar de existir lei fixando o salário-mínimo, seu valor é insuficiente para garantir o cumprimento dos objetivos da norma. **IV:** correta (art. 27 da Lei 9.868/1999). O STF admite sua aplicação, por analogia, também ao controle difuso.
Gabarito "A"

(Defensor Público/AC – 2006 – CESPE) Acerca do controle de constitucionalidade, assinale a opção incorreta.

(A) A violação ao princípio da subsidiariedade, nas arguições a descumprimento de preceito fundamental, não impede o conhecimento da impugnação como ação direta de inconstitucionalidade, se estiverem presentes os requisitos desta, bem como a relevância da matéria.

(B) A decisão que declara a inconstitucionalidade de norma em sede de controle difuso pode ter eficácia prospectiva.

(C) Em sede de ação declaratória de constitucionalidade, não é cabível medida cautelar

(D) O indeferimento de liminar em ação direta de inconstitucionalidade, pouco importando o fundamento, dá margem à apresentação de reclamação.

A: correta, de acordo com jurisprudência do STF; **B:** Correta. No controle por via incidental (ou difuso), a produção de efeitos ocorre entre as partes que participaram do processo principal (*inter partes*) e para elas têm efeitos temporais, em regra, *ex tunc*, podendo ser editada resolução do Senado Federal visando à suspensão dos efeitos contra todos (*erga omnes*), conforme previsão no art. 52, X, da CF. Nesse último caso, a produção de efeitos contra terceiros, a partir da edição da Resolução do Senado, tem eficácia *ex nunc*. Ocorre que o STF vem admitindo a aplicação ao controle difuso, por analogia, do disposto no art. 27 da Lei 9.868/1999; **C:** Errada, pois contraria o art. 21 da Lei 9.868/1999; **D:** Correta, pois produz efeitos vinculantes. Assim, caso algum juiz ou tribunal decidisse diferente do STF, aquele que se sentir prejudicado pode ajuizar reclamação para o Supremo.

Gabarito "C".

(DEFENSORIA PÚBLICA DA UNIÃO – 2004 – CESPE) Julgue os itens que se seguem, relativamente ao controle da constitucionalidade.

(1) O decreto de caráter estritamente regulamentar pode ser objeto válido do controle concentrado de constitucionalidade.

(2) Considerando que a Constituição da República atribuiu efeitos vinculantes apenas para a decisão do STF em ação declaratória de constitucionalidade, os julgamentos dessa corte em ação direta de inconstitucionalidade, acaso descumpridos, não dão ensejo ao ajuizamento de reclamação.

1: errado. Não cabe ação direta de inconstitucionalidade contra atos normativos secundários (decretos que regulamentam leis, por exemplo), mas cabe ADIn contra decreto *autônomo*, ou seja, contra aquele que à pretexto de regulamentar a lei, extrapola os seus limites inovando na ordem jurídica ao criar direitos e obrigações; **2:** errado. Não reflete o disposto no art. 28, parágrafo único, da Lei 9.868/1999.

Gabarito 1E, 2E

(DEFENSORIA PÚBLICA DA UNIÃO – 2002 – CESPE) Um defensor público considerou inconstitucionais uma medida provisória (MP) editada pelo presidente da República e uma lei do Distrito Federal (DF) e pretende propor ações judiciais para impugná-las. Ocorre que, respectivamente, o presidente da República e o governador do DF já propuseram no STF ações declaratórias de constitucionalidade acerca da legitimidade dos referidos diplomas normativos. Caso sejam deferidas as medidas cautelares pleiteadas naquelas ações declaratórias de constitucionalidade para o fim de suspender, com efeito vinculante e eficácia *ex tunc*, os processos em curso em que se questione a validade daquelas normas, seria inútil a propositura imediata das ações pretendidas pelo defensor público. Na hipótese contrária, caso incabíveis aquelas ações declaratórias de constitucionalidade ou inviável a concessão das medidas cautelares pleiteadas, seria altamente relevante a propositura imediata das ações preparadas pelo defensor público. Com relação à situação hipotética apresentada e à ação declaratória de constitucionalidade, julgue os itens a seguir.

(1) Não cabe a ação declaratória de constitucionalidade contra MP ainda não convertida em lei.

(2) Somente a decisão final de mérito em ação declaratória de constitucionalidade possui efeito vinculante.

(3) É possível atribuir eficácia *ex tunc* à decisão proferida em medida cautelar em ação declaratória de constitucionalidade.

(4) A legitimação ativa para a ação declaratória de constitucionalidade é idêntica à existente para a propositura de ação direta de inconstitucionalidade.

(5) As leis editadas pelo DF no uso da competência legislativa estadual podem ser objeto de ação declaratória de constitucionalidade.

1: errado. Cabe ação declaratória de constitucionalidade em face de lei ou *ato normativo federal*, conceito no qual se insere as medidas provisórias federais (art. 102, I, "a", da CF); **2:** errado. Também possuem eficácia vinculante as decisões finais de mérito nas ações diretas de inconstitucionalidade (art. 102, § 2º, da CF); **3:** correta. Aplicação, por analogia, do art. 11, § 1º, da Lei 9.868/1999, como ocorreu na ADC sobre a Resolução 7/CNJ; **4:** Questão anterior à EC 45/2004, que alterou a redação do art. 103 da CF, para igualar os legitimados ativos para ADIN e ADC. Hoje, a questão está correta; **5:** errado. Só cabe ADC de lei ou ato normativo federal (art. 102, I, "a", da CF).

Gabarito 1E, 2E, 3C, 4E, 5E

5. Direitos e Deveres Individuais e Coletivos

(Defensor Público/ES – 2012 – CESPE) Acerca dos direitos e garantias individuais e coletivos, julgue os itens subsequentes.

(1) A alimentação adequada é um dos direitos sociais constitucionalmente protegidos, devendo o poder público adotar as políticas e ações que se façam necessárias para promover e garantir a segurança alimentar e nutricional da população.

(2) De acordo com a jurisprudência do STF, a exigência de diploma de curso superior para a prática do jornalismo é compatível com a ordem constitucional, pois o direito a liberdade de profissão e o direito a liberdade de informação não são absolutos.

1. Correta. Art. 6º, *caput*, da CF; 2. Errada. STF, RE 511961: "A exigência de diploma de curso superior para a prática do jornalismo - o qual, em sua essência, é o desenvolvimento profissional das liberdades de expressão e de informação - não está autorizada pela ordem constitucional, pois constitui uma restrição, um impedimento, uma verdadeira supressão do pleno, incondicionado e efetivo exercício da liberdade jornalística, expressamente proibido pelo art. 220, § 1º, da Constituição Federal".

Gabarito 1C, 2E

(Defensor Público/PR – 2012 – FCC) A vida é direito constitucional fundamental garantindo-se sua inviolabilidade. À luz desse preceito

(A) é possível utilizar a interpretação conforme para não responsabilizar o médico pela eutanásia se considerarmos a autonomia e a dignidade da pessoa humana no mesmo patamar e a vida como direito relativo e disponível pelo titular;

(B) é dever do médico, em casos de doença incurável e terminal, empreender ações diagnósticas ou terapêuticas inúteis ou obstinadas ainda que ocorra a distanásia ou obstinação terapêutica;

(C) a eutanásia ativa direta é admitida pelo ordenamento brasileiro desde que precedida do testamento vital ou procuração de saúde;

(D) somente está autorizada pela norma a eutanásia ativa indireta, na qual se usa meios para evitar a dor ainda que isso provoque a aceleração da morte;

(E) está autorizado pelo ordenamento jurídico apenas a eutanásia passiva ou ortotanásia, quando se omitem ou suspendem os tratamentos médicos com vistas a não adiar a morte.

A: Foi considerada correta pela banca, embora seja questionável em razão de o princípio da dignidade da pessoa humana e o direito à vida encontrarem-se em mesmo patamar (constitucional), não sendo certo falar, com base na jurisprudência do STF, que o direito à vida é disponível; **B:** Errada. Não existe esse dever legal para o médico; **C**, **D** e **E:** Erradas. Não há autorização no direito brasileiro para a prática da eutanásia, seja ativa ou passiva.

Gabarito "A".

(Defensor Público/PR – 2012 – FCC) Defensor Público em visita de inspeção à Cadeia Pública Feminina recebe pleito das presas de recebimento de visita íntima proibida pelo delegado responsável por ausência de local apropriado e falta de segurança. Ao analisar a reivindicação das presas o Defensor extrai corretamente as seguintes conclusões:

(A) A mulher presa está privada da liberdade e compete ao Estado zelar para que a pena não passe de sua pessoa, conforme direito constitucional expresso. Não tendo meios para impedir a reprodução, que pode ocorrer, se faz necessário impedir a realização de visita íntima.

(B) Embora legítima, a demanda carece de regulação normativa sob a ótica dos direitos sexuais, o que impede a sua judicialização.

(C) Ainda que seja possível extrair os direitos sexuais do sistema constitucional de proteção dos direitos, no caso específico deve prevalecer o interesse público sobre o privado, já que as visitas não se realizam em virtude de não ser possível garantir a segurança do estabelecimento.

(D) A Constituição foi detalhista ao estabelecer os direitos da pessoa presa prevendo até mesmo o direito da presa de amamentar seus filhos. A visita íntima de mulher presa não está dentre esse rol de direitos não cabendo à Defensoria se revestir de Poder Constituinte Originário.

(E) A demanda se insere na proteção constitucional dos direitos sexuais que podem ser considerados direitos que decorrem do regime e dos princípios constitucionais adotados, em especial, da igualdade, liberdade, intimidade, privacidade e autonomia (parágrafo 2º do art. 5º - direitos implícitos).

Consoante disposição do art. 5º, § 2º, da CF: "Os direitos e garantias expressos nesta Constituição não excluem outros decorrentes do regime e dos princípios por ela adotados, ou dos tratados internacionais em que a República Federativa do Brasil seja parte".

Gabarito "E".

(Defensor Público/SE – 2012 – CESPE) De acordo com a CF, a legislação pertinente e o entendimento do STF, possui legitimidade ativa para impetrar mandado de segurança coletivo

(A) a organização sindical legalmente constituída e em funcionamento há pelo menos um ano, em defesa de quaisquer pessoas;

(B) a associação legalmente constituída, em defesa de seus membros;

(C) o partido político com representação no Congresso Nacional, em defesa de quaisquer pessoas e mesmo com finalidade extrapartidária;

(D) a entidade de classe legalmente constituída e em funcionamento há pelo menos um ano, em defesa de seus associados, independentemente da autorização especial destes;

(E) o partido político legalmente constituído há pelo menos um ano, em defesa de seus filiados.

A: Errada. (art. 5º, LXX, *b*, da CF) "organização sindical, entidade de classe ou associação legalmente constituída e em funcionamento há pelo menos um ano, em defesa dos interesses de seus membros ou associados;" **B:** Errada. A associação em funcionamento há pelo menos um ano (art. 5º, LXX, "b", da CF); **C:** Errada. Não é cabível para finalidade extrapartidária; **D:** Correta. Art. 5º, LXX, "b" da CF e Súmula 629 do STF; **E:** Errada. Partido político com representação no Congresso Nacional (art. 5º, LXX, "a", da CF).

Gabarito "D".

(Defensor Público/SP – 2012 – FCC) A respeito dos direitos e das garantias fundamentais previstos na ordem constitucional brasileira vigente, é correto afirmar:

(A) **As pessoas presas, ainda que provisoriamente, em** razão de processo penal, têm seus direitos políticos suspensos, não podendo, inclusive, exercer direito de voto.

(B) Para efeitos do disposto no artigo 5º, XI, da Constituição Federal de 1988, o conceito normativo de "casa" deve ser entendido de forma abrangente, de forma a alcançar qualquer compartimento privado não aberto ao público, onde alguém exerce profissão ou atividade, mas não deve ser estendido a "barracos" construídos irregularmente, por exemplo, em áreas públicas.

(C) Segundo entendimento consolidado do Supremo Tribunal Federal, ao contrário da busca domiciliar e da decretação da prisão, ressalvada a situação de flagrância penal, não se considera cláusula constitucional de reserva de jurisdição a interceptação telefônica, podendo esta ser determinada, inclusive, por Comissão Parlamentar de Inquérito, nos termos do artigo 58, § 3º, da Constituição Federal de 1988.

(D) A prática de racismo, a ação de grupos armados, civis ou militares, contra a ordem constitucional e o Estado Democrático e a prática do tráfico ilícito de entorpecentes e de drogas afins são considerados crimes imprescritíveis.

(E) O disposto no artigo 5º, XXXVI, da Constituição Federal de 1988, segundo o qual "a lei não prejudicará o direito adquirido, o ato jurídico perfeito e a coisa julgada", não proibiu a retroatividade da lei, mas, apenas, protegeu o direito adquirido, o ato jurídico perfeito e a coisa julgada de eventual ação retroativa de lei.

A: Errada. Viola o art. 15, III, da CF: "É vedada a cassação de direitos políticos, cuja perda ou suspensão só se dará nos casos de: III condenação criminal transitada em julgado, enquanto durarem seus efeitos"; **B:** Errada. O art. 5º, XI, da CF, cuja garantia só pode ser afastada por determinação judicial (reserva de jurisdição), salvo em caso de flagrante delito ou desastre, ou para prestar socorro, também se aplica a "barracos"; **C:** Errada. A CPI pode determinar quebra do sigilo fiscal, bancário e de dados, mas não a interceptação telefônica; **D:** Errada. Os crimes de racismo e ação de grupos armados são imprescritíveis, mas o tráfico ilícito de entorpecentes não (art. 5º, XLII, XLIII e XLIV, da CF); **E:** Correta. A CF admite a retroatividade da lei penal mais benéfica.

Gabarito "E".

(Defensor Público/TO – 2013 – CESPE) A respeito do poder constituinte e dos direitos e garantias fundamentais, assinale a opção correta.

(A) A dissolução compulsória de associação já constituída ocorrerá por decisão judicial, não sendo necessário, em face da comprovação de atividade ilícita, aguardar o trânsito em julgado para a efetiva dissolução.

(B) Na hipótese de cancelamento de naturalização por decisão judicial fundada na constatação de ocorrência de prática de atividade nociva ao interesse nacional, o interessado não pode readquirir naturalização mediante novo processo de naturalização.

(C) No sistema brasileiro, o exercício do poder constituinte originário implica revogação das normas jurídicas inseridas na constituição anterior, apenas quando forem materialmente incompatíveis com a constituição posterior.

(D) Conforme regra expressamente prevista na CF, os estados membros devem obrigatoriamente observar as linhas fundamentais do modelo federal no que se refere ao modo de elaboração da constituição estadual.

(E) Segundo a doutrina, a proteção dada pela CF ao direito de propriedade autoral é dirigida exclusivamente aos direitos patrimoniais, não se estendendo, por exemplo, aos direitos morais do autor.

A: Errada. Exige-se trânsito em julgado para a dissolução compulsória de associação. A suspensão de atividades só pode ser determinada por decisão judicial, mas não se exige o trânsito em julgado da decisão nesse caso (Art. 5º, XVII e XIX da CF); **B:** Correta. Art. 12, § 4º, I, da CF; **C:** Errada. No direito brasileiro não existe o fenômeno da desconstitucionalização; **D:** Errada. Não existe esse princípio expresso na CF, mas normas de observância obrigatória são impostas pelo princípio (não escrito) da simetria; **E:** Errada. Abrange as duas faces do direito autoral.

Gabarito "B".

(Defensor Público/AC – 2012 – CESPE) Considerando o entendimento do STF acerca dos direitos e garantias fundamentais, assinale a opção correta.

(A) O fato de um estrangeiro condenado por crime praticado no Brasil não possuir domicílio neste país impede a substituição da pena privativa de liberdade a ele aplicada por pena restritiva de direito.

(B) É inconstitucional o tratamento mais rigoroso previsto no Código de Trânsito Brasileiro para os crimes de homicídio culposo praticado por agente na direção de veículo automotor.

(C) Não constitui violação do princípio constitucional da legalidade penal imputar a alguém o crime de exercício ilegal de profissão não regulamentada.

(D) A execução da pena privativa de liberdade antes do trânsito em julgado da sentença penal condenatória não contraria o disposto na CF..

(E) A estipulação do cumprimento da pena em regime inicialmente fechado com base apenas nos aspectos inerentes ao tipo penal ou no reconhecimento da gravidade objetiva do delito cometido viola o princípio da individualização da pena.

A: Errada. V. HC 94477, Rel. Min. Gilmar Mendes. Há possibilidade da substituição da pena privativa de liberdade por restritiva de direitos desde que o fato seja anterior à Lei 11.343/2006. A Lei 9.714/1998 — mediante a qual foi ampliado o rol de penas restritivas de direitos, no ordenamento jurídico brasileiro — não conteria norma específica que proibisse o benefício legal pretendido para os crimes hediondos, mas apenas restringiria tal possibilidade para os crimes que envolvessem violência ou grave ameaça à pessoa, como defluiria do art. 44, I, do CP; **B:** Errada. O STF confirmou a constitucionalidade do art. 302, parágrafo único, da Lei 9.503/1997 (Código de Trânsito) no RE 428.864: "A majoração das margens penais – comparativamente ao tratamento dado pelo art. 121, § 3º, do Código Penal – demonstra o enfoque maior no desvalor do resultado, notadamente em razão da realidade brasileira envolvendo os homicídios culposos provocados por indivíduos na direção de veículo automotor"; **C:** Errada. De acordo com o STF (HC 92183), "os requisitos referidos na figura típica devem estar regulamentados por lei, sem os quais restaria inviabilizado, no caso, o manejo da ação penal com base no art. 47 da LCP que, por se tratar de norma penal em branco, depende da indicação de lei que estabeleça as condições para o exercício de determinada atividade"; **D:** Errada. Contraria o disposto no art. 5º, LVII, da CF. STF, HC 84078: "Ofende o princípio da não culpabilidade a execução da pena privativa de liberdade antes do trânsito em julgado da sentença condenatória, ressalvada a hipótese de prisão cautelar do réu, desde que presentes os requisitos autorizadores previstos no art. 312 do CPP"; **E:** Correta. STF, HC 85531.

Gabarito "E"

(Defensor Público/AC – 2012 – CESPE) Ainda com relação aos direitos e garantias fundamentais, assinale a opção correta.

(A) Segundo entendimento do STF, a prisão em flagrante, autorizada pela CF como exceção à inviolabilidade domiciliar, prescinde de mandado judicial, qualquer que seja a sua natureza.

(B) De acordo com decisão do STF, a inviolabilidade do domicílio durante o período noturno não alcança ordem judicial, podendo a oposição ao cumprimento dessa ordem ser caracterizada como crime de resistência.

(C) Conforme entendimento do STF, é constitucional a norma que proíbe a concessão de liberdade provisória nos crimes de tráfico ilícito de entorpecentes.

(D) Consoante a jurisprudência do STF, constitui ofensa ao princípio constitucional da presunção de inocência a aplicação, como medida sancionatória, da regressão do regime de cumprimento da pena, prevista na Lei de Execução Penal.

(E) Foi declarada constitucional, pelo STF, a exigência do recolhimento do condenado à prisão como requisito para o conhecimento da apelação.

A: Correta. STF, HC 91189; **B:** Errada. A garantia constitucional do inciso XI do artigo 5º da Carta da República, a preservar a inviolabilidade do domicílio durante o período noturno, alcança também ordem judicial, não cabendo cogitar de crime de resistência (STF, RE 460880); **C:** Errada. O STF, no julgamento do HC 104.339/SP, decidiu pela inconstitucionalidade da vedação abstrata à concessão de liberdade provisória em crimes de tráfico de drogas, invalidando parcialmente a provisão da espécie contida no art. 44 da Lei n.11.343/2006. Não obstante, a Corte também ressalvou a possibilidade da decretação da prisão cautelar em processos por crimes de tráfico de drogas. **D:** Errada. STF, HC 93782: "A regressão aplicada sob o fundamento do art. 118, I, segunda parte, da Lei de Execuções penais, não ofende ao princípio da presunção de inocência ou ao vetor estrutural da dignidade da pessoa humana"; **E:** Errada. STF, RHC 83810: "O recolhimento do condenado à prisão não pode ser exigido como requisito para o conhecimento do recurso de apelação, sob pena de violação aos direitos de ampla defesa e à igualdade entre as partes no processo. Não recepção do art. 594 do Código de Processo Penal da Constituição de 1988".

Gabarito "A"

(Defensor Público/AC – 2012 – CESPE) Considerando o disposto na CF e o entendimento jurisprudencial do STF com relação a direitos e garantias fundamentais, assinale a opção correta.

(A) A falta de defesa técnica por advogado no processo administrativo viola preceito constitucional.

(B) É inconstitucional a exigência de depósito ou de arrolamento prévio de dinheiro ou bens para a admissibilidade de recurso administrativo, mas não para a de recurso interposto junto à autoridade trabalhista.

(C) É inconstitucional a exigência de depósito prévio como requisito de admissibilidade de ação judicial na qual se pretenda discutir a exigibilidade de crédito tributário.

(D) Não constitui violação do princípio da ampla defesa o comparecimento pessoal da parte, sem advogado, perante os juizados especiais, inclusive nos processos de natureza criminal.

(E) É obrigatória a observância, no inquérito civil, dos princípios do contraditório e da ampla defesa.

A: Errada. Súmula Vinculante 5 do STF: "A falta de defesa técnica por advogado no processo administrativo disciplinar não ofende a Constituição"; **B:** Errada. Súmula Vinculante 21 do STF: "É inconstitucional a exigência de depósito ou arrolamento prévios de dinheiro ou bens para admissibilidade de recurso administrativo"; **C:** Correta. Súmula Vinculante 28 do STF; **D:** Errada. STF, ADIn 3168: "Perante os juizados especiais federais, em processos de natureza cível, as partes podem comparecer pessoalmente em juízo ou designar representante, advogado ou não, desde que a causa não ultrapasse o valor de sessenta salários mínimos (art. 3º da Lei 10.259/2001) e sem prejuízo da aplicação subsidiária integral dos parágrafos do art. 9º da Lei 9.099/1995. Já quanto aos processos de natureza criminal, em homenagem ao princípio da ampla defesa, é imperativo que o réu compareça ao processo devidamente acompanhado de profissional habilitado a oferecer-lhe defesa técnica de qualidade, ou seja, de advogado devidamente inscrito nos quadros da Ordem dos Advogados do Brasil ou defensor público. Aplicação subsidiária do art. 68, III, da Lei 9.099/1995. Interpretação conforme, para excluir do âmbito de incidência do art. 10 da Lei 10.259/2001 os feitos de competência dos juizados especiais criminais da Justiça Federal"; **E:** Errada. O STF entende pela desnecessidade da observância desses princípios no inquérito civil. Vide RE 481955.

Gabarito "C"

(Defensor Público/AC – 2012 – CESPE) Acerca do entendimento sumulado do STF no que se refere a *habeas corpus* assinale a opção correta.

(A) É cabível *habeas corpus* contra a imposição da pena de exclusão de militar ou de perda de patente ou de função pública.

(B) Cabe o *habeas corpus* contra decisão condenatória a pena de multa.

(C) É cabível *habeas corpus* contra omissão de relator de extradição, se fundado em fato ou direito estrangeiro cuja prova não tenha constado dos autos, mesmo não tendo havido provocação a respeito.

(D) Não se conhece de recurso de *habeas corpus* cujo objeto seja resolver sobre o ônus das custas.

(E) Esse remédio jurídico é cabível mesmo quando já extinta a pena privativa de liberdade.

A: Errada. Súmula 694 do STF: "Não cabe 'habeas corpus' contra a imposição de pena de exclusão de militar ou de perda de patente ou de função pública"; **B:** Errada. Súmula 693 do STF: "Não cabe 'habeas corpus' contra decisão condenatória a pena de multa, ou relativo a processo em curso por infração penal a que a pena pecuniária seja a única cominada"; **C:** Errada. Súmula 692 do STF: "Não se conhece de '*habeas corpus*' contra omissão de relator de extradição, se fundado em fato ou direito estrangeiro cuja prova não constava dos autos, nem foi ele provocado a respeito"; **D:** Correta. Súmula 395 do STF: "Não se conhece de recurso de 'habeas corpus' cujo objeto seja resolver sobre o ônus das custas, por não estar mais em causa a liberdade de locomoção"; **E:** Errada. Súmula 695 do STF: "Não cabe 'habeas corpus' quando já extinta a pena privativa de liberdade".

Gabarito "D"

(Defensor Público/AC – 2012 – CESPE) A respeito do entendimento sumulado do STF no que se refere a mandado de segurança, assinale a opção correta.

(A) Controvérsia sobre matéria de direito impede a concessão de mandado de segurança, instituto de defesa de direito certo e incontestável.

(B) A impetração de mandado de segurança coletivo por entidade de classe em favor de seus associados independe da autorização destes.

(C) É cabível a condenação em honorários de advogado em ações de mandado de segurança.

(D) É inconstitucional a estipulação de prazo de decadência para a impetração de mandado de segurança.

(E) As entidades de classe não têm legitimidade para impetrar mandado de segurança caso a pretensão veiculada interesse apenas a parte da categoria representada.

A: Errada. Súmula 625 do STF: "Controvérsia sobre matéria de direito não impede concessão de mandado de segurança"; **B:** Correta. Súmula 629 do STF; **C:** Errada. Súmula 512 do STF: "Não cabe condenação em honorários de advogado na ação de mandado de segurança"; **D:** Errada. Súmula 632 do STF: "É constitucional lei que fixa o prazo de decadência para a impetração de mandado de segurança"; **E:** Errada. Súmula 630 do STF: "A entidade de classe tem legitimação para o mandado de segurança ainda quando a pretensão veiculada interesse apenas a uma parte da respectiva categoria".

Gabarito "B"

(Defensor Público/PR – 2012 – FCC) Maria, pessoa com identificação psicossexual oposta aos seus órgãos genitais externos e tendo forte desejo de viver e ser aceita como sendo do sexo oposto, move ação de modificação do seu assento de nascimento para mudar prenome, bem como gênero ao qual pertence. Consegue em primeira instância apenas a mudança do nome. No atendimento cabe ao defensor orientar que

(A) cabe recurso da decisão uma vez que a procedência parcial viola a Constituição Federal no que diz respeito à proteção da dignidade humana, proibição de discriminação e o direito à imagem das pessoas;

(B) cabe recurso da decisão, mas muito provavelmente a decisão será mantida já que a proibição de discriminação de sexo contida na Constituição diz respeito tão somente ao sexo biológico das pessoas;

(C) a decisão já foi uma grande vitória já que a Constituição não menciona discriminação de gênero, mas sim discriminação de sexo e que, portanto, pretender modificar o registro do sexo seria inconstitucional.

(D) para a mudança de sexo no assento de nascimento seria necessária cirurgia de transgenitalização externa, interna e modificação de caracteres sexuais secundários da pessoa e no caso somente foi feita a mastectomia. Assim melhor aguardar esses outros passos e depois pedir a modificação do sexo no registro;

(E) não é necessário ou mesmo recomendável recorrer, pois o que realmente causa constrangimento, expõe ao ridículo e viola a Constituição é o nome em desacordo com sua aparência e psique, o que foi obtido com a decisão judicial. Recorrer, nestas circunstâncias, somente prolongará o seu sofrimento.

Vide STJ, REsp 737.993: "Nesse contexto, tendo em vista os direitos e garantias fundamentais expressos da Constituição de 1988, especialmente os princípios da personalidade e da dignidade da pessoa humana, e levando-se em consideração o disposto nos arts. 4º e 5º da Lei de Introdução ao Código Civil, decidiu-se autorizar a mudança de sexo de masculino para feminino, que consta do registro de nascimento, adequando-se documentos, logo facilitando a inserção social e profissional. Destacou-se que os documentos públicos devem ser fiéis aos fatos da vida, além do que deve haver segurança nos registros públicos. Dessa forma, no livro cartorário, à margem do registro das retificações de prenome e de sexo do requerente, deve ficar averbado que as modificações feitas decorreram de sentença judicial em ação de retificação de registro civil. Todavia, tal averbação deve constar apenas do livro de registros, não devendo constar, nas certidões do registro público competente, nenhuma referência de que a aludida alteração é oriunda de decisão judicial, tampouco de que ocorreu por motivo de cirurgia de mudança de sexo, evitando, assim, a exposição do recorrente a situações constrangedoras e discriminatórias".

Gabarito "A".

(Defensor Público/RS – 2011 – FCC) A Constituição Federal de 1988, no artigo 5º, inciso LV, preconiza que "aos litigantes, em processo judicial ou administrativo, e aos acusados em geral são assegurados o contraditório e ampla defesa, com os meios e recursos a ela inerentes". Considerando tal disposição, leia as afirmativas abaixo.

I. O contraditório e a ampla defesa referidos no dispositivo supracitado referem-se somente ao processo penal e administrativo, tanto que todo aquele que comparecer a Juízo sem advogado, ser-lhe-à nomeado Defensor Público para efetuar a defesa.

II. Lei infraconstitucional pode condicionar o acesso ao Judiciário ao prévio exaurimento das vias administrativas, como forma de garantir o disposto no artigo suprarreferido.

III. O contraditório e a ampla defesa não podem ser abolidos pelo legislador, pois fazem parte das cláusulas pétreas dispostas no parágrafo 4º do artigo 60 da Constituição Federal.

Está correto o que se afirma APENAS em

(A) I.
(B) II.
(C) III.
(D) I e III.
(E) II e III.

I: incorreta. Aplica-se, também, ao processo civil; **II:** incorreta. Não reflete o disposto no art. 5º, XXXV, da CF (princípio da inafastabilidade do controle pelo Poder Judiciário). A exigência de prévio esgotamento da instância administrativa só existe para as demandas desportivas (art. 217, § 1º, da CF); **III:** correta. São direitos fundamentais protegidos pelo art. 60, § 4º, IV, da CF.

Gabarito "C".

(Defensor Público/AM – 2010 – I. Cidades) O Defensor Público do Estado do Amazonas em exercício no Município de Parintins recebe em seu gabinete pais de crianças entre zero e cinco anos de idade, que não possuem condições de pagar advogado sem prejuízo do sustento de suas famílias, reclamando da insuficiência de vagas em creches mantidas pelo poder público municipal. Nesse caso, o Defensor Público:

(A) não deverá tomar qualquer providência, porque o aumento da oferta de vagas em creches é questão que envolve custos ao erário e, portanto, está no âmbito da discricionariedade administrativa.

(B) não deverá tomar qualquer providência, porque, embora não haja ofensa ao princípio da reserva do possível, a Defensoria Pública não tem competência para o ajuizamento de ação civil pública, devendo apenas encaminhar os pais ao Ministério Público local para solucionar a questão.

(C) ajuizará ação judicial, visando a tornar efetivo o acesso e o atendimento em creches e unidades de pré-escola, em face do dever jurídico-social imposto ao Município pela Constituição Federal de 1988, mas não obterá êxito em última instância, por representar indevida ingerência do Poder Judiciário na implementação de políticas públicas afetas ao Executivo.

(D) ajuizará ação judicial, visando a tornar efetivo o acesso e o atendimento em creches e unidades de pré-escola, em face do dever jurídico-social imposto pela Constituição Federal de 1988 e pelo caráter de fundamentalidade de que se acha impregnado o direito à educação, de tal sorte a autorizar o Judiciário a proferir provimentos jurisdicionais que viabilizem a concreção dessa prerrogativa constitucional.

(E) irá sugerir a cada um dos pais presentes que impetrem mandado de segurança, individual ou em litisconsórcio ativo, com apoio no direito à educação infantil, pois esta é a única via judicial apropriada e a Defensoria Pública não está apta a utilizá-la.

Art. 7º, XXV, da CF.

Gabarito "D".

(Defensor Público/AM – 2010 – I. Cidades) A respeito dos direitos fundamentais, marque a opção correta:

(A) O Supremo Tribunal Federal não admite a tese da aplicação horizontal dos direitos fundamentais, sob o fundamento de que os direitos fundamentais são, essencialmente, um escudo contra o poder do Estado.

(B) Os direitos fundamentais de segunda geração decorrem dos horrores suportados pela humanidade durantes as duas grandes guerras mundiais, despertando um sentimento internacional de solidariedade e fraternidade.

(C) Sempre que a interceptação telefônica não for precedida de autorização judicial será considerada prova ilícita.

(D) O princípio constitucional da presunção de inocência não retirou do ordenamento jurídico a validade das prisões cautelares, portanto, é possível que alguém permaneça preso sem que haja decisão condenatória transitada em julgado.

(E) Segundo entendimento pacífico do Supremo Tribunal Federal, as pessoas jurídicas não são titulares de direitos fundamentais, pois estes decorrem da dignidade da pessoa humana.

A: incorreta. Os direitos fundamentais são oponíveis contra o Estado (eficácia vertical) e entre os próprios particulares, nas relações privadas (eficácia horizontal dos direitos fundamentais); **B:** incorreta. Os direitos fundamentais de solidariedade e fraternidade são de terceira geração; **C:** incorreta, em regra a prova será ilícita, a não ser que seja emprestada de outro processo, onde sua produção fora autorizada judicialmente; **D:** correta. Em 2009, o Tribunal Pleno do STF julgou o HC 84.078/MG, Rel. Min. Eros Grau, fixando o entendimento de que: a) a prisão cautelar processual é admissível, desde que presentes os quatro pressupostos previstos no art. 312 do CPP e b) fora dessas hipóteses, não é legítima a "execução antecipada da pena", por ferir o art. 5º, LVII, da CF; **E:** incorreta. As pessoas jurídicas possuem honra objetiva, podendo sofrer dano moral (Súmula 227/STJ). A doutrina refere-se, ainda, a outros direitos de personalidade aplicáveis às pessoas jurídicas: nome, marca e símbolos, propriedade intelectual e privacidade.

Gabarito "D".

(Defensor Público/AM – 2010 – I. Cidades) A respeito dos remédios constitucionais, marque a alternativa correta:

(A) Não é cabível o *habeas corpus* sempre que for possível ao interessado utilizar a revisão criminal.

(B) O *habeas data* é instrumento adequado para a proteção do direito de certidão, sempre que o impetrante objetivar que conste na certidão informações relevantes a seu respeito.

(C) A doutrina majoritária sempre criticou duramente a adoção, pelo STF, da teoria concretista-individual, no que tange ao mandado de injunção. Em razão disso, o Pretório Excelso, recentemente, modificou sua jurisprudência, passando a aceitar a teoria não concretista do mandado de injunção.

(D) A ação popular pode ser ajuizada por estrangeiro residente no país, pois os direitos e garantias fundamentais também se aplicam a eles, por força do *caput* do artigo 5º da Constituição Federal.

e) Conceder-se-á *habeas data* para a retificação de dados, quando não se prefira fazê-lo por processo sigiloso, judicial ou administrativo.

A: incorreta. O *habeas corpus* tem por objetivo garantir o direito à locomoção (art. 5º, LXVIII, da CF), sem relação de dependência com a revisão criminal; **B:** incorreta, O *habeas data* deve ser impetrado para assegurar o conhecimento de informações relativas à pessoa do impetrante, constantes de registros ou bancos de dados de entidades governamentais ou de caráter público; ou para a retificação de dados (art. 5º, LXXII, "a" e "b", da CF; **C:** incorreta. O mandado de injunção (art. 5º, LXXI, da CF) visa tutelar *in concreto* os direitos subjetivos violados diante da falta de norma jurídica regulamentadora, referente a direitos ou prerrogativas referentes à nacionalidade, à soberania e à cidadania. Os efeitos da decisão do mandado de injunção é tema de polêmica doutrinária e jurisprudencial. A doutrina majoritária defende que o provimento jurisdicional tem natureza constitutiva, ou seja, na ausência de norma regulamentadora, deve o órgão julgador suprir a omissão e formular a norma do caso concreto, com eficácia *inter partes*. Entretanto, por muitos anos a jurisprudência do STF não consagrou essa tese, orientando-se no sentido de que o provimento do MI tinha natureza meramente declaratória, limitando-se a dar ciência da mora legislativa ao órgão omisso, para que tomasse as providências necessárias quanto à edição do ato normativo (equiparando-o à Adin por omissão). Atualmente, porém, o STF passou a regulamentar o direito violado, desde que o silêncio normativo seja considerado desproporcional. Tem adotado postura mais ativa no que tange ao Mandado de Injunção para viabilizar a própria fruição do direito subjetivo antes impedido de ser exercido por força de omissão legislativa inconstitucional – v. Informativos STF 442 e 450. Por fim, registre-se que a teoria não concretista equipara o MI à ação direta de inconstitucionalidade por omissão (postura anterior do STF, atualmente em revisão); **D:** incorreta (Art. 5º, LXXIII, da CF). Pode ser autor popular todo aquele que estiver no pleno gozo dos direitos políticos, ou seja, aquele que tem título de eleitor válido (art. 1º, § 3º, da Lei 4.717/1965). Para aquisição da cidadania é pressuposto fundamental a nacionalidade brasileira, de modo que estrangeiros, ainda que residentes no país, não podem ser autores populares, haja vista que não são cidadãos. De toda sorte, cabe destacar que os direitos fundamentais aplicam-se, no que couber, aos estrangeiros, residentes ou não, que se encontrem no Brasil. **E:** correta, art. 5º, LXXII, *b*, da CF.

Gabarito "E"

(Defensor Público/BA – 2010 – CESPE) No que diz respeito aos direitos sociais e fundamentais e às funções essenciais da justiça, julgue o item abaixo.

(1) Considere que o MP tenha ajuizado ação em face de determinado ente da Federação, visando obter provimento jurisdicional que assegurasse o fornecimento de medicamentos a pessoa considerada hipossuficiente. Nessa situação, apesar de o MP ter agido em defesa de interesses sociais e individuais indisponíveis, resta configurada, segundo entendimento do STF, a usurpação de competência da DP, visto que se busca assegurar o direito à saúde de pessoa hipossuficiente.

1: errada. STF, RE 554088, Rel. Min. Eros Grau: "1. A Constituição do Brasil, em seu artigo 127, confere expressamente ao Ministério Público poderes para agir em defesa de interesses sociais e individuais indisponíveis, como no caso de garantir o fornecimento de medicamentos a hipossuficiente. 2. Não há que se falar em usurpação de competência da defensoria pública ou da advocacia privada".

Gabarito 1E

(Defensor Público/GO – 2010 – I. Cidades) O Supremo Tribunal Federal entende que decorre da regra que veda a utilização no processo de provas obtidas por meios ilícitos a proibição de utilização também das provas derivadas das ilícitas – teoria que se tomou conhecida pela alcunha de "frutos da árvore envenenada". Entretanto, a jurisprudência daquele tribunal admite a utilização das provas derivadas das ilícitas

(A) em procedimento administrativo disciplinar, quando apenado somente com pena de repreensão.

(B) em processo penal, quando se tratar de crimes hediondos, em atendimento ao princípio da proporcionalidade.

(C) em processo penal, quando existir confissão do acusado.

(D) em processo penal, quando a acusação demonstrar que as provas derivadas advêm de uma fonte independente.

(E) em processo civil, como prova emprestada, independentemente da validade da prova no processo original

Se de uma prova ilícita decorreram outras provas, todas são consideradas ilícitas – as originárias e as derivadas – o que o STF chama de "teoria dos frutos da árvore envenenada" ("*fruits of the poisonous tree*"), a não ser que seja emprestada de outro processo, onde sua produção fora autorizada judicialmente.

Gabarito "D"

(Defensor Público/GO – 2010 – I. Cidades) Por incidência do artigo 5°, inciso XI, da Constituição da República (Inviolabilidade do domicílio), é vedado o ingresso de agentes estatais em

(A) escritório de advocacia, quando investigado o próprio advogado, e os agentes estatais portarem mandado judicial.

(B) domicílio de investigado, durante a noite, em caso de flagrante delito.

(C) escritório de contabilidade.

(D) domicílio de investigado, durante o dia, portando os agentes estatais mandado judicial.

(E) espaço aberto ao público.

STF, HC 93050, Rel. Min. Celso de Mello: "Para os fins da proteção jurídica a que se refere o art. 5º, XI, da Constituição da República, o conceito normativo de "casa" revela-se abrangente e, por estender-se a qualquer compartimento privado não aberto ao público, onde alguém exerce profissão ou atividade (CP, art. 150, § 4º, III), compreende, observada essa específica limitação espacial (área interna não acessível ao público), os escritórios profissionais, inclusive os de contabilidade, embora sem conexão com a casa de moradia propriamente dita" (NELSON HUNGRIA). Doutrina. Precedentes. – Sem que ocorra qualquer das situações excepcionais taxativamente previstas no texto constitucional (art. 5º, XI), nenhum agente público, ainda que vinculado à administração tributária do Estado, poderá, contra a vontade de quem de direito ("*invito domino*"), ingressar, durante o dia, sem mandado judicial, em espaço privado não aberto ao público, onde alguém exerce sua atividade profissional, sob pena de a prova resultante da diligência de busca e apreensão assim executada reputar-se inadmissível, porque impregnada de ilicitude material".

Gabarito "C"

(Defensor Público/AL – 2009 – CESPE) Com relação aos direitos e às garantias fundamentais, julgue os itens subsequentes.

(1) Segundo entendimento do STF, é vedada a utilização de algemas, sob pena de ofensa ao princípio da dignidade da pessoa humana e do direito fundamental do cidadão de não ser submetido a tratamento desumano ou degradante.

(2) As associações somente podem ser compulsoriamente dissolvidas por meio de decisão judicial transitada em julgado, considerando a vedação constitucional de interferência do Estado em seu funcionamento.

(3) Os partidos políticos devem registrar seus estatutos no Tribunal Superior Eleitoral, que decidirá acerca do pedido de registro partidário em decisão judicial devidamente fundamentada.

(4) A condenação criminal transitada em julgado constitui hipótese de suspensão dos direitos políticos enquanto durarem seus efeitos.

1: errado. Súmula Vinculante 11/STF: "Só é lícito o uso de algemas em casos de resistência e de fundado receio de fuga ou de perigo à integridade física própria ou alheia, por parte do preso ou de terceiros, justificada a excepcionalidade por escrito, sob pena de responsabilidade disciplinar, civil e penal do agente ou da autoridade e de nulidade da prisão ou do ato processual a que se refere, sem prejuízo da responsabilidade civil do Estado"; **2:** certo (art. 5º, XIX, da CF). Note-se que o dispositivo deve ser interpretado em conjunto com o inciso XVIII do mesmo artigo. Assim, só se exige trânsito em julgado para a dissolução compulsória da associação. A suspensão de atividades só pode ser determinada por decisão judicial, mas não se exige o trânsito em julgado da decisão nesse caso; **3:** errado, pois não reflete o disposto no art. 17, § 2º, da CF; **4:** certo. A hipótese do art. 15, III, da CF é de *suspensão* de direitos políticos e não de perda.

Gabarito 1E, 2C, 3E, 4C

(Defensoria/ES – 2009 – CESPE) No que concerne a direitos e garantias fundamentais, julgue os itens subsequentes.

(1) Considere que o estrangeiro Paul, estando de passagem pelo Brasil, tenha sido preso e pretenda ingressar com *habeas corpus*, visando questionar a legalidade da sua prisão. Nesse caso, conforme precedente do STF, mesmo sendo estrangeiro não residente no Brasil, Paul poderá valer-se dessa garantia constitucional.

(2) Os direitos de primeira geração ou dimensão (direitos civis e políticos) – que compreendem as liberdades clássicas, negativas ou formais – realçam o princípio da igualdade; os direitos de segunda geração (direitos econômicos, sociais e culturais) — que se identificam com as liberdades positivas, reais ou concretas – acentuam o princípio da liberdade; os direitos de terceira geração – que materializam poderes de titularidade coletiva atribuídos genericamente a todas as formações sociais – consagram o princípio da solidariedade.

1: certo. Muito embora o art. 5º, *caput*, da CF refira-se a estrangeiros *residentes* no país, a norma deve ser interpretada extensivamente para abranger também os estrangeiros de passagem pelo Brasil, pois a interpretação sistemática da CF, antes de proibir, garante a impetração de *habeas corpus* por estrangeiros. Os direitos e garantias fundamentais (rol no qual se insere a garantia do *habeas corpus*) são dotados de diversas características, dentre elas a *universalidade*, segundo a qual esses direitos e garantias dirigem-se indistintamente a todo ser humano, independentemente de raça, credo, nacionalidade ou convicção política. Ademais, a Constituição de 1988 impõe a observância dos direitos fundamentais, inclusive dos não expressamente previstos em seu texto, mas decorrentes do regime e dos princípios por ela adotados (art. 5º, § 2º, da CF), como o da dignidade da pessoa humana. No caso, o respeito à dignidade humana, erigido a fundamento da República Federativa do Brasil (art. 1º, III, da CF) também impede a adoção de tratamento diferenciado nessa hipótese; **2:** errado. Apesar da crítica da doutrina em relação à categorização dos direitos fundamentais em gerações ou dimensões, há associação entre tais gerações e o lema da Revolução Francesa. Dessa forma, os direitos de primeira geração equivalem à liberdade (direitos de liberdade e direitos políticos); os de segunda geração à igualdade (direitos sociais, culturais e econômicos) e os de terceira geração à fraternidade (direitos coletivos, à proteção ambiental e à defesa do consumidor). Há, ainda, quem defenda direitos de quarta geração, associados, por exemplo, às pesquisas genéticas.

Gabarito 1C, 2E

(Defensoria/MA – 2009 – FCC) O jurista espanhol Antonio Perez Luño define os direitos fundamentais como um conjunto de faculdades e instituições que, em cada momento histórico, concretizam as exigências da dignidade, igualdade e liberdade humanas, devendo obrigatoriamente ser reconhecidos no ordenamento jurídico positivo e por este garantidos, em âmbito internacional e nacional, gozando no ordenamento nacional de tutela reforçada em face dos poderes constituídos do Estado (Los derechos fundamentales. 5 ed. Madrid: Tecnos, 1993, p. 46-47, tradução livre). No ordenamento brasileiro, a tutela reforçada a que se refere o autor

(A) não encontra previsão em nível constitucional.
(B) decorre do princípio internacional do *pacta sunt servanda*.
(C) não pode ser imposta ao poder constituinte derivado.
(D) é considerada um desdobramento da aplicabilidade imediata e eficácia limitada das normas definidoras de direitos fundamentais previstas na Constituição.
(E) decorre da impossibilidade de o Congresso Nacional deliberar sobre proposta de emenda à Constituição tendente a abolir os direitos fundamentais.

Art. 60, § 4º, IV, da CF.

Gabarito "E"

(Defensoria/MA – 2009 – FCC) Relativamente à possibilidade de extradição de indivíduos sujeitos a investigação ou processo criminal perante autoridades estrangeiras, a Constituição da República prevê que o estrangeiro que se encontrar em território nacional

(A) não será extraditado em hipótese alguma.
(B) não será extraditado na hipótese de cometimento de crime político ou de opinião.
(C) será extraditado apenas na hipótese de comprovado envolvimento em tráfico ilícito de entorpecentes e drogas afins, na forma da lei.
(D) poderá ser extraditado, no caso de prática de crime comum, desde que a condenação seja anterior à sua entrada no país.
(E) não poderá ser extraditado, exceto nas hipóteses de cometimento dos crimes de racismo ou tortura.

Art. 5º, LII, da CF.

Gabarito "B"

(Defensoria/MG – 2009 – FURMARC) Em relação ao catálogo de direitos e garantias fundamentais, inserido no texto constitucional brasileiro, é CORRETO afirmar:

(A) Em busca da verdade real, são admitidos todos os meios de prova, inclusive as obtidas por meios ilícitos.
(B) Aos presos, em alguns regimes, deve ser assegurada a sua integridade física e moral.
(C) O brasileiro pode ser extraditado, sempre que restar provado o seu envolvimento em tráfico internacional de entorpecentes.
(D) O Executivo detém a prerrogativa de determinar a privação de bens da pessoa envolvida em casos de corrupção.
(E) O Judiciário detém a prerrogativa de determinar a privação de bens da pessoa envolvida em casos de corrupção.

A: incorreta, pois não reflete o disposto no art. 5º, LVI, da CF; **B:** incorreta. O art. 5º, XLIX, da CF, aplica-se a todos os regimes; **C:** incorreta, pois não reflete o disposto no art. 5º, LI, da CF; **D:** incorreta, é medida sujeita à reserva de jurisdição, ou seja, só pode ser tomada pelo Judiciário; **E:** correta, vide comentário à alternativa anterior.

Gabarito "E"

(Defensoria/MT – 2009 – FCC) Considere as seguintes assertivas:

I. O exercício lícito da liberdade de reunião em locais abertos ao público pressupõe a existência de autorização prévia por parte da autoridade competente.
II. A lei pode exigir autorização prévia para a criação de associações, sendo vedada, no entanto, a interferência estatal em seu funcionamento.
III. As entidades associativas, ainda que não expressamente autorizadas por seus filiados, têm legitimidade para representá-los em quaisquer procedimentos judiciais.
IV. No caso de iminente perigo público, a autoridade competente poderá usar de propriedade particular, assegurada ao proprietário indenização ulterior, se houver dano.
V. A pequena propriedade rural, assim definida em lei, desde que trabalhada pela família, não será objeto de penhora para pagamento de débitos decorrentes de sua atividade produtiva.

Está correto o que se afirma SOMENTE em

(A) I e II.
(B) II e III.
(C) III e IV.
(D) IV e V.
(E) III, IV e V.

I: incorreta, pois não reflete o disposto no art. 5º, XVI, da CF; **II:** incorreta, pois não reflete o disposto no art. 5º, XVII e XVIII, da CF; **III:** incorreta, pois não reflete o disposto no art. 5º, XXI, da CF; **IV:** correta (art. 5º, XXV, da CF); **V:** correta (art. 5º, XXVI, da CF).

Gabarito "D"

(Defensoria/MT – 2009 – FCC) Independentemente da situação financeira do interessado, a Constituição Federal determina a gratuidade

(A) do registro civil de nascimento.
(B) da certidão de óbito.
(C) da celebração do casamento civil.
(D) do mandado de segurança.
(E) da ação popular, ainda que o autor tenha agido de má-fé.

Art. 226, § 1º, da CF.

Gabarito "C"

(Defensoria/MT – 2009 – FCC) Os direitos e garantias fundamentais

(A) previstos em tratados internacionais incorporados ao ordenamento jurídico brasileiro são, em qualquer hipótese, equivalentes às emendas constitucionais.

(B) previstos na Constituição Federal podem ser ampliados pelas Constituições dos Estados-membros.

(C) são previstos pela Constituição Federal em rol taxativo.

(D) previstos na Constituição Federal não podem ser objeto de emenda à Constituição.

(E) previstos na Constituição Federal têm aplicabilidade imediata, não podendo ser regulamentados por lei ordinária.

Art. 5º, §§ 1º a 3º, da CF.

Gabarito "B"

(Defensoria/PA – 2009 – FCC) Podem ser extraditados, em determinadas circunstâncias, os brasileiros nascidos

(A) em países de língua portuguesa que, cumpridos os requisitos constitucionais, tenham adquirido a nacionalidade brasileira.

(B) na República Federativa do Brasil, ainda que de pais estrangeiros que não estejam a serviço de seu país.

(C) no estrangeiro, de pai ou mãe brasileira que esteja a serviço da República Federativa do Brasil.

(D) no estrangeiro, de pai brasileiro ou mãe brasileira, residentes na República Federativa do Brasil e que tenham optado pela nacionalidade brasileira.

(E) no estrangeiro, de pai brasileiro ou mãe brasileira, registrados em repartição brasileira competente.

Porque são brasileiros, naturalizados (art. 5º, LI e art. 12, II, *a*, ambos da CF).

Gabarito "A"

(Defensoria/PI – 2009 – CESPE) Acerca dos direitos e garantias fundamentais, e da sua proteção judicial e não judicial, assinale a opção correta.

(A) O modelo jurisdicional brasileiro prevê o direito genérico ao duplo grau de jurisdição, garantia que toda pessoa acusada de delito tem, no processo, de recorrer da sentença para juiz ou tribunal superior.

(B) A sentença originada da instância arbitral produz, entre as partes e seus sucessores, o mesmo efeito da sentença proferida pelos órgãos judiciais, mas, em face da garantia constitucional da universalidade da jurisdição do Poder Judiciário, ela fica sujeita a recurso ou a homologação judicial.

(C) O mandado de segurança pode ser impetrado por pessoas naturais, mas não por pessoas jurídicas, em defesa de direitos individuais.

(D) Qualquer pessoa, seja física ou jurídica, nacional ou estrangeira, tem legitimidade para exercer o direito de petição, apresentando reclamações a qualquer autoridade legislativa, executiva ou jurisdicional, contra ilegalidade ou abuso de poder.

(E) O sujeito passivo do *habeas corpus* será a autoridade pública, pois somente ela tem a prerrogativa de restringir a liberdade de locomoção individual em benefício do interesse público ou social, razão pela qual não se admite sua impetração contra ato de particular.

A: incorreta. A garantia do duplo grau de jurisdição não é absoluta, comportando exceções como as previstas no art. 475, §§ 2º e 3º, do CPC; **B:** incorreta. Não há falar em homologação judicial de sentença arbitral. V. art. 31 da Lei 9.307/1996: "A sentença arbitral produz, entre as partes e seus sucessores, os mesmos efeitos da sentença proferida pelos órgãos do Poder Judiciário e, sendo condenatória, constitui título executivo"; **C:** incorreta, pois não reflete o disposto no art. 1º da Lei 12.016/2009; **D:** correta (art. 5º, XXXIV, *a*, da CF); **E:** incorreta. O art. 5º, LXVIII, da CF, não faz menção a ato do Poder Público, razão pela qual se admite a impetração de HC para cessar coação à liberdade de locomoção provocada por particular.

Gabarito "D"

(Defensor Público/MS – 2008 – VUNESP) Considerando as diversas formas de expressão da liberdade individual garantida pelo texto constitucional, é correto afirmar que

(A) todos podem reunir-se pacificamente, sem armas, em locais abertos ao público, desde que não frustrem outra reunião anteriormente convocada para o mesmo local, exigida apenas a prévia autorização da autoridade competente.

(B) a prática do racismo constitui crime inafiançável, imprescritível e insuscetível de graça ou anistia.

(C) não haverá penas, entre outras, de morte, de caráter perpétuo, de interdição de direitos e de banimento.

(D) nenhuma pena passará da pessoa do condenado, mas a decretação do perdimento de bens poderá ser estendida aos sucessores, até o limite do valor do patrimônio transferido.

A: incorreta. O art. 5º, XVI, da CF só exige prévia comunicação, não autorização; **B:** incorreta. O art. 5º, XLII, da CF, fala em crime inafiançável e imprescritível; **C:** incorreta. O art. 5º, XLVII, "a", da CF permite penas de morte em caso de guerra declarada; **D:** correta (art. 5º, XLV, da CF).

Gabarito "D"

(Defensor Público/MS – 2008 – VUNESP) Assinale a alternativa que contempla corretamente um direito ou garantia constitucional.

(A) Garantia, na forma da lei, do direito de fiscalização do aproveitamento econômico das obras que criarem ou de que participarem aos criadores, aos intérpretes e às respectivas representações sindicais e associativas.

(B) Direito de não ser preso senão em flagrante delito ou por ordem escrita da autoridade judiciária competente, mesmo no caso de transgressão militar ou crime propriamente militar, definidos em lei.

(C) Garantia, na forma da lei, da gratuidade ao registro civil de nascimento, à certidão de óbito e às ações de *habeas corpus* e *habeas data*, exclusivamente àqueles que forem reconhecidamente pobres.

(D) Garantia ao brasileiro, nato ou naturalizado, de que não será extraditado por crime comum.

A: correta (art. 5º, XXVIII, "b", da CF); **B:** incorreta, pois não reflete o disposto no art. 5º, LXI, da CF; **C:** incorreta. O registro civil e a certidão de óbito são gratuitos apenas aos reconhecidamente pobres (art. 5º, LXXVI, "a" e "b", da CF), mas as ações de HC e HD são gratuitas para todos (art. 5º, LXXVII, da CF); **D:** incorreta, pois não reflete o disposto no art. 5º, LI, da CF.

Gabarito "A"

(Defensor Público/CE – 2007 – CESPE) Em relação aos direitos e garantias individuais e coletivas, julgue os itens a seguir.

(1) A anterioridade tributária não é cláusula pétrea da Constituição Federal de 1988.

(2) É essencial para verificação da legitimação que o autor de ação popular demonstre a condição de cidadão brasileiro no exercício dos direitos políticos.

(3) O mandado de segurança está vocacionado para fins cíveis, não constituindo instrumento idôneo para o processo penal, que dispõe do *habeas corpus* para sanar eventuais ilegalidades.

1: errado. Os direitos fundamentais não correspondem apenas aos listados no Título II da CF, havendo outros direitos fundamentais no corpo da Constituição, como o princípio da anterioridade tributária, assim reconhecido pelo STF (ADI 939/DF, Rel. Sydney Sanches, *DJ* 18.03.1994). Dessa forma, insere-se no conceito de cláusula pétrea; **2:** certo. Pode ser autor popular o cidadão que estiver no pleno gozo dos direitos políticos (art. 5º, LXXIII, da CF), ou seja, aquele que tem título de eleitor válido (art. 1º, § 3º, da Lei 4.717/1965); **3:** errado. O mandado de segurança objetiva proteger direito líquido e certo não amparável por *habeas corpus* ou por *habeas data* (art. 5º, LXIX, da CF). Em matéria penal, por exemplo, se não for caso de HC caberá MS.

Gabarito 1E, 2C, 3E

(Defensor Público/PA – 2006 – UNAMA) Os tratados internacionais sobre direitos humanos:

(A) são recepcionados, automaticamente, no sistema jurídico nacional como norma constitucional.

(B) são recepcionados por Resolução da Câmara dos Deputados, depois de submetidos à apreciação do Ministério das Relações Exteriores.

(C) são aprovados no Brasil, por Decreto presidencial, que lhes confere imediata executoriedade.

(D) podem ser convertidos em norma constitucional por processo legislativo igual àquele de Emenda Constitucional.

Em regra, os tratados internacionais *de caráter geral* têm suas regras incorporadas ao direito interno com *status* de lei ordinária, não tendo força para alterar normas constitucionais. Já as normas de tratados e convenções internacionais *sobre direitos humanos* que forem aprovadas, em cada Casa do Congresso Nacional, em dois turnos, por três quintos dos votos dos respectivos membros, serão equivalentes às emendas constitucionais (art. 5º, § 3º, da CF). Note-se que não são todos os tratados sobre direitos humanos que modificam a Constituição, mas apenas aqueles que seguirem o rito do art. 5º, § 3º, da CF.

Gabarito "D"

(Defensoria/MG – 2006) Ação cujo objetivo é sanar a omissão inconstitucional é:

(A) A ação declaratória de constitucionalidade
(B) A ação direta de inconstitucionalidade em face de ato normativo
(C) A representação de inconstitucionalidade
(D) O mandado de injunção
(E) O mandado de segurança

Art. 5º, LXXI, da CF.

Gabarito "D"

(Defensoria/MG – 2006) A anulação de ato lesivo a patrimônio de empresa subvencionada pelo poder público municipal pode ser pleiteada:

(A) Apenas pelos que foram prejudicados pelo ato.
(B) Em mandado de segurança impetrado por qualquer pessoa residente no município.
(C) Em mandado de segurança proposto pela Defensoria Pública.
(D) Por meio de ação popular ajuizada por qualquer brasileiro residente no território nacional.
(E) Por meio de ação popular movida por qualquer cidadão.

Art. 5º, LXXIII, da CF.

Gabarito "E"

(Defensoria/MG – 2006) O remédio constitucional voltado à proteção de direito líquido e certo referente à liberdade de locomoção é:

(A) A Ação Civil Pública
(B) A Ação Popular
(C) O *Habeas Corpus*
(D) O Mandado de Injunção
(E) O Mandado de Segurança.

Art. 5º, LXVIII, da CF.

Gabarito "C"

(Defensoria/SE – 2006 – CESPE) Julgue o seguinte item.

(1) Tratados e convenções internacionais sobre direitos humanos são incorporados automaticamente como normas constitucionais e, a partir de então, passam a constituir cláusulas pétreas.

1: errado (art. 5º, § 3º, da CF).

Gabarito 1E

(Defensor Público/BA – 2006) Constitui direito fundamental expresso na Constituição da República Federativa do Brasil, assim considerado como descrito no Capítulo I, versando sobre os "direitos e deveres individuais e coletivos":

(A) O direito ao duplo grau de jurisdição e o direito à criação na forma da lei, de cooperativas, sendo permitida a interferência estatal em seu funcionamento.
(B) O direito ao exercício do trabalho sem quaisquer restrições e o direito ao "*due process of law*".
(C) O direito à expressão da atividade de comunicação, dependente de licença e o direito à desapropriação mediante justa e prévia indenização em dinheiro, em quaisquer casos.
(D) O direito de fiscalização do aproveitamento econômico das obras que criarem ou de que participarem aos criadores e aos intérpretes e o direito de receber dos órgãos públicos informações de seu interesse particular, ou de interesse coletivo, ou geral, vedado o sigilo em quaisquer casos.
(E) O direito de gratuidade nas ações de "*habeas data*", e o direito à razoável duração do processo e os meios que garantam a celeridade de sua tramitação no âmbito judicial e administrativo.

A: incorreta. O tema é polêmico, mas muitos afirmam que não há previsão do duplo grau de jurisdição na Constituição. Ademais, é vedada a interferência estatal no funcionamento das cooperativas; **B:** incorreta, pois não reflete o disposto no art. 5º, XIII, da CF; **C:** incorreta, pois não reflete o disposto no art. 5º, IX e XXIV, da CF; **D:** incorreta, pois não reflete o disposto no art. art. 5º, LXXII, "a" e "b", da CF. O *habeas data* deve ser impetrado para assegurar o conhecimento de informações relativas à pessoa do impetrante, constantes de registros ou bancos de dados de entidades governamentais ou de caráter público; ou para a retificação de dados, quando não se prefira fazê-lo por processo sigiloso, judicial ou administrativo. V., tb, art. 5º, XXVIII, "b", da CF; **E:** correta (art. 5º, LXXVII e LXXVIII, da CF).

Gabarito "E"

(Defensor Público/BA – 2006) Relativamente ao tema dos "Direitos e Garantias Fundamentais", tem-se que:

I. Todos podem reunir-se pacificamente, sem armas, em locais abertos ao público, independentemente de autorização, desde que não frustrem outra reunião anteriormente convocada para o mesmo local, sendo apenas exigido prévio aviso à autoridade competente.
II. As associações só poderão ser compulsoriamente dissolvidas ou ter suas atividades suspensas por decisão judicial, exigindo-se, no primeiro caso, o trânsito em julgado.
III. A criação de associações e, na forma da lei, a de cooperativas dependem de autorização, sendo vedada à interferência estatal em seu funcionamento.
IV. É plena a liberdade de associação para fins lícitos, exigida apenas autorização para entidade de caráter paramilitar.

Analisando as assertivas acima, verifica-se que:

(A) Estão corretas apenas as assertivas I e II.
(B) Estão corretas apenas as assertivas III e IV.
(C) Estão corretas apenas as assertivas I, II e IV.
(D) Está correta apenas a assertiva I.
(E) Todas as assertivas estão corretas.

I: correta (art. 5º, XVI, da CF); **II:** correta (art. 5º, XIX, da CF); **III:** incorreta, pois não reflete o disposto no art. 5º, XVIII, da CF; **IV:** incorreta, pois não reflete o disposto no art. 5º, XVII, da CF.

Gabarito "A"

(Defensor Público/BA – 2006) Relativamente ao tema dos "Direitos e Garantias Fundamentais", tem-se que:

I. A lei estabelecerá o procedimento para desapropriação por necessidade ou utilidade pública, ou por interesse social, mediante indenização em títulos resgatáveis em dez anos.
II. A propriedade atenderá a sua função social de acordo com a previsão de lei complementar.
III. No caso de iminente perigo público, a autoridade competente poderá usar de propriedade particular, assegurada ao proprietário indenização ulterior, se houver dano.
IV. A lei punirá qualquer discriminação atentatória dos direitos e liberdades fundamentais.

Analisando as assertivas acima, verifica-se que:

(A) Estão corretas apenas as assertivas I e III.
(B) Estão corretas apenas as assertivas III e IV.
(C) Estão corretas apenas as assertivas II e IV.
(D) Está correta apenas a assertiva II.
(E) Todas as assertivas estão corretas.

I: incorreta, pois não reflete o disposto no art. 5º, XXIV, da CF; **II:** incorreta, pois não reflete o disposto no art. 5º, XXIII, da CF, que é norma de eficácia plena (não depende de regulamentação); **III:** correta (art. 5º, XXV, da CF); **IV:** correta (art. 5º, XLI, da CF).

Gabarito "B"

(Defensor Público/BA – 2006) Relativamente ao tema dos "Direitos e Garantias Fundamentais", tem-se que:

I. São assegurados a todos, no âmbito judicial e administrativo, a razoável duração do processo e os meios que garantam a celeridade de sua tramitação.

II. Os tratados e convenções internacionais sobre direitos humanos que forem aprovados, em cada Casa do Congresso Nacional, em dois turnos, por três quintos dos votos dos respectivos membros, serão equivalentes às leis complementares.

III. O Brasil não se submete à jurisdição de Tribunal Penal Internacional, tendo em vista não ter se manifestado pela adesão.

IV. A pequena propriedade rural, assim definida em lei, desde que trabalhada pela família, não será objeto de penhora para pagamento de débitos decorrentes de sua atividade produtiva, dispondo a lei sobre os meios de financiar seu desenvolvimento.

Analisando as assertivas acima, verifica-se que:

(A) Estão corretas apenas as assertivas I e II.
(B) Estão corretas apenas as assertivas II e IV.
(C) Estão corretas apenas as assertivas I, II e IV.
(D) Estão corretas apenas as assertivas I e IV.
(E) Todas as assertivas estão incorretas.

I: correta (art. 5º, LXXVIII, da CF); **II:** incorreta, pois não reflete o disposto no art. 5º, § 3º, da CF; **III:** incorreta, pois não reflete o disposto no art. 5º, § 4º, da CF; **IV:** correta (art. 5º, XXVI, da CF).

Gabarito "D"

(Defensor Público/AC – 2006 – CESPE) Acerca dos direitos e garantias fundamentais e dos partidos políticos, assinale a opção incorreta.

(A) O limite de idade para a inscrição em concurso público só se legitima quando possa ser justificado pela natureza das atribuições do cargo a ser preenchido.
(B) A liberdade de consciência impõe uma prestação alternativa que, se não for cumprida, poderá importar a suspensão de direitos políticos.
(C) Conforme jurisprudência do STF, é inidônea a utilização de *habeas corpus* para impugnar autorização judicial de quebra de sigilo, se destinada a fazer prova em procedimento penal.
(D) Os partidos políticos são pessoas jurídicas de direito privado.

A: Correta. Súmula 683/STF: "O limite de idade para a inscrição em concurso público só se legitima em face do art. 7º, XXX, da CF, quando possa ser justificado pela natureza das atribuições do cargo a ser preenchido"; **B:** Correta. A chamada escusa de consciência encontra-se prevista no art. 143, § 1º, da CF, cujo texto refere-se apenas ao tempo de paz. A negativa em prestar serviço alternativo gera perda de direitos políticos, na forma do art. 15, IV, da CF; **C:** Incorreta. "Assente a jurisprudência do STF no sentido da idoneidade do *habeas corpus* para impugnar autorização judicial de quebra de sigilos, se destinada a fazer prova em procedimento penal. 2. De outro lado, cabe o *habeas corpus* (HC 82.354, 10.08.2004, Pertence, *DJ* 24.09.2004) – quando em jogo eventual constrangimento à liberdade física – contra decisão denegatória de mandado de segurança" (STF, HC 84869, Rel. Min. Sepúlveda Pertence); **D:** Correta (art. 17, § 2º, da CF).

Gabarito "C"

(DEFENSORIA PÚBLICA DA UNIÃO – 2004 – CESPE) Julgue os itens a seguir, acerca dos direitos e garantias fundamentais e dos direitos políticos.

(1) Em relação aos direitos e deveres individuais e coletivos e rigorosamente de acordo com o texto constitucional, não seria admissível uma passeata de policiais em greve, tampouco uma assembleia deles em logradouro público, uma vez que esses servidores trabalham armados, por exigência da profissão.
(2) Não obstante a garantia da segurança jurídica e a antiga proibição da lei *ex post facto*, a Constituição da República não proíbe, por completo, a retroatividade das leis penais.
(3) A Constituição da República estatui casos de inelegibilidade absoluta e relativa; entre os primeiros, encontram-se os analfabetos, ao passo que o cônjuge de determinados administradores públicos é atingido por uma das modalidades de inelegibilidade relativa.

1: errado. O art. 5º, XVI, da CF, garante o direito de reunião independentemente de autorização, sendo exigida apenas comunicação prévia à autoridade competente. Assim, caso o Poder Público não respeite o direito assegurado constitucionalmente, caberá mandado de segurança. Importante lembrar, ainda, que os militares não possuem direito à greve (art. 142, § 3º, IV, da CF); **2:** certo (art. 5º, XL, da CF); **3:** certo. Os analfabetos são inelegíveis (art. 14, § 4º, da CF), ou seja, não podem se candidatar (não têm capacidade eleitoral passiva), mas seu voto é facultativo (podem votar, possuem capacidade eleitoral ativa, desde que exerçam essa vontade – art. 14, § 1º, II, "a"). No mais, de acordo com o entendimento do STF, a vedação do art. 14, § 7º, da CF só é excepcionada se o titular for reelegível e tiver se desincompatibilizado seis meses antes, sendo os requisitos cumulativos. Pela interpretação conjunta do art. 14, § 7º da CF e dos artigos do Código Civil sobre parentesco (arts. 1.591 a 1.595 do CC), são parentes do titular por *consanguinidade* ou por *adoção* inelegíveis: seus pais e filhos (1º grau), avós, netos e irmãos (2º grau). São também inelegíveis por vínculo de *afinidade* com o titular: genro, nora, sogro, sogra (1º grau por afinidade), avós do cônjuge ou companheiro(a), cunhado e cunhada (2º grau por afinidade).

Gabarito 1E, 2C, 3C

(DEFENSORIA PÚBLICA DA UNIÃO – 2002 – CESPE) Com relação aos direitos fundamentais constitucionalmente assegurados, julgue os itens que se seguem.

(1) Um servidor ocupante de cargo público não tem direito a continuar regido pelas normas em vigor quando de seu ingresso no serviço público em desfavor de alteração legislativa posterior, pois não se adquire direito a um determinado instituto ou regime jurídico.
(2) Direitos adquiridos não afastam a incidência de normas constitucionais originárias que expressamente declarem a eliminação das posições jurídicas específicas por eles protegidas.
(3) Não é obrigatória a instituição por lei de recurso administrativo como projeção necessária da garantia constitucional da ampla defesa em processos administrativos.
(4) Considerando que o inciso XXXV do art. 5º da Constituição da República dispõe que "a lei não excluirá da apreciação do Poder Judiciário lesão ou ameaça a direito", é vedada a adoção por lei de quaisquer restrições materiais à concessão de medidas liminares.
(5) A garantia constitucional do sigilo da correspondência aplica-se sem restrições aos presidiários em cumprimento de pena privativa de liberdade.

1: certo. O STF possui firme entendimento de que não há direito adquirido a regime jurídico; **2:** certo. O STF também entende que não existe direito adquirido em face de normas constitucionais. Emendas constitucionais podem versar sobre fatos anteriores à sua edição, sem que se possa arguir direito adquirido ao regime anterior; **3:** certo. O princípio constitucional da ampla defesa (Art. 5º, LVI, da CF) não exige que sejam admitidas todas as provas requeridas pelo acusado num processo administrativo; **4:** errado. O disposto no art. 5º, XXXV, da CF (princípio da inafastabilidade do controle pelo Poder Judiciário), não impede a restrição legal à concessão de liminares; **5:** errado. O direito ao sigilo de correspondências não é absoluto, mas seu afastamento, no caso concreto, deve observar o princípio da razoabilidade.

Gabarito 1C, 2C, 3C, 4E, 5E

(DEFENSORIA PÚBLICA DA UNIÃO – 2002 – CESPE) Quanto aos princípios e às garantias constitucionais, julgue os itens abaixo.

(1) A imposição legal de limites de idade e altura para o acesso a cargos públicos não fere o princípio da isonomia, desde que razoável e decorrente da natureza e das atribuições do cargo público a ser provido.
(2) É inconstitucional, por contrariar o princípio da isonomia, a não aplicação aos empregados brasileiros de vantagens constantes no estatuto de pessoal de empresa estrangeira em operação no Brasil e concedidas aos empregados estrangeiros em funções e condições análogas.
(3) O princípio da isonomia é incompatível com as vantagens processuais concedidas à Fazenda Pública, em especial com os prazos dilatados para contestar e recorrer que, anteriores à Constituição da República, não foram por ela recepcionados.
(4) O princípio da isonomia não autoriza o Poder Judiciário a estender isenção tributária a hipóteses arbitrariamente excluídas do benefício concedido a outras situações substancialmente assemelhadas.

(5) A anulação de ato administrativo cuja edição tenha repercutido no campo de interesses individuais e seja dotada de presunção de legitimidade dispensa a observância do contraditório consistente na adoção de processo administrativo em que seja assegurada a manifestação dos interessados.

1: certo. Súmula 683/STF: "O limite de idade para a inscrição em concurso público só se legitima em face do art. 7º, XXX, da CF, quando possa ser justificado pela natureza das atribuições do cargo a ser preenchido"; **2:** certo, porque os direitos fundamentais são oponíveis contra o Estado (eficácia vertical) e também entre os próprios particulares, nas relações privadas (eficácia horizontal dos direitos fundamentais); **3:** errado. O STF já decidiu que "A igualdade das partes é imanente ao *procedural due process of law*; quando uma das partes é o Estado, a jurisprudência tem transigido com alguns favores legais que, além da vetustez, tem sido reputados não arbitrários por visarem a compensar dificuldades da defesa em juízo das entidades públicas; se, ao contrário, desafiam a medida da razoabilidade ou da proporcionalidade, caracterizam privilégios inconstitucionais" (ADI 1910 MC, Rel. Min. Sepúlveda Pertence); **4:** certo. "Sob o pretexto de tornar efetivo o princípio da isonomia tributária, não pode o Poder Judiciário estender benefício fiscal sem que haja previsão legal específica" (STF, RE 405579, Rel. Min. Joaquim Barbosa); **5:** errado. Súmula Vinculante 3/STF: "Nos processos perante o Tribunal de Contas da União asseguram-se o contraditório e a ampla defesa quando da decisão puder resultar anulação ou revogação de ato administrativo que beneficie o interessado, excetuada a apreciação da legalidade do ato de concessão inicial de aposentadoria, reforma e pensão".

Gabarito 1C, 2C, 3E, 4C, 5E

6. Direitos Sociais

(Defensor Público/PR – 2012 – FCC) A Defensoria Pública recebe a demanda de algumas mães que têm filhos pequenos em creches municipais que fecham, todos os anos, em janeiro e julho e que enfrentam sérias dificuldades para cuidar de seus filhos nessa época do ano sem deixar de trabalhar. Ao analisar a situação conclui-se que

(A) o fato do serviço não estar disponível apenas nos meses de janeiro e julho não ofende diretamente a Constituição e deve ser interpretado em conjunto com o direito constitucional de educação básica, obrigatória e gratuita dos 4 (quatro) aos 17 (dezessete) anos de idade;

(B) não pode haver interrupção do serviço, pois é dever do Estado garantir a educação infantil, em creche e pré-escola, às crianças até 5 (cinco) anos de idade, bem como é direito social das trabalhadoras assistência gratuita aos filhos desde o nascimento em creches e pré-escolas;

(C) a Constituição garante expressamente o dever do Estado de prover educação básica, obrigatória e gratuita apenas dos 4 (quatro) aos 17 (dezessete) anos de idade. A existência de creches e pré-escolas que atendam desde o nascimento é liberalidade do Poder Público;

(D) haveria um conflito aparente de normas constitucionais, pois se de um lado há o direito de creche como um direito social dos trabalhadores, de outro há o direito de todos à educação básica, obrigatória e gratuita apenas a partir dos 4 (quatro) anos de idade;

(E) a interpretação sistemática da Constituição resolve a situação já que é dever constitucional dos pais assistir, criar e educar os filhos menores. O Estado providencia educação básica, obrigatória e gratuita a partir dos 4 (quatro) anos de idade e os pais exercem em janeiro e julho seu dever sem colaboração direta do Poder Público.

Art. 7º, XXV, da CF: "Art. 7º. São direitos dos trabalhadores urbanos e rurais, além de outros que visem à melhoria de sua condição social: (...) XXV – assistência gratuita aos filhos e dependentes desde o nascimento até 5 (cinco) anos de idade em creches e pré-escolas."

Gabarito "B".

(Defensor Público/RS – 2011 – FCC) Conforme estatuído na Constituição Federal no que se refere aos direitos sociais e à ordem social, é INCORRETO afirmar:

(A) É direito público subjetivo o acesso ao ensino obrigatório e gratuito, tanto que o não oferecimento do ensino obrigatório pelo Poder Público, ou sua oferta irregular, importa responsabilidade da autoridade competente.

(B) É dever do Estado proteger as manifestações das culturas populares, indígenas e afro-brasileiras, e das de outros grupos participantes do processo civilizatório nacional.

(C) Todos têm direito ao meio ambiente ecologicamente equilibrado e, para tanto, incumbe ao Poder Público, em todas as suas esferas de competência, promover a educação ambiental.

(D) A família, a sociedade e o Estado têm o dever de amparar as pessoas idosas, desenvolvendo, para tanto, programas de amparo, que deverão ser executados, preferencialmente, em estabelecimentos públicos.

(E) A assistência social será prestada a todos que dela necessitarem, independentemente de contribuição para o seu custeio, por se tratar de direito subjetivo.

A: correta (art. 208, §§ 1º e 2º, da CF); **B:** correta (art. 215, § 1º, da CF); **C:** correta (art. 225 da CF); **D:** assertiva incorreta, devendo ser assinalada, pois não reflete o disposto no art. 230, § 1º, da CF; **E:** correta (art. 203 da CF).

Gabarito "D".

(Defensoria Pública/SP – 2010 – FCC) Em uma cidade, diversas mães têm comparecido no atendimento inicial da Defensoria Pública para se queixarem de que não têm conseguido vaga em creche municipal para seus filhos. O Defensor Público deve

(A) orientar as mães a procurarem o serviço de assistência social do Município e elaborar os respectivos ofícios de encaminhamento.

(B) informar que é possível a propositura de ação civil pública, pois se trata de direito social de natureza difusa, e encaminhar as mães para o Ministério Público.

(C) informar que se trata de direito constitucional de natureza social, mas que infelizmente há normas na Constituição chamadas de programáticas, bem como entendimento jurídico chamado de "reserva do possível", que não recomendam o ajuizamento de ação nesse caso.

(D) orientar as mães a se organizarem e a denunciarem o fato na Ouvidoria Municipal, bem como marcar audiência com o Prefeito e procurar ajuda junto aos Vereadores a fim de que possam interferir na formulação do orçamento municipal.

(E) ajuizar ação judicial com base no direito à educação que compreende o atendimento em creche e pré-escola, pois a "reserva do possível" não pode ser oponível à realização do "mínimo existencial".

O art. 7º, XXV, da CF, lista o direito à creche como direito social (individual): "São direitos dos trabalhadores urbanos e rurais, além de outros que visem à melhoria de sua condição social: (...) assistência gratuita aos filhos e dependentes desde o nascimento até 5 (cinco) anos de idade em creches e pré-escolas". O fato de os direitos sociais demandarem prestações positivas do Estado e, com isso, apresentarem custos para serem implementados, não impede sua prestação. Caso não sejam observados, haverá verdadeira omissão inconstitucional. Dessa forma, mesmo situados dentro da esfera do "financeiramente possível", os direitos sociais têm eficácia normativa e podem ser pleiteados juridicamente.

Gabarito "E".

(Defensoria Pública da União – 2010 – CESPE) Julgue o seguinte item:

(1) Os direitos sociais previstos na Constituição, por estarem submetidos ao princípio da reserva do possível, não podem ser caracterizados como verdadeiros direitos subjetivos, mas, sim, como normas programáticas. Dessa forma, esses direitos devem ser tutelados pelo poder público, quando este, em sua análise discricionária, julgar favoráveis as condições econômicas e administrativas.

1: errado. Toda norma constitucional, ainda que veicule direito social, possui eficácia para revogar as normas em contrário ou para servir de vetor de interpretação para o legislador ordinário. Assim, mesmo que atrelados à reserva do financeiramente possível, os direitos sociais podem, por exemplo, servir como parâmetro para a declaração de inconstitucionalidade das leis que com elas colidem.

Gabarito 1E

(Defensor Público/MS – 2008 – VUNESP) Tendo em vista o que estabelece a Constituição Federal sobre direitos e garantias fundamentais dos trabalhadores, assinale a alternativa correta.

(A) É direito fundamental do trabalhador assistência gratuita aos filhos e dependentes, desde o nascimento até sete anos de idade em creches e pré-escolas.

(B) É vedada a dispensa do empregado sindicalizado a partir do registro da candidatura a cargo de direção ou representação sindical e, se eleito, ainda que suplente, até um ano após o final do mandato, salvo se cometer falta grave nos termos da lei.

(C) Nas empresas com mais de cem empregados é assegurada a eleição de um representante destes com a finalidade exclusiva de promover-lhes o entendimento direto com os empregadores.

(D) A lei poderá exigir autorização do Estado para a fundação de sindicato, inclusive o registro no órgão competente, vedadas ao Poder Público, porém, a interferência e a intervenção na organização sindical.

A: incorreta, pois não reflete o disposto no art. 7º, XXV, da CF; **B:** correta (Art. 8º, VIII, da CF); **C:** incorreta, pois não reflete o disposto no art. 11 da CF; **D:** incorreta, pois não reflete o disposto no art. 8º, I, da CF.

Gabarito "B".

(Defensor Público/RO – 2007) Segundo regra expressa da Constituição Federal, figura como direito do trabalhador a assistência gratuita, em creches e pré-escolas, aos seus filhos e dependentes desde o nascimento até a seguinte idade limite:

(A) 3 anos
(B) 4 anos
(C) 5 anos
(D) 6 anos
(E) 7 anos

Art. 7º, XXV, da CF.

Gabarito "C".

(Defensoria Pública da União – 2007 – CESPE) Julgue o seguinte item:

(1) De acordo com a jurisprudência do STF, considerando o direito a moradia previsto no art. 6º da CF, o fiador, nos contratos de locação, não poderá ter penhorado o único bem imóvel em que reside, declarado bem de família, para satisfazer o crédito do locador no caso de inadimplemento do locatário.

1: errado. Para o STF, a penhorabilidade do bem de família do fiador do contrato de locação, objeto do art. 3º, VII, da Lei 8.009/1990 não ofende o art. 6º da CF (RE 407688, Rel. Min. Cezar Peluso, Tribunal Pleno, j. 08.02.2006, *DJ* 06.10.2006).

Gabarito 1E

7. Nacionalidade

(Defensor Público/AM – 2010 – I. Cidades) Márcio Spagheti, italiano residente no Brasil há mais de 15 (quinze) anos ininterruptos e sem condenação criminal, requereu a nacionalidade brasileira. Nesse caso:

(A) terá seu *status* de brasileiro naturalizado reconhecido e poderá ser Ministro do Supremo Tribunal Federal.

(B) não terá o seu *status* de brasileiro naturalizado reconhecido em função da inexistência de reciprocidade por parte do governo italiano.

(C) terá seu *status* de brasileiro naturalizado reconhecido e poderá seguir carreira diplomática e, assim, tornar-se embaixador do Brasil na Itália.

(D) não terá o seu *status* de brasileiro naturalizado reconhecido, pois, não obstante a existência de tratado de reciprocidade, no caso dos estrangeiros, o prazo de residência mínima é de 20 (vinte) anos ininterruptos.

(E) terá seu *status* de brasileiro naturalizado reconhecido e poderá ser eleito Senador da República.

Será brasileiro naturalizado de acordo com o art. 12, II, "b", da CF. Sendo nacional, poderá ser também cidadão. Podendo votar (cidadania ativa), pode também ser votado (cidadania passiva), sendo-lhe vedada a candidatura apenas aos cargos próprios de brasileiros natos (art. 12, § 3º, I a VII, da CF).

Gabarito "E".

(Defensoria Pública da União – 2010 – CESPE) Nenhum Estado soberano é obrigado a aceitar o ingresso, em seu território, de pessoa que não mantenha com ele vínculo político. Entretanto, no momento em que aceite o ingresso de indivíduo nessa condição, o Estado passa a ter, em relação a ele, deveres oriundos do direito internacional. Nesse contexto, a Lei n.º 6.815/1980 (Estatuto do Estrangeiro) e diversos julgados do STF vêm normatizando os direitos e deveres dos estrangeiros em território nacional. Com relação a esse assunto, julgue os próximos itens.

(1) Um imigrante e um turista recebem o mesmo tipo de visto para ingresso no país.

(2) Considere que um estrangeiro tenha sido expulso do país por pertencer a célula terrorista e ter participado do sequestro de autoridades brasileiras. Considere, ainda, que, após a abertura de inquérito no Ministério da Justiça, no qual foi assegurada ampla defesa ao alienígena, o presidente da República tenha decidido, por meio de decreto, pela sua expulsão do país. Nessa situação, o estrangeiro só poderá voltar ao país mediante decreto presidencial que revogue o anterior.

(3) Considere que Melchior, devido a fundado temor de perseguição por motivo de raça, se encontre fora de seu país de nacionalidade e que, tendo ingressado no Brasil, se tenha dirigido à Defensoria Pública e indagado acerca da possibilidade de permanência no país, em condição de asilo. Nesse caso, é correto que o defensor público recomende a Melchior que requeira refúgio, com base na lei que normatiza o assunto.

(4) Suponha que Raimundo, brasileiro nato, tenha saído do Brasil para morar nos Estados Unidos da América, onde reside há mais de trinta anos, e que, nesse país, tenha obtido a nacionalidade americana como condição para permanecer no território americano. Nessa situação, caso deseje retornar ao Brasil para visitar parentes, Raimundo necessitará de visto, pois, ao obter a nacionalidade americana, perdeu a nacionalidade brasileira.

1: errado, pois não reflete o disposto no art. 4º, II (turista) e IV (imigrante), e no art. 17, ambos da Lei 6.815/1980; **2:** certo (art. 7º, III e art. 66, ambos da Lei 6.815/1980); **3:** certo (art. 1º, I, da Lei 9.474/1997); **4:** errado. Aplica-se ao caso a exceção prevista no art. 12, § 4º, II, *b*, da CF.

Gabarito 1E, 2C, 3C, 4E

(Defensoria/MT – 2007) É privativo de brasileiros natos o cargo de

(A) Deputado Federal.
(B) Presidente do Banco Central.
(C) Ministro do Superior Tribunal de Justiça.
(D) Secretário da Receita Federal.
(E) Embaixador.

Apenas os cargos listados no art. 12, § 3º, da CF são privativos de brasileiros natos.

Gabarito "E".

8. Direitos Políticos

(Defensor Público/RS – 2011 – FCC) A sociedade brasileira vivenciou, recentemente, um processo eleitoral, oportunidade em que se questionava acerca da inelegibilidade de alguns candidatos em virtude do disposto na "Lei da Ficha Limpa". Referida lei foi objeto de discussão no Supremo Tribunal Federal em razão de sua (in)constitucionalidade. Dentre as alternativas abaixo, é correto afirmar:

(A) A inelegibilidade significa capacidade eleitoral passiva e condição obstativa ao exercício passivo da cidadania.

(B) A inelegibilidade tem por finalidade proteger a probidade administrativa, a moralidade para o exercício do mandato, considerada a vida pregressa do candidato, e a normalidade e legitimidade das eleições contra a influência do poder econômico ou o abuso do exercício de função, cargo ou emprego na administração direta ou indireta.

(C) O mandato eletivo poderá ser impugnado perante a Justiça Eleitoral no prazo de dez dias contados da diplomação.

(D) É possível a cassação dos direitos políticos sempre que ocorrer a condenação criminal transitada em julgado, enquanto durarem seus efeitos.

(E) De acordo com o disposto no artigo 16 da Constituição Federal, a lei que alterar o processo eleitoral entrará em vigor um ano após a data de sua publicação.

A: incorreta. A inelegibilidade absoluta refere-se à impossibilidade de o nacional ser eleito para qualquer cargo eletivo, em todo o território nacional, e só pode ser estabelecida pela Constituição. Pelo art. 14, § 4º, da CF, são inelegíveis os inalistáveis (aí incluídos os conscritos e os estrangeiros) e os analfabetos. A regra de inelegibilidade reflexa vem prevista no art. 14, § 7º, da CF, segundo a qual são inelegíveis, no território de jurisdição do titular, o cônjuge e os parentes consanguíneos ou afins, até o segundo grau ou por adoção, do Presidente da República, de Governador de Estado ou Território, do Distrito Federal, de Prefeito ou de quem os haja substituído dentro dos seis meses anteriores ao pleito, salvo se já titular de mandato eletivo e candidato à reeleição; **B:** correta (v. Informativo STF 625, HC 104286 – transcrições); **C:** incorreta, pois não reflete o disposto no art. 14, § 10, da CF; **D:** incorreta. O art. 15, III, da CF prevê hipótese de suspensão dos direitos políticos (o próprio artigo veda a cassação); **E:** incorreta. O art. 16 da CF dispõe que "a lei que alterar o processo eleitoral entrará em vigor na data de sua publicação, não se aplicando à eleição que ocorra até um ano da data de sua vigência".

Gabarito "B"

(Defensoria/MA – 2009 – FCC) Governador de Estado, brasileiro naturalizado, cônjuge de Deputada Federal, com 34 anos de idade completados no mês de janeiro do ano corrente, pretende candidatar-se a uma vaga no Senado Federal, no pleito de 2010. Nessa hipótese, o interessado

(A) será inelegível para o fim pretendido, no território de jurisdição do Estado pelo qual se elegeu sua esposa.

(B) não poderá pleitear vaga no Senado Federal, por se tratar de cargo privativo de brasileiro nato, nos termos da Constituição da República.

(C) deverá renunciar ao mandato, até seis meses antes do pleito, para concorrer a uma vaga no Senado Federal.

(D) será inelegível, pois a Constituição somente admite a reeleição de ocupantes de cargos de chefia do Poder Executivo para um único período subsequente.

(E) será inelegível para o fim pretendido, por não possuir a idade mínima estabelecida como condição de elegibilidade para o caso em tela.

A: incorreta. A vedação do art. 14, § 7º, da CF aplica-se apenas aos ocupantes de cargos do Executivo (Presidente da República, Governador de Estado ou do Distrito Federal e Prefeito), ou seja, ele não será inelegível por causa da esposa, que é titular de cargo do Legislativo; **B:** incorreta. O cargo de Senador da República não é privativo de brasileiro nato (art. 12, § 3º, da CF); **C:** correta (art. 14, § 6º, da CF); **D:** incorreta. A reeleição refere-se ao mesmo cargo, não a cargo diferente do anteriormente ocupado (art. 14, § 5º, da CF); **E:** incorreta. Terá 35 anos na data da posse (art. 14, *caput* e § 3º, VI, *a*, da CF, c/c art. 11, § 2º, da Lei 9.504/1997: "A idade mínima constitucionalmente estabelecida como condição de elegibilidade é verificada tendo por referência a data da posse".

Gabarito "C"

(Defensoria/MG – 2009 – FURMARC) Dentre os instrumentos da democracia semidireta, aquele que consiste em consulta à opinião do eleitorado sobre a manutenção ou a revogação do mandato político ou administrativo conferido a alguém, denomina-se:

(A) *Impeachment*.

(B) Plebiscito.

(C) Referendo.

(D) *Recall*.

(E) Mandato imperativo.

A: incorreta. O processo de *impeachment* existe para os crimes de responsabilidade (art. 85 da CF). Podem responder processo de *impeachment* as autoridades listadas no art. 52, I e II, da CF; **B** e **C:** incorretas, plebiscito e referendo são formas de consulta popular e são formas de exercício da soberania popular adotada pela CF/88 (art. 14, I e II). Em síntese, no plebiscito a consulta é prévia ao ato que se deseja aprovar, e no referendo lhe é posterior; **D:** correta. Não existe no Brasil. Segundo Pedro Lenza, "com sua origem nos EUA, o *recall* seria um mecanismo de revogação popular do mandato eletivo, como, por exemplo, em razão de não cumprimento de promessas de campanha" (*Direito constitucional esquematizado*, 2010. p. 875); **E:** incorreta. No mandato imperativo o parlamentar eleito só pode votar na forma estipulada pelo povo.

Gabarito "D"

(Defensoria/SP – 2009 – FCC) Direitos políticos

(A) Dar-se-á a suspensão dos direitos políticos para os condenados criminais com sentença transitada em julgado cujo gozo pleno se restabelecerá após a reabilitação criminal.

(B) A cassação dos direitos políticos pode ocorrer, dentre outros casos, quando ocorrer a incapacidade civil absoluta como na interdição.

(C) Percebe-se que o sufrágio universal, o voto e o escrutínio são sinônimos que integram a teoria dos direitos políticos positivos e a ideia nuclear da democracia.

(D) É condição de elegibilidade dos parlamentares possuir nacionalidade brasileira e nesse caso tanto faz ser brasileiro nato ou naturalizado.

(E) As inelegibilidades possuem justificativa de ordem ética, daí porque, segundo a Constituição Federal são inelegíveis o cônjuge e os parentes consanguíneos ou afins, até o 2º grau ou por adoção dos senadores e deputados federais.

A: incorreta. O art. 15, III, da CF não estabelece a reabilitação criminal como termo final da suspensão dos direitos políticos; **B:** incorreta. A cassação de direitos políticos é vedada pelo art. 15 da CF, que traz hipóteses de perda ou de suspensão desses direitos. A incapacidade civil absoluta, por exemplo, é hipótese de suspensão de direitos políticos; **C:** incorreta. Em linhas gerais, sufrágio é o direito de votar e de ser votado, podendo ser universal ou restrito. Voto é o ato pelo qual este direito é exercido, dividido em direto ou indireto. Essas noções tampouco se confundem com o escrutínio, que diz respeito à forma como se dá o voto, podendo ser público ou secreto; **D:** correta (art. 14, § 3º, I, da CF). São privativos de brasileiros natos apenas os cargos listados no art. 12, § 3º, da CF; **E:** incorreta, pois não reflete o disposto no art. 14, § 7º, da CF.

Gabarito "D"

(Defensoria/MT – 2007) Assinale o item que não está entre as condições de elegibilidade estabelecidas na Constituição Federal.

(A) A nacionalidade brasileira.

(B) O domicílio eleitoral na circunscrição.

(C) A filiação partidária.

(D) A idade máxima de setenta e cinco anos.

(E) O alistamento eleitoral.

A: correta (art. 14, § 3º, I, da CF); **B:** correta (art. 14, § 3º, IV, da CF); **C:** correta (art. 14, § 3º, V, da CF); **D:** incorreta, pois A CF só prevê idade mínima como condição de elegibilidade (art. 14, § 3º, VI); **E:** correta. art. 14, § 3º, III, da CF.

Gabarito "D"

(Defensor Público/BA – 2006) Relativamente ao tema dos "Direitos Políticos", tem-se que:

I. São brasileiros natos os nascidos na República Federativa do Brasil, ainda que de pais estrangeiros, desde que estes estejam a serviço de seu país.

II. São brasileiros naturalizados os estrangeiros de qualquer nacionalidade residentes na República Federativa do Brasil há mais de dez anos ininterruptos e sem condenação penal, desde que requeiram a nacionalidade brasileira.

III. Será declarada a perda da nacionalidade do brasileiro que tiver cancelada sua naturalização por sentença judicial, em virtude de atividade nociva ao interesse nacional.

IV. São símbolos da República Federativa do Brasil a bandeira, o hino e o selo nacional.

Analisando as assertivas acima, verifica-se que:

(A) Estão corretas apenas as assertivas I e IV.

(B) Estão corretas apenas as assertivas III e IV.

(C) Estão corretas apenas as assertivas II e IV.

(D) Está correta apenas a assertiva III.

(E) Todas as assertivas estão corretas.

I: incorreta, pois não reflete o disposto no art. 12, I, "a", da CF; **II:** incorreta, pois não reflete o disposto no art. 12, II, "b", da CF; **III:** correta (art. 12, § 4º, I, da CF); **IV:** correta (art. 13, § 1º, da CF).

Gabarito "B"

(Defensor Público/BA – 2006) Relativamente ao tema dos "Partidos Políticos", tem-se que:

I. O mandato eletivo poderá ser impugnado ante a Justiça Eleitoral no prazo de dez dias contados da diplomação, instruída a ação com provas de abuso do poder econômico, corrupção ou fraude.

II. A ação de impugnação de mandato não tramitará em segredo de justiça, respondendo o autor, na forma da lei complementar, se temerária ou de manifesta má-fé.

III. É livre a criação, fusão, incorporação e extinção de partidos políticos, resguardados a soberania nacional, o regime democrático e o pacto federativo.

IV. Os partidos políticos têm direito a recursos do fundo partidário e acesso gratuito ao rádio e à televisão, na forma da lei.

Analisando as assertivas acima, verifica-se que:

(A) Estão corretas apenas as assertivas II e III.

(B) Estão corretas apenas as assertivas I e IV.

(C) Estão corretas apenas as assertivas II, III e IV.

(D) Está correta apenas a assertiva IV.

(E) Todas as assertivas estão corretas.

I: incorreta, pois não reflete o disposto no art. 14, § 10, da CF; **II:** incorreta, pois não reflete o disposto no art. 14, § 11, da CF; **III:** incorreta, pois não reflete o disposto no art. 17 da CF; **IV:** correta (art. 17, § 3º, da CF).

Gabarito "D"

9. Organização do Estado

9.1. organização político administrativa. União, Estados, Municípios e Territórios

(Defensor Público/AM – 2013 – FCC) Considerando o sistema de repartição de competências entre os entes federativos na Constituição Federal, cabe

(A) à União explorar diretamente, ou mediante concessão, o serviço de gás canalizado;

(B) aos Estados-membros definir as rotas dos veículos de transporte público municipal;

(C) aos Estados explorar, diretamente ou mediante autorização, concessão ou permissão, os portos marítimos, fluviais ou lacustres;

(D) aos Municípios explorar diretamente, ou mediante concessão, o serviço de gás canalizado;

(E) aos Municípios prestar, com a cooperação técnica e financeira da União e do Estado, serviços de atendimento à saúde da população.

A: Errada. Competência estadual (art. 25, § 2º, da CF); **B:** Errada. Competência municipal (art. 30, V, da CF); **C:** Errada. Competência da União (art. 21, XII, "f", da CF); **D:** Errada. Competência estadual (art. 25, § 2º, da CF); **E:** Correta. Art. 30, VII, da CF.

Gabarito "E"

(Defensor Público/AC – 2012 – CESPE) Considerando a jurisprudência do STF acerca do Estado federal brasileiro, assinale a opção correta.

(A) O estado federado tem competência para dispor sobre as condições do exercício da profissão de motoboy no âmbito do seu território.

(B) A competência do tribunal de justiça para julgar prefeitos abrange os crimes de competência da justiça federal.

(C) É da competência do respectivo estado federado a edição de lei que disponha sobre a sucessão do prefeito e do vice-prefeito no caso de dupla vacância dos cargos de direção do Poder Executivo em município localizado em seu território.

(D) O estado federado pode estabelecer em sua constituição a exigência de prévia autorização da assembleia legislativa para que o chefe do Poder Executivo estadual se ausente do país por qualquer prazo.

(E) A consulta prévia às populações diretamente interessadas na modificação territorial de um município deve contemplar tanto a população do território a ser desmembrado quanto a do território remanescente.

A: Errada. STF, ADIn 3610: "É inconstitucional a lei distrital ou estadual que disponha sobre condições do exercício ou criação de profissão, sobretudo quando esta diga à segurança de trânsito". Competência da União; **B:** Errada. Súmula 702 do STF: "A competência do Tribunal de Justiça para julgar prefeitos restringe-se aos crimes de competência da justiça comum estadual; nos demais casos, a competência originária caberá ao respectivo tribunal de segundo grau"; **C:** Errada. Competência municipal. STF, ADIn 3549: "O art. 30, inc. I, da Constituição da República outorga aos Municípios a atribuição de legislar sobre assuntos de interesse local. A vocação sucessória dos cargos de prefeito e vice-prefeito põem-se no âmbito da autonomia política local, em caso de dupla vacância"; **D:** Errada. STF, ADIn 738: "Afronta os princípios constitucionais da harmonia e independência entre os Poderes e da liberdade de locomoção norma estadual que exige prévia licença da Assembleia Legislativa para que o Governador e o Vice-Governador possam ausentar-se do País por qualquer prazo. Espécie de autorização que, segundo o modelo federal, somente se justifica quando o afastamento exceder a quinze dias. Aplicação do princípio da simetria"; **E:** Correta. STF, ADIn 2650: "Após a alteração promovida pela EC 15/1996, a Constituição explicitou o alcance do âmbito de consulta para o caso de reformulação territorial de municípios e, portanto, o significado da expressão "populações diretamente interessadas", contida na redação originária do § 4º do art. 18 da Constituição, no sentido de ser necessária a consulta a toda a população afetada pela modificação territorial, o que, no caso de desmembramento, deve envolver tanto a população do território a ser desmembrado, quanto a do território remanescente. Esse sempre foi o real sentido da exigência constitucional - a nova redação conferida pela emenda, do mesmo modo que o art. 7º da Lei 9.709/1998, apenas tornou explícito um conteúdo já presente na norma originária".

Gabarito "E"

(Defensor Público/RO – 2012 – CESPE) Tendo em vista a teoria geral do Estado, assinale a opção correta.

(A) O federalismo brasileiro classifica-se, quanto à origem, como federalismo por agregação.

(B) Federação é, por definição, um sistema de governo marcado pela garantia das autonomias regionais de seus membros.

(C) Com o advento da República, em 1889, adotou-se no Brasil o federalismo de terceiro grau, sistema cujo poder estatal é dividido em três graus: federal, estadual e municipal.

(D) As características fundamentais da República são: temporariedade, eletividade e responsabilidade.

(E) O conceito de povo, um dos elementos constitutivos do Estado, está relacionado ao conjunto de brasileiros e estrangeiros que se encontrem em território nacional, ainda que transitoriamente.

A: Errada. O federalismo brasileiro é decorrente de desagregação do Estado Unitário; **B:** Errada. A Federação é forma de Estado e, no caso brasileiro, difere um pouco do modelo clássico de federalismo, pois nela tanto União, Estados-membros, como também os Municípios, são autônomos. V. art. 18, *caput*, da CF. Segundo a doutrina, a autonomia é a capacidade de auto-organização (cada um dos entes federativos pode elaborar sua própria Constituição), autogoverno (garantia assegurada ao povo de escolher seus próprios dirigentes e de, através deles, editar leis) e autoadministração (capacidade assegurada aos estados de possuir administração própria, faculdade de dar execução às leis vigentes); **C:** Errada. O federalismo no Brasil é de segundo grau, pois apesar de existirem três ordens (federal, estadual e municipal – além da peculiaridade distrital), os Municípios submetem-se a duas ordens: federal e estadual. Por isso, o federalismo no Brasil acaba sendo de segundo grau; **D:** Correta. O governante não se eterniza no poder, sendo sujeito a mandato, é eleito pelos cidadãos e submete-se à responsabilização nos casos listados pela CF; **E:** Errada. Povo é o elemento humano do Estado, composto pelos cidadãos com vínculo jurídico-político com o Estado. Não se confunde com "população", conceito presente no enunciado.

Gabarito "D"

(Defensor Público/SP – 2012 – FCC) A forma federativa de Estado é um importante instrumento para a limitação do exercício do poder político. Sobre essa forma de Estado, é correto afirmar:

(A) **A ordem constitucional brasileira utiliza, desde a** Constituição de 1891, as técnicas de repartição horizontal e vertical para a repartição de competências.

(B) Na repartição promovida pela Constituição da República Federativa do Brasil de 1988, após análise dos conteúdos das competências atribuídas aos entes federativos, pode-se observar uma acentuada concentração de poderes entre as atribuições da União.

(C) São características do Estado federal, entre outras, a autonomia de seus entes, a existência de uma Constituição como fundamento jurídico, a existência de direito de secessão de seus entes, a repartição de competências e a repartição de rendas.

(D) Nos termos dos parágrafos do artigo 24 da Constituição da República Federativa do Brasil de 1988, os Estados podem exercer a competência legislativa plena, para atender a suas peculiaridades, na inexistência de lei federal sobre normas gerais e a superveniência desta revoga a lei estadual, no que lhe for contrário.

(E) Essa forma de Estado surgiu na Constituição dos Estados Unidos da América, como resultado de revisão aos "Artigos de Confederação", que foi realizada, com a participação de todos os Estados, na cidade de Filadélfia, em 1787.

A: Errada. A CF de 1891 só adotou a repartição horizontal. Já a CF de 1988 possui repartição vertical (competências concorrentes) e horizontal de competências (divisão de competências entre os entes federativos); **B:** Correta; **C:** Errada. A CF não garante direito de secessão (o art. 1º da CF fala em "união indissolúvel"). Ao contrário, prevê a forma federativa como cláusula pétrea (art. 60, § 4º, I); **D:** Errada. Os Estados podem sempre, nas matérias de competência concorrente, exercer a competência suplementar; **E:** Errada. Das treze colônias, Rhode Island não participou.

Gabarito "B"

(Defensor Público/TO – 2013 – CESPE) Considerando o disposto na CF e o entendimento do STF a respeito da organização do Estado brasileiro, assinale a opção correta.

(A) Não invade a competência legislativa da União a edição de lei estadual que obrigue, sob pena de multa, veículo automotor a transitar permanentemente com os faróis acesos nas rodovias do estado, já que a norma dispõe sobre segurança, matéria cuja competência é concorrente entre os entes da Federação.

(B) Lei estadual que disponha sobre questões inerentes a custas forenses é inconstitucional, visto que a competência para legislar sobre direito processual é privativa da União.

(C) O estado-membro pode intervir em município quando o tribunal de justiça der provimento à representação para assegurar a observância de princípios insertos na constituição estadual, ou para prover a execução de lei, ordem ou decisão judicial, embora seja cabível recurso extraordinário contra o respectivo acórdão.

(D) Compete à União a tarefa de organizar e manter a polícia civil, militar e o corpo de bombeiros dos territórios.

(E) É constitucional lei municipal que estabeleça limite de tempo de espera em fila para os usuários dos serviços prestados pelos cartórios, já que a matéria não está inserida na disciplina dos registros públicos, de competência da União.

A: Errada. Compete privativamente à União legislar sobre trânsito (art. 22, XI, da CF); **B:** Errada. Competência concorrente (art. 24, IV, da CF); **C:** Errada. Não reflete o disposto no art. 35, IV, da CF; **D:** Errada. Compete à União organizar e manter a polícia do DF (art. 21, XIV, da CF); **E:** Correta. STF, RE 397094: "A imposição legal de um limite ao tempo de espera em fila dos usuários dos serviços prestados pelos cartórios não constitui matéria relativa à disciplina dos registros públicos, mas assunto de interesse local, cuja competência legislativa a Constituição atribui aos Municípios".

Gabarito "E"

(Defensor Público/GO – 2010 – I. Cidades) A intervenção da União em unidade federativa é medida extrema que poderá ser efetivada mediante

(A) decreto do Presidente da República, na hipótese em que houver necessidade de pôr termo a grave comprometimento da ordem pública, caso em que haverá o controle político da intervenção pelo Congresso Nacional, no prazo de 24 horas.

(B) decreto do Presidente da República, a fim de garantir o livre exercício de qualquer dos Poderes nas unidades da Federação, caso em que dependerá, em sendo a coação exercida contra o Poder Judiciário local, de requisição deste.

(C) decisão do Superior Tribunal de Justiça acolhendo representação do Procurador-Geral da República, na hipótese da necessidade de prover a execução de lei federal, caso em que haverá controle político por parte do Congresso Nacional.

(D) decisão do Supremo Tribunal Federal acolhendo representação do Procurador-Geral da República, na hipótese em que houver a identificação de grave esquema de corrupção que afete os princípios constitucionais da forma republicana, sistema representativo e regime democrático, caso em que o decreto a ser expedido pelo Presidente da República será submetido a controle político do Congresso Nacional.

(E) decreto do Presidente da República, o qual limitar-se-á a suspender a execução do ato impugnado, se essa medida bastar ao estabelecimento da normalidade, caso em que o controle político pelo Congresso Nacional será necessário.

Art. 34, I a VII e art. 36, I a III e §§ 1º a 4º, da CF.

Gabarito "A"

(Defensoria Pública/SP – 2010 – FCC) Unidade da federação edita lei vedando o cultivo, a manipulação, a importação, a industrialização e a comercialização de organismos geneticamente modificados em seu território. Perante a divisão constitucional de competências, referida lei é

(A) constitucional, pois os Estados podem legislar privativamente sobre produção e consumo e proteção e defesa da saúde.

(B) inconstitucional, pois fere a competência privativa da União para disciplinar a comercialização, importação e exportação.

(C) inconstitucional, pois na competência concorrente para legislar sobre proteção ao meio ambiente os Estados não estão autorizados a exercer a competência plena.

(D) constitucional, pois os Estados no uso de sua competência residual podem afastar a aplicação das normas federais de caráter geral.

(E) inconstitucional, pois invadiu esfera de competência dos municípios sobre interesse local.

Fere o art. 22, VIII, da CF.

Gabarito "B"

(Defensoria Pública da União – 2010 – CESPE) Com relação à organização político-administrativa, julgue o item a seguir.

(1) Considere que a Lei X, segundo a qual os servidores públicos deveriam estar submetidos à carga horária de 30 horas semanais, tenha sido alterada pela Lei Y, que passou a exigir cumprimento de carga horária de 40 horas semanais. Nesse caso, se a Lei Y não tiver previsto aumento na remuneração desses servidores, está caracterizada a violação ao princípio da irredutibilidade de vencimentos.

1: correta, pois o valor da hora de trabalho seria menor, violando o disposto no art. 7º, VI, da CF.

Gabarito 1C

(Defensoria/ES – 2009 – CESPE) Acerca da organização política e administrativa do Estado, julgue os itens a seguir.

(1) Conforme prevê a CF, é de competência material comum entre União, estados, municípios e DF planejar e promover a defesa permanente contra as calamidades públicas, especialmente em caso de secas e inundações.

(2) Suponha que um estado-membro da Federação tenha legislado, de forma exaustiva, acerca de assistência jurídica e defensoria pública, dada a inexistência de legislação federal sobre o tema. Nesse caso, ao ser promulgada legislação federal a esse respeito, as normas estaduais incompatíveis com ela serão automaticamente revogadas.

1: errado, pois a competência é da União (art. 21, XVIII, da CF); **2:** errado. A matéria é de competência concorrente da União, Estados e Distrito Federal (art. 24, XIII, da CF). Assim, inexistindo lei federal sobre normas gerais, os Estados podem exercer a competência legislativa plena (art. 24, § 3º, da CF). A superveniência de lei federal sobre normas gerais apenas *suspende a eficácia* da lei estadual, no que lhe for contrário. Não existe revogação.

Gabarito 1E, 2E

(Defensoria/MG – 2009 – FURMARC) NÃO constitui característica do Estado federal:

(A) A existência de um corpo próprio de funcionários de cada Estado federado, não subordinado às autoridades federais.
(B) A participação dos Estados federados na vontade criadora da ordem jurídica nacional.
(C) A existência de delegação de poderes feita por lei ordinária pelo órgão legislativo central, possibilitando a edição de leis pelos legislativos regionais.
(D) A previsão de distribuição de competências na Constituição Federal.
(E) A autonomia dos Estados federados.

O Estado Federal é qualificado pela descentralização política e administrativa, imperando a repartição constitucional de competências entre os entes federados. Assim, na federação há uma ordem federal (representada pela União, mas que com ela não se confunde) e uma ordem federada. Além disso, o Estado soberano é pessoa jurídica de direito público internacional, embora representado pela União (art. 21, I a IV, da CF).

Gabarito "A"

(Defensoria/MG – 2009 – FURMARC) Apresentam-se como principais características do Estado nacional, EXCETO:

(A) Poder centralizado.
(B) Economia mercantilista.
(C) Soberania compartilhada.
(D) Aparato administrativo.
(E) Soberania absoluta.

Não há falar em soberania compartilhada no Estado Federal. A soberania é atributo do Estado Federal. Os entes federados são dotados de autonomia. O Estado soberano é pessoa jurídica de direito público internacional, embora representado pela União (art. 21, I a IV, da CF).

Gabarito "C"

(Defensoria/MT – 2009 – FCC) Conforme o texto da Constituição Federal, dentre as competências privativas da União encontra-se a de legislar sobre

(A) registros públicos.
(B) orçamento.
(C) previdência social.
(D) defesa do solo e dos recursos minerais.
(E) responsabilidade por dano ao meio ambiente.

A assertiva correta á a "A" (Art. 22, XXV, da CF). As demais matérias são de competência concorrente da União, Estados e Distrito Federal (v. art. 24 da CF).

Gabarito "A"

(Defensoria/MT – 2009 – FCC) Dentre as regras contidas na Constituição Federal que devem ser obrigatoriamente observadas pelas leis orgânicas municipais NÃO se encontra aquela segundo a qual

(A) os vereadores são invioláveis por suas opiniões, palavras e votos no exercício do mandato e na circunscrição do Município.
(B) cabe a iniciativa popular de projetos de lei de interesse específico do Município, da cidade ou de bairros, através de manifestação de, pelos menos, cinco por cento do eleitorado.
(C) compete aos Municípios a criação, organização e supressão de distritos, observada a legislação estadual.
(D) a Câmara Municipal não gastará mais de setenta por cento de sua receita com folha de pagamento, incluído o gasto com subsídio de seus Vereadores.
(E) as contas prestadas pelo Prefeito não estão sujeitas a controle externo diverso daquele que pode ser exercido pelo Poder Judiciário.

A: correta (art. 29, VIII, da CF); **B:** correta (art. 29, XIII, da CF); **C:** correta (art. 30, IV, da CF); **D:** correta (art. 29-A, § 1º, da CF); **E:** incorreta, devendo ser assinalada, pois não reflete o disposto no art. 31, *caput*, §§ 1º e 2º, da CF.

Gabarito "E"

(Defensoria/MT – 2009 – FCC) De acordo com as normas da Constituição Federal sobre intervenção federal,

(A) não cabe intervenção da União em Municípios.
(B) a medida não pode ser decretada sem a requisição do Tribunal competente.
(C) a medida não pode determinar o afastamento de autoridades estaduais de suas funções.
(D) a medida pode ser decretada por prazo indeterminado.
(E) nas hipóteses constitucionais em que a medida se limitar a suspender a execução de ato normativo, fica dispensada sua apreciação pelo Congresso Nacional.

A: incorreta, pois cabe intervenção federal em municípios localizados em territórios federais (art. 35, *caput*, da CF); **B:** incorreta, pois não necessita de requisição de Tribunal na hipótese do art. 36, I, da CF (para o Legislativo e para o Executivo), e o art. 36, III, da CF trata de provimento a representação do Procurador-Geral da República (ação direta de inconstitucionalidade interventiva); **C:** incorreta, pois pode ser nomeado interventor para o Estado (art. 36, § 1º, da CF); **D:** incorreta. O prazo é certo e determinado (art. 36, § 1º, da CF); **E:** correta (art. 36, § 3º, da CF)

Gabarito "E"

(Defensoria/PA – 2009 – FCC) De acordo com o modelo de repartição de competências adotado pela Constituição Federal, pode-se afirmar que

(A) no campo das competências legislativas, cabe ao Distrito Federal exercer somente aquelas conferidas aos Municípios.
(B) é permitido à União renunciar, em favor dos Estados-membros, ao exercício de competência que lhe foi outorgada pela Constituição Federal.
(C) cabe também aos Municípios o exercício das competências materiais comuns conferidas à União, aos Estados-membros e ao Distrito Federal.
(D) aos Estados-membros não foram conferidas competências materiais privativas.
(E) lei complementar federal pode autorizar os Municípios a legislarem sobre questões específicas das matérias de competência privativa da União.

A: incorreta. Ao Distrito Federal são atribuídas as competências legislativas dos Estados e Municípios (art. 32, § 1º, da CF); **B:** incorreta. A União não pode *renunciar* a competências estabelecidas pela Constituição, sob pena de desequilíbrio do pacto federativo, mas lei complementar pode autorizar os Estados a legislar sobre matérias privativas da União (art. 22, parágrafo único, da CF); **C:** correta, de acordo com o art. 23, *caput*, da CF; **D:** incorreta. O art. 25, § 2º, da CF traz competência material do Estado; **E:** incorreta. Lei complementar pode autorizar os *Estados* a legislar sobre matéria privativa da União, não os Municípios (art. 22, parágrafo único, da CF).

Gabarito "C"

(Defensoria/PA – 2009 – FCC) Como decorrência da autonomia dos Estados-membros e Municípios e conforme a jurisprudência do Supremo Tribunal Federal

(A) cabe a eles a exploração do serviço público de transporte coletivo intermunicipal de passageiros, que deverá ser prestado mediante assinatura de acordos de cooperação entre os entes federativos envolvidos.
(B) cabe apenas a eles a edição de lei aprovando sua incorporação, fusão ou desmembramento.
(C) as Constituições Estaduais e as Leis Orgânicas Municipais não são obrigadas a seguir o modelo federal no que toca à iniciativa privativa do chefe do Executivo para propor projetos de lei.
(D) as Constituições Estaduais e as Leis Orgânicas Municipais não estão vinculadas às principais diretrizes do processo legislativo federal.
(E) a intervenção federal ou estadual fundada em descumprimento de pagamento de precatório judicial não pode ser decretada se o descumprimento for involuntário e não intencional.

A: incorreta. A titularidade dos serviços de transporte rodoviário interestadual e internacional de passageiros, nos termos do art. 21, XII, *e*, da CF, é da União. A competência para legislar sobre transporte coletivo local é municipal (CF, art. 30, V), mas os Estados-membros possuem competência residual para legislar sobre transporte intermunicipal de passageiros (CF, art. 25, § 1º); **B:** incorreta. A criação, a incorporação, a fusão e o desmembramento de Municípios, far-se-ão por lei estadual, dentro do período determinado por Lei Complementar Federal, e dependerão de consulta prévia, mediante plebiscito, às populações dos Municípios envolvidos, após divulgação dos Estudos de Viabilidade Municipal, apresentados e publicados na forma da lei (art. 18, § 4º, da CF). V., tb., art. 48, VI, da CF; **C:** incorreta. As regras do art. 61, § 1º, da CF, é de repetição obrigatória pelos Estados-membros, diante do princípio da simetria federativa. (V. ADI 3177, Rel. Min. Joaquim Barbosa, Tribunal Pleno, julgado em 02.03.2005); **D:** incorreta. A CF é dotada de supremacia, daí porque todas as suas normas, aí incluídas as sobre processo legislativo, devem ser observadas pelos Estados e Municípios; **E:** correta, pois o STF entende que a intervenção é medida extrema e, para ser decretada, precisa observar a proporcionalidade (v. IF 2915/SP, Rel. Min. Marco Aurélio).

Gabarito "E"

(Defensoria/SP – 2009 – FCC) Trata-se de matéria de competência legislativa concorrente da União, Estados e Distrito Federal:

(A) normas gerais de organização, efetivos, material bélico, garantias, convocação e mobilização das polícias militares e corpos de bombeiros militares.
(B) transporte local, seguridade social e registros públicos.
(C) procedimentos em matéria processual, assistência jurídica e Defensoria Pública, e direito penitenciário.
(D) populações indígenas, desapropriação, propaganda comercial.
(E) direito tributário, processual penal e penal.

Art. 24, I, XI e XIII, da CF.

Gabarito "C"

(Defensor Público/AL – 2009 – CESPE) Julgue os itens a seguir, a respeito da organização do Estado.

(1) Segundo entendimento do STF, é constitucional lei estadual que estabelece o dever dos municípios de transportar, da zona rural para a sede do município, alunos carentes matriculados no ensino fundamental, tendo em vista a competência municipal para atuar prioritariamente no ensino fundamental.
(2) Os territórios, quando criados, podem ser divididos em municípios, aos quais não serão aplicadas as regras de regência dos demais municípios, já que estarão inseridos em território federal, considerado como descentralização administrativa da União.
(3) É cabível a interposição de recurso extraordinário em face de acórdão do tribunal de justiça do estado que defira o pedido de intervenção estadual em município.

1: errado. STF, ADI 307, Rel. Min. Eros Grau: "O art. 30 (da lei impugnada na ADIn) impõe aos Municípios o encargo de transportar da zona rural para a sede do Município, ou Distrito mais próximo, alunos carentes matriculados a partir da 5º série do ensino fundamental. Há aqui indevida ingerência na prestação de serviço público municipal, com reflexos diretos nas finanças locais. O preceito afronta francamente a autonomia municipal"; **2:** errado, pois não reflete o disposto no art. 33, § 1º, da CF; **3:** errado. Súmula 637/STF: "Não cabe recurso extraordinário contra acórdão de Tribunal de Justiça que defere pedido de intervenção estadual em Município".

Gabarito 1E, 2E, 3E

(Defensor Público/MS – 2008 – VUNESP) O desmembramento de Município, conforme a Constituição Federal, far-se-á

(A) por lei federal, dentro do período determinado por lei complementar estadual e dependerá de plebiscito, após divulgação dos Estudos de Viabilidade Municipal.
(B) por lei estadual, dentro do período determinado por lei complementar federal e dependerá de plebiscito, após divulgação dos Estudos de Viabilidade Municipal.
(C) por lei municipal, dentro do período determinado por lei complementar estadual e dependerá de referendo, após divulgação dos Estudos de Viabilidade Estadual.
(D) por lei municipal, dentro do período determinado por lei complementar estadual e dependerá de plebiscito, após divulgação dos Estudos de Viabilidade Federal.

A criação, a incorporação, a fusão e o desmembramento de municípios devem seguir o regramento estabelecido no art. 18, § 4º, da CF, ou seja, a) realizarem-se durante o período previsto em lei complementar federal, b) após a elaboração de estudo de viabilidade municipal, c) com consulta prévia (mediante plebiscito) às populações diretamente interessadas e, cumpridos esses requisitos, o processo é finalizado pela edição de, d) lei estadual.

Gabarito "B"

(Defensor Público/MS – 2008 – VUNESP) Compete privativamente à União legislar sobre

(A) organização da Defensoria Pública do Distrito Federal.
(B) proteção à infância e à juventude.
(C) direito penitenciário.
(D) procedimentos em matéria processual.

A: correta (art. 22, XVII, da CF); **B:** incorreta. Competência concorrente da União, Estados e DF (art. 24, XV, da CF); **C:** incorreta. Competência concorrente da União, Estados e DF (art. 24, I, da CF); **D:** incorreta. Competência concorrente da União, Estados e DF (art. 24, XI, da CF).

Gabarito "A"

(Defensor Público/MS – 2008 – VUNESP) Tendo em vista o disposto no texto constitucional vigente, assinale a alternativa correta a respeito dos Estados Federados.

(A) Os Estados podem, mediante lei ordinária, instituir regiões metropolitanas, aglomerações urbanas e microrregiões, constituídas por agrupamentos de municípios limítrofes, para integrar a organização, o planejamento e a execução de funções públicas de interesse comum.
(B) Cabe aos Estados explorar diretamente, ou mediante concessão, os serviços de gás canalizado, na forma da lei, vedada a edição de medida provisória para a sua regulamentação.
(C) O número de Deputados à Assembleia Legislativa corresponderá ao dobro da representação do Estado na Câmara dos Deputados, não podendo ultrapassar o total de 94 Deputados.
(D) Pertencem aos Estados vinte por cento do produto da arrecadação do imposto sobre produtos industrializados.

A: incorreta. Mediante lei complementar (art. 25, § 3º, da CF); **B:** correta (art. 25, § 2º, da CF); **C:** incorreta, pois não reflete o disposto no art. 27 da CF; **D:** incorreta, pois não reflete o disposto no art. 159, II, da CF.

Gabarito "B"

(Defensoria/MT – 2007) Os Estados e o Distrito Federal poderão ser autorizados, por lei complementar, a legislar sobre

(A) a execução do sistema nacional de inspeção do trabalho.
(B) diretrizes da política nacional de proteção ao meio ambiente.
(C) questões relacionadas ao sistema judiciário federal.
(D) questões específicas de anistia penal.
(E) questões de trânsito e transporte, de interesse específico.

Os Estados e o DF só podem ser autorizados, por lei complementar, a legislar sobre matéria privativa da União, na forma do art. 22, parágrafo único, da CF. Por isso, no caso, trata-se de trânsito e transporte (art. 22, XI, da CF).

Gabarito "E"

(Defensor Público/AC – 2006 – CESPE) Acerca da organização do Estado, assinale a opção correta.

(A) Nos termos da Constituição Federal de 1988, como condição para a aquisição da estabilidade do servidor público estatutário, é obrigatória a avaliação especial de desempenho por comissão instituída para essa finalidade.
(B) Compete à União instituir diretrizes para o desenvolvimento urbano, inclusive habitação, fazendo exceção ao saneamento básico e transportes públicos.
(C) A decretação de intervenção da União nos estados para assegurar a observância da prestação de contas da administração pública, direta ou indireta, independerá de provimento, pelo STF, de representação do Procurador-Geral da República.
(D) A Constituição da República não autoriza que lei venha disciplinar a utilização de recursos orçamentários provenientes da economia com despesas correntes em cada órgão, para aplicação sob a forma de adicional ou prêmio de produtividade em favor dos servidores públicos.

A: correta (art. 41, § 4º, da CF); **B:** incorreta, pois não reflete o disposto no art. 21, XX, da CF; **C:** incorreta. A decretação de intervenção federal nos estados, na hipótese do art. 34, VII, "d", da CF, deve observar o procedimento previsto no art. 36, III, da CF; **D:** incorreta, pois não reflete o disposto no art. 39, § 7º, da CF.

Gabarito "A"

(Defensor Público/BA – 2006) Relativamente ao tema da organização político administrativa, tem-se que:

I. É vedado à União, aos Estados, ao Distrito Federal e aos Municípios criar distinções entre brasileiros ou preferências entre si.
II. A faixa de até cento e cinquenta quilômetros de largura, ao longo das fronteiras terrestres, designada como faixa de fronteira, é considerada fundamental para defesa do território nacional, e sua ocupação e utilização serão reguladas por lei.
III. Compete privativamente à União legislar sobre direito civil, comercial, penal, processual, eleitoral, agrário, marítimo, aeronáutico, espacial e do trabalho.
IV. É da competência comum da União, Estados, do Distrito Federal e dos Municípios protegerem o meio ambiente e combater a poluição em qualquer de suas formas.

Analisando as assertivas acima, verifica-se que:

(A) Estão corretas apenas as assertivas I e II.
(B) Estão corretas apenas as assertivas III e IV.
(C) Estão corretas apenas as assertivas I, II e IV.
(D) Está correta apenas a assertiva I.
(E) Todas as assertivas estão corretas.

I: correta (art. 19, III, da CF); **II:** correta (art. 20, § 2º, da CF); **III:** correta (art. 22, I, da CF); **IV:** correta (art. 23, VI, da CF).

Gabarito "E"

(Defensor Público/PA – 2006 – UNAMA) O Decreto que instituir Intervenção Federal em estado membro deverá, obrigatoriamente:

(A) especificar a amplitude da intervenção.
(B) nomear interventor.
(C) ser previamente aprovado pelo Congresso Nacional.
(D) ser previamente aprovado pelo Conselho da República.

Art. 36, § 1º, da CF.

Gabarito "A"

(Defensoria/MG – 2006) Quanto à repartição de competência entre as entidades que compõem a organização político-administrativa da República Federativa do Brasil, assinale a afirmativa VERDADEIRA:

(A) A superveniência de lei federal em sede de competência privativa da União suspende a eficácia da lei municipal, no que couber.
(B) As chamadas competências comuns se referem a competências de cunho legislativo.
(C) As chamadas competências reservadas são aquelas atribuídas aos Estados-membros.
(D) As competências concorrentes são aquelas que poderão ser exercidas pelos Estados em virtude de autorização dada por lei complementar federal.
(E) As competências privativas são aquelas de natureza indelegável.

A: incorreta, a lei municipal não pode tratar de matéria privativa da União, nem mesmo por delegação; **B:** incorreta. Comum é espécie de classificação da competência quanto à extensão; legislativa é espécie de classificação da competência quanto à natureza. As competências comuns não são apenas legislativas (art. 23 da CF); **C:** correta. A Constituição de 1988 enumera as competências da União e dos Municípios, reservando aos Estados as residuais ou remanescentes; **D:** incorreta. As competências concorrentes (art. 24 da CF) podem ser exercidas independentemente de autorização em lei complementar, observando-se as regras estabelecidas nos §§ 1º a 4º do art. 24 da CF; **E:** incorreta, pois podem ser delegadas na forma do art. 22, parágrafo único, da CF.

Gabarito "C"

(Defensoria/SE – 2006 – CESPE) Julgue o item seguinte.

(1) Todos os tipos de terras devolutas são bens da União.

1: errado. São da União as indispensáveis à defesa das fronteiras, das fortificações e construções militares, das vias federais de comunicação e à preservação ambiental (art. 20, II, da CF). As demais são bens dos Estados (art. 26, IV, da CF).

Gabarito 1E

(Defensoria/SE – 2006 – CESPE) Julgue o item seguinte.

(1) A competência para legislar sobre direito penal é privativa da União, mas esta, por meio de lei complementar, pode delegar aos estados a competência para legislar sobre questões específicas de tal matéria.

1: correta (art. 22, I e parágrafo único, da CF).

Gabarito 1C

(Defensoria/SE – 2006 – CESPE) Julgue o item seguinte.

(1) Lei estadual pode criar cargos em comissão, de livre nomeação e exoneração, para jardineiro.

1: errado (art. 37, V, da CF).

Gabarito 1E

9.2. Da Administração Pública

(Defensor Público/SE – 2012 – CESPE) Assinale a opção correta com referência à administração pública direta e indireta de qualquer dos poderes da União, dos estados, do DF e dos municípios.

(A) É permitida a vinculação ou equiparação de quaisquer espécies remuneratórias para o efeito de remuneração de pessoal do serviço público.
(B) É garantido ao servidor público civil o direito à livre associação sindical.
(C) A proibição de acumulação de cargos públicos não se estende a empregos e funções e não abrange autarquias, fundações, empresas públicas e sociedades de economia mista.
(D) Os cargos, empregos e funções públicas são acessíveis aos brasileiros que preencham os requisitos estabelecidos em lei, mas não aos estrangeiros.
(E) À lei cabe estabelecer os casos de contratação por tempo determinado, independentemente da necessidade temporária de excepcional interesse público.

A: Errada. Viola o art. 37, XIII, da CF: "é vedada a vinculação ou equiparação de quaisquer espécies remuneratórias para o efeito de remuneração de pessoal do serviço público"; **B:** Correta. Art. 37, VI, da CF: "é garantido ao servidor público civil o direito à livre associação sindical"; **C:** Errada. Viola o art. 37, XVII, da CF: "a proibição de acumular estende-se a empregos e funções e abrange autarquias, fundações, empresas públicas, sociedades de economia mista, suas subsidiárias, e sociedades controladas, direta ou indiretamente, pelo poder público"; **D:** Errada. Viola o art. 37, I, da CF: "os cargos, empregos e funções públicas são acessíveis aos brasileiros que preencham os requisitos estabelecidos em lei, assim como aos estrangeiros, na forma da lei"; **E:** Errada. Não reflete o disposto no art. 37, IX, da CF: "a lei estabelecerá os casos de contratação por tempo determinado para atender a necessidade temporária de excepcional interesse público"

Gabarito "B"

(Defensor Público/AC – 2012 – CESPE) Com relação à administração pública, assinale a opção correta.

(A) Conforme entendimento do STF, o candidato que, aprovado em concurso para provimento de cargo público, seja classificado dentro do número de vagas especificado no respectivo edital goza de mera expectativa à nomeação.
(B) É constitucional o recebimento de subsídio mensal e vitalício por ex-governadores de estados que tenham exercido mandato integral em caráter permanente antes da vigência da atual CF.
(C) Segundo entendimento do STF, a responsabilidade civil das pessoas jurídicas de direito privado prestadoras de serviço público é objetiva relativamente a terceiros usuários e não usuários do serviço.
(D) Dado o princípio constitucional da isonomia, a jurisprudência do STF considera cabível a inovação de lei federal para reger os vencimentos dos servidores públicos estaduais.
(E) Consoante jurisprudência do STF, é constitucional o estabelecimento do exercício de função pública como título a ser apresentado em prova de títulos de concurso para provimento de cargo público.

A: Errada. STF, ARE 675202: "O Plenário desta Corte, no julgamento do RE 598.099/MS, Rel. Min. Gilmar Mendes, firmou jurisprudência no sentido do direito subjetivo à nomeação de candidato aprovado dentro do número de vagas previstas no edital de concurso público. Tal direito também se estende ao candidato aprovado fora do número de vagas previstas no edital, mas que passe a figurar entre as vagas em decorrência da desistência de candidatos classificados em colocação superior"; **B:** Errada. STF, ADIn 3853: "No vigente ordenamento República no e democrático brasileiro, os cargos políticos de chefia do Poder Executivo não são exercidos nem ocupados 'em caráter permanente', por serem os mandatos temporários e seus ocupantes, transitórios. Conquanto a norma faça menção ao termo 'benefício', não se tem configurado esse instituto de direito administrativo e previdenciário, que requer atual e presente desempenho de cargo público. Afronta o equilíbrio federativo e os princípios da igualdade, da impessoalidade, da moralidade pública e da responsabilidade dos gastos públicos (arts. 1º, 5º, *caput*, 25, § 1º, 37, *caput* e inc. XIII, 169, § 1º, inc. I e II, e 195, § 5º, da Constituição da República)"; **C:** Correta. STF, RE 591874; **D:** Errada. STF, RE 459128: "A regência dos vencimentos dos servidores estaduais decorre de normas do próprio Estado. Não cabe, sob o ângulo da isonomia, acionar legislação federal"; **E:** Errada. STF, ADIn 3443: "Viola o princípio constitucional da isonomia norma que estabelece como título o mero exercício de função pública".

Gabarito "C"

(Defensoria/MA – 2009 – FCC) Considere as seguintes afirmações sobre a disciplina constitucional da Administração Pública no Estado brasileiro:

I. A Administração Fazendária e seus servidores fiscais terão, dentro de suas áreas de competência e jurisdição, precedência sobre os demais setores administrativos, na forma da lei.

II. Somente por lei específica pode ser criada autarquia e autorizada a instituição de empresa pública, sociedade de economia mista e fundação.

III. É vedada a publicidade de atos, programas, obras e serviços dos órgãos e entes públicos ressalvadas as hipóteses admitidas em lei complementar.

IV. Obras, serviços, compras e alienações dos órgãos e entes da Administração serão sempre contratados mediante processo de licitação pública, em que se assegure igualdade de condições a todos os concorrentes.

Estão corretas SOMENTE as afirmações feitas em

(A) I e II.
(B) I e IV.
(C) II e III.
(D) II e IV.
(E) III e IV.

I: correta (art. 37, XVIII, da CF); **II:** correta (art. 37, XIX, da CF); **III:** incorreta, pois não reflete o disposto no art. 37, § 1º, da CF; **IV:** incorreta. O art. 37, XXI, da CF ressalva os casos específicos previstos na legislação, como as hipóteses de inexigibilidade e de dispensa de licitação.

Gabarito "A"

(Defensoria/MG – 2009 – FURMARC) Examine os itens abaixo e marque a alternativa CORRETA:

I. A admissão de empregados, na sociedade de economia mista, independe de concurso público.

II. A investidura em cargo comissionado dá-se mediante recrutamento amplo ou limitado nos termos de lei.

III. O subsídio dos vereadores e do Prefeito é fixado por lei de iniciativa da Câmara Municipal.

IV. O subsídio dos Desembargadores do Tribunal de Justiça pode ser considerado como limite único para os três Poderes do Estado.

Estão CORRETAS as afirmativas:

(A) apenas I e II.
(B) apenas I e IV.
(C) apenas II e IV.
(D) apenas III e IV.
(E) apenas II e III.

I: Incorreta. O art. 37, II, da CF refere-se a cargo e a emprego público, razão pela qual se destina tanto à Administração Direta quanto à Administração Indireta; **II:** Correta. São cargos de livre nomeação e exoneração (art. 37, II, parte final, da CF); **III:** Incorreta. O dos prefeitos é fixado por lei, mas o dos vereadores é estabelecido pela Câmara Municipal, o que independe de sanção do Prefeito (art. 29, V e VI, da CF); **IV:** Correta, com base no art. 37, XI, da CF.

Gabarito "C"

(Defensoria/SP – 2009 – FCC) Administração Pública.

(A) Em relação à aposentadoria dos agentes públicos, observa-se que as normas constitucionais originárias sofreram profundas alterações com as emendas constitucionais ns. 20, 41 e 47, e dentre essas modificações está a impossibilidade de contagem de tempo de contribuição fictício.
(B) Tendo em vista a importância de se tutelar a probidade administrativa, a Constituição determinou que não prescrevem os ilícitos praticados contra a administração pública.
(C) O importante princípio da legalidade, que foi inserido expressamente pela EC 19/1998, indica que os gestores da coisa pública deverão desempenhar seus encargos de modo a otimizar legalmente o emprego dos recursos que a sociedade lhes destina.
(D) O princípio constitucional da exigibilidade de concurso público aplica-se aos poderes e entes da federação, exceto às sociedades de economia mista e paraestatais com regime celetista.
(E) O cargo em comissão não difere do cargo efetivo na questão da transitoriedade, pois ambos trazem essa característica para servidores de fora da carreira.

A: correta (art. 40, § 10, da CF, inserido pela EC 20/1998); **B:** incorreta, pois de acordo com o art. 37, § 5º, da CF, apenas as ações de ressarcimento ao erário são imprescritíveis; **C:** incorreta. A EC 19/1998 inseriu o princípio da eficiência no rol dos princípios da Administração Pública (art. 37, *caput*, da CF); **D:** incorreta. O art. 37, II, da CF refere-se tanto a cargos quanto a empregos públicos, razão pela qual aplica-se também às sociedades de economia mista e empresas públicas; **E:** incorreta. Os cargos em comissão são de livre exoneração. Os servidores ocupantes de cargos de provimento efetivo são estáveis após três anos, só perdendo o cargo nas hipóteses previstas no art. 41, § 1º, da CF.

Gabarito "A"

(Defensoria/SP – 2007 – FCC) A respeito da organização do Estado, pode-se afirmar que no Brasil

(A) identificamos um federalismo dual que é aquele que mais se amolda ao estado de bem-estar social já que esse conceito traduz uma necessária cooperação entre os entes da federação.
(B) está prevista a intervenção federal para pôr termo a grave comprometimento da ordem pública, que é medida excepcional à autonomia federativa e pode ser determinada de ofício pelo Presidente da República com base em sua competência constitucional privativa.
(C) os estados federados podem ser obrigados a adotarem políticas federais de descentralização de políticas sociais já que a formação unitária de estado permite tal imposição.
(D) é vedado ao poder público estabelecer cultos religiosos ou igrejas, direta ou indiretamente, bem como proíbe subvenções, relações de dependência ou qualquer colaboração entre o poder público e cultos ou igrejas.
(E) o princípio da predominância do interesse inspira a repartição federalista de competências, por isso cabe aos estados federados a competência legislativa privativa com possibilidade de delegação aos municípios.

A: incorreta. No dual, como o próprio nome prevê, há dualidade na repartição de competências: poderes enumerados para a União e poderes remanescentes para os Estados, com centralização de poder na União. Diverge do cooperativista, que advoga uma atuação conjunta da União e dos Estados, possuindo cunho descentralizador e visa o equilíbrio entre os entes da Federação. É o adotado na CF de 1988; **B:** correta (art. 34, III, c/c art. 84, X, ambos da CF); **C:** incorreta. A forma de Estado brasileira é a federação, não o Estado unitário; **D:** incorreta, pois não reflete a ressalva prevista na parte final do art. 19, I, da CF; **E:** incorreta. A competência privativa é da União, que pode delegá-la na forma do art. 22, parágrafo único, da CF. Os Municípios possuem competência suplementar (art. 30, I e II, da CF).

Gabarito "B"

(Defensor Público/RO – 2007) Pela nova regra constitucional, a concessão de aposentadoria voluntária é assegurada à servidora pública que tenha cumprido o tempo mínimo de 10 anos de efetivo exercício e 5 anos de exercício no cargo efetivo em que se aposentará, com proventos proporcionais ao tempo de contribuição, desde que a servidora tenha idade mínima de:

(A) 65 anos
(B) 60 anos
(C) 55 anos
(D) 50 anos
(E) 48 anos

Art. 40, § 1º, III, "b", da CF.

Gabarito "B"

(DEFENSORIA PÚBLICA DA UNIÃO – 2004 – CESPE) Julgue os seguintes itens, a respeito da administração pública e dos servidores públicos.

(1) Para parte da doutrina, o princípio da impessoalidade na administração pública nada mais representa do que outra formulação do princípio da finalidade.

(2) A Constituição da República admite a contratação temporária de pessoas sem concurso público, desde que a administração pública enfrente caso de excepcional interesse público, devidamente justificado pelo administrador. Para tanto, não há necessidade de previsão expressa em lei para essa modalidade de contratação.

1: certo. O princípio da impessoalidade (art. 37 da CF) tem dupla acepção no direito brasileiro: a primeira relaciona-se à finalidade pública e impede o favorecimento e a prática de atos em benefício próprio ou de terceiros (corolário do princípio da igualdade). A segunda indica que os atos administrativos não devem ser imputados ao agente que os praticou, mas ao órgão ou entidade administrativa a que está vinculado, o que impede, por exemplo, a propaganda pessoal por intermédio de ações públicas (art. 37, § 1º, da CF); **2:** errado, pois não reflete o disposto no art. 37, IX, da CF.

Gabarito 1C, 2E

9.3. intervenção

(Defensor Público/AM – 2013 – FCC) Suponha que tenha transitado em julgado decisão judicial proferida pelo Supremo Tribunal Federal que condenou determinado Município, localizado em Estado-membro, a cumprir certa obrigação de fazer. Caso a ordem não seja cumprida pelo Município, sem que haja motivo relevante para tanto,

(A) o Tribunal de Justiça do Estado poderá dar provimento à representação por descumprimento a ordem judicial, comunicando a decisão ao Governador do Estado para que decrete a intervenção no Município;
(B) o Supremo Tribunal Federal poderá deferir pedido de intervenção federal no Município por descumprimento de ordem judicial, comunicando a decisão ao Governador do Estado para que este decrete a intervenção no Município;
(C) e sendo autorizada a intervenção do Estado no Município por decisão proferida pelo Tribunal de Justiça, poderá o Município interessado interpor recurso extraordinário contra o acórdão do Tribunal Estadual;
(D) a intervenção do Estado no Município poderá ser decretada de ofício pelo Governador do Estado, independentemente de prévia manifestação do Poder Judiciário;
(E) o provimento à representação para que seja decretada a intervenção federal no Município autoriza que o decreto interventivo que nomeie o interventor produza imediatamente seus efeitos.

Conforme preceitua o art. 35, IV, da CF: "O Estado não intervirá em seus Municípios, nem a União nos Municípios localizados em Território Federal, exceto quando: (...) **IV:** o Tribunal de Justiça der provimento a representação para assegurar a observância de princípios indicados na Constituição Estadual, ou para prover a execução de lei, de ordem ou de decisão judicial".

Gabarito "A"

(Defensor Público/SE – 2012 – CESPE) Acerca da organização do Estado e da intervenção na CF, assinale a opção correta.

(A) Os estados-membros da Federação, além de autônomos, são soberanos, possuindo direito de secessão.
(B) A intervenção da União em estado, para assegurar a observância dos chamados princípios constitucionais sensíveis, depende do provimento, pelo STF, de representação interventiva ajuizada pelo procurador-geral da República.
(C) A União pode intervir no município que deixar de prestar as devidas contas, na forma da lei, em caso de inércia do estado em que este se situe.
(D) O DF pode intervir nos municípios situados em seu entorno.
(E) A intervenção federal decorre da hierarquia existente entre a União, os estados, o DF e os municípios.

A: Errada. A CF não garante direito de secessão (o art. 1º da CF fala em "união indissolúvel"). Ao contrário, prevê a forma federativa como cláusula pétrea (art. 60, § 4º, I); **B:** Correta. Art. 36, III, da CF; **C:** A União só pode intervir em Município localizado em Território Federal (art. 35, *caput*, da CF); **D:** Errada. O DF não é dividido em Municípios; **E:** Errada. Não existe hierarquia entre os entes federativos, mas divisão constitucional de competências entre eles.

Gabarito "B"

10. Organização do Poder Executivo

(Defensor Público/SP – 2012 – FCC) A respeito do Poder Executivo, é correto afirmar:

(A) **Há previsão de eleição indireta para os cargos de** Presidente e de Vice-Presidente da República, a ser realizada pelo Congresso Nacional, na hipótese de vacância dos dois cargos nos primeiros dois anos do período presidencial.
(B) O veto do Presidente da República a projeto de lei, na ordem constitucional brasileira, pode ser derrubado pelo Poder Legislativo, em sessão conjunta, em voto aberto e pela maioria absoluta de Deputados e Senadores.
(C) O Presidente e o Vice-Presidente da República não poderão, sem licença do Congresso Nacional, ausentar-se do País por período superior a trinta dias, sob pena de perda do cargo.
(D) Segundo entendimento do Supremo Tribunal Federal, na hipótese de processo contra o Presidente da República por crime comum, em relação a fatos estranhos ao exercício do mandato, deverá o processo ser suspenso, com a consequente suspensão do prazo prescricional, apenas com relação aos fatos ocorridos antes ao início de seu mandato.
(E) As medidas provisórias que haviam sido editadas em data anterior à da publicação da Emenda Constitucional n. 32/2001 e que estavam em vigor nessa data, por força do artigo 2º da referida emenda, continuaram em vigor até que houvesse revogação explícita por medida provisória ulterior ou até que houvesse deliberação definitiva do Congresso Nacional.

A: Errada. Não reflete o disposto no art. 80 ("Em caso de impedimento do Presidente e do Vice-Presidente, ou vacância dos respectivos cargos, serão sucessivamente chamados ao exercício da Presidência o Presidente da Câmara dos Deputados, o do Senado Federal e o do Supremo Tribunal Federal") e art. 81, *caput* e § 1º, da CF ("Vagando os cargos de Presidente e Vice-Presidente da República, far-se-á eleição noventa dias depois de aberta a última vaga. § 1º. Ocorrendo a vacância nos últimos dois anos do período presidencial, a eleição para ambos os cargos será feita trinta dias depois da última vaga, pelo Congresso Nacional, na forma da lei."); **B:** Errada. Não reflete o disposto no art. 66, § 4º, da CF: "O veto será apreciado em sessão conjunta, dentro de trinta dias a contar de seu recebimento, só podendo ser rejeitado pelo voto da maioria absoluta dos Deputados e Senadores, em escrutínio secreto."; **C:** Errada. Não reflete o disposto no art. 83 da CF "O Presidente e o Vice-Presidente da República não poderão, sem licença do Congresso Nacional, ausentar-se do País por período superior a quinze dias, sob pena de perda do cargo"; **D:** Errada. Não reflete o disposto no art. 86, § 4º, da CF "O Presidente da República, na vigência de seu mandato, não pode ser responsabilizado por atos estranhos ao exercício de suas funções"; **E:** Correta. Art. 2º da EC 32/2001: "As medidas provisórias editadas em data anterior à da publicação desta emenda continuam em vigor até que medida provisória ulterior as revogue explicitamente ou até deliberação definitiva do Congresso Nacional".

Gabarito "E"

(Defensoria/MT – 2007) Compete privativamente ao Presidente da República, sem possibilidade de delegação:

(A) Decretar e executar a intervenção federal.
(B) Prover e extinguir os cargos públicos federais.
(C) Conceder indulto e comutar penas.
(D) Autorizar referendo e convocar plebiscito.
(E) Fixar os subsídios dos Ministros de Estado.

A: correta (art. 84, X, da CF); **B:** incorreta, pois não reflete a integralidade do disposto no art. 84, XXV, da CF; **C:** incorreta, pois não reflete a integralidade do disposto no art. 84, XII, da CF; **D:** incorreta, pois não reflete o disposto no art. 49, XV, da CF; **E:** incorreta, pois não reflete o disposto no art. 49, VIII, da CF.

Gabarito "A"

(Defensor Público/BA – 2006) Relativamente ao tema do "Poder Executivo", tem-se que:

I. Em caso de impedimento do Presidente e do Vice- Presidente da República, ou vacância dos respectivos cargos, serão sucessivamente chamados ao exercício da Presidência o Presidente do Senado Federal, da Câmara dos Deputados e do Supremo Tribunal Federal.
II. O Presidente da República ao ausentar-se do país, por período superior a quinze dias, sem licença do Congresso Nacional, poderá perder o cargo.
III. O Presidente da República ficará suspenso de suas funções nos crimes de responsabilidade, após instauração do processo pelo Senado Federal.
IV. O Presidente da República, na vigência de seu mandato, poderá ser responsabilizado por atos estranhos ao exercício de suas funções.

(A) Estão corretas apenas as assertivas I e II.
(B) Estão corretas apenas as assertivas III e IV.
(C) Estão corretas apenas as assertivas I, II e IV.
(D) Estão corretas apenas as assertivas II e III.
(E) Todas as assertivas estão corretas.

I: incorreta, pois não reflete o disposto no art. 80 da CF; **II:** correta (art. 83 da CF); **III:** correta (art. 86, § 1º, II, da CF); **IV:** incorreta, pois viola o art. 86, § 4º, da CF.

Gabarito "D"

(Defensoria/RN – 2006) Admitida a acusação contra o Presidente da República,

(A) enquanto não for proferida a sentença condenatória, não estará sujeito a prisão nas infrações comuns.
(B) o julgamento será feito pelo Senado Federal nos crimes de responsabilidade e nas infrações comuns.
(C) sendo crime de responsabilidade, logo após o recebimento da queixa-crime ou denúncia o Presidente ficará afastado de suas funções.
(D) se, decorrido cento e oitenta dias, o julgamento não estiver concluído, o Presidente poderá retornar às suas funções, sendo arquivado o processo instaurado.

A: correta (art. 86, § 3º, da CF); **B:** incorreta, pois não reflete o disposto no art. 86 da CF; **C:** incorreta, pois não reflete o disposto no art. 86, § 1º, II, da CF; **D:** incorreta, não reflete o disposto no art. 86, § 2º, da CF.

Gabarito "A"

11. Organização do Poder Legislativo. Processo Legislativo

(Defensor Público/RO – 2012 – CESPE) No que se refere ao Poder Legislativo, assinale a opção correta.

(A) Segundo a jurisprudência do STF, as CPIs podem determinar as diligências necessárias à investigação para a qual foi criada, sendo-lhes inclusive permitido determinar quebra de sigilo fiscal, bancário e de dados, vedada, entretanto, a determinação da quebra do sigilo das comunicações telefônicas.
(B) Os parlamentares federais gozam de imunidades formais e materiais, razão por que não podem ser presos ou condenados, civil e penalmente, por quaisquer de suas opiniões, palavras e votos, desde que proferidos em razão de suas funções parlamentares; além disso, somente podem ser processados após licença prévia da casa parlamentar a que pertencem.
(C) O TCU, órgão técnico e auxiliar do Poder Legislativo, é responsável pelo julgamento das contas do presidente da República e dos administradores e demais responsáveis por recursos públicos, cabendo-lhe aplicar a estes últimos as sanções previstas em lei.
(D) Compete exclusivamente ao Senado Federal sustar os atos normativos do Poder Executivo que exorbitem do poder regulamentar ou dos limites de delegação legislativa.
(E) As CPIs, de caráter temporário, destinam-se à investigação de um fato certo e determinado, somente podendo ser criadas mediante requerimento da maioria absoluta dos membros do Congresso Nacional.

A: Correta. O STF entende que as CPIs podem determinar a quebra de sigilo bancário, fiscal e de dados por terem poderes próprios de autoridades judiciais (art. 58 § 3º, da CF), desde que o ato seja adequadamente fundamentado e revele a necessidade objetiva da medida extraordinária; **B:** Errada. A imunidade material (por opiniões, palavras e votos) só protege o parlamentar no exercício do mandato ou em razão dele. No âmbito penal, o parlamentar responde sem necessidade de prévia licença da Casa respectiva, mas há a possibilidade de sustação da ação na forma do art. 53, § 3º, da CF (imunidade formal); **C:** Errada. O TCU **aprecia** as contas do Presidente da República e **julga** as contas dos administradores e demais responsáveis por recursos públicos (art. 71, I e II, da CF), cabendo-lhe aplicar sanções a todos os responsáveis por ilegalidade de despesa ou irregularidade de contas (art. 71, VIII, da CF); **D:** Errada. A competência é do Congresso Nacional. Art. 49, V, da CF; **E:** Errada. Podem ser criadas por um terço dos membros do Congresso Nacional (art. 58, § 3º, da CF).

Gabarito "A"

(Defensor Público/TO – 2013 – CESPE) No que concerne aos entes da Federação e à organização dos poderes no ordenamento jurídico nacional, assinale a opção correta.

(A) É inconstitucional a criação, por estado-membro, de procuradoria especial para representação judicial do tribunal de contas do estado, ainda que para a prática, em juízo, de atos processuais em defesa de sua autonomia e independência, visto que tal competência é atribuída, com exclusividade, à procuradoria do estado.
(B) Na CF, a regra que diz respeito à recondução de membros das mesas das casas legislativas constitui norma de preordenação para os estados-membros.
(C) De acordo com o entendimento do STF, a validade jurídica da quebra de sigilo bancário determinada por comissão parlamentar de inquérito demanda aprovação da maioria absoluta dos membros que compõe o órgão de investigação legislativa.
(D) O deputado ou senador que tenha praticado crime antes da diplomação não terá direito à imunidade formal em relação ao processo e à prisão.
(E) É constitucional norma inserida na constituição estadual que repute crime de responsabilidade a ausência injustificada de secretário do estado à convocação da assembleia legislativa para prestar esclarecimentos.

A: Errada. STF, ADIn 94: "asseverou-se a possibilidade de existência de carreiras especiais para representação judicial das assembleias e dos tribunais de contas nos casos em que estes necessitassem praticar, em juízo e em nome próprio, atos processuais na defesa de sua autonomia e independência em face dos demais Poderes. Sublinhou-se, outrossim, que essas procuradorias poderiam ser responsáveis pela consultoria e pelo assessoramento jurídico dos demais órgãos da assembleia e do tribunal de contas"; **B:** Errada. STF, ADIn-MC 2371: "O art. 57, § 4º, da CF, que veda a recondução dos membros das Mesas das Casas Legislativas federais para os mesmos cargos na eleição imediatamente subsequente, não é de reprodução obrigatória pelos Estados-Membros"; **C:** Correta. Sim, e por decisão fundamentada que comprove a necessidade da medida excepcional; **D:** Errada. Não reflete o disposto no art. 53, § 2º, da CF; **E:** Errada. STF, ADIn 3279: "É inconstitucional a norma de Constituição do Estado que, como pena cominada, caracterize como crimes de responsabilidade a ausência injustificada de secretário de Estado a convocação da Assembleia Legislativa, bem como o não atendimento, pelo governador, secretário de Estado ou titular de entidade da administração pública indireta, a pedido de informações da mesma Assembleia."

Gabarito "C"

(Defensor Público/SE – 2012 – CESPE) Considerando a hipótese de que a presidenta da República apresente, durante a vigência de estado de defesa, PEC cujo conteúdo verse sobre a instituição do voto censitário no Brasil, assinale a opção correta com base no que dispõe a CF e no entendimento do STF.

(A) Um parlamentar da Casa em que esteja tramitando a PEC poderá ajuizar mandado de segurança no STF, questionando, em controle difuso, a constitucionalidade da proposta por ofensa a limitações materiais e circunstanciais ao poder de reforma.

(B) A despeito de ofender limitações materiais e circunstanciais ao poder de reforma, a PEC será considerada constitucional se aprovada, em dois turnos de votação, por unanimidade em ambas as Casas do Congresso Nacional.

(C) A PEC, inconstitucional por ofensa a limitações materiais e circunstanciais ao poder de reforma, não poderá ser objeto de controle de constitucionalidade preventivo pela via difusa, devendo-se aguardar a sua promulgação para que, em seguida, um dos legitimados possa ajuizar ação direta de inconstitucionalidade.

(D) Para estar de acordo com a CF, a PEC deverá ser aprovada, em dois turnos de votação, por três quintos dos membros de cada Casa do Congresso Nacional, podendo ser promulgada na vigência do estado de defesa.

(E) Para estar de acordo com a CF, a PEC deverá ser aprovada, em dois turnos de votação, por três quintos dos membros de cada Casa do Congresso Nacional, desde que promulgada depois de cessado o estado de defesa.

A: Correta. O STF admite a impetração de MS por deputados e senadores (não pelo Presidente da República), para evitar a tramitação de proposta de emenda constitucional que fira o art. 60, da CF, por entender que os congressistas têm direito líquido e certo ao devido processo legislativo; **B**, **D** e **E**: Erradas. Não pode ser aprovada por violar cláusulas pétreas da CF (art. 60, §§ 1º e 4º, II, da CF); **C**: Errada. V. comentários à alternativa "a".

Gabarito "A".

(Defensor Público/GO – 2010 – I. Cidades) Sobre o processo legislativo, é correto afirmar:

(A) O atual texto da Constituição da República não contempla matérias de iniciativa legislativa conjunta.

(B) O veto, que é sempre expresso e fundamentado, tem igualmente natureza relativa, podendo ser derrubado, em sessão conjunta das casas do Congresso Nacional, pelo voto aberto da maioria absoluta dos congressistas.

(C) O retorno à casa iniciadora faz-se necessário em caso de mudança nos termos do projeto de lei, mesmo que não haja alteração no sentido jurídico da proposição.

(D) A regulação da inamovibilidade dos membros do Ministério Público pode ser veiculada por meio de medida provisória.

(E) O Legislativo não pode alterar projetos de iniciativa reservada do Presidente da República.

A: correta (art. 61 da CF); **B:** à época em que a questão foi elaborada, estava incorreta, pois o voto da maioria absoluta dos congressistas era secreto. A EC 76/2013 acabou com o voto secreto nas votações em processos de cassação de parlamentares e no exame dos vetos presidenciais (art. 66, § 4º, da CF); **C:** incorreta, pois se a alteração for apenas de redação, não há necessidade de retornar à casa iniciadora (art. 65, parágrafo único, da CF); **D:** incorreta, pois viola o art. 62, § 1º, I, "c", da CF; **E:** incorreta. A iniciativa é privativa do Presidente da República, mas as demais fases do processo legislativo são observadas normalmente.

Gabarito "A".

(Defensor Público/GO – 2010 – I. Cidades) A medida provisória é a espécie legislativa que mais tem merecido críticas em decorrência de não preencher os requisitos da relevância e urgência quando da sua edição. Se ela é editada para majorar tributo,

(A) será considerada inconstitucional, pois é vedada medida provisória que verse sobre essa matéria.

(B) só produzirá efeitos no exercício financeiro seguinte, se houver sido convertida em lei até o último dia daquele em que foi editada, ressalvadas algumas espécies tributárias previstas no texto constitucional, entre elas a que incide sobre as operações de crédito, câmbio e seguro.

(C) não poderá ser editada em hipótese alguma por não se configurar os requisitos de relevância e urgência.

(D) produzirá efeitos no exercício financeiro seguinte, ainda que não seja convertida em lei até o último dia daquele em que foi editada.

(E) só poderá ser editada na iminência ou no caso de guerra externa, para instituição de impostos extraordinários, compreendidos, ou não na competência tributária da União, os quais serão suprimidos, gradativamente, cessadas as causas de sua criação.

Art. 62, § 2º, da CF.

Gabarito "B".

(Defensoria Pública da União – 2010 – CESPE) No que concerne ao processo legislativo, julgue os itens subsequentes.

(1) Considere que o chefe do Poder Executivo tenha apresentado projeto de lei ordinária que dispõe sobre a remuneração de servidores públicos. Nesse caso, não se admite emenda parlamentar ao projeto para aumento do valor da remuneração proposto.

(2) A autonomia funcional e administrativa da Defensoria Pública estadual assegura, conforme a Constituição Federal, ao defensor público-geral do estado a iniciativa de propor projeto de lei que disponha sobre a criação e a remuneração de cargos de defensor público estadual.

1: certo (art. 63, I, da CF); **2:** errado. O art. 61, § 1º, II, *a*, da CF prescreve ser de iniciativa privativa do Presidente da República, a elaboração de leis que versem sobre criação de cargos ou sobre o aumento de sua remuneração. Por simetria, cabe ao Governador de Estado, Chefe do Poder Executivo Estadual, a edição de leis sobre a mesma matéria em seus limites territoriais.

Gabarito 1C, 2E

(Defensoria/ES – 2009 – CESPE) Acerca do processo legislativo e da competência do TCU, julgue o item abaixo.

(1) Compete ao TCU examinar, previamente, a validade de contratos administrativos celebrados pelo poder público.

1: errado. As competências do TCU estão listadas no art. 71, I a XI, da CF.

Gabarito 1E

(Defensor Público/AL – 2009 – CESPE) A respeito da organização dos poderes no Estado, julgue os próximos itens.

(1) A CF não atribuiu a imunidade formal ao parlamentar municipal e não a reconheceu, ao parlamentar estadual, quanto aos crimes praticados antes da diplomação.

(2) A CF, ao conferir autonomia aos estados-membros, impõe a observância obrigatória de princípios relacionados ao processo legislativo, de modo que o legislador estadual não pode validamente dispor sobre as matérias reservadas à iniciativa do chefe do Poder Executivo.

1: certo. Os vereadores possuem apenas a imunidade material (art. 29, VIII, da CF), ao contrário dos deputados e senadores, que possuem imunidades material (art. 53, *caput*, da CF) e formal (art. 53, § 2º, da CF); **2:** certo. Pelo princípio da simetria, as regras estabelecidas na Constituição Federal para o processo legislativo (inclusive as de criação ou revisão das constituições) devem ser seguidas pelos estados.

Gabarito 1C, 2C

(Defensoria/MT – 2009 – FCC) A Constituição Federal veda a edição de medida provisória para regulamentar

(A) a prestação de serviço postal.

(B) o regime dos portos, navegação lacustre, fluvial, marítima, aérea e aeroespacial.

(C) a exploração dos serviços de gás canalizado.

(D) as atividades nucleares de qualquer natureza.

(E) o exercício do direito à propriedade.

Art. 25, § 2º, da CF. Sobre o tema, v. tb. Art. 62, § 1º, da CF.

Gabarito "C".

(Defensoria/PA – 2009 – FCC) Segundo a Constituição Federal e a jurisprudência predominante sobre o processo legislativo,

(A) cabe ao Congresso Nacional aprovar ou rejeitar medida provisória de modo integral, sendo vedada sua aprovação com alteração do texto original.

(B) projeto de lei que verse sobre matéria de iniciativa exclusiva do Presidente da República não pode ser emendado pelas Casas do Congresso Nacional.
(C) a sanção presidencial convalida o vício de iniciativa de projeto de lei apresentado por membro do Congresso Nacional que verse sobre matéria de iniciativa exclusiva do Presidente da República.
(D) os Governadores de Estados-membros não podem editar medidas provisórias.
(E) solicitada urgência para apreciação de projeto de lei de iniciativa do Presidente da República, cada Casa do Congresso deve manifestar-se no prazo de 45 dias, prazo esse que não se aplica aos projetos de Código.

A: incorreta, pois não há vedação no art. 62 da CF; **B:** incorreta. O art. 63, I, da CF excepcionalmente autoriza emendas parlamentares que impliquem aumento de despesas nos projetos orçamentários de iniciativa exclusiva do Presidente da República; **C:** incorreta, pois não há convalidação nesse caso, assim como, no caso de MPs, a lei de conversão não convalida os vícios existentes na medida provisória; **D:** incorreta. O STF tem firme entendimento de que as medidas provisórias podem ser adotadas pelos chefes do Poder Executivo estadual, por simetria ao modelo federal; **E:** correta (art. 64, §§ 1º e 2º, da CF).

Gabarito "E"

(Defensoria/PI – 2009 – CESPE) Quanto aos limites de atuação do poder de reforma constitucional e ao alcance de proteção das cláusulas pétreas, assinale a opção correta.

(A) Sendo um poder instituído, o poder de reforma constitucional sofre limitações de conteúdo, mas não de forma. Assim, uma proposta de emenda à CF que seja rejeitada poderá ser reapresentada na mesma sessão legislativa.
(B) O STF entende que os direitos e garantias individuais considerados cláusulas pétreas pela CF restringem-se àqueles expressos no elenco do art. 5º, não admitindo interpretação extensiva.
(C) Consideram-se limitações temporais as situações que impedem que a CF seja emendada na vigência de intervenção federal, de estado de defesa ou de estado de sítio.
(D) No exercício do poder de reforma constitucional, o Congresso Nacional dispõe da faculdade de modificar a Lei Magna, não se admitindo que essa competência seja restringida por limitações outras que não aquelas constantes de forma explícita do texto constitucional.
(E) A jurisprudência do STF considera que os limites materiais ao poder constituinte de reforma não significam a intangibilidade literal da disciplina dada ao tema pela Constituição originária, mas sim a proteção do núcleo essencial dos princípios e institutos protegidos pelas cláusulas pétreas.

A: incorreta. Vedação expressa no art. 60, § 5º, da CF; **B:** incorreta. O STF entende que o princípio da anterioridade tributária, que não está listado no art. 5º da CF, é direito individual, constituindo cláusula pétrea na forma do art. 60, § 4º, IV, da CF; **C:** incorreta. Considera-se limitação circunstancial (art. 60, § 1º, da CF); **D:** incorreta. O Poder Constituinte Derivado submete-se a limitações explícitas (art. 60, § 1º e ss., da CF) e implícitas (não pode ser alterado, por exemplo, o procedimento de reforma da Constituição); **E:** correta, e pode haver emenda constitucional sobre matérias listadas como cláusulas pétreas (art. 60, § 4º, da CF), desde que para ampliá-las ou para corrigir-lhes a redação. O que a Constituição veda, para as cláusulas pétreas, é o retrocesso constitucional, e não a modificação pura e simples.

Gabarito "E"

(Defensoria/SP – 2009 – FCC) Em relação às cláusulas pétreas, considere as seguintes afirmações:

I. Tem como significado último prevenir a erosão da Constituição Federal, inibindo a tentativa de abolir o projeto constitucional deixado pelo constituinte.
II. A Emenda Constitucional 45, na parte que criou o Conselho Nacional de Justiça, violou, segundo julgamento proferido pelo Supremo Tribunal Federal, a cláusula pétrea da separação dos poderes.
III. Ao petrificar o voto cristalizou-se a impossibilidade do poder constituinte derivado excluir o voto do analfabeto ou do menor entre 16 e 18 anos.
IV. É possível que uma reforma constitucional crie novas cláusulas pétreas segundo entendimento pacífico da doutrina constitucional.
V. A mera alteração redacional de uma norma originária componente do rol de cláusulas pétreas não importa em inconstitucionalidade.

Estão corretas SOMENTE

(A) I, III e V.
(B) I, IV e V.
(C) II, III e IV.
(D) III, IV e V.
(E) I, III e IV.

I: correta. Significam uma autoproteção estabelecida pelo Poder Constituinte Originário; **II:** incorreta. As atribuições do CNJ não interferem nos Poderes Executivo e Legislativo (art. 103-B, § 4º, da CF); **III:** correta (art. 60, § 4º, II, c/c art. 14, § 1º, II, *a* e *c*, ambos da CF); **IV:** incorreta, pois essa questão não é pacífica, já que parte da doutrina entende que somente o poder constituinte originário pode criar cláusulas pétreas, o mesmo não podendo fazer o poder constituinte derivado, que não pode vincular uma manifestação futura deste mesmo poder; **V:** correta, pode haver emenda constitucional sobre matérias listadas como cláusulas pétreas, desde que para ampliá-las ou para corrigir-lhes a redação.

Gabarito "A"

(Defensoria/SP – 2009 – FCC) Fiscalização contábil, financeira e orçamentária do Poder Público.

(A) O pacto federativo brasileiro reconhece o Município como ente, por isso a Constituição de 1988 permite a criação de novos Tribunais de Contas no âmbito municipal.
(B) A Constituição Federal falhou em não prever expressamente a participação popular no controle da administração pública junto ao Tribunal de Contas da União.
(C) Os membros dos Tribunais de Contas são subordinados ao poder ao qual pertencem, eis que praticam atos de fiscalização sob seu comando e controle.
(D) O Tribunal de Contas é órgão do Poder Judiciário de extrema relevância, pois cabe-lhe aplicar sanções aos entes da Administração que causarem dano ao patrimônio público.
(E) A Constituição reza que quanto à legalidade, legitimidade, economicidade, aplicação das subvenções e renúncia de receitas a fiscalização será exercida internamente pelo próprio poder e externamente pelo Poder Legislativo.

A: incorreta. O art. 31, § 4º, da CF, veda a criação de conselho ou corte de contas municipais, mas a Constituição ressalva os Tribunais de Contas Municipais já existentes à época de sua promulgação (art. 31, § 1º, parte final, da CF); **B:** incorreta, pois não reflete o disposto no art. 74, § 2º, da CF, que legitima qualquer cidadão a denunciar irregularidades ao TCU; **C:** incorreta. Os Tribunais de Contas são órgãos auxiliares do Poder Legislativo (art. 71, *caput*, da CF); **D:** incorreta. Não integra o Poder Judiciário (art. 92 da CF), mas é órgão auxiliar do Poder Legislativo (art. 71, *caput*, da CF); **E:** correta (art. 70 da CF).

Gabarito "E"

(Defensor Público/MS – 2008 – VUNESP) No que tange à organização constitucional do Poder Legislativo, é correto afirmar que

(A) cabe ao Congresso Nacional, com a sanção do Presidente da República, resolver definitivamente sobre tratados, acordos ou atos internacionais que acarretem encargos ou compromissos gravosos ao patrimônio nacional.
(B) compete ao Congresso Nacional, com a sanção do Presidente da República, autorizar referendo e convocar plebiscito.
(C) compete privativamente ao Senado Federal aprovar previamente, por voto secreto, após arguição pública, a escolha de Ministros do Tribunal de Contas da União indicados pelo Presidente da República.
(D) a Câmara dos Deputados e o Senado Federal reunir-se-ão em sessão conjunta, exclusivamente, para inaugurar a sessão legislativa, receber o compromisso do Presidente da República e conhecer do veto e sobre ele deliberar.

A e **B:** incorretas. A competência nesses casos é exclusiva do Congresso Nacional (art. 49, I e XV, da CF) e independe de sanção ou veto do Presidente da República (art. 48 da CF); **C:** correta (art. 52, III, "b", da CF); **D:** incorreta, pois há outra hipótese de sessão conjunta (art. 57, § 3º, II, da CF).

Gabarito "C"

(Defensor Público/RO – 2007) É vedada a edição de medidas provisórias sobre matéria relativa à seguinte área do direito:

(A) civil
(B) trabalho
(C) comercial
(D) processo penal
(E) processo do trabalho

Art. 62, § 1º, I, *b*, da CF.

Gabarito "D"

(Defensor Público/RO – 2007) Compete privativamente ao Senado Federal:

(A) eleger membros do Conselho da República
(B) dispor sobre a transformação de cargos da Câmara de Deputados
(C) autorizar a instauração de processo contra o Presidente da República
(D) julgar os Ministros do Supremo Tribunal Federal nos crimes de responsabilidade
(E) proceder à tomada de contas não apresentadas pelo Presidente da República ao Congresso Nacional

Art. 52 da CF.

ANULADA

(Defensor Público/RO – 2007) A Constituição Federal poderá ser emendada mediante proposta do seguinte quantitativo mínimo dos membros da Câmara dos Deputados:

(A) 3/5
(B) 2/5
(C) 2/3
(D) 1/5
(E) 1/3

Art. 60, I, da CF.

Gabarito "E"

(Defensor Público/RO – 2007) Lei complementar que trate de normas gerais para a organização da Defensoria Pública do Estado é da iniciativa privativa do seguinte órgão:

(A) Senado Federal
(B) Governo do Estado
(C) Congresso Nacional
(D) Assembleia Legislativa
(E) Presidência da República

Art. 61, § 1º, II, "d", da CF.

Gabarito "E"

(Defensoria/MT – 2007) Com pertinência ao Poder Legislativo no âmbito Federal, segundo as normas constitucionais, assinale a afirmativa correta.

(A) Cada legislatura do Congresso Nacional terá a duração de quatro anos.
(B) Compete ao Senado Federal a nomeação do Procurador-Geral da República.
(C) Compete privativamente ao Congresso Nacional suspender a execução de lei declarada inconstitucional por decisão definitiva do Supremo Tribunal Federal.
(D) Na sessão legislativa extraordinária, o Congresso Nacional poderá deliberar sobre toda e qualquer matéria.
(E) A Câmara dos Deputados compõe-se de representantes do povo, eleitos, pelo sistema majoritário, em cada Estado, em cada Território e no Distrito Federal.

A: correta (art. 44, parágrafo único, da CF); **B:** incorreta, pois não reflete o disposto no art. 52, III, *e* no art. 84, XIV, ambos da CF; **C:** incorreta, pois não reflete o disposto no art. 52, X, da CF; **D:** incorreta, pois não reflete o disposto no art. 57, § 7º, da CF; **E:** incorreta, pois não reflete o disposto no art. 45 da CF.

Gabarito "A"

(Defensoria/MT – 2007) A Constituição Federal vigente define uma sequência de atos a serem realizados pelos órgãos legislativos, visando à formação das espécies normativas, denominado processo legislativo. Sobre o tema, assinale a afirmativa correta.

(A) A Carta Magna de 1988 não aboliu o instrumento do decurso de prazo, o qual é admitido em relação às leis delegadas.
(B) O quórum constitucional de maioria simples, exigido para a aprovação de lei ordinária, corresponde a um número variável.
(C) A análise da constitucionalidade do projeto de lei será efetuada apenas pela Comissão de Constituição e Justiça na respectiva Casa Legislativa onde se iniciou o trâmite do projeto.
(D) A discussão e votação dos projetos de lei de iniciativa do Supremo Tribunal Federal terão início no Senado Federal.
(E) É de iniciativa do Presidente da República ou do Congresso Nacional lei que disciplina a Defensoria Pública da União.

A: incorreta. A CF de 1988 aboliu a aprovação tácita da lei por "decurso de prazo" prevista na Constituição de 1967/1969; **B:** correta (art. 47 da CF); **C:** incorreta. O juízo prévio de constitucionalidade pode ser feito nas duas casas do Congresso Nacional; **D:** incorreta, pois não reflete o disposto no art. 64 da CF; **E:** incorreta, pois não reflete o disposto no art. 61, § 1º, II, *d*, da CF.

Gabarito "B"

(Defensoria/SP – 2007 – FCC) A respeito do Poder Legislativo pode-se afirmar:

(A) Pelo artigo 62 da Constituição Federal, que trata das Medidas Provisórias, considera-se que o Congresso Nacional pode exercer o controle repressivo da constitucionalidade, pois retirará do ordenamento jurídico ato normativo perfeito e acabado apesar do seu caráter temporário.
(B) Que em âmbito federal funciona o bicameralismo do tipo federativo em que os estados são representados pelos senadores, o povo é representado pelos deputados federais e os munícipes pelos vereadores.
(C) O voto secreto para perda do mandato parlamentar, previsto no § 2º do artigo 55 da Constituição Federal, é considerado cláusula pétrea por estar contido na proibição do artigo 60, § 4º, II que trata do voto direto, secreto, universal e periódico.
(D) Segundo o artigo 58 da Constituição, para instalação de uma Comissão Parlamentar de Inquérito é necessário requerimento de um terço dos integrantes dos membros das casas, conjunta ou separadamente, para a apuração de fato determinado e prazo certo, sendo que os parlamentares podem impor penalidades e sanções civis e criminais.
(E) Segundo a Constituição, os deputados passam a ter imunidade formal a partir de sua diplomação e por isso têm inviolabilidade civil e penal por quaisquer de suas opiniões ou votos proferidos em decorrência de sua atuação.

A: correta, pois o veto à MP inconstitucional é uma das hipóteses de controle repressivo de constitucionalidade, realizada pelo Poder Legislativo; **B:** incorreta, pois não há vereadores em âmbito federal, mas apenas no municipal; **C:** incorreta. A hipótese não reflete a soberania popular prevista no art. 14 da CF, de modo que não se enquadra na proteção constitucional do art. 60, § 4º, II, da CF; **D:** incorreta, pois não reflete o disposto no art. 58, § 3º, da CF; **E:** incorreta. A inviolabilidade civil e penal decorre da imunidade material do art. 53, *caput*, da CF. A imunidade formal é a prevista no art. 53, § 2º, da CF.

Gabarito "A"

(Defensor Público/CE – 2007 – CESPE) Em relação ao Poder Legislativo, julgue os próximos itens de acordo com o entendimento do STF.

(1) Lei ordinária pode revogar lei complementar.
(2) A sanção do governador a projeto de lei de iniciativa de deputado estadual que disponha sobre reajuste de defensores públicos estaduais sana a inconstitucionalidade formal.
(3) É constitucional lei estadual que proíba a comercialização de produto alimentício no estado por considerá-lo nocivo à saúde.
(4) Desde que prevista competência na Constituição estadual, pode o governador editar medida provisória.

1: correta. O tema não é pacífico na doutrina, mas para o STF não existe hierarquia entre lei complementar e lei ordinária, mas apenas "reserva constitucional de lei complementar". Ou seja, leis complementares diferenciam-se das leis ordinárias porque a Constituição definiu que certas matérias somente podem ser veiculadas em lei complementar, que são aprovadas por maioria absoluta (art. 69 da CF). Assim, não haveria hierarquia entre elas, mas matérias reservadas à lei complementar e matérias que podem ser veiculadas por lei ordinária. Dessa forma, se a matéria não for reservada à lei complementar, mas foi veiculada por lei complementar, pode ser alterada por uma lei ordinária; **2:** errado. A sanção do Chefe do Poder Executivo (estadual ou federal) em matéria de sua iniciativa privativa não supre o vício de iniciativa, sendo a lei inconstitucional; **3:** errado. Para o STF, essa matéria é de competência da União; **4:** certo. O STF admite a adoção de medida provisória pelo governador de estado desde que haja previsão na Constituição estadual e sejam observados os princípios e limitações impostos pelo modelo estabelecido na CF.

Gabarito 1C, 2E, 3E, 4C

(Defensor Público/BA – 2006) Relativamente ao tema do processo legislativo, tem-se que:

I. A Constituição poderá ser emendada mediante proposta que será discutida e votada em cada Casa do Congresso Nacional, em dois turnos, considerando-se aprovada se obtiver, em ambos, dois quintos dos votos dos respectivos membros.

II. A matéria constante de proposta de emenda rejeitada ou havida por prejudicada não pode ser objeto de nova proposta na mesma sessão legislativa.

III. É vedada a edição de Medida Provisória sobre matéria reservada à lei complementar.

IV. Será permitida a reedição, na mesma sessão legislativa, de medida provisória que tenha sido rejeitada ou que tenha perdido sua eficácia por decurso de prazo.

Analisando as assertivas acima, verifica-se que:

(A) Estão corretas apenas as assertivas I e II.

(B) Estão corretas apenas as assertivas III e IV.

(C) Estão corretas apenas as assertivas I, II e IV.

(D) Estão corretas apenas as assertivas II e III.

(E) Todas as assertivas estão corretas.

I: incorreta. O quórum é de três quintos (art. 60, § 2º, da CF); **II:** correta (art. 60, § 5º, da CF); **III:** correta (art. 62, § 1º, III, da CF); **IV:** incorreta, pois não reflete o disposto no art. 62, § 10, da CF.

Gabarito "D"

(a questão foi alterada para possibilitar a indicação de uma resposta correta)

(Defensor Público/BA – 2006) Relativamente ao tema da fiscalização contábil, financeira e orçamentária, tem-se que:

I. As decisões do Tribunal de Contas de que resulte imputação de débito ou multa terão eficácia de título executivo.

II. Os Ministros do Tribunal de Contas da União terão as mesmas garantias, prerrogativas, impedimentos, vencimentos e vantagens dos Ministros do Tribunal Superior do Trabalho.

III. Qualquer cidadão, partido político, associação ou sindicato é parte legítima para, na forma da lei, denunciar irregularidades ou ilegalidades perante o Tribunal de Contas da União.

IV. Os Tribunais de Contas dos Estados serão previstos pelas Constituições estaduais e terão sete Conselheiros como componentes.

Analisando as assertivas acima, verifica-se que:

(A) Estão corretas apenas as assertivas II e III.

(B) Estão corretas apenas as assertivas I e II.

(C) Estão corretas apenas as assertivas I, II e IV.

(D) Estão corretas apenas as assertivas I, III e IV.

(E) Todas as assertivas estão corretas

I: correta (art. 71, § 3º, da CF); **II:** correta. O art. 73, § 3º, da CF fala em Superior Tribunal de Justiça, mas os Ministros dos Tribunais Superiores possuem os mesmos direitos e obrigações; **III:** correta (art. 74, § 2º, da CF); **IV:** correta (art. 75, parágrafo único, da CF).

Gabarito "E"

(Defensoria/MG – 2006) Considerando a Constituição Federal, assinale a afirmativa INCORRETA:

(A) A Câmara dos Deputados compõe-se de representantes do povo eleitos pelo sistema proporcional nacional.

(B) As deliberações de cada Casa Legislativa federal serão tomadas por maioria simples dos votos, presente a maioria absoluta dos seus membros, salvo disposição constitucional contraria.

(C) O mandato dos senadores é fixado em 8 anos.

(D) O número de deputados federais é fixado proporcionalmente à população dos Estados-Membros, a fim de que nenhuma dessas unidades da Federação tenham menos de 8 e mais de setenta deputados.

(E) O Senado Federal compõe-se de representantes dos Estados e do Distrito Federal, eleitos pelo sistema majoritário.

A: assertiva incorreta, devendo ser assinalada, pois não reflete o disposto no art. 45 da CF; **B:** assertiva correta (art. 47 da CF); **C:** assertiva correta (art. 46, § 1º, da CF); **D:** assertiva correta (art. 45, § 1º, da CF); **E:** assertiva correta (art. 46 da CF).

Gabarito "A"

(Defensoria/MG – 2006) São espécies normativas, de acordo com a Constituição de 1988:

(A) Emendas à Constituição, Leis Complementares, Decreto Regulamentador.

(B) Leis Complementares, Acórdãos, Enunciados.

(C) Leis Ordinárias, Resoluções, Decreto-lei.

(D) Portarias, Medidas Provisórias, Súmulas, Atos Normativos.

(E) Resoluções, Leis Delegadas, Decretos-legislativos.

Art. 59 da CF.

Gabarito "E"

(Defensoria/RN – 2006) No direito constitucional pátrio vigente, no tocante à alteração do texto constitucional, não existem óbices referentes a

(A) cláusulas pétreas.

(B) limitações formais.

(C) limitações circunstanciais.

(D) limitações temporais.

A: incorreta, pois não reflete o disposto no art. 60, § 4º, da CF: limitações materiais; **B:** incorreta, pois não reflete o disposto no art. 60, § 2º, da CF; **C:** incorreta, pois não reflete o disposto no art. 60, § 1º, da CF; **D:** correta. A CF não prevê a obrigação ou a proibição de reformar a Constituição dentro de um prazo certo ou determinado.

Gabarito "D"

(Defensoria/RN – 2006) É vedada a edição de medida provisória sobre matéria relativa a Direito

(A) Ambiental.

(B) Eleitoral.

(C) Comercial.

(D) Tributário.

Art. 62, § 1º, *a*, da CF.

Gabarito "B"

(Defensoria/RN – 2006) Na organização do Poder Legislativo compete

(A) ao Congresso Nacional, com a sanção do Presidente da República, aprovar o estado de defesa e a intervenção federal, autorizar o estado de sítio, ou suspender qualquer uma dessas medidas.

(B) ao Congresso Nacional processar e julgar os Ministros do Supremo Tribunal Federal nos crimes de responsabilidade.

(C) privativamente ao Senado Federal autorizar operações externas de natureza financeira, de interesse da União, dos Estados, do Distrito Federal, dos Territórios e dos Municípios.

(D) privativamente ao Senado Federal proceder à tomada de contas do Presidente da República.

A: incorreta, pois não reflete o disposto no art. 49, IV, da CF, que traz competência exclusiva do Congresso Nacional; **B:** incorreta, pois não reflete o disposto no art. 52, II, da CF; **C:** correta (art. 52, V, da CF); **D:** incorreta, pois não reflete o disposto no art. 51, II, da CF.

Gabarito "C"

(DEFENSORIA PÚBLICA DA UNIÃO – 2002 – CESPE) Com relação à disciplina constitucional do Poder Legislativo, julgue os itens a seguir.

(1) Não é obrigatório o atendimento à convocação para depor como testemunha perante comissão parlamentar de inquérito (CPI); atendida a convocação, contudo, o depoente cometerá crime de falso testemunho se deixar de revelar fatos que possam incriminá-lo.

(2) Muito embora possuam poderes de investigação próprios das autoridades judiciais, as CPIs não se encontram imunes ao controle de legitimidade de seus atos pelo Poder Judiciário e ao dever de motivar suas decisões gravosas aos direitos individuais.

(3) Ainda que constitucionalmente destinadas a apurar fato determinado, as CPIs não estão impedidas de investigar fatos que se liguem, intimamente, com o fato principal.

(4) A previsão de prazo certo para a apuração realizada por uma CPI não impede suas sucessivas prorrogações dentro de uma mesma legislatura.

1: errado. STF, HC 79812, Rel. Min. Celso de Mello: "O privilégio contra a autoincriminação - que é plenamente invocável perante as Comissões Parlamentares de Inquérito - traduz direito público subjetivo assegurado a qualquer pessoa, que, na condição de testemunha, de indiciado ou de réu, deva prestar depoimento perante órgãos do Poder Legislativo, do Poder Executivo ou do Poder Judiciário. - O exercício do direito de permanecer em silêncio não autoriza os órgãos estatais a dispensarem qualquer tratamento que implique restrição à esfera jurídica daquele que regularmente invocou essa prerrogativa fundamental"; **2:** certo. A Comissão Parlamentar de Inquérito, como expresso no art. 58, § 3º, da CF, tem poderes de investigação próprios das autoridades judiciais. Isso não a autoriza, porém, a praticar atos sujeitos à reserva de jurisdição, ou seja, aqueles cuja efetivação a Constituição Federal atribuiu, com exclusividade, ao Poder Judiciário. Os poderes das CPIs têm por finalidade última a investigação e, ao se depararem com a necessidade de constrangimento da liberdade ou da privacidade, é indispensável a participação do Judiciário no processo (art. 5º, LXI, da CF). Com maior razão, os poderes constitucionais investidos às CPIs não podem ser superiores ou mais amplos que os atribuídos ao próprio Poder Judiciário, sob pena de inversão da titularidade constitucional da função jurisdicional; **3** e **4:** certos. STF, HC HC 71231, Rel. Min. Carlos Velloso: "I. - A Comissão Parlamentar de Inquérito deve apurar fato determinado. CF, art. 58, § 3º. Todavia, não está impedida de investigar fatos que se ligam, intimamente, com o fato principal. II. - Prazo certo: o Supremo Tribunal Federal, julgando o HC nº 71.193-SP, decidiu que a locução "prazo certo", inscrita no § 3º do artigo 58 da Constituição, não impede prorrogações sucessivas dentro da legislatura, nos termos da Lei 1.579/52. III. - A intimação do paciente, que é advogado, para prestar depoimento à CPI, não representa violência ao disposto no art. 133 da Constituição nem às normas dos artigos 87 e 89 da Lei 4.215, de 1963, 406, CPC, 154, Cód. Penal, e 207, CPP. O paciente, se for o caso, invocará, perante a CPI, sempre com possibilidade de ser requerido o controle judicial, os direitos decorrentes do seu "status" profissional, sujeitos os que se excederem ao crime de abuso de autoridade. IV. - H.C. indeferido".

Gabarito 1E, 2C, 3C, 4C

(DEFENSORIA PÚBLICA DA UNIÃO – 2002 – CESPE) Acerca da legitimidade do uso de MPs, julgue os itens abaixo.

(1) As MPs não podem disciplinar matéria reservada à lei complementar.

(2) A Constituição da República admite uma única reedição de determinada MP.

(3) Muito embora os requisitos de urgência e relevância para a 1ª edição de MPs possuam caráter político, o STF pode vir a verificar sua ocorrência.

1: certo (art. 62, § 1º, III, da CF); **2:** errado. A regra é a do art. 62, § 3º, da CF, que encontra exceções nos §§ 11 e 12 do mesmo artigo; **3:** certo. Excepcionalmente, os requisitos de relevância e urgência são *sindicáveis*, ou seja, podem ser objeto de análise pelo Poder Judiciário, com fundamento no respeito ao princípio da separação de poderes. Para o STF, "os pressupostos da urgência e da relevância, embora conceitos jurídicos relativamente indeterminados e fluídos, mesmo expondo-se, inicialmente, à avaliação discricionária do Presidente da República, estão sujeitos, ainda que excepcionalmente, ao controle do Poder Judiciário, porque compõem a própria estrutura constitucional que disciplina as medidas provisórias, qualificando-se como requisitos legitimadores e juridicamente condicionantes do exercício, pelo Chefe do Poder Executivo, da competência normativa primária que lhe foi outorgada, extraordinariamente, pela Constituição da República. (...) - A possibilidade de controle jurisdicional, mesmo sendo excepcional, apoia-se na necessidade de impedir que o Presidente da República, ao editar medidas provisórias, incida em excesso de poder ou em situação de manifesto abuso institucional, pois o sistema de limitação de poderes não permite que práticas governamentais abusivas venham a prevalecer sobre os postulados constitucionais que informam a concepção democrática de Poder e de Estado, especialmente naquelas hipóteses em que se registrar o exercício anômalo e arbitrário das funções estatais." (STF, ADI 2213 MC, Rel. Min. Celso de Mello).

Gabarito 1C, 2E, 3C

12. Da Organização do Poder Judiciário

(Defensor Público/AM – 2013 – FCC) Considerando a disciplina constitucional a respeito da súmula vinculante editada pelo Supremo Tribunal Federal, é correto afirmar que

(A) o ato da administração pública, direta ou indireta, da esfera federal, estadual ou municipal, que contrarie o enunciado de súmula vinculante aplicável, pode ser objeto de reclamação proposta diretamente perante o Supremo Tribunal Federal;

(B) a decisão judicial, que contrarie súmula vinculante, pode ser impugnada por reclamação proposta perante o Supremo Tribunal Federal que, no entanto, não poderá cassar a decisão reclamada;

(C) o Governador de Estado não pode propor a aprovação, revisão, nem o cancelamento de súmula vinculante;

(D) não pode ser objeto de súmula vinculante a interpretação a respeito da constitucionalidade de normas municipais em face da Constituição Federal;

(E) a súmula que afirmar a inconstitucionalidade de lei ou ato normativo federal apenas produzirá efeitos vinculantes após o ato normativo inconstitucional ser suspenso pelo Senado Federal.

A: Correta. Art. 103-A, § 3º, da CF; **B:** Errada. Art. 103-A, § 3º, da CF; **C:** Errada. Art. 3º. X, da Lei 11.417/2006; **D:** Errada. Pode ser editada, desde que presentes os requisitos do art. 103-A, da CF; **E:** Errada. Edição de súmula vinculante pelo STF tem efeitos a partir de sua publicação (art. 103-A, da CF), não se confundindo com a necessidade de o Senado Federal suspender a aplicação de lei declarada inconstitucional pelo STF em controle difuso, para que a declaração de inconstitucionalidade tenha eficácia *erga omnes* (art. 52, X, da CF).

Gabarito "A"

(Defensor Público/AM – 2013 – FCC) Considere a hipótese de em 2012 ter sido expedido precatório judicial de caráter alimentar, a ser pago por determinado Estado membro a indivíduo com 65 anos de idade. Nessa situação, o precatório

(A) deverá ser atualizado monetariamente pelo índice oficial de remuneração básica da caderneta de poupança e, para fins de compensação da mora, incidirão juros simples no mesmo percentual de juros incidentes sobre a caderneta de poupança, sendo ainda devido o pagamento dos juros compensatórios;

(B) deve ser pago com preferência sobre todos os demais débitos, independentemente de qual seja o seu valor, que deverá ser atualizado monetariamente pelo índice oficial de remuneração básica da caderneta de poupança, e, para fins de compensação da mora, incidirão juros simples;

(C) deve ser pago com preferência sobre todos os demais débitos, até o valor equivalente ao triplo do fixado em lei para fins de definição da obrigação de pequeno valor, admitido o fracionamento para essa finalidade, sendo que o restante será pago na ordem cronológica de apresentação do precatório;

(D) poderá ser objeto de cessão, desde que mediante expressa concordância do devedor, não podendo o cessionário beneficiar- se das mesmas prerrogativas concedidas ao cedente em relação à preferência para o recebimento do crédito;

(E) poderá ser pago em dez prestações anuais, corrigidas pelo índice oficial de remuneração básica da caderneta de poupança e, para fins de compensação da mora, incidirão juros simples no mesmo percentual de juros incidentes sobre a caderneta de poupança, sendo ainda devido o pagamento dos juros compensatórios.

De acordo o art. 100, § 2º, da CF: "Os débitos de natureza alimentícia cujos titulares tenham 60 (sessenta) anos de idade ou mais na data de expedição do precatório, ou sejam portadores de doença grave, definidos na forma da lei, serão pagos com preferência sobre todos os demais débitos, até o valor equivalente ao triplo do fixado em lei para os fins do disposto no § 3º deste artigo, admitido o fracionamento para essa finalidade, sendo que o restante será pago na ordem cronológica de apresentação do precatório". Dessa forma, apenas a opção "C" está correta.

Gabarito "C"

(Defensor Público/PR – 2012 – FCC) A Emenda Constitucional n. 45 de 2004 criou no Brasil o Conselho Nacional de Justiça que no âmbito da Reforma do Poder Judiciário buscou garantir maior democracia, transparência administrativa e redução do corporativismo do Poder Judiciário. Sob essa ótica, integram esse projeto:

I. A composição mista, com integrantes da sociedade, a competência concorrente com as corregedoria dos demais tribunais que cria uma forma inovadora de competição entre agências de apuração e acesso ao Conselho de todos os cidadãos.

II. A competência subsidiária do Conselho para realizar apurações, que somente deve atuar após as corregedorias terem esgotados seus procedimentos, ou ainda, se estas forem completamente omissas no exercício de suas atribuições.

III. Avocar processos disciplinares e rever esses processos em caráter de recurso, exercendo uma atividade disciplinar bastante abrangente.

IV. A possibilidade de questionar junto ao órgão uma decisão judicial que extrapole as raias da normalidade e eminentemente deformada ou teratológica, um verdadeiro ato de improbidade cometido na decisão judicial.

V. Manter as sanções estabelecidas na atual Lei Orgânica da Magistratura - LOMAN que adequadamente estabelece as punições disciplinares para os magistrados como a aposentadoria compulsória.

Está correto APENAS o que se afirma em

(A) V.
(B) I e II.
(C) II e V.
(D) IV e V.
(E) I, III e IV.

I: Correta. Arts. 103-B, I a XIII e § 4º, III, da CF; **II:** Errada. Não reflete o disposto no art. 103-B, § 4º, III, da CF; **III:** Correta. Art. 103-B, § 4º, III, da CF; **IV:** O gabarito aponta o item como correto, mas é preciso ter em mente que a CF não se refere a decisões judiciais, mas administrativas (art. 103-B, § 4º, II, da CF); **V:** Errada. V. art. 103-B, § 4º, III, *in fine*, da CF.

Gabarito "E".

(Defensor Público/PR – 2012 – FCC) Nas últimas décadas e em especial após a promulgação da Constituição Federal de 1988, o Supremo Tribunal Federal tem ocupado um papel de destaque no cenário político atual expandindo seus poderes. Na análise desses novos rumos destaca-se:

I. O entendimento que denomina esse marco de *"Supremocracia"*, num primeiro sentido referindo-se à autoridade do Supremo em relação às demais instâncias do judiciário (súmula vinculante) e num segundo sentido em relação à expansão de sua autoridade em relação aos demais poderes.

II. O processo não recente de deslocamento da autoridade do sistema representativo para o judiciário e antes de tudo, um avanço das constituições rígidas, dotadas de sistema de controle de constitucionalidade e extremamente ambiciosas optando sobretudo decidir.

III. A maximização de competências do Supremo que atua como corte constitucional, tribunal de última instância e foro especializado.

IV. A decisão liminar concedida na Reclamação 4.335-/Acre (progressão de pena nos crimes hediondos) a qual minimiza o papel do Senado Federal no controle difuso de constitucionalidade.

V. A criação das Funções Essenciais à Justiça pela Constituição Federal de 1988 que ampliou ainda mais os órgãos integrantes do Poder Judiciário.

Está correto o que se afirma em

(A) V, apenas.
(B) I, II e V, apenas.
(C) I, III e V, apenas.
(D) I, II, III e IV, apenas.
(E) I, II, III, IV e V.

I: Correta. Termo utilizado por Oscar Vilhena; **II:** Correta. Para o fenômeno, tem-se utilizado o termo "judicialização da política"; **III:** Correta. Apesar de as competências do STF estarem listadas na CF, vê-se a ampliação dessas competências via interpretação; **IV:** Correta. Na Rcl 4335, o Ministro Relator Gilmar Mendes aduziu que a suspensão pelo Senado Federal da execução do ato declarado inconstitucional pelo STF constitui ato político que empresta eficácia *erga omnes* às decisões definitivas sobre inconstitucionalidade proferidas em caso concreto. Asseverou, no entanto, que a amplitude conferida ao controle abstrato de normas e a possibilidade de se suspender, liminarmente, a eficácia de leis ou atos normativos, com eficácia geral, no contexto da Constituição de 1988, concorreram para infirmar a crença na própria justificativa do instituto da suspensão da execução do ato pelo Senado, inspirado numa concepção de separação de poderes hoje ultrapassada. Ressaltou, ademais, que ao alargar, de forma significativa, o rol de entes e órgãos legitimados a provocar o STF, no processo de controle abstrato de normas, o constituinte restringiu a amplitude do controle difuso de constitucionalidade. Assim, concluiu que a fórmula relativa à suspensão de execução da lei pelo Senado há de ter simples efeito de *publicidade*, ou seja, se o STF, em sede de controle incidental, declarar definitivamente que a lei é inconstitucional, essa decisão terá efeitos gerais, fazendo-se a comunicação àquela Casa legislativa para que *publique* a decisão no Diário do Congresso; **V:** Errada. Os órgãos que constituem "funções essenciais à justiça" não integram o Poder Judiciário.

Gabarito "D".

(Defensor Público/PR – 2012 – FCC) Determinado juiz criminal tem o entendimento de que a Lei n. 11.340/2006 (Lei Maria da Penha) é inconstitucional por violar o princípio da igualdade ao proteger diferentemente mulheres e homens. Sendo assim, aplica aos casos de lesão corporal leve contra a mulher, caracterizados como de violência doméstica, a Lei n. 9.099/1995. Atuando na defesa da mulher em situação de violência doméstica, o Defensor Público deve

(A) apresentar reclamação ao Supremo Tribunal Federal para que seja cumprida a decisão proferida na ADC19/DF, já que a referida lei veio concretizar o dever do Estado de criar mecanismos para coibir a violência no âmbito das relações familiares, que afeta majoritariamente as mulheres;
(B) orientar as mulheres que defende que a Lei n. 9.099/1995 possui mecanismos de maior celeridade e que os resultados virão de forma mais rápida e efetiva, além de possibilitar-lhes desistir mais facilmente do processo;
(C) acompanhar e defender as mulheres que representa pelo rito da Lei n. 9.099/1995, já que não há decisão definitiva do Supremo Tribunal Federal a respeito da matéria;
(D) não questionar o juiz quanto a esse entendimento para manter uma boa relação profissional e garantir, futuramente, quando estiver atuando na defesa dos réus a aplicação de uma lei mais benéfica;
(E) acompanhar os casos, fazer as petições cabíveis questionando o entendimento do juiz, interpor todos os recursos que estiverem disponíveis até que os casos cheguem ao Supremo Tribunal Federal e a questão constitucional seja decidida definitivamente.

A: Correta. Art. 102, I, "l", da CF; **B** e **C:** Erradas. Não se aplica ao caso o rito da Lei 9.099/1995; **D:** Errada. Não se pode dispor da lei penal; **E:** A questão pode chegar diretamente ao STF via reclamação (art. 102, I, "l", da CF), em razão do decidido na ADC 19/DF.

Gabarito "A".

(Defensor Público/SP – 2012 – FCC) Uma das mais relevantes alterações do regime constitucional operada pela Emenda Constitucional n. 45/2004 foi a introdução das Súmulas Vinculantes. Sobre esse regime constitucional, é INCORRETO afirmar:

(A) **Sem prejuízo do que vier a ser estabelecido em lei, o** cancelamento de Súmula Vinculante poderá ser provocado por aqueles que podem propor a Ação Direta de Inconstitucionalidade.
(B) As Súmulas Vinculantes dependem de decisão de dois terços dos membros do Supremo Tribunal Federal para serem aprovadas.
(C) A Súmula Vinculante terá efeito vinculante a partir do momento de sua publicação na imprensa oficial.
(D) Não é cabível reclamação contra ato administrativo que contrariar Súmula Vinculante.
(E) Cabe reclamação ao Supremo Tribunal Federal contra decisão judicial que contrariar Súmula Vinculante.

A: Correta. Art. 103-A, § 2º, da CF; **B:** Correta. Art. 103-A, *caput*, da CF; **C:** Correta. Art. 103-A, *caput*, da CF; **D:** Errada. Não reflete o disposto no art. 103-A, § 3º, da CF: "Do ato administrativo ou decisão judicial que contrariar a súmula aplicável ou que indevidamente a aplicar, caberá reclamação ao Supremo Tribunal Federal"; **E:** Correta. Art. 103-A, § 3º, da CF.

Gabarito "D"

(Defensor Público/GO – 2010 – I. Cidades) Após a ocorrência de reiteradas decisões sobre matéria constitucional, o Supremo Tribunal Federal poderá, de ofício ou mediante provocação, editar enunciado de súmula que, a partir de sua publicação na imprensa oficial, terá efeito vinculante em relação aos demais órgãos do Poder Judiciário e à administração pública direta e indireta, nas esferas federal, estadual e municipal, bem como proceder à sua revisão ou cancelamento

(A) e, nesse caso, o quórum para sua aprovação é de maioria absoluta.

(B) e poderá a Excelsa Corte, por decisão de 2/3 (dois terços) dos seus membros, decidir que os efeitos vinculantes só tenham eficácia a partir de outro momento, tendo em vista razões de segurança jurídica.

(C) e, na tramitação do procedimento, não haverá possibilidade de se admitir manifestação de terceiro.

(D) e, se houver revogação ou modificação da lei em que se fundou a edição de enunciado de súmula vinculante, este será considerado revogado.

(E) sendo que a proposta de edição, revisão ou cancelamento de enunciado de súmula vinculante autoriza a suspenção dos processos em que se discuta a mesma questão.

Art. 103-A, *caput* e §§ 1º a 3º, da CF. V., tb., Lei 11.417/2006.

Gabarito "B"

(Defensoria Pública da União – 2010 – CESPE) *Acerca do Poder Judiciário, julgue os próximos itens.*

(1) Compete ao STF julgar ação civil pública proposta contra ato praticado pelo Conselho Nacional de Justiça.

(2) O credor pode ceder a terceiros, total ou parcialmente, seus créditos em precatórios, de qualquer valor e natureza, independentemente da concordância do devedor.

(3) A legislação em vigor não admite a concessão de medida cautelar em ação direta de inconstitucionalidade por omissão.

1: errado. A ação civil pública tem início no primeiro grau de jurisdição; **2:** certo (art. 100, § 13, da CF); **3:** errado. O art. 12-F da Lei 9.868/1999 expressamente prevê a medida cautelar em ADIn por omissão.

Gabarito 1E, 2C, 3E

(Defensoria Pública/SP – 2010 – FCC) O Conselho Nacional de Justiça (CNJ) editou a Resolução nº 7 de 2005 vedando a prática de nepotismo no âmbito de todos os órgãos do Poder Judiciário. Considerando suas atribuições, o CNJ

(A) extrapolou sua competência, violando o princípio da legalidade, já que para regular tal matéria seria necessário a edição de lei específica ou de emenda à Constituição.

(B) invadiu competência estadual já que a matéria deveria ser tratada pelas unidades federadas que são as competentes para organizar seus serviços judiciários.

(C) exerceu competência, prevista na Constituição Federal (art. 103-B, § 4º, II), de fiscalizar a observância dos princípios constitucionais inerentes à Administração Pública, como o da moralidade e impessoalidade.

(D) não atentou para a liberdade de nomeação e exoneração dos cargos comissionados atingindo o direito adquirido dos ocupantes dos cargos, portanto a inconstitucionalidade da Resolução não é de forma.

(E) exerceu sua competência inclusive quanto aos cartórios notariais e de registro, fiscalizados pelo Poder Judiciário, aos quais a Resolução também se aplica.

V. ADC 12, Rel. Min. Carlos Britto: "AÇÃO DECLARATÓRIA DE CONSTITUCIONALIDADE, AJUIZADA EM PROL DA RESOLUÇÃO Nº 07, de 18.10.2005, DO CONSELHO NACIONAL DE JUSTIÇA. ATO NORMATIVO QUE 'DISCIPLINA O EXERCÍCIO DE CARGOS, EMPREGOS E FUNÇÕES POR PARENTES, CÔNJUGES E COMPANHEIROS DE MAGISTRADOS E DE SERVIDORES INVESTIDOS EM CARGOS DE DIREÇÃO E ASSESSORAMENTO, NO ÂMBITO DOS ÓRGÃOS DO PODER JUDICIÁRIO E DÁ OUTRAS PROVIDÊNCIAS'. PROCEDÊNCIA DO PEDIDO. 1. Os condicionamentos impostos pela Resolução nº 7/2005, do CNJ, não atentam contra a liberdade de prover e desprover cargos em comissão e funções de confiança. As restrições constantes do ato resolutivo são, no rigor dos termos, as mesmas já impostas pela Constituição de 1988, dedutíveis dos republicanos princípios da impessoalidade, da eficiência, da igualdade e da moralidade. 2. Improcedência das alegações de desrespeito ao princípio da separação dos Poderes e ao princípio federativo. O CNJ não é órgão estranho ao Poder Judiciário (art. 92, CF) e não está a submeter esse Poder à autoridade de nenhum dos outros dois. O Poder Judiciário tem uma singular compostura de âmbito nacional, perfeitamente compatibilizada com o caráter estadualizado de uma parte dele. Ademais, o art. 125 da Lei Magna defere aos Estados a competência de organizar a sua própria Justiça, mas não é menos certo que esse mesmo art. 125, *caput*, junge essa organização aos princípios 'estabelecidos' por ela, Carta Maior, neles incluídos os constantes do art. 37, cabeça. 3. Ação julgada procedente para: a) emprestar interpretação conforme à Constituição para deduzir a função de chefia do substantivo 'direção' nos incisos II, III, IV, V do artigo 2° do ato normativo em foco; b) declarar a constitucionalidade da Resolução nº 07/2005, do Conselho Nacional de Justiça".

Gabarito "C"

(Defensoria/MG – 2009 – FURMARC) São legitimados, também, a propor diretamente a edição, a revisão ou o cancelamento de enunciado de súmula vinculante, na forma do artigo 3º da Lei Nº. 11.417 de 19 de dezembro de 2006, EXCETO:

(A) O Presidente da República e o Governador de Estado ou do Distrito Federal.

(B) O Defensor Público-Geral do Estado e o Procurador-Geral do Município.

(C) O Conselho Federal da Ordem dos Advogados do Brasil e a confederação sindical ou entidade de classe de âmbito nacional.

(D) A Mesa do Senado Federal e a Mesa da Câmara dos Deputados.

(E) Os Tribunais Superiores, os Tribunais de Justiça de Estados ou do Distrito Federal .

Art. 3º da Lei 11.417/2006: "São legitimados a propor a edição, a revisão ou o cancelamento de enunciado de súmula vinculante: I - o Presidente da República; II - a Mesa do Senado Federal; III – a Mesa da Câmara dos Deputados; IV – o Procurador-Geral da República; V - o Conselho Federal da Ordem dos Advogados do Brasil; VI - o Defensor Público Geral da União; VII – partido político com representação no Congresso Nacional; VIII – confederação sindical ou entidade de classe de âmbito nacional; IX – a Mesa da Assembleia Legislativa ou da Câmara Legislativa do Distrito Federal; X - o Governador de Estado ou do Distrito Federal; XI - os Tribunais Superiores, os Tribunais de Justiça de Estados ou do Distrito Federal e Territórios, os Tribunais Regionais Federais, os Tribunais Regionais do Trabalho, os Tribunais Regionais Eleitorais e os Tribunais Militares".

Gabarito "B"

(Defensoria/MT – 2009 – FCC) Segundo a disciplina constitucional da chamada "súmula vinculante",

(A) cabe ao Supremo Tribunal Federal editá-la, ainda que este Tribunal tenha decidido apenas um processo relativo ao tema que por ela será abordado.

(B) a súmula não se aplica à administração pública municipal, a não ser quando editada pelo Tribunal de Justiça do Estado.

(C) sua edição está condicionada, dentre outros requisitos, à existência de risco de grave lesão à ordem pública.

(D) cabe apenas a interposição de recurso extraordinário contra a decisão judicial que contrariar o texto da súmula.

(E) sua aprovação pode ser provocada pelo Presidente da República.

A: incorreta. O art. 103-A, *caput*, da CF confere a possibilidade de o STF editar súmulas vinculantes após reiteradas decisões sobre matéria constitucional; **B:** incorreta. Vincula o Poder Judiciário e a administração pública direta e indireta, nas esferas federal, estadual e municipal (art. 103-A, *caput*, da CF); **C:** incorreta. Não existe essa previsão no art. 103-A da CF; **D:** incorreta. Cabe reclamação para o STF (art. 103-A, § 3º, da CF); **E:** correta. De acordo com o art. 3º da Lei 11.417/2006, "São legitimados a propor a edição, a revisão ou o cancelamento de enunciado de súmula vinculante: I - o Presidente da República; II - a Mesa do Senado Federal; III – a Mesa da Câmara dos Deputados; IV – o Procurador-Geral da República; V - o Conselho Federal da Ordem dos Advogados do Brasil; VI - o Defensor Público-Geral da União; VII – partido político com representação no Congresso Nacional; VIII – confederação sindical ou entidade de classe de âmbito nacional; IX – a Mesa da Assembleia Legislativa ou da Câmara Legislativa do Distrito Federal; X - o Governador de Estado ou do Distrito Federal; XI - os Tribunais Superiores, os Tribunais de Justiça de Estados ou do Distrito Federal e Territórios, os Tribunais Regionais Federais, os Tribunais Regionais do Trabalho, os Tribunais Regionais Eleitorais e os Tribunais Militares."

Gabarito "E"

(Defensoria/MT – 2009 – FCC) Excetuados os casos de pagamentos de precatórios mediante parcelamento, de acordo com a Constituição Federal cabe ao Presidente do Tribunal decretar o sequestro da quantia necessária ao pagamento de precatório apenas na hipótese de

(A) prévio provimento à representação interventiva contra o ente federativo inadimplente.
(B) a Fazenda Pública não efetuar seu pagamento no prazo constitucional, desde que a dívida tenha natureza alimentícia.
(C) a Fazenda Pública efetuar seu pagamento em valor a menor do que o devido.
(D) seu valor não ser incluído no orçamento da entidade devedora para pagamento no exercício seguinte.
(E) violação ao direito de precedência do titular do crédito, segundo a ordem cronológica de apresentação dos precatórios.

O art. 100, § 6º, da CF prevê o sequestro exclusivamente para os casos de preterimento do direito de precedência ou de não alocação orçamentária do valor necessário à satisfação do débito.

Gabarito "E"

(Defensoria/MT – 2009 – FCC) Dentre as competências constitucionais do Conselho Nacional de Justiça,

(A) encontra-se a de expedir atos regulamentares, mas não recomendações, com o objetivo de zelar pela autonomia do Poder Judiciário e pelo cumprimento do Estatuto da Magistratura.
(B) encontra-se a de apreciar, apenas mediante provocação, a legalidade dos atos administrativos praticados por membros ou órgãos do Poder Judiciário, podendo desconstituí-los, revê-los ou fixar prazo para que adotem as providências necessárias ao cumprimento da lei.
(C) encontra-se a de rever, de ofício ou mediante provocação, os processos disciplinares de juízes e membros de tribunais julgados há menos de um ano.
(D) não se encontra a de avocar processos disciplinares em curso e determinar a remoção, a disponibilidade ou a aposentadoria com subsídios ou proventos proporcionais ao tempo de serviço contra membros do Poder Judiciário.
(E) não se encontra o controle da atuação financeira do Poder Judiciário, que deve ser exercida pelo Tribunal de Contas.

Art. 103-B, § 4º, I a VII, da CF.

Gabarito "C"

(Defensoria/PA – 2009 – FCC) Compete ao Supremo Tribunal Federal processar e julgar originariamente

(A) a homologação de sentenças estrangeiras e a concessão de *exequatur* às cartas rogatórias.
(B) as causas e os conflitos entre a União e os Estados, a União e o Distrito Federal, ou entre uns e outros, inclusive as respectivas entidades da Administração Indireta.
(C) os conflitos de competência entre os Tribunais de Justiça dos Estados.
(D) os mandados de segurança contra Ministros de Estado.
(E) os conflitos de atribuições entre autoridades administrativas e judiciárias da União.

Art. 102, I, "a" a "r", da CF.

Gabarito "B"

(Defensoria/PA – 2009 – FCC) Cabe ao Supremo Tribunal Federal editar súmula com efeito vinculante

(A) cujo descumprimento pelo Poder Judiciário pode ser objeto de impugnação apenas por meio de reclamação ao Supremo Tribunal Federal.
(B) a respeito da validade, interpretação e eficácia de normas determinadas, cumpridos os demais requisitos constitucionais.
(C) após reiteradas decisões judiciais sobre matéria constitucional ou infraconstitucional que acarrete grave insegurança jurídica.
(D) em relação aos demais órgãos do Poder Judiciário e à Administração Pública federal e estadual, mas não à municipal.
(E) desde que aprovada pela maioria absoluta de seus membros.

A: incorreta. Cabe reclamação ao STF (art. 103-A, § 3º, da CF), mas também o recurso judicial previsto na lei processual civil; **B:** correta (art. 103-A, § 1º, da CF); **C:** incorreta. Reiteradas decisões em matéria constitucional (art. 103-A, *caput*, da CF); **D:** incorreta. O efeito vinculante dirige-se ao Poder Judiciário e ao Executivo, em todos os níveis. Só não atinge o Legislativo; **E:** incorreta. É necessário dois terços dos membros do STF (art. 103-A, *caput*, da CF).

Gabarito "B"

(Defensor Público/MS – 2008 – VUNESP) Assinale a alternativa correta.

(A) No recurso extraordinário, o recorrente deve demonstrar a repercussão geral das questões constitucionais discutidas no caso, a fim de que o STF admita o recurso, somente podendo recusá-lo pela manifestação da maioria absoluta dos seus membros.
(B) Quando o STF apreciar a inconstitucionalidade de norma ou ato, citará previamente o Procurador-Geral da República, que defenderá o ato ou texto impugnado.
(C) Compete ao STF julgar, mediante recurso extraordinário, as causas decididas em única ou última instância, quando a decisão recorrida julgar válida lei local contestada em face de lei federal.
(D) O Advogado-Geral da União deverá ser previamente ouvido nas ações de inconstitucionalidade e em todos os processos de competência do Supremo Tribunal Federal.

A: incorreta. Maioria de dois terços (art. 102, § 3º, da CF); **B:** incorreta. Atribuição do Advogado-Geral da União (art. 103, § 3º, da CF); **C:** correta (art. 102, III, "d", da CF); **D:** incorreta. Atribuição do Procurador-Geral da República (art. 103, § 1º, da CF).

Gabarito "C"

(Defensoria Pública da União – 2007 – CESPE) Julgue o item que se segue.

(1) O art. 95, inc. II, da CF prevê como garantia dos juízes a inamovibilidade, salvo por motivo de interesse público. Sendo assim, o Conselho Nacional de Justiça não tem competência para determinar remoção de magistrados como sanção administrativa.

1: errado, pois não reflete o disposto no art. 95, II, c/c o art. 93, VIII, ambos da CF.

Gabarito 1E

(Defensor Público/RO – 2007) A revisão criminal de decisão proferida por juiz federal é processada e julgada originariamente pelo seguinte órgão:

(A) Supremo Tribunal Federal
(B) Superior Tribunal de Justiça
(C) Tribunal Regional Federal
(D) Tribunal de Justiça Estadual
(E) Conselho Nacional de Justiça

Art. 108, I, "b", da CF.

Gabarito "C"

(Defensor Público/RO – 2007) O Supremo Tribunal Federal tem competência para julgar, mediante recurso ordinário, a seguinte ação, decidida denegatoriamente, em única instância por Tribunal Superior:

(A) ação popular
(B) ação civil pública
(C) mandado de injunção
(D) ação de responsabilidade civil
(E) ação de inconstitucionalidade

Art. 102, II, "a", da CF.

Gabarito "C"

(Defensor Público/RO – 2007) É competência dos juízes federais processar e julgar a seguinte causa:

(A) homologação de sentença estrangeira
(B) crime contra a organização do trabalho
(C) extradição solicitada por Estado estrangeiro
(D) *habeas data* contra ato de Ministro de Estado
(E) *habeas corpus* para paciente chefe de missão diplomática Brasileira

A: incorreta. A homologação de sentenças estrangeiras e a concessão de *exequatur* às cartas rogatórias deixaram de ser competência do STF para ser competência originária do STJ (art. 105, I, "i", da CF); **B:** correta (art. 109, VI, da CF); **C:** incorreta. Competência do STF (art. 102, I, "g", da CF); **D:** incorreta. Competência do STJ (art. 105, I, "b", da CF); **E:** incorreta (art. 102, I, "c" e "d", da CF).

Gabarito "B"

(Defensor Público/RO – 2007) Compete ao Conselho Nacional de Justiça rever, mediante provocação, os processos disciplinares de membros dos tribunais julgados há menos de:

(A) 1 ano
(B) 2 anos
(C) 3 anos
(D) 5 anos
(E) 7 anos

Art. 103-B, § 4º, V, da CF.

Gabarito "A"

(Defensor Público/RO – 2007) O ato administrativo que contrariar súmula vinculante será objeto de reclamação que, uma vez julgada procedente, o anulará. O órgão que recebe e julga a referida reclamação é:

(A) Tribunal Regional Federal
(B) Supremo Tribunal Federal
(C) Superior Tribunal de Justiça
(D) Tribunal de Contas da União
(E) Conselho Nacional de Justiça

Art. 103-A, § 3º, da CF.

Gabarito "B"

(Defensoria Pública da União – 2007 – CESPE) Julgue o item que se segue.

(1) A competência recursal das causas julgadas pelos juízes federais será sempre do respectivo tribunal regional federal.

1: errado. Nos Juizados Especiais Federais a competência recursal é da Turma Recursal.

Gabarito 1E

(Defensoria Pública da União – 2007 – CESPE) Acerca do Poder Judiciário e da EC n.º 45/2004, julgue o item a seguir.

(1) A referida emenda acrescentou ao texto constitucional a competência do STF para julgar, mediante recurso extraordinário, a validade de ato de governo local contestado em face de lei federal.

1: errado, pois não reflete o disposto no art. 102, III, *d*, da CF. O STF não julga a validade do ato de governo local, mas aprecia a decisão judicial que julgou válido ato de governo local em face de lei federal.

Gabarito 1E

(Defensoria Pública da União – 2007 – CESPE) Acerca do Poder Judiciário e da EC n.º 45/2004, julgue o item a seguir.

(1) Com a EC n.º 45/2004, a CF passou a exigir, como requisito para o conhecimento dos recursos especial e extraordinário, a demonstração da repercussão geral das questões impugnadas.

1: errado. A repercussão geral deve ser demonstrada no recurso extraordinário (art. 102, § 3º, da CF), mas não há previsão idêntica para os recursos especiais.

Gabarito 1E

(Defensoria/MT – 2007) Qual destes órgãos prescinde, em sua composição, de membros do Ministério Público?

(A) Tribunal Superior do Trabalho
(B) Tribunal Superior Eleitoral
(C) Tribunal de Contas da União
(D) Superior Tribunal de Justiça
(E) Superior Tribunal Militar

A: incorreta, pois não reflete o disposto no art. 111-A, I, da CF; **B:** correta (art. 119, I e II, da CF); **C:** incorreta, pois não reflete o disposto no art. 73, § 2º, I, da CF; **D:** incorreta, pois não reflete o disposto no art. 104, parágrafo único, II, da CF; **E:** incorreta, pois não reflete o disposto no art. 123, parágrafo único, II, da CF.

Gabarito "B"

(Defensoria/MT – 2007) É de competência originária do Superior Tribunal de Justiça processar e julgar: I: As revisões criminais de seus julgados; II: As ações rescisórias dos julgados dos Tribunais Regionais Federais; III: Os *habeas data* contra atos das mesas da câmara dos Deputados e do Senado Federal; IV: Os mandados de segurança contra atos dos Juízes Federais; V: Os membros do Ministério Público da União que oficiem perante tribunais. Estão corretos os itens:

(A) II, IV e V
(B) II e III
(C) I e II
(D) III, IV e V
(E) I e V

I: correta (art. 105, I, *e*, da CF); **II:** incorreta, pois não reflete o disposto no art. 108, I, *b*, da CF; **III:** incorreta, pois não reflete o disposto no art. 102, I, *d*, da CF; **IV:** incorreta, pois não reflete o disposto no art. 108, I, *c*, da CF; **V:** correta (art. 105, I, *a*).

Gabarito "E"

(Defensoria/MT – 2007) Os Ministros de Estado, nos crimes de responsabilidade, serão julgados originariamente perante o

(A) Senado Federal.
(B) Superior Tribunal de Justiça.
(C) Congresso Nacional.
(D) Supremo Tribunal Federal.
(E) Tribunal Regional Federal.

Art. 102, I, *c*, da CF.

Gabarito "D"

(Defensor Público/CE – 2007 – CESPE) Em relação aos tribunais superiores, julgue os itens que se seguem.

(1) O Superior Tribunal de Justiça (STJ) detém competência para homologação de sentença estrangeira. 1513

(2) Conflito de competência entre o Tribunal Regional do Trabalho no Ceará e o respectivo tribunal regional federal será apreciado pelo STF.

(3) O julgamento das causas em que forem partes organismo internacional, de um lado, e de outro, um município será realizado pela justiça federal, devendo eventual recurso ordinário interposto contra a sentença ser julgado pelo STJ.

1: certo. A homologação de sentenças estrangeiras e a concessão de *exequatur* às cartas rogatórias deixaram de ser competência do STF para ser competência originária do STJ (art. 105, I, "i", da CF); **2:** errado. Competência do STJ (art. 105, I, "d", da CF); **3:** certo (art. 109, II, da CF).

Gabarito 1C, 2E, 3C

(Defensoria/SP – 2007 – FCC) Em relação ao Poder Judiciário, pode-se afirmar:

(A) A jurisdição é uma das faces do poder político, por isso, é legítimo que o Judiciário goze das autonomias administrativa e financeira, bem como a iniciativa de sua proposta orçamentária, garantias essas que foram estendidas às Defensorias Públicas através da Emenda Constitucional nº 45.

(B) Admite-se sua interferência no controle preventivo de constitucionalidade quando qualquer cidadão reclama a prestação jurisdicional durante o processo legislativo.

(C) A responsabilidade dos integrantes do Poder Judiciário tem como base constitucional a previsão por erro judiciário, mas em alguns casos podem ser também responsabilizados politicamente.

(D) No controle incidental a cláusula de reserva de plenário prevista no artigo 97 da Constituição Federal veda a possibilidade de o juiz monocrático declarar a inconstitucionalidade após a atuação do órgão especial.

(E) Para solução de conflitos fundiários a constituição prevê a competência exclusiva dos Tribunais de Justiça dos estados para a criação de varas especializadas para dirimir questões agrárias.

A: incorreta, pois não reflete o disposto no art. 134, § 2º, da CF; **B:** incorreta, pois não há previsão constitucional nesse sentido. O controle preventivo é feito, por exemplo, por intermédio do veto do Poder Executivo a projeto de lei que considere inconstitucional e pela rejeição de projeto de lei pela Comissão de Constituição e Justiça, por inconstitucionalidade. Excepcionalmente, pode também ser realizado pelo Judiciário (MS impetrado por congressista contra tramitação de proposta de emenda à Constituição que fira cláusulas pétreas); **C:** correta (art. 5º, LXXV, da CF e art. 133 do CPC). Respondem politicamente nos casos de crimes de responsabilidade; **D:** incorreta. O art. 97 da CF destina-se aos tribunais. Os juízes monocráticos podem apreciar a (in) constitucionalidade das leis, como é próprio do controle difuso; **E:** incorreta, pois não reflete o disposto no art. 126 da CF, que não trata de competência exclusiva dos Tribunais de Justiça para a criação de varas especializadas.

Gabarito "C"

(Defensoria/RN – 2006) O Supremo Tribunal Federal

(A) compõe-se de onze Ministros, escolhidos com a garantia do quinto constitucional, que exercerão precipuamente a guarda da Constituição.
(B) exerce o controle de constitucionalidade abstrato e concreto, sendo que suas decisões somente possuem efeito *erga omnes* nas ações diretas de constitucionalidade.
(C) tem a atribuição de processar e julgar originariamente crimes políticos.
(D) tem a atribuição para escolher os membros do Conselho Nacional de Justiça, caso estes não sejam indicados no prazo legal.

A: incorreta, pois não reflete o disposto no art. 101 da CF; **B:** incorreta, pois não reflete o disposto no art. 102, § 2º, da CF, no art. 28, parágrafo único, da Lei 9.868/1999, e no art. 10, § 3º, da Lei 9.882/1999. Além disso, as decisões tomadas em controle difuso podem adquirir eficácia *erga omnes* de acordo com o previsto no art. 52, X, da CF; **C:** incorreta, pois não reflete o disposto no art. 102, I, da CF; **D:** correta (art. 103-B, § 3º, da CF).

Gabarito "D"

(Defensoria/RN – 2006) A Constituição Federal dispõe sobre a competência dos Tribunais Estaduais estabelecendo que

(A) em crimes definidos em lei como militares, que tenham como objeto a vida e sejam praticados de forma dolosa, sendo a vítima civil, é garantida a competência do Tribunal do Júri e não da Justiça Militar.
(B) a competência dos tribunais será definida na Constituição do Estado, sendo a lei de organização judiciária de iniciativa do Presidente da Assembleia Estadual.
(C) a segunda instância da Justiça Militar estadual será o Tribunal de Justiça Militar nos Estados em que a população seja superior a vinte mil habitantes.
(D) a Justiça Militar de primeira entrância é constituída pelos Conselhos de Justiça, aos quais compete julgar os crimes militares cometidos contra civis e as ações judiciais contra atos disciplinares militares.

A: correta (art. 125, § 4º, da CF); **B:** incorreta, pois não reflete o disposto no art. 125, § 1º, da CF; **C:** incorreta, pois não reflete o disposto no art. 125, § 3º, da CF; **D:** incorreta, pois não reflete o disposto no art. 125, § 4º, da CF. V., tb., o art. 142, § 2º, da CF.

Gabarito "A"

(Defensoria/RN – 2006) A homologação da sentença estrangeira e o *exequatur* às cartas rogatórias compete ao (a)

(A) Supremo Tribunal Federal e ao Superior Tribunal de Justiça respectivamente.
(B) primeira ao Superior Tribunal de Justiça, e o segundo aos juízos federais e estaduais, conforme o interesse envolvido no litígio.
(C) Superior Tribunal de Justiça.
(D) Supremo Tribunal Federal.

Art. 105, I, *i*, da CF.

Gabarito "C"

(Defensor Público/PA – 2006 – UNAMA) São princípios de organização do Poder Judiciário:

(A) Os magistrados, no primeiro grau, somente adquirem a garantia constitucional da vitaliciedade, após três anos de exercício no cargo.
(B) A garantia da inamovibilidade não é absoluta , eis que o magistrado poderá ser removido por deliberação do Tribunal de Justiça respectivo, por interesse público, e, mediante decisão tomada pelo *quorum* de maioria de dois terços do Tribunal ou órgão especial.
(C) O acesso aos tribunais de segundo grau ocorrerá pelos critérios de antiguidade e merecimento, alternadamente, apurados na última entrância, caso o Código de Organização Judiciária não disponha em contrário.
(D) Na promoção para o Tribunal de Justiça, pelo critério de antiguidade, o Tribunal somente poderá recusar o juiz mais antigo pelo voto fundamentado de dois terços de seus membros, assegurada a ampla defesa.

A: incorreta. Após dois anos (art. 95, I, da CF); **B:** incorreta, pois não reflete o disposto no art. 95, II, da CF; **C:** incorreta, pois não reflete o disposto no art. 93, III, da CF; **D:** correta (art. 93, II, "d", da CF).

Gabarito "D"

(Defensor Público/PA – 2006 – UNAMA) As Súmulas Vinculantes editadas pelo Supremo Tribunal Federal deverão sempre:

(A) versar sobre matéria constitucional, tributária e administrativa.
(B) ser aprovadas por, pelo menos, metade dos integrantes do Supremo Tribunal Federal.
(C) versar sobre matéria de competência da Justiça Federal.
(D) versar apenas sobre matéria constitucional.

Art. 103-A da CF.

Gabarito "D"

(Defensor Público/PA – 2006 – UNAMA) Entre as competências do Conselho Nacional de Justiça inclui-se:

(A) Propor ao Congresso Nacional projeto de lei dispondo sobre o Estatuto da Magistratura.
(B) Rever, apenas mediante provocação, processos disciplinares de juízes julgados há menos de dois anos.
(C) Representar ao Ministério Público, em caso de crime contra a Administração Pública.
(D) Elaborar, semestralmente, relatório sobre a situação do Poder Judiciário no país.

Art. 103-B, § 4º, I a VII, da CF.

Gabarito "C"

(Defensor Público/AC – 2006 – CESPE) Acerca da organização dos poderes e dos precedentes do STF, assinale a opção correta.

(A) É permitido editar medida provisória sobre matéria relacionada às coligações partidárias.
(B) Compete ao STF julgar, mediante recurso extraordinário, as causas decididas em única ou última instância que tenham julgado válida lei local, cuja competência para editá-la seja contestada em face de lei federal.
(C) É vedado ao Tribunal de Contas da União fiscalizar as empresas públicas e sociedades de economia mista, mesmo quando explorem atividade econômica.
(D) As comissões parlamentares de inquérito constituídas no âmbito das assembleias legislativas e da Câmara Legislativa do Distrito Federal não podem determinar a quebra de sigilo bancário nem a violação do domicílio.

A: incorreta, pois viola o art. 62, § 1º, I, "a", da CF; **B:** correta (art. 102, III, "d", da CF); **C:** incorreta. O art. 70 da CF refere-se expressamente a entidades da administração indireta; **D:** incorreta. O STF entende que as CPIs podem determinar a quebra de sigilo bancário, fiscal e telefônico por terem poderes próprios de autoridades judiciais, desde que o ato seja adequadamente fundamentado e revele a necessidade objetiva da medida extraordinária, mas violação de domicílio não é medida que pode ser determinada por CPIs.

Gabarito "B"

(Defensor Público/BA – 2006) Segundo estabelece a Emenda 45 à Constituição Federal, de 30 de dezembro de 2004:

I. Os tratados e convenções internacionais sobre direitos humanos que forem aprovados, em cada Casa do Congresso Nacional, em dois turnos, por três quintos dos votos dos respectivos membros, serão equivalentes às emendas constitucionais.

II. Na apuração de antiguidade, o tribunal somente poderá recusar o juiz mais antigo pelo voto fundamentado de um terço de seus membros, conforme procedimento próprio, e assegurada ampla defesa, repetindo-se a votação até fixar-se a indicação.
III. Não será promovido o juiz que, injustificadamente, retiver autos em seu poder além do prazo legal, não podendo devolvê-los ao cartório sem o devido despacho ou decisão.

Analisando as assertivas acima, verifica-se que:

(A) Todas estão corretas.
(B) Apenas a I está correta.
(C) Apenas a II está correta.
(D) Apenas a III está correta.
(E) Apenas I e III estão corretas.

I: correta (art. 5º, § 3º, da CF); **II:** incorreta, pois não reflete o disposto no art. 93, II, "d", da CF; **III:** correta (art. 93, II, "e", da CF).

Gabarito "E".

13. Das Funções Essenciais à Justiça

(Defensor Público/TO – 2013 – CESPE) Considerando as disposições constitucionais e a jurisprudência, assinale a opção correta a respeito das funções essenciais à justiça.

(A) Não são devidos honorários advocatícios sucumbenciais em favor da DP, ainda que patrocine demanda ajuizada contra ente federativo diverso daquele a que pertença.
(B) O advogado é indispensável à administração da justiça, e o efetivo exercício da profissão demanda inscrição na OAB, razão pela qual a atuação em processo judicial sem a correspondente habilitação torna anuláveis os atos processuais praticados.
(C) De acordo com entendimento do STJ, o advogado dativo nomeado na hipótese de não existência de DP no local da prestação do serviço tem direito a honorários advocatícios, que não podem ser fixados pelo juiz em valores distintos dos fixados em tabela da OAB.
(D) Embora as DPs estaduais detenham autonomia funcional e administrativa, a CF confere à União a competência para organizar e manter a DP do DF.
(E) Segundo o STF, o MP do Trabalho não possui legitimidade para atuar, em sede processual, perante o STF, visto que essa competência é privativa do procurador-geral da República.

A: Errada. Súmula 421 do STJ: "Os honorários advocatícios não são devidos à Defensoria Pública quando ela atua contra a pessoa jurídica de direito público à qual pertença"; **B:** Errada. Embora seja polêmica a matéria, a banca parece entender que os procuradores e advogados da União possuem mandato *ex lege*, prescindindo de inscrição na OAB; **C:** Errada. Tem direito a honorários, que podem ser fixados em valores diferentes da Tabela da OAB; **D:** Errada. Compete à União organizar e manter a DP dos Territórios (art. 21, XIII, da CF); **E:** Correta. STF, Rcl 6239: "O exercício das funções do Ministério Público junto ao Supremo Tribunal Federal cabe privativamente ao Procurador-Geral da República, nos termos do art. 103, § 1º, da CF e do art. 46 da LC 75/1993 (Estatuto do Ministério Público da União)".

Gabarito "E".

(Defensor Público/SP – 2012 – FCC) Sobre o regime jurídico da Defensoria Pública na Constituição da República Federativa do Brasil e na Constituiçãodo Estado de São Paulo, é correto afirmar:

(A) **A Constituição do Estado de São Paulo, de maneira** bem sistematizada, com boa técnica legislativa e deforma a refletir melhor a realidade, em capítulo dedicado às Funções Essenciais à Justiça, tratou da Defensoria Pública separadamente da Advocacia, em seções distintas.
(B) Em razão de inexistir previsão de legitimidade para a propositura de Ação Direta de Inconstitucionalidade ao Defensor Público-Geral da União na Constituição da República Federativa do Brasil, há impedimento para a inserção, na Constituição do Estado de São Paulo, de legitimidade para a propositura de Ação Direta de Inconstitucionalidade, perante o Tribunalde Justiça, ao Defensor Público-Geral do Estado de São Paulo.
(C) A Constituição da República Federativa do Brasil atribui, expressamente, às Defensorias Públicas dos Estados a iniciativa de suas propostas orçamentárias, mas, como essa norma é de eficácia limitada, sua aplicação ainda não é possível, vez que inexiste norma regulamentadora.
(D) A Constituição do Estado de São Paulo atribui expressamente à Defensoria Pública as prerrogativas de prazo em dobro e de intimação pessoal de todosos atos processuais.
(E) Por força do disposto na Constituição do Estado de São Paulo, a Defensoria Pública bandeirante exerce suas atribuições de defesa dos necessitados no Supremo Tribunal Federal de forma limitada: eventual sustentação oral, por exemplo, deve ser realizada por membro da Defensoria Pública da União.

A: Correta (arts 103 e 104, respectivamente, da Constituição do Estado de São Paulo); **B:** Errada. A CF determinou apenas que a legitimidade para agir não fosse restrita a um único órgão (art. 125, § 2º, da CF); **C:** Errada. O art. 134, §§ 2º e 3º, da CF são de eficácia plena; **D** e **E:** Erradas. A seção relativa à defensoria pública, na CESP, não estabelece tais normas.

Gabarito "A".

(Defensor Público/PR – 2012 – FCC) A constituição de determinado estado da federação prevê a criação de sua Defensoria Pública através de lei complementar estadual. Após ampla mobilização social e aprovação quase unânime da Assembleia Legislativa, a instituição vem a ser criada, porém por lei ordinária, já que assim tramitou o projeto. O Governador veta totalmente o projeto por inconstitucionalidade. Nesse caso,

(A) tem fundamento o veto já que não se confundem o processo legislativo nem tampouco as matérias que podem ser tratadas por lei complementar e lei ordinária;
(B) o veto deverá ser derrubado pela Assembleia Legislativa que ao aprovar o projeto pela quase integralidadede seus membros demonstrou que tem total legitimidade e respaldo social não havendo que se falar em inconstitucionalidade;
(C) não há diferença material entre lei ordinária e complementar, pois todas as leis servem para complementar a constituição. Não se deve vetar um projeto de tamanha importância por mera formalidade;
(D) não se trata de inconstitucionalidade, mas de análise de legalidade e legitimidade. O que diferencia as duas espécies normativas é o quórum e nesse aspecto a Assembleia demonstrou sua ampla legitimidade;
(E) é indiferente a utilização de lei complementar ou lei ordinária para regulamentar uma norma constitucional e no caso em questão o quórum de aprovação foi obedecido.

A: Correta, pois a Constituição do Estado exige lei complementar para dispor sobre a matéria; **B:** Errada. O veto por inconstitucionalidade não deve ser derrubado, haja vista que a Constituição Estadual exige lei complementar para a matéria; **C** e **D:** Errada. O tema não é pacífico na doutrina, mas para o STF não existe hierarquia entre lei complementar e lei ordinária, mas apenas "reserva constitucional de lei complementar". Ou seja, leis complementares diferenciam-se das leis ordinárias porque a Constituição definiu que certas matérias somente podem ser veiculadas em lei complementar, que são aprovadas por maioria absoluta (art. 69 da CF). Assim, não haveria hierarquia entre elas, mas matérias reservadas à lei complementar e matérias que podem ser veiculadas por lei ordinária; **D:** Errada. Ainda que o quórum da lei complementar tenha sido observado, a lei ordinária não pode ser recebida como lei complementar.

Gabarito "A".

(Defensor Público/RO – 2012 – CESPE) Acerca do Poder Judiciário e das funções essenciais à justiça, assinale a opção correta.

(A) Ao CNJ, órgão do Poder Judiciário criado pela EC n. 45/2004, compete o controle da atuação administrativa, financeira, disciplinar e jurisdicional dos órgãos do Poder Judiciário, podendo seus atos ser revistos pelo STF.
(B) No CNJ, o membro proveniente do STJ exercerá a função de ministro-corregedor e ficará excluído da distribuição de processos no tribunal, competindo-lhe, entre outras atribuições, rever, de ofício ou mediante provocação, os processos disciplinares de juízes e membros de tribunais julgados há menos de um ano.

(C) Entre os princípios institucionais do MP, destaca-se a autonomia funcional, segundo a qual seus membros não se submeterão a nenhum dos três Poderes, a órgão ou a autoridade pública, mas tão somente à CF, às leis e à sua própria consciência.
(D) Segundo a CF, aos advogados públicos é vedado o exercício da advocacia fora das atribuições institucionais.
(E) Por meio da EC n. 45/2004, conhecida como Reforma do Judiciário, ampliou-se o âmbito da imparcialidade dos órgãos jurisdicionais, com a instituição, por exemplo, da denominada "quarentena de saída", segundo a qual os membros da magistratura ficam impedidos de exercer, pelo prazo de três anos, a advocacia no juízo ou tribunal do qual tenham se afastado por aposentadoria ou exoneração.

A: Errada. Não reflete o disposto no art. 103-B, § 4º, da CF; **B:** Errada. Não reflete o disposto no art. 103-B, § 5º, I a III, da CF; **C:** Errada. "São princípios institucionais do MP: unidade, indivisibilidade e independência funcional. A independência funcional corresponde à autonomia de convicção, na medida em que os membros do MP não se submetem a qualquer poder hierárquico no exercício de seu mister, podendo agir, no processo, da maneira que melhor entenderem. A hierarquia restringe-se a questões de caráter administrativo, não funcionais" (Pedro Lenza, *Direito Constitucional Esquematizado*, 2013, p. 913); **D:** Errada. A CF não proíbe a advocacia privada aos advogados públicos, mas o faz para os membros da defensoria (art. 134, § 1º, da CF); **E:** Correta. Art. 95, parágrafo único, V, da CF.

Gabarito "E"

(Defensor Público/AC – 2012 – CESPE) Assinale a opção correta com base na jurisprudência do STF acerca da advocacia e da DP.
(A) Norma estadual pode estabelecer a vinculação da respectiva DP a secretarias de Estado.
(B) O escritório de advocacia é inviolável, ainda que o advogado seja suspeito da prática de crime concebido e consumado no âmbito desse local de trabalho.
(C) A garantia da inamovibilidade é conferida pela CF aos magistrados, aos membros do MP e aos membros da DP, não podendo ser estendida aos procuradores dos estados e do DF.
(D) Norma estadual pode atribuir à DPE a defesa judicial dos servidores públicos estaduais processados criminalmente em razão do regular exercício do cargo.
(E) Lei estadual pode equiparar, para todos os fins, o defensor público-geral a secretário de Estado.

A: Errada. STF, ADIn 3569: "A EC 45/2004 outorgou expressamente autonomia funcional e administrativa às defensorias públicas estaduais, além da iniciativa para a propositura de seus orçamentos (art. 134, § 2º, da CF): donde, ser inconstitucional a norma local que estabelece a vinculação da Defensoria Pública a Secretaria de Estado"; **B:** Errada. STF, Inq. 2424: "Não opera a inviolabilidade do escritório de advocacia, quando o próprio advogado seja suspeito da prática de crime, sobretudo concebido e consumado no âmbito desse local de trabalho, sob pretexto de exercício da profissão"; **C:** Correta. STF, ADIn 291, conforme preceitua os arts. 95, II; 128, I *b*; 134 §1º da Constituição Federal; **D:** Errada. STF, ADIn 3022: "Norma estadual que atribui à Defensoria Pública do estado a defesa judicial de servidores públicos estaduais processados civil ou criminalmente em razão do regular exercício do cargo extrapola o modelo da Constituição Federal (art. 134), o qual restringe as atribuições da Defensoria Pública à assistência jurídica a que se refere o art. 5º, LXXIV do referido diploma legal"; **E:** Errada. STF, ADIn 2903: "A mera equiparação de altos servidores públicos estaduais, como o Defensor Público-Geral do Estado, a Secretário de Estado, com equivalência de tratamento, só se compreende pelo fato de tais agentes públicos, destinatários de referida equiparação, não ostentarem, eles próprios, a condição jurídico-administrativa de Secretário de Estado. - Consequente inocorrência do alegado cerceamento do poder de livre escolha, pelo Governador do Estado, dos seus Secretários estaduais, eis que o Defensor Público-Geral local - por constituir cargo privativo de membro da carreira - não é, efetivamente, não obstante essa equivalência funcional, Secretário de Estado".

Gabarito "C"

(Defensor Público/BA – 2010 – CESPE) Com relação à DP, julgue o item subsecutivo.
(1) De acordo com a CF, são de iniciativa exclusiva do presidente da República as leis que disponham sobre a organização da Defensoria Pública da União bem como as normas gerais para a organização da DP dos Estados, do Distrito Federal, dos Territórios e dos Municípios.

1: errado, pois não há defensoria pública municipal. V. art. 61, § 1º, II, "d", da CF.

Gabarito 1E

(Defensor Público/GO – 2010 – I. Cidades) Reza o artigo 133 da Constituição da República que o advogado é indispensável à administração da justiça. A respeito da matéria, o Supremo Tribunal Federal firmou entendimento refletido na seguinte proposição:
(A) A imprescindibilidade de advogado é apenas relativa, no que se refere aos processos que tenham curso perante os juizados especiais cíveis ou criminais.
(B) A documentação do flagrante não prescinde da presença de defensor técnico do conduzido.
(C) A falta de defesa técnica por advogado no processo administrativo disciplinar não ofende a Constituição.
(D) O direito fundamental de petição (Constituição da República, artigo 5°, XXXIV, "a") prevalece genericamente sobre a norma do artigo 133 da Constituição da República.
(E) A indispensabilidade de advogado não pode ser excepcionada por lei ordinária.

Súmula Vinculante 5/STF.

Gabarito "C"

(Defensoria/ES – 2009 – CESPE) No que diz respeito à organização e às funções essenciais do Poder Judiciário, julgue os itens seguintes.
(1) A atividade jurisdicional deve ser ininterrupta, sendo vedadas férias coletivas nos juízos e tribunais, devendo ainda haver juízes em plantão permanente nos dias em que não houver expediente forense normal.
(2) Compete ao Ministério Público estadual instaurar inquérito civil público para apurar irregularidades em contratos firmados por sociedade de economia mista de capital majoritário da União, desde que não se trate de hipótese de defesa do patrimônio nacional ou dos direitos dos cidadãos.
(3) A defensoria pública, conforme previsto na lei de regência, tem legitimidade para propor ação civil pública na defesa do meio ambiente.

1: errado. As férias coletivas foram vedadas para os juízos e tribunais de segundo grau (art. 93, XII, da CF); **2:** certo. Ao decidir a ACO-AgR 1.233, o STF concluiu que compete ao Ministério Público Estadual atuar nos casos em que se apuram atos de improbidade administrativa cometidos por agentes públicos no âmbito de sociedade de economia mista federal; **3:** certo (art. 4º, VII, da LC 80/1994).

Gabarito 1E, 2C, 3C

(Defensor Público/AL – 2009 – CESPE) Julgue os itens que se seguem, relativos às funções essenciais à justiça.
(1) De acordo com o entendimento do STF, é inconstitucional lei editada pelo estado-membro que prevê a vinculação da DPE a determinada secretaria de estado.
(2) Compete privativamente ao MP promover o inquérito civil e a ação civil pública, para a proteção do patrimônio público e social, do meio ambiente e de interesses difusos e coletivos.

1: certo. STF, ADIn 3569, Rel. Min. Sepúlveda Pertence: "A EC 45/2004 outorgou expressamente autonomia funcional e administrativa às defensorias públicas estaduais, além da iniciativa para a propositura de seus orçamentos (art. 134, § 2º): donde, ser inconstitucional a norma local que estabelece a vinculação da Defensoria Pública a Secretaria de Estado"; **2:** errado. A ação civil pública não é de competência privativa do MP.

Gabarito 1C, 2E

(Defensoria/MA – 2009 – FCC) A Constituição da República estabelece que, assim como os membros das carreiras da Advocacia Pública, os integrantes das Defensorias Públicas
(A) exercem atividade essencial à função jurisdicional do Estado, incumbindo aos integrantes das carreiras mencionadas a orientação jurídica e a defesa, em todos os graus, dos que comprovarem insuficiência de recursos.
(B) ingressarão na carreira em cargos de classe inicial, providos mediante concurso público de provas e títulos, com a participação da Ordem dos Advogados do Brasil em todas as suas fases.
(C) gozam das garantias de inamovibilidade e estabilidade após dois anos de efetivo exercício das funções respectivas.
(D) poderão exercer a advocacia fora das atribuições institucionais, nas hipóteses previstas na lei complementar que organizar a carreira.
(E) serão remunerados por subsídio fixado em parcela única, vedado o acréscimo de gratificação, adicional, abono, prêmio, verba de representação ou outra espécie remuneratória.

A incorreta. Defende os necessitados (art. 134, *caput*, da CF); **B:** incorreta, pois não há essa previsão no art. 134, § 1º, da CF; **C:** incorreta. A CF garante a inamovibilidade. A estabilidade é adquirida após três anos de efetivo exercício; **D:** incorreta. A advocacia é vedada (art. 134, § 1º, da CF); **E:** correta (art. 39, § 4º, da CF).

Gabarito "E"

(Defensoria/MA – 2009 – FCC) A autonomia funcional da Defensoria Pública, assegurada pela Constituição Federal, significa que

(A) os Defensores Públicos têm independência funcional.
(B) os membros do Ministério Público e do Poder Judiciário não são hierarquicamente superiores aos Defensores Públicos.
(C) o Defensor Público Geral deve ser eleito pela carreira, através de lista tríplice, nomeando o Governador o mais votado.
(D) o controle da utilização dos recursos orçamentários da Defensoria Pública será interno e exercido pelo Conselho Superior.
(E) a Defensoria Pública deve conduzir suas atividades na forma da lei, visando à plena realização das suas atribuições institucionais, sem subordinação alguma ao Poder Executivo, cujos atos normativos não a alcançam.

Art. 134, § 2º, da CF e art. 97-A da LC 80/1994.

Gabarito "E"

(Defensoria/PA – 2009 – FCC) De acordo com a disciplina constitucional da Defensoria Pública é INCORRETO afirmar que

(A) às Defensorias Públicas cabe a iniciativa de sua proposta orçamentária, dentro dos limites estabelecidos na lei de diretrizes orçamentárias.
(B) cabe à Lei Complementar da União prescrever normas gerais para a organização da Defensoria Pública nos Estados.
(C) aos defensores públicos foi assegurada a garantia da inamovibilidade.
(D) cabe aos Estados-membros estabelecer os limites do exercício da advocacia fora das atribuições institucionais dos defensores públicos.
(E) às Defensorias Públicas estaduais são asseguradas autonomia funcional e administrativa.

Art. 134, §§ 1º e 2º, da CF, onde consta vedação expressa à advocacia.

Gabarito "D"

(DEFENSORIA PÚBLICA DA UNIÃO – 2004 – CESPE) No atinente aos poderes da República, ao Ministério Público e ao Estatuto da Ordem dos Advogados do Brasil, julgue os itens subsequentes.

(1) A Constituição da República proíbe a recondução dos membros da mesa das casas do Congresso Nacional, e, segundo já entendeu o STF, essa norma é de reprodução obrigatória na constituição dos Estados-membros.
(2) O Poder Executivo e o Poder Legislativo não devem intervir na escolha dos dirigentes dos tribunais de justiça, porque a Constituição da República preceitua que o presidente desses órgãos deve ser escolhido mediante rodízio dos respectivos membros.
(3) Compete ao STJ julgar o conflito de competência entre juízes vinculados a tribunais diversos, mas não há, na Constituição da República, previsão expressa do órgão ao qual caiba julgar conflito de atribuição entre membros de ramos distintos do Ministério Público, razão por que a doutrina entende ser do Procurador-Geral da República tal competência.
(4) O Procurador-Geral da República não precisa ser nomeado necessariamente entre os subprocuradores gerais da República, que compõem a última classe da carreira do Ministério Público Federal (MPF).

1: errado. STF, ADIn 2317-MC, Rel. Min. Moreira Alves: "(...) o art. 57, § 4º, da CF, que veda a recondução dos membros das Mesas das Casas Legislativas federais para os mesmos cargos na eleição imediatamente subsequente, não é de reprodução obrigatória pelos Estados-membros. Com base nesse entendimento, o Tribunal, por maioria, indeferiu pedido de medida cautelar em ação direta de inconstitucionalidade, ajuizada pelo Partido Trabalhista Brasileiro-PTB, contra o § 5º do art. 58 da Constituição do Estado do Espírito Santo, com redação dada pela EC 27/2000, que permite aos membros eleitos da Mesa da Assembleia Legislativa do Estado a recondução para o mesmo cargo no biênio imediatamente subsequente"; **2:** errado. Não devem intervir por observância da separação de poderes (e não há regra na CF a respeito de rodízio de presidentes de tribunais de justiça); **3:** errado. As duas primeiras afirmativas são corretas (art. 105, I, "d", da CF), mas a doutrina não entende que a competência é do PGR; **4:** certo (art. 128, § 1º, da CF).

Gabarito 1E, 2E, 3E, 4C

14. Defesa do Estado

(Defensor Público/SE – 2012 – CESPE) No que diz respeito ao estado de defesa, assinale a opção correta.

(A) O preso por crime contra o Estado poderá ficar em cárcere por tempo indeterminado, independentemente de autorização do Poder Judiciário, enquanto perdurar o estado de defesa durante o qual se tenha determinado a sua prisão.
(B) O decreto que instituir o estado de defesa poderá restringir, nos termos e limites da lei, o direito de reunião, inclusive no âmbito das associações.
(C) Em nenhuma hipótese, o estado de defesa poderá durar mais de trinta dias.
(D) Decretado o estado de defesa, o presidente da República submeterá o ato, no prazo de vinte e quatro horas, com a respectiva justificação, ao Congresso Nacional, que o apreciará; caso o Parlamento esteja em recesso, a apreciação do ato ocorrerá assim que este retomar seus trabalhos.
(E) Durante a vigência do estado de defesa, o preso por crime contra o Estado poderá ficar incomunicável.

A: Errada. Viola o art. 136, § 3º, III, da CF: "Na vigência do estado de defesa, a prisão ou detenção de qualquer pessoa não poderá ser superior a dez dias, salvo quando autorizada pelo Poder Judiciário"; **B:** Correta. Art. 136, § 1º, I, "a", da CF; **C:** Errada. Não reflete o disposto no art. 136, § 2º, da CF; **D:** Errada. Não reflete o disposto no art. 136, §§ 4º e 5º, da CF: "O tempo de duração do estado de defesa não será superior a trinta dias, podendo ser prorrogado uma vez, por igual período, se persistirem as razões que justificaram a sua decretação"; **E:** Errada. Viola o art. 136, § 3º, IV, da CF: "é vedada a incomunicabilidade do preso".

Gabarito "B"

(Defensor Público/PR – 2012 – FCC) A Constituição Federal de 1988 trata da segurança como direito fundamental (art. 5º, *caput* e art. 6º, *caput*) e da segurança pública como dever do Estado (art. 144), que deve garantir a preservação da ordem pública e da incolumidade das pessoas e do patrimônio. Especifica órgãos responsáveis atribuindo-lhes competências próprias e vinculação diferenciada aos entes componentes da federação. Nesse arranjo

(A) as altas taxas de criminalidade apontam para a necessidade do uso intensivo e extensivo das forças militares como instrumento governamental privilegiado de intervenção no meio urbano. Dessa forma, constitucionais as políticas públicas municipais de uso de policiais militares para fiscalização do comércio ambulante informal;
(B) não há competências estanques e isoladas não havendo impedimento constitucional para que todos os entes da federação trabalhem no sentido de garantir a segurança das pessoas estabelecendo políticas desegurança pública numa sociedade em que a violência e a insegurança são avassaladoras;
(C) as competências são meramente indicativas nada impedindo que outras sejam acrescidas por legislação infraconstitucional. Assim, não há que se falar em inconstitucionalidade de guarda municipal que tenha por atribuição garantir a incolumidade dos munícipes;
(D) compete às polícias militares, a polícia ostensiva e a preservação da ordem pública, às polícias civis, as funções de polícia judiciária e a apuração das infrações penais e às guardas municipais a proteção dosbens, serviços e instalações dos municípios;
(E) a atribuição de atividades de policiamento ostensivo e de preservação da ordem pública às Forças Armadas, com a possibilidade de revistar pessoas, veículos, embarcações e detenção de indivíduos suspeitos em áreas de fronteira não podem ser consideradas inconstitucionais diante do efetivo absolutamente insuficiente da polícia federal.

A: Errada. A fiscalização do comércio informal não é de competência da polícia militar, pois a esta cabe a polícia ostensiva e a preservação da ordem pública. (art. 144, § 5º, da CF), cabendo às guardas municipais – onde houver (art. 144, § 8º, da CF); **B:** Errada. As competências são especificadas por órgão, conforme disposto no art. 144 da CF; **C:** Errada. Rol exaustivo; **D:** Correta. Art. 144, §§ 4º, 5º e 8º, da CF; **E:** Errada. As competências das Forças Armadas encontram-se no art. 142 da CF. A polícia federal exerce o policiamento ostensivo nas fronteiras (art. 144, § 1º, III, da CF).

Gabarito "D"

(Defensor Público/AL – 2009 – CESPE) Considerando a defesa do Estado e das instituições democráticas segundo o disposto na CF, julgue o próximo item.

(1) A obrigação de permanência em determinada localidade e a intervenção nas empresas de serviços públicos são medidas coercitivas admitidas no estado de defesa.

1: errado. Medidas que ocorrem no estado de sítio (art. 139, I e VI, da CF).

Gabarito 1E

15. Tributação e Orçamento

(Defensoria Pública da União – 2010 – CESPE) Suponha que o governo federal pretenda criar novo imposto. Acerca dessa situação, dos impostos da União, dos estados, dos municípios e da repartição das receitas tributárias, julgue os itens a seguir.

(1) Considerando-se que o referido imposto seja criado, 20% do produto da arrecadação devem, necessariamente, ser destinados aos Estados-membros e ao Distrito Federal.

(2) Considerando-se que esse imposto venha a incidir sobre operações relacionadas a energia elétrica e telecomunicações, para que a criação do imposto seja constitucional, ele deverá ser instituído por meio de lei complementar e não poderá ser não cumulativo nem ter fato gerador ou base de cálculo próprios dos impostos já previstos no texto constitucional.

1: certo (art. 157, II, da CF); **2:** errado. De acordo com o art. 155, § 3º, da CF, "à exceção dos impostos de que tratam o inciso II do *caput* deste artigo e o art. 153, I e II, nenhum outro imposto poderá incidir sobre operações relativas a energia elétrica, serviços de telecomunicações, derivados de petróleo, combustíveis e minerais do país". Ainda que fosse possível sua instituição, registre-se que os impostos criados em exercício da competência residual tributária da União devem ser não cumulativos (art. 154, I, da CF).

Gabarito 1C, 2E

(Defensoria/SP – 2009 – FCC) Orçamento.

(A) Em face do princípio constitucional da programação orçamentária não é permitido aos parlamentares a apresentação de emendas aos projetos de leis orçamentárias.

(B) Segundo a Constituição Federal é possível a concessão de vantagem ou aumento de remuneração, a criação de cargos ou alteração de estrutura de carreiras sem autorização específica da lei de diretrizes orçamentárias, que é apenas uma recomendação administrativa.

(C) O plano plurianual, de iniciativa do executivo, designa um plano relativo às despesas de capital naqueles programas de duração continuada que excedam o orçamento anual em que foram iniciadas.

(D) O princípio constitucional da anualidade exige que o orçamento seja executado em um período financeiro determinado, que segundo a Constituição Federal deve coincidir com o ano civil.

(E) A Defensoria Pública goza constitucionalmente de autonomia funcional e administrativa, mas no que tange ao seu orçamento, diferentemente do Ministério Público e da Magistratura, não poderá elaborar sua proposta orçamentária.

A: incorreta. O art. 63, I, da CF, proíbe a apresentação de emendas que impliquem aumento de despesa em projetos de lei de iniciativa privativa do Poder Executivo, salvo no caso do art. 166, §§ 3º e 4º, da CF. Por sua vez, o art. 166, § 3º, da CF, trata dos requisitos indispensáveis para a aprovação de emenda parlamentar nas leis orçamentárias anuais: precisarão ser compatíveis com o plano plurianual e com a lei de diretrizes orçamentárias (art. 166, § 3º, I), e devem indicar os recursos necessários para cobrir a despesa (art. 166, § 3º, II); **B:** incorreta, pois não reflete o disposto no art. 169, § 1º, I e II, da CF; **C:** correta (art. 165, § 1º, da CF); **D:** incorreta. A CF não consagrou o princípio da anualidade, mas o da anterioridade tributária (art. 150, III, *b* e *c*, da CF); **E:** incorreta, pois não reflete o disposto no art. 134, § 2º, da CF.

Gabarito "C"

16. Ordem Econômica e Financeira

(Defensor Público/RO – 2012 – CESPE) Com base no disposto na CF, assinale a opção correta.

(A) Denomina-se projeto básico o instrumento da política de desenvolvimento e de expansão urbana aprovado pela câmara municipal e obrigatório para cidades com mais de vinte mil habitantes.

(B) Compete ao STF processar e julgar originariamente mandado de segurança contra ministro de Estado.

(C) Aquele que, não sendo proprietário de imóvel rural ou urbano, possua como seu, por cinco anos ininterruptos, sem oposição, área de terra, em zona rural, não superior a cinquenta hectares, tornando-a produtiva por seu trabalho ou de sua família e tendo nela sua moradia, adquirir-lhe-á a propriedade.

(D) As desapropriações de imóveis urbanos serão feitas com prévia e justa indenização em títulos do Tesouro Nacional com vencimento não superior a cinco anos.

(E) Cabe à DP impetrar mandado de injunção, em favor de pessoa que não disponha de recursos para pagar advogado, para assegurar o conhecimento de informações constantes de registros ou bancos de dados de entidades governamentais ou de caráter público.

A: Errada. Trata-se do plano diretor. "O plano diretor, aprovado pela Câmara Municipal, obrigatório para cidades com mais de vinte mil habitantes, é o instrumento básico da política de desenvolvimento e de expansão urbana" (art. 182, § 1º, da CF); **B:** Errada. A competência é do STJ (art. 105, I, "b", da CF; **C:** Correta. Art. 191 da CF; **D:** Errada. As indenizações serão justas e prévias e em dinheiro (art. 182, § 3º, da CF); **E:** Errada. O remédio constitucional a ser impetrado é o *habeas data* (art. 5º, LXXII, "a", da CF).

Gabarito "C"

(Defensor Público/SE – 2012 – CESPE) De acordo com a CF, a ordem econômica deve observância ao princípio que estabelece

(A) a livre concorrência;

(B) tratamento favorecido para empresas de médio porte;

(C) a defesa do meio ambiente, com tratamento uniforme dos produtos e serviços, independentemente do impacto ambiental de cada um;

(D) a eliminação da desigualdade em nível nacional;

(E) garantia a todos do livre exercício de qualquer atividade econômica, desde que atendida a exigência, em todo caso, de autorização prévia dos órgãos públicos.

Art. 170, I a IX, da CF: "A ordem econômica, fundada na valorização do trabalho humano e na livre-iniciativa, tem por fim assegurar a todos existência digna, conforme os ditames da justiça social, observados os seguintes princípios: (...) IV – livre concorrência".

Gabarito "A"

(Defensoria/MA – 2009 – FCC) Relativamente ao exercício de atividade econômica, a Constituição da República

(A) assegura a todos o livre exercício de qualquer atividade econômica independentemente de autorização de órgãos públicos, sem ressalvas.

(B) garante tratamento favorecido para as empresas de pequeno porte constituídas sob as leis brasileiras e que tenham sua sede e administração no País.

(C) estabelece que a lei disciplinará, com base no interesse nacional, os investimentos de capital estrangeiro e incentivará os reinvestimentos, vedando a remessa de lucros para o exterior.

(D) autoriza a exploração de atividade econômica pelo Estado apenas quando necessário aos imperativos da segurança nacional.

(E) prevê que o Estado exercerá funções de fiscalização, incentivo e planejamento da atividade econômica, sendo o último determinante para os setores público e privado.

A: incorreta. Salvo nos casos previstos em lei (art. 170, parágrafo único, da CF); **B:** correta (art. 170, IX, da CF); **C:** incorreta. "A lei disciplinará, com base no interesse nacional, os investimentos de capital estrangeiro, incentivará os reinvestimentos e regulará a remessa de lucros" (art. 172 da CF); **D:** incorreta. "Ressalvados os casos previstos nesta Constituição, a exploração direta de atividade econômica pelo Estado só será permitida quando necessária aos imperativos da segurança nacional ou a relevante interesse coletivo, conforme definidos em lei" (art. 173 da CF); **E:** incorreta, pois é apenas indicativo para o setor privado (art. 174, *caput*, da CF).

Gabarito "B"

(Defensoria/MT – 2009 – FCC) Segundo a disciplina constitucional do direito à propriedade,

(A) devem ser confiscadas as glebas onde forem localizadas culturas ilegais de plantas psicotrópicas.
(B) é vedado o confisco de bens de valor econômico apreendidos em decorrência do tráfico ilícito de entorpecentes.
(C) é vedada a desapropriação fundada em interesse social, estando revogada a legislação ordinária pertinente ao tema.
(D) é vedado ao poder público municipal impor sanções ao proprietário do solo urbano não edificado, não utilizado ou subutilizado.
(E) o imóvel urbano que atenda à sua função social, nos termos do plano diretor da cidade, não pode ser objeto de desapropriação.

A: correta. A desapropriação confiscatória encontra-se prevista no art. 243 da CF. Ao interpretar o dispositivo, o Supremo Tribunal Federal entendeu que "glebas" correspondem à totalidade da propriedade em que realizado o cultivo de plantas psicotrópicas, e não apenas à área específica em que a plantação é encontrada. Dessa forma, ainda que o plantio ilegal se encontre em 10% da propriedade, toda a sua extensão será expropriada; **B:** incorreta. "Todo e qualquer bem de valor econômico apreendido em decorrência do tráfico ilícito de entorpecentes e drogas afins será confiscado e reverterá em benefício de instituições e pessoal especializados no tratamento e recuperação de viciados e no aparelhamento e custeio de atividades de fiscalização, controle, prevenção e repressão do crime de tráfico dessas substâncias" (art. 243, parágrafo único, da CF); **C:** incorreta, pois não reflete o disposto no art. 184, *caput* e § 2º, da CF; **D:** incorreta, pois não reflete o disposto no art. 182, § 4º, da CF; **E:** incorreta. Não há essa regra para o imóvel urbano. Para o imóvel rural, v. art. 184, *caput*, da CF.

Gabarito "A".

17. Ordem Social

(Defensor Público/AM – 2013 – FCC) A Constituição Federal reconhece aos índios os direitos originários sobre as terras que tradicionalmente ocupam, competindo à União demarcá-las, proteger e fazer respeitar todos os seus bens, prescrevendo ainda que:

I. São terras tradicionalmente ocupadas pelos índios as por eles habitadas em caráter permanente, as utilizadas para suas atividades produtivas, as imprescindíveis à preservação dos recursos ambientais necessários a seu bem-estar e as necessárias a sua reprodução física e cultural, segundo seus usos, costumes e tradições.
II. As terras tradicionalmente ocupadas pelos índios destinam-se a sua posse permanente, cabendo-lhes o usufruto exclusivo das riquezas do solo, dos rios e dos lagos nelas existentes.
III. O aproveitamento dos recursos hídricos, incluídos os potenciais energéticos, a pesquisa e a lavra das riquezas minerais em terras indígenas só podem ser efetivados com autorização do Presidente da República, ouvidas as comunidades afetadas, que não poderão participar nos resultados da lavra.
IV. As terras tradicionalmente ocupadas pelos índios são inalienáveis e indisponíveis, mas os direitos sobre elas são passíveis de prescrição, na forma da lei.

Está correto o que se afirma APENAS em

(A) I, II e III.
(B) II, III e IV.
(C) I e II.
(D) II e III.
(E) III e IV.

I: Correta. Art. 231, § 1º, da CF; **II:** Correta. Art. 231, § 2º, da CF; **III:** Errada, pois necessita de autorização do Congresso Nacional, e não do Presidente da República. Art. 231, § 3º, da CF; **IV:** Errada. Os direitos sobre as terras são também imprescritíveis. Art. 231, § 4º, da CF.

Gabarito "C".

(Defensor Público/SP – 2012 – FCC) Sobre os direitos previstos na ordem constitucional social brasileira, é correto afirmar:

(A) **A publicação de veículo impresso de comunicação** depende de licença de autoridade pública federal, que, nos termos de lei complementar, deve estar ligada ao Ministério das Comunicações.
(B) Além de dispositivos esparsos no texto constitucional, a proteção constitucional às pessoas com deficiência foi reforçada pela incorporação, nos termos do artigo 5º, § 3º, da Constituição da República Federativa do Brasil, da Convenção Internacional sobre os Direitos das Pessoas com Deficiência.
(C) A Constituição da República Federativa do Brasil garante aos maiores de sessenta anos a gratuidade dos transportes coletivos urbanos.
(D) O Supremo Tribunal Federal, em decisão proferida na Arguição de Descumprimento de Preceito Fundamental (ADPF) n. 130/DF, declarou não recepcionada a Lei federal n. 5.250/1967, com exceção de seus dispositivos relacionados aos crimes de imprensa.
(E) A ordem constitucional brasileira vigente, apesar de versar de forma generosa sobre o direito ao meio ambiente, não faz referência ao estudo prévio de impacto ambiental.

A: Errada. Viola o art. 220, § 6º, da CF: "A publicação de veículo impresso de comunicação independe de licença de autoridade"; **B:** Correta; **C:** Errada. O art. 230, § 2º, da CF garante o direito aos maiores de 65 anos; **D:** Errada. A ADPF 130 foi totalmente julgada procedente, para o efeito de declarar como não recepcionada toda a lei 5.250/1967; **E:** Errada. Houve referência expressa no art. 225, IV, da CF.

Gabarito "B".

(Defensoria/MG – 2009 – FURMARC) A Constituição da República almeja, em termos de ordem social:

(A) Os interesses individuais e as políticas liberais.
(B) O bem-estar social e a justiça social.
(C) As liberdades públicas e o assistencialismo.
(D) O Estado gerencial e a livre concorrência.
(E) O livre exercício profissional e a função social da propriedade.

Art. 193 da CF.

Gabarito "B".

(Defensoria/MT – 2009 – FCC) Considerando-se as normas constitucionais a respeito da seguridade social, é correto afirmar que 1519

(A) a assistência social deve ser prestada a quem dela necessitar, mediante contribuição à seguridade social, paga nos termos da lei.
(B) a pessoa portadora de deficiência que comprove não possuir meios de prover à própria manutenção ou de tê-la provida por sua família, nos termos da lei, tem direito ao recebimento de um salário mínimo de benefício mensal.
(C) o acesso ao sistema único de saúde depende de contribuição à seguridade social, nos termos da lei.
(D) é inconstitucional norma estadual que vincule cinco décimos por cento de sua receita tributária líquida a programa de apoio à inclusão e promoção social.
(E) asseguram o direito público subjetivo à educação fundamental.

A: incorreta. Independe de contribuição (art. 203, *caput*, da CF); **B:** correta. (art. 203, V, da CF); **C:** incorreta. Não depende de contribuição (v. art. 198, § 1º, da CF); **D:** incorreta, pois não reflete o disposto no art. 204, parágrafo único, da CF; **E:** incorreta. O art. 208, I e IV, da CF garante a educação básica e a infantil.

Gabarito "B".

(Defensoria/PA – 2009 – FCC) Dentre os princípios da Seguridade Social encontra-se o da

(A) diversidade da base de financiamento, de modo que a seguridade social seja financiada por toda a sociedade, de forma direta e indireta, mediante recursos provenientes dos orçamentos da União, dos Estados, do Distrito Federal e dos Municípios, bem como das contribuições previstas na Constituição Federal e legislação com ela conforme.
(B) universalidade da cobertura e do atendimento, o que significa que todas as ações abrangidas pela seguridade social independem de contraprestação do beneficiário.
(C) uniformidade e equivalência dos benefícios e serviços entre as populações urbanas e rurais, ainda quando o sistema de contribuição de cada qual seja distinto.
(D) irredutibilidade do valor dos benefícios, de modo que os índices de atualização monetária dos valores das contribuições devem também ser aplicados aos valores dos benefícios.

(E) criação, majoração ou extensão de benefício ou serviço da seguridade social independentemente de indicação da correspondente fonte de custeio total.

Art. 194, parágrafo único, I a VII, da CF.

Gabarito "A".

(Defensoria/PA – 2009 – FCC) Dentre as normas constitucionais que asseguram o direito à educação prestada pelo Poder Público encontra-se aquela que prevê

(A) a prestação do ensino religioso, de matrícula obrigatória no ensino fundamental.
(B) o ensino fundamental obrigatório e gratuito, salvo para aqueles que a ele não tiveram acesso na idade própria.
(C) o atendimento educacional especializado aos portadores de deficiência, preferencialmente fora da rede regular de ensino.
(D) o atendimento ao educando, no ensino fundamental, através de programas suplementares de material didático-escolar, transporte, alimentação e assistência à saúde.
(E) progressiva universalização do ensino fundamental em período integral.

Art. 208, I a VII, da CF.

Gabarito "D".

18. Temas Combinados

(Defensor Público/RS – 2011 – FCC) É correto afirmar:

(A) As normas do ADCT não podem ser alteradas por meio de emendas constitucionais, pois são de natureza transitória.
(B) O preâmbulo da Constituição Federal, ao referir-se expressamente ao pacto federativo, está a indicar a intenção do constituinte em instituir um Estado Democrático e, por isso, deve ser considerado quando da interpretação das normas.
(C) São objetivos fundamentais da República Federativa do Brasil previstos e assim descritos no artigo 3º da Constituição Federal, construir uma sociedade livre, justa e pluralista, garantir o desenvolvimento regional, erradicar a pobreza e a marginalização e reduzir as desigualdades sociais e locais, promover o bem de todos, sem preconceitos de origem, raça, sexo, cor, idade e quaisquer outras formas de discriminação.
(D) São fundamentos da República Federativa do Brasil a soberania, a cidadania, a dignidade da pessoa humana, a livre concorrência, o voto direto e secreto e o pluralismo político.
(E) Os direitos sociais estão expressamente referidos no preâmbulo da Constituição Federal de 1988, assim como os direitos fundamentais e o pluralismo político.

A: incorreta. Como normas constitucionais, podem sofrer alteração via emenda; **B:** incorreta, pois não há referência expressa ao pacto federativo, mas ao Estado Democrático; **C:** incorreta (art. 3º, I a IV, da CF); **D:** incorreta (art. 1º, I a V, da CF); **E:** correta. "Nós, representantes do povo brasileiro, reunidos em Assembleia Nacional Constituinte para instituir um Estado Democrático, destinado a assegurar o exercício dos direitos sociais e individuais, a liberdade, a segurança, o bem-estar, o desenvolvimento, a igualdade e a justiça como valores supremos de uma sociedade fraterna, pluralista e sem preconceitos, fundada na harmonia social e comprometida, na ordem interna e internacional, com a solução pacífica das controvérsias, promulgamos, sob a proteção de Deus, a seguinte CONSTITUIÇÃO DA REPÚBLICA FEDERATIVA DO BRASIL".

Gabarito "E".

(Defensor Público/AM – 2010 – I. Cidades) Assinale a alternativa correta:

(A) O Poder Judiciário pode, com base no princípio da isonomia, determinar a equiparação vencimental entre servidores públicos.
(B) A falta de defesa técnica por advogado em processo administrativo disciplinar não ofende a Constituição.
(C) Nos processos perante o Tribunal de Contas da União asseguram-se o contraditório e a ampla defesa, quando da decisão puder resultar anulação ou revogação de ato administrativo que beneficie o interessado, especialmente em relação à apreciação da legalidade do ato de concessão inicial de aposentadoria, reforma e pensão.
(D) Após a edição pela União Federal de lei geral sobre o sistema de consórcios e sorteios, podem os estados-membros legislar sobre a matéria, dando concretude às normas gerais.
(E) Não ofende o princípio da reserva de plenário, previsto no artigo 97 da Constituição Federal, a decisão de órgão fracionário que, não declarando expressamente a inconstitucionalidade de uma lei ou ato normativo do poder público, afasta a sua incidência, no todo ou em parte.

A: incorreta. Súmula 339/STF: "Não cabe ao Poder Judiciário, que não tem função legislativa, aumentar vencimentos de servidores públicos sob fundamento de isonomia"; **B:** correta. Súmula Vinculante 5/STF: "A falta de defesa técnica por advogado no processo administrativo disciplinar não ofende a Constituição". Deve-se ter muita atenção ao tema, pois a Súmula Vinculante do STF, por seu caráter obrigatório, acabou por "revogar" a Súmula 343 do STJ, que prescrevia exatamente o contrário: "É obrigatória a presença de advogado em todas as fases do processo administrativo disciplinar"; **C:** incorreta. Súmula Vinculante 3/STF: "Nos processos perante o Tribunal de Contas da União asseguram-se o contraditório e a ampla defesa quando da decisão puder resultar anulação ou revogação de ato administrativo que beneficie o interessado, **excetuada a apreciação da legalidade do ato de concessão inicial de aposentadoria, reforma e pensão**"; **D:** incorreta. A competência é privativa da União (art. 22, XX, da CF); **E:** incorreta. Ofende a Súmula Vinculante 10/STF.

Gabarito "B".

(Defensoria/PI – 2009 – CESPE) Tendo em vista as competências dos Poderes Legislativo, Executivo e Judiciário, assinale a opção correta.

(A) Como instrumentos de fiscalização do Poder Legislativo, as comissões parlamentares de inquérito têm poderes de investigação próprios das autoridades judiciais, podendo determinar as diligências que julgar necessárias, tomar depoimentos, ouvir indiciados e testemunhas, requisitar documentos de órgãos públicos e promover a responsabilidade civil e criminal dos infratores.
(B) Pela regra do quinto constitucional, na composição dos tribunais regionais federais, dos tribunais dos estados, do DF e territórios, e dos tribunais do trabalho, um quinto dos seus lugares será composto de membros do MP com mais de dez anos de carreira e de advogados de notório saber jurídico e de reputação ilibada, com mais de dez anos de efetiva atividade profissional.
(C) É da iniciativa privativa do presidente da República as leis que disponham acerca da organização da DPU, cabendo aos chefes dos Poderes Executivos estaduais a iniciativa de propor normas gerais para a organização das respectivas DPEs.
(D) O Conselho Nacional de Justiça é órgão de natureza administrativa, composto de membros oriundos não apenas do Poder Judiciário, mas também do MP, da advocacia e da sociedade, característica que não permite considerá-lo órgão integrante do Poder Judiciário.
(E) O Tribunal de Contas da União é órgão de orientação do Poder Legislativo, a este subordinado, apto a exercer a fiscalização contábil, financeira, orçamentária, operacional e patrimonial da União.

A: incorreta. A responsabilização civil ou criminal é feita pelo Ministério Público (art. 58, § 3º, da CF); **B:** correta. Não existe "quinto" no STF (porque os cargos são de livre nomeação do Presidente da República), na justiça eleitoral (TSE e no TRE), além de no STJ a regra ser a do "terço" constitucional; **C:** incorreta, pois não reflete o disposto no art. 134, § 1º, da CF; **D:** incorreta. É órgão do Judiciário (art. 92, I-A, da CF). V., b, art. 103-B, I a XIII, da CF; **E:** incorreta. É órgão auxiliar do Poder Legislativo (art. 71 da CF).

Gabarito "B".

2. Direitos Humanos

Renan Flumian

1. Teoria e Documentos Históricos

(Defensor Público/AC – 2012 – CESPE) Assinale a opção correta no que diz respeito à afirmação histórica dos direitos humanos.

(A) O expresso reconhecimento do princípio da universalidade dos direitos humanos pela Declaração de Viena de 1993 pôs termo ao debate sobre o multiculturalismo e o relativismo cultural.

(B) O Bill of Rights, de 1689, foi a primeira carta de direitos de que se tem notícia na história.

(C) A Constituição Mexicana de 1917 e a Constituição de Weimar de 1919 são marcos da afirmação dos direitos humanos de segunda geração.

(D) Após a Segunda Guerra Mundial, para que os direitos dos trabalhadores enumerados na Declaração Universal dos Direitos do Homem de 1948 fossem garantidos no plano internacional, criou-se a Organização Internacional do Trabalho.

(E) Não há referência, na Declaração de Viena de 1993, ao princípio da indivisibilidade dos direitos humanos.

A: incorreta, pois o debate sobre multiculturalismo e relativismo continua existindo; **B:** incorreta, pois a Magna Carta de 1215 é apontada como a primeira carta de direitos de que se tem notícia na história. A Magna Carta é um documento de 1215 que limitou o poder dos monarcas da Inglaterra, impedindo o exercício do poder absoluto. Ela resultou de desentendimentos entre o rei João I (conhecido como "João Sem Terra"), o papa e os barões ingleses acerca das prerrogativas do soberano. Essas discordâncias tinham raízes diversas. A contenda com os barões foi motivada pelo aumento das exações fiscais, constituídas para financiar campanhas bélicas, pois o rei João Sem Terra acabara de perder a Normandia – que era sua por herança dinástica – para o rei francês Filipe Augusto. A desavença com o papa surgiu de seu apoio às pretensões territoriais do imperador Óton IV, seu sobrinho, em prejuízo do papado. Ademais, o rei João I recusara a escolha papal de Stephen Langton como cardeal de Canterbury, o que lhe rendeu a excomunhão, operada pelo papa Inocêncio III. A Magna Carta só foi assinada pelo rei quando a revolta armada dos barões atingiu Londres, sendo sua assinatura condição para o cessar-fogo. Todavia, ela foi reafirmada solenemente (pois tinha vigência determinada de três meses) em 1216, 1217 e 1225, quando se tornou direito permanente. Como curiosidade, cabe apontar que algumas de suas disposições se encontram em vigor ainda nos dias de hoje. Sua forma foi de promessa unilateral, por parte do monarca, de conceder certos privilégios aos barões, mas é possível entendê-la como uma convenção firmada entre os barões e o rei. Além disso, segundo os termos do documento, o rei deveria renunciar a certos direitos e respeitar determinados procedimentos legais, bem como reconhecer que sua vontade estaria sujeita à lei. Considera-se a Magna Carta o primeiro capítulo de um longo processo histórico que levaria ao surgimento do constitucionalismo[1] e da democracia moderna. Em síntese, o documento é uma limitação institucional dos poderes reais; **C:** correta. A segunda geração dos direitos humanos trata dos direitos sociais, culturais e econômicos. A titularidade desses direitos é atribuída à coletividade, por isso são conhecidos como direitos coletivos. Seu fundamento é a ideia de *igualdade*. O grande motivador do aparecimento desses direitos foi o movimento antiliberal, notadamente após a Primeira Guerra Mundial. É importante apontar o papel da URSS, que defendia veementemente a perspectiva social dos direitos humanos. Essa linha foi consagrada no Pacto Internacional de Direitos Econômicos, Sociais e Culturais. Cabe destacar que tais direitos aparecerem em primeiro lugar na Constituição mexicana de 1917 e na Constituição alemã de 1919 ("Constituição de Weimar"); **D:** incorreta. A Organização Internacional do Trabalho (OIT) é uma organização internacional que tem por objetivo melhorar as condições do trabalho no mundo. Por isso, diz-se que é uma organização internacional especializada de vocação universal. A OIT foi criada em 1919, como parte do Tratado de Versalhes, que pôs fim à Primeira Guerra Mundial. Fundou-se sobre a convicção primordial de que a paz universal e permanente somente pode estar baseada na justiça social. É a única das agências do Sistema das Nações Unidas com uma estrutura tripartite, composta de representantes de governos e de organizações de empregadores e de trabalhadores. A OIT é responsável pela formulação e aplicação das normas internacionais do trabalho (convenções e recomendações). O Brasil está entre os membros fundadores da OIT e participa da Conferência Internacional do Trabalho desde sua primeira reunião. Durante seus primeiros quarenta anos de existência, a OIT consagrou a maior parte de suas energias a desenvolver normas internacionais do trabalho e a garantir sua aplicação. Entre 1919 e 1939 foram adotadas 67 convenções e 66 recomendasções. A eclosão da Segunda Guerra Mundial interrompeu temporariamente esse processo. No final da guerra, nasce a Organização das Nações Unidas (ONU), com o objetivo de manter a paz através do diálogo entre as nações. A OIT, em 1946, se transforma em sua primeira agência especializada; **E:** incorreta. O princípio da complementaridade solidária dos direitos humanos de qualquer espécie dialoga com a universalidade, a interdependência e a indivisibilidade. Ele foi proclamado solenemente na 2ª Conferência Mundial de Direitos Humanos, realizada em Viena em 1993. É importante transcrever o ponto 5 da Declaração de Direitos Humanos de Viena, que sintetiza as características dos direitos humanos de modo geral: "Todos os direitos humanos são universais, indivisíveis, interdependentes e inter-relacionados. A comunidade internacional deve tratar os direitos humanos de forma global, justa e equitativa, em pé de igualdade e com a mesma ênfase. Embora particularidades nacionais e regionais devam ser levadas em consideração, assim como diversos contextos históricos, culturais e religiosos, é dever dos Estados promover e proteger todos os direitos humanos e liberdades fundamentais, sejam quais forem seus sistemas políticos, econômicos e culturais".

1 O constitucionalismo pode ser conceituado como o movimento político, social e jurídico cujo objetivo é limitar o poder do Estado por meio de uma Constituição. Já o neoconstitucionalismo surge depois da Segunda Guerra Mundial e tem por objetivo principal conferir maior efetividade aos comandos constitucionais, notadamente os direitos fundamentais.

(Defensor Público/ES – 2012 – CESPE) Julgue os seguintes itens, sobre a teoria geral, a afirmação histórica, os fundamentos e a universalidade dos direitos humanos.

(1) A hermenêutica diatópica constitui proposta de superação do debate sobre universalismo e relativismo cultural.

(2) A universalidade e a indivisibiiidade são características próprias da concepção contemporânea dos direitos humanos.

(3) A concepção contemporânea dos direitos humanos surgiu com o termino da Primeira Grande Guerra Mundial.

(4) As três gerações de direitos humanos demonstram que visões de mundo diferentes refletem-se nas normas jurídicas voltadas a proteção da pessoa.

(5) A universalidade dos direitos humanos, necessariamente, impõe a visão de mundo ocidental plasmada na Declaração Universal de Direitos Humanos.

1: certo. Em seu artigo intitulado Para uma concepção intercultural dos direitos humanos, Boaventura de Sousa Santos tenta apontar as condições que permitem conferir aos direitos humanos tanto um escopo global como uma legitimidade local, para, assim, fundar uma política progressista de direitos humanos. Em outras palavras, busca construir uma proposta para superação do debate sobre universalismo e relativismo cultural. Importante ter em mente a profunda ligação que o autor estabelece entre ambiente cultural e conceituação dos direitos humanos. Assim, Boaventura pondera que os direitos humanos podem ser produzidos e interpretados dentro do paradigma da globalização hegemônica ou da globalização contra-hegemônica. Sem esconder sua preferência pelo último enfoque, o pensador português assim diz: "A minha tese é que, enquanto forem concebidos como direitos humanos universais em abstracto, os direitos humanos tenderão a operar como localismo globalizado e, portanto, como uma forma de globalização hegemónica. Para poderem operar como forma de cosmopolitismo insurgente, como globalização contra-hegemónica, os direitos humanos têm de ser reconceptualizados como interculturais[2]". Para entender o funcionamento da hermenêutica diatópica, a qual permitirá o diálogo intercultural, cabe ter por base o conceito de *topoi*. De forma geral, os *topoi* são os lugares comuns retóricos mais abrangentes de determinada cultura. Funcionam como premissas de argumentação, logo não podem ser discutidas, devido sua evidência. Na prática, a hermenêutica diatópica assim funcionaria: "A hermenêutica diatópica baseia-se na ideia de que os *topoi* de uma dada cultura, por mais fortes que sejam, são tão incompletos quanto a própria cultura a que pertencem. Tal incompletude não é visível a partir do interior dessa cultura, uma vez que a aspiração à totalidade induz a que se tome a parte pelo todo. O objectivo da hermenêutica diatópica não é, porém, atingir a completude – um objectivo inatingível – mas, pelo contrário, ampliar ao máximo a consciência de incompletude mútua através de um diálogo que se desenrola, por assim dizer, com um pé numa cultura e outro, noutra. Nisto reside o seu carácter dia-tópico[3]". Mediante a aplicação da hermenêutica diatópica seria possível a aproximação do *topos* dos direitos humanos da cultural ocidental com o *topos* do *dharma* da cultura hindu e com o *topos* da *umma* da cultura islâmica. E o resultado seria, nas palavras do autor, a formatação de uma concepção híbrida da dignidade humana, ou seja, uma concepção mestiça dos direitos humanos. Esse processo desaguaria numa alternativa à teoria geral de aplicação pretensamente universal, a qual não é mais que uma versão peculiar de universalismo que concebe como particularismo tudo o que não coincide com ele. Por todo o dito, percebe-se que a hermenêutica diatópica exige uma produção de conhecimento coletiva, participativa, interativa, intersubjetiva e reticular; **2:** certo. A Declaração Universal dos Direitos Humanos de 1948 universalizou a noção de direitos humanos. Muito importante foi seu papel, pois antes disso a proteção dos direitos humanos era relegada a cada Estado, que, com suporte em sua intocável soberania, tinha autonomia absoluta para determinar e executar as políticas relacionadas à proteção da dignidade da pessoa humana. Todavia, obras de horror, como o nazifascismo, demonstraram que a proteção do ser humano não pode ficar somente nas "mãos de governos". Assim, um dos grandes objetivos perseguidos com a criação da ONU foi buscar a proteção dos direitos humanos em nível universal. Grande passo foi dado nesse sentido com a promulgação da Declaração Universal dos Direitos Humanos. Assim, "o direito a ter direitos" de Hannah Arendt passaria a ter tutela internacional. Cabe enfatizar que a concepção contemporânea dos direitos humanos, por sua vez, foi inaugurada pela Declaração Universal dos Direitos Humanos de 1948 e reforçada pela Declaração de Direitos Humanos de Viena de 1993. E a indivisibilidade sustenta que todos os direitos humanos se retroalimentam e se complementam, assim, é infrutífero buscar a proteção e a promoção de apenas uma parcela deles; **3:** errado, pois, como dito no comentário anterior, a concepção contemporânea dos direitos humanos surgiu com a Declaração Universal dos Direitos Humanos de 1948; **4:** certo. A primeira geração trata dos direitos civis (liberdades individuais) e políticos. A titularidade desses direitos é atribuída ao indivíduo, por isso são conhecidos como direitos individuais. Seu fundamento é a ideia de *liberdade*. Sobre tais direitos, é interessante a verificação de que sua defesa foi feita sobretudo pelos EUA. Estes defendiam a perspectiva liberal dos direitos humanos, consagrados no Pacto Internacional de Direitos Civis e Políticos. Já a segunda geração trata dos direitos sociais, culturais e econômicos. A titularidade desses direitos é atribuída à coletividade, por isso são conhecidos como direitos coletivos. Seu fundamento é a ideia de *igualdade*. O grande motivador do aparecimento desses direitos foi o movimento antiliberal, notadamente após a Primeira Guerra Mundial. É importante apontar o papel da URSS, que defendia veementemente a perspectiva social dos direitos humanos. Essa linha foi consagrada no Pacto Internacional de Direitos Econômicos, Sociais e Culturais. Cabe destacar que tais direitos aparecerem em primeiro lugar na Constituição mexicana de 1917 e na Constituição alemã de 1919 ("Constituição de Weimar"). E a terceira geração trata dos direitos à paz, ao desenvolvimento, ao meio ambiente, à propriedade do patrimônio cultural. A titularidade desses direitos é atribuída à humanidade e são classificados doutrinariamente como difusos. Seu fundamento é a ideia de *fraternidade*. Esses direitos provieram em grande medida da polaridade Norte/Sul, da qual surgiu o *princípio da autodeterminação dos povos*, fundamento do processo de descolonização e de inúmeros outros exemplos, consoante os já indicados acima, que exteriorizam a busca por uma nova ordem política e econômica mundial mais justa e solidária. Os direitos de terceira geração foram consagrados na Convenção para a Proteção do Patrimônio Mundial, Cultural e Natural, de 1972, e na Convenção sobre a Diversidade Biológica, de 1992. Cabe apontar que são classificados pelo STF como novíssimos direitos; **5:** errado. Reler o comentário sobre a assertiva 1.

Gabarito 1C, 2C, 3E, 4C, 5E

(Defensoria/SP – 2009 – FCC) De acordo com o Direito Internacional dos Direitos Humanos, no tocante à interpretação, em caso de conflito, das normas definidoras de direitos e garantias,

(A) prevalece sempre a norma mais benéfica à pessoa humana.

(B) prevalece sempre a norma internacional.

(C) prevalece sempre a norma interna.

(D) norma posterior derroga a anterior.

(E) norma especial derroga a geral no que apresenta de específico.

A, B, C, D e **E:** em se tratando de interpretação e de aplicação das regras protetivas de direitos humanos, deve-se ter por fundamento o **princípio da primazia da norma mais favorável à vítima**. Tal princípio determina a busca da maior efetividade possível na proteção dos direitos humanos. Portanto, de um modo geral, os sistemas protetivos de direitos humanos global, regional e nacional interagem-se e complementam-se para melhor proteger o indivíduo dos abusos perpetrados contra sua dignidade humana.

Gabarito "A".

(Defensoria/MA – 2009 – FCC) Na hipótese de conflito entre uma norma do direito interno e um dispositivo enunciado em tratado internacional de proteção dos direitos humanos, merece prevalecer a norma

(A) mais específica, considerando o princípio de que a norma especial revoga a norma geral em sua especificidade.

(B) posterior, considerando o princípio de que a norma posterior revoga norma anterior que lhe for incompatível.

(C) do sistema global, considerando o princípio da primazia do Direito Internacional.

(D) do sistema regional, considerando o princípio da boa-fé nas relações internacionais.

(E) mais benéfica à vítima, considerando que os tratados de direitos humanos constituem um parâmetro protetivo mínimo.

A, B, C, D e **E:** em se tratando de interpretação e de aplicação das regras protetivas de direitos humanos, deve-se ter por fundamento o **princípio da primazia da norma mais favorável à vítima**. Tal princípio determina a busca da maior efetividade possível na proteção dos direitos humanos. Portanto, de um modo geral, os sistemas protetivos de direitos humanos global, regional e nacional interagem-se e complementam-se para melhor proteger o indivíduo dos abusos perpetrados contra sua dignidade humana.

Gabarito "E".

(Defensor Público/MS – 2008 – VUNESP) Quando se fala em Direitos Humanos, considerando sua historicidade, é correto dizer que

(A) somente passam a existir com as Declarações de Direitos elaboradas a partir da Revolução Gloriosa Inglesa de 1688.

(B) foram estabelecidos, pela primeira vez, por meio da Carta Magna de 1215, que é a expressão maior da proteção dos Direitos do Homem em âmbito universal.

(C) a concepção contemporânea de Direitos Humanos foi introduzida, em 1789, pela Declaração dos Direitos do Homem e do Cidadão, fruto da Revolução Francesa.

(D) a internacionalização dos Direitos Humanos surge a partir do Pós-Guerra, como resposta às atrocidades cometidas durante o nazismo.

2 Revista Contexto Internacional, vol. 23, n 1º, 2001, pág. 14.

3 Revista Contexto Internacional, vol. 23, n 1º, 2001, pág. 21.

A: incorreta. Antes da Revolução Gloriosa pode-se apontar como exemplos de Declarações de Direitos Humanos a Magna Carta de 1215, o *Petition of Rights* de 1628 e o *Habeas Corpus Act* de 1679. Deve-se aclarar que a Revolução Gloriosa ocorreu no Reino Unido, de 1688 a 1689, e teve por consequência a queda e posterior fuga do rei Jaime II, da dinastia Stuart. O trono, depois de declarado vago pelo Parlamento, foi oferecido, conjuntamente, ao genro do rei, o nobre neerlandês Guilherme, Príncipe de Orange, e a filha do rei, Maria de Stuart. Mas tal oferta comportava uma condição: se a coroa inglesa fosse aceita, também estaria aceita a Declaração de Direitos (*Bill of Rights*) votada pelo Parlamento. A oferta do trono e a condição foram aceitas e os novos soberanos passaram a chamar-se Guilherme III e Maria II. A Declaração de Direitos de 1689 é um documento legal confeccionado pelo Parlamento inglês, que, entre outras coisas, limitou os poderes do rei, disciplinou os direitos relacionados com o Parlamento, como, por exemplo, a liberdade de expressão dos parlamentares e o estabelecimento de eleições regulares para o Parlamento. E também determinou que todos os súditos têm direito de petição ao rei, como também tornou o Parlamento competente para legislar e criar tributos, funções antes exercidas pelo rei. Tais medidas asseguraram certo poder para o Parlamento no Reino Unido e representaram a instauração institucional da separação de poderes, mais tarde reconhecida e elogiada por Montesquieu. É importante apontar que Declaração de Direitos de 1689 foi influenciada diretamente pelas ideias de John Locke e figura como um dos textos constitucionais mais importantes do Reino Unido; **B:** incorreta. O século XI marcou o início de uma onda de centralização de poder, tanto a nível civil como eclesiástico. É importante ter em mente tal consideração, pois ela é o motivador da assinatura da Magna Carta. A título histórico, cabe lembrar que já em 1188 foi feita a declaração das cortes de Leão, na Espanha. Depois dessa declaração, os senhores feudais espanhóis continuaram se manifestando, mediante declarações e petições, contra a instalação do poder real soberano. A Magna Carta é um documento de 1215 que limitou o poder dos monarcas da Inglaterra, impedindo assim o exercício do poder absoluto. E resultou de desentendimentos entre o rei João I (conhecido como "João Sem Terra"), o Papa e os barões ingleses acerca das prerrogativas do soberano. Esses desentendimentos têm raízes diversas. A contenda com os barões foi motivada pelo aumento das exações fiscais, tais foram constituídas para financiar campanhas bélicas, pois o rei João Sem Terra acabava de perder a Normandia, que era sua por herança dinástica, para o rei francês Filipe Augusto. Já a desavença com o papa surgiu de seu apoio as pretensões territoriais do imperador Óton IV, seu sobrinho, em prejuízo do papado. Ademais, o rei João I recusou a escolha papal de Stephen Langton como cardeal de Cantebury, o que lhe rendeu a excomunhão, operada pelo papa Inocêncio III. A Magna Carta só foi assinada pelo rei quando a revolta armada dos barões atingiu Londres, e a sua assinatura era condição para o cessar fogo. Todavia, ela foi reafirmada solenemente (pois tinha vigência determinada de três meses) em 1216, 1217 e 1225, quando se torna direito permanente. A título de curiosidade, cabe apontar que algumas de suas disposições ainda se encontram em vigor nos dias de hoje. Sua forma foi de promessa unilateral, por parte do monarca, de conceder certos privilégios especiais aos barões. Mas é possível entendê-la como uma convenção firmada entre os barões e o rei. E também, segundo os termos da Magna Carta, o rei deveria renunciar a certos direitos e respeitar determinados procedimentos legais, bem como reconhecer que sua vontade estaria sujeita à lei. Considera-se a Magna Carta o primeiro capítulo de um longo processo histórico que levaria ao surgimento do constitucionalismo e da democracia moderna. Em síntese, a Magna Carta tratou-se de uma limitação institucional dos poderes reais. Por todo o dito, percebe-se que os direitos humanos foram estabelecidos, de certa forma, antes da Magna Carta, em 1188, pela declaração das cortes de Leão, na Espanha, apesar de muitos consideraram a Magna Carta como o primeiro documento de direitos humanos da história. Ademais, a Magna Carta não tem âmbito universal e sim está relacionada com a situação específica da Inglaterra. Por fim, deve-se dizer que **a expressão maior da proteção dos Direitos do Homem em âmbito universal é a Declaração Universal dos Direitos Humanos**; **C:** incorreta. O marco recente ou a concepção contemporânea dos direitos humanos foi inaugurado, sem dúvida, pela Declaração Universal dos Direitos Humanos de 1948 e reforçado pela Declaração de Direitos Humanos de Viena de 1993. A Declaração Universal dos Direitos Humanos foi aprovada pela Resolução n. 217 A (III) da Assembleia Geral da ONU, em 10 de dezembro de 1948, por 48 votos a zero e oito abstenções. E em **conjunto com os dois Pactos Internacionais, sobre Direitos Civis e Políticos e sobre Direitos Econômicos, Sociais e Culturais, constituem a "Carta Internacional de Direitos Humanos"**; **D:** correta. Uma das preocupações da ONU é a proteção dos direitos humanos mediante a cooperação internacional. A Carta das Nações Unidas é o exemplo mais emblemático do processo de internacionalização dos direitos humanos ocorridos no pós-guerra. É importante lembrar que este processo recente de internacionalização dos direitos humanos é fruto da ressaca moral da humanidade ocasionada pelo excesso de violações de direitos humanos perpetradas pelo nazifascismo.

Gabarito "D".

(Defensor Público/MS – 2008 – VUNESP) Considerando a evolução histórica, os marcos jurídicos fundamentais e a estrutura normativa dos Direitos Humanos, pode-se afirmar que

(A) a globalização dos direitos humanos forçou os Estados a escolherem entre um sistema global e um regional de proteção a esses direitos, uma vez que ambos os sistemas não podiam coexistir.

(B) os indivíduos passaram a ser sujeitos de direito internacional, mas, por razões de soberania, ainda dependem dos Estados para acionar os mecanismos de proteção dos direitos humanos.

(C) a Declaração Universal dos Direitos Humanos introduziu internacionalmente a concepção contemporânea desses direitos.

(D) a vítima de uma lesão dos direitos humanos deverá acionar em sua proteção, nessa ordem, o sistema jurídico nacional, depois o regional e, por último, o global, em razão da hierarquia da estrutura normativa de proteção.

A: incorreta. Muito pelo contrário, pois o sistema regional de proteção junta-se ao global para formar o sistema internacional de proteção dos direitos humanos. Percebe-se que em determinadas situações ocorrerá uma sobreposição de normas (oriundas do sistema internacional e do regional), todavia, isto não se reflete em problema, pois o que se busca é a substancial proteção dos direitos humanos. Destarte, o sistema que estiver melhor organizado para bem proteger o indivíduo naquele caso será o aplicado, ou seja, os sistemas não competem, mas sim se completam. Isto quer dizer que, em se tratando de interpretação e de aplicação das regras protetivas de direitos humanos, deve-se ter por fundamento o **princípio da primazia da norma mais favorável à vítima**. Tal princípio determina a busca da maior efetividade possível na proteção dos direitos humanos; **B:** incorreta. Na atualidade, já existem inúmeros exemplos de mecanismo de proteção que podem ser acionados mediante petição direta de indivíduos. Por exemplo, o Protocolo **Facultativo ao Pacto Internacional dos Direitos Civis e Políticos**, adotado em 16 de dezembro de 1966, criou o sistema das *petições individuais* para melhorar o controle sobre a aplicação, pelos estados-partes, das disposições do Pacto Internacional dos Direitos Civis e Políticos. O sistema de petições individuais também está previsto na Convenção Internacional sobre a Eliminação de todas as formas de Discriminação Racial, no Protocolo Facultativo à Convenção Internacional sobre a Eliminação de todas as formas de Discriminação contra a Mulher, na Convenção contra a Tortura e outros Tratamentos ou Penas Cruéis, Desumanos ou Degradantes, no Protocolo Facultativo à Convenção sobre os Direitos das Pessoas com Deficiência e na Convenção Internacional sobre a Proteção dos Direitos de todos os Trabalhadores Migrantes e dos Membros de suas Famílias. Depois desses exemplos retirados do sistema global de proteção de direitos humanos, tanto do geral como do específico, cabe apontar alguns do sistema regional de proteção de direitos humanos. Cite-se a Convenção Americana de Direitos Humanos, a qual prevê a competência da Comissão Interamericana de Direitos Humanos para receber petições individuais, e também a Convenção Europeia de Direitos Humanos, que, após o Protocolo 11, tornou a Corte Europeia de Direitos Humanos competente para receber petições individuais; **C:** correta. A Carta das Nações Unidas é o exemplo mais emblemático do processo de internacionalização dos direitos humanos ocorridos no pós-guerra. Aliás, é importante lembrar que este processo recente de internacionalização dos direitos humanos é fruto da ressaca moral da humanidade ocasionada pelo excesso de violações de direitos humanos perpetradas pelo nazifascismo. O problema identificado na Carta das Nações Unidas é que ela não definia o conteúdo dos direitos humanos. Assim, em 1948, foi proclamada a Declaração Universal dos Direitos Humanos com a função de bem definir o conteúdo dos direitos humanos. A Declaração Universal dos Direitos Humanos foi aprovada pela Resolução n. 217 A (III) da Assembleia Geral da ONU, em 10 de dezembro de 1948, por 48 votos a zero e oito abstenções. E em conjunto com os dois Pactos Internacionais, sobre Direitos Civis e Políticos e sobre Direitos Econômicos, Sociais e Culturais, constituem a "Carta Internacional de Direitos Humanos". A Declaração é fruto de um consenso sobre valores de cunho universal a serem seguidos pelos estados. E também do reconhecimento do indivíduo como sujeito direto do direito internacional. É importante esclarecer que a Declaração é um exemplo de *soft law*, isto porque ela não prevê mecanismos constritivos para a implementação dos direitos previstos. Por outro lado, quando o documento legal prevê mecanismos constritivos para a implementação dos seus direitos, estaremos diante de um exemplo de *hard law*. Revisitando "o direito a ter direitos" de Hannah Arendt, segundo a Declaração, a condição de pessoa humana é requisito único e exclusivo para ser titular de direitos. Com isso corrobora-se o caráter universal dos direitos humanos, isto é, todo indivíduo é cidadão do mundo e, desta forma, detentor de direitos que salvaguardam sua dignidade. No seu bojo encontram-se direitos civis e políticos (arts. 3º a 21) e direitos econômicos, sociais e culturais (arts. 22 a 28); **D:** incorreta. O indivíduo lesionado deve primeiramente acionar a ordem nacional de proteção de direitos humanos, isso em virtude do caráter **complementar** e **subsidiário** dos sistemas internacionais, ou seja, deve-se em primeiro lugar esgotar todos os recursos internos disponíveis. Mas, essa condição pode ser afastada quando o indivíduo for privado de seu direito de ação pela jurisdição doméstica, ou lhe forem ceifadas as garantias do devido processo legal ou, ainda, se os processos internos forem excessivamente demorados. Por outro lado, como visto no comentário à assertiva "A", não existe hierarquia entre o sistema global e o regional de proteção de direitos humanos, isso porque os sistemas se completam. Lembrando que, em se tratando de interpretação e de aplicação das regras protetivas de direitos humanos, deve-se ter por fundamento o **princípio da primazia da norma mais favorável à vítima.**

Gabarito "C".

(Defensoria/SP – 2007 – FCC) A respeito da relação entre o jusnaturalismo e o juspositivismo, o Direito Internacional dos Direitos Humanos consagra a noção, segundo a qual

(A) o reconhecimento dos direitos humanos nas Constituições caracteriza a transição da fundamentação daqueles, do direito natural ao direito positivo.

(B) só se pode admitir a formulação de novos direitos humanos por parlamentos legitimamente eleitos, tendo em vista o primado da soberania estatal, atualmente.

(C) é recomendável a positivação dos direitos humanos sem, contudo, olvidar sua fundamentação no Direito Natural, permitindo o paulatino reconhecimento de novos direitos.

(D) é irrelevante seu reconhecimento pela legislação interna dos países, considerando que os direitos humanos são inerentes ao ser humano.

(E) os direitos humanos, historicamente fundados no Direito Natural, necessitam ser reconhecidos pelo Direito Positivo para se tornarem exigíveis.

A: incorreta. A fundamentação dos direitos humanos sempre será o direito natural. O direito positivo apenas reconhece expressamente tais direitos, pois os direitos humanos transcendem às criações culturais no sentido lato (religião, tradição, organização política etc.) por serem adstritos à condição humana; **B:** incorreta. A ideia de soberania absoluta encontra-se há muito superada, assim, o estado que violar direitos humanos poderá ser responsabilizado perante a comunidade internacional, como, por exemplo, por intermédio de cortes regionais (ex: Corte Interamericana de Direitos Humanos) ou de comitês internacionais (ex: Comitê dos Direitos Humanos criado pelo Pacto Internacional dos Direitos Civis e Políticos). Dentro desta lógica, o indivíduo que tiver sua dignidade violada e não conseguir a efetiva tutela, poderá buscar (direta ou indiretamente) cortes e comitês internacionais para buscar sua devida proteção. Ademais, o dirigente político que conduzir o país à prática de crimes contra a humanidade também poderá ser julgado e condenado pelo Tribunal Penal Internacional (TPI). Sobre este processo de mitigação da soberania, é imprescindível apontar o papel do Tribunal de Nuremberg, pois com a instalação deste tribunal *ad hoc* ficou demonstrada a necessária flexibilização da noção de soberania para bem proteger os direitos humanos. E, por outro lado, ficou comprovado o reconhecimento de direitos do indivíduo pelo direito internacional. Ademais, os parlamentos não formulam novos direitos humanos, apenas os reconhecem, tal qual comentamos na assertiva "A". A título conclusivo, pode-se afirmar que toda regra, convencional ou não, que promova ou proteja a dignidade da pessoa humana é "direitos humanos" e esta constante criação de "novos" direitos humanos torna impossível sua tipificação fechada, portanto, é necessário uma tipificação aberta para permitir a inserção de novos conceitos protetores da dignidade humana na medida em que aparecerem; **C:** correta. Reler os comentários anteriores; **D:** incorreta, pois é de grande importância o reconhecimento legal dos direitos humanos, afinal, vivemos em um estado de direito. Ademais, o reconhecimento legal tem grande importância simbólica; **E:** incorreta, pois o direito positivo apenas reconhece expressamente tais direitos, pois os direitos humanos transcendem às criações culturais no sentido lato (religião, tradição, organização política etc.) por serem adstritos à condição humana.

Gabarito "C"

(Defensoria/SP – 2006 – FCC) Comparando-se a Declaração dos Direitos do Homem e do Cidadão (França, 1789) e a Declaração Universal dos Direitos Humanos (ONU, 1948), pode-se afirmar que ambas reconhecem

(A) o Estado como fonte dos direitos fundamentais.

(B) a liberdade e a igualdade inerentes ao ser humano.

(C) a existência dos direitos individuais e sociais.

(D) a propriedade, individual ou coletiva.

(E) a necessidade de uma força pública para a garantia dos direitos.

A: incorreta. A Declaração dos Direitos do Homem e do Cidadão foi adotada, pela Assembleia Constituinte da França, em 1789, influenciada diretamente pela Revolução Francesa e a Revolução Americana de 1776. Pela primeira vez tem-se uma declaração generalizante, isto é, com o propósito de fazer referência não só aos seus cidadãos, mas a toda humanidade, por isso a menção aos direitos do *homem* também. A Declaração teve por base os conceitos de *liberdade, igualdade, fraternidade, propriedade, legalidade e garantias individuais* (síntese do pensamento iluminista liberal e burguês). Mas o seu ponto central era a supressão dos privilégios especiais ("acabar com as desigualdades"), outrora garantidos para os estamentos do clero e da nobreza. Percebe-se que a Declaração francesa reconhecia o estado como fonte produtora de desigualdades, mediante a concessão de privilégios à certos estamentos, e não como fonte dos direitos fundamentais. Por outro lado, a Declaração Universal dos Direitos Humanos reconhece o estado como fonte dos direitos fundamentais expressamente nos seus artigos 22 a 28; **B:** correta. Reler o comentário anterior. Ademais, o primeiro Considerando da Declaração Universal dos Direitos Humanos é enfático: "Considerando que o reconhecimento da dignidade inerente a todos os membros da família humana e de seus direitos iguais e inalienáveis é o fundamento da liberdade, da justiça e da paz no mundo"; **C:** incorreta. A Declaração dos Direitos do Homem e do Cidadão não prevê direitos sociais. Por sua vez, na Declaração da ONU encontram-se direitos econômicos, sociais e culturais (arts. 22 a 28); **D:** incorreta. A Declaração dos Direitos do Homem e do Cidadão não prevê a propriedade coletiva (art. 17), já a Declaração Universal dos Direitos Humanos prevê a propriedade individual e a coletiva (art. 17, ponto 1); **E:** incorreta, pois a necessidade de uma força pública para a garantia dos direitos só está prevista na Declaração dos Direitos do Homem e do Cidadão (art. 12).

Gabarito "B"

(Defensor Público/BA – 2006) Tratando da doutrina filosófica dos Direitos Humanos, sabe-se que a mesma vem sendo cunhada por diversos pensadores, escritores e jusfilósofos.

I. "De um lado, o Estado de Bem-Estar Social do segundo pós-guerra pareceu concretizar, definitivamente, o ideal socialista de uma igualdade básica de condições de vida para todos os homens. De outro lado, no entanto, a vaga neoliberal deste fim de século demonstrou quão precário é o princípio da solidariedade social, base dos chamados direitos humanos da segunda geração, diante do ressurgimento universal dos ideais individualistas".

II. "O direito natural da Antiguidade girava em torno da antítese: natureza-normas; o da Idade Média, em torno da antítese direito divino-direito humano; o dos tempos modernos, em torno da antítese: direito positivo-razão individual".

III. "A Escola do Direito Natural ou do Jusnaturalismo distingue-se da concepção aristotélico-tomista por este motivo principal: enquanto para Santo Tomás primeiro se dá a "lei" para depois se pôr o problema do "agir segundo a lei", para aquela corrente põe-se primeiro o "indivíduo" com o seu poder de agir, para depois se pôr a "lei". Para o homem do Renascimento o dado primordial é o indivíduo, como ser capaz de pensar e agir. Em primeiro lugar está o indivíduo, com todos os seus problemas, com todas as suas exigências. É da autoconsciência do indivíduo que vai resultar a lei".

Analisando as assertivas acima, verifica-se que:

(A) Apenas a I está correta.

(B) Apenas a II está correta.

(C) Apenas a III está correta.

(D) Apenas I e II estão corretas.

(E) Todas estão corretas.

I: correta. O trecho foi retirado do artigo intitulado Fundamento dos Direitos Humanos, de autoria do Prof. Fábio Konder Comparato (o artigo em questão pode ser localizado no seguinte endereço virtual: http://www.iea.usp.br/textos/comparatodireitoshumanos.pdf); **II:** correta. O trecho foi retirado do livro intitulado Filosofia do Direito, de autoria do Prof. Gustav Radbruch (a consideração em questão pode ser localizada nas páginas 61-62 do livro supra referido na sua 6ª ed. Coimbra); **III:** correta. O trecho foi retirado do livro intitulado Filosofia do Direito, de autoria do Prof. Miguel Reale (a consideração em questão pode ser localizada nas páginas 645-646 do livro supra referido na sua 16º ed. da Saraiva).

Gabarito "E"

2. Gerações dos Direitos Humanos

(Defensoria/PI – 2009 – CESPE) A respeito do desenvolvimento histórico dos direitos humanos e seus marcos fundamentais, assinale a opção correta.

(A) Os direitos fundamentais surgem todos de uma vez, não se originam de processo histórico paulatino.

(B) Não há uma correlação entre o surgimento do cristianismo e o respeito à dignidade da pessoa humana.

(C) As gerações de direitos humanos mais recentes substituem as gerações de direitos fundamentais mais antigas.

(D) A proteção dos direitos fundamentais é objeto também do direito internacional.

(E) A ONU é o órgão responsável pela UDHR e pela Declaração Americana de Direitos.

A: incorreta, pois a amplitude de proteção conferida pelos direitos humanos é marcada por sua contínua majoração, o que os tornam direitos históricos, pois no evolver da história, novos direitos são reconhecidos como direitos humanos – processo não findo. A história dos direitos humanos é marcada pela luta por seu reconhecimento, umbilicalmente relacionada com a luta por justiça e liberdade; **B:** incorreta. A mais abrangente revolução de valores e de atitude ocorrida na História da Humanidade foi a operada pelo Cristianismo. Os princípios hoje tão aclamados da liberdade, da igualdade e da solidariedade apareceram pela primera vez nos ensinamentos do Novo Testamento. Por exemplo, a liberdade está inserida no princípio do livre arbítrio, já a igualdade é verificada no princípio de que entre os cristãos, recebidos pelo batismo, não há diferença e a solidariedade é exteriorizada no mandamento cristão: "Amar o próximo como a si mesmo". Percebe-se que os princípios que fundamentaram as três primeiras gerações dos direitos humanos apareceram primeiramente por obra do cristianismo, o qual tem grande papel nessa milenar luta pela proteção da dignidade da pessoa humana; **C:** incorreta. A divisão dos direitos humanos em gerações, idealizada por Karel Vasak, tem por finalidade permitir uma análise precisa de sua amplitude, além de dar uma boa ideia sobre a causa de seu surgimento e seu contexto. A análise das gerações tem que ter por fundamento não a ótica sucessória (de substituição da anterior pela posterior), **mas sim a interacional (de complementação da anterior pela posterior)**; **D:** correta. Em se tratando de interpretação e de aplicação das regras protetivas de direitos humanos, deve-se ter por fundamento o **princípio da primazia da norma mais favorável à vítima**. Tal princípio determina a busca da maior efetividade possível na proteção dos direitos humanos. Portanto, de um modo geral, os sistemas protetivos de direitos humanos global (geral e específico), regional (global e específico) e nacional interagem-se e complementam-se para melhor proteger o indivíduo dos abusos perpetrados contra sua dignidade humana. Deve-se fazer uma pequena distinção entre direitos humanos e direitos fundamentais. A doutrina atual, principalmente a alemã, considera os direitos fundamentais como os valores éticos sobre os quais se constrói determinado sistema jurídico nacional, ao passo que os direitos humanos existem mesmo sem o reconhecimento da ordem jurídica interna de um país, pois estes possuem vigência universal. Mas, na maioria das vezes os direitos humanos são reconhecidos internamente pelos sistemas jurídicos nacionais, situação que os tornam também direitos fundamentais, ou seja, os direitos humanos previstos na constituição de um país são denominados direitos fundamentais; **E:** incorreta. Uma das preocupações da ONU é a proteção dos direitos humanos mediante a cooperação internacional. A Carta das Nações Unidas é o exemplo mais emblemático do processo de internacionalização dos direitos humanos ocorridos no pós-guerra. Aliás, é importante lembrar que este processo recente de internacionalização dos direitos humanos é fruto da ressaca moral da humanidade ocasionada pelo excesso de violações de direitos humanos perpetradas pelo nazifascismo. Mas o problema identificado na Carta das Nações Unidas é que ela não definia o conteúdo dos direitos humanos, assim, em 1948, foi proclamada a Declaração Universal dos Direitos Humanos com a função de bem definir o conteúdo dos direitos humanos. A Declaração Universal dos Direitos Humanos foi aprovada pela Resolução n. 217 A (III) da Assembleia Geral da ONU, em 10 de dezembro de 1948, por 48 votos a zero e oito abstenções. E em conjunto com os dois Pactos Internacionais, sobre Direitos Civis e Políticos e sobre Direitos Econômicos, Sociais e Culturais, constituem a "Carta Internacional de Direitos Humanos". A Declaração é fruto de um consenso sobre valores de cunho universal a serem seguidos pelos estados. E também do reconhecimento do indivíduo como sujeito direto do direito internacional. Todavia, o sistema protetivo americano foi instalado, em 1948, pela Carta da Organização dos Estados Americanos, esta, por sua vez, foi adotada na Nona Conferência Internacional Americana, que se reuniu em Bogotá, na Colômbia. Na mesma Conferência, foi adotada a Declaração Americana dos Direitos e Deveres do Homem. Percebe-se que o sistema protetivo americano não contava com nenhum mecanismo constritivo de proteção dos direitos humanos, mas apenas uma declaração (*soft law*) de que os estados-membros devem proteger os direitos humanos. Mas, em 22 de novembro de 1969, na Conferência de São José da Costa Rica, foi adotada a Convenção Americana de Direitos Humanos (Pacto de San José da Costa Rica), a qual só entrou em vigor em 18 de julho de 1978 (quando atingiu as 11 ratificações necessárias) e é o principal instrumento protetivo do sistema americano. No Brasil, a Convenção passou a ter vigência por meio do decreto 678 de 6 de novembro de 1992. E a Convenção instituiu como órgãos de fiscalização e julgamento, do sistema americano de proteção dos direitos humanos, a Comissão e a Corte Interamericana de Direitos Humanos, dotando, desta maneira, o sistema americano de mecanismos constritivos de proteção dos direitos humanos (*hard law*).

Gabarito "D".

(Defensor Público/BA – 2006) Cuidando-se da temática da evolução histórica, afirmação e aplicabilidade concreta dos Direitos Humanos, tem-se:

I. "Os direitos de primeira geração têm por titular o indivíduo, são oponíveis ao Estado, traduzem-se como faculdade ou atributos da pessoa e ostentam uma subjetividade que é seu traço mais característico; enfim, são direitos de resistência ou de oposição perante o Estado.(...) São os direitos da liberdade, os primeiros a constarem de instrumento normativo constitucional, a saber, os direitos civis e políticos, que em grande parte correspondem, por prisma histórico, àquela fase inaugural do constitucionalismo do Ocidente"

II. "A consciência de um mundo partido entre nações desenvolvidas e subdesenvolvidas ou em fase de precário desenvolvimento deu lugar a que se buscasse uma outra dimensão dos direitos (humanos) fundamentais, até então desconhecida. Trata-se daquela que se assenta sobre a fraternidade, conforme assinala Karel Vasak, e provida de uma latitude de sentido que não parece compreender unicamente a proteção específica de direitos individuais ou coletivos; são assim conhecidos como direitos de segunda geração, tal como ocorre com a proteção do meio ambiente".

III. "Os direitos humanos de terceira geração podem assim ser identificados como os direitos econômicos, sociais e culturais; alinham-se, portanto, com as liberdades positivas, reais ou concretas, acentuando o princípio da igualdade; produto do século XIX, decorreu dos esforços dos movimentos proletários socialistas; vieram a ser positivados nas constituições revolucionárias mexicana e russa, bem como na da República de Weimar".

Analisando as assertivas, verifica-se que:

(A) Apenas I está correta.
(B) Apenas II está correta.
(C) Apenas III está correta.
(D) Apenas I e II estão corretas.
(E) Apenas II e III estão corretas.

I: correta. O trecho foi retirado do livro intitulado Curso de Direito Constitucional, de autoria do Prof. Paulo Bonavides (a consideração em questão pode ser localizada na página 517 do livro supra referido na sua 6º ed. da Malheiros); **II:** incorreta. O erro está em identificá-los como direitos de segunda geração, pois tais direitos, guiados pela ideia de fraternidade, são de **terceira geração**. A terceira geração trata dos direitos à paz, ao desenvolvimento, ao meio ambiente, à propriedade do patrimônio cultural e a titularidade destes direitos (ditos difusos) é atribuída à humanidade. Seu fundamento é a ideia de fraternidade. Estes direitos provieram em grande medida da polaridade Norte/Sul e dentro desta polaridade surgiu o *princípio da autodeterminação dos povos*, fundamento do processo de descolonização e de inúmeros outros exemplos, consoante aos já indicados acima, que exteriorizam a busca por uma nova ordem política e econômica mundial mais justa e solidária. Os direitos de terceira geração foram consagrados na Convenção para a Proteção do Patrimônio Mundial, Cultural e Natural, de 1972, e na Convenção sobre a Diversidade Biológica, de 1992; **III:** incorreta. O erro está em identificá-los como direitos de terceira geração, pois tais direitos, guiados pela ideia de igualdade, são de **segunda geração**. A segunda geração trata dos direitos sociais, culturais e econômicos e a titularidade destes direitos é atribuída à coletividade, destarte, conhecidos são como direitos coletivos. Seu fundamento é a ideia de igualdade. O grande motivador do aparecimento destes direitos foi o movimento antiliberal, notadamente após a Primeira Guerra Mundial. É importante apontar o papel da URSS, pois esta defendia veementemente a perspectiva social dos direitos humanos. Esta linha foi consagrada no Pacto Internacional de Direitos Econômicos, Sociais e Culturais. Cabe destacar que esses direitos aparecerem em primeiro lugar na Constituição Mexicana de 1917 e na Constituição da Alemanha de 1919 ("Constituição de Weimar").

Gabarito "A".

3. Características dos Direitos Humanos

(Defensoria/PI – 2009 – CESPE) Os direitos fundamentais possuem determinadas características que foram objeto de detalhado estudo da doutrina nacional e internacional. A respeito dessas características, assinale a opção correta.

(A) O princípio da universalidade impede que determinados valores sejam protegidos em documentos internacionais dirigidos a todos os países.
(B) A irrenunciabilidade dos direitos fundamentais não destaca o fato de que estes se vinculam ao gênero humano.
(C) É característica marcante o fato de os direitos fundamentais serem absolutos, no sentido de que eles devem sempre prevalecer, independentemente da existência de outros direitos, segundo a máxima do "tudo ou nada".
(D) A imprescritibilidade dos direitos fundamentais vincula-se à sua proteção contra o decurso do tempo.
(E) A inviolabilidade evita o desrespeito dos direitos fundamentais por autoridades públicas, entretanto permite o desrespeito por particulares.

A: incorreta, pois é o contrário: a Declaração Universal dos Direitos Humanos de 1948 universalizou a noção de direitos humanos. Muito importante foi o papel da Declaração, pois antes disso a proteção dos direitos humanos ficava relegada a cada estado, que, com suporte em sua intocável soberania, tinha autonomia absoluta para determinar e executar as políticas relacionadas à proteção da dignidade da pessoa humana. Todavia, obras de horror, como o nazifascismo, demonstraram que a proteção do ser humano não pode ficar somente nas "mãos de governos". Assim, um dos grandes objetivos perseguidos com a criação da ONU foi o de buscar a proteção dos direitos humanos a nível universal. Grande passo foi dado neste sentido com a promulgação da Declaração Universal dos Direitos Humanos. Assim, "o direito a ter direitos" de Hannah Arendt passaria a ter tutela internacional. As críticas referentes à leitura de *universalização* por *ocidentalização* não devem proceder, isto porque os direitos humanos transcendem às criações culturais no sentido lato (religião, tradição, organização política etc.) por serem adstritos à condição humana. Desta forma, particularidades regionais e nacionais devem ser levadas em conta, mas nunca devem impedir a proteção mínima dos direitos humanos, até porque estes fazem parte do *jus cogens*. Assim o *universalismo* derrota o *relativismo*; **B:** incorreta, pois é o contrário: por serem direitos adstritos à condição humana, estes não podem ser renunciáveis, pois formam o indivíduo na sua plenitude. Assim, são indisponíveis tanto pelo estado como pelo particular. Tal característica se confirma pelo fato de os direitos humanos fazerem parte do *jus cogens*, isto é, inderrogáveis por ato volitivo; **C:** incorreta, os direitos fundamentais encontram seus limites em outros direitos, também fundamentais, pois não existem direitos ilimitados e absolutos, mas sim a necessidade de proceder, caso a caso, a uma ponderação para buscar a efetivação, isto é, a aplicabilidade, sempre que estiverem em colisão. Portanto, diante de conflitos entre direitos fundamentais deve-se aplicar o princípio constitucional da proporcionalidade, o qual guiará, no caso concreto, para uma aplicação coerente do direito fundamental, levando em consideração a incidência que cada um deve ter e, desta maneira, preserva-se o máximo dos direitos e garantias fundamentais consagrados constitucionalmente. A título exemplificativo, mesmo o direito à vida é excepcionalmente relativizado, no caso da legítima defesa, por exemplo, ou, em alguns países, no caso da pena de morte; **D:** correta. Os direitos humanos são atemporais, pois estão adstritos à condição humana. Assim, os direitos humanos não são passíveis de prescrição, ou seja, não caducam com o transcorrer do tempo; **E:** incorreta, pois todos, autoridades públicas e particulares, devem respeitar os direitos humanos. Lembrando que os estados têm uma tripla obrigação para com todos os direitos humanos: de proteger (*to protect*), de respeitar (*to respect*) e de realizar (*to fulfill*). Ora, para proteger os direitos humanos, os estados também terão que punir os particulares que os desrespeitarem.

Gabarito "D"

(Defensoria/MA – 2009 – FCC) Ao introduzir a concepção contemporânea de direitos humanos, a Declaração Universal de Direitos Humanos de 1948 afirma que

(A) o relativismo cultural, a indivisibilidade e a interdependência dos direitos humanos, conferindo primazia ao valor da solidariedade, como condição ao exercício dos direitos civis, políticos, econômicos, sociais e culturais.
(B) a universalidade, a indivisibilidade e a interdependência dos direitos humanos, conferindo paridade hierárquica entre direitos civis e políticos e direitos econômicos, sociais e culturais.
(C) a universalidade, a indivisibilidade e a interdependência dos direitos humanos, conferindo primazia aos direitos civis e políticos, como condição ao exercício dos direitos econômicos, sociais e culturais.
(D) o relativismo cultural, a indivisibilidade e a interdependência dos direitos humanos, conferindo primazia aos direitos econômicos, sociais e culturais, como condição ao exercício dos direitos civis e políticos.
(E) a universalidade, a indivisibilidade e a interdependência dos direitos humanos, conferindo primazia aos direitos econômicos, sociais e culturais, como condição ao exercício dos direitos civis e políticos.

A, B, C, D e E: os direitos humanos possuem algumas características: **a) universalidade** – a Declaração Universal dos Direitos Humanos de 1948 universalizou a noção de direitos humanos. Muito importante foi o papel da Declaração, pois antes disso a proteção dos direitos humanos ficava relegada a cada estado, que, com suporte em sua intocável soberania, tinha autonomia absoluta para determinar e executar as políticas relacionadas à proteção da dignidade da pessoa humana. Todavia, obras de horror, como o nazifascismo, demonstraram que a proteção do ser humano não pode ficar somente nas "mãos de governos". Assim, um dos grandes objetivos perseguidos com a criação da ONU foi o de buscar a proteção dos direitos humanos a nível universal. Grande passo foi dado neste sentido com a promulgação da Declaração Universal dos Direitos Humanos. Assim, "o direito a ter direitos" de Hannah Arendt passaria a ter tutela internacional. E as críticas referentes à leitura de *universalização* por *ocidentalização* não devem proceder, isto porque os direitos humanos transcendem às criações culturais no sentido lato (religião, tradição, organização política etc.) por serem adstritos à condição humana. Desta forma, particularidades regionais e nacionais devem ser levadas em conta, mas nunca devem impedir a proteção mínima dos direitos humanos, até porque estes fazem parte do *jus cogens*. Assim **o universalismo derrota o relativismo**; **b) indivisibilidade** – todos os direitos humanos se retroalimentam e se complementam, assim é infrutífero buscar a proteção e a promoção de apenas uma parcela deles. Veja-se o exemplo do direito à vida, núcleo dos direitos humanos. Este compreende o direito do ser humano não ter sua vida ceifada (atuação estatal negativa), como também o direito de ter acesso aos meios necessários para conseguir sua subsistência e uma vida digna (atuação estatal positiva). Percebe-se a interação dos direitos pessoais com os direitos econômicos, sociais e culturais para garantir a substancial implementação do direito à vida; e **c) interdependência** – os direitos humanos se retroalimentam e se complementam, destarte, cada direito depende dos outros para ser substancialmente realizado. Importante apontar também o princípio da complementaridade solidária dos direitos humanos de qualquer espécie. Esse princípio dialoga com o da universalidade, da interdependência e da indivisibilidade, mas cabe mencioná-lo, pois ele foi proclamado solenemente na segunda Conferência Mundial de Direitos Humanos, realizada em Viena em 1993. É importante transcrever trecho da Declaração de Viena que bem sintetiza as características dos direitos humanos de um modo geral: "Todos os direitos humanos são universais, indivisíveis, interdependentes e inter-relacionados. A comunidade internacional deve tratar os direitos humanos de forma global, justa e equitativa, em pé de igualdade e com a mesma ênfase. Embora particularidades nacionais e regionais devam ser levadas em consideração, assim como diversos contextos históricos, culturais e religiosos, é dever dos Estados promover e proteger todos os direitos humanos e liberdades fundamentais, sejam quais forem seus sistemas políticos, econômicos e culturais".

Gabarito "B"

(Defensoria/SP – 2007 – FCC) Ao comentar o problema da criminalidade no Brasil, Walter Ceneviva afirmou: "Os caminhos para a solução têm sido marcados por fatos estranhos ao direito e pela complexidade das condições da vida urbana, da escolaridade generalizada, da proteção à saúde, do atendimento previdenciário estendido a todos, menos pobreza e assim por diante. Em face dessas circunstâncias, mais se acentua o grave mal de leis nascidas de escândalos ocasionais e das paixões momentâneas, prejudicando e retardando as soluções." (Crime pede soluções a longo prazo. Folha de S. Paulo, 17 de março de 2007. Caderno Cotidiano Especial, p. C2.) Comparando tal pensamento com as características do Direito Internacional dos Direitos Humanos, é correto afirmar que o texto

(A) colide com a noção de que os direitos humanos devem ser protegidos pelo império da lei, prevista no terceiro Considerando da Declaração Universal dos Direitos Humanos.
(B) coincide com a noção de indivisibilidade entre direitos civis e políticos e direitos econômicos, sociais e culturais, significando que os direitos somente adquirem plena eficácia se realizados conjuntamente.
(C) coincide com a noção de que a realização do direito à segurança pública prescinde da promoção simultânea de outras políticas públicas, resultado de direitos previstos em tratados internacionais.
(D) coincide com a noção de que leis, fruto do livre exercício dos direitos políticos e do contrato social, podem estabelecer punições sem considerar o estágio de desenvolvimento econômico e social.
(E) coincide com a noção de que a evolução dos direitos humanos em gerações pressupõe a prévia realização dos direitos civis e políticos, como condição para a promoção dos direitos econômicos, sociais e culturais.

A: incorreta, pois o autor demonstra a complexidade que envolve a questão da criminalidade e deixa claro que sua solução dependerá de uma resposta também complexa, isto é, que comporte diversas frentes de ação, e uma delas certamente é a proteção legal. Pelo dito percebe-se que não existe colisão entre a consideração do autor e o terceiro Considerando da Declaração Universal dos Direitos Humanos; **B:** correta, pois, como dito no comentário à assertiva "A", a criminalidade é um tema complexo, como também o é a implementação dos direitos humanos com vistas à proteção da dignidade da pessoa humana. Todos os direitos humanos se retroalimentam e se complementam, assim é infrutífero buscar a proteção e a promoção de apenas uma parcela deles. Veja-se o exemplo do direito à vida, núcleo dos direitos humanos. Este compreende o direito do ser humano não ter sua vida ceifada (atuação estatal negativa), como também o direito de ter acesso aos meios necessários para conseguir sua subsistência e uma vida digna (atuação estatal positiva). Percebe-se a interação dos direitos pessoais com os direitos econômicos, sociais e culturais para garantir a substancial implementação do direito à vida; **C:** incorreta, pois a segurança pública é objetivo traçado com o combate à criminalidade e, como vimos nos comentários anteriores, é um tema que exige uma resposta complexa, isto é, uma miríade de políticas públicas; **D:** incorreta. Reler os comentários anteriores. Ademais, as críticas referentes às leis ocasionais são construídas tendo por base a desarmonia dessas com outras políticas sociais; **E:** incorreta, pois a complexidade de resposta, tanto para o problema da criminalidade como para o da implementação dos direitos humanos, tem por base a interdependência de ações. Aliás, interdependência é uma das características apresentadas pelos direitos humanos e significa que cada direito humano depende dos outros para ser substancialmente realizado.

Gabarito "B"

4. Classificação dos Direitos Humanos

(Defensoria/SP – 2007 – FCC) As Constituições Mexicana (1917) e Alemã (1919) são historicamente relevantes para os direitos humanos porque

(A) incorporaram ao direito interno as normas da Declaração Universal dos Direitos Humanos.

(B) restabeleceram o paradigma da dignidade humana, abalado pelos eventos da Segunda Guerra Mundial.

(C) enfatizaram a prevalência dos direitos individuais sobre os coletivos.

(D) elevaram os direitos trabalhistas e previdenciários ao nível de direitos fundamentais.

(E) inspiraram a elaboração da Declaração dos Direitos do Povo Trabalhador e Explorado.

A, **B**, **C**, **D** e **E:** a segunda geração de direitos humanos trata dos direitos sociais, culturais e econômicos. A titularidade destes direitos é atribuída à coletividade, destarte, conhecidos são como direitos coletivos. Seu fundamento é a ideia de **igualdade**. O grande motivador do aparecimento destes direitos foi o movimento antiliberal, notadamente após a Primeira Guerra Mundial. É importante apontar o papel da URSS, pois esta defendia veementemente a perspectiva social dos direitos humanos. Esta linha foi consagrada no Pacto Internacional de Direitos Econômicos, Sociais e Culturais. Cabe destacar que esses direitos aparecerem em primeiro lugar na Constituição Mexicana de 1917 e na Constituição da Alemanha de 1919 ("Constituição de Weimar"). São exemplos de direitos econômicos principalmente os direitos ao trabalho, ao repouso e ao lazer, e à segurança social (arts. 22 a 25 da Declaração Universal dos Direitos Humanos).

Gabarito "D"

5. Sistema Global de Proteção dos Direitos Humanos

(Defensoria/PI – 2009 – CESPE) Com relação aos mecanismos internacionais de proteção e monitoramento dos direitos humanos, assinale a opção correta.

(A) O Tribunal de Nuremberg não teve nenhum papel histórico na internacionalização dos direitos humanos.

(B) A ONU nasceu com diversos objetivos, como a manutenção da paz e segurança internacionais, entretanto a proteção internacional dos direitos humanos não estava incluído entre eles.

(C) Quando foi adotada e proclamada por resolução da Assembleia Geral das Nações Unidas, a UDHR, por não ter sido aceito por todos os países, não teve importância histórica.

(D) Além da UDHR de 1948 não há outros documentos relevantes no âmbito da proteção internacional global dos direitos humanos.

(E) O Pacto Internacional de Direitos Civis e Políticos de 1966 previu novas espécies de direitos humanos além daquelas previstas expressamente na UDHR de 1948.

A: incorreta. A ONU e a Declaração Universal dos Direitos Humanos criam um verdadeiro sistema de proteção global da dignidade humana. É importante ter em mente que este processo recente de internacionalização dos direitos humanos é fruto do pós-guerra e da ressaca moral da humanidade ocasionada pelo excesso de violações de direitos humanos perpetradas pelo nazifascismo. Cada estado estabelece suas próprias regras de direitos humanos ("direitos fundamentais") e executa sua própria política de proteção dos direitos humanos. Todavia, o que se percebe é a mitigação da soberania dos estados em função da característica de universalidade dos direitos humanos. Isto é, a comunidade internacional fiscaliza e opina sobre a situação dos direitos humanos em cada país, podendo até sancionar em determinadas situações. Sobre este processo de mitigação da soberania, é imprescindível apontar o papel do Tribunal de Nuremberg, pois com a instalação deste tribunal *ad hoc* ficou demonstrada a necessária flexibilização da noção de soberania para bem proteger os direitos humanos. E, por outro lado, ficou comprovado o reconhecimento de direitos do indivíduo pelo direito internacional; **B:** incorreta. A ONU é uma organização internacional que tem por objetivo facilitar a cooperação em matéria de direito internacional, segurança internacional, desenvolvimento econômico, progresso social, direitos humanos e a realização da paz mundial. Por isso, diz-se que é uma organização internacional de vocação universal. Sua lei básica é a Carta das Nações Unidas, elaborada em São Francisco de 25 de abril a 26 de junho de 1945. Esta Carta tem como anexo o Estatuto da Corte Internacional de Justiça. Percebe-se que uma das preocupações da ONU é a proteção dos direitos humanos mediante a cooperação internacional. A Carta das Nações Unidas é o exemplo mais emblemático do processo de internacionalização dos direitos humanos ocorridos no pós-guerra. Aliás, é importante lembrar que este processo recente de internacionalização dos direitos humanos é fruto da ressaca moral da humanidade ocasionada pelo excesso de violações de direitos humanos perpetradas pelo nazifascismo; **C:** incorreta. A Declaração Universal dos Direitos Humanos foi aprovada pela Resolução n. 217 A (III) da Assembleia Geral da ONU, em 10 de dezembro de 1948, por 48 votos a zero e oito abstenções. E em conjunto com os dois Pactos Internacionais, sobre Direitos Civis e Políticos e sobre Direitos Econômicos, Sociais e Culturais, constituem a "Carta Internacional de Direitos Humanos"; **D:** incorreta. Reler o comentário à assertiva "C". Ademais, pode-se apontar alguns documentos que compõem o sistema global de proteção específica dos direitos humanos: Convenção Internacional sobre a Eliminação de todas as formas de Discriminação Racial, Convenção Internacional sobre a Eliminação de todas as formas de Discriminação contra a Mulher, Convenção contra a Tortura e outros Tratamentos ou Penas Cruéis, Desumanos ou Degradantes, Convenção sobre os Direitos da Criança etc.; **E:** correta. O Pacto Internacional de Direitos Civis e Políticos foi adotado, em 1966, pela Resolução 2.200 A (XXI) da Assembleia Geral das Nações Unidas, mas devido à grande resistência que sofreu, somente adquiriu as ratificações necessárias para entrar em vigor no ano de 1976. Seu grande objetivo é tornar obrigatório, vinculante e **expandir** os direitos civis e políticos elencados na Declaração Universal dos Direitos Humanos. É um exemplo de *hard law*. Lembrando que o Pacto foi ratificado pelo Brasil em 24 de janeiro de 1992.

Gabarito "E"

(Defensoria/SP – 2009 – FCC) No tocante aos mecanismos de monitoramento e implementação dos direitos que contemplam, o Pacto Internacional dos Direitos Civis e Políticos e o Pacto Internacional dos Direitos Econômicos, Sociais e Culturais têm em comum

(A) o envio de relatórios e a comunicação interestatal.

(B) a sistemática de petições.

(C) o envio de relatórios, a comunicação interestatal e a sistemática de petições.

(D) o envio de relatórios.

(E) o envio de relatórios, a comunicação interestatal e a sistemática de petições, mediante adesão à protocolo facultativo.

A, **B**, **C**, **D** e **E:** conforme determina o art. 40 do Pacto Internacional de Direitos Civis e Políticos, os estados que aderirem ao Pacto comprometem-se a **submeter relatórios** sobre as medidas por eles adotadas para tornar efetivos os direitos reconhecidos no presente Pacto e sobre o progresso alcançado no gozo desses direitos. E o Pacto apresenta também um sistema, opcional, de **comunicações interestatais**. Por fim, o Protocolo Facultativo ao Pacto, adotado em 16 de dezembro de 1966, cria um importante mecanismo para melhorar o controle sobre a aplicação, pelos estados-partes, das disposições do Pacto Internacional dos Direitos Civis e Políticos. Trata-se do sistema das **petições individuais**. Vale apontar que o Comitê definiu que as petições também podem ser enviadas por terceiras pessoas ou organizações não governamentais que representem o indivíduo lesionado. Por seu lado, no que tange à sistemática de controle sobre a aplicação, pelos estados-partes, das disposições do Pacto Internacional dos Direitos Econômicos, Sociais e Culturais, foi adotado apenas o **envio de relatórios** pelos estados-partes. Tais relatórios deverão ser encaminhados para o Secretário-Geral, que os encaminhará ao Conselho Econômico e Social. E para efetuar a análise dos relatórios, o Conselho Econômico e Social criou o Comitê sobre Direitos Econômicos, Sociais e Culturais. Já o Protocolo, adotado em 10 de dezembro de 2008 (ainda não entrou em vigor), cria importantes mecanismos para melhor controlar a aplicação, pelos estados--partes, das disposições do Pacto Internacional dos Direitos Econômicos, Sociais e Culturais. Um dos mecanismos criados pelo Protocolo é a possibilidade do indivíduo "lesionado" **enviar petições** ao Comitê de Direitos Econômicos, Sociais e Culturais. Outro sistema implantado pelo Protocolo é o das **comunicações interestatais**. Por fim, uma ferramenta muito interessante criada pelo Protocolo é aquela que determina a realização de **investigações in loco**. Tais investigações serão determinadas quando um estado parte for acusado de grave e sistemática violação dos direitos elencados no Pacto Internacional dos Direitos Econômicos, Sociais e Culturais.

Gabarito "D"

(Defensoria/SP – 2006 – FCC) Comparando-se a natureza da obrigação estatal de tornar efetivos os direitos humanos e liberdades fundamentais, nos termos do Pacto Internacional dos Direitos Econômicos, Sociais e Culturais e do Pacto Internacional dos Direitos Civis e Políticos, é correto afirmar:

(A) O conceito de realização progressiva dos direitos civis e políticos constitui o reconhecimento de que a efetividade plena de tais direitos não será possível de ser alcançada em curto prazo.
(B) Os direitos econômicos, sociais e culturais refletem uma aspiração política da sociedade, não decorrendo deles direito subjetivo exigível judicialmente.
(C) A efetividade dos direitos econômicos, sociais e culturais decorre de sua previsão legal e não gera para o Estado a obrigação de promovê-los.
(D) O conceito de realização imediata dos direitos civis e políticos decorre de sua origem jusnatural, inexistindo obrigação estatal decorrente.
(E) O conceito de realização progressiva dos direitos econômicos, sociais e culturais não deve ser interpretado como supressor do caráter obrigatório de promoção daqueles direitos.

A: incorreta. O Pacto Internacional dos Direitos Civis e Políticos impôs ao estados-membros sua imediata aplicação (autoaplicabilidade), diferentemente do Pacto Internacional dos Direitos Econômicos, Sociais e Culturais que determinou sua aplicação progressiva; **B:** incorreta. O Pacto Internacional dos Direitos Econômicos, Sociais e Culturais determinou uma aplicação progressiva (é direito e não aspiração) de seus preceitos partindo de um **mínimo essencial**. Isso porque grande parte dos estados não teriam os meios materiais necessários para garantir a máxima efetivação dos direitos econômicos, sociais e culturais de suas populações. E esta progressividade na implementação dos direitos do Pacto cria, como consequência, a regra que proíbe o *retrocesso social*. Isto é, os estados somente podem avançar na implementação dos direitos do Pacto, e nunca recuar (leia-se eliminar direitos já garantidos); **C:** incorreta. O art. 2º, ponto 1, do Pacto Internacional dos Direitos Econômicos, Sociais e Culturais assim define a obrigação, dos estados, de adotar medidas: "Cada Estado Parte do presente Pacto comprometem-se a adotar medidas, tanto por esforço próprio como pela assistência e cooperação internacionais, principalmente nos planos econômico e técnico, até o máximo de seus recursos disponíveis, que visem assegurar, progressivamente, por todos os meios apropriados, o, pleno exercício e dos direitos reconhecidos no presente Pacto, incluindo, em particular, a adoção de medidas legislativas"; **D:** incorreta, todos os direitos humanos dependem da atuação estatal, no seu âmbito positivo e negativo, para sua satisfatória implementação. Para a doutrina internacional os estados têm uma tripla obrigação para com todos os direitos humanos: de proteger, de respeitar e de realizar; **E:** correto. Reler os comentários às alternativas "B", "C" e "D".

Gabarito "E"

5.1. Declaração Universal dos Direitos Humanos

(Defensor Público/AC – 2012 – CESPE) A Declaração Universal de Direitos Humanos

(A) foi proclamada pelos revolucionários franceses do final do século XVIII e confirmada, após a Segunda Guerra Mundial, pela Assembleia Geral das Nações Unidas.
(B) foi o primeiro documento internacional a estabelecer expressamente o princípio da vedação ao retrocesso social.
(C) nada declara sobre o direito à propriedade, em razão da necessidade de acomodação das diferentes ideologias das potências vencedoras da Segunda Guerra Mundial.
(D) não faz referência à possibilidade de qualquer pessoa deixar o território de qualquer país ou nele ingressar, embora assegure expressamente a liberdade de locomoção dentro das fronteiras dos Estados.
(E) assegura a toda pessoa o direito de participar do governo de seu próprio país, diretamente ou por meio de representantes.

A: incorreta. Abalados pelas barbáries deflagradas nas duas Grandes Guerras e desejosos de construir um mundo sobre novos alicerces ideológicos, os dirigentes das nações que emergiram como potências no período pós-guerra, lideradas por URSS e EUA, estabeleceram na Conferência de Yalta, na Ucrânia, em 1945, as bases de uma futura "paz". Para isso definiram as áreas de influência das potências e acertaram a criação de uma organização multilateral que promovesse negociações sobre conflitos internacionais, com o objetivo de evitar guerras, construir a paz e a democracia, além de fortalecer os direitos humanos. Teve aí sua origem a ONU, uma organização internacional que tem por objetivo facilitar a cooperação em matéria de direito e segurança internacionais, desenvolvimento econômico, progresso social, direitos humanos e a realização da paz mundial. Por isso, diz-se que é uma organização internacional de vocação universal. Sua lei básica é a Carta das Nações Unidas, elaborada em São Francisco de 25 de abril a 26 de junho de 1945. Essa Carta tem como anexo o Estatuto da Corte Internacional de Justiça. Uma das preocupações da ONU é a proteção dos direitos humanos mediante a cooperação internacional. A Carta das Nações Unidas é o exemplo mais emblemático do processo de internacionalização dos direitos humanos ocorridos no pós-guerra. Aliás, conforme dito no capítulo introdutório, é importante lembrar que esse processo recente de internacionalização dos direitos humanos é fruto da ressaca moral da humanidade ocasionada pelo excesso de violações perpetradas pelo nazifascismo. O problema da Carta das Nações Unidas é que ela não definia o conteúdo dos direitos humanos. Assim, em 1948, foi proclamada a Declaração Universal dos Direitos Humanos com a função de resolver essa lacuna. A Declaração Universal dos Direitos Humanos foi aprovada pela Resolução 217 A (III) da Assembleia Geral da ONU, em 10 de dezembro de 1948, por 48 votos a zero e oito abstenções[4]; **B:** incorreta. Inicialmente o princípio da vedação do retrocesso social estava somente ligado aos direitos econômicos, sociais e culturais. E foi o Pacto Internacional dos Direitos Econômicos, Sociais e Culturais que determinou, pela primeira vez, uma aplicação progressiva de seus preceitos partindo de um *mínimo essencial*. Isso porque grande parte dos Estados não teria os meios materiais necessários para garantir a máxima efetivação dos direitos econômicos, sociais e culturais de suas populações. Essa progressividade na implementação dos direitos do Pacto criou, como consequência, o *princípio ou cláusula da proibição/vedação do retrocesso social ou da evolução reacionária*[5]. Isto é, os Estados somente podem avançar na implementação dos direitos do Pacto, e nunca recuar (leia-se eliminar direitos já garantidos ou diminuir a proteção conferida por eles). Num sentido amplo, essa vedação se estende aos novos tratados de direitos humanos, assim, não é possível a diminuição protetiva e a restrição para o gozo dos direitos humanos por meio da edição de um novo tratado. Fica nítido o caráter vinculativo do *princípio ou cláusula da proibição/vedação do retrocesso social ou da evolução reacionária*. Hodiernamente, pode-se defender que essa regra deve ser aplicada como garantia para a efetividade de todos os tipos de direitos humanos e não somente em relação aos direitos econômicos, sociais e culturais. Cabe aqui reproduzir o importante artigo 29 da Convenção Americana dos Direitos Humanos, que corrobora tal colocação: "Nenhuma disposição da presente Convenção pode ser interpretada no sentido de: a) permitir a qualquer dos Estados-partes, grupo ou indivíduo, suprimir o gozo e o exercício dos direitos e liberdades reconhecidos na Convenção ou limitá-los em maior medida do que a nela prevista; b) limitar o gozo e exercício de qualquer direito ou liberdade que possam ser reconhecidos em virtude de leis de qualquer dos Estados-partes ou em virtude de Convenções em que seja parte um dos referidos Estados; c) excluir outros direitos e garantias que são inerentes ao ser humano ou que decorrem da forma democrática representativa de governo; d) excluir ou limitar o efeito que possam produzir a Declaração Americana dos Direitos e Deveres do Homem e outros atos internacionais da mesma natureza". No mesmo sentido é o conhecido voto em separado do juiz Piza Escalante, no Parecer Consultivo 04/84 da Corte Interamericana de Direitos Humanos, que defende a aplicação do princípio da proibição do retrocesso também para os direitos civis e políticos; **C:** incorreta, pois o art. XVII da Declaração assim dispõe: "ponto **1:** Toda pessoa tem direito à propriedade, só ou em sociedade com outros; ponto **2:** Ninguém será arbitrariamente privado de sua propriedade": **D:** incorreta. O art. 13, ponto 2, da Declaração assim estatui: "Toda pessoa tem o direito de deixar qualquer país, inclusive o próprio, e a este regressar": **E:** correta, pois reproduz o art. XXI, ponto 1, da Declaração Universal de Direitos Humanos.

Gabarito "E"

(Defensoria Pública da União – 2010 – CESPE) Com relação à proteção internacional dos direitos humanos, julgue os itens a seguir.

(1) A Declaração Universal dos Direitos Humanos, de 1948, apesar de ter natureza de resolução, não apresenta instrumentos ou órgãos próprios destinados a tornar compulsória sua aplicação.
(2) Entre os diversos órgãos especializados que tratam da proteção dos direitos humanos, inclui-se a Corte Internacional de Justiça, órgão das Nações Unidas cuja competência alcança não só os Estados, mas também quaisquer pessoas físicas e jurídicas, as quais podem encaminhar suas demandas diretamente à Corte.
(3) Os direitos humanos são indivisíveis, como expresso na Declaração Universal dos Direitos Humanos, a qual englobou os direitos civis, políticos, econômicos, sociais e culturais.

4 Os países que se abstiveram foram Arábia Saudita, África do Sul, URSS, Ucrânia, Bielorrússia, Polônia, Iugoslávia e Tchecoslováquia.

5 Ou ainda a vedação da contrarrevolução social nas palavras de José Gomes Canotilho (**Direito constitucional e teoria da Constituição**. 7. ed. Coimbra: Almedina, 2003). Outro termo utilizado para conceituar tal regra é *efeito cliquet*. Lembrando que *cliquet* é uma expressão utilizada por alpinistas e significa a impossibilidade de retroceder no percurso, ou seja, o alpinista deve continuar subindo e nunca descer.

1: correta, pois a Declaração Universal dos Direitos Humanos foi aprovada pela Resolução n. 217 A (III) da Assembleia Geral da ONU, em 10 de dezembro de 1948, por 48 votos a zero e oito abstenções. E em **conjunto com os dois Pactos Internacionais, sobre Direitos Civis e Políticos e sobre Direitos Econômicos, Sociais e Culturais, constituem a "Carta Internacional de Direitos Humanos"**. A Declaração é fruto de um consenso sobre valores de cunho universal a serem seguidos pelos estados. E também do reconhecimento do indivíduo como sujeito direto do direito internacional. É importante esclarecer que a Declaração é um exemplo de *soft law*, isto porque ela não prevê mecanismos constritivos para a implementação dos direitos previstos. Por outro lado, quando o documento legal prevê mecanismos constritivos para a implementação dos seus direitos, estaremos diante de um exemplo de *hard law*; **2:** incorreta. A Corte é o principal órgão judicial da ONU. A Corte funciona com base em seu Estatuto e pelas chamadas *Regras da Corte* – espécie de código de processo. A competência da Corte é ampla. Em relação à competência *ratione materiae*, a Corte poderá analisar todas as questões levadas até ela, como também todos os assuntos previstos na Carta da ONU ou em tratados e convenções em vigor. Já a competência *ratione personae* é mais limitada, pois **a Corte só poderá receber postulações de estados**, sejam ou não membros da ONU (art. 34, § 1º, do Estatuto da Corte Internacional de Justiça). E o artigo 96 da Carta da ONU prevê uma função consultiva para a Corte. Assim, qualquer organização internacional intergovernamental – especialmente os órgãos das NU - poderá requerer parecer consultivo à Corte. Tal função permite à Corte ser um órgão produtor de doutrina internacional; **3:** correta, porque todos os direitos humanos se retroalimentam e se complementam, assim é infrutífero buscar a proteção e a promoção de apenas uma parcela deles. Veja-se o exemplo do direito à vida, núcleo dos direitos humanos. Este compreende o direito do ser humano não ter sua vida ceifada (atuação estatal negativa), como também o direito de ter acesso aos meios necessários para conseguir sua subsistência e uma vida digna (atuação estatal positiva). Percebe-se a interação dos direitos pessoais com os direitos econômicos, sociais e culturais para garantir a substancial implementação do direito à vida. E no bojo da Declaração Universal dos Direitos Humanos encontram-se direitos civis e políticos (arts. 3º a 21) e direitos econômicos, sociais e culturais (arts. 22 a 28).

Gabarito 1C, 2E, 3C

(Defensor Público/AM – 2010 – I. Cidades) A Declaração Universal de Direitos Humanos, proclamada em Paris, em 10 de dezembro de 1948, tem como fundamento:

(A) a dignidade da pessoa humana;
(B) o relativismo e historicismo dos direitos humanos;
(C) o fundamentalismo cultural, religioso ou econômico;
(D) a necessária distinção entre gêneros e classe social para se compreender o real sentido dos direitos humanos;
(E) a proteção aos seres humanos que compõem os povos apenas dos países signatários da Carta das Nações Unidas.

A: correta. A Declaração Universal dos Direitos Humanos foi aprovada pela Resolução n. 217 A (III) da Assembleia Geral da ONU, em 10 de dezembro de 1948, por 48 votos a zero e oito abstenções. E em **conjunto com os dois Pactos Internacionais, sobre Direitos Civis e Políticos e sobre Direitos Econômicos, Sociais e Culturais, constituem a "Carta Internacional de Direitos Humanos"**. A Declaração é fruto de um consenso sobre valores de cunho universal a serem seguidos pelos estados e também do reconhecimento do indivíduo como sujeito direto do direito internacional. A condição de pessoa humana é requisito único e exclusivo para ser titular de direitos, com isso corrobora-se o caráter universal dos direitos humanos, isto é, todo indivíduo é cidadão do mundo e, desta forma, detentor de direitos que salvaguardam sua dignidade. A título conclusivo, pode-se afirmar que o fundamento maior da Declaração Universal de Direitos Humanos é a proteção da dignidade humana; **B:** incorreta. Conforme já dito no comentário anterior, os direitos humanos têm caráter universal e não relativo. Ademais, as críticas referentes à leitura de *universalização* por *ocidentalização* não devem proceder, isto porque os direitos humanos transcendem às criações culturais no sentido lato (religião, tradição, organização política etc.) por serem adstritos à condição humana. Desta forma, particularidades regionais e nacionais devem ser levadas em conta, mas nunca devem impedir a proteção mínima dos direitos humanos, até porque estes fazem parte do *jus cogens*. Assim o *universalismo* derrota o *relativismo*. Por outro lado, os direitos humanos possuem como característica o historicismo, isso porque a amplitude de proteção conferida pelos direitos humanos é marcada por sua contínua majoração, o que os tornam direitos históricos, pois no evolver da história, novos direitos são reconhecidos como direitos humanos – processo não findo; **C:** incorreta, pois, como dito nos comentários anteriores, a Declaração é fruto de um consenso sobre valores de cunho universal a serem seguidos pelos estados e também do reconhecimento do indivíduo como sujeito direto do direito internacional. A condição de pessoa humana é requisito único e exclusivo para ser titular de direitos. Ademais, os direitos humanos transcendem às criações culturais no sentido lato (religião, tradição, organização política etc.) por serem adstritos à condição humana; **D:** incorreta, pois, conforme os comentários anteriores, a condição de pessoa humana é requisito único e exclusivo para ser titular de direitos. Ademais, a Declaração reprime qualquer tipo de discriminação "negativa" entre os seres humanos; **E:** incorreta, pois, conforme ao comentário à assertiva "A", a Declaração é fruto de um consenso sobre valores de cunho universal a serem seguidos pelos estados e também do reconhecimento do indivíduo como sujeito direto do direito internacional. A condição de pessoa humana é requisito único e exclusivo para ser titular de direitos, com isso corrobora-se o caráter universal dos direitos humanos, isto é, todo indivíduo é cidadão do mundo e, desta forma, detentor de direitos que salvaguardam sua dignidade.

Gabarito "A"

(Defensoria/PI – 2009 – CESPE) A UDHR foi redigida à luz das atrocidades cometidas durante a 2ª Guerra Mundial. Nesse documento, marco da proteção internacional dos direitos humanos, foi afirmado que

(A) o meio ambiente é um direito das presentes e futuras gerações.
(B) o Fundo Monetário Internacional não deve conceder empréstimos para países que usem mão de obra infantil.
(C) liberdade, igualdade e fraternidade são os três princípios axiológicos fundamentais em matéria de direitos humanos.
(D) sanções econômicas deverão ser aplicadas pela ONU às nações que não adotarem as recomendações da UDHR.
(E) deverá ocorrer intervenção humanitária pela ONU caso as nações não adotem as recomendações da UDHR.

A: incorreta, pois a Declaração Universal dos Direitos Humanos não faz referência ao meio ambiente equilibrado como direito humano, o qual se insere na dita terceira geração dos direitos humanos; **B:** incorreta, pois a Declaração Universal dos Direitos Humanos não faz referência nesse sentido; **C:** correta. A primeira geração trata dos direitos civis e políticos. A titularidade destes direitos é atribuída ao indivíduo, destarte, conhecidos são como direitos individuais. Seu fundamento é a ideia de **liberdade**. Interessante sobre tais direitos é a verificação de que a sua defesa foi feita sobretudo pelos EUA. Estes defendiam a perspectiva liberal dos direitos humanos, os quais foram consagrados no Pacto Internacional de Direitos Civis e Políticos. A segunda geração trata dos direitos sociais, culturais e econômicos. A titularidade destes direitos é atribuída à coletividade, destarte, conhecidos são como direitos coletivos. Seu fundamento é a ideia de **igualdade**. O grande motivador do aparecimento destes direitos foi o movimento antiliberal, notadamente após a Primeira Guerra Mundial. É importante apontar o papel da URSS, pois esta defendia veementemente a perspectiva social dos direitos humanos. Esta linha foi consagrada no Pacto Internacional de Direitos Econômicos, Sociais e Culturais. Cabe destacar que esses direitos aparecerem em primeiro lugar na Constituição Mexicana de 1917 e na Constituição da Alemanha de 1919 ("Constituição de Weimar"). A terceira geração trata dos direitos à paz, ao desenvolvimento, ao meio ambiente, à propriedade do patrimônio cultural. A titularidade destes direitos (ditos difusos) é atribuída à humanidade. Seu fundamento é a ideia de **fraternidade**. Estes direitos provieram em grande medida da polaridade Norte/Sul. Dentro desta polaridade surgiu o *princípio da autodeterminação dos povos*, fundamento do processo de descolonização e de inúmeros outros exemplos, consoante aos já indicados acima, que exteriorizam a busca por uma nova ordem política e econômica mundial mais justa e solidária. Os direitos de terceira geração foram consagrados na Convenção para a Proteção do Patrimônio Mundial, Cultural e Natural, de 1972, e na Convenção sobre a Diversidade Biológica, de 1992; D e **E:** incorretas, pois na Declaração Universal dos Direitos Humanos não há previsão expressa nesse sentido.

Gabarito "C"

(Defensoria/PA – 2009 – FCC) A Declaração Universal de Direitos Humanos de 1948 inova a concepção de direitos humanos porque universaliza os direitos

(A) enunciados na Declaração americana de direitos humanos, assegurando globalmente direitos de solidariedade e conferindo-lhes supremacia.
(B) civis, políticos, econômicos, sociais e culturais, conferindo-lhes paridade hierárquica.
(C) enunciados na Declaração francesa de direitos humanos, assegurando globalmente direitos civis e políticos e conferindo-lhes supremacia.
(D) enunciados na Declaração do Povo Trabalhador e Explorado, assegurando globalmente direitos econômicos, sociais e culturais, conferindo-lhes supremacia.
(E) civis, políticos, econômicos, sociais e culturais, conferindo maior hierarquia aos direitos civis e políticos.

A: incorreta. O sistema protetivo americano foi instalado, em 1948, pela Carta da Organização dos Estados Americanos, e esta, por sua vez, foi adotada na Nona Conferência Internacional Americana, que se reuniu em Bogotá, na Colômbia. Na mesma Conferência, foi adotada a Declaração Americana dos Direitos e Deveres do Homem, que foi o primeiro acordo internacional sobre direitos humanos, antecipando a Declaração Universal dos Direitos Humanos, fundada seis meses depois. E a ONU e a Declaração Universal dos Direitos Humanos criam um verdadeiro sistema de proteção global da dignidade humana. Pelo dito, percebe-se que a primeira parte da assertiva está correta, todavia, no bojo da Declaração Universal dos Direitos Humanos encontram-se direitos civis e políticos (arts. 3º a 21) e direitos econômicos, sociais e culturais (arts. 22 a 28), ou seja, a Declaração não prevê direitos de solidariedade, ditos de terceira geração; **B:** correta. No bojo da Declaração Universal dos Direitos Humanos encontram-se direitos civis e políticos (arts. 3º a 21) e direitos econômicos, sociais e culturais (arts. 22 a 28), os quais se retroalimentam e se complementam, destarte, cada direito depende dos outros para ser substancialmente realizado; C, D e **E:** incorretas, pois não existe hierarquia entre os direitos humanos e sim interdependência e indivisibilidade, isto é, os direitos humanos se retroalimentam e se complementam, destarte, cada direito depende dos outros para ser substancialmente realizado.

Gabarito "B".

(Defensoria/PA – 2009 – FCC) A Declaração Universal de Direitos Humanos

(A) apresenta força jurídica vinculante, por constituir uma interpretação autorizada das modernas Declarações de direito, conforme sustenta parte considerável da doutrina, consagrando ainda a ideia de que, para ser titular de direitos, basta ser nacional de um Estado membro da ONU.

(B) apresenta força jurídica vinculante, seja por constituir uma interpretação autorizada do artigo 55 da Carta das Nações Unidas, seja por constituir direito costumeiro internacional, conforme sustenta parte considerável da doutrina, consagrando ainda a ideia de que, para ser titular de direitos, basta ser nacional de qualquer Estado.

(C) não apresenta qualquer força jurídica vinculante, consagrando a ideia de que, para ser titular de direitos, basta ser nacional de um Estado.

(D) apresenta força jurídica vinculante, seja por constituir uma interpretação autorizada do artigo 55 da Carta das Nações Unidas, seja por constituir direito costumeiro internacional, conforme sustenta parte considerável da doutrina, consagrando ainda a ideia de que, para ser titular de direitos, basta ser pessoa.

(E) não apresenta qualquer força jurídica vinculante, consagrando a ideia de que, para ser titular de direitos, basta ser nacional de um Estado membro da ONU.

A, **B**, **C**, **D** e **E:** a Declaração Universal dos Direitos do Homem não tem força legal (funcionaria como uma *recomendação*), mas sim material e acima de tudo inderrogável por fazer parte do *jus cogens*. Entretanto, pode-se até advogar que a Declaração, por ter definido o conteúdo dos direitos humanos insculpidos na Carta das Nações Unidas, tem força legal vinculante. Isto porque os estados-membros da ONU se comprometeram a promover e proteger os direitos humanos. De qualquer modo chega-se à afirmação de que a Declaração Universal dos Direitos Humanos gera obrigações aos estados, isto é, tem força obrigatória (por ser legal ou por fazer parte do *jus cogens*). E revisitando o "direito a ter direitos" de Hannah Arendt, segundo a Declaração, a condição de pessoa humana é requisito único e exclusivo para ser titular de direitos. Com isso corrobora-se o caráter universal dos direitos humanos, isto é, todo indivíduo é cidadão do mundo e, desta forma, detentor de direitos que salvaguardam sua dignidade, logo, não é necessário que o indivíduo seja nacional de determinado estado para ter a sua dignidade humana respeitada e protegida.

Gabarito "D".

(Defensoria/SP – 2006 – FCC) Considere as afirmações seguintes, baseadas na Declaração e Programa de Ação da Conferência Mundial dos Direitos Humanos (Viena, 1993).

I. Todos os direitos humanos são universais, indivisíveis, interdependentes e inter-relacionados.

II. A comunidade internacional deve tratar os direitos humanos de forma global, justa e equitativa, em pé de igualdade e com a mesma ênfase.

III. Embora particularidades nacionais devam ser levadas em consideração, é dever dos Estados promover e proteger todos os direitos humanos e liberdades fundamentais, sejam quais forem seus sistemas políticos, econômicos e culturais.

IV. Todos os povos têm direito à autodeterminação. Em virtude desse direito, determinam livremente sua condição política e promovem livremente o desenvolvimento econômico, social e cultural, observadas as prescrições da Declaração Universal dos Direitos Humanos.

SOMENTE estão corretas as afirmações

(A) I e IV.

(B) II e III.

(C) III e IV.

(D) I, II e III.

(E) I, II e IV.

I, II e **III:** corretas, pois refletem o disposto no ponto 5 da Declaração e Programa de Ação da Conferência Mundial dos Direitos Humanos (Viena, 1993). Segue a redação do ponto 5 da Declaração de Viena que bem sintetiza as características dos direitos humanos de um modo geral: "Todos os direitos humanos são universais, indivisíveis, interdependentes e inter-relacionados. A comunidade internacional deve tratar os direitos humanos de forma global, justa e equitativa, em pé de igualdade e com a mesma ênfase. Embora particularidades nacionais e regionais devam ser levadas em consideração, assim como diversos contextos históricos, culturais e religiosos, é dever dos Estados promover e proteger todos os direitos humanos e liberdades fundamentais, sejam quais forem seus sistemas políticos, econômicos e culturais."; **IV:** incorreta. Tal colocação é uma reprodução do art. 1º do Pacto Internacional dos Direitos Civis e Políticos e não tem nenhuma ligação com a Declaração e Programa de Ação da Conferência Mundial dos Direitos Humanos (Viena, 1993).

Gabarito "D".

5.2. Pacto Internacional Sobre Direitos Civis e Políticos

(Defensor Público/AC – 2012 – CESPE) O Pacto Internacional sobre Direitos Civis e Políticos

(A) veda a escravidão e os trabalhos forçados ou obrigatórios, sem qualquer ressalva.

(B) estabelece a presunção de inocência, sem, contudo, referenciar o duplo grau de jurisdição.

(C) impõe a designação de defensor de ofício para assistir o acusado sempre que o interesse da justiça o exigir.

(D) permite que os Estados-membros proíbam, arbitrariamente, a entrada de qualquer pessoa, ainda que natural do país, em seu território.

(E) dispõe expressamente sobre a proibição da tortura.

O Pacto Internacional sobre Direitos Civis e Políticos foi adotado em 1966 pela Resolução 2.200 A (XXI) da Assembleia Geral das Nações Unidas, mas, devido à grande resistência que sofreu, somente adquiriu as ratificações necessárias para entrar em vigor no ano de 1976. Seu grande objetivo é expandir e tornar obrigatórios e vinculantes os direitos civis e políticos elencados na Declaração Universal dos Direitos Humanos. É um exemplo de *hard law*. No Brasil, o Pacto foi ratificado em 24 de janeiro de 1992. O Pacto Internacional dos Direitos Civis e Políticos impôs aos Estados-membros sua imediata aplicação (autoaplicabilidade), diferentemente, como veremos, do Pacto Internacional dos Direitos Econômicos, Sociais e Culturais, que determinou sua aplicação progressiva. Conforme determina seu artigo 40, os Estados que aderirem ao Pacto se comprometem a *submeter relatórios* sobre as medidas por eles adotadas para tornar efetivos os direitos reconhecidos no citado Pacto e sobre o progresso alcançado no gozo desses direitos. O Pacto apresenta também um sistema, opcional, de *comunicações interestatais* ou *actio popularis*, por meio do qual um Estado-parte pode denunciar outro que incorrer em violações dos direitos humanos. Mas, para a denúncia ter validade, os dois Estados, denunciante e denunciado, devem ter expressamente declarado a competência do Comitê de Direitos Humanos para processar tais denúncias. O Comitê de Direitos Humanos, conforme determina o artigo 28 do Pacto, é o órgão criado com o objetivo de controlar a aplicação, pelos Estados-partes, das disposições desse instrumento. Essa fiscalização é denominada controle de convencionalidade internacional[6]. Deve-se destacar que o citado controle pode ser exercido até em face das Constituições nacionais[7], podendo

6 "Há ainda o controle de convencionalidade nacional, que vem a ser o exame de compatibilidade do ordenamento interno às normas internacionais feito pelos Tribunais internos" (RAMOS, André de Carvalho. **Teoria geral dos direitos humanos na ordem internacional**. 2. ed. São Paulo: Saraiva, 2012. p. 250).

7 Vide o caso "A última tentação de Cristo" *versus* Chile – Corte Interamericana de Direitos Humanos.

gerar as chamadas normas constitucionais inconvencionais[8]. Isto é, engloba todos os atos estatais, inclusive as omissões. O citado controle é assim definido por André de Carvalho Ramos: "O controle de convencionalidade *internacional* é atividade de fiscalização dos atos e condutas dos Estados em confronto com seus compromissos internacionais. Em geral, o controle de convencionalidade é atribuído a órgãos compostos por julgadores independentes, criados por tratados internacionais, o que evita que os próprios Estados sejam, ao mesmo tempo, fiscais e fiscalizados[9]". Em termos práticos, o Comitê vai analisar a conformidade dos atos estatais em relação às obrigações internacionais assumidas no momento da ratificação do Pacto Internacional dos Direitos Civis e Políticos.

A: incorreta, pois o art. 8º, ponto 3, *b*, do Pacto ressalva a proibição geral de executar trabalhos forçados ou obrigatórios. Assim, nos países em que certos crimes sejam punidos com prisão e trabalhos forçados, o cumprimento de uma pena de trabalhos forçados, imposta por um tribunal competente, será permitida; **B:** incorreta, pois o Pacto referencia o duplo grau de jurisdição. Segue a redação do art. 14, ponto 5, do Pacto: "Toda pessoa declarada culpada por um delito terá o direito de recorrer da sentença condenatória e da pena a uma instância, em conformidade com a lei"; **C:** incorreta, pois o acusado tem direito de estar presente no julgamento e de defender-se pessoalmente ou por intermédio de defensor de sua escolha; de ser informado, caso não tenha defensor, do direito que lhe assiste de tê-lo e, sempre que o interesse da justiça assim exija, de ter um defensor designado "ex offício" gratuitamente, se não tiver meios para remunerá-lo (art. 14, ponto 3, *d*, do Pacto); **D:** incorreta, pois o Pacto **não** permite que os Estados-membros proíbam, arbitrariamente, a entrada de qualquer pessoa, ainda que natural do país, em seu território; **E:** correta. Ler os art. 7º do Pacto Internacional sobre Direitos Civis e Políticos.

Gabarito "E"

(Defensor Público/RO – 2012 – CESPE) O Pacto Internacional Sobre Direitos Civis e Políticos

(A) garante o direito de casar e fundar família, mas nada dispõe sobre o consentimento dos nubentes.

(B) garante às minorias o direito de professar e praticar sua própria religião e o de usar sua própria língua, desde que o exercício desses direitos não represente sério risco de fragmentação da vida cultural do Estado-parte.

(C) prevê que nenhuma garantia nele estabelecida poderá ser suspensa pelos Estados-partes.

(D) veda qualquer forma de restrição à liberdade de expressão.

(E) admite diversas restrições ao direito de reunião.

A: incorreta. O art. 23, ponto 3, do Pacto assim dispõe: "Casamento algum será sem o consentimento livre e pleno dos futuros esposos"; **B:** incorreta, pois o Pacto não ressalva o direito das minorias de professar sua religião ou de usar sua própria língua. Segue a redação do art. 27 do Pacto: "No caso em que haja minorias étnicas, religiosas ou linguísticas, as pessoas pertencentes a essas minorias não poderão ser privadas do direito de ter, conjuntamente com outras membros de seu grupo, sua própria vida cultural, de professar e praticar sua própria religião e usar sua própria língua"; **C:** incorreta, pois o art. 4º do Pacto disciplina a suspensão das obrigações decorrentes do Pacto Internacional Sobre Direitos Civis e Políticos; **D:** incorreta. O art. 19, ponto 3, do Pacto prev6e restrições à liberdade de expressão; **E:** correta, pois em conformidade com o art. 21 do Pacto Internacional Sobre Direitos Civis e Políticos.

Gabarito "E"

(Defensor Público/SP – 2012 – FCC) Dos direitos abaixo, qual é passível de suspensão, na forma do artigo 4º do Pacto Internacional sobre Direitos Civis e Políticos?

(A) Não ser arbitrariamente privado de sua vida.

(B) Não ser submetido a tortura, nem a penas ou tratamentos cruéis, desumanos ou degradantes.

(C) Não ser obrigado a executar trabalhos forçados ou obrigatórios.

(D) Não ser preso apenas por não poder cumprir com uma obrigação contratual.

(E) Não ser obrigado a adotar uma religião ou crença que não de sua livre escolha.

Segue a redação do artigo 4º do Pacto Internacional sobre Direitos Civis e Políticos: ponto 1 - Quando situações excepcionais ameacem a existência da nação e sejam proclamadas oficialmente, os Estados-partes do presente Pacto podem adotar, na estrita medida exigida pela situação, medidas que suspendam as obrigações decorrentes do presente Pacto, desde que tais medidas não sejam incompatíveis com as demais obrigações que lhes sejam impostas pelo Direito Internacional e não acarretem discriminação alguma apenas por motivo de raça, cor, sexo, língua, religião ou origem social; ponto 2 - A disposição precedente não autoriza qualquer suspensão dos artigos 6°, 7°, 8° (§§ 1° e 2°), 11, 15, 16 e 18; ponto 3 - Os Estados-partes do presente pacto que fizerem uso do direito de suspensão devem comunicar imediatamente aos outros Estados-partes do Presente Pacto, por intermédio do Secretário-Geral das Nações Unidas, as disposições que tenham suspenso, bem como os motivos de tal suspensão. Os Estados-partes deverão fazer uma nova comunicação, igualmente por intermédio do Secretário-Geral da Organização das Nações Unidas, na data em que terminar tal suspensão".

Para bem compreender a redação do artigo 4º do Pacto, cabe descobrir quais direitos os artigos citados no ponto 2 se referem. **A:** incorreta. Art. 6°: direito à vida; **B:** incorreta. Art. 7°: ninguém poderá ser submetido à tortura, nem a penas ou tratamentos cruéis, desumanos ou degradantes; **C:** correta. Art. 8°, ponto 3, *b*: a proibição de executar trabalhos forçados ou obrigatórios não poderá ser interpretada no sentido de proibir, nos países em que certos crimes sejam punidos com prisão e trabalhos forçados, o cumprimento de uma penas de trabalhos forçados, imposta por um tribunal competente; **D:** incorreta. Art. 11: ninguém poderá ser preso apenas por não poder cumprir com uma obrigação contractual; **E:** incorreta. Art. 18, ponto 1: toda pessoa terá direito à liberdade de pensamento, de consciência e de religião. Esse direito implicará a liberdade de ter ou adotar uma religião ou uma crença de sua escolha e a liberdade de professar sua religião ou crença, individual ou coletivamente, tanto pública como privadamente, por meio do culto, da celebração de ritos, de práticas e do ensino.

Gabarito "C"

(Defensoria/PA – 2009 – FCC) O Pacto Internacional de Direitos Civis e Políticos estabelece a aplicação

(A) imediata de direitos civis e políticos, contemplando os mecanismos de relatórios e comunicações interestatais e, mediante Protocolo Facultativo, a sistemática de petições individuais.

(B) progressiva de direitos civis e políticos, contemplando os mecanismos de relatórios e, mediante Protocolo Facultativo, a sistemática de petições individuais e comunicações interestatais.

(C) progressiva de direitos civis e políticos, contemplando apenas o mecanismo de relatórios.

(D) imediata de direitos civis e políticos, contemplando os mecanismos de relatórios, comunicações interestatais, petições individuais e investigações in loco.

(E) imediata de direitos civis e políticos, contemplando apenas o mecanismo de relatórios.

A, B, C, D e **E:** o Pacto Internacional dos Direitos Civis e Políticos impôs ao estados-membros sua **imediata aplicação (autoaplicabilidade)**, diferentemente do Pacto Internacional dos Direitos Econômicos, Sociais e Culturais que determinou sua aplicação progressiva. E conforme determina seu art. 40, os estados que aderirem ao Pacto comprometem-se a **submeter relatórios** sobre as medidas por eles adotadas para tornar efetivos os direitos reconhecidos no presente Pacto e sobre o progresso alcançado no gozo desses direitos. E o Pacto apresenta também um sistema, opcional, de **comunicações interestatais**. Por este sistema um estado parte pode denunciar o outro que incorrer em violações dos direitos humanos. Mas para ter validade, os dois estados, denunciante e denunciado, devem ter expressamente declarado a competência do Comitê de Direitos Humanos para processar tais denúncias. Por fim, o Protocolo Facultativo ao Pacto, adotado em 16 de dezembro de 1966, cria um importante mecanismo para melhorar o controle sobre a aplicação, pelos estados-partes, das disposições do Pacto Internacional dos Direitos Civis e Políticos. Trata-se do sistema das **petições individuais**. Este sistema permite ao indivíduo "lesionado" enviar petições ao Comitê de Direitos Humanos, com o fito de denunciar as violações sofridas contra os direitos consagrados no Pacto Internacional dos Direitos Civis e Políticos. Vale apontar que o Comitê definiu que as petições também podem ser enviadas por terceiras pessoas ou organizações não governamentais que representem o indivíduo lesionado. Tal sistema coroa a capacidade processual internacional do indivíduo. Mas devemos lembrar que este sistema só terá funcionalidade se o estado violador tiver ratificado o Pacto e o Protocolo Facultativo.

Gabarito "A"

8 "(...) também é possível admitir que existam normas constitucionais inconvencionais, por violarem direitos humanos provenientes de tratados, direitos estes que (justamente por terem *status* constitucional) também pertencem ao bloco das cláusulas pétreas. Seria o caso daquelas normas da Constituição, alocadas à margem do bloco de constitucionalidade, ou seja, que não integrem o núcleo intangível constitucional, que estão a violar normas de tratados de direitos humanos (as quais, por serem normas de 'direitos humanos', já detêm primazia sobre quaisquer outras, por pertencerem ao chamado 'bloco de constitucionalidade'" (MAZZUOLI, Valerio de Oliveira. **O controle jurisdicional da convencionalidade das leis**. 2. ed. São Paulo: RT, 2011. p. 149-150).

9 RAMOS, André de Carvalho. **Teoria geral dos direitos humanos na ordem internacional**. 2. ed. São Paulo: Saraiva, 2012. p. 250

(Defensoria/SP – 2006 – FCC) Em atenção ao que dispõe o Pacto Internacional dos Direitos Civis e Políticos e seu Segundo Protocolo Adicional com vista à Abolição da Pena de Morte, a pena de morte é

(A) proibida em qualquer hipótese, pois o direito à vida é inerente à pessoa humana, sendo vedada a formulação de reserva pelo Estado-parte, no ato de ratificação do tratado.

(B) proibida em qualquer hipótese, exceto mediante reserva formulada pelo Estado-parte, no ato de ratificação do tratado, relacionada à sua aplicação apenas em tempo de guerra.

(C) proibida em qualquer hipótese, exceto mediante reserva formulada pelo Estado-parte, no ato de ratificação, relacionada à sua aplicação apenas a crimes mais graves, obedecidos os princípios da legalidade, anterioridade e jurisdicionalidade.

(D) permitida nos Estados-partes em que a pena de morte não havia sido abolida, à época da ratificação do tratado, mas reservada aos crimes mais graves, e obedecidos os princípios da legalidade, anterioridade e jurisdicionalidade.

(E) permitida em casos mais graves, obedecido o devido processo legal, a fim de compatibilizar o direito individual à vida com o direito social à segurança pública.

A, B, C, D e **E:** o Segundo Protocolo Facultativo ao Pacto Internacional dos Direitos Civis e Políticos, adotado pela ONU em 15 de dezembro de 1989, tem por fundamento a consciência de que a abolição da pena de morte contribui para a promoção da dignidade humana e para o desenvolvimento progressivo dos direitos do homem. Ademais, deve-se considerar todas as medidas de abolição da pena de morte como um progresso no gozo do direito à vida. Os estados-partes têm a obrigação de tomar as medidas adequadas para abolir a pena de morte no âmbito da sua jurisdição. Por fim, é importante apontar que não é admitida qualquer reserva ao Protocolo, **exceto a reserva formulada no momento da ratificação ou adesão prevendo a aplicação da pena de morte em tempo de guerra, em virtude de condenação por infração penal de natureza militar de gravidade extrema, desde que cometida em tempo de guerra.**

Gabarito "B"

(Defensor Público/BA – 2006) Consoante dispõe o Pacto Internacional dos Direitos Civis e Políticos, adotado pela Resolução no. 2.200 A (XXI) da Assembleia Geral das Nações Unidas, em 16 de dezembro de 1966 e ratificado pelo Brasil em 24 de janeiro de 1992, tem-se que:

I. Para a consecução de seus objetivos, todos os povos podem dispor livremente de suas riquezas e de seus recursos naturais, sem prejuízo das obrigações decorrentes da cooperação econômica internacional, baseada no princípio do proveito mútuo e do Direito Internacional.

II. Os Estados-partes comprometem-se a garantir que toda pessoa, cujos direitos e liberdades reconhecidos no referido Pacto hajam sido violados, possa dispor de um recurso efetivo, mesmo que a violência tenha sido perpetrada por pessoas que agiam no exercício de funções oficiais.

III. Nos países em que a pena de morte não tenha sido abolida, esta poderá ser imposta apenas nos casos de crimes mais graves, em conformidade com a legislação vigente na época em que o crime foi cometido e que não esteja em conflito com as disposições do referido Pacto, nem com a Convenção sobre a Prevenção e a Repressão do Crime de Genocídio. Poder-se-á aplicar essa pena em decorrência de uma sentença transitada em julgado e proferida por tribunal competente.

Analisando as assertivas acima, verifica-se que:

(A) Apenas a I está correta.

(B) Apenas a II está correta.

(C) Apenas a III está correta.

(D) Apenas I e II estão corretas.

(E) Todas estão corretas.

I: correta, pois reproduz a redação do art. 1º, ponto 2, do Pacto Internacional dos Direitos Civis e Políticos; **II:** correta, pois reproduz a redação do art. 2º, ponto 3, *a*, do Pacto Internacional dos Direitos Civis e Políticos; **III:** correta, pois reproduz a redação do art. 6º, ponto 2, do Pacto Internacional dos Direitos Civis e Políticos. Sobre o Pacto é importante sublinhar que seu grande objetivo é tornar obrigatório, vinculante e expandir os direitos civis e políticos elencados na Declaração Universal dos Direitos Humanos.

Gabarito "E"

5.3. Pacto Internacional Sobre Direitos Econômicos, Sociais e Culturais

(Defensor Público/AC – 2012 – CESPE) O Pacto Internacional de Direitos Econômicos, Sociais e Culturais

(A) impõe a todos os Estados-partes a gratuidade da educação primária e secundária, mas não da educação universitária.

(B) reconhece implicitamente o direito à proteção contra a fome.

(C) estabelece prazo mínimo de seis meses de licença-maternidade para as mães trabalhadoras.

(D) ainda não foi ratificado pelo Brasil.

(E) contém disposições que concernem ao direito do trabalho.

O Pacto Internacional de Direitos Econômicos, Sociais e Culturais foi aprovado em 1966 pela Assembleia Geral das Nações Unidas, mas, devido à grande resistência que sofreu, somente adquiriu as ratificações necessárias para entrar em vigor no ano de 1976. Seu grande objetivo é expandir e tornar obrigatórios e vinculantes os direitos econômicos, sociais e culturais elencados na Declaração Universal dos Direitos Humanos. É um exemplo de *hard law*. o Pacto determinou uma aplicação progressiva de seus preceitos partindo de um *mínimo essencial*. Isso porque grande parte dos Estados não teria os meios materiais necessários para garantir a máxima efetivação dos direitos econômicos, sociais e culturais de suas populações. Essa progressividade na implementação dos direitos do Pacto criou, como consequência, o *princípio ou cláusula da proibição/vedação do retrocesso social ou da evolução reacionária*[10]. Isto é, os Estados somente podem avançar na implementação dos direitos do Pacto, e nunca recuar (leia-se eliminar direitos já garantidos ou diminuir a proteção conferida por eles)[11]. Num sentido amplo, essa vedação se estende aos novos tratados de direitos humanos, assim, não é possível a diminuição protetiva e a restrição para o gozo dos direitos humanos por meio da edição de um novo tratado. Fica nítido o caráter vinculativo do *princípio ou cláusula da proibição/vedação do retrocesso social ou da evolução reacionária*. No que tange à sistemática de controle sobre a aplicação das disposições do Pacto Internacional dos Direitos Econômicos, Sociais e Culturais, foi adotado apenas o envio de relatórios pelos Estados-partes. Tais relatórios devem ser enviados ao secretário-geral, que os encaminhará ao Conselho Econômico e Social. Para analisá-los e assim proceder ao controle de convencionalidade internacional, o Conselho Econômico e Social criou o Comitê sobre Direitos Econômicos, Sociais e Culturais.

A: incorreta. Segue a redação do artigo 13, ponto 2, do Pacto: "Os Estados-partes do Presente Pacto reconhecem que, com o objetivo de assegurar o pleno exercício desse direito: a) a educação primária deverá ser obrigatória e acessível gratuitamente a todos; b) a educação secundária em suas diferentes formas, inclusive a educação secundária técnica e profissional, deverá ser generalizada e tornar-se acessível a todos, por todos os meios apropriados e, principalmente, pela implementação progressiva do ensino gratuito; c) a educação de nível superior deverá igualmente

10 Ou ainda a vedação da contrarrevolução social nas palavras de José Gomes Canotilho (**Direito constitucional e teoria da Constituição**. 7. ed. Coimbra: Almedina, 2003). Outro termo utilizado para conceituar tal regra é *efeito cliquet*. Lembrando que *cliquet* é uma expressão utilizada por alpinistas e significa a impossibilidade de retroceder no percurso, ou seja, o alpinista deve continuar subindo e nunca descer.

11 Essa regra deve ser aplicada como garantia para a efetividade de todos os tipos de direitos humanos e não somente em relação aos direitos econômicos, sociais e culturais. Cabe aqui reproduzir o importante artigo 29 da Convenção Americana dos Direitos Humanos, que corrobora tal colocação:

"Nenhuma disposição da presente Convenção pode ser interpretada no sentido de:

a) permitir a qualquer dos Estados-partes, grupo ou indivíduo, suprimir o gozo e o exercício dos direitos e liberdades reconhecidos na Convenção ou limitá-los em maior medida do que a nela prevista;

b) limitar o gozo e exercício de qualquer direito ou liberdade que possam ser reconhecidos em virtude de leis de qualquer dos Estados-partes ou em virtude de Convenções em que seja parte um dos referidos Estados;

c) excluir outros direitos e garantias que são inerentes ao ser humano ou que decorrem da forma democrática representativa de governo;

d) excluir ou limitar o efeito que possam produzir a Declaração Americana dos Direitos e Deveres do Homem e outros atos internacionais da mesma natureza".

No mesmo sentido é o conhecido voto em separado do juiz Piza Escalante, no Parecer Consultivo 04/84 da Corte Interamericana de Direitos Humanos, que defende a aplicação do princípio da proibição do retrocesso também para os direitos civis e políticos.

tronar-se acessível a todos, com base na capacidade de cada um, por todos os meios apropriados e, principalmente, pela implementação progressiva do ensino gratuito; d) dever-se-á fomentar e intensificar, na medida do possível, a educação de base para aquelas que não receberam educação primária ou não concluíram o ciclo completo de educação primária; e) será preciso prosseguir ativamente o desenvolvimento de uma rede escolar em todos os níveis de ensino, implementar-se um sistema de bolsas estudo e melhorar continuamente as condições materiais do corpo docente"; **B:** incorreta, pois faz previsão expressa (art. 11, ponto 2, do Pacto); **C:** incorreta, pois o Pacto não estabelece um prazo mínimo. O art. 10, ponto 2, assim dispõe: "Deve-se conceder proteção às mães por um período de tempo razoável antes e depois do parto. Durante esse período, deve-se conceder às mães que trabalhem licença remunerada ou licença acompanhada de benefícios previdenciários adequados"; **D:** incorreta, pois já foi ratificado pelo Brasil. O decreto de promulgação é o 591 (6 de julho de 1992); **E:** correta. O direito do trabalho está disciplinado nos arts. 6º e 7º do Pacto.

Gabarito "E"

(Defensoria Pública da União – 2007 – CESPE) Julgue o item a seguir.

(1) O Pacto Internacional de Direitos Sociais, Econômicos e Culturais não prevê o direito de petição da vítima de violação dos direitos nele protegidos ao comitê criado pelo próprio pacto.

1: errada. O Pacto foi aprovado em 1966 pela Assembleia Geral das Nações Unidas, mas devido à grande resistência que sofreu, somente adquiriu as ratificações necessárias para entrar em vigor no ano de 1976. E também tem como grande objetivo tornar obrigatório, vinculante e expandir os direitos econômicos, sociais e culturais elencados na Declaração Universal dos Direitos Humanos. É um exemplo de *hard law*. No que tange à sistemática de controle sobre a aplicação, pelos estados-partes, das disposições do Pacto Internacional dos Direitos Econômicos, Sociais e Culturais, foi adotado apenas o envio de relatórios pelos estados-partes. Tais relatórios deverão ser encaminhados para o Secretário-Geral, que os encaminhará ao Conselho Econômico e Social. E para efetuar a análise dos relatórios, **o Conselho Econômico e Social criou o Comitê sobre Direitos Econômicos, Sociais e Culturais**. O gabarito oficial apontava essa assertiva como correta, mas com isso não concordamos. O comentário feito mostra que de fato o Pacto não estabeleceu o sistema de petições, mas, o Comitê sobre Direitos Econômicos, Sociais e Culturais foi criado pelo Conselho Econômico e Social e não pelo próprio Pacto Internacional de Direitos Sociais, Econômicos e Culturais, como aparece na assertiva.

Gabarito Oficial 1C/Gabarito Nosso 1E

(Defensoria Pública da União – 2007 – CESPE) Julgue o item a seguir.

(1) Aplica-se aos direitos sociais, econômicos e culturais o princípio da proibição do retrocesso.

1: correta. A maioria dos tratados que cuidam dos direitos econômicos, sociais e culturais determinam uma aplicação progressiva de seus preceitos partindo de um **mínimo essencial**. Isso porque grande parte dos estados não teriam os meios materiais necessários para garantir a máxima efetivação dos direitos econômicos, sociais e culturais de suas populações. E esta progressividade na implementação dos direitos é disciplinada, por exemplo, no Pacto Internacional dos Direitos Econômicos, Sociais e Culturais e no Protocolo de San Salvador, e cria, como consequência, a regra que proíbe o **retrocesso social**. Isto é, os estados somente podem avançar na implementação dos direitos do Pacto, e nunca recuar (leia-se eliminar direitos já garantidos).

Gabarito 1C

6. Sistema Global de Proteção Específica dos Direitos Humanos

(Defensor Público/AM – 2013 – FCC) Segundo dispõe o artigo 4º da Lei Complementar Federal nº 80, de 12 de janeiro de 1994, é função institucional da Defensoria Pública representar aos sistemas internacionais de proteção dos direitos humanos, postulando perante seus órgãos. No caso das Nações Unidas, cada convenção sobre direitos humanos estabelece a existência de um comitê encarregado de monitorar os progressos realizados na implementação dos direitos trazidos pelo respectivo tratado e, em alguns casos, receber e considerar comunicações apresentadas por indivíduos ou grupos de indivíduos que aleguem ser vítimas de violação dos direitos estabelecidos na Convenção, ou em nome desses indivíduos ou grupos de indivíduos. Em relação a isso, o único dos órgãos que ainda NÃO possui atribuição de conhecer tais comunicações é o

(A) Comitê para os Direitos da Criança.
(B) Comitê sobre a Eliminação da Discriminação contra a Mulher.
(C) Comitê de Direitos Humanos.
(D) Comitê contra a Tortura.
(E) Comitê para a Eliminação da Discriminação Racial.

A: correta, pois o único dos órgãos listados nas assertivas que ainda não tem competência para receber comunicações é o Comitê para os Direitos da Criança. Esse Comitê só tem responsabilidade para receber os relatórios confeccionados pelos Estados-partes da Convenção sobre os Direitos da Criança; **B:** incorreta. Para monitorar o cumprimento pelos Estados-partes das obrigações constantes na Convenção sobre a Eliminação de Todas as Formas de Discriminação contra a Mulher, foi criado o Comitê sobre a Eliminação da Discriminação contra a Mulher, responsável por receber os relatórios confeccionados pelos Estados-partes. As petições individuais e a possibilidade de realizar investigações *in loco* só foram possibilitadas, como mecanismos de controle e fiscalização (controle de convencionalidade internacional), com a adoção do Protocolo Facultativo à Convenção Internacional sobre a Eliminação de Todas as Formas de Discriminação contra a Mulher; **C:** incorreta. Conforme determina o artigo 40 do Pacto Internacional dos Direitos Civis e Políticos, os Estados que aderirem ao Pacto se comprometem a *submeter relatórios* sobre as medidas por eles adotadas para tornar efetivos os direitos reconhecidos no citado Pacto e sobre o progresso alcançado no gozo desses direitos. O Pacto apresenta também um sistema, opcional, de *comunicações interestatais* ou *actio popularis*, por meio do qual um Estado-parte pode denunciar outro que incorrer em violações dos direitos humanos. Mas, para a denúncia ter validade, os dois Estados, denunciante e denunciado, devem ter expressamente declarado a competência do Comitê de Direitos Humanos para processar tais denúncias. O Comitê de Direitos Humanos, conforme determina o artigo 28 do Pacto, é o órgão criado com o objetivo de controlar a aplicação, pelos Estados-partes, das disposições desse instrumento. Essa fiscalização é denominada controle de convencionalidade internacional; **D:** incorreta. Para monitorar o cumprimento pelos Estados-partes das obrigações constantes na Convenção contra a Tortura e outros Tratamentos ou Penas Cruéis, Desumanos ou Degradantes e assim exercer o controle de convencionalidade internacional, foi criado o Comitê contra a Tortura, responsável por receber as petições individuais, os relatórios confeccionados pelos Estados-partes e as comunicações interestatais. O Estado-parte tem de declarar expressamente que aceita a competência do Comitê para receber as comunicações interestatais e as petições individuais (artigos 21, ponto I, e 22, ponto I, da Convenção). Ademais, o Comitê contra a Tortura poderá instaurar investigação, desde que tenha informações que levantem fortes indícios de que certo país está incorrendo em prática sistemática de tortura (artigo 20, ponto I, da Convenção); **E:** incorreta. Para monitorar o cumprimento pelos Estados-partes das obrigações constantes na Convenção sobre a Eliminação de Todas as Formas de Discriminação Racial, foi criado o Comitê sobre a Eliminação da Discriminação Racial, responsável por receber as petições individuais, os relatórios confeccionados pelos Estados-partes e as comunicações interestatais.

Gabarito "A"

6.1. Convenção contra a Tortura e outros Tratamentos ou Penas Cruéis, Desumanos ou Degradantes

(Defensor Público/TO – 2013 – CESPE) Assinale a opção correta acerca da Convenção contra a Tortura e Outros Tratamentos ou Penas Cruéis, Desumanos ou Degradantes.

(A) A referida convenção não pode funcionar como base legal para a extradição, quando permitida, de pessoa acusada de tortura.
(B) O Comitê contra a Tortura deve ser composto por pessoas de reputação ilibada indicadas pelos Estados-partes e aprovadas pelo secretário-geral da ONU.
(C) Essa convenção não estabelece garantias para o acusado da prática de tortura.
(D) O referido acordo internacional define a tortura como qualquer ato por meio do qual dores ou sofrimentos agudos, físicos ou mentais, são infligidos intencionalmente a uma pessoa a fim de castigá-la por ato que ela tenha cometido, mesmo que tais dores ou sofrimentos sejam consequência unicamente de sanções legítimas.
(E) Quando o Estado-parte reconhecer a competência do Comitê contra a Tortura para receber e processar petições individuais, devem ser sempre consideradas inadmissíveis as petições apócrifas.

A: incorreta. O art. 6º, ponto 1, da Convenção assim dispõe: "Todo Estado-parte em cujo território se encontre uma pessoa suspeita de ter cometido qualquer dos crimes mencionados no artigo 4º, se considerar, após o exame das informações de que dispõe, que as circunstâncias o justificam, procederá à detenção de tal pessoa ou tomará outras medidas legais para assegurar sua presença. A detenção e outras medidas legais serão tomadas de acordo com a lei do Estado, mas vigorarão apenas pelo tempo necessário ao início do processo penal ou de extradição". Assim, a Convenção contra a Tortura e outros Tratamentos ou Penas Cruéis, Desumanos ou Degradantes estabeleceu jurisdição compulsória e universal para julgar os acusados de tortura. A compulsoriedade determina que os Estados-partes devem punir os torturadores, independentemente do local onde o crime foi cometido e da nacionalidade do torturador. A universalidade determina que os Estados-partes processem ou extraditem o suspeito da prática de tortura, independentemente da existência de tratado prévio de extradição; **B:** incorreta, pois não é necessária a aprovação pelo secretário-geral da ONU (art. 17, ponto 1, da Convenção); **C:** incorreta, pois qualquer pessoa processada por prática de tortura receberá garantias de tratamento justo em todas as fases do processo (art. 7º, ponto 3, da Convenção); **D:** incorreta. Sobre a Convenção, cabe esclarecer, com base em seu artigo 1º, que a tortura é crime próprio, pois as dores ou os sofrimentos são infligidos por um funcionário público ou outra pessoa no exercício de funções públicas, ou por sua instigação, ou com seu consentimento ou aquiescência. É importante também notar que a definição dada pela Convenção não restringe qualquer instrumento internacional ou legislação nacional que contenham ou possam conter dispositivos de alcance mais amplo – artigo 1º, *in fine*, da Convenção. Ademais, a Convenção define o termo tortura como *qualquer ato pelo qual dores ou sofrimentos agudos, físicos ou mentais, são infligidos intencionalmente a uma pessoa a fim de obter, dela ou de terceira pessoa, informações ou confissões; de castigá-la por ato que ela ou terceira pessoa tenha cometido ou seja suspeita de ter cometido; de intimidar ou coagir essa pessoa ou outras pessoas; ou por qualquer motivo baseado em discriminação de qualquer natureza.* Pelo conceito, percebe-se que a finalidade é determinante para caracterização da tortura[12]; **E:** correta. Para monitorar o cumprimento pelos Estados-partes das obrigações constantes na Convenção e assim exercer o controle de convencionalidade internacional, foi criado o Comitê contra a Tortura, responsável por receber as petições individuais, os relatórios confeccionados pelos Estados-partes e as comunicações interestatais. O Estado-parte tem de declarar expressamente que aceita a competência do Comitê para receber as comunicações interestatais e as petições individuais (artigos 21, ponto I, e 22, ponto I, da Convenção), mas cabe enfatizar que sempre serão consideradas inadmissíveis as petições apócrifas (22, ponto 2, da Convenção). Ademais, o Comitê contra a Tortura poderá instaurar investigação, desde que tenha informações que levantem fortes indícios de que certo país está incorrendo em prática sistemática de tortura (artigo 20, ponto I, da Convenção).

Gabarito "E"

(Defensor Público/SP – 2012 – FCC) A respeito dos requisitos de admissibilidade para a apresentação de comunicações individuais perante o Comitê contra a Tortura das Nações Unidas, a teor do que dispõe a Convenção contra a Tortura e Outros Tratamentos ou Penas Cruéis, Desumanos ou Degradantes, considere as afirmações abaixo.

I. As comunicações individuais somente podem ser processadas caso o Estado tenha ratificado o Protocolo Facultativo à Convenção contra a Tortura e Outros Tratamentos ou Penas Cruéis, Desumanos ou Degradantes.

II. As denúncias devem ser, preferencialmente, feitas pela própria vítima ou por seu representante, admitindo-se denúncias anônimas caso haja fundada suspeita da veracidade dos fatos narrados ou necessidade de proteger a vítima de tortura.

III. A denúncia não será processada caso a mesma questão esteja sendo examinada perante outra instância internacional de investigação ou solução.

IV. É necessário que tenham sido esgotados todos os recursos jurídicos internos disponíveis, salvo se tal medida se prolongar injustificadamente, ou quando não for provável que a aplicação de tais recursos venha a melhorar realmente a situação da vítima de tortura.

Está correto APENAS o que se afirma em

(A) I e III.
(B) II e III.
(C) III e IV.
(D) I, II e IV.
(E) I, III e IV.

I: incorreta. Para monitorar o cumprimento pelos Estados-partes das obrigações constantes na Convenção e assim exercer o controle de convencionalidade internacional, foi criado o Comitê contra a Tortura, responsável por receber as petições individuais, os relatórios confeccionados pelos Estados-partes e as comunicações interestatais (tudo definido pela própria Convenção e não pelo seu Protocolo Facultativo). O Estado-parte tem de declarar expressamente que aceita a competência do Comitê para receber as comunicações interestatais e as petições individuais (artigos 21, ponto I, e 22, ponto I, da Convenção). Ademais, o Comitê contra a Tortura poderá instaurar investigação, desde que tenha informações que levantem fortes indícios de que certo país está incorrendo em prática sistemática de tortura (artigo 20, ponto I, da Convenção); **II:** incorreta. As petições apócrifas sempre serão consideradas inadmissíveis (art. 22, ponto 2, da Convenção); **III:** correta, pois uma das condições para que uma denúncia seja analisada em foro internacional é que não exista litispendência internacional; **IV:** correta, pois se trata de outra condição para que uma denúncia seja analisada em foro internacional, ou seja, é necessário que tenham sido esgotados todos os recursos jurídicos internos disponíveis. Mas sempre com a ressalva de que a regra não será aplicada quando o indivíduo for privado de seu direito de ação pela jurisdição doméstica ou lhe forem ceifadas as garantias do devido processo legal e, ainda, se os processos internos forem excessivamente demorados.

Gabarito "C"

(Defensor Público/SP – 2012 – FCC) A respeito do Mecanismo Preventivo Nacional, estabelecido pelo Protocolo Facultativo da Convenção contra a Tortura e Outros Tratamentos ou Penas Cruéis, Desumanos ou Degradantes é correto afirmar que

(A) pode receber e processar denúncias individuais de ocorrência de tortura, para o fim de responsabilizar os respectivos violadores.
(B) é criado, em cada país, por ato do Comitê contra a Tortura das Nações Unidas.
(C) suas atividades de fiscalização devem ficar sujeitas à autorização prévia para ingressar em centros de privação de liberdade.
(D) deve contar com, ao menos, sete representantes independentes.
(E) todos os recursos necessários para seu funcionamento devem ser colocados à disposição pelo Estado-parte.

A: incorreta. O art. 19 do Protocolo Facultativo assim dispõe: "Os mecanismos preventivos nacionais deverão ser revestidos no mínimo de competências para: a) Examinar regularmente o tratamento de pessoas privadas de sua liberdade, em centro de detenção conforme a definição do Artigo 4, com vistas a fortalecer, se necessário, sua proteção contra a tortura e outros tratamentos ou penas cruéis, desumanos ou degradantes; b) Fazer recomendações às autoridades relevantes com o objetivo de melhorar o tratamento e as condições das pessoas privadas de liberdade e o de prevenir a tortura e outros tratamentos ou penas cruéis, desumanos ou degradantes, levando-se em consideração as normas relevantes das Nações Unidas; c) Submeter propostas e observações a respeito da legislação existente ou em projeto"; **B:** incorreta. É criado por ato do próprio país (art. 17 do Protocolo facultativo); **C:** incorreta. O art. 20, *c*, do Protocolo Facultativo é direto ao definir que o Mecanismo Preventivo Nacional terá acesso a todos os centros de detenção, suas instalações e equipamentos; **D:** incorreta, pois todos os representantes devem ser independentes (art. 18, ponto 1, do Protocolo Facultativo); **E:** correta, pois a assertiva está em consonância com o disposto no art. 18, ponto 3, do Protocolo Facultativo.

Gabarito "E"

---

12 O crime de tortura está assim disciplinado pela legislação nacional (Lei nº 9.455/97):

"Art. 1º Constitui crime de tortura:

I – constranger alguém com emprego de violência ou grave ameaça, causando-lhe sofrimento físico ou mental:

a) com o fim de obter informação, declaração ou confissão da vítima ou de terceira pessoa;

b) para provocar ação ou omissão de natureza criminosa;

c) em razão de discriminação racial ou religiosa.

II – submeter alguém, sob sua guarda, poder ou autoridade, com emprego de violência ou grave ameaça, a intenso sofrimento físico ou mental, como forma de aplicar castigo pessoal ou medida de caráter preventivo.

Pena – reclusão, de dois a oito anos.

§ 1º Na mesma pena incorre quem submete pessoa presa ou sujeita a medida de segurança a sofrimento físico ou mental, por intermédio da prática de ato não previsto em lei ou não resultante de medida legal.

§ 2º Aquele que se omite em face dessas condutas, quando tinha o dever de evitá-las ou apurá-las, incorre na pena de detenção de um a quatro anos (...)".

(Defensoria/MA – 2009 – FCC) Nos termos da Convenção contra a Tortura e outros Tratamentos ou Penas Cruéis, Desumanos ou Degradantes, a tortura é

(A) proibida em toda e qualquer circunstância, seja ameaça ou estado de guerra, instabilidade política interna ou qualquer outra emergência pública, sendo um crime impróprio em que a qualidade de agente público é causa de aumento de pena.

(B) permitida excepcionalmente em estado de guerra, sendo um crime próprio que tem como sujeito ativo um agente público.

(C) permitida excepcionalmente para o combate ao terrorismo, sendo um crime impróprio em que a qualidade de agente público é causa de aumento de pena.

(D) proibida em toda e qualquer circunstância, seja ameaça ou estado de guerra, instabilidade política interna ou qualquer outra emergência pública, sendo um crime próprio que tem como sujeito ativo um agente público.

(E) permitida excepcionalmente em estado de guerra, sendo um crime impróprio em que a qualidade de agente público é causa de aumento de pena.

A, B, C, D e E: a Convenção contra a Tortura e outros Tratamentos ou Penas Cruéis, Desumanos ou Degradantes, adotada pela ONU em 28 de setembro de 1984 e ratificada pelo Brasil em 28 de setembro de 1989, tem por fundamento a obrigação que incumbe aos Estados, em virtude da Carta, em particular do artigo 55, de promover o respeito universal e a observância dos direitos humanos e das liberdades fundamentais. Ademais, o artigo 5º da Declaração Universal dos Direitos Humanos e o artigo 7º do Pacto Internacional sobre Direitos Civis e Políticos determinam que ninguém será sujeito a tortura ou a pena ou tratamento cruel, desumano ou degradante. **Os estados-partes têm a obrigação de proibir a tortura, esta não podendo ser utilizada nem mesmo em circunstâncias excepcionais.** Além de proibir, os estados se obrigam a punir os torturadores, independentemente do país em que a tortura foi realizada e da nacionalidade do torturador. Percebe-se que a Convenção contra a Tortura e outros Tratamentos ou Penas Cruéis, Desumanos ou Degradantes estabeleceu jurisdição compulsória e universal para julgar os acusados de tortura. A compulsoriedade da jurisdição determina que os estados-partes devem punir os torturadores, independentemente do local onde o crime foi cometido e da nacionalidade do torturador e da vítima. E a universalidade da jurisdição determina que os estados-partes processem ou extraditem o suspeito da prática de tortura, independentemente da existência de tratado prévio de extradição. Por fim e com base no art. 1º da Convenção, afirmamos **que a tortura é crime próprio, pois as dores ou os sofrimentos são infligidos por um funcionário público ou outra pessoa no exercício de funções públicas, ou por sua instigação, ou com o seu consentimento ou aquiescência**.

Gabarito "D"

(Defensoria/SP – 2006 – FCC) Segundo a Convenção contra a Tortura e outros Tratamentos ou Penas Cruéis, Desumanos ou Degradantes (ONU, 1984), para a caracterização da tortura é relevante

(A) sua finalidade e irrelevante a intensidade do sofrimento causado.

(B) que seja praticada por funcionário público e irrelevante sua finalidade.

(C) a finalidade do ato e irrelevante o local onde ocorre.

(D) que o sofrimento seja agudo e irrelevante a qualidade de quem a pratica.

(E) o local onde ocorre e irrelevante a intensidade do sofrimento causado.

A, B, C, D e E: A Convenção contra a Tortura e outros Tratamentos ou Penas Cruéis, Desumanos ou Degradantes, adotada pela ONU em 28 de setembro de 1984 e ratificada pelo Brasil em 28 de setembro de 1989, tem por fundamento a obrigação que incumbe aos Estados, em virtude da Carta, em particular do artigo 55, de promover o respeito universal e a observância dos direitos humanos e das liberdades fundamentais. Ademais, o artigo 5º da Declaração Universal dos Direitos Humanos e o artigo 7º do Pacto Internacional sobre Direitos Civis e Políticos determinam que ninguém será sujeito a tortura ou a pena ou tratamento cruel, desumano ou degradante. Os estados-partes têm a obrigação de proibir a tortura, esta não podendo ser utilizada nem mesmo em circunstâncias excepcionais. Além de proibir, os estados se obrigam a punir os torturadores, independentemente do país em que a tortura foi realizada e da nacionalidade do torturador. Percebe-se que a Convenção contra a Tortura e outros Tratamentos ou Penas Cruéis, Desumanos ou Degradantes estabeleceu jurisdição compulsória e universal para julgar os acusados de tortura. A compulsoriedade da jurisdição determina que os estados-partes devem punir os torturadores, **independentemente do local onde o crime foi cometido e da nacionalidade do torturador e da vítima**. E a universalidade da jurisdição determina que os estados-partes processem ou extraditem o suspeito da prática de tortura, independentemente da existência de tratado prévio de extradição. Sobre a Convenção, cabe esclarecer, com base em seu art. 1º, que a tortura é crime próprio, pois as dores ou os sofrimentos são infligidos por um funcionário público ou outra pessoa no exercício de funções públicas, ou por sua instigação, ou com o seu consentimento ou aquiescência. Importante também notar que a definição dada pela Convenção não restringe qualquer instrumento internacional ou legislação nacional que contenha ou possa conter dispositivos de alcance mais amplo (art. 1º, *in fine*, da Convenção). Ademais, a Convenção define o termo **tortura como qualquer ato pelo qual dores ou sofrimentos agudos, físicos ou mentais, são infligidos intencionalmente a uma pessoa a fim de obter, dela ou de terceira pessoa, informações ou confissões; de castigá-la por ato que ela ou terceira pessoa tenha cometido ou seja suspeita de ter cometido; de intimidar ou coagir esta pessoa ou outras pessoas; ou por qualquer motivo baseado em discriminação de qualquer natureza.** Pelo conceito, percebe-se que a finalidade é determinante para caracterização da tortura.

Gabarito "C"

6.2. Convenção Sobre a Eliminação de Todas as Formas de Discriminação Racial

(Defensor Público/SE – 2012 – CESPE) De acordo com as disposições da Convenção Internacional sobre a Eliminação de Todas as Formas de Discriminação Racial,

(A) as disposições da referida convenção não implicam em restrição alguma às disposições legais dos Estados-partes sobre nacionalidade, cidadania e naturalização.

(B) os elementos relevantes para a caracterização da discriminação racial se restringem à raça, à cor e à origem étnica.

(C) a origem nacional, por si só, não é elemento relevante para a caracterização da discriminação racial.

(D) considera-se discriminatória a medida especial que, destinada a assegurar a proteção de grupos raciais, institua qualquer espécie de segregação jurídica permanente.

(E) a restrição ou a anulação de liberdades fundamentais é irrelevante para a caracterização da discriminação racial.

A Convenção Internacional sobre a Eliminação de Todas as Formas de Discriminação Racial, adotada pela ONU por meio da Resolução 2.106 (XX) da Assembleia Geral em 21 de dezembro de 1965 e promulgada no Brasil em 8 de dezembro de 1969 pelo Decreto nº 65.810, tem por fundamento a consciência de que a discriminação entre as pessoas por motivo de raça, cor ou origem étnica é um obstáculo às relações amistosas e pacíficas entre as nações e é capaz de perturbar a paz e a segurança entre os povos e a harmonia de pessoas vivendo lado a lado, até dentro de um mesmo Estado. Os Estados-partes, atualmente 175, têm a obrigação de implementar políticas públicas que assegurem efetivamente a progressiva eliminação da discriminação racial. Percebe-se que o ideal de igualdade não vai ser atingido somente por meio de políticas repressivas que proíbam a discriminação – é necessária uma comunhão da proibição da discriminação (igualdade formal) com políticas promocionais temporárias (igualdade material). Aliás, o artigo 1º, ponto 4, da Convenção dispõe que as ações afirmativas não serão consideradas como discriminação racial. Tal dualidade de ação faz-se necessária, pois a parcela populacional vítima de discriminação racial coincide com a parcela socialmente vulnerável. Para monitorar o cumprimento pelos Estados-partes das obrigações constantes na Convenção, foi criado o Comitê sobre a Eliminação da Discriminação Racial, responsável por receber as petições individuais, os relatórios confeccionados pelos Estados-partes e as comunicações interestatais.

A: incorreta, pois o art. 1º, ponto 3, da Convenção assim dispõe: "Nada nesta Convenção poderá ser interpretado como afetando as disposições legais dos Estados-partes, relativas à nacionalidade, cidadania e naturalização, desde que tais disposições não discriminem contra qualquer nacionalidade particular"; **B:** incorreta. O art. 1º assim dispõe: "Para os fins da presente Convenção, a expressão "discriminação racial" significará toda distinção, exclusão, restrição ou preferência baseada em raça, cor, descendência ou origem nacional ou étnica que tenha por objeto ou resultado anular ou restringir o reconhecimento, gozo ou exercício em um mesmo plano (em igualdade de condição) de direitos humanos e liberdades fundamentais nos campos político, econômico, social, cultural ou em qualquer outro campo da vida pública'; **C:** incorreta. Reler o comentário sobre a assertiva anterior; **D:** correta, pois o conteúdo da assertiva está em harmonia com o art. 3º da Convenção Internacional sobre a Eliminação de Todas as Formas de Discriminação Racial; **E:** incorreta. Reler o comentário sobre a assertiva "B".

Gabarito "D"

(Defensoria/MA – 2009 – FCC) À luz da Convenção Internacional sobre a Eliminação de todas as formas de Discriminação Racial, as ações afirmativas são

(A) proibidas, porque constituem uma forma de discriminação direta positiva, nos termos da Convenção.
(B) permitidas, cabendo aos Estados-partes adotá-las para fomentar a promoção da igualdade étnico-racial.
(C) obrigatórias, devendo os Estados-partes adotá-las no prazo de até cinco anos a contar da data da ratificação da Convenção.
(D) proibidas, porque constituem uma forma de discriminação indireta negativa, nos termos da Convenção.
(E) obrigatórias, devendo os Estados-partes adotá-las no prazo de até dois anos a contar da data da ratificação da Convenção.

Os estados- partes da Convenção Internacional sobre a Eliminação de todas as formas de Discriminação Racial têm a obrigação de implementar políticas públicas que assegurem efetivamente a progressiva eliminação da discriminação racial. Percebe-se que o ideal de igualdade não vai ser atingido somente por meio de políticas repressivas que proíbam a discriminação. É necessário uma comunhão da proibição da discriminação (igualdade formal) com **políticas promocionais temporárias** (igualdade material), aliás, o art. 1º, ponto 4, da Convenção dispõe que as ações afirmativas não serão consideradas como discriminação racial. Tal dualidade de ação faz-se necessária, pois a parcela populacional vítima de discriminação racial coincide com a parcela socialmente vulnerável.

Gabarito "B"

(Defensoria/SP – 2006 – FCC) Segundo o IBGE (Instituto Brasileiro de Geografia e Estatística), a taxa de analfabetismo é de 17,2% no país. Entre brancos é de 10,6%, mas sobe para 25,2% entre pardos e 28,7% entre negros. Em 1998, o rendimento médio era de 5,6 salários mínimos entre brancos, mais que o dobro do rendimento de pardos (2,61) e negros (2,71). Mesmo quando estudam mais, negros e pardos têm mais dificuldade de aumentar os salários, diz o IBGE. Para cada ano de estudo a mais, brancos elevam a renda em 1,25 salário mínimo. Já a renda de negros e pardos cresce 0,53 salário para cada ano a mais de estudo. (Jornal Folha de São Paulo, Caderno Cotidiano – 05.06.2001) Relacionando tal realidade com as previsões da Convenção sobre a Eliminação de todas as formas de Discriminação Racial (ONU, 1965), é correto afirmar que este tratado

(A) autoriza a introdução de medidas especiais destinadas a assegurar o progresso adequado de grupos raciais ou étnicos.
(B) considera discriminatória a tomada de medidas especiais destinadas a assegurar o progresso adequado de grupos raciais ou étnicos.
(C) determina que o Estado-parte complemente anualmente a renda dos membros dos grupos raciais ou étnicos prejudicados.
(D) contém apenas normas relativas a violações às liberdades individuais e não sobre condições econômicas e sociais.
(E) não se aplica ao Brasil por ser anterior à Constituição de 1988.

Os estados-partes da Convenção Internacional sobre a Eliminação de todas as formas de Discriminação Racial têm a obrigação de implementar políticas públicas que assegurem efetivamente a progressiva eliminação da discriminação racial. Percebe-se que o ideal de igualdade não vai ser atingido somente por meio de políticas repressivas que proíbam a discriminação. É necessário uma comunhão da proibição da discriminação (igualdade formal) com **políticas promocionais temporárias** (igualdade material), aliás, o art. 1º, ponto 4, da Convenção dispõe que as **ações afirmativas não serão consideradas como discriminação racial**. Tal dualidade de ação faz-se necessária, pois a parcela populacional vítima de discriminação racial coincide com a parcela socialmente vulnerável.

Gabarito "A"

6.3. Convenção Sobre os Direitos da Criança

(Defensor Público/SE – 2012 – CESPE) Considerando o que dispõe a Convenção sobre os Direitos da Criança, assinale a opção correta.

(A) A liberdade de associação não é prevista no texto do acordo em apreço.
(B) Toda criança deve ser sempre pessoalmente ouvida em processo judicial que lhe diga respeito.
(C) Considera-se criança, em regra, o ser humano com menos de dezoito anos.
(D) A toda criança é garantido o direito a um nome, embora não haja menção a registro de nascimento.
(E) A guarda compartilhada de criança filha de pais separados não encontra respaldo na referida convenção.

A Convenção sobre os Direitos da Criança, adotada pela ONU por meio da Resolução 44/25 da Assembleia Geral em 20 de novembro de 1989 e promulgada no Brasil em 21 de novembro de 1990 pelo Decreto nº 99.710, tem por fundamento a consciência de que a criança, em virtude de sua falta de maturidade física e mental, necessita de proteção e cuidados especiais, inclusive a devida proteção legal, tanto antes quanto após seu nascimento. É importante apontar que a Convenção, no artigo 1º, determina que criança é todo ser humano com menos de 18 anos de idade, a não ser que, em conformidade com a lei aplicável à criança, a maioridade seja alcançada antes. Os Estados-partes, atualmente 193 (Convenção com o maior número de Estados-partes), têm a obrigação de proteger a criança contra todas as formas de discriminação e garantir-lhe a assistência apropriada em diversas áreas. Para monitorar o cumprimento pelos Estados-partes das obrigações constantes na Convenção, foi criado o Comitê sobre os Direitos da Criança, responsável por receber os relatórios confeccionados pelos Estados-partes.

A: incorreta, pois está prevista no art. 15, ponto 1, da Convenção; **B:** incorreta, pois a redação do art. 12, ponto 2, da Convenção é a seguinte: "Com tal propósito, se proporcionará à criança, em particular, a oportunidade de ser ouvida em todo processo judicial ou administrativo que afete a mesma, quer diretamente quer por intermédio de um representante ou órgão apropriado, em conformidade com as regras processuais da legislação nacional"; **C:** correta, pois está em conformidade com o que dispõe o art. 1º da Convenção sobre os Direitos da Criança; **D:** incorreta. O art. 7º, ponto 1, da Convenção assim estatui: "A criança será registrada imediatamente após seu nascimento e terá direito, desde o momento em que nasce, a um nome, a uma nacionalidade e, na medida do possível, a conhecer seus pais e a ser cuidada por eles"; **E:** incorreta. O art. 9º, ponto 3, da Convenção assim estatui: "Os Estados-partes respeitarão o direito da criança que esteja separada de um ou de ambos os pais de manter regularmente relações pessoais e contato direto com ambos, a menos que isso seja contrário ao interesse maior da criança".

Gabarito "C"

(Defensoria Pública da União – 2010 – CESPE) Acerca da proteção internacional às mulheres, às crianças e aos adolescentes, julgue o item subsequente.

(1) No direito à liberdade de expressão, um dos direitos previstos na Convenção sobre os Direitos da Criança, de 1990, inclui-se a liberdade de procurar, receber e divulgar, independentemente de fronteiras, informações e ideias de todo tipo, de forma oral, escrita ou impressa, por meio das artes ou por qualquer outro meio escolhido pela criança.

1: correta, pois reflete o disposto no art. 13, ponto 1, da Convenção sobre os Direitos da Criança.

Gabarito 1C

(Defensoria/SP – 2007 – FCC) Muito se discute no Brasil a respeito da redução da maioridade penal, supostamente capaz de inibir o cometimento de práticas criminosas por jovens. A respeito do tema, a Convenção sobre os Direitos da Criança (ONU), estabelece o conceito de "criança", o qual aplica-se

(A) apenas às pessoas com idade inferior a quatorze anos, a não ser quando por lei do Estado-parte a maioridade seja determinada com idade mais baixa.
(B) a todas as pessoas com idade inferior a dezoito anos, sendo vedado ao Estado-parte da Convenção fixá-la abaixo deste limite.
(C) apenas às pessoas com idade inferior a quatorze anos, sendo vedado ao Estado-parte da Convenção fixá-la abaixo deste limite.
(D) a todas as pessoas com idade inferior a dezoito anos, a não ser quando por lei do Estado-parte a maioridade seja determinada com idade mais baixa.
(E) às pessoas jovens conforme definido pela legislação do Estado--parte.

A Convenção, no seu art. 1º, **determina que criança é todo ser humano com menos de dezoito anos de idade, a não ser que, em conformidade com a lei aplicável à criança, a maioridade seja alcançada antes.** Os estados-partes têm a obrigação de proteger a criança contra todas as formas de discriminação e garantir-lhe a assistência apropriada em diversas áreas.

Gabarito "D"

6.4. Convenção Sobre a Eliminação de Todas as Formas de Discriminação Contra a Mulher

(Defensoria Pública da União – 2010 – CESPE) Acerca da proteção internacional às mulheres, às crianças e aos adolescentes, julgue o item subsequente.

(1) Os documentos das Nações Unidas que tratam dos direitos políticos das mulheres determinam que elas devem ter, em condições de igualdade, o mesmo direito que os homens de ocupar e exercer todos os postos e todas as funções públicas, admitidas as restrições que a cultura e a legislação nacionais imponham.

1: errada. A Convenção, adotada pela ONU em 18 de dezembro de 1979 e ratificada pelo Brasil em primeiro de fevereiro de 1984, tem por fundamento a consciência de que a discriminação contra a mulher viola os princípios da igualdade de direitos e do respeito da dignidade humana, dificulta a participação da mulher, nas mesmas condições que o homem, na vida política, social, econômica e cultural de seu país, constitui um obstáculo ao aumento do bem-estar da sociedade e da família e dificulta o pleno desenvolvimento das potencialidades da mulher para prestar serviço a seu país e à humanidade. Os estados-partes têm a obrigação de progressivamente eliminar a discriminação e promover a igualdade de gênero. Assim, os estados, além de proibir a discriminação, podem adotar medidas promocionais temporárias para acelerar o processo de obtenção do ideal de igualdade de gênero. Portanto, no mínimo, as mulheres terão, em condições de igualdade, o mesmo direito que os homens de ocupar todos os postos públicos e de exercer todas as funções públicas estabelecidas em virtude da legislação nacional **sem nenhuma restrição**.

Gabarito 1E

(Defensoria/SP – 2009 – FCC) No sistema global, a Convenção sobre Eliminação de Todas as Formas de Discriminação contra a Mulher, ratificada pelo Brasil em 1984, é um marco no tocante ao combate da discriminação contra a mulher e na afirmação de sua cidadania. Sobre essa Convenção é correto afirmar que

(A) respeitou as diferenças culturais e a diversidade étnica ao permitir diferentes direitos e responsabilidades durante o casamento e por ocasião da sua dissolução, permitindo que cada Estado faça sua regulamentação interna.
(B) ao evitar impor muitas obrigações aos Estados-partes que significassem ruptura imediata com padrões estereotipados de educação de meninas e meninos, logrou obter o maior número de ratificações de uma Convenção da ONU.
(C) consagrou a possibilidade de adoção de "ações afirmativas", ou seja, de medidas especiais de caráter definitivo destinadas a acelerar a igualdade de fato entre mulheres e homens.
(D) trouxe, quando de sua adoção pela ONU, um completo sistema de monitoramento, permitindo, inclusive, denúncias individuais por mulheres em casos de violação.
(E) a adoção pelo Brasil do Protocolo Facultativo à Convenção, em 2002, aperfeiçoou a sistemática de monitoramento da Convenção, com a possibilidade de apresentação de denúncias por mulheres, individualmente ou em grupos, em casos de violação.

A: incorreta, pois a redação do art. 16, ponto 1, *c*, da Convenção sobre a Eliminação de Todas as Formas de Discriminação contra a Mulher determina o contrário, isto é, os Estados adotarão todas as medidas adequadas para eliminar a discriminação contra a mulher em todos os assuntos relativos ao casamento e às relações familiares e, com base na igualdade entre homens e mulheres, assegurarão, entre outras coisas, os mesmos direitos e responsabilidades durante o casamento e por ocasião de sua dissolução; **B:** incorreta, pois o art. 10 da Convenção é cabal no sentido de que os Estados-partes adotarão todas as medidas apropriadas para eliminar a discriminação contra a mulher, a fim de assegurar-lhe a igualdade de direitos com o homem na esfera da educação. E para assegurarem tal objetivo, os Estados-partes deverão, entre outras medidas, eliminar todo conceito estereotipado dos papéis masculino e feminino em todos os níveis e em todas as formas de ensino mediante o estímulo à educação mista e a outros tipos de educação que contribuam para alcançar este objetivo (art. 10, *c*, da Convenção). Ademais, a Convenção é conhecida pelo grande número de reservas elaboradas pelos países que aderiram; **C:** incorreta, pois o art. 4º, ponto 1, da Convenção, determina que essas medidas cessarão quando os objetivos de igualdade de oportunidade e tratamento houverem sido alcançados. Ou seja, as ações afirmativas devem ser temporárias; **D:** incorreta. Para monitorar o cumprimento, pelos estados-partes, das obrigações constantes na Convenção, foi criado o Comitê sobre a Eliminação da Discriminação contra a Mulher. Este será responsável para receber os relatórios confeccionados pelos estados-partes. As petições individuais e a possibilidade de realizar investigações *in loco* só foram possibilitadas, como mecanismos de controle e fiscalização, com a adoção do Protocolo Facultativo à Convenção Internacional sobre a Eliminação de todas as formas de Discriminação contra a Mulher; **E:** correta. Reler o comentário à assertiva "D".

Gabarito "E"

(Defensoria/SP – 2007 – FCC) Dos tratados internacionais de direitos humanos, abaixo relacionados, o que possui o maior número de reservas formuladas pelos respectivos Estados-partes é a Convenção

(A) sobre a Eliminação de Todas as Formas de Discriminação Racial.
(B) relativa ao Estatuto dos Refugiados.
(C) sobre os Direitos da Criança.
(D) sobre a Eliminação de Todas as Formas de Discriminação contra a Mulher.
(E) contra a Tortura e outros Tratamentos ou Penas Cruéis, Desumanos ou Degradantes.

Dados atualizados em 14/10/11. **A:** incorreta. A Convenção sobre a Eliminação de Todas as Formas de Discriminação Racial tem 175 estados-partes e, comparativamente, não tem o maior número de reservas formuladas; **B:** incorreta. O Estatuto dos Refugiados tem 145 estados-partes e, comparativamente, não tem o maior número de reservas formuladas; **C:** incorreta. A Convenção sobre os Direitos da Criança tem 193 estados-partes e, comparativamente, não tem o maior número de reservas formuladas; **D:** correta. A Convenção sobre a Eliminação de Todas as Formas de Discriminação contra a Mulher tem 187 estados-partes e, comparativamente, tem o maior número de reservas formuladas; **E:** incorreta. A Convenção contra a Tortura e outros Tratamentos ou Penas Cruéis, Desumanos ou Degradantes tem 149 estados-partes e, comparativamente, não tem o maior número de reservas formuladas.

Gabarito "D"

(Defensor Público/BA – 2006) Consoante o estabelecido textualmente na Convenção sobre a eliminação de todas as formas de discriminação contra a mulher, adotada e aberta à assinatura, ratificação e adesão pela Resolução 34/180, da Assembleia Geral das Nações Unidas, de 18 de dezembro de 1979, tem-se que:

I. Os Estados-partes outorgarão às mulheres direitos iguais aos dos homens para adquirir, mudar ou conservar sua nacionalidade. Garantirão, em particular, que nem o casamento com um estrangeiro nem a mudança de nacionalidade do marido na constância do casamento modifiquem automaticamente a nacionalidade da esposa, a tornem apátrida ou a obriguem a adquirir a nacionalidade do cônjuge.
II. Os Estados-partes adotarão todas as medidas apropriadas para eliminar a discriminação contra as mulheres na esfera do emprego, objetivando assegurar, em condições de igualdade entre homens e mulheres, os mesmos direitos, em particular, o direito às mesmas oportunidades de emprego, incluindo a aplicação dos mesmos critérios de seleção em matéria de emprego.
III. O noivado e o casamento de crianças poderão ter efeito legal e todas as medidas necessárias, inclusive de caráter legislativo, serão tomadas para estabelecer uma idade mínima para o casamento e para tornar obrigatória a inscrição dos casamentos em registro oficial.

Analisando as assertivas acima, verifica-se que:

(A) Apenas a I está correta.
(B) Apenas a II está correta.
(C) Apenas a III está correta.
(D) Apenas I e II estão corretas.
(E) Apenas II e III estão corretas.

I: correta, pois reproduz a redação do art. 9º, ponto 1, da Convenção sobre Eliminação de todas as formas de Discriminação contra a Mulher; **II:** correta, pois reproduz a redação do art. 11, ponto 1, *b*, da Convenção sobre Eliminação de todas as formas de Discriminação contra a Mulher; **III:** incorreta, pois o art. 16, ponto 2, da Convenção sobre Eliminação de todas as formas de Discriminação contra a Mulher dispõe que o noivado e o casamento de crianças **não** terão efeito legal.

Gabarito "D"

6.5. Convenção sobre os Direitos das Pessoas com Deficiência

(Defensor Público/GO – 2010 – I. Cidades) A Convenção sobre os Direitos das Pessoas com Deficiência e seu Protocolo Facultativo foram incorporados, com status constitucional, ao nosso ordenamento jurídico. Com base nos conceitos e institutos nela presentes, é correto afirmar:

(A) A expressão "Adaptação razoável" designa, no contexto da convenção, quaisquer modificações e ajustes necessários e adequados, quando requeridos em cada caso, a fim de assegurar que as pessoas com deficiência possam gozar ou exercer, em igualdade de oportunidades com as demais pessoas, todos os direitos humanos e liberdades fundamentais.

(B) A Convenção prevê a possibilidade de conceder aposentadoria especial às pessoas portadoras de deficiência, com a contagem do tempo ficto inclusive.

(C) A Convenção é expressa ao dispor que nenhum de seus dispositivos afetará quaisquer disposições mais propícias à realização dos direitos das pessoas com deficiência, mesmo que estejam contidas na legislação infraconstitucional do Estado Parte.

(D) A Convenção estabelece um direito de preferência para o exercício de direitos sindicais por parte da pessoa com deficiência.

(E) O Estado brasileiro, ao adotar a Convenção, comprometeu-se, em relação aos direitos econômicos, sociais e culturais, a tomar medidas, a fim de assegurar o pleno e imediato exercício desses direitos, independentemente de quaisquer condicionamentos.

A: incorreta, pois, segundo o art. 2º da Convenção sobre os Direitos das Pessoas com Deficiência, "adaptação razoável" significa as modificações e os ajustes necessários e adequados que não acarretem ônus desproporcional ou indevido, quando requeridos em cada caso, a fim de assegurar que as pessoas com deficiência possam gozar ou exercer, em igualdade de oportunidades com as demais pessoas, todos os direitos humanos e liberdades fundamentais; **B:** incorreta, pois o art. 29, *e*, da Convenção sobre os Direitos das Pessoas com Deficiência determina que os estados-partes devem assegurar **igual acesso** de pessoas com deficiência a programas e benefícios de aposentadoria; **C:** correta, pois é o que determina o art. 4º, ponto 4, da Convenção sobre os Direitos das Pessoas com Deficiência; **D:** incorreta, pois o art. 27, ponto 1, *c*, da Convenção sobre os Direitos das Pessoas com Deficiência determina que os estados-partes devem assegurar que as pessoas com deficiência possam exercer seus direitos trabalhistas e sindicais, **em condições de igualdade** com as demais pessoas; **E:** incorreta, pois os direitos econômicos, sociais e culturais serão implementados progressivamente.

Gabarito "C"

6.6. Convenção Sobre a Proteção dos Direitos de Todos os Trabalhadores Migrantes e dos Membros de suas Famílias

(Defensor Público/RO – 2012 – CESPE) A Convenção Internacional sobre a Proteção dos Direitos de Todos os Trabalhadores Migrantes e dos Membros das suas Famílias

(A) não se aplica aos estrangeiros que se instalem, na qualidade de investidores, em um Estado-parte.

(B) não faz qualquer distinção entre os trabalhadores migrantes documentados e os não documentados.

(C) não admite restrição alguma à saída do trabalhador estrangeiro do Estado-parte para o qual migrou.

(D) dispõe que apenas as autoridades públicas do Estado-parte podem, na forma da legislação nacional, apreender e destruir documentos de identidade, inclusive passaporte, documentos de autorização de entrada, permanência, residência ou de estabelecimento no território nacional, ou, ainda, documentos relativos à autorização de trabalho, devendo, em qualquer caso, emitir recibo da apreensão ou certidão da destruição do documento.

(E) protege todos os migrantes, inclusive os estudantes estagiários, que exerçam alguma atividade remunerada sob a orientação, direção ou supervisão de outrem.

A Convenção adotada pela ONU, por meio da resolução 45/158 da Assembleia Geral, em 18 de dezembro de 1990 e não ratificada pelo Brasil, tem por fundamento a importância e a extensão do fenômeno da migração, que envolve milhares de pessoas e afeta um grande número de Estados na comunidade internacional, como também o efeito das migrações de trabalhadores nos Estados e nas populações interessadas. Tem por objetivo estabelecer normas que possam contribuir para a harmonização das condutas dos Estados mediante a aceitação de princípios fundamentais relativos ao tratamento dos trabalhadores migrantes e dos membros das suas famílias, pessoas que frequentemente se encontram em situação de vulnerabilidade. É importante apontar que a Convenção, no seu art. 2º, determina que trabalhador migrante é a pessoa que vai exercer, exerce ou exerceu uma atividade remunerada num Estado de que não é nacional. O tema, de certo modo, já tinha sido abordado no seio da Organização Internacional do Trabalho (OIT). A Convenção 97/1949 da OIT (ratificada pelo Brasil em 18 de junho de 1965) tratou de forma geral sobre os trabalhadores migrantes e a Convenção 143/1975 da OIT (não ratificada pelo Brasil) tratou das migrações em condições abusivas e da promoção da igualdade de oportunidades e de tratamento para os trabalhadores migrantes. No seio da ONU, antes dessa Convenção o tema apareceu algumas vezes em resoluções do Conselho Econômico e Social e da Assembleia Geral, como também dentro de relatórios. Mas, agora, os Estados-partes, atualmente 45, têm a obrigação de fixar parâmetros protetivos mínimos em benefício dos trabalhadores migrantes e de seus familiares. Ou seja, o Estado tem que arquitetar políticas públicas que possibilitem a efetiva proteção dos trabalhadores migrantes e de suas famílias em seu território, para, assim, garantir que esses exerçam seus direitos em igualdade de condições com os demais trabalhadores. É importante frisar o art. 82 da Convenção, porque impede a renúncia, por parte do trabalhador, dos seus direitos de trabalhador migrante e dos seus familiares. A Convenção regula também a situação específica dos trabalhadores migrantes que se encontrem em situação irregular, isto é, sem a devida documentação. Tais trabalhadores são geralmente as maiores vítimas das violações de direitos humanos. Nestes casos, o Estado-parte, além de fixar parâmetros protetivos mínimos, deverá combater (prevenir) o tráfico de trabalhadores migrantes. E para monitorar o cumprimento, pelos estados-partes, das obrigações constantes na Convenção e assim exercer o controle de convencionalidade internacional, foi criado o Comitê para a proteção dos Direitos de Todos os Trabalhadores Migrantes e dos membros das suas Famílias. Esse será responsável por receber os relatórios confeccionados pelos Estados-partes. As petições individuais e as comunicações interestatais são possíveis como mecanismos de controle e fiscalização, mediante a declaração do Estado-parte que reconhece a competência do Comitê para recebê-las.

A: correta, pois em consonância com a redação do artigo 3º, *c*, da Convenção; **B:** incorreta. A parte IV da Convenção cuida apenas dos direitos dos trabalhadores migrantes e dos membros das suas famílias que se encontram documentados ou em situação regular. Ou seja, os trabalhadores migrantes e os membros das suas famílias que se encontram documentados ou em situação regular no Estado de emprego gozam dos direitos enunciados na parte IV da Convenção, para além dos direitos previstos na parte III; **C:** incorreta. O art. 8º, ponto 1, da Convenção assim dispõe: "Os trabalhadores migrantes e os membros das suas famílias podem sair livremente de qualquer Estado, incluindo o seu Estado de origem. Este direito só pode ser objecto de restrições que, sendo previstas na lei, constituam disposições necessárias para proteger a segurança nacional, a ordem pública, a saúde ou moral públicas, ou os direitos e liberdades de outrem, e se mostrem compatíveis com os outros direitos reconhecidos na presente parte da Convenção"; **D:** incorreta. O art. 21 da Convenção assim dispõe: "Ninguém, exceto os funcionários públicos devidamente autorizados por lei para este efeito, tem o direito de apreender, destruir ou tentar destruir documentos de identidade, documentos de autorização de entrada, permanência, residência ou de estabelecimento no território nacional, ou documentos relativos à autorização de trabalho. Se for autorizada a apreensão e perda desses documentos, será emitido um recibo pormenorizado. Em caso algum é permitido destruir o passaporte ou documento equivalente de um trabalhador migrante ou de um membro da sua família; **E:** incorreta, pois a Convenção não se aplica aos estudantes e estagiários (art. 3º, *e*, da Convenção).

Gabarito "A"

6.7. Tribunal Penal Internacional

(Defensoria/SP – 2009 – FCC) O Tribunal Penal Internacional tem competência para julgar pessoas

(A) e Estados acusados de crimes de guerra, contra a humanidade, genocídio e terrorismo.

(B) e Estados acusados de crimes de guerra, contra a humanidade e genocídio.

(C) acusadas de crimes de guerra, contra a humanidade e genocídio, ocorridos a partir da entrada em vigor do Estatuto de Roma, em 2002.

(D) acusadas de crimes de guerra, contra a humanidade e genocídio, ocorridos a partir da entrada em vigor do Estatuto de Roma, em 1998.

(E) acusadas de crimes de guerra, contra a humanidade, genocídio e terrorismo.

A, **B**, **C**, **D** e **E**: o Tribunal Penal Internacional (TPI) foi constituído na Conferência de Roma, em 17 de julho de 1998, onde se aprovou o Estatuto de Roma (tratado que não admite a apresentação de reservas), que só entrou em vigor internacional em 1º de julho de 2002, e passou a vigorar, para o Brasil, em 1º de setembro de 2002. A partir de então tem-se um tribunal permanente para julgar indivíduos acusados da prática de crimes de genocídio, de crimes de guerra, de crimes de agressão e de crimes contra a humanidade. Deve-se apontar que indivíduos diz respeito a quaisquer indivíduos, independentemente de exercerem funções governamentais ou cargos públicos, desde que, à data da alegada prática do crime, tenham completado 18 anos de idade. Deve-se ressalvar que o Estatuto de Roma não definiu o crime agressão. Assim, somente em junho 2010, na Conferência de Revisão do Estatuto de Roma, realizada em Kampala, capital de Uganda, o crime de agressão foi definido. O crime de agressão é a conduta criminosa cometida por pessoa que detenha controle ou poder de direção efetivo sobre a ação política ou militar de um país, desde que sua conduta cause por suas gravidade, características e escala uma violação latente da Carta das Nações Unidas. Além da prática do crime de agressão, serão punidas também o planejamento, a preparação e a tentativa do crime de agressão. Mas o TPI só poderá exercer sua jurisdição em relação aos crimes de agressão quando pelo menos trinta estados tenham ratificado a sua previsão (o que ainda não aconteceu).

Gabarito "C"

(Defensor Público/MS – 2008 – VUNESP) Com relação ao Tribunal Penal Internacional, é correto afirmar que

(A) a competência do Tribunal restringir-se-á ao julgamento dos crimes de genocídio e crimes contra a humanidade.
(B) o Tribunal não terá jurisdição sobre pessoas que, à data da alegada prática do crime, não tenham ainda completado 21 anos de idade.
(C) os crimes da competência do Tribunal não prescrevem.
(D) o Tribunal só terá competência relativamente aos crimes cometidos após 17.07.1998, data da sua criação.

A: incorreta. O Tribunal Penal Internacional (TPI) foi constituído na Conferência de Roma, em 17 de julho de 1998, onde se aprovou o Estatuto de Roma (tratado que não admite a apresentação de reservas). A partir de então tem-se um tribunal permanente para julgar indivíduos (quaisquer indivíduos, independentemente de exercerem funções governamentais ou cargos públicos) acusados da prática de **crimes de genocídio, de crimes de guerra, de crimes de agressão e de crimes contra a humanidade**; **B**: incorreta, pois o art. 26 do Estatuto de Roma determina que o Tribunal não terá jurisdição sobre pessoas que, à data da alegada prática do crime, não tenham ainda completado **18 anos de idade**; **C**: correta, pois essa é a redação do art. 29 do Estatuto de Roma; **D**: incorreta. O art. 11, ponto 1, do Estatuto de Roma dispõe que o TPI só terá competência relativamente aos crimes cometidos após a **entrada em vigor** do Estatuto e não após a criação do TPI. O Estatuto de Roma entrou em vigor internacional em 1º de julho de 2002, e passou a vigorar, para o Brasil, em 1º de setembro de 2002.

Gabarito "C"

(Defensoria Pública da União – 2007 – CESPE) Julgue o item a seguir.

(1) A prescrição nos crimes previstos no Estatuto de Roma, de competência do Tribunal Penal Internacional, se opera nos mesmos prazos da legislação do Estado-parte do qual o réu é súdito.

1: errada, pois os crimes da competência do TPI não prescrevem (art. 29 do Estatuto de Roma).

Gabarito 1E

(Defensoria/SP – 2007 – FCC) A respeito do Tribunal Penal Internacional, é INCORRETO afirmar:

(A) Sua jurisdição é adicional e complementar à dos Estados, cabendo a estes a responsabilidade primária quanto ao julgamento das violações de direitos humanos.
(B) Suas penas estão limitadas à prisão por 30 anos, podendo ser aplicada excepcionalmente a pena de morte, quando justificada pela extrema gravidade do crime e pelas circunstâncias pessoais do condenado.
(C) Além de sanções de natureza penal, pode determinar a reparação às vítimas de crimes e respectivos familiares.
(D) Tem competência para apreciar denúncias de cometimento de crimes contra os direitos humanos praticados por agentes públicos, sem distinções baseadas em cargo oficial.
(E) Tem natureza permanente e pode ser acionado em face do cometimento dos crimes contra a humanidade, de genocídio, e de guerra, os quais obedecem aos princípios da legalidade e anterioridade penal.

A: correta. A grande característica do TPI é sua **complementaridade**, isto é, a jurisdição do TPI somente será exercida caso a Seção de Instrução verificar que existem provas suficientes para o acusado ser levado para julgamento e também concluir que algum sistema jurídico nacional tenha sido incapaz ou não tenha demonstrado interesse em julgar o caso. Este último requisito pode ser verificado quando ocorrer demora injustificada no procedimento, falta de independência do poder judiciário e até falta de capacidade para realizar a justiça penal; **B**: incorreta. Se a acusação for devidamente processada e aceita pela Câmara Preliminar, o TPI poderá julgar o caso. E, caso condene o indiciado culpado, a pena imposta terá que respeitar o limite máximo de 30 anos. Todavia, caso o crime seja de extrema gravidade, poderá ser aplicada a pena de prisão perpétua. Concomitantemente, poderá ser aplicada a pena de multa e de confisco, caso restar comprovado que o culpado adquiriu bens de forma ilícita (art. 77 do Estatuto de Roma); **C**: correta. Além de sanções de natureza penal, o TPI pode determinar a reparação às vítimas de crimes e respectivos familiares, principalmente por meio da restituição, da indenização ou da reabilitação. Ainda, o Tribunal poderá, de ofício ou por requerimento, em circunstâncias excepcionais, determinar a extensão e o nível dos danos, da perda ou do prejuízo causados às vítimas ou aos titulares do direito à reparação, com a indicação dos princípios nos quais fundamentou a sua decisão (art. 75 do Estatuto de Roma); **D**: correta. O Tribunal Penal Internacional (TPI) foi constituído na Conferência de Roma, em 17 de julho de 1998, onde se aprovou o Estatuto de Roma (tratado que não admite a apresentação de reservas), que só entrou em vigor internacional em 1º de julho de 2002, e passou a vigorar, para o Brasil, em 1º de setembro de 2002. A partir de então tem-se um tribunal permanente para julgar **indivíduos** acusados da prática de crimes de genocídio, de crimes de guerra, de crimes de agressão e de crimes contra a humanidade. Deve-se apontar que *indivíduos* diz respeito a quaisquer indivíduos, **independentemente de exercerem funções governamentais ou cargos públicos** (art. 27 do Estatuto de Roma), desde que, à data da alegada prática do crime, tenham completado 18 anos de idade; **E**: correta. Reler o comentário à assertiva "D". Cabe dizer também que o TPI é orientado pelos princípios da legalidade e da anterioridade penal, o que é bem delineado pela redação do art. 5º, ponto 2, do Estatuto de Roma.

Gabarito "B"

7. Sistema Regional de Proteção dos Direitos Humanos

7.1. Sistema Interamericano

(Defensor Público/PR – 2012 – FCC) Sobre o funcionamento do Sistema Interamericano de Direitos Humanos, é correto afirmar:

(A) A regra do esgotamento dos recursos internos pode ser afastada se os órgãos do Poder Judiciário de determinado Estado não apreciarem os recursos interpostos dentro de um prazo razoável.
(B) O Estado fica desobrigado a cumprir as obrigações assumidas na Convenção Americana de Direitos Humanos se as violações que lhe forem imputadas decorrerem de ato de responsabilidade exclusiva de uma entidade política autônoma interna.
(C) Embora a sentença da Corte Interamericana de Direitos Humanos seja definitiva e inapelável, pode ocorrer um pedido de interpretação quanto ao seu sentido ou alcance, o qual será apreciado se apresentado dentro do prazo de noventa dias da prolação da sentença.
(D) A adesão de um Estado à Convenção Americana de Direitos Humanos é suficiente para que a Comissão e a Corte Interamericanas exerçam as suas funções em relação àquele Estado.
(E) Quando a Comissão Interamericana reconhece a admissibilidade de uma petição ou comunicação e, posteriormente, chega a um relatório em que se conclui que, de fato, ocorreram violações da Convenção Americana de Direitos Humanos naquela situação trazida a análise, o órgão fica obrigado a submeter o caso à apreciação da Corte Interamericana.

A: correta. O sistema interamericano impõe a mesma ideia de ressalva existente no sistema global. As regras de esgotamento de todos os recursos internos disponíveis e do prazo de seis meses para a apresentação da petição ou comunicação não serão aplicadas quando o indivíduo for privado de seu direito de ação pela jurisdição doméstica, ou lhe forem ceifadas as garantias do devido processo legal, ou, ainda, se os processos internos forem excessivamente demorados; **B:** incorreta. O artigo 28 da Convenção Americana de Direitos Humanos estabelece a cláusula federal, que em seu ponto 2 determina: "No tocante às disposições relativas às matérias que correspondem à competência das entidades componentes da federação, o governo nacional deve tomar imediatamente as medidas pertinentes, em conformidade com sua Constituição e com suas leis, a fim de que as autoridades competentes das referidas entidades possam adotar as disposições cabíveis para o cumprimento desta Convenção". Ademais, sempre o governo central responderá perante a comunidade internacional, pois é o representante do Estado como um todo, que é o único detentor de personalidade jurídica internacional. Em outras palavras, a Federação de estados ou Estado Federal é a união permanente de dois ou mais estados, na qual cada um conserva apenas a autonomia interna, pois a soberania externa é exercida por um órgão central, normalmente denominado *governo federal*. O Brasil é Estado Federal desde a Constituição Federal de 1891. Por fim, a título conclusivo, pode-se afirmar que a divisão de autonomias em relação às competências internas não interfere na responsabilização internacional; **C:** incorreta. A sentença da Corte Interamericana será sempre fundamentada, definitiva e inapelável (artigos 66 e 67 da Convenção Americana de Direitos Humanos), todavia, em caso de divergência sobre o sentido ou alcance da sentença, a Corte interpretá-la-á, a pedido de qualquer das partes, desde que o pedido seja apresentado dentro de 90 dias a partir da data da *notificação* da sentença. Ainda é possível apontar que a Corte admitiu, em casos excepcionais, o recurso de revisão contra sentenças que colocam fim ao processo, com o propósito de evitar que a coisa julgada mantenha uma situação de evidente injustiça, devido ao descobrimento de um fato que se houvesse sido conhecido no momento da confecção da sentença teria o condão de alterar seu resultado, o que demonstraria a existência de um vício substancial na sentença[13]; **D:** incorreta, pois a competência contenciosa da Corte Interamericana só será exercida em relação aos Estados-partes da Convenção que expressem e inequivocamente tenham aceitado essa competência da Corte (artigo 62 da Convenção Americana de Direitos Humanos). Por sua vez, não é necessária a expressa aceitação da competência da Comissão para receber petições, bastando que o Estado tenha aderido à Convenção; **E:** incorreta. De posse da acusação, a Comissão assim agirá: **a)** buscará uma solução amistosa entre o indivíduo denunciante e o Estado violador; **b)** se não se chegar a uma solução, e dentro do prazo que for fixado pelo Estatuto da Comissão, esta redigirá um relatório no qual exporá os fatos e suas conclusões; **c)** o relatório será encaminhado aos Estados interessados, aos quais não será facultado publicá-lo; **d)** ao encaminhar o relatório, a Comissão pode formular as proposições e as recomendações que julgar adequadas; **e)** se, no prazo de três meses a partir da remessa aos Estados interessados do relatório da Comissão, o assunto não tiver sido solucionado ou submetido à decisão da Corte pela Comissão (chamada remessa automática) ou pelo Estado interessado, aceitando sua competência, a Comissão poderá emitir, pelo voto da maioria absoluta de seus membros, sua opinião e conclusões sobre a questão submetida à sua consideração; **f)** a Comissão fará as recomendações pertinentes e fixará um prazo dentro do qual o Estado deve tomar as medidas que lhe competir para remediar a situação examinada; **g)** transcorrido o prazo fixado, a Comissão decidirá, pelo voto da maioria absoluta de seus membros, se o Estado tomou ou não as medidas adequadas e se publica ou não seu relatório. Vale frisar que o envio à Corte apenas será permitido se o Estado violador tiver aquiescido de forma expressa e inequívoca em relação à competência da Corte Interamericana de Direitos Humanos para solucionar os casos de violação dos direitos humanos insculpidos na Convenção e em outros tratados do sistema americano de proteção.

Gabarito "A".

(Defensor Público/RO – 2012 – CESPE) Considerando o Pacto de São José da Costa Rica, assinale a opção correta.

(A) Mesmo não tendo sido prevista no referido pacto, a proteção da integridade psíquica de toda pessoa é dever dos Estados signatários, por força de orientação da Comissão Interamericana e da Corte Interamericana.

(B) Os Estados signatários desse pacto comprometem-se a respeitar os direitos e liberdades nele reconhecidos e a garantir seu livre e pleno exercício às pessoas que estejam sujeitas à sua jurisdição.

(C) Os Estados-partes são dispensados de adotar quaisquer medidas legislativas destinadas a garantir o exercício dos direitos e liberdades previstos nesse pacto, que se torna eficaz, no Estado-parte, a partir de sua assinatura.

(D) Por não definir o significado da palavra pessoa, que é o sujeito dos direitos humanos por ele garantidos, o pacto possibilita que Estados-partes restrinjam, por meio da jurisprudência ou da legislação nacional, o significado do termo.

(E) O pacto não prevê, expressamente, o direito de toda pessoa de ter reconhecida sua personalidade jurídica, embora se infira de suas disposições o dever de os Estados-partes reconhecerem esse direito.

A: incorreta, pois o art. 5º, ponto 1, da CADH assim dispõe: "Toda pessoa tem direito a que se respeite sua integridade física, psíquica e moral"; **B:** correta, pois está em conformidade com a redação do art. 1º, ponto 1, do Pacto de São José da Costa Rica; **C:** incorreta. O art. 2º da CADH dispõe sobre o dever de adotar disposições de direito interno. Assim, os Estados-partes comprometem-se a adotar, de acordo com as suas normas constitucionais e com as disposições desta Convenção, as medidas legislativas ou de outra natureza que forem necessárias para tornar efetivos tais direitos e liberdades; **D:** incorreta, pois para efeitos da CADH, pessoa é todo ser humano (art. 1º, ponto 2); **E:** incorreta, pois o art. 3º da CADH prevê expressamente que toda pessoa tem direito ao reconhecimento de sua personalidade jurídica.

Gabarito "B".

(Defensor Público/SE – 2012 – CESPE) De acordo com o que dispõe a Convenção Americana de Direitos Humanos,

(A) o Estado-parte não tem a obrigação de analisar pedido de indulto, anistia ou comutação de pena requeridos por condenado à morte.

(B) o direito à vida deve ser protegido, como regra, desde a concepção.

(C) a pena de morte pode ser restabelecida nos Estados-parte que a tenham abolido.

(D) a pena de morte, nos Estados-partes que a adotem, pode ser aplicada a delitos políticos.

(E) a pena de morte pode ser imposta a condenados por crimes conexos a delitos políticos.

Em 22 de novembro de 1969, na Conferência de San José da Costa Rica, foi adotada a Convenção Americana de Direitos Humanos[14] (Pacto de San José da Costa Rica), a qual só entrou em vigor internacional em 18 de julho de 1978 (quando atingiu as 11 ratificações necessárias) e é o principal instrumento protetivo do sistema americano. No Brasil, a Convenção passou a ter vigência por meio do Decreto nº 678 de 6 de novembro de 1992. Cabe destacar que o artigo 2º desse decreto dispõe sobre a declaração interpretativa do governo brasileiro: "O Governo do Brasil entende que os arts. 43 e 48, d, não incluem o direito automático de visitas e inspeções *in loco* da Comissão Interamericana de Direitos Humanos, as quais dependerão da anuência expressa do Estado". Tal declaração interpretativa funciona como uma ressalva que limita os poderes da Comissão Interamericana de Direitos Humanos[15]. Como órgãos de fiscalização e julgamento (controle de convencionalidade internacional) do sistema americano de proteção dos direitos humanos, a Convenção instituiu a Comissão e a Corte Interamericana de Direitos Humanos, dotando-o, dessa maneira, de mecanismos constritivos de proteção dos direitos humanos (*hard law*). Ao mesmo tempo, os Estados-partes comprometem-se a adotar, de acordo com as suas normas constitucionais e com as disposições desta Convenção, as medidas legislativas ou de outra natureza que forem necessárias para tornar efetivos (art. 2º da CADH) os direitos e liberdades reconhecidos na Convenção Americana de Direitos Humanos. Importante sublinhar que o texto convencional está obrigando não somente o Poder Legislativo, mas também os poderes Executivo e Judiciário do Estado-partes. Na Convenção só é permitida a participação dos países-membros da OEA. Ao longo da Convenção é possível identificar inúmeros direitos civis e políticos (ditos de primeira geração), nos moldes do Pacto Internacional de Direitos Civis e Políticos. A única menção aos direitos econômicos, sociais e culturais é encontrada no artigo 26, que se limita a determinar que os Estados se engajem em progressivamente implementar tais direitos (em sua dimensão negativa e positiva), ditos de segunda geração. Tal escolha (de só regular os direitos políticos e civis) foi direcionada para obter a adesão dos EUA.
A: incorreta. O art. 4º, ponto 6, da Convenção Americana assim dispõe: "Toda pessoa condenada à morte tem direito a solicitar anistia, indulto ou comutação da pena, os quais podem ser concedidos em todos os casos. Não se pode executar a pena de morte enquanto o pedido estiver pendente de decisão ante a autoridade competente"; **B:** correta, pois a assertiva está em consonância com o art. 4º, ponto 1, da Convenção Americana; **C:** incorreta, pois Não se pode restabelecer a pena de morte nos Estados que a hajam abolido (art. 4º, ponto 3, da Convenção Americana); D e **E:** incorretas, pois em nenhum caso pode a pena de morte ser aplicada a delitos políticos, nem a delitos comuns conexos com delitos políticos.

Gabarito "B".

---

13 Caso Genie Lacayo, Solicitação de Revisão da sentença de 29 de janeiro de 1997 (Resolução de 13 de setembro de 1997, item 10).

14 É de suma importância sublinhar que a Convenção Americana de Direitos Humanos é autoaplicável. Tal definição provém do Parecer Consultivo 07/86 da Corte Interamericana de Direitos Humanos. Assim, uma vez internalizada, estará apta a irradiar seus efeitos diretamente na ordem interna do país-parte, isto é, não necessitará de lei que regulamente sua incidência nos países que aderiram a seus mandamentos.

15 Todavia, deve-se apontar, como uma das consequências do princípio *pro homine*, que a interpretação das limitações de direitos estabelecidos nos tratados internacionais de direitos humanos deve ser restritiva – tudo para impedir ao máximo a diminuição da proteção da pessoa humana. Aliás, nesse sentido é o Parecer Consultivo 02, de 24 de setembro de 1982, da Corte Interamericana de Direitos Humanos.

(Defensoria Pública da União – 2010 – CESPE) No que concerne ao sistema interamericano de direitos humanos, julgue os itens que se seguem.

(1) Qualquer pessoa ou grupo de pessoas, ou entidade não governamental legalmente reconhecida em um ou mais Estados-membros da Organização dos Estados Americanos (OEA) podem apresentar à Comissão Interamericana de Direitos Humanos petições que contenham denúncias ou queixas de violação à Convenção Americana de Direitos Humanos por um Estado-parte.

(2) Embora sem competência contenciosa, de caráter jurisdicional, a Corte Interamericana de Direitos Humanos tem competência consultiva, relativa à interpretação das disposições da Convenção Americana e das disposições de tratados concernentes à proteção dos direitos humanos.

1: correta, pois essa é a redação do art. 44 da Convenção Americana de Direitos Humanos, conhecida também como Pacto de São José da Costa Rica. Mas deve-se lembrar que esta competência só poderá ser exercida se o estado violador aderiu à Convenção Americana de Direitos Humanos. Percebe-se que não é necessária a expressa aceitação da competência da Comissão para receber petições, bastando que o estado tenha aderido à Convenção. Cabe também reforçar que só serão aceitas as petições que comprovarem a inexistência de litispendência internacional e o esgotamento de todos os recursos internos disponíveis. Ademais, o art. 46 da Convenção Americana de Direitos Humanos também exige que a petição ou a comunicação seja apresentada dentro do prazo de seis meses, a partir da data em que o presumido prejudicado em seus direitos tenha sido notificado da decisão definitiva exarada no sistema protetivo nacional. Por fim, o sistema americano impõe a mesma ideia de ressalva existente no sistema global. As regras de esgotamento de todos os recursos internos disponíveis e a do prazo de seis meses para a apresentação da petição ou comunicação não serão aplicadas quando o indivíduo for privado de seu direito de ação pela jurisdição doméstica, ou lhe forem ceifadas as garantias do devido processo legal ou, ainda, se os processos internos forem excessivamente demorados; **2:** incorreta. A Corte é o órgão jurisdicional do sistema regional de proteção americano e sua composição é de setes juízes, os quais são nacionais dos países-membros da OEA. E no que se refere à sua competência, identifica-se uma atuação **consultiva** e **contenciosa**. A competência consultiva da Corte é marcada por sua grande finalidade de uniformizar a interpretação da Convenção Americana de Direitos Humanos e dos tratados de direitos humanos confeccionados no âmbito da OEA. E, dentro dessa competência, qualquer estado-membro da OEA pode pedir para que a Corte emita parecer que indique a correta interpretação da Convenção e dos tratados de direitos humanos. Ademais, a Corte pode fazer análise de compatibilidade entre a legislação doméstica de um país-membro da OEA e o sistema protetivo americano. Esta análise tem por escopo harmonizar as legislações domésticas em relação ao sistema americano de proteção. Já a competência contenciosa só será exercida em relação aos estados-partes da Convenção que expressa e inequivocamente tenha aceitado essa competência da Corte (art. 62 da Convenção Americana de Direitos Humanos). A declaração de aceite da competência da corte pode ser feita incondicionalmente, ou sob condição de reciprocidade, por prazo determinado ou ainda somente para casos específicos.

Gabarito 1C, 2E

(Defensoria/MT – 2009 – FCC) Tendo em vista o Protocolo Adicional à Convenção Americana sobre Direitos Humanos em Matéria de Direitos Econômicos, Sociais e Culturais, NÃO constitui direito nele reconhecido:

(A) À reserva de percentual de cargos públicos para as pessoas portadoras de deficiência.

(B) À licença-maternidade, antes e depois do parto.

(C) A uma remuneração equitativa e igual por trabalho igual.

(D) À total imunização contra as principais doenças infecciosas.

(E) À educação primária gratuita.

A: incorreta, pois no Protocolo de San Salvador não há previsão nesse sentido; **B:** correta. A licença-maternidade antes e depois do parto está prevista no art. 9º, ponto 2, do Protocolo de San Salvador; **C:** correta. A remuneração equitativa e igual por trabalho igual está prevista no art. 7º, *a*, do Protocolo de San Salvador; **D:** correta. Tal direito à saúde está previsto expressamente no art. 10, ponto 2, *c*, do Protocolo de San Salvador; **E:** correta. O art. 13, ponto 3, *a*, do Protocolo de San Salvador determina que: "O ensino de primeiro grau deve ser obrigatório e acessível a todos gratuitamente".

Gabarito "A".

Segue, para conhecimento, a lista dos direitos humanos protegidos na Convenção Americana de Direitos Humanos e a lista dos protegidos no Protocolo de São Salvador:

Os direitos humanos protegidos na Convenção Americana de Direitos Humanos são:

a) direito ao reconhecimento da personalidade jurídica (art. 3º);
b) direito à vida (art. 4º). É importante apontar que a Convenção determina que, em geral, este direito deve ser protegido desde o momento da concepção;
c) direito à integridade pessoal (art. 5º). Leia-se integridade física, psíquica e moral;
d) proibição da escravidão e da servidão (art. 6º). O tráfico de escravos e o tráfico de mulheres também são proibidos em todas as suas formas;
e) direito à liberdade pessoal (artigo 7º). É no ponto 7 deste artigo que aparece o princípio da proibição da detenção por dívidas e a sua correlata exceção somente em virtude de inadimplemento de obrigação alimentar. E seu reflexo no Brasil foi, depois de muitas decisões, a Súmula Vinculante 25 do STF;
f) garantias judiciais (art. 8º). É neste artigo que aparece o princípio da celeridade dos atos processuais;
g) princípio da legalidade e da retroatividade da lei penal mais benéfica (art. 9º);
h) direito à indenização por erro judiciário (art. 10). O artigo dispõe ser necessário o trânsito em julgado da condenação;
i) proteção da honra e da dignidade (art. 11);
j) liberdade de consciência e de religião (art. 12);
k) liberdade de pensamento e de expressão (art. 13)
l) direito de retificação ou resposta (art. 14). Direito a ser utilizado quando as informações inexatas ou ofensivas forem emitidas, em seu prejuízo, por meios de difusão legalmente regulamentados e que se dirijam ao público em geral;
m) direito de reunião (art. 15). Desde que pacífica e sem armas;
n) liberdade de associação (art. 16);
o) proteção da família (art. 17);
p) direito ao nome (art. 18);
q) direitos da criança (art. 19);
r) direito à nacionalidade (art. 20). Este artigo traz a importante regra de que toda pessoa tem direito à nacionalidade do Estado em cujo território houver nascido, se não tiver direito a outra;
s) direito à propriedade privada (art. 21);
t) direito de circulação e de residência (art. 22). Tal artigo traz duas regras importantes, a primeira, constante do ponto 7 do artigo, é a de que toda pessoa tem o direito de buscar e receber asilo em território estrangeiro, em caso de perseguição por delitos políticos ou comuns conexos com delitos políticos e a segunda, constante do ponto 8 do artigo, é a de que em nenhum caso o estrangeiro pode ser expulso ou entregue a outro país, seja ou não de origem, onde seu direito à vida ou à liberdade pessoal esteja em risco de violação em virtude de sua raça, nacionalidade, religião, condição social ou de suas opiniões políticas;
u) direitos políticos (art. 23);
v) Igualdade perante a lei (art. 24);
w) Proteção judicial (art. 25).

Os direitos humanos protegidos no Protocolo San Salvador são:

a) direito ao trabalho (art. 6º);
b) condições justas, equitativas e satisfatórias de trabalho (art. 7º);
c) direitos sindicais (art. 8º);
d) direito à seguridade social (art. 9º);
e) direito à saúde (art. 10);
f) direito a um meio ambiente sadio (art. 11);
g) direito à alimentação (art. 12);
h) direito à educação (art. 13);
i) direito de receber os benefícios da cultura (art. 14);
j) direito à constituição e à proteção da família (art. 15);
k) direitos da criança (art. 16);
l) proteção dos idosos (art. 17);
m) proteção dos deficientes (art. 18).

(Defensoria/PI – 2009 – CESPE) A Convenção Americana de Direitos Humanos de 1969 (Pacto de San José da Costa Rica)

(A) reproduziu a maior parte das declarações de direitos constantes do Pacto Internacional de Direitos Econômicos, Sociais e Culturais.
(B) foi adotada sem ressalvas pelo Brasil desde o seu início.
(C) proíbe o restabelecimento da pena capital nos países que a tenham abolido.
(D) não tratou do direito ao nome.
(E) indica a possibilidade de asilo no caso do cometimento de crimes comuns não vinculados à atividade política.

A: incorreta. Em 22 de novembro de 1969, na Conferência de São José da Costa Rica, foi adotada a Convenção Americana de Direitos Humanos (Pacto de San José da Costa Rica), a qual só entrou em vigor em 18 de julho de 1978 (quando atingiu as 11 ratificações necessárias) e é o principal instrumento protetivo do sistema americano. No Brasil, a Convenção passou a ter vigência por meio do decreto 678 de 6 de novembro de 1992. Na Convenção só é permitida a participação dos países-membros da OEA. **Ao longo da Convenção é possível a identificação de inúmeros direitos civis e políticos (ditos de primeira geração), nos moldes do Pacto Internacional de Direitos Civis e Políticos**. A única menção aos direitos econômicos, sociais e culturais é encontrada no art. 26, o qual se limita a determinar que os estados se engajem em progressivamente implementar tais direitos (na sua dimensão negativa e positiva), ditos de segunda geração. Tal escolha (de só regular os direitos políticos e civis) foi direcionada para obter a adesão dos EUA à Convenção. Esta situação modificou-se com a adoção, na Conferência Interamericana de São Salvador, em 17 de novembro de 1988, do Protocolo Adicional à Convenção, conhecido como Protocolo San Salvador. A partir de então, tem-se uma enumeração dos direitos econômicos, sociais e culturais que os países americanos - membros da OEA – obrigaram-se a implementar; **B:** incorreta, pois o art. 2º do decreto 678 de 1992 dispõe sobre a declaração interpretativa do governo brasileiro: "O Governo do Brasil entende que os arts. 43 e 48, *d*, não incluem o direito automático de visitas e inspeções in loco da Comissão Interamericana de Direitos Humanos, as quais dependerão da anuência expressa do Estado". Tal declaração interpretativa funciona como uma ressalva que limita os poderes da Comissão Interamericana de Direitos Humanos; **C:** correta, pois é o que determina o art. 4º, ponto 3, da Convenção

Americana de Direitos Humanos; **D:** incorreta, pois o direito ao nome é tratado no art. 18 da Convenção Americana de Direitos Humanos; **E:** incorreta, pois o art. 22, ponto 7, da Convenção Americana de Direitos Humanos assim dispõe: "Toda pessoa tem o direito de buscar e receber asilo em território estrangeiro, em caso de **perseguição por delitos políticos ou comuns conexos com delitos políticos**, de acordo com a legislação de cada Estado e com as Convenções internacionais". Cabe lembrar que o asilo territorial é o acolhimento, pelo estado, em seu território, de estrangeiro perseguido no seu país por causa de dissidência política, de delitos de opinião, ou por crimes que, relacionados com a segurança do estado, não configurem infração penal comum. E, por sua vez, O asilo diplomático é o acolhimento, pelo estado, em sua representação diplomática, do estrangeiro que busca proteção.

Gabarito "C"

(Defensoria/MT – 2009 – FCC) Em face do que dispõe a Convenção Americana de Direitos Humanos quanto ao direito de defesa da pessoa acusada da prática de um delito,

(A) o Estado deve dispor de um órgão de assistência jurídica encarregado da defesa dos acusados que demonstrarem insuficiência de recursos.
(B) a defesa pode ser realizada pessoalmente pelo acusado, caso o Estado não disponha de meios para lhe proporcionar um defensor.
(C) a defesa pode ser realizada pessoalmente pelo acusado, caso seja ele tecnicamente habilitado e renuncie ao defensor indicado pelo Estado.
(D) é obrigatória a existência de defesa técnica, fornecida pelo Estado, caso o acusado não indique advogado de sua confiança e nem se defenda por si mesmo.
(E) é direito do acusado, sempre que o interesse da justiça assim o exija, ter um defensor designado *ex officio*, que atuará gratuitamente.

A: incorreta. O item *e* do ponto 2 do art. 8º da Convenção estabelece como garantia mínima o "direito irrenunciável de ser assistido por um defensor proporcionado pelo Estado, remunerado ou não, segundo a legislação interna, se o acusado não se defender ele próprio, nem nomear defensor dentro do prazo estabelecido pela lei". A redação da alínea *e* demonstra não haver obrigação dos estados-partes disporem de órgão de assistência jurídica encarregado da defesa dos acusados que demonstrarem insuficiência de recursos, mas somente garantir a defesa dos acusados que não se defendem pessoalmente e nem nomeiam defensor dentro do prazo estabelecido; B e **C:** incorretas. Reler o comentário à assertiva "A". Cabe frisar que, consoante ao que determina a Convenção Americana de Direitos Humanos, o acusado sempre poderá se defender pessoalmente, independentemente de qualquer condição; **D:** correta. A alínea *e* do § 2º do art. 8º da Convenção estabelece como garantia mínima o "direito irrenunciável de ser assistido por um defensor proporcionado pelo Estado, remunerado ou não, segundo a legislação interna, se o acusado não se defender ele próprio, nem nomear defensor dentro do prazo estabelecido pela lei"; **E:** incorreta, pois não existe tal previsão na Convenção Americana de Direitos Humanos.

Gabarito "D"

(Defensoria/SP – 2009 – FCC) No Protocolo de San Salvador está reconhecido o direito de petição ao Sistema Interamericano de Direitos Humanos nos casos de violação

(A) dos direitos à saúde e à moradia digna.
(B) dos direitos à livre associação sindical e à educação.
(C) do direito ao trabalho.
(D) dos direitos econômicos, sociais e culturais.
(E) dos direitos à saúde e à educação.

A, B, C, D e E: a Corte Interamericana tem competência para interpretar e aplicar o Protocolo Adicional à Convenção Americana de Direitos Humanos (Protocolo de San Salvador) somente em relação ao art. 8, ponto 1, alínea *a* (**direitos sindicais dos trabalhadores**) e o art. 13 (**direito à educação**). Tudo em conformidade com o art. 19, ponto 6, do mencionado Protocolo, o qual determina que são esses os únicos direitos passíveis de serem acionados perante à Corte (justiciabilidade), entre um amplo conjunto de direitos econômicos, sociais e culturais de que trata esse protocolo. Entretanto, o que se percebe no campo prático é uma jurisprudência criativa que permite uma implementação indireta dos direitos econômicos, sociais e culturais. Uma das grandes contribuições para essa substancial evolução foi a construção jurisprudencial de um conceito amplo ou *lato sensu* do direito de acesso à justiça (art. 25 da Convenção Americana), o que permite o acionamento da Corte para proteção de todos os direitos humanos, inclusive os econômicos, sociais e culturais. Cabe destacar também a construção jurisprudencial da Corte que qualificou de *jus cogens* os princípios da equidade e da não discriminação, os quais são, logicamente, aplicados em relação a todos direitos humanos. E, por fim, o estabelecimento, pela Corte, de um conceito amplo do direito à vida, o qual exige a proteção e a implementação dos direitos econômicos, sociais e culturais para sua satisfatória efetivação.

Gabarito "B"

(Defensor Público/MS – 2008 – VUNESP) O Pacto de San José da Costa Rica garante direitos políticos e oportunidades de participação política ao cidadão. Segundo esse instrumento jurídico, o exercício de tais direitos e oportunidades poderá ser regulado pela lei, exceto por motivo de

(A) instrução.
(B) residência.
(C) idioma.
(D) capacidade intelectual.

A, B, C e **D:** a redação do art. 23, ponto 2, do Pacto de San José da Costa Rica é a seguinte: "A lei pode regular o exercício dos direitos e oportunidades, a que se refere o inciso anterior, exclusivamente por motivo de idade, nacionalidade, **residência, idioma, instrução**, capacidade civil ou mental, ou condenação, por juiz competente, em processo penal". Pela redação do ponto 2 do art. 23 do Pacto percebe-se que capacidade intelectual não é um motivo autorizador da regulação do exercício dos direitos políticos.

Gabarito "D"

(Defensor Público/MS – 2008 – VUNESP) No Sistema Interamericano de Direitos Humanos, a proteção internacional dos direitos econômicos, sociais e culturais veio a ser concretizada pela Assembleia Geral da Organização dos Estados Americanos, em 1988, por meio do seguinte instrumento jurídico:

(A) Convenção de Cartagena.
(B) Protocolo de San Salvador.
(C) Pacto de San José da Costa Rica.
(D) Declaração de Lima.

A: incorreta. Em cumprimento do mandato da Assembleia Geral das Nações Unidas para proporcionar e promover as medidas mais adequadas de proteção internacional dos refugiados, o ACNUR (Agência da ONU para refugiados) tomou a iniciativa de organizar o Colóquio de Cartagena, cujas conclusões e recomendações são conhecidas como Declaração de Cartagena; **B:** correta. O Protocolo Adicional à Convenção Americana de Direitos Humanos, conhecido como Protocolo San Salvador, foi adotado na Conferência Interamericana de São Salvador, em 17 de novembro de 1988. A partir de então, tem-se uma enumeração dos direitos econômicos, sociais e culturais que os países americanos – membros da OEA – obrigaram-se a implementar progressivamente. Cabe apontar que ao longo da Convenção Americana de Direitos Humanos (Pacto de San José da Costa Rica) é possível a identificação de inúmeros direitos civis e políticos (ditos de primeira geração), nos moldes do Pacto Internacional de Direitos Civis e Políticos da ONU, mas os direitos econômicos, sociais e culturais são mencionados uma única vez no art. 26, o qual se limita a determinar que os estados se engajem em progressivamente implementar tais direitos (na sua dimensão negativa e positiva), ditos de segunda geração. Por fim, deve-se dizer que tal escolha (de só regular os direitos políticos e civis) foi direcionada para obter a adesão dos EUA à Convenção; **C:** incorreta. Em 22 de novembro de 1969, na Conferência de São José da Costa Rica, foi adotada a Convenção Americana de Direitos Humanos (Pacto de San José da Costa Rica), a qual só entrou em vigor em 18 de julho de 1978 (quando atingiu as 11 ratificações necessárias) e é o principal instrumento protetivo do sistema americano. No Brasil, a Convenção passou a ter vigência por meio do decreto 678 de 6 de novembro de 1992. E a Convenção instituiu como órgãos de fiscalização e julgamento, do sistema americano de proteção dos direitos humanos, a Comissão e a Corte Interamericana de Direitos Humanos, dotando, desta maneira, o sistema americano de mecanismos constritivos de proteção dos direitos humanos (*hard law*). Na Convenção só é permitida a participação dos países-membros da OEA. E consoante ao dito no comentário anterior, ao longo da Convenção é possível a identificação de inúmeros direitos civis e políticos (ditos de primeira geração), nos moldes do Pacto Internacional de Direitos Civis e Políticos da ONU; **D:** incorreta. A Declaração de Lima ou Carta Democrática Interamericana foi adotada na cidade de Lima, República do Peru, no dia 11 de setembro de 2001 e determina, por exemplo, que os povos da América têm direito à democracia e seus governos têm a obrigação de promovê-la e defendê-la, e que a democracia é essencial para o desenvolvimento social, político e econômico dos povos das Américas.

Gabarito "B"

(Defensor Público/MS – 2008 – VUNESP) Quanto aos direitos civis contidos na Convenção Americana de Direitos Humanos, esta estabelece que

(A) nos países em que não houverem abolido a pena de morte, esta só poderá ser imposta pelos delitos mais graves, em cumprimento de sentença final de tribunal competente e em conformidade com a lei que estabeleça tal pena, promulgada antes de o delito ter sido cometido.

(B) ninguém deve ser constrangido a executar trabalho forçado ou obrigatório, exceto em decorrência de crime considerado hediondo pela legislação do país que adotar punição específica para essa modalidade de crime, não podendo, porém, a respectiva pena ultrapassar 30 anos de reclusão.

(C) ninguém deve ser detido por dívidas. Este princípio, porém, não limita os mandados de autoridade judiciária competente expedidos em virtude de inadimplemento de obrigação alimentar ou do depositário infiel.

(D) todas as pessoas têm o direito de associar-se livremente com fins ideológicos, religiosos, políticos, econômicos, trabalhistas, sociais, culturais, desportivos ou de qualquer outra natureza, não podendo o Estado restringir ou suprimir o exercício do direito de associação aos membros das forças armadas e da polícia.

A: correta, pois é a redação do art. 4º, ponto 2, da Convenção Americana de Direitos Humanos; **B:** incorreta, pois a redação do art. 6º, ponto 2, da Convenção Americana de Direitos Humanos é a seguinte: "Ninguém deve ser constrangido a executar trabalho forçado ou obrigatório. Nos países em que se prescreve, para certos delitos, pena privativa de liberdade acompanhada de trabalhos forçados, esta disposição não pode ser interpretada no sentido de proibir o cumprimento da dita pena, imposta por um juiz ou tribunal competente. O trabalho forçado não deve afetar a dignidade, nem a capacidade física e intelectual do recluso"; **C:** incorreta, pois a redação do art. 7º, ponto 7, da Convenção Americana de Direitos Humanos é a seguinte: "Ninguém deve ser detido por dívidas. Este princípio não limita os mandados de autoridade judiciária competente expedidos em virtude de inadimplemento de obrigação alimentar". Ou seja, a Convenção só prescreve a prisão civil em caso de inadimplemento de obrigação alimentar; **D:** incorreta, pois o Estado pode sim restringir ou suprimir o exercício do direito de associação aos membros das forças armadas e da polícia (art. 16, pontos 1 e 3, da Convenção Americana de Direitos Humanos).

Gabarito "A"

(Defensoria Pública da União – 2007 – CESPE) Julgue os itens a seguir.

(1) Compõem o Sistema Interamericano de Direitos Humanos a Assembleia Geral da Organização dos Estados Americanos, a Corte Interamericana de Direitos Humanos e a Comissão Interamericana de Direitos Humanos.

(2) A Comissão Interamericana de Direitos Humanos tem por função principal a observância e defesa dos direitos humanos e, no exercício de seu mandato, tem a atribuição de formular recomendações aos governos dos Estados-membros.

(3) Nos Estados federais, o governo central é o responsável pelas violações aos direitos humanos praticadas por agentes das suas unidades federadas.

(4) Nas hipóteses de grave violação de direitos humanos, o Procurador-Geral da República, com a finalidade de assegurar cumprimento de obrigações decorrentes de tratados internacionais de direitos humanos dos quais o Brasil seja parte, poderá suscitar, perante o STJ, em qualquer fase do inquérito ou processo, incidente de deslocamento de competência para a justiça federal.

1: errada. A Assembleia Geral da OEA não é considerada como parte do sistema interamericano de proteção dos direitos humanos. A Convenção Americana de Direitos Humanos instituiu como órgãos de fiscalização e julgamento, do sistema americano de proteção dos direitos humanos, a Comissão e a Corte Interamericana de Direitos Humanos, dotando, desta maneira, o sistema americano de mecanismos constritivos de proteção dos direitos humanos (*hard law*); **2:** correta. A Comissão Interamericana de Direitos Humanos é o órgão administrativo do sistema regional de proteção americano. E sua principal função é promover o respeito aos direitos humanos no continente americano. Destarte, tem competência para enviar recomendações aos estados-partes da Convenção Americana de Direitos Humanos, ou até mesmo para os estados-membros da OEA. Em sua competência insere-se também a possibilidade de realizar estudos, solicitar informações aos estados no que tange à implementação dos direitos humanos insculpidos na Convenção, como também confeccionar um relatório anual para ser submetido à Assembleia Geral da Organização dos Estados Americanos. Um aspecto importante de sua competência é a possibilidade de receber petições do indivíduo "lesionado", de terceiras pessoas ou de organizações não governamentais legalmente reconhecidas em um ou mais estados-membros da OEA que representem o indivíduo lesionado. Entrementes, esta competência só poderá ser exercida se o estado violador aderiu à Convenção Americana de Direitos Humanos. Percebe-se que não é necessária a expressa aceitação da competência da Comissão para receber petições, bastando que o estado tenha aderido à Convenção. A Comissão também tem competência para receber comunicações interestatais. Conforme já visto no sistema global de proteção, neste mecanismo um estado parte pode denunciar o outro que incorrer em violação dos direitos humanos. Mas para ter validade, os dois estados, denunciante e denunciado, devem ter expressamente declarado a competência da Comissão Interamericana de Direitos Humanos para tanto; **3:** correta. O art. 28 da Convenção Americana de Direitos Humanos estabelece a cláusula federal, que no seu ponto 2 determina: "No tocante às disposições relativas às matérias que correspondem à competência das entidades componentes da federação, o governo nacional deve tomar imediatamente as medidas pertinentes, em conformidade com sua Constituição e com suas leis, a fim de que as autoridades competentes das referidas entidades possam adotar as disposições cabíveis para o cumprimento desta Convenção". Ademais, sempre o governo central responderá perante a comunidade internacional, pois é o representante do estado como um todo, que é o único detentor de personalidade jurídica internacional. Em outras palavras, a federação de estados ou estado federal é a união permanente de dois ou mais estados, onde cada um deles conserva apenas a autonomia interna, pois a soberania externa é exercida por um órgão central, normalmente denominado *governo federal*. O Brasil é estado federal desde a Constituição Federal de 1891. Por fim, a título conclusivo, pode-se afirmar que a divisão de autonomias em relação às competências internas não interfere na responsabilização internacional; **4:** correta, pois a assertiva transcreve a redação do art. 109, § 5º, da CF.

Gabarito 1E, 2C, 3C, 4C

7.1.1. Comissão Interamericana

(Defensor Público/AM – 2013 – FCC) Segundo a Convenção Americana sobre Direitos Humanos, qualquer pessoa ou grupo de pessoas, ou entidade não governamental legalmente reconhecida em um ou mais Estados membros da Organização, pode apresentar à Comissão petições que contenham denúncias ou queixas de violação desta Convenção por um Estado-Parte. Tais petições, segundo o mesmo tratado, devem obedecer a certas regras gerais de admissibilidade, dentre as quais NÃO se inclui:

(A) A interposição e esgotamento dos recursos da jurisdição interna, de acordo com os princípios de direito internacional geralmente reconhecidos.

DIREITOS HUMANOS

(B) A apresentação dentro do prazo de seis meses, a partir da data em que o presumido prejudicado em seus direitos tenha sido notificado da decisão definitiva.

(C) A manifestação expressa de concordância da vítima ou vítimas da alegada violação aos direitos humanos.

(D) Que a petição contenha o nome, a nacionalidade, a profissão, o domicílio e a assinatura da pessoa ou pessoas ou do representante legal da entidade que submeter a petição.

(E) Que a matéria da petição ou comunicação que não esteja pendente de outro processo de solução internacional.

Um aspecto importante da competência da Comissão é a possibilidade de receber petições do indivíduo "lesionado", de terceiras pessoas ou de organizações não governamentais legalmente reconhecidas em um ou mais Estados-membros da OEA que representem o indivíduo lesionado[16]. Entrementes, essa competência só poderá ser exercida se o Estado violador tiver aderido à Convenção Americana de Direitos Humanos. Percebe-se que não é necessária a expressa aceitação da competência da Comissão para receber petições, bastando que o Estado tenha aderido à Convenção. Figuram aqui os mesmos requisitos de admissibilidade verificados quando da análise do procedimento de apresentação de petições individuais no sistema global de proteção. Ou seja, só são aceitas as petições ou as comunicações que comprovarem a inexistência de litispendência internacional (assertiva "E" está correta) e o esgotamento de todos os recursos internos disponíveis (a assertiva "A" está correta). Ademais, o artigo 46 da Convenção Americana de Direitos Humanos exige que a petição ou a comunicação seja apresentada dentro do prazo de seis meses, a partir da data em que o presumido prejudicado em seus direitos tenha sido notificado da decisão definitiva exarada no sistema protetivo nacional (a assertiva "B" está correta) e petição a ser interposta deve conter o nome, a nacionalidade, a profissão, o domicílio e a assinatura da pessoa ou pessoas ou do representante legal da entidade que submeter a petição (a assertiva "D" está correta). Importante destacar que não é necessária a manifestação expressa de concordância da vítima ou vítimas da alegada violação aos direitos humanos (a assertiva "C" está incorreta). Por fim, o sistema americano impõe a mesma ideia de ressalva existente no sistema global. As regras de esgotamento de todos os recursos internos disponíveis e do prazo de seis meses para a apresentação da petição ou comunicação não serão aplicadas quando o indivíduo for privado de seu direito de ação pela jurisdição doméstica, ou lhe forem ceifadas as garantias do devido processo legal, ou, ainda, se os processos internos forem excessivamente demorados.

Gabarito "C".

(Defensor Público/AM – 2013 – FCC) A outorga de medida cautelar a favor dos membros das comunidades indígenas da bacia do Rio Xingu, relativa à usina hidroelétrica Belo Monte, no Estado do Pará (Brasil), foi expedida pela

(A) Corte Interamericana de Direitos Humanos e determinou a paralisação das obras da usina até que as comunidades indígenas beneficiárias tivessem acesso ao Estudo de Impacto Social e Ambiental do projeto, em um formato acessível, incluindo a tradução aos idiomas indígenas respectivos.

(B) Comissão Interamericana de Direitos Humanos e solicitou a adoção de medidas para proteger a vida, a saúde e integridade pessoal dos membros das comunidades indígenas em situação de isolamento voluntário.

(C) Corte Interamericana de Direitos Humanos e solicitou a rápida finalização dos processos de regularização das terras ancestrais dos povos indígenas que estão pendentes, e a adoção de medidas efetivas para a proteção de mencionados territórios ancestrais.

(D) Comissão Interamericana de Direitos Humanos e referendada pela Corte Interamericana de Direitos Humanos, determinando o reassentamento das populações indígenas em área equivalente à atingida pelas obras.

(E) Comissão Interamericana de Direitos Humanos e determinou realização de processos de consulta, em cumprimento das obrigações internacionais do Brasil, com o objetivo de chegar a um acordo em relação a cada uma das comunidades indígenas afetadas pelas obras.

MC 382/10 – Comunidades Indígenas da Bacia do Rio Xingu, Pará, Brasil

Em 1º de abril de 2011, a CIDH outorgou medidas cautelares a favor dos membros das comunidades indígenas da bacia do Rio Xingu, no Pará, Brasil: Arara da Volta Grande do Xingu; Juruna de Paquiçamba; Juruna do "Kilómetro 17"; Xikrin de Trincheira Bacajá; Asurini de Koatinemo; Kararaô e Kayapó da terra indígena Kararaô; Parakanã de Apyterewa; Araweté do Igarapé Ipixuna; Arara da terra indígena Arara; Arara de Cachoeira Seca; e as comunidades indígenas em isolamento voluntário da bacia do Xingu. A solicitação de medida cautelar alega que a vida e integridade pessoal dos beneficiários estariam em risco pelo impacto da construção da usina hidroelétrica Belo Monte. A CIDH solicitou ao Governo Brasileiro que suspenda imediatamente o processo de licenciamento do projeto da UHE de Belo Monte e impeça a realização de qualquer obra material de execução até que sejam observadas as seguintes condições mínimas: (1) realizar processos de consulta, em cumprimento das obrigações internacionais do Brasil, no sentido de que a consulta seja prévia, livre, informativa, de boa-fé, culturalmente adequada, e com o objetivo de chegar a um acordo, em relação a cada uma das comunidades indígenas afetadas, beneficiárias das presentes medidas cautelares; (2) garantir, previamente a realização dos citados processos de consulta, para que a consulta seja informativa, que as comunidades indígenas beneficiárias tenham acesso a um Estudo de Impacto Social e Ambiental do projeto, em um formato acessível, incluindo a tradução aos idiomas indígenas respectivos; (3) adotar medidas para proteger a vida e a integridade pessoal dos membros dos povos indígenas em isolamento voluntário da bacia do Xingú, e para prevenir a disseminação de doenças e epidemias entre as comunidades indígenas beneficiárias das medidas cautelares como consequência da construção da hidroelétrica Belo Monte, tanto daquelas doenças derivadas do aumento populacional massivo na zona, como da exacerbação dos vetores de transmissão aquática de doenças como a malária. Em 29 de julho de 2011, durante o 142º Período de Sessões, a CIDH avaliou a MC 382/10 com base na informação enviada pelo Estado e pelos peticionários, e modificou o objeto da medida, solicitando ao Estado que: 1) Adote medidas para proteger a vida, a saúde e integridade pessoal dos membros das comunidades indígenas em situação de isolamento voluntario da bacia do Xingu, e da integridade cultural de mencionadas comunidades, que incluam ações efetivas de implementação e execução das medidas jurídico-formais já existentes, assim como o desenho e implementação de medidas especificas de mitigação dos efeitos que terá a construção da represa Belo Monte sobre o território e a vida destas comunidades em isolamento; 2) Adote medidas para proteger a saúde dos membros das comunidades indígenas da bacia do Xingu afetadas pelo projeto Belo Monte, que incluam (a) a finalização e implementação aceleradas do Programa Integrado de Saúde Indígena para a região da UHE Belo Monte, e (b) o desenho e implementação efetivos dos planos e programas especificamente requeridos pela FUNAI no Parecer Técnico 21/09, recém enunciados; e 3) Garantisse a rápida finalização dos processos de regularização das terras ancestrais dos povos indígenas na bacia do Xingu que estão pendentes, e adote medidas efetivas para a proteção de mencionados territórios ancestrais ante apropriação ilegítima e ocupação por não indígenas, e frente a exploração ou o deterioramento de seus recursos naturais. Adicionalmente, a CIDH decidiu que o debate entre as partes no que se refere a consulta previa e ao consentimento informado em relação ao projeto Belo Monte se transformou em uma discussão sobre o mérito do assunto que transcende o âmbito do procedimento de medidas cautelares[17].

Gabarito "B".

(Defensor Público/AC – 2012 – CESPE) Com referência à Comissão Interamericana de Direitos Humanos, assinale a opção correta.

(A) Não compete a essa comissão o conhecimento de queixa ou denúncia formulada por pessoa natural, visto que apenas Estados-membros têm legitimação para agir nos termos do direito público internacional.

(B) A demora injustificada na tramitação dos recursos internos autoriza o conhecimento de denúncia mesmo sem o prévio esgotamento daqueles.

(C) A solução amistosa das queixas recebidas por essa comissão exige homologação da Corte Interamericana de Direitos Humanos.

(D) Essa comissão poderá conhecer queixa idêntica a outra pendente de julgamento, desde que a litispendência não ocorra perante a própria comissão ou a Corte Interamericana de Direitos Humanos.

(E) A essa comissão cabe, mediante prévia autorização da Corte Interamericana de Direitos Humanos, formular recomendações aos Estados-membros.

A: incorreta. Um aspecto importante da competência da Comissão é a possibilidade de receber petições do indivíduo "lesionado", de terceiras pessoas ou de organizações não governamentais legalmente reconhecidas em um ou mais Estados-membros da OEA que representem o indivíduo lesionado. Entrementes, essa competência só poderá ser exercida se o Estado violador tiver aderido à Convenção Americana de Direitos Humanos.

16 Como exemplo pode-se citar o conhecido caso Maria da Penha.

17 Fonte (site da Comissão): http://www.cidh.oas.org/medidas/2011.port.htm.

Percebe-se que não é necessária a expressa aceitação da competência da Comissão para receber petições, bastando que o Estado tenha aderido à Convenção; **B:** correta. A Comissão tem competência para receber comunicações interestatais. E igual ao sistema global de proteção, nesse mecanismo um Estado-parte pode denunciar o outro que incorrer em violação dos direitos humanos. Mas, para a denúncia ter validade, os dois Estados, denunciante e denunciado, devem ter expressamente declarado a competência da Comissão Interamericana de Direitos Humanos para tanto. Figuram aqui os mesmos requisitos de admissibilidade exigidos no procedimento de apresentação de petições individuais e de comunicações interestatais no sistema global de proteção. Ou seja, só são aceitas as petições ou as comunicações que comprovarem a inexistência de litispendência internacional e o esgotamento de todos os recursos internos disponíveis. Ademais, o artigo 46 da Convenção Americana de Direitos Humanos exige que a petição ou a comunicação seja apresentada dentro do prazo de seis meses, a partir da data em que o presumido prejudicado em seus direitos tenha sido notificado da decisão definitiva exarada no sistema protetivo nacional. Mas o sistema americano também impõe a mesma ideia de ressalva existente no sistema global. Assim, as regras de esgotamento de todos os recursos internos disponíveis e do prazo de seis meses para a apresentação da petição ou comunicação não serão aplicadas quando o indivíduo for privado de seu direito de ação pela jurisdição doméstica, ou lhe forem ceifadas as garantias do devido processo legal, ou, ainda, se os processos internos forem excessivamente demorados; **C:** incorreta, pois não é necessária a homologação pela Corte; **D:** incorreta, pois só serão aceitas as petições em que ficarem comprovados a inexistência de litispendência internacional. Ou seja, a submissão do caso à qualquer órgão internacional competente impede a análise do mesmo ulteriormente pela Comissão; **E:** incorreta, pois não é necessária prévia autorização da Corte para que a Comissão formule recomendações aos Estados-membros.

Gabarito "B"

(Defensor Público/PR – 2012 – FCC) Diferentemente do Direito Internacional Público clássico, os conceitos e categorias jurídicas do Direito Internacional dos Direitos Humanos formaram-se e cristalizaram-se no plano das relações intraestatais, ou seja, das relações entre os Estados e os seres humanos sob suas respectivas jurisdições. Essa especificidade conduz à necessidade de que o Direito Internacional dos Direitos Humanos tenha regras e princípios próprios de interpretação. Sobre essa temática, é INCORRETO afirmar:

(A) Em função do art. 68 da Convenção Americana de Direitos Humanos - CADH, que estabelece a exequibilidade da sentença da Corte Interamericana de Direitos Humanos no plano interno do Estado, na parte relativa a eventual indenização compensatória, caso o Estado levante óbices jurídicos para viabilizar a execução da referida sentença em conformidade com o processo interno vigente, estará incorrendo em violação adicional da CADH (art. 2º), por não adotar providências no sentido de adequar o seu direito interno às obrigações internacionalmente assumidas.

(B) Ao dispor que os Estados-Parte "comprometem-se a adotar, de acordo com as suas normas constitucionais e com as disposições desta Convenção, as medidas legislativas ou de outra natureza que forem necessárias para tornar efetivos" (art. 2º) os direitos e liberdades reconhecidos na Convenção Americana de Direitos Humanos - CADH, o texto convencional está obrigando não somente o Poder Legislativo, mas também os poderes Executivo e Judiciário do Estado-Parte.

(C) Para a Corte Interamericana, as obrigações contraídas em virtude da Convenção Americana de Direitos Humanos - CADH somente podem ser suspensas nas hipóteses de seu artigo 27, ou seja, em caso de guerra, de perigo público, ou de outra emergência que ameace a independência ou segurança do Estado-Parte, na medida e pelo tempo estritamente limitados às exigências da situação, ficando desse modo inacessíveis todas as garantias judiciais para a proteção de direitos somente nesse contexto especialíssimo.

(D) Como a regra do esgotamento dos recursos internos não é aplicada com flexibilidade no Direito Internacional Geral, a jurisprudência das cortes internacionais de direitos humanos desenvolveu vários entendimentos que mitigam ou estabelecem pré-requisitos para a plena incidência da referida regra, como, por exemplo, fazendo recair o ônus da prova da existência de um recurso "acessível e suficiente" sobre o Estado demandado, ou estabelecendo que o Estado requerido estaria obrigado a levantar a objeção no primeiro momento em que fosse chamado perante a Comissão Interamericana, sob pena de ficar impedido de invocar o não esgotamento no julgamento perante a Corte Interamericana (*estoppel*).

(E) Havendo duas ou mais possibilidades de interpretação concomitante de dispositivos correspondentes ou equivalentes de distintos tratados de direitos humanos, aplica-se o critério da primazia da norma mais favorável às supostas vítimas, favorecendo a complementaridade dos mecanismos de proteção dos direitos humanos em níveis global e regional.

A: correta. O cumprimento da sentença da Corte ocorre geralmente de maneira voluntária pelos Estados. Caso isso não ocorra, por exemplo, no Brasil, o cumprimento se dará mediante execução da sentença, como título executivo judicial, perante a justiça federal, consoante disposto no artigo 109, I, da CF. Mas deve-se saber que os Estados-partes da Convenção se comprometem a cumprir a decisão da Corte em todo caso em que forem parte (artigo 68 da Convenção Americana de Direitos Humanos); **B:** correta, pois as três esferas de Poder assumem o compromisso; **C:** incorreta. A Opinião Consultiva 08/1987 foi apresentada pela Comissão Interamericana de Direitos Humanos com o objetivo de aclarar a devida interpretação dos artigos 25, ponto 1, e 7º, ponto 6, da Convenção Americana de Direitos Humanos relacionados com a última frase do artigo 27, ponto 2, da mesma Convenção. A Corte decidiu, por unanimidade, que os procedimentos jurídicos consagrados nos artigos 25, ponto 1, e 7º, ponto 6, da Convenção Americana de Direitos Humanos não podem ser suspensos conforme o disposto no artigo 27, ponto 2, da mesma Convenção, pois constituem garantias judiciais indispensáveis para proteger direitos e liberdades que tampouco podem ser suspensas, segundo preceitua o já citado artigo 27, ponto 2, da Convenção. E a Opinião Consultiva 09/1987 foi solicitada pelo governo da República Oriental do Uruguai com o objetivo de especificar o correto alcance da proibição de suspensão das garantias judiciais indispensáveis para a proteção dos direitos mencionados no artigo 27, ponto 2, da Convenção Americana de Direitos Humanos. Mais precisamente, o governo uruguaio desejava que a Corte opinasse especificamente sobre: **a)** quais eram essas garantias judiciais indispensáveis; e **b)** qual era a relação do artigo 27, ponto 2, da Convenção com os artigos 25 e 8º da mesma Convenção. A Corte decidiu, por unanimidade, que devem ser considerados garantias judiciais indispensáveis, conforme o estabelecido no artigo 27, ponto 2, da Convenção, o *habeas corpus* (artigo 7º, ponto 6), o amparo ou qualquer outro recurso efetivo perante os juízes ou tribunais competentes (artigo 25, ponto 1), destinado a garantir o respeito aos direitos e liberdades cuja suspensão não está autorizada pela Convenção Americana de Direitos Humanos. Também decidiu, por unanimidade, que devem ser considerados garantias judiciais indispensáveis que não podem ser suspensas os procedimentos judiciais inerentes à forma democrática representativa de governo (artigo 29, *c*), previstos no direito interno dos Estados-partes como idôneos para garantir a plenitude do exercício dos direitos a que se refere o artigo 27, ponto 2, da Convenção e cuja supressão ou limitação comportem a falta de defesa de tais direitos; **D:** correta, pois, de fato, a jurisprudência das cortes internacionais mitiga a regra do esgotamento dos recursos internos; **E:** correta. Em se tratando de interpretação e de aplicação das regras protetivas de direitos humanos, deve-se ter por fundamento o *princípio da primazia da norma mais favorável à vítima*, o qual determina a busca da maior efetividade possível na proteção dos direitos humanos. Portanto, de modo geral, os sistemas protetivos global, regional e nacional interagem e complementam-se para melhor proteger o indivíduo dos abusos perpetrados contra sua dignidade humana. Esse exercício foi denominado por Erik Jaime[18] o *diálogo das fontes*[19], ou seja, os diversos sistemas de proteção (fontes heterogêneas) são coordenados para garantir a maior tutela possível da dignidade da pessoa humana – dessa forma, o sistema com maiores possibilidades de garantir a proteção no caso específico será o eleito, podendo até haver uma aplicação conjunta dos sistemas, desde que apropriada. A Constituição brasileira traz previsão expressa de "cláusula de diálogo ou dialógica" no seu art. 4º, II.

Gabarito "C"

(Defensor Público/PR – 2012 – FCC) Sobre as atividades da Comissão Interamericana de Direitos Humanos, órgão integrante do Sistema Interamericano de Direitos Humanos, considere as afirmações abaixo.

I. A Comissão Interamericana exerce no Sistema um duplo papel: em um primeiro momento, exerce um juízo de admissibilidade da denúncia ou petição e faz uma avaliação própria sobre o caso, eventualmente expedindo recomendações; em um segundo momento, atua como parte perante a Corte Interamericana, pleiteando a condenação de um Estado-Parte da Convenção Americana de Direitos Humanos – CADH.

II. Além de atuar em casos individuais, a Comissão Interamericana elabora relatórios sobre países, abordando violações sistemáticas ou violações relacionadas a problemas estruturais de determinado Estado.

18 **Identité culturelle et integration: le droit international privé postmoderne**. Séries Recueil des Cours de l'Académie de Droit International de la Haye 251, 1995.

19 O citado diálogo também é previsto expressamente no artigo 29, *b*, da Convenção Americana de Direitos Humanos.

III. Em situações de gravidade e urgência, a Comissão Interamericana pode adotar medidas cautelares, de observância obrigatória para os Estados-Parte na CADH, para prevenir danos irreparáveis em pessoas ou objetos conexos a uma petição ou caso pendente de análise.

IV. Para que uma petição seja admitida pela Comissão Interamericana, entre outros requisitos, tem de ser apresentada dentro do prazo de seis meses da data em que a pessoa prejudicada foi notificada de uma decisão definitiva no plano interno.

V. A Comissão Interamericana examina casos e petições relacionadas com Estados membros da Organização dos Estados Americanos que não são parte na CADH, utilizando como fundamento, nessa análise, a Declaração Americana dos Direitos e Deveres do Homem.

Está correto APENAS o que se afirma em

(A) I, II, III e IV.
(B) I, II, III e V.
(C) I, II, IV e V.
(D) I, II e V.
(E) I, II e III.

I: correta. Um aspecto importante da competência da Comissão é a possibilidade de receber petições do indivíduo "lesionado", de terceiras pessoas ou de organizações não governamentais legalmente reconhecidas em um ou mais Estados-membros da OEA que representem o indivíduo lesionado. Entrementes, essa competência só poderá ser exercida se o Estado violador tiver aderido à Convenção Americana de Direitos Humanos. Percebe-se que não é necessária a expressa aceitação da competência da Comissão para receber petições, bastando que o Estado tenha aderido à Convenção. A Comissão também tem competência para receber comunicações interestatais. Nesse mecanismo um Estado-parte pode denunciar o outro que incorrer em violação dos direitos humanos. Mas, para a denúncia ter validade, os dois Estados, denunciante e denunciado, devem ter expressamente declarado a competência da Comissão Interamericana de Direitos Humanos para tanto. Figuram aqui os mesmos requisitos de admissibilidade verificados no sistema global de proteção. Ou seja, só são aceitas as petições ou as comunicações que comprovarem a inexistência de litispendência internacional e o esgotamento de todos os recursos internos disponíveis. Ademais, o artigo 46 da Convenção Americana de Direitos Humanos exige que a petição ou a comunicação seja apresentada dentro do prazo de seis meses, a partir da data em que o presumido prejudicado em seus direitos tenha sido notificado da decisão definitiva exarada no sistema protetivo nacional e a petição a ser interposta deve conter o nome, a nacionalidade, a profissão, o domicílio e a assinatura da pessoa ou pessoas ou do representante legal da entidade que submeter a petição. Importante destacar que não é necessária a manifestação expressa de concordância da vítima ou vítimas da alegada violação aos direitos humanos. O sistema americano impõe a mesma ideia de ressalva existente no sistema global. As regras de esgotamento de todos os recursos internos disponíveis e do prazo de seis meses para a apresentação da petição ou comunicação não serão aplicadas quando o indivíduo for privado de seu direito de ação pela jurisdição doméstica, ou lhe forem ceifadas as garantias do devido processo legal, ou, ainda, se os processos internos forem excessivamente demorados. De posse da acusação, a Comissão assim agirá: **a)** buscará uma solução amistosa entre o indivíduo denunciante e o Estado violador; **b)** se não se chegar a uma solução, e dentro do prazo que for fixado pelo Estatuto da Comissão, esta redigirá um relatório no qual exporá os fatos e suas conclusões; **c)** o relatório será encaminhado aos Estados interessados, aos quais não será facultado publicá-lo; **d)** ao encaminhar o relatório, a Comissão pode formular as proposições e as recomendações que julgar adequadas; **e)** se, no prazo de três meses a partir da remessa aos Estados interessados do relatório da Comissão, o assunto não tiver sido solucionado ou submetido à decisão da Corte pela Comissão (chamada remessa automática) ou pelo Estado interessado, aceitando sua competência, a Comissão poderá emitir, pelo voto da maioria absoluta de seus membros, sua opinião e conclusões sobre a questão submetida à sua consideração; **f)** a Comissão fará as recomendações pertinentes e fixará um prazo dentro do qual o Estado deve tomar as medidas que lhe competir para remediar a situação examinada; **g)** transcorrido o prazo fixado, a Comissão decidirá, pelo voto da maioria absoluta de seus membros, se o Estado tomou ou não as medidas adequadas e se publica ou não seu relatório. Vale frisar que o envio à Corte apenas será permitido se o Estado violador tiver aquiescido de forma expressa e inequívoca em relação à competência da Corte Interamericana de Direitos Humanos para solucionar os casos de violação dos direitos humanos insculpidos na Convenção e em outros tratados do sistema americano de proteção. Por fim, a Comissão, por iniciativa própria ou depois de receber uma denúncia, poderá entrar em contato com o Estado denunciado para que este adote, com urgência, medidas cautelares antes da análise do mérito da denúncia, desde que verificado risco de dano irreparável à vítima ou às vítimas. Dentro dessa ótica, poderá também solicitar que a Corte adote medidas provisórias mesmo antes da análise do mérito do caso, desde que o caráter de urgência e de gravidade as justifique; **II:** correta. A principal função da Comissão é promover o respeito aos direitos humanos no continente americano. Destarte, tem competência para enviar recomendações aos Estados-partes da Convenção Americana de Direitos Humanos ou até mesmo para os Estados-membros da OEA. Em sua competência inserem-se também a possibilidade de realizar estudos, solicitar informações aos Estados no que tange à implementação dos direitos humanos insculpidos na Convenção e confeccionar um relatório anual para ser submetido à Assembleia Geral da OEA. A parte do relatório anual, a Comissão pode confeccionar relatórios especiais ou gerais sobre a situação dos direitos humanos nos Estados membros sempre que considerar necessário (art. 59, ponto 1, *h*, do Regulamento da Comissão Interamericana de Direitos Humanos). Cabe lembrar que as recomendações e os relatórios (tanto o anual e o alicerçado em alguma acusação[20]) da Comissão não têm poder vinculante, isto é, não vinculam os Estados destinatários; **III:** incorreta. A Comissão, por iniciativa própria ou depois de receber uma denúncia, poderá entrar em contato com o Estado denunciado para que este adote, com urgência, medidas cautelares antes da análise do mérito da denúncia, desde que verificado risco de dano irreparável à vítima ou às vítimas. Dentro dessa ótica, poderá também solicitar que a Corte adote medidas provisórias mesmo antes da análise do mérito do caso, desde que o caráter de urgência e de gravidade as justifique; **IV:** correta. Reler o comentário sobre a assertiva I; **V:** correta, pois, de fato, a Declaração Americana dos Direitos e Deveres do Homem será o fundamento para análise de casos de desrespeito aos direitos humanos relacionados à países que são membros da OEA, mas não ratificaram a CADH.

Gabarito "C"

(Defensor Público/SE – 2012 – CESPE) A Comissão Interamericana de Direitos Humanos

(A) não pode solicitar a Estado-parte a adoção de medidas cautelares para prevenir danos irreparáveis decorrentes de suposta violação dos direitos humanos.
(B) tem como único documento paradigmático para a proteção dos direitos humanos no continente americano o Pacto de São José da Costa Rica.
(C) tem o poder de fixar seu próprio regulamento, estabelecendo nele o procedimento a ser observado para o processamento de petições que denunciem violações aos direitos humanos resguardados pelo Pacto de São José da Costa Rica.
(D) detém competência para conhecer denúncia de violação de direitos humanos praticada por qualquer país que integre a Organização dos Estados Americanos, nos termos da Convenção Americana de Direitos Humanos.
(E) não pode aceitar nem processar petições individuais.

A: incorreta, pois é possível o pedido de adoção de medidas cautelares; **B:** incorreta, pois todos os documentos convencionais confeccionados no âmbito do sistema interamericano (tanto o geral como o específico) de proteção dos direitos humanos servirão de parâmetro para atuação da Comissão Interamericana; **C:** correta. O regulamento da Comissão disciplinou o processamento de petições (art. 23 e ss. do Regulamento da Comissão Interamericana de Direitos Humanos); **D:** incorreta. A Comissão poderá receber denúncia apenas sobre os Estados violadores que tenham aderido à Convenção Americana de Direitos Humanos. Percebe-se que não é necessária a expressa aceitação da competência da Comissão para receber petições, bastando que o Estado tenha aderido à Convenção e não à Organização dos Estados Americanos; **E:** incorreta, pois a Comissão possui competência para aceitar e processar petições individuais.

Gabarito "C"

(Defensor Público/SP – 2012 – FCC) Em relação ao caso da senhora Maria da Penha Maia Fernandes, que transcorreu perante o Sistema Interamericano de Direitos Humanos, a

(A) Corte Interamericana de Direitos Humanos, reconhecendo a tolerância do Estado brasileiro em punir o agressor, responsabilizou as autoridades públicas e fixou uma indenização em favor da vítima a ser paga pelo Brasil.
(B) Comissão Interamericana de Direitos Humanos, após constatar que a violação dos direitos humanos da vítima era de responsabilidade de seu marido, decidiu pelo arquivamento da demanda, pois o Estado brasileiro não poderia ser responsabilizado por ato de particular.

20 A acusação é feita mediante petição individual ou comunicação interestatal.

(C) Comissão Interamericana de Direitos Humanos reconheceu que o Estado brasileiro descumpriu o dever de garantir às pessoas sujeitas à sua jurisdição o exercício livre e pleno de seus direitos humanos e recomendou que o Brasil simplificasse os procedimentos judiciais penais.

(D) Corte Interamericana de Direitos Humanos, acionada pela vítima, condenou criminalmente o senhor Marco Antonio Heredia Viveiros, tendo em vista que a Justiça brasileira não julgara o caso após quinze anos de tramitação.

(E) Corte Interamericana de Direitos Humanos entendeu que a agressão sofrida pela vítima é parte de um padrão geral de negligência e falta de efetividade do Estado brasileiro para processar e condenar os agressores nos casos de violência contra a mulher, ordenando ao Brasil que multiplicasse o número de delegacias policiais especiais para a defesa dos direitos da mulher.

A história de Maria da Penha Maia Fernandez é conhecida de todos: trata-se de uma repetição de atos de violência doméstica – infelizmente uma realidade diuturna – em conjunto com a falta de uma legislação específica a dar suporte ao devido julgamento do infrator – deve-se lembrar que o infrator (na época marido) apenas foi preso 19 anos depois de ter cometido os crimes categorizados como de violência doméstica e cumpriu somente dois anos em regime fechado. Em função de tal quadro, o Centro para a Justiça e o Direito Internacional – CEJIL – formalizou, em conjunto com Maria da Penha e o Comitê Latino-Americano e do Caribe para a Defesa dos Direitos da Mulher – CLADEM, uma denúncia (petição individual) na Comissão Interamericana de Direitos Humanos contra a procrastinação em se obter uma decisão sobre o caso, tendo em vista que isso demorou 19 anos para acontecer. Os peticionários apontaram a violação dos arts. 8º (Garantias judiciais), 24 (Igualdade perante a lei) e 25 (Proteção judicial) da Convenção Americana de Direitos Humanos com relação à obrigação estabelecida no artigo 1º, ponto 1 (obrigação de respeitar os direitos), do mesmo instrumento, como também dos artigos II e XVIII da Declaração Americana dos Direitos e Deveres do Homem e dos artigos 3º, 4º, *a, b, c, d, e, f,* e *g*, 5º e 7º da Convenção Interamericana para Prevenir, Punir e Erradicar a Violência contra a Mulher (conhecida como Convenção de Belém do Pará). Com base em tal denúncia, a Comissão Interamericana de Direitos Humanos publicou o Relatório nº 54/2001, que condenou o Brasil por dilação injustificada e tramitação negligente, pois o Estado brasileiro descumpriu o dever de garantir às pessoas sujeitas à sua jurisdição o exercício livre e pleno de seus direitos humanos. Por meio desse relatório, a Comissão fez recomendações ao Brasil e uma dessas foi acatada, dando origem a produção da Lei 11.340/2006 (Lei Maria da Penha). Essa lei foi confeccionada tendo por base o art. 226, § 8º, da CF, a Convenção sobre a Eliminação de Todas as Formas de Discriminação contra a Mulher e a Convenção Interamericana para Prevenir, Punir e Erradicar a Violência contra a Mulher. Outra recomendação que merece destaque é aquela no sentido de que o Brasil simplificasse os procedimentos judiciais penais.

Gabarito "C".

(Defensoria/MA – 2009 – FCC) O acesso à Comissão Interamericana de Direitos Humanos é assegurado

(A) a todo e qualquer indivíduo, grupos de indivíduos ou organização não governamental legalmente reconhecida em um ou mais Estados membros da OEA, sendo a Comissão um órgão político do sistema interamericano.

(B) apenas ao Estado-parte, sendo a Comissão um órgão jurisdicional do sistema interamericano.

(C) apenas às organizações não governamentais legalmente reconhecidas em um ou mais Estados-membros da OEA, sendo a Comissão um órgão jurisdicional do sistema interamericano.

(D) apenas às vítimas nacionais do Estado violador, sendo a Comissão um órgão político do sistema interamericano.

(E) às instituições jurídicas, compreendendo a Defensoria Pública e o Ministério Público, sendo a Comissão um órgão jurisdicional do sistema interamericano.

A, B, C, D e **E:** a Comissão Interamericana de Direitos Humanos é o órgão administrativo do sistema regional de proteção americano. Sua composição é de sete membros, que deverão ser pessoas de alta autoridade moral e de reconhecido saber em matéria de direitos humanos. Os membros da Comissão serão eleitos, a título pessoal, pela Assembleia Geral da Organização, a partir de uma lista de candidatos propostos pelos governos dos Estados-membros. Vale lembrar que não pode fazer parte da Comissão mais de um nacional de um mesmo país. E sua principal função é promover o respeito aos direitos humanos na América. Um aspecto importante de sua competência é a possibilidade de **receber petições do indivíduo "lesionado", de terceiras pessoas ou de organizações não governamentais legalmente reconhecidas em um ou mais estados-membros da OEA que representem o indivíduo lesionado**. Entrementes, esta competência só poderá ser exercida se o estado violador aderiu à Convenção Americana de Direitos Humanos. Percebe-se que não é necessária a expressa aceitação da competência da Comissão para receber petições, bastando que o estado tenha aderido à Convenção. A Comissão também tem competência para receber comunicações interestatais. Conforme já visto no sistema global de proteção, neste mecanismo um estado parte pode denunciar o outro que incorrer em violação dos direitos humanos. Mas para ter validade, os dois estados, denunciante e denunciado, devem ter expressamente declarado a competência da Comissão Interamericana de Direitos Humanos para tanto. Figuram-se aqui os mesmos requisitos de admissibilidade identificáveis no procedimento de apresentação de petições individuais e de comunicações interestatais no sistema global de proteção. Ou seja, só serão aceitas as petições ou as comunicações que comprovarem a inexistência de litispendência internacional e o esgotamento de todos os recursos internos disponíveis. Ademais, o art. 46 da Convenção Americana de Direitos Humanos também exige que a petição ou a comunicação seja apresentada dentro do prazo de seis meses, a partir da data em que o presumido prejudicado em seus direitos tenha sido notificado da decisão definitiva exarada no sistema protetivo nacional. E o sistema americano impõe a mesma ideia de ressalva existente no sistema global. As regras de esgotamento de todos os recursos internos disponíveis e a do prazo de seis meses para a apresentação da petição ou comunicação não serão aplicadas quando o indivíduo for privado de seu direito de ação pela jurisdição doméstica, ou lhe forem ceifadas as garantias do devido processo legal ou, ainda, se os processos internos forem excessivamente demorados.

Gabarito "A".

(Defensoria/SP – 2009 – FCC) No Sistema Interamericano de Direitos Humanos, pessoas e organizações não governamentais podem peticionar diretamente

(A) à Comissão Interamericana de Direitos Humanos e à Corte Interamericana de Direitos Humanos.

(B) à Comissão Interamericana de Direitos Humanos e à Corte Interamericana de Direitos Humanos, a esta última somente como instância recursal das decisões proferidas pela Comissão Interamericana de Direitos Humanos.

(C) à Comissão Interamericana de Direitos Humanos e à Corte Interamericana de Direitos Humanos, a esta última somente para solicitar medidas provisórias em casos que já estejam sob sua análise. 1547

(D) somente à Comissão Interamericana de Direitos Humanos.

(E) à Comissão Interamericana de Direitos Humanos e à Corte Interamericana de Direitos Humanos, a esta última somente para solicitar medidas provisórias.

A, B, C, D e **E:** a Comissão tem competência para receber petições do indivíduo "lesionado", de terceiras pessoas ou de organizações não governamentais legalmente reconhecidas em um ou mais estados-membros da OEA que representem o indivíduo lesionado. Entrementes, esta competência só poderá ser exercida se o estado violador aderiu à Convenção Americana de Direitos Humanos. Percebe-se que não é necessária a expressa aceitação da competência da Comissão para receber petições, bastando que o estado tenha aderido à Convenção. Por outro lado, somente os Estados-Partes e a Comissão Interamericana de Direitos Humanos têm direito de submeter caso diretamente à decisão da Corte Interamericana de Direitos Humanos – art. 61 do Pacto de São José da Costa Rica. Entretanto, pessoas e ONGs podem, excepcionalmente, peticionar à Corte, nos casos em que sejam partes, para que essa adote medidas provisórias, em casos de extrema gravidade e urgência, desde que verificado risco de dano irreparável à vítima ou às vítimas, nos termos do art. 63, ponto 2, da Convenção Americana de Direitos Humanos. Agora, se o assunto ainda não estiver submetido ao conhecimento da Corte, a Comissão poderá solicitar que a Corte adote medidas provisórias mesmo antes da análise do mérito do caso, desde que o caráter de urgência e de gravidade as justifiquem.

Gabarito "C".

(Defensor Público/MS – 2008 – VUNESP) O Pacto de San José da Costa Rica prevê a existência da Comissão Interamericana de Direitos Humanos que poderá apreciar "petições que contenham denúncias ou queixas de violação" dos direitos declarados (art. 44), sendo que tais denúncias podem ser oferecidas

(A) por qualquer pessoa ou entidade não governamental.

(B) por qualquer pessoa ou entidade governamental.

(C) por qualquer pessoa interessada, e aquelas formuladas por pessoa jurídica de qualquer natureza dependem da anuência do plenário da Comissão.

(D) por qualquer pessoa ou entidade governamental e não governamental.

"Artigo 44 - **Qualquer pessoa** ou **grupo de pessoas**, ou **entidade não governamental** legalmente reconhecida em um ou mais Estados-membros da Organização, pode apresentar à Comissão petições que contenham denúncias ou queixas de violação desta Convenção por um Estado-parte." Deve-se dizer, antes de analisarmos as alternativas, que a competência da Comissão Interamericana de Direitos Humanos, para receber petições individuais, só poderá ser exercida se o estado violador aderiu à Convenção Americana de Direitos Humanos. Percebe-se que não é necessário a expressa aceitação da competência da Comissão para receber petições, bastando que o estado tenha aderido à Convenção. **A:** correta. Pela redação do art. 44 da Convenção Americana de Direitos Humanos percebe-se que essa alternativa está bem próxima de ser completamente correta; **B:** incorreta, pois entidade governamental não pode apresentar petições como representante do indivíduo lesionado; **C:** incorreta, pois a alternativa não condiz com a redação do art. 44 da Convenção Americana de Direitos Humanos; **D:** incorreta, pois entidade governamental não pode apresentar petições como representante do indivíduo lesionado.

Gabarito nosso "A" e Gabarito Oficial "ANULADO"

(Defensoria/SP – 2007 – FCC) Defensor Público levou caso de violação de direitos humanos, ocorrido em São Paulo, ao conhecimento da Comissão Interamericana de Direitos Humanos, que a entendeu pertinente. Contudo, o Estado brasileiro não cumpriu as recomendações respectivas. Diante de tal situação, o Defensor Público

(A) deve peticionar à Comissão Interamericana de Direitos Humanos requerendo a remessa do caso à Corte Interamericana de Direitos Humanos, para que o Brasil seja formalmente condenado.
(B) deve requerer à Corte Interamericana de Direitos Humanos que seja o caso trazido à sua apreciação, para que o Brasil seja formalmente condenado.
(C) pode quedar inerte, pois a remessa do caso pela Comissão Interamericana de Direitos Humanos à Corte Interamericana de Direitos Humanos é automática nestes casos.
(D) pode requerer a homologação da decisão da Comissão Interamericana de Direitos Humanos perante o Supremo Tribunal Federal, nos termos do artigo 483 do Código de Processo Civil, para posterior execução.
(E) deve peticionar à Comissão Interamericana de Direitos Humanos para que oficie diretamente o Governo do Estado de São Paulo para que cumpra suas recomendações.

A, B, C, D e **E:** da posse da acusação, a Comissão assim agirá: **a)** buscará uma solução amistosa entre o indivíduo denunciante e o estado violador; **b)** se não se chegar a uma solução, e dentro do prazo que for fixado pelo Estatuto da Comissão, esta redigirá um relatório no qual exporá os fatos e suas conclusões; **c)** o relatório será encaminhado aos estados interessados, aos quais não será facultado publicá-lo; **d)** ao encaminhar o relatório, a Comissão pode formular as proposições e as recomendações que julgar adequadas; **e) se, no prazo de três meses, a partir da remessa aos estados interessados do relatório da Comissão, o assunto não tiver sido solucionado ou submetido à decisão da Corte pela Comissão (chamada de remessa automática) ou pelo estado interessado, aceitando sua competência, a Comissão poderá emitir, pelo voto da maioria absoluta dos seus membros, sua opinião e conclusões sobre a questão submetida à sua consideração**; **f)** a Comissão fará as recomendações pertinentes e fixará um prazo dentro do qual o Estado deve tomar as medidas que lhe competir para remediar a situação examinada; **g)** transcorrido o prazo fixado, a Comissão decidirá, pelo voto da maioria absoluta dos seus membros, se o Estado tomou ou não as medidas adequadas e se publica ou não seu relatório. Vale frisar que o envio à Corte apenas será permitido se o estado violador tiver aquiescido de forma expressa e inequívoca em relação à competência da Corte Interamericana de Direitos Humanos para solucionar os casos de violação dos direitos humanos insculpidos na Convenção e em outros tratados do sistema americano de proteção. Por fim, a Comissão, por iniciativa própria ou depois de receber uma denúncia, poderá entrar em contato com o estado denunciado para que este adote, com urgência, medidas cautelares antes da análise do mérito da denúncia, desde que verificado risco de dano irreparável à vítima ou às vítimas. Dentro desta ótica, poderá também solicitar que a Corte adote medidas provisórias mesmo antes da análise do mérito do caso, desde que o caráter de urgência e de gravidade as justifiquem.

Gabarito "C"

(Defensoria/SP – 2006 – FCC) No que diz respeito à interpretação da Convenção Americana de Direitos Humanos (OEA, 1969), a partir de suas regras, é possível afirmar que

(A) as normas da Convenção podem excluir outros direitos ou garantias inerentes ao ser humano, nela não expressamente previstos.
(B) as leis dos Estados-partes podem limitar o gozo ou o exercício de direito ou liberdade previstos na Convenção.
(C) as normas da Convenção podem excluir ou limitar o efeito que possam produzir outros atos internacionais da mesma natureza.
(D) as normas da Convenção não se aplicam a Estado organizado sob a forma federativa, no que diz respeito a violações decorrentes de ato de governo local.
(E) as leis dos Estados-partes podem ampliar o gozo ou o exercício de qualquer direito ou liberdade previstos na Convenção, para além do que ela prevê.

A: incorreta, pois o art. 29, *c*, do Pacto de São José da Costa Rica determina o contrário: "Nenhuma disposição da presente Convenção pode ser interpretada no sentido de: excluir outros direitos e garantias que são inerentes ao ser humano ou que decorrem da forma democrática representativa de governo"; **B:** incorreta, pois o art. 30 da Convenção Americana de Direitos Humanos determina o contrário: "As restrições permitidas, de acordo com esta Convenção, ao gozo e exercício dos direitos e liberdades nela reconhecidos, não podem ser aplicadas senão de acordo com leis que forem promulgadas por motivo de interesse geral e com o propósito para o qual houverem sido estabelecidas". Percebe-se que a assertiva traz a ideia de possibilidade absoluta de restrição dos direitos previstos na Convenção, o que não é verdade, pois salvo exceções expressas na própria Convenção, não é possível a limitação dos direitos por leis internas; **C:** incorreta, pois o art. 29, *d*, do Pacto de São José da Costa Rica determina o contrário: "Nenhuma disposição da presente Convenção pode ser interpretada no sentido de: excluir ou limitar o efeito que possam produzir a Declaração Americana dos Direitos e Deveres do Homem e outros atos internacionais da mesma natureza"; **D:** incorreta, pois o art. 28, pontos 1 e 2, do Pacto de São José da Costa Rica disciplina a cláusula federal, que no seu ponto 2 determina: "No tocante às disposições relativas às matérias que correspondem à competência das entidades componentes da federação, o governo nacional deve tomar imediatamente as medidas pertinentes, em conformidade com sua Constituição e com suas leis, a fim de que as autoridades competentes das referidas entidades possam adotar as disposições cabíveis para o cumprimento desta Convenção". Ademais, sempre o governo central responderá perante a comunidade internacional, pois é o representante do estado como um todo, que é o único detentor de personalidade jurídica internacional. Em outras palavras, a federação de estados ou estado federal é a união permanente de dois ou mais estados, cada um deles conserva apenas a autonomia interna, pois a soberania externa é exercida por um órgão central, normalmente denominado *governo federal*. O Brasil é estado federal desde a Constituição Federal de 1891. Por fim, a título conclusivo, pode-se afirmar que a divisão de autonomias em relação às competências internas não interfere na responsabilização internacional; **E:** correta. Os estados sempre podem ampliar os direitos previstos nos sistemas internacionais de proteção dos direitos humanos, o que, em determinadas situações, levará a uma sobreposição de normas (oriundas do sistema global, do regional e do nacional). Mas isto não se reflete em problema, pois o que se busca é a substancial proteção dos direitos humanos, desta forma, o sistema que estiver melhor organizado para bem proteger o indivíduo naquele caso será o aplicado. Isto é, os sistemas não competem, mas sim se completam. E isso porque quando se trata de interpretação e de aplicação das regras protetivas de direitos humanos, deve-se ter por fundamento o **princípio da primazia da norma mais favorável à vítima**. Tal princípio determina a busca da maior efetividade possível na proteção dos direitos humanos. Ademais, o art. 31 da Convenção Americana de Direitos Humanos dispõe que novos direitos podem ser incluídos no regime de proteção estabelecido pelo Pacto.

Gabarito "E"

(Defensoria/SP – 2006 – FCC) Maria da Penha Maia Fernandez durante anos de convivência matrimonial foi alvo de violência doméstica perpetrada por seu marido, o que culminou em tentativa de homicídio que a tornou paraplégica. Passados quinze anos da agressão, ainda não havia decisão final de condenação do agressor pelos tribunais nacionais e ele se encontrava em liberdade. Em caso semelhante, a medida adequada a tomar em face do Sistema Interamericano de Direitos Humanos, seria

(A) denunciar o caso à Corte Interamericana de Direitos Humanos para que se iniciasse um processo contra o agressor de Maria da Penha.
(B) denunciar o caso à Comissão Interamericana de Direitos Humanos, após o pleno esgotamento dos recursos da jurisdição interna brasileira, para que se iniciasse um processo contra o Brasil.
(C) denunciar o caso à Comissão Interamericana de Direitos Humanos, para que se iniciasse um processo contra o Brasil, não mais se aguardando o esgotamento dos recursos da jurisdição interna brasileira.
(D) nenhuma, uma vez que o Estado Brasileiro não é responsável internacionalmente pelos atos criminosos de seus cidadãos, relacionados à violência doméstica.
(E) denunciar o caso à Corte Interamericana de Direitos Humanos para que se iniciasse um processo contra o Brasil.

A, B, C, D e **E:** a Comissão Interamericana de Direitos Humanos tem competência para receber petições do indivíduo "lesionado", de terceiras pessoas ou de organizações não governamentais legalmente reconhecidas em um ou mais estados-membros da OEA que representem o indivíduo lesionado. Entrementes, esta competência só poderá ser exercida se o estado violador aderiu à Convenção Americana de Direitos Humanos. Percebe-se que não é necessária a expressa aceitação da competência da Comissão para receber petições, bastando que o estado tenha aderido à Convenção. A Comissão também tem competência para receber comunicações interestatais. Neste mecanismo um estado parte pode denunciar o outro que incorrer em violação dos direitos humanos. Mas para ter validade, os dois estados, denunciante e denunciado, devem ter expressamente declarado a competência da Comissão Interamericana de Direitos Humanos para tanto. Figuram-se aqui os mesmos requisitos de admissibilidade identificáveis no procedimento de apresentação de petições individuais e de comunicações interestatais do sistema global de proteção. Ou seja, só serão aceitas as petições ou as comunicações que comprovarem a inexistência de litispendência internacional e o esgotamento de todos os recursos internos disponíveis. Ademais, o art. 46 da Convenção Americana de Direitos Humanos também exige que a petição ou a comunicação seja apresentada dentro do prazo de seis meses, a partir da data em que o presumido prejudicado em seus direitos tenha sido notificado da decisão definitiva exarada no sistema protetivo nacional. Mas o sistema americano impõe a mesma ideia de ressalva existente no sistema global. As regras de esgotamento de todos os recursos internos disponíveis e a do prazo de seis meses para a apresentação da petição ou comunicação não serão aplicadas quando o indivíduo for privado de seu direito de ação pela jurisdição doméstica, ou lhe forem ceifadas as garantias do devido processo legal ou, ainda, se **os processos internos forem excessivamente demorados**. Da posse da acusação, a Comissão assim agirá: **a)** buscará uma solução amistosa entre o indivíduo denunciante e o estado violador; **b)** se não se chegar a uma solução, e dentro do prazo que for fixado pelo Estatuto da Comissão, esta redigirá um relatório no qual exporá os fatos e suas conclusões; **c)** o relatório será encaminhado aos estados interessados, aos quais não será facultado publicá-lo; **d)** ao encaminhar o relatório, a Comissão pode formular as proposições e as recomendações que julgar adequadas; **e)** se, no prazo de três meses, a partir da remessa aos estados interessados do relatório da Comissão, o assunto não tiver sido solucionado ou submetido à decisão da Corte pela Comissão (chamada de remessa automática) ou pelo estado interessado, aceitando sua competência, a Comissão poderá emitir, pelo voto da maioria absoluta dos seus membros, sua opinião e conclusões sobre a questão submetida à sua consideração; **f)** a Comissão fará as recomendações pertinentes e fixará um prazo dentro do qual o Estado deve tomar as medidas que lhe competir para remediar a situação examinada; **g)** transcorrido o prazo fixado, a Comissão decidirá, pelo voto da maioria absoluta dos seus membros, se o Estado tomou ou não as medidas adequadas e se publica ou não seu relatório. Importante mencionar que a conhecida Lei Maria da Penha (11.340/2006), que criou mecanismos para coibir e prevenir a violência doméstica e familiar contra a mulher, foi fruto de uma interferência internacional benigna sobre a ordem jurídica interna. A história de Maria da Penha Maia Fernandez é conhecida de todos, sabemos que se trata de uma repetição de atos de violência doméstica – infelizmente uma realidade diuturna – em conjunto com a falta de uma legislação específica a dar suporte ao devido julgamento do infrator – deve-se lembrar que o infrator (na época marido) apenas foi preso 19 anos depois de ter cometido os crimes categorizados como de violência doméstica e cumpriu somente dois anos em regime fechado. Em função de tal quadro, o Centro para a Justiça e o Direito Internacional – CEJIL – formalizou, em conjunto com Maria da Penha e o Comitê Latino-Americano e do Caribe para a Defesa dos Direitos da Mulher – CLADEM, uma denúncia (petição individual) na Comissão Interamericana de Direitos Humanos contra a procrastinação em se obter uma decisão sobre o caso – demorou 19 anos para isso acontecer. Os peticionários apontaram a violação dos arts. 8º (Garantias judiciais), 24 (Igualdade perante a lei) e 25 (Proteção judicial) da Convenção Americana de Direitos Humanos com relação à obrigação estabelecida no artigo 1º, ponto 1 (obrigação de respeitar os direitos), do mesmo instrumento, como também dos artigos II e XVIII da Declaração Americana dos Direitos e Deveres do Homem e dos artigos 3º, 4º, *a, b, c, d, e, f,* e *g,* 5º e 7º da Convenção Interamericana para Prevenir, Punir e Erradicar a Violência contra a Mulher (conhecida como Convenção de Belém do Pará). Com base em tal denúncia, a Comissão Interamericana de Direitos Humanos publicou o Relatório nº 54/2001 que condenou o Brasil por dilação injustificada e tramitação negligente. Por meio desse relatório, a Comissão fez recomendações ao Brasil e uma dessas foi acatada, dando origem a produção da Lei 11.340/2006 (Lei Maria da Penha). Essa lei foi confeccionada tendo por base o art. 226, § 8º, da CF, a Convenção sobre a Eliminação de Todas as Formas de Discriminação contra a Mulher (vide item 10.2) e a Convenção Interamericana para Prevenir, Punir e Erradicar a Violência contra a Mulher.

7.1.2. Corte Interamericana

(Defensor Público/AC – 2012 – CESPE) Com relação à jurisprudência da Corte Interamericana de Direitos Humanos a respeito dos direitos e da condição jurídica das crianças (OC-17) e dos imigrantes sem documentação (OC-18), assinale a opção correta.

(A) Devido ao caráter irregular da imigração, não se pode considerar discriminatória a distinção, de acordo com a legislação nacional, entre os trabalhadores que se encontrem legalmente e ilegalmente no território do Estado-membro.

(B) O princípio da igualdade impede que os Estados-membros estabeleçam, em suas legislações internas, distinções de tratamento em razão da menoridade.

(C) Os Estados-membros devem favorecer, mas não impor, a permanência do menor em seu núcleo familiar.

(D) Por meio do dever de especial proteção aos menores, os Estados-membros são autorizados a instituir juízos de exceção destinados à resolução de casos concretos cuja gravidade tenham reconhecido .

(E) A irregularidade da condição migratória justifica tratamento diferenciado do imigrante, apenas no que concerne à matéria trabalhista, pois é reconhecida a legitimidade dos Estados-membros para regular aspectos relevantes de sua economia interna.

A: incorreta. A Opinião Consultiva 18/2003 foi solicitada pelos Estados Unidos Mexicanos com o objetivo de obter a posição da Corte sobre a privação do gozo e exercício de certos direitos laborais (aos trabalhadores imigrantes) e sua compatibilidade com a obrigação dos Estados americanos de garantir a observância dos princípios da igualdade jurídica, não discriminação e proteção igual e efetiva da lei consagrados nos instrumentos internacionais de proteção dos direitos humanos, assim como a subordinação ou condicionamento da observância das obrigações impostas pelo direito internacional dos direitos humanos, incluídas aquelas oponíveis *erga omnes*, na consecução de certos objetivos de política interna de um Estado americano. Ademais, a consulta trata do caráter que os princípios da igualdade jurídica, não discriminação e proteção igual e efetiva da lei alcançaram no contexto de desenvolvimento progressivo do direito internacional dos direitos humanos e de sua codificação. As normas cuja interpretação o México solicitou ao Tribunal foram as seguintes: os artigos 3º, ponto 1, e 17 da Carta da OEA; o artigo 2º da Declaração Americana de Direitos e Deveres do Homem; os artigos 1º, ponto 1, 2º e 24 da Convenção Americana de Direitos Humanos; os artigos 1º, 2º, ponto 1, e 7º da Declaração Universal de Direitos Humanos; e os artigos 2º, pontos 1 e 2, 5º, ponto 2, e 26 do Pacto Internacional de Direitos Civis e Políticos. A Corte decidiu, por unanimidade, que é competente para emitir a opinião consultiva. E, no mérito, decidiu da seguinte forma e também de forma unânime: **a)** os Estados têm a obrigação geral de respeitar e garantir os direitos fundamentais, devendo, assim, adotar medidas positivas e evitar tomar iniciativas que limitem ou infrinjam um direito fundamental, além de suprimir as medidas e práticas que restrinjam ou vulnerem um direito fundamental; **b)** o descumprimento pelo Estado, mediante qualquer tratamento discriminatório, da obrigação geral de respeitar e garantir os direitos humanos gera responsabilidade internacional; **c)** o princípio da igualdade e não discriminação possui um caráter fundamental para a salvaguarda dos direitos humanos tanto no direito internacional como no interno; **d)** o princípio fundamental da igualdade e não discriminação faz parte do direito internacional geral, por ser aplicável a todo Estado, independentemente de ser parte ou não de determinado tratado internacional. Na atual etapa de evolução do direito internacional, o princípio fundamental da igualdade e da não discriminação tornou-se parte do domínio do *jus cogens*; **e)** o princípio fundamental da igualdade e não discriminação, de caráter peremptório, acarreta obrigações *erga omnes* de proteção que se vinculam a todos os Estados e geram efeitos em relação a terceiros, inclusive particulares; **f)** a obrigação geral de respeitar e garantir os direitos humanos vincula os Estados, independentemente de qualquer circunstância ou consideração, inclusive o *status* migratório das pessoas; **g)** o direito ao devido processo legal deve ser reconhecido no marco das garantias mínimas que se devem garantir a todo imigrante, independentemente de seu *status* migratório. O amplo alcance da intangibilidade do devido processo legal compreende todas as matérias e todas as pessoas, sem qualquer discriminação; **h)** a qualidade migratória de uma pessoa não pode constituir uma justificação para privá-la do gozo e exercício de seus direitos humanos, entre eles os de caráter laboral. O imigrante, ao assumir uma relação de trabalho, adquire direitos, por ser trabalhador, que devem ser reconhecidos e garantidos, independentemente de sua situação regular ou irregular no país de emprego. Esses direitos são consequências da relação laboral; **i)** o Estado tem a obrigação de respeitar e garantir os direitos humanos laborais de todos os trabalhadores, independentemente de sua condição de nacional ou estrangeiro, e não pode tolerar situações de discriminação em prejuízo destes nas relações laborais que se estabeleçam entre particulares (empregador-empregado). O Estado não deve permitir que os empregadores privados violem os direitos dos trabalhadores nem que a relação contratual vulnere as normas mínimas internacionais; **j)** os trabalhadores, titulares dos direitos laborais, devem contar com todos os meios adequados para exercê-los. Os trabalhadores imigrantes ilegais possuem os mesmos direitos laborais que correspondem aos demais trabalhadores do Estado de emprego, e este último deve tomar todas as medidas necessárias para que sejam reconhecidos e garantidos na prática; **k)** os Estados não podem subordinar ou condicionar a observância do princípio da igualdade perante a lei e da não discriminação à consecução dos objetivos de suas políticas públicas, quaisquer que sejam estas, incluídas as de caráter migratório. O juiz brasileiro Antônio Augusto Cançado Trindade, o juiz mexicano Sergio García Ramírez, o juiz equatoriano Hernán Salgado Pesantes e o juiz venezuelano Alirio Abreu Burelli apresentaram votos concorrentes que acompanharam a opinião consultiva em questão. Encerramos este comentário com uma reflexão do jurista brasileiro Cançado Trindade: "Uma das contribuições significativas da presente Opinião Consultiva n. 18 sobre a *Condição Jurídica e os Direitos dos Imigrantes Ilegais* reside em sua determinação do amplo alcance do devido processo legal. Na Opinião Consultiva anterior, sobre o *Direito à Informação sobre a Assistência Consular no Marco das Garantias do Devido Processo Legal* (n. 16), a Corte Interamericana sublinhou a evolução histórica do devido processo legal no sentido de sua expansão *ratione materiae*, enquanto na presente Opinião Consultiva n. 18 se examina a dita expansão *ratione personae* e se determina que o direito ao devido processo deve ser reconhecido no marco das garantias mínimas que devem ser garantidas a todo imigrante, independentemente de seu *status* migratório. A acertada conclusão da Corte, no sentido de que o amplo alcance da intangibilidade do devido processo compreende todas as matérias e todas as pessoas sem discriminação, atende efetivamente as exigências e os imperativos do bem comum[21]"; **B:** incorreta. A Opinião Consultiva 17/2002 foi solicitada pela Comissão Interamericana de Direitos Humanos com o escopo de definir a correta interpretação dos artigos 8º e 25 da Convenção Americana de Direitos Humanos e determinar se as medidas especiais estabelecidas no artigo 19 da mesma Convenção constituem "limites ao arbítrio ou a discricionariedade dos Estados" em relação às crianças. Também se solicitou a formulação de critérios gerais válidos sobre as matérias dentro do marco da Convenção Americana. A Comissão incluiu na consulta a solicitação de que a Corte se pronunciasse especificamente sobre a compatibilidade das seguintes medidas especiais adotadas por alguns Estados com os artigos 8º e 25 da Convenção Americana: **a)** a separação dos jovens de seus pais e/ou família por se considerar, pelo arbítrio do órgão competente e sem o devido processo legal, que estes últimos não possuem condições para a educação e cuidados no geral de seus filhos; **b)** a supressão da liberdade mediante a internação de menores em estabelecimentos de guarda ou custódia, por considerá-los abandonados ou propensos a se envolver em situações de risco ou ilegalidade; **c)** a aceitação, em sede penal, de confissões de menores obtidas sem as devidas garantias; **d)** a tramitação de ações ou procedimentos administrativos que infrinjam direitos fundamentais do menor sem a garantia de defesa; **e)** a definição, em procedimentos administrativos e judiciais, de direitos e liberdades sem a garantia do direito de ser ouvido pessoalmente e a não consideração da opinião e preferências do menor nessa definição. A corte decidiu, por seis votos contra um[22], que é competente para emitir a opinião consultiva e que a solicitação da Comissão Interamericana de Direitos Humanos era admissível. Ademais, declarou que, para os efeitos dessa opinião consultiva, criança ou menor de idade é toda pessoa que não tenha completado 18 anos, salvo se tenha alcançado antes a maioridade por determinação legal. No mérito, a Corte decidiu da seguinte maneira: **a)** em conformidade com a normativa contemporânea do direito internacional dos direitos humanos, na qual se situa o artigo 19 da Convenção Americana de Direitos Humanos, as crianças são titulares de direitos, e não somente objeto de proteção; **b)** a expressão "interesse superior da criança", consagrada no artigo 3º da Convenção sobre os Direitos das Crianças, implica que o desenvolvimento da criança e o exercício pleno de seus direitos devem ser considerados critérios orientadores para a elaboração de normas e a aplicação destas em todas as facetas relativas à vida da criança; **c)** o princípio da igualdade disciplinado no artigo 24 da Convenção Americana de Direitos Humanos não impede a adoção de regras e medidas específicas em relação às crianças, as quais requerem um tratamento diferenciado em função de suas condições especiais. Esse tratamento deve ser direcionado à proteção de seus direitos e interesses; **d)** a família constitui o âmbito preferencial para o desenvolvimento da criança e o exercício de seus direitos. Por isso, o Estado deve apoiar e fortalecer a família, por meio de diversas medidas tendentes a auxiliar o cumprimento de sua função natural; **e)** devem ser dadas preferência e a respectiva facilitação para a permanência da criança em seu núcleo familiar, salvo se existirem razões determinantes para separá-la de sua família. A separação deverá ser excepcional e preferencialmente temporária; **f)** para o correto cuidado com as crianças, o Estado deve se valer de instituições que disponham de pessoal adequado e instalações suficientes para o desempenho de tarefas desse gênero; **g)** o respeito ao direito à vida, em relação às crianças, abarca não somente as proibições, entre elas, da privação arbitrária, estabelecidas no artigo 4º da Convenção Americana de Direitos Humanos, mas também a obrigação de adotar medidas necessárias para que a existência das crianças se desenvolva em condições dignas; **h)** a verdadeira e plena proteção das crianças significa a possibilidade de poderem desfrutar amplamente todos os seus direitos, entre eles os econômicos, sociais e culturais, previstos em diversos instrumentos internacionais. Os Estados-partes nos tratados internacionais de direitos humanos têm a obrigação de adotar medidas positivas para assegurar a proteção de todos os direitos da criança; **i)** os Estados-partes na Convenção Americana têm o dever, consoante o disposto nos artigos 17 e 19, combinado com o artigo 1º, ponto 1, da mesma Convenção, de tomar todas as medidas positivas que assegurem a proteção das crianças contra maus-tratos, seja em sua relação com as autoridades públicas, seja nas relações interindividuais ou com entes não estatais; **j)** nos procedimentos judiciais ou administrativos referentes a direitos das crianças devem ser observados os princípios e as regras do devido processo legal. Isso abarca as regras correspondentes a juiz natural – competente, independente e imparcial –, duplo grau de jurisdição, presunção de inocência, contraditório e ampla defesa, respeitando as particularidades das crianças; **k)** os menores de 18 anos que recebam a imputação de uma conduta delituosa devem se sujeitar a órgãos judiciais distintos dos correspondentes aos maiores de idade; **l)** a conduta que motive a intervenção do Estado nos casos de delitos perpetrados por menores de idade deve estar descrita na lei penal. Outros casos, como os de abandono, desamparo, risco ou enfermidade, devem ser atendidos de forma diferente, e não com os mesmos procedimentos aplicáveis aos menores que incorreram em conduta típica. Contudo, nesses casos é preciso observar, igualmente, os princípios e as normas do devido processo legal, tanto em relação aos menores como em relação às pessoas que exerçam direitos sobre eles; **m)** é possível empregar vias alternativas de solução de controvérsias que afetam as crianças, mas é preciso regular com especial cuidado a aplicação desses meios para que não alterem ou diminuam seus direitos. O juiz barbadense Oliver Jackman apresentou voto divergente, pois para ele a opinião consultiva era pura especulação acadêmica. Dessa forma, votou de forma totalmente contrária ao decidido pela Corte no exercício de sua função consultiva. Por fim, o juiz brasileiro Antônio Augusto Cançado Trindade e o juiz mexicano Sergio García Ramírez apresentaram votos concorrentes que acompanharam a opinião consultiva em questão; **C:** correta. Conforme o comentário sobre a assertiva anterior, a Corte decidiu, na OC 17, que a família constitui o âmbito preferencial para o desenvolvimento da criança e o exercício de seus direitos. Por isso, o Estado deve apoiar e fortalecer a família, por meio de diversas medidas tendentes a auxiliar o cumprimento de sua função natural e que devem ser dadas preferência e a respectiva facilitação para a permanência da criança em seu núcleo familiar, salvo se existirem razões determinantes para separá-la de sua família. A separação deverá ser excepcional e preferencialmente temporária; **D:** incorreta. Juízos de exceção são terminantemente proibidos; **E:** incorreta. Reler o comentário sobre a assertiva "A".

Gabarito "C"

(Defensor Público/AC – 2012 – CESPE) Assinale a opção correta a respeito da Corte Interamericana de Direitos Humanos.

(A) Essa corte é integrada por sete juízes eleitos, não se admitindo nela a participação de juízes.

(B) A referida corte desempenha, além da função jurisdicional, função consultiva.

(C) Das suas decisões cabe recurso à Assembleia Geral da Organização dos Estados Americanos.

(D) A jurisdição dessa corte internacional abrange todos os países do continente americano.

(E) O Brasil reconheceu a jurisdição dessa corte no mesmo ano em que ratificou a Convenção Americana de Direitos Humanos.

A: incorreta. A Corte é o órgão jurisdicional do sistema regional de proteção americano. Sua composição é de sete juízes, os quais são nacionais dos países-membros da OEA e escolhidos pelos Estados-partes da Convenção. Vale sublinhar que essa escolha é realizada a título pessoal entre juristas da mais alta autoridade moral (o que, obviamente, não exclui os juízes de carreira de dado país), de reconhecida competência em matéria de direitos humanos e que reúnam as condições requeridas para o exercício das mais elevadas funções judiciais, de acordo com a lei do Estado do qual sejam nacionais ou do Estado que os propuser como candidatos. Não deve haver dois juízes da mesma nacionalidade; **B:** correta. A Corte tem uma atuação consultiva e contenciosa. Antes de analisar tais atuações, deve-se destacar que o quórum para as deliberações da Corte é de cinco juízes (artigo 56 do Pacto de San José da Costa Rica). A competência consultiva da Corte é marcada por sua grande finalidade de uniformizar a interpretação da Convenção Americana de Direitos Humanos e dos tratados de direitos humanos confeccionados no âmbito da OEA. Dentro dessa competência, qualquer Estado-membro ou órgão[23] da OEA pode pedir que a Corte emita parecer que indique a correta interpretação da Convenção e dos tratados de direitos humanos. Os órgãos da OEA também desfrutam o direito de solicitar opiniões consultivas, mas somente em suas esferas de competência. Assim, enquanto os Estados-membros da OEA têm direito absoluto a pedir opiniões consultivas,

21 Voto concorrente na Opinião Consultiva 18/2003, p. 147.

22 O voto divergente foi do juiz barbadense Oliver Jackman.

23 Os órgãos estão elencados no capítulo X da Carta da Organização dos Estados Americanos.

os órgãos apenas podem fazê-lo dentro dos limites de sua competência. O direito dos órgãos de pedir opiniões consultivas está restrito a assuntos em que tenham um legítimo interesse institucional[24]. Ademais, a Corte pode fazer análise de compatibilidade entre a legislação doméstica de um país-membro da OEA e o sistema protetivo americano, com o intuito de harmonizá-los. Já a competência contenciosa só será exercida em relação aos Estados-partes da Convenção que expressem e inequivocamente tenham aceitado essa competência da Corte (artigo 62 da Convenção Americana de Direitos Humanos). A declaração de aceite da competência da Corte pode ser feita incondicionalmente ou sob condição de reciprocidade, por prazo determinado ou ainda somente para casos específicos. Em síntese, pode-se dizer que a jurisdição contenciosa da Corte está limitada em razão das partes que intervêm no procedimento (*ratione personae*), em razão da matéria objeto da controvérsia (*ratione materiae*) e em razão do tempo transcorrido desde a notificação aos Estados do relatório da Comissão (*ratione temporis*). É limitada *ratione personae* porque só os Estados-partes ou a Comissão podem acioná-la; é limitada *ratione materiae* porque apenas pode conhecer de casos que tenham por supedâneos a Convenção Americana de Direitos Humanos, o Protocolo de San Salvador (somente em relação aos artigos 8º, ponto 1, alínea *a*, e 13), a Convenção Interamericana para Prevenir e Punir a Tortura (conforme o que dispõe o artigo 8º) e a Convenção Interamericana sobre o Desaparecimento Forçado de Pessoas (conforme o que dispõe o artigo 13); e, por fim, é limitada *ratione temporis* porque o caso tem de ser tanto submetido à Corte no prazo de três meses contados da data de envio do relatório, pela Comissão, aos Estados interessados, como também as alegadas violações devem datar de momento posterior ao reconhecimento da competência contenciosa da Corte pelo Estado. No tocante à Convenção Americana de Direitos Humanos, cabe apontar que a Corte tem competência para analisar não somente os direitos por ela disciplinados, mas também as normas que regulam o processo (competência ampla). Se no exercício de sua competência contenciosa ficar comprovada a violação de direitos humanos da(s) vítima(s), a Corte determinará a adoção, pelo Estado agressor[25], de medidas que façam cessar a violação e restaurar o direito vilipendiado (*restitutio in integrum*), além de poder condenar o Estado agressor ao pagamento de indenização (tendo por base o plano material e o imaterial) à(s) vítima(s). A obrigação de reparar, que se regulamenta em todos os aspectos (alcance, natureza, modalidades e determinação dos beneficiários) pelo direito internacional, não pode ser modificada ou descumprida pelo Estado obrigado, mediante a invocação de disposições de seu direito interno. O cumprimento da sentença da Corte se dá geralmente de maneira voluntária pelos Estados. Caso isso não ocorra, por exemplo, no Brasil, o cumprimento se dará mediante execução da sentença, como título executivo judicial, perante a justiça federal, consoante disposto no artigo 109, I, da CF. Mas deve-se saber que os Estados-partes da Convenção se comprometem a cumprir a decisão da Corte em todo caso em que forem parte (artigo 68 da Convenção Americana de Direitos Humanos). Em relação à sentença da Corte Interamericana, resta ainda informar que ela será sempre fundamentada, definitiva e inapelável (artigos 66 e 67 da Convenção Americana de Direitos Humanos), todavia, em caso de divergência sobre o sentido ou alcance da sentença, a Corte interpretá-la-á, a pedido de qualquer das partes, desde que o pedido seja apresentado dentro de 90 dias a partir da data da *notificação* da sentença. Ainda é possível apontar que a Corte admitiu, em casos excepcionais, o recurso de revisão contra sentenças que colocam fim ao processo, com o propósito de evitar que a coisa julgada mantenha uma situação de evidente injustiça, devido ao descobrimento de um fato que se houvesse sido conhecido no momento da confecção da sentença teria o condão de alterar seu resultado, o que demonstraria a existência de um vício substancial na sentença[26]; **C:** incorreta. Como dito no comentário anterior, as decisões da Corte são inapeláveis (artigos 66 e 67 da Convenção Americana de Direitos Humanos): **D:** incorreta, pois como já assinalado a Corte é Corte é o órgão jurisdicional do sistema regional de proteção americano. E sua jurisdição só será exercida em relação aos Estados-partes da Convenção que expressem e inequivocamente tenham aceitado essa competência da Corte (artigo 62 da Convenção Americana de Direitos Humanos); **E:** incorreta. Em 22 de novembro de 1969, na Conferência de San José da Costa Rica, foi adotada a Convenção Americana de Direitos Humanos[27] (Pacto de San José da Costa Rica), a qual só entrou em vigor internacional em 18 de julho de 1978 (quando atingiu as 11 ratificações necessárias) e é o principal instrumento protetivo do sistema americano. No Brasil, a Convenção passou a ter vigência por meio do Decreto nº 678 de 6 de novembro de 1992. Cabe destacar que o artigo 2º desse decreto dispõe sobre a declaração interpretativa do governo brasileiro: "O Governo do Brasil entende que os arts. 43 e 48, d, não incluem o direito automático de visitas e inspeções in loco da Comissão Interamericana de Direitos Humanos, as quais dependerão da anuência expressa do Estado". Tal declaração interpretativa funciona como uma ressalva que limita os poderes da Comissão Interamericana de Direitos Humanos[28]. Por sua vez, o Brasil reconheceu a competência obrigatória da Corte em 8 de novembro de 2002 (Decreto nº 4.463). O reconhecimento foi feito por prazo indeterminado, mas abrange fatos ocorridos após 10 de dezembro de 1998.

(Defensor Público/RO – 2012 – CESPE) Com base na sentença da Corte Interamericana de Direitos Humanos no caso Gomes Lund e outros, de 24 de novembro de 2010, assinale a opção correta.

(A) Segundo a sentença, as disposições da Lei de Anistia, que impedem a investigação das violações aos direitos humanos durante a Guerrilha do Araguaia, são incompatíveis com a Convenção Americana sobre Direitos Humanos, mas há compatibilidade entre o disposto na Convenção e as disposições da lei penal comum, que impedem a sanção a tais violações em razão da prescrição penal, uma vez que a prescrição constitui manifestação do direito humano à segurança jurídica, garantido pela Convenção.

(B) De acordo com a sentença, o Brasil é responsável por violação aos direitos humanos em decorrência da falta de investigação sobre os desaparecimentos forçados ainda não esclarecidos, mas não em razão da impunidade dos responsáveis por esses desaparecimentos, dada a ocorrência da prescrição punitiva nos termos da legislação nacional.

(C) A investigação dos desaparecimentos forçados ainda não esclarecidos deve ser realizada perante a justiça militar da União, nos termos da legislação nacional, já que a prática da conduta contrária às garantias da Convenção Americana sobre Direitos Humanos é imputada a integrantes das Forças Armadas.

(D) A sentença não reconheceu a competência da referida Corte para julgar a violação à Convenção Americana sobre Direitos Humanos apenas no que se refere à execução extrajudicial de pessoa cujos restos mortais foram identificados antes da data em que o Brasil reconheceu a jurisdição contenciosa da Corte.

(E) A Corte considerou que a arguição de descumprimento de preceito fundamental inclui-se entre os recursos internos que devem ser esgotados para o preenchimento da condição de admissibilidade da denúncia.

Caso Gomes Lund e outros (Guerrilha do Araguaia) *versus* Brasil

Nesse caso, a Corte prolatou uma sentença (de 24 de novembro de 2010) que resolve as exceções preliminares, o mérito e as reparações e custas. A Corte foi acionada pela Comissão Interamericana de Direitos Humanos, a qual havia recebido anteriormente uma petição apresentada pelo Centro pela Justiça e o Direito Internacional (Cejil) e pela *Human Rights Watch/Americas*, em nome de pessoas desaparecidas no contexto da Guerrilha do Araguaia e seus familiares. Essa demanda se refere à alegada responsabilidade do Brasil pela detenção arbitrária, tortura e desaparecimento forçado de 62 pessoas, entre membros do Partido Comunista do Brasil e camponeses da região, resultado de operações do Exército brasileiro empreendidas entre 1972 e 1975 com o objetivo de erradicar a Guerrilha do Araguaia, no contexto da ditadura militar (1964-1985). Assim, foi apresentada para que a Corte decidisse se o Brasil era responsável

---

24 Conforme ponto 14 da Opinião Consultiva 02/82 da Corte Interamericana de Direitos Humanos.

25 A responsabilização de Estado, é importante dizer que o artigo 28 da Convenção Americana de Direitos Humanos estabelece a cláusula federal, que em seu ponto 2 determina: "No tocante às disposições relativas às matérias que correspondem à competência das entidades componentes da federação, o governo nacional deve tomar imediatamente as medidas pertinentes, em conformidade com sua Constituição e com suas leis, a fim de que as autoridades competentes das referidas entidades possam adotar as disposições cabíveis para o cumprimento desta Convenção". Ademais, sempre o governo central responderá perante a comunidade internacional, pois é o representante do Estado como um todo, que é o único detentor de personalidade jurídica internacional. Em outras palavras, a Federação de estados ou Estado Federal é a união permanente de dois ou mais estados, na qual cada um conserva apenas a autonomia interna, pois a soberania externa é exercida por um órgão central, normalmente denominado *governo federal*. O Brasil é Estado Federal desde a Constituição Federal de 1891. Por fim, a título conclusivo, pode-se afirmar que a divisão de autonomias em relação às competências internas não interfere na responsabilização internacional.

26 Caso Genie Lacayo, Solicitação de Revisão da sentença de 29 de janeiro de 1997 (Resolução de 13 de setembro de 1997, item 10).

27 É de suma importância sublinhar que a Convenção Americana de Direitos Humanos é autoaplicável. Tal definição provém do Parecer Consultivo 07/86 da Corte Interamericana de Direitos Humanos. Assim, uma vez internalizada, estará apta a irradiar seus efeitos diretamente na ordem interna do país-parte, isto é, não necessitará de lei que regulamente sua incidência nos países que aderiram a seus mandamentos.

28 Todavia, deve-se apontar, como uma das consequências do princípio *pro homine*, que a interpretação das limitações de direitos estabelecidos nos tratados internacionais de direitos humanos deve ser restritiva – tudo para impedir ao máximo a diminuição da proteção da pessoa humana. Aliás, nesse sentido é o Parecer Consultivo 02, de 24 de setembro de 1982, da Corte Interamericana de Direitos Humanos.

pela violação dos direitos estabelecidos nos artigos 3º (direito ao reconhecimento da personalidade jurídica), 4º (direito à vida), 5º (direito à integridade pessoal), 7º (direito à liberdade pessoal), 8º (garantias judiciais), 13 (liberdade de pensamento e expressão) e 25 (proteção judicial), da Convenção Americana de Direitos Humanos, em conexão com as obrigações previstas nos artigos 1º, ponto 1 (obrigação geral de respeito e garantia dos direitos humanos), e 2º (dever de adotar disposições de direito interno) da mesma Convenção. O Brasil interpôs quatro exceções preliminares; a Corte admitiu parcialmente a exceção preliminar de falta de competência temporal da Corte para examinar supostas violações ocorridas antes do reconhecimento de sua competência pelo Brasil e não aceitou as outras. Antes de comentarmos a decisão sobre o mérito, cabe apontar que o caráter contínuo ou permanente do desaparecimento forçado de pessoas foi reconhecido de maneira reiterada pelo Direito Internacional dos Direitos Humanos, no qual o ato de desaparecimento e sua execução se iniciam com a privação da liberdade da pessoa e a subsequente falta de informação sobre seu destino, e permanecem até quando não se conheça o paradeiro da pessoa desaparecida e os fatos não tenham sido esclarecidos. A Corte, portanto, é competente para analisar os alegados desaparecimentos forçados das supostas vítimas a partir do reconhecimento de sua competência contenciosa efetuado pelo Brasil; só não foi em relação à alegada execução extrajudicial da senhora Maria Lúcia Petit da Silva, cujos restos mortais foram identificados em 1996, ou seja, dois anos antes de o Brasil reconhecer a competência contenciosa da Corte. No mérito, a Corte decidiu, por unanimidade, que as disposições da Lei de Anistia brasileira (nº 6.683/79) que impedem a investigação e sanção de graves violações de direitos humanos são incompatíveis com a Convenção Americana (controle de convencionalidade internacional), como também que o Brasil é responsável pelo desaparecimento forçado e, portanto, pela violação dos direitos ao reconhecimento da personalidade jurídica, à vida, à integridade pessoal e à liberdade pessoal em relação com o artigo 1º, ponto 1, desse instrumento. Ademais, decidiu que o Brasil descumpriu a obrigação de adequar seu direito interno à Convenção Americana de Direitos Humanos, contida em seu artigo 2º, em relação aos artigos 8º, ponto 1, 25 e 1º, ponto 1, do mesmo instrumento. E ainda declarou o Brasil responsável pela violação do direito à liberdade de pensamento e de expressão consagrado no artigo 13 da Convenção, em relação com os artigos 1º, ponto 1, 8º, ponto 1, e 25 desse instrumento. Também foi declarada a responsabilidade do Brasil pela violação do direito à integridade pessoal, consagrado no artigo 5º, ponto 1, da Convenção, em relação com o artigo 1º, ponto 1, desse mesmo instrumento, em prejuízo dos familiares. Cabe sublinhar que nessa decisão a Corte definiu que o dever de investigar e punir os responsáveis pela prática de desaparecimentos forçados possui caráter de *jus cogens*. Por fim, Roberto Caldas, juiz *ad hoc* indicado pelo Brasil, destacou, em seu voto concordante em separado, o papel da Corte no controle de convencionalidade internacional: "se aos tribunais supremos ou aos constitucionais nacionais incumbe o controle de constitucionalidade e a última palavra judicial no âmbito interno dos Estados, à Corte Interamericana de Direitos Humanos cabe o controle de convencionalidade e a última palavra quando o tema encerre debate sobre direitos humanos. É o que decorre do reconhecimento formal da competência jurisdicional da Corte por um Estado, como o fez o Brasil".

A: incorreta. Nenhuma lei ou norma de direito interno, como as disposições de anistia, as regras de prescrição e outras excludentes de responsabilidade, podem impedir que um Estado cumpra sua obrigação de respeito e promoção dos direitos humanos, especialmente quando se tratar de graves violações de direitos que constituam crimes contra a humanidade, como os de lesa-humanidade, pois são inanistiáveis e imprescritíveis; **B:** incorreta. Como dito no texto inicial, nessa decisão a Corte definiu que o dever de investigar e punir os responsáveis pela prática de desaparecimentos forçados possui caráter de *jus cogens*. Sobre a prescrição ler o comentário sobre a assertiva anterior; **C:** incorreta. É a justiça comum que possui competência para julgar os casos que envolvem os direitos humanos. Importante transcrever o § 5º do artigo 109 da CF, que foi acrescentado pela EC nº 45 de 2004. Segue a redação legal: "Nas hipóteses de grave violação de direitos humanos, o Procurador-Geral da República, com a finalidade de assegurar o cumprimento de obrigações decorrentes de tratados internacionais de direitos humanos dos quais o Brasil seja parte, poderá suscitar, perante o Superior Tribunal de Justiça, em qualquer fase do inquérito ou processo, incidente de deslocamento de competência para a Justiça Federal". É a denominada *federalização* dos crimes contra os direitos humanos, e um caso conhecido é o IDC 2-DF/STJ de relatoria da ministra Laurita Vaz, pois o caso tinha como pano de fundo a atuação de um grupo de extermínio e o incidente de deslocamento de competência foi parcialmente acolhido[29]. É importante asseverar, com base na jurisprudência do STJ, que o incidente de deslocamento só será provido se ficar comprovado que a justiça estadual constitui verdadeira barreira ao cumprimento dos compromissos internacionais de proteção dos direitos humanos assumidos pelo Brasil; **D:** correta. Como já exposto no texto inicial, a Corte admitiu parcialmente a exceção preliminar de falta de competência temporal da Corte para examinar supostas violações ocorridas antes do reconhecimento de sua competência pelo Brasil. Antes de comentarmos a decisão sobre o mérito, cabe apontar que o caráter contínuo ou permanente do desaparecimento forçado de pessoas foi reconhecido de maneira reiterada pelo Direito Internacional dos Direitos Humanos, no qual o ato de desaparecimento e sua execução se iniciam com a privação da liberdade da pessoa e a subsequente falta de informação sobre seu destino, e permanecem até quando não se conheça o paradeiro da pessoa desaparecida e os fatos não tenham sido esclarecidos. A Corte, portanto, é competente para analisar os alegados desaparecimentos forçados das supostas vítimas a partir do reconhecimento de sua competência contenciosa efetuado pelo Brasil; só não foi em relação à alegada execução extrajudicial da senhora Maria Lúcia Petit da Silva, cujos restos mortais foram identificados em 1996, ou seja, dois anos antes de o Brasil reconhecer a competência contenciosa da Corte; **E:** incorreta, pois a assertiva não traz informação verdadeira.

Gabarito "D"

(Defensor Público/RO – 2012 – CESPE) Considerando a sentença da Corte Interamericana de Direitos Humanos no caso Escher e outros, de 6 de julho de 2009, assinale a opção correta.

(A) Nos termos de precedente da Corte, a comunicação telefônica é abrangida pela garantia de proteção à privacidade prevista na Convenção Americana sobre Direitos do Homem, ainda que esta não preveja expressamente o sigilo desse tipo de comunicação.

(B) Segundo a Corte, abstratamente considerada, a lei de interceptação das comunicações telefônicas brasileira não é compatível com as disposições da Convenção Americana sobre Direitos Humanos voltadas à proteção da privacidade.

(C) A Corte considerou, nessa sentença, que a quebra de sigilo das comunicações telefônicas de integrantes de entidades associativas, fundada em lei cuja inadequação abstrata seja constatada, não implica necessariamente a violação ao direito à livre associação garantido pela Convenção Americana sobre Direitos Humanos.

(D) A Corte decidiu que o Brasil deveria adequar sua lei de interceptação das comunicações telefônicas às disposições da Convenção Americana sobre Direitos Humanos relativas à proteção da privacidade.

(E) De acordo com a referida Corte, a apresentação, pelo Estado-parte, da exceção preliminar embasada no descumprimento do requisito de esgotamento dos recursos internos pode ocorrer depois da adoção do relatório de admissibilidade pela Comissão Interamericana, mas nunca depois do encaminhamento da denúncia à Corte.

Caso Escher e outros *versus* Brasil

Nesse caso, a Corte prolatou uma sentença (de 6 de julho de 2009) que resolve as exceções preliminares, o mérito e as reparações e custas. A Corte foi acionada pela Comissão Interamericana de Direitos Humanos, a qual havia recebido anteriormente uma petição apresentada pelas organizações Rede Nacional de Advogados Populares e Justiça Global em nome dos membros das organizações Cooperativa Agrícola de Conciliação Avante Ltda. (Coana) e Associação Comunitária de Trabalhadores Rurais (Adecon), em função da alegada interceptação e monitoramento ilegal de linhas telefônicas, realizada pela Polícia Militar do estado do Paraná, bem como a divulgação das conversas telefônicas, a denegação de justiça e de reparação adequada. A demanda foi apresentada para que a Corte decidisse se o Brasil era responsável pela violação dos artigos 8º, ponto 1 (garantias judiciais), 11 (proteção da honra e da dignidade), 16 (liberdade de associação) e 25 (proteção judicial) da Convenção Americana, em relação à obrigação geral de respeito e garantia dos direitos humanos e ao dever de adotar medidas de direito interno, previstos, respectivamente, nos artigos 1º, ponto 1, e 2º do referido tratado, também em consideração às diretrizes emergentes da cláusula federal contida no artigo 28 do mesmo instrumento. O Brasil interpôs três exceções preliminares; a Corte descaracterizou uma e rechaçou as outras, declarando-se, assim, competente para conhecer o caso. No mérito, a Corte decidiu, por unanimidade, que o Brasil violou o direito à vida privada e o direito à honra e à reputação reconhecidos no artigo 11 em relação com o artigo 1º, ponto 1, da Convenção Americana, pela interceptação, gravação e divulgação das conversas telefônicas; o direito à liberdade de associação reconhecido no artigo 16 em relação com o artigo 1º, ponto 1, da Convenção; os direitos às garantias judiciais e à proteção judicial reconhecidos nos artigos 8º, ponto 1, e 25 em relação com o artigo 1º, ponto 1, da Convenção; e, por fim, decidiu que o Brasil não descumpriu a cláusula federal estabelecida no artigo 28 em relação com os artigos 1º, ponto 1, e 2º da Convenção. Cabe lembrar que, depois dessa sentença, foi feito um pedido para que a Corte interpretasse o alcance de um ponto resolutivo da sentença, pois, como já dito, em caso de divergência sobre o sentido ou alcance da sentença, a Corte interpretá-la-á, a pedido de qualquer das partes, desde que este seja apresentado dentro de 90 dias a partir da data da notificação da sentença.

A: correta. Reler o texto inicial; **B:** incorreta, pois no julgamento desse caso a Corte não fez a citada colocação; **C:** incorreta. Reler o texto inicial; **D:** incorreta. Reler o texto inicial; **E:** incorreta. O momento processual oportuno para apresentação de exceção preliminar embasada no descumprimento do requisito de esgotamento dos recursos internos é aquele anterior à adoção do Relatório de Admissibilidade pela Comissão Interamericana.

Gabarito "A"

29 IDC 2-DF, rel. min. Laurita Vaz, julgado em 27/10/2010. (Inform. STJ 453)

(Defensor Público/SE – 2012 – CESPE) De acordo com a jurisprudência da Corte Interamericana de Direitos Humanos,

(A) a exceção de não esgotamento dos recursos internos só será tempestiva quando apresentada na etapa de admissibilidade do procedimento perante a Comissão Interamericana de Direitos Humanos.

(B) o Estado-parte não tem direito a renunciar à regra do prévio esgotamento dos recursos internos.

(C) o descumprimento de prazo estabelecido para a apresentação de argumentos pelas partes constitui exceção preliminar válida.

(D) a publicação da sentença não constitui medida de satisfação para reparar dano imaterial.

(E) não compete a essa corte conhecer de violações contínuas ou permanentes conexas a atentados contra o direito à vida ocorridos antes do reconhecimento de sua jurisdição pelo Brasil.

A: correta. O momento processual oportuno para apresentação de exceção preliminar embasada no descumprimento do requisito de esgotamento dos recursos internos é aquele anterior à adoção do Relatório de Admissibilidade pela Comissão Interamericana; **B:** incorreta, pois é possível renunciar à regra do prévio esgotamento dos recursos internos. Na decisão de 13 novembro de 1981 (caso Viviana Gallardo e outras), a Corte Interamericana, invocando precedente da Corte Europeia de Direitos Humanos (De Wilde, Ooms and Versyp Cases - "Vagrancy" Cases), apontou que segundo os principios do Direito Internacional geralmente reconhecidos e a prática internacional, a regra que exige o prévio esgotamento dos recursos internos foi concebida no interesse do Estado, pois busca dispensa-lo de responder perante um órgão internacional por atos a ele imputado, antes de ter a oportunidade de resolve-los com seus própios instrumentos. Essa regra é considerada como meio de defesa e como tal, renunciável, ainda que de modo tácito. Essa renúncia, uma vez anunciada, é irrevogável; **C:** incorreta. No caso Escher e Outros vs. Brasil, a Corte Interamericana asseverou que o descumprimento de prazo estabelecido para apresentação de argumentos pelas partes não constitui exceção preliminar válida. Isso porque não impugna a admissibilidade da demanda nem impede que o Tribunal conheça o caso. Em outras palavras, mesmo que o Tribunal resolvesse, hipoteticamente, aceitar o pedido do Estado, não afetaria de forma alguma a competência da Corte para conhecer o mérito da controvérsia; **D:** incorreta, pois a publicação da sentença é uma das formas de reparação do dano imaterial, pois é a materialização de um ato de justiça. Ainda mais se for considerado que as decisões de proveniência dos sistemas internacionais de proteção aparecem depois que o sistema nacional de proteção não resolveu adequadamente a situação, ou seja, a situação específica de desrespeito dos direitos humanos aconteceu há muito tempo e ainda não foi resolvida, portanto a decisão da Corte Interamericana funciona como uma reparação do dano imaterial Ainda, na Resolução da Corte Interamericana de Supervisão de Cumprimento de Sentença do caso Escher e Outros *vs.* Brasil, ficou sublinhado que a publicação da Sentença constitui, em alguns casos, uma medida de satisfação, a qual tem uma repercussão pública e uma natureza distinta das medidas de compensação, como a indenização pelos danos morais ordenada em beneficio das vítimas. O conteúdo da sentença deve ter uma repercussão pública proporcional ao vilipêndio sofrido. Assim, a publicação da sentença faria parta do conceito de reparação integral; **E:** incorreta. No caso Gomes Lund e outros (Guerrilha do Araguaia) *versus* Brasil, a Corte definiu que o caráter contínuo ou permanente do desaparecimento forçado de pessoas foi reconhecido de maneira reiterada pelo Direito Internacional dos Direitos Humanos, no qual o ato de desaparecimento e sua execução se iniciam com a privação da liberdade da pessoa e a subsequente falta de informação sobre seu destino, e permanecem até quando não se conheça o paradeiro da pessoa desaparecida e os fatos não tenham sido esclarecidos. A Corte, portanto, é competente para analisar os alegados desaparecimentos forçados das supostas vítimas a partir do reconhecimento de sua competência contenciosa efetuado pelo Brasil; só não foi em relação à alegada execução extrajudicial da senhora Maria Lúcia Petit da Silva, cujos restos mortais foram identificados em 1996, ou seja, dois anos antes de o Brasil reconhecer a competência contenciosa da Corte.

Gabarito "A"

(Defensor Público/SP – 2012 – FCC) A Opinião Consultiva n. 18, de 17 de setembro de 2003, foi expedida

(A) pela Corte Interamericana de Direitos Humanos e tem por objeto determinar que os Estados membros da Organização dos Estados Americanos constituam defensorias públicas em seus ordenamentos jurídicos.

(B) pela Comissão Interamericana de Direitos Humanos e tem por conteúdo recomendar aos Estados membros da Organização dos Estados Americanos que garantam aos defensores públicos oficiais independência e autonomia funcional.

(C) pelo Comitê de Direitos Humanos das Nações Unidas para recomendar que a Organização das Nações Unidas estimule os Estados a constituírem serviços públicos de defesa legal em favor de trabalhadores migrantes.

(D) pela Comissão Interamericana de Direitos Humanos entendendo que os migrantes ilegais têm direito à prestação de um serviço público gratuito de defesa legal a seu favor, para que se façam valer seus direitos em juízo.

(E) pela Corte Interamericana de Direitos Humanos entendendo que se vulnera o direito ao devido processo legal pela negativa de prestação de um serviço público gratuito de defesa legal a favor da pessoa necessitada.

Opinião Consultiva 18/2003

Foi solicitada pelos Estados Unidos Mexicanos com o objetivo de obter a posição da Corte sobre a privação do gozo e exercício de certos direitos laborais (aos trabalhadores imigrantes) e sua compatibilidade com a obrigação dos Estados americanos de garantir a observância dos princípios da igualdade jurídica, não discriminação e proteção igual e efetiva da lei consagrados nos instrumentos internacionais de proteção dos direitos humanos, assim como a subordinação ou condicionamento da observância das obrigações impostas pelo direito internacional dos direitos humanos, incluídas aquelas oponíveis *erga omnes*, na consecução de certos objetivos de política interna de um Estado americano. Ademais, a consulta trata do caráter que os princípios da igualdade jurídica, não discriminação e proteção igual e efetiva da lei alcançaram no contexto de desenvolvimento progressivo do direito internacional dos direitos humanos e de sua codificação. As normas cuja interpretação o México solicitou ao Tribunal foram as seguintes: os artigos 3º, ponto 1, e 17 da Carta da OEA; o artigo 2º da Declaração Americana de Direitos e Deveres do Homem; os artigos 1º, ponto 1, 2º e 24 da Convenção Americana de Direitos Humanos; os artigos 1º, 2º, ponto 1, e 7º da Declaração Universal de Direitos Humanos; e os artigos 2º, pontos 1 e 2, 5º, ponto 2, e 26 do Pacto Internacional de Direitos Civis e Políticos. A Corte decidiu, por unanimidade, que é competente para emitir a opinião consultiva. E, no mérito, decidiu da seguinte forma e também de forma unânime: a) os Estados têm a obrigação geral de respeitar e garantir os direitos fundamentais, devendo, assim, adotar medidas positivas e evitar tomar iniciativas que limitem ou infrinjam um direito fundamental, além de suprimir as medidas e práticas que restrinjam ou vulnerem um direito fundamental; b) o descumprimento pelo Estado, mediante qualquer tratamento discriminatório, da obrigação geral de respeitar e garantir os direitos humanos gera responsabilidade internacional; c) o princípio da igualdade e não discriminação possui um caráter fundamental para a salvaguarda dos direitos humanos tanto no direito internacional como no interno; d) o princípio fundamental da igualdade e não discriminação faz parte do direito internacional geral, por ser aplicável a todo Estado, independentemente de ser parte ou não de determinado tratado internacional. Na atual etapa de evolução do direito internacional, o princípio fundamental da igualdade e da não discriminação tornou-se parte do domínio do *jus cogens*; e) o princípio fundamental da igualdade e não discriminação, de caráter peremptório, acarreta obrigações *erga omnes* de proteção que se vinculam a todos os Estados e geram efeitos em relação a terceiros, inclusive particulares; f) a obrigação geral de respeitar e garantir os direitos humanos vincula os Estados, independentemente de qualquer circunstância ou consideração, inclusive o *status* migratório das pessoas; g) o direito ao devido processo legal deve ser reconhecido no marco das garantias mínimas que se devem garantir a todo imigrante, independentemente de seu *status* migratório. O amplo alcance da intangibilidade do devido processo legal compreende todas as matérias e todas as pessoas, sem qualquer discriminação; h) a qualidade migratória de uma pessoa não pode constituir uma justificação para privá-la do gozo e exercício de seus direitos humanos, entre eles os de caráter laboral. O imigrante, ao assumir uma relação de trabalho, adquire direitos, por ser trabalhador, que devem ser reconhecidos e garantidos, independentemente de sua situação regular ou irregular no país de emprego. Esses direitos são consequências da relação laboral; i) o Estado tem a obrigação de respeitar e garantir os direitos humanos laborais de todos os trabalhadores, independentemente de sua condição de nacional ou estrangeiro, e não pode tolerar situações de discriminação em prejuízo destes nas relações laborais que se estabeleçam entre particulares (empregador-empregado). O Estado não deve permitir que os empregadores privados violem os direitos dos trabalhadores nem que a relação contratual vulnere as normas mínimas internacionais; j) os trabalhadores, titulares dos direitos laborais, devem contar com todos os meios adequados para exercê-los. Os trabalhadores imigrantes ilegais possuem os mesmos direitos laborais que correspondem aos demais trabalhadores do Estado de emprego, e este último deve tomar todas as medidas necessárias para que sejam reconhecidos e garantidos na prática; k) os Estados não podem subordinar ou condicionar a observância do princípio da igualdade perante a lei e da não discriminação à consecução dos objetivos de suas políticas públicas, quaisquer que sejam estas, incluídas as de caráter migratório. O juiz brasileiro Antônio Augusto Cançado Trindade, o juiz mexicano Sergio García Ramírez, o juiz equatoriano Hernán Salgado Pesantes e o juiz venezuelano Alirio Abreu Burelli apresentaram votos concorrentes que acompanharam a opinião consultiva em questão. Encerramos este comentário com uma reflexão do jurista brasileiro Cançado Trindade: "Uma das contribuições significativas da presente Opinião Consultiva n. 18 sobre a *Condição Jurídica e os Direitos dos Imigrantes Ilegais* reside em sua determinação do amplo alcance do devido processo legal. Na Opinião Consultiva anterior, sobre o *Direito à Informação sobre a Assistência Consular no Marco das Garantias do Devido Processo Legal* (n. 16), a Corte Interamericana sublinhou a evolução histórica do devido processo legal no sentido de sua expansão *ratione materiae*, enquanto na presente Opinião Consultiva n. 18 se examina a dita expansão *ratione personae* e se determina que o direito ao devido processo deve ser reconhecido no marco das garantias mínimas que devem ser garantidas a todo imigrante, independentemente de seu *status* migratório. A acertada conclusão da Corte, no sentido de que o amplo alcance da intangibilidade do devido processo compreende todas as matérias e todas as pessoas sem discriminação, atende efetivamente as exigências e os imperativos do bem comum[30]".

Gabarito "E".

(Defensor Público/SP – 2012 – FCC) Os Defensores Públicos Interamericanos

(A) atuam por designação da Corte Interamericana de Direitos Humanos para a defesa de réus hipossuficientes.
(B) atuam por designação da Corte Interamericana de Direitos Humanos para que assumam a representação legal de vítimas que não tenham designado defensor próprio.
(C) são funcionários de carreira da Organização dos Estados Americanos, designados para prestar orientação jurídica a vítimas de violação dos direitos humanos.
(D) são Defensores Públicos de países da Organização dos Estados Americanos responsáveis por formular denúncias perante o Sistema Interamericano de Direitos Humanos.
(E) são advogados dos países integrantes da Organização dos Estados Americanos, designados *ad hoc* sempre que uma parte não se fizer representar juridicamente perante a Comissão Interamericana de Direitos Humanos.

A única assertiva que traz informação correta acerca dos defensores públicos interamericanos é a "B".

Gabarito "B".

(Defensor Público/AM – 2010 – I. Cidades) A respeito da Corte Interamericana de Direitos Humanos, assinale a alternativa incorreta:

(A) A Corte Interamericana de Direitos Humanos é órgão jurisdicional destinado a resolver os casos de desrespeito aos direitos humanos levados a efeito pelos Estados-membros da OEA que ratificaram a Convenção Americana.
(B) A Corte Interamericana de Direitos Humanos é composta por 09 juízes provenientes dos Estados-membros da OEA, escolhidos dentre juristas de alto renome, que gozam das garantias da vitaliciedade, inamovibilidade e irredutibilidade dos vencimentos.
(C) A Corte Interamericana de Direitos Humanos possui competência consultiva e contenciosa.
(D) Os particulares e as instituições privadas estão impedidos de ingressar diretamente na Corte.
(E) As sentenças proferidas peia Corte Interamericana são definitivas e inapeláveis.

A: correta. A Corte é o órgão jurisdicional do sistema regional de proteção americano e **só pode ser acionada pelos estados-partes ou pela Comissão**; o indivíduo, conforme art. 61 da Convenção, fica proibido de apresentar petição à Corte.; **B:** incorreta, pois sua composição é de sete juízes, os quais são nacionais dos países-membros da OEA. E a escolha destes juízes é feita pelos estados-partes da Convenção; vale sublinhar que esta escolha é realizada a título pessoal dentre juristas da mais alta autoridade moral, de reconhecida competência em matéria de direitos humanos, e que reúnam as condições requeridas para o exercício das mais elevadas funções judiciais, de acordo com a lei do estado do qual sejam nacionais, ou do estado que os propuser como candidatos. E também não deve haver dois juízes da mesma nacionalidade; **C:** correta, pois a Corte possui competência *consultiva* e *contenciosa*. A competência consultiva da Corte é marcada por sua grande finalidade de uniformizar a interpretação da Convenção Americana de Direitos Humanos e dos tratados de direitos humanos confeccionados no âmbito da OEA. E, dentro dessa competência, qualquer estado-membro da OEA pode pedir para que a Corte emita parecer que indique a correta interpretação da Convenção e dos tratados de direitos humanos. Ademais, a Corte pode fazer análise de compatibilidade entre a legislação doméstica de um país-membro da OEA e o sistema protetivo americano. Esta análise tem por escopo harmonizar as legislações domésticas em relação ao sistema americano de proteção. Já a competência contenciosa só será exercida em relação aos estados-partes da Convenção que expressa e inequivocamente tenha aceitado essa competência da Corte (art. 62 da Convenção Americana de Direitos Humanos); D correta. Reler o comentário à assertiva "A"; **E:** correta, pois a sentença da Corte Interamericana será sempre fundamentada, definitiva e inapelável (arts. 66 e 67 da Convenção Americana de Direitos Humanos), todavia, em caso de divergência sobre o sentido ou alcance da sentença, a Corte interpretá-la-á, a pedido de qualquer das partes, desde que o pedido seja apresentado dentro de noventa dias a partir da data da notificação da sentença.

Gabarito "B".

30 Voto concorrente na Opinião Consultiva 18/2003, p. 147.

(Defensoria Pública/SP – 2010 – FCC) Recentemente o Supremo Tribunal Federal julgou improcedente a Arguição de Descumprimento de Preceito Fundamental nº 153, em que se requeria declaração daquela Corte no sentido de reconhecer que a anistia concedida pela Lei nº 6.683, de 28 de agosto de 1979, aos crimes políticos ou conexos, não se estende aos crimes comuns praticados pelos "agentes da repressão contra opositores políticos, durante o regime militar (1964/1985)." A respeito das chamadas "leis de autoanistia", a Corte Interamericana de Direitos Humanos já se posicionou diversas vezes. A partir da jurisprudência deste tribunal é correto afirmar:

(A) Por se tratar de um tribunal de natureza civil, a Corte Interamericana de Direitos Humanos não pode determinar que um Estado parte leve a juízo criminal agentes públicos que supostamente cometeram crimes de lesa humanidade.
(B) O fato de a prática do desaparecimento forçado de opositores políticos ser anterior à ratificação da Convenção Americana de Direitos Humanos pelo país impede a apreciação do caso perante a Corte Interamericana de Direitos Humanos.
(C) Os agentes estatais que tenham praticado atos de tortura em período não democrático, objeto de lei de anisita, não podem mais ser processados ante a irretroatividade de lei penal mais severa.
(D) O fato de um Estado-parte ser signatário das Convenções de Genebra sobre Direito Internacional Humanitário não serve de fundamentação para sua condenação pela Corte Interamericana de Direitos Humanos, pois há plena separação entre aquele sistema de normas e as que compõem o Direito Internacional dos Direitos Humanos.
(E) O Estado-parte na Convenção Americana de Direitos Humanos tem o dever de punir os responsáveis por crimes de lesa humanidade, não podendo aventar a prescrição criminal para deixar de fazê-lo, mesmo que os fatos tenham ocorrido há mais de vinte anos.

A: incorreta. No caso Gomes Lund e outros (Guerrilha do Araguaia) *versus* Brasil, a Corte prolatou uma sentença (de 24 de novembro de 2010) que resolve as exceções preliminares, o mérito e as reparações e custas. Em sua Sentença, o Tribunal concluiu que o Brasil é responsável pela desaparição forçada de 62 pessoas, entre membros do Partido Comunista do Brasil e camponeses da região, resultado de operações do Exército brasileiro empreendidas entre 1972 e 1975 com o objetivo de erradicar a Guerrilha do Araguaia, no contexto da ditadura militar do Brasil (1964–1985). No caso referido foi analisada, entre outras coisas, a compatibilidade da Lei de Anistia n. 6.683/79 com as obrigações internacionais assumidas pelo Brasil à luz da Convenção Americana sobre Direitos Humanos. Com base no direito internacional e em sua jurisprudência constante, a Corte Interamericana concluiu que as disposições da Lei de Anistia que impedem a investigação e sanção de graves violações de direitos humanos são incompatíveis com a Convenção Americana e carecem de efeitos jurídicos, razão pela qual não podem continuar representando um obstáculo para a investigação dos fatos do caso, nem para a identificação e a punição dos responsáveis. Além disso, a Corte Interamericana concluiu que o Brasil é responsável pela violação do direito à integridade pessoal de determinados familiares das vítimas, entre outras razões, em razão do sofrimento ocasionado pela falta de investigações efetivas para o esclarecimento dos fatos. Adicionalmente, a Corte Interamericana concluiu que o Brasil é responsável pela violação do direito de acesso à informação, estabelecido no artigo 13 da Convenção Americana, pela negativa de dar acesso aos arquivos em poder do Estado com informação sobre esses fatos. A Corte Interamericana reconheceu e valorou positivamente as numerosas iniciativas e medidas de reparação adotadas pelo Brasil e dispôs, entre outras medidas, que **o Brasil investigue penalmente os fatos do presente caso por meio da justiça ordinária**; **B:** incorreta. O caráter contínuo ou permanente do desaparecimento forçado de pessoas foi reconhecido de maneira reiterada pelo Direito Internacional dos Direitos Humanos, no qual o ato de desaparecimento e sua execução se iniciam com a privação da liberdade da pessoa e a subsequente falta de informação sobre seu destino, e permanecem até quando não se conheça o paradeiro da pessoa desaparecida e os fatos não tenham sido esclarecidos. A Corte, portanto, é competente para analisar os alegados desaparecimentos forçados das supostas vítimas a partir do reconhecimento de sua competência contenciosa efetuado pelo estado parte; **C:** incorreta. Cabe transcrever trecho da decisão da Corte Suprema de Justiça da Nação Argentina no *Caso Simón, Julio Héctor e outros /privação ilegítima da liberdade*: "A fim de dar cumprimento aos tratados internacionais em matéria de direitos humanos, a supressão das leis de [anistia] é impostergável, e deverá ocorrer de maneira que não possa delas decorrer obstáculo normativo algum para o julgamento de fatos, como os que constituem o objeto da presente causa. Isto significa que os beneficiários dessas leis não podem invocar nem a proibição de retroatividade da lei penal mais grave, nem a coisa julgada. **A sujeição do Estado argentino à jurisdição interamericana impede que o princípio de "irretroatividade" da lei penal seja invocado para descumprir os deveres assumidos, em matéria**

de persecução de violações graves dos direitos humanos" (tradução minha). Ademais, o Comitê contra a Tortura também afirmou que as anistias que impeçam a investigação de atos de tortura, bem como o julgamento e a eventual sanção dos responsáveis, violam a Convenção Contra a Tortura e Outros Tratamentos ou Penas Cruéis, Desumanos ou Degradantes. Lembrando que o Brasil aceitou a competência da Corte Interamericana de Direitos Humanos em 3 de novembro de 1998, por meio do Decreto Legislativo n. 89 e a Convenção contra a Tortura e outros Tratamentos ou Penas Cruéis, Desumanos ou Degradantes, adotada pela ONU em 28 de setembro de 1984, foi ratificada pelo Brasil em 28 de setembro de 1989; **D:** incorreta. O Direito Humanitário é composto por princípios e regras, estas sendo positivadas ou costumeiras, que tem como função, por questões humanitárias, limitar os efeitos do conflito armado. O Direito Internacional Humanitário é basicamente fruto das quatro Convenções de Genebra de 1949 (em 1949 foram revistas as três Convenções anteriores – 1864, 1906 e 1929 – e criada uma quarta, relativa à proteção dos civis em período de Guerra) e seus Protocolos Adicionais, os quais formam o conjunto de leis que rege os conflitos armados e busca limitar seus efeitos. A proteção recai sobre as pessoas que não participam dos conflitos (civis, profissionais de saúde e de socorro) e os que não mais participam das hostilidades (soldados feridos, doentes, náufragos e prisioneiros de guerra). A outra parte das regras do Direito Internacional Humanitário provém das Convenções de Haia (13 no total), as quais regulam especificamente o meio e os métodos utilizados na guerra. Por fim, o objetivo do Direito Humanitário é a tutela da pessoa humana, entretanto, numa situação mais específica, qual seja, pessoa humana como vítima de conflito armado nacional ou internacional. De todo o dito, percebe-se que o Direito Internacional Humanitário e o Direito Internacional dos Direitos Humanos são complementares, apesar de serem dois conjuntos de leis distintas, pois ambos buscam proteger o indivíduo de ações arbitrárias e de abusos. Os Direitos Humanos são inerentes ao ser humano e protegem os indivíduos sempre, seja em tempos de guerra ou de paz. E o Direito Internacional Humanitário se aplica apenas em situações de conflitos armados internacionais e não internacionais. Portanto, em tempos de conflitos armados o Direito Internacional dos Direitos Humanos e o Direito Internacional Humanitário se aplicam de maneira complementar; **E:** correta. Nenhuma lei ou norma de direito interno, como as disposições de anistia, **as regras de prescrição** e outras excludentes de responsabilidade, pode impedir que um Estado cumpra essa obrigação, especialmente quando se trate de graves violações de direitos humanos que constituam crimes contra a humanidade, como os de lesa humanidade, pois esses **crimes são inanistiáveis e imprescritíveis.**

Gabarito "E"

(Defensoria/PA – 2009 – FCC) O acesso à Corte Interamericana de Direitos Humanos, órgão jurisdicional do sistema interamericano, é assegurado

(A) apenas às organizações não governamentais legalmente constituídas em um ou mais Estados membros da OEA, sendo sua competência contenciosa prevista mediante cláusula facultativa.
(B) apenas aos Estados-partes e à Comissão Interamericana, sendo sua competência contenciosa prevista mediante cláusula facultativa.
(C) a todo e qualquer indivíduo, grupo de indivíduos e organização não governamental, sendo sua competência contenciosa prevista mediante cláusula facultativa.
(D) apenas aos Estados-partes e à Comissão Interamericana, sendo sua competência contenciosa prevista mediante cláusula obrigatória.
(E) a todo e qualquer indivíduo, grupo de indivíduos e organização não governamental, sendo sua competência contenciosa prevista mediante cláusula obrigatória.

A, B, C, D e **E:** a Corte é o órgão jurisdicional do sistema regional de proteção americano. Sua composição é de setes juízes, os quais são nacionais dos países-membros da OEA. E a escolha destes juízes é feita pelos estados-partes da Convenção; vale sublinhar que esta escolha é realizada a título pessoal dentre juristas da mais alta autoridade moral, de reconhecida competência em matéria de direitos humanos, e que reúnam as condições requeridas para o exercício das mais elevadas funções judiciais, de acordo com a lei do estado do qual sejam nacionais, ou do estado que os propuser como candidatos. E também não deve haver dois juízes da mesma nacionalidade. Um traço marcante é que a Corte só pode ser acionada pelos estados-partes ou pela Comissão; o indivíduo, conforme art. 61 da Convenção, fica proibido de apresentar petição à Corte. E no que se refere à sua competência, identifica-se uma atuação *consultiva* e *contenciosa*. A competência contenciosa só será exercida em relação aos estados-partes da Convenção que expressa e inequivocamente tenha aceitado essa competência da Corte (art. 62 da Convenção Americana de Direitos Humanos). A declaração de aceite da competência da corte pode ser feita incondicionalmente, ou sob condição de reciprocidade, por prazo determinado ou ainda somente para casos específicos. Por fim, o Brasil aceitou a competência da Corte em três de novembro de 1998, por meio do Decreto Legislativo n. 89.

Gabarito "B"

(Defensoria/SP – 2009 – FCC) As decisões proferidas pela Corte Interamericana de Direitos Humanos, quando não implementadas pelo Estado brasileiro,

(A) podem ser executadas como título executivo judicial perante a vara federal competente territorialmente, desde que homologadas pelo Supremo Tribunal Federal.
(B) servirão para que o Estado brasileiro sofra sanções internacionais, como a vedação à obtenção de financiamentos externos.
(C) podem ser executadas como título executivo judicial perante a vara federal competente territorialmente.
(D) podem ser executadas como título executivo judicial perante o Supremo Tribunal Federal.
(E) servirão para que a Assembleia Anual da Organização das Nações Unidas advirta o Estado brasileiro pelo descumprimento da Convenção Americana de Direitos Humanos.

A, B, C, D e **E:** o cumprimento da sentença da Corte se dá geralmente de maneira voluntária pelos estados. Caso isso não ocorra, por exemplo, no Brasil, o cumprimento se dará mediante execução da sentença, como título executivo judicial, perante a justiça federal, consoante ao disposto no art. 109, I, da CF. Mas deve-se saber que os estados-partes na Convenção comprometem-se a cumprir a decisão da Corte em todo caso em que forem parte (art. 68 da Convenção Americana de Direitos Humanos). Em relação a sentença da Corte Interamericana, resta ainda informar que ela será sempre fundamentada, definitiva e inapelável (arts. 66 e 67 da Convenção Americana de Direitos Humanos), todavia, em caso de divergência sobre o sentido ou alcance da sentença, a Corte interpretá-la-á, a pedido de qualquer das partes, desde que o pedido seja apresentado dentro de noventa dias a partir da data da notificação da sentença.

Gabarito "C"

(Defensor Público/MS – 2008 – VUNESP) A Corte Interamericana de Direitos Humanos

(A) é composta por doze juízes.
(B) terá casos submetidos à sua decisão somente pelos Estados-parte ou pela comissão Interamericana de Direitos Humanos.
(C) terá suas decisões ratificadas ou reformadas pela Assembleia Geral da Organização dos Estados Americanos como órgão recursal.
(D) poderá ter até dois juízes da mesma nacionalidade, não podendo, porém, tais juízes atuarem, simultaneamente, em casos que envolvam partes originárias de seu país.

A: incorreta. A Corte é o órgão jurisdicional do sistema regional de proteção americano. Sua composição é de setes juízes, os quais são nacionais dos países-membros da OEA. E a escolha destes juízes é feita pelos estados-partes da Convenção; vale sublinhar que esta escolha é realizada a título pessoal dentre juristas da mais alta autoridade moral, de reconhecida competência em matéria de direitos humanos, e que reúnam as condições requeridas para o exercício das mais elevadas funções judiciais, de acordo com a lei do estado do qual sejam nacionais, ou do estado que os propuser como candidatos. E também não deve haver dois juízes da mesma nacionalidade; **B:** correta. A Corte Interamericana de Direitos Humanos só pode ser acionada pelos estados-partes ou pela Comissão; o indivíduo, conforme art. 61 da Convenção Americana de Direitos Humanos, fica proibido de apresentar petição à Corte; **C:** incorreta. A sentença da Corte Interamericana será sempre fundamentada, **definitiva** e **inapelável** (arts. 66 e 67 da Convenção Americana de Direitos Humanos), todavia, em caso de divergência sobre o sentido ou alcance da sentença, a Corte interpretá-la-á, a pedido de qualquer das partes, desde que o pedido seja apresentado dentro de noventa dias a partir da data da notificação da sentença; **D:** incorreta. Consoante ao dito na alternativa "A", a Corte não poderá ser composta por dois juízes da mesma nacionalidade.

Gabarito "B"

(Defensoria Pública da União – 2007 – CESPE) Julgue o item a seguir.

(1) A República Federativa do Brasil, que reconhece a jurisdição obrigatória da Corte Interamericana de Direitos Humanos, em nenhum momento foi ré por violações geradoras de responsabilidade internacional.

1: errada. Como o Brasil aceitou a competência da Corte (Decreto Legislativo n. 89), ele é passível de ser condenado nesta instância internacional e já o foi. Antes de indicarmos os casos contenciosos que envolvem o Brasil, cabe frisar que existem três tipos de sentença: sentenças de exceções preliminares, de mérito e de reparações e custas. Ademais, a Corte poderá resolver numa única sentença as exceções preliminares, o mérito e as reparações e custas do caso. Os casos contenciosos que envolvem o Brasil são: a) Caso Ximenes Lopes *versus* Brasil (sentença de 4 de julho de 2006); b) Caso Nogueira de Carvalho e outro *versus* Brasil (sentença de 28 de novembro de 2006); c) Caso Escher e outros *versus* Brasil (sentença de 6 de julho de 2009); d) Caso Garibaldi *versus* Brasil (sentença de 23 de setembro de 2009); e e) Caso Gomes Lund e outros (Guerrilha do Araguaia) *versus* Brasil (sentença de 24 de novembro de 2010).

Gabarito 1E

(Defensoria/SP – 2007 – FCC) O Caso Velasquez Rodriguez, julgado pela Corte Interamericana de Direitos Humanos em 1988, tem relevância histórica porque o tribunal

(A) estabeleceu que os Estados têm o dever de prevenir, investigar e punir violações de direitos humanos enunciados na Convenção Americana de Direitos Humanos.
(B) ordenou, pela primeira vez, medidas provisórias para garantir a vida e a integridade física da vítima.
(C) consolidou o entendimento de que leis de anistia são incompatíveis com a Convenção Americana de Direitos Humanos.
(D) fixou os parâmetros para o pagamento de indenização em caso do desaparecimento forçado de pessoas.
(E) entendeu, pela primeira vez, que os direitos previstos no Protocolo de São Salvador têm exigibilidade imediata.

A, **B**, **C**, **D** e **E**: em trecho da sentença da Corte Interamericana de Direitos Humanos, no caso Velasquez Rodriguez, é explicitada a obrigação dos estados-partes em garantir o livre e o pleno exercício dos direitos reconhecidos na Convenção Americana de Direitos Humanos: "Esta obrigação implica no dever dos estados-partes de organizar todo o aparato governamental e, em geral, todas as estruturas através das quais se manifesta o exercício do poder público, de maneira que sejam capazes de assegurar juridicamente o livre e pleno exercício dos direitos humanos. Como consequência desta obrigação, os **Estados devem prevenir, investigar e sancionar toda violação dos direitos reconhecidos pela Convenção** e procurar, ademais, o restabelecimento, se possível, do direito violado e também a reparação dos danos produzidos pela violação dos direitos humanos" (tradução minha). O Caso analisado trata de um estudante universitário de Honduras – Velásquez Rodríguez – que foi detido por autoridades policiais hondurenhas, sendo, posteriormente, vítima de tortura até ser tido por desaparecido. Em sentença de 29 de julho de 1888, a Corte Interamericana de Direitos Humanos declarou, por unanimidade, que Honduras violou, em prejuízo de Velásquez Rodríguez, o direito à liberdade pessoal (art. 7º da Convenção), o direito à integridade pessoal (art. 5º da Convenção) e o direito à vida (art. 4º da Convenção), todos em conexão com o art. 1º, ponto 1, da Convenção. Ainda, a Corte declarou, também por unanimidade, que Honduras deveria pagar uma justa indenização compensadora para os familiares da vítima, todavia, **não fixou os parâmetros para o pagamento da indenização,** apenas ressalvou que se a Comissão Interamericana de Direitos Humanos e Honduras não chegarem a um acordo, a Corte será responsável para estabelecer a forma e a quantia da indenização.

Gabarito "A"

7.2. Sistema Europeu

(Defensor Público/RO – 2012 – CESPE) No que se refere ao sistema europeu de direitos humanos, assinale a opção correta.

(A) O Protocolo n.º 13, de 2002, admite a pena de morte apenas em tempo de guerra.
(B) O Protocolo n.º 4, de 1963, admite a expulsão coletiva de estrangeiros, desde que observados os trâmites fixados pela legislação do Estado-parte.
(C) No Protocolo n.º 7, de 1984, prevê-se, no caso de condenação por infrações menores assim definidas nas leis do Estado-parte e no caso de condenação aplicada pela mais alta corte do Estado-parte, exceção ao direito a duplo grau de jurisdição em matéria penal.
(D) Além das manifestações dos Estados-partes, o Tribunal Europeu dos Direitos do Homem pode admitir apenas petições de organizações não governamentais e de coletividades ou grupos minoritários.
(E) A Convenção Europeia dos Direitos do Homem veda qualquer restrição, no território por ela abrangido, à atividade política dos estrangeiros.

A: incorreta. Com o Protocolo nº 13 tem-se a abolição completa da pena de morte, mesmo em situações de exceção; **B**: incorreta. Com o Protocolo nº 4 tem-se a proibição da prisão civil por dívidas, a garantia da liberdade de circulação, a proibição da expulsão de nacionais e a proibição da expulsão coletiva de estrangeiros; **C**: correta. Com o Protocolo nº 7 tem-se a adoção de garantias processuais na expulsão de estrangeiros, a garantia ao duplo grau de jurisdição em matéria criminal, o direito à indenização em caso de erro judiciário, o princípio do *non bis in idem* e o princípio da igualdade conjugal; **D**: incorreta. Com o Protocolo nº 11 dotou-se a Corte de competência para receber petições individuais. Essa possibilidade tem contribuído em muito para o evolver do sistema protetivo europeu, pois democratiza seu manejo e aumenta a capilaridade de seu monitoramento; **E**: incorreta, pois existem restrições à atividade política dos estrangeiros na Convenção Europeia dos Direitos do Homem (art. 16 da Convenção Europeia).

Gabarito "C"

8. Sistema Americano De Proteção Específica Dos Direitos Humanos

(Defensoria/PI – 2009 – CESPE) Considere as situações hipotéticas abaixo apresentadas.

I. João agrediu fisicamente sua secretária, ex-companheira, machucando-a com um soco no rosto por se recusar a sair com ele.
II. Sebastião forçou sua esposa a prática de atos libidinosos, causando-lhe enorme dor psicológica.

À luz da Convenção Interamericana para Prevenir, Punir e Erradicar a Violência contra a Mulher, Convenção de Belém do Pará, importante ferramenta de promoção da emancipação das mulheres, assinale a opção correta a respeito das situações descritas.

(A) Ambas as situações enquadram-se na definição de violência contra a mulher.
(B) Na situação I, não ficou caracterizada violência contra a mulher, pois a agressão se deu dentro do lar.
(C) Na situação II, não se caracterizou violência contra a mulher, pois a esposa tem obrigação conjugal de coabitação.
(D) Nenhuma das situações caracteriza violência contra a mulher.
(E) Na situação I, não há violência de gênero contra a mulher, mas, sim, uma violência comum prevista na legislação penal nacional.

A, **B**, **C**, **D** e **E**: a Convenção Interamericana para Prevenir, Punir e Erradicar a Violência contra a Mulher (Convenção de Belém do Pará), adotada em nove de junho de 1994, em Belém do Pará, no Brasil, e ratificada pelo Brasil em 16 de novembro de 1995, tem por fundamento a consciência de que a eliminação da violência contra a mulher é condição indispensável para seu desenvolvimento individual e social e sua plena e igualitária participação em todas as esferas de vida. Os estados-partes têm a obrigação de punir todas as formas de violência contra a mulher e de adotar políticas destinadas a prevenir e erradicar tal violência. E **violência contra a mulher entende-se por qualquer ato ou conduta baseado no gênero, que cause morte, dano ou sofrimento físico, sexual ou psicológico à mulher, tanto na esfera pública como na esfera privada** (art. 1º da Convenção). A Convenção, em seu art. 2º, define de maneira mais exata as três situações em que a violência contra a mulher pode ser configurada: **a)** dentro da família ou unidade doméstica ou em qualquer outra relação interpessoal, em que o agressor conviva ou haja convivido no mesmo domicílio que a mulher e que compreende, entre outros, estupro, violação, maus-tratos e abuso sexual; **b)** na comunidade e seja perpetrada por qualquer pessoa e que compreende, entre outros, violação, abuso sexual, tortura, maus tratos de pessoas, tráfico de mulheres, prostituição forçada, sequestro e assédio sexual no lugar de trabalho, bem como em instituições educacionais, estabelecimentos de saúde ou qualquer outro lugar; e **c)** perpetrada ou tolerada pelo Estado ou seus agentes, onde quer que ocorra. Percebe-se que a situação hipotética descrita na assertiva "I" enquadra-se perfeitamente na alínea *b* do art. 2º da Convenção e a situação hipotética descrita na assertiva "II" enquadra-se perfeitamente na alínea *a* do art. 2º da Convenção Interamericana para Prevenir, Punir e Erradicar a Violência contra a Mulher.

Gabarito "A"

(Defensor Público/MS – 2008 – VUNESP) A Convenção que faz parte do Sistema Interamericano de Direitos Humanos e que foi assinada em Belém do Pará é a Convenção Interamericana

(A) para Prevenir, Punir e Erradicar a Violência contra a Mulher.
(B) para Prevenir e Punir a Tortura.
(C) contra a Corrupção.
(D) sobre a Eliminação de todas as formas de Discriminação Racial.

A: correta. A Convenção Interamericana para Prevenir, Punir e Erradicar a Violência contra a Mulher, adotada em nove de junho de 1994, em Belém do Pará, no Brasil, e ratificada pelo Brasil em 16 de novembro de 1995, tem por fundamento a consciência de que a eliminação da violência contra a mulher é condição indispensável para seu desenvolvimento individual e social e sua plena e igualitária participação em todas as esferas de vida. Os estados-partes têm a obrigação de punir todas as formas de violência contra a mulher e de adotar políticas destinadas a prevenir e erradicar tal violência. E violência contra a mulher entende-se por qualquer ato ou conduta baseado no gênero, que cause morte, dano ou sofrimento físico, sexual ou psicológico à mulher, tanto na esfera pública como na esfera privada (art. 1º da Convenção). E para monitorar o cumprimento, pelos estados-partes, das obrigações constantes na Convenção, a Comissão Interamericana de Mulheres receberá relatórios confeccionados pelos estados-partes (art. 10 da Convenção) e a Comissão Interamericana de Direitos Humanos receberá petições individuais; **B:** incorreta. A Convenção Interamericana para Prevenir e Punir a Tortura, adotada em nove de dezembro de 1985, em Cartagena, na Colômbia, e ratificada pelo Brasil em nove de junho de 1989, tem por fundamento a consciência de que todo ato de tortura ou outros tratamentos ou penas cruéis, desumanos ou degradantes constituem uma ofensa à dignidade humana. Os estados-partes têm obrigação de proibir a tortura, esta não podendo ser utilizada nem mesmo em circunstâncias excepcionais. E para monitorar o cumprimento, pelos estados-partes, das obrigações constantes na Convenção, a Comissão Interamericana de Direitos Humanos receberá relatórios confeccionados pelos estados-partes, os quais auxiliarão na confecção do relatório anual da Comissão; **C:** incorreta. A Convenção Interamericana contra a Corrupção, adotada em 29 de março de 1996, na cidade da Caracas, na Venezuela, e ratificada pelo Brasil em 25 de junho de 2002, tem por fundamento a consciência de que a corrupção solapa a legitimidade das instituições públicas e atenta contra a sociedade, a ordem moral e a justiça, bem como contra o desenvolvimento integral dos povos e de que a democracia representativa, condição indispensável para a estabilidade, a paz e o desenvolvimento da região, exige, por sua própria natureza, o combate a toda forma de corrupção no exercício das funções públicas e aos atos de corrupção especificamente vinculados a seu exercício; **D:** incorreta. A Convenção Interamericana para a Eliminação de Todas as Formas de Discriminação contra as Pessoas Portadoras de Deficiência, adotada em sete de junho de 1999, na cidade da Guatemala, na Guatemala, e ratificada pelo Brasil em 17 de julho de 2001, tem por fundamento a consciência de que as pessoas portadoras de deficiência têm os mesmos direitos humanos e liberdades fundamentais que outras pessoas e que estes direitos, inclusive o direito de não ser submetidas a discriminação com base na deficiência, emanam da dignidade e da igualdade que são inerentes a todo ser humano. Os estados-partes têm obrigação de eliminar todas as formas de discriminação contra as pessoas portadoras de deficiência e de propiciar a sua plena integração à sociedade. E para monitorar o cumprimento, pelos estados-partes, das obrigações constantes na Convenção, foi criada a Comissão para a Eliminação de Todas as Formas de Discriminação contra as Pessoas Portadoras de Deficiência, que receberá relatórios confeccionados pelos estados-partes, os quais auxiliarão na confecção dos relatórios da Comissão.

Gabarito "A"

9. Direitos Humanos no Brasil

(Defensor Público/SP – 2012 – FCC) No Brasil, quando ocorre uma prisão em flagrante, o artigo 306 do Código de Processo Penal determina que haja a comunicação imediata do fato a um juiz. Confrontando tal dispositivo com o que determinam as normas do Pacto Internacional sobre Direitos Civis e Políticos e da Convenção Americana sobre Direitos Humanos, há

(A) compatibilidade entre a lei e os tratados, visto que a prisão imediatamente é submetida ao crivo do judiciário, com envio do auto de prisão em flagrante em vinte e quatro horas ao juiz.

(B) incompatibilidade entre a lei e os tratados, pois, segundo estes, o preso deve ser levado à presença de um juiz de direito em vinte e quatro horas para a determinação de seus direitos e obrigações.

(C) compatibilidade entre a lei e os tratados, pois o preso fica à disposição do juiz e do membro do Ministério Público que podem requisitá-lo para ser ouvido, se necessário.

(D) incompatibilidade entre a lei e os tratados, pois, segundo estes o preso tem direito a um Defensor Público que o acompanhe em seus depoimentos na Delegacia de Polícia.

(E) incompatibilidade entre a lei e os tratados, pois, segundo estes o preso tem o direito de ser ouvido, sem demora, por um juiz para a determinação de seus direitos e obrigações.

A única assertiva que faz a correta ponderação acerca do confronto entre o CPP e o Pacto Internacional sobre Direitos Civis e Políticos e a Convenção Americana sobre Direitos Humanos é a "E". Isso porque os dois tratados exigem a presença do preso perante a autoridade judiciária, não sendo suficiente a mera comunicação do fato a um juiz. Essa questão foi formulada com base no artigo intitulado Estudo sobre a Obrigatoriedade de Apresentação Imediata da Pessoa Presa ao juiz: Comparativo entre as previsões dos Tratados de Direitos Humanos e do Projeto de Código de Processo Penal. O autor desse artigo é o Prof. Carlos Weiss, membro da Defensoria Pública do Estado de São Paulo. Segue o endereço eletrônico onde o artigo pode ser acessado: http://www.defensoria.sp.gov.br/dpesp/Repositorio/31/Documentos/Estudo%20sobre%20a%20obrigatoriedade%20de%20apresentação%20imediata%20do%20preso%20ao%20juiz%20(1).pdf.

Gabarito "E"

(Defensor Público/SP – 2012 – FCC) Dos tratados internacionais abaixo, qual o Brasil ainda NÃO ratificou?

(A) Convenção sobre a Proteção dos Direitos de todos os Trabalhadores Migrantes e de suas Famílias.

(B) Convenção sobre os Direitos da Criança.

(C) Protocolo Facultativo da Convenção contra a Tortura e Outros Tratamentos ou Penas Cruéis, Desumanos ou Degradantes.

(D) Convenção sobre a Eliminação de Todas as Formas de Discriminação contra a Mulher.

(E) Protocolo Facultativo à Convenção sobre os Direitos da Pessoa com Deficiência.

Dos tratados listados nas assertivas, o Brasil apenas não ratificou a Convenção sobre a Proteção dos Direitos de todos os Trabalhadores Migrantes e de suas Famílias.

Gabarito "A"

9.1. Constituição Cidadã de 1988

(Defensor Público/AM – 2013 – FCC) Um assistido da Defensoria Pública obtém uma decisão favorável perante a Corte Interamericana de Direitos Humanos, determinando que o Estado Brasileiro o indenize pela morte de seu filho, causada por policiais em suposto caso de "*resistência seguida de morte*", que se revelou ser uma situação de execução extrajudicial. No entanto, o país se recusa a fazer o pagamento espontaneamente, sendo necessária a execução da sentença. A esse respeito, a decisão da Corte

(A) deve ser previamente homologada pelo Superior Tribunal de Justiça, na forma prevista pela Constituição Federal.

(B) pode ser executada diretamente no juízo de primeiro grau, observadas as regras de competência.

(C) não possui executoriedade direta no Brasil, em face do princípio da soberania estatal.

(D) somente pode ser executada se o Supremo Tribunal Federal tiver declarado sua validade para o direito interno.

(E) somente será exequível se houver o consentimento expresso do Poder Executivo Federal no caso concreto.

O cumprimento da sentença da Corte Interamericana se dá geralmente de maneira voluntária pelos Estados. Caso isso não ocorra, por exemplo, no Brasil, o cumprimento se dará mediante execução da sentença, como título executivo judicial, perante a justiça federal, consoante disposto no artigo 109, I, da CF. Mas deve-se saber que os Estados-partes da Convenção se comprometem a cumprir a decisão da Corte em todo caso em que forem parte (artigo 68 da Convenção Americana de Direitos Humanos).

Gabarito "B"

(Defensor Público/MS – 2008 – VUNESP) Insculpem-se dentre os princípios que o Brasil se rege, no que respeita às suas relações internacionais, os seguintes:

(A) autodeterminação dos povos, solução pacífica dos conflitos e garantia do desenvolvimento internacional.

(B) autodeterminação dos povos, defesa da paz e concessão de asilo político.

(C) defesa da paz, não intervenção e repúdio ao partidarismo.

(D) autodeterminação dos povos, igualdade entre os Estados e repúdio ao imperialismo.

"Art. 4º A República Federativa do Brasil rege-se nas suas relações internacionais pelos seguintes princípios:
I - independência nacional; II - prevalência dos direitos humanos; III - autodeterminação dos povos; IV - não intervenção; V - igualdade entre os Estados; VI - defesa da paz; VII - solução pacífica dos conflitos; VIII - repúdio ao terrorismo e ao racismo; IX - cooperação entre os povos para o progresso da humanidade; e X - concessão de asilo político". **A:** incorreta, pois garantia do desenvolvimento internacional não é um princípio que rege o Brasil nas relações internacionais; **B:** correta, pois trata-se de princípios que regem o Brasil nas relações internacionais (respectivamente art. 4º, III, VI e X, da CF); **C:** incorreta, pois repúdio ao partidarismo não é um princípio que rege o Brasil nas relações internacionais; **D:** incorreta, pois repúdio ao imperialismo não é um princípio que rege o Brasil nas relações internacionais.

Gabarito "B"

9.2. Incorporação de tratados no direito brasileiro

(Defensor Público/AM – 2013 – FCC) De acordo com a jurisprudência atualmente predominante no Supremo Tribunal Federal, um tratado internacional de direitos humanos, ratificado na forma do artigo 5º, parágrafo 2º, da Constituição Federal, possui força normativa equivalente à de norma

(A) formalmente constitucional.
(B) legal ordinária.
(C) legal complementar.
(D) supralegal e infraconstitucional.
(E) regulamentar.

Depois de internalizado, o tratado é equiparado hierarquicamente à norma ordinária infraconstitucional[31]. Com a edição da EC nº 45, os tratados de direitos humanos que forem aprovados, em cada Casa do Congresso Nacional, em dois turnos, por três quintos dos votos dos respectivos membros, serão equivalentes às emendas constitucionais – conforme o que determina o artigo 5º, § 3º, da CF[32]. Ou seja, tais tratados terão hierarquia constitucional quando aprovados por maioria qualificada no Congresso Nacional e forem ratificados e posteriormente publicados pelo presidente da República. Importante sublinhar que cabe ao Congresso Nacional decidir quando aprovará o tratado internacional de direitos humanos pelo quórum especial. Ou seja, ele não tem o dever de sempre aprovar os tratados de direitos humanos por maioria qualificada, mas tem o poder discricionário de decidir quando assim o fará. Muito se discutiu em relação à hierarquia dos tratados de direitos humanos que foram internalizados anteriormente à edição da EC nº 45. Em 3 de dezembro de 2008, o ministro Gilmar Mendes, no RE 466.343-SP, defendeu a tese da supralegalidade de tais tratados, ou seja, superior às normas infraconstitucionais e inferior às normas constitucionais. O voto do ministro Gilmar Mendes foi acompanhado pela maioria (posição atual do STF). Todavia, tal assunto desperta calorosas discussões: no mesmo recurso extraordinário em que foi exarada a tese da supralegalidade, por exemplo, o ministro Celso de Mello defendeu o caráter constitucional dos tratados de direitos humanos independentemente do quórum de aprovação. Apesar de a tese da supralegalidade ser um avanço da jurisprudência brasileira, deve-se apontar que uma leitura mais acurada da CF já permitiria apontar que os tratados de direitos humanos internalizados sem o procedimento especial teriam *status* constitucional, já que o § 2º do artigo 5º da CF inclui os direitos humanos provenientes de tratados entre seus direitos protegidos, ampliando seu bloco de constitucionalidade, o qual é composto de todas as normas do ordenamento jurídico que possuem *status* constitucional. Com o mesmo pensar preleciona Valerio de Oliveira Mazzuoli: "Da análise do § 2º do art. 5º da Carta brasileira de 1988, percebe-se que três são as vertentes, no texto constitucional brasileiro, dos direitos e garantias individuais: a) direitos e garantias *expressos* na Constituição, a exemplo dos elencados nos incisos I a LXXVIII do seu art. 5º, bem como outros fora do rol de direitos, mas dentro da Constituição, como a garantia da anterioridade tributária, prevista no art. 150, III, *b*, do Texto Magno; b) direitos e garantias *implícitos*, subtendidos nas regras de garantias, bem como os decorrentes do regime e dos princípios pela Constituição adotados, e c) direitos e garantias inscritos nos tratados internacionais em que a República Federativa do Brasil seja parte[33]". E continua o supracitado jurista: "O que se deve entender é que o *quorum* que o § 3º do art. 5º estabelece serve tão somente para atribuir eficácia *formal* a esses tratados no nosso ordenamento jurídico interno, e não para atribuir-lhes a índole e o nível *materialmente* constitucionais que eles já têm em virtude do § 2º do art. 5º da Constituição[34]".

Gabarito "D"

31 Os tratados e as convenções de direitos humanos não poderão ter *status* de lei complementar pela simples escolha do rito adotado para sua incorporação no direito brasileiro, isso porque a Constituição explicitamente elencou quais matérias devem ser exclusivamente tratadas por via de Lei Complementar.

32 Bem fundamentada é a crítica formulada por Valerio de Oliveira Mazzuoli ao mencionado § 3º do artigo 5º da CF: "também rompe a harmonia do sistema de integração dos tratados de direitos humanos no Brasil, uma vez que cria *categorias* jurídicas entre os próprios instrumentos internacionais de direitos humanos ratificados pelo governo, dando tratamento diferente para normas internacionais que têm o mesmo fundamento de validade, ou seja, hierarquizando diferentemente tratados que têm o mesmo conteúdo ético, qual seja, a proteção internacional dos direitos humanos. Assim, essa *desigualação dos desiguais* que permite o § 3º ao estabelecer ditas *categorias de tratados* é totalmente injurídica por violar o princípio (também constitucional) da *isonomia*" (MAZZUOLI, Valerio de Oliveira. **O controle jurisdicional da convencionalidade das leis**. 2. ed. São Paulo, p. 29).

33 MAZZUOLI, Valerio de Oliveira. **O controle jurisdicional da convencionalidade das leis**. 2. ed. São Paulo, p. 39-40.

34 MAZZUOLI, Valerio de Oliveira. **O controle jurisdicional da convencionalidade das leis**. 2. ed. São Paulo, p. 51.

(Defensor Público/PR – 2012 – FCC) Considerando o texto constitucional e a jurisprudência do Supremo Tribunal Federal, sobre a incorporação de normas internacionais ao ordenamento jurídico brasileiro, considere as afirmações abaixo.

I. Para valer no plano interno, não basta que a norma internacional seja assinada pelo Presidente da República, aprovada pelo Congresso Nacional e ratificada no plano internacional, é necessário ainda que a referida norma seja publicada no Diário Oficial da União por meio de um Decreto Presidencial.
II. As normas internacionais em geral, que não versem sobre direitos humanos, são incorporadas ao direito interno com o *status* de lei ordinária.
III. As normas internacionais especiais, que não versem sobre direitos humanos, prevalecem em relação às leis internas gerais.
IV. As normas internacionais de direitos humanos são incorporadas ao direito interno com *status* superior à legislação infraconstitucional.
V. As normas internacionais de direitos humanos que, no processo de incorporação ao direito interno, são aprovadas na Câmara dos Deputados e no Senado Federal, em dois turnos, por três quintos dos votos dos respectivos membros, passam a integrar o direito interno com o *status* de norma constitucional originária.

Está correto APENAS o que se afirma em

(A) III, IV e V.
(B) I, II e III.
(C) I, III e IV.
(D) II, III, IV e V.
(E) I, II, III e IV.

I: correta. No Brasil é necessário um procedimento complexo para proceder à ratificação de tratados. O Congresso Nacional deve aprovar o texto do tratado, e o fará por meio de um decreto legislativo[35] promulgado pelo presidente do Senado e publicado no Diário Oficial da União. Em seguida, cabe ao presidente da República ratificar ou não – lembrando que a aprovação congressional não obriga a ulterior ratificação do tratado pelo presidente da República. Por fim, o tratado regularmente concluído depende da promulgação e da publicidade levada a efeito pelo presidente da República para integrar o Direito Nacional. No Brasil, a promulgação ocorre por meio de decreto presidencial e a publicidade perfaz-se com a publicação no Diário Oficial; **II:** correta. Depois de internalizado, o tratado é equiparado hierarquicamente à norma ordinária infraconstitucional. Cabe frisar que os tratados e as convenções de direitos humanos não poderão ter *status* de lei complementar pela simples escolha do rito adotado para sua incorporação no direito brasileiro, isso porque a Constituição explicitamente elencou quais matérias devem ser exclusivamente tratadas por via de Lei Complementar; **III:** correta, pois, como dito no comentário anterior, depois de internalizado o tratado é equiparado hierarquicamente à norma ordinária infraconstitucional. Assim, as normas infraconstitucionais preexistentes ao tratado serão derrogadas quando com ele colidirem (critério cronológico) ou quando forem gerais e os tratados forem especiais (critério da especialidade). Percebe-se que por se tratar de normas de mesma hierarquia (o tratado e a lei interna), em caso de conflito deve-se utilizar os critérios de solução de antinomias aparentes; **IV:** correta. Com a edição da EC nº 45, os tratados de direitos humanos que forem aprovados, em cada Casa do Congresso Nacional, em dois turnos, por três quintos dos votos dos respectivos membros, serão equivalentes às emendas constitucionais – conforme o que determina o artigo 5º, § 3º, da CF[36]. Ou seja, tais tratados terão hierarquia constitucional quando aprovados por maioria qualificada no Congresso Nacional e forem ratificados e posteriormente publicados pelo presidente da República. Importante sublinhar que cabe ao Congresso Nacional decidir quando aprovará o tratado internacional de direitos humanos pelo quórum especial. Ou seja, ele não tem o dever de sempre aprovar os tratados de direitos humanos por maioria qualificada, mas tem o poder discricionário de decidir quando assim o fará. Muito se

35 Lembrando que as matérias de competência exclusiva do Congresso Nacional (artigo 49 da CF) devem ser normatizadas via decreto legislativo.

36 Bem fundamentada é a crítica formulada por Valerio de Oliveira Mazzuoli ao mencionado § 3º do artigo 5º da CF: "também rompe a harmonia do sistema de integração dos tratados de direitos humanos no Brasil, uma vez que cria *categorias* jurídicas entre os próprios instrumentos internacionais de direitos humanos ratificados pelo governo, dando tratamento diferente para normas internacionais que têm o mesmo fundamento de validade, ou seja, hierarquizando diferentemente tratados que têm o mesmo conteúdo ético, qual seja, a proteção internacional dos direitos humanos. Assim, essa *desigualação dos desiguais* que permite o § 3º ao estabelecer ditas *categorias de tratados* é totalmente injurídica por violar o princípio (também constitucional) da *isonomia*" (*op. cit.*, p. 29).

discutiu em relação à hierarquia dos tratados de direitos humanos que foram internalizados anteriormente à edição da EC nº 45. Em 3 de dezembro de 2008, o ministro Gilmar Mendes, no RE 466.343-SP, defendeu a tese da supralegalidade de tais tratados, ou seja, superior às normas infraconstitucionais e inferior às normas constitucionais. O voto do ministro Gilmar Mendes foi acompanhado pela maioria (posição atual do STF). Portanto, todo tratado de direitos humanos que for internalizado sem observar o procedimento estabelecido no artigo 5º, § 3º, da CF, tem *status* de norma supralegal; **V:** incorreta, pois serão equivalentes às emendas constitucionais e não possuirão *status* de norma constitucional originária. Ou seja, é obra do Poder Constituinte Derivado Reformador e não do Poder Constituinte Originário.

Gabarito "E"

(Defensor Público/SE – 2012 – CESPE) Relativamente ao entendimento do STF e do STJ acerca dos direitos humanos, assinale a opção correta.

(A) Nos termos da jurisprudência do STF, os tratados internacionais sobre direitos humanos aprovados antes da reforma constitucional promovida pela Emenda Constitucional n.º 45/2004 têm força de lei ordinária e os aprovados depois da referida emenda têm força, sempre, de norma supralegal.

(B) A despeito do previsto no Pacto de São José da Costa Rica, a prisão civil do depositário infiel é admitida pelo STF, conforme Súmula n.º 619/STF, segundo a qual a prisão do depositário judicial pode ser decretada no próprio processo em que se constitui o encargo, independentemente da propositura de ação de depósito.

(C) Ao qualificar os tratados internacionais como normas supralegais, o STF admite que tais acordos estão além do direito positivo, sobrepondo-se e servindo de paradigma a todas as normas do ordenamento jurídico brasileiro.

(D) De acordo com precedentes do STF, os programas nacionais de direitos humanos, dada a sua natureza jurídica, têm a mesma força normativa dos tratados internacionais sobre direitos humanos, aprovados pelo Congresso Nacional.

(E) Conforme a jurisprudência do STJ, o Poder Judiciário, em regra, deve limitar-se à verificação da legalidade do procedimento que tenha culminado em decisão do CONARE relativa ao indeferimento de refúgio de estrangeiro.

A: incorreta. Em 3 de dezembro de 2008, o ministro Gilmar Mendes, no RE 466.343-SP, defendeu a tese da supralegalidade dos tratados de direitos humanos que foram internalizados anteriormente à edição da EC nº 45, ou seja, superior às normas infraconstitucionais e inferior às normas constitucionais. O voto do ministro Gilmar Mendes foi acompanhado pela maioria (posição atual do STF). Portanto, todo tratado de direitos humanos que for internalizado sem observar o procedimento estabelecido no artigo 5º, § 3º, da CF, tem *status* de norma supralegal; **B:** incorreta, pois a Súmula Vinculante do STF não deixa dúvidas: é ilícita a prisão civil de depositário infiel, qualquer que seja a modalidade do depósito; **C:** incorreta. Primeiro, não são todos os tratados internacionais que são considerados normas supralegais, apenas os de direitos humanos. Segundo, mesmo com essa nova qualificação, o parâmetro de validade para todo o ordenamento jurídico brasileiro continua sendo a Constituição da República; **D:** incorreta, pois a assertiva não está de acordo com os precedentes do STF; **E:** correta. O reconhecimento e a declaração da condição de refugiado no Brasil são da competência do Comitê Nacional para os Refugiados (Conare[37]). Além disso, o Conare tem competência para decidir a cessação, em primeira instância, *ex officio* ou mediante requerimento das autoridades competentes, da condição de refugiado e para determinar a perda, em primeira instância, da condição de refugiado. Em termos gerais, o procedimento para obtenção do *status* de refugiado no Brasil segue estas etapas: **a)** autorização de residência provisória: recebida a solicitação de refúgio, o Departamento de Polícia Federal emite um protocolo em favor do solicitante e de seu grupo familiar que se encontre no território nacional, autorizando a estada até a decisão final do processo (artigo 21 da Lei nº 9.474/1997); **b)** instrução e relatório: finda a instrução, a autoridade competente elabora, de imediato, relatório, que será enviado ao Secretário do Conare para inclusão na pauta da próxima reunião desse Colegiado (artigo 24 da Lei nº 9.474/1997); **c)** decisão: a decisão pelo reconhecimento da condição de refugiado é considerada ato declaratório e deve estar devidamente fundamentada (artigo 26 da Lei nº 9.474/1997); **d)** recurso: em caso de decisão negativa, esta deve ser fundamentada na notificação ao solicitante, cabendo direito de recurso ao ministro da Justiça, no prazo de 15 dias, contados do recebimento da notificação. A decisão do ministro da Justiça não é passível de recurso (artigos 29 e 31 da Lei nº 9.474/1997). Importante destacar que, consoante jurisprudência do STJ, o Poder Judiciário, em regra, deve limitar-se à verificação da legalidade do procedimento do CONARE que tenha indeferido o refúgio em benefício de estrangeiro. No caso de recusa definitiva de refúgio, fica o solicitante sujeito à legislação de estrangeiros, não devendo ocorrer sua transferência para seu país de nacionalidade ou de residência habitual, enquanto permanecerem as circunstâncias que põem em risco sua vida, integridade física e liberdade, exceto se o solicitante tiver cometido crime contra a paz, crime de guerra, crime contra a humanidade, crime hediondo, participado de atos terroristas ou tráfico de drogas ou seja considerado culpado de atos contrários aos fins e princípios das Nações Unidas.

Gabarito "E"

(Defensor Público/BA – 2010 – CESPE) Julgue o seguinte item, acerca da teoria geral do direito internacional dos direitos humanos e à incorporação dos tratados internacionais de direitos humanos no Brasil.

(1) A sistemática concernente ao exercício do poder de celebrar tratados é deixada a critério de cada Estado. Em matéria de direitos humanos, são estabelecidas, na CF, duas categorias de tratados internacionais: a dos materialmente constitucionais e a dos materialmente e formalmente constitucionais.

1: correta: Com a edição da Emenda Constitucional n. 45, os tratados de direitos humanos que forem aprovados, em cada Casa do Congresso Nacional, em dois turnos, por três quintos dos votos dos respectivos membros, serão equivalentes às emendas constitucionais – conforme ao que determina o artigo 5º, § 3º, da CF. Ou seja, tais tratados terão hierarquia constitucional (materialmente e formalmente constitucionais). Muito se discutiu em relação à hierarquia dos tratados de direitos humanos que foram internalizados anteriormente à edição da EC n. 45. Mas em 3 de dezembro de 2008, o Min. Gilmar Mendes, no *RE* 466.343-SP, defendeu a tese da supralegalidade de tais tratados, ou seja, superior às normas infraconstitucionais e inferior às normas constitucionais. O voto do Min. Gilmar Mendes foi acompanhado pela maioria. Todavia, tal assunto desperta calorosas discussões, tome de exemplo que, no mesmo recurso extraordinário em que foi exarada a tese da supralegalidade, o Min. Celso de Mello defendeu o caráter constitucional dos tratados de direitos humanos independentemente do quórum de aprovação (materialmente constitucionais). Apesar de a tese da supralegalidade ser um avanço da jurisprudência brasileira, deve-se apontar que uma leitura mais acurada da CF já permitiria apontar que os tratados de direitos humanos internalizados sem o procedimento especial teriam *status* constitucional, isto porque o § 2º do artigo 5º da CF inclui os direitos humanos provenientes de tratados dentre os seus direitos protegidos, ampliando o seu bloco de constitucionalidade, o qual é composto por todas as normas do ordenamento jurídico que possuem *status* constitucional.

Gabarito 1C

(Defensor Público/AM – 2010 – I. Cidades) A respeito do *status* jurídico dos tratados internacionais que versem sobre direitos humanos no Brasil, assinale a alternativa correta:

(A) Os tratados e convenções internacionais sobre direitos humanos que forem aprovados, em cada Casa do Congresso Nacional, em dois turnos, pela maioria absoluta dos votos dos respectivos membros, serão equivalentes às emendas constitucionais.

(B) Os tratado e convenções internacionais sobre direitos humanos que foram incorporados ao ordenamento jurídico brasileiro pela forma comum, ou seja, sem observar o disposto no artigo 5º, § 3º, da Constituição Federal, possuem, segundo a posição que prevaleceu no Supremo Tribunal Federal, *status* supralegal, mas infraconstitucional.

(C) Os tratados e convenções internacionais sobre direitos humanos não podem ampliar o rol de direitos e garantias fundamentais previstos na Constituição, pois, no Brasil, é pacífico o entendimento de que, sob pena de ofensa ao princípio da soberania, a Constituição sempre deve prevalecer sobre os tratados internacionais.

(D) O *status* jurídico dos tratados e convenções sobre direitos humanos dependerá da forma como estes documentos internacionais foram incorporados ao nosso ordenamento jurídico. Se a forma de incorporação seguiu o rito de aprovação de lei ordinária, terá *status* de lei ordinária; se seguiu o rito de aprovação de lei complementar, terá *status* de lei complementar; se seguiu o rito de aprovação de emenda constitucional, terá *status* de norma constitucional.

(E) O Supremo Tribunal Federal tem posição consolidada no sentido de que não há justificativa razoável para diferenciar o status jurídico dos tratados internacionais de direitos humanos dos tratados comuns, pois se a Constituição não distinguiu não cabe ao intérprete distinguir.

37 Órgão encarregado de fazer a análise relacional entre o receio de perseguição e o dado objetivo ligado à situação sociopolítica do país de origem.

A: incorreta. Com a edição da Emenda Constitucional n. 45, os tratados de direitos humanos que forem aprovados, em cada Casa do Congresso Nacional, em dois turnos, **por três quintos dos votos dos respectivos membros**, serão equivalentes às emendas constitucionais – consoante ao que determina o artigo 5º, § 3º, da CF. Ou seja, tais tratados terão hierarquia constitucional; **B:** correta. Em 3 de dezembro de 2008, o Min. Gilmar Mendes, no *RE* 466.343-SP, defendeu a tese da supralegalidade de tais tratados, ou seja, superior às normas infraconstitucionais e inferior às normas constitucionais. O voto do Min. Gilmar Mendes foi acompanhado pela maioria. Todavia, tal assunto desperta calorosas discussões, tome de exemplo que, no mesmo recurso extraordinário em que foi exarada a tese da supralegalidade, o Min. Celso de Mello defendeu o caráter constitucional dos tratados de direitos humanos independentemente do quórum de aprovação. Apesar de a tese da supralegalidade ser um avanço da jurisprudência brasileira, deve-se apontar que uma leitura mais acurada da CF já permitiria apontar que os tratados de direitos humanos internalizados sem o procedimento especial teriam *status* constitucional, isto porque o § 2º do artigo da 5º CF inclui os direitos humanos provenientes de tratados dentre os seus direitos protegidos, ampliando o seu bloco de constitucionalidade; **C:** incorreta, pois a própria Constituição no seu art. 5º, § 2º, inclui os direitos humanos provenientes de tratados dentre os seus direitos protegidos, ampliando o seu bloco de constitucionalidade. Lembrando que o bloco de constitucionalidade é composto por todas as normas do ordenamento jurídico que possuem *status* constitucional; **D:** incorreta. O tratado só passará a ter validade interna após ter sido aprovado pelo Congresso Nacional e ratificado e promulgado pelo Presidente da República. Devemos lembrar que a promulgação é efetuada mediante decreto presidencial. Depois de internalizado, o tratado é equiparado hierarquicamente à norma infraconstitucional. Com a edição da Emenda Constitucional n. 45, os tratados de direitos humanos que forem aprovados, em cada Casa do Congresso Nacional, em dois turnos, por três quintos dos votos dos respectivos membros, serão equivalentes às emendas constitucionais – conforme ao que determina o artigo 5º, § 3º, da CF. Ou seja, tais tratados terão hierarquia constitucional. Mas os tratados e as convenções de direitos humanos não poderão ter *status* de lei complementar pela simples escolha do rito adotado para sua incorporação no direito brasileiro, isso porque a Constituição explicitamente elencou quais as matérias que devem ser exclusivamente tratadas por via de Lei Complementar; **E:** incorreta, pois com a edição da Emenda Constitucional n. 45, os tratados de direitos humanos que forem aprovados, em cada Casa do Congresso Nacional, em dois turnos, por três quintos dos votos dos respectivos membros, serão equivalentes às emendas constitucionais – conforme ao que determina o artigo 5º, § 3º, da CF. Ou seja, tais tratados terão hierarquia constitucional. Muito se discutiu em relação à hierarquia dos tratados de direitos humanos que foram internalizados anteriormente à edição da EC n. 45. Mas em 3 de dezembro de 2008, o Min. Gilmar Mendes, no *RE* 466.343-SP, defendeu a tese da supralegalidade de tais tratados, ou seja, superior às normas infraconstitucionais e inferior às normas constitucionais. O voto do Min. Gilmar Mendes foi acompanhado pela maioria. Todavia, tal assunto desperta calorosas discussões, tome de exemplo que, no mesmo recurso extraordinário em que foi exarada a tese da supralegalidade, o Min. Celso de Mello defendeu o caráter constitucional dos tratados de direitos humanos independentemente do quórum de aprovação. Percebe-se que existe uma clara distinção, agora até regida pela Constituição, entre o *status* jurídico dos tratados de direitos humanos e dos comuns.

Gabarito "B"

(Defensoria Pública/SP – 2010 – FCC) Tendo em conta a Emenda Constitucional nº 45, de 2004, em relação à incorporação ao direito interno e à respectiva posição hierárquica dos tratados internacionais de direitos humanos ratificados pelo Brasil, é correto afirmar:

(A) Os tratados e convenções internacionais sobre direitos humanos que vierem a ser aprovados por três quintos dos votos dos membros de cada Casa do Congresso Nacional terão força de emendas constitucionais.

(B) Os tratados e convenções internacionais sobre direitos humanos ratificados pelo Brasil previamente à edição da Emenda Constitucional nº 45 deixaram de integrar o direito interno.

(C) O Supremo Tribunal Federal firmou jurisprudência entendendo que os tratados internacionais de direitos humanos ratificados pelo Brasil nos termos da Emenda Constitucional nº 45 possuem natureza supralegal e infraconstitucional.

(D) Os tratados e convenções internacionais sobre direitos humanos que haviam sido aprovados pelo Congresso Nacional previamente à edição da Emenda Constitucional nº 45 foram equiparados às emendas constitucionais.

(E) O Supremo Tribunal Federal firmou jurisprudência entendendo que os tratados internacionais de direitos humanos ratificados pelo Brasil previamente à edição da Emenda Constitucional nº 45 possuem natureza materialmente constitucional.

A, B, C, D e **E:** com a edição da Emenda Constitucional n. 45, os tratados de direitos humanos que forem aprovados, em cada Casa do Congresso Nacional, em dois turnos, por três quintos dos votos dos respectivos membros, serão equivalentes às emendas constitucionais – conforme ao que determina o artigo 5º, § 3º, da CF. Ou seja, tais tratados terão hierarquia constitucional. Muito se discutiu em relação à hierarquia dos tratados de direitos humanos que foram internalizados anteriormente à edição da EC n. 45. Mas em 3 de dezembro de 2008, o Min. Gilmar Mendes, no *RE* 466.343-SP, defendeu a tese da supralegalidade de tais tratados, ou seja, superior às normas infraconstitucionais e inferior às normas constitucionais. O voto do Min. Gilmar Mendes foi acompanhado pela maioria. Todavia, tal assunto desperta calorosas discussões, tome de exemplo que, no mesmo recurso extraordinário em que foi exarada a tese da supralegalidade, o Min. Celso de Mello defendeu o caráter constitucional dos tratados de direitos humanos independentemente do quórum de aprovação. Apesar de a tese da supralegalidade ser um avanço da jurisprudência brasileira, deve-se apontar que uma leitura mais acurada da CF já permitiria apontar que os tratados de direitos humanos internalizados sem o procedimento especial teriam *status* constitucional, isto porque o § 2º do artigo 5º da CF inclui os direitos humanos provenientes de tratados dentre os seus direitos protegidos, ampliando o seu bloco de constitucionalidade, o qual é composto por todas as normas do ordenamento jurídico que possuem *status* constitucional.

Gabarito "A"

(Defensoria/MT – 2009 – FCC) A Emenda Constitucional nº 45, trouxe modificações quanto à incorporação ao direito interno dos tratados internacionais de direitos humanos e sua aplicação no Brasil. Em face dessas alterações,

(A) apenas têm aplicabilidade imediata as normas definidoras dos direitos e garantias fundamentais, decorrentes de tratados e convenções internacionais sobre direitos humanos que forem aprovados no Congresso Nacional em dois turnos e por três quintos dos votos.

(B) as normas definidoras dos direitos e garantias fundamentais, decorrentes de tratados e convenções internacionais sobre direitos humanos ratificados anteriormente à promulgação da EC 45, foram expressamente equiparadas às normas de hierarquia constitucional.

(C) o Brasil passou a se submeter à jurisdição dos tribunais internacionais de direitos humanos, a cuja criação tenha manifestado adesão.

(D) a denúncia de tratados e convenções internacionais sobre direitos humanos, ratificados pela República Federativa do Brasil, fica sujeita à autorização do Congresso Nacional.

(E) somente as normas decorrentes de tratados e convenções internacionais sobre direitos humanos, aprovados no Congresso Nacional em dois turnos e por três quintos dos votos, são expressamente reconhecidas como equivalentes às emendas constitucionais.

A: incorreta, o art. 5º, § 1º, da CF determina que as normas definidoras dos direitos e garantias fundamentais têm aplicação imediata, isto é, o juiz pode aplicar diretamente os direitos fundamentais, independentemente do rito de aprovação pelo Congresso Nacional no caso de direitos decorrentes de tratados e também sem a necessidade de qualquer lei que os regulamente. Tal regra tem por base o *princípio da força normativa da constituição* idealizado por Konrad Hesse. E o § 2º é enfático: "Os direitos e garantias expressos nesta Constituição não excluem outros decorrentes do regime e dos princípios por ela adotados, ou dos tratados internacionais em que a República Federativa do Brasil seja parte". Tal estipulação possibilita a ampliação progressiva dos direitos fundamentais, pois o Brasil poderá aumentar seu catálogo de direitos à medida que internaliza tratados internacionais de direitos humanos. Assim, a comunhão dos §§1º e 2º permite-nos concluir que um tratado de direitos humanos internalizado pelo Brasil faz parte de seu bloco de constitucionalidade e, assim, pode ser aplicado direta e imediatamente pelo juiz. Lembrando que o bloco de constitucionalidade é composto por todas as normas do ordenamento jurídico que possuem *status* constitucional; **B:** Muito se discutiu em relação à hierarquia dos tratados de direitos humanos que foram internalizados anteriormente à edição da EC n. 45. Mas em 3 de dezembro de 2008, o Min. Gilmar Mendes, no *RE* 466.343-SP, defendeu a tese da supralegalidade de tais tratados, ou seja, superior às normas infraconstitucionais e inferior às normas constitucionais. O voto do Min. Gilmar Mendes foi acompanhado pela maioria. Todavia, tal assunto desperta calorosas discussões, tome de exemplo que, no mesmo recurso extraordinário em que foi exarada a tese da supralegalidade, o Min. Celso de Mello defendeu o caráter constitucional dos tratados de direitos humanos independentemente do quórum de aprovação. Apesar de a tese da supralegalidade ser um avanço da jurisprudência brasileira, deve-se apontar que uma leitura mais acurada da CF já permitiria apontar que os tratados de direitos humanos internalizados sem o procedimento especial teriam *status* constitucional, isto porque o § 2º do art. 5º da CF inclui os direitos humanos provenientes de tratados dentre os seus direitos protegidos, ampliando o seu bloco de constitucionalidade, o qual é composto por todas as normas do ordenamento jurídico que possuem *status* constitucional; **C:** incorreta, pois a EC 45/2004 incluiu o § 4º ao art. 5º da CF, que submete o Brasil à jurisdição de Tribunal Penal Internacional a cuja criação tenha manifestado adesão e não à jurisdição dos tribunais internacionais de direitos humanos; **D:** incorreta, pois a EC 45/2004 não trouxe disposição nesse sentido. Vale lembrar que a denúncia assemelha-se à ratificação e à adesão, ou seja, é necessário um procedimento complexo em que tanto o Congresso Nacional como o Presidente da República emitam sua chancela. Daí a discussão sobre a necessidade de ambos os poderes participarem ou apenas um. Parece lógico que onde a comunhão de vontades entre os Poderes Executivo e Legislativo seja necessária para tornar o estado obrigado por um acordo internacional, seja suficiente apenas a vontade de um daqueles dois poderes para desobrigá-lo por meio da denúncia. O consentimento do estado apoiava--se sobre duas bases, destarte, quando não mais existir uma destas, a consequência será a denúncia do tratado. Todavia, quando se trata de tratados internacionais de direitos humanos, o princípio de proibição do retrocesso social impede a denúncia desses tratados; **E:** correta. Com a edição da Emenda Constitucional n. 45, os tratados de direitos humanos que forem aprovados, em cada Casa do Congresso Nacional, em dois turnos, por três quintos dos votos dos respectivos membros, serão equivalentes às emendas constitucionais – conforme ao que determina o artigo 5º, § 3º, da CF. Ou seja, tais tratados terão hierarquia constitucional.

Gabarito "E"

(Defensoria/PI – 2009 – CESPE) A respeito da incorporação dos tratados internacionais de proteção dos direitos humanos ao direito brasileiro, assinale a opção correta.

(A) Antes da EC nº 45, não havia, na doutrina brasileira, menção ao fato de que os tratados internacionais sobre direitos humanos deveriam ter o status de norma constitucional.

(B) Após a EC nº 45, todos os tratados internacionais passaram a possuir status de norma constitucional.

(C) Após a EC nº 45, foi dado nova abordagem aos tratados internacionais sobre direitos humanos.

(D) Os tratados internacionais sobre direitos humanos não necessitam de aprovação pelo Congresso Nacional.

(E) O STF sempre considerou o tratado internacional sobre direitos humanos como norma constitucional superveniente.

A: incorreta, pois a EC 45/2004 veio exatamente acolher esse entendimento doutrinário, ao incluir o § 3º ao art. 5º da CF. O entendimento doutrinário tem por base o § 2º do art. 5º da CF: "Os direitos e garantias expressos nesta Constituição não excluem outros decorrentes do regime e dos princípios por ela adotados, ou dos tratados internacionais em que a República Federativa do Brasil seja parte". Tal estipulação possibilita a ampliação progressiva dos direitos fundamentais, pois o Brasil poderá aumentar seu catálogo de direitos à medida que internaliza tratados internacionais de direitos humanos. Assim, a comunhão dos § § 1º e 2º do art. 5º da CF permite-nos concluir que um tratado de direitos humanos internalizado pelo Brasil faz parte de seu bloco de constitucionalidade e, assim, pode ser aplicado direta e imediatamente pelo juiz. Lembrando que o bloco de constitucionalidade é composto por todas as normas do ordenamento jurídico que possuem *status* constitucional; **B:** incorreta, pois com a edição da Emenda Constitucional n. 45, os tratados de direitos humanos que forem aprovados, em cada Casa do Congresso Nacional, em dois turnos, por três quintos dos votos dos respectivos membros, serão equivalentes às emendas constitucionais – conforme ao que determina o artigo 5º, § 3º, da CF. Ou seja, apenas tais tratados terão hierarquia constitucional; **C:** correta, pois com a edição da Emenda Constitucional n. 45, os tratados de direitos humanos que forem aprovados, em cada Casa do Congresso Nacional, em dois turnos, por três quintos dos votos dos respectivos membros, serão equivalentes às emendas constitucionais – conforme ao que determina o artigo 5º, § 3º, da CF. Ou seja, tais tratados terão hierarquia constitucional; **D:** incorreta, pois todos os tratados, inclusive os de direitos humanos, só passarão a ter validade interna após terem sido aprovados pelo Congresso Nacional e ratificados e promulgados pelo Presidente da República. Lembremos ainda que a promulgação é efetuada mediante decreto presidencial; **E:** incorreta, pois apenas com a edição da Emenda Constitucional n. 45, os tratados de direitos humanos que forem aprovados, em cada Casa do Congresso Nacional, em dois turnos, por três quintos dos votos dos respectivos membros, serão equivalentes às emendas constitucionais – conforme ao que determina o artigo 5º, § 3º, da CF. Ou seja, tais tratados terão hierarquia constitucional. Muito se discutiu em relação à hierarquia dos tratados de direitos humanos que foram internalizados anteriormente à edição da EC n. 45. Mas em 3 de dezembro de 2008, o Min. Gilmar Mendes, no *RE* 466.343-SP, defendeu a tese da supralegalidade de tais tratados, ou seja, superior às normas infraconstitucionais e inferior às normas constitucionais. O voto do Min. Gilmar Mendes foi acompanhado pela maioria. Todavia, tal assunto desperta calorosas discussões, tome de exemplo que, no mesmo recurso extraordinário em que foi exarada a tese da supralegalidade, o Min. Celso de Mello defendeu o caráter constitucional dos tratados de direitos humanos independentemente do quórum de aprovação.

Gabarito "C"

(Defensoria/SP – 2009 – FCC) A incorporação, no Brasil, de um tratado internacional de direitos humanos exige a

(A) assinatura do tratado, sua aprovação pelo Poder Legislativo e sua ratificação pelo presidente da República.

(B) aprovação pelo Poder Legislativo e a ratificação pelo presidente da República.

(C) ratificação pelo presidente da República e a edição de um decreto de execução.

(D) assinatura do tratado, sua aprovação pelo Poder Legislativo, sua ratificação pelo presidente da República e a edição de um decreto de execução.

(E) ratificação pelo presidente da República.

A, B, C, D e **E:** primeiro tem-se a assinatura, que é o ato que finaliza uma negociação, fixando e autenticando o texto do tratado, mas, acima disso, exteriorizando preliminarmente o consentimento das pessoas jurídicas de direito internacional que os signatários representam. Deve-se dizer que a assinatura não cria a obrigação de ratificar o acordado, mas é o primeiro passo rumo à ratificação. Necessário apontar que alguns tratados de importância reduzida não exigem a ratificação, bastando a assinatura para colocá-los em vigência. Aliás, esta é a prática adotada entre os países da União Europeia. Depois, é necessário um procedimento complexo para proceder à ratificação de tratados. O Congresso Nacional tem que aprovar o texto do tratado, e o fará por meio de um decreto legislativo promulgado pelo Presidente do Senado e publicado no Diário Oficial da União. Após, cabe ao Presidente da República ratificar ou não – lembrando que a aprovação congressional não obriga a ulterior ratificação do tratado pelo Presidente da República. Por fim, o tratado regularmente concluído depende da promulgação e da publicidade levada a efeito pelo Presidente da República para integrar o direito nacional. E no Brasil a promulgação ocorre por meio de decreto presidencial e a publicidade perfaz-se com a publicação no Diário Oficial.

Gabarito "A"

(Defensoria/SP – 2006 – FCC) Segundo a interpretação predominante no Supremo Tribunal Federal a respeito do artigo 5º, § 2º, da Constituição de 1988, os tratados internacionais de direitos humanos ratificados pelo País, que passaram a integrar o Direito Brasileiro, possuem natureza de

(A) Lei ordinária federal.

(B) Lei complementar federal.

(C) Norma constitucional.

(D) Decreto.

(E) Lei delegada.

A, B, C, D e **E:** depois de internalizado, o tratado é equiparado hierarquicamente à norma infraconstitucional. Mas com a edição da Emenda Constitucional n. 45, os tratados de direitos humanos que forem aprovados, em cada Casa do Congresso Nacional, em dois turnos, por três quintos dos votos dos respectivos membros, serão equivalentes às emendas constitucionais – conforme ao que determina o artigo 5º, § 3º, da CF. Ou seja, tais tratados terão hierarquia constitucional. Muito se discutiu em relação à hierarquia dos tratados de direitos humanos que foram internalizados anteriormente à edição da EC n. 45. Mas em 3 de dezembro de 2008, o Min. Gilmar Mendes, no *RE* 466.343-SP, defendeu a tese da supralegalidade de tais tratados, ou seja, superior às normas infraconstitucionais e inferior às normas constitucionais. O voto do Min. Gilmar Mendes foi acompanhado pela maioria. Todavia, tal assunto desperta calorosas discussões, tome de exemplo que, no mesmo recurso extraordinário em que foi exarada a tese da supralegalidade, o Min. Celso de Mello defendeu o caráter constitucional dos tratados de direitos humanos independentemente do quórum de aprovação. Apesar de a tese da supralegalidade ser um avanço da jurisprudência brasileira (que na época de formulação dessa questão considerava o tratado de direitos humanos internalizado como norma infraconstitucional), deve-se apontar que uma leitura mais acurada da CF já permitiria apontar que os tratados de direitos humanos internalizados sem o procedimento especial teriam *status* constitucional, isto porque o § 2º do artigo 5º da CF inclui os direitos humanos provenientes de tratados dentre os seus direitos protegidos, ampliando o seu bloco de constitucionalidade, o qual é composto por todas as normas do ordenamento jurídico que possuem *status* constitucional. Deve-se dizer, por fim, que os tratados e as convenções de direitos humanos não poderão ter *status* de lei complementar pela simples escolha do rito adotado para sua incorporação no direito brasileiro, isso porque a Constituição explicitamente elencou quais as matérias que devem ser exclusivamente tratadas por via de Lei Complementar.

Gabarito "A"

9.3. Programa Nacional de Direitos Humanos e Órgãos Nacionais de Proteção

(Defensor Público/RO – 2012 – CESPE) O Programa Nacional de Direitos Humanos

(A) identifica, desde a sua primeira edição, os órgãos estatais diretamente responsáveis pela realização das diretrizes ou ações nele previstas.

(B) é atualizado respeitando-se a periodicidade estabelecida na CF.

(C) não foi positivado quando de sua primeira edição, já que havia sido produzido exclusivamente por iniciativa da sociedade civil organizada.

(D) incorporou ações especificamente relacionadas à DP apenas a partir de sua segunda edição.

(E) encontra-se em sua terceira edição, que incorporou proposições oriundas da 11.ª Conferência Nacional dos Direitos Humanos e de outras tantas conferências temáticas nacionais.

A única assertiva que traz informação correta acerca do Programa Nacional de Direitos Humanos é a "E". O PNDH3 será implementado de acordo com seus seis eixos orientadores e suas respectivas diretrizes, os quais são os seguintes: a) Eixo Orientador I - Interação democrática entre Estado e sociedade civil: a.1) Diretriz **1:** Interação democrática entre Estado e sociedade civil como instrumento de fortalecimento da democracia participativa; a.2) Diretriz **2:** Fortalecimento dos Direitos Humanos como instrumento transversal das políticas públicas e de interação democrática; e a.3) Diretriz **3:** Integração e ampliação dos sistemas de informações em Direitos Humanos e construção de mecanismos de avaliação e monitoramento de sua efetivação; b) Eixo Orientador II - Desenvolvimento e Direitos Humanos: b.1) Diretriz **4:** Efetivação de modelo de desenvolvimento sustentável, com inclusão social e econômica, ambientalmente equilibrado e tecnologicamente responsável, cultural e regionalmente diverso, participativo e não discriminatório; b.2) Diretriz **5:** Valorização da pessoa humana como sujeito central do processo de desenvolvimento; e b.3) Diretriz **6:** Promover e proteger os direitos ambientais como Direitos Humanos, incluindo as gerações futuras como sujeitos de direitos; c) Eixo Orientador III - Universalizar direitos em um contexto de desigualdades: c.1) Diretriz **7:** Garantia dos Direitos Humanos de forma universal, indivisível e interdependente, assegurando a cidadania plena; c.2) Diretriz **8:** Promoção dos direitos de crianças e adolescentes para o seu desenvolvimento integral, de forma não discriminatória, assegurando seu direito de opinião e participação; c.3) Diretriz **9:** Combate às desigualdades estruturais; e c.4) Diretriz **10:** Garantia da igualdade na diversidade; d) Eixo Orientador IV - Segurança Pública, Acesso à Justiça e Combate à Violência: d.1) Diretriz **11:** Democratização e modernização do sistema de segurança pública; d.2) Diretriz **12:** Transparência e participação popular no sistema de segurança pública e justiça criminal; d.3) Diretriz **13:** Prevenção da violência e da criminalidade e profissionalização da investigação de atos criminosos; d.4) Diretriz **14:** Combate à violência institucional, com ênfase na erradicação da tortura e na redução da letalidade policial e carcerária; d.5) Diretriz **15:** Garantia dos direitos das vítimas de crimes e de proteção das pessoas ameaçadas; d.6) Diretriz **16:** Modernização da política de execução penal, priorizando a aplicação de penas e medidas alternativas à privação de liberdade e melhoria do sistema penitenciário; e d.7) Diretriz **17:** Promoção de sistema de justiça mais acessível, ágil e efetivo, para o conhecimento, a garantia e a defesa de direitos; e) Eixo Orientador V - Educação e Cultura em Direitos Humanos: e.1) Diretriz **18:** Efetivação das diretrizes e dos princípios da política nacional de educação em Direitos Humanos para fortalecer uma cultura de direitos; e.2) Diretriz **19:** Fortalecimento dos princípios da democracia e dos Direitos Humanos nos sistemas de educação básica, nas instituições de ensino superior e nas instituições formadoras; e.3) Diretriz **20:** Reconhecimento da educação não formal como espaço de defesa e promoção dos Direitos Humanos; e.4) Diretriz **21:** Promoção da Educação em Direitos Humanos no serviço público; e e.5) Diretriz **22:** Garantia do direito à comunicação democrática e ao acesso à informação para consolidação de uma cultura em Direitos Humanos; f) Eixo Orientador VI - Direito à Memória e à Verdade: f.1) Diretriz **23:** Reconhecimento da memória e da verdade como Direito Humano da cidadania e dever do Estado; f.2) Diretriz **24:** Preservação da memória histórica e construção pública da verdade; e f.3) Diretriz **25:** Modernização da legislação relacionada com promoção do direito à memória e à verdade, fortalecendo a democracia. Por sua parte, cada diretriz contém objetivos estratégicos, os quais se encontram no Anexo do Decreto nº 7.037/2009. Para facilitar a implementação das diretrizes e seus respectivos objetivos estratégicos, foi criado o Comitê de Acompanhamento e Monitoramento do PNDH3. O Comitê terá as seguintes atribuições: a) promover a articulação entre os órgãos e entidades envolvidos na implementação das suas ações programáticas; b) elaborar os Planos de Ação dos Direitos Humanos; c) estabelecer indicadores para o acompanhamento, monitoramento e avaliação dos Planos de Ação dos Direitos Humanos; d) acompanhar a implementação das ações e recomendações; e e) elaborar e aprovar seu regimento interno (art. 4º do Decreto nº 7.037/2009). Cabe, por fim, dizer que o Decreto nº 7.177/2010 alterou alguns pontos do Decreto nº 7.037/2009.

Gabarito "E".

(Defensor Público/PR – 2012 – FCC) Sobre o Conselho de Defesa dos Direitos da Pessoa Humana - CDDPH e o Conselho Permanente dos Direitos Humanos do Estado do Paraná - COPEP, é correto afirmar:

(A) O CDDPH tem competência para promover inquéritos e investigações em matéria de direitos humanos, a fim de assegurar a observância dos direitos previstos na Declaração Americana dos Direitos e Deveres Fundamentais do Homem e na Declaração Universal dos Direitos Humanos, podendo tomar o depoimento de autoridades federais, estaduais e municipais, requisitar informações e documentos e, inclusive, intimar testemunhas de acordo com as normas do Código de Processo Penal.

(B) A atuação inicial do CDDPH foi frustrada pelo golpe militar que aconteceu no Brasil alguns dias depois da edição da lei que instituiu o mencionado Conselho, uma vez que não se assegurava no referido instrumento legislativo a participação de integrantes da sociedade civil.

(C) O COPED é órgão colegiado autônomo, não vinculado à estrutura administrativa específica do Estado do Paraná, decorrente diretamente de disposição da Constituição Estadual, estando garantida a participação de associações representativas da comunidade e de representantes do Ministério Público, da Ordem dos Advogados do Brasil e dos Poderes Estaduais Legislativo, Executivo e Judiciário.

(D) O COPED não tem competência para definir a política e formular diretrizes e programas estaduais destinados a divulgação, sistematização e desenvolvimento da proteção dos direitos humanos.

(E) No orçamento do Estado do Paraná, é incluída uma verba específica, pré-determinada na Lei Estadual nº 11.070/1995, para atender às despesas de qualquer natureza do COPED, embora a função de conselheiro não seja remunerada.

A: correta. Segue para conhecimento a redação do art. 4º da Lei 4319/**64:** "Art. 4º Compete ao Conselho de Defesa dos Direitos da Pessoa Humana: 1º promover inquéritos, investigações e estudos acêrca da eficácia das normas asseguradoras dos direitos da pessoa humana, inscritos na Constituição Federal, na Declaração Americana dos Direitos e Deveres Fundamentais do Homem (1948) e na Declaração Universal dos Direitos Humanos (1948); 2º promover a divulgação do conteúdo e da significação de cada um dos direitos da pessoa humana mediante conferências e debates em universidades, escolas, clubes, associações de classe e sindicatos e por meio da imprensa, do rádio, da televisão, do teatro, de livros e folhetos; 3º promover nas áreas que apresentem maiores índices de violação dos direitos humanos: a) a realização de inquéritos para investigar as suas causas e sugerir medidas tendentes a assegurar a plenitude do gôzo daqueles direitos; b) campanha de esclarecimento e divulgação; 4º promover inquéritos e investigações nas áreas onde tenham ocorrido fraudes eleitorais de maiores proporções, para o fim de sugerir as medidas capazes de escoimar de vícios os pleitos futuros; 5º promover a realização de cursos diretos ou por correspondência que concorram, para o aperfeiçoamento dos serviços policiais, no que concerne ao respeito dos direitos da pessoa humana; 6º promover entendimentos com os governos dos Estados e Territórios cujas autoridades administrativas ou policiais se revelem, no todo ou em parte, incapazes de assegurar a proteção dos direitos da pessoa humana para o fim de cooperar com os mesmos na reforma dos respectivos serviços e na melhor preparação profissional e cívica dos elementos que os compõem; 7º promover entendimentos com os governos estaduais e municipais e com a direção de entidades autárquicas e de serviços autônomos, que estejam por motivos políticos, coagindo ou perseguindo seus servidores, por qualquer meio, inclusive transferências, remoções e demissões, a fim de que tais abusos de poder não se consumem ou sejam, afinal, anulados; 8º recomendar ao Govêrno Federal e aos dos Estados e Territórios a eliminação, do quadro dos seus serviços civis e militares, de todos os seus agentes que se revelem reincidentes na prática de atos violadores dos diretos da pessoa humana; 9º recomendar o aperfeiçoamento dos serviços de polícia técnica dos Estados e Territórios de modo a possibilitar a comprovação da autoria dos delitos por meio de provas indiciárias; 10. recomendar ao Govêrno Federal a prestação de ajuda financeira aos Estados que não disponham de recursos para a reorganização de seus serviços policiais, civis e militares, no que concerne à preparação profissional e cívica dos seus integrantes, tendo em vista a conciliação entre o exercício daquelas funções e o respeito aos direitos da pessoa humana; 11. (Revogado pelo Decreto nº 64.416, de 1969); 12. estudar o aperfeiçoamento da legislação administrativa, penal, civil, processual e trabalhista, de modo a permitir a eficaz repressão das violações dos direitos da pessoa humana por parte de particulares ou de servidores públicos; 13. receber representações que contenham denúncias de violações dos direitos da pessoa humana, apurar sua procedência e tomar providências capazes de fazer cessar os abusos dos particulares ou das autoridades por êles responsáveis; **B:** incorreta, pois conta com a participação de integrantes da sociedade civil; **C:** incorreta, pois o COPED é um órgão colegiado integrante da estrutura organizacional básica da Secretaria de Estado da Justiça e da Cidadania – SEJU (art. 1º da Lei 11070/95 do Estado do Paraná); **D:** incorreta, pois o COPED possui a citada competência (art. 2º, I, da Lei 11070/95 do Estado do Paraná); **E:** incorreta. Embora a função de conselheiro do COPED não seja remunerada, não existe previsão legal sobre a citada verba específica na Lei 11070/95 do Estado do Paraná.

Gabarito "A"

(Defensoria Pública/SP – 2010 – FCC) O 3º Programa Nacional de Direitos Humanos (PNDH III), fruto de intenso debate público, especialmente durante a 11ª Conferência Nacional de Direitos Humanos, restou aprovado pelo Decreto nº 7.037, de 21 de dezembro de 2009. Mesmo assim, alguns aspectos causaram grande repercussão, gerando alterações no texto original por parte da Presidência da República, nos termos do Decreto nº 7.177, de 12 de maio de 2010. Qual dos itens abaixo NÃO sofreu alteração?

(A) DIRETRIZ 9 – Combate às desigualdades estruturais. OBJETIVO ESTRATÉGICO III – Garantia dos direitos das mulheres para o estabelecimento das condições necessárias para sua plena cidadania.

(B) DIRETRIZ 22 – Garantia do direito à comunicação democrática e ao acesso à informação para consolidação de uma cultura em diretos humanos. OBJETIVO ESTRATÉGICO I – Promover o respeito aos Direitos Humanos nos meios de comunicação e o cumprimento de seu papel na promoção da cultura em Direitos Humanos.

(C) DIRETRIZ 13 – Prevenção da violência e da criminalidade e profissionalização da investigação de atos criminosos. OBJETIVO ESTRATÉGICO I – Ampliação do controle de armas de fogo em circulação no país.

(D) DIRETRIZ 24 – Preservação da memória histórica e construção pública da verdade. OBJETIVO ESTRATÉGICO I – Incentivar iniciativas de preservação da memória histórica e de construção pública da verdade sobre períodos autoritários.

(E) DIRETRIZ 25 – Modernização da legislação relacionada com promoção do direito à memória e à verdade, fortalecendo a democracia. OBJETIVO ESTRATÉGICO I – Suprimir do ordenamento jurídico brasileiro eventuais normas remanescentes de períodos de exceção que afrontem os compromissos internacionais e os preceitos constitucionais sobre Direitos Humanos.

A: incorreta. Tal item sofreu alteração, pelo Decreto 7.177/2010, especificamente na ação programática "g" e passa a vigorar com tal redação: "Considerar o aborto como tema de saúde pública, com a garantia do acesso aos serviços de saúde"; **B:** incorreta. Tal item sofreu alteração, pelo Decreto 7.177/2010, especificamente na ação programática "a" e passa a vigorar com tal redação: "Propor a criação de marco legal, nos termos do art. 221 da Constituição, estabelecendo o respeito aos Direitos Humanos nos serviços de radiodifusão (rádio e televisão) concedidos, permitidos ou autorizados"; **C:** correta. Tal item não foi alterado pelo Decreto 7.177/2010; **D:** incorreta. Tal item sofreu alteração, pelo Decreto 7.177/2010, especificamente nas ações programáticas "c" e "f" e passam a vigorar com tais redações: "identificar e tornar públicos as estruturas, os locais, as instituições e as circunstâncias relacionados à prática de violações de direitos humanos, suas eventuais ramificações nos diversos aparelhos estatais e na sociedade, bem como promover, com base no acesso às informações, os meios e recursos necessários para a localização e identificação de corpos e restos mortais de desaparecidos políticos" e "Desenvolver programas e ações educativas, inclusive a produção de material didático--pedagógico para ser utilizado pelos sistemas de educação básica e superior sobre graves violações de direitos humanos ocorridas no período fixado no art. 8º do Ato das Disposições Constitucionais Transitórias da Constituição de 1988"; **E:** incorreta. Tal item sofreu alteração, pelo Decreto 7.177/2010, especificamente nas ações programáticas "c" e "d" e passam a vigorar com tais redações: "Fomentar debates e divulgar informações no sentido de que logradouros, atos e próprios nacionais ou prédios públicos não recebam nomes de pessoas identificadas reconhecidamente como torturadores" e "Acompanhar e monitorar a tramitação judicial dos processos de responsabilização civil sobre casos que envolvam graves violações de direitos humanos praticadas no período fixado no art. 8º do Ato das Disposições Constitucionais Transitórias da Constituição de 1988.

Gabarito "C"

(Defensoria Pública da União – 2010 – CESPE) Julgue os itens a seguir, relativos ao Conselho de Defesa dos Direitos da Pessoa Humana (CDDPH), considerando o disposto na Lei nº 4.319/1964.

(1) O CDDPH é órgão colegiado ao qual compete, entre outras atribuições, promover, nas áreas que apresentem índices mais elevados de violação aos direitos humanos, a realização de inquéritos para investigar as causas e sugerir medidas tendentes a assegurar a plenitude do gozo desses direitos.

(2) Quaisquer autoridades federais, estaduais ou municipais podem ser obrigadas a prestar depoimento perante o CDDPH, com o fim de serem apuradas violações aos direitos humanos.

O Conselho de Defesa dos Direitos da Pessoa Humana – CDDPH, é um órgão colegiado, criado pela Lei nº 4.319, de 16 de março de 1964, com representantes de setores representativos, ligados aos direitos humanos, e com importância fundamental na promoção e defesa dos direitos humanos no País. "O Conselho tem por principal atribuição receber denúncias e investigar, em conjunto com as autoridades competentes locais, violações de direitos humanos de especial gravidade com abrangência nacional, como chacinas, extermínio, assassinatos de pessoas ligadas a defesa dos direitos humanos, massacres, abusos praticados por operações das polícias militares etc. Para tanto, o Conselho constitui comissões especiais de inquérito e atua por meio de resoluções." O CDDPH também promove estudos para aperfeiçoar a defesa e a promoção dos direitos humanos e presta informações a organismos internacionais de defesa dos direitos humanos. **1:** correta, pois está em conformidade com a redação do art. 4º, § 3º, *a*, da Lei 4.319/1964; **2:** correta, pois está em conformidade com a redação do art. 6º da Lei 4.319//1964.

Gabarito 1C, 2C

(Defensoria/PI – 2009 – CESPE) A proteção dos direitos humanos no Brasil conta com legislação que instituiu o Programa Nacional de Direitos Humanos (PNDH). A respeito do PNDH, assinale a opção correta.

(A) Nesse programa, não é feita alusão à proteção internacional dos direitos humanos.

(B) O acompanhamento da implementação do PNDH deve ser feito pelo MP Federal.

(C) Os direitos econômicos não são promovidos pelo PNDH.

(D) Os direitos culturais não são promovidos pelo PNDH.

(E) Os direitos sociais são promovidos pelo PNDH.

A: incorreta, pois há diversas referências ao assunto, inclusive com ações relativas ao monitoramento dos compromissos internacionais assumidos pelo Estado brasileiro em matéria de Direitos Humanos – Eixo Orientador I, Diretriz 3, Objetivo estratégico II; **B:** incorreta, pois compete ao Comitê de Acompanhamento e Monitoramento do PNDH-3, entre outras coisas, acompanhar a implementação das ações e recomendações do Programa – art. 4º, IV, do Decreto 7.037/2009; **C:** incorreta, pois a Diretriz 4 do Eixo Orientador II refere-se à efetivação de modelo de desenvolvimento sustentável, **com inclusão social e econômica**, ambientalmente equilibrado e tecnologicamente responsável, cultural e regionalmente diverso, participativo e não discriminatório; **D:** incorreta, pois o Eixo Orientador V do PNDH-3 refere-se especificamente à Educação e Cultura em Direitos Humanos; **E:** correta, conforme se verifica pela análise do Eixo orientador II, Diretriz 4, do PNDH-3, que se refere à efetivação de modelo de desenvolvimento sustentável, **com inclusão social e econômica.**

Gabarito "E"

(Defensoria/SP – 2007 – FCC) Considere as afirmações seguintes:

I. Compete ao Conselho de Defesa dos Direitos da Pessoa Humana promover inquéritos, investigações e estudos acerca da eficácia das normas asseguradoras dos direitos da pessoa humana, inscritos na Constituição Federal, na Declaração Americana dos Direitos e Deveres Fundamentais do Homem (1948) e na Declaração Universal dos Direitos Humanos (1948).

II. O Conselho Estadual de Defesa dos Direitos da Pessoa Humana é composto majoritariamente por conselheiros oriundos da sociedade civil, incumbindo ao Poder Executivo fornecer-lhe suporte administrativo e financeiro.

III. Compete à Secretaria Especial de Direitos Humanos da Presidência da República suscitar, perante o Superior Tribunal de Justiça incidente de deslocamento de competência para a Justiça Federal, nas hipóteses de grave violação de direitos humanos.

IV. Ao Conselho Estadual de Defesa dos Direitos da Pessoa Humana incumbe a indicação dos candidatos a ouvidor da Defensoria Pública, da Polícia e da Secretaria de Administração Penitenciária.

SOMENTE estão corretas as afirmações:

(A) I e II.

(B) I e IV.

(C) I, II e IV.

(D) II e III.

(E) III e IV.

I: correta, pois está em conformidade com a redação do art. 4º, § 1º, da Lei 4.319/1964; **II:** correta, pois está em conformidade com a redação do art. 5º da Lei Estadual SP 7.576/1991; **III:** incorreta, pois a competência para suscitar incidente de deslocamento é do Procurador-Geral da República, consoante ao previsto no art. 109, § 5º, da CF; **IV:** incorreta, pois tal função não está disciplinada no art. 2º da Lei Estadual 7.576/1991 de São Paulo, o qual cuida da competência Conselho Estadual de Defesa dos Direitos da Pessoa Humana.

Gabarito "A"

10. Direito dos Refugiados

(Defensoria Pública da União – 2007 – CESPE) Julgue o item a seguir.

(1) No Brasil, o reconhecimento da condição de refugiado dá-se por decisão da representação do Alto Comissariado das Nações Unidas para refugiados ou por decisão judicial.

1: incorreta. O reconhecimento e a declaração da condição de refugiado no Brasil é da competência do Comitê Nacional para os Refugiados – CONARE. Além do reconhecimento e da declaração da condição de refugiado, o CONARE tem competência para decidir a cessação, em primeira instância, *ex officio* ou mediante requerimento das autoridades competentes, da condição de refugiado e para determinar a perda, em primeira instância, da condição de refugiado. Em termos gerais, o procedimento para obtenção do *status* de refugiado no Brasil tem as seguintes etapas: **a)** autorização de residência provisória: recebida a solicitação de refúgio, o Departamento de Polícia Federal emitirá protocolo em favor do solicitante e de seu grupo familiar que se encontre no território nacional, o qual autorizará a estada até a decisão final do processo (art. 21 da Lei 9.474/1997); **b)** da instrução e do relatório: finda a instrução, a autoridade competente elaborará, de imediato, relatório, que será enviado ao Secretário do CONARE, para inclusão na pauta da próxima reunião daquele Colegiado (art. 24 da Lei 9.474/1997); **c)** da decisão: a decisão pelo reconhecimento da condição de refugiado será considerada ato declaratório e deverá estar devidamente fundamentada (art. 26 da Lei 9.474/1997); **d)** do recurso: no caso de decisão negativa, esta deverá ser fundamentada na notificação ao solicitante, cabendo direito de recurso ao Ministro da Justiça, no prazo de quinze dias, contados do recebimento da notificação. A decisão do Ministro da Justiça não será passível de recurso (arts. 29 e 31 da Lei 9.474/1997). No caso de recusa definitiva de refúgio, ficará o solicitante sujeito à legislação de estrangeiros, não devendo ocorrer sua transferência para o seu país de nacionalidade ou de residência habitual, enquanto permanecerem as circunstâncias que põem em risco sua vida, integridade física e liberdade, exceto se o solicitante tenha cometido crime contra a paz, crime de guerra, crime contra a humanidade, crime hediondo, participado de atos terroristas ou tráfico de drogas ou seja considerado culpado de atos contrários aos fins e princípios das Nações Unidas.

Gabarito 1E

11. Direito Humanitário

(Defensor Público/SE – 2012 – CESPE) Com relação ao direito humanitário, assinale a opção correta.

(A) O direito humanitário, a criação da Liga das Nações e a criação da Organização Internacional do Trabalho são apontados pela doutrina como antecedentes históricos do moderno direito internacional dos direitos humanos.

(B) A afirmação histórica dos direitos humanos não representou mudança na perspectiva da doutrina clássica sobre o objeto de regulação do direito internacional, tendo as prescrições internacionais de proteção à pessoa humana sido plenamente inseridas no âmbito da normatização das relações entre Estados soberanos.

(C) O direito internacional humanitário, como conceito abrangente, abarca, ao mesmo tempo, a proteção dos direitos humanos dos refugiados e os direitos humanos em tempos de paz, não alcançando, porém, as disposições de proteção aos combatentes postos fora de combate por captura ou ferimento durante a guerra, por serem tais prescrições típicas matérias de *jus in bello*.

(D) O direito humanitário não abrange as prescrições ligadas à proteção dos civis durante a guerra.

(E) A doutrina não estabelece qualquer diferença substancial entre as expressões direitos humanos e direito humanitário, servindo ambas à designação do mesmo conjunto de regras voltadas à proteção da pessoa humana, tanto no plano nacional quanto no internacional.

A: correta, pois, de fato, são apontados pela doutrina, de modo geral, como antecedentes históricos do moderno direito internacional dos direitos humanos; **B:** incorreta. O Direito Internacional Público sempre foi concebido como a expressão da vontade dos Estados no plano internacional. Não se tinha a ideia de uma comunidade internacional, mas somente a existência de Estados que buscavam se relacionar com os demais para satisfazer interesses próprios determinados e limitados. Foi dentro deste contexto que o princípio *pacta sunt servanda* imperou. Apesar de os Estados ainda se relacionarem consoante seus próprios interesses, hodiernamente alcançou-se consenso sobre determinados temas considerados de interesse de todos os sujeitos de Direito Internacional. Assim, a compreensão da existência de uma comunidade internacional e de interesses que advêm dela (sobretudo para sua existência, como, por exemplo, na proteção internacional do meio ambiente), e não apenas de Estados na sua individualidade, deu suporte para o aparecimento do *jus cogens*, sobretudo no considerado Direito Internacional Pós-moderno. Com base em tal mentalidade, a qualidade de sujeito de Direito Internacional foi estendida às Organizações Internacionais e ao ser humano. Portanto, é possível afirmar que a própria dinâmica da vida internacional derrubou o voluntarismo como suporte único e fundamental das relações internacionais, ou seja, o positivismo voluntarista não foi capaz de explicar o aparecimento das normas cogentes de Direito Internacional (*jus cogens*), que só pode ser explicado por razões objetivas de justiça, as quais darão, por sua vez, vazão a uma consciência jurídica universal. Nesse sentido é a colocação de Antônio Augusto Cançado Trindade: "(...) o modelo westfaliano do ordenamento internacional afigura-se esgotado e superado[38]". Mais especificamente, a Declaração Universal dos Direitos Humanos de 1948 marca o início de um movimento de reconstrução da dignidade humana, após o vilipêndio sofrido com os terrores do nazifascismo. A partir de então, a proteção do ser humano dá-se também por um sistema internacional, ao contrário do que antes ocorria – a proteção dos direitos humanos ficava a cargo somente dos diplomas nacionais. A atribuição de personalidade jurídica internacional aos seres humanos data da última metade do século XX, sendo uma evolução do processo, mencionado acima, de reconstrução da dignidade humana. Destarte, o indivíduo adquiriu capacidade processual para pleitear direitos na esfera internacional. Outro fato que contribuiu para uma maior concretização da personalidade jurídica internacional do indivíduo foi, sem dúvida, a adoção do Estatuto do Tribunal Penal Internacional (TPI) pela Conferência de Roma em 17 de julho de 1998. Tem-se a partir de então um tribunal permanente para julgar indivíduos acusados da prática de crimes de genocídio, crimes de guerra, crimes de agressão e crimes contra a humanidade. Tal fato corrobora a ideia de responsabilidade internacional do indivíduo, consoante o que se iniciou com os Tribunais de Nuremberque e de Tóquio[39], e depois de Ruanda e da Iugoslávia. Ora, só os sujeitos de direito internacional podem ser responsabilizados perante a comunidade internacional. Assim, sob esse prisma também se pode afirmar que o ser humano é um sujeito de direito internacional. Essa emancipação do ser humano perante a comunidade internacional é consequência da corrosão do positivismo voluntarista, o qual defendia os Estados como únicos sujeitos de direito internacional e excluía o destinatário final das normas jurídicas: a pessoa humana; **C:** incorreta. O Direito Humanitário é composto de princípios e regras – positivadas ou costumeiras – que têm como função, por questões humanitárias, limitar os efeitos do conflito armado. Mais especificamente, o Direito Humanitário protege as pessoas que não participam ou não mais participam das hostilidades e restringe os meios e os métodos de guerra. Tal conceito permite-nos encará-lo como Direito Internacional dos Conflitos Armados ou Direito da Guerra. Em outras palavras, A proteção recai sobre as pessoas que não participam dos conflitos (civis, profissionais da saúde e de socorro) e os que não mais participam das hostilidades (soldados feridos, doentes, náufragos e prisioneiros de guerra); **D:** incorreta. Reler o comentário sobre a assertiva anterior; **E:** incorreta. O objetivo do Direito Humanitário é a tutela da pessoa humana, mas numa situação específica, qual seja, quando ela é vítima de conflito armado nacional ou internacional.

38 Voto Concorrente na Opinião Consultiva 16/1999 da Corte Interamericana de Direitos Humanos, p. 90.

39 Tanto o Tribunal de Nurembergue como o de Tóquio foram instituídos para julgar os crimes de guerra e contra a humanidade perpetrados durante a Segunda Guerra Mundial. O Tribunal de Nurembergue tinha por missão julgar os líderes nazistas (o julgamento começou em 20 de novembro de 1945) e foi idealizado pelos Aliados (principais: EUA, URSS, Reino Unido e França) da Segunda Guerra, que escalou o Chefe da Justiça estadunidense, Robert Jackson, para ser seu coordenador. Cabe lembrar que a experiência de Nurembergue foi a primeira vez em que crimes de guerra foram julgados por um tribunal internacional. Já o Tribunal de Tóquio ou Tribunal Militar Internacional para o Extremo Oriente tinha por missão julgar os líderes do Império japonês (o julgamento começou em 3 de maio de 1946) e também foi idealizado pelos Aliados da Segunda Guerra. Uma crítica que se faz aos dois tribunais é que se trata de uma "justiça dos vencedores".

Portanto, nota-se que o Direito Internacional Humanitário e o Direito Internacional dos Direitos Humanos são complementares, apesar de serem dois conjuntos de leis distintas, pois ambos buscam proteger o indivíduo de ações arbitrárias e de abusos. Os direitos humanos são inerentes ao ser humano e protegem os indivíduos sempre, seja em tempos de guerra ou de paz. O Direito Internacional Humanitário se aplica apenas em situações de conflitos armados internacionais e não internacionais. Portanto, em tempos de conflitos armados, o Direito Internacional dos Direitos Humanos e o Direito Internacional Humanitário se aplicam de maneira complementar.

Gabarito "A"

12. Combinadas e Outros Temas

(Defensor Público/AM – 2013 – FCC) Dos tratados do sistema global de direitos humanos, ainda NÃO foi ratificado pelo Brasil

(A) a Convenção sobre os Direitos da Criança.
(B) a Convenção Internacional sobre a Proteção dos Direitos de Todos os Trabalhadores Migrantes e Membros de suas Famílias.
(C) o Pacto Internacional de Direitos Econômicos, Sociais e Culturais.
(D) a Convenção sobre a Eliminação de todas as formas de Discriminação Racial.
(E) o Pacto Internacional de Direitos Civil e Políticos.

A: incorreta. A Convenção sobre os Direitos da Criança, adotada pela ONU por meio da Resolução 44/25 da Assembleia Geral em 20 de novembro de 1989 e promulgada no Brasil em 21 de novembro de 1990 pelo Decreto nº 99.710, tem por fundamento a consciência de que a criança, em virtude de sua falta de maturidade física e mental, necessita de proteção e cuidados especiais, inclusive a devida proteção legal, tanto antes quanto após seu nascimento; **B:** correta. A Convenção sobre a Proteção dos Direitos de Todos os Trabalhadores Migrantes e Membros de suas Famílias, adotada pela ONU, por meio da resolução 45/158 da Assembleia Geral, em 18 de dezembro de 1990 e não ratificada pelo Brasil, tem por fundamento a importância e a extensão do fenômeno da migração, que envolve milhares de pessoas e afeta um grande número de Estados na comunidade internacional, como também o efeito das migrações de trabalhadores nos Estados e nas populações interessadas. Tem por objetivo estabelecer normas que possam contribuir para a harmonização das condutas dos Estados mediante a aceitação de princípios fundamentais relativos ao tratamento dos trabalhadores migrantes e dos membros das suas famílias, pessoas que frequentemente se encontram em situação de vulnerabilidade; **C:** incorreta. O Pacto Internacional de Direitos Econômicos, Sociais e Culturais foi aprovado em 1966 pela Assembleia Geral das Nações Unidas, mas, devido à grande resistência que sofreu, somente adquiriu as ratificações necessárias para entrar em vigor no ano de 1976, mas só foi promulgado, no Brasil, pelo Decreto nº 591 de 6 de julho de 1992. Seu grande objetivo é expandir e tornar obrigatórios e vinculantes os direitos econômicos, sociais e culturais elencados na Declaração Universal dos Direitos Humanos; **D:** incorreta. A Convenção sobre a Eliminação de todas as formas de Discriminação Racial foi adotada pela ONU por meio da Resolução 2.106 (XX) da Assembleia Geral em 21 de dezembro de 1965 e promulgada no Brasil em 8 de dezembro de 1969 pelo Decreto nº 65.810, tem por fundamento a consciência de que a discriminação entre as pessoas por motivo de raça, cor ou origem étnica é um obstáculo às relações amistosas e pacíficas entre as nações e é capaz de perturbar a paz e a segurança entre os povos e a harmonia de pessoas vivendo lado a lado, até dentro de um mesmo Estado; **E:** incorreta. O Pacto Internacional de Direitos Civil e Políticos foi adotado em 1966 pela Resolução 2.200 A (XXI) da Assembleia Geral das Nações Unidas, mas, devido à grande resistência que sofreu, somente adquiriu as ratificações necessárias para entrar em vigor no ano de 1976. Seu grande objetivo é expandir e tornar obrigatórios e vinculantes os direitos civis e políticos elencados na Declaração Universal dos Direitos Humanos. No Brasil, o Pacto foi ratificado em 24 de janeiro de 1992.

Gabarito "B"

(Defensor Público/TO – 2013 – CESPE) Assinale a opção correta acerca das garantias judiciais no âmbito do direito internacional.

(A) A Convenção Americana sobre Direitos Humanos não reconhece o princípio do "*ne bis in idem*".
(B) A Convenção Europeia sobre Direitos Humanos e a Convenção Americana sobre Direitos Humanos preveem a assistência gratuita de um intérprete aos acusados que não compreendam o idioma utilizado pela acusação, mas o mesmo direito não é expressamente garantido na Convenção Sobre os Direitos da Criança.
(C) A Convenção Europeia sobre Direitos Humanos permite que à imprensa seja negado o acesso às sessões de julgamento nos tribunais.
(D) Embora exija que todos tenham direito a um julgamento justo, a Declaração Universal dos Direitos Humanos não reconhece o princípio da anterioridade da lei penal.
(E) A Convenção sobre a Eliminação de Todas as Formas de Discriminação contra a Mulher exige, de maneira genérica, a plena igualdade entre homens e mulheres, mas não contém cláusula específica sobre a isonomia de gênero nas instâncias judiciais.

A: incorreta. O art. 8º, ponto 4, da Convenção Americana reconhece expressamente o princípio do *ne bis in idem*; **B:** incorreta. O art. 40, ponto 2, VI da Convenção Sobre os Direitos da Criança prevê que a criança contará com a assistência gratuita de um intérprete caso a não compreenda ou fale o idioma utilizado; **C:** correta, pois em consonância com a redação do art. 6º, ponto 1, da Convenção Europeia; **D:** incorreta, pois o art. XI, ponto 2, da Declaração Universal reconhece o princípio da anterioridade da lei penal; **E:** incorreta, pois existe previsão que estabelece, de forma específica, a isonomia de gênero nas instâncias judiciais.

Gabarito "C"

(Defensor Público/TO – 2013 – CESPE) A respeito da proteção aos presos no âmbito do direito internacional, assinale a opção correta.

(A) A Convenção Americana sobre Direitos Humanos e a Declaração Universal dos Direitos Humanos exigem a separação entre o suspeito de praticar infração penal que aguarda julgamento e o preso condenado.
(B) A Convenção Americana sobre Direitos Humanos proíbe a pena de trabalhos forçados.
(C) A Convenção Europeia sobre Direitos Humanos e o Pacto Internacional de Direitos Civis e Políticos prescrevem que poderá ser exigida garantia de comparecimento ao juízo para a libertação de preso suspeito da prática de infração penal.
(D) A Declaração Universal dos Direitos Humanos garante expressamente aos presos o direito de participação política.
(E) A Convenção sobre os Direitos da Criança determina que, em qualquer circunstância, as crianças privadas de liberdade sejam separadas dos adultos.

A: incorreta, pois apenas a Convenção Americana sobre Direitos Humanos prevê a separação entre o suspeito de praticar infração penal que aguarda julgamento e o preso condenado (art. 5º, ponto 4); **B:** incorreta, pois o art. 6º, ponto 2, da Convenção Americana assim dispõe: "Ninguém deve ser constrangido a executar trabalho forçado ou obrigatório. Nos países em que se prescreve, para certos delitos, pena privativa de liberdade acompanhada de trabalhos forçados, esta disposição não pode ser interpretada no sentido de proibir o cumprimento da dita pena, imposta por um juiz ou tribunal competente. O trabalho forçado não deve afetar a dignidade, nem a capacidade física e intelectual do recluso"; **C:** correta, pois os dois tratados fazem a previsão constante da assertiva; **D:** incorreta, pois a Declaração Universal não garante expressamente aos presos o direito de participação política; **E:** incorreta. O art. 37, ponto 6, da Convenção assim estatui: "toda criança privada da liberdade seja tratada com a humanidade e o respeito que merece a dignidade inerente à pessoa humana, e levando-se em consideração as necessidades de uma pessoa de sua idade. Em especial, toda criança privada de sua liberdade ficará separada dos adultos, a não ser que tal fato seja considerado contrário aos melhores interesses da criança, e terá direito a manter contato com sua família por meio de correspondência ou de visitas, salvo em circunstâncias excepcionais".

Gabarito "C"

(Defensor Público/TO – 2013 – CESPE) No que concerne à garantia da liberdade de pensamento e expressão, assinale a opção correta de acordo com o direito internacional.

(A) De acordo com a Convenção Europeia sobre Direitos Humanos, o regime de autorização prévia para funcionamento de empresas noticiosas televisivas e de radiodifusão é incompatível com o direito à liberdade de expressão.
(B) A Convenção sobre o Direito das Crianças admite restrição à liberdade de expressão para a garantia do respeito à reputação dos indivíduos.
(C) A Declaração Universal dos Direitos Humanos é mais restrita quanto à definição da liberdade de opinião que as convenções americana e europeia sobre direitos humanos, visto que leva em consideração, apenas, o direito à opinião, não abordando, como fazem as referidas convenções, o direito de formar a opinião.
(D) A Convenção Americana sobre Direitos Humanos admite a censura prévia exclusivamente nos casos previstos em lei para a proteção da segurança nacional ou da ordem pública.
(E) A Convenção sobre a Eliminação de Todas as Formas de Discriminação contra a Mulher prevê expressamente o direito de a mulher ser tratada em igualdade de condições no que se refere à publicação de suas opiniões pela imprensa.

A: incorreta, pois o art. 10, ponto 1, da Convenção Europeia assim dispõe: "Este direito compreende a liberdade de opinião e a liberdade de receber ou de transmitir informações ou ideias sem que possa haver ingerência de quaisquer autoridades públicas e sem considerações de fronteiras. O presente artigo não impede que os Estados submetam as empresas de radiodifusão, de cinematografia ou de televisão a um regime de autorização prévia"; **B:** correta, pois conforme o comando do art. 13, ponto 2, *a*, da Convenção sobre o Direito das Crianças; **C:** incorreta, pois a redação do art. XIX da Declaração Universal é a seguinte: "Toda pessoa tem direito à liberdade de opinião e expressão; este direito inclui a liberdade de, sem interferência, ter opiniões e de procurar, receber e transmitir informações e ideias por quaisquer meios e independentemente de fronteiras"; **D:** incorreta. O art. 13 da Convenção Americana assim estatui: "ponto 1 - Toda pessoa tem o direito à liberdade de pensamento e de expressão. Esse direito inclui a liberdade de procurar, receber e difundir informações e ideias de qualquer natureza, sem considerações de fronteiras, verbalmente ou por escrito, ou em forma impressa ou artística, ou por qualquer meio de sua escolha; ponto 2 - O exercício do direito previsto no inciso precedente não pode estar sujeito à censura prévia, mas a responsabilidades ulteriores, que devem ser expressamente previstas em lei e que se façam necessárias para assegurar: a) o respeito dos direitos e da reputação das demais pessoas; b) a proteção da segurança nacional, da ordem pública, ou da saúde ou da moral públicas; **E:** incorreta, pois não existe referida previsão na Convenção sobre a Eliminação de Todas as Formas de Discriminação contra a Mulher.

Gabarito "B"

(Defensor Público/ES – 2012 – CESPE) Julgue os itens que se seguem, referentes ao direito internacional dos direitos humanos e ao sistema interamericano de direitos humanos.

(1) No exercício de sua competência consultiva, a Corte Interamericana de Direitos Humanos pode considerar qualquer tratado internacional aplicável aos Estados americanos.

(2) A Carta das Nações Unidas não integra o núcleo de direito internacional dos direitos humanos, pois apenas institui um organismo internacional.

(3) A mudança de nacionalidade é direito assegurado pela Declaração Universal de Direitos Humanos.

(4) Nos termos do Pacto Internacional de Direitos Civis e Politicos, a autodeterminação dos povos esgota-se na possibilidade de estabelecer livremente o seu estatuto político.

(5) O Pacto Internacional de Direitos Econômicos, Sociais e Culturais relaciona o direito ao trabalho ao gozo das liberdades políticas fundamentais.

(6) Nos termos da Convenção Internacional sobre a Eliminação de Todas as Formas de Discriminação Racial, a exclusão de direitos baseada unicamente na origem nacional também poderá caracterizar discriminação racial.

1: certo. A competência consultiva da Corte é marcada por sua grande finalidade de uniformizar a interpretação da Convenção Americana de Direitos Humanos e dos tratados de direitos humanos confeccionados no âmbito da OEA. Dentro dessa competência, qualquer Estado-membro ou órgão[40] da OEA pode pedir que a Corte emita parecer que indique a correta interpretação da Convenção e dos tratados concernentes à proteção dos direitos humanos nos Estados Americanos (art. 64, ponto 1, da Convenção Americana de Direitos Humanos); **2:** errado. A Carta das Nações Unidas é o exemplo mais emblemático do processo de internacionalização dos direitos humanos ocorridos no pós-guerra. Cito o ponto 3 do art. 1º da Carta: "Conseguir uma cooperação internacional para resolver os problemas internacionais de caráter econômico, social, cultural ou humanitário, e para promover e estimular o respeito aos direitos humanos e às liberdades fundamentais para todos, sem distinção de raça, sexo, língua ou religião"; **3:** certo, pois o art. XV, ponto 2, da Declaração assim determina: "Ninguém será arbitrariamente privado de sua nacionalidade, nem do direito de mudar de nacionalidade"; **4:** errado. O art. 1º do Pacto assim estatui: "ponto **1:** Todos os povos têm direito à autodeterminação. Em virtude desse direito, determinam livremente seu estatuto político e asseguram livremente seu desenvolvimento econômico, social e cultural; ponto **2:** Para a consecução de seus objetivos, todos os povos podem dispor livremente de suas riquezas e de seus recursos naturais, sem prejuízo das obrigações decorrentes da cooperação econômica internacional, baseada no princípio do proveito mútuo, e do Direito internacional. Em caso algum, poderá um povo ser privado de seus meios de subsistência; ponto **3:** Os Estados-partes do presente pacto, inclusive aqueles que tenham a responsabilidade de administrar territórios não autônomos e territórios sob tutela, deverão promover o exercício do direito à autodeterminação e respeitar esse direito, em conformidade com as disposições da Carta das nações unidas"; **5:** certo. Os direitos humanos possuem como características nucleares a indivisibilidade e a interdependência. Assim, todos os direitos humanos se retroalimentam e se complementam, assim, é infrutífero buscar a proteção e a promoção de apenas uma parcela deles. Portanto, cada direito depende dos outros para ser substancialmente realizado; **6:** certo, pois o art. 1º da Convenção assim estatui: "Para os fins da presente Convenção, a expressão "discriminação racial" significará toda distinção, exclusão, restrição ou preferência baseada em raça, cor, descendência ou origem nacional ou étnica que tenha por objeto ou resultado anular ou restringir o reconhecimento, gozo ou exercício em um mesmo plano (em igualdade de condição) de direitos humanos e liberdades fundamentais nos campos político, econômico, social, cultural ou em qualquer outro campo da vida pública".

Gabarito 1C, 2E, 3C, 4E, 5C, 6C

(Defensor Público/PR – 2012 – FCC) Na evolução histórica do que hoje é conhecido como Direito Internacional dos Direitos Humanos, alguns momentos são marcantes para o Brasil e para o mundo. Sobre esse assunto, é INCORRETO afirmar:

(A) Na Declaração e Programa de Ação de Viena, aprovada na Conferência Mundial sobre Direitos Humanos de 1993, a natureza universal dos direitos humanos foi estabelecida como inquestionável, embora tenha ficado registrado também que as especificidades nacionais e regionais e os diversos antecedentes históricos, culturais e religiosos não poderiam ser descartados.

(B) Um dos efeitos do embate ideológico do pós-Segunda Guerra no desenvolvimento do Direito Internacional dos Direitos Humanos foi a cisão dos direitos civis e políticos em relação aos direitos econômicos, sociais e culturais.

(C) O Pacto Internacional sobre Direitos Civis e Políticos, no seu art. 27, supera a cisão entre direitos civis e políticos, de um lado, e direitos econômicos, sociais e culturais, de outro, ao proteger o direito de minorias étnicas, religiosas ou linguísticas à sua própria vida cultural.

(D) Em 11/11/2002, data de publicação do decreto que incorporou ao direito interno a declaração a que se refere o art. 62 da Convenção Americana sobre Direitos Humanos, o Brasil reconheceu como obrigatória a competência da Corte Interamericana de Direitos Humanos para fatos posteriores à referida data de publicação.

(E) A Liga ou Sociedade das Nações, antecedente da Organização das Nações Unidas, contava com um incipiente sistema de proteção de minorias e refugiados liderado pelo norueguês Fridtjof Nansen (1861-1930).

A: correta. O princípio da complementaridade solidária dos direitos humanos de qualquer espécie dialoga com a universalidade, a interdependência e a indivisibilidade. Ele foi proclamado solenemente na 2ª Conferência Mundial de Direitos Humanos, realizada em Viena em 1993. É importante transcrever o ponto 5 da Declaração de Direitos Humanos de Viena, que sintetiza as características dos direitos humanos de modo geral: "Todos os direitos humanos são universais, indivisíveis, interdependentes e inter-relacionados. A comunidade internacional deve tratar os direitos humanos de forma global, justa e equitativa, em pé de igualdade e com a mesma ênfase. Embora particularidades nacionais e regionais devam ser levadas em consideração, assim como diversos contextos históricos, culturais e religiosos, é dever dos Estados promover e proteger todos os direitos humanos e liberdades fundamentais, sejam quais forem seus sistemas políticos, econômicos e culturais"; **B:** correta. Os direitos civis e políticos foram consagrados no Pacto Internacional de Direitos Civis e Políticos e os direitos sociais, culturais e econômicos foram consagrados no Pacto Internacional de Direitos Econômicos, Sociais e Culturais. Cabe enfatizar que no bojo da Declaração Universal dos Direitos Humanos encontram-se direitos civis e políticos (artigos 3º a 21) e direitos econômicos, sociais e culturais (artigos 22 a 28), o que reforça as características da indivisibilidade e interdependência dos direitos humanos; **C:** correta. O art. 27 do Pacto assim dispõe: "No caso em que haja minorias étnicas, religiosas ou linguísticas, as pessoas pertencentes a essas minorias não poderão ser privadas do direito de ter, conjuntamente com outras membros de seu grupo, sua própria vida cultural, de professar e praticar sua própria religião e usar sua própria língua"; **D:** incorreta (devendo ser assinalada). O Brasil reconheceu a competência obrigatória da Corte em 8 de novembro de 2002 (Decreto nº 4.463). O reconhecimento foi feito por prazo indeterminado, mas abrange fatos ocorridos após 10 de dezembro de 1998; **E:** correta, pois todas informações elencadas na assertiva são corretas.

Gabarito "D"

(Defensor Público/PR – 2012 – FCC) Prevalecia no Direito Internacional do século XIX um entendimento, que se estendeu por muitos anos, no sentido de que o ser humano era apenas um objeto cuja relevância jurídica estava intrinsecamente vinculada ao Estado. As instituições internacionais contemporâneas, porém, adotam cada vez mais

40 Os órgãos estão elencados no capítulo X da Carta da Organização dos Estados Americanos.

procedimentos que reforçam a personalidade jurídica internacional do ser humano. Uma descrição correta de desenvolvimento do acesso direto dos indivíduos às instâncias internacionais de direitos humanos no Direito Internacional Público é:

(A) O debate público em torno dos relatórios submetidos pelos Estados-Parte, nos termos do art. 40 do Pacto Internacional de Direitos Civis e Políticos, proporciona certo grau de monitoramento internacional da situação de direitos humanos em vários países e, em alguns casos, já gerou mudanças em leis internas que beneficiaram diretamente os indivíduos.

(B) Por meio dos chamados Procedimentos Especiais, o Conselho de Direitos Humanos das Nações Unidas, instituído por resolução da Assembleia Geral da ONU de 2006, monitora situações específicas de vários países ou questões temáticas de direitos humanos em todo o mundo, contribuindo para a difusão cada vez maior de padrões uniformes internacionais e para a cessação do quadro de violações sistemáticas desses direitos.

(C) O Alto Comissariado das Nações Unidas para Direitos Humanos, órgão coletivo do Sistema Universal de Direitos Humanos criado pela Assembleia Geral da ONU em 1993, recebe petições individuais e pode promover ações de proteção em qualquer parte do mundo, no relacionamento com qualquer governo.

(D) Embora no Sistema Interamericano de Direitos Humanos, o indivíduo não possa acessar diretamente a Corte Interamericana, o regulamento desse tribunal admite a participação direta dos indivíduos demandantes em todas as etapas do procedimento, após a apresentação do caso pela Comissão Interamericana.

(E) Um dos maiores desafios do Sistema Interamericano de Direitos Humanos é transformar o *jus standi*, isto é, a possibilidade de comparecer autonomamente, *a posteriori*, em procedimentos do órgão judicial internacional, em *locus standi*, ou seja, direito efetivo do indivíduo de acessar, sem intermediários, a Corte Interamericana.

A: incorreta. Não é possível afirmar que existiram modificações que beneficiaram diretamente os indivíduos em função dos relatórios enviados pelos Estados. Afinal, tais relatórios funcionam como uma prestação de contas dos Estados perante os órgãos internacionais de monitoramento. No caso em específico, o órgão de monitoramento instituído pelo Pacto Internacional de Direitos Civis e Políticos é o Comitê de Direitos Humanos; **B:** incorreta. O CDH é um órgão subsidiário da Assembleia Geral e tem como principais competências: a) promover a educação e o ensino em direitos humanos; b) auxiliar os Estados na implementação das políticas de direitos humanos assumidas em decorrência das Conferências da ONU, como também sua devida fiscalização; c) submeter um relatório anual à Assembleia Geral; e d) propor recomendações acerca da promoção e proteção dos direitos humanos. Pode-se afirmar que o CDH se insere no sistema global[41] de proteção dos direitos humanos como um mecanismo não convencional, destoando dos mecanismos convencionais de proteção instituídos pelas Convenções da ONU. A fonte material do sistema não convencional são as resoluções elaboradas pelos órgãos da ONU (notadamente o Conselho de Direitos Humanos, a Assembleia Geral e o Conselho Econômico e Social). Todavia, não se pode afirmar que a atuação do CDH ocasionou diretamente o acesso direto dos indivíduos às instâncias internacionais de direitos humanos; **C:** incorreta. Alto Comissariado das Nações Unidas para Direitos Humanos não é um órgão coletivo, mas sim singular. Ademais, o Alto-Comissário tem a função primordial de promover os direitos humanos e lidar com as questões de direitos humanos da ONU, além de manter diálogo com todos os Estados membros sobre temas relacionados aos direitos humanos. As responsabilidades do Alto-Comissário incluem: a resolução de conflitos; prevenção e alerta de abusos, assistência aos Estados em períodos de transição política; promoção de direitos substantivos aos Estados; coordenação e racionalização de programas em direitos humanos. Por fim, a criação do EACDH é consequência das recomendações formuladas no seio da 2ª Conferência Mundial de Direitos Humanos (Conferência de Viena), pela Resolução 48/141 da Assembleia Geral da ONU, em 20 de dezembro de 1993; **D:** correta, pois a assertiva está em consonância com o disposto no art. 23, ponto 1, do Regulamento da Corte Interamericana de Direitos Humanos. Tal regramento, de fato, descreve bem o desenvolvimento do acesso direto dos indivíduos às instâncias internacionais de direitos humanos; **E:** incorreta, pois não descreve corretamente o desenvolvimento do acesso direto dos indivíduos às instâncias internacionais de direitos humanos, mas apenas faz uma previsão sobre um dos maiores desafios que deve ser encarado pelo Sistema Interamericano de Direitos Humanos.

Gabarito "D"

41 Também denominado Sistema das Nações Unidas.

(Defensor Público/PR – 2012 – FCC) O Direito Internacional dos Direitos Humanos, o Direito Internacional Humanitário e o Direito Internacional dos Refugiados são constituídos, cada um deles, por distintos conjuntos normativos que, no entanto, gradualmente, evoluíram de um funcionamento compartimentalizado para uma crescente interação. Sobre o relacionamento dessas três vertentes da Proteção Internacional da Pessoa Humana é INCORRETO afirmar:

(A) De uma maneira geral, pode-se dizer que as situações específicas não protegidas pelo Direito Internacional Humanitário e pelo Direito Internacional dos Refugiados são abarcadas pelo Direito Internacional dos Direitos Humanos.

(B) A relação entre Direito Internacional dos Direitos Humanos e Direito Internacional dos Refugiados lança luz sobre a dimensão preventiva da proteção da pessoa humana no plano internacional, pois, as violações sistemáticas de direitos humanos em determinado país levam ao deslocamento de indivíduos para outras regiões, em função dos temores de perseguição por motivos de raça, religião, nacionalidade ou opinião política.

(C) A proteção de vítimas em conflitos internos e situações de emergência constitui um profícuo campo de interação entre o Direito Internacional Humanitário e o Direito Internacional dos Direitos Humanos.

(D) Pela Cláusula de Martens, instituto de Direito Internacional Humanitário, nas situações não previstas, tanto os combatentes, quanto os civis, ficam sob a proteção e a autoridade dos princípios do direito internacional, o que abre espaço para a incidência do Direito Internacional dos Direitos Humanos.

(E) O princípio do *non-refoulement*, instituto de Direito Internacional Humanitário aceito e reconhecido pela comunidade internacional como *jus cogens*, aplica-se ao Direito Internacional dos Refugiados e ao Direito Internacional dos Direitos Humanos.

A: correta. O Direito Internacional dos Refugiados, o Direito Internacional Humanitário e o Direito Internacional dos Direitos Humanos são complementares, apesar de serem conjuntos de leis distintas, pois buscam proteger o indivíduo de ações arbitrárias e de abusos. Os direitos humanos são inerentes ao ser humano e protegem os indivíduos sempre, sejam estes considerados refugiados ou não ou seja em tempos de guerra ou de paz. O Direito Internacional dos Refugiados se aplica apenas em situações que envolvem refugiados e o Direito Internacional Humanitário se aplica apenas em situações de conflitos armados internacionais e não internacionais. Portanto, o Direito Internacional dos Direitos Humanos é complementar ao Direito Internacional Humanitário e ao Direito Internacional dos Refugiados sempre que o contexto fático englobar alguma consideração sobre refugiados ou disser respeito em a algum conflito armado; **B:** correta, pois refugiado é o indivíduo que, perseguido devido à sua raça, religião, nacionalidade, opinião política ou por sua ligação com certo grupo social, se encontra fora de seu país de nacionalidade e não pode ou não quer, por temor, regressar ao seu país; ou o apátrida que, perseguido devido à sua raça, religião, nacionalidade, opinião política ou por sua ligação com certo grupo social, se encontra fora do país onde teve sua última residência habitual e não pode ou não quer, por temor, regressar a tal país. Ainda, é possível considerar refugiado todo aquele que é vítima de grave e generalizada violação de direitos humanos; **C:** correta. Reler o comentário sobre a assertiva "A"; **D:** correta. Relacionado ao Direito de Haia, cabe destacar a *cláusula Martens*, essa aparece na Convenção da Haia, de 1907, sobre os Costumes da Guerra Terrestre e faz alusão ao nome do Ministro das Relações Exteriores do Czar Alexandre, da Rússia. Sua aplicação ocorre nas situações não previstas, ou melhor, não regulamentas por qualquer tratado, e determina que tanto os combatentes, quanto os civis, ficam sob a proteção e a autoridade dos princípios do direito internacional. Assim, nunca ocorrerá uma situação de ausência de proteção dos combatentes e civis, pois quando não houver regras específicas para serem aplicadas à certos conflitos, o Direito Internacional dos Direitos Humanos será aplicado diretamente. Por fim, cabe aclarar que o Direito de Haia (Convenções de Haia de 1899 e de 1907) regula a especificamente o meio e os métodos utilizados na guerra, ou, em outras palavras, a condução das hostilidades pelos beligerantes; **E:** incorreta. O princípio do *non-refoulement* é um instituto do Direito Internacional dos Refugiados. O princípio de *non-refoulement* ("não devolução"), disciplinado no artigo 33 da Convenção das Nações Unidas relativa ao Estatuto dos Refugiados de 1951, define que nenhum país deve expulsar ou "devolver" (*refouler*) um refugiado contra sua vontade, em quaisquer ocasiões, para um território onde ele sofra perseguição. Estabelece ainda providências para a disponibilização de documentos, como os documentos de viagem específicos para refugiados na forma de um "passaporte".

Gabarito "E"

(Defensor Público/RO – 2012 – CESPE) Em relação à Organização Internacional do Trabalho (OIT), assinale a opção correta.

(A) Como o trabalho constitui a única mercadoria de que dispõem os empregados para assegurar uma vida digna para si e para os seus dependentes, é dever fundamental da OIT assegurar a justa remuneração pelo trabalho.

(B) A liberdade de expressão, apesar de não constar expressamente no atual documento constitutivo da OIT, é um dos princípios fundamentais da liberdade associativa dos empregadores.

(C) Entre as obrigações da OIT inclui-se a de prestar auxílio na execução de programas destinados a proporcionar emprego integral para todos.

(D) A estrutura da OIT, do tipo bipartida, é composta da Conferência Geral, competente para aprovar ou rejeitar as convenções e recomendações propostas, e da Diretoria-Geral, incumbida da presidência e da administração dos trabalhos da organização.

(E) A Conferência Geral é integrada por delegados que representam, de forma paritária, empregados e empregadores de cada Estado-membro, sendo vedada a participação de representantes do governo na Conferência, ainda que sob a forma de indicação de candidatos.

A: incorreta. Um dos princípios fundamentais sobre os quais se funda a OIT é que o trabalho não é uma mercadoria (art. 1º, *a*, da Declaração de Filadélfia); **B:** incorreta. A liberdade de expressão é um dos princípios fundamentais sobre os quais se funda a OIT art. 1º, *b*, da Declaração de Filadélfia); **C:** correta. Segue a redação do art. 3º da Declaração de Filadélfia: "A Conferência reconhece a obrigação solene de a Organização Internacional do Trabalho secundar a execução, entre as diferentes nações do mundo, de programas próprios à realização: a) do pleno emprego e da elevação do nível de vida; b) do emprego dos trabalhadores em ocupações nas quais tenham a satisfação de aplicar toda a sua habilidade e os seus conhecimentos e de contribuir da melhor forma para o bem-estar comum; c) para atingir esse objectivo, da concretização, mediante garantias adequadas para todos os interessados, de possibilidades de formação e meios próprios para facilitar as transferências de trabalhadores, incluindo as migrações de mão de obra e de colonos; d) da possibilidade para todos de uma participação justa nos frutos do progresso em termos de salários e de ganhos, de duração do trabalho e outras condições de trabalho, e um salário mínimo vital para todos os que têm um emprego e necessitam dessa protecção; e) do reconhecimento efectivo do direito de negociação colectiva e da cooperação entre empregadores e os trabalhadores para a melhoria contínua da organização e da produção, assim como da colaboração dos trabalhadores e dos empregadores para a elaboração e aplicação da política social e económica; f) da extensão das medidas de segurança social com vista a assegurar um rendimento de base a todos os que precisem de tal protecção, assim como uma assistência médica completa; g) de uma protecção adequada da vida e da saúde dos trabalhadores em todas as ocupações; h) da protecção da infância e da maternidade; i) de um nível adequado de alimentação, de alojamento e de meios recreativos e culturais; e j) da garantia de igualdade de oportunidades no domínio educativo e profissional"; **D:** incorreta, pois a OIT é a única das agências do Sistema das Nações Unidas com uma estrutura tripartite, composta de representantes de governos e de organizações de empregadores e de trabalhadores; **E:** incorreta. A Conferência Geral do Trabalho é o órgão plenário e deliberante da OIT. Todos os estados-membros estão nela representados pela suas delegações. As delegações são compostas de dois delegados indicados pelo governo, um delegado representante dos empregadores e outro representante dos trabalhadores. Todos os membros da delegação têm direito de voto e podem divergir. A Conferência reúne-se anualmente e tem competência ampla. Segue algumas de suas competências: **a)** adotar convenções e recomendações; **b)** controlar a aplicação pelos estados-membros das normas internacionais do trabalho constantes das convenções e recomendações; **c)** aprovar o orçamento da Organização; **d)** deliberar, por maioria de dois terços, sobre a conveniência de aceitar novos estados-membros; **e)** nomear os juízes do Tribunal Administrativo da OIT.

Gabarito "C"

(Defensoria Pública da União – 2010 – CESPE) No que diz respeito às vítimas do abuso de poder e da criminalidade e ao uso da força e de armas de fogo pelos Estados, julgue os itens que se seguem.

(1) Consideram-se vítimas de abuso de poder as pessoas que, individual ou coletivamente, tenham sofrido prejuízos, nomeadamente atentado à integridade física ou mental, sofrimento de ordem moral, perda material ou grave atentado aos seus direitos fundamentais, como consequência de atos ou de omissões que, embora não constituam ainda violação da legislação penal nacional, representam violações das normas internacionalmente reconhecidas em matéria de direitos humanos.

(2) De acordo com o direito internacional, uma pessoa que tenha sofrido atentado aos seus direitos fundamentais somente pode ser considerada vítima da criminalidade se o autor da violação tiver sido preso, processado, declarado culpado ou, pelo menos, identificado.

(3) Segundo determinação das Nações Unidas acerca do uso da força, os governos devem garantir que a utilização arbitrária ou abusiva da força ou de armas de fogo pelos policiais seja punida como infração penal, nos termos da legislação nacional.

1: correta, pois trata-se da redação do art. 18 do Anexo da Declaração dos Princípios Fundamentais de Justiça Relativos às Vítimas da Criminalidade e de Abuso de Poder, adotada no âmbito da ONU em 29 de novembro de 1985; **2:** incorreta, pois é o contrário do que determina o art. 2º dos Princípios Fundamentais de Justiça Relativos às Vítimas da Criminalidade e de Abuso de Poder: "Uma pessoa pode ser considerada como *vítima*, no quadro da presente Declaração, quer o autor seja ou não identificado, preso, processado ou declarado culpado, e quaisquer que sejam os laços de parentesco deste com a vítima. O termo *vítima* inclui também, conforme o caso, a família próxima ou as pessoas a cargo da vítima direta e as pessoas que tenham sofrido um prejuízo ao intervirem para prestar assistência às vítimas em situação de carência ou para impedir a vitimização"; **3:** correta, pois trata-se da redação do art. 7º do Anexo dos Princípios Básicos sobre a Utilização de Força e de Armas de Fogo pelos Funcionários Responsáveis pela Aplicação da Lei, adotado no âmbito da ONU em 1990.

Gabarito 1C, 2E, 3C

(Defensoria Pública/SP – 2010 – FCC) A Lei Complementar nº 132, de 7 de outubro de 2009, ao introduzir alterações na Lei Complementar Federal nº 80, de 12 de janeiro de 1994, estabeleceu como função institucional da Defensoria Pública, "representar aos sistemas internacionais de proteção dos direitos humanos, postulando perante seus órgãos". Considere os seguintes órgãos do sistema das Nações Unidas:

I. Comitê de Direitos Humanos.
II. Comitê de Direitos Econômicos Sociais e Culturais.
III. Comitê sobre a Eliminação de todas as formas de Discriminação contra a Mulher.
IV. Comitê sobre os Direitos das Pessoas com Deficiência.

Tendo em conta os instrumentos internacionais de Direitos Humanos ratificados pelo Brasil e seus respectivos mecanismos de monitoramento, os órgãos que admitem o processamento de comunicação individual formulada contra o Brasil são

(A) I, II e III, somente.
(B) I, II e IV, somente.
(C) I, III, e IV, somente.
(D) II, III e IV, somente.
(E) I, II, III e IV.

I: correta. O Comitê de Direitos Humanos, conforme determina o art. 28 do Pacto Internacional dos Direitos Civis e Políticos, é o órgão criado com o objetivo de controlar a aplicação, pelos estados-partes, das disposições deste instrumento. E conforme determina o art. 40 do Pacto, os estados que aderirem ao Pacto comprometem-se a submeter relatórios sobre as medidas por eles adotadas para tornar efetivos os direitos reconhecidos no presente Pacto e sobre o progresso alcançado no gozo desses direitos. O Pacto apresenta também um sistema, opcional, de comunicações interestatais. Por este sistema um estado parte pode denunciar o outro que incorrer em violações dos direitos humanos. Mas para ter validade, os dois estados, denunciante e denunciado, devem ter expressamente declarado a competência do Comitê de Direitos Humanos para processar tais denúncias. O Protocolo Facultativo ao Pacto Internacional dos Direitos Civis e Políticos, adotado em 16 de dezembro de 1966, cria um importante mecanismo para melhorar o controle sobre a aplicação, pelos estados-partes, das disposições do Pacto Internacional dos Direitos Civis e Políticos. Trata-se do sistema das **petições individuais**. Este sistema permite ao indivíduo "lesionado" enviar petições ao Comitê de Direitos Humanos, com o fito de denunciar as violações sofridas contra os direitos consagrados no Pacto Internacional dos Direitos Civis e Políticos. Vale apontar que o Comitê definiu que as petições também podem ser enviadas por terceiras pessoas ou organizações não governamentais que representem o indivíduo lesionado; **II:** incorreta. No que tange à sistemática de controle sobre a aplicação, pelos estados-partes, das disposições do Pacto Internacional dos Direitos Econômicos, Sociais e Culturais, foi adotado apenas o envio de relatórios pelos estados-partes. Tais relatórios deverão ser encaminhados para o Secretário-Geral, que os encaminhará ao Conselho Econômico e Social. E para efetuar a análise dos relatórios, o Conselho Econômico e Social criou o Comitê sobre Direitos Econômicos, Sociais e Culturais. Todavia, o Protocolo Facultativo ao Pacto Internacional dos Direitos Econômicos, Sociais e Culturais, **que ainda não**

entrou em vigor, prevê o sistema de petições individuais, de comunicações interestatais e de investigações *in loco*; **III:** correta. Para monitorar o cumprimento, pelos estados-partes, das obrigações constantes na Convenção, foi criado o Comitê sobre a Eliminação da Discriminação contra a Mulher. Este será responsável para receber os relatórios confeccionados pelos estados-partes. As **petições individuais** e a possibilidade de realizar investigações *in loco* só foram possibilitadas, como mecanismos de controle e fiscalização, com a adoção do Protocolo Facultativo à Convenção Internacional sobre a Eliminação de todas as formas de Discriminação contra a Mulher; **IV:** correta. Para monitorar o cumprimento, pelos estados-partes, das obrigações constantes na Convenção, foi criado o Comitê para os Direitos das Pessoas com Deficiência. Este será responsável para receber os relatórios confeccionados pelos estados-partes. As **petições individuais** e a possibilidade de realizar investigações *in loco* são possíveis, como mecanismos de controle e fiscalização, mediante a adoção do Protocolo Facultativo à Convenção sobre os Direitos das Pessoas com Deficiência.

Gabarito "C"

(Defensoria Pública/SP – 2010 – FCC) Foi aprovada pelo plenário do Tribunal Superior Eleitoral (TSE) a instalação de seções eleitorais especiais em estabelecimentos penais e de internação de adolescentes, para viabilizar o voto de presos provisórios e de jovens em medida socioeducativa de internação, no pleito a se realizar no segundo semestre de 2010. A respeito do tema e tendo em conta o teor dos tratados de Direito Internacional dos Direitos Humanos ratificados pelo Brasil, é correto afirmar:

(A) A Convenção dos Direitos da Criança prevê que os direitos políticos de menores de dezoito anos poderão ser limitados em razão de condenação em processo criminal.

(B) A Declaração Universal dos Direitos Humanos garante o direito a toda pessoa de tomar parte no governo de seu país por intermédio de representantes eleitos.

(C) A Convenção Americana de Direitos Humanos não dispõe expressamente sobre o tema do voto de quem tenha sofrido condenação em processo criminal.

(D) O Pacto Internacional de Direitos Civis e Políticos prevê que os direitos políticos dos condenados criminalmente poderão ser restringidos, desde que de maneira fundada.

(E) O Pacto Internacional de Direitos Econômicos, Sociais e Culturais proíbe a discriminação de pessoas quanto ao direito ao voto, aí incluídos os condenados criminalmente.

A: incorreta. A Convenção sobre os Direitos da Criança, adotada pela ONU em 20 de novembro de 1989 e ratificada pelo Brasil em 24 de setembro de 1990, não traz tal previsão; **B:** correta. O artigo XXI, ponto 1, da Declaração Universal dos Direitos Humanos dispõe que toda pessoa tem o direito de tomar parte no governo de seu país, diretamente ou por intermédio de representantes livremente escolhidos. Percebe-se que apenas uma das formas de participação popular no governo aparece na assertiva, mas a maneira que foi estruturada torna-a correta; **C:** incorreta. O art. 23, ponto 2, da Convenção Americana de Direitos Humanos dispõe que o exercício de determinados direitos e oportunidades, dentre eles o de votar e ser eleito, pode ser regulado por lei em alguns casos, como no de condenação em processo penal por juiz competente; **D:** correta. O art. 25 do Pacto Internacional dos Direitos Civis e Políticos dispõe que os direitos políticos poderão ser restringidos, desde que de maneira fundamentada e sem discriminação; **E:** incorreta. O Pacto Internacional de Direitos Econômicos, Sociais e Culturais, como seu próprio nome indica, cuida dos direitos econômicos, sociais e culturais, logo, não cuida dos direitos políticos, os quais estão disciplinados no Pacto Internacional de Direitos Civis e Políticos.

Gabarito Oficial "D"/Nosso Gabarito "B" e "D"

(Defensoria Pública/SP – 2010 – FCC) Uma das atividades precípuas dos Defensores Públicos diz respeito aos direitos das pessoas privadas de liberdade. A respeito do tema, assinale a alternativa correta, conforme as previsões dos Tratados Internacionais de Direitos Humanos ratificados pelo Brasil.

(A) A Convenção contra a Tortura e Outros Tratamentos ou Penas Cruéis, Desumanos ou Degradantes não admite a aplicação de pena de trabalhos forçados.

(B) A Convenção sobre os Direitos da Criança admite que menor de dezoito anos seja mantido preso em companhia de adultos, se tal fato for compatível com os melhores interesses da criança.

(C) A Convenção Americana de Direitos Humanos admite que os indivíduos privados de liberdade, em cumprimento de sentença, possam ser postos à disposição de pessoas jurídicas de caráter privado, para a execução dos serviços normalmente exigidos na prisão.

(D) A Convenção Americana de Direitos Humanos estabelece o direito da pessoa privada de liberdade dispor de cela individual.

(E) O Pacto Internacional de Direitos Civis e Políticos estabelece que somente os crimes de maior gravidade sejam apenados com pena privativa de liberdade.

A: incorreta, pois a Convenção contra a Tortura e Outros Tratamentos ou Penas Cruéis, Desumanos ou Degradantes nada dispõe à respeito da aplicação da pena de trabalhos forçados. Por outro lado, a Convenção Americana de Direitos Humanos, no seu art. 6º, ponto 2, assim dispõe: "Ninguém deve ser constrangido a executar trabalho forçado ou obrigatório. Nos países em que se prescreve, para certos delitos, pena privativa de liberdade acompanhada de trabalhos forçados, esta disposição não pode ser interpretada no sentido de proibir o cumprimento da dita pena, imposta por um juiz ou tribunal competente. O trabalho forçado não deve afetar a dignidade, nem a capacidade física e intelectual do recluso". E o Pacto Internacional de Direitos Civis e Políticos, no seu art. 8º, ponto 3, *b*, assim dispõe: "A alínea "a" do presente parágrafo ("Ninguém poderá ser obrigado a executar trabalhos forçados ou obrigatórios") não poderá ser interpretada no sentido de proibir, nos países em que certos crimes sejam punidos com prisão e trabalhos forçados, o cumprimento de uma pena de trabalhos forçados, imposta por um tribunal competente". Ambos dispositivos legais regulam a possibilidade de trabalhos forçados, desde que a pena seja imposta por tribunal competente; **B:** correta, consoante ao que determina o art. 37, *c*, da Convenção sobre os Direitos da Criança; **C:** incorreta, pois o art. 6º, ponto 3, *a*, da Convenção Americana de Direitos Humanos assim dispõe: "Não constituem trabalhos forçados ou obrigatórios para os efeitos deste artigo: os trabalhos ou serviços normalmente exigidos de pessoa reclusa em cumprimento de sentença ou resolução formal expedida pela autoridade judiciária competente. Tais trabalhos ou serviços devem ser executados sob a vigilância e controle das autoridades públicas, e **os indivíduos que os executarem não devem ser postos à disposição de particulares, companhias ou pessoas jurídicas de caráter privado**"; **D:** incorreta, pois a Convenção Americana de Direitos Humanos nada dispõe à respeito do direito da pessoa privada de liberdade dispor de cela individual; **E:** incorreta, pois o Pacto Internacional de Direitos Civis e Políticos não dispõe que somente os crimes de maior gravidade devem ser apenados com pena privativa de liberdade. A única menção a crimes de maior gravidade é encontrada no art. 6º, ponto 2, do Pacto, o qual determina que a pena de morte, só será aplicada, nos países em que ainda não tenha sido abolida, nos casos de crimes mais graves.

Gabarito "B"

(Defensoria Pública/SP – 2010 – FCC) Qual dos tratados internacionais de direitos humanos abaixo prevê o dever para os Estados de promover a proteção, preservação e melhoramento do meio ambiente?

(A) Pacto Internacional de Direitos Civis e Políticos.

(B) Pacto Internacional de Direitos Econômicos, Sociais e Culturais.

(C) Convenção sobre os Direitos da Criança.

(D) Convenção-Quadro das Nações Unidas sobre Mudanças Climáticas.

(E) Protocolo Adicional à Convenção Americana sobre Direitos Humanos em matéria de Direitos Econômicos, Sociais e Culturais.

A, B, C, D e **E:** o art. 11 do Protocolo Adicional à Convenção Americana de Direitos Humanos (Protocolo de San Salvador) dispõe que toda pessoa tem direito a viver em meio ambiente sadio e que os estados-partes devem promover a proteção, preservação e melhoramento do meio ambiente.

Gabarito "E"

(Defensoria Pública/SP – 2010 – FCC) Considere as seguintes afirmações:

I. O Alto Comissariado das Nações Unidas para Direitos Humanos, criado a partir de recomendação da Conferência Mundial sobre Direitos Humanos, tem por função coordenar as atividades desenvolvidas pelos demais órgãos da ONU a respeito do tema.

II. O Comitê de Direitos Humanos, criado pela Carta das Nações Unidas, tem por função produzir relatórios sobre a situação dos direitos humanos nos países integrantes da ONU.

III. A Comissão de Direitos Humanos, recentemente extinta, foi responsável pela redação dos principais tratados de direitos humanos das Nações Unidas e por desenvolver o sistema de "relatores especiais".

IV. O Conselho de Direitos Humanos, criado pelo Pacto Internacional de Direitos Civis e Políticos, tem por função receber denúncias de violação dos direitos previstos naquele instrumento das Nações Unidas.

Estão corretas SOMENTE as afirmações

(A) I e II.
(B) I e III.
(C) II e III.
(D) II e IV.
(E) III e IV.

I: correta. Na sequência das recomendações formuladas na Conferência Mundial de Direitos Humanos, criou-se, pela resolução 48/141 da Assembleia Geral da ONU, em 20 de Dezembro de 1993, o Escritório do Alto Comissário das Nações Unidas para Direitos Humanos (EACDH). O Alto Comissariado das Nações Unidas para Direitos Humanos representa o compromisso do mundo com os ideais universais da dignidade humana. **O Alto Comissariado é o principal órgão de direitos humanos das Nações Unidas e coordena os esforços da ONU em matéria de direitos humanos**. Tem também como função a supervisão do Conselho de Direitos Humanos; **II:** incorreta. O Comitê de Direitos Humanos, criado pelo art. 28 do Pacto Internacional de Direitos Civis e Políticos, é o órgão criado com o objetivo de controlar a aplicação, pelos estados-partes, das disposições deste instrumento; **III:** correta. Dentre suas competências, o Conselho Econômico e Social pode criar comissões para melhor executar suas funções. Com suporte em tal competência, a Comissão de Direitos Humanos da ONU foi criada em 1946. Todavia, conviveu com pesadas críticas, e, por fim, não resistiu e foi substituída em 16 de junho de 2006 pelo Conselho de Direitos Humanos – CDH – mediante a Resolução 60/251 adotada pela Assembleia Geral. Cabe aqui também apontar que a criação do Conselho de Direitos Humanos é uma tentativa simbólica de conferir paridade ao tema dos direitos humanos em relação aos temas segurança internacional e cooperação social e econômica, os quais têm conselhos específicos, respectivamente, Conselho de Segurança e Conselho Econômico e Social; **IV:** incorreta. Reler o comentário à assertiva III.

Gabarito "B"

(Defensor Público/BA – 2010 – CESPE) Acerca dos mecanismos de proteção internacional de direitos humanos, julgue os itens subsequentes.

(1) Qualquer pessoa ou grupo de pessoas, ou entidade não governamental legalmente reconhecida em um ou mais Estados-membros da Organização dos Estados Americanos pode apresentar diretamente à Corte Interamericana de Direitos Humanos petições que contenham denúncias ou queixas de violação dos termos da Convenção Americana de Direitos Humanos por um Estado-parte.

(2) A violação grave e sistemática dos direitos humanos das mulheres em um Estado pode ser investigada pelo Comitê sobre a Eliminação da Discriminação contra a Mulher, que recebe petições com denúncias de violação a esses direitos.

1: errada, pois a Corte Interamericana de Direitos Humanos só pode ser acionada pelos estados-partes ou pela Comissão; o indivíduo, conforme art. 61 da Convenção Americana de Direitos Humanos, fica proibido de apresentar petição à Corte; **2:** correta. Para monitorar o cumprimento, pelos estados-partes, das obrigações constantes na Convenção Internacional sobre a Eliminação de todas as formas de Discriminação contra a Mulher, foi criado o Comitê sobre a Eliminação da Discriminação contra a Mulher. Este será responsável para receber os relatórios confeccionados pelos estados-partes. As petições individuais e a possibilidade de realizar investigações *in loco* só foram possibilitadas, como mecanismos de controle e fiscalização, com a adoção do Protocolo Facultativo à Convenção Internacional sobre a Eliminação de todas as formas de Discriminação contra a Mulher. A decisão do Comitê não tem força vinculante, mas será publicada no relatório anual, o qual é encaminhado para a Assembleia Geral da ONU.

Gabarito 1E, 2C

(Defensoria/MT – 2009 – FCC) As questões climáticas e o desmatamento das florestas são temas polêmicos e de preocupação mundial. Dos instrumentos internacionais de direitos humanos que figuram no Edital deste concurso, algum faz referência ao direito à preservação do meio ambiente?

(A) Apenas o Pacto Internacional de Direitos Econômicos, Sociais e Culturais.
(B) Apenas o Protocolo sobre Direitos Econômicos, Sociais e Culturais (Protocolo de São Salvador).
(C) Apenas o Pacto Internacional de Direitos Econômicos, Sociais e Culturais e o Protocolo sobre Direitos Econômicos, Sociais e Culturais (Protocolo de São Salvador).
(D) Apenas a Declaração Universal dos Direitos Humanos.
(E) Não, nenhum.

A, B, C, D e **E:** o direito à preservação do meio ambiente só é disciplinado, dentre os tratados listados nas alternativas, pelo **Protocolo de San Salvador**. O art. 11, pontos 1 e 2, do Protocolo dispõe que as pessoas têm direito a viver em meio ambiente sadio e que os Estados-partes devem promover a proteção, a preservação e o melhoramento do meio ambiente. Deve-se dizer que o direito à preservação do meio ambiente insere-se na terceira geração de direitos humanos, a qual também comporta os direitos à paz, ao desenvolvimento e à propriedade do patrimônio cultural. A titularidade destes direitos (ditos difusos) é atribuída à humanidade. Seu fundamento é a ideia de fraternidade. Por fim, os direitos de terceira geração foram consagrados na Convenção para a Proteção do Patrimônio Mundial, Cultural e Natural, de 1972, e na Convenção sobre a Diversidade Biológica, de 1992.

Gabarito "B"

(Defensoria/PA – 2009 – FCC) O Pacto Internacional de Direitos Econômicos, Sociais e Culturais e o Protocolo de San Salvador em matéria de direitos econômicos, sociais e culturais preveem que estes direitos têm aplicação

(A) imediata, devendo ser implementados pelos Estados-partes no prazo de cinco anos a contar da ratificação dos aludidos tratados.
(B) imediata, devendo ser implementados pelos Estados-partes no prazo de dois anos a contar da ratificação dos aludidos tratados.
(C) progressiva, estando condicionados à prévia implementação dos direitos civis e políticos, vedado o retrocesso social.
(D) imediata, devendo os Estados dispor do máximo dos recursos disponíveis para a sua realização, permitido o retrocesso social com base na reserva do possível.
(E) progressiva, devendo os Estados dispor do máximo dos recursos disponíveis para a sua realização, vedado o retrocesso social.

A, B, C, D e **E:** o Pacto Internacional dos Direitos Econômicos, Sociais e Culturais foi aprovado em 1966 pela Assembleia Geral das Nações Unidas, mas devido à grande resistência que sofreu, somente adquiriu as ratificações necessárias para entrar em vigor no ano de 1976. E tem como grande objetivo tornar obrigatório, vinculante e expandir os direitos econômicos, sociais e culturais elencados na Declaração Universal dos Direitos Humanos. É um exemplo de *hard law*. Por outro lado, a única menção aos direitos econômicos, sociais e culturais encontrada na Convenção Americana de Direitos Humanos está no art. 26, o qual se limita a determinar que os estados se engajem em progressivamente implementar tais direitos (na sua dimensão negativa e positiva), ditos de segunda geração. Cabe dizer que escolha (de só regular os direitos políticos e civis) foi direcionada para obter a adesão dos EUA à Convenção. Esta situação modificou-se com a adoção, na Conferência Interamericana de São Salvador, em 17 de novembro de 1988, do Protocolo Adicional à Convenção, conhecido como Protocolo San Salvador. A partir de então, tem-se uma enumeração dos direitos econômicos, sociais e culturais que os países americanos – membros da OEA – obrigaram-se a implementar. Esses dois tratados determinam uma **aplicação progressiva** de seus preceitos partindo de um **mínimo essencial**. Isso porque grande parte dos estados não teriam os meios materiais necessários para garantir a máxima efetivação dos direitos econômicos, sociais e culturais de suas populações. E esta progressividade na implementação dos direitos do Pacto Internacional dos Direitos Econômicos, Sociais e Culturais e do Protocolo de San Salvador cria, como consequência, a regra que proíbe o **retrocesso social**. Isto é, os estados somente podem avançar na implementação dos direitos do Pacto, e nunca recuar (leia-se eliminar direitos já garantidos).

Gabarito "E"

(Defensoria/PI – 2009 – CESPE) Atualmente, os direitos e garantias fundamentais estão inseridos em distintos textos constitucionais de diferentes países. Tal presença é uma conquista histórica ocorrida por ações concretas realizadas no passado.

A Carta das Nações Unidas de 1945, exemplo de uma dessas ações concretas, consolidou, junto com a UDHR, o movimento de internacionalização dos direitos humanos. Tendo em vista essa institucionalização, assinale a opção correta a respeito da estrutura normativa do direito internacional protetivo dos direitos humanos.

(A) A estrutura de proteção do direito internacional é concentrada na ONU.
(B) A proteção internacional pode ser vista, entre outros, em dois planos: sistema global (ONU) e sistema regional (OEA).
(C) A UDHR pertence ao sistema regional de proteção dos direitos humanos.
(D) O Pacto Internacional dos Direitos Civis e Políticos pertence ao sistema regional de proteção dos direitos humanos.
(E) O Pacto Internacional dos Direitos Econômicos, Sociais e Culturais pertence ao sistema regional de proteção dos direitos humanos.

A: incorreta. O sistema regional de proteção (interamericano, europeu, africano, asiático e árabe) junta-se ao global (com suporte na ONU) para formar o sistema internacional de proteção dos direitos humanos. Percebe-se que em determinadas situações ocorrerá uma sobreposição de normas (oriundas do sistema global e do regional), todavia, isto não se reflete em problema, pois o que se busca é a substancial proteção dos direitos humanos. Destarte, o sistema que estiver melhor organizado para bem proteger o indivíduo naquele caso será o aplicado, ou seja, os sistemas não competem, mas sim se completam; **B:** correta, Reler o comentário à assertiva "A"; **C:** incorreta. A Declaração Universal dos Direitos Humanos pertence ao sistema global de proteção dos direitos humanos; D e **E:** incorretas, pois os dois Pactos Internacionais pertencem ao sistema global de proteção dos direitos humanos.

Gabarito "B"

(Defensoria/SP – 2009 – FCC) A Lei Federal nº 11.900, de 8 de janeiro de 2009, ao prever a possibilidade de realização de interrogatório e outros atos processuais por sistema de videoconferência,

(A) não viola a Convenção Americana de Direitos Humanos, que garante o direito de toda pessoa presa de ser ouvida por um juiz, mesmo que à distância.

(B) não viola a Declaração Universal dos Direitos Humanos, que não dispõe sobre garantias judiciais.

(C) viola a Convenção Americana de Direitos Humanos, que garante o direito de toda pessoa presa de ser conduzida à presença de um juiz.

(D) não padece da mesma inconstitucionalidade da Lei Estadual nº 11.819/05, declarada pelo Supremo Tribunal Federal no julgamento do *Habeas Corpus* nº 90.900-SP, pois exige decisão fundamentada do juiz.

(E) padece da mesma inconstitucionalidade da Lei Estadual nº 11.819/05, declarada pelo Supremo Tribunal Federal no julgamento do *Habeas Corpus* nº 90.900-SP.

A: incorreta. A possibilidade de realização de interrogatório e outros atos processuais por sistema de videoconferência viola sim a Convenção Americana de Direitos Humanos. Apesar de a redação do seu art. 8º, ponto 1, não ser expressa no tocante à necessidade da pessoa presa ser conduzida à presença de um juiz, esta deve ser a interpretação, pois no ano de 1969, quando a Convenção ganhou vida, não se utilizava o sistema de videoconferência, o qual é notadamente recente; **B:** incorreta, pois a Declaração Universal dos Direitos Humanos dispõe sobre garantias judiciais nos seus arts. 10 e 11; **C:** correta. Reler o comentário à assertiva "A"; **D:** incorreta. O *Habeas Corpus* n. 90.900-SP declarou a inconstitucionalidade formal da Lei Estadual nº 11.819/05, isto porque a competência para legislar sobre matéria processual é exclusiva da União (art. 22, I, da CF). Assim, a Lei Federal nº 11.900 não padece da mesma inconstitucionalidade da Lei Estadual nº 11.819/05, todavia, a diferenciação não tem por base a existência ou não de decisão fundamentada do juiz, pois todas as decisões devem ser fundamentadas, sob pena de nulidade (art. 93, IX, da CF); **E:** incorreta. Reler o comentário à assertiva anterior.

Gabarito "C"

(Defensoria/MT – 2009 – FCC) A violação à dignidade dos presos é um grave problema nacional. A exemplo disso, a superpopulação carcerária no Estado do Mato Grosso era de 91,4% em 2007 (DEPEN, 2008). Em face do que dispõem os tratados internacionais de direitos humanos referidos no Edital do presente Concurso, considere as afirmações abaixo:

I. É direito do condenado criminalmente dispor de cela individual, com área mínima de seis metros quadrados.

II. O condenado criminalmente não pode ser obrigado à realização de trabalhos na prisão.

III. As penas privativas de liberdade devem ter por finalidade essencial a reabilitação social e moral dos condenados.

IV. O isolamento celular máximo, como medida punitiva, não pode ultrapassar trinta dias.

Diante dessas afirmações é correto afirmar que

(A) apenas II e III são verdadeiras.

(B) apenas I e III são verdadeiras.

(C) apenas II e III são falsas.

(D) I, II e IV são falsas.

(E) I, II e III são verdadeiras.

I: incorreta. Em nenhum dos tratados indicados existe a previsão de que a cela tenha uma área quadrada de seis metros mínimos; **II:** incorreta. A Convenção Americana de Direitos Humanos, no seu art. 6º, ponto 2, assim dispõe: "Ninguém deve ser constrangido a executar trabalho forçado ou obrigatório. Nos países em que se prescreve, para certos delitos, pena privativa de liberdade acompanhada de trabalhos forçados, esta disposição não pode ser interpretada no sentido de proibir o cumprimento da dita pena, imposta por um juiz ou tribunal competente. O trabalho forçado não deve afetar a dignidade, nem a capacidade física e intelectual do recluso". E o Pacto Internacional de Direitos Civis e Políticos, no seu art. 8º, ponto 3, *b*, assim dispõe: "A alínea "a" do presente parágrafo ("Ninguém poderá ser obrigado a executar trabalhos forçados ou obrigatórios") não poderá ser interpretada no sentido de proibir, nos países em que certos crimes sejam punidos com prisão e trabalhos forçados, o cumprimento de uma pena de trabalhos forçados, imposta por um tribunal competente". Ambos dispositivos legais regulam a possibilidade de trabalhos forçados, desde que a pena seja imposta por tribunal competente; **III:** correta. Tal finalidade é preconizada por inúmeros tratados internacionais, cite-se, de exemplo, o art. 5º, ponto 6, da Convenção Americana de Direitos Humanos e o art. 10, ponto 3, do Pacto Internacional de Direitos Civis e Políticos; **IV:** incorreta. Em nenhum dos tratados indicados existe a previsão de que o isolamento celular máximo não pode ultrapassar trinta dias.

Gabarito "D"

(DEFENSORIA PÚBLICA DA UNIÃO – 2004 – CESPE) Quanto às restrições constitucionais e legais impostas em sede de extradição passiva e quanto a pressupostos, procedimentos e decisão determinados pelo ordenamento jurídico brasileiro nesse âmbito, julgue os itens seguintes.

(1) Os pedidos extradicionais deduzidos por autoridades judiciárias estrangeiras e por comissões rogatórias diretamente expedidas ao governo brasileiro legitimam a instauração do processo extradicional, desde que observado o trâmite diplomático do *exhorto*.

(2) Considere a seguinte situação hipotética. Lúcio, condenado ao pagamento de pensão alimentícia aos filhos menores, em sentença de divórcio, decidiu emigrar para o Brasil, visando eximir-se dessa obrigação. A prisão do alimentante omisso foi decretada pelo juízo cível do seu Estado de origem. Nessa situação, havendo tratado extradicional, ou compromisso de reciprocidade de tratamento, entre o Brasil e o Estado de origem de Lúcio, este poderá ser extraditado pelo governo brasileiro.

(3) As circunstâncias de o extraditando ser casado com brasileira há mais de cinco anos e de ter filho menor que seja brasileiro e dependente econômico do pai não são impeditivas da extradição, de acordo com a legislação brasileira.

(4) No interregno entre a publicação da portaria de naturalização no Diário Oficial e a entrega solene do certificado pelo juiz federal ao naturalizando, não estará este investido na condição de brasileiro naturalizado, sujeitando-se, portanto, a processo extradicional, de acordo com a sua nacionalidade originária.

(5) A solicitação de refúgio suspenderá, até decisão definitiva, qualquer processo de extradição pendente, em fase administrativa ou judicial, com base nos fatos que fundamentaram o pedido de reconhecimento da condição de refugiado. Para tanto, essa solicitação deverá ser comunicada ao órgão em que tramitar o mencionado processo de extradição.

1: errada. Num primeiro momento, **o país interessado formula pedido de extradição que é transmitido por via diplomática para o Ministério das Relações Exteriores ou, na falta de agente diplomático do Estado que a requerer, diretamente de Governo a Governo**, devendo o pedido ser instruído com a cópia autêntica ou a certidão da sentença condenatória, da de pronúncia ou da que decretar a prisão preventiva, proferida por Juiz ou autoridade competente. Daí o Ministério das Relações Exteriores remeterá o pedido ao Ministério da Justiça, que ordenará a prisão do extraditando e quando essa for efetivada, o pedido será encaminhado ao STF, o qual, por meio de seu relator, designará dia e hora para o interrogatório do extraditando. Lembrando que a extradição poderá sempre ser concedida quando o governo requerente se fundamentar em tratado, ou quando prometer ao Brasil a reciprocidade. Cabe apontar que a prisão perdurará até o julgamento final do STF, não sendo admitidas a liberdade vigiada, a prisão domiciliar e nem a prisão albergue. O processo de extradição possui peculiaridades, pois o estado requerente não é parte e o Ministério Público atua como fiscal da lei, isto é, seu caráter contencioso é mitigado. Mas, apesar disso, o STF admite que o estado requerente seja representado por advogado. Contudo, a defesa do extraditando não pode explorar o mérito da acusação. Isto porque o exame do STF recairá somente sobre a existência ou não dos pressupostos autorizadores da extradição. Por fim, caso o STF decida pela extradição, o governo, pelo Itamaraty, colocará o indivíduo à disposição do estado requerente, que dispõe de um prazo improrrogável de sessenta dias, salvo disposição diversa em tratado bilateral, para retirá-lo do território nacional. Se o prazo não for respeitado, o indivíduo será solto e o pedido extraditório não poderá ser renovado. No julgamento da Extradição 1085 (caso Cesare Battisti), o STF decidiu que o acatamento da extradição pela Corte tem o condão de *autorizar* o Presidente da República a efetivar tal medida, isto é, cabe ao Chefe do Executivo decidir sobre a conveniência de tal medida. Configura-se uma mudança de posicionamento, pois ao STF sempre coube *determinar* a extradição quando entender presente seus pressupostos, e agora o acolhimento da demanda de extradição pela Corte gera apenas uma autorização. A partir de tal decisão pode-se defender que, no Brasil, quem decide, em última instância, sobre a extradição ou não é o Presidente da República; **2:** errada. O art. 77 da Lei 6.815/1980 cuida das situações em que a extradição não será concedida e uma dessas situações – inciso II – é a necessidade de que o fato motivador do pedido seja considerado crime no Brasil ou no estado requerente. Ora, a prisão de Lúcio foi determinada pelo juízo civil de seu estado e o inadimplemento da obrigação de pagar alimentos não é considerado crime no Brasil. As outras situações são: **a)** se tratar de brasileiro, salvo se a aquisição dessa nacionalidade verificar-se após o fato que motivar o pedido (ler o artigo 5º, LI, da CF); **b)** o Brasil for competente, segundo suas leis, para julgar o crime imputado ao extraditando; **c)** a lei brasileira impuser ao crime a pena de prisão igual ou inferior a 1 (um) ano; **d)** o extraditando estiver a responder a processo ou já houver sido condenado ou absolvido no Brasil pelo mesmo fato em que se fundar o pedido; **e)** estiver extinta a punibilidade pela prescrição segundo a lei brasileira ou a do Estado requerente; **f)** o fato constituir crime político (mas ocorrerá a extradição quando o fato constituir, principalmente, infração da lei penal comum, ou quando o crime comum, conexo ao delito político, constituir o fato principal); e **g)** o extraditando houver de responder, no Estado requerente, perante Tribunal ou Juízo de exceção; **3:** correta, pois tal situação não é apontada pelo art. 77 da Lei 6.815/1980. Ver todas as situações em que a extradição não será concedida no comentário anterior; **4:** correta. A maioria dos países não permite a extradição de nacional seu – neste sentido o artigo 5º, LI, da CF determina: "nenhum brasileiro será extraditado, **salvo o naturalizado**, em caso de crime comum, praticado antes da naturalização, ou de comprovado envolvimento em tráfico ilícito de entorpecentes e drogas afins, na forma da lei". E o art. 77, I, da Lei 6.815/1980 dispõe que a extradição não será concedida se "se tratar de brasileiro, salvo se a aquisição dessa nacionalidade verificar-se após o fato que motivar o pedido". **Lembrando que a naturalização só produzirá efeitos depois da entrega do certificado pelo juiz federal competente**; **E:** correta. O art. 34 da Lei 9.474/1997 dispõe que: "A solicitação de refúgio suspenderá, até decisão definitiva, qualquer processo de extradição pendente, em fase administrativa ou judicial, baseado nos fatos que fundamentaram a concessão de refúgio".

Gabarito 1E, 2E, 3C, 4C, 5C

(DEFENSORIA PÚBLICA DA UNIÃO – 2002 – CESPE) Com relação ao direito internacional, julgue os itens abaixo.

(1) No Brasil, admite-se a extradição de estrangeiro que tenha filho brasileiro menor, mesmo que esse filho dependa economicamente do pai.

(2) Nos procedimentos de deportação e de expulsão de estrangeiro, a iniciativa é local, ao contrário do processo de extradição.

(3) De acordo com a Lei de Introdução ao Código Civil Brasileiro em vigor, a lei do país de nacionalidade de uma pessoa determina as regras acerca do começo e do fim da sua personalidade, do seu nome, da sua capacidade e dos seus direitos de família.

(4) Código de Bustamante, de 1928, tratado internacional incorporado ao direito brasileiro em 1929, prevalece em caso de conflito com a Lei de Introdução ao Código Civil de 1942.

(5) O processo de homologação de sentença estrangeira perante o STF não admite exame de matéria de fundo ou apreciação de questões pertinentes ao mérito da causa.

1: correta, pois a extradição só não é permitida quando relacionada à prática de crimes políticos, de imprensa, religiosos e militares e também pela redação expressa da Súmula 421 do STF que assim dispõe: "Não impede a extradição a circunstância de ser o extraditando casado com brasileira ou ter filho brasileiro". E se o indivíduo foi condenado à morte, a extradição só deve tomar curso se ficar assegurada a conversão da pena de morte em pena de prisão. Ademais, a maioria dos países não permite a extradição de nacional seu – neste sentido o artigo 5º, LI, da CF determina: "nenhum brasileiro será extraditado, **salvo o naturalizado**, em caso de crime comum, praticado antes da naturalização, ou de comprovado envolvimento em tráfico ilícito de entorpecentes e drogas afins, na forma da lei". Percebe-se que a extradição de estrangeiro nas condições apontadas pela assertiva "1" é permitida. Importante sobre o tema é o conceito de extradição: a extradição é a entrega de um estado para outro estado, a pedido deste, de indivíduo que em seu território deva responder a processo penal ou cumprir pena por prática de crime de certa gravidade. Um condicionante desta entrega é a confirmação de que os direitos humanos do extraditando serão respeitados. Também vale ressaltar a função do instituto da extradição, qual seja de garantir, por meio da cooperação internacional, que a prática de crime não ficará sem punição. Por fim, o fundamento jurídico do pedido de extradição pode ser a existência de um tratado prevendo tal hipótese, ou, na falta deste, a declaração de reciprocidade funciona como suporte jurídico para a extradição; **2:** correta. A deportação é a saída compulsória, do território nacional, do estrangeiro que ingressou irregularmente, ou cuja presença tenha-se tornado irregular – quase sempre por expiração do prazo de permanência, ou por exercício de atividade não permitida, como, por exemplo, trabalho remunerado no caso do turista. A medida não é exatamente punitiva, nem deixa sequelas. Seu procedimento é simples: o estrangeiro é notificado para sair do Brasil, e caso não obedeça poderá ser decretada, pelo juiz federal, sua prisão com a finalidade de ulterior deportação. E a expulsão é a saída compulsória, do território nacional, do estrangeiro que constituir perigo ou ameaça à ordem pública. Pode-se citar tais atos como possíveis de gerar a expulsão: **a)** conspirações; **b)** espionagem; **c)** provocação de desordens; **d)** mendicidade e vagabundagem etc. A medida deixa sequelas e pode ser considerada como punitiva. O estrangeiro depois de notificado de sua expulsão deve-se retirar do Brasil, do contrário poderá receber pena, geralmente de prisão, e somente após seu cumprimento vai ser enviado ao seu país, o qual não poderá negar sua entrada. O procedimento é complexo, pois necessário se faz a realização de um inquérito no âmbito do Ministério da Justiça, no qual se assegura ao estrangeiro o direito de defesa (contraditório). Após, o Presidente da República decidirá sobre a expulsão, devendo materializá-la por meio de decreto (art. 66 do Estatuto do Estrangeiro). Por outro lado, na extradição, o país interessado formula pedido de extradição que é transmitido por via diplomática para o Ministério das Relações Exteriores ou, na falta de agente diplomático do Estado que a requerer, diretamente de Governo a Governo, devendo o pedido ser instruído com a cópia autêntica ou a certidão da sentença condenatória, da de pronúncia ou da que decretar a prisão preventiva, proferida por Juiz ou autoridade competente. Daí o Ministério das Relações Exteriores remeterá o pedido ao Ministério da Justiça, que ordenará a prisão do extraditando e quando essa for efetivada, o pedido será encaminhado ao STF, o qual, por meio de seu relator, designará dia e hora para o interrogatório do extraditando. Lembrando que a extradição poderá sempre ser concedida quando o governo requerente se fundamentar em tratado, ou quando prometer ao Brasil a reciprocidade e que a prisão perdurará até o julgamento final do STF, não sendo admitidas a liberdade vigiada, a prisão domiciliar e nem a prisão albergue. O processo de extradição possui peculiaridades, pois o estado requerente não é parte e o Ministério Público atua como fiscal da lei, isto é, seu caráter contencioso é mitigado. Mas, apesar disso, o STF admite que o estado requerente seja representado por advogado. Contudo, a defesa do extraditando não pode explorar o mérito da acusação. Isto porque o exame do STF recairá somente sobre a existência ou não dos pressupostos autorizadores da extradição; **3:** errada, pois é a lei do domicílio (*lex domicilii*) da pessoa que determinará as regras sobre o começo e o fim da personalidade, o nome, a capacidade e os direitos de família (art. 7º da Lei de Introdução às normas do Direito Brasileiro). Importante lembrar que a regra de conexão antiga era a da nacionalidade, assim, aplicava-se ao estatuto pessoal a lei da nacionalidade do interessado; **4:** errada, pois depois de internalizado, o tratado é equiparado hierarquicamente à norma infraconstitucional, logo, o Código Bustamante não pode sobrepor-se à Lei de Introdução às normas do Direito Brasileiro, por possuir a mesma hierarquia que ela. Como sabemos, no caso de conflito entre normas devemos utilizar os critérios para a solução de antinomias, os quais são: a) critério cronológico; b) critério hierárquico; e c) critério da especialidade. Como o Código Bustamante e a Lei de Introdução às normas do Direito Brasileiro possuem a mesma hierarquia, o critério cronológico será utilizado para determinar que em situação de conflito entre esses dois diplomas prevalece a Lei de Introdução às normas do Direito Brasileiro; **5:** correta. No Brasil, a competência para homologar sentenças estrangeiras era do STF, mas depois da EC n. 45 esta competência passou para o STJ (art. 105, I, *i*, da CF) e o procedimento homologatório não examina o mérito da sentença estrangeira. Ao STJ cabe apenas a análise dos requisitos formais e, sob um viés mais subjetivo, a análise sobre a violação ou não da ordem pública brasileira (art. 17 da Lei de Introdução). Por fim, cabe apontar que todo tipo de sentença (declaratória, constitutiva ou condenatória) e a sentença arbitral podem ser objeto de homologação pelo STJ.

Gabarito 1C, 2C, 3E, 4E, 5C

(DEFENSORIA PÚBLICA DA UNIÃO – 2002 – CESPE)

Embaixadas estão fora da economia de energia – apesar do privilégio, alguns diplomatas garantem colaborar reduzindo o consumo

As 92 embaixadas e 24 representações de organismos internacionais situadas em Brasília não terão de cumprir o racionamento de energia elétrica. Considerados territórios internacionais, esses estabelecimentos e seus funcionários possuem privilégios e imunidades que lhes protegem de multas e de certas punições, como o corte do fornecimento de energia. O Itamaraty teve de despertar a Câmara de Gestão da Crise de Energia para o fato de que a Convenção de Viena, aprovada pelo Congresso brasileiro em 1965, sobrepõe-se às leis nacionais.

Por não serem considerados territórios nacionais, as embaixadas e seus diplomatas possuem vários privilégios, como, por exemplo, a isenção do pagamento de impostos diretos, como o IPTU e o IPVA, e de impostos de importação.

Os diplomatas também possuem imunidade com relação à jurisdição administrativa, civil e penal do país em que trabalham. Se cometerem um crime, essas pessoas têm garantia de serem processadas em seus países. É com relação à justiça do trabalho que a imunidade diplomática tem mais problemas.

Apoiadas por essas regras, muitas embaixadas contratam funcionários brasileiros, mas não seguem as leis trabalhistas. Em 1990, o STF permitiu que essas reclamações trabalhistas fossem aceitas. No entanto, ainda persiste um problema que dificulta a vida dos empregados brasileiros. O Brasil não tem como executar a ordem judicial de sequestrar os bens do empregador, no caso as embaixadas, se uma dívida trabalhista não for liquidada. Isso porque, em face da regra da inviolabilidade, o oficial de justiça não tem como entrar no imóvel para sequestrar os bens.

(Cláudia Dianni). Embaixadas estão fora da economia de energia. In: **O Estado de São Paulo**, 10/6/2001, p. B-6 (com adaptação) Cláudia

Considerando o texto acima, julgue os seguintes itens, acerca do funcionamento das representações de organismos estrangeiros localizados no Brasil.

(1) Apesar de não ter caráter técnico, o texto acima está juridicamente correto ao considerar as embaixadas como "territórios internacionais".

(2) Referida no texto, a Convenção de Viena sobre Relações Diplomáticas sobrepõe-se às leis ordinárias brasileiras.

(3) No quarto parágrafo do texto acima, está juridicamente correta a afirmação acerca da imunidade diplomática.

(4) As autoridades brasileiras competentes não têm como executar eventual ordem judicial para sequestrar bens de Estado estrangeiro situados no Brasil.

(5) As representações dos Estados estrangeiros situadas no Brasil estão obrigadas a seguir as normas do racionamento de energia elétrica.

1: errada. As embaixadas apenas gozam de certas imunidades no território estrangeiro e nunca poderão ser consideradas como "territórios internacionais". Isso porque o Território é um dos elementos constitutivos do estado (os outros são população permanente e governo independente). E representa a porção do espaço terrestre onde o estado exerce sua soberania. E soberania é o poder exclusivo que o estado, representado geralmente pelo governo, detém de constituir direitos e impor deveres sobre um grupo de pessoas conjugadas num espaço terrestre delimitado pela jurisdição deste mesmo estado. Este seria o âmbito interno da soberania, e como âmbito externo pode-se indicar a condição de igualdade que todos os estados possuem na comunidade internacional. Pelo dito percebe-se que as imunidades das embaixadas excepcionam a soberania que o estado exerce exclusivamente sobre seu território. No âmbito da missão diplomática, tanto os membros do quadro diplomático de carreira quanto os membros do quadro administrativo e técnico gozam de ampla imunidade de jurisdição penal, civil e administrativa. São, ademais, fisicamente invioláveis, e em caso algum podem ser obrigados a depor como testemunhas. Reveste-os, além disso, a imunidade tributária. São também fisicamente invioláveis os locais da missão diplomática com todos os bens ali situados, assim como os locais residenciais utilizados pelo quadro diplomático e pelo quadro administrativo e técnico. Esses imóveis, e os valores mobiliários neles encontráveis, não podem ser objeto de busca, requisição, penhora ou medida qualquer de execução (imunidade de execução). Os arquivos e documentos da missão diplomática são invioláveis onde quer que se encontrem. Por fim, a regra de imunidade jurisdicional do estado, enquanto pessoa jurídica de direito externo, existe há muito tempo no plano internacional e se consubstancia na não possibilidade do estado figurar como parte perante tribunal estrangeiro contra sua vontade (*par in parem non habet judicium*). Mais tarde, tal regra foi corroborada pelo princípio da igualdade soberana dos estados. No entanto, essa outrora absoluta imunidade vem sendo reconfigurada. A título de exemplo, aponta-se a Convenção Europeia sobre a imunidade dos Estados, concluída em Basileia e em vigor desde 1976, que exclui do âmbito da imunidade do estado as ações decorrentes de contratos celebrados e exequendos *in loco*. Dispositivo semelhante aparece no *State Immunity Act*, que se editou na Grã-Bretanha em 1978. Também pode-se apontar a Convenção sobre as Imunidades dos Estados e seus Bens, adotada pela ONU, que tem por linha base a exclusão do âmbito de imunidade estatal as atividades de notável caráter econômico. No Brasil, por exemplo, o STF já decidiu que estado estrangeiro não tem imunidade em causa de natureza trabalhista. Percebe-se que a imunidade jurisdicional do estado estrangeiro passou de um costume internacional absoluto à matéria a ser regulada internamente por cada estado. Como panorama geral, pode-se dizer que a imunidade jurisdicional estatal não mais incidirá nos processos provenientes de relação jurídica entre o estado estrangeiro e o meio local – mais exatamente os particulares locais; **2:** errada. O tratado só passará a ter validade interna após ter sido aprovado pelo Congresso Nacional e ratificado e promulgado pelo Presidente da República. Devemos lembrar que a promulgação é efetuada mediante decreto presidencial. E depois de internalizado, o tratado é equiparado hierarquicamente à norma infraconstitucional, logo, a Convenção de Viena sobre Relações Diplomáticas não pode sobrepor-se às leis ordinárias brasileiras, por possuir a mesma hierarquia que elas; **3:** correta, pois no âmbito da missão diplomática, tanto os membros do quadro diplomático de carreira quanto os membros do quadro administrativo e técnico gozam de ampla imunidade de jurisdição penal, civil e administrativa. São, ademais, fisicamente invioláveis, e em caso algum podem ser obrigados a depor como testemunhas. Reveste-os, além disso, a imunidade tributária; **4:** correta, pois os estados possuem imunidade de execução, o que significa que não poderá ser decretada execução forçada como, por exemplo, o sequestro, o arresto e o embargo, contra os bens de um estado estrangeiro situados no Brasil; **5:** errada. O art. 22, ponto 2, da Convenção de Viena sobre Imunidades Diplomáticas determina que o Estado acreditado (é o que recebe o agente diplomático ou consular) tem a obrigação especial de adotar todas as medidas apropriadas para proteger os locais da Missão contra qualquer instrução ou dano e **evitar perturbações à tranquilidade da Missão** ou ofensas à sua dignidade.

Gabarito 1E, 2E, 3C, 4C, 5E

3. Direito Penal

Eduardo Dompieri

1. Conceito, Fontes e Princípios

(Defensor Público/TO – 2013 – CESPE) Com relação aos princípios da insignificância e da irrelevância penal do fato, assinale a opção correta.

(A) Os princípios da insignificância e da irrelevância penal do fato não contam com previsão expressa no direito penal brasileiro.
(B) O reconhecimento do princípio da irrelevância penal do fato implica a atipicidade da conduta do agente.
(C) A aplicação do princípio da insignificância de modo a tornar a ação atípica exige a satisfação, de forma concomitante, de certos requisitos estabelecidos pelo STF, os quais têm relação, apenas, com o desvalor da conduta do agente, e não com o resultado por ele ocasionado.
(D) A existência de condenações criminais pretéritas imputadas a um indivíduo impede a posterior aplicação do princípio da insignificância, consoante a jurisprudência do STF.
(E) Infração bagatelar imprópria é a que surge sem nenhuma relevância penal, porque não há desvalor da ação ou um relevante desvalor do resultado que mereça a incidência do direito penal.

A: incorreta. Ensina Luiz Flávio Gomes que "o princípio da irrelevância penal do fato está contemplado (expressamente) no art. 59 do CP e apresenta-se como consequência da desnecessidade da pena, no caso concreto; já o princípio da insignificância, ressalvadas raras exceções, não está previsto expressamente no direito brasileiro (é pura criação jurisprudencial), fundamentada nos princípios gerais do Direito Penal (**Direito penal - Parte Geral**. 2. ed. São Paulo: RT, 2009. vol. 2, p. 220). A propósito deste tema, cabem aqui alguns esclarecimentos acerca da distinção entre esses dois princípios. Ainda segundo o magistério de Luiz Flávio Gomes, "uma coisa é o princípio da irrelevância penal do fato, que conduz à sua não punição concreta e que serve como cláusula geral para um determinado grupo de infrações (para as infrações bagatelares impróprias) e, outra, muito distinta, é o princípio da insignificância *tout court*, que se aplica para as infrações bagatelares próprias e que dogmaticamente autoriza excluir do tipo penal as ofensas (lesões ou perigo concreto) de mínima magnitude, ou nímias, assim como as condutas que revelem exígua idoneidade ou potencialidade lesiva. As infrações bagatelares são próprias quando já nascem bagatelares (...)" (**Direito Penal - parte geral**. 2. ed. São Paulo: RT, 2009. vol. 2, p. 219). Devem ser consideradas impróprias, por seu turno, as infrações que, embora não nasçam insignificantes, assim se tornam posteriormente; **B:** incorreta, pois as infrações bagatelares impróprias já nascem relevantes para o direito (presentes as tipicidades formal e material), mas, conforme já assinalado, depois se verifica que a incidência da pena no caso concreto se revela desnecessária; de outro lado, o reconhecimento do princípio da insignificância (infração bagatelar própria) acarreta, aí sim, a atipicidade material da conduta do agente; **C:** incorreta. Para o STF, o reconhecimento do postulado da insignificância condiciona-se à presença de certos vetores, que pressupõem a análise tanto da conduta quanto do resultado. São eles: *inexpressividade da lesão jurídica provocada*; *mínima ofensividade da conduta*; *nenhuma periculosidade social da ação*; e *reduzidíssimo grau de reprovabilidade do comportamento*. *Vide*, nesse sentido: STF, HC 98.152-6/MG, 2ª T., j. 19.05.2009, rel. Min. Celso de Mello, *DJe* 05.06.2009; **D:** correta. A jurisprudência do STF não é unânime em afirmar que a reincidência impede o reconhecimento do crime de bagatela. Nesse sentido: "*Reincidência e princípio da insignificância*. Ante o empate na votação, a 2ª Turma deferiu *habeas corpus* impetrado em favor de condenado à pena de 10 meses de reclusão, em regime semiaberto, pela prática do crime de furto tentado de bem avaliado em R$ 70,00. Reputou-se, ante a ausência de tipicidade material, que a conduta realizada pelo paciente não configuraria crime. Aduziu-se que, muito embora ele já tivesse sido condenado pela prática de delitos congêneres, tal fato não poderia afastar a aplicabilidade do referido postulado, inclusive porque estaria pendente de análise, pelo Plenário, a própria constitucionalidade do princípio da reincidência, tendo em vista a possibilidade de configurar dupla punição ao agente. Vencidos os Ministros Joaquim Barbosa, relator, e Ayres Britto, que indeferiam o *writ*, mas concediam a ordem, de ofício, a fim de alterar, para o aberto, o regime de cumprimento de pena. HC 106510/MG, rel. orig. Min. Joaquim Barbosa, red. p/o acórdão Min. Celso de Mello, 22.03.2011. (HC-106510)" (**Informativo** 620 do STF); **E:** incorreta, visto que a assertiva se refere à infração bagatelar própria (insignificância).

Gabarito "D".

(Defensor Público/TO – 2013 – CESPE) Considerando os princípios básicos de direito penal, assinale a opção correta.

(A) O princípio da culpabilidade impõe a subjetividade da responsabilidade penal. Logo, repudia a responsabilidade objetiva, derivada, tão só, de uma relação causal entre a conduta e o resultado de lesão ou perigo a um bem jurídico, exceto no caso dos crimes perpetrados por pessoas jurídicas.
(B) Os princípios da legalidade e da irretroatividade da lei penal são aplicáveis à pena cominada pelo legislador, aplicada pelo juiz e executada pela administração, não sendo, todavia, esses princípios extensíveis às medidas de segurança, dotadas de escopo curativo e não punitivo.
(C) Constituem funções do princípio da lesividade, proibir a incriminação de atitudes internas, de condutas que não excedam a do próprio autor do fato, de simples estados e condições existenciais e de condutas moralmente desviadas que não afetem qualquer bem jurídico.
(D) O princípio da intervenção mínima não está previsto expressamente no texto constitucional nem pode dele ser inferido.
(E) O princípio da humanidade proíbe a instituição de penas cruéis, como a de morte e a de prisão perpétua, mas não a de trabalhos forçados.

A: incorreta. Pelo *princípio da culpabilidade* ou da *responsabilidade subjetiva*, ninguém pode ser punido se não houver agido com dolo ou culpa, sendo vedada, portanto, em Direito Penal, a responsabilidade objetiva, garantia que também se aplica no caso dos crimes praticados por pessoas jurídicas (crimes ambientais). Assertiva, portanto, incorreta; **B:** incorreta, já que as medidas de segurança – *internação* e *tratamento ambulatorial* –, previstas no art. 96, I e II, do CP, devem, sim, assim como a pena, obediência ao *princípio da legalidade e irretroatividade da lei penal*. A esse respeito, *vide*: STF, HC 84.219/SP, 1ª T., j. 16.08.2005, rel. Min. Marco Aurélio, *DJ* 23.09.2005; **C:** correta. Pelo *princípio da lesividade*, é inconcebível a incriminação de uma conduta não lesiva ou geradora de ínfima lesão. Ou seja: o legislador só está credenciado a criar tipos penais capazes de causar lesão a bens jurídicos alheios; **D:** incorreta. A despeito de o *princípio da intervenção mínima* não se encontrar expressamente contemplado no texto da Constituição Federal de 1988, esta, ao proclamar, em seu art. 5º, a inviolabilidade dos direitos à liberdade, à vida, à igualdade, à segurança e à propriedade e adotar, no art. 1º, III, como fundamento do Estado Democrático de Direito, a dignidade da pessoa humana, induz à conclusão de que o postulado da intervenção mínima está em perfeita harmonia com o modelo constitucional vigente, do qual decorre. No caso do adultério, que deixou de ser crime com o advento da Lei 11.106/2005, que revogou o art. 240 do CP e gerou *abolitio criminis*, deve-se levar em consideração o *princípio da intervenção mínima*, na medida em que as regras previstas na legislação civil atinentes à matéria vinham se mostrando suficientes e apropriadas, sendo desnecessário, portanto, recorrer-se ao direito penal, que deve sempre ser visto, dada sua *fragmentariedade*, como a última opção do legislador para dirimir conflitos na sociedade; **E:** incorreta, pois o princípio da humanidade também pressupõe a proibição da pena de trabalhos forçados (art. 5º, XLVII, CF/1988).

Gabarito "C".

(Defensor Público/AM – 2010 – I. Cidades) Sobre os princípios da legalidade e da anterioridade (artigo 1º do Código Penal) é correto afirmar:

(A) pelo princípio da legalidade compreende-se que ninguém responderá por um fato que a lei penal preveja como crime e, pelo princípio da anterioridade compreende-se que alguém somente responderá por crime devidamente previsto em lei que tenha entrado em vigor um ano anteriormente à prática da conduta;

(B) os princípios da legalidade e da anterioridade pressupõem a existência de lei anterior à prática de uma determinada conduta para que esta possa ser considerada como crime;

(C) tais princípios são sinônimos e significam a necessidade da existência de lei para que uma conduta seja considerada crime;

(D) são incompatíveis um com o outro, já que pressupõem circunstâncias diversas;

(E) pelo princípio da anterioridade compreende-se a previsão anterior de determinada conduta como criminosa independentemente de definição por lei em sentido estrito.

A: assertiva incorreta. O *princípio da legalidade* ou da *reserva legal*, estampado no art. 5º, XXXIX, da CF, bem como no art. 1º do CP, preconiza que os tipos penais só podem ser criados por lei em sentido formal. É vedado, pois, ao legislador fazer uso de decretos ou outras formas legislativas para conceber tipos penais. Alguns doutrinadores consideram o princípio da legalidade *gênero*, do qual são espécies os princípios da reserva legal e o da anterioridade. Este, por sua vez, significa que a lei deve ser *anterior* ao fato que se pretende punir (não há crime sem lei *anterior* que o defina – art. 5º, XXXIX, da CF). No mais, o legislador não estabeleceu o prazo mencionado na assertiva. O período de vacância ficará a critério do legislador em cada caso, que julgará o interregno necessário ao conhecimento e adaptação à nova lei; **B:** assertiva correta. Para que determinado comportamento humano seja considerado criminoso, é de rigor que a lei que o reputar como tal seja anterior ao cometimento da conduta. Mais: os tipos penais só podem ser veiculados por meio de lei em sentido estrito, formal; **C:** incorreta, pois o postulado da legalidade se refere à necessidade de lei em sentido formal, ao passo que o da anterioridade exige que a lei seja anterior ao fato. Pode-se dizer que o princípio da anterioridade constitui um desdobramento do princípio da legalidade; **D:** além de constituir um desdobramento do outro, eles devem coexistir; **E:** incorreta, pois os dois postuladores devem coexistir.

Gabarito "B".

(Defensor Público/GO – 2010 – I. Cidades) Raskolnikov subtraiu seis vales-transporte (R$13,50), para si, mediante grave ameaça exercida com arma de brinquedo. Penalmente, a conduta de Raskolnikov configura

(A) crime de roubo.

(B) fato típico não punível pelo princípio da insignificância.

(C) fato atípico pelo princípio da proporcionalidade penal.

(D) crime de estelionato.

(E) crime de furto mediante fraude.

É firme a jurisprudência dos tribunais superiores no sentido de que é inaplicável o princípio da insignificância nas hipóteses de cometimento de crime de roubo, ainda que se trate de valor ínfimo. Sucede que, por se tratar de delito complexo, o roubo atinge, além do patrimônio, a integridade física e a liberdade da vítima. Nesse sentido: "Princípio da Insignificância e Crime de Roubo - 1. A Turma iniciou julgamento de *habeas corpus* no qual a Defensoria Pública da União pleiteia o reconhecimento do princípio da insignificância em favor de condenado por roubo (CP, art. 157, § 2º, II), em decorrência de haver empregado grave ameaça para subtrair, em companhia de dois adolescentes, a quantia de R$ 3,25 (três reais e vinte e cinco centavos). O Min. Dias Toffoli, relator, indeferiu o writ. Enfatizou que, apesar de ínfimo o valor subtraído, houvera concurso de pessoas, com adolescentes, o que agravaria o contexto. Reportou-se, ademais, a jurisprudência do STF no sentido de ser inaplicável o princípio da insignificância ao delito de roubo. Após, o julgamento foi suspenso em virtude do pedido de vista do Min. Carlos Britto. HC 97190/GO, rel. Min. Dias Toffoli, 10.11.2009. (HC-97190). Princípio da Insignificância e Crime de Roubo - 2. Em conclusão de julgamento, a Turma, por maioria, indeferiu *habeas corpus* no qual a Defensoria Pública da União pleiteava o reconhecimento do princípio da insignificância em favor de condenado por roubo majorado pelo concurso de pessoas (CP, art. 157, § 2º, II) — v. Informativo 567. Na espécie o paciente, em companhia de dois adolescentes, empregara grave ameaça, simulando portar arma de fogo sob a camiseta, e subtraíra a quantia de R$ 3,25. Enfatizou-se que, apesar de ínfimo o valor subtraído, houvera concurso de pessoas, dentre as quais adolescentes, o que agravaria o contexto. Reportou-se, ademais, à jurisprudência do STF no sentido de ser inaplicável o princípio da insignificância ao delito de roubo. O Min. Ayres Britto destacou que o reconhecimento do mencionado princípio, na situação concreta dos autos, poderia servir como estímulo à prática criminosa. Vencido o Min. Marco Aurélio que deferia o *writ* por concluir pela insignificância do procedimento, ante a peculiaridade da situação. HC 97190/GO, rel. Min. Dias Toffoli, 10.8.2010. (HC-97190) (Inform. STF 595)"

Gabarito "A".

(Defensor Público/GO – 2010 – I. Cidades) De acordo com o texto da Constituição Federal de 1988, constitui crime inafiançável e imprescritível, sujeito à pena de reclusão

(A) o genocídio.

(B) o tráfico de drogas.

(C) a prática da tortura.

(D) a prática do racismo.

(E) a ação de grupos armados contra a ordem legal.

Art. 5º, XLII, da CF.

Gabarito "D".

(Defensor Público/GO – 2010 – I. Cidades) É pacífico, na doutrina e na jurisprudência, que o agente que furta objetos de valor irrisório deve ser absolvido com base no princípio da insignificância, uma vez que, nessas circunstâncias, está excluída

(A) a tipicidade formal.

(B) a tipicidade material.

(C) a ilicitude da conduta.

(D) a culpabilidade do agente.

(E) a punibilidade da conduta.

O princípio da insignificância funciona como *causa supralegal de exclusão da tipicidade* (material), atuando como instrumento de interpretação restritiva do tipo penal. Nesse sentido: STJ, REsp. 1171091-MG, 5ª T., rel. Min. Arnaldo Esteves Lima, 16.03.10. Seu reconhecimento, segundo jurisprudência hoje sedimentada, está condicionado à coexistência dos seguintes requisitos: mínima ofensividade da conduta; nenhuma periculosidade social da ação; reduzido grau de reprovabilidade do comportamento; e inexpressividade da lesão jurídica provocada (STF, HC 98.152-MG, 2ª T., rel. Min. Celso de Mello, 19.05.2009).

Gabarito "B".

(Defensoria/MA – 2009 – FCC) Na consideração de que o crime de falso se exaure no estelionato, responsabilizando-se o agente apenas por este crime, o princípio aplicado para o aparente conflito de normas é o da

(A) subsidiariedade.

(B) consunção.

(C) especialidade.

(D) alternatividade.

(E) instrumentalidade.

Aqui terá incidência a Súmula nº 17 do STJ, cujo teor é o seguinte: "Quando o falso se exaure no estelionato, sem mais potencialidade lesiva, é por este absorvido".

Gabarito "B".

(Defensoria/MG – 2006) São princípios informadores do direito penal mínimo ou minimalismo penal:

(A) Fragmentariedade, culpabilidade, legalidade e intervenção mínima.
(B) Humanidade, intervenção mínima, individualização da pena e adequação social.
(C) Insignificância, intervenção mínima, adequação social e fragmentariedade.
(D) Intervenção mínima, legalidade, insignificância e adequação social.
(E) Irretroatividade, humanidade, individualização da pena e intervenção mínima.

Trata-se de princípios, implicitamente insertos no texto constitucional (art. 5º), que se prestam a orientar a atuação do legislador e do operador do direito, estabelecendo um sistema de controle penal, sobretudo no que se refere ao conteúdo da norma.

Gabarito "C".

(Defensoria/MT – 2009 – FCC) O crime de furto, com arrombamento em casa habitada, absorve os delitos de dano e invasão de domicílio. Nesse caso, o conflito aparente de normas foi solucionado pelo princípio da

(A) consunção.
(B) especialidade.
(C) subsidiariedade.
(D) alternatividade.
(E) legalidade.

O *princípio da consunção* refere-se ao conflito aparente de normas. Além dele, necessário se faz recorrer a outros princípios com o fito de solucionar o conflito aparente de normas. Terá lugar o princípio da consunção sempre que certo crime constitua fase de preparação ou de execução de outro (crime-fim).

Gabarito "A".

(Defensoria/MT – 2007) O princípio que impõe a verificação da compatibilidade entre os meios empregados pelo elaborador da norma e os fins que busca atingir, aferindo a legitimidade destes últimos, de forma que somente presentes estas condições poder-se-á admitir a limitação a algum direito individual, denomina-se princípio da

(A) proporcionalidade.
(B) individualização da pena.
(C) intervenção mínima.
(D) culpabilidade.

A aferição do respeito ao princípio da proporcionalidade passa pela necessidade e adequação da providência legislativa; deve-se, portanto, perquirir se aquela providência guarda adequada relação custo-benefício para o destinatário da norma e também para o ordenamento jurídico.

Gabarito "A".

(Defensoria/MT – 2007) Existem hipóteses em que parece haver concorrência de vários tipos penais, mas que, observadas com mais atenção, revelam que o fenômeno é apenas aparente, porque na interpretação adequada dos tipos a concorrência acaba descartada. É o que a doutrina usualmente denomina de conflito aparente de normas ou concurso aparente de leis. Nesse contexto, o infanticídio prevalece sobre o homicídio em face da aplicação do princípio da

(A) consunção.
(B) especialidade.
(C) subsidiariedade.
(D) alternatividade.
(E) atividade.

É hipótese de incidência do **princípio da especialidade**, na medida em que o delito de infanticídio, capitulado no art. 123 do CP, por ser norma especial, contém todos os elementos da norma geral (homicídio – art. 121, CP) mais os chamados **especializantes**.

Gabarito "B".

(Defensor Público/PA – 2006 – UNAMA) Afirma-se que o Direito Penal moderno é concebido como uma instância de controle social formalizado, cuja intervenção deve ser a última alternativa utilizada quando das lesões graves a bens jurídicos penalmente protegidos. Face a essa afirmativa marque, nas proposições abaixo, aquela que contém os princípios relacionados ao texto.

(A) Princípio da Lesividade e Princípio da Adequação Social.
(B) Princípio da Intervenção Mínima e Princípio da Lesividade.
(C) Princípio da Legalidade e Princípio da Fragmentariedade.
(D) Princípio da Insignificância e Princípio da Lesividade.

Pelo princípio da intervenção mínima, o direito penal deve intervir o mínimo possível na vida das pessoas, já que não deixa de representar uma forma de violência, com repercussão no campo da liberdade. Desse modo, somente se deve lançar mão desse ramo do direito quando os demais se revelarem insuficientes para dirimir conflitos na sociedade. Cito aqui um exemplo: no caso do adultério, que deixou de ser crime com o advento da Lei 11.106/05, que revogou o art. 240 do CP e gerou *abolitio criminis*, as regras previstas na legislação civil atinentes à matéria vinham se mostrando suficientes e apropriadas, sendo desnecessário, portanto, recorrer-se ao direito penal, que deve sempre ser visto como a *ultima ratio*. Pelo postulado da lesividade, é inconcebível a incriminação de uma conduta não lesiva ou geradora de ínfima lesão. Ou seja, o legislador somente está credenciado a criar tipos penais capazes de causar lesão a bens jurídicos alheios.

Gabarito "B".

(Defensoria Pública/SP – 2010 – FCC) A absorção do crime-meio pelo crime-fim configura aplicação do princípio da

(A) consunção.
(B) especialidade.
(C) subsidiariedade.
(D) sucessividade.
(E) alternatividade.

Súmula nº 17 do STJ.

Gabarito "A".

(Defensoria Pública/SP – 2010 – FCC) O postulado da fragmentariedade em matéria penal relativiza

(A) a função de proteção dos bens jurídicos atribuída à lei penal.
(B) o caráter estritamente pessoal que decorre da norma penal.
(C) a proporcionalidade entre o fato praticado e a consequência jurídica.
(D) a dignidade humana como limite material à atividade punitiva do Estado.
(E) o concurso entre causas de aumento e diminuição de penas.

Por este princípio, o Direito Penal deve sempre ser visto como a *ultima ratio*, ou seja, deve ocupar-se tão somente das condutas mais deletérias, mais graves. Representa, por isso, um *fragmento*, uma pequena parcela do ordenamento jurídico.

Gabarito "A".

(Defensoria/SP – 2007 – FCC) A corrente pós-positivista empresta caráter normativo aos princípios constitucionais penais. Estas normas, portanto, deixam de ser informadoras e assumem a natureza de direito positivo, possibilitando ao defensor público este manejo. Encontram-se na Constituição Federal os seguintes princípios constitucionais penais:

(A) legalidade dos delitos e das penas, culpabilidade, proporcionalidade, individualização da pena e da execução e personalidade da pena.
(B) legalidade dos delitos e das penas, proporcionalidade, individualização e presunção de inocência.
(C) anterioridade e irretroatividade da lei, individualização da pena e da execução, proporcionalidade e personalidade da pena.
(D) reserva legal, culpabilidade, imprescritibilidade, individualização e personalidade da pena.
(E) legalidade dos delitos e das penas, individualização da pena e da execução e personalidade da pena.

Art. 5º, XXXIX, da CF (princípio da legalidade); art. 1º, III, da CF (princípio da culpabilidade como corolário do da dignidade da pessoa humana); art. 5º, XLVI, da CF (princípio da proporcionalidade como corolário do da individualização); art. 5º, XLVI, da CF (princípio da individualização da pena); art. 5º, XLV, da CF (princípio da personalidade da pena).

Gabarito "A".

(Defensoria/SP – 2007 – FCC) A diferença entre crime e contravenção penal está estabelecida

(A) pelo Código Penal.
(B) pela Lei de Contravenções Penais.
(C) pela Lei nº 9.099/1995 (Juizados Especiais).
(D) pela Lei de Introdução ao Código Penal.
(E) pela Constituição Federal.

A distinção entre as duas espécies de infração penal, que não reside no aspecto ontológico, está contida no art. 1º da Lei de Introdução ao Código Penal (Decreto-Lei 3.914/1941).

Gabarito "D".

2. Aplicação da Lei no Tempo e no Espaço

(Defensor Público/RO – 2012 – CESPE) Luciano, brasileiro, servidor público estadual, em viagem de serviço à Argentina, utilizou o cartão de crédito governamental a que tinha acesso autorizado para adquirir, em agência de turismo situada em Buenos Aires, em seu proveito e de Bernadete, sua esposa, um pacote turístico que incluía passagens aéreas e um cruzeiro marítimo pelas costas argentina e brasileira, a bordo de um navio pertencente a uma empresa espanhola. Bernadete, eufórica com sua primeira viagem de navio, confidenciou a Cristiane, sua amiga, que gastariam tudo por conta do cartão do governo. Bernadete viajou de sua cidade a Buenos Aires, na Argentina, onde se encontrou com Luciano, e embarcaram no navio. Na primeira parada, em Porto Alegre – RS, Bernadete, no momento em que Luciano estava na piscina do navio, entrou clandestinamente no camarote de Diego, diplomata uruguaio, que, naquele momento, usava a academia de ginástica do navio, e subtraiu do local dois mil dólares norte-americanos, mas foi detida pelos seguranças do navio em sua cabine, após ter sido flagrada pelo sistema de câmera de vigilância.

Nessa situação hipotética,

(A) Luciano e Bernadete praticaram crime de furto qualificado mediante concurso de pessoas, devendo responder perante a lei brasileira.
(B) Caso sejam denunciados pelo uso irregular do cartão de crédito do governo, Luciano e Bernadete devem ser processados pelo crime de emprego irregular de verbas ou rendas públicas perante a justiça brasileira, e Bernadete será processada, ainda, pelo crime de furto simples, também pela lei brasileira.
(C) Luciano não praticou crime de furto, mas cometeu crime de emprego irregular de verbas ou rendas públicas, devendo responder por ele de acordo com a lei brasileira; Bernadete praticou somente crime de furto, devendo ser processada pela lei brasileira.
(D) Bernadete praticou os crimes de peculato e de furto simples, devendo responder pelo primeiro crime perante a lei brasileira e, pelo segundo crime, perante a lei uruguaia visto que Diego é diplomata uruguaio.
(E) Luciano e Bernadete praticaram o crime de peculato, e Bernadete cometeu, ainda, o crime de furto simples, devendo ambos ser processados perante a lei brasileira.

Não se confundem os crimes de peculato e de emprego irregular de verbas ou rendas públicas, previstos, respectivamente, nos arts. 312 e 315 do CP. No crime do art. 312 do CP, o funcionário público se apropria ou subtrai verbas em proveito próprio ou de terceiro. É este o caso narrado no enunciado, dado que os beneficiários da utilização do cartão governamental foram Luciano e sua esposa, Bernadete. No caso do crime do art. 315 do CP, a situação é bem outra. Aqui, o emprego das verbas ou rendas públicas se dá em benefício da própria Administração. O funcionário, de forma diversa da imposta pela lei, dá outra destinação ao objeto material do delito. A conduta do casal, portanto, se amolda à descrição típica contida no art. 312 do CP. Aqui vale uma observação. Embora Bernadete não seja funcionária pública, qualidade exclusiva de Luciano, pelo crime de peculato também deverá, junto com ele, responder, posto que tal qualidade (ser funcionário público), porque elementar do crime em questão, deve, por expressa disposição do art. 30 do CP, comunicar-se ao coautor/partícipe que, de alguma forma, haja contribuído. Além do crime praticado contra a Administração Pública, consta do enunciado que Bernadete, sem o conhecimento de Luciano, que estava dormindo, subtraiu, do camarote de Diego, diplomata uruguaio, a importância de dois mil dólares em espécie, incorrendo, por isso, nas penas do crime de furto simples (art. 155, caput, do CP). Não há que se falar em coautoria/participação na prática deste crime contra o patrimônio, entre Bernadete e Luciano, já que este, como já dito, não tomou partido da prática delituosa, cuja responsabilidade, pois, deve ser atribuída tão somente a Bernadete. Além disso, embora este crime tenha sido praticado a bordo de embarcação estrangeira (espanhola), a lei a ser aplicada, neste caso, é a brasileira, dado que o navio, que é de propriedade privada, achava-se atracado em porto brasileiro (princípio da territorialidade – art. 5º, § 2º, do CP). Por fim, o crime de peculato, mesmo tendo sido praticado fora do território nacional, sujeita-se, por força do que dispõe o art. 7º, I, b, do CP, à lei penal brasileira. Cuida-se de hipótese de extraterritorialidade incondicionada. A lei brasileira, neste caso, será aplicada ao crime cometido no estrangeiro contra o patrimônio ou a fé pública da Administração Pública por quem está a seu serviço, independente de qualquer condição.

Gabarito "E".

(Defensor Público/AM – 2010 – I. Cidades) Em relação à novatio legis incriminadora, a *novatio legis in pejus*, *abolitio criminis* e a *novatio legis in mellius*, assinale o que for errado.

(A) dá-se a *novatio legis* incriminadora quando a lei penal definir nova conduta como infração penal;
(B) caracteriza-se a *novatio legis in pejus* quando a lei penal redefinir infrações penais, dando tratamento mais severo a condutas já punidas pelo direito penal, quer criminalizando o que antes era contravenção penal, quer apenas conferindo disciplina mais gravosa;
(C) ocorre a *abolitio criminis* quando, por exemplo, a lei penal abolir uma contravenção penal, como foi o caso da revogação do artigo 60 da Lei das Contravenções Penais;
(D) tem-se a *novatio legis in mellius* quando a lei penal definir fatos novos como infração penal, também denominada "neocriminalização".
(E) as situações de *novatio legis* e *abolitio criminis* são tratadas pelo artigo 2º do Código Penal e dizem respeito à disciplina da lei penal no tempo.

A: *novatio legis* incriminadora é a lei que passa a considerar determinada conduta, até então atípica, como criminosa. Desnecessário dizer que a lei nova incriminadora não retroage, pois, antes dela, o fato era atípico; **B:** *novatio legis in pejus* é a lei nova que de alguma forma é prejudicial à situação do réu. Esta lei, por conta dessa característica (*lex gravior*), é irretroativa – art. 5º, XL, da CF. A solução, neste caso, é projetar os efeitos da lei revogada (mais benéfica) para o futuro e aplicá-la aos fatos (ultratividade da lei penal mais benéfica); **C:** configurada estará a *abolitio criminis* sempre que a lei posterior deixar de considerar determinado fato como crime (art. 2º, *caput*, do CP). Sua ocorrência faz desaparecer todos os efeitos penais, principais e secundários; subsistem, no entanto, os civis (extrapenais), por força do que dispõe o art. 2º, *caput*, parte final do CP. A revogação do art. 60 da LCP (mendicância) é típico exemplo de *abolitio criminis*, isso porque o termo "crime", do art. 2º, *caput*, do CP, tem sentido amplo, abrangendo as duas modalidades de infração penal (crime e contravenção); **D:** incorreta, já que a *novatio legis in mellius* pressupõe a existência de uma lei em relação à qual a lei nova (mais benéfica) produziu uma melhora na situação do réu. Sendo assim, a lei posterior, mais benéfica, retroagirá, na forma dos arts. 5º, XL, da CF e 2º, parágrafo único, do CP; **E:** as situações de *novatio legis* e *abolitio criminis* de fato são disciplinadas no art. 2º do CP, mas encontram seu fundamento no art. 5º, XL, da CF. A assertiva está correta.

Gabarito "D".

(Defensoria/MA – 2009 – FCC) Sobre a aplicação da lei penal e da lei processual penal no tempo, desde que não sejam de natureza mista,

(A) vigora apenas o mesmo princípio da irretroatividade.
(B) vigora apenas o mesmo princípio da ultratividade da lei mais benéfica.
(C) vigoram princípios diferentes em relação a cada uma das leis.
(D) vigoram princípios diferentes em relação a cada uma das leis, salvo ultratividade da lei mais benéfica.
(E) vigoram os mesmos princípios da irretroatividade e da ultratividade da lei mais benéfica.

Art. 5º, XL, da CF e art. 2º do CPP. O dispositivo constitucional que estabelece que a lei não retroagirá faz alusão tão somente à lei penal. A lei processual penal, conforme preceitua o art. 2º do CPP, terá aplicação imediata, disciplinando o restante do processo. Não tem, pois, efeito retroativo. Vige, em relação a elas, o *tempus regit actum*. Vale, entretanto, fazer uma ressalva. Quando se tratar de uma norma processual dotada de caráter material, há quem entenda que a sua eficácia no tempo deverá seguir o regramento do art. 2º, *caput* e parágrafo único, do CP.

Gabarito "C".

(Defensoria/MG – 2009 – FURMARC) "A Lei posterior, que de qualquer modo favorecer o agente, aplica-se aos fatos anteriores, ainda que decididos por sentença condenatória transitada em julgado". Este dispositivo legal:

(A) Deve ser declarado inconstitucional, porque viola a garantia constitucional da imutabilidade da coisa julgada.
(B) É conhecido na doutrina brasileira como *abolitio criminis*, mas não é recepcionado pela jurisprudência.
(C) Trata-se de norma penal extravagante, que só tem aplicação em casos excepcionais.
(D) É uma das poucas hipóteses em que se admite a retroatividade da norma penal.
(E) Não é adequado ao modelo conhecido como "garantismo penal".

Arts. 5º, XL, da CF e 2º, parágrafo único, do CP. Estabelece o texto constitucional (art. 5º, XL) como regra geral a irretroatividade da lei penal. Como exceção a essa regra, impõe a Constituição a retroatividade da lei penal mais favorável ao réu.

Gabarito "D".

(Defensoria/RN – 2006) Sobre a aplicação da lei no tempo e no espaço, o Código Penal brasileiro adotou, respectivamente, as teorias da (do)

(A) ubiquidade e do resultado.
(B) ubiquidade e da ambiguidade.
(C) resultado e da ubiquidade.
(D) atividade e da ubiquidade.

No que toca à aplicação da lei penal no tempo, o Código Penal adotou, em seu art. 4º do CP, a *teoria da ação* ou da *atividade*, para a qual se reputa praticado o crime no momento da ação ou da omissão, mesmo que outro seja o momento do resultado; em matéria de lugar do crime, o legislador adotou, no CP, a teoria mista ou da ubiquidade, segundo a qual se considera praticado o crime no lugar onde ocorreu a ação ou omissão, no todo ou em parte, bem como onde se produziu ou deveria produzir-se o resultado (art. 6º do CP).

Gabarito "D".

(Defensoria/RN – 2006) Sérgio foi condenado pelo crime de sedução e durante a execução da pena sobreveio lei que revogou o dispositivo penal que previa tal conduta. Nessa situação pode-se afirmar que

(A) a sentença permanece intacta, pois o fato era típico à época em que proferida, devendo Sérgio cumprir integralmente a pena aplicada.
(B) cessará a execução da pena de Sérgio, embora sejam mantidos os efeitos da sentença.
(C) cessará a execução da pena e os efeitos da sentença penal condenatória.
(D) suspende-se a execução da pena e os efeitos da sentença condenatória.

Em relação à sedução, a Lei 11.106/05 revogou, dentre outros, o art. 217 do CP, ocorrendo o fenômeno denominado *abolitio criminis*, que, por força do que dispõe o art. 2º, parágrafo único, do CP, faz cessar todos os efeitos penais da condenação (execução da pena e os efeitos da sentença penal condenatória); permanecerão, todavia, os efeitos civis.

Gabarito "C".

(Defensoria/SE – 2006 – CESPE) Julgue o item seguinte.

(1) A lei posterior que, de qualquer modo, favorecer o agente configura a *abolitio criminis*, que, de regra, somente não é aplicável aos fatos anteriores definitivamente decididos por sentença transitada em julgado.

1: incorreta. A lei posterior que, de alguma forma, favorecer o agente configura *novatio legis in mellius*, que, a teor do art. 2º, parágrafo único, parte final, do CP, retroagirá em qualquer fase, inclusive após o trânsito em julgado.

Gabarito 1E

3. Conceito e Classificação dos Crimes

(Defensor Público/AC – 2012 – CESPE) Há delitos em que a ação encontra-se envolvida por determinado ânimo cuja ausência impossibilita sua concepção, ou seja, nesses crimes, não é somente a vontade do autor que determina o caráter lesivo do acontecer externo, mas outros extratos específicos, inclusive inconscientes. Esses delitos são classificados como delitos

(A) formais.
(B) de intenção.
(C) de tendência.
(D) putativos.
(E) materiais.

A: incorreta. Formais são os crimes em que o resultado, embora previsto no tipo penal, não é imprescindível à consumação do delito. São também chamados, bem por isso, de crimes de resultado cortado ou consumação antecipada. Exemplo sempre lembrado pela doutrina é o crime de extorsão mediante sequestro (art. 159 do CP), cujo momento consumativo é atingido com a privação de liberdade da vítima. A obtenção do resgate, resultado previsto no tipo penal, se ocorrer, constituirá mero exaurimento do delito (desdobramento típico). Os crimes, quanto ao momento consumativo, classificam-se ainda em materiais e de mera conduta. Nestes, a consumação se opera no exato instante em que a conduta é praticada. A lei, neste caso, não faz qualquer menção a resultado naturalístico. Materiais, por sua vez, são os delitos em que o tipo penal, como condição à sua consumação, impõe a realização do resultado naturalístico nele previsto. A não produção do resultado naturalístico configura, nos crimes materiais, desde que haja início de execução, mera tentativa; **B:** incorreta. Delito de intenção é gênero, do qual são espécies delito de intenção transcendental (o resultado perseguido pelo agente não é necessário à consumação do delito. Ex.: extorsão mediante sequestro – art. 159 do CP) e delito mutilado de dois atos (o resultado almejado pelo agente encontra-se fora do tipo. Ex.: falsificação de moeda – art. 289 do CP); **C:** correta. Crimes de tendência são aqueles cuja existência está condicionada a determinada intenção do agente; **D:** incorreta. Delito putativo (ou imaginário) é aquele cuja ilicitude existe tão somente na cabeça do agente. Em verdade, o crime sequer existe; **E:** incorreta. O conceito de crime material foi dado no comentário à assertiva "A".

Gabarito "C".

(Defensoria/MA – 2009 – FCC) O argumento do Defensor Público ao requerer a desclassificação para a figura da tentativa do crime patrimonial de roubo, mantendo o ofendido o seu bem, levando-se em conta o seu resultado naturalístico, será a de que se trata de crime

(A) material, consumando-se apenas no momento da produção do resultado.
(B) formal, bastando a simples ameaça por parte do agente.
(C) qualificado pelo resultado, distinguindo-se o dolo direto e indireto.
(D) de mera conduta, devendo mencionar explicitamente o resultado da ação.
(E) material qualificado pelo resultado.

Trata-se, de fato, de *crime material*, já que a lei descreve uma ação e um resultado naturalístico (lesão patrimonial), sendo imprescindível a ocorrência deste para a consumação do delito. A não ocorrência do resultado, portanto, representa mera tentativa. Registre-se, todavia, que os tribunais superiores, notadamente o STF, em decisões recentes, têm entendido que o crime de roubo se consuma com a mera subtração da *res*, independente da posse pacífica e desvigiada da coisa pelo agente. Vide, nesse sentido: STF, HC 96.696, Rel. Min. Ricardo Lewandowski; já os *crimes formais*, a exemplo dos materiais, também descrevem uma conduta e um resultado, mas, diferentemente, este não é exigido para a consumação do delito. É também chamado crime de consumação antecipada ou de resultado cortado. Por exemplo, a extorsão (art. 158 do CP); *crimes de mera conduta* são aqueles que se consumam no exato instante em que esta é praticada. A lei, neste caso, não faz qualquer menção ao resultado naturalístico.

Gabarito "A".

(Defensoria/MG – 2009 – FURMARC) Dentre as hipóteses abaixo, qual pode ser citada como exemplo de crime permanente?

(A) Homicídio.
(B) Peculato.
(C) Latrocínio.
(D) Cárcere privado.
(E) Mediação para servir à lascívia de outrem.

O crime do art. 148 do CP – sequestro e cárcere privado – é permanente, visto que seu momento consumativo, a contar da privação da liberdade da vítima, se prolonga no tempo por vontade do agente.

Gabarito "D".

(Defensor Público/RO – 2007) A atividade criminosa é uma ação ou omissão típica, antijurídica e culpável. Este enunciado traduz o conceito de crime:

(A) sociológico
(B) pretoriano
(C) analítico
(D) positivo
(E) dinâmico

O conceito analítico de crime comporta duas concepções, a saber: concepção bipartida (Damásio E. de Jesus, Julio Fabbrini Mirabete, Luiz Flávio Gomes, entre outros), segundo a qual crime é um fato típico e antijurídico; e concepção tripartida (Guilherme de Souza Nucci, entrre outros), para a qual crime é um fato típico, antijurídico e culpável. Esta última é mais difundida e aceita.

Gabarito "C".

(Defensor Público/RO – 2007) Os denominados crimes de mão própria são aqueles em que a execução é:

(A) transferível e delegável
(B) intransferível e delegável
(C) transferível e compartilhável
(D) intransferível e indelegável
(E) intransferível e compartilhável

Crime de mão própria é o que exige do agente uma atuação pessoal. Nesta modalidade de crime, não se admite que outra pessoa pratique o delito no lugar do agente. Daí se dizer que a execução, neste caso, é instransferível e indelegável. Exemplos: falso testemunho ou falsa perícia (art. 342, CP) e autoacusação falsa (art. 341, CP). Difere, portanto, do crime próprio (especial), em que o tipo penal exige uma qualidade do sujeito ativo. Exemplos: infanticídio (art. 123, CP) e peculato (art. 312, CP). Por fim, se o tipo penal não exigir do sujeito ativo uma atuação pessoal tampouco uma qualidade especial, o crime será *comum*, isto é, poderá ser praticado por qualquer pessoa.

Gabarito "D"

(Defensoria/SP – 2007 – FCC) Admitem a forma culposa os seguintes crimes no Código Penal:

(A) homicídio, lesão corporal, dano, receptação e incêndio.
(B) receptação, incêndio, explosão, perigo de inundação e desabamento.
(C) difusão de doença ou praga, apropriação indébita, lesão corporal e perigo de desastre ferroviário.
(D) homicídio, lesão corporal, explosão, uso de documento falso e ato obsceno.
(E) receptação, incêndio, explosão, desabamento e difusão de doença ou praga.

A: incorreta. Não há, no CP, previsão de dano culposo; **B:** incorreta. Não há, no CP, previsão de perigo de inundação culposo; **C:** incorreta. Não há, no CP, previsão de apropriação indébita culposa, tampouco perigo de desastre ferroviário culposo; **D:** incorreta. Não há, no CP, uso de documento falso culposo, bem assim ato obsceno culposo; **E:** correta. Receptação culposa (art. 180, § 3º, do CP); incêndio culposo (art. 250, § 2º, do CP); explosão culposa (art. 251, § 3º, do CP); desabamento culposo (art. 256, parágrafo único, do CP); difusão de doença ou praga culposa (art. 259, parágrafo único, do CP).

Gabarito "E"

4. Fato Típico e Tipo Penal

(Defensor Público/PR – 2012 – FCC) Considere as afirmações abaixo, entre tipicidade e antijuridicidade.

I. Para a teoria do "tipo avalorado" (também chamado de "neutro", "acromático"), a tipicidade não indica coisa alguma acerca da antijuridicidade.
II. Para a teoria indiciária *(ratio congnoscendi)*, a tipicidade é um indício ou presunção *iuris et iuris* da normatividade da licitude.
III. Para a teoria da identidade, a tipicidade é a *ratio essendi* da antijuridicidade, onde afirmada a tipicidade resultará também afirmada antijuridicidade.
IV. Para a teoria do *tipo puro*, a tipicidade representa uma valoração subjetiva da normatividade da licitude.

Estão corretas APENAS as afirmações

(A) I e III.
(B) I e II.
(C) II e III.
(D) II e IV.
(E) III e IV.

I: para esta teoria, derivada do causalismo, a tipicidade é totalmente independente da antijuridicidade, isto é, não há qualquer relação entre elas. Correta, portanto, a assertiva; **II:** incorreta. Para a teoria indiciária, não há mais que se falar em neutralidade da tipicidade em relação à antijuridicidade, dado que há vínculo entre elas. Entende-se, por esta teoria, que o fato típico é também antijurídico, salvo se existir uma causa que exclua a ilicitude (presunção relativa – iuris tantum, e não juris et de jure –absoluta); **III:** correta. Segundo esta teoria, a tipicidade integra a antijuridicidade; **IV:** incorreta, pois não corresponde à teoria do tipo puro.

Gabarito "A"

(Defensor Público/PR – 2012 – FCC) Pedro e João, irmãos, nadam em um lago, quando Pedro começa a se afogar. João permanece inerte, eximindo-se de qualquer intervenção. Pedro vem a falecer por afogamento.

A responsabilidade de João será

(A) por crime de homicídio doloso qualificado, aplicando-se as regras da omissão imprópria.
(B) por crime de homicídio culposo, aplicando-se as regras da omissão imprópria.
(C) pelo crime de perigo, tipificado no art. 132, do Código Penal (perigo para a vida ou saúde de outrem).
(D) por crime de omissão de socorro.
(E) por crime de abandono de incapaz.

Por mais reprovável que seja a conduta de João, não se pode atribuir-lhe a responsabilidade pela morte de seu irmão, Pedro. Isso porque, por serem irmãos, João não tinha o dever jurídico de intervir para evitar o resultado fatal, o que somente é imposto, por força do que estabelece o art. 13, § 2º, do CP, àquele que, por lei, tem o dever de cuidado, proteção ou vigilância, ou ainda que, de outra forma, assumiu a responsabilidade de impedir o resultado ou, com seu comportamento anterior, houver criado o risco de ocorrer o resultado. Deverá, portanto, ser responsabilizado pelo crime de omissão de socorro majorada (art. 135, parágrafo único, do CP).

Gabarito "D"

(Defensor Público/BA – 2006) A superveniência de causa relativamente independente

(A) exclui a imputação quando, por si só, produziu o resultado; os fatos anteriores, entretanto, imputam-se a quem os praticou.
(B) não exclui a imputação quando, por si só, tenha produzido o resultado lesivo.
(C) exclui a imputação quando, por si só, produziu o resultado; os fatos anteriores, por se situarem na linha do desdobramento causal, isentam o agente de pena.
(D) exclui a imputação somente quando acompanhada de outra concausa que tenha se manifestado na linha do desdobramento objetivo causal.
(E) exclui a imputação quando, por si só, produziu o resultado; os fatos anteriores, entretanto, não devem ser imputados a quem os tenha praticado.

Para ilustrar: suponhamos que "A", desejando a morte de "B", dispare contra este dois projéteis de arma de fogo. Atingido em órgão vital, "B", ainda com vida, é socorrido e, ainda a caminho do hospital, a ambulância que o levava é violentamente atingida por veículo desgovernado, do que decorre a morte de "B". Pois bem, a colisão que vitimou (causou a morte) "B" constitui *causa superveniente relativamente independente* que por si só gerou o resultado. O nexo causal, nos termos do art. 13, § 1º, do CP, é interrompido (há imprevisibilidade). "A", por isso, responderá por homicídio na forma tentada.

Gabarito "A"

(Defensoria/MA – 2009 – FCC) No trajeto do transporte de dois presos para o foro criminal por agentes penitenciários um deles saca de um instrumento perfurante e desfere diversos golpes contra o outro preso. Os agentes da lei presenciaram a ação desde o início e permaneceram inertes. Na conduta dos agentes

(A) há amparo pela excludente de ilicitude do exercício regular do direito, deixando de agir por exposição do risco às próprias vidas.
(B) a omissão é penalmente irrelevante porque a causalidade é fática.
(C) não há punição porque o Estado criou o risco da ocorrência do resultado.
(D) a omissão é penalmente relevante porque a causalidade é normativa.
(E) a omissão é penalmente relevante porque a causalidade é fática-normativa.

A inércia dos agentes, diante da agressão sofrida pelo preso que estava sob sua responsabilidade, equipara-se a uma ação (crime omissivo impróprio). Os agentes constataram a situação de perigo e o resultado naturalístico decorrente e, ainda assim, nada fizeram. A causalidade de fato é normativa porque amparada no art. 13, § 2º, do CP.

Gabarito "D"

(Defensoria/PA – 2009 – FCC) Para formação do nexo de causalidade, no sistema legal brasileiro, a superveniência de causa relativamente independente

(A) não exclui a imputação do resultado superveniente.
(B) exclui a imputação quando, por si só, produziu o resultado, imputando-se os fatos anteriores a quem os praticou.
(C) exclui a imputação quando em concurso com outra concausa produz o resultado, atenuando-se a responsabilidade do autor pelo fato anterior.
(D) exclui a imputação quando produz o resultado com restrição da responsabilidade de quem praticou o fato subjacente ao limite de sua responsabilidade material.
(E) exclui parcialmente a imputação, tornando os autores responsáveis pelo fato subjacente no limite de suas responsabilidades.

Art. 13, § 1º, do CP.

Gabarito "B"

(Defensoria/SP – 2009 – FCC) Assinale a alternativa correta.

(A) A lei penal em branco é inconstitucional por conter delegação de competência.
(B) Bens jurídicos relevantes são penalmente tutelados independentemente de tipo penal.
(C) Os tipos penais são criados pelo legislador, excepcionalmente, entretanto, o juiz pode, usando analogia, criar tipos penais.
(D) Nos tipos penais abertos a conduta não é totalmente individualizada.
(E) O tipo penal define condutas e personalidades criminosas.

A: a grande maioria da doutrina entende que não há inconstitucionalidade na norma penal em branco; **B:** os bens jurídicos considerados relevantes somente serão dignos de tutela penal se houver lei que assim o considere (princípio da legalidade). Além disso, pelo *princípio da exclusiva proteção de bens jurídicos*, o Direito Penal deve tutelar tão somente bens jurídicos contemplados na ordem constitucional, sendo-lhe defeso, pois, ocupar-se com lesões ínfimas; **C:** é defeso o uso de analogia com o propósito de incriminar condutas não previstas em lei. Só é possível, em Direito Penal, o emprego da analogia em favor do réu; **D:** *tipo penal aberto* é aquele que exige do magistrado um juízo de valoração, por meio do qual se procederá à individualização da conduta; *tipo fechado*, ao contrário, é o que não exige juízo de valoração algum do magistrado; **E:** tipo penal é a norma que contempla condutas criminosas e estabelece as respectivas penas. Não faz menção à personalidade do agente.

Gabarito "D"

5. Crimes Dolosos, Culposos e Preterdolosos

(Defensor Público/AC – 2012 – CESPE) O médico que, em procedimento cirúrgico, tiver esterilizado uma paciente devido à inobservância de regra técnica, impossibilitando-a de engravidar, responderá por lesão corporal

(A) culposa, porque agiu contrariamente à regra técnica da profissão.
(B) dolosa leve, pois não era possível prever a perda da função reprodutora da paciente.
(C) dolosa leve, uma vez que não era possível prever a debilidade permanente da função reprodutora da paciente.
(D) dolosa grave, visto que causou debilidade permanente da função reprodutora da paciente.
(E) dolosa gravíssima, já que causou a perda da função reprodutora da paciente.

O médico será responsabilizado pelo crime do art. 129, § 7º (que remete ao art. 121, § 4º), do CP – lesão corporal culposa majorada, dado que o resultado decorreu de inobservância de regra técnica. Cuidado: a classificação da lesão em leve, grave e gravíssima somente se aplica às modalidades dolosas.

Gabarito "A"

(Defensor Público/PR – 2012 – FCC) Numa cidade do interior do Estado, uma pequena aglomeração de pessoas se formou no aeroclube local para assistir a um espetáculo de paraquedismo. Em solo, em meio aos observadores encontrava-se Maria, jovem simpática e querida por todos que, aos 17 anos, já tinha "sobre os seus ombros" a responsabilidade de cuidar de seus irmãos mais novos e de seu pai alcoólatra, trabalhava e estudava. Na aeronave prestes a saltar encontrava-se Pedro, jovem arrogante, por todos antipatizado, que aos 25 anos interrompera seus estudos para viver à custa de uma tia idosa, e como a explorava. Durante sua apresentação Pedro, ao se aproximar do solo, por puro exibicionismo e autoconfiança, resolveu fazer uma manobra e acabou por acertar o rosto de Maria. O corte foi profundo e extenso, e a deformou permanentemente. Nesse caso, Pedro responderá pelo delito de lesão corporal

(A) simples.
(B) grave.
(C) gravíssima.
(D) culposa.
(E) culposa qualificada pela deformidade permanente.

Pelos dados fornecidos pelo enunciado, Pedro não visou ao resultado (dolo direto) tampouco assumiu o risco de produzi-lo (dolo eventual). Bem por isso, deverá ser responsabilizado pelo crime de lesão corporal culposa, dado que, ao realizar manobra arriscada, agiu de forma imprudente, dando causa ao resultado (lesão corporal). A classificação da lesão corporal em leve, grave e gravíssima somente tem incidência no âmbito da lesão dolosa.

Gabarito "D"

(Defensor Público/MS – 2008 – VUNESP) Admite a figura culposa o crime de

(A) dano (CP, art. 163).
(B) corrupção ou poluição de água potável (CP, art. 271).
(C) infração de medida sanitária preventiva (CP, art. 268).
(D) excesso de exação (CP, art. 316, § 1º).

A: inexiste forma culposa do crime de dano (art. 163 do CP); **B:** a modalidade culposa do crime de corrupção ou poluição de água potável está capitulada no art. 271, parágrafo único, do CP; **C:** não há modalidade culposa do crime previsto no art. 268 do CP; **D:** não há previsão de modalidade culposa para o crime de excesso de exação – art. 316, § 1º, do CP. Não podemos nos esquecer da chamada *excepcionalidade do crime culposo*, presente no art. 18, parágrafo único, do CP, que significa que o crime só será culposo se houver expressa menção, no tipo penal, a esse respeito; caso contrário, será doloso.

Gabarito "B"

(Defensoria/MT – 2007) O Código Penal, no artigo 18, inciso II, descreve a modalidade de crime culposo. Sobre a matéria, é correto afirmar:

(A) O delito culposo advém de uma conduta involuntária.
(B) O fato típico culposo é, em geral, aberto.
(C) Nos delitos culposos, é prescindível a produção do resultado naturalístico involuntário.
(D) A ausência de previsibilidade subjetiva exclui a culpa.
(E) Nos delitos culposos, a culpabilidade não apresenta os mesmos elementos dos crimes dolosos.

A: o delito culposo pressupõe uma **conduta humana voluntária**. Involuntário, nesta modalidade de crime, é o resultado, não a conduta, que, repita-se, deve, no crime culposo, ser voluntária; **B:** de fato os crimes culposos têm o **tipo aberto**, pois exigem juízo valorativo por parte do juiz, uma vez que a conduta não está descrita na lei, tão só o resultado; **C:** como dito, nos crimes culposos é imprescindível conduta humana voluntária e resultado naturalístico involuntário; **D:** para a **doutrina clássica**, a ausência de previsibilidade subjetiva – aquela que leva em conta as condições pessoais do agente – excluía a culpabilidade; atualmente, resta excluída a tipicidade; **E:** a culpabilidade, nos crimes culposos, apresenta os mesmos elementos dos crimes dolosos.

Gabarito "B"

6. Erro de Tipo, de Proibição e Demais Erros

(Defensor Público/SP – 2012 – FCC) Em Direito Penal, o erro

(A) de tipo, se for invencível, exclui a tipicidade dolosa e a culposa.
(B) que recai sobre a existência de situação de fato que justificaria a ação, tornando-a legítima, é tratado pelo Código Penal como erro de proibição, excluindo-se, pois, a tipicidade da conduta.
(C) de tipo exclui o dolo e a culpa grave, mas não a culpa leve.
(D) de proibição é irrelevante para o Direito Penal, pois, nos termos do *caput* do art. 21 do Código Penal, "o desconhecimento da lei é inescusável".

A: correta. O erro de tipo, previsto no caput do art. 20 do CP, quando invencível (inevitável), afasta o dolo e a culpa. Vale lembrar que a punição a título de culpa, no erro vencível, somente ocorrerá se houver previsão nesse sentido, isto é, se o tipo penal contemplar a modalidade culposa; **B:** incorreta. A assertiva se refere à chamada descriminante putativa, presente no art. 20, § 1º, do CP. O erro de proibição (erro sobre a ilicitude do fato) está previsto no art. 21 do CP; **C:** incorreta. Pouco importa, para o reconhecimento do erro de tipo, o grau da culpa, que somente tem relevância no momento de o juiz estabelecer a pena-base (art. 59, CP); **D:** incorreta, pois contraria o disposto no art. 21 do CP.

Gabarito "A"

(Defensoria/MT – 2007) No tocante ao erro de tipo, previsto no artigo 20 do Código Penal, assinale a afirmativa correta.

(A) Admite-se que o erro de tipo incida sobre elementares do tipo permissivo.
(B) "Erro sobre situação descrita no tipo" não corresponde ao "erro de tipo", contido no art. 20, do Código Penal.
(C) O acadêmico que leva para casa um Código Penal de um colega, pensando tratar-se do seu código, não comete delito de furto em face da aplicabilidade das regras do erro de proibição.

(D) O erro de tipo não é aplicável, em se tratando de circunstâncias do tipo penal.

(E) O agente que intencionalmente destrói seu próprio e valioso aparelho de telefone celular, imaginando tratar-se de aparelho de um desafeto, comete crime de dano na modalidade tentada, não incidindo, no caso, a regra do erro de tipo.

A: de fato, o erro de tipo, capitulado no art. 20 do CP, pode, sim, incidir sobre elementares do tipo permissivo. É a chamada **descriminante putativa**, prevista no § 1º do mesmo art. 20 do CP; **B:** "erro sobre situação descrita no tipo" equivale a "erro de tipo". O erro a que se refere o art. 20, *caput*, do CP incide sobre elementos objetivos, normativos e subjetivos do tipo penal, bem como sobre outros elementos, causas e circunstâncias que qualificam o crime ou aumentam sua pena; **C:** o acadêmico incorreu em erro de tipo (art. 20, *caput*, do CP); **D:** o erro de tipo incide sobre as elementares ou circunstâncias da figura típica; **E:** o equívoco do agente (erro de tipo) incidiu sobre o elemento "alheio", contido no art. 163 do CP. Ele destruiu seu próprio celular pensando tratar-se do aparelho de seu desafeto. Não poderá ser responsabilizado por destruir seu próprio patrimônio.

Gabarito "A".

(Defensor Público/RO – 2007) Quem ao cometer o crime por erro plenamente escusável, que pelas circunstâncias, supõe situação de fato legitimante da conduta, terá em seu favor:

(A) isenção de pena
(B) inimputabilidade
(C) exclusão do ilícito
(D) atenuação do dolo
(E) circunstâncias atenuantes

É a chamada *descriminante putativa*, prevista no art. 20, § 1º, do CP.

Gabarito "A".

(Defensor Público/RS – 2011 – FCC) Sobre a teoria geral do delito, é correto afirmar:

(A) O erro de tipo afeta a compreensão da tipicidade subjetiva culposa, enquanto o erro de proibição afeta o entendimento sobre a ilicitude do agente que praticou o injusto penal, podendo levar à sua exclusão.

(B) O erro de tipo tem como consequência jurídica a exclusão do dolo e, portanto, a exclusão da tipicidade dolosa da conduta, podendo, no caso penal concreto, ser vencível ou invencível.

(C) O fato de um consumidor de uma loja de joias tocar um abajur sem saber que serve de apoio a uma prateleira, que despenca e quebra uma rara peça de arte é exemplo de erro de proibição.

(D) Havendo orientação da Autoridade Administrativa acerca da legitimidade da conduta, a prática da ação realiza-se coberta pela boa-fé de que não é a mesma ilegal, atuando o agente em erro de tipo permissivo.

A: no *erro de tipo*, o equívoco do agente recai sobre elemento integrante do tipo, excluindo-se o dolo e a culpa, se houver previsão nesse sentido; o *erro de proibição*, por sua vez, se inevitável, gera a exclusão da culpabilidade, com a consequente isenção de pena, nos termos do art. 21, *caput*, primeira parte, do CP; **B:** o erro de tipo gera a exclusão do dolo e, em consequência, da tipicidade penal (art. 20, *caput*, do CP). No mais, pode ser vencível (inescusável), em que o agente, se houvesse agido com o necessário cuidado, teria evitado o resultado antijurídico; ou invencível (desculpável, inevitável), em que o agente tomou todos os cuidados exigíveis nas circunstâncias em que se encontrava. Neste caso, ficam excluídos o dolo e a culpa, se o caso; **C:** o *erro de proibição* (erro sobre a ilicitude do fato) consiste na errônea, equivocada compreensão da lei. Na hipótese narrada na assertiva, não há que se falar em erro de proibição na medida em que o comportamento do consumidor não se enquadra em nenhum tipo penal; **D:** se o agente pratica uma ação ilícita pensando tratar-se de uma conduta lícita (sem consciência da ilicitude), incorrerá em *erro de proibição* – art. 21 do CP.

Gabarito "B".

(Defensoria/SP – 2007 – FCC) "Luquinha" Visconti, homem simples da periferia de São Paulo, adquiriu carteira de habilitação acreditando na desnecessidade da realização de exames de habilitação. Está sendo processado por falsidade ideológica e uso de documento falso. Em sua defesa deverá ser arguido:

(A) erro sobre o elemento constitutivo do tipo penal, que exclui o dolo.
(B) erro sobre o elemento constitutivo do tipo penal, porém vencível, sendo punível pela culpa.
(C) estado de necessidade exculpante.
(D) erro sobre a ilicitude do fato, excluindo-se a culpabilidade pela exigibilidade de conduta diversa.
(E) erro sobre a ilicitude do fato, excluindo-se a culpabilidade pela falta desta consciência.

Art. 21 do CP. É o chamado **erro de proibição**, em que o agente atua sem a consciência da ilicitude do fato, gerando a exclusão da culpabilidade.

Gabarito "E".

(Defensoria Pública da União – 2007 – CESPE) Julgue o item seguinte.

(1) No caso de *aberratio ictus* com unidade complexa, aplica-se a regra do concurso formal de crimes, isto é, aplica-se-lhe a mais grave das penas cabíveis ou, se iguais, somente uma delas, mas aumentada, em qualquer caso, de um sexto até metade da pena.

Art. 73 do CP (*aberratio ictus* ou erro na execução); e art. 70 do CP (concurso formal).

Gabarito 1C

7. Tentativa, Consumação, Desistência, Arrependimento e Crime Impossível

(Defensor Público/PR – 2012 – FCC) Quatro ladrões chegaram de carro em frente a uma residência para a prática de crime de furto. Porém, antes de descerem do veículo, foram obstados pela polícia, que os observava, e levados para a Delegacia onde lavrou-se o auto de prisão em flagrante. Nesse caso, os agentes

(A) podem se beneficiar da desistência voluntária na prática do delito, respondendo pelos atos já praticados.
(B) praticaram tentativa de furto qualificado pelo concurso de pessoas.
(C) tinham finalidade de praticar o crime de furto qualificado por concurso de agentes, mas não passaram da fase de meros atos preparatórios, impunível.
(D) iniciaram a prática de crime de roubo que não se consumou por circunstâncias alheias à sua vontade, face à chegada da polícia.
(E) devem ser devidamente punidos pela tentativa, dada a vontade deliberada de praticarem o delito.

A: incorreta. Constitui pressuposto ao reconhecimento da desistência voluntária, entre outros, que a execução do crime já tenha se iniciado. Na hipótese narrada no enunciado, os agentes não deram início à execução do crime, não havendo que se falar, portanto, em desistência voluntária (art. 15, primeira parte, do CP); **B:** incorreta. Não praticaram crime, dado que a execução do delito que pretendiam cometer não teve início; **C:** correta. Os agentes, embora intencionassem cometer o crime de furto, não chegaram a dar início à sua execução, visto que não realizaram ato idôneo (apto, capaz) e inequívoco para atingir o resultado perseguido (lesão patrimonial); **D:** incorreta. Não há que se falar em tentativa, pois, quando da chegada da polícia, os agentes ainda não tinham dado início à execução do crime; **E:** incorreta. A configuração do conatus tem como pressuposto, além da ausência de consumação por circunstâncias alheias à vontade do agente, também o início de execução do crime.

Gabarito "C".

(Defensor Público/AM – 2010 – I. Cidades) Sobre a desistência voluntária e o arrependimento eficaz, assinale a alternativa correta:

(A) o agente que, voluntariamente, impede que o resultado do crime se produza não responde pelos seus atos, porque incide na hipótese de desistência voluntária;
(B) o agente que, voluntariamente, desiste de prosseguir na execução do crime, não responde pelos atos praticados, desde que tais atos não configurem, isoladamente, crime ou contravenção penal, sendo o caso de desistência voluntária;
(C) o agente que, voluntariamente, repare o dano ou restitua a coisa ao proprietário, até o recebimento da denúncia, não responde pelos seus atos, estando configurada a hipótese de arrependimento eficaz;
(D) considera-se arrependimento eficaz quando o agente, iniciada a execução do crime, por ineficácia absoluta do meio, não consegue consumá-lo, não respondendo pelos atos praticados;
(E) é caso de desistência voluntária quando o agente, por absoluta impropriedade do objeto, impede que o resultado se produza, só responde pelos atos já praticados.

A: o agente que, de forma voluntária, impede que o resultado se produza responde somente pelos atos praticados. Este é o *arrependimento eficaz*, presente no art. 15, segunda parte, do CP. Na *desistência voluntária*, diferentemente, o agente, no curso da execução do crime, ainda dispondo de meios para chegar à consumação, desiste, interrompe sua ação. Note que, no arrependimento eficaz, o agente, já tendo realizado tudo que julgava necessário para atingir a consumação do crime, arrepende-se e passa a *agir* para evitar a consumação; **B:** assertiva correta. O agente, tanto na desistência voluntária quanto no arrependimento eficaz, responderá pelos atos praticados, salvo se esses atos não chegarem a constituir crime tampouco contravenção; **C:** a assertiva contém trecho extraído do instituto do *arrependimento posterior*, previsto no art. 16 do CP, cuja natureza jurídica é *causa obrigatória de diminuição de pena*, pois sua incidência somente se dá após a consumação do delito; **D:** a assertiva não corresponde ao arrependimento eficaz, previsto no art. 15, segunda parte, do CP; **E:** a assertiva não corresponde à desistência voluntária, prevista no art. 15, primeira parte, do CP.

Gabarito "B"

(Defensoria/MG – 2006) *Iter criminis* representa as diversas fases que o agente deve percorrer, desde a cogitação até a consumação, para que se realize o delito doloso de maneira completa. Nesse percurso, podem ocorrer algumas situações, todas previstas no Código Penal, que impedem a consumação do crime.

NÃO constitui uma dessas situações:

(A) Arrependimento eficaz
(B) Arrependimento posterior
(C) Crime impossível
(D) Desistência voluntária
(E) Tentativa

A causa de diminuição de pena contida no art. 16 do CP só tem lugar depois de o crime consumar-se, desde que preenchidos alguns requisitos. Não tem, portanto, qualquer repercussão na consumação do delito, ao contrário dos outros institutos.

Gabarito "B"

(Defensoria/MT – 2009 – FCC) O art. 14, § único, do Código Penal dispõe que "salvo disposição em contrário, pune-se a tentativa com a pena correspondente ao crime consumado, diminuída de um a dois terços". O percentual de diminuição de pena a ser considerado levará em conta

(A) o *inter criminis* percorrido pelo agente.
(B) a periculosidade do agente.
(C) a reincidência.
(D) os antecedentes do agente.
(E) a intensidade do dolo.

A redução aplicada pelo juiz deve levar em conta o caminho percorrido pelo agente na prática criminosa, isto é, se a empreitada foi impedida logo no seu início, deverá o magistrado aplicar uma diminuição maior; ao revés, se o caminho desenvolvido foi maior, o que possibilitou ao agente chegar bem próximo à consumação do delito, a diminuição será, obviamente, menor.

Gabarito "A"

(Defensoria/MT – 2009 – FCC) O agente iniciou a execução de um delito, cuja consumação não ocorreu pela:

I. Ineficácia relativa do meio empregado.
II. Impropriedade absoluta do objeto.
III. Reação da vítima.
IV. Ineficácia absoluta do meio empregado.
V. Impropriedade relativa do objeto.

Haverá tentativa punível na(s) hipótese(s) indicada(s) SOMENTE em

(A) III.
(B) I e V.
(C) II e IV.
(D) I, II e IV.
(E) I, III e V.

O meio *relativamente* ineficaz (ineficiente) e o objeto *relativamente* impróprio não são aptos a configurar o *crime impossível*, em que se exige, por imposição do art. 17 do CP, a ineficácia *absoluta* do meio empregado e a impropriedade *absoluta* do objeto. Em razão disso, haverá tentativa punível nos itens I, III e V. Nos demais, a tentativa é impunível (crime impossível).

Gabarito "E"

(Defensoria/MT – 2007) Tentativa é a execução iniciada de um crime, que não se consuma por circunstâncias alheias à vontade do agente, segundo o artigo 14 do Código Penal Brasileiro. Sobre a matéria, assinale a afirmativa correta.

(A) A lei penal efetua distinção entre tentativa perfeita e imperfeita, recebendo tratamento diferenciado no que tange à aplicação da pena em abstrato.
(B) O Código Penal adotou a teoria subjetiva ou voluntarista, que se contenta com a exteriorização da vontade através da prática de atos preparatórios.
(C) Os denominados crimes unissubsistentes admitem o *conatus*.
(D) Os crimes qualificados pelo resultado – dentre eles o preterdoloso – não admitem a figura da tentativa.
(E) O *conatus* constitui ampliação temporal da figura típica, além de ser um dos casos de adequação típica de subordinação mediata.

A: incorreta. A lei penal não faz qualquer distinção entre tentativa **perfeita** e **imperfeita**. Quem o faz é a doutrina. Diz-se **perfeita** (crime falho) a tentativa em que o agente consegue praticar todos os atos necessários à consumação, a qual, por circunstâncias alheias à sua vontade, não ocorre. **Imperfeita**, por seu turno, é aquela na qual o agente não chega a praticar todos os atos necessários à consumação. O *iter criminis* é interrompido também por circunstâncias alheia à vontade do agente; **B: incorreta.** Art. 14, II, do CP: adotamos a **teoria objetiva** (realística), segundo a qual a tentativa é punível tão somente quando iniciados os atos executórios; **C: incorreta.** Não comportam a tentativa na medida em que os delitos unissubsistentes são constituídos de **ato único**. Ex.: ameaça feita verbalmente; **D:** incorreta. Os crimes qualificados pelo resultado (gênero), exceção feita à espécie **preterdolosa** (espécie), comportam, em princípio, a forma tentada; **E:** correta. É fato que o legislador não cuidou de criar **tipos penais tentados**, mas viabilizou a punição da tentativa na grande maioria dos crimes, o que se faz utilizando-se a pena correspondente ao crime consumado, conjugando-a com a previsão legal da tentativa (art. 14, II, CP), que constitui a chamada **adequação típica de subordinação mediata**.

Gabarito "E"

(Defensor Público/RO – 2007) Em caso de arrependimento posterior haverá, em relação à pena, a ocorrência de: 1583

(A) isenção
(B) comutação
(C) diminuição
(D) manutenção
(E) sobrestamento

Cuida-se de norma introduzida pela Reforma de 1984 que constitui *causa obrigatória de diminuição de pena*. Sua disciplina está no art. 16 do Código Penal e não deve ser confundida com a atenuante a que alude o art. 65, III, *b*, do CP.

Gabarito "C"

(Defensor Público/RS – 2011 – FCC) Miro, em mera discussão com Geraldo a respeito de um terreno disputado por ambos, com a intenção de matá-lo, efetuou três golpes de martelo que atingiram seu desafeto. Imediatamente após o ocorrido, no entanto, quando encerrados os atos executórios do delito, Miro, ao ver Geraldo desmaiado e perdendo sangue, com remorso, passou a socorrer o agredido, levando-o ao hospital, sendo que sua postura foi fundamental para que a morte do ofendido fosse evitada, pois foi providenciada a devida transfusão de sangue. Geraldo sofreu lesões graves, uma vez que correu perigo de vida, segundo auto de exame de corpo de delito. Nesse caso, é correto afirmar:

(A) Miro responderá pelo crime de lesão corporal gravíssima previsto no art. 129, § 2º, do Código Penal, em vista da sua vontade inicial de matar a vítima e da quantidade de golpes, circunstâncias que afastam a validade do auto de exame de corpo de delito.
(B) Incidirá a figura do arrependimento eficaz e Miro responderá por lesões corporais graves.
(C) Incidirá a figura do arrependimento posterior, com redução de eventual pena aplicada.
(D) Incidirá a figura da desistência voluntária e Miro responderá por lesões corporais graves.
(E) Miro responderá por tentativa de homicídio simples, já que o objetivo inicial era a morte da vítima.

Art. 15, segunda parte, do CP (arrependimento eficaz). Miro, após ter esgotado os atos de execução que considerou suficientes para atingir seus objetivos (levar Geraldo à morte), arrependeu-se do que fez, agiu conforme esse sentimento, atuando para impedir a ocorrência do resultado letal, e, com isso, conseguiu evitá-lo. Responderá, portanto, tão só pelos atos praticados (lesão corporal de natureza grave, já a vítima foi exposta a perigo de vida – art. 129, § 1º, II, do CP). Note que, neste caso, não há que se falar em desistência voluntária (art. 15, primeira parte, CP) na medida em que Miro levou a execução do crime que pretendia cometer até o final, lançando mão de todos os recursos de que dispunha para atingir sua consumação. Conseguiu evitá-la porque agiu a tempo. A desistência voluntária, diferentemente, pressupõe interrupção, por iniciativa do agente, do *iter criminis*. Ele dispõe de meios para prosseguir e concretizar seu propósito, mas desiste no "meio do caminho".

Gabarito "B"

(Defensoria/SP – 2007 – FCC) O juiz, ao distinguir atos preparatórios e atos executórios, considera a decisão e o plano do agente criminoso, além dos elementos descritivos do tipo penal. O critério é

(A) meramente objetivo.
(B) objetivo-formal.
(C) objetivo-material.
(D) subjetivo-objetivo.
(E) ataque ao bem jurídico.

Art. 14, II, CP. Adotamos, no que concerne à distinção entre atos preparatórios e de execução, o critério exclusivamente objetivo, em oposição ao subjetivo.

Gabarito "A"

8. Antijuridicidade e Causas Excludentes

(Defensor Público/AL – 2009 – CESPE) Em relação às causas excludentes de ilicitude, julgue os itens a seguir.

(1) Quanto ao estado de necessidade, o CP brasileiro adotou a teoria da diferenciação, que só admite a incidência da referida excludente de ilicitude quando o bem sacrificado for de menor valor que o protegido.

(2) Considere a seguinte situação hipotética. Célio chegou inconsciente e gravemente ferido à emergência de um hospital particular, tendo o chefe da equipe médica determinado o imediato encaminhamento do paciente para se submeter a procedimento cirúrgico, pois o risco de morte era iminente. Luiz, irmão de Célio, expressamente desautorizou a intervenção cirúrgica, uma vez que seria necessária a realização de transfusão de sangue, fato que ia de encontro ao credo religioso dos irmãos. Nessa situação, o consentimento de Luiz com relação à intervenção cirúrgica seria irrelevante, pois os profissionais médicos estariam agindo no exercício regular de direito.

1: incorreta. No que toca ao estado de necessidade, o Código Penal acolheu, em oposição à *teoria diferenciadora*, a *teoria unitária*, segundo a qual esta excludente de ilicitude restará caracterizada na hipótese de o bem sacrificado ser de valor igual ou inferior ao do bem preservado. Se o bem sacrificado for de valor superior ao do bem preservado, aplica-se a diminuição do art. 24, § 2º, do CP. Para a teoria diferenciadora, o estado de necessidade pode ser *justificante* (o bem sacrificado é de valor inferior ou equivalente ao do bem preservado) ou *exculpante* (o bem sacrificado é de valor superior ao do bem preservado). Neste último caso, o estado de necessidade constitui uma causa supralegal de exclusão da culpabilidade, pela inexigibilidade de conduta diversa; **II:** correta. Estabelece o art. 146, § 3º, I, do CP não constituir crime de constrangimento ilegal a conduta do médico que, diante de iminente risco de morte, realiza ato cirúrgico contra a vontade do paciente ou de seu representante legal. Ainda que o Código não contivesse norma a esse respeito, o médico teria agido sob o manto do estado de necessidade.

Gabarito 1E, 2C

9. Autoria e Concurso de Pessoas

(Defensor Público/RO – 2012 – CESPE) A respeito do concurso de pessoas, assinale a opção correta.

(A) De acordo com a teoria objetivo-material, autor é aquele que pratica a conduta descrita no núcleo do tipo; todos os demais que concorrerem para a consumação dessa infração penal, mas que não pratiquem a conduta expressa pelo verbo que caracteriza o tipo, são partícipes.

(B) Aplica-se aos crimes dolosos e culposos a teoria do domínio do fato, considerada objetivo-subjetiva e segundo a qual, senhor do fato é aquele que o realiza de forma final em razão de uma decisão volitiva, ou seja, autor é o que detém o poder de direção dos objetivos finais da empreitada criminosa.

(C) Segundo a teoria monista, há tantas infrações penais quantos forem o número de autores e partícipes: com efeito, a cada participante corresponde uma conduta própria, um elemento psicológico próprio e um resultado igualmente particular.

(D) De acordo com a teoria dualista, deve-se distinguir o crime praticado pelo autor daquele que tenha sido cometido pelos partícipes, havendo, portanto, uma infração penal para os autores, e outra para os partícipes. Por outro lado, segundo a teoria pluralista, todo aquele que concorre para o crime incide nas penas ao autor cominadas, na medida de sua culpabilidade, ou seja, existe um crime único, atribuído a todos aqueles que para ele tenham concorrido.

(E) Verifica-se, nos parágrafos do art. 29 do CP, que determinam punibilidade diferenciada para a participação no crime, aproximação entre a teoria monista e a teoria dualista, o que sugere que, no CP, é adotada a teoria monista temperada.

A: incorreta. A assertiva contempla a chamada teoria formal-objetiva (ou restritiva), segundo a qual autor é o que executa o comportamento contido no tipo (realiza a ação/omissão representada pelo verbo-núcleo); todos aqueles que, de alguma forma, contribuem para o crime sem realizar a conduta típica devem ser considerados, para esta teoria, partícipe. É esta a teoria adotada pelo CP. Para a teoria objetivo-material, mencionada no enunciado, autor não é só o que realiza o comportamento típico, mas também aquele que concorre, de qualquer outra forma, para a concretização do crime. Inexiste, aqui, como se pode ver, diferença entre coautor e partícipe. Há ainda uma terceira teoria, que é a chamada normativa-objetiva, mais conhecida como teoria do domínio do fato, para a qual autor, grosso modo, é o que tem pleno domínio da empreitada criminosa. Para esta teoria, é autor tanto o que realiza a conduta prevista no tipo quanto aquele que, sem concretizar o comportamento típico, atua como mandante; **B:** incorreta. Embora não seja consenso na doutrina, temos que o crime culposo não admite a participação, mas tão somente a coautoria. Adotamos, bem por isso, quanto ao concurso de pessoas nos crimes culposos, a teoria extensiva, segundo a qual não há diferença entre coautoria e participação. Todos que, de alguma forma, contribuírem devem ser considerados coautores. Dessa forma, inaplicável, aqui, a teoria do domínio do fato, para a qual há distinção entre coautor e partícipe; **C:** incorreta, já que, para a teoria monista (unitária ou monística), acolhida, como regra, pelo Código Penal, há, no concurso de pessoas, um só crime; já para a teoria dualística, há um crime para os autores e outro para os partícipes. Temos ainda a teoria pluralista, em que cada um dos agentes envolvidos na empreitada deverá responder por delito autônomo; **D:** a primeira parte da assertiva está correta, pois o conceito ali presente corresponde de fato ao que se deve entender pela teoria dualística; incorreta, entretanto, está a parte final da assertiva, cujo conceito ali inserido não corresponde à teoria pluralística; **E:** correta. De fato, há, no Código Penal, tanto na parte geral quanto na especial, várias exceções à teoria monista ou unitária. Exemplo disso, além dos previstos nos parágrafos do art. 29 do CP, é o crime de aborto, em que há um crime para a gestante que permite que nela seja praticado o aborto (art. 124 do CP) e outro para aquele que pratica os atos materiais necessários ao abortamento (art. 126 do CP).

Gabarito "E"

(Defensor Público/AM – 2010 – I. Cidades) Sobre o concurso de pessoas, marque a alternativa correta:

(A) para a teoria pluralística ou da autonomia da participação, cada qual realiza uma ação, havendo um vínculo psicológico próprio, sendo que cada partícipe é considerado de forma autônoma como autor;

(B) para a teoria monística ou unitária (igualitária) cada partícipe é considerado de forma autônoma e única, havendo distinção entre autor e partícipe;

(C) a teoria pluralística é adotada pelo Código Penal brasileiro, a partir da reforma ocorrida em 1984;

(D) para a teoria dualística cada partícipe é tratado de igual forma, não havendo distinção entre a participação primária e a participação secundária.

(E) nenhuma das anteriores.

A: correta, pois, para a teoria pluralística, não acolhida pelo Código Penal, que adotou, como regra, a teoria monista (unitária), cada agente envolvido no concurso de pessoas comete um crime próprio, autônomo. Conferir, a esse respeito: "**Concurso de Pessoas: Teoria Monista e Fixação de Reprimenda mais Grave a um dos Co-réus.** Por reputar não observada a teoria monista adotada pelo ordenamento pátrio (CP, art. 29) — segundo a qual, havendo pluralidade de agentes e convergência de vontades para a prática da mesma infração penal, todos aqueles que contribuem para o crime incidem nas penas a ele cominadas, ressalvadas as exceções legais —, a Turma deferiu *habeas corpus* cassar decisão do STJ que condenara o paciente pela prática de roubo consumado. No caso, tanto a sentença condenatória quanto o acórdão proferido pelo tribunal local condenaram o paciente e o co-réu por roubo em sua forma tentada (CP, art. 157, § 2º, I e II, c/c o art. 14, II). Contra esta decisão, o Ministério Público interpusera recurso especial, apenas contra o paciente, tendo transitado em julgado o acórdão da Corte estadual relativamente ao co-réu. Assentou-se que o acórdão impugnado, ao prover o recurso especial, para reconhecer que o paciente cometera o crime de roubo consumado, provocara a inadmissível situação consistente no fato de se condenar, em modalidades delitivas distintas quanto à consumação, os co-réus que perpetraram a mesma infração penal. Destarte, considerando que os co-réus atuaram em acordo de vontades, com unidade de desígnios e suas condutas possuíram relevância causal para a produção do resultado decorrente da prática do delito perpetrado, observou-se ser imperioso o reconhecimento uniforme da forma do delito cometido. Assim, restabeleceu-se a reprimenda anteriormente fixada para o paciente pelo tribunal local. **HC 97652/RS, rel. Min. Joaquim Barbosa, 4.8.2009**. (HC-97652) (Inform. STF 554); **B:** incorreta, visto que a teoria monista (art. 29, CP) não faz distinção entre autor e partícipe. Para esta teoria, havendo concurso de pessoas, na forma de coautoria ou participação, o crime será único; já a teoria dualista estabelece que há um crime para os autores e outro para os partícipes; **C:** o Código Penal adotou, como regra, a teoria unitária ou monista, segundo a qual o crime, no concurso de pessoas, é único – art. 29 do CP; **D:** sustenta a teoria dualística que, no concurso de pessoas, há um crime para os autores e outro para os partícipes.

Gabarito "A"

(Defensoria/MA – 2009 – FCC) Os requisitos para a ocorrência do concurso de pessoas no cometimento de crime são:

(A) pluralidade de comportamentos, nexo de causalidade entre o comportamento do partícipe e o resultado do crime e vínculo objetivo-subjetivo entre autor e partícipe.
(B) presença física de autor e partícipe, nexo de causalidade entre o comportamento do coautor e o resultado do crime; vínculo subjetivo entre autor e partícipe e identidade do crime.
(C) presença física de autor e partícipe, pluralidade de comportamentos, nexo de causalidade entre o comportamento do partícipe e o resultado do crime; vínculo subjetivo entre autor e partícipe e identidade do crime.
(D) pluralidade de comportamentos, nexo de causalidade entre o comportamento do partícipe e o resultado do crime; vínculo objetivo entre autor e partícipe e identidade do crime.
(E) pluralidade de comportamentos, nexo de causalidade entre o comportamento do partícipe e o resultado do crime; vínculo subjetivo entre autor e partícipe e identidade do crime.

São requisitos para a existência do **concurso de pessoas**: pluralidade de condutas; relevância causal de cada conduta; vínculo subjetivo (liame subjetivo); infração única para todos (identidade de crime). O **acordo prévio** entre os agentes, embora possa existir, é desnecessário.

Gabarito "E"

(Defensoria/MT – 2009 – FCC) A respeito do concurso de pessoas, é correto afirmar que

(A) é necessário o ajuste prévio no concurso de pessoas.
(B) o Direito Penal brasileiro adotou a teoria unitária.
(C) o concurso de agentes pode verificar-se após a consumação do delito.
(D) pode ocorrer coautoria sem vínculo subjetivo entre os coautores.
(E) é necessária a presença no local do comparsa para a configuração do concurso de agentes.

A: o ajuste prévio (*pactum sceleris*), embora possa estar presente, é desnecessário à caracterização do concurso de pessoas, sendo suficiente o *liame subjetivo*, além dos demais requisitos; **B:** para a *teoria unitária* ou *monista*, adotada pelo Código Penal, há, no concurso de pessoas, um só crime; **C:** o concurso de agentes não pode se dar após a consumação do crime; **D:** o *vínculo subjetivo* constitui requisito do concurso de pessoas; **E:** a presença do comparsa no local do crime é dispensável.

Gabarito "B"

(Defensoria/MT – 2007) Os crimes permitem, na sua grande maioria, pluralidade de sujeitos ativos, ou seja, concurso de pessoas, cuja matéria está estampada no artigo 29 do Código Penal Brasileiro. Sobre o tema, assinale a afirmativa correta.

(A) Para a teoria do domínio do fato, a relevância está em o agente praticar efetivamente a ação descrita no tipo penal.
(B) A autoria colateral ou acessória integra o concurso de agentes, posto que existe liame psicológico entre os agentes.
(C) Os delitos omissivos, como delitos de dever, não dão lugar ao concurso de pessoas.
(D) O Código Penal adota a teoria extensiva, onde autor não é apenas aquele que realiza o núcleo do tipo penal, mas também concorre de qualquer modo para o crime.
(E) Para a configuração do concurso de pessoas, dentre outros requisitos, exige-se um prévio liame subjetivo ou concurso de vontades entre os agentes.

A: para a ***teoria do domínio do fato***, autor não é só quem realiza o verbo-núcleo contido no tipo penal. É também aquele que presta contribuição essencial ao cometimento do delito, consistente em deter o domínio pleno da ação típica (quem, embora não tenha realizado o núcleo do tipo, planeja, organiza etc.). Além disso, presta contribuição essencial sem realizar o núcleo do tipo aquele que domina a vontade de outras pessoas. O mandante, para esta teoria, é coautor; **B:** inexiste **liame subjetivo** na autoria colateral, que, a rigor, não constitui hipótese de concurso de pessoas, porquanto ausente um de seus requisitos. É o caso em que duas pessoas praticam um mesmo crime sem que uma saiba da intenção da outra; **C:** a **participação por omissão** é, sim, admissível, como no caso do bombeiro que, tendo o dever imposto por lei de combater o incêndio, se omite (dever jurídico de evitar o resultado); quanto à **coautoria em crime omissivo**, há posição doutrinária nos dois sentidos. Assim, há quem entenda ser possível duas pessoas serem coautoras da conduta tipificada no art. 135 do CP (omissão de socorro), desde que preenchidos os requisitos imanentes ao **concurso de pessoas**; **D:** a **teoria extensiva**, fundada na **teoria da equivalência dos antecedentes causais**, prescreve que todos que concorrem para o crime são autores, não havendo, pois, distinção entre autor e partícipe. Não acolhida pelo Código Penal; **E:** o ajuste prévio (*pactum sceleris*) não é necessário à configuração do concurso de pessoas.

Gabarito "C"

(Defensoria/PA – 2009 – FCC) A previsibilidade do resultado mais grave do crime na hipótese de concurso de pessoas, quando um dos agentes quis participar de crime menos grave conduz, em relação a esse, à

(A) diminuição da pena de 1/6 a 1/3 por se tratar de participação de menor importância desde que o resultado possa lhe ser imputado a título de culpa.
(B) aplicação da pena prevista para o resultado do crime na exata medida de sua culpabilidade.
(C) diminuição da pena de 1/6 a 1/3 por se tratar de participação de menor importância qualquer que seja o resultado.
(D) aplicação da pena prevista para o crime de que queria participar.
(E) aplicação da pena prevista para o crime de que queria participar, aumentada até a metade.

É o que determina o art. 29, § 2º, 2ª parte, do CP.

Gabarito "E"

(Defensoria/PI – 2009 – CESPE) Em relação ao concurso de pessoas e ao crime continuado, assinale a opção correta.

(A) A jurisprudência do STJ e do STF é firme quanto à impossibilidade de se admitir a participação do advogado que ilicitamente instrui a testemunha no crime de falso testemunho, por se tratar de delito de mão própria, devendo a punição do causídico limitar-se à esfera administrativa junto ao Conselho Seccional da OAB.
(B) Em face do art. 29, *caput*, segundo o qual, quem, de qualquer modo, concorre para o crime incide nas penas a este cominadas, na medida de sua culpabilidade, é correto afirmar que o CP, em relação à natureza jurídica do concurso de pessoas, adotou, em regra, a teoria dualista.
(C) Se algum dos agentes quis participar de crime menos grave, deve ser-lhe aplicada a pena deste, exceto na hipótese de ter sido previsível o crime mais grave, situação em que todos os agentes respondem por este delito.
(D) Em relação à unidade de desígnios para o reconhecimento da figura do crime continuado, o CP, adotando a teoria subjetiva, exige que o agente tenha atuado com a intenção de praticar todos os delitos em continuidade.
(E) O crime continuado é uma ficção jurídica, pois há uma pluralidade de delitos, mas o legislador presume que eles constituem um só crime, apenas para efeito de sanção penal.

A: ainda que se trate de *crime de mão própria*, que, por isso mesmo, exige atuação pessoal do agente, é perfeitamente plausível o concurso de pessoas na modalidade **participação**, uma vez que nada obsta que o advogado induza ou instigue a testemunha a mentir em juízo ou na polícia. Vide, a esse respeito: STF, RHC 81.327-SP, 1ª T., Rel. Min. Ellen Gracie, DJ 5.4.2002; **B:** o Código Penal adotou, como regra, a *teoria monista* ou *unitária*, que considera que há um crime único para todos os coautores e partícipes. A ela contrapõe-se a *teoria dualista*, para a qual há um crime em relação aos coautores e outro em relação aos partícipes; **C:** se o agente quis participar de crime menos grave, a ele deve ser atribuída a pena deste; se, todavia, o resultado mais grave era previsível, a pena do crime inicialmente pretendido pelo agente será aumentada até a metade, consoante dispõe o art. 29, § 2º, do CP; **D:** o Código Penal não se filiou à teoria subjetiva, não exigindo, por isso, que o agente atue com unidade de propósito no crime continuado. Basta, pois, a homogeneidade objetiva. Aderimos, portanto, à teoria objetiva pura; **E:** de fato, quanto à natureza do crime continuado (art. 71 do CP), o Código Penal adotou a *teoria da ficção jurídica*.

Gabarito "E"

(Defensoria/SE – 2006 – CESPE) Considere a seguinte situação hipotética. Um médico, dolosa e insidiosamente, entregou uma injeção de morfina, em dose demasiadamente forte, para uma enfermeira, que, sem desconfiar de nada, aplicou-a no paciente, o que causou a morte do enfermo. Nessa situação, o médico é autor mediato de homicídio doloso, ao passo que a enfermeira é partícipe do delito e responde pelo mesmo crime doloso.

Está-se diante da chamada **autoria mediata** (autoria por determinação), em que o autor mediato, no caso o médico, utiliza outra pessoa, a enfermeira, que atua como instrumento do crime. A enfermeira, por ter sido induzida a erro pelo médico, autor mediato, não é responsabilizada (salvo se agir com culpa). Não se trata, a rigor, de concurso de pessoas, porque ausente entre autor mediato e imediato o *liame subjetivo*.

Gabarito "E"

10. Culpabilidade e Causas Excludentes

1586

(Defensor Público/AM – 2013 – FCC) Se alguém instiga outrem a surrar inimigo comum, mas o instigado se excede e mata a vítima, é correto afirmar que

(A) a conduta do partícipe é atípica.
(B) o partícipe poderá responder por lesão corporal, sem qualquer aumento de pena, se não podia prever o resultado morte.
(C) o partícipe poderá responder por homicídio doloso, mas fará jus, necessariamente, ao reconhecimento da participação de menor importância.
(D) o partícipe poderá responder por lesão corporal, com a pena aumentada até um terço, se previsível o resultado letal.
(E) o partícipe não poderá responder por homicídio doloso, mesmo que tenha assumido o risco do resultado morte.

A: incorreta. Aquele que contribui, na qualidade de partícipe, para o crime de outrem será responsabilizado na medida de sua culpabilidade (art. 29, *caput*, do CP). A conduta do partícipe, neste caso, portanto, é típica; **B:** correta. É o que a doutrina convencionou chamar de *cooperação dolosamente distinta*, em que o partícipe ou coautor, imbuído do propósito de praticar determinado crime, sem a possibilidade de antever a concretização de crime diverso e mais grave, será responsabilizado pelo delito que queria praticar (art. 29, § 2º, primeira parte, do CP). Agora, se o resultado mais grave era previsível, a pena, neste caso, deverá ser aumentada de até a metade (art. 29, § 2º, segunda parte, do CP); **C:** incorreta, pois o enunciado descreve hipótese de *cooperação dolosamente distinta*; **D:** incorreta. Neste caso, a pena sofrerá um incremento de até *metade*, e não de até *um terço* (art. 29, § 2º, segunda parte, do CP); **E:** incorreta. Se assumiu o risco de produzir o resultado morte, poderá, sim, responder pelo crime de homicídio doloso (dolo eventual).

Gabarito "B"

(Defensor Público/AC – 2006 – CESPE) No tocante à imputabilidade penal, assinale a opção **incorreta**.

(A) O sistema adotado no Brasil para aplicação de pena ou medida de segurança é o denominado vicariante.
(B) A oligofrenia leve é considerada doença mental para efeitos penais.
(C) Não exclui a imputabilidade quando a paixão é elemento condutor do crime.
(D) A periculosidade é pressuposto da medida de segurança.

A: assertiva correta. O *sistema vicariante* determina o cumprimento de medida de segurança (na hipótese de periculosidade) ou de pena privativa de liberdade (se houver culpabilidade), não sendo permitido que o agente cumpra as duas espécies de sanção penal ao mesmo tempo, pelo mesmo fato, o que ocorria no *sistema do duplo binário*, vigente até a reforma do Código Penal em 1984; **B:** assertiva incorreta, visto que a *oligofrenia* não há de ser confundida com a *esquizofrenia*. Esta, sim, constitui hipótese de doença mental. A oligofrenia, diferentemente, constitui hipótese de desenvolvimento mental retardado, assim como os surdos-mudos (a depender do caso) – art. 26, *caput*, do CP; **C:** tanto a emoção quanto a paixão não são aptas a excluir a imputabilidade penal – art. 28, I, do CP. Frise-se que, a despeito de a emoção não excluir o crime, pode atuar como atenuante genérica, conforme prevê o art. 65, III, *c*, ou mesmo como causa de diminuição de pena, nos moldes do art. 121, § 1º, ambos do CP; **D:** assertiva correta, na medida em que a função primordial da medida de segurança é prevenir crimes que possam vir a ser praticados pelo sujeito tipo por perigoso.

Gabarito "B"

(Defensor Público/AL – 2009 – CESPE) Quanto à culpabilidade e à imputabilidade penal, julgue o próximo item.

(1) Considere a seguinte situação hipotética. Em uma festividade de calouros de determinada faculdade, João foi obrigado por vários veteranos, mediante coação física, a ingerir grande quantidade de bebida alcoólica, ficando completamente embriagado, uma vez que não tinha costume de tomar bebida com álcool. Nesse estado, João praticou lesões corporais e atentado violento ao pudor contra uma colega que também estava na festa. Nessa situação, trata-se de embriaguez acidental decorrente de força maior, devendo ser excluída a imputabilidade de João, que fica isento de pena pelos delitos que praticou.

1: preceitua o art. 28, II, § 1º, do CP que, decorrendo a embriaguez acidental (não voluntária nem culposa) e completa de força maior (o agente foi obrigado a ingerir álcool, por exemplo) ou de caso fortuito (agente desconhece o fato de ter-se embriagado), a imputabilidade do sujeito estará excluída se, ao tempo da ação ou omissão, ele era inteiramente incapaz de entender o caráter ilícito do fato ou de autodeterminar-se de acordo com esse entendimento.

Gabarito 1C

(Defensor Público/BA – 2006) Apresentam-se como causas excludentes da culpabilidade:

(A) A legítima defesa e o estado de necessidade.
(B) O estrito cumprimento do dever legal e o erro de tipo.
(C) A coação moral irresistível e a inimputabilidade.
(D) O exercício regular de direito e o erro de proibição.
(E) O crime de bagatela e a obediência hierárquica à ordem manifestamente ilegal.

A: incorreta, pois a *legítima defesa* e o *estado de necessidade* constituem, a teor do art. 23 do CP, causa excludente da ilicitude; **B:** assertiva incorreta, visto que o *estrito cumprimento do dever legal* está enunciado no art. 23 do CP como causa excludente da ilicitude; já o *erro de tipo*, previsto no art. 20 do CP, exclui o dolo e, por conseguinte, o fato típico. Inexiste, portanto, crime; **C:** esta é a assertiva correta. A *coação moral irresistível* constitui causa excludente da culpabilidade quanto ao elemento exigibilidade de conduta diversa. A *inimputabilidade*, por sua vez, também constitui causa excludente da culpabilidade; **D:** o *exercício regular de direito* integra o rol do art. 23 do CP. Assim sendo, cuida-se de causa excludente da antijuridicidade. O *erro de proibição*, cuja disciplina está no art. 21 do CP, é causa que exclui do agente sua potencial consciência da ilicitude (gera, portanto, a exclusão da culpabilidade); **E:** a aplicação do princípio da insignificância (crime de bagatela), amplamente reconhecido pela doutrina e jurisprudência, gera a exclusão da tipicidade material. A obediência hierárquica a ordem manifestamente ilegal gera a responsabilização do superior hierárquico e do subordinado. No entanto, se se tratar de ordem não manifestamente ilegal, somente responderá, nos moldes do art. 22 do CP, o superior hierárquico, já que o subordinado ficará isento de pena (sua culpabilidade ficará excluída).

Gabarito "C"

(Defensor Público/BA – 2006) A pena pode ser reduzida de um a dois terços, se o agente:

I. por embriaguez, proveniente de caso fortuito ou força maior, não possuía, ao tempo da ação ou da omissão, a plena capacidade de entender o caráter ilícito do fato ou de determinar-se de acordo com esse entendimento

II. desconhece a lei, no caso concreto; todavia, caso o desconhecimento seja inevitável, estará o agente isento de pena.
III. comete o fato sob coação irresistível ou em estrita obediência a ordem, não manifestamente ilegal, de superior hierárquico.

Analisando as assertivas acima, verifica-se que:

(A) Apenas a I está correta.
(B) Apenas a II está correta.
(C) Apenas I e II estão corretas.
(D) Apenas II e III estão corretas.
(E) Todas estão incorretas.

I: assertiva correta, pois está contemplada no art. 28, § 2º, do CP; **II:** reza o art. 21, *caput*, primeira parte, do CP que o desconhecimento da lei é inescusável. O *erro de proibição* (erro sobre a ilicitude do fato), previsto no mesmo dispositivo, não se refere ao desconhecimento da lei. Diz respeito, isto sim, à ilicitude do fato em si. Explico: o agente, no erro de proibição, conhece a lei, mas, por erro de interpretação, acha que a sua conduta não se amolda àquela lei. No mais, se o erro de proibição for evitável, o agente fará jus a uma diminuição da ordem de um sexto a um terço, a teor do art. 21, *caput, in fine*, do CP; **III:** na situação descrita neste inciso, somente será punível o autor da coação ou da ordem, ficando afastada a responsabilidade do coagido e do subordinado (exclusão da culpabilidade - art. 22, CP).

Gabarito "A"

(Defensor Público/GO – 2010 – I. Cidades) Um determinado grupo de meliantes sequestra a mulher e os dois filhos de "A", gerente de banco, e exige que o mesmo os auxilie num roubo que farão contra a agência bancária em que trabalha. Visando proteger sua família, "A" acaba auxiliando no referido roubo. Neste caso, porém, "A" deve ser absolvido, em virtude da existência manifesta de causa excludente da

(A) ilicitude do fato, qual seja, o estado de necessidade de terceiros.
(B) ilicitude do fato, qual seja, a legítima defesa de terceiros.
(C) culpabilidade do agente, qual seja, a inimputabilidade.
(D) culpabilidade do agente, qual seja, a falta de consciência da ilicitude.
(E) culpabilidade do agente, qual seja, a inexigibilidade de conduta diversa.

A culpabilidade é constituída de três elementos, a saber: imputabilidade, potencial consciência da ilicitude e exigibilidade de conduta diversa. Esta, por sua vez, pode ser afastada em duas situações: coação moral irresistível e obediência hierárquica, ambas disciplinadas no art. 22 do CP. O gerente de banco, que tem a esposa e filhos sequestrados por uma quadrilha disposta a tudo para ver seu objetivo atingido, não tem outra alternativa senão ceder à vontade dos agentes e curvar-se às suas ordens. Note que o gerente conserva sua liberdade de escolha, ao menos do ponto de vista físico, ao contrário do que se dá na coação física. Mas, diante da gravidade da ameaça que a ele é impingida, não se mostra razoável exigir-lhe outro comportamento senão o de colaborar com os assaltantes. Dito de outro modo, não é possível exigir-lhe, nesta situação, conduta diversa. Por isso, "A", o gerente, deve ser absolvido em vista da existência de causa excludente de culpabilidade consubstanciada na inexigibilidade de conduta diversa.

Gabarito "E"

(Defensor Público/MS – 2008 – VUNESP) De acordo com regra da Parte Geral do Código Penal, a pena pode ser reduzida de um a dois terços se o agente, por embriaguez

(A) culposa, por álcool ou substância análoga, era inteiramente incapaz de compreender o caráter ilícito do ato.
(B) completa, decorrente de força maior, era, ao tempo da ação ou omissão, inteiramente incapaz de entender o caráter ilícito do fato ou de comportar-se de acordo com esse entendimento.
(C) proveniente de caso fortuito, não possuía, ao tempo da ação ou omissão, a plena capacidade de entender o caráter ilícito do fato ou de comportar-se de acordo com esse entendimento.
(D) preordenada, por álcool ou substância análoga, não era inteiramente capaz de entender o caráter ilícito do fato ou de comportar-se de acordo com esse entendimento.

A: a embriaguez culposa não gera a exclusão da imputabilidade, nos moldes do art. 28, II, do CP; **B:** neste caso, o agente faz jus à exclusão da imputabilidade, conforme preleciona o art. 28, § 1º, do CP; **C:** correta, pois o art. 28, § 2º, do CP prevê a hipótese de redução de pena da ordem de 1/3 a 2/3 no caso de o agente, por embriaguez decorrente de caso fortuito ou força maior, não possuir, ao tempo da conduta, capacidade plena de entender o caráter ilícito do fato ou de determinar-se de acordo com esse entendimento; **D:** a embriaguez preordenada constitui agravante genérica (art. 61, II, l, do CP).

Gabarito "C"

(Defensor Público/PR – 2012 – FCC) Tomando por base duas normas penais não incriminadoras, verifica-se que na primeira o legislador afastou a punição do autor do fato delituoso que agira em determinada circunstância, utilizando a seguinte redação: *É isento de pena quem (...)*; já na segunda afastou a punição do fato tipificado praticado em determinadas circunstâncias, valendo-se da seguinte redação: *Não se pune o fato quando (...)*. Nestes casos, trata-se respectivamente das seguintes excludentes:

(A) tipicidade e culpabilidade.
(B) punibilidade e culpabilidade.
(C) punibilidade e punibilidade.
(D) culpabilidade e punibilidade.
(E) culpabilidade e ilicitude.

São exemplos de causas excludentes de culpabilidade: inimputabilidade (art. 26 do CP); menoridade (art. 27 do CP), embriaguez completa decorrente de caso fortuito ou força maior (art. 28, § 1º, do CP); erro de proibição (art. 21 do CP); e coação moral irresistível (art. 22 do CP). De outro lado, são causas que excluem a ilicitude (antijuridicidade), dentre outras: hipóteses de aborto legal (necessário e sentimental) – art. 128, I e II, do CP; estado de necessidade (art. 24 do CP); e legítima defesa (art. 25 do CP).

Gabarito "E"

(Defensoria/SE – 2006 – CESPE) Julgue os itens seguintes.

(1) Após a reforma penal de 1984, o imputável que praticar conduta punível deve sujeitar-se somente à pena correspondente; o inimputável, à medida de segurança, excluídos os menores de 18 anos, e o semi-imputável deve sujeitar-se à pena ou à medida de segurança.
(2) Considere a seguinte situação hipotética. Marcelo, sob coação moral irresistível, foi forçado a assinar um documento falso. Nessa situação, o fato reveste-se de tipicidade, pois a ação é juridicamente relevante, todavia Marcelo deverá ser isento de pena, pois está presente uma causa excludente da culpabilidade.
(3) Considere a seguinte situação hipotética. Um portador de síndrome paranoide furtou de uma grande loja um colar de ouro adornado com valiosos diamantes e foi processado em razão do crime. O juiz da causa determinou a realização de exame psicológico/psiquiátrico, por meio do qual se constou que, ao tempo do crime, o réu apresentava plena capacidade de entender o ilícito, mas faltava-lhe capacidade para atuar de acordo com esse entendimento. Nessa situação, admissível será a absolvição de réu, em face da ausência de culpabilidade em razão da inimputabilidade do agente.

1: de fato, após a reforma de 1984, não cabe mais a aplicação de pena e medida de segurança pelo mesmo fato (abolição do duplo binário). Vige hoje o sistema vicariante. Os menores de 18 anos ficam sujeitos às normas estabelecidas na legislação especial (art. 27, CP); **2:** a coação moral irresistível conduz à **não exigibilidade de conduta diversa**. Marcelo, embora ameaçado, coagido, tinha liberdade de escolha, ao menos do ponto de vista físico, o que, frise-se, não lhe era razoável exigir. Está-se diante de uma causa excludente da culpabilidade (art. 22, 1ª parte, do CP); **3:** art. 26, *caput*, do CP.

Gabarito 1C, 2C, 3C

11. Penas e Efeitos das Penas

(Defensor Público/AL – 2009 – CESPE) Julgue os itens subsequentes, acerca do instituto da pena.

(1) É inadmissível a substituição de pena privativa de liberdade por restritiva de direitos ao réu reincidente, ainda que a substituição seja socialmente recomendável e se trate de reincidência genérica.
(2) Quanto às suas finalidades, segundo a teoria eclética ou conciliatória, a pena tem dupla função: punir o criminoso e prevenir a prática do crime.

1: assertiva incorreta, visto que, ainda que se trate de réu reincidente, pode o magistrado proceder à substituição, desde que a medida revele-se socialmente recomendável e a reincidência não se tenha operado em virtude da prática do mesmo crime (reincidência específica), na forma estatuída no art. 44, § 3º, do CP; **2:** assertiva correta. De fato, segundo a chamada teoria eclética, conciliatória ou mista, a pena tem dúplice finalidade: presta-se tanto a reprimir quanto a prevenir.

Gabarito 1E, 2C

(Defensor Público/BA – 2006) As penas restritivas de direitos são autônomas e substituem as privativas de liberdade, quando:

I. Aplicada pena privativa de liberdade não superior a quatro anos e o crime não for cometido com violência ou grave ameaça à pessoa.
II. Qualquer que seja a pena aplicada, se o crime for culposo.
III. O condenado for reincidente; hipótese em que o juiz poderá aplicar a substituição, desde que, em face de condenação anterior, a medida seja socialmente recomendável e a reincidência não se tenha operado em virtude da prática do mesmo crime.
IV. A culpabilidade, os antecedentes, a conduta social e a personalidade do condenado, bem como os motivos e as circunstâncias indicarem que essa substituição seja suficiente.

Observando-se as assertivas acima, tem-se que:

(A) Todas são incorretas.
(B) Apenas a I é incorreta.
(C) Apenas a III e a IV são incorretas.
(D) Apenas a alternativa II é incorreta.
(E) Todas são corretas.

I: assertiva correta, pois está em consonância com o que dispõe o art. 44, I, primeira parte, do CP; **II:** a assertiva correta está em consonância com o que dispõe o art. 44, I, *in fine*, do CP; **III:** a assertiva correta está em consonância com o que dispõe o art. 44, § 3º, do CP; **IV:** a assertiva correta está em consonância com o que dispõe o art. 44, III, do CP.

Gabarito "E"

(Defensoria/ES – 2009 – CESPE) Julgue os próximos itens, acerca das penas e dos efeitos da condenação.

(1) Cabe substituição da pena privativa de liberdade por pena restritiva de direitos, se forem preenchidos os demais requisitos legais, mesmo que o condenado seja reincidente, desde que, em face da condenação anterior, a medida seja socialmente recomendável e a reincidência não tenha sido motivada pela prática do mesmo crime.
(2) A condenação tem como efeito genérico tornar certa a obrigação de reparar o dano. Esse efeito é automático, não precisa ser expressamente pronunciado pelo juiz na sentença condenatória e destina-se a formar título executivo judicial para a propositura de ação civil *ex delicto*.

1: art. 44, § 3º, do CP; **2:** art. 91, I, do CP.

Gabarito 1C, 2C

(Defensoria/MG – 2006) Sobre as sanções substitutivas da pena privativa de liberdade, é INCORRETO afirmar que:

(A) A pena de perda de bens e valores é considerada, doutrinariamente, verdadeiro confisco.
(B) A pena restritiva de direitos pode ser convertida em pena de prisão quando ocorrer descumprimento injustificado da restrição imposta, mas a multa substitutiva, mesmo não satisfeita, jamais poderá transmudar-se para pena privativa de liberdade.
(C) A prestação de serviços à comunidade é gratuita, ou seja, não se remunera o condenado, pois esse é o ônus por ele suportado, o que dá a pena o caráter de retribuição.
(D) O condenado reincidente em crime doloso jamais poderá ter a pena privativa de liberdade substituída por pena restritiva de direito.
(E) O *sursis* não se aplica às penas restritivas de direitos e à multa.

A: é sanção penal de **caráter confiscatório** que possibilita a apreensão de bens e valores de origem *lícita* do condenado (art. 45, § 3º, do CP), que não deve ser confundida com o confisco do art. 91, II, do CP, que consiste na perda dos instrumentos e produtos do crime em favor do Estado; **B:** art. 44, § 4º, do CP; art. 60, § 2º, do CP; **C:** trata-se, conforme preceitua o art. 46, § 2º, do CP, de conferir ao condenado a execução de serviços gratuitos em entidades assistenciais, hospitais, escolas, orfanatos e outros estabelecimentos congêneres; **D:** incorreta, pois somente é vedada a substituição, nos termos do art. 44, § 3º, do CP, ao *reincidente específico* (aquele que ostenta condenação ocorrida em virtude do cometimento do mesmo crime); **E:** art. 80 do CP.

Gabarito "D"

(Defensor Público/MS – 2008 – VUNESP) Com relação à pena de multa, considere as seguintes assertivas e assinale a alternativa que corresponde ao texto do Código Penal.

I. Na hipótese de concurso de crimes, sua aplicação segue as regras do concurso formal, concurso material e crime continuado.
II. A situação econômica do réu é critério para sua fixação.
III. Sua prescrição dar-se-á em 2 (dois) anos, quando for a única cominada ou aplicada.

(A) Todas são erradas.
(B) Apenas II é correta.
(C) Apenas III é errada.
(D) Apenas I é errada.

I: assertiva incorreta, tendo em vista que o art. 72 do CP determina que a *pena de multa*, nesses casos, seja aplicada *distinta* e *integralmente*; **II:** o juiz, na segunda etapa de fixação da pena de multa, em que é apurado o valor de cada dia-multa, deverá levar em conta, neste momento, a situação econômica do réu, em conformidade com o art. 60, *caput*, do CP; **III:** art. 114, I, do CP.

Gabarito "D"

(Defensoria/MT – 2009 – FCC) NÃO se inclui dentre as penas restritivas de direito a

(A) multa.
(B) perda de bens e valores.
(C) prestação de serviços à comunidade.
(D) interdição temporária de direitos.
(E) limitação de fim de semana.

As penas restritivas de direitos estão listadas no art. 43 do CP, entre as quais não está a *pena de multa*, que constitui valor a ser revertido em favor do Estado (art. 49 do CP).

Gabarito "A"

(Defensoria/PA – 2009 – FCC) As penas restritivas de direitos, postas em relação às penas privativas de liberdade, no sistema adotado pelo Código Penal brasileiro são

(A) subsidiárias e de aplicação cumulativa para os crimes culposos punidos com pena de reclusão até 4 anos.
(B) autônomas e aplicam-se cumulativamente quando a culpabilidade, os antecedentes, a conduta social e a personalidade do condenado indicarem que essa cumulação seja necessária para prevenir e reprimir o crime.
(C) subsidiárias e substitutivas pelo tempo da pena aplicada não superior a 6 anos de reclusão para os crimes cometidos sem violência ou grave ameaça à pessoa.
(D) autônomas e substitutivas qualquer que seja a pena aplicada para os crimes culposos.
(E) autônomas e substitutivas pelo tempo da pena aplicada não superior a 4 anos de reclusão.

Art. 44, *caput* e I, do CP.

Gabarito "D"

(Defensor Público/RS – 2011 – FCC) A respeito dos entendimentos sumulados é INCORRETO afirmar:

(A) Para o Superior Tribunal de Justiça, inquéritos policiais e ações penais em curso não podem agravar a pena-base.
(B) Segundo o Superior Tribunal de Justiça, o aumento da pena na terceira fase nas hipóteses de roubo majorado exige fundamentação concreta, não sendo suficiente a mera alusão ao número de majorantes.
(C) Segundo o Supremo Tribunal Federal, a lei penal mais grave aplica-se ao crime continuado ou ao delito permanente, se sua vigência é anterior à cessação da continuidade ou da permanência.
(D) De acordo com súmula vinculante do Supremo Tribunal Federal, é direito do defensor, no interesse do representado, ter acesso amplo aos elementos de prova que, já documentados em procedimento investigatório realizado por órgão com competência de polícia judiciária, digam respeito ao exercício do direito de defesa.
(E) De acordo com o Superior Tribunal de Justiça, é possível aplicar ao delito de furto qualificado pelo concurso de agentes aumento idêntico ao previsto para o roubo majorado pelo concurso de agentes, visto que mais benéfico.

A: proposição em consonância com o contido na Súmula nº 444 do STJ; **B:** a assertiva corresponde ao teor da Súmula nº 443 do STJ; **C:** a redação da assertiva corresponde ao teor da Súmula nº 711 do STF; **D:** a proposição refere-se à Súmula Vinculante nº 14; **E:** tendo em conta o entendimento firmado na Súmula nº 442 do STJ, não é possível aplicar-se, no furto qualificado pelo concurso de pessoas, a majorante prevista para o crime de roubo. A alternativa, portanto, está incorreta.

Gabarito "E"

(Defensor Público/RS – 2011 – FCC) No que toca ao sistema de aplicação da pena, é correto afirmar:

(A) Há previsão no art. 44 do Código Penal de substituição da pena privativa de liberdade para condenados reincidentes, ainda que a reincidência tenha se operado em virtude da prática do mesmo crime, desde que o segundo delito não envolva violência ou grave ameaça à pessoa.

(B) Segundo o Código Penal, na hipótese de sobrevir condenação definitiva à pena privativa de liberdade por outro crime durante a execução de pena restritiva de direito, a conversão da pena substitutiva, em sede de execução, será obrigatória, mesmo que seu cumprimento seja compatível com o regime de cumprimento da pena definido na segunda sentença condenatória.

(C) Nas hipóteses relativas à Lei nº 11.340/06, conhecida como Lei Maria da Penha, há vedação legal de substituição da pena privativa de liberdade por prestação de serviço à comunidade.

(D) Ao agente primário e de conduta social satisfatória que é condenado à pena de dois anos de reclusão por roubo tentado, com todas as circunstâncias previstas no art. 59 do Código Penal reconhecidas como favoráveis na sentença, é possível aplicar-se a suspensão condicional da pena prevista no art. 77 do Código Penal.

(E) A substituição da pena privativa de liberdade por penas restritivas de direito prevista no art. 44 do Código Penal não é possível para delitos culposos nas hipóteses de condenações superiores a quatro anos.

A: a substituição, a teor do art. 44, § 3º, do CP, somente será admitida na hipótese de a medida ser socialmente recomendável e a reincidência não se ter operado em virtude do cometimento do mesmo crime (reincidência específica), sendo irrelevante o fato de o segundo delito ter ou não envolvido a prática de violência ou grave ameaça contra a pessoa; **B:** assertiva incorreta, pois não reflete o contido no art. 44, § 5º, do CP; **C:** incorreta, visto que, pelo disposto no art. 17 da Lei Maria da Penha, veda-se a aplicação, no âmbito dos crimes que envolvem violência doméstica e familiar contra a mulher, das penas de cesta básica, das de prestação pecuniária e da substituição que implique o pagamento isolado de multa; **D:** não sendo o caso de substituir a pena privativa de liberdade pela restritiva de direitos, dado que o crime de roubo, ainda que tentado, pressupõe o emprego de violência ou grave ameaça à pessoa (art. 44, I, do CP), o que representa óbice à conversão, preenchidos os requisitos objetivos e subjetivos estampados no art. 77 do CP, é de rigor a suspensão condicional da pena ("*sursis*"), direito subjetivo do réu; **E:** no caso dos crimes culposos, a substituição é possível qualquer que seja a pena aplicada – art. 44, I, *in fine*, do CP.

Gabarito "D"

(Defensoria/SE – 2006 – CESPE) Julgue o item seguinte.

(1) A pena de multa, cominada como principal ou substitutiva, caso não seja paga no prazo de 10 dias após o trânsito em julgado da sentença condenatória, deve ser convertida em pena privativa de liberdade.

A pena de multa, que pode ser aplicada juntamente com a pena privativa de liberdade ou em substituição a ela, deve ser paga dentro de dez dias a contar do trânsito em julgado da sentença condenatória (art. 50, *caput*, do CP); depois do trânsito, a multa será considerada dívida de valor, aplicando-se-lhe as normas da legislação relativa à dívida ativa da Fazenda Pública. Com o advento da Lei 9.268/96, que alterou o art. 51 do CP, não há mais que se falar em conversão da pena de multa em privativa de liberdade.

Gabarito 1E

12. Aplicação da Pena

(Defensor Público/AM – 2013 – FCC) A reincidência

(A) sempre impede a substituição da pena privativa de liberdade por restritiva de direitos.

(B) pode ser considerada como circunstância agravante e, simultaneamente, como circunstância judicial.

(C) não influi no prazo da prescrição da pretensão punitiva.

(D) obsta a suspensão condicional da pena, ainda que a condenação anterior tenha imposto tão somente a pena de multa.

A: incorreta. Somente tem o condão de impedir a substituição da pena privativa de liberdade por restritivas de direito a reincidência em crime *doloso*, conforme estabelece o art. 44, II, do CP. Ainda assim, é possível, em princípio, falar-se em substituição, desde que a reincidência não tenha se operado pela prática do mesmo crime (reincidência específica) e se a medida for socialmente recomendável (art. 44, § 3º, do CP); **B:** incorreta, pois contraria o entendimento firmado na Súmula nº 241 do STJ: "A reincidência penal não pode ser considerada como circunstância agravante e, simultaneamente, como circunstância judicial"; **C:** correta, pois em conformidade com o entendimento firmado na Súmula nº 220 do STJ: "A reincidência não influi no prazo da prescrição da pretensão punitiva"; **D:** incorreta, pois não corresponde ao teor da Súmula nº 499 do STF: "Não obsta à concessão do *sursis*, condenação anterior à pena de multa".

Gabarito "C"

(Defensor Público/AC – 2012 – CESPE) De acordo com os preceitos do CP relativos à aplicação de pena, a circunstância judicial referente ao conjunto de ações que compõe o comportamento do agente em diversos âmbitos, tais como na família, na sociedade e no trabalho, corresponde

(A) aos antecedentes penais do agente.

(B) à culpabilidade do agente.

(C) à personalidade do agente.

(D) às circunstâncias do crime.

(E) à conduta social do agente.

A conduta social, circunstância judicial prevista no art. 59 do CP, diz respeito ao papel desempenhado pelo réu no meio social em que está inserido, abrangendo o seu comportamento no trabalho, no núcleo familiar, na escola etc.

Gabarito "E"

(Defensor Público/RO – 2012 – CESPE) Marcos adquiriu, por mil reais, em cidade do interior de Goiás, de Felipe, seu amigo conhecido pela prática de furtos, um veículo ano 2012, subtraído, na semana anterior, de Luiz por Felipe e seus comparsas Davi e Ernesto, no estacionamento em frente a um hospital, em cidade de outro estado da Federação. O delito fora presenciado por Fernando e Guilherme, que reconheceram Felipe, Davi e Ernesto como autores do fato. Luiz foi indenizado civilmente pela companhia seguradora. Marcos, abordado por policiais militares na condução do veículo, alegou, no processo criminal, não ter ciência da origem ilícita do bem, pois o teria adquirido para uso próprio, e que pagara mil reais a título de sinal e que o vendedor, conhecido apenas por Cabeludo, procederia à transferência e a entrega da documentação do veículo assim como as parcelas do financiamento. Ernesto confessou que praticara o crime na companhia de Felipe e Davi e que, na mesma data, conduziram o veículo até a cidade do interior de Goiás, onde o venderam a Marcos por mil reais. Felipe, que negou qualquer participação criminosa, não ostentava, à época, circunstância judicial desfavorável, mas era reincidente em crimes de furto e de porte ilegal de arma de fogo; também não havia, em relação a ele, circunstância atenuante da pena. Davi foi submetido a exame de sanidade mental, que concluiu que ele, à época do ocorrido, não era inteiramente capaz de entender o caráter ilícito do fato, em virtude de desenvolvimento mental incompleto.

Com base na situação hipotética acima apresentada, assinale a opção correta à luz do CP e da jurisprudência do STJ.

(A) É incabível a condenação de Davi por crime de furto, mas o juiz poderá decidir pela aplicação de medida de segurança de internação em hospital de custódia e tratamento psiquiátrico.

(B) Se Davi necessitar de especial tratamento curativo, o juiz poderá decidir pela aplicação de medida de segurança de tratamento ambulatorial, com prazo mínimo de três meses a um ano.

(C) Sendo imposta a Felipe condenação por crime de furto e sendo a pena aplicada igual ou inferior a quatro anos de reclusão, o juiz poderá substituir a pena privativa de liberdade por pena restritiva de direitos.

(D) Sendo imposta a Felipe condenação por crime de furto e sendo aplicada pena privativa de liberdade de três anos e seis meses de reclusão, o regime inicial de cumprimento da pena será obrigatoriamente o fechado, dada reincidência nos crimes de furto e de porte ilegal de arma de fogo.

(E) Sendo imposta a Felipe condenação por crime de furto, o juiz não poderá aplicar pena privativa de liberdade inferior a três anos de reclusão.

A: incorreta. Davi poderá, sim, ser condenado pela prática do crime de furto. É que estava, ao tempo da conduta, parcialmente privado de sua capacidade de compreender o caráter ilícito de seu ato. Deve, assim, ser considerado, nos termos do art. 26, parágrafo único, do CP, semi-imputável, fazendo jus, por isso, se condenado, a uma diminuição de pena da ordem de um a dois terços; **B:** incorreta, visto que o art. 98 do CP estabelece o prazo mínimo de 1 (um) a 3 (três) anos, e não de 3 (três) meses a 1 (um) ano; **C:** incorreta. Descabe, em relação a Felipe, a substituição da pena privativa de liberdade por restritivas de direitos, visto ser reincidente em crime doloso (furto e porte ilegal de arma de fogo), nos termos do art. 44, II, do CP; **D:** incorreta, pois não reflete o entendimento firmado na Súmula n. 269 do STJ: "É admissível a adoção do regime prisional semiaberto aos reincidentes condenados a pena igual ou inferior a quatro anos se favoráveis as circunstâncias judiciais"; **E:** correta, pois em conformidade com o que dispõe o art. 155, § 5º, do CP, que estabelece, para o crime de furto de veículo automotor que venha a ser transportado para outro estado da Federação, a pena de reclusão de 3 (três) a 8 (oito) anos.

Gabarito "E"

(Defensor Público/SP – 2012 – FCC) Considere as assertivas abaixo.

I. O sistema pátrio de dosimetria das penas adotou o sistema bifásico.

II. O enquadramento da conduta em circunstância qualificadora precede a primeira fase, ao passo que as causas especiais de aumento de pena são computadas na última fase da dosimetria.

III. Segundo recente jurisprudência do Supremo Tribunal Federal, admite-se a fixação da pena abaixo do mínimo legal por força de circunstâncias atenuantes genéricas.

IV. Não apontadas circunstâncias judiciais desfavoráveis ao ensejo da aplicação do artigo 59 do Código Penal, não é admitida a alegação de gravidade do crime para se fixar regime prisional mais rigoroso do que o estabelecido para o tempo de pena imposta.

V. Recente alteração legislativa inovou ao permitir o agravamento da pena por maus antecedentes em razão de ação penal em curso, desde que haja decisão condenatória proferida por órgão colegiado.

Está correto APENAS o que se afirma em

(A) **IV.**
(B) V.
(C) II e IV.
(D) I, III e IV.
(E) II, IV e V.

I: incorreta, posto que o sistema adotado pelo Código Penal, no caput do art. 68, é o trifásico (e não o bifásico), em que o magistrado, num primeiro momento, valendo-se dos critérios estabelecidos no art. 59 do CP, fixará a pena-base; em seguida, já na segunda etapa, considerará as circunstâncias atenuantes e agravantes e, ao final, na última fase, passará à análise das causas de diminuição e de aumento; **II:** correta. O juiz percorrerá os três estágios de fixação da pena com base naquela estabelecida no preceito secundário do tipo penal incriminador. Assim, sendo o crime qualificado (o preceito secundário estabelece faixa diferenciada para a fixação da pena), o magistrado buscará a pena-base a partir da pena estabelecida no tipo qualificado. Também é verdade que as causas de aumento, sendo genéricas ou específicas, deverão ser mensuradas na terceira e última etapa de fixação da pena; **III:** incorreta, dado que, segundo orientação jurisprudencial atualmente em vigor, consubstanciada na Súmula n. 231 do STJ, não se admite que a consideração das circunstâncias atenuantes leve a pena abaixo do mínimo legal. Bem por isso, se o magistrado, no primeiro estágio do sistema trifásico, estabelecer a pena-base no mínimo legal, não poderá, na segunda fase, ao levar em conta circunstância atenuante, reduzir a pena aquém do mínimo cominado. Tal somente poderá ocorrer na terceira etapa de fixação da pena, quando então o juiz levará em conta as causas de diminuição de pena; **IV:** correta, visto que reflete o entendimento sufragado na Súmula n. 718 do STF; **V:** incorreta, pois contraria o entendimento firmado na Súmula n. 444 do STJ, atualmente em vigor.

Gabarito "C"

(Defensor Público/SP – 2012 – FCC) Em relação ao concurso de crimes ou infrações, é INCORRETO afirmar:

(A) **O agente que investe com seu veículo automotor dolosamente** em direção a um desafeto atingindo-o, mas acaba por lesionar culposamente também um terceiro, incorre em hipótese de concurso formal imperfeito ou impróprio.
(B) As eventuais penas de multa serão aplicadas distinta e integralmente, não observando o mesmo critério aplicado para a pena privativa de liberdade.
(C) Com o advento da Lei n. 12.015/2009, que alterou o título relativo aos crimes contra a dignidade sexual, se acentuou a possibilidade de revisão das condenações pela prática de estupro e atentado violento ao pudor praticados em condições semelhantes de tempo, lugar ou maneira de execução, em que houve aplicação do cúmulo material.
(D) Se a aplicação do critério do concurso formal redundar em pena superior àquela que seria aplicável na hipótese de reconhecimento do concurso material, as penas relativas aos crimes devem ser somadas.
(E) Diz-se que a unicidade de condutas no caso de crime continuado é ficção jurídica inspirada em motivos de política criminal, uma vez que se reveste de culpabilidade menos acentuada, em razão da repetição da conduta que arrefeceria a consciência do ilícito.

A: incorreta. Nos termos do art. 70 do CP, o concurso formal poderá ser *próprio* (perfeito) ou *impróprio* (imperfeito). No primeiro caso (primeira parte do *caput*), temos que o agente, por meio de uma única ação ou omissão (um só comportamento), pratica dois ou mais crimes, idênticos ou não, com *unidade de desígnio*. É o caso aqui tratado (o agente não perseguiu os dois resultados, mas tão somente atingir seu desafeto); já no *concurso formal impróprio* ou *imperfeito* (segunda parte do *caput*), a situação é diferente. Aqui, a conduta única decorre de desígnios autônomos, vale dizer, o agente, no seu atuar, deseja os resultados produzidos. Como consequência, as penas serão somadas, aplicando-se o critério ou sistema do *cúmulo material*. No concurso formal perfeito, diferentemente, se as penas previstas forem idênticas, aplica-se somente uma; se diferentes, aplica-se a maior, acrescida, em qualquer caso, de um sexto até metade (sistema da exasperação). Assertiva, portanto, incorreta; **B:** correta, pois em conformidade com o que estabelece o art. 72 do CP; **C:** correta. Os tribunais, até a edição da Lei 12.015/2009, tinham como consolidado o entendimento segundo o qual, quando o ***atentado violento ao pudor*** não constituísse meio natural para a prática do ***estupro***, caracterizado estaria o concurso material de crimes: STJ, HC 102.362-SP, 5ª T., Rel. Min. Felix Fischer, j. 18.11.2008. Com a Lei 12.015/2009, que promoveu uma série de mudanças na disciplina dos crimes sexuais, o estupro – art. 213 do CP –, que incriminava tão somente a conjunção carnal realizada com mulher, mediante violência ou grave ameaça, passou a incorporar, também, a conduta antes contida no art. 214 do CP – dispositivo hoje revogado (art. 7º da Lei 12.015/2009). Dito de outro modo, constitui estupro, na sua nova forma, toda modalidade de violência sexual levada a efeito para qualquer fim libidinoso, incluída, por óbvio, a conjunção carnal. Dessa forma, o crime do art. 213 do CP, com a mudança implementada pela Lei 12.015/2009, passa a comportar, além da conduta consubstanciada na conjunção carnal violenta, contra homem ou mulher, também o comportamento consistente em obrigar alguém a praticar ou permitir que com o sujeito ativo se pratique outro ato libidinoso que não a conjunção carnal. Criou-se, assim, um tipo misto alternativo, razão pela qual a prática de *sexo oral* e *conjunção carnal* no mesmo contexto fático implica o cometimento de crime único. Incide, no caso, o *princípio da alternatividade*. Nesse sentido, o seguinte julgado do STJ: "Com a superveniência da Lei 12.015/2009, a conduta do crime de atentado violento ao pudor, anteriormente prevista no art. 214 do Código Penal, foi inserida naquela do art. 213, constituindo, assim, quando praticadas contra a mesma vítima e num mesmo contexto fático, crime único de estupro (AgRg no REsp 1127455-AC, 6ª T., rel. Min. Sebastião Reis Júnior, 28.08.2012); **D:** assertiva correta. É o chamado concurso material benéfico – art. 70, parágrafo único, do CP; **E:** correta. Embora existam duas teorias acerca da natureza jurídica do crime continuado, prevalece, hoje, o entendimento de que a unicidade de condutas, nesta modalidade de crime, constitui mera ficção.

Gabarito "A"

(Defensor Público/AM – 2010 – I. Cidades) Acerca do concurso de crimes, marque a alternativa correta:

(A) ocorre o concurso formal quando for o caso, dentre outras hipóteses, de prática de dois ou mais crimes idênticos ou não, mediante uma só ação ou omissão;
(B) aplica-se a regra relativa à pena (pena mais grave das cabíveis, ou se iguais, somente uma delas, mas aumentada em qualquer caso de um sexto até metade) no concurso formal de crimes quando, dentre outros casos, o agente pratica dois ou mais crimes, mediante uma só ação ou omissão dolosa, resultante de desígnios autônomos;
(C) é caso de concurso material de crimes quando o agente, mediante uma ação ou omissão, pratica dois ou mais crimes, idênticos ou não;
(D) considera-se crime continuado quando o agente, mediante mais de uma ação ou omissão, pratica dois ou mais crimes, de espécie diversa, nas mesmas condições de tempo, lugar, maneira de execução e outras semelhantes;
(E) nenhuma das anteriores.

A: nos termos do art. 70 do CP, o concurso formal poderá ser *próprio* (perfeito) ou *impróprio* (imperfeito). No primeiro caso (primeira parte do *caput*), temos que o agente, por meio de uma única ação ou omissão (um só comportamento), pratica dois ou mais crimes, idênticos ou não, com *unidade de desígnio*; já no *concurso formal impróprio* ou *imperfeito* (segunda parte do *caput*), a situação é diferente. Aqui, a conduta única decorre de desígnios autônomos, vale dizer, o agente, no seu atuar, deseja os resultados produzidos. Como consequência, as penas serão somadas, aplicando-se o critério do *cúmulo material*. No concurso formal perfeito, diferentemente, se as penas previstas forem idênticas, aplica-se somente uma; se diferentes, aplica-se a maior, acrescida, em qualquer caso, de um sexto até metade (sistema da exasperação); **B:** a assertiva incorreta refere-se ao concurso formal impróprio ou imperfeito, na medida em que faz menção à conduta dolosa como consequência de desígnios autônomos, incompatível com o sistema da exasperação da pena, que terá lugar somente no chamado concurso formal próprio ou perfeito. No concurso formal imperfeito, como dito acima, as penas serão somadas (sistema do cúmulo material); **C:** o concurso material (art. 69, CP) pressupõe a prática de *mais* de uma ação ou omissão. Em outras palavras, a pluralidade de condutas, além da pluralidade de crimes, constitui requisito do concurso material; **D:** impõe o art. 71 do CP que, na continuidade delitiva, os crimes sejam da mesma espécie.

Gabarito "A"

(Defensor Público/BA – 2006) O juiz, atendendo à culpabilidade, aos antecedentes, à conduta social, à personalidade do agente, aos motivos, às circunstâncias e consequências do crime, bem como ao comportamento da vítima, estabelecerá, conforme seja necessário e suficiente para reprovação e prevenção do crime:

I. As penas aplicáveis dentre as cominadas.
II. A quantidade de pena aplicável, dentro dos limites previstos.
III. O regime inicial de cumprimento da pena privativa de liberdade.
IV. A substituição da pena privativa da liberdade aplicada, por outra espécie de pena, se cabível.

Analisando as assertivas acima, pode-se concluir que:

(A) Todas estão corretas.
(B) Apenas I e II estão corretas.
(C) Apenas I, II e III estão corretas.
(D) Apenas a I está correta.
(E) Apenas II e III estão corretas.

O enunciado da assertiva "A" corresponde exatamente ao que prescreve o art. 59 e seus incisos. Este dispositivo traz as regras que devem servir de norte para o magistrado no momento de concretizar o caro postulado da individualização da pena.

Gabarito "A"

(Defensoria/MG – 2006) Considerando-se as diretrizes a que o magistrado deve ficar atento, na aplicação da pena ou medida de segurança, é INCORRETO afirmar que:

(A) O juiz, na fixação da pena de multa, percorre duas etapas: de acordo com a situação econômica do réu, determina a quantidade de dias-multa e, analisando a sua culpabilidade e a gravidade do crime, determina o valor de cada dia-multa.
(B) O juiz, de acordo com o sistema vicariante, aplica somente pena ao imputável, somente medida de segurança ao inimputável e pena ou medida de segurança o semi-imputável, mas, jamais, as duas modalidades.
(C) O juiz utiliza a forma qualificada do delito para fixar a pena-base, mas a causa de aumento de pena só é verificada na terceira fase de sua fixação.
(D) Todas as circunstâncias agravantes estão expressamente elencadas em lei, em rol taxativo, o que não ocorre com as atenuantes.

A: na fixação da pena de multa, o juiz deve superar duas etapas, a saber: num primeiro momento, estabelece-se o número de dias-multa, levando-se em consideração, para tanto, as circunstâncias judiciais, contidas no art. 59 do CP; feito isso, passa-se ao valor de cada dia-multa, o que será feito com base na situação econômica do réu (art. 60, CP). A assertiva, portanto, está incorreta; **B:** desde a Reforma de 1984, prevalece entre nós o **sistema vicariante**, que aboliu a possibilidade de o condenado ser submetido a pena e a medida de segurança ao mesmo tempo (**sistema do duplo binário**). Dessa forma, se o réu é considerado imputável à época dos fatos, a ele será aplicada tão somente **pena**; se inimputável, receberá **medida de segurança**; se, por fim, tratar-se de réu semi-imputável, será submetido a uma ou outra; **C:** de fato, em se tratando de delito qualificado, o juiz ficará, na fixação da pena- base, adstrito aos limites legais impostos no tipo penal qualificado. Fixada a pena- base, o que se faz com supedâneo nos elementos contidos no art. 59 do CP, passa-se à segunda etapa (circunstâncias agravantes e atenuantes), e, em seguida, à terceira fase (causas de aumento ou de diminuição da pena); **D:** o rol do art. 61 do CP é restrito. Não pode, pois, ser ampliado. Art. 66 do CP (atenuante inominada).

Gabarito "A"

(Defensoria/MT – 2009 – FCC) João matou seu desafeto com vinte golpes de faca. Nesse caso,

(A) ocorreu concurso formal de infrações.
(B) responderá por vinte crimes de homicídio em concurso material.
(C) deve ser reconhecido o crime continuado.
(D) responderá por um crime de homicídio.
(E) responderá por crime de homicídio tentado e consumado em concurso material.

É hipótese de crime progressivo, em que o agente, para atingir seu objetivo (morte de seu desafeto), deve necessariamente realizar agressões (golpes de faca) que constituam violações menores, tudo com o propósito de atingir o resultado final. Aqui, o agente responde tão somente pelo resultado final – homicídio -, ficando os atos anteriores absorvidos. O crime progressivo constitui hipótese de incidência do princípio da consunção.

Gabarito "D"

(Defensoria/MT – 2007) Concernente à aplicação da pena, o artigo 68 do Código Penal prevê o sistema trifásico. Sobre a matéria analise os itens.

I. O primeiro passo constitui em aplicar a pena-base prevista sempre no *caput* do artigo, observando-se, para tanto, as circunstâncias judiciais contidas no artigo 59 do Código Penal.
II. Na primeira fase, a operação da dosagem tem por parâmetro a pena em abstrato prevista para o delito.
III. Fixada a pena-base, devem ser analisadas as circunstâncias atenuantes e agravantes.
IV. A terceira fase constitui na aplicação das causas especiais de aumentos e diminuições, não sendo permitido ultrapassar o limite mínimo e máximo da pena cominada para o delito.
V. Havendo concurso entre causas de aumento de pena da Parte Geral e Parte Especial do Código Penal, aplica-se apenas a maior causa de aumento.

Estão corretos os itens:

(A) II, IV e V
(B) II e III
(C) I, III e V
(D) I, II e IV
(E) III e IV

I: a pena base pode ser extraída, por exemplo, do tipo qualificado, que não é encontrada no *caput* do artigo; **II:** nesta fase, deve o juiz observar os limites legais impostos pela pena em abstrato, utilizando-se dos critérios contidos no art. 59 do CP (circunstâncias judiciais); **III:** a análise das circunstâncias atenuantes e agravantes constitui a segunda fase de fixação da pena; **IV:** causas de aumento ou de diminuição da pena, que permitem a pena ir além do máximo e aquém do mínimo, respectivamente, encontram-se previstas na Parte Geral do Código Penal ou na Parte Especial, bem como em legislação especial; **V:** os dois aumentos devem ser aplicados, ou seja, há incidência cumulativa.

Gabarito "B"

(Defensoria/PA – 2009 – FCC) A pena unificada para atender ao limite de trinta anos de cumprimento determinado pelo art. 75 do Código Penal

(A) obriga o cumprimento integral em regime fechado da pena unificada independentemente do total das penas aplicadas.
(B) é considerada para a concessão livramento condicional.
(C) é considerada para o cálculo da prescrição da pretensão executória em caso de evasão do sentenciado.
(D) não é considerada para a concessão de progressão ao regime mais favorável na execução da pena.
(E) não deve ser considerada porque este artigo foi declarado inconstitucional pelo Supremo Tribunal Federal e não há limite para o cumprimento de pena privativa de liberdade.

Súmula 715 do STF: "A pena unificada para atender ao limite de trinta anos de cumprimento, determinado pelo art. 75 do Código Penal, não é considerada para a concessão de outros benefícios, como o livramento condicional ou o regime mais favorável de execução".

Gabarito "D"

(Defensoria/RN – 2006) No cálculo da pena, havendo concurso de agravantes e atenuantes, prepondera sobre todas as demais, a circunstância da (dos)

(A) reincidência.
(B) confissão espontânea.
(C) motivos do crime.
(D) menoridade.

De fato, a menoridade é a circunstância que mais prepondera. Isso ocorre porque o agente nessa fase está com a personalidade ainda em desenvolvimento, em formação. É do art. 67 do CP que devem prevalecer as circunstâncias de caráter subjetivo (preponderantes), ou seja, as que têm a sua origem na personalidade do agente, no motivo do crime ou ainda na reincidência.

Gabarito "D"

(Defensoria/SE – 2006 – CESPE) Julgue os itens seguintes.

(1) Quando verificada a ocorrência de crime continuado, o magistrado deve aplicar, cumulativamente, as penas privativas de liberdade correspondentes a cada um dos delitos praticados.
(2) Considere a seguinte situação hipotética. Aldo, de 20 anos de idade, entrou em uma residência habitada e, após subtrair pertences e valores de seus moradores, estuprou a filha dos proprietários, mediante grave ameaça perpetrada com arma de fogo. Nessa situação, sendo Aldo processado, julgado e condenado pelos crimes praticados, deverão ser somadas as penas correspondentes ao roubo e ao estupro.
(3) No caso de uma pessoa imputável dirigir seu veículo imprudentemente e, em consequência, atropelar três pessoas, provocando-lhes lesões corporais de natureza grave, o responsável pela conduta delituosa deverá ser apenado com uma única pena, aumentada de um sexto até a metade.

1: incorreta. Art. 71, *caput* e parágrafo único, do Código Penal; **2:** Correta. Art. 69 do CP – concurso material heterogêneo; **3:** Correta. Art. 70 do CP – concurso formal perfeito homogêneo.

Gabarito 1E, 2C, 3C

(Defensoria/SP – 2009 – FCC) Em razão da prática de roubo duplamente qualificado, o juiz fixou a pena-base no mínimo legal e, após, aumentou-a em razão da gravidade do crime. O aumento é

(A) admissível porque implica em punição em razão da culpabilidade do fato.
(B) admissível porque a gravidade do delito explicita a intensidade do dolo.
(C) inadmissível porque a gravidade abstrata do delito já foi considerada pelo legislador para cominação das penas mínima e máxima.
(D) inadmissível porque implica aumento de pena em razão da culpabilidade do autor, segundo a qual se pune pelo que se é e não pelo que se fez.
(E) admissível porque em razão do próprio caráter retributivo da pena, quanto mais grave o fato, maior deve ser o aumento da pena-base.

As circunstâncias judiciais presentes no art. 59 do CP representam fatos exteriores ao tipo penal. A gravidade do crime, como característica que lhe é peculiar, constitui objeto de reprimenda pelo legislador, quando este estabelece a pena em abstrato. Não cabe ao juiz, pois, usurpando a função legislativa, aplicar aumento em razão da gravidade do crime.

Gabarito "C"

(Defensoria/SP – 2007 – FCC) A circunstância agravante da reincidência, inclusive como preponderante no caso de concurso entre circunstâncias agravantes e atenuantes, representa a adoção da teoria

(A) do direito penal do fato, em detrimento à teoria do direito penal do autor.
(B) da discricionariedade regrada.
(C) causalista como diretriz da individualização da pena.
(D) finalista como diretriz da individualização da pena.
(E) do direito penal do autor, em detrimento à teoria do direito penal do fato.

Art. 67 do CP. O **direito penal do autor** consiste na norma que leva em conta o que o agente é. O direito penal do fato, ao contrário, preocupa-se com os fatos perpetrados pelo agente. Esta teoria está em harmonia com o sistema constitucional vigente.

Gabarito "E"

(Defensoria Pública da União – 2007 – CESPE) Julgue o item seguinte.

(1) Para efeito de reincidência, não se consideram os crimes militares impróprios nem os crimes políticos.

Art. 64, II, do CP.

Gabarito 1E

13. *Sursis*, Livramento Condicional, Reabilitação e Medidas de Segurança

(Defensor Público/AC – 2012 – CESPE) Ocorrerá a revogação obrigatória do *sursis* penal se, no curso do prazo, o beneficiário for

(A) preso pela prática de crime doloso.
(B) condenado, em sentença irrecorrível, por crime culposo, à pena privativa de liberdade.
(C) condenado, em sentença irrecorrível, por crime doloso, à pena restritiva de direitos.
(D) condenado, em sentença irrecorrível, por contravenção penal, à pena de prisão simples.
(E) condenado, em sentença irrecorrível, por crime culposo, à pena restritiva de direitos.

As causas de revogação do sursis (suspensão condicional da pena) podem ser obrigatórias ou facultativas. O art. 81, § 1º, do CP enumera as hipóteses de revogação facultativa; o art. 81, *caput*, do CP, por sua vez, elenca as causas de revogação obrigatória, entre as quais está aquela em que o beneficiário é condenado, em sentença com trânsito em julgado, por crime doloso (art. 81, I, do CP).

Gabarito "C"

(Defensor Público/RO – 2012 – CESPE) Após acidente de trânsito, Joaquim saiu apressadamente de seu veículo para cobrar do motorista do veículo que colidira com o seu os prejuízos causados à lanterna de seu veículo. Fabiano, o outro motorista, irritado com o tom de voz de Joaquim, agrediu-o fisicamente com golpes de socos e pontapés, causando-lhe ferimentos que provocaram a sua incapacidade para as ocupações habituais por mais de trinta dias. Fabiano, de sessenta e um anos de idade e já condenado, anteriormente, por crime de ameaça, à pena de multa, foi processado e condenado, definitivamente, pelo crime de lesão corporal de natureza grave, à pena privativa de liberdade de um ano e dois meses de reclusão sob o regime aberto. O juiz, embora entendesse que Fabiano não ostentava circunstâncias judiciais desfavoráveis, fez incidir a circunstância agravante da reincidência e, por fim, considerou incabível a substituição da pena por restritiva de direitos.

Com base nessa situação hipotética e no que dispõe o CP, assinale a opção correta.

(A) O juiz deve conceder a Fabiano o *sursis* etário pelo período de prova de quatro a seis anos, por se tratar de idoso.
(B) O juiz pode suspender a execução da pena pelo período de prova de dois a quatro anos, ainda que Fabiano seja reincidente em crime doloso.
(C) Durante os primeiros dois anos do período de prova, Fabiano deverá cumprir prestação de serviços à comunidade e submeter-se à limitação de fim de semana.
(D) O juiz deverá revogar a suspensão condicional da execução da pena se Fabiano, no período de prova, for condenado, em primeira instância por crime doloso, ou por sentença irrecorrível em crime culposo.
(E) A suspensão condicional da execução da pena poderá ser revogada se Fabiano for condenado irrecorrivelmente por crime culposo ao qual seja aplicada pena de multa.

A: incorreta. Dado que Fabiano tem sessenta e um anos de idade, é-lhe vedada a concessão do sursis etário, ao qual faz jus aquele que, à data da sentença, conta com mais de setenta anos (art. 77, § 2º, do CP); **B:** correta, pois, segundo estabelece o art. 77,

§ 1º, do CP, a condenação anterior a pena de multa não obsta a concessão do sursis; **C:** incorreta. As condições estabelecidas no art. 78, § 1º, do CP são alternativas e a elas somente se sujeitará o beneficiário durante o primeiro ano do prazo de suspensão (período de prova); **D:** incorreta, pois, nos termos do art. 81, I, do CP, somente terá lugar a revogação do sursis, na modalidade obrigatória, na hipótese de a sentença, que condenou o beneficiário por crime doloso, passar em julgado (sentença irrecorrível). A assertiva também está incorreta ao afirmar que o juiz deverá revogar o sursis quando o beneficiário é condenado, definitivamente, por crime culposo, dado que se trata de revogação facultativa, nos moldes do que estabelece o art. 81, § 1º, do CP; **E:** incorreta, pois, neste caso, é necessário que a pena imposta ao beneficiário seja privativa de liberdade ou restritiva de direitos (art. 81, § 1º, do CP).

Gabarito "B"

(Defensor Público/CE – 2007 – CESPE) Em cada um dos itens seguintes, é apresentada uma situação hipotética, seguida de uma assertiva a ser julgada conforme o disposto no Código Penal acerca das medidas de segurança.

(1) Felipe, inimputável em decorrência de doença mental, foi submetido a medida de segurança de internação, pelo prazo mínimo de três anos, devido à prática de crime de estelionato. Após esse prazo, foi realizada perícia médica, em que se constatou a cessação da periculosidade. Em consequência disso, após oitiva do Ministério Público e do defensor público, Felipe foi liberado. Nessa condição, a situação anterior poderá ser restabelecida se Felipe, antes do decurso de um ano, praticar fato indicativo de sua periculosidade.

(2) José foi denunciado pela prática de lesão corporal de natureza grave. No decorrer do processo, foi instaurado incidente de insanidade mental, cuja conclusão foi no sentido de que o réu, ao tempo do fato, era plenamente incapaz de entender o caráter ilícito de seu ato ou de determinar-se de acordo com esse entendimento, devido à doença mental. Quando da prolação da sentença, constatou-se que, entre a data da denúncia e a data da sentença, ocorreu a prescrição com base na pena máxima abstratamente cominada ao crime. Nessa situação, é lícito ao juiz aplicar medida de segurança a José, tendo em vista o caráter curativo, e não repressor, da medida de segurança.

1: a proposição reflete com exatidão o que prescreve o art. 97, § 3º, do CP. Com efeito, se a perícia médica, ao término do prazo mínimo estabelecido na sentença de absolvição imprópria, concluir pela cessação da periculosidade do inimputável, caberá ao juiz da execução determinar a sua *desinternação*, sempre em caráter condicional. Significa que, se o agente, no período de um ano, praticar fato indicativo de persistência de sua periculosidade, deverá retornar à situação anterior, ou seja, será, mais uma vez, internado; de outro lado, caso o agente, dentro do período de prova, nenhum fato pratique que seja indicativo de persistência de sua periculosidade, a medida de segurança será extinta em definitivo; **2:** ainda que se tenha apurado a insanidade mental do acusado, sendo, portanto, o caso, em princípio, de aplicar-lhe medida de segurança consistente, por exemplo, em internação, operando-se qualquer causa extintiva da punibilidade do agente, entre as quais a prescrição, é vedada a aplicação de medida de segurança, sendo, ademais, de rigor a cessação da medida de segurança imposta, pois aqui teve fim a pretensão punitiva do Estado (art. 96, p. único, do CP).

Gabarito 1C, 2E

(Defensoria Pública da União – 2007 – CESPE) Julgue o item seguinte.

(1) É impossível o réu ser beneficiado com suspensão condicional da pena mediante *sursis* simultâneos, isto é, dois *sursis* cumpridos ao mesmo tempo.

O fato de o condenado já ser beneficiário de um *sursis* não o impede de ser agraciado com outro, pois se exige tão somente a não reincidência em crime doloso.

Gabarito 1E

14. Ação Penal

(Defensor Público/AM – 2010 – I. Cidades) Os princípios a seguir regem a ação penal pública incondicionada, exceto:

(A) o Princípio da Obrigatoriedade.
(B) o Princípio da Indisponibilidade.
(C) o Princípio da Oficiosidade.
(D) o Princípio da Transcendência.
(E) o Princípio da Indivisibilidade.

A: a ação penal pública é informada pelo *princípio da obrigatoriedade* na medida em que, preenchidos os requisitos legais, o Ministério Público, seu titular, está obrigado a propô-la; **B:** é informada pelo *princípio da indisponibilidade* porquanto, uma vez proposta, é defeso ao Ministério Público dela desistir, nos exatos termos do art. 42 do CPP; **C:** pelo *princípio da oficiosidade*, os órgãos incumbidos da persecução penal devem atuar de ofício, ressalvadas as hipóteses de ação penal pública condicionada à representação ou à requisição do ministro da Justiça; **D:** adotamos, ao contrário, o *princípio da intranscendência*, segundo o qual a ação penal será proposta exclusivamente em face do autor do delito. O princípio contido nesta alternativa não rege, portanto, a ação penal pública incondicionada; **E:** em princípio, o *postulado da indivisibilidade* é aplicável tanto à ação penal pública quanto à ação de iniciativa privada, mesmo porque em relação a esta há expressa previsão nesse sentido (art. 48 do CPP). No que se refere à ação penal pública, seria inconcebível imaginar que o MP pudesse escolher contra quem ele iria propor a ação penal. É nesse sentido que incorporamos o postulado da indivisibilidade. Mas o STF não compartilha dessa lógica. Para a nossa Corte Suprema, a indivisibilidade não se aplica à ação penal pública (somente à ação privada). Dito de outro modo, o art. 48 do CPP somente tem incidência na ação penal de iniciativa privada. Sustenta o STF que a divisibilidade da ação penal pública reside no fato de o MP ter a liberdade de não ofertar a denúncia contra alguns autores de crime contra os quais ainda não há elementos suficientes e, assim que esses elementos forem reunidos, aditar a denúncia. Assim, a ação deixa de ser indivisível pelo simples fato de a denúncia comportar aditamento posterior. Com a devida vênia, a indivisibilidade, a nosso ver, consiste na impossibilidade de o membro do MP escolher contra quem a denúncia será oferecida. Se houver elementos, a ação deverá ser promovida contra todos.

Anulada

(Defensoria/MG – 2009 – FURMARC) Se o crime de estelionato é praticado em prejuízo de um irmão, a ação penal será:

(A) Pública, mas condicionada à representação.
(B) Pública plena.
(C) Privada.
(D) Pública plena, mas poderá ser privada subsidiária excepcionalmente. 1593
(E) Pública e iniciada por representação da vítima

Art. 182, II, do CP.

Gabarito "A"

(Defensoria/MT – 2009 – FCC) A extinção da punibilidade pela perempção

(A) pode ocorrer antes da instauração da ação penal.
(B) só pode ocorrer na ação penal privada exclusiva.
(C) só pode ocorrer na ação penal privada subsidiária da pública.
(D) aplica-se à ação penal pública.
(E) pode ocorrer na ação penal privada exclusiva e na subsidiária da pública.

A perempção - arts. 107, IV, do CP e 60 do CPP - é instituto exclusivo da ação penal privada, que constitui uma sanção aplicada ao querelante consubstanciada na perda do direito de continuar na ação penal, o que se dá em razão de sua desídia processual.

Gabarito "B"

15. Extinção da Punibilidade em Geral

(Defensoria/MG – 2009 – FURMARC) No crime de peculato culposo, a reparação do dano antes do trânsito em julgado da sentença, deve ser considerada como:

(A) Causa especial de diminuição de pena.
(B) Circunstância atenuante.
(C) Excludente de ilicitude.
(D) Excludente de imputabilidade.
(E) Causa de extinção de punibilidade.

No peculato culposo – art. 312, § 2º, do CP, a reparação do dano, quando anterior à sentença irrecorrível, extingue a punibilidade; se, no entanto, lhe é posterior, reduz de metade a pena imposta, conforme prescreve o art. 312, § 3º, do CP.

Gabarito "E"

(Defensoria Pública da União – 2007 – CESPE) Julgue o item seguinte.

(1) Nos crimes conexos, a extinção da punibilidade de um deles não impede, quanto aos outros, a agravação da pena resultante da conexão.

Art. 108 do CP.

Gabarito 1C

16. Prescrição

(Defensor Público/AM – 2013 – FCC) Segundo entendimento sumulado do Superior Tribunal de Justiça, o período de suspensão do prazo prescricional é

(A) regulado pelo máximo da pena cominada.
(B) sempre o máximo previsto de vinte anos.
(C) regulado pela pena aplicada.
(D) regulado pelo mínimo da pena cominada.
(E) sempre o mínimo previsto de três anos.

A: correta. A questão se refere à Súmula nº 415 do STJ: "O período de suspensão do prazo prescricional é regulado pelo máximo da pena cominada". É bom que se diga que o entendimento firmado nessa súmula tem incidência no âmbito da suspensão do processo prevista no art. 366 do CPP, que estabelece que se o réu, citado por *edital* (art. 361 do CPP), não comparecer tampouco constituir advogado, deverá o juiz, com fulcro no art. 366 do CPP, suspender o processo e o curso do prazo prescricional, podendo, além disso, determinar a produção antecipada das provas consideradas urgentes, bem como, presentes os requisitos do art. 312 do CPP, decretar a prisão preventiva do acusado. No que toca às provas urgentes determinadas quando da suspensão do processo e do prazo prescricional, estabelece a Súmula nº 455 do STJ: "A decisão que determina a produção antecipada de provas com base no art. 366 do CPP deve ser concretamente fundamentada, não a justificando unicamente o mero decurso do tempo".

Gabarito "A"

(Defensoria/MG – 2009 – FURMARC) A prescrição da pretensão punitiva é regulada:

(A) Pela pena aplicada na sentença condenatória recorrível.
(B) Pela pena máxima prevista para o tipo penal.
(C) Pela pena aplicada na sentença condenatória transitada em julgado.
(D) Pelo prazo de 30 anos, quando se tratar de crime hediondo.
(E) Pela pena hipotética, nos crimes de menor potencial ofensivo.

Art. 109, *caput*, do CP.

Gabarito "B"

(Defensoria/MG – 2009 – FURMARC) Se a existência de crime depender de solução que o juiz criminal repute séria e fundada, relacionado ao estado civil das pessoas, ficará suspenso o curso do processo até que no juízo civil seja a questão resolvida por sentença transitada em julgado (artigo 92 do CPP). Ocorrendo a situação acima descrita, em relação à prescrição, é CORRETO afirmar:

(A) Não corre a contagem do prazo prescricional.
(B) Não sofre qualquer interrupção ou suspensão, porque o Ministério Público torna-se legitimado para propor a ação civil.
(C) Se não houver recurso da acusação contra a decisão que suspendeu o curso do processo, não haverá suspensão do prazo prescricional.
(D) A responsabilidade civil é independente da criminal, por isso não há a interrupção do prazo prescricional.
(E) As normas de direito processual penal são independentes e não guardam relação com as normas de prescrição que são de direito material.

Art. 116, I, do CP.

Gabarito "A"

(Defensor Público/PA – 2006 – UNAMA) Considerando o instituto da prescrição, são causas exclusivamente interruptivas:

I. A sentença de pronúncia.
II. Enquanto o agente cumpre pena no estrangeiro.
III. Enquanto não resolvida a questão incidental.
IV. A sentença condenatória recorrível.

Somente está correto o que se afirma em:

(A) I e III.
(B) II e IV.
(C) II e III.
(D) I e IV.

As causas interruptivas da prescrição estão contempladas no art. 117 do CP.

Gabarito "D"

(Defensoria/RN – 2006) Sobre a prescrição penal é incorreto afirmar que

(A) a multa quando for cominada cumulativamente com pena privativa de liberdade, prescreve no mesmo prazo desta.
(B) nos crimes conexos, a prescrição quanto a um deles impede o reconhecimento de agravação da pena resultante da conexão quanto aos subsistentes.
(C) a interrupção da prescrição pelo recebimento da denúncia produz efeitos quanto a todos os autores do crime.
(D) aplica-se às penas restritivas de direito os mesmos prazos previstos para as privativas de liberdade.

A: art. 114, II, do CP; **B:** art. 108, 2ª parte, do CP; **C:** art. 117, § 1º, do CP; **D:** art. 109, parágrafo único, do CP.

Gabarito "B"

17. Crimes Contra a Pessoa

(Defensor Público/AC – 2012 – CESPE) Uma mulher grávida, prestes a dar à luz, chorava compulsivamente na antessala de cirurgia da maternidade quando uma enfermeira, condoída com a situação, perguntou o motivo daquele choro. A mulher respondeu-lhe que a gravidez era espúria e que tinha sido abandonada pela família. Após dar à luz, sob a influência do estado puerperal, a referida mulher matou o próprio filho, com o auxílio da citada enfermeira. As duas sufocaram o neonato com almofadas e foram detidas em flagrante.

Nessa situação hipotética,

(A) a mulher e a enfermeira deverão ser autuadas pelo crime de infanticídio; a primeira na qualidade de autora e a segunda na qualidade de partícipe, conforme prescreve a teoria monista da ação.
(B) a mulher e a enfermeira deverão ser autuadas pelo crime de infanticídio; a primeira na qualidade de autora e a segunda na qualidade de coautora, visto que o estado puerperal consiste em uma elementar normativa e se estende a todos os agentes.
(C) a mulher deverá ser autuada pelo crime de infanticídio e a enfermeira, pelo crime de homicídio, já que o estado puerperal é circunstância pessoal e não se comunica a todos os agentes.
(D) a mulher e a enfermeira deverão ser autuadas pelo crime de homicídio, consoante as determinações legais estabelecidas pelas reformas penais de 1940 e 1984, que rechaçam a compreensão de morte do neonato por *honoris causae*.
(E) a mulher deverá ser autuada pelo crime de infanticídio e a enfermeira, pelo crime de homicídio, uma vez que o estado puerperal é circunstância personalíssima e não se comunica a todos os agentes.

A despeito de o crime de infanticídio ser próprio, visto que exige uma qualidade especial do sujeito ativo (a mãe sob a influência do estado puerperal), a doutrina amplamente predominante entende, com base no que dispõe o art. 30 do CP, ser possível o reconhecimento da ***coautoria*** e ***participação*** no infanticídio. Isso porque o fato de ***ser mãe*** e ***estar sob a influência do estado puerperal*** são condições de caráter pessoal que fazem parte do tipo penal (elementares). Para alguns, a incidência do art. 30 do CP representa patente injustiça.

Gabarito "B"

(Defensor Público/AC – 2012 – CESPE) No crime de calúnia, a procedência da exceção da verdade é causa

(A) de exclusão de culpabilidade, uma vez que, sendo verdadeiro o fato imputado, a conduta não será considerada reprovável.
(B) de extinção de punibilidade, já que, se verdadeiro o fato imputado, não será necessário aplicar a pena.

(C) de exclusão de crime, porque, se o fato imputado for verdadeiro, não haverá crime, já que nunca existiu a falsidade da imputação.
(D) de exclusão de ilicitude, pois, caso o fato imputado seja verdadeiro, a conduta não se caracterizará como antijurídica.
(E) irrelevante, visto que, caso seja verdadeiro o fato imputado, a conduta deverá ser analisada com base em teses eventualmente obtidas mediante defesa escrita.

Se aquele que alega a exceção da verdade, no crime de calúnia, lograr provar a veracidade de sua alegação, há de se reconhecer a atipicidade de sua conduta, não havendo, portanto, que se falar em crime. Quanto a esse tema, vale fazer as seguintes observações: o delito de *injúria* (art. 140 do CP) não admite a *exceção da verdade*; a *calúnia* (art. 138 do CP) e a *difamação* (art. 139 do CP), por sua vez, comportam o instituto, previsto, respectivamente, nos arts. 138, § 3º, e 139, parágrafo único, ambos do Código Penal, ressaltando-se que, na *difamação*, somente é admitida a *exceção da verdade* se o ofendido é funcionário público e a ofensa é relativa ao exercício de suas funções.

Gabarito "C".

(Defensor Público/PR – 2012 – FCC) Maria reside sozinha com sua filha de 5 meses de idade e encontra-se em benefício previdenciário de licença maternidade de 6 meses. Todas as tardes a filha de Maria dorme por cerca de duas horas, momento no qual Maria realiza as atividades domésticas. Em determinado dia, neste horário de dormir da filha, Maria foi até ao supermercado próximo de sua casa, uma quadra de distância, para comprar alguns mantimentos para a alimentação de sua filha. Normalmente esta saída levaria de 10 a 15 minutos, mas neste dia houve uma queda no sistema informatizado do supermercado o que atrasou o retorno à sua casa por 40 minutos. Ao chegar próximo à sua casa, Maria constatou várias viaturas da polícia e corpo de bombeiros na frente de sua residência, todos acionados por um vizinho que percebeu o choro insistente de uma criança por 15 minutos, acionando os órgãos de segurança. Ao prestarem socorro à criança, com o arrombamento da porta de entrada da casa, os agentes dos órgãos de segurança verificam que a criança estava sozinha em casa, mas apenas assustada e sem qualquer lesão. A conduta de Maria é caracterizada como

(A) crime de abandono de incapaz.
(B) crime de abandono de incapaz majorado.
(C) crime de abandono de recém nascido.
(D) atípica.
(E) contravenção penal.

É incorreto afirmar que Maria, com a sua conduta, incorreu nas penas do crime de abandono de incapaz (art. 133 do CP), visto que, pela narrativa contida no enunciado, é possível concluir-se que Maria em momento algum quis colocar sua filha em situação de perigo (dolo de perigo), elemento subjetivo necessário à existência deste crime.

Gabarito "D".

(Defensor Público/RO – 2012 – CESPE) A respeito dos crimes contra a pessoa, assinale a opção correta.

(A) Considere que Paulo tenha sido acusado de ter premeditado a morte de Marta, com quem fora casado por vinte anos, para ficar com todos os bens do casal, e de ter auxiliado na consecução do homicídio. Considere, ainda que, um mês antes do fato delituoso, Paulo tenha descoberto que Marta lhe era infiel. Nessa situação, é incompatível o reconhecimento, pelo tribunal do júri, do fato de ter Paulo agido por motivo torpe e, concomitantemente, das atenuantes genéricas do relevante valor moral ou da violenta emoção, provocada pela descoberta do adultério.
(B) Para a caracterização do homicídio privilegiado, exige-se que o agente se encontre sob o domínio de violenta emoção; para a caracterização da atenuante genérica, basta que o agente esteja sob a influência da violenta emoção, vale dizer, para o privilégio, exige-se reação imediata; para a atenuante, dispensa-se o requisito temporal.
(C) O homicídio qualificado-privilegiado integra o rol dos denominados crimes hediondos.
(D) Sendo a qualificadora, no crime de homicídio, de caráter subjetivo, não há, em princípio, qualquer impeditivo para a coexistência dessa qualificadora com a forma privilegiada do crime de homicídio, dada a natureza objetiva das hipóteses previstas no § 1.º do art. 121 do CP.

A: incorreta. Nesse sentido: "(...) 2. De outra parte, de acordo com a jurisprudência do Supremo Tribunal e desta Corte, é possível a coexistência, no crime de homicídio, da qualificadora do motivo torpe, prevista no art. 121, § 2º, I, do Código Penal, com as atenuantes genéricas inseridas no art. 65, II, a e c, do mesmo dispositivo, podendo, pois, concorrerem no mesmo fato (...)" (AgRg no Ag 1060113 / RO, Min. Og Fernandes, j. 16.09.2010); **B:** correta. Nesse sentido, conferir o seguinte julgado do STJ: "(...) 3. Com efeito, o reconhecimento pelo Tribunal do Júri de que o paciente agiu sob por motivo torpe, em razão de ter premeditado e auxiliado na morte de sua esposa para ficar com todos os bens do casal, e, concomitantemente, das atenuantes genéricas do relevante valor moral ou da violenta emoção, provocada pela descoberta do adultério da vítima, um mês antes do fato delituoso, não importa em contradição. 4. Cumpre ressaltar que, no homicídio privilegiado, exige-se que o agente se encontre sob o domínio de violenta emoção, enquanto na atenuante genérica, basta que ele esteja sob a influência da violenta emoção, vale dizer, o privilégio exige reação imediata, já a atenuante dispensa o requisito temporal (...)" (AgRg no Ag 1060113 / RO, Min. Og Fernandes, j. 16.09.2010); **C:** incorreta. Prevalece na doutrina e jurisprudência o entendimento segundo o qual o homicídio qualificado-privilegiado não é considerado crime hediondo; **D:** incorreta, visto que as causas de diminuição de pena previstas no art. 121, § 1º, do CP (homicídio privilegiado) são de ordem subjetiva, isto é, estão jungidas à motivação do crime, sendo incompatíveis, pois, com as qualificadoras de ordem subjetiva (ligadas à motivação do crime). Agora, sendo a qualificadora de ordem objetiva, segundo doutrina e jurisprudência dominantes, nada obsta que coexista com as causas de aumento do art. 121, § 1º, do CP, que, repita-se, são de ordem subjetiva, porquanto ligadas aos motivos que determinaram a prática criminosa (homicídio qualificado-privilegiado).

Gabarito "B".

(Defensor Público/TO – 2013 – CESPE) Em 20.10.2012, Tibério, completamente embriagado, ao ser impedido por sua esposa, Amélia, de entrar no dormitório do casal, desferiu um soco no rosto de sua esposa, que perdeu dois dentes. Ato contínuo, Lívia, filha do casal, tentando interceder em favor da mãe, agrediu Tibério, que, em resposta, atirou um copo de vidro no rosto da filha. Após o fim da confusão, Tibério, em estado de fúria e com medo da repercussão penal do caso, chamou Amélia de ladra e afirmou que a mataria se ela o denunciasse na delegacia de polícia. Ainda sim, Amélia registrou ocorrência policial contra Tibério e se submeteu a exame de corpo de delito, cujo laudo indicou não ter havido redução da função mastigatória pela perda dos dentes, os quais poderiam ser substituídos por próteses. Segundo o laudo do exame de corpo de delito a que Lívia se submeteu, o seu rosto ficaria marcado com uma mínima cicatriz no lábio.

Em face dessa situação hipotética, assinale a opção correta no que se refere aos crimes contra a pessoa.

(A) Ao chamar a esposa de ladra, Tibério praticou o crime de calúnia.
(B) Ao lesionar sua esposa com um soco, que ocasionou a perda de dois dentes, Tibério praticou o crime de lesão corporal grave.
(C) Tibério praticou o crime de lesão corporal gravíssima contra Lívia, que ficou com o rosto marcado por cicatriz em decorrência da agressão.
(D) Tibério praticou o crime de constrangimento ilegal contra Amélia, ao afirmar que a mataria caso ela registrasse ocorrência policial a respeito dos fatos.
(E) Caso seja condenado, a pena imposta a Tibério poderá ser majorada pela incidência da circunstância agravante de embriaguez preordenada.

A: o ato consistente em chamar alguém de ladrão configura o crime de *injúria*. A *calúnia*, crime contra a honra objetiva previsto no art. 138 do CP, pressupõe, assim como a *difamação*, a imputação de fato determinado; criminoso, no caso da calúnia, e desabonador, no caso da difamação. Diferentemente, a *injúria*, crime previsto no art. 140 do CP, é o xingamento, a atribuição de qualidade negativa. É a ofensa à honra subjetiva. Não há, neste crime contra a honra, imputação de fato; **B:** incorreta, pois a narrativa contida no enunciado não se amolda às hipóteses previstas no art. 129, § 1º, do CP (lesão corporal de natureza grave); **C:** incorreta, já que, para o reconhecimento da forma qualificada presente no art. 129, § 2º, IV, do CP, é necessário que a modificação estética seja capaz de causar desagrado, constrangimento à vítima. Não é este o caso de uma pequena cicatriz no lábio; **D:** correta, pois a conduta de Tibério, que, valendo-se de grave ameaça, constrangeu sua esposa a se abster de registrar ocorrência policial, se subsume ao tipo penal do art. 146 do CP (constrangimento ilegal); **E:** incorreta. A circunstância agravante prevista no art. 61, II, *l*, do CP pressupõe que o agente tenha se embriagado para o fim de cometer o crime. Não é este o caso descrito no enunciado.

Gabarito "D".

(Defensor Público/TO – 2013 – CESPE) Júlio foi denunciado pelo MP por ter, em 07.08.2012, por volta das 20h15min., de forma livre e consciente, em perfeita comunhão de ações e desígnios com outros dois elementos não identificados, mediante grave ameaça exercida com emprego de arma de fogo, que a polícia não logrou apreender, subtraído, para si, uma bolsa, um telefone celular e um cartão bancário pertencentes a Cleusa. O denunciado e seus comparsas abordaram a vítima, apontaram a arma em sua direção, determinando que a vítima lhes entregasse, imediatamente, todos os seus pertences. Logo em seguida, para impedir que Cleusa chamasse a polícia, Júlio manteve a vítima em seu poder, restringindo sua liberdade, e exigiu que ela ingressasse no veículo automotor utilizado na ação desviante, deslocando-se por considerável período e importante distância. Depois, libertou a vítima.

Em face dessa situação hipotética, assinale a opção correta a respeito dos crimes contra a vida e contra o patrimônio.

(A) Júlio perpetrou o delito de extorsão qualificada pela restrição da liberdade da vítima, com causa de aumento de pena pelo emprego de arma de fogo e pelo concurso de duas ou mais pessoas.

(B) Júlio praticou o crime de roubo duplamente majorado pelo concurso de pessoas e pelo emprego de arma de fogo, em concurso material com o delito de sequestro ou cárcere privado.

(C) De acordo com o entendimento do STJ, é imprescindível a apreensão e a perícia da arma de fogo utilizada na ação do grupo para a aplicação da causa de aumento prevista para agravar a pena do crime de extorsão praticado por Júlio.

(D) Com sua conduta de privação da liberdade da vítima, Júlio praticou o crime de extorsão mediante sequestro, com causa de aumento de pena relativa ao concurso de pessoas e ao uso de arma de fogo.

(E) De acordo com os fatos narrados, é possível imputar a Júlio o cometimento do crime de roubo triplamente majorado, pelo emprego de arma de fogo, concurso de pessoas e privação da liberdade da vítima, ainda que não tenham sido identificados os demais participantes da empreitada criminosa.

E: correta. Ao subtrair, para si, em concurso de pessoas, mediante grave ameaça exercida com o emprego de arma de fogo, objetos pertencentes à vítima Cleusa, Júlio incorreu nas penas do crime de roubo majorado (art. 157, § 2º, I, II e V, do CP). Não há que se falar no cometimento do crime de extorsão (art. 158, CP) porque este pressupõe a colaboração da vítima para o agente alcançar a vantagem econômica perseguida. É dizer, neste crime do art. 158 do CP, é a vítima quem entrega o bem ao sujeito ativo do delito. Já no roubo, crime praticado por Júlio, a situação é bem outra. Aqui, inexiste colaboração do ofendido, já que o bem lhe é retirado, subtraído. Segundo entendimento jurisprudencial hoje prevalente, não há necessidade, à incidência da majorante prevista no art. 157, § 2º, I, do CP, de apreensão da arma e submissão desta a exame pericial, quando a sua utilização resultar comprovada por outros meios de prova. Em outras palavras, a não apreensão da arma de fogo empregada no crime de roubo não é motivo bastante a afastar a incidência da causa de aumento do art. 157, § 2º, I, do CP. Conferir, nesse sentido: STJ, HC 127.661/SP, 5ª T., j. 14.05.2009, rel. Min. Laurita Vaz, *DJe* 08.06.2009. De outro lado, é irrelevante, à configuração da causa de aumento decorrente do concurso de pessoas (art. 157, § 2º, II, do CP), a falta de identificação dos demais comparsas. Ademais, deverá incidir também a causa de aumento relacionada à privação da liberdade da vítima (art. 157, § 2º, V, do CP). Com efeito, prevalece atualmente o entendimento no sentido de que restará caracterizada esta majorante sempre que o agente mantiver o ofendido privado de sua liberdade pelo tempo suficiente à consumação do roubo ou ainda para evitar a ação policial.

Gabarito "E"

(Defensor Público/AC – 2006 – CESPE) No que se refere aos crimes dolosos contra a vida, especificamente ao suicídio, considerando que tal hipótese, isoladamente, constitui fato atípico, embora, na visão sociológica, seja classificado como fato social normal, assinale a opção incorreta.

(A) A tentativa de suicídio é impunível, já que, do ponto de vista da política criminal, seria um estímulo punir o suicida nessa modalidade.

(B) A autolesão é punível quando o *iter criminis* percorrido pelo agente se aproximar da hipótese de lesão grave ou gravíssima.

(C) A hipótese de autodestruição na forma consumada deve ser sempre objeto de investigação em inquérito policial, visando-se apurar a participação de terceira pessoa.

(D) Devem ser objeto de denúncia somente as hipóteses de instigação, induzimento ou auxílio ao suicídio.

A: assertiva correta. Nosso ordenamento jurídico não prevê responsabilização no âmbito penal àquele que investe contra a própria vida e não consegue atingir seu objetivo ao argumento de que a punição, nestas circunstâncias, teria somente o efeito de reforçar o propósito suicida. Ademais, a pena não teria efeito preventivo algum, pois aquele que deseja a morte não está preocupado com a sanção a que estará submetido. Note que o legislador considera como crime a conduta consistente em participar de fato não criminoso, induzindo ou instigando alguém a suicidar-se, ou prestando-lhe auxílio material para que o faça (art. 122, CP); **B:** assertativa incorreta, devendo ser assinalada a autolesão, em princípio, não configura crime (princípio da alteridade), salvo se o agente dela se valer para a violação de outro bem jurídico. Exemplo sempre lembrado pela doutrina é do sujeito que fere o próprio corpo com o fito de obter indenização ou valor de seguro. Neste caso, estará incurso nas penas do art. 171, § 2º, V, do CP; **C:** assertiva correta, pois devem ser investigadas as circunstâncias em que ocorreu a autodestruição; **D:** por razões de política criminal, a prática de tentativa de suicídio configura fato atípico. Constitui, no entanto, objeto de interesse do direito penal algumas formas de colaboração no suicídio de outrem. Essas modalidades de colaboração, representadas pelos núcleos do tipo alternativo *induzir, instigar* e *auxiliar*, estão contidas no art. 122 do CP. A denúncia somente pode ser ofertada nessas hipóteses.

Gabarito "B"

(Defensor Público/AC – 2006 – CESPE) Na hipótese de crime de lesão corporal, assinale a opção correta.

(A) Admite-se no, Código Penal (CP) brasileiro, a lesão na modalidade levíssima.

(B) A lesão corporal é de natureza grave caso resulte em incapacidade da vítima para as ocupações habituais, por mais de um mês.

(C) Se a lesão for culposa, a ação penal fica condicionada à representação do ofendido, admitindo-se, ainda, a possibilidade de concessão de perdão judicial, nos termos da lei penal vigente.

(D) Fica excluído o dolo direto e indireto se a lesão corporal for seguida de morte.

A: o Código Penal não previu essa modalidade de lesão corporal; contemplou, sim, a lesão corporal dolosa simples ou leve (art. 129, *caput*, CP); lesão corporal dolosa de natureza grave (art. 129, §§ 1º e 2º, do CP); lesão corporal seguida de morte (art. 129, § 3º, do CP); lesão corporal culposa (art. 129, § 6º, do CP); e lesão dolosa qualificada pela violência doméstica (art. 129, § 9º, do CP). A doutrina se refere às modalidades de lesão corporal listadas no § 2º do art. 129 como *gravíssimas*, dado que a pena cominada, neste caso, é superior àquela estabelecida no § 1º do dispositivo; **B:** incorreta, pois a lesão corporal somente será de natureza grave se dela resultar incapacidade para as ocupações habituais por mais de *30 (trinta) dias*, – art. 129, § 1º, I, do CP. A doutrina classifica este delito como *crime a prazo*, já que sua configuração está condicionada ao transcurso de certo prazo (mais de trinta dias); **C:** assertiva correta. Reza o art. 88 da Lei 9.099/1995 (Juizados Especiais) que, sendo culposa a lesão corporal, a ação penal será pública condicionada a representação. Além disso, estabelece o art. 129, § 8º, do CP que o art. 121, § 5º, do CP, que trata do perdão judicial no homicídio, tem incidência na lesão corporal culposa; **D:** a lesão corporal seguida de morte (art. 129, § 3º, CP), delito necessariamente preterdoloso, pressupõe, por isso mesmo, um antecedente doloso e um consequente culposo. É chamado pela doutrina de *homicídio preterdoloso* ou *preterintecional*.

Gabarito "C"

(Defensor Público/AL – 2009 – CESPE) Julgue os itens que se seguem com relação aos crimes contra a vida, contra o patrimônio e contra a administração pública.

(1) A premeditação, apesar de não ser considerada qualificadora do delito de homicídio, pode ser levada em consideração para agravar a pena, funcionando como circunstância judicial.

(2) Considere a seguinte situação hipotética. Ana subtraiu maliciosamente determinada peça de roupa de alto valor de uma amiga, com a intenção tão só de utilizá-la em uma festa de casamento. Após o evento, Ana, tendo atingido seu objetivo, devolveu a vestimenta. Nessa situação, Ana não responderá pelo delito de furto, uma vez que o CP não tipifica a figura do furto de uso.

(3) Na hipótese de peculato culposo, a reparação do dano, se precedente à sentença irrecorrível, extingue a punibilidade.

1: a *premeditação*, conquanto não faça parte do rol do art. 121, § 2º, do CP (qualificadora), será, na primeira fase de fixação da pena (pena-base), considerada no exame das *circunstâncias do crime*; **2:** o elemento subjetivo do crime de furto, representando pelo dolo, consiste na vontade livre e consciente de apossar-se clandestinamente de coisa alheia móvel de forma definitiva, não transitória (*animus furandi* ou *animus rem sibi habendi*). Inexiste, portanto, por parte do agente, intenção de devolvê-la ao proprietário ou possuidor. Assim, constitui fato atípico a conduta do sujeito que, depois de apossar-se de coisa alheia móvel, a restitui à vítima (furto de uso); **3:** é o que prescreve o art. 312, § 3º, primeira parte, do CP. Se a reparação do dano se der depois da sentença irrecorrível, a pena imposta será reduzida de metade, nos moldes do art. 312, § 3º, *in fine*, do CP.

Gabarito 1C, 2C, 3C

(Defensor Público/BA – 2006) Nos crimes contra a honra, a exceção da verdade relativamente ao crime de:

I. difamação, somente se admite se o ofendido é funcionário público e a ofensa é relativa ao exercício de suas funções.
II. calúnia, é admissível, se do crime imputado, embora de ação pública, o ofendido foi absolvido por sentença irrecorrível.
III. injúria, haverá de ser admitida, no caso de retorsão imediata, que consista em outra injúria.

Analisando os itens acima, verifica-se que:

(A) Apenas a item I está correto.
(B) Apenas o item II está correto.
(C) Apenas o item III está correto.
(D) Apenas os itens I e II estão corretos.
(E) Apenas os itens II e III estão corretos.

I: de fato, em vista do que dispõe o art. 139, parágrafo único, do CP, o crime de difamação somente comporta a exceção da verdade se o ofendido é funcionário público e a ofensa é relativa ao exercício de suas funções; **II:** incorreta, nos termos do que dispõe o art. 138, § 3º, III, do CP; **III:** o delito de injúria não admite a exceção da verdade, pois seria ilógico desmentir um xingamento ou um insulto.

Gabarito "A"

(Defensor Público/GO – 2010 – I. Cidades) O homicídio é qualificado pela conexão quando é cometido

(A) mediante paga ou promessa de recompensa, ou por outro motivo torpe.
(B) por motivo fútil.
(C) com emprego de veneno, fogo, explosivo, asfixia, tortura ou outro meio insidioso ou cruel, ou de que possa resultar perigo comum.
(D) à traição, de emboscada, ou mediante dissimulação ou outro recurso que dificulte ou torne impossível a defesa do ofendido.
(E) para assegurar a execução, a ocultação, a impunidade ou vantagem de outro crime.

A: esta assertiva contém qualificadoras que se referem aos motivos do crime (art. 121, § 2º, I, CP); **B:** esta assertiva contém qualificadora que também se refere aos motivos do crime (art. 121, § 2º, II, CP); **C:** esta assertiva contém qualificadoras que se referem aos meios empregados para a prática do crime (art. 121, § 2º, III, CP); **D:** esta assertiva contém qualificadoras que se referem ao modo de execução do crime (art. 121, § 2º, IV, CP); **E:** esta assertiva correta contém qualificadoras por conexão (art. 121, § 2º, V, CP).

Gabarito "E"

(Defensor Público/GO – 2010 – I. Cidades) "A" afirma, na presença de várias pessoas, que "B" trai seu marido "C" com o vizinho. Nesses termos, é correto afirmar que "A" cometeu crime de

(A) calúnia, admitindo-se a exceção da verdade.
(B) calúnia, não se admitindo a exceção da verdade.
(C) difamação, admitindo-se a exceção da verdade.
(D) difamação, não se admitindo a exceção da verdade.
(E) injúria. não se admitindo a exceção da verdade.

A conduta atribuída por "A" a "B", com o advento da Lei 11.106/05, que revogou o art. 240 do CP, que previa o delito de adultério, deixou de ser crime. Ainda assim, embora não constitua crime de calúnia, que exige que o fato imputado seja crime, a conduta de "A" é ofensiva à reputação de "B", que, por isso, foi vítima de difamação. Não cabe, neste caso, a exceção da verdade na medida em que na difamação esta somente terá lugar se o ofendido é funcionário público e a ofensa é relativa ao exercício de suas funções – art. 139, parágrafo único, CP.

Gabarito "D"

(Defensoria/MG – 2006) A respeito dos crimes contra a honra, é INCORRETO afirmar:

(A) Que a injuria estará consumada no momento em que a vítima tiver ciência da ofensa, independentemente de terceiros tomarem conhecimento da mesma.
(B) Que a interpretação judicial (art.144, CP) pode ser intentada, tão somente, quando houver dúvida quanto à intenção de se macular a honra por parte do suposto agente. Quando a intenção foi inequívoca, o juiz indeferirá, de plano, o pedido de explicações.
(C) Que haverá o delito de calunia se o fato falso imputado à vítima for definido como infração penal, ou seja, crime ou contravenção.
(D) Que, para que exista crime de difamação (art.139, CP), o fato imputado pode ser verdadeiro, vale dizer, desde que ofensivo `a honra da vítima, existirá o delito mesmo que esta, realmente, tenha praticado a conduta narrada pelo agente.
(E) Que, quando houver a imputação de fato único, pode existir calúnia ou difamação, mas nunca os dois crimes.

A: trata-se de crime formal, cuja consumação se opera no exato instante em que o ofendido toma conhecimento da imputação ofensiva. Desnecessário qualquer resultado naturalístico; **B:** o art. 144 do CP faz alusão ao **pedido de explicações**, instrumento por meio do qual a vítima pode pedir explicações em juízo, a fim de esclarecer o real significado daquilo que contra ela foi dito; **C:** o tipo penal faz menção tão somente a **crime**. Assim, aquele que atribui a alguém fato definido como contravenção penal responde, em princípio, por difamação (art. 139, CP), e não por calúnia; **D:** para a caracterização do crime de difamação, é irrelevante saber se o fato imputado é verdadeiro ou falso, bastando que ele seja apto a macular a reputação do ofendido; **E:** progressão criminosa (hipótese de incidência do princípio da consunção).

Gabarito "C"

(Defensor Público/MS – 2008 – VUNESP) Considere as seguintes assertivas e assinale a alternativa que corresponde ao texto do Código Penal.

I. Não se pune o aborto praticado por médico, se há consentimento da gestante e o feto é comprovadamente inviável.
II. Quando o aborto é provocado por terceiro com o consentimento da gestante, a pena para o terceiro é maior, se comparada à atribuída ao terceiro que o pratica sem consentimento. 1597
III. A pena do aborto para a gestante é aumentada de um terço, se do ato lhe resulta lesão corporal de natureza grave.

(A) Todas são erradas.
(B) Apenas I é correta.
(C) Apenas II é errada.
(D) Apenas III é correta.

I: assertiva incorreta, pois o Código Penal não contemplou o aborto de feto inviável, entre eles o anencefálico. Atenção: no julgamento da ADPF nº 54, o STF declarou a inconstitucionalidade de qualquer interpretação segundo a qual a interrupção da gravidez de feto anencefálico constitui crime previsto no CP; **II:** assertiva incorreta. O agente que provoca aborto sem o consentimento da gestante comete a forma mais grave desse crime, pois se sujeitará à pena de 3 a 10 anos de reclusão (art. 125, CP); diferente é a situação do agente que provoca aborto com o consentimento da gestante (art. 126, CP), que ficará sujeito a uma pena de reclusão de 1 a 4 anos. A razão disso não é difícil de entender. O legislador estabeleceu no preceito secundário da norma incriminadora do art. 125 pena significativamente maior do que a do art. 126 porque a conduta do terceiro que interrompe o processo de gravidez sem o consentimento da gestante merece do direito penal um tratamento mais rígido do que a do sujeito que o faz com o consentimento válido da gestante; **III:** incorreta, pois a causa de aumento de pena prevista no art. 127 do CP, impropriamente denominada *forma qualificada*, somente se aplica ao terceiro que realiza o aborto com ou sem o consentimento da gestante, isto é, só tem incidência nos delitos dos arts. 125 e 126 do CP. Ficam, portanto, excluídas as modalidades de crime de aborto praticadas pela gestante (art. 124, CP): autoaborto e aborto consentido.

Gabarito "A"

(Defensoria/MT – 2009 – FCC) NÃO se inclui dentre as qualificadoras do crime de homicídio a

(A) premeditação.
(B) traição.
(C) surpresa.
(D) emboscada.
(E) asfixia.

A: a premeditação não constitui qualificadora porquanto não há previsão legal nesse sentido. Poderá, todavia, ser levada em conta na fixação da pena-base (art. 59, CP); **B:** art. 121, § 2º, IV, do CP; **C:** art. 121, § 2º, IV, do CP; **D:** art. 121, § 2º, IV, do CP; **E:** art. 121, § 2º, III, do CP.

Gabarito "A"

(Defensoria/MT – 2007) O fator essencial para a caracterização da violação de domicílio (Código Penal, art. 150), em detrimento do delito de furto (Código Penal, art. 155), quando o agente é surpreendido por terceiros no interior da residência da vítima, sem estar na posse de qualquer pertence alheio, constitui-se no(a)

(A) análise do elemento subjetivo implícito, ou também denominado elemento subjetivo injusto do tipo, na conduta do agente.
(B) arrombamento de obstáculo (porta ou janela) para o ingresso no interior da residência, o que caracterizaria o furto qualificado.
(C) análise se o crime foi cometido durante a noite, ou por duas ou mais pessoas.
(D) análise dos elementos normativos do tipo contidos respectivamente nos artigos 150 e 155, do Código Penal.
(E) ausência ou presença dos moradores: a ausência implicará o reconhecimento do delito de furto, ao passo que a presença importa em reconhecer a violação de domicílio.

O dolo do crime capitulado no art. 150 do CP está consubstanciado na vontade de ingressar ou permanecer na casa contra a vontade de quem de direito, o que serve de parâmetro para diferenciá-lo do crime de furto, em que o ingresso em domicílio alheio constitui etapa necessária à consumação do crime capitulado no art. 155 do CP (crime progressivo).

Gabarito "A"

(Defensor Público/PA – 2006 – UNAMA) Antônio, acometido de uma doença incurável, decide pôr fim a própria vida, mas, sem coragem para tanto, pede a Pedro, seu amigo, que lhe aplique uma injeção que lhe será letal. Pedro, condoído pela situação do amigo e querendo aliviar-lhe o sofrimento, agiu de acordo com o que lhe fora pedido, vindo Antônio a falecer. Diante do fato relatado, podermos afirmar que houve:

(A) participação em crime de homicídio.
(B) autoria no crime de auxílio ao suicídio.
(C) participação no crime de auxílio ao suicídio.
(D) autoria no crime de homicídio.

A prática do suicídio pressupõe que o ato de execução seja levado a efeito pela própria vítima. Assim, o auxílio de terceiro, quando houver, deve ser secundário, indireto. O agente que, a pedido da vítima, que deseja dar cabo da própria vida, aplica-lhe uma injeção letal ou lhe desfere vários tiros, responde por homicídio, pois o auxílio não foi secundário; ele praticou, neste caso, atos típicos de execução. O fato de o agente ter cometido o crime a pedido da vítima e movido por motivo de relevante valor moral poderá dar ensejo ao reconhecimento do homicídio privilegiado – presente no art. 121, § 1º, do CP.

Gabarito "D"

(Defensoria/SE – 2006 – CESPE) Julgue os itens seguintes.

(1) A distinção entre injúria e difamação é que, nesta, o agente atribui fato ofensivo à reputação da vítima, por exemplo: "Vi a moça X saindo às altas horas da madrugada da casa de Fulano de Tal, homem casado", enquanto, na injúria, o agente não atribui ao ofendido a prática de um fato determinado, mas, sim, de uma qualidade negativa.
(2) Considere a seguinte situação hipotética. Fábio, por motivo de relevante valor social, praticou um crime de homicídio com a participação de Pedro, que desconhecia o motivo determinante do crime. Nessa situação, o homicídio privilegiado, causa de diminuição da pena descrita no CP, se estenderá ao partícipe Pedro, pois trata-se de circunstância de caráter pessoal que se comunica aos demais participantes.
(3) Na hipótese de homicídio culposo, o juiz pode deixar de aplicar a pena, se as consequências da infração atingirem o próprio agente de forma tão grave que a sanção penal se torne desnecessária. Trata-se do instituto do perdão judicial, que constitui causa extintiva da punibilidade.
(4) O CP somente pune o crime de participação em suicídio quando há produção do resultado morte. Se o sujeito induz a vítima a suicidar-se e esta sofre apenas lesões corporais de natureza grave, não há crime a punir.
(5) Autora de infanticídio só pode ser a mãe, conforme expressa o CP. Sendo assim, trata-se de crime próprio, que não pode ser cometido por qualquer autor. No entanto, essa qualificação, conforme entende a melhor doutrina, não afasta a possibilidade de concurso de pessoas.
(6) O aborto necessário, previsto no CP, não constitui crime, em face da exclusão da culpabilidade, considerando-se que a gestante é favorecida pelo estado de necessidade.

1: difamar consiste em atribuir a alguém **fato** ofensivo à sua reputação (art. 139, CP). **Injúria** é a manifestação ofensiva pejorativa (art. 140, CP). Nesta, não há, ao contrário do que se dá na calúnia e na difamação, imputação de fato determinado; há, em verdade, atribuição de uma qualidade ofensiva; **2:** art. 30 do CP; **3:** art. 121, § 5º, do CP; **4:** art. 122, *caput*, do CP. O dispositivo prevê punição em duas situações: morte e lesões graves. Se a vítima sofre lesões leves, não há o crime de **participação em suicídio**; **5:** a doutrina amplamente predominante entende, com base no que dispõe o art. 30 do CP, ser possível o reconhecimento da **coautoria** e **participação** no infanticídio. Isso porque o fato de **ser mãe** e **estar sob a influência do estado puerperal** são condições de caráter pessoal que fazem parte do tipo penal (elementares). Para alguns, a incidência do art. 30 do CP representa patente injustiça; **6:** o aborto necessário, previsto no art. 128, I, do CP, constitui uma **causa especial de exclusão da ilicitude**.

Gabarito 1C, 2E, 3C, 4E, 5C, 6E

18. Crimes contra o Patrimônio

(Defensor Público/PR – 2012 – FCC) Epicuro e Tales resolvem subtrair importância em dinheiro de um veículo coletivo de passageiros, com uso de simulacro de arma de fogo, e ameaçam o cobrador do ônibus, tomando-lhe pequena importância em espécie. Na mesma conduta subtraem dinheiro e celulares de dois passageiros e do próprio cobrador. Epicuro e Tales cometeram crime de

(A) roubo qualificado pelo uso de arma de fogo.
(B) roubo qualificado em concurso material de crimes.
(C) roubo simples em concurso material de crimes.
(D) furto qualificado em concurso material de crimes.
(E) roubo majorado em concurso de crimes.

No crime de roubo, se as subtrações que vulneraram o patrimônio de duas ou mais pessoas se deram no mesmo contexto, fala-se em concurso formal de crimes (art. 70 do CP). Nesse sentido é a lição de Guilherme de Souza Nucci: "(...) Ilustrando, o autor ingressa num ônibus, anuncia o assalto e pede que todos passem os bens. Concretiza-se o concurso formal perfeito, pois o agente não possui desígnios autônomos, vale dizer, dolo direto em relação a cada uma das vítimas, que nem mesmo conhece (...)" (Código Penal Comentado. 13. ed., São Paulo: Ed. RT, 2013. p. 807).

Gabarito "E"

(Defensor Público/RO – 2012 – CESPE) Assinale a opção correta com relação aos crimes contra o patrimônio.

(A) Considera-se chave falsa qualquer instrumento que, sob a forma de chave, possa ser utilizado como dispositivo para abrir fechadura, incluindo-se mixas.
(B) No furto com fraude, o comportamento ardiloso, insidioso do agente é utilizado para facilitar a subtração dos bens pertencentes à vítima; no crime de estelionato, o artifício, o ardil, o engodo são utilizados pelo agente para que, induzida ou mantida em erro, a própria vítima possa entregar-lhe a vantagem ilícita. Há, portanto, dissenso da vítima no primeiro caso e consenso, no segundo.
(C) Para a incidência da causa especial de aumento de pena para o crime previsto no art. 155 do CP, é suficiente que a infração ocorra durante o repouso noturno, período de maior vulnerabilidade para as residências, lojas e veículos; entretanto, se o furto for praticado em estabelecimento comercial que se encontre fechado, segundo o STJ, a qualificadora do repouso noturno não pode ser reconhecida, por estar ausente maior grau de reprovabilidade da conduta.
(D) De acordo com a jurisprudência do STJ, não é possível o reconhecimento da figura do furto qualificado-privilegiado, ainda que exista compatibilidade entre as qualificadoras e o privilégio.
(E) A vigilância exercida no interior de estabelecimento comercial, seja por seguranças, seja pela existência de circuito interno de monitoramento, afasta a potencialidade lesiva de condutas que visem à subtração ou dano do patrimônio de estabelecimentos com esta característica, o que possibilita o reconhecimento da figura relativa ao crime impossível nesses casos.

A: incorreta, pois não há a necessidade de que o instrumento empregado tenha o formato de chave. Cuidado: é pacífico, na jurisprudência e na doutrina, o entendimento segundo o qual não deve ser considerada como falsa a chave verdadeira utilizada de forma clandestina; **B:** correta. De fato, no *furto mediante fraude*, esta se presta a viabilizar a subtração da coisa. Aqui, a vítima nem se dá conta da subtração. No *estelionato*, a situação é bem outra: o ardil é empregado com o propósito de a vítima, iludida, entregar a coisa ao agente, ou seja, no *furto qualificado* tem-se a fraude para iludir a vigilância da vítima e, dessa forma, possibilitar a subtração; no *estelionato*, tem-se a fraude para iludir a vítima a entregar a coisa; **C:** incorreta. A questão é polêmica, não havendo consenso na doutrina tampouco na jurisprudência, que inclina-se, atualmente, pela necessidade de o crime ser praticado em casa habitada em que os moradores estejam repousando; **D:** incorreta. Conferir o seguinte julgado: "É possível o reconhecimento da figura do furto qualificado-privilegiado, desde que haja compatibilidade entre as qualificadoras e o privilégio (...)" (AGRESP 201101841290, Alderita Ramos de Oliveira, Desembargadora convocada do TJ/PE, STJ, Sexta Turma, DJE Data:23.10.2012); **E:** incorreta. O furto sob vigilância pode, em determinadas situações, a depender do caso concreto, caracterizar crime impossível pela ineficácia absoluta do meio (art. 17 do CP). É o caso, por exemplo, do agente que, desde o momento em que ingressa no supermercado, passa a ser permanentemente vigiado por sistema de câmeras e também por seguranças, que ficam o tempo todo no seu encalço. Não há, neste caso, a menor possibilidade de o crime consumar-se. Isso não quer dizer que a existência, por si só, de sistema de segurança por câmeras elimine a possibilidade de o crime chegar à sua consumação. É perfeitamente plausível que o agente se aproveite de determinado ângulo de monitoramento em que a subtração não é visualizada pelo sistema de câmeras. Dessa forma, a ineficácia do meio deve ser avaliada caso a caso. Nesse sentido: STF, HC 110.975-RS, 1ª T., rel. Min. Carmen Lúcia, 22.05.2012.

Gabarito "B"

(Defensor Público/AM – 2013 – FCC) NÃO constitui entendimento sumulado dos Tribunais Superiores, em matéria de crimes contra o patrimônio:

(A) No crime de roubo, a intimidação feita com arma de brinquedo autoriza o aumento da pena.
(B) É inadmissível aplicar, no furto qualificado pelo concurso de agentes, a majorante do roubo.
(C) O crime de extorsão consuma-se independentemente da obtenção da vantagem indevida.
(D) Há crime de latrocínio, quando o homicídio não se consuma, ainda que não realize o agente a subtração de bens da vítima.
(E) Quando o falso se exaure no estelionato, sem mais potencialidade lesiva, é por este absorvido.

A: incorreta, pois a Súmula nº 174 do STJ, que autorizava o aumento de pena pelo emprego de arma de brinquedo no crime de roubo, foi cancelada. Atualmente, portanto, prevalece o entendimento segundo o qual a intimidação, no crime de roubo, feita com arma de brinquedo não pode determinar o aumento de pena do art. 157, § 2º, I, do CP; **B:** correta, pois corresponde ao entendimento firmando na Súmula nº 442 do STJ; **C:** incorreta. O crime de extorsão (art. 158 do CP) é *formal*; isso porque a sua consumação não está condicionada à produção do resultado naturalístico descrito no tipo penal (obtenção de vantagem indevida). A esse respeito, o STJ editou a Súmula nº **96**: "O crime de extorsão consuma-se independentemente da obtenção da vantagem indevida"; **D:** correta, pois corresponde ao entendimento firmado na Súmula nº 610 do STF: "Há crime de latrocínio, quando o homicídio se consuma, ainda que não realize o agente a subtração de bens da vítima"; **E:** correta, já que em conformidade com o teor da Súmula nº 17 do STJ.

Gabarito "A"

(Defensor Público/BA – 2006) É isento de pena quem comete crime de natureza patrimonial, contra cônjuge, na constância da sociedade conjugal, exceção feita

I. se o crime é de roubo ou de estelionato, ou, em geral, quando haja emprego de grave ameaça ou violência à pessoa.
II. quanto ao estranho que participa do crime.
III. se o crime é praticado contra pessoa com idade igual ou superior a 60 (sessenta) anos.

Analisando o exposto acima, verifica-se que:

(A) Apenas o item I está correto.
(B) Apenas o item II está correto.
(C) Apenas o item III está correto.
(D) Apenas os itens I e II estão corretos.
(E) Apenas os itens II e III estão corretos

I: não reflete o que prescreve o art. 183, I, do CP, já que a prática do crime de estelionato, mencionado na assertiva, por ser desprovido de violência ou grave ameaça à pessoa, não representa óbice à incidência dos arts. 181 e 182 do CP; **II:** correta, nos termos do art. 183, II, do CP; **III:** correta, nos termos do art. 183, III, do CP.

Gabarito "E"

(Defensor Público/GO – 2010 – I. Cidades) Na situação de roubo, se ocorrer homicídio e subtração consumados, há latrocínio consumado e, se ocorrer homicídio e subtração tentados, há latrocínio tentado. Nessas hipóteses, o entendimento é pacífico. Entretanto, no caso de homicídio consumado e subtração tentada, há diversas correntes doutrinárias. Para o Supremo Tribunal Federal, Súmula 610, há, nessa última hipótese,

(A) tentativa de latrocínio.
(B) homicídio consumado em concurso formal com tentativa de furto.
(C) homicídio qualificado consumado em concurso material com tentativa de roubo.
(D) latrocínio consumado.
(E) somente homicídio qualificado.

De fato, se a subtração permanecer na esfera da tentativa, mas o agente matar a vítima, prevalece o entendimento firmado na Súmula 610 do STF: "Há crime de latrocínio, quando o homicídio se consuma, ainda que não realize o agente a subtração de bens da vítima". O latrocínio (art. 157, § 3º, segunda parte, CP) é crime hediondo (art. 1º da Lei 8.072/1990) cuja competência para o julgamento é do juiz singular (Súmula nº 603, STF).

Gabarito "D"

(Defensor Público/GO – 2010 – I. Cidades) Fulano de Tal falsificou a assinatura em um cheque e utilizou-o na compra de um rádio. Posteriormente, descoberta a fraude, Fulano de Tal deverá responder pelo(s) crime(s) de:

(A) estelionato em concurso com falsificação de documento.
(B) estelionato em concurso com uso de documento falso.
(C) estelionato em concurso com falsificação e uso de documento falso.
(D) exclusivamente estelionato.
(E) furto mediante fraude.

Embora existam, sobre esse tema, quatro correntes na doutrina e na jurisprudência, prevalece, atualmente, a posição consagrada na Súmula 17 do STJ: "Quando o falso se exaure no estelionato, sem mais potencialidade lesiva, é por este absorvido". Assim, se o agente falsifica a assinatura em um cheque e o utiliza na compra de um rádio, fazendo-se passar pelo correntista, responde somente pelo estelionato, visto que o crime de falso nele se exauriu. Entenda bem: o cheque falsificado, ao ser entregue ao vendedor do rádio (vítima do crime de estelionato), esgotou sua potencialidade lesiva, isto é, somente serviu de meio para a prática do delito de estelionato.

Gabarito "D"

(Defensoria/MA – 2009 – FCC) Há previsão legal de escusa absolutória nos delitos patrimoniais desde que seja cometido contra cônjuge, na constância da sociedade conjugal,

(A) ascendente, excluídos os crimes de roubo ou de extorsão, ou, em geral, quando haja emprego de violência ou grave ameaça somente contra a pessoa.
(B) ascendente, descendente, excluídos os crimes de roubo ou de extorsão, ou, em geral, quando haja emprego de violência ou grave ameaça somente contra a pessoa.
(C) ascendente, excluídos os crimes de roubo ou de extorsão, ou, em geral, quando haja emprego de violência ou grave ameaça contra a pessoa e ao estranho que participa do crime.
(D) ascendente, descendente, excluídos os crimes de roubo, extorsão e latrocínio.
(E) ascendente, descendente, excluídos os crimes de roubo ou de extorsão, ou, em geral, quando haja emprego de violência ou grave ameaça contra a pessoa e ao estranho que participa do crime.

Arts. 181 e 183 do CP.

Gabarito "E"

(Defensoria/MT – 2009 – FCC) O funcionário público que, mediante grave ameaça com arma de fogo, subtrai um automóvel de um particular, utiliza-o para viagem de turismo e depois o abandona em frente à residência da vítima, comete

(A) roubo de uso.
(B) roubo simples.
(C) peculato.
(D) roubo qualificado.
(E) violência arbitrária.

Art. 157, § 2º, I, do CP.

Gabarito "D"

(Defensoria/RN – 2006) Cleomar e Ricardo acordaram previamente a prática de um roubo contra um taxista, tendo simulado o interesse em fazer uma corrida, e já no veículo o primeiro anunciou o assalto empunhando um estilete, quando a vítima entregou a carteira com dinheiro e documentos pessoais a Ricardo. Este saiu correndo e Cleomar permaneceu no veículo por mais alguns instantes, momento em que com estocadas feriu gravemente a vítima a qual veio a falecer. Os dois foram denunciados pelo crime de latrocínio. De acordo com a legislação penal vigente sobre a situação, é correto afirmar que

(A) Ricardo será punido pelo crime de latrocínio, pois a morte do taxista era resultado previsível da ação.

(B) comprovado que Ricardo quis participar do roubo na sua forma simples, o juiz poderá reduzir a pena do latrocínio até a metade.

(C) Ricardo, comprovado que desejou participar apenas do roubo, mas sendo previsível o resultado, será condenado na pena do roubo na forma simples, a qual poderá ser aumentada até a metade.

(D) Ricardo deverá ser punido pelo crime de latrocínio, tendo em vista que, considerando a relação natural entre o acordo para o roubo e a morte da vítima, independente se houve ou não prévio acordo sobre este último resultado.

A pena do crime de roubo – art. 157 do CP –, delito do qual quis participar Ricardo, será aumentada até a metade, na medida em que o resultado letal lhe era previsível, uma vez que tinha ciência de que Cleomar portava um estilete e permaneceu no interior do veículo na companhia da vítima. Trata-se da chamada **cooperação dolosamente distinta**, prevista no art. 29, § 2º, 2ª parte, do CP.

Gabarito "C"

(Defensor Público/RS – 2011 – FCC) Carlos, com dezoito anos à época do fato, na companhia do amigo Paulo, com vinte e dois anos por ocasião do fato, furtaram R$ 300,00 (trezentos reais) da carteira do avô de Carlos, seu Romeu, o qual contava, no dia do furto, em 07/08/07, com 61 anos de idade. Sobre a responsabilização penal dos autores do fato, é correto afirmar:

(A) Carlos responderá pelo delito de furto qualificado, assim como seu amigo Paulo, sendo que não haverá isenção de pena para qualquer um dos agentes.

(B) Haverá isenção de pena quanto a Carlos, por se tratar de descendente da vítima, circunstância que alcançará o amigo Paulo.

(C) Carlos ficará isento de pena, mas tal circunstância não alcançará o amigo Paulo.

(D) A responsabilização penal de ambos os agentes dependerá de representação da vítima.

(E) A responsabilização penal de Carlos dependerá de queixa-crime e a de Paulo de representação da vítima.

Não haverá isenção de pena na medida em que o crime foi praticado contra pessoa com idade superior a 60 anos – art. 183, III, do CP.

Gabarito "A"

(Defensoria/SE – 2006 – CESPE) Julgue os itens seguintes.

(1) Considere a seguinte situação hipotética. Carlos, com 20 anos de idade, subtraiu do pai, um senhor de 60 anos de idade, considerável quantia em dinheiro. Descoberta a subtração, o fato foi noticiado na delegacia de polícia e a autoridade policial declinou pela impossibilidade de instauração de inquérito policial, em face da aplicabilidade da imunidade penal prevista no artigo 181 do CP. Nessa situação, está correta a fundamentação da autoridade policial, pois Carlos é isento de pena, em razão de ter cometido o crime em prejuízo de seu ascendente.

(2) Considere a seguinte situação hipotética. Caio adquiriu de uma loja de motocicletas vários acessórios pela quantia de R$ 400,00, mediante a emissão de um cheque produto de furto, preenchido e assinado na presença do vendedor. A cártula foi devolvida pelo banco sacado, em razão de sua origem ilícita. Nessa situação, devido a sua conduta, Caio deve responder por estelionato em seu tipo fundamental, visto que o cheque, objeto de falsificação, foi empregado como meio de induzir alguém em erro.

(3) Considere a seguinte situação hipotética. Um indivíduo, a pretexto de consertar um computador, apresentou-se em uma residência como técnico de informática e, mediante engodo, subtraiu as joias da dona da casa. Nessa situação, o indivíduo deverá responder pelo crime de estelionato, pois utilizou-se de ardil para iludir a vítima.

1: arts. 181, II, e 183, III, do CP; não se aplicam as **imunidades** de que tratam os arts. 181 e 182 do Código Penal quando se tratar de crime contra o patrimônio praticado em detrimento de pessoa com 60 anos ou mais; **2:** Súmula 17 do STJ: "Quando o falso se exaure no estelionato, sem mais potencialidade lesiva, é por este absorvido"; **3:** no estelionato, a vítima, iludida, ludibriada, **entrega** a coisa ao agente; não é o caso; está-se aqui diante do crime capitulado no art. 155, § 4º, II, do CP – furto mediante fraude, em que o ardil é empregado com o intuito de iludir a atenção da vítima e, dessa forma, viabilizar a **subtração** da *res*.

Gabarito 1E, 2C, 3E

(Defensoria Pública da União – 2007 – CESPE) Julgue os itens seguintes.

(1) Cláudio, com intenção de furtar, entrou no carro de Vagner, cuja porta estava destravada, e acionou o motor por meio de uma chave falsa na ignição do veículo, assim logrando êxito em subtrair o veículo. Nessa situação, e de acordo com a jurisprudência do STJ, Cláudio responde por crime de furto simples.

(2) Marcelo, simulando portar arma de fogo, subtraiu para si dois aparelhos celulares, pertencentes a pessoas diversas, amedrontando as vítimas. Nessa situação, Marcelo deve responder por crime de roubo, em concurso formal.

1: só se verifica a qualificadora contida no art. 155, § 4º, III, do CP quando a **chave falsa** é empregada externamente à *res*, vencendo o agente o obstáculo propositadamente colocado para guarnecê-la (STJ, REsp 43.047-SP, 5ª T., Rel. Min. Edson Vidigal, j. 10.12.96); **2:** a prática do crime de roubo, cometido nas mesmas circunstâncias fáticas, contra vítimas diversas, configura concurso formal (STJ, AgRg no REsp 989600-RS, 5ª T., Rel. Min. Napoleão Nunes Maia Filho, j. 29.5.08); incidência do art. 70 do CP.

Gabarito 1C, 2C

19. Crimes contra a Dignidade Sexual

(Defensor Público/RO – 2012 – CESPE) Com relação à aplicação da lei penal no tempo, aos crimes contra a dignidade sexual e aos delitos hediondos, assinale a opção correta.

(A) De acordo com a jurisprudência predominante do STJ, a presunção de violência prevista no art. 224 do CP se revela de natureza absoluta, não cedendo à existência de fatores que afastem a dita presunção.

(B) Pratica crime de corrupção de menores, previsto no art. 218 do CP, aquele que induz menor de dezesseis anos a satisfazer a lascívia de outrem.

(C) O art. 224 do CP, no qual era prevista a presunção de violência em crimes sexuais, foi revogado, tendo sido criado um novo tipo penal, tipificado como estupro de vulnerável, que caracteriza a *abolitio criminis* da conduta prevista no art. 214 (atentado violento ao pudor) c/c o art. 224 do CP.

(D) O princípio da continuidade normativa típica evidencia-se quando uma norma penal é revogada, mas a mesma conduta continua sendo crime no tipo penal revogador, ou seja, a infração penal continua tipificada em outro dispositivo, ainda que topologicamente ou normativamente diverso do originário.

(E) Aplica-se ao agente de violência real ou grave ameaça em crime de estupro ou atentado violento ao pudor a causa especial de aumento de pena prevista no art. 9.º da lei que trata dos crimes hediondos.

A: incorreta. O art. 224 do CP, que estabelecia as hipóteses de presunção de violência, foi revogado por força da Lei n. 12.015/2009, que promoveu diversas alterações no âmbito dos crimes sexuais; **B:** incorreta. O tipo penal do art. 218 do CP exige que o sujeito passivo deste crime seja menor de 14 anos; **C:** incorreta. Não há que se falar em abolitio criminis, posto que, a despeito de os arts. 214 e 224 haverem sido formalmente revogados, a conduta ali prevista pela conjugação destes dois dispositivos não deixou de ser típica; passou a ser prevista no art. 217-A do CP, introduzido pela Lei 12.015/2009. Incide, aqui, o princípio da continuidade típico-normativa; **D:** correta. Vide comentário à alternativa anterior; **E:** incorreta. O art. 9º da Lei 8.072/1990 (Crimes Hediondos), que fazia referência ao art. 224 do CP, foi tacitamente revogado pela Lei 12.015/2009.

Gabarito "D"

(Defensor Público/AM – 2013 – FCC) Constitui crime contra a dignidade sexual praticar conjunção carnal ou outro ato libidinoso, sem violência ou grave ameaça, com alguém não deficiente mental ou enfermo

(A) menor de dezoito anos e maior de dezesseis anos.
(B) menor de dezoito anos e maior de quatorze anos em situação de prostituição.
(C) menor de vinte e um anos e maior de quatorze anos em situação de prostituição.
(D) em situação de prostituição, independentemente da idade.
(E) menor de dezesseis anos e maior de quatorze anos.

A conduta descrita no enunciado se amolda ao tipo penal do crime previsto no art. 218-B, § 2º, I, do CP.

Gabarito "B"

(Defensor Público/AM – 2010 – I. Cidades) Sobre o conceito de vulnerável, nos crimes contra a dignidade sexual, marque a alternativa correta:

(A) ter conjunção carnal ou praticar outro ato libidinoso contra pessoa com idade igual ou menor de 14 anos se enquadra no conceito de prática de crime sexual contra vulnerável;
(B) considera-se vulnerável, nos termos do Código Penal, pessoa menor de 14 anos, ou que, por enfermidade ou deficiência mental, não tenha o necessário discernimento para a prática do ato, bem como por qualquer outra causa não possa oferecer resistência;
(C) considera-se vulnerável, nos crimes contra a dignidade sexual, pessoa com idade igual ou inferior a 14 anos e desde que por enfermidade ou deficiência mental não tenha o necessário discernimento para a prática do ato, bem como por qualquer outra causa não possa oferecer resistência;
(D) praticar ato libidinoso ou ter conjunção carnal com pessoa menor de 14 anos não é crime, desde que haja o consentimento e desde que não se trate de pessoa que por enfermidade ou deficiência mental não tenha o necessário discernimento para a prática do ato, bem como por qualquer outra causa não possa oferecer resistência.
(E) nenhuma das anteriores.

São considerados vulneráveis os *menores* de 14 anos (art. 217-A, *caput*, do CP), bem como aqueles que, por enfermidade ou deficiência mental, não têm o necessário discernimento para a prática do ato, ou que, por qualquer outra causa, não podem oferecer resistência (art. 217-A, § 1º, do CP). Com o advento da Lei 12.015/09, que introduziu no âmbito dos crimes sexuais uma série de mudanças, se o crime for cometido no dia do 14º aniversário da vítima, esta não mais é considerada vulnerável, já que a lei hoje em vigor reputa vulnerável somente aquele que conta com idade inferior a 14 anos. Há ainda outras hipóteses de crime praticado contra vulnerável: arts. 218, 218-A e 218-B, *caput*, segunda parte, do CP.

Gabarito "B"

(Defensor Público/AM – 2010 – I. Cidades) Sobre os crimes contra a dignidade sexual, marque a alternativa certa:

(A) ocorre o estupro quando um homem constranger uma mulher à conjunção carnal, mediante violência ou grave ameaça;
(B) há estupro quando alguém constranger outro alguém, mediante violência ou grave ameaça, a praticar ou permitir que com ele se pratique um ato libidinoso qualquer ou a ter conjunção carnal;
(C) há atentado violento ao pudor quando alguém constranger outro alguém, mediante violência ou grave ameaça, a praticar ou permitir que com ele se pratique um ato libidinoso qualquer ou a ter conjunção carnal;
(D) ocorre o estupro somente quando alguém constranger outro alguém, mediante violência ou grave ameaça, a praticar ou permitir que com ele se pratique um ato libidinoso;
(E) considera-se praticado um estupro somente quando alguém constranger outro alguém, mediante violência ou grave ameaça, a ter conjunção carnal.

A: assertiva correta, pois descreve uma das formas pelas quais é possível praticar o crime de estupro. Antes da Lei 12.015/09, o crime previsto no art. 213 do CP, que era próprio, somente podia ser praticado pelo homem contra a mulher e mediante conjunção carnal. Hodiernamente, dada a nova redação conferida ao tipo penal pela Lei 12.015/09, configura estupro, além da conduta consistente em constranger mulher à conjunção carnal mediante violência ou grave ameaça, também aquela conduta até então tipificada no revogado art. 214 do CP (atentado violento ao pudor); **B:** assertiva correta. Com a edição da Lei 12.015/09, que promoveu uma série de mudanças na disciplina dos crimes sexuais, o estupro (art. 213, CP), que incriminava tão somente a conjunção carnal realizada com mulher, mediante violência ou grave ameaça, passou a incorporar, também, a conduta antes contida no art. 214 do CP – dispositivo hoje revogado (art. 7º da Lei 12.015/09). Dito de outro modo, constitui estupro, na sua nova forma, toda modalidade de violência sexual levada a efeito para qualquer fim libidinoso, incluída, por óbvio, a conjunção carnal. Dessa forma, o crime do art. 213 do CP, com a mudança implementada pela Lei 12.015/09, passa a comportar, além da conduta consubstanciada na conjunção carnal violenta, também o comportamento consistente em obrigar alguém a praticar ou permitir que com o sujeito ativo se pratique outro ato libidinoso que não a conjunção carnal; **C:** o crime de atentado violento ao pudor, antes previsto no art. 214 do CP, foi revogado pela Lei 12.015/09; **D:** o estupro pode ocorrer em outras situações; **E:** o estupro pode ocorrer em outras situações.

Anulada

(Defensor Público/BA – 2006) A ação penal no crime de estupro será:

I. Pública incondicionada, caso advenham como resultado do delito, lesões corporais graves ou gravíssimas sobre a vítima.
II. Pública incondicionada caso o delito tenha sido praticado pelo tutor contra a tutelada.
III. Pública condicionada à representação da vítima ou de seu representante legal, se e a vítima ou seus pais não puderem prover às despesas do processo, sem privar-se de recursos indispensáveis à manutenção própria ou da família.
IV. Privada, caso advenha, como resultado do delito, lesões leves sobre a vítima.
V. Privada, subsidiária da pública, caso o Promotor de Justiça não tenha oferecido a denúncia no prazo legal (hipótese em que se cuidaria de crime de ação penal pública incondicionada) e a vítima ou se representante legal tenha oferecido queixa-crime substitutiva da denúncia, tendo a petição inicial da ação penal provada sido recebida pelo Poder Judiciário.

Analisando as assertivas da questão 94, verifica-se que:

(A) Apenas I e II estão corretas.
(B) Apenas I e II e III estão corretas.
(C) Apenas a I está correta.
(D) Apenas II e III estão corretas.
(E) Todas estão corretas.

Com o advento da Lei 12.015/09, a ação penal, nos crimes sexuais, que antes era privativa do ofendido, passa a ser, a partir de então, pública condicionada à representação, nos termos do art. 225, *caput*, do CP. Em se tratando, entretanto, de vítima menor de 18 anos ou de pessoa vulnerável, a ação penal será pública incondicionada, nos moldes do art. 225, parágrafo único, do CP.

Gabarito "E"

(Defensoria/PI – 2009 – CESPE) Acerca do crime contra a dignidade sexual e da Lei das Contravenções Penais, assinale a opção correta.

(A) Considere a seguinte situação hipotética. Antônio convidou Bruna, 25 anos de idade, para ir a uma festa. De forma dissimulada, Antônio colocou determinada substância na bebida de Bruna, que, após alguns minutos, ficou totalmente alucinada. Aproveitando-se do estado momentâneo de Bruna, que não poderia oferecer resistência, Antônio levou-a para o estacionamento da festa, onde com ela manteve conjunção carnal. Passado o efeito da substância, Bruna de nada se lembrava. Nessa situação, Antônio praticou o delito de estupro comum, e não o de estupro de vulnerável.
(B) Aquele que mendiga, por ociosidade ou cupidez, pratica contravenção penal, ficando sujeito à pena de prisão simples.
(C) Aquele que pratica tentativa de contravenção penal deve ser punido, no entanto fará jus à causa de redução de pena prevista no CP em seu limite máximo.
(D) A mulher pode ser coautora do delito de estupro.
(E) A lei brasileira é aplicável a contravenção penal praticada fora do território nacional.

A: Antônio praticou o crime de estupro de vulnerável, previsto no art. 217-A, § 1º, parte final, do CP, tendo em conta que Bruna, em razão da substância por ele adicionada em sua bebida, ficou impossibilitada de oferecer resistência; **B:** o art. 60 da Lei das Contravenções Penais, que previa a contravenção de *mendicância*, foi revogado pela Lei 11.983/2009; **C:** em consonância com o que dispõe o art. 4º da LCP, a tentativa de contravenção não é punível; **D:** atualmente, pode ser sujeito ativo do crime de estupro tanto o homem quanto a mulher, como *coautor* ou na qualidade de *partícipe*; **E:** determina o art. 2º da LCP que a lei brasileira somente é aplicável à contravenção praticada no território nacional.

Gabarito "D"

20. Crimes contra a Fé Pública

(Defensor Público/PR – 2012 – FCC) Larissa sofreu grave acidente ao cair de sua bicicleta, ocorrendo traumatismo de mandíbula com fraturas múltiplas e avulsão dentária. Foi levada ao pronto-socorro onde foi atendida pelo Dr. José das Couves, médico credenciado junto ao SUS, na especialidade de traumatologia. Embora ciente de que o SUS arcaria com as despesas, o médico condicionou o tratamento mediante o pagamento da quantia de R$ 250,00 (duzentos e cinquenta reais), por fora, da mãe da acidentada, alegando que seria para pagar o anestesista e o protético, este último porque confeccionaria o aparelho ortodôntico. A mãe de Larissa pagou a quantia cobrada, face a premente necessidade de socorro da filha. Nestas circunstâncias,

(A) a conduta de cobrar a importância por médico do SUS tipifica o crime de corrupção passiva praticada por José.
(B) José praticou corrupção passiva e a mãe de Larissa, ao pagar a quantia cobrada, praticou o crime de corrupção ativa.
(C) José praticou conduta típica de concussão e a mãe de Larissa ao pagar a quantia cobrada apenas exauriu o crime praticado pelo médico.
(D) José praticou conduta típica de corrupção passiva e a mãe de Larissa ao pagar a quantia cobrada, apenas exauriu o crime praticado pelo médico.
(E) a conduta de José é atípica, pois estava legitimado a cobrar a diferença da baixa remuneração paga aos médicos pelo SUS.

A conduta em que incorreu o médico, que é credenciado ao SUS, está prevista no art. 316 do CP (concussão), já que não se limitou a solicitar vantagem indevida, o que configuraria, em princípio, crime de corrupção passiva (art. 317 do CP), mas impôs (exigiu), como condição para a realização do tratamento ao qual deveria submeter-se Larissa, o recebimento de vantagem indevida. Neste caso, o recebimento desta vantagem, entregue, pela mãe de Larissa, ao médico, configura mero exaurimento do crime de concussão, que já se consumara quando da exigência formulada pelo médico (crime formal). De se ver ainda que a mãe de Larissa, por ter se curvado à imposição do médico, nenhum crime praticou. Ainda que o médico houvesse, no lugar de exigir, solicitado vantagem não devida, mesmo assim a conduta da mãe de Larissa não poderia ser enquadrada no tipo penal do art. 333 do CP (corrupção ativa), visto que, neste crime, a iniciativa há de ter partido do particular.

Gabarito "C"

(Defensoria/RN – 2006) Nos crimes contra a fé pública

(A) constitui causa de aumento de pena no crime de falsidade ideológica, a alteração de assentamento de registro civil.
(B) a intenção de lucro é elemento do tipo do crime de falsidade de atestado médico.
(C) constitui causa de aumento de pena no crime de falsificação de documento público, ser o agente funcionário público, mesmo que não cometa o crime prevalecendo-se do cargo.
(D) não é punível aquele que sendo funcionário público contribui para o licenciamento ou registro do veículo remarcado ou adulterado, fornecendo indevidamente material ou informação oficial.

A: correta, nos termos do art. 299, parágrafo único, do CP; **B:** a **intenção de lucro**, presente no parágrafo único do art. 302 do CP, configura forma majorada; **C:** somente será reconhecida a causa especial de aumento de pena do § 1º do art. 297 do CP se o agente for funcionário público e cometer o crime prevalecendo-se do cargo; **D:** o funcionário incorrerá nas penas do art. 311, § 2º, do CP.

Gabarito "A"

(Defensoria Pública da União – 2007 – CESPE) Julgue o item seguinte.

(1) A ofensividade mínima no caso do crime de falsificação de moeda, que leva à aplicação da medida descriminalizadora, não está diretamente ligada ao montante total contrafeito, mas sim à baixa qualidade do produto do crime.

Conferir: STJ, HC 56.620-MG, 5ª T., Rel. Min. Napoleão Nunes Maia Filho, j. 7.8.07.

Gabarito 1C

21. Crimes contra a Administração Pública

(Defensor Público/AC – 2006 – CESPE) No curso de uma audiência de julgamento no tribunal do júri, no intervalo para o almoço, um dos jurados subtraiu a arma incriminada e anexada ao processo, doando-a para terceira pessoa após o julgamento.

Diante dessa situação hipotética e considerando que a ação do jurado ocorreu nas dependências de órgão público, assinale a opção incorreta.

(A) Trata-se de falta grave que deve ser apurada em sindicância instaurada pelo juiz presidente do tribunal do júri, podendo o jurado incorrer em sanção de natureza administrativa e multa.
(B) Cuida-se de crime de peculato na modalidade furto, nos termos da lei penal vigente.
(C) Embora o jurado não ostente a qualidade de funcionário público, deve ser considerado como tal para efeitos penais.
(D) O jurado deve responder penalmente, visto que sua conduta constitui crime contra a administração pública.

A: inexiste previsão legal nesse sentido; **B:** correta, pois, embora o jurado não detivesse a posse da arma, ele a subtraiu valendo-se de facilidade proporcionada pela função que exercia. O *peculato-furto* (art. 312, § 1º, do CP) também é chamado de peculato impróprio; **C:** o conceito de funcionário público, para os fins penais, é diferente (mais amplo) daquele conferido pelo Direito Administrativo. Abarca quem, embora de forma transitória ou sem remuneração, exerce cargo, emprego ou função pública (art. 327, *caput*, do CP); **D:** o jurado exerce função pública. É considerado, por isso, funcionário público para fins penais (art. 327, *caput*, do CP).

Gabarito "A"

(Defensor Público/GO – 2010 – I. Cidades) Willians constrangeu Geraldo, mediante grave ameaça, a pagar-lhe uma dívida de R$100,00. Posteriormente, apurou-se que a "dívida era inexistente", embora Willians acreditasse que era credor de Geraldo. Penalmente a conduta de Willians está classificada como

(A) extorsão (CP, art. 158),
(B) exercício arbitrário das próprias razões (CP, art. 345).
(C) roubo (CP. art. 157).
(D) constrangimento ilegal (CP. art. 146).
(E) ameaça (CP. art. 147).

O crime do art. 345 do CP estará caracterizado ainda que a pretensão que o agente visa satisfazer seja ilegítima, desde que este suponha, de boa-fé, que sua pretensão seja legítima.

Gabarito "B"

(Defensoria/MG – 2009 – FURMARC) Determinado diretor de um presídio, deixando de cumprir com os deveres de seu ofício, acabou por permitir que um preso, recolhido no estabelecimento prisional que dirige, tivesse em seu poder um aparelho celular que permitia a comunicação com outros presos e com o ambiente externo. Entretanto, no inquérito policial instaurado, restou evidenciado que o mencionado diretor não agiu para satisfazer interesse ou sentimento pessoal. Pergunta-se: como deve ser considerada a conduta do diretor deste presídio?

(A) Apenas como transgressão administrativa por ausência de dolo específico.
(B) Como crime de facilitação à fuga.
(C) Como crime de condescendência criminosa.
(D) Como uma espécie de crime de prevaricação.
(E) Como excesso ou desvio de execução.

Art. 319-A do CP. Este dispositivo foi inserido no CP pela Lei 11.466/07.

Gabarito "D"

(Defensor Público/MS – 2008 – VUNESP) No que diz respeito aos crimes contra a Administração Pública, assinale a alternativa que traz, apenas, crimes próprios no que concerne ao sujeito ativo.

(A) Tráfico de influência; abandono de função; violação de sigilo funcional.

(B) Usurpação de função pública; prevaricação; peculato.
(C) Corrupção passiva; condescendência criminosa; advocacia administrativa.
(D) Favorecimento pessoal; concussão; violência arbitrária.

A: o crime de tráfico de influência, previsto no art. 332 do CP, é comum, já que não exige do sujeito ativo nenhuma qualidade especial. Já os delitos de abandono de função (art. 323, CP) e violação de sigilo funcional (art. 325, CP) são próprios, pois exigem uma qualidade especial do sujeito ativo; **B:** o crime de usurpação de função pública, previsto no art. 328 do CP, é comum, já que não exige do sujeito ativo nenhuma qualidade especial. Já os delitos de prevaricação (art. 319, CP) e peculato (art. 312, CP) são próprios, pois exigem uma qualidade especial do sujeito ativo; **C:** assertiva correta, visto que os crimes nela contidos são todos próprios; **D:** o crime de favorecimento pessoal, previsto no art. 348 do CP, é comum, já que não exige do sujeito ativo nenhuma qualidade especial. O delito de concussão (art. 316, CP), por sua vez, é próprio, pois exige uma qualidade especial do sujeito ativo. O art. 322 do CP, que previa o crime de violência arbitrária, foi revogado pela Lei 4.898/65 – Abuso de Autoridade.

Gabarito "C"

(Defensor Público/RO – 2007) Exigir, para si ou para outrem, direta ou indiretamente, vantagem indevida, em razão da função que exerce, constitui o crime de:

(A) prevaricação
(B) concussão
(C) corrupção
(D) extorsão
(E) colusão

A conduta típica, no crime de concussão, capitulado no art. 316, *caput*, do CP, é representada pelo verbo *exigir*, que tem o sentido de *impor*, *ordenar*. Essa exigência traz ínsita uma ameaça à vítima. Não devemos, assim, confundir este crime com o do art. 317 do CP. Na corrupção passiva, diferentemente do que ocorre na concussão, há mera solicitação de vantagem indevida. Na concussão, o particular, sentindo-se intimidado e acuado, cede em vista do mal que poderá vir a sofrer.

Gabarito "B"

(Defensoria/SE – 2006 – CESPE) Julgue o item seguinte.

(1) A prevaricação é descrita no Código Penal (CP) como o não cumprimento das obrigações inerentes ao dever de ofício, movido o agente por interesse ou sentimento pessoal. Assim considerando, a conduta de funcionário público que aja por mera indolência ou negligência na omissão ou retardamento de ato de ofício não configura esse crime, pois está ausente o dolo, tratando-se, portanto, de fato atípico.

Não basta que o agente deixe de cumprir obrigações inerentes ao dever de ofício, ou, ainda, que execute o ato a que está obrigado contra disposição expressa de lei. É imprescindível que aja, para que fique caracterizado o crime, com o intuito de satisfazer interesse ou sentimento pessoal (elemento subjetivo especial do tipo). Caso contrário, sua conduta pode configurar, quando muito, uma infração na esfera administrativa.

Gabarito 1C

22. Outros Crimes do Código Penal

(Defensor Público/GO – 2010 – I. Cidades) Quatro indivíduos reúnem-se, de forma estável e permanente, com o fim de cometer crimes de estelionato. Todavia, tendo cometido um único estelionato, o grupo é desmantelado em virtude de uma denúncia anônima. Nesses termos, todos os quatro devem responder penalmente por

(A) estelionato, apenas.
(B) quadrilha ou bando e estelionato, em concurso formal próprio.
(C) quadrilha ou bando e estelionato, em concurso formal impróprio.
(D) quadrilha ou bando e estelionato, em concurso material.
(E) quadrilha ou bando, apenas.

Com o advento da Lei 12.850/2013, o crime de *quadrilha ou bando*, então capitulado no art. 288 do CP, deu lugar ao crime de *associação criminosa*. Além da mudança operada no *nomen juris*, algumas outra alterações foram implantadas. A mais relevante, a nosso ver, diz respeito ao número mínimo de agentes necessários à configuração do crime, que antes era de *quatro* e agora passa a ser de *três*. O momento consumativo não sofreu alteração. Continua a ocorrer no instante em que se dá a efetiva associação de três pessoas (antes era quatro) para o fim de cometer crimes, ainda que nenhum venha a ser praticado. Cuida-se, portanto, de crime formal e autônomo. Quando do cometimento do crime de estelionato, o delito de quadrilha ou bando (agora associação criminosa) já estava praticado. Entenda bem: por se tratar de crime permanente, sua consumação se prolonga no tempo por vontade de seus integrantes. No mais, haverá concurso material entre o crime do art. 288 do CP e o delito que vier a ser praticado pela quadrilha ou bando (agora associação criminosa).

Gabarito "D"

23. Crimes da Lei Antidrogas

(Defensor Público/SE – 2012 – CESPE) Com base na Lei n. 11.343/2006, que dispõe sobre drogas, bem como no entendimento dos tribunais superiores acerca da aplicação da norma, assinale a opção correta.

(A) Considere a seguinte situação hipotética. Jarbas, maior e capaz, foi preso em flagrante na cidade de Itabaiana – SE quando transportava dois quilos da droga conhecida popularmente como maconha, em ônibus interestadual que saíra de Aracaju/SE para Salvador/BA. Nessa situação hipotética, não incide a causa de aumento da pena em razão da interestadualidade, visto que não se efetivou a transposição da divisa entre os estados.
(B) Para a incidência da causa de aumento da pena com relação ao tráfico de drogas cometido dentro de transporte público, é imprescindível que o agente se valha efetivamente da aglomeração de pessoas para a disseminação da droga.
(C) A condenação por tráfico de drogas em concurso com associação para o tráfico afasta, por si só, a aplicação da causa de diminuição de pena, ainda que o agente seja primário, de bons antecedentes, não se dedique às atividades criminosas nem integre organização criminosa.
(D) A natureza e a quantidade da droga devem ser consideradas pelo juiz tanto para a fixação da pena-base quanto para a determinação do grau de redução da causa de diminuição da pena.
(E) O tráfico privilegiado, assim denominado pela doutrina, não se caracteriza como delito hediondo, por ausência de previsão legal expressa. 1603

A: incorreta. Nesse sentido, conferir: "(...) Esta Corte possui entendimento jurisprudencial, no sentido de que a incidência da causa de aumento, conforme prevista no art. 40, V, da Lei n. 11.343/2006, não exige a efetiva transposição da divisa interestadual, sendo suficientes as evidências de que a substância entorpecente tem como destino qualquer ponto além das linhas da respectiva Unidade da Federação (...)" (AGRESP 201103088503, Campos Marques (Desembargador convocado do TJ/PR), STJ, Quinta Turma, DJE Data: 01.07.2013); **B:** incorreta. Conferir: "A jurisprudência desta Corte é firme no sentido de que a simples utilização de transporte público para a circulação da substância entorpecente ilícita já é motivo suficiente para a aplicação da causa de aumento de pena prevista no art. 40, inciso III, da Lei 11.343/2006" (STF, HC 108.523-MS, 2ª Turma, rel. Min. Joaquim Barbosa, 14.02.2012); **C:** incorreta, já que a condenação por tráfico em concurso com associação para o tráfico não afasta a possibilidade de incidir, no primeiro, a causa de diminuição prevista no art. 33, § 4º, da Lei 11.343/2006; **D:** correta. Conferir: "(...) O art. 42 da Lei n. 11.343/2006 impõe ao Juiz considerar, com preponderância sobre o previsto no art. 59 do Código Penal, a natureza e a quantidade da droga, tanto na fixação da pena-base, quanto na determinação do grau de redução da causa de diminuição de pena prevista no § 4.º do art. 33 da nova Lei de Tóxicos (...)" (HC 201001271758, Laurita Vaz, STJ, Quinta Turma, DJE Data: 22.08.2011); **E:** incorreta. Vide: "(...) 3. A aplicação da causa de diminuição de pena prevista no § 4.º do art. 33 da Lei n. 11.343/2006 não tem o condão de afastar a equiparação constitucionalmente estabelecida entre o delito de tráfico ilícito de drogas e os crimes hediondos" (STJ, HC 221.173-SP, 5ª T., rel. Min. Laurita Vaz, 16.02.2012).

Gabarito "D"

(Defensor Público/SP – 2012 – FCC) Em relação à Lei Federal n. 11.343/2006, que estabelece o Sistema Nacional de Políticas Públicas sobre Drogas, é correto afirmar que

(A) o comando legal que vedava a conversão da pena privativa de liberdade em restritiva de direitos no crime de tráfico teve sua execução suspensa por resolução do Senado Federal.
(B) a conduta de guardar, para consumo próprio, drogas em desacordo com determinação legal e regulamentar, configura mera infração administrativa.
(C) o informante que colabora com grupo que, sem autorização ou em desacordo com a legislação regulamentar, se dedica à venda de drogas, responde pelo mesmo tipo penal em que incorrerá o grupo vendedor, visto que sistema penal pátrio adota a teoria monista.

(D) por se tratar de norma penal em branco, a legislação delegou a órgão do Poder Executivo Federal a definição de critério quantitativo rígido para fins de distinção da conduta do usuário e do traficante.

(E) a lei em questão prevê pena privativa de liberdade para aquele que conduz veículo automotor, embarcação ou aeronave após o consumo de drogas, expondo a dano potencial a incolumidade de outrem.

A: correta. De fato, o Senado Federal, atendendo a decisão do STF, suspendeu, por meio da Resolução n. 5/2012, a eficácia do dispositivo da Lei 11.343/2006 que impedia a substituição da pena privativa de liberdade por restritiva de direitos; **B:** incorreta, já que constitui crime a conduta daquele que guarda, para consumo próprio, drogas em desacordo com determinação legal ou regulamentar (art. 28 Lei 11.343/2006); **C:** incorreta, já que o informante, neste caso, responderá pelo crime do art. 37 da Lei de Drogas, o que constitui exceção à teoria monista (unitária); **D:** incorreta, visto que tal distinção caberá ao magistrado, que não está vinculado a nenhum critério quantitativo rígido (art. 28, § 2º, da Lei 11.343/2006); **E:** incorreta, posto que o art. 39 da Lei de Drogas não contemplou a conduta de conduzir veículo automotor após o consumo de substância entorpecente.

Gabarito "A"

(Defensor Público/AM – 2013 – FCC) Constitui crime previsto na lei de drogas

(A) fornecer, desde que onerosamente, maquinário, aparelho, instrumento ou qualquer outro objeto destinado à fabricação, preparação, produção ou transformação de drogas, sem autorização ou em desacordo com determinação legal ou regulamentar.

(B) oferecer droga, desde que em caráter habitual e ainda que sem objetivo de lucro, a pessoa de seu relacionamento, para juntos consumirem.

(C) prescrever ou ministrar, culposamente, drogas, sem que delas necessite o paciente, ou fazê-lo em doses excessivas ou em desacordo com determinação legal ou regulamentar.

(D) conduzir embarcação ou aeronave após o consumo de drogas, ainda que sem exposição a dano potencial a incolumidade de outrem.

(E) consentir que outrem se utilize de local de que tem a propriedade para o tráfico ilícito de drogas, desde que o faça onerosamente.

A: incorreta, pois o crime do art. 34 da Lei de Drogas restará caracterizado ainda que o fornecimento se dê a título gratuito; **B:** incorreta; cuida-se de inovação introduzida pela Lei 11.343/2006. É a chamada *cessão gratuita e eventual*, que, a teor do art. 33, § 3º, da Lei de Drogas, traz os seguintes requisitos: eventualidade no oferecimento da droga; ausência de objetivo de lucro; intenção de consumir a droga em conjunto; e oferecimento da droga à pessoa de relacionamento do agente. Assertiva, portanto, incorreta, já que fala em "caráter habitual"; **C:** correta, pois corresponde ao tipo penal do art. 38 da Lei de Drogas; **D:** incorreta, já que o art. 39 da Lei de Drogas traz como requisito à configuração deste crime a exposição da incolumidade de outrem a dano potencial (crime de perigo concreto); **E:** incorreta, já que a concessão, neste caso, pode se dar a título gratuito (art. 33, § 1º, III, da Lei de Drogas).

Gabarito "C"

(Defensor Público/TO – 2013 – CESPE) Em 23.10.2011, Sales, maior, capaz, após ter sido abordado por policias militares em diligência, na cidade, para o combate ao tráfico de drogas, foi preso em flagrante delito na cidade de Rio dos Bois – TO, transportando, em moto de sua propriedade, cerca de 500g de substância entorpecente conhecida comumente como maconha e 150g de cocaína. Nos autos do inquérito policial, consta que Sales vendia drogas regularmente em diversos pontos da cidade em companhia de Celso e Juca, menor, com dezessete anos de idade, e que havia sido condenado anteriormente por crime de roubo, na forma tentada, e agraciado com a concessão de indulto, tendo sido julgada extinta, havia dois anos, a punibilidade por esse crime. Em relação a Celso e Juca, não foram encontrados antecedentes.

Com base nessa situação hipotética, nos preceitos da Lei nº 11.343/2006 e no entendimento dos tribunais superiores acerca do tema, assinale a opção correta.

(A) É vedada a condenação de Sales, Celso e Juca por crime de associação para o tráfico de drogas, uma vez que o número de agentes é inferior a quatro, o que obsta a configuração do elemento constitutivo do tipo, não se computando a participação do menor para esse fim.

(B) A configuração do crime de associação para o tráfico de drogas depende da prática efetiva e reiterada de outros delitos previstos na lei, vedando-se o concurso material com o crime de tráfico, sob pena da configuração de *bis in idem*.

(C) Havendo condenação de Sales, Celso e Juca, admite-se a utilização, como critério de majoração da pena-base, de circunstâncias judiciais configuradas pelo mal causado pelo tóxico apreendido com os acusados e o intuito de obter lucro fácil na conduta de comercializar drogas.

(D) Sales não faz jus à causa de diminuição de pena prevista na referida lei, pelo tráfico privilegiado, uma vez que não preenche o requisito da primariedade, pois a extinção da punibilidade pela concessão do indulto não afasta a reincidência.

A: incorreta, pois basta a associação de duas pessoas para a configuração do crime do art. 35 da Lei 11.343/2006 (Lei de Drogas), computando-se, para esse fim, a participação de menor; **B:** incorreta. A consumação do crime de associação para o tráfico independe da prática dos delitos previstos nos arts. 33, *caput* e § 1º, e 34 da Lei de Drogas. Além disso, nada obsta o concurso material entre os crimes de tráfico e associação para o tráfico, previstos, respectivamente, nos arts. 33 e 35 da Lei 11.343/2006; **C:** incorreta, pois o mal causado pelo tóxico apreendido e o propósito de obter lucro fácil na conduta de comercializar drogas são ínsitos ao crime de tráfico. A teor do que estabelece o art. 42 da Lei de Drogas, deve o juiz, quando da fixação da pena-base, considerar com preponderância sobre as circunstâncias do art. 59 do CP a natureza da substância ou do produto; a sua quantidade; a personalidade do agente; e a sua conduta social; **D:** correta, nos termos do art. 33, § 4º, da Lei de Drogas.

Gabarito "D"

(Defensor Público/AM – 2010 – I. Cidades) Acerca dos crimes previstos pela lei 11.343/06 (que define os crimes de posse para uso e tráfico ilícito de drogas), marque a alternativa errada:

(A) nos casos de prática de conduta de adquirir, guardar, ter em depósito, transportar ou trazer consigo, para consumo pessoal, drogas sem autorização ou em desacordo com determinação legal ou regulamentar, será submetido à pena privativa de liberdade que poderá ser substituída por advertência sobre os efeitos das drogas, prestação de serviços à comunidade ou uma medida educativa de comparecimento a um programa ou curso educativo;

(B) o crime de oferecer droga, eventualmente, e sem objetivo de lucro, a pessoa de seu relacionamento, para juntos a consumirem é de competência do Juizado Especial Criminal;

(C) o crime de associação para o tráfico exige, para a sua configuração, que duas ou mais pessoas se associem para o fim de praticar, reiteradamente ou não, qualquer dos crimes previstos pelos artigos 33, caput e § 1º, 34 e 36 da Lei 11.343/06;

(D) o agente que colaborar como informante, com grupo, organização ou associação destinados á prática de qualquer dos crimes previstos pelos artigos 33, caput e § 1º e 34 da Lei 11.343/06 estará sujeito a uma pena menor, ou seja, a uma pena de reclusão de dois a seis anos e pagamento de multa;

(E) os crimes de tráfico ilícito (artigos 33, caput e § 1º e 34) e de colaboração com o tráfico (artigo 37) são inafiançáveis e insuscetíveis de *sursis*, graça, indulto e anistia e liberdade provisória.

A: proposição incorreta, visto que, a teor do art. 28 da Lei 11.343/06, aquele que *adquire, guarda, tem em depósito, transporta* ou *traz consigo*, para consumo pessoal, drogas sem autorização ou em desacordo com determinação legal ou regulamentar será submetido às seguintes penas: advertência sobre os efeitos das drogas; prestação de serviços à comunidade; e medida educativa de comparecimento a programa ou curso educativo. Não será mais aplicável ao usuário a pena de prisão. A natureza jurídica do art. 28 da Lei de Drogas tem gerado polêmica na doutrina. Para a 1ª Turma do STF, o dispositivo tem natureza de crime, e o usuário é um "tóxico delinquente" (RE 430.105-9-RJ, rel. Min. Sepúlvida Pertence, j. 13.2.2007); **B:** a cessão gratuita, com o advento da Lei 11.343/06, passou a ter tipificação própria (art. 33, § 3º). Dado que a pena máxima cominada é de 1 ano, a competência é do Juizado Especial Criminal; **C:** correta, nos termos do art. 35 da Lei 11.343/06; **D:** correta, nos termos do art. 37 da Lei de Drogas; **E:** correta, nos termos do art. 44, *caput*, da Lei de Drogas.

Gabarito "A"

(Defensor Público/MS – 2008 – VUNESP) Aquele que oferece droga, eventualmente e sem objetivo de lucro, a pessoa de seu relacionamento, para juntos a consumirem, está sujeito à pena de

(A) medida educativa de comparecimento a programa e curso educativo e prestação de serviços à comunidade, apenas.
(B) advertência sobre os efeitos das drogas e prestação de serviços à comunidade, apenas.
(C) reclusão, de 5 (cinco) a 15 (quinze) anos, e pagamento de 500 (quinhentos) a 1.500 (mil e quinhentos) dias-multa.
(D) detenção, de 6 (seis) meses a 1 (um) ano, e pagamento de 700 (setecentos) a 1.500 (mil e quinhentos) dias-multa, sem prejuízo das sanções previstas no artigo 28 da Lei nº 11.343/06.

A cessão gratuita, prevista no art. 33, § 3º, da Lei de Drogas, constitui uma forma privilegiada de tráfico, já que a pena estabelecida no preceito secundário do tipo penal é significativamente inferior à do *caput*. Sucede que, para a configuração desta modalidade de tráfico, o tipo penal estabeleceu vários requisitos, a saber: oferta de droga sem objetivo de lucro; oferta em caráter eventual; a droga deve ser oferecida à pessoa do relacionamento do agente; o agente deve ter o propósito de consumir a droga em conjunto com a pessoa de seu relacionamento.

Gabarito "D"

(Defensoria/PA – 2009 – FCC) O agente que oferece droga, eventualmente e sem objetivo de lucro, à pessoa de seu relacionamento, para juntos consumirem

(A) está sujeito a aplicação de pena de detenção de 6 meses a 1 ano, pagamento de 700 a 1.500 dias-multa, sem prejuízo de advertência, prestação de serviços à comunidade e medida educativa de comparecimento a programa ou curso.
(B) não pratica crime de natureza alguma.
(C) pode ter a pena reduzida de 1/3 a 2/3 desde que primário e de bons antecedentes.
(D) equipara-se para todos os efeitos a quem adquire, guarda, tem em depósito, transporta ou traz consigo para consumo pessoal a droga.
(E) equipara-se a quem adquire, guarda, tem em depósito, transporta ou traz consigo para entregar a droga a consumo, ainda que gratuitamente, sem autorização ou em desacordo com determinação legal ou regulamentar.

Art. 33, § 3º, da Lei 11.343/06.

Gabarito "A"

(Defensor Público/RS – 2011 – FCC) A respeito da Lei nº 11.343/06, é correto afirmar:

(A) Há previsão de delito culposo no rol de crimes.
(B) Na hipótese do delito previsto no *caput* do art. 33, o indivíduo primário, com bons antecedentes, que não se dedique às atividades criminosas nem integre organização criminosa, poderá ter sua pena reduzida, desde que confesse a autoria delitiva, de um sexto a dois terços.
(C) O condenado pelo delito previsto no art. 28 não poderá receber pena privativa de liberdade, salvo se reincidente e demonstrar resistência ao tratamento contra dependência química.
(D) O delito de associação para o tráfico consignado no art. 35 exige a mesma quantidade de agentes prevista para o crime de quadrilha ou bando disposto no art. 288 do Código Penal.
(E) O agente que em única ocasião oferece gratuitamente para um amigo vinte pedras de substância conhecida como *crack*, ainda que com única intenção de juntos consumirem, responde pelo crime previsto no *caput* do art. 33, delito equiparado a hediondo.

A: a assertiva está correta, pois o elemento subjetivo do crime previsto no art. 38 da Lei de Drogas é representado pela culpa; **B:** a confissão não constitui pressuposto à incidência do redutor presente no art. 33, § 4º, da Lei de Drogas; **C:** no caso de reincidência específica (porte de drogas para consumo próprio), a solução está no art. 28, § 4º, isto é, as penas restritivas de direitos poderão ser impostas pelo prazo de até 10 meses. Não terá lugar, em hipótese alguma, a pena de prisão. Pelo descumprimento das medidas restritivas de direitos impostas pelo juiz na sentença, *caberá admoestação verbal* e *multa*, conforme determina o art. 28, § 6º; **D:** incorreta, visto que o crime do art. 35 da Lei de Drogas configura-se com a associação de duas ou mais pessoas com o propósito de praticar os crimes previstos nos arts. 33, *caput* e § 1º, 34 e 36 da Lei 11.343/06, ao passo que o do art. 288 do CP (atualmente *associação criminosa*) configura-se, a partir da modificação implementada pela Lei 12.850/2013, com a associação de mais de *duas* pessoas (a partir de três) com o fito de cometer crimes. A alternativa, ainda que se levasse em conta a redação anterior do art. 288 do CP, estaria incorreta; **E:** a conduta descrita na alternativa está capitulada no art. 33, § 3º, da Lei de Drogas (cessão gratuita).

Gabarito "A"

(Defensoria/SP – 2009 – FCC) A Lei nº 11.343/06 (lei de drogas) dispõe que o crime de tráfico ilícito de entorpecentes é insuscetível de anistia, graça, indulto e que ao condenado pela prática desse crime dar-se-á livramento condicional, após o cumprimento de 2/3 da pena, vedada a concessão ao reincidente específico. Ante o silêncio desta lei quanto à possibilidade de progressão de regime de cumprimento de pena para o crime de tráfico, assinale a alternativa correta.

(A) A lei de crimes hediondos permite, de forma diferenciada, a progressão de cumprimento de pena e, consequentemente, os condenados por crime de tráfico podem progredir após o cumprimento de 2/5 da pena, se primários e 3/5, se reincidente.
(B) A omissão contida na lei de drogas é inconstitucional, já que fere o princípio da individualização da pena e, consequentemente, os condenados por crime de tráfico podem progredir de regime de cumprimento de pena nos termos da Lei de Execução Penal, ou seja, após o cumprimento de 1/6 da pena, se primários e 2/5, se reincidentes.
(C) A lei de drogas não permite a progressão de regime de cumprimento de pena já que, por ser o crime de tráfico assemelhado a hediondo, a pena deve ser cumprida integralmente em regime fechado.
(D) A lei de drogas não permite a progressão de regime de cumprimento de pena, pois, por ser lei especial, prevalece o silêncio sobre determinação de lei geral.
(E) Após ter o STF declarado a inconstitucionalidade e a consequente invalidade da vedação de progressão de regime de cumprimento de pena contida na lei de crimes hediondos, a única norma existente, vigente e válida, no que tange à progressão de regime de cumprimento de pena, é a contida no art. 112 da Lei de Execução Penal, aplicando-se, portanto, o lapso de 1/6 para progressão de regime de cumprimento de pena, também ao crime de tráfico.

Art. 2º, § 2º, da Lei 8.072/1990, com redação alterada pela Lei 11.464/07: se se tratar de apenado primário, a progressão de regime dar-se-á após o cumprimento de dois quintos da pena; se reincidente, depois de cumpridos três quintos. De todo modo, a pena será sempre cumprida em regime inicialmente fechado, conforme determina o § 1º do art. 2º.

Gabarito "A"

24. Crimes contra o Meio Ambiente

(Defensor Público/TO – 2013 – CESPE) Com relação aos crimes contra o meio ambiente, assinale a opção correta, conforme entendimento do STJ e do STF.

(A) Considere que Gil, a fim de comemorar, durante a madrugada, em zona urbana, a vitória de determinado time de futebol, tenha ajustado o aparelho de som do veículo em volume muito acima do limite permitido na legislação local, perturbando o sono e o sossego da vizinhança, e que esta tenha acionado o órgão municipal responsável. Considere, ainda, que o referido aparelho de som tenha sido apreendido, e Gil, conduzido à delegacia de polícia. Nessa situação, a conduta de Gil é atípica, visto que a poluição sonora não está expressamente prevista na lei de crimes ambientais.
(B) O crime ambiental que consiste em impedir o nascimento de nova vegetação ou dificultar a regeneração natural de florestas e demais formas de vegetação é crime permanente, visto que a consumação do delito se protrai no tempo, violando o bem jurídico tutelado de forma contínua e duradoura, renovando-se, a cada momento a consumação, consoante entendimento do STF.
(C) Em se tratando dos crimes contra o meio ambiente, admite-se responsabilização penal unicamente da pessoa jurídica, salvo se a imputação for pela prática de delitos culposos.
(D) Os tribunais superiores, no que concerne aos crimes ambientais, rejeitam a incidência do sistema da dupla imputação ou sistema da imputação paralela dada a ocorrência de *bis in idem* na responsabilização, pelo mesmo crime, de mais de uma pessoa.

A: incorreta. Art. 54 da Lei 9.605/1998 (Crimes Ambientais); **B:** correta. Conferir: "*HABEAS CORPUS*. TRANCAMENTO DA AÇÃO PENAL. ART. 48 DA LEI Nº 9.605/1998. CRIME CONTRA O MEIO AMBIENTE. ATIPICIDADE. INEXISTÊNCIA. CRIME PERMANENTE. SÚMULA 711. PRESCRIÇÃO DA PRETENSÃO PUNITIVA. INOCORRÊNCIA. ORDEM DENEGADA. 1. Ainda que a vegetação tenha sido retirada quando a área não era considerada de preservação ambiental e antes da vigência da Lei do Meio Ambiente, a conduta do Paciente é típica, uma vez que o seus atos no sentido de impedir a regeneração natural da flora estenderam-se no tempo, constantemente violando o bem jurídico tutelado. Inteligência da Súmula nº 711 do Supremo Tribunal Federal. 2. Houve claramente a prorrogação do momento consumativo, porquanto o Paciente poderia fazer cessar a atividade delituosa a qualquer momento, bastava retirar a cerca que anexa seu terreno à área pública de preservação invadida quando foi notificado para tanto, e assim não o fez. A conduta narrada, portanto, amolda-se à definição de crime permanente em face da natureza duradoura da consumação, conforme compreendido pela Corte *a quo*. 3. Em se tratando de crime permanente, o termo inicial do prazo prescricional se dá conforme a vontade do sujeito ativo do delito, que pode fazer cessar a consumação do delito ou não. No caso, reconheceu o acórdão que o paciente impede a regeneração natural da mata onde foram construídos um campo de futebol e uma quadra de vôlei de areia que, certamente, demandam constante manutenção. Dessa forma, não se verifica, no caso, a prescrição da pretensão punitiva estatal. 4. Precedentes desta Corte e do Supremo Tribunal Federal. 5. *Habeas corpus* denegado." (STJ, HC 116.088, 5ª T., j. 16.09.2010, rel. Min. Laurita Vaz, *DJe* 11.10.2010); **C:** incorreta. A jurisprudência dos tribunais superiores vem se curvando no sentido de reconhecer a necessidade, neste caso, de concurso necessário. Em outras palavras, a pessoa jurídica não pode ser punida sozinha (art. 3º, parágrafo único, da Lei 9.605/1998). Nesse sentido: STJ, REsp 610.114/RN, 5ª T., j. 17.11.2005, rel. Min. Gilson Dipp, *DJ* 19.12.2005; **D:** incorreta, pois os tribunais superiores vêm reconhecendo a possibilidade de responsabilizar de forma simultânea a pessoa jurídica e a pessoa física que realizou ou determinou a realização do ato.

Gabarito "B"

(Defensor Público/AM – 2010 – I. Cidades) Sobre os crimes contra o meio ambiente definidos pela Lei 9.605/98, assinale o que for correto:

(A) as penas privativas de liberdade podem ser substituídas pelas penas restritivas de direitos quando se tratar de crime culposo ou quando a pena privativa de liberdade aplicada for inferior a 4 anos e quando a culpabilidade, os antecedentes, a conduta social e a personalidade do condenado, bem como os motivos e as circunstâncias indicarem que a substituição seja suficiente para efeitos de reprovação e prevenção do crime;

(B) cabe a suspensão condicional da pena nos crimes definidos pela lei 9.605/98 quando a pena aplicada não for superior a 4 anos;

(C) a prestação de serviços à comunidade somente será admitida na modalidade de desempenho de tarefas gratuitas junto a parques e jardins públicos e unidades de conservação, mesmo nos casos de danos em bens particulares;

(D) a Lei 9.605/98 prevê a responsabilização das pessoas jurídicas apenas no âmbito civil e administrativo.

(E) não há possibilidade de desconsideração de personalidade da pessoa jurídica, quando houver obstáculo ao ressarcimento de prejuízos causados à qualidade do meio ambiente.

A: assertiva correta, pois em consonância com o art. 7º da Lei 9.605/98; **B:** incorreta, nos termos do art. 16 da Lei 9.605/08; **C:** incorreta, nos termos do art. 9º da Lei 9.605/08; **D:** incorreta, pois contraria o que dispõem os arts. 225, § 3º, da CF e 3º da Lei 9.605/08; **E:** incorreta, pois não reflete o que prescreve o art. 4º da Lei 9.605/08.

Gabarito "A"

(Defensor Público/CE – 2007 – CESPE) Em relação aos crimes contra o meio ambiente, julgue os itens que se seguem.

(1) Esses crimes submetem-se à ação penal pública incondicionada e não admitem a transação penal, pois são crimes de ofensividade máxima, que atingem toda a coletividade.

(2) Em processo que trate de crime ambiental, admite-se suspensão condicional, caso em que a declaração da extinção de punibilidade dependerá de laudo de constatação de reparação do dano ambiental, salvo impossibilidade de fazê-lo.

(3) Caso o laudo de constatação comprove não ter sido completa a reparação do dano ambiental, o prazo de suspensão do processo será prorrogado, até o período máximo previsto, acrescido de mais um ano, com suspensão do prazo da prescrição.

1: a ação penal, nos crimes contra o meio ambiente, é pública incondicionada (art. 26, Lei 9.605/08). A transação penal, por sua vez, é admitida no âmbito desses crimes, conforme preceitua o art. 27 da Lei 9.605/08; **2:** assertiva correta, nos termos do art. 28, I, da Lei 9.605/08; **3:** assertiva correta, nos termos do art. 28, II, da Lei 9.605/08.

Gabarito 1E, 2C, 3C

25. Crimes de Trânsito

(Defensoria Pública/SP – 2010 – FCC) Nos delitos do Código de Trânsito Brasileiro, a penalidade de suspensão ou proibição de se obter a permissão ou habilitação para conduzir veículo automotor

(A) tem prazo mínimo de um mês.

(B) é cumprida concomitantemente à pena de prisão.

(C) é imposta apenas para o delito de embriaguez ao volante.

(D) é imposta obrigatoriamente para o reincidente específico.

(E) tem a mesma duração da pena privativa de liberdade substituída.

Art. 296 da Lei 9.503/96 (Código de Trânsito Brasileiro).

Gabarito "D"

26. Estatuto do Desarmamento

(Defensor Público/TO – 2013 – CESPE) No que tange ao disposto no Estatuto do Desarmamento, assinale a opção correta.

(A) Suponha que Lucas, maior, capaz, empregado de uma pedreira, seja abordado por policiais militares, no trajeto para sua residência após o trabalho, sendo encontrado em sua mochila um artefato explosivo conhecido como dinamite, sem a devida autorização. Nesse caso, a conduta é atípica, uma vez que o estatuto prevê apenas punição para o emprego de artefato explosivo sem autorização.

(B) Considere que Celso tenha posse regular de arma de fogo e que, para evitar a invasão de sua propriedade, por mendigos, em zona urbana e habitada, tenha efetuado um único disparo para o alto da janela de casa. Nesse caso, Celso responderá pelo delito de disparo de arma de fogo em local habitado.

(C) O crime de disparo de arma de fogo em lugar habitado ou adjacências, ou em via pública, previsto no Estatuto do Desarmamento, contempla as formas dolosa e culposa.

(D) No referido estatuto, é prevista a punição, da mesma forma, para as condutas de reciclar ou recarregar munição sem autorização legal e de adulterar, por qualquer forma, munição ou explosivo, sendo irrelevante, para a caracterização do delito, a quantidade de explosivo ou a habitualidade da conduta.

(E) Considere que Joca tenha a posse regular de arma de fogo de uso permitido e que, para dificultar a identificação do disparo produzido pela arma, tenha feito modificações na saída do cano. Nesse caso, com base no referido estatuto, é atípica a conduta de Joca.

A: incorreta. A conduta praticada por Lucas constitui infração penal, pois se amolda à descrição típica contida no art. 16, parágrafo único, III, da Lei 10.826/2003 (Estatuto do Desarmamento); **B:** incorreta. Em princípio, Celso agiu sob o manto da excludente de ilicitude da legítima defesa (art. 25 do CP); **C:** incorreta, já que o crime do art. 15 do Estatuto do Desarmamento não prevê a modalidade culposa; **D:** correta, nos termos do art. 16, parágrafo único, VI, do Estatuto do Desarmamento; **E:** incorreta, pois a conduta descrita na alternativa corresponde ao crime previsto no art. 16, parágrafo único, II, do Estatuto do Desarmamento.

Gabarito "D"

(Defensor Público/MS – 2008 – VUNESP) Com relação aos crimes definidos na Lei nº 10.826/03, não admite a figura do artigo 14, II, do Código Penal, o de

(A) omissão de cautela (art. 13, *caput*).

(B) comércio ilegal de arma de fogo (art. 17, *caput*).

(C) tráfico internacional de arma de fogo (art. 18).

(D) produzir munição sem autorização legal (art. 16, parágrafo único, VI).

O crime de omissão de cautela, por ser omissivo próprio e unissubsistente, não comporta a modalidade tentada.

Gabarito "A"

27. Crimes do ECA

(Defensor Público/RO – 2012 – CESPE) Augusto, nascido em 07.05.1993, convidou Valéria, Marise e Patrícia, respectivamente, de treze, quinze e dezessete anos de idade, todas sem nenhuma experiência sexual, para uma festa que seria realizada em sua residência em 28.3.2012, no período matutino. Durante a festa, Augusto, embriagado com cerveja e apenas vestido com calção de banho, exibiu às meninas, em seu telefone celular, filme pornográfico com adolescentes e convidou-as a entrar com ele na piscina da residência, localizada na área externa, convite recusado por todas três. Logo depois, Augusto pediu que Patrícia o acompanhasse até a cozinha para buscarem cerveja gelada. A moça, receosa do alto estado de embriaguez de Augusto, trancou-se no banheiro da casa e começou a gritar por socorro. Saulo, policial militar e vizinho de Augusto, ouviu os gritos, entrou na propriedade, prendeu Augusto em flagrante e o conduziu à delegacia de polícia.

Nessa situação hipotética, Augusto

(A) cometeu o crime de corrupção de menores previsto no art. 218 do CP, por ter induzido Valéria, de treze anos de idade, a satisfazer a sua lascívia.
(B) praticou o crime de corrupção de menores previsto no art. 244-B da Lei n. 8.069/1990, por ter corrompido as adolescentes, induzindo-as a praticar crime.
(C) praticou o crime previsto no art. 241-A, *caput*, da Lei n. 8.069/1990, por ter exibido cenas de sexo às adolescentes.
(D) não cometeu ilícito penal porque sequer iniciou a prática de qualquer crime.
(E) praticou o crime de violação sexual mediante fraude, na modalidade tentada, contra Patrícia, porque, vestido apenas com calção de banho, levou-a para o interior da residência, deixando Valéria e Marise na área externa da casa.

A: incorreta. Em momento algum Augusto sugeriu que Valéria satisfizesse a lascívia de quem quer que seja; **B:** incorreta. A conduta prevista no art. 244-B do ECA consiste em corromper (perverter) pessoa menor de 18 anos para o fim de inseri-la no mundo do crime, o que não ocorreu na narrativa contida no enunciado; **C:** correta, já que a conduta levada a efeito por Augusto se amolda ao tipo penal do art. 241-A, caput, do ECA, visto que exibiu, no seu celular, filme pornográfico com adolescentes; **D:** incorreta. Vide comentário à alternativa anterior; **E:** incorreta. O crime de violação sexual mediante fraude (art. 215 do CP) pressupõe que o agente, utilizando-se de ardil, tenha conjunção carnal ou outro ato libidinoso com a vítima.

Gabarito "C"

(Defensor Público/SE – 2012 – CESPE) Vítor, Jaime e Leôncio, todos com dezesseis anos de idade completos, andavam de bicicleta em terreno baldio ao lado de um imóvel residencial onde era celebrado casamento religioso. Os gritos e comemorações dos adolescentes após cada salto e acrobacia incomodaram alguns convidados, entre eles, o tio da noiva, Roque, agente de polícia civil, que se dirigiu ao local onde estavam os adolescentes e os apreendeu, utilizando-se de algemas, conduzindo-os pela praça principal da cidade até a delegacia. Nela, Roque encontrou Júlio, agente de polícia, conhecido colega de trabalho, e, aproveitando-se da ausência temporária do delegado, solicitou ao colega que mantivesse informalmente, na delegacia, os adolescentes até o término da celebração do casamento, liberando-os em seguida. Roque manteve os adolescentes, sem algemas, por duas horas nas dependências da delegacia, liberando-os em seguida, sem instauração ou lavratura de qualquer procedimento; tampouco foi feita qualquer comunicação dos fatos.

Com base na legislação que versa sobre abuso de autoridade e no que dispõe o ECA, assinale a opção correta a respeito da situação hipotética acima descrita.

(A) Roque e Júlio, por serem agentes do Estado, deverão responder unicamente pelo crime de abuso de autoridade, por ser delito de ações múltiplas.
(B) Roque e Júlio deverão responder pela infração penal, prevista no ECA, de privação da liberdade de adolescente, mediante apreensão, sem as formalidades legais, sem flagrante de ato infracional nem ordem escrita da autoridade judiciária competente, sem prejuízo de eventual concurso.
(C) A única infração perpetrada por Júlio foi a de ter deixado de comunicar à autoridade competente a apreensão de adolescentes e à família dos menores ou à pessoa por eles indicada, segundo dispõe o ECA, sem prejuízo de eventual concurso de pessoas.
(D) A conduta praticada por Roque, agente da polícia civil, configurou uma única infração penal, consubstanciada no abuso de autoridade consistente na privação de liberdade sem as formalidade legais e com abuso de poder em razão do uso de algemas.
(E) A conduta de Júlio ajustou-se ao crime, previsto no ECA, de submissão de adolescente sob sua autoridade a vexame ou constrangimento, em concurso formal com o delito de abuso de autoridade por atentado à liberdade de locomoção.

Roque e Júlio deverão ser responsabilizados pelo crime do art. 230 do ECA, que constitui uma modalidade especial do crime de sequestro ou cárcere privado, previsto no art. 148 do CP.

Gabarito "B"

(Defensor Público/AM – 2010 – I. Cidades) Em relação aos crimes cometidos contra crianças e adolescentes definidos pela Lei 8.069/90, marque a opção correta:

(A) os crimes definidos pela Lei 8069/90 são de ação penal pública condicionada à representação;
(B) o crime de descumprir injustificadamente prazo fixado na Lei 8069/90 quando em benefício de adolescente privado de liberdade pode ser cometido por qualquer pessoa;
(C) os crimes definidos pela Lei 8069/90 são de ação penal pública incondicionada;
(D) o crime de embaraçar ou impedir a ação de autoridade judiciária, membro do Conselho Tutelar ou representante do Ministério Público no exercício de função prevista pela Lei 8069/90 pode ser praticado somente por funcionário público;
(E) o crime de submissão de criança ou adolescente que esteja sob a guarda, autoridade ou vigilância a vexame ou a constrangimento somente pode ser praticado pelo juiz, delegado de polícia, promotor de justiça e membro do Conselho Tutelar.

A e **C:** reza o art. 227 do ECA que os crimes ali definidos são de ação penal pública incondicionada. É de se ressaltar que somente seria diferente (ação penal pública condicionada à representação ou ação penal de iniciativa privada) caso o tipo penal fizesse menção expressa nesse sentido. Como os tipos penais previstos na Lei 8.069/90 silenciaram a esse respeito, caso o legislador nada dissesse acerca da ação penal nesses delitos (art. 227), ainda assim a ação penal seria pública incondicionada; **B:** o crime capitulado no art. 235 do ECA é próprio, porquanto somente pode ser praticado pela autoridade a quem incumbe fazer cumprir o prazo estabelecido no ECA; **D:** o crime previsto no art. 236 do ECA é comum, pois não exige do sujeito ativo qualquer qualidade especial; **E:** o crime do art. 232 do ECA também pode ser praticado pelo particular que exerça sobre a criança ou adolescente os mesmos poderes. De toda sorte, trata-se de crime próprio, pois somente pode ser praticado por quem, representante do Estado ou particular, exerça sobre o menor autoridade, guarda ou vigilância.

Gabarito "C"

28. Crime de Tortura

(Defensor Público/AM – 2010 – I. Cidades) Acerca do crime de tortura previsto pela Lei 9.455/97, marque a alternativa errada:

(A) constitui crime de tortura a conduta de constranger alguém com emprego de violência ou grave ameaça, causando-lhe sofrimento físico ou mental com o fim de obter informação, declaração ou confissão da vítima ou terceira pessoa, bem como para provocar ação ou omissão de natureza criminosa, dentre outras hipóteses;
(B) constitui também crime de tortura, a submissão de alguém, sob sua guarda, poder ou autoridade, com o emprego de violência ou grave ameaça, a intenso sofrimento físico ou mental, como forma de aplicar castigo pessoal ou medida de caráter preventivo, dentre outras hipóteses;

(C) a pessoa que se omite em face das condutas definidas como crime de tortura, quando tenha o dever de evitá-las ou apurá-las, responde por crime também e está sujeito às mesmas penas previstas para o crime de tortura;

(D) a condenação por crime de tortura praticado por funcionário público acarreta a perda do cargo, função ou emprego público, bem como a interdição para o seu exercício pelo dobro do prazo da pena aplicada;

(E) os crimes de tortura são inafiançáveis e insuscetíveis de graça e anistia.

A: assertiva correta, nos termos do art. 1°, I, da Lei 9.455/97; **B:** assertiva correta, nos termos do art. 1°, II, da Lei 9.455/97; **C:** aquele que se omite diante das condutas tipificadas no art. 1° da Lei de Tortura, quando tenha o dever de evitá-las ou apurá-las, está sujeito a uma pena bem inferior à do crime de tortura, conforme dispõe o art. 1°, § 2°, da Lei 9.455/97; **D:** assertiva correta, nos moldes do art. 1°, § 5°, da Lei de Tortura; **E:** art. 1°, § 6°, da Lei de Tortura.

Gabarito "C"

(Defensor Público/GO – 2010 – I. Cidades) Ao prender em flagrante delito autor de homicídio, Capitão Nascimento obrigou-o a abraçar e beijar o cadáver da vítima, causando-lhe sofrimento físico e mental. Penalmente a conduta do Capitão Nascimento tipifica

(A) tortura (Lei n. 9.455/97. art. 1°, §1°).

(B) constrangimento ilegal (Código Penal. art. 146).

(C) excesso de exação (Código Penal. art. 316. §1°).

(D) maus-tratos (Código Penal, art. 136).

(E) estrito cumprimento de dever legal (Código Penal. art. 23. 11I).

A conduta de submeter o autor de homicídio, preso em flagrante, à prática de ato não previsto em lei, consistente em abraçar e beijar o cadáver daquele que acabara de matar, impingindo-lhe sofrimento físico e mental, se amolda ao tipo prefigurado no art. 1°, § 1°, da Lei de Tortura.

Gabarito "A"

(Defensoria/SP – 2006 – FCC) A Lei n° 9.455, de 7 de abril de 1997, estabelece que pratica crime de tortura

(A) qualquer pessoa que submete alguém, sob sua guarda, poder ou autoridade, com emprego de violência ou grave ameaça, a intenso sofrimento físico ou mental, como forma de aplicar castigo pessoal ou medida de caráter preventivo.

(B) o agente público que submete pessoa presa ou sujeita a medida de segurança, a sofrimento físico ou mental, ainda que por intermédio da prática de ato previsto em lei ou resultante de medida legal.

(C) qualquer pessoa que constrange alguém com emprego de violência ou grave ameaça, causando-lhe sofrimento físico ou mental, em razão de discriminação de qualquer natureza.

(D) o agente público que constrange alguém, com emprego de violência ou grave ameaça, com o fim de provocar ação ou omissão de qualquer natureza.

(E) qualquer pessoa que se omita diante de constrangimento ou submissão a ato de tortura.

A: art. 1°, II, da Lei 9.455/97; **B:** art. 1°, § 1°, da Lei 9.455/97; **C:** art. 1°, I, *c*, da Lei 9.455/97; **D:** art. 1°, I, *b*, da Lei 9.455/97; **E:** art. 1°, § 2°, da Lei 9.455/97.

Gabarito "A"

29. Crimes de Abuso de Autoridade

(Defensor Público/PA – 2006 – UNAMA) Considerando a Lei 4898/65, que trata do Abuso de Autoridade, é correto afirmar:

I. É considerada autoridade qualquer pessoa que exerça função pública remunerada.

II. O crime de abuso de autoridade obedece ao disposto no art. 30 do CP, que trata da comunicabilidade das circunstâncias.

III. Nos crimes de abuso de autoridade a ação penal é pública incondicionada, independente do disposto no art. 2° da Lei 4898/65.

IV. As instâncias administrativas e penal não são totalmente independentes, considerando que a decisão administrativa depende da proferida na esfera criminal e vice-versa.

Somente está correto o que se afirma em:

(A) I e III.

(B) II e IV.

(C) III e IV.

(D) II e III.

I: para os efeitos da Lei de Abuso de Autoridade, considera-se autoridade, a teor de seu art. 5°, aquele que exerce cargo, emprego ou função pública, de natureza civil ou militar, ainda que transitoriamente e sem remuneração. Incorreta, portanto, a assertiva, pois se refere tão somente aquele que exerce função pública remunerada. O conceito, como vimos, é mais abrangente; **II:** assertiva correta. Aplica-se normalmente o art. 30 do CP, uma vez que o conceito de autoridade integra o tipo penal. Dessa forma, é perfeitamente possível, nos crimes de abuso de autoridade, que o concurso de pessoas se estabeleça entre um particular e uma autoridade; **III:** prescreve o art. 1° da Lei 5.249/67: "A falta de representação do ofendido, nos casos de abuso previstos na Lei 4.898/65, não obsta a iniciativa ou o curso da ação penal pública". A esse respeito, vide art. 12 da Lei 4.898/65; **IV:** art. 6° da Lei de Abuso de Autoridade.

Gabarito "D"

30. Violência Doméstica

(Defensor Público/TO – 2013 – CESPE) Flávia, maior, capaz, de trinta e sete anos de idade, mãe de Lúcia, de dezesseis anos de idade, desconfiando que o companheiro, Saulo, de quarenta anos de idade, assediava sexualmente Lúcia, procurou a delegacia de polícia, onde foi instaurado o procedimento investigativo pertinente. Saulo foi conduzido à delegacia e prestou esclarecimentos, tendo sido indiciado. Ao retornar ao imóvel do casal, Saulo espancou Flávia, tendo-lhe causado lesões corporais graves, e expulsou mãe e filha do imóvel, sob a alegação de ter pago a maior parte da casa, o que lhe garantia o direito de permanecer no imóvel. Reteve também todos os bens comuns do casal. Flávia, imediatamente, em companhia da filha, voltou à delegacia de polícia e declarou o seu receio de que o agressor voltasse a agredi-la e o fato de não ter para onde ir.

Em face dessa situação hipotética, assinale a opção correta com base no que dispõe a Lei n° 11.340/2006.

(A) De acordo com a referida lei, o juiz, ao receber o expediente com a comunicação dos fatos, somente poderá decretar a prisão preventiva de Saulo, de ofício, caso exista ação penal ajuizada. Na fase investigativa, a decretação da prisão depende de representação da autoridade policial ou de requerimento do MP.

(B) Assegura expressamente a referida lei o dever da autoridade policial de fornecer transporte para Flávia e a filha a local seguro, bem como o acompanhamento ao domicílio para a retirada de seus pertences, enquanto são adotadas outras medidas protetivas.

(C) Nesse caso, é imprescindível a oitiva prévia de Saulo antes da imposição das medidas protetivas a Flávia, inclusive as de natureza patrimonial, sob pena de nulidade da medida, segundo dispositivo expresso da lei de regência.

(D) Ante a urgência da situação, a referida lei prevê a possibilidade de a autoridade policial proceder, de ofício, ao afastamento provisório do agressor do lar, enquanto são adotadas outras medidas pertinentes legalmente estabelecidas.

(E) Determina a lei de regência, de forma expressa, a obrigatoriedade do segredo de justiça, no âmbito criminal, com relação às medidas protetivas adotadas em favor de Flávia e aos demais atos do processo.

A: incorreta, visto que, no âmbito da Lei 11.340/2006 (Maria da Penha), é dado ao juiz decretar, de ofício, a prisão preventiva do agressor no curso do inquérito policial, conforme estabelece o art. 20, *caput*, da lei de regência; **B:** correta, pois em conformidade com o que prevê o art. 11, III e IV, da Lei Maria da Penha; **C:** incorreta, pois não reflete o disposto no art. 19, § 1°, da Lei Maria da Penha, que autoriza o magistrado a conceder as medidas protetivas de imediato, independente de audiência das partes; **D:** incorreta, uma vez que tal providência somente poderá ser determinada pelo juiz de direito, a teor do que estabelece o art. 22, II, da Lei Maria da Penha; **E:** incorreta, na medida em que tal providência não foi contemplada na Lei Maria da Penha.

Gabarito "B"

(Defensor Público/AC – 2012 – CESPE) Consoante a Lei n. 11.340/2006 (Lei Maria da Penha), o CP e o entendimento do STF, a ação penal nos crimes de ameaça deve ser

(A) pública, condicionada à representação da vítima, que só pode ser realizada perante o juiz.
(B) privada; contudo, caso a vítima esteja em situação de vulnerabilidade – em conflito com o representante legal, por exemplo –, o MP poderá intentar ação penal pública mediante representação.
(C) pública incondicionada.
(D) pública, condicionada à representação da vítima.
(E) privada, de iniciativa da vítima ou de seus representantes legais.

O examinador, aqui, quis induzir o candidato a erro. Explico. Em recente decisão tomada no julgamento da ADIn n. 4.424, de 09.02.2012, o STF estabeleceu a natureza incondicionada da ação penal nos crimes de lesão corporal, independente de sua extensão, praticados contra a mulher no ambiente doméstico. Sucede que tal decisão, como se pode notar, é restrita aos crimes de lesão corporal, não se aplicando, pois, aos crimes de ameaça, que, por força do que estabelece o art. 147, parágrafo único, do CP, continua a ser de ação penal pública condicionada à representação da vítima, que deverá, bem por isso, manifestar seu desejo em ver processado o autor deste delito. De se ver que, se praticada no âmbito doméstico, exige-se que a renúncia à representação seja formulada perante o juiz e em audiência designada para esse fim (art. 16 da Lei 11.340/2006).

Gabarito "D"

31. Outros Crimes e Crimes Combinados da Legislação Extravagante

(Defensor Público/GO – 2010 – I. Cidades) A lei n. 8.072/1990 (art. 1°) considera hediondos os seguintes crimes, exceto

(A) homicídio simples, quando praticado em atividade típica de grupo de extermínio.
(B) homicídio qualificado.
(C) latrocínio.
(D) falsificação, corrupção, adulteração ou alteração de produto destinado a fins terapêuticos ou medicinais.
(E) tráfico ilícito de entorpecentes.

A e **B:** corretos, nos termos do art. 1°, I, da Lei 8.072/1990; **C:** correto, nos termos do art. 1°, II, da Lei 8.072/1990; **D:** correto, nos termos do art. 1°, VII-B, da Lei 8.072/1990; **E:** embora igualmente grave, o crime de tráfico ilícito de drogas, a rigor, não é considerado hediondo, na medida em que não integra o rol do art. 1° da Lei 8.072/1990. Nem poderia. O constituinte achou por bem inseri-lo, juntamente com a tortura e o terrorismo, no art. 5°, XLIII, da CF, conferindo-lhe tratamento mais rigoroso. A doutrina atribui-lhe, por isso, a nomenclatura delito equiparado ou assemelhado a hediondo. O conteúdo é o mesmo; muda apenas a roupagem.

Gabarito "E"

(Defensor Público/GO – 2010 – I. Cidades) "A" foi condenado a 6 (seis) anos de reclusão pelo crime de estupro. Sabendo-se que "A" é reincidente específico em crimes dessa natureza, é correto afirmar que o mesmo poderá

(A) iniciar o cumprimento de sua pena de reclusão no regime semiaberto.
(B) progredir de regime, após o cumprimento de 3/5 (três quintos) da pena.
(C) obter livramento condicional, cumpridos mais de 2/3 (dois terços) da pena.
(D) ter extinta a sua punibilidade em virtude de concessão de anistia.
(E) requerer sua reabilitação, decorrido 1 (um) ano da extinção de sua pena.

Atualmente, o art. 2°, §2°, da Lei 8.072/1990 (Crimes Hediondos), alterada que foi pela Lei 11.464/07, autoriza a progressão de regime para delitos hediondos e equiparados, nos termos seguintes: se o apenado for primário, deverá cumprir, para fazer jus à progressão, dois quintos da pena; se reincidente for, deverá cumprir, para progredir de regime, três quintos da pena.

Gabarito "B"

(Defensor Público/MS – 2008 – VUNESP) É crime hediondo nos termos do art. 1°, da Lei n° 8.072/1990:

(A) tráfico ilícito de entorpecentes.
(B) epidemia com resultado morte.
(C) terrorismo.
(D) tortura.

Somente é hediondo, porque faz parte do rol do art. 1° da Lei 8.072/1990 (inciso VII), o crime de epidemia com resultado morte. Os demais são equiparados ou assemelhados a hediondos – art. 5°, XLIII, da CF.

Gabarito "B"

(Defensoria/RN – 2006) Constitui crime hediondo segundo a legislação vigente

(A) causar epidemia.
(B) envenenar água potável de uso comum ou particular.
(C) falsificar produto destinado a fins terapêuticos.
(D) manter em depósito água ou substância envenenada.

Nos termos do art. 1°, VII-B, da Lei 8.072/1990 – Lei de Crimes Hediondos –, constitui crime hediondo a **falsificação, corrupção, adulteração ou alteração de produto destinado a fins terapêuticos ou medicinais** (art. 273, *caput* e § 1°, § 1°-A e § 1°-B, do CP). As outras condutas não integram o rol do art. 1° da Lei 8.072/1990.

Gabarito "C"

(Defensoria/SP – 2007 – FCC) Jean-Luc Godard beneficiou-se com a suspensão condicional do processo, nos termos do art. 89 da Lei n° 9099/95, por um período de dois anos. No curso deste prazo foi processado por um furto qualificado. Findo aquele período, o juiz não revogou a suspensão. O defensor público deverá requerer

(A) a revogação da suspensão.
(B) a prorrogação da suspensão.
(C) a extinção da punibilidade.
(D) a prescrição retroativa.
(E) silenciar-se em benefício do réu.

Art. 89, § 5°, da Lei 9.099/1995.

Gabarito "C"

(Defensoria Pública da União – 2007 – CESPE) Julgue os itens seguintes.

(1) Não se estende ao crime de tortura a admissibilidade de progressão no regime de execução da pena aplicada aos demais crimes hediondos.
(2) Os condenados por crime decorrente de organização criminosa iniciarão o cumprimento da pena em regime fechado.
(3) Carece de justa causa a ação penal quanto ao crime contra a ordem tributária, caso a denúncia não esteja lastreada em decisão administrativa conclusiva concernente à investigação de sonegação fiscal, sendo cabível, na espécie, *habeas corpus* com o fim de trancamento da ação penal.

1: incorreta. Art. 2°, § 2°, da Lei 8.072/1990; **2:** correta. Art. 10 da Lei 9.034/95; **3:** correta. STJ, HC 48.063-SP, 5ª T., Rel. Ministra Jane Silva, j. 23.8.2007. Vide a recente Súmula Vinculante n° 24, que pacificou a questão.

Gabarito 1E, 2C, 3C

32. Temas Combinados de Direito Penal

(Defensor Público/SP – 2012 – FCC) No tocante à parte especial do Código Penal, é correto afirmar que

(A) o crime de assédio sexual pressupõe a prevalência da condição de superior hierárquico ou ascendência inerentes ao exercício de cargo, emprego ou função, para o fim de obtenção de vantagem econômica ou favorecimento sexual.
(B) de acordo com a jurisprudência atual do Supremo Tribunal Federal não se admite o reconhecimento do privilégio no furto qualificado pelo rompimento de obstáculo, dada a incompatibilidade das circunstâncias em questão.

(C) o concurso de agentes constitui circunstância que qualifica o crime de homicídio, vez que a superioridade numérica, por si, indica a maior reprovabilidade da conduta.

(D) não é punível a conduta do agente que recebe coisa sabendo ser produto de crime, se não for apurada a autoria do crime de que a *res* proveio.

(E) pai que agride o filho homem, que possui 18 anos de idade, causando-lhe lesões corporais de natureza leve, terá sua conduta subsumida ao art. 129, § 9º – crime de violência doméstica.

A: incorreta, visto que o elemento subjetivo específico (na doutrina tradicional, dolo específico) do tipo penal do art. 216-A do CP (assédio sexual) consiste no intuito de obter vantagem ou favorecimento sexual, o que não inclui, à evidência, a vantagem de caráter econômico; **B:** incorreta. Conferir: (...) Furto. Bem de pequeno valor (R$ 179,00). Infração penal praticada com rompimento de obstáculo e em concurso com menor. Reprovabilidade da conduta. 3. Aplicação do princípio da insignificância. Impossibilidade. 4. Ordem denegada, mas concedida de ofício, a fim de restabelecer o acórdão do Tribunal de Justiça, admitindo a figura do furto qualificado-privilegiado" (STF, HC 105922, Gilmar Mendes); **C:** incorreta, pois a superioridade numérica, por si só, não tem o condão de qualificar o crime de homicídio. Vide: TJPR, SER 395.483-2, DOE de 25.01.2008; **D:** incorreta, ainda que não se identifique a autor do crime antecedente, é cabível, mesmo assim, seja o autor da receptação punido, sendo tão somente suficiente a existência de provas do crime anterior; **E:** correta, pois reflete o teor do art. 129, § 9º, do CP.

Gabarito "E"

(Defensor Público/AM – 2013 – FCC) No que se refere aos elementos do crime, é correto afirmar que

(A) o estrito cumprimento do dever legal exclui a imputabilidade.

(B) o dolo e a culpa integram a tipicidade e a culpabilidade, respectivamente.

(C) o arrependimento eficaz afasta a ilicitude.

(D) a exigibilidade de conduta diversa é pressuposto da culpabilidade.

(E) o crime impossível extingue a punibilidade.

A: incorreta, na medida em que o *estrito cumprimento do dever legal* exclui a *ilicitude* (antijuridicidade) da conduta (art. 23, III, do CP); **B:** incorreta, já que tanto o dolo quanto a culpa, com o advento do finalismo, passaram a integrar a conduta e, portanto, o fato típico. Até então, faziam parte da culpabilidade (teoria clássica); **C:** incorreta. O *arrependimento eficaz*, ao lado da *desistência voluntária*, ambos previstos no art. 15 do CP, constitui causa de *exclusão da tipicidade*; **D:** correta, pois a *culpabilidade*, com os novos contornos conferidos pelo finalismo, passou a ser integrada pelos seguintes elementos: imputabilidade, exigibilidade de conduta diversa e potencial consciência da ilicitude; **E:** incorreta, já que o *crime impossível*, tratado no art. 17 do CP, constitui causa de exclusão da tipicidade.

Gabarito "D"

(Defensoria/RN – 2006) Em matéria de excludentes é correto afirmar que

(A) o erro sobre elemento constitutivo do tipo legal exclui a punibilidade.

(B) atuando sob a excludente da legítima defesa, o agente será responsabilizado pelos excessos, inclusive quando decorrentes de culpa.

(C) o erro sobre a pessoa exclui o dolo.

(D) no crime que resulta de estrita obediência à ordem, não manifestamente ilegal, de superior hierárquico, serão puníveis o executor do ato e o autor da ordem.

A: art. 20 do CP; **B:** art. 23, parágrafo único, do CP; **C:** art. 20, § 3º, do CP; **D:** art. 22 do CP.

Gabarito "B"

4. Direito Processual Penal

Eduardo Dompieri

1. Fontes, Princípios Gerais, Eficácia da Lei Processual no Tempo e no Espaço

(Defensor Público/AM – 2013 – FCC) NÃO está previsto nos incisos do artigo 5° da Constituição da República que

(A) não haverá juízo ou tribunal de exceção.
(B) a pena será cumprida em estabelecimentos distintos, de acordo com a natureza do delito, a idade e o sexo do apenado.
(C) às presidiárias serão asseguradas as condições para que possam permanecer com seus filhos durante o período de amamentação.
(D) será admitida ação privada nos crimes de ação pública, se esta não for intentada no prazo legal.
(E) a lei não poderá restringir a publicidade dos atos processuais.

A: correta. Direito assegurado no art. 5°, XXXVII, da CF; **B:** correta. Direito assegurado no art. 5°, XLVIII, da CF; **C:** correta. Direito assegurado no art. 5°, L, da CF; **D:** correta. Direito assegurado no art. 5°, LIX, da CF; **E:** incorreta. Segundo estabelecem os arts. 5°, LX, e 93, IX, da CF, é imposto ao Poder Judiciário o dever de conferir publicidade aos seus atos. A própria Constituição, entretanto, autoriza a restrição da publicidade quando se revelar necessária à preservação da intimidade ou do interesse social.

Gabarito "E".

(Defensor Público/SP – 2012 – FCC) Princípios e garantias processuais penais fundamentais. Assinale a alternativa correta.

(A) O princípio do *nemo tenetur se detegere* é corolário da garantia constitucional do direito ao silêncio e impede que todo o acusado seja compelido a produzir ou contribuir com a formação de prova contrária ao seu interesse, salvo se não houver outro meio de produção de prova.
(B) Constitui nulidade relativa o desempenho de uma única defesa técnica para corréus em posições conflitantes, em razão de violação ao princípio da ampla defesa.
(C) A garantia constitucional da duração razoável do processo não se aplica ao inquérito policial por este tratar de procedimento administrativo, sendo garantia exclusiva do processo acusatório.
(D) O Superior Tribunal de Justiça vem admitindo a mitigação do princípio da identidade física do juiz nos casos de convocação, licença, promoção ou de outro motivo que impeça o juiz que tiver presidido a instrução de sentenciar o feito, aplicando, por analogia, a lei processual civil.
(E) A defesa técnica em processo penal, por ser garantia exclusiva do acusado, pode ser por ele renunciada, desde que haja expressa manifestação de vontade homologada pelo juiz competente.

A: incorreta. Ainda que inexista outro meio de produção de prova, ao acusado é assegurado, ainda assim, em vista do que enuncia o princípio do nemo tenetur se detegere, o direito de não colaborar com a produção de qualquer tipo de prova, sem que isso implique prejuízo para a sua defesa. Bem por isso, é dado ao investigado/acusado, por exemplo, o direito de recusar-se a participar de reprodução simulada do crime; **B:** incorreta. Na hipótese de os corréus apresentarem defesa conflitante, é vedada a atuação de um único advogado, sob pena de nulidade absoluta. Nesse sentido: "Habeas corpus. Colidência de defesa. Defensor único de corréus. Nulidade. Havendo a corré, no inquérito policial, afirmado a participação do paciente no evento criminoso e negado a sua, o interesse dos dois passou a ser conflitante. Assim, não poderia a defesa de ambos ter ficado a cargo do mesmo defensor público, sob pena de colidência. Habeas corpus deferido. Extensão da ordem à corré" (STF, 1ª T., HC 75873-MG, rel. Min. Ilmar Galvão, j. 26.05.1999); **C:** incorreta, já que o princípio da duração razoável do processo, contemplado no art. 5°, LXXVIII, da CF, tem incidência, sim, no âmbito do inquérito policial (procedimento administrativo); **D:** correta. A Lei 11.719/2008 introduziu no art. 399 do CPP o § 2°, conferindo-lhe a seguinte redação: "O juiz que presidiu a instrução deverá proferir a sentença". O princípio da identidade física do juiz, antes exclusivo do processo civil, passou a ser também aplicável ao processo penal. Como as restrições não foram disciplinadas no Código de Processo Penal, deve-se aplicar, quanto a estas, o que dispõe o art. 132 do Código de Processo Civil. Conferir: "Habeas corpus. Tráfico de drogas. Princípio da identidade física do juiz. Juiz sentenciante diverso do responsável pela condução da instrução criminal. Ausência de configuração das hipóteses previstas no art. 132 do CPC. Nulidade configurada. Liberdade provisória. Ausência de fundamentação concreta. Constrangimento ilegal evidenciado. 1. Com o advento da Lei n. 11.719/2008, o magistrado que presidir a instrução criminal deverá sentenciar o feito, ou seja, o juiz que colher a prova fica vinculado ao julgamento da causa. 2. Esta Corte Superior de Justiça tem se orientado no sentido de que deve ser admitida a mitigação do princípio da identidade física do juiz nos casos de convocação, licença, promoção, aposentadoria ou afastamento por qualquer motivo que impeça o juiz que presidiu a instrução de sentenciar o feito, por aplicação analógica da regra contida no art. 132 do Código de Processo Civil. 3. Verificado que foi prolatada sentença penal condenatória por juiz diverso do que presidiu toda a instrução e que não está configurada nenhuma das hipóteses previstas no art. 132 do Código de Processo Civil, impõe-se a concessão da ordem para que seja anulada a sentença, determinando que outra seja proferida, dessa vez pelo Juiz titular da Vara ou por seu sucessor, conforme o caso (...)" (STJ, 6ª T., HC 201001748605, rel. Min. Sebastião Reis Júnior, DJe de 19.10.2011); **E:** incorreta. A defesa técnica, no âmbito do processo penal, é obrigatória. Não é dado ao acusado, portanto, dela abrir mão. É o que estabelece o art. 261 do CPP.

Gabarito "D".

(Defensor Público/GO – 2010 – I. Cidades) Em relação ao princípio da celeridade e razoável duração do processo, o Brasil adotou o critério

(A) da fixação de prazo determinado para o término do processo penal, prevendo consequências materiais para o descumprimento.
(B) do não prazo, possibilitando a flexibilização justificada da duração do processo de acordo com a complexidade do caso, número de acusados, número de testemunhas, número de vítimas, testemunhas residentes em outras localidades, entre outros.
(C) da fixação do prazo certo para o processo tramitar, atribuindo consequências aos sujeitos processuais pelo descumprimento do tempo ideal fixado pela lei.
(D) do não prazo, possibilitando a flexibilização discricionária do tempo do processo, sem consequências paras os sujeitos processuais pelo descumprimento do razoável.
(E) do prazo certo, seguindo o modelo paraguaio de atribuir consequências materiais ao descumprimento, como a extinção da punibilidade e arquivamento do processo.

O *princípio da celeridade e razoável duração do processo* está contemplado no art. 5º, LXXVIII, da CF, em relação ao qual o critério utilizado foi o de não se adotar prazo certo. Anote-se que os prazos a que aludem os arts. 400 (ordinário), 412 (júri) e 531 (sumário), todos do CPP, dizem respeito ao interregno dentro do qual deve realizar-se a audiência. Trata-se de prazos impróprios, isto é, seu descumprimento não acarreta sanção alguma. No mais, a extrapolação destes prazos e, por conseguinte, a duração do processo hão de ser analisadas caso a caso, a depender da complexidade de cada feito.

Gabarito "B"

(Defensoria Pública da União – 2010 – CESPE) Acerca da aplicação da lei processual penal no tempo, julgue os itens que se seguem.

(1) O direito processual brasileiro adota o sistema do isolamento dos atos processuais, de maneira que, se uma lei processual penal passa a vigorar estando o processo em curso, ela será imediatamente aplicada, sem prejuízo dos atos já realizados sob a vigência da lei anterior.

(2) Em caso de leis processuais penais híbridas, o juiz deve cindir o conteúdo das regras, aplicando, imediatamente, o conteúdo processual penal e fazendo retroagir o conteúdo de direito material, desde que mais benéfico ao acusado.

1: correta. Conforme reza o art. 2º do CPP, a lei processual penal terá aplicação imediata, preservando-se os atos realizados sob a égide da lei anterior; **2:** incorreta. Há normas processuais penais que possuem natureza mista, híbrida, isto é, são dotadas de natureza processual e material ao mesmo tempo. Nesse caso, deverá prevalecer, em detrimento do regramento estabelecido no art. 2º do CPP, a norma contida no art. 2º, parágrafo único, do Código Penal (art. 5º, XL, da CF). Em se tratando de norma mais favorável ao réu, deverá retroagir em seu benefício; se prejudicial a lei nova, aplica-se a lei já revogada. Não poderá o juiz, entretanto, cindir o conteúdo da norma, fazendo com que parte dela retroaja e outra seja de imediato aplicada.

Gabarito 1C, 2E

(Defensoria/MG – 2009 – FURMARC) O princípio processual que impede que o cidadão venha a ser preso de forma desnecessária é conhecido como:

(A) Correlação.
(B) Juízo natural.
(C) Ampla defesa.
(D) Não culpabilidade.
(E) Publicidade.

A decretação ou manutenção da prisão cautelar (provisória ou processual), assim entendida aquela que antecede a condenação definitiva, deve sempre estar condicionada à demonstração de sua imperiosa necessidade. Bem por isso, deve o magistrado apontar as razões, no seu entender, que a tornam indispensável (art. 312 do CPP). Colocado de outra forma, a prisão provisória ou cautelar somente se justifica dentro do ordenamento jurídico quando necessária ao processo. Deve ser vista, portanto, como um *instrumento* do processo a ser utilizado em situações *excepcionais*. É por essa razão que a prisão decorrente de pronúncia e a prisão decorrente de sentença penal condenatória recorrível deixaram de constituir modalidade de prisão cautelar. Era uma prisão automática, já que, com a prolação da sentença condenatória, o réu era recolhido ao cárcere (independente de a prisão ser necessária). Nesse contexto, o acusado era considerado presumidamente culpado. Com as modificações introduzidas pela Lei 11.719/2008 e também em razão da atuação dos tribunais, esta modalidade de prisão cautelar deixou de existir, consagrando, assim, o *postulado da presunção de inocência*. Em vista dessa nova realidade, se o acusado permanecer preso durante toda a instrução, a manutenção dessa prisão somente terá lugar se indispensável for ao processo, pouco importando se, uma vez condenado em definitivo, permanecerá ou não preso. A prisão desnecessária decretada ou mantida antes de a sentença passar em julgado constitui antecipação da pena que porventura seria aplicada em caso de condenação, o que representa patente violação ao princípio da presunção de inocência, postulado esse de índole constitucional – art. 5º, LVII. De se ver ainda que, tendo em conta as mudanças implementadas pela Lei 12.403/2011, que instituiu as *medidas cautelares alternativas à prisão provisória*, esta somente terá lugar diante da impossibilidade de se recorrer às medidas cautelares. Dessa forma, a prisão, como medida excepcional que é, deve também ser vista como instrumento subsidiário, supletivo.

Gabarito "D"

(Defensor Público/MS – 2008 – VUNESP) O princípio da publicidade

(A) não tem aplicabilidade no direito processual penal brasileiro, visto que não está previsto na Constituição Federal.
(B) é aquele que garante à imprensa acesso a todas as informações processuais, em nome do interesse público.
(C) é regra geral no sistema processual do tipo acusatório.
(D) manifesta-se claramente nos atos praticados durante a feitura do inquérito policial, em razão da natureza inquisitiva da referida peça informativa.

A: incorreta, na medida em que o processo penal é, sim, informado pelo *princípio da publicidade* – arts. 5º, LX, e 93, IX, da CF; **B:** é verdade que a publicidade dos atos processuais constitui a regra, mas a própria CF autoriza a restrição à publicidade desses atos sempre que se revelar necessária a *preservação da intimidade ou do interesse social* (art. 93, IX, da CF); **C:** correta, visto que o sistema acusatório, acolhido pelo Brasil, contempla, entre outras características, a *publicidade*; **D:** incorreta, pois o inquérito policial é, em vista do que dispõe o art. 20 do CPP, sigiloso. Ocorre que, a teor do art. 7º, XIV, da Lei 8.906/94 (Estatuto da Advocacia), constitui direito do advogado, entre outros: "examinar em qualquer repartição policial, mesmo sem procuração, autos de flagrante e de inquérito, findos ou em andamento, ainda que conclusos à autoridade, podendo copiar peças e tomar apontamentos". Sobre este tema, a propósito, o STF editou a Súmula Vinculante nº 14, a seguir transcrita: "É direito do defensor, no interesse do representado, ter acesso amplo aos elementos de prova que, já documentados em procedimento investigatório realizado por órgão com competência de polícia judiciária, digam respeito ao exercício do direito de defesa". Ademais, afirmar-se que o inquérito é inquisitivo implica dizer que a ele não se aplicam o *contraditório* e a *ampla defesa*.

Gabarito "C"

(Defensoria/SP – 2007 – FCC) Uma lei que atribuísse à Defensoria Pública, obrigatoriamente, a defesa dos acusados de envolvimento em ações de organização criminosa, tráfico ilícito de entorpecentes, entre outros delitos, salvo se pudessem comprovar a origem lícita dos recursos destinados ao pagamento de honorários advocatícios,

(A) violaria as garantias constitucionais da ampla defesa e da presunção de inocência.
(B) atenderia ao interesse de repressão à criminalidade organizada, impedindo que recursos financeiros oriundos de crime fossem utilizados para a contratação de advogados, compatibilizando-se com as garantias constitucionais.
(C) ratificaria a importância da Defensoria Pública, como instituição essencial à função jurisdicional do Estado.
(D) seria compatível com as garantias constitucionais do processo, diante do caráter não absoluto dos direitos fundamentais e da aplicação do princípio da proporcionalidade.
(E) desvirtuaria a atuação da Defensoria Pública na esfera penal, que tem como pressuposto obrigatório a hipossuficiência financeira do acusado.

Art. 5º, LV e LVII, da CF.

Gabarito "A"

(Defensoria/SP – 2007 – FCC) Lei nova, ampliando o prazo de duração da prisão temporária, incidirá

(A) nos inquéritos policiais em curso, podendo atingir as prisões temporárias decretadas antes da vigência da lei, por se tratar de norma processual (*tempus regit actum*).
(B) nos inquéritos policiais em curso, apenas nos casos em que a prisão temporária do indiciado ainda não houver sido prorrogada.
(C) apenas nos processos penais instaurados após a sua entrada em vigor, por se tratar de lei processual penal material.
(D) apenas em relação aos fatos ocorridos após a sua entrada em vigor, por se tratar de lei processual penal material.
(E) em nenhuma situação, face à inconstitucionalidade dessa modalidade de prisão processual.

Em regra, a lei processual penal terá aplicação imediata, conforme reza o art. 2º do CPP. Há, entretanto, normas jurídicas que possuem natureza mista, isto é, são dotadas de natureza processual e material ao mesmo tempo. Nesse caso, deverão prevalecer, em detrimento do regramento estabelecido no art. 2º do CPP, as normas contidas nos arts. 5º, XL, da CF, e 2º, parágrafo único, do Código Penal. Em se tratando de uma norma mais favorável ao réu, deverá retroagir em seu benefício; se prejudicial a lei nova, aplica-se a lei já revogada (*lex mitior*).

Gabarito "D"

2. Inquérito Policial

(Defensor Público/SE – 2012 – CESPE) Durante interrogatório, Juvenal, processado criminalmente pelo crime de furto, confessou ter praticado, também, o crime de roubo em outras oportunidades. Sabendo da notícia, o juiz que presidia a audiência expediu ofício à delegacia de polícia, requisitando a instauração de inquérito policial para apurar os delitos cometidos. Após receber a requisição judicial, Aderbal, delegado de polícia que já investigara Juvenal em outras ocasiões, instaurou o inquérito policial, determinando a oitiva de testemunhas. No dia dos testemunhos, Juvenal compareceu à delegacia, acompanhado de advogado, com o objetivo de indagar as testemunhas, o que foi indeferido pelo delegado. Em seguida, o causídico requereu vistas do inquérito policial, o que também não foi permitido pela autoridade policial. Revoltado com a atuação de seu patrono, Juvenal demitiu, ofendeu e agrediu fisicamente o advogado na frente do delegado, que entendeu por bem agir de ofício, lavrando termo circunstanciado e instaurando inquérito policial para apuração do crime de injúria, com o objetivo de apurar o conteúdo das ofensas proferidas. Verificando a ausência de suporte probatório mínimo, o MP requereu o arquivamento do inquérito policial relativo ao delito de furto, o que foi acatado pelo juízo. Posteriormente, outro membro do *Parquet*, reexaminando os autos, ofereceu denúncia contra Juvenal pelo crime de roubo. Juvenal procurou a DP para obter orientação jurídica sobre o caso.

Com base na situação hipotética acima apresentada, assinale a opção correta a respeito do inquérito policial.

(A) De acordo com a jurisprudência do STF, o arquivamento do inquérito policial por ausência de suporte probatório mínimo ao início da ação penal não impede o posterior oferecimento de denúncia em caso de reexame do acervo de provas produzidas, independentemente do surgimento de novas evidências.

(B) O delegado de polícia agiu corretamente ao instaurar de ofício inquérito policial para a investigação do crime de injúria, visto que tem o dever de assim agir quando na presença de crime.

(C) O CPP proíbe a apresentação de exceção de suspeição contra a autoridade policial que preside o inquérito. Assim, não seria possível arguir a suspeição do delegado de polícia que investiga os crimes supostamente cometidos por Juvenal.

(D) O delegado de polícia não agiu corretamente ao indeferir a participação do acusado nos atos instrutórios do inquérito, desrespeitando os princípios constitucionais do contraditório e da ampla defesa.

A: incorreta. Uma vez ordenado o arquivamento do inquérito policial pelo juiz de direito, por falta de base para a denúncia, nada obsta que a autoridade policial proceda a novas pesquisas – art. 18 do CPP. Agora, o oferecimento de denúncia pelo titular da ação penal está condicionado à existência de provas substancialmente novas. Isso porque a decisão que determina o arquivamento do inquérito policial não gera, em regra, coisa julgada material. Registre-se que as "outras provas" a que faz alusão o art. 18 devem ser entendidas como provas substancialmente novas, ou seja, aquelas que até então não eram de conhecimento das autoridades. Conferir, nesse sentido, a Súmula 524 do STF: "Arquivado o inquérito policial, por despacho do juiz, a requerimento do Promotor de Justiça, não pode a ação penal ser iniciada, sem novas provas". Cuidado: se o arquivamento do inquérito se der por ausência de tipicidade, a decisão, neste caso, tem efeito preclusivo, é dizer, produz coisa julgada material, impedindo, dessa forma, o desarquivamento do inquérito. A esse respeito, Informativo STF 375; **B:** incorreta. Por se tratar de crime cuja ação penal é, em regra, de iniciativa privativa do ofendido (art. 145 do CP), a instauração de inquérito, pela autoridade policial, está condicionada à manifestação de vontade da vítima, que deverá, bem por isso, requerer, ao delegado de polícia, a sua instauração. Não é dado à autoridade policial, neste caso, portanto, proceder a inquérito de ofício. É o que estabelece o art. 5º, § 5º, do CPP; **C:** correta, pois reflete o disposto no art. 107 do CPP; **D:** incorreta. Os princípios constitucionais do contraditório e ampla defesa, segundo opinião compartilhada, majoritariamente, pela doutrina e jurisprudência, não têm incidência no âmbito do inquérito policial, razão pela qual está a autoridade policial credenciada a indeferir a participação do investigado nas oitivas tomadas no inquérito policial. Vide o teor do art. 14 do CPP.

Gabarito "C"

(Defensor Público/SP – 2012 – FCC) Analise as assertivas abaixo. Assinale a alternativa correta.

I. O civilmente identificado, indiciado pela prática de homicídio qualificado, deverá ser criminalmente identificado pela autoridade policial.

II. A decisão judicial de arquivamento do inquérito policial com fundamento na atipicidade do fato praticado produz coisa julgada material, impedindo-se a reabertura das investigações preliminares mesmo diante do surgimento de novas provas.

III. É direito do defensor, no interesse do representado, ter acesso amplo aos elementos de prova que, já documentados em procedimento investigatório realizado por órgão com competência de polícia judiciária, digam respeito ao exercício do direito de defesa.

IV. Nos termos da orientação já sumulada pelo Supremo Tribunal Federal, em sede de execução penal a falta de defesa técnica por defensor no processo administrativo disciplinar não ofende a Constituição Federal.

Está correto APENAS o que se afirma em

(A) I e II.

(B) II e III.

(C) III e IV.

(D) I, II e III.

(E) II, III e IV.

1613

I: incorreta, pois a Lei 10.054/2000 foi revogada de forma expressa pela Lei 12.037/2009. A legislação revogada determinava que o indiciado por crime de homicídio doloso, ainda que civilmente identificado, deveria se submeter à identificação criminal. A legislação em vigor trouxe várias hipóteses em que é possível proceder-se à identificação criminal, mas nenhuma menção fez quanto à prática do homicídio doloso; **II:** correta. Em regra, a decisão que manda arquivar os autos de inquérito policial não gera coisa julgada material; gera, sim, coisa julgada formal. As investigações, assim, podem ser reiniciadas a qualquer tempo. Situação bem diversa é aquela em que o arquivamento do inquérito policial se dá por atipicidade da conduta. Neste caso, a decisão que determina o arquivamento é definitiva, gerando coisa julgada material; **III:** correta, pois corresponde ao teor da Súmula Vinculante n. 14; **IV:** incorreta, pois não corresponde ao que estabelece a Súmula Vinculante n. 5, que se refere tão somente ao processo administrativo disciplinar.

Gabarito "B"

(Defensor Público/GO – 2010 – I. Cidades) No caso de crime de tráfico ilícito de entorpecentes o inquérito policial será concluído em 30 ou 60 dias e em 90 ou 180 dias, respectivamente nas situações de

(A) investigado solto e investigado preso.

(B) investigado preso e investigado solto a critério da autoridade policial e de acordo com a complexidade do caso.

(C) investigado preso e investigado solto, bem como quando houver pedido justificado da autoridade de polícia judiciária ao juiz competente que ouvirá previamente o Ministério Público.

(D) investigado preso e solto, a critério do Ministério Público e da Defensoria Pública.

(E) investigado solto e investigado preso, a critério da Defensoria Pública.

O prazo de conclusão do inquérito policial nos crimes de tráfico de drogas está disciplinado no art. 51 da Lei 11.343/06. Se preso estiver o indiciado, o inquérito deverá ser concluído no prazo de 30 dias; se solto, no prazo de 90 dias. Esses prazos comportam dilação (podem ser duplicados por decisão judicial), correspondendo, respectivamente, a 60 e 180 dias.

Gabarito "A"

(Defensoria/MT – 2009 – FCC) O inquérito policial

(A) referente a crime cuja ação penal é exclusivamente privada pode ser instaurado sem representação da vítima, porque a representação é condição de procedibilidade da ação penal e não do inquérito.

(B) instaurado pela autoridade policial não pode ser por ela arquivado, ainda que não fique apurado quem foi o autor do delito.

(C) só pode ser instaurado por requisição do Ministério Público quando a vítima de crime de ação pública for doente mental, menor de 18 anos ou incapaz para os atos da vida civil.

(D) pode ser presidido por membro do Ministério Público especialmente designado pelo Procurador-Geral de Justiça, quando a apuração do delito for de interesse público.

(E) é mero procedimento preliminar preparatório e, por isso, o indiciado só poderá defender-se em juízo, não podendo requerer diligências à autoridade policial.

A: art. 5º, § 5º, do CPP; **B:** a autoridade policial não pode promover o arquivamento de autos de inquérito policial, ainda que esteja convencida de que o fato apurado é atípico - art. 17 do CPP (indisponibilidade do IP); somente poderá fazê-lo o juiz a requerimento do Ministério Público (arts. 18 e 28 do CPP); **C:** o art. 5º, II, 1ª parte, do CPP não estabelece tais condições; **D:** a presidência do inquérito policial constitui atribuição exclusiva da autoridade policial; outras autoridades, entretanto, entre elas o representante do Ministério Público, podem conduzir investigação criminal; **E:** estabelece o art. 14 do CPP que o indiciado poderá requerer à autoridade policial, no curso do inquérito, a realização de qualquer diligência que repute útil à busca da verdade real. A autoridade, por sua vez, poderá deferir ou não o pedido, sem necessidade de fundamentar sua resposta ao pleito.

Gabarito "B".

(Defensor Público/MS – 2008 – VUNESP) *Assinale a alternativa que justifica corretamente qual o prazo para o ofendido ou o seu representante legal requerer a instauração de inquérito policial, quando o crime for de alçada privada.*

(A) O Código de Processo Penal não disciplina expressamente a respeito e, assim, entende-se que o direito de requerimento de instauração de inquérito policial deve ser exercido no mesmo prazo do direito de queixa, ou seja, 3 meses, contados da data dos fatos.

(B) O Código de Processo Penal não disciplina expressamente a respeito e, assim, entende-se que o direito de requerimento de instauração de inquérito policial deve ser exercido no mesmo prazo do direito de queixa, ou seja, 6 meses, contados da data em que se souber quem foi o autor do crime.

(C) O Código de Processo Penal dispõe expressamente que o direito de requerimento de instauração de inquérito policial deve ser exercido no prazo de 3 meses, contados da data dos fatos.

(D) O Código de Processo Penal dispõe expressamente que o direito de requerimento de instauração de inquérito policial deve ser exercido no prazo de 6 meses, contados da data em que o crime ocorreu.

De fato, o legislador não estabeleceu nenhum prazo dentro do qual o ofendido ou seu representante legal deva requerer a instauração de inquérito policial. Em razão disso, por se tratar de ação penal de iniciativa privada, a vítima ou quem a represente deve ficar atenta ao prazo decadencial de seis meses (art. 38, caput, do CPP), cujo marco inicial é representado pelo dia em que a vítima vem a saber quem é o autor do crime, pois, uma vez escoado esse interregno sem a propositura da ação penal, operada estará a decadência e, por conseguinte, extinta estará a punibilidade, nos exatos termos do art. 107, IV, do CP.

Gabarito "B".

(Defensor Público/CE – 2007 – CESPE) Acerca do inquérito policial, julgue os próximos itens.

(1) Em crime de ação penal pública condicionada, a autoridade competente poderá iniciar o inquérito policial de ofício. Todavia, se, no prazo decadencial de seis meses, o ofendido ou seu representante legal não formularem a representação, o inquérito será arquivado.

(2) No curso do inquérito policial, a autoridade competente, logo que tiver conhecimento da prática da infração penal, deverá tomar uma série de providências elencadas pelo Código de Processo Penal (CPP), as quais incluem a colheita de todas as provas que servirem para o esclarecimento do fato e suas circunstâncias. Referida autoridade não poderá, todavia, realizar acareações, já que esse tipo de prova é ato privativo do juiz, que tem como pressuposto a presença do contraditório.

1: assertiva incorreta. Tratando-se de crime de *ação penal pública condicionada*, a autoridade policial, em vista do que dispõe o art. 5º, § 4º, do CPP, somente poderá determinar a instauração de inquérito diante da manifestação de vontade da vítima, formalizada por meio de *representação*, que constitui condição de procedibilidade. Assim, neste caso, e também no caso de a ação penal ser pública condicionada a *requisição* do ministro da Justiça, é defeso ao delegado de polícia dar início ao inquérito de ofício, o que somente se impõe nos crimes de ação penal pública incondicionada, a teor do art. 5º, I, do CPP; **II:** proposição incorreta, visto que em desacordo com o que preceitua o art. 6º, VI, do CPP.

Gabarito 1E, 2E

(Defensoria/SE – 2006 – CESPE) Julgue os itens seguintes.

(1) De regra, não vigora, no inquérito policial, o princípio do contraditório, todavia, tratando-se de provas não renováveis, a exemplo do exame de corpo de delito, é admitido o contraditório, pois tal prova não pode ser renovada em juízo para que o réu possa contraditá-la.

(2) O auto de prisão em flagrante presidido, lavrado e assinado por um escrivão de polícia não perde o seu caráter coercitivo, visto que o inquérito policial, peça meramente informativa, não se sujeita aos requisitos do ato administrativo.

1: não há, de fato, que se falar em contraditório na fase pré-processual; não há, nesta fase, acusação; há tão somente investigação; tratando-se de provas não renováveis, aplica-se o chamado contraditório diferido ou postergado, em que o exame de corpo de delito é feito na fase de inquérito e a oportunidade de impugná-lo é postergada; **2:** a inobservância das formalidades legais torna o auto de prisão em flagrante imprestável como peça coercitiva, conservando, entretanto, seu valor como peça informativa.

Gabarito 1E, 2E

(Defensoria/SP – 2006 – FCC) O juiz, a requerimento do Ministério Público, decretou a incomunicabilidade do indiciado preso através de despacho fundamentado, como determina a Constituição Federal e o Código de Processo Penal. O defensor público

(A) não poderá proceder entrevista pessoal e reservada com o acusado.

(B) não poderá proceder entrevista pessoal e reservada com o acusado somente pelo prazo de três dias, período máximo da incomunicabilidade.

(C) poderá proceder entrevista pessoal e reservada com o acusado.

(D) poderá proceder entrevista pessoal e reservada, desde que obtida a autorização judicial.

(E) poderá proceder entrevista pessoal, todavia com escuta ambiental.

Embora a maioria da doutrina entenda que a incomunicabilidade do indiciado no inquérito policial, prevista no art. 21 do CPP, esteja revogada, porquanto incompatível com a atual ordem constitucional, há autores que pensam de forma diferente. Fato é que, para aqueles que sustentam a sua incompatibilidade à CF/88 (Guilherme de Souza Nucci, Damásio E. de Jesus, Vicente Greco Filho, entre outros), se a incomunicabilidade do preso não pode ser decretada durante o Estado de Defesa - art. 136, § 3º, IV, da CF, que constitui um *período de anormalidade*, com muito mais razão não haveria por que decretar a incomunicabilidade do indiciado em pleno período de normalidade..

Gabarito "C".

(Defensor Público/BA – 2006) Logo que tiver conhecimento da prática da infração penal, a autoridade policial deverá:

I. Dirigir-se ao local, providenciando para que não se alterem o estado e conservação das coisas, até a chegada dos peritos criminais.

II. Apreender os objetos que tiverem relação com o fato, antes mesmo da liberação dos peritos criminais.

III. Colher todas as provas que servirem para o esclarecimento do fato e suas circunstâncias.

IV. Proceder a reconhecimento de pessoas e coisas e a acareações.

V. Averiguar a vida pregressa do indiciado, sob o ponto de vista individual, familiar e social, sua condição econômica, sua atitude e estado de ânimo antes e depois do crime e durante ele, e quaisquer outros elementos que contribuírem para a apreciação do seu temperamento e caráter.

Analisando as assertivas da questão 96, verifica-se que:

(A) Apenas I e II estão corretas.
(B) Apenas I e II e III estão corretas.
(C) Apenas I, II, III e IV estão corretas.
(D) Apenas I, III, IV e V estão corretas.
(E) Todas estão corretas.

I: assertiva em consonância com o disposto no art. 6º, I, do CPP; **II:** incorreta, visto que em desacordo com o disposto no art. 6º, II, do CPP; **III:** correta, visto que em conformidade com o que prescreve o art. 6º, III, do CPP; **IV:** correto, tendo em conta que em consonância com o que prescreve o art. 6º, VI, do CPP; **V:** correta, conforme art. 6º, IX, do CPP.

Gabarito "D"

3. Ação Penal

(Defensor Público/RO – 2012 – CESPE) Com base exclusivamente nas regras previstas no CPP, assinale a opção correta acerca da ação penal.

(A) O MP pode, a qualquer tempo, desistir da ação penal.
(B) O perdão concedido a um dos querelados não aproveita aos demais.
(C) Quando o MP dispensar o inquérito policial, o prazo para o oferecimento da denúncia deve ser contado da data em que tiver recebido as peças de informações ou a representação.
(D) A representação pode ser retratada mesmo depois de oferecida a denúncia.
(E) A queixa, quando a ação penal for privativa do ofendido, não pode ser aditada pelo MP.

A: incorreta, visto que, pelo princípio da indisponibilidade (art. 42 do CPP), que é exclusivo da ação penal pública, é defeso ao Ministério Público desistir da ação que haja proposto. Cuidado: na ação penal privada, diferentemente, vige o princípio da disponibilidade, segundo o qual pode o querelante desistir de prosseguir na ação por ele ajuizada; **B:** incorreta. Por força do que estabelece o art. 51 do CPP, o perdão concedido a um dos querelados a todos deverá ser estendido. De se ver que o perdão, diferentemente do que se dá com a renúncia, somente produzirá efeitos em relação ao querelado que o aceitar (ato bilateral); a *renúncia*, ao contrário, constitui ato unilateral, que independe, portanto, da manifestação de vontade do ofensor – art. 49 do CPP e art. 104 do CP; **C:** correta, pois reflete o que dispõe o art. 46, § 1º, do CPP; **D:** incorreta, pois, depois de oferecida a denúncia, a representação torna-se irretratável. É o que estabelece o art. 25 do CPP; **E:** incorreta, pois contraria o que estabelece o art. 45 do CPP.

Gabarito "C"

(Defensor Público/SP – 2012 – FCC) Ação processual penal. Assinale a alternativa correta.

(A) Nos termos do entendimento do Supremo Tribunal Federal, as ações penais fundamentadas na Lei Maria da Penha (Lei Federal n. 11.340/2006) podem ser processadas mesmo sem a representação da vítima, por serem consideradas ações penais públicas incondicionadas.
(B) Tratando-se de ação penal pública condicionada, e havendo representação da vítima, poderá ocorrer retratação caso a vítima a oferte até o recebimento da denúncia, haja vista que a lei processual prevê hipótese de arrependimento do ofendido.
(C) O princípio da obrigatoriedade da ação penal pública incondicionada não sofre mitigação, impondo ao Ministério Público a promoção da ação penal quando configurado um ilícito penal.
(D) Recebido o inquérito policial com elementos informativos suficientes para a propositura de denúncia e tendo o Ministério Público requerido novas diligências, poderá a vítima oferecer queixa subsidiária, dando início ao processo e assumindo o polo ativo da pretensão acusatória.

A: incorreta. O entendimento do STF que estabeleceu a natureza incondicionada da ação penal, tomado em controle concentrado de constitucionalidade (ADIn 4.424), somente se refere aos crimes de lesão corporal, independente de sua extensão, praticados contra a mulher no ambiente doméstico; **B:** incorreta. Pelo que estabelece o art. 25 do CPP, a representação poderá ser retratada somente até o oferecimento da denúncia. Sucede que a Lei 11.340/2006, que estabeleceu, no seu art. 16, regra própria, prevê que a retratação poderá ser manifestada, perante o juiz de direito e em audiência designada especialmente para esse fim, até o recebimento da denúncia; **C:** incorreta. O princípio da obrigatoriedade, que impõe ao MP, na ação penal pública, o dever de promover a ação penal por meio de denúncia, desde que presentes os requisitos legais, comporta, segundo a doutrina, mitigação, que consiste na possibilidade de o MP, no âmbito do Juizado Especial, no lugar de oferecer a denúncia, propor transação penal ao autor do fato (art. 76 da Lei 9.099/1995). O princípio da indisponibilidade (art. 42 do CPP), segundo o qual é vedado ao MP desistir da ação penal em curso, também sofre mitigação, representada esta pela possibilidade de o MP oferecer a suspensão condicional do processo nas infrações penais cuja pena mínima não seja superior a um ano (art. 89 da Lei 9.099/1995). De se ver que este benefício, ao contrário da transação penal, não se restringe às infrações penais de menor potencial ofensivo, sendo cabível a todas as infrações em que a pena mínima cominada não exceda a um ano; **D:** correta. No que toca à ação penal privada subsidiária da pública, deve ficar claro, conforme entendimento jurisprudencial pacificado, que o seu cabimento está condicionado à inércia, desídia do órgão do Ministério Público. Bem por isso, se o MP, no lugar de ofertar a denúncia, requerer o arquivamento do inquérito ou ainda a sua devolução à polícia para a realização de diligências imprescindíveis ao exercício da ação penal, não terá lugar a ação penal subsidiária, que pressupõe, como já dito, inércia do órgão ministerial. E se o MP, no lugar de oferecer a denúncia, solicitar ao juiz a devolução do inquérito à polícia para a realização de diligências meramente protelatórias (não indispensáveis ao exercício da ação penal)? Neste caso, segundo magistério de Guilherme de Souza Nucci, poderá o ofendido se valer da ação privada subsidiária. Conferir: "(...) Como regra, se o membro do Ministério Público ainda não formou sua convicção para dar início à ação penal, deve-se permitir que requeira o retorno dos autos do inquérito à delegacia para novas diligências. Não cabe, pois, ação privada subsidiária da pública. Ocorre que o art. 16, deste Código, estabelece que o Ministério Público não pode requerer a devolução do inquérito policial à autoridade policial para novas diligências, salvo quando estas forem imprescindíveis ao oferecimento da denúncia. Assim, quando o retorno à delegacia constituir pedido manifestamente protelatório, cuja finalidade é burlar o esgotamento do prazo para o oferecimento da denúncia, cremos ser viável que a vítima oferte a queixa (...)"(Código de Processo Penal Comentado, 12ªed., p. 154).

Gabarito "D"

(Defensor Público/PR – 2012 – FCC) Marcelino, primário e de bons antecedentes, é denunciado pelo crime de furto simples, oportunidade em que é citado para responder aos termos da acusação. Neste caso, de acordo com o entendimento jurisprudencial dominante no Supremo Tribunal Federal e com base na Lei n. 9.099/1995,

(A) na ausência de proposta de suspensão condicional do processo, deve o juiz aplicar analogicamente o art. 28 do CPP.
(B) a proposta de suspensão condicional do processo é ato privativo do Ministério Público e o crime de furto, por não ser da competência do Juizado Especial Criminal, não comporta o oferecimento do *sursis* processual.
(C) caso seja oferecida a proposta de *sursis* processual, o processo ficará suspenso pelo período de 1 (um) ano, devendo o acusado, durante o período de prova, observar as condições estabelecidas na proposta.
(D) a suspensão será revogada se, no curso do processo, o beneficiário vier a ser processado por contravenção.
(E) a prescrição será interrompida durante o prazo da suspensão condicional do processo.

A: correta. Deverá o juiz, neste caso, no lugar de ele próprio oferecer o sursis processual, valendo-se, por analogia, do que estabelece o art. 28 do CPP, remeter os autos para apreciação do procurador-geral de Justiça. É esse o entendimento firmado por meio da Súmula n. 696 do STF: "Reunidos os pressupostos legais permissivos da suspensão condicional do processo, mas se recusando o Promotor de Justiça a propô-la, o juiz, dissentindo, remeterá a questão ao Procurador-Geral, aplicando-se por analogia o art. 28 do Código de Processo Penal"; **B:** incorreta. Somente o MP pode figurar como proponente na suspensão condicional do processo. Até aqui a assertiva está correta. É falsa, no entanto, a parte em que se afirma que ao crime de furto, porque não considerado de menor potencial ofensivo, não é aplicável o sursis processual. É que a incidência da suspensão condicional do processo, embora esteja prevista na Lei 9.099/1995 (Juizados Especiais), vai além das infrações consideradas de menor potencial ofensivo, conforme prevê o art. 89 dos Juizados, que estabelece que este benefício terá lugar nos crimes cuja pena mínima cominada for igual ou inferior a um ano (o que abrange o furto simples); **C:** incorreta, já que o art. 89, caput, da Lei 9.099/1995 estabelece o prazo de dois a quatro anos como período de prova; **D:** incorreta, pois, neste caso, o juiz poderá revogar a suspensão (revogação facultativa) – art. 89, § 4º, da Lei 9.099/1995; **E:** incorreta. A prescrição será suspensa, e não interrompida (art. 89, § 6º, da Lei 9.099/1995).

Gabarito "A"

(Defensor Público/AL – 2009 – CESPE) Julgue os itens seguintes quanto à ação penal, à ação civil *ex delicto*, à jurisdição e à competência.

(1) Considera-se perempta a ação penal pública condicionada quando, após seu início, o MP deixa de promover o andamento do processo durante trinta dias seguidos.

(2) Com o trânsito em julgado da sentença penal condenatória, o ofendido deve promover a liquidação do dano para fins de propositura da ação civil *ex delicto*, pois é vedado ao juiz fixar valor para reparação dos danos causados pela infração.

(3) No mandado de segurança impetrado pelo MP contra decisão proferida em processo penal, é obrigatória a citação do réu como litisconsorte passivo.

1: a *perempção* (art. 107, IV, do CP), instituto exclusivo da ação penal privada, constitui uma sanção aplicada ao querelante que deixa de promover o bom andamento processual, mostrando-se negligente e desidioso. Suas hipóteses estão listadas no art. 60 do CPP. Portanto, não há que se falar em perempção no âmbito da ação penal pública, tampouco no da ação penal privada subsidiária da pública, pois, neste caso, uma vez constatada a desídia do querelante, a titularidade é retomada pelo MP; **2:** assertiva em desacordo com o que estabelece o art. 63, parágrafo único, do CPP; **3:** a assertiva – correta - corresponde ao teor da Súmula nº 701 do STF.

Gabarito 1E, 2C, 3C

(Defensoria/MA – 2009 – FCC) O Defensor Público que por atribuição institucional agir no interesse da vítima poderá, após o representante do Ministério Público receber o auto de prisão em flagrante devidamente relatado e concluído e não oferecer a denúncia no prazo legal,

(A) requerer o relaxamento da prisão em flagrante.
(B) requerer a liberdade provisória.
(C) intentar ação penal privada subsidiária.
(D) requerer a revogação da prisão preventiva.
(E) representar ao Juiz de Direito para designação de outro Promotor de Justiça.

Desde que fique caracterizada a desídia do membro do Ministério Público, poderá o defensor, nos crimes de ação penal pública, intentar ação penal privada subsidiária, nos termos dos arts. 29 do CPP e 100, § 3º, do CP.

Gabarito "C"

(Defensoria/MT – 2009 – FCC) A denúncia

(A) não precisa expor o fato criminoso com todas as suas circunstâncias, porque isso já consta do inquérito e do relatório da autoridade policial.
(B) só poderá ser oferecida pelo Ministério Público se estiver embasada em inquérito policial.
(C) pode ser rejeitada liminarmente pelo juiz.
(D) pode ser substituída por portaria judicial quando ocorrer inércia do Ministério Público e houver risco de prescrição da pretensão punitiva.
(E) nos crimes de ação pública condicionada à representação da vítima, deve ser subscrita pelo advogado desta.

A: art. 41 do CPP; **B:** o inquérito policial não é obrigatório – art. 12 do CPP. A *denúncia* ou *queixa* pode ser ofertada com base em outras peças de informação, desde que o titular da ação penal disponha de elementos suficientes para tanto (indícios de autoria e prova da materialidade); **C:** art. 395 do CPP; **D:** o art. 26 do CPP não foi recepcionado pela CF/88; **E:** a lei não impõe essa exigência.

Gabarito "C"

(Defensoria/SP – 2009 – FCC) Existe previsão legal de prioridade no julgamento de ação penal se

(A) o acusado for pessoa idosa, desde que requeira ao juiz.
(B) o acusado for integrante de organização criminosa.
(C) alguma das partes for mulher em situação de violência, a requerimento do Defensor Público.
(D) forem discutidos direitos relativos a criança ou adolescente vítima de abuso sexual, sem necessidade de requerimento ao juiz.
(E) for decretado segredo de justiça, a pedido do Ministério Público.

Art. 71 da Lei 10.741/03 – Estatuto do Idoso.

Gabarito "A"

(Defensoria/PA – 2009 – FCC) Nos casos em que somente se procede mediante queixa, considera-se perempta a ação penal

(A) quando houver perdão judicial.
(B) quando, iniciada esta, o querelante deixar de promover o andamento do processo durante 60 dias seguidos.
(C) quando, falecendo o querelante, ou sobrevindo sua incapacidade, não comparecer em juízo, para prosseguir no processo, dentro do prazo de 30 dias, qualquer das pessoas a quem couber fazê-lo.
(D) quando o querelante deixar de comparecer, sem motivo justificado, a qualquer ato do processo a que deva estar presente, ou deixar de formular o pedido de condenação nas alegações finais.
(E) quando, sendo o querelante pessoa jurídica, esta se extinguir.

Art. 60, III, do CPP.

Gabarito "D"

(Defensoria/PI – 2009 – CESPE) Caberá ação penal privada subsidiária da pública se o representante do *parquet*

(A) determinar o arquivamento das peças de informação.
(B) determinar o arquivamento do inquérito policial.
(C) requisitar as diligências necessárias à obtenção de dados informativos que aperfeiçoem o acervo que contém a *informatio delicti*.
(D) excluir algum indiciado da denúncia.
(E) se mantiver inerte, não oferecendo a denúncia, no prazo legal, desde que não tenha ele, tempestivamente, pugnado pela necessidade de novas diligências a serem realizadas pela autoridade policial, nem tenha se manifestado pelo arquivamento dos autos.

A *ação penal privada subsidiária da pública* ou *substitutiva*, que encontra previsão nos arts. 5º, LIX, da CF, 100, § 3º, do CP e 29 do CPP, somente terá lugar na hipótese de inércia, desídia do membro do Ministério Público. Pedido de arquivamento de inquérito policial não corresponde a inércia. No mais, somente ao juiz é dado determinar o arquivamento de inquérito policial, o que só poderá ser feito a pedido do MP, consoante arts. 18 e 28 do CPP.

Gabarito "E"

(Defensoria/MT – 2007) Concernente à ação penal, assinale a afirmativa correta.

(A) Na ação penal privada propriamente dita, sendo a vítima pobre nos termos da lei, o Ministério Público pode propor a queixa.
(B) Na ação penal pública condicionada à representação do ofendido, a legitimidade para propor a ação é do Ministério Público.
(C) O princípio da legalidade ou da obrigatoriedade da ação penal pública incondicionada é de natureza absoluta.
(D) No Brasil, adota-se o princípio da transcendência da ação penal.
(E) Na ação penal privada, o Estado deixa de ser o titular da pretensão punitiva.

A: incorreta, pois em desacordo com o estabelecido no art. 32 do CPP; **B:** correta, a teor dos arts. 24, *caput*, do CPP, e 129, I, da CF. Aqui, embora condicionada à manifestação de vontade da vítima, que deve ser formalizada por meio de *representação*, a ação não deixa de ser pública, vale dizer, sua titularidade é exercida pelo Ministério Público; **C:** o princípio da obrigatoriedade ou da legalidade, que informa a ação penal pública, foi mitigado com o advento do instituto da transação penal, disciplinado no art. 76 da Lei 9.099/95; **D:** adotamos, ao revés, o princípio da intranscendência, segundo o qual a ação penal será proposta exclusivamente em face do autor do delito; **E:** o Estado nunca deixa de ser o titular exclusivo do direito de punir. Em se tratando de ação penal privada, o Estado tão somente delega à vítima a legitimidade para deflagrar o processo. Em momento algum o Estado abre mão do seu *jus puniendi*.

Gabarito "B"

(Defensoria/RN – 2006) A ação penal

(A) poderá, em caso de crime de ação pública, ser promovida diretamente pelo ofendido quando o Ministério Público requerer o arquivamento do inquérito policial.
(B) será considerada perempta quando, em crime de ação penal pública, o Ministério Público deixar de comparecer a qualquer ato processual, sem justificativa.
(C) prosseguirá contra o réu remanescente, quando, em crime de ação privada, o ofendido renunciar ao direito de queixa contra o outro.
(D) será considerada perempta quando, em crime de ação privada, o querelante deixar de promover atos durante trinta dias seguidos.

A: conforme se infere do art. 29 do CPP, a ação penal privada subsidiária da pública somente terá lugar na hipótese de desídia do membro do Ministério Público. Pedido de arquivamento de autos de inquérito não corresponde a desídia, omissão; **B:** a perempção, cujas hipóteses estão contempladas no art. 60 do CPP, é instituto exclusivo da ação penal privada; **C:** art. 49 do CPP; **D:** art. 60, I, do CPP.

Gabarito "D"

(Defensoria/SE – 2006 – CESPE) Julgue o seguinte item.

(1) Nos casos de ação penal pública condicionada, o Ministério Público deve dispensar o inquérito policial se, com a representação, forem oferecidos os elementos que o habilitem à ação penal, devendo, nesse caso, oferecer a denúncia no prazo de 15 dias.

Art. 39, § 5º, do CPP.

Gabarito 1C

4. Ação Civil

(Defensor Público/GO – 2010 – I. Cidades) Adão Desafortunado, vítima de crime de lesões corporais e hipossuficiente, procurou o Promotor de Justiça específico da Comarca de Goiânia-GO, local do crime, a quem solicitou o ajuizamento de ação civil *ex delicto*. Compete ao Promotor de Justiça

(A) ajuizar a ação referida, se for o caso, pois ainda dispõe de legitimidade extraordinária para a causa, devendo prosseguir no polo ativo até final julgamento, mesmo que no curso da ação venham a entrar em exercício os defensores públicos aprovados no presente concurso.

(B) informar à vítima que nada pode fazer, pois, atualmente, apenas a Defensoria Pública tem legitimidade extraordinária para a referida ação, por força do disposto no art. 4°, 11I, LC 80/94 e art. 134 da Constituição) Federal, sendo inconstitucional o art. 68 do CPP.

(C) ajuizar a ação, porém haverá a perda da legitimidade no momento que entrarem em exercício os Defensores Públicos do Estado de Goiás.

(D) ajuizar a ação e comunicar à Defensoria Pública, após entrarem em exercício os seus membros, podendo continuar no polo ativo, até final julgamento, se a Defensoria portar-se inerte.

(E) deixar de ajuizar a ação, mesmo presentes todos os elementos e prestes a prescrever a pretensão do autor, sob o fundamento de que já se encontra em andamento concurso da Defensoria Pública, o que é suficiente para interromper o prazo prescricional.

O art. 68 do CPP conferiu legitimidade ao MP para promover a ação civil *ex delicto* quando se tratar de pessoa pobre, na acepção extraída do art. 32, § 1º, do mesmo Estatuto. Esta legitimidade, todavia, perde sua razão de ser a partir do momento em que a Defensoria Pública passa a ser organizada de forma efetiva. Conferir, nesse sentido: STF, 1ª T., RE 147.776-SP, rel. Min. Sepúlvida Pertence, 19.5.1998.

Gabarito "C"

(Defensor Público/CE – 2007 – CESPE) Com relação à ação civil, julgue os itens que se seguem.

(1) Apesar do princípio da intranscendência, segundo o qual a pena não passará da pessoa do condenado, a ação civil para ressarcimento do dano poderá ser proposta, no juízo cível, contra o autor do crime e, se for o caso, contra o responsável civil.

(2) A sentença penal absolutória que decidir que o fato imputado ao acusado não constitui crime impede a propositura da ação civil.

1: correta, nos termos do art. 64, *caput*, do CPP; **2:** incorreta, já que a proposição contraria o teor do contido no art. 67, III, do CPP.

Gabarito 1C, 2E

(Defensoria/SE – 2006 – CESPE) Julgue os itens seguintes.

(1) Confere-se à sentença condenatória irrecorrível a natureza de título executório no tocante à indenização civil, todavia, no juízo cível, o interessado, para obter a reparação do dano causado pelo ilícito penal, é obrigado a comprovar a materialidade, a autoria e a ilicitude do fato.

(2) Faz coisa julgada no cível a sentença absolutória quando reconhecida categoricamente a inexistência material do fato, não podendo, nessa hipótese, ser proposta ação civil para o reconhecimento do fato objeto da sentença penal.

(3) Conforme orientação do STF, a sentença que concede o perdão judicial é condenatória, entretanto, não vale como título executivo, visto que a extinção da punibilidade, por qualquer causa, exclui a obrigação do sujeito à reparação do dano.

1: com o trânsito em julgado da sentença condenatória no juízo criminal, pode esta ser levada ao juízo cível para que a vítima obtenha a reparação do dano porventura experimentado. Não serão discutidos, no juízo cível, materialidade, autoria e ilicitude do fato, temas já superados no juízo criminal. A discussão limitar-se-á ao *quantum debeatur*, isto é, ao montante que deverá ser pago à vítima a título de indenização; **2:** art. 66 do CPP; **3:** segundo posição adotada pelo Supremo Tribunal Federal, cuida-se de decisão de natureza condenatória; vale salientar que o Superior Tribunal de Justiça, por meio da Súmula 18, consagrou entendimento diverso, segundo o qual a sentença concessiva de perdão judicial tem natureza meramente declaratória; de qualquer forma, pode ela ser executada como título no juízo cível.

Gabarito 1E, 2C, 3E

5. Jurisdição e Competência. Conexão e Continência

(Defensor Público/AM – 2013 – FCC) Em relação à competência em processo penal, é correto afirmar que

(A) será determinada pela continência quando a prova de uma infração ou de qualquer de suas circunstâncias elementares influir na prova de outra infração.

(B) é absoluta a nulidade decorrente da inobservância da competência penal por prevenção.

(C) será facultativa a separação dos processos quando as infrações tiverem sido praticadas em circunstâncias de tempo ou de lugar diferentes, ou, quando pelo excessivo número de acusados e para não lhes prolongar a prisão provisória, ou por outro motivo relevante, o juiz reputar conveniente a separação.

(D) nos casos de ação penal de iniciativa pública, não sendo conhecido o lugar da infração, a competência regular-se-á pelo domicílio ou residência do ofendido.

(E) na determinação da competência por conexão ou continência, no concurso entre a jurisdição especial e a comum, prevalecerá esta, em regra.

A: incorreta. A assertiva descreve hipótese de conexão (não de continência), prevista no art. 76, III, do CPP; **B:** incorreta, pois não condiz com o entendimento sufragado na Súmula nº 706 do STF, segundo a qual "é relativa a nulidade decorrente da inobservância da competência penal por prevenção"; **C:** correta, porquanto corresponde à redação do art. 80 do CPP; **D:** incorreta, já que, neste caso, estabelece o art. 72 do CPP que a competência será fixada em razão do domicílio ou residência do *réu*, e não do *ofendido*; **E:** incorreta, pois, na dicção do art. 78, IV, do CPP, deverá prevalecer, em detrimento da jurisdição *comum*, a *especial*.

Gabarito "C"

(Defensor Público/AM – 2010 – I. Cidades) A respeito de competência, julgue as assertivas abaixo e assinale a alternativa correta.

I. A Lei 9.099/95 adotou a Teoria da Atividade para os casos de crimes de menor potencial ofensivo sujeitos ao seu procedimento.

II. A competência será firmada pelo domicílio do réu se não for conhecido o lugar da infração penal.

III. Sendo o domicílio do réu o critério de fixação da competência, ela será firmada pela prevenção se o réu tiver mais de um domicílio.

IV. O concurso formal de crimes é apontado pela doutrina como hipótese de conexão intersubjetiva por simultaneidade.

V. Nos casos de crimes continuados ou permanentes, praticados em território de mais de uma jurisdição, a competência será firmada pela prevenção.

(A) todas assertivas estão corretas.
(B) apenas a assertiva IV está incorreta.
(C) as assertivas I e III estão incorretas.
(D) as assertivas I, II, III e IV estão corretas.
(E) todas as assertivas estão incorretas.

I: o art. 63 da Lei 9.099/95 estabelece que a competência do Juizado Especial Criminal será determinada em razão do lugar em que foi *praticada* a infração penal. Surgiram, assim, três teorias a respeito do juiz competente para o julgamento da causa: teoria da atividade: é competente o juiz do local onde se verificou a ação ou omissão; teoria do resultado: a ação deve ser julgada no local onde se produziu o resultado; e teoria da ubiquidade: é considerado competente tanto o juiz do local em que se deu a ação ou omissão quanto aquele do lugar em que se produziu o resultado. Na doutrina e na jurisprudência, predominam as teorias da atividade e da ubiquidade; **II:** assertiva correta, pois em conformidade com o que prescreve o art. 72, *caput*, do CPP; **III:** proposição correta, nos termos do art. 72, § 1°, do CPP; **IV:** assertiva incorreta, visto que o concurso formal de crimes (art. 70, CP) constitui, juntamente com o concurso de pessoas (art. 29, CP), hipótese de continência (art. 77, CPP), não de conexão, cujas hipóteses estão listadas no art. 76 do CPP; **V:** correta, pois em consonância com o disposto no art. 71 do CPP.

Gabarito "B"

(Defensor Público/GO – 2010 – I. Cidades) Pedro Mão-Ligeira e João Tostão, no dia 30 de julho de 2010, após ingerirem cerveja nesta Capital, resolveram praticar vários roubos contra postos de combustíveis, sendo que cinco ocorreram nesta Capital; três em Aparecida de Goiânia-GO, onde houve a morte de um frentista que foi atingido ao reagir ao "assalto". e um, na forma tentada, em Hidrolândia-GO. Todos os crimes foram praticados na noite daquele dia e com o uso das mesmas armas e motocicletas.

O Delegado de Polícia de Goiânia-GO instaurou inquérito policial para apurar os roubos no dia 04 de agosto de 2010. Também foi instaurado inquérito no dia 05 de agosto de 2010 em Aparecida de Goiânia-GO, visando apurar os referidos crimes. Já o Delegado de Polícia de Hidrolândia-GO instaurou inquérito para apurar os referidos fatos no dia 06 de agosto de 2010, o qual representou, na mesma data, pela quebra de sigilo telefônico de todas as ligações realizadas por celular naquela cidade e no horário em que se deu a tentativa de roubo, pois os frentistas informaram que os "assaltantes" usaram o celular minutos antes de praticarem o "assalto".

O Juiz de Direito de Hidrolândia-GO deferiu, parcialmente, o pedido de quebra do sigilo telefônico, no mesmo dia.

Em todos os inquéritos instaurados já se tinha conhecimento da autoria, pois os "assaltantes" foram identificados nas câmeras de vigilância e já eram conhecidos da Polícia.

Diante do enunciado supra, é de se concluir que:

(A) Os julgamentos dos fatos devem ocorrer separadamente e nas respectivas comarcas.
(B) Os fatos devem ser julgados perante a Comarca de Goiânia-GO, pois foi onde houve a prática do maior número de crimes e onde se instaurou o primeiro inquérito.
c) Os fatos devem ser julgados na Comarca de Aparecida de Goiânia-GO, por ser o lugar em que foi praticado o crime qualificado pelo resultado "morte".
(D) A competência para julgar os fatos é do Tribunal do Júri da Comarca de Aparecida de Goiânia-GO, uma vez que ali houve uma morte, por isso trata-se de competência do júri, que atrai a competência para os demais crimes.
(E) A competência para julgar os fatos é do Juízo da Comarca de Hidrolândia-GO, uma vez que se trata de crime continuado, tornando-se aquele juízo prevento em razão de ter antecedido aos demais juízos competentes na prática de ato judicial.

Em vista do que dispõe o art. 71 do CPP, tratando-se de crime continuado, cujos requisitos estão contemplados no art. 71 do CP, em que a ação tenha se desenvolvido em diversos locais, a competência para o processamento e julgamento firmar-se-á pela prevenção, já que, em princípio, todos são competentes. No caso aqui tratado, a providência levada a efeito pelo Juízo de Direito de Hidrolândia (concessão parcial de quebra do sigilo telefônico) tem o condão de torná-lo prevento.

Gabarito "E"

(Defensoria/MA – 2009 – FCC) A competência fixada pela circunstância de duas ou mais pessoas serem acusadas pela mesma infração é determinada

(A) pela prevenção.
(B) por conexão.
(C) pela natureza da infração.
(D) pela continência.
(E) por distribuição.

Art. 77, I, do CPP. Verifica-se a continência no *concurso de pessoas* (art. 29 do CP) e no *concurso formal de crimes* (art. 70 do CP). Há, nessas hipóteses de incidência da continência, uma única infração penal, ora praticada em concurso de pessoas, ora perpetrada por meio de uma única ação que gera mais de um resultado (concurso formal).

Gabarito "D"

(Defensoria/MT – 2009 – FCC) A respeito dos critérios de determinação e modificação da competência, é correto afirmar que

(A) o querelante, nos casos de exclusiva ação penal, não poderá preferir o foro do domicílio ou da residência do réu, quando conhecido o lugar da infração.
(B) no concurso entre a jurisdição comum e a especial, prevalecerá a competência da jurisdição comum.
(C) a competência será determinada pelo lugar em que ocorreu a consumação, quando, iniciada a execução no território nacional, a infração se consumar fora dele.
(D) a competência será determinada pelo local em que tiver sido iniciada a continuação quando se tratar de infração continuada praticada em território de duas ou mais jurisdições.
(E) compete à Justiça Federal o processo e o julgamento unificado dos crimes conexos de competência federal e estadual.

A: ainda que conhecido o lugar da infração, o querelante, na ação penal privada exclusiva, poderá preferir o foro de domicílio ou da residência do réu – art. 73 do CPP; **B:** no concurso entre a jurisdição comum e a especial, prevalecerá esta última – art. 78, IV, do CPP; **C:** neste caso, em vista do que dispõe o art. 70, § 1°, do CPP, a competência será determinada em função do lugar em que tiver sido praticado, no Brasil, o último ato de execução; **D:** aplica-se, aqui, a prevenção, *ex vi* do art. 71 do CPP; **E:** a assertiva corresponde ao teor da Súmula n° 122 do STJ.

Gabarito "E"

(Defensoria/MT – 2009 – FCC) A incompetência do juízo anula

(A) a ação penal, desde o inquérito policial.
(B) o processo, desde o recebimento da denúncia.
(C) somente os atos decisórios.
(D) a prova colhida na instrução.
(E) o processo, desde a citação do acusado.

Art. 567 do CPP. A regra contida neste dispositivo não tem incidência no âmbito da incompetência absoluta.

Gabarito "C"

(Defensoria/PA – 2009 – FCC) Na determinação da competência por conexão ou continência, no concurso de jurisdições da mesma categoria, será observada a seguinte regra:

(A) preponderará a do lugar da infração, à qual for cominada a pena mais grave.
(B) no concurso entre a competência do júri e a de outro órgão da jurisdição comum, prevalecerá a competência do júri.
(C) no concurso entre a justiça militar e a comum prevalecerá a da justiça castrense.
(D) prevalecerá a do lugar em que houver ocorrido o maior número de infrações.
(E) firmar-se-á a competência pela prevenção, em qualquer caso.

Art. 78, II, *a*, do CPP.

Gabarito "A"

(Defensor Público/MS – 2008 – VUNESP) A *perpetuatio jurisdictionis* é aplicável

(A) aos casos de conexão ou continência.
(B) somente nos casos de conexão.
(C) somente aos processos do Tribunal do Júri.
(D) aos casos de competência funcional.

Art. 81 do CPP.

Gabarito "A"

(Defensor Público/PA – 2006 – UNAMA) Quanto à competência, é correto afirmar,

I. Nos crimes permanentes, praticados em território de mais de uma jurisdição, a competência firmar-se-á pela prevenção.
II. Nos crimes de competência do tribunal do júri, quando do julgamento, havendo desclassificação da infração para outra de competência do juiz singular, a este serão os autos remetidos.
III. A competência do júri tem prevalência sobre a de outro órgão da jurisdição comum.
IV. Nos crimes cometidos por autoridade detentora de foro privilegiado, a competência especial prevalecerá ainda que esta deixe o cargo no curso da ação penal.

Somente é correto o que se afirma em:

(A) I e III.
(B) II e III.
(C) II e IV.
(D) I e IV.

I: quando a prática do crime permanente, assim entendido aquele cuja consumação se protrai no tempo por vontade do agente, envolver locais correspondentes a vários foros, todos competentes, o critério a ser aplicado, em conformidade com o art. 71 do CPP, é o da *prevenção*. Assertiva, portanto, correta; **II:** incorreta, já que, neste caso, por força do que dispõe o art. 492, § 1º, do CPP, incumbirá ao juiz presidente do Tribunal do Júri proferir, de imediato, a sentença. Cuidado: ao proferir a decisão de *desclassificação* (art. 419, CPP), ainda na primeira fase do procedimento – *sumário de culpa*, os autos serão remetidos ao juízo competente. Note, aqui, que o examinador quis confundir a desclassificação operada no sumário de culpa com aquela que se dá por meio de votação no Conselho de Sentença. Nesta, como já dito, o julgamento caberá ao juiz presidente do Tribunal Júri; **III:** correta, nos termos do art. 78, I, do CPP. Mas atenção: se houver concurso entre crime doloso contra a vida e crime de competência da Justiça especializada (Eleitoral, Militar), impõe-se a separação dos feitos; **IV:** incorreta, visto que, uma vez cessado o cargo/função/mandato, a autoridade deixa de ter foro privilegiado, sendo julgada pelas instâncias ordinárias. No mais, a Súmula 394 do STF, que assegurava a perpetuação do foro por prerrogativa de função, foi cancelada pelo Pleno do próprio Supremo. Além disso, o STF declarou a inconstitucionalidade da Lei 10.628/02, que acrescentou os §§ 1º e 2º ao art. 84 do CPP.

Gabarito "A"

(Defensoria/RN – 2006) A competência será determinada

(A) pela prevenção quando o juízo tiver decretado a prisão preventiva do acusado antes do oferecimento da ação penal.
(B) em regra estabelecida pela natureza da infração.
(C) pelo lugar do domicílio do réu quando praticadas infrações em diversas comarcas.
(D) pela conexão na hipótese da ocorrência de crime formal.

A: art. 83 do CPP; **B:** art. 70, *caput*, do CPP; **C:** art. 72, *caput*, do CPP; **D:** art. 77, II, do CPP.

Gabarito "A"

(Defensoria/SP – 2006 – FCC) No que se refere à aplicação das regras de conexão e continência, os institutos da transação penal e da composição dos danos civis, aplicam-se na reunião de processos

(A) tanto perante o juízo comum quanto o tribunal do júri.
(B) exclusivamente perante o juízo comum.
(C) exclusivamente perante o juízo comum, exceto na jurisdição federal.
(D) exclusivamente perante o tribunal do júri.
(E) decorrente de crime continuado.

Art. 60, parágrafo único, da Lei 9.099/95.

Gabarito "A"

(Defensor Público/BA – 2006) A competência será determinada pela conexão:

I. Se, ocorrendo duas ou mais infrações, houverem sido praticadas, ao mesmo tempo, por várias pessoas reunidas, ou por várias pessoas em concurso, embora diverso o tempo e o lugar, ou por várias pessoas, umas contra as outras.
II. Se, no mesmo caso, houverem sido umas praticadas para facilitar ou ocultar as outras, ou para conseguir impunidade ou vantagem em relação a qualquer delas.
III. Quando a prova de uma infração ou de qualquer de suas circunstâncias elementares influir na prova de outra infração.
IV. Quando duas ou mais pessoas forem acusadas pela mesma infração.

Analisando as assertivas acima, verifica-se que:

(A) Apenas I e II estão corretas.
(B) Apenas I, II e III estão corretas.
(C) Apenas I e III estão corretas.
(D) Apenas I, III, e IV estão corretas.
(E) Todas estão corretas.

I: correta, nos termos do art. 76, I, CPP; **II:** correta, nos termos do art. 76, II, CPP; **III:** correta, nos termos do art. 76, III, CPP; **IV:** incorreta, já que esta hipótese está contemplada no art. 77, I, do CPP, que cuida da continência.

Gabarito "B"

6. Questões e Processos Incidentes

(Defensoria Pública da União – 2010 – CESPE) Julgue o item subsequente, que versa sobre questões e processos incidentes.

(1) Vigora, no Brasil, o sistema eclético ou misto, segundo o qual, em relação às questões prejudiciais heterogêneas relativas ao estado civil das pessoas, aplica-se o sistema da prejudicialidade obrigatória, de forma que compete ao juízo cível resolver a questão, ao passo que, no que concerne às demais questões heterogêneas, utiliza-se o sistema da prejudicialidade facultativa.

Arts. 92 e 93 do CPP.

Gabarito 1C

(Defensoria/SP – 2009 – FCC) Em ação penal para o julgamento de crime de bigamia, a existência de ação civil relativa à validade do casamento, constitui

(A) questão prejudicial facultativa heterogênea.
(B) litispendência.
(C) questão prejudicial obrigatória homogênea.
(D) questão prejudicial obrigatória heterogênea.
(E) questão prejudicial facultativa mista.

Prevista no art. 92 do CPP, **obrigatória** é a questão prejudicial que necessariamente enseja a suspensão do processo, sendo tão somente suficiente que o magistrado do juízo criminal a repute séria e fundada. Aqui, o juiz deverá determinar a paralisação do feito até que o juízo cível emita sua manifestação. Envolvem questões atinentes à própria existência do crime. Preleciona o art. 116, I, do CP que o curso da prescrição ficará suspenso. Já na questão prejudicial **facultativa**, contida no art. 93 do CPP, o magistrado tem a faculdade, não a obrigação, de suspender o processo. Trata-se, aqui, de questões diversas do estado das pessoas. Diz-se *heterogênea* porque diz respeito à matéria de outra área do direito da questão prejudicada; a *homogênea*, ao contrário, integra o mesmo ramo do direito da questão principal ou prejudicada.

Gabarito "D"

(Defensor Público/RO – 2007) Na ação penal pública incondicionada, em sede de defesa, NÃO poderá ser arguida a seguinte exceção:

(A) perempção
(B) coisa julgada
(C) litispendência
(D) incompetência
(E) impossibilidade jurídica

A perempção, cujas hipóteses de incidência estão presentes no art. 60 do CPP, constitui instituto exclusivo da ação penal de iniciativa privada. Não se aplica, portanto, à ação penal pública tampouco à privada subsidiária da pública.

Gabarito "A"

(Defensor Público/RO – 2007) Dentre as hipóteses de exceções processuais, aquela que precede a qualquer outra é:

(A) incompetência
(B) ilegitimidade
(C) coisa julgada
(D) suspeição
(E) perempção

Art. 96 do CPP. Tal se dá com o propósito de assegurar às partes um juiz imparcial, proporcionando, assim, um julgamento justo. O dispositivo permite que a arguição de suspeição se dê após outra, desde que o fato que a ela deu origem tenha surgido posteriormente. Caso contrário, devem as partes, logo que tiverem conhecimento, promover a arguição.

Gabarito "D"

(Defensor Público/BA – 2006) Arguida, por escrito, a falsidade de documento constante dos autos, em sede de processo penal, o juiz deverá observar a(s) seguinte(s) regra(s):

I. Mandará autuar em apartado a impugnação, e em seguida ouvirá a parte contrária, que, no prazo de 24 (vinte e quatro) horas, oferecerá resposta.
II. Assinará o prazo de 5 (cinco) dias, sucessivamente, a cada uma das partes, para prova de suas alegações.
III. Conclusos os autos, poderá ordenar as diligências que entender necessárias.
IV. Se reconhecida a falsidade por decisão irrecorrível, mandará desentranhar o documento e remetê-lo, com os autos do processo incidente, ao Ministério Público.

Analisando as assertivas acima, verifica-se que:

(A) Apenas I e II estão corretas.
(B) Apenas III e IV estão corretas.
(C) Apenas I e III estão corretas.
(D) Apenas I, III, e IV estão corretas.
(E) Todas as alternativas estão corretas.

I: incorreta, na medida em que a parte contrária disporá do prazo de 48 horas para oferecer resposta à impugnação – art. 145, I, do CPP; **II:** incorreta, já que o juiz concederá 3 dias, sucessivamente, a cada uma das partes para que prove suas alegações – art. 145, II, do CPP; **III:** proposição em consonância com o disposto no art. 145, III, do CPP; **IV:** correta, a teor do art. 145, IV, do CPP.

Gabarito "B"

7. Prerrogativas do Acusado

(Defensor Público/PR – 2012 – FCC) Instaurado inquérito policial para investigação de roubo de veículos na cidade de Foz do Iguaçu, Marivaldo é preso preventivamente, pela suposta prática dos crimes dos arts. 157, § 2º, I e 288 do Código Penal. Tendo sido comunicada a prisão e encaminhada a cópia do cumprimento do mandado ao Defensor Público, que se dirigiu à Delegacia de Polícia. De acordo com as prerrogativas contidas na Lei Complementar n. 80/1994 e as disposições do Código de Processo Penal analise as afirmações abaixo.

I. Se houver a decretação da incomunicabilidade do indiciado, o Defensor Público não poderá se entrevistar com aquele, a fim de assegurar a continuidade das investigações.
II. O Defensor Público deverá agendar previamente a sua visita à Delegacia de Polícia para se entrevistar com o preso.
III. O Defensor Público terá acesso aos autos do inquérito policial, podendo apenas tomar apontamentos.
IV. Enquanto não relatado o inquérito policial o Defensor Público poderá ter acesso aos autos, mas não obterá cópias, dada a sua sigilosidade.
V. O Defensor Público não precisará de procuração do indiciado para ter vista dos autos do inquérito policial, podendo praticar os atos que entender necessários.

Está correto o que se afirma em

(A) III, apenas.
(B) V, apenas.
(C) III e V, apenas.
(D) III, IV e V, apenas.
(E) I, II, III, IV e V.

I e **II:** incorretas. Vide art. 44, VII, da LC n. 80/1994, in verbis: "Art. 44. São prerrogativas dos membros da Defensoria Pública da União: (...) VII – comunicar-se, pessoal e reservadamente, com seus assistidos, ainda quando esses se acharem presos ou detidos, mesmo incomunicáveis, tendo livre ingresso em estabelecimentos policiais, prisionais e de internação coletiva, independentemente de prévio agendamento; III e **IV:** incorretas, conforme dispõe o art. 44, VIII, da LC n. 80/1994: "Art. 44 (...) VIII – Examinar, em qualquer repartição pública, autos de flagrantes, inquéritos e processos, assegurada a obtenção de cópias e podendo tomar apontamentos"; **V:** correta. A vista dos autos de inquérito independem de procuração.

Gabarito "B"

(Defensoria/MA – 2009 – FCC) O direito ao silêncio do acusado e o valor da confissão harmonizam-se, segundo a sistemática atual do Código de Processo Penal, com fundamento nas seguintes regras:

(A) o valor da confissão se aferirá pelos critérios adotados para os outros elementos de prova, e para a sua apreciação o juiz deverá confrontá-la com as demais provas do processo, estabelecendo escala de preponderância para as provas periciais e verificando se entre ela e estas existe compatibilidade ou concordância, sendo que o silêncio do acusado não importará confissão e nem poderá constituir elemento para a formação do convencimento do juiz.
(B) o silêncio, que não importará em confissão, não poderá ser interpretado em prejuízo da defesa, sendo ao juiz vedada qualquer alusão ao silêncio do acusado na sentença que venha a proferir.
(C) o valor da confissão se aferirá pelos critérios adotados para os outros elementos de prova, e para a sua apreciação o juiz deverá confrontá-la com as demais provas do processo, verificando se entre ela e estas existe compatibilidade ou concordância, sendo que o silêncio do acusado não importará confissão, mas poderá constituir elemento para a formação do convencimento do juiz.
(D) o valor da confissão deverá ser compatibilizado exclusivamente com a prova colhida sob princípio do contraditório, sendo vedada qualquer alusão a eventual silêncio do réu na sentença condenatória.
(E) o princípio constitucional da presunção de inocência impede que o juiz faça qualquer consideração na sentença a interrogatório e/ou confissão extrajudicial, não podendo nem mesmo tal circunstância interferir na sua livre apreciação das provas.

Arts. 197 e 198 do CPP.

Gabarito "C"

(Defensoria/PI – 2009 – CESPE) Segundo entendimento do STF, os senadores e deputados federais

(A) não dispõem da prerrogativa processual de serem inquiridos em local, dia e hora previamente ajustados entre eles e a autoridade competente, quando arrolados como testemunhas.
(B) dispõem da prerrogativa de serem inquiridos em local, dia e hora previamente ajustados entre eles e a autoridade competente, mesmo quando indiciados em inquérito policial ou quando figurarem como réus em processo penal.
(C) que ostentarem a condição formal de indiciado ou de réu poderão sofrer condução coercitiva, se deixarem de comparecer ao ato de seu interrogatório.
(D) dispõem da prerrogativa processual de serem inquiridos em local, dia e hora previamente ajustados entre eles e a autoridade competente, quando ostentarem a condição de ofendidos.
(E) não dispõem de garantia constitucional que lhes assegure o estado de relativa incoercibilidade pessoal.

Informativo nº 563 do STF.

Gabarito "D"

8. Provas

(Defensor Público/AM – 2013 – FCC) De acordo com o Código de Processo Penal, o interrogatório do réu pelo sistema de videoconferência pode ser realizado, por decisão fundamentada,

(A) de ofício, para responder à gravíssima questão de ordem pública.
(B) somente a requerimento do Ministério Público, para prevenir risco à segurança pública, quando exista prova cabal de que o preso integre organização criminosa.
(C) de ofício ou a requerimento das partes, por questões de economia processual.
(D) somente de ofício, para viabilizar a participação do réu no referido ato processual, quando haja relevante dificuldade para seu comparecimento em juízo, por enfermidade ou outra circunstância.
(E) a requerimento das partes, para impedir a influência do réu no ânimo da vítima, ainda que seja possível colher o depoimento desta por videoconferência.

O interrogatório do réu por meio de sistema de videoconferência, que será determinado, em caráter excepcional, pelo juiz, de ofício ou a requerimento das partes, somente poderá se dar nas hipóteses contempladas no art. 185, § 2º, I a IV, do CPP. Foi introduzido pela Lei 11.900/2009, que alterou a redação do art. 185 do CPP. Impende consignar que, antes disso, foi editada, em São Paulo, a Lei Estadual 11.819/2005, autorizando o interrogatório por meio de videoconferência, considerada pelo STF inconstitucional, já que não competia ao Estado-membro legislar sobre matéria processual.

Gabarito "A"

(Defensor Público/TO – 2013 – CESPE) No que tange às provas no processo penal, assinale a opção correta.

(A) É considerado como meio de prova direta o reconhecimento de pessoas por intermédio de fotografias, e sua validade, disciplinada no CPP, está condicionada à presença de autoridade policial ou judiciária, devendo ser observado o procedimento de colocar a fotografia da pessoa a ser reconhecida ao lado de outras fotografias de pessoas que com ela tiverem qualquer semelhança.

(B) O CPP admite, de forma expressa, que o interrogatório possa ser renovado a qualquer tempo, de ofício ou a pedido fundamentado de qualquer das partes, com a possibilidade de ser o réu ouvido diretamente pelo tribunal.

(C) A confissão tem como pressupostos de validade a capacidade do réu e a espontaneidade do ato produzido diante da autoridade competente, sendo assim admitida em relação a qualquer fato prejudicial ao réu.

(D) O depoimento da vítima é expressamente citado como meio de prova no CPP e, apesar de não ser formalmente testemunha, a vítima é computada no número legal fixado para o rol de testemunhas.

(E) A contradita é o instrumento processual cujo escopo consiste na impugnação de testemunha arrolada pela parte contrária, não se admitindo, em nenhuma hipótese, o manejo da objeção no tocante às testemunhas arroladas pela parte impugnante, permitindo-se a prova do alegado até o encerramento da instrução proce ssual.

A: incorreta. A assertiva contempla, *grosso modo*, os requisitos impostos ao reconhecimento pessoal, este sim disciplinado no Código de Processo Penal, em seu art. 226. No mais, o reconhecimento fotográfico, além de não encontrar previsão na legislação processual, constitui prova *indireta*, pois não realizada sobre o investigado em pessoa. Cuida-se, pois, de mero *indício*; **B:** correta, pois reflete o disposto no art. 196 do CPP, que estabelece que o magistrado, sempre que julgar conveniente, poderá, levando em conta as provas até então produzidas no processo, proceder a novo interrogatório, o que faz com supedâneo no princípio da busca da verdade real; **C:** incorreta, já que a confissão não precisa ser espontânea, bastando que o acusado admita a imputação de forma voluntária; **D:** incorreta, posto que a vítima não será computada no número legal fixado para o rol de testemunhas. Assim, por exemplo, se houver, no procedimento do júri ou no processo de rito ordinário, cujo número de testemunhas é limitado a oito, três vítimas e seis testemunhas, poderá a acusação/defesa arrolar todos, já que as vítimas, como já dito, não integrarão o rol de testemunhas; **E:** incorreta. Nada obsta que a parte que arrolou a testemunha manifeste objeção quanto ao seu depoimento.

Gabarito "B"

(Defensor Público/AC – 2012 – CESPE) Admite-se a acareação entre testemunhas que divergirem, em seus depoimentos, a respeito de circunstâncias de fatos relevantes. No caso de uma dessas testemunhas residir fora da comarca do juízo, deve o juiz

(A) deferir a realização da acareação e determinar o comparecimento das testemunhas; ausente testemunha cujas declarações divirjam das da que esteja presente, a esta se deve dar a conhecer os pontos de divergência, colhendo-se seu depoimento. Em seguida, deve o magistrado determinar a expedição de carta precatória para inquirição da testemunha residente fora da comarca do juízo a fim de completar o ato.

(B) deferir a realização da acareação, determinando o comparecimento da testemunha residente fora da comarca, sob pena de condução coercitiva.

(C) deferir a realização da acareação, determinando o comparecimento da testemunha residente em outra localidade; na hipótese de apenas uma das testemunhas objeto da acareação comparecer, o juiz deverá declarar prejudicado o ato.

(D) indeferir a realização da acareação, por ser esta prejudicial ao processo, e por não ser possível determinar o comparecimento em juízo de testemunhas residentes fora da comarca do juízo.

(E) indeferir a acareação, dada a inconveniência de realizá-la entre testemunhas residentes e não residentes na comarca do juízo

Com base na disciplina do art. 230 do CPP, incumbe ao juiz, neste caso, colher as respostas que se referem às contradições da testemunha presente e, feito isso, determinar a expedição de carta precatória para o juiz do local em que reside a testemunha ausente, que deverá esclarecer as divergências porventura existentes.

Gabarito "A"

(Defensor Público/RS – 2011 – FCC) Sobre provas ilícitas, é INCORRETO afirmar:

(A) A vedação da utilização de provas ilícitas pode ser excepcionalmente afastada em favor do acusado.

(B) A doutrina processual penal faz uma distinção conceitual entre a prova ilícita e a prova ilegítima, sendo aquela a obtida com violação ao direito substantivo e esta a obtida com violação ao direito adjetivo.

(C) As provas derivadas das ilícitas não se considerarão contaminadas quando puderem ser obtidas de uma fonte independente destas, ou quando não evidenciado o nexo de causalidade entre umas e outras, segundo o disposto na norma processual penal.

(D) Consoante previsto no Código de Processo Penal, preclusa a decisão de desentranhamento da prova declarada inadmissível, esta será inutilizada por decisão judicial.

(E) Contra a decisão interlocutória que não reconhece a ilicitude de prova cabe recurso em sentido estrito.

A: com efeito, o Supremo Tribunal Federal, em diversos julgados, e a doutrina têm aceitado o uso da prova ilícita em benefício do acusado, com supedâneo no *postulado da proporcionalidade*; **B:** assertiva correta. Consideram-se *ilícitas* as provas que violam normas de direito material (substantivo) e *ilegítimas* as obtidas com desrespeito a norma de direito processual (adjetivo). Tanto uma quanto a outra é inadmissível, devendo, por força do disposto no art. 157, *caput*, do CPP, ser desentranhada dos autos. *Vide* art. 5º, LVI, da CF; **C:** alternativa correta, nos termos do art. 157, § 1º, do CPP; **D:** a assertiva correta corresponde ao teor do art. 157, § 3º, do CPP; **E:** assertiva incorreta, já que a decisão que não reconhece a ilicitude da prova é irrecorrível.

Gabarito "E"

(Defensor Público/GO – 2010 – I. Cidades) Pedro Fuscão, policial civil, foi denunciado por ter exigido pagamento de Rutibum Dornozela para não cumprir mandado de prisão contra a sua pessoa. Rutibum gravou o diálogo telefônico que teve com Pedro Fuscão, sem que este tivesse conhecimento. No diálogo, ficou clara a exigência do pagamento para que não fosse executada a prisão. Diante do enunciado supra, conclui-se que a prova é

(A) nula, uma vez que produzida com violação da garantia constitucional da inviolabilidade da intimidade.

(B) válida, por ter sido gravada pela vítima e em estado de legítima defesa de seu patrimônio.

(C) nula, por se tratar de "gravação clandestina", por isso contaminada por vício de ilicitude.

(D) válida, desde que não existam outras no processo, a fim de que o infrator não fique impune.

(E) válida, desde que o acusado confirme em juízo o teor da conversa gravada.

A jurisprudência dos tribunais firmou entendimento segundo o qual inexiste ilicitude na gravação telefônica de diálogo realizada por um dos interlocutores. Não há que se falar, neste caso, de interceptação. A esse respeito: STF, 2ª T., RE 402717-PR, rel. Min. Cezar Peluso, DJ 12.2.09.

Gabarito "B"

(Defensoria/MA – 2009 – FCC) Para prolação de sentença condenatória o juiz formará sua convicção, de acordo com o teor de nova regra processual penal trazida pela Lei nº 11.719, de 20/06/2008, segundo

(A) livre apreciação da prova produzida em contraditório judicial onde se garanta a ampla defesa do acusado.

(B) apreciação controlada da prova produzida em contraditório judicial com desprezo ao teor de eventual confissão prestada no inquérito policial.

(C) livre apreciação da prova produzida, não podendo fundamentar sua decisão exclusivamente nos elementos informativos colhidos na investigação.
(D) apreciação discricionária da prova produzida em contraditório judicial, não podendo fundamentar sua decisão exclusivamente nos elementos informativos colhidos na investigação.
(E) livre apreciação da prova produzida em contraditório judicial, não podendo fundamentar sua decisão exclusivamente nos elementos informativos colhidos na investigação, ressalvadas as provas cautelares, não repetíveis e antecipadas.

Art. 155, *caput*, do CPP.

Gabarito "E"

(Defensoria/SP – 2009 – FCC) De acordo com a lei processual, o interrogatório do réu preso será realizado, em regra,
(A) pessoalmente, devendo o interrogando ser requisitado e escoltado ao juízo.
(B) por carta precatória, devendo o interrogando ser requisitado e escoltado ao juízo deprecado.
(C) através de recurso tecnológico de transmissão de sons e imagens em tempo real.
(D) através do telefone, com linha reservada, desde que não haja outro meio.
(E) pessoalmente, com o comparecimento do juiz no estabelecimento onde estiver o interrogando recolhido

De fato, estabeleceu o legislador – art. 185, § 1º, do CPP –, como regra, que o interrogatório do réu preso seja realizado no estabelecimento prisional em que este se encontrar. Na parte final do dispositivo, no entanto, o legislador introduziu uma exceção: ante a impossibilidade de o estabelecimento penal receber o juiz, seus auxiliares e as partes, procede-se nos moldes convencionais, isto é, a apresentação do acusado será requisitada pelo magistrado.

Gabarito "E"

(Defensoria/SP – 2007 – FCC) O processo penal contemporâneo contempla três modelos de avaliação ou valoração da prova: o sistema legal; o da íntima convicção; e o da persuasão racional. Sobre tais sistemas probatórios pode-se afirmar:
(A) O sistema legal, também conhecido como tarifado, é típico do procedimento acusatório, em que a intensa participação das partes na produção da prova pressupõe o prévio estabelecimento de valores definidos a cada um dos elementos probatórios considerados válidos.
(B) O sistema da íntima convicção é inaplicável no direito processual-penal brasileiro, em razão do que dispõe o artigo 93, IX, da Constituição Federal ("todos os julgamentos dos órgãos do Poder Judiciário serão públicos, e fundamentadas todas as decisões, sob pena de nulidade...").
(C) O sistema da persuasão racional ou do livre convencimento encontra respaldo no método inquisitório, em que o magistrado tem ampla liberdade para avaliar as questões de fato, devendo apenas motivar as questões de direito.
(D) Os sistemas da íntima convicção e da persuasão racional têm em comum a impossibilidade de utilização, na valoração da prova pelo magistrado, de máximas de experiência ou da notoriedade do fato.
(E) O que distingue o sistema da persuasão racional é a liberdade do magistrado na valoração dos elementos probatórios, que, embora exista, é contida pela obrigatoriedade de justificação das escolhas adotadas, diante da prova legitimamente obtida, com a explicitação do caminho percorrido até a decisão.

Art. 93, IX, da CF.

Gabarito "E"

(Defensoria/MT – 2007) Em matéria de prova no Processo Penal, não é aceito
(A) que a confissão do acusado supra a ausência do exame de corpo de delito, quando o crime deixar vestígios.
(B) o exame de corpo de delito, em cadáver exumado.
(C) a confissão do acusado, para efeitos de condenação, quando a vítima não foi ouvida em juízo.
(D) que o exame de corpo de delito possa, eventualmente, ser realizado por pessoa que não seja perito oficial.
(E) que a autoridade policial ou judiciária ordene a realização de um segundo exame pericial, complementar ao primeiro, sem requerimento de qualquer das partes.

A: art. 158 do CPP; **B:** art. 163 do CPP; **C:** arts. 197 e 201 do CPP; **D:** art. 159, § 1º, do CPP; **E:** art. 168, *caput*, do CPP.

Gabarito "A"

(Defensoria Pública da União – 2007 – CESPE) Julgue o item seguinte.
(1) Dados obtidos em interceptação de comunicações telefônicas e em escutas ambientais, judicialmente autorizadas para produção de prova em investigação criminal ou em instrução processual penal, podem ser usados em procedimento administrativo disciplinar, contra a mesma ou as mesmas pessoas em relação às quais foram colhidos, ou contra outros servidores cujos supostos ilícitos teriam despontado à colheita dessa prova.

Tal utilização tem sido aceita pela jurisprudência, desde que a interceptação tenha sido feita por meio de ordem judicial. Vide, a esse respeito: STF, Pleno, INQ QO 2424-4/RJ, rel. Min. Cezar Peluso, DJE 23.8.2007.

Gabarito 1C

(Defensor Público/PA – 2006 – UNAMA) Sobre a oitiva de testemunhas no curso do processo criminal, é correto afirmar:
I. Nenhuma testemunha poderá se eximir de depor, inclusive o ascendente ou descendente e os demais parentes.
II. Constatam-se os laços de parentesco e afinidade da testemunha, no momento do depoimento e não na data do fato criminoso.
III. O ascendente ou descendente, o afim em linha reta, o cônjuge, ainda, que separado judicialmente, o irmão e o pai, a mãe ou o filho adotivo do acusado, poderão recusar-se a depor, salvo se não for possível, por outro modo, obter-se ou integrar-se a prova do fato e de suas circunstâncias.
IV. As pessoas que em razão de função, ministério, ofício ou profissão, devam guardar segredo, ainda que desobrigadas pela parte interessada, estão proibidas de depor como testemunhas.

Somente é correto o que se afirma em:
(A) I e II
(B) II e III
(C) II, III e IV
(D) I, III e IV

I: alternativa incorreta, nos termos do art. 206 do CPP; **II:** de fato, o juiz levará em conta os laços de parentesco e afinidade no ato do depoimento; **III:** a assertiva corresponde ao teor do art. 206, segunda parte, do CPP. Está correta, portanto; **IV:** essas pessoas estão em regra proibidas de prestar depoimento. Trata-se de uma imposição legal, e não mera faculdade; poderão, todavia, fazê-lo se a parte interessada na manutenção do segredo desobrigar o seu portador e o autorizar a depor – art. 207, CPP.

Gabarito "B"

(Defensoria/RN – 2006) As provas seguem as seguintes regras:
(A) Observam-se no âmbito processual penal as mesmas restrições à sua produção existentes no direito processual civil.
(B) Prevalece o princípio da livre convicção, dispensando o juiz de motivar sua decisão.
(C) O exame de corpo de delito pode ser suprido pela confissão do acusado quando os vestígios tiverem desaparecido.
(D) A confissão será divisível e retratável.

A: art. 155, parágrafo único, do CPP; **B:** adotamos, como regra, o **sistema da persuasão racional** (art. 93, IX, CF), em que o juiz decide com base no seu livre convencimento, devendo, todavia, fundamentar sua decisão; **C:** à falta do exame de corpo de delito, a solução é dada pelo art. 167 do CPP, com a colheita de depoimentos de testemunhas. A confissão jamais poderá suprir tal falta, conforme preleciona o art. 158 do CPP; **D:** art. 200 do CPP.

Gabarito "D"

(Defensoria/SE – 2006 – CESPE) Julgue o item seguinte.
(1) O artigo do Código de Processo Penal (CPP) que estabelece que a confissão não supre o exame de corpo de delito guarda nítida ligação com o sistema de prova tarifada ou da certeza moral do legislador.

Quando o legislador estabelece, no art. 158 do CPP, que a confissão do acusado não supre o exame de corpo de delito, está, a rigor, atribuindo a essa prova (confissão) um determinado valor.

Gabarito 1C

(Defensor Público/BA – 2006) Preceitua o Código de Processo Penal que "a busca será domiciliar ou pessoal"; afirma ainda que "proceder-se-á à busca domiciliar, quando fundadas razões a autorizarem, para" :

I. Prender criminosos ou apreender coisas achadas ou obtidas por meios criminosos.
II. Apreender instrumentos de falsificação ou de contrafação e objetos falsificados ou contrafeitos.
III. Apreender armas e munições, instrumentos utilizados na prática de crime ou destinados a fim delituoso.
IV. Descobrir objetos necessários à prova de infração ou à defesa do réu.
V. Apreender cartas, abertas ou não, destinadas ao acusado ou em seu poder, quando haja suspeita de que o conhecimento do seu conteúdo possa ser útil à elucidação do fato.

Analisando as assertivas acima, verifica-se que:

(A) Apenas I e II estão corretas.
(B) Apenas III e IV estão corretas.
(C) Apenas I e III estão corretas.
(D) Apenas I, III, e IV estão corretas.
(E) Todas estão corretas.

I: correta, nos termos do art. 240, § 1º, *a* e *b*, do CPP; **I:** correta, nos termos do art. 240, § 1º, *c*, do CPP; **III:** correta, nos termos do art. 240, § 1º, *d*, do CPP; **IV:** correta, nos termos do art. 240, § 1º, *e*, do CPP; **V:** correta, nos termos do art. 240, § 1º, *f*, do CPP.

Gabarito "E"

(Defensoria/SP – 2006 – FCC) Sobre o depoimento judicial de ascendente ou descendente do acusado, é correto afirmar:

(A) como testemunha, não poderá se eximir da obrigação de depor.
(B) uma vez prestado o compromisso, pratica crime de falso testemunho se faltar com a verdade.
(C) são proibidos de depor como testemunha.
(D) não se deferirá o compromisso de dizer a verdade do que souber.
(E) poderão se recusar a depor em qualquer caso.

Art. 206 do CPP.

Gabarito "D"

9. Sujeitos Processuais

(Defensor Público/MS – 2008 – VUNESP) Leia as afirmações quanto ao acusado no processo penal brasileiro.

I. O acusado, na relação jurídica processual, pode ser chamado de sujeito do processo.
II. O acusado possui direitos no processo penal, entre eles: de ser processado e julgado por autoridade competente, à assistência jurídica gratuita no caso de não dispor de recursos e de não ser submetido à identificação criminal, quando civilmente identificado.
III. O acusado será declarado revel e terá seu processo suspenso, sempre que não seja encontrado para a citação pessoal.

Está correto o contido em

(A) I e II, apenas.
(B) I e III, apenas.
(C) II e III, apenas.
(D) I, II e III.

I: são sujeitos da *relação processual*, segundo a doutrina dominante: juiz, acusador e acusado (réu), chamada, por isso, de *tríplice relação processual*; **II:** art. 5º, LIII, LXXIV e LVIII, da CF; **III:** alternativa incorreta. Na hipótese de o réu não ser encontrado, deverá o juiz determinar a sua citação por edital, depois de esgotados os meios disponíveis para a sua localização. Se o réu, depois de citado por edital, não comparecer tampouco constituir defensor, o processo e o prazo prescricional ficarão, em vista da disciplina estabelecida no art. 366 do CPP, suspensos. Há autores que entendem que a *revelia*, no sentido em que é empregada no processo civil, não pode ser aplicada no processo penal, visto constituir dever do magistrado assegurar ao réu, ainda que ausente, defesa técnica.

Gabarito "A"

(Defensor Público/BA – 2006) O juiz dar-se-á por suspeito, e, se não o fizer, poderá ser recusado por qualquer das partes:

(A) Se tiver funcionado seu cônjuge ou parente, consanguíneo ou afim, em linha reta ou colateral até o terceiro grau, inclusive, como defensor ou advogado, órgão do Ministério Público, autoridade policial, auxiliar da justiça ou perito.
(B) Se ele próprio houver desempenhado qualquer dessas funções ou servido como testemunha.
(C) Se tiver funcionado como juiz de outra instância, pronunciando-se, de fato ou de direito, sobre a questão.
(D) Se for credor ou devedor, tutor ou curador, de qualquer das partes.
(E) Se ele próprio ou seu cônjuge ou parente, consanguíneo ou afim em linha reta ou colateral até o terceiro grau, inclusive, for parte ou diretamente interessado no feito.

A alternativa "D" (correta) corresponde a uma das hipóteses de *suspeição* – art. 254, V, do CPP; as demais proposições contemplam situações de *impedimento*, cujo rol está no art. 252 do CPP.

Gabarito "D"

10. Citação, Intimação e Prazos

(Defensor Público/GO – 2010 – I. Cidades) Quando o réu se oculta para não ser citado, o procedimento para a efetivação do ato será o seguinte:

(A) O oficial de justiça certificará a ocorrência e o juiz determinará a citação por edital com prazo de cinco dias.
(B) O oficial certificará o ocorrido e o juiz fará a citação por edital com prazo de 30 dias.
(C) O oficial de justiça insistirá na citação pessoal e, após três tentativas frustradas, certificará a ocorrência, ao que o juiz poderá determinar a citação editalícia.
(D) O oficial de justiça certificará a ocorrência e procederá à citação com hora certa, na forma do Código de Processo Civil.
(E) O juiz determinará a citação editalícia com prazo de 90 dias.

A citação por hora certa (362, CPP) constitui inovação introduzida no processo penal pela Lei 11.719/08, até então exclusiva do processo civil. Será feita por oficial de Justiça sempre que se verificar que o réu se oculta com o propósito de inviabilizar o ato citatório.

Gabarito "D"

(Defensor Público/AM – 2010 – I. Cidades) Assinale a opção incorreta.

(A) A relação processual penal se completa com a citação do acusado.
(B) Segundo o Código de Processo Penal, o juiz que presidiu a instrução deverá proferir a sentença, consagrando, assim, o Princípio da Identidade Física do Juiz.
(C) O réu que se oculta será citado por hora certa e, caso não compareça em juízo, ser-lhe-á nomeado defensor dativo, permanecendo o processo penal em curso sem suspensão, a despeito da natureza ficta da citação por hora certa.
(D) As exceções no processo penal deverão ser processadas em apartado.
(E) A vítima poderá ser intimada dos atos processuais relativos ao ingresso e à saída do acusado da prisão, à designação de data para a audiência e à sentença ou ao acórdão que a mantenha ou a modifique, caso o juiz entenda que esses atos processuais são de interesse da vítima.

A: correta, pois do art. 363, *caput*, do CPP depreende-se que, feita a citação, a relação processual está formada, completa; **B:** assertiva correta. A Lei 11.719/08 introduziu no art. 399 do CPP o § 2º, conferindo-lhe a seguinte redação: "O juiz que presidiu a instrução deverá proferir a sentença". O princípio da identidade física do juiz, antes exclusivo do processo civil, doravante será também aplicável ao processo penal; **C:** a alternativa está correta, na medida em que a Lei 11.719/08 alterou a redação do art. 362 do CPP e introduziu no processo penal a *citação por hora certa*, modalidade de citação ficta até então exclusiva do processo civil, a ser realizada por oficial de Justiça na hipótese de ocultação do réu; **D:** correta, pois em conformidade com o art. 111 do CPP; **E:** incorreta, pois em desacordo com a redação do art. 201, § 2º, do CPP.

Gabarito "E"

(Defensor Público/GO – 2010 – I. Cidades) Sobre a citação no Processo Penal, é correto afirmar que:

(A) Na citação por hora certa, caso o réu não constitua advogado nem compareça em juízo, deverão o processo e o prazo prescricional ser suspensos.
(B) Havendo citação por edital, se o réu estiver foragido mas o defensor público estiver encarregado da defesa, poderá o processo prosseguir normalmente, sem suspensão.
(C) Havendo citação por edital, se o réu estiver foragido mas houver advogado constituído nos autos, o processo seguirá normalmente, sem suspensão.
(D) No procedimento ordinário, o réu será citado para responder à acusação no prazo de 15 dias.
(E) O Supremo Tribunal Federal entende ser inconstitucional a citação por hora certa, por afrontar o princípio da ampla defesa.

A: o processo e o prazo prescricional serão suspensos na hipótese de o acusado, citado por edital, não comparecer nem constituir defensor (art. 366, CPP). Se o réu, citado por hora certa, não oferecer defesa no prazo de dez dias, deverá o juiz, neste caso, nomear-lhe defensor, para apresentação de defesa escrita no mesmo prazo, conforme dispõem os arts. 362, parágrafo único, e 396-A do CPP. Não há que se falar, portanto, neste caso, em suspensão do processo nem do prazo prescricional; B e **C:** pela dicção do art. 366 do CPP, o processo e o curso do prazo prescricional serão suspensos sempre que o acusado, citado por edital, não comparecer ao interrogatório nem constituir, contratar advogado para patrocinar sua defesa. Fica evidente, portanto, que a defesa promovida por defensor público não elide a incidência do dispositivo, pois não se trata de profissional contratado pelo réu; **D:** assertiva incorreta, visto que tanto no procedimento ordinário quanto no sumário o prazo para oferecimento da defesa prévia ou resposta escrita é de dez dias – art. 396 do CPP; **E:** embora a doutrina minoritária tenha reservas em relação à citação por hora certa no âmbito do processo penal, não é verdade que o STF entende ser inconstitucional esta modalidade de citação presumida.

Gabarito "C"

(Defensor Público/AL – 2009 – CESPE) Em relação aos prazos no âmbito do processo penal, julgue os itens que se seguem.

(1) O prazo para a interposição de agravo contra decisão do juiz da execução penal é de dez dias.
(2) No processo penal, contam-se os prazos da data da intimação, e não da juntada aos autos do mandado ou da carta precatória ou de ordem.

1: o agravo de execução segue o rito do recurso em sentido estrito. O prazo para a sua interposição é de cinco dias, nos termos da Súmula 700 do STF: "É de cinco dias o prazo para interposição de agravo contra decisão do juiz da execução penal"; **2:** correta, nos termos da Súmula 710 do STF.

Gabarito 1E, 2C

(Defensoria/SP – 2009 – FCC) Com relação aos efeitos da citação no processo penal, a citação válida

(A) interrompe a prescrição. O fato é sempre litigioso. A litispendência e a prevenção são definidas na distribuição. A relação processual se completa com o recebimento da denúncia ou queixa.
(B) torna prevento o juízo. A formação da relação processual, a litispendência, prescrição e litigiosidade não dependem da citação.
(C) induz litispendência, torna prevento o juízo, faz litigioso o fato imputado e completa a formação do processo. A prescrição é interrompida pelo recebimento da denúncia ou queixa.
(D) torna litigioso o fato imputado. Prevenção, litispendência, interrupção da prescrição e a formação da relação processual não dependem da citação.
(E) completa a formação do processo. Litispendência, prevenção, interrupção da prescrição e litigiosidade não dependem da citação.

Em vista do disposto no art. 363, *caput*, do CPP, o processo de fato terá aperfeiçoada sua formação quando realizada a citação do acusado. De outro lado, a citação válida não tem o condão de tornar prevento o juízo criminal, tampouco de interromper o curso do prazo prescricional, o que ocorre com o recebimento da denúncia ou da queixa, nos exatos termos do art. 117, I, do CP. Também não induz litispendência, uma vez que a lide é considerada pendente com o ajuizamento da demanda.

Gabarito "E"

(Defensoria/MG – 2009 – FURMARC) Verificando-se que o réu se oculta para não ser citado, o oficial de justiça deverá proceder a:

(A) Citação por hora certa.
(B) Citação por mandado.
(C) Citação por edital.
(D) Citação por precatória.
(E) Citação por carta rogatória.

A Lei 11.719/08 alterou a redação do art. 362 do CPP e, com isso, passou-se a admitir a *citação com hora certa* no âmbito do processo penal.

Gabarito "A"

(Defensoria/MG – 2006) Analise as afirmativas que se seguem

I. A interpelação judicial (art. 144, CP) suspende o prazo decadencial da ação privada.
II. Na contagem dos prazos no processo penal, diferentemente do que dispõe o Código Penal, exclui-se o dia do começo e inclui-se o do vencimento.
III. Segundo o entendimento sumulado do Supremo Tribunal Federal, contam-se os prazos da data da intimação e, não, da juntada aos autos do mandato ou da carta precatória ou de ordem.

A partir dessa análise, pode-se concluir que

(A) Apenas as afirmativas I e II estão corretas.
(B) Apenas as afirmativas I e III estão corretas.
(C) Apenas as afirmativas II e III estão corretas.
(D) Todas as afirmativas estão corretas.
(E) Todas as afirmativas estão incorretas.

I: o instrumento previsto no art. 144 do CP não suspende o prazo decadencial; **II:** art. 10 do CP e art. 798, § 1º, do CPP; **III:** Súmula 710 do STF.

Gabarito "C"

(Defensoria/RN – 2006) Considera-se revel o réu que

(A) citado por edital, não comparece e não constitui advogado, devendo o juiz nomear-lhe curador e dar prosseguimento ao feito.
(B) citado pessoalmente, não comparece e não constitui advogado, devendo o juiz nomear-lhe defensor dativo, dando prosseguimento ao feito, podendo inclusive decretar-lhe a prisão preventiva.
(C) citado por edital não comparece e não constitui advogado, devendo o juiz suspender o curso do processo e da prescrição.
(D) citado pessoalmente é interrogado, mas não constitui advogado para apresentar defesa preliminar.

Art. 367 do CPP.

Gabarito "B"

(Defensoria/SP – 2006 – FCC) A intimação do defensor público para o julgamento de recurso em segunda instância será

(A) facultativa se se tratar de réu solto.
(B) obrigatória, pela imprensa oficial.
(C) obrigatória, pessoal e com antecedência mínima de 10 dias da data do julgamento.
(D) feita pela imprensa oficial nos casos de réu preso.
(E) obrigatória e pessoal.

Art. 5º, § 5º, da Lei 1.060/50. Vide, a esse respeito: STF, RHC 85.443-SP, 1ª T., Rel. Min. Sepúlvida Pertence, j. 19.4.05.

Gabarito "E"

(Defensor Público/AC – 2006 – CESPE) É regra, quanto à contagem de prazos, nos termos da lei processual penal, que todos os prazos correrão em cartório e serão contínuos e peremptórios, não se interrompendo por férias, domingo ou dia feriado. Acerca desse tema, assinale a opção correta.

(A) O dia do começo inclui-se no cômputo do prazo, excluindo-se o termo final.
(B) Os prazos judiciais que se iniciarem ou vencerem aos sábados serão prorrogados por um dia útil.
(C) O prazo decadencial cujo termo final vença em dia em que não haja expediente forense deve ser prorrogado para o primeiro dia subsequente.
(D) Feita a intimação, conta-se o prazo a partir da juntada do mandado aos autos principais.

A: incorreta, pois em desacordo com a regra estabelecida no art. 798, § 1º, do CPP; **B:** deve-se considerar o sábado, para esse fim, como feriado, aplicando-se, por analogia, o art. 798, § 3º, do CPP; **C:** errado. A contagem do prazo decadencial deve obedecer ao estabelecido no art. 10 do Código Penal, que traça regras diferentes daquelas previstas no art. 798 do CPP (prazo processual). Sendo, portanto, o prazo decadencial de natureza penal, o dia do fato que deu origem ao cômputo deve ser incluído no prazo. Além disso, o prazo penal é improrrogável, é dizer, se o seu termo final cair num sábado ou domingo, não haverá prorrogação para o primeiro dia útil seguinte, como ocorre com o prazo processual. Assim, a providência que haveria de ser tomada pelo ofendido ou seu representante, titular do direito de representação ou queixa, tinha como data-limite o dia útil anterior àquele em que não houve expediente forense. Depois disso, decadência e a consequente extinção da punibilidade; **D:** incorreta, nos termos da Súmula 710 do STF.

Gabarito "B"

11. Prisão, Medidas Cautelares e Liberdade Provisória

(Defensor Público/AM – 2013 – FCC) No tocante à prisão, medidas cautelares e liberdade provisória, de acordo com a redação expressa no Código de Processo Penal,

(A) as medidas cautelares relativas à prisão deverão ser aplicadas, observando-se a adequação da medida às circunstâncias do fato, mas não à gravidade do crime ou às condições pessoais do indiciado ou acusado.
(B) as medidas cautelares relativas à prisão deverão ser aplicadas observando-se a necessidade para aplicação da lei penal, para a investigação ou a instrução criminal e, nos casos expressamente previstos, para evitar a prática de infrações penais.
(C) as medidas cautelares não podem ser aplicadas cumulativamente.
(D) o juiz poderá revogar a medida cautelar ou substituí-la quando verificar a falta de motivo para que subsista, mas não pode voltar a decretá-la se sobrevierem razões que eventualmente a justificassem.
(E) no caso de descumprimento de qualquer das obrigações impostas, o juiz, apenas a requerimento do Ministério Público, poderá substituir a medida.

A: incorreta. O art. 282, I, do CPP contemplou, como requisitos de adequabilidade para a decretação de medida cautelar, a gravidade do crime; as condições pessoais do indiciado ou acusado; e as circunstâncias do fato. Assertiva, portanto, incorreta; **B:** correta, pois corresponde ao teor do art. 282, I, do CPP; **C:** incorreta, já que as medidas cautelares, por expressa disposição do art. 282, § 1º, do CPP, podem, sim, ser aplicadas cumulativamente; **D:** incorreta. A exemplo do que ocorre com a prisão preventiva (art. 316 do CPP), uma vez revogada a medida cautelar que se mostrou desnecessária, nada obsta que o magistrado volte a decretá-la, desde que sobrevenham razões para tanto. É o que estabelece o art. 282, § 5º, do CPP; **E:** incorreta. Não é necessário, aqui, o requerimento do Ministério Público, podendo o juiz tomar esta providência de ofício, conforme autoriza o art. 282, § 4º, do CPP.

Gabarito "B"

(Defensor Público/AM – 2013 – FCC) De acordo com o Código de Processo Penal, no tocante à prisão em flagrante,

(A) apresentado o preso à autoridade competente, procederá esta desde logo ao interrogatório do acusado sobre a imputação que lhe é feita e depois ouvirá o depoimento das testemunhas.
(B) a falta de testemunhas presenciais da infração impedirá o auto de prisão em flagrante.
(C) em até vinte e quatro horas após a realização da prisão será encaminhado ao juiz competente o auto de prisão em flagrante e, caso o autuado não informe o nome de seu advogado, cópia integral para a Defensoria Pública.
(D) qualquer do povo deverá prender quem quer que seja encontrado em situação de flagrante delito.
(E) a prisão de qualquer pessoa e o local onde se encontre serão comunicadas imediatamente ao juiz competente, à família do preso ou à pessoa por ele indicada e em até quarenta e oito horas ao Ministério Público.

A: incorreta. Apresentado o conduzido à autoridade policial, incumbe a esta, por primeiro, ouvir o condutor e dele colher a assinatura, entregando-lhe, para o fim de liberá-lo desde logo, cópia do termo e recibo de entrega do preso; feito isso, deverá a autoridade tomar o depoimento das testemunhas e, por fim, proceder ao interrogatório do preso, conforme estabelece o art. 304, *caput*, do CPP; **B:** incorreta, pois não reflete o disposto no art. 304, § 2º, do CPP, que autoriza, à falta de testemunhas presenciais, seja a prisão, assim mesmo, formalizada, assinando o auto, neste caso, além do condutor, duas testemunhas que hajam presenciado a apresentação do preso à autoridade; **C:** correta, pois de acordo com a norma contida no art. 306, § 1º, do CPP; **D:** incorreta. O dever de prender aquele que se encontre em situação de flagrante somente é imposto à autoridade policial e seus agentes (art. 301 do CPP). É o que a doutrina convencionou chamar de *flagrante obrigatório*; o mesmo dispositivo autoriza ◘ e não obriga ◘ que qualquer pessoa do povo efetive a prisão em flagrante. Trata-se, aqui, de mera faculdade. Bem por isso, *flagrante facultativo*; **E:** incorreta, na medida em que a comunicação imediata também deverá ser feita ao Ministério Público, nos moldes do que estabelece o art. 306, *caput*, do CPP.

Gabarito "C"

(Defensor Público/TO – 2013 – CESPE) Em relação às prisões, às medidas cautelares e à liberdade provisória, assinale a opção correta, segundo entendimento do STJ.

(A) É autônoma a regulamentação da prisão temporária, e sua decretação depende da complexidade da investigação e da gravidade intrínseca de algumas infrações elencadas na lei de regência, não se vinculando aos requisitos de admissibilidade da prisão preventiva e do exame do cabimento de eventuais medidas cautelares diversas da prisão, tampouco ao teto de pena privativa de liberdade máxima superior a quatro anos nos crimes dolosos.
(B) Nos crimes dolosos punidos com pena privativa de liberdade máxima inferior a quatro anos, é vedada a decretação da prisão preventiva, embora presentes os requisitos legais para a custódia excepcional, podendo ser imposta medida cautelar diversa, mesmo no caso de concurso de crimes para os quais não seja prevista, isoladamente, sanção penal privativa de liberdade superior ao mencionado limite legal.
(C) Admite-se a decretação da prisão preventiva, de ofício, desde que exista ação penal regularmente instaurada, consoante preconiza a atual sistemática da custódia cautelar, ainda que resultante da conversão da prisão em flagrante.
(D) A duração e a validade da prisão preventiva estão condicionadas à existência de fundamentação concreta. Expirados os motivos que deram ensejo à sua decretação, fica vedada a imposição de outra medida cautelar pelos mesmos fundamentos e em substituição àquela.
(E) As prisões decorrentes da decisão de pronúncia e da prolação de sentença penal condenatória recorrível não se submetem ao limite de pena privativa de liberdade máxima superior a quatro anos, tampouco se impõe ao magistrado o exame da possibilidade de imposição de medidas cautelares diversas, em face da função específica dessas custódias.

A: correta. A prisão temporária encontra-se disciplinada na Lei 7.960/1989. Sendo uma das modalidades de prisão cautelar, presta-se a viabilizar/facilitar as investigações do inquérito policial. Somente será decretada para o fim de investigar os crimes elencados no art. 1º da lei de regência. No mais, tem como requisitos: a imprescindibilidade para as investigações; quando o investigado não tiver residência fixa ou quando não fornecer elementos suficientes ao esclarecimento de sua identidade; quando houver fundadas razões de autoria e materialidade do investigado nos crimes que fazem pare do rol. Este último requisito, que sempre há de estar presente, deve combinar-se alternativamente com os dois primeiros. Não se aplicam a esta modalidade de prisão processual as regras da custódia preventiva; **B:** incorreta. A decretação da prisão preventiva nas hipóteses do art. 313, II e III, do CPP não se submete ao limite imposto no art. 313, I, do CPP. Na hipótese de concurso de crimes em que a somatória das penas máximas supere o patamar de quatro anos, aplica-se o teor da Súmula nº 243 do STJ, sendo cabível, portanto, neste caso, a custódia preventiva; **C:** incorreta. **Com a alteração promovida pela Lei de Reforma 12.403/2011 na redação do art. 311 do CPP**, o juiz, que antes podia, de ofício, determinar a prisão preventiva no curso do inquérito, agora somente poderá fazê-lo, nesta fase da persecução, quando provocado pela autoridade policial, mediante representação, ou pelo Ministério Público, por meio de requerimento; portanto, de ofício, a partir de agora, somente no decorrer da ação penal. Pensamos que a decretação da custódia preventiva decorrente da conversão da prisão em flagrante pode dar-se de ofício pelo juiz. Nesse sentido, a lição de Guilherme de Souza Nucci: "(...) O juiz não age de ofício, determinando a prisão do indiciado, durante a fase investigatória

– o que seria vedado por lei. Ele simplesmente recebe – pronta – a prisão, ocorrida em virtude de flagrante, constitucionalmente autorizado; a partir disso, instaura-se investigação compulsória e segue o auto de prisão às mãos da autoridade judicial para checar a sua legalidade e a necessidade de se manter a cautelaridade da situação. Esse mecanismo encontra-se em vigor há décadas e somente foi aperfeiçoado pela Lei 12.403/2011. Acrescente-se que, mantida a prisão cautelar, pela conversão em preventiva, seguem os autos ao Ministério Público, que terá cinco dias para apresentar denúncia; não o fazendo, revoga-se a preventiva, colocando-se o indivíduo em liberdade" (*Código de Processo Penal Comentado*. 12. ed., São Paulo: RT, 2013. p. 659); **D:** incorreta. Expirados os motivos que serviram de base à decretação da custódia preventiva, nada obsta que, em substituição a esta, seja decreta outra medida cautelar alternativa à prisão, desde que presentes os requisitos previstos em lei; **E:** incorreta. A decretação ou manutenção da prisão cautelar (provisória ou processual), assim entendida aquela que antecede a condenação definitiva, deve sempre estar condicionada à demonstração de sua imperiosa necessidade. Bem por isso, deve o magistrado apontar as razões, no seu entender, que a tornam indispensável (art. 312 do CPP). Colocado de outra forma, a prisão provisória ou cautelar somente se justifica dentro do ordenamento jurídico quando necessária ao processo. Deve ser vista, portanto, como um *instrumento* do processo a ser utilizado em situações *excepcionais*. É por essa razão que a prisão decorrente de pronúncia e de sentença penal condenatória recorrível deixou de constituir modalidade de prisão cautelar. Era uma prisão automática, já que, com a prolação da sentença condenatória, o réu era recolhido ao cárcere (independente de a prisão ser necessária). Nesse contexto, o acusado era considerado presumidamente culpado. Com as modificações introduzidas pela Lei 11.719/2008 e também em razão da atuação dos tribunais, esta modalidade de prisão cautelar deixou de existir, consagrando, assim, o *postulado da presunção de inocência*. Em vista dessa nova realidade, se o acusado permanecer preso durante toda a instrução, a manutenção dessa prisão somente terá lugar se indispensável for ao processo, pouco importando se, uma vez condenado em definitivo, permanecerá ou não preso. A prisão desnecessária decretada ou mantida antes de a sentença passar em julgado constitui antecipação da pena que porventura seria aplicada em caso de condenação, o que representa patente violação ao princípio da presunção de inocência, postulado esse de índole constitucional – art. 5º, LVII, da CF/1988. De se ver ainda que, tendo em conta as mudanças implementadas pela Lei 12.403/2011, que instituiu as *medidas cautelares alternativas à prisão provisória*, esta somente terá lugar diante da impossibilidade de se recorrer às medidas cautelares. Dessa forma, a prisão, como medida excepcional que é, deve também ser vista como instrumento subsidiário, supletivo.

Gabarito "A".

(Defensor Público/AC – 2012 – CESPE) Considerando o disposto no CPP e na legislação correlata, assinale a opção correta.

(A) Não é cabível a decretação de prisão preventiva de acusado que se apresente espontaneamente à autoridade policial competente.

(B) Admite-se, como garantia da execução das medidas protetivas de urgência, a decretação da prisão preventiva do acusado de crime que envolva violência doméstica contra a mulher.

(C) O prazo para a interceptação de comunicações telefônicas, nos termos da Lei n. 9.296/1996, é de quinze dias; entretanto, caso o pedido tenha sido formulado para prova em investigação de crimes hediondos, o prazo será de trinta dias, prorrogável por igual período.

(D) A citação do acusado que esteja em lugar sabido no estrangeiro deve ser realizada por edital e, caso ele não compareça nem constitua advogado no prazo fixado no edital de citação, que pode variar de quinze a noventa dias, ficarão suspensos o processo e o curso da prescrição, podendo o juiz determinar a produção antecipada de provas consideradas urgentes..

(E) Estando o investigado preso, o inquérito policial deve ser encerrado impreterivelmente no prazo de quinze dias.

A: incorreta. O fato de a Lei 12.403/2011 ter operado a revogação do art. 317 do CPP (apresentação espontânea do acusado) não impede que se decrete a custódia preventiva do acusado que se apresente espontaneamente, desde que presentes os requisitos autorizadores dessa medida cautelar; **B:** correta, pois corresponde à redação do art. 313, III, do CPP; **C:** incorreta. O art. 5º da Lei 9.296/1996, que trata do prazo durante o qual poderá perdurar a interceptação, não estabeleceu interregno diferenciado para os crimes hediondos. A propósito, a jurisprudência sedimentou entendimento no sentido de que o prazo de quinze dias poderá ser prorrogado quantos vezes for necessário para a apuração do fato sob investigação; **D:** incorreta. A citação do acusado que se encontre em lugar conhecido no estrangeiro há de ser feita por meio de carta rogatória, nos termos do art. 368 do CPP, suspendendo-se, neste caso, o curso do prazo prescricional até o seu cumprimento; **E:** incorreta. O art. 10, *caput*, do CPP estabelece o prazo geral de 30 dias para conclusão do inquérito, quando o indiciado não estiver preso; se se tratar de indiciado preso, o inquérito deve terminar em 10 dias (e não em quinze). Na Justiça Federal, se o indicado estiver preso, o prazo para conclusão do inquérito é de quinze dias, podendo haver uma prorrogação por igual período, conforme dispõe o art. 66 da Lei 5.010/1966; se solto, o inquérito deve ser concluído em 30 dias, em consonância com o disposto no art. 10, caput, do CPP. Há outras leis especiais, além desta, que estabelecem prazos diferenciados para a ultimação das investigações.

Gabarito "B".

(Defensor Público/ES – 2012 – CESPE) Julgue os itens seguintes, referentes à prisão e a liberdade provisória.

(1) A autoridade policial é expressamente autorizada pelo CPP a conceder fiança nos casos de infração para a qual seja estipulada pena privativa de liberdade máxima não superior a quatro anos, devendo considerar, para determinar o valor da fiança, a natureza da infração, as condições pessoais de fortuna e vida pregressa do acusado, as circunstancias indicativas de sua periculosidade, bem como a importância provável das custas do processo, ate final julgamento.

(2) A prisão preventiva decretada de forma autônoma, independentemente do flagrante ou da conversão deste, deve observar as exigências da garantia da ordem publica, da ordem econômica, por conveniência da instrução criminal, ou para assegurar a aplicação da lei penal, quando houver prova da existência do crime e indicio suficiente de autoria e quando for doloso o crime, punido com pena privativa de liberdade máxima superior a quatro anos.

1: correta, visto que corresponde ao que estabelecem os arts. 322, caput, e 326 do CPP; **2:** correta, pois em consonância com o teor dos arts. 312, caput, e 313, I, do CPP.

Gabarito 1C, 2C

(Defensor Público/RO – 2012 – CESPE) Acerca dos institutos da prisão, das medidas cautelares e da liberdade provisória, assinale a opção correta.

(A) Em caso de cumprimento de mandado de prisão expedido pela autoridade competente, se o executor do mandado verificar que o réu esteja abrigado em alguma casa, deverá intimar o morador a apresentá-lo à vista do mandado judicial e, no caso de desobediência, poderá, a qualquer hora do dia ou da noite, entrar à força na residência, bastando para tanto, convocar duas testemunhas que acompanhem a diligência e atestem a recusa do morador a entregar o preso.

(B) A prisão em flagrante deve ser comunicada ao juiz competente em até vinte e quatro horas após a sua realização, cabendo ao juiz, entre outras medidas, relaxar a prisão se esta for ilegal ou, fundamentadamente, convertê-la em preventiva, quando presentes os requisitos da custódia cautelar.

(C) Pode o juiz substituir a prisão preventiva pela domiciliar quando o agente for maior de setenta anos de idade, gestante a partir do sétimo mês de gestação, extremamente debilitado por motivo de grave doença ou imprescindível aos cuidados especiais de pessoa menor de seis anos de idade ou com deficiência.

(D) A partir das recentes alterações legislativas referentes à liberdade provisória com fiança, a autoridade policial, após a lavratura do auto de prisão em flagrante, somente poderá conceder fiança nos casos de infrações penais praticadas sem violência ou grave ameaça a pessoa, independentemente do tempo previsto para a pena privativa de liberdade.

(E) A falta de exibição do mandado de prisão pelo executor da ordem obsta o seu efetivo cumprimento, porquanto, conforme a lei processual penal, a prisão em virtude de mandado entender-se-á feita desde que o executor, fazendo-se conhecer do réu, lhe apresente a referida ordem e o intime a acompanhá-lo.

A: incorreta, já que o ingresso à força, na hipótese de recalcitrância do morador, somente se efetivará durante o dia; se à noite, diante da recusa do ocupante, o executor da ordem de prisão fará guardar todas as saídas do imóvel até o amanhecer, quando então poderá ingressar no imóvel onde se encontra a pessoa a ser presa, independente da anuência do morador. É o que estabelece o art. 293 do CPP; **B:** correta, pois corresponde ao que estabelece o art. 306, § 1º, do CPP; **C:** a incorreção da assertiva está na parte em que se afirma que a substituição será feita na hipótese de o agente contar com mais setenta anos, dado que o art. 318, I, do CPP estabelece como idade mínima à obtenção deste benefício oitenta anos. No resto, a assertiva está correta; **D:** incorreta, dado o que estabelece o art. 322 do CPP: "A autoridade policial somente poderá conceder fiança nos casos de infração cuja pena privativa de liberdade máxima não seja superior a 4 (quatro) anos"; **E:** incorreta, já que não reflete o disposto no art. 287 do CPP: "Se a infração for inafiançável, a falta de exibição do mandado não obstará à prisão, e o preso, em tal caso, será imediatamente apresentado ao juiz que tiver expedido o mandado".

Gabarito "B".

(Defensor Público/SE – 2012 – CESPE) Em 20.08.2012, Juca, mediante grave ameaça, subtraiu uma corrente de ouro pertencente a Carla e fugiu, escondendo-se debaixo de uma ponte. Vinte e quatro horas depois do crime, Juca saiu de seu esconderijo e, ao se deparar com o namorado da vítima, que passeava pelo local e reconheceu a corrente de ouro no pescoço de Juca, foi por ele preso em flagrante pelo crime de roubo e encaminhado à delegacia de polícia. Mesmo sem testemunhas do fato, foi lavrado o auto de prisão em flagrante, com a assinatura do condutor e de duas testemunhas que presenciaram a apresentação do preso. Após solicitação de Juca, a prisão foi comunicada à sua namorada, não tendo sido dada, contudo, ciência da prisão à família do preso. Quarenta e oito horas após a prisão, foram os autos encaminhados ao juízo competente e ao MP. Posteriormente, o flagrante foi enviado à DP, que requereu o relaxamento da prisão de Juca, pedido indeferido pelo magistrado.

Considerando a situação hipotética acima apresentada, assinale a opção correta a respeito da prisão em flagrante.

(A) Juca não mais poderia ter sido preso em flagrante, passadas 24 horas do cometimento do crime.
(B) Juca foi preso em flagrante impróprio, visto que foi encontrado em situação que se fazia presumir ser ele o autor da infração.
(C) Em até 48 horas após a realização da prisão, deve ser encaminhado ao juiz competente o auto de prisão em flagrante, e, necessariamente, haver comunicação do flagrante à família do preso, independentemente de ciência de outra pessoa por ele indicada.
(D) A falta de testemunhas da infração penal cometida por Juca não torna ilegal o auto de prisão em flagrante, desde que assinado pelo condutor e duas pessoas que hajam testemunhado a apresentação do preso à autoridade.
(E) A prisão de Juca, realizada por particular, é considerada ilegal, visto que a prisão em flagrante somente pode ser feita por autoridade pública.

A: incorreta. Vale aqui registrar a existência de controvérsia doutrinária acerca do entendimento que deve ser conferido à expressão "logo depois", no chamado flagrante ficto ou presumido (art. 312, IV, do CPP). Pensamos que tal expressão deve ser interpretada de forma individualizada, de acordo com as especificidades do caso concreto. Esse entendimento é compartilhado por parte significativa da doutrina e jurisprudência; **B:** incorreta. À prisão em flagrante em que o agente é preso, logo depois do crime, na posse de objetos, em situação que faça presumir ser ele o autor da infração é dada a denominação de flagrante ficto ou presumido; impróprio (ou quase flagrante) é a modalidade em que, perseguido logo após a prática criminosa, o agente é preso; **C:** incorreta, pois o art. 306, § 1º, do CPP estabelece o prazo de 24 horas, a contar da prática do crime, para que o auto de prisão em flagrante e as demais peças que o acompanham sejam remetidos ao juiz de direito; **D:** correta, na medida em que reflete do disposto no art. 304, § 2º, do CPP; **E:** incorreta. A doutrina classifica o flagrante em obrigatório e facultativo. Obrigatório é a modalidade de flagrante a que faz referência o art. 301, 2ª parte, do CPP. *Obrigatório* porque a *autoridade policial e seus agentes* deverão prender quem quer que seja encontrado em flagrante delito. De outro lado, *qualquer do povo poderá* (...). Trata-se, neste caso, de mera faculdade. Flagrante, por isso mesmo, chamado *facultativo. Dessa forma, a prisão em flagrante realizada por particular nada tem de ilegal, visto que autorizada pela lei processual penal.*

Gabarito "D"

(Defensor Público/SP – 2012 – FCC) Prisão provisória. Assinale a alternativa correta.

(A) Ausentes o s requisitos para a decretação da prisão preventiva poderá o juiz, no curso do processo, decretar a prisão domiciliar caso o réu esteja extremamente debilitado por motivo de doença grave.
(B) Em qualquer fase da investigação policial poderá o juiz decretar, de ofício, a prisão preventiva do indiciado.
(C) Em relação à prisão temporária, constata-se o *fumus comissi delicti* quando presente fundadas razões de autoria ou participação do indiciado em crimes taxativamente relacionados na Lei federal n. 7.960/1989, que disciplina a prisão temporária, exceto se for autorizada para outros crimes por legislação federal posterior.
(D) A publicação de sentença condenatória, que impõe regime inicialmente fechado para o cumprimento da pena privativa de liberdade, constitui marco impeditivo para a concessão da liberdade provisória ao condenado.

A: incorreta. A prisão domiciliar somente será decretada se preenchidos os requisitos da prisão preventiva – art. 312 do CPP; **B:** incorreta. Pela disciplina estabelecida no art. 311 do CPP, cuja redação foi modificada por força da Lei 12.403/2011, a prisão preventiva poderá ser decretada nas duas fases que compõem a persecução penal (inquérito e ação penal); todavia, somente poderá ser decretada de ofício pelo juiz no curso da ação penal; durante as investigações, somente a requerimento do MP, do querelante ou do assistente, ou por representação da autoridade policial; **C:** correta, pois corresponde ao contido no art. 1º, III, da Lei 7.960/1989 (Prisão Temporária); **D:** incorreta, já que a liberdade provisória poderá ser concedida até o trânsito em julgado da sentença penal condenatória (art. 334 do CPP).

Gabarito "C"

(Defensor Público/RS – 2011 – FCC) Sobre prisão e liberdade, considere as seguintes assertivas:

I. Crimes envolvendo violência doméstica contra a mulher, ainda que punidos com detenção, poderão ensejar a decretação de prisão preventiva, desde que presentes elementos concretos que a autorizem.
II. A prolação de sentença condenatória no Tribunal do Júri não impede a revogação da prisão preventiva do condenado, mesmo tendo este sido mantido preso durante a instrução do feito.
III. Não se concede fiança nos crimes punidos com reclusão em que a pena mínima cominada for superior a 2 (dois) anos, devendo esta ser computada separadamente a cada delito na hipótese de concurso material.

Está correto o que se afirma APENAS em

(A) I.
(B) I e II.
(C) III.
(D) I e III.
(E) II e III.

I: art. 313, III, do CPP (redação alterada pela Lei 12.403/11); **II:** correta, pois é perfeitamente possível que, com a prolação de sentença condenatória, deixe de existir o motivo ensejador da prisão preventiva, que, neste caso, deverá ser revogada, a teor do art. 316 do CPP; **III:** com a modificação a que foi submetido o art. 323 do CPP, operada pela Lei 12.403/11, somente são inafiançáveis os crimes ali listados (racismo, tortura, tráfico, terrorismo, crimes hediondos e o delitos praticados por grupos armados, civis ou militares, contra a ordem constitucional e o Estado Democrático) e também aqueles contidos em leis especiais, tais como o art. 31 da Lei 7.492/86 (Sistema Financeiro).

Gabarito "B"

(Defensor Público/GO – 2010 – I. Cidades) Agentes da Polícia Civil cumpriram mandado de prisão temporária às 23h50m de uma terça-feira. A referida prisão fora decretada com prazo de cinco dias. Assim,

(A) os policiais responsáveis pela guarda do preso não poderão liberá-lo, mesmo se expirado o prazo de cinco dias, sem alvará de soltura emitido pelo juiz.
(B) a prisão vigorará até às 18 horas do domingo, após o que os policiais responsáveis pela guarda do preso deverão liberá-lo.
(C) a prisão vigorará até a meia-noite do sábado, após o que os policiais responsáveis pela guarda do preso deverão liberá-lo.
(D) a prisão vigorará até as 23h50m do sábado, após o que os policiais responsáveis pela guarda do preso deverão liberá-lo.
(E) a prisão vigorará até a meia-noite do domingo, após o que os policiais responsáveis pela guarda do preso deverão liberá-lo.

Na contagem do prazo de prisão temporária, o dia em que se deu o cumprimento do mandado deve ser incluído no cômputo do prazo, ainda que a detenção tenha ocorrido minutos antes de o dia esvair-se.

Gabarito "C"

(Defensoria/MA – 2009 – FCC) A Constituição Federal estipula várias disposições pertinentes ao processo penal, com eficácia imediata. A natureza jurídica da necessidade do decreto de uma prisão cautelar, sob este viés, é o de

(A) pena antecipada, sendo considerada, em caso de condenação, no seu tempo de cumprimento.
(B) medida excepcional.
(C) instrumentalidade do processo penal justo.
(D) medida necessária, ainda que não esteja previsto o requisito do *periculum in mora*.
(E) medida necessária, ainda que não esteja previsto o requisito do *fumus boni juris*.

A decretação ou manutenção da prisão cautelar (provisória ou processual), assim entendida aquela que antecede a condenação definitiva, deve sempre estar condicionada à demonstração de sua imperiosa necessidade. Bem por isso, deve o magistrado apontar as razões, no seu entender, que a tornam indispensável (art. 312 do CPP). Colocado de outra forma, a prisão provisória ou cautelar somente se justifica dentro do ordenamento jurídico quando necessária ao processo. Deve ser vista, portanto, como um *instrumento* do processo a ser utilizado em situações *excepcionais*. É por essa razão que a prisão decorrente de pronúncia e a prisão decorrente de sentença penal condenatória recorrível deixaram de constituir modalidade de prisão cautelar. Era uma prisão automática, já que, com a prolação da sentença condenatória, o réu era recolhido ao cárcere (independente de a prisão ser necessária). Nesse contexto, o acusado era considerado presumidamente culpado. Com as modificações introduzidas pela Lei 11.719/2008 e também em razão da atuação dos tribunais, esta modalidade de prisão cautelar deixou de existir, consagrando, assim, o *postulado da presunção de inocência*. Em vista dessa nova realidade, se o acusado permanecer preso durante toda a instrução, a manutenção dessa prisão somente terá lugar se indispensável for ao processo, pouco importando se, uma vez condenado em definitivo, permanecerá ou não preso. A prisão desnecessária decretada ou mantida antes de a sentença passar em julgado constitui antecipação da pena que porventura seria aplicada em caso de condenação, o que representa patente violação ao princípio da presunção de inocência, postulado esse de índole constitucional – art. 5º, LVII. De se ver ainda que, tendo em conta as mudanças implementadas pela Lei 12.403/2011, que instituiu as *medidas cautelares alternativas à prisão provisória*, esta somente terá lugar diante da impossibilidade de se recorrer às medidas cautelares. Dessa forma, a prisão, como medida excepcional que é, deve também ser vista como instrumento subsidiário, supletivo.

Gabarito "C"

(Defensoria/MA – 2009 – FCC) A decretação da prisão preventiva apenas poderá ter fundamento nas seguintes hipóteses:

(A) como garantia da ordem pública, da ordem econômica, por conveniência da instrução criminal, ou para assegurar a aplicação da lei penal, quando houver prova da existência do crime e indício suficiente de autoria.
(B) como garantia da ordem pública, por conveniência da instrução criminal, ou para assegurar a aplicação da lei penal, quando houver prova da existência do crime e indício suficiente de autoria.
(C) como garantia da ordem pública, da ordem econômica, por conveniência da instrução criminal, ou para assegurar a aplicação da lei penal.
(D) como garantia da ordem pública, por conveniência da instrução criminal, ou para assegurar a aplicação da lei penal.
(E) como garantia da ordem pública, da ordem econômica, ou para assegurar a aplicação da lei penal, quando houver prova da existência do crime e indício suficiente de autoria.

Art. 312 do CPP. O *caput* do dispositivo permanece inalterado, mas nele foi inserido, por força da Lei 12.403/11, um parágrafo único, que introduziu nova hipótese de decretação da prisão preventiva (caso de descumprimento de qualquer das obrigações impostas por força de outras medidas cautelares).

Gabarito "A"

(Defensoria/MT – 2009 – FCC) A prisão preventiva poderá ser decretada

(A) nos crimes culposos, para conveniência da instrução criminal.
(B) nas contravenções, quando for necessária para garantia da ordem pública.
(C) nos crimes punidos com detenção, se envolverem violência doméstica ou familiar contra a mulher.
(D) nos crimes punidos com reclusão, se o juiz verificar pelas provas constantes dos autos ter o agente praticado o fato em legítima defesa.
(E) pelo Ministério Público, na fase pré-processual, quando imprescindível para as investigações do inquérito policial.

Art. 313, III, do CPP (redação alterada pela Lei 12.403/11).

Gabarito "C"

(Defensoria/MT – 2009 – FCC) A decisão que decreta a prisão preventiva do acusado classifica-se doutrinariamente como

(A) interlocutória mista terminativa.
(B) interlocutória simples.
(C) interlocutória mista não terminativa.
(D) definitiva.
(E) despacho de mero expediente.

Interlocutórias simples são as decisões que servem para solucionar questão atinente à marcha processual, sem, contudo, ingressar no mérito da causa; as **interlocutórias mistas**, por seu turno, têm força de definitiva, já que trancam a relação processual sem julgar o mérito da causa.

Gabarito "B"

(Defensoria/SP – 2009 – FCC) Decretada a prisão preventiva com fundamento na revelia do acusado citado por edital, o Defensor Público poderá utilizar a seguinte argumentação para rechaçá-la:

(A) Há uma súmula do Supremo Tribunal Federal editada sobre o tema.
(B) A revelia somente poderá ser decretada após a intimação do Defensor Público.
(C) A revelia não gera por si só presunção de que o acusado pretenda se furtar à aplicação da lei penal.
(D) O Defensor Público deverá ser notificado da decretação da prisão preventiva em até 24 horas.
(E) Há um tratado internacional do qual o Estado brasileiro é signatário que prevê expressamente a impossibilidade de prisão preventiva.

A prisão preventiva não deve ser decretada de forma automática, ante a revelia do acusado citado por edital. O juiz somente deverá fazê-lo em face da presença dos requisitos do art. 312 do CPP.

Gabarito "C"

(Defensoria Pública da União – 2007 – CESPE) Ocorre o flagrante esperado quando alguém provoca o agente à prática do crime e, ao mesmo tempo, toma providência para que tal crime não se consume. Nesse caso, entende o STF que há crime impossível.

Trata-se do **chamado flagrante preparado** ou **provocado** (delito de ensaio), que constitui modalidade de crime impossível (art. 17, CP). Neste caso, o agente provocador leva o autor à prática do crime, viciando a sua vontade, e, feito isso, o prende em flagrante. A conduta é atípica, segundo posição do STF esposada na Súmula **145**: "Não há crime, quando a preparação do flagrante pela polícia torna impossível sua consumação". Diferentemente, no **flagrante esperado**, a polícia ou o terceiro aguarda o cometimento do crime. Não há que se falar, pois, em induzimento.

Gabarito "E"

(Defensoria/SP – 2007 – FCC) Na véspera do Natal, no plantão judiciário, o defensor público recebe a cópia de um auto de prisão em flagrante de furto tentado (art. 155, c.c. o art. 14, II, do CP). Após atenta leitura, constata que o autuado, recém egresso do sistema prisional, onde cumpriu pena por furto, foi detido pelo segurança de um supermercado quando inseria, dentro de um isopor exposto para a venda, sete "DVD's". Qual a medida a ser requerida ao juiz de plantão?

(A) A liberdade provisória do autuado, diante da ausência de qualquer das hipóteses autorizadoras da prisão preventiva.
(B) O arbitramento de fiança, por se tratar de crime com pena mínima inferior a dois anos de reclusão.
(C) O relaxamento do flagrante, tendo em vista a sua ilegalidade, diante do não desenvolvimento dos atos executórios da infração penal.
(D) O relaxamento do flagrante, sob o fundamento da insignificância do valor da res furtiva.
(E) A liberdade provisória, em razão da ilegalidade de sua prisão, efetuada por segurança do estabelecimento comercial.

A conduta do segurança e da autoridade policial que presidiu o flagrante foi equivocada, já que o comportamento do conduzido não se amolda ao tipo prefigurado no art. 155 do Código Penal. Quanto ao delegado, deveria ter procedido na forma do art. 304, § 1º, do CPP, relaxando a prisão em flagrante.

Gabarito "C"

(Defensor Público/CE – 2007 – CESPE) Em relação à prisão e liberdade provisória, julgue os próximos itens.

(1) Embora sem testemunhas presenciais do fato, deverá o delegado prender em flagrante, lavrando o respectivo auto e tomando as demais providências legalmente previstas, a pessoa encontrada, logo depois da prática do delito, com instrumentos, armas, objetos ou papéis que façam presumir ser ela autora da infração.

(2) A autoridade policial pode conceder fiança nos casos de infração punida com prisão simples, com detenção ou com reclusão por período inferior a um ano.

(3) Para a concessão da fiança, o juiz deve, necessariamente, ouvir o Ministério Público antes de sua decisão.

1: trata-se do chamado *flagrante presumido* ou *ficto* (art. 302, IV, do CPP), em que o agente é encontrado logo depois do crime na posse de instrumentos, armas, objetos ou papéis em circunstâncias que revelem ser ele o autor da infração penal. Note que, nesta modalidade de flagrante, inexiste perseguição, pois o agente é encontrado ocasionalmente. Diferente, portanto, do que se dá no *flagrante impróprio* (quase-flagrante), em que se exige, desde o início, perseguição ininterrupta; **2:** com o advento da Lei 12.403/11, o panorama da fiança mudou sobremaneira. Com efeito, doravante a autoridade policial poderá arbitrar fiança em qualquer infração penal cuja pena máxima cominada não seja superior a *quatro anos* (reclusão ou detenção). Pela redação anterior do art. 322 do CPP, o delegado somente estava credenciado a arbitrar fiança nas contravenções e nos crimes apenados com detenção; **3:** a lei não exige, nos termos do art. 333 do CPP, prévia oitiva do MP; deve-se tão somente dar vista dos autos ao membro do MP após a decisão.

Gabarito 1C, 2E, 3E

(Defensoria/SP – 2006 – FCC) A liberdade provisória poderá ser concedida sem o pagamento da fiança àqueles que, por motivo de pobreza, não tiverem condições de prestá-la. Obriga-se o beneficiário

(A) ao comparecimento a todos os atos a que for convocado e proibição de alteração da residência sem prévia comunicação, somente.

(B) ao comparecimento a todos os atos a que for convocado, proibição de frequentar determinados lugares e proibição da ausência de mais de oito dias da residência sem comunicação à autoridade.

(C) somente proibição de frequentar determinados lugares e comunicação prévia à autoridade da alteração de residência.

(D) ao comparecimento pessoal e obrigatório a juízo, mensalmente, para informar e justificar suas atividades.

(E) ao comparecimento a todos os atos a que for convocado, à proibição de alteração da residência sem prévia comunicação e a proibição da ausência de mais de oito dias da residência sem comunicação à autoridade.

Art. 350 do CPP, cuja redação foi alterada por força da Lei 12.403/11.

Gabarito "E"

(Defensoria/SP – 2006 – FCC) A falta de testemunhas da infração penal

(A) impede a lavratura da prisão em flagrante, impondo-se o seu relaxamento.

(B) não impede a lavratura da prisão em flagrante.

(C) não impede a lavratura da prisão em flagrante, mas é necessária a assinatura de duas pessoas que tenham testemunhado a apresentação do preso.

(D) não impede a lavratura da prisão em flagrante, devendo o condutor prestar o compromisso legal para o ato.

(E) impede a lavratura da prisão em flagrante, devendo a autoridade policial instaurar inquérito, ouvindo o acusado e os condutores.

A falta de testemunhas do fato delituoso não representa óbice à lavratura do auto de prisão em flagrante, mas, neste caso, o art. 304, § 2º, do CPP exige que, além do condutor, o auto seja assinado por pelo menos duas testemunhas que hajam presenciado a apresentação do preso à autoridade policial.

Gabarito "C"

(Defensoria/SE – 2006 – CESPE) Julgue os seguintes itens.

(1) A prisão provisória ou cautelar antecipa a análise da culpabilidade do réu, uma vez que se trata de privação de liberdade destinada a assegurar, antes da sentença definitiva, a eficácia da decisão judicial.

(2) O relaxamento de prisão tem como causa uma prisão em flagrante ilegal, ou seja, em desconformidade com o que determina o CPP, enquanto a liberdade provisória tem como causa uma prisão em flagrante legal e, como consequência, a liberdade vinculada do autor do fato.

1: a prisão provisória ou cautelar somente terá lugar quando indispensável ao processo; se concebida, assim, como um instrumento do processo, a ser utilizado em situações excepcionais, não há que se falar, dessa forma, em execução antecipada da pena privativa de liberdade; de outro lado, se a prisão cautelar decorrer de automatismo legal, sem que haja qualquer demonstração de necessidade na decretação da custódia, aí sim, estaremos antecipando o cumprimento da pena antes do trânsito; **2:** pela nova sistemática introduzida pela Lei 12.403/11, que alterou a redação do art. 310 do CPP, impõe-se ao magistrado, quando do recebimento do auto de prisão em flagrante, o dever de manifestar-se *fundamentadamente* acerca da prisão que lhe é comunicada. Pela novel redação do dispositivo, abrem-se para o juiz as seguintes opções: se se tratar de prisão ilegal, deverá relaxá-la e determinar a soltura imediata do preso; se a prisão estiver em ordem, deverá o juiz, desde que entenda necessário ao processo, converter a prisão em flagrante em preventiva, sempre levando-se em conta os requisitos do art. 312 do CPP. A prisão em flagrante, portanto, não mais poderá perdurar até o final do processo, como antes ocorria. Ressalte-se que, tendo em vista o *postulado da proporcionalidade*, a custódia preventiva somente terá lugar se as medidas cautelares diversas da prisão revelarem-se inadequadas; poderá, por fim, o juiz conceder a liberdade provisória, com ou sem fiança, substituindo, assim, a prisão em flagrante. Daí podemos afirmar que, neste novo panorama, a prisão em flagrante poderá ser substituída pela liberdade provisória, que constitui um sucedâneo seu, ou mesmo pela prisão preventiva, dado que o infrator não poderá permanecer preso provisoriamente, como antes ocorria, "em flagrante".

Gabarito 1E, 2C

(Defensor Público/PA – 2006 – UNAMA) A prisão é ato de constrição da liberdade, com previsão constitucional restrita pelas Leis processuais penais.

Assim:

I. A autoridade policial e seus agentes têm a faculdade de prender quem se encontre em estado de flagrante.

II. A prisão preventiva pode ser decretada em qualquer fase do inquérito ou da instrução criminal, como garantia da ordem pública, da ordem econômica, por conveniência da instrução criminal ou para assegurar a aplicação da lei penal, somente nos crimes dolosos.

III. A prisão temporária poderá ser decretada de ofício pelo juiz

IV. A prisão decorrente da decisão de pronúncia está vinculada à primariedade e aos bons antecedentes do réu.

Somente é correto o que se afirma em:

(A) II e IV.

(B) I, II e III.

(C) I e II.

(D) III e IV.

I: assertiva incorreta. A autoridade policial e seus agentes têm o dever, e não a faculdade, sob pena de responsabilização criminal e funcional, de prender quem quer que se encontre em situação flagrancial – art. 301, segunda parte, CPP. A doutrina chama esta modalidade de flagrante de *obrigatório*; diferentemente, qualquer pessoa do povo, inclusive a vítima da infração penal, tem a prerrogativa, conferida pelo art. 301, primeira parte, do CPP, de prender aquele que se acha em situação de flagrante. Este é o *flagrante facultativo*; **II:** correta. De acordo com a nova redação dos arts. 313 e 314 do CPP, conferida pela Lei 12.403/11, a prisão preventiva não terá lugar quando se tratar de delito culposo, contravenção penal e também quando houver prova de que o acusado agiu sob o manto de uma causa excludente de ilicitude. No mais, dada a mudança levada a efeito na redação do art. 311 do CPP, a prisão preventiva, que antes podia ser decretada de ofício pelo juiz em qualquer fase do inquérito policial ou da instrução criminal, doravante somente poderá ser decretada de ofício pelo magistrado no curso da ação penal. Significa, pois, que, no decorrer do inquérito policial, o juiz somente decretará a custódia preventiva a requerimento do MP ou por representação da autoridade policial; **III:** incorreta, já que, no que concerne à *custódia temporária*, nada mudou, pois, conforme rezam os arts. 1º, I, e 2º, *caput*, da Lei 7.960/89, somente será decretada no curso das investigações do inquérito policial, e só poderá ocorrer a requerimento do Ministério Público ou mediante representação da autoridade policial. O magistrado, assim, não está credenciado a decretá-la de ofício; **IV:** a prisão decorrente de pronúncia e a prisão por força de sentença condenatória recorrível não mais fazem parte de nosso ordenamento.

Gabarito "A"

(Defensor Público/AC – 2006 – CESPE) Assinale a opção correta no tocante à prisão no curso do processo.

(A) O ordenamento jurídico brasileiro admite a prisão para averiguação como medida cautelar temporária.
(B) Somente em flagrante delito ou mediante ordem escrita e fundamentada da autoridade judiciária competente, é lícito prender alguém como medida cautelar, conforme o texto constitucional vigente.
(C) Em casos de crimes punidos com prisão cautelar, não se admite liberdade provisória.
(D) A prisão temporária afasta a possibilidade de prisão preventiva, uma vez que uma exclui a outra.

A: a prisão para averiguação não tem lugar em nosso ordenamento jurídico. Constitui, dessa forma, crime de abuso de autoridade, tipificado no art. 4º, *a*, da Lei 4.898/65; **B:** a assertiva está em consonância com o art. 5º, LXI, da CF e também com a nova redação do art. 283, *caput*, do CPP, dada pela Lei 12.403/11, que alterou o CPP e inseriu no universo da prisão diversas modificações, além desta; **C:** a prisão cautelar, como as medidas cautelares em geral, não se presta a punir crime; serve, isto sim, para garantir o regular desenvolvimento do processo e também para assegurar a sua efetividade; **D:** não é verdade. Embora tenham fundamentos diversos, é comum a prisão temporária ser decretada no curso do inquérito, já que esta se presta a viabilizar a investigação acerca de crimes graves, e, uma vez concluída a fase investigatória, ser decretada a custódia preventiva, desde que presentes os requisitos do art. 312 do CPP.

Gabarito "B"

(Defensor Público/AC – 2006 – CESPE) Determinada pessoa foi submetida a julgamento, perante o tribunal do júri da comarca de Xapuru, pela prática do crime previsto no artigo 121, § 2.º, incisos II e IV do CP. Após os debates na sessão de julgamento, tendo sido os quesitos submetidos à apreciação soberana dos jurados, foi o réu condenado. Proferida a sentença que julgou procedente o libelo-crime acusatório, o juiz presidente condenou o réu a uma pena de dezoito anos de reclusão. Na análise das circunstâncias judiciais, o magistrado consignou que o acusado era primário e de bons antecedentes. Foi estabelecido o regime integralmente fechado para o cumprimento da pena, oportunidade em que o juiz determinou que o réu fosse recolhido à prisão.

Sabendo que a sentença judicial deve obedecer ao texto constitucional vigente e às regras estabelecidas no Código de Processo Penal (CPP), assinale a opção correta acerca da decisão proferida nessa situação hipotética.

(A) A sentença não atende ao princípio da proporcionalidade no tocante à aplicação da pena.
(B) O acusado deve ser preso imediatamente para que possa apelar da sentença.
(C) É desnecessário o recolhimento do acusado em razão do princípio da presunção de inocência; deve este aguardar, em liberdade, o processamento de eventual recurso.
(D) A decisão do juiz foi acertada, à luz do CPP.

A prisão decorrente de sentença penal condenatória recorrível constituía modalidade de prisão cautelar. Era uma prisão automática, já que, com a prolação da sentença condenatória, o réu era recolhido ao cárcere. O acusado era, portanto, presumidamente culpado. Com as modificações introduzidas pela Lei 11.719/08 e também em razão da atuação dos tribunais, esta modalidade de prisão cautelar deixou de existir, consagrando, assim, o postulado da presunção de inocência.

Gabarito "C"

(Defensoria/MG – 2006) Pode-se afirmar que a prisão preventiva

(A) deverá ser relaxada se ausentes os motivos que a autorizam.
(B) e a liberdade provisória são institutos de tal forma antagônicas que, expedido o decreto preventivo, não cabe a concessão da liberdade provisória, ainda que cessados os fundamentos da prisão preventiva.
(C) não pode ser determinada nos crimes punidos com detenção.
(D) pode ter como fundamento a garantia da ordem pública, desde que consubstanciada na concomitante existência de grande clamor público causado pela conduta criminosa e a extrema gravidade do delito.

A e **B:** cessados os motivos que ensejaram a decretação da custódia preventiva, caberá ao juiz revogá-la, nos termos do art. 316 do CPP, dispositivo não alterado pela Lei de Reforma; **C:** tendo em conta a nova redação conferida ao art. 313, I, do CPP, a prisão preventiva será decretada nos crimes punidos com pena privativa de liberdade máxima superior a quatro anos, seja a pena de reclusão ou detenção; **D:** basta, para justificar o decreto de prisão preventiva, a garantia da ordem pública, não sendo necessário que o delito imputado ao investigado/acusado tenha adquirido grande destaque na mídia, tampouco que se trate de delito de extrema gravidade.

Gabarito "B"

12. Processos e Procedimentos

(Defensor Público/PR – 2012 – FCC) A disciplina dos procedimentos no Código de Processo Penal sofreu profunda reformulação no ano de 2008. Sobre este assunto analise as afirmações abaixo.

I. O princípio da identidade física no Processo Penal observa as limitações do art. 132 do CPC, conforme vem assentando a jurisprudência dos tribunais superiores.
II. No procedimento ordinário, durante a instrução poderão ser inquiridas até 8 (oito) testemunhas arroladas pela acusação e 8 (oito) pela defesa.
III. O Código de Processo Penal prevê a absolvição antecipada apenas no procedimento do Tribunal do Júri.
IV. Quando o Juizado Especial Criminal encaminhar as peças ao Juízo Criminal adotar-se-á o procedimento sumaríssimo.
V. O interrogatório do réu, no procedimento ordinário, é o último ato de inquirição da audiência de instrução e julgamento.

Estão corretas APENAS as afirmações

(A) II e IV.
(B) IV e V.
(C) I, II e IV.
(D) I, II e V.
(E) I, IV e V.

I: correta. A Lei 11.719/2008 introduziu no art. 399 do CPP o § 2º, conferindo-lhe a seguinte redação: "O juiz que presidiu a instrução deverá proferir a sentença". O *princípio da identidade física do juiz*, antes exclusivo do processo civil, agora será também aplicável ao processo penal. Como as restrições não foram disciplinadas no Código de Processo Penal, deve-se aplicar, quanto a estas, o que dispõe o art. 132 do Código de Processo Civil: "O juiz, titular ou substituto, que concluir a audiência, julgará a lide, salvo se estiver convocado, licenciado, afastado por qualquer motivo, promovido ou aposentado, caso em que passará os autos ao seu sucessor."; **II:** correta, pois em conformidade com a norma contida no art. 401 do CPP; **III:** incorreta, dado que a absolvição sumária também tem incidência no âmbito do procedimento comum – art. 397 do CPP; **IV:** incorreta, tendo em vista que, em conformidade com o que estabelece o art. 538 do CPP, o procedimento a ser adotado, neste caso, é o sumário; **V:** correta. Por força das modificações implementadas pela Lei 11.719/2008, que alterou diversos dispositivos do CPP, entre os quais o seu art. 400, a instrução, que antes tinha como providência inicial o interrogatório do acusado, passou a ser una, impondo, além disso, nova sequência de atos, todos realizados em uma única audiência. Nesta (art. 400 do CPP – ordinário; art. 531 do CPP – sumário), deve-se ouvir, em primeiro lugar, o ofendido; depois, ouvem-se as testemunhas de acusação e, em seguida, as de defesa. Após, vêm os esclarecimentos dos peritos e as acareações. Em seguida, procede-se ao reconhecimento de pessoas e coisas. Finalmente, interroga-se o acusado.

Gabarito "D"

(Defensor Público/AM – 2010 – I. Cidades) Assinale a alternativa correta. No processo comum, o Juiz absolverá sumariamente o réu:

(A) provado não ser ele apenas partícipe do fato
(B) quando verificar a existência de causa excludente de ilicitude, ainda que dependa de dilação probatória prévia.
(C) quando verificar a existência manifesta de causa excludente da culpabilidade do agente, salvo inimputabilidade, se esta for a única tese defensiva.
(D) quando verificar que o fato narrado possa não vir a constituir crime.
(E) extinta a punibilidade do agente, exceto nos casos de prescrição, decadência ou perempção.

As hipóteses de absolvição sumária, contidas no art. 397 do CPP, constituem inovação introduzida pela Lei 11.719/08. A correspondente à assertiva "C" está contemplada no inciso II do dispositivo. As outras alternativas contêm proposições que não se amoldam às hipóteses de absolvição sumária – art. 397, CPP.

Gabarito "C"

(Defensor Público/GO – 2010 – I. Cidades) Em relação à instrução criminal no Código de Processo Penal, há os seguintes procedimentos:

(A) comum ou especial, sendo que o especial se classifica em ordinário, sumário e sumaríssimo.
(B) comum, que se classifica em ordinário, sumário e sumaríssimo, sendo que o ordinário tem lugar quando tiver por objeto crime cuja sanção máxima cominada for igual ou inferior a quatro anos.
(C) comum, que se classifica em sumaríssimo, sumário e ordinário, sendo que o sumaríssimo se aplica quando tiver por objeto infrações penais cuja pena privativa de liberdade não seja inferior a dois anos.
(D) comum e especial, sendo que o comum se classifica em sumário e sumaríssimo e o especial se classifica em sumário.
(E) os procedimentos são comum e especial, sendo que o comum se classifica em ordinário, sumário e sumaríssimo, sendo este último aplicado para as infrações penais de menor potencial ofensivo, na forma da lei.

A: o procedimento pode ser comum ou especial; o comum (e não o especial) compreende três ritos, a saber: ordinário, sumário e sumaríssimo (art. 394, § 1º, CPP). A assertiva, portanto, está incorreta; **B:** o procedimento comum de fato comporta três ritos: ordinário, sumário e sumaríssimo. O rito ordinário terá lugar sempre que se tratar de crime cuja sanção máxima cominada for igual ou superior e não inferior a quatro anos de pena privativa de liberdade (art. 394, § 1º, I, CPP). Assertiva incorreta, portanto; **C:** o procedimento, no CPP, será comum ou especial. O comum, por sua vez, compreende três ritos: ordinário, sumário e sumaríssimo (art. 394, § 1º, CPP). Este último terá incidência nas infrações penais de menor potencial ofensivo, na forma da lei (art. 394, § 1º, III, CPP). Assertiva incorreta; **D:** incorreta. O procedimento comum compreende os ritos ordinário, sumário e sumaríssimo. O procedimento especial não comporta classificação. Alguns exemplos: Júri, crimes funcionais, Lei de Drogas etc.; **E:** assertiva em conformidade com o que preceitua o art. 394 do CPP.

Gabarito "E"

(Defensoria/MG – 2009 – FURMARC) Em relação aos procedimentos, avalie as afirmativas abaixo:

I. Procedimento comum será ordinário, sumário ou sumaríssimo.
II. É considerado procedimento ordinário, quando tiver por objeto crime cuja sanção máxima cominada seja inferior a 4 (quatro) anos de pena privativa de liberdade.
III. Procedimento sumário é o que tiver por objeto crime cuja sanção máxima cominada seja inferior a 4 (quatro) anos de pena privativa de liberdade.
IV. Procedimento sumaríssimo destina-se a infrações penais de menor potencial ofensivo, na forma da lei.
V. Aplicam-se subsidiariamente aos procedimentos especial, sumário e sumaríssimo as disposições dos procedimentos previstos em legislação extravagante.

Pode-se afirmar que:

(A) Todas as afirmativas estão corretas.
(B) Todas as afirmativas estão incorretas.
(C) Somente I, III e IV estão corretas.
(D) Somente I, II e III estão corretas.
(E) Somente III e IV estão corretas.

I: art. 394, § 1º, do CPP; **II:** art. 394, § 1º, I, do CPP; **III:** art. 394, § 1º, II, do CPP, **IV:** art. 394, § 1º, III, do CPP; **V:** art. 394, § 5º, do CPP.

Gabarito "C"

(Defensoria/SE – 2006 – CESPE) Julgue o item que se segue, relativo a processos em espécie.

(1) Nos casos de crimes afiançáveis de responsabilidade do funcionário público, a legislação processual penal prevê o contraditório antes do recebimento da denúncia ou da queixa, com a apresentação do que se denomina defesa preliminar.

A *defesa preliminar*, prevista no art. 514 do CPP, somente terá incidência nos crimes afiançáveis praticados por funcionário público contra a administração pública (chamados delitos funcionais, como é o caso do peculato). Impende, aqui, registrar que, em face do que enuncia a Súmula nº 330 do STJ, a formalidade imposta por este dispositivo somente se fará necessária quando a denúncia se basear em outras peças de informação que não o inquérito policial. Ademais disso, a *notificação* para apresentação da defesa preliminar não se estende ao particular.

Gabarito 1C

13. Processo de Competência do Júri

(Defensor Público/RS – 2011 – FCC) Sobre o procedimento do Júri, considere as seguintes assertivas:

I. A defesa poderá interpor, no prazo de 20 (vinte) dias, recurso em sentido estrito da decisão que incluir jurado na lista geral ou desta o excluir, sendo de 2 (dois) dias o prazo para o oferecimento das respectivas razões.
II. As nulidades ocorridas posteriormente à pronúncia deverão ser arguidas logo depois de ocorrerem, conforme previsto na norma processual.
III. Segundo o Código de Processo Penal, não será permitida a leitura de qualquer documento que possa influenciar a decisão dos Jurados se este não tiver sido juntado aos autos com antecedência mínima de 5 (cinco) dias, dando-se ciência à outra parte.

Está correto o que se afirma APENAS em

(A) I.
(B) I e II.
(C) III.
(D) I e III.
(E) II e III.

I: correta, nos termos dos arts. 581, XIV, e 586, parágrafo único, do CPP; **II:** incorreta, nos termos do art. 571, V, do CPP; **III:** incorreta, nos termos do art. 479, *caput*, do CPP.

Gabarito "A"

(Defensor Público/AM – 2010 – I. Cidades) Sobre o desaforamento, é correto afirmar que:

(A) poderá ser determinado nos casos de dúvida sobre a imparcialidade do júri ou do juiz, segurança pessoal do acusado ou interesse da ordem pública.
(B) poderá ser requerido apenas pelo Ministério Público.
(C) poderá ser determinado em razão de excesso de serviço, caso em que será ouvida a parte contrária, o juiz presidente e o Ministério Público, se o julgamento não puder ser realizado no prazo de 6 (seis) meses, contado do trânsito em julgado da decisão de pronúncia, incluindo o tempo de adiamentos, diligências ou incidentes de interesse da defesa.
(D) se trata de ato processual praticado pela Instância Superior que modifica, no casos de julgamento pelo Tribunal do Júri, a regra de competência territorial pelo lugar da infração (*ratione loci*).
(E) Não se admitirá pedido de desaforamento quando já efetivado o julgamento, nem mesmo quanto a fato ocorrido durante ou após a realização de julgamento anulado.

A: a assertiva não está em consonância com o disposto no art. 427, *caput*, do CPP; **B:** o desaforamento também poderá ser requerido pelo assistente, pelo querelante e pelo acusado, e também mediante representação do juiz competente – art. 427, *caput*, do CPP; **C:** assertiva incorreta, pois em desacordo com o art. 428, *caput*, do CPP; **D:** de fato, cuida-se de decisão jurisdicional determinada pela instância superior (TJ ou TRF) que tem o condão de alterar a competência estabelecida segundo os critérios do art. 69 do CPP; **E:** incorreta, nos moldes do art. 427, § 4º, do CPP.

Gabarito "D"

(Defensor Público/AM – 2010 – I. Cidades) Sobre o procedimento do Júri, é incorreto afirmar que:

(A) O interrogatório do réu é o último ato da instrução probatória, o que confirma o seu perfil de meio de defesa.
(B) Os peritos prestarão esclarecimentos em juízo desde que haja prévio requerimento e deferimento pelo juiz.

(C) A fundamentação da pronúncia limitar-se-á à indicação da materialidade do fato e da existência de indícios suficientes de autoria ou de participação, devendo o juiz declarar o dispositivo legal em que julgar incurso o acusado, todavia não é o momento de especificar as circunstâncias qualificadoras e as causas de aumento de pena, sob pena de nulidade da sentença se o fizer por violação do direito de defesa do acusado.

(D) Caberá recurso de Apelação contra a sentença de impronúncia ou de absolvição sumária.

(E) A Defensoria Pública será intimada para o novo julgamento toda vez que o julgamento pelo Tribunal do Júri for adiado e não houver escusa legítima do defensor do réu que deixou de comparecer para defendê-lo.

A: correta, nos termos do art. 411, *caput*, do CPP; **B:** correta, nos termos do art. 411, § 1º, do CPP; **C:** incorreta, já que é este o momento adequado (pronúncia) para o magistrado especificar as circunstâncias qualificadoras e as causas de aumento de pena – art. 413, § 1º, CPP; **D:** assertiva correta, na medida em que corresponde à redação do art. 416 do CPP; **E:** proposição correta, nos termos do art. 456, § 2º, do CPP.

Gabarito "C"

(Defensor Público/GO – 2010 – I. Cidades) Após a reforma parcial do Código de Processo Penal de 2008, ficou estabelecido quanto ao procedimento de tomada de declarações do ofendido durante a instrução em plenário do tribunal do júri que:

(A) as perguntas serão formuladas primeiramente pelas partes, sucessivamente e diretamente ao ofendido. respeitando-se a ordem de quem o tiver arrolado, podendo o juiz presidente complementar a inquirição sobre os pontos não esclarecidos.

(B) a tomada das declarações será feita diretamente e de forma sucessiva pelo juiz presidente, pelo Ministério Público, pelo assistente de acusação, se houver, pelo querelante, se for o caso, e pelo defensor do acusado.

(C) a ordem em que os sujeitos processuais fazem as perguntas pode ser invertida sem consequências processuais.

(D) as declarações não podem ser tomadas pelo juiz presidente, tendo em vista que não há previsão no Código de Processo Penal para a atuação judicial na produção de prova.

(E) não há regulamentação da tomada de declarações do ofendido no procedimento do tribunal do júri.

O ofendido ou vítima, sempre que possível, será o primeiro a dar sua versão do ocorrido, de acordo com a regra estampada no art. 473, caput, do CPP, que impõe ainda que caberá ao juiz presidente dirigir-lhe os primeiros questionamentos. Em seguida, o Ministério Público, seguido pelo assistente (quando o caso), pelo querelante (quando for o caso) e, finalmente, caberá ao defensor do réu formular ao ofendido as perguntas que julgar pertinentes, tudo de forma direta e sucessiva.

Gabarito "B"

(Defensoria/MG – 2009 – FURMARC) Em relação ao procedimento que apura os crimes de competência do Júri, marque a opção INCORRETA:

(A) No procedimento que apura os crimes de competência do Júri, durante a audiência de instrução, proceder-se-á em primeiro lugar à tomada de declarações do ofendido, se possível, a seguir inquirição das testemunhas arroladas pela acusação, defesa, bem como esclarecimentos dos peritos, acareações, reconhecimento de pessoas e coisas, interrogatório do acusado e, por fim, debates.

(B) A intimação da decisão de pronúncia será feita pessoalmente ao acusado, ao defensor nomeado e ao Ministério Público.

(C) O julgamento será adiado pelo não comparecimento do acusado solto, que tiver sido regularmente intimado.

(D) É permitido à acusação, ao assistente, ao querelante e ao defensor formular diretamente perguntas ao acusado.

(E) Os jurados formularão perguntas por intermédio do juiz presidente.

A: art. 411, *caput*, do CPP; **B:** art. 420, I, do CPP; **C:** art. 457, *caput*, do CPP; **D:** art. 474, § 1º, do CPP; **E:** art. 474, § 2º, do CPP.

Gabarito "C"

(Defensor Público/RO – 2007) A segunda fase do processo penal que julga crimes da competência do tribunal do júri tem início com:

(A) a impugnação ao libelo

(B) o ofertamento do libelo

(C) a publicação da pronúncia

(D) o memorial das alegações finais

(E) a prolação de sentença pelo colegiado

O libelo crime acusatório, em razão da reforma implementada pela Lei 11.689/08, foi extinto. A segunda fase do rito escalonado do procedimento do júri, chamada de *judicium causae*, passou, dessa forma, a ser deflagrada pela intimação das partes para indicação das provas que pretendem produzir em plenário.

Gabarito "B"

(Defensoria/MG – 2006) Sobre os diversos aspectos dos processos de competência do Tribunal do Júri, é CORRETO afirmar:

(A) que o juiz impronunciará o acusado se convencionado de que agiu amparado por causa excludente de ilicitude ou culpabilidade.

(B) que o libelo crime acusatório será único, ainda que haja mais de um réu pronunciado.

(C) que o protesto por novo júri, por expressa determinação do art. 607 do CPP, poderá ser interposto se a pena aplicada for igual ou superior a vinte anos de reclusão, permitindo-se, contudo, somar as penas do delito doloso contra a vida e do crime conexo para perfazer a exigência legal.

(D) que na apelação interposta contra sentença do juiz que contrariar a decisão dos jurados, o Tribunal de Justiça não mandará o réu a novo julgamento perante o Tribunal do Júri; fará apenas a devida retificação do *decisum primevo*.

(E) que, se o Conselho de Sentença desclassificar o delito para outro que não seja de sua competência, o Juiz Presidente encaminhará os autos para o órgão judiciário competente para julgá-lo.

A: deve o magistrado, neste caso, absolver sumariamente o acusado, e não impronunciá-lo, em consonância com o disposto no art. 415, IV, do CPP; **B:** o libelo crime acusatório, a partir da reforma implementada pela Lei 11.689/08, foi extinto. A acusação em plenário é lastreada na pronúncia; **C:** o protesto por novo júri também foi extinto por força da Lei 11.689/08; **D:** art. 593, § 1º, do CPP; **E:** art. 483, § 4º, do CPP.

Gabarito "D"

(Defensoria/RN – 2006) São isentos de participar do corpo de jurados no Tribunal do Júri independente da justificativa os seguintes profissionais, salvo os

(A) Ministros de Estado e Governadores.

(B) serventuários da Justiça.

(C) militares na ativa.

(D) médicos.

Art. 437 do CPP.

Gabarito "D"

(Defensor Público/AC – 2006 – CESPE) Determinada pessoa foi presa em flagrante delito pela prática de crime previsto no artigo 121, § 2.º, inciso II (homicídio qualificado por motivo fútil) do CP. Ao descrever a conduta do agente, a autoridade policial, em seu relatório final, afirmou que nenhum bem móvel de propriedade da vítima fora subtraído no momento da dinâmica do fato, que a vítima sofrera oito disparos de arma de fogo — conforme laudo cadavérico que assim atesta — e que, de algum modo, o comportamento da vítima contribuíra para o evento, uma vez que ela provocara injustamente o agente do fato, no curso de discussão havida com o acusado. O representante do Ministério Público, após analisar o inquérito policial, ao oferecer a denúncia, considerou que a não subtração de bem móvel era irrelevante naquele momento processual e classificou o crime na modalidade consumada contra a vida, movido por futilidade. O acusado foi devidamente citado e interrogado, nos termos do artigo 186 e seguintes do CPP. No curso da instrução criminal, foram ouvidas oito testemunhas. A instrução criminal ocorreu de forma normal, ou seja, sem incidentes ou recursos. Ouvida a última testemunha da defesa, o representante do Ministério Público, instado nos termos do artigo 406 do CPP, após analisar o processo, considerou que o fato descrito na peça inicial justificava a sua pretensão a merecer acolhimento pelo juiz, porém requereu que fosse o acusado pronunciado nos exatos termos do artigo 121, § 1.º, do CP (homicídio privilegiado), afastando, assim, a futilidade inicialmente apontada, por entender que esta não restara provada no curso da instrução criminal. O defensor público, nas alegações finais, pediu que o acusado fosse impronunciado. O juiz, na fase da pronúncia (art. 408 do CPP), acolheu a pretensão ministerial na forma requerida nas suas alegações finais, refutando a tese da defesa por entender que esta estava dissociada da descrição fática.

Diante de tal situação processual hipotética, assinale a opção correta.

(A) A decisão do juiz foi acertada, uma vez que está de acordo com as leis penal e processual penal e, sobretudo, porque beneficia o acusado.
(B) O representante do Ministério Público fica obrigado a requerer a pronúncia nos termos da denúncia, conforme o princípio da correlação.
(C) Afastada a qualificadora, deveria ter sido acolhida, necessariamente, a tese da defesa.
(D) A decisão do juiz foi incorreta, pois contraria a lei processual penal, que veda expressamente tal decisão na fase da pronúncia.

Em consonância com a redação do art. 413, § 1º, do CPP, a fundamentação da pronúncia limitar-se-á à indicação da materialidade do fato (existência do crime) e da existência de indícios suficientes de autoria ou de participação, devendo o juiz declarar o dispositivo legal em que julgar incurso o acusado e especificar as circunstâncias qualificadoras e as causas de aumento de pena. Significa que é defeso ao juiz, na fase de pronúncia, sob pena de nulidade, manifestar-se com excesso de linguagem. Deverá, isto sim, refutar as teses defensivas de forma genérica, de modo a não influenciar os jurados.

Gabarito "D"

(Defensoria/SE – 2006 – CESPE) Julgue o item seguinte.

(1) A pronúncia, conforme a melhor doutrina, é sentença processual de conteúdo declaratório em que o juiz proclama admissível a acusação. Tratando-se, portanto, de sentença proferida por juiz singular, é cabível, como recurso, a apelação.

Antes denominada **sentença**, a pronúncia deve ser entendida como a decisão interlocutória mista que julga admissível a acusação, encaminhando o caso para julgamento perante o Tribunal Popular.

Gabarito 1E

14. Juizados Especiais

(Defensor Público/PR – 2012 – FCC) Os Juizados Especiais Criminais foram criados no ano de 1995 com o objetivo de conferir tratamento jurídico menos gravoso às infrações de menor potencial ofensivo. Neste contexto, de acordo com a Lei n. 9.099/1995,

(A) nos crimes de ação penal pública a proposta de transação penal é oferecida pelo juiz, com a aquiescência do Ministério Público, quando presentes os requisitos legais.
(B) o oferecimento da resposta ocorre antes do recebimento da denúncia ou queixa.
(C) as disposições da Lei se aplicam à Justiça Militar, no que couber.
(D) são infrações de menor potencial ofensivo todos os crimes cuja pena máxima não exceda 2 (dois) anos, ressalvados os casos em que a lei preveja procedimento especial.
(E) é cabível a realização de citação por edital nos Juizados Especiais Criminais, aplicando-se o art. 366 do CPP.

A: incorreta, visto que tal incumbência cabe ao MP (art. 76, caput, da Lei 9.099/1995); **B:** correta, pois reflete o que dispõe o art. 81, caput, da Lei 9.099/1995; **C:** incorreta, pois não reflete a norma contida no art. 90-A da Lei 9.099/1995; **D:** incorreta. A ressalva que havia, quanto à incidência das regras da Lei 9.099/1995 no âmbito dos crimes de procedimento especial, foi eliminada pela Lei 11.313/2006, que alterou a redação do art. 61 da Lei 9.099/1995; **E:** incorreta. Em obediência ao que preleciona o art. 66, parágrafo único, da Lei 9.099/1995, uma vez não localizado o acusado para ser citado, o juiz deverá providenciar o encaminhamento dos autos ao juízo comum para prosseguimento, e não determinar a sua citação por edital.

Gabarito "B"

(Defensor Público/RO – 2012 – CESPE) Considerando as disposições processuais penais previstas na Lei n. 9.099/1995 (Lei dos Juizados Especiais), assinale a opção correta.

(A) A citação deve ser pessoal e realizada no próprio juizado, sempre que possível, ou por mandado. Não encontrado o acusado para ser citado, o juiz deve suspender o processo e o curso do prazo prescricional, nos termos do art. 366 do CPP.
(B) Os processos referentes aos juizados especiais criminais devem ser orientados pelos critérios de oralidade, documentação, simplicidade, formalidade, economia processual e celeridade, buscando-se, sempre que possível, a conciliação ou a transação.
(C) Acolhida pelo juiz a proposta do MP aceita pelo autor da infração, o magistrado aplicará a pena restritiva de direitos ou multa, que importará em reincidência e será registrada para impedir novamente o mesmo benefício no prazo de cinco anos.
(D) Dos atos praticados em audiência consideram-se desde logo cientes as partes, os interessados e os defensores.
(E) Consideram-se infrações penais de menor potencial ofensivo, para os efeitos da lei, as contravenções penais e os crimes a que a lei comine pena mínima não superior a dois anos, cumulada ou não com multa.

A: incorreta, pois contraria o disposto no art. 66 da Lei 9.099/1995, que estabelece que, não localizado o réu, cabe ao juiz cuidar para que as peças sejam encaminhadas ao juízo comum para adoção do procedimento previsto em lei; **B:** incorreta. Os critérios da documentação e formalidade não foram contemplados no art. 2º da Lei 9.099/1995, que estabelece os vetores que devem orientar o processo no Juizado Especial Criminal; **C:** incorreta, pois não reflete o disposto no art. 76, § 4º, da Lei 9.099/1995, que assim dispõe: "Acolhendo a proposta do Ministério Público aceita pelo autor da infração, o Juiz aplicará a pena restritiva de direitos ou multa, que não importará em reincidência, sendo registrada apenas para impedir novamente o mesmo benefício no prazo de cinco anos"; **D:** correta, nos termos do art. 67, parágrafo único, da Lei 9.099/1995; **E:** incorreta, já que o parâmetro estabelecido para fixar a competência do Juizado Especial Criminal é a pena máxima cominada ao crime (art. 61 da Lei 9.099/1995).

Gabarito "D"

(Defensor Público/RS – 2011 – FCC) Sobre o procedimento dos Juizados Especiais Criminais, considere as seguintes assertivas:

I. A transação penal poderá ser ofertada em relação aos delitos cuja pena máxima não seja superior a 2 (dois) anos, e a suspensão do processo nos delitos cuja pena mínima for igual ou inferior a 1 (um) ano.
II. Segundo entendimento sumulado do Supremo Tribunal Federal, admite-se a suspensão condicional do processo por crime continuado, se a soma da pena mínima da infração mais grave com o aumento mínimo de um sexto for superior a um ano.
III. Embora se aplique o procedimento previsto na Lei nº 9.099/95 aos crimes previstos no Estatuto do Idoso nas hipóteses em que a pena máxima privativa de liberdade não ultrapasse a 4 (quatro) anos, a transação penal e a suspensão do processo não lhes são aplicáveis.

Está correto o que se afirma APENAS em

(A) I.
(B) I e II.
(C) III.
(D) I e III.
(E) II e III.

I: correta, na medida em que a *transação penal*, respeitados os requisitos previstos no art. 76 da Lei 9.099/95, incide nas infrações penais cuja pena máxima não ultrapasse dois anos; já a *suspensão condicional do processo* (*sursis* processual) aplica-se a todas as infrações penais, não somente àquelas previstas na Lei 9.099/95, que tenham pena mínima, em abstrato, não superior a um ano – art. 89, *caput*, da Lei 9.099/95; **II:** a assertiva está incorreta, pois em desacordo com a Súmula nº 723 do STF; **III:** o STF, ao analisar a constitucionalidade do art. 94 do Estatuto do Idoso, interpretou-o conforme a Constituição, entendendo que somente tem incidência no âmbito dos crimes praticados contra o idoso o procedimento previsto na Lei 9.099/95, e não os benefícios nela previstos, tais como a transação penal e o *sursis* processual.

Gabarito "D"

PROCESSO PENAL

(Defensoria/MT – 2009 – FCC) A respeito do procedimento dos Juizados Especiais relativos a crimes de menor potencial ofensivo, é INCORRETO afirmar que

(A) a denúncia poderá ser formulada oralmente em audiência.
(B) o relatório não é requisito da sentença e pode ser dispensado pelo juiz.
(C) o acordo homologado acarreta a renúncia ao direito de queixa, tratando-se de ação penal de iniciativa privada.
(D) a citação, não sendo encontrado o réu, far-se-á por edital, com prazo de 30 dias.
(E) caberá apelação da sentença absolutória, no prazo de 10 dias, contados da ciência pelo Ministério Público.

A: art. 77, *caput*, da Lei 9.099/95; **B:** art. 81, § 3º, da Lei 9.099/95; **C:** art. 74, parágrafo único, da Lei 9.099/95; **D:** art. 66, parágrafo único, da Lei 9.099/95; **E:** art. 82, *caput* e § 1º, da Lei 9.099/95.

Gabarito "D"

(Defensor Público/PA – 2006 – UNAMA) Quanto aos crimes de competência dos juizados especiais, é correto afirmar:

I. Nos crimes de ação penal pública condicionada, a homologação do acordo de composição dos danos cíveis acarreta a renúncia ao direito de representação.
II. Da decisão que rejeitar a denúncia cabe recurso em sentido estrito.
III. Não sendo o réu encontrado para ser citado pessoalmente, a citação far-se-á por edital.
IV. Das decisões das turmas recursais cabe recurso extraordinário.

Somente é correto o que se afirma em:

(A) II e III.
(B) I e II.
(C) I e IV.
(D) III e IV.

I: correta, conforme art. 74, parágrafo único, da Lei 9.099/95; **II:** incorreta, pois a decisão que rejeita a denúncia comporta apelação – art. 82, *caput*, da Lei 9.099/95; **III:** no âmbito do juizado, não se procederá à citação por edital. Na hipótese de o autor não ser encontrado para citação, o juiz encaminhará as peças ao juízo comum para adoção do procedimento previsto em lei – art. 66, parágrafo único, da Lei 9.099/95; **IV:** assertiva em consonância com a Súmula nº 640 do STF.

Gabarito "C"

(Defensoria/SE – 2006 – CESPE) Julgue o item seguinte.

(1) O crime de constrangimento ilegal, cuja pena é de detenção de três meses a um ano ou multa, é da alçada do juizado especial criminal. Nessa situação, o delegado de polícia não deve lavrar o auto de prisão em flagrante, mas termo circunstanciado, desde que o autor da infração seja imediatamente encaminhado para o juizado ou assuma o compromisso de fazê-lo.

1: o crime de constrangimento ilegal está capitulado no art. 146 do Código Penal; de fato, assim que tomar conhecimento da ocorrência, deve o delegado de polícia proceder à lavratura do termo circunstanciado; somente deverá lavrar o auto de prisão em flagrante na hipótese de o autor do fato se recusar a firmar compromisso de comparecer ao Juizado Especial Criminal ou a ele se dirigir *incontinenti*, nos termos do art. 69, parágrafo único, da Lei 9.099/95.

Gabarito 1C

(Defensoria/SE – 2006 – CESPE) Julgue o item seguinte.

(1) Nos termos da Lei n.º 9.099/1995, a composição dos danos civis, que deve ser reduzida a termo e valer como título executivo judicial, impede a proposição da ação penal quando esta for pública incondicionada.

Art. 74, parágrafo único, da Lei 9.099/95.

Gabarito 1E

15. Sentença, Preclusão e Coisa Julgada

(Defensor Público/TO – 2013 – CESPE) No que diz respeito à sentença e à coisa julgada, assinale a opção correta.

(A) A cassação dos direito políticos, um dos efeitos da sentença penal condenatória com trânsito em julgado, encontra-se presente em qualquer condenação criminal e perdura enquanto o sentenciado estiver cumprindo pena em regime fechado ou semiaberto.
(B) Há, no CPP, regra expressa para os limites objetivos da coisa julgada da sentença penal condenatória, segundo a qual, diferentemente do que dispõe a norma processual civil, a motivação, o dispositivo e as questões prejudiciais, por se encontrarem ligados à definição do fato principal, devem ser objeto da coisa julgada.
(C) O reconhecimento, pelo juiz, de circunstância agravante na sentença penal condenatória, não delineada expressamente na peça acusatória, exsurgida da instrução processual, independe de pedido expresso da parte acusatória e da submissão ao *mutatio libelli.*
(D) As sentenças terminativas são as que encerram o processo, com exame e julgamento do *meritum causae*, absolvendo ou condenando o réu, e que permitem a formação da coisa julgada formal e material.
(E) A sentença penal absolutória com trânsito em julgado, entre outros efeitos, obsta a arguição da exceção da verdade.

A: incorreta. Nos termos do art. 15, III, da CF/1988, "é vedada a cassação de direitos políticos, cuja perda ou suspensão só se dará nos casos de (...) III - condenação criminal transitada em julgado, enquanto durarem seus efeitos"; **B:** incorreta. A imutabilidade da decisão atinge tão somente a parte dispositiva da sentença (art. 381, V, do CPP). Inexiste, no Código de Processo Penal, regra expressa nesse sentido; **C:** incorreta. Em vista do disposto no art. 385 do CPP, poderá o juiz reconhecer, na sentença condenatória proferida em ação penal pública, circunstância agravante não alegada na peça acusatória. Assertiva, a nosso ver, correta; **D:** incorreta. Terminativa de mérito é a sentença que, embora ponha termo à relação processual, apreciando o mérito, não condena nem absolve. É exemplo a sentença que extingue a punibilidade; **E:** correta, nos termos do art. 138, § 3º, III, do CP.

Gabarito "E"

(Defensoria/SP – 2009 – FCC) No momento da prolação de sentença, o cabimento de nova definição jurídica ao fato imputado ao acusado, que não modifique a descrição fática, autoriza o juiz de direito a

(A) absolver o acusado, tendo em vista que os fatos imputados na denúncia não foram suficientemente demonstrados.
(B) proferir sentença de acordo com a nova definição, sem dar nova vista à defesa ou ao Ministério Público, mesmo que a pena a ser aplicada seja mais grave.
(C) baixar os autos ao Ministério Público, a fim de que adite a denúncia, no prazo de cinco dias, remetendo os autos ao Procurador Geral de Justiça, na hipótese de não ser ofertado o aditamento.
(D) dar vista à defesa, para que se manifeste no prazo de cinco dias, apresentando novas provas, se a pena a ser aplicada for mais grave.
(E) notificar o acusado para se defender da nova classificação, dando vista à Defensoria Pública pelo prazo de dez dias, caso não se manifeste.

O acusado, no processo penal, defende-se dos fatos que lhe são imputados, e não da capitulação que é atribuída ao crime na peça acusatória, denúncia ou queixa. Pouco importa, pois, a classificação operada pelo titular da ação penal na exordial. É nesse sentido que reza o art. 383 do CPP (*emendatio libelli*). Note que o fato, na *emendatio libelli*, permanece inalterado, sem prejuízo, por isso mesmo, para a defesa. A mudança, aqui, incide na classificação da conduta, levada a efeito pela acusação, no ato da propositura da ação, e retificada pelo juiz, de ofício, no momento da sentença, sendo desnecessário, em vista disso, ouvir a esse respeito o defensor.

Gabarito "B"

(Defensoria/SP – 2009 – FCC) A sentença cuja nulidade foi reconhecida em sede de apelação

(A) importa em absolvição do acusado, independendo de quem haja recorrido.
(B) desobriga o juiz de prolatar nova sentença, se o recurso for da acusação.
(C) não produz nenhum efeito, devendo ser prolatada nova sentença, independentemente de quem haja recorrido.
(D) vincula a nova sentença ao máximo da pena nela imposta, se a nulidade foi reconhecida em recurso da defesa.
(E) obriga o Estado a reparar o dano moral ao condenado, desde que o recurso seja da acusação.

Anulada a condenação proferida em recurso exclusivo da defesa, a nova decisão a ser prolatada não pode ser mais prejudicial ao réu do que aquela que foi anulada (proibição da *reformatio in pejus* indireta – art. 617, CPP)

Gabarito "D"

(Defensoria/MG – 2009 – FURMARC) Em regra, acusado preso na sede do juízo processante será intimado da sentença:

(A) Pessoalmente.
(B) Por edital.
(C) Por meio de ofício requisitório.
(D) Por carta rogatória.
(E) Por e-mail.

Art. 392, I, do CPP.

Gabarito "A"

(Defensor Público/CE – 2007 – CESPE) A respeito de sentença penal, julgue os itens seguintes.

(1) Sem necessidade de aditamento, o juiz poderá dar ao fato definição jurídica diversa da que constar da queixa ou da denúncia, ainda que, em consequência disso, tenha de aplicar pena mais grave.
(2) É denominada absolutória imprópria a sentença em que o juiz absolve o acusado, mas impõe-lhe medida de segurança.

1: o acusado, no processo penal, defende-se dos fatos a ele imputados, e não da capitulação que é atribuída ao crime na peça acusatória, denúncia ou queixa. Pouco importa, pois, a classificação operada pelo titular da ação penal na exordial. É nesse sentido que reza o art. 383 do CPP (*emendatio libelli*). Note que o fato, na *emendatio libelli*, permanece inalterado, sem prejuízo, por isso mesmo, para a defesa. A mudança, aqui, incide na classificação da conduta, levada a efeito pela acusação, no ato da propositura da ação, e retificada pelo juiz, de ofício, no momento da sentença; **2:** art. 386, parágrafo único, III, do CPP.

Gabarito 1C, 2C

(Defensoria/MT – 2007) Amparado pelo princípio da correlação entre a acusação e a sentença, sustenta-se que, ao sentenciar, o juiz

(A) poderá condenar o réu por conduta diversa da que lhe foi imputada pela descrição contida na denúncia, em atenção à regra da *emendatio libelli*.
(B) não poderá alterar a qualificação jurídica indicada na peça acusatória, sob pena de modificar indevidamente a causa de pedir.
(C) só poderá sentenciar o fato narrado na peça acusatória, independentemente de fato novo, pois o réu se defende justamente do fato contido na denúncia.
(D) está adstrito aos fatos e à qualificação jurídica indicada na peça acusatória, não podendo alterar qualquer deles.
(E) poderá dar ao fato descrito na peça acusatória definição jurídica diversa da atribuída pelo órgão acusador, ainda que, em consequência, tenha de aplicar pena mais grave.

Consiste tal princípio na indispensável correspondência que deve existir entre o fato articulado na peça acusatória e o fato pelo qual o réu é condenado. O acusado, no processo penal, defende-se dos fatos a ele imputados, e não da capitulação que é atribuída ao crime na peça acusatória, denúncia ou queixa. Pouco importa, pois, a classificação operada pelo titular da ação penal na exordial. É nesse sentido que reza o art. 383 do CPP (*emendatio libelli*).

Gabarito "E"

(Defensor Público/PA – 2006 – UNAMA) A sentença é um ato de inteligência humana, através da qual o juiz aborda questões relativas à pretensão punitiva do Estado. Sendo assim, é correto afirmar:

I. O juiz poderá dar ao fato definição jurídica diversa da que constar da denúncia ou da queixa, ainda que, em consequência, tenha de aplicar pena mais grave.
II. Pelo princípio da correlação entre acusação e sentença não deverá o juiz condenar o acusado, mudando circunstâncias instrumentais, modais, temporais ou espaciais de execução do delito, sem dar-lhe a oportunidade de se defender da prática de um delito diverso daquele imputado inicialmente.
III. A *mutatio libelli* acarretará a nulidade da sentença se o juiz não possibilitar a manifestação da defesa, com produção de prova e oitiva de novas testemunhas e, se a nova imputação jurídica vier a importar em pena mais grave, o Ministério público deverá aditar a denúncia.
IV. Nos crimes de ação pública, o juiz poderá proferir sentença condenatória, ainda que o Ministério Público tenha opinado pela absolvição; não poderá, entretanto, incluir agravantes que não tenham sido alegadas.

Somente é correto o que se afirma em:

(A) I, II e III.
(B) I, III e IV.
(C) II, III e IV.
(D) I e II.

I: o acusado, no processo penal, defende-se dos fatos a ele imputados, e não da definição jurídica que é atribuída ao crime na peça acusatória, denúncia ou queixa. Pouco importa, pois, a classificação legal operada pelo titular da ação penal na exordial. É nesse sentido que reza o art. 383 do CPP (*emendatio libelli*). Note que o fato, na *emendatio libelli*, permanece inalterado, sem prejuízo, por isso mesmo, para a defesa. A mudança, aqui, incide na classificação da conduta, levada a efeito pela acusação, no ato da propositura da ação, e retificada pelo juiz, de ofício, no momento da sentença; **II:** diferentemente do que se dá na *emendatio libelli*, em que é alterada tão somente a capitulação legal atribuída pelo titular da ação, na *mutatio libelli* os fatos são objeto de alteração no curso da instrução, razão por que é de rigor que o juiz determine a notificação do MP para que este proceda ao aditamento da denúncia, com manifestação da defesa e oportunidade para que as partes produzam provas, respeitando-se, dessa forma, o contraditório. Este, portanto, é o cenário da *mutatio libelli*, presente no art. 384 do CPP; **III:** com o advento da Lei 11.719/08, que, entre outras providências, modificou o art. 384 do CPP, se o magistrado entender cabível nova definição jurídica do fato em consequência de prova de elementar ou circunstância não contida na inicial, o aditamento pelo Ministério Público passa a ser obrigatório, ainda que a nova capitulação jurídica implique aplicação de pena igual ou menos grave. No panorama anterior, a participação do MP não era necessária se a nova capitulação viesse a importar em pena menos grave, bastando que o processo baixasse para manifestação da defesa e oitiva de testemunhas. Esta questão foi elaborada quando ainda não estava em vigor a Lei 11.719/08; **IV:** incorreta, nos termos do art. 385 do CPP.

Gabarito "A"

16. Nulidades

(Defensoria/PI – 2009 – CESPE) Silvana impetrou *habeas corpus* alegando a nulidade absoluta de processo criminal em que foi condenada, porque sua defesa foi realizada por advogado licenciado da OAB, e, por conseguinte, seriam nulos os atos por ele praticados. Registra-se que os poderes de representação judicial outorgados ao advogado, ainda que licenciado da OAB, foram ampla e livremente conferidos por Silvana, ciente de sua licença, mediante instrumento de procuração. Considerando a situação hipotética acima e o entendimento atual do STF, assinale a opção correta.

(A) No processo penal, tanto a falta da defesa quanto a deficiência de defesa constituem nulidade absoluta.
(B) Na via eleita, Silvana pode tentar demonstrar que não sabia que o patrono constituído estava impossibilitado de exercer a advocacia.
(C) O princípio da falta de interesse, tal como estabelecido no CPP, não admite arguição da nulidade por quem tenha dado causa ou concorrido para a existência do vício.
(D) O *habeas corpus* deve ser concedido, porque o patrono de Silvana estava impossibilitado de exercer a advocacia e, por conseguinte, seriam nulos os atos por ele praticados.
(E) O *habeas corpus* deve ser concedido, porque a ilegitimidade do representante da parte é causa de nulidade absoluta.

Art. 565 do CPP.

Gabarito "C"

(Defensor Público/MS – 2008 – VUNESP) "A" foi condenado por crime de roubo. Todavia, após a prolação da sentença, veio aos autos a prova de que "A" é menor de 18 anos de idade. Nesse caso,

(A) "A" deve ser absolvido por não constituir o fato infração penal.
(B) "A" deve ser absolvido por ser inimputável.
(C) deve ser anulada *ab initio* a ação penal, em razão da inimputabilidade do autor do fato.
(D) "A" deve ter declarada extinta a punibilidade.

A ilegitimidade *ad causam*, tanto a ativa quanto a passiva, constitui modalidade de nulidade absoluta, como é o caso da ação ajuizada em face de menor de 18 anos (inimputável) – art. 564, II, do CPP.

Gabarito "C"

(Defensor Público/RO – 2007) As nulidades que ocorrem posteriormente à decisão de pronúncia deverão ser arguidas na seguinte ocasião:

(A) imediatamente a sua ocorrência
(B) durante o libelo crime acusatório
(C) logo depois do sorteio dos jurados
(D) no momento da impugnação ao libelo
(E) após anunciado o julgamento e apregoadas as partes

Art. 571, V, do CPP.

Gabarito "E"

(Defensoria Pública da União – 2007 – CESPE) Julgue o item seguinte.

(1) A inobservância da citação para fins de oportunizar o contraditório prévio ao denunciado pelo crime de tráfico de entorpecentes resulta na nulidade relativa do processo penal, sendo necessário que a defesa comprove prejuízo.

A falta de citação ou a sua realização em desconformidade com as regras estabelecidas constitui nulidade absoluta.

Gabarito 1E

(Defensoria/RN – 2006) Em termos de nulidade no processo penal pode-se afirmar que

(A) é absoluta a nulidade por ausência de legitimidade *ad causam* e *ad processum*.
(B) adotou o Código de Processo Penal pátrio o sistema formalista, tendo como consequência que toda violação à prescrição legal acarreta a nulidade processual.
(C) a nulidade de um ato importa a dos atos que dele diretamente dependam ou sejam consequência.
(D) as nulidades quanto aos prazos concedidos à acusação e à defesa não podem ser sanadas ainda que a parte aceite os seus efeitos.

Art. 573, § 1º, do CPP.

Gabarito "C"

17. Recursos

(Defensor Público/GO – 2010 – I. Cidades) Da decisão de absolvição sumária e de impronúncia, caberá

(A) recurso em sentido estrito no prazo de cinco dias.
(B) recurso em sentido estrito e apelação, respectivamente, ambos no prazo de cinco dias.
(C) apelação e recurso em sentido estrito, respectivamente, ambos no prazo de cinco dias.
(D) apelação para ambos os casos, no prazo de dez dias.
(E) recurso de apelação para ambos os casos, no prazo de cinco dias.

Com a Lei de Reforma nº 11.689/08, a decisão de impronúncia e a sentença de absolvição sumária passaram a ser combatidas por meio de apelação – art. 416, CPP. A pronúncia, por sua vez, continua a ser impugnada por meio de recurso em sentido estrito, nos termos do art. 581, IV, do CPP.

Gabarito "E"

(Defensoria/MA – 2009 – FCC) A recente reforma processual penal ocorrida pela publicação de três leis no ano de 2008, em relação ao sistema anterior, aboliu

(A) o recurso em sentido estrito e a carta testemunhável.
(B) o agravo e o protesto por novo júri.
(C) apenas a carta testemunhável.
(D) apenas o protesto por novo júri.
(E) a carta testemunhável e o protesto por novo júri.

Os arts. 607 e 608 do CPP, que disciplinavam o *protesto por novo júri*, foram revogados pela Lei 11.689/08.

Gabarito "D"

(Defensoria/MG – 2009 – FURMARC) Contra a sentença de absolvição sumária, no processo que apura os crimes de competência do júri, utiliza(m)-se, em regra:

(A) Recurso inominado.
(B) Apelação.
(C) Recurso em sentido estrito.
(D) Embargos infringentes.
(E) Agravo regimental.

Com a Lei de Reforma nº 11.689/08, a decisão de impronúncia e a sentença de absolvição sumária passaram a ser combatidas por meio de apelação – art. 416, CPP. A pronúncia, por sua vez, continua a ser impugnada por meio de recurso em sentido estrito, nos termos do art. 581, IV, do CPP.

Gabarito "B"

(Defensoria/MT – 2009 – FCC) NÃO cabe recurso em sentido estrito da decisão que

(A) conceder, negar ou revogar livramento condicional.
(B) concluir pela incompetência do juízo.
(C) receber a denúncia ou a queixa.
(D) denegar a apelação ou a julgar deserta.
(E) decidir o incidente de falsidade.

A: art. 581, XII, do CPP; **B:** art. 581, II, do CPP; **C:** não há, neste caso, recurso específico. Pode, entretanto, o réu valer-se de *habeas corpus* com o propósito de fazer cessar constrangimento ilegal provocado pelo recebimento da inicial; **D:** art. 581, XV, do CPP; **E:** art. 581, XVIII, do CPP.

Gabarito "C"

(Defensoria/MT – 2009 – FCC) A respeito dos recursos em geral, considere:

I. O Ministério Público poderá desistir de recurso que haja interposto.
II. Salvo a hipótese de má-fé, a parte não será prejudicada pela interposição de um recurso por outro.
III. Não será admitido recurso da parte que não tiver interesse na reforma ou modificação da decisão.

Está correto o que se afirma SOMENTE em

(A) I.
(B) II.
(C) I e II.
(D) I e III.
(E) II e III.

I: art. 576 do CPP; **II:** art. 579 do CPP; **III:** art. 577, parágrafo único, do CPP.

Gabarito "E"

(Defensor Público/MS – 2008 – VUNESP) A doutrina, de forma pacífica, entende que a apresentação tardia das razões de apelação constitui

(A) mera irregularidade, não impedindo o conhecimento do apelo.
(B) nulidade do recurso.
(C) perempção do direito de defesa do acusado.
(D) intempestividade do recurso.

A alternativa "A" está correta. O mero atraso no oferecimento das razões constitui simples irregularidade, o que não tem o condão de obstar o conhecimento do apelo.

Gabarito "A"

(Defensor Público/MS – 2008 – VUNESP) O recurso em sentido estrito

I. tem cabimento da decisão que não receber a denúncia;
II. na justiça estadual do Mato Grosso do Sul é julgado sempre pelo Tribunal de Justiça.
III. em algumas hipóteses, previstas em lei, terá também o efeito suspensivo.

É correto o contido em

(A) I e II, apenas.
(B) I e III, apenas.
(C) II e III, apenas.
(D) I, II e III.

I: correta, nos termos do art. 581, I, do CPP; **II:** em vista do disposto no art. 582 do CPP, terão competência para julgar o RESE os tribunais de justiça e, conforme o caso, os tribunais regionais federais. No caso do inciso XIV do art. 581, o julgamento caberá ao presidente do tribunal; **III:** há casos, de fato, em que o RESE terá efeito suspensivo, na forma do art. 584 do CPP. No entanto, este recurso terá, em regra, efeito devolutivo.

Gabarito "B"

(Defensoria/MT – 2007) Tsé-Tung e Lang-Lang, acusados da prática de um delito de roubo, foram, ao final, condenados. A sentença fixou a pena-base em 04 (quatro) anos para ambos os réus, e em face da causa especial de aumento consistente no concurso de pessoas resultou a pena privativa de liberdade definitiva de ambos em 05 (cinco) anos e 04 (quatro) meses de reclusão. Somente Tsé-Tung interpõe recurso de apelação, buscando sua absolvição pela negativa de autoria, ao que o Tribunal conheceu e proveu o recurso. Nesse caso, é correto afirmar que a Lang-Lang

(A) somente se estenderiam os efeitos caso tivesse interposto recurso de apelação adesivo.
(B) estendem-se os efeitos da decisão porque a absolvição de Tsé-Tung exclui o concurso de agentes, merecendo ser reduzida a pena.
(C) não se estendem os efeitos da decisão, por ausência de recurso próprio.
(D) estendem-se os efeitos do provimento do apelo pelo princípio da fungibilidade recursal.
(E) não se estendem os efeitos, porque o motivo da absolvição de Tsé-Tung é de caráter exclusivamente pessoal.

Art. 580 do CPP.

Gabarito "B"

(Defensoria/SP – 2007 – FCC) E.B.C. foi denunciado pela prática de roubo (artigo 157 do Código Penal) em concurso com atentado violento ao pudor (artigo 214 do Código Penal). Após a instrução processual, o juiz de direito condenou o réu pelo crime contra a liberdade sexual, não se manifestando acerca do delito contra o patrimônio. Por ocasião do julgamento da apelação interposta exclusivamente pela defesa, o órgão jurisdicional *ad quem* constatou a omissão do magistrado de primeira instância, bem como a existência de prova desfavorável ao réu em relação a ambos os delitos. Além de negar provimento à apelação da defesa, o tribunal recursal deverá:

(A) declarar, de ofício, a omissão do juízo *a quo,* determinando o retorno dos autos à instância inferior.
(B) silenciar quanto ao delito conexo, em razão do princípio que veda a *reformatio in pejus*.
(C) declarar, de ofício, a omissão do juízo *a quo*, condenando o réu também pelo delito conexo.
(D) anular o processo, desde a sentença condenatória.
(E) declarar a omissão do juízo *a quo,* desde que provocado pelo procurador de justiça oficiante, determinando o retorno dos autos à instância inferior.

Art. 617 do CPP.

Gabarito "B"

(Defensor Público/RO – 2007) O Juízo de Direito da Comarca de *Grota Grande* determinou a suspensão do processo a que *Marcus Sinistro* responde, entendendo subsistir na espécie uma questão prejudicial. O recurso pertinente *in casu* será:

(A) revisão
(B) ordinário
(C) apelação
(D) embargos
(E) sentido estrito

Art. 581, XVI, do CPP.

Gabarito "E"

(Defensor Público/RO – 2007) O recurso, em sentido estrito, será encaminhado para a presidência do tribunal quando impugnar:

(A) revogação de livramento condicional
(B) negativa de suspensão condicional
(C) decretação de prescrição da pena
(D) inclusão de jurado na lista geral
(E) absolvição sumária do réu

Art. 582, XIV, do CPP.

Gabarito "D"

(Defensoria/SE – 2006 – CESPE) Julgue o item seguinte.

(1) No processo penal, admite-se a fungibilidade recursal, desde que o recurso errôneo seja interposto no prazo daquele cabível e não se considere que tenha ocorrido erro grosseiro ou má-fé do recorrente.

Art. 579 do CPP.

Gabarito 1C

(Defensoria/SE – 2006 – CESPE) Julgue o item seguinte.

(1) No julgamento de uma apelação, pode o tribunal proceder a novo interrogatório do acusado, reinquirir testemunhas ou determinar a realização de diligências que se façam necessárias.

Art. 616 do CPP.

Gabarito 1C

(Defensor Público/AC – 2006 – CESPE) Com fundamento em inquérito policial, o representante do Ministério Público ofereceu denúncia contra determinada pessoa, classificando o fato delituoso como aquele previsto no *caput* do artigo 155 do CP. O juiz, em decisão interlocutória, entendendo que a peça inicial atendia aos requisitos formais previstos no artigo 41 do CPP, proferiu o seguinte despacho: *recebo a denúncia*. Em seguida, determinou a regular citação do réu, indicando data para o interrogatório e intimando o Ministério Público para o ato processual.

Com relação à decisão proferida nessa situação hipotética, assinale a opção correta.

(A) Cabem embargos à decisão, visto que esta carece de fundamentação.
(B) Por ser decisão que extingue o processo sem julgamento do mérito, cabe apelação.
(C) Cabe recurso, em sentido estrito, contra essa decisão, nos termos do artigo 581 do CPP.
(D) A lei processual não prevê recurso na hipótese de decisão interlocutória que recebe a denúncia, salvo se tal decisão ferir direito fundamental do denunciado.

Embora a decisão que rejeita a denúncia ou a queixa possa ser desafiada por meio de recurso em sentido estrito – art. 581, I, do CPP, a decisão de recebimento da peça acusatória não comporta recurso algum, podendo o réu, em situações excepcionais, valer-se do *habeas corpus*. No mais, parte significativa da doutrina sustenta que, em vista do disposto no art. 93, IX, da CF, estaria o magistrado obrigado a fundamentar a decisão de recebimento da denúncia ou queixa, sob pena de nulidade. A jurisprudência, no entanto, consagrou o entendimento no sentido de que tal motivação é desnecessária, até para se evitar indevida inserção no mérito da causa.

Gabarito "D"

(Defensoria/RN – 2006) Ainda sobre os recursos escolha a alternativa correta.

(A) Poderá o ofendido mesmo que não habilitado como assistente da acusação recorrer da sentença através de apelação, quando o Ministério Público não o fizer no prazo legal.
(B) Nos casos em que couber apelação, poderá ser usado o recurso em sentido estrito, quando somente de parte da decisão se recorra.
(C) Em matéria processual penal, o recurso extraordinário tem efeito suspensivo.
(D) Decisão que obsta seguimento a recurso admitido para a instância julgadora é passível de carta testemunhável, que se processará na forma daquele e terá efeito suspensivo do despacho recorrida.

A: art. 598 do CPP; **B:** art. 593, § 4º, do CPP; **C:** art. 637 do CPP; **D:** art. 646 do CPP.

Gabarito "A"

(Defensoria/RN – 2006) É possível conferir-se efeito extensivo a um recurso quando

(A) for possível ao juiz alterar ou revogar a sentença anteriormente proferida.
(B) no concurso de agentes, somente um dos corréus recorrer, obtendo este o reconhecimento da renúncia ao direito de representação, sendo as situações de ambos idênticas no processo.
(C) o recurso se fundamentar em motivo de caráter exclusivamente pessoal.
(D) for possível ao juiz estender a decisão proferida no juízo para outros processos da mesma natureza que tramitem na vara.

Art. 580 do CPP.

Gabarito "B"

(Defensoria/MG – 2006) Tendo em vista as regras legais sobre recursos criminais é INCORRETO afirmar

(A) que, apesar de o art. 581 do CPP enumerar taxativamente as hipóteses de cabimento do recurso em sentido estrito, entende-se que será o recurso cabível da decisão que rejeitar o aditamento da denúncia ou queixa.
(B) que a revisão criminal pode ser requerida a qualquer tempo, mesmo depois de cumprida a pena ou após a morte do condenado.
(C) que caberá agravo de instrumento da denegação de recurso especial ou extraordinário.
(D) que recurso de apelação tem efeito regressivo.
(E) que os embargos infringentes e de nulidade são recursos exclusivos da defesa.

A: trata-se, de fato, de rol taxativo, que, entretanto, comporta interpretação extensiva. É, pois, perfeitamente possível interpor recurso em sentido estrito contra a decisão que rejeita o aditamento da denúncia ou queixa; **B:** arts. 622 e 623 do CPP; **C:** art. 28 da Lei 8.038/90; **D:** não há que se falar em juízo de retratação na apelação (efeito regressivo); **E:** art. 609, parágrafo único, CPP. Trata-se de fato de recurso privativo da defesa.

Gabarito "D"

18. *Habeas Corpus*, Mandado de Segurança e Revisão Criminal

(Defensor Público/RO – 2012 – CESPE) Em relação ao mandado de segurança, ao *habeas corpus* e aos recursos no processo penal, assinale a opção correta.

(A) No âmbito dos juizados especiais criminais, da decisão que rejeitar a denúncia ou a queixa, caberá, nos moldes das leis processuais gerais, recurso em sentido estrito.
(B) É cabível mandado de segurança contra decisão de magistrado que, em ação penal de natureza pública, tenha inadmitido assistente de acusação.
(C) O recurso de apelação se tornará deserto, não cabendo a sua apreciação pela instância superior, em face da não apresentação das razões de apelação no prazo legal.
(D) Considere que um réu, processado pela prática de dois crimes, seja condenado em um deles e, no outro, seja declarada a extinção da punibilidade. Nessa situação, caberá à acusação apelar em relação à condenação e interpor recurso em sentido estrito em relação à extinção da punibilidade.
(E) Admite-se a impetração de *habeas corpus* para discutir pena de multa, em face da possibilidade de sua conversão em pena privativa de liberdade.

A: incorreta. Da decisão, do juizado especial criminal, que rejeita a denúncia ou queixa, caberá a interposição de recurso de apelação (art. 82 da Lei 9.099/1995); **B:** correta, pois, embora o art. 273 do CPP estabeleça que descabe recurso em face da decisão que não admitir o assistente, doutrina e jurisprudência pacíficas entendem que, dessa decisão, cabe a impetração de mandado de segurança; **C:** incorreta, já que o oferecimento das razões de apelação a destempo, conforme jurisprudência pacífica, não tem o condão de tornar este recurso intempestivo. Cuida-se, pois, de mera irregularidade; **D:** incorreta, já que ambas desafiam recurso de apelação – 593, I, do CPP; **E:** incorreta. Segundo a Súmula n. 693 do STF: "Não cabe habeas corpus contra decisão condenatória à pena de multa, ou relativo a processo em curso por infração penal a que a pena pecuniária seja a única cominada".

Gabarito "B"

(Defensor Público/AM – 2010 – I. Cidades) Julgue as alternativas sobre revisão criminal e assinale a correta.

(A) Poderá ser requerida em qualquer tempo, desde que antes da extinção da pena.
(B) A absolvição em sede de revisão criminal implicará o restabelecimento de todos os direitos do réu, perdidos em virtude da condenação, pó dendo, inclusive, ser-lhe reconhecido o direito a uma justa indenização a ser paga ou pela União ou pelos Estados pelos prejuízos sofridos, ainda que a acusação houver sido meramente privada.
(C) Cabe revisão criminal das sentenças absolutórias impróprias, mas não cabe da sentença de pronúncia do réu.
(D) A revisão criminal é meio adequado para pleitear a aplicação de lei posterior à decisão de condenação do réu, transitada em julgado, que deixou de considerar o fato como crime (**abolitio criminis**).
(E) É vedada, em qualquer hipótese, a reiteração do pedido de revisão criminal. Essa vedação legal prestigia o Princípio da Segurança Jurídica em detrimento do Princípio da Presunção da Inocência.

A: incorreta, pois, a teor do art. 622, *caput*, do CPP, a ação revisional pode ser requerida a qualquer tempo, antes ou depois de extinta a pena, ainda que falecido o sentenciado; **B:** incorreta na parte que afirma que a indenização será devida ainda que a acusação tenha sido meramente privada - art. 630, § 2º, *b*, do CPP; **C:** é verdade que a existência de uma sentença condenatória com trânsito em julgado constitui pressuposto ao ajuizamento da ação revisional. No entanto, deve-se inserir nesse universo a sentença absolutória imprópria, visto que esta impinge ao inimputável uma medida de segurança, espécie do gênero *sanção*. Fica evidente, pois, seu interesse em, diante de um erro judiciário, promover a revisão criminal. Antes denominada *sentença*, a pronúncia deve ser entendida como a decisão interlocutória mista que julga admissível a acusação, encaminhando o caso para julgamento perante o Tribunal Popular. Não é o caso, portanto, de ajuizar-se a revisão criminal, que tem como pressuposto essencial uma sentença condenatória com trânsito em julgado (ou uma sentença absolutória imprópria) – art. 621, *caput*, do CPP; **D:** não é admitida, tendo em conta que este pedido deve ser formulado ao juízo da execução; **E:** a reiteração do pedido de revisão criminal, em regra vedado, comporta uma exceção: quando fundado em novas provas.

Gabarito "C"

(Defensoria/MT – 2009 – FCC) A revisão criminal

(A) não pode ser requerida pelo condenado sem recolher- se à prisão.
(B) será admitida quando, após a sentença, se descobrirem novas provas de circunstância que determine ou autorize diminuição especial da pena.
(C) pode ser requerida pelo Ministério Público face à prova posterior à sentença absolutória.
(D) poderá ser requerida até a extinção da pena.
(E) poderá ensejar ao Tribunal o agravamento da pena imposta pela decisão revista.

A: Súmula nº 393 do STF; **B:** art. 621, III, do CPP. A revisão pressupõe sentença condenatória com trânsito em julgado; **C:** a revisão constitui instrumento exclusivo da defesa, cujo objetivo é rescindir uma sentença condenatória com trânsito em julgado. O Ministério Público carece de legitimidade para ajuizá-la, ainda que em favor do acusado; **D:** transitada em julgado a sentença penal condenatória, a revisão pode ser requerida a qualquer tempo, antes ou depois de extinta a pena (art. 622, *caput*, do CPP); **E:** art. 626, parágrafo único, do CPP.

Gabarito "B"

(Defensor Público/CE – 2007 – CESPE) Sobre recursos e ações impugnativas, julgue os itens a seguir.

(1) Em caso de apelação interposta pelo defensor público, em processo afeto à competência do júri, com fundamento em injustiça no tocante à aplicação da pena, é vedado ao tribunal *ad quem*, dando provimento ao recurso, retificar a aplicação da pena.
(2) A revisão criminal pode ser requerida pelo próprio réu, em qualquer tempo, antes ou após a extinção da pena.
(3) Na revisão criminal, não será devida a justa indenização pelos prejuízos sofridos se o erro da condenação proceder de ato imputável ao próprio impetrante, como, por exemplo, a confissão.

1: prevalece na doutrina e na jurisprudência o entendimento segundo o qual o tribunal competente para o julgamento da ação revisional está credenciado, quando da análise de sentenças proferidas pelo Tribunal do Júri, a modificar a decisão dos jurados, exercendo, desse modo, um juízo rescisório. Neste caso, o direito à liberdade sobrepõe-se à soberania dos veredictos; **2:** a teor do art. 622, *caput*, do CPP, a ação revisional pode ser requerida a qualquer tempo, antes ou depois de extinta a pena, ainda que falecido o sentenciado; **3:** proposição correta, nos termos do art. 630, § 2º, *a*, do CPP.

Gabarito 1E, 2C, 3C

(Defensoria/MT – 2007) Julgando procedente a revisão criminal, nos termos do Código de Processo Penal, poderá o Tribunal de Justiça

(A) determinar que nova denúncia seja oferecida.
(B) alterar a classificação da infração.
(C) determinar que nova sentença seja prolatada.
(D) agravar a pena imposta.
(E) determinar o arquivamento do processo.

Art. 626, *caput*, do CPP.

Gabarito "B"

(Defensor Público/RO – 2007) Será cabível a revisão criminal quando:

(A) o caso for de perdão judicial
(B) a sentença criminal for injusta
(C) os recursos não tiverem sido utilizados
(D) a sentença criminal for contrária à evidência dos autos
(E) a prova concludente para a condenação não for constatada

Alternativa "D" está contemplada no art. 621, I, do CPP; as demais assertivas não encontram correspondência no art. 621 do CPP, que trata das hipóteses de cabimento da ação revisional.

Gabarito "D"

(Defensor Público/RO – 2007) Julgada procedente a revisão criminal, o Tribunal de Justiça poderá adotar o procedimento de:

(A) alterar a capitulação do ilícito
(B) determinar nova sentença
(C) ordenar nova denúncia
(D) majorar a condenação
(E) arquivar o feito

Art. 626 do CPP.

Gabarito "A"

(Defensoria/RN – 2006) De acordo com entendimento do Supremo Tribunal Federal cabe *habeas corpus* contra

(A) decisão em processo em que se apura infração penal a que a pena pecuniária seja a única cominada.
(B) decisão que impõe pena de perda de função pública.
(C) decisão em processo de extradição, em que o relator se omite quando a direito estrangeiro.
(D) decisão que impede de prestar fiança, nos casos em que a lei permite.

Art. 648, V, do CPP.

Gabarito "D"

19. Execução Penal

(Defensor Público/AM – 2013 – FCC) O regime disciplinar diferenciado

(A) não permite saída diária da cela.
(B) terá duração máxima de trezentos e sessenta dias, sem prejuízo de repetição da sanção por nova falta grave da mesma espécie, até o limite de um terço da pena aplicada.
(C) permite visitas semanais de duas pessoas, incluídas as crianças, com duração de duas horas.
(D) terá duração máxima de trezentos e sessenta dias, vedada a repetição da sanção por nova falta grave da mesma espécie, até o limite de um sexto da pena aplicada.
(E) pode ser imposto aos presos provisórios.

A: incorreta. É permitida aos presos que se encontram incluídos no regime disciplinar diferenciado a saída diária da cela por 2 horas para banho de sol (art. 52, IV, da LEP); **B:** incorreta. A duração máxima permitida para manutenção dos sentenciados no regime disciplinar diferenciado (RDD) é de 360 dias, sem prejuízo de repetição da sanção por nova falta grave da mesma espécie. Contudo, o limite é de um sexto da pena aplicada (art. 52, I, da LEP); **C:** incorreta. As crianças não são incluídas no limite de duas pessoas (art. 52, III, da LEP); **D:** incorreta. É permitida a repetição da sanção por nova falta grave da mesma espécie (art. 52, I, da LEP); **E:** correta. Há que se ressaltar que a imposição do regime disciplinar diferenciado pode atingir tanto condenados como presos provisórios, sejam eles nacionais ou estrangeiros, desde que apresentem alto risco para a ordem e a segurança do estabelecimento penal ou da sociedade (art. 52, § 1º, da LEP).

Gabarito "E"

(Defensor Público/AM – 2013 – FCC) Em relação à execução penal, é INCORRETO afirmar:

(A) A pena unificada para atender ao limite de trinta anos de cumprimento, determinado pelo artigo 75 do Código Penal, não é considerada para a concessão de outros benefícios, como o livramento condicional ou regime mais favorável de execução.
(B) Admite-se a progressão de regime de cumprimento da pena ou a aplicação imediata de regime menos severo nela determinada, antes do trânsito em julgado da sentença condenatória.
(C) Não impede a progressão de regime de execução da pena, fixada em sentença não transitada em julgado, o fato de o réu se encontrar em prisão especial.
(D) Admite-se o exame criminológico pelas peculiaridades do caso, desde que em decisão motivada.
(E) A falta grave interrompe o prazo para obtenção de livramento condicional.

A: correta. Em caso de unificação das penas impostas, o prazo de trinta anos de cumprimento não será considerado para a concessão de benefícios em sede de execução, tais como o livramento condicional e a progressão de regime prisional (Súmula nº 715 do STF); **B:** correta, pois representa entendimento firmado na Súmula nº 716 do STF; **C:** correta, pois em conformidade com o entendimento firmando na Súmula nº 717 do STF; **D:** correta, nos termos da Súmula nº 439 do STJ; **E:** incorreta. Por ausência de previsão legal, a falta grave não interrompe o prazo para a obtenção de livramento condicional (Súmula nº 441 do STJ). Esta é a assertiva a ser assinalada.

Gabarito "E"

(Defensor Público/TO – 2013 – CESPE) Assinale a opção correta no que concerne à remição penal, de acordo com a LEP.

(A) Os presos custodiados em decorrência do cumprimento de medida cautelar privativa de liberdade poderão remir, por trabalho ou por estudo, parte do tempo da execução provisória da pena.
(B) O sentenciado que sofrer acidente no trabalho e, consequentemente, ficar impossibilitado de prosseguir trabalhando e estudando continuará a se beneficiar com a remição apenas pelo trabalho.
(C) A remição, de acordo com preceito expresso na LEP, será declarada mensalmente pelo juiz da execução, com base nos registros do condenado acerca dos dias trabalhados e(ou) de estudo, ouvidos o MP e a defesa.
(D) A remição pelo trabalho e pelo estudo contempla os condenados que cumpram pena em regime fechado, semiaberto e aberto, não se estendendo aos que estejam em gozo de liberdade condicional.
(E) A LEP veda, de forma expressa, a cumulação de horas diárias de trabalho e de estudo para idêntica finalidade de remição, definindo, no mínimo, três dias por semana para estudo e o restante para o trabalho, de forma a se compatibilizarem.

A: correta. Os condenados que se encontrarem recolhidos em regime fechado ou semiaberto poderão remir parte do tempo de execução da pena por meio do trabalho ou estudo (art. 126, *caput*, da LEP); **B:** incorreta. Nos casos em que o preso ficar impossibilitado de prosseguir com o trabalho ou com os estudos, em razão de acidente, continuará a ser beneficiado com a remição (art. 126, § 4º, da LEP); **C:** incorreta. A autoridade administrativa tem o dever de encaminhar mensalmente ao juiz da execução cópia do registro de todos os condenados que estejam trabalhando ou estudando, com informação dos dias de trabalho ou das horas de frequência escolar ou de atividades de ensino. No entanto, não há previsão expressa de que a declaração da remição pelo juiz da execução deva ocorrer mensalmente (art. 129 da LEP); **D:** incorreta. Poderão remir parte do cumprimento da pena pelo trabalho ou pelo estudo os condenados que estejam no regime fechado ou semiaberto (art. 126, *caput*, da LEP). No entanto, também há previsão para remição da pena aos condenados que cumprem pena no regime aberto ou semiaberto ou, ainda, àqueles que estejam usufruindo de liberdade condicional, pela frequência a curso de ensino regular ou de educação profissional (art. 126, § 6º, da LEP), **E:** incorreta. A LEP não veda a cumulação, para fins de remição, de horas diárias de trabalho e de estudo. Ao contrário, estabelece que as condições para essa cumulação serão definidas de forma a se compatibilizarem (art. 126, § 3º, da LEP).

Gabarito "A"

(Defensor Público/TO – 2013 – CESPE) Assinale a opção correta de acordo com interpretação dos tribunais superiores a respeito da progressão de regime prisional.

(A) O tempo remido será computado como pena efetivamente cumprida, para todos os efeitos, salvo para progressão de regime e livramento condicional.

(B) A tentativa da prática de crime hediondo, reconhecida na sentença penal condenatória com trânsito em julgado, afasta os rigores da norma no que tange ao lapso temporal para a progressão de regime, visto que o *iter criminis* não foi integralmente percorrido e ausente previsão legal expressa acerca da forma tentada do crime, o que afasta o caráter hediondo do delito.

(C) A pena unificada, restrita ao limite de trinta anos de encarceramento, é considerada para definir a base de cálculo da progressão do regime prisional.

(D) No que se refere aos crimes hediondos, a progressão de regime prisional tem a peculiaridade do lapso temporal diferenciado, sendo necessário o cumprimento de dois quintos da pena, se o sentenciado for primário, e três quintos, se reincidente, além do exame criminológico como requisito indispensável à concessão da progressão de regime.

(E) A superveniência de nova condenação definitiva interrompe o lapso temporal para a concessão da progressão de regime, estabelecendo-se como data-base para o cálculo do novo benefício a data do trânsito em julgado da decisão condenatória.

A: incorreta. Não existe qualquer ressalva quanto a ser o tempo remido computado como pena cumprida para todos os efeitos (art. 128 da LEP); **B:** incorreta. A tentativa das condutas classificadas como falta grave será punida com a sanção correspondente à falta consumada (art. 49, parágrafo único, da LEP); **C:** incorreta. A pena unificada para atender ao limite de trinta anos de cumprimento, determinado pelo art. 75 do CP, não é considerada para a concessão de outros benefícios, como o livramento condicional ou regime mais favorável de execução (Súmula nº 715 do STF); **D:** incorreta. A progressão de regime, no caso dos condenados a crimes hediondos e os a ele equiparados, dar-se-á após o cumprimento de 2/5 (dois quintos) da pena, se o apenado for primário, e de 3/5 (três quintos), se reincidente (art. 2º, § 2º, da Lei 8.072/1990). Contudo, não há para a progressão de regime prisional a obrigatoriedade de realização de exame criminológico para aferição do mérito necessário à obtenção do benefício. A determinação de sua realização é facultativa (Súmula Vinculante nº 26 do STF); **E:** incorreta. Não é necessária para a imposição dos efeitos decorrentes das anotações de falta grave a prolação de sentença condenatória definitiva referente ao novo delito cometido pelo sentenciado, bastando que a prática de fato previsto como crime doloso seja reconhecida como tal em procedimento disciplinar (arts. 52 e 59 da LEP).

Gabarito "E"

(Defensor Público/TO – 2013 – CESPE) Com relação à regressão de regime prisional e às faltas disciplinares, assinale a opção correta com base no disposto na LEP e no entendimento dos tribunais superiores.

(A) A falta disciplinar de natureza grave cometida pelo executando acarreta o reinício do cômputo do interstício necessário ao preenchimento do requisito objetivo para a concessão do benefício da progressão de regime bem como a perda total do tempo remido.

(B) Segundo os princípios da estrita legalidade e da anterioridade, consideram-se faltas disciplinares, classificadas em leves, médias, graves e gravíssimas, apenas as que sejam previstas expressamente na LEP e que sejam anteriores à prática do fato.

(C) Admite-se a regressão de regime prisional, com a transferência para qualquer dos regimes mais rigorosos, quando o condenado frustrar os fins da execução ou não pagar a multa cumulativamente imposta.

(D) Considera-se falta média a inobservância, pelo condenado à pena privativa de liberdade, do dever de obediência ao servidor e do respeito a qualquer pessoa com quem se relacione no ambiente prisional, bem como do dever de cumprir as ordens recebidas.

(E) A autoridade administrativa é detentora do poder disciplinar exercido sobre o preso na execução das penas restritivas de direitos, podendo, em caso de falta grave do sentenciado, suspender-lhe automaticamente o direito às saídas temporárias e decidir pela regressão de regime, ouvido previamente o condenado.

A: incorreta. A anotação de falta grave no prontuário do sentenciado realmente tem o condão de reiniciar o cômputo do prazo necessário à obtenção da progressão. No entanto, a perda de dias remidos em razão da falta grave deve se limitar a 1/3 (art. 127 da LEP); **B:** incorreta. As faltas disciplinares leves e médias serão especificadas em legislação local (art. 49, *caput*, da LEP). As faltas graves, por sua vez, é que estão previstas no art. 50 da LEP; **C:** correta. Art. 118, § 1º, *in fine*, da LEP; **D:** incorreta. A inobservância dos deveres de obediência ao servidor e respeito a qualquer pessoa com quem deva relacionar-se, bem como a execução do trabalho, das tarefas e das ordens recebidas configuram falta grave, nos termos do art. 50, VI, da LEP; **E:** incorreta Na execução das penas restritivas de direitos, o poder disciplinar será exercido pela autoridade administrativa a que estiver sujeito o condenado. Contudo, nas hipóteses de falta grave, representará ao juiz da execução para os fins dos arts. 118, I, 125, 127 e 181, §§ 1º, *d*, e 2º, da LEP (art. 48).

Gabarito "C"

(Defensor Público/TO – 2013 – CESPE) Assinale a opção correta em relação ao livramento condicional.

(A) De acordo com a jurisprudência consolidada nos tribunais superiores, expirado o período de prova do livramento condicional sem suspensão ou prorrogação do benefício, a pena é automaticamente extinta.

(B) Ao sentenciado reincidente por crime doloso cometido com violência ou grave ameaça à pessoa é vedada a concessão do livramento condicional.

(C) Em caso de revogação do livramento condicional motivada pela prática de infração penal anterior ou posterior ao benefício ou, ainda, por qualquer outro motivo anterior à vigência do livramento, será computado como tempo de cumprimento da pena o período de prova, sendo permitida, para a concessão de novo livramento, a soma do tempo das duas penas.

(D) Caso um condenado pratique novo delito durante o período de prova do livramento condicional, haverá prorrogação automática do período de prova estabelecido pelo juiz, independentemente de novo pronunciamento judicial, até o trânsito em julgado da decisão acerca do crime subsequente.

(E) Tratando-se de crimes hediondos, o livramento condicional está condicionado ao requisito objetivo de cumprimento mínimo de dois quintos da pena, se o apenado for primário, e de três quintos, se reincidente, vedando-se a concessão do benefício em caso de reincidência específica.

A: correta. Conferir: "Expirado o prazo do livramento condicional sem suspensão ou prorrogação (art. 90 do CP), a pena é automaticamente extinta (...)" (STJ, RHC 27578/RJ, 5ª T., j. 29.04.2010, rel. Min. Felix Fischer, *DJe* 14.06.2010); **B:** incorreta. É admitida a concessão de livramento condicional ao condenado por crime doloso, cometido com violência ou grave ameaça à pessoa, ficando a sua concessão subordinada à constatação de condições pessoais que façam presumir que o liberado não voltará a delinquir (art. 83, parágrafo único, do CP); **C:** incorreta. Se a revogação do livramento condicional for motivada por infração penal anterior à vigência do livramento, computar-se-á como tempo de cumprimento da pena o período de prova (art. 141 da LEP). No entanto, se a revogação se der por outro motivo, não será computado na pena o tempo em que o sentenciado esteve solto ou liberado, e tampouco se concederá, em relação à mesma pena, novo livramento (art. 142 da LEP); **D:** incorreta. Praticada pelo liberado outra infração penal, o juiz poderá ordenar a sua prisão, ouvidos o Conselho Penitenciário e o Ministério Público, suspendendo o curso do livramento condicional, cuja revogação, entretanto, dependerá da decisão final (art. 145 da LEP); **E:** incorreta. Para os condenados por crime hediondo ou a ele equiparado, exige-se o cumprimento de mais de dois terços da pena para a obtenção de livramento condicional e que o apenado não seja reincidente específico em crimes dessa natureza (art. 83, V, do CP).

Gabarito "A"

(Defensor Público/AC – 2012 – CESPE) Em janeiro de 2012, um preso formulou pleito de indulto pleno com base em decreto presidencial datado de dezembro de 2011, por meio do qual foram concedidos indulto e comutação aos condenados do sistema penitenciário brasileiro. Após a oitiva do Conselho Penitenciário, do MP e da DP, nomeada para a defesa do condenado, o juiz indeferiu o pleito.

Nessa situação hipotética, deverá o DP interpor recurso

(A) de apelação, consoante artigo do CPP.

(B) de agravo de instrumento.

(C) em sentido estrito, consoante o que dispõe artigo do CPP.

(D) inominado, por não haver, na Lei de Execução Penal, previsão expressa de recurso para o caso em apreço.

(E) de agravo, conforme o disposto na Lei de Execução Penal.

Assim dispõe o art. 197 da LEP: "as decisões proferidas pelo Juiz caberá recurso de agravo, sem efeito suspensivo".

Gabarito "E"

(Defensor Público/AC – 2012 – CESPE) Consoante a Lei n. 7.210/1984, a autorização para a saída temporária poderá ser concedida

(A) pelo diretor do presídio aos presos que, cumprindo pena em regime semiaberto, necessitem de tratamento médico.
(B) pelo juiz da vara de execuções penais aos presos que cumpram pena em regime fechado, para tratamento médico próprio ou em caso de falecimento ou doença grave de cônjuge, companheira, ascendente, descendente ou irmão.
(C) pelo juiz da vara de execuções penais aos presos que cumpram pena em regime fechado, para visitas à família, frequência a cursos de instrução e participação em atividades que concorram para o seu retorno ao convívio social.
(D) pelo diretor do presídio aos presos que cumpram pena em regime fechado, na ocorrência de falecimento ou doença grave de cônjuge, companheira, ascendente, descendente ou irmão.
(E) pelo juiz da vara de execuções penais aos presos que cumpram pena em regime semiaberto, para visitas à família, frequência a cursos de instrução e participação em atividades que concorram para o seu retorno ao convívio social.

Segundo estabelece o art. 123 da Lei de Execução Penal, somente ao juiz é dado conceder autorização para saída temporária.

Gabarito "E"

(Defensor Público/AC – 2012 – CESPE) José, que cumpria pena por estelionato em regime semiaberto, com direito à prestação de trabalho externo, cometeu crime de roubo ao deixar seu local de trabalho. Preso em flagrante, após ter sido alvejado por disparos de arma de fogo durante tentativa de fuga, José foi denunciado pelo crime de roubo. Recebida a denúncia, o oficial de justiça dirigiu-se ao hospital para proceder à citação do réu, quando constatou que o réu se tornara inimputável por lesão decorrente dos disparos, não tendo, portanto, condições de receber a citação.

Nessa situação hipotética,

(A) além da substituição da pena imposta a José pelo crime de estelionato por medida de segurança, deve o juiz determinar o prosseguimento do processo de conhecimento do crime de roubo e nomear curador ao réu, visto que, no momento da prática do delito, ele era imputável.
(B) deve o juiz nomear curador a José e determinar o prosseguimento do processo, visto que, no momento da prática de ambos os delitos (estelionato e roubo), ele era imputável.
(C) deve o juiz executar a pena prevista para o crime de estelionato, uma vez que, no momento da prática desse delito, José era imputável; deve, ainda, o juiz dar prosseguimento ao processo de conhecimento do crime de roubo e nomear curador a José, a fim de lhe ser aplicada medida de segurança.
(D) deve o juiz substituir a pena decorrente do crime de estelionato por medida de segurança e suspender o processo de conhecimento do crime de roubo.
(E) dada a inimputabilidade de José, a pena a ele imposta pelo crime de estelionato e a relativa ao crime de roubo devem ser substituídas por medida de segurança, conforme determina a Lei de Execução Penal.

Há que se distinguir, aqui, duas situações. Em se tratando de doença mental de caráter transitório, com perspectiva, portanto, de cura, não há por que converter a pena privativa de liberdade em medida de segurança. Aplica-se, aqui, o art. 41 do CP, que estabelece que o sentenciado será transferido para hospital de custódia e tratamento e ali permanecerá até o seu restabelecimento. De outro lado, se se tratar de doença mental de caráter permanente, que parece ser o caso narrado no enunciado, deverá o juiz, em obediência ao que estabelece o art. 183 da LEP, converter a pena privativa de liberdade em medida de segurança, já que não existe, ao menos naquele momento, perspectiva de melhora da saúde mental do condenado. Quanto ao processo de conhecimento relativo ao crime de roubo, impõe-se seja o mesmo suspenso, nos termos do art. 152 do CPP.

Gabarito "D"

(Defensor Público/PR – 2012 – FCC) Hermes, réu primário, é processado e condenado pelo crime previsto no art. 33, *caput,* da Lei n. 11.343/2006 à pena de 5 (cinco) anos de reclusão, em regime fechado, por fato praticado em 21.11.2008 e, em outro processo, pelo crime do art. 157, § 2º, I do Código Penal, à pena de 6 (seis) anos de reclusão, em regime fechado, por fato praticado em 29.03.2007. O trânsito em julgado de ambas as condenações ocorreu em 20.04.2011. A família do preso procura a Defensoria Pública e informa que Hermes foi capturado em 22.04.2012 para início do cumprimento de pena e gostaria de informações acerca dos prazos para progressão de regime. Neste caso, a progressão de regime

(A) ocorrerá após o cumprimento de 1/6 da pena unificada das duas condenações.
(B) observará o prazo de 2/5 do cumprimento da pena do crime de tráfico de drogas e o cumprimento de 1/6 da pena do crime de roubo, adotando-se o cálculo diferenciado.
(C) ocorrerá após o cumprimento de 2/5 da pena unificada das duas condenações.
(D) observará o prazo de 1/3 do cumprimento da pena unificada.
(E) observará o prazo de 1/6 do cumprimento da pena do crime de tráfico de drogas e o cumprimento de 2/5 da pena do crime de roubo, adotando-se o cálculo diferenciado.

Pelo crime de roubo majorado, Hermes, para progredir ao regime mais favorável, o semiaberto, deverá cumprir 1/6 da pena imposta na sentença, na forma estatuída no art. 112 da LEP; pelo crime de tráfico de drogas a progressão dar-se-á depois de cumpridos 2/5 da pena aplicada. Isso porque se trata de réu primário; se reincidente fosse, a progressão para o regime semiaberto somente seria possível depois do cumprimento de 3/5 da reprimenda imposta. É o que estabelece o art. 2º, § 2º, da Lei 8.072/1990 (Crimes Hediondos). Atenção: se o crime de tráfico de drogas, que é equiparado a hediondo, tivesse sido praticado antes da entrada em vigor da Lei 11.464/2007, que alterou, na Lei de Crimes Hediondos, a disciplina relativa à progressão de pena nos crimes hediondos e assemelhados, a progressão, neste caso, deveria obedecer à disciplina do art. 112 da LEP, que impõe, como condição para progressão de regime, o cumprimento de um sexto da pena no regime anterior, além de bom comportamento carcerário. É este o entendimento firmado na Súmula n. 471 do STJ.

Gabarito "B"

(Defensor Público/SE – 2012 – CESPE) O acórdão que condenou Valdemar à pena de seis anos de reclusão, em regime fechado, por ter praticado o crime de roubo, transitou em julgado. Iniciada a execução penal, o condenado passou a frequentar curso de ensino formal e, cumprido mais de um terço da pena, o defensor de Valdemar requereu a progressão da pena para o regime aberto. O juiz da execução penal indeferiu o pedido e, diante das peculiaridades do caso, determinou a realização de exame criminológico. Posteriormente, cumprida mais da metade da pena, foi requerida a concessão do livramento condicional de Valdemar. O pedido foi indeferido, sob o fundamento de que o condenado teria praticado falta grave durante o cumprimento da pena, o que interromperia o lapso temporal necessário ao livramento condicional.

Considerando o caso acima relatado, assinale a opção correta a respeito da execução penal.

(A) Não poderia o juiz da execução penal de Valdemar ter determinado a realização de exame criminológico, em razão da revogação, pela Lei n. 10.792/2003, da exigência da submissão do condenado a esse exame para o deferimento de benefícios como o da progressão de regime e o do livramento condicional.
(B) A frequência a curso de ensino formal não permite que Valdemar possa utilizá-la para remir parte do tempo de execução de pena.
(C) O cometimento de falta grave durante o cumprimento da pena interrompe o lapso temporal necessário ao livramento condicional.
(D) O pedido deduzido pelo defensor foi corretamente indeferido, na medida em que o STJ não admite a denominada progressão *per saltum*, ou seja, a transferência direta do regime fechado para o aberto.
(E) Contra a decisão que indeferiu o pedido de progressão de regime, é cabível recurso em sentido estrito.

A: incorreta. A despeito da modificação implementada pela Lei 10.792/2003 no art. 112 da LEP, o STJ e o STF têm entendido que o magistrado pode, sempre que entender necessário e conveniente, determinar a realização de exame criminológico no condenado, como condição para aferir se preenche o requisito subjetivo para progressão de regime. Em outras palavras, não está o juiz impedido de determinar tal providência. Vide Súmula Vinculante 26 e Súmula n. 439 do STJ; **B:** incorreta. Uma das grandes inovações trazidas pela Lei 12.433/2011 consiste na *remição pelo estudo*, tema que, a despeito de estar reconhecido na Súmula 341 do STJ, reclamava uma legislação que lhe desse parâmetro para viabilizar sua aplicação. E ela veio com a Lei 12.433/2011, que inseriu tal possibilidade no art. 126 da LEP; **C:** incorreta, pois não corresponde ao entendimento firmado na Súmula n. 441 do STJ; **D:** correta, pois reflete o entendimento firmado na Súmula n. 491 do STJ; **E:** incorreta, pois, neste caso, o recurso a ser interposto é o agravo em execução, cuja previsão está contida no art. 197 da LEP.

Gabarito "D"

(Defensor Público/SP – 2012 – FCC) Considere as assertivas abaixo:

I. Os condenados que cumprem pena em regime fechado ou semiaberto e os presos provisórios podem obter, do diretor do presídio, permissão de saída, mediante escolta, nas hipóteses elencadas na LEP.

II. Se o sentenciado receber nova condenação por outro crime, após o início de cumprimento de pena por condenação anterior, o regime prisional de cumprimento será obrigatoriamente determinado pelo resultado da soma das penas, visto que a individualização da pena é tarefa que se impõe ao juiz do processo de conhecimento.

III. Recente alteração legislativa alçou a Defensoria Pública à condição de órgão da execução penal, mas não incumbiu à instituição a visita aos estabelecimentos prisionais, senão como faculdade do defensor público.

IV. A partir da edição da Lei n. 10.792/2003, foi proibida a realização do exame criminológico, à vista da constatação de que a providência constituía um dos grandes fatores responsáveis pela morosidade na apreciação do pedido de benefícios em sede de execução penal.

V. A LEP não prevê como condição para o exercício do trabalho no regime semiaberto o prévio cadastramento do empregador no órgão gestor do sistema penitenciário estadual.

Está correto APENAS o que se afirma em

(A) **I e II.**
(B) I e V.
(C) II e IV.
(D) III e V.
(E) I, III e V.

I: correta, pois corresponde à norma contida no art. 120, caput, da LEP; **II:** incorreta, pois não reflete o disposto no art. 111, parágrafo único, da LEP: "Sobrevindo condenação no curso da execução, somar-se-á a pena ao restante da que está sendo cumprida, para determinação do regime"; **III:** incorreta, pois não reflete o disposto no art. 81-B, parágrafo único, da LEP, inserido pela Lei 12.313/2010, que prevê: "O órgão da Defensoria Pública visitará periodicamente os estabelecimentos penais, registrando a sua presença em livro próprio"; **IV:** incorreta. A despeito da modificação implementada pela Lei 10.792/2003 no art. 112 da LEP, o STJ e o STF têm entendido que o magistrado pode, sempre que entender necessário e conveniente, determinar a realização de exame criminológico no condenado, como condição para aferir se preenche o requisito subjetivo para progressão de regime. Em outras palavras, não está o juiz impedido de determinar tal providência. Vide Súmula Vinculante 26 e Súmula n. 439 do STJ; **V:** correta. Exigência não contemplada na LEP.

Gabarito "B"

(Defensor Público/RS – 2011 – FCC) De acordo com a Lei de Execução Penal, incumbe à Defensoria Pública requerer a detração e a remição da pena. A respeito desses dois institutos é correto afirmar:

(A) O preso impossibilitado de prosseguir no trabalho, por acidente, continuará a beneficiar-se com a remição.
(B) Pelo instituto da remição, o período de prisão provisória por fato que resultou a condenação executada deve ser considerado no cômputo do cumprimento da pena imposta pela sentença.
(C) A detração consiste na possibilidade de o apenado diminuir parte do tempo de execução da pena pelo trabalho, sendo que a contagem do tempo para tal fim será feita à razão de 1 (um) dia de pena por 3 (três) de trabalho.
(D) O tempo remido não é computado para a concessão do indulto, somente para o deferimento do livramento condicional.
(E) O condenado que for punido por falta grave perderá o direito ao tempo detraído, começando o novo período a partir da data da infração disciplinar.

A: correta, nos termos do art. 126, § 4º, da Lei 7.210/84 (inserido pela Lei 12.433/11); **B:** a assertiva está incorreta, já que contém o conceito do instituto denominado *detração*, presente no art. 42 do CP; **C:** assertiva incorreta, pois traz o conceito de *remição* – art. 126 da LEP; **D:** com a nova redação dada ao art. 128 da LEP pela Lei 12.433/11, consolida-se o entendimento segundo o qual o tempo remido deve ser computado como pena cumprida, para todos os efeitos; **E:** o cometimento de falta grave no curso da execução da pena não tem relação com a detração, e sim com a remição. Assim, em vista da nova redação conferida ao art. 127 da Lei 7.210/84, o cometimento de falta grave acarretará a revogação, pelo juiz, de até um terço do tempo remido. Antes, estava credenciado o magistrado a revogar os dias remidos na sua totalidade, amparado pelo posicionamento firmado pelo STF na Súmula Vinculante nº 9.

Gabarito "A"

(Defensor Público/RS – 2011 – FCC) O Defensor Público, na data de 15 de junho de 2010, ao atender os apenados da Casa do Albergado de um Município do interior do Estado do Rio Grande do Sul, deparou-se com a situação de um preso que está recolhido no regime aberto e conta com 73 anos de idade, em bom estado de saúde física, mas, apresentando quadro de senilidade leve. Após analisar os dados constantes da Guia de Recolhimento atualizada do reeducando, o Defensor Público apurou que o preso está condenado por crime de latrocínio (art. 157, § 3º, parte final, do Código Penal), praticado há mais de dez anos, enquadrando-se como reincidente, pois já havia sido condenado por outro latrocínio, anteriormente. Verificou, também, que computada a remição de pena deferida, o reeducando já teria cumprido mais de dois terços do apenamento total imposto. Considerando os referidos dados, a Defensoria Pública do Estado poderia postular ao Juízo da Execução Criminal

(A) o livramento condicional.
(B) a progressão de regime.
(C) a comutação de pena, com fundamento nas disposições do Decreto nº 7.046, de 22 de dezembro de 2009.
(D) o indulto de natal, com fundamento nas disposições do Decreto nº 7.046, de 22 de dezembro de 2009.
(E) a prisão domiciliar.

O art. 117 da LEP traz as hipóteses em que é admitida a inserção do reeducando que se encontra no regime aberto em prisão albergue domiciliar, entre as quais está o condenado maior de 70 anos, independente de encontrar-se ou não enfermo.

Gabarito "E"

(Defensor Público/RS – 2011 – FCC) Nos termos do entendimento jurisprudencial consolidado no Superior Tribunal de Justiça, a progressão de regime de apenado reincidente específico, condenado por crime equiparado a hediondo (art. 12 da Lei nº 6.368/76) praticado no ano de 2006, dar-se-á após o cumprimento no regime anterior (requisito objetivo) de qual prazo?

(A) 1/6 (um sexto) da pena.
(B) 1/3 (um terço) da pena.
(C) 2/5 (dois quintos) da pena.
(D) 3/5 (três quintos) da pena.
(E) 2/3 (dois terços) da pena.

Súmula nº 471 do STJ: "Os condenados por crimes hediondos ou assemelhados cometidos antes da vigência da Lei 11.464/2007 sujeitam-se ao disposto no art. 112 da Lei 7.210/84 (Lei de Execução Penal) para a progressão de regime prisional".

Gabarito "A"

(Defensor Público/RS – 2011 – FCC) Nos termos do art. 146-B da Lei de Execução Penal, o juiz poderá definir a fiscalização por meio da monitoração eletrônica quando:

I. aplicar pena restritiva de liberdade a ser cumprida nos regimes aberto ou semiaberto, ou conceder progressão para tais regimes;
II. autorizar a saída temporária no regime semiaberto;
III. aplicar pena restritiva de direitos que estabeleça limitação de horários ou de frequência a determinados lugares;
IV. determinar a prisão domiciliar;
V. conceder o livramento condicional ou a suspensão condicional da pena.

Considerando exclusivamente as disposições da Lei de Execução Penal, estão corretas APENAS as hipóteses

(A) I, II e III.
(B) III, IV e V.
(C) III e IV.
(D) II e IV.
(E) I e V.

As assertivas correspondentes aos incisos II e IV estão contempladas no art. 146-B da LEP; as demais, embora tenham feito parte do projeto de lei, foram objeto de veto pelo Executivo quando da edição da Lei 12.258/10.

Gabarito "D"

(Defensoria/SP – 2009 – FCC) Serafim, em virtude de dois meses de trabalho em presídio, teve declarados remidos trinta dias de pena. Manuel, em virtude de quatro anos de trabalho em presídio, teve declarados remidos novecentos dias de pena. Os dois praticaram, na mesma data, falta disciplinar de natureza grave apurada em sindicância, reconhecidas em juízo a legalidade do procedimento administrativo e a tipicidade do fato. Considerando que o art. 127 da Lei de Execução Penal afirma que o condenado que for punido por falta grave perderá o direito ao tempo remido, assinale a alternativa correta.

(A) Há súmula do STF reconhecendo que o art. 127 da Lei de Execução Penal, embora não seja inconstitucional, é desproporcional e, portanto, devem ser declarados perdidos apenas os dias remidos em razão do período trabalhado durante o ano em que a falta foi praticada.
(B) O art. 127 da Lei de Execução Penal é considerado pela jurisprudência majoritária evidentemente inconstitucional, já que fere os princípios da segurança jurídica e da proporcionalidade e, portanto, só podem ser declarados perdidos, em virtude de prática de falta grave, trinta dias de remição.
(C) Há súmula do STF reconhecendo que o art. 127 da Lei de Execução Penal é inconstitucional, por ser a remição instituto de extinção da pena, através do qual o condenado faz com que o trabalho se substitua à privação de liberdade; não se tratando, pois, de benefício, mas, sim, de contraprestação, fruto de opção pos
(D) A jurisprudência majoritária é no sentido de que o art. 127 da Lei de Execução Penal é inconstitucional porque é fruto de ultrapassado ideal de ressocialização disciplinadora e correicionalista; pretende fazer do trabalho penal e da remição um instrumento de adestramento forçado, quando a execução hoje está desprovida de tratamento coativo e, consequentemente, não podem ser declarados perdidos os dias remidos antes da prática da falta.
(E) Há súmula do STF reconhecendo que o art. 127 da Lei de Execução Penal não é inconstitucional e, portanto, todos os dias de pena remidos pelos dois presos devem ser declarados perdidos.

A assertiva se refere à Súmula Vinculante nº 9. No entanto, em vista da nova redação conferida ao art. 127 da Lei 7.210/84, o cometimento de falta grave acarretará, a partir de agora, a revogação, pelo juiz, de até um terço do tempo remido. Antes, podia o magistrado revogar os dias remidos na sua totalidade, amparado que estava pelo posicionamento firmado pelo STF na Súmula Vinculante nº 9.

Gabarito "E"

(Defensoria Pública da União – 2007 – CESPE) Julgue os itens seguintes.

(1) As hipóteses de saídas, reguladas pela Lei de Execução Penal, são hipóteses taxativas e serão autorizadas pelo diretor do estabelecimento, somente aos presos definitivos em regime fechado.
(2) De acordo com a Lei de Execução Penal e a jurisprudência do STJ e STF, o condenado punido por falta grave sofre a perda da integralidade dos dias remidos.

1: art. 120 da LEP; **2:** atualmente, tendo em conta as modificações implementadas na redação do art. 127 da LEP, o juiz poderá revogar até um terço do tempo remido.

Gabarito 1E, 2C

(Defensor Público/CE – 2007 – CESPE) Em cada um dos itens seguintes, é apresentada uma situação hipotética, seguida de uma assertiva a ser julgada com base na Lei de Execuções Penais.

(1) Geraldo foi condenado, definitivamente, pela prática de crime de roubo, a cinco anos e quatro meses de reclusão, em regime semiaberto, e a 120 dias-multa. Após o cumprimento de um sexto da pena, e devido ao comportamento adequado, Geraldo obteve autorização judicial para frequentar curso supletivo profissionalizante. No entanto, alguns dias depois, o promotor denunciou-o por crime de estupro contra Laís, que teria sido praticado em uma de suas saídas. Até esse momento, a única prova contra Geraldo era a palavra da vítima. Nessa situação, somente após decisão condenatória definitiva pela prática de estupro, Geraldo perderia o benefício da saída temporária, devido ao princípio da presunção de não culpabilidade.
(2) Bernardo, condenado definitivamente pela prática de crimes de furto simples em continuidade delitiva a uma pena de quatro anos e oito meses de reclusão em regime semiaberto, além da pena de multa, vinha desenvolvendo trabalho interno na penitenciária, o que possibilitaria a remição de parte do tempo de execução da pena. No entanto, sofreu acidente de trabalho, ficando impossibilitado de prosseguir exercendo a atividade laborativa. Nessa situação, Bernardo continuará a se beneficiar com a remição.

1: o art. 125, *caput*, da Lei 7.210/84 (Lei de Execuções Penais) reza que o benefício será revogado na hipótese de o condenado praticar fato definido como crime doloso. A redação do dispositivo, como é possível notar, deixa claro que é desnecessário o trânsito em julgado; **2:** correta, nos termos do art. 126, § 4º, da Lei 7.210/84 (inserido pela Lei 12.433/11).

Gabarito 1E, 2C

(Defensoria/RN – 2006) A Lei 7.210/84, Lei de Execuções Penais

(A) não especifica as faltas disciplinares leves e médias, as quais competem à norma local.
(B) estabelece o regime disciplinar diferenciado que implica recolhimento em cela individual, com duração máxima de trezentos dias.
(C) determina que os presos provisórios não podem ser submetidos ao regime disciplinar diferenciado.
(D) estabelece que o preso poderá ser levado ao isolamento preventivo por até trinta dias.

A: art. 49 da LEP; **B:** art. 52, I, da LEP; **C:** art. 52, § 1º, da LEP; **D:** art. 58 da LEP.

Gabarito "A"

20. Legislação Extravagante

(Defensor Público/AM – 2013 – FCC) De acordo com a Lei nº 11.343/2006,

(A) o perito que subscrever o laudo de constatação da natureza e quantidade da droga, em razão da prisão em flagrante, ficará impedido de participar da elaboração do laudo definitivo.
(B) em qualquer fase da persecução criminal relativa aos crimes previstos nesta lei, é permitida, em razão da urgência e por isso independentemente de autorização judicial, a infiltração por agentes de polícia, em tarefas de investigação, constituída pelos órgãos especializados pertinentes.
(C) os crimes previstos no artigo 33 desta lei são suscetíveis de liberdade provisória, de acordo com recente orientação do Supremo Tribunal Federal.
(D) o pedido de restituição de bem apreendido em razão da prática de crime previsto nesta lei será conhecido independentemente do comparecimento pessoal do acusado.
(E) o indiciado ou acusado que colaborar voluntariamente com a investigação policial e o processo criminal na identificação dos demais coautores ou partícipes do crime e na recuperação total ou parcial do produto do crime, no caso de condenação, terá pena reduzida de um terço a metade.

A: incorreta. Segundo a disciplina estabelecida no art. 50, § 2º, da Lei 11.343/2006 (Lei de Drogas), não ficará impedido de participar da elaboração do laudo definitivo o perito que subscrever o laudo de constatação de natureza e quantidade da droga apreendida por ocasião da lavratura do auto de prisão em flagrante. Assertiva, portanto, incorreta;

B: incorreta. Os procedimentos previstos no art. 53 da Lei 11.343/2006, entre os quais a infiltração por agentes de polícia, somente poderão ser determinados por ordem fundamentada do juiz de direito, ouvido o Ministério Público; **C:** correta. O Pleno do STF, em controle difuso, reconheceu a inconstitucionalidade da parte do art. 44 da Lei de Drogas que proibia a concessão de liberdade provisória nos crimes de tráfico (HC 104.339/SP, Pleno, j. 10.05.2012, rel. Min. Gilmar Mendes, *DJe* 06.12.2012). Atualmente, portanto, é tão somente vedada a concessão de liberdade provisória com fiança ao crime de tráfico; **D:** incorreta, pois contraria o disposto no art. 60, § 3º, da Lei de Drogas; **E:** incorreta, pois o delator, a teor do que estabelece o art. 41 da Lei de Drogas, fará jus, se condenado, à redução da ordem de um a dois terços, e não de um terço até metade.

Gabarito "C"

(Defensor Público/AC – 2012 – CESPE) Joana rompeu o relacionamento amoroso que mantivera com José por aproximadamente seis meses. Inconformado com a separação e com as recusas de Joana em reatar o namoro, José passou a ameaçá-la por telefone, dizendo que a mataria se a encontrasse com outro e, em seguida, cometeria suicídio. Sentindo-se intimidada pelo ex-namorado, Joana comunicou o fato à autoridade policial, que instaurou inquérito para apurar o crime de ameaça. Inquirido, José negou a prática do delito. Não conseguindo obter provas do crime, a autoridade policial pleiteou, então, ao Poder Judiciário a interceptação das comunicações telefônicas mantidas entre Joana e José.

Nessa situação hipotética, admitindo-se que o MP oficie favoravelmente ao pleito, deve o juiz

(A) indeferi-lo, visto que não se admite a interceptação de comunicações telefônicas para prova do fato investigado.
(B) indeferi-lo, por não haver indícios razoáveis de autoria, restando tão somente a palavra de uma das partes contra a outra.
(C) deferi-lo, dada a existência de indícios razoáveis de autoria.
(D) deferi-lo, a contrário senso, por inexistir outro meio de obtenção de prova do crime.
(E) indeferi-lo, dada a possibilidade de aplicar a José as medidas protetivas de urgência previstas na Lei Maria da Penha.

Impõe-se ao magistrado o indeferimento do pleito formulado pelo delegado de polícia, na medida em que o crime de ameaça prevê pena de detenção, e o art. 2º, III, da Lei 9.296/1996 não admite interceptação telefônica se o fato constituir infração penal punida, no máximo, com detenção.

Gabarito "A"

(Defensor Público/GO – 2010 – I. Cidades) Mário da Pedra foi denunciado pelo crime de tráfico de drogas perante a Justiça Estadual. Conforme o procedimento ditado na Lei n.11.343/06, o juiz deverá

(A) receber a denúncia, se presentes os requisitos legais, e determinar a citação do réu para oferecimento de resposta à acusação, no prazo de 10 dias.
(B) sem receber a denúncia, determinar a notificação do denunciado para oferecer resposta no prazo de 10 dias.
(C) designar data para a audiência de instrução e julgamento, oportunidade em que será, se presentes os requisitos legais, recebida a denúncia.
(D) determinar a citação do réu para oferecer resposta à acusação no prazo de 15 dias, após o que receberá ou não a denúncia.
(E) determinar a notificação do denunciado para oferecer resposta no prazo de 5 dias, antes do recebimento da denúncia.

Art. 55, caput, da Lei 11.343/06.

Gabarito "B"

(Defensoria/MT – 2009 – FCC) Nos crimes de tráfico de entorpecentes, oferecida a denúncia, o juiz

(A) receberá a denúncia e designará data para interrogatório do réu, após o qual passará a correr o prazo de 3 dias para defesa prévia.
(B) receberá a denúncia e ordenará a citação do réu para apresentar defesa prévia no prazo de 3 dias.
(C) designará data para interrogatório do réu, após o qual decidirá pelo recebimento ou rejeição da denúncia.
(D) ordenará a citação do réu para apresentar defesa prévia no prazo de 3 dias, após a qual decidirá pelo recebimento ou rejeição da denúncia.
(E) ordenará a notificação do acusado para oferecer defesa prévia, por escrito, no prazo de 10 dias.

Art. 55, *caput*, da Lei 11.343/06.

Gabarito "E"

(Defensoria/SP – 2007 – FCC) Sobre a Lei nº 11.340/06 (Lei Maria da Penha), que criou mecanismos para coibir e prevenir a violência doméstica e familiar contra a mulher, é correto afirmar:

(A) A prisão preventiva do acusado passou a ser obrigatória, com a inclusão do inciso IV ao artigo 313 do Código de Processo Penal, que estabelece as hipóteses em que se admite a sua decretação.
(B) Diversas medidas cautelares foram previstas, sob a denominação de "medidas protetivas de urgência que obrigam o agressor", permitindo ao magistrado a utilização imediata de instrumentos cíveis e penais contra o acusado, alternativa ou cumulativamente.
(C) O juiz competente para apuração do delito praticado contra a mulher deverá, quando for o caso, oficiar imediatamente ao juízo cível para a adoção de medidas consideradas urgentes, como a separação de corpos e a prestação de alimentos provisionais ou provisórios.
(D) As medidas restritivas de direito previstas na lei, como a proibição de frequentar determinados lugares, têm caráter de pena e, portanto, só podem ser aplicadas pelo juiz ao final do procedimento.
(E) A defensoria pública, quando não estiver patrocinando a defesa do acusado, poderá atender a ofendida.

Art. 22 da Lei 11.340/06.

Gabarito "B"

(Defensoria/SP – 2007 – FCC) Entre as inovações do procedimento adotado pela nova lei de drogas (Lei nº 11.343/06), pode-se destacar:

(A) a impossibilidade de prisão provisória para o agente que pratique o delito para consumo pessoal (art. 28 da lei), exceto na hipótese de não comparecimento perante a autoridade judicial.
(B) a possibilidade de infiltração de agentes de polícia, em tarefas de investigação, objetivando o desmantelamento de organizações criminosas voltadas ao tráfico ilícito de substâncias entorpecentes, com ratificação, *a posteriori*, pela autoridade judicial.
(C) a manifestação da defesa técnica anterior ao recebimento da denúncia, oportunidade em que deverá especificar as provas que pretende produzir e arrolar até cinco testemunhas.
(D) a não obrigatoriedade da prisão para apelar, assegurando ao juiz a possibilidade de, em cada caso, decidir fundamentadamente.
(E) o registro, por estenotipia ou por mecanismo audiovisual, das sustentações orais feitas pelo promotor de justiça e pelo defensor, visando à preservação dos argumentos utilizados, para fins de controle da decisão judicial e eventual interposição recursal.

Art. 55, § 1º, da Lei 11.343/06.

Gabarito "C"

(Defensoria Pública da União – 2007 – CESPE) Julgue o item seguinte.

(1) Para fundamentação de pedido anteriormente deferido, de que se prorrogue a interceptação de conversas telefônicas, a lei exige a transcrição total dessas conversas, sem a qual não se pode comprovar que é necessária a continuidade das investigações.

O art. 5º da Lei 9.296/96 não exige, como condição à prorrogação da interceptação de conversas telefônicas, a transcrição dos diálogos obtidos. Exige-se, isso sim, que a decisão que determinar a prorrogação seja devidamente fundamentada, sob pena de invalidar a prova obtida.

Gabarito "E"

21. Temas Combinados e Outros Temas

(Defensor Público/AM – 2013 – FCC) De acordo com entendimento sumulado,

(A) cabe *habeas corpus* ainda quando extinta a pena privativa de liberdade.
(B) reunidos os pressupostos legais permissivos da suspensão condicional do processo, mas se recusando o Promotor de Justiça a propô-la, o Juiz, dissentindo, poderá propô-la de ofício.

(C) a decisão que determina a produção antecipada de provas com base no artigo 366 do Código de Processo Penal deve ser fundamentada, justificando-a unicamente o decurso do tempo.

(D) não cabe *habeas corpus* contra decisão condenatória a pena de multa, ou relativo a processo em curso por infração penal a que a pena pecuniária seja a única cominada.

(E) a renúncia do réu ao direito de apelação, manifestada sem a assistência do defensor, impede o conhecimento da apelação por este interposta.

A: incorreta, pois contraria o entendimento sedimentado na Súmula nº 695 STF, a seguir transcrita: "Não cabe *habeas corpus* quando já extinta a pena privativa de liberdade"; **B:** incorreta, porquanto não corresponde ao entendimento contido na Súmula nº 696 do STF: "Reunidos os pressupostos legais permissivos da suspensão condicional do processo, mas se recusando o promotor de justiça a propô-la, o juiz, dissentindo, remeterá a questão ao Procurador-Geral, aplicando-se por analogia o art. 28 do Código de Processo Penal"; **C:** incorreta, pois em desconformidade com o teor da Súmula nº 455 do STJ: "A decisão que determina a produção antecipada de provas com base no artigo 366 do Código de Processo Penal deve ser concretamente fundamentada, não a justificando unicamente o mero decurso do tempo"; **D:** correta, pois reflete o teor da Súmula nº 693 do STF; **E:** incorreta, pois contrária ao entendimento contemplado na Súmula nº 705 do STF: "A renúncia do réu ao direito de apelação, manifestada sem a assistência do defensor, não impede o conhecimento da apelação por este interposta".

Gabarito "D"

(Defensor Público/ES – 2012 – CESPE) Acerca da competência, das questões e processos incidentes e da prova, julgue os itens subsequentes.

(1) Caracteriza-se como imprópria a confissão judicial produzida perante autoridade judicial incompetente para o deslinde do processo criminal em curso.

(2) Suponha que Fred, Mauro e Roberto sejam denunciados por furto simples, sem qualquer liame subjetivo entre os agentes, em feitos separados e por suposta participação em saque a um supermercado. Nessa situação hipotética, por disposição expressa do CPP, ha necessidade de *simultaneus processus* em face da presença da conexão intersubjetiva por simultaneidade.

1: correta. A confissão judicial, que é aquela produzida diante do magistrado, pode ser própria ou imprópria. A primeira deve ser entendida como a produzida diante da autoridade judicial que detém competência para o processamento e julgamento da causa; já a segunda, confissão judicial imprópria, é aquela realizada diante de magistrado incompetente para o julgamento da causa; **2:** correta, pois corresponde ao que estabelece o art. 76, I, primeira parte, do CPP: "se, ocorrendo duas ou mais infrações penais, houverem sido praticadas, ao mesmo tempo, por várias pessoas reunidas (...)". Exemplo sempre lembrado pela doutrina é aquele em que diversos torcedores, que não se conhecem, invadem o campo para agredir os jogadores e o árbitro. Os agentes, nesta modalidade de conexão, reúnem-se ocasionalmente, sem ajuste prévio. Os fatos se dão no mesmo contexto de tempo em lugar.

Gabarito 1C, 2C

(Defensor Público/BA – 2010 – CESPE) Julgue os próximos itens, relativos aos recursos, às ações autônomas de impugnação e ao sistema de combate à violência doméstica e familiar.

(1) Entre as medidas protetivas de urgência previstas no sistema de combate à violência doméstica e familiar contra a mulher, inclui-se a decretação da prisão preventiva, devendo a vítima ser notificada caso o agressor seja preso ou saia da prisão. Havendo pedido de retratação da representação ofertada, o juiz, antes de receber a denúncia, deve designar audiência especial com tal finalidade.

(2) O prazo para interposição do recurso em sentido estrito, em qualquer das hipóteses taxativas previstas, será de cinco dias, contado da intimação pessoal, e em dobro quando o recorrente for defensor público.

1: arts. 20, *caput*, e 21, *caput*, da Lei 11.340/06 (Lei Maria da Penha); **2:** incorreta, nos termos do art. 586, parágrafo único, do CPP.

Gabarito 1C, 2E

(Defensor Público/BA – 2010 – CESPE) Em cada um dos itens seguintes, é apresentada uma situação hipotética seguida de uma assertiva a ser julgada a respeito da aplicação do direito processual penal.

(1) Roger, servidor público estadual, e Rafael, autônomo, praticaram, em concurso de agentes, crime afiançável contra a administração pública. A apuração dos fatos, feita em processo administrativo disciplinar, resultou na demissão do servidor, por grave falta administrativa. Encaminhada cópia autêntica do processo administrativo disciplinar ao MP, este, de pronto, ofertou denúncia contra os acusados. Nessa situação, tanto Roger quanto Rafael devem ser notificados para a apresentação de resposta à acusação, antes do recebimento da denúncia.

(2) Leôncio, maior, capaz, motorista profissional, desferiu, após uma partida de futebol, golpes de faca em Jairo, causando-lhe lesões corporais graves. Em razão desses fatos, o agente foi processado, tendo atuado em sua defesa um defensor público do estado da Bahia e, apesar do empenho da defesa técnica, o réu foi condenado. Nessa situação, ao prolatar a sentença condenatória, resta vedado ao juiz fixar valor mínimo para a reparação dos danos causados pelo crime, ainda que existam elementos nos autos que o justifiquem, visto que o réu foi assistido pela DP.

1: incorreta, visto que a *defesa preliminar* a que faz menção o art. 514 do CPP constitui prerrogativa exclusiva do funcionário público, não sendo extensível, por isso, ao particular que com ele tenha agido na qualidade de coautor ou partícipe; **2:** incorreta, pois, em conformidade com o que preceitua o art. 387, IV, do CPP, pode o juiz, ao proferir sentença condenatória, fixar *valor mínimo* para reparação dos danos causados pela infração.

Gabarito 1E, 2E

(Defensor Público/AL – 2009 – CESPE) Em relação à revisão criminal, ao *habeas corpus* e à execução penal, julgue os próximos itens.

(1) Na hipótese de revisão criminal contra condenação manifestamente contrária à prova dos autos, proferida pelo júri popular, o tribunal competente, caso acolha o pedido revisional, deve anular o júri e remeter o acusado a novo julgamento.

(2) É incabível a ordem concessiva de *habeas corpus* quando já extinta a pena privativa de liberdade, ou contra decisão condenatória somente a pena de multa ou, ainda, em relação a processo em curso por infração penal a que a pena pecuniária seja a única cominada.

(3) Considere a seguinte situação hipotética. Antônio foi condenado pela prática do delito X pelo juízo da 5.ª vara criminal de Maceió, sendo certo que a condenação foi mantida pelo Tribunal de Justiça do Estado de Alagoas. Transitado em julgado o *decisum* e iniciado o cumprimento da pena privativa de liberdade, foi publicada pelo Congresso Nacional lei ordinária reduzindo pela metade a pena cominada ao delito X. Nessa situação, compete ao juízo da 5.ª vara criminal da capital alagoana a aplicação da lei penal mais benigna.

1: prevalece na doutrina e na jurisprudência o entendimento segundo o qual o tribunal competente para o julgamento da ação revisional está credenciado, quando da análise de sentenças proferidas pelo Tribunal do Júri, a modificar a decisão dos jurados, exercendo, desse modo, um juízo rescisório. Neste caso, o direito à liberdade sobrepõe-se à soberania dos veredictos; **2:** segundo a Súmula nº 693, STF: "Não cabe *habeas corpus* contra decisão condenatória a pena de multa, ou relativo a processo em curso por infração penal a que a pena pecuniária seja a única cominada". No mesmo sentido a Súmula 695 do STF: "Não cabe *habeas corpus* quando já extinta a pena privativa de liberdade". Assim é porque, nesses casos, inexiste ameaça à liberdade de locomoção do acusado; **3:** a aplicação da lei mais favorável ao sentenciado, após o trânsito da sentença condenatória, cabe ao juízo das execuções - Súmula 611 do STF.

Gabarito 1 ANULADA, 2C, 3E

(Defensoria/MT – 2007) Em matéria de Súmulas vigentes do Supremo Tribunal Federal, na área processual penal, assinale a afirmativa correta.

(A) Não se admite a suspensão condicional do processo no concurso material de crimes, se a soma da pena mínima da infração mais grave com o aumento mínimo de um sexto for superior a um ano.

(B) A competência constitucional do Tribunal do Júri prevalece sobre o foro por prerrogativa de função estabelecido na Constituição Federal.

(C) No processo penal, contam-se os prazos da data da juntada aos autos do mandado ou da carta precatória ou de ordem.

(D) Não cabe *habeas corpus* quando já extinta a pena privativa de liberdade.

(E) Viola as garantias do juiz natural, da ampla defesa e do devido processo legal a atração por continência ou conexão do processo do corréu ao foro por prerrogativa de função de um dos denunciados.

A: a Súmula 723 do STF faz referência ao **crime continuado**, e não ao **concurso material de crimes**; **B:** Súmula 721 do STF: "A competência constitucional do Tribunal do Júri prevalece sobre o foro por prerrogativa de função estabelecido exclusivamente pela Constituição estadual"; **C:** de acordo com entendimento esposado na Súmula 710 do STF, os prazos, no processo penal, contam-se da data da intimação, e não da juntada aos autos do mandado ou da carta precatória ou de ordem; **D:** é o entendimento consagrado na Súmula 695 do STF; **E:** não há que se falar em violação aos princípios em questão, segundo entendimento firmado na Súmula 704 do STF.

Gabarito "D"

5. Criminologia

Vivian Calderoni

1. Conceito, Método, Funções e Objetos da Criminologia

(Defensor Público/PR – 2012 – FCC) São características principais da moderna Criminologia, EXCETO:

(A) Substitui o conceito "tratamento" (conotação clínica e individual) por "intervenção" (conotação dinâmica, complexa e pluridimensional).
(B) Parte da caracterização do crime como "problema" (face humana e dolorosa do delito).
(C) Amplia o âmbito tradicional da Criminologia ao adicionar o delinquente e o delito ao seu objeto de estudo.
(D) Acentua a orientação "prevencionista" do saber criminológico, diante da obsessão repressiva explícita de outros modelos convencionais.
(E) Destaca a análise e a avaliação dos modelos de reação ao delito como um dos objetos da Criminologia.

A: correta. A Criminologia tradicional estava muito vinculada à noção de tratamento, fazendo uma analogia entre a prática de crimes e doenças, considerando majoritariamente as características pessoais do delinquente. A "moderna" Criminologia rompe a correlação entre criminoso e anormalidade, enxergando o criminoso como normal e a ocorrência de crimes em uma sociedade como normal também. A Criminologia moderna dá especial atenção aos aspectos sociológicos e sociais da prática de crimes, entendendo que não há relação de causa e consequência direta entre as características pessoais do agente e o crime – o que impede a opção pelo tratamento. Ao contrário, entende que a prática de crimes é complexa e resulta de uma multiplicidade de fatores; **B:** correta, pois a moderna Criminologia caracteriza o crime como um problema social, e inclui, como um dos requisitos para considerar uma conduta como criminosa, a incidência aflitiva. Ou seja, entende que uma conduta, para ser considerada criminosa, deve produzir dor, sofrimento, aflição. Os demais requisitos são a incidência massiva, a persistência espaço temporal e a inequívoco consenso quanto à efetividade da intervenção penal; **C:** incorreta (devendo ser assinalada), pois os estudos do criminoso e do crime estão presentes dentre os objetos de estudo da Criminologia desde seu início. A Escola Clássica, de Cesare Beccaria, se dedicava ao estudo do delito e a Escola Positivista, de Cesare Lombroso, estudava o delinquente. Posteriormente, foram adicionados dentre os objetos de estudo da Criminologia a vítima e o controle social; **D:** correta, pois a Criminologia moderna tem por função compreender e explicar a realidade para poder transformá-la, visando à prevenção e ao controle da criminalidade; **E:** correta, pois os modelos de reação ao delito se inserem no objeto da Criminologia "controle social".

Gabarito "C"

2. Teorias Criminológicas

(Defensor Público/SP – FCC – 2013) "*(...) instrumento de legitimação da gestão policial e judiciária da pobreza que incomoda – a que se vê, a que causa incidentes e desordens no espaço público, alimentando, por conseguinte, uma difusa sensação de insegurança, ou simplesmente de incômodo tenaz e de inconveniência –, propagou-se através do globo a uma velocidade alucinante. E com ela a retórica militar da "guerra" ao crime e da "reconquista" do espaço público, que assimila os delinquentes (reais ou imaginários), sem-teto, mendigos e outros marginais a invasores estrangeiros – o que facilita o amálgama com a imigração, sempre rendoso eleitoralmente.*" (WACQUANT, Loïc. As Prisões da Miséria.)

A escola/doutrina descrita pelo autor é:

(A) abolicionismo penal.
(B) "tolerância zero".
(C) Escola de Chicago.
(D) associação diferencial.
(E) funcionalismo penal.

A: incorreta. O abolicionismo penal é uma das vertentes da Teoria Crítica. Para os autores abolicionistas o direito penal não é compatível com a justiça social e nem com a diminuição das desigualdades. A persecução penal é seletiva e sempre será. A alteração da lei não altera os rótulos sociais e a construção estereotipada da clientela penal. Por fim, o abolicionismo entende que a pena em si mesma é ilegítima e que é arbitrário exercício do poder estatal, pretendendo, como o próprio nome diz, ver o sistema penal abolido; **B:** correta. A doutrina da "tolerância zero" tem como premissa a concepção de que a repressão a pequenas infrações previne o cometimento de crimes mais graves. Dessa forma, mesmo uma conduta desviante insignificante não pode ser tolerada, deve ser duramente reprimida pelas forças policiais e por todo aparato do sistema de justiça, ou seja, por todas as instâncias formais de controle. Aí está presente o elemento da "guerra ao crime" tratada no enunciado: é a crença de que a punição aos menores delitos desencorajará também a prática de delitos mais graves. Essa doutrina tem por base as concepções da Escola de Chicago no que diz respeito à correlação entre desorganização social e criminalidade, e por isso, os "sem-teto, mendigos e outros marginais a invasores estrangeiros" são duramente reprimidos e rotulados como criminosos. A noção de "reconquista do espaço público" também está estritamente relacionada a esse elemento; **C:** incorreta. A Escola de Chicago correlaciona a desorganização das regiões da cidade a altas taxas de criminalidade e propõe políticas públicas não penais como forma de prevenção da criminalidade, como a revitalização das áreas degradadas, bem como o resgate do senso de solidariedade, por meio de espaços de lazer, atividades culturais, esportivas etc.; **D:** incorreta. A Teoria da Associação Diferencial entende que a conduta criminosa é aprendida por meio de processos comunicativos de interação social e estuda, basicamente, o "crime do colarinho branco", o que não está presente no enunciado; **E:** incorreta. O funcionalismo penal defende a proteção por meio do direito penal dos bens jurídicos mais relevantes. Para algumas correntes, como a de Jakobs, a função da pena é justamente reestabelecer a ordem ferida pela prática do crime.

Gabarito "B"

(Defensor Público/PR – 2012 – FCC) Com o surgimento das Teorias Sociológicas da Criminalidade (ou Teorias Macrossociológicas da Criminalidade), houve uma repartição marcante das pesquisas criminológicas em dois grupos principais. Essa divisão leva em consideração, principalmente, a forma como os sociólogos encaram a composição da sociedade: Consensual (Teorias do consenso, funcionalistas ou da integração) ou Conflitual (Teorias do conflito social). Neste contexto são consideradas Teorias Consensuais:

(A) Escola de Chicago, Teoria da Anomia e Teoria da Associação Diferencial.
(B) Teoria da Anomia, Teoria Crítica e Teoria do Etiquetamento.
(C) Teoria Crítica, Teoria da Anomia e Teoria da Subcultura Delinquente.
(D) Teoria do Etiquetamento, Teoria da Associação Diferencial e Escola de Chicago.
(E) Teoria da Subcultura Delinquente, Teoria da Rotulação e Teoria da Anomia.

As principais teorias sociológicas criminológicas do consenso são: Escola de Chicago, Teoria da Anomia, Teoria da Associação Diferencial e Teoria da Subcultura Delinquente. As principais teorias sociológicas criminológicas do conflito são: Teoria do *Labelling Approach* ou Etiquetamento ou Rotulação, e Teoria Crítica. Para as escolas do consenso, os objetivos da sociedade são atingidos quando há o funcionamento perfeito das instituições e os indivíduos compartilham das metas sociais e concordam com as regras de convívio. Sendo assim, as sociedades são compostas por elementos perenes, integrados, funcionais, estáveis, baseados no consenso entre os integrantes. Para as escolas do conflito, a harmonia social decorre da coerção das classes dominantes sob as classes dominadas, não sendo voluntária. Sendo assim, as sociedades estão sujeitas a mudanças contínuas por meio da luta de classes ou de ideologias. São escolas de cunho marxista.

Gabarito "A"

(Defensor Público/PR – 2012 – FCC) Paulo, executivo do mercado financeiro, após um dia estressante de trabalho, foi demitido. O mundo desabara sobre sua cabeça. Pegou seu carro e o que mais queria era chegar em casa. Mas o horário era de *rush* e o trânsito estava caótico, ainda chovia. No interior de seu carro sentiu o trauma da demissão e só pensava nas dívidas que já estavam para vencer, quando fora acometido de uma sensação terrível: uma mistura de fracasso, com frustração, impotência, medo e etc. Neste instante, sem quê nem porque, apenas querendo chegar em casa, jogou seu carro para o acostamento, onde atropelou um ciclista que por ali trafegava, subiu no passeio onde atropelou um casal que ali se encontrava, andou por mais de 200 metros até bater num poste, desceu do carro meio tonto e não hesitou, agrediu um motoqueiro e subtraiu a motocicleta, evadindo-se em desabalada carreira, rumo à sua casa. Naquele dia, Paulo, um pacato cidadão, pagador de impostos, bom pai de família, representante da classe média alta daquela metrópole, transformou-se num criminoso perigoso, uma fera que ocupara as notícias dos principais telejornais.

Diante do caso narrado, identifique dentre as Teorias abaixo, a que melhor analisa (estuda/explica) o caso.

(A) Escola de Chicago.
(B) Teoria da associação diferencial.
(C) Teoria da anomia.
(D) Teoria do *labeling approach*.
(E) Teoria crítica.

A: incorreta. A Escola de Chicago traça a correlação entre a forma de organização das cidades e a criminalidade. De acordo com essa escola, as regiões da cidade mais desorganizadas têm maiores índices de criminalidade; **B:** incorreta. A Teoria da Associação Diferencial entende que o comportamento criminoso é aprendido por meio do processo comunicativo, em relações sociais, especialmente significativas. Esta teoria cunha o termo "crime do colarinho branco", aquele cometido por pessoas que gozam de *status* social e cometem crimes em seu âmbito profissional, excluindo da definição crimes cometidos na esfera privada; **C:** correta. Para Robert Merton, um dos expoentes da Teoria da Anomia, tem-se uma situação de anomia quando a sociedade acentua a importância de determinadas metas, sem oferecer à maioria das pessoas a possibilidade de atingi-las por meios legítimos. Merton cria uma tipologia de adaptação individual no contexto social, a saber, conformista, ritualista, retraído, inovador e rebelde. Paulo, descrito no enunciado, se enquadra no tipo conformista que concorda com as metas sociais estabelecidas e com os meios institucionalizados para alcançá-las. É o tipo mais comum e difundido na sociedade, é o tipo que garante a estabilidade social; **D:** incorreta. A Teoria do *Labelling Approach* tem por objeto de estudo primordial as instâncias de controle social. Trabalha com os conceitos de rotulação social e entende que a reação das instâncias de controle produz o criminoso: todos cometemos crimes, mas apenas alguns são capturados pelas malhas do sistema, e apenas estes serão os "criminosos". Essa Teoria também se preocupa em entender a seletividade do sistema de justiça. **E:** incorreta. A Teoria Crítica foca seu estudo, majoritariamente, no controle social. Para a Teoria Crítica, o direito penal é uma forma de manutenção da exploração de classe. A definição das condutas a serem tipificadas é resultado de disputas políticas em que as classes dominantes, por estarem no poder, definem as condutas que lhe interessam para serem criminalizadas. De acordo com essa Teoria, há a universalidade do crime e seletividade da justiça, ou seja, todas as classes sociais praticam crimes, mas, por outro lado, a justiça é seletiva, pois seleciona apenas as pessoas das classes mais pobres.

Gabarito "C"

(Defensor Público/SP – FCC – 2012) Assinale a alternativa correta.

(A) A criminologia crítica defende a análise individualizada da periculosidade do agente como direito inerente ao princípio do respeito à dignidade humana.
(B) A Escola positivista pregava a análise puramente objetiva do fato, deixando em segundo plano as características pessoais de seu autor.
(C) A teoria retributiva dos fins da pena foi desenvolvida a partir dos estudos de Lombroso e Garofalo, em meados do século XVIII.
(D) A teoria do *labelling approach* dispõe-se a estudar, dentre outros aspectos do sistema punitivo, os mecanismos de reação social ao delito e a influência destes na reprodução da criminalidade.
(E) A teoria finalista da ação é fruto da concepção positivista de livre-arbítrio, que entende o homem como ser determinado pelas circunstâncias sociais.

A: incorreta. A Criminologia Crítica não trabalha com o conceito de periculosidade. O principal foco de estudo da Criminologia Crítica são as instâncias de controle social; **B:** incorreta. A Escola Positivista se dedicou ao estudo dos criminosos e não do delito; **C:** incorreta. A função da pena para Lombroso e Garófalo era essencialmente de isolamento do criminoso para que não voltasse a delinquir – função de prevenção especial negativa – e tratamento, para os casos possíveis de serem tratados. **D:** correta. O principal objeto de estudo da Teoria do *Labelling Approach* são as instâncias de controle social. De fato essa teoria se dedica ao estudo da reação social, tanto que também recebe o nome de teoria da rotulação social, etiquetamento ("labelling") ou reação social; **E:** incorreta. A Teoria Finalista da ação trata da definição de infração penal, como conduta típica, antijurídica (ou ilícita) e culpável. Porém, o dolo e a culpa passam a ser elementos do tipo, pois a Teoria Finalista entende ser essencial a compreensão da intenção do agente para a definição típica da conduta, já que, para tal Teoria, o agir humano sempre tende a uma finalidade. Esta finalidade não pode ser ignorada e deve ser um elemento ontológico considerado pelo legislador ao tipificar as condutas. O enunciado apresenta uma contradição ao afirmar que a concepção positivista de livre-arbítrio entende o homem como ser determinado pelas circunstâncias sociais. Ora, se o homem é dotado de livre-arbítrio ele não pode ser, ao mesmo tempo, determinado pelas circunstâncias sociais. Ele pode considerar as circunstâncias sociais no momento de decidir sua conduta, mas não ser determinado. Determinismo e livre-arbítrio não podem coexistir.

Gabarito "D"

(Defensor Público/SP – FCC – 2009) A expressão "cifra negra" ou oculta, refere-se

(A) à porcentagem de crimes não solucionados ou punidos porque, num sistema seletivo, não caíram sob a égide da polícia ou da justiça ou da administração carcerária, porque nos presídios ‹não estão todos os que são›.

(B) à porcentagem de criminalização da pobreza e à globalização, pelas quais o centro exerce seu controle sobre a periferia, cominando penas e criando fatos típicos de acordo com seus interesses econômicos, determinando estigmatização das minorias.
(C) às descriminantes putativas, nos casos em que não há tipo culposo do crime cometido.
(D) ao fracasso do autor na empreitada em que a maioria têm êxito.
(E) à porcentagem de presos que não voltam da saída temporária do semiaberto.

"Cifra negra" é a diferença entre a quantidade de crimes efetivamente praticados (criminalidade real) e a quantidade de crimes que chegam ao conhecimento das autoridades estatais e são efetivamente investigados. A criminalidade revelada diz respeito aos crimes que chegam ao conhecimento das instâncias oficiais do Estado. Alguns autores utilizam o termo "cifra dourada" para se referir à quantidade de crimes praticados pela elite e não investigados.

Gabarito "A"

3. Vitimologia

(Defensor Público/PR – 2012 – FCC) Considere os acontecimentos abaixo.

I. No dia 16 de outubro, após um dia exaustivo de trabalho, quando chegava em sua casa, às 23:00 horas, em um bairro afastado da cidade, Maria foi estuprada. Naquela mesma data, fora acionada a polícia, quando então foi lavrado boletim de ocorrência e tomadas as providências médico-legais, que constatou as lesões sofridas.
II. Após o fato, Maria passou a perceber que seus vizinhos, que já sabiam do ocorrido, a olhavam de forma sarcástica, como se ela tivesse dado causa ao fato e até tomou conhecimento de comentários maldosos, tais como: "também com as roupas que usa (...)", "também como anda, rebolando para cima e para baixo" e etc., o que a deixou profundamente magoada, humilhada e indignada.
III. Em novembro, fora à Delegacia de Polícia prestar informações, quando relatou o ocorrido, relembrando todo o drama vivido. Em dezembro fora ao fórum da Comarca, onde mais uma vez, Maria foi questionada sobre os fatos, revivendo mais uma vez o trauma do ocorrido.

Os acontecimentos I, II e III relatam, respectivamente, processos de vitimização:

(A) primária, secundária e terciária.
(B) primária, terciária e secundária.
(C) secundária, primária e terciária.
(D) terciária, primária e secundária.
(E) secundária, terciária e primária.

A vitimização primária decorre dos danos gerados pelo crime. Estes danos podem ser de ordem material, psicológica ou física. A vitimização secundária decorre da interação com as instâncias formais de controle. Essa interação com o sistema de justiça criminal causa um sofrimento adicional à vítima, que deve depor e reviver o sofrimento sentido vivido no momento do crime, ao comparecer diversas vezes perante as autoridades. A vitimização terciária decorre da falta de amparo de órgãos do Estado e da comunidade, que, ao contrário, apenas potencializam o problema.

Gabarito "B"

6. DIREITO CIVIL

André Borges de Carvalho Barros

1. LINDB

1.1. Eficácia da lei no tempo

(Defensoria Pública/ES – 2009 – CESPE) Acerca da interpretação da lei, julgue os itens a seguir.

(1) A analogia jurídica fundamenta-se em um conjunto de normas para extrair elementos que possibilitem sua aplicabilidade ao caso concreto não previsto, mas similar.

(2) Consideram-se leis novas as correções de texto de lei já em vigor.

(3) A lei nova que dispõe sobre regras especiais revoga as regras gerais sobre a mesma matéria.

(4) O direito brasileiro não aceita o efeito repristinatório da lei revogada.

(5) Quando o conflito normativo for passível de solução mediante o critério hierárquico, cronológico e da especialidade, o caso será de antinomia aparente.

1: correta. Na analogia jurídica (analogia *juris*) a solução para a lacuna é obtida através da análise de um determinado conjunto de regras. Não deve ser confundida com a analogia legal (analogia *legis*) consiste na solução da lacuna através da utilização de um único dispositivo legal previsto para uma hipótese distinta, porém semelhante; **2:** correta. Está de acordo com o disposto no art. 1º, § 4º, da LINDB; **3:** incorreta. A lei especial nova aplica-se para os casos especiais que ela regula, permanecendo intacta a lei geral velha, que se aplica aos casos que a lei nova não regula (art. 2º, § 2º, da LINDB); **4:** incorreta, pois, se houver expressa disposição, é possível a repristinação (art. 2º, § 3º, da LINDB); **5:** correta. As antinomias (conflitos de normas) que podem ser resolvidas com a aplicação de um único critério são denominadas antinomias de 1º grau. Todas as antinomias de 1º grau também podem ser classificadas como antinomias aparentes, pois encontram solução prevista no ordenamento jurídico. Diversamente, quando houver conflito entre os critérios de solução (ex: hierárquico x cronológico) e for necessário um metacritério (ex: o critério hierárquico prevalece sobre o cronológico) a antinomia será considerada de 2º grau. As antinomias de 2º grau podem caracterizar antinomias reais quando não houver solução prevista no ordenamento jurídico para o caso concreto.

Gabarito 1C, 2C, 3E, 4E, 5C

(Defensoria Pública/MA – 2009 – FCC) Segundo a Lei de Introdução ao Código Civil Brasileiro (Decreto-Lei nº 4.657/42):

(A) quando a lei for omissa, o juiz decidirá o caso de acordo com a analogia, os costumes, a equidade e os princípios gerais de direito.

(B) salvo disposição contrária, a lei começa a vigorar em todo o país quarenta e cinco dias depois de oficialmente promulgada.

(C) nos Estados, a obrigatoriedade da lei federal inicia-se três meses depois de oficialmente publicada, salvo disposição contrária.

(D) a lei nova, que estabeleça disposições gerais ou especiais a par das já existentes, não revoga nem modifica a lei anterior.

(E) salvo disposição em contrário, a lei revogada se restaura por ter a lei revogadora perdido a vigência.

A: incorreta. Quando a lei for omissa, o juiz decidirá o caso de acordo com a analogia, os costumes e os princípios gerais de direito (art. 4º da LINDB) - para a doutrina clássica o dispositivo consagra ordem entre os meios de integração. Por sua vez, a equidade só pode ser utilizada quando os meios previstos não forem suficientes para colmatar a lacuna; **B:** incorreta, pois o termo *a quo* (inicial) do prazo de *vacatio legis* não é a data da *promulgação* da lei, e sim a data da *publicação* da lei (art. 1º, *caput*, da LINDB); **C:** incorreta, pois somente nos estados **estrangeiros** é que a obrigatoriedade da lei se inicia três meses depois de oficialmente publicada (art. 1º, § 1º, da LINDB); **D:** correta. Está de acordo com o art. 2º, § 2º, da LINDB; **E:** incorreta, pois de acordo com o art. 2º, § 3º, da LINDB, a repristinação em regra não ocorre.

Gabarito "D"

1651

(Defensoria Pública/MT – 2009 – FCC) Segundo a Lei de Introdução ao Código Civil brasileiro,

(A) salvo disposição contrária, a lei começa a vigorar em todo o país três meses depois de oficialmente publicada.

(B) nos Estados estrangeiros, a obrigatoriedade da lei federal inicia-se três meses depois de oficialmente promulgada, salvo disposição contrária.

(C) a lei posterior revoga a anterior quando expressamente o declare, quando seja com ela incompatível ou quando regule inteiramente a matéria de que tratava a lei anterior.

(D) quando a lei for omissa, o juiz decidirá o caso de acordo com a analogia, os costumes, a equidade e os princípios gerais de direito.

(E) salvo disposição em contrário, a lei revogada se restaura por ter a lei revogadora perdido a vigência.

A: incorreta, pois, salvo disposição contrária, a lei começa a vigorar em todo território nacional 45 *dias após sua publicação (art. 1º, caput, LINDB). Vale lembrar que de acordo com o caput do art. 8º da LC 95/1998,* a vigência da lei será indicada de forma expressa e de modo a contemplar prazo razoável para que dela se tenha amplo conhecimento, reservada a cláusula "entra em vigor na data de sua publicação" para as leis de pequena repercussão; **B:** incorreta, pois o prazo de *vacatio legis* é contado a partir da **publicação** da lei e não de sua promulgação (art. 1º, § 1º, LINDB). A promulgação antecede a publicação e pode ser conceituada como o ato praticado pelo chefe do Poder Executivo que atesta a existência da lei, ordenando sua execução e cumprimento (a lei já existe, mas não vigora); **C:** correta. A alternativa reproduz o conteúdo do art. 2º, § 1º, da LINDB, referindo-se à revogação expressa e tácita; **D:** incorreta, pois nos termos do art. 4º da LINDB, quando a lei for omissa, o juiz decidirá o caso de acordo com a analogia, os costumes e os princípios gerais de direito. De acordo com a doutrina a *equidade* (prevista no art. 5º da LINDB) exerce função integrativa uma vez esgotados os meios previstos no art. 4º da LINDB; **E:** incorreta, pois salvo disposição em contrário, a lei revogada **não se restaura** por ter a lei revogadora perdido a vigência (art. 2º, § 3º). A repristinação não é proibida no direito brasileiro, mas em regra não ocorre.

Gabarito "C"

(Defensoria Pública/PA – 2009 – FCC) Em nossa legislação pátria

(A) se antes de entrar a lei em vigor, ocorrer nova publicação de seu texto destinada a correção, ainda que mantida a *vacatio legis*, o início de sua vigência ocorrerá no dia da nova publicação.

(B) a lei posterior revoga a anterior quando expressamente o declare, quando seja com ela incompatível ou quando regule inteiramente a matéria de que tratava a lei anterior. Entretanto, caso estabeleça disposições gerais ou especiais a par das já existentes, não revoga nem modifica a lei anterior.

(C) a lei começa a vigorar em todo o país, salvo disposição contrária, na data de sua publicação.

(D) a lei, sem exceção, terá vigor até que outra a modifique, revogue ou que ela caia em desuso.

(E) na aplicação da lei, o juiz atenderá aos fins sociais a que ela se dirige e às exigências do bem comum, sendo certo que, ao interpretá-la, o juiz decidirá o caso de acordo com a analogia, os costumes e os princípios gerais de direito.

A: incorreta, pois se, antes de entrar a lei em vigor, ocorrer nova publicação de seu texto, destinada a correção, o prazo de *vacatio legis* será **reiniciado** no dia da nova publicação (art. 1º, § 3º, da LINDB); **B:** correta. A alternativa reproduz o conteúdo do art. 2º, §§ 1º e 2º, da LINDB; **C:** incorreta, pois, em regra, a lei começará a vigorar após 45 dias de sua publicação (art. 1º, *caput*, da LINDB); **D:** incorreta, pois a lei também pode perder o vigor por ser *temporária*, por *não ser recepcionada* por uma nova Constituição, por ter sido *declarada inconstitucional por ação de inconstitucionalidade* e por *sustação de seus efeitos pelo Senado*; **E:** incorreta, pois apesar da primeira parte da alternativa estar correta (art. 5º da LINDB), a segunda parte está incorreta: o juiz deve interpretar a norma utilizando **meios de interpretação** (literal, lógica, sistemática, histórica, sociológica etc.), reservando os **meios de integração** (analogia, costumes e princípios gerais de direito) apenas para a hipótese de lacuna na norma (art. 4º da LINDB).

Gabarito "B"

1.2. Eficácia da lei no espaço

1652

(Defensor Público/AL – 2009 – CESPE) Em cada um dos itens subsequentes, é apresentada uma situação hipotética, seguida de uma assertiva a ser julgada.

(1) Antônio, residente e domiciliado na cidade de Madri, na Espanha, faleceu, deixando como herança o apartamento onde residia para Joana, sua única filha, residente e domiciliada no Brasil. Nessa situação, a sucessão obedecerá à lei do país em que era domiciliado Antônio; no entanto, será a lei brasileira que regulará a capacidade de Joana para suceder.

Correta, pois de acordo com o art. 10, *caput*, da LINDB, "a sucessão por morte ou por ausência obedece à lei do país em que domiciliado o defunto ou o desaparecido, qualquer que seja a natureza e a situação dos bens" (Antônio era domiciliado em Madri) e o parágrafo 2º dispõe que "a lei do domicílio do herdeiro ou legatário regula a capacidade para suceder" (a única herdeira era domiciliada no Brasil).

Gabarito 1C

2. Parte Geral do CC

2.1. Estrutura e princípios do CC

(Defensor Público/PR – 2012 – FCC) Acerca das diretrizes regentes e estruturantes do processo de codificação do Código Civil de 2002, fundadas no pensamento culturalista de Miguel Reale, é INCORRETO afirmar:

(A) A sistematicidade norteou a concepção de inseparabilidade do Código Civil com as demais normas do ordenamento jurídico, o que se verifica na forma de definição dos juros legais.

(B) A operabilidade determinou a adoção de soluções normativas para a facilitação da interpretação, aplicação e adaptação do Direito, o que se verifica na adoção das normas abertas como técnica legislativa.

(C) A socialidade implicou na funcionalização dos modelos jurídicos, fazendo prevalecer os valores coletivos sobre os individuais, sem que sejam desconsiderados os valores inerentes à pessoa, o que se verifica na previsão do instituto do abuso de direito.

(D) A eticidade provocou a opção antropocêntrica da codificação civil, implicando na prevalência de critérios éticos sobre os de natureza formal, o que se verifica nos institutos da lesão e do estado de perigo.

(E) A igualdade formal determinou o tratamento igualitário dos sujeitos de direitos e o afastamento de regimes tutelares, o que se verifica no afastamento de um regime de proteção dos incapazes, presentes na anterior codificação civil.

A: correta. Miguel Reale concebe o ordenamento jurídico como um sistema em que as normas se relacionam. Desta forma, os dispositivos do Código Civil devem estar de acordo com as demais leis a sua volta. O exemplo utilizado na alternativa está correto, pois o artigo 406 determina que quando os juros moratórios não forem convencionados, ou o forem sem taxa estipulada, ou quando provierem de determinação da lei, serão fixados segundo a taxa que estiver em vigor para a mora do pagamento de impostos devidos à Fazenda Nacional. De acordo com a jurisprudência atualizada do STJ a taxa referida no dispositivo é a Selic (REsp 1.279.173/SP, Rel. Ministro Paulo de Tarso Sanseverino, julgado em 04.04.2013); **B:** correta. Entre os princípios basilares do CC/2002 a operabilidade ganha destaque pela adoção de técnicas legislativas, como o uso das cláusulas gerais e dos conceitos legais indeterminados, com o objetivo de permitir a atualização do direito; **C:** correta. O abuso de direito previsto no art. 187 do Código Civil tem por base o princípio da socialidade ao limitar o exercício de um direito legítimo quando presentes outros valores caros a coletividade; **D:** correta. O princípio da eticidade é a base dos artigos 156 (estado de perigo) e 157 (lesão) ao culminarem de invalidade o negócio celebrado por alguém que se aproveitou da situação de perigo, necessidade ou inexperiência de outra, para obter lucro fácil; **E:** incorreta, o Código Civil de 2002 manteve a proteção dos incapazes (vide arts. 3º e 4º), consagrando a igualdade material.

Gabarito "E"

(Defensor Público/TO – 2013 – CESPE) Acerca do Direito Civil, assinale a opção correta.

(A) O princípio da eticidade, paradigma do atual direito civil constitucional, funda-se no valor da pessoa humana como fonte de todos os demais valores, tendo por base a equidade, boa-fé, justa causa e demais critérios éticos, o que possibilita, por exemplo, a relativização do princípio do *pacta sunt servanda*, quando o contrato estabelecer vantagens exageradas para um contratante em detrimento do outro.

(B) Cláusulas gerais, princípios e conceitos jurídicos indeterminados são expressões que designam o mesmo instituto jurídico.

(C) A operacionalidade do direito civil está relacionada à solução de problemas abstratamente previstos, independentemente de sua expressão concreta e simplificada.

(D) Na elaboração do Código Civil de 2002, o legislador adotou os paradigmas da socialidade, eticidade e operacionalidade, repudiando a adoção de cláusulas gerais, princípios e conceitos jurídicos indeterminados.

(E) No Código Civil de 2002, o princípio da socialidade reflete a prevalência dos valores coletivos sobre os individuais, razão pela qual o direito de propriedade individual, de matriz liberal, deve ceder lugar ao direito de propriedade coletiva, tal como preconizado no socialismo real.

A: correta, o direito à revisão ou rescisão contratual em razão de onerosidade excessiva representa exceção ao princípio da força obrigatória (*pacta sunt servanda*); **B:** incorreta, as expressões possuem significados distintos. Princípios são regras norteadoras do ordenamento jurídico e não necessariamente estão expressos na lei. Cláusulas gerais e conceitos jurídicos indeterminados são dispositivos legais com conteúdo propositalmente vago, com o objetivo de permitir maior amplitude em sua incidência, mas não se confundem: as cláusulas gerais não definem o instituto nem a consequência de sua violação (exemplo: art. 421 do CC – função social); por sua vez, os conceitos jurídicos indeterminados não definem o instituto, mas estabelecem a consequência em caso de violação (exemplo: art. 927, parágrafo único, 2ª parte – responsabilidade objetiva por atividade de **risco**). Devemos lembrar que existem diversos entendimentos doutrinários sobre os conceitos de cláusulas gerais e conceitos legais indeterminados; **C:** incorreta. O princípio da operabilidade está relacionado à aplicação concreta da norma. As cláusulas gerais e os conceitos jurídicos indeterminados têm por base o princípio da operabilidade; **D:** incorreta. O legislador contemplou diversos princípios, cláusulas gerais e conceitos jurídicos indeterminados no Código Civil de 2002; **E:** incorreta. O princípio da socialidade representa um limite aos interesses individuais quando presentes interesses da coletividade, mas não se pode afirmar que o direito de propriedade individual deve ceder lugar ao direito de propriedade coletiva.

Gabarito "A"

2.2. Pessoas naturais

2.2.1. Início da personalidade jurídica

(Defensoria Pública/MG – 2006) Acerca do nascituro, é INCORRETO afirmar:

(A) Que, após o nascimento com vida, pode reivindicar ressarcimento por dano moral sofrido enquanto nascituro.
(B) Que é legitimado a suceder, desde que já concebido no momento da abertura da sucessão.
(C) Que pode ser donatário, desde que aceita a doação por seu representante legal.
(D) Que tem direito de propriedade.
(E) Que tem garantia legal de nascer saudável, o que importa em dever legal de atendimento pré e perinatal à gestante.

A: correta. O Superior Tribunal de Justiça já reconheceu o direito do ser humano pleitear dano moral por fato ocorrido quando ainda era nascituro, no caso o atropelamento do pai (REsp 399.028/SP, Rel. Ministro Sálvio de Figueiredo Teixeira, julgado em 26.02.2002); **B:** correta. Legitimam-se a suceder as pessoas nascidas ou já concebidas no momento da abertura da sucessão (art. 1.798 do CC); **C:** correta. A doação feita ao nascituro valerá, sendo aceita pelo seu representante legal (art. 542 do CC); **D:** incorreta. A doutrina reconhece a titularidade de direitos da personalidade pelo nascituro, e não de direitos patrimoniais (ex: o direito de propriedade). Quanto aos direitos patrimoniais, há apenas expectativa de direitos (direitos sob condição suspensiva – nascimento com vida); **E:** correta. É assegurado à gestante, através do Sistema Único de Saúde, o atendimento pré e perinatal (art. 8º da Lei 8.069/1990 - ECA).

Gabarito "D"

(Defensor Público/AC – 2006 – CESPE) Quanto ao assento de nascimento, não é exigência legal que

(A) constem os apelidos de família do pai e da mãe.
(B) conste o sexo do registrando.
(C) constem a data e o local de nascimento.
(D) conste a hora em que o nascimento ocorreu, mesmo que de forma aproximada.

A: correta, pois de acordo com o disposto no art. 54 da Lei 6.015/1973, o assento de nascimento deverá conter, entre outros requisitos, "os nomes e prenomes, a naturalidade, a profissão dos pais, o lugar e cartório onde se casaram, a idade da genitora, do registrando em anos completos, na ocasião do parto, e o domicílio ou a residência do casal", sendo desnecessário constar "os apelidos de família do pai e da mãe". As demais alternativas; B, C e **D:** incorretas, pois apontam requisitos que devem constar no assento de nascimento.

Gabarito "A"

2.2.2. Capacidade jurídica

(Defensor Público/GO – 2010 – I. Cidades) Ainda que maiores de 18 anos, são absolutamente incapazes de exercer pessoalmente os atos da vida civil, devendo ser obrigatoriamente representados,

(A) os que, mesmo por causa transitória, não puderem exprimir sua vontade.
(B) os viciados em tóxicos.
(C) os pródigos.
(D) os excepcionais, sem desenvolvimento mental completo.
(E) os ébrios habituais.

A: correta, pois as pessoas que, mesmo por causa transitória, não puderem exprimir sua vontade (ex: pessoas que estão em coma no hospital) serão consideradas absolutamente incapazes, ainda que maiores de idade (art. 3º, III, do CC); B, C, D e **E:** incorretas, pois as alternativas referem-se aos **relativamente incapazes** (art. 4º do CC).

Gabarito "A"

(Defensoria Pública/MA – 2009 – FCC) A respeito da capacidade de direito, é correto afirmar:

(A) O menor de dezesseis anos é absolutamente incapaz, ao passo que a capacidade de direito plena ocorre somente aos dezoito anos.
(B) Em relação às pessoas físicas, ocorre a partir do nascimento com vida, mas somente se prova com o registro de nascimento.
(C) Em relação às pessoas jurídicas, ocorre a partir do nascimento com vida, mas a lei põe a salvo, desde a concepção, os direitos do nascituro.
(D) O registro civil da pessoa física possui natureza jurídica meramente declaratória, ao passo que, para as pessoas jurídicas, o registro tem efeito constitutivo.
(E) Para o maior de dezoito anos, pode ser afastada mediante ação de interdição, na qual se prove a total falta de discernimento do interditando, quer por doença, quer por mal congênito.

A: incorreta, pois todas as pessoas têm *capacidade de direito / gozo* (aptidão para ser titular de direitos e deveres na ordem civil) desde o momento do nascimento; já a capacidade *fato / exercício ou ação* (aptidão para exercer pessoalmente os atos da vida civil) é, em regra, adquirida a partir da maioridade (18 anos); **B:** incorreta, pois a capacidade de direito das pessoas naturais, apesar de se iniciar com o nascimento com vida, não requer o registro de nascimento como elemento probatório da sua existência; **C:** incorreta, pois a capacidade de direito das pessoas jurídicas se inicia, em geral, com a inscrição de seus atos constitutivos no registro público competente; **D:** correta, pois o início da personalidade da pessoa natural se dá com o nascimento com vida (art. 2º do CC), ao passo que o início da personalidade das pessoas jurídicas se dá com o registro, de maneira que este, no caso da pessoa natural, é meramente declaratório de algo que já aconteceu (*nascimento com vida*), ao passo que no caso da pessoa jurídica o registro é constitutivo de sua personalidade (art. 45 do CC); **E:** incorreta, pois todas as pessoas, sem exceção, têm *capacidade de direito*; no exemplo citado, a pessoa sem discernimento não tem, na verdade, *capacidade de fato*.

Gabarito "D"

(Defensoria Pública/MT – 2009 – FCC) A respeito da capacidade de exercício, é correto afirmar:

(A) O menor de dezoito anos é absolutamente incapaz, ao passo que a capacidade de exercício plena ocorre somente aos vinte e um anos.
(B) Em relação às pessoas físicas, ocorre a partir do nascimento com vida, colocando-se a salvo os direitos dos nascituros desde a concepção.
(C) Em relação às pessoas jurídicas, ocorre a partir do nascimento com vida, mas a lei põe a salvo, desde a concepção, os direitos do nascituro.
(D) Para o maior de dezoito anos, pode ser afastada mediante ação de interdição, na qual se prove a total falta de discernimento do interditando, quer por doença, quer por mal congênito.
(E) Consiste na aptidão para ter direitos e deveres na esfera civil.

A: incorreta. O menor que tiver 16 ou 17 anos é *relativamente incapaz* (art. 4º, I, do CC) e a *capacidade de exercício* (plena) é adquirida, em regra, aos 18 anos. **B:** incorreta, pois é a *capacidade de direito/gozo* que se inicia com o nascimento com vida, e não a *capacidade de fato/exercício/ação*; **C:** incorreta, pois a capacidade em geral das pessoas jurídicas tem início a partir da inscrição de seus atos constitutivos (art. 45 do CC); **D:** correta, pois o maior de 18 anos passa a ter plena *capacidade de exercício*, a qual pode ser afastada se provada a sua falta de discernimento no processo de interdição; **E:** incorreta, pois a definição dada é de *capacidade de direito/gozo*; diversamente, a *capacidade de fato/exercício/ação* é a aptidão para exercer pessoalmente os atos da vida civil.

Gabarito "D"

(Defensoria Pública/PA – 2009 – FCC) A capacidade de fato

(A) não se apura exclusivamente com base no critério etário.
(B) da pessoa natural inicia-se com o nascimento com vida, mas a lei põe a salvo, desde a concepção, os direitos do nascituro.
(C) da pessoa moral inicia-se com o nascimento com vida, mas a lei põe a salvo, desde a concepção, os direitos do nascituro.
(D) é relativa entre os dezesseis e vinte e um anos de idade e absoluta a partir de então.
(E) será absoluta a partir dos dezoito anos incompletos e não é perdida em razão do envelhecimento.

A: correta, pois, o requisito para ter *capacidade de fato/exercício/ação* é o pleno discernimento. A maioridade é tão só uma presunção legal relativa de que a pessoa que completou dezoito anos tem pleno discernimento; **B:** incorreta, pois o que inicia com o nascimento com vida é a *personalidade jurídica* e a *capacidade de direito/gozo*, lembrando que para Pontes de Miranda os institutos são sinônimos; **C:** incorreta, pois a pessoa moral (pessoa jurídica) passa a ter capacidade em geral com o registro de seus atos constitutivos (art. 45 do CC); **D:** incorreta, pois entre 16 e 18 anos a pessoa é relativamente incapaz e já pode praticar alguns atos da vida civil (ex: ser testemunha, ser mandatário, fazer testamento etc.). Completando 18 anos passa à condição de plenamente capaz; **E:** incorreta, pois a capacidade de fato será *plena* ou *absoluta*, em regra, a partir dos 18 anos completos; quanto ao envelhecimento, este, por si só, não é causa de perda da capacidade de fato.

Gabarito "A"

(Defensor Público/BA – 2006) Analise os artigos do Código Civil, apresentados a seguir:

I. A personalidade civil da pessoa começa do nascimento com vida; mas a lei põe a salvo, desde a concepção, os direitos do nascituro.

II. São absolutamente capazes de exercer pessoalmente os atos da vida civil: os maiores de dezesseis anos; os que, mesmo por causa transitória, não puderem exprimir sua vontade.

III. São incapazes, relativamente a certos atos, ou à maneira de os exercer: os maiores de dezesseis e menores de dezoito anos; os ébrios habituais, os viciados em tóxicos, e os que, por deficiência mental, tenham o discernimento reduzido; os excepcionais, sem desenvolvimento mental completo; os pródigos.

IV. A capacidade dos índios será regulada por legislação geral ou comum.

V. A menoridade cessa aos vinte e um anos completos, quando a pessoa fica habilitada à prática de todos os atos da vida civil.

Pode-se afirmar que:

(A) Apenas o I e III estão corretos.
(B) Apenas o IV está correto.
(C) Apenas o V está correto.
(D) Todos estão corretos.
(E) Todos estão incorretos.

I: correta. Alternativa reflete o disposto no art. 2º do CC; **II:** incorreta. Os maiores de dezesseis anos e menores de dezoito anos são relativamente incapazes (art. 4º, I, do CC) e os que, mesmo por causa transitória, não puderem exprimir sua vontade, são absolutamente incapazes (art. 3º, III, do CC); **III:** correta, a alternativa reflete todas as hipóteses de incapacidade relativa previstas no art. 4º do CC; **IV:** incorreta. Segundo disposto no art. 4º, parágrafo único, do CC, a capacidade dos índios será regulada por legislação **especial** – no caso, o Estatuto do Índio (Lei 6.001/1973); **V:** incorreta, pois a menoridade, segundo disposto no art. 5º, *caput*, do CC, cessa aos **dezoito anos** completos.

Gabarito "A"

(Defensoria Pública/MT – 2006) Acerca da incapacidade, prevista no Código Civil, assinale a afirmativa incorreta.

(A) A incapacidade relativa diz respeito àqueles que podem praticar por si os atos da vida civil, desde que assistidos por quem o direito encarregar desse ofício, seja em razão de parentesco, de relação de ordem civil ou de designação judicial.
(B) Há atos que podem ser praticados pelo relativamente incapaz, livremente, sem autorização.
(C) Os alcoólatras que sofram redução de sua capacidade de entendimento somente poderão praticar atos, na vida civil, com assistência de curador, desde que interditos.
(D) Cessa, para os menores, a incapacidade, pela concessão dos pais, ou de um deles na falta do outro, mediante instrumento particular, independentemente de homologação judicial, ou por sentença do juiz, ouvido o tutor, se o menor tiver dezesseis anos completos.
(E) O casamento, a fixação do domicílio do casal, a autorização para que seus filhos menores contraiam matrimônio, são atos da vida civil que poderão ser validamente praticados pelos pródigos.

A: correta. Os relativamente incapazes podem praticar os atos da vida civil desde que assistidos por seus pais, tutores ou curadores; **B:** correta, pois o relativamente incapaz pode ser testemunha (art. 225, I, CC), ser mandatário (art. 666 do CC) ou fazer testamento (art. 1.860, parágrafo único, CC) independentemente de autorização; **C:** correta, pois caso os dependentes de álcool sofram redução de seu discernimento serão considerados relativamente incapazes (art. 4º, II, do CC), devendo ser assistidos nos atos da vida civil por curador designado em processo de interdição; **D:** incorreta. A emancipação voluntária (por concessão dos pais) dever ser realizada mediante escritura pública e não por instrumento particular (art. 5º, parágrafo único, I, do CC); **E:** correta, pois tais atos não estão dentre aqueles relacionados no art. 1.782 do CC.

Gabarito "D"

(Defensoria Pública/SP – 2006 – FCC) Com relação à capacidade civil, é hipótese correta:

(A) Menor entre 16 e 18 anos, por ser relativamente incapaz, não pode ser interditado.
(B) Menor com 16 anos fez testamento, por instrumento público, deixando todos os seus bens para a mãe. Faleceu aos 25 anos, solteiro, sem filhos, deixando vivos pai e mãe. Em razão do testamento, com sua morte, todos os seus bens irão para a mãe, após o regular processamento do testamento.
(C) Decretada a interdição do pródigo, fica o mesmo impossibilitado de praticar atos da vida civil e, portanto, está proibido de contrair matrimônio.
(D) São relativamente incapazes os ébrios eventuais e os pródigos.
(E) Um viúvo, pai de dois filhos menores, é interditado. Com a incapacidade do pai e sua consequente interdição, os filhos menores serão representados pelo Curador do pai, automaticamente.

A: incorreta. O menor entre 16 e 18 anos pode ser interditado em duas hipóteses: i) se era emancipado mas perdeu o discernimento em razão de algum fato posterior (ex: menor casado sofre um acidente de trânsito e perde o discernimento); e ii) se possui doença ou deficiência mental grave (a interdição estabelecerá uma proteção maior); **B:** incorreta. Embora o testamento seja válido quando celebrado por menor com 16 anos de idade (art. 1.860, parágrafo único, do CC), no caso deverá ser considerado inválido, pois não respeitou a legítima dos herdeiros necessários (pai e mãe) (art. 1.857, § 1º, do CC); **C:** incorreta, pois o casamento não está vedado pelo art. 1.782 do CC; todavia, eventual pacto antenupcial que se deseje fazer, dependerá de assistência; **D:** incorreta, pois a lei considera apenas os ébrios *habituais e não os eventuais como relativamente incapazes* (art. 4º, II, do CC); **E:** correta. Está de acordo com o art. 1.778 do CC.

Gabarito "E"

2.2.3. Emancipação

Atenção: Para responder as próximas três questõe, considere o caso abaixo.

Menor de 17 anos, por culpa, lesiona pessoa capaz, causando danos materiais. Reside com o pai e é órfão de mãe.

(Defensor Público/AM – 2013 – FCC) Considerando que o menor não é emancipado, ele

(A) jamais responderá pelos prejuízos, por ser incapaz.
(B) responderá subsidiariamente pela totalidade dos prejuízos, caso o pai não disponha de meios suficientes.
(C) responderá subsidiária e equitativamente pelos prejuízos, caso o pai não disponha de meios suficientes.
(D) responderá solidariamente pela totalidade dos prejuízos.
(E) responderá solidária e equitativamente pelos prejuízos.

A: incorreta, pois segundo o art. 928 do CC, o incapaz pode ser responsabilizado pelos danos que causar; **B:** incorreta, pois segundo o parágrafo único do art. 928 do CC o incapaz responderá equitativamente pelos danos que causar, caso o responsável não possua meios de fazê-lo, não podendo privá-lo do necessário, nem as pessoas que dele dependam; **C:** correta, pois está em conformidade com o art. 928 do CC; **D:** incorreta, pois sua responsabilidade é subsidiária (não solidária) e a indenização deve ser fixada com base na equidade (não necessariamente responderá pela totalidade do prejuízo); **E:** incorreta, pois a responsabilidade dos incapazes é subsidiária e não solidária como apontado.

Gabarito "C"

(Defensor Público/AM – 2013 – FCC) Considerando que o menor não é emancipado, o pai

(A) não responderá pelos prejuízos se o filho dispuser de meios suficientes.
(B) responderá direta e objetivamente pelos prejuízos que o filho houver causado.
(C) responderá direta e subjetivamente pelos prejuízos que o filho houver causado.
(D) responderá subsidiária e objetivamente pelos prejuízos que o filho houver causado.
(E) responderá subsidiária e subjetivamente pelos prejuízos que o filho houver causado.

A responsabilidade dos pais em ralação aos filhos menores que estiverem sob sua guarda ou companhia é direta e objetiva, portanto respondem mesmo que não haja culpa de sua parte, conforme arts. 932 e 933 do Código Civil. Não é demais lembrar que a responsabilidade objetiva prevista no artigo 932 é do tipo complexa - não precisa ser provada a culpa do responsável, mas deve ser provada a culpa do agente (ex: filho menor).

Gabarito "B"

(Defensor Público/AM – 2013 – FCC) Considerando que o menor foi emancipado, por ato voluntário do pai,

(A) o filho responderá sozinho pelos prejuízos.
(B) pai e filho responderão solidária e equitativamente pelos prejuízos.
(C) o pai responderá sozinho pela totalidade dos prejuízos.
(D) pai e filho responderão solidariamente pela totalidade dos prejuízos.
(E) o filho responderá sozinho, mas equitativamente, pelos prejuízos.

Há entendimento do STJ no sentido de que os pais continuam responsáveis pelos atos praticados pelo menor de idade emancipado voluntariamente (AgRg no Ag 1.239.557/RJ, Rel. Min. Maria Isabel Gallotti, julgado em 09/10/2012). Também neste sentido o Enunciado 41 da I Jornada de Direito Civil do Conselho da Justiça Federal dispõe que "a única hipótese em que poderá haver responsabilidade solidária do menor de 18 anos com seus pais é ter sido emancipado nos termos do art. 5º, parágrafo único, inc. I, do novo Código Civil".

Gabarito "D"

(Defensor Público/BA – 2006) Analise os artigos do Código Civil e responda:

I. Cessará, para os menores, a incapacidade: pela concessão dos pais manifestada conjuntamente em instrumento público, independentemente de homologação judicial, ou por sentença do juiz, ouvido o tutor, se o menor tiver dezesseis anos completos.
II. Cessará, para os menores, a incapacidade pelo casamento.
III. Cessará, para os menores, a incapacidade pelo exercício de emprego público efetivo.
IV. Cessará, para os menores, a incapacidade pela colação de grau em curso de ensino superior.
V. Cessará, para os menores, a incapacidade pelo estabelecimento civil ou comercial, ou pela existência de relação de emprego, desde que, em função deles, o menor com dezesseis anos completos tenha economia própria.

(A) Apenas I, III e V estão corretos.
(B) Apenas I está incorreto.
(C) Apenas II, III, IV e V estão incorretos.
(D) Todos estão corretos.
(E) Todos estão incorretos.

I: incorreta. Esta alternativa foi gabaritada como incorreta, apenas por não reproduzir integralmente, os termos do art. 5º, parágrafo único, I, do **CC:** cessará, para o menor, a incapacidade "pela concessão dos pais, **ou de um deles na falta do outro**, mediante instrumento público, independentemente de homologação judicial, ou por sentença do juiz, ouvido o tutor, se o menor tiver dezesseis anos completos". Tecnicamente, a assertiva está correta, pois, em regra, a emancipação deve ser realizada por ambos os pais; **II:** correta, pois a alternativa reflete o disposto no art. 5º, parágrafo único, II, do CC; **III:** correta, pois a alternativa reflete o disposto no art. 5º, parágrafo único, III, do CC; **IV:** correta, pois a alternativa reflete o disposto no art. 5º, parágrafo único, IV, do CC; **V:** correta, pois a alternativa reflete o disposto no art. 5º, parágrafo único, V, do CC.

Gabarito "B"

2.2.4. Direitos da personalidade

(Defensor Público/AM – 2010 – I. Cidades) Os direitos de personalidade ganham expressão no direito contemporâneo como consectário da afirmação histórica dos direitos humanos. Sobre esses direitos é correto afirmar:

(A) os direitos da personalidade são absolutamente indisponíveis, intransmissíveis e irrenunciáveis, não podendo seu exercício sofrer limitação voluntária.
(B) até mesmo o morto é titular desses direitos e, devidamente representado, tem legitimação para reclamar perdas e danos por violação dos seus direitos.
(C) somente a pessoa natural é titular desses direitos, podendo dispor do próprio corpo, vendendo órgãos ou membros dele, considerado o princípio da autonomia privada.
(D) o direito à intimidade da vida privada é inviolável, estando o juiz impedido de adotar medidas para impedir ou fazer cessar o ato de violação, resolvendo-se em perdas e danos.
(E) são atributos específicos da personalidade e seu titular não pode ser constrangido a submeter-se, com risco de vida, a tratamento médico ou intervenção cirúrgica.

A: incorreta. Os direitos da personalidade são intransmissíveis e irrenunciáveis, mas são relativamente disponíveis. Exemplo: não é possível transmitir ou renunciar o direito à imagem, mas seu titular pode realizar a cessão de uso do direito de imagem de forma temporária, gratuita ou onerosamente (art. 11 do CC); **B:** incorreta. A personalidade jurídica e os direitos da personalidade são extintos com a morte (art. 6º do CC), mas os familiares do morto têm legitimidade para reclamar em nome próprio indenização por dano moral em caso de ofensa dirigida ao morto (*dano moral reflexo ou em ricochete* – art. 12, parágrafo único, CC); **C:** incorreta, pois as *pessoas jurídicas* também são titulares de direitos da personalidade, no que couber (art. 52 do CC). Ademais, não é possível vender órgãos e membros do corpo humano (art. 9º da Lei 9.434/1997); **D:** incorreta. O *juiz pode* adotar medidas para impedir ou fazer cessar o ato de violação à intimidade e à vida priva (art. 21 do CC); **E:** correta. Ninguém pode ser constrangido a submeter--se, com risco de vida, a tratamento médico ou a intervenção cirúrgica. (art. 15 do CC).

Gabarito "E"

(Defensoria Pública/MA – 2009 – FCC) Os direitos de personalidade são direitos subjetivos

(A) intransmissíveis e irrenunciáveis em qualquer hipótese, não podendo o seu exercício sofrer limitação voluntária.
(B) intransmissíveis e irrenunciáveis, embora excepcionalmente o seu exercício possa sofrer limitação voluntária, mesmo sem expressa previsão legal.
(C) e, por essa razão, é defeso o ato de disposição do próprio corpo, em qualquer hipótese, quando importar diminuição permanente da integridade física, ou contrariar os bons costumes.
(D) fundamentais, razão pela qual a vida privada da pessoa natural é inviolável, e o juiz, a requerimento do interessado, adotará as providências necessárias para impedir ou fazer cessar ato contrário a esta norma.
(E) fundamentais, razão pela qual é válida, com objetivo científico, ou altruístico, a disposição onerosa do próprio corpo, no todo ou em parte, para depois da morte.

A e **B:** incorretas. Com *exceção dos casos previstos em lei*, os direitos da personalidade são intransmissíveis e irrenunciáveis, não podendo o seu exercício sofrer limitação voluntária (art. 11 do CC); **C:** incorreta. Salvo por exigência médica, é defeso o ato de disposição do próprio corpo, quando importar diminuição permanente da integridade física, ou contrariar os bons costumes (art. 13 do CC); **D:** correta. Todos os direitos da personalidade são direitos fundamentais e o restante da assertiva está de acordo com o disposto no art. 21 do CC; **E:** incorreta. O direito brasileiro apenas admite a disposição gratuita do corpo ou partes dele (art. 14 do CC e art. 9º da Lei 9.434/1997).

Gabarito "D"

(Defensor Público/RO – 2007) O ato de disposição do próprio corpo com objetivo científico ou altruístico somente pode ser reputado válido se for nas seguintes condições:

(A) espontâneo e honorífico.
(B) sem ônus e autoaplicável.
(C) sinalagmático e *post mortem*.
(D) gratuito e para depois da morte.
(E) oneroso e com eficácia *inter vivos*.

D: correta, é válida, com objetivo científico, ou altruístico, a disposição gratuita do próprio corpo, no todo ou em parte, para depois da morte (art. 14, *caput*, do CC). Em vida, apenas é possível a disposição gratuita, para fins de *transplante*, de *partes* do corpo humano regeneráveis e de um dos rins (art. 13, parágrafo único, do CC e Lei 9.434/1997).

Gabarito "D"

(Defensoria Pública/SP – 2007 – FCC) Princípio que consagra o direito da pessoa capaz, de manifestar sua vontade e de dispor gratuitamente do próprio corpo, no todo ou em parte, após a sua morte, com objetivo científico ou terapêutico é chamado pela doutrina de princípio

(A) da beneficência altruísta.
(B) do consenso beneficente.

(C) do consenso afirmativo.
(D) do consentimento válido.
(E) da autonomia de vontade.

O art. 14 do CC consagra o princípio do consenso afirmativo (*affirmative consent*), ao dispor que é válida, com objetivo científico, ou altruístico, a disposição gratuita do próprio corpo, no todo ou em parte, para depois da morte. Para que os órgãos sejam doados *post mortem* é necessária manifestação de vontade expressa pelo falecido, ou em caso de omissão, de seus familiares (art. 4º da Lei 9.434/1997 - Lei de Transplantes).

Gabarito "C"

(Defensor Público/BA – 2006) No que concerne aos "direitos da personalidade", a legislação vigente dispõe que:

I. Todos os direitos da personalidade, sem qualquer exceção são intransmissíveis e irrenunciáveis, podendo apenas o seu exercício sofrer limitação voluntária.
II. Pode-se apenas exigir que cesse a lesão, a direito da personalidade, e reclamar perdas e danos, sem prejuízo de outras sanções previstas em lei. A mera ameaça a direitos de personalidade não resta protegida pela legislação.
III. É absolutamente defeso o ato de disposição do próprio corpo, quando importar diminuição permanente da integridade física, ou contrariar os bons costumes, ainda que haja pronunciamento médico favorável.
IV. É válida, com objetivo científico, ou altruístico, a disposição gratuita ou paga do próprio corpo, no todo ou em parte, para depois da morte.
V. O testamento vital é aceito pela legislação brasileira nos termos do Código Civil fundado no princípio da dignidade humana e no art. 15 do citado diploma legal ao dispor que "Ninguém pode ser constrangido a submeter-se, com risco de vida, a tratamento médico ou a intervenção cirúrgica".

Analisando as assertivas acima, verifica-se que:

(A) Apenas I e III estão corretas.
(B) Apenas IV e V estão corretas.
(C) Apenas a V está incorreta.
(D) Todas estão corretas.
(E) Todas estão incorretas.

I: incorreta, pois, nos casos previstos em lei, essa regra cede, conforme o disposto no art. 11 do CC; **II:** incorreta, pois também pode se exigir que cesse a ameaça (art. 12, *caput*, do CC); **III:** incorreta, pois em caso de exigência médica essa disposição é possível (art. 13, *caput*, do CC); **IV:** incorreta, pois só é válida a disposição gratuita (art. 14, *caput*, do CC); **V:** incorreta, pois o testamento vital não é aceito integralmente pela legislação brasileira; esse testamento consiste na declaração realizada por uma pessoa ainda lúcida, com diretrizes antecipadas quanto aos tratamentos e cuidados que o paciente deseja ter, a serem levadas em conta quando, por causa de uma doença, já não seja possível ao paciente expressar a sua vontade; ocorre que o art. 15 do Código Civil impede que o paciente se oponha apenas a tratamento ou intervenção cirúrgica que o submeta a risco de vida, de modo que não há como dizer que esse testamento é aceito totalmente pela legislação brasileira.

Gabarito "E"

(Defensoria Pública/MT – 2006) Os direitos da personalidade são considerados

(A) limitados.
(B) prescritíveis.
(C) absolutos.
(D) transmissíveis.
(E) disponíveis.

Os direitos da personalidade são: **a) absolutos:** *oponíveis contra todos* (*erga omnes*); esses direitos geram dever de abstenção por parte de cada um de nós e também por parte do Estado; **b) intransmissíveis:** *não passíveis de cessão à esfera jurídica de outrem*; é importante destacar que a *titularidade* do direito é que não pode ser transmitida. O *exercício* do direito, todavia, pode ser transferido. Ex: o autor de um livro pode transmitir a uma editora o direito de publicar a obra; **c) irrenunciáveis:** *não são passíveis de rejeição por parte de seu titular*; **d) indisponíveis:** *não são passíveis de se abrir mão, de disposição*. Essa regra, na verdade, engloba as duas anteriores; **e) ilimitados:** *abrangem interesses imanentes ao ser humano, ainda que não mencionados expressamente pela lei ou que não identificados pela ciência*; **f) imprescritíveis:** *não são passíveis de perda pelo decurso do tempo*; **g) impenhoráveis:** *não são passíveis de constrição judicial*; **h) inexpropriáveis:** *não são passíveis de desapropriação*; **i) vitalícios:** *acompanham a pessoa até a sua morte*; alguns direitos, inclusive, são resguardados mesmo depois da morte, como o respeito ao corpo do morto, à sua honra e à sua memória, bem como os direitos morais do autor.

Gabarito "C"

2.2.5. Fim da personalidade jurídica - morte

(Defensor Público/RO – 2007) Após a arrecadação dos bens do ausente, o prazo, em anos, e a respectiva condição para que os interessados requeiram a declaração e a abertura da sucessão provisória são:

(A) 5 / existindo procurador ou representante.
(B) 4 / existindo procurador com poderes especiais.
(C) 1 / salvo existindo representante ou procurador.
(D) 2 / mesmo existindo representante com poderes específicos.
(E) 3 / independentemente de existir procurador ou representante.

Decorrido *um ano* da arrecadação dos bens do ausente, ou, *se ele deixou representante ou procurador, em se passando três anos*, poderão os interessados requerer que se declare a ausência e se abra provisoriamente a sucessão (art. 26 do CC).

Gabarito "C"

(Defensoria Pública/SP – 2007 – FCC) João, solteiro e sem ascendentes ou descendentes, desapareceu de seu domicilio há 06 meses e não há notícias de seu paradeiro. Não deixou representante ou procurador para a administração dos seus bens. À luz do Direito vigente, é correto afirmar:

(A) O requerimento de ausência só poderá ser formulado por parente até o terceiro grau ou pelo Ministério Público.
(B) Será nomeado um curador pelo juiz para gerir a pessoa do ausente e seus bens.
(C) O curador, nomeado pelo juiz, prosseguirá como representante legal da herança, mesmo aparecendo herdeiros.
(D) Em se passando 2 (dois) anos, poderão os interessados requerer a declaração de ausência, abrindo-se provisoriamente a sucessão.
(E) Poderá ser declarada a sucessão definitiva de João, 10 (dez) anos após transitada em julgado a sentença que concedeu a sucessão provisória.

A: incorreta. O requerimento pode ser feito por qualquer interessado ou pelo Ministério Público (art. 22 do CC); **B:** incorreta. A curadoria da ausência é apenas dos bens (*cura rei*) e não da pessoa (*cura personae*), como ocorre com a interdição (art. 22 do CC); **C:** incorreta. Havendo herdeiros deve ser promovida a sucessão provisória e depois a definitiva. Como a atividade do curador é restrita à primeira fase da ausência (curadoria dos bens do ausente), com a abertura da segunda fase (sucessão provisória) deve ser nomeado um inventariante para representar os herdeiros no inventário; **D:** incorreta. Decorrido *um ano* da arrecadação dos bens do ausente, ou, se ele deixou representante ou procurador, em se passando *três anos*, poderão os interessados requerer que se declare a ausência e se abra provisoriamente a sucessão (art. 26 do CC); **E:** correta, está conforme o art. 37 do CC.

Gabarito "E"

(Defensoria Pública/RN – 2006) É correto afirmar sobre a ausência nos termos do Código Civil que

(A) o cônjuge do ausente será sempre o legítimo curador ainda que separado de fato por mais de dois anos antes da declaração de ausência.
(B) não se declarará a ausência da pessoa que deixar mandatário, ainda que este não queira exercer o mandato, oportunidade na qual poderá o juiz, a requerimento, designar outro mandatário.
(C) não sendo requerida no prazo legal a sucessão definitiva, os bens do ausente passarão ao domínio dos Municípios se localizados nas respectivas circunscrições.
(D) a sucessão definitiva poderá ser decretada desde logo, independente de sucessão provisória, quando o ausente contar com mais de oitenta anos de idade.

A: incorreta. O cônjuge do ausente, sempre que *não esteja separado* judicialmente, ou de fato por *mais de dois anos* antes da declaração da ausência, será o seu legítimo curador (art. 25 do CC); **B:** incorreta. Também será declarada a ausência na hipótese em que o mandatário não quiser exercer o mandato (art. 23 do CC); **C:** correta, conforme o art. 39, parágrafo único, do CC; **D:** incorreta. Pode-se requerer a sucessão definitiva, também, provando-se que o ausente conta oitenta anos de idade, *e que de cinco datam as últimas notícias dele* (art. 38 do CC).

Gabarito "C"

(Defensor Público/AC – 2006 – CESPE) Francisca, viúva, que vivia sob a dependência econômica de seu único filho, Mário, detentor de um pequeno patrimônio, narra que ele viajava em uma embarcação, entre dois municípios do Acre, quando o barco naufragou, em janeiro de 2003. Diz, ainda, que seu filho não se encontrava entre os sobreviventes, nem tampouco o seu corpo foi resgatado pelas equipes de busca e salvamento, que, quando encerraram os trabalhos, declararam desaparecidos 10 passageiros, entre eles Mário.

Assinale a opção correta, tendo como base a legislação pertinente à situação hipotética acima apresentada.

(A) É correto que Francisca entre com ação esperando que, com base no art. 7.º do novo Código Civil, o juiz declare a morte de Mário, pois, no momento do referido naufrágio, este se encontrava em iminente risco de morte.

(B) Não havendo certeza da morte nem do paradeiro de Mário, teria fundamentos jurídicos a ação que pedisse que Mário fosse declarado ausente e Francisca fosse nomeada curadora do patrimônio de seu filho.

(C) Com base na morte presumida de Mário, haveria previsão legal para ação em que Francisca entrasse com pedido de sucessão provisória dos bens de seu filho.

(D) Do ponto de vista legal, a ação mais adequada na situação em apreço, quanto à sua eficácia, seria aguardar o prazo para que fosse requerida a usucapião sobre os bens do desaparecido.

A: correta. A hipótese narrada no enunciado se enquadra como morte presumida sem decretação de ausência, regulada pelo art. 7º, inc. I, do Código Civil: "Pode ser declarada a morte presumida, sem decretação de ausência: I - se for extremamente provável a morte de quem estava em perigo de vida"; **B:** incorreta. Como a pessoa se encontrava em situação de iminente risco de vida não é necessário o procedimento de ausência (morte presumida com decretação de ausência), bastando o procedimento de justificação (morte presumida sem decretação de ausência); **C:** incorreta. O pedido de sucessão provisória é uma fase do procedimento de ausência, inaplicável à hipótese; **D:** incorreta. A usucapião é uma medida adotada em caráter excepcional nas questões sucessórias. No caso, a ação mais adequada é o procedimento de justificação.

Gabarito "A".

(Defensoria Pública/RN – 2006) Examine as assertivas abaixo

I. Os direitos do nascituro são ressalvados desde a concepção.

II. É relativamente incapaz aquele que por causa transitória não puder exprimir sua vontade.

III. A morte presumida não pode ser declarada sem a decretação da ausência.

IV. Cessará a menoridade pela autorização de um dos pais, na ausência do outro, em documento público, independente de homologação judicial.

V. São registrados no registro público os casamentos e os divórcios.

Estão corretos os itens

(A) I e III.

(B) I e IV.

(C) IV e V.

(D) III e IV.

I: correta. "A personalidade civil da pessoa começa do nascimento com vida; mas a lei põe a salvo, desde a concepção, os direitos do nascituro" (art. 2º do CC); **II:** incorreta. A pessoa que não puder exprimir sua vontade, ainda que por causa transitória é considerada absolutamente incapaz (art. 3º, III, do CC); **III:** incorreta. A morte presumida pode ser declarada sem ausência nas hipóteses previstas no art. 7º do Código Civil; **IV:** correta. A emancipação voluntária é aquela concedida por ambos os pais, ou por um deles na falta do outro, mediante instrumento público, independentemente de homologação judicial (art. 5º, parágrafo único, I, do CC); **V:** incorreta, os casamentos celebrados devem ser registrados (art. 9º, I, CC) e os divórcios realizados devem ser averbados (art. 10, I, do CC).

Gabarito "B".

2.3. Pessoas jurídicas

2.3.1. Regras gerais

(Defensor Público/SE – 2012 – CESPE) Com relação às pessoas jurídicas de direito privado, assinale a opção correta.

(A) Se for coletiva a administração das referidas pessoas jurídicas, as decisões devem ser tomadas pela maioria de votos dos presentes, ainda que o ato constitutivo disponha de modo diverso.

(B) O direito de anular a constituição da pessoa jurídica de direito privado por defeito do ato constitutivo decai no prazo de cinco anos, contado da publicação do ato de inscrição no órgão competente.

(C) De acordo com a doutrina, os partidos políticos, por funcionarem e por serem organizados conforme o disposto em lei específica, não são considerados pessoas jurídicas de direito privado.

(D) As pessoas jurídicas podem ser titulares de direitos da personalidade.

(E) A existência legal dessas pessoas jurídicas inicia-se com a inscrição do seu ato constitutivo na junta comercial, vedada a exigência de registro, autorização ou aprovação do poder público.

A: incorreta. Quando for coletiva a administração da pessoa jurídica, as decisões serão tomadas pela maioria de votos dos presentes, salvo se o ato constitutivo dispuser de modo diverso (art. 48 do CC); **B:** incorreta. O prazo decadencial é de três anos (art. 45, parágrafo único, do CC); **C:** incorreta. O Código Civil inseriu os partidos políticos no rol de pessoas jurídicas de direito privado do artigo 44; **D:** correta. Conforme o art. 52 do Código Civil, "aplicar-se-á no que couber, a proteção dos direitos da personalidade à pessoa jurídica". Este também é o entendimento majoritário na doutrina e na jurisprudência do STJ; **E:** incorreta. A existência legal da pessoa jurídica de direito privado começa com a inscrição do ato constitutivo no respectivo registro, precedida, quando necessário, de autorização ou aprovação do Poder Executivo (art. 45 do CC). Nas juntas comerciais devem ser registrados os contratos sociais das sociedades empresárias.

Gabarito "D".

(Defensor Público/RS – 2011 – FCC) Pessoas jurídicas de direito privado, seu processo de personificação e desconsideração de sua personalidade jurídica.

(A) Não se aplica às pessoas jurídicas a proteção dos direitos da personalidade.

(B) A existência legal das pessoas jurídicas de direito privado começa com a inscrição do ato constitutivo no respectivo registro, sendo exigível, em regra, autorização estatal para a sua criação e personificação.

(C) Nos termos do Código Civil, a desconsideração da personalidade jurídica exige a comprovação de fraude ou abuso de direito, sendo prescindível, nesses casos, a demonstração de insolvência da pessoa jurídica, mas necessária a prova da má-fé do sócio gestor.

(D) É cabível a desconsideração da personalidade jurídica "inversa", visando a alcançar bens de sócio que se valeu da pessoa jurídica para ocultar ou desviar bens pessoais, com prejuízo a terceiros.

(E) A teoria da desconsideração da personalidade jurídica não alcança as pessoas jurídicas de direito privado sem fins lucrativos ou de fins não econômicos.

A: incorreta. Às pessoas jurídicas aplica-se, no que couber, a proteção dos direitos da personalidade (art. 52 do CC); **B:** incorreta. A existência legal das pessoas jurídicas de direito privado começa com a inscrição do ato constitutivo no respectivo registro, mas, em regra, não é exigível autorização estatal para sua criação (art. 45 do CC); **C:** incorreta. Não é necessária a prova de fraude nem de má-fé do sócio-gestor para que seja decretada a desconsideração. Nos termos do art. 50 do CC é necessário que ocorra abuso da personalidade, caracterizado quando há desvio de finalidade (hipótese em que a entidade pratica atos outros que não correspondem ao objeto de sua atividade) ou confusão patrimonial (situação na qual, no plano dos fatos, não há separação entre o patrimônio do sócio e o da pessoa jurídica); **D:** correta. Nos termos do Enunciado 283 da IV Jornada de Direito Civil do Conselho da Justiça Federal, "é cabível a desconsideração da personalidade denominada inversa para alcançar bens de sócio que se valeu da pessoa jurídica para ocultar ou desviar bens pessoais, com prejuízo de terceiros"; **E:** incorreta; de acordo com o Enunciado 284 da mesma Jornada: "As pessoas jurídicas de direito privado sem fins lucrativos ou de fins não econômicos estão abrangidas no conceito de abuso da personalidade jurídica".

Gabarito "D".

(Defensoria Pública/MG – 2006) Acerca das pessoas jurídicas e entes despersonalizados é INCORRETO afirmar

(A) Que as fundações podem ser criadas por atos *inter vivos* ou *causa mortis*.
(B) Que as pessoas jurídicas podem sofrer dano moral.
(C) Que, nas sociedades cujos atos constitutivos não foram registrados, a responsabilidade do sócio é limitada.
(D) Que o espólio pode ser parte em negócios jurídicos.
(E) Que o registro de pessoas jurídicas é constitutivo de personalidade.

A: correta. As fundações podem ser criadas em vida mediante escritura pública, ou após a morte, mediante testamento (art. 62 do CC); **B:** correta. De acordo com a Súmula 227 do STJ, as pessoas jurídicas podem sofrer dano moral; **C:** incorreta, pois a sociedade só adquire personalidade jurídica com a inscrição no registro próprio (art. 985 do CC), de modo que, antes do registro, os sócios respondem ilimitadamente (art. 986 e 990 do CC); **D:** correta. Embora o espólio seja um ente despersonalizado, tem aptidão para a prática de certos atos e negócios jurídicos; **E:** correta, conforme os arts. 45 e 985 do CC.

Gabarito "C".

(Defensoria Pública/MT – 2006) Acerca das pessoas jurídicas, assinale a afirmativa incorreta.

(A) Havendo defeito no ato constitutivo de pessoa jurídica de direito privado, pode-se desconstituí-la dentro do prazo decadencial de cinco anos, contado da publicação de sua inscrição no registro ou a partir do registro, nas hipóteses em que não for exigida a publicação.
(B) Os Estados estrangeiros e todas as pessoas que forem regidas pelo direito internacional público são pessoas jurídicas de direito público externo.
(C) A criação, a organização, a estruturação interna e o funcionamento das organizações religiosas são livres, sendo defeso ao poder público negar-lhes reconhecimento ou registro dos atos constitutivos e necessários ao seu funcionamento.
(D) Os atos dos administradores, exercidos nos limites de seus poderes definidos no ato constitutivo, obrigam a pessoa jurídica.
(E) Se vier a faltar a administração da pessoa jurídica, o juiz, a requerimento de qualquer interessado, nomear-lhe-á administrador provisório.

A: incorreta. Decai em *três anos* o direito de anular a constituição das pessoas jurídicas de direito privado, por defeito do ato respectivo, contado o prazo da publicação de sua inscrição no registro (art. 45, parágrafo único, do CC); **B:** correta, de acordo com o art. 42 do CC; **C:** correta, de acordo com o art. 44, § 1º, do CC; **D:** correta, de acordo com o art. 47 do CC; **E:** correta, de acordo com o art. 49 do CC.

Gabarito "A".

2.3.2. Classificações da pessoa jurídica

(Defensor Público/GO – 2010 – I. Cidades) O art. 45 do Código Civil, diz textualmente "Começa a existência legal das pessoas jurídicas de direito privado com a inscrição do ato constitutivo no respectivo registro, precedida, quando necessário, de autorização ou aprovação do Poder Executivo, averbando-se no registro todas as alterações por que passar o ato constitutivo". Porém, mesmo sendo registrados, são desprovidos(das) de personalidade jurídica

(A) as associações.
(B) as fundações.
(C) as organizações religiosas.
(D) os condomínios edilícios.
(E) os partidos políticos.

Dentre todas as entidades elencadas nas alternativas, o condomínio edilício é a única que não figura no rol das pessoas jurídicas de direito privado previsto no art. 44 do CC. Para concursos recomendamos, portanto, que seja gabaritado que o condomínio edilício não é pessoa jurídica. Contudo, devemos alertar que na doutrina o tema é controverso tanto que há Enunciado do CJF dispondo que "deve ser reconhecida personalidade jurídica ao condomínio edilício" (Enunciado 90, alterado pelo Enunciado 246).

Gabarito "D".

(Defensor Público/CE – 2007 – CESPE) Sobre as normas do Código Civil atinentes aos bens e às pessoas jurídicas, julgue os itens a seguir.

(1) As pessoas jurídicas de direito privado adquirem sua existência própria com a assinatura de seu ato constitutivo. Esse ato constitutivo deverá revestir-se de forma pública, por instrumento público ou por testamento, salvo quando se tratar de fundações de direito público, que são criadas por lei.
(2) As sociedades são pessoas jurídicas de direito privado, mesmo que tenham como sócios ou acionistas entes de direito público interno.

1: incorreta, pois a existência legal das pessoas jurídicas de direito privado se inicia com a inscrição do ato constitutivo no respectivo registro, precedida, quando necessário, de autorização ou aprovação do Poder Executivo. Apenas para constituição das fundações é exigida a escritura pública ou testamento (art. 62 do CC); **2:** correta, nos termos do art. 5º, III, do Dec.-lei 200/1967, considera-se sociedade de economia mista "a entidade dotada de *personalidade jurídica de direito privado*, criada por lei para a exploração de atividade econômica, sob a forma de sociedade anônima, cujas ações com direito a voto pertençam em sua maioria à União ou a entidade da Administração Indireta".

Gabarito 1E, 2C

(Defensor Público/BA – 2006) Relativamente ao tema das pessoas jurídicas, pode-se asseverar que:

I. As pessoas jurídicas são de direito público, interno ou externo, e de direito privado e são pessoas jurídicas de direito público interno: a União; os Estados, o Distrito Federal e os Territórios; os Municípios; as autarquias; as demais entidades de caráter público criadas por lei.
II. São pessoas jurídicas de direito público externo os Estados estrangeiros e todas as pessoas que forem regidas pelo direito internacional público.
III. As pessoas jurídicas de direito público interno são civilmente responsáveis por atos dos seus agentes que nessa qualidade causem danos a terceiros, ressalvado direito regressivo contra os causadores do dano, se houver, por parte destes, culpa ou dolo.
IV. São pessoas jurídicas de direito privado: as associações; as sociedades; as autarquias; as fundações; as organizações religiosas; os partidos políticos.
V. Começa a existência legal das pessoas jurídicas de direito público e privado com a inscrição do ato constitutivo no respectivo registro, precedida, quando necessário, de autorização ou aprovação do Poder Executivo, averbando-se no registro todas as alterações por que passar o ato constitutivo.

Analisando as assertivas da questão, verifica-se que:

(A) Apenas I, II e III estão incorretas.
(B) Apenas IV e V estão incorretas.
(C) Apenas a IV está incorreta.
(D) Apenas a I está incorreta.
(E) Todas estão incorretas.

I: correta. As afirmações estão de acordo com os arts. 40 e 41 do CC; **II:** correta. Está de acordo com o art. 42 do CC; **III:** correta, está de acordo com o art. 43 do CC, que, assim como o art. 37, § 6º, da CF/1988, estabelece que o Estado responde, em regra, de forma objetiva pelos danos causados por seus agentes; **IV:** incorreta, pois as autarquias são pessoas jurídicas de *direito público interno* (art. 41, IV, do CC); **V:** incorreta. A existência legal das pessoas jurídicas de direito privado começa com a inscrição do ato constitutivo no respectivo registro (art. 45 do CC). Quanto às pessoas jurídicas de direito público, a sua existência legal se inicia, em regra, a partir da vigência da lei que a instituiu.

Gabarito "B".

2.3.3. Associações

(Defensor Público/ES – 2012 – CESPE) Com relação aos administradores das associações e da capacidade da pessoa natural, julgue os itens a seguir.

(1) De acordo com a lei, deve ser de grau elevado a insanidade que enseje a interdição e a possibilidade de anulação dos atos praticados anteriormente.

(2) Nas associações, não há responsabilidade solidária entre os administradores, de forma que um não responde pelos atos praticados por outro.

1: incorreta, pois pode ser interditada a pessoa com qualquer grau de insanidade, desde que reduza (incapacidade relativa) ou retire por completo (incapacidade absoluta) o discernimento da pessoa. Além disso, em regra, a interdição produz efeitos *ex nunc*, não retroagindo para invalidar atos pretéritos; **2:** correta, pois não há entre os associados, obrigações ou direitos recíprocos, conforme art. 53, parágrafo único, do CC.

Gabarito 1E, 2C

(Defensoria Pública/MT – 2006) Assinale a afirmativa correta, no que se refere às Associações.

(A) As associações são constituídas pela união de pessoas que se organizam para fins não econômicos, havendo, entre os associados, direitos e obrigações recíprocos.
(B) Compete privativamente à Assembleia Geral a destituição dos administradores e alteração do estatuto.
(C) Os associados devem ter direitos iguais, de modo que o estatuto não poderá instituir categorias com vantagens especiais.
(D) A convocação dos órgãos deliberativos será feita na forma disposta no estatuto, garantindo a 1/3 (um terço) dos associados o direito de promovê-la.
(E) A qualidade de associado é intransmissível, não podendo o estatuto dispor o contrário.

A: incorreta. Não há entre os associados direitos e obrigações recíprocos (art. 53, parágrafo unido, do CC); **B:** correta. Está de acordo com o disposto no art. 59, I e II, do CC; **C:** incorreta. Os associados devem ter iguais direitos, mas o estatuto poderá instituir categorias com vantagens especiais (art. 55 do CC); **D:** incorreta. A convocação dos órgãos deliberativos far-se-á na forma do estatuto, garantido a 1/5 (um quinto) dos associados o direito de promovê-la (art. 60 do CC); **E:** incorreta, a qualidade de associado é, em regra, intransmissível, mas o estatuto pode dispor em sentido contrário. (art. 56 do CC).

Gabarito "B"

2.3.4. Temas combinados de pessoa jurídica

(Defensor Público/BA – 2006) Relativamente ao tema das fundações, do domicílio, dos bens móveis e da validade do ato jurídico, observa-se que:

I. Para criar uma autarquia, o seu instituidor fará, por escritura pública ou testamento, dotação especial de bens livres, especificando o fim a que se destina, e declarando, se quiser, a maneira de administrá-la.
II. Se, porém, a pessoa natural tiver diversas residências, onde, alternadamente, viva, considerar-se-á domicílio apenas uma delas.
III. Quanto às pessoas jurídicas, o domicílio é: da União, o Distrito Federal; dos Estados e Territórios, as respectivas capitais; do Município, o lugar onde funcione a administração municipal; das demais pessoas jurídicas, o lugar onde funcionarem as respectivas diretorias e administrações, ou onde elegerem domicílio especial no seu estatuto ou atos constitutivos.
IV. Consideram-se imóveis para os efeitos legais: as energias que tenham valor econômico; os direitos reais sobre objetos móveis e as ações correspondentes; os direitos pessoais de caráter patrimonial e respectivas ações.
V. O menor, entre dezesseis e dezoito anos, pode, para eximir-se de uma obrigação, invocar a sua idade se dolosamente a ocultou quando inquirido pela outra parte, ou se, no ato de obrigar-se, declarou-se maior.

Analisando as assertivas acima, verifica-se que:

(A) Apenas I, II, III, e V estão incorretas.
(B) Apenas a III está correta.
(C) Apenas a III está incorreta
(D) Apenas I e IV estão incorretas
(E) Todas estão corretas

I: incorreta. As autarquias (pessoas jurídicas de direito público) são criadas por lei. A assertiva refere-se, na verdade, à criação das fundações (pessoas jurídicas de direito privado - art. 62 do CC); **II:** incorreta. O Código Civil de 2002 admitiu expressamente o domicílio plural, devendo ser considerado domicílio todas as residências onde a pessoa natural alternadamente viva (art. 71 do CC); **III:** correta, está de acordo com o art. 75 do CC; **IV:** incorreta. A assertiva apresenta o rol de bens móveis por determinação legal previsto no art. 83 do CC; **V:** incorreta. O menor púbere (aquele entre dezesseis e dezoito anos), não pode, para eximir-se de uma obrigação, invocar a sua idade se dolosamente a ocultou quando inquirido pela outra parte, ou se, no ato de obrigar-se, declarou-se maior (art. 180 do CC).

Gabarito "B"

2.4. Domicílio

(Defensoria Pública/MT – 2009 – FCC) Assinale a alternativa que se coaduna com o Código Civil brasileiro.

(A) Tem domicílio necessário o absolutamente incapaz, o servidor público, o militar e o marítimo, apenas.
(B) O domicílio necessário do incapaz é o do seu representante ou assistente; o do servidor público, o lugar em que exercer permanentemente suas funções; o do militar, onde servir, e, sendo da Marinha ou da Aeronáutica, a sede do comando a que se encontrar imediatamente subordinado; o do marítimo, onde o navio estiver matriculado; e o do preso, o lugar em que cumprir a sentença.
(C) O domicílio da pessoa natural é o lugar onde ela estabelece a sua residência com ânimo definitivo, não admitindo o direito atualmente vigente a pluralidade de domicílios.
(D) Consideram-se bens imóveis para os efeitos legais o direito à sucessão aberta e os direitos reais e as ações que os asseguram.
(E) Os bens naturalmente divisíveis podem tornar-se indivisíveis por determinação da lei, mas não por vontade das partes.

A: incorreta. A assertiva está errada em razão da expressão "apenas", pois o relativamente incapaz e o preso também têm domicílio necessário (art. 76 do CC); **B:** correta. Está de acordo com o art. 76, parágrafo único, do CC; **C:** incorreta. O direito civil brasileiro admite a pluralidade de *domicílios naturais* (quando a pessoa vive alternadamente em mais de uma residência – art. 71 do CC) e de *domicílios profissionais* (quando a pessoa exercer profissão em lugares diversos – art. 72 do CC); **D:** incorreta, pois somente os direitos reais (e as ações que os asseguram) sobre bens imóveis são considerados imóveis (art. 80, I, do CC); **E:** incorreta. A indivisibilidade também pode decorrer da vontade das partes (art. 88 do CC).

Gabarito "B"

2.5. Bens

(Defensor Público/AM – 2010 – I. Cidades) O domínio público constitui-se pelo conjunto de bens públicos que inclui imóveis e móveis. Da relação domínio público/ bens públicos e de sua regulamentação pode-se afirmar:

(A) domínio público equivale à propriedade pública determinada pela titularidade do bem.
(B) os direitos sobre as coisas públicas, quando objeto de regulamentação em lei civil, têm caráter privatístico.
(C) em razão da titularidade, qualquer que seja sua espécie, é vedado o uso comum de bens públicos.
(D) os bens públicos dominicais podem ser alienados, observadas as exigências da lei, tendo em vista o cumprimento da função social das coisas disponíveis.
(E) a Constituição Federal assegura a penhorabilidade dos bens públicos contra o Poder Público inadimplente, em garantia à satisfação dos credores do erário.

A: incorreta. Domínio público em sentido amplo abrange tanto os bens pertencentes ao Estado (bens públicos – propriedade pública) como aqueles em relação aos quais sua utilização subordina-se às normas estabelecidas por este (bens particulares de interesse público) e ainda as coisas inapropriáveis individualmente, mas de fruição geral da coletividade (*res nullius*); assim, tal ideia abrange tanto o domínio patrimonial (sobre os bens públicos), como o domínio eminente (sobre todas as coisas de interesse público), entendido este como o poder político pelo qual o Estado submete à sua vontade todas as coisas de seu território, no ensinamento de Hely Lopes Meirelles; em nome do domínio eminente é que são estabelecidas as limitações administrativas, as servidões etc.; **B:** incorreta, pois, mesmo quando uma lei privada, como o Código Civil, regulamenta bens públicos, essa regulamentação é de natureza pública e não privatística, já que tais bens são submetidos a normas de Direito Público; **C:** incorreta, pois há espécie de bens públicos, no caso, a dos bens de uso comum do povo, que admite esse tipo de uso (art. 99, I, do CC); **D:** correta, consoante art. 101 do CC; **E:** incorreta. Os bens públicos são impenhoráveis (art. 100 do CC), devendo a execução em face da Fazenda Pública se consumar mediante pagamento imediato, no caso, de débitos de pequeno valor, ou por meio da expedição de precatório, com pagamento no prazo previsto na Constituição.

Gabarito "D"

(Defensoria Pública/ES – 2009 – CESPE) De acordo com o Código Civil, julgue os itens seguintes.

(1) Os direitos reais sobre imóveis e as ações que os asseguram, bem como o direito à sucessão aberta, são considerados bens imóveis para os efeitos legais, de acordo com o Código Civil.

(2) As pertenças não seguem necessariamente a lei geral de gravitação jurídica, por meio da qual o acessório sempre seguirá a sorte do principal. Por isso, se uma propriedade rural for vendida, desde que não haja cláusula que aponte em sentido contrário, o vendedor não estará obrigado a entregar máquinas, tratores e equipamentos agrícolas nela utilizados.

1: correta. Os direitos reais sobre imóveis e as ações que os asseguram, bem como o direito à sucessão aberta são considerados *bens imóveis por determinação legal* (art. 80, I e II, do CC); **2:** correta. Pertenças são os bens que, não constituindo partes integrantes, se destinam, de modo duradouro, ao uso, ao serviço ou ao aformoseamento de outro (ex: tratores). Os negócios jurídicos que dizem respeito ao bem principal não abrangem as pertenças, salvo se o contrário resultar da lei, da manifestação de vontade, ou das circunstâncias do caso (arts. 93 e 94 do CC).

Gabarito 1C, 2C

(Defensoria Pública/PI – 2009 – CESPE) Ao realizar uma reforma de seu imóvel, o proprietário demoliu algumas paredes de sua casa e conservou as portas e janelas que estavam ali instaladas, pensando em revendê-las, já que eram muito antigas e bastante valiosas. Nesse caso, as referidas portas e janelas são consideradas

(A) bens móveis, porque são decorrentes de demolição.

(B) bens imóveis, porque foram apenas provisoriamente retiradas para serem empregadas em um bem da mesma natureza.

(C) pertenças, porque, de modo ideal, sempre estarão agregadas a um bem imóvel.

(D) bens imóveis por força de ficção legal, em função do seu alto valor em relação ao bem principal.

(E) bens móveis por antecipação, porque, apesar de ligadas ao imóvel, passaram a ser objeto de negócio separado.

Nos termos do art. 84 do CC, os materiais destinados a alguma construção, enquanto não forem empregados, conservam sua qualidade de móveis; readquirem essa qualidade os *provenientes da demolição* de algum prédio. Os materiais de demolição somente não perdem a característica de imóveis se forem provisoriamente separados do prédio, para nele se reempregarem (art. 81, II, CC).

Gabarito "A"

(Defensor Público/CE – 2007 – CESPE) Sobre as normas do Código Civil atinentes aos bens e às pessoas jurídicas, julgue os itens a seguir.

(1) São móveis os bens suscetíveis de movimento próprio, e também os bens que podem ser removidos sem alteração de sua substância econômica. Os materiais destinados a uma construção mantêm a qualidade de móveis enquanto não forem imobilizados com a sua utilização. Assim, não perde a característica de imóvel o telhado provisoriamente separado da casa.

A questão reproduz o conteúdo dos arts. 82, 84 e 81, II, do CC.

Gabarito 1C

(Defensoria Pública da União – 2004 – CESPE) No que se refere aos bens, julgue o item a seguir.

(1) Os bens dominicais públicos são passíveis de alienação, desde que observadas as exigências legais, e podem ser utilizados por particulares. Assim, esses bens podem ser objeto de usucapião e de desapropriação, porquanto são dotados de disponibilidade pelo poder público.

Os bens públicos dominicais (aqueles que constituem o patrimônio das pessoas jurídicas de direito público, como objeto de direito pessoal, ou real, de cada uma dessas entidades – art. 99, III, CC) podem ser alienados observadas as exigências legais e podem ser utilizados por particulares. Não *podem ser usucapidos* (art. 102 do CC), mas podem ser objeto de desapropriação conforme determina o art. 2º, § 2º, do Dec.-lei 3.365/1941: "os bens do domínio dos Estados, Municípios, Distrito Federal e Territórios poderão ser desapropriados pela União, e os dos Municípios pelos Estados, mas, em qualquer caso, ao ato deverá preceder autorização legislativa".

Gabarito 1E

2.6. Fatos jurídicos

2.6.1. Defeitos do negócio jurídico

(Defensor Público/AC – 2012 – CESPE) João adquiriu de Caio uma gleba, com o propósito, conhecido das partes contratantes, de implementação de um loteamento. Efetuada a referida compra, João percebeu que a legislação municipal desautorizava a realização do empreendimento.

Considerando a situação hipotética acima apresentada e os defeitos dos negócios jurídicos, assinale a opção correta.

(A) Se, por ocasião da venda, Caio tivesse conhecimento das limitações impostas pela legislação municipal e, mesmo assim, tivesse assegurado ao comprador que a gleba poderia ser loteada, garantindo, inclusive, determinada rentabilidade, motivo determinante do negócio, o resultado prático seria totalmente dissonante da informação prestada e a manifestação de vontade seria viciosa devido a erro.

(B) Se Caio tivesse obrigado João a realizar a compra mediante a ameaça de agredir alguém de sua família, o negócio jurídico seria anulável por coação, ainda que o comprador fosse adquirir o bem de qualquer maneira.

(C) A compra e a venda não podem ser anulada, pois o desconhecimento da lei não vicia a declaração de vontade, sendo sua ignorância inescusável.

(D) O negócio jurídico em questão é passível de anulação, visto que foi celebrado com base em disciplina jurídica equivocada, ocorrendo a anulação por erro de direito.

(E) É de três anos o prazo decadencial para pleitear a anulação do negócio jurídico com fundamento na existência de vícios da vontade, como o erro, o dolo e a coação.

A: incorreta, pois se houvesse a indução maliciosa objetivando viciar a vontade de João para que realizasse o negócio jurídico estaria caracterizado o dolo positivo, previsto no art. 145 do CC; **B:** incorreta. Para anular o negócio jurídico a coação deve ser determinante para a manifestação de vontade, alterando o que era desejado livremente pelo coagido (art. 151 do CC); **C:** incorreta, pois o desconhecimento da lei (erro de direito – art. 139, III) pode ser alegado para anular negócio jurídico. Além disso, no Código Civil de 2002 o erro não precisa ser escusável para que o negócio jurídico seja anulado (art. 138/CC); **D:** correta, pois nos termos do art. 139, III do Código Civil, o erro de direito pode ser alegado para *anular negócio jurídico* celebrado entre as partes. Este dispositivo não revogou o art. 3º da LINDB que proíbe a alegação de erro de direito para *afastar a aplicação da lei* (ex: sanção legal); **E:** incorreta. Segundo o art. 178 do CC, o prazo pra pleitear a anulação do negócio jurídico é decadencial de 4 anos, contados a partir da data de celebração do negocio jurídico viciado por erro, dolo, estado de perigo, lesão ou fraude contra credores.

Gabarito "D"

(Defensor Público/PR – 2012 – FCC) Devido a dificuldades financeiras, Andrei teve de penhorar antigo relógio deixado de herança pelo seu falecido pai. O bem foi repassado a terceiro, deixando Andrei com um grande sentimento de culpa pelo ocorrido. Contudo, durante um almoço, Andrei vê o relógio que julga ser aquele que pertenceu ao seu genitor na posse de Marcus, seu colega de trabalho. Informando ao colega detalhes da história familiar e que possui a relojoaria como *hobby*, devido ao aprendizado que teve com seu pai, relojoeiro de profissão, Andrei questiona Marcus "se este venderia o relógio que era do seu pai pelo valor X", o que é aceito pelo vendedor, que silencia tratar-se de peça que jamais pertenceu à família de Andrei, fato que vem a ser constatado pelo mesmo três semanas após a aquisição. O adquirente sentiu-se lesado por ter pago preço que considera desproporcional pelo bem, o qual não iria adquirir em razão da ausência de identidade do objeto adquirido. Trata-se de hipótese de

(A) nulidade do negócio jurídico por simulação relativa.
(B) anulabilidade do negócio jurídico por erro essencial de Andrei.
(C) anulabilidade do negócio jurídico por dolo substancial praticado de forma omissiva por Marcus.
(D) inexistência do negócio jurídico, por inidoneidade do objeto.
(E) anulabilidade do negócio jurídico pela configuração de lesão.

A: incorreta. A hipótese retratada no enunciado revela a existência de dolo negativo e substancial por parte do vendedor do relógio que omitiu informação relevante sobre a natureza do objeto com o objetivo de prejudicar o comprador. Não se confunde, portanto, com a simulação, vício caracterizado pelo conluio entre os contratantes para enganar terceiros (art. 167 do CC); **B:** incorreta. Somente haveria erro na hipótese se o adquirente do bem tivesse se enganado sozinho ("quem erra, erra sozinho; se a pessoa foi induzida a erro haverá dolo"); **C:** correta. Trata-se de dolo substancial (o fato omitido era determinante para a celebração do negócio jurídico) praticado da forma omissiva por Marcus conforme os arts. 145 e 147 do CC; **D:** incorreta. O enunciado não retrata inidoneidade do objeto e, se retratasse, o negócio jurídico seria nulo (art. 166, II, CC); **E:** incorreta. A lesão ocorre quando uma pessoa por premente necessidade ou por inexperiência assume uma obrigação manifestamente desproporcional em relação à contraprestação oposta, conforme art. 157 do CC.

Gabarito "C"

(Defensor Público/SE – 2012 – CESPE) Assinale a opção correta acerca dos negócios jurídicos.

(A) Os negócios jurídicos podem ser praticados pelo titular do direito negociado ou por seu representante; assim, qualquer manifestação de vontade do representante produz efeitos em relação ao representado.
(B) Na análise de um negócio jurídico bilateral, deve-se, em atendimento ao princípio da autonomia da vontade, aplicar o sentido literal da linguagem consubstanciado no negócio, e não, o da intenção dos contratantes.
(C) Ocorrerá defeito no negócio jurídico quando as declarações de vontade emanarem de erro substancial que poderia ser percebido por pessoa de diligência normal, em face das circunstâncias do negócio; assim, considera-se substancial o erro quando, sendo de direito e não implicando recusa à aplicação da lei, for ele o motivo único ou principal do negócio jurídico.
(D) O dolo provoca a nulidade dos negócios jurídicos, exceto quando praticado por terceiro, e, se ambas as partes procederem com dolo, nenhuma delas poderá alegá-lo para anular o negócio ou reclamar indenização.
(E) Não provoca vício ao negócio jurídico o fato de as suas condições se sujeitarem ao puro arbítrio de uma das partes.

A: incorreta, pois conforme dispõe o art. 116 do CC somente a manifestação de vontade do representante realizada nos limites de seus poderes obrigará o representado; **B:** incorreta. Nos termos do art. 112 do CC, nas declarações de vontade se atenderá mais à intenção nelas consubstanciada do que ao sentido literal da linguagem; **C:** correta, pois a alternativa reproduz o conteúdo dos arts. 138 e 139, III, do CC; **D:** incorreta, pois o dolo pode provocar a *anulabilidade* do negócio jurídico e não sua *nulidade* (art. 145 do CC). Mesmo se praticado por terceiro o dolo pode determinar a anulabilidade do negócio (art. 148 do CC). Se ambas as partes procederem com dolo, nenhuma pode alegá-lo para anular o negócio (art. 150 do CC); **E:** incorreta, pois as condições puramente potestativas contaminam o negócio jurídico invalidando-o (arts. 122 e 123, II, CC).

Gabarito "C"

(Defensor Público/SP – 2012 – FCC) Em relação aos defeitos do negócio jurídico, é correto afirmar:

(A) O dolo recíproco enseja a anulação do negócio jurídico e a respectiva compensação das perdas e ganhos recíprocos.
(B) O dolo do representante legal de uma das partes obriga o representado a responder civilmente perante a outra parte, independente do proveito que houver auferido.
(C) O dolo do representante convencional de uma das partes obriga o representado a responder civilmente perante a outra parte, até o limite do proveito que houver auferido.
(D) A caracterização da omissão dolosa em negócio bilateral exige a prova de que sem a omissão o negócio não teria sido celebrado.
(E) O dolo de terceiro enseja a anulação do negócio jurídico, independente do conhecimento das partes contratantes.

A: incorreta. Em conformidade com o art. 150 do CC, se ambas as partes agirem com dolo (bilateral/recíproco), nenhuma delas poderá alegá-lo para que o negócio jurídico seja anulado; **B:** incorreta. O dolo do representante legal obrigará o representado responder civilmente *até a importância de seu proveito* (art. 149 do CC); **C:** incorreta. O dolo do representante convencional obrigará o representado a responder *solidariamente* com o representante pelas perdas e danos (art. 149 do CC); **D:** correta. Nos negócios jurídicos bilaterais, o silêncio intencional de uma das partes a respeito de fato ou qualidade que a outra parte haja ignorado, constitui omissão dolosa, provando-se que sem ela o negócio não se teria celebrado (art. 147 do CC); **E:** incorreta. O dolo de terceiro enseja a anulação apenas se a parte a quem aproveite dele tivesse ou devesse ter conhecimento (art. 148 do CC).

Gabarito "D"

(Defensoria Pública da União – 2004 – CESPE) No que se refere aos negócios jurídicos, julgue os itens a seguir.

(1) A hipótese de disposição patrimonial gratuita — simulação de contrato de compra e venda —, encobrindo doação feita pelo marido à esposa, casados no regime obrigatório da separação de bens, de imóvel de exclusiva propriedade do cônjuge varão, constitui negócio jurídico nulo.
(2) A lesão inclui-se entre os vícios de consentimento e acarreta a anulabilidade do negócio, permitindo-se, porém, para evitá-la, a oferta de suplemento suficiente ou, se o favorecido concordar, a redução da vantagem, aproveitando-se, assim, o negócio.

1: correta. A simulação acarreta a *nulidade* do negócio jurídico (art. 167, *caput*, do CC); **2:** correta. A lesão acarreta a *anulabilidade* do negócio jurídico (art. 171, II, do CC), mas a anulação poderá ser evitada se for oferecido suplemento suficiente, ou se a parte favorecida concordar com a redução do proveito (art. 157, § 2º, do CC).

Gabarito 1C, 2C

2.6.2. Invalidade do negócio jurídico

(Defensor Público/AM – 2013 – FCC) São nulos os atos

(A) praticados com a reserva mental de se descumprir a avença, tenha ou não conhecimento do fato o destinatário da manifestação.
(B) emanados de erro substancial que poderia ser percebido por pessoa de diligência normal, em face das circunstâncias do negócio.
(C) quando a lei taxativamente os declarar nulos ou lhes proibir a prática sem cominar sanção.
(D) praticados sob coação ou em fraude contra credores.
(E) praticados pelos relativamente incapazes.

A: incorreta. A manifestação de vontade *subsiste* ainda que o seu autor haja feito a reserva mental de não querer o que manifestou, salvo se dela o destinatário tinha conhecimento (art. 110 do CC); **B:** incorreta, pois são *anuláveis* os atos emanados de erro substancial que poderia ser percebido por pessoa de diligência normal, em face das circunstâncias do negócio (art. 138 do CC); **C:** correta. Está de acordo com o art. 166, VII, do CC; **D:** incorreta. Os negócios jurídicos praticados sob coação ou fraude contra credores são anuláveis (art. 171, II, do CC); **E:** incorreta, pois os atos praticados pelos relativamente incapazes sem assistência são anuláveis (art. 171, I, CC).

Gabarito "C"

(Defensor Público/BA – 2010 – CESPE) Julgue os próximos itens, a respeito dos defeitos e da nulidade dos negócios jurídicos.

(1) Tanto nos casos de declaração de nulidade quanto nos de decretação de anulação do negócio jurídico, ocorre o retorno das partes à situação anterior.
(2) Caso o declaratário desconheça o grave dano a que se expõe o declarante ou pessoa de sua família, não ficará caracterizado o estado de perigo.
(3) Para que se caracterize lesão ao negócio jurídico, a desproporção entre a obrigação assumida pela parte declarante e a prestação oposta deve ser mensurada no momento da constituição do negócio.

1: correta. É pacífico na doutrina que a *declaração de nulidade* produz efeitos *ex tunc* (retroativos). Contudo, quanto à *decretação de anulabilidade* há forte divergência doutrinária. A doutrina tradicional aponta a eficácia *ex nunc*, mas o legislador do Código Civil de 2002 parece ter optado pela eficácia *ex tunc*, ao dispor que, "anulado o negócio jurídico, restituir-se-ão as partes ao estado em que antes dele se achavam, e, não sendo possível restituí-las, serão indenizadas com o equivalente" (art. 182 do CC); **2:** correta. O art. 156 do CC exige que o grave dano seja conhecido pelo declaratário: "Configura-se o estado de perigo quando alguém, premido da necessidade de salvar-se, ou a pessoa de sua família, *de grave dano conhecido pela outra parte*, assume obrigação excessivamente onerosa"; **3:** correta, pois o momento para a verificação da lesão é o da *celebração do negócio* (art. 157, § 1º, do CC).

Gabarito 1C, 2C, 3C

(Defensoria Pública/ES – 2009 – CESPE) Acerca dos atos e fatos jurídicos no direito civil, julgue os itens a seguir.

(1) Com relação à validade do negócio jurídico, considera-se que, não dispondo a lei em contrário, a escritura pública apenas é essencial à validade dos negócios jurídicos que visem à constituição, transferência, modificação ou renúncia de direitos reais sobre imóveis de valor superior a sessenta vezes o maior salário mínimo vigente no país.

(2) Será nulo o negócio jurídico se o motivo determinante de uma das partes for ilícito.

(3) A interrupção da prescrição, quando efetuada contra o devedor solidário, envolverá os demais, incluindo os seus herdeiros.

1: incorreta, pois deve-se tratar de imóvel com valor superior a 30 salários mínimos (art. 108 do CC); **2:** incorreta, pois o negócio só será nulo se o motivo determinante, *comum a ambas* as partes, for ilícito (art. 166, III, do CC); **3:** correta (art. 204, § 1º, parte final, do CC).

Gabarito 1E, 2E, 3C

(Defensoria Pública/MT – 2009 – FCC) São causas de anulabilidade do negócio jurídico:

(A) a simulação e a lesão.

(B) a fraude à execução e o estado de perigo.

(C) a fraude à execução e o dolo, quando este for a sua causa.

(D) o não revestimento de forma prescrita em lei.

(E) a coação e fraude contra credores.

A: incorreta. A simulação torna o ato nulo (art. 167 do CC); B e **C:** incorretas. A fraude à execução (que não se confunde com fraude contra credores) torna o negócio *ineficaz* perante os credores; **D:** incorreta. A desobediência à forma torna o negócio nulo (art. 166, IV, do CC); **E:** correta (art. 171, II, do CC).

Gabarito "E"

(Defensoria Pública/PA – 2009 – FCC) Sobre o negócio jurídico, é lícito preconizar que

(A) é anulável o negócio jurídico simulado, mas subsistirá o que se dissimulou, se válido for na substância e na forma.

(B) são nulos quando as declarações de vontade emanarem de erro substancial que poderia ser percebido por pessoa de diligência normal, em face das circunstâncias do negócio.

(C) pode também ser anulado por dolo de terceiro, ainda que a parte a quem aproveite dele não tivesse ou devesse ter conhecimento; de todo modo, ainda que subsista o negócio jurídico, o terceiro responderá por todas as perdas e danos da parte a quem ludibriou.

(D) o negócio anulável pode ser confirmado expressa ou tacitamente pelas partes, salvo direito de terceiro.

(E) o negócio jurídico será nulo de pleno direito se ambas as partes procederem com dolo.

A: incorreta. É *nulo* o negócio simulado (art. 167 do CC); **B:** incorreta. O erro torna o negócio *anulável* (art. 171, II, do CC); **C:** incorreta. Nesse caso, o negócio não pode ser anulado, pois a parte a quem aproveita o negócio não tem ou deveria ter conhecimento do dolo de terceiro, cabendo apenas cobrar perdas e danos junto ao terceiro (art. 148 do CC); **D:** correta (art. 172 do CC); **E:** incorreta, uma vez que, nesse caso, nenhuma das partes pode alegar a invalidade, que é relativa, para anular o negócio, nem mesmo poderá pedir perdas e danos (art. 150 do CC).

Gabarito "D"

(Defensoria Pública/PA – 2009 – FCC) São anuláveis os negócios jurídicos

(A) celebrados com dolo de uma das partes e nulos aqueles realizados sob coação que incuta ao paciente fundado temor de dano iminente e considerável à sua pessoa, à sua família, ou aos seus bens.

(B) simulados, mas subsistirá o que se dissimulou, se válido for na substância e na forma.

(C) celebrados por pessoa absolutamente incapaz.

(D) se não revestirem a forma prescrita em lei.

(E) quando praticados em estado de perigo ou em fraude contra credores.

A: incorreta, pois a coação torna o ato anulável (art. 171, II, do CC); **B:** incorreta, pois a simulação torna o ato nulo (art. 167 do CC); **C:** incorreta, pois, nesse caso, o ato é nulo (art. 166, I, do CC); **D:** incorreta, pois, nesse caso, o ato é nulo (art. 166, IV, do CC); **E:** correta (arts. 156 e 158 do CC).

Gabarito "E"

(Defensor Público/MS – 2008 – VUNESP) Indique a alternativa correta.

(A) A invalidade do instrumento induz a do negócio jurídico, mesmo que se possa provar sua existência, por outro meio lícito.

(B) Ninguém pode reclamar o que, por uma obrigação anulada, pagou a um incapaz, se não provar que reverteu em proveito dele a importância paga.

(C) Quando a lei dispuser que um ato é anulável, sem estabelecer prazo para a anulação, será de quatro anos, a contar da conclusão do ato.

(D) Além dos casos expressamente declarados em lei, é anulável o negócio jurídico por incapacidade absoluta do agente.

A: incorreta. A invalidade do instrumento não induz a do negócio jurídico sempre que este puder provar-se por outro meio (art. 183 do CC); **B:** correta. A alternativa reflete o disposto no art. 181 do CC; **C:** incorreta. Quando a lei dispuser que determinado ato é anulável, sem estabelecer prazo para pleitear-se a anulação, será este de dois anos, a contar da data da conclusão do ato (art. 179 do CC); **D:** incorreta. A incapacidade absoluta do agente é causa de nulidade do negócio jurídico (art. 166, I, do CC).

Gabarito "B"

(Defensoria Pública/RN – 2006) Constitui causa de nulidade do negócio jurídico o

(A) erro substancial quanto à natureza do negócio.

(B) obrigar-se à prestação manifestamente desproporcional ao valor da prestação oposta, sob preeminente necessidade ou inexperiência, tendo disto conhecimento o credor.

(C) não revestimento da forma prevista em lei.

(D) dolo provocado de terceiro, quando a parte a quem aproveite dele devesse ter conhecimento.

A: incorreta. O erro substancial gera a anulabilidade do negócio (arts. 139 e 171, II, do CC); **B:** incorreta. A lesão determina a anulabilidade do negócio (art. 157 e 171, II do CC); **C:** correta, conforme o art. 166, IV, do CC; **D:** incorreta. O dolo gera a anulabilidade do negócio (art. 148 e 171, II do CC).

Gabarito "C"

2.6.3. Atos ilícitos

(Defensor Público/MS – 2008 – VUNESP) No tocante à teoria do abuso do direito, na forma consagrada no Código Civil, assinale a alternativa correta.

(A) Exige-se o elemento culposo para a caracterização de um ato de abuso, traduzido no interesse.

(B) A ilicitude de um ato não pode ser condicionada ao seu objeto, ou seja, ao efeito material e jurídico.

(C) Caracteriza-se por uma observação objetiva da conduta que excede os limites impostos na forma da lei.

(D) Não há dano lícito, em nenhuma hipótese que se observe a prática de um ato contrário ao direito.

A: incorreta, pois de acordo com o disposto no art. 187 do CC, "comete ato ilícito o titular de um direito que, ao exercê-lo, excede manifestamente os limites impostos pelo seu fim econômico ou social, pela boa-fé ou pelos bons costumes", ou seja, o Código Civil adotou a teoria subjetiva, erigindo o dolo e a culpa como fundamentos para a obrigação de reparar o dano; **B:** incorreta. A ilicitude de um ato depende da existência de dano. A inexistência de dano torna sem objeto a pretensão à sua reparação; **C:** correta, pois o abuso de direito gera responsabilidade objetiva (art. 187 do CC); **D:** incorreta, pois há atos lesivos que não são considerados ilícitos, como, por exemplo, aqueles descritos nos artigos 188, 929 e 930 do CC.

Gabarito "C"

2.7. Prescrição e decadência

(Defensor Público/AM – 2013 – FCC) A prescrição

(A) deve ser arguida em preliminar de contestação, sob pena de preclusão.
(B) não corre contra o relativamente incapaz.
(C) pode ser convencionada entre as partes.
(D) não corre contra ascendentes e descendentes, mesmo depois de extinto o poder familiar.
(E) é interrompida pelo protesto cambial.

A: incorreta. A prescrição pode ser alegada em qualquer grau de jurisdição (art. 193 do CC); **B:** incorreta. O prazo prescricional corre contra os relativamente incapazes, que têm ação contra os seus assistentes ou representantes legais, que derem causa à prescrição, ou não a alegarem oportunamente (art. 195 do CC); **C:** incorreta, pois os prazos prescricionais não podem ser criados nem alterados pela vontade das partes (art. 192 do CC); **D:** incorreta, uma vez que o prazo prescricional entre ascendentes e descendentes não correm apenas durante o exercício do poder familiar (art. 197, II, do CC); **E:** correta, está de acordo com o art. 202, III, do CC.

Gabarito "E"

(Defensor Público/RS – 2011 – FCC) Incidência dos Institutos da prescrição e da decadência na teoria das invalidades do negócio jurídico.

(A) Segundo o Código Civil, as nulidades, por ofenderem interesse público, podem ser arguidas pelas partes, sendo vedado ao juiz conhecê-las de ofício em processo que verse sobre a validade de determinado negócio jurídico.
(B) O negócio jurídico nulo não convalesce pelo decurso do tempo, razão pela qual apenas as anulabilidades estão sujeitas a prazos prescricionais.
(C) A invalidade do instrumento contratual induz necessariamente a invalidade do negócio jurídico.
(D) A decretação judicial é necessária para o reconhecimento de nulidades e anulabilidades, pois estas espécies de vícios não têm efeito antes de julgados por sentença.
(E) Respeitada a intenção das partes, é cabível a manutenção do negócio jurídico no caso de reconhecimento de invalidade parcial, a qual não o prejudicará na parte válida se desta for separável.

A: incorreta, já que a nulidade deve ser pronunciada de ofício pelo juiz (art. 168, parágrafo único, do CC); **B:** incorreta, embora as nulidades não se convalidem com o decurso do tempo, para as anulabilidades corre **prazo decadencial (e não de prescrição como apontado na assertiva) por se tratar de exercício de direito potestativo**, ; **C:** incorreta. "A invalidade do instrumento não induz a do negócio jurídico sempre que este puder provar-se por outro meio" (art. 183 do CC); **D:** incorreta, pois o ato nulo não produz nenhum efeito, e a manifestação judicial nesse caso é meramente declaratória; **E:** correta, conforme o art. 184 do CC.

Gabarito "E"

(Defensoria Pública/SP – 2010 – FCC) É correto afirmar que

(A) a prescrição e a decadência admitem renúncia.
(B) a renúncia ao prazo prescricional pode ser tácita ou expressa e deve ser feita por quem dela colher proveito.
(C) a decadência convencional deve ser conhecida de ofício pelo juiz, para o fim de estabilização dos negócios.
(D) os prazos prescricionais admitem dilatação ou diminuição conforme o interesse das partes.
(E) pode o juiz, com fundamento na equidade, abster-se do reconhecimento da decadência estabelecida por lei.

A: incorreta, pois a decadência legal não pode ser objeto de renúncia (art. 209 do CC); **B:** correta (art. 191 do CC); **C:** incorreta, pois o juiz só pode conhecer de ofício a decadência legal (art. 210 do CC); **D:** incorreta (art. 192 do CC); **E:** incorreta, pois o juiz tem o dever de reconhecer a decadência legal (art. 210 do CC).

Gabarito "B"

(Defensor Público/AM – 2010 – I. Cidades) Assinale a alternativa correta:

(A) Os prazos de prescrição e de decadência podem ser alterados pela vontade das partes.
(B) Não corre a prescrição em face dos relativamente e absolutamente incapazes.
(C) O juiz deve conhecer de ofício a decadência legal ou convencional.
(D) A prescrição pode ser interrompida por qualquer interessado.
(E) Aquele que cumpre obrigação prescrita tem direito à repetição de indébito, pois não há renúncia tácita da prescrição.

A: incorreta, uma vez que os prazos de prescrição não podem ser alterados por acordo das partes (art. 192 do CC); **B:** incorreta. A prescrição não corre contra os **absolutamente** incapazes (art. 198, I, do CC); **C:** incorreta. O juiz deve conhecer de ofício somente a decadência estabelecida em lei (art. 210 do CC); **D:** correta. A alternativa reflete o disposto no art. 203 do CC; **E:** incorreta, pois não se pode repetir o que se pagou para solver dívida prescrita (art. 882 do CC).

Gabarito "D"

(Defensor Público/GO – 2010 – I. Cidades) O Código Civil de 2002 estabeleceu regras sobre prescrição e decadência, muitas cogentes, por razões de ordem pública. No entanto, admite-se a renúncia

(A) antes de consumada a prescrição.
(B) à prescrição convencional.
(C) à prescrição e à decadência legal.
(D) à decadência legal, em qualquer tempo.
(E) à decadência convencional.

A: incorreta. Não se admite renúncia prévia da prescrição (art. 191 do CC); **B:** incorreta. Não existe prescrição convencional (arts. 189 e 192 do CC); **C:** incorreta. A decadência legal é irrenunciável (art. 209 do CC); **D:** incorreta. A decadência legal é irrenunciável; **E:** correta. A decadência convencional é renunciável (arts. 209 e 211 do CC).

Gabarito "E"

(Defensoria Pública/PA – 2009 – FCC) A prescrição

(A) é interrompida por despacho do juiz, mesmo incompetente, que ordenar a citação, se o interessado a promover no prazo e na forma da lei processual.
(B) diferencia-se da decadência porquanto a primeira consiste na perda do direito material, ao passo que a segunda é a extinção do próprio direito de exigir o cumprimento do direito pleiteado.
(C) impede que o credor receba a dívida por ela atingida e, caso o devedor, por engano, cumpra a prestação devida, terá ele direito de indenização.
(D) contra uma pessoa continua a correr, após seu falecimento, contra o seu sucessor, ainda que este seja absolutamente incapaz.
(E) não corre contra os que se acharem servindo nas Forças Armadas, exceto em tempo de guerra.

A: correta (art. 202, I, do CC); **B:** incorreta. É justamente o contrário, ou seja, a prescrição é perda da *pretensão* (direito de exigir o cumprimento do direito pleiteado), ao passo que a decadência é a perda do próprio *direito material* potestativo; **C:** incorreta. O devedor pode renunciar tácita ou expressamente à prescrição já operada, sendo o pagamento efetuado após a prescrição reputado como renúncia tácita a esta, não podendo o devedor pedir o dinheiro de volta (art. 191 do CC); **D:** incorreta. Não corre prescrição contra absolutamente incapaz (art. 198, I, do CC); **E:** incorreta. A prescrição não corre contra quem serve as Forças Armadas apenas em tempo de guerra (art. 198, III, do CC).

Gabarito "A"

(Defensor Público/AL – 2009 – CESPE) No que diz respeito à disciplina da prescrição, julgue o item que se segue.

(1) A renúncia da prescrição, que pode ser realizada de forma expressa ou tácita, somente pode ser feita validamente após ter-se consumado a prescrição, ou seja, a renúncia prévia não é aceita pelo Código Civil.

A renúncia da prescrição pode ser expressa ou tácita, e só valerá, sendo feita, sem prejuízo de terceiro, depois que a prescrição se consumar; tácita é a renúncia quando se presume de fatos do interessado, incompatíveis com a prescrição – exemplo: pagamento da dívida prescrita (art. 191 do CC).

Gabarito 1C

(Defensor Público/CE – 2007 – CESPE) Acerca da prescrição, julgue os itens que se seguem.

(1) Considere a seguinte situação hipotética. Lucas, funcionário público estadual que foi designado para prestar serviços no Distrito Federal, é credor de João, por uma dívida vencida e não paga. Nessa situação, o prazo prescricional para propositura da execução contra o devedor inadimplente será suspenso a partir da data que Lucas foi designado para prestar serviços públicos em local diverso de sua lotação.

(2) Caso o devedor pague uma dívida e posteriormente tome conhecimento de que aquela obrigação estava prescrita, ele poderá propor ação para reaver o que indevidamente pagou. Essa prescrição pode ser alegada em qualquer grau de jurisdição, inclusive em recurso especial ou extraordinário, desde que tenha ocorrido prequestionamento.

1: incorreta, pois a prescrição só se suspende contra os ausentes do País em serviço público da União, dos Estados ou dos Municípios (art. 198, II, do CC); **2:** incorreta, pois não se pode repetir o que se pagou para solver dívida prescrita (art. 882 do CC).

Gabarito 1E, 2E

2.8. Provas

(Defensor Público/AM – 2013 – FCC) Em relação à prova é correto afirmar que

(A) a recusa ao exame de DNA, quando ordenado pelo juiz, gera presunção relativa de paternidade.

(B) os fatos jurídicos não podem ser provados por presunção.

(C) é sempre nula a convenção que distribui de maneira diversa o ônus da prova.

(D) o interrogatório das partes não pode ser determinado de ofício.

(E) os documentos podem ser juntados a qualquer momento ao processo, sejam novos ou não.

A: correta. De acordo com o art. 231 do CC e a Súmula 301 do STJ, a recusa do suposto pai a realizar o exame de DNA em ação de investigação de paternidade induzirá a presunção *juris tantum* de paternidade; **B:** incorreta. Os fatos jurídicos podem ser provados por presunção (art. 230 do CC); **C:** incorreta. Cabe ao juiz, de ofício ou a requerimento das partes, determinar as provas necessárias para o processo (art. 130 do CPC); **D:** incorreta, pois segundo o art. 397 do CPC, é lícita a juntada de documentos novos em qualquer fase do processo. Não abrange, portanto, os documentos que não sejam novos.

Gabarito "A".

(Defensor Público/ES – 2012 – CESPE) No que se refere a prova e a prescrição, julgue os itens subsequentes.

(1) Admite-se prova exclusivamente testemunhal para comprovar os efeitos decorrentes do contrato firmado entre as partes.

(2) Nas ações contra empresa seguradora, caso o segurado vise ao pagamento de indenização de seguro de vida em grupo, será aplicada a prescrição conforme o CDC.

1: correta. Salvo os casos expressos, a prova exclusivamente testemunhal só se admite nos negócios jurídicos cujo valor não ultrapasse o décuplo do maior salário mínimo vigente no País ao tempo em que foram celebrados. Qualquer que seja o valor do negócio jurídico, a prova testemunhal é admissível como subsidiária ou complementar da prova por escrito (art. 227, *caput* e parágrafo único, do CC); **2:** incorreta. Nos casos de indenização de seguro de vida em grupo será aplicado prazo de prescrição de um ano, presente no art. 206, § 1°, II, do Código Civil, conforme entendimentos do STJ (AgRg no REsp 1363668/SP, Rel. Min. Nancy Andrighi, julgado em 19.03.2013). Também neste sentido a Súmula 101 do STJ.

Gabarito 1C, 2E

(Defensor Público/SE – 2012 – CESPE) No que diz respeito às provas, assinale a opção correta.

(A) Segundo estatui o Código Civil brasileiro, ninguém está obrigado a produzir prova contra si; portanto, à pessoa é garantido o direito de se negar a submeter-se a exame médico necessário, sem qualquer consequência.

(B) Os contratos firmados por instrumento particular feito e assinado, ou somente assinado por quem esteja na livre disposição e administração de seus bens, provam as obrigações convencionais, independentemente do seu valor, e os seus efeitos se operam em relação a terceiros, independentemente de qualquer registro.

(C) A confissão, ato irrevogável, pode ser anulada se decorrer de erro de fato ou de coação e não terá eficácia se provier de quem não seja capaz de dispor do direito a que se referem os fatos confessados.

(D) A lei impede que sirvam como testemunhas aquele que tiver interesse no litígio e o amigo íntimo ou inimigo capital de qualquer das partes, podendo, contudo, o juiz, à sua conveniência, determinar o depoimento dessas pessoas.

(E) Em se tratando das obrigações provenientes de contrato, não se admite, ainda que subsidiariamente, a prova testemunhal caso o valor do negócio jurídico ultrapasse, na ocasião da celebração do contrato, o décuplo do maior salário mínimo vigente no país.

A: incorreta, pois aquele que se nega a submeter-se a exame médico necessário não poderá aproveitar-se de sua recusa (art. 231 do CC). E a recusa à perícia médica ordenada pelo juiz poderá suprir a prova que se pretendia obter com o exame (art. 232 do CC); **B:** incorreta. O instrumento particular, feito e assinado, ou somente assinado por quem esteja na livre disposição e administração de seus bens, prova as obrigações convencionais de qualquer valor; mas os seus efeitos, bem como os da cessão, não se operam, a respeito de terceiros, antes de registrado no registro público (art. 221 do CC); **C:** correta. Está de acordo com o disposto nos arts. 213 e 214 do CC; **D:** incorreta, pois o juiz admitirá o depoimento das pessoas impedidas para realizar provas de fatos que somente elas tenham conhecimento se estritamente necessário (art. 228, parágrafo único, do CC). Portanto, a admissibilidade deste meio de prova não depende da livre conveniência do juiz; **E:** incorreta, pois qualquer que seja o valor do negócio jurídico é admitida a prova testemunhal de maneira subsidiária ou complementar, conforme art. 227 do CC.

Gabarito "C".

3. Obrigações

3.1. Introdução, classificações e modalidades das obrigações

(Defensor Público/SE – 2012 – CESPE) Considerando as diversas modalidades de obrigações e suas características, assinale a opção correta.

(A) Em caso de obrigações de dar coisa certa, se a coisa perecer antes do cumprimento da obrigação, o devedor, ainda que não tenha concorrido para o seu perecimento, responderá pelo equivalente, mais perdas e danos.

(B) Em se tratando de obrigações de não fazer, caso o devedor pratique o ato a cuja abstenção se tenha obrigado, o credor poderá exigir que ele o desfaça, sob pena de se desfazer à sua custa, obrigando-se o culpado a ressarcir perdas e danos.

(C) Tratando-se de obrigações de fazer, se a prestação do fato tornar-se impossível, ainda que sem culpa do devedor, este deverá responder por perdas e danos, dado o seu dever de garantir o cumprimento da obrigação.

(D) Nos casos de obrigações alternativas, a escolha caberá ao credor, se os contratantes não estipularem outra coisa, extinguindo-se a obrigação caso todas as prestações se tornarem impossíveis por culpa do credor.

(E) Havendo mora ou recusa do devedor em cumprir obrigação de fazer, independentemente da sua natureza, a obrigação se converterá sempre em perdas e danos.

A: incorreta. Deteriorada a coisa, não sendo o devedor culpado, poderá o credor resolver a obrigação, ou aceitar a coisa, abatido de seu preço o valor que perdeu (art. 235 do CC); **B:** correta, está de acordo com o disposto no art. 251 do CC; **C:** incorreta. Nas obrigações de fazer se a prestação do fato tornar-se impossível sem culpa do devedor, *resolver-se-á a obrigação* (art. 248 do CC); **D:** incorreta, pois nos casos de obrigação alternativa a escolha caberá ao *devedor*, salvo disposição contratual em sentido contrário (art. 252 do CC). Caso todas as prestações tenham se tornado impossíveis por *culpa do devedor*, este estará obrigado a pagar o valor da última obrigação que ficou impossibilitado de cumprir mais as perdas e danos, conforme o art. 254 do CC; **E:** incorreta, pois caso haja mora ou recusa do devedor em realizar a *obrigação de fazer fungível* (substituível), o credor poderá mandar terceiro cumpri-la às custas do devedor, sem que isto prejudique indenizações cabíveis (art. 249 do CC).

Gabarito "B".

(Defensoria Pública/MA – 2009 – FCC) No Direito das Obrigações,

(A) a solidariedade, de acordo com a lei, nunca será presumida, pois dependerá exclusivamente da vontade das partes.

(B) se um dos devedores solidários falecer deixando herdeiros, nenhum destes será obrigado a pagar senão a quota que corresponder ao seu quinhão hereditário, salvo se a obrigação for divisível; mas todos reunidos serão considerados como um devedor solidário em relação aos demais devedores.

(C) enquanto o julgamento contrário a um dos credores solidários não atinge os demais, o favorável, como regra geral, aproveita-lhes.
(D) o credor não pode renunciar à solidariedade em favor de um ou de alguns dos devedores, em razão do princípio da indivisibilidade da obrigação solidária.
(E) impossibilitando-se a prestação por culpa de um dos devedores solidários, subsiste para todos o encargo de pagar o equivalente, mais perdas e danos.

A: incorreta. A solidariedade pode decorrer *da vontade das partes ou da lei* (art. 265 do CC); **B:** incorreta, pois o certo é "salvo quando a obrigação for *indivisível*" (art. 276 do CC); **C:** correta, conforme o art. 274 do CC; **D:** incorreta. O credor pode renunciar à solidariedade em favor de um ou de alguns dos devedores (art. 282 do CC); **E:** incorreta, pois, apesar de subsistir para todos o encargo de pagar o equivalente, pelas *perdas e danos só responde o devedor culpado* (art. 279 do CC).

Gabarito "C"

3.2. Transmissão, adimplemento e extinção das obrigações

(Defensor Público/RS – 2011 – FCC) Direito Obrigacional.
(A) Segundo o entendimento sumulado do Superior Tribunal de Justiça, os juros remuneratórios, não cumuláveis com a comissão de permanência, são devidos no período de inadimplência, à taxa média de mercado estipulada pelo Banco Central do Brasil, limitada ao percentual contratado.
(B) No mútuo feneratício civil os juros remuneratórios são presumidos, não sendo admitida a sua capitalização anual.
(C) Qualquer interessado na extinção da dívida pode pagá-la com a utilização dos meios conducentes à exoneração do devedor, sendo que igual direito cabe ao terceiro não interessado, se o fizer em nome e à conta do devedor, independentemente da oposição deste.
(D) O credor não é obrigado a receber prestação diversa da que lhe é devida, ainda que mais valiosa, mas quando a obrigação tenha por objeto prestação divisível, o credor poderá ser compelido a receber por partes, ainda que a prestação tenha sido ajustada de forma diversa.

A: correta. Reproduz o conteúdo da Súmula 296 do STJ; **B:** incorreta, pois é admitida a sua capitalização anual (art. 591 do CC); **C:** incorreta, pois, no segundo caso (terceiro não interessado), o devedor tem direito de se opor ao pagamento (art. 304, parágrafo único, do CC); **D:** incorreta, a segunda parte da assertiva está errada, já que o credor só pode ser compelido a receber por partes *se assim se ajustou* (art. 314 do CC).

Gabarito "A"

(Defensoria Pública/MT – 2009 – FCC) No Direito das Obrigações,
(A) pode o cessionário exercer os atos conservatórios do direito cedido, independentemente do conhecimento da cessão pelo devedor.
(B) na cessão de um crédito sempre se abrangem todos os seus acessórios.
(C) o cessionário de crédito hipotecário tem o direito de fazer averbar a cessão no registro do imóvel, desde que haja autorização do devedor.
(D) o credor pode ceder o seu crédito, ainda que a isso se oponha a natureza da obrigação, não se admitindo cláusula proibitiva da cessão por se tratar de condição protestativa.
(E) a cessão do crédito tem eficácia em relação ao devedor, independentemente de notificação.

A: correta, conforme o art. 293 do CC; **B:** incorreta, pois é possível que haja disposição em contrário (art. 287 do CC); **C:** incorreta, pois esse direito existe independentemente de autorização do devedor (art. 289 do CC); **D:** incorreta (art. 286 do CC); **E:** incorreta (art. 290 do CC).

Gabarito "A"

(Defensoria Pública/RN – 2006) No regramento das obrigações dispõe o Código Civil que
(A) sendo feita a quitação do capital sem reserva de juros, estes se presumem pagos.
(B) não tendo sido ajustada época para o pagamento deve o credor notificar o devedor dando-lhe prazo de trinta dias para efetuar o pagamento.
(C) são a princípio quitadas no domicílio do credor por expressa disposição do Código.
(D) não é válido o pagamento feito de boa-fé ao credor putativo.

A: correta. Está de acordo com o art. 323 do CC; **B:** incorreta. Salvo disposição legal em contrário, não tendo sido ajustada época para o pagamento, pode o credor exigi-lo imediatamente (art. 331 do CC); **C:** incorreta, em regra as obrigações são quesíveis / *quérables*, isto é, devem ser cumpridas no domicílio do *devedor* (art. 327 do CC). Mas por motivo legal, convencional ou circunstancial é possível que a obrigação tenha de ser cumprida no domicílio do *credor* (dívida portável / *portable*); **D:** incorreta. É válido o pagamento de boa-fé feito ao credor putativo (art. 309 do CC).

Gabarito "A"

3.3. Inadimplemento das obrigações

(Defensor Público/ES – 2012 – CESPE) A respeito das obrigações e contratos, julgue os itens a seguir.
(1) Levado o contrato preliminar a registro no cartório competente, se o estipulante não lhe der execução, a outra parte não poderá considerá-lo desfeito e pleitear perdas e danos, em caso de prejuízo, sem, antes, requerer a execução específica.
(2) Embora o adimplemento seja um direito subjetivo do devedor, este não poderá exercê-lo se o atraso no cumprimento da obrigação tiver acarretado o desaparecimento da necessidade do credor na obtenção da prestação.

1: incorreta. Se o estipulante não der execução ao contrato preliminar, registrado ou não, *poderá* a outra parte considerá-lo desfeito, e pleitear perdas e danos (art. 465 do CC); **2:** correta, pois se a prestação, devido à mora, se tornar inútil ao credor, este poderá enjeitá-la, e exigir a satisfação das perdas e danos (art. 395, parágrafo único, do CC).

Gabarito 1E, 2C

(Defensor Público/AL – 2009 – CESPE) Marcelo tomou por empréstimo R$ 5 mil em uma instituição financeira para pagar em vinte e quatro meses. A partir do décimo segundo mês, Marcelo interrompeu o pagamento das prestações ante as dificuldades financeiras por que estava passando. Comparecendo ao banco, foi informado de que no contrato havia cláusula permitindo a cobrança de comissão de permanência.

A respeito dessa situação hipotética, julgue os itens a seguir.
(1) A hipótese descrita aponta um contrato de mútuo, que, além de ser contrato real, tem a fungibilidade do objeto como uma de suas características.
(2) Na hipótese descrita, que constitui um exemplo de mútuo, a comissão de permanência poderá ser cumulada com a correção monetária, mas não com os juros remuneratórios.
(3) Hoje prevalece o entendimento jurisprudencial de que a cláusula contratual que prevê a comissão de permanência, calculada pela taxa média de mercado, não é potestativa.

1: correta, pois o mútuo é contrato real (só passa a existir com a entrega da coisa pelo mutuante ao mutuário), e tem por objeto bens fungíveis (art. 586 do CC); **2:** incorreta. A comissão de permanência não poderá ser cumulada com a correção monetária (Súmula 30 do STJ); vale consignar que a outra afirmativa está certa, pois, de fato, não é possível cumular comissão de permanência com juros remuneratórios (Súmula 296 do STJ); **3:** correta, conforme a Súmula 294 do STJ.

Gabarito 1C, 2E, 3C

(Defensor Público/AL – 2009 – CESPE) Julgue os itens a seguir, a respeito das obrigações.

(1) O inadimplemento absoluto decorre da completa impossibilidade do cumprimento da obrigação, de modo que o objeto devido tenha se tornado inútil ao credor. Disso decorre que não há inadimplemento absoluto em obrigações pecuniárias, como no caso do pagamento de aluguéis, pois o dinheiro não perece e qualquer indenização é sempre prestada em moeda.

(2) A assunção de dívida transfere a terceira pessoa os encargos obrigacionais da exata forma como estabelecidos entre o credor e o devedor original, de modo que o silêncio daquele que prestou garantia pessoal ao pagamento do débito importará a manutenção dessa garantia.

1: incorreta, pois o inadimplemento absoluto decorre não só da completa impossibilidade do cumprimento da obrigação, como também quando a prestação já não é útil ao credor (art. 389 do CC); **2:** incorreta, pois, salvo assentimento expresso do devedor primitivo, consideram-se extintas, a partir da assunção de dívida, as garantias especiais por ele originariamente dadas ao credor (art. 300 do CC).

Gabarito 1E, 2E

(Defensor Público/MS – 2008 – VUNESP) Considere as assertivas a seguir:

I. A exigência de cláusula penal moratória depende da utilidade do cumprimento atrasado da obrigação e exclui a pretensão ao adimplemento.

II. A exigência de cláusula penal compensatória exclui a pretensão ao adimplemento ou à indenização por perdas e danos.

III. Com a cláusula penal compensatória, o credor é ressarcido pelas perdas e danos decorrentes do descumprimento da obrigação e a estipulação é como uma pré-fixação desses prejuízos.

IV. A cláusula penal moratória é estabelecida apenas para o caso de inadimplemento completo da obrigação.

É correto o que se afirma apenas em

(A) I e III.

(B) II e IV.

(C) I e IV.

(D) II e III.

I: incorreta, pois o art. 411 do CC, que trata da cláusula penal moratória (em caso de mora), estabelece que o credor pode exigir a pena juntamente com o desempenho da obrigação principal; II e **III:** corretas, pois nesse caso o credor só poderá exigir a multa, uma vez que a obrigação já não pode mais ser cumprida, servindo a multa como pré-fixação dos prejuízos causados; **IV:** incorreta, pois a cláusula penal moratória é fixada justamente para o caso de mora, situação qualificada juridicamente como de inadimplemento relativo

Gabarito "D"

3.4. Temas combinados de direito obrigacional

(Defensor Público/PR – 2012 – FCC) Sobre o Direito Obrigacional, é correto afirmar:

(A) Caso o devedor, no desempenho de sua capacidade civil e de forma espontânea, pague dívida prescrita, não poderá requerer a repetição do pagamento.

(B) Firmado contrato de compra e venda pelo qual o vendedor se obriga a entregar ao adquirente um dos dois imóveis de sua propriedade, caberá ao credor a escolha, caso não prevista hipótese distinta na pactuação.

(C) Na obrigação de dar coisa certa, o credor pode ser instado a receber coisa diversa, quando esta for mais valiosa.

(D) Ao efetivar o adimplemento da obrigação, o devedor tem direito a quitação regular pelo credor, mas não pode reter o pagamento em caso de não lhe ser alcançado recibo ou outra prova da quitação, sob pena de configuração da mora.

(E) Descumprida a obrigação, fora dos parâmetros contratados, se concretiza o inadimplemento absoluto, independentemente da prestação ainda se mostrar útil ao credor.

A: correta. Não se pode repetir o que se pagou para solver dívida prescrita, ou cumprir obrigação judicialmente inexigível (art. 882 do CC); **B:** incorreta. Nas obrigações alternativas a escolha caberá ao devedor, salvo disposição em sentido contrário no contrato (art. 252 do CC); **C:** incorreta, pois o credor não está obrigado a aceitar coisa diversa, mesmo que mais valiosa (*nemo aliud pro alio invito creditore solvere potest*), conforme dispõe o art. 313 do CC; **D:** incorreta. O devedor pode reter o pagamento enquanto não lhe for conferida a quitação (art. 319 do CC); **E:** incorreta, pois só há inadimplemento absoluto quando a prestação for inútil ou impossível. Se ainda houver possibilidade e utilidade no seu cumprimento haverá inadimplemento relativo (mora – art. 394 do CC).

Gabarito "A"

4. Contratos

4.1. Conceito, pressupostos, formação e princípios dos contratos

(Defensor Público/SE – 2012 – CESPE) Por expressa disposição do Código Civil brasileiro, a liberdade de contratar deve ser exercida em razão e nos limites da função social do contrato. Acerca das normas de proteção contratual, assinale a opção correta.

(A) Nos contratos de execução continuada ou diferida, se a prestação se tornar excessivamente onerosa para uma das partes, com extrema vantagem para a outra, em virtude de acontecimentos extraordinários e imprevisíveis, admite-se que o devedor peça a resolução do contrato, retroagindo à data da realização do contrato os efeitos da sentença que decretar a resolução contratual.

(B) Em caso de alienação de bens, o adquirente não poderá responsabilizar o alienante caso a coisa alienada pereça por vício oculto já existente ao tempo da tradição, ainda que o adquirente tenha identificado tal vício antes do seu perecimento.

(C) Nos contratos de compra e venda, o vendedor de coisa imóvel pode reservar-se o direito de recobrá-la no prazo máximo de decadência de cinco anos, devendo o vendedor restituir ao comprador tão somente o preço recebido e o valor das benfeitorias úteis.

(D) Nos contratos de compra e venda, os riscos da coisa correm por conta do vendedor, até o momento da efetiva tradição, subsistindo a responsabilidade do vendedor ainda que o comprador se encontre em mora de receber a coisa adquirida posta à sua disposição no tempo, no lugar e pelo modo ajustados.

(E) Na venda de coisa móvel, o vendedor pode reservar para si a propriedade da coisa até que o preço esteja integralmente pago; nesse caso, embora se transfira a posse direta da coisa alienada, a transferência da propriedade ao comprador ocorrerá no momento em que o preço estiver integralmente pago, respondendo o comprador pelos riscos da coisa, a partir do momento em que esta lhe seja entregue.

A: incorreta, tendo em vista que na situação descrita os efeitos da sentença retroagirão *à data da citação* (art. 478 do CC); **B:** incorreta. Conforme prescreve o art. 444 do CC, *subsistirá a responsabilidade* do alienante mesmo que o bem pereça em poder do adquirente, caso seu perecimento se dê em razão de vício oculto existente ao tempo da tradição; **C:** incorreta. O prazo máximo para que o vendedor possa exercer o direito de retrovenda é de três anos (art. 505 do CC). Exercido o direito, o vendedor deverá restituir o preço recebido e reembolsar as *despesas do comprador*, inclusive as que, durante o período de resgate, se efetuaram com a sua autorização escrita, ou para a realização de *benfeitorias necessárias*; **D:** incorreta. Caso o comprador encontre-se em mora os *riscos correrão por conta dele* (art. 492, § 2º, CC); **E:** correta. Está de acordo com os arts. 521 e 524 do CC, que tratam da *venda com reserva de domínio*.

Gabarito "E"

(Defensor Público/BA – 2010 – CESPE) A respeito do adimplemento e inadimplemento das obrigações, bem como da extinção dos contratos, julgue os itens que se seguem.

(1) Os contratos de execução contínua, convencionados por prazo indeterminado, são passíveis de cessação por resilição unilateral, cuja eficácia é *ex nunc* e depende de pronunciamento judicial.

1: incorreta, pois a resilição unilateral do contrato, cabível no caso, opera mediante denúncia notificada à outra parte (art. 473, *caput*, do CC), não sendo necessário que o denunciante ingresse com uma ação judicial.

Gabarito 1E

(Defensor Público/AM – 2010 – I. Cidades) O princípio da boa-fé objetiva tem importância ímpar no ordenamento jurídico pátrio, pois norteia a interpretação dos negócios jurídicos e gera direitos acessórios. Segundo a doutrina, um dos seus desdobramentos é o *venire contra factum proprium*, que significa:

(A) O exercício de um comportamento contrário aos comportamentos que uma das partes vinha tendo até aquele momento, frustrando a legítima expectativa criada na outra parte de que tais comportamentos continuariam.

(B) Redução do conteúdo obrigacional pela inatividade de uma das partes.

(C) Aumento do conteúdo obrigacional em razão da inatividade de uma das partes.

(D) Impossibilidade de exigir da outra parte um comportamento que também não cumpriu ou simplesmente negligenciou.

(E) Impossibilidade de exigir da outra parte o cumprimento de obrigação contratual, quando deixou de cumprir as suas próprias obrigações contratuais.

A: correta. A assertiva reproduz o conteúdo da vedação ao comportamento contraditório (*venire contra factum proprium non potest)*. Conforme o Enunciado 362 do CJF, "a vedação do comportamento contraditório - *venire contra factum proprium* - funda-se na proteção da confiança, tal como se extrai dos arts. 187 e 422 do Código Civil"; **B:** incorreta. A alternativa refere-se à *supressio*; **C:** incorreta. A alternativa diz respeito à *surrectio*; **D:** incorreta. A alternativa dispõe sobre o instituto da *exceptio doli*; **E:** incorreta. A alternativa refere-se a *exceptio non adimpleti contractus*.

Gabarito "A".

(Defensor Público/AM – 2010 – I. Cidades) Assinale a alternativa correta:

(A) É possível dispor sobre herança de pessoa viva, desde haja expresso consentimento do futuro autor da herança.

(B) Os princípios da autonomia da vontade e do *pacta sunt servanda* não têm mais aplicação no direito civil brasileiro, em razão da força do princípio da função social do contrato.

(C) Quando houver no contrato de adesão cláusulas ambíguas ou contraditórias, deve-se adotar a interpretação mais consentânea com os costumes negociais.

(D) O Código Civil previu um extenso rol de contratos, proibindo, consequentemente, a celebração de contratos atípicos, em respeito ao princípio da segurança jurídica.

(E) O contrato preliminar, exceto quanto à forma, deve conter todos os requisitos essenciais ao contrato a ser celebrado.

A: incorreta. O *pacta corvina* (negócio jurídico que tem por objeto a herança de pessoa viva) é proibido no direito brasileiro (art. 426 do CC); **B:** incorreta. O princípio da função social *não elimina, mas apenas atenua* os princípios da autonomia da vontade e da força obrigatória (*pacta sunt servanda*), conforme prescrevem os Enunciados 22 e 23 do CJF; **C:** incorreta, pois quando houver no contrato de adesão cláusulas ambíguas ou contraditórias, **dever-se-á adotar a interpretação mais favorável ao aderente** (art. 423 do CC); **D:** incorreta, pois o rol de contratos do Código Civil é exemplificativo, podendo ser celebrados contratos atípicos desde que respeitados os limites legais (art. 425 do CC); **E:** correta, pois a alternativa reflete o disposto no art. 462 do CC.

Gabarito "E".

(Defensoria Pública/SP – 2007 – FCC) No que se refere aos contratos, é correto afirmar:

(A) Os princípios da probidade e da boa-fé estão ligados não só à interpretação dos contratos, mas também ao interesse social de segurança das relações jurídicas, uma vez que as partes têm o dever de agir com honradez e lealdade na conclusão do contrato e na sua execução.

(B) A liberdade de contratar no Direito Brasileiro é absoluta, pois há o princípio da autonomia da vontade, onde se permite às partes pactuar, mediante acordo de vontade, a disciplina de seus interesses.

(C) O contrato de adesão é um contrato paritário, pois o aderente é tutelado pelos Códigos Civil e de Defesa do Consumidor em relação ao ofertante.

(D) A compra e venda entre cônjuges, qualquer que seja o regime de casamento, está proibida para evitar a venda fictícia entre marido e mulher na constância do casamento, o que poderia levar à lesão de direitos de terceiros.

(E) A pena convencional poderá ter efeito *pleno iure*, mas é necessário ter prova de que houve prejuízo com a inexecução do contrato ou inadimplemento da obrigação.

A: correta (art. 422 do CC e Enunciado CJF 26); **B:** incorreta (art. 421 do CC e Enunciados CJF 22 e 23); **C:** incorreta, pois quanto às condições de formação os contratos podem ser paritários ou de adesão; contratos paritários são aqueles em que as partes estão em situação de igualdade, podendo discutir efetivamente as condições contratuais; contratos de adesão são aqueles cujas cláusulas são aprovadas pela autoridade competente ou estabelecidas unilateralmente, sem que o aderente possa modificar ou discutir substancialmente o seu conteúdo; ex.: contratos de financiamento bancário, seguro e telefonia; a lei estabelece que a inserção de uma cláusula no formulário não desnatura o contrato, que continua de adesão; assim, os dois contratos não se confundem; de qualquer forma, é bom registrar que tanto o CC, como o CDC têm disposições sobre o contrato de adesão (arts. 423 e 424, do CC, e 54, do CDC); **D:** incorreta (art. 499 do CC); **E:** incorreta (arts. 408 e 416 do CC).

Gabarito "A".

(Defensor Público/RO – 2007) A aceitação, se antes dela chegar ao proponente a retratação do aceitante, será reputada como:

(A) inexistente.

(B) defeituosa.

(C) anulável.

(D) inválida.

(E) nula.

Nos termos do artigo 433, "considera-se inexistente a aceitação, se antes dela ou com ela chegar ao proponente a retratação do aceitante". A regra na formação dos contratos entre ausentes é a *teoria da agnição na subteoria da expedição* (o contrato considera-se formado no momento em que a aceitação é expedida), prevista no art. 434, *caput*, do CC. Por sua vez, o artigo 433 consagra a exceção: a *teoria da agnição na subteoria da recepção*, pela qual o contrato somente reputa-se aperfeiçoado no momento em que o proponente recebe a resposta do aceitante.

Gabarito "A".

(Defensor Público/CE – 2007 – CESPE) Julgue os itens que seguem, acerca dos contratos.

(1) Os contratos de consumo comportam execução específica. Neles, o juiz pode determinar a execução de toda e qualquer medida que possa alcançar o efeito concreto pretendido pelas partes, salvo quando constar expressamente do contrato cláusula que disponha de maneira diversa, em caso de não cumprimento da obrigação pelo fornecedor.

(2) Se alguém, ao contratar, promete fato de terceiro, esse contrato não tem a eficácia de obrigar quem dele não participou, vinculando à obrigação aquele que assumiu o cumprimento da prestação, como devedor primário. Assim, se o terceiro não executar a promessa feita no contrato, a responsabilidade patrimonial por perdas e danos incide sobre o promitente.

1: incorreta, pois as normas do CDC são de ordem pública (art. 1º do CDC), de modo que prevalecem sobre as cláusulas contratuais que não estiverem de acordo com elas; **2:** correta (art. 439, *caput*, do CC).

Gabarito 1E, 2C

(Defensoria Pública/AC – 2006 – CESPE) Uma das alterações do novo Código Civil refere-se à adoção de princípios gerais que norteiam a interpretação dos institutos. Esses princípios incluem o da

(A) dignidade da pessoa humana.

(B) função social da posse.

(C) oralidade.

(D) boa-fé objetiva.

Os contratantes são obrigados a guardar tanto na conclusão quanto na execução do contrato o princípio da boa-fé (art. 422 do CC). Este princípio impõe ao juiz interpretar e, quando necessário, suprir e corrigir o contrato, entendendo-se como boa-fé objetiva a exigência de comportamento leal dos contratantes (Enunciado CJF 26)Art. 422 do CC e Enunciado CJF 26.

Gabarito "D".

4.2. Classificação dos contratos

(Defensor Público/GO – 2010 – I. Cidades) Considerando-se o voluntarismo jurídico e a autonomia privada nas relações jurídicas contemporâneas, é correto afirmar, quanto às novas formas contratuais, que:

(A) O contrato necessário difere do contrato normativo, porque naquele a pessoa é obrigada a emitir a declaração de vontade que vincula as relações contratuais futuras nele originadas e neste a declaração é irrelevante.

(B) Contrato necessário e contrato coativo são contratos autoritários que se assemelham em razão de que as partes são obrigadas a emitir a declaração de vontade para se estabelecer a relação jurídica e vincular os contratos futuros.

(C) Contrato normativo e contrato coativo são contratos autoritários que se assemelham em razão de que obrigam as futuras declarações de vontade nas originadas relações contratuais.

(D) O contrato necessário difere do contrato coativo, porque naquele a pessoa é obrigada a emitir a declaração de vontade e neste a declaração é irrelevante para se estabelecer a relação jurídica.

(E) Contrato normativo e contrato necessário são contratos que diferem em razão de que obrigam as futuras declarações de vontade nas originadas relações contratuais, mas não são autoritários.

A alternativa "D" traz a exata diferenciação entre o contrato coativo e o contrato necessário. O contrato coativo (imposto, forçado) é aquele que se realiza sem o livre consentimento das partes. Não há declaração de vontade. Um exemplo é a prestação de serviço de água e esgoto. Pouco importa se há declaração de vontade de quem tem uma residência, por exemplo. A lei impõe que essa pessoa se sujeite ao contrato de água e esgoto. Já o contrato necessário é aquele em que a pessoa, ainda que obrigada a tanto, emite efetivamente declaração de vontade. Aqui, quem contrata tem algumas alternativas, diferentemente do que ocorre no contrato coativo. Um exemplo é o contrato de transporte coletivo. Aquele que precisa de transporte público para ir ao trabalho poderá escolher entre pegar um ônibus, um táxi ou um metrô, mas não terá como se esquivar de celebrar um contrato de transporte público se resolver ir de ônibus ou metrô.

Gabarito "D"

(Defensoria Pública/MA – 2009 – FCC) O contrato, segundo o Direito Civil em vigor, se for aleatório por

(A) dizer respeito a coisas ou fatos futuros, cujo risco de não virem a existir um dos contratantes assuma, terá o outro direito de receber integralmente o que lhe foi prometido, se de sua parte tiver havido dolo, ainda que nada do avençado venha a existir.

(B) serem objeto dele coisas futuras, tomando o adquirente a si o risco de virem a existir em qualquer quantidade, terá também direito o alienante a todo o preço, mesmo que de sua parte tiver concorrido culpa, ainda que a coisa venha a existir em quantidade inferior à esperada. Mas, se da coisa nada vier a existir, alienação não haverá, e o alienante restituirá o preço recebido.

(C) dizer respeito a coisas ou fatos futuros, cujo risco de não virem a existir um dos contratantes assuma, terá o outro direito de receber integralmente o que lhe foi prometido, desde que de sua parte não tenha havido dolo ou culpa, ainda que nada do avençado venha a existir.

(D) serem objeto dele coisas futuras, tomando o adquirente a si o risco de virem a existir em qualquer quantidade, terá também direito o alienante a todo o preço, desde que de sua parte não tiver concorrido culpa, exceto se a coisa venha a existir em quantidade inferior à esperada. Mas, se da coisa nada vier a existir, alienação não haverá, e o alienante restituirá o preço recebido.

(E) se referir a coisas existentes, mas expostas a risco não assumido pelo adquirente, terá igualmente direito o alienante a todo o preço, posto que a coisa já não existisse, em parte, ou de todo, no dia do contrato.

"Se o contrato for aleatório, por dizer respeito a coisas ou fatos futuros, cujo risco de não virem a existir um dos contratantes assuma, terá o outro direito de receber integralmente o que lhe foi prometido, desde que de sua parte não tenha havido dolo ou culpa, ainda que nada do avençado venha a existir" (art. 458 do CC).

Gabarito "C"

(Defensoria Pública/SE - 2005 – CESPE) Julgue os itens a seguir.

(1) No contrato bilateral, as partes assumem obrigações recíprocas, sendo cada obrigação a causa jurídica da outra. Assim, as partes devem cumprir simultaneamente suas obrigações recíprocas.

(2) Todos os contratos bilaterais possuem cláusula resolutiva expressa, ou seja, a parte lesada pelo inadimplemento pode requerer judicialmente a rescisão do contrato com perdas e danos, ainda que não exista previsão expressa no contrato.

1: errada, pois apesar de ser característica do contrato a existência de obrigações recíprocas, isso não quer dizer que estas devam ser cumpridas simultaneamente. Na prestação de serviço, por exemplo, primeiro deve ser prestado o serviço e depois deve ser paga a remuneração, salvo exceções (art. 597 do CC); **2:** incorreta. O fato de um contrato ser bilateral significa que existem obrigações para ambas as partes, mas isso não implica em sempre constar expressamente do contrato uma cláusula pela qual, não cumprida a obrigação por uma das partes, o contrato ficará resolvido. Quando não constar essa cláusula, as partes poderão se valer da chamada *cláusula resolutiva tácita*, que decorre da própria lei. Quando há *cláusula resolutiva expressa*, o descumprimento contratual gera, automaticamente, a resolução do contrato. Já quando não há cláusula resolutiva expressa, o descumprimento contratual deve ser procedido de notificação, para que haja a resolução do contrato. Vide o art. 474 do CC.

Gabarito 1E, 2E

4.3. Onerosidade excessiva

(Defensoria Pública da União – 2010 – CESPE) Acerca da revisão contratual, julgue os itens subsequentes.

(1) Para que seja possível requerer a revisão contratual com base na onerosidade excessiva, o contrato deve ser de execução continuada ou diferida.

(2) É suficiente à revisão do contrato por onerosidade excessiva que o acontecimento se tenha manifestado só na esfera individual da parte.

1: correta. O contrato deve ser de execução continuada ou diferida, pois o fato que possibilita a revisão deve ocorrer entre o momento da formação e o da execução (art. 478 do CC); **2:** incorreta. Há entendimento doutrinário no sentido de que o fato extraordinário e imprevisível deve ultrapassar a esfera individual para possibilitar a revisão contratual (arts. 317 e 478 do CC), caso contrário, bastaria que um dos contratantes ficasse desempregado para que pudesse pedir a revisão contratual. Este não é o nosso entendimento, mas foi a posição gabaritada pela banca.

Gabarito 1C, 2E

(Defensor Público/AL – 2009 – CESPE) O item subsequente apresenta uma situação hipotética, seguida de uma assertiva a ser julgada.

(1) Carlos celebrou contrato com Paula, em 10.08.2008, para que ela cuidasse do jardim da casa dele, mediante o pagamento de R$ 80,00 por semana, reajustáveis em 2% a cada seis meses. O contrato incluía a utilização de adubos, terra e inseticidas. Nessa situação, se a inflação vier a atingir índices superiores aos praticados no momento em que foi concluído o contrato, acarretando aumento no preço dos produtos utilizados, Paula poderá pedir a resolução da avença, invocando como fundamento a teoria da imprevisão, o que exigirá a demonstração, não só da onerosidade excessiva que suportará, como também da extrema vantagem que obterá Carlos.

A aplicação da Teoria da Imprevisão depende da ocorrência de acontecimentos extraordinários e imprevisíveis (art. 478 do CC), e a inflação, segundo o STF e o STJ, não é um acontecimento dessa natureza: "Não se mostra razoável o entendimento de que a inflação possa ser tomada, no Brasil, como álea extraordinária, de modo a possibilitar algum desequilíbrio na equação econômica do contrato, como há muito afirma a jurisprudência do STJ" (REsp 744.446/DF, rel. Min. Humberto Martins, 2ª Turma, julgado em 17/04/2008); não bastasse, a doutrina e a jurisprudência vêm entendendo que, cumpridos os requisitos do art. 478 do CC, deve-se, em primeiro lugar, buscar a *revisão* contratual, partindo-se para a sua *resolução* apenas quando não for possível a revisão.

Gabarito 1E

4.4. Vícios redibitórios

(Defensor Público/AC – 2012 – CESPE) Renato adquiriu de seu amigo Rodolfo, em 13.02.2010, um veículo automotor, que, passados trinta dias da compra, apresentou defeito no motor e parou de funcionar. Em 15.03.2010, o comprador procurou um advogado com o propósito de ajuizar ação para anular o negócio jurídico. Em 13.01.2011, Renato ajuizou ação objetivando a redibição ou o abatimento do preço pago pelo veículo. No entanto, o processo foi extinto com resolução do mérito em razão da decadência do direito do autor.

Acerca da situação hipotética acima apresentada e da disciplina jurídica dos vícios redibitórios, das relações de consumo e da responsabilidade civil, assinale a opção correta.

(A) O prazo decadencial para o adquirente reclamar a existência de vício redibitório seria de trinta dias a contar do conhecimento do vício oculto. No caso de vício oculto de difícil constatação, Renato teria o prazo de até cento e oitenta dias após a tradição, para conhecer o defeito e, uma vez constatado o defeito, teria o prazo de mais trinta dias para ingressar com as ações edilícias.

(B) Em caso de responsabilidade de profissionais da advocacia por condutas consideradas negligentes, as demandas que invocam a teoria da perda de uma chance não passam pela análise das reais possibilidades de êxito do postulante, eventualmente perdidas em razão da desídia do causídico.

(C) O equívoco inerente ao vício redibitório não se confunde com o erro substancial, vício de consentimento previsto na parte geral do Código Civil. O legislador tratou o vício redibitório de forma especial, projetando inclusive efeitos diferentes daqueles previstos para o erro substancial. O vício redibitório, da forma sistematizada pelo Código Civil de 1916, cujas regras foram mantidas pelo Código Civil ora vigente, atinge a psique do agente. O erro substancial, por sua vez, atinge a própria coisa, objetivamente considerada.

(D) Na situação descrita, de fato, Renato decaiu do seu direito de rescindir o negócio em razão do transcurso do prazo de trinta dias previsto no CDC para a reclamação de vício redibitório.

(E) A decisão judicial que extinguiu o processo está equivocada, pois ainda seria possível a Renato exercitar seu direito de redibir ou abater o preço pago, em razão da aplicação de dispositivo do CDC que estabelece o prazo de cinco anos para a reclamação por vício do produto ou serviço.

A: correta. A assertiva está de acordo com art. 445 do CC e o entendimento doutrinário sobre o tema. Quanto à contagem do prazo de vício oculto, o Enunciado CJF 174 dispõe, "em se tratando de vício oculto, o adquirente tem os prazos do *caput* do art. 445 para obter redibição ou abatimento de preço, desde que os vícios se revelem nos prazos estabelecidos no parágrafo primeiro, fluindo, entretanto, a partir do conhecimento do defeito"; **B:** incorreta, pois segundo a jurisprudência do STJ, em caso de responsabilidade de profissionais da advocacia por condutas apontadas como negligentes, e diante do aspecto relativo à incerteza da vantagem não experimentada, as demandas que invocam a teoria da 'perda de uma chance' devem ser solucionadas a partir de detida análise acerca das reais possibilidades de êxito do postulante, eventualmente perdidas em razão da desídia do causídico" (REsp 993936/RJ, Rel. Ministro Luis Felipe Salomão, Quarta Turma, julgado em 27.03.2012); **C:** incorreta, pois o vício redibitório atinge a própria coisa, objetivamente considerada, e o erro substancial atinge a psique do agente; **D:** incorreta, no caso descrito no enunciado não há relação de consumo, e sim relação civil, devendo ser aplicado o Código Civil. E se fosse o caso, o prazo para reclamar de vício de produto durável é de 90 dias (art. 26, II, do CDC); **E:** incorreta, pelas mesmas razões da alternativa anterior.

Gabarito "A"

(Defensoria Pública/SP – 2006 – FCC) Sobre os vícios redibitórios, é correto afirmar:

(A) São defeitos ocultos existentes na coisa alienada, objeto de qualquer tipo de contrato.

(B) Ocorrendo vício redibitório pode o adquirente rejeitar a coisa ou conservar o bem e reclamar abatimento no preço sem acarretar a redibição do contrato, através da ação estimatória ou *quanti minoris*.

(C) Se o alienante tinha ciência do vício oculto, deverá restituir o que recebeu, sem perdas e danos.

(D) Se a coisa vier a perecer em poder do alienatário, em razão do defeito já existente ao tempo da tradição, o alienante não terá de restituir o que recebeu.

(E) A ação redibitória ou estimatória deve ser proposta dentro do prazo de trinta dias, em se tratando de bens móveis ou imóveis.

A: incorreta. Os vícios redibitórios são os defeitos ocultos existentes na coisa que a tornam imprópria ao uso que se destina ou que lhe reduzem consideravelmente o valor, de modo que o negócio jurídico não seria celebrado se o adquirente soubesse da existência do defeito. O adquirente só pode reclamar de vício redibitório se o contrato for oneroso e comutativo *(art. 441 do CC)*; **B:** correta, conforme o art. 442 do CC; **C:** incorreta. Se o alienante conhecia o vício ou defeito da coisa, restituirá o que recebeu *com perdas e danos* (art. 443 do CC); **D:** incorreta. A responsabilidade do alienante *subsiste* ainda que a coisa pereça em poder do alienatário, se perecer por vício oculto, já existente ao tempo da tradição (art. 444 do CC); **E:** incorreta, a ação redibitória ou a estimatória deve ser proposta no prazo de *trinta dias* se a coisa for móvel, e de *um ano* se for imóvel (art. 445 do CC).

Gabarito "B"

4.5. Extinção dos contratos

(Defensor Público/AC – 2012 – CESPE) José, agricultor, firmou contrato de fornecimento de safra futura de soja com uma sociedade empresária do ramo. No contrato, ficou estabelecida variação do preço do produto com base no dólar. Em virtude do cenário internacional, houve uma exagerada elevação no preço da soja, justificada pela baixa produtividade das safras norte-americana e brasileira, motivada, entre outros fatores, pela ferrugem asiática e pela alta do dólar. Assim, José ajuizou ação buscando resolução contratual.

Considerando a situação hipotética acima apresentada e sabendo que a soja é um produto comercializado na bolsa de valores, que a ferrugem asiática é uma doença que atinge as lavouras de soja do Brasil desde 2001 e que, segundo estudos da EMBRAPA, não há previsão da erradicação dessa doença, embora seja possível seu controle pelo agricultor, assinale a opção correta à luz da teoria da imprevisão e da onerosidade excessiva.

(A) A resolução por onerosidade excessiva assemelha-se à rescisão lesionária, na qual a onerosidade excessiva surge após a formação do contrato. Contudo, distingue-se da resolução por lesão superveniente, contemplada no CDC, já que esta última dispensa a imprevisibilidade e o caráter extraordinário dos fatos supervenientes que afetam o equilíbrio contratual.

(B) Na situação hipotética em questão, as variações de preço respaldam a resolução contratual com base na teoria da imprevisão, já que as circunstâncias que envolveram a formação do contrato de execução diferida não eram as mesmas do momento da execução da obrigação, o que tornou o contrato extremamente oneroso para uma parte em benefício da outra.

(C) A resolução contratual pela onerosidade excessiva reclama superveniência de evento extraordinário, impossível às partes antever, não sendo suficientes alterações que se inserem nos riscos ordinários do negócio. Contudo, no caso hipotético descrito, as alterações que ensejaram o prejuízo alegado pelo agricultor resultaram de um fato extraordinário e impossível de ser previsto pelas partes, o que, nos termos da jurisprudência do STJ, autoriza a resolução contratual pela onerosidade excessiva.

(D) Na situação hipotética em apreço, as prestações efetuadas antes do ingresso em juízo não podem ser revistas, mesmo comprovada a alteração no quadro econômico, porque o pagamento espontâneo do devedor produziu seus normais efeitos. O mesmo não se aplica, porém, às prestações pagas no curso do processo, visto que, conforme ditame legal, a sentença produzirá efeitos retroativos à data de citação.

(E) O instituto da onerosidade excessiva é de aplicação restrita a contratos bilaterais, já que nos unilaterais não se pode falar em desequilíbrio de prestações correspectivas.

A: incorreta. Na resolução por onerosidade excessiva (arts. 317 e 478) o desequilíbrio contratual ocorre após a formação do contrato e durante a sua execução. Na lesão (art. 157 do CC) o desequilíbrio contratual é verificado no momento da formação do contrato, não dependendo de qualquer evento futuro para sua concretização; **B:** incorreta, segundo a jurisprudência do STJ a "ferrugem asiática" na lavoura não é fato extraordinário e imprevisível, visto que, embora reduza a produtividade, é doença que atinge as plantações de soja no Brasil desde 2001, não havendo perspectiva de erradicação a médio prazo, mas sendo possível o seu controle pelo agricultor" (REsp 945.166/GO, Rel. Min. Luis Felipe Salomão, julgado em 28.02.2012, Informativo 492); **C:** incorreta, a jurisprudência do STJ não reconhece a ferrugem asiática como fato extraordinário e imprevisível como visto acima; **D:** correta. Os efeitos da sentença retroagirão à data da citação (art. 478 do CC), não alcançando, portanto, os valores pagos antes desta; **E:** incorreta. Nos contratos em que as obrigações couberem a apenas uma das partes, esta poderá pleitear que a parcela seja reduzida ou que o modo de executá-la seja alterado para que seja evitada a onerosidade excessiva (art. 480 do CC).

Gabarito "D"

(Defensoria Pública/MT – 2009 – FCC) A respeito da disciplina dos contratos, é lícito afirmar que

(A) o contrato real é o que se aperfeiçoa com a transferência do direito de propriedade de um bem ao credor.

(B) o contrato faz lei entre as partes e, uma vez celebrado, vigora, em qualquer hipótese, o princípio segundo o qual *pacta sunt servanda*.

(C) as obrigações decorrentes de todo e qualquer contrato serão válidas na medida em que atendam aos princípios da boa-fé objetiva e de sua função social, bem como sejam reduzidas a instrumento escrito em letras com fonte não inferior ao corpo 12, de modo a facilitar sua compreensão.

(D) o contrato real aperfeiçoa-se e valida-se com a entrega de um bem, sendo irrelevante a existência de consenso.

(E) o distrato somente será admitido se feito pela mesma forma exigida para o contrato.

A: incorreta. Contrato real é aquele que se aperfeiçoa (passa a existir) com a entrega da coisa. A transferência da posse do bem é requisito para a formação do contrato (ex.: contrato de comodato); **B:** incorreta. A máxima citada cede quando há violação aos princípios da função social e da boa-fé objetiva, bem como quando há violação de outra norma de ordem pública; **C:** incorreta, pois a exigência de letra com fonte não inferior ao corpo 12 só existe em relação a contratos de consumo (art. 54, § 3º, do CDC); **D:** incorreta. Além da entrega, requisito específico para a formação do contrato real, o consenso também é necessário, pois é requisito geral para a formação dos contratos; **E:** correta, conforme art. 472 do CC.

Gabarito "E"

4.6. Compra e venda e troca

(Defensoria Pública/SP – 2007) Cláusula inserida na compra e venda, pelo qual o vendedor se reserva o direito de reaver, em certo tempo, o bem alienado, tem efeitos reais e só pode ser exercida durante um prazo de caducidade de, no máximo, 3 anos, a partir da data da venda. Este enunciado diz respeito ao ato negocial:

(A) venda a contento.

(B) preempção.

(C) pacto comissório.

(D) *pactum reservati dominii*.

(E) retrovenda.

O enunciado reproduz o conteúdo do art. 505 do CC, que dispõe sobre a cláusula de retrovenda.

Gabarito "E"

4.7. Doação

(Defensor Público/MS – 2008 – VUNESP) Assinale a alternativa correta.

(A) O doador não pode estipular que os bens doados voltem ao seu patrimônio, exceto se se tratar de todos os seus bens.

(B) É possível, no contrato de doação, cláusula de reversão em favor de terceiro, com a morte do doador.

(C) Com a cláusula de reversão, se o doador falecer antes do donatário, com a morte deste, os bens passam aos herdeiros do doador.

(D) O doador pode estipular que os bens doados voltem para seu patrimônio, se sobreviver ao donatário.

A: incorreta (art. 547, *caput*, do CC); **B:** incorreta (art. 547, parágrafo único, do CC); **C:** incorreta, pois a cláusula de reversão implica em o doador estipular que os bens doados voltem ao seu patrimônio, se sobreviver ao donatário (art. 547, *caput*, do CC); **D:** correta, pois a alternativa reflete o disposto no art. 547, *caput*, do CC.

Gabarito "D"

(Defensoria Pública da União – 2007 – CESPE) Julgue o seguinte item.

(1) Mesmo se o bem que fora doado já tiver sido transferido, a doação poderá ser revogada por ingratidão, o que poderá levar o doador a ser indenizado pelo valor equivalente ao bem. Por ser personalíssima, somente o doador pode se valer dessa revogação, ressalvada a hipótese de seu homicídio doloso ser imputável ao donatário. Entretanto, esse tipo de revogação não é possível nos seguintes casos: doação com encargo já cumprido, doação puramente remuneratória, doação feita para determinado casamento, doação que se fizer em cumprimento de obrigação natural.

1: correta (arts. 563, 560, 561 e 564 do CC, respectivamente).

Gabarito 1C

4.8. Mútuo, comodato e depósito

(Defensoria Pública/SE - 2005 – CESPE) Julgue o item a seguir.

(1) Pelo contrato de depósito voluntário, o depositário recebe um objeto móvel ou imóvel para guardá-lo ou conservá-lo, até que o depositante o reclame. De acordo com a nova sistemática introduzida pelo sistema jurídico brasileiro, foi abolida a prisão civil do depositário que não restituir a coisa depositada voluntariamente, devendo o contrato resolver-se em perdas e danos.

Errada. Pelo contrato de depósito uma pessoa (o depositário) recebe um objeto móvel, para guardar, até que a outra parte (o depositante) o reclame. O contrato de depósito voluntário só pode ter por objeto bem móvel (art. 627 do CC). Com relação à possibilidade de prisão civil do depositário que não restituir a coisa, embora exista previsão legal neste sentido (art. 652 do CC e no art. 5º, LXVII, da CF), a jurisprudência afastou esta possibilidade diante da vigência do Pacto de São José da Costa Rica (Pacto Internacional dos Direitos Civis e Políticos), o qual, por ser recepcionado por nosso ordenamento (Decreto 678/1992), prescreve a proibição de utilizar-se da prisão como meio coercitivo para o cumprimento de dívidas, excetuado o inadimplemento de obrigação alimentar (art. 7º, item 7). Adotando mesma diretriz, o Supremo Tribunal Federal editou a Súmula Vinculante 25 dispondo que "é ilícita a prisão civil de depositário infiel, qualquer que seja a modalidade do depósito".

Gabarito 1E

(Defensoria Pública da União – 2004 – CESPE) Acerca dos contratos e das obrigações, julgue os itens que se seguem.

(1) Em caso de contrato de comodato de bem imóvel a título oneroso e por prazo indeterminado, desejando o proprietário pôr fim ao comodato, deverá notificar judicialmente o comodatário, pedindo a restituição da coisa e constituindo em mora o devedor no momento em que este for citado para os termos da causa. A partir de então, passam a ser devidos os aluguéis ao comodante.

(2) A multa contratual fixada no contrato de mútuo constitui espécie de cláusula penal moratória, estipulada pelas partes antecipadamente em favor do credor, juntamente com a obrigação principal, a título de indenização por eventual descumprimento obrigacional pelo devedor.

1: incorreta, pois o comodatário passará a pagar aluguel pela coisa a partir do momento em que for constituído em mora (art. 582, parte final, do CC), no caso, a partir do momento em que for notificado, e não a partir do momento do ajuizamento da reintegração de posse; **2:** correta (art. 411 do CC).

Gabarito 1E, 2C

4.9. Locação

(Defensor Público/ES – 2012 – CESPE) Acerca da locação de imóveis urbanos, julgue os itens que se seguem.

(1) Se o indivíduo A adquirir do indivíduo B imóvel no qual, por força de contrato de locação, resida o indivíduo C, presumir-se-á a concordância de A com a locação, caso este não a denuncie no prazo de noventa dias.

(2) De acordo com a jurisprudência do STJ, caso uma pessoa se obrigue como principal pagador dos aluguéis de imóvel até a entrega das chaves, a prorrogação do contrato por prazo indeterminado acarretará a exoneração da fiança.

1: correta, pois de acordo com o art. 8º, § 2º, da Lei 8.245/1991, "a denúncia deverá ser exercitada no prazo de noventa dias contados do registro da venda ou do compromisso, presumindo-se, após esse prazo, a concordância na manutenção da locação"; **2:** incorreta, "a jurisprudência do STJ é firme no sentido de que, havendo cláusula contratual expressa, a responsabilidade do fiador, pelas obrigações contratuais decorrentes da prorrogação do contrato de locação, deve perdurar até a efetiva entrega das chaves do imóvel" (AgRg no AREsp 234.428/SP, Rel. Min. Ricardo Villas Bôas Cueva, julgado em 11.06.2013).

Gabarito 1C, 2E

(Defensor Público/BA – 2010 – CESPE) A respeito do adimplemento e inadimplemento das obrigações, bem como da extinção dos contratos, julgue o item abaixo.

(1) Em caso de rescisão do contrato de aluguel, se o locador recusar-se a receber o imóvel, poderá o locatário promover a consignação em juízo.

A consignação judicial é o depósito da coisa devida em juízo com o objetivo de extinguir a obrigação. Pode ter por objeto tanto bens móveis, como também bens imóveis (art. 335 do CC).

Gabarito 1C

(Defensoria Pública/SP – 2010 – FCC) Considerando a oferta à venda de bem imóvel locado, estão corretas as assertivas abaixo, EXCETO:

(A) o locatário deverá ser notificado ou cientificado de todas das condições postas para a venda.

(B) o locatário deverá concorrer nas mesmas condições de terceiros.

(C) o proprietário locador deverá ajustar sua proposta às condições apresentadas pelo locatário de modo a viabilizar-lhe o exercício do direito de preempção.

(D) o locatário deverá ser cientificado ou notificado das modificações das condições de venda.

(E) poderá o locatário ser preterido no negócio se oferecer contraposta de preço.

A: correta, conforme o art. 27, parágrafo único, da Lei 8.245/1991; **B:** correta, conforme o art. 27, *caput*, da Lei 8.245/1991; **C:** incorreta, pois o locatário concorre em condições iguais às de terceiros, não tendo o proprietário que se adequar às condições do locatário (art. 27, *caput*, da Lei 8.245/1991); **D:** correta. Se o locatário não for cientificado ou notificado o direito de preferência não será preservado (art. 27, parágrafo único da Lei 8.245/1991); **E:** correta. O locatário tem direito de preferência apenas se chegar às mesmas condições propostas por terceiros (art. 27, *caput*, da Lei 8.245/1991).

Gabarito "C"

(Defensoria Pública da União – 2007 – CESPE) Julgue o seguinte item.

(1) Se determinado bem locado for alienado na vigência de contrato de locação, o adquirente não será obrigado a respeitar o contrato celebrado com o alienante, porque os efeitos de um contrato não podem atingir quem dele não participou, ainda que nesse contrato conste cláusula, devidamente registrada, de vigência no caso de alienação.

Nos termos do art. 8º da Lei 8.245/1991, se o imóvel for alienado durante a locação, o adquirente poderá denunciar o contrato, com o prazo de noventa dias para a desocupação, *salvo se a locação for por tempo determinado e o contrato contiver cláusula de vigência em caso de alienação e estiver averbado junto à matrícula do imóvel.*

Gabarito 1E

4.10. Mandato

(Defensor Público/SP – 2012 – FCC) Maria Aparecida, viúva, apresentando os primeiros sintomas de Alzheimer, mas ainda no domínio pleno de suas faculdades mentais, temendo a iminente perda de sua capacidade civil, outorga instrumento de mandato com poderes especiais e expressos para sua única filha, autorizando-a a alienar seu único bem imóvel para custear seu futuro tratamento. Durante as tratativas iniciais para alienação do imóvel, sem assunção formal de quaisquer obrigações, sobrevém a interdição da primeira, nomeando-se curadora pessoa diversa da mandatária e reconhecendo-se, por perícia médica, que a incapacidade ocorrera em data superveniente à outorga do mandato. Nesse caso,

(A) não será possível a outorga da escritura pela mandatária, uma vez que a incapacidade do mandante faz cessar o contrato de mandato.

(B) será possível a outorga da escritura pela mandatária, uma vez que a lei autoriza autocuratela antecipada.

(C) será possível a outorga, pois trata-se de conclusão de ato jurídico iniciado, havendo perigo na demora.

(D) será possível a conclusão do negócio pela própria mandante, uma vez que o mandato que contém poderes de cumprimento ou confirmação de negócios encetados, aos quais se ache vinculado, é irrevogável.

(E) não será possível a conclusão do negócio pela mandatária, já que após a interdição somente o curador nomeado poderia praticar tal ato, independente de autorização judicial.

A: correta, conforme prescreve o art. 682 do Código Civil, o mandato cessa: I - pela revogação ou pela renúncia; II - pela morte ou interdição de uma das partes; III - pela mudança de estado que inabilite o mandante a conferir os poderes, ou o mandatário para os exercer; ou IV - pelo término do prazo ou pela conclusão do negócio; **B:** incorreta. A lei não autoriza autocuratela antecipada; **C:** incorreta. Não é possível a outorga da escritura pelo mandatário, pois, de acordo com o enunciado da questão, não havia negócio jurídico pendente, apenas tratativas iniciais (art. 690 do CC); **D:** incorreta, pois o contrato de mandato é, em regra, revogável. Exceções: i) quando a cláusula de irrevogabilidade for condição de um negócio bilateral (art. 684 do CC); ii) mandato em causa própria (art. 685 do CC); **E:** incorreta. A venda de bens imóveis pelo curador depende de prévia avaliação judicial e autorização judicial (arts. 1.750 e 1.774 do CC).

Gabarito "A"

4.11. Seguro

(Defensoria Pública/PI – 2009 – CESPE) De acordo com as regras concernentes ao seguro automotivo, assinale a opção correta.

(A) A indenização pelo sinistro não pode gerar nenhum proveito ao segurado.

(B) Se a esposa do segurado causar sinistro por culpa, o segurador pode sub-rogar-se, nos limites da indenização paga.

(C) O contrato celebrado não pode ser transferido a terceiro que venha a adquirir o veículo.

(D) O seguro de um bem poderá ser contratado por valor superior ao seu valor atual, mas isso implicará aumento no valor do prêmio.

(E) O atraso no pagamento de prestação do prêmio importa em desfazimento automático do contrato, de acordo com a jurisprudência do STJ.

A: correta, pois no seguro de dano, a indenização não pode ultrapassar o valor do interesse segurado no momento do sinistro (art. 781 do CC); **B:** incorreta (art. 786, § 1º, do CC); **C:** incorreta (art. 785 do CC); **D:** incorreta (art. 778 do CC); **E:** incorreta, pois "é entendimento pacificado pela jurisprudência da Segunda Seção que o simples atraso da prestação mensal ou o seu não pagamento, sem a prévia notificação do segurado, não enseja suspensão ou cancelamento automático do contrato de seguro" (AgRg no AgRg no Ag 1.125.074/SP, *DJe* 06.10.2010).

Gabarito "A"

(Defensoria Pública da União – 2004 – CESPE) Acerca dos contratos e das obrigações, julgue o item que se segue.

(1) Firmado contrato de seguro contra roubo e (ou) incêndio e com a concretização do sinistro, o não cumprimento das obrigações ou o pagamento efetuado a menor, por parte do segurador, consistentes no ressarcimento dos danos sofridos pelo segurado, constitui defeito na prestação do serviço oferecido pela seguradora.

1: incorreta, pois o contrato de seguro não se confunde com o contrato de prestação de serviço; aliás, a prestação de serviços é executada, normalmente, por atividades diversas provindas do prestador do serviço, ao passo que o seguro, neste ponto, é executado pelo pagamento de quantia; assim, não há como qualificar o ocorrido como defeito na prestação de serviço, mas como execução errônea da obrigação de ressarcimento de danos.

Gabarito 1E

4.12. Outros contratos e temas combinados

(Defensor Público/PR – 2012 – FCC) Sobre o Direito Contratual, é correto afirmar:

(A) O locatário deverá ser indenizado pelas benfeitorias úteis realizadas no imóvel locado, ainda que não expressamente autorizadas pelo locador, tendo em vista ser inválida a cláusula que dispõe sobre a renúncia à indenização destas obras, nos termos da jurisprudência majoritária.

(B) A sustação da compra e venda, por culpa do adquirente, após a pactuação de arras confirmatórias, dá ensejo ao desfazimento do negócio com a retenção do sinal, permitindo, ainda, que o vendedor requeira indenização suplementar se provar a ocorrência de prejuízo maior que o valor das arras.

(C) A fiança prestada por pessoa física em contrato de locação firmado por seu irmão, sem autorização de sua esposa, é eficaz apenas com relação ao fiador.

(D) Com relação à dívida pessoal, o proprietário do imóvel poderá opor a impenhorabilidade da sua vaga de garagem, devidamente registrada, na condição de bem de família.

(E) A empresa X, ao prever e cobrar antecipadamente o Valor Residual Garantido (VRG) do contrato de arrendamento mercantil firmado por pessoa física, acaba transformando a pactuação em compra e venda a prestação.

A: incorreta. Nos termos do art. 35 da Lei 8.245/1991, salvo disposição em contrário, o locatário deverá ser indenizado pelas benfeitorias necessárias sem autorização e *úteis com a autorização*. E, de acordo com a Súmula 335 do STJ, é válida a cláusula de renúncia da indenização pelas benfeitorias no contrato de locação; **B:** correta, conforme arts. 418 e 419 do CC; **C:** incorreta, pois segundo a Súmula 332 do STJ, "a fiança prestada sem autorização de um dos cônjuges implica a ineficácia total da garantia"; **D:** incorreta, de acordo com Súmula 449 do STJ: "A vaga de garagem que possui matrícula própria no registro de imóveis não constitui bem de família para efeito de penhora"; **E:** incorreta, pois a Súmula 263 do STJ ("A cobrança antecipada do valor residual (VRG) descaracteriza o contrato de arrendamento mercantil, transformando-o em compra e venda a prestação") foi cancelada (REsp 443.143, julgado em 29.09.2003).

Gabarito "B"

(Defensor Público/PR – 2012 – FCC) É correto afirmar:

(A) Pessoa que, por simples cortesia, transportava seu colega na saída do trabalho, vindo a colidir seu veículo com caminhão, por culpa leve, causando grave lesão no colega transportado, será civilmente responsável por estes danos.

(B) O contrato de empréstimo somente poderá ser revisado pela teoria da imprevisão se houver desproporção da prestação derivada de motivo imprevisível ocorrido no momento funcional da relação contratual.

(C) O promitente comprador do imóvel, pertencente a proprietário registral, não terá direito à adjudicação compulsória se o compromisso de compra e venda não estiver registrado no cartório de imóveis, ainda que o contrato esteja devidamente quitado.

(D) O contratante, que contrata alguém para a troca de telhas de sua casa, não tem de garantir a segurança do contratado, exceto se tal dever estiver expresso no pacto firmado.

(E) Contrato de locação de imóvel, expressamente firmado para exploração de jogo ilegal, é tido como inexistente, em razão da ilicitude do objeto.

A: incorreta, nos termos da Sumula 145 do STJ: "no transporte desinteressado, de simples cortesia, o transportador só será civilmente responsável por danos causados ao transportado quando incorrer em dolo ou culpa grave"; **B:** correta, pois a teoria da imprevisão somente tem aplicabilidade se o fato que provocar o desequilíbrio ocorrer durante a execução do contrato (arts. 317e 478 do CC); **C:** incorreta. Promitente comprador terá direito à adjudicação compulsória ainda que o contrato não tenha sido levado a registro. O registro é requisito apenas para a eficácia *erga omnes* do contrato (art. 1.418 do CC e Súmula 239 do STJ); **D:** incorreta. Segundo o entendimento do STJ, o contratante tem o dever de garantir a segurança do contratado, fornecendo, por exemplo, o equipamento apropriado (REsp 533.233/MG, Rel. Min. Fernando Gonçalves, julgado em 05.02.2004); **E:** incorreta. O contrato que tem objeto ilícito é considerado nulo e não inexistente (art. 166, II, do CC).

Gabarito "B"

(Defensor Público/RO – 2012 – CESPE) Com relação aos contratos, assinale a opção correta.

(A) A locação em hotéis residência ou equiparados rege-se pela Lei n.º 8.245/1991, que trata das locações dos imóveis urbanos.

(B) A tese dos deveres anexos ou secundários não gera responsabilização civil, visto que não constitui espécie de inadimplemento.

(C) Em face da aplicação, no ordenamento jurídico brasileiro, do princípio da função social do contrato, o princípio da autonomia contratual deixou de ter aplicabilidade no direito brasileiro, aplicando-se, em contrapartida, de forma atenuada, o princípio da autonomia privada.

(D) Caso haja, em contrato de adesão, cláusulas ambíguas, adota-se, no direito brasileiro, a interpretação *in dubio pro fragile*.

(E) Tanto o terceiro que assumir a obrigação do devedor quanto o devedor primitivo poderão assinar prazo para que o credor consinta na assunção da dívida; permanecendo inerte o credor, entende-se haver concordância de sua parte.

A: incorreta, em conformidade com o art. 1º, alínea *a*, 4, da Lei 8.245/1991, as locações em *apart*-hotéis, hotéis residência ou equiparados são regidas pelo Código Civil; **B:** incorreta. Em virtude do princípio da boa-fé, positivado no art. 422 do novo Código Civil, a violação dos deveres anexos constitui espécie de inadimplemento, independentemente de culpa (Enunciado CJF 24); **C:** incorreta, segundo o Enunciado CJF 23, "a função social do contrato, prevista no art. 421 do novo Código Civil, *não elimina* o princípio da autonomia contratual, mas atenua ou reduz o alcance desse princípio quando presentes interesses metaindividuais ou interesse individual relativo à dignidade da pessoa humana". Autonomia contratual e autonomia privada são expressões sinônimas; **D:** correta, pois conforme o art. 423 do CC/2002, nos casos de cláusulas ambíguas nos contratos de adesão, estas serão interpretadas da maneira mais favorável ao aderente; **E:** incorreta. A validade da assunção de dívida depende do consentimento expresso do credor. Caso o credor seja intimado e permaneça inerte, seu silêncio será *interpretado como recusa* (art. 299, parágrafo único, do CC).

Gabarito "D"

(Defensor Público/SE – 2012 – CESPE) Assinale a opção correta a respeito das obrigações contratuais.

(A) Nos contratos de empreitada, a obrigação de fornecer os materiais a serem utilizados pode resultar da vontade dos contratantes. Sendo essa a vontade da lei e não havendo disposição em contrário, a obra corre por conta e risco de quem a encomende, ainda que o empreiteiro forneça os materiais e esteja em mora quanto à entrega da obra.

(B) Ocorre contrato de mandato quando alguém recebe de outrem poderes para, em seu nome, praticar atos ou administrar seus interesses, sendo aptas a formalizá-lo somente as pessoas capazes, vedada a sua formalização aos relativa ou absolutamente incapazes, ainda que devidamente representados.

(C) Por meio do contrato de fiança, o fiador garante satisfazer uma obrigação junto ao credor caso o devedor não a cumpra, não havendo nenhum impedimento de que a fiança seja de valor inferior ao da obrigação principal e contraída em condições menos onerosas ou assumida por mais de um fiador.

(D) O contrato de mútuo consiste em empréstimo de coisas fungíveis, através do qual o mutuário é obrigado a restituir ao mutuante o que dele receber em coisa do mesmo gênero, consideradas a qualidade e a quantidade, sendo o domínio da coisa emprestada transferido ao mutuário, mas os riscos advindos desde a tradição, exclusivos do mutuante.

(E) Pelo contrato de seguro, o segurador se obriga, mediante o pagamento do prêmio, a garantir ao segurado interesse legítimo, relativo a pessoa ou a coisa, contra riscos predeterminados. Nesse tipo de contrato, a prova se faz por meio da apólice ou do bilhete do seguro, ou até mesmo por meio de documento comprobatório do pagamento do respectivo prêmio, e, para garantir a sua efetividade, as apólices ou o bilhete de seguro devem ser sempre ao portador, estando garantido o direito do segurado, ainda que este agrave intencionalmente o risco objeto do contrato.

A: incorreta, pois caso o empreiteiro forneça os materiais, os riscos correrão por sua conta até o momento da entrega da obra (art. 611 do CC); **B:** incorreta. Relativamente incapaz pode ser mandatário (art. 666 do CC); **C:** correta. A fiança pode ser de valor inferior ao da obrigação principal e contraída em condições menos onerosas (art. 823 do CC); **D:** incorreta, pois os riscos correm por conta do mutuário desde a tradição, conforme dispõe o art. 587 do CC; **E:** incorreta, pois nos contratos de seguro a apólice ou o bilhete devem ser nominativos, à ordem ou ao portador (art. 760 do CC).

Gabarito "C".

(Defensor Público/RO – 2007) Nos contratos de adesão, na interpretação de cláusulas ambíguas, adotar-se-á a seguinte perspectiva:

(A) orientada pelo bom senso
(B) adotada pelo costume
(C) favorável ao aderente
(D) estipulada pelo juiz
(E) explicitada pela lei

Quando houver no contrato de adesão cláusulas ambíguas ou contraditórias, dever-se-á adotar a interpretação mais favorável ao aderente (art. 423 do CC). A aplicação desta regra não exige que o contrato seja de consumo.

Gabarito "C".

5. Responsabilidade civil

(Defensor Público/PR – 2012 – FCC) É correto afirmar:

(A) A pessoa jurídica, porque não titulariza direitos subjetivos referentes à dignidade da pessoa humana, não é titular de direitos da personalidade, embora possa sofrer dano moral.

(B) A indenização por dano estético, na qualidade de espécie de dano moral, abarca este, não havendo falar em responsabilização autônoma do agente ofensor com relação aos danos psicológicos.

(C) É cabível a recusa do pagamento da indenização acidentária civil baseada na falta de pagamento do prêmio do seguro obrigatório de Danos Pessoais Causados por Veículos Automotores de Vias Terrestres (DPVAT).

(D) O absolutamente incapaz não responde pelos danos que causar, tendo em vista a responsabilidade privativa de seus pais ou responsáveis.

(E) No caso de deterioração da coisa alheia, provocada para remover perigo iminente provocado por terceiro, assistirá ao proprietário da coisa direito a indenização a ser paga pelo causador direto do dano, ainda que à luz da lei civil este não tenha cometido ato ilícito.

A: incorreta. O entendimento majoritário na doutrina e na jurisprudência é no sentido de que as pessoas jurídicas são titulares de alguns direitos da personalidade e podem sofrer dano moral (art. 52 do CC, e Súmula 227 do STJ); **B:** incorreta, pois, conforme a Súmula 387 do STJ, podem ser cumulados os pedidos de indenização por danos morais e estéticos; **C:** incorreta. A falta de pagamento do prêmio do seguro obrigatório de Danos Pessoais Causados por Veículos Automotores de Vias Terrestres (DPVAT) não é motivo para a recusa do pagamento da indenização (Súmula 257 do STJ); **D:** incorreta, pois o incapaz pode responder pelos danos que causar, se as pessoas por ele responsáveis não tiverem obrigação de fazê-lo ou não dispuserem de meios suficientes (art. 928 do CC); **E:** correta. O estado de necessidade agressivo (aquele que tem como objetivo remover perigo iminente provocado por terceiro) é considerado ato lícito, ainda assim gera o dever de reparar o dano causado, assegurado o direito de regresso (arts. 188, II, 929 e 930 do CC).

Gabarito "E".

(Defensor Público/PR – 2012 – FCC) Sobre o Sistema de Responsabilidade Civil é correto afirmar:

(A) No caso de atropelamento por veículo dirigido profissionalmente, a pretensão de reparação civil das escoriações e fraturas sofridas, pelo pedrestre, sob o prisma do Direito Civil, exigirá a prova da culpa do motorista ofensor.

(B) Moradora de Curitiba perdeu o horário para realização de prova de segunda fase de concurso realizado em Manaus em razão de atraso no voo devido à greve dos pilotos de determinada companhia aérea. Esta situação caracteriza o chamado dano reflexo ou por ricochete.

(C) Pessoa embriagada, que atravessa larga avenida fora da faixa de segurança e correndo, vindo a ser atropelada por motorista que trafegava acima do limite de velocidade, deve ser indenizada integralmente, com base no princípio da *restitutio in integrum*.

(D) Microempresário contrata as empresas X e Y para o transporte cumulativo de uma carga que deixa de ser entregue em seu destino. Nesse caso, cada transportador deve responder pelo eventual descumprimento do contrato relativamente ao respectivo percurso, podendo opor tratar-se de obrigação de meio.

(E) Famoso artista de rua, que tem sua imagem veiculada em propaganda comercial sem sua autorização, terá direito à indenização, independentemente da demonstração de seu prejuízo.

A: incorreta. Por se tratar de motorista profissional a responsabilidade será objetiva, subsistindo o dever de indenizar pelo risco da atividade desenvolvida, nos termos do art. 927, parágrafo único, do Código Civil (TST, Agravo de Instrumento em Recurso de Revista 267/2007-007-18-40.2). Esta mesma responsabilidade pode ser fundamentada no art. 14 do CDC; **B:** incorreta. O dano reflexo, ou em ricochete, ocorre quando a ofensa é dirigida a uma pessoa, mas as consequências desta ação são sentidas por outra (ex: ofensa dirigida ao morto - art. 12, parágrafo único, do CC). O enunciado descreve hipótese de responsabilidade pela *perda de uma chance*, pois houve a frustração da expectativa de uma chance real; **C:** incorreta. Caracterizada a culpa concorrente da vítima, a responsabilidade civil será mitigada (art. 945 do CC); **D:** incorreta, pois nos casos de transporte cumulativo todas as transportadoras respondem solidariamente, conforme art. 756 do CC. Além disso, incita salientar que a obrigação assumida não é de meio e sim de resultado: a transportadora assume a obrigação de levar a coisa ao seu destino com segurança e integridade; **E:** correta, pois de acordo com a Súmula 403 do STJ, "independe de prova do prejuízo a indenização pela publicação não autorizada de imagem de pessoa com fins econômicos ou comerciais".

Gabarito "E".

(Defensor Público/SE – 2012 – CESPE) Acerca dos efeitos da responsabilidade civil extracontratual, assinale a opção correta.

(A) Embora a indenização por ato ilícito proveniente de dano extracontratual seja medida pela extensão do dano, se a vítima tiver concorrido culposamente para o evento danoso, a sua indenização será fixada com base na gravidade de sua culpa em confronto com a do autor do dano.

(B) Como regra, a responsabilidade civil não passa da pessoa causadora do dano; assim, não havendo determinação expressa do empregador para que seus empregados façam ou deixem de fazer alguma coisa, não se pode responsabilizar o empregador pelos atos praticados por seus empregados, serviçais e prepostos, no exercício do trabalho que lhes competir, ou em razão dele.

(C) As vítimas de lesão ou de outra ofensa à saúde têm direito de exigir do ofensor tão somente as despesas provenientes do tratamento, estendendo-se a obrigação de reparar os danos até o fim da convalescença, independentemente do tempo, e, nesse caso, o lesado, se preferir, poderá exigir que a indenização seja arbitrada e paga de uma só vez.

(D) Não comete ato ilícito civil aquele que, por ação voluntária, destrói coisa alheia a fim de remover perigo iminente de dano, ainda que a ação não seja estritamente necessária, e o agente exceda os limites do indispensável para a remoção do perigo.

(E) Mesmo que a responsabilidade civil independa da criminal, a lei veda que se questione, na esfera cível, fato decidido no juízo criminal; por conseguinte, a sentença penal absolutória, independentemente do motivo da absolvição, impede o processamento da ação civil de reparação de dano causado pelo mesmo fato que tenha provocado a absolvição do agente provocador do ilícito.

A: correta. Se a vítima tiver concorrido culposamente para o evento danoso, a sua indenização será fixada tendo-se em conta a gravidade de sua culpa em confronto com a do autor do dano (art. 945 do CC); **B:** incorreta. O empregador, ou comitente, *responde* pelos danos causados por seus empregados, serviçais e prepostos, no exercício do trabalho que lhes competir, ou em razão dele (art. 932, III, CC); **C:** incorreta. Nos casos de lesão ou outra ofensa à saúde o ofendido terá direito à indenização das despesas do tratamento e dos lucros cessantes até o final da convalescência e de outros prejuízos que prove ter sofrido (art. 949 do CC). Se resultar da ofensa, diminuição da capacidade laborativa ou se o indivíduo não puder exercer mais sua atividade poderá pleitear pensão ou, se preferir, poderá exigir que a indenização seja arbitrada e paga de uma só vez (art. 950 do CC); **D:** incorreta. Se o ato não é estritamente necessário ou se o agente exceder os limites do indispensável para a remoção do perigo estará caracterizado o ato ilícito (art. 186 e 188 do CC); **E:** incorreta. Ao contrário da sentença criminal condenatória que é sempre vinculante, a absolutória pode ser vinculante ou não. *Será vinculante* quando a absolvição reconhecer de forma categórica a não autoria ou a inexistência do fato. *Não será vinculante* se a absolvição tiver qualquer outro fundamento (ex: falta de provas, atipicidade do ato, extinção da punibilidade, não apreciação do mérito etc.).

Gabarito "A"

(Defensor Público/SP – 2012 – FCC) Em tema de Responsabilidade Civil, considere asserções abaixo.

I. Atos lícitos não podem engendrar responsabilidade civil contratual nem aquiliana.

II. A prática de *bullying* entre crianças e adolescentes, em ambiente escolar, pode ocasionar a responsabilização de estabelecimento de ensino, quando caracterizada a omissão no cumprimento no dever de vigilância.

III. Nos termos de reiteradas decisões do Superior Tribunal de Justiça, a cláusula de incolumidade, inerente ao contrato de transporte, não pode ser invocada nos casos de fortuito interno.

IV. A responsabilidade do dono ou detentor de animal pelos danos por este causado é objetiva.

V. O consentimento informado constitui excludente de responsabilidade dos profissionais liberais em caso de erro médico.

Dentre as asserções acima APENAS estão corretas

(A) I e III.

(B) II e IV.

(C) III e V.

(D) I e IV.

(E) II e V.

I: incorreta, pois mesmo um ato lícito pode ensejar em responsabilidade civil contratual ou extracontratual/aquiliana (arts. 188, 929 e 930 do CC); **II:** correta. Os educadores têm responsabilidade pelos danos causados aos educandos nos estabelecimentos de ensino (art. 932, IV e 933 do CC); **III:** incorreta. Segundo a jurisprudência do STJ o transportador não se exime de responsabilidade pelos danos causados aos passageiros em caso de fortuito interno: "Acidentes ocorridos em autoestradas, mesmo por culpa exclusiva de terceiros, são considerados fortuitos internos, incapazes, por isso, de afastar a responsabilidade Civil do transportador" (AgRg nos EDcl no REsp 1318095/MG, Rel. Min. Sidnei Beneti, julgado em 19.06.2012); **IV:** correta, pois, caso não seja provada a culpa da vítima ou a ocorrência de força maior, estará obrigado o dono ou detentor do animal a ressarcir os danos por eles causados (art. 936 do CC); **V:** incorreta. O termo de consentimento informado exclui a responsabilidade pelos riscos naturais do procedimento, mas não exclui a responsabilidade pelo erro médico.

Gabarito "B"

(Defensor Público/RS – 2011 – FCC) Atos ilícitos e responsabilidade civil.

(A) A ilicitude dos atos jurídicos surge com a violação de direito alheio e a consequente configuração de dano a terceiro, não havendo falar em configuração de ato ilícito no exercício de um direito por seu titular.

(B) No sistema brasileiro a indenização é mensurada pela extensão do dano, forte no princípio da restituição integral, não havendo possibilidade de sua fixação e/ou redução pela via da equidade.

(C) Nos termos do Código Civil, os empresários individuais e as empresas respondem independentemente de culpa pelos danos causados pelos produtos postos em circulação.

(D) Os pais respondem, mediante a aferição da sua culpa, pelos atos dos filhos menores que estiverem sob sua autoridade e em sua companhia, o que também ocorre com os empregadores, no que respeita aos atos dos seus empregados, serviçais e prepostos, no exercício do trabalho que lhes competir, ou em razão dele.

(E) No sistema da responsabilidade civil objetiva a culpa do ofensor é despicienda, tanto para a fixação do dever de indenizar, quanto para a fixação do *quantum* indenizatório.

A: incorreta. O abuso de direito é uma espécie de *ato ilícito*, caracterizado pelo exercício de um direito que *excede manifestamente os limites impostos pelo seu fim econômico ou social, pela boa-fé ou pelos bons costumes* (art. 187 do CC); **B:** incorreta, pois a regra é que a indenização seja fixada segundo a extensão do dano. Contudo, se houver excessiva desproporção entre a gravidade da culpa e o dano, poderá o juiz *reduzir*, **equitativamente**, *a indenização* (art. 944, parágrafo único do CC); **C:** correta. Está de acordo com o disposto no art. 931 do CC; **D:** incorreta, pois os pais respondem objetivamente pelos atos de seus filhos (arts. 932, I, e 933 do CC); **E:** incorreta. Na responsabilidade objetiva a culpa não tem importância para determinação do dever de indenizar, mas deve ser levada em consideração na fixação do *quantum* indenizatório (art. 944, parágrafo único, do CC).

Gabarito "C"

(Defensoria Pública da União – 2010 – CESPE) No que se refere à disciplina do abuso de direito, julgue os itens a seguir.

(1) A proibição de comportamento contraditório é aplicável ao direito brasileiro como modalidade do abuso de direito e pode derivar de comportamento tanto omissivo quanto comissivo.

(2) A exemplo da responsabilidade civil por ato ilícito em sentido estrito, o dever de reparar decorrente do abuso de direito depende da comprovação de ter o indivíduo agido com culpa ou dolo.

(3) O pagamento realizado reiteradamente pelo devedor em local diverso do ajustado em contrato é um exemplo do que se denomina *supressio*.

1: correta, pois a doutrina, ao interpretar o art. 187 do CC, que regula o abuso de direito, entende que a proibição de comportamento contraditório funda-se nesse instituto (Enunciado 362 do CJF: "A vedação do comportamento contraditório - *venire contra factum proprium* - funda-se na proteção da confiança, tal como se extrai dos arts. 187 e 422 do Código Civil"); **2:** incorreta, pois a responsabilidade civil decorrente do abuso de direito é objetiva (Enunciado 37 do CJF: "A responsabilidade civil decorrente do abuso do direito independe de culpa e fundamenta-se somente no critério objetivo--finalístico"); **3:** correta, pois a *supressio* consiste na redução do conteúdo obrigacional pela inércia de uma das partes em exercer direitos ou faculdades, gerando na outra legítima expectativa, situação que ocorre quando o devedor, reiteradamente, realiza pagamento em local diverso do ajustado, ficando o devedor na legítima expectativa que possa continuar efetuando o pagamento no lugar que sempre efetuou; a *supressio* não se confunde com a *surrectio*, que consiste na ampliação do conteúdo obrigacional (e não na redução do conteúdo obrigacional).

Gabarito 1C, 2E, 3C

(Defensor Público/AM – 2010 – I. Cidades) A respeito da responsabilidade civil, marque a alternativa correta:

(A) O incapaz não responderá pelos prejuízos que causar, pois a obrigação de indenizar recairá sobre os seus representantes legais.

(B) Ressalvados outros casos previstos em lei especial, os empresários individuais e as empresas respondem independentemente de culpa pelos danos causados pelos produtos postos em circulação.

(C) Os ascendentes podem ajuizar ação regressiva em face dos descendentes, sempre que arcarem com os prejuízos causados pelo relativamente ou absolutamente incapaz.

(D) O Código Civil de 2002, ao contrário do disposto no Código de Defesa do Consumidor, não previu a possibilidade de ressarcimento em dobro dos valores demandados em relação a dívidas já pagas.

(E) O direito de exigir reparação e a obrigação de prestá-la são personalíssimos, razão pela qual não se transmitem com a herança.

A: incorreta, pois o incapaz **responde** pelos prejuízos que causar, se as pessoas por ele responsáveis não tiverem obrigação de fazê-lo ou não dispuserem de meios suficientes (art. 928, *caput*, do CC); **B:** correta. A alternativa reflete o disposto no art. 931 do CC; **C:** incorreta. Aquele que ressarcir o dano causado por outrem pode reaver o que houver pago daquele por quem pagou, **salvo se o causador do dano for descendente seu, absoluta ou relativamente incapaz** (art. 934 do CC); **D:** incorreta, o Código Civil traz essa disposição em seu art. 940; **E:** incorreta. O direito de exigir reparação e a obrigação de prestá-la transmitem-se com a herança (art. 943 do CC).

Gabarito "B"

(Defensor Público/GO – 2010 – I. Cidades) A respeito da ilicitude e da responsabilidade civil, o Código Civil dispõe que

(A) a responsabilidade civil é independente da criminal, razão pela qual é possível questionar sobre a existência do fato, ou sobre quem seja o seu autor, mesmo quando essas questões já se acharem decididas, com trânsito em julgado, no juízo criminal.
(B) o dono ou detentor do animal responde civilmente pelo dano por este causado, não se exonerando de tal responsabilidade em virtude de força maior.
(C) o titular de um direito que, ao exercê-lo, excede manifestamente os limites impostos pelo seu fim econômico ou social, pela boa-fé ou pelos bons costumes, comete abuso de direito, que, apesar de ser um ato lícito, pode ensejar responsabilidade civil.
(D) constitui ato ilícito a deterioração ou destruição da coisa alheia, ou a lesão à pessoa, a fim de remover perigo iminente.
(E) se houver excessiva desproporção entre a gravidade da culpa e do dano, poderá o juiz reduzir, equitativamente, a indenização.

A: incorreta. A responsabilidade civil é independente da criminal, **não** se podendo questionar mais sobre a existência do fato, ou sobre quem seja o seu autor, quando estas questões se acharem decididas no juízo criminal (art. 935 do CC); **B:** incorreta. O dono, ou detentor, do animal ressarcirá o dano por este causado, **se não provar culpa da vítima ou força maior** (art. 936 do CC); **C:** incorreta. **Comete ato ilícito** o titular de um direito que, ao exercê-lo, excede manifestamente os limites impostos pelo seu fim econômico ou social, pela boa-fé ou pelos bons costumes (art. 187 do CC); **D:** incorreta. **Não** constitui ato ilícito a deterioração ou destruição da coisa alheia, ou a lesão à pessoa, a fim de remover perigo iminente (art. 188, II, do CC); **E:** correta, pois a alternativa reflete o disposto no art. 944, parágrafo único, do CC.

Gabarito "E"

(Defensoria Pública/MA – 2009 – FCC) No tocante à disciplina da responsabilidade civil, é correto afirmar:

(A) Os pais são responsáveis objetivamente pela reparação civil dos danos causados por filhos menores ou, embora maiores de 18 anos, incapazes, ainda que estes não estejam sob sua autoridade e em sua companhia.
(B) Para que ocorra a responsabilidade civil subjetiva, basta a existência de um dano material ou moral e de uma ação ou omissão dolosa ou culposa.
(C) Na responsabilidade civil objetiva, a culpa exclusiva do prejudicado afasta o dever de reparação do causador do dano porque é causa de exclusão do dano.
(D) Na responsabilidade civil objetiva, a culpa exclusiva do prejudicado em nada altera a situação jurídica do causador do dano, o qual responderá independentemente de culpa.
(E) Na responsabilidade civil objetiva, não surgirá o dever de reparação do dano na hipótese de culpa exclusiva da vítima por falta de nexo de causalidade entre a ação do agente e o dano sofrido.

A: incorreta, pois tal responsabilidade só existe se os filhos menores estiverem sob a autoridade e na companhia dos pais (art. 932, I, do CC); **B:** incorreta, pois é necessário, também, a presença de nexo de causalidade (art. 186 do CC), consistente em "*causar* dano a outrem"; C a **E:** a culpa exclusiva da vítima é causa de *exclusão do nexo de causalidade* e, consequentemente, do dever de indenizar.

Gabarito "E"

(Defensor Público/AL – 2009 – CESPE) Lucas, menor com dezessete anos de idade, pegou o carro de seus pais, enquanto eles dormiam, e causou um acidente ao colidir no veículo de Eduardo.

Considerando essa situação hipotética, julgue os próximos itens com base na disciplina da responsabilidade civil.

(1) Ainda que provada a culpa de Lucas, seus pais não terão a obrigação de indenizar o dano provocado, porquanto, nesse caso, não se pode falar em *culpa in vigilando*.
(2) Em razão de a emancipação cessar a menoridade, predomina o entendimento de que, caso os pais tivessem emancipado Lucas, ficaria afastada a responsabilidade deles pelos danos causados a Eduardo.

1: incorreta, pois há responsabilidade dos pais, pelos filhos menores que estiverem sob sua autoridade e em sua companhia, ainda que não haja culpa de sua parte. Logo responderão pelos atos praticados (arts. 932, I, e 933, do CC); **2:** incorreta. "AGRAVO REGIMENTAL EM RECURSO ESPECIAL. CIVIL. RESPONSABILIDADE CIVIL. INDENIZAÇÃO. ILEGITIMIDADE DOS PAIS PARA FIGURAR NO POLO PASSIVO. EMANCIPAÇÃO. VIOLAÇÃO AO ART. 1.521, I, DO CC/1.916. 1. Não configura violação ao art. 1.521, inciso I, do antigo Código Civil, a exclusão do polo passivo na ação de indenização por responsabilidade civil os pais de menor emancipado cerca de dois anos antes da data do acidente. (...) 3. Recurso especial conhecido e desprovido. (REsp 764.488/MT, Rel. Ministro Honildo Amaral de Mello Castro (Desembargador convocado do TJ/AP), Quarta Turma, julgado em 18.05.2010, DJe 05.08.2010).

Gabarito 1E, 2E

(Defensor Público/CE – 2007 – CESPE) A respeito da responsabilidade civil, julgue os itens a seguir.

(1) A responsabilidade das empresas prestadoras de serviço público por dano causado, por ação ou omissão, a terceiro ou aos usuários do serviço é objetiva, pelo risco integral, não se eximindo dessa responsabilidade, ainda quando o dano ocorrer por culpa exclusiva da vítima ou de terceiro, por caso fortuito ou força maior.
(2) O fornecedor não será responsabilizado pela introdução do produto defeituoso no mercado por preposto ou mesmo representante autônomo, se provar que a colocação do produto defeituoso se deu contra a sua vontade, em decorrência de culpa exclusiva de terceiro, ou que o produto ainda se encontrava em fase de teste, tratando-se, portanto, de amostra grátis do produto.

1: incorreta, pois essa responsabilidade é objetiva, sem risco integral, já que se adotou a Teoria do Risco Administrativo, pela qual há excludentes de responsabilidade, como as citadas no item ora analisado; **2:** incorreta, porque o fornecedor só não responderá nos casos enumerados no art. 12, § 3º, do CDC, sendo certo que a alegação de que o produto se encontrava em fase de teste não é uma das causas excludentes de sua responsabilidade pelo aludido dispositivo legal.

Gabarito 1E, 2E

(Defensor Público/RO – 2007) A responsabilidade civil objetiva no direito brasileiro, salvo nos casos especificados em lei, será reconhecida nas atividades normalmente geradoras de:

(A) risco
(B) imperícia
(C) negligência
(D) insegurança
(E) imprudência

Haverá obrigação de reparar o dano, independentemente de culpa (responsabilidade objetiva), nos casos especificados em lei, ou quando a atividade normalmente desenvolvida pelo autor do dano implicar, por sua natureza, **risco** *para os direitos de outrem* (art. 927, parágrafo único do CC).

Gabarito "A"

(Defensoria Pública/AC – 2006 – CESPE) Catarina procurou a defensoria pública de seu estado para relatar que seu filho, de 15 anos de idade, foi atropelado e ficou paraplégico em razão das lesões sofridas no acidente. O veículo que o atropelou era dirigido por Diogo, de 16 anos de idade. Catarina afirmou que procurou o proprietário do veículo, Vitor, pai de Diogo, para que ele a ajudasse com as despesas médicas e com a aquisição de uma cadeira de rodas. Vitor se negou a auxiliar Catarina, alegando não ter qualquer responsabilidade no caso, pois quem dirigia o carro no momento do acidente era seu filho. Com relação a essa situação hipotética, assinale a opção correta, tendo a legislação pertinente como base.

(A) Como o veículo não era dirigido por seu proprietário, nada pode ser feito quanto ao auxílio demandado por Catarina a Vitor, e não há como pleitear qualquer indenização, haja vista Diogo ser menor de idade.
(B) Por ter seu filho ficado paralítico e dada a não participação de Vitor no acidente, o mais aconselhável é que Catarina ajuíze ação requerendo o ressarcimento por danos morais, apenas.
(C) Na situação em apreço, Vitor apenas responde pelos danos para os quais fique demonstrada a intenção de Diogo de lesionar o filho de Catarina.
(D) Na situação apresentada, Vitor responde pelos danos materiais e morais sofridos pelo filho de Catarina.

Nos termos do art. 932, I, do CC, os pais são responsáveis pelos danos causados pelos filhos menores que estiverem sob sua autoridade e em sua companhia.

Gabarito "D"

(Defensoria Pública da União – 2004 – CESPE) Acerca da responsabilidade civil, julgue os itens a seguir.

(1) Se for proposta uma lide que tenha por objeto a reparação de um dano causado por ato do representante da pessoa jurídica, a responsabilidade desta, quer se trate de sociedade, quer de associações, só emerge se o autor da ação demonstrar a culpa da pessoa jurídica, quer *in vigilando*, quer *in eligendo*.

(2) Se, ao proferir uma sentença, um juiz de direito utilizar-se de expressões ofensivas à honra de uma das partes, esta poderá propor ação de indenização contra o juiz, que deverá responder diretamente pelos danos causados, pois não é permitido ao juiz, a pretexto de solucionar uma lide, ofender a honra dos litigantes.

1: incorreta, pois a responsabilidade da pessoa jurídica por atos de seus empregados ou prepostos é objetiva (art. 933 c/c 932, III, do CC). Na vigência do Código Civil de 1916 a responsabilidade era subjetiva pela teoria da culpa presumida (*culpa in eligendo*); **2:** incorreta, pois, segundo o STF, a vítima não pode ingressar com ação diretamente contra o agente público, quando este, nessa qualidade, causar um dano à primeira; a vítima deve acionar o Estado e este, em caso de culpa ou dolo do agente público, pode denunciar da lide ou ingressar com ação de regresso em seguida.

Gabarito 1E, 2E

6. Coisas

6.1. Posse

6.1.1. Posse, classificação, aquisição e perda

(Defensor Público/TO – 2013 – CESPE) Com relação a posse, assinale a opção correta.

(A) Nas ações possessórias, é indispensável a outorga uxória no polo ativo, assim como o litisconsórcio é necessário no polo passivo da demanda.

(B) As teorias sociológicas da posse conferem primazia aos valores sociais nela impregnados, como um poder fático de ingerência socioeconômica concreta sobre a coisa, com autonomia em relação à propriedade e aos direitos reais.

(C) Tanto na teoria subjetiva quanto na objetiva, a posse é caracterizada como a conjugação do elemento *corpus* com o elemento *animus*, caracterizando-se o *animus*, na primeira, como a vontade de ser dono, o *animus domini*, e, na segunda, referindo-se à própria coisa, o *animus rem sibi habendi*.

(D) A natureza jurídica da posse é a de direito real, haja vista que uma de suas características é a oponibilidade *erga omnes*, inclusive contra o proprietário.

(E) O direito de sequela do possuidor é absoluto, cedendo apenas ante o direito de propriedade por meio da ação reivindicatória, bem como ante a boa-fé de terceiros, o que se justifica pelo fato de não ser conferida à posse a mesma publicidade conferida à propriedade pelo registro ou tradição.

A: incorreta. Nas ações possessórias, a participação do cônjuge do autor ou do réu somente é indispensável nos casos de composse ou de ato praticado por ambos (art. 10, § 2º, CPC); **B:** correta. Está de acordo com o entendimento doutrinário sobre a teoria sociológica da posse – por esta teoria, o direito de posse só se legitima pelo seu exercício, seja para fins econômicos ou não; **C:** incorreta. A intenção de ter a coisa como proprietário (*animus domini*) ou de ter a coisa para si (*animus rem sibi habendi*) são requisitos da teoria subjetiva. Na teoria objetiva, há apenas o *animus tenendi* (intenção de usar) que se revela no comportamento do agente: no uso da coisa (*corpus*). É por esta razão que muitos autores afirmam não existir o elemento subjetivo (*animus*) na teoria objetiva; **D:** incorreta. A natureza jurídica da posse é objeto de profunda controversa doutrinária, mas podemos afirmar que o legislador não a considerou como direito real, pois deixou a posse de fora do rol do art. 1.225 do CC; **E:** incorreta. O direito de posse não cede, em regra, diante do direito de propriedade. Neste sentido, o art. 1.210, § 2º do CC, dispõe que "não obsta à manutenção ou reintegração na posse a alegação de propriedade, ou de outro direito sobre a coisa".

Gabarito "B"

(Defensor Público/AM – 2013 – FCC) A posse

(A) é de má-fé mesmo que o possuidor ignore o vício.

(B) é adquirida quando se detém a coisa a mando de outrem.

(C) pode ser oposta ao proprietário.

(D) não pode ser defendida, em juízo, pelo possuidor indireto.

(E) quando turbada, autoriza o ajuizamento de ação de reintegração.

A: incorreta. Quando o possuidor ignora o vício ou o obstáculo para aquisição da posse, esta é considerada de boa-fé (art. 1.202 do CC); **B:** incorreta, quando uma pessoa detém uma coisa a mando de outrem há detenção e não posse (art. 1.198 do CC); **C:** correta, pois, segundo art. 1.197 do CC, pode o possuidor direto defender sua posse em face do possuidor indireto (que normalmente é o proprietário do bem). Além disso, o art. 1.210, § 2º, do CC dispõe que "não obsta à manutenção ou reintegração na posse a alegação de propriedade, ou de outro direito sobre a coisa"; **D:** incorreta. Como a posse direta não anula a indireta, ambos os possuidores podem exercer a proteção possessória em juízo (art. 1.197 do CC); **E:** incorreta. Havendo turbação, a ação a ser ajuizada é a de manutenção de posse e, em caso de esbulho, deve ser ajuizada a ação de reintegração de posse (art. 1.210, *caput*, do CC).

Gabarito "C"

(Defensor Público/AC – 2012 – CESPE) Com relação ao instituto da posse, assinale a opção correta.

(A) Ao conceituar a posse da mesma forma que seu antecessor, o Código Civil vigente filia-se à teoria subjetiva da posse.

(B) Possuidor indireto é aquele que detém poder físico sobre a coisa, mas apenas em cumprimento de ordens ou instruções emanadas do possuidor direto ou de seu proprietário.

(C) No constituto possessório, há inversão no título da posse com base em relação jurídica: aquele que possuía em nome alheio passa a possuir em nome próprio, remanescendo o seu poder material sobre a coisa.

(D) Ao possuidor de má-fé é facultado o ressarcimento por benfeitorias necessárias e úteis; contudo, esse possuidor jamais obterá direito de retenção sobre as benfeitorias que tenha realizado.

(E) Segundo entendimento jurisprudencial do STJ, não é possível a posse de bem público, pois sua ocupação irregular representa mera detenção de natureza precária; portanto, na ação reivindicatória ajuizada pelo ente público, não há que se falar em direito de retenção de benfeitorias, o qual pressupõe a existência de posse.

A: incorreta. Assim como seu antecessor, o Código Civil de 2002 adotou a teoria objetiva da posse como a regra do sistema (art. 1.196 do CC): "considera-se possuidor todo aquele que tem de fato o exercício, pleno ou não, de algum dos poderes inerentes à propriedade"; **B:** incorreta, pois quem detém o poder físico da coisa sobre cumprimento de ordem de outrem é o detentor (art. 1.198 do CC); **C:** incorreta. No constituto possessório aquele que possuía o bem em próprio nome, passa a possuir em nome alheio. Contrariamente, na *traditio brevi manu*, aquele que possuía em nome alheio, passa a possuir em nome próprio; **D:** incorreta. O possuidor de má-fé somente pode reclamar indenização pelas benfeitorias necessárias e não tem direito de retenção pela importância destas (art. 1.220 do CC); **E:** correta, pois, conforme o entendimento do STJ, "a impossibilidade de se reconhecer a posse de imóvel público afasta o direito de retenção pelas benfeitorias realizadas" (AgRg no AgRg no AREsp 66.538/PA, Rel. Min. Antonio Carlos Ferreira, julgado em 18.12.2012).

Gabarito "E"

(Defensoria Pública/SP – 2010 – FCC) Pela perda ou pela deterioração da coisa

I. o possuidor de boa-fé responde se tiver dado causa;

II. o possuidor de má-fé responde se tiver dado causa e se ocorreram acidentalmente;

III. quando acidentais, o possuidor de má-fé não responde se provar que ocorreriam da mesma forma na posse do reivindicante;

IV. o possuidor de má-fé não responde se acidentais, pois não agiu com culpa para tais eventos;

V. o possuidor de boa-fé não responde se for o causador, pois exerceu sobre a coisa o poder de uso e gozo.

Está correto SOMENTE o que se afirma em

(A) I, II e III.

(B) I e IV.

(C) II e V.

(D) III e V.

(E) IV e V.

I: correta, o possuidor de boa-fé só responde pela perda ou deterioração da coisa a que der causa (art. 1.217 do CC); **II:** correta, conforme o art. 1.218 do CC; **III:** correta, também está de acordo com o art. 1.218 do CC; **IV:** incorreta. O possuidor de má-fé responde pela perda, ou deterioração da coisa, ainda que acidentais (art. 1.218 do CC); **V:** correta, o possuidor de boa-fé não responde pela perda ou deterioração da coisa, a que não der causa (art. 1.217 do CC).

Gabarito "A"

(Defensor Público/RO – 2007) Ao possuidor de má-fé será devida indenização pelas benfeitorias caracterizadas como:

(A) úteis
(B) estéticas
(C) inerentes
(D) necessárias
(E) voluptuárias

Nos termos do art. 1.220 do CC, "ao possuidor de má-fé serão ressarcidas somente as benfeitorias necessárias; não lhe assiste o direito de retenção pela importância destas, nem o de levantar as voluptuárias".

Gabarito "D"

(Defensor Público/PA – 2006 – UNAMA) O direito de propriedade inclui os direitos de posse, gozo, uso, fruição e disposição sobre o bem. A posse permitida faz de seu titular possuidor de boa-fé, garantindo-lhe o exercício de alguns direitos sobre o bem objeto da mesma. Mas, há situações em que este exercício de direitos sobre o bem ocorre sem o consentimento do proprietário, caracterizando-se a má-fé do possuidor.

Sobre posse de boa-fé e de má-fé, é correto afirmar:

(A) O possuidor de boa-fé tem direito aos frutos percebidos enquanto durar sua posse e o possuidor de má-fé tem o dever de responder por todos os frutos colhidos e percebidos.
(B) Ao possuidor de boa-fé dar-se-á o direito à indenização das benfeitorias necessárias e úteis, mas a ele não se atribui o direito de retenção do bem, pelo valor dessas.
(C) O possuidor de má-fé não tem direito à indenização do valor das benfeitorias necessárias realizadas no bem.
(D) O possuidor de má-fé tem direito a levantar as benfeitorias voluptuárias que por ele tenham sido realizadas e, na condição de possuidor, a usufruir dos frutos enquanto na posse se mantiver.

A: correta (arts. 1.214 e 1.216 do CC); **B:** incorreta, pois o possuidor de boa-fé tem direito à indenização das benfeitorias necessárias e úteis, bem como, quanto às voluptuárias, se não lhe forem pagas, a levantá-las, quando o puder sem detrimento da coisa, **e poderá exercer o direito de retenção pelo valor das benfeitorias necessárias e úteis** (art. 1.219 do CC); **C:** incorreta, pois o possuidor de má-fé tem direito à indenização do valor das benfeitorias necessárias realizadas no bem (art. 1.220 do CC); **D:** incorreta, porque o possuidor de má-fé não tem direito de levantar as benfeitorias voluptuárias e não tem direito de usufruir dos frutos enquanto na posse se mantiver (arts. 1.216 e 1.220 do CC).

Gabarito "A"

(Defensoria Pública/SP - 2006 – FCC) Dá-se o *traditio breve manu* quando

(A) o possuidor de uma coisa em nome alheio passa a possuí-la como própria.
(B) o sucessor universal continua com direito a posse do antecessor.
(C) a posse puder ser continuada com a soma do tempo do atual possuidor com a posse de seus antecessores.
(D) o possuidor de um imóvel em nome próprio passa a possuí-lo em nome alheio.
(E) se exerce a posse em razão de uma situação de dependência econômica ou de um vínculo de subordinação.

A: *correta. Na traditio brevi manu, o possuidor, em nome alheio, passa a possuir a coisa em nome próprio* (ex: o locatário que adquire a coisa); **B:** incorreta. A alternativa refere-se a *sucessio possessionis*; **C:** incorreta. A alternativa refere-se a *acessio possessionis*; **D:** incorreta. A alternativa refere-se ao *constituto possessório, situação em que um possuidor em nome próprio passa a possuí-la em nome de outro, adquirindo a posse indireta da coisa (ex:* o dono da coisa que vende a coisa e nela permanece como locatário ou comodatário); **E:** incorreta. A alternativa refere-se ao instituto da detenção (art. 1.198 do CC).

Gabarito "A"

6.1.2. Efeitos da posse

(Defensoria Pública/SP – 2010 – FCC) Assinale a alternativa INCORRETA.

(A) Quando mais de uma pessoa se disser possuidora, será mantida na posse aquela que tiver justo título e estiver na detenção da coisa.
(B) É lícito o uso da força própria indispensável para a manutenção ou reintegração da posse.
(C) O possuidor tem direito à manutenção ou à reintegração da coisa, inclusive frente ao proprietário.
(D) Diante da pretensão daquele que se diz possuidor, o proprietário da coisa pode opor exceção fundada no domínio.
(E) Na disputa da posse fundada em domínio, a posse é daquele que dispõe de evidente título de propriedade.

A: correta, conforme o art. 1.211 do CC; **B:** correta, conforme o art. 1.210, § 1º, do CC; **C:** correta, conforme o art. 1.197, parte final, do CC; **D:** incorreta. Não obsta à manutenção ou reintegração na posse a alegação de propriedade, ou de outro direito sobre a coisa (art. 1.210, § 2º, do CC); **E:** correta, conforme a Súmula 487 do STF.

Gabarito "D"

(Defensoria Pública/MT – 2006) No que se refere à posse, assinale a afirmativa correta.

(A) A alegação de propriedade ou de outro direito sobre a coisa obsta à manutenção ou reintegração na posse.
(B) O compossuidor não poderá valer-se da proteção possessória contra outro compossuidor que vier a perturbar a posse.
(C) Na transmissão *causa mortis* da posse aos herdeiros, fica afastada a má-fé originária.
(D) A posse pode não ser adquirida por mandatário.
(E) Se se produzir prova em juízo que justifique a mudança do caráter primitivo da posse, esta perderá aquele caráter com que foi adquirida.

A: incorreta. Não obsta à manutenção ou reintegração na posse a alegação de propriedade, ou de outro direito sobre a coisa (art. 1.210, § 2º, do CC); **B:** incorreta. Se duas ou mais pessoas possuírem coisa indivisa, poderá cada uma exercer sobre ela atos possessórios, contanto que não excluam os dos outros compossuidores (art. 1.199 do CC); **C:** incorreta. A posse transmite-se aos herdeiros ou legatários do possuidor com os mesmos caracteres (art. 1.206 do CC); **D:** incorreta. A posse pode ser adquirida: I - pela própria pessoa que a pretende ou por seu representante; ou II - por terceiro sem mandato, dependendo de ratificação (art. 1.205 do CC); **E:** correta, conforme art. 1.203 do CC.

Gabarito "E"

6.2. Direitos reais e pessoais

(Defensoria Pública/SP - 2006 – FCC) Considere as afirmações:

I. Os direitos reais e os pessoais integram a categoria dos direitos patrimoniais, sendo o primeiro exercido sobre determinada coisa, enquanto o segundo exige o cumprimento de certa prestação.
II. Os direitos reais não podem ser classificados como direitos absolutos.
III. O direito real, quanto à sua oponibilidade, é absoluto, valendo contra todos, tendo sujeito passivo indeterminado, enquanto que o direito pessoal (ou obrigacional) é relativo e tem sujeito passivo determinado.
IV. Os direitos reais obedecem ao princípio da tipificação, ou seja, só são direitos reais aqueles que a lei, taxativamente, denominar como tal, enquanto que os direitos pessoais podem ser livremente criados pelas partes envolvidas (desde que não seja violada a lei, a moral ou os bons costumes), sendo portanto o seu número ilimitado.

SOMENTE estão corretas as afirmações

(A) I e II.
(B) II e III.
(C) I, III e IV.
(D) I, II e III.
(E) I, II e IV.

I: correta. Apresenta a distinção adequada entre os direitos reais e os direitos obrigacionais; **II:** incorreta, os direitos reais são considerados absolutos por estabelecerem um dever geral de abstenção (eficácia erga omnes); **III:** correta, de acordo com a doutrina sobre o tema; **IV:** correta, de acordo com a doutrina sobre o tema.

Gabarito "C"

6.3. Propriedade imóvel

(Defensor Público/TO – 2013 – CESPE) Para a aquisição da propriedade imobiliária por intermédio da usucapião constitucional rural,

(A) o usucapiente pode ser proprietário de imóvel rural ou urbano, desde que tenha a posse da área objeto da usucapião por cinco anos ininterruptos.

(B) o usucapiente deve ter o *animus domini* bem como moradia na área objeto da usucapião.

(C) a área objeto da usucapião deve estar cultivada, sem necessidade de *animus domini* do usucapiente.

(D) o imóvel objeto da usucapião constitucional rural pode ser um imóvel público.

(E) o usucapiente pode ser proprietário de imóvel rural, e a área objeto da usucapião não pode ser superior a cinquenta hectares.

A alternativa "B" está de acordo com art. 191, *caput*, da CF/88: "Aquele que, não sendo proprietário de imóvel rural ou urbano, possua como seu, por cinco anos ininterruptos, sem oposição, área de terra, em zona rural, não superior a cinquenta hectares, tornando-a produtiva por seu trabalho e de sua família, tendo nela sua moradia, adquirir-lhe-á a propriedade". A usucapião rural também está prevista no artigo 1.239 do CC.

Gabarito "B"

(Defensor Público/TO – 2013 – CESPE) Assinale a opção correta em relação ao imóvel rural.

(A) O imóvel rural de área compreendida entre um e quinze módulos fiscais é considerado pequena propriedade.

(B) A pequena propriedade rural bem como a média, legalmente consideradas, desde que seu proprietário não possua outra, são insuscetíveis de desapropriação para fins de reforma agrária.

(C) O imóvel rural considerado legalmente como pequena propriedade rural pode ser objeto de penhora para pagamento de débitos decorrentes de sua atividade produtiva.

(D) As operações de transferência de imóvel rural objeto de desapropriação para fins de reforma agrária não são isentas de impostos federais, estaduais e municipais.

(E) São suscetíveis de desapropriação para fins de reforma agrária os imóveis rurais legalmente considerados como pequena e média propriedade rural.

A: incorreta, pois o imóvel rural compreendido entre 1 (um) e 4 (quatro) módulos fiscais é considerado pequena propriedade, e o imóvel superior a 4 (quatro) e até 15 (quinze) módulos fiscais é considerado média propriedade, conforme art. 4º, incisos II e III, da Lei 8.629/1993; **B:** correta. Está de acordo com art. 185, inciso I, CF/1988, e art. 4º, parágrafo único, da Lei 8.629/1993; **C:** incorreta, pois segundo art. 5º, XXVI, CF/1988, a pequena propriedade rural trabalhada pela família não poderá ser objeto de penhora para pagamento de débitos oriundos de sua atividade produtiva; **D:** incorreta. Conforme o art. 26 da Lei 8.629/1993, as operações de transferência do imóvel desapropriado com a finalidade de reforma agrária são isentas de impostos federais, estaduais e municipais; **E:** incorreta. A pequena e a média propriedade rural, se o proprietário não possuir outra propriedade, serão insuscetíveis de desapropriação para fins de a reforma agrária (art. 185, I, CF e art. 4º, parágrafo único, da Lei 8.629/1993).

Gabarito "B"

(Defensor Público/SE – 2012 – CESPE) Com relação ao direito de propriedade, direito real por meio do qual o proprietário tem a faculdade de usar, gozar e dispor da coisa e o direito de reavê-la do poder de quem injustamente a possua ou detenha, assinale a opção correta.

(A) A lei admite a intervenção na propriedade, por meio da desapropriação, sempre que o agente público entendê-la conveniente e necessária aos interesses da administração pública, tendo, nesse caso, o proprietário direito a justa indenização.

(B) Presume-se, até que se prove o contrário, que as construções ou plantações existentes na propriedade sejam feitas pelo proprietário e às suas expensas. Entretanto, aquele que semeia, planta ou edifica em terreno alheio, ainda que tenha procedido de boa-fé, perde, em proveito do proprietário, as sementes, plantas e construções.

(C) Caso o invasor de solo alheio esteja de boa-fé e a área invadida exceda a vigésima parte do solo invadido, o invasor poderá adquirir a propriedade da parte invadida, mas deverá responder por perdas e danos, abrangendo os limites dos danos tanto o valor que a invasão acrescer à construção quanto o da área perdida e o da desvalorização da área remanescente.

(D) Uma das formas de aquisição da propriedade de bens móveis ocorre por intermédio da usucapião: segundo o Código Civil brasileiro em vigor, aquele que possuir, de boa-fé, coisa alheia móvel como sua, de forma justa, pacífica, contínua e inconteste, durante cinco anos ininterruptos, adquirir-lhe-á a propriedade.

(E) A propriedade do solo abrange também a do espaço aéreo e subsolo correspondentes, incluindo-se as jazidas, minas e demais recursos minerais, bem como os potenciais de energia hidráulica, mas não os monumentos arqueológicos, os rios e lagos fronteiriços e os que banham mais de uma unidade federativa.

A: incorreta, pois conforme o art. 1.228, § 3º, do CC/2002, poderá o proprietário ser privado da coisa pela desapropriação em razão de *necessidade* ou *utilidade pública* ou *interesse social*; **B:** incorreta. Toda construção ou plantação existente em um terreno presume-se feita pelo proprietário e à sua custa, até que se prove o contrário (1.253 do CC). Contudo, aquele que de boa-fé semear, plantar ou edificar em terreno alheio terá direito à indenização (art. 1.255, *caput*, CC); **C:** correta. Está de acordo com a primeira parte do art. 1.258 do CC; **D:** incorreta. Na usucapião ordinária de bens móveis são exigidos justo título e boa-fé, e o prazo para aquisição da propriedade é de *três anos*. Na usucapião extraordinária de bens móveis são dispensados justo título e boa-fé e o prazo para aquisição da propriedade é de *cinco anos* (art. 1.261 do CC); **E:** incorreta. A propriedade do solo abrange também a do espaço aéreo e subsolo correspondentes, *excluindo-se* as jazidas, minas e demais recursos minerais, os potenciais de energia hidráulica, os monumentos arqueológicos e outros bens referidos por leis especiais (art. 1.230 do CC).

Gabarito "C"

(Defensor Público/PR – 2012 – FCC) Acerca da propriedade e de suas formas de aquisição, aquele que

(A) possui ininterruptamente, há seis anos, imóvel urbano com 130 metros quadrados, contíguo com imóvel de sua propriedade com 80 metros quadrados, tem direito ao usucapião urbano.

(B) estabeleceu sua moradia habitual há sete anos em determinado imóvel, após firmar e adimplir com os ditames de contrato de compra e venda registrado e recentemente anulado por falta de capacidade civil do vendedor, terá de aguardar mais três anos para adquirir direito à aquisição da propriedade por usucapião.

(C) reivindica extensa área de terras de sua propriedade, atualmente ocupada por trinta famílias que ingressaram a nove anos no local, de boa-fé, em razão de um processo irregular de loteamento, vindo a urbanizar a área com recursos próprios, pode vir a ser privado da coisa, desde que devidamente indenizado pelos possuidores.

(D) invadiu imóvel alheio e ali estabeleceu sua moradia habitual há onze anos, cultivando no local hortaliças para venda na região, terá de aguardar mais quatro anos para adquirir direito à aquisição da propriedade por usucapião.

(E) possuiu de forma contínua e de boa-fé bem móvel como seu pelo período de dois anos, tem direito à aquisição da propriedade por usucapião.

A: incorreta. A usucapião especial urbana só pode ser exercida se o requerente *não for proprietário* de outro imóvel urbano ou rural (art. 1.240 do CC). As outras modalidades de usucapião não podem ser exercidas em razão do prazo; **B:** incorreta. Na hipótese descrita o possuidor poderá requerer a *usucapião ordinária reduzida* (posse-trabalho) com apenas cinco anos de posse (art. 1.242, parágrafo único, CC); **C:** correta. A alternativa apresenta os requisitos para a *desapropriação judicial privada por posse-trabalho* prevista nos arts. 1.228, parágrafos 4º e 5º do CC; **D:** incorreta. Na hipótese descrita o possuidor poderá requerer a *usucapião extraordinária reduzida* (posse-trabalho) com apenas dez anos de posse (art. 1.238, parágrafo único, CC); **E:** incorreta, pois a usucapião ordinária de bens móveis exige posse de três anos para aquisição da propriedade (art. 1.260 do CC).

Gabarito "C"

(Defensor Público/SP – 2012 – FCC) Em tema de Usucapião Coletiva Urbana, é correto afirmar que

(A) tem por objeto área particular de até 250 metros quadrados.
(B) seu reconhecimento atribui a cada possuidor fração ideal correspondente à dimensão que ocupe na gleba, exceto se convencionado em contrário.
(C) exige posse não contestada, justo título e boa-fé.
(D) instaura condomínio indivisível e não passível de extinção por pelo menos dez anos.
(E) admite *acessio possessionis e sucessio possessionis.*

A: incorreta. A área deve ter mais de 250 m^2 para que seja possível a usucapião coletiva urbana (art. 10 da Lei 10.257/2001 - Estatuto da Cidade); **B:** incorreta. Cada possuidor terá direito a uma fração ideal do terreno independente da dimensão da área ocupada por cada pessoa (art. 10, § 3º, da Lei 10.257/2001); **C:** incorreta, pois conforme o art. 10 da Lei 10.257/2001, a usucapião coletiva urbana *não exige justo título e boa-fé*; **D:** incorreta, pois conforme art. 10, § 4º da Lei 10.257/2001, o condomínio *pode ser extinto* a qualquer momento se houver deliberação por, pelo menos, dois terços dos condôminos; **E:** correta. O possuidor pode, para o fim de contar o prazo exigido por este artigo, acrescentar sua posse à de seu antecessor (vivo ou falecido), contanto que ambas seja contínuas (art. 10, § 1º, da Lei 10.257/2001).

Gabarito "E"

(Defensor Público/SP – 2012 – FCC) Em tema de retificação de registro imobiliário, observe as asserções abaixo:

I. A retificação unilateral de informações tabulares, de ofício ou a requerimento do interessado, não é possível nos casos de indicação ou atualização de confrontação, sendo permitida, entretanto, para alteração ou inserção que resulte de mero cálculo matemático feito a partir das medidas perimetrais constantes do registro.
II. Jurisprudência consolidada do Superior Tribunal de Justiça admite o aumento da área nos procedimentos de retificação de registro consensual, desde que, cumpridas as formalidades, não haja impugnação dos demais interessados.
III. A retificação de ofício das informações tabulares constantes no Registro Imobiliário é permitida, na via administrativa, para alteração de denominação de logradouro público, comprovada por documento oficial.
IV. A regularização fundiária de interesse social realizada em ZEIS – Zonas Especiais de Interesse Social, nos termos do Estatuto das Cidades, promovida por Município ou pelo Distrito Federal, quando os lotes estiverem cadastrados individualmente ou com lançamento fiscal há mais de 10 (dez) anos, independe de retificação.
V. A legitimação ativa para requerer a retificação consensual de registro ou averbação restringe-se ao titular dominial, excluindo-se os interessados sem título registrado.

Está correto APENAS o que se afirma em

(A) I, II e IV.
(B) I, III e V.
(C) II, III e IV.
(D) II, IV e V.
(E) III, IV e V.

I: incorreta. a retificação unilateral de informações tabulares nos casos de indicação ou atualização de confrontação *pode ser feita de ofício* ou a requerimento do interessado (art. 213, I, alínea *b* da Lei 6.015/1973 – Lei de Registros Públicos), mas a retificação para alteração ou inserção que resulte de mero cálculo matemático feito a partir das medidas perimetrais constantes do registro só é possível a requerimento do interessado (art. 213, II, da Lei 6.015/1973); **II:** correta. De acordo com a jurisprudência do STJ, o "procedimento de retificação, previsto no art. 213 da Lei n. 6.015/1973 (Registros Públicos), para compatibilizar o registro de imóvel às suas reais dimensões, ainda que implique em acréscimo de área, é plenamente adequado se ausente qualquer oposição por parte de terceiros interessados" (REsp 716.489); **III:** correta. Está em consonância com art. 213, I, *c*, da Lei 6.015/1973; **IV:** correta. Está de acordo com o art. 213, § 11, I, da Lei 6.015/1973; **V:** incorreta. A retificação pode ser requerida por qualquer interessado (art. 213, I e II, da Lei 6.015/1973).

Gabarito "C"

(Defensor Público/RS – 2011 – FCC) Direitos Reais.

(A) O possuidor com justo título tem por si a presunção absoluta de boa-fé.
(B) O possuidor de má-fé detém o direito de ressarcimento pelas benfeitorias necessárias e de levantamento das benfeitorias voluptuárias.
(C) Não é cabível a constituição de usufruto que recaia em bens móveis e em um patrimônio inteiro.
(D) O contrato de promessa de compra e venda, desde que escrito, confere ao seu titular direito real à aquisição do imóvel.
(E) Resolvida a propriedade pelo implemento da condição ou pelo advento do termo, entendem-se também resolvidos os direitos reais concedidos na sua pendência.

A: incorreta. A presunção de boa-fé é relativa (art. 1.201, parágrafo único, CC); **B:** incorreta, pois não há direito de levantamento das benfeitorias voluptuárias (art. 1.220 do CC); **C:** incorreta, uma vez que o "usufruto pode recair em um ou mais bens, móveis ou imóveis, em um patrimônio inteiro, ou parte deste, abrangendo-lhe, no todo ou em parte, os frutos e utilidades" (art. 1.390 do CC); **D:** incorreta, porque para a configuração do direito real é necessário registro do contrato (art. 1.417 do CC); **E:** correta. Está de acordo com o art. 1.359 do CC.

Gabarito "E"

(Defensor Público/GO – 2010 – I. Cidades) A legislação brasileira admite a usucapião agrária, destinando-a ao pequeno produtor e tendo por objeto o imóvel rural. Na usucapião agrária, a posse há de ser

(A) ininterrupta, podendo ser exercida pessoalmente ou por preposto.
(B) ininterrupta, podendo ser exercida por pessoa natural ou jurídica.
(C) direta, comprovado o exercício de atividade agrária no imóvel.
(D) direta, ainda que o usucapiente não resida na terra.
(E) ininterrupta, ainda que exercida por pessoa jurídica com sede no local.

A lei exige a atividade produtiva do possuidor ou de sua família diretamente sobre o imóvel rural (não cabe por preposto ou por pessoa jurídica), além de moradia neste (art. 1.239 do CC), de modo que somente a alternativa "C" está correta.

Gabarito "C"

(Defensor Público/GO – 2010 – I. Cidades) Integra o regime jurídico da posse e da propriedade no Brasil, regra dispondo que:

(A) aquele que, não sendo proprietário de imóvel rural ou urbano, possua como sua, por cinco anos ininterruptos, sem oposição, área de terra em zona rural de 150 hectares, tomando-a produtiva por seu trabalho ou de sua família, tendo nela sua moradia, adquirir-lhe-á a propriedade.
(B) aquele que, por 15 anos, sem interrupção, nem oposição, possuir como seu um imóvel, adquire-lhe a propriedade, independentemente de título, boa-fé ou de estar o referido imóvel hipotecado em garantia.
(C) a posse é justa se o possuidor ignora o vício, ou o obstáculo que impede a aquisição da coisa, ainda que seja a posse clandestina, violenta ou precária.
(D) há vedação legal e constitucional impedindo que as pessoas jurídicas de direito público possam adquirir, por usucapião, a propriedade de imóveis registrados em nome de pessoa natural.
(E) independentemente de quem seja o proprietário, a posse direta, de pessoa que tem a coisa em seu poder, temporariamente, em virtude de direito pessoal, ou real, anula a posse indireta de quem aquela foi havida, por absoluta incompatibilidade, podendo o possuidor direto defender a sua posse contra o indireto.

A: incorreta, pois deve se tratar de área rural não superior a 50 hectares (art. 1.239 do CC); **B:** correta (art. 1.238 do CC); **C:** incorreta, pois essa definição é de posse de boa-fé; posse justa é aquela que não é violenta, clandestina ou precária; **D:** incorreta, pois não existe essa vedação na lei; **E:** incorreta, pois uma posse não anula a outra (art. 1.197 do CC).

Gabarito "B"

(Defensoria Pública/MT – 2009 – FCC) À luz do Código Civil brasileiro,

(A) o direito de propriedade será exercido de forma plena, absoluta e exclusiva por todo aquele que detiver o título, sendo inconstitucional qualquer restrição, excetuando-se as impostas pela lei.

(B) segundo Savigny, a posse, por se tratar da exteriorização do direito de propriedade, gera presunção *juris et de jure* de domínio.

(C) a propriedade de bem imóvel é adquirida no momento da averbação em Cartório de Registro de Imóveis do título aquisitivo, tratando-se de ato *inter vivos*, e, no caso de sucessão *mortis causa*, a transmissão da propriedade ocorre no momento de sua abertura.

(D) a propriedade de bem imóvel transmite-se ao herdeiro do *de cujus*, pelo registro do formal de partilha no Cartório de Registro de Imóveis, sendo certo que, até esse momento, existe para o sucessor mera expectativa de direito.

(E) a propriedade de veículo automotor, por se tratar de bem legalmente equiparado a imóvel, somente se transmite com a transferência do título de propriedade por meio do registro do Detran.

A: incorreta, pois a propriedade deve ser exercida com respeito aos fins sociais a que se destina e sem abuso de direito (art. 1.228, §§ 1º e 2º, do CC); **B:** incorreta, porque a presunção mencionada é relativa, e não absoluta; **C:** correta. Esta alternativa foi apontada como correta pela banca examinadora, mas há um equívoco nela. A transmissão da propriedade imóvel ocorre com o *registro* do título aquisitivo e não com a averbação (arts. 1.245 e 1.784 do CC); **D:** incorreta. A transmissão da propriedade móvel e imóvel em razão da sucessão ocorre no exato instante da morte (art. 1.784 do CC). O registro do formal de partilha tem função publicitária – tornar pública a transferência da propriedade; **E:** incorreta, uma vez que a propriedade de um bem móvel se transfere com a tradição (art. 1.267 do CC). O registro realizado no Detran tem natureza meramente publicitária.

Gabarito "C"

(Defensor Público/AL – 2009 – CESPE) Julgue os próximos itens, relativos à propriedade.

(1) Compõem o direito de propriedade as faculdades de usar, gozar, dispor e reivindicar a coisa de quem injustamente a possua, de modo que, tendo-se como certo o conceito de posse injusta como aquela violenta, clandestina ou precária, não será possível obter a posse por meio de reivindicatória se a pessoa que detém a coisa não o faz mediante qualquer dos mencionados vícios.

(2) Distanciando-se do sistema francês, a lei brasileira exige que a transmissão de um bem imóvel por ato oneroso *inter vivos* seja materializada por meio de escritura pública de compra e venda, de modo que somente após a lavratura desse ato é que o bem passará a integrar o patrimônio do comprador, sendo sua a propriedade.

1: incorreta, pois a ação reivindicatória tem por fundamento o direito de propriedade (trata-se de uma ação petitória), sendo desnecessário discutir-se sobre a injustiça ou não da posse de quem detém a coisa; **2:** incorreta, pois, no Brasil, diferentemente do sistema francês, a propriedade imóvel só se adquire com o registro da escritura na matrícula do imóvel (art. 1.245 do CC).

Gabarito 1E, 2E

(Defensoria Pública/SP – 2009 – FCC) Quem recebeu em boa-fé um imóvel e o alienou a título oneroso responde pela

(A) devolução do bem e, se for o caso, pelos valores das despesas de reparo de deterioração culposa do bem.

(B) devolução do bem e dos frutos gerados.

(C) quantia recebida mais perdas e danos.

(D) quantia recebida.

(E) devolução do bem mais perdas e danos.

De acordo com o art. 879 do CC, "se aquele que indevidamente recebeu um imóvel o tiver alienado em boa-fé, por título oneroso, responde somente pela quantia recebida; se agiu de má-fé, além do valor do imóvel, responde por perdas e danos".

Gabarito "D"

(Defensoria Pública/RN – 2006) Dá-se usucapião quando

(A) o possuidor ocupar a área por quinze anos, independente de justo título, demonstrando que realizou obras ou serviços de caráter produtivo.

(B) em cinco anos quando o possuidor de área rural de até 50 hectares e não possuidor de outro imóvel urbano ou rural, que tenha tornado a área produtiva, por seu trabalho ou de sua família, e nela estabelecido a sua moradia.

(C) um número considerável de pessoas ocupar por dez anos, de boa-fé e ininterruptamente, área na qual realizem obras e serviços, considerados pelo juiz de interesse social e econômico relevante.

(D) alguém possuir coisa móvel como sua, continua e incontestadamente por cinco anos, com justo título e boa-fé.

A: incorreta (art. 1.238, parágrafo único, do CC); **B:** correta (art. 1.239 do CC); **C:** incorreta, pois não se trata de usucapião, mas de posse *pro labore*; ademais o prazo é de 5 anos (art. 1.228, § 4º, do CC); **D:** incorreta (art. 1.260 do CC).

Gabarito "B"

6.4. Direito de vizinhança

(Defensoria Pública/SP – 2010 – FCC) Assinale a alternativa INCORRETA.

(A) As águas que correm naturalmente do prédio superior devem ser recebidas pelo dono ou possuidor do prédio inferior.

(B) O dono ou possuidor do prédio inferior deve arcar com as despesas de canalização das águas naturais.

(C) O dono ou possuidor do prédio inferior, ao invés de proceder à canalização das águas naturais, poderá exigir o desvio delas pelo dono ou possuidor do prédio superior.

(D) O dono ou possuidor do prédio com águas colhidas artificialmente que correrem para o prédio inferior deve indenizar os prejuízos que o dono deste sofrer ou, se este o exigir, proceder a obras de desvio.

(E) O dono ou possuidor do prédio inferior não pode realizar obras que obstem o fluxo de águas que correm naturalmente.

A: correta. Está de acordo com o art. 1.288 do CC; **B:** correta. Essa obrigação está prevista no art. 1.288 do CC; **C:** incorreta, devendo ser assinalada. O dono ou o possuidor do prédio inferior *é obrigado a receber as águas* que correm naturalmente do superior (art. 1.288 do CC); **D:** correta. Está conforme o art. 1.289 do CC; **E:** correta, conforme o art. 1.288 do CC.

Gabarito "C"

(Defensor Público/MS – 2008 – VUNESP) O proprietário de prédio superior pretende obrigar que o dono do prédio inferior suporte o escoamento das águas fluviais e de seu esgoto, uma vez que não há coleta de esgoto disponível para o imóvel superior. Em razão desse fato, aponte a alternativa correta.

(A) O imóvel inferior deverá suportar o escoamento das águas que correm naturalmente, mas não do esgoto.

(B) O imóvel inferior deverá suportar o escoamento das águas fluviais e da passagem do esgoto.

(C) Não se poderá exigir do proprietário superior outra solução para o problema, uma vez que a situação decorre da lei da gravidade.

(D) O proprietário do imóvel superior não deverá indenizar pelo fato, uma vez que o imóvel inferior deve suportar o ônus.

O art. 1.288 do CC refere-se somente ao escoamento de águas, não se referindo ao esgoto.

Gabarito "A"

(Defensoria Pública/SP - 2006 – FCC) Sobre os direitos de vizinhança, é correto afirmar:

(A) Os tapumes especiais são exigidos para impedir que animais de grande porte ultrapassem os limites da propriedade.

(B) O dono do terreno invadido pelos galhos de árvore da propriedade vizinha tem o direito de corte condicionado à nocividade da invasão dos ramos.

(C) A servidão de aqueduto é contínua e aparente e a de trânsito é descontínua e não aparente.

(D) A qualquer tempo, o proprietário pode exigir que se desfaça a janela, sacada, terraço ou goteira sobre o seu prédio.

(E) Na passagem forçada, o dono do prédio que não tiver acesso à via pública, nascente ou porto tem direito a exigir que seu vizinho lhe conceda passagem, independentemente do pagamento de indenização.

A: incorreta (art. 1.297 do CC); **B:** incorreta (art. 1.283 do CC); **C:** correta, pois as servidões de aqueduto são contínuas, pois subsistem independentemente de ato humano direto, e aparentes, pois se revelam por obras ou sinais exteriores, ao contrário das servidões de trânsito, que não têm essas características; **D:** incorreta (art. 1.302 do CC); **E:** incorreta (art. 1.285 do CC).

Gabarito "C".

6.5. Direito reais na coisa alheia – fruição

(Defensor Público/AM – 2010 – I. Cidades) A respeito das servidões, assinale a alternativa correta:

(A) Não é possível a usucapião de servidão aparente, pois a usucapião é sempre uma forma de aquisição do direito de propriedade.

(B) O dono do prédio serviente não poderá embaraçar de modo algum o exercício legítimo da servidão.

(C) A servidão não pode ser removida, de um local para outro, pelo dono do prédio serviente, sem expressa concordância do dono do prédio dominante.

(D) Se o prédio dominante estiver hipotecado e a servidão não estiver mencionada no título hipotecário, será também preciso, para cancelar a servidão, o consentimento do credor.

(E) A reunião do prédio dominante e do serviente no domínio da mesma pessoa não extingue a servidão, pois sempre haverá a possibilidade de os imóveis serem novamente desmembrados.

A: incorreta. Além da propriedade a usucapião também pode ser utilizada para aquisição de outros direitos reais, tais como a servidão aparente. São consideradas servidões aparentes aquelas caracterizadas pela presença de sinais exteriores (ex.: servidão de passagem); **B:** correta. Está de acordo com o art. 1.383 do CC; **C:** incorreta, pois a servidão pode ser removida pelo dono do prédio serviente se em nada diminuir as vantagens do prédio dominante (art. 1.384 do CC); **D:** incorreta, uma vez que o consentimento do credor só será necessário se a servidão estiver mencionada no título hipotecário (art. 1.387, parágrafo único, do CC); **E:** incorreta. A reunião do prédio dominante e do serviente no domínio da mesma pessoa *extingue a servidão* (art. 1.389, I, do CC).

Gabarito "B".

(Defensoria Pública/SP – 2009 – FCC) A respeito dos direitos reais de uso, de usufruto e de habitação,

I. os dois primeiros podem recair tanto sobre bens móveis quanto sobre bens imóveis e o primeiro está contido no segundo;

II. é somente através do segundo que se institui o direito à percepção dos frutos;

III. nenhum confere a possibilidade de alteração ou transformação da destinação econômica;

IV. tem-nos o cônjuge sobrevivente sobre parte dos bens do falecido, se o regime de bens não for o da comunhão universal e enquanto durar a viuvez;

V. tem-nos os pais sobre os bens dos filhos crianças ou adolescentes.

Estão corretas SOMENTE as assertivas

(A) I, III e V.

(B) II, III e IV.

(C) I e II.

(D) I e III.

(E) II e IV.

I: correta, pois o usufruto e uso podem recair sobre bens móveis ou imóveis (arts. 1.390 e 1.412 do CC) e a habitação só pode recair sobre imóvel (art. 1.414 do CC), devendo-se tratar de casa; ademais, o uso importa em usar da coisa e gozar desta o quanto exigirem as necessidades do usuário e de sua família (art. 1.412 do CC), de modo que está contido no usufruto, pois este permite usar e fruir da coisa, mas sem a limitação de que a fruição se dê no limite das necessidades (art. 1.390 do CC); **II:** incorreta, pois o uso também importa na percepção de frutos, ainda que na medida das necessidades do usuário e de sua família (art. 1.412 do CC); **III:** correta (art. 1.399, parte final, c/c arts. 1.413 e 1.416, todos do CC); **IV:** incorreta, pois o direito mais aproximado à hipótese em análise é o direito real de *habitação*, previsto no art. 1.831 do CC; **V:** correta, valendo salientar que os pais têm direito de usufruto sobre tais bens, o que inclui, naturalmente, o uso e a habitação (art. 1.689, I, do CC).

Gabarito "A".

6.6. Direitos reais na coisa alheia – garantia

(Defensor Público/RO – 2012 – CESPE) Pablo, proprietário do imóvel I, situado em Candeias do Jamari – RO, contratou, com o Banco B, empréstimo fora do Sistema Financeiro da Habitação, tendo instituído, a favor do banco, hipoteca do referido imóvel. O contrato de hipoteca, lavrado por meio de escritura pública em tabelionato situado em Porto Velho – RO foi regularmente registrado no competente cartório de registro de imóveis. Meses depois, Pablo vendeu o mesmo imóvel a Antônio.

Considerando a situação hipotética acima apresentada, assinale a opção correta.

(A) O cartório de registro de imóveis competente para o registro do contrato de hipoteca do imóvel I será a serventia imobiliária situada na mesma circunscrição do tabelionato de notas em que tiver sido lavrada a escritura pública do referido imóvel.

(B) Seria válida e eficaz cláusula que, no contrato de hipoteca firmado entre Pablo e o Banco B, proibisse ao proprietário a alienação do imóvel, e, em razão dessa cláusula, Pablo só poderia vender o imóvel a Antônio mediante prévia e expressa anuência do Banco B.

(C) Seria nula a cláusula que, no contrato de hipoteca firmado entre Pablo e o Banco B, autorizasse a instituição financeira a ficar com o imóvel objeto da garantia na hipótese de a dívida não ser paga no vencimento.

(D) Caso tenha sido estabelecida, no contrato de hipoteca firmado entre Pablo e o Banco B, cláusula que proíba ao proprietário a alienação do imóvel, a venda do bem hipotecado gerará, como consequência imediata e necessária, o vencimento antecipado do crédito hipotecário a favor daquela instituição financeira.

(E) Seria nula a cláusula que, no contrato de hipoteca firmado entre Pablo e o Banco B, autorizasse o devedor hipotecante a dar em pagamento, após o vencimento da dívida, o imóvel objeto da garantia.

A: incorreta. As hipotecas serão sempre registradas no cartório do lugar do imóvel, pois o registro deve ser feito na matrícula do imóvel, no Livro 2 – Registro Geral (art. 1.492 do CC e 167, I, item 2 da Lei 6.015/1973); **B:** incorreta, uma vez que a cláusula que proíbe a venda do imóvel em razão da hipoteca é nula (art. 1.475 do CC); **C:** correta. No direito brasileiro é proibido o *pacto comissório*. Assim é *nula* a cláusula que permite o credor hipotecário a ficar com o objeto da garantia caso a divida não seja paga (art. 1.428 do CC); **D:** incorreta, é nula a cláusula que proíbe ao proprietário alienar imóvel hipotecado, mas pode ser convencionado que vencerá o crédito hipotecário, se o imóvel for alienado (art. 1.475, parágrafo único, do CC); **E:** incorreta, após o vencimento da hipoteca, o devedor poderá dar o imóvel em pagamento da dívida (art. 1.428, parágrafo único, CC).

Gabarito "C".

(Defensor Público/MS – 2008 – VUNESP) José e Maria transferiram o domínio de um terreno à Construtora X por meio de escritura pública, livre e desembaraçado de quaisquer ônus. A construtora, a fim de garantir o financiamento da construção do edifício projetado sobre o terreno, para fins não residenciais, deu o imóvel em garantia ao Banco Y, que liberaria o ônus, assim que quitado o empréstimo. Para o pagamento do terreno, José e Maria receberiam 4 unidades a serem construídas, sendo que ao final, receberam as unidades hipotecadas, em virtude de que a construtora não quitou o débito com o banco.

Diante desse fato, indique a alternativa correta.

(A) É possível a execução da hipoteca, em razão da inadimplência da construtora.

(B) A hipoteca, mesmo posterior, não tem eficácia perante a permuta havida.
(C) O ônus hipotecário abrange somente o terreno e não as unidades construídas.
(D) A hipoteca não poderá ser extinta, ainda que haja remição do devedor.

José e Maria transferiram o imóvel sem ficar com garantia real alguma. Assim, não podem querer fazer valer o seu direito em face do banco, pois este tem um direito real sobre a coisa (hipoteca), direito esse que é oponível em face de todos.

Gabarito "A"

(Defensoria Pública da União – 2004 – CESPE) A respeito da propriedade e dos direitos das obrigações, julgue os itens seguintes.

(1) Se um imóvel residencial em condomínio for adquirido por arrematação, o adquirente responderá perante o condomínio por todos os encargos condominiais incidentes sobre o imóvel, ainda que a aquisição tenha sido judicial, por adjudicação pelo credor hipotecário.
(2) Se uma unidade condominial hipotecada a instituição financeira for adquirida judicialmente, por arrematação, o crédito hipotecário, por ser de natureza real, terá preferência em relação ao crédito condominial em atraso.

1: correta, pois a obrigação condominial é *propter rem. As obrigações proter rem, também denominadas como obrigações ambulatórias ou híbridas, são aquelas que decorrem da titularidade de um direito real*; **2:** incorreta, pois, segundo o STJ, o crédito do condomínio tem preferência em relação ao crédito hipotecário, de modo a garantir a própria conservação do imóvel e, consequentemente, o próprio crédito hipotecário (STJ, REsp 208.896).

Gabarito 1C, 2E

7. Família

7.1. Casamento

7.1.1. Disposições gerais, capacidade, impedimentos, causas suspensivas, habilitação, celebração e prova do casamento

(Defensoria Pública/PA – 2009 – FCC) De acordo com o Código Civil, NÃO podem se casar

(A) o tutor ou o curador e os seus descendentes, ascendentes, irmãos, cunhados ou sobrinhos, com a pessoa tutelada ou curatelada, enquanto não cessar a tutela ou curatela, e não estiverem saldadas as respectivas contas.
(B) o viúvo ou a viúva que tiver filho do cônjuge falecido, enquanto não fizer inventário dos bens do casal e der partilha aos herdeiros.
(C) o divorciado, enquanto não houver sido homologada ou decidida a partilha dos bens do casal.
(D) os parentes afins em linha colateral.
(E) o cônjuge sobrevivente com o condenado por homicídio ou tentativa de homicídio contra o seu consorte.

A: incorreta. A alternativa refere-se a uma causa suspensiva (art. 1.523, IV, CC); **B:** incorreta. A alternativa também refere-se a causa suspensiva (art. 1.523, I, CC); **C:** incorreta. A alternativa também refere-se a causa suspensiva (art. 1.523, III, CC); **D:** incorreta. O parentesco por afinidade na linha colateral desaparece quando dissolvido o vínculo matrimonial ou da união estável, permitindo o casamento (art. 1.595, §§ 1º e 2º do CC); **E:** correta, pois reflete o disposto no art. 1.521, VII, do CC.

Gabarito "E"

(Defensoria Pública/MT – 2006) Sobre o casamento, assinale a afirmativa correta.

(A) As causas suspensivas da celebração do casamento podem ser arguidas por qualquer pessoa.
(B) Excepcionalmente, a lei permite o casamento dos afins em linha reta.
(C) O registro do casamento religioso submete-se aos mesmos requisitos estabelecidos para o casamento civil.
(D) O casamento é civil e onerosa a sua celebração.
(E) A lei não considera válido o casamento contraído por menor que ainda não alcançou a idade nupcial.

A: incorreta. As causas suspensivas da celebração do casamento podem ser arguidas pelos parentes em linha reta de um dos nubentes, sejam consanguíneos ou afins, e pelos colaterais em segundo grau, sejam também consanguíneos ou afins (art. 1.524 do CC); **B:** incorreta. O casamento é proibido com os parentes afins na linha reta, sem exceção (art. 1.521, II, do CC); **C:** correta. Está de acordo com o art. 1.516 do CC; **D:** incorreta. O casamento é civil e gratuita a sua celebração (art. 1.512, *caput*, do CC); **E:** incorreta. Em circunstâncias excepcionais a lei considera válido o casamento contraído por quem não alcançou a idade núbil (art. 1.520 do CC).

Gabarito "C"

(Defensor Público/PA – 2006 – UNAMA) O Direito de Família objetiva a expressão dos princípios e normas jurídicas que norteiam as relações familiares, tanto em seus aspectos pessoais como patrimoniais, regulando o matrimônio, a união estável, a união de fato, as relações entre pais e filhos, o direito aos alimentos, o bem de família, o vínculo de parentesco, os institutos assistenciais da tutela e curatela etc., sendo correto afirmar:

(A) O casamento concretiza-se (realização) no momento em que o homem e a mulher manifestam, perante o juiz, a sua vontade de estabelecer vínculo conjugal.
(B) Segundo o Novo Código Civil, são deveres de ambos os cônjuges no casamento: a fidelidade recíproca; a vida em comum no domicílio conjugal; a mútua assistência, o sustento, guarda e educação dos filhos e o respeito e consideração mútuos. Já na união estável são deveres de ambos os companheiros: lealdade; a vida em comum, no domicílio comum; respeito e assistência; e guarda, sustento e educação dos filhos.
(C) São causas, entre outras, de suspensão do poder familiar: o abuso de autoridade; a condenação por sentença irrecorrível, em virtude de crime cuja pena exceda a 01 (um) ano de prisão.
(D) Os filhos menores são postos em tutela quando falecidos os pais ou sendo estes julgados ausentes, ou, ainda, em caso de ambos os pais perderem o poder familiar. Contudo, podem escusar-se da tutela: mulheres casadas; maiores de sessenta anos; aqueles que tiverem sob sua autoridade mais de três filhos; os impossibilitados por enfermidade; aqueles que habitarem longe do lugar onde será exercida a tutela; aqueles que já exercem tutela ou curatela; e os militares em serviço.

A: incorreta, uma vez que essa concretização se dá no momento em que o consentimento acontece e o juiz os declara casados (art. 1.514 do CC); **B:** incorreta. Apesar de estar correta quanto aos deveres dos cônjuges no casamento (art. 1.566 do CC), a alternativa contém incorreção quanto aos deveres dos companheiros na união estável, vez que o art. 1.724 não prevê o dever de vida em comum, no domicílio comum; **C:** incorreta. Quanto ao segundo caso citado na alternativa, somente a condenação por crime cuja pena exceda à 2 (dois) anos de prisão enseja a suspensão do poder familiar; **D:** correta (art. 1.728 c/c art. 1.736, ambos do CC).

Gabarito "D"

7.1.2. Invalidade

(Defensoria Pública/MT – 2006) É nulo o casamento

(A) contraído por vício da vontade, se houve por parte de um dos nubentes, ao consentir, erro essencial quanto à pessoa do outro.
(B) do incapaz de consentir ou manifestar, de modo inequívoco, o consentimento.
(C) contraído pelo enfermo mental sem o necessário discernimento para os atos da vida civil.
(D) realizado pelo mandatário, sem que ele ou o outro contraente soubesse que fora o mandato revogado.
(E) por incompetência da autoridade celebrante.

A alternativa "C" está correta, pois reflete o disposto no art. 1.548, I, do CC.

Gabarito "C"

(Defensoria Pública/MT – 2006) Analisando as afirmativas abaixo, acerca do casamento, é incorreto afirmar:

(A) Os cônjuges são obrigados a concorrer, na proporção de seus bens e dos rendimentos do trabalho, para o sustento da família e a educação dos filhos, independente do regime patrimonial adotado pelo casal.
(B) O prazo para ser intentada a ação de anulação do casamento, contado da data da celebração, é três anos, se houver coação.
(C) Qualquer dos nubentes, querendo, poderá acrescer ao seu o sobrenome do outro.
(D) Entre os deveres de ambos os cônjuges, previstos na legislação civil pátria, estão o respeito e a consideração mútuos.
(E) O domicílio do casal será escolhido por ambos os cônjuges.

A: correto (art. 1.568 do CC); **B:** incorreto (art. 1.560, IV, do CC); **C:** correto (art. 1.565, § 1º, do CC); **D:** correto (art. 1.566, V, do CC); **E:** correto (art. 1.569 do CC).

Gabarito "B".

7.1.3. Efeitos e dissolução do casamento

(Defensor Público/AM – 2013 – FCC) O divórcio

(A) não pode ser concedido sem prévia partilha dos bens.
(B) demanda prévia separação judicial, há pelo menos um ano, ou de fato, há pelo menos dois.
(C) só pode ser requerido se comprovada culpa de um dos cônjuges.
(D) pode dar ensejo à obrigação de prestar alimentos, a qual não se extingue com novo casamento do alimentante.
(E) não importa restrição aos direitos e deveres decorrentes do poder familiar, salvo na hipótese de casamento de qualquer dos pais.

A: incorreta. O divórcio, amigável ou litigioso, judicial ou extrajudicial, pode ser realizado sem que haja prévia partilha dos bens (art. 1.581 do CC); **B:** incorreta, após a introdução da Emenda Constitucional 66/2010, que alterou o art. 226, § 6º, da Constituição Federal de 1988, a separação deixou de ser um requisito para o divórcio, que pode ser requerido a qualquer momento; **C:** incorreta. No divórcio não é possível a discussão de culpa. A análise da culpa somente era possível no procedimento de separação; **D:** correta. Se um dos cônjuges vier a necessitar de alimentos, o outro poderá ser obrigado a prestá-los mediante pensão a ser fixada pelo juiz (art. 1.704 do CC), sendo certo que o novo casamento do cônjuge devedor não extingue a obrigação constante da sentença de divórcio; **E:** incorreta, pois segundo dispõe o art. 1.636 do CC, o pai ou a mãe que contrair novas núpcias não perderá o poder familiar em relação aos filhos do relacionamento anterior.

Gabarito "D".

(Defensor Público/BA – 2010 – CESPE) Acerca da dissolução do casamento e da união estável, julgue os próximos itens.

(1) Ajuizada ação de separação judicial por insuportabilidade da vida em comum, ainda que o autor não faça prova do motivo alegado, o juiz poderá decretar a separação do casal.
(2) Aplica-se à união estável o regime da comunhão parcial de bens, não se exigindo dos companheiros prova do esforço comum para a aquisição dos bens.

1: correta, pois, segundo o STJ, é possível a decretação da separação sem atribuição da causa ou motivo (REsp 783.137); **2:** correta (art. 1.725 do CC).

Gabarito 1C, 2C

(Defensoria Pública/MT – 2006) Acerca da dissolução da sociedade e do vínculo conjugal, assinale a afirmativa correta.

(A) A conversão de separação judicial dos cônjuges em divórcio será decretada por sentença, na qual deverá constar referência à causa que a determinou.
(B) A sentença de separação judicial importa a separação de corpos e a partilha de bens.
(C) O divórcio poderá modificar os direitos e deveres dos pais em relação a seus filhos.
(D) Dissolvido o casamento pelo divórcio direto, não poderá o cônjuge manter o nome de casado.
(E) O divórcio não poderá ser concedido sem que haja prévia partilha de bens.

A: incorreta (art. 1.580, § 1º, do CC); **B:** correta (art. 1.575 do CC); **C:** incorreta (art. 1.579 do CC); **D:** incorreta (art. 1.571, § 2º, do CC); **E:** incorreta (art. 1.581 do CC).

Gabarito "B".

7.1.4. Regime de bens

(Defensor Público/TO – 2013 – CESPE) Acerca do regime de bens entre cônjuges, assinale a opção correta.

(A) O regime de comunhão universal implica a comunicação de todos os bens presentes e futuros dos cônjuges e suas dívidas passivas, com exceção, entre outras, dos bens doados ou herdados com a cláusula de incomunicabilidade e os sub-rogados em seu lugar.
(B) O regime de participação final nos aquestos foi revogado do Código Civil, haja vista que o seu desuso desde a entrada em vigor do referido diploma legal demonstrou que os demais regimes de bens existentes eram suficientes para reger as relações patrimoniais entre os cônjuges.
(C) No casamento celebrado sob o regime da separação de bens, enquanto não sobrevier a separação ou divórcio, a administração dos bens é conjunta dos consortes, que não poderão aliená-los ou gravá-los de ônus real sem a anuência do outro.
(D) É obrigatório o regime da separação de bens no casamento das pessoas que o contraírem com inobservância das causas suspensivas da celebração do casamento; da pessoa maior de sessenta anos e, ainda, de todos os que dependerem, para casar, de suprimento judicial.
(E) No regime de comunhão parcial de bens, comunicam-se os bens que sobrevierem ao casal na constância do casamento, denominados bens aquestos, sem qualquer exceção.

A: correta, pois reflete os textos dos arts. 1.667 e 1.668, I, do CC; **B:** incorreta. O único regime revogado do Código Civil de 1916 foi o regime dotal, substituído pelo regime da participação final dos aquestos no Código Civil de 2002; **C:** incorreta. No regime de separação de bens, cada cônjuge terá a administração exclusiva de seus bens, podendo aliená-lo ou gravá-los de ônus real (art. 1.687 do CC); **D:** incorreta. O regime de separação de bens é obrigatório para as pessoas que o contraírem com inobservância das causas suspensivas da celebração do casamento; da pessoa *maior de setenta (70) anos* e de todos os que dependerem, para casar, de suprimento judicial (art. 1.641 do CC); **E:** incorreta, pois há diversas exceções elencadas no art. 1.659 do CC (ex: bens doados ou herdados).

Gabarito "A".

(Defensor Público/AC – 2012 – CESPE) Considerando os direitos relacionados à personalidade, aos alimentos, ao divórcio e à evicção, assinale a opção correta.

(A) Prevalece, nos tribunais, a tese de que ao nascituro é garantida apenas a expectativa de direito, tornando-se este efetivamente adquirido na eventualidade de aquele nascer vivo; não tem, portanto, o nascituro direito, por exemplo, aos danos morais decorrentes da morte do pai causada por ato ilícito.
(B) O débito alimentar que autoriza a prisão civil do alimentante é o que compreende as três prestações anteriores ao ajuizamento da execução e as que vencerem no curso do processo; por essa razão, segundo entendimento do STJ, o pagamento de 30% do débito alimentar será capaz de elidir a prisão civil.
(C) Os valores oriundos do Fundo de Garantia do Tempo de Serviço configuram frutos civis do trabalho, integrando, no casamento realizado sob o regime da comunhão parcial previsto no Código Civil de 1916, patrimônio comum e, consequentemente, partilhável quando do divórcio.
(D) A responsabilidade pela evicção ocorre apenas quando a causa da constrição operada sobre a coisa é posterior à relação jurídica entabulada entre o alienante e o evicto, sendo o determinante o momento da constrição, a qual será, necessariamente, anterior à alienação.
(E) Capacidade de fato, ou capacidade de gozo, ou capacidade de aquisição, é a faculdade abstrata de alguém gozar os seus direitos; a capacidade de direito, por sua vez, é a capacidade para adquirir direitos e exercê-los por si mesmo.

A: incorreta. A natureza jurídica dos direitos do nascituro (direitos adquiridos x expectativa de direito) é objeto de *profunda divergência* na doutrina e na jurisprudência, diante da manutenção da teoria natalista pelo legislador no Código Civil (art. 2º). Contudo, há decisão do STJ deferindo indenização por danos morais suportados pelo nascituro em razão da morte de seu pai causada por ato ilícito (REsp 931.556/RS, Rel. Min. Nancy Andrighi, julgado em 17.06.2008); **B:** incorreta. A segunda parte da assertiva está errada, pois, segundo a jurisprudência do STJ, o pagamento parcial dos alimentos não elide a possibilidade de prisão civil (RHC 35.637/PR, Rel. Min. Nancy Andrighi, julgado em 09.04.2013); **C:** correta. Segundo a jurisprudência do STJ, "os valores oriundos do Fundo de Garantia do Tempo de Serviço configuram frutos civis do trabalho, integrando, nos casamentos realizados sob o regime da comunhão parcial sob a égide do Código Civil de 1916, patrimônio comum e, consequentemente, devendo ser considerados na partilha quando do divórcio" (REsp 848.660/RS, Rel. Min. Paulo de Tarso Sanseverino, julgado em 03.05.2011); **D:** incorreta. De acordo com a jurisprudência do STJ, a "responsabilidade pela evicção ocorre apenas quando a causa da constrição operada sobre a coisa é anterior à relação jurídica entabulada entre o alienante e o evicto. O que importa não é o momento da constrição, esta será, necessariamente, posterior à alienação, o que importa saber é o momento em que nasceu o direito (de terceiro) que deu origem à constrição" (REsp 873.165/ES, Rel. Min. Sidnei Beneti, julgado em 18.05.2010); **E:** incorreta, os conceitos estão invertidos: a capacidade de direito/gozo é a aptidão para ser titular de direitos e deveres e a capacidade fato/exercício/ação é a aptidão para exercer pessoalmente os atos da vida civil.

Gabarito "C"

(Defensor Público/AL – 2009 – CESPE) Quanto ao direito de família, julgue o item seguinte.

O regime de bens passa a gerar efeitos a partir do casamento e cessa com o falecimento de um dos cônjuges, com a separação judicial ou com o divórcio, não sendo possível que a mera separação de fato seja considerada como razão relevante para alterar qualquer dos efeitos decorrentes do regime adotado, já que, por si só, a separação de fato não dissolve o casamento, independentemente de sentença.

Segundo o STJ, a preservação do condomínio patrimonial entre cônjuges após a separação de fato é incompatível com a orientação do novo Código, que reconhece eventual união estável estabelecida por qualquer um dos até então cônjuges nesse período (art. 1.723, § 1º, do CC); assim, a comunicação de bens e dívidas deve cessar com a ruptura da vida em comum (vide, por exemplo, o REsp 555.771).

Gabarito 1E

(Defensoria Pública/SP – 2009 – FCC) Assinale a alternativa INCORRETA.

(A) O cônjuge prejudicado por doação ou transferência de bens comuns só pode reinvindicá-los se não estiver separado de fato há mais de cinco anos.
(B) Os herdeiros necessários podem, até dois anos de dissolvida a sociedade conjugal, requerer a anulação da doação feita por cônjuge infiel ao seu cúmplice.
(C) A pessoa casada no regime da comunhão parcial de bens não tem o direito de reivindicar contra parceiro amoroso eventual de seu cônjuge bem que este tenha adquirido com o fruto de patrimônio particular.
(D) A doação de bem integrante do patrimônio conjugal pelo cônjuge infiel ao seu cúmplice pode ser anulada pelo cônjuge prejudicado até dois anos de dissolvida a sociedade conjugal.
(E) Os bens adquiridos mediante o esforço conjunto dos concubinos, ainda que um deles seja casado e mantenha vida conjugal, devem ser objetos de partilha.

A: correta. A assertiva reflete o disposto no art. 1.642, V, do CC; **B:** correta. A anulabilidade da doação realizada por cônjuge infiel ao seu cúmplice está prevista no art. 550 do CC; **C:** incorreta, porque a pessoa casada no regime da comunhão parcial tem o direito de reivindicar os bens comuns, móveis ou imóveis, doados ou transferidos pelo outro cônjuge ao concubino, desde que provado que os bens não foram adquiridos pelo esforço comum destes, se o casal estiver separado de fato por mais de cinco anos (art. 1.642, V, do CC); **D:** correta. A alternativa está de acordo com o disposto no art. 550 do CC; **E:** correta, pois a assertiva está de acordo com a Súmula 380 do STF: "Comprovada a existência de sociedade de fato entre os concubinos, é cabível a sua dissolução judicial, com a partilha do patrimônio adquirido pelo esforço comum".

Gabarito "C"

(Defensor Público/MS – 2008 – VUNESP) No que diz respeito ao regime de bens, indique a alternativa correta.

(A) No regime de comunhão universal, estão excluídos os bens gravados de fideicomisso e o direito do herdeiro fideicomissário, antes de realizada a condição suspensiva.
(B) No regime da comunhão parcial de bens, não se excluem os adquiridos com valores exclusivamente pertencentes a um dos cônjuges em sub-rogação dos bens particulares.
(C) Não entram na comunhão, no regime de comunhão parcial, os frutos dos bens particulares percebidos na constância do casamento, ou pendentes ao tempo de cessar a união.
(D) É nulo o pacto antenupcial se não for feito por escritura pública e anulável se não lhe seguir o casamento com o regime de bens estabelecido no instrumento público.

A: correta (art. 1.668, II, do CC); **B:** incorreta, porque tais bens são excluídos sim (art. 1.659, II, do CC); **C:** incorreta, pois tais bens entram sim não comunhão (art. 1.660, V, do CC); **D:** incorreta. De fato, é nulo o pacto antenupcial se não for feito por escritura pública; porém, o pacto antenupcial não é *anulável*, mas *ineficaz*, se não lhe seguir o casamento (art. 1.653 do CC).

Gabarito "A"

(Defensoria Pública/SP – 2007 – FCC) Considere as afirmações:

I. As heranças, legados e doações percebidos por um dos cônjuges, a qualquer tempo, antes ou durante a vigência do matrimônio não se comunicam.
II. No regime de participação final nos aquestos, os bens adquiridos em nome próprio, na vigência da sociedade conjugal, sujeitam-se à compensação e não à divisão.
III. A liberdade é total para disposições quanto ao regime de bens no Código Civil atual, podendo os nubentes escolher um dos contidos no código ou criar novas formas e não há exceções a esta regra.
IV. O entendimento jurisprudencial dominante é no sentido de que a separação de fato não é suficiente para romper o estado condominial, entre os cônjuges, no que se refere aos bens e dívidas, persistindo a comunhão, especialmente no regime de comunhão universal.

SOMENTE estão corretas as afirmações

(A) I e II.
(B) II e III.
(C) I, III e IV.
(D) I, II e III.
(E) I, II e IV.

I: verdadeira. A alternativa está conforme o art. 1.659, I, do CC; **II:** verdadeira (arts. 1.683 c.c. 1.684 e 1.681 do CC); **III:** falsa (art. 1.641 do CC); **IV:** falso. A jurisprudência majoritária é no sentido de que a separação de fato rompe o estado condominial; confira: "*Casamento. Comunhão de bens. Partilha. Bens adquiridos depois da separação de fato. Adquirido o imóvel depois da separação de fato, quando o marido mantinha concubinato com outra mulher, esse bem não integra a meação da mulher, ainda que o casamento, que durou alguns meses, tivesse sido realizado sob o regime da comunhão universal. Precedentes*" (STJ, REsp 140.694).

Gabarito "A"

(Defensoria Pública/RN – 2006) Sobre o casamento no Código Civil vigente é correto afirmar que

(A) É nulo o pacto antenupcial na hipótese de desistirem os acordantes de contrair o matrimonio.
(B) O reconhecimento dos efeitos civis do casamento religioso, bem como o seu registro, depende da prévia homologação de habilitação nos termos do Código Civil.
(C) Com o Código Civil de 2002, o regime de bens entre os cônjuges deixou de ser irrevogável podendo ser livremente modificado pelos cônjuges.
(D) A anuência do cônjuge é necessária para atos onerosos que impliquem cessão de uso ou gozo de bens comuns.

A: incorreta, o pacto ou convenção antenupcial será considerado **ineficaz** se os nubentes desistirem de celebrar o casamento (art. 1.653 do CC); **B:** correta (art. 1.516, § 1º, do CC); **C:** incorreta. Com a vigência do Código Civil de 2002, o regime de bens no casamento deixou de ser imutável, mas a alteração não pode ser realizada livremente pelos cônjuges. Nos termos do art. 1.639, § 2º, do CC, a alteração depende de autorização judicial em pedido motivado de ambos os cônjuges, apurada a procedência das razões invocadas e ressalvados os direitos de terceiros (art. 1.639, § 2º, do CC); **D:** incorreta. Qualquer que seja o regime de bens, tanto o marido quanto a mulher podem realizar livremente a cessão de uso ou gozo de bens comuns (art. 1.642, VI, do CC). Como exemplo, podemos citar a possibilidade de um dos cônjuges celebrar contrato de locação de bem comum.

Gabarito "B"

(Defensoria Pública/MG – 2006) Acerca do Direito de Família, é CORRETO afirmar:

(A) Que a alteração de regime de bens entre cônjuges, na constância do casamento, depende de mera averbação em escritura pública pertinente.
(B) Que é da essência do pacto antenupcial ser feito sob a forma de escritura pública.
(C) Que pai e mãe, mesmo sendo os detentores do exercício do Poder Famíliar, são usufrutuários dos bens dos filhos.
(D) Que, em qualquer regime de bens, é necessária a outorga do cônjuge para a venda de bens imóveis.
(E) Que, não havendo pacto antenupcial, a norma supletiva indica que o regime de bens será o da separação total.

A: incorreta. A alteração do regime de bens na constância do casamento depende de ação judicial (art. 1.639, § 2º, do CC); **B:** correta. Está de acordo com o art. 1.653 do CC; **C:** incorreta. Os pais são usufrutuários dos filhos menores apenas enquanto estiverem no exercício do poder familiar (art. 1.689, I, do CC). A alternativa dá a entender que os pais serão usufrutuários dos bens dos filhos **ainda que** não estejam na titularidade do poder familiar (expressão "mesmo sendo"); **D:** incorreta. A vênia conjugal é dispensada por lei no caso de regime da separação e de bens (art. 1.647, I, do CC); **E:** incorreta. Desde 1977 o regime legal, também conhecido como regime supletivo é o da comunhão parcial (art. 1.640 do CC).

Gabarito "B"

(DEFENSORIA PÚBLICA DA UNIÃO – 2004 – CESPE) Quanto ao direito de família, julgue o item subsequente.

(1) No regime da comunhão universal de bens, comunicam-se os bens adquiridos na constância de fato e de direito do casamento, mas não aqueles havidos por um só dos cônjuges após separação irreversível de fato do outro, que nenhuma participação teve na aquisição desses bens.

Segundo o STJ, a preservação do condomínio patrimonial entre cônjuges após a separação de fato é incompatível com a orientação do novo Código, que reconhece a união estável estabelecida nesse período (art. 1.723, § 1º, do CC); assim, a comunicação de bens e dívidas deve cessar com a ruptura da vida em comum (vide, por exemplo, o REsp 555.771).

Gabarito 1C

7.1.5. Temas combinados de casamento

(Defensor Público/PR – 2012 – FCC) Sobre o Direito de Família, é correto afirmar:

(A) Provado o adultério, fato confessado pela esposa, resta ilidida a presunção de paternidade com relação à criança nascida cem dias após a dissolução da sociedade conjugal.
(B) Filho advindo de relação extraconjugal somente pode ser reconhecido pelo pai em conjunto com a mãe.
(C) É ineficaz a condição aposta ao ato de reconhecimento do filho, sendo admitida a previsão de termo, uma vez que este trata de evento de ocorrência certa.
(D) A dívida contraída pela esposa para aquisição de bens necessários à economia doméstica obriga solidariamente o marido, ainda que este não tenha autorizado a contratação.
(E) Nos termos da lei civil, o adotado está impedido de casar com a filha biológica do adotante, não havendo impedimento para o reconhecimento da união estável entre os mesmos.

A: incorreta. *Não basta* o adultério da mulher, ainda que confessado, para ilidir a presunção legal da paternidade (art. 1.600 do CC). E nos termos do art. 1.597, inciso II, do CC, presumem-se concebidos na constância do casamento os filhos nascidos nos *trezentos dias* subsequentes à dissolução da sociedade conjugal; **B:** incorreta. O filho advindo de relação extraconjugal poderá ser reconhecido pelos pais em *conjunto ou separadamente* (art. 1.607 do CC); **C:** incorreta. O reconhecimento de filho é ato puro, sendo considerados ineficazes as condições e *termos* opostos ao ato (art. 1.613 do CC); **D:** correta. Está de acordo com o art. 1.643 do CC; **E:** incorreta, pois não se reconhece a união estável quando presentes os impedimentos para o casamento (arts. 1.521 e 1.723, § 1º do CC). No caso a relação será considerada concubinária.

Gabarito "D"

(Defensor Público/RS – 2011 – FCC) Direito de Família.

(A) Quando não houver, por ocasião do divórcio, acordo entre o pai e a mãe quanto à guarda unilateral do filho menor, será ela concedida preferencialmente para a mãe.
(B) As causas impeditivas geram a anulabilidade do casamento.
(C) As relações não eventuais entre o homem e a mulher, impedidos de casar, constituem concubinato e não união estável.
(D) O direito do marido contestar a paternidade dos filhos nascidos de sua esposa prescreve em quatro anos, podendo os herdeiros prosseguirem na ação em caso de falecimento do autor.
(E) Na curatela, sendo curador o cônjuge, não separado judicialmente ou de fato, não poderá ele ser obrigado a prestar contas.

A: incorreta, pois a guarda unilateral será atribuída ao genitor que revele melhores condições para exercê-la e, objetivamente, mais aptidão para propiciar aos filhos afeto, saúde, segurança e educação (art. 1.583, § 2º, do CC); **B:** incorreta, uma vez que as causas impeditivas geram a nulidade do casamento (art. 1.548, II, do CC); **C:** correto (art. 1.727 do CC); **D:** incorreta, já que essa ação é imprescritível (art. 1.601 do CC); **E:** incorreta, tendo em vista que o cônjuge separado de fato não deve ser curador do outro (art. 1.775 do CC).

Gabarito "C"

7.2. União estável

(Defensor Público/AM – 2013 – FCC) A união estável

(A) equipara-se, para todos os fins, ao casamento civil, inclusive no que toca à prova.
(B) pode ser constituída entre pessoas casadas, desde que separadas judicialmente ou de fato.
(C) demanda diversidade de gêneros, de acordo com recente entendimento do Supremo Tribunal Federal.
(D) será regida, em seus aspectos patrimoniais, pelo regime da separação obrigatória, salvo disposição contrária em contrato firmado pelos companheiros.
(E) se dissolvida, não autoriza os companheiros a pedirem alimentos.

A: incorreta, pois união estável não é equiparada ao casamento para todos os fins pelo Código Civil e nem pela Constituição Federal; **B:** correta. Os separados de fato e os separados juridicamente (judicial ou extrajudicialmente) podem constituir união estável (art. 1.723, § 1º, CC); **C:** incorreta. Apreciando o tema, o Supremo Tribunal Federal entendeu que a diversidade de gêneros não é requisito para constituição da união estável (ADI 4.277); **D:** incorreta, pois segundo o art. 1.725 do CC a união estável será regida pelo regime da comunhão parcial de bens, salvo disposição em contrário; **E:** incorreta, pois o art. 7º da Lei 9.278/1996 reconhece o direito a alimentos decorrentes da dissolução da união estável.

Gabarito "B"

(Defensor Público/AC – 2012 – CESPE) Assinale a opção correta acerca da união estável e do casamento.

(A) A CF inaugurou uma nova fase do direito de família, fundada na adoção de um explícito polimorfismo familiar, em que arranjos multifacetados são igualmente aptos a constituir esse núcleo doméstico denominado família, recebendo todos eles a especial proteção do Estado, o que torna possível o reconhecimento de união estável entre pessoas do mesmo sexo, muito embora não se dê a estas o direito ao casamento, em virtude da literalidade da norma constitucional.
(B) O singularismo familiar fundado no casamento engendrado pela CF impede que famílias formadas por pares homoafetivos possam ter a mesma proteção legal destinada aos casais heteroafetivos.
(C) De acordo com a jurisprudência do STJ, o casamento civil é a melhor forma de proteção do Estado à família e, sendo múltiplos os arranjos familiares reconhecidos pela Carta Magna, não há de ser negada essa via a nenhuma família que por ela optar, independentemente da orientação sexual dos partícipes, muito embora as famílias constituídas por pares homoafetivos não possuam os mesmos núcleos axiológicos das constituídas por casais heteroafetivos.

(D) Os artigos do Código Civil vigente relativos ao casamento vedam expressamente o casamento entre pessoas do mesmo sexo, razão por que não se admite o casamento civil entre pessoas que estejam vivendo uma união homoafetiva.

(E) O STF conferiu ao artigo do Código Civil que reconhece como entidade familiar a união estável entre o homem e a mulher uma interpretação conforme com a CF, para dele excluir todo significado que impeça o reconhecimento da união contínua, pública e duradoura entre pessoas do mesmo sexo como entidade familiar, entendida esta como sinônimo perfeito de família.

A: incorreta. A segunda parte da assertiva está errada, pois, entre os direitos reconhecidos às pessoas do mesmo sexo que vivem em união estável (ADI 4.227), também se autoriza a celebração de casamento (REsp 1.183.378/RS, Rel. Min. Luis Felipe Salomão, julgado em 25.10.2011); **B:** incorreta. Na Constituição Federal de 1998 o singularismo familiar cedeu lugar ao polimorfismo familiar, possibilitando o reconhecimento de outras formas de família além do casamento. Nesse novo contexto jurídico, o Supremo Tribunal Federal reconheceu a união estável homoafetiva (ADI 4.277); **C:** incorreta, pois o STJ reconhece a multiplicidade dos arranjos familiares, sendo que todas possuem o mesmo núcleo axiológico (o afeto), não havendo limitações constitucionais ou jurisprudenciais; **D:** incorreta. A conversão da união estável em casamento é possível tanto para casais heteroafetivos, como para casais homoafetivos; **E:** correta, pois ao julgar a ADI 4.227, o STF reconheceu a união estável homoafetiva como entidade familiar.

Gabarito "E".

(Defensor Público/AL – 2009 – CESPE) Quanto ao direito de família, julgue os itens seguintes.

(1) É possível que homem e mulher que resolvam manter união estável estabeleçam entre si regime de bens por meio de um contrato de convivência, negócio jurídico que poderá, inclusive, ser formalizado por meio de instrumento particular e cuja falta acarretará a aplicação das regras atinentes ao regime da comunhão parcial.

(2) A união estável é uma realidade fática, de modo que, ao contrário do casamento, essencialmente formal, os conviventes poderão dispor livremente acerca dos reflexos patrimoniais de sua união e estabelecerem entre si limitação ao eventual direito de um deles receber pensão alimentícia do outro ou mesmo acerca do direito de herdar bens um do outro.

1: correta, conforme o art. 1.725 do CC; **2:** incorreta, pois o pacto antenupcial não pode estipular qualquer regra que contravenha disposição absoluta de lei, como são as regras que tratam do direito a alimentos e do direito sucessório quanto à legítima (art. 1.655 do CC).

Gabarito 1C, 2E

(Defensor Público/ES – 2012 – CESPE) Julgue o item seguinte, a respeito da união estável e da ordem de vocação hereditária.

(1) De acordo com a jurisprudência, não se deve declarar a união estável entre duas pessoas que celebrem expressamente contrato de namoro no qual esclareçam o propósito de não viverem em união estável, sob pena de se violar a boa-fé da parte inocente.

Doutrina e jurisprudência não reconhecem a validade do contrato de namoro em razão da ilicitude de seu objeto (art. 166, VI, CC): afastar as normas de ordem pública que protegem a família formada pela união estável.

Gabarito 1E

(Defensoria Pública/SP – 2007 – FCC) Na união estável, com relação aos conviventes, é correto afirmar que

(A) estão incluídos na ordem de vocação hereditária, com todos os direitos e garantias deferidos aos cônjuges.

(B) há presunção *juris et de jure* de que os bens adquiridos de forma onerosa na constância da união são frutos do esforço comum.

(C) a Lei nº 8.971/1994 não quantificou prazo de convivência e fixou a competência das varas de família para o julgamento dos litígios entre eles.

(D) o direito aos alimentos foi regulamentado pela Lei nº 9.278/1996.

(E) é assegurado o direito real de habitação pelo Código Civil de 2003, ao sobrevivente, quando houver a morte do companheiro.

Nos termos do Enunciado CJF 115: "Art. 1.725: Há presunção de comunhão de aquestos na constância da união extramatrimonial mantida entre os companheiros, sendo desnecessária a prova do esforço comum para se verificar a comunhão dos bens".

Gabarito "B".

7.3. Parentesco e filiação

(Defensor Público/TO – 2013 – CESPE) Com base no que dispõe o Código Civil sobre as relações de parentesco, assinale a opção correta.

(A) O parentesco por afinidade não se extingue com a dissolução do casamento ou da união estável.

(B) O parentesco é natural ou civil, conforme resulte de consanguinidade ou da afinidade.

(C) Cada cônjuge ou companheiro é aliado aos parentes do outro pelo vínculo da afinidade.

(D) O parentesco por afinidade limita-se aos ascendentes, aos descendentes e aos colaterais do cônjuge ou companheiro, até o quarto grau.

(E) Consideram-se parentes em linha reta as pessoas que estejam umas para com as outras na relação de ascendência, descendência e colateralidade.

A: incorreta. O parentesco por afinidade na *linha reta* não se extingue com a dissolução do casamento ou da união estável, mas o na *linha colateral* é extinto (art. 1.595 do CC); **B:** incorreta, pois segundo o art. 1.593 do CC, o parentesco pode ser natural ou civil, podem resultar de consanguinidade *ou outra origem* (ex: adoção); **C:** correta, pois reflete o disposto no art. 1.595 do CC; **D:** incorreta, pois o parentesco por afinidade limita-se aos ascendentes, descendentes e irmãos do cônjuge ou companheiro (*colaterais de 2º grau*), conforme dispõe o art. 1.595, § 1º, do CC; **E:** incorreta. São parentes em linha reta as pessoas que estão umas para com as outras na relação de *ascendentes e descendentes* (art. 1.591 do CC).

Gabarito "C".

(Defensor Público/RO – 2012 – CESPE) Edson, brasileiro, solteiro, capaz, com quarenta e oito anos de idade, manifestou, de forma inequívoca, por meio de escrito particular, o reconhecimento da paternidade de Pedro, brasileiro, solteiro, capaz, com dezenove anos de idade, em cujo registro de nascimento consta tão somente o nome da mãe, Esmeralda, e dos avós maternos.

Com base nessa situação hipotética, assinale a opção correta.

(A) Caso Edson, Esmeralda e Pedro compareçam perante um tabelião, poderá ser eficazmente estipulado, no ato de reconhecimento de paternidade, mediante concordância das partes, prazo de duração para o reconhecimento da paternidade, contado a partir da lavratura da escritura pública.

(B) O oficial de registro civil, responsável por averbar a paternidade à margem do registro de nascimento, deverá exigir que o instrumento, público ou particular, de reconhecimento de paternidade esteja acompanhado de documento ou ato comprobatório do consentimento de Pedro.

(C) O reconhecimento da paternidade de Pedro não pode ser revogado, salvo se Edson manifestar arrependimento por meio de testamento público na presença de duas testemunhas.

(D) Sendo o reconhecimento de paternidade ato jurídico unilateral, o oficial de registro civil deverá averbar o nome do pai, Edson, à margem do registro de nascimento de Pedro, independentemente do consentimento deste.

(E) Para ter eficácia, o reconhecimento de paternidade deve ser lavrado por meio de escritura pública, nas notas de um tabelião, bem como deve ser acompanhado da anuência de Pedro, independentemente da anuência de Esmeralda.

A: incorreta, são ineficazes a condição ou o termo apostos no ato de reconhecimento de filiação (art. 1.613 do CC); **B:** correta. O reconhecimento de filho maior de idade depende do consentimento dele (art. 1.614 do CC); **C:** incorreta. O reconhecimento de filho não pode ser revogado, nem mesmo quando feito em testamento (art. 1.610 do CC); **D:** incorreta, pois, por se tratar de reconhecimento de filho maior de idade, este deverá consentir (art. 1.614 do CC); **E:** incorreta, porque o reconhecimento pode ser feito por escritura pública, escrito particular, testamento ou por manifestação expressa perante o juiz (art. 1.609 do CC). Em caso de filho maior de idade será necessário seu consentimento (art. 1.614 do CC), mas não o da mãe (Esmeralda).

Gabarito "B".

(Defensoria Pública/MA – 2009 – FCC) A respeito da paternidade, é correto afirmar:

(A) A prova da impotência do cônjuge para gerar, à época do nascimento, ilide a presunção da paternidade.

(B) O reconhecimento dos filhos havidos fora do casamento pode ser feito por escrito particular, a ser arquivado em cartório.

(C) Se a esposa confessar o adultério, isso basta para ilidir a presunção de paternidade.

(D) O reconhecimento pode preceder o nascimento do filho ou ser posterior ao seu falecimento, exceto se ele deixar descendentes.

(E) O filho maior pode ser reconhecido mesmo sem o seu consentimento, cabendo-lhe tão somente o direito de contestar se o reconhecimento for em juízo ou de ingressar com ação denegatória, a passo que o menor pode impugnar o reconhecimento, nos dois anos que se seguirem à maioridade, ou à emancipação.

A: incorreta, tendo em vista que a prova da impotência do cônjuge para gerar é **à época da concepção**, nos termos do art. 1.599 do CC; **B:** correta, pois a assertiva reflete o disposto no art. 1.609, II, do CC; **C:** incorreta, porque a assertiva confronta o disposto no art. 1.600 do CC; **D:** incorreta, uma vez que a assertiva contraria o disposto no art. 1.609, parágrafo único, do CC; **E:** incorreta, pois o filho maior não pode ser reconhecido sem o seu consentimento e o menor pode impugnar o reconhecimento, nos quatro anos que se seguirem à maioridade, ou à emancipação, conforme art. 1.614 do CC.

Gabarito "B"

(Defensoria Pública/MT – 2009 – FCC) A respeito da paternidade, é correto afirmar:

(A) Cabe ao marido o direito de contestar a paternidade dos filhos nascidos de sua mulher, decaindo, porém, desse direito se não o exercitar em até 4 anos após o término da relação conjugal.

(B) O reconhecimento dos filhos havidos fora do casamento é irrevogável, exceto quando feito em testamento.

(C) São nulas a condição e o termo apostos ao ato de reconhecimento do filho.

(D) O filho reconhecido, enquanto menor, ficará sob a guarda do genitor que o reconheceu, e, se ambos o reconheceram e não houver acordo, sob a da genitora conforme pacífico entendimento do Superior Tribunal de Justiça.

(E) A filiação materna ou paterna pode resultar de casamento declarado nulo, ainda mesmo sem as condições do putativo.

A: incorreta, o direito de contestar a paternidade dos filhos é imprescritível, nos termos do art. 1.601, *caput*, do CC; **B:** incorreta, o reconhecimento é sempre irrevogável, nos termos do art. 1.610 do CC; **C:** incorreta, tendo em vista que a condição e o termo são ineficazes, conforme art. 1.613 do CC; **D:** incorreta, uma vez que se ambos os genitores o reconhecerem e não houver acordo, o menor ficará sob a guarda de quem melhor atender aos interesses do menor, conforme dispõe o art. 1.612 do CC; **E:** correta, pois a assertiva reflete o disposto no art. 1.617 do CC.

Gabarito "E"

(Defensoria Pública/SP – 2009 – FCC) Assinale a alternativa INCORRETA.

(A) A manifestação expressa e direta perante Juiz de Direito implica em reconhecimento de filhos, ainda que fora da sede de investigação.

(B) O óbito de pretenso adotante no curso do procedimento de adoção obsta a filiação.

(C) O ordenamento brasileiro não prevê expressamente a posse do estado de filho.

(D) Na investigação de paternidade, a recusa à perícia médica-hematológica ordenada pelo juiz supre a prova.

(E) A filiação advinda após cento e oitenta dias da celebração do casamento não se presume do marido.

A: correta, a assertiva reflete o disposto no art. 1.609, IV, do CC; **B:** incorreta, pois a assertiva não está de acordo com o disposto no art. 42, § 6º, da Lei 8.069/1990, com a redação dada pela Lei 12.010/2009: "A adoção poderá ser deferida ao adotante que, após inequívoca manifestação de vontade, vier a falecer no curso do procedimento, antes de prolatada a sentença"; **C:** correta, uma vez que não há expressa menção pelo Código Civil acerca da posse do estado de filho, mas somente da posse do estado de casados; **D:** correta, porque a assertiva reflete o disposto na Súmula 301 do STJ, que em 29 de julho de 2009 virou lei. A Lei 12.004/2009 acrescentou o art. 2º-A na Lei 8.560/1992: "Na ação de investigação de paternidade, todos os meios legais, bem como os moralmente legítimos, serão hábeis para provar a verdade dos fatos. Parágrafo único. A recusa do réu em se submeter ao exame de código genético – DNA gerará a presunção da paternidade, a ser apreciada em conjunto com o contexto probatório"; **E:** correta, está de acordo com o art. 1.597, I, do CC.

Gabarito "B"

(Defensor Público/MS – 2008 – VUNESP) Indique a alternativa correta.

(A) Na inseminação heteróloga, a paternidade se presume, mesmo sem a apresentação da autorização do marido, uma vez que a paternidade corresponde à paternidade de intenção.

(B) Na inseminação heteróloga, inexistindo o consentimento do marido, com sua recusa no reconhecimento da paternidade, ensejará na impossibilidade do reconhecimento judicial.

(C) A utilização dos embriões excedentários, após a morte do marido, apenas poderá ocorrer naqueles havidos nos 300 (trezentos) dias subsequentes à referida morte.

(D) O filho concebido por meio da inseminação homóloga tem direito a conhecer sua ascendência genética de forma ampla e irrestrita, ainda sem autorização do marido.

A: incorreta. A paternidade só se presume se houver prévia autorização do marido à inseminação artificial com material genético alheio (inseminação heteróloga), conforme o art. 1.597, V, do CC; **B:** correta, nos termos do comentário à alternativa "A" (art. 1.597, V, do CC); **C:** incorreta, tendo em vista que tal inseminação pode ocorrer a qualquer tempo nesse caso, desde que decorrentes de concepção artificial homóloga, ou seja, com material genético do próprio casal (art. 1.597, IV, do CC); **D:** incorreta. Na inseminação homóloga é utilizado o material genético do próprio casal, de modo que se presume que o filho é concebido na constância do casamento, não havendo dúvida, portanto, quanto à sua ascendência genética.

Gabarito "B"

(Defensor Público/CE – 2007 – CESPE) A respeito do direito de família, julgue os itens que se seguem.

(1) Em se tratando de filho nascido de pais não casados entre si, o reconhecimento voluntário da filiação pode ser feito no assento de nascimento, por escritura pública, escrito particular, por testamento ou, ainda, por manifestação perante o juiz, tomada por termo, qualquer que seja o procedimento.

(2) As relações de parentesco subdividem-se em parentesco por consanguinidade e por afinidade, ou seja, são parentes as pessoas que descendem umas das outras, bem como aquelas ligadas por afinidade. Assim, sogra e nora são parentes afins em primeiro grau em linha reta, e os irmãos são parentes entre si em primeiro grau na linha colateral.

1: correta (art. 1.609 do CC); **2:** incorreta, pois irmãos são parentes em segundo grau.

Gabarito 1C, 2E

(Defensor Público/RO – 2007) O reconhecimento de filhos havidos fora do casamento em sede de testamento é ato do tipo:

(A) emulativo

(B) revogável

(C) vinculado

(D) condicional

(E) irrevogável

O reconhecimento de filhos havidos fora do casamento é ato irrevogável (art. 1.609, *caput*, do CC). Desta forma, o reconhecimento não pode ser revogado, nem mesmo quando feito em testamento (art. 1.610 do CC).

Gabarito "E"

(Defensoria Pública/MT – 2006) Assinale a afirmativa incorreta, concernente às relações de parentesco.

(A) As pessoas que estão umas para com as outras na relação de ascendentes e descendentes são parentes em linha reta.

(B) Na linha reta, contam-se os graus de parentesco pelo número de gerações.

(C) O parentesco por afinidade limita-se aos ascendentes, aos descendentes e aos irmãos do cônjuge ou companheiro.

(D) São parentes em linha colateral ou transversal, até o sexto grau, as pessoas provenientes de um só tronco, sem descenderem uma da outra.

(E) O parentesco, conforme resulta de consanguinidade ou outra origem, é natural ou civil.

A: correta, conforme o art. 1.591 do CC; **B:** correta, conforme o art. 1.594 do CC; **C:** correta, conforme o art. 1.595, § 1º, do CC; **D:** incorreta (devendo ser assinalada), no Código Civil de 1916 o parentesco colateral se estendia até o 6º grau. No Código Civil de 2002 o parentesco colateral é restrito ao 4º grau (art. 1.592 do CC - quarto grau); **E:** correta, conforme o art. 1.593 do CC.

Gabarito "D"

(Defensoria Pública/MT – 2006) Assinale a afirmativa incorreta, no que diz respeito à filiação e ao reconhecimento dos filhos.

(A) O reconhecimento dos filhos poderá ser revogado quando feito em testamento.
(B) Ao marido é cabível o direito de contestar a paternidade dos filhos nascidos de sua mulher, sendo tal ação imprescritível.
(C) Presumem-se concebidos na constância do casamento os filhos havidos, a qualquer tempo, quando se tratar de embriões excedentários, decorrentes de concepção artificial homóloga.
(D) A prova da impotência do cônjuge para gerar, à época da concepção, ilide a presunção da paternidade.
(E) O reconhecimento pode preceder o nascimento do filho ou ser posterior ao seu falecimento, se ele deixar descendentes.

A: incorreta. O reconhecimento de filho não pode ser revogado, nem mesmo quando feito em testamento (art. 1.610 do CC); **B:** correta (art. 1.601 do CC); **C:** correta (art. 1.597, IV, do CC); **D:** correta (art. 1.599 do CC); **E:** correta (art. 1.609, parágrafo único, do CC).

Gabarito "A"

(Defensoria Pública/RN – 2006) Escolha a alternativa correta.

(A) Na linha reta, a dissolução do casamento extingue o parentesco por afinidade.
(B) Presume-se como concebido na constância do casamento o filho havido por fecundação artificial, desde que não tenha falecido o marido.
(C) O filho reconhecido por um dos cônjuges não poderá residir no lar conjugal sem o consentimento do outro.
(D) O reconhecimento do filho havido fora do casamento é irrevogável, mas admite condições.

A: incorreta. A dissolução do casamento não extingue o parentesco por afinidade (art. 1.595, § 2º, do CC); **B:** incorreta. A presunção se mantém mesmo que falecido o marido (art. 1.597, III, do CC); **C:** correta, conforme o art. 1.611 do CC; **D:** incorreta, o reconhecimento de filho é ato puro, não admitindo a oposição de condições, termos, encargos (arts. 1.609 e 1.613 do CC).

Gabarito "C"

7.4. Poder familiar, adoção, tutela e guarda

(Defensor Público/AM – 2010 – I. Cidades) A regulamentação da guarda dos filhos de pais separados no direito brasileiro vem sofrendo alterações desde Lei do Divórcio (Lei 6.515/1977), procurando atender à orientação constitucional de prevalência do interesse e de ampla proteção à criança e ao adolescente. Assim, o ordenamento jurídico brasileiro prevê:

(A) a guarda unilateral, atribuída a um só dos genitores, não se admitindo a sua substituição por outra pessoa, na qual a responsabilização é conjunta dos pais que não vivem sob o mesmo teto, concernentes ao poder familiar dos filhos comuns.
(B) a guarda compartilhada, em que há responsabilização individual e intercalada e o exercício de direitos e deveres do pai e da mãe que não vivam sob o mesmo teto, concernentes ao poder familiar dos filhos comuns.
(C) a guarda unilateral, atribuída a um só dos genitores ou a alguém que o substitua; e a guarda compartilhada, aquela em que há responsabilização conjunta e o exercício de direitos e deveres do pai e da mãe que não vivam sob o mesmo teto, concernentes ao poder familiar dos filhos comuns.
(D) a guarda unilateral, atribuída a ambos os genitores, a cada um individualmente e ao seu tempo; e a guarda compartilhada, aquela cuja responsabilização é conjunta e o exercício de direitos e deveres do pai e da mãe, desde que vivam sob o mesmo teto, concernentes ao poder familiar dos filhos comuns.
(E) a guarda unilateral, atribuída aos dois genitores, um em substituição ao outro, desde que a prole more com ambos simultaneamente; e a guarda compartilhada, aquela em que há responsabilização simultânea e o exercício de direitos e deveres do pai e da mãe que não vivam sob o mesmo teto, concernentes ao poder familiar dos filhos comuns.

De acordo com o art. 1.583, § 1º, do CC, "compreende-se por guarda unilateral a atribuída a um só dos genitores ou a alguém que o substitua (art. 1.584, § 5º) e, por guarda compartilhada a responsabilização conjunta e o exercício de direitos e deveres do pai e da mãe que não vivam sob o mesmo teto, concernentes ao poder familiar dos filhos comuns".

Gabarito "C"

(Defensoria Pública/MT – 2009 – FCC) De acordo com o Direito da Infância e da Juventude:

(A) Considera-se criança, para os efeitos desta Lei, a pessoa até doze anos de idade completos, e adolescente aquela entre treze e dezoito anos de idade.
(B) O reconhecimento do estado de filiação é direito personalíssimo, indisponível e imprescritível, podendo ser exercitado contra os pais ou seus herdeiros, sem qualquer restrição, em procedimento dotado de ampla publicidade com vistas à preservação de interesses de terceiros.
(C) A colocação em família substituta estrangeira constitui medida excepcional, somente admissível na modalidade de adoção ou de tutela.
(D) É proibido qualquer trabalho a menores de dezesseis anos de idade, salvo na condição de aprendiz, a partir de doze anos de idade.
(E) Sem prévia e expressa autorização judicial, nenhuma criança ou adolescente nascido em território nacional poderá sair do País em companhia de estrangeiro residente ou domiciliado no exterior.

A: incorreta. Segundo o art. 2º, *caput*, da Lei 8.069/1090, considera-se criança a pessoa até doze anos de idade **incompletos**, e adolescente aquela entre **doze** e dezoito anos de idade; **B:** incorreta. O processo de reconhecimento do estado de filiação observará o segredo de justiça, conforme disposto no art. 27 da Lei 8.069/1990; **C:** incorreta. A colocação em família substituta estrangeira somente é admissível na modalidade de adoção, conforme art. 31 da Lei 8.069/1990; **D:** incorreta. É proibido qualquer trabalho aos menores de **quatorze anos de idade**, conforme art. 60 da Lei 8.069/1990; **E:** correta. A assertiva reflete o disposto no art. 85 da Lei 8.069/1990.

Gabarito "E"

(Defensoria Pública/SP – 2007 – FCC) Em matéria de adoção, é correto afirmar:

(A) A sentença de adoção possui eficácia *ex tunc* e, portanto, é válida a adoção se no curso do processo houver falecimento do adotante.
(B) A adoção *intuitu personae* é a regra que vigora na praxe forense das varas que cuidam de adoção, porque atende ao princípio da prevalência dos interesses da criança.
(C) O Código Civil prevê em um de seus artigos que "não se pode adotar sem o consentimento do adotado ou de seu representante legal se for incapaz ou nascituro", o que leva a doutrina a aceitar a adoção de nascituro de forma pacificada.
(D) A adoção do maior de 18 anos só pode ocorrer por processo judicial, sendo necessária a participação do Ministério Público e deve ser processada nas varas de família.
(E) A adoção e a guarda judicial não permitem que a guardiã possa pleitear licença maternidade.

A: incorreta (art. 47, § 7º, da Lei 8.069/1990); **B:** incorreta, pois a adoção *intuitu personae* é aquela que ocorre quando os próprios pais biológicos escolhem a pessoa que irá adotar seu filho. Tal modalidade de adoção não é expressamente autorizada no atual ordenamento jurídico, mas em que pese a inexistência de previsão legal para esta modalidade de adoção, há quem sustente que ela é possível, uma vez que também não é vedada. Nesse sentido, Maria Berenice Dias: "E nada, absolutamente nada impede que a mãe escolha quem sejam os pais de seu filho. Às vezes é a patroa, às vezes uma vizinha, em outros casos um casal de amigos que têm uma maneira de ver a vida, uma retidão de caráter que a mãe acha que seriam os pais ideais para o seu filho. É o que se chama de adoção *intuitu personae*, que não está prevista na lei, mas também não é vedada. A omissão do legislador em sede de adoção não significa que não existe tal possibilidade. Ao contrário, basta lembrar que a lei assegura aos pais o direito de nomear tutor a seu filho (CC , art. 1.729). E, se há a possibilidade de eleger quem vai ficar com o filho depois da morte, não se justifica negar o direito de escolha a quem dar em adoção" (Adoção e a espera do amor, vide: www.mariaberenice.com.br). No julgamento o STJ entendeu pela possibilidade da adoção *intuitu personae*, bem como pela prevalência desta sobre a ordem do cadastro geral de adoção quando comprovado o vínculo de afetividade, mas não se trata de praxe forense, eis que não prevista expressamente; **C:** incorreta, tendo em vista que a doutrina não é pacífica quanto a este tema. O art. 372 do Código Civil de 1916 previa a possibilidade de adoção do nascituro, porém, o Código Civil atual não manteve tal previsão. Ademais, o Estatuto da Criança e Adolescente prevê a necessidade de estágio de convivência entre adotado e adotante (art. 46); **D:** correta, uma vez que a assertiva reflete o disposto no art. 1.619 do CC; **E:** incorreta (art. 392-A da CLT).

Gabarito "D".

(Defensoria Pública/MT – 2006) Acerca da tutela, nos termos do Código Civil, é correto afirmar:

(A) Podem escusar-se da tutela nubentes prestes a contrair casamento.
(B) O tutor representa e assiste o tutelado nos atos da vida civil e penal.
(C) O direito de nomear tutor compete aos pais, em conjunto ou separadamente.
(D) É valida a nomeação de tutor pelo pai ou pela mãe que, ao tempo de sua morte, não tinha o poder familiar.
(E) A nomeação de tutor pelos genitores deverá constar de testamento ou de outro documento autêntico.

A: incorreta (art. 1.736 do CC); **B:** incorreta (arts. 1.740 e 1.741 do CC); **C:** incorreta (art. 1.729 do CC); **D:** incorreta (art. 1.730 do CC); **E:** correta (art. 1.729, parágrafo único, do CC).

Gabarito "E".

(Defensoria Pública/MT – 2006) O Estatuto da Criança e do Adolescente define família natural e disciplina a colocação em família substituta. Sobre a matéria, assinale a afirmativa correta.

(A) Família natural é a comunidade formada pelos pais ou qualquer deles e seus descendentes.
(B) O reconhecimento dos filhos havidos fora do casamento não poderá dar-se por testamento.
(C) A situação jurídica da criança ou adolescente é fator preponderante para efeitos da colocação em família substituta.
(D) É vedada a colocação em família substituta estrangeira.
(E) As crianças com menos de oito anos de idade não serão previamente ouvidas sobre a colocação em família substituta.

A: correta (art. 25 da Lei 8.069/1990); **B:** incorreta (art. 26 da Lei 8.069/1990); **C:** incorreta (art. 28 da Lei 8.069/1990); **D:** incorreta (art. 31 da Lei 8.069/1990); **E:** incorreta (art. 28, § 1º, da Lei 8.069/1990).

Gabarito "A".

(Defensoria Pública/MT – 2006) Sobre a adoção, prevista no Estatuto da Criança e do Adolescente, é correto afirmar:

(A) A adoção independe do consentimento dos pais ou do representante legal do adotando.
(B) A sentença judicial não constitui vínculo de adoção.
(C) Em se tratando de adotando maior de 12 (doze) anos de idade, será também necessário o seu consentimento.
(D) Não podem adotar os ascendentes e os primos do adotando.
(E) Quando o adotando for maior de doze anos de idade, admite-se a adoção por procuração.

A: incorreta (art. 45 da Lei 8.069/1990); **B:** incorreta (art. 47 da Lei 8.069/1990); **C:** correta (art. 45, § 2º, da Lei 8.069/1990); **D:** incorreta (art. 42, § 1º, da Lei 8.069/1990); **E:** incorreta (art. 39, § 2º, da Lei 8.069/1990).

Gabarito "C".

(Defensoria Pública/MG – 2006) Acerca dos menores de 18 anos, é INCORRETO afirmar que

(A) A maioridade é obtida pelo mero decurso do tempo, sem necessidade de registro cartorial.
(B) Crianças e adolescentes tem direito de serem atendidos pela Defensoria Pública, inclusive, quando houver conflito entre interesses do menor e de seus pais.
(C) Crianças e adolescentes tem garantia legal de liberdade religiosa, de crenças e de ideias.
(D) Maiores de 16 anos podem testar e ser mandatários, sem necessidade de assistência.
(E) Só o maior de 16 anos pode manifestar-se, recusando-se a ser adotado.

A: correta (art. 5º do CC); **B:** correta (art. 141 da Lei 8.069/1990); **C:** correta (art. 16 da Lei 8.069/1990); **D:** correta (arts. 1.860, parágrafo único e 666, do CC); **E:** incorreta, devendo ser assinalada (art. 45, § 2º, da Lei 8.069/1990).

Gabarito "E".

7.5. Alimentos

(Defensor Público/AC – 2012 – CESPE) A respeito da obrigação alimentar dos avós, assinale a opção correta.

(A) O inadimplemento da obrigação alimentar do genitor, ainda que não demonstrada sua impossibilidade de prestá-la, provisória ou definitivamente, possibilita ao alimentado pleitear alimentos diretamente dos avós.
(B) Para o reconhecimento da obrigação alimentar avoenga, é imprescindível o esgotamento dos meios processuais disponíveis para obrigar o alimentante primário a cumprir sua obrigação, inclusive com o uso da coação extrema — pena de prisão — preconizada em artigo do CPC.
(C) Conforme dispõe o Código Civil brasileiro, frustrada a obrigação alimentar principal de responsabilidade dos pais e estando a guarda do menor incapaz com a mãe, a obrigação subsidiária deverá ser diluída somente entre os avós paternos, na medida de seus recursos, em face de sua divisibilidade e possibilidade de fracionamento.
(D) Consoante a jurisprudência consolidada do STJ, a responsabilidade dos avós em prestar alimentos é sucessiva, mas não complementar à obrigação dos pais.
(E) Independentemente da impossibilidade de os genitores prestarem alimentos, poderão os parentes mais remotos do alimentado ser demandados, estendendo-se a obrigação alimentar aos ascendentes mais próximos.

A: incorreta. De acordo com a jurisprudência do STJ "o mero inadimplemento da obrigação alimentar, por parte do genitor, sem que se demonstre sua impossibilidade de prestar os alimentos, não faculta ao alimentado pleitear alimentos diretamente aos avós" (REsp 1.211.314/SP, Rel. Min. Nancy Andrighi, julgado em 15.09.2011); **B:** correta. Este é o entendimento do STJ sobre o tema (vide julgado supra); **C:** incorreta. Se o parente, que deve alimentos em primeiro lugar, não estiver em condições de suportar totalmente o encargo, serão chamados a concorrer os de grau imediato; sendo várias as pessoas obrigadas a prestar alimentos, *todas devem concorrer* na proporção dos respectivos recursos, e, intentada ação contra uma delas, poderão as demais ser chamadas a integrar a lide (art. 1.698 do CC); **D:** incorreta, segundo a jurisprudência do STJ, a obrigação dos avós de prestar alimentos é complementar à obrigação dos pais (vide julgado supra); **E:** incorreta, o direito à prestação de alimentos é recíproco entre pais e filhos, e extensivo a todos os ascendentes, recaindo a obrigação nos mais próximos em grau, uns em falta de outros (art. 1.696 do CC).

Gabarito "B".

(Defensor Público/GO – 2010 – I. Cidades) O Código Civil versa sobre o dever de prestar alimentos, estabelecendo que

(A) para a manutenção dos filhos, os cônjuges separados judicialmente deverão contribuir na proporção de seus recursos, ainda que a guarda de tais filhos seja atribuída unilateralmente a apenas um daqueles cônjuges.
(B) o direito à prestação de alimentos é recíproco entre pais e filhos, mas não é extensivo aos ascendentes ou descendentes de segundo grau ou superior.
(C) se, fixados os alimentos, sobrevier mudança na situação financeira de quem os supre, ou na de quem os recebe, poderá o interessado reclamar ao juiz, conforme as circunstâncias, redução ou majoração do encargo, mas nunca a sua exoneração.
(D) podem os parentes, os cônjuges ou companheiros pedir uns aos outros os alimentos de que necessitem para viver de modo compatível com a sua condição social, independentemente de a situação de necessidade alimentar ter resultado de culpa exclusiva do alimentando.
(E) com o casamento, a união estável ou o concubinato do devedor, cessa o seu dever de prestar alimentos.

A: correta (art. 1.703 do CC); **B:** incorreta, porque direito à prestação de alimentos é recíproco entre pais e filhos, e extensivo a todos os ascendentes, recaindo a obrigação nos mais próximos em grau, uns em falta de outros (art. 1.696 do CC); **C:** incorreta, tendo em vista que a alteração da situação financeira do alimentando ou do alimentante também podem ser causa para a exoneração do dever alimentar (art. 1.699 do CC); **D:** incorreta. Caso a necessidade alimentar do cônjuge tenha resultado de culpa exclusiva deste, os alimentos devidos serão apenas para a subsistência do alimentando (art. 1.704, parágrafo único, do CC); **E:** incorreta. Com o casamento, a união estável ou o concubinato do *credor* o que cessa é o **dever** de prestar alimentos (art. 1.708 do CC).

Gabarito "A".

(Defensor Público/MS – 2008 – VUNESP) Considere as seguintes assertivas:

I. Transmite-se aos herdeiros do devedor, nos limites da herança, a obrigação de prestar alimentos à ex-companheira.

II. Quem deixa de pagar débito alimentar decorrente de ato ilícito não está sujeito à prisão civil.

III. A diferença de causa nas dívidas não impede a compensação se uma se originar em alimentos.

IV. Não pode o credor deixar de exercer, porém lhe é vedado renunciar o direito a alimentos, sendo o respectivo crédito insuscetível de cessão, compensação ou penhora.

Está correto apenas o que se afirma em

(A) I e IV.
(B) III e IV.
(C) I e II.
(D) II e III.

I: correta. A obrigação de prestar alimentos transmite-se aos herdeiros do devedor (art. 1.700 do CC); **II:** correta, uma vez que a prisão por não pagamento de alimentos só é possível em caso de alimentos decorrentes do direito de família; **III:** incorreta, porque o crédito de alimentos não pode ser objeto de compensação (art. 1.707 do CC); **IV:** incorreta. O credor pode não exercer, porém lhe é vedado renunciar o direito a alimentos, sendo o respectivo crédito insuscetível de cessão, compensação ou penhora (art. 1.707 do CC).

Gabarito "C"

(Defensoria Pública/AC – 2006 – CESPE) Carla, casada com José, com o qual teve dois filhos — um com oito anos de idade e o outro com seis anos de idade —, procurou a defensoria pública de seu estado. Relatou que seu marido conseguiu emprego em outro estado da Federação há um ano e que, durante os oito primeiros meses, enviou, mensalmente, a importância correspondente a um salário mínimo e meio para o sustento da família. Passado esse tempo, deixou de enviar o dinheiro e não mais entrou em contato com a família. Relatou, ainda, que, hoje, não sabe onde José se encontra e não tem condições para continuar mantendo as crianças, pois o que recebe como lavadeira é insuficiente até para comprar comida para os filhos. Disse que o pai de José, Pedro, é aposentado do estado, que tem situação relativamente boa e que ela acha que ele poderia ajudar no sustento dos netos, pelo menos na compra de alimentos. Considerando a legislação pertinente, assinale a opção correta acerca da situação hipotética apresentada.

(A) Do ponto de vista legal, enquanto José for vivo, não há como promover a cobrança de Pedro dos alimentos referidos acima.
(B) Para que Pedro seja obrigado a participar na compra de alimentos para os filhos de Carla, será necessário, inicialmente, provar a total impossibilidade de José prover o próprio sustento e o dos filhos, caso ele ainda esteja vivo.
(C) Como há parente na linha reta ascendente, este poderá responder excepcionalmente pelo sustento dos filhos de Carla, caso José esteja impossibilitado de suportar o referido encargo.
(D) Sendo o paradeiro de José desconhecido, o simples fato de estar a mãe viva desobriga Pedro de assumir a responsabilidade pelo sustento dos filhos de Carla.

A alternativa "c" está correta, pois reflete o disposto no art. 1.696 do CC.

Gabarito "C"

(Defensoria Pública da União – 2004 – CESPE) Quanto ao direito de família, julgue o item subsequente.

(1) A condição de alimentante é personalíssima e não se transmite aos herdeiros; todavia, isso não afasta a responsabilidade dos herdeiros pelo pagamento dos débitos alimentares verificados até a data do óbito do alimentante.

A condição de alimentante é, de fato, personalíssima, e não se transmite aos herdeiros. Porém, quanto aos débitos alimentares até o momento da morte do alimentante, a obrigação é transmitida aos herdeiros do alimentante, devendo a dívida ser quitada com as forças do espólio. Nos termos do art. 1.700 do CC: "a obrigação de prestar alimentos transmite-se aos herdeiros do devedor, na forma do art. 1.694". A jurisprudência do STJ é no mesmo sentido: "Os alimentos ostentam caráter personalíssimo, por isso, no que tange à obrigação alimentar, não há falar em transmissão do dever jurídico (em abstrato) de prestá-los. Assim, embora a jurisprudência desta Corte Superior admita, nos termos do artigo 23 da Lei do Divórcio e 1.700 do Código Civil, que, caso exista obrigação alimentar preestabelecida por acordo ou sentença - por ocasião do falecimento do autor da herança -, possa ser ajuizada ação de alimentos em face do Espólio, de modo que o alimentando não fique à mercê do encerramento do inventário para que perceba as verbas alimentares, não há cogitar em transmissão do dever jurídico de prestar alimentos, em razão do seu caráter personalíssimo e, portanto, intransmissível" (REsp 1130742/DF, rel. Ministro Luis Felipe Salomão, 4ª Turma, julgado em 04/12/2012).

Gabarito 1C

7.6. Temas combinados de direito de família

(Defensor Público/PR – 2012 – FCC) Sobre o Direito de Família é correto afirmar:

(A) Adolescente de 17 anos, que mantém relação estável com pessoa absolutamente capaz, procura a Defensoria Pública para que haja a supressão judicial da autorização negada pelos seus genitores para a realização do casamento, hipótese na qual será imposto aos nubentes o regime da separação de bens.
(B) O marido não possui direito potestativo ao divórcio, eis que este instituto depende do implemento de requisito temporal.
(C) A paternidade socioafetiva deve ceder à paternidade genética, quando esta restar provada.
(D) A emancipação legal não extingue o poder familiar exercido pelos pais, uma vez que não se trata de hipótese concedida voluntariamente, permanecendo os genitores responsáveis pelos atos ilícitos praticados pelo emancipado até a maioridade.
(E) Irmãos são considerados parentes em linha reta.

A: correta. A idade núbil é de 16 anos para homens e mulheres. Contudo, com 16 ou 17 anos de idade a capacidade matrimonial é limitada, exigindo o consentimento dos representantes legais (arts. 1.517 e 1.519 do CC). Se houver recusa injusta dos representantes o menor poderá solicitar o suprimento judicial da vontade, mas, neste caso, o casamento será celebrado pelo regime da separação obrigatória de bens (art. 1.641, III, do CC); **B:** incorreta. Com o advento da Emenda Constitucional 66, que alterou a redação do art. 226 da Constituição Federal de 1988, *ambos os nubentes* possuem direito potestativo ao divórcio, que pode ser exercido a qualquer momento (não possui *requisito temporal*); **C:** incorreta. A paternidade genética deve ceder à paternidade socioafetiva, quando restar provada; **D:** incorreta, de acordo com a jurisprudência do STJ a emancipação legal e a judicial extinguem o poder familiar e fazem cessar a responsabilidade dos pais pelos atos dos filhos menores, nos termos dos arts. 5.º e 1.635 do CC. Somente na hipótese de emancipação voluntária (aquela deferida pela vontade dos pais) é que permanece o poder familiar e a responsabilidade pelos atos dos filhos menores (AgRg no Ag 1239557/RJ, Rel. Min. Maria Isabel Gallotti, julgado em 09.10.2012); **E:** incorreta, irmãos são parentes colaterais de 2º grau.

Gabarito "A"

8. Sucessões

8.1. Sucessão em geral

(Defensor Público/TO – 2013 – CESPE) Acerca das sucessões, assinale a opção correta.

(A) A sucessão abre-se no lugar da morte do falecido.
(B) A sucessão dá-se por lei ou por disposição de última vontade, conforme seja legítima ou testamentária, e, havendo herdeiros necessários, o testador só poderá dispor da metade da herança.
(C) A companheira ou o companheiro, na sucessão do outro, quanto aos bens adquiridos na vigência da união estável, concorre com descendentes só do autor da herança, tendo direito a uma quota equivalente à que por lei for atribuída a cada um deles.
(D) Legitimam-se a suceder apenas as pessoas já nascidas no momento da abertura da sucessão, não havendo direitos sucessórios do nascituro.
(E) Aberta a sucessão pelo ajuizamento da ação de inventário, a herança transmite-se por sentença que homologa a partilha de bens aos herdeiros legítimos e testamentários.

A: incorreta. Nos termos do art. 1.785 do Código Civil, "a sucessão abre-se no lugar do *último domicílio* do falecido". Por esta razão o inventário judicial deve ser realizado em regra no último domicílio do falecido (art. 96 do CPC). Diversamente, o inventário extrajudicial pode ser realizado em qualquer lugar, pois os Cartórios de Notas (Tabelionatos) não possuem regra de competência territorial (art. 8º da Lei 8.935/1994); **B:** correta. A sucessão legítima é aquela que decorre da aplicação da lei, em especial da ordem de vocação hereditária prevista em lei (está prevista nos arts. 1.829 a 1.856 do CC). A sucessão testamentária é aquela que decorre da disposição de última vontade do falecido (testamento) e está regulada nos arts. 1.857 a 1.990 do CC. De acordo com o princípio da limitada liberdade de testar, havendo herdeiros necessários (descendentes, ascendentes ou cônjuge), o testador só poderá dispor da metade da herança (art. 1.789 do CC); **C:** incorreta. A sucessão dos companheiros é regulada pelo art. 1.790 do CC e nos termos dos incisos I e II, o companheiro pode concorrer com descendentes comuns do falecido (recebendo uma quota equivalente) e também com descendentes só do falecido (recebendo a metade do que couber a cada um deles); **D:** incorreta. Conforme preceitua o art. 1.798 do CC, legitimam-se a suceder as pessoas *nascidas ou já concebidas* (nascituro: ente concebido ainda não nascido) no momento da abertura da sucessão; **E:** incorreta, aberta a sucessão (no exato instante da morte), a herança transmite-se, desde logo, aos herdeiros legítimos e testamentários (princípio da *saisine* – art. 1.784 do CC).

Gabarito "B"

(Defensor Público/SE – 2012 – CESPE) No que se refere ao direito sucessório, assinale a opção correta.

(A) Os bens doados em vida pelo autor da herança aos seus descendentes não podem ser considerados para efeito de sucessão, devendo ser considerados, na partilha, tão somente os bens existentes à época da abertura do processo sucessório.

(B) Aberto processo sucessório e transferidos os bens para os herdeiros legítimos ou legatários, estes não poderão ser demandados em juízo para o cumprimento de obrigação assumida, em vida, pelo autor da herança; todavia, antes da partilha, admite-se que o credor demande em face do espólio.

(C) O herdeiro legítimo que houver sido autor, coautor ou partícipe de tentativa de homicídio doloso contra o autor da herança será excluído da sucessão. Todavia, aquele que tenha incorrido em atos que determinem a exclusão da herança na forma anteriormente indicada será admitido a suceder, desde que o ofendido o tenha expressamente reabilitado em testamento, ou em outro ato autêntico. Não havendo reabilitação expressa, o indigno, contemplado em testamento do ofendido, quando o testador, ao testar, já conhecia a causa da indignidade, pode suceder no limite da disposição testamentária.

(D) A sucessão por ato *causa mortis* ocorre por disposição de lei ou de última vontade, e, aberta a sucessão, o monte hereditário é, desde logo, transmitido aos herdeiros legítimos e testamentários; todavia, para a transmissão dos bens objeto da herança, deve-se considerar o estado civil do autor da herança, pois, se tiver sido este casado em regime de comunhão de bens, o cônjuge supérstite herdará 50% da herança, e os outros 50% serão herdados pelos descendentes.

(E) O herdeiro que, por qualquer motivo, seja excluído da herança pode, a qualquer momento, demandar o reconhecimento de seu direito sucessório para obter a restituição da herança ou de parte dela. Atualmente, a chamada petição de herança é admitida tanto pela via judicial quanto pela extrajudicial, desde que não haja interesse de incapaz.

A: incorreta. Nos termos do art.544 do CC, a doação de ascendentes a descendentes, ou de um cônjuge a outro, importa *adiantamento do que lhes cabe por herança*, devendo ser levado à colação no momento da abertura da sucessão. A colação é regulada nos arts. 2.002 a 2.012 do CC; **B:** incorreta. A herança responde pelo pagamento das dívidas do falecido; mas, feita a partilha, só respondem os herdeiros, cada qual em proporção da parte que na herança lhe coube (art. 1.997 do CC); **C:** correta, está de acordo com os artigos 1.814, I, 1.818, *caput* e parágrafo único, do CC; **D:** incorreta. A sucessão dá-se por lei ou por disposição de última vontade (art. 1.786 do CC). Aberta a sucessão, a herança transmite-se, desde logo, aos herdeiros legítimos e testamentários (art. 1.784 do CC). Contudo, a alternativa está incorreta, pois promove confusão entre os institutos da herança e meação. O cônjuge supérstite tem direito à *meação* (que não tem percentual fixo – é calculada de acordo com o regime de bens e a forma de aquisição dos bens) e, em regra, *também concorre* com os descendentes com direito a um quinhão igual ao dos que sucederem por cabeça, não podendo a sua quota ser inferior à quarta parte da herança, se for ascendente dos herdeiros com que concorrer (vide arts. 1.829, I, e 1.832 do CC); **E:** incorreta. Petição de herança é a pretensão do herdeiro (legítimo ou testamentário) de ver reconhecida a sua legitimidade sucessória e, consequentemente, obter a restituição da herança. Esta pretensão somente pode ser exercida através da ação de petição de herança (*petitio hereditatis*) em face de quem estiver na posse da herança.

Gabarito "C"

(Defensor Público/AL – 2009 – CESPE) Acerca das sucessões em geral, julgue os itens subsequentes.

(1) A sucessão hereditária assenta-se, entre outras, em razão de ordem ética, na medida em que se presume a afeição do morto ao herdeiro, motivo pelo qual o neto que foi autor da denúncia que redundou na condenação do avô pelo crime de apropriação indébita não faz jus à herança deste.

(2) Considere que, com o falecimento de João, tenha restado a seus dois únicos herdeiros, como herança, dois apartamentos de dois quartos localizados no mesmo andar de um prédio residencial. Nessa situação, mesmo considerando a possibilidade de divisão cômoda do acervo, é ineficaz a cessão onerosa do direito à sucessão de um desses imóveis a terceiro, se realizada por qualquer dos coerdeiros antes da partilha.

1: incorreta, pois esse não é um dos casos de indignidade (art. 1.814 do CC); **2:** correta (art. 1.793, § 2º, do CC).

Gabarito 1E, 2C

(Defensor Público/PA – 2006 – UNAMA) O Direito das Sucessões se apresenta como o conjunto de normas e princípios jurídicos que disciplinam a transmissão do patrimônio de uma pessoa falecida aos herdeiros e/ou legatários. Portanto, a sucessão dá-se por lei ou por disposição de última vontade, respectivamente classificada em sucessão legítima e sucessão testamentária.

No que tange ao Direito Sucessório é correto afirmar:

(A) Maria, por testamento cerrado, deixou a sua casa, localizada na rua X, nº 10, para o Sr. João da Silva, esclarecendo expressamente que, no caso de João não aceitar o legado, haveria substituição vulgar, destinando a casa a sua prima Maria Clara. Na abertura da sucessão o Sr. João já havia morrido, sendo a casa acrescida à sucessão legítima, face não restar expresso, no testamento, o caso de impossibilidade de aceitação, por parte do Sr. João, do bem legado.

(B) É válida a nomeação de herdeiros ou legatários de cônjuge ou companheiro (a), descendente, ascendente ou irmão da pessoa que escreveu, a rogo, o testamento.

(C) São efeitos da exclusão de herdeiro ou legatário da sucessão: os descendentes do herdeiro excluído sucedem como se ele morto fosse antes da abertura da sucessão; o excluído da sucessão não terá direito ao usufruto ou à administração dos bens que a seus sucessores couberem na herança, nem à sucessão eventual desses bens; o excluído da sucessão é obrigado a restituir os frutos e rendimentos que dos bens da herança houver percebido, mas tem direito a ser indenizado das despesas com a conservação deles.

(D) João faleceu em 06.01.2004, deixando 01 (um) filho e cônjuge (ascendente do filho de João), sendo que se encontra separado de fato de seu cônjuge há 01 (um) ano, cujo casamento ocorreu no regime de comunhão parcial de bens. A herança de João (01 casa, adquirida, mediante doação, na constância do casamento) foi destinada a seu único filho, nos termos da ordem da vocação hereditária prevista no novo Código Civil.

A: incorreta. O art. 1.947 do CC dispõe que: "O testador pode substituir outra pessoa ao herdeiro ou ao legatário nomeado, para o caso de um ou outro **não querer ou não poder** aceitar a herança ou o legado, presumindo-se que a substituição foi determinada para as duas alternativas, **ainda que o testador só a uma se refira**"; **B:** incorreta. O art. 1.801, I, do CC dispõe que "não podem ser nomeados herdeiros nem legatários: I – a pessoa que, a rogo, escreveu o testamento, nem o seu cônjuge ou companheiro, ou os seus ascendentes e irmãos", e o art. 1.900, V, do CC, determina, por sua vez, que é nula a disposição que favoreça as pessoas a que se refere o art. 1.801 do CC; **C:** correta (arts. 1.816 e 1.817 do CC); **D:** incorreta. Como João e sua cônjuge estavam casados no regime de comunhão parcial, a sucessão legítima caberia ao descendente em concorrência com o cônjuge sobrevivente (art. 1.829, I, do CC), eis que não estavam separados de fato há mais de **dois** anos (art. 1.830 do CC).

Gabarito "C"

(Defensoria Pública/SP - 2006 – FCC) Com relação à herança, é correto afirmar:

(A) Pode haver renúncia parcial.
(B) Não se pode aceitar a herança sob condição.
(C) A renúncia da herança pode se dar por instrumento particular.
(D) Não pode haver renúncia tácita.
(E) A transmissão da herança se dá a contar da aceitação do herdeiro.

A e **B**: (art. 1.808 do CC); C e **D**: (art. 1.806 do CC); **E**: incorreto (art. 1.784 do CC).

Gabarito "B".

(Defensor Público/PR – 2012 – FCC) Sobre o Direito das Sucessões, é correto afirmar:

(A) É eficaz a cessão, pelo coerdeiro, de seu direito hereditário sobre bem singularizado que compõe a herança ainda não partilhada.
(B) Nos termos da lei civil, a companheira do falecido participará da sucessão quanto aos bens adquiridos onerosamente na constância da união estável e, concorrendo apenas com dois descendentes só do autor da herança, caberá à companheira quota equivalente a que couber a cada um dos filhos do *de cujus*.
(C) Credor de herdeiro, que vem a ser prejudicado pela renúncia de seu devedor à herança pode, mediante autorização judicial, vir a aceitar a herança pelo renunciante.
(D) Para renunciar à herança, o herdeiro deve o fazer expressamente, por meio de termo judicial ou instrumento público ou particular.
(E) A herança responde pelo pagamento das dívidas do falecido, mas após a partilha por este débito responderão os herdeiros, independente da proporção recebida de herança por cada qual, cabível o posterior direito de regresso.

A: incorreta. É ineficaz a cessão, pelo coerdeiro, de seu direito hereditário sobre qualquer bem da herança considerado singularmente (art. 1.793, § 2º, do CC); **B**: incorreta. Quando o companheiro concorre com os descendentes só do autor, terá direito a uma quota equivalente à metade da quota deferida a cada descendente (art. 1.790, II, do CC); **C**: correta. A renúncia da herança pelo devedor pode caracterizar fraude contra credores, legitimando a aceitação indireta pelos credores (art. 1.813 do CC); **D**: incorreta. A herança pode ser renunciada mediante escritura pública ou termo judicial, não sendo admitido instrumento particular (art. 1.806 do CC); **E**: incorreta. A herança responde pelo pagamento das dívidas do falecido; mas, feita a partilha, só respondem os herdeiros, cada qual em *proporção da parte que na herança lhe coube* (art. 1.997 do CC).

Gabarito "C".

(Defensor Público/AC – 2006 – CESPE) João afirma que viveu junto de Maria — que cuidava apenas dos afazeres domésticos — por mais de dez anos, até o seu falecimento, ocorrido há dois meses. Afirma ainda que tiveram dois filhos, que foram por ele reconhecidos. Perguntado se tinham bens, ele respondeu que compraram um lote de terreno há dois anos, que foi registrado no nome dela e onde construíram uma casa. No período em que viveram juntos, Maria, que era filha única, recebeu, como herança de sua mãe viúva, um terreno na cidade de Tarauacá. Ele, por sua vez, junto com irmãos, herdou uma pequena propriedade que pertencia ao pai, que era viúvo ao falecer.

Com base na legislação pertinente, assinale a opção correta acerca da situação hipotética acima apresentada.

(A) Por não terem sido casados no civil, João não tem nenhum direito com relação ao lote de terreno registrado no nome de Maria e ao terreno na cidade de Tarauacá.
(B) João tem direito sucessório apenas sobre os bens adquiridos a título oneroso durante a convivência com Maria.
(C) João tem direito a apenas metade de todos os bens que pertenciam ao casal, incluindo-se aqueles herdados por ambos e os que foram por eles adquiridos durante a união.
(D) Por possuir bem herdado de seu falecido pai, o direito de Pedro limita-se à metade dos bens que adquiriu em conjunto com a falecida, durante a união estável.

A: incorreta, tendo em vista que, na situação descrita, eles eram companheiros (art. 1.790 do CC); **B**: correta, porque a alternativa reflete o disposto no art. 1.790 do CC; **C**: incorreta, uma vez que eles eram companheiros e João participará apenas da sucessão quanto aos bens adquiridos onerosamente na vigência da união estável; **D**: incorreta, já que está de acordo com o disposto no art. 1.790, I, do **CC**: "A companheira ou o companheiro participará da sucessão do outro, quanto aos bens adquiridos onerosamente na vigência da união estável, nas condições seguintes: I – se concorrer com filhos comuns, terá direito a uma quota equivalente à que por lei for atribuída ao filho".

Gabarito "B".

(Defensoria Pública da União – 2004 – CESPE) Julgue os itens subsequentes, relativos aos direitos das sucessões.

(1) Considere a seguinte situação hipotética. Uma pessoa faleceu, deixando bens a quatro filhos, maiores, capazes, casados e que possuem descendentes. Nessa situação, se um dos filhos renunciar à herança, a parte deste deverá ser recebida pelos netos do falecido, filhos do renunciante, que herdarão por direito próprio, ou seja, por estirpe ou representação.
(2) Não se admite a renúncia de meação, pois seu titular já a tem como integrante de seu patrimônio, devendo a mesma ser tratada como cessão de direitos, sujeita, portanto, ao instrumento público.

1: incorreta, pois na sucessão legítima, a parte do herdeiro renunciante acresce à dos outros herdeiros da mesma classe (art. 1.810 do CC); **2**: correta, pois a meação não faz parte da herança, apenas será separada e passará a constar como propriedade apenas do cônjuge supérstite.

Gabarito 1E, 2C

8.2. Sucessão legítima

(Defensor Público/SP – 2012 – FCC) Fernando, casado com Laura pelo regime da comunhão parcial de bens, falece sem ter tido filhos, deixando um único imóvel adquirido na constância do casamento. Sabendo-se que os pais de Fernando ainda são vivos, e que Fernando não deixou dívidas, após a partilha do único bem, a fração total do imóvel que caberá à Laura será de

(A) 2/3.
(B) 5/6.
(C) 3/4.
(D) 3/5.
(E) 1/2.

Na solução do problema deve ser analisado tanto o direito à meação como também o direito hereditário. Como Fernando e Laura eram casados pelo regime da comunhão parcial e a casa foi adquirida na constância do casamento, Laura é meeira do bem e, portanto, já possui 1/2 (metade) do imóvel (art. 1.658 do CC). A outra 1/2 (metade) do imóvel constitui a herança de Fernando, devendo ser dividido entre todos os herdeiros: cônjuge e ascendente (art. 1.829, II, do CC). De acordo com o art. 1.837 do CC, se o cônjuge concorrer com os pais do falecido terá direito a 1/3 (um terço) da herança (um terço da metade do imóvel = um sexto do total do imóvel). Desta forma cada um dos pais receberá 1/6 (um sexto) do imóvel e Laura receberá dois terços (1/2 (=3/6) + 1/6 = 4/6 = 2/3).

Gabarito "A".

(Defensor Público/AM – 2010 – I. Cidades) A respeito da sucessão legítima, marque a alternativa correta:

(A) Ao cônjuge sobrevivente que estava separado apenas de fato com o de *cujus* no momento do óbito é reconhecido o direito sucessório, independentemente do tempo da separação.
(B) Na falta de descendentes, são chamados à sucessão os ascendentes, sem concorrência com o cônjuge sobrevivente.
(C) Na classe dos colaterais, os mais próximos excluem os mais remotos, salvo o direito de representação concedido aos filhos de irmãos.
(D) Os tios têm preferência no recebimento da herança em relação aos sobrinhos.
(E) Em falta de descendentes e ascendentes, será deferida a sucessão ao cônjuge sobrevivente, em concorrência com os colaterais.

A: incorreta. Somente é reconhecido direito sucessório ao cônjuge sobrevivente se, ao tempo da morte do outro, não estavam separados judicialmente, nem separados de fato há mais de dois anos, salvo prova, neste caso, de que essa convivência se tornara impossível sem culpa do sobrevivente (art. 1.830 do CC); **B:** incorreta. Na falta de descendentes, são chamados os ascendentes em concorrência com o cônjuge (art. 1.836, *caput*, do CC); **C:** correta. A alternativa reflete o disposto no art. 1.840 do CC; **D:** incorreta. Na falta de irmãos, herdarão os filhos destes e, não os havendo, os tios (art. 1.843, *caput*, do CC); **E:** incorreta. Na falta de descendentes e ascendentes, será deferida a sucessão por inteiro ao cônjuge sobrevivente (art. 1.838 do CC).

Gabarito "C"

(Defensoria Pública da União – 2010 – CESPE) Acerca das sucessões, julgue o seguinte item.

(1) Se a irmã mais velha de uma família de três irmãos falecer e, após sua morte, for verificado que ela era solteira e que não deixou descendentes ou ascendentes vivos, a herança caberá a seus irmãos. Contudo, se estes forem pré-mortos, a herança caberá aos sobrinhos, se houver, e, se um destes também tiver falecido antes da tia, aos sobrinhos-netos em concorrência com seus tios, com base no direito de representação.

O item está errado, pois na classe dos colaterais, os mais próximos excluem os mais remotos, salvo o direito de representação concedido aos filhos de irmãos (art. 1.840 do CC), razão pela qual os sobrinhos-netos não herdarão.

Gabarito 1E

(Defensoria Pública/MA – 2009 – FCC) Sobre a vocação hereditária, preceitua o Código Civil:

(A) Legitimam-se a suceder as pessoas nascidas ou já concebidas no momento da morte do *de cujus*.

(B) Legitimam-se a suceder as pessoas nascidas ou já concebidas no momento da abertura do testamento cerrado.

(C) Na sucessão legítima podem ainda ser chamados a suceder os filhos, ainda não concebidos, de pessoas indicadas pelo testador, desde que vivo este ao abrir-se a sucessão.

(D) Não podem ser nomeados herdeiros nem legatários, entre outros, a concubina do testador casado, salvo se este, sem culpa sua, estiver separado de fato do cônjuge há mais de um ano.

(E) São anuláveis as disposições testamentárias em favor de pessoas não legitimadas a suceder, quando simuladas sob a forma de contrato oneroso, ou feitas mediante interposta pessoa.

A: correta. A alternativa reflete o disposto no art. 1.798 do CC; **B:** incorreta uma vez que contraria o disposto no art. 1.798 do CC; **C:** incorreta. Somente na **sucessão testamentária** poderão ser chamados a suceder os filhos, ainda que não concebidos, nos termos do art. 1.799, I, do CC; **D:** incorreta, tendo em vista que somente poderá ser nomeada herdeira ou legatária a concubina do testador casado, salvo se este, sem culpa sua, estiver separado de fato do cônjuge há mais de **cinco anos** (art. 1.801, III, do CC); **E:** incorreta, pois as disposições testamentárias em favor de pessoas não legitimadas a suceder, quando simuladas sob a forma de contrato oneroso, ou feitas mediante interposta pessoa são **nulas**, conforme prescreve o art. 1.802, *caput*, do CC.

Gabarito "A"

8.3. Sucessão testamentária

(Defensor Público/RS – 2011 – FCC) Direito das Sucessões.

(A) Na sucessão universal, o direito de propriedade imobiliária transmite-se quando do registro dos formais de partilha no Ofício do Registro de Imóveis.

(B) Conforme regra expressa do Código Civil, são herdeiros necessários os descendentes, os ascendentes, os cônjuges e os companheiros.

(C) O testador não pode, mesmo justificando, estabelecer cláusula de impenhorabilidade sobre os bens da legítima.

(D) O direito de representação, no direito sucessório, dá-se apenas na linha reta descendente e ascendente.

(E) O prazo de decadência para anular disposição testamentária inquinada de coação é de quatro anos, contados de quando o interessado tiver conhecimento do vício.

A: incorreta. Na sucessão universal o direito de propriedade transmite-se desde logo – princípio de *saisine* (art. 1.784 do CC); **B:** incorreta. Segundo regra expressa do Código Civil, são herdeiros necessários os descendentes, os ascendentes e o cônjuge (art. 1.845 do CC); **C:** incorreta. **Se houver justa causa**, declarada no testamento, pode o testador estabelecer cláusula de impenhorabilidade sobre os bens da legítima (art. 1.848, *caput*, do CC); **D:** incorreta. O direito de representação dá-se na linha reta descendente, **nunca na linha ascendente** (art. 1.852 do CC); **E:** correta. A alternativa reflete o disposto no art. 1.909, parágrafo único, do CC.

Gabarito "E"

9. Todos os Temas Combinados

(Defensor Público/RO – 2012 – CESPE) Acerca do direito de família e do direito de sucessão, assinale a opção correta.

(A) Caracterizada a fraude contra credores, qualquer credor quirografário poderá requerer a anulação do negócio jurídico de transmissão gratuita de bens, caso o devedor já esteja insolvente ou em caso de iminente insolvência.

(B) A deserdação *bona mente* abrange todos os casos em que os herdeiros necessários possam ser excluídos da sucessão, isto é, privados de sua legítima ou deserdados.

(C) Aberta a sucessão, a propriedade dos bens do de *cujus* transmite-se, desde logo, aos herdeiros legítimos e testamentários.

(D) A guarda compartilhada de filho(s) somente poderá ser estabelecida quando houver acordo entre a mãe e o pai.

(E) As crianças cujos pais forem desconhecidos ou falecidos terão tutores nomeados pelo juiz ou serão incluídas em programa de colocação familiar.

A: incorreta, pois segundo o art. 158 do CC, caracterizada a fraude contra credores, "só os credores que já o eram ao tempo daqueles atos podem pleitear a anulação deles" (art. 158, § 2º do CC); **B:** incorreta. A deserdação *bona mente* é aquela em que embora se reconheça o direito sucessório dos herdeiros, são adotadas medidas para proteção da legítima – exemplo: a instituição de cláusula de inalienabilidade, impenhorabilidade ou incomunicabilidade (art. 1.848 do CC); **C:** incorreta. A alternativa foi assinalada como incorreta em atenção à redação do art. 1.784 do **CC**: "Aberta a sucessão, a *herança* transmite-se, desde logo, aos herdeiros legítimos e testamentários". Contudo, tecnicamente entendemos que a assertiva não está errada, pois os herdeiros recebem a propriedade e a posse indireta da herança no exato instante da morte; **D:** incorreta. Quando não houver consenso entre os genitores e sempre que possível, será aplicada a guarda compartilhada (art. 1.584, § 2º, do CC). Contudo, entendemos que a imposição da guarda compartilhada não é uma boa solução na prática; **E:** correta. Está de acordo com o art. 1.734 do CC.

Gabarito "E"

(Defensor Público/RO – 2012 – CESPE) Acerca de parcelamento do solo, posse e direitos reais, assinale a opção correta com base no disposto na Lei n.º 6.766/1979 e no Código Civil brasileiro.

(A) O rol de direitos reais constantes no Código Civil é meramente exemplificativo, podendo ser acrescentados a ele os demais casos previstos na legislação extravagante.

(B) Caracteriza-se a forma de aquisição denominada aluvião quando, por força natural violenta, uma porção de terra se destaca de um prédio e se junta a outro, e o dono deste adquire a propriedade do acréscimo mediante indenização ao dono do primeiro, ou, sem indenização, após dois anos, se ninguém a houver reclamado.

(C) Aquele que, sem consultar nenhum órgão público ou particular, criar parcelamento de solo em área pública, sem efetuar o devido registro em cartório, não cometerá crime, mas infração administrativa.

(D) Entende-se que o possuidor com justo título tem a presunção de boa-fé, não se admitindo, portanto, prova em contrário.

(E) Fâmulo da posse é o indivíduo que, estando em relação de dependência para com outro, conserva a posse em nome deste, em cumprimento de ordens ou instruções suas.

A: incorreta. O entendimento majoritário na doutrina é no sentido de que o rol de direitos reais previsto no art. 1.225 do CC é *taxativo*, mas não é proibida a criação de novos direitos reais por leis especiais; **B:** incorreta, pois a hipótese descrita na alternativa refere-se à avulsão (art. 1.251, do CC); **C:** incorreta, pois conforme o art. 50, I, da Lei 6.766/1979 (Lei de Parcelamento do Solo Urbano), realizar loteamento sem a autorização do órgão competente caracteriza crime contra administração pública; **D:** incorreta. A presunção é relativa, possibilitando prova em sentido contrario (art. 1.201, parágrafo único); **E:** correta, pois o fâmulo da posse, também denominado como detentor, é o individuo que, encontrando-se em relação de dependência com outro, conserva a posse em nome deste em razão de cumprimentos de ordens ou instruções – exemplos: caseiro, motorista, cozinheiro, secretária etc. (art. 1.198, do CC).

Gabarito "E".

7. Direito Processual Civil

Tiago Queiroz e Murilo Sechieri*

1. Princípios do Processo Civil

(Defensor Público/ES – 2012 – CESPE) Considerando os conceitos clássicos de processo, julgue os itens a seguir.

(1) A possibilidade de os direitos e obrigações se transformarem em meras expectativas de direitos constitui característica peculiar da relação processual, o que a torna distinta de qualquer outra relação jurídica de direito material.

(2) Segundo Liebman, a doutrina do processo como situação jurídica destaca certas categorias peculiares a relação processual e distintas das categorias correspondentes ao direito material, explicando o processo em si mesmo como unidade jurídica.

1: correto. Dada a autonomia existente entre o direito processual e o material, o Estado-Juiz poderá julgar improcedente a pretensão de litigante que, em verdade, possua o direito material invocado na exordial, e isso sem que se cogite de qualquer nulidade da decisão prolatada. O desacerto do julgado sob a ótica do direito material não retira sua validade e a capacidade de produzir efeitos no plano concreto. Como bem sublinhado pela doutrina do processo como situação jurídica, a partir do momento em que a relação processual se inicia, a parte que verdadeiramente ostenta o direito material nutre apenas a expectativa de obter um pronunciamento judicial que lhe seja favorável, com a perspectiva, entretanto, de que saia eventualmente sucumbente do litígio. Ao abono de tal entendimento, observe-se o magistério de Dinamarco: "A diferenciação entre a relação processual e a substancial pelo objeto tem por direta consequência a autonomia daquela em face desta. Perante o direito material, terá o autor ou o réu o direito a haver ou a manter consigo o bem, terá ou não aquele o direito a uma conduta ou a uma abstenção deste (obrigações e fazer ou de não fazer) etc. e, correlativamente, o autor terá ou não o direito à tutela jurisdicional que pleiteia. Mas, pela via do processo, o Estado concederá sempre a tutela jurisdicional a um dos litigantes, seja ao autor ou ao réu, dependendo de saber qual deles tem razão (o direito à tutela jurisdicional não é privativo do autor: supra, n. 39). De um modo ou de outro, o processo terá existido validamente e produzido os resultados que dele se esperam, a saber, a tutela jurisdicional e a eliminação do estado conflituoso entre pessoas ou grupos. Estando presentes os requisitos de sua regular constituição e desenvolvimento (que não coincidem com os da relação substancial), o processo terá tido sua própria vida autônoma e os resultados que produzir serão igualmente eficazes e imperativos – quer afirme ou negue a existência da relação jurídica material sustentada pelo demandante. Não só a sentença que acolhe a demanda tem aptidão à coisa julgada material, mas também a que a julga improcedente (Liebman)" (DINAMARCO, Cândido Rangel. Instituições de Direito Processual Civil. Vol. II. 5. ed. São Paulo: Malheiros, 2005. p. 211-212); **2:** incorreto. A teoria do processo como situação jurídica foi cunhada pelo alemão James Goldschimidt. Segundo tal construção, a partir do momento em que o direito subjetivo (visão estática do direito) é debatido no bojo do processo (visão dinâmica do direito), ele então se converte num conjunto de possibilidades, expectativas, perspectivas e ônus, que culminam na prolação de uma sentença favorável ou não à pretensão deduzida em juízo. De qualquer sorte, tal teoria não concebe o processo em si mesmo. É justamente o contrário: chega às raias de encarar o direito material como um direito justicial material, isto é, uma faceta processual do direito substantivo, negaceando, portanto, a autonomia do direito processual. Ratificando tal lição, note-se mais uma vez a doutrina de Dinamarco: "Já se sustentou no passado, em formosa doutrina, que o próprio direito material seria em si mesmo um direito justicial material (materielles Justizrecht, James Goldschmidt) – entendido este como o aspecto processual do direito substancial (Calamandrei). As normas de direito material, quando relevantes para a decisão de uma causa posta em juízo, transmudar-se-iam em normas de direito justicial material, tendo por destinatário o juiz. Já não se trataria de normas de conduta para os litigantes, mas de normas de julgamento para o juiz. Pelos seus exageros, por renegar a então florescente e já vitoriosa teoria da relação jurídica processual e especialmente por conflitar com o dogma da autonomia do direito processual, essa doutrina não sobreviveu por muito tempo (Liebman)". (DINAMARCO, Cândido Rangel. Instituições de Direito Processual Civil. Vol. III. São Paulo: Malheiros, 2001. p. 45) [grifos no original].

Gabarito 1C, 2E

(Defensor Público/RS – 2011 – FCC) Princípio dispositivo no Direito Processual Civil.

(A) Contrapõe-se ao princípio inquisitivo, de modo que ao julgador é vedada iniciativa na produção de provas e na investigação dos fatos da causa, sob pena de comprometimento da sua imparcialidade, buscando-se, no processo civil, apenas a verdade formal, com o reconhecimento do caráter mítico e utópico da verdade real.

(B) Com a modernização do processo civil, voltada, sobretudo, para a reaproximação entre direito material e processual, decorrência do movimento do acesso à justiça, o princípio dispositivo ganhou novos contornos, sendo permitido ao juiz determinar, de ofício, a produção de provas, mesmo que sejam determinantes para o resultado da causa.

(C) Embora o princípio dispositivo possua limitações, não é dado ao julgador, sob pena de comprometimento da sua imparcialidade e de violação à característica da inércia da jurisdição, determinar, de ofício, as provas necessárias à instrução do processo, devendo julgar com base na regra de distribuição do ônus da prova.

* Tiago Queiroz comentou as questões dos concursos DEF/AC/12, DEF/AM/13, DEF/ES/12, DEF/PR/12, DEF/RO/12, DEF/SE/12, DEF/SP/12 e DEF/TO/13.

(D) De acordo com o atual estágio do processo civil brasileiro, marcado, notadamente, pelo caráter publicista, o princípio dispositivo, no que concerne à postura equidistante do julgador, está relacionado, tanto com a propositura da ação e com a fixação dos contornos da lide, quanto com a investigação dos fatos e com a produção de provas necessárias à instrução do processo.

(E) A publicização do processo e o fenômeno da judicialização da política imprimiram maior efetividade ao princípio dispositivo, tanto no seu sentido material quanto formal, reduzindo as possibilidades de ser relativizado.

A e **C:** incorretos. O juiz, de acordo com seus poderes instrutórios, tem papel ativo – e não de mero espectador – quanto à realização, *de ofício*, das provas que reputar necessárias à instrução do feito. Essa atividade probatória do juiz se dá com plenitude nos procedimentos de jurisdição voluntária e nas causas que versem sobre direitos indisponíveis. Cuida-se de aplicação no processo civil dos ditames da *verdade material* e *do princípio inquisitivo*, visto que o juiz, atento ao escopo de pacificação social do processo, bem assim à necessidade de outorga de um provimento jurisdicional justo e atrelado à realidade dos fatos, tem o poder-dever de ordenar a produção das provas imprescindíveis ao esclarecimento da controvérsia fixada (art. 130 do CPC); **B:** correto (art. 130 do CPC); **D:** incorreto. Somente o ajuizamento da demanda e a delimitação dos contornos objetivos da lide é que dependem da iniciativa exclusiva das partes. Ressalte-se que não há falar-se em violação da imparcialidade do magistrado ou de afronta ao princípio dispositivo, a considerar que a incidência do princípio inquisitivo limita-se ao campo de investigação e determinação judicial das provas necessárias ao esclarecimento dos fatos, tendo-se em conta a imperiosidade de entrega de uma prestação jurisdicional efetiva àquele que realmente ostente o direito material invocado; **E:** incorreto, pois as premissas postas *ampliam* as possibilidades de relativização do princípio dispositivo.

Gabarito "B"

(Defensor Público/AM – 2011 – I. Cidades) Pode-se compreender os princípios processuais como preceitos fundamentais que dão forma e caráter aos sistemas processuais. Acerca dos princípios processuais, marque a alternativa INCORRETA:

(A) o princípio da economia processual permite a alteração da causa de pedir e do pedido, em qualquer fase do processo, se o réu for revel.

(B) o princípio da celeridade processual enuncia que os processos devem desenvolver-se em tempo razoável.

(C) o princípio do devido processo legal significa, em processo judicial, a garantia ao contraditório e à ampla defesa, bem como às regras previamente estabelecidas sobre o modo de solução judicial do conflito.

(D) o princípio da igualdade processual encerra a ideia de que cabe ao juiz tratar desigualmente os desiguais, na medida desta desigualdade, o que justifica, por exemplo, o prazo em dobro para a fazenda pública recorrer.

(E) o princípio da inafastabilidade da jurisdição assegura que a lei não excluirá da apreciação do Poder Judiciário lesão ou ameaça a direito.

A: a alternativa está incorreta. Com a citação válida, ocorre a *estabilização subjetiva da lide* (*perpetuatio legitimationis*), isto é, a impossibilidade de alteração das partes processuais, salvo as substituições legais. Remanesce, contudo, a faculdade de alteração do pedido e da causa de pedir por parte do autor, desde que haja consentimento do réu. Porém, após o saneamento do processo, ocorre a *estabilização objetiva da lide*, sendo vedado, às partes, em qualquer hipótese, modificar o pedido ou a causa de pedir (art. 264, parágrafo único, do CPC).

Gabarito "A"

(Defensor Público da União – 2010 – CESPE) Julgue os itens que se seguem, acerca dos princípios processuais.

(1) O máximo resultado com o mínimo emprego de atividades processuais é ideia que sintetiza o chamado princípio da economia processual, sendo a reunião de processos conexos exemplo de aplicação desse princípio, assim como a ação declaratória incidente.

Correta, porque é exatamente esse o significado do princípio da economia processual, embora fosse possível dizer que a reunião de processos conexos tenha como principal finalidade evitar que sejam proferidas decisões conflitantes.

Gabarito 1C

(Defensor Público/MT – 2009 – FCC) O princípio processual da congruência ou adstrição significa:

(A) veda-se ao juiz proferir sentença de natureza diversa da pedida, ou condenar o réu em quantidade superior ou em objeto diverso do pedido inicial.

(B) o réu deve rebater, coerentemente, toda a matéria levantada na inicial em sua contestação, sob pena de preclusão.

(C) após a contestação, o juiz vincula-se ao pedido e à causa de pedir iniciais, que não podem ser alterados.

(D) não havendo prejuízo, os atos processuais devem ser aproveitados, ainda que não atendam a seus requisitos formais.

(E) o juiz deve ser coerente na fundamentação de sua sentença e adstrito aos fatos da causa.

A: correta, pois descreve bem o princípio da congruência ou adstrição; **B:** errada, porque o texto refere-se a outro princípio, qual seja, o do ônus da impugnação especificada; **C:** errada, porque mesmo que o réu não conteste, a vinculação para o juiz já existe. Além disso, após a contestação, será possível alteração do pedido ou da causa de pedir, desde que o réu concorde; **D:** errada, porque se refere ao princípio da instrumentalidade das formas; **E:** errada, porque a exigência de coerência na fundamentação da sentença não decorre do princípio da correlação.

Gabarito "A"

(Defensor Público/SP – 2007 – FCC) Segundo Liebman, "somente poderemos falar em ação quando o processo terminar com um provimento sobre o caso concreto, ainda que desfavorável ao autor". Essa asserção prende-se à qual teoria conceitual do direito de ação?

(A) Concretista relativa.

(B) Instrumental da ação.

(C) Abstrata pura.

(D) Concretista do direito de ação.

(E) Privatista do direito de ação.

Para Liebman, a ação seria um direito público subjetivo instrumental porque visa à aplicação do direito material, mas ele não pode ser exercido aleatoriamente, indistintamente; deverá preencher determinadas condições de ação. Liebman diz que a ação é um direito autônomo e abstrato, ou seja, está desvinculada do direito material e se você exerce independentemente de a ação ser julgada procedente ou não.

Gabarito "B"

2. Partes, Procuradores, Ministério Público e Juiz

(Defensor Público/TO – 2013 – CESPE) Vítor, menor de idade, representado por sua genitora, ingressou com ação de investigação de paternidade cumulada com alimentos contra Roberto. Após a realização de inúmeras diligências citatórias frustradas, o juiz deferiu a citação editalícia, que foi realizada conforme as formalidades legais. O requerido, entretanto, não apresentou resposta no prazo legal. Nessa situação hipotética, o juiz deve, imediatamente,

(A) determinar a intimação do autor, para que especifique as provas que pretenda produzir em audiência.

(B) determinar a realização de novas diligências citatórias, sob pena de nulidade do processo, já que a lei exige a citação pessoal do réu nesse tipo de ação.

(C) decretar a revelia do réu e considerar verdadeiros os fatos articulados pelo autor, proferindo desde logo sentença que confira total procedência ao pedido.

(D) nomear curador especial ao réu, encargo que poderá recair sobre a DP.

(E) determinar a intimação pessoal do representante do MP e, em seguida, com ou sem pronunciamento, decidir quanto à aplicação dos efeitos da revelia.

A alternativa D é a correta (arts. 9º, II, do CPC e 4º, XVI, da Lei Complementar 80/1994). As demais assertivas estão incorretas por destoarem dos aludidos repositórios legais.

Gabarito "D"

(Defensor Público/TO – 2013 – CESPE) Com relação à representação processual, assinale a opção correta.

(A) O menor de dezesseis anos de idade órfão de pai e mãe deve ser representado em juízo por seu curador.
(B) Em juízo, o condomínio é representado pelo síndico ou pelo administrador.
(C) Os estados e os municípios são representados em juízo pelos respectivos chefes do Poder Executivo.
(D) O espólio de pessoa casada será representado em juízo pelo cônjuge supérstite e o de pessoa solteira ou viúva, por qualquer dos herdeiros legítimos, observada a ordem de vocação hereditária.
(E) Independentemente de previsão contratual, a sociedade limitada pode ser representada, em juízo, por qualquer dos seus sócios proprietários.

A: incorreto. O menor de dezesseis anos deve ser representado por seu tutor (art. 1.747, I, do CC); **B:** correto (art. 12, IX, do CPC); **C:** incorreto (art. 12, I e II, do CPC); **D:** incorreto (art. 12, V, CPC); **E:** incorreto (art. 12, VI, do CPC).

Gabarito "B"

(Defensor Público/AC – 2012 – CESPE) Com relação à capacidade postulatória e aos atos processuais, assinale a opção correta.

(A) O julgamento de recurso interposto por defensor público estadual deve ser acompanhado no STJ exclusivamente pela DPU, que deve ser intimada das decisões e acórdãos proferidos, constituindo a atuação da DPU impedimento à ação da respectiva DPE.
(B) Outorgado mandato por menor devidamente representado, o instrumento permanece válido até que o mandante atinja a maioridade e, se ainda em curso o processo após o aniversário de dezoito anos do mandante, nova procuração deverá ser juntada aos autos, sob pena de se considerar inadmissível eventual recurso interposto.
(C) O pleito de fornecimento de medicamentos a menor carente deve ser postulado pela DP, em ação individual, ou pelo MP, em ação civil pública.
(D) O pedido de assistência judiciária gratuita formulado no curso da ação deve ser deduzido em petição a ser proposta em separado e autuada em apenso aos autos principais, podendo a proposição no corpo de petição de recurso ser considerada erro grosseiro.
(E) Conforme súmula do STJ, os honorários advocatícios não são devidos à DP quando ela atua contra qualquer pessoa jurídica de direito público.

A: incorreto. A Defensoria Pública do Estado poderá acompanhar o processamento e julgamento, perante o STJ, dos recursos interpostos por seus defensores, desde que, mediante autorização legal, institua representação em Brasília municiada do aparato necessário para o recebimento das intimações do Superior Tribunal de Justiça. Essa é a tônica da jurisprudência consolidada do STJ: "Processual civil. Embargos de declaração em questão de ordem em agravo de instrumento. Contradição. Omissão. Inexistência. Efeito aclaratório. (...) A Defensoria Pública da União, que atua perante o STJ, deverá ser intimada, pessoalmente, para acompanhar o processo e julgamento dos recursos interpostos por Defensores Públicos Estaduais, exclusivamente nos de natureza civil, porque a Questão de Ordem em julgamento se refere a resolução de litígio oriundo de contrato de abertura de crédito. — Exceção à regra só se verificará na hipótese em que a Defensoria Pública Estadual, mediante lei própria, mantenha representação em Brasília-DF com estrutura adequada para receber intimações das decisões proferidas pelo STJ. Embargos de declaração acolhidos, sem efeito modificativo." (EDcl na QO no Ag 378.377/RJ, rel. Min. Nancy Andrighi, Corte Especial, j. 05.11.2003, DJ 19.12.2003, p. 302) [grifos nossos] **B:** incorreto. Nesses casos, o relator, vislumbrando defeito de representação da parte em juízo, deve determinar, em primeiro lugar, a suspensão do processo, a fim de que seja regularizada a situação dentro do prazo assinalado, por se tratar de nulidade sanável. Persistindo a irregularidade, deve inadmitir o recurso interposto (art. 13 do CPC). No mesmo sentido, confira-se antigo precedente do STJ: "Processo civil. Não conhecimento da apelação por irregularidade na representação postulatória do apelante. Relevante justificativa. CPC, arts. 13, 37 e 38. Representação. Orientação da corte. Inocorrência de impugnação da cópia. Poderes ad judicia. Precedentes. Recurso conhecido e provido. I em face da sistemática vigente (CPC, art. 13), o juiz não deve extinguir o processo por defeito de representação antes de ensejar a parte suprir a irregularidade. O atual Código de Processo Civil prestigia o sistema que se orienta no sentido de aproveitar ao máximo os atos processuais, regularizando sempre que possível as nulidades sanáveis. II- A procuração com poderes ad judicia habilita o advogado a praticar todos os atos em juízo, salvo os excetuados em lei. (REsp 68.478/MG, rel. Ministro Sálvio de Figueiredo Teixeira, 4ª T., j.10.06.1996, DJ 01.07.1996, p. 24057)"; **C:** incorreto, porquanto a Defensoria Pública, por força dos comandos insertos no art. 4º, X, da Lei Complementar 80/1994, e art. 212, caput, do ECA, poderá "promover a mais ampla defesa dos direitos fundamentais dos necessitados, abrangendo seus direitos individuais, coletivos, sociais, econômicos, culturais e ambientais sendo admissíveis todas as espécies de ações capazes de propiciar sua adequada e efetiva tutela" [grifamos]. Logo, não se limita ao aforamento de ação individual para salvaguardar a tutela do interesse de menor necessitado, como posto pelo examinador. Todavia, a assertiva está correta no que tange à legitimidade ativa do Parquet para ajuizar ação civil pública com vistas a lograr o fornecimento de medicamento a menor carente. Observe-se o acórdão a seguir: "Ação civil pública. Ministério público. Legitimidade. Estatuto do Idoso. Medicamentos. Fornecimento. 1. Prevaleceu na jurisprudência deste Tribunal o entendimento de que o Ministério Público tem legitimidade ativa ad causam para propor ação civil pública com o objetivo de proteger interesse individual de menor carente, ante o disposto nos artigos 11, 201, V, e 208, VI e VII, da Lei 8.069, de 13.07.90 (Estatuto da Criança e do Adolescente). 2. Essa orientação estende-se às hipóteses de aplicação do Estatuto do Idoso (artigos 74, 15 e 79 da Lei 10.741/2003). Precedentes de ambas as Turmas que compõem a Seção de Direito Público. 3. Agravo regimental improvido." (AgRg nos EREsp 837.591/RS, rel. Min. Castro Meira, 1ª Seção, j. 23.05.2007, DJ 11.06.2007, p. 259) **D:** correto. A esse respeito, observe-se o seguinte aresto da Corte Superior: "Processual civil. Agravo regimental no recurso especial. Ação de busca e apreensão. Contrato de financiamento com garantia de alienação fiduciária. Assistência judiciária gratuita. Pedido formulado no corpo da petição de recurso. Impossibilidade. Erro grosseiro. Não provimento. Capitalização dos juros. Prequestionamento. Ausência. Caracterização da mora. Encargos da normalidade regulares. Prosseguimento. 1. O pedido de assistência judiciária gratuita formulado no curso da ação deve ser deduzido em petição a ser atuada em separado e processada em apenso aos autos principais (Lei 1.060/1950, art. 6º), configurando erro grosseiro a proposição no corpo da petição do recurso. Precedentes deste Tribunal. [...]" (AgRg no REsp 1272746/RS, rel. Min. Maria Isabel Gallotti, 4ª T., j. 11.12.2012, DJe 19.12.2012) **E:** incorreto (Súmula 421 do STJ, in verbis: "Os honorários advocatícios não são devidos à Defensoria Pública quando ela atua contra a pessoa jurídica de direito público à qual pertença".

Gabarito "D"

(Defensor Público/SP – 2012 – FCC) A prioridade na tramitação do processo judicial em todas as instâncias é expressamente garantida por lei federal às

(A) pessoas com doenças graves.
(B) crianças, adolescentes e idosos.
(C) crianças, adolescentes e às mulheres vítimas de violência doméstica.
(D) pessoas que estejam em situação de vulnerabilidade social.
(E) pessoas com deficiência.

A: correto (art. 1.211-A do CPC).

Gabarito "A"

(Defensor Público/AC – 2012 – CESPE) A respeito dos aspectos processuais da atuação do curador especial, assinale a opção correta com base no que dispõem o CPC e a jurisprudência do STJ.

(A) O réu preso tem direito a curador especial, ainda que tenha contestado a ação por intermédio de advogado constituído.
(B) A nomeação de curador especial ao incapaz só ocorrerá se este não tiver representante legal ou se os interesses do incapaz forem colidentes com os do representante legal.
(C) A natureza jurídica do curador especial é a de substituto processual.
(D) O curador especial, excetuado o dever de contestar especificadamente os fatos, atua, em geral, segundo sua convicção profissional, não sendo obrigado a interpor recurso.
(E) É imprescindível a intervenção da DP como curadora especial de menor em ação de destituição de poder familiar ajuizada pelo MP, sob pena de nulidade da ação.

A: incorreto, eis que somente será dado curador especial ao réu preso que não tenha constituído patrono nos autos. Ao menos, esse é o entendimento que dimana do aresto a seguir: "Processo civil. Execução. Praça. Intimação por edital. Possibilidade, desde que comprovada a existência de circunstância razoável que impeça a intimação pessoal. Réu preso. Nomeação de curador especial. Necessidade, desde que a parte não tenha advogado nomeado nos autos. [...] – Se a parte, mesmo estando presa, tem patrono nomeado nos autos, torna-se absolutamente despicienda a indicação de um curador especial para representá-la. Recurso especial conhecido e provido." (STJ, REsp 897.682/MS, rel. Min. Nancy Andrighi, 3ª T., j. 17.05.2007, DJ 04.06.2007, p. 353); **B:** correto (art. 9º, I, do CPC); **C:** incorreto. A curadoria especial – múnus público, por excelência – exsurge como função institucional da Defensoria Pública (art. 4º, XVI, da Lei Complementar 80/1994). O curador especial ostenta natureza jurídica de representante processual da parte assistida e atua com vistas a integrar a capacidade processual do incapaz (art. 9º, I, do CPC) ou para equilibrar o contraditório no caso de réu preso ou citado fictamente (art. 9º, II, do CPC). Avulta observar que tal representação perdura somente durante o processo em que foi nomeado, distinguindo-se, nesse ponto, da representação de direito material. Com efeito, parte é sempre o representado, motivo porquanto não há cogitar-se de substituição processual, eis que o curador especial não atua em nome próprio na tutela de interesses alheios, ainda quando ajuíze embargos à execução (Súmula 196 do STJ). Ao abono de tal posicionamento, note-se o magistério de Fredie Didier Jr.: "b) o curador especial é representante judicial, e não material, pois sua atuação se restringe aos limites o processo: encaixa-se a figura na teoria da representação. [...] e) o curador especial não é parte no processo, nem mesmo quando apresenta embargos à execução (enunciado 196 da súmula do STJ), ajuíza ação cautelar ou impetra mandado de segurança contra ato judicial; parte é o representado, cuja incapacidade foi regularizada com a nomeação do curador especial. Trata-se de representante processual" (DIDIER JR., Fredie. Curso de Direito Processual Civil. Vol. I. 11. ed. Salvador: Juspodivm, 2009, p. 241-242); **D:** incorreto. A doutrina de Nelson Nery Jr. e de Rosa Maria de Andrade Nery assevera que o curador especial tem a obrigação de defender os interesses do réu, seja contestando ou ajuizando embargos do devedor (Súmula 196 do STJ), conforme a natureza do processo, sob pena de ser destituído, a fim de que outro seja nomeado em seu lugar para efetivamente apresentar defesa. Todavia, dispõe da faculdade de interpor recurso, podendo, inclusive, renunciar ao prazo recursal ou desistir daquele interposto. Vale ressaltar que a reação oferecida pelo curador especial pode se dar inclusive de modo genérico, porquanto se acha desvencilhado do ônus da impugnação especificada dos fatos articulados pelo autor (art. 302, parágrafo único, do CPC). Nessa direção: "Atividade do curador especial. É destinada à defesa do réu, em face da possibilidade de não ter ciência de que contra ele corre ação judicial. A curadoria especial é múnus público, incumbindo ao curador o dever de, necessariamente, contestar o feito. Na falta de elementos, pode contestar genericamente (CPC 302, parágrafo único), não se lhe aplicando o ônus da impugnação especificada. Contestando genericamente, o curador especial controverte todos os fatos descritos na petição inicial, incumbindo ao autor o ônus de provar os fatos constitutivos de seu direito (CPC 333 I). Não há, neste caso, inversão do ônus da prova, mas aplicação ordinária da teoria do ônus da prova. Caso o curador não conteste, o juiz pode destituí-lo e nomear outro para que efetivamente apresente contestação na defesa do réu [...] Não é obrigado a recorrer, mas pode renunciar ao poder de recorrer bem como desistir do já interposto [...]" (NERY JR. Nelson; NERY, Rosa Maria de Andrade. Código de processo civil comentado e legislação extravagante. 9. ed. São Paulo: Ed. RT, 2006, p. 164); **E:** incorreto. Nessa direção: "Agravo regimental. Agravo de instrumento. Processo civil. Ação de destituição do poder familiar manejada pelo Ministério Público. Nomeação de curador especial à lide. Desnecessidade. Ausência de prejuízo aos menores. Representação adequada do parquet. 1. A ação de destituição do poder familiar, movida pelo Ministério Público, prescinde da obrigatória e automática intervenção da Defensoria Pública como curadora especial. 2. 'Somente se justifica a nomeação de Curador Especial quando colidentes os interesses dos incapazes e os de seu representante legal'. (REsp 114.310/SP) 2. 'Suficiente a rede protetiva dos interesses da criança e do adolescente em Juízo, não há razão para que se acrescente a obrigatória atuação da Defensoria Pública.' (REsp 1.177.636/RJ) 3. Agravo Regimental Desprovido." (AgRg no Ag 1.369.745/RJ, rel. Min. Paulo de Tarso Sanseverino, 3ª T., j. 10.04.2012, DJe 16.04.2012).

Gabarito "B"

(Defensor Público/ES – 2009 – CESPE) No que concerne ao direito processual civil, julgue os itens:

(1) A procuração geral para o foro, assinada pelo réu, habilita seu advogado, entre outros, a receber citação inicial, a ser intimado dos atos processuais e a reconhecer a procedência do pedido.
(2) Em causas que versem sobre direitos reais imobiliários, os cônjuges são litisconsortes necessários se réus, mas não o serão se autores.
(3) Ao proceder à citação da pessoa jurídica, é dever do oficial de justiça exigir prova da representação legal ou contratual da empresa para reputar válida e eficaz a diligência efetuada.

1: incorreto (vide art. 38 do CPC); **2:** correto, porque nos termos do art. 10 do CPC. Quando o autor for casado, salvo no caso do regime da separação absoluta de bens, será suficiente a autorização do cônjuge para a propositura da demanda (não se exige a formação de litisconsórcio ativo entre eles); **3:** incorreto. O oficial de justiça cumpre o mandado de citação nos termos em que fora esse expedido. Compete à parte autora indicar corretamente o representante legal da pessoa jurídica ré, e não ao oficial de justiça verificar se a indicação foi feita adequadamente.

Gabarito 1E, 2C, 3E

(Defensor Público/MA – 2009 – FCC) A citação poderá ser feita pelo correio, para qualquer comarca do País

(A) quando o autor residir em local não atendido pela entrega domiciliar de correspondência.
(B) quando for ré pessoa incapaz.
(C) quando for ré pessoa de direito público.
(D) nos processos de execução.
(E) nas ações de estado.

Embora pelo gabarito oficial tenha sido considerada correta a alternativa "A", a questão não tem resposta certa, uma vez que todas as alternativas dizem respeito a situações em que é vedada a citação por carta (art. 222 do CPC).

Gabarito "A"

(Defensor Público/MG – 2009 – FUMARC) A respeito da citação no código de processo civil, é CORRETO afirmar:

(A) No rito sumário, defesa é a citação por edital.
(B) Salvo para evitar o perecimento do direito, não será feita aos doentes, enquanto grave seu estado de saúde.
(C) Quando o réu for pessoa incapaz, será feita por carta com aviso de recebimento.
(D) Quando realizada em comarca distinta da que tramita o feito, depende necessariamente de carta precatória.
(E) Não pode ser feita por meio eletrônico.

A: incorreta, porque não existe tal vedação; **B:** correta, pois reflete a redação do art. 217, IV, do CPC; **C:** incorreta, porque o art. 222 veda a citação por carta quando o réu for pessoa incapaz; **D:** incorreta, porque a citação por carta pode ser determinada para qualquer comarca do País; **E:** incorreta (art. 221, IV).

Gabarito "B"

(Defensor Público/MT – 2009 – FCC) No tocante à citação

(A) interrompe a prescrição e, a não ser que ordenada por juiz incompetente, constitui em mora o devedor.
(B) sua falta não é convalidada pelo comparecimento espontâneo do réu.
(C) quando válida, torna prevento o juízo, induz litispendência, faz litigiosa a coisa e interrompe a prescrição, que retroagirá à data da propositura da ação.
(D) sua falta ou nulidade não podem ser reconhecidas de ofício pelo juiz.
(E) será feita apenas no domicílio ou na residência do réu.

A: incorreta, porque mesmo que determinada por juízo incompetente, a citação interrompe a prescrição e constitui o devedor em mora (art. 219 do CPC); **B:** incorreta (v. art. 214, § 1º, do CPC); **C:** correta, pois reflete o disposto no art. 219 do CPC; **D:** incorreta, porque falta ou nulidade de citação constituem matérias de ordem pública (devido processo legal, contraditório e ampla defesa), o que permite que o juiz conheça do vício de ofício; **E:** incorreta, uma vez que a citação efetuar-se-á em qualquer lugar em que se encontre o réu (art. 216, CPC).

Gabarito "C"

(Defensor Público/MT – 2009 – FCC) Quanto às funções exercidas pelo juiz:

(A) visando à justiça de cada caso, deve como regra julgar por equidade.
(B) deve zelar pelo tratamento isonômico das partes, conciliá-las sempre que possível, procurar a rápida solução do litígio e prevenir ou reprimir qualquer ato contrário à dignidade da justiça.
(C) diante do princípio da iniciativa da parte, deve aguardar que esta requeira as provas a serem produzidas, não podendo fazê-lo de ofício.
(D) pode decidir livremente a lide, desde que fundamentadamente, podendo examinar quaisquer questões do processo, levantadas ou não pelas partes, em busca de subsídios para o julgamento.
(E) as decisões aplicam sempre as normas legais, sendo-lhe defeso utilizar-se de outros meios para despachar ou sentenciar.

A: incorreta, pois o juiz só está autorizado a julgar por equidade nos casos previstos em lei (art. 127 do CPC); **B:** correta (art. 125, I a IV, do CPC); **C:** incorreta (art. 130, CPC); **D:** incorreta (art. 128 do CPC); **E:** incorreta (art. 126 do CPC).

Gabarito "B"

(Defensor Público/PA – 2009 – FCC) Analise as seguintes afirmativas a respeito da citação nos procedimentos regulados pelo Código de Processo Civil:

I. É ao juiz que compete verificar se é caso ou não de citação com hora certa, e não ao oficial de justiça.
II. Não é válida a citação por edital publicado no juízo deprecante quando o réu não for localizado no juízo deprecado e estiver em lugar incerto e não sabido. A citação se faz unicamente no juízo deprecado.

III. Vale a citação de pessoa jurídica feita por fax, se recebido pelo representante legal da ré.

IV. A falta de menção do prazo para que seja considerada perfeita a citação por edital torna-a ineficaz.

V. No procedimento sumário, o mandado de citação deverá consignar dia, hora e lugar da audiência e que nela deverá ser apresentada a defesa, sob pena de nulidade.

Está correto o que se afirma SOMENTE em

(A) V.
(B) I, II e III.
(C) II, III e IV.
(D) III, IV e V.
(E) IV e V.

I: incorreta, porque o oficial de justiça não depende de autorização do juiz para realizar a citação com hora certa (ar. 228 do CPC); **II:** incorreta ("quando o réu não for localizado no juízo deprecado e estiver em local incerto e não sabido, a citação por edital deve ser providenciada perante o juízo deprecante" – STJ, CC 36.213); **III:** incorreta, porque citação por fax não é admitida pelo ordenamento jurídico; **IV:** correta (*JTA* 48/198); **V:** correta (art. 277).

Gabarito "E".

(Defensor Público/MS – 2008 – VUNESP) Os incapazes têm capacidade para ser parte no processo, desde que representados ou assistidos por seus pais, tutores ou curadores. Advindo conflito entre ambos, deve o juiz

(A) remeter os autos do Ministério Público para atuar como substituto processual.
(B) suspender o curso do processo, até que cesse o Poder Familiar, a Tutela ou a Curatela.
(C) nomear Curador Especial.
(D) destituir os pais do Poder Familiar, o Tutor ou Curador.

Art. 9º, I, do CPC.

Gabarito "C".

(Defensor Público/MS – 2008 – VUNESP) O réu, devidamente citado, apresentando contestação, mas verificando o juiz a incapacidade processual ou defeito de representação, deve

(A) assinalar prazo razoável para a sanar o defeito e caso não haja a regularização, deverá declarar o réu revel.
(B) intimá-lo pessoalmente, para regularizar os autos em 48 horas.
(C) extinguir o processo sem resolução do mérito, por falta de pressuposto processual.
(D) extinguir o processo sem resolução do mérito, por não cumprimento da regularização.

Verificada a irregularidade de representação processual da parte, o juiz deve suspender o feito para que a parte sane o aludido defeito. Não atendido tal comando dentro do prazo determinado, o juiz deve decretar a revelia do requerido (art. 13, *caput*, e inciso II, do CPC).

Gabarito "A".

(Defensor Público/MT – 2007 – DPE/MT) Analise os itens abaixo, no tocante aos deveres das partes e de todos aqueles que, de qualquer forma, participarem do processo.

I. Expor os fatos em juízo conforme a verdade.

II. Proceder com lealdade e boa-fé.

III. Não formular pretensões, nem alegar defesa, cientes de que são destituídas de fundamento.

IV. Não produzir provas, nem praticar atos inúteis ou desnecessários à declaração ou defesa do direito.

V. Cumprir com exatidão os provimentos mandamentais, e não criar embaraços à efetivação de provimentos judiciais, seja de natureza final ou antecipatória.

Estão corretos:

(A) Apenas os itens I, II e V.
(B) Apenas os itens II, IV e V.
(C) Apenas os itens I, III e IV.
(D) Apenas os itens I, II, IV e V.
(E) Os itens I, II, III, IV e V.

De acordo com o que prevê o art. 14 do CPC.

Gabarito "E".

(Defensor Público/PA – 2006 – UNAMA) São casos de suspeição do juiz quando:

(A) for amigo íntimo ou inimigo capital de qualquer das partes, funcionou como órgão do Ministério Público ou for herdeiro presuntivo de uma das partes.
(B) for amigo íntimo ou inimigo capital de qualquer das partes, for donatário de alguma das partes ou alguma das partes for devedora do juiz.
(C) prestou depoimento como testemunha, for herdeiro presuntivo de uma das partes ou empregador de uma das partes.
(D) for órgão de administração de pessoa jurídica que é parte da causa, quando amigo íntimo de qualquer das partes ou quando receber dádivas antes de iniciado o processo.

A: incorreto. O juiz que oficiou anteriormente no feito na condição de membro do *Parquet* é *impedido* e não suspeito para a causa (art. 134, II, do CPC); **B:** correto (art. 135, I, II e III, do CPC); **C:** incorreto, pois o juiz se torna *impedido* para o julgamento do processo em que foi ouvido como testemunha (art. 134, II, do CPC); **D:** incorreto. Se o juiz for órgão de administração de pessoa jurídica que é parte na causa, sobrevém hipótese de impedimento e não de suspeição (art. 134, VI, do CPC).

Gabarito "B".

(Defensor Público/AC – 2006 – CESPE) Determinada ação de investigação de paternidade, cumulada com ação de alimentos proposta por um defensor público foi contestada. Ao receber a contestação para réplica, o defensor público constatou que não foi juntado aos autos o instrumento de mandato do réu para seu advogado. Nesse caso, seria adequado que o defensor público

(A) requeresse a decretação da revelia na peça processual em que versará sobre a contestação.
(B) solicitasse a regularização da representação processual do réu, sob pena de decretação da revelia.
(C) se manifestasse apenas no momento das alegações finais.
(D) não se manifestasse, pois cabe exclusivamente ao juiz dirigir o processo, velando por sua regularidade.

A alternativa "B" está correta. O defensor, vislumbrando o defeito de representação do réu em juízo, deve requerer a suspensão do processo, a fim de que a parte regularize a situação dentro do prazo assinalado pelo juiz. Persistindo a irregularidade, o juiz deve decretar a revelia do réu. (art. 13, *caput*, e inciso II, do CPC).

Gabarito "B".

(Defensor Público/MG – 2006 – FUNDEP) Analise as seguintes afirmativas em relação ao Defensor Público, no exercício da prestação de assistência judicial, integral e gratuita aos necessitados.

I. Constitui prerrogativa do Defensor Público receber intimação pessoal em qualquer processo e grau de jurisdição, sob pena de nulidade.

II. Os prazos para o Defensor Público serão computados em quádruplo para contestar e, em dobro, para recorrer.

III. Nas ações que patrocinar contra o Estado, é incabível a condenação destes em honorários advocatícios, caracterizando-se, nessa situação, o instituto da confusão entre credor e devedor.

IV. A contagem diferenciada dos prazos processuais aplicáveis aos Defensores públicos entende-se ao advogado particular de beneficiário da justiça gratuita.

V. O Defensor Público não pode patrocinar ações judiciais contra as Pessoas jurídicas de Direito Público.

A partir dessa análise, pode-se concluir que.

(A) Apenas as afirmativas I e III estão corretas.
(B) Apenas as afirmativas II, IV estão corretas.
(C) Apenas as afirmativas I,II,III e IV estão corretas.
(D) Todas as afirmativas estão corretas.
(E) Todas as afirmativas estão incorretas.

I: correta, pois conforme disposto no art. 5º, § 5º, da Lei 1.060/1950 e o art. 44 da Lei Complementar 80/1994, é prerrogativa da Defensoria Pública a intimação pessoal, e sua não realização acarreta a nulidade absoluta (REsp 1.035.716/MS); **II:** incorreta (art. 188 do CPC); **III:** art. 5º, § 5º, da Lei 1.060/1950; **IV:** incorreta, pois não ocorre tal extensão (TRF-3ª Região, AR 75.462/SP); **V:** incorreta (art. 4º, § 2º, da Lei Complementar nº 80/1994).

Gabarito "A".

3. Atos Processuais

(Defensor Público/TO – 2013 – CESPE) À luz da legislação e da jurisprudência do STF, assinale a opção correta acerca dos prazos processuais.

(A) Nas ações reivindicatórias propostas contra um casal, ainda que os cônjuges estejam representados por procuradores diferentes, o prazo para os litisconsortes apresentarem contestação é de quinze dias, contados da juntada aos autos do último aviso de recebimento ou mandado citatório cumprido.

(B) Se, em uma ação contra dois demandados representados por advogados diferentes, apenas um deles sucumbir, o prazo para o sucumbente recorrer será contado em dobro.

(C) Em ações em que atue apenas como fiscal da lei, o MP terá dez dias para interpor agravo de instrumento.

(D) Nas ações em que a parte se encontra assistida pela DP, o prazo para contestar será computado em quádruplo e o prazo para recorrer será computado em dobro.

(E) Se, proposta ação em desfavor de diversos litisconsortes facultativos e representados por diferentes procuradores, um deles requerer, no prazo da contestação, a limitação no número de demandados, o prazo para contestar deverá ser computado em dobro a partir da intimação da decisão do pedido de limitação.

A: incorreto. A respeito, observe-se o seguinte precedente do STJ: "Processual civil. Recursos especiais. Réus com diferentes advogados. Prazo em dobro para oferecimento de contestação. Exceção de incompetência. Suspensão do processo. Reinício do prazo remanescente com a intimação do réu acerca do recebimento dos autos pelo juízo declarado competente. 1. Os réus fazem jus ao prazo em dobro para oferecimento de suas contestações – independentemente de requerimento –, por terem patronos distintos, mesmo sendo casados e constando como promitentes compradores no contrato de promessa de venda e compra de imóvel. 2. Conforme iterativa jurisprudência deste Tribunal, a melhor interpretação a ser conferida ao artigo 306 do Código de Processo Civil é a de que, acolhida a exceção de incompetência, o processo permanece suspenso, só reiniciando o prazo remanescente para contestar após a intimação do réu acerca do recebimento dos autos pelo Juízo declarado competente. 3. Recursos especiais providos." (REsp 973.465/SP, rel. Min. Luis Felipe Salomão, 4ª T., j. 04.10.2012, DJe 23.10.2012); **B:** incorreto. Nesse sentido: "Agravo regimental. Agravo em recurso especial. Recurso especial intempestivo. Inexistência de litisconsórcio. Prazo em dobro. Art. 191 do CPC. Não aplicação. Sucumbência apenas do agravante. Decisão agravada mantida. 1.– O prazo em dobro para recorrer se aplica quando os litisconsortes, com diferentes procuradores, sucumbirem diante da decisão recorrida. Não havendo interesse recursal por um dos litisconsortes, por não haver sucumbência, não incide a regra do art. 191 do Código de Processo Civil. 2.– Agravo Regimental improvido." (AgRg no AREsp 218.330/PR, rel. Min. Sidnei Beneti, 3ª T., j. 23.10.2012, DJe 09.11.2012); **C:** incorreto (art. 188 do CPC). Corroborando o que ora se afirma, observe-se o seguinte aresto da Corte Superior: "Recurso especial. Estatuto da Criança e do adolescente. Ministério Público. Prazo em dobro para recorrer. Prerrogativa. Arts. 188, CPC, e 198, II, do ECA. Na linha da jurisprudência desta Corte, o Ministério Público tem prazo em dobro para recorrer, seja nos casos em que atua como parte, seja naqueles em que oficia como fiscal da lei. O art. 198, do ECA, aplica-se somente na parte expressamente diversa do Código de Processo Civil, que continua a ser adotado no atinente à sistemática recursal, na qual inclui a prerrogativa prevista no art. 188, do CPC. Recurso especial conhecido e provido." (REsp 706.704/SC, rel. Min. José Arnaldo da Fonseca, 5ª T., j. 04.08.2005, DJ 05.09.2005, p. 472); **D:** incorreto, visto que o defensor público goza da prerrogativa de contagem em dobro de todos os prazos processuais (arts. 44, I, 89, I e 126, I, da LC 80/1994). Na mesma direção: "Processual civil. Litisconsórcio passivo. Citação. Réus representados por defensor público. Início do prazo para contestar. Art. 241 do CPC vs. Art. 128, I, da LC 80/1994. Prevalência do primeiro dispositivo. 1. Trata-se de recurso especial interposto contra acórdão que manteve a intempestividade de contestações apresentadas por certos réus. 2. Nas razões recursais, sustentam os recorrentes ter havido violação ao art. 128, I, da Lei Complementar 80/1994, ao argumento de que, no caso, o prazo em dobro para oferecer a contestação não pode ser contato da data da juntada do último mandado de citação, na forma do art. 241 do Código de Processo Civil – CPC, pois os recorrentes eram assistidos por Defensoria Pública – o que atrai o início da contagem para a vista pessoal do defensor. 3. Em primeiro lugar, o art. 128, I, da Lei Complementar 80/1994 não fala em citação, mas em intimação. Daí porque não é aplicável ao caso. 4. Em segundo lugar, o ato citatório é personalíssimo, sendo realizado sempre na pessoa do réu, e não da seu [sic] defensor (mesmo quando o réu é representado por advogado particular), contando-se o prazo na forma do art. 241 do CPC. Esta regra só é afastada quando o réu é revel. 5. Em terceiro lugar, admitir a tese da Defensoria Pública importaria em contemplar, por via indireta, uma espécie de interrupção do prazo para apresentação de contestação que não está prevista no ordenamento jurídico. 6. Recurso especial não provido." (REsp 660.900/MS, rel. Min. Mauro Campbell Marques, 2ª T., j. 19.11.2009, DJe 27.11.2009); **E:** correto (arts. 46, parágrafo único, e 191 do CPC).

Gabarito "E"

(Defensor Público/AM – 2011 – Instituto Cidades) Sendo os prazos processuais frações de tempo entre dois termos, pode-se afirmar que

(A) são sempre preclusivos e uma vez exauridos impedem a realização do ato a eles subordinados, mesmo quando concedido em favor da parte e o juiz admitir a prática tardia;

(B) obedecem ao princípio da continuidade, mas se interrompem pela superveniência do recesso forense;

(C) se subordinam ao princípio da brevidade, dirigido tanto ao legislador como ao juiz;

(D) não se interrompem, nem se suspendem, pela superveniência das férias e feriados, embora não se computem, na contagem, os sábados e domingos por não haver expediente forense;

(E) podem ser prorrogados pelo juiz, salvo quando peremptórios, os quais vencem na data marcada sem possibilidade de ampliação.

A: incorreto. A assertiva está errada por dois motivos: primeiro porque os prazos processuais podem ou não gerar preclusão, de acordo com o seu destinatário. De um modo geral, se assinalados às partes, os prazos serão próprios e, portanto, preclusivos; por sua vez, se fixados para o juiz ou auxiliares da justiça, serão impróprios, não ensejando, pois, preclusão. O segundo equívoco consiste no fato de que, havendo justa causa, o juiz poderá assinar novo prazo para que a parte pratique o ato (art. 183 do CPC); **B:** incorreto, já que a superveniência do recesso forense é causa de *suspensão* dos prazos processuais (art. 179 do CPC); **C:** correto. Tal mandamento é corolário do princípio constitucional da celeridade processual esculpido no art. 5º, LXXVIII, da CF, de modo que o processo deve atingir o seu desfecho com a maior rapidez possível; **D:** incorreto. Os dias em que o fórum estiver fechado são computados normalmente na contagem do prazo. Todavia, se o termo final do prazo se der em feriado ou quando não haja expediente forense (sábados e domingos, *v.g.*), o prazo será prorrogado até o primeiro dia útil subsequente (art. 184, § 1º, I, do CPC); **E:** incorreto. Mesmo os prazos peremptórios podem ser dilatados pelo juiz, diante, por exemplo, de calamidade pública ou nas comarcas onde for difícil o transporte (art. 182 do CPC).

Gabarito "C"

(Defensor Público/PA – 2006 – UNAMA) Considere as seguintes afirmações em matéria de atos processuais:

I. A citação e a penhora poderão, em qualquer caso, realizar-se em domingos e feriados.

II. A citação, mesmo quando ordenada por juiz incompetente, constitui em mora o devedor e interrompe a prescrição.

III. O prazo, estabelecido pela lei ou pelo juiz, é contínuo, não se interrompendo nos feriados.

IV. Não havendo previsão legal e nem determinação pelo juiz, será de 10 dias o prazo para a prática de ato processual a cargo da parte.

Somente é correto o que se afirma em:

(A) I e II.

(B) II e III.

(C) II, III e IV.

(D) III.

I: incorreto. A realização de citação e a penhora em dias em que não haja expediente forense é excepcional e depende de autorização judicial expressa (art. 172, § 2º, do CPC); **II:** correto (art. 219, *caput*, do CPC); **III:** correto (art. 178 do CPC); **IV:** incorreto. O prazo é de 5 dias (art. 185 do CPC).

Gabarito "B"

4. Litisconsórcio, Assistência e Intervenção de Terceiros

(Defensor Público/TO – 2013 – CESPE) Fernando ingressou, contra João e JJJ Locadora de Veículos Ltda., com ação de reparação de danos, sob o argumento de que João, conduzindo um veículo locado pela JJJ, provocou um acidente que causou a ele, Fernando, danos de ordem material e moral. A locadora possuía contrato de seguro do veículo locado.

Considerando essa situação hipotética, assinale a opção correta.

(A) A jurisprudência do STF entende que, em situações como essa, a responsabilidade deve recair somente sobre a locadora do veículo.

(B) Qualquer dos demandados pode chamar ao processo a seguradora, para que seja responsabilizada pelos danos causados ao autor.

(C) Diante da existência de um contrato de seguro, a locadora de veículos deve nomear à autoria a seguradora, para que esta assuma a condição de sujeito passivo da relação processual.

(D) A JJJ Locadora de Veículos Ltda. deverá proceder à denunciação da lide à seguradora, no prazo da contestação, sob pena de preclusão.

(E) A JJJ Locadora de Veículos Ltda. deverá ser excluída da relação processual por ilegitimidade passiva, devendo a responsabilidade pelos danos causados recair unicamente sobre o causador do acidente.

A e **E:** incorretos (Súmula 492 do STF: "A empresa locadora de veículos responde, civil e solidariamente com o locatário, pelos danos por este causados a terceiro, no uso do carro locado"); **B:** incorreto, visto que se revela incabível o chamamento ao processo, à míngua de implemento das hipóteses delineadas no art. 77 do CPC; **C:** incorreto. A nomeação à autoria é mecanismo provocado de intervenção de terceiros que se destina à correção do polo passivo da demanda. É cabível quando a ação é aforada em face do detentor da coisa móvel ou imóvel, o qual, justo por não ser o titular do direito material afirmado pelo autor, aponta o verdadeiro titular do bem (proprietário ou possuidor); cabe, ainda, quando o réu de ação indenizatória promovida pelo proprietário ou por quem detenha direitos sobre a coisa assevera obedecer ordens ou seguir instruções de terceiro. O objetivo em ambos os casos é fazer com que haja a substituição de quem figura no polo passivo da lide – eis que parte ilegítima – pelo verdadeiro legitimado, a fim de que o mesmo assuma o processo. De qualquer sorte, nenhum desses escopos se coaduna com o descrito na assertiva (arts. 62 e 63 do CPC); **D:** correto. A locadora deverá denunciar da lide à seguradora, com fulcro no art. 70, III, do CPC, no prazo de contestação (art. 71 do CPC), sob pena de preclusão.

Gabarito "D"

(Defensor Público/SE – 2012 – CESPE) Assinale a opção correta com relação ao litisconsórcio e à intervenção de terceiros.

(A) Se o assistido for revel, o assistente deverá ser excluído do processo.

(B) A ação de oposição proposta antes da audiência deve seguir o procedimento ordinário, podendo ser julgada depois da causa principal.

(C) Tratando-se de denunciação da lide, ordenada a citação, o processo fica suspenso.

(D) No caso de nomeação à autoria, o autor é obrigado a aceitar o nomeado.

(E) O juiz pode limitar o litisconsórcio necessário em relação ao número de litigantes caso este comprometa a rápida solução do litígio ou dificulte a defesa.

A: incorreto (art. 52, parágrafo único, do CPC); **B:** incorreto (art. 59 do CPC); **C:** correto (art. 72, caput, do CPC); **D:** incorreto (art. 65 do CPC); **E:** incorreto, visto que a limitação do litisconsórcio multitudinário só se afigura possível quando se cuidar de litisconsórcio facultativo (art. 46, parágrafo único, do CPC).

Gabarito "C"

(Defensor Público/PR – 2012 – FCC) Acerca do litisconsórcio, da assistência e da intervenção de terceiros no processo civil, é correto afirmar:

(A) Havendo um número exagerado de litisconsortes necessários no polo passivo do processo, o juiz poderá limitar o número de litigantes e determinar o desdobramento das ações, quando tal fato comprometer a rápida solução do litígio ou dificultar a defesa.

(B) O pedido de limitação do litisconsórcio multitudinário deve ser feito pelo réu no bojo da contestação, sob pena de ocorrer preclusão consumativa.

(C) Não sendo o assistente adesivo parte no processo, eventual derrota do assistido não implicará na condenação daquele nas custas processuais, mesmo a despeito de sua efetiva participação na demanda.

(D) Proposta ação anulatória de arrematação judicial contra o exequente e o arrematante, terceiro que se considera o verdadeiro proprietário do bem, poderá, visando a participar do processo em curso, ajuizar oposição contra todos os litigantes da demanda anulatória.

(E) A denunciação à lide funda-se no ajuizamento, pelo denunciante, de lide eventual, subsidiária, processada em *simultaneus processus* com a ação principal, cujo julgamento ocorre *secundum eventum litis*, envolvendo direito de garantia, de regresso ou de indenização que o denunciante pretende exercer contra o denunciado.

A: incorreto, visto que a limitação do litisconsórcio multitudinário só se afigura possível quando se cuidar de litisconsórcio facultativo (art. 46, parágrafo único, do CPC); **B:** incorreto. O pedido de limitação deve ser formulado antes do oferecimento de resposta. Ademais, sua simples arguição interrompe o respectivo prazo, o qual se reinicia após a intimação da deliberação que resolver o ponto (art. 46, parágrafo único, segunda parte, do CPC); **C:** incorreto. A assistência, que possui natureza jurídica de intervenção espontânea de terceiros, só pode ser admitida quando demonstrado interesse jurídico pelo assistente, tendo cabimento em qualquer tipo de procedimento e em todos os graus de jurisdição (art. 50 do CPC). Cumpre esclarecer que o assistente simples ou adesivo figura na lide como parte auxiliar, gozando, pois, das mesmas faculdades, ônus, poderes e deveres atribuídos às partes principais; não é por outro motivo que o assistente, ressalvadas as exceções dispostas no art. 55, I e II, do CPC, fica vinculado à justiça da decisão, ou seja, aos fundamentos fáticos e jurídicos que lastrearam a sentença proferida entre as partes originárias. A doutrina denomina tal fenômeno eficácia da intervenção, o qual não se confunde, em absoluto, com a coisa julgada, eis que esta se cinge a tornar imutável somente o dispositivo da decisão (art. 469 do CPC). Nesse sentido, note-se a doutrina de Dinamarco: "Ao intervir, o terceiro adquire a qualidade de parte. Qualquer que seja a modalidade de assistência, ele terá faculdades, ônus, poderes e deveres inerentes à relação processual. Tem a liberdade de participar, praticando atos do processo. É legitimado a recorrer de decisões desfavoráveis ao assistido. Está, como toda parte, sob sujeição ao poder exercido pelo juiz (art. 52 – supra, n. 522). Mas, como o litígio não é seu, nem seu o direito que ele vem defender, o assistente não tem poderes de disposição sobre o processo ou sobre a relação jurídica substancial controvertida, nem está autorizado a contrariar as estratégias de defesa do assistido. É, portanto, uma parte auxiliar" (DINAMARCO, Cândido Rangel. Instituições de Direito Processual Civil. Vol. II. 5. ed. São Paulo: Malheiros, 2005, p. 388-389). Finalmente, se o assistido for sucumbente, o assistente também deverá ser condenado a arcar com as despesas processuais e honorários advocatícios, na forma do art. 32 do CPC; **D:** incorreto. A oposição se consubstancia como modalidade de intervenção espontânea de terceiros, em que o opoente ajuíza demanda contendo pretensão incompatível com aquela deduzida pelos opostos no processo principal. Como a oposição é exercida perante autor e réu da ação originária, a doutrina a denomina demanda bifronte, tendo em vista a formação de um litisconsórcio passivo necessário entre tais partes. Ademais, insta salientar que a oposição configura a inserção de uma nova lide em processo pendente, daí por que há um acréscimo tanto subjetivo (de parte) quanto objetivo (de pedido). No caso sob exame, o sujeito que alega a titularidade do bem não exerce pretensão, de per si, incompatível com a deduzida pelas partes da ação anulatória, porquanto pretende tão somente a liberação de constrição judicial indevidamente lançada sobre coisa que pretensamente lhe pertence; portanto, mostram-se diversos os objetos perseguidos em cada uma das demandas apontadas. Sendo assim, para a consecução de tal mister, afiguram-se adequados os embargos de terceiro, ex vi do art. 1.046, caput, do CPC. Nesse sentido: "Quando o terceiro tem a reclamar de uma constrição efetivada sobre bem do qual se diz titular, o caminho adequado não é a oposição mas os embargos de terceiro, que sempre dão origem a um processo novo. O embargante não intervém, portanto, nem essa é uma modalidade de intervenção. Os embargos de terceiro servem para impugnar a constrição sofrida em qualquer espécie de processo – quer executivo, monitório, cautelar ou mesmo de conhecimento (arts. 1.046 ss.)" (DINAMARCO, Cândido Rangel. Instituições de Direito Processual Civil. Vol. II. 5. ed. São Paulo: Malheiros, 2005, p. 384) [grifos no original]. Corroborando tal ensinança: "A oposição não se confunde com os embargos de terceiro, ação em que terceiro postula ao juiz que faça cessar a constrição determinada no processo em que ele não é parte. Neles, não há incompatibilidade entre a pretensão do embargante e a das partes. O terceiro não disputa com elas o mesmo objeto litigioso, mas apenas busca fazer cessar uma constrição que, equivocadamente, recaiu sobre seu bem. Os embargos de terceiro não mantêm, por isso, relação de prejudicialidade com a ação originária, que poderá prosseguir, mesmo que eles sejam acolhidos" (GONÇALVES, Marcus Vinícius Rios. Novo Curso de Direito Processual Civil. Vol 1. 8. ed. São Paulo: Saraiva, 2011, p. 184-185). **E:** correto. A denunciação da lide – modalidade de intervenção provocada de terceiros – tem natureza de ação condenatória que surge, seja por provocação do autor ou do réu, no bojo de outra ação condenatória. Presta-se à obtenção de sentença que reconheça o direito de regresso do denunciante em face do terceiro alienante, proprietário, possuidor indireto ou responsável civil, tudo, insista-se, dentro da mesma relação processual travada originariamente entre autor e réu. Isso posto, cumpre esclarecer que a lide secundária travada entre denunciante e denunciado só terá seu mérito resolvido quando sobrevier resultado desfavorável, na lide principal, ao litisdenunciante. Assim, se o autor se sagrar vencedor na demanda originária, de modo a obter a condenação do réu, por exemplo, ao pagamento de determinada quantia, o juiz deve, na mesma sentença, decidir a ação condenatória remanescente instaurada entre o réu, na condição de litisdenunciante, e o terceiro, enquanto litisdenunciado, tudo com lastro no direito de regresso alegado por quem se socorre de tal forma de intervenção de terceiros (art. 76 do CPC). Logo, a sucumbência do denunciante na lide principal constitui condição sine qua non para a apreciação da denunciação da lide.

Gabarito "E"

(Defensor Público/RS – 2011 – FCC) Do litisconsórcio, da assistência e da intervenção de terceiros no Código de Processo Civil.

(A) Embora recomendável para garantir a eficácia da sentença, não é obrigatória a citação de todos os litisconsortes necessários, diante do fenômeno da substituição processual.
(B) a nomeação à autoria, se o nomeado, após realizada a citação, negar a qualidade que lhe é atribuída, o processo continuará contra o nomeante, o qual não terá novo prazo para contestar, face ao princípio da eventualidade aplicável no momento da contestação.
(C) Na denunciação da lide feita pelo autor, o denunciado que comparecer poderá aditar a petição inicial, uma vez que assume a posição de litisconsorte do denunciante.
(D) Transitada em julgado a sentença, na causa em que interveio o assistente, este não poderá, em processo posterior, discutir a justiça da decisão, mesmo na hipótese de provar que desconhecia a existência de alegações ou de provas, de que o assistido, por dolo ou culpa, não se valeu.
(E) Na assistência simples, o terceiro tem interesse jurídico em que a sentença seja favorável a uma das partes, sendo considerado, assim, litisconsorte da parte assistida, por também ser titular do direito discutido.

A: incorreto. A citação dos litisconsortes necessários é indispensável, sob pena de extinção do processo. Com efeito, trata-se de verdadeira condição de eficácia da sentença, cujo desrespeito acarreta a *inexistência* do processo em relação àquele que, por força de lei ou em decorrência da própria natureza da relação jurídica, deveria ter sido integrado à lide desde o início (art. 47, parágrafo único, do CPC); **B:** incorreto, já que ao nomeante será devolvido o prazo de defesa (art. 67 do CPC); **C:** correto (art. 74 do CPC); **D:** incorreto. Se o assistente lograr êxito em comprovar o desconhecimento da existência de alegações ou de provas de que o assistido, por dolo ou culpa, não se valeu, não será afetado pela *justiça da decisão*, isto é, poderá rediscutir, em demanda autônoma, os fundamentos em que se assentou a sentença de mérito (art. 55, II, do CPC); **E:** incorreto. Na assistência simples, o assistente não é titular do direito material discutido. Ele não possui relação jurídica com o adversário do assistido, de modo que, em havendo sentença contrária aos interesses da parte assistida, somente pela via reflexa é que o assistente tem sua esfera jurídica afetada. Do contrário, a hipótese seria de *assistência litisconsorcial*, e não de assistência simples, como narrado pela questão. "O decisivo é a intensidade do interesse do assistente no resultado da demanda. Na litisconsorcial, o terceiro poderia ser parte desde o início, pois direito seu está sendo discutido no processo" (DESTEFENNI, Marcos. *Curso de Processo Civil. Vol. 1, Tomo I.* 2. ed. São Paulo: Saraiva, 2009, p. 204). Nesta última espécie, o assistente poderia ter figurado como litisconsorte do assistido desde o início da demanda. Todavia, não tendo sido integrado à ação desde os seus primórdios, ingressa no feito na condição de assistente litisconsorcial.

Gabarito "C"

(Defensor Público/AL – 2009 – CESPE) Considerando que o locador de um imóvel comercial seja citado para responder a uma ação em que terceira pessoa, dizendo-se legítimo possuidor, pleiteie a posse do bem locado, julgue os itens a seguir.

(1) Ao locador, da mesma maneira que ocorre quanto ao evicto, cabe promover a denunciação à lide do locatário para garantir o seu direito a eventual indenização por perda da posse do bem locado, sob pena de perder o direito de regresso.
(2) Caso o locador, ou outra parte do feito, não promova a denunciação do locatário à lide, este não poderá ingressar no feito em tal condição, até porque se cuida de hipótese de intervenção de terceiros provocada. Resta, porém, a possibilidade de o locatário ingressar no feito como assistente, provado o seu interesse jurídico no julgamento favorável ao locador.

1: incorreto. A denunciação da lide – modalidade de intervenção provocada de terceiros – tem natureza de ação condenatória que surge, seja por provocação do autor ou do réu, no bojo de outra ação condenatória. Presta-se à obtenção de sentença que reconheça o direito de regresso do denunciante em face do terceiro alienante, proprietário, possuidor indireto ou responsável civil, tudo, insista-se, dentro da mesma relação processual travada originariamente entre autor e réu. Antes de mais nada, cremos que o examinador incorreu em ligeiro equívoco ao inverter a ordem das palavras locador e locatário, visto que, num contrato de locação, quem detém a posse direta do bem é o locatário, e não o locador. Posta tal premissa, a denunciação da lide ao locador (e não ao locatário, insista-se) é *facultativa* e não obrigatória (como se dá nos casos de denunciação da lide ao alienante, na forma do art. 70, I, do CPC). Logo, o inquilino que se sagrar sucumbente na lide originária, poderá, em demanda autônoma, exercer seu direito de regresso perante o locador (art. 70, II, do CPC). Cumpre registrar, por oportuno, que, quando o evicto não denunciar a lide ao alienante, fica impossibilitado tão somente de pleitear a indenização (danos emergentes e lucros cessantes) decorrentes da evicção. Porém, isso não o privará de, posteriormente, reaver o *preço* pago ao vendedor, sob pena de enriquecimento ilícito deste. Nesse sentido, observe-se o seguinte precedente da Corte Especial: "Evicção. Denunciação da lide. Precedentes da Corte. 1. Já assentou a Corte, em diversos precedentes, que o *direito que o evicto tem de recobrar o preço, que pagou pela coisa evicta, independe, para ser exercitado, de ter ele denunciado a lide ao alienante, na ação em que terceiro reivindicara a coisa.* 2. Recurso especial não conhecido." (REsp 255639/SP, rel. Min. Carlos Alberto Menezes Direito, 3ª T, j. 24.04.2001, DJ 11.06.2001, p. 204) [grifos nossos]; **2:** correto. O locador tem interesse jurídico bastante para pleitear sua admissão como assistente do locatário, visto que sua esfera patrimonial pode ser indiretamente atingida caso o julgamento da lide originária seja desfavorável ao locatário, hipótese em que este terá direito de regresso em face do locador, com fulcro no art. 70, II, do CPC. A assistência, além de ser admitida apenas quando demonstrado *interesse jurídico* pelo assistente, tem cabimento em qualquer tipo de procedimento e em todos os graus de jurisdição (art. 50 do CPC).

Gabarito 1E, 2C

(Defensor Público/MG – 2009 – FUMARC) A respeito das diversas formas de intervenção de terceiros, é CORRETO afirmar:

(A) A denunciação da lide é cabível ao proprietário, quando o réu, citado em nome próprio, exerce a posse direta da coisa demandada.
(B) Na oposição, o terceiro opoente coloca-se contrário à pretensão deduzida pelo autor, auxiliando o réu.
(C) A correção do polo passivo da demanda é feita através do chamamento ao processo daquele que nela deve figurar como réu.
(D A nomeação à autoria é cabível quando apenas um dos devedores solidários é acionado judicialmente e pretende, no mesmo processo, a responsabilização dos codevedores.
(E) A oposição, oferecida antes da audiência, será processada nos autos principais e correrá simultaneamente com a ação.

A: correta (art. 70, II, CPC); **B:** incorreta, porque o opoente passa a ser adversário tanto do autor, quanto do réu; **C:** incorreta, pois a correção do polo passivo dá-se pela nomeação a autoria, e não pelo chamamento ao processo; **D:** incorreta, porque essa é uma das hipóteses em que se admite o chamamento ao processo; **E:** incorreta, porque a oposição, nesse caso, será apensada aos autos principais (art. 59, CPC).

Gabarito "A"

(Defensor Público/MT – 2009 – FCC) Ao modo de intervenção de terceiros que envolve fiador e devedores solidários dá-se o nome de

(A) denunciação da lide.
(B) litisconsórcio necessário.
(C) chamamento ao processo.
(D) nomeação à autoria.
(E) assistência litisconsorcial.

Art. 77 do CPC. As demais modalidades de intervenção não se relacionam com as figuras do fiador e dos devedores solidários.

Gabarito "C"

(Defensor Público/SP – 2007 – FCC) Celestino, pessoa idosa, ajuíza ação de alimentos em face de João, um de seus 6 filhos maiores e capazes, sustentando sua necessidade ao amparo alimentar vindicado e as portentosas condições econômicas do réu em cumprir com o encargo. Em sua defesa, João, além de contrariar o pedido, veicula denunciação da lide em face de seus irmãos, afirmando a necessidade da integração ao feito de todos os corresponsáveis, haja vista tratar-se de obrigação indivisível. Nesse caso,

(A) realmente, Celestino deveria direcionar seu pedido em face de todos os colegitimados em vista da incindibilidade da obrigação alimentar.
(B) o pleito de intervenção de terceiros se mostrou cabível em virtude do procedimento adequado à espécie.
(C) a pretensão do réu deveria fundar-se não no pedido de intervenção mas sim de ilegitimidade de parte em razão da existência de litisconsórcio necessário no polo passivo.
(D) por ser idoso, Celestino pôde optar entre os alimentantes.
(E) o pedido de litisdenunciação deveria ter sido veiculado em peça apartada da contestação.

Art. 12 da Lei 10.741/2003.

Gabarito "D"

(Defensor Público/MT – 2007 – DPE/MT) No que concerne à assistência, assinale a afirmativa correta.

(A) A assistência tem lugar somente nos processos de conhecimento e cautelar.
(B) O assistente atuará como auxiliar da parte principal e terá os mesmos poderes e ônus processuais que o assistido, podendo, inclusive, obstar a transação, quando se tratar de direitos disponíveis.
(C) A assistência obsta que a parte principal desista da ação ou reconheça a procedência do pedido.
(D) Sendo revel o assistido, o assistente será considerado seu gestor de negócios.
(E) A omissão do assistido não poderá ser suprida pelo assistente.

A: incorreta (art. 50, parágrafo único, do CPC); **B:** incorreta (arts. 52 e 53 do CPC); **C:** incorreta (art. 53 do CPC); **D:** correta (art. 52, parágrafo único, do CPC); **E:** incorreta (art. 52 do CPC).

Gabarito "D".

(Defensor Público/MT – 2007 – DPE/MT) Acerca da intervenção de terceiros, assinale a afirmativa correta.

(A) Quem pretender, no todo ou em parte, a coisa ou direito acerca do que controvertem autor e réu, poderá oferecer, até a fase recursal, oposição contra ambos.
(B) Admite-se a oposição nos processos de execução, seja por título judicial ou extrajudicial.
(C) Quando oferecida oposição antes da audiência, será considerada como ação de procedimento autônomo, podendo ser julgada depois da ação principal.
(D) A extinção da ação principal obsta o prosseguimento da oposição.
(E) Caso tenha o juiz que proceder ao julgamento simultâneo da ação e da oposição, desta conhecerá em primeiro lugar.

Art. 61 do CPC.

Gabarito "E".

(Defensor Público/PA – 2006 – UNAMA) O artigo 942 do Código de Processo Civil dispõe que: "o autor, expondo na petição inicial o fundamento do pedido e juntando planta do imóvel, requererá a citação daquele em cujo nome estiver registrado o imóvel usucapiendo, bem como dos confinantes e, por edital, dos réus em lugar incerto e dos eventuais interessados, observado quanto ao prazo o disposto no inciso IV do art. 232". Podemos afirmar , então, que se trata de litisconsórcio:

(A) facultativo e simples.
(B) facultativo e unitário.
(C) necessário e simples.
(D) necessário e unitário.

Litisconsórcio é a pluralidade de partes no polo ativo, no polo passivo ou em ambos. É o cúmulo subjetivo de ações. O enunciado da questão traz a hipótese de litisconsórcio *necessário*, visto que é o próprio art. 942 do CPC quem determina a inclusão de determinadas pessoas no polo passivo da lide. Configura-se, ainda, o caso de litisconsórcio *simples* ou *não unitário*, já que o juízo poderá decidir a lide de modo diverso para cada litisconsorte.

Gabarito "C".

(Defensor Público/RN – 2006 – Instituto Talento) Aquele que pretender, no todo ou em parte, a coisa ou o direito sobre que controvertem autor e réu, tem como meio para intervir como terceiro na relação jurídica

(A) a assistência litisconsorcial de quaisquer das partes.
(B) a nomeação à autoria da parte que se encontra na posse da coisa ou do direito.
(C) a oposição frente ao autor e réu, os quais serão parte passiva, no processo de oposição.
(D) a oposição ao autor e réu, assumindo o polo processual ao lado de quem estiver requerendo para si a entrega da coisa.

Art. 56 do CPC.

Gabarito "C".

(Defensor Público/SE – 2006 – CESPE) Acerca da intervenção de terceiros, julgue os itens que se seguem.

(1) Feita a denunciação da lide pelo réu, pode o juiz, pelo princípio da economia processual, condenar o denunciado diretamente em favor do autor.
(2) O chamamento ao processo consiste na admissibilidade de o réu fazer que codevedores solidários passem a integrar o polo passivo da demanda junto com ele, em litisconsórcio.
(3) Na oposição, o terceiro ingressa em juízo objetivando defender pretensão própria sobre o mesmo objeto litigioso disputado pelas partes no processo, de que resulta a formação de litisconsórcio passivo necessário entre os sujeitos da ação principal, denominados opostos.

1: incorreto (art. 76 do CPC); **2:** correto (art. 77, III, do CPC); **3:** incorreto (arts. 56 e 57, ambos do CPC).

Gabarito 1E, 2C, 3E

(Defensor Público/BA – 2006 – DPE/BA) Sobre a intervenção de terceiros, observa-se que:

I. Admite-se o chamamento ao processo: do devedor, na ação em que o fiador for réu; dos outros fiadores, quando para a ação for citado apenas um deles; de todos os devedores solidários, quando o credor exigir de um ou de alguns deles, parcial ou totalmente, a dívida comum.
II. A denunciação da lide é obrigatória: ao alienante, na ação em que terceiro reivindica a coisa, cujo domínio foi transferido à parte, a fim de que esta possa exercer o direito que da evicção lhe resulta; ao proprietário ou ao possuidor indireto quando, por força de obrigação ou direito, em casos como o do usufrutuário, do credor pignoratício, do locatário, o réu, citado em nome próprio, exerça a posse direta da coisa demandada; àquele que estiver obrigado, pela lei ou pelo contrato, a indenizar, em ação regressiva, o prejuízo do que perder a demanda.
III. Aquele que detiver a coisa em nome alheio, sendo-lhe demandada em nome próprio, deverá nomear à autoria o proprietário ou o possuidor.
IV. Quem pretender, no todo ou em parte, a coisa ou o direito sobre que controvertem autor e réu, poderá, até ser proferida a sentença, oferecer oposição contra ambos.
V. É admissível o chamamento ao processo: do proprietário ou do possuidor indireto quando, por força de obrigação ou direito, em casos como o do usufrutuário, do credor pignoratício, do locatário, o réu, citado em nome próprio, exerça a posse direta da coisa demandada; de todos os devedores solidários, quando o credor exigir de um ou de alguns deles, parcial ou totalmente, a dívida comum.

Analisando as assertivas acima, verifica-se que:

(A) Apenas I e II estão corretas.
(B) Apenas a V está correta.
(C) Apenas III e IV estão incorretas.
(D) Apenas a V está incorreta.
(E) Todas as alternativas são corretas.

I: correto (art. 77, I, II e III, do CPC); **II:** correto (art. 70, I, II e III, do CPC); **III:** correto (art. 62 do CPC); **IV:** correto (art. 56 do CPC); **V:** incorreto, já que a primeira situação descrita nesse item é daquelas em que se admite, nos termos do art. 70, II, do CPC, a denunciação da lide e não o chamamento ao processo.

Gabarito "D".

5. Jurisdição e Competência

(Defensor Público/AM – 2013 – FCC) A competência

(A) é inderrogável por convenção das partes, seja relativa ou absoluta.
(B) é sempre do foro do consumidor, nas ações de responsabilidade civil do fornecedor.
(C) se relativa, deve ser arguida em preliminar de contestação, de acordo com o Código de Processo Civil.
(D) é alterada pela conexão, mesmo que um dos processos já tenha sido sentenciado.
(E) quando alterada em razão da matéria, acarreta a nulidade dos atos decisórios.

A: incorreto. A competência em razão do valor e do território é relativa, daí por que pode ser derrogada por convenção das partes (art. 111, *caput*, do CPC); **B:** incorreto (art. 101, I, do CDC). Cuida-se de opção erigida em favor do consumidor, o qual poderá, se assim lhe convier, renunciar a tal faculdade e optar pelo ajuizamento da demanda no foro do domicílio do réu (art. 94, caput, do CPC) ou no do local do dano (art. 93, I, do CDC). Nesse sentido: E, por evidente, em se tratando de ação individual, como a lei confere prerrogativa ao consumidor ("A ação pode ser proposta no domicílio do autor" – inciso I do art. 101), nada impede que ele opte por propor a ação no domicílio do réu ou no local do dano, o que é possível pelo mesmo critério de interpretação sistemática. [...] É sempre possível propor ação no domicílio do réu, porque este não teria como objetar logicamente. Se o autor pode propor a ação no seu próprio domicílio – pode o mais –, pode, também, propô-la no do réu – pode o menos (NUNES, Luiz Antonio Rizzatto. Curso de direito do consumidor. 2. ed. São Paulo: Saraiva, 2005, p. 751); **C:** incorreto. A alegação de incompetência relativa deverá ser feita por meio de exceção (art. 304 do CPC) e não em preliminar de contestação; **D:** incorreto (Súmula 235 do STJ: "A conexão não determina a reunião dos processos, se um deles já foi julgado"); **E:** correto, visto que tal critério encerra hipótese de competência absoluta. Sendo assim, incide sobre a espécie o art. 113, § 2º, do CPC.

Gabarito "E"

(Defensor Público/ES – 2012 – CESPE) Acerca dos princípios da jurisdição, julgue o item abaixo.

(1) O principio da inafastabilidade diz respeito à vinculação obrigatória das partes ao processo, que passam a integrar a relação processual em um estado de sujeição aos efeitos da decisão jurisdicional.

Incorreto. A assertiva aponta o conceito da inevitabilidade, enquanto princípio imbricado à jurisdição. Já a indeclinabilidade ou inafastabilidade, expressa no art. 5º, XXXV, da CF, tem a ver com a garantia de acesso à justiça, sendo assegurado a todos a proteção contra lesão ou ameaça a direito.

Gabarito 1E

(Defensor Público/ES – 2012 – CESPE) Com relação à competência processual civil, julgue os itens a seguir.

(1) Admite-se, no que se refere ao cumprimento da sentença condenatória, a derrogação da competência funcional do juízo do *decisum*, facultando-se ao credor optar pelo juízo do local onde se encontrem os bens sujeitos a expropriação.

(2) A aplicação do principio da *perpetuatio iurisdictionis* não obsta a modificação posterior da competência em caso de competência absoluta.

1: correto (art. 475-P, parágrafo único, do CPC); **2:** correto. Em função do princípio da perpetuatio jurisdictionis, a competência é determinada no momento em que a ação é ajuizada, de forma que as modificações do estado de fato ou de direito ocorridas após o aforamento da demanda não têm o condão de modificar a competência, salvo quando suprimirem o órgão judiciário ou alterarem a competência em razão da matéria ou da hierarquia, critérios estes que denotam hipóteses de competência absoluta (art. 87 do CPC).

Gabarito 1C, 2C

(Defensor Público/SE – 2012 – CESPE) Assinale a opção correta a respeito da jurisdição.

(A) Nos procedimentos de jurisdição voluntária, prepondera o princípio inquisitivo.
(B) De acordo com o CPC, no âmbito da jurisdição voluntária, o MP só deve ser intimado em caso de direitos indisponíveis.
(C) O direito brasileiro admite o controle externo da atividade jurisdicional, a exemplo do indulto e da anistia.
(D) O poder instrutório nunca pode ser delegado a outro órgão do Poder Judiciário.
(E) A mediação é exemplo de exercício de jurisdição por autoridade não estatal.

A: correto (arts. 130 e 1.107 do CPC). O juiz, de acordo com seus poderes instrutórios, tem papel ativo – e não de mero espectador – quanto à realização, *de ofício*, das provas que reputar necessárias à instrução do feito. Essa atividade probatória do juiz se dá com plenitude nos procedimentos de jurisdição voluntária e nas causas que versem sobre direitos indisponíveis. Cuida-se de aplicação no processo civil dos ditames da *verdade material* e *do princípio inquisitivo*, visto que o juiz, atento ao escopo de pacificação social do processo, bem assim à necessidade de outorga de um provimento jurisdicional justo e atrelado à realidade dos fatos, tem o poder-dever de ordenar a produção das provas imprescindíveis ao esclarecimento da controvérsia fixada, sobretudo quando a matéria não lhe parecer suficientemente esclarecida; **B:** incorreto, pois o art. 1.105 do CPC não distingue os feitos em que o Parquet deve atuar; **C:** incorreto, visto que, conquanto a Carta da República tenha instituído mecanismos de controle externo do Poder Judiciário – mister este incumbido precipuamente ao Conselho Nacional de Justiça (art. 103-B da CF) – o indulto e a anistia não são corolários de tal atividade; representam, a rigor, modalidades de indulgência outorgadas por Órgãos alheios ao Poder Judiciário, as quais implicam renúncia estatal ao direito de punir. Cuida-se, a rigor, de causas extintivas da punibilidade (art. 107, II, do CP), ambas concedidas a critério do Presidente da República (art. 84, XII, da CF) e do Congresso Nacional (art. 48, VIII, da CF), respectivamente; **D:** incorreto (arts. 201, primeira parte, do CPC e 102, I, m, da CF); **E:** incorreto. A conciliação é uma espécie de mediação voltada para o acordo. Difere, pois, da mediação tradicional, de vez que o conciliador não se cinge a conclamar as partes a buscar, elas mesmas, uma solução para o problema; avessamente, participa ativamente do processo de discussão e desate do impasse, aconselhando os envolvidos, formulando propostas e retificando as que forem feitas, tudo em prol da resolução do conflito. Nesse sentido, eis a doutrina de Carlos Eduardo de Vasconcelos: "Portanto, a conciliação é uma atividade mediadora focada no acordo, qual seja, tem por objetivo central a obtenção de um acordo, com a particularidade de que o conciliador exerce uma autoridade hierárquica, toma iniciativas, faz recomendações, advertências e apresenta sugestões, com vistas à conciliação" (VASCONCELOS, Carlos Eduardo. Gestão extrajudicial de conflitos e práticas restaurativas. São Paulo: Método, 2008, p. 39). Logo, cuida-se de forma de autocomposição – enquanto legítimo meio alternativo de pacificação dos conflitos de interesses – e não de jurisdição, como destacado no comando da questão.

Gabarito "A"

(Defensor Público/SE – 2012 – CESPE) No tocante à competência, assinale a opção correta.

(A) No CPC, não se adota a regra da *kompetenzkompetenz*.
(B) O STJ não admite a reunião, em razão da conexão por prejudicialidade, de ação de conhecimento e ação de execução.
(C) Não há conexão na instância recursal.
(D) A existência de competências implícitas é indispensável para a garantia da completude do ordenamento jurídico.
(E) Reconhecida a incompetência absoluta, remetem-se os autos ao juiz competente e reputam-se nulos todos os atos até então praticados.

A: incorreto. O CPC adotou tal princípio, segundo o qual compete ao próprio juízo processante reconhecer ou rechaçar a sua competência para o julgamento da lide. A respeito, observe-se interessante fragmento colhido da decisão monocrática proferida pelo Min. Hermann Benjamin em sede de conflito de competência: "O conflito ocorre, por conseguinte, quando duas ou mais autoridades judiciárias negam, ou afirmam, expressamente, sua competência para apreciar a espécie. As origens desse preceito remontam ao princípio da Kompetenz-Kompetenz, de inspiração do Direito de Organização Judiciária germânico (Gerichtsverfassungsrecht), segundo o qual todo juiz é competente para afirmar sua competência, ou rejeitá-la; uma vez admitida, caberá ao juízo aplicar o direito à espécie (§ 17, item 2, da Gerichtsverfassungsgesetz). Importa registrar que esse preceito não é novidade no nosso ordenamento e já foi reconhecido por este Superior Tribunal (AgRg no MS 11.308/DF, rel. Min. Luiz Fux, 1ª Seção, j. 28.06.2006, DJ 14.08.2006 p. 251). Nessa linha, para que haja conflito, é necessário o pronunciamento controverso de dois ou mais juízos. No caso, verifica-se que não há propriamente um conflito a ser dirimido por este Tribunal, nos termos constantes do art. 105, inciso I, alínea d, da Carta da República, visto que nenhuma manifestação expressa sobre essa questão de qualquer dos Juízos _ Comum, Trabalhista ou Federal consta nos autos. Houve, simplesmente, uma especulação da suscitante, no sentido de que haveria um risco de possíveis e futuras decisões contraditórias entre juízos daqueles ramos". (CC 108.690/RS, rel. Min. Herman Benjamin, DJ 03. 02 2010) [grifos nossos]; **B:** incorreto. Nesse sentido: Processual civil. Conflito de competência. Processo judicial tributário. Exacional (execução fiscal) x antiexacional (ação declaratória de inexistência da relação jurídica tributária da qual deflui o débito executado). Conexão. Artigo 103, do CPC. Regra processual que evita a prolação de decisões inconciliáveis. 1. A propositura de qualquer ação relativa ao débito constante do título executivo não inibe o credor de promover-lhe a execução (§ 1º, do artigo 585, do CPC). 2. A finalidade da regra é não impedir a execução calcada em título da dívida líquida e certa pelo simples fato da propositura da ação de cognição, cujo escopo temerário pode ser o de obstar o processo satisfativo desmoralizando a força executória do título executivo. 3. À luz do preceito e na sua exegese teleológica, colhe-se que a recíproca não é verdadeira, vale dizer: proposta a execução torna-se despicienda e, portanto, falece interesse de agir à propositura de ação declaratória porquanto os embargos cumprem os desígnios de eventual ação autônoma. 4. Conciliando-se os preceitos, tem-se que, precedendo a ação anulatória à execução, aquela passa a exercer perante esta inegável influência prejudicial a recomendar o simultaneus processus, posto conexas pela prejudicialidade, forma expressiva de conexão a recomendar a reunião das ações, como expediente apto a evitar decisões inconciliáveis. 5. O juízo único é o que guarda a mais significativa competência funcional para verificar a verossimilhança do alegado na ação de conhecimento e permitir que se prossiga o processo satisfativo ou se suspenda o mesmo. 6. Refoge à razoabilidade permitir que a ação anulatória do débito caminhe isoladamente da execução calcada na obrigação que se quer nulificar, por isso que, exitosa a ação de conhecimento, o seu resultado pode frustrar-se diante de execução já ultimada (Recentes precedentes desta

Corte sobre o tema: REsp 887.607/SC, rel. Min. Eliana Calmon, 2ª T., DJ 15.12.2006; REsp 722.303/RS, desta relatoria, 1ª T., DJ 31.08.2006; REsp 754586/RS, rel. Min. Teori Albino Zavascki, 1ª T., DJ 03.04.2006). 7. In casu, a execução fiscal restou ajuizada enquanto pendente a ação declaratória da inexistência da relação jurídica tributária, o que reclama a remessa dos autos executivos ao juízo em que tramita o pleito ordinário, em razão da patente conexão. 8. Conflito conhecido para declarar a competência do Juízo da 7ª Vara Federal de Campinas/SP. (CC 81.290/SP, rel. Min. Luiz Fux, 1ª Seção, j. 12.11.2008, DJe 15.12.2008); **C:** incorreto. À guisa de exemplo: Processual civil e administrativo. Serviço público. Telefonia. Recurso especial em agravo de instrumento interposto em face de decisão antecipatória dos efeitos da tutela. Conexão entre recursos especiais advindos da mesma decisão proferida pelo juízo da 1ª instância. Redes de interconexão. Valor de uso de rede móvel (VU-M). Ambiente de relativa liberdade de iniciativa embora submetido à regulação da ANATEL. Diminuição dos preços destas tarifas geram benefícios aos consumidores à competição no mercado relevante. [...] 1. Trata-se de recurso especial interposto pela Tim Celular S/A e outro contra acórdão prolatado pelo Tribunal Regional Federal da 1ª Região que, ao confirmar liminar deferida na primeira instância, entendeu-se pela fixação de um Valor de Uso de Rede Móvel (VU-M) diferente do originalmente pactuado entre as partes, neste caso com a intervenção da ANATEL por meio do processo de arbitragem 53500.028193/2005 em trâmite naquela autarquia, em razão da implementação de um sistema de interconexão fundado exclusivamente na cobertura de custos, que não possibilita excesso de vantagens econômicas para as operadoras que permitem o uso de suas redes por terceiros. 2. Os recursos especiais 1.334.843/DF, 1.275.859/DF e 1.171.688/DF, todos submetidos a minha relatoria, são conexos porque resultantes do inconformismo em face da mesma decisão proferida pelo Juízo da 4ª Vara da Seção Judiciária do Distrito Federal no âmbito da ação ordinária 2007.34.00.027093-3. Por essa razão, nos termos do art. 105 do Código de Processo Civil, devem as presentes demandas serem julgadas simultaneamente, a fim de evitar decisões contraditórias entre si. [...] (REsp 1334843/DF, rel. Min. Mauro Campbell Marques, 2ª T., j. 27.11.2012, DJe 05.12.2012); **D:** correto. As competências implícitas se prestam a tornar efetivas as normas constitucionais que estabelecem competências expressas ou privativas. Segundo André Ramos Tavares: "A competência implícita é de caráter excepcional e deve ser amplamente justificada a partir de competência expressamente reconhecida pela Constituição, diante da realidade viva, de hipóteses concretas que exigem o reconhecimento de um plus em relação àquilo que foi reconhecidamente admitido pela Constituição, sob pena de desfalque ou irracionalidade do sistema expresso de competências" (TAVARES, André Ramos. Curso de Direito Constitucional. 9. ed. São Paulo: Saraiva, 2011. p. 1182). Como exemplo de competência implícita, confira-se a respeito: Reclamação. Ação de improbidade contra desembargador de Tribunal Regional do Trabalho. Foro por prerrogativa de função. Usurpação de competência do STJ. Precedente do STF em caso análogo. Procedência da reclamação. 1. Por decisão de 13 de março de 2008, a Suprema Corte, com apenas um voto contrário, declarou que "compete ao Supremo Tribunal Federal julgar ação de improbidade contra seus membros" (QO na Pet. 3.211-0, rel. Min. Menezes Direito, DJ 27.06.2008). Considerou, para tanto, que a prerrogativa de foro, em casos tais, decorre diretamente do sistema de competências estabelecido na Constituição, que não se compatibiliza com a viabilidade de conferir a juiz de primeira instância competência para processar e julgar causa promovida contra ministro do Supremo Tribunal Federal cuja procedência pode acarretar a sanção de perda do cargo. Esse precedente afirma a tese da existência, na Constituição, de competências implícitas complementares, deixando claro que, inobstante a declaração de inconstitucionalidade do art. 84 e parágrafos do CPP, na redação dada pela Lei 10.628, de 2002 (ADI 2.860-0, Min. Sepúlveda Pertence, DJ 19.12.2006), a prerrogativa de foro, em ações de improbidade, tem base para ser sustentada, implicitamente, na própria Carta Constitucional. 2. À luz dessa orientação, impõe-se a revisão da jurisprudência do STJ sobre o tema. Com efeito, as mesmas razões que levaram o STF a negar a competência de juiz de grau inferior para a ação de improbidade contra seus membros, autorizam a concluir, desde logo, que também não há competência de primeiro grau para julgar ação semelhante, com possível aplicação da pena de perda do cargo, contra membros de outros tribunais superiores ou de tribunais de segundo grau, como no caso. 3. Agravo regimental provido para julgar procedente a reclamação. (AgRg na Rcl 2.115/AM, rel. Min. Teori Albino Zavascki, Corte Especial, j. 18.11.2009, DJe 16.12.2009) [grifos nossos]; **E:** incorreto. Reputam-se nulos somente os atos decisórios praticados pelo juízo absolutamente incompetente (art. 113, § 2º, do CPC).

Gabarito "D"

(Defensor Público/AC – 2012 – CESPE) De acordo com o CPC, havendo conexão ou continência, o juiz, de ofício ou a requerimento de qualquer das partes, pode ordenar a reunião de ações propostas em separado, a fim de que sejam decididas simultaneamente. A respeito das causas de modificação de competência e das declarações de incompetência, assinale a opção correta.

(A) Há prorrogação da competência da justiça federal ainda que de uma das causas conexas não participe ente federal.

(B) A conexão pode ensejar a reunião de processos, se assim considerar adequado o juiz, a pedido da parte, ainda que um dos processos já tenha sido sentenciado, sendo necessário, nessa situação, que ainda esteja pendente o recurso de apelação.

(C) Caso entenda a parte que os processos devem ser reunidos, ela deve provocar os juízos envolvidos, interpondo, se for o caso, os recursos cabíveis, havendo conflito de competência se, entre dois ou mais juízes, surgir controvérsia acerca da reunião ou separação dos processos.

(D) O conflito de competência pode ser suscitado por qualquer das partes, pelo MP ou pelo juiz, devendo ser dirigido ao presidente do tribunal, devidamente instruído com os documentos necessários à prova do conflito. Nesse caso, além de apreciar o conflito, o tribunal poderá conhecer de ofício as questões de ordem pública, tais como ilegitimidade de partes e coisa julgada.

(E) Se acolhida a alegação de conexão, a competência para o julgamento das demandas reunidas é do juiz que primeiro ordenou a citação, sendo irrelevante, conforme o CPC, a data em que tenha sido validamente citado o réu.

A: incorreto. A prorrogação da competência por força de conexão só se dá nos casos de competência relativa, sendo inaplicável, pois, na hipótese de competência absoluta, tal qual aquela verificada segundo o critério ratione personae. A esse respeito: "Agravo regimental no conflito de competência. Justiça federal. Justiça comum. Ação anulatória de ato administrativo. Ausência de ente federal. Conexão. Modificação de competência. Incompetência absoluta. Impossibilidade. Somente os juízos determinados pelos critérios territorial ou objetivo em razão do valor da causa competência relativa estão sujeitos à modificação de competência por conexão. Art. 102 do CPC. A reunião dos processos por conexão, como forma excepcional de modificação de competência, só tem lugar quando as causas supostamente conexas estejam submetidas a juízos, em tese, competentes para o julgamento das duas demandas. Sendo a Justiça Federal absolutamente incompetente para julgar a ação anulatória de ato administrativo, não se permite a modificação de competência por conexão. Agravo regimental improvido. (AgRg no CC 117.259/SC, rel. Min. Cesar Asfor Rocha, 1ª Seção, j. 27.06.2012, DJe 06.08.2012); **B:** incorreto (Súmula 235 do STJ: "A conexão não determina a reunião dos processos, se um deles já foi julgado"); **C:** correto (arts. 115 e 118, II, do CPC); **D:** incorreto. Ao decidir o conflito, o tribunal se limitará a declarar qual o juízo competente, pronunciando-se também sobre a validade dos atos praticados pelo juízo incompetente. De qualquer sorte, é vedado à corte imiscuir-se na apreciação de questões alheias à competência dos órgãos envolvidos (art. 122, caput, do CPC); **E:** incorreto. Se as demandas correrem entre juízos localizados em comarcas distintas, a citação válida é que funcionará como critério para a identificação do órgão jurisdicional prevento (art. 219, caput, do CPC). Se situados na mesma comarca, todavia, incide o disposto no art. 106 do CPC para efeitos de determinação da prevenção.

Gabarito "C"

(Defensor Público/RO – 2012 – CESPE) Acerca da competência, assinale a opção correta.

(A) A competência estabelecida na EC nº 45/2004 não alcança os processos já sentenciados.

(B) Compete ao STJ decidir os conflitos de competência entre juizado especial federal e juízo federal da mesma seção judiciária.

(C) Caso a União manifeste interesse em processo em curso perante a justiça comum, a esse juízo compete decidir sobre a existência de interesse jurídico.

(D) Proposta a execução fiscal, a posterior mudança de domicílio do executado desloca a competência já fixada para seu novo domicílio.

(E) A existência de vara privativa instituída por lei estadual altera a competência territorial resultante das leis de processo.

A: correto. Nesse sentido: "Conflito negativo de competência. Execução de multa por infração à legislação do trabalho. Competência. Alteração introduzida pela Emenda Constitucional nº 45/2004. Causa não sentenciada antes da entrada em vigor da referida emenda. Competência da Justiça do Trabalho. 1. As ações de cobrança de multa por infração à legislação do trabalho, como é a prevista no art. 23, § 1º, I, da Lei 8.036/1990, passaram, após a vigência da EC 45/2004, a ser da competência da Justiça do Trabalho. 2. Todavia, a nova regra de competência somente se aplica às causas não sentenciadas na data da entrada em vigor da EC 45/2004, como é o caso. Precedentes. 3. Conflito conhecido, declarando-se a competência do Juízo da 4ª Vara do Trabalho de Natal RN, o suscitante. (CC 89.411/RN, rel. Min. Teori Albino Zavascki, 1ª Seção, j. 28.11.2007, DJ 17.12.2007, p. 119); **B:** incorreto. Cabe ao Tribunal Regional Federal o julgamento do conflito de competência entre juízes federais a ele vinculados (art. 108, I, e, da CF, e Súmula 428 do STJ: "Compete ao Tribunal Regional Federal decidir os conflitos de competência entre juizado especial federal e juízo federal da mesma seção judiciária"); **C:** incorreto (Súmula 150 do STJ: "Compete à Justiça Federal decidir sobre a existência de interesse jurídico que justifique a presença, no processo, da união, suas autarquias ou empresas públicas."); D e **E:** incorretos. A perpetuatio jurisdictionis – estabilização da competência – ocorre com o aforamento da demanda. Em função desse princípio, a competência é determinada no momento em que a ação é ajuizada, de forma que as modificações do estado de fato ou de direito ocorridas após o ajuizamento da demanda não têm o condão de modificar a competência, salvo quando suprimirem o órgão judiciário ou alterarem a competência em razão da matéria ou da hierarquia (art. 87 do CPC).

Gabarito "A"

(Defensor Público/AL – 2009 – CESPE) Com relação à fixação da competência, julgue os itens seguintes.

(1) O valor da causa é um dos critérios utilizados para determinar a competência, sendo que a lei processual determina que, estabelecida por tal critério, será a competência sempre relativa, podendo assim se modificar por escolha das partes, seja quando o valor da causa ficar aquém do limite legal, seja quando tal valor for estabelecido além do referido limite.

(2) Instituída por lei estadual vara privativa para processar as causas em que a fazenda pública local integre um dos polos da lide, as ações nas quais tal ente figure deverão ser processadas apenas nas comarcas em que as referidas varas privativas estejam instaladas.

(3) Se o comprador de um imóvel detecta que o bem imóvel adquirido possui defeitos que lhe diminuem o valor, poderá propor ação estimatória para exigir abatimento no preço pago, ação que poderá ser processada no juízo do domicílio do réu, pois não incide na hipótese a regra geral de competência absoluta para ações reais imobiliárias.

1: incorreto. A competência em razão do valor da causa é relativa apenas para fins de *eleição do foro*, isto é, da comarca onde a demanda deve ser aforada (art. 111, *caput*, do CPC). Todavia, quando destacada pela respectiva lei estadual de organização judiciária como parâmetro de fixação da competência, o valor da causa se transmuta em critério para apuração da *competência de juízo*, a qual, por essência, é sempre absoluta, não podendo ser derrogada por vontade das partes. Em síntese, as partes podem – em se tratando de competência relativa – eleger o foro (comarca), mas não o juízo em que irão litigar. Nesse sentido, a boa doutrina de Marcus Vinícius Rios Gonçalves: "A competência de juízo é sempre absoluta e não está sujeita a prorrogação ou derrogação, mesmo quando apurada pelo critério territorial ou do valor da causa. O CPC admite a eleição de foro, mas não de juízo". (GONÇALVES, Marcus Vinícius Rios. *Novo Curso de Direito Processual Civil. Vol 1*. 8. ed. São Paulo: Saraiva, 2011, p. 87). À vista disso, a afirmação tecida no comando da questão está equivocada ao registrar que a competência em função do valor da causa é *sempre* relativa. Muito cuidado, amigo candidato, com os advérbios de cunho generalizante! Por último, Destefenni, endossando os ensinamentos de Athos Gusmão Carneiro, faz interessante observação acerca do valor da causa, registrando que o juízo que pode conhecer das causas de maior valor – a exemplo dos juízos comuns – também é competente para conhecer das de menor montante, sendo que a recíproca não é verdadeira, o que, de fato, também macula a proposição ora em comento. Observe-se tal lição, aplicável mormente aos Juizados Especiais Cíveis: "Aqui se aplica o conhecido ditado de 'que quem pode o mais, pode o menos'. Ou seja, quem pode conhecer de causas de valor ilimitado pode também conhecer de *pequenas causas*. Porém, quem tem competência para julgar *pequenas causas* não pode julgar causas que não sejam consideradas pela lei, em razão do valor, *pequenas"* (DESTEFENNI, Marcos. *Curso de Processo Civil. Vol. 1. Tomo I*. 2. ed. São Paulo: Saraiva, 2009, p. 60). [grifos no original]; **2:** incorreto. O Estado não goza de foro privilegiado, de modo que sua figuração num dos polos da lide não altera as regras gerais estabelecidas pelo CPC quanto à apuração da competência de foro. Assim sendo, nas demandas que versem sobre direitos reais imobiliários, o foro competente será o da situação da coisa (*forum rei sitae*). De igual sorte, nas ações fundadas em direito pessoal ou em direitos reais sobre bens móveis em que o Estado é autor, segue-se a regra geral do foro do domicílio do réu, a teor do que dispõe o art. 94, *caput*, do CPC. Todavia, se o Estado for réu, deverá ser demandado em seu próprio domicílio, qual seja o foro de sua capital (art. 99 do CPC), nos juízos privativos da fazenda pública, onde houver; **3:** correto. A natureza da ação estimatória (*quanti minoris)* é de direito pessoal, daí por que se afasta a regra do art. 95 do CPC (foro da situação da coisa), incidindo, por conseguinte, a regra geral do art. 94, *caput*, do CPC (foro do domicílio do réu).

Gabarito 1E, 2E, 3C

(Defensor Público/ES – 2009 – CESPE) No que concerne ao direito processual civil, julgue o item:

(1) Na assistência simples ou adesiva, o interesse do assistente não é vinculado diretamente ao litígio. A atuação desse assistente é meramente complementar à atuação do assistido. Todavia, se o assistido for revel, o assistente será considerado gestor de negócios.

1: correta. V. art. 52, parágrafo único, do CPC.

Gabarito 1C

(Defensor Público/ES – 2009 – CESPE) No que concerne ao direito processual civil, julgue o item:

(1) Na conexão de causas em que haja incompetência em razão do território no tocante à causa conexa, o juiz, em vez de declarar-se incompetente, poderá determinar a reunião das ações propostas separadamente e julgá-las, prorrogando a competência.

1: correta. V. art. 102 do CPC.

Gabarito 1C

(Defensor Público/MG – 2009 – FUMARC) Todas as opções abaixo são verdadeiras, EXCETO:

(A) A competência será declinada para o juízo do domicílio do réu, quando o juiz declarar de ofício a nulidade da cláusula de eleição de foro em contrato de adesão.

(B) Quando ações conexas tramitarem perante juízes de competência territorial distinta, considera-se prevento aquele que despachou em primeiro lugar.

(C) A declaração da incompetência absoluta acarreta a nulidade dos atos decisórios, remetendo-se os autos ao juiz competente.

(D) A parte que ofereceu, no prazo para a resposta, exceção de incompetência, não pode suscitar o conflito de competência.

(E) A petição da exceção de incompetência pode ser protocolizada no foro do domicílio do excipiente, devendo ser remetida ao juízo que determinou a citação.

A: correta (parágrafo único do art. 112 do CPC); **B:** incorreta, porque quando os juízes forem de competência territorial distinta, prevento será aquele que tiver citado o réu em primeiro lugar (art. 219 c.c. 106, ambos do CPC); **C:** correta (art. 113, § 2º, do CPC); **D:** correta (art. 117); **E:** correta (art. 305, parágrafo único, do CPC).

Gabarito "B"

(Defensor Público/MT – 2009 – FCC) A incompetência absoluta deve ser

(A) provocada pela parte; aceita, extingue-se o processo.

(B) declarada de ofício; aceita, remetem-se os autos ao juiz competente, havendo-se como nulos somente os atos decisórios.

(C) declarada de ofício; aceita, todos os atos processuais são nulos, remetendo-se os autos ao juiz competente.

(D) levantada por meio de exceção; aceita, remetem-se os autos ao juiz competente, com o aproveitamento de todos os atos processuais.

(E) declarada de ofício; aceita, extingue-se o processo, por não ser possível aproveitar-se nenhum ato processual.

A: errada, porque a incompetência absoluta não depende de provocação da parte para que seja reconhecida, e não acarreta (salvo no JEC) a extinção do processo, mas a remessa ao juízo competente; **B:** correta, pois reflete o art. 113, § 2º, do CPC; **C:** errada, porque só os atos processuais de conteúdo decisório é que são nulos; **D:** errada, porque exceção é o instrumento para a alegação de incompetência relativa (e não absoluta); **E:** errada, porque não há extinção, mas simples remessa ao juízo competente, com aproveitamento dos atos sem conteúdo decisório até então praticados.

Gabarito "B"

(Defensor Público/MT – 2009 – FCC) A competência

(A) em razão do valor e do território, poderá modificar-se pela conexão ou continência.

(B) em razão da matéria é derrogável por convenção das partes, se disponível o direito sobre o qual se litiga.

(C) não pode em nenhuma hipótese ser declinada de ofício pelo juiz, se relativa.

(D) territorial diz respeito ao valor e à matéria.

(E) não se prorroga, tratando-se de questão cogente e indisponível.

A: correta (art. 102 do CPC); **B:** incorreta, porque se trata de competência absoluta; **C:** incorreta, tendo em visto o teor do parágrafo único do art. 112 do CPC; **D:** incorreta, porque uma coisa é competência territorial e outra é aquela que se relaciona com o valor da causa ou à matéria; **E:** incorreta, porque a competência, desde que relativa, é passível de prorrogação.

Gabarito "A"

(Defensor Público/MS – 2008 – VUNESP) Em relação à competência: Regem-se pela Organização Judiciária

(A) a competência funcional dos juízes de primeiro grau.

(B) acompetência em razão do valor e da matéria.

(C) a competência dos tribunais, exclusivamente.
(D) a competência em razão do valor e da matéria, em conjunto com a Constituição Federal.

Na Carta Magna, encontra-se delineada a competência de cada um dos órgãos do Poder Judiciários quanto à *justiça competente* – se especial ou comum – para o processamento e julgamento de uma determinada demanda. Logo, a competência de *juízos e tribunais* está assentada na própria Lei Fundamental, motivo pelo qual a assertiva "C" está errada. Por sua vez, no CPC estão dispostas tanto as regras para que se encontre o *foro (comarca)* em que tal demanda deve ser ajuizada, quanto as diretrizes para fixação da competência *funcional* dos juízos de primeiro grau, a exemplo dos arts. 102 a 109 do CPC. Por isso, a alternativa "A" está incorreta. Derradeiramente, a partir das respectivas leis estaduais de organização judiciária é que se deve apurar qual o *juízo* competente para o julgamento da demanda, segundo os critérios existentes, a exemplo da competência em razão da matéria e do valor da causa (art. 96, II, d, da CF), registrando-se que a Constituição Federal não normatiza a competência de juízo, razão pela qual se afigura prejudicada a resposta "D".

Gabarito "B".

(Defensor Público/MS – 2008 – VUNESP) O Conflito de Competência não pode ser oposto

(A) de ofício, pelo juiz.
(B) pelo Ministério Público.
(C) pela parte, a qualquer tempo e em qualquer grau de jurisdição.
(D) pela parte que ofereceu exceção declinatória de Foro.

Art. 117, *caput*, do CPC.

Gabarito "D".

(Defensor Público/MT – 2007 – DPE/MT) Acerca da competência, é correto afirmar:

(A) Nas ações sobre direito de vizinhança, não poderá o autor optar pelo foro de domicílio ou de eleição.
(B) É competente o foro do domicílio do autor, para a ação de anulação de títulos extraviados ou destruídos.
(C) A competência material, espécie de competência relativa, tem em conta a matéria objeto da lide.
(D) A competência é exclusiva quando dada a apenas um órgão do Poder Judiciário; sendo mais de um órgão igualmente competente para julgar a causa, haverá competência jurisdicionada.
(E) Se o autor da herança tinha domicílio certo e possuía bens em diferentes lugares, é competente o foro do lugar em que ocorreu o óbito.

A: correta (art. 95 do CPC); **B:** incorreta (art. 100, III, do CPC); **C:** incorreta (art. 111 do CPC); **D:** incorreta, pois não há previsão de competência jurisdicionada (art. 87 do CPC); **E:** incorreta (art. 96 do CPC).

Gabarito "A".

(Defensor Público/MT – 2007 – DPE/MT) Ainda acerca da competência, assinale a afirmativa correta.

(A) É competente o foro do domicílio do réu, para a ação em que for réu o administrador ou gestor de negócios alheios.
(B) É competente o foro do lugar onde exerce sua atividade principal, para a ação em que for ré a sociedade, que carece de personalidade jurídica.
(C) É competente o foro da residência do réu, para a ação de anulação de casamento.
(D) As ações em que o ausente for réu correm no foro onde estão localizados seus bens, que é também o competente para a arrecadação, o inventário, a partilha e o cumprimento de disposições testamentárias.
(E) A ação em que o incapaz for réu será processada no foro do domicílio deste ou de seu representante.

A: incorreta (100, V, b, do CPC); **B:** correta (art. 100, IV, c, do CPC); **C:** incorreta (art. 100, I, do CPC); **D:** incorreta (art. 97 do CPC); **E:** incorreta (art. 98 do CPC).

Gabarito "B".

(Defensor Público/MT – 2007 – DPE/MT) Em matéria de exceções, assinale a afirmativa correta.

(A) A simples oposição da exceção não é causa de suspensão do processo.
(B) Quando opostas simultaneamente exceções de suspeição e incompetência, o juiz primeiramente deverá apreciar a de suspeição.
(C) Qualquer das partes (autor ou réu) poderá arguir, por meio de exceção, a incompetência do juízo.
(D) O prazo para opor exceção de impedimento e suspeição é cinco dias, contados do conhecimento que a parte tem do fato que ocasionou a suspeita de parcialidade do juiz.
(E) O excipiente arguirá incompetência em petição fundamentada e devidamente instruída, indicando, se entender necessário, o foro ou juízo correto para onde declina a competência da causa.

A: incorreta (art. 265, III, do CPC); **B:** realmente, primeiro será apreciada a de impedimento, depois suspeição e, por fim, a de incompetência. É necessário seguir-se essa ordem, pois, primeiro, deve-se apurar acerca da compatibilidade do juiz com o processo (impedimento e suspeição), e depois é que se examina a competência; **C:** embora o CPC fale em "partes", não cabe ao autor arguir exceção de incompetência, eis que ele propôs a ação no juízo que entendia competente; **D:** incorreta (art. 305 do CPC); **E:** incorreta (art. 307 do CPC).

Gabarito "B".

(Defensor Público/CE – 2007 – CESPE) No que concerne à competência, julgue os itens a seguir.

(1) Nas ações de reparação de dano sofrido em razão de delito ou acidente de veículos, será competente o foro do domicílio do autor ou do local do fato. Trata-se, porém, de competência relativa, podendo o autor optar pelo foro do domicílio do réu.
(2) Na exceção de incompetência absoluta, a falta de indicação do juízo competente não é causa de indeferimento liminar do pedido do excipiente, porque essa exigência é desprovida de fundamentação legal. Declarada essa incompetência, todos os atos praticados no processo serão declarados nulos.

1: correto (art. 100, parágrafo único, do CPC). Nesses casos, além do foro do local do fato ou do de seu próprio domicílio, o autor poderá renunciar a tal prerrogativa e optar pelo domicílio do réu, consoante a regra geral constante do art. 94, *caput*, do CPC; **2:** incorreto. Primeiramente, a incompetência absoluta é deduzida por meio de *objeção*, e não de exceção. Uma das diferenças existentes entre ambas repousa no fato de que a primeira, consubstanciando matéria de ordem pública, pode ser deduzida a qualquer tempo e em qualquer grau de jurisdição, sendo cognoscível de ofício pelo juízo. Além disso, é articulada no bojo dos próprios autos. A exceção, por sua vez, como não encerra matéria de ordem pública, deve ser oposta em petição que será autuada em apenso aos autos principais, sob pena de prorrogação da competência, visto que é defeso ao juiz reconhecer *ex officio* a incompetência relativa (Súmula 33 do STJ). Em segundo lugar, quem alega a incompetência deve declarar expressamente qual o juízo que reputa competente para o conhecimento da causa, declinando os fundamentos para tanto. Por último, apenas os atos *decisórios* é que serão declarados nulos (arts. 112, *caput*, 113, § 2º, 301, II, e 307, todos do CPC).

Gabarito 1C, 2E

(Defensor Público/AC – 2006 – CESPE) É competente para processar o inventário e a partilha, o juízo

(A) do domicílio do inventariante.
(B) da situação dos bens, caso o falecido não possuísse domicílio certo.
(C) do herdeiro que requereu o inventário.
(D) do domicílio do cônjuge supérstite, sendo o *de cujus* casado.

Regra geral, o inventário e a partilha serão processados no foro do último domicílio do autor da herança (art. 96, *caput*, do CPC). Subsidiariamente, caso este não tenha domicílio certo, o inventário e a partilha correrão no foro onde se encontrem os bens deixados aos sucessores (art. 96, parágrafo único, I, do CPC). Havendo bens em diferentes foros (comarcas), o feito deverá ser ajuizado naquele onde se deu o óbito (art. 96, parágrafo único, II, do CPC). De qualquer forma, insta salientar que se cuida de regra de competência territorial, e, por isso, relativa, a qual é derrogável pela vontade das partes (art. 111, *caput*, do CPC).

Gabarito "B".

(Defensor Público da União – 2004 – CESPE) Quanto à competência, julgue os itens seguintes.

(1) Enquanto o Supremo Tribunal Federal (STF) pode julgar, mediante recurso, decisões de qualquer justiça, tais como trabalhista, eleitoral, militar, federal ou estadual, o Superior Tribunal de Justiça (STJ) somente pode julgar, mediante recurso, as causas decididas pelos tribunais regionais federais ou pelos tribunais dos estados e do Distrito Federal e territórios.
(2) O STJ é competente para dirimir conflito de competência entre juizado especial federal e juízo de vara federal na mesma seção judiciária.

1: incorreto. À guisa de exemplo, impende destacar as causas decididas pelos juízos federais entre Municípios, pessoas residentes ou domiciliadas no Brasil e organismos internacionais, cuja competência para julgamento da apelação é atribuída ao Superior Tribunal de Justiça e não ao TRF (arts. 105, II, c, e 109, II, ambos da CF, e art. 539, II, b, do CPC); **2:** incorreto. A competência para dirimir tal conflito é do próprio Tribunal Regional Federal (art. 108, I, e, da CF). Somente são da alçada do STJ os conflitos entre tribunais, ressalvado o disposto no art. 102, I, o, da Carta Magna, bem como entre tribunal e juízes a ele não vinculados e entre juízes pertencentes a tribunais diversos (art. 105, I, d, da CF).

Gabarito 1E, 2E

(Defensor Público da União – 2002 – CESPE) Em relação à competência, julgue os itens abaixo.

(1) Ação de usucapião de imóvel objeto de pedido de partilha em separação judicial é atraída para o juízo de família, devendo ambas as ações serem julgadas em conjunto, em razão da continência.

(2) O Conflito de competência entre juiz de direito e juiz federal deve ser julgado pelo Tribunal Regional Federal (TRF) da região a que pertença o juiz federal.

(3) Em julgamento de agravo de instrumento, reconhecendo o tribunal de justiça a competência da justiça federal para julgar o feito, remeterá os autos à justiça federal; se o juiz federal, entretanto, entender que a competência é da justiça estadual, suscitará conflito a ser dirimido pelo Superior Tribunal de Justiça (STJ).

(4) Acompetência para julgar ação rescisória proposta contra acórdão do tribunal de justiça estadual, contra o qual fora interposto recurso especial não conhecido por falta de prequestionamento, é do STJ.

(5) Ação de constituição de servidão administrativa em propriedade particular, proposta por empresa privada concessionária de atividade de exploração de energia elétrica, diante do manifesto desinteresse da União federal em integrar o polo ativo da ação, corre perante o juízo estadual.

1: incorreta. Não há se cogitar de qualquer causa de modificação da competência – continência, conexão, prorrogação e derrogação –, em se tratando de *competência de juízo*, que é sempre absoluta. De qualquer forma, a competência em razão da matéria (*ratione materiae*) é, outrossim, absoluta (art. 111, *caput*, do CPC); **2:** incorreto. O conflito, nesse caso, deverá ser dirimido pelo Superior Tribunal de Justiça (art. 105, I, d, da CF); **3:** correto (art. 105, I, d, da CF); **4:** incorreto. A ação rescisória será intentada junto ao tribunal de onde emanou o julgado que se pretende rescindir (arts. 493 e 494 do CPC). Vale destacar, nesse diapasão, a doutrina de Alexandre Freitas Câmara: "No caso de ter transitado em julgado sentença proferida por órgão de primeira instância, será competente para a ação rescisória o tribunal que teria sido, em tese, competente para apreciar a apelação que contra aquela sentença poderia ter sido interposta" (FREITAS CÂMARA, Alexandre. *Ação rescisória.* Rio de Janeiro: Lumen Juris, 2007, p. 41-42); **5:** correto. Ausente o interesse da União, de suas empresas públicas federais ou de suas autarquias em integrar o polo ativo da lide, não se justifica a atração da competência para a Justiça Comum Federal (art. 109, I, da CF).

Gabarito 1E, 2E, 3C, 4E, 5C

6. Pressupostos Processuais e Condições da Ação

(Defensor Público/ES – 2009 – CESPE) No que concerne ao direito processual civil, julgue os itens:

(1) Para propor ação é necessário ter interesse e legitimidade. Para contestar, basta ter legitimidade.

(2) Os pressupostos processuais, diferentemente do que ocorre com as condições da ação, não podem ser aferidos de ofício pelo magistrado, haja vista que o sistema processual brasileiro assenta-se no princípio dispositivo que confere apenas às partes litigantes o poder de provocar o juiz para o exame de tais pressupostos.

1: incorreto, porque o art. 3º do CPC estabelece que "para propor ou contestar ação é necessário ter interesse e legitimidade"; **2:** incorreto, pois os pressupostos processuais constituem matéria de ordem pública, como o são as condições da ação, motivo pelo qual podem ser aferidos de ofício pelo juiz.

Gabarito 1E, 2E

(Defensor Público/SP – 2009 – FCC) Duas pessoas, no pleno exercício da capacidade civil, firmaram contrato de compra e venda de imóvel. Estabeleceram, por escrito, cláusula compromissória para a hipótese de eventual litígio. Em ação de rescisão contratual cumulada com indenização por danos morais e patrimoniais, o réu ofertou resposta sem objeção processual, postulando pela improcedência da ação. O juiz, após apreciar as alegações finais das partes, julgou o processo extinto, sem resolução de mérito, nos termos do artigo 267, inciso VII do Código de Processo Civil, remetendo as partes para discussão do contrato em sede de juízo arbitral. No seu entendimento, o juiz está

(A) errado, pois não poderia ter conhecido essa matéria de ofício, conforme expressa disposição legal.

(B) errado, pois ao invés de extinguir o processo sem julgamento de mérito, deveria ter determinado o prosseguimento do feito, porém voltado à execução da cláusula de arbitragem.

(C) errado, pois estava encerrada a fase probatória e o processo maduro para julgamento de mérito, aplicando-se ao caso o princípio da economia processual.

(D) certo, pois se as partes firmaram cláusula compromissória, deveriam tê-la observado, pois em matéria contratual vigora o princípio *pacta sunt servanda*.

(E) errado, pois ainda que devesse conhecer de ofício a matéria, o réu deveria ter alegado a convenção arbitral em preliminar de contestação e, ao deixar de fazê-lo, sujeitou-se ao pagamento das custas de retardamento, que incumbia ao julgador ter fixado na sentença extintiva.

A: correta, porque o juiz não poderia mesmo ter reconhecido a convenção de arbitragem de ofício (§ 4º do art. 301 do CPC) – trata-se da única preliminar que depende de alegação por parte do réu e que, se não alegada oportunamente, acarreta preclusão; **B:** incorreta, porque o juiz não poderia de ofício ter voltado à execução da cláusula de arbitragem; **C:** incorreta, pois não é pelo princípio da economia processual que o juiz deveria ter julgado o mérito, mas por respeito a uma matéria que não é de ordem pública, mas de direito dispositivo das partes; **D:** incorreta, em razão do que consta do já citado § 4º do art. 301 do CPC; **E:** incorreta, porque o motivo do equívoco do juiz não é aquele que a questão aponta.

Gabarito "A"

(Defensor Público/SP – 2007 – FCC) A capacidade postulatória, como um dos pressupostos de existência da relação jurídica processual, em regra é materializada através da representação da parte por advogado devidamente habilitado, mediante a outorga de procuração. Assim, a ausência de procuração por parte do réu e sua não apresentação no prazo legal implica

(A) extinção do processo, sem julgamento do mérito.

(B) extinção do processo, com julgamento do mérito.

(C) preclusão das faculdades processuais da parte.

(D) inexistência dos atos praticados em seu nome.

(E) presunção de veracidade dos fatos afirmados pelo autor.

Art. 37, parágrafo único, do CPC. Nesse sentido também vide Súmula 115 do STJ.

Gabarito "D"

(Defensor Público/RN – 2006 – Instituto Talento) A proibição de exigir em juízo dívida de jogo ocasionará

(A) a extinção do feito sem a análise de mérito.

(B) o julgamento conforme o estado do processo.

(C) o julgamento antecipado da lide.

(D) a improcedência da ação.

As dívidas decorrentes de jogo não regulamentado são judicialmente inexigíveis. Trata-se do principal exemplo de obrigações naturais. Portanto, sua cobrança em juízo não pode ser aceita, por falta de uma das condições da ação, qual seja, a possibilidade jurídica do pedido. Haverá, portanto, extinção do processo sem resolução do mérito (art. 267, VI, do CPC).

Gabarito "A"

(Defensor Público/BA – 2006 – DPE/BA) Analise o texto do art. 6º do CPC o qual dispõe que: "Ninguém poderá pleitear, em nome próprio, direito alheio, salvo quando autorizado por lei". Com base no texto da lei pode-se afirmar que o artigo transcrito trata:

I. Da legitimação ordinária.

II. Da legitimação extraordinária.

III. Da substituição processual e da sucessão processual, respectivamente.
IV. Da legitimação extraordinária e da substituição processual, respectivamente.
V. Da legitimação ordinária e da legitimação extraordinária de substituição processual, respectivamente.

(A) Apenas o item III está correto.
(B) Apenas o item IV está correto.
(C) Somente o item V está correto.
(D) Todas os itens estão incorretos.
(E) Apenas os itens II e III estão corretos.

Antes de mais nada, é preciso alertar o candidato para a diferença havida entre *substituição de partes* (também denominada *sucessão processual*) e *substituição processual*. Tais noções não se confundem. A primeira trata da substituição de uma parte por outra no processo, ou seja, a parte originária se retira da lide, dando vez para que outrem assuma a sua condição, seja em decorrência da vontade dos litigantes ou de outro evento, a exemplo da morte de um deles. Deve-se destacar que tal fenômeno é excepcional no processo civil e só se afigura possível nas hipóteses previstas em lei, a exemplo da substituição voluntária das partes prevista no art. 42, § 1º, do CPC. Via de regra, as partes não podem se substituir, visto que, com a citação válida (art. 219 do CPC), ocorre a *estabilização subjetiva da lide*, isto é, o processo marchará até o seu final, passando por suas diversas fases, sem que haja alteração nos polos da demanda. Já na *substituição processual*, não há ingresso nem saída de qualquer das partes; o que existe é o fenômeno da legitimação extraordinária, em que a parte – o substituto processual – defende, em nome próprio, direito alheio: o do substituído processual (art. 6º do CPC). Tal dispositivo, em verdade, ao enunciar que, salvo autorização legal, ninguém poderá pleitear, em nome próprio, direito alheio, está proclamando que a regra, no processo civil, é a *legitimação ordinária*, onde o titular do direito material coincide com o sujeito que postula tal direito em juízo, isto é, a parte processual é justamente a detentora do direito substantivo invocado. Excepcionalmente, em razão de disposição expressa de lei ou em decorrência do próprio sistema jurídico, é que se admite a legitimação extraordinária, por substituição processual, onde o titular do direito material – substituído processual – não se confunde com o titular da ação: o substituto processual. Sendo assim, o art. 6º do CPC consagra numa única frase os dois tipos de legitimação: ordinária e extraordinária, esta por substituição processual.

Gabarito "C".

7. Formação, Suspensão e Extinção do Processo. Nulidades

(Defensor Público/TO – 2013 – CESPE) No que se refere à formação, à suspensão e à extinção do processo, assinale a opção correta.

(A) Em atendimento ao princípio do contraditório, é vedado ao juiz conceder, antes da citação válida do réu, provimento em favor do autor.
(B) O juiz pode, a qualquer tempo e em qualquer grau de jurisdição, conhecer e declarar de ofício a litispendência e a coisa julgada, motivos para a extinção do processo sem resolução do mérito.
(C) Se, no curso do processo, o autor da ação falecer, o juiz deve declarar a extinção do processo sem resolução de mérito assim que a certidão de óbito for juntada aos autos do processo.
(D) Se o tipo de procedimento indicado na petição inicial não se encontrar adequado à natureza da lide, o juiz deverá indeferir a petição inicial e extinguir o processo sem resolução de mérito.
(E) Após a resposta do réu, constatado que o autor não promoveu os atos e diligências que lhe competiam, tendo abandonado a causa por mais de trinta dias, o juiz deverá extinguir o processo sem resolução de mérito, condenando o autor tão somente ao pagamento das custas processuais.

A: incorreto. Apenas para ilustrar alguns dos casos em que o órgão jurisdicional poderá conceder liminarmente a providência requestada pelo autor, confiram-se os arts. 273, 461, § 3º, e 804, todos do CPC. Note-se que, em tais hipóteses, não há falar-se em ofensa ao contraditório, mas sim de sua efêmera postergação; **B:** correto (arts. 267, V e § 3º, e 301, V, VI e § 4º, ambos do CPC); **C:** incorreto (art. 265, I e § 1º, do CPC); **D:** incorreto (art. 295, V, do CPC); **E:** incorreto. Em tal circunstância, o juízo não deverá extinguir o processo antes de intimar pessoalmente a parte autora para que promova, no prazo de 48 horas, os atos e diligências que lhe competem (art. 267, III e § 1º, do CPC).

Gabarito "B".

(Defensor Público/BA – 2010 – CESPE) Ajuizada ação com o objetivo de reconhecimento de paternidade atribuída a Antônio, falecido pai dos réus, verificou-se que o autor também falecera em momento posterior ao término da instrução do processo. Com relação a essa situação, julgue o item abaixo.

(1) Comprovado o óbito do autor, o processo não deve ser extinto sem julgamento do mérito, porque, apesar de se tratar de questão de estado, o falecimento ocorreu depois do fim da instrução.

1: incorreto. O processo, de fato, não deve ser imediatamente extinto sem resolução do mérito, visto que a morte do autor não é, *de per si*, motivo bastante para dar causa a um desfecho prematuro do feito. Todavia, o fundamento de tal conclusão não guarda qualquer relação com o início ou o fim da audiência de instrução e julgamento. Conquanto a filiação tenha caráter pessoal, a própria norma civil confere legitimidade *ad processum* aos herdeiros do investigante para que, uma vez iniciada, deem prosseguimento à demanda investigatória, em caso de morte daquele. Advirta-se, ainda, que, excepcionalmente, a ação de investigação de paternidade poderá ser ajuizada pelo representante legal do investigante, se este morrer menor ou incapaz (art. 1.606 do CC).

Gabarito "1E".

(Defensor Público/PA – 2009 – FCC) Dentro do prazo fixado, em lei, para interposição da apelação, as partes ingressaram com petição requerendo a suspensão do processo para tentativa de acordo. Nesse caso,

(A) o pedido de suspensão independe do assentimento do juiz, e é admissível até o prazo máximo de seis meses.
(B) cabe o pedido de suspensão, ainda que não haja o acordo.
(C) o pedido de suspensão depende do assentimento do juiz, e é admissível até o prazo máximo de seis meses.
(D) o pedido de suspensão não é correto, sem ou com o assentimento do juiz.
(E) o pedido de suspensão é correto, mas deverá ser provada a realização do acordo.

Nos termos do art. 182 do CPC, as partes não podem fazer qualquer tipo de convenção que reduza ou prorrogue prazos peremptórios, como o é o prazo para a apelação. Por isso, se fluindo o curso do prazo para a interposição do recurso, não seria eficaz a pretendida suspensão. Por este motivo, todas as alternativas que consideram possível a suspensão nesse caso são incorretas. A única que pode ser apontada como adequada é a "D".

Gabarito "1E".

(Defensor Público/SP – 2007 – FCC) "Todas as hipóteses extintivas do processo, previstas no art. 267 do CPC, permitem a repropositura da ação". Esta afirmação está

(A) correta, pois essas extinções processuais são sem resolução do mérito, e, portanto, não geram a coisa julgada material.
(B) incorreta, porque no caso de ilegitimidade de parte a ação não poderá mais ser proposta.
(C) incorreta.
(D) correta, pois desde que recolha as custas o autor poderá repropor a ação novamente.
(E) incorreta, pois só no caso da ocorrência de perempção a parte não mais poderá repropor a demanda.

Art. 268 do CPC.

Gabarito "C".

8. Antecipação dos Efeitos da Tutela e Liminar em Cautelar

(Defensor Público/SP – 2012 – FCC) Tutela antecipada e tutela cautelar.

(A) Deixando de oferecer exceção de incompetência em cautelar preparatória, o requerido não perde o direito de discutir a incompetência relativa na ação principal.
(B) Segundo preceito expresso do Código de Processo Civil, o exequente pode pleitear medidas acautelatórias urgentes na própria inicial da execução, independentemente de processo cautelar autônomo.

(C) Não cumprida a determinação de exibição de documento em cautelar para este fim, cabível aplicação de multa cominatória para compelir o obrigado a exibir o que lhe foi determinado.

(D) Preceitua o Código de Processo Civil que não se concederá a antecipação da tutela quando houver perigo de irreversibilidade do provimento antecipado, de modo que, somente mediante caução o juiz poderá conceder a antecipação da tutela contra o poder público para obtenção de vaga em creche ou fornecimento de medicamento de alto custo.

(E) É possível antecipar os efeitos de qualquer espécie de tutela jurisdicional, exceto a declaratória, eis que se trata de provimento de certificação, insuscetível de ser objeto de tutela provisória.

A: incorreto. A exceção de incompetência deve ser oposta durante o prazo de resposta concedido no processo cautelar, sob pena de prorrogação da competência (art. 114 do CPC). Nesse sentido: "Competência territorial. Foro de eleição. Prorrogação. Cautelar de protesto e ação de indenização. 1. Se o réu não opuser a exceção declinatória na cautelar de protesto, fica a competência prorrogada para a ação principal indenizatória, sendo intempestiva a exceção quando da contestação desta última. 2. Recurso especial conhecido e desprovido." (REsp 489.485/ES, rel. Min. Carlos Alberto Menezes Direito, 3ª T., j. 26.08;2003, DJ 24.11.2003, p. 302) [grifos nossos]; **B:** correto (art. 615, III, do CPC). Todavia, a única providência de natureza cautelar que poderá ser postulada pelo exequente já na inicial executiva corresponde ao arresto ex officio de que trata o art. 653, caput, do CPC. Logo, nos demais casos, o credor deverá ajuizar ação cautelar adequada (arresto ou sequestro, v.g.), seja de modo preparatório ou incidental à execução alvitrada (art. 796 do CPC), obedecendo, inclusive, aos requisitos do art. 801 do Diploma Processual Civil. Ao abono de tal entendimento, confira-se a doutrina de Costa Machado: "O requerimento de providências acautelatórias pelo credor contra atos de dilapidação patrimonial ou outros praticados pelo devedor depende de propositura de ação cautelar antecedente (arts. 796 e 801) ou incidental ao processo ou fase de execução. A presente disposição legal não autoriza o juiz a conceder medidas cautelares independentemente de ação e processo, salvo se houver regra expressa no sentido da possibilidade da medida ex officio, como ocorre nas hipóteses previstas pelos arts. 653 (arresto incidente na execução), 655-A, caput, in fine (determinação de indisponibilidade de ativos financeiros), 670 (alienação antecipada de bens) e 793 (providências cautelares urgentes durante a suspensão da execução). É que este art. 615, III, tem caráter meramente explicitativo do direito de o exequente pedir medidas cautelares. Na situação do art. 653, e apenas nela, é lícito ao exequente já com a petição inicial (ou com o requerimento) pleitear ad eventum o arresto de bens do executado". (MACHADO, Antônio Cláudio da Costa. Código de processo civil interpretado e anotado. 4. ed. Barueri: Manole, 2012, p. 1.198) [grifos nossos]; **C:** incorreto (art. 359 do CPC); **D:** incorreto. A irreversibilidade que se afigura como óbice intransponível à outorga da medida é aquela que se erige no plano fático, a exemplo da demolição de um prédio histórico (ainda que se construa outro, este não será igual ao original). Todavia, a irreversibilidade que se impõe apenas no campo jurídico não impede a concessão da antecipação, visto que eventuais prejuízos se resolvem em perdas e danos, devendo o sujeito beneficiado pela antecipação indenizar a parte contrária pelos danos que lhe foram causados com a efetivação da decisão (art. 273, § 2º, do CPC). Nesse sentido, note-se a seguinte lição: "Irreversibilidade impeditiva. Caso haja real perigo de irreversibilidade ao estado anterior, a medida não deve ser concedida. É o caso, por exemplo, de antecipação determinando a demolição de prédio histórico ou de interesse arquitetônico; derrubado o prédio, sua eventual reconstrução não substituirá o edifício original. Aqui existe a irreversibilidade de fato, que impede a concessão da tutela antecipada. Quando houver irreversibilidade de direito, ou seja, quando puder resolver-se em perdas e danos, a tutela antecipada pode, em tese, ser concedida" (NERY JR. Nelson; NERY, Rosa Maria de Andrade. Código de processo civil comentado e legislação extravagante. 10. ed. São Paulo: Ed. RT, 2007, p. 529) [grifos do autor]; **E:** incorreto. Em tal hipótese, permite-se a antecipação não da certeza jurídica da inexistência ou existência de determinada relação jurídica – a qual só exsurge com o advento do trânsito em julgado da decisão de mérito – mas sim dos efeitos decorrentes de tal declaração. Por exemplo, cite-se a antecipação concedida liminarmente no bojo de ação declaratória de inexistência de relação jurídica, no ventre da qual o devedor comprova, prima facie, o pagamento da obrigação que lhe é exigida, com vistas a impedir o protesto da cártula ou a inscrição de seu nome perante os cadastros de inadimplentes. Ratificando tal posicionamento: "Definida acima a tutela antecipatória como medida executiva em sentido lato, poder-se-ia pensar, à primeira vista, ser ela incabível nas ações declaratórias. Entretanto, tendo em vista que o adiantamento nem sempre respeita ao mérito considerado em seu sentido estrito, pode ser que os efeitos de uma sentença declaratória comportem execução, tendo cabimento o adiantamento desses mesmos efeitos [...]" (NERY JR. Nelson; NERY, Rosa Maria de Andrade. Código de processo civil comentado e legislação extravagante. 10. ed. São Paulo: Ed. RT, 2007, p. 526).

Gabarito "B"

(Defensor Público/GO – 2010 – Instituto Cidades) A antecipação de tutela, em ação de procedimento ordinário,

(A) uma vez concedida, não pode ser modificada ou revogada antes da sentença.

(B) prescinde da fundamentação da decisão concessiva, ante a urgência da situação.

(C) só pode ser concedida na fase inicial do processo, antes da citação.

(D) pode ser concedida contra a Fazenda Pública, em causa de natureza previdenciária.

(E) pode ser concedida contra a Fazenda Pública, tendo como objeto tutela específica de obrigação de fazer, mas não pode imputar-lhe multa diária por descumprimento.

A: incorreto (art. 273, § 4º, do CPC); **B:** incorreto (art. 273, § 1º, do CPC); **C:** incorreto. A decisão antecipatória pode ser concedida até o trânsito em julgado da decisão de mérito, visto que, até este momento, há interesse processual da parte em obter sua concessão; **D:** correto. A concessão de aumento ou a extensão de vantagens ou pagamento de qualquer natureza a servidores públicos (art. 1º da Lei 9.494/1997) não se confunde com o deferimento de benefícios previdenciários já garantidos a segurados. (Súmula 729 do STF). Nesse sentir, posiciona-se a jurisprudência da Corte Especial: "Processual civil e administrativo. Pensão. Antecipação de tutela contra a fazenda pública. Possibilidade. Hipótese não prevista no art. 1º da Lei 9.494/1997. Requisitos autorizadores. Reexame da matéria fática. Impossibilidade. Súmula 7/STJ. 1. O STJ firmou a orientação de que é possível a antecipação de tutela contra a Fazenda Pública, nos casos não vedados pelo art. 1º da Lei 9.494/1997. Precedentes do STJ. 2. Ressalta-se que, por analogia, incide na espécie o entendimento da Súmula 729/STF: 'A decisão na ADC-4 não se aplica à antecipação de tutela em causa de natureza previdenciária.' 3. A análise dos requisitos para a concessão da medida, previstos no art. 273 do CPC, implica, como regra, reexame da matéria fático-probatória. Aplicação da Súmula 7/STJ. 4. Agravo Regimental não provido." (STJ, AgRg no Ag 1.322.033/GO, rel. Min. Herman Benjamin, 2ª T., j. 28.09.2010, DJe 02.02.2011); **E:** incorreto (art. 461, § 4º, do CPC). Na mesma direção, note-se o seguinte precedente do STJ: "Processual civil e administrativo. Servidor civil. Revisão de pensão. Obrigação de fazer e entregar coisa. Cominação de multa diária contra a fazenda pública. Possibilidade. O entendimento do Superior Tribunal de Justiça é no sentido de ser possível ao juiz, de ofício ou a requerimento da parte, fixar multa diária cominatória astreintes , ainda que seja contra a Fazenda Pública, em caso de descumprimento de obrigação de fazer. Agravo regimental improvido." (AgRg no AREsp 7.869/RS, rel. Min. Humberto Martins, 2ª T., j. 09.08.2011, DJe 17.08.2011).

Gabarito "D"

(Defensor Público/AL – 2009 – CESPE) A respeito da tutela antecipada e da tutela específica, julgue os itens seguintes.

(1) Ajuizada ação na qual pretende o autor obter pronunciamento judicial que produza os efeitos do contrato não concluído pelo réu, será necessário que este mesmo autor cumule com o pedido principal um pedido subsidiário de cumprimento da obrigação derivada da conclusão do contrato, pois a tutela específica da obrigação de prestar declaração de vontade não abrange as demais obrigações derivadas dessa declaração independentemente de pedido.

(2) A nota mais essencial da antecipação da tutela na forma como está prevista pelo CPC é a cognição sumária, ou seja, o conhecimento ainda rarefeito da situação trazida pelas partes, de modo que não existe entre as hipóteses legais previstas no mencionado diploma exemplo de antecipação da tutela fundada em cognição exauriente.

1: correto. Tal questão se resolve pelo próprio princípio da *correlação, congruência*, ou da *adstrição*, de modo que o juiz, na sentença, deve se cingir ao pedido e à causa de pedir, sob pena de julgamento *citra, ultra* ou *extra petita*. Sendo assim, o autor deve fixar os limites objetivos da lide, especificando em que consiste o provimento pleiteado junto ao Estado-Juiz (art. 128 do CPC). Ressalvadas as hipóteses em que são admitidos os pedidos implícitos (Súmula 256 do STF e arts. 290 e 293 do CPC), a parte deve declinar com precisão a providência jurisdicional almejada; **2:** incorreto. A antecipação da parte incontroversa do pedido versada no § 6º do art. 273 do CPC cuida de hipótese de decisão fundada em cognição exauriente. Para Nelson Nery Jr. e Rosa Maria de Andrade Nery, tal circunstância encerra verdadeiro julgamento antecipado da lide, proporcionando decisão definitiva e de mérito. Confira-se a respeito: "Assim, pode o juiz, a requerimento do autor, antecipar os efeitos executivos da parte não contestada da pretensão do autor, com fundamento no CPC 273 II. Nessa parte, a decisão é de mérito e definitiva (julgamento antecipado da lide – CPC 330), motivo pelo qual subsiste, ainda que haja decisão diferente quanto ao restante do pedido (extinção com ou sem resolução do mérito) [...] Não há necessidade de a lei permitir expressamente o julgamento antecipado da lide nesse caso, pois isso decorre do sistema: a antecipação de parte não controvertida é de mérito e definitiva. Já era assim antes da L 10444/02". (NERY JR. Nelson; NERY, Rosa Maria de Andrade. *Código de processo civil comentado e legislação extravagante*. 10. ed. São Paulo: Ed. RT, 2007, p. 530).

Gabarito 1C, 2E

(Defensor Público/MT – 2009 – FCC) Pode-se conceder a tutela antecipada quando

(A) ocorrerem indícios do direito do autor.
(B) se procure assegurar o resultado prático do processo.
(C) for hipótese de julgamento antecipado.
(D) existam verossimilhança da alegação e prova inequívoca em favor do autor.
(E) o juiz, de ofício, verificar abuso de direito de defesa do réu.

A: incorreta, porque a lei exige prova inequívoca da verossimilhança do direito invocado, o que não se confunde com indícios; **B:** incorreta, porque esse é o papel próprio das cautelares (com a tutela antecipada o que se busca é garantir a efetividade do processo); **C:** incorreta, porque julgamento antecipado da lide não se confunde com antecipação dos efeitos práticos do provimento final; **D:** correta; **E:** incorreta, porque mesmo no caso de abuso do direito de defesa, há necessidade de requerimento do autor.

Gabarito "D"

(Defensor Público/PI – 2009 – CESPE) Um cidadão juridicamente necessitado procurou a DPE/PI para o ajuizamento de ação declaratória de inexistência de relação jurídica em face de determinada empresa de telefonia fixa. No atendimento inicial, o cidadão alegou urgência em razão da possível inclusão de seu nome em cadastros restritivos de crédito e alegou ter pagado toda a dívida. Considerando essa situação hipotética e a jurisprudência do STJ, é correto afirmar que o DP

(A) não pode pleitear a tutela antecipada, porque a certificação de um direito ou de uma relação jurídica não pode ser antecipada.
(B) não pode pleitear a tutela antecipada, por expressa vedação legal nessa situação.
(C) deve pleitear a tutela antecipada, já que é possível sua concessão em qualquer ação de conhecimento, seja ela declaratória, constitutiva ou mandamental, desde que presentes os requisitos e pressupostos legais.
(D) deve pleitear a tutela antecipada, já que estaria vinculado ao pedido formulado pelo necessitado.
(E) somente poderia pleitear a tutela antecipada caso o necessitado postulasse também a condenação da empresa de telefonia em danos morais.

A: incorreta, porque nada impede que a tutela antecipada seja concedida com o fim exclusivo de evitar que haja a inclusão do nome do autor em cadastros restritivos de crédito; **B:** incorreta, porque não há qualquer vedação expressa na lei para essa hipótese; **C:** correta; **D:** incorreta, porque o Defensor Público, se não convencido da viabilidade do pedido feito pelo assistido tem liberdade de não o formular em juízo (art. 128, XII da LC 80/1994); **E:** incorreta, porque as pretensões não estão relacionadas.

Gabarito "C"

(Defensor Público/CE – 2007 – CESPE) Quanto à antecipação de tutela e às medidas cautelares, julgue os itens que se seguem.

(1) A legitimidade para requerer a antecipação total ou parcial dos efeitos da tutela pretendida no pedido inicial abrange também as hipóteses de reconvenção e de pedido formulado em ação dúplice.
(2) Admite-se a fungibilidade das medidas urgentes, antecipatórias e cautelares, desde que presentes os respectivos pressupostos legais, visto que as primeiras exigem verossimilhança construída sobre prova inequívoca, enquanto, para as últimas, é suficiente a aparência do direito alegado.
(3) O arresto é uma medida cautelar concedida liminarmente no processo de execução, objetivando assegurar futura penhora de bens imóveis do devedor, garantindo, assim, a satisfação do crédito executado.
(4) No processo de justificação, não é admissível defesa nem recurso e, na sentença, o juiz não se pronunciará sobre o mérito da prova. O objetivo específico da justificação é a coleta de prova testemunhal a respeito de fatos que o requerente indica na petição inicial.

1: correto. Os provimentos de cunho antecipatório podem ser vindicados no bojo do processo de conhecimento, isto é, todas as vezes em que se admitir a formulação de uma pretensão pela parte, seja mediante de ação, reconvenção ou de ações dúplices; **2:** correto (art. 273, § 7º, do CPC); **3:** incorreto. O arresto tem a natureza jurídica de ação cautelar típica. Sua finalidade é assegurar o resultado útil (princípio da efetividade processual) de uma eventual execução por quantia certa. Cuida-se de medida cautelar patrimonial restritiva – de segurança dos bens – que tem por objetivo evitar que o devedor dissipe seu patrimônio fraudulentamente ao antever a possibilidade de expropriação de seus bens. Atente-se para o fato de que, em tal ação, apreendem-se bens *indeterminados* do patrimônio do devedor, ao passo que na cautelar de sequestro apreendem-se bens *determinados* de seu acervo. Tal diferença básica é comumente perguntada em provas objetivas e deve, portanto, ser compreendida pelo caro leitor (art. 813, II, b, e 822 do CPC); **4:** correto, visto que a justificação é desprovida de natureza contenciosa (arts. 865 e 866, parágrafo único, do CPC).

Gabarito 1C, 2C, 3E, 4C

(Defensor Público/AC – 2006 – CESPE) A liminar concedida em antecipação de tutela difere da liminar concedida em processo cautelar, já que

(A) aquela, para ser concedida, exige como requisito apenas um juízo de verossimilhança, enquanto esta exige a certeza do direito.
(B) aquela somente pode ser concedida se requerida pela parte, enquanto a cautelar pode ser concedida, excepcionalmente, de ofício.
(C) aquela, além do requisito da verossimilhança, exige a presença da fumaça do bom direito.
(D) esta somente pode ser concedida ao caso em que a demora ponha em risco o direito do requerente.

A: incorreto. A liminar concedida em sede de processo cautelar funda-se, igualmente, em juízo de probabilidade, isto é, em cognição superficial sobre o que foi afirmado pela parte; **B:** correto. Trata-se do poder geral de cautela, o qual consiste na possibilidade de o juiz conceder medidas cautelares típicas – aquelas verificadas a partir do art. 813 do CPC – e atípicas, isto é, de determinar providências específicas não previstas pelo legislador ao longo do Livro III, em caso de fundado receio de que uma parte, antes do julgamento da lide, cause ao direito da outra lesão grave e de difícil reparação. Sendo assim, em função da garantia constitucional da tutela jurisdicional efetiva (art. 5º, XXXV, da CF), a doutrina majoritária entende que o juiz pode conceder medidas cautelares de ofício (quando não requeridas pelas partes), em casos excepcionais e nas hipóteses expressamente autorizadas por lei, desde que: 1) tais providências sejam objeto de processo cautelar já instaurado por uma das partes; e 2) estejam presentes os requisitos do *fumus boni iuris* e do *periculum in mora*. Para Luiz Guilherme Marinoni, é necessário, ainda, que a pretensão, nos casos de concessão de ofício da medida cautelar, esteja comprovada *prima facie* (arts. 797 e 798 do CPC); **C:** incorreto. A antecipação dos efeitos da tutela se baseia na verossimilhança dos que restou alegado pelo requerente (art. 273, *caput*, do CPC), o qual, segundo a doutrina, já contém a fumaça do bom direito, posto que prevê requisitos mais rígidos para seu preenchimento; **D:** incorreto, pois a antecipação dos efeitos da tutela também pode ser concedida quando se vislumbrar o abuso de direito de defesa ou o manifesto propósito protelatório do réu. Cuida-se de hipótese denominada pela doutrina de *antecipação-sanção* (art. 273, II, do CPC), a qual difere da antecipação concedida com base no art. 273, I, do CPC, comumente conhecida como *antecipação-urgência*.

Gabarito "B"

(Defensor Público da União – 2002 – CESPE) A tutela antecipada é um dos mais importantes institutos introduzidos no processo civil brasileiro pela reforma de 1994, porque distribuiu de forma mais justa o ônus pela demora do processo, antes suportado quase que com exclusividade pelo autor. Em relação a esse instituto, julgue os itens a seguir.

(1) Indeferida a tutela antecipada requerida, faculta-se à parte pleitear ao relator do agravo de instrumento interposto contra a decisão que concedendo efeito suspensivo ao agravo, defira liminarmente a tutela negada em primeiro grau.
(2) A execução do provimento antecipado é feita de regra sem prévia caução, ao contrário da execução provisória de sentença, em que a caução é obrigatória.
(3) Em homenagem ao princípio da economia processual, quando a concessão da tutela antecipada tiver índole satisfativa, executada esta, deve o juiz determinar a extinção do feito por perda de objeto ou falta superveniente de interesse de agir, sendo inútil o prosseguimento do processo.
(4) As medidas cautelares e os provimentos de antecipação de tutela, ambas medidas de cognição sumária, possuem a mesma natureza; daí porque pode a parte utilizar-se, indiferentemente, de uma ou de outra para obter, liminarmente, a providência jurisdicional almejada com a prolação da sentença de mérito.

(5) Se o juiz conceder a tutela antecipada na sentença, a parte poderá executá-la provisoriamente, ainda que sobre ela penda apelação com efeito suspensivo.

1: correto. O relator do agravo de instrumento poderá, monocraticamente, conceder efeito *ativo* ao recurso interposto, antecipando, total ou parcialmente, os efeitos da tutela pretendida pelo recorrente (art. 527, III, do CPC); **2:** nada obstante o gabarito tenha assinalado como correta tal assertiva, é de se notar que a questão foi elaborada antes da edição da Lei 11.232/2005, a qual, dentre outros, alterou o panorama das execuções fundadas em título executivo judicial. Sendo assim, a execução de decisões interlocutórias antecipatórias, por serem imbuídas de nítido caráter provisório, são executadas, por óbvio, provisoriamente. De acordo com o pedido formulado pela parte, a tutela jurisdicional pode ser declaratória, constitutiva, condenatória, mandamental ou executiva *lato sensu*. Caso a antecipação tenha por objeto o pagamento de dinheiro, a efetivação da decisão observará o disposto no art. 475-O do CPC, o qual exige, de modo geral, a prestação de caução idônea e suficiente perante o juiz da causa, se porventura a medida pleiteada implicar o levantamento de depósito em dinheiro e a prática de atos que importem alienação de propriedade ou dos quais possa resultar grave dano ao executado (art. 475-O, III, do CPC). A dispensa de caução, nesse particular, é *excepcional* e vem contemplada expressamente no art. 475-O, § 2º, do CPC. Isso posto, hoje a encimada assertiva deveria ser assinalada como incorreta, já que a prestação de caução também pode ser exigida quando da efetivação de decisões antecipatórias que tenham por escopo a condenação em dinheiro; **3:** incorreto. A decisão que antecipa os efeitos da tutela é provisória, razão por que o processo deve marchar em busca de sua finalidade, qual seja a obtenção de um provimento definitivo (art. 273, § 5º, do CPC); **4:** incorreto. De fato, ambas se fundam em juízo de probabilidade acerca das alegações deduzidas pela parte. Por isso, são examinadas com base em cognição sumária (não exauriente). Porém, as cautelares tem em mira assegurar o resultado útil do provimento final, evitando-se, destarte, o perecimento do objeto do processo principal. Não há tutela de mérito, salvo o disposto no art. 810 do CPC. Diferem, por natureza, dos provimentos de índole antecipatória, visto que nestes a parte pretende o adiantamento do próprio bem da vida pleiteado no bojo dos autos. Não há referibilidade a outro processo, como sói ocorrer no processo cautelar. A antecipação – frise-se – diz respeito aos efeitos da *tutela de mérito* requestada junto ao Estado-Juiz; há, pois, satisfação da pretensão do autor, a partir da entrega antecipada do bem da vida postulado (art. 273, *caput*, do CPC) **5:** correto. De início, fomos levados a crer que a resposta estaria irremediavelmente incorreta, já que a execução provisória não pode ser iniciada enquanto penda recurso recebido com efeito suspensivo (arts. 475-I, § 1º, e 521 do CPC). Sob outro prisma, a concessão da tutela na sentença retira o efeito suspensivo *ope legis* de eventual recurso de apelação, no que tange especificamente aquilo que restou antecipado pelo juízo no provimento final. Logo, em tal hipótese, interposta apelação, o juízo monocrático tem uma dupla tarefa: a) deve receber o apelo no duplo efeito com relação àquelas matérias estranhas à antecipação outorgada; e b) declarar o efeito meramente devolutivo ao recurso, no que concerne os pontos que foram objeto da antecipação. Ao abono de tal entendimento, note-se a lição de Nelson Nery Jr. e de Rosa Maria de Andrade Nery: "Concessão na sentença. Apelação. Efeitos. A apelação interposta da sentença que extingue o processo, na qual foi concedida também a tutela antecipada, pode ser recebida no efeito meramente devolutivo, quanto à parte em que decidiu sobre a tutela antecipada, e no duplo efeito, quanto às demais matérias. A possibilidade da cisão dos efeitos da apelação, por exemplo, nas ações conexas e, agora, também na sentença que concede a tutela antecipada, é matéria já assentada na doutrina e na jurisprudência. [...] A mesma solução (efeito meramente devolutivo) deve ser dada à apelação da sentença que confirmar a tutela antecipada anteriormente concedida (CPC 520 VII)". (NERY JR. Nelson; NERY, Rosa Maria de Andrade. *Código de processo civil comentado e legislação extravagante*. 10. ed. São Paulo: Ed. RT, 2007, p. 528) [grifos nos original]. Nesses termos, é possível que o autor promova a execução provisória de sentença (mesmo quando o apelo seja recebido com efeito suspensivo), desde que o objeto da execução coincida com a providência resultante da tutela nela concedida.

Gabarito 1C, 2C (gabarito oficial), 3E, 4E, 5C

9. Processo de Conhecimento. Ritos Ordinário e Sumário

(Defensor Público/TO – 2013 – CESPE) De acordo com o art. 128 do Código de Processo Civil, o juiz deve decidir a lide nos limites em que ela tiver sido proposta, sendo-lhe defeso conhecer de questões não suscitadas a cujo respeito à lei exija a iniciativa da parte e, conforme o art. 460 do mesmo diploma legal, é defeso ao juiz proferir sentença *extra*, *ultra* e *citra petita*.

A partir dessas informações, assinale a opção correta.

(A) Nas obrigações de dar, fazer e não fazer, se tornar-se difícil o cumprimento da tutela desejada, o juiz deve convertê-la em perdas e danos.

(B) Apenas sobre questões de ordem processual não suscitadas pela parte pode o juiz conhecer de ofício.

(C) O juiz pode conhecer e declarar de ofício a convenção de arbitragem, e, em consequência, determinar a extinção do processo sem resolução de mérito.

(D) Havendo foro de eleição em contrato firmado entre duas pessoas físicas e tendo o autor ajuizado a ação em foro diverso daquele indicado no contrato, o juiz poderá conhecer e declinar da incompetência territorial de ofício.

(E) Em uma ação de cobrança, mesmo que a parte vencedora não tenha requerido expressamente, o juiz deve condenar o vencido ao pagamento de honorários sucumbenciais.

A: incorreto. A obrigação somente se converterá em perdas e danos se o autor o requerer ou se impossível a tutela específica ou a obtenção do resultado prático correspondente (art. 461, § 1º, do CPC); **B:** incorreto (art. 219, § 5º, do CPC e 210 do CC); **C:** incorreto (art. 301, § 4º, do CPC); **D:** incorreto (Súmula 33 do STJ: A incompetência relativa não pode ser declarada de ofício); **E:** correto (Súmula 256 do STF: "É dispensável pedido expresso para condenação do réu em honorários, com fundamento nos arts. 63 ou 64 do Código de Processo Civil"). Cuida-se de pedido implícito, na mesma esteira dos juros legais e da condenação do réu ao pagamento das prestações que se vencerem no decorrer da lide, ex vi dos arts. 290 e 293 do CPC.

Gabarito "E"

(Defensor Público/AM – 2013 – FCC) Quanto à prova e à presunção, é correto afirmar que

(A) o ônus da prova cabe, em regra, à parte economicamente mais forte.

(B) a prova refere-se sempre a fatos, jamais ao direito ou à sua vigência.

(C) a confissão judicial prejudica o litisconsorte.

(D) a revelia não induz presunção de veracidade nos litígios sobre direitos indisponíveis.

(E) a revelia induz presunção absoluta de veracidade.

A: incorreto (art. 333 do CPC); **B:** incorreto (art. 337 do CPC); **C:** incorreto (art. 350, caput, do CPC); **D:** correto (art. 320, II, do CPC); **E:** incorreto. A regra é a de que a revelia (ausência de contestação ou sua apresentação intempestiva) tem como consequência a pena de confissão ficta, isto é, de presunção de veracidade dos fatos articulados pelo autor, bem como a desnecessidade de intimação do revel para os subsequentes atos do processo. Todavia, o art. 320 do CPC estabelece algumas exceções à regra (além da hipótese de direitos indisponíveis). São elas: havendo pluralidade de réus, algum deles contestar a ação (art. 320, I, do CPC), ou, ainda, de a petição inicial não estar acompanhada do instrumento público, que a lei considere indispensável à prova do ato (art. 320, III, do CPC). Ademais, nem sempre a revelia conduzirá à procedência automática do pedido do autor, a teor do que dispõe o art. 324 do CPC.

Gabarito "D"

(Defensor Público/SE – 2012 – CESPE) Assinale a opção correta com referência à petição inicial.

(A) Os juros legais não constituem exemplos de pedido implícito.

(B) Segundo o STJ, o prazo de dez dias fixado pelo juiz para que o autor emende a inicial é improrrogável.

(C) Se o requerimento para a citação do réu não estiver expresso na petição inicial, ele deve ser presumido pelo juiz.

(D) O pedido imediato pode ser indeterminado, enquanto o mediato é sempre determinado.

(E) O pedido não concludente em relação à causa de pedir implica inépcia da petição inicial.

A: incorreto (art. 293 do CPC); **B:** incorreto. Nesse sentido: "Recurso especial repetitivo (art. 543-C do Código de Processo Civil) medida cautelar de protesto interruptivo de prazo prescricional negativa de prestação jurisdicional Omissão Não ocorrência Prazo do art. 284 do Código de Processo Civil Natureza jurídica Dilatório Irrelevância, na espécie Determinações judiciais de emenda à petição inicial Descumprimento reiterado pelos recorrentes desídia configurada, in casu Indeferimento da inicial Justa causa Aferição Entendimento pautado na análise do conjunto fático-probatório Reexame nesta via recursal Impossibilidade Óbice do enunciado 7 da Súmula/STJ Recurso especial improvido, no caso concreto. [...] II Para fins do disposto no art. 543-C, o prazo do art. 284 do Código de Processo Civil não é peremptório, mas dilatório, ou seja, pode ser reduzido ou ampliado por convenção das partes ou por determinação do juiz, nos termos do art. 181 do Código de Processo Civil; III In casu, contudo, independentemente da natureza jurídica do prazo prescrito no art. 284 do

Código de Processo Civil, tendo em conta as duas anteriores concessões de prazo para a regularização da inicial, ambas não atendidas, e a ausência de justificativa plausível para o pedido de nova dilação do prazo, restou configurada a conduta desidiosa e omissiva das recorrentes, estando correta a sentença de indeferimento da inicial e de extinção do processo sem o julgamento do mérito; [...]" (REsp 1.133.689/PE, rel. Min. Massami Uyeda, 2ª Seção, j. 28.03.2012, DJe 18.05.2012); **C:** incorreto. Acaso o demandante não tenha pleiteado expressamente a citação do demandado, o juízo deverá facultar ao autor a emenda da inicial, sob pena de seu indeferimento, visto que o requerimento de citação do réu é requisito indispensável da exordial, conforme dimana do art. 282, VII, do CPC. Na mesma direção: Processual civil. Ação rescisória. Art. 485, VII, do CPC. Ausência de indicação do réu e de requerimento de sua citação. Falta de comprovação do trânsito em julgado. Resolução apresentada como "documento novo" editada após a prolação do julgado rescindendo. Inviabilidade. Extinção do processo, sem julgamento de mérito. 1. A ausência de indicação da parte integrante do polo passivo da relação processual, de pedido expresso de citação da parte requerida e de comprovação do trânsito em julgado do acórdão rescindendo são irregularidades que ensejam o indeferimento da petição inicial, nos termos dos arts. 282, II e VII, e 488 do Código de Processo Civil. [...] (AR 2.481/PR, rel. Min. Denise Arruda, 1.ª Seção, j. 13.06.2007, DJ 06.08.2007, p. 446); **D:** incorreto. O pedido imediato (natureza do provimento jurisdicional almejado) é sempre determinado, ao passo que o pedido mediato (bem da vida pretendido) é que excepcionalmente pode ser indeterminado, genérico ou ilíquido, quando não for possível a exata quantificação do bem jurídico material requestado (art. 286 do CPC). Corroborando tal ensinamento, note-se a doutrina de Marinoni: "O pedido no seu sentido imediato e mediato deve ser certo e determinado (art. 286, caput, do CPC). Admite-se, contudo, como exceção, que o pedido mediato seja indeterminado (ou genérico): i) nas ações universais, se não puder o autor individuar na petição os bens demandados; ii) quando não for possível determinar, de modo definitivo, as consequências do ato ou do fato ilícito; iii) quando a determinação do valor da condenação depender de ato que deva ser praticado pelo réu (art. 286, I, II e III, do CPC)". (MARINONI, Luiz Guilherme. Processo de conhecimento. 6. ed. São Paulo: Ed. RT, 2007, p. 82); **E:** correto (art. 295, parágrafo único, II, do CPC).

Gabarito "E"

(Defensor Público/SE – 2012 – CESPE) Em relação às provas, assinale a opção correta.

(A) O documento produzido por oficial público sem a observância das formalidades legais, ainda que subscrito pelas partes, não tem eficácia probatória.

(B) No CPC, acolhe-se, como regra, a teoria estática do ônus da prova.

(C) A prova emprestada tem eficácia vinculante em relação ao magistrado que a admitir.

(D) Determinada a produção de prova de ofício pelo juiz, poderá ele, em momento posterior, desistir de sua produção.

(E) A confissão é, em regra, divisível, podendo a parte que a quiser invocar como prova aceitá-la no tópico que a beneficiar e rejeitá-la no que lhe seja desfavorável.

A: incorreto (art. 367 do CPC); **B:** correto (art. 333 do CPC). No que tange às regras de distribuição do ônus da prova, explicitando a diferença havida entre as teorias da carga dinâmica e da carga estática, note-se trecho do judicioso voto proferido pelo E. Min. Herman Benjamin: "[...] Daí por que entendo que há que diferenciar entre a sistemática probatória que diz respeito à comprovação da fraude no equipamento e a comprovação da autoria. A primeira cabalmente se submete à regra insculpida no art. 333 e ss. do CPC, no qual o fato alegado cabe a quem alega, segundo a clássica teoria estática da distribuição da prova, há muito adotada pelo sistema processual vigente. Por outro lado, no que é pertinente à autoria da fraude, negada pelo consumidor, o sistema aceito excepcionalmente é o da teoria da distribuição dinâmica do ônus da prova, na qual o dever será atribuído a quem puder suportá-lo, retirando o peso da carga da prova de quem se encontra em evidente debilidade de suportar o ônus. Portanto, a distribuição será a posteriori, segundo a razoabilidade, de tal maneira que se evite a diabolização da prova – aquela entendida como impossível ou excessivamente difícil de ser produzida – como a prova de fato negativo." (REsp 1,135.661/RS, rel. Min. Herman Benjamin, 2ª T., j. 16.11.2010, DJe 04.02.2011) [grifos nossos]; **C:** incorreto, porquanto o ordenamento pátrio não adotou como regra o sistema da prova legal ou tarifada, mas sim o do livre convencimento motivado ou da persuasão racional do juiz (art. 131 do CPC); **D:** incorreto. Nas hipóteses de deferimento de provas (sejam elas requeridas pelas partes ou determinadas de ofício), de concessão ou de denegação de pleitos antecipatórios ou de liminares em cautelares, bem assim de decretação ou de rejeição de nulidades relativas, a decisão proferida pelo juízo não pode mais ser revista, salvo se houver fato novo que justifique sua modificação superveniente. Nesses casos, portanto, opera-se a preclusão pro judicato, não podendo o magistrado rever o decisório proferido, sob pena de causar tumulto à marcha processual e de vulneração da própria segurança jurídica. Todavia, em se tratando de provimentos que indefiram provas (dado que o juiz poderá determiná-las de ofício, na forma do art. 130 do CPC), ou, igualmente, de hipóteses que importem em nulidade absoluta (condições da ação, pressupostos processuais, juízo de admissibilidade recursal, prescrição, decadência, impedimento do juiz etc.), o órgão jurisdicional pode e deve rever as decisões anteriormente proferidas, por se tratar de questões de ordem pública (arts. 219, § 5º, 267, § 3º, e 301, § 4º, do CPC), de modo que, em tais circunstâncias, não há falar-se em preclusão pro judicato; **E:** incorreto (art. 354, caput, primeira parte, do CPC).

Gabarito "B"

(Defensor Público/PR – 2012 – FCC) Sobre o procedimento ordinário, é correto afirmar:

(A) Como os pedidos devem ser interpretados restritivamente, tratando-se de obrigação consistente em prestações periódicas, as que se vencerem no curso do processo não serão incluídas na sentença a ser proferida, salvo se o autor expressamente as requerer.

(B) Recebida a exceção de incompetência oposta pelo réu em feito que tramita no primeiro grau de jurisdição, o processo ficará suspenso até que seja definitivamente julgada pelo tribunal ao qual o juiz está vinculado.

(C) Contra o revel que tenha patrono nos autos, correrão os prazos independentemente de intimação, a partir da publicação de cada ato decisório.

(D) O julgamento antecipado da lide coloca em prática a garantia do jurisdicionado à razoável duração dos processos, alçado na atualidade a princípio de estatura constitucional.

(E) A conexão é requisito indispensável para que seja permitida a cumulação, num único processo, de vários pedidos contra o mesmo réu.

A: incorreto. A parte deve declinar com precisão a providência jurisdicional almejada, à exceção das hipóteses em que são admitidos pedidos implícitos (Súmula 256 do STF e arts. 290 e 293 do CPC); **B:** incorreto (art. 306 do CPC); **C:** incorreto (art. 322, caput, do CPC); **D:** correto. Por abreviar a solução do litígio e conferir, portanto, maior celeridade à atividade jurisdicional, o julgamento antecipado da lide é corolário do princípio constitucional da duração razoável do processo (art. 5º, LXXVIII, da CF). Com efeito, tal instituto adianta a fase decisória do processo de conhecimento, posto que despicienda a realização de audiência e de ulterior dilação probatória; **E:** incorreto (art. 292, caput, do CPC).

Gabarito "D"

(Defensor Público/AC – 2012 – CESPE) Em determinado processo, a autora requereu, na petição inicial, a produção de todos os meios de prova em direito admitidas, incluindo-se o depoimento pessoal dos réus, seus genitores, contra quem postulava indenização, sob o argumento de abandono afetivo. Os réus, em contestação, juntaram farta documentação escrita e fotográfica e protestaram genericamente pela produção de provas. Na fase de especificação de provas, apenas a autora insistiu no depoimento pessoal dos réus e na oitiva de testemunhas que indicou. Diante da designação de audiência de instrução, o juiz determinou, de ofício, o comparecimento pessoal da autora, a fim de interrogá-la sobre os fatos da causa. Houve intimação regular de todos.

Com base na situação hipotética acima apresentada, assinale a opção correta.

(A) Constitui violação do princípio da isonomia das partes a determinação de ofício, pelo juiz, do comparecimento pessoal da autora em audiência, visto que esse requerimento é ônus da parte, não tendo o réu solicitado o depoimento pessoal da autora na fase de especificação de provas.

(B) Caso a autora não compareça, na data marcada, à audiência de instrução, o juiz, se ainda interessado no depoimento, deverá designar nova audiência e determinar a condução coercitiva da autora.

(C) Não é possível colher o depoimento pessoal das partes por carta precatória, razão por que a autora e os réus deverão comparecer pessoalmente à comarca em que se situa a sede do juízo, sob pena de arcarem com os ônus decorrentes de suas ausências.

(D) A confissão judicial faz prova contra o confitente e também contra seus litisconsortes.

(E) Não se deve confundir o protesto genérico, feito na contestação, pela produção de provas com o requerimento específico, em resposta ao despacho de especificação. Nesse segundo momento processual, é imprescindível a justificativa da necessidade da prova, pois, com base nessa informação, o juiz decidirá entre as diligências realmente necessárias à instrução da causa e as despiciendas ou meramente protelatórias.

A: incorreto, já que o depoimento pessoal da parte pode ser determinado de ofício pelo juiz. Cuida-se do denominado interrogatório da parte (art. 342 do CPC); **B:** incorreto. Nesse caso, ser-lhe-á aplicada a pena de confissão (art. 343, § 2°, do CPC); **C:** incorreto (arts. 344, caput, e 410, II, do CPC; **D:** incorreto (art. 350, caput, do CPC); **E:** correto. Conquanto o despacho para especificação de provas não esteja previsto pela lei ritual – à exceção do art. 324 do CPC – sua reiteração na praxe forense contribui significativamente para a boa instrução do feito, vez que permite o indeferimento de diligências inúteis e protelatórias, sem prejuízo de que confere maior segurança ao juízo no momento julgar antecipadamente a lide (art. 130 do CPC).

Gabarito "E"

(Defensor Público/AC – 2012 – CESPE) Considerando que as alegações e documentos da petição inicial estabelecem o âmbito da lide e assumem relevância especial nos casos de decretação da revelia e nas hipóteses de cabimento de pedidos contrapostos, assinale a opção correta.

(A) Caso o juiz indefira a petição inicial antes da citação do réu, por motivo de decadência ou prescrição, há encerramento do processo sem julgamento do mérito, cabendo, nesse caso, apelação.

(B) A indicação do valor da causa é elemento essencial da petição inicial; portanto, de acordo com o que determina o CPC, se o autor não indicar o valor, deve o juiz indeferir de plano a petição inicial, cabendo apelação contra a referida decisão.

(C) Por constituírem ônus processual, os efeitos da revelia são aplicáveis ainda que a petição inicial não esteja acompanhada de instrumento público que a lei considere indispensável à prova do ato.

(D) Em razão do rito abreviado que caracteriza o procedimento sumário, não é permitido ao réu, na contestação, formular pedido em seu favor.

(E) Os efeitos da revelia não incidem sobre o direito da parte, mas sobre a matéria de fato; por essa razão, o revel pode intervir no feito em qualquer fase do processo, apelando e invocando prescrição, por exemplo, caso tal matéria não tenha sido reconhecida de ofício pelo juiz da causa.

A: incorreto, pois haverá extinção do processo com resolução de mérito, na forma do art. 269, IV, do CPC; **B:** incorreto. Ainda que o autor não atribua valor à causa, o juízo deverá, primeiramente, facultar-lhe a emenda da inicial, visto que a parte goza de direito subjetivo à correção de meras irregularidades, como já dito anteriormente (art. 284, caput, do CPC); **C:** incorreto (art. 320, III, do CPC); **D:** incorreto (art. 278, § 1°, do CPC); **E:** correto (art. 322, parágrafo único, do CPC). Recebendo o processo no estado em que se encontra, o revel poderá apelar e invocar a prescrição da pretensão do autor perante o órgão ad quem. Além do mais, tal defesa pode ser conhecida de ofício pelo órgão jurisdicional competente (219, § 5°, do CPC). Cumpre ressaltar que, segundo o verbete sumular 231 do STF, o réu revel pode, inclusive, produzir provas, desde que se manifeste em momento processual adequado. Note-se a redação do referido enunciado: "O revel, em processo cível, pode produzir provas, desde que compareça em tempo oportuno".

Gabarito "E"

(Defensor Público/RO – 2012 – CESPE) Assinale a opção correta acerca da ação de conhecimento proposta pelo rito do procedimento comum ordinário, à luz do CPC.

(A) Caracteriza a revelia substancial o fato de o réu contestar, mas não proceder à impugnação específica dos fatos afirmados pelo autor; verifica-se a revelia material quando o réu não comparece, não contesta ou, quando contesta, o faz intempestivamente.

(B) Verificada a hipótese de nomeação à autoria, o réu poderá optar por fazê-la ou apresentar a contestação.

(C) Sendo a teoria da individualização o arcabouço da sistemática adotada no CPC, a petição inicial formulada pelo autor deve individualizar cada um dos pedidos conforme a causa de pedir.

(D) Caso o réu não tenha certeza de quem deva nomear, ele deverá valer-se da nomeação sucessiva, sendo-lhe vedada a nomeação alternativa.

(E) A revelia ulterior ocorre quando, a princípio, o réu não é revel, mas passa a ser considerado como tal no curso do processo.

A: incorreto. No procedimento comum ordinário, a revelia se dá quando o réu não apresenta contestação, após ter sido validamente citado, ou, ainda, caso a ofereça intempestivamente. No procedimento comum sumário, tal fenômeno tem lugar na hipótese de o réu e de seu patrono deixarem, injustificadamente, de comparecer à audiência de conciliação (art. 277, § 2°, do CPC). Ocorre também quando, presente em audiência conciliatória ao menos o advogado habilitado pelo réu na forma do art. 277, § 3°, do CPC, este não oferta defesa. Nesse sentido: "Processo civil. Ação indenizatória. Procedimento sumário. Audiência de conciliação. Presença do advogado e ausência do réu regularmente citado. Inocorrência de contestação. Revelia. Debates orais. Ausência. Nulidade afastada. CPC, arts. 278, 281 e 319. Recurso especial. Prequestionamento. Súmula/STJ, Enunciado n. 211. Dissídio não demonstrado. Doutrina. Recurso desacolhido. I A citação no procedimento sumário é para que o réu compareça à audiência inicial a fim de que, em um primeiro momento, se procure a conciliação e, em caso negativo, seja apresentada sua defesa, sob pena de revelia. II Dentre outras hipóteses, tem-se como caracterizada a revelia do réu, nas causas de procedimento sumário, quando, apesar de regularmente citado o réu, deixa de comparecer à audiência de conciliação, se faz considerando que, no caso, seu advogado, regularmente constituído e com poderes para transigir, compareceu ao ato, mas não apresentou contestação. [...]" (REsp 149.729/PR, rel. Min. Sálvio de Figueiredo Teixeira, 4ª T., j. 23.03.1999, DJ 21.06.1999, p. 161). Deveras, cuida-se de ato-fato processual cujos efeitos nem sempre se produzem. A ausência de impugnação específica dos fatos descritos na exordial rende ensejo à aplicação da pena de confissão ficta, ressalvado o disposto no art. 320 do CPC (art. 302, caput, do CPC); **B:** incorreto. A nomeação à autoria é mecanismo provocado de intervenção de terceiros, que se destina à correção do polo passivo da demanda. É cabível quando a ação é aforada em face do *detentor* da coisa móvel ou imóvel, o qual, justo por não ser o titular do direito material afirmado pelo autor, aponta o verdadeiro titular do bem (proprietário ou possuidor); cabe, ainda, quando o réu de ação indenizatória promovida pelo proprietário ou por quem detenha direitos sobre a coisa assevera obedecer ordens ou seguir instruções de terceiro. O objetivo em ambos os casos é fazer com que haja a substituição de quem figura no polo passivo da lide – posto que parte ilegítima – pelo verdadeiro legitimado. De qualquer sorte, é dever do réu proceder à nomeação, sob pena de responder por perdas e danos (art. 69 do CPC); **C:** incorreto. Em razão de o sistema processual civil brasileiro haver adotado a teoria da substanciação – do que é decorrente a máxima do jura novit curia – o autor deverá declinar corretamente e o juiz deverá se ater tão somente aos fatos que embasam a pretensão deduzida em juízo, sendo irrelevante o equívoco cometido quanto à qualificação jurídica do fato narrado. Para a teoria da individualização – não encampada pelo ordenamento pátrio – os pedidos devem ser postulados com base nos fundamentos jurídicos arguidos na prefacial, e não na descrição fática; **D:** incorreto. O nomeante poderá apontar de modo alternativo ou sucessivo aqueles em nome de quem exerce a posse da coisa (art. 62 do CPC) ou daqueles de quem obedece a ordem ou segue instruções (art. 63 do CPC), tudo com base nos arts. 288 e 289 do CPC – notadamente para a corrente doutrinária que atribui natureza de ação à nomeação à autoria – não havendo, pois, qualquer vedação para a formulação de pedidos sucessivos ou alternativos; **E:** correto. O conceito fornecido pela assertiva está perfeito; é comum que a revelia ulterior se dê nos casos de defeito de representação em juízo (art. 13, II, do CPC), morte de procurador de algum dos litigantes (265, § 2°, do CPC) ou de falecimento da própria parte (art. 265, § 1°, do CPC). Nessas hipóteses, se o requerido, dentro do prazo assinalado pelo juízo, respectivamente, não corrigir o respectivo defeito, deixar de constituir novo patrono ou, ainda, não habilitar os sucessores ou o espólio, será considerado revel pelo juízo, ainda que já haja oferecido tempestivamente sua defesa.

Gabarito "E"

(Defensor Público/RO – 2012 – CESPE) Considerando a proposição de ação de ressarcimento por danos causados em acidente de veículo em via terrestre, pelo rito sumário, assinale a opção correta em conformidade com o que dispõe o CPC.

(A) Caso o magistrado julgue procedente o pedido do autor, proferindo uma sentença ilíquida, deve a parte autora promover a liquidação de sentença antes de requerer o cumprimento de sentença.

(B) O magistrado poderá convolar o procedimento em ordinário.

(C) No caso em apreço, tal como ocorre no rito ordinário, a intervenção de terceiros é admissível.

(D) Não é cabível, na hipótese, pedido contraposto, que é inerente às causas propostas nos juizados especiais.

(E) É necessário que o autor da ação aponte, na petição inicial, o rol de testemunhas e os quesitos de perícia, bem como indique o assistente técnico, sob pena de preclusão temporal.

A: incorreto. Nas causas submetidas ao procedimento comum, rito sumário, por força do inciso II do art. 275 do CPC, é vedado ao juízo proferir sentença ilíquida (art. 475-A, § 3º, do CPC); **B:** correto (art. 277, §§ 4º e 5º, do CPC); **C:** incorreto, à exceção da assistência, do recurso de terceiro prejudicado e da intervenção fundada em contrato de seguro (art. 280 do CPC); **D:** incorreto (art. 278, § 1º, do CPC); **E:** incorreto. Caso o autor não decline, na petição inicial, o rol de testemunhas nem ofereça a quesitação concernente à prova técnica postulada, ou, ainda, deixe de indicar seu assistente técnico, haverá preclusão consumativa, e não temporal, como denotado na assertiva. Em outras linhas, o ato não poderá mais ser realizado, em virtude de já haver sido praticado (art. 276 do CPC).

Gabarito "B"

(Defensor Público/SP – 2012 – FCC) De acordo com as normas do Código de Processo Civil,

(A) a possibilidade de se comprovar vício do consentimento através de prova exclusivamente testemunhal dependerá do valor do contrato discutido em juízo.

(B) incumbe o ônus da prova quando se tratar de contestação de assinatura, à parte que pretende a invalidação do contrato.

(C) o direito de propor ação anulatória de confissão por vício do consentimento transmite-se aos herdeiros do confitente.

(D) a nota escrita pelo credor em qualquer parte do documento representativo da obrigação, ainda que não assinada, faz prova em benefício do devedor.

(E) o juiz poderá nomear mais de um perito e a parte indicar mais de um assistente técnico quando se tratar de perícia complexa, ainda que abranja uma única área do conhecimento.

A: incorreto (art. 404, II, do CPC); **B:** incorreto. Quando contestada a autenticidade de assinatura, o ônus da prova incumbe à própria parte que produziu o documento (art. 389, II, do CPC); **C:** incorreto (art. 352, parágrafo único, segunda parte, do CPC); **D:** correto (art. 377, caput, do CPC); **E:** incorreto (art. 431-B do CPC).

Gabarito "D"

(Defensor Público/RS – 2011 – FCC) Das provas, de acordo com o que dispõe o Código de Processo Civil.

(A) A confissão é, em regra, divisível.

(B) Mesmo que a perícia seja complexa, não existe previsão para a nomeação de mais de um perito ou para a indicação de mais de um assistente técnico, até mesmo pelo fato de o juiz não estar adstrito ao laudo pericial, podendo formar a sua convicção com base em outros elementos.

(C) O Código de Processo Civil adota a teoria dinâmica de distribuição do ônus da prova (cargas processuais dinâmicas), podendo ocorrer, em determinadas situações, a inversão do dever de provar.

(D) Qualquer que seja o valor do contrato, é admissível a prova testemunhal quando o credor não pode ou não podia, moral ou materialmente, obter a prova escrita da obrigação.

(E) Quando se tratar de contestação de assinatura, o ônus da prova incumbe a quem a contestar.

A: incorreto. A regra é a sua indivisibilidade (art. 354 do CPC); **B:** incorreto. É possível que o juiz nomeie mais de um perito, a depender da complexidade da causa e desde que abrangida mais de uma área de conhecimento especializado (art. 431-B do CPC); **C:** incorreto, pois o CPC adota a teoria *estática do ônus da prova*, segundo a qual o ônus da prova cabe a quem alega o fato (art. 333 do CPC); **D:** correto (art. 402, II, do CPC); **E:** incorreto. O ônus recai sobre a parte que produziu o documento (art. 389, II, do CPC).

Gabarito "D"

(Defensor Público/AM – 2011 – Instituto Cidades) É INCORRETO afirmar que a petição inicial deverá indicar

(A) os dispositivos legais que guarnecem o seu pedido.

(B) as provas com que o autor pretende demonstrar a verdade dos fatos alegados.

(C) o valor da causa.

(D) o pedido, com suas especificações.

(E) o juiz ou o tribunal a que é dirigida.

A: incorreto, visto que o art. 282, III, do CPC, alude aos fatos e *fundamentos jurídicos* do pedido, os quais são mais abrangentes do que a simples indicação dos dispositivos legais em que se assenta a causa de pedir; **B:** correto (art. 282, VI, do CPC); **C:** correto (art. 282, V, do CPC); **D:** correto (art. 282, IV, do CPC); **E:** correto (art. 282, I, do CPC).

Gabarito "A"

(Defensor Público/AM – 2011 – Instituto Cidades) O Código de Processo Civil diz que todos os meios legais, ainda que nele não especificados, são hábeis para provar verdade dos fatos, em que se funda a ação ou a defesa. Sobre os princípios gerais da prova e seu ônus é CORRETO afirmar:

(A) são inadmissíveis, no processo, as provas obtidas por meios ilícitos.

(B) a gravação de conversa telefônica, por um dos interlocutores, é fato ilícito e impede a sua utilização como prova em processo.

(C) é lícita a vedação, em contrato relativo a relação de consumo, de inversão do ônus da prova.

(D) a revelia impõe ao juiz reputar verdadeiros os fatos alegados pelo autor, mesmo se a ação tratar de direitos indisponíveis.

(E) numa ação civil, a impugnação genérica pelo réu, por meio de negativa geral, em contestação.

A: correto (art. 5º, LVI, da CF); **B:** incorreto, visto que a gravação ambiental tem sido admitida como prova lícita, desde que não haja causa legal específica de sigilo ou de proteção do diálogo. Corroborando tal entendimento: "Agravo regimental em agravo de instrumento. Gravação ambiental feita por um interlocutor sem conhecimento dos outros: constitucionalidade. Ausente causa legal de sigilo do conteúdo do diálogo. Precedentes. 1. A gravação ambiental meramente clandestina, realizada por um dos interlocutores, não se confunde com a interceptação, objeto da cláusula constitucional de reserva de jurisdição. 2. É lícita a prova consistente em gravação de conversa telefônica realizada por um dos interlocutores, sem conhecimento do outro, se não há causa legal específica de sigilo nem de reserva da conversação. Precedentes. 3. Agravo regimental desprovido." (STF, AI 560.223 AgR, rel. Min. Joaquim Barbosa, 2ª T., j. 12,04.2011); **C:** incorreto. Tal vedação conduz à nulidade de pleno de direito da cláusula contratual avençada nesse sentido (art. 51, VI, do CDC); **D:** incorreto (art. 320, II, do CPC); **E:** prejudicada, em função de sua incompletude.

Gabarito "ANULADA"

(Defensor Público/BA – 2010 – CESPE) Julgue os itens seguintes, relativos à audiência de instrução e julgamento.

(1) O denominado princípio da carga dinâmica da prova determina a possibilidade de o ônus da sua produção recair sobre a parte que detém condições para dele se desincumbir; contudo, a concepção adotada no Código de Processo Civil é a da distribuição estática desse ônus. 1715

(2) A preclusão, fenômeno processual que pode decorrer do transcurso do prazo estabelecido para a prática de determinado ato, também pode ser identificada por meio da prática de ato incompatível com o ato seguinte, momento em que atinge também a prática de atos judiciais.

(3) Havendo razões para crer que a testemunha arrolada pela outra parte é sua amiga íntima, o momento adequado para apresentar a contradita será o imediatamente posterior a sua oitiva, oportunidade em que essa situação poderá ser comprovada.

1: correto. No que tange às regras de distribuição do ônus da prova, explicitando a diferença havida entre as teorias da *carga dinâmica* e da *carga estática*, note-se trecho do judicioso voto proferido pelo E. Min. Herman Benjamin: "[...] Daí por que entendo que há que diferenciar entre a sistemática probatória que diz respeito à comprovação da fraude no equipamento e a comprovação da autoria. A primeira cabalmente se submete à regra insculpida no art. 333 e ss. do CPC, no qual o fato alegado cabe a quem alega, segundo a clássica *teoria estática da distribuição da prova*, há muito adotada pelo sistema processual vigente. Por outro lado, no que é pertinente à autoria da fraude, negada pelo consumidor, o sistema aceito excepcionalmente é o da *teoria da distribuição dinâmica do ônus da prova*, na qual o dever será atribuído a quem puder suportá-lo, retirando o peso da carga da prova de quem se encontra em evidente debilidade de suportar o ônus. Portanto, a distribuição será *a posteriori*, segundo a razoabilidade, de tal maneira que se evite a diabolização da prova aquela entendida como impossível ou excessivamente difícil de ser produzida como a prova de fato negativo." (STJ, REsp 1.135.661/RS, rel. Min. Herman Benjamin, 2ª T., j. 16.11.2010, DJe 04.02.2011) [grifos nossos]; **2:** conquanto anulada a questão, sua primeira parte trata da preclusão *temporal* e a segunda parte da *preclusão lógica*. Parece-nos que foi prudente a banca examinadora ao invalidar tal assertiva, visto que a preclusão pro judicato nem sempre se verifica. Explicamos. Nas hipóteses de deferimento de provas requeridas pelas partes, de concessão ou de denegação de pleitos antecipatórios ou de liminares em cautelares, bem assim de decretação ou de rejeição de nulidades relativas, a decisão proferida pelo juízo não pode mais ser revista, salvo se houver fato novo que justifique sua modificação superveniente. Nesses casos, portanto, opera-se a preclusão *pro judicato*, não podendo o magistrado rever o decisório proferido, sob pena de causar tumulto à marcha processual. Todavia, em se tratando de provimentos que indefiram provas (dado que o juiz poderá determiná-las de ofício, na forma do art. 130 do CPC), ou, igualmente, de hipóteses que importem em nulidade absoluta (condições da ação, pressupostos processuais, juízo de admissibilidade recursal, prescrição, decadência, impedimento do juiz etc.), o órgão jurisdicional pode e deve rever as decisões anteriormente proferidas, por se tratar de questões de ordem pública (arts. 219, § 5º, 267, § 3º, e 301, § 4º, do CPC), de modo que, em tais circunstâncias, não há falar-se em preclusão *pro judicato*; **3:** incorreto, pois a contradita deverá ser suscitada quando da *qualificação* da testemunha, ou seja, *antes* de sua inquirição (art. 414, § 1º, do CPC).

Gabarito 1C, 2ANULADA, 3E

(Defensor Público/BA – 2010 – CESPE) Luiz ajuizou ação, sob o rito comum sumário, contra uma empresa de prestação de serviços de telefonia móvel de abrangência nacional, objetivando a condenação desta ao pagamento de indenização, no valor de R$ 34.000,00, por danos causados a imóvel de sua propriedade, parcialmente destruído pela queda de uma antena de propriedade da ré.

Considerando essa situação hipotética, julgue os próximos itens.

(1) Admitindo-se que o juiz condutor do processo aceite o procedimento comum sumário como adequado ao caso, a necessidade da prova técnica para comprovar a existência de nexo causal e a extensão dos danos não obriga o juiz à conversão do rito ao comum ordinário, sem análise prévia da complexidade da prova.

(2) O valor da indenização pleiteada supera o limite de sessenta salários mínimos, de modo que o procedimento a ser seguido na ação deve ser, obrigatoriamente, o comum ordinário.

1: correto. A conversão do rito sumário em ordinário ocorre somente quando houver a necessidade de produção de prova técnica de maior complexidade (art. 277, § 5º, do CPC); **2:** incorreto. Se o objeto da lide disser respeito a uma das hipóteses elencadas no art. 275, II, do CPC, a demanda correrá pelo procedimento comum, rito sumário, independentemente do valor atribuído à causa. No caso trazido pela questão, cuida-se de ação em que o autor pleiteia indenização por danos causados em seu imóvel, situação esta que se amolda àquela tratada no art. 275, II, c, do CPC, não havendo, portanto, qualquer óbice à tramitação do processo pelo rito sumário.

Gabarito 1C, 2E

(Defensor Público/GO – 2010 – Instituto Cidades) "A" adquiriu de "B" uma chácara com dez alqueires pagando dez mil reais (R$ 10.000,00) por unidade. Após registrar a escritura de compra, contratou agrimensor para medir a chácara, quando constatou a existência de dois (2) alqueires a menos. Sem solução amigável, pretende ingressar em juízo conforme o autoriza a lei civil, caso em que

(A) a ação adequada é a de rescisão de contrato em face da nulidade do negócio jurídico por vício oculto, atribuindo-se à causa o valor de cem mil reais (R$ 100.000,00).

(B) a ação adequada é a de complemento de área com valor de vinte mil reais (R$ 20.000,00);

(C) ao pedido de complemento, deve cumular os de abatimento proporcional do preço ou rescisão do contrato e atribuir à causa o valor de cem mil reais (R$ 100.000,00);

(D) a ação adequada é a de abatimento proporcional do preço, com restituição do valor pago a maior, atribuindo-se à causa o valor de vinte mil reais (R$ 20.000,00);

(E) ao pedido de complemento, deve cumular os de abatimento proporcional do preço ou rescisão do contrato, mas com valor de vinte mil reais (R$ 20.000,00) para a causa.

Primeiramente, é de se notar que não há cumulação de pedidos propriamente dita, visto que os requerimentos formulados – complemento da área, abatimento proporcional do preço ou rescisão do contrato – podem ser alternativos ou eventuais/subsidiários, excluindo-se mutuamente, já que o autor pretende um *ou* outro pedido. Por isso, com a devida vênia, a nós nos parece que há duas respostas corretas para a pergunta (assertivas "C" e "E"), justo porque não se sabe se a cumulação é alternativa (lembre-se de que nesta o demandante não elenca qualquer preferência quanto aos requerimentos formulados) ou subsidiária (aqui o requerente dispõe sobre a ordem em que intenta ver atendidos os seus pleitos). Não se trata de indagação desprovida de relevância, já que, sendo a cumulação alternativa, o valor da causa é aquele condizente com o pedido de maior vulto (art. 259, III, do CPC), o que, *in casu*, corresponderia ao próprio valor do contrato (R$ 100.000,00), por força do art. 259, V, do CPC, de vez que também se pretende a rescisão do negócio jurídico celebrado. Por outro lado, se o cúmulo for eventual/subsidiário, o montante a ser a imputado à demanda é o do pedido principal. Logo, acaso este seja o de complementação da área, como bem sugere o examinador ao enumerá-lo por primeiro, o valor da causa deveria ser fixado em R$ 20.000,00, a considerar que os dois alqueires valem a referida quantia.

Gabarito "E"

(Defensor Público/ES – 2009 – CESPE) No que se refere ao processo de conhecimento, julgue os itens a seguir.

(1) Oposta exceção de incompetência de juízo, o processo ficará suspenso até o trânsito em julgado da decisão que o apreciar.

(2) Quando a causa apresentar questões complexas de fato ou de direito, podem-se substituir os debates orais, na audiência de instrução e julgamento, pelos memoriais, que serão oferecidos em dia e hora designados pelo magistrado.

(3) A petição inicial será considerada inepta quando contiver pedidos incompatíveis entre si, mas o mesmo não se pode afirmar quando o tipo de procedimento escolhido pelo autor não corresponder à natureza da causa.

(4) Não obtida a conciliação na audiência preliminar, o procedimento do juiz se limitará a fixar os pontos controvertidos, decidir as questões prejudiciais pendentes e, se necessário, designar audiência de instrução e julgamento.

(5) A complementação de prova, na hipótese de perplexidade probatória, poderá ser feita em qualquer fase, uma vez que a iniciativa probatória do juiz não se sujeita à preclusão.

(6) O juiz proferirá a sentença, julgando procedente ou improcedente, no todo ou em parte, o pedido formulado pelo autor. Nos casos de extinção sem resolução de mérito, o juiz decidirá de forma concisa. Quando o autor tiver formulado pedido certo, será vedado ao juiz proferir sentença ilíquida.

1: incorreta, porque a suspensão do processo dura até que a exceção seja julgada, ainda que caiba recurso contra tal decisão. É que o recurso cabível (agravo) não terá efeito suspensivo, o que possibilita a imediata retomada do curso do processo; **2:** correta (art. 454, § 3º, CPC); **3:** correta (art. 295, parágrafo único, CPC); **4:** incorreta, uma vez que juiz decidirá as questões processuais pendentes, e não as questões prejudiciais pendentes (art. 331, CPC); **5:** correta; **6:** correta (art. 459, *caput* e parágrafo único, do CPC).

Gabarito 1E, 2C, 3C, 4E, 5C, 6C

(Defensor Público/SP – 2009 – FCC) A confissão é tratada na Seção III do Capítulo VI do Código de Processo Civil, inerente às provas. Seu conceito está no artigo 348, que estabelece: "Há confissão, quando a parte admite a verdade de um fato, contrário ao seu interesse e favorável ao adversário. A confissão é judicial ou extrajudicial." É correto afirmar que a confissão

(A) judicial espontânea não pode ser feita por mandatário, mesmo que tenha poderes especiais. Porém, a confissão judicial espontânea feita diretamente pela parte confitente, pode versar sobre qualquer fato ou direito, inclusive os indisponíveis, desde que o confitente seja plenamente capaz.

(B) emanada de erro, dolo ou coação pode ser revogada por ação anulatória ou rescisória, conforme a fase processual em que for intentada, revestindo-se tais ações de natureza personalíssima e somente podem ser promovidas pelo próprio confitente. Serão legitimados os sucessores apenas se o autor falecer após iniciada a demanda.

(C) judicial tem valor probatório absoluto e a confissão extrajudicial feita por escrito à parte tem valor probatório relativo. Cabe à parte destinatária da confissão extrajudicial e que se beneficiou dela, trazer aos autos outros elementos para a formação da convicção do juízo.

(D) judicial de caráter vinculativo absoluto, também fará prova contra o litisconsorte, ao qual caberá tão somente demonstrar em juízo que o ato foi praticado com vício de consentimento.

(E) é considerada pela doutrina e jurisprudência como a "rainha das provas". Feita a confissão judicial espontânea pelo réu, o juiz deverá julgar procedente o pedido do autor, independentemente do conjunto probatório produzido nos autos.

A: incorreta, porque a confissão espontânea pode ser manifestada por procurador com poderes especiais (parágrafo único do art. 349 do CPC), e, além disso, a confissão é ineficaz se relativa a direito indisponível, ainda que manifestada pela parte capaz; **B:** correta (art. 352 do CPC); **C:** incorreta, pois a confissão é prova, e as provas não têm valor absoluto, sendo irrelevante, nesse ponto, o fato de a confissão ser judicial ou extrajudicial; **D:** incorreta, porque a confissão, judicial ou extrajudicial, não tem caráter vinculativo, e quando manifestada por um dos litisconsortes, não pode prejudicar os demais; **E:** incorreta, porque em razão do princípio do livre convencimento motivado, ou persuasão racional, não há hierarquia entre os meios de prova, devendo a confissão ser analisada pelo juiz de acordo com o conjunto probatório produzido nos autos.

Gabarito "B"

(Defensor Público/SP – 2009 – FCC) Assinale a assertiva INCORRETA.

(A) Para o autor ajuizar pedido declaratório incidental em face do réu, o prazo é de 10 dias no procedimento sumário, contado da audiência em que for ofertada a contestação.

(B) A ação declaratória incidental pode ser ajuizada tanto pelo autor, quanto pelo réu, sendo que, no caso do réu, por motivo superveniente ao prazo da contestação.

(C) Para contestar, começa a correr o prazo, quando houver vários réus, da data de juntada aos autos do último mandado citatório.

(D) Para oferecer embargos à execução, começa a correr o prazo para cada um dos executados, desde que não sejam cônjuges, a partir da juntada do respectivo mandado citatório.

(E) Para o autor apresentar pedido declaratório incidental em face do réu, o prazo é de 10 dias no procedimento ordinário, contado da apresentação da contestação.

A: incorreta, porque no procedimento sumário é vedada a ação declaratória incidental (art. 280 do CPC); **B:** correta, embora não faça muito sentido a parte final da sentença ("... por motivo superveniente ao prazo da contestação"); **C:** correta (art. 241, III, CPC); **D:** correta (§ 1º do art. 738-A, CPC); **E:** correta, em termos, porque o prazo para o autor ajuizar ação declaratória incidental é mesmo de 10 dias, mas não da apresentação da contestação, e sim da intimação do autor acerca desse fato.

Gabarito "A"

(Defensor Público/PA – 2009 – FCC) A prova pericial

(A) é renovável se a matéria não estiver suficientemente esclarecida.

(B) é obrigatória quando houver controvérsia sobre a matéria de fato discutida no processo.

(C) vincula o juiz ao resultado da perícia, salvo quando ocorrer corrupção do perito.

(D) é sempre dispensável quando ocorrer a revelia.

(E) não se compatibiliza com o procedimento sumário.

A: correta (art. 437 do CPC); **B:** incorreta, pois só se realiza a perícia quando a apreciação do fato depender de conhecimentos técnicos ou científicos; **C:** incorreta (art. 436 do CPC); **D:** incorreta, porque é possível que a revelia não tenha gerado a presunção de veracidade (por exemplo: direito indisponível), hipótese em que a perícia será obrigatória; **E:** incorreta, porque também no sumário pode haver perícia, mas se a prova técnica for de maior complexidade, caberá a conversão para o rito ordinário.

Gabarito "A"

(Defensor Público/PI – 2009 – CESPE) A DP assistiu juridicamente a parte autora de uma ação que tramitou pelo rito comum ordinário. Na fase do julgamento conforme o estado do processo, o juiz proferiu julgamento antecipado da lide e rejeitou o pedido inicial, sob o argumento de ausência de documento indispensável à propositura da demanda. Diante dessa situação hipotética e à luz da jurisprudência do STJ, em suas razões de apelação, o DP deve alegar

(A) *error in procedendo*, pois o estado do processo comportava a realização de audiência preliminar.

(B) *error in procedendo*, pois o estado do processo comportava a extinção sem julgamento de mérito.

(C) *error in procedendo*, pois o juiz deveria ter saneado o processo.

(D) ocorrência de preclusão *pro iudicato*.

(E) cerceamento de defesa, pois o juiz deveria ter oportunizado a juntada do documento tido como essencial antes de rejeitar o pedido inicial.

A: incorreta, porque a audiência preliminar seria inútil no caso em questão; **B:** incorreta, porque não seria interessante para a parte que o processo fosse extinto sem resolução do mérito; **C:** incorreta, pois o saneamento não seria suficiente para solucionar o problema da parte; **D:** incorreta, porque não há preclusão *pro iudicato*, em especial no que diz respeito à produção de provas; **E:** correta (art. 398 do CPC).

Gabarito "E"

(Defensor Público/PI – 2009 – CESPE) José, cidadão juridicamente necessitado, procurou a DPE/PI para ajuizar, contra Manoel, ação pleiteando indenização por danos materiais no valor de R$ 1.000,00 e indenização por danos morais no valor de R$ 15.000,00. Entendendo juridicamente viável a pretensão, o DP deverá elaborar a petição inicial do caso. Nessa situação hipotética, deve-se atribuir à causa o valor de

(A) R$ 1.000,00, pois, sendo alternativos os pedidos, o valor da causa corresponderá ao pedido de menor valor.

(B) R$ 15.000,00, pois, sendo alternativos os pedidos, o valor da causa corresponderá ao pedido de maior valor.

(C) R$ 16.000,00 pois, havendo cumulação de pedidos, o valor da causa corresponderá à soma dos valores de todos eles.

(D) R$ 15.000,00, pois, se houver pedido subsidiário, o valor da causa corresponderá ao pedido principal.

(E) R$ 16.000,00, já que a causa não tem conteúdo econômico imediato.

O valor da causa deve corresponder ao benefício econômico pretendido pelo autor por meio do processo. Se houver cumulação de pedidos, o valor da causa será a soma dos valores de cada um deles. Assim, se o autor pretende obter as indenizações que somadas equivalem a R$16.000,00, esse será o valor da causa. Por isso, estão incorretas as alternativas "A", "B", "D" e "E" (esta em razão da menção à suposta ausência de conteúdo econômico imediato).

Gabarito "C"

(Defensor Público/MT – 2009 – FCC) Em relação à prova processual:

(A) apenas os meios legais são hábeis para demonstrar a verdade dos fatos.

(B) o ônus probatório não pode ser objeto de convenção que o distribua de maneira diversa à legal.

(C) a mera presunção legal de existência ou de veracidade dos fatos não isenta a parte de prová-los.

(D) o momento de sua produção é determinado por lei de modo cogente, não podendo ser alterado judicialmente em qualquer hipótese.

(E) se assim for determinado pelo juiz, a parte que alegar direito municipal, estadual, estrangeiro ou a aplicação de usos e costumes, deverá provar seu teor e vigência.

A: incorreta (art. 332 do CPC); **B:** incorreta (art. 333, parágrafo único, CPC); **C:** incorreta (art. 334, IV, CPC); **D:** incorreta (art. 336, parágrafo único, CPC); **E:** correta (art. 337, CPC).

Gabarito "E"

(Defensor Público/AL – 2009 – CESPE) Julgue os itens que se seguem no que concerne ao pedido.

(1) O pedido deve ser certo e determinado, contudo, há situações em que a determinação do *quantum debeatur* é inviável ao autor por força das peculiaridades do direito almejado, fixando a lei processual as hipóteses em que se admite pedido genérico de modo restrito, não se admitindo interpretação ampliativa dessa regra.

(2) São requisitos essenciais da possibilidade de haver cumulação de pedidos a abrangência da competência do juízo, a identidade de ritos ou redução ao rito comum ordinário, e a compatibilidade entre os pedidos formulados, de modo que é inviável a cumulação que não atenda a todos estes, a exemplo do que ocorreria na cumulação do pedido de revisão e nulidade do mesmo contrato.

(3) No caso de o autor formular mais de um pedido, sendo o primeiro de imissão na posse de determinado imóvel e o segundo de reparação dos danos gerados pela ocupação injustificada do bem, há cumulação própria sucessiva, não cumulação subsidiária.

1: correto. Os pedidos devem ser certos e determinados. Essa é a regra geral. Excepcionalmente, admite-se pedido genérico, não comportando tal regra interpretação extensiva, por se tratar de norma de direito estrito. Nesses casos, a enumeração prevista no dispositivo legal é taxativa, *numerus clausus* (art. 286 do CPC); **2:** incorreto. Na hipótese, poderá haver a cumulação dos pleitos de revisão e de reconhecimento da nulidade do contrato, desde que se trate de cumulação *alternativa* ou *eventual/subsidiária*, já que em tais casos o acolhimento de um pedido obstará a apreciação dos demais. Só há falar-se em incompatibilidade objetiva quando se cuidar de cumulação *simples* ou *sucessiva*, situações estas em que, para que a inicial não seja indeferida, o juiz facultará ao autor a escolha de um deles, quando esta lhe couber (art. 288, *caput*, do CPC); **3:** correto. Evidencia-se, nesse particular, que o autor pretende obter ambos os provimentos: o executivo *lato sensu* (imissão na posse) e o condenatório (perdas e danos), sendo que o segundo é decorrência lógica da procedência do primeiro, já que patente a existência de conexão entre os fundamentos invocados.

Gabarito 1C, 2E, 3C

(Defensor Público/MS – 2008 – VUNESP) Nas Comarcas onde houver mais de uma vara, a propositura da ação se dá com

(A) a simples distribuição da ação, ficando interrompida a prescrição.

(B) adistribuição da ação, mas a interrupção da prescrição somente se dá com a citação válida do réu, que deverá ocorrer até 90 dias após o despacho ordinatório e retroagirá à data da distribuição da ação.

(C) a simples propositura da ação não é causa interruptiva da prescrição e sim suspensiva.

(D) a simples propositura da ação somente interrompe a prescrição, caso o réu seja citado no prazo de 10 dias, contados do despacho que ordenou a citação.

Arts. 219, § 1º, e 263 do CPC.

Gabarito "B"

(Defensor Público/MS – 2008 – VUNESP) O réu poderá impugnar o valor da causa. A impugnação

(A) deverá ser arguida em contestação, e o juiz a apreciará por ocasião da prolação da sentença.

(B) tem natureza de incidente e deverá ser oposta no prazo de contestação, ocasião em que o juiz suspenderá o processo e mandará ouvir o autor no prazo de 5 dias.

(C) deverá ser oposta no prazo de contestação, será atuada em apenso e o juiz mandará ouvir o autor no prazo de 5 dias, sem suspender o processo, deverá decidir a impugnação no prazo de 10 dias.

(D) será autuada em apenso, sem suspender o processo, o autor será ouvido no prazo de 15 dias, devendo o juiz decidir em igual prazo.

A e **C:** corretas. Via de regra, a impugnação ao valor da causa deve ser apresentada dentro do prazo de resposta, mediante petição autônoma, e não no bojo da contestação. Constitui incidente processual que deve ser apensado aos autos principais. Ademais, deve ser decidida pelo juiz, no prazo de 10 (dez) dias. *Entretanto,* há precedentes, inclusive do STJ, que entendem que a formulação de impugnação na própria contestação constitui mera irregularidade, sendo, ainda, admissível nas execuções fiscais, por força do art. 6º, § 4º, da Lei 6.830/1980. A esse respeito, confira-se a ementa a seguir: "Processual civil e tributário. Recurso especial. Execução fiscal. Requisitos da CDA. Arts. 202 e 203 do CTN. Prequestionamento. Ausência. Súmulas 282 e 356 do STF. Súmula 7/STJ. Impugnação ao valor da causa. Art. 261 do CPC. Alegação em preliminar de contestação. Possibilidade. Dissídio pretoriano. Não comprovado. [...] 3. Quando o valor a ser atribuído à causa for taxativamente previsto em lei, é possível ao julgador, *ex officio*, alterar aquele consignado na exordial. Pela mesma razão, pode ser acolhida a impugnação do réu, ainda que não autuada em apenso, mas aduzida em preliminar de impugnação aos embargos à execução fiscal." (STJ, REsp 782.695/SE, rel. Min. Castro Meira, 2ª T., j. 06.12.2005, DJ 19.12.2005, p. 381). No mesmo sentido: AgRg nos EDcl no Ag 1.337.909/SC, rel. Min. Humberto Martins, 2ª T., j. 26.10.2010, DJe 09.11.2010); **B:** incorreta, visto que a impugnação ao valor da causa não suspende o processo; **D:** incorreta, pois o prazo para manifestação do autor é de 05 (cinco) dias. Todas as alternativas se resolvem pelo art. 261, *caput*, do CPC. Logo, há duas respostas corretas: "A" e "C".

Gabarito "ANULADA"

(Defensor Público/MS – 2008 – VUNESP) O incidente de falsidade documental tem cabimento em qualquer tempo e grau de jurisdição. É correto afirmar que

(A) poderá ser oferecido em contestação ou no prazo de 10 dias, por petição, contados da intimação da juntada aos autos do documento, suspendendo o processo principal.

(B) poderá ser oferecido em contestação ou no prazo de 5 dias, por petição, contados da intimação da juntada aos autos do documento, suspendendo o processo principal.

(C) o incidente de falsidade documental somente pode ser oposto em contestação e no prazo desta.

(D) poderá ser oferecido em contestação ou no prazo de 10 dias, por petição, contados da intimação da juntada aos autos do documento, sem suspender o processo principal.

A: correto (arts. 390 e 394 do CPC); **B:** incorreto, já que o prazo é de 10 dias (art. 390 do CPC); **C:** incorreto. O incidente de falsidade pode ser suscitado no prazo de 10 dias, a contar da intimação da juntada aos autos do documento (art. 390 do CPC); **D:** incorreto, pois o incidente de falsidade documental suspende o processo principal (art. 394 do CPC).

Gabarito "A"

(Defensor Público da União – 2007 – CESPE) Julgue os seguintes itens.

(1) Se o juiz da causa indeferir a produção de prova pericial, por considerar a prova documental contida nos autos suficiente ao deslinde da controvérsia, e julgar antecipadamente a lide, haverá cerceamento de defesa e consequente nulidade do processo, a partir da referida decisão.

(2) A norma jurídica disposta no art. 302 do CPC explicita um aspecto particular do ônus imposto ao réu pelo art. 300 da lei processual civil. A exceção à aplicação do princípio do ônus da impugnação específica dos fatos alcança ao defensor público da União quando exerce o múnus de curador especial.

1: incorreto (arts. 130 e 330, I, ambos do CPC); **2:** incorreto (art. 302, parágrafo único, do CPC).

Gabarito 1E, 2E

(Defensor Público/MT – 2007 – DPE/MT) Analisando as afirmativas abaixo, referentes ao pedido, é incorreto afirmar:

(A) Através da demanda, a parte formula um pedido, cujo teor determinará o objeto do litígio, e, em consequência, o âmbito dentro do qual toca ao órgão judicial decidir a lide.

(B) A ampliação do pedido somente será permitida antes da citação do réu, mediante aditamento do petitório exordial, correndo por conta do autor as custas acrescidas.

(C) O objeto mediato é a providência jurisdicional solicitada e o objeto imediato é o bem que o autor pretende conseguir por meio dessa providência.

(D) Há cumulação de pedidos, em sentido estrito, quando o autor formula contra o réu mais de um pedido, visando ao acolhimento conjunto de todos eles.

(E) Cada fato ou conjunto de fatos suscetíveis de produzir, por si, o efeito jurídico pretendido pelo autor, constitui um *causa petendi*.

A: correto (art. 459 do CPC); **B:** correto (art. 294 do CPC); **C:** incorreto, pois a definição colocada na alternativa está trocada, ou seja, o pedido mediato é o bem da vida e o imediato é a providência jurisdicional solicitada; **D:** correto (art. 292 e 259, II, ambos do CPC); **E:** correto, pois de fato, a causa de pedir é o fato que causou o efeito jurídico pretendido, ou seja, o que deu causa ao pedido.

Gabarito "C"

(Defensor Público/SP – 2007 – FCC) Em determinada demanda o réu, no corpo de sua contestação, impugnou a concessão dos benefícios da assistência judiciária ao autor, alegando não ser ele pessoa hipossuficiente, que não fazia jus ao benefício. Juntou documentos. O juiz, ao sanear o processo, acolheu a impugnação e revogou os benefícios da gratuidade processual ao autor, determinando a normal continuidade do feito sem os efeitos do questionado benefício. Sob o aspecto formal, essa decisão judicial está

(A) incorreta, pois a impugnação do direito à assistência judiciária deveria ser processada em autos apartados.

(B) incorreta, pois, uma vez concedidos, os benefícios da gratuidade processual são irrevogáveis.

(C) correta, pois, havendo provas documentais, o juiz pode revogar o benefício em qualquer momento processual.

(D) correta, pois a concessão ou revogação dos benefícios da assistência judiciária fica ao livre critério do juiz.

(E) incorreta, pois a revogação jamais poderia se dar através de decisão interlocutória, e sim por sentença.

Inadequada e merece ser rejeitada a impugnação a concessão de justiça gratuita em benefício da parte contrária, se feita na contestação, porque o § 2º do art. 4º da Lei 1.060/1950 impõe seja em incidente apartado.

Gabarito "A"

(Defensor Público/RO – 2007 – FJPF) Dos procedimentos abaixo relacionados aquele categorizado como de caráter dúplice é:

(A) sumário

(B) cautelar

(C) ordinário

(D) injuncional

(E) mandamental

A: correto. Ações dúplices são aquelas em que, por razões de ordem material ou processual, faculta-se ao réu, na própria contestação, apresentar pedido contraposto, isto é, formular uma *pretensão contra o autor* – e não tão somente resistir àquela deduzida por ele na petição inicial – *independentemente de reconvenção.* São exemplos de ações dúplices: prestação de contas, possessórias, desapropriação, declaratórias, aquelas submetidas aos juizados especiais cíveis, consignação em pagamento, renovatórias etc. No procedimento comum, rito sumário, o réu poderá formular pedido contraposto no bojo da contestação, daí por que lhe é vedado o ajuizamento de reconvenção (art. 278, § 1º, do CPC). Caso o réu de demanda submetida ao rito sumário fizesse uso de reconvenção, seria carecedor de ação nesse tocante, por lhe faltar interesse de agir, modalidade interesse-necessidade. Afinal de contas, qual a necessidade de o réu aforar reconvenção se nas ações dúplices o requerido pode apresentar pedido contraposto na própria contestação? **B:** incorreto, pois predomina na doutrina o entendimento de que a reconvenção e o pedido contraposto são institutos reservados ao processo de conhecimento, visto que é nele em que o juízo decide o mérito da lide. No processo cautelar o autor não postula propriamente o direito material de que se diz titular. O escopo de tal processo é apenas o de assegurar a utilidade do provimento final exarado no processo dito principal; é o receio de ineficácia da sentença prolatada na lide principal que fundamenta a procedência ou não da cautelar. Cuida-se, por assim dizer, de demanda eminentemente instrumental. Não é por outro motivo que a sentença cautelar (salvo quando reconhecer a decadência ou a prescrição, na forma do art. 810 do CPC) não faz coisa julgada material, posto que não julga o mérito da lide. Por esses motivos, não cabe reconvenção nem pedido contraposto nas ações cautelares. O mesmo raciocínio se aplica às ações de execução; **C:** incorreto. No procedimento comum ordinário, para que o requerido formule pretensão contra o autor, é mister que, no prazo de resposta, intente a reconvenção (art. 315 do CPC); D e **E:** incorretos. Mandamental ou injuncional é uma espécie de provimento jurisdicional, *e não modalidade de procedimento*. Cuida-se de decisão que se caracteriza pela emissão de uma ordem ao destinatário, cujo cumprimento se faz por intermédio de mandado judicial. Não se limita, pois, a condenar o demandado a fazer ou deixar de fazer alguma coisa, pois nela o juiz *manda* que se realize determinada conduta. São exemplos de ações mandamentais: o mandado de segurança, a ação de manutenção de posse e as ações cautelares.

Gabarito "A"

(Defensor Público/SE – 2006 – CESPE) Julgue o item seguinte.

(1) A petição inicial, peça inaugural do processo civil na qual o autor narra os fatos, estabelece seu pedido e a causa de pedir, não necessita ser instruída com documentos. Estes, referindo-se à prova dos fatos articulados, somente deverão ser juntados após o despacho saneador, quando se inaugura a fase instrutória do feito.

1: incorreta, porque nos termos do art. 283 do CPC, a petição inicial deve ser instruída com os documentos indispensáveis à propositura da ação.

Gabarito 1E

(Defensor Público/SE – 2006 – CESPE) Julgue os itens seguintes.

(1) O oferecimento de reconvenção pelo réu faz instaurar uma relação processual nova, distinta e paralela à que se fez inaugurar com a propositura da ação pelo autor contra aquele réu. Trata-se de ação distinta, em que, se for extinta a relação processual inaugurada com o ajuizamento da ação, prossegue o juiz no julgamento da reconvenção.

(2) Na contestação, ainda que o réu compareça em juízo para alegar invalidade da citação, no mesmo momento, deverá apresentar todo o restante das matérias de defesa, pois se a referida alegação não for acolhida, não se abre novo prazo para resposta.

1: correto (art. 317 do CPC); **2:** correto (art. 214, § 2º e 301, I, ambos do CPC).

Gabarito 1C, 2C

(Defensor Público/SE – 2006 – CESPE) Com referência à prova, julgue os seguintes itens.

(1) Na apreciação da prova, no sistema jurídico brasileiro, vigora o princípio da persuasão racional, ou do livre convencimento fundamentado. Assim, na valoração da prova, prevalece a convicção do juiz sobre a certeza dos fatos que interessam à solução do litígio.

(2) O sistema jurídico brasileiro adota a premissa básica de que quem alega deve provar a veracidade do fato. Dessa forma, impõe-se ao autor a comprovação dos fatos constitutivos de seu direito, ainda que esses fatos sejam notórios ou admitidos como incontroversos no processo. Entretanto, a lei dispensa, por desnecessária, a prova relativa aos fatos afirmados por uma parte e confessado pela parte contrária, ou seja, a confissão real ou fictícia, seja por meio dos efeitos da revelia ou inobservância da impugnação específica.

(3) Para o autor, a prova deve ser requerida na inicial e para o réu, na contestação. Assim, quando é trazido fato novo em contestação ou há o surgimento de fato superveniente no curso do processo, surge a atividade probatória do juiz no processo, passando ele a agir de ofício na atividade probatória.

1: correto (art. 131 do CPC); **2:** incorreto, porque fatos notórios ou incontroversos não dependem de prova (art. 334 do CPC); **3:** incorreto, pois com a apresentação de fato novo por uma das partes não surge a atividade probatória, eis que esta é ônus daquele que alegou o fato novo (art. 397 do CPC).

Gabarito 1C, 2E, 3E

(Defensor Público/MG – 2006 – FUNDEP) O juiz determinou, de ofício, a realização de segunda perícia.

É CORRETO afirmar que o juiz, ao sentenciar, considerará:

(A) Válida somente a primeira perícia porque, na segunda, não se identificou qualquer falta no cumprimento do *múnus* público do perito autor do laudo da primeira perícia.

(B) Válida somente a segunda perícia porque, na primeira, a matéria não foi suficientemente esclarecida.

(C) Válida somente a segunda perícia se constatado que esta se realizou com a presença de assistentes técnicos indicados pelas partes.

(D) Válida a primeira e segunda perícias e estas serão apreciadas pelo livre convencimento do juiz de forma motivada.

(E) Válidas a primeira e segunda perícias, mas somente a segunda se prestará a formar-lhe a convicção.

Art. 439, parágrafo único, do CPC.

Gabarito "D"

(Defensor Público/BA – 2006 – DPE/BA) Relativamente ao tema da "resposta do réu e prazos processuais: reconvenção, exceção e contestação", pode-se asseverar que:

I. O réu pode reconvir ao autor no mesmo processo, toda vez que a reconvenção seja conexa com a ação principal ou com o fundamento da defesa.

II. Julgar-se-ão na mesma sentença a ação e a reconvenção.

III. É lícito a qualquer das partes arguir, por meio de exceção, a incompetência, o impedimento ou a suspeição.

IV. Compete ao réu alegar, na contestação, toda a matéria de defesa, expondo as razões de fato e de direito, com que impugna o pedido do autor e especificando as provas que pretende produzir.

V. Se o réu for a Fazenda Pública computar-se-á em dobro o prazo para contestar e em quádruplo para recorrer.

Assim, quanto às assertivas apresentadas, pode-se reconhecer que:

(A) Apenas a I está incorreta.

(B) Apenas III e IV estão incorretas.

(C) Apenas IV e V estão incorretas.

(D) Apenas a V está incorreta.

(E) Apenas a II está incorreta.

I: correto (art. 315, *caput*, do CPC); **II:** correto (art. 318 do CPC); **III:** correto (art. 304 do CPC); **IV:** correto (art. 300 do CPC); **V:** incorreto, pois o prazo é dobrado para recorrer e quadruplicado para contestar (art. 188 do CPC).

Gabarito "D"

(Defensor Público/AC – 2006 – CESPE) No âmbito do direito processual civil, documento novo é aquele

(A) produzido pelo autor após a contestação.

(B) existente no momento da propositura da ação, mas que não é utilizado pelo autor da ação até a sentença.

(C) de que o autor teve conhecimento somente após a propositura da ação.

(D) que foi produzido após a propositura da ação ou da apresentação da contestação.

O art. 397 do CPC, ao tratar do tema respeitante ao documento novo, enuncia que "É lícito às partes, em qualquer tempo, juntar aos autos documentos novos, quando destinados a fazer prova de fatos ocorridos depois dos articulados, ou para contrapô-los aos que foram produzidos nos autos". Sendo assim, documento novo, para o autor, é aquele concernente a fato ocorrido após o aforamento da demanda, ou, ainda, para servir como contraprova daqueles juntados pelo réu na contestação, motivo por que a assertiva "A" está incorreta; para o réu, é aquele que alude a acontecimento que se sucede depois da apresentação de sua resposta. É indiferente o momento em que são carreados aos autos, já que o mencionado dispositivo faculta à parte acostar o documento novo *em qualquer tempo* (inclusive na fase recursal, à exceção dos recursos de natureza extraordinária), conclusão esta que conduz à incorreção das alternativas "B" e "D". Por fim, o comprovado conhecimento do documento somente após o ajuizamento da demanda enseja, por analogia ao art. 517 do CPC, o motivo de força maior que autoriza seu entranhamento ao caderno processual, tudo em função da impossibilidade da arguição oportuna do fato nele consubstanciado "C". Apenas a título de ilustração, note-se o aresto ora reproduzido:

"Processo civil. Embargos de declaração no recurso especial. Irresignação da parte. Efeitos infringentes. Impossibilidade. Documentos novos. Juntada. Impossibilidade. [...] 5. *Os arts. 397 do CPC e 141, II, do RISTJ não autorizam pedido de análise de novas provas, juntadas apenas com o recurso especial e mesmo posteriormente a este.* Tal providência não encontra abrigo dentro das peculiaridades dos recursos de índole extraordinária, porque mesmo as provas e contratos já examinados pelas outras instâncias não podem ser valorados pelo STJ." (EDcl nos EDcl no REsp 1.185.260/GO, rel. Min. Nancy Andrighi, 3ª T., j. 26.04.2011, DJe 04.05.2011) [grifos nossos]

Gabarito "C"

(Defensor Público da União – 2004 – CESPE) Em relação a processo e procedimento, julgue os itens a seguir.

(1) Vindo a falecer uma das partes, o processo prosseguirá, se já se tiver iniciado a audiência de instrução e julgamento. Nessa hipótese, o advogado continuará atuando e o processo somente será suspenso após a publicação do julgamento, quando, então, será feita a habilitação dos sucessores processuais.

(2) Somente se admite a cumulação de vários pedidos do autor contra o réu se houver conexão entre tais pedidos.

(3) No procedimento ordinário, o réu que, citado, oferecer exceção no último dia do prazo para resposta e não ofertar contestação não será considerado revel, já que ficará patente a sua intenção de integrar a relação processual. Nesse caso, ser-lhe-á devolvido integralmente o prazo para contestar.

1: correto (art. 265, § 1º, do CPC); **2:** incorreto (art. 292, *caput*, do CPC); **3:** incorreto. Das espécies de resposta que podem ser apresentadas pelo réu (reconvenção, exceção e contestação), a única que tem natureza de defesa e que, portanto, não induz a revelia, é a contestação, desde que entregue no prazo legal. Se o réu protocolizar reconvenção e exceção, mas não oferecer contestação, será de rigor a decretação de sua revelia (arts. 300 e 319 do CPC), o que nem sempre implicará, registre-se, a presunção de veracidade dos fatos articulados pelo requerente.

Gabarito 1C, 2E, 3E

(Defensor Público da União – 2004 – CESPE) Quanto à resposta do réu e à revelia, julgue os seguintes itens.

(1) O réu revel que ingressar no feito após a fase de especificação de provas poderá indicar as suas provas, uma vez que não há que se falar em preclusão porque, nesse caso, a lei autoriza ao réu ingressar no feito a qualquer momento.

(2) Em um primeiro momento, o réu deve alegar, em contestação, as defesas de ordem processual, tais como incompetência absoluta do juízo e prescrição do direito postulado pelo autor. Somente após a decisão do juiz a respeito de tais temas é que o réu deverá deduzir defesa de ordem material, como alegação de nulidade de contrato que fundamente ação e de exceção de contrato que não tenha sido cumprido.

(3) Tão logo seja efetivada a denunciação da lide, cria-se uma cumulação objetiva eventual de demandas no processo, estabelecendo-se, entre o denunciado e o denunciante, uma relação de litisconsórcio com referência ao adversário deste. Assim, a sentença que julgar a ação principal em favor do adversário do denunciante, se este for o autor, poderá condenar diretamente o denunciado a satisfazer o pedido da inicial, excluindo o denunciante da lide.

1: incorreto. Nesse diapasão, observe-se a Súmula 231 do STF: "O revel, em processo cível, pode produzir provas, desde que compareça em tempo oportuno". Sendo assim, considerando-se que o revel que comparecer aos autos recebe o feito no estado em que se encontrar (art. 322, parágrafo único, do CPC), é vedada a produção de provas na hipótese traçada pela questão, eis que operada a preclusão temporal quanto à especificação probatória; **2:** incorreto. O réu, em razão do *princípio da eventualidade*, deverá alegar em contestação todas as defesas – processuais e substanciais – que tiver contra a pretensão deduzida pelo autor na petição inicial (art. 300 do CPC); **3:** incorreto. A denunciação da lide – modalidade de intervenção provocada de terceiros – tem natureza de ação condenatória que surge, seja por provocação do autor ou do réu, no bojo de outra ação condenatória. Presta-se à obtenção de sentença que reconheça o direito de regresso do denunciante em face do terceiro alienante, proprietário, possuidor indireto ou responsável civil, tudo, insista-se, dentro da mesma relação processual travada originariamente entre autor e réu. Isso posto, cumpre esclarecer que a lide secundária travada entre denunciante e denunciado só terá seu mérito resolvido quando sobrevier resultado desfavorável, na lide principal, ao litisdenunciante. No caso sob exame, se o autor se sagrar vencedor na demanda originária, de modo a obter a condenação do réu, por exemplo, ao pagamento de determinada quantia, o juiz deve, na mesma sentença, decidir a ação condenatória remanescente instaurada entre o réu, na condição de litisdenunciante, e o terceiro, enquanto litisdenunciado, tudo com lastro no direito de regresso alegado por quem se socorre de tal forma de intervenção de terceiros (art. 76 do CPC). Logo, a assertiva está incorreta, porquanto o juiz não excluirá o denunciante do processo por ocasião de sua sucumbência na lide principal. Pelo contrário, tal fato constitui condição *sine qua non* para a apreciação da denunciação da lide.

Gabarito 1E, 2E, 3E

10. Sentença, Coisa Julgada, Ações Anulatória e Rescisória

(Defensor Público/PR – 2012 – FCC) Sobre a sentença e a coisa julgada, é correto afirmar:

(A) Quando o autor tiver formulado pedido certo, é vedado ao juiz proferir sentença ilíquida.

(B) Formulado pedido certo e determinado, autor e réu têm interesse recursal em arguir o vício da sentença ilíquida.

(C) Processada uma causa de ressarcimento por danos causados em acidente de veículo de via terrestre pelo rito comum sumário, o juiz poderá proferir sentença ilíquida, deixando a fixação do montante da condenação para a fase de liquidação, toda vez que entender ser a causa complexa.

(D) O fato constitutivo, modificativo ou extintivo do direito, passível de influir no julgamento da lide, porém surgido após a fase de saneamento do processo, não poderá ser considerado pelo juiz de ofício em razão do princípio da inalterabilidade da demanda.

(E) Em razão da proibição de sentença *extra petita*, no caso de o autor ter formulado pedido genérico, o juiz não poderá proferir sentença líquida.

A: correto (art. 459, parágrafo único, do CPC); **B:** incorreto, pois somente o autor possui interesse recursal nesse caso, eis que é diretamente prejudicado pela decisão proferida em descompasso com o art. 459, parágrafo único, do CPC; **C:** incorreto (art. 475-A, § 3º, do CPC); **D:** incorreto (art. 462 do CPC); **E:** incorreto. A faculdade de o autor formular pedido genérico não elide a possibilidade de o juízo proferir sentença líquida. É de rigor ressaltar que as exceções postas no art. 286 do CPC tem sua ratio essendi no fato de o requerente, quando do ajuizamento da demanda, encontrar-se momentaneamente impedido de deduzir pedido líquido. Todavia, se durante a lide tal óbice for superado, o órgão jurisdicional deve exarar provimento líquido. Corroborando tal ensinança, eis o magistério de Dinamarco: "As razões pelas quais a lei exige sentença líquida em correspondência a pedido líquido (art. 459, par.), quando aplicadas a contrario sensu e com extremo rigor lógico, deveriam conduzir à proibição de dar sentença líquida quando o pedido tiver sido ilíquido: se o autor pediu somente a declaração do an debeatur, sem pedir a do quantum debeatur, seria extra petita a sentença que, extravasando os limites da demanda, fizesse desde logo a determinação do valor devido. A jurisprudência do Superior Tribunal de Justiça tem afirmado a existência dessa regra inversa, mas sem muita ênfase. Ela merece ser mitigada nos casos em que, não obstante inexista na demanda inicial o pedido de determinação do quantum debeatur, essa questão haja sido amplamente discutida entre as partes, inclusive mediante exaurimento das oportunidades probatórias a respeito (especialmente, perícias): observado o contraditório, que é a razão fundamental do veto às decisões extrapolantes, cai no vazio e perde razão de ser essa formal limitação à tutela jurisdicional (supra, n. 940-941). (DINAMARCO, Cândido Rangel. Instituições de Direito Processual Civil. Vol. III. São Paulo: Malheiros, 2001, p. 278-279) [grifos no original].

Gabarito "A"

(Defensor Público/RO – 2012 – CESPE) Assinale a opção correta a respeito da ação rescisória.

(A) Cabe ação rescisória contra acórdão proferido em ação direta de inconstitucionalidade.

(B) O sistema processual brasileiro não admite o ajuizamento de nova ação rescisória promovida com o objetivo de desconstituir decisão proferida no julgamento de outra ação rescisória.

(C) Não se admite ação rescisória contra sentença transitada em julgado quando não se tenha esgotado todos os recursos contra ela.

(D) O prazo decadencial da ação rescisória só se inicia quando não for cabível qualquer recurso do último pronunciamento judicial.

(E) É necessário o depósito prévio nas ações rescisórias propostas pelo INSS.

A: incorreto (art. 26 da Lei 9.868/1999); **B:** incorreto. O acórdão proferido em rescisória anteriormente julgada, sobretudo quando acolhidos o *juízo rescindendo* (pedido de desconstituição da decisão anterior) e o *juízo rescisório* (pedido de novo julgamento da causa, em substituição à decisão desconstituída), autoriza o aforamento de nova rescisória, desde que preenchidos os requisitos legais; **C:** errado. A ação rescisória é, por natureza, uma demanda autônoma de impugnação (assim como o mandado de segurança contra ato judicial e os embargos de terceiro), com requisitos bem definidos, quais sejam: 1) sentença ou acórdão de mérito (embora se admita ação rescisória contra as interlocutórias de mérito); 2) transitado em julgado; 3) revestido de coisa julgada material; e 4) preenchimento de uma das hipóteses de cabimento previstas taxativamente no art. 485 do CPC. O escopo de tal demanda é desconstituir sentença de mérito já transitada em julgado. Sendo assim, para efeitos de admissibilidade da rescisória, não se exige sequer que a decisão transitada em julgado tenha sido impugnada mediante recurso; **D:** correto (Súmula 401 do STJ: "O prazo decadencial da ação rescisória só se inicia quando não for cabível qualquer recurso do último pronunciamento judicial."); **E:** incorreto (Súmula 175 do STJ: "Descabe o depósito prévio nas ações rescisórias propostas pelo INSS.»).

Gabarito "D"

(Defensor Público/ES – 2012 – CESPE) A respeito da coisa julgada, julgue o item seguinte.

(1) A função positiva da coisa julgada e gerada com base na teoria da identidade da relação jurídica, de modo que é dispensável, para a vinculação ao já decidido em demanda anterior a tríplice identidade de parte, causa de pedir e pedido.

1: correto. A teoria da identidade da relação jurídica deriva seus alicerces da função positiva da coisa julgada, de modo que a nova demanda será extinta por influxo da coisa julgada, quando apenas alguns de seus elementos forem idênticos aos da lide originária, eis que em ambas se verifica a existência da mesma relação jurídica. Desse modo, a decisão transitada em julgado prolatada no processo primitivo deve ser respeitada pelas partes e por terceiros, por conta até da imperatividade ínsita à jurisdição.

Gabarito 1C

(Defensor Público/AM – 2011 – Instituto Cidades) Segundo a sistemática do direito processual civil no Brasil, onde se admite impugnação de decisão judicial por diversas formas,

(A) o prazo prescricional da ação rescisória se inicia com o trânsito em julgado da sentença;

(B) cabe ao Tribunal de Justiça processar e julgar ação rescisória contra seus próprios acórdãos;

(C) tanto a doutrina quanto a jurisprudência possuem entendimento pacífico no sentido de que o ordenamento jurídico pátrio admite a ação de impugnação de coisa julgada inconstitucional.

(D) não cabe ação rescisória contra acórdão proferido no julgamento de ação rescisória;

(E) o deferimento da petição inicial da ação rescisória suspende a execução da sentença rescindenda.

A: incorreto, pois o prazo para o aforamento da rescisória é *decadencial* (art. 495 do CPC); **B:** correto. A ação rescisória será intentada junto ao tribunal de onde emanou o julgado que se pretende rescindir (arts. 493 e 494 do CPC). Vale destacar, nesse diapasão, a doutrina de Alexandre Freitas Câmara: "No caso de ter transitado em julgado sentença proferida por órgão de primeira instância, será competente para a ação rescisória o tribunal que teria sido, em tese, competente para apreciar a apelação que contra aquela sentença poderia ter sido interposta" (FREITAS CÂMARA, Alexandre. *Ação rescisória.* Rio de Janeiro: Lumen Juris, 2007, p. 41-42); **C:** incorreto. Apenas para apontar uma das divergências sobre o assunto, note-se a doutrina de Nelson Nery Jr., para quem as normas esculpidas nos arts. 475-L, § 1º, e 741, parágrafo único, do CPC, padecem de inconstitucionalidade tanto formal quanto material, de modo que deve prevalecer a garantia constitucional fundamental da coisa julgada (art. 5º, XXXVI, da CF), nos casos em que a declaração de inconstitucionalidade pronunciada pelo STF for *posterior* ao trânsito em julgado da decisão de mérito impugnada (NERY JR. Nelson; NERY, Rosa Maria de Andrade. *Código de processo civil comentado e legislação extravagante.* 10. ed. São Paulo: Ed. RT, 2007, p. 742-743;1086-1087); **D:** incorreto, visto que o acórdão proferido em rescisória anteriormente julgada, sobretudo quando acolhidos o juízo rescindendo (pedido de desconstituição da decisão anterior) e o *juízo rescisório* (pedido de novo julgamento da causa, em substituição à decisão desconstituída), autoriza o aforamento de nova rescisória, desde preenchidos os requisitos legais; **E:** incorreto (art. 489 do CPC).

Gabarito "B"

(Defensor Público/GO – 2010 – Instituto Cidades) Sentença que julga procedente ação anulatória de reconhecimento de paternidade, uma vez transitada em julgado

(A) somente poderá ser objeto de ação rescisória se presente alguma das hipóteses previstas no art. 485 do Código de Processo Civil e, necessariamente, tenha sido impugnada por apelação.

(B) por versar sobre direito de estado, não poderá ser atacada por ação rescisória, nem mesmo se fundada em violação a literal dispositivo de lei.

(C) tanto poderá ser objeto de ação rescisória, se presente alguma das hipóteses previstas no art. 485 do Código de Processo Civil, como de ação anulatória, nos demais casos, sendo ambas de competência originária do Tribunal.

(D) tanto poderá ser objeto de ação rescisória, se presente alguma das hipóteses previstas no art. 485 do Código de Processo Civil, como de ação anulatória, nos demais casos, sendo a primeira de competência originária do Tribunal e a segunda, do juiz da vara de família.

(E) por versar sobre direito de estado, sendo, por isso, imprescritível, poderá ser impugnada mediante ação declaratória de nulidade perante o Tribunal.

A: incorreto. A ação rescisória é, por natureza, uma demanda autônoma de impugnação (assim como o mandado de segurança contra ato judicial e os embargos de terceiro), com requisitos bem definidos, quais sejam: 1) sentença ou acórdão de mérito (embora se admita ação rescisória contra as interlocutórias de mérito); 2) transitado em julgado; 3) revestido de coisa julgada material; e 4) preenchimento de uma das hipóteses de cabimento previstas taxativamente no art. 485 do CPC. O escopo de tal demanda é desconstituir a sentença de mérito já transitada em julgado. Sendo assim, para efeitos de admissibilidade da rescisória, por força da dicção do art. 485 do CPC, não se exige que a decisão transitada em julgado tenha sido impugnada mediante apelação; **B:** incorreto (art. 485, V, do CPC). Ademais, não há qualquer dispositivo legal que exclua as ações que versem sobre questão de estado de impugnação por meio de ação rescisória; C e **E:** incorretas. A ação anulatória e a declaratória de nulidade (*querela nullitatis*) são de competência do órgão jurisdicional de primeira instância vinculado ao processo no qual tenha sido praticado o ato objeto de impugnação, a teor do que enuncia o art. 108 do CPC. Ratificando o que ora se afirma, observem-se os ensinamentos de Alexandre Freitas Câmara: "A ação anulatória não leva a que se instaure processo de competência originária dos tribunais. A competência, aqui, é de juízo de primeira instância. E, por força do disposto no art. 108 do Código de Processo Civil, será ela atribuída ao mesmo juízo onde tenha tramitado originariamente o processo em que se tenha praticado o ato cuja invalidação se pretende (ainda que tal ato tenha sido praticado perante outro órgão jurisdicional, como no caso de se pretender invalidar a desistência do recurso manifestada perante o tribunal de apelação). (FREITAS CÂMARA, Alexandre. *Ação rescisória.* Rio de Janeiro: Lumen Juris, 2007, p. 273); **D:** correto. A ação rescisória será intentada junto ao tribunal de onde emanou o julgado que se pretende rescindir, ao passo que a ação anulatória será aforada perante o juízo que processou e julgou a causa na qual foi praticado o ato jurídico que se deseja invalidar (art. 108 do CPC).

Gabarito "D"

(Defensor Público/GO – 2010 – Instituto Cidades) A regra prevista no art. 475 do Código de Processo Civil, dispondo sobre o duplo grau obrigatório, deve ser interpretada no sentido de que

(A) mesmo não tendo apelado, a Fazenda Pública pode interpor recurso especial ou extraordinário contra acórdão que, em reexame necessário, mantém sentença contrária aos seus interesses.

(B) a sentença ilíquida proferida contra a Fazenda Pública não se sujeita ao reexame necessário.

(C) se admitem embargos infringentes contra decisão tomada por maioria no julgamento de reexame necessário.

(D) a remessa dos autos ao tribunal, por força de apelação, não autoriza o reexame necessário pelo tribunal, se essa cláusula não constar expressamente da sentença.

(E) é defeso ao credor requerer a execução enquanto não transitar em julgado sentença sujeita ao duplo grau obrigatório.

Atenção, caro leitor! Todas as assertivas ora postas se resolvem com o conhecimento da jurisprudência do STJ. **A:** correto. A ausência de apelo interposto pela Fazenda Pública não induz preclusão lógica para eventuais recursos subsequentes. Logo, se o tribunal, em sede de remessa necessária, houver ratificado a sentença proferida, a interposição de recurso especial ou extraordinário pela Fazenda Pública não fica prejudicada. Nesse sentido, direciona-se a jurisprudência do STJ: "Processual civil Embargos de divergência Reexame necessário Ausência de apelação do ente público Preclusão lógica afastada cabimento do recurso especial. 1. A Corte Especial, no julgamento do REsp 905.771/CE (rel. Min. Teori Zavascki, j. 29.06.2010), afastou a tese da preclusão lógica e adotou o entendimento de que a Fazenda Pública, ainda que não tenha apresentado recurso de apelação contra a sentença que lhe foi desfavorável, pode interpor recurso especial. 2. Embargos de divergência conhecidos e providos." (EREsp 1.135.100/PR, rel. Min. Eliana Calmon, Corte Especial, j. 09.06.2011, DJe 01.08.2011); **B:** incorreto. As sentenças proferidas contra a Fazenda Pública, ainda que ilíquidas, se submetem ao reexame necessário. Note-se como tem decidido o STJ nesses casos: "Administrativo e processual civil. Servidor público estadual. Abono de permanência. Pretensão de recebimento retroativo à implementação das condições para a aposentadoria. Violação ao art. 535, I, CPC não configurada. Ofensa aos arts. 514, II, 515 do CPC repelida. Devolução da matéria pela via do reexame necessário. Sentença ilíquida. Não aplicação da exegese contida no § 2º do art. 475 do CPC. [...] 3. 'Somente se poderá dispensar o reexame necessário, com fundamento no § 2º do art. 475 do CPC, caso a sentença seja líquida e o valor nela quantificado não exceda a 60 (sessenta) salários mínimos, ou caso ela se refira a direito, de valor certo que não supere aquele montante. Fora dessa hipótese, não há como se aplicar a regra, sob pena de prejudicar a Fazenda Pública, que poderá vir a ser surpreendida numa futura execução ou, até mesmo, num processo de liquidação, no qual se constate ser elevado o valor cobrado ou o montante que envolva o direito discutido' (DIDIER Jr, Fredie. Curso de Direito Processual Civil, v. 3. Salvador; Jus Podivm. 2007. p. 398). 4. O caso concreto trata de sentença ilíquida e de direito controvertido, com valor incerto, sendo-lhe inaplicável a dispensa do reexame necessário. (REsp 1.271.992/PR, rel. Min. Mauro Campbell Marques, 2ª T., j. 15.09.2011, DJe 21.09.2011); **C:** incorreto. "Nas decisões por maioria, em reexame necessário, não se admitem embargos infringentes" (Súmula 390 do STJ); **D:** incorreto. A *remessa necessária* ou *remessa ex officio* é condição de eficácia da sentença proferida contra as pessoas jurídicas de direito público (União, Estados-Membros, Distrito Federal, Municípios e suas respectivas fundações públicas e autarquias). No duplo grau obrigatório, toda a matéria controvertida no bojo dos autos passa a ser objeto de análise pelo tribunal, independentemente dos pontos impugnados pelo ente público em recurso de apelação. Novamente, veja-se o seguinte precedente do STJ: "Processual civil. Remessa necessária amplo efeito devolutivo. Violação do art. 535 do CPC configurada. 1. Nos termos do art. 475 do CPC, que institui o duplo grau de jurisdição obrigatório, tudo o que for decidido pelo Juízo singular deve ser apreciado pelo Tribunal de origem, independentemente da interposição de Apelação. 2. O amplo efeito devolutivo da remessa necessária conjura o princípio *tantum devolutum quantum appelatum* uma vez que não limita o conhecimento do Tribunal *a quo* à matéria efetivamente impugnada no recurso de apelação pelo ente público. [...]" (EDcl no AgRg nos EDcl no REsp 1.108.636/SP, rel. Min. Humberto Martins, 2ª T., j. 23.11.2010, DJe 01.12.2010); **E:** incorreto. É possível a execução provisória contra a Fazenda Pública, mesmo quando pendente o julgamento da remessa necessária, desde que a providência almejada não esteja prevista no rol do art. 2º-B da Lei 9.494/1997. Ao abono de tal entendimento: "Agravo regimental em agravo de instrumento. Administrativo e processual civil. Art. 2º-B da Lei 9.494/1997. Interpretação restritiva. Precedentes. 1. A vedação à execução provisória de sentença contra a Fazenda Pública deve-se ater às hipóteses expressamente previstas no artigo 2º-B da Lei 9.494/1997, o que não se aplica ao caso em comento, porquanto não haverá o pagamento imediato aos servidores dos valores pretéritos. Precedentes. [...]" (STJ, AgRg no Ag 1.151.241/RN, rel. Min. Maria Thereza de Assis Moura, 6ª T., j. 26.10.2010, DJe 22.11.2010).

Gabarito "A"

(Defensor Público/ES – 2009 – CESPE) No que concerne ao direito processual civil, julgue os itens:

(1) Quando a matéria controvertida for unicamente de direito, e no juízo já houver sido proferida sentença de total improcedência em outros casos idênticos, poderá ser dispensada a citação e proferida a sentença, reproduzindo-se o teor da sentença anteriormente prolatada. Essa regra será aplicável apenas quando o juiz prolator da sentença for também o autor da sentença que será reproduzida, visando manter uniforme o entendimento para os casos repetitivos.

(2) Sem caracterizar ofensa ao princípio do juiz natural, admite-se que o cumprimento da sentença seja requerido no juízo do local onde se encontram bens sujeitos à expropriação ou no atual domicílio do executado.

1: incorreta, porque o art. 285-A menciona o fato de já ter sido proferida sentença de total improcedência em casos semelhantes pelo juízo, e não pelo juiz; **2:** correta, nos termos do art. 475-P, parágrafo único, CPC.

Gabarito 1E, 2C

(Defensor Público/ES – 2009 – CESPE) Acerca do processo civil brasileiro, julgue o item subsequente.

(1) A sentença faz coisa julgada para as partes entre as quais é dada, podendo beneficiar ou prejudicar terceiros, à semelhança do que ocorre nas causas relativas ao estado das pessoas, em que a sentença produz coisa julgada em relação a terceiros, desde que tenham sido citados no processo, em litisconsórcio necessário.

1: incorreta, porque a regra do art. 472 do CPC é da eficácia apenas entre as partes da coisa julgada. Por isso, a coisa julgada, como regra geral, não beneficia ou prejudica terceiros.

Gabarito 1E

(Defensor Público/MA – 2009 – FCC) Em matéria de condenação em honorários, multa e custas, no processo de conhecimento, está correto dizer:

(A) quando forem dois ou mais os litigantes de má-fé, o juiz condenará cada um na proporção do seu respectivo interesse na causa, a pagar à parte contrária multa mais os honorários advocatícios.

(B) o réu que, por não arguir na sua resposta fato impeditivo do direito do autor, dilatar o julgamento da lide, será condenado nas custas, mas, se vencedor na causa, não perderá o direito de haver do vencido honorários advocatícios.

(C) se o processo é julgado extinto antes da citação do réu, e o autor não recorre, cabem honorários advocatícios.

(D) é devida a verba honorária se o tribunal anula a sentença e determina o retorno dos autos ao primeiro grau de jurisdição, para a prolação de outra sentença.

(E) verificando que a exceção de impedimento tem fundamento legal, o tribunal condenará o juiz nas custas e nos honorários advocatícios, mandando remeter os autos ao seu substituto legal.

A: correta (art. 24 do CPC); **B:** incorreta, porque nesse caso ele será condenado nas custas a partir do saneamento, e, se vencedor, perderá o direito de haver do vencido honorários de advogado (art. 22 do CPC); **C:** incorreta, porque não se o réu não foi citado, não há que se falar em pagamento de honorários; **D:** incorreta, porque se o tribunal anula a sentença e determina que em primeiro grau outra seja proferida, nesta é que serão fixados honorários, se for o caso; **E:** incorreta, porque o juiz, nesse caso, é condenado exclusivamente nas custas do incidente, mas não em honorários de advogado.

Gabarito "A"

(Defensor Público/MA – 2009 – FCC) A liquidação de sentença

(A) é expediente processual necessário para atribuir certeza ao título judicial.

(B) não pode ser requerida na pendência de recurso.

(C) não é admitida nas ações de cobrança de honorários dos profissionais liberais.

(D) é admitida nos casos de ressarcimento por danos causados em acidente de veículo de via terrestre.

(E) é admitida nas ações de ressarcimento por danos em prédio urbano.

A: incorreta, porque o atributo do título que se busca alcançar pela liquidação é precisamente a liquidez (e não a certeza ou exigibilidade); **B:** incorreta, porque há expressa previsão legal em sentido contrário (art. 475-A, § 2º, CPC); **C:** incorreta, porque tal vedação não existe; **D:** incorreta (art. 475-A, § 3º, CPC); **E:** correta, uma vez que não há qualquer proibição para essa hipótese.

Gabarito "E"

(Defensor Público/MG – 2009 – FUMARC) Quanto à ação rescisória, é correto afirmar, EXCETO:

(A) Suspende o cumprimento da sentença ou do acórdão rescindendo quando deferida medida antecipatória de tutela.

(B) É cabível contra decisão de mérito transitada em julgado proferida por juiz suspeito ou absolutamente incompetente.

(C) Pode ser ajuizada pelo Ministério Público quando a decisão rescindenda decorrer de colusão das partes.

(D) O prazo de dois anos para sua propositura é decadencial, fluindo do trânsito em julgado da decisão.

(E) É requisito da petição inicial o depósito da importância de 5% (cinco por cento) sobre o valor da causa.

A: correta (art. 489 do CPC); **B:** incorreta, porque a suspeição do juiz não é motivo para a rescisória; **C:** correta (art. 487 do CPC); **D:** correta (art. 495 do CPC); **E:** correta (art. 488, II, CPC).

Gabarito "B"

(Defensor Público/MT – 2009 – FCC) "A parte, que aceitar expressa ou tacitamente a sentença ou a decisão, não poderá recorrer". Esse enunciado, de texto legal, implica a ocorrência de

(A) coisa julgada.

(B) preclusão consumativa.

(C) perempção.

(D) preclusão lógica.

(E) contumácia.

Trata-se de preclusão lógica, que é a perda de uma faculdade processual pela prática de um ato incompatível com aquele que poderia ter sido praticado. Não se confunde com os outros institutos apresentados na questão. Coisa julgada é a qualidade da sentença de mérito que se traduz na imutabilidade de seu dispositivo e que surge com o trânsito em julgado da decisão. Preclusão consumativa é a perda de uma faculdade processual que surge em razão da efetiva prática do ato em questão. Perempção é a perda do direito de ação, por ter dado causa o autor a três extinções do processo sem resolução do mérito. Contumácia é qualquer ato das partes que implique inércia em relação a alguma providência processual.

Gabarito "D"

(Defensor Público/PA – 2009 – FCC) A sentença que julga procedente o pedido formulado em ação de conhecimento, aplicando fundamentos legais diversos daqueles apresentados na petição inicial, é

(A) inexistente.
(B) válida.
(C) *ultra petita*.
(D) *extra petita*.
(E) *infra petita*.

Em razão do princípio dispositivo, o juiz está obrigado a apreciar com base exclusivamente nos fatos que foram alegados pelas partes. Os fatos trazidos pelo autor na petição inicial como sua causa de pedir são vinculativos e o juiz não pode levar em conta outros fatos que não foram utilizados pelo demandante para embasar o seu pedido. Ocorre, porém, que a fundamentação jurídica que o autor obrigatoriamente indicará na inicial não vincula o juiz, que é livre para acolher o pedido (desde que seja o pedido que o autor formulou, com base nos fatos que ele alegou, e em relação às efetivas partes do processo) com base em fundamentação jurídica diversa da que foi apontada na inicial. Logo, a sentença no caso proposto é válida.

Gabarito "B"

(Defensor Público/SP – 2009 – FCC) É correto afirmar que da decisão de liquidação

(A) quando por arbitramento cabe agravo e quando por artigo cabe apelação.
(B) não cabe recurso.
(C) cabe recurso apelação.
(D) quando por arbitramento cabe apelação e quando por artigo cabe agravo.
(E) cabe agravo de instrumento.

Em qualquer caso, nos termos do art. 475-H, contra a decisão que julga a liquidação de sentença caberá agravo de instrumento. Logo, a única alternativa correta é a "E".

Gabarito "E"

(Defensor Público/SP – 2009 – FCC) Assinale a alternativa INCORRETA.

(A) Das hipóteses previstas no Código de Processo Civil de cabimento da ação rescisória nem todas têm a incidência do *iudicium rescissorium*.
(B) Cabe ação rescisória contra decisão definitiva de mérito que desconsiderou no caso concreto a função social do contrato ou da função social da propriedade.
(C) Cabe ação rescisória contra acórdão transitado em julgado há menos de dois anos, conhecido e que teve provimento para declarar nula a perícia realizada em ação de conhecimento.
(D) A ação rescisória no ordenamento brasileiro não tem natureza de recurso.
(E) São inerentes à ação rescisória a desconstituição da coisa julgada, o rejulgamento da causa, exceto no caso de ofensa à coisa julgada, e a taxatividade dos fundamentos que a ensejam.

A: correta. *Iudicium rescissorium* é o pedido de novo julgamento da causa, o que não existe, por exemplo, quando se alega que a sentença rescidenda ofendeu a coisa julgada; **B:** correta, porque uma das hipóteses de cabimento da ação rescisória é a de ter havido violação a literal disposição de lei, e como os princípios em questão constam do direito positivo, a rescisória será possível por esse motivo; **C:** incorreta, porque nesse caso não se trata de decisão de mérito, mas decisão que diz respeito a matéria puramente processual, motivo pelo qual não haverá possibilidade de rescisória; **D:** correta, porque rescisória tem natureza de ação autônoma de impugnação; os recursos representam um meio de impugnação utilizado dentro do processo em que a decisão foi proferida, enquanto a rescisória dá origem a outro processo; **E:** correta. Reler o comentário à assertiva "A".

Gabarito "C"

(Defensor Público/RN – 2006 – Instituto Talento) No processo civil a sentença pode ser alterada pelo juiz que a proferiu quando

(A) existir no juízo decisão anterior de total improcedência sobre a mesma matéria.
(B) julgar extinto o processo sem julgamento de mérito.
(C) decidir relação jurídica de trato sucessivo.
(D) decidir relação jurídica condicional.

Art. 285-A do CPC.

Gabarito "A"

(Defensor Público/SE – 2006 – CESPE) A respeito da sentença cível, julgue os itens a seguir.

(1) A concessão do benefício da assistência judiciária isenta o litigante sob pálio da justiça gratuita do pagamento de custas processuais e honorários advocatícios. Assim, é defeso condenar a parte que sucumbiu ao pagamento das custas e dos honorários advocatícios.
(2) Em observância ao princípio da eventualidade, se o juiz reconhecer que o autor é carecedor de ação, ainda assim deve prosseguir no exame do mérito da causa, proferindo sentença que julgue procedente ou improcedente o pedido do autor.

1: incorreto. Ante a redação do art. 12 da Lei 1.060/1950, o vencido é sempre condenado, mas fica com a sua obrigação suspensa enquanto perdurar o seu estado de pobreza, durante o prazo de 5 anos, quando, ao final, a obrigação ficará prescrita; **2:** incorreto. Ora, se o juiz acolher a alegação de carência de ação, deverá extinguir o processo com fulcro no art. 267 do CPC, sem apreciação do mérito da causa.

Gabarito 1E, 2E

(Defensor Público da União – 2007 – CESPE) Julgue os itens que se seguem, acerca da ação rescisória.

(1) O valor da causa na ação rescisória deve ser o valor da ação originária, monetariamente corrigido, se este corresponder, efetivamente, ao benefício econômico pretendido pelo autor.
(2) Considere que sentença penal absolutória tenha reconhecido que determinado fato não constituía infração penal ou fundada na falta de provas desse fato por parte do réu. Considere, ainda, que essa sentença tenha sido proferida posteriormente ao trânsito em julgado da decisão rescindenda. Nessa situação, a referida sentença configura documento novo apto a instruir ação rescisória, objetivando o reconhecimento de que a decisão do juízo criminal é causa superveniente extintiva da obrigação de indenizar que foi imposta ao réu pela sentença rescindenda.
(3) A legitimidade ativa para a propositura da ação rescisória é conferida não apenas a quem foi parte no processo originário ou a seu sucessor, ainda que o processo tenha corrido à revelia do réu, mas também ao Ministério Público ou a terceiro juridicamente interessado. Esse terceiro, quando promove a ação, deve trazer ao processo os partícipes da relação originária.

1: correto, pois de fato, o STJ já firmou entendimento nesse sentido: "*Ação rescisória. Valor da causa. Benefício patrimonial a ser obtido em caso de procedência do pedido rescisório*" (EDcl no REsp 230.555/MA); **2:** incorreto (art. 935 do CC); **3:** correto (art. 487 do CPC).

Gabarito 1C, 2E, 3C

(Defensor Público/CE – 2007 – CESPE) A respeito da sentença e da coisa julgada, julgue os seguintes itens.

(1) A sentença que, apesar de adstrita à causa deduzida em juízo, concede além do que foi pleiteado pelo autor, contém vício, o qual, contudo, não enseja a nulidade do julgado, mas tão só a retirada da parte que exceder ao pedido, por ocasião do julgamento do recurso. No entanto, quando se tratar de direito indisponível ou de consumidor, não se exige essa limitação, podendo o juiz decidir da forma que melhor proteger aqueles interesses.
(2) Nas ações civis públicas, a sentença fará coisa julgada *erga omnes*, estendendo-se seus efeitos, inclusive, para fora dos limites da competência territorial do órgão prolator, salvo se o pedido for julgado improcedente por insuficiência de provas.
(3) Com o trânsito em julgado da sentença que encerra a relação processual sem resolução do mérito, ocorre a coisa julgada formal, tornando imutável, indiscutível e com força de lei as questões decididas na sentença.

1: incorreto. A sentença *ultra petita* não implica a nulidade da decisão prolatada somente no fragmento respeitante ao excesso verificado. Tal vício (deve ser corrigido pelo órgão *ad quem*, por meio do recurso de *apelação*. Nesse sentido: "Correlação entre pedido, causa de pedir e sentença. O autor fixa os limites da lide e da causa de pedir na petição inicial (CPC 128), cabendo ao juiz decidir de acordo com esse limite. É vedado ao magistrado proferir sentença acima (*ultra*), fora (*extra*) ou abaixo (*citra* ou *infra*) do pedido. Caso o faça, a sentença estará eivada de vício, corrigível por meio de recurso. A sentença *citra* ou *infra petita* pode ser corrigida por meio de embargos de declaração, cabendo ao juiz suprir a omissão; a sentença *ultra* ou *extra petita* não pode ser corrigida por embargos de declaração, mas só por apelação. Cumpre ao tribunal, ao julgar o recurso, reduzi-la aos termos do pedido. (NERY JR. Nelson; NERY, Rosa Maria de Andrade. *Código de processo civil comentado e legislação extravagante*. 10. ed. São Paulo: Ed. RT, 2007, p. 584) [grifos nos original]. De qualquer sorte, mesmo nas demandas que tenham por base direito indisponível (matéria consumerista, ambiental, direito de família etc.), vige o princípio da correlação, da adstrição ou da congruência, de modo tal que o órgão julgador está adstrito ao pleito deduzido pelo autor na petição inicial, não podendo inovar ou ampliar os limites objetivos da lide, sob pena de afronta aos princípios da ampla defesa, do contraditório e ao princípio dispositivo (art.460 do CPC). Vale registrar, igualmente, que as questões de ordem pública podem ser reconhecidas de ofício pelo órgão jurisdicional, motivo porquanto se revela prescindível pedido expresso da parte; **2:** incorreta. O art. 16 da Lei 7.347/1985 dispõe que a coisa julgada *erga omnes* na ação civil pública se perfaz nos limites da competência territorial do órgão prolator da decisão; **3:** errado. O que torna imutável, indiscutível e com força de lei o dispositivo da sentença é a *coisa julgada material*, atributo este cuja consequência é a extensão dos efeitos da sentença para fora do processo em que é prolatada. Diferencia-se da coisa julgada formal, visto que nesta há apenas o trânsito em julgado da sentença, isto é, sua imutabilidade dentro do processo, razão pela qual os efeitos da decisão se irradiam somente para as partes.

Gabarito 1E, 2E, 3E

11. Recursos

(Defensor Público/AM – 2013 – FCC) Em relação aos recursos é correto afirmar:

(A) Em regra, a apelação deve ser recebida apenas no efeito devolutivo.
(B) O agravo de instrumento deve ser interposto diretamente no Tribunal, sendo desnecessário que a parte comunique o juízo de primeira instância acerca da interposição.
(C) Em regra, os embargos de declaração interrompem o prazo para interposição de outros recursos.
(D) O julgamento de mérito de recurso extraordinário cuja repercussão geral tenha sido reconhecida pelo Supremo Tribunal Federal possui efeito vinculante.
(E) O recurso adesivo deve ser conhecido mesmo que não se conheça do principal.

A: incorreto. Em regra, a apelação deve ser recebida pelo juízo *a quo* tanto no efeito devolutivo quanto no suspensivo. Excepcionalmente, a apelação será recebida somente no efeito devolutivo, a exemplo das hipóteses enumeradas no bojo do art. 520 do CPC, bem como no art. 3º, § 5º, do Decreto-Lei 911/69 e no art. 58, V, da Lei 8.245/1991, dentre outras contidas na legislação extravagante (art. 520, *caput*, do CPC); **B:** incorreto. A comunicação feita ao juízo de piso se revela imprescindível, sob pena de não conhecimento do agravo de instrumento interposto (art. 526 do CPC); **C:** correto (art. 538, caput, do CPC); **D:** incorreto (art. 543-B, §§ 3º e 4º, do CPC); **E:** incorreto (art. 500, III, do CPC).

Gabarito "C"

(Defensor Público/TO – 2013 – CESPE) Em ação de obrigação de fazer cumulada com indenização por danos materiais e morais por ele ajuizada contra Judite e Tiago, Matias requereu, após a apresentação da defesa, antecipação de tutela quanto à obrigação de fazer, tendo o juiz se reservado o direito de apreciar o pedido após a instrução processual. Ao proferir sentença, o juiz acolheu parcialmente os pedidos de dano material e moral formulados pelo autor, tendo condenado os réus solidariamente, e acolheu o pedido de obrigação de fazer, concedendo a antecipação de tutela requerida por Matias. Contra a sentença, apenas Judite interpôs recurso de apelação contra a sentença, alegando prescrição do direito de ação.

Com base nessa situação hipotética, assinale a opção correta.

(A) Provido o recurso de Judite e, portanto, declarada a prescrição, os efeitos dessa decisão se estendem a Tiago.
(B) Tiago poderá interpor recurso adesivo, desde que o faça no prazo de que Matias dispõe para responder o recurso interposto por Judite.
(C) Matias não poderá interpor recurso adesivo, já que a sentença foi-lhe favorável.
(D) O juiz não poderia antecipar os efeitos da tutela quando da prolação da sentença, fase essa inadequada para a concessão de liminar antecipatória, por ter a sentença decidido o próprio mérito da causa.
(E) Enquanto não for julgado o recurso de apelação, Matias não poderá, ainda que parcialmente, executar provisoriamente a sentença.

A: correto, por influxo do efeito expansivo subjetivo, porquanto presentes tanto o litisconsórcio quanto a solidariedade passiva entre Judite e Tiago (art. 509 do CPC). Saliente-se que a prescrição invocada por Judite é defesa que aproveita igualmente a Tiago. Com efeito, o efeito expansivo consiste na possibilidade de a decisão proferida em grau recursal estender sua eficácia para além da matéria invocada nas razões recursais, isto é, o julgamento do recurso ultrapassa aquilo que foi efetivamente postulado pelo recorrente. In casu, sobeja à esfera jurídica da apelante e do apelado para beneficiar o litisconsorte que não recorreu, em manifesto contraste com o princípio da personalidade do recurso. Perfilhando o mesmo entendimento: "Ainda que o litisconsórcio não seja unitário, há o feito expansivo subjetivo do recurso interposto por apenas um dos litisconsortes, quando as defesas deles forem comuns. O recurso do litisconsorte se estende ao outro, ainda que este tenha aquiescido à decisão ou renunciado ao recurso [Barbosa Moreira, Coment., n. 214, pp. 386/387] (NERY JR. Nelson; NERY, Rosa Maria de Andrade. Código de processo civil comentado e legislação extravagante. 10. ed. São Paulo: Ed. RT, 2007, p. 843); **B:** incorreto (art. 500, I, do CPC). Tiago poderia recorrer de forma adesiva se Matias houvesse interposto apelação, eis que o recurso adesivo é aviado no prazo conferido para que o recorrido ofereça contrarrazões; **C:** incorreto, por conta da existência de sucumbência recíproca (art. 500, caput, do CPC); D e **E:** incorretos. Avulta observar que a execução provisória não pode ser iniciada enquanto penda recurso recebido com efeito suspensivo (arts. 475-I, § 1º, e 521 do CPC). Sob outro prisma, a concessão da tutela na sentença retira o efeito suspensivo ope legis de eventual recurso de apelação, no que tange especificamente àquilo que restou antecipado pelo juízo no provimento final. Logo, em tal hipótese, interposta a apelação, o juízo monocrático tem uma dupla tarefa: a) deve receber o apelo no duplo efeito com relação àquelas matérias estranhas à antecipação outorgada; e b) declarar o efeito meramente devolutivo ao recurso, no que concerne os pontos que foram objeto da antecipação. Ao abono de tal entendimento, note-se a lição de Nelson Nery Jr. e de Rosa Maria de Andrade Nery: "Concessão na sentença. Apelação. Efeitos. A apelação interposta da sentença que extingue o processo, na qual foi concedida também a tutela antecipada, pode ser recebida no efeito meramente devolutivo, quanto à parte em que decidiu sobre a tutela antecipada, e no duplo efeito, quanto às demais matérias. A possibilidade da cisão dos efeitos da apelação, por exemplo, nas ações conexas e, agora, também na sentença que concede a tutela antecipada, é matéria já assentada na doutrina e na jurisprudência. [...] A mesma solução (efeito meramente devolutivo) deve ser dada à apelação da sentença que confirmar a tutela antecipada anteriormente concedida (CPC 520 VII)". (NERY JR. Nelson; NERY, Rosa Maria de Andrade. Código de processo civil comentado e legislação extravagante. 10. ed. São Paulo: Ed. RT, 2007, p. 528) [grifos nos original]. Nesses termos, é possível que Matias promova a execução provisória de sentença (mesmo quando o apelo seja recebido com efeito suspensivo), desde que o objeto da execução coincida com a providência resultante da tutela nela concedida.

Gabarito "A"

(Defensor Público/RO – 2012 – CESPE) A respeito da liquidação de sentença e dos recursos, assinale a opção correta.

(A) O efeito extensivo ou expansivo do recurso evidencia-se no fato de uma nova decisão expandir os seus efeitos para atingir a decisão recorrida.
(B) O efeito regressivo e o efeito devolutivo têm o mesmo significado e, portanto, os mesmos efeitos.
(C) De acordo com o princípio da taxatividade, consideram-se recursos somente aqueles designados por lei federal.
(D) O recurso cabível contra decisão em liquidação de sentença é a apelação.
(E) O princípio do duplo grau de jurisdição está explicitamente previsto na CF.

A: incorreto. O efeito expansivo consiste na possibilidade de a decisão proferida em grau recursal estender sua eficácia para além da matéria invocada nas razões recursais, isto é, o julgamento do recurso ultrapassa aquilo que foi efetivamente postulado pelo recorrente; **B:** incorreto. Por força do efeito devolutivo – corolário do princípio dispositivo – o órgão ad quem só poderá examinar as matérias efetivamente impugnadas pela parte recorrente. Tal princípio encontra-se proclamado na máxima tantum devolutum quantum appellatum. Por outro lado, o princípio recursal regressivo (também denominado iterativo ou diferido) consiste na faculdade conferida ao próprio órgão a quo de reconsiderar a decisão proferida. No processo civil brasileiro, materializa-se no recurso de agravo, seja ele retido, por instrumento ou interno; **C:** correto. O princípio recursal da taxatividade prevê que são recursos apenas os meios de impugnação expressamente indicados no Código de Processo Civil e na legislação extravagante; **D:** incorreto. Da decisão que resolve a fase de liquidação de sentença, delimitando o quantum debeatur, cabe o recurso de agravo de instrumento (art. 475-H do CPC). Todavia, na hipótese de a aludida decisão extinguir o processo, sua natureza será de sentença (art. 162, § 1º, do CPC), desafiando, portanto, o recurso de apelação (art. 513 do CPC). Corroborando tal assertiva: "Processo civil. Recurso especial. Provimento judicial que, em incidente de liquidação de sentença, extingue o processo. Recurso cabível. Recurso especial improvido. 1. Ao dispor que 'Da decisão de liquidação caberá agravo de instrumento', o art. 475-H do CPC está disciplinando o que comumente ocorre, ou seja, que a decisão se limite a resolver o incidente de liquidação, fixando o quantum debeatur a ser objeto da execução forçada subsequente. Todavia, se o ato judicial proferido no âmbito do incidente de liquidação extingue o próprio processo, determinando inclusive o arquivamento dos autos, sua natureza já não será de simples decisão interlocutória que 'decide a liquidação', mas de verdadeira sentença (CPC, art. 162, § 1º), contra a qual o recurso cabível será o de apelação (CPC, art. 513). 2. Recurso Especial improvido. (STJ, REsp 1.090.429/RJ, rel. Min. Teori Albino Zavascki, 1ª T., j. 20.05.2010, DJe 26.05.2010); **E:** incorreto. Segundo a jurisprudência do STF, a garantia do duplo grau de jurisdição não foi acolhida pela Carta Magna, embora haja doutrina que entenda que o referido princípio, por força de interpretação sistemática, tenha sido albergado pela Lei Fundamental. Nesse sentido: "Constitucional. Promotor de justiça. Crimes dolosos contra a vida. Competência do tribunal de justiça. Matéria fática. Súmula 279-STF. Prequestionamento. Princípio do duplo grau de jurisdição. [...] III. A alegação de ofensa ao inciso LIV do art. 5º, CF, não é pertinente. O inciso LIV do art. 5º, CF, mencionado, diz respeito ao devido processo legal em termos substantivos e não processuais. Pelo exposto nas razões de recurso, quer a recorrente referir-se ao devido processo legal em termos processuais, CF, art. 5º, LV. Todavia, se ofensa tivesse havido, no caso, à Constituição, seria ela indireta, reflexa, dado que a ofensa direta seria a normas processuais. E, conforme é sabido, ofensa indireta à Constituição não autoriza a admissão do recurso extraordinário. IV. Não há, no ordenamento jurídico-constitucional brasileiro, a garantia constitucional do duplo grau de jurisdição. Prevalência da Constituição Federal em relação aos tratados e convenções internacionais. V. Compete ao Tribunal de Justiça, por força do disposto no art. 96, III, da CF/1988, o julgamento de promotores de justiça, inclusive nos crimes dolosos contra a vida. VI. Agravo não provido. (AI 513044 AgR, rel. Min. Carlos Velloso, 2ª T, j. 22.02.2005) [grifos nossos].

Gabarito "C"

(Defensor Público/ES – 2012 – CESPE) Em cada um dos itens seguintes, e apresentada uma situação hipotética, seguida de uma assertiva a ser julgada com relação a procedimento ordinário e recursos.

(1) Tribunal de justiça estadual, ao julgar recurso de apelação, conferiu provimento para cassar a sentença de extinção do processo, determinando o prosseguimento do feito. Nessa situação, a interposição do recurso especial deve observar o procedimento de subida imediata do recurso.

(2) João, em sede de contestação, suscitou a preliminar de pedidos incompatíveis entre si, e o juiz, convencido, pelos argumentos do réu, da caracterização da preliminar de inépcia da petição inicial, extinguiu o processo. Inconformado, o autor interpôs recurso de apelação. Nessa situação, o juiz poderá retratar-se e reformular a decisão.

1: errado, pois o acórdão estadual exarado ostenta natureza interlocutória. Precedente do STJ: (REsp 1.150.629/AM, rel. Min. Marco Buzzi, 4ª T., j. 12.06.2012, DJe 19.06.2012). Logo, incide o disposto no art. 542, § 3º, do CPC, razão pela qual, em princípio, o apelo especial interposto ficará retido nos autos; **2:** incorreto. A faculdade de o juízo se retratar da sentença proferida está autorizada apenas nas hipóteses versadas nos arts. 285-A, § 1º, e 296, caput, do CPC; **3:** prejudicada.

Gabarito 1E, 2E

(Defensor Público/PR – 2012 – FCC) A respeito dos recursos no direito processual civil, é correto afirmar:

(A) A concessão de efeito suspensivo *ope iudices* pelo relator do recurso é uma particularidade do agravo de instrumento, não sendo cabível, ainda que de modo excepcional, na apelação.

(B) De acordo com o regime dos recursos especiais repetitivos, publicado o acórdão do recurso paradigma pelo Superior Tribunal de Justiça, os recursos especiais sobrestados na origem não terão seguimento na hipótese de o acórdão recorrido coincidir com a orientação do Superior Tribunal de Justiça.

(C) Da decisão do relator que concede ao agravo de instrumento o efeito ativo caberá agravo interno para o órgão competente para o julgamento daquele recurso, se a referida decisão puder causar à parte lesão grave ou de difícil reparação.

(D) Quando o agravo de instrumento interposto for manifestamente inadmissível ou infundado, o tribunal condenará o agravante a pagar ao agravado multa entre um e dez por cento do valor corrigido da causa, ficando a interposição de qualquer outro recurso condicionada ao depósito do respectivo valor.

(E) A repercussão geral é requisito de admissibilidade específico do recurso especial, já que o recurso extraordinário, por sempre tratar de questões constitucionais, tem sua relevância pressuposta.

A: incorreto. O relator, a requerimento do recorrente, também poderá conceder efeito suspensivo *ope judicis* à apelação interposta (art. 558, parágrafo único, do CPC); **B:** correto (art. 543-C, § 7º, I, do CPC); **C:** incorreto (art. 527, parágrafo único, do CPC); **D:** incorreto. O art. 557, § 2º, do CPC, refere-se ao agravo interno disposto no § 1º do mesmo repositório legal, e não ao recurso de agravo de instrumento; **E:** incorreto (art. 543-A, caput, do CPC).

Gabarito "B"

(Defensor Público/PR – 2012 – FCC) O que se tem observado atualmente no direito processual é uma forte aproximação entre os sistemas da *common law* e da *civil law*. O *stare decisis* – a eficácia vinculante dos precedentes – já tem o seu equivalente próximo no direito brasileiro, que é a súmula vinculante. A respeito dos institutos que privilegiam os precedentes, no direito brasileiro, é correto afirmar.

(A) O Superior Tribunal de Justiça decidiu que a aplicação do art. 285-A do Código de Processo Civil dispensa que a sentença de improcedência *prima facie* esteja alinhada ao entendimento cristalizado nas instâncias superiores, bastando que haja manifestação anterior no próprio juízo de origem.

(B) O juiz que proferiu a sentença está autorizado a não receber o recurso de apelação dela interposto quando a decisão prolatada estiver em conformidade com súmula do próprio tribunal, do Superior Tribunal de Justiça ou do Supremo Tribunal Federal.

(C) O relator negará seguimento a recurso que estiver em confronto com súmula ou com jurisprudência dominante do respectivo tribunal, do Supremo Tribunal Federal, ou de Tribunal Superior, não podendo ser tal regra aplicada no julgamento do reexame necessário.

(D) O enunciado sumular do Superior Tribunal de Justiça, que impede o conhecimento do recurso especial pela divergência, quando a decisão recorrida estiver em consonância com o entendimento firmado no próprio tribunal superior, também alcança a hipótese em que o recorrente alega ter o acórdão violado tratado ou lei federal, ou negado-lhes vigência.

(E) A súmula vinculante tem por escopo vencer controvérsia atual entre os órgãos judiciários ou entre esses e a administração pública, com aptidão para gerar grave insegurança jurídica e indesejável multiplicação de processos sobre questão idêntica, não sendo admitida a sua revisão ou cancelamento senão depois de um ano da sua edição.

A: incorreto. Nesse sentido: "Direito processual civil. Improcedência prima facie. Art. 285-A do CPC. Entendimento do juízo sentenciante. Dissidência relativa às instâncias superiores. Aplicação da nova técnica. Descabimento. Exegese teleológica. 1. A aplicação do art. 285-A do CPC, mecanismo de celeridade e economia processual, supõe alinhamento entre o juízo sentenciante, quanto à matéria repetitiva, e o entendimento cristalizado nas instâncias superiores, sobretudo junto ao Superior Tribunal de Justiça e Supremo Tribunal Federal. 2. Recurso especial não provido. (STJ, REsp 1.109.398/MS, rel. Min. Luis Felipe Salomão, 4ª T., j. 16.06.2011, DJe 01.08.2011); **B:** incorreto. O juiz não receberá o recurso de apelação apenas quando a sentença estiver em conformidade *com súmula do Superior Tribunal de Justiça ou do Supremo Tribunal Federal* (art. 518, § 1º, do CPC); **C:** incorreto (Súmula 253 do STJ: "O art. 557 do CPC, que autoriza o relator a decidir o recurso, alcança o reexame necessário"); **D:** correto. Nessa direção: "Processual civil e tributário. Agravo regimental. Art. 535, II, do CPC. Arguição genérica. Súmula 284/STF. Acórdão recorrido. Incidência de CPMF nas operações simbólicas de câmbio. Aplicação da Súmula 83/STJ. 1. Não merece conhecimento o recurso especial fundado em alegação genérica ao artigo 535 do CPC, nos termos da Súmula 284/STF: 'É inadmissível o recurso extraordinário, quando a deficiência na sua fundamentação não permitir a exata compreensão da controvérsia'. 2. A jurisprudência desta Corte consolidou-se no sentido de que as operações simbólicas de câmbio são sujeitas à incidência de CPMF. 3. Incide, no caso, o óbice da Súmula 83/STJ, que também se aplica aos recursos interpostos com fundamento na alínea a do permissivo constitucional. 4. Agravo regimental não provido. (STJ, AgRg no Ag 1197348/RJ, rel. Min. Castro Meira, 2ª T., j. 17.11.2009, DJe 25.11.2009); **E:** incorreto, visto que tal restrição temporal não consta de lei (art. 2º, § 3º, da Lei 11.417/2006). Tal regra se cinge a apontar o quorum de deliberação do STF para edição, revisão e cancelamento de súmula vinculante.

Gabarito "D"

(Defensor Público/SP – 2012 – FCC) Assinale a alternativa INCORRETA.

(A) Cabe reclamação ao Supremo Tribunal Federal para impugnar decisão de órgão fracionário do Tribunal de Justiça que, embora não declare expressamente a inconstitucionalidade de lei ou ato normativo do Poder Público, afasta a sua incidência no todo ou em parte.

(B) A *querela nullitatis* pode ser deduzida em ação civil pública.

(C) Cabe agravo interno da decisão do presidente do Tribunal de Justiça que suspende a eficácia de sentença proferida contra o Poder Público em mandado de segurança.

(D) No âmbito do Supremo Tribunal Federal e do Superior Tribunal de Justiça são incabíveis os embargos infringentes, sendo possíveis, entretanto, os embargos de declaração e os embargos de divergência.

(E) A apelação será recebida só no efeito devolutivo, quando interposta de sentença que destituir ambos ou qualquer dos genitores do poder familiar.

A: correto. A propósito, confira-se o seguinte aresto proveniente da Suprema Corte: EMENT**A:** PROCESSUAL. AGRAVO REGIMENTAL. RECLAMAÇÃO. AFRONTA À SÚMULA VINCULANTE 10. OCORRÊNCIA. AGRAVO PROVIDO. I – Para que seja observada a cláusula de reserva de plenário, é necessário que o Plenário ou o Órgão Especial do Tribunal reúna-se com o fim específico de julgar a inconstitucionalidade de uma lei ou ato normativo. II – Embora tenha a atual redação do item IV do Enunciado 331 do TST resultado de votação unânime do pleno daquele Tribunal, o julgamento ocorreu em incidente de uniformização de jurisprudência. III – Dessa forma, afastada a incidência do art. 71, § 1º, da Lei 8.666/1993, sem o procedimento próprio, restou violada a Súmula Vinculante 10. IV – Agravo regimental provido, para julgar procedente a reclamação. (Rcl 7218 AgR, Relator (a): Min. Ricardo Lewandowski, Tribunal Pleno, julgado em 24.11.2010, *DJe* 14.02.2011, *LEX-STF* v. 33, n. 387, 2011, p. 132-140); **B:** correto. A esse respeito, confira-se: "Processual civil e administrativo. Faixa de fronteira. Bem da união. Alienação de terras por estado não titular do domínio. Ação de desapropriação. 'Trânsito em julgado'. Ação civil pública. Declaração de nulidade de ato judicial. Pretensão querela nullitatis. Cabimento. Adequação da via eleita. Retorno dos autos à corte regional para exame do mérito das apelações. [...] 5. Da nulidade absoluta e da pretensão querela nullitatis insanabilis. 5.1. O controle das nulidades processuais, em nosso sistema jurídico, comporta dois momentos distintos: o primeiro, de natureza incidental, é realizado no curso do processo, a requerimento das partes, ou de ofício, a depender do grau de nulidade. O segundo é feito após o trânsito em julgado, de modo excepcional, por meio de impugnações autônomas. As pretensões possíveis, visando ao reconhecimento de nulidades absolutas, são a ação querela nullitatis e a ação rescisória, cabíveis conforme o grau de nulidade no processo originário. 5.2. A nulidade absoluta insanável por ausência dos pressupostos de existência é vício que, por sua gravidade, pode ser reconhecido mesmo após o trânsito em julgado, mediante simples ação declaratória de inexistência de relação jurídica (o processo), não sujeita a prazo prescricional ou decadencial e fora das hipóteses taxativas do art. 485 do CPC (ação rescisória). A chamada querela nullitatis insanabilis é de competência do juízo monocrático, pois não se pretende a rescisão da coisa julgada, mas apenas o reconhecimento de que a relação processual e a sentença jamais existiram. 5.3. A doutrina e a jurisprudência são unânimes em afirmar que a ausência de citação ou a citação inválida configuram nulidade absoluta insanável por ausência de pressuposto de existência da relação processual, o que possibilita a declaração de sua inexistência por meio da ação querela nullitatis. [...] 5.6. A pretensão querela nullitatis pode ser exercida e proclamada em qualquer tipo de processo e procedimento de cunho declaratório. A ação civil pública, por força do que dispõe o art. 25, IV, b, da Lei 8.625/93 (Lei Orgânica do Ministério Público), pode ser utilizada como instrumento para a anulação ou declaração de nulidade de ato lesivo ao patrimônio público. 5.7. A ação civil pública surge, assim, como instrumento processual adequado à declaração de nulidade da sentença, por falta de constituição válida e regular da relação processual. 5.8. A demanda de que ora se cuida, embora formulada com a roupagem de ação civil pública, veicula pretensão querela nullitatis, vale dizer, objetiva a declaração de nulidade da relação processual supostamente transitada em julgado por ausência de citação da União ou, mesmo, por inexistência da própria base fática que justificaria a ação desapropriatória, já que a terra desapropriada, segundo alega o autor, já pertencia ao Poder Público Federal. [...] 8. A Primeira Seção, por ambas as Turmas, reconhece na ação civil pública o meio processual adequado para se formular pretensão declaratória de nulidade de ato judicial lesivo ao patrimônio público (querela nullitatis). Precedentes. [...] (STJ, REsp 1.015.133/MT, rel. Min. Eliana Calmon, rel. p/ Acórdão Min. Castro Meira, 2ª T., j. 02.03.2010, DJe 23.04.2010); **C:** correto (art. 15, caput, da Lei 12.016/2009); **D:** incorreto (art. 333 do RISTF e arts. 260 a 262 do RISTJ); **E:** correto (art. 199-B do ECA).

Gabarito "D".

(Defensor Público/RS – 2011 – FCC) Acerca do sistema recursal previsto no Código de Processo Civil, é INCORRETO afirmar:

(A) No recurso de apelação pode-se inovar, inclusive com questões de fato, desde que provada a impossibilidade de suscitação anterior por motivo de força maior.

(B) Quando interposta de sentença que rejeitar, liminarmente, os embargos à execução, a apelação será recebida somente no efeito devolutivo.

(C) Se o agravante, no prazo de três dias, não requerer a juntada aos autos do processo de cópia da petição do agravo de instrumento, do comprovante de sua interposição e da relação dos documentos que instruíram o recurso, este não será admitido, independentemente de arguição pelo agravado.

(D) Em determinadas situações, o relator poderá conhecer do agravo interposto contra decisão que não admitiu o recurso especial e, monocraticamente, dar provimento ao próprio recurso especial.

(E) Não há previsão, no Código de Processo Civil, para o oferecimento de contrarrazões ao recurso de apelação contra sentença que indeferir a petição inicial.

A: correto (art. 517 do CPC); **B:** correto (art. 520, V, do CPC); **C:** incorreto, pois dependerá de expressa arguição e comprovação por parte do agravado (art. 526, parágrafo único, do CPC); **D:** correto (art. 544, § 4º, II, c, do CPC); **E:** correto (art. 296, parágrafo único, do CPC).

Gabarito "C".

(Defensor Público/RS – 2011 – FCC) As recentes reformas da legislação processual civil têm prestigiado a força dos precedentes judiciais na solução dos litígios, característica da doutrina do *stare decisis*, influente nos países que adotam o sistema da *common law*. Sobre o tema, de acordo com o que prevê o Código de Processo Civil, é INCORRETO afirmar:

(A) O relator poderá, monocraticamente, dar provimento ao recurso se a decisão recorrida estiver em manifesto confronto com súmula ou com jurisprudência dominante do respectivo tribunal estadual.

(B) O juiz não receberá o recurso de apelação quando a sentença estiver em conformidade com súmula do Superior Tribunal de Justiça ou do Supremo Tribunal Federal.

(C) Haverá repercussão geral na questão constitucional versada pelo recurso extraordinário sempre que este impugnar decisão contrária a súmula ou jurisprudência dominante do Supremo Tribunal Federal.

(D) Os órgãos fracionários dos tribunais não submeterão ao plenário, ou ao órgão especial, a arguição de inconstitucionalidade de lei ou de ato normativo do poder público, quando já houver pronunciamento destes ou do plenário do Supremo Tribunal Federal sobre a questão.

(E) O reexame necessário é dispensado quando a sentença estiver fundada em jurisprudência do plenário do Supremo Tribunal Federal ou em súmula deste Tribunal ou do tribunal superior competente.

A: incorreto, pois o relator poderá dar provimento ao recurso quando a decisão recorrida estiver em manifesto confronto com súmula ou com jurisprudência dominante do STF ou de Tribunal Superior (art. 557, § 1º-A, do CPC); **B:** correto (art. 518, § 1º, do CPC); **C:** correto (art. 543-A, § 3º, do CPC); **D:** correto (art. 481, parágrafo único, do CPC); **E:** correto (art. 475, § 3º, do CPC).

Gabarito "A".

(Defensor Público/AM – 2011 – Instituto Cidades) Entende-se como recurso, no processo civil, o meio ou o poder de provocar o reexame de uma decisão judicial. Sobre os recursos no processo civil é INCORRETO afirmar

(A) O recurso pode ser interposto pela parte vencida, pelo terceiro prejudicado e pelo Ministério Público, na forma da lei.

(B) o julgamento proferido pelo tribunal substituirá a sentença ou a decisão recorrida no que tiver sido objeto de recurso.

(C) a apelação devolverá ao tribunal o conhecimento da matéria impugnada e da que puder conhecer de ofício.

(D) apresentada resposta pelo apelado, é facultado ao juiz, em 5 (cinco) dias, o reexame dos pressupostos de admissibilidade do recurso.

(E) O agravante assistido pela Defensoria Pública está isento de instruir o agravo de instrumento com as peças exigidas em lei.

A: correto (art. 499, *caput*, do CPC); **B:** correto (art. 512 do CPC); **C:** correto (art. 515, *caput*, e 267, § 3º, do CPC); **D:** correto (art. 518, § 2º, do CPC); **E:** incorreto. Não há qualquer previsão legal que dispense o defensor público de proceder à correta formação do instrumento do agravo.

Gabarito "E".

(Defensor Público/AM – 2011 – Instituto Cidades) Acórdão do Tribunal de Justiça do Estado do Amazonas que concede mandado de segurança contra ato do governador desafia:

(A) recurso ordinário para o Supremo Tribunal Federal;
(B) recurso de apelação para o órgão especial;
(C) recurso extraordinário, em ocorrendo matéria de natureza constitucional;
(D) recurso especial para o Superior Tribunal de Justiça, somente se a matéria for de ordem pública.
(E) recurso ordinário para o Superior Tribunal de Justiça.

A: incorreto, já que tal hipótese não se insere no âmbito da competência recursal ordinária do STF (art. 102, II, a, da CF); **B:** incorreto, visto que a apelação deve ser interposta contra sentença em sentido estrito, e não contra acórdão (art. 513 do CPC); **C:** correto. São as hipóteses de competência recursal extraordinária do STF (art. 102, III, da CF); **D:** incorreto, já que o recurso especial não tem alcance demasiadamente restrito como sugere o examinador. Suas hipóteses de cabimento estão taxativamente dispostas no art. 105, III, da CF; **E:** incorreto, já que a decisão proferida pelo colegiado estadual *não denegou* a segurança pleiteada pelo impetrante (art. 105, II, b, da CF).

Gabarito "C"

(Defensor Público/GO – 2010 – Instituto Cidades) Recurso é meio de impugnação de decisão judicial, a ser interposto conforme as regras de processo. Está em consonância com o disposto nessas regras a seguinte proposição:

(A) É inadmissível o recurso especial interposto antes da publicação do acórdão dos embargos de declaração, sem posterior ratificação.
(B) Nas decisões por maioria, em reexame necessário, admitem-se embargos infringentes.
(C) Cabe recurso extraordinário contra decisão proferida no processamento de precatórios.
(D) É imprescindível a intimação do agravado para contra-arrazoar o recurso, mesmo se interposto contra a decisão que indefere a liminar antes da citação.
(E) O recurso especial e extraordinário têm, ordinariamente, efeito suspensivo e devolutivo.

A: correto (Súmula 418 do STJ); **B:** incorreto (Súmula 390 do STJ); **C:** incorreto (Súmula 733 do STF); **D:** incorreto. Embora tal assertiva seja dada como incorreta, é de rigor ressaltar que a jurisprudência do STJ exclui a necessidade de intimação do agravado para o oferecimento de contrarrazões *somente quando o próprio relator negar seguimento ao recurso*. Nesta hipótese, não se deverá pronunciar qualquer nulidade, em razão da inexistência de prejuízo (*pas de nullité sans grief*). Ao abono de tal entendimento, confira-se o seguinte julgado do STJ: "Processual civil. Agravo de instrumento. Decisão monocrática com base no art. 557, § 1º-A, do CPC. Prévia intimação da parte contrária para apresentação de contrarrazões. Indispensabilidade. 1. A Seção de Direito Público do STJ, no julgamento dos ERESP 1.038.844/PR, firmou a orientação de que *a intimação da parte agravada somente pode ser dispensada quando o Relator negar seguimento ao Agravo de Instrumento.* 2. Na hipótese dos autos, configurou-se a violação do art. 527, V, do CPC, tendo em vista que o recurso foi provido por decisão monocrática, sem a prévia intimação do agravado para apresentação de resposta. 3. Agravo Regimental não provido. (AgRg nos EDcl nos EDcl no REsp 1101336/RS, rel. Min. Herman Benjamin, 2ª T., j. 02.02.2010, DJe 02.03.2010) [grifos nossos]; **E:** incorreto. Os recursos excepcionais, gênero ao qual pertencem os recursos extraordinário e especial, não são dotados ordinariamente de efeito suspensivo (arts. 497 e 542, § 2º, do CPC).

Gabarito "A"

(Defensor Público/GO – 2010 – Instituto Cidades) A apelação pode ser interposta pela parte vencida, pelo Ministério Público ou terceiro prejudicado, contando-se o prazo

(A) para todos, após a intimação na pessoa do seu procurador constituído nos autos, ou, pessoalmente, em caso de revelia.
(B) para o terceiro, juntamente com a parte, a partir da publicação no órgão oficial.
(C) para o Ministério Público, após a juntada do comprovante de intimação aos autos.
(D) em dobro, quando interposta pela parte e por terceiro prejudicado, por se considerarem litisconsortes.
(E) em quádruplo, quando interposta pelo Ministério Público em litisconsórcio com a parte.

A: incorreto, pois a revelia tem como um de seus efeitos a desnecessidade de intimação do revel para os atos subsequentes do processo. Os prazos para o revel, quando não tenha patrono nos autos, contam-se a partir da publicação de cada ato decisório (art. 322, *caput*, do CPC); **B:** correto (art. 242, *caput*, do CPC e REsp 757.516/GO, abaixo ementado); **C:** incorreto, pois a intimação do órgão ministerial é pessoal e se faz mediante de entrega dos autos com vista (art. 41, IV, da Lei 8.625/1993); **D:** incorreto. Terceiro prejudicado é aquele que poderia ter figurado durante o processo como assistente simples ou litisconsorcial, mas não o fez. Para tanto, necessita, tal qual aquele, demonstrar *interesse jurídico* na causa. Ao pleitear seu ingresso na lide já na fase recursal, recebe o nome de terceiro prejudicado. Em princípio, o prazo para que o terceiro prejudicado recorra é igual àquele concedido às partes. Ratificando tal posicionamento: "Processo Civil Recurso Especial Prequestionamento Inocorrência Súmula 282/STF Reexame De Provas Súmula 7 – Recurso de terceiro interessado Prazo Divergência Jurisprudencial não configurada. [...] *O recurso de terceiro prejudicado se submete aos mesmos prazos dos recursos das partes.* (REsp 757.516/GO, rel. Min. Humberto Gomes de Barros, 3ª T., j. 09.08.2005, DJ 12.09.2005, p. 331) [grifos nossos]. Todavia, o prazo recursal do terceiro prejudicado se submete a regime diferente daquele aplicável às partes, *nas hipóteses do art. 188 e 191 do CPC.* Nesse sentido, pontifica Cândido Rangel Dinamarco: "O prazo recursal concedido ao terceiro terá medida diferente do prazo das partes quando ocorrer alguma das hipóteses do art. 188 ou 191 do Código de Processo Civil, a saber: a) se as partes tiverem o benefício do prazo em dobro, isso não é razão para que o tenha o terceiro; b) se o terceiro tiver esse benefício e as partes não, seu prazo será maior (Fazenda Pública, etc.)". (DINAMARCO, Cândido Rangel. *Instituições de Direito Processual Civil. Vol. II.* 5. ed. São Paulo: Malheiros, 2005, p. 396); **E:** incorreto. Não se aplica o art. 188 em conjunto com o art. 191 do CPC.

Gabarito "B"

(Defensor Público/GO – 2010 – Instituto Cidades) Doutrinariamente, classificam-se os recursos em ordinários e excepcionais. Os primeiros estão sujeitos apenas a pressupostos genéricos e os segundos, a pressupostos específicos, além de apresentar cada grupo certas características, daí se permitindo a seguinte ilação:

(A) A legislação em vigor admite a fungibilidade recursal para os recursos ordinários, mas veda expressamente para os excepcionais.
(B) É defeso ao juiz atribuir efeito suspensivo a recurso ordinário dele desprovido, ao contrário do presidente do tribunal de origem, quanto aos excepcionais, mesmo após admitir seguimento para o tribunal superior.
(C) A estreiteza do recurso especial como uma das modalidades de recurso excepcional não impede a decretação de ofício da carência de ação, independentemente de prequestionamento.
(D) Embora prevista no art. 515, § 3°, do Código de Processo Civil, a teoria da causa madura pode ser aplicada pelo Supremo Tribunal Federal no recurso extraordinário.
(E) O acórdão com parte de seu dispositivo julgado por maioria de votos e outra, por unanimidade, desafia, a um só tempo, a interposição de embargos infringentes contra a parte divergente e recurso extraordinário ou recurso especial contra a unânime.

A: incorreto. Não há qualquer dispositivo na lei processual civil que adote expressamente o princípio da *fungibilidade recursal*. Embora o CPC de 1939, em seu art. 810, o fizesse, o legislador processual de 1973 não contemplou de modo inequívoco tal postulado. Cuida-se de princípio implícito, conquanto bastante desenvolvido pela doutrina e pela jurisprudência; **B:** incorreto. É cediço na doutrina a possibilidade de atribuição de efeito suspensivo *ope judicis*, isto é, nos casos em que o órgão julgador vislumbre a possibilidade de superveniência de dano irreparável ou de difícil reparação ao recorrente. Tal hipótese se dá, por exemplo, na apelação, nos casos em que tal recurso seja desprovido de efeito suspensivo – por força do art. 520 do CPC ou de regras constantes da legislação extravagante – graças aos poderes conferidos ao relator pelo art. 558, *caput*, do CPC. Quanto aos recursos excepcionais, é possível que lhes seja atribuído efeito suspensivo. Para tanto, a parte interessada poderá pleitear medida cautelar com o intuito de lograr a suspensão da eficácia da decisão recorrida, tendo em mira sempre a probabilidade de prejuízo irreparável ou de difícil reparação. Com efeito, a análise do pedido de atribuição de efeito suspensivo a recurso excepcional compete ao presidente da corte estadual (quando o RE ou o REsp encontrem-se pendentes de admissibilidade), ou, ainda, ao próprio STF ou STJ, quando já admitido o RE ou o REsp pelo tribunal local (Súmulas 634 e 635 do STF). Nesse sentido, observe-se o julgado a seguir ementado: "Processual Civil Reclamação Garantia da competência e autoridade das decisões proferidas pelo Superior Tribunal de Justiça Medida cautelar Atribuição de efeito suspensivo a recurso especial já submetido a exame de admissibilidade Usurpação de competência Ocorrência, Na Espécie Reclamação Julgada Procedente [...] *II Não se olvida da orientação no sentido de que o Tribunal a quo, enquanto não admitido o recurso especial, poderia, sem usurpação da competência deste Superior Tribunal de Justiça, conceder efeito suspensivo ao apelo extraordinário. III – Todavia, ao deferir a manutenção do efeito suspensivo a recurso especial que já tinha sido objeto de exame de admissibilidade, o Tribunal de origem usurpou a competência do*

Superior Tribunal de Justiça para exame da matéria. V Reclamação julgada procedente. (Rcl 2.676/PB, rel. Min. Massami Uyeda, 2ª Seção, j. 24.11.2010, DJe 11.03.2011) [grifos nossos]; **C:** embora tal assertiva tenha sido considerada correta pelo gabarito, *a jurisprudência do STJ é contrária a tal posicionamento*, em razão de a Corte Superior entender imprescindível o prequestionamento, mesmo em se tratando de matéria de ordem pública, conforme deriva do seguinte julgado: "Agravo regimental em recurso especial. Mandado de segurança. policial militar. Art. 535 do CPC. Omissão, contradição ou obscuridade. inexistência. Litisconsortes passivo necessários. Citação. Ausência. Inovação recursal. Matéria de ordem pública. Falta de prequestionamento [...] *A questão relativa à ausência de citação dos litisconsortes passivos necessários somente foi aduzida no especial, caracterizando, portanto, inovação recursal, insuscetível de conhecimento pelo STJ, sob pena de indevida supressão de instância. Ademais, esta Corte tem jurisprudência consolidada no sentido de que mesmo as matérias de ordem pública necessitam do prequestionamento para serem analisadas em sede de recurso especial.* Agravo regimental improvido. (AgRg no REsp 1212586/AM, rel. Min. Cesar Asfor Rocha, 2ª T., j. 15.09.2011, DJe 30.09.2011) [grifos nossos]; **D:** incorreto. Reputa-se inaplicável a *teoria da causa madura* no âmbito dos tribunais superiores, visto que o juízo de admissibilidade inerente aos recursos de índole extraordinária exige a presença de prequestionamento, ou seja, de efetiva decisão pelos tribunais locais acerca das questões que lhes tenham sido submetidas (arts. 102, III, e 105, III, da CF e Súmulas 282 e 356 do STF). Como bem salienta Nelson Nery Jr. e Rosa Maria de Andrade Nery: "A competência do STF para julgar o RE não é originária, mas sim recursal, o que significa que o STF somente *rejulga* questões já julgadas na instância inferior. Assim, apenas quando tiver sido *decidida* a causa é que, em tese, cabe RE ao STF, se o recorrente alegar que o tribunal *a quo* proferiu julgamento com infringência ao texto constitucional federal. Questão não decidida na instância inferior não enseja revisão por meio do RE: o que não foi decidido não pode ser redecidido (revisto)" (NERY JR. Nelson; NERY, Rosa Maria de Andrade. *Código de processo civil comentado e legislação extravagante.* 10. ed. São Paulo: Ed. RT, 2007, p. 924) [grifos nos original]. Corroborando tal entendimento, veja-se o precedente a seguir: "Processo civil. ação rescisória. recurso especial. competência. [...] 4. *A teoria da causa madura, tratada no art. 515, § 3º, do CPC, que permite ao tribunal julgar desde logo a lide, quando a causa versar questão exclusivamente de direito e estiver em condições de imediato julgamento, é inaplicável na hipótese por força do requisito do prequestionamento.* (REsp 1.219.276/GO, rel. Min. Nancy Andrighi, 3ª T., j. 16.08.2011, DJe 29.08.2011) [grifos nossos]; **E:** incorreto (art. 498, *caput*, do CPC).

Gabarito "C".

 (Defensor Público da União – 2010 – CESPE) Acerca dos recursos e da ação rescisória, julgue o próximo item.

(1) O direito processual civil acolhe o princípio da vedação à *reformatio in pejus*, mas, na hipótese de a apelação interposta pelo autor evidenciar, por exemplo, a ausência de condição da ação, o órgão *ad quem* poderá extinguir o processo, sem julgamento do mérito, o que é decorrência do chamado efeito translativo dos recursos.

1: correta, porque o reconhecimento de uma matéria de ordem pública, pelo Tribunal, ainda que em prejuízo do recorrente, decorre mesmo do efeito translativo dos recursos, efeito esse que está baseado no princípio inquisitório, ao contrário da regra da vedação à *reformatio in pejus* que surge em razão do princípio dispositivo.

Gabarito 1C

(Defensor Público/ES – 2009 – CESPE) Acerca do processo civil brasileiro, julgue o item subsequente.

(1) O juiz receberá o recurso de apelação quando a sentença estiver em conformidade com súmula do STJ ou do STF, cabendo ao 1º vice-presidente do tribunal de origem realizar o juízo de admissibilidade.

1: errada, porque o § 1º do art. 518 estabelece que nesse caso o recurso não deverá ser recebido pelo juiz. Em razão dessa regra é que se tem falado em "súmula impeditiva de recurso".

Gabarito 1E

(Defensor Público/MA – 2009 – FCC) O prazo para o Defensor Público interpor recurso adesivo é de

(A) trinta dias, contados da mesma data do termo inicial para as contrarrazões do recurso principal.
(B) dez dias, contados da publicação do despacho que admitiu o recurso principal.
(C) vinte dias, contados da publicação do despacho que admitiu o recurso principal.
(D) dez dias, contados da mesma data do termo inicial para as contrarrazões do recurso principal.
(E) quinze dias, contados da mesma data do termo inicial para as contrarrazões do recurso principal.

A alternativa correta é a "A" porque o defensor público tem prazo em dobro para praticar os atos processuais, e o recurso adesivo só é admitido em relação à apelação, embargos infringentes, recurso especial ou extraordinário, e o prazo legal para tais recursos é de 15 dias. As demais alternativas estão incorretas.

Gabarito "A".

(Defensor Público/MA – 2009 – FCC) Relativamente ao agravo de instrumento e à reclamação está correto afirmar que

(A) não cabe reclamação, se não houver o encaminhamento ao Supremo Tribunal Federal de agravo de instrumento interposto da decisão que não admite recurso extraordinário, no âmbito dos juizados especiais.
(B) cabe novo agravo de instrumento se o magistrado deixa de encaminhar ao Supremo Tribunal Federal o agravo de instrumento interposto da decisão que não admite recurso extraordinário, se referente à causa instaurada no âmbito dos juizados especiais.
(C) cabe reclamação para o Superior Tribunal de Justiça de decisão do tribunal "a quo" que recebeu, no duplo efeito, recurso ordinário constitucional, em mandado de segurança, de competência originária do Tribunal de Justiça, que foi denegado.
(D) cabe reclamação ao Supremo Tribunal Federal, se o Presidente do Tribunal de Justiça suspende a liminar deferida por desembargador, em mandado de segurança de competência originária do Tribunal de Justiça, unicamente com invocação de preceito da Constituição Federal.
(E) não se admite o cabimento de reclamação no âmbito de outros tribunais, matéria restrita ao Supremo Tribunal Federal.

A: incorreta, porque a reclamação é cabível nesse caso, porque o não encaminhamento do agravo de instrumento (hoje agravo nos próprios autos – art. 544) representa ofensa à competência do Supremo, o que justifica o uso da medida; **B:** incorreta, porque nesse caso é a reclamação a medida cabível; **C:** incorreta, porque o recurso ordinário deve ser recebido no duplo efeito; **D:** correta, porque, nesse caso, a competência para a suspensão da segurança é do presidente do próprio STF, motivo pelo qual houve usurpação da competência, o que justifica o uso da reclamação; **E:** incorreta, porque há previsão constitucional de cabimento de reclamação para os demais tribunais superiores, e, além disso, é possível que na Constituição estadual também seja ela prevista para os tribunais de justiça.

Gabarito "D".

(Defensor Público/MG – 2009 – FUMARC) Quanto ao recurso de agravo, no código de processo civil, assinale a opção INCORRETA.

(A) O efeito devolutivo, na modalidade de agravo retido, será diferido.
(B) A ausência de peças obrigatórias implica o não conhecimento do agravo de instrumento.
(C) A decisão do relator que lhe nega seguimento pela intempestividade é irrecorrível.
(D) O agravo contra a inadmissão de recurso especial independe de preparo.
(E) Será cabível na modalidade retida e oral quando interposto de decisão proferida em audiência de instrução e julgamento.

A: correta, porque, para uma parcela da doutrina, verifica-se o efeito devolutivo diferido quando o conhecimento de um recurso fica subordinado à prática de algum ato pelo recorrente, posterior à interposição, o que ocorre nos recursos retidos, já que se exige reiteração deles (anote-se, porém, que existem opiniões no sentido de que efeito devolutivo diferido é sinônimo de juízo de retratação, o que também se verifica no agravo retido); **B:** correta (art. 525 do CPC); **C:** incorreta, porque a decisão em questão pode ser atacada pelo recurso de agravo interno; **D:** correta (§ 2º do art. 544); **E:** correta (§ 3º do art. 523).

Gabarito "C".

(Defensor Público/PA – 2009 – FCC) No Tribunal de Justiça, o relator, em decisão unipessoal, poderá

(A) dar provimento ao recurso, se a decisão recorrida estiver contrária à súmula do próprio Tribunal.
(B) dar provimento ao recurso, se a decisão recorrida estiver contrária à jurisprudência predominante do próprio Tribunal.
(C) negar provimento ao recurso, se este estiver contrário à jurisprudência do próprio Tribunal.
(D) negar provimento ao recurso, se este estiver em confronto com a jurisprudência predominante de outros Tribunais de Justiça.
(E) negar provimento ao recurso, se este estiver contrário à súmula de outro Tribunal de Justiça.

A: incorreta, porque o § 1º-A do art. 557 do CPC prevê a possibilidade de provimento monocrático do recurso, quando a decisão recorrida estiver em confronto com súmula, ou jurisprudência dominante, do STF ou do STJ, e não com a súmula ou jurisprudência dominante do próprio Tribunal; **B:** incorreta, pelos mesmos motivos apontados no comentário anterior; **C:** correta (art. 557, *caput*); **D:** incorreta, porque o art. 557 não prevê essa possibilidade; **E:** incorreta, também por falta de previsão legal.

Gabarito "C"

(Defensor Público/PI – 2009 – CESPE) A 1ª Câmara Especializada Cível do TJ/PI, em acórdão não unânime, reformou, em grau de apelação, sentença de mérito que julgou improcedente o pedido de indenização por danos morais proposto por João em face de Caio. O voto vencido entendia pela manutenção da sentença de improcedência, em razão da contundência da prova testemunhal. Após a intimação do acórdão, Caio interpôs recurso de embargos infringentes, e as câmaras reunidas cíveis, ultrapassando o juízo de admissibilidade recursal, decidiram de ofício por extinguir o processo, sem julgamento de mérito, pela falta de uma das condições da ação. Nessa situação hipotética, as câmaras reunidas cíveis

(A) podem analisar de ofício as condições da ação, apesar de o recurso de embargos infringentes possuir efeito devolutivo limitado ao voto vencido, desde que ultrapassado o juízo de admissibilidade, em razão do efeito translativo do recurso.
(B) não podem analisar de ofício as condições da ação, uma vez que os embargos infringentes têm extensão limitada ao voto vencido.
(C) não poderiam ultrapassar o juízo de admissibilidade do recurso interposto, uma vez que os embargos infringentes só têm cabimento quando o acórdão não unânime houver julgado procedente ação rescisória.
(D) não poderiam ultrapassar o juízo de admissibilidade do recurso interposto, uma vez que a espécie recursal cabível seria o recurso extraordinário.
(E) não poderiam ultrapassar o juízo de admissibilidade do recurso interposto, uma vez que a espécie recursal cabível seria o recurso especial.

A: correta, pois o efeito translativo do recurso permite que as câmaras civis assim procedam; **B:** incorreta, porque o efeito translativo permite ao tribunal, mesmo nos casos de embargos infringentes, a análise das matérias de ordem pública; **C:** incorreta (art. 530 do CPC); D e **E:** incorretas, porque era caso mesmo de embargos infringentes.

Gabarito "A"

(Defensor Público/MT – 2009 – FCC) O recurso adesivo

(A) subsiste mesmo se houver desistência do recurso principal.
(B) será admissível na apelação, no agravo de instrumento, nos embargos infringentes, no recurso especial e no recurso extraordinário.
(C) por aderir ao recurso principal não está sujeito a preparo.
(D) possui condições de admissibilidade próprias em relação ao recurso independente.
(E) não será conhecido se, em relação ao recurso principal, houver desistência ou for ele declarado inadmissível ou deserto.

A: incorreta, porque o recurso adesivo é dependente do principal, motivo pelo qual, manifestada a desistência deste, ficará prejudicado aquele; **B:** incorreta, porque não se admite recurso de agravo de instrumento adesivo (art. 500, II, do CPC); **C:** incorreta, porque o recurso adesivo fica sujeito às mesmas exigências que são feitas para a interposição autônoma do recurso; **D:** incorreta, pelo mesmo motivo apontado na alternativa anterior; **E:** correta, em razão do seu caráter dependente, subordinado ao recurso principal.

Gabarito "E"

(Defensor Público/AL – 2009 – CESPE) Acerca dos recursos previstos no CPC, julgue o próximo item.

(1) A lei enumera taxativamente os recursos admissíveis no processo civil e prevê um tipo de recurso para cada tipo de decisão, sendo uma característica comum a estes a capacidade de ensejarem reforma, invalidação, esclarecimento ou integração da decisão judicial impugnada. Contudo, mesmo que se constate ser possível que um simples pedido de reconsideração enseje a reforma de uma decisão também passível de agravo, essa possibilidade não representa quebra dos princípios da taxatividade e da singularidade dos recursos.

1: correto. O pedido de reconsideração não é recurso e, por isso, não interrompe nem suspende o prazo para interposição de recurso previsto em lei. Todavia, a doutrina assevera ser cabível o pedido de reconsideração – mesmo o puro e simples –, desde que se invoque questão de ordem pública, posto que tal matéria deve ser conhecida de ofício pelo órgão julgador (arts. 219, § 5º, 267, § 3º, e 301, § 4º, do CPC). Sobremais, a jurisprudência do STJ tem admitido, com lastro nos princípios da fungibilidade, da instrumentalidade das formas e da economia processual, o recebimento de pedido de reconsideração como agravo interno, sem que isso configure vulneração à taxatividade e à singularidade, enquanto requisitos de admissibilidade recursal. Confira-se o precedente a seguir: "Processual civil. Petição de reconsideração recebida como agravo regimental. Mandado de segurança. Pedido liminar. Anistia política. Anulação. Instauração de processo administrativo. Ilegitimidade passiva ad causam da autoridade apontada como coatora. Incompetência do STJ para o julgamento do writ of mandamus. Juntada de documento posterior. Impossibilidade. 1. O pedido de reconsideração pode ser recebido como agravo interno, nos termos da jurisprudência desta Corte, em homenagem aos princípios da economia processual, da instrumentalidade das formas e da fungibilidade. [...] (AgRg no MS 17.493/DF, rel. Min. Benedito Gonçalves, 1ª Seção, j. 28.09.2011, DJe 04.10.2011).

Gabarito 1C

(Defensor Público/AL – 2009 – CESPE) No curso do julgamento de uma apelação, o primeiro componente da turma a se manifestar verificou que já havia divergência entre turmas do tribunal na interpretação de questão de direito processual presente no caso analisado, razão pela qual suscitou incidente de uniformização de jurisprudência.

Considerando essa situação hipotética, julgue os itens a seguir.

(1) A lei processual determina que o incidente de uniformização de jurisprudência caberá apenas diante da divergência ocorrida entre órgãos do mesmo tribunal ou quando for verificada a divergência entre o julgamento recorrido e a interpretação já fixada por outra turma, câmara ou grupo de câmaras, de modo que, inexistente ainda uma efetiva divergência entre o posicionamento da turma que julga o recurso e aquele adotado por outra, não será possível admitir o incidente.
(2) Ainda que a admissão do processamento do incidente de uniformização de jurisprudência não transfira ao órgão especial ou ao pleno a atribuição de julgar a questão principal, a decisão acerca da sua admissibilidade deverá ser objeto de acórdão proferido pelo próprio órgão em que o incidente foi suscitado.

1: incorreto. Embora a primeira parte da questão esteja correta ao apontar que o incidente de uniformização de jurisprudência tem por objetivo a harmonização da interpretação do direito entre órgãos judicantes pertencentes ao mesmo tribunal, cumpre esclarecer que a admissibilidade de tal incidente – que se presta a discutir apenas *questões de direito* – depende de uma divergência *efetiva* ou *potencial* entre seus órgãos fracionários. A divergência potencial se revela quando membro do órgão fracionário vislumbrar que o julgamento propende pelo acolhimento de tese jurídica diferente daquela já assentada, em pronunciamento anterior, por outro órgão judicante da corte. Nessa direção: "Na hipótese do inciso I, basta que haja divergência de interpretação a respeito de uma mesma tese jurídica no tribunal. Para demonstrá-la, basta que o suscitante apresente decisões divergentes do mesmo tribunal sobre a tese discutida. *Ou, então, que se demonstre que o julgamento caminha para o acolhimento de uma tese jurídica diferente ou oposta àquela que já foi acolhida no mesmo tribunal. Mas, conforme tem sido decidido: 'É preciso que a divergência seja atual ou potencial.* Se os juízes que proferiram as decisões divergentes já não integram o tribunal, inexiste razão para ser suscitado o incidente de uniformização de jurisprudência. (*RSTJ, 57:67*) (GONÇALVES, Marcus Vinícius Rios. *Novo Curso de Direito Processual Civil. Vol 2.* 7. ed. São Paulo: Saraiva, 2011, p. 175) [grifos nossos]. Destarte, a parte final da afirmativa está errada; **2:** correto. O primeiro juízo de admissibilidade do incidente a que alude o art. 476 e ss. do CPC é realizado pelo próprio órgão fracionário (turma, câmara ou grupo de câmaras), conforme dispõe o art. 477 do CPC. Reconhecido o dissídio, será lavrado acórdão pelo referido órgão e os autos serão encaminhados ao presidente da corte para que este designe sessão em que o receptivo plenário ou órgão especial, onde houver, determine a orientação jurisprudencial que será adotada. Vale ressaltar que tais órgãos poderão analisar novamente a existência ou não de divergência. Não conhecido o incidente, o caderno processual será devolvido ao órgão competente para julgamento da questão principal. Se, por outro lado, o incidente for conhecido, o próprio plenário do tribunal ou seu órgão especial definirá qual das teses jurídicas divergentes deverá prevalecer, deliberação esta após a qual os autos serão encaminhados ao órgão fracionário competente para que prossiga no julgamento da causa. Destaque-se, por último, que a turma, câmara ou grupo de câmaras suscitantes estarão vinculados ao que restou decidido pelo plenário ou pelo órgão especial da corte.

Gabarito 1E, 2C

(Defensor Público da União – 2007 – CESPE) Considerando os recursos e outros meios de impugnação das decisões proferidas no processo civil, julgue os itens a seguir.

(1) Cabe recurso ordinário contra decisão denegatória de mandado de segurança proferida por tribunal superior ou por tribunais de segunda instância, mesmo quando não se aprecia o mérito da causa. Assim, não cabe recurso para o STF de decisão monocrática que, em tribunal superior, negue seguimento a recurso ordinário contra indeferimento liminar de pedido de mandado de segurança.

(2) A oposição de embargos declaratórios com caráter modificativo se faz apropriada quando o pronunciamento judicial padece de ambiguidade, de obscuridade, de contradição ou de omissão. Quando ocorre a modificação de entendimento jurisprudencial, com efeito vinculativo, admite-se o manejo desse recurso com pretensão de efeitos infringentes.

(3) Perde objeto o recurso relativo à decisão de antecipação da tutela quando a sentença superveniente revoga a liminar concedida, ou quando, sendo de procedência integral ou parcial, tem aptidão para, por si só, irradiar os mesmos efeitos da medida antecipatória. Assim, os fundamentos da sentença se sobrepõem aos da decisão da antecipação da tutela, restando superada a impugnação dirigida à decisão interlocutória.

1: correto (art. 102, II, *a*, da CF); **2:** incorreto. A infringência do julgado pode ser apenas consequência do provimento dos embargos declaratórios, mas não o seu pedido principal, que se restringe à correção de erro material, suprimento de omissão e extirpação de contradição; para a simples modificação do julgado existem os recursos próprios; **3:** correto, pois de fato, se a sentença revogou a tutela antecipada anteriormente concedida, o recurso de agravo interposto perde o seu objeto e a parte poderá, se o caso, ingressar com recurso próprio para atacar os fundamentos da sentença.

Gabarito 1C, 2E, 3C

1730 **(Defensor Público/CE – 2007 – CESPE)** A respeito dos recursos, julgue os itens a seguir.

(1) Se, em uma mesma decisão, houver julgamento por maioria de votos e julgamento unânime e se não forem interpostos embargos infringentes, o prazo para a apresentação dos recursos especial e extraordinário relativos à parte unânime da decisão conta-se a partir do trânsito em julgado do acórdão que poderia ser impugnado por embargos infringentes.

(2) Havendo sucumbência recíproca e interposto recurso independente, poderá o Ministério Público, terceiro prejudicado ou interveniente no processo, interpor recurso adesivo. Esse recurso é subordinado ao recurso principal, salvo quanto à admissibilidade. Não sendo conhecido o principal, o tribunal deverá dar provimento ao adesivo, para reformar em parte a decisão impugnada.

(3) Indeferida a petição inicial, por não ter sido emendada pelo autor, o recurso apropriado contra a decisão será a apelação, cujo processamento se dará independentemente de citação do réu, e com possibilidade de juízo de retratação.

1: correto (art. 498, parágrafo único, do CPC); **2:** incorreto. Se o recurso principal não for conhecido, o adesivo também não será admitido, justo por ser subordinado àquele (art. 500, *caput* e inciso III, do CPC). Nesse sentido, eis a doutrina de Marcus Vinícius Rios Gonçalves: "Como aquele que interpôs o recurso adesivo só o fez porque houve recurso da parte contrária, seu processamento e conhecimento ficam subordinados ao do recurso principal. Se este não for admitido ou conhecido, pelo não preenchimento de qualquer dos seus pressupostos de admissibilidade, o recurso adesivo também não será, ainda que tenha preenchido seus próprios requisitos". (GONÇALVES, Marcus Vinícius Rios. *Novo Curso de Direito Processual Civil. Vol. 2.* 7. ed. São Paulo: Saraiva, 2011, p. 73); **3:** correto (art. 296 do CPC).

Gabarito 1C, 2E, 3C

(Defensor Público/MT – 2007 – DPE/MT) Concernente ao juízo de admissibilidade dos recursos, no Processo Civil, assinale a afirmativa correta.

(A) Ao Ministério Público não é conferida legitimidade para interpor recurso, nos processos em que oficie como fiscal da lei.

(B) A aceitação da decisão (ou aquiescência) é um fato impeditivo ao direito de recorrer.

(C) Existem pronunciamentos judiciais que não comportam recurso.

(D) A tempestividade é considerada requisito intrínseco ao direito de recorrer.

(E) O juízo de admissibilidade dos recursos constitui-se em juízo de delibação.

A: incorreta (art. 499, § 2º, do CPC); **B:** incorreta (art. 503, parágrafo único, do CPC); **C:** correta (art. 504 do CPC); **D:** incorreta, pois a tempestividade é um requisito extrínseco do recurso; **E:** incorreta, pois o juízo de admissibilidade é feito antes de analisar o mérito e, portanto, é um juízo de prelibação.

Gabarito "C".

(Defensor Público/RO – 2007 – FJPF) NÃO estão sujeitos ao preparo os seguintes recursos:

(A) embargos infringentes e adesivo

(B) especial e embargos de divergência

(C) embargos de declaração e agravo retido

(D) agravo de instrumento e declaratórios

(E) embargos de divergência e agravo retido

A: incorreto, pois os embargos infringentes exigem preparo, conforme disposto, por exemplo, no art. 335, § 2º, do RISTF. O recurso adesivo, por sua vez, apesar de ser subordinado ao recurso principal, pode depender de preparo se o recurso independente dele necessitar (art. 500, *caput* e parágrafo único, do CPC); **B:** incorreto. O recurso especial e os embargos de divergência demandam preparo (Súmula 187 do STJ e 335, § 2º, do RISTF); **C:** correto. Os embargos de declaração não estão sujeitos a preparo, conforme desponta do art. 536 do CPC. O mesmo ocorre com o agravo retido, por força do art. 522, parágrafo único, do CPC; **D:** incorreto, posto que o agravo de instrumento depende de preparo, a teor do que dispõe o art. 525, § 1º, do CPC; **E:** incorreto. Os embargos de divergência necessitam de preparo (art. 335, § 2º, do RISTF).

Gabarito "C".

(Defensor Público/RO – 2007 – FJPF) O agravo, salvo em circunstância de urgência, será retido e, na modalidade oral, quando ofertado em audiência de:

(A) justificação

(B) conciliação e defesa

(C) instrução e julgamento

(D) saneamento e conciliação

(E) fixação dos pontos controvertidos

A alternativa correta é a "C" (art. 523, § 3º, do CPC).

Gabarito "C".

(Defensor Público/SP – 2007 – FCC) Cabem embargos infringentes contra acórdão

(A) unânime proferido em agravo de instrumento.

(B) unânime proferido em grau de apelação.

(C) unânime que acolhe ação rescisória.

(D) não unânime que rejeita ação rescisória.

(E) não unânime que acolhe ação rescisória.

Art. 530 do CPC.

Gabarito "E".

(Defensor Público/SP – 2007 – FCC) O relator de Mandado de Segurança de competência originária do Tribunal de Justiça do Estado, por decisão monocrática, indeferiu a petição inicial do *mandamus*, por reputar incabível o pleito de segurança. Inconformado, o advogado do impetrante, ancorado no artigo 105, II, "b", da CF, interpôs recurso ordinário contra tal decisão, dirigido ao STJ, que também teve seu seguimento denegado pelo mesmo relator, por inadmissível. Quanto ao recurso acima considerado, o relator agiu

(A) corretamente, pois, nessa hipótese, o recurso cabível seria o agravo de instrumento, no prazo de 10 dias.

(B) corretamente, pois nessa hipótese o recurso cabível seria o agravo regimental, também chamado de agravo interno, no prazo de 5 dias.

(C) incorretamente, pois o recurso interposto estava de acordo com o permissivo constitucional.

(D) incorretamente, já que tolheu ao impetrante o direito de acesso à Câmara julgadora.

(E) incorretamente, pois, na hipótese em exame, o recurso interposto era o único cabível.

Segundo redação do art. 539, II, *a*, do CPC, seria cabível o recurso ordinário caso o Tribunal de Justiça tivesse denegado a segurança. Ocorre que, na hipótese, o Tribunal indeferiu a petição inicial e, por isso, o único recurso cabível é o agravo regimental (vide redação do art. 568 do RITJSP: *"Caberá agravo regimental, para o Órgão Especial, no prazo de cinco dias, da decisão do relator que: a) rejeitar liminarmente a inicial, por motivo de inépcia manifesta"*, e art. 557, § 1º, do CPC.

Gabarito "B"

(Defensor Público/BA – 2006 – DPE/BA) Relativamente ao "recurso de apelação", tem-se que:

I. Interposta a apelação, o juiz, declarando os efeitos em que a recebe, mandará dar vista ao apelado para responder.
II. Apresentada a resposta, o juiz deve proceder ao reexame dos pressupostos de admissibilidade do recurso.
III. A apelação devolverá ao tribunal o conhecimento da matéria impugnada, exceto as questões anteriores à sentença, ainda não decidida.
IV. As questões de fato, não propostas no juízo inferior, não poderão ser suscitadas na apelação, ainda que a parte demonstre que deixou de fazê-lo por motivo de força maior.
V. Provando o apelante justo impedimento, o juiz relevará a pena de deserção, fixando-lhe prazo para efetuar o preparo. A decisão referida neste artigo será recorrível, cabendo ao tribunal apreciar-lhe a legitimidade.

Analisando as assertivas da questão, verifica-se que:

(A) Todas são corretas.
(B) Todas são incorretas.
(C) Apenas I, III e V são corretas.
(D) Apenas a IV está correta.
(E) Apenas II e IV não são incorretas.

I: correto (art. 518, *caput*, do CPC); **II:** incorreto, por se tratar de mera faculdade do juiz (art. 518, § 2º, do CPC); **III:** incorreto (art. 515, *caput* e § 1º, do CPC); **IV:** incorreto (art. 517 do CPC); **V:** incorreto, posto que a decisão é *irrecorrível*, embora o tribunal possa analisar sua legitimidade (art. 519, parágrafo único, do CPC).

Gabarito "ANULADA"

(Defensor Público/PA – 2006 – UNAMA) Considere as seguintes afirmações em matéria de recursos:

I. O recorrente, a qualquer tempo, somente poderá desistir do recurso interposto com a anuência do recorrido.
II. A insuficiência no valor do preparo implicará deserção, se o recorrente, intimado, não vier a supri-lo no prazo de 5 dias.
III. Da decisão do juiz de relevar a deserção, após ter o apelante provado justo impedimento, fixando-lhe prazo para efetuar o preparo, cabe agravo de instrumento.
IV. Não sendo admitido o recurso extraordinário, caberá agravo de instrumento no prazo de 10 dias para o Supremo Tribunal Federal e, caso este agravo de instrumento não seja admitido pelo relator, caberá agravo no prazo de 5 dias ao órgão competente para o julgamento do recurso.

Somente é correto o que se afirma em:

(A) I, II e IV.
(B) III e IV.
(C) I.
(D) II e IV.

I: incorreto (art. 501 do CPC); **II:** correto (art. 511, § 2º, do CPC); **III:** incorreto, visto que a decisão é irrecorrível, cabendo ao tribunal apreciar-lhe a legitimidade (art. 519, parágrafo único, do CPC); **IV:** correto. Todavia, com o advento da Lei 12.322/2010, o inconformismo da parte deve ser objeto de *agravo retido nos próprios autos* – e não mais de agravo de instrumento – quando a decisão do presidente da corte inadmitir na origem recurso extraordinário ou especial. Interposto o recurso no prazo de dez dias, o presidente intimará o agravado para oferecer contrarrazões, e, após tal providência, remeterá os autos ao STF ou ao STJ (art. 544, *caput*, e § 3º, do CPC). A segunda parte da questão está correta. Contra a decisão do relator que, liminarmente, nega seguimento ao recurso interposto, cabe agravo interno, no prazo de 05 (cinco) dias (art. 545 do CPC).

Gabarito "D"

(Defensor Público/SE – 2006 – CESPE) Julgue os seguintes itens.

(1) O objeto do juízo de admissibilidade são os requisitos necessários para que o órgão *ad quem* possa apreciar o mérito do recurso, a fim de dar-lhe ou negar-lhe provimento.
(2) Sendo a decisão favorável em parte a um dos litigantes e em parte ao outro, podem ambos recorrer no prazo comum. Se, porém, um dos litigantes se houver abstido de recorrer no prazo comum, disporá ainda de outra oportunidade, interpondo o recurso adesivo. No entanto, para que o recurso adesivo seja apreciado pelo órgão do julgador, é necessário que também o recurso principal seja conhecido.

1: correta, pois de fato, o juízo de admissibilidade é feito antes de apreciar o mérito do recurso; **2:** correta (art. 500 do CPC).

Gabarito 1C, 2C

(Defensor Público/SE – 2006 – CESPE) Julgue os itens seguintes.

(1) Se, após o julgamento da demanda, surgir novo fato capaz de modificar a situação jurídica de um dos litigantes, este pode interpor embargos de declaração com a finalidade de instaurar uma nova discussão sobre a controvérsia jurídica já apreciada.
(2) É cabível o recurso de agravo contra a decisão que recebe a apelação sem o regular preparo.

1: incorreto (art. 535 do CPC); **2:** incorreto, pois somente caberá agravo quando não for recebida a apelação (art. 522 do CPC).

Gabarito 1E, 2E

(Defensor Público/RN – 2006 – Instituto Talento) Os recursos especial e extraordinário

(A) quando interpostos simultaneamente e admitidos serão encaminhados ao Supremo Tribunal Federal, diante da primazia da questão constitucional.
(B) exigem a sucumbência e a ofensa da decisão recorrida ao direito positivo para legitimar o recorrente.
(C) são admitidos também das decisões interlocutórias, bem como daquelas oriundas dos juizados especiais.
(D) suspendem a execução do acórdão recorrido.

A: incorreta (art. 543 do CPC); **B:** correta. A ofensa da decisão recorrida está ligada ao interesse recursal; **C:** incorreta, pois no âmbito do juizado especial cível não é cabível recurso especial (Súmula 203 do STJ); **D:** incorreta (art. 497 do CPC).

Gabarito "B"

(Defensor Público/RN – 2006 – Instituto Talento) Assinale a alternativa incorreta.

(A) Recebido o agravo de instrumento no tribunal, o relator converterá em retido, mandando remeter os autos ao juiz da causa, exceto se tratar de decisão suscetível de causar à parte lesão grave e de difícil reparação, bem como nos casos de inadmissão da apelação e nos relativos aos efeitos em que a apelação é recebida.
(B) Cabem embargos infringentes quando o acórdão unânime houver reformado, em grau de apelação, a sentença de mérito, ou houver julgado procedente ação rescisória.
(C) No julgamento da apelação, constatando a ocorrência de nulidade sanável, o tribunal poderá determinar a realização ou renovação do ato processual, intimadas as partes; cumprida a diligência, sempre que possível prosseguirá o julgamento da apelação.
(D) O prazo para a interposição de recurso especial e extraordinário fica sobrestado quando interpostos embargos infringentes do acórdão decidido por maioria de votos e unânime.

A: correta (art. 527, II, do CPC); **B:** incorreta, porque o cabimento dos embargos infringentes é para acórdão não unânime que houver reformado, em grau de apelação, a sentença de mérito, ou houver julgado procedente ação rescisória (art. 530 do CPC); **C:** correta (art. 515, § 4º, do CPC); **D:** correta (art. 498 do CPC).

Gabarito "B"

(Defensor Público/MG – 2006 – FUNDEP) Considerando o ato judicial que, na audiência de instrução e julgamento, indefere a produção de prova requerida pela autora, assinale a alternativa CORRETA.

(A) É impugnável por meio de mandado de segurança por ofender direito líquido e certo da parte de demonstrar os fatos constitutivos do seu direito.

(B) É impugnável via de instrumento, por se tratar de decisão interlocutória suscetível de causar à parte lesão grave e de difícil reparação.
(C) É impugnável via agravo retido, por se tratar de decisão interlocutória proferida em audiência de instrução e julgamento.
(D) É irrecorrível por se tratar de despacho.
(E) É irrecorrível por se tratar de prerrogativa do juiz, na qualidade de destinatário da prova que considere inúteis.

Art. 523, § 3°, do CPC.
Gabarito "C"

(Defensor Público/MG – 2006 – FUNDEP) Sobre recurso no Código de Processo Civil, analise as seguintes afirmativas.

I. Os Embargos de Declaração, tradicionalmente, são processados sem oportunidade de resposta pelo embargo, por se destinarem ao erro aperfeiçoado na forma de expressão do julgado, sem possibilidade de alterar-lhe o conteúdo.
II. A jurisprudência tem admitido a prescindibilidade da intimação da parte contrária quando os embargos de declaração são interpostos com propósito modificativos.
III. Embargos de declaração manifestados com notórios propósitos de prequestionamento têm caráter protelatório
IV. Viola o princípio da *reformatio in pejus* o tribunal que conhecer *ex officio* de questões de ordem pública e decidir contrariamente ao recorrente.
V. O juiz não receberá o recurso de apelação com súmula do Superior Tribunal de Justiça ou Supremo Tribunal Federal.

A partir da análise, pode-se concluir que:

(A) Apenas as afirmativas I e V estão corretas.
(B) Apenas as afirmativas II e V estão corretas.
(C) Apenas as afirmativas I, II, III e V estão corretas.
(D) Todas as afirmativas estão corretas.
(E) Todas as afirmativas estão incorretas.

I: correta (arts. 536 e 537, ambos do CPC); **II:** incorreta, pois pelo contrário, a jurisprudência, nos casos em que possa ser atribuído efeito modificativo aos embargos de declaração, tem admitido que deverá ser observado o contraditório, intimando-se, para tanto, a parte embargada; **III:** incorreta, pois são considerados protelatórios os embargos de declaração com fim de prequestionamento (vide Súmulas 356 do STF e 211 do STJ); **IV:** incorreta (art. 267, § 3°, do CPC); **V:** correta (art. 518, § 1°, do CPC).
Gabarito "A"

(Defensor Público/AC – 2006 – CESPE) Mudança que entrou em vigor no presente ano alterou o sistema recursal estabelecido no Código de Processo Civil. O recurso alterado foi

(A) a apelação, que passou, como regra geral, a ser recebida apenas no efeito devolutivo a critério do relator em segundo grau.
(B) o agravo regimental, que passou a ser o substituto dos embargos de declaração nas decisões monocráticas do relator.
(C) o agravo, que, agora, como regra geral, será retido e, somente excepcionalmente, poderá ser de instrumento.
(D) o embargo de declaração, que, agora, como regra geral, passa a ter efeitos infringentes.

Conforme alteração introduzida pela Lei 11.187/2005, a assertiva "C" é a correta (art. 522, *caput*, do CPC).
Gabarito "C"

(Defensor Público/AC – 2006 – CESPE) Será atacada por apelação dotada com efeito somente devolutivo a decisão

(A) que declara a indignidade de herdeiro.
(B) de condenar o réu ao pagamento de alimentos.
(C) que apenas reconhece a paternidade.
(D) no caso de procedência parcial do pedido, nas ações condenatórias.

A assertiva correta é a "B" (arts. 520, II, do CPC e 14 da Lei 5.478/68).
Gabarito "B"

(Defensor Público da União – 2004 – CESPE) A respeito de rescisórias e recursos, julgue os itens seguintes.

(1) A reforma processual concedeu ao relator poderes antes conferidos somente ao colegiado: negar conhecimento ao recurso, inadmitindo-o e, conhecendo-o, dar-lhe provimento, se a decisão recorrida estiver em manifesto confronto com súmula ou com jurisprudência dominante do STF ou de tribunal superior.
(2) Somente questão de direito pode embasar os recursos especial e extraordinário e a ação rescisória, excluindo-se do âmbito deles qualquer análise acerca de questão de fato ou de prova.
(3) Se, no julgamento de apelação, um desembargador der provimento a recurso para reformar a sentença, alegando que o juiz aplicou mal o direito, um segundo desembargador der provimento porque o juiz avaliou mal a prova e um terceiro der provimento porque a jurisprudência é contrária ao entendimento do juiz, a conclusão do julgado terá sido prolatada à unanimidade, sendo incabível embargos infringentes na hipótese.
(4) Negado seguimento ao recurso por ato do relator, o agravo regimental interposto forma uma relação entre o agravante e o relator que exclui qualquer resposta do agravado.
(5) Sendo o recurso conhecido e provido em parte para reformar apenas um capítulo da decisão recorrida, o acórdão da instância *ad quem* substituirá apenas a parte da decisão que foi reformada. Assim, se o acórdão da apelação foi parcialmente reformado pelo STJ, em recurso especial, a rescisória em relação à parte da decisão que foi mantida será ajuizada perante o próprio tribunal *a quo*, sendo que o STJ será competente apenas para julgar a rescisória da parte que foi modificada pelo recurso especial.

1: correto (art. 557, *caput*, e § 1°-A, do CPC); **2:** incorreto. A admissibilidade dos recursos excepcionais está atrelada à discussão de uma questão de direito federal (constitucional ou infraconstitucional). Todavia, tal requisito não impede que o STF e o STJ procedam a um juízo de valor acerca do quadro fático-probatório *já decidido* soberanamente na instância de origem. Exemplo do que se diz ocorre na classificação jurídica dos fatos reconhecidos pelo tribunal *a quo*, bem como no debate sobre a disciplina legal das provas. Note-se a doutrina de Ada Pellegrini Grinover: "não se exclui, entretanto, a reapreciação de questões atinentes à disciplina legal da prova e também à qualificação jurídica de fatos assentados no julgamento de recursos ordinários". (GRINOVER, Ada Pellegrini *et al. Recursos no processo penal.* 3. ed. São Paulo: Ed. RT, 2001, p. 270). Sob outro enfoque, é expressamente permitida a discussão de matéria fática na ação rescisória (art. 494 do CPC), a exemplo do que ocorre no caso do art. 485, VI, do CPC, por meio do qual é facultado ao autor produzir a prova da falsidade nos próprios autos da ação rescisória; **3:** correto. Se o julgamento da apelação se der por unanimidade, é inadmissível a oposição de embargos infringentes (art. 530 do CPC). Ademais, o que importa para efeitos de aferição da unanimidade ou não do julgamento é a conclusão do voto proferido por cada membro do órgão judicante, e não a sua fundamentação. Note-se o preciso magistério expendido por ilustre processualista paranaense: "A avaliação da divergência dos votos se faz, como aponta Barbosa Moreira, pela conclusão de cada qual, pouco importando seus fundamentos. Dessa forma, se um dos juízes acolhe o pedido do recorrente, por entender fundada uma de suas razões, enquanto os demais acolhem por entender plausíveis outras das razões invocadas no recurso, ainda assim o julgamento é tomado por unanimidade, já que todos os juízes concordam que o recorrente tem razão". (MARINONI, Luiz Guilherme. *Curso de Processo Civil. Vol* **2:** *processo de conhecimento.* 6. ed. São Paulo: Ed. RT, 2007, p. 552-553); **4:** correto (arts. 545 e 557, § 1°, do CPC). Note-se a respeito: "Tributário e processual civil. Intempestividade do agravo interno e cerceamento de defesa. Preliminares rejeitadas. ICMS. Energia elétrica. Demanda de potência. Não incidência sobre tarifa calculada com base em demanda contratada e não utilizada. Recurso repetitivo. Art. 543-C do CPC. [...] 2. O art. 284, § 2°, do Regimento Interno do Tribunal de Justiça da Paraíba não prevê intimação do agravado da interposição de agravo interno. Tratando-se de agravo interno, ou regimental, é o próprio regimento que deve regrá-lo, inexistindo cerceamento do direito de defesa do agravado pelo fato de não ter sido intimado para ofertar contrarrazões. 3. A ausência de manifestação do agravado em sede de agravo interno mostra-se como prática rotineira de nossos tribunais, justamente porque esse recurso objetiva tão somente levar ao conhecimento do colegiado as razões que alicerçam o recurso principal, sem qualquer possibilidade de inovação. *Ora, se não se trata de um novo recurso, mas de mero pedido de reconsideração e, alternativamente, apreciação da matéria pelo colegiado, o princípio da efetividade torna prescindível a manifestação do agravado por meio de contrarrazões.* [...]" (RMS 25.470/PB, rel. Min. Castro Meira, 2ª T., j. 20.08.2009, DJe 10.09.2009) [grifos nossos]; **5:** incorreto. Segundo a jurisprudência da Corte Especial, havendo esta reformado, ainda que parcialmente, o acórdão proferido pelo tribunal de origem, a competência para o processamento e julgamento de eventual ação rescisória é do próprio STJ, mesmo que o objeto de tal ação diga respeito a questão não enfrentada pelo Superior Tribunal. Nessa direção: Ação rescisória Acórdão prolatado por esta corte que julga parte do mérito da ação originária Competência desta augusta corte para conhecer e julgar a ação rescisória destinada a desconstituí-lo Violação literal dos artigos 264 e 460 do Código de Processo Civil Alegação de julgamento fora dos limites delineados na petição inicial Não ocorrência - Ação rescisória julgada improcedente. I O acórdão reputado rescindendo julgou parte do mérito da demanda originária, tornando definitivos o reconhecimento do dano moral e o seu correspondente arbitramento. Nesse contexto, em que o acórdão rescindendo (proferido por esta augusta Corte) decide parte do mérito da causa originária, esta C. Segunda Seção reconhece a competência deste Tribunal Superior para conhecer e julgar a ação rescisória destinada a desconstituí-lo, ainda que o objeto da ação rescisória não tenha sido abordado na decisão rescindenda. Isso porque, nesse caso, somente este Tribunal Superior teria autoridade para rescindir referido acórdão, e não a Instância precedente. [...]" (AR 4.086/RS, rel. Min. Massami Uyeda, 2ª Seção, j. 28.09.2011, DJe 13.10.2011)

Gabarito 1C, 2E, 3C, 4C, 5E

(Defensor Público da União – 2002 – CESPE) Em relação a recursos, julgue os seguintes itens.

(1) De acordo com a jurisprudência do Supremo Tribunal Federal (STF), o prequestionamento é exigível mesmo em se tratando de matéria de ordem pública e sobre a qual é lícito ao juiz pronunciar-se de ofício, a qualquer momento, tal como condições da ação e pressupostos processuais.

(2) Ainda que a ofensa à Constituição da República tenha surgido com a prolação da decisão recorrida, deverá a parte provocar o prequestionamento da matéria, pondo embargos de declaração, sem o, que o recurso extraordinário não será admitido.

(3) Não é cabível recurso extraordinário e especial contra acórdão proferido no julgamento de agravo de instrumento, porque somente as decisões de mérito podem ser objeto daqueles recursos.

(4) A Defensoria Pública, o Ministério Público e a Fazenda Pública possuem prazo em dobro para responder agravo de instrumento interposto contra decisão denegatória de recurso extraordinário.

(5) A apelação contra sentença em mandado de segurança é recebida somente no efeito devolutivo e, de regra, quando denegatória da ordem, toma de imediato sem efeito a liminar anteriormente concedida.

1: correto. Tanto o STF quanto o STJ tem pacificado o entendimento de que mesmo as questões de ordem pública devem ser prequestionadas para efeitos de conhecimento do recurso extraordinário ou especial interpostos. Note-se o seguinte precedente da Suprema Corte: "Agravo regimental no agravo de instrumento. Matéria criminal. Agravo regimental que não ataca todos os fundamentos da decisão agravada. Súmula STF 284. Prequestionamento. Matéria de ordem pública. Ofensa ao art. 93, IX, da Constituição Federal. Ofensa reflexa à constituição. [...] 2. S*e a questão constitucional invocada no Recurso Extraordinário não foi objeto de debate e decisão no acórdão recorrido, fica desatendido o pressuposto recursal do prequestionamento, imprescindível para o conhecimento do apelo extremo, inclusive para as matérias de ordem pública. Precedentes.* [...]" (AI 823893 AgR, rel. Min. Ellen Gracie, 2ª T., j. 15.03.2011) [grifos nossos]; **2:** correto. Um dos requisitos de admissibilidade dos recurso de índole excepcional é o *prequestionamento*, o qual exige que a questão impugnada tenha sido *discutida e decidida nas instâncias ordinárias*. Logo, se o tribunal de origem não se pronunciar sobre questão suscitada pelo recorrente, será necessário que este oponha o recurso de embargos de declaração, a fim de que o órgão julgador supra a omissão verificada, tudo com o escopo de que a matéria seja prequestionada. Nesse sentido, eis a Súmula 356 do STF: "O ponto omisso da decisão, sobre o qual não foram opostos embargos declaratórios, não pode ser objeto de recurso extraordinário, por faltar o requisito do prequestionamento"; **3:** incorreto. São cabíveis tanto recurso extraordinário quanto especial contra decisão interlocutória (art. 542, § 3º, do CPC). Ademais, nem a Constituição nem a lei processual civil exigem, para fins de admissibilidade dos recursos de índole extraordinária, que a questão de direito invocada pelo recorrente verse exclusivamente sobre o mérito da lide. À guisa de demonstração, note-se o julgado a seguir ementado, no ventre do qual a Corte Superior, enfrentando matéria eminentemente processual, apreciou recurso especial tirado contra acórdão de natureza interlocutória proferido por Tribunal Estadual em sede de agravo de instrumento: "*Recurso especial. Ação monitória. Valores bloqueados em conta poupança vinculada a conta-corrente. Impenhorabilidade. Art. 649, inciso X, do CPC. Incidência.*1. Segundo o art. 649, inciso X, do CPC, a quantia depositada em caderneta de poupança é impenhorável até o limite de 40 (quarenta) salários-mínimos. 2. A intenção do legislador foi a de proteger o pequeno investidor detentor de poupança modesta, atribuindo-lhe uma função de segurança alimentícia ou de previdência pessoal e familiar.3. O valor de quarenta salários-mínimos foi escolhido pelo legislador como sendo aquele apto a assegurar um padrão mínimo de vida digna ao devedor e sua família, assegurando-lhes bens indispensáveis à preservação do mínimo existencial, incorporando o ideal de que a execução não pode servir para levar o devedor à ruína.4. Tal como a caderneta de poupança simples, a conta poupança vinculada é considerada investimento de baixo risco e baixo rendimento, com remuneração idêntica, ambas contando com a proteção do Fundo Garantidor de Crédito (FGC), que protege o pequeno investidor, e isenção de imposto de renda, de modo que deve ser acobertada pela impenhorabilidade prevista no art. 649, inciso X, do CPC. 5. Eventuais situações que indiquem a existência de má-fé do devedor devem ser solucionadas pontualmente. 6. Recurso especial conhecido e parcialmente provido. (REsp 1191195/RS, Rel. Ministra Nancy Andrighi, Rel. p/ Acórdão Ministro Ricardo Villas Bôas Cueva, 3ª T., j. 12.03.2013, *DJe* 26.03.2013)"; **4:** incorreto. O prazo para contrarrazões é simples. O art. 188 do CPC enuncia que o prazo para a Fazenda Pública *recorrer* é dobrado, o que não significa que tal regra também se aplique aos casos de resposta ao recurso interposto pela parte adversa, cujo prazo é *simples*, não incidindo, portanto, o art. 188 do CPC nessas situações. **5:** correto. Embora o art. 14, *caput*, da Lei 12.016/2009 seja silente a respeito, a doutrina esclarece que a atribuição de efeito suspensivo à apelação interposta contra sentença proferida em mandado de segurança é incompatível com a própria urgência inerente a tal ação constitucional. A outorga de efeito suspensivo em tais casos é excepcional e ocorre nas hipóteses previstas no art. 7º, § 2º, do aludido estatuto legal. Sob outro prisma, os efeitos da medida liminar, salvo se revogada ou cassada, persistirão até a prolação da sentença (art. 7º, § 3º, da Lei 12.016/2009). Dessa forma, se a sentença for denegatória da ordem, a liminar antes concedida deve ser revogada pelo órgão julgador (Súmula 405 do STF).

Gabarito 1C, 2C, 3E, 4E, 5C

12. Cumprimento de Sentença e Processo de Execução

(Defensor Público/AM – 2013 – FCC) Em relação ao cumprimento de sentença é correto afirmar:

(A) O acordo extrajudicial homologado em juízo e a sentença arbitral constituem títulos executivos judiciais.

(B) Em regra, a impugnação ao cumprimento de sentença suspende o curso do processo. 1733

(C) É necessária a prestação de caução para se dar início à execução provisória.

(D) Quando tiver havido recurso, o cumprimento da sentença deverá ser processado perante o tribunal.

(E) O crédito do perito, cujos honorários houverem sido aprovados por decisão judicial, constitui título executivo judicial.

A: correto (art. 475-N, IV e V, do CPC); **B:** incorreto (art. 475-M, caput, do CPC); **C:** incorreto (art. 475-O, § 2º, do CPC); **D:** incorreto (art. 475-P, II, do CPC); **E:** incorreto. Cuida-se de título executivo extrajudicial (art. 585, VI, do CPC).

Gabarito "A"

(Defensor Público/AM – 2013 – FCC) A dívida de alimentos

(A) autoriza a prisão civil, mesmo depois de pago o valor em atraso.

(B) é imprescritível.

(C) torna-se inexigível depois da prisão.

(D) em regra, transmite-se aos herdeiros do devedor, assim como a obrigação de prestar os alimentos.

(E) autoriza a prisão civil, indefinidamente, até o pagamento do valor em atraso.

A: incorreto (art. 733, § 3º, do CPC); **B:** incorreto (art. 23 da Lei 5.478/68); **C:** incorreto (art. 733, § 2º, do CPC); **D:** correto (art. 1.700 do CC); **E:** incorreto (art. 733, § 1º, do CPC).

Gabarito "D"

(Defensor Público/TO – 2013 – CESPE) Antônio ingressou em juízo com ação de execução para entrega de coisa certa, contra Silva & Silva Ltda., que, citada para cumprir a obrigação no prazo legal, permaneceu inerte.

Com base nessa situação hipotética, assinale a opção correta.

(A) O juiz poderá, desde logo, determinar a penhora de tantos bens quantos forem necessários para satisfazer a obrigação exequenda.

(B) O juiz poderá, a requerimento de Antônio, determinar, imediatamente, a indisponibilidade de ativos existentes em nome da Silva & Silva Ltda. em qualquer instituição bancária.

(C) Antônio poderá requerer desde logo a conversão da obrigação desejada em perdas e danos.

(D) O juiz determinará a expedição de mandado de imissão de posse ou de busca e apreensão, conforme se trate de bem imóvel ou móvel, independentemente de requerimento do exequente.

(E) Para que o juiz efetive o provimento jurisdicional, Antônio deverá indicar a providência a ser tomada pelo juízo, sem a qual o processo será extinto.

A e **B**: incorretos (art. 621 do CPC); **C**: incorreto (art. 627 do CPC); **D**: correto (arts. 621 e 625 do CPC); **E**: incorreto (art. 625 do CPC).

Gabarito "D".

(Defensor Público/SP – 2012 – FCC) Prescrição intercorrente.

(A) Em execução fiscal, não localizados bens penhoráveis, o processo ficará suspenso pelo prazo de cinco anos, findo o qual se inicia o prazo da prescrição quinquenal intercorrente.

(B) Em execução por quantia certa contra devedor solvente, a jurisprudência dominante no Superior Tribunal de Justiça admite que o prazo de prescrição intercorrente tenha início com a paralisação do processo, de modo que, não localizados bens penhoráveis, a contagem seja feita a partir do deferimento do pedido de suspensão.

(C) Em execução por quantia certa contra devedor solvente, a jurisprudência dominante no Superior Tribunal de Justiça exige a inércia do exequente para que ocorra a prescrição intercorrente, de modo que, durante o prazo de suspensão da execução por falta de bens penhoráveis não corre o prazo prescricional.

(D) Na execução de alimentos promovida por absolutamente incapaz em razão da idade, a inércia do exequente ou a paralisação da execução pelo período de dois anos faz consumar a prescrição intercorrente, eis que as causas que impedem a prescrição se aplicam à pretensão condenatória e não à executiva.

(E) Em ação de reconhecimento de união estável julgada procedente, a execução dos honorários de sucumbência não está sujeita à prescrição intercorrente, ante a natureza meramente declaratória da ação de conhecimento.

A: incorreto (Súmula 314 do STJ: "Em execução fiscal, não localizados bens penhoráveis, suspende-se o processo por um ano, findo o qual se inicia o prazo da prescrição quinquenal intercorrente"); **B**: incorreto. A prescrição intercorrente não flui durante o prazo de suspensão do processo para localização de bens penhoráveis. Ao menos, essa é a tônica da jurisprudência do STJ, cujo entendimento se acha consubstanciado no aresto a seguir: "Agravo regimental. Suspensão da execução. Ausência de bens do devedor. Decretação da prescrição intercorrente. Impossibilidade. Necessidade de intimação pessoal do credor. 1. Estando suspensa a execução, em razão da ausência de bens penhoráveis, não corre o prazo prescricional, ainda que se trate de prescrição intercorrente, hipótese que a extinção do processo por inércia do exequente em promover o andamento do feito não pode se dar sem a sua intimação prévia e pessoal. Precedentes. 2. Agravo Regimental improvido. (AgRg no REsp 1.288.131/PR, rel. Min. Sidnei Beneti, 3ª T., j. 13.12.2011, DJe 01.02.2012)"; **C**: correto, nos termos do julgado colacionado na assertiva anterior; **D**: incorreto. Durante o período de suspensão do processo não corre prescrição intercorrente, consoante já elucidado anteriormente. Ademais, impende assinalar que a causa impeditiva disposta no art. 198, I, do CC/2002, também impede a fluência do lapso prescricional intercorrente durante a ação executiva. Ao abono de tal entendimento, confiram-se os seguintes julgados da Corte Superior: "Alimentos. Prescrição. Existindo causa impeditiva e/ou causa suspensiva, a prescrição não corre (Cód. Civil, arts. 168, II e 169, I) [art. 198, I, do CC/2002]. Em tal caso, não há de vir a pelo o art. 23 da Lei 5.478/68, de modo a reputar-se, como se pretende, prescrito determinado período das prestações mensais. Recurso especial não conhecido. (REsp 94.195/SP, rel. Min. Nilson Naves, 3ª T., j. 17.12.1998, DJ 15.03.1999, p. 214). No mesmo sentido: "Civil e processual civil. Alimentos. Prescrição quinquenal. Inexistência. Bem de família. Impenhorabilidade. Menção genérica ao inteiro teor da lei. Dissídio não configurado. I – Tratando-se de execução de alimentos, proposta por alimentando absolutamente incapaz, não há que se falar em prescrição quinquenal das prestações mensais, em virtude do disposto nos artigos 168, II, e 169, I, do Código Civil de 1916. [...] (REsp 569.291/SP, rel. Min. Castro Filho, 3ª T., j. 02.10.2003, DJ 20.10.2003, p. 276); **E**: incorreto. Ainda que se cuide de sentença proferida em ação declaratória, o fragmento da parte dispositiva respeitante à fixação de honorários de sucumbência ostenta natureza condenatória e se debela, pois, ao comando inserto no art. 25, II, da Lei 8.906/1994.

Gabarito "C".

(Defensor Público/SE – 2012 – CESPE) No que diz respeito ao processo de execução, à liquidação e ao cumprimento de sentença, bem como aos recursos, assinale a opção correta.

(A) A correção monetária do valor da indenização do dano moral incide desde a data do ajuizamento da ação.

(B) É admissível a interposição de recurso especial contra a decisão objeto de embargos de declaração cujo acórdão ainda não tenha sido publicado.

(C) É legítima a penhora da sede de estabelecimento comercial.

(D) Ofende a coisa julgada a liquidação de sentença por forma diversa da estabelecida na sentença liquidanda.

(E) Os honorários sucumbenciais, se omitidos na decisão transitada em julgado, podem ser cobrados em execução ou em ação própria.

A: incorreto (Súmula 362 do STJ: "A correção monetária do valor da indenização do dano moral incide desde a data do arbitramento"); **B**: incorreto (Súmula 418 do STJ: "É inadmissível o recurso especial interposto antes da publicação do acórdão dos embargos de declaração, sem posterior ratificação"); **C**: correto (Súmula 451 do STJ: "É legítima a penhora da sede do estabelecimento comercial"); **D**: incorreto (Súmula 344 do STJ: "A liquidação por forma diversa da estabelecida na sentença não ofende a coisa julgada"); **E**: incorreto (Súmula 453 do STJ: "Os honorários sucumbenciais, quando omitidos em decisão transitada em julgado, não podem ser cobrados em execução ou em ação própria").

Gabarito "C".

(Defensor Público/PR – 2012 – FCC) No processo de execução

(A) os embargos do devedor serão extintos, em razão da dependência lógica para com o processo executivo, no caso de o exequente desistir de toda a execução, pouco importando o seu conteúdo.

(B) o valor dos honorários advocatícios sucumbenciais será fixado de maneira equitativa pelo juiz, salvo se houver a oposição de embargos do devedor, situação em que serão fixados entre o mínimo de dez e o máximo de vinte por cento sobre o valor do crédito executado.

(C) a execução de título executivo extrajudicial, iniciada como definitiva, não poderá se transformar em execução provisória, sob pena de subversão de todo o sistema executivo.

(D) na execução civil, segundo entendimento do Superior Tribunal de Justiça, a penhora de dinheiro na ordem de nomeação de bens não tem caráter absoluto.

(E) a moratória judicial, por ser uma imposição legal, não poderá ser recusada pelo credor, devendo este aceitar a forma de pagamento estipulada segundo o prudente arbítrio do juiz.

A: incorreto (art. 569, parágrafo único, do CPC); **B**: incorreto (art. 20, § 4º, do CPC); **C**: incorreto (art. 587, segunda parte, do CPC); **D**: correto (Súmula 417 do STJ: "Na execução civil, a penhora de dinheiro na ordem de nomeação de bens não tem caráter absoluto"); **E**: incorreto (art. 745-A do CPC). Embora o exequente não possa se opor ao pedido de parcelamento – desde que o devedor atenda aos requisitos legais –, cumpre destacar que as condições da moratória judicial são determinadas por lei e não se sujeitam, portanto, ao arbítrio do juízo da execução.

Gabarito "D".

(Defensor Público/SP – 2012 – FCC) Analise as afirmações abaixo.

I. Adjudicado um bem imóvel pelo exequente, poderá este pedir a expedição do mandado de imissão na posse no curso do próprio processo executivo, quando o bem estiver na posse do depositário.

II. Em ação envolvendo direitos individuais homogêneos, a liquidação coletiva para a reparação fluída deve ser proposta pelo autor da ação coletiva de conhecimento, sendo tal iniciativa vedada aos demais legitimados.

III. A execução de alimentos poderá ser proposta no juízo do local onde se encontram bens sujeitos à expropriação, do atual domicílio do executado ou do atual domicílio do exequente, desde que em comarca diversa da que foi proferida a sentença, constituindo exceções à regra segundo a qual a execução deve tramitar perante o juízo que processou a causa no primeiro grau de jurisdição.

IV. Enquanto pendente apelação da sentença de improcedência dos embargos do executado, quando recebidos com efeito suspensivo, a execução fundada em título extrajudicial está sujeita às restrições do regime da execução provisória.

Está correto o que se afirma em

(A) I, II e III, apenas.
(B) I, II e IV, apenas.
(C) I, III e IV, apenas.
(D) II, III e IV, apenas.
(E) I, II, III e IV.

I: correto (arts. 14, V, e 693 do CPC). Corroborando tal entendimento: "Dada a natureza pública da arrematação, deve prevalecer o entendimento – posto ser bastante controvertido em doutrina e em jurisprudência – de que o arrematante pode imitir-se na posse do bem, independentemente do ajuizamento de uma 'ação de imissão na posse' ou de uma ação de execução para entrega de coisa' (art. 621). Experimentando qualquer resistência à imissão na posse do bem imóvel ou na entrega do bem móvel, basta requerer ao juízo da execução a expedição de mandado a ser cumprido nos próprios autos em que a arrematação se deu, observando-se os ditames do art. 14, V, e respectivo parágrafo único, sem prejuízo de outras penalidades, inclusive perdas e danos. É neste sentido amplo que deve ser interpretado o parágrafo único do art. 693" (BUENO, Cássio Scarpinella. Curso sistematizado de direito processual civil: tutela jurisdicional executiva. Vol. 3. 6. ed. São Paulo: Saraiva, 2013, p. 328); **II:** incorreto (arts. 97 e 100 do CDC); **III:** correto (arts. 100, II, do CPC e 475-P, parágrafo único, do CPC); **IV:** correto (art. 587, segunda parte, do CPC).

Gabarito "C".

(Defensor Público/RO – 2012 – CESPE) Acerca do processo de execução, assinale a opção correta.

(A) Na execução fiscal, não cabe citação por edital.
(B) Em execução fiscal, a prescrição ocorrida antes da propositura da ação não pode ser decretada de ofício, por ser direito disponível.
(C) Autoriza a prisão civil do alimentante o débito alimentar que compreenda as três prestações anteriores à citação e as que vencerem no curso do processo.
(D) Em execução fiscal, não localizados bens penhoráveis, suspende-se o processo por um ano e, finda a suspensão, inicia-se o prazo da prescrição quinquenal intercorrente.
(E) Na execução civil, a penhora de dinheiro conforme a ordem de nomeação de bens tem caráter absoluto.

A: incorreto (Súmula 414 do STJ: "A citação por edital na execução fiscal é cabível quando frustradas as demais modalidades"); **B:** incorreto, nos termos da Súmula 409 do STJ: "Em execução fiscal, a prescrição ocorrida antes da propositura da ação pode ser decretada de ofício (art. 219, § 5º, do CPC); **C:** incorreto (Súmula 309 do STJ: "O débito alimentar que autoriza a prisão civil do alimentante é o que compreende as três prestações anteriores ao ajuizamento da execução e as que se vencerem no curso do processo"); **D:** correto (Súmula 314 do STJ: "Em execução fiscal, não localizados bens penhoráveis, suspende-se o processo por um ano, findo o qual se inicia o prazo da prescrição quinquenal intercorrente"); **E:** incorreto (Súmula 417 do STJ: "Na execução civil, a penhora de dinheiro na ordem de nomeação de bens não tem caráter absoluto").

Gabarito "D".

(Defensor Público/AM – 2011 – Instituto Cidades) Agiria incorretamente o juiz que, em processo de execução fundado em título extrajudicial,

(A) admitisse à fazenda pública oferecer embargos no prazo de trinta (30) dias;
(B) determinasse a expedição de precatório contra o Estado por não considerar de pequeno valor a dívida acima de quarenta salários mínimos;
(C) adotasse o mesmo procedimento da execução fundada em sentença, expedindo requisição de pequeno valor ou precatório conforme a importância da dívida;
(D) limitasse ao conceito de pequeno valor à importância de até quarenta salários mínimos, sendo devedora a fazenda pública federal;
(E) considerasse o precatório como procedimento de natureza administrativa, de competência da presidência do tribunal.

A: correto (art. 1º-B da Lei 9.494/1997); **B:** correto. Em nível estadual, considera-se de pequeno valor a obrigação cujo montante não supere a quantia equivalente a quarenta salários mínimos, salvo lei estadual dispondo em sentido contrário (arts. 13, §§ 2º e 3º, I, da Lei 12.153/2009 e 87, I, do ADCT); **C:** correto (arts. 13, § 2º, da Lei 12.153/2009 e 730, I e II, do CPC); **D:** incorreto. Se a fazenda pública federal for devedora, é definida como de pequeno valor a obrigação que não ultrapasse a quantia de sessenta salários mínimos (arts. 17, § 1º, e 3º, *caput*, da Lei 10.259/2001); **E:** correto (arts. 100, § 6º, da CF e 730, I e II, do CPC).

Gabarito "D".

(Defensor Público/AM – 2011 – Instituto Cidades) De acordo com a jurisprudência atual do Superior Tribunal de Justiça, considerando, logicamente, as últimas alterações legislativas no Código de Processo Civil,

(A) são devidos honorários advocatícios na fase de cumprimento de sentença, assim como custas processuais;
(B) caracteriza-se como erro grosseiro a interposição de agravo de instrumento contra o ato do juiz que, na fase de cumprimento de sentença, extingue processo, inviabilizando a fungibilidade recursal;
(C) o prazo para o devedor cumprir sentença que condena a pagar prestação pecuniária, em qualquer hipótese, flui automaticamente com o simples trânsito em julgado;
(D) a multa de dez por cento sobre o valor da dívida aplica-se igualmente tanto na execução definitiva como na provisória;
(E) é necessária a intimação pessoal do devedor para o cumprimento da sentença, não bastando a de seu advogado, inclusive para aplicação da multa prevista no art. 475-J.

A: incorreto. Embora sejam devidos honorários na fase de cumprimento de sentença, não há falar-se em pagamento de custas processuais, já que, em razão do *sincretismo processual* operado com o advento da Lei 11.232/2005, não há novo processo de execução, mas sim nova *fase processual*, esta denominada *cumprimento de sentença*. Consoante assevera a doutrina de Nelson Nery Jr. e de Rosa Maria de Andrade Nery, há "um cúmulo objetivo superveniente de ações (ação de conhecimento, ação de liquidação de sentença e ação de execução), todas num *mesmo e único processo"* (NERY JR. Nelson; NERY, Rosa Maria de Andrade. *Código de processo civil comentado e legislação extravagante.* 10. ed. São Paulo: Ed. RT, 2007, p. 732) [grifos do autor]. Contudo, há precedente do STJ que entende cabível o recolhimento de custas processuais quando do oferecimento de *impugnação ao cumprimento de sentença* (art. 475-J, § 1º, do CPC), à semelhança do que ocorre nos embargos à execução. Veja-se trecho do voto proferido pelo E. Min. Paulo de Tarso Sanseverino no bojo do AgRg nos EDcl no REsp 1.169.567/ RS: "A decisão ora recorrida está de acordo com o entendimento jurisprudencial do STJ, na medida em que a impugnação ao cumprimento de sentença assemelha-se aos embargos à execução, acerca da qual o entendimento do STJ firmou-se pela aplicabilidade do art. 257 do CPC. Dessa forma, detém a parte impugnante o prazo de 30 dias para comprovar o recolhimento das custas judiciais, independentemente de intimação para tanto, sob pena de rejeição da impugnação apresentada"; **B:** correto, visto que inexistente *dúvida objetiva* a respeito do recurso interponível (art. 475-M, § 3º, do CPC). Corroborando tal entendimento, observe-se o precedente do STJ a seguir: "Processual civil. Agravo regimental no agravo de instrumento. Impugnação. Acolhimento parcial da execução. Fim da execução. Inocorrência. Decisão interlocutória. Recurso cabível. Agravo de instrumento. Princípio da fungibilidade. Impossibilidade. Agravo regimental improvido. I. A extinção parcial da execução desafia agravo de instrumento, e não recurso de apelação. [...] (AgRg no Ag 1159377/SP, rel. Min. Aldir Passarinho Junior, 4ª T., j. 02.12.2010, DJe 10.12.2010); **C** e **E:** incorretas. O prazo de quinze dias só tem início a partir da intimação do devedor, na pessoa de seu advogado, para que efetue o cumprimento espontâneo da condenação. Com o trânsito em julgado da decisão definitiva, não há fluência automática do prazo de quinze dias previsto no art. 475-J, *caput*, do CPC. Nessa direção, note-se o aresto abaixo colacionado: "Processual civil. Recurso especial. Cumprimento de sentença. Multa prevista no art. 475-J do CPC. Prazo de quinze dias. Termo inicial: intimação do devedor na pessoa de seu advogado, na imprensa oficial. Precedente: REsp 940.274/MS (Corte Especial). 1. Caso o devedor, condenado ao pagamento de quantia certa ou já fixada em liquidação, não o efetue no prazo de quinze dias, o montante da condenação será acrescido de multa no percentual de dez por cento, sendo que o prazo referido tem como termo inicial o primeiro dia útil seguinte à data da publicação da intimação do devedor na pessoa de seu advogado, na imprensa oficial, não obstante seja desnecessária a intimação pessoal do devedor. [...] (REsp 1265422/RS, rel. Min. Mauro Campbell Marques, 2ª T., j. 18.08.2011, DJe 25.08.2011); **D:** incorreto. A multa do art. 475-J, *caput*, do CPC, não se aplica à execução provisória por incompatibilidade lógica com o direito de recorrer do executado, eis que inexiste trânsito em julgado da condenação proferida. A respeito, vide o seguinte precedente do STJ: "Processual civil – Multa do art. 475-J do CPC – Incidência na execução provisória – Impossibilidade – incompatibilidade lógica – Necessidade de afastamento da multa. 1. O art. 475-J, com redação dada pela Lei 11.232/2005, foi instituído com o objetivo de estimular o devedor a realizar o pagamento da dívida objeto de sua condenação, evitando assim a incidência da multa pelo inadimplemento da obrigação constante do título executivo. 2. A execução provisória não tem como escopo primordial o pagamento da dívida, mas sim de antecipar os atos executivos, garantindo o resultado útil da execução. 3. Compelir o litigante a efetuar o pagamento, sob pena de multa, ainda pendente de julgamento o seu recurso, implica obrigá-lo a praticar ato incompatível com o seu direito de recorrer (art. 503, parágrafo único, do CPC), tornando inadmissível o recurso. 4. Por incompatibilidade lógica, a multa do art. 475-J do CPC não se aplica na execução provisória. Tal entendimento não afronta os princípios que inspiraram o legislador da reforma. Agravo regimental improvido." (AgRg no REsp 1126748/PR, rel. Min. Humberto Martins, 2ª T., j. 17.03.2011, DJe 29.03.2011).

Gabarito "B"

(Defensor Público/AL – 2009 – CESPE) Com relação ao processo de execução, julgue os itens abaixo.

(1) A Lei nº 11.382/2006, ao modificar neste particular o CPC, conferiu à adjudicação a condição de meio preferencial de satisfação do crédito executado. Contudo, diante do silêncio do executado e de todos os demais legitimados a requerê-la, e com a publicação dos editais da hasta pública para alienação dos bens, torna-se inviável o requerimento de adjudicação dos bens.

(2) A possibilidade de ser requerido ao presidente do tribunal competente o sequestro de importância suficiente ao pagamento do precatório preterido na ordem cronológica não importa exceção ao entendimento de que a atividade dessa autoridade nesse particular — exame dos aspectos formais do precatório e controle de seu pagamento — é administrativa, não jurisdicional.

(3) No cumprimento de sentença homologatória de transação entre as partes, considerando as peculiaridades desse título, o executado poderá se servir da impugnação para buscar a anulação da sentença, caso entenda presente um dos vícios de vontade que justifique tal iniciativa.

1: incorreto. Dentre os meios de expropriação do patrimônio do devedor, o legislador elencou a adjudicação em primeiro lugar. Cuida-se do *meio expropriatório preferencial*. Nessa direção, não há cogitar-se de preclusão em tal hipótese, porquanto o exequente não *perde* propriamente a oportunidade de requerer a adjudicação dos bens penhorados, ainda quando oponha manifestação fora do prazo legal. Com a reforma operada pela Lei 11.382/2006, os interesses do credor gozam de *primazia* na ordem jurídica, daí por que a doutrina comumente assinala que a execução se destina primeiramente a satisfazer *o direito do exequente*, observados, por óbvio, outros princípios também
1736 incidentes sobre a execução como o da proporcionalidade, o da menor onerosidade possível e o próprio respeito à dignidade da pessoa humana, enquanto fundamento da República Federativa do Brasil (art. 1º, III, da CF). Postas tais premissas, se o credor entende conveniente incorporar o bem penhorado ao seu patrimônio por meio da adjudicação (art. 685-A do CPC), a simples publicação dos editais de hasta pública não pode servir de entrave à satisfação do crédito ostentado, até por influxo dos princípios constitucionais da *efetividade da jurisdição* (art. 5º, XXXV, da CF) e da *celeridade processual* (art. 5º, LXXVIII, da CF). Ao abono de nosso entendimento, note-se o ensinamento de Marcos Destefenni: "Sendo a adjudicação o meio executório preferencial, nada impede que o credor venha requerê-la posteriormente, após ter tentado a alienação por iniciativa particular ou em hasta pública. Não há qualquer razão para impedir que ocorra posteriormente, não se operando preclusão se o credor não quis proceder à adjudicação quando do início da expropriação". (DESTEFENNI, Marcos. *Curso de Processo Civil. Vol. 2.* 3. ed. São Paulo: Saraiva, 2010, p. 238). **2:** correto. O presidente do tribunal, ao determinar o sequestro de rendas públicas, não realiza atividade materialmente jurisdicional (Súmulas 311 do STJ e 733 do STF), o que se justifica em razão dos óbices decorrentes da garantia constitucional da coisa julgada material (art. 5º, XXXVI, da CF), porquanto o direito se encontra proclamado no próprio dispositivo da sentença transitada em julgado. Em outras linhas, sua atividade se limita a coordenar e executar o pagamento dos precatórios, de acordo com o que determina o art. 100 da CF, podendo, no máximo, antes do pagamento ao credor, corrigir os valores constantes dos cálculos de atualização do precatório (arts. 463, I, do CPC, e 1º-E da Lei 9.494/1997). Precedentes do STJ: RMS 27.478 e RMS 28.366; **3:** incorreto. O interessado deverá se valer de *ação rescisória*, com lastro no art. 485, VIII, do CPC.

Gabarito 1E, 2C, 3E

(Defensor Público/ES – 2009 – CESPE) Acerca do processo civil brasileiro, julgue o item subsequente.

(1) Considere a seguinte situação hipotética. Aluísio é réu em processo de execução de pensão alimentícia, que corre pelo rito do art. 732 do CPC, cuja autora é Patrícia, sua filha mais velha. Citado para efetuar o pagamento em três dias, Aluísio não o fez. Patrícia, então, indicou à penhora parte dos vencimentos de Aluísio, que é servidor público. O juiz, contudo, não aceitou a indicação feita por Patrícia, com base no argumento de que o inciso IV do art. 649 do CPC considera os vencimentos impenhoráveis. Nesse caso, o juiz agiu corretamente, haja vista o comando expresso do citado artigo.

1: incorreto, porque o art. 649, IV e § 2º, do CPC contém expressa ressalva à impenhorabilidade dos salários no caso de execução de alimentos. Logo, a penhora deveria ter sido deferida.

Gabarito 1E

(Defensor Público/MG – 2009 – FUMARC) Sobre a execução por quantia certa contra devedor solvente fundada em título extrajudicial, assinale a alternativa CORRETA:

(A) A desistência do processo de execução pelo exequente depende do consentimento do executado que ofereceu embargos.

(B) É requisito obrigatório da petição inicial a indicação pelo exequente dos bens a serem penhorados.

(C) O cônjuge do executado é ilegítimo para requerer a adjudicação dos bens penhorados.

(D) A averbação da penhora no ofício imobiliário gera presunção relativa de seu conhecimento por terceiros.

(E) O pagamento integral da dívida pelo executado, no prazo de três dias de sua citação, reduz a verba honorária à metade.

A: incorreta, porque a desistência da execução não depende, em hipótese nenhuma, do consentimento do executado. Contudo, se houver embargos de mérito, a extinção destes, e não da execução, ficará subordinada à concordância do exequente; **B:** incorreta, porque a indicação de bens pelo credor é facultativa, e não obrigatória; **C:** incorreta, porque o cônjuge pode requerer a adjudicação dos bens penhorados (art. 685-A, §2º do CPC); **D:** incorreta, porque a averbação da penhora no registro imobiliário gera presunção absoluta de publicidade; **E:** correta (art. 652-A, parágrafo único, CPC).

Gabarito "E"

(Defensor Público/MG – 2009 – FUMARC) Sobre a penhora no processo de execução, assinale a alternativa INCORRETA:

(A) Na execução de crédito hipotecário, a penhora recairá preferencialmente sobre a coisa dada em garantia.

(B) Realiza-se a renovação da penhora quando, executados os bens, o produto da alienação não bastar para o pagamento do credor.

(C) Penhorado bem indivisível, a meação do cônjuge, alheio à execução, recairá sobre o produto da alienação.

(D) A decretação da prisão civil do depositário judicial infiel far-se-á através de ação de depósito.

(E) Na execução por carta, a penhora, avaliação e alienação serão realizadas no foro da situação dos bens.

A: correta (art. 655, § 1º, CPC); **B:** correta (art. 667, II, CPC); **C:** correta (art. 655-B, CPC); **D:** incorreta, porque, de acordo com a Súmula Vinculante 25, "é ilícita a prisão civil do depositário infiel, qualquer que seja a modalidade do depósito" (também a Súmula 419 do STJ: "descabe a prisão civil do depositário infiel"); **E:** correta (art. 658 do CPC).

Gabarito "D"

(Defensor Público/MG – 2009 – FUMARC) Sobre os embargos de devedor, assinale a alternativa INCORRETA:

(A) A concessão de efeito suspensivo não impede a realização da penhora e a avaliação dos bens.

(B) Na execução por carta, serão julgados pelo juízo deprecante quando versarem, exclusivamente, sobre vício de citação do executado.

(C) Conta-se em dobro o prazo para sua oposição, quando se tratarem de executados com procuradores diferentes.

(D) Opostos pelo executado embargos à alienação de seus bens, poderá o adquirente desistir da aquisição.

(E) Serão opostos no prazo de 15 (quinze) dias, independentemente da segurança do juízo.

A: correta (art. 739-A, § 6º, CPC); **B:** correta (art. 747, CPC); **C:** incorreta (art. 738, § 3º, CPC); **D:** correta (art. 746, § 1º do CPC); **E:** correta (art. 738).

Gabarito "C"

(Defensor Público/SP – 2009 – FCC) Os menores João (12 anos), Maria (09 anos) e José (05 anos), obtiveram provimento judicial favorável em ação de alimentos. O pai das crianças, não se conformando com a condenação de pagar pensão alimentícia no valor mensal de 03 salários mínimos, apelou tempestivamente. Os menores apelados postularam a extração de carta de sentença e promoveram a execução provisória dos alimentos vencidos desde a citação, inclusive dos alimentos provisórios. Citado para o procedimento do artigo 733 do Código de Processo Civil, o executado ofertou justificativa e, simultaneamente, pretendendo elidir o risco de prisão civil, efetuou o depósito integral do débito apontado, atingindo o montante de R$ 20.520,00, requerendo que o valor ficasse retido nos autos até o julgamento do seu recurso. Os exequentes, demonstrando situação de necessidade, postularam o levantamento do depósito independentemente de caução, pedido esse deferido pelo juízo da execução na mesma decisão que não acolheu a justificação. A liberação do dinheiro aos exequentes foi

(A) correta, pois a caução pode ser dispensada na execução provisória de crédito de natureza alimentar até 60 vezes o valor do salário mínimo, mediante demonstração da situação de necessidade dos exequentes.

(B) incorreta, pois se houver provimento ao recurso de apelação do executado, com sensível diminuição do encargo alimentar, haverá dano irreparável ao devedor, pois os alimentos são irrepetíveis.

(C) correta, pois o juiz, em questões de família, está obrigado a decidir por equidade, aplicando seus critérios pessoais de justiça e, no caso concreto, ele considerou que o julgamento do recurso de apelação poderá demorar vários meses, colocando em risco a subsistência dos menores.

(D) incorreta, pois ao conceder o levantamento o juiz deveria ter condicionado a liberação do dinheiro à oportuna e circunstanciada prestação de contas pela representante legal dos menores, atento à irrepetibilidade dos alimentos.

(E) incorreta, pois se trata apenas de execução provisória e o artigo 475-O, inciso III do C.P.C. prevê expressamente que o levantamento de depósito em dinheiro depende de caução suficiente e idônea, arbitrada de plano pelo juiz e prestada nos próprios autos.

A alternativa "A" está correta, porque nos exatos termos do inciso I do § 2º do art. 475-O do CPC. As demais alternativas estão incorretas, porque contrárias ao que o dispositivo legal em questão estabelece.

Gabarito "A"

(Defensor Público/MS – 2008 – VUNESP) Na Execução Fiscal,

(A) a Fazenda Pública jamais poderá requerer a adjudicação dos bens penhorados.

(B) a Fazenda Pública poderá requerer a adjudicação dos bens penhorados antes do leilão, desde que não tenham sido oferecidos embargos ou se estes forem rejeitados.

(C) a Fazenda Pública poderá requerer a adjudicação dos bens penhorados, independentemente de embargos à execução.

(D) a adjudicação dos bens penhorados à Fazenda Pública somente é cabível, caso não haja ofertantes na segunda praça ou leilão.

A: incorreto (art. 24 da Lei 6.830/1980); **B:** correto (art. 24, I, da Lei 6.830/80); **C:** incorreto, já que a adjudicação só poderá ser pleiteada se não forem ajuizados embargos à execução ou se estes forem rejeitados pelo juízo (art. 24, I, da Lei 6.380/1980); **D:** incorreto. É cabível a adjudicação pela Fazenda Pública antes mesmo do leilão, desde que pelo preço da avaliação (art. 24, I, da Lei 6.830/80).

Gabarito "B"

(Defensor Público/CE – 2007 – CESPE) A respeito do processo de execução, julgue os itens que se seguem.

(1) Para configurar-se a fraude à execução é necessário que a execução já tenha sido ajuizada e que haja a citação do devedor. Os atos praticados em fraude à execução são anuláveis, cabendo ao credor requerer a anulação desses atos ao juízo da execução.

(2) Na execução por quantia certa, deve o credor instruir a petição inicial com a planilha demonstrativa do valor devido e os critérios utilizados na elaboração do cálculo.

(3) Na execução de alimentos por meio coercitivo, para afastar o decreto de prisão civil do devedor de alimentos, exige-se o pagamento das três últimas parcelas anteriores à citação do executado.

1: incorreto. Confira-se, nesse sentido, o teor da Súmula 375 do STJ: "O reconhecimento da fraude à execução depende do registro da penhora do bem alienado ou da prova de má-fé do terceiro adquirente". Ademais, a admissão da fraude à execução não importa na nulidade ou anulabilidade do negócio jurídico realizado entre executado/alienante e adquirente, mas tão somente na ineficácia de tal ato perante o exequente. Em outras linhas, é o plano da *eficácia*, e não o da *validade* que resta atingido. No dizer de Humberto Theodoro Jr., "Não se cuida, como se vê, de ato nulo ou anulável. O negócio jurídico, que frauda a execução, diversamente do que se passa com o que frauda credores, gera pleno efeito entre alienante e adquirente. Apenas não pode ser oposto ao exequente. Assim, a força da execução continuará a atingir o objeto da alienação ou oneração fraudulenta, como se estas não tivessem ocorrido. O bem será de propriedade do terceiro, num autêntico exemplo de responsabilidade sem débito". (THEODORO JR., Humberto. *Curso de Direito Processual Civil. Vol. II*. 41. ed. Rio de Janeiro: Forense, 2007, p. 205); **2:** correto (art. 614, II, do CPC); **3:** incorreto. "O débito alimentar que autoriza a prisão civil do alimentante é o que compreende as três prestações anteriores ao ajuizamento da execução e as que se vencerem no curso do processo". (Súmula 309 do STJ).

Gabarito 1E, 2C, 3E

(Defensor Público/MT – 2007 – DPE/MT) Sobre o processo de execução, assinale a afirmativa correta.

(A) Da mesma forma como ocorre com as sentenças proferidas por tribunal estrangeiro, dependem de homologação, para terem eficácia em nosso território, os títulos executivos extrajudiciais oriundos de país estrangeiro.

(B) É provisória a execução quando iniciada por título judicial transitado em julgado ou por título extrajudicial.

(C) A execução definitiva, em qualquer caso, será processada nos autos principais.

(D) Constitui-se título executivo judicial a sentença homologatória de transação ou de conciliação, ainda que verse sobre matéria não posta em juízo.

(E) Judicial ou extrajudicial, a execução para cobrança de crédito fundar-se-á sempre em título ilíquido, certo e inexigível.

A: incorreta (art. 585, § 2º, do CPC); **B:** incorreta (art. 587 do CPC); **C:** incorreta (art. 475-M, § 2º, do CPC); **D:** correta (art. 475-N, III, do CPC); **E:** incorreta (art. 586 do CPC).

Gabarito "D"

(Defensor Público/SP – 2007 – FCC) Na fase de cumprimento da sentença, para os fins previstos no *caput* do art. 475-J do CPC, o juiz ordena a pessoal intimação do Defensor Público, que atuou no processo como Curador Especial ao réu, citado por edital, para que o devedor, por ele "representado", venha a efetuar o pagamento do débito, em 15 dias, sob pena de sujeição à multa de 10% do valor da dívida. Essa intimação, ordenada pelo juiz, é

(A) inválida, pois não atuando por instrumento de mandato, o Defensor Público não reúne condições para representar o devedor e o acréscimo do débito afrontará o princípio do contraditório.

(B) inválida, pois não atuando por instrumento de mandato, o Defensor Público não reúne condições para representar o devedor e o ato de intimação, no todo, mostra-se nulo por violar o princípio do devido processo legal.

(C) válida, pois pelo regramento do art. 236 do CPC a intimação da parte representada poderá se dar na pessoa de seu procurador constituído nos autos.

(D) válida, pois tal intimação constitui-se em ato assemelhado à citação pessoal.

(E) válida, por ter sido suprimida do ordenamento processual a execução de títulos judiciais.

Nesse sentido a jurisprudência do TJSP: "Cumprimento de sentença – Intimação para pagamento voluntário na pessoa do defensor público – parte revel citada por edital, representada por Defensor Público, deve ser intimada através dos meios legais – Defensor Público nomeado como curador especial para defender os interesses de réu citado por edital, não possui contato com a parte – justificável a reforma da decisão, para determinar a intimação da devedora através dos meios legais. Recurso da ré parcialmente provido" (AgIn 1.193.698-00/5, j. 14.01.2009).

Gabarito "B"

(Defensor Público/RO – 2007 – FJPF) A alternativa que se relaciona ao caso do credor desejar desistir da execução, após o devedor ter sido regularmente citado é:

(A) depende do momento da execução e da autorização do juiz

(B) depende da anuência do executado e da autorização judicial

(C) depende da vontade do executado e não da autorização do juiz

(D) não depende da vontade do executado mas da autorização judicial

(E) não depende de nenhum ato do executado nem da autorização Judicial

Não tendo o executado reagido por meio de embargos à execução, afigura-se dispensável seu consentimento quanto ao pedido de desistência formulado pelo exequente. O mesmo se estende à necessidade de autorização judicial, posto que se cuida de faculdade conferida ao credor (art. 569 do CPC).

Gabarito "E"

(Defensor Público da União – 2007 – CESPE) Julgue o seguinte item:

(1) Na ação ajuizada contra a fazenda pública que tenha por objeto a restauração de benefícios previdenciários anteriormente concedidos, se o pedido for julgado procedente, é possível a execução provisória da sentença.

1: correto. Nesse sentido: "Processual civil. Administrativo. Servidor público estadual. Execução provisória de sentença contra Fazenda Pública. Não incidência da vedação do art. 2º-B da Lei nº 9.494/97. Hipótese não prevista. 1. Esta Corte Superior, no desempenho da sua missão constitucional de interpretação da legislação federal, deu uma exegese restritiva ao art. 2º-B da Lei 9.494/97, no sentido de que a vedação de execução provisória de sentença contra a Fazenda Pública deve se ater às hipóteses expressamente elencadas no referido dispositivo. Precedentes. 2. Em face da referida interpretação restritiva, tem-se afastado a aplicação do art. 2º-B da Lei 9.949/1997 aos casos de revisão de pensões, bem como nos casos de restauração de benefícios previdenciários anteriormente percebidos, por não se enquadrarem nas hipóteses elencadas no dispositivo em questão. Precedentes. 3. Aplica-se, por analogia, a Súmula 729/ STF: 'A decisão na ADC-4 não se aplica à antecipação de tutela em causa de natureza previdenciária.' 4. Agravo regimental desprovido". (STJ, 5ª T., AgRg no REsp 658.518 / RS. rel. Min. Laurita Vaz. j. 21.11.2006, DJ 05.02.2007).

Gabarito 1C

(Defensor Público da União – 2007 – CESPE) Julgue os seguintes itens.

(1) Na impugnação ao cumprimento da sentença, o réu poderá alegar que a sentença fundamentou-se em texto legal declarado inconstitucional pelo STF ou que se baseou em texto legal interpretado ou aplicado de forma considerada inconstitucional por esse tribunal.

(2) Após a entrada em vigor da Lei nº 11.232/2005, a natureza jurídica da liquidação de sentença modificou-se, tornando-se uma simples fase, um incidente do próprio processo em que a sentença foi proferida, fase essa posterior à prolação da sentença e anterior à fase de cumprimento da sentença.

1: correto (art. 475-L, § 1º, do CPC); **2:** correto, pois com a recente alteração houve uma pacificação acerca da natureza jurídica do instituto da liquidação de sentença; atualmente, outra visão não é possível acerca deste instituto senão enxergá-lo como mera fase do processo de conhecimento servindo como um elo cognitivo entre a fase de conhecimento e a fase de cumprimento da sentença.

Gabarito 1C, 2C

(Defensor Público/SE – 2006 – CESPE) Julgue os seguintes itens.

(1) A execução de alimentos pelo rito da coerção pessoal prevista no art. 733 do Código de Processo Civil (CPC) tem como pressuposto a atualidade do débito, ou seja, é referente às três últimas parcelas anteriores ao ajuizamento do processo executivo, não se incluindo, portanto, parcelas que vencerem no curso do processo, que serão cobradas na forma do artigo 732 do CPC, ou seja, execução por quantia certa.

(2) Considere a seguinte situação hipotética. Ajuizada execução alimentícia sob o rito de execução por quantia certa contra devedor solvente, o devedor foi citado e teve penhorado veículo de sua propriedade. O executado reconheceu parcela da dívida, no entanto, questionou que alguns dos créditos seriam inexigíveis, quais sejam aqueles referentes ao pagamento de mensalidades de cursos extracurriculares, ou seja, discussão sobre os limites do título, da qual possa decorrer eventual excesso de execução. Nessa situação, o executado poderá defender-se, apresentando exceção de pré-executividade.

(3) Quando se tratar de execução de alimentos com rito de execução por quantia certa contra devedor solvente, no saldo devedor não poderão ser incluídas as parcelas vencidas no curso da execução, pois haverá a perda da liquidez da dívida e será violado o pressuposto da certeza e da exigibilidade da quantia executada.

(4) Considere que foi ajuizada execução de alimentos, fixados em percentual sobre o salário mensal do alimentante. O executado apresentou como justificativa para o inadimplemento o fato de ter seu contrato de trabalho rescindido e que atualmente desenvolvia pequenos e eventuais serviços, razão pela qual não tinha condições financeiras para cumprir a obrigação anteriormente assumida com criação e educação dos filhos menores. Nessa situação, o juiz deverá extinguir o processo de execução, pois a rescisão do contrato de trabalho do devedor de alimentos retira a liquidez do título executivo judicial e não existe base de cálculo para apurar a quantia devida.

1: incorreto, pois o rito previsto no art. 733 do CPC é cabível para execução das três últimas prestações mais as que se vencerem no curso da demanda; esse é o entendimento atual dos tribunais superiores; **2:** incorreto, pois a jurisprudência ainda tem admitido a exceção de pré-executividade, porém em situações que gerariam a nulidade ou inexistência do título; no caso, a alegação de excesso de execução teria que, necessariamente, ser deduzida por meio de embargos à execução; **3:** incorreto, pois não há qualquer motivo plausível para a vedação da inclusão das prestações vencidas no curso da demanda, sendo certo que se trata de opção do exequente que preza o princípio da economia processual, evitando, em caso de inadimplência do devedor, a propositura de outra ação de execução para se executar as prestações vencidas no curso daquela demanda; **4:** incorreto, pois o entendimento atual da jurisprudência é no sentido de que, mesmo em caso de a sentença que fixou a verba alimentar não ter previsto o valor dos alimentos em caso de desemprego ou de emprego informal, ainda persistirá a obrigação no valor da média que vinha sendo paga até que o alimentante ingresse com eventual ação revisional, não tirando, portanto, a liquidez do título o fato ter rescindido o contrato de trabalho.

Gabarito 1E, 2E, 3E, 4E

(Defensor Público/RN – 2006 – Instituto Talento) Em termos de execução, o Código de Processo Civil estabelece as seguintes normas:

(A) A morte de quaisquer das partes suspende a execução.
(B) Na execução de alimentos o devedor será citado para pagar ou oferecer bens a penhora.
(C) Na ordem da penhora os imóveis antecedem os móveis.
(D) A decisão que rejeita a exceção de pré-executividade é recorrível através de apelação.

A: correta (art. 791, II, do CPC); **B:** incorreta (art. 733 do CPC); **C:** incorreta (art. 655 do CPC); **D:** incorreta, pois a decisão que rejeita exceção de pré-executividade é interlocutória e não coloca fim ao processo, razão pela qual o recurso cabível é o de agravo.

Gabarito "A"

(Defensor Público/MG – 2006 – FUNDEP) A respeito do cumprimento do provimento jurisdicional, nos termos da legislação processual civil em vigor, é CORRETO afirmar que o procedimento será iniciado.

(A) Exclusivamente de ofício e poderá o devedor, ao ser intimado, nomear bens à penhora.
(B) Por exclusiva iniciativa da parte.
(C) De ofício ou a requerimento e permite que o devedor, ao ser intimado, nomeie bens à penhora.
(D) De ofício ou por iniciativa da parte, e a penhora de bens, de ofício ou a requerimento, ocorrerá se o devedor não cumprir o determinado na sentença.
(E) De ofício ou por iniciativa da parte, e a penhora de bens, a requerimento, ocorrerá se o devedor não cumprir o determinado na sentença.

Art. 262 do CPC.

Gabarito "B"

(Defensor Público/MG – 2006 – FUNDEP) Contra o inadimplente das verbas alimentícias, foi ajuizada a execução por pensões alimentícias, sob o rito especial do processo de execução de prestação alimentícia, com pedido de prisão do devedor. Citado, o devedor não pagou nem justificou o inadimplemento, motivando, assim, a expedição de mandado de prisão, que foi devidamente cumprido.

A respeito do cumprimento da prisão pelo prazo estabelecido pelo juiz, é CORRETO afirmar:

(A) Que a execução, após o cumprimento da pena, prosseguirá sob o rito de execução por quantia certa.
(B) Que, cumprida a pena e não paga a pensão alimentícia, o juiz decretará nova pena de prisão, como forma coercitiva de obrigar o pagamento.
(C) Que o cumprimento da pena é causa anômala de extinção do processo de execução.

(D) Que o cumprimento da pena é causa de elisão da obrigação de pagar o valor da pensão alimentícia executada, e o processo será extinto.

(E) Que o devedor terá a sua insolvência civil declarada pelo juiz.

De fato, após cumprido o prazo do mandado de prisão a execução deverá prosseguir, porém agora como execução por quantia certa, eis que o executado não poderá ser novamente preso em razão do mesmo débito.

Gabarito "A"

(Defensor Público da União – 2004 – CESPE) Julgue os itens que se seguem, acerca de execução e mandado de segurança.

(1) Recaindo mais de uma penhora sobre bem(ns) do devedor comum, e ressalvada a instauração do concurso universal, governado pelo princípio do *par conditio creditorum*, por iniciativa do executado ou de qualquer credor, a distribuição do produto da alienação, entre quirografários, seguirá a ordem de anterioridade das penhoras.

1: correto (arts. 711 e 712 do CPC).

Gabarito "1C"

13. Cautelar

(Defensor Público/AM – 2013 – FCC) A medida cautelar

(A) de sequestro tem cabimento quando a parte pretende a exibição judicial de documento comum às partes.

(B) de produção antecipada de provas é cabível nos casos em que parte tem dúvida sobre a existência de fato a ser objeto da ação principal.

(C) em regra, não demanda a citação do réu.

(D) pode ser requerida a qualquer tempo, pelos mesmos motivos, ainda que tenha perdido a eficácia.

(E) perde a eficácia com a extinção sem resolução de mérito do processo principal.

A: incorreto. Afigura-se cabível, em tal hipótese, a cautelar de exibição (art. 844, II, do CPC); **B:** incorreto. Nesse caso, reputa-se adequada a cautelar de justificação (art. 861 do CPC); **C:** incorreto (art. 802 do CPC); **D:** incorreto (art. 808, parágrafo único, do CPC); **E:** correto (art. 808, III, do CPC).

Gabarito "E"

(Defensor Público/AC – 2012 – CESPE) Assinale a opção correta, com relação a medidas cautelares.

(A) Equipara-se à prova literal da dívida líquida e certa, para efeito de concessão de arresto, a sentença, líquida ou ilíquida, desde que transitada em julgado, condenando o devedor ao pagamento de dinheiro ou de prestação que em dinheiro possa converter-se.

(B) O juiz poderá decretar de ofício o sequestro de bens imóveis, quando lhes for disputada a propriedade ou posse, havendo fundado receio de rixas ou danificações devido ao interesse público envolvido.

(C) De acordo com a jurisprudência do STJ, tendo a medida cautelar de arresto a finalidade de assegurar o resultado prático e útil do processo principal, as hipóteses de cabimento do arresto listadas no CPC não são exaustivas, mas exemplificativas, bastando, para a concessão dessa medida, o risco de dano e o perigo da demora.

(D) Desde que seja comprovada a má-fé ou culpa do requerente de processo cautelar e que a sentença, no processo principal, lhe seja desfavorável, ele deverá responder pelos prejuízos que a execução da medida causar ao requerido.

(E) Se, durante o curso de ação de separação judicial, o DP verificar dilapidação, pelo cônjuge, de bens domésticos e veículos automotores do casal, ele deverá requerer ao juiz da causa cautelar de busca e apreensão, medida adequada aos casos em que os bens litigiosos sejam coisas móveis.

A: incorreto, pois a sentença, ainda quando pendente de recurso, equipara-se à prova literal da dívida líquida e certa, para efeito de concessão de arresto (art. 814, parágrafo único, do CPC); **B:** incorreto (art. 822, caput, do CPC); **C:** correto. Nesse sentido: "Processual civil. Ação cautelar preparatória. Termo "a quo" para a propositura da ação principal. Data da ciência ao autor do cumprimento da medida. CPC, art. 806. Exegese. Entendimento da T. Arresto. Requisitos. Precedentes. CPC, art. 813. Recurso desacolhido. I – Nos termos do posicionamento da Turma,'o prazo para a propositura da ação principal conta-se, em princípio, da data em que o autor teve ciência da efetivação da medida'. II – Considerando que a medida cautelar de arresto tem a finalidade de assegurar o resultado prático e útil do processo principal, é de concluir-se que as hipóteses contempladas no art. 813, CPC, não são exaustivas, mas exemplificativas, bastando, para a concessão do arresto, o risco de dano e o perigo da demora." (REsp 123659/PR, rel. Min. Sálvio de Figueiredo Teixeira, 4ª T., j. 09.06.1998, DJ 21.09.1998, p. 175); **D:** incorreto. O art. 811 do CPC retrata as hipóteses em que o autor será responsabilizado objetivamente pelos danos processuais causados ao réu durante a execução da medida cautelar, de modo que se revela prescindível a apuração de culpa ou dolo; **E:** incorreto. Em tal hipótese, reputa-se cabível a cautelar de sequestro (art. 822, III, do CPC).

Gabarito "C"

(Defensor Público/GO – 2010 – Instituto Cidades) Define-se a competência para a ação cautelar pelas regras que norteiam a ação principal, sendo correto, em consequência disso, afirmar que

(A) em caso de urgência, mesmo estando a principal no tribunal, a cautelar poderá ser requerida ao Juiz de primeira instância.

(B) uma vez interposto o recurso na ação principal, eventual medida cautelar deverá ser requerida diretamente ao tribunal, salvo em ação como a de alimentos provisionais.

(C) a ação cautelar somente será requerida junto ao tribunal se, a despeito de interposto, o recurso tiver sido por ele recebido.

(D) a medida cautelar será requerida ao Juiz da causa, salvo se incidental, quando competirá ao relator no tribunal.

(E) reconhecendo o Juiz da causa principal a sua incompetência absoluta, deverá anular a sentença que houver proferido na ação cautelar e determinar a remessa dos autos ao juízo competente.

A: incorreto (art. 800, parágrafo único, do CPC); **B:** correto (arts. 800, parágrafo único, e 853 do CPC); **C:** incorreto, já que basta a interposição do recurso para que seja requerida a medida cautelar diretamente ao tribunal (art. 800, parágrafo único, do CPC); **D:** incorreto (art. 800, *caput*, do CPC); **E:** incorreto. Embora o art. 113, § 2º, do CPC, seja categórico ao determinar que o juízo absolutamente incompetente deve declarar a nulidade de todos os atos decisórios proferidos, a própria Suprema Corte agasalha precedentes que excepcionam a referida regra. Em alguns casos, tendo como fundamento o fato de que a cautelar se destina a assegurar a própria efetividade da ação principal, é possível que o juízo incompetente não pronuncie a nulidade dos atos decisórios praticados no ventre do processo cautelar e encaminhe os autos ao juízo competente, o qual, de acordo com o seu livre convencimento, ratificará ou não as decisões já exaradas. *Mutatis mutandis*, observe-se o seguinte precedente do STF: "*Habeas Corpus*. 2. Crimes de Estelionato. 3. Alegações de: a) ausência de indícios de autoria e materialidade; b) falta de fundamentação da preventiva; c) violação ao princípio do juiz natural; e d) excesso de prazo da prisão preventiva. 4. Prejudicialidade parcial do pedido, o qual prossegue apenas com relação à alegada violação ao princípio do juiz natural. 5. Em princípio, a jurisprudência desta Corte entendia que, para os casos de incompetência absoluta, somente os atos decisórios seriam anulados. Sendo possível, portanto, a ratificação de atos não decisórios. Precedentes citados: HC 71.278/PR, rel. Min. Néri da Silveira, 2ª T., j. 31.10.1994, DJ 27.09.1996 e RHC 72.962/GO, rel. Min. Maurício Corrêa, 2ª Turma, j. 12.09.1995, DJ 20.10.1995. 6. Posteriormente, a partir do julgamento do HC 83.006-SP, Pleno, por maioria, rel. Min. Ellen Gracie, DJ 29.08.2003, a jurisprudência do Tribunal evoluiu para admitir a possibilidade de ratificação pelo juízo competente inclusive quanto aos atos decisórios. 7. Declinada a competência pelo Juízo Estadual, o juízo de origem federal ao ratificar o sequestro de bens (medida determinada pela justiça comum), fez referência expressa a uma série de indícios plausíveis acerca da origem ilícita dos bens como a incompatibilidade do patrimônio do paciente em relação aos rendimentos declarados. 8. No decreto cautelar, ainda, a manifestação da Juíza da Vara Federal Criminal é expressa no sentido de que, da análise dos autos, há elementos de materialidade do crime e indícios de autoria. 9. Ordem indeferida. (HC 88262, segundo julgamento, rel. Min. Gilmar Mendes, 2ª T., j. 18.12.2006, DJ 30.03.2007, RTJ v. 201-02, p. 682).

Gabarito "B"

(Defensor Público/PA – 2009 – FCC) Efetivada a medida cautelar, concedida liminarmente, a parte tem

(A) sessenta dias para propor a ação principal, se o autor for o Ministério Público.

(B) trinta dias para propor a ação principal, sob pena de perempção.

(C) trinta dias para propor a ação principal, sob pena de prescrição

(D) trinta dias para propor a ação principal, sob pena de preclusão.

(E) sessenta dias para propor a ação principal, se o autor for pessoa jurídica de direito público.

De acordo com o art. 806 do CPC, correta é a alternativa "D". As demais que apontam o mesmo prazo, contém o erro de mencionar perempção e prescrição, quando, na verdade, a ausência de propositura da principal acarreta mera preclusão da medida. Além disso, não há qualquer previsão de prazo em dobro para a Fazenda Pública ou o Ministério Público proporem a ação principal.

Gabarito "D"

(Defensor Público/MT – 2007 – DPE/MT) Com relação aos procedimentos cautelares específicos, assinale a afirmativa correta.

(A) O juiz poderá decretar busca e apreensão de pessoas ou de coisas.
(B) É admissível recurso no processo de justificação.
(C) Julgada procedente ação principal, o arresto se resolve pela compensação.
(D) A caução fidejussória não pode ser prestada por terceiro.
(E) A prova testemunhal e o depoimento pessoal admitem produção antecipada, o que não ocorre com a prova pericial.

A: correta (art. 839 do CPC); **B:** incorreta (art. 865 do CPC); **C:** incorreta (art. 818 do CPC); **D:** incorreta (art. 828 do CPC); **E:** incorreta (art. 846 do CPC).

Gabarito "A"

(Defensor Público/RO – 2007 – FJPF) A medida cautelar adequada para evitar o *periculum in mora* em semoventes é:

(A) busca e apreensão
(B) arrolamento
(C) sequestro
(D) arresto
(E) caução

A alternativa "C" é correta (art. 822, I, do CPC).

Gabarito "C"

(Defensor Público/PA – 2006 – UNAMA) A respeito do processo cautelar, pode-se afirmar:

I. ainda que a causa principal penda de julgamento no tribunal, o pedido de alimentos provisionais processar-se-á no primeiro grau de jurisdição.
II. o requerido será citado para contestar o pedido no prazo de 5 dias, contando-se o prazo da efetivação da citação.
III. ainda que interposto recurso, a medida cautelar será requerida ao juízo do primeiro grau de jurisdição.
IV. o juiz, a requerimento da parte, pode decretar o arresto dos bens do casal, nas ações de separação judicial e de anulação de casamento, se o cônjuge os estiver dilapidando.

Somente é correto o que se afirma em:

(A) I, II e IV.
(B) I.
(C) II e IV.
(D) III.

I: correto (art. 853 do CPC); **II:** incorreto, pois o prazo de cinco dias se conta a partir da juntada aos autos do mandado (art. 802, parágrafo único, do CPC); **III:** incorreto (art. 800, parágrafo único, do CPC); **IV:** incorreto. O arresto cautelar tem por objetivo assegurar o resultado útil (*princípio da efetividade processual*) de uma eventual execução por quantia certa. Cuida-se de ação cautelar patrimonial restritiva – de segurança dos bens – que tem por objetivo evitar que o devedor dissipe seu patrimônio fraudulentamente ao antever a possibilidade de expropriação de seus bens. Atente-se para o fato de que, em tal ação, apreendem-se *bens indeterminados* do patrimônio do devedor, ao passo que na *cautelar de sequestro* apreendem-se *bens determinados* de seu acervo. Tal diferença básica é comumente perguntada em provas objetivas e deve, portanto, ser compreendida pelo caro leitor. Na hipótese trazida à baila pelo examinador, o juiz deverá, a requerimento da parte, decretar o *sequestro* e não o arresto dos bens do casal. (art. 822, III, do CPC).

Gabarito "B"

14. Procedimentos Especiais

(Defensor Público/AM – 2013 – FCC) No inventário

(A) admite-se instrução probatória para apuração de débitos do espólio.
(B) incumbe ao inventariante a administração dos bens do espólio.
(C) julga-se a partilha independentemente do pagamento do ITCMD.
(D) não cabe nomeação de perito para avaliação dos bens.
(E) será nomeado inventariante, preferencialmente, o filho mais velho do falecido.

A: incorreto. Em tal situação, o credor será remetido às vias ordinárias (art. 1.018, caput, do CPC); **B:** correto (art. 991, II, do CPC); **C:** incorreto (art. 1.026 do CPC); **D:** incorreto (art. 1.003, caput, do CPC); **E:** incorreto. Conforme a ordem elencada no art.990 do CPC, o cônjuge ou companheiro sobrevivente, desde que estivesse convivendo com o outro ao tempo da morte deste, prefere aos demais herdeiros (art. 990, I, do CPC).

Gabarito "B"

(Defensor Público/PR – 2012 – FCC) Considerando as disposições referentes aos procedimentos especiais de jurisdição contenciosa regulados pelo Código de Processo Civil,

(A) a ação de embargos de terceiro não é admissível se fundada em alegação de posse proveniente de compromisso de compra e venda de imóvel desprovido do respectivo registro.
(B) de igual maneira ao que ocorre no procedimento ordinário, a utilização da reconvenção na ação monitória pressupõe a apresentação dos embargos ao mandado judicial de pagamento ou de entrega.
(C) o Superior Tribunal de Justiça passou a entender que, inobstante disponha o credor de título executivo extrajudicial, é possível o ajuizamento de ação monitória, desde que a opção não venha prejudicar o direito de defesa do devedor.
(D) a presença do fator urgência é condição inarredável para a concessão da liminar possessória de reintegração ou manutenção, que poderá, conforme a discricionariedade do julgador, ser precedida da realização de audiência de justificação.
(E) o julgamento de ação possessória anterior, com decisão transitada em julgado, inibe a propositura de ação demarcatória sobre o mesmo bem imóvel em razão do obstáculo intransponível da coisa julgada material, reconhecidamente um pressuposto processual negativo.

A: incorreto (Súmula 84 do STJ: "É admissível a oposição de embargos de terceiro fundados em alegação de posse advinda do compromisso de compra e venda de imóvel, ainda que desprovido do registro."); **B:** incorreto. No procedimento comum ordinário, o réu poderá ajuizar reconvenção ainda que não apresente contestação; consectariamente, será revel e o juízo deverá verificar a incidência ou não, na espécie, dos efeitos materiais que lhe são ínsitos, bem assim da hipótese encartada no art. 330, II, do CPC. Doutro giro, no procedimento afeto à ação monitória, se o réu não apresentar embargos, o mandado de pagamento se converterá em executivo (art. 1.102-C, caput, do CPC), eis que só com o oferecimento dos embargos é que o procedimento especial da monitória se converte em ordinário (art. 1.102-C, § 2º, do CPC). Sendo assim, se o devedor pretender oferecer esta espécie de resposta, afigura-se necessário o manejo concomitante de tal defesa e da reconvenção. Registramos que boa parcela da doutrina e a própria jurisprudência do STJ vociferam no sentido de que os embargos à monitória ostentam natureza de defesa e não de ação. Ao menos, essa é a inteligência da Súmula 292 do STJ: "A reconvenção é cabível na ação monitória, após a conversão do procedimento em ordinário"; **C:** correto. Nesse sentido: "agravo regimental. Agravo em recurso especial. Direito processual civil. Existência de título executivo extrajudicial. Ajuizamento de ação monitória em vez de ação de execução. Faculdade do credor, desde que a opção não implique prejuízo à defesa do devedor. Decisão agravada mantida. 1.– Embora disponha de título executivo extrajudicial, o credor tem a faculdade de levar a lide ao conhecimento do Judiciário da forma que lhe aprouver, desde que a escolha por um ou por outro meio processual não venha a prejudicar do direito de defesa do devedor. Não é vedado pelo ordenamento jurídico o ajuizamento de Ação Monitória por quem dispõe de título executivo extrajudicial. 2.– O agravo não trouxe nenhum argumento capaz de modificar a conclusão do julgado, a qual se mantém por seus próprios fundamentos. 3.– Agravo Regimental improvido. (AgRg no AREsp 148.484/SP, rel. Min. Sidnei Beneti, 3ª T., j. 15.05.2012, DJe 28.05.2012); **D:** incorreto. Primeiramente, revela-se prescindível a demonstração do periculum in mora por parte do autor, visto que os requisitos elencados pelo art. 927 do CPC destoam daqueles erigidos pela antecipação geral constante do art. 273 do CPC. Dito de outra forma, basta que o demandante demonstre a sua posse, a turbação ou o esbulho praticado pelo réu, a data da turbação ou do esbulho e a continuação da posse, embora turbada (na ação de manutenção), ou a perda da posse (na ação de reintegração), para que logre o deferimento in limine da tutela possessória postulada. Impõe observar, portanto, que, conquanto ambas possuam natureza satisfativa – e não cautelar, frise-se – a antecipação prevista no art. 273 do CPC se distingue daquela esculpida no art. 927 do mesmo diploma por conta da dessemelhança existente entre os requisitos necessários à sua outorga; ontologicamente, pretendem o mesmo, ainda que por vias diversas. Em favor de tal lição, desponta o precioso magistério de Donaldo Armelin (apud DESTEFENNI, Marcos. Curso de Direito Processual Civil, vol. 3, 3. ed. São Paulo: Saraiva, 2009, p. 390-391): "Essa peculiaridade das ações possessórias não foi esgarçada com a admissão no sistema processual do instituto da antecipação de tutela. Na antecipação genérica dos efeitos da tutela jurisdicional exigem-se requisitos que não se reclamam naquela específica. Assim é que, para a concessão das liminares possessórias, é despicienda a existência de fundado receio de dano irreparável ou de difícil reparação como o exige o art. 273. Suficiente será para o possuidor esbulhado, turbado ou ameaçado, a prova de sua posse e do esbulho, turbação ou ameaça, condicionando-se em relação aos dois primeiros fatos, sua ocorrência em menos de ano e dia". Sob outro enfoque, colmatados os requisitos do art. 927, o juízo deve conceder liminarmente a tutela possessória requestada pelo requerente; senão, deverá designar audiência de justificação da posse, com vistas a colher a prova a ser produzida pelo requerente, não havendo, pois, qualquer discricionariedade em tal análise. Ratificando o que ora se aduz: "A liminar não está sujeita ao arbítrio do juiz. A discricionariedade não se coaduna com as decisões judiciais, mas apenas com os atos administrativos. Se estiverem preenchidos os requisitos, o juiz deverá concedê-la. Do contrário, não. [...] É que, tendo o autor postulado a concessão de liminar, cabe ao juiz verificar se os elementos por ele trazidos são suficientes para a concessão de liminar. Se não o forem, não se vislumbra razão para que o juiz indefira a liminar, sendo necessário que primeiro designe audiência de justificação, dando ao autor nova oportunidade para demonstrar o alegado. Essa interpretação é que resulta da leitura do art. 928, no qual se estabelece que o juiz determinará a realização da audiência se não puder conceder desde logo a liminar" (GONÇALVES, Marcus Vinícius Rios. Novo Curso de Direito Processual Civil. Vol 2. 7. ed. São Paulo: Saraiva, 2011, p. 284-285); **E:** incorreto. Em se tratando de ação demarcatória, não há cogitar-se de extensão dos efeitos da decisão transitada em julgado proferida em ação possessória, por conta, sobretudo, da diversidade de causas de pedir: enquanto a ação demarcatória funda-se no direito de propriedade – cuida-se, pois, de ação real imobiliária – as demandas possessórias tem lastro no direito de posse (jus possessionis). Logo, havendo divergência de causas de pedir, afigura-se inexistente a identidade entre as aludidas demandas, de modo que se impõe o afastamento da auctoritas rei iudicatae e, portanto, da possibilidade de ajuizamento de ação demarcatória. A propósito, confira-se: "Processo civil – Recurso ordinário em mandado de segurança – Manutenção de posse – Improcedência – Coisa julgada – Reintegração de posse – Expedição de mandado – Execução imediata – Ação demarcatória – Independência de objetos – Art. 538, § único, do CPC – Multa – Desprovimento. 1 – Na esteira de culta doutrina (SERPA LOPES e OVÍDIO BAPTISTA DA SILVA), as possessórias têm natureza executiva e devem ser processadas de plano, com a simples expedição do mandado, sendo desnecessária, a citação do executado. Inaplicável, na espécie, o art. 603, do CPC. Precedentes (REsp 14.138/MS, rel. Min. Sálvio de Figueiredo Teixeira e REsp 54.780/DF, rel. Min. Carlos Alberto Menezes Direito). Ademais, sendo os objetos das ações demarcatória e possessória distintas, o resultado de uma não cria obstáculos na execução da outra, sendo desnecessário o aguardo da correta delimitação da área para que a reintegração de posse seja cumprida. [...]" (RMS 10231/BA, rel. Min. Jorge Scartezzini, 4ª T., j. 22.02.2005, DJ 28.03.2005, p. 256).

Gabarito "C"

(Defensor Público/SP – 2012 – FCC) Procedimentos especiais.

(A) O pedido de alvará judicial autônomo pode ser utilizado pelos herdeiros para o levantamento dos montantes das contas individuais do FGTS e Pis-Pasep, bem como para o recebimento das restituições relativas ao imposto de renda, quando não recebidos em vida pelos respectivos titulares, sendo que, em caso de quantia depositada em conta poupança ou conta de investimento, independentemente do valor, será necessária a abertura de arrolamento ou inventário.

(B) Em ação de busca e apreensão de veículo objeto de alienação fiduciária, após a execução da liminar concedida, caso ocorra a purgação da mora pelo réu no prazo legal e o autor já tenha vendido o bem em leilão, sendo a ação improcedente, a sentença condenará o credor fiduciário ao pagamento de multa, em favor do devedor fiduciante, equivalente a cinquenta por cento do valor originalmente financiado, devidamente atualizado, sem prejuízo da reparação por eventuais perdas e danos.

(C) A sobrepartilha de bens sonegados não correrá nos autos do inventário do autor da herança, exigindo novo processo.

(D) Falecendo qualquer das partes, a habilitação do espólio ou dos sucessores será feira em procedimento autônomo, não se admitindo a habilitação nos autos da causa principal.

(E) Em ação de reintegração de posse, proposta dentro de ano e dia do esbulho, a antecipação de tutela deferida liminarmente deve ser fundamentada em situação de perigo, eis que se trata de tutela de urgência.

A: incorreto (art. 2º, caput, da Lei 6.858/1980); **B:** correto (art. 3º, §§ 6º e 7º, do Decreto-Lei 911/1969); **C:** incorreto (arts. 1.040, I, e 1.041, parágrafo único, do CPC); **D:** incorreto (art. 1.060 do CPC); **E:** incorreto. Primeiramente, revela-se prescindível a demonstração do periculum in mora por parte do autor, visto que os requisitos elencados pelo art. 927 do CPC destoam daqueles erigidos pela antecipação geral constante do art. 273 do CPC. Dito de outra forma, basta que o demandante demonstre a sua posse, a turbação ou o esbulho praticado pelo réu, a data da turbação ou do esbulho e a continuação da posse, embora turbada (na ação de manutenção), ou a perda da posse (na ação de reintegração), para que logre o deferimento in limine da tutela possessória postulada. Impõe observar, portanto, que, conquanto ambas possuam natureza satisfativa – e não cautelar, frise-se – a antecipação prevista no art. 273 do CPC se distingue daquela esculpida no art. 927 do mesmo diploma por conta da dessemelhança existente entre os requisitos necessários à sua outorga; ontologicamente, pretendem o mesmo, ainda que por vias diversas. Em favor de tal lição, desponta o precioso magistério de Donaldo Armelin (apud DESTEFENNI, Marcos. Curso de Direito Processual Civil, Vol. 3, 3. ed. São Paulo: Saraiva, 2009, p. 390-391): "Essa peculiaridade das ações possessórias não foi esgarçada com a admissão no sistema processual do instituto da antecipação de tutela. Na antecipação genérica dos efeitos da tutela jurisdicional exigem-se requisitos que não se reclamam naquela específica. Assim é que, para a concessão das liminares possessórias, é despicienda a existência de fundado receio de dano irreparável ou de difícil reparação como o exige o art. 273. Suficiente será para o possuidor esbulhado, turbado ou ameaçado, a prova de sua posse e do esbulho, turbação ou ameaça, condicionando-se em relação aos dois primeiros fatos, sua ocorrência em menos de ano e dia". Sob outro enfoque, colmatados os requisitos do art. 927, o juízo deve conceder liminarmente a tutela possessória requestada pelo requerente; senão, deverá designar audiência de justificação da posse, com vistas a colher a prova a ser produzida pelo requerente, não havendo, pois, qualquer discricionariedade em tal análise. Ratificando o que ora se aduz: "A liminar não está sujeita ao arbítrio do juiz. A discricionariedade não se coaduna com as decisões judiciais, mas apenas com os atos administrativos. Se estiverem preenchidos os requisitos, o juiz deverá concedê-la. Do contrário, não. [...] É que, tendo o autor postulado a concessão de liminar, cabe ao juiz verificar se os elementos por ele trazidos são suficientes para a concessão de liminar. Se não o forem, não se vislumbra razão para que o juiz indefira a liminar, sendo necessário que primeiro designe audiência de justificação, dando ao autor nova oportunidade para demonstrar o alegado. Essa interpretação é que resulta da leitura do art. 928, no qual se estabelece que o juiz determinará a realização da audiência se não puder conceder desde logo a liminar" (GONÇALVES, Marcus Vinícius Rios. Novo Curso de Direito Processual Civil. Vol 2. 7. ed. São Paulo: Saraiva, 2011, p. 284-285).

Gabarito "B"

(Defensor Público/RS – 2011 – FCC) Procedimentos especiais previstos no Código de Processo Civil.

(A) A ação de demarcação de terras particulares é fundada no domínio, sendo vedada discussão, em seu bojo, de matéria possessória, não havendo, igualmente, possibilidade de formulação, pelo autor, de queixa de esbulho ou de turbação.

(B) O juiz determinará, de ofício, que se inicie o inventário, se nenhuma das pessoas com legitimidade prevista em lei o requerer no prazo legal.

(C) A partilha amigável pode ser rescindida, ao passo que a partilha julgada por sentença pode ser anulada, desde que incidentes as hipóteses legais.

(D) No procedimento do inventário e da partilha, o pedido de adjudicação é admissível quando existentes não mais que dois herdeiros, desde que sejam maiores e capazes.

(E) Na ação de consignação em pagamento, a sentença que concluir pela insuficiência do depósito determinará, sempre que possível, o montante devido, embora não possa valer como título executivo.

A: incorreto (art. 951 do CPC); **B:** correto (art. 989 do CPC); **C:** incorreto. A partilha amigável pode ser *anulada* (art. 1.029, *caput*, do CPC), ao passo que a partilha julgada por sentença pode ser *rescindida* (art. 1.030, *caput*, do CPC); **D:** incorreto. A adjudicação somente é cabível quando houver herdeiro único (art. 1.031, § 1º, do CPC); **E:** incorreto, posto que a sentença que conclui pela insuficiência do depósito realizado pelo autor e determina o valor devido vale como título executivo judicial em favor do credor (art. 899, § 2º, do CPC).

Gabarito "B"

(Defensor Público/GO – 2010 – Instituto Cidades) José da Silva pretende propor ação de usucapião para que se lhe declare o domínio do imóvel em que reside com a família há mais de dez anos. Essa ação de usucapião

(A) pedirá a citação das Fazendas Públicas da União, dos Estados e dos Municípios, para que respondam-na, querendo, sob pena de revelia.

(B) poderá ter como objeto bem público, em razão do uso social da propriedade.

(C) poderá ser proposta, mesmo na pendência de processo possessório.

(D) dispensará a citação dos confinantes em lugar incerto e não sabido.

(E) terá como valor da causa o valor venal do bem usucapiendo.

A: incorreto, posto que haverá a *intimação* das Fazendas Públicas (federal, estadual e municipal) tão somente para que digam se possuem interesse no feito. Os entes públicos não são citados. Em princípio, sequer integram o polo passivo da lide, daí por que não há cogitar-se de revelia (art. 943 do CPC); **B:** incorreto, visto que os bens públicos não são adquiridos por usucapião (art. 183, § 3º, da CF); **C:** incorreto (art. 923 do CPC); **D:** incorreto (art. 942 do CPC); **E:** correto. A usucapião é uma demanda real imobiliária, submetendo-se, pois, ao disposto nos arts. 259, VII, do CPC e 33 do CTN.

Gabarito "E"

(Defensor Público da União – 2010 – CESPE) Acerca da consignação em pagamento, julgue os itens a seguir.

(1) Se, citado para apresentar resposta em ação de consignação em pagamento, o credor alegar que não há litígio a respeito da coisa devida e que o depósito não foi integral, o juiz condutor do feito não poderá conhecer do primeiro fundamento, pois a lei enumera, taxativamente, os temas que podem ser abordados na defesa, e a inexistência de litígio não é um deles.

(2) Estão à disposição do credor, na ação de consignação em pagamento, todas as respostas previstas na lei processual, exceto a reconvenção, visto que não existe a possibilidade de esse tipo de procedimento assumir caráter dúplice.

1: incorreta, porque o rol das matérias que o réu pode alegar na contestação, previsto no art. 896 do CPC, é exemplificativo; **2:** incorreta, porque "a reconvenção é cabível na consignatória, desde que atendido o disposto no art. 315" (*RT* 548/161).

Gabarito 1E, 2E

(Defensor Público da União – 2010 – CESPE) Acerca das ações possessórias, julgue os próximos itens.

(1) Se, no curso de ação de reintegração de posse, deferida liminar ao autor, o réu possuir prova de que o autor não detém idoneidade financeira para suportar perdas e danos diante de eventual sucumbência, ele poderá requerer ao juiz, até mesmo antes da sentença, independentemente de ação cautelar, que exija caução, sob pena de depósito do bem.

1742 **(2)** Na hipótese de haver mais de uma pessoa apontada como responsável pelo esbulho de uma posse, sendo impossível ou extremamente difícil a individualização de cada um dos esbulhadores, o polo passivo da possessória será ocupado pelo eventual líder, ainda que informal, sem a necessidade da citação editalícia dos demais.

1: correta, porque nos termos do art. 925 do CPC; **2:** incorreta, porque, nesse caso, será requerida na inicial a citação, como réus, de todos aqueles que forem encontrados no imóvel.

Gabarito 1C, 2E

(Defensor Público da União – 2010 – CESPE) Acerca da ação de usucapião, julgue o item a seguir.

(1) Serão obrigatoriamente intimadas, na ação de usucapião, as fazendas públicas (federal, estadual e municipal). Apenas no caso de efetiva intervenção de uma das pessoas jurídicas de direito público citadas ou de incapazes, o Ministério Público deverá intervir nos atos do processo.

1: incorreta, porque o Ministério Público sempre intervém nas ações de usucapião (art. 944 do CPC).

Gabarito 1E

(Defensor Público da União – 2010 – CESPE) Acerca dos juizados especiais federais cíveis, julgue os itens subsequentes.

(1) Ajuizada ação de consignação em pagamento em juizado especial federal, este será incompetente se, na consignatória, além das prestações vencidas, estiverem sendo cobradas as prestações vincendas que, no curso da lide, possam vir a superar o limite de 60 salários-mínimos.

(2) As leis que disciplinam os juizados especiais vedam o acesso das partes à ação rescisória, mas essa vedação não atinge a possibilidade de ajuizamento de ação declaratória da inexistência de ato processual. Por causa disso, diante de vício grave e de tal natureza, a parte prejudicada terá acesso à "*querella nullitatis*".

1: incorreta, porque nesse caso o que não pode exceder o valor de 60 salários mínimos é a soma de 12 parcelas, e não a soma dos valores das prestações vencidas e das vincendas; **2:** correta, porque é possível a utilização da ação de *querella nullitatis*, ainda que se trate de processo que tramitou perante os juizados especiais.

Gabarito 1E, 2C

(Defensor Público/AL – 2009 – CESPE) Julgue os itens seguintes com relação à ação de consignação em pagamento.

(1) Conforme doutrina majoritária acerca do tema, caso o devedor não proponha a ação de consignação em pagamento no prazo de trinta dias a contar da recusa do credor em levantar a importância depositada extrajudicialmente, haverá a perda da possibilidade de ajuizar esta ação de rito especial em face da preclusão.

(2) Cuidando-se de tema de natureza processual, a competência para julgamento da ação de consignação em pagamento não considera a natureza quesível ou portável da dívida, prevalecendo a norma geral de competência territorial segundo a qual será competente o foro do demandado.

1: incorreto. Caso a ação de consignação não seja intentada em trinta dias – a contar da ciência dada pela instituição financeira ao consignante a respeito da recusa comunicada pelo credor – ficará tão somente sem efeito o depósito realizado, devendo o banco restituir tal quantia ao devedor que se valeu da consignação extrajudicial (art. 890, § 4º, do CPC). Todavia, tal fato não impede posteriormente que este mesmo devedor faça uso de nova consignação. Observe-se a doutrina de Marcus Vinícius Rios Gonçalves: "Caso não seja proposta nos trinta dias, o depósito ficará sem efeito, e o dinheiro será restituído ao devedor. *Isso não impede que, no futuro, ele ou terceiro insistam na consignação. A não propositura no prazo não faz perecer o direito de o devedor consignar. Apenas retira do depósito a sua eficácia liberatória.* Desde que o depósito seja efetuado, o devedor estará livre das consequências da mora, como a incidência de juros (salvo se a ação vier a ser julgada improcedente). Não proposta, porém, a ação em trinta dias, o depósito perde a eficácia liberatória, e os encargos terão de ser suportados pelo devedor, como se aquele depósito jamais se tivesse realizado" (GONÇALVES, Marcus Vinícius Rios. **Novo Curso de Direito Processual Civil**. *Vol. 2*. 7. ed. São Paulo: Saraiva, 2011, p. 207) [grifos nossos]; **2:** incorreto. Sendo a obrigação *quesível*, o foro competente é o do domicílio do devedor consignante (art. 327, *caput*, 1ª parte, do CC); se for *portável*, o foro competente será o do domicílio do credor (art. 327, *caput*, 2ª parte, do CC). Essa é a inteligência do art. 891, *caput*, do CPC, quando se refere ao *lugar de pagamento*.

Gabarito 1E, 2E

(Defensor Público/MT – 2009 – FCC) Nos procedimentos especiais de jurisdição voluntária:

(A) a sentença proferida forma coisa julgada material.

(B) o juiz pode decidir por equidade, não estando preso a critérios de legalidade estrita.

(C) como não há lide, as partes são simplesmente intimadas a compor o processo instaurado.

(D) como o interesse é privado, não pode o juiz investigar os fatos ou ordenar a produção de provas de ofício.

(E) a decisão final proferida não tem natureza de sentença, dela cabendo agravo de instrumento.

A: incorreta (art. 1.111 do CPC); **B:** correta (art. 1.109 do CPC); **C:** incorreta, porque embora não haja lide, as partes devem ser citadas para compor o processo instaurado (art. 1.105 do CPC); **D:** incorreta, porque a iniciativa probatória do juiz não sofre qualquer limitação nos procedimentos especiais de jurisdição voluntária (art. 1.107 do CPC); **E:** incorreta, porque também na jurisdição voluntária o juiz encerra o processo por sentença, passível, portanto, de apelação (art. 1.110 do CPC).

Gabarito "B"

(Defensoria/MT – 2009 – FCC) A ação monitória

(A) não é cabível a quem possua contrato de abertura de crédito em conta corrente, que já configura título executivo.

(B) pode ser proposta, ainda que o documento a instruí-la tenha emanado exclusivamente do credor.

(C) é indicada apenas para as ações que visem ao pagamento de soma em dinheiro.

(D) é admissível quando alicerçada em cheque prescrito.

(E) não admite a defesa por meio de reconvenção.

A: incorreta (Súmula 247 do STJ: "O contrato de abertura de crédito em conta-corrente, acompanhado do demonstrativo de débito, constitui documento hábil para o ajuizamento da ação monitória"); **B:** incorreta, porque "não há como instaurar procedimento monitório com base em demonstrativo ou extrato unilateral do débito, não se podendo caracterizar tal documento como prova escrita hábil a tal procedimento" (*RJTAMG* 67/321); **C:** incorreta (art. 1.102-A do CPC) ; **D:** correta (Súmula 299 do STJ); **E:** incorreta, pois é possível a defesa por meio de reconvenção (Súmula 292 do STJ).

Gabarito "D"

(Defensor Público/PA – 2009 – FCC) Há possibilidade de o réu obter tutela jurisdicional ativa favorável, sem necessidade de valer-se da reconvenção, nas ações

(A) de prestação de contas e demarcatória.
(B) de depósito e divisória.
(C) de prestação de contas e depósito.
(D) monitória e demarcatória.
(E) divisória e monitória.

A: correta, porque ambas são exemplos de ações dúplices; **B:** incorreta, porque a ação de depósito não é ação dúplice; **C:** incorreta, pelo mesmo motivo; **D:** incorreta, porque a monitória não é ação dúplice; **E:** incorreta, pelo mesmo motivo.

Gabarito "A"

(Defensor Público/PI – 2009 – CESPE) Segundo o art. 892 do CPC, no procedimento especial da consignação em pagamento, sendo o caso de prestações periódicas, uma vez consignada a primeira, pode o devedor continuar a consignar, no mesmo processo e sem mais formalidades, as que se forem vencendo. O direito previsto nesse dispositivo poderá ser exercido

(A) somente no primeiro grau de jurisdição.
(B) desde que os depósitos sejam efetuados em até trinta dias, contados da data do vencimento de cada prestação.
(C) desde que os depósitos sejam efetuados em até quinze dias, contados da data do vencimento de cada prestação.
(D) mesmo após a publicação da sentença e até o seu trânsito em julgado.
(E) independentemente de autorização judicial.

A: incorreta, porque "os depósitos das prestações periódicas podem ser feitos até o trânsito em julgado da decisão final" (*RSTJ* 82/275); **B:** incorreta, porque o prazo para o depósito previsto em lei é de 5 dias, contados da data do vencimento (art. 892 do CPC); **C:** incorreta, pelo mesmo motivo; **D:** correta (reler o comentário à alternativa "A"; **E:** incorreta, pois é necessária a autorização judicial.

Gabarito "D"

(Defensor Público/PI – 2009 – CESPE) No procedimento especial das ações possessórias, à luz da jurisprudência do STJ, o direito de retenção por benfeitorias

(A) deve ser exercido já na resposta ao pedido inicial, sob pena de preclusão.
(B) somente pode ser exercido no início da fase executiva.
(C) pode ser exercido a qualquer tempo e grau de jurisdição, antes do trânsito em julgado.
(D) não pode ser exercido, devido à natureza especial do procedimento.
(E) não pode ser exercido, já que as defesas do réu, nesse procedimento especial, são aquelas taxativamente previstas.

A alternativa "A" está correta, porque "nas ações possessórias, o pedido de indenização por benfeitorias deve ser pleiteado já na resposta ao pedido inicial, sob pena de preclusão" (STJ, REsp 424.300/MA). As demais alternativas, porque contrárias ao entendimento transcrito, estão incorretas.

Gabarito "A"

(Defensor Público/MA – 2009 – FCC) Em ação monitória

(A) é incabível a citação com hora certa.
(B) a Fazenda Pública não tem legitimidade passiva.
(C) o autor pode pretender a entrega de bem imóvel.
(D) cabe a citação do réu por edital.
(E) o cheque prescrito não constitui documento hábil para o ajuizamento da ação.

A: incorreta (STJ, REsp 211.146; RT 755/381, JTJ 199/121); **B:** incorreta (Súmula 339 do STJ); **C:** incorreta, porque só se pode pretender o pagamento de dívida em dinheiro através da ação monitória; **D:** correta (Súmula 282 do STJ); **E:** incorreta (Súmula 299 do STJ).

Gabarito "D"

(Defensor Público/MA – 2009 – FCC) Paulo ajuizou ação de reintegração de posse de imóvel contra André. Na contestação, André alegou ser possuidor legítimo e negou o esbulho. Comprovadas as alegações da contestação, o juiz julgou improcedente o pedido. A sentença transitou em julgado. Posteriormente, Paulo promoveu ação reivindicatória do mesmo imóvel contra André, sem provar o pagamento das custas e dos honorários da ação de reintegração de posse. Na contestação, André alegou, em preliminar, coisa julgada da ação de reintegração de posse para a ação reivindicatória e que não houve pagamento das custas e dos honorários decorrentes da ação de reintegração de posse. No mérito, André sustentou que era titular de posse justa. Acolhidas as preliminares o juiz extinguiu o processo sem a resolução do mérito. A sentença proferida na ação reivindicatória está

(A) correta por haver identidade dos elementos das ações possessória e reivindicatória e por falta do recolhimento das verbas de sucumbência do processo possessório.
(B) incorreta, porque não há identidade dos elementos das ações possessória e reivindicatória, e descabe o recolhimento das custas e honorários do processo possessório para a parte promover a ação reivindicatória.
(C) incorreta, somente por não haver identidade dos elementos das ações possessória e reivindicatória.
(D) correta porque a ação de reintegração de posse foi julgada favoravelmente a André, o que revela que ele tem posse justa.
(E) correta, porque não houve fato novo que justificasse decisão diversa da sentença que foi proferida na ação de reintegração de posse.

A: a alternativa está incorreta, porque o juiz não agiu bem, pois não havia motivos para acolher a preliminar de coisa julgada ou de falta de recolhimento das custas referentes ao processo de reintegração, uma vez que a ação reivindicatória é diversa da possessória que fora ajuizada anteriormente, seja quanto ao pedido, seja quanto à causa de pedir; **B:** correta a alternativa; **C:** errada a alternativa (reler o comentário à alternativa "A"); **D:** errada a alternativa, porque a procedência da ação de reintegração não se relaciona com as preliminares propostas; **E:** errada a alternativa, porque a ação de reintegração de posse não pode ser confundida com a reivindicatória.

Gabarito "B"

(Defensor Público/ES – 2009 – CESPE) Acerca do processo civil brasileiro, julgue os itens subsequentes.

(1) No que tange à usucapião especial urbana, é correto afirmar que, via de regra, o condomínio instituído por força da ação de usucapião especial coletiva é indivisível, não sendo passível de extinção.
(2) Para a concessão da liminar na ação possessória de força nova, submetida ao procedimento especial, dispensa-se a comprovação do *periculum in mora*.

1: é correta a afirmação, tendo em vista a regra do art. 10, § 4º da Lei 10.257/2001 (Estatuto da Cidade); **2:** correta, porque essa é uma hipótese de tutela antecipada cuja concessão não se sujeita ao requisito da urgência.

Gabarito 1C, 2C

(Defensor Público/MS – 2008 – VUNESP) O Ministério Público somente tem legitimação para promover a Curatela dos Interditos

I. quando se verificar anomalia psíquica de quem tem legitimação;
II. caso todos aqueles que detêm legitimação forem menores e incapazes;
III. caso aqueles que detêm legitimação não promoverem a interdição.

São verdadeiras

(A) II e III, apenas.
(B) I e II, apenas.
(C) I, II e III.
(D) I e III, apenas.

I: a anulação da questão foi acarretada provavelmente pela assertiva em apreço, pois, de acordo com a literalidade do art. 1.178, III, do CPC, somente a *incapacidade* ou a *menoridade* de quem detém legitimação é que possibilita ao órgão ministerial ajuizar a interdição. Todavia, afigura-se sustentável, outrossim, o argumento de que a anomalia psíquica, de per si, desponta como causa de incapacidade da pessoa natural, motivo porquanto caberia ao *Parquet* promover a interdição na hipótese de se verificar o distúrbio mental daquele que originariamente possui legitimação para fazê-lo (art. 1.178, I e III, do CPC); **II:** correto (art. 1.178, III, do CPC); **III:** correto (art. 1.178, II, do CPC). Todas as assertivas são verdadeiras.

Gabarito "ANULADA"

(Defensor Público/MS – 2008 – VUNESP) A Curadoria dos ausentes cessa

I. pela abertura da sucessão definitiva;
II. pela certeza da morte do ausente;
III. pelo comparecimento do ausente, seu procurador ou quem o represente.

São verdadeiras

(A) I e III, apenas.
(B) I, II e III.
(C) I e II, apenas.
(D) II e III, apenas.

I: incorreto, visto que a curadoria cessa com a abertura da *sucessão provisória* (art. 1.162, III, do CPC); **II:** correto (art. 1.162, II, do CPC); **III:** correto (art. 1.162, I, do CPC).

Gabarito "D"

(Defensor Público/RO – 2007 – FJPF) A característica que melhor identifica as ações possessórias no direito brasileiro é a:

(A) efetividade
(B) fungibilidade
(C) imediatidade
(D) provisoriedade
(E) prospectividade

A ação de reintegração de posse se destina a tutelar a posse daquele que a perdeu totalmente, isto é, daquele que foi *esbulhado*. Já a ação de manutenção de posse tem como escopo a defesa da posse daquele que não a perdeu, mas que tem perturbado o seu pleno uso, motivo pelo qual se cogita de *turbação*. Por último, se a hipótese é de ameaça de turbação ou esbulho à posse, a demanda cabível é a de interdito proibitório, a qual se reveste de nítido contorno preventivo (art. 926 e 932 do CPC). Isso posto, cumpre ressaltar que entre os interditos possessórios vige o *princípio da fungibilidade*, de modo que não haverá violação ao *princípio da congruência ou da correlação* (arts. 128 e 460 do CPC), na hipótese de o juiz conceder o *mandado de manutenção* em favor do autor, quando, *v.g.*, vislumbrar que a *ameaça* descrita na inicial, em verdade, constitui *turbação* à posse alegada, nada obstante o demandante tenha ajuizado *interdito proibitório*, pleiteando especificamente a concessão da liminar para efeitos de expedição de *mandado proibitório* (art. 920 do CPC).

Gabarito "B"

(Defensor Público/RO – 2007 – FJPF) Quanto ao cabimento de ação monitória em face do poder público, a posição sumulada do Superior Tribunal de Justiça é:

(A) admite, sem restrições
(B) admite, em alguns casos
(C) não admite, sem exceções
(D) não admite, com exceções
(E) admite, em uma única hipótese

A assertiva "A" é a correta (Súmula 339 do STJ).

Gabarito "A"

(Defensor Público da União – 2007 – CESPE) Julgue os seguintes itens.

(1) Não se incluem na competência dos juizados especiais federais cíveis as ações referidas no art. 109, incs. I, II e XI, da Constituição Federal, as ações de mandado de segurança, de desapropriação, de divisão e demarcação, populares, indenizatórias, execuções fiscais e por improbidade administrativa e, ainda, as demandas sobre direitos ou interesses difusos, coletivos ou individuais homogêneos.

(2) Uma empresa de pequeno porte sofreu dano patrimonial, no importe de R$ 11.500,00, em razão do inadimplemento de contrato firmado com uma multinacional fabricante de produtos derivados do petróleo. Nessa situação, assim como as pessoas físicas capazes, a empresa de pequeno porte poderá ajuizar ação de reparação de danos perante o juizado especial cível.

1: incorreto (art. 3º, § 1º, I, da Lei 10.259/2001); **2:** correto (art. 3º, I, da Lei 9.099/1995).

Gabarito 1E, 2C

(Defensor Público/RN – 2006 – Instituto Talento) Sobre a curatela de interditos não é correto afirmar que

(A) o Ministério Público não tem legitimidade para promover o processo de interdição que pertence aos pais, tutores ou cônjuges do interditando.
(B) a apelação da sentença que declarar a interdição tem efeito suspensivo.
(C) o interditando poderá impugnar o pedido e constituir advogado para defender-se.
(D) o Ministério Público poderá requerer a interdição fundamentada em anomalia psíquica.

A: correta (art. 1.178, II, do CPC); **B:** incorreta (art. 1.184 do CPC); **C:** correta (art. 1.182, § 2º, do CPC); **D:** correta (art. 1.178, I, do CPC).

Gabarito "B"

(Defensor Público/SE – 2006 – CESPE) No tocante aos juizados especiais cíveis, nos termos da Lei nº 9.099/1995, julgue os seguintes itens.

(1) Não comparecendo o réu à audiência de conciliação e julgamento ou à de instrução e julgamento, os fatos narrados na inicial deverão ser considerados verdadeiros, mesmo que o juiz esteja convicto do contrário.

(2) A citação no juizado especial cível se fará por correspondência, não se admitindo a citação por edital ou por mandado a ser cumprido por oficial de justiça, em razão do princípio da celeridade que norteia os processos regulados pela mencionada lei.

(3) Os direitos indisponíveis não podem ser discutidos no juizado especial cível, uma vez que o interesse público exige a discussão deles por meio de procedimentos em que é possível produzir provas de maior complexidade.

(4) Pedido contraposto pode ser deduzido na resposta do réu. No entanto, ele não poderá ter objeto maior do que o pedido feito pelo autor e deverá respeitar a limitação de competência do juizado especial.

1: incorreto (art. 20, in fine, da Lei 9.099/1995); **2:** incorreto (art. 18 da Lei 9.099/1995); **3:** correto (art. 3º, § 2º, da Lei 9.099/1995); **4:** correto (art. 31 da Lei 9.099/1995).

Gabarito 1E, 2E, 3C, 4C

(Defensor Público/SE – 2006 – CESPE) Julgue os seguintes itens.

(1) É carecedor de ação o credor que, dispondo de cheque prescrito, título executivo extrajudicial, venha a propor ação monitória com base naquele título.

(2) Na ação monitória, não opostos embargos, formar-se-á o título executivo judicial, e, por via de consequência, o mandado de pagamento ou de entrega inicialmente deferido converte-se em mandado de citação válido para todos os atos executivos. Assim, prossegue-se na ação como no processo de execução.

1: incorreto (Súmula 299 do STJ); **2:** correto (art. 1.102-C do CPC).

Gabarito 1E, 2C

(Defensor Público/SE – 2006 – CESPE) Julgue os seguintes itens.

(1) Considere que o juiz fixou alimentos provisionais no curso do processo da ação cautelar e que a referida decisão foi, posteriormente, revogada na sentença que julgou improcedente a ação principal e a ação cautelar. A consequente revogação da liminar concedida, portanto, desconstituiu o direito a alimentos. Nessa situação, o credor dos alimentos poderá pleitear a execução de alimentos referente ao período compreendido entre a concessão da liminar e a sentença.

(2) Sobrevindo mudança na situação financeira das partes, é possível a revisão de alimentos fixados em sentença com trânsito em julgado, independentemente do ajuizamento de ação rescisória, bastando o ajuizamento de ação revisional, na qual se demonstre a modificação da situação financeira das partes.

(3) Considere que foi ajuizada uma ação de revisão de alimentos, objetivando a majoração do valor pago, na qual restou provado o aumento das necessidades da alimentada, em razão de despesas com instrução. Ficou provado que o alimentante teve modificação para melhor em sua situação econômica e, também, que a guardiã do menor possui excelente situação financeira. Nessa situação, a ação deverá ser julgada procedente, pois a situação financeira de um dos genitores do alimentado não é motivo de exclusão da responsabilidade do outro em prestar alimentos.

1: correto, pois realmente, enquanto perdurou a decisão que fixou os alimentos provisionais esses eram devidos, razão pela qual, em não sendo pagos, poderá o credor ingressar com ação de execução de alimentos; **2:** correto, pois de fato, a ação revisional de alimentos pode ser reproposta sempre que houver alteração fática por parte do alimentante ou do alimentando; **3:** na verdade, a obrigação de prestar alimentos do genitor ao filho é fixada de acordo com o binômio necessidade (do alimentando) e possibilidade (do alimentante), não levando em consideração as possibilidades do outro genitor; assim, nesse caso, aumentada a necessidade do filho em idade escolar e também a situação financeira do alimentante, a pensão deverá sim ser modificada para aumentar a contribuição mensal, independentemente da melhoria da situação do outro genitor.

Gabarito 1C, 2C, 3C

15. Legislação Extravagante

(Defensor Público/TO – 2013 – CESPE) Assinale a opção correta acerca dos sistemas não judiciais de composição de litígios.

(A) Na arbitragem, as partes podem escolher, livremente, as regras de direito que serão aplicadas, desde que não haja violação aos bons costumes e à ordem pública.
(B) As pessoas maiores de dezoito anos de idade e capazes podem celebrar arbitragem para dirimir conflitos de interesses relativos a direitos patrimoniais, da personalidade, materiais ou imateriais.
(C) O árbitro, embora livre para dirimir o conflito no caso concreto, não pode valer-se de regras internacionais de comércio.
(D) A negociação direta admite a presença de um terceiro mediador, que, para dirimir o conflito de interesses, busca o entendimento entre as partes.
(E) A conciliação consiste em forma de solução de conflitos na qual um terceiro neutro e imparcial auxilia as partes a conversar, refletir, entender o conflito e a buscar, elas próprias, a solução.

A: correto (art. 2º, § 1º, da Lei 9.307/1996); **B:** incorreto (art. 1º da Lei 9.307/1996); **C:** incorreto (art. 2º, § 2º, da Lei 9.307/1996); **D:** incorreto. A negociação direta, por imperiosidade até semântica, compreende apenas a participação das partes implicadas no conflito; **E:** incorreto. A conciliação é uma espécie de mediação voltada para o acordo. Difere, pois, da mediação tradicional, de vez que o conciliador não se cinge a conclamar as partes a buscar, elas mesmas, uma solução para o problema; avessamente, participa ativamente do processo de discussão e desate do impasse, aconselhando os envolvidos, formulando propostas e retificando as que forem feitas, tudo em prol da resolução do conflito. Nesse sentido, eis a doutrina de Carlos Eduardo de Vasconcelos: "Portanto, a conciliação é uma atividade mediadora focada no acordo, qual seja, tem por objetivo central a obtenção de um acordo, com a particularidade de que o conciliador exerce uma autoridade hierárquica, toma iniciativas, faz recomendações, advertências e apresenta sugestões, com vistas à conciliação" (VASCONCELOS, Carlos Eduardo. Gestão extrajudicial de conflitos e práticas restaurativas. São Paulo: Método, 2008, p. 39).

Gabarito "A"

(Defensor Público/PR – 2012 – FCC) Com relação à Lei nº 12.016/09, que disciplina o Mandado de Segurança individual e coletivo, é correto afirmar:

(A) O candidato aprovado em concurso público fora do número de vagas previsto no edital tem mera expectativa de direito. Porém, o Superior Tribunal de Justiça entende que, havendo contratações a título precário no período de validade do concurso, muito embora existam cargos de provimento efetivo vagos, o referido candidato aprovado além das vagas veiculadas passa a ter direito líquido e certo à nomeação.
(B) A autoridade coatora, por figurar como mero representante do órgão ou pessoa jurídica a que pertence, não detém legitimidade para recorrer em nome próprio, apenas podendo fazê-lo na condição de terceiro.
(C) Em razão da aplicação subsidiária do Código de Processo Civil à nova Lei do Mandado de Segurança, a execução provisória da sentença concessiva da ordem deverá observar as limitações impostas naquele diploma processual.
(D) Concedida a segurança, a sentença não estará sujeita obrigatoriamente ao duplo grau de jurisdição quando estiver fundada em jurisprudência do plenário do Supremo Tribunal Federal.
(E) A referida Lei adotou expressa e literalmente a corrente *ampliativa*, admitindo a impetração de mandado de segurança coletivo para a proteção de direitos difusos, coletivos e individuais homogêneos.

A: correto. Nessa direção: "Administrativo. Recurso ordinário em mandado de segurança. Concurso público. Candidato aprovado fora do número de vagas previstas no edital. Mera expectativa de nomeação. Contratação de servidores a título precário. Quebra da ordem classificatória. Comprovação. Recurso provido. 1. O candidato aprovado em concurso público fora do número de vagas previsto no edital tem mera expectativa de direito à nomeação. Com isso, compete à Administração, dentro do seu poder discricionário e atendendo aos seus interesses, nomear candidatos aprovados de acordo com a sua conveniência, respeitando-se, contudo, a ordem de classificação, a fim de evitar arbítrios e preterições. 2. Não é a simples contratação temporária de terceiros no prazo de validade do certame que gera direito subjetivo do candidato aprovado à nomeação. Impõe-se que se comprove que essas contratações ocorreram, não obstante existissem cargos de provimento efetivo desocupados. 3. O acervo documental explicita que a contratação do impetrante para o exercício da docência se deu de forma reiterada, não obstante a Administração, em suas informações, tenha asseverado a inexistência de vaga durante o período de prorrogação do certame. Com efeito, a prática de contratação temporária por três anos seguidos, havendo candidato aguardando em lista de cadastro de reserva, evidencia o surgimento de necessidade permanente de preenchimento de vaga. Sem olvidar que a publicação de novo edital após expirado o prazo de validade do concurso, reforça o entendimento de assiste razão ao impetrante. 4. Recurso ordinário provido para conceder a segurança a fim de determinar a imediata nomeação e posse do impetrante no quadro da Secretaria de Educação do Estado do Mato Grosso, no cargo de professor de Educação Física do polo regional de Juara." (STJ, RMS 33.875/MT, rel. Min. Arnaldo Esteves Lima, 1ª T., j. 19.06.2012, DJe 22.06.2012); **B:** incorreto (art. 14, § 2º, da Lei 12.016/2009); **C:** incorreto, porquanto os óbices legais à execução provisória da decisão concessiva da segurança encontram-se estabelecidos no âmago da própria Lei 12.016/2009, ex vi de seus arts. 7º, §§ 2º e 5º, e 14, § 3º; **D:** incorreto (art. 14, § 1º, da Lei 12.016/2009). Ao abono de tal raciocínio: "Agravo regimental. Processo civil. Mandado de segurança. Remessa necessária. Obrigatoriedade. Legislação específica. 1. Conforme a jurisprudência predominante no Superior Tribunal de Justiça, o reexame necessário das sentenças concessivas de segurança decorre da norma específica contida no artigo 12 da Lei 1.533/51, restando afastadas as exceções previstas nos §§ 2º e 3º do artigo 475 do Código de Processo Civil, cujas regras aplicam-se subsidiariamente. 2. Agravo desprovido. (STJ, AgRg no REsp 654.968/SP, rel. Min. Paulo Gallotti, 6ª T., j. 19.04.2007, DJ 21.05.2007, p. 622); **E:** incorreto. Os direitos difusos não são passíveis de tutela pela via do mandado de segurança, conforme dimana de exegese literal do art. 21 da Lei 12.016/2009.

Gabarito "A"

(Defensor Público/AM – 2011 – Instituto Cidades) São prerrogativas e garantias do defensor público, para sua lídima atuação processual, EXCETO:

(A) representar a parte, em feito administrativo ou judicial, mediante mandato, inclusive nos casos para os quais a lei exija poderes especiais.
(B) patrocinar ação penal privada.
(C) receber intimação pessoal, em qualquer processo e grau de jurisdição.
(D) inamovibilidade, salvo se apenado com remoção compulsória, na forma da respectiva lei.
(E) manifestar-se em autos judiciais por meio de cota.

A: incorreto (art. 128, XI, da Lei Complementar 80/1994); **B:** correto (art. 4º, XV, da Lei Complementar 80/1994); **C:** correto (art. 128, I, da Lei Complementar 80/1994); **D:** correto (art. 118 da Lei Complementar 80/1994); **E:** correto (art. 128, IX, da Lei Complementar 80/1994).

Gabarito "A"

(Defensor Público/AM – 2011 – Instituto Cidades) Segundo a jurisprudência atual do Superior Tribunal de Justiça em termos de mandado de segurança:

(A) ato de Ministro de Estado não se sujeita, na via do mandado de segurança, à competência originária do Superior Tribunal de Justiça;
(B) não se o admite para convalidar a compensação tributária realizada pelo contribuinte;
(C) compete ao Superior Tribunal de Justiça processá-lo e julgá-lo, originariamente, contra ato de membros do Tribunal de Justiça;
(D) se de competência originária de Tribunal de Justiça, a divergência entre os votos é suficiente para autorizar a interposição de embargos infringentes;
(E) por ser pessoa jurídica de direito privado, o ato de sociedade de economia mista ou empresa pública praticado em processo de licitação não comporta controle judicial por meio de mandado de segurança.

A: incorreto (art. 105, I, b, da CF); **B:** correto (Súmula 460 do STJ); **C:** incorreto (Súmula 41 do STJ); **D:** incorreto (Súmula 169 do STJ); **E:** incorreto (Súmula 333 do STJ).

Gabarito "B"

(Defensor Público/RS – 2011 – FCC) Juizado Especial Cível, previsto na Lei nº 9.099/1995.

(A) O não comparecimento do autor à audiência gera revelia.
(B) O acesso independe, tanto em primeiro quanto em segundo grau de jurisdição, do pagamento de custas, taxas ou despesas.
(C) O Juizado Especial Cível não tem competência para as ações de despejo para uso próprio.
(D) Nas ações para reparação de dano de qualquer natureza, é competente tanto o foro do domicílio do autor quanto o do local do ato ou fato.
(E) O recurso inominado deve ser recebido, em regra, nos efeitos devolutivo e suspensivo.

A: incorreto, pois implica extinção do processo sem resolução de mérito (art. 51, I, da Lei 9.099/1995); **B:** incorreto (art. 54 da Lei 9.099/1995); **C:** incorreto (art. 3º, III, da Lei 9.099/1995); **D:** correto (art. 4º, III, da Lei 9.099/1995); **E:** incorreto (art. 43 da Lei 9.099/1995).

Gabarito "D"

(Defensor Público/SP – 2010 – FCC) As pessoas com idade acima de 60 anos têm fixada a competência absoluta pelo seu domicílio no Estatuto do Idoso, prevalecendo, todavia, as regras de competência do Código de Processo Civil ou de outra lei especial nas ações

(A) de responsabilidade por omissão no acesso aos serviços de saúde.
(B) de natureza alimentar.
(C) de proteção aos direitos individuais homogêneos.
(D) de responsabilidade pelo oferecimento insatisfatório de serviço de abrigamento do idoso.
(E) decorrentes da negativa de atendimento especializado ao idoso portador de gripe suína.

O art. 79 do Estatuto do Idoso prevê as ações que podem ser manejadas em defesa de seus interesses, e o artigo seguinte estabelece que a competência para tais demandas será do foro do domicílio do idoso. Das alternativas apontadas acima, a única que não está incluída no rol do art. 79 é a de natureza alimentar, motivo pelo qual deve ser apontada a alternativa "B" como correta.

Gabarito "B"

(Defensor Público/SP – 2010 – FCC) Há amparo legal ao pedido de liminar "inaudita altera parte" em ação de despejo que tenha por fundamento exclusivo

(A) o descumprimento de mútuo acordo celebrado por escrito e assinado pelas partes e por duas testemunhas, com prazo mínimo de 90 dias para desocupação, contado da assinatura do instrumento.
(B) o fim da locação residencial, se a ação for proposta em 30 dias do termo ou cumprimento de notificação comunicando a intenção de retomada.
(C) o término do prazo da locação para temporada, tendo sido proposta a ação de despejo em 90 dias após o vencimento do contrato.
(D) a permanência do sublocatário no imóvel, extinta a locação, celebrada com o locatário.
(E) a falta de pagamento dos acessórios da locação, independentemente de motivo, com quitação do aluguel no vencimento, quando o contrato estiver desprovido de qualquer das garantias previstas na lei, porque apresentado pedido de exoneração dela.

De todas as alternativas, a única que encontra amparo no art. 59, § 1º, V, da Lei 8.245/1991 é a da "D".

Gabarito "D"

(Defensor Público/SP – 2010 – FCC) A Lei nº 11.804/2008 disciplina o direito aos alimentos gravídicos. Um dos aspectos processuais tratado é o que regula o momento inicial do exercício do direito de defesa. Assim, a contestação deve ser apresentada

(A) na audiência de instrução e julgamento, que é designada na mesma decisão que fixa os alimentos provisórios.
(B) no prazo de 15 dias, contados a partir da juntada do mandado.
(C) no prazo de 15 dias, contados a partir da audiência de conciliação, que é designada na mesma decisão que fixa os alimentos provisórios.
(D) no prazo de 5 dias, contados a partir da juntada do mandado.
(E) no prazo de 5 dias, contados a partir da audiência de conciliação designada na mesma decisão que fixa os alimentos provisórios.

De acordo com o art. 7º da Lei 11.804/2008, "o réu será citado para apresentar resposta em 5 (cinco) dias". Logo, está correta a alternativa "D" apenas.

Gabarito "D"

(Defensor Público/GO – 2010 – Instituto Cidades) A lei n. 11.419, de 19 de dezembro de 2006, dispõe sobre a informatização do processo judicial. No processo eletrônico,

(A) as reproduções digitalizadas de qualquer documento fazem a mesma prova que os originais, ressalvada a alegação motivada e fundamentada de adulteração antes ou durante o processo de digitalização.
(B) as petições eletrônicas, quando forem enviadas para atender prazo processual, serão consideradas tempestivas se transmitidas até as 18 horas do seu último dia.
(C) excetuados os acórdãos e as sentenças, todos os demais atos processuais serão assinados eletronicamente, na forma estabelecida na lei.
(D) a indisponibilidade do Sistema do Poder Judiciário por motivo técnico, a impedir a transmissão eletrônica de petição ou documento, relativos a ato processual que tiver de ser praticado em determinado momento, não prorroga o prazo processual.
(E) a procuração não pode ser assinada digitalmente por falta de segurança sobre a autenticidade da firma.

A: correto (art. 365, VI, do CPC); **B:** incorreto, pois as petições apresentadas por meio eletrônico serão consideradas tempestivas se encaminhadas até as 24 (vinte e quatro) horas do último dia (art. 10, § 1º, da Lei 11.419/2006); **C:** incorreto (arts. 154, § 2º, e 164, parágrafo único, do CPC); **D:** incorreto (art. 10, § 2º, da Lei 11.419/2006); **E:** incorreto (art. 38, parágrafo único, do CPC).

Gabarito "A"

(Defensor Público/GO – 2010 – Instituto Cidades) José da Silva Filho, com 16 anos de idade, pretende propor ação de alimentos contra seu pai, servidor público do Estado de Goiás lotado em Rio Verde-GO. Essa ação de alimentos

(A) será proposta pela mãe de José da Silva Filho, que substituirá processualmente o filho.
(B) terá como foro competente o do domicílio ou residência do Autor
(C) correrá sem segredo de justiça.
(D) não poderá ocasionar a prisão do pai, no momento da execução, pois não se aceita prisão civil.
(E) não poderá ocasionar desconto em folha de pagamento do devedor, pois o salário é impenhorável.

A: incorreta. O incapaz tem personalidade jurídica, motivo pelo qual possui aptidão genérica para contrair direitos e obrigações na esfera jurídica. De tal conceito deriva a capacidade de direito, de gozo, ou, ainda, a *legitimatio ad causam*. Exemplificando, em ação de alimentos por meio da qual se pretenda resguardar a subsistência de menor de 16 anos, a parte legítima é o próprio menor impúbere, ainda que absolutamente incapaz, e não seu representante legal, dado que, regra geral, a ninguém é dado pleitear direito alheio em nome próprio. (arts. 6º, 7º e 8º, do CPC); **B:** correto. "O foro do domicilio ou da residência do alimentando é o competente para a ação de investigação de paternidade, quando cumulada com a de alimentos (Súmula 1 do STJ); **C:** incorreto (art. 155, II, do CPC); **D:** incorreto. A respeito, vide o art. 5º, LXVII, da CF, *in verbis*: "não haverá prisão civil por dívida, salvo a do responsável pelo inadimplemento voluntário e inescusável de obrigação alimentícia e a do depositário infiel". No mesmo sentido, note-se a Súmula 309 do STJ: "O débito alimentar que autoriza a prisão civil do alimentante é o que compreende as três prestações anteriores ao ajuizamento da execução e as que se vencerem no curso do processo"; **E:** incorreto (art. 734, *caput*, do CPC).

Gabarito "B"

(Defensor Público/GO – 2010 – Instituto Cidades) Em sede de controle da constitucionalidade por meio de ação direta de inconstitucionalidade, ação declaratória de constitucionalidade ou arguição de descumprimento de preceito fundamental

(A) o Supremo Tribunal Federal não admite a fungibilidade entre elas, por serem remédios específicos. cada qual se prestando a uma finalidade e se sujeitando a pressupostos específicos.
(B) é lícito ao relator conceder liminar, independentemente de submissão ao plenário, desde que seu efeito seja meramente *ex nunc*.

(C) a decisão do Supremo Tribunal Federal terá efeito vinculante e eficácia contra todos apenas nos casos de procedência.

(D) admite-se intervenção de terceiro, desde que seja por um dos legitimados a propor a ação.

(E) é lícito ao relator admitir, de ofício ou a requerimento, a manifestação de órgãos ou entidades como *amicus curiae*.

A: incorreto. É possível o conhecimento de ação direta de inconstitucionalidade como arguição de descumprimento de preceito fundamental, desde que preenchidos os devidos requisitos. Observe-se o seguinte precedente: "Ação direta de inconstitucionalidade. Impropriedade da ação. Conversão em Arguição de Descumprimento de Preceito Fundamental – ADPF. Admissibilidade. Satisfação de todos os requisitos exigidos à sua propositura. Pedido conhecido como tal. Aplicação do princípio da fungibilidade. Precedentes. *É lícito conhecer de ação direta de inconstitucionalidade como arguição de descumprimento de preceito fundamental, quando coexistentes todos os requisitos de admissibilidade desta, em caso de inadmissibilidade daquela.* [...] (ADI 4180 REF-MC, rel. Min. Cezar Peluso, Pleno, j. 10.03.2010); **B:** incorreto. Em sede de ADPF, o relator poderá conceder a liminar, *ad referendum* do plenário do STF (art. 5º, § 1º, da Lei 9.882/99); **C:** incorreto. Em se tratando de ADI, ADC ou ADPF, a decisão emanada da Suprema Corte possui efeito vinculante e eficácia *erga omnes*, quer seja declarada a constitucionalidade quer seja pronunciada a inconstitucionalidade da norma hostilizada (arts. 28, parágrafo único, da Lei 9.868/1999 e 10, *caput* e § 3º, da Lei 9.882/99); **D:** incorreto (art. 7º, *caput*, da Lei 9.868/99); **E:** correto (art. 7º, § 2º, da Lei 9.868/99).

Gabarito "E"

(Defensor Público/GO – 2010 – Instituto Cidades) Com o advento da nova lei do mandado de segurança restou pacificado

(A) o cabimento de embargos infringentes contra o acórdão que, por maioria, denega a ordem em processo de competência originária do Tribunal de Justiça.

(B) que o prazo para impetração é de 120 dias, prorrogando-se para o primeiro dia útil, caso o vencimento recaia em dia sem expediente forense.

(C) ser vedado ao juiz conceder liminar em mandado de segurança coletivo sem oitiva prévia do representante judicial da pessoa jurídica de direito público.

(D) que a impetração de mandado de segurança coletivo induz litispendência para as ações individuais.

(E) a sentença se sujeita ao duplo grau obrigatório, não produzindo efeito enquanto não confirmada pelo tribunal.

A: incorreto (art. 25 da Lei 12.016/2009); **B:** incorreto. Conquanto esta alternativa tenha sido assinalada como errada pelo gabarito, o STJ tem entendimento pacífico no sentido de que se o prazo decadencial do mandado de segurança se encerrar em data na qual não haja expediente forense, o prazo fatal se prorroga para o dia útil imediatamente subsequente. Note-se o seguinte precedente da Corte Especial: "Processual civil. Recurso ordinário em mandado de segurança. Decadência. Termo final do prazo. Dia sem expediente forense. Prorrogação. Primeiro dia útil seguinte. Obrigatoriedade. 1. É pacífico nesta Corte Superior o entendimento segundo o qual, apesar de se tratar de decadência, findando o prazo previsto no art. 18 da Lei n. 1.533/51 (v. tb. art. 23 da Lei n. 12.016/09) em dia sem expediente forense, é necessário observar a prorrogação para o primeiro dia útil seguinte. Precedentes. (RMS 31.777/SP, rel. Min. Mauro Campbell Marques, 2ª T., j. 15.02.2011, DJe 24.02.2011); **C:** correto (art. 22, § 2º, da Lei 12.016/2009); **D:** incorreto (art. 22, § 1º, da Lei 12.016/2009); **E:** incorreto, visto que a sentença poderá ser executada provisoriamente, salvo nos casos do art. 7º, § 2º, da Lei 12.016/2009 (Art. 14, § 3º, da Lei 12.016/2009).

Gabarito "C"

(Defensor Público/MA – 2009 – FCC) O locador, na contestação da ação renovatória, NÃO poderá alegar que

(A) o locatário não preenche os requisitos estabelecidos na lei de locação, para promover ação renovatória.

(B) a proposta do locatário não atende o valor locativo real do imóvel na época da renovação, excluída a valorização trazida por aquele ao ponto ou lugar.

(C) tem proposta de terceiro para a locação, em condições melhores.

(D) por determinação do Poder Público tem que realizar no imóvel obras que importam sua radical transformação, e assim não está obrigado a renovar o contrato.

(E) deve ser elevada a multa ao locatário, prevista no contrato, se não devolver o imóvel findo o prazo contratual.

A: incorreta (art. 72, I, da Lei 8.245/1991); **B:** incorreta (art. 72, II, da Lei 8.245/1991); **C:** incorreta (art. 72, III, da Lei 8.245/1991); **D:** incorreta (art. 72, § 3º da Lei 8.245/1991); **E:** correta, em razão da ausência de previsão legal.

Gabarito "E"

(Defensor Público/MA – 2009 – FCC) Em ações de improbidade administrativa aplica-se a seguinte regra:

(A) corre sempre em segredo de justiça em razão do interesse particular do agente público envolvido no ato de improbidade administrativa.

(B) em qualquer fase do processo, reconhecida a inadequação da ação de improbidade promovida por interessado, o juiz assegurará ao Ministério Público promover o prosseguimento da ação.

(C) a sentença que julgar improcedente a ação de improbidade condenará sempre o autor da demanda nas custas e nos honorários advocatícios.

(D) da decisão que receber a petição inicial, na ação de improbidade, caberá agravo de instrumento.

(E) a sentença que decretar a perda dos bens havidos ilicitamente, pela prática de atos de improbidade, determinará a reversão dos bens a um fundo gerido por Conselho Estadual, de que participará necessariamente o Ministério Público.

A: incorreta, pois não há previsão genérica de segredo de justiça para os processos de improbidade; **B:** incorreta, porque a solução legal para tal hipótese é a extinção do processo, sem resolução do mérito; **C:** incorreta, porque só haverá condenação em honorários de advogado se houver má-fé na propositura da ação; **D:** correta (art. 17, § 10, da Lei 8.429/1992); **E:** incorreta, porque a sentença deverá determinar a reversão dos bens em favor da pessoa jurídica prejudicada pelo ilícito.

Gabarito "D"

(Defensor Público/MG – 2009 – FUMARC) Sobre os alimentos provisionais, assinale a alternativa FALSA:

(A) Ainda que a causa principal esteja pendente de julgamento no Tribunal, o pedido de alimentos será processado e julgado no primeiro grau de jurisdição.

(B) Quando cumulados com pedido de divórcio, a prestação alimentícia pode abranger, além das despesas necessárias ao sustento do cônjuge/requerente, aquelas destinadas a custear a demanda.

(C) Na ação de alimentos provisionais, é cabível a concessão de liminar, sem audiência do requerido, ao ser despachada a petição inicial, fixando-se uma mensalidade para mantença do requerente.

(D) São admissíveis nas ações de alimentos, desde a citação do réu.

(E) Podem ser pleiteados por quem não tem prova pré-constituída da qualidade de credor.

A: correta (art. 853 do CPC); **B:** correta (art. 852 do CPC); **C:** correta (art. 854, parágrafo único, do CPC); **D:** incorreta, porque na ação de alimentos, o juiz fixará os alimentos provisórios, e não provisionais; **E:** correta, porque a prova pré-constituída da qualidade de credor só é exigida para que seja utilizado o procedimento especial previsto na lei de alimentos.

Gabarito "D"

(Defensor Público/MT – 2009 – FCC) No tocante à ação de alimentos:

(A) somente quando se tratar de alimentos definitivos é cabível a prisão civil do alimentante inadimplente.

(B) o débito alimentar que autoriza a prisão civil do alimentante é o relativo às três prestações anteriores ao ajuizamento da ação, mais as que se vencerem no curso do processo.

(C) a pena de prisão civil só pode ser aplicada uma vez, ainda que o alimentante volte a inadimplir a obrigação.

(D) o cancelamento de pensão alimentícia de filho que atingiu a maioridade dá-se pelo mero implemento da idade.

(E) não é mais cabível a prisão civil do inadimplente, em razão do Pacto de San José da Costa Rica, ratificado pelo Brasil.

A: incorreta, porque não importa a natureza da decisão que fixou os alimentos para se determinar a possibilidade de prisão civil do devedor. Basta que se trate de alimentos devidos em razão de vínculos de direito de família; **B:** correta (Súmula 309 do STJ); **C:** incorreta, porque é possível a renovação da prisão pelo inadimplemento das parcelas posteriores; **D:** incorreta (Súmula 358 do STJ); **E:** incorreta, porque o que não é mais possível é a prisão civil do depositário infiel, mas a do devedor de alimentos continua sendo possível.

Gabarito "B"

(Defensor Público/PA – 2009 – FCC) No âmbito da Justiça Federal, desde que respeitado o limite de sessenta salários mínimos, inclui-se na competência do Juizado Especial Cível, a ação

(A) para anulação de ato administrativo federal de lançamento fiscal.
(B) de desapropriação promovida pela União.
(C) popular, em que for parte passiva a União.
(D) de mandado de segurança impetrado contra ato de autoridade federal.
(E) por improbidade administrativa voltada contra servidor público federal.

A: correta (art. 3º, III, da Lei 10.259/2001); **B:** incorreta (inciso I do art. 3º da Lei 10.259/2001); **C:** incorreta (mesmo dispositivo); **D:** incorreta (mesmo dispositivo); **E:** incorreta (*idem*).

Gabarito "A".

(Defensor Público/AL – 2009 – CESPE) No que se refere ao procedimento dos juizados especiais, julgue os itens a seguir.

(1) A regra geral da capacidade para ser autor de uma ação processada nos juizados especiais cíveis é a de que somente pessoa física capaz pode ocupar tal posição, no entanto, existe exceção à atuação das microempresas, que também poderão propor ação perante os juizados.
(2) A lei atribui à parte capacidade postulatória nas causas de valor até vinte salários mínimos, o que não exclui a possibilidade de que qualquer das partes se faça acompanhar de advogado, hipótese em que, considerando a complexidade da matéria e a situação particular dos envolvidos, o juiz poderá facultar à outra a assistência judiciária.

1: correto (art. 8º, § 1º, II, da Lei 9.099/1995); **2:** incorreto, pois o juiz facultará à outra parte a assistência de advogado, independentemente da complexidade da matéria e da situação particular dos envolvidos. Para tanto, basta que, *nos casos de assistência facultativa*, uma das partes compareça acompanhada de advogado, ou, ainda quando desacompanhada, o réu seja pessoa jurídica ou empresário, hipóteses em que a parte adversa poderá contar, se quiser, com a assistência judiciária de órgão que atue perante o Juizado Especial (art. 9º, § 1º, da Lei 9.099/1995).

Gabarito 1C, 2E

(Defensor Público/SP – 2007 – FCC) Quanto ao processamento e julgamento das ações direta de inconstitucionalidade e declaratória de constitucionalidade, de competência do STF, é correto afirmar:

(A) as decisões de mérito nas ações declaratórias de inconstitucionalidade de lei ou ato normativo ostentam, em regra, efeito *ex nunc*.
(B) eventual medida cautelar deferida nessas ações terá, em regra, efeito retroativo e eficácia contra todos.
(C) eventual medida cautelar deferida nessas ações terá, em regra, efeito *ex nunc*, mas eficácia restrita aos sujeitos da ação.
(D) é admitida a intervenção de terceiros nessas ações de jurisdição constitucional.
(E) ao julgar improcedente pedido formulado numa ação declaratória de constitucionalidade o STF, automaticamente, estará declarando a inconstitucionalidade do ato normativo que foi objeto da rejeitada ação.

A: incorreto (art. 27 da Lei 9.868/1999); B e **C:** incorretos (art. 11, § 1º, da Lei 9.868/1999); **D:** incorreto (art. 7º da Lei 9.868/1999); **E:** correto (art. 24 da Lei 9.868/1999).

Gabarito "E".

(Defensor Público/RO – 2007 – FJPF) Das ações abaixo relacionadas, aquela que NÃO comporta condenação em honorários de advogado é:

(A) cautelar
(B) usucapião
(C) civil pública
(D) desapropriação
(E) mandado de segurança

Art. 25 da Lei 12.016/2009 e Súmula 512 do STF.

Gabarito "E".

(Defensor Público/RO – 2007 – FJPF) Quanto aos Juizados, NÃO admite aplicação do princípio da oralidade o seguinte ato processual:

(A) embargos de declaração
(B) recurso inominado
(C) petição inicial
(D) contestação
(E) procuração

Art. 42, *caput*, da Lei 9.099/1995.

Gabarito "B".

(Defensor Público/RO – 2007 – FJPF) Tem como fundamento um ato ilícito da administração pública, gerando afetação patrimonial a específico interesse público a seguinte demanda:

(A) popular
(B) civil pública
(C) desapropriação indireta
(D) mandado de segurança
(E) improbidade administrativa

A alternativa "C" está correta. Entende-se como desapropriação indireta o fato administrativo por meio do qual a Administração Pública, sem prévia declaração ou indenização, apropria-se de imóvel privado. O proprietário, nesses casos, é simplesmente alijado do domínio de seu bem, restando-lhe apenas formular pretensão indenizatória em face do Poder Público, já que impossível requerer a reivindicação da coisa por força do art. 35 do Decreto 3.365/41. Cuida-se, no dizer da doutrina, de verdadeiro esbulho possessório cometido pelo Poder Público, ou, ainda, de desapropriação "mais do que direta", visto que se atropelam as fases declaratória e indenizatória inerentes ao instituto. Conforme assevera José dos Santos Carvalho Filho: "Trata-se de situação que causa tamanho repúdio que, como regra, os estudiosos a têm considerado verdadeiro esbulho possessório. Com efeito, esse mecanismo, a despeito de ser reconhecido na doutrina e jurisprudência, e mais expressamente até por ato legislativo, não guarda qualquer relação com os termos em que a Constituição e a lei permitiram o processo de desapropriação. Primeiramente, porque a indenização não é prévia, como o exige a Lei Maior. Depois, porque o Poder Público não emite, como deveria, a necessária declaração indicativa de seu interesse. Limita-se a apropriar-se do bem e fato consumado! Exemplo comum de desapropriação indireta tem ocorrido com a apropriação de áreas privadas para a abertura de estradas". (CARVALHO FILHO, José dos Santos. *Manual de Direito Administrativo*. 23. ed. Rio de Janeiro: Lumen Juris, 2010, p. 943).

Gabarito "C".

(Defensor Público/RO – 2007 – FJPF) NÃO pode ocupar o polo passivo da relação processual, no sistema da Lei nº 9.099/1995, a seguinte entidade:

(A) empresa pública da União
(B) empresa pública estadual
(C) empresa pública municipal
(D) sociedade de economia mista federal
(E) sociedade de economia mista municipal

Art. 8º, *caput*, da Lei 9.099/1995.

Gabarito "A".

(Defensor Público/RO – 2007 FJPF) Quanto aos Juizados, os embargos de declaração ofertados de sentença, em relação ao prazo do recurso inominado, são causa de:

(A) dilação
(B) interseção
(C) suspensão
(D) interrupção
(E) sobrestamento

Art. 50 da Lei 9.099/1995.

Gabarito "C".

(Defensor Público/RO – 2007 FJPF) Das modalidades de intervenção processual, aquela que se admite no sistema da Lei nº 9.099/95 é:

(A) assistência
(B) litisconsórcio
(C) nomeação à autoria
(D) denunciação da lide
(E) chamamento ao processo

Art. 10 da Lei 9.099/1995.

Gabarito "B".

(Defensor Público/RO – 2007 – FJPF) Quanto aos Juizados, nas causas de até 20 salários-mínimos, salvo direito de recurso, a assistência de advogado, é:

(A) vedada
(B) *ex officio*

(C) facultativa
(D) obrigatória
(E) ordem pública

Art. 9º, *caput*, da Lei 9.099/1995.

Gabarito "C"

(Defensor Público/CE – 2007 – CESPE) Julgue os itens que se seguem, acerca dos juizados especiais cíveis (JECs), à luz da Lei nº 9.099/1995.

(1) Nos JECs, o valor da causa, para verificação da competência, corresponderá ao valor do objeto do pedido.
(2) Se o autor atribuir à causa valor superior ao de alçada, o juiz deverá, liminarmente, indeferir a petição inicial, reconhecendo a incompetência absoluta do JEC, e declarar extinto o processo sem resolução de mérito.
(3) Se, no curso do processo, qualquer das partes modificar seu endereço sem comunicar ao juízo, as intimações enviadas ao local anteriormente indicado serão consideradas eficazes.

1: correto, pois o valor da causa deve ser atribuído consoante a expressão econômica do pedido; **2:** incorreto. Cuida-se da hipótese que a doutrina denomina *renúncia implícita*, a qual tem cabimento quando o autor distribui demanda com valor superior àquele previsto no art. 3º, I, da Lei 9.099/1995. Em tal situação, caso o autor decida pelo procedimento sumaríssimo, considera-se ter havido renúncia àquilo que ultrapassar a alçada de quarenta salários mínimos. Vide a lição de Nelson Nery Jr. e de Rosa Maria de Andrade Nery: "Renúncia do excedente. Caso o autor opte por deduzir sua pretensão perante o juizado especial cível, auferindo as vantagens do procedimento sumaríssimo, a lei considera que o demandante renunciou ao valor que exceder ao limite dos quarenta salários mínimos. Trata-se de renúncia *ex lege*, que, para valer e produzir efeitos, independe de outra manifestação positiva de vontade do titular do direito. Interpretando-se a norma *a contrario sensu*, pode-se afirmar-se que, no *sistema* dos juizados especiais cíveis, pode haver opção do autor pelo procedimento do CPC ou pelo procedimento dos juizados especiais. (NERY JR. Nelson; NERY, Rosa Maria de Andrade. *Código de processo civil comentado e legislação extravagante*. 10. ed. São Paulo: Ed. RT, 2007, p. 1.470-1.471) [grifos do autor]. Todavia, há quem considere (Marcus Vinícius Rios Gonçalves e Ricardo Cunha Chimenti) que o juiz deverá primeiramente advertir o autor a respeito das consequências da renúncia; **3:** correto (art. 19, § 2º, da Lei 9.099/1995).

Gabarito 1C, 2E, 3C

(Defensor Público/BA – 2006 – DPE/BA) Na aplicação da tutela antecipada contra a Fazenda Pública, pode-se asseverar que:

I. Não serão devidos honorários advocatícios pela Fazenda Publica nas execuções não embargadas.
II. A sentença que tenha por objeto a liberação de recurso, inclusão em folha de pagamento, reclassificação, equiparação, concessão de aumento ou extensão de vantagens a servidores da União, dos Estados, do Distrito Federal e dos Municípios, inclusive de suas autarquias e fundações, somente poderá ser executada após seu trânsito em julgado.
III. Estão dispensadas de depósito prévio, para interposição de recurso, as pessoas de direito público federais, estaduais, distritais e municipais.
IV. A sentença civil prolatada em ação de caráter coletivo proposta por entidade associativa, na defesa dos interesses e direitos de seus associados, abrangerá apenas os substituídos que tenham, na data da propositura da ação, domicílio no âmbito da competência territorial do órgão prolator.
V. Os juros de mora, nas condenações impostas à Fazenda Pública para pagamento de verbas remuneratórias devidas a servidores e empregados públicos, não poderão ultrapassar o percentual de 6% (seis por cento) ao ano.

Assim, analisando as afirmativas, pode-se dizer que:

(A) Todas são corretas.
(B) Todas são incorretas.
(C) Apenas I, III e V são corretas.
(D) Apenas II e IV são corretas.
(E) Apenas I, II, III e V são incorretas.

I: correto (art. 1º-D da Lei 9.494/1997); **II:** correto (art. 2º-B da Lei 9.494/1997); **III:** correto (art. 1º-A da Lei 9.494/1997); **IV:** correto (art. 2º-A, *caput*, da Lei 9.494/1997); **V:** correto, de acordo com a redação do antigo art. 1º-F da Lei 9.494/1997. Todavia, tal dispositivo passou a vigorar – com a redação que lhe foi atribuída pela Lei 11.960/2009 – da seguinte forma: "Art. 1º-F. Nas condenações impostas à Fazenda Pública, independentemente de sua natureza e para fins de atualização monetária, remuneração do capital e compensação da mora, haverá a incidência uma única vez, até o efetivo pagamento, dos índices oficiais de remuneração básica e juros aplicados à caderneta de poupança".

Gabarito "A"

(Defensor Público/SE – 2006 – CESPE) Julgue os seguintes itens.

(1) Caso ocorra o indeferimento da petição inicial do mandado de segurança por não ter sido impetrado dentro do prazo legal, sendo reconhecida, portanto, a decadência, ficará a parte impedida de discutir a questão em outras vias, pois, nesse caso, a ocorrência do prazo extintivo acarreta a perda do direito pleiteado pelo impetrante e os respectivos efeitos patrimoniais.
(2) Concedida a liminar e posteriormente denegada a segurança, sem que o juiz expressamente casse a liminar que concedera, havendo recurso voluntário, a liminar prevalece até o julgamento definitivo do recurso.
(3) No mandado de segurança, o direito líquido e certo é condição da ação e a sua finalidade. Assim, a sentença que nega a existência do direito líquido e certo é decisão de mérito.

1: incorreto, pois o que se extingue é o direito de ingressar com o mandado de segurança, e não o direito pleiteado; **2:** incorreto (Súmula 405 do STF); **3:** correto, pois de fato, a sentença que denega a segurança afirmando que o autor não tem o direito líquido e certo que alega analisa o próprio mérito do *mandamus*.

Gabarito 1E, 2E, 3C

(Defensor Público/PA – 2006 – UNAMA) Em relação ao mandado de segurança é correto afirmar que a sua petição inicial deve ser apresentada em:

(A) duas vias, devendo a autoridade coatora ser notificada para, no prazo de 15 dias, prestar as informações que achar necessárias. Após, o Ministério Público será ouvido em 5 dias, sendo, então, os autos conclusos ao juiz para que a decisão seja proferida em 5 dias.
(B) três vias, devendo a autoridade coatora ser notificada para, no prazo de 10 dias, prestar as informações que achar necessárias. Após, o Ministério Público será ouvido em 10 dias, sendo, então, os autos conclusos ao juiz para que a decisão seja proferida em 5 dias.
(C) duas vias, devendo a autoridade coatora ser notificada para, no prazo de 10 dias, prestar as informações que achar necessárias. Após, o Ministério Público será ouvido em 10 dias, sendo, então, os autos conclusos ao juiz para que a decisão seja proferida em 10 dias.
(D) três vias, devendo a autoridade coatora ser notificada para, no prazo de 15 dias, prestar as informações que achar necessárias. Após, o Ministério Público será ouvido em 10 dias, sendo, então, os autos conclusos ao juiz para que a decisão seja proferida em 5 dias.

A questão foi anulada, visto que não há resposta certa, considerando-se o disposto na Lei 1.533/1951, a qual ainda vigorava à época do concurso (art. 7º, I, e 10 da Lei 1.533/51). Atualmente, a assertiva constante da letra "C" estaria quase correta, com base nos arts. 6º, *caput*, 7º, I, e 12, da Lei 12.016/2009, não fosse pelo prazo de que o juiz dispõe para sentenciar o feito, qual seja 30 (trinta) dias.

Gabarito "ANULADA"

(Defensor Público/PA – 2006 – UNAMA) Na ação de alimentos, quando da realização da audiência de conciliação e julgamento deverão estar presentes autor e réu. Caso o autor não compareça:

(A) o juiz deverá arquivar o pedido.
(B) o juiz deverá dar prosseguimento ao processo, tendo em vista a natureza da ação.
(C) o juiz deverá, de imediato, julgar o feito, após ouvir o réu e o representante do Ministério Público.
(D) será aplicada a confissão, podendo o juiz dispensar as demais provas.

A alternativa correta é a "A" (art. 7º da Lei 5.478/1968).

Gabarito "A"

(Defensor Público/PA – 2006 – UNAMA) Considere as seguintes afirmações em matéria de Juizados Especiais Cíveis:

I. Os incapazes podem ser partes, devidamente representados ou assistidos, nos processos que tramitam nos Juizados Especiais Cíveis.
II. Não é admitida qualquer forma de intervenção de terceiros, salvo a assistência.
III. Os embargos de declaração serão interpostos no prazo de 5 dias, contados da ciência da decisão, suspendendo o prazo dos demais recursos
IV. O mandato conferido ao advogado poderá ser verbal, salvo quanto aos poderes especiais.

Somente é correto o que se afirma em:

(A) I, II e III.
(B) III e IV.
(C) I e III.
(D) II.

I: incorreto (art. 8º, *caput*, da Lei 9.099/1995); **II:** incorreto, pois só se admite o litisconsórcio (art. 10 da Lei 9.099/1995); **III:** correto (arts. 49 e 50 da Lei 9.099/1995); **IV:** correto (art. 9º, § 3º, da Lei 9.099/1995).

Gabarito "B"

(Defensor Público/RN – 2006 – Instituto Talento) A Lei 1.060/1950 que estabelece as normas para a concessão de assistência judiciária determina que

(A) o pedido de revogação do benefício da assistência gratuita durante a instrução não suspende o curso da ação.
(B) a impugnação do direito à assistência judiciária será feita nos autos do processo, não sendo suspenso o seu curso.
(C) o defensor público deverá ser intimado pessoalmente, em ambas as instâncias, contando-se-lhes em dobro o prazo para defesa e em quádruplo o prazo para recurso.
(D) os seus benefícios exigem a apresentação de atestado de pobreza do requerente.

A: correta (art. 4º, § 2º, da Lei 1.060/1950) **B:** incorreta, porque a impugnação, nos termos do §2º do art. 4º da Lei 1.060/1950, será feita em autos apartados; **C:** incorreta (art. 5º, § 5º, da Lei 1.060/1950); **D:** incorreta (art. 4º, *caput*, da Lei 1.060/1950).

Gabarito "A"

(Defensor Público/RN – 2006 – Instituto Talento) Na ação de mandado de segurança é incorreto dizer que

(A) não é passível de mandado de segurança despacho quando haja recurso previsto na legislação.
(B) sendo denegatória a decisão, o pedido não poderá ser renovado, ainda que a decisão não tenha apreciado o mérito.
(C) a complexidade dos fatos discutidos não pode ser causa de indeferimento da petição inicial, vez que não implica necessariamente em dilação probatória.
(D) da sentença que indeferir a inicial por falta de requisito legal cabe recurso de apelação.

A: correta (art. 5º, II, da Lei 12.016/2009 – "não se concederá mandado de segurança quando se tratar: II – de decisão judicial da qual caiba recurso com efeito suspensivo); **B:** incorreta (art. 6, § 6º, da Lei 12.016/2009); **C:** correta, não sendo cabível o mandado de segurança apenas quando for necessária dilação probatória; **D:** correta (art. 10, § 1º, da 12.016/2009). NOTA: pelo gabarito oficial, foi assinalada a alternativa "C", embora a afirmação nela contida esteja correta, e não incorreta, como o enunciado da questão aponta.

Gabarito "C"

(Defensor Público da União – 2004 – CESPE) Julgue o item que se segue, acerca de execução e mandado de segurança.

(1) Ainda que sejam incontroversos os fatos que embasam o pedido do impetrante, não se admite a segurança se a questão de direito for intrincada e de difícil solução, pois, nesse caso, o direito líquido e certo não se torna claro e evidente.

1: incorreto. "Controvérsia sobre matéria de direito não impede concessão de mandado de segurança" (Súmula 625 do STF).

Gabarito 1E

16. Temas Variados e Combinados

(Defensor Público/AC – 2012 – CESPE) A DP, muitas vezes, atua em causas em que é obrigatória a participação do MP, devendo o DP requerer a intimação do MP sempre que a lei o exigir, a fim de evitar desgastantes debates sobre nulidades processuais. Acerca desse assunto, assinale a opção correta.

(A) É imprescindível que a parte requeira a intimação do MP nas petições iniciais de mandado de segurança e ação popular, sob pena de inépcia.
(B) Se intervier na causa, ainda que na condição de fiscal da lei e não em nome próprio, o MP poderá juntar documentos e certidões, produzir prova em audiência e requerer medidas ou diligências, inclusive perícias, necessárias ao descobrimento da verdade.
(C) Em causa que verse sobre interesses exclusivamente patrimoniais em favor de menor relativamente incapaz, com idade entre dezesseis e dezoito anos, sendo o menor assistido por genitor e não havendo entre eles conflito de interesses, não há necessidade de o DP requerer a intimação do MP.
(D) Havendo obrigatoriedade legal de intervenção do MP, a parte deve intimá-lo, sob pena de nulidade do processo, que poderá ser arguida em qualquer instância, não sendo admissível convalidação mediante aplicação do princípio *pas de nullité sans grief*.
(E) Para a validade dos processos em que seja obrigatória a intervenção do MP, não basta a intimação deste; a intervenção deve ser eficaz, sendo causa de nulidade a omissão ou displicência do representante do em detrimento da parte tutelada.

A: incorreto. Ainda que o autor não requeira, prima facie, a intimação do MP, o juízo deverá facultar-lhe a emenda da inicial, visto que a parte goza de direito subjetivo à correção de meras irregularidades. Nesse sentido, desponta a jurisprudência do STJ: "Processo civil. Citação e contestação da empresa ré. Sentença, extinguindo o processo sem julgamento do mérito, por inépcia da inicial. Apelação provida, determinando a emenda da inicial, mesmo que apresentada a contestação. Possibilidade. Direito subjetivo do autor. Art. 284 do CPC. Observância aos princípios da economia, efetividade e instrumentalidade do processo. Precedentes do STJ. Recurso especial conhecido, mas improvido. 1 – Inviável a extinção do processo sem julgamento do mérito por inépcia da exordial, sem dar oportunidade à parte para proceder à sua emenda, por se tratar de direito subjetivo do autor. Art. 284 do CPC. 2 – Incompatível com a interpretação sistemática e teleológica do sistema processual civil brasileiro o procedimento adotado pelo MM. Juiz monocrático que, sem realizar o exame prévio da exordial quando da propositura da ação, deu prosseguimento ao feito, para então, após a contestação da recorrente, decidir pela extinção do processo sem julgamento do mérito pela inépcia da petição inicial. 3 – Em observância aos princípios da economia, da efetividade e da instrumentalidade do processo, esta Corte vem admitindo a emenda da petição inicial considerada inepta, ainda que contestada a ação. Precedentes: REsp 239.561/RS, rel. Min. Aldir Passarinho Júnior, DJ 15.05.2006; REsp 837.449/MG, rel. Min. Denise Arruda, DJ 31.08.2006; REsp 480.614/RJ, rel. Min. José Delgado, DJ 09.02.2004; REsp 101.013/CE, DJ 18.08.2003; e REsp 390.815/SC, rel. Min. Humberto Gomes de Barros, DJ 29.04.2002. 4 – Recurso conhecido, mas improvido." (REsp 674215/RJ, rel. Min. Jorge Scartezzini, 4ª T., j. 19.10.2006, DJ 20.11.2006, p. 314); **B:** correto. Como fiscal da lei, o Parquet intervém necessariamente no bojo de uma lide pendente, ou seja, no seio de um conflito instaurado entre outros litigantes. De qualquer sorte, uma vez que não defende o interesse de nenhuma das partes envolvidas na conflito, oficia na condição de interveniente especial. Sua missão institucional, nesses casos, é tão somente a de fazer valer o interesse público por meio da correta aplicação da norma jurídica ao caso concreto. Corroborando o que ora se aduz, confira-se a boa doutrina de Cândido Rangel Dinamarco: "Nos processos em que o Ministério Público ingressa como puro fiscal da lei, ele é um interveniente – lembrando que toda intervenção se caracteriza como ingresso em processo pendente entre outros sujeitos (supra, n. 585). Mas nesses casos ele é um interveniente especial, que não se enquadra em qualquer das figuras interventivas ordinariamente indicadas pela doutrina e configuradas pela lei (supra, n. 588) – uma vez que nada pede para si nem para sua Instituição ou para outros sujeitos ou grupos, nem acrescenta pedido algum em prol de quem quer que seja, nem atua com o objetivo de ajudar algum dos litigantes" (DINAMARCO, Cândido Rangel. Instituições de Direito Processual Civil. Vol. II. 5. ed. São Paulo: Malheiros, 2005, p. 432) [grifos nossos]. O Ministério Público é parte processual mesmo quando intervém como fiscal da lei, daí por que lhe são conferidas as mesmas prerrogativas inerentes às partes, tal qual o direito de produzir prova documental, pericial, testemunhal, enfim, tudo em busca do descobrimento da verdade (art. 83, II, do CPC); **C:** incorreto. Segundo a dicção do art. 82, I, do CPC, a intervenção do Parquet se revela obrigatória quando houver interesse de incapazes, fazendo-se necessária a sua intimação, sob pena de nulidade (arts. 84 e 246 do CPC), a qual deverá ser reconhecida acaso sobrevenha prejuízo ao incapaz. Nessa direção, note-se a lição de Costa Machado: "Há interesses de incapazes toda vez que um incapaz (absoluta ou relativamente), pouco importa for sujeito ativo, passivo, interveniente em qualquer tipo de processo ou procedimento. [...] A falta de intervenção torna nulo o processo, mas a nulidade só será reconhecida se o tribunal entender que houve efetivo prejuízo para o incapaz [...] Por esses motivos intervém o MP em favor dos incapazes: para reequilibrar o contraditório, vale dizer, para tornar realidade concreta a oportunidade de contradição; para fazer valer a igualdade das partes, suprindo de forças o polo da relação processual em que se encontre o incapaz." (MACHADO, Antônio Cláudio da Costa. Código de processo civil interpretado e anotado. 4. ed. Barueri: Manole, 2012, p. 368). A jurisprudência da Corte Superior tem igualmente perfilhado tal posicionamento: "Administrativo e processual civil. Desapropriação por interesse social. Intervenção do ministério público (Art. 18, § 2º, da LC nº 76/93). Supressão. apuração do preço do imóvel expropriado (art. 12, § 2º, Da medida provisória nº 1.577/97, Que alterou a redação da Lei nº 8.629/93). Ausência de prequestionamento. 1. Dispõe o art. 18, § 2º, da LC nº 76/93, ser obrigatória a intervenção do Ministério Público nas desapropriações diretas. 2. Inaplicabilidade da aludida norma, tendo em vista que: a) os autos foram conclusos para sentença em 10 de abril de 1992, época em que ainda não vigia a referida Lei Complementar (não obstante a sentença ter sido prolatada somente em 14 de março de 1995); b) mesmo já vigorando a aludida LC, nas suas razões de recurso apelativo, o INCRA sequer apontou a nulidade que agora pretende ante a falta de intervenção do MP; e c) ao chegarem os autos no Egrégio Tribunal a quo, foram eles ao Ministério Público Federal para oferecimento de Parecer. Sanada, dessa forma, a falta de participação do MP, visto que apresentou seu pronunciamento, tendo, inclusive, adentrado no mérito da demanda. 3. O Superior Tribunal de Justiça, em homenagem ao princípio da economia e celeridade processual, vem decidindo que a não intervenção do MP no primeiro grau, por força de lei, tem-se por suprida com a sua integração à lide no segundo grau, desde que não ocasione às partes prejuízo, o que, no caso dos autos, inexistiu. (REsp 289231/SC, rel. Min. José Delgado, 1ª T., j. 13.02.2001, DJ 26.03.2001, p. 390) **D:** incorreto. É de rigor ressaltar que a jurisprudência do STJ tem se posicionado no sentido de que a ausência de intimação do Parquet não conduz, de per si, à nulidade do processo, a considerar que se trata de nulidade relativa, a qual, como cediço, não deverá ser pronunciada, salvo quando sobrevier prejuízo para as partes ou para o deslinde da controvérsia posta em juízo, por influxo da máxima pas de nullité sans grief. Ao abono de tal entendimento, confiram-se os seguintes julgados do STJ: "Processual civil e econômico. Recurso especial. Alínea a do permissivo constitucional. Ausência de indicação do dispositivo considerado violado. Fundamentação deficiente. Aplicação analógica da Súmula n. 284 do STF. Intervenção do Ministério. Nulidade relativa. comprovação de prejuízo. necessidade. [...] 5. Em segundo lugar, é pacífico nesta Corte Superior entendimento segundo o qual a ausência de intimação do Ministério Público em ação civil pública para funcionar como fiscal da lei não dá ensejo, por si só, a nulidade processual, salvo comprovado prejuízo. Precedentes. [...]" (REsp 1207855/SE, rel. Min. Mauro Campbell Marques, 2ª T., j. 06.09.2011, DJe 14.09.2011); "Administrativo – Improbidade Administrativa – Ministério Público Como autor da ação – Desnecessidade de intervenção do Parquet como custos legis – Ausência de prejuízo – Não ocorrência de nulidade [...] 2. Ademais, a ausência de intimação do Ministério Público, por si só, não enseja a decretação de nulidade do julgado, a não ser que se demonstre o efetivo prejuízo para as partes ou para a apuração da verdade substancial da controvérsia jurídica, à luz do princípio pas de nullités sans grief. [...]" (REsp 1183504/DF, rel. Min. Humberto Martins, 2ª T., j. 18.05.2010, DJe 17.06.2010) **E:** incorreto. Em verdade, o que pode render ensejo à decretação da nulidade processual é a ausência de intimação do Órgão Ministerial (desde que, como já antes ponderado, revele-se inequívoco o prejuízo às partes ou à apuração da verdade material), e não a inexistência de sua manifestação, quando regularmente intimado. Nesse sentido: "Processual civil. Recurso especial. Banco em liquidação extrajudicial. Participação do Ministério Público. [...] Não se decreta nulidade sem demonstração concreta do prejuízo; ademais, é a falta de intimação do MP que enseja nulidade do processo e não a ausência de sua manifestação quando lhe foi aberta vista dos autos." (REsp 1.035.809/RJ, rel. Min. Nancy Andrighi, 3ª T., j. 04.09.2008, DJe 16.09.2008)

(Defensor Público/AC – 2012 – CESPE) Um município, por intermédio de seu órgão de fiscalização de obras, ajuizou ação demolitória contra uma construtora que ludibriara a fiscalização para erigir prédio em desacordo com o projeto para o qual obtivera aprovação do poder público. Finalizada a obra, verificou-se que o edifício se caracterizava como prédio residencial formado de quitinetes, embora o projeto aprovado e a área ocupada se referissem a hotel. Citada, a construtora contestou e reconveio. Na contestação, alegou que a destinação da área estava prestes a ser alterada por uma lei que passaria a admitir, no local, prédios de quitinetes. Na reconvenção, alegou litisconsórcio necessário com todos os locatários que ocupavam o prédio, sendo imprescindível a citação de todos para a validade do processo. Argumentou, ainda, que os locatários seriam atingidos pela sentença e que a construtora não poderia ser obrigada a demolir o edifício, ocupado por terceiros. Sobreveio acórdão que confirmou a sentença, julgando procedente a ação demolitória e improcedente a reconvenção. Foi interposto recurso especial, pendente de juízo de admissibilidade.

Com base nessa situação hipotética, assinale a opção correta.

(A) Terceiros prejudicados podem ajuizar demanda própria para defesa de seus direitos eventualmente atingidos pelo ato judicial produzido em demanda, ainda que já tenha sido produzida a coisa julgada.

(B) Para defenderem eventual direito que julguem ter, os locatários devem adotar as medidas cabíveis antes que o referido acórdão transite em julgado, pois, uma vez formada a coisa julgada, seu conteúdo passa a ser imutável, nos termos do CPC, tornando-se-lhes impossível afastar sua aplicação.

(C) Nesse caso, é imprescindível a inclusão dos locatários na lide, pois, de acordo com o CPC, a sentença faz coisa julgada apenas às partes envolvidas, não podendo beneficiar nem prejudicar terceiros.

(D) A necessidade de citação dos locatários para a eficácia da sentença decorre do disposto no CPC acerca das condições para o litisconsórcio necessário, entre as quais se inclui o fato de o juiz ter de decidir a lide de maneira uniforme para todas as partes, tal como no caso apresentado, em que a demolição do prédio pela construtora é indissociável da desocupação deste pelos locatários.

(E) A coisa julgada, assim considerada a eficácia que torna imutável e indiscutível a sentença, conforme disposto no CPC, inibe que o julgado produza efeitos naturais de amplitude subjetiva mais alargada.

A: correto. A doutrina se divide entre o cabimento dos embargos de terceiro e/ou de ação rescisória. Segundo a primeira corrente, a ordem de demolição do encimado prédio pressupõe que os ocupantes do imóvel sejam previamente despojados da posse da coisa, fato que consubstancia inequívoco esbulho judicial. Sendo assim, os locatários podem embargar de terceiro, mesmo após o trânsito em julgado da sentença proferida, eis que não integraram a lide originária. Por conta de seus limites subjetivos, a coisa julgada tem aplicação restrita às partes entre as quais a decisão foi prolatada (arts. 472 e 1.046, caput, do CPC). Nesse sentido: "Ação rescisória. Execução. Embargos de terceiro. Nova lide. Limites da coisa julgada. Inexistência de ofensa. A oposição de embargos de terceiro faz surgir uma nova lide, subjacente à principal, vale dizer, instaura-se uma ação de conhecimento incidental à de execução. A sentença faz coisa julgada entre as partes a qual é dada, não beneficiando nem prejudicando terceiros (art. 472, CPC). Logo, o terceiro pode sujeitar-se aos efeitos da sentença, porém não à coisa julgada. Com esse entendimento, o acórdão do STJ que acolhe pretensão deduzida em embargos de terceiros não fere a coisa julgada, porquanto proferido em lide diversa da inicialmente instaurada no processo executivo. Pedido improcedente." (STJ, AR 1.199/SP, rel. Min. Cesar Asfor Rocha, 2ª Seção, j. 28.02.2007, DJ 31.05.2007, p. 317). Ainda na mesma direção: "Processual civil. Coisa julgada. Limites subjetivos. Nada importa que a sentença proferida nos embargos do devedor tenha recusado ao varão, por ser solteiro, o reconhecimento da impenhorabilidade do imóvel que lhe servia de residência; a companheira pode, sem ofensa à coisa julgada, que tem limites subjetivos, ajuizar embargos de terceiro para proteger o bem de família. Agravo regimental não provido." (AgRg no REsp 196.415/RN, rel. Min. Ari Pargendler, 3ª, j. 13.09.2005, DJ 17.10.2005, p. 289). Mutatis mutandis, a considerar que a ação demolitória tem natureza executiva lato sensu – tal qual as possessórias – traz-se à baila a lição de Humberto Theodoro Júnior: "Quando for o caso de procedimentos mistos, como os interditos possessórios e a ação de despejo, em que a cognição e a execução se mesclam numa única relação processual, o trânsito em julgado da sentença nem sempre será o marco final da utilização dos embargos de terceiro. É que, se não houver medida liminar, a ação não se encerra enquanto não for expedido e cumprido o mandado cuja expedição determinou a sentença. Aí, cumprido esse mandado, contar-se-ão os cinco dias referidos no art. 1.048 para as execuções forçadas. Se, porém, houve a liminar e a sentença final se limitou a tornar definitiva a reintegração ou manutenção promovida initio litis, o prazo útil do manejo dos embargos se extinguirá com o trânsito em julgado, porque aí a relação processual se exaurirá em tal momento" (THEODORO JÚNIOR, Humberto. Curso de Direito Processual Civil. 44. ed. Rio de Janeiro: Forense, 2013, p. 293). Já para uma segunda corrente, afigura-se adequada somente a rescisória com lastro no art. 487, II, do CPC, porquanto os terceiros que poderiam ter intervindo na lide originária como assistentes, malgrado sejam atingidos reflexamente pela eficácia natural da decisão proferida, não possuem legitimidade ativa para questionar diretamente a relação jurídica primitiva, eis que, como já alinhavado, não são titulares do direito material discutido. Ratificando o que ora se aduz: "Por fim, há casos em que o terceiro, embora atingido pelos efeitos da sentença, não detém legitimidade para diretamente discutir em juízo, em nome próprio, aquele mesmo objeto processual já decidido. Nesse caso, ele está impedido de propor nova ação sobre a mesma causa não por força da coisa julgada, mas por ilegitimidade ativa. Isso ocorre em hipóteses em que esse terceiro é titular de uma relação jurídica dependente da relação jurídica principal que é objeto do processo ('relação jurídica principal'). A relação dependente será afetada pelo que for decidido para a relação principal, mas o terceiro não está legitimado para direta e autonomamente discutir em juízo essa relação principal. Por exemplo, a sublocação será atingida pela sentença que extinga a locação (Lei 8.245/1991, art. 15), sem que o sublocatário detenha legitimidade para autonomamente propor ação em face do locador defendendo a subsistência deste contrato. [...] Depois disso [o autor se refere ao trânsito em julgado da sentença proferida na lide principal], em princípio, restará apenas o caminho dos meios de rescisão que o ordenamento admita. Em tais hipóteses, revela-se crucial a legitimidade ativa para a rescisória ex vi do inciso II do art. 487. (TALAMINI, Eduardo. Partes, terceiros e coisa julgada: os limites subjetivos da coisa julgada. in DIDIER JR., Fredie; WAMBIER, Teresa Arruda Alvim (orgs.). Aspectos polêmicos e atuais sobre os terceiros no processo civil (e assuntos afins). São Paulo: Ed. RT, 2004, p. 231-232). O renomado autor colaciona, ainda, o seguinte precedente do STJ: "Processo civil. Recurso especial. Prequestionamento. Imprescindibilidade. Matéria probatória. Inviabilidade. Rescisória. Terceiro. Pressuposto do interesse jurídico. Recurso desacolhido. I – Para o conhecimento do recurso especial impõe-se o prequestionamento. II – A via do recurso especial não autoriza o exame de matéria de prova. III – Segundo escorreita doutrina, 'tem interesse para a ação rescisória ou o terceiro que, por extensão, sofreu a imutabilidade da coisa julgada, como, por exemplo, o substituído, nos casos de substituição processual, ou aqueles que, em virtude da natureza do inter-relacionamento entre as relações jurídicas (a decidida pela sentença e a sua), não tem, perante o direito material, fundamento para recompor a situação anterior por meio de ação própria". (REsp 10220/SP, rel. Min. Sálvio de Figueiredo Teixeira, 4ª T., j. 23.06.1992, DJ 03.08.1992, p. 11.322). Finalmente, Ovídio Baptista da Silva reputa cabíveis tanto os embargos de terceiro quanto a rescisória, conforme deflui da seguinte lição: "Ovídio Baptista da Silva concede ação rescisória aos que se sujeitam à eficácia reflexa da sentença, identificando-os com os legitimados para intervir como assistentes simples. 'Se os terceiros desta categoria não forem intimados regularmente da existência do litígio, ou não ingressarem nela espontaneamente, a sentença não lhes poderá ser oposta, podendo eles valerem-se contra a mesma da ação de embargos de terceiro (art. 1.046 do CPC), ou promover ação rescisória'. (BAPTISTA DA SILVA, Ovídio apud DIAS, Maria Berenice. O terceiro no processo. Rio de Janeiro: Aide, 1993, p. 142). **B:** incorreto, consoante apontado na alternativa anterior; C, D e **E:** incorretos. A assertiva traz em seu bojo hipótese em que os locatários não possuem relação jurídica de direito material com o adversário da construtora locadora, isto é, com o Município autor da ação demolitória. Em verdade, o liame jurídico – contrato de locação – encontra-se estabelecido entre aqueles que detêm a posse do imóvel e a empreiteira que lhes locou cada unidade, de forma tal que o sucesso daquela municipalidade em ação demolitória acarreta prejuízos reflexos à esfera jurídica dos locatários. Do contrário, estes seriam parte e não terceiros, porquanto o direito discutido também seria seu. Logo, se não são partes, não há cogitar-se de litisconsórcio passivo necessário ou mesmo facultativo, porquanto não são titulares do direito material debatido; de qualquer sorte, os ocupantes do imóvel poderiam intervir em tal processo como assistentes simples da construtora, ou, ainda, interpor recurso de terceiro prejudicado. Podem, igualmente, optar pelo aforamento dos embargos de terceiro ou de ação rescisória, se não quiserem intervir diretamente na ação demolitória. Doutro giro, o próprio enunciado da questão reproduz os efeitos naturais da sentença sobre aqueles que, conquanto não hajam integrado a lide – in casu, os locatários – são obliquamente atingidos pela eficácia da decisão proferida entre o Município e a construtora, visto que a perpetuação da locação avençada encontra-se subordinada à improcedência da ação demolitória. Nesse sentido, observe-se o ensinamento de Marcus Vinícius Rios Gonçalves: "[...] é preciso que ele seja atingido pelos efeitos da sentença. Naturalmente, só as partes o serão diretamente pela coisa julgada. Mas as relações jurídicas não são isoladas. Ao contrário, elas se ligam umas às outras e, em muitos casos, entretecem verdadeiras teias, sendo difícil mexer em uma sem que outra sofra as consequências reflexas. Há relações jurídicas que são dependentes e subordinadas a outras, e não há como atingir uma sem afetar a outra. O assistente simples não é, nem se alega, titular da relação jurídica que está sendo discutida em juízo. Se o fosse, não seria terceiro, mas parte. No entanto, ele é titular de relação jurídica que mantém estreita ligação com a que está sub judice, de forma a não ser possível atingir esta sem afetar aquela. (GONÇALVES, Marcus Vinícius Rios. Novo Curso de Direito Processual Civil. Vol 1. 8. ed. São Paulo: Saraiva, 2011, p. 169-170).

Gabarito "A".

(Defensor Público/SP – 2012 – FCC) Analise as afirmações abaixo.

I. Nas causas de consumo que tramitam sob o rito sumário é admitido o chamamento ao processo da seguradora pelo fornecedor demandado.
II. É possível a intervenção de *amicus curiae* no procedimento de análise da repercussão geral em recurso extraordinário, dando legitimação social à decisão do Supremo Tribunal Federal.
III. Admitida a possibilidade de intervenção litisconsorcial voluntária no polo ativo em mandado de segurança, o ingresso do litisconsorte não poderá ocorrer após o despacho da petição inicial.
IV. O litisconsórcio eventual é vedado pela legislação brasileira.

Está correto o que se afirma em

(A) I, II e III, apenas.
(B) I, II e IV, apenas.
(C) I, III e IV, apenas.
(D) II, III e IV, apenas.
(E) I, II, III e IV.

I: correto (art. 101, II, do CDC); **II:** correto (art. 543-A, § 6º, do CPC); **III:** correto (art. 10, § 2º, da Lei 12.016/2009); **IV:** incorreto. Uma exegese mais acertada do art. 289 do CPC permite a aplicação do litisconsórcio eventual ou subsidiário. Com efeito, cuida-se de modalidade litisconsorcial em que o autor cumula duas demandas em face de sujeitos diversos, sendo que o pedido formulado em face de um dos réus só será apreciado se porventura for inacolhida a postulação agitada contra o outro, tudo conforme a ordem eleita pelo demandante. Normalmente, aplica-se às questões afetas à responsabilidade subsidiária. Com a perspicácia de costume, Fredie Didier Jr. pontifica: "O curioso é que, no particular, haverá litisconsórcio sem consórcio, pois os litisconsortes serão adversários. Segundo Araken de Assis, trata-se de fenômeno que normalmente ocorre no polo passivo da demanda. Muito importante no tratamento processual da desconsideração da personalidade jurídica. No litisconsórcio eventual a procedência de um pedido implica a improcedência do outro, podendo, ainda, obviamente, ambos ser improcedentes". (DIDIER JR., Fredie. Curso de Direito Processual Civil. Vol. I. 11. ed. Salvador: Juspodivm, 2009, p. 314-315). Corroborando a admissibilidade do litisconsórcio eventual no processo civil brasileiro, eis o seguinte precedente do STJ: "Processual civil. Litisconsórcio eventual. Ações cumuladas. Ação anulatória de débito fiscal contra o município de Jundiaí. Pedido sucessivo de repetição de indébito em desfavor do município de São Paulo. Arts. 46 e 289 do CPC. Viabilidade. 1. A Corte de origem considerou descabida a propositura de ação anulatória de débito tributário em desfavor do Município de Jundiaí, com pedido sucessivo de repetição de indébito contra o Município de São Paulo, justificando seu posicionamento na falta de afinidade entre as demandas, incompatibilidade entre os pedidos e impossibilidade de incluir-se no polo passivo do feito litisconsortes com interesses conflitantes. 2. Segundo a lição de Cândido Rangel Dinamarco, 'tem-se o cúmulo eventual, quando uma ação é proposta para o evento de que outra seja rejeitada. O autor formula duas demandas, tendo preferência pela primeira mas pedindo ao juiz que conheça e acolha a segunda (que por isso mesmo se considera subsidiário) no caso de não poder a primeira ser atendida' (in Litisconsórcio. São Paulo: Malheiros, 2002, pp. 391-392) 3. Ambas as demandas ostentam causa de pedir comum, qual seja, a prestação de determinados serviços de engenharia que desencadearam a obrigação de recolhimento do ISS, de maneira que fica configurada a conexão a autorizar o litisconsórcio, nos termos do art. 46, III, do CPC. 4. Forte na interpretação do art. 289 do CPC ('É lícito formular mais de um pedido em ordem sucessiva, a fim de que o juiz conheça do posterior, em não podendo acolher o anterior') conjugada com as características do litisconsórcio eventual, não se vislumbra incompatibilidade dos pedidos de anulação de cobrança e repetição de indébito em virtude do caráter sucessivo que lhes foi conferido pela petição inicial. Em outras palavras, o escalonamento contorna uma pretensa falta de harmonia entre os pleitos. 5. O conflito de interesses entre os Municípios de Jundiaí e São Paulo não representa empecilho à inclusão de ambos os entes na demanda na qualidade de litisconsortes passivos, sendo igualmente certo, sublinhe-se, que esta situação de antagonismo é intrínseca ao litisconsórcio eventual. 6. Desde que atendidos os requisitos genéricos previstos no art. 46 do CPC e não haja incompatibilidade absoluta de competência e procedimento, é viável o ajuizamento conjunto de ações conexas pela causa de pedir com pedidos sucessivos contra réus diversos, hipótese cognominada litisconsórcio eventual. 7. Há que se reintegrar ao polo passivo da demanda o ente municipal indevidamente excluído, sendo impositivo o retorno dos autos à instância ordinária para que se dê continuidade ao feito com a apreciação integral dos pedidos deduzidos pela ora recorrente. 8. Recurso especial provido." (REsp 727.233/SP, rel. Min. Castro Meira, 2ª T., j. 19.03.2009, DJe 23.04.2009).

Gabarito "A".

(Defensor Público/AM – 2011 – Instituto Cidades) Ao Superior Tribunal de Justiça compete uniformizar e interpretar as normas de processo civil. Segundo sua jurisprudência, é INCORRETO afirmar

(A) O prazo decadencial da ação rescisória só se inicia quando não for cabível qualquer recurso do último pronunciamento judicial.
(B) A prévia intimação pessoal do devedor não é condição necessária para a cobrança de multa pelo descumprimento de obrigação de fazer ou não fazer.
(C) O cancelamento de pensão alimentícia de filho que atingiu a maioridade está sujeito à decisão judicial, mediante contraditório, ainda que nos próprios autos.

(D) A competência para processar e julgar as ações conexas de interesse de menor é, em princípio, do foro do domicílio do detentor de sua guarda.

(E) Compete à turma recursal processar e julgar o mandado de segurança contra ato de juizado especial.

A: correto (Súmula 401 do STJ); **B:** incorreto (Súmula 410 do STJ); **C:** correto (Súmula 358 do STJ); **D:** correto (Súmula 383 do STJ); **E:** correto (Súmula 376 do STJ).

Gabarito "B"

(Defensor Público/BA – 2010 – CESPE) No que se refere a recursos, cumprimento de sentença, alimentos e embargo de terceiro, julgue os itens subsequentes.

(1) Em sede de embargos de terceiro, não é possível ao embargado discutir a fraude contra credores, visto que essa ação de rito especial é, em regra, incompatível com a ampliação do seu espectro mediante reconvenção.

(2) Contra decisão interlocutória proferida em processo de execução, não se admite interposição de agravo na forma retida, visto que a sentença que encerra tal processo apenas declara a satisfação do crédito.

(3) A prisão do devedor de alimentos é medida excepcional, que não pode ser admitida, em mais de uma oportunidade, no que se refere a dívida correspondente aos mesmos meses, embora se admita a sua decretação no que diz respeito aos subsequentes.

(4) Se, ao proferir sentença, o juiz deixa de reconhecer que a pretensão do autor foi atingida pela prescrição, tal matéria poderá ser objeto de análise na impugnação ao cumprimento da sentença, visto que não é atingida pelos efeitos da coisa julgada.

1: correto. Em embargos de terceiro não se anula ato jurídico, por fraude contra credores (Súmula 195 do STJ). Em tal demanda, não se admite que o embargado intente a reconvenção por haver incompatibilidade procedimental; **2:** correto. Nesses casos, tendo por base o risco de lesão grave ou de difícil reparação à parte prejudicada, o recurso a ser interposto é o de agravo de instrumento, ante a urgência inerente à matéria (art. 522, *caput*, do CPC); **3:** correto. A prisão pode ser renovada, desde que se trate de *dívidas diversas*. Conforme ensina Araken de Assis: "A prisão é reiterável tantas vezes quantas forem necessárias, no curso do mesmo processo ou em outro, sem embargo de o obrigado obter a liberdade através do cumprimento da obrigação (art. 733, § 3º, do CPC). Exige-se *dívida* diversa para renovar o aprisionamento, porém, seja quanto à natureza da prestação alimentar, seja quanto ao lapso temporal nela compreendido". (ASSIS, Araken de. *Da execução de alimentos e prisão do devedor*. São Paulo: Ed RT, 1993, p. 144) [grifos do autor]; **4:** incorreto. Se a rejeição da prescrição constar do dispositivo da sentença transitada em julgado, tal questão não poderá mais ser rediscutida por ocasião de impugnação ao cumprimento de sentença, ante o ensejo da coisa julgada material (arts. 468 e 471, *caput*, do CPC).

Gabarito 1C, 2C, 3C, 4E

(Defensor Público/ES – 2009 – CESPE) Com relação ao processo, ao procedimento, aos juizados especiais, ao pedido e à resposta do réu no direito processual civil, julgue os itens seguintes.

(1) É indispensável que a litispendência, que pode ser conhecida de ofício e a qualquer momento e grau de jurisdição, tenha sido apreciada nos juízos ordinários, para que possa constituir matéria a ser examinada em recurso especial.

(2) Não é cabível no procedimento sumário o provimento antecipatório da tutela pretendida pelo autor.

(3) Em ação que corra perante o juizado especial cível, a extinção do processo sem julgamento de mérito, depende de prévia intimação pessoal das partes, em qualquer hipótese.

(4) A cumulação de pedidos é admissível desde que os pedidos sejam sempre conexos, compatíveis entre si e dirigidos ao mesmo réu. É necessário, ainda, que o mesmo juízo seja competente para conhecer deles.

(5) A intimação do autor reconvindo para contestar a reconvenção pode ocorrer na pessoa de seu procurador, mediante publicação de nota de expediente, sendo necessária a citação pessoal.

1: correta, em termos. Litispendência é matéria de ordem e, por isso, pode ser reconhecida de ofício pelo juiz e não se sujeita à preclusão. Mesmo que não alegada pelo réu, e mesmo que não apreciado o tema em primeiro grau, pode ser reconhecida no julgamento de um recurso, em razão do chamado efeito translativo. É tradicional a lição de que o efeito translativo não existiria nos recursos de natureza extraordinária, quais sejam, especial e extraordinário, em razão da falta de prequestionamento. Foi por esse motivo que o examinador considerou correta a afirmação constante desse item. Ocorre que o posicionamento do STJ a respeito do tema tem sido modificado recentemente, e tem sido reconhecida a possibilidade de que as matérias de ordem pública, ainda que não prequestionadas, venham a ser apreciadas de ofício no recurso especial, desde que ele seja conhecido por outro fundamento. Nesse sentido: "em sede de recurso especial, é possível examinar, de ofício, questões que envolvam a declaração de nulidade absoluta do processo, ainda que tal exame esteja subordinado ao conhecimento do recurso especial, dado o efeito translativo dos recursos. Nesse sentido: REsp 609.144/SC, 1ª T., rel. Min. Teori Albino Zavascki, *RDR*, vol. 30, p. 333; REsp 701.185/RS, 2ª T., rel. Min. Castro Meira, DJ 03.10.2005, p. 210." (REsp 1.195.441/SP, rel. Min. Mauro Campbell Marques, 2ª T., j. 24.08.2010, DJe 30.09.2010); **2:** incorreta, porque não há nada que impeça a concessão de tutela antecipada no procedimento sumário; **3:** incorreta, porque é dispensada a intimação prévia das partes em qualquer caso (art. 51 da Lei 9.099/1995); **4:** incorreta, porque dentre os requisitos para a cumulação de pedidos (art. 292 do CPC) não se encontra a conexão entre eles; **5:** incorreta, porque a intimação se faz por meio do advogado, mas por publicação na imprensa (arts. 316 e 236 do CPC).

Gabarito 1C, 2E, 3E, 4E, 5E

(Defensor Público da União– 2002 – CESPE) Julgue os itens que se seguem.

(1) Em execução de sentença homologatória de acordo, que puser fim à ação de cobrança que tramitava entre as partes, pode o executado opor embargos para anular a referida sentença fundado em vícios da transação.

(2) Se o autor demandar o réu para ressarcimento por danos causados por acidente de veículo, poderá este, entendendo ter havido culpa do autor, formular pedido de ressarcimento em seu favor na própria contestação, sendo-lhe vedado reconvir nos termos tradicionais.

(3) Os litígios decorrentes de acidente do trabalho são julgados pelo juiz estadual, apesar da presença do INSS, autarquia federal, no feito.

(4) Beneficiário da justiça gratuita não é isento de condenação à indenização por deslealdade processual nem de condenação nas verbas da sucumbência.

(5) curador especial nomeado para substituir o executado revel, citado por edital ou por hora certa, não tem legitimidade para ofertar embargos do devedor, sendo-lhe facultado, entretanto, acompanhar o processo de execução em todos os seus termos, podendo, inclusive, recorrer de qualquer decisão.

1: incorreto. Nesses casos, o executado deverá se valer de ação rescisória (art. 485, VIII, do CPC); **2:** correto. No procedimento comum, rito sumário, o réu poderá formular pedido contraposto no bojo da contestação, daí por que lhe é vedado o ajuizamento de reconvenção (art. 278, § 1º, do CPC). Caso o réu de demanda submetida ao rito sumário fizesse uso de reconvenção, seria carecedor de ação nesse tocante, por lhe faltar interesse de agir, modalidade interesse-necessidade. Afinal de contas, qual a necessidade de o réu aforar reconvenção se nas ações dúplices o requerido pode apresentar pedido contraposto na própria contestação?; **3:** correto (art. 109, I, da CF). Essa é a tônica da jurisprudência do STJ: "Previdenciário. Agravo regimental no conflito negativo. Pensão por morte decorrente de acidente de trabalho. Revisão de benefício. Aplicação do art. 109, I, da CF/88. Competência da Justiça Federal. Agravo improvido. 1. Para verificação da competência no caso de ações previdenciárias, deve-se considerar a natureza do benefício, se acidentário ou previdenciário, bem como o procedimento adotado para a sua concessão. 2. As ações que versam sobre benefícios previdenciários são de competência da Justiça Federal, ressalvado o disposto no art. 109, § 3º, da Lei Maior. Dessa forma, as ações que envolvam concessão e revisão de pensão por morte, independentemente da circunstância em que o segurado faleceu, devem ser processadas e julgadas na Justiça Federal. 3. *Exceção a esta regra está nas ações acidentárias típicas, envolvendo o trabalhador e a autarquia previdenciária, nas quais há necessidade de prova pericial a ser realizada pelo INSS, o que justifica a manutenção da competência da Justiça Estadual, a teor do art. 109, inciso I, in fine, da Constituição*. 4. Agravo regimental improvido." (AgRg no CC 107.796/SP, rel. Min. Arnaldo Esteves Lima, 3ª Seção, j. 28.04.2010, DJe 07.05.2010) [grifos nossos]; **4:** correto. O beneficiário da assistência judiciária gratuita, desde que sucumbente, deve ser condenado ao pagamento de despesas processuais e de honorários advocatícios. Todavia, a exigibilidade de tal obrigação, por força do art. 12 da Lei 1.060/1950, restará suspensa enquanto perdurar a situação de penúria do assistido. Registre-se, por oportuno, que, decorrido o prazo de cinco anos sem que se comprove a suficiência patrimonial do beneficiário, a pretensão de cobrança dos ônus advindos da sucumbência estará fulminada pela prescrição extintiva. Nessa direção: "Processual civil. Recurso especial. Assistência judiciária gratuita. Condenação em honorários advocatícios. Possibilidade. Suspensão. 1. É uniforme o entendimento do STJ no sentido de que a parte beneficiária da assistência judiciária gratuita será obrigada ao pagamento dos ônus sucumbenciais, ficando suspensa, entretanto, a obrigação até que cesse a situação de hipossuficiente do beneficiário ou caso decorridos cinco anos da sentença final, quando consumada a prescrição, nos termos do art. 12 da Lei n. 1.060/50. 2. Recurso especial provido." (REsp 1204766/RJ, rel. Min. Mauro Campbell Marques, 2ª T., j. 14.04.2011, DJe 28.04.2011); **5:** incorreto. O curador especial nomeado consoante o art. 9º, II, do CPC tem legitimidade para oferecer embargos à execução (Súmula 196 do STJ).

Gabarito 1E, 2C, 3C, 4C, 5E

(Defensor Público da União – 2002 – CESPE) Proposta ação versando sobre direito indisponível, no último dia do prazo prescricional, o juiz indeferiu a inicial por entender ser o autor carecedor da ação. O autor apelou, havendo o juiz mantido a decisão, remetendo os autos ao órgão *ad quem*, que deu provimento ao recurso, por maioria, determinando o prosseguimento do feito. Retomando os autos à primeira instância, o que se deu oito meses após a propositura da ação, foi efetivada a citação do réu, que contestou o pedido, ofertando contestação no último dia do prazo, às 18 h 58 m, dois minutos antes do encerramento do expediente forense. O juiz determinou o desentranhamento da contestação, porque foi entregue fora do prazo, e decretou a prescrição, tendo em vista que a citação ocorrera fora do prazo legal — dez dias, prorrogáveis por mais noventa dias, conforme o Código de Processo Civil (CPC). Considerando a situação hipotética acima, julgue os itens a seguir.

(1) O juiz não poderia ter mantido ou reformado a decisão recorrida porque, uma vez proferida sentença, esgota-se o ofício jurisdicional, somente admitindo-se o juízo de retratação no recurso de agravo de instrumento e não na apelação.

(2) O réu deveria ter sido intimado a apresentar contrarrazões e acompanhar o recurso, sob pena de violação do princípio do contraditório, não se admitindo que o recurso seja julgado inaudita altera parte.

(3) O juiz agiu corretamente ao determinar o desentranhamento da contestação, porque os atos processuais somente podem ser realizados das 6 h às 18 h. Se a contestação foi ofertada no último dia, após as 18 h, é intempestiva, ainda que o expediente forense se encerre uma hora depois.

(4) Foi correta a decisão judicial que decretou a prescrição porque haver-se-á por não interrompida a prescrição se a citação não se der dentro do prazo fixado na lei (dez dias, prorrogáveis por mais noventa dias).

(5) São cabíveis embargos infringentes contra o acórdão que deu provimento à apelação do autor.

1: incorreto, pois a apelação, nos casos de indeferimento da petição inicial, é dotada de *efeito regressivo*, à semelhança do que ocorre com o recurso de agravo. Logo, o juiz tem a faculdade de, no prazo de 48 horas, *reconsiderar* a sentença proferida (art. 296, *caput*, do CPC); **2:** incorreto. A lei processual não prevê a citação do réu na hipótese de indeferimento da petição inicial (art. 296, parágrafo único, do CPC). De qualquer forma, não há falar-se em violação da ampla defesa assegurada constitucionalmente ao réu, de vez que a relação processual ainda não foi *triangularizada*. Nesse sentido, eis o seguinte precedente da Corte Especial: "Direito processual civil e civil. Agravo no recurso especial. Ação de cobrança. Poupança. Diferença de aplicação de índices de correção monetária. Indeferimento da inicial. Inexistência de citação. Relação processual não efetivada. Desnecessidade de intimação para apresentar contrarrazões. Prescrição. Vintenária. *A jurisprudência deste Superior Tribunal de Justiça é firme no sentido de que, indeferida a petição inicial, sem que houvesse a citação do réu, desnecessária se torna a sua intimação para apresentar contrarrazões, porque ainda não se encontra efetivada a relação processual.* Precedentes. [...]" (AgRg no REsp 1.109.508/MG, rel. Min. Nancy Andrighi, 3ª T., j. 20.04.2010, DJe 30.04.2010) [grifos nossos]; **3:** incorreto. Os atos processuais realizados por meio de petição podem ser praticados até o encerramento do expediente forense, nos termos da lei de organização judiciária local (art. 172, § 3º, do CPC); **4:** incorreto. Na hipótese trazida pelo comando da questão, não é razoável crer-se que a demora para a triangularização da relação processual possa ser atribuída ao autor. Nesses casos, em não havendo desídia de sua parte, não pode ser apenado com o reconhecimento da prescrição, havendo-se por interrompido o lapso prescricional com a citação válida, registrando-se que a interrupção retroage à data do ajuizamento da demanda (art. 219, *caput* e §§ 1º e 2º, do CPC, sem embargo da Súmula 106 do STJ). Na mesma direção, mais um julgado do STJ: "Agravo regimental em medida cautelar. Recurso especial. Efeito suspensivo. Ausência de plausibilidade do direito alegado. Execução judicial de cédula de crédito industrial. Prescrição. Citação ocorrida após os 90 dias previstos pelo art. 219, § 3º, CPC. Demora que não pode ser imputada ao exequente. *Súmula 106/STJ.* [...] 2. Nos termos do art. 219, § 1º, do CPC, a citação válida interrompe a prescrição, que 'retroagirá à data de propositura da ação.' 3. Deve ser considerada interrompida a prescrição na data da distribuição da ação, nos termos do art. 219, §§ 1º e 2º do CPC, *quando a demora na citação do executado se deve a outros fatores, e não à desídia do credor.* Agravo regimental a que se nega provimento." (AgRg na MC 17.261/AP, rel. Min. Nancy Andrighi, 3ª T., j. 26.10.2010, DJe 12.11.2010) [grifos nossos]; **5:** correto (art. 530 do CPC).

Gabarito 1E, 2E, 3E, 4E, 5C

(Defensor Público da União – 2002 – CESPE) Julgue os itens que se seguem:

(1) Ação popular julgada improcedente por deficiência de prova não está sujeita ao reexame obrigatório pelo tribunal, porque a sentença não é apta a formar a *res judicata*.

(2) Ao contestar ação rescisória proposta contra vários réus, originariamente autores do processo cuja sentença é objeto de rescisão, o juiz poderá limitar o litisconsórcio quanto ao número de litigantes, se entender que o seu número excessivo poderá comprometer a rápida solução do litígio ou dificultar a defesa.

(3) Procedentes ação de indenização e denunciação formulada pelo réu, uma vez provido o recurso interposto pelo denunciado contra a parte da sentença que condenou o denunciante, fundado na alegação de que a sentença fora prolatada *ultra* e *extra petita*, a decisão do recurso não aproveita ao réu denunciante, que não recorreu.

(4) juiz de primeiro grau pode deixar de aplicar determinada lei, reconhecendo a sua inconstitucionalidade *incidenter tantum*, sem que tenha de provocar a instauração do incidente de inconstitucionalidade previsto no CPC, só arguível em segundo grau de jurisdição.

(5) Acórdão proferido em apelação julgada por maioria em ação de separação judicial contra a qual não se interpôs recurso de embargos infringentes não pode ser objeto de ação rescisória, que pressupõe tenha a parte interposto todos os recursos cabíveis contra a decisão, esgotando, assim, a via recursal.

1: incorreto. A sentença de improcedência em ação popular está sempre sujeita ao reexame obrigatório pelo tribunal (art. 19, *caput*, da Lei 4.717/1965); **2:** incorreto, pois a limitação do litisconsórcio *multitudinário* só tem cabimento quando o litisconsórcio for facultativo (art. 46, parágrafo único, do CPC). Nos casos de ação rescisória, todos os autores da demanda originária devem ser integrados à lide na condição de réus, o que consubstancia, portanto, hipótese de *litisconsórcio necessário*. Nessa direção, note-se a doutrina de Nelson Nery Jr. e Rosa Maria de Andrade Nery: "Legitimidade passiva. Litisconsórcio necessário. Todos os partícipes da relação processual oriunda da ação matriz devem ser citados, como litisconsortes necessários, para a ação rescisória, porque o acórdão que será nela proferida atingirá a esfera jurídica de todos. [...]" (NERY JR. Nelson; NERY, Rosa Maria de Andrade. *Código de processo civil comentado e legislação extravagante.* 10. ed São Paulo: Ed. RT, 2007, p. 792) [grifos do autor]; **3:** incorreto. O recurso de apelação interposto somente pelo denunciado, em razão de seu *efeito expansivo*, aproveita ao denunciante naquilo em que a alegação ou defesa lhe seja comum, a considerar que o denunciado, para o legislador, atua como *litisconsorte* do denunciante na lide principal (arts. 74, 75, I, e 509, *caput*, do CPC); **4:** correto. O incidente de uniformização de jurisprudência tem por objetivo a harmonização da interpretação do direito entre órgãos judicantes pertencentes ao mesmo tribunal (art. 476, *caput*, do CPC); **5:** incorreto. A ação rescisória é, por natureza, uma demanda autônoma de impugnação (assim como o mandado de segurança contra ato judicial e os embargos de terceiro), com requisitos bem definidos, quais sejam: 1) sentença ou acórdão de mérito (embora se admita ação rescisória contra as interlocutórias de mérito); 2) transitado em julgado; 3) revestido de coisa julgada material; e 4) preenchimento de uma das hipóteses de cabimento previstas taxativamente no art. 485 do CPC. O escopo de tal demanda é desconstituir a sentença de mérito já transitada em julgado. Sendo assim, para efeitos de admissibilidade da rescisória, não se exige sequer que a decisão transitada em julgado tenha sido impugnada mediante recurso.

Gabarito 1E, 2E, 3E, 4C, 5E

8. DIREITO EMPRESARIAL

Robinson Sakiyama Barreirinhas

1. Empresa e Empresário – Teoria Geral

(Defensor Público/ES – 2012 – CESPE) Julgue os itens seguintes, relativos ao direito empresarial.

(1) O cosmopolitismo, uma das principais características do direito empresarial, deu origem a usos e costumes comuns a todos os comerciantes, independentemente de sua nacionalidade, a exemplo da criação, pela Convenção de Genebra, de uma lei uniforme para a letra de cambio e a nota promissória.

(2) Cabe à junta comercial, de ofício ou por provocação da sua procuradoria ou de entidade de classe, reunir e assentar em livro próprio os usos e práticas mercantis correntes em sua jurisdição.

(3) No Código Comercial do Império do Brasil, adotou-se, por influência dos códigos Francês, espanhol e português, a teoria dos atos de comércio, no que se refere à sua abrangência e aplicação.

1: assertiva correta. Ver, a propósito, a Lei Uniforme – LU, promulgada pelo Decreto 57.663/1966; **2:** correta, conforme o art. 8º, VI, da Lei 8.934/1994; **3:** incorreta, pois o Código Comercial Brasileiro baseou-se diretamente no Código Francês (*Code de Commerce*), adotando a teoria dos atos de comércio, baseando-se não nos agentes (subjetivismo) ou na atividade empresarial (teoria da empresa), mas sim na regulação de determinados atos qualificados como comerciais.

Gabarito 1C, 2C, 3E

(Defensor Público/CE – 2007 – CESPE) Julgue o item que se segue, relativo ao direito de empresa.

(1) Se um autor de obra literária que ganhou o prêmio de melhor livro de poesia do ano decidir produzir novos livros e comercializá-los, com o auxílio de um colaborador, ele será considerado um empresário individual.

1: incorreta, pois não se considera empresário quem exerce profissão intelectual, de natureza científica, literária ou artística, ainda que com o concurso de auxiliares ou colaboradores, salvo se o exercício da profissão constituir elemento de empresa – art. 966, parágrafo único, do Código Civil.

Gabarito 1E

(Defensor Público/BA – 2006 – DPE/BA) O conceito de empresa, em seu perfil funcional, é o de

(A) estabelecimento empresarial.
(B) empresário individual ou sociedade empresária.
(C) atividade econômica organizada explorada com profissionalismo pelo empresário para produção ou circulação de bens ou serviços.
(D) complexo de bens organizados pelo empresário para a exploração de sua atividade econômica organizada.
(E) instituição em que empresário e empregados se reúnem com propósitos comuns.

O conceito de empresa, a partir de sua função (perfil funcional), é exatamente o adotado pela doutrina moderna e pelo art. 966 do Código Civil: atividade econômica do empresário ou da sociedade empresária, organizada para a produção ou a circulação de bens ou de serviços. **A:** incorreta, pois *estabelecimento* é o complexo de bens organizado, para exercício da empresa, por empresário, ou por sociedade empresária – art. 1.142 do CC; **B:** incorreta, pois empresa é a atividade do empresário ou da sociedade empresária, não se confundindo com eles; **C:** assertiva correta, conforme o comentário inicial; **D:** incorreta, pois a assertiva refere-se ao *estabelecimento empresarial* – art. 1.142 do CC; **E:** incorreta, pois empresa é *atividade*, não instituição.

Gabarito "C"

(Defensor Público/BA – 2006 – DPE/BA) Considere as seguintes informações a respeito do empresário, segundo a Teoria de Empresa vigente no Código Civil:

I. O empresário é caracterizado em função da atividade por ele explorada, razão pela qual se submetem ao regime jurídico do direito comercial todos aqueles que produzem ou circulam bens ou serviços.
II. Não será considerado empresário quem exerce profissão intelectual, de natureza científica, literária ou artística, salvo se o exercício da profissão constituir uma atividade com fins lucrativos.
III. Havendo autorização judicial, o menor de 16 anos poderá, por meio de representante, dar continuidade à empresa antes exercida por seus pais ou autor de herança.
IV. O empresário casado pode, sem necessidade de outorga conjugal, qualquer que seja o regime de bens, alienar os imóveis que integrem o patrimônio da empresa ou gravá-los de ônus real.

Pode-se dizer, quanto aos itens apresentados, que:

(A) Nenhum está integralmente correto.
(B) Somente I e II estão integralmente corretos.
(C) Somente III e IV estão integralmente corretos.
(D) Somente o IV está incorreto.
(E) Todos estão integralmente corretos.

I: incorreta, pois não são todos os que produzem ou circulam serviços que são classificados como empresários, mas somente aqueles que exercem *profissionalmente atividade econômica organizada* para a produção ou a circulação de bens ou de serviços – art. 966 do CC. Aquele que produz ou promove eventualmente, sem caráter profissional, circulação de bem ou serviço não é considerado empresário. Tampouco é empresário o *profissional liberal*, ainda que preste serviço profissionalmente – art. 966, parágrafo único, do CC; **II:** incorreta. Afirmação imprecisa, pois não é estritamente a finalidade lucrativa que qualifica o profissional intelectual como empresário, mas sim o exercício de profissão como elemento de empresa (organização de capital e trabalho com finalidade lucrativa) – art. 966, parágrafo único, *in fine,* do CC; **III:** correta, conforme o art. 974, *caput,* do CC; **IV:** correta, nos termos do art. 978 do CC.

Gabarito "C"

2. Estabelecimento

(Defensor Público/PA – 2009 – FCC) Quanto ao estabelecimento, atente às três postulações seguintes:

I. O adquirente do estabelecimento não responde pelo pagamento dos débitos anteriores à transferência, contabilizados ou não, exceção feita aos débitos fiscais.
II. Seu conceito é o de tratar-se de todo complexo de bens organizado para exercício da empresa, por empresário, ou por sociedade empresária.
III. Salvo autorização expressa, o alienante do estabelecimento não pode fazer concorrência ao adquirente, nos cinco anos subsequentes à transferência

É correto afirmar que SOMENTE

(A) os itens II e III são verdadeiros.
(B) oitem I é verdadeiro.
(C) o item III é verdadeiro.
(D) os itens I e II são verdadeiros.
(E) os itens I e III são verdadeiros.

I: incorreta, pois o adquirente do estabelecimento responde pelo pagamento dos débitos anteriores à transferência, desde que regularmente contabilizados – art. 1.146 do CC; **II:** correta, pois reflete a definição de estabelecimento empresarial dada pelo art. 1.142 do CC; **III:** correta, nos termos do art. 1.147 do CC.

Gabarito "A"

(Defensor Público/CE – 2007 – CESPE) Julgue o item que se segue, relativo ao direito de empresa.

(1) Integram o estabelecimento empresarial os débitos da sociedade empresária.

Incorreta, pois o estabelecimento é composto por bens e direitos, nos termos do art. 1.142 do CC, não por débitos. Os débitos (dívidas) podem, eventualmente, se referir a despesas realizadas pelo empresário, para adquirir bens e direitos que vierem a compor o estabelecimento, por exemplo, dívida assumida para aquisição de imóvel para a atividade empresarial. Nesse exemplo, entretanto, o imóvel adquirido é que compõe o estabelecimento, não o débito/dívida correspondente.

Gabarito 1E

(Defensor Público/BA – 2006 – DPE/BA) Considere as seguintes informações a respeito da alienação do estabelecimento empresarial:

I. A validade da alienação do estabelecimento empresarial depende do pagamento de todos os credores do empresário alienante, ou do consentimento destes, de modo expresso ou tácito, em 30 dias a partir de sua notificação.
II. O adquirente do estabelecimento responde pelo pagamento dos débitos anteriores à transferência, desde que regularmente contabilizados, permanecendo o alienante solidariamente obrigado pelo prazo de 01 ano, a partir, quanto aos créditos vencidos, da publicação do contrato de trespasse na imprensa oficial, e quanto aos outros, da data do vencimento.
III. A alienação irregular do estabelecimento empresarial poderá acarretar na ineficácia do contrato de trespasse perante a massa falida, se decretada a falência do empresário alienante pela prática de ato de falência.
IV. Não havendo autorização expressa, o alienante do estabelecimento não poderá fazer concorrência ao adquirente, nos 05 anos subsequentes à transferência.

Pode-se dizer, quanto aos itens acima, que:

(A) Nenhum deles está integralmente correto.
(B) Somente I e III estão integralmente corretos.
(C) Somente I, II e IV estão integralmente corretos.
(D) Somente II, III e IV estão integralmente corretos.
(E) Todos estão integralmente corretos.

I: incorreta, pois a eficácia da alienação (não a validade) não exige pagamento de todos credores do alienante, bastando que sejam preservados bens suficientes para isso – art. 1.145 do CC; **II:** correta, conforme o art. 1.146 do CC; **III:** correta, conforme o art. 129, VI, da Lei de Falência e Recuperação de Empresas – LF (Lei 11.101/2005); **IV:** correta, nos termos do art. 1.147 do CC.

Gabarito "D"

(Defensor Público da União – 2004 – CESPE) À luz do Código Civil, julgue o seguinte item.

(1) Os bens integrantes do estabelecimento empresarial e os atribuídos à pessoa jurídica são de propriedade dos seus sócios em comunhão ou condomínio, na proporção representada pelas quotas da sociedade limitada ou pelas ações da sociedade anônima.

Incorreta, pois as pessoas dos sócios não se confundem com a da sociedade, que é titular de direitos em nome próprio, inclusive a propriedade dos bens que compõe o estabelecimento empresarial. Ou seja, os bens pertencem à sociedade (não dos sócios), embora os sócios sejam titulares das cotas ou ações dessa sociedade.

Gabarito 1E

3. Societário

(Defensor Público/TO – 2013 – CESPE) Assinale a opção correta acerca do direito societário.

(A) A sociedade em nome coletivo será constituída por pessoas físicas ou jurídicas e a responsabilidade de cada sócio é restrita ao valor de suas quotas.
(B) A sociedade anônima será considerada simples ou empresária, conforme a atividade desenvolvida.
(C) A sociedade controladora é titular de direitos de sócio que lhe assegurem preponderância nas deliberações sociais e o poder de eleger a maioria dos administradores da sociedade controlada.
(D) As sociedades limitadas adquirem personalidade jurídica no momento em que todos os sócios assinam o contrato social, devidamente elaborado e discutido em assembleia geral.
(E) Dissolve-se uma sociedade empresária sempre que à falta de pluralidade de sócios, esta não seja reconstituída no prazo de sessenta dias.

A: incorreta, pois somente pessoas físicas podem constituir sociedade em nome coletivo – art. 1.039 do CC; **B:** incorreta, pois a sociedade anônima sempre será considerada empresária, qualquer que seja seu objeto – art. 982, parágrafo único, do CC; **C:** correta, nos termos do art. 1.098, I, do CC (que se refere diretamente à controlada, mas permite a identificação da controladora); **D:** incorreta, pois a sociedade (qualquer que seja o tipo societário) adquire personalidade jurídica no momento da inscrição de seus atos constitutivos no registro próprio – art. 985 do CC; **E:** incorreta, pois o prazo para reconstituição da pluralidade de sócios é de 180 dias – art. 1.033, IV, do CC.

Gabarito "C"

(Defensor Público/TO – 2013 – CESPE) Assinale a opção correta de acordo com as normas que regem as microempresas e as empresas de pequeno porte.

(A) A pessoa jurídica que opte pelo regime do SIMPLES Nacional será enquadrada na condição de microempresa e empresa de pequeno porte de acordo com o estabelecido em ato do Comitê Gestor SIMPLES Nacional, sendo plenamente retratável, a qualquer tempo.

(B) O desenquadramento da pessoa jurídica da condição de microempresa ou empresa de pequeno porte não implicará alteração, denúncia ou qualquer restrição em relação a contratos por ela anteriormente firmados.

(C) A pessoa jurídica que, no último ano calendário, tenha apresentado receita bruta de R$ 400.000,00 enquadra-se na condição de microempresa, considerando-se receita bruta o produto da venda de bens e serviços nas operações de conta própria, o preço dos serviços prestados e o resultado nas operações em conta alheia.

(D) A lei admite o enquadramento, na condição de microempresa ou empresa de pequeno porte, de pessoa jurídica que participe do capital social de outra pessoa jurídica, desde que todo esse capital social esteja investido no Brasil.

(E) Os órgãos municipais envolvidos na abertura e fechamento de empresas deverão exigir documento de propriedade ou contrato de locação do imóvel onde esteja instalada a sede da microempresa ou empresa de pequeno porte.

A: incorreta, pois a opção pelo regime de recolhimento unificado de tributos (Simples Nacional) não implica enquadramento como microempresa ou empresa de pequeno porte (a opção pelo Simples Nacional não é *causa* do enquadramento). Pelo contrário, o enquadramento como microempresa ou empresa de pequeno porte é condição necessária para a opção do contribuinte pelo Simples Nacional (o enquadramento é *condição necessária* para a opção) – art. 16 da LC 123/2006; **B:** correta, nos termos do art. 3º, § 3º, da LC 123/2006; **C:** incorreta, pois o limite máximo de receita bruta para enquadramento como microempresa é de R$ 360.000,00 – art. 3º, I, da LC 123/2006; **D:** incorreta, pois a participação no capital social de outra pessoa jurídica impede o enquadramento como microempresa ou empresa de pequeno porte – art. 3º, § 4º, VII, da LC 123/2006; **E:** incorreta, pois o art. 10, II, da LC 123/2006 veda expressamente a exigência de documento de propriedade ou contrato de locação do imóvel para a abertura ou fechamento de empresas.

Gabarito "B".

(Defensor Público/ES – 2012 – CESPE) Julgue o item seguinte, relativo ao direito empresarial.

(1) Dissolvida a companhia pela existência de um único acionista, não será admitida a transformação do seu registro em empresário individual ou empresa individual de responsabilidade limitada.

1: incorreta, pois tal possibilidade é admitida expressamente pelo art. 1.033, parágrafo único, do CC.

Gabarito 1E

(Defensor Público/RO – 2012 – CESPE) Com relação ao direito societário e às sociedades limitadas e anônimas, assinale a opção correta.

(A) As demonstrações financeiras das companhias abertas devem refletir as normas expedidas pela Comissão de Valores Mobiliários, não sendo obrigatória a submissão de tais demonstrativos a auditoria por auditores independentes nela registrados.

(B) Valor de negociação ou de mercado é o resultado de estudo específico no qual peritos verificam o valor que as ações possivelmente alcançariam se fossem negociadas no mercado.

(C) De acordo com o princípio da intangibilidade do capital, sempre que se verificarem perdas irreparáveis ou excessivas de capital, cabe aos sócios deliberar pela sua diminuição, fazendo refletir no contrato social ou no estatuto a realidade econômica na qual a sociedade se apresenta.

(D) A penhora das quotas sociais somente terá cabimento depois de escoado todo o patrimônio do sócio devedor, sendo facultada a sua liquidação, que, ocorrendo, se fará por meio de balanço especialmente levantado para tal fim.

(E) É possível a aquisição das quotas sociais pela própria sociedade, exigindo-se que esta utilize somente reservas e lucros acumulados e não diminua o seu capital para a realização da operação.

A: incorreta, pois as demonstrações financeiras das companhias abertas serão obrigatoriamente submetidas a auditoria por auditores independentes registrados na CVM – art. 177, § 3º, da Lei das Sociedades por Ações – LSA (Lei 6.404/1976); **B:** assertiva incorreta, pois se refere ao valor econômico. O valor de negociação ou de mercado é aquele convencionado efetivamente entre comprador e vendedor; **C:** incorreta, pois o princípio da intangibilidade veda a atribuição aos sócios de bens ou valores necessários para a cobertura do capital social (não se pode distribuir valores as sócios que reduzam o patrimônio líquido a montante inferior ao do capital social). A possibilidade de redução do capital social para refletir a realidade da empresa é coisa diversa; **D:** incorreta, pois a penhora de ações não sofre qualquer restrição. Quanto às quotas da sociedade limitada, a penhora é possível, mas nos termos dos arts. 1.026 e 1.031 do CC; **E:** correta, conforme o art. 30, § 1º, b, da LSA, embora haja alguma discussão em relação às limitadas, por conta da omissão do Código Civil a respeito.

Gabarito "E".

(Defensor Público/SE – 2012 – CESPE) Acerca das sociedades limitadas, assinale a opção correta.

(A) As deliberações dos sócios serão tomadas facultativamente em assembleia, independentemente do número de sócios que a constitua, devendo ser, quando prevista contratualmente ou em lei, convocadas pelos administradores.

(B) A natureza jurídica das quotas sociais é meramente patrimonial, pois apenas confere ao seu dono o direito de participar dos resultados sociais e da partilha no caso da liquidação da sociedade.

(C) A responsabilidade ilimitada dos sócios pelas deliberações infringentes da lei ou do contrato torna necessária a desconsideração da personalidade jurídica, por constituir a autonomia patrimonial da pessoa jurídica escudo para a responsabilização pessoal e direta.

(D) A responsabilidade dos membros do conselho fiscal é equiparável à dos administradores, devendo eles agir com a diligência e o cuidado que o cargo requer e responder solidariamente perante a sociedade e terceiros prejudicados em razão do desempenho de suas funções.

(E) O administrador designado em ato separado será investido no cargo mediante termo de posse no livro de atas da administração, e a designação de administradores não sócios dependerá de aprovação da maioria dos sócios enquanto o capital não estiver integralizado.

A: incorreta, pois, nas sociedades limitadas, a deliberação por assembleia é obrigatória apenas se o número dos sócios for superior a dez – art. 1.072, § 1º, do CC; **B:** incorreta, pois a titularidade das quotas gera também direitos relativos à tomada de decisões, fixando o peso de cada sócio nas deliberações; **C:** incorreta, pois a ilicitude do ato implica responsabilização pessoal do sócio, nos termos do art. 1.080 do CC; **D:** correta, nos termos do art. 1.070 c/c o art. 1.016 do CC; **E:** incorreta, pois a designação de administrador não sócio depende de aprovação da unanimidade dos sócios, enquanto o capital não estiver integralizado, e de 2/3, no mínimo, após a integralização – art. 1.061 do CC. Ver também o art. 1.062 do CC, quanto à correta afirmação do ato de investidura no cargo.

Gabarito "D".

(Defensor Público/SE – 2012 – CESPE) Assinale a opção correta no que diz respeito às sociedades anônimas.

(A) Em se tratando de companhia fechada, a assembleia geral não poderá deliberar pela distribuição de dividendo inferior ao obrigatório, ou ainda pela retenção completa do lucro.

(B) O certificado de ação constitui simples meio de prova, não sendo documento constitutivo da condição de sócio nem importando sua transmissão em qualquer alteração da titularidade da ação.

(C) As ações em tesouraria, assim como ocorre com as quotas adquiridas pela sociedade limitada, não suspendem os direitos a elas inerentes, tais como o direito de voto e dividendos.

(D) Para serem custodiadas como ações fungíveis, as ações nominativas devem ser transferidas à instituição financeira, que se tornará titular delas, não podendo, a partir desse momento, os titulares das ações em custódia participar da assembleia geral da companhia, ou nela se fazer representar.

(E) O conselho de administração, hierarquicamente situado entre a assembleia geral e a diretoria da companhia, é órgão obrigatório de deliberação nas sociedades anônimas, tendo ampla competência para deliberar sobre todas as questões de interesse da sociedade.

A: incorreta, pois as fechadas podem distribuir dividendo inferior ao obrigatório, exceto quando controladas por companhias abertas na hipótese prevista no art. 202, § 3º, II, c/c o inciso I, da Lei das Sociedades por Ações – LSA (Lei 6.404/1976); **B:** correta, lembrando que, atualmente, é proibida a emissão de títulos ao portador, transmissíveis por endosso em branco – art. 19 da Lei 8.088/1990; **C:** incorreta, pois as ações em tesouraria não terão direito a dividendo ou a voto – art. 30, § 4º, da LSA; **D:** incorreta, devendo os titulares das ações em custódia exibir ou depositar comprovante expedido pela instituição depositária na assembleia – art. 126, II, da LSA. A instituição financeira detém apenas a propriedade fiduciária das ações (o que não altera a titularidade para fins de participação na assembleia) – art. 41 da LSA; **E:** incorreta, pois as competências do conselho de administração são delimitadas no art. 142 da LSA. A assembleia geral é quem detém competência ampla para deliberar sobre todos os negócios relativos ao objeto da companhia – art. 121 da LSA.

Gabarito "B"

(Defensor Público/SP – 2012 – FCC) Jorge, José e Pedro constituem, com pacto expresso limitativo de poderes, pequena empresa para prestação de serviços de marcenaria, sem levar seus atos constitutivos ao competente registro. Pedro, em nome da sociedade, celebra contrato com Maria para fornecimento e montagem de uma cozinha planejada, recebendo adiantados os valores correspondentes aos serviços e produtos contratados. Maria desconhece a existência de tal pacto limitativo. Inadimplido o contrato, Maria poderá ter seu crédito satisfeito com a excussão dos bens

(A) sociais, considerando a existência de pacto limitativo de poderes, sem possibilidade de invasão dos bens particulares dos sócios.

(B) particulares dos sócios, já que estes respondem solidária e ilimitadamente pelas dívidas contraídas em nome da sociedade, sem possibilidade de excussão dos bens da sociedade, por se tratar de sociedade em comum, com pacto limitativo de poderes.

(C) particulares de Pedro, por desconhecer a existência de pacto limitativo de poderes e considerando ter ele celebrado o contrato em nome da sociedade em comum, sem possibilidade de excussão dos bens sociais ou dos demais sócios.

(D) sociais e particulares dos sócios, devendo exaurir os bens sociais para invasão do patrimônio dos sócios, exceto para Pedro, cujos bens particulares poderão ser executados concomitantemente com os bens sociais.

(E) sociais e particulares de Pedro, sem possibilidade de acionar os demais sócios, já que estes não participaram da avença, prevalecendo o pacto limitativo de poderes.

A sociedade é despersonalizada (sociedade em comum) antes da inscrição dos atos constitutivos – art. 986 do CC. Nessa situação, todos os sócios respondem solidária e ilimitadamente pelas obrigações sociais – art. 990 do CC. José e Jorge gozam do benefício de ordem, ou seja, seus bens e direitos pessoais responderão pelo débito apenas após esgotados os das sociedades – art. 1.024 do CC. Já Pedro, que contratou em nome da sociedade, não será terá o benefício de ordem, podendo seus bens e direitos pessoais serem onerados a qualquer tempo – art. 990, *in fine*, do CC. Por essas razões, a alternativa "D" é a correta.

Gabarito "D"

(Defensor Público/BA – 2010 – CESPE) Julgue o item abaixo, relativo às espécies de sociedade.

(1) As sociedades cooperativas são formadas a partir da união de, no mínimo, vinte pessoas que reciprocamente se obrigam a contribuir, com dinheiro, bens ou créditos, com o capital social da sociedade, e o pagamento realizado pelos sócios determina o seu capital social na empresa.

Incorreta, pois a cooperativa é formada por pessoas que se obrigam a contribuir com bens ou serviços para o exercício de uma atividade econômica (e não para o capital social, como consta da assertiva) – art. 3º da Lei 5.764/1971. A rigor, é possível, inclusive, cooperativa sem capital social – art. 1.094, I, *in fine*, do CC.

Gabarito 1E

(Defensor Público/SP – 2009 – FCC) Assinale a alternativa correta.

(A) Deve o empresário operar no mercado sob firma constituída, a qual poderá ser seu nome completo ou abreviado e, se quiser, designação de sua pessoa ou da atividade exercida.

(B) A instituição de sucursal, agência ou filial implica na averbação no primeiro assento do Registro Público de Empresas Mercantis para que se tenha como regular a atividade desta, sendo desnecessária outra inscrição.

(C) Para que uma pessoa possa ser reputada empresária tem-se que verificar sua inscrição perante o Registro Público de Empresas Mercantis.

(D) No ordenamento brasileiro, o incapaz não pode exercer a atividade de empresário, pois sobre os seus bens não podem recair os resultados negativos da empresa.

(E) O empresário casado, com exceção do regime de separação absoluta de bens, deve proceder à averbação dos pactos e declarações antenupciais no Registro Público de Empresas Mercantis, bem como fazer inserir nos assentamentos do registros público de imóveis a outorga uxória quando de gravação com ônus ou de alienação dos bens imóveis do patrimônio empresarial.

A: assertiva correta, pois reflete a definição de firma, conforme o art. 1.156 do CC; **B:** incorreta, pois é necessária a inscrição também no Registro Público de Empresas Mercantis da localidade da sucursal, da filial ou da agência – art. 969 do CC; **C:** incorreta, pois embora a inscrição seja obrigatória (art. 967 do CC) o empresário e a sociedade empresária sem registro ou irregulares também têm essa natureza (empresária), que é determinada pela atividade desenvolvida – arts. 966, 982 e 986 do CC; **D:** incorreta, pois o incapaz pode, excepcionalmente, por meio de representante ou devidamente assistido, continuar a empresa antes exercida por ele enquanto capaz, por seus pais ou pelo autor de herança – art. 974 do CC; **E:** assertiva incorreta, pois o empresário casado pode, sem necessidade de outorga conjugal, qualquer que seja o regime de bens, alienar os imóveis que integrem o patrimônio da empresa ou gravá-los de ônus real – art. 978 do CC.

Gabarito "A"

(Defensor Público/PA – 2009 – FCC) O credor de uma sociedade empresária

(A) apenas quando se tratar de sociedade em nome coletivo poderá cobrar seus créditos diretamente dos sócios, solidariamente com a sociedade.

(B) só pode cobrar seus créditos diretamente da pessoa jurídica, pois esta não se confunde com seus sócios.

(C) pode cobrar seus créditos tanto da pessoa jurídica como dos sócios, diretamente e como regra, já que solidária a responsabilidade.

(D) somente em caso de extinção da pessoa jurídica poderá cobrar seus créditos dos sócios, já que nesse caso desaparece o patrimônio da sociedade.

(E) deverá cobrar seus créditos da pessoa jurídica e, subsidiariamente, poderá pedir a desconsideração de sua personalidade jurídica nos casos previstos em lei, para requerer a responsabilidade pessoal dos sócios.

A: incorreta, pois há sócios de outros tipos societários que também respondem solidariamente pelos débitos (por exemplo, os sócios comanditados – art. 1.045 do CC), além dos sócios das sociedades simples puras, desde que previsto em seu contrato social (art. 1.023 do CC); **B:** incorreta, pois é possível haver responsabilidade solidária dos sócios, como visto no comentário à alternativa anterior, ou mesmo subsidiária – art. 997, VIII, do CC; **C:** a assertiva é incorreta, pois, em regra, há separação do patrimônio da sociedade em relação ao de seus sócios. Já vimos, entretanto, que há exceções, como no caso da sociedade em comum (art. 990 do CC) ou da sociedade em nome coletivo (art. 1.039 do CC); **D:** incorreta, pois a liquidação válida não implica, em regra, responsabilização dos sócios; **E:** assertiva correta, pois apresenta adequadamente caso em que os sócios podem ser chamados a responder pelas obrigações sociais – art. 50 do CC.

Gabarito "E"

(Defensor Público da União – 2007 – CESPE) No item a seguir é apresentada uma situação hipotética a ser julgada, acerca do direito societário brasileiro.

(1) Os sócios de certa sociedade em conta de participação lavraram o seu ato constitutivo em janeiro de 2007, mas o referido instrumento foi levado a registro apenas após cerca de seis meses. Nessa situação, a sociedade somente passou a ter personalidade jurídica no momento da inscrição de seu contrato social no registro público de empresas mercantis.

A sociedade em conta de participação não tem, por definição, personalidade jurídica, mesmo na hipótese de inscrição dos atos constitutivos em registro público (art. 993 do CC).

Gabarito 1E

(Defensor Público da União – 2007 – CESPE) No item a seguir é apresentada uma situação hipotética a ser julgada, acerca do direito societário brasileiro.

(1) Lino, Simão e Nivaldo são sócios de determinada sociedade limitada. Lino foi investido na administração da sociedade por cláusula expressa do contrato social. Nessa situação, os poderes conferidos a Lino são irrevogáveis, salvo justa causa, reconhecida judicialmente e a pedido de Simão ou de Nivaldo.

O sócio designado administrador no próprio contrato social somente pode ser destituído pela maioria representativa de dois terços do capital social, exceto se o contrato fixar regra diversa – art. 1.063, § 1º, do CC. Como há apenas três sócios, considerando que têm a mesma participação no capital social, a única possibilidade de destituição é a exclusão de Lino da sociedade pelos demais, o que depende de justa causa, nos termos dos arts. 1.030 e 1.085 do CC.

Gabarito 1C

(Defensor Público/CE – 2007 – CESPE) Julgue o item que se segue, relativo ao direito de empresa.

(1) Sociedade simples ou de fato é aquela em que o contrato social, embora regularmente formalizado, ainda não foi arquivado na junta comercial competente.

Incorreta, pois a sociedade simples tem, necessariamente, seus atos constitutivos inscritos no registro competente (ou então seria sociedade em comum). A sociedade em comum (o atual CC não se refere à sociedade de fato) é aquela cujos atos constitutivos não foram inscritos no registro competente (independentemente de terem ou não sido formalizados) – art. 986 do CC.

Gabarito 1E

(Defensor Público/CE – 2007 – CESPE) Carlos é servidor público federal em exercício no Ministério da Defesa e sócio comanditado de certa sociedade em comandita simples. No exercício da atividade empresarial, Carlos lançou mão de meios ruinosos para realizar pagamentos, emitindo várias duplicatas simuladas. Com base na situação hipotética apresentada e nas normas de direito de empresa, julgue os itens seguintes.

(1) A lei veda o exercício das atribuições de sócio comanditado de sociedade empresária por servidor público federal.

(2) A sociedade em comandita simples não está sujeita a falência, pelo fato de que os atos praticados por Carlos são nulos de pleno direito.

1: assertiva correta, pois o servidor público federal não pode participar da gerência ou da administração de sociedade privada, como é o caso do sócio comanditado – art. 117, X, da Lei 8.112/1990 e art. 1.045 do CC; **2:** incorreta, pois a sociedade empresária em comandita simples está sujeita à falência (art. 1º da Lei de Falências). Ademais, os atos praticados por Carlos não são nulos de pleno direito, pois, nos termos do art. 973 do CC, a pessoa legalmente impedida de exercer atividade própria de empresário, se a exercer, responderá pelas obrigações contraídas.

Gabarito 1C, 2E

(Defensor Público/CE – 2007 – CESPE) Marcos Oliveira, Antônio Silva e Paulo Perez constituíram sociedade designada Oliveira, Silva & Perez Serviços Gerais Ltda., para atuar no ramo de prestação de serviços de limpeza e conservação a outras pessoas jurídicas, sendo Paulo Perez o sócio majoritário. Tendo Paulo Perez sido executado pessoalmente, o credor requereu a penhora de suas quotas, a fim de garantir a execução.

Acerca da situação hipotética acima e das normas relativas às sociedades limitadas, julgue os itens que se seguem.

(1) É lícita a utilização do nome Oliveira, Silva & Perez Serviços Gerais Ltda., pois as sociedades limitadas podem utilizar tanto denominação como razão social.

(2) Em razão das características das sociedades limitadas, as quotas sociais de Paulo Perez não podem ser penhoradas.

(3) Os sócios da Oliveira, Silva & Perez Serviços Gerais Ltda. respondem solidariamente pela exata estimação dos bens conferidos ao capital social até o prazo de cinco anos da data do registro da sociedade.

1: assertiva correta, nos termos do art. 1.158 do CC (obs.: razão social significa firma coletiva); **2:** incorreta, pois não há impedimento legal. Nesse sentido, o STJ reconhece a possibilidade de penhora das quotas de sociedade limitada, pois não implica, necessariamente, inclusão de novo sócio e porque o devedor responde com todos os seus bens – ver AgRg no Ag 1.164.746/SP; **3:** correta, pois essa responsabilidade dos sócios da limitada é prevista no art. 1.055, § 1º, do CC.

Gabarito 1C, 2E, 3C

Veja a seguinte tabela, para estudo dos nomes empresariais:

	Uso	Exemplo
Firma individual	a) empresário individual – responsabilidade ilimitada	a) João da Silva Marcenaria
Firma coletiva, razão social	b) sociedade em nome coletivo – responsabilidade ilimitada	b) João da Silva e companhia; João da Silva e Pedro de Souza; João da Silva e irmãos
	c) sociedade em comandita simples	c) João da Silva e companhia
	d) sociedade limitada – não há responsabilidade ilimitada, desde que conste a palavra "limitada" ou "ltda."	d) João da Silva Marcenaria Ltda.
	e) comandita por ações – diretor responde subsidiária e ilimitadamente	e) João da Silva Marcenaria Comandita por Ações
Denominação social	f) sociedade limitada – não há responsabilidade ilimitada, desde que conste a palavra "limitada" ou "ltda."	f) Marcenaria Modelo Ltda.
	g) sociedade anônima – responsabilidade limitada ao preço das ações	g) Marcenaria Modelo Sociedade Anônima; Companhia Marcenaria Modelo; João da Silva Marcenaria S.A.
	h) comandita por ações – diretor responde subsidiária e ilimitadamente	h) Marcenaria Modelo Comandita por Ações
	i) sociedade cooperativa – pode ser de responsabilidade limitada ou ilimitada	i) Cooperativa Modelo de Marceneiros

(Defensor Público/CE – 2007 – CESPE) Julgue o item que se segue, relativo ao direito de empresa.

(1) Considere que José e João sejam os únicos sócios da empresa MT Produtos e Serviços de Informática Ltda. e que, em razão da quebra da *affectio societatis*, José tenha decidido se retirar da sociedade. Nesse caso, a falta de pluralidade de sócios, se não for reconstituída no prazo de 180 dias, acarretará a dissolução da MT Produtos e Serviços de Informática Ltda.

Correta, nos termos do art. 1.033, IV, c/c art. 1.053 do CC. Importante notar que as sociedades limitadas podem adotar as normas das sociedades anônimas, a serem aplicadas subsidiariamente às do Código Civil (art. 1.033, parágrafo único, do CC), hipótese em que as regras para reconstituição da pluralidade dos sócios é distinta – art. 206, I, *d*, da Lei das Sociedades por Ações – LSA (Lei 6.404/1976).

Gabarito 1C

(Defensor Público/RO – 2007 - FJPF) As partes beneficiárias conferem ao seu titular direito de crédito do tipo:

(A) potestativo
(B) eventual
(C) ilíquido
(D) certo
(E) real

Nos termos do art. 46, § 1º, da Lei das Sociedades por Ações – LSA (Lei 6.404/1976), as partes beneficiarias conferem aos seus titulares direito de crédito *eventual* contra a companhia, consistente na participação nos lucros anuais. Por essa razão, a alternativa "B" é a correta.

Gabarito "B"

(Defensor Público/RO – 2007 - FJPF) A limitação ao número de votos por acionista é matéria de competência, nas companhias abertas, do seguinte ato:

(A) acordo de acionistas
(B) regulamento
(C) assembleia
(D) estatuto
(E) lei

Cabe ao estatuto das sociedades por ações estabelecer a limitação ao número de votos de cada acionista – art. 110, § 1º, da LSA, razão pela qual a alternativa "D" é a correta.

Gabarito "D"

(Defensor Público/RO – 2007 - FJPF) O conselho de administração de uma sociedade anônima será composto por um número de membros, no mínimo, igual a:

(A) 12
(B) 10
(C) 05
(D) 04
(E) 03

Nos termos do art. 140, *caput*, da LSA, o conselho de administração das sociedades por ações é composto por, no mínimo, três membros, eleitos pela assembleia geral e por ela destituíveis a qualquer tempo, razão pela qual a alternativa "E" é a correta.

Gabarito "E"

(Defensor Público da União – 2004 – CESPE) À luz do Código Civil, julgue o seguinte item.

(1) Em todas as espécies de sociedades civis e comerciais, se faz necessária a aplicação da teoria da desconsideração da personalidade jurídica para obter a quebra do princípio da autonomia patrimonial e assim ensejar a reparação dos prejuízos causados pelo mau uso da personalidade jurídica por seus sócios, buscando o patrimônio pessoal destes, quando não for possível o da própria sociedade.

1: incorreta, pois há sociedades em que os sócios respondem pessoal e ilimitadamente, com seus próprios bens, pelas obrigações sociais, ou apenas subsidiariamente, sem necessidade de aplicar-se a desconsideração da personalidade jurídica – art. 990 do CC (sociedade em comum, com responsabilidade pessoal e ilimitada dos sócios), art. 997, VIII, do CC (sociedade simples com responsabilidade subsidiária dos sócios).

Gabarito 1E

(Defensor Público da União – 2004 – CESPE) À luz do Código Civil, julgue o seguinte item.

(1) Nas sociedades de pessoas, quando morre um sócio, os remanescentes, se não concordarem com o ingresso na sociedade do sucessor ou sucessores do *de cujus*, podem impedi-lo por meio da resolução da sociedade, com a liquidação da quota do sócio falecido em favor de seus herdeiros.

Assertiva correta, nos termos do art. 1.028 do CC, considerando que, na sociedade de pessoas (diferentes das sociedades de capital) as características subjetivas dos sócios são relevantes para a sociedade.

Gabarito 1C

4. Títulos de Crédito

(Defensor Público/TO – 2013 – CESPE) Assinale a opção correta acerca das normas relativas aos títulos de crédito e ao protesto de títulos e outros documentos da dívida.

(A) O protesto de um título de crédito por falta de aceite somente poderá ser efetuado após o vencimento da obrigação e do decurso do prazo legal para o aceite ou a devolução.
(B) Cabe ao devedor requerer o cancelamento do registro do protesto diretamente ao tabelionato de protesto de títulos, mediante apresentação do documento original protestado, e, na ausência do documento original, só se admite o cancelamento do registro do protesto por ordem judicial.
(C) Caso um título de crédito tenha sido emitido sem a indicação do lugar da emissão e de pagamento e sem a indicação de vencimento, considera-se que o lugar da emissão e de pagamento seja o domicílio do emitente e que o pagamento do título deva ser feito à vista.
(D) O avalista se obriga pelo avalizado, e sua responsabilidade subsiste ainda que nula a obrigação daquele a quem se equipara, mesmo que a nulidade decorra de vício de forma.
(E) É vedado ao sacado, em qualquer caso, lançar e assinar, no verso do cheque não ao portador e ainda não endossado, visto, certificação ou outra declaração equivalente, datada e por quantia igual à indicada no título.

A: incorreta, pois o protesto por falta de aceite deve ser feito antes do vencimento, após o decurso do prazo legal para o aceite – art. 21, § 1º, da Lei 9.492/1997, ver também o art. 44 da Lei Uniforme – LU promulgada pelo Decreto 57.663/1966; **B:** incorreta, pois, na impossibilidade de apresentação do original do título ou documento de dívida protestado, será exigida a declaração de anuência, com identificação e firma reconhecida, daquele que figurou no registro de protesto como credor, originário ou por endosso translativo – art. 26, § 1º, da Lei 9.492/1997; **C:** correta, conforme o art. 889, §§ 1º e 2º do CC; **D:** incorreta, pois o vício de forma afasta a obrigação também do avalista – art. 899, § 2º, *in fine*, do CC; **E:** incorreta, pois é admitido o cheque visado, previsto no art. 7º da Lei do Cheque – LC (Lei 7.357/1985).

Gabarito "C"

(Defensor Público/ES – 2012 – CESPE) Julgue os itens seguintes, relativos ao direito empresarial.

(1) A duplicata é um titulo impróprio, imperfeito, também denominado cambiariforme, visto que, assim como no cheque, nela não se vislumbra uma operação típica de crédito.
(2) Tratando-se de letra de câmbio, sacador, sacado e tomador podem ser a mesma pessoa. Nesse caso, a letra e emitida com o objetivo único de circular e representar uma divida que o sacador/sacado/tomador tem perante um terceiro, com quem fez o desconto do titulo.
(3) Em se tratando de protesto por falta de aceite, deverá este ser providenciado após o vencimento da obrigação e do decurso do prazo legal para aceite ou devolução.

1: correta, segundo a clássica distinção entre os títulos cambiais (letra de câmbio e promissória) e os cambiariformes (todos os outros); **2:** correta, nos termos do art. 3º da LU **3:** incorreta, pois o protesto por falta de aceite deve ser feito antes do vencimento, após o decurso do prazo legal para o aceite – art. 21, § 1º, da Lei 9.492/1997, ver também o art. 44 da LU.

Gabarito 1C, 2C, 3E

(Defensor Público/BA – 2010 – CESPE) Com relação aos títulos de crédito, julgue o item abaixo.

(1) A nota promissória, promessa de pagamento, está sujeita às mesmas normas aplicáveis à letra de câmbio, quanto à constituição e exigibilidade do crédito tributário, desde que observadas as especificidades da nota promissória.

A assertiva é imprecisa, razão pela qual foi anulada. Interessante registrar que são aplicáveis à nota promissória (que é promessa de pagamento) as disposições da Lei Uniforme relativas às letras de câmbio, na parte em que não sejam contrárias à sua natureza, relativas a endosso, vencimento, pagamento e outras matérias listadas no art. 77 da LU.

Gabarito 1 ANULADA

(Defensor Público/PA – 2009 – FCC) Em relação ao título de crédito, examine as asserções seguintes:

I. Trata-se de documento necessário ao exercício do direito literal e autônomo nele contido, só produzindo efeito quando preenchidos os requisitos legais.
II. A omissão de qualquer requisito legal, que tire ao escrito sua validade como título de crédito, implica a invalidade do negócio jurídico que lhe deu origem.
III. O pagamento de título de crédito, que contenha obrigação de pagar soma determinada, pode ser garantido por aval, ainda que parcial.

Delas se extrai que

(A) os itens I, II e III são falsos.

(B) o item I é verdadeiro, bem como o item III, sendo falso o item II, pois o negócio jurídico será válido, mesmo despido de sua validade como título de crédito.

(C) o item I é verdadeiro, bem como o item II, sendo falso o item III, por ser vedada a concessão de aval parcial

(D) o item I é verdadeiro, sendo falsos os itens II e III, pois o negócio jurídico será válido, mesmo despido de sua validade como título de crédito e, quanto à garantia do pagamento do título de crédito, é vedada a concessão de aval parcial.

(E) o item I é falso, pois o exercício do direito é literal mas sempre vinculado a causas subjacentes, sendo verdadeiros os itens II e III.

I: assertiva correta, nos termos do art. 887 do CC; **II:** incorreta, pois a invalidade do título não afeta o negócio jurídico que lhe deu origem – art. 888 do CC; **III:** incorreta, pois o Código Civil veda o aval parcial – art. 897, parágrafo único, do CC. Importante lembrar que a regra do Código Civil não subsiste se houver norma específica (art. 903 do CC), como é o caso da letra de câmbio, da promissória e do cheque, cuja legislação admite aval parcial (arts. 30 e 77 da LU e art. 29 da Lei 7.357/1985).

Gabarito "D"

(Defensor Público/MG – 2009 – FUMARC) Marlon Luiz abriu uma conta corrente garantida no Banco do Brasil S.A., com limite de crédito de R$5.000,00. Assinou o contrato de abertura de crédito em conta corrente e uma nota promissória em branco, como garantia, ficando como avalistas, por simples assinaturas, Pedro e sua esposa Margarida. Passando por dificuldades financeiras, Marlon foi obrigado a utilizar o limite do cheque especial, ficando inadimplente com a instituição financeira, que encerrou a sua conta e mandou que o departamento jurídico do Banco tomasse as providências cabíveis. O advogado do Banco do Brasil, analisando o caso de Marlon e verificando que este emitiu uma nota promissória em branco, preencheu-a no valor utilizado do cheque especial e resolveu propor uma ação de execução contra todos os coobrigados. Assinale a opção CORRETA:

(A) O procedimento do advogado está correto, uma vez que a nota promissória é título executivo extrajudicial, a teor do art. 585 do CPC.

(B) O procedimento do advogado está correto, uma vez que a nota promissória é título executivo judicial e o aval prestado por Pedro contou com a outorga de sua esposa.

(C) O procedimento do advogado está incorreto, pois para cobrar dos devedores indiretos, Pedro e Margarida, deveria ter realizado previamente o protesto do título.

(D) O procedimento do advogado está incorreto, pois a nota promissória vinculada a contrato de abertura de crédito em conta corrente não goza de autonomia em razão da iliquidez do título que a originou, conforme sumulado pelo STJ.

(E) O procedimento do advogado está incorreto, pois o contrato de cheque especial não é título executivo, mesmo acompanhado de extrato da conta corrente e a lei não autoriza a emissão de título de crédito em branco.

Não é possível a execução, pois, nos termos da Súmula 258 do STJ, a nota promissória vinculada a contrato de abertura de crédito não goza de autonomia em razão da iliquidez do título que a originou. Tampouco é possível a execução com base no contrato de abertura de crédito, ainda que acompanhado de extrato da conta corrente, pois não é título executivo – Súmula 233 do STJ. O que o banco pode fazer é propor ação monitória, pois o contrato de abertura de crédito em conta corrente, acompanhado do demonstrativo de débito, constitui documento hábil para isso – Súmula 247 do STJ.

Gabarito "D"

(Defensor Público/PA – 2009 – FCC) Por ser o cheque uma ordem de pagamento a vista,

(A) o postulado da questão é parcialmente verdadeiro, pois a natureza do cheque permite que seja tanto uma ordem de pagamento a vista como um título de crédito a prazo.

(B) é ilegal a emissão de cheque pós-datado, que não gera qualquer efeito jurídico ao emitente ou ao beneficiário.

(C) embora a pós-datação não produza efeito cambial, pode gerar efeitos reparatórios civis se a data futura não foi obedecida pelo beneficiário, por lesão à boa-fé objetiva.

(D) como a pós-datação não produz efeito cambial, também não pode gerar efeitos reparatórios civis se a data futura não for obedecida pelo beneficiário.

(E) a pós-datação gera efeitos cambiais, por isso sendo obstada a apresentação do título a pagamento antes da data futura aposta.

A: incorreta, pois o cheque é ordem de pagamento à vista por expressa determinação legal – art. 32 da Lei do Cheque – LC (Lei 7.357/1985); **B:** apesar do disposto no art. 32 da LC, admitem-se efeitos jurídicos decorrentes da emissão de cheque pós-datado (ou "pré-datado", termo mais comumente utilizado); **C:** assertiva correta, conforme o disposto na Súmula 370 do STJ "Caracteriza dano moral a apresentação antecipada de cheque pré-datado"; **D:** incorreta, conforme a citada Súmula 370 do STJ; **E:** incorreta, pois, sendo ordem de pagamento à vista, o banco não deixará de pagar o cheque, sem prejuízo de indenização por eventual dano causado ao emitente.

Gabarito "C"

(Defensor Público/SP – 2009 – FCC) Considerando as espécies de cheques, assinale a definição correta.

(A) Cheque cruzado especial é aquele em que o emitente apõe dois traços no anverso do título e escreve entre estes o dizer "banco".

(B) Cheque de viagem é o emitido em moeda estrangeira e pago na moeda do país em que é apresentado, conforme com o câmbio do dia.

(C) O cheque administrativo é aquele em que o emitente, para os fins de liquidez e tranquilidade do beneficiário, solicita do sacado que aponha visto ou certificado, bem como reserve o valor.

(D) Cheque marcado é aquele que é pago somente ao beneficiário que tiver o nome indicado e, por isso, não comporta endosso.

(E) Diz-se visado o cheque emitido pelo sacado contra ele mesmo em favor da pessoa indicada por terceiro, geralmente o correntista do banco.

A: incorreta, pois a assertiva descreve o cruzamento geral, quando entre os dois traços não se escreve nada, ou apenas "banco" ou outra palavra equivalente – art. 44, § 2º, da LC; **B:** assertiva correta, pois descreve adequadamente o cheque de viagem (*traveller's check*) – art. 66 da LC; **C:** incorreta, pois o cheque administrativo é emitido pelo próprio banco (o emitente é também o sacado) – art. 9º, III, da LC. A assertiva refere-se ao cheque visado, em que o banco certifica a existência de fundos e reserva os valores para pagamento, na forma do art. 7º da LC; **D:** incorreta. O que existe é o cheque com cláusula "não à ordem", que impede a cessão por endosso – art. 17, § 1º, da LC; **E:** incorreta, pois a descrição se refere ao cheque administrativo, não ao visado, conforme comentários à alternativa C.

Gabarito "B"

(Defensor Público/RO – 2007 – FJPF) O protesto por falta de aceite de uma letra de câmbio NÃO produz efeitos em face do:

(A) sacado

(B) sacador

(C) tomador

(D) portador

(E) coobrigado

O protesto por falta de aceite da letra de câmbio serve para que o portador exerça os direitos de ação contra os endossantes, sacador e outros coobrigados, ainda antes do vencimento, nos termos dos arts. 43 e 44 da Lei Uniforme – LU (Decreto 57.663/1966). **A:** essa é a alternativa a ser indicada, pois o sacado, na letra de câmbio, seria o aceitante. Se não houve aceite, o sacado não é parte na relação cambiária (não se obrigou a nada); B, C, D e **E:** O protesto por falta de aceite implica direito de o portador da letra (ou tomador) cobrar o sacador (emissor do título) e os demais coobrigados, conforme comentário inicial.

Gabarito "A"

(Defensor Público/RO – 2007 – FJPF) A prescrição da nota promissória, no tocante à ação do portador em face do emitente, em anos, é:

(A) 1

(B) 2

(C) 3

(D) 4

(E) 5

A prescrição da nota promissória em relação à ação do portador contra o emitente é de 3 anos a contar do vencimento – art. 70 c/c arts. 77 e 78 da LU, razão pela qual a alternativa "C" é a correta.

Gabarito "C"

Veja a seguinte tabela com os prazos prescricionais para cobrança de títulos de crédito, para estudo e memorização:

	Prazos prescricionais para letras de câmbio e promissórias – art. 70 da Lei Uniforme –Decreto 54.663	Prazos prescricionais para duplicatas – art. 18 da Lei de Duplicatas – Lei 5.474/1968
Contra o devedor principal (aceitante, na letra, emitente da promissória – sacado, na duplicata) e seus avalistas	3 anos a contar do vencimento	3 anos a contar do vencimento
Contra os coobrigados – endossantes e seus avalistas (também o sacador, no caso de letra aceita)	1 ano do protesto tempestivo ou do vencimento (se houve cláusula "sem despesas")	1 ano do protesto tempestivo
Regresso dos coobrigados uns contra os outros	6 meses do dia em que o coobrigado pagou o título ou em que ele próprio foi acionado	1 ano da data de pagamento do título

(Defensor Público/RO – 2007 – FJPF) A modalidade de cheque que representa uma ordem de pagamento contra o ordenador é:

(A) fiscal
(B) visado
(C) cruzado
(D) marcado
(E) administrativo

O sacado do cheque (quem deve cumprir a ordem de pagamento, ou seja, pagá-lo) é sempre banco ou instituição financeira equiparada – art. 3º da LC. Quando o emitente do cheque (= sacador) é o próprio banco sacado, temos o chamado *cheque administrativo*, previsto no art. 9º, III, da LC.

Gabarito "E".

(Defensor Público/CE – 2007 – CESPE) Acerca dos títulos de crédito, julgue os itens seguintes.

(1) Presume-se em favor do sacador o aval em branco prestado em letra de câmbio.
(2) Considere que, ao celebrar contrato de abertura de crédito com certa instituição bancária, Raul tenha emitido notas promissórias vinculadas ao referido contrato. Nessa situação, as notas promissórias estão desprovidas de autonomia.
(3) É lícita a emissão de duplicata de prestação de serviços de engenharia com vencimento a certo termo da vista.
(4) Considere que, ao efetuar o pagamento de um automóvel recentemente adquirido, Lucas tenha emitido cheque em que, no verso, havia sido lançada declaração do banco indicando a existência de provisão de fundos para a sua liquidação, durante o prazo de apresentação do título de crédito. Nessa situação, o cheque utilizado por Lucas é considerado um cheque administrativo ou bancário.

1: assertiva correta, pois se o aval não identificar a pessoa a quem se dá (quem é garantido pelo avalista), considera-se como sendo pelo sacador da letra (= emitente) – art. 31 da LU; **2:** correta, conforme a Súmula 258 do STJ ("A nota promissória vinculada a contrato de abertura de crédito não goza de autonomia em razão da iliquidez do título que a originou."); **3:** incorreta, pois a duplicata deve ter vencimento certo ou ser à vista – art. 2º, § 1º, III, da LD; **4:** incorreta, pois cheque administrativo é aquele emitido pelo próprio banco sacado (o banco que emite é o mesmo que pagará o cheque) – art. 9º, III, da LC. A assertiva refere-se ao cheque visado pelo banco – art. 7º da LC.

Gabarito 1C, 2C, 3E, 4E

(Defensor Público/RO – 2007 – FJPF) O título de crédito que admite o instituto do aceite presumido é:

(A) cheque
(B)duplicata
(C) *warrant*
(D) letra de câmbio
(E) nota promissória

A: incorreta, pois o cheque não admite aceite, considerando-se não escrita qualquer declaração nesse sentido – art. 6º da LC; **B:** essa é a assertiva correta, pois, diferentemente do *warrant*, da letra de câmbio e da promissória, o sacado na duplicata somente pode recusar-se a aceitar o título nas hipóteses previstas no art. 8º da Lei das Duplicatas – LD (lei 5.474/1968. Presume-se o aceite, e admite-se a execução contra o sacado, caso haja protesto do título, comprovação da entrega e recebimento da mercadoria ou ausência de recusa expressa e válida – art. 15, II, da LD; C, D e **E:** incorretas, conforme comentário à alternativa anterior.

Gabarito "B".

(Defensor Público/BA – 2006 - DPE/BA)) Considere as seguintes informações sobre os cheques, segundo a Lei 7.357/85:

I. O protesto do cheque ou a sua apresentação ao banco sacado dentro do prazo legal é indispensável para a propositura de ação de execução contra o emitente do título e seus avalistas.
II. O prazo prescricional para a propositura de ação de execução de cheque é de 06 (seis) meses contado da apresentação do título ao banco sacado.
III. O aceite do cheque pelo banco é um ato facultativo, na medida em que o sacado poderá recusar em lançá-lo por insuficiência de fundos do emitente.
IV. O cheque somente poderá circular por endosso, que deverá ser lançado pelo endossante no verso do título de crédito.

Pode-se dizer que:

(A) Nenhuma delas está integralmente correta.
(B) Somente I e II estão integralmente corretas.
(C) Somente II e IV estão integralmente corretas.
(D) Somente II e III estão integralmente corretas.
(E) Somente I, III e IV estão integralmente corretas.

I: incorreta, pois a apresentação do cheque em tempo hábil, seu protesto ou a declaração do sacado ou da câmara de compensação no próprio cheque são necessários apenas para a execução contra os endossantes e seus avalistas. Ou seja, o portador pode promover a execução contra o emitente e seus avalistas independentemente dessas providências – art. 47, I e II, da LC; **II:** incorreta, pois o prazo prescricional de 6 meses é contado a partir da expiração do prazo de apresentação – art. 59 da LC; **III:** incorreta, pois o cheque não admite aceite considerando-se não escrita qualquer declaração nesse sentido – art. 6º da LC; **IV:** incorreta, pois o cheque pagável a pessoa nomeada, com a cláusula "não à ordem", ou outra equivalente, só é transmissível pela forma e com os efeitos de cessão (não por endosso) – art. 17, § 1º, da LC.

Gabarito "A".

(Defensor Público/BA – 2006 - DPE/BA)) Considere as seguintes informações sobre duplicatas, segundo a Lei 5.474/68 e o Decreto Lei 436/69:

I. A duplicata mercantil é classificada como sendo um título causal, na medida em que a sua emissão somente poderá ocorrer na hipótese autorizada por lei, qual seja, a documentação de créditos decorrentes de compra e venda mercantil.
II. A duplicata deverá conter obrigatoriamente a cláusula à ordem, razão pela qual não poderá circular pela simples tradição da cártula, ou mesmo pela cessão civil de créditos.
III. O aceite da duplicata é facultativo, podendo o sacado se desvincular do pagamento do título alegando avaria ou não recebimento das mercadorias.
IV. A pretensão para propositura de ação de execução de duplicata prescreve, contra o sacado e respectivos avalistas, em 03 (três) anos contados da data de protesto do título por falta de pagamento.

Pode-se dizer, quanto ao apresentado acima, que:

(A) Nenhum item está integralmente correto.
(B) Somente I e II estão integralmente corretos.
(C) Somente I, III e IV estão integralmente corretos.
(D) Somente II e III estão integralmente corretos.
(E) Somente III e IV estão integralmente corretos.

I: incorreta, pois a duplicata também pode ser emitida em relação a uma fatura pela prestação de serviço – art. 20 da Lei das Duplicatas – LD (Lei 5.474/1968); **II:** assertiva correta, conforme o art. 2º, § 1º, VII, da LD; **III:** correta, pois o sacado pode recusar-se a aceitar a duplicata nessas hipóteses – art. 8º, I, da LD (a rigor, o sacado deve obrigatoriamente aceitar a duplicata, *exceto* nas hipóteses listadas no citado art. 8º da LD); **IV:** incorreta, pois o prazo prescricional de 3 anos contra o sacado e seus avalistas é contado do vencimento – art. 18, I, da LD.

Gabarito "D"

(Defensor Público da União – 2004 – CESPE) Com relação à teoria dos títulos de crédito, julgue os itens que se seguem.

(1) O título de crédito abstrato dá origem a obrigações desvinculadas da causa que o gerou como forma de garantir-lhe a autonomia, o que permite ao mercado considerar apenas o título que afirma a existência do crédito, representando-o por uma cártula necessária e seu conteúdo.

(2) De acordo com as disposições do Código Civil, o endossante do título à ordem não responde pelo cumprimento da prestação constante do título, salvo se este contiver cláusula expressa que preveja a responsabilidade do endossante pelo crédito que transfere.

1: assertiva correta, pois o subprincípio da abstração (relacionado ao princípio da autonomia) indica que, com a circulação, há desvinculação do título em relação ao ato ou ao negócio jurídico que deu ensejo à sua criação – arts. 906, 915 e 916 do CC; **2:** assertiva correta, nos termos do art. 914 do CC. Importante salientar que essa regra do Código Civil não se aplica, tampouco, se há disposição legal especial em contrário (art. 903 do mesmo Código), razão pela qual os endossantes da letra de câmbio, da promissória e do cheque, por exemplo, garantem o pagamento do título – art. 15 c/c art. 77 da Lei Uniforme – LU (Decreto 57.663/1966) e art. 21 da Lei do Cheque – LC (Lei 7.357/1985).

Gabarito 1C, 2C

Veja as seguintes tabelas, com os princípios do direito cambiário e a classificação dos títulos de crédito:

<table>
<tr><th colspan="2">Princípios do Direito Cambiário</th></tr>
<tr><td colspan="2">Cartularidade: o documento (cártula) é necessário para o exercício dos direitos cambiários
Caso de relativização da cartularidade: protesto da duplicata por indicação – art. 13, § 1º, da Lei das Duplicatas</td></tr>
<tr><td colspan="2">Literalidade: somente aquilo que está escrito no título produz efeitos jurídicos-cambiais
Caso de relativização da literalidade: aceite informado por escrito, previsto no art. 29 da Lei Uniforme</td></tr>
<tr><td rowspan="2">Autonomia: cada obrigação que deriva do título é autônoma em relação às demais – os vícios que comprometem a validade de uma relação jurídica, documentada em título de crédito, não se estendem às demais relações abrangidas no mesmo documento</td><td>Subprincípio da Abstração: com a circulação, há desvinculação do título em relação ao ato ou ao negócio jurídico que deu ensejo à sua criação
Caso de relativização da abstração: necessidade de se indicar a origem do crédito para habilitação em falência (– art. 9º, II, da Lei de Falências</td></tr>
<tr><td>Subprincípio da Inoponibilidade: o executado não pode opor exceções pessoais a terceiro de boa-fé</td></tr>
</table>

<table>
<tr><th colspan="2">Classificações dos Títulos de Crédito</th></tr>
<tr><th>Critério</th><th>Espécies</th></tr>
<tr><td>Modelo</td><td>– vinculados
– livres</td></tr>
<tr><td>Estrutura</td><td>– ordem de pagamento
– promessa de pagamento</td></tr>
<tr><td>Hipóteses de emissão</td><td>– causais
– limitados
– não causais</td></tr>
<tr><td>Circulação</td><td>– ao portador
– nominativos à ordem
– nominativos não à ordem
(ou ao portador, à ordem e nominativos)</td></tr>
</table>

5. Falência e Recuperação

(Defensor Público/ES – 2012 – CESPE) Julgue o item seguinte, relativo ao direito empresarial.

(1) Os atos praticados pelo devedor antes e após a decretação da falência serão anulados por fraude contra credores; logo, a situação de direito volta a ser a existente antes do ato anulado, produzindo o mesmo efeito da nulidade: uma verdadeira desconstituição definitiva do ato.

1: incorreta, pois, nos termos do art. 130 da Lei de Recuperação e Falência – LF (Lei 11.101/2005), são revogáveis (não nulos) os atos praticados com a intenção de prejudicar credores (decorrentes de conluio fraudulento e que impliquem efetivo prejuízo sofrido pela massa). Ademais, caso o ato seja descrito no art. 129 da LF, trata-se de ineficácia perante a massa falida.

Gabarito 1E

(Defensor Público/SE – 2012 – CESPE) Com relação ao direito falimentar, assinale a opção correta.

(A) O comitê de credores, órgão de existência e funcionamento obrigatórios e cuja composição e atribuições são estabelecidas pela lei, conduzirá os atos do processo de falência e de recuperação judicial.

(B) Não será deferido provimento liminar, de caráter cautelar ou antecipatório dos efeitos da tutela, para a suspensão ou adiamento da assembleia geral de credores em razão de pendência de discussão acerca da existência, da quantificação ou da classificação de créditos.

(C) Poderão participar com direito a voto das assembleias de credores, além dos credores, os sócios do devedor, as sociedades coligadas, controladas e controladoras do devedor.

(D) O sistema de recuperação judicial e extrajudicial acarretará a suspensão da prescrição, das ações e execuções existentes, assim como será impeditivo da falência dos credores não sujeitos ao plano de recuperação.

(E) Na hipótese de recuperação judicial, os créditos tributários se sujeitarão ao regime da lei falimentar, e as multas contratuais e penas pecuniárias, uma vez incorporadas ao valor da obrigação, serão submetidas às condições do plano de recuperação que tiver sido aprovado.

A: incorreta, pois o comitê de credores, cuja constituição não é obrigatória (ver arts. 26 e 28 da LF), tem atribuições de fiscalização e acompanhamento do procedimento, nos termos do art. 27 da LF; **B:** correta, pois reflete exatamente o disposto no art. 40 da LF; **C:** incorreta, pois somente credores, evidentemente, tem direito a voto na assembleia de credores – art. 39 da LF; **D:** incorreta, pois a recuperação extrajudicial não implica suspensão de prescrição ou de ações e execuções, nem afasta a possibilidade de pedido de falência pelos credores não sujeitos ao plano – arts. 6º e 161, § 4º, da LF; **E:** incorreta, pois os créditos tributários não são incluídos na recuperação judicial. Pelo contrário, a regularidade fiscal é pressuposto para a recuperação judicial – art. 191-A do CTN.

Gabarito "B"

(Defensor Público/BA – 2010 – CESPE) No que tange à recuperação judicial e à falência, julgue os itens a seguir.

(1) O juízo da falência é indivisível e competente para conhecer todas as ações sobre bens, interesses e negócios do falido, ressalvadas as causas trabalhistas, fiscais e aquelas não reguladas na lei de regência, caso o falido figure como autor ou litisconsorte ativo.

(2) A multa fiscal moratória constitui pena administrativa, incluindo-se no crédito habilitado em falência.

1: assertiva correta, pois reflete o disposto no art. 76 da Lei de Falência e Recuperação de Empresas – LF (Lei 11.101/2005); **2:** em relação aos processos falimentares regidos pela legislação anterior (art. 23, parágrafo único, III, do Decreto-lei 7.661/1945), não se admite a inclusão da multa fiscal moratória no crédito habilitado em falência, por ser considerada pena administrativa – Súmulas 192 e 565 do STF. Ocorre que esse entendimento ficou ultrapassado em relação aos processos falimentares regidos pela atual Lei 11.101/2005, que classifica as multas moratórias como créditos quirografários, exigíveis da massa, na forma do seu art. 83, VII, razão pela qual a alternativa foi anulada.

Gabarito 1C, 2 ANULADA

Veja a seguinte tabela com a ordem de classificação dos créditos na falência (art. 83 da LF):

Ordem de classificação dos créditos na falência (art. 83 da Lei de Falências – Lei 11.101/2005)
1º – os créditos derivados da legislação do trabalho, limitados a 150 (cento e cinquenta) salários mínimos por credor, os decorrentes de acidentes de trabalho. Também os créditos equiparados a trabalhistas, como os relativos ao FGTS (art. 2º, § 3º, da Lei 8.844/1994) e os devidos ao representante comercial (art. 44 da Lei 4.886/1965)
2º – créditos com garantia real até o limite do valor do bem gravado (será considerado como valor do bem objeto de garantia real a importância efetivamente arrecadada com sua venda, ou, no caso de alienação em bloco, o valor de avaliação do bem individualmente considerado)
3º – créditos tributários, independentemente da sua natureza e tempo de constituição, excetuadas as multas tributárias
4º – com privilégio especial (= os previstos no art. 964 da Lei 10.406/2002 - Código Civil; os assim definidos em outras leis civis e comerciais, salvo disposição contrária da LF; e aqueles a cujos titulares a lei confira o direito de retenção sobre a coisa dada em garantia)
5º – créditos com privilégio geral (= os previstos no art. 965 da Lei n 10.406/2002; os previstos no parágrafo único do art. 67 da LF; e os assim definidos em outras leis civis e comerciais, salvo disposição contrária da LF)
6º – créditos quirografários (= aqueles não previstos nos demais incisos do art. 83 da LF; os saldos dos créditos não cobertos pelo produto da alienação dos bens vinculados ao seu pagamento; e os saldos dos créditos derivados da legislação do trabalho que excederem o limite estabelecido no inciso I do *caput* do art. 83 da LF). Ademais, os créditos trabalhistas cedidos a terceiros serão considerados quirografários
7º – as multas contratuais e as penas pecuniárias por infração das leis penais ou administrativas, inclusive as multas tributárias
8º – créditos subordinados (= os assim previstos em lei ou em contrato; e os créditos dos sócios e dos administradores sem vínculo empregatício)
Lembre-se que os créditos extraconcursais (= basicamente os surgidos no curso do processo falimentar, que não entram no concurso de credores) são pagos com precedência sobre todos esses anteriormente mencionados, na ordem prevista no art. 84 da LF: (I) remunerações devidas ao administrador judicial e seus auxiliares, e créditos derivados da legislação do trabalho ou decorrentes de acidentes de trabalho relativos a serviços prestados após a decretação da falência; (II) quantias fornecidas à massa pelos credores; (III) despesas com arrecadação, administração, realização do ativo e distribuição do seu produto, bem como custas do processo de falência; (IV) custas judiciais relativas às ações e execuções em que a massa falida tenha sido vencida; e (V) obrigações resultantes de atos jurídicos válidos praticados durante a recuperação judicial, nos termos do art. 67 da LF, ou após a decretação da falência, e tributos relativos a fatos geradores ocorridos após a decretação da falência, respeitada a ordem estabelecida no art. 83 da LF.

(Defensor Público/MG – 2009 – FUMARC) Um empresário rural, devidamente registrado há mais de dois anos no Registro Civil de Pessoas Jurídicas, tem seus negócios concentrados em Uberaba, possuindo ainda filial em Pouso Alegre e sede contratual em Varginha. Qual o foro competente para se requerer a sua recuperação judicial?

(A) Uberaba.
(B) Pouso Alegre ou Varginha.
(C) Nenhum deles, pois não está sujeito à Lei de Recuperação e Falência de Empresas.
(D) O foro do credor onde se deu o negócio subjacente.
(E) Uberaba ou Pouso Alegre ou Varginha.

O empresário rural não é obrigado a se inscrever no Registro Público de Empresas Mercantis (Junta Comercial) – art. 971 do CC. No caso, o empresário em questão inscreveu-se no Registro Civil de Pessoas Jurídicas, de modo que não pode requerer recuperação judicial, pois, para isso, seria preciso apresentar certidão de regularidade no Registro Público de Empresas – art. 51, V, da LF. Interessante lembrar que o foro competente seria o do estabelecimento principal do devedor – art. 3º da LF.

Gabarito "C".

(Defensor Público/CE – 2007 – CESPE) Acerca da recuperação judicial e da recuperação extrajudicial, bem como da falência do empresário e da sociedade empresária, julgue os itens a seguir.

(1) Não se sujeitam ao processo falimentar as sociedades de economia mista, as empresas públicas e as sociedades cooperativas.
(2) Na recuperação judicial, o administrador judicial tem competência para requerer a falência do devedor no caso de descumprimento de obrigação assumida no plano de recuperação.
(3) Considere que determinada sociedade empresária, em situação de crise econômico-financeira, tenha requerido sua recuperação judicial e que o juízo competente, tendo verificado o cumprimento dos requisitos legais, tenha deferido o processamento da referida recuperação. Nesse caso, a sociedade empresária somente poderá desistir do pedido de recuperação judicial se obtiver a aprovação da desistência na assembleia geral de credores.
(4) O plano de recuperação judicial para empresas de pequeno porte sujeita a sociedade devedora a prévia autorização do juiz, após ouvido o administrador judicial e o comitê de credores, para contratar empregados.

1: correta, conforme o art. 2º da LF; **2:** assertiva correta, pois essa competência do administrador é prevista expressamente no art. 22, II, *b*, da LF; **3:** correta, nos termos do art. 52, § 4º, c/c o art. 35, I, *d*, da LF; **4:** assertiva correta, pois reflete o disposto no art. 71, IV, da LF.

Gabarito 1C, 2C, 3C, 4C

(Defensor Público/RO – 2007 – FJPF) O recurso cabível da sentença que decreta a falência do devedor empresário é:

(A) embargo
(B) apelação
(C) *ex-officio*
(D) mandado de segurança
(E) agravo de instrumento

Contra a sentença que decreta a falência cabe agravo, nos termos do art. 100 da LF, razão pela qual a alternativa "E" é a correta.

Gabarito "E".

(Defensor Público/RO – 2007 – FJPF) O requerimento de falência pode ser formulado exclusivamente por:

(A) credor quirográfico
(B) credor empresário
(C) credor hipotecário
(D) qualquer credor
(E) credor civil

Nos termos do art. 97 da LF, podem requerer a falência do devedor (I) o próprio devedor, (II), o cônjuge sobrevivente, qualquer herdeiro do devedor ou o inventariante, (III) o cotista ou o acionista do devedor na forma da lei ou do ato constitutivo da sociedade e (IV) qualquer credor. Alternativas A, B, C e **E:** incorretas, pois não são *exclusivamente* esses credores que podem requerer a falência; **D:** Essa é a melhor alternativa, por exclusão das demais, embora seja importante reiterar que não são apenas os credores que podem requerer a falência, conforme comentário inicial.

Gabarito "D".

(Defensor Público/BA – 2006 – DPE/BA) Considere as seguintes informações sobre a falência do empresário, segundo a Lei 11.101/05:

I. As cooperativas, as empresas públicas e as sociedades de economia mista não se submetem ao processo falimentar como forma de execução concursal de seus bens.
II. O devedor que houver deixado de cumprir, no prazo estabelecido, obrigação assumida em plano de recuperação judicial poderá, no prazo da contestação de seu pedido de falência, realizar depósito elisivo, hipótese em que a sua falência não poderá ser decretada.
III. O termo legal da falência, que não retroagirá por mais de 60 (sessenta) dias contados do pedido de falência, tem como principal função fixar o período em que determinados atos praticados pelo empresário devedor, antes da decretação de sua falência, poderão ser declarados ineficazes perante a massa falida.
IV. Da sentença que decretar a falência do empresário devedor insolvente não caberá recurso de apelação.

Pode-se dizer que:

(A) Todas estão integralmente corretas.
(B) Somente II e III estão integralmente corretas.
(C) Somente III e IV estão integralmente corretas.
(D) Somente I e IV estão integralmente corretas.
(E) Somente I, II e IV estão integralmente corretas.

I: correta, conforme o art. 2º da LF. Importante salientar que a sociedade cooperativa, independentemente de seu objeto, não tem natureza empresarial, de modo que não se sujeita à falência – art. 982, parágrafo único do CC e art. 4º da Lei 5.764/1971; **II:** incorreta, pois o depósito elisivo somente é cabível nas hipóteses de falência decretada por impontualidade injustificada ou execução frustrada (art. 94, I e II, da LF), mas não por prática de atos de falência (art. 94, III, da LF), como é o caso do descumprimento de obrigação assumida no plano de recuperação judicial (art. 94, III, *g*, da LF) – art. 98, parágrafo único, da LF; **III:** incorreta, pois o termo legal da falência é de até 90 dias – art. 99, II, da LF; **IV:** correta, pois contra a sentença que decreta a falência cabe agravo, não apelação, nos termos do art. 100 da LF.

Gabarito "D"

(Defensor Público/BA – 2006 - DPE/BA)) Considere as seguintes informações sobre a recuperação judicial e extrajudicial do empresário, segundo a Lei 11.101/05:

I. Somente poderá requerer a recuperação judicial o empresário devedor que, dentre outros requisitos, no momento do pedido, exerça regularmente as suas atividades há mais de 02 anos; não seja falido e, se o foi, estejam extintas, por sentença transitada em julgado, as responsabilidades daí decorrentes; não tenha, há menos de 05 anos, obtido concessão de recuperação judicial, e não tenha sido condenado por crime falimentar.
II. O plano de recuperação deverá instruir a petição inicial do pedido de recuperação judicial apresentado pelo empresário devedor que objetive superar a situação de crise econômico-financeira que atravessa sua empresa.
III. O juiz decretará a falência do empresário devedor se for manifestada, dentro do prazo legal, objeção por qualquer credor ao plano de recuperação judicial apresentado.
IV. A não aprovação do plano de recuperação extrajudicial pelos credores do empresário devedor não acarreta a decretação de sua falência.

Pode-se dizer que:

(A) Somente I e IV estão integralmente corretas.
(B) Somente II e III estão integralmente corretas.
(C) Somente II e IV estão integralmente corretas.
(D) Somente I, II e III estão integralmente corretas.
(E) Nenhuma delas está integralmente correta.

I: correta, conforme o art. 48 da LF; **II:** incorreta, pois o plano de recuperação será apresentado pelo devedor em juízo no prazo improrrogável de 60 dias da publicação da decisão que deferir o processamento da recuperação judicial (não com a inicial) – art. 53, *caput*, da LF; **III:** incorreta, pois somente a rejeição do plano de recuperação judicial pela assembleia geral de credores, não por credor isolado, implica decretação da falência pelo juiz – art. 56, § 4º, da LF; **IV:** assertiva correta, conforme o art. 164, § 5º, da LF.

Gabarito "A"

6. Contratos Empresariais

(Defensor Público/SP – 2010 – FCC) Assinale a alternativa INCORRETA.

(A) O arrendatário inadimplente que não devolver o bem pratica esbulho e sujeita-se à reintegratória.
(B) O arrendador, no caso de inadimplência do arrendatário, pode exigir deste o valor de pagamento das prestações vencidas e vincendas.
(C) O arrendatário deve ser notificado da inadimplência.
(D) O arrendatário deve pagar as prestações vencidas até a data da efetiva retomada do bem pelo arrendador.
(E) Verificando que as prestações tornaram-se excessivamente onerosas poderá o arrendatário postular judicialmente a revisão da cláusula contratual pertinente.

A: assertiva correta, pois a retenção indevida do bem torna injusta a posse, caracterizando o esbulho possessório e possibilitando a ação de reintegração de posse – ver: STJ, REsp 329.932/SP; **B:** incorreta, pois somente podem ser exigidas as parcelas vencidas até a entrega do bem ao arrendante – ver STJ, REsp 211.570/PR; **C:** assertiva correta, pois o arrendatário deve ser previamente notificado, para configuração da mora – ver STJ, EREsp 162.185/SP; **D:** correta, conforme comentário à alternativa B; **E:** correta, pois é possível pleitear judicialmente a revisão contratual em situação de excepcional e excessiva onerosidade – ver AgRg no REsp 699.871/DF.

Gabarito "B"

(Defensor Público/PA – 2009 – FCC) Nos contratos de crédito bancário,

(A) os juros remuneratórios são livres, é potestativa a comissão de permanência, que não pode ser cobrada, e a multa moratória limita-se em qualquer caso a 2% mensais.
(B) são livres os juros remuneratórios, limitada a taxa de comissão de permanência, em caso de inadimplência, aos juros contratados, e a multa moratória a 2% mensais nas relações consumeristas.
(C) são livres os juros remuneratórios, bem como a taxa de comissão de permanência, limitada a multa a 10% mensais, em qualquer caso
(D) os juros remuneratórios obedecem ao limite de uma taxa diária do Banco Central, bem como a comissão de permanência; a multa moratória não pode ultrapassar 2% mensais, nas relações de consumo.
(E) os juros remuneratórios são limitados a 1% ao mês, bem como a comissão de permanência, com multa moratória de 2% mensais nas relações de consumo.

A: incorreta, pois a cláusula que prevê comissão de permanência não é potestativa – Súmula 294 do STJ. Ademais, a limitação da multa moratória a 2% aplica-se apenas às relações em que o cliente do banco é consumidor (não se aplica, por exemplo, às operações bancárias entre instituições financeiras) – art. 52, § 1º, do CDC; **B:** assertiva correta, conforme as Súmulas 596 do STF, 294 do STJ e 297 do STJ e o art. 52, § 1º, do CDC. Ademais, a jurisprudência do STJ é pacífica no sentido de que é inviável a cobrança de comissão de permanência sem que tenha havido pactuação prévia – ver AgRg nos EDcl nos EREsp 833.711/RS; C, D e **E:** incorretas, conforme comentários anteriores.

Gabarito "B"

Veja a seguinte tabela, com as principais súmulas relativas ao direito bancário, para estudo:

Súmulas de Direito Bancário	
Súmula 596/STF	As disposições do Decreto 22.626/1933 [Lei de Usura, que limita a taxa de juros] não se aplicam às taxas de juros e aos outros encargos cobrados nas operações realizadas por instituições públicas ou privadas, que integram o sistema financeiro nacional.
Súmula 382/STJ	A estipulação de juros remuneratórios superiores a 12% ao ano, por si só, não indica abusividade.
Súmula 381/STJ	Nos contratos bancários, é vedado ao julgador conhecer, de ofício, da abusividade das cláusulas.
Súmula 379/STJ	Nos contratos bancários não regidos por legislação específica, os juros moratórios poderão ser convencionados até o limite de 1% ao mês.
Súmula 328/STJ	Na execução contra instituição financeira, é penhorável o numerário disponível, excluídas as reservas bancárias mantidas no Banco Central.
Súmula 322/STJ	Para a repetição de indébito, nos contratos de abertura de crédito em conta corrente, não se exige a prova do erro.
Súmula 300/STJ	O instrumento de confissão de dívida, ainda que originário de contrato de abertura de crédito, constitui título executivo extrajudicial.
Súmula 299/STJ	É admissível a ação monitória fundada em cheque prescrito
Súmula 297/STJ	O Código de Defesa do Consumidor é aplicável às instituições financeiras.
Súmula 296/STJ	Os juros remuneratórios, não cumuláveis com a comissão de permanência, são devidos no período de inadimplência, à taxa média de mercado estipulada pelo Banco Central do Brasil, limitada ao percentual contratado.

Súmula 294/STJ	Não é potestativa a cláusula contratual que prevê a comissão de permanência, calculada pela taxa média de mercado apurada pelo Banco Central do Brasil, limitada à taxa do contrato.
Súmula 286/STJ	A renegociação de contrato bancário ou a confissão da dívida não impede a possibilidade de discussão sobre eventuais ilegalidades dos contratos anteriores.
Súmula 285/STJ	Nos contratos bancários posteriores ao Código de Defesa do Consumidor incide a multa moratória nele prevista.
Súmula 283/STJ	As empresas administradoras de cartão de crédito são instituições financeiras e, por isso, os juros remuneratórios por elas cobrados não sofrem as limitações da Lei de Usura.
Súmula 258/STJ	A nota promissória vinculada a contrato de abertura de crédito não goza de autonomia em razão da iliquidez do título que a originou.
Súmula 247/STJ	O contrato de abertura de crédito em conta corrente, acompanhado do demonstrativo de débito, constitui documento hábil para o ajuizamento da ação monitória.
Súmula 233/STJ	O contrato de abertura de crédito, ainda que acompanhado de extrato da conta corrente, não é título executivo.
Súmula 30/STJ	A comissão de permanência e a correção monetária são inacumuláveis.

(Defensor Público/CE – 2007 – CESPE) Considere que, com vistas a adquirir um caminhão para transporte de cargas em sua propriedade rural, Mauro tenha firmado, com certa instituição financeira, contrato de alienação fiduciária em garantia. Em face dessas considerações, julgue os itens subsequentes com base nas normas do contrato de alienação fiduciária em garantia.

(1) Tornando-se Mauro inadimplente, a credora somente poderá alienar o caminhão judicialmente, visando a aplicar o preço no pagamento de seu crédito e das despesas de cobrança.

(2) A propriedade fiduciária constitui-se pela simples autenticação em cartório do contrato firmado entre Mauro e a instituição financeira.

1: incorreta, pois o credor poderá vender a coisa judicial ou extrajudicialmente – art. 1.364 do CC e art. 2º do Decreto-Lei 911/1969; **2:** incorreta, pois o contrato deverá ser registrado no Registro de Títulos e Documentos do domicílio do devedor, ou, no caso de veículo, na repartição competente para o licenciamento, sob pena de ser inoponível contra terceiros de boa-fé – art. 1.361, § 1º, do CC.

Gabarito 1E, 2E

7. Outros Temas

(Defensor Público/TO – 2013 – CESPE) Assinale a opção correta acerca da caracterização, inscrição e capacidade do empresário e da sociedade empresária.

(A) Filial consiste em estabelecimento empresarial acessório e distinto do estabelecimento principal e cuja atividade abranja o tratamento de negócios do estabelecimento principal e a cuja administração esteja ligada, não havendo autonomia diante da lei e do público.

(B) Os pactos e as declarações antenupciais do empresário, o título de doação, a herança ou o legado de bens clausulados de incomunicabilidade ou inalienabilidade devem ser arquivados e averbados no registro público de empresas mercantis.

(C) A sociedade empresária que tenha um incapaz em seu quadro de sócios deve ter mais de 50% do capital social integralizado, estando o sócio incapaz impedido de exercer a administração da sociedade.

(D) Um renomado escultor que, auxiliado por colaboradores, adquira espaço para a venda de suas obras de arte é considerado empresário, de acordo com a legislação de regência.

(E) A pessoa cuja principal atividade profissional seja a rural deve necessariamente promover sua inscrição no registro público de empresas mercantis da respectiva sede.

A: discutível, considerando que não há definição legal de filial, apenas referências indiretas, como no caso do art. 969 do CC. Quanto à autonomia, embora não haja personalidade jurídica própria, é fato que determinadas normas legais reconhecem-na (por exemplo, art. 11, § 3º, II, da LC 87/1996); **B:** correta, nos termos do art. 979 do CC; **C:** incorreta, pois entende-se que a responsabilidade solidária pela integralização do restante do capital subscrito impede o ingresso do incapaz como sócio – art. 1.052 do CC. Nesse sentido, a inclusão do § 3º no art. 974 do CC, que impõe expressamente a exigência de total integralização do capital social como pressuposto para o ingresso de sócio incapaz (inciso II), além de vedar-lhe o exercício da administração da sociedade (inciso I); **D:** incorreta, pois não se considera empresário quem exerce profissão intelectual, de natureza científica, literária ou artística, ainda com o concurso de auxiliares ou colaboradores, salvo se o exercício da profissão constituir elemento de empresa – art. 966, parágrafo único, do CC; **E:** incorreta, pois a inscrição é facultativa, nesse caso – art. 971 do CC.

Gabarito "B"

(Defensor Público/TO – 2013 – CESPE) A respeito do registro público de empresas, assinale a opção correta.

(A) Aquele que desejar consultar os assentamentos existentes em juntas comerciais e obter certidões deve demonstrar o legítimo interesse e pagar o preço devidamente fixado pela respectiva junta comercial.

(B) O arquivamento dos atos referentes à transformação, incorporação, fusão e cisão de empresas mercantis está sujeito ao regime de decisão singular por servidor designado pelo presidente da junta comercial.

(C) As juntas comerciais carecem de competência para decidir sobre a criação de delegacias, órgãos locais do registro do comércio.

(D) No Brasil, todas as juntas comerciais são subordinadas administrativa e tecnicamente ao Departamento Nacional de Registro do Comércio.

(E) A lei veda o arquivamento de atos relacionados à prorrogação de contrato social, após o prazo nele fixado, bem como de atos de sociedades empresárias com nome idêntico ou semelhante a outro já existente.

A: incorreta, pois qualquer pessoa, sem necessidade de provar interesse, poderá consultar os assentamentos existentes nas juntas comerciais e obter certidões, mediante pagamento do preço devido – art. 29 da Lei 8.934/1994; **B:** incorreta, pois o arquivamento desses atos está sujeito ao regime de decisão colegiada pelas juntas comerciais – art. 41, I, *b*, da Lei 8.934/1994; **C:** incorreta, pois as juntas comerciais, por seu plenário, poderão resolver pela criação de delegacias, órgãos locais do registro do comércio, nos termos da legislação estadual respectiva – art. 9º, § 2º, da Lei 8.934/1994; **D:** incorreta, pois as juntas comerciais subordinam-se administrativamente ao governo da unidade federativa de sua jurisdição e, apenas tecnicamente, ao DNRC, nos termos da Lei 8.934/1994. Somente a junta do Distrito Federal é subordinada administrativa e tecnicamente ao DNRC – art. 6º, parágrafo único, da Lei 8.934/1994; **E:** correta, nos termos do art. 35, IV e V, da Lei 8.934/1994.

Gabarito "E"

(Defensor Público/TO – 2013 – CESPE) Com relação ao direito de propriedade industrial, assinale a opção correta, considerando que INPI corresponde ao Instituto Nacional da Propriedade Industrial.

(A) A marca de produto ou serviço deve atestar a qualidade de determinado produto ou serviço em conformidade com normas técnicas previamente estabelecidas por institutos próprios, de natureza governamental.

(B) Sendo o INPI uma autarquia federal, a ação em que se discute o pagamento do valor da remuneração pelo uso de patente deve ser proposta perante a justiça federal.

(C) A invenção que atenda aos requisitos da novidade, atividade inventiva e aplicação industrial poderá ser patenteada e a legitimidade para requerê-la ao INPI cabe ao próprio autor, bem como aos seus herdeiros ou sucessores.

(D) Cabe ao INPI conceder patentes de novas técnicas e métodos operatórios ou cirúrgicos, bem como métodos terapêuticos ou de diagnóstico, para aplicação no corpo animal.

(E) Considera-se desenho industrial o objeto de uso prático que, suscetível de aplicação industrial, apresente nova forma ou disposição e envolva ato inventivo que resulte em melhoria funcional.

A: incorreta, pois a marca de produto ou serviço é aquela usada para distinguir produto ou serviço de outro idêntico, semelhante ou afim, de origem diversa – art. 123, I, da Lei de Propriedade Industrial – LPI (Lei 9.279/1996). A assertiva refere-se à *marca* *de certificação* – art. 123, II, da LPI; **B:** incorreta, pois somente quanto o registro de patente é questionado é que se atrai a competência da Justiça Federal – arts. 57 e 175 da LPI; **C:** correta, nos termos do art. 6º, § 2º, e art. 8º , ambos da LPI; **D:** incorreta, pois não são patenteáveis, conforme o art. 10, VIII, da LPI; **E:** incorreta, pois desenho industrial indica a forma plástica ornamental de um objeto ou o conjunto ornamental de linhas e cores que possa ser aplicado a um produto, proporcionando resultado visual novo e original na sua configuração externa e que possa servir de tipo de fabricação industrial – art. 95 da LPI. A assertiva refere-se ao *modelo de utilidade* – art. 9º da LPI.

Gabarito "C"

(Defensor Público/ES – 2012 – CESPE) Julgue o item seguinte, relativo ao direito empresarial.

(1) São patenteáveis a invenção e o modelo de utilidade, exigindo-se, para a concessão da patente de invenção, o preenchimento de alguns requisitos, entre os quais se inclui o de estar a invenção compreendida no estado da técnica quando do pedido de patente.

1: incorreta, pois a compreensão no estado da técnica desqualifica a invenção ou o modelo de utilidade como novos, o que afasta a patenteabilidade – arts. 8º e 11 da LPI.

Gabarito "1E"

(Defensor Público/ES – 2012 – CESPE) Julgue o item seguinte, relativo ao direito empresarial.

(1) Admite-se a alienação fiduciária de coisa fungível, especialmente de títulos de credito, de valores imobiliários e demais documentos representativos de direitos ou de credito.

1: correta, nos termos do art. 1.361 do CC.

Gabarito "1C"

Veja a seguinte tabela, com os requisitos de patenteabilidade e de registrabilidade, para estudo e memorização:

Requisitos de patenteabilidade de invenção e modelo de utilidade	
Novidade	não pode estar compreendida no estado da técnica, ou seja, não pode ter sido tornada acessível ao público antes do depósito do pedido de patente – art. 11 da LPI
Atividade inventiva	não pode simplesmente decorrer, para um técnico no assunto, de maneira evidente ou óbvia, do estado da técnica – art. 13 da LPI
Aplicação industrial	deve ser suscetível de aplicação industrial – art. 15 da LPI
Desimpedimento	não é patenteável aquilo que está listado no art. 18 da LPI

Requisitos para registro de desenho industrial	
Novidade	não pode estar compreendido no estado da técnica, ou seja, não pode ter sido tornado acessível ao público antes do depósito do pedido de registro – art. 96 da LPI
Originalidade	dele deve resultar uma configuração visual distintiva, em relação a outros objetos anteriores – art. 97 da LPI
Desimpedimento	não é registrável aquilo que está listado nos arts. 98 e 100 da LPI

Requisitos para registro de marca	
Novidade relativa	não pode ter sido previamente registrada (princípio da novidade) para a classe do produto ou do serviço (princípio da especificidade)
Não violação de marca notoriamente conhecida	não pode violar marca de alto renome ou notoriamente conhecida – arts. 125 e 126 da LPI
Desimpedimento	Não é registrável aquilo que está listado no art. 124 da LPI

(Defensor Público/SE – 2012 – CESPE) Com relação ao registro de empresa, assinale a opção correta.

(A) Para que uma sociedade seja considerada regular e não seja atribuída aos sócios responsabilidade ilimitada, a obrigatoriedade de arquivamento na junta comercial do ato constitutivo da sociedade por quotas de responsabilidade limitada depende do que estabeleça o contrato social.

(B) O arquivamento relativo à prorrogação do prazo da sociedade empresária estabelecida por prazo determinado não é possível após o esgotamento desse prazo.

(C) A competência dos órgãos de registro de comércio se circunscreve ao exame das formalidades essenciais do ato levado a registro, cumprindo-lhes velar pelo cumprimento da lei, sem indagações de ordem jurídica controvertida ou interferência na manifestação da vontade das partes, prerrogativa exclusiva do Poder Judiciário.

(D) Não caberá pedido de reconsideração, para o presidente da junta comercial, dos despachos singulares ou de turmas que formularem exigências para o deferimento do arquivamento.

(E) O ato de inscrição do empresário no registro público de empresas é essencial para a caracterização do exercício profissional de atividade econômica organizada para a produção ou circulação de bens ou de serviços.

A: incorreta, pois a responsabilidade limitada dos sócios decorre da disposição legal (art. 1.052 do CC), dependendo apenas da inscrição dos atos constitutivos da sociedade limitada no registro competente (arts. 985 e 986), da integralização do seu capital (art. 1.052, *in fine*, do CC) e da observância das demais normas que regem o tipo societário (por exemplo, art. 1.158, § 3º, do CC); **B:** correta, nos termos do art. 35, IV, da Lei 8.934/1994; **C:** correta, nos termos do art. 40 da Lei 8.934/1994; **D:** incorreta, pois cabe pedido de reconsideração, nos termos do art. 45 da Lei 8.934/1994; **E:** incorreta, pois a qualificação do empresário independe do registro, embora, no caso de omissão, a situação seja irregular (no caso da sociedade sem registro, haverá responsabilidade pessoal dos sócios – sociedade em comum) – arts. 966, 967 e 986 do CC.

Gabarito "B" e "C"

(Defensor Público/BA – 2010 – CESPE) No que concerne ao Sistema Financeiro Nacional e ao mercado de capitais, julgue o próximo item.

(1) De acordo com o entendimento do STJ, há nexo de causalidade entre o prejuízo sofrido por investidores em decorrência de quebra de instituição financeira e a suposta ausência ou falha na fiscalização realizada pelo Banco Central no mercado de capitais.

Assertiva incorreta, pois tanto o STJ quanto o STF afastam o nexo de causalidade e a responsabilidade do Banco Central pelos prejuízos causados a investidores pela quebra de instituição financeira – ver STJ, REsp 1.138.554/PR.

Gabarito 1E

(Defensor Público/MG – 2009 – FUMARC) Analise as alternativas abaixo:

I. Departamento Nacional do Registro do Comércio é um órgão estadual responsável pela execução dos registros públicos das firmas individuais e sociedades empresariais.

II. Juridicamente, podemos conceituar a empresa como sendo a pessoa jurídica que exerce atividade econômica organizada de produção ou circulação de bens ou serviços.

III. Para ser caracterizado empresário, não é necessário estar inscrito na Junta Comercial, em conformidade com a teoria da empresa e com o efeito declaratório do registro.

IV. A recusa por uma parte da apresentação judicial parcial dos livros obrigatórios acarretará que os fatos alegados pela outra parte sejam tomados como verdadeiros, com base em seus próprios lançamentos, os quais merecem fé pública.

Pode-se afirmar que estão INCORRETAS:

(A) apenas as alternativas I e II.
(B) apenas as alternativas I e IV.
(C) apenas as alternativas II e III.
(D) apenas as alternativas I e III.
(E) apenas as alternativas III e IV.

I: incorreta, pois o DNRC é órgão federal com funções supervisora, orientadora, coordenadora e normativa, no plano técnico, e supletiva, no plano administrativo – art. 3º, I, da Lei 8.934/1994; **II:** incorreta, pois a empresa é a atividade exercida pelo empresário (pessoa natural) ou pela sociedade empresária (pessoa jurídica) e com eles não se confunde – arts. 966 e 982 do CC. Perceba, portanto, que embora seja comum, no dia a dia, usarmos o termo "empresa" para nos referir à sociedade empresária ("fulano é sócio da empresa tal"), havendo, inclusive, disposições legais que adotam essa significação, isso é incorreto à luz do Código Civil; **III:** correta, pois embora a inscrição seja obrigatória (art. 967 do CC), o empresário e a sociedade empresária sem registro ou irregulares também têm essa natureza (empresária), que é fixada pela atividade desenvolvida – arts. 966, 982 e 986 do CC; **IV:** a rigor, nas demandas relativas a sucessão, comunhão ou sociedade, administração ou gestão à conta de outrem, ou em caso de falência (casos de exibição integral – art. 1.191, *caput*, do CC e art. 381 do CPC), se houver recusa, os livros serão apreendidos judicialmente. Na hipótese de o juiz determinar a exibição parcial (art. 1.191, § 1º, do CC e art. 382 do CPC), a recusa implica presunção de veracidade daquilo que foi alegado pela parte contrária para se provar pelos livros – art. 1.192, *caput*, do CC – art. 1.192, parágrafo único, do CC.

Gabarito "A"

(Defensor Público/CE – 2007 – CESPE) Julgue o item abaixo, acerca da locação comercial.

(1) O empresário, tendo celebrado contrato de locação há mais de cinco anos e estando no mesmo ramo de atividade há mais de três anos, tem direito à renovação do contrato, mesmo que a avença tenha sido celebrada verbalmente.

1: Incorreta, pois o direito à renovação somente existe se há contrato escrito – art. 51, I, da Lei 8.245/1991.

Gabarito 1E

9. Direito Administrativo

Wander Garcia

1. Regime Jurídico Administrativo e Princípios do Direito Administrativo

(Defensor Público/ES – 2012 – CESPE) Julgue os itens a seguir, referentes aos princípios do direito administrativo.

(1) A nomeação de cônjuge da autoridade nomeante para o exercício de cargo em comissão não afronta os princípios constitucionais.

(2) Como o direito administrativo disciplina, além da atividade do Poder Executivo, as atividades administrativas do Poder Judiciário e do Poder Legislativo, os princípios que regem a administração pública, previstos na CF, aplicam-se aos três poderes da República.

(3) De acordo com o princípio da publicidade, a administração deve divulgar informações de interesse público, sendo o sigilo dos atos administrativos admitido apenas excepcionalmente e se imprescindível a segurança da sociedade e do Estado.

1: incorreta, pois ofende a Súmula Vinculante n. 13 do STF, que veda o nepotismo; **2:** correta, nos termos do caput do art. 37 da CF, que é claro no sentido de que os princípios administrativos obrigam à administração pública "de qualquer dos Poderes"; **3:** correta (art. 5.º, XXXIII, da CF).

Gabarito 1E, 2C, 3C

(Defensor Público/PR – 2012 – FCC) Sobre os princípios orientadores da administração pública é INCORRETO afirmar:

(A) A administração pública não pode criar obrigações ou reconhecer direitos que não estejam determinados ou autorizados em lei.

(B) A conduta administrativa com motivação estranha ao interesse público caracteriza desvio de finalidade ou desvio de poder.

(C) A oportunidade e a conveniência são delimitadas por razoabilidade e proporcionalidade tanto na discricionariedade quanto na atividade vinculada da administração pública.

(D) Além de requisito de eficácia dos atos administrativos, a publicidade propicia o controle da administração pública pelos administrados.

(E) O princípio da eficiência tem sede constitucional e se reporta ao desempenho da administração pública.

A: assertiva correta, em função do princípio da legalidade; **B:** assertiva correta, pois todo ato administrativo deve atender à finalidade última da Administração, que é o alcance do interesse público, o que faz com que um ato que tenha motivação estranha ao interesse público se ressinta de desvio de finalidade, também chamado de desvio de poder; **C:** assertiva incorreta, devendo a alternativa ser assinalada; a oportunidade e a conveniência, assim como a razoabilidade e a proporcionalidade dizem respeito apenas aos atos discricionários, já que os atos vinculados são aqueles em que a lei confere ao Administrador apenas uma opção de agir, não havendo como se falar em oportunidade, conveniência, razoabilidade e proporcionalidade, mas apenas podendo falar que o ato está ou não de acordo com o que a lei determina de forma clara e objetiva; **D:** assertiva correta; de fato, a publicidade é requisito de eficácia do ato administrativo (e não de existência ou de validade); ademais, também é correto dizer que a publicidade propicia o controle da administração pública pelos administrados, já que estes não conseguirão saber se os administradores vem ou não cumprindo o que determina a lei se os atos administrativos não forem devidamente divulgados; **E:** assertiva correta, pois esse princípio está inserto no art. 37, caput, da CF; ademais, eles diz respeito, sim, ao desempenho da Administração (e dos administradores, por óbvio), impondo que esta atenda satisfatoriamente aos interesses dos administrados, expressos na lei.

Gabarito "C"

(Defensor Público/SP – 2012 – FCC) Com relação aos princípios constitucionais da Administração Pública, está em conformidade com a

(A) moralidade o ato administrativo praticado por agente público em favorecimento próprio, desde que revestido de legalidade.

(B) eficiência a prestação de serviço público que satisfaça em parte às necessidades dos administrados, desde que realizados com rapidez e prontidão.

(C) publicidade o sigilo imprescindível à segurança da sociedade e do Estado ou o indispensável à defesa da intimidade.

(D) impessoalidade a violação da ordem cronológica dos precatórios para o pagamento dos créditos de natureza comum.

(E) legalidade a inobservância a quaisquer atos normativos que não sejam lei em sentido estrito e provindos de autoridades administrativas.

A: incorreta, pois o favorecimento próprio fere a moralidade administrativa; **B:** incorreta, pois o serviço deve ser eficiente para todos e não só para parte dos administrados, sob pena de violação ao princípio da igualdade; **C:** correta (art. 5.º, LX, da CF); **D:** incorreta, pois uma das facetas da impessoalidade é justamente o tratamento igualitário a todos, sendo que a violação à ordem cronológica dos precatórios para créditos de natureza comum quebra essa isonomia; **E:** incorreta, pois o princípio da legalidade impõe obediência não só à lei, como também às normas administrativas.

Gabarito "C"

(Defensor Público/TO – 2013 – CESPE) Em relação aos princípios do direito administrativo, assinale a opção correta.

(A) A personalização do direito administrativo é consequência da aplicação do princípio democrático e dos direitos fundamentais em todas as atividades da administração pública.
(B) Não se qualifica a violação aos princípios da administração pública como modalidade autônoma de ato que enseja improbidade administrativa.
(C) O princípio da impessoalidade limita-se ao dever de isonomia da administração pública.
(D) A disponibilização de informações de interesse coletivo pela administração pública constitui obrigação constitucional a ser observada até mesmo nos casos em que as informações envolvam a intimidade das pessoas.
(E) O princípio da eficiência administrativa funda-se na subordinação da atividade administrativa à racionalidade econômica.

A: correta; de fato, o respeito ao princípio democrático e aos direitos fundamentais propiciam uma maior personalização do direito administrativo, antes mais focado nas prerrogativas de império da Administração; **B:** incorreta, pois há três modalidades de improbidade, a de enriquecimento ilícito do agente (art. 9.º da Lei 8.429/1992), a de prejuízo ao erário (art. 10 da Lei 8.429/1992) e a de violação a princípios da administração (art. 11 da Lei 8.429/1992); **C:** incorreta, pois esse princípio tem três facetas, quais sejam, impõe a isonomia, a imputação dos atos dos agentes à Administração e o respeito à finalidade administrativa; **D:** incorreta, pois, o art. 5.º, LX, dispõe que a lei pode restringir a publicidade dos atos processuais quando a defesa da intimidade ou o interesse social o exigirem; **E:** incorreta, pois a eficiência não significa racionalização econômica, com busca incessante de redução de custos e otimização de recursos, muito ligado ao princípio da economicidade, que também tem guarida nos princípios administrativos (art. 70 da CF); o princípio da eficiência mitiga um pouco o princípio da economicidade no ponto em que exige que haja um mínimo de qualidade e de efetividade na atuação estatal, o que, muitas vezes, impõe um maior investimento público.

Gabarito "A"

(Defensor Público/TO – 2013 – CESPE) Acerca do controle da administração pública, assinale a opção correta.

(A) Por ter sido adotado na CF o princípio da inafastabilidade da jurisdição, o mérito do ato administrativo pode ser controlado pelo Poder Judiciário em qualquer circunstância.
(B) O controle interno é exercido apenas no âmbito do Poder Executivo.
(C) Dado o princípio da separação de poderes, é vedado ao Congresso Nacional fiscalizar e controlar os atos do Poder Executivo, incluídos os da administração indireta.
(D) O direito de petição aos poderes públicos em defesa de direitos ou contra ilegalidade ou abuso de poder é espécie de controle judicial.
(E) O controle judicial da administração pública, no Brasil, é realizado com base no sistema da unidade de jurisdição.

A: incorreta, pois o mérito administrativo (a margem de liberdade concedida à Administração) deve ser respeitada pelo Judiciário, sob pena de indevida interferência entre os Poderes; em relação aos atos em que há mérito administrativo, o Judiciário só pode controlar aspectos de legalidade em sentido amplo, o que inclui a legalidade em sentido estrito, a moralidade e a razoabilidade; **B:** incorreta, pois o controle interno deve se dar na Administração Pública dos três poderes (art. 70, *caput*, da CF); **C:** incorreta, pois esse controle existe e é uma das principais funções do Legislativo (art. 71 da CF); **D:** incorreta, pois esse direito se exerce diretamente junto à Administração Pública, podendo resultar ou não em posterior ação judicial; pode ser que o pleito formulado pelo direito de petição seja atendido diretamente pela Administração, sem necessidade de buscar o Judiciário; ou pode ser que o pleito administrativo não tenha resultado e o particular não queira buscar a apreciação jurisdicional; em suma, não é necessária a presença do Judiciário para o exercício do direito de petição; **E:** correta, pois no Brasil o Judiciário tem o monopólio da jurisdição, diferentemente do que ocorre na França, por exemplo, em que há dualidade de jurisdição, que é exercida pelo Judiciário, quanto às causas em geral, e pelo Conselho de Estado, quanto às causas de interesse do Poder Público.

Gabarito "E"

(Defensor Público/RS – 2011 – FCC) Na relação dos princípios expressos no artigo 37, *caput*, da Constituição da República Federativa do Brasil, NÃO consta o princípio da

(A) moralidade.
(B) eficiência.
(C) probidade.
(D) legalidade.
(E) impessoalidade.

Art. 37, *caput*, da CF. No lugar de "probidade" deveria estar "publicidade".

Gabarito "C"

1770

(Defensor Público/AM – 2010 – I. Cidades) Afirma-se, a respeito do princípio da eficiência da Administração Pública, que ele foi inserido na atual Constituição Federal com o intuito de:

(A) estabelecer um modelo gerencial de Administração
(B) fazer prevalecer o modelo burocrático de Administração
(C) valorizar a organização hierárquica.
(D) fazer prevalecer a valorização da rigidez da forma.
(E) restringir a participação popular de gestão.

A: correta, pois a administração gerencial tem por objeto fazer um controle de *resultados*, ou seja, está preocupada com a eficácia, que advém da eficiência; por outro lado, a administração burocrática está preocupada com um controle de *meios*, administração essa que não está de acordo com o princípio da eficiência; **B:** incorreta, conforme comentário à alternativa anterior; **C:** incorreta, pois o modelo meramente hierárquico não está de acordo com as novas técnicas de gestão de pessoas e de processos, de modo que é incompatível com a busca da eficiência; **D:** incorreta, pois a preocupação com a forma é típica da administração burocrática, que está preocupada com o controle de meios; **E:** incorreta, pois a eficiência não é incompatível, mas coerente com a participação popular na gestão.

Gabarito "A"

(Defensor Público/AM – 2010 – I. Cidades) No campo do Direito Administrativo, a relação jurídico-administrativa:

(A) É regida pelo princípio do *pacta sunt servanda*, não havendo casos em que a Administração Pública pode modificar, unilateralmente, um contrato previamente assinado entre as partes.
(B) Submete a Administração Pública à vontade exclusiva dos governantes, pois cabe a estes apontar os rumos que a Administração Pública deve seguir.
(C) Deve sempre estar vinculada à finalidade pública, à vontade do administrador e à vontade das pessoas públicas.
(D) Implica em uma predominância da propriedade pública sobre a propriedade privada, ainda que a propriedade privada esteja a serviço de um interesse público.
(E) Implica em atuação de ofício na consecução e proteção dos interesses públicos contidos na esfera de competências atribuídas pela lei ao administrador.

A: incorreta, pois no Direito Administrativo incide o princípio da supremacia do interesse público sobre o privado, o qual permite que a Administração modifique, unilateralmente, contratos administrativos (art. 58, I, da Lei 8.666/1993); **B:** incorreta, pois cabe à LEI apontar os rumos que a Administração deve seguir; **C:** incorreta, pois a Administração está vinculada à vontade da LEI; **D:** incorreta, pois a propriedade privada que estiver a serviço de um interesse público tem uma proteção jurídica diferenciada; **E:** correta, pois a afirmativa deixa claro que a lei é quem dita as competências, bem como que a Administração deve atuar de ofício no cumprimento da LEI.

Gabarito "E"

(Defensor Público/GO – 2010 – I. Cidades) Tendo como meta a implantação dos princípios da moralidade e da eficiência, impositivos a toda a Administração Pública por força de norma constitucional, o legislador da reforma administrativa implantada pela EC 19/1998 restringiu a discricionariedade no provimento dos cargos em comissão, impondo condições, entre as quais

(A) não ser o pretenso ocupante detentor de cargo efetivo.
(B) ser tal cargo criado para o exercício de funções de direção, assessoramento ou chefia após audiência pública.
(C) a exigência de percentual mínimo definido em lei para provimento por servidores de carreira.
(D) ser o provimento do cargo dependente de aprovação do interessado em seleção simplificada.
(E) ser tal cargo incluído na categoria dos extintos, quando vagar.

A: incorreta, pois é justamente o contrário; a lei deverá dispor acerca da necessidade de nomear para cargos em comissão um percentual mínimo de ocupantes de cargo efetivo, também chamados de servidores de carreira (art. 37, V, da CF); **B:** incorreta, pois a criação do cargo em comissão depende de lei, mas não depende de prévia audiência pública (art. 37, V, da CF); **C:** correta (art. 37, V, da CF); **D:** incorreta, pois não há concurso ou seleção simplificada (art. 37, II e V, da CF); **E:** incorreta, pois não há essa disposição na CF.

Gabarito "C"

(Defensor Público/GO – 2010 – I. Cidades) Os princípios da prevenção e da precaução

(A) derivam do princípio da moralidade administrativa e da legalidade.
(B) são implicações do dever de ótima administração, sendo que o primeiro implica o dever de evitar um evento o qual se espera que aconteça, de forma desproporcional.
(C) derivam do princípio da eficiência administrativa.
(D) podem ser utilizados em respeito à legalidade administrativa, da qual derivam.
(E) são ambos legitimados somente pelo princípio da legalidade.

Os princípios da prevenção e da precaução, próprios do Direito Ambiental, dispõem que cabe à coletividade e ao poder público a tomada de medidas prévias para garantir o meio ambiente ecologicamente equilibrado para as presentes e futuras gerações. A doutrina faz uma distinção entre o princípio da prevenção e o princípio da precaução. O primeiro incide naquelas hipóteses em que se tem certeza de que dada conduta causará um dano ambiental. O princípio da prevenção atuará de forma a evitar que o dano seja causado, impondo licenciamentos, estudos de impacto ambiental, reformulações de projeto, sanções administrativas etc. A ideia aqui é eliminar os perigos já comprovados. Já o segundo incide naquelas hipóteses de incerteza científica sobre se dada conduta pode ou não causar um dano ao meio ambiente. O princípio da precaução atuará no sentido de que, na dúvida, deve-se ficar com o meio ambiente, tomando as medidas adequadas para que o suposto dano de fato não ocorra. A ideia aqui é eliminar que o próprio perigo possa se concretizar. Repare que tais conceitos em nada guardam relação com as alternativas "A", "B", "D" e "E". A alternativa "C" tem alguma pertinência, pois a ideia de eficiência está muito ligada à atitude preventiva, já que, aquele que é eficiente, não só corrige problemas, como também evita que eles aconteçam.

Gabarito "C"

(Defensor Público/GO – 2010 – I. Cidades) O princípio da proporcionalidade administrativa

(A) é um princípio do direito administrativo, que vem do Direito Constitucional alemão, em forma trifásica: intensidade, adequação e necessidade.
(B) é um princípio do direito administrativo, que tem um como fator principal a sua correlação com a necessidade administrativa.
(C) implica que, verificada a intensidade correta na atuação administrativa para a consecução do interesse público em causa, pode-se passar para a segunda fase.
(D) é um princípio que deriva do princípio do Estado de Direito.
(E) é um princípio que deriva do princípio da legalidade administrativa.

A e **B**: incorretas, pois o princípio da proporcionalidade decorre de três pilares: a) adequação (eficácia do meio escolhido); b) necessidade (uso do meio menos restritivo); c) proporcionalidade em sentido estrito (ponderação entre os benefícios alcançados com o ato e os danos por ele causados); assim, a "intensidade" não guarda relação com o princípio, nem se pode dizer que a "necessidade administrativa" é o fato principal do princípio; **C**: incorreta, pois a ordem correta de aplicação do princípio é a seguinte: primeiro analisa-se, de fato, se há colisão de direitos fundamentais; depois descreve-se o conflito identificando os pontos relevantes do caso e, por fim, faz-se o exame, sucessivo, da adequação, da necessidade e da proporcionalidade em sentido estrito; **D**: correta, pois é pacífico na doutrina essa ideia; **E**: incorreta, pois esse princípio tem origem autônoma do princípio da legalidade, decorrente da necessidade de se fazer a ponderação entre os princípios.

Gabarito "D"

(Defensoria Pública/SP – 2010 – FCC) A capacidade da Administração Pública de poder sanar os seus atos irregulares ou de reexaminá-los à luz da conveniência e oportunidade, reconhecida nas Súmulas 346 e 473 do Supremo Tribunal Federal, está em consonância direta com o princípio da

(A) indisponibilidade do interesse público.
(B) segurança jurídica.
(C) autotutela.
(D) moralidade.
(E) autoexecutoriedade.

Pelo princípio da autotutela a Administração tem a possibilidade de manter ou não seus atos, sem que precise buscar a prestação jurisdicional. Assim, o princípio permite que a Administração anule ou revogue seus atos, e também os convalide, quando a invalidade for sanável.

Gabarito "C"

(Defensor Público/MS – 2008 – VUNESP) De acordo com o entendimento pacífico da doutrina, há um princípio que não tem substância, é considerado um princípio adjetivo (instrumental), que destoa dos demais por ser um princípio-meio e não um princípio-fim. O princípio-meio mencionado é o da

(A) eficiência.
(B) finalidade.
(C) publicidade.
(D) moralidade.

Trata-se do princípio da publicidade, pois ele é o meio pelo qual cada um de nós verificamos se os demais princípios vêm sendo cumpridos pela Administração.

Gabarito "C"

(Defensoria/MT – 2007) O conceito de bom administrador está intimamente ligado ao princípio da

(A) finalidade.
(B) continuidade.
(C) autotutela.
(D) moralidade.
(E) igualdade.

De fato, a ideia de bom administrador tem a ver com respeito à ética administrativa e, portanto, ao princípio da moralidade.

Gabarito "D"

(Defensoria/SP – 2007 – FCC) Princípios do Direito Administrativo. Assinale a correta.

(A) O princípio da moralidade só pode ser aferido pelos critérios pessoais do administrador.
(B) São princípios explícitos da Administração Pública, entre outros, os da legalidade, impessoalidade, moralidade, publicidade e eficiência.
(C) O princípio da razoabilidade ou proporcionalidade não é princípio consagrado sequer implicitamente.
(D) O princípio da publicidade obriga a presença do nome do administrador nos atos, obras, serviços e campanhas do Poder Público. 1771
(E) O princípio da motivação não exige a indicação dos pressupostos de fato e de direito que determinarem a decisão administrativa.

A: está incorreta, pois o princípio da moralidade impõe respeito à ética administrativa, que é objetiva, vez que tirada do interior da administração, e não subjetiva, pois não é tirada a partir de critérios pessoais do administrador; **B:** está correta, pois há princípios expressos no art. 37, *caput*, da CF, e também no art. 2º da Lei 9.784/1999; **C:** está incorreta, pois o princípio está expresso no art. 2º da Lei 9.784/1999; **D:** incorreta, pois é exatamente o contrário (art. 37, § 1º, da CF); **E:** está incorreta (art. 2º, parágrafo único, VII, da Lei 9.784/1999).

Gabarito "B"

(Defensoria/RN – 2006) A proibição de referência à marca pessoal do ocupante da chefia do executivo é reflexo direto do princípio da

(A) impessoalidade.
(B) legalidade.
(C) publicidade.
(E) moralidade.

Essa proibição, prevista no art. 37, § 1º, da CF, tem a ver com um dos comandos do princípio da impessoalidade, no caso, o dever de o agente público ser neutro, ou seja, não fazer autopromoção à custa dos recursos públicos.

Gabarito "A"

(Defensoria/MG – 2006) Os princípios que regem a Administração Pública estão descritos na Constituição da Republica Federal de 1988, art. 37. Quanto a esses princípios, é CORRETO afirmar que

(A) O princípio da eficiência implica que a atividade da Administração Pública se pautará pela isonomia, tendo cada cidadão o direito subjetivo de ser beneficiado particularmente.
(B) O princípio da impessoalidade terá duplo sentido: afasta o rosto do administrador e as influências dos administrados particularmente considerados.
(C) O princípio da legalidade induz que a Administração Pública tem o dever de demonstrar a conformidade dos seus atos com os dispositivos legais.
(D) O princípio da moralidade não poderá ser apreciado pelo Judiciário porque corresponderá ao mérito do ato administrativo.

(E) O princípio da publicidade vincula-se à existência do ato administrativo, mas não retira a sua validade.

A: está incorreta, pois o princípio da eficiência não tem relação com o da isonomia; além disso, há uma contradição na própria afirmativa, que invoca a isonomia e, ao mesmo tempo, diz que cada cidadão tem direito de ser beneficiado particularmente; **B:** está correta; de fato, o princípio tem mais de um comando; ele determina a neutralidade do agente público ("afasta o rosto do administrador"), que não pode, por ex., fazer promoção pessoal em publicidade oficial; e determina também respeito à isonomia ("afasta as influências dos administrados particularmente considerados"); **C:** está incorreta, pois apesar de ter de motivar seus atos, a Administração não tem o dever de demonstrar a conformidade de seus atos com a lei; aliás, os atos administrativos já carregam a presunção de legalidade; **D:** está incorreta; aliás, cabe até ação popular fundada na lesão ao princípio da moralidade (art. 5º, LXXIII, da CF); **E:** está incorreta, pois o princípio da publicidade vincula-se à eficácia do ato administrativo, e não à existência e à validade.
Gabarito "B"

(Defensoria Pública da União – 2004 – CESPE) Julgue o seguinte item.

(1) Segundo já se firmou na jurisprudência, a informação de atos públicos por meio de programas oficiais de larga divulgação, tais como o radiofônico A Voz do Brasil, atende ao princípio constitucional da publicidade.

1: incorreta, pois não há jurisprudência nesse sentido; o princípio da publicidade é cumprido mediante publicidade em diário oficial e jornais de grande circulação, bem como mediante intimações e notificações pessoais ou por correspondência do interessado.
Gabarito 1E

(Defensoria Pública da União – 2004 – CESPE) Julgue o seguinte item.

(1) Por força do que preceitua a Constituição da República, a doutrina e a jurisprudência consideram que a aplicabilidade do princípio da igualdade se restringe aos brasileiros residentes no país, ou seja, a pessoas naturais.

1: incorreta, pois o *caput* do art. 5º da CF também garante os direitos do art. 5º aos estrangeiros residentes do país; além disso, a jurisprudência entende que pessoas jurídicas também são protegidas pelos dispositivos do art. 5º, da CF, no que couber.
Gabarito 1E

(Defensoria Pública da União – 2002 – CESPE) Julgue o seguinte item.

(1) O atributo da autoexecutoriedade do ato administrativo decorre do princípio da supremacia do interesse público, típico do regime jurídico-administrativo.

1: correta, pois, para que o princípio da supremacia do interesse público sobre o interesse privado possa se efetivar, é necessário que os atos administrativos sejam dotados de certas prerrogativas, que, no caso, levam o nome de *atributos* (presunção de legitimidade, imperatividade, exigibilidade, autoexecutoriedade e tipicidade).
Gabarito 1C

2. Poderes da Administração Pública

2.1. Poder vinculado e discricionário

(Defensoria/SP – 2007 – FCC) Atos administrativos vinculados e discricionários. Assinale a correta.

(A) A discricionariedade é a liberdade de agir da Administração, podendo ingressar na esfera da arbitrariedade, havendo interesse público.
(B) No exercício do poder disciplinar, a Administração pode agir discricionariamente, quer para apurar a infração, quer para aplicar as penalidades.
(C) Ocorrerá vício em relação ao objeto quando for inocorrente o motivo em que se apoiou o ato administrativo.
(D) Atendidos os pressupostos próprios para a prática do ato vinculado, a Administração não dispõe de liberdade de não praticá-lo, salvo no que se refere ao critério de conveniência.
(E) No exercício do poder disciplinar, a Administração não tem liberdade de escolha, de modo que, tendo conhecimento da falta, deve instaurar o procedimento adequado.

A: incorreta, pois não é possível agir com arbitrariedade; o que a discricionariedade confere é apenas uma margem de liberdade; **B:** incorreta, pois a lei disciplinar vai estabelecer os casos em que a punição pode ser aplicada e as sanções cabíveis, podendo decorrer daí competências discricionárias ou vinculadas; **C:** incorreta, pois objeto é o que o ato dispõe, enuncia, não se confundindo com motivo, que é pressuposto de fato que autoriza a prática do ato; **D:** incorreta, pois, se o ato é vinculado, não se pode falar em conveniência; **E:** correta, pois vige o princípio da obrigatoriedade de atuação.
Gabarito "E"

2.2. Poder hierárquico

(Defensor Público/BA – 2010 – CESPE) Acerca dos poderes administrativos, julgue o seguinte item.

(1) Em decorrência do poder hierárquico, é permitida a avocação temporária de competência atribuída a órgão hierarquicamente inferior, devendo-se, entretanto, adotar essa prática em caráter excepcional e por motivos relevantes devidamente justificados.

1: correta (art. 15 da Lei 9.784/1999).
Gabarito 1C

(Defensor Público/AL – 2009 – CESPE) Julgue o item abaixo, relativo aos poderes da administração.

(1) A relação hierárquica constitui elemento essencial na organização administrativa, razão pela qual deve estar presente em toda a atividade desenvolvida no âmbito da administração pública.

1: errada, pois há atividades desempenhadas pela Administração que não pressupõe a hierarquia, como é a atividade dos conselhos (Conselho do Meio Ambiente, Conselho da Criança e do Adolescente etc.).
Gabarito 1E

(Defensoria/RN – 2006) A possibilidade de chamar a si, atribuições originalmente conferidas a subordinados, sempre que houver relevante razão, está contida no poder

(A) disciplinar.
(B) regulamentar.
(C) hierárquico.
(D) discricionário.

De fato, decorre do poder hierárquico a possibilidade de avocar competência de órgão hierarquicamente inferior (art. 15 da Lei 9.784/1999).
Gabarito "C"

2.3. Poder disciplinar

(Defensor Público/RO – 2007) Determinado contratado que está construindo um imóvel público em área urbana, e que vem a atrasar sucessivamente etapas da obra, é multado pela Administração Pública municipal pelo efetivo descumprimento do contrato. Esta atuação administrativa corresponde ao exercício do seguinte poder:

(A) normativo
(B) ordinatório
(C) disciplinar
(D) hierárquico
(E) regulamentar

Trata-se do poder disciplinar. Há quem pense que o poder disciplinar se dirige apenas sobre os servidores públicos. Porém, o conceito doutrinário de poder disciplinar engloba não só a atividade disciplinar dos agentes públicos, como também a que se dirige a outras pessoas que mantêm relação jurídica com a Administração. Confira esse conceito de Hely Lopes Meirelles: "é a faculdade de punir internamente as infrações funcionais dos servidores e *demais pessoas* sujeitas à disciplina dos órgãos e serviços da Administração".
Gabarito "C"

(Defensor Público/BA – 2006) Analise os itens abaixo acerca dos poderes administrativos e escolha a alternativa correta a ser preenchida, adotando (V) para verdadeiro e (F) para falso:

( ) No uso do poder disciplinar não há discricionariedade alguma, na medida em que a legislação funcional prevê regras com a mesma rigidez que a criminal.
( ) As sanções penais, civis e administrativas poderão cumular-se, sendo independentes entre si, razão pela qual, ainda que absolvido criminalmente por estar provada a inexistência do fato ou da sua autoria, o servidor responderá administrativamente.

( ) Dentre os meios de atuação do poder de polícia têm-se atos normativos e atos concretos, bem como atos ou medidas de polícia administrativa preventivos e repressivos.

( ) Como decorrentes da hierarquia, têm-se diversos poderes como o de dar ordens, aplicar sanções, delegar e avocar.

(A) V V F F
(B) V F F V
(C) F F V V
(D) F V V F
(E) V V F F.

I: falsa, pois os tipos disciplinares admitem cláusulas mais abertas (ex: "em caso de *falta grave*, caberá demissão"), ao passo que os tipos criminais devem ter mais densidade, dada a gravidade das sanções penais; **II:** falsa, pois, apesar da independência entre as instâncias, nos casos mencionados (negativa do fato ou da autoria), a instância criminal se comunica para a administrativa; **III:** verdadeira, pois está de acordo com o conceito doutrinário de poder de polícia, pelo qual este é *a atividade de condicionar, por meio de atos normativos ou concretos, a liberdade e a propriedade das pessoas, mediante ação ora preventiva, ora repressiva*; **IV:** verdadeira, pois está de acordo com o conceito doutrinário do poder hierárquico.

Gabarito "C"

2.4. Poder regulamentar

(Defensoria/MA – 2009 – FCC) Dentre os chamados Poderes da Administração, aquele que pode ser qualificado como autônomo e originário em determinadas situações previstas na Constituição Federal é o poder

(A) hierárquico, que permite à autoridade superior a possibilidade de punição disciplinar independentemente de expressa previsão legal.
(B) disciplinar, na medida que permite a imposição de sanções não previstas em lei.
(C) regulamentar, que permite o exercício da função normativa do Poder Executivo com fundamento direto na Constituição Federal.
(D) discricionário, que permite à Administração Pública atuar sem expressa vinculação à lei, nos casos em que inexista disciplina normativa para o assunto.
(E) de polícia, que permite à Administração Pública a prática de atos administrativos, preventivos e repressivos, para a disciplina de situações não previstas pela legislação.

O único poder que pode ser autônomo e originário, em determinadas situações, é o poder regulamentar, nos termos do art. 84, VI, da CF. Os demais poderes só podem atuar sob o jugo da lei.

Gabarito "C"

(Defensoria/PI – 2009 – CESPE) Em razão da impossibilidade de que as leis prevejam todas as contingências que possam surgir na sua execução, em especial nas diversas situações que a administração encontrar para cumprir as suas tarefas e optar pela melhor solução, é necessária a utilização do poder administrativo denominado poder

(A) hierárquico.
(B) de polícia.
(C) vinculado.
(D) regulamentar.
(E) disciplinar.

A lei nem sempre entra nos detalhes de como, na prática, será aplicada pelos agentes públicos. Para explicar a lei e traçar o modo como ela será executada no plano concreto, a Administração se vale do *poder regulamentar*.

Gabarito "D"

(Defensoria Pública da União – 2004 – CESPE) Julgue o seguinte item.

(1) O poder regulamentar possui, ao lado de seu fundamento jurídico, um fundamento político, consistente na conveniência e oportunidade que se reconhece ao Poder Executivo para orientar a Administração Pública em relação a pormenores inerentes à execução da lei.

1: correta, pois a finalidade do poder regulamentar é justamente a de explicar a lei, para a sua correta aplicação.

Gabarito 1C

2.5. Poder de polícia

(Defensor Público/BA – 2010 – CESPE) Acerca dos poderes administrativos, julgue o seguinte item.

(1) As medidas de polícia administrativa são frequentemente autoexecutórias, podendo a administração pôr suas decisões em execução por si mesma, sem precisar recorrer previamente ao Poder Judiciário.

1: correta, pois, na maior parte das vezes, as medidas de polícia têm essa característica; todavia, é bom lembrar que a autoexecutoriedade dos atos administrativos depende, para ser exercida, de dispositivo em lei permitindo tal atividade.

Gabarito 1C

(Defensoria Pública/SP – 2010 – FCC) A restrição de acesso a local de repartição pública, onde se realiza atendimento ao público, de determinada pessoa que rotineiramente ali comparece, causando tumultos aos trabalhos desenvolvidos, é

(A) admissível, com base no poder de polícia exercido em prol da coletividade.
(B) arbitrária, uma vez que coíbe direito individual constitucional de liberdade de locomoção.
(C) legal, por força do poder regulamentar conferido à Administração Pública.
(D) irregular, pois extrapola o uso do poder normativo da Administração Pública.
(E) normal, se o servidor responsável pelo serviço público possuir autonomia funcional.

A liberdade das pessoas deve ser condicionada e restringida quando for exercida de modo a prejudicar o interesse da coletividade. Esse poder do Estado de atuar nessa contenção, estabelecendo obrigações de não fazer ao particular, tem o nome de poder de polícia.

Gabarito "A"

(Defensoria/RN – 2006) Sobre o poder de polícia é incorreto afirmar que

(A) visa regular abusos do direito individual sobre bens, pessoas, direitos e atividades. 1773
(B) tem como atributos a coercibilidade, a autoexecutoriedade e a discricionariedade.
(C) a imposição de multa e a necessidade de alvará de funcionamento expressam o poder de polícia.
(D) estende-se a qualquer administrado cuja atividade se oponha ao interesse público.

O poder de polícia atua sobre a liberdade e a propriedade das pessoas, e não sobre as pessoas em si.

Gabarito "A"

(Defensoria Pública da União – 2004 – CESPE) Julgue o seguinte item.

(1) O objeto do poder de polícia é, em princípio, a liberdade e a propriedade dos cidadãos, mas o exercício daquele poder não implica a supressão total desses direitos.

1: correta, pois o poder de polícia consiste na atividade da Administração de condicionar justamente a liberdade e a propriedade das pessoas às exigências do interesse público; porém, as limitações administrativas (*poder de polícia em sentido amplo*) a serem obedecidas pelas pessoas não podem suprimir totalmente direitos fundamentais da pessoa, como são a liberdade e a propriedade, devendo tão somente delimitar o tamanho desses direitos, o que se faz por meio de leis, com a consequente fiscalização para verificar se as pessoas estão atendendo aos limites legais, fiscalização essa a que se dá o nome de *polícia administrativa* ou *poder de polícia em sentido estrito*.

Gabarito 1C

2.6. Poderes administrativos combinados

(Defensoria/MT – 2007) Tem-se que o poder regulamentar e o poder de polícia são duas das mais importantes atribuições da Administração Pública. Sobre o tema, assinale a afirmativa correta.

(A) Certos agentes públicos têm competência para editar atos normativos, chamados regulamentos, compatíveis com a lei e visando completar as lacunas desta.

(B) Dois são os limites à atribuição regulamentar: legais e constitucionais.

(C) Pelo fato de não ser tido como lei em sentido material, o regulamento não está sujeito à revogação.

(D) Devido ao poder de polícia, a Administração Pública pode inobservar os direitos assegurados aos administrados pelo ordenamento positivo.

(E) O ato de polícia é ato administrativo e, como tal, pode ser vinculado ou discricionário.

A: incorreta, pois os atos normativos são o gênero, dos quais os regulamentos são espécies; ademais, o regulamento não visa suprir lacunas da lei, mas sim possibilitar sua fiel execução (art. 84, IV, da CF); **B:** incorreta, pois há limites lógicos também, vez que há leis que não têm campo que permitem sua regulamentação, por já terem eficácia plena; **C:** incorreta. O regulamento pode ser revogado, por envolver normalmente exercício de competência discricionária; **D:** incorreta, pois o poder de polícia deve ser exercido segundo os limites legais e constitucionais; **E:** correta, pois, de fato, o ato de polícia pode ser vinculado ou discricionário, de acordo com a lei que estabelecer a competência para o exercício do poder de polícia.

Gabarito "E"

(Defensoria/SE – 2006 – CESPE) No que se refere aos poderes da administração, julgue os itens subsequentes.

(1) O poder regulamentar do presidente da República, conforme texto atual da Constituição Federal, não autoriza a extinção de cargos públicos, matéria esta afeta ao princípio da legalidade.

(2) O poder de polícia da administração, conforme entendimento do STF, pode ser delegado a particulares.

1: errada (art. 84, VI, *b*, da CF); **2:** errada, pois o poder de polícia não pode ser delegado para entidade privada (STF, ADI 1.717/DF, DJ 29/03/03); é possível que o particular receba (por contrato de prestação de serviço ou por credenciamento) a incumbência de colaborar com atividades materiais, tanto preparatórios (ex.: instalação de radares de velocidade em ruas) quanto sucessivos (ex.: demolição de obra após decisão de órgão público estadual) ao agir da administração pública.

Gabarito 1E, 2E

3. Atos Administrativos

3.1. Conceito, perfeição, validade e eficácia

(Defensor Público/SP – 2012 – FCC) O ato administrativo que se encontra sujeito a termo inicial e parcialmente ajustado à ordem jurídica, após ter esgotado o seu ciclo de formação, é considerado

(A) perfeito, válido e eficaz.

(B) perfeito, inválido e ineficaz.

(C) imperfeito, inválido e eficaz.

(D) perfeito, válido e ineficaz.

(E) imperfeito, inválido e ineficaz.

A: incorreta, pois, estando sujeito a termo inicial, não é eficaz enquanto não implementado o termo; ademais, o ato não é válido, pois não cumpre integralmente a ordem jurídica; **B:** correta, pois o ato é perfeito (esgotou seu ciclo de formação), invalido (parcialmente ajustado à ordem jurídica, portanto com desrespeito, ainda que parcial, à lei) e ineficaz (encontra-se sujeito a termo inicial); **C:** incorreta, pois o ato em tela é perfeito e ineficaz, como se viu; **D:** incorreta, pois o ato em tela é inválido; **E:** incorreta, pois o ato em tela é perfeito.

Gabarito "B"

(Defensor Público/SE – 2012 – CESPE) A respeito dos atos administrativos, assinale a opção correta.

(A) O objeto, elemento teleológico do ato administrativo, representa o fim mediato do ato praticado.

(B) Para a teoria dualista, segundo a qual os atos administrativos podem ser nulos e válidos, se existir o vício de legalidade no ato, ainda assim este produzirá todos os efeitos que emanem de um ato nulo.

(C) O contrato administrativo é exemplo de ato administrativo unilateral, pois somente há necessidade de manifestação de vontade do particular (contratado) para sua formação.

(D) O conceito de fato administrativo está contido no de fato jurídico.

(E) O ato administrativo integrativo de procedimento administrativo concluído é exemplo de ato insuscetível de revogação pela administração pública.

A: incorreta, pois a finalidade é que é o elemento teleológico do ato administrativo; **B:** incorreta, pois, para essa teoria, ou o ato é válido ou o ato é nulo, não havendo meio termo (ato anulável); assim, um ato ilegal está condenando a ser invalidado, não podendo, assim, produzir efeitos, vez que a nulidade é sanção que se aplica de pleno direito, ou seja, no momento da formação do ato; **C:** incorreta, pois o contrato administrativo é ato bilateral; **D:** incorreta, pois os fatos administrativos são atos materiais praticados pela Administração (ex: a pavimentação de uma rua feita por um agente público) e os fatos jurídicos podem ser tanto qualquer acontecimento que produz efeito jurídico (fato jurídico em sentido amplo), como acontecimentos não humanos que produzam efeitos jurídicos); no segundo caso, o fato administrativo não está contido em seu interior, pois o fato administrativo necessariamente tem uma conduta humana, ainda que meramente material; **E:** correta, pois, no caso, tem-se um ato complexo (praticado por mais de um órgão), ato esse que, segundo a doutrina, não é passível de revogação.

Gabarito "E"

(Defensor Público/RO – 2012 – CESPE) De acordo com os ensinamentos de direito administrativo, assinale a opção correta.

(A) São exemplos de atos de gestão a desapropriação de um bem privado, a interdição de um estabelecimento comercial e a apreensão de mercadorias.

(B) A assinatura de uma nota promissória e a oferta de ações de uma sociedade anônima são exemplos de atos jurídicos multilaterais.

(C) Os atos administrativos unilaterais, também chamados de atos de autoridade, são fundamentados no princípio da supremacia do interesse público, e sua prática configura manifestação do denominado poder extroverso.

(D) O Poder Judiciário pode, sempre, desde que provocado, revogar um ato editado pelo Poder Executivo ou pelo Poder Legislativo, sendo a revogação o exercício do controle de mérito administrativo.

(E) Quando uma situação concreta, no âmbito do juízo de mérito administrativo, estiver enquadrada na zona de indeterminação jurídica, poderá o Poder Judiciário decidir ou não sobre a prática do ato administrativo.

A: incorreta, pois nos atos de gestão a Administração não age com prerrogativas públicas, diferentemente dos atos de império, em que a Administração age com prerrogativas públicas; na desapropriação, a Administração age com tal prerrogativa, de modo que se tem um ato de império e não um ato de gestão; **B:** incorreta, pois os atos multilaterais são aqueles em que mais de duas partes participam de sua formação, o que não é o caso da assinatura de uma nota promissória; **C:** correta; diferentemente de um ato bilateral, em que há um acordo de vontades entre a Administração e o particular, no ato unilateral a Administração atua independentemente da concordância do particular, impondo obrigações a este com base no atributo da imperatividade, também chamado de poder extroverso; mesmo quando o particular solicita um ato para Administração (como é o caso da licença para construir) temos a imperatividade, pois este (no caso, a licença) estabelece uma série de deveres para o particular continuar se beneficiando do ato, mesmo que o particular não concorde com essas determinações; **D:** incorreta, pois a revogação de um ato só pode ser feita pela própria Administração que o tiver expedido; **E:** incorreta, pois, nesses casos (de dúvida), fica-se com a opção tomada pela Administração, que é quem tem competência para a prática do ato, devendo o Judiciário respeitar a presunção de legitimidade do ato administrativo.

Gabarito "C"

(Defensor Público/AL – 2009 – CESPE) Julgue o seguinte item.

(1) O ato administrativo está sujeito a regime jurídico administrativo, razão pela qual o ato de direito privado praticado pelo Estado não é considerado ato administrativo.

1: correto; são exemplos de ato de direito privado praticado pelo Estado os seguintes: contrato de locação em que o Estado é locatário, contrato de seguro contratado pelo Estado, contrato de financiamento (mútuo) contratado pelo Estado e emissão de cheque pelo Estado.

Gabarito 1C

3.2. Requisitos do ato administrativo (Elementos, Pressupostos)

(Defensor Público/AC – 2012 – CESPE) O agente público que, ao editar um ato administrativo, extrapole os limites de sua competência estará incorrendo em

(A) desvio da motivação do ato.
(B) avocação.
(C) excesso de poder.
(D) usurpação de função pública.
(E) desvio da finalidade do ato.

A: incorreta, pois a motivação está ligada ao requisito "forma" e não ao requisito "competência"; **B:** incorreta, pois a avocação é procedimento previsto em lei, não ofendendo às regras de competência (art. 15 da Lei 9.784/1999); **C:** correta, pois o excesso de poder (assim como a usurpação de função e a função de fato) é um vício no requisito competência. No caso do excesso de poder, este consiste em um agente público extrapolar os limites de sua competência, coincidindo, assim, com o conceito trazido no enunciado; **D:** incorreta, pois a usurpação de função, apesar de ser um vício na competência, consiste em alguém que **não é** agente público agir como se fosse um; no caso do excesso de poder, está-se diante de alguém que **é** agente público, mas que excede os limites de sua competência; **E:** incorreta, pois o desvio de finalidade (ou desvio de poder) é um vício no requisito "finalidade" e não no requisito "competência".

Gabarito "C".

(Defensor Público/RO – 2012 – CESPE) Assinale a opção correta com relação aos atos administrativos.

(A) Quanto à formação da vontade administrativa, o ato administrativo é classificado em simples, composto ou complexo, sendo a aposentadoria de servidor público, de acordo com o entendimento do STF, exemplo de ato composto.
(B) Permite-se, em caráter excepcional, a avocação temporária de competência atribuída a órgão hierarquicamente inferior, e, sendo a avocação ato discricionário da administração pública, não há necessidade de motivação.
(C) Todo ato administrativo goza do atributo da autoexecutoriedade, a exemplo das obrigações pecuniárias como os tributos, que são exigíveis e autoexecutáveis.
(D) A administração pública, por intermédio de seus órgãos, tem competência para editar atos administrativos ordinatórios com o objetivo de organizar e otimizar a atividade administrativa.
(E) A competência, um dos elementos do ato administrativo, é irrenunciável, salvo os casos de delegação e avocação legalmente admitidos; entre as hipóteses cabíveis de delegação inclui-se a edição de decretos normativos.

A: incorreta, pois a aposentadoria de servidor é considerada ato complexo (STF, MS 25.697, DJ 12.03.10); **B:** incorreta, pois a avocação é excepcional e deve ser devidamente motivada, já que a lei determina a existência de "motivos relevantes devidamente justificados"(art. 15 da Lei 9.784/1999); **C:** incorreta, pois a Administração Pública nem sempre pode impor seus atos e executá-los sem a participação do Judiciário; no exemplo citado, apenas por meio de ação judicial é possível usar a força para fazer com que determinado crédito tributário seja cumprido; **D:** correta, pois traz a exata definição de atos ordinatórios; **E:** incorreta, pois não pode ser objeto de delegação a edição de atos de caráter normativo (art. 13, I, da Lei 9.784/1999).

Gabarito "D".

(Defensoria/RN – 2006) O conteúdo do ato mediante o qual a Administração declara a sua vontade ou manifesta o seu poder é conhecido como

(A) competência.
(B) finalidade.
(C) mérito.
(D) objeto.

De fato, objeto é o que o ato dispõe, enuncia, prescreve, ou seja, é o conteúdo do ato.

Gabarito "D".

(Defensoria Pública da União – 2002 – CESPE) Julgue o seguinte item.

(1) Ato administrativo que decide o processo administrativo, de qualquer natureza ou tipo, deve ser, obrigatoriamente, motivado.

1: incorreta, pois há casos em que a motivação é dispensada, como se dá no provimento e na exoneração de alguém em cargo em comissão; ademais, olhando ao pé da letra o art. 50 da Lei 9.784/1999, que trata dos casos em que o ato administrativo deve ser motivado, percebe-se que não há disposição alguma no sentido de que o ato que decide processo administrativo de *qualquer natureza* deve ser motivado; o inciso III do art. 50 estabelece que o ato que decida processos administrativos de concurso público ou seleção pública deve ser motivado, não havendo uma disposição genérica determinando o mesmo para processos administrativos em geral.

Gabarito 1E

3.3. Atributos do ato administrativo

Para resolver as questões sobre os atributos do ato administrativo, vale a pena trazer alguns elementos doutrinários. Confira:

(Defensor Público/BA – 2010 – CESPE) No que concerne aos atributos do ato administrativo, julgue o próximo item.

(1) A presunção de legitimidade de que gozam os atos administrativos constitui presunção *iuris tantum*, que pode ceder à prova em contrário.

1: correta, pois, de fato, a presunção de legitimidade dos atos administrativos é uma presunção relativa (*iuris tantum*), e não absoluta (*iuris et de iure*).

Gabarito 1C

(Defensoria/PA – 2009 – FCC) São tradicionalmente afirmados pela doutrina como atributos do ato administrativo

(A) presunção de imperatividade e de executoriedade.
(B) imperatividade e exigibilidade.
(C) executoriedade e vinculação.
(D) presunção de legalidade e vinculação.
(E) discricionariedade e executoriedade.

Os atributos do ato administrativo são: presunção de legitimidade, imperatividade, exigibilidade, autoexecutoriedade e tipicidade. Assim, apenas a alternativa "B" está correta.

Gabarito "B".

(Defensor Público/AL – 2009 – CESPE) Julgue o seguinte item.

(1) Em decorrência do atributo da presunção de veracidade, não pode o ato administrativo ter sua validade apreciada de ofício pelo Poder Judiciário.

1: correta, sendo certo que o Judiciário poderá, sim, apreciar a validade do ato administrativo, caso venha a ser provocado para tanto.

Gabarito 1C

(Defensor Público/MS – 2008 – VUNESP) São atributos do ato administrativo:

(A) imperatividade e vinculação.
(B) discricionariedade e imperatividade.
(C) imperatividade e executoriedade.
(D) executoriedade e motivação.

A: incorreta, pois a vinculação não é um atributo do ato administrativo, mas característica que o ato pode ter, de acordo com a margem de liberdade que tem a Administração para, frente a um caso concreto, analisar a conveniência e a oportunidade do ato a ser praticado, além de seu conteúdo; **B:** incorreta, pois a discricionariedade não é um atributo do ato administrativo, mas característica que o ato pode ter, de acordo com a margem de liberdade que tem a Administração; **C:** correta, pois são atributos do ato administrativo a presunção de legitimidade, a *imperatividade*, a exigibilidade, a *executoriedade* (ou autoexecutoriedade ou coercibilidade) e a tipicidade; **D:** incorreta, pois a motivação não é atributo do ato administrativo, mas requisito de validade deste.

Gabarito "C".

(Defensoria Pública da União – 2004 – CESPE) Julgue o seguinte item.

(1) Há na doutrina quem aponte como atributos do ato administrativo, entre outros, a exigibilidade e a executoriedade (também chamada de autoexecutoriedade). Contudo, segundo a própria doutrina, ambas significam o mesmo, isto é, a capacidade de a administração pública, por si mesma, compelir materialmente o administrado à execução do ato.

1: incorreta, pois a exigibilidade é a capacidade da administração compelir indiretamente o administrado à execução do ato (ex.: mediante aplicação de uma multa), ao passo que a autoexecutoriedade é capacidade da administração de compelir diretamente (materialmente) o administrado à execução do ato (ex.: usando a força para retirar um veículo particular estacionado em local proibido).

Gabarito 1E

3.4. Vinculação e discricionariedade

(Defensor Público/AM – 2013 – FCC) Trata-se de ato administrativo em que NÃO se faz presente o atributo da discricionariedade:

(A) ato revogatório de outro ato administrativo.
(B) autorização para transporte de substâncias perigosas em via urbana.
(C) concessão de licença requerida por servidor público, para tratar de interesses particulares.
(D) concessão de aposentadoria voluntária, requerida por servidor público.
(E) prorrogação de prazo de validade de concurso público.

A: incorreta, pois a revogação só incide sobre ato discricionário, de modo que este atributo se faz presente em atos revogatórios; **B:** incorreta, pois a autorização é ato unilateral, precário e discricionário; **C:** incorreta, pois esse tipo de licença (que não se confunde com a licença em geral, que é ato unilateral e vinculado, como a licença para construir) é ato discricionário, pois a Administração vai avaliar se há interesse público ou não na concessão de licença para tratar de interesses particulares; **D:** correta, pois a aposentadoria voluntária não é ato discricionário da Administração, que não tem opção entre concedê-la ou não caso os requisitos estejam preenchidos; trata-se, assim, de ato vinculado; **E:** incorreta, pois a Administração tem discricionariedade para decidir se vai ou não prorrogar o prazo de validade de um concurso público.

Gabarito "D"

(Defensoria/MA – 2009 – FCC) São exemplos de atos administrativos vinculados:

(A) autorização de uso de imóvel público e homologação de procedimento licitatório que se pretenda concluir.
(B) licença de funcionamento e permissão de uso de imóvel público.
(C) permissão de uso de imóvel público e aprovação para alienação de terras públicas.
(D) homologação do procedimento licitatório que se pretenda concluir e licença de funcionamento.
(E) aprovação de alienação de terras públicas e alvará de uso privativo de terras públicas.

A: incorreta, pois a *autorização* é ato discricionário; **B:** incorreta, pois a *permissão* é ato discricionário; **C:** incorreta, pois a *permissão* e a *aprovação* são atos discricionários; **D:** correta, pois tanto a *homologação* como a *licença* são atos vinculados; **E:** incorreta, pois a *aprovação* é um ato discricionário.

Gabarito "D"

(Defensoria/MT – 2007) São considerados atos administrativos discricionários aqueles que

(A) outorgam permissão de uso de bem público.
(B) apuram ocorrência de ilícito administrativo.
(C) admitem o administrado em escolas e hospitais públicos.
(D) outorgam licença para construir.
(E) concedem aposentadoria.

A: está correta, pois a permissão de uso de bem público é o ato unilateral, discricionário e precário, pelo qual se faculta ao particular, mediante licitação, o uso de um bem público; **B:** está incorreta, pois a administração não tem margem de liberdade (discricionariedade) para escolher se vai ou não apurar um ilícito administrativo; trata-se de ato vinculado, portanto; **C:** incorreta. A alternativa trata do ato "admissão", que é o ato administrativo unilateral e vinculado pela qual a administração reconhece o direito de alguém se beneficiar de um serviço público; **D:** incorreta. A licença é o ato administrativo unilateral e vinculado, pelo qual se faculta a alguém o exercício de uma atividade; **E:** incorreta. Preenchidos os requisitos para a obtenção da aposentadoria, esta deve ser concedida; por se tratarem de requisitos objetivos, tal concessão é ato administrativo vinculado, e não discricionário.

Gabarito "A"

(Defensoria Pública da União – 2002 – CESPE) Julgue o seguinte item.

(1) A discricionariedade decorre, muitas vezes, da adoção pelo legislador de conceitos jurídicos indeterminados, que permitem ao administrador, no caso concreto, construir a solução adequada ao interesse público.

1: correta, pois tais conceitos jurídicos são abertos ou fluidos (ex.: "bem comum", "interesse coletivo", "falta grave" etc.), permitindo que o administrador, no caso concreto, busque a solução que esteja adequada ao interesse público; nessa situação, está-se, de fato, diante de ato discricionário, pois haverá margem de liberdade para o administrador público verificar, no caso concreto, a melhor medida a ser tomada para atender ao interesse público.

Gabarito 1C

3.5. Extinção dos atos administrativos

(Defensor Público/TO – 2013 – CESPE) Acerca dos atos administrativos, assinale a opção correta.

(A) A licença é ato administrativo editado no exercício de competência vinculada; preenchidos os requisitos necessários a sua concessão, ela não poderá ser negada pela administração pública.
(B) A administração pública tem sempre o dever de invalidar os atos administrativos que apresentem vício de legalidade.
(C) São suscetíveis de revogação os atos vinculados e os que geram direitos adquiridos.
(D) A presunção de legitimidade é atributo de todos os atos administrativos, estando presente mesmo nos casos de desrespeito ao devido processo legal pela administração pública.
(E) Para motivar a edição de determinado ato administrativo, é suficiente a indicação da norma constitucional ou legal atributiva da competência do servidor público.

A: correta; a licença é o ato unilateral e vinculado pelo qual a Administração faculta ao particular o exercício de uma atividade; assim, uma vez que o particular tenha cumprido os requisitos para a sua concessão, a Administração Pública não terá discricionariedade para concedê-la, ficando vinculada a atender à solicitação do particular; **B:** incorreta, pois a convalidação, quando possível, evita a invalidação (art. 55 da Lei 9.784/1999); ademais, atos que beneficiam particulares de boa-fé não podem ser invalidados decorridos 5 anos de sua prática (art. 54, *caput*, da Lei 9.784/1999); **C:** incorreta, pois tais atos são irrevogáveis, assim como são irrevogáveis os atos já exauridos; **D:** incorreta, pois, uma vez comprovado o desrespeito ao devido processo legal, a presunção, que havia, desfaz-se, impondo a invalidação do ato; **E:** incorreta, pois a motivação deve indicar não só os pressupostos de direito que autorizam a edição do ato, mas também os pressupostos de fático para a prática do ato (art. 50, *caput*, da Lei 9.784/1999).

Gabarito "A"

(Defensor Público/PA – 2006 – UNAMA) São atos administrativos passíveis de revogação:

I. Ato de adjudicação na licitação, quando já celebrado o respectivo contrato administrativo.
II. Ato que concede licença para tratar de assuntos particulares.
III. Ato de concessão de aposentadoria voluntária.
IV. Ato de concessão de férias ainda não gozadas.

Somente é correto o que se afirma em:

(A) I, II e III.
(B) I e III.
(C) II, III e IV.
(D) II e IV.

I: incorreto, pois o ato de adjudicação na licitação (atribuição do objeto da licitação ao vencedor) é vinculado, e atos vinculados não são passíveis de revogação; **II:** correto, pois esse tipo de licença é ato discricionário da Administração, de modo que pode ser revogado por esta; **III:** incorreto, pois a concessão de aposentadoria voluntária é ato vinculado, já que, cumpridos os requisitos objetivos para tanto, a aposentadoria tem que ser concedida; **IV:** correto, pois a escolha do período de concessão de férias é ato discricionário, podendo a Administração decidir qual é o melhor momento, considerando as necessidades administrativas; assim, tratando-se de ato discricionário, é cabível a sua revogação.

Gabarito "D"

(Defensoria/RN – 2006) A declaração de nulidade do ato administrativo

(A) tem como fundamento a discricionariedade administrativa.
(B) pode convalescer com o tempo.
(C) produz efeitos que retroagem à data do ato.
(D) fundamenta-se na inafastabilidade da jurisdição.

A: incorreta, pois o motivo da declaração de nulidade é a ilegalidade e o fundamento dessa declaração é o princípio da legalidade; **B:** incorreta, pois a declaração de nulidade não convalesce, mas, sim, a invalidade, findo o prazo decadencial (v. art. 54 da Lei 9.784/1999); **C:** correta, pois, de fato, a declaração de nulidade tem efeito *ex tunc*; **D:** incorreta. O fundamento, como já dito, é o princípio da legalidade.

Gabarito "C"

(Defensoria Pública da União – 2004 – CESPE) Julgue o seguinte item.

(1) A anulação e a revogação do ato administrativo não são as únicas causas possíveis para a extinção dele. A realização total dos efeitos do ato, o implemento de condição resolutiva e o desaparecimento do sujeito ou do objeto do ato também o são.

1: correto; todas as causas citadas realmente são causas de extinção do ato administrativo, valendo acrescentar também as seguintes: renúncia, contraposição, cassação e caducidade.

Gabarito 1C

3.6. Convalidação e conversão

(Defensor Público/ES – 2012 – CESPE) No que se refere aos atos administrativos, julgue os itens subsequentes.

(1) Por meio da revogação, a administração extingue, com efeitos *ex tunc*, um ato valido, por motivos de conveniência e oportunidade, ainda que esse ato seja vinculado.

(2) A convalidação, ato administrativo por meio do qual se supre o vício existente em um ato eivado de ilegalidade, tem efeitos retroativos, mas o ato originário não pode ter causado lesão a terceiros.

1: incorreta, pois a revogação tem efeitos ex nunc (não retroage); ademais, a revogação só incide sobre atos discricionários e nunca sobre atos vinculados; **2:** correta, pois a convalidação de fato tem efeitos retroativos; ademais, tem como requisito o não prejuízo ao interesse público e a terceiros (art. 55 da Lei 9.784/1999).

Gabarito 1E, 2C

(Defensor Público/BA – 2006) Com relação aos "Atos Administrativos", tem-se que:

I. A sua anulação opera efeitos *ex tunc*, enquanto a revogação opera efeitos *ex nunc*.

II. Não é possível a previsão legal de delegação de competência para praticar atos administrativos a outro órgão, em razão de ser a mesma, irrenunciável.

III. Os atos que apresentarem defeitos sanáveis poderão ser convalidados pela própria Administração em decisão na qual se evidencie não acarretarem lesão ao interesse público nem prejuízo a terceiro.

IV. Considera-se *eficaz* o ato administrativo quando disponível para a produção de seus efeitos próprios, ainda que não se encontre em conformidade com as exigências legais.

Analisando as proposições, observa-se que:

(A) Todas são corretas.

(B) Existem três corretas.

(C) Existem apenas duas corretas.

(D) Somente uma está correta.

(E) Todas são incorretas.

I: correta, pois, de fato, a anulação retroage seus efeitos, ao passo que a revogação não retroage; **II:** incorreta, pois a delegação de competência é possível sim (arts. 12 a 14 da Lei 9.784/1999), mesmo sendo esta (a competência) irrenunciável (art. 11 da Lei 9.784/1999); **III:** correta (art. 55 da Lei 9.784/1999); **IV:** correta, pois o plano da eficácia é independente do plano da validade; aliás, o ato administrativo pode ser observado sob três planos, quais sejam, da existência (cumprimento do ciclo necessário à sua formação), da validade (conformidade à lei) e da eficácia (aptidão para produzir efeitos).

Gabarito "B"

(Defensoria Pública da União – 2002 – CESPE) Julgue o seguinte item.

(1) É factível, por ato judicial, a convalidação de ato administrativo que apresente vício sanável, desde que não ocorra lesão ao interesse público nem prejuízo a terceiros.

1: incorreta, pois a convalidação, apesar de ter os requisitos mencionados, faz-se por ato administrativo, e não por ato judicial (art. 55 da Lei 9.784/1999).

Gabarito 1E

3.7. Classificação dos atos administrativos e atos em espécie

(Defensor Público/AM – 2010 – I. Cidades) O parecer:

(A) É uma espécie de ato administrativo negocial, vinculando o órgão emissor do parecer.

(B) Tem um sentido obrigatório para a Administração, que dele não pode discordar.

(C) Não pode ser emitido por agente público que não tenha a competência relativa à matéria em discussão.

(D) Tem um conteúdo decisório em matéria de atividades jurídicas e judiciais da Administração.

(E) A Administração é sempre obrigada a solicitá-lo, mas somente pode ser emitido em questões jurídicas ou técnicas em geral.

A: incorreta, pois o parecer é ato enunciativo; **B:** incorreta, pois os pareceres, em geral, não vinculam a Administração; dos três tipos de pareceres existentes, facultativo, obrigatório e vinculante, apenas o último vincula a Administração; **C:** correta, pois a competência não pode ser desrespeitada; **D:** incorreta, pois somente o parecer vinculante tem conteúdo decisório, o que é uma exceção; normalmente, um parecer tem conteúdo meramente opinativo; **E:** incorreta, pois no caso do parecer facultativo, a Administração não é obrigada a solicitá-lo.

Gabarito "C"

(Defensor Público/AL – 2009 – CESPE) Julgue o seguinte item.

1) O ato composto é aquele que resulta de manifestação de dois ou mais órgãos, singulares ou colegiados, cuja vontade se funde para a formação de um único ato.

1: incorreta, pois essa definição é ato de complexo; o ato composto é aquele em que dois ou mais órgãos formam dois ou mais atos, e não um único ato.

Gabarito 1E

(Defensoria/MT – 2007) A Administração Pública, para atingir os fins a que se propõe, pratica em sua atividade administrativa uma série de atos chamados de atos da administração pública ou atos administrativos. Sobre a matéria, assinale a afirmativa correta.

(A) São atos administrativos negociais os que exteriorizam apenas um conhecimento, cujos efeitos decorrem diretamente da lei.

(B) São meros atos administrativos os que se preordenam a produzir um dado resultado jurídico.

(C) A autoexecutoriedade, atributo de todo e qualquer ato administrativo, é a qualidade do ato administrativo que dá ensejo à Administração Pública de, direta ou indiretamente, executá-lo.

(D) Atos administrativos de administração verificadora são os que criam uma utilidade pública.

(E) Os atos administrativos, quanto à natureza do conteúdo, podem ser concretos, quando dispõem para um único e específico caso, e se esgotam nessa aplicação. Serão abstratos os atos que dispõem para casos que possam repetir-se.

A: incorreta, pois os atos negociais são aqueles em que as vontades estão preordenadas à obtenção de um resultado jurídico. A definição dada na alternativa foi de atos puros ou meros atos administrativos; **B:** incorreta, pois aqui houve outra inversão; a alternativa definiu atos negociais; **C:** incorreta, pois a autoexecutoriedade é o atributo pelo qual a administração pode compelir diretamente o administrado a cumprir o determinado; esse atributo não existe em todo ato administrativo, mas apenas quando a lei expressamente autorizar e quando não houver tempo para buscar uma prestação jurisdicional eficaz; **D:** incorreta, pois os atos de administração verificadora têm por objetivo controlar outros atos, de modo que não criam uma utilidade (ex.: aprovações e homologações); a definição dada corresponde aos atos de administração ativa; **E:** está correta, não havendo o que comentar.

Gabarito "E"

(Defensor Público/AC – 2006 – CESPE) Acerca dos atos administrativos e de sua abordagem pela doutrina, assinale a opção correta.

(A) Os pareceres jurídicos e os decretos regulamentares são atos administrativos.

(B) São atributos dos atos administrativos: a imperatividade, a autoexecutoriedade e a presunção de legitimidade ou veracidade.

(C) Todo ato administrativo discricionário deve ter, necessariamente, um motivo ou uma motivação.

(D) A licença é um ato administrativo unilateral mas não vinculado.

A: incorreta, pois os decretos regulamentares são atos políticos, e não atos administrativos; **B:** correta, pois todos os elementos mencionados são atributos do ato administrativo; para parte da doutrina, a *tipicidade* é também um atributo do ato administrativo; porém, isso não compromete a afirmativa, pois esta não exclui a existência de outros atributos; **C:** incorreta, pois há atos que estão dispensados de motivação, como é o caso do provimento e da exoneração de cargos em comissão; **D:** incorreta, pois a *licença* é ato unilateral e *vinculado*, ao contrário da *autorização*, que é ato unilateral e *discricionário*.

Gabarito "B"

(Defensoria Pública da União – 2002 – CESPE) Julgue o seguinte item.

(1) Decreto e regulamento são expressões sinônimas: nomeiam duas espécies de ato administrativo que têm a mesma natureza e o mesmo significado.

1: incorreta, pois o decreto é forma e o regulamento é conteúdo; o decreto é meio pelo qual o Chefe do Executivo expede regulamentos e outros atos de sua alçada.

Gabarito 1E

4. Organização Administrativa

4.1. Temas gerais (Administração Pública, órgãos e entidades, desconcentração e descentralização, controle e hierarquia, teoria do órgão)

(Defensor Público/AM – 2013 – FCC) Mediante iniciativa do Governador, o Estado do Amazonas aprova lei, cujos artigos iniciais estão assim redigidos:

"Artigo 1º

Fica o Poder Executivo autorizado a instituir, por escritura pública, sob a denominação de (...), uma (...) que se regerá por esta lei, pelas normas civis, por seu estatuto e com as finalidades discriminadas no artigo 2º. § 1º

A .... será uma entidade civil, sem fins lucrativos, com prazo de duração indeterminado e adquirirá personalidade jurídica a partir da inscrição, no Registro competente, do seu ato constitutivo, com o qual serão apresentados o Estatuto e o respectivo decreto de aprovação".

Diante do texto legislativo acima, pode-se concluir que a entidade a ser criada será uma

(A) empresa pública.
(B) autarquia.
(C) fundação de direito privado.
(D) sociedade de economia mista
(E) associação pública.

A e **D:** incorretas, pois uma empresa pública e uma sociedade de economia mista não são entidades civis sem fins lucrativos, não se confundindo com fundações e associações civis; **B:** incorreta, pois a autarquia é criada pela própria lei, e não autorizada pela lei (art. 37, XIX, da CF); **C:** correta, pois o fato de se tratar de uma entidade civil sem fins lucrativos criada por escritura pública, revela tratar-se de fundação de direito privado (art. 62 do CC); **E:** incorreta, pois a associação pública não é uma entidade civil, mas uma entidade pública (consórcio público de direito público), com personalidade jurídica de direito público, nos termos do art. 6º, I, da Lei 11.107/2005.

Gabarito "C"

(Defensor Público/PR – 2012 – FCC) A estrutura administrativa do Estado compreende a administração pública direta e indireta. Sobre o tema, examine as afirmações abaixo.

I. A administração direta é constituída pela União, Estados, Municípios e Distrito Federal, todos dotados de autonomia política, administrativa e financeira.

II. Estados e Municípios não são dotados de soberania e não têm competência legislativa para instituir sua própria administração indireta.

III. As autarquias e as fundações de direito público são pessoas jurídicas de direito público que compõem a administração indireta.

IV. As empresas públicas são pessoas jurídicas de direito privado, dotadas de patrimônio próprio.

V. A criação de sociedade de economia mista depende de lei específica autorizadora e o seu quadro social é constituído por pessoas jurídicas de direito público.

Estão corretas APENAS as afirmações

(A) I e III.
(B) II, IV e V.
(C) I e II.
(D) I, III e IV.
(E) III e V.

I: correta, pois traz informação adequada sobre a administração direta; aproveitando o ensejo, vale lembrar que a administração indireta, por sua vez, compreende as pessoas jurídicas criadas pelos entes políticos, ou seja, as autarquias, fundações de direito público, agências reguladoras, associações públicas (consórcios públicos de direito público), empresas públicas, sociedades de economia mista, fundações governamentais de direito privado e consórcios públicos de direito privado; **II:** incorreta, pois, como entes políticos que são, Estados e Municípios tem autonomia política (não é soberania!), podendo, assim, criar a sua própria Administração; **III:** correta, pois as entidades citadas fazem parte da Administração Indireta, que é conjunto de pessoas jurídicas criadas pelos entes políticos; **IV:** correta, pois as empresas públicas (assim como as sociedades de economia mista, as fundações governamentais de direito privado e os consórcios públicos de direito privado) são pessoas jurídicas estatais de direito privado, sendo que, por serem pessoas jurídicas, têm patrimônio próprio; **V:** incorreta, pois as sociedades de economia mista têm, necessariamente, capital privado.

Gabarito "D"

(Defensor Público/SE – 2012 – CESPE) Assinale a opção correta acerca de aspectos gerais da administração pública.

(A) A fundação pública de direito privado, também conhecida como fundação governamental, possui personalidade privada e submete-se, inteiramente, ao direito público.

(B) As sociedades de economia mista, as empresas públicas e as autarquias só podem ser criadas por meio de lei.

(C) Entre as teorias que tratam da natureza jurídica da relação entre o Estado e seus agentes, é amplamente adotada pela doutrina e jurisprudência brasileiras a teoria da representação.

(D) As autarquias, pessoas jurídicas de direito privado, fazem parte da administração indireta do Estado e gozam de liberdade administrativa nos limites da lei de regência.

(E) O ato da administração, praticado pela administração pública no exercício da função administrativa, pode ser regido tanto pelo direito público quanto pelo direito privado, ao passo que o ato administrativo rege-se, necessariamente, pelo direito público.

A: incorreta, pois, em sendo de direito privado, obedece ao regime jurídico de direito privado especial, próprio das pessoas privadas da Administração Indireta; **B:** incorreta, pois as sociedades de economia mista e as empresas públicas são autorizadas por lei (específica) e não criadas por lei; em seguida à autorização legislativa elas devem ter seus atos constitutivos arquivados no Registro Público, para que passem a existir; **C:** incorreta, pois a teoria da representação é muito criticada, pelo fato de se tratar de um instituto de direito privado, muitas vezes relacionado aos incapazes, sendo que o Estado está longe de ser incapaz; a teoria adotada no Brasil é a da presentação, pela qual os agentes públicos se fazem presentes enquanto Administração, quando atuam em suas funções públicas; A **teoria da presentação** fez com que se desenvolvesse a teoria do órgão, de acordo com a qual todo ato expedido por um agente público é imputado diretamente à Administração Pública. De fato, quando um agente público pratica um ato, esse agente nada mais está do que se fazendo presente (presentando) como Estado. No fundo, quem pratica o ato é o próprio Estado, e não o agente público, que é um mero presentante deste. Essa conclusão tem várias consequências, dentre as quais a de que, causado um dano a terceiro por conduta de agente estatal, o Estado responderá objetivamente, não sendo sequer possível que a vítima ingresse com ação diretamente em face do agente público, devendo acionar o Estado, que, regressivamente, poderá se voltar em face do agente público que tiver agido com culpa ou dolo (art. 37, § 6º, da CF). **D:** incorreta, pois as autarquias são pessoas jurídicas de direito público; **E:** correta, visto que a Administração pratica dois tipos de atos, os atos administrativos e os meros atos da Administração; os primeiros são dotados de prerrogativas públicas, ao passo que os segundos, não, de modo que os primeiros são regidos pelo direito público, ao passo que os segundos, não; uma multa aplicada pela Administração é um ato administrativo; um contrato de locação em que o Poder Público é locatário não é um ato administrativo, sendo regido pelo Direito Privado.

Gabarito "E"

(Defensor Público/AM – 2010 – I. Cidades) De acordo com a doutrina nacional, os órgãos e agentes públicos estão compreendidos no sentido de Administração Pública:

(A) subjetivo
(B) objetivo
(C) de atividade administrativa
(D) de atividade política
(E) de atividade política e administrativa

A Administração Pública em sentido subjetivo é o conjunto de *órgãos, agentes* e pessoas jurídicas que asseguram a satisfação do interesse público. Já em sentido objetivo (material ou funcional), é conjunto de funções necessárias aos serviços públicos em geral. Dessa forma, a alternativa "A" é a única correta.

Gabarito "A"

(Defensoria/MT – 2007) Dentre as teorias sobre as relações do Estado com os agentes públicos, destaca-se a teoria do órgão, para a qual a pessoa jurídica manifesta a sua vontade por meio dos órgãos. Sobre o tema, assinale a afirmativa incorreta.

(A) Os órgãos públicos, por terem personalidade jurídica, são sujeitos de direitos e obrigações, podendo, por essa razão, contratar, exercer direitos ou assumir deveres.
(B) Os órgãos públicos são centros de competência do Estado.
(C) Quanto à posição que ocupam na estrutura estatal, são classificados como independentes os órgãos públicos que têm origem na Constituição, e estão colocados no ápice da pirâmide organizacional, sem qualquer subordinação hierárquica ou funcional.
(D) Quanto à composição, os órgãos públicos serão simples ou unitários, quando dotados de um único centro de competência ou atribuições; serão compostos, quando integrados por outros órgãos públicos.
(E) Quanto à atuação funcional, são colegiados os órgãos públicos que decidem e agem pela manifestação de vontade da maioria de seus membros.

Os órgãos públicos não têm personalidade jurídica. As demais alternativas trazem afirmações corretas.

Gabarito "A"

(Defensoria/SE – 2006 – CESPE) Julgue os itens seguintes, acerca da organização administrativa.

(1) Na outorga, o Estado transfere, por contrato ou por ato unilateral, unicamente a execução de determinado serviço, para que o outorgado o preste em seu nome e por sua conta e risco.
(2) Na desconcentração, ocorre a distribuição, em uma mesma entidade, de atribuições para outros órgãos.

1: errado, pois na outorga de um serviço, transfere-se a própria titularidade dele, que permite ao outorgado regulamentá-lo, fiscalizá-lo e executá-lo, por si ou por concessionário; a outorga difere da delegação, que só permite a execução do serviço público pelo delegatário; a outorga depende de lei, ao passo que a delegação pode se dar por contrato ou ato unilateral; **2:** certo, pois, de fato, a desconcentração é a distribuição interna de competência (de órgão para órgão de uma mesma entidade), diferente da descentralização, que é a distribuição externa de competência (de pessoa jurídica para pessoa jurídica, ou seja, de entidade para entidade).

Gabarito 1E, 2C

(Defensor Público/BA – 2006) Acerca do tema *organização administrativa brasileira* assinale a única opção **incorreta**:

(A) A descentralização pressupõe a criação de pessoas jurídicas diversas.
(B) Os bens de uma autarquia são impenhoráveis.
(C) Por estarem sujeitas a regime jurídico de direito privado, as empresas públicas e sociedades de economia mista não se submetem à regra de obrigatoriedade de licitação.
(D) Os órgãos públicos não possuem personalidade jurídica.
(E) O capital das empresas públicas é totalmente público, podendo pertencer a diversos entes públicos.

A: correta, pois a descentralização (por outorga) importa na atribuição de funções de uma pessoa jurídica para outra pessoa jurídica; **B:** correta, já que as autarquias são pessoas jurídicas de direito público e os bens de tais entidades são impenhoráveis; **C:** incorreta (devendo ser assinalada), pois, apesar de terem um regime jurídico de direito privado, há alguns condicionantes públicos, como são os deveres de fazer licitação, de promover concurso público para contratação de pessoal e de se submeter ao controle pelos Tribunais de Contas; **D:** correta, pois órgãos são partes integrantes de uma pessoa jurídica, e não uma pessoa jurídica; e somente esta tem personalidade jurídica; **E:** correta, pois o capital de uma empresa pública federal pode ser formado pelas entidades mencionadas na assertiva, conforme o disposto no art. 5º do Dec.-lei 900/1969 ("Desde que a maioria do capital votante permaneça de propriedade da União, será admitida, no capital da Empresa Pública (art. 5º, inciso II, do Decreto-lei 200, de 25 de fevereiro de 1967), a participação de outras pessoas jurídicas de direito público interno bem como de entidades da Administração Indireta da União, dos Estados, Distrito Federal e Municípios").

Gabarito "C"

(Defensoria Pública da União – 2004 – CESPE) Julgue o seguinte item.

(1) A descentralização administrativa pode resultar na atribuição de atividade pública a pessoa de direito privado, como as empresas públicas e as sociedades de economia mista.

1: correta, tratando-se da chamada descentralização por colaboração, em que é atribuída às empresas estatais a prestação de um serviço público; porém, não é qualquer atividade pública que essas pessoas poderão exercer; elas não podem receber atribuições típicas de Estado, como o exercício do poder de polícia, pois somente pessoas jurídicas de direito público têm essa faculdade; porém, a mera execução de serviços públicos pode ser realizada por essas empresas, desde que recebam delegação para tanto.

Gabarito 1C

4.2. Pessoas jurídicas de direito público

(Defensor Público/SP – 2012 – FCC) As fundações de direito público, também denominadas autarquias fundacionais, são instituídas por meio de lei específica e

(A) seus agentes não ocupam cargo público e não há responsabilidade objetiva por danos causados a terceiros.
(B) seus contratos administrativos devem ser precedidos de procedimento licitatório, na forma da lei.
(C) seus atos constitutivos devem ser inscritos junto ao Registro Civil das Pessoas Jurídicas, definindo as áreas de sua atuação.
(D) seus atos administrativos não gozam de presunção de legitimidade e não possuem executoriedade.
(E) seu regime tributário é comum sobre o patrimônio, a renda e os serviços relacionados às suas finalidades essenciais.

A: incorreta, pois, por serem pessoas jurídicas de direito público, seus agentes devem ocupar, como regra, cargo público, e sua responsabilidade é objetiva (art. 37, § 6.º, da CF); **B:** correta, pois a licitação é um dever para todos os entes da Administração Direta e Indireta, com maior motivo ainda quanto às pessoas jurídicas de direito público (arts. 37, XXI, da CF e 1.º da Lei 8.666/1993); **C:** incorreta, pois as pessoas jurídicas de direito público são criadas diretamente pela lei, não sendo necessário atos constitutivos no Registro Público; **D:** incorreta, pois, por serem pessoas jurídicas de direito público, expedem verdadeiros atos administrativos, que, como se sabe, tem uma série de atributos (prerrogativas), dentre eles a presunção de legitimidade e, na forma da lei, a executoriedade; **E:** incorreta, pois, por serem pessoas jurídicas de direito público, gozam de imunidade quanto a impostos relativos ao patrimônio, renda e serviços (imunidade recíproca), na forma do art. 150, VI, "a", da CF.

Gabarito "B"

(Defensor Público/AL – 2009 – CESPE) Julgue o seguinte item.

(1) A autarquia é pessoa jurídica de direito público destituída de capacidade política.

1: correta, pois a autarquia é uma pessoa jurídica de direito público, podendo assumir responsabilidades típicas de Estado, mas não pode ser considerada um ente político, ou seja, alguém que tem capacidade política – ou seja, capacidade de autogoverno, autoadministração, auto legislação e auto constituição –, pois somente a União, os Estados, o DF e os Municípios têm essa característica.

Gabarito 1C

4.3. Pessoas jurídicas de direito privado estatais

(Defensor Público/AC – 2012 – CESPE) Com relação a empresas públicas e sociedades de economia mista, assinale a opção correta.

(A) Empresas públicas possuem personalidade jurídica de direito público.
(B) A existência legal de uma empresa pública inicia-se com a edição da lei que autoriza sua criação.
(C) Uma ação de reparação de danos materiais contra o Serviço Federal de Processamento de Dados (SERPRO) deve tramitar em uma das varas cíveis da justiça comum estadual.
(D) Admite-se participação de capital privado na constituição de empresa pública.
(E) A única forma jurídica admitida para a composição de sociedade de economia mista é a sociedade anônima.

A: incorreta, pois possuem personalidade jurídica de direito privado (art. 5.º, II, do Dec.-lei 200/1967); **B:** incorreta, pois se inicia com o arquivamento de seus atos constitutivos no registro público competente; **C:** incorreta, pois o SERPRO é uma empresa pública federal e, como tal, tem foro na Justiça Federal (art. 109, I, da CF); **D:** incorreta, pois a empresa pública tem capital exclusivamente público; **E:** correta, pois, de fato, a sociedade de economia mista só pode ter a forma jurídica de sociedade anônima (art. 5.º, III, do Dec.-lei 200/1967).

Gabarito "E".

(Defensor Público/AL – 2009 – CESPE) Julgue o seguinte item.

(1) Na esfera federal, a empresa pública pode ser constituída sob a forma de sociedade unipessoal, que tem por órgão necessário a assembleia geral, por meio da qual se manifesta a vontade do Estado.

1: correta, pois é possível que se constitua uma empresa pública com capital exclusivo da União (art. 5º, II, do Dec-lei 200/1967); ademais, a assembleia geral é considerada órgão necessário (art. 26, parágrafo único, *b*, do Dec.-lei 200/1967).

Gabarito 1C

(Defensor Público/PA – 2006 – UNAMA) Analise as seguintes afirmações sobre as entidades da Administração Indireta:

I. Uma Empresa Pública Federal admite a participação de uma Sociedade de Economia Mista Estadual na composição de seu capital.
II. Uma Sociedade de Economia Mista Federal tem suas ações processadas e julgadas na Justiça Federal.
III. O Regime de Pessoal das Autarquias, das Empresas Públicas e das Sociedades de Economia Mista poderá ser estatutário ou celetista, conforme o que a Lei estabelecer.
IV. Os bens das Empresas Públicas Federais são considerados como privados.

Somente é correto o que se afirma em:

(A) I e II.
(B) I e IV.
(C) II e IV.
(D) II e III.

I: correta, pois existe previsão expressa nesse sentido no art. 5º do Dec.-lei 900/1969 ("Desde que a maioria do capital votante permaneça de propriedade da União, será admitida, no capital da Empresa Pública (art. 5º, inciso II, do Decreto-lei 200/1967), a participação de outras pessoas jurídicas de direito público interno *bem como de entidades da Administração Indireta da União, dos Estados, Distrito Federal e Municípios*" – g.n.); **II:** incorreta, pois o art. 109, I, da CF, quanto às empresas estatais federais, só faz referências às empresas públicas federais como empresas que estão submetidas à Justiça Federal, não havendo referência nesse sentido quanto às sociedades de economia mista federal; **III:** incorreta, pois o art. 182 do Dec.-lei 200/1967 determina que o regime das empresas estatais seja celetista; quanto às entidades autárquicas, o dispositivo assevera que o Executivo fixará o regime jurídico aplicável, que, como sabemos, em regra é estatutário; **IV:** correta, pois bens públicos são os pertencentes às pessoas jurídicas de *direito público* (art. 98 do CC), e as empresas públicas são pessoas jurídicas de direito *privado* estatais.

Gabarito "B".

4.4. Entes de cooperação

(Defensor Público/AM – 2013 – FCC) As Organizações Sociais são pessoas jurídicas de direito privado, qualificadas pelo Poder Executivo, nos termos da Lei Federal nº 9.637/1998, com vistas à formação de parceria para execução de atividades de interesse público. NÃO está entre as características das Organizações Sociais, nos termos da referida lei,

(A) a necessidade de aprovação de sua qualificação, por meio de ato vinculado do Ministro ou titular de órgão supervisor ou regulador da área de atividade correspondente ao seu objeto social e do Ministro do Planejamento, Orçamento e Gestão.
(B) a previsão de participação, no órgão colegiado de deliberação superior, de representantes do Poder Público e de membros da comunidade, de notória capacidade profissional e idoneidade moral.
(C) a proibição de distribuição de bens ou de parcela do patrimônio líquido em qualquer hipótese, inclusive em razão de desligamento, retirada ou falecimento de associado ou membro da entidade.
(D) o desempenho de atividades relacionadas a pelo menos um dos seguintes campos: ensino, pesquisa científica, desenvolvimento tecnológico, proteção e preservação do meio ambiente, cultura e saúde.
(E) a atuação com finalidade não lucrativa, com a obrigatoriedade de investimento de seus excedentes financeiros no desenvolvimento das próprias atividades.

A: assertiva correta, pois essa não é característica de uma OS, já que o segundo ministério envolvido na aprovação da qualificação não é o do Planejamento, mas da Administração Federal e Reforma do Estado (art. 2.º, II, da Lei 9.637/1998); **B:** assertiva incorreta, pois essa é uma característica de uma OS (art. 2.º, I, "d", da Lei 9.637/1998); **C:** assertiva incorreta, pois essa é uma característica de uma OS (art. 2.º, I, "h", da Lei 9.637/1998); **D:** assertiva incorreta, pois essa é uma característica de uma OS (art. 1.º da Lei 9.637/1998; **E:** assertiva incorreta, pois essa é uma característica de uma OS (art. 2.º, I, "b" da Lei 9.637/1998.

Gabarito "A".

(Defensoria/SE – 2006 – CESPE) Julgue o item seguinte.

(1) As organizações sociais são entidades colaboradoras do poder público, em atividades relacionadas a ensino, pesquisa científica, desenvolvimento tecnológico, proteção e preservação do meio ambiente, cultura, saúde, entre outros, atendidos os requisitos previstos em lei.

A assertiva enumera algumas das atividades desempenhadas pelas organizações sociais (Art. 1º da Lei 9.637/1998). É necessário frisar que as organizações sociais, enquanto entidades de direito privado em colaboração com o poder público, apenas prestam serviços sociais (ou atividades de interesse coletivo) não privativos das pessoas políticas. Com a atuação das organizações sociais, o Estado busca, ao mesmo tempo, aumentar a prestação de dados serviços tidos como de alta demanda, e desonerar os cofres públicos.

Gabarito 1C

5. Servidores Públicos

5.1. Conceito e classificação

(Defensor Público/GO – 2010 – I. Cidades) O servidor público é

(A) espécie de agente da Administração Pública, em exercício de função honorífica, ainda que fora da estrutura da administração.
(B) espécie do gênero dos agentes políticos, perante os quais atua sempre subordinadamente.
(C) pessoa natural ocupante de cargo ou emprego na Administração Pública sob relação de dependência e profissionalidade, ainda que temporária.

(D) espécie de função contida nos quadros da Administração Pública.
(E) espécie de agente que atua somente na Administração Direta brasileira.

A: incorreta, pois o servidor público é uma espécie de *agente público* e ponto; não é espécie de *agente público no exercício de função honorífica* (aliás, os agentes honoríficos são também espécies de agentes públicos, mas que não se confundem com os servidores públicos), nem estão fora da estrutura da administração; **B:** incorreta, pois o servidor público é espécie de agente público, e não espécie de agente político; aliás, as espécies de agentes públicos são as seguintes: agentes políticos, agentes administrativos (incluem os servidores públicos), agentes honoríficos, agentes delegados e agentes credenciados; **C:** correta, pois traz a exata definição de servidor público; **D:** incorreta, pois os servidores públicos não são "função", mas são "pessoas naturais" que exercem uma função; **E:** incorreta, pois tais agentes também atuam na Administração Indireta.

Gabarito "C"

(Defensoria/MT – 2007) As pessoas que prestam serviços à Administração Pública ou realizam atividades de sua responsabilidade, são denominadas agentes públicos. Sobre o tema, assinale a afirmativa correta.

(A) Podem os agentes temporários ocupar cargo ou emprego público, contudo, não desempenham função.
(B) Os militares não são compreendidos como agentes públicos.
(C) Os Ministros de Estado são considerados agentes governamentais.
(D) Dois são os requisitos caracterizadores do agente público: investidura em função pública e natureza pública da função.
(E) Os agentes de colaboração ocupam cargo e emprego público, enquanto prestam serviço à Administração Pública.

A: incorreta, pois os agentes temporários devem ser contratados pelo regime celetista, mediante contrato de trabalho por prazo determinado, de modo que é incorreto dizer que podem ocupar cargo público, cujo regime é estatutário; **B:** incorreta, pois os militares são agentes públicos do tipo agentes administrativos; **C:** incorreta, pois os ministros são agentes políticos; **D:** correta, pois, de fato, agente público é o que exerce uma função pública, investido dessa função; **E:** incorreta, pois os agentes em colaboração com o Poder Público (agentes delegados e agentes credenciados), apesar de exercerem função pública, não ocupam cargo ou emprego público; são exemplos os tabeliães e registradores.

Gabarito "D"

5.2. Vínculos (cargo, emprego e função)

(Defensor Público/AM – 2010 – I. Cidades) A partir da edição da Emenda Constitucional 19/1998 houve restrição à subjetividade do gestor público no provimento dos cargos e atribuições de funções de confiança. Decorre dessa norma:

(A) ser o titular de cargo em comissão ou função de confiança necessariamente detentor de cargo efetivo.
(B) a obrigatoriedade das funções de confiança só serem preenchidas por titulares de cargo efetivo.
(C) a exigência de provimento do cargo em comissão apenas por servidores de carreira.
(D) a obrigatoriedade de seleção para atribuição de cargos em comissão ou funções de confiança.
(E) ser essas espécies de provimento privativas do Chefe do Poder Executivo.

A: incorreta, pois essa obrigatoriedade sem exceções só existe em relação à função em confiança (art. 37, V, da CF); **B:** correta, conforme mencionado na alternativa "A" (art. 37, V, da CF); **C:** incorreta, pois, quanto ao cargo em comissão, a lei especificará o percentual mínimo desses cargos que deve ser provido por servidores de carreira; assim, uma parcela desses cargos será, necessariamente, provida por servidores de carreira, mas a outra parcela será preenchida por pessoas que sequer detêm cargos públicos; **D:** incorreta, pois não é necessário concurso público ou processo seletivo para atribuição de cargos em comissão ou funções em confiança (art. 37, II, da CF); **E:** incorreta, pois, em cada ente, há normas específicas dispondo sobre quem é autoridade que tem competência para o provimento desse cargo, ou seja, para nomear alguém para um cargo em comissão; essa competência pode ser atribuída ao Chefe do Executivo, aos Secretários e Ministros e a outras autoridades, de acordo com a lei local.

Gabarito "B"

(Defensor Público/AL – 2009 – CESPE) Julgue o seguinte item.

(1) A CF confere aos entes federativos a competência para adotar, quanto aos agentes públicos, regimes jurídicos diversificados, com a ressalva das carreiras por ela institucionalizadas.

1: incorreta. O STF, em 2007, deferiu medida cautelar, com efeitos retroativos, restabelecendo a eficácia da redação original do art. 39, *caput*, da CF, que previa o regime jurídico único; porém, segundo a doutrina preponderante, a exigência de regime jurídico único, que consta da redação original do art. 39, *caput*, da CF significa que não é possível haver mais de um estatuto de funcionário público para reger os servidores com cargo público na Administração Direta e Indireta; há de existir um estatuto de funcionário público único; no entanto, para reger os servidores com emprego público a CLT continuará sendo utilizada.

Gabarito 1E

(Defensoria Pública da União – 2002 – CESPE) Julgue o seguinte item.

(1) O retorno do regime celetista ao serviço público, por força da Emenda Constitucional n.º 19, de 1998, permitirá que um município adote esse regime para todas as funções públicas exercidas em seu âmbito, abolindo, totalmente, o regime estatutário.

1: errado, pois o STF já se pronunciou no sentido de que funções típicas de Estado devem ser exercidas por servidores estatutários; vale salientar que o STF, em 2007, deferiu medida cautelar, com efeitos retroativos, restabelecendo a eficácia da redação original do art. 39, *caput*, da CF, que previa o regime jurídico único; porém, segundo a doutrina preponderante, a exigência de regime jurídico único, que consta da redação original do art. 39, *caput*, da CF, significa que não é possível haver mais de um estatuto de funcionário público para reger os servidores com cargo público na Administração Direta e Indireta; há de existir um estatuto de funcionário público único; no entanto, para reger os servidores com emprego público a CLT continuará sendo utilizada.

Gabarito 1E

(Defensoria Pública da União – 2002 – CESPE) Julgue o seguinte item.

(1) Considera-se ilícita a criação do cargo público, de provimento, em comissão, de motorista do prefeito municipal, por motivo de reforma administrativa no âmbito de uma prefeitura municipal.

1: correta, pois a criação de cargo em comissão depende de lei e só pode se dar para atribuições de assessoria, chefia e direção (art. 37, V, da CF), o que não é o caso de um motorista.

Gabarito 1C

5.3. Provimento

(Defensoria Pública da União – 2007 – CESPE) Julgue o item a seguir.

(1) Paulo, servidor público federal, detentor de cargo efetivo de auditor fiscal da previdência social, já havia adquirido a estabilidade no serviço público quando foi aprovado em concurso público para o cargo de analista do TCU, no qual tomou posse, assumindo a função em 15/01/2007. Nessa situação, conforme jurisprudência dos tribunais superiores, Paulo pode requerer a sua recondução ao cargo que ocupava anteriormente até 15/01/2009, mesmo sendo bem avaliado no estágio probatório em curso.

Os tribunais vêm interpretando ampliativamente o disposto no art. 29 da Lei 8.112/1990, com base no princípio da isonomia, para permitir a recondução não só do que não foi aprovado no estágio probatório de novo cargo, como também daquele que foi bem no estágio probatório do novo cargo e deseja ser reconduzido ao cargo de origem (STF, MS 24.271, DJ 20/09/02, e STJ, REsp 817.061/RJ, DJ 04/08/2008).

Gabarito 1C

(Defensor Público/BA – 2006) Acerca dos "Agentes Administrativos", analise as assertivas abaixo para responder a questão:

I. A regra constitucional de proibição de acúmulo de cargos para servidores públicos não se estende às empresas públicas e às sociedades de economia mista porque estas se sujeitam ao regime jurídico das empresas privadas.
II. Aos servidores titulares de cargos efetivos da Administração Pública é assegurado regime previdenciário próprio, ao qual não

se admite qualquer ressalva quanto à vedação de adoção de requisitos e critérios diferenciados para concessão de aposentadoria.

III. Extinto o cargo ou declarada sua desnecessidade, o servidor estável ficará em disponibilidade, com remuneração proporcional ao tempo de serviço, até seu adequado aproveitamento em outro cargo.

IV. A investidura do servidor público se dá com a posse e, a entrada em exercício, em 15 (quinze) dias, contados da data em que aquela ocorreu.

Observa-se que:

(A) Todas são incorretas
(B) Somente uma é correta.
(C) Existem apenas duas corretas.
(D) Existem apenas três corretas
(E) Todas são corretas.

I: incorreta, pois tal regra se estende sim às empresas estatais (art. 37, XVII, da CF): **II:** incorreta, pois se admite a adoção de requisitos e de critérios diferenciados para a concessão de aposentadoria dos servidores públicos nos casos elencados nos incisos do § 4º do art. 40 da CF; **III:** correta (art. 41, § 3º, da CF); **IV:** correta (art. 15, § 1º, da Lei 8.112/90).

Gabarito "C"

(Defensoria/RN – 2006) A investidura do servidor em cargo de atribuições e responsabilidades compatíveis com a limitação que tenha sofrido em sua capacidade física ou mental verificada em inspeção médica é denominada

(A) reintegração.
(B) reversão.
(C) readaptação.
(D) recondução.

Na esfera federal a readaptação está prevista no art. 24 da Lei 8.112/1990.

Gabarito "C"

(Defensoria Pública da União – 2004 – CESPE) Julgue o seguinte item.

(1) Se um servidor público for aposentado por invalidez e, posteriormente, junta médica oficial descobrir que insubsistem as razões da aposentadoria, o retorno do servidor à atividade, nesses casos, denomina-se aproveitamento. Nessa situação, o provimento do servidor no cargo pode ocorrer naquele anteriormente ocupado ou no cargo resultante de eventual transformação.

1: errado, pois o nome do provimento, no caso, é *reversão* (art. 25, I, da Lei 8.112/1990), e não *aproveitamento*; no mais, a segunda parte do item traz informação verdadeira (art. 25, § 1º, da Lei 8.112/1990).

Gabarito 1E

5.4. Acessibilidade e concurso público

(Defensor Público/AM – 2010 – I. Cidades) Sabe-se que o concurso público é obrigatório para admissão de servidores na Administração Pública, podendo deixar de ser exigido em algumas situações, citando-se entre elas:

(A) contratação sob regime celetista em empresas estatais.
(B) contratação sob regime estatutário nas autarquias públicas.
(C) contratação por tempo determinado, para atender a necessidade temporária de excepcional interesse público.
(D) servidor transposto de uma carreira para outra.
(E) admissão de servidor já submetido a concurso anterior para outro cargo.

A regra é o princípio do concurso público, que vale para cargo público (regime estatutário), como para emprego público (regime celetista), bem como para qualquer mudança que um servidor queira fazer de uma carreira para outra carreira. A exceção é a contratação para atender a necessidade temporária de excepcional interesse público, que não requer concurso público (art. 37, IX, da CF); no plano federal, a questão é regulamentada pela Lei 8.745/1993, que, em seu art. 3º, dispõe que a contratação se dará por meio de processo seletivo simplificado, e não por concurso público. Em cada ente político há de se ter uma lei local tratando do assunto.

Gabarito "C"

5.5. Efetividade, estabilidade e vitaliciedade

(Defensor Público/GO – 2010 – I. Cidades) Sobre o prazo do estágio probatório a ser cumprido pelos servidores nomeados após aprovação em concurso público, de acordo com a jurisprudência do Supremo Tribunal Federal, e doutrina majoritária, após a edição da EC 19/1998, este teria passado a ser

(A) de um ano.
(B) de dois anos.
(C) de três anos.
(D) de quatro anos.
(E) de cinco anos.

O STF e o STJ entendem, atualmente, que, com a EC 19/1998, que aumentou para 3 anos o tempo de exercício para a aquisição da estabilidade, o estágio probatório também passou a ser de 3 anos, ainda que o estatuto local tenha redação dispondo que o prazo é de 2 anos ou 24 meses. Nesse sentido, confira os precedentes do STF (STA 269 AgR, DJ 26.02.2010) e do STJ (MS 12.523/DF, 18.08.2009).

Gabarito "C"

(Defensor Público/PA – 2006 – UNAMA) Assinale a alternativa correta sobre a estabilidade dos servidores públicos:

(A) Não pode haver efetividade sem estabilidade.
(B) A estabilidade prevista no art. 19 dos Atos das Disposições Constitucionais Transitórias alcançou todos os servidores públicos civis que estivessem, há pelo menos cinco anos, na data da promulgação da Constituição Federal.
(C) O Ato de exoneração de servidor em estágio probatório prescinde de formalidades legais de apuração de sua capacidade.
(D) Pode haver estabilidade sem efetividade.

A: incorreta, pois a efetividade é característica própria do cargo efetivo; significa que esse cargo é provido com intuito de permanência de seu ocupante, e não como algo transitório, como se dá no cargo em comissão; já a estabilidade é algo que acontecerá posteriormente e desde que cumpridos importantes requisitos (3 anos de efetivo exercido e aprovação em avaliação especial de desempenho); assim, pode haver efetividade, sem que haja, ainda, estabilidade; **B:** incorreta, pois alcançou apenas os servidores públicos dos entes políticos e das demais pessoas jurídicas de direito público, não se aplicado às pessoas jurídicas de direito privado estatais; **C:** incorreta, pois tal ato depende de respeito ao devido processo legal; nos termos do que vem decidindo o STF e o STJ, o direito ao contraditório e à ampla defesa deve ser respeitado em todos os processos administrativos, mesmo naqueles que digam respeito ao estágio probatório de um servidor ainda não estável; vide também a Súmula 21 do STF ("Funcionário em estágio probatório não pode ser exonerado nem demitido sem inquérito ou sem as formalidades legais de apuração de sua capacidade"); **D:** correta; de acordo com a Súmula 390 do TST, o servidor público celetista das pessoas jurídicas de direito público (administração direta, autárquica e fundacional) é beneficiário da estabilidade, ao passo que o servidor público celetista das pessoas jurídicas de direito privado, como é o caso da empresa pública, não é beneficiário da estabilidade prevista no art. 41 da CF; assim, a estabilidade não depende da efetividade (ou seja, da existência de cargo efetivo), aplicando-se, excepcionalmente, a empregados públicos (celetistas) das pessoas jurídicas de direito público.

Gabarito "D"

5.6. Acumulação remunerada e afastamento

(Defensor Público/RO – 2007) Segundo regra expressa da Constituição Federal, havendo compatibilidade de horários, o servidor público da administração direta, uma vez eleito, poderá perceber as vantagens de seu cargo sem prejuízo da remuneração do seu cargo eletivo. Tal preceito se aplica ao servidor que vai entrar em exercício de mandato eletivo, exclusivamente, de:

(A) senador.
(B) prefeito.
(C) vereador.
(D) deputado federal.
(E) deputado estadual.

Art. 38, III, da CF.

Gabarito "C"

(Defensoria/MG – 2006) A Constituição da República Federal proíbe o exercício simultâneo remunerado de cargos, funções e empregos públicos, mas prevê as exceções seguintes:

(A) Dois cargos de professor; um cargo de professor com outro técnico ou cientifico; dois cargos ou empregos privativos de profissionais de saúde, com profissões regulamentadas; dois cargos técnicos em universidades federais; cargo de juiz e um cargo de magistério; um cargo no ministério público e um de magistério.

(B) Dois cargos de professor; um cargo de professor com outro técnico ou científico; dois cargos ou empregos privativos de profissionais de saúde, com profissões regulamentadas; cargos de juiz e um cargo de magistério; um cargo no Ministério Público e um de magistério.

(C) Dois cargos de professor; um cargo de professor com outro técnico ou científico; dois cargos de dedicação exclusiva como professor em universidades federais distintas; dois cargos ou empregos privativos de profissionais de saúde, com profissões regulamentadas; cargo de juiz e um cargo de magistério; um cargo no Ministério Público e um de magistério.

(D) Dois cargos de professor; um cargo de professor com outro técnico ou científico; dois cargos e empregos privativos de profissionais de saúde, com profissões regulamentadas; dois cargos técnicos em entes federativos diferentes; cargos de juiz e um cargo de magistério; um cargo no Ministério Público e um de magistério.

(E) Um cargo de juiz e um cargo de magistério; um cargo no Ministério Público e um de magistério; dois cargos de professor; um cargo técnico e outro de mandato eletivo federal ou estadual; um cargo de professor com outro técnico ou científico; dois cargos ou empregos privativos de profissionais de saúde, com profissões regulamentadas.

A alternativa "B" está certa, nos termos dos seguintes dispositivos, respectivamente: art. 37, XVI, *a*, *b* e *c*, da CF; art. 95, parágrafo único, I, da CF; art. 128, § 5º, II, *d*, da CF.

Gabarito "B"

(Defensoria Pública da União – 2002 – CESPE) Julgue o seguinte item.

(1) Considere a seguinte situação hipotética: José, que é procurador da República aposentado, exerce o magistério superior em instituição privada de ensino e está inscrito no presente concurso público para o cargo de Defensor Público da União. Nessa situação, se José for aprovado, será legal o seu exercício no novo cargo público.

1: incorreta, pois não é possível, como regra, acumular proventos de aposentadoria (no caso, de Procurador da República), com remuneração de cargo público (no caso, de Defensor Público da União), conforme o disposto no § 10 do art. 37 da CF. Esse tipo de acumulação só é possível quanto aos cargos acumuláveis na atividade (ex: dois cargos de professor) ou quando se acumula aposentadoria com remuneração ou subsídio de cargo em comissão ou de cargo eletivo.

Gabarito 1E

5.7. Remuneração e subsídio

(Defensor Público/ES – 2012 – CESPE) Acerca das regras constitucionais aplicáveis a administração pública, julgue os itens que se seguem.

(1) A investidura em cargo ou emprego público, incluindo-se os cargos em comissão, depende, de acordo com disposição expressa da CF, da aprovação previa em concurso público de provas ou provas e títulos.

(2) Em decorrência de expressa vedação legal, os membros da DP não podem ser remunerados por subsidio, já que o recebimento desse tipo de remuneração violaria o regime jurídico-administrativo aplicável a instituição.

(3) De acordo com a CF, as parcelas de caráter indenizatório previstas em lei não são computadas para efeito de cumprimento do teto constitucional da remuneração dos servidores públicos.

1: incorreta, pois a investidura em cargo em comissão independe de concurso público, pois esse cargo é de livre nomeação (art. 37, II, da CF), também chamados de cargo demissível ad nutum; **2:** incorreta, pois os defensores públicos devem ser remunerados por subsídio por força de expressa determinação constitucional (art. 135 c/c art. 39, § 4.º, da CF); **3:** correta (art. 37, § 11, da CF).

Gabarito 1E, 2E, 3C

(Defensor Público/AL – 2009 – CESPE) Acerca dos servidores públicos, julgue o item abaixo.

(1) É vedada a vinculação ou equiparação de quaisquer espécies remuneratórias para efeito de remuneração de pessoal do serviço público.

1: correta (art. 37, XIII, da CF).

Gabarito 1C

(Defensor Público/AL – 2009 – CESPE) Julgue o seguinte item.

(1) Os DPs e os servidores públicos organizados em carreira devem ser, obrigatoriamente, remunerados por subsídios.

1: errada, pois os defensores públicos devem receber pela sistemática do subsídio (art. 135 c/c art. 134 da CF), mas nem todos os servidores em carreira devem, obrigatoriamente, receberem por essa sistemática; há casos expressos na Constituição (exs.: arts. 39, § 4º, e 144, § 9º, da CF) e, quanto aos demais servidores de carreira, não há *obrigatoriedade* de adoção dessa sistemática, mas apenas *possibilidade* dessa adoção (art. 39, § 8º, da CF).

Gabarito 1E

(Defensoria Pública da União – 2002 – CESPE) Julgue o seguinte item.

(1) A remuneração sob a forma de subsídio alcança, obrigatoriamente, os membros de Poder de qualquer das esferas federativas, bem como os integrantes das carreiras de Procurador do Estado e os membros da Advocacia da União, sendo facultativa sua adoção para os demais servidores organizados em carreiras.

1: errada, pois há outras carreiras em que a adoção do subsídio é obrigatória, como a dos membros do Ministério Público e a dos Policiais; quanto às demais carreiras cuja adoção do subsídio não é providência imposta expressamente pela Constituição, o art. 39, § 8º, da CF permite que essa sistemática de pagamento em parcela única (subsídio) seja adotada.

Gabarito 1E

5.8. Previdência do servidor: aposentadoria, pensão e outros benefícios

(Defensor Público/GO – 2010 – I. Cidades) De acordo com a atual ordem constitucional, aos servidores públicos ocupantes de cargos efetivos é assegurado regime próprio de previdência de caráter contributivo. É direito decorrente desse regime

(A) em algumas hipóteses, a paridade de proventos com vencimentos de servidores em atividade com base nas regras de transição.

(B) a aposentadoria proporcional por idade para a mulher que complete no mínimo 55 anos.

(C) a aposentadoria por invalidez, desde que cumprido o tempo mínimo de contribuição.

(D) a aposentadoria proporcional por tempo de serviço-contribuição, desde que a servidora ou o servidor completem, respectivamente, no mínimo, 25 e 30 anos de contribuição.

(E) a aposentadoria proporcional por idade para o homem a partir dos 60 anos.

A: correta (ex.: art. 3º, § 3º, da EC 20/1998); **B:** incorreta, pois a idade mínima para a mulher, no caso, é de 60 anos (art. 40, § 1º, III, *b*, da CF); **C:** incorreta, pois, nesse caso, não há tempo mínimo de contribuição (art. 40, § 1º, I, da CF); **D:** incorreta, pois não há esse requisito na aposentadoria proporcional, mas apenas requisito de idade (60 anos para mulher e 65 anos para homem), bem como tempo mínimo de serviço público de 10 anos e 5 anos no cargo efetivo em que se dará a aposentadoria (art. 40, § 1º, III, *b*, da CF); **E:** incorreta, pois a idade mínima para o homem, no caso, é de 65 anos (art. 40, § 1º, III, *b*, da CF).

Gabarito "A"

(Defensor Público/BA – 2006) Segundo estabelece a Emenda 41 à Constituição Federal, de 19 de dezembro de 2003:

I. A remuneração e o subsídio dos ocupantes de cargos públicos da administração direta, dos membros de qualquer dos Poderes da União, dos Estados, do Distrito Federal e dos Municípios, não poderão exceder o subsídio mensal, em espécie, dos Ministros do Supremo Tribunal Federal, aplicando-se como limite, nos Municípios, o subsídio do Prefeito.

II. Aos servidores titulares de cargos efetivos dos Municípios é assegurado regime de previdência de caráter contributivo e solidário, mediante contribuição do respectivo ente público, dos servidores ativos e inativos e dos pensionistas, observados critérios que preservem o equilíbrio financeiro e atuarial.

III. Aos pensionistas dos militares dos Estados, do Distrito Federal e dos Territórios aplica-se o que for fixado em lei específica do respectivo ente estatal.

Analisando as assertivas acima, verifica-se que:

(A) Todas estão corretas.
(B) Apenas a I está correta.
(C) Apenas a II está correta.
(D) Apenas a III está correta.
(E) Apenas I e II estão corretas.

I: correta (art. 37, XI, da CF); **II:** correta (art. 40, *caput*, da CF); **III:** correta (art. 42, § 2º, da CF).

Gabarito "A".

5.9. Direitos do servidor público

(Defensoria Pública da União – 2002 – CESPE) Julgue o seguinte item.

(1) Ao servidor ocupante de cargo público, é garantida a proteção do respectivo salário, na forma da lei, sendo crime a sua retenção dolosa.

1: errada, pois o servidor realmente tem a proteção mencionada, não podendo haver retenção de seu salário fora dos casos admitidos em lei (art. 45 da Lei 8.112/1990); porém, não há hipótese de incidência de crime no caso mencionado.

Gabarito 1E

5.10. Infrações e processos disciplinares. Comunicabilidade de instâncias

(Defensor Público/GO – 2010 – I. Cidades) De acordo com a jurisprudência sumulada do Supremo Tribunal Federal, admite-se a responsabilidade do servidor na esfera administrativa quando já absolvido na esfera penal

(A) havendo remanescente administrativo.
(B) pela repercussão obrigatória da decisão penal.
(C) por negativa de autoria.
(D) por ficar comprovado que não houve o fato imputado ao acusado.
(E) pela teoria da comunicabilidade das instâncias.

A alternativa "A" está correta, nos termos da Súmula 18 do STF, que dispõe que, "pela falta residual, não compreendida na absolvição pelo juízo criminal, é admissível a punição administrativa do servidor público".

Gabarito "A".

(Defensoria Pública/SP – 2010 – FCC) De acordo com a Súmula Vinculante nº 5 do Supremo Tribunal Federal, no processo administrativo disciplinar

(A) o acusado deve ser defendido por advogado regularmente constituído, caso não possua capacidade postulatória.
(B) a demissão imposta a bem do serviço público deve ser submetida a prévio controle de legalidade pelo Poder Judiciário.
(C) a falta de defesa técnica por advogado não ofende a Constituição Federal.
(D) a presença de advogado em todas as fases de processo administrativo disciplinar é obrigatória.
(E) a ausência de defesa por advogado acarreta a nulidade absoluta, se não for sanada antes da fase de julgamento.

Segundo a Súmula Vinculante nº 5 do STF, "a falta de defesa técnica por advogado no processo administrativo disciplinar não ofende a Constituição".

Gabarito "C".

(Defensoria/SP – 2007 – FCC) Com referência à responsabilidade do funcionário público, assinale a alternativa INCORRETA.

(A) Pela falta residual, não compreendida na absolvição pelo juízo criminal, é admissível a punição administrativa do servidor público.
(B) A responsabilidade administrativa do servidor denunciado por ilícito penal será afastada no caso de absolvição criminal que negue a existência do fato ou da sua autoria.
(C) A administração pública não necessita aguardar a conclusão do processo criminal, para iniciar e concluir o procedimento administrativo-disciplinar, aplicando a pena que a lei autorizar.
(D) A responsabilidade objetiva do Estado se verifica mesmo em relação aos atos do servidor praticados fora das funções públicas.
(E) Ainda que haja o ressarcimento integral do dano, é vedada a transação, o acordo ou a conciliação na ação de improbidade, de que trata a Lei n.º 8.429/1992.

A: correta (Súmula 18 do STF); **B:** correta (art. 126 da Lei 8.112/1990); **C:** correta (arts. 125 e 126 da Lei 8.112/1990); **D:** incorreta (art. 37, § 6º, da CF – "nessa qualidade"); **E:** correta (art. 17, § 1º, da Lei 8.429/1992).

Gabarito "D".

(Defensoria/SE – 2006 – CESPE) Julgue o item seguinte.

(1) Um servidor público federal foi demitido, por meio de processo administrativo disciplinar, por ter praticado crime de peculato e por ter exercido o cargo em proveito pessoal, em detrimento da dignidade da função pública. No entanto, na esfera penal, foi absolvido por falta de provas. Nessa situação, o servidor deve ser reintegrado no seu cargo público, já que a decisão na esfera penal estende os seus efeitos à decisão administrativa.

A absolvição por falta de provas não gera esse efeito (art. 126 da Lei 8.112/1990).

Gabarito 1E

5.11. temas combinados de agentes públicos

(Defensor Público/PR – 2012 – FCC) Sobre o regime jurídico aplicável aos servidores públicos é correto afirmar:

(A) A Constituição Federal impõe a obrigatoriedade do concurso público de provas e títulos e veda a contratação temporária de pessoal.
(B) Pelo regime imposto pela Emenda Constitucional 19/1998 os vencimentos dos servidores públicos em geral passaram a ser chamados de subsídios.
(C) A acumulação de dois cargos públicos remunerados de professor é admitida se houver compatibilidade de horários, sendo que a soma das remunerações deve respeitar o teto remuneratório.
(D) Os preceitos constitucionais que asseguram o direito de greve e o direito de associação sindical dos servidores públicos são de eficácia contida.
(E) A aposentadoria compulsória dá-se por presunção de invalidez aos 70 anos de idade para os homens e aos 65 anos de idade para as mulheres.

A: incorreta, pois há exceção à regra da obrigatoriedade do concurso público; no provimento de cargo em comissão (art. 37, II, da CF) e, quanto à contratação temporária de pessoal, há previsão constitucional do instituto, em caso de necessidade temporária de excepcional interesse público (art. 37, IX, da CF); **B:** incorreta, pois a Constituição enumera os tipos de servidores que receberão por meio de subsídios (ex: art. 39, §4.°, da CF) e permite que outros servidores organizados em carreira também recebam pela modalidade subsídio (art. 39, §8.º, da CF); assim, cargos isolados em que a CF não menciona a remuneração por subsídio e cargos em carreira em que a lei ainda não fixou o subsídio como forma de remuneração não estão nesse regime, de maneira que é inoportuno afirmar que os servidores em geral devem receber via subsídio; **C:** correta (art. 37, XVI, "a", da CF); **D:** incorreta, pois o direito à livre associação sindical não pode sofrer restrição legal, sob pena de não ser "livre"; já quanto ao direito de greve, a princípio tem eficácia limitada, ou seja, depende de regulamentação para poder ser exercitado; todavia, tendo em vista a mora abusiva do Legislativo em elaborar a lei de greve para o setor público, o STF, suprindo essa lacuna, autorizou a greve de servidores (Mandado de Injunção – MI 670, 708 e 712 do STF), obedecendo-se aos preceitos da lei de greve para o setor privado; **E:** incorreta, pois a aposentadoria compulsória não presume a invalidez do servidor; ademais, ela se dá aos 70 anos tanto para o homem, como para a mulher (art. 40, § 1.º, II, da CF).

Gabarito "C"

6. Improbidade Administrativa

6.1. Conceito, modalidades, tipificação e sujeitos ativo e passivo

(Defensor Público/RO – 2012 – CESPE) Assinale a opção correta a respeito da improbidade administrativa.

(A) Comprovado ato de improbidade que cause prejuízo ao erário, o agente público acusado do ato poderá ser condenado a pena de suspensão dos direitos políticos pelo prazo de até dez anos.
(B) Segundo a doutrina majoritária, a probidade administrativa tem natureza de direito individual homogêneo.
(C) O sujeito passivo de ato de improbidade administrativa restringe-se à pessoa jurídica de direito público atingida pelo ato.
(D) Pratica ato de improbidade administrativa o agente público que adquire, para si ou para outrem, no exercício do cargo ou função pública, bens cujo valor seja desproporcional à evolução do respectivo patrimônio ou renda.
(E) Não restando configurado prejuízo financeiro para o ente público e, portanto, ausente a lesão ao patrimônio público, não há de se falar em eventual ato de improbidade administrativa.

A: incorreta, pois a suspensão dos direitos políticos, no caso, é regulada pelo art. 12, II, da Lei 8.429/1992, que estabelece o prazo de 5 a 8 anos para a sua fixação; **B:** incorreta, pois é um direito difuso, autorizando, assim, a atuação irrestrita do Ministério Público; **C:** incorreta, pois também são sujeitos passivos desse ato as entidades mencionadas pelo art. 1.º, caput e § Único., da Lei 8.429/1992, tais como as demais entidades da administração indireta que não forem de direito público (sociedades de economia mista, empresas públicas, consórcios públicos de direito privado e fundações governamentais de direito privado), as empresas incorporadas ao patrimônio público, as entidades para cuja criação ou custeio o erário haja concorrido ou concorra com mais de 50% do patrimônio ou receita anual e também as entidades que recebam subvenção, benefício ou incentivo, fiscal ou creditício, na forma do dispositivo citado; **D:** correta (art. 9.º, VII, da Lei 8.429/1992); **E:** incorreta, pois as modalidades enriquecimento ilícito (art. 9.º da Lei 8.429/1992) e ofensa a princípios (art. 11 da Lei 8.429/1992) não reclamam prejuízo ao erário para se configurar; ademais, o art. 21, I, da Lei 8.429/1992 dispõe que a aplicação das sanções da Lei 8.429/1992 independem da ocorrência de dano ao erário.

Gabarito "D"

(Defensor Público/AL – 2009 – CESPE) Julgue o seguinte item.

(1) Negar publicidade aos atos oficiais constitui ato de improbidade administrativa que causa lesão ao erário.

1: errada, pois o fato narrado constitui ato de improbidade administrativa que "atenta contra princípios da administração pública" (art. 11, IV, da Lei 8.429/1992).

Gabarito 1E

(Defensoria/MT – 2009 – FCC) Considere três diferentes atos praticados por agente público:

I. negar publicidade aos atos oficiais;
II. agir negligentemente na arrecadação de tributo ou renda, bem como no que diz respeito à conservação do patrimônio público;
III. perceber vantagem econômica para intermediar a liberação ou aplicação de verba pública de qualquer natureza.

Em tese, por força do disposto na Lei nº 8.429/1992, o agente está sujeito às cominações de "perda dos bens ou valores acrescidos ilicitamente ao patrimônio, ressarcimento integral do dano, quando houver, perda da função pública, suspensão dos direitos políticos de oito a dez anos, pagamento de multa civil de até três vezes o valor do acréscimo patrimonial e proibição de contratar com o Poder Público ou receber benefícios ou incentivos fiscais ou creditícios, direta ou indiretamente, ainda que por intermédio de pessoa jurídica da qual seja sócio majoritário, pelo prazo de dez anos",

(A) apenas na hipótese I.
(B) apenas na hipótese II.
(C) apenas na hipótese III.
(D) em nenhuma das hipóteses, I, II ou III.
(E) em todas as hipóteses, I, II e III.

As sanções previstas no enunciado dizem respeito à modalidade de improbidade "enriquecimento ilícito do agente" (art. 12, I, da Lei 8.429/1992), de modo que somente a hipótese III (art. 9º, IX, da Lei 8.429/1992) a elas se encaixa.

Gabarito "C"

(Defensoria Pública da União – 2004 – CESPE) No que concerne à Lei da Improbidade Administrativa — Lei n.º 8.429/1992, julgue os itens seguintes.

(1) Estritamente à luz da referida lei, postos de lado os aspectos éticos do ato, não caracteriza ofensa à lei o fato de um presidente do Banco Central do Brasil, ao término de sua gestão, passar a ser assessor de uma empresa financeira.

1: correta, pois não há impedimento nesse sentido na Lei 8.429/1992.

Gabarito 1C

6.2. Sanções, providências cautelares e prescrição

(Defensor Público/AC – 2012 – CESPE) Antônio tomou posse, em seu primeiro mandato como prefeito municipal, em 01 /01/2009 e, embora tenha cometido ato de improbidade administrativa enquanto comandava a prefeitura, pretende candidatar-se para o mesmo cargo no pleito de 2012.

Nessa situação hipotética, admitindo-se que Antônio seja reeleito e que sua posse para o segundo mandato ocorra em 1/1/2013, a contagem do prazo prescricional para o ajuizamento de ação de improbidade administrativa contra o ato praticado por Antônio na vigência de seu primeiro mandato se inicia

(A) a partir do término do segundo mandato.
(B) na data da posse do segundo mandato.
(C) após cento e oitenta dias da data de posse do segundo mandato.
(D) a partir do término do primeiro mandato.
(E) na data da posse do primeiro mandato.

O art. 23, I, da Lei 8.429/1992 estabelece que o prazo será contado a partir do término do exercício do mandato. No caso, havendo continuidade na Administração por conta de um segundo mandato, o prazo prescricional somente se inicia ao fim do segundo mandato. Aliás, objetivo da lei em fazer iniciar o prazo prescricional apenas após o fim do mandato, é garantir que haja maior possibilidade de se descobrir atos ímprobos, muitas vezes feitos de forma escondida, sendo que, enquanto o agente público está no cargo, fica difícil, em boa parte das vezes, verificar-se a ocorrência de ilícitos. No caso, somente ao cabo do segundo mandato é que se atenderá a essa preocupação da lei, o que impõe que o prazo prescricional se inicie do término do segundo mandato.

Gabarito "A"

(Defensoria Pública da União – 2007 – CESPE) Julgue o item a seguir.

(1) Os atos de improbidade administrativa importarão a suspensão dos direitos políticos, a perda da função pública, a indisponibilidade dos bens e o ressarcimento ao erário, na forma e gradação previstas em lei, sem prejuízo da ação penal cabível.

Art. 37, § 4º, da CF.

Gabarito 1C

(Defensor Público/AC – 2006 – CESPE) Acerca da prescrição e da improbidade administrativa, assinale a opção correta.

(A) A ação de improbidade administrativa tem natureza civil e se submete ao chamado foro privilegiado das ações penais.

(B) A aplicação das penalidades previstas em lei em face de atos de improbidade não pode prescindir do dano econômico ao patrimônio público.

(C) Não havendo negativa ao próprio direito reclamado, inocorre, nas prestações de trato sucessivo, a prescrição do fundo de direito, mas tão somente das parcelas vencidas antes do quinquênio que antecedeu a propositura da ação.

(D) Estando prescrita a ação de improbidade, a administração não poderá buscar a reparação civil de ressarcimento dos danos patrimoniais.

A: incorreta, pois, segundo o STF, não há foro por prerrogativa de função na ação de improbidade administrativa; **B:** incorreta, pois a aplicação das penalidades independe de dano ao erário (art. 21, I, da Lei 8.429/1992); **C:** correta, nos termos da Súmula 85 do STJ, pela qual, "nas relações jurídicas de trato sucessivo em que a fazenda pública figure como devedora, quando não tiver sido negado o próprio direito reclamado, a prescrição atinge apenas as prestações vencidas antes do quinquênio anterior à propositura da ação"; **D:** incorreta, pois a pretensão de reparação civil em caso de ato ilícito contra o erário (o que inclui os atos de improbidade) é imprescritível, nos termos do art. 37, § 5º, da CF, conforme entendimento do STF (MS 26.210, DJ 10.10.2008).

Gabarito "C"

(Defensoria Pública da União – 2002 – CESPE) Julgue o seguinte item.

(1) ato de improbidade administrativa acarretará, entre outras sanções, a perda da função pública e dos direitos políticos, bem como a indisponibilidade dos bens e o ressarcimento ao erário.

(2) A aplicação das sanções previstas na lei de improbidade administrativa independe de eventual aprovação ou rejeição das respectivas contas pelo órgão de controle interno ou externo ou da efetiva ocorrência de dano ao patrimônio público.

1: errada, pois não há "perda" dos direitos políticos, mas "suspensão" destes (art. 37, § 4º, da CF e art. 12 da Lei 8.429/1992); **2:** correta (art. 21, I e II, da Lei 8.429/1992).

Gabarito 1E, 2C

6.3. Questões processuais da ação de improbidade e outras questões

(Defensor Público/AL – 2009 – CESPE) Julgue o seguinte item.

(1) A DP pode celebrar acordo nas ações de improbidade administrativa.

1: errada, pois não cabe acordo em ação de improbidade (art. 17, § 1º, da Lei 8.429/1992).

Gabarito 1E

(Defensor Público/AL – 2009 – CESPE) Julgue o seguinte item.

(1) Se o MP não atuar como parte nas ações de improbidade administrativa, deve atuar, obrigatoriamente, como fiscal da lei.

1: correta (art. 17, § 4º, da Lei 8.429/1992).

Gabarito 1C

(Defensor Público/AL – 2009 – CESPE) Julgue o seguinte item.

(1) A posse e o exercício de agente público ficam condicionados à apresentação de declaração dos bens e valores que compõem o seu patrimônio privado. O agente público que se recusar a prestar declaração dos bens, dentro do prazo determinado, ou que a prestar falsa, será punido com a pena de demissão, a bem do serviço público, sem prejuízo de outras sanções cabíveis.

1: correta (art. 13, *caput* e § 3º, da Lei 8.429/1992).

Gabarito 1C

(Defensor Público/CE – 2007 – CESPE) Em relação à improbidade administrativa, julgue os itens seguintes.

(1) A fluência do prazo prescricional de cinco anos para condenação por ato de improbidade administrativa praticado por governador de estado não é iniciada no ato administrativo em si, mas somente começará a ser contada após o término do exercício do mandato.

(2) A posse e o exercício de agente público em seu cargo ficam condicionados à apresentação de declaração de bens e valores que compõem seu patrimônio, a fim de ser arquivada no setor de pessoal do órgão.

(3) Uma vez proposta ação de improbidade administrativa, o juiz, verificada a observância dos requisitos da petição inicial, determinará a citação dos réus para, querendo, oferecer contestação.

1: correta (art. 23, I, da Lei 8.429/1992); **2:** correta (art. 13 da Lei 8.429/1992); **3:** incorreta, pois o juiz ordenará, previamente, a *notificação* do réu, para oferecer *defesa preliminar* (art. 17, § 7º, da Lei 8.429/92); em seguida, o juiz verificará se aceita ou não a petição, sendo que, aceitando, aí sim citará o réu para apresentar contestação (art. 17, § 9º, da Lei 8.429/1992).

Gabarito 1C, 2C, 3E

7. Bens Públicos

7.1. Conceito e classificação

(Defensor Público/RO – 2007) Um prédio que sirva de sede para um órgão da administração direta federal é exemplo da seguinte espécie de bem público:

(A) de uso comum do povo.

(B) de uso especial.

(C) dominical.

(D) dominial.

(E) alodial.

Trata-se de bem de uso especial (art. 99, II, do CC), pois a sede de órgão é "edifício" "destinado" a "estabelecimento da administração".

Gabarito "B"

7.2. Regime jurídico (características)

(Defensoria/PA – 2009 – FCC) Determinado terreno público foi irregularmente ocupado por famílias de baixa renda há cerca de 40 (quarenta) anos. Pretendendo a regularização dominial da área, a associação de moradores ingressou com ação de usucapião. Não obstante a decisão dependa de apreciação do Poder Judiciário, pode-se afirmar que

(A) há possibilidade de êxito se a associação autora representar número de ocupantes suficientes para comprovar a posse justa e de boa-fé na totalidade da área descrita.

(B) há possibilidade de êxito em razão da prova do tempo de ocupação e do caráter social da demanda.

(C) não há possibilidade de êxito em razão da imprescritibilidade dos bens públicos, que não podem ser usucapidos.

(D) não há possibilidade de êxito em razão da impenhorabilidade dos bens públicos.

(E) há possibilidade de êxito se comprovada a boa-fé dos ocupantes e a constância da ocupação.

Nenhum bem público é passível de usucapião (art. 102 do Código Civil e arts. 183, § 3º, e 191, parágrafo único, da CF). No caso, pode-se pedir uma *concessão de uso especial* do bem público (Medida Provisória 2.220/2001), mas não a *aquisição da propriedade* deste.

Gabarito "C"

(Defensoria/SP – 2009 – FCC) No tocante ao uso de bens públicos por particulares, NÃO é correto sustentar que

(A) a permissão de uso é dada no interesse público, em caráter precário, dependendo, em regra, de licitação e gerando um dever de utilização, sob pena de revogação.

(B) os bens de uso comum do povo, os de uso especial e os dominicais podem ser utilizados por particulares.

(C) a autorização de uso é ato discricionário, de título precário, podendo ser revogado a qualquer tempo, dependendo sempre de licitação e de lei autorizadora.

(D) a concessão de direito real resolúvel do uso aplica-se apenas aos dominicais, permitindo ao particular, mediante autorização legislativa e licitação, desempenhar atividade para fins de interesse social, de modo gratuito ou remunerado.

(E) a concessão de uso, em regra exige autorização legislativa e licitação, e tem por objeto uma utilidade pública de certa permanência.

A: correto, pois traz definição adequada de permissão de uso de bem público, que, para a doutrina, é ato precário (ou seja, pode ser revogado a qualquer tempo sem direito de indenização), mas depende de licitação para ser conferido; **B:** correto, valendo salientar que os bens de uso comum têm utilização mais ampla, ao passo que os de uso especial podem sê-lo na medida do regulamentado e os dominicais, à vista de um contrato, de uma permissão ou de uma autorização de uso; **C:** incorreto, pois a autorização de uso, diferentemente da permissão de uso, não depende de licitação; **D:** correto, nos termos da legislação do Estado de São Paulo, devendo o candidato verificar no seu Estado ou Município, de acordo com o concurso, como a questão é regulamentada; **E:** correto, pois, diferente da permissão, usa-se a concessão quando há maior necessidade de permanência, a justificar o instituto, já que a concessão, por ser um contrato, caso venha a ser revogada antes do termo final, dá ensejo a pedido indenizatório para o concessionário, que tem expectativa de ficar um bom tempo com a coisa e, normalmente, faz investimentos compatíveis com o tempo que espera usar o bem público.

Gabarito "C".

7.3. Uso dos bens públicos

(Defensor Público/RO – 2007) O governo estadual, após receber a solicitação do município, decide autorizar por três anos a utilização gratuita, pelo município, de um imóvel público estadual que se encontra desocupado, a fim de que lá seja instalado um órgão municipal de atendimento à educação. Nessa hipótese, a utilização do bem estadual é feita mediante o seguinte instrumento jurídico:

(A) concessão de direito real de uso.

(B) autorização de uso.

(C) concessão de uso.

(D) permissão de uso.

(E) cessão de uso.

O instrumento adequado, no caso, é a cessão de uso, que consiste na atribuição gratuita da posse de um bem público de entidade ou órgão para outro, possibilitando ao cessionário a utilização nas condições estabelecidas no termo, por prazo certo ou indeterminado; trata-se de ato de colaboração entre os entes públicos.

Gabarito "E".

(Defensor Público/AC – 2006 – CESPE) Acerca do controle da administração pública e do domínio público, assinale a opção correta.

(A) A permissão de uso de bem público para fins particulares, quando qualificada por inserção de termo final, deixa de ser precária e, por isso, necessita de licitação e passa a ser passível de indenização em favor do permissionário.

(B) Os patrimônios histórico e artístico nacional podem ser protegidos por meio da ação civil pública e do tombamento, mas não por meio de ação popular.

(C) A representação por abuso de autoridade contra membro do Ministério Público não comporta apreciação no âmbito administrativo, devendo ser encaminhada diretamente ao Poder Judiciário competente.

(D) Conforme a mais moderna doutrina e jurisprudência, os atos administrativos discricionários praticados em face dos chamados conceitos indeterminados não são passíveis de anulação judicial.

A: correta, pois a doutrina, de fato, tem o entendimento de que, uma vez fixado prazo na permissão de uso de bem público, essa permissão para a ser do tipo qualificada ou condicionada, conferindo direito à indenização ao interessado, em caso de revogação da permissão antes do prazo; **B:** incorreta, pois cabe ação popular para proteger o patrimônio histórico e cultural (art. 5º, LXXIII, da CF); **C:** incorreta, pois a representação deve se dirigir à autoridade superior que tiver competência legal para aplicar a respectiva sanção (art. 2º, *a*, da Lei 4.898/1965); **D:** incorreta, pois todo ato discricionário é parcialmente regrado ou parcialmente vinculado, podendo o Judiciário apreciar esses aspectos, bem como apreciar aspectos de razoabilidade e de moralidade.

Gabarito "A".

(Defensor Público/PA – 2006 – UNAMA) Considere as assertivas sobre bens públicos:

I. Os bens das empresas públicas e sociedades de economia mista são considerados bens privados.

II. São considerados bens de uso especial aqueles destinados à utilização de atividades administrativas.

III. A Constituição Federal ressalva os casos em que os bens públicos são passíveis de usucapião.

IV. A concessão de uso de bem público é o ato administrativo pelo qual o Poder Público permite o uso privativo do bem.

Somente é correto o que se afirma em:

(A) I e II.

(B) II e IV.

(C) II e III.

(D) III e IV.

I: correto (art. 98 do CC); **II:** correto (art. 99, II, do CC); **III:** incorreto, pois a Constituição assevera duas vezes que os bens públicos não são passíveis de usucapião (arts. 183, § 3º, e 191, parágrafo único); **IV:** incorreto, pois a concessão não é um mero "ato", mas um "contrato".

Gabarito "A".

7.4. Bens públicos em espécie

(Defensor Público/BA – 2006) Relativamente ao tema do Domínio Público, tem-se que:

(A) Incluem-se entre os bens dos Estados as áreas, nas ilhas oceânicas e costeiras, que estiverem no seu domínio, excluídas aquelas sob domínio da União, Municípios ou terceiros.

(B) As ilhas fluviais e lacustres pertencem exclusivamente à União.

(C) Os bens públicos dominicais, por integrarem o patrimônio das pessoas jurídicas de direito público, não podem ser alienados se não forem previamente desafetados.

(D) O tombamento provisório não gera efeitos em relação ao bem tombado.

(E) Pertencem aos Estados os recursos minerais, inclusive os do subsolo.

A: correta (art. 20, IV, da CF); **B:** incorreta, (art. 26, III, da CF); **C:** incorreta, pois os bens dominicais não são afetados, de modo que não precisam ser desafetados para que possam ser alienados; aliás, tais bens são alienáveis, observadas as exigências legais (art. 101 do CC); **D:** incorreta, pois o tombamento provisório se equipara ao tombamento definitivo, nos termos do art. 10, parágrafo único, do Dec.-lei 25/1937, protegendo provisoriamente os bens tombados; **E:** incorreta, pois pertencem à União (art. 20, IX, da CF).

Gabarito "A".

(Defensoria Pública da União – 2004 – CESPE) Julgue o seguinte item.

(1) O mar territorial é bem público de uso comum, de propriedade da União, que compreende faixa de 200 milhas marítimas de largura a partir do litoral.

1: errada, pois o mar territorial consiste na faixa de 12 milhas, contadas do litoral continental, sobre a qual o Estado exerce poderes de soberania (art. 20, VI, CF; Decreto-lei 1.098/1970 e Lei 8.617/1993).

Gabarito 1E

7.5. Temas combinados de bens públicos

(Defensoria/RN – 2006) Sobre os bens públicos considere se é correto afirmar que

(A) o meio ambiente é bem de uso especial do povo e os prédios públicos são bens de uso comum.

(B) pela desafetação o bem de uso especial ou comum do público pode tornar-se alienável.

(C) os terrenos reservados, consistentes em faixas de terras à margem dos rios, lagos e canais públicos serão públicos, mesmo que inseridos em área de propriedade particular.

(D) as ilhas dos rios e lagos internos pertencem ao município em que se situarem.

A: incorreta, pois o meio ambiente ecologicamente equilibrado é bem de uso comum do povo (art. 225, *caput*, da CF) e os prédios públicos são bens de uso especial (art. 99, II, do CC); **B:** correta, pois nesse caso passaria a ser bem dominical, que é alienável (art. 101 do CC); **C:** incorreta (art. 1°, *b*, do Dec.-lei 9.760/1946); **D:** incorreta, pois não existe essa previsão nos arts. 20 e 26 da CF e também no Dec.-lei 9.760/1946.

Gabarito "B".

8. Intervenção do Estado na Propriedade

8.1. Desapropriação

(Defensor Público/AM – 2013 – FCC) Para o direito brasileiro, é absolutamente impossível a desapropriação de

(A) área situada no subsolo.
(B) pessoa jurídica.
(C) bens públicos.
(D) seres vivos.
(E) domínio útil de imóvel sob regime enfitêutico.

A: incorreta, pois o subsolo pode ser desapropriado (art. 2.° §1° do Dec.-lei 3.365/1941); **B** e **D:** corretas, pois, quanto às pessoas jurídicas, só é possível desapropriar as suas ações ou cotas e não a pessoa jurídica em si; vale lembrar que as pessoas (jurídicas ou naturais) não são objetos de direito, mas sujeitos de direito; **C:** incorreta, pois a União pode desapropriar bens dos Estados e estes, dos Municípios (art. 2.°, §2.°, do Dec.-lei 3.365/1941); **E:** incorreta, pois o domínio útil é um direito (um bem) e, como tal, pode ser desapropriado nos termos do art. 2°, caput, do Dec.-lei 3.365/1941.

Gabarito "B" e "D" estão corretos.

(Defensor Público/SE – 2012 – CESPE) A respeito da desapropriação, assinale a opção correta.

(A) A desapropriação indireta consiste no fato administrativo por meio do qual o Estado se apropria de bem particular sem observância dos requisitos legais necessários para a desapropriação.
(B) Mediante a desapropriação, forma de intervenção restritiva do Estado na propriedade privada, o poder público retira algumas das faculdades relativas ao domínio, mas mantém a propriedade em favor do dono.
(C) A natureza jurídica da desapropriação é a de procedimento administrativo, somente.
(D) Na desapropriação, a declaração de utilidade pública do bem particular, realizada pelo poder público, não tem prazo para se efetivar.
(E) Denomina-se direito de extensão a faculdade de o expropriado permanecer na propriedade durante certo período após a conclusão do procedimento de desapropriação.

A: correta, pois traz a exata definição de desapropriação indireta; vale lembrar que o particular vítima dessa conduta da Administração deve ingressar com ação de indenização por desapropriação indireta, não sendo possível a tentativa de retomada da área; **B:** incorreta, pois a desapropriação não é forma restritiva da propriedade (como é a servidão, por exemplo, que restringe o uso da coisa pelo seu proprietário), mas forma extintiva da propriedade, pois o particular deixa de ser proprietário, passando a coisa para a titularidade do Poder Público; **C:** incorreta, pois a desapropriação pode se dar mediante decisão judicial também; quando o Poder Público e o particular entram num acordo sobre a desapropriação da área, tem-se desapropriação extrajudicial, fruto de um processo administrativo; quando o particular não aceita resolver a questão administrativamente, o Poder Público entra com desapropriação judicial; **D:** incorreta, pois, uma vez feita a declaração de utilidade pública, a Administração tem 5 anos para efetivar a desapropriação, sob pena de caducidade do decreto expropriatório (art. 10, caput, do Dec.-lei 3.365/1941); **E:** incorreta, pois o direito de extensão consiste na faculdade do expropriado de exigir que na desapropriação se inclua a parte restante do bem que se tornou inútil ou de difícil utilização; deve ser exercido quando da realização do acordo administrativo ou no bojo da ação de desapropriação, sob pena de se considerar que houve renúncia.

Gabarito "A".

(Defensor Público/SE – 2012 – CESPE) Com fundamento nas disposições constantes no Estatuto da Terra, assinale a opção correta.

(A) Dada a competência da União para desapropriar imóveis para fins de reforma agrária, é indelegável a sua atribuição de proceder ao cadastramento, às vistorias e às avaliações de propriedades rurais, tanto para os estados quanto para os municípios.
(B) A União pode desapropriar, por interesse social, bens de domínio dos estados, independentemente de autorização legislativa.
(C) De acordo com a legislação pertinente, se, após sentença definitiva, determinado bem objeto de desapropriação for incorporado ao patrimônio público e o particular expropriado não se conformar com o ato, a questão se resolverá em perdas e danos, já que o particular não pode ajuizar ação de reivindicação, ainda que com fundamento em nulidade do processo de desapropriação.
(D) No desempenho de sua missão de incentivar o desenvolvimento rural, o poder público não pode utilizar-se da tributação progressiva da terra.
(E) De acordo com a legislação de regência, o imóvel rural pode destinar-se, ou não, à exploração agrícola, pecuária ou agroindustrial, bastando, para ser enquadrado no conceito legal, que sirva para garantir a subsistência de seu proprietário e de sua família.

A: incorreta, pois a União, mediante convênio, pode fazer tal delegação aos Estados, DF e Municípios (art. 6.°, §2.°, da Lei 4.504/1964); **B:** incorreta, pois, neste caso, é necessário autorização legislativa (art. 22, § Único da Lei 4.504/1964); **C:** correta (art. 23 da Lei 4.504/1964); **D:** incorreta, pois, para incentivar a política de desenvolvimento rural, o Poder Público pode se valer da tributação progressiva da terra (art. 47 da Lei 4.504/1964); **E:** incorreta, pois o conceito de imóvel rural impõe que sua destinação seja a exploração extrativa agrícola, pecuária ou agroindustrial (art. 4.°, I, da Lei 4.504/1964).

Gabarito "C".

(Defensor Público/TO – 2013 – CESPE) Em relação à desapropriação de imóvel rural para fins de reforma agrária, assinale a opção correta.

(A) Tratando-se de desapropriação parcial, o proprietário poderá requerer, na contestação, que a desapropriação atinja todo o imóvel quando a área remanescente ficar reduzida a superfície inferior à da média propriedade ou prejudicada substancialmente em suas condições de exploração econômica, caso seja o seu valor inferior ao da parte desapropriada.
(B) Não é necessário que se instrua a petição inicial, no processo de desapropriação para fins de reforma agrária, com o texto do decreto declaratório de interesse social para fins de reforma agrária publicado no Diário Oficial da União.
(C) No processo de desapropriação para fins de reforma agrária, a contestação deve ser oferecida no prazo de trinta dias.
(D) O decreto que declarar o imóvel como de interesse social para fins de reforma agrária autoriza a União a propor a ação de desapropriação.
(E) A ação de desapropriação deverá ser proposta no prazo de cinco anos, contado da publicação do decreto declaratório.

A: incorreta, pois, no primeiro caso, cabe requerimento de desapropriação de todo o imóvel, quando a área remanescente ficar reduzida à superfície inferior à da pequena propriedade rural (art. 4.°, I, da LC 76/1993); **B:** incorreta, pois tal instrução é necessária sim (art. 5, I, da LC 76/1993); **C:** incorreta, pois a contestação deve ser oferecida em 15 dias (art. 9.°, caput, da LC 76/1993); **D:** correta (art. 2.° da LC 76/1993); **E:** incorreta, pois o prazo é de 2 anos, contado da publicação do decreto expropriatório (art. 3.° da LC 76/1993).

Gabarito "D".

(Defensor Público/TO – 2013 – CESPE) No que tange aos requisitos necessários para que a propriedade rural cumpra a sua função social, assinale a opção correta.

(A) O proprietário rural deve residir no imóvel.
(B) A propriedade rural não pode ter área superior a cinco mil hectares.
(C) Não é necessário que se observem as disposições que regulam as relações de trabalho, desde que se respeitem os contratos de arrendamento e parcerias rurais.

(D) A propriedade rural não pode ser objeto de contrato de arrendamento.

(E) A propriedade rural deve ser aproveitada de forma racional e adequada.

A: incorreta, pois não há esse requisito nos incisos do art. 186 da CF; **B:** incorreta, pois não há teto máximo para o tamanho de uma propriedade, como requisito para que esta cumpra sua função social; **C:** incorreta, pois é requisito para a propriedade rural atender à sua função social a observância das disposições que regulam as relações de trabalho (art. 186, III, da CF); **D:** incorreta, pois não há proibição constitucional nesse sentido (art. 186 da CF); **E:** correta (art. 186, I, da CF).

Gabarito "E"

(Defensor Público/TO – 2013 – CESPE) Em relação à propriedade rural produtiva, assinale a opção correta.

(A) Para que a propriedade rural seja considerada produtiva, o grau de utilização da terra deverá ser igual ou superior a 60%, percentual calculado pela relação entre a área efetivamente utilizada e a área aproveitável total do imóvel.

(B) As áreas de exploração florestal nativas, de acordo com o plano de exploração estabelecido conforme as condições legais, não são consideradas efetivamente utilizadas.

(C) Para que a propriedade rural seja considerada produtiva, o grau de eficiência na exploração da terra deve ser igual ou superior a 80%.

(D) Para ser considerada produtiva, a propriedade rural deve atingir, simultaneamente, graus de utilização da terra e de eficiência na exploração.

(E) As áreas plantadas com produtos vegetais não são consideradas efetivamente utilizadas para fins de avaliação da propriedade rural produtiva.

A: incorreta, pois o grau de utilização deve ser igual ou superior a 80% (art. 6.º, §1.º, da Lei 8.629/1993); **B:** incorreta, pois são consideradas, sim, efetivamente utilizadas (art. 6.º, §3.º, IV, da Lei 8.629/1993); **C:** incorreta, pois o grau de eficiência deve ser igual ou superior a 100% (art. 6.º, §2.º, da Lei 8.629/1993); **D:** correta (art. 6.º, *caput*, da Lei 8.629/1993); **E:** incorreta, pois são consideradas, sim, efetivamente utilizadas (art. 6.º, §3.º, I, da Lei 8.629/1993).

Gabarito "D"

(Defensor Público/BA – 2010 – CESPE) No que se refere à desapropriação, julgue o item seguinte.

(1) Compete aos municípios a desapropriação por descumprimento da função social da propriedade urbana, e aos estados, a desapropriação de imóvel rural, por interesse social, para fins de reforma agrária.

1: errada, pois a desapropriação-sanção em imóvel rural compete à União (art. 184 da CF), sendo que competirá ao município a desapropriação-sanção em imóvel urbano (art. 182, §§ 3º e 4º, da CF).

Gabarito 1E

(Defensoria Pública/SP – 2010 – FCC) O ato da Administração Pública declarando como de utilidade pública ou de interesse social a desapropriação de determinado imóvel NÃO tem como efeito

(A) iniciar a contagem do prazo legal para a verificação da caducidade do ato.

(B) permitir às autoridades competentes adentrar no prédio objeto da declaração.

(C) demonstrar o posterior interesse na transferência da propriedade do imóvel.

(D) indicar o estado em que se encontra o imóvel, para fins de futura indenização.

(E) proibir a obtenção de licença para o proprietário efetuar obras no imóvel.

Todas as alternativas estão compatíveis com o disposto nos arts. 7º, 10 e 26, § 1º, do Dec-lei 3.365/1941, salvo a alternativa "E", pois o decreto expropriatório não impede a venda da coisa, nem sua reforma, de modo que não é possível impedir a obtenção de licença, valendo salientar que as reformas feitas posteriormente à declaração são por conta e risco do proprietário da coisa, não gerando direito de indenização por estas, salvo quanto às benfeitorias necessárias, e quanto às benfeitorias úteis, desde que autorizadas pelo Poder Público.

Gabarito "E"

(Defensor Público/AL – 2009 – CESPE) A respeito da desapropriação, julgue os próximos itens.

(1) Os estados e os municípios podem desapropriar imóveis rurais, para fins de utilidade pública.

(2) A imissão provisória na posse do bem objeto da expropriação é possível desde que ocorra mediante a correspondente indenização, por parte do expropriado, pela utilização do bem até a extinção do domínio.

1: correta; só não é possível a desapropriação de imóveis rurais quando se objetiva a desapropriação-sanção, com pagamento mediante títulos, cuja competência é exclusiva da União (art. 184 da CF); **2:** errada, pois o *expropriante* (e não o *expropriado*) deve depositar o preço fixado pelo juiz para que se imita provisoriamente na posse do imóvel (art. 15 do Dec.-lei 3.365/1941).

Gabarito 1C, 2E

(Defensoria/MG – 2009 – FURMARC) Marque a opção **CORRETA**:

(A) Aos Estados-membros, é conferida competência para legislar concorrentemente sobre desapropriação por utilidade pública.

(B) A desapropriação de imóvel urbano que não esteja cumprindo a sua função social é de competência do ente político local.

(C) A imissão provisória na posse de imóvel rural em processo de desapropriação para fins de reforma agrária condiciona-se à alegação de urgência.

(D) A indenização na expropriação de propriedade rural em que forem localizadas culturas ilegais de plantas psicotrópicas é paga em títulos da dívida agrária.

(E) Os Municípios não se revestem de competência para desapropriar propriedade rural.

A: incorreta, pois a competência para legislar sobre desapropriação é privativa da União (art. 22, II, da CF); **B:** correta, tratando-se de competência do Município (art. 182, § 4º, III, da CF); **C:** incorreta, pois não há essa necessidade (art. 6º, I, da LC 76/1993), como há na desapropriação comum (art. 15 do Dec.-lei 3.365/1941); **D:** incorreta, pois não haverá pagamento algum nesse caso (art. 243 da CF); **E:** incorreta, pois o Município só não pode desapropriar imóvel privado rural quando se tratar de desapropriação sancionatória, ou seja, pelo descumprimento da função social da propriedade, cuja competência é somente da União (art. 184, *caput*, da CF). 1789

Gabarito "B"

(Defensoria/MT – 2009 – FCC) O seguinte dispositivo do Decreto-Lei n.º 3.365/1941 teve sua constitucionalidade questionada perante o Supremo Tribunal Federal: "Art. 15-A. No caso de imissão prévia na posse, na desapropriação por necessidade ou utilidade pública e interesse social, inclusive para fins de reforma agrária, havendo divergência entre o preço ofertado em juízo e o valor do bem, fixado na sentença, expressos em termos reais, incidirão juros compensatórios de até seis por cento ao ano sobre o valor da diferença eventualmente apurada, a contar da imissão na posse, vedado o cálculo de juros compostos". Por decisão em medida cautelar em ação direta de inconstitucionalidade, entre outros aspectos, o Supremo Tribunal Federal entendeu que

(A) a diferença sobre a qual deva incidir os juros compensatórios se dá entre 80% do preço ofertado em juízo e o valor do bem fixado na sentença.

(B) não incidem juros compensatórios em desapropriação por interesse social.

(C) não é mais compatível com a Constituição Federal vigente a imissão prévia na posse.

(D) é necessário o cálculo de juros compostos em se tratando da incidência de juros compensatórios.

(E) o termo inicial da incidência dos juros compensatórios é o trânsito em julgado da sentença.

O STF, na ADI 2.332-2, deferiu liminar para suspender a eficácia da expressão "de até 6% ao ano" e também para determinar "que a base de cálculo dos juros compensatórios será a diferença eventualmente apurada entre 80% do preço ofertado em juízo e o valor do bem fixado na sentença". A ideia de substituir a expressão "preço ofertado em juízo" pela expressão "80% do preço ofertado em juízo" tem razão no fato de que, normalmente, o expropriado só levanta 80% do preço depositado em juízo. Com relação ao montante de juros, com a retirada da expressão, remanesce a regra estabelecida na Súmula 618 do STF, pela qual a taxa de juros compensatórios é de 12% ao ano.

Gabarito "A"

(Defensoria/PI – 2009 – CESPE) Acerca da desapropriação por utilidade pública, assinale a opção correta.

(A) Podem executar a desapropriação as concessionárias e permissionárias de serviços públicos, assim como autarquias, fundações instituídas e mantidas pelo poder público, empresas públicas e sociedades de economia mista, mediante autorização expressa, constante de lei ou contrato.
(B) O termo inicial para o prazo de caducidade da declaração emitida pelo poder público é de dois anos, contados da data de expedição do respectivo decreto.
(C) Segundo o STF, a imissão provisória na posse dos bens, mesmo que precedido do depósito do valor correspondente ao valor cadastral do imóvel e independentemente da citação do réu, contraria o princípio da justa e prévia indenização em dinheiro estipulado na CF.
(D) Segundo o STF, a base de cálculo dos honorários advocatícios na desapropriação é o valor da condenação.
(E) O Poder Judiciário poderá decidir, no processo de desapropriação, se ocorrem ou não os casos de utilidade pública.

A: correta (art. 3º do Dec.-lei 3.365/1941); **B:** incorreta, pois o prazo é de 5 anos, no caso de utilidade pública (art. 10 do Dec-lei 3.365/41), e de 2 anos, no caso de interesse social (art. 3º da Lei 4.132/1962); **C:** incorreta (Súmula 652 do STF); **D:** incorreta, pois a base de cálculo consistirá na diferença entra a indenização fixada em juízo e a oferta inicial feita pelo Poder Público, corrigidas monetariamente, conforme a Súmula 141 do STJ, sendo que o percentual sobre essa base de cálculo é de 0,5% a 5% (art. 27, § 1º, do Dec.-lei 3.365/1941); **E:** incorreta, pois a contestação só poderá versar sobre vício do processo judicial ou impugnação do preço, devendo outras questões ser resolvidas em ação própria (arts. 9º e 20 do Dec-lei 3.365/1941).

Gabarito "A"

(Defensor Público/MS – 2008 – VUNESP) É correto afirmar que

(A) a União possui competência privativa para declarar a utilidade pública nos casos de desapropriação.
(B) a União possui competência privativa para legislar sobre desapropriação.
(C) os Estados possuem competência privativa para legislar sobre desapropriação.
(D) o Município possui competência privativa para legislar e para declarar a utilidade pública nos casos de desapropriação.

A: incorreta, pois os demais entes políticos (Estados, DF e Municípios) e a ANEEL têm também essa competência; **B:** correta (art. 22, II, da CF); **C:** incorreta (art. 22, II, da CF); **D:** incorreta (art. 22, II, da CF).

Gabarito "B"

(Defensor Público/RO – 2007) O depósito do preço, oferecido pelo Poder Público no processo de desapropriação para imissão provisória na posse, fica à disposição do juiz da causa e pode ser parcialmente levantado pelo desapropriado, ainda que discorde do valor oferecido. Nesse caso, a lei prevê expressamente que o desapropriado pode levantar, do depósito, o valor correspondente ao percentual máximo de até:

(A) 50 %
(B) 60 %
(C) 70 %
(D) 80 %
(E) 90 %

Art. 33, § 2º, do Dec.-lei 3.365/1941.

Gabarito "D"

(Defensor Público/PA – 2006 – UNAMA) Sobre desapropriação considere as afirmações:

I. Os bens públicos pertencentes aos Estados podem ser desapropriados pela União.
II. É nulo o procedimento de desapropriação não antecedido de declaração de desapropriação.
III. É competência exclusiva da União a competência declaratória de desapropriação para fins de reforma agrária.
IV. Como a indenização, na desapropriação, deve ser prévia, não cabe imissão provisória na posse.

Somente é correto o que se afirma em:

(A) I e IV.
(B) II e III.
(C) I e III.
(D) II e IV.

I: correta (art. 2º, § 2º, do Dec.-lei 3.365/41); **II:** incorreta, pois, nesse caso, pode-se configurar a chamada desapropriação indireta, que fará configurar a desapropriação, sem prejuízo do proprietário da coisa requerer em juízo a justa indenização; **III:** correta (art. 184 da CF); **IV:** incorreta, pois cabe imissão provisória na posse sim (art. 15 do Dec.-lei 3.365/41).

Gabarito "C"

(Defensoria/SE – 2006 – CESPE) Considere a seguinte situação hipotética.

(1) A companhia de água e esgoto de um município precisa construir uma rede de esgoto que irá passar a cerca de 10 metros de profundidade de uma propriedade utilizada apenas como moradia. Nessa situação, deve ser utilizada a servidão administrativa e não a desapropriação da referida área, já que a rede de esgoto não impossibilitará o direito de propriedade. Se, no entanto, houver algum prejuízo para o proprietário, em decorrência desse fato, deve haver indenização.

A servidão é um ônus real que permite à Administração usar um bem para a prestação de um serviço público ou para uma obra pública; normalmente, a servidão atinge apenas parte do uso de um imóvel (ex.: servidão para a instalação de uma antena de celular num pedaço de uma propriedade). Na servidão, o proprietário da coisa que serve ao interesse público não perde a propriedade dela. Mas como a servidão pode gerar prejuízos, em isso ocorrendo, o proprietário tem direito de ser indenizado. Essas características do instituto fazem com que a proposição seja correta.

Gabarito 1C

(Defensoria/SE – 2006 – CESPE) Quanto à desapropriação, julgue os itens subsequentes.

(1) Livros e obras de arte não podem ser objeto de desapropriação.
(2) Mesmo que haja autorização expressa no contrato de concessão de serviço público, não é possível que uma concessionária venha a desapropriar um determinado bem que será utilizado na referida concessão.
(3) O bem objeto de decreto de desapropriação não pode ser objeto de nova declaração, senão após 2 anos, a contar da data em que o primeiro decreto caducou.

1: errado, pois "todos os bens podem ser desapropriados" (art. 2º do Dec.-lei 3.365/1941), salvo os bens da União, os direitos da personalidade, as pessoas naturais e jurídicas (as cotas e ações destas podem ser desapropriadas) e o dinheiro; **2:** errado (art. 3º do Dec.-lei 3.365/1941); **3:** errado (parte final do art. 10 do Dec.-lei 3.365/1941).

Gabarito 1E, 2E, 3E

(Defensor Público/AC – 2006 – CESPE) Acerca da desapropriação, assinale a opção correta.

(A) Os bens públicos não são passíveis de desapropriação.
(B) A competência para declarar o imóvel como de interesse social para fins de reforma agrária não é exclusiva da União.
(C) A imissão provisória na posse do imóvel pressupõe a declaração de urgência, o respectivo pedido, no prazo de 120 dias, e o depósito de acordo com o que a lei prescreve.
(D) A incidência de juros moratórios sobre os compensatórios nas ações desapropriatórias constitui anatocismo vedado em lei.

A: incorreta, pois cabe desapropriação de bem público; a União pode desapropriar bens dos Estados e os Estados dos Municípios (art. 2º, § 2º, do Dec.-lei 3.365/1941); **B:** incorreta, pois a desapropriação-sanção (por interesse social, para reforma agrária) em imóvel rural é da competência exclusiva da União (art. 184, *caput*, da CF); **C:** correta (art. 15, *caput* e § 2º, do Dec.-lei 3.365/1941); **D:** incorreta, pois a Súmula 102 do STJ dispõe que essa incidência não constitui anatocismo vedado em lei.

Gabarito "C"

(Defensoria Pública da União – 2004 – CESPE) Julgue o seguinte item.

(1) O direito de ingressar em imóvel sujeito a desapropriação depende da decisão judicial que conceda ao poder expropriante a imissão provisória na posse.

1: errada, pois, logo após a declaração de utilidade pública, ficam as autoridades autorizadas a penetrar no imóvel; não se trata de imissão na posse, mais de direito de adentrar no imóvel para tomar apontamentos, fazer medições etc.

Gabarito 1E

8.2. Requisição de bens e serviços

(Defensor Público/AM – 2010 – I. Cidades) Pode-se afirmar que são formas de intervenção do Estado na propriedade:

(A) concessão de serviços
(B) permissão de uso
(C) autorização de uso
(D) requisição
(E) permissão condicionada

A única forma de intervenção na propriedade enunciada nas alternativas é a requisição, requisição essa que pode incidir sobre bens e serviços. Nos demais casos, temos justamente o contrário, ou seja, o particular usando um bem público.

Gabarito "D"

(Defensor Público/AL – 2009 – CESPE) Acerca da intervenção do Estado sobre a propriedade, julgue o item seguinte.

(1) A requisição constitui modalidade de intervenção cujo procedimento é unilateral, autoexecutório e independente da aquiescência do particular para sua concretização, ao passo que a desapropriação tem por objeto bem exclusivamente privado e configura procedimento administrativo pelo qual o poder público ou seus delegados impõe(m) ao proprietário a perda de um bem, mediante justa indenização.

1: incorreta, pois a desapropriação também incide sobre bem público (art. 2º, § 2º, do Dec.-lei 3.365/1941).

Gabarito 1E

8.3. Servidão administrativa

(Defensor Público/AM – 2013 – FCC) São características da servidão administrativa:

(A) imperatividade, perpetuidade e natureza real.
(B) gratuidade, precariedade e natureza pessoal.
(C) consensualidade, perpetuidade e natureza real.
(D) autoexecutoriedade, perpetuidade e natureza pessoal.
(E) onerosidade, precariedade e natureza real.

A: correta, pois a servidão, de fato, é imperativa (impõe-se independentemente de concordância do proprietário da área), perpétua (tem duração indeterminada) e de natureza real, já que se trata de um direito real, com todas as consequências deste; **B:** incorreta, pois, na servidão, causando-se dano (e geralmente causa), impõe-se a indenização, de modo que não é gratuita; ademais, a servidão é perpétua e não precária; **C:** incorreta, pois a servidão, caso não se dê por acordo de vontades entre particular e Poder Público será instituída por meio de ação para instituição de servidão (art. 40 do Dec.-lei 3.365/1941); **D:** incorreta, pois, não havendo acordo com o particular, há de se entrar com ação judicial, não havendo autoexecutoriedade (art. 40 do Dec.-lei 3.365/1941); a servidão, ainda, tem natureza real e não pessoal; **E:** incorreta, pois a servidão não é precária, sendo, inclusive um direito real perpétuo.

Gabarito "A"

(Defensoria/MG – 2009 – FURMARC) Em relação à servidão administrativa, marque a opção **INCORRETA**:

(A) É instituída mediante ato declaratório expedido pela autoridade competente, podendo, entretanto, decorrer diretamente de lei geral.
(B) Gera direito a indenização da faixa destinada à servidão.
(C) Pressupõe a existência de dois prédios: um demandante e outro serviente.
(D) É, em regra, por prazo indeterminado, podendo ser extinta em virtude de interesse público.
(E) Pode ser instituída em imóvel público.

A: correta, pois a servidão é instituída da mesma forma como se dá na desapropriação para aquisição de um bem (art. 40 do Dec.-lei 3.365/1941); **B:** correta, pois, havendo dano, a servidão administrativa, como atinge bens determinados, gera direito a indenização; **C:** incorreta, pois apenas *servidão privada* depende da existência de dois prédios; a *servidão administrativa* consiste na instituição de um ônus real na coisa alheia, possibilitando a realização de obra pública ou a prestação de um serviço público, não sendo necessária a existência de dois prédios; **D:** correta, pois a servidão, normalmente, é por prazo indeterminado (ex.: servidão para instalação de uma torre de transmissão de energia elétrica), e, se não houver mais interesse público na sua manutenção, é possível a sua extinção; **E:** correta, pois até a desapropriação para a aquisição de um imóvel pode recair sobre bem público, quanto mais uma servidão administrativa, que é um ônus menos pesado que uma desapropriação; no caso, a União pode instituir servidão sobre bens estaduais e municipais, os Estados, sobre bens municipais e os Municípios, apenas sobre bens privados (art. 2º, § 2º, Dec.-lei 3.365/1941).

Gabarito "C"

8.4. Servidão administrativa

(Defensoria Pública da União – 2004 – CESPE) Julgue o seguinte item.

(1) A ocupação provisória, também denominada temporária, pode dar-se por necessidade da prestação de um serviço, da execução de uma obra ou do desempenho de uma atividade. Devido à prevalência do interesse público, ela prescinde da notificação prévia do proprietário ou possuidor do bem a ser ocupado.

1: errada, pois a ocupação provisória se destina à utilização de terrenos não edificados, vizinhos às obras e necessários à sua realização (art. 36 do Dec.-lei 3.365/1941).

Gabarito 1E

8.5. Tombamento

(Defensor Público/CE – 2007 – CESPE) Julgue os itens que se seguem, relativos aos bens públicos.

(1) O bem móvel tombado não poderá sair do país.
(2) O tombamento voluntário de bem pertencente a pessoa física impede a alienação da coisa tombada.
(3) O proprietário pode dar o bem imóvel tombado em garantia hipotecária de contrato bancário.

1: incorreta, pois pode sair por curto prazo, sem transferência de domínio e para fim de intercâmbio cultural, a juízo da autoridade competente (art. 14 do Dec.-lei 25/1937); **2:** incorreta, pois o tombamento de bens privados não impedem sua alienação, mas apenas confere direito de preferência em favor dos entes políticos (art. 22 do Dec.-lei 25/1937); todavia, o tombamento de bens públicos impede a sua alienação (art. 11 do Dec.-lei 25/1937); **3:** correta, pois não há proibição à alienação, ainda que decorrente da execução de uma hipoteca.

Gabarito 1E, 2E, 3C

(Defensor Público/RO – 2007) O tombamento é realizado de ofício, sendo processado mediante simples notificação ao seu proprietário, quando incidir sobre bem pertencente a:

(A) ente público.
(B) pessoa natural.
(C) empresa privada.
(D) comércio antiquário.
(E) representação diplomática estrangeira.

Art. 5º do Dec.-lei 25/1937.

Gabarito "A"

(Defensoria/MG – 2006) O tombamento de um bem imóvel pelo valor histórico, artístico, paisagístico, arqueológico, cultural e arquitetônico é um ato administrativo que tem como principal efeito:

(A) A aplicação de uma servidão em favor do poder público que permitirá o uso em qualquer tempo, sem prévia notificação.
(B) A imodificabilidade do bem, devendo este permanecer com as características descritas no livro do tombo.
(C) A irrevogabilidade do ato por sua natureza restritiva de direitos, desde que seja feito o registro no livro tombo.

(D) A permanência de titularidade do imóvel e a transferência do uso e do gozo pó registro no livro tombo.
(E) A responsabilidade do proprietário e a inalienabilidade por ser considerado bem publico, nos termos assinalados no livro do tombo.

O principal efeito do tombamento é a impossibilidade de modificação do bem sem autorização especial (art. 17 do Dec.-lei 25/1937).

Gabarito "B"

(Defensoria Pública da União – 2004 – CESPE) Julgue o seguinte item.

(1) O tombamento apenas pode incidir sobre bens imóveis.

1: errada, pois pode incidir sobre móveis também (art. 1º do Dec.-lei 25/1937) e até sobre bens imateriais (art. 216, *caput*, e § 1º, da CF).

Gabarito 1E

8.6. Ocupação temporária

(Defensor Público/PA – 2006 – UNAMA) Assinale a alternativa correta sobre limitação administrativa à propriedade:

(A) A requisição e a servidão administrativa se assemelham pelo caráter transitório.
(B) As limitações administrativas têm como fundamento o exercício do poder de polícia do Estado.
(C) A servidão administrativa tem como objetivo atender ao interesse público e incide sobre bens móveis e imóveis.
(D) A utilização de imóveis privados, para execução dos serviços eleitorais, é a modalidade de limitação à propriedade, denominada requisição.

A: incorreta, pois a servidão não tem caráter transitório; **B:** correta, pois as limitações administrativas têm em mira justamente a delimitação da propriedade e da liberdade das pessoas, condicionando-as aos interesses coletivos; **C:** incorreta, pois a servidão administrativa só incide sobre bens imóveis; **D:** incorreta, pois o instituto da requisição é utilizado em casos de iminente perigo público (art. 5º, XXV, da CF).

Gabarito "B"

8.7. Temas combinados de intervenção na propriedade

(Defensoria/PI – 2009 – CESPE) No que concerne às formas de intervenção do Estado na propriedade, assinale a opção correta.

(A) Ocupação temporária é a modalidade de intervenção estatal na propriedade particular fundada na urgência, que incide sobre bens móveis, imóveis e até mesmo serviços prestados por particulares.
(B) Quanto à eficácia, o tombamento dos bens poderá ser provisório ou definitivo, mas nem sempre poderá gerar direito a indenização.
(C) Arequisição administrativa destina-se ao uso da propriedade do particular, ocorre sempre em caso de urgência — mediante autorização judicial — e não enseja qualquer indenização ao particular.
(D) Segundo jurisprudência reiterada do STF, a limitação administrativa *non aedificandi* imposta aos terrenos marginais nas estradas de rodagem da zona rural afeta o domínio do particular e obriga a administração a promover a indenização devida.
(E) O tombamento somente poderá incidir sobre bens particulares, não havendo previsão legal para incidir sobre bens públicos.

A: incorreta, pois a *ocupação temporária* incide sobre imóvel (no caso, sobre *terreno não edificado*); ademais, esse instituto é utilizado quando o Poder Público precisa do imóvel alheio para fazer *obras* (art. 36 do Dec.-lei 3.365/1941), não se tratando de situação de urgência, como ocorre com a *requisição de bens ou serviços*; **B:** correta, valendo lembrar que se tem tombamento *provisório* logo em seguida à notificação do proprietário para se defender da intenção do Poder de Público de tombar a coisa, ao passo que se tem tombamento *definitivo* quando todos os trâmites para o tombamento já foram cumpridos; **C:** incorreta, pois a requisição é autoexecutória, ou seja, não depende de autorização judicial; ademais, caso haja dano, o particular tem sim direito à indenização, que é feita *a posteriori*; **D:** incorreta, pois a limitação administrativa, por ser geral, como regra, não dá ensejo à indenização (v. Súmula 479 do STF); **E:** incorreta, pois o tombamento de bens públicos, que tem o nome de *tombamento de ofício*, é possível (arts. 2º e 5º, do Dec.-lei 25/1937).

Gabarito "B"

(Defensor Público/MS – 2008 – VUNESP) As restrições administrativas ao direito de propriedade

(A) são específicas.
(B) não devem ser indenizadas.
(C) são inconstitucionais.
(D) são distintas do tombamento.

A: correta, pois as imposições gerais são consideradas meras limitações administrativas; **B:** incorreta, pois, havendo restrições, a indenização se faz necessária, para que se preserve os princípios da legalidade e da isonomia; **C:** incorreta, pois a Constituição trata de uma série de restrições à propriedade, como a requisição e a desapropriação; **D:** incorreta, pois o tombamento é uma espécie de restrição administrativa ao direito de propriedade.

Gabarito "A"

(Defensor Público/RO – 2007) A fixação de gabarito de imóvel de propriedade particular, localizado na orla urbana, definida pelo poder público com base em lei, por entidade pública, corresponde ao seguinte instituto de direito:

(A) servidão
(B) limitação
(C) ocupação
(D) requisição
(E) desapropriação

Esse tipo de intervenção na propriedade, que fixa a altura máxima de prédios na orla marítima, tem natureza de limitação administrativa, pois se trata de imposição geral e gratuita que delimita os poderes do proprietário em relação à propriedade. Como se trata de imposição geral, ou seja, que se dirige a pessoas indeterminadas, ficam excluídas as demais formas de intervenção na propriedade previstas nas outras alternativas, pois tais intervenções se dirigem a pessoas determinadas, ensejando, assim, indenização ao prejudicado, diferentemente da limitação administrativa, que não enseja pleito indenizatório.

Gabarito "B"

(Defensoria/MT – 2007) Em matéria de intervenção do Estado na propriedade privada, assinale a afirmativa correta.

(A) A limitação administrativa, de caráter geral, condiciona direitos dominiais do proprietário, independentemente de qualquer indenização.
(B) A ocupação temporária inadmite indenização pelos prejuízos causados ao particular, dado a sua extrema necessidade e por estar voltada ao bem coletivo.
(C) A servidão administrativa tem como peculiar característica a inexistência de dano ao particular, daí porque inexiste possibilidade de indenização nessa modalidade de intervenção.
(D) O tombamento somente é admissível em relação a bem imóvel, passível de indenização.
(E) A requisição dá-se em caráter de urgência e com a característica de ser transitória, em relação a bens móveis, porém, inadmite qualquer indenização.

A: correta, pois, de fato, a limitação administrativa é uma imposição geral e gratuita, que condiciona os direitos das pessoas ao interesse público; **B:** incorreta (art. 36 do Dec.-lei 3.365/1941); **C:** incorreta (art. 40 do Dec.-lei 3.365/1941); **D:** incorreta, pois o tombamento atinge bens imóveis e móveis, materiais e imateriais (art. 216, *caput*, da CF e Dec.-lei 25/1937); **E:** incorreta, pois na requisição administrativa, se houver dano, haverá indenização (art. 5º, XXV, da CF).

Gabarito "A"

9. Responsabilidade do Estado

9.1. Evolução histórica e Teorias

(Defensor Público/ES – 2012 – CESPE) Julgue os itens subsecutivos, relativos a responsabilidade civil do Estado.

(1) A responsabilidade civil da administração pública por atos comissivos é objetiva, embasada na teoria do risco administrativo, isto é, independe da comprovação da culpa ou dolo.

1: correta, nos termos do art. 37, §6.º, da CF.

Gabarito 1C

(Defensor Público/BA – 2006) Como sabido, a responsabilidade civil da Administração Pública, na sua forma constitucional atualmente prevista, é resultado de longa evolução doutrinária. Acerca desse tema e em face do ordenamento jurídico brasileiro, é possível reconhecer que

(A) as pessoas jurídicas de direito privado prestadoras de serviços públicos respondem subjetivamente pelos danos causados por seus agentes no exercício desta atividade.
(B) o Brasil adota a teoria do risco integral.
(C) o agente causador do dano responderá regressivamente perante a Administração Pública pela teoria objetiva.
(D) por adotar a teoria objetiva do risco administrativo, o direito brasileiro não admite causas excludentes e atenuantes da responsabilidade civil da Administração Pública.
(E) no artigo 37, parágrafo 6º da Constituição Federal de 1988 estão compreendidas duas regras: a da responsabilidade objetiva do Estado (estendida às pessoas jurídicas de direito privado que prestam serviços públicos) e a da responsabilidade subjetiva do agente.

A: incorreta, pois respondem objetivamente (art. 37, § 6º, da CF); **B:** incorreta, pois o Brasil adota a Teoria do Risco Administrativo, que admite excludentes de responsabilidade estatal; **C:** incorreta, pois o agente causador do dano responde regressivamente de modo subjetivo, ou seja, se agir com culpa ou dolo (art. 37, § 6º, da CF); **D:** incorreta, pois essa teoria é justamente a que admite excludentes de responsabilidade estatal; **E:** correta (art. 37, § 6º, da CF).

Gabarito "E".

(Defensoria Pública da União – 2002 – CESPE) Julgue o seguinte item.

(1) No atual regime jurídico brasileiro, convivem as teorias subjetiva e objetiva de responsabilidade do Estado.

1: correta, sendo que, em caso de omissões estatais, incide, como regra, a responsabilidade subjetiva, ao passo que em caso de condutas comissivas estatais, incide a responsabilidade objetiva. Vale ressaltar que o STF tem decisão no sentido de que a responsabilidade estatal por *atos omissivos* ***específicos*** é objetiva; um exemplo de caso de omissão específica do Estado é a agressão física a aluno por colega, em escola estadual, hipótese em que a responsabilidade estatal será objetiva, com base na Teoria do Risco Administrativo (STF, ARE 697.326 AgR/RS, DJ 26/04/13); não se pode confundir uma *conduta omissiva genérica* (ex: o Estado não conseguir evitar todos os furtos de carros), com uma *conduta omissiva específica* (ex: o Estado ter o dever de vigilância sobre alguém e não evitar o dano); no primeiro caso, o Estado responde *subjetivamente*, só cabendo indenização se ficar provado que o serviço foi defeituoso (ex: um policial presencia um furto e nada faz); no segundo caso, o Estado responde *objetivamente*, não sendo necessário perquirir sobre se o serviço estatal foi ou não defeituoso.

Gabarito 1C

(Defensoria Pública da União – 2002 – CESPE) Julgue o seguinte item.

(1) Considere a seguinte situação hipotética: A interdição de uma via pública, por ato lícito, para a reparação de rede pluvial, impediu, por determinado tempo, o acesso de clientes a um posto comercial de combustíveis de determinada empresa, causando-lhe prejuízo advindo da cessação da venda de seus produtos. Nesse caso, em razão da adoção, pelo direito brasileiro, da teoria da culpa anônima do serviço será devida pelo Estado reparação à empresa.

1: errada, pois o caso envolve conduta comissiva estatal, de modo que a responsabilidade do Estado é objetiva, e não subjetiva, não se aplicando assim a Teoria da Culpa Anônima, própria da segunda modalidade de responsabilidade. Quanto ao fato de que o ato é ilícito, pouco importa, pois na responsabilidade objetiva não se verifica a culpa ou dolo, ou seja, a existência de ato ilícito.

Gabarito 1E

(Defensoria Pública da União – 2002 – CESPE) Julgue o seguinte item.

(1) A teoria do risco administrativo, base para a responsabilidade objetiva do Estado, admite a exclusão da responsabilidade do Estado nos casos de comprovação da culpa exclusiva da vítima.

1: correta, pois tal teoria, de fato, admite excludentes de responsabilidade do Estado, diferentemente do que prega a Teoria do Risco Integral, que não admite excludentes de responsabilidade estatal.

Gabarito 1C

9.2. Modalidades de responsabilidade (objetiva e subjetiva). Requisitos da responsabilidade objetiva

(Defensor Público/TO – 2013 – CESPE) Em relação à responsabilidade civil do Estado pelo exercício da função administrativa e a improbidade administrativa, assinale a opção correta.

(A) O Estado, no exercício da função administrativa, responde objetivamente por danos morais causados a terceiros por seus agentes.
(B) A responsabilidade do Estado pelo exercício da função administrativa é subjetiva, de acordo com a teoria do risco administrativo.
(C) As sociedades de economia mista que se dedicam à exploração de atividade econômica são responsáveis objetivamente pelos danos que seus agentes causem a terceiro.
(D) O servidor público que utiliza, em proveito próprio, carro de propriedade da União pratica infração disciplinar, mas não ato de improbidade administrativa.
(E) Não há previsão da penalidade de suspensão dos direitos políticos para o responsável por ato de improbidade administrativa que atente contra os princípios da administração pública.

A: correta, nos termos do art. 37, § 6.º, da CF; **B:** incorreta, pois a responsabilização do Estado independe de culpa ou dolo, de modo que é objetiva (art. 37, § 6.º, da CF); **C:** incorreta, pois a responsabilidade objetiva do Estado, prevista no art. 37, § 6.º, da CF, abrange apenas as pessoas jurídicas de direito público e as pessoas de direito privado prestadoras de serviço público (art. 37, § 6.º, da CF), o que não é caso da sociedade de economia mista mencionada, que explora atividade econômica; **D:** incorreta, pois essa conduta também é um ato de improbidade (art. 10, XIII, da Lei 8.429/1992); **E:** incorreta, pois há sim tal previsão (art. 12, III, da Lei 8.429/1992).

Gabarito "A".

(Defensor Público/AM – 2013 – FCC) Paciente internada em UTI de hospital público municipal falece em razão da ocorrência de interrupção do fornecimento de energia elétrica, decorrente de uma tempestade na região, sendo que o referido hospital não possuía geradores de emergência. Em sua defesa, o Município alega que se trata de situação de força maior, o que afasta a responsabilidade estatal. Tal argumento não se sustenta, pois

(A) a responsabilidade estatal na prestação de serviços públicos é baseada na teoria do risco administrativo, afastando as causas excludentes de responsabilidade.
(B) a responsabilidade estatal na prestação de serviços públicos é baseada na teoria do risco integral, afastando as causas excludentes de responsabilidade.
(C) não se trata de situação de força maior, mas sim de fato de terceiro, que não enseja o afastamento da responsabilidade estatal.
(D) por se tratar de morte natural, decorrente de moléstia contraída antes da internação, o nexo causal não se encontra configurado, sendo desnecessário recorrer à excludente de força maior.
(E) a situação ocorrida está no horizonte de previsibilidade da atividade, ensejando a responsabilidade subjetiva da entidade municipal, que tinha o dever de evitar o evento danoso.

A: incorreta, pois, no caso, houve omissão estatal, que enseja, como regra, responsabilidade subjetiva, com base na falta do serviço; e, de fato, o serviço foi defeituoso (faltoso), pois é absolutamente previsível que um hospital com UTI pode sofrer uma queda de energia com graves consequências, o que recomendava a existência de um gerador no local; vale ressaltar que o STF tem decisão no sentido de que a responsabilidade estatal por *atos omissivos* ***específicos*** é objetiva; um exemplo de caso de omissão específica do Estado é a agressão física a aluno por colega, em escola estadual, hipótese em que a responsabilidade estatal será objetiva, com base na Teoria do Risco Administrativo (STF, ARE 697.326 AgR/RS, DJ 26/04/13); não se pode confundir uma *conduta omissiva genérica* (ex: o Estado não conseguir evitar todos os furtos de carros), com uma *conduta omissiva específica* (ex: o Estado ter o dever de vigilância sobre alguém e não evitar o dano); no primeiro caso, o Estado responde *subjetivamente*, só cabendo indenização se ficar provado que o serviço foi defeituoso (ex: um policial presencia um furto e nada faz); no segundo caso, o Estado responde *objetivamente*, não sendo necessário perquirir sobre se o serviço estatal foi ou não defeituoso; **B:** incorreta, pois, no Brasil, é adotada a teoria do risco administrativo, que admite cláusulas excludentes de responsabilidade; **C:** incorreta, pois, conforme visto no comentário à alternativa "a", o caso é de responsabilidade subjetiva estatal; **D:** incorreta, pois a causa determinante da morte foi a falta de energia elétrica; **E:** correta, nos termos do comentário dado à alternativa "a".

Gabarito "E"

(Defensor Público/AC – 2012 – CESPE) Um paciente internado em hospital público de determinado estado da Federação cometeu suicídio, atirando-se de uma janela próxima a seu leito, localizado no quinto andar do hospital.

Com base nessa situação hipotética, assinale a opção correta acerca da responsabilidade civil do Estado.

(A) A responsabilidade incidirá apenas sobre os enfermeiros que cuidavam do paciente.
(B) Exclui-se a responsabilidade do Estado, por ter sido a culpa exclusiva da vítima, sem possibilidade de interferência do referido ente público.
(C) A responsabilidade é objetiva, dada a omissão do ente público.
(D) A responsabilidade é subjetiva, dependente de prova de culpa.
(E) Não é cabível a responsabilização do Estado, pela inexistência de dano a ser reparado.

A jurisprudência ainda é no sentido de que, nas condutas omissivas estatais, a responsabilidade do Estado, como regra, é subjetiva, devendo-se avaliar se há ou não falta do serviço. Em caso de suicídio de paciente com deficiência mental em hospital psiquiátrico a jurisprudência entende que o serviço estatal é defeituoso, por falta de vigilância. Porém, no caso em tela, por não haver referência a essa situação específica, tem-se a chamada culpa exclusiva da vítima, que exclui a responsabilidade estatal.

Gabarito "B"

(Defensor Público/PR – 2012 – FCC) Tiburcius é servidor público estadual que, no exercício de sua função de motorista, dirigia uma camionete do Estado do Paraná, quando se envolveu em grave acidente. Houve perda total tanto da camionete do Estado quanto da motocicleta de propriedade particular, também envolvida no acidente. O passageiro da motocicleta morreu na hora. São diversas as possibilidades de consequências jurídicas desse acidente. Dentre as mencionadas abaixo, a única INCORRETA ou INCABÍVEL ao caso é:

(A) Demonstrados o envolvimento do servidor público; o nexo de causalidade e os prejuízos sofridos pelo particular este, para receber indenização do Estado, fica dispensado de comprovar a culpa da administração pública.
(B) Para excluir ou atenuar a indenização ao particular, o Estado deverá demonstrar a culpa total ou parcial do condutor da motocicleta.
(C) Se comprovado que o acidente foi causado por um instantâneo, arrebatador e fortíssimo vendaval, que impediu a visibilidade dos motoristas e ocasionou a perda de controle dos veículos, há exclusão ou atenuação da responsabilidade de indenizar o particular.
(D) A comprovação da culpa de Tiburcius pelo acidente é um dos requisitos para a propositura de ação regressiva do Estado contra esse servidor.
(E) A absolvição definitiva de Tiburcius, por negativa de autoria, na ação penal pela morte do passageiro da motocicleta, não tem repercussão na apuração e punição de falha disciplinar por ele cometida.

A: assertiva correta, pois a responsabilidade do Estado é objetiva (art. 37, §6.°, da CF); **B:** assertiva correta, sendo que, demonstrada a culpa exclusive (total) do particular, haverá exclusão da responsabilidade estatal, ao passo que demonstrada a culpa parcial do particular, haverá apenas a atenuação dessa mesma responsabilidade; **C:** assertiva correta, pois, quanto à responsabilidade objetiva do Estado, adotamos no Brasil a Teoria do Risco Administrativo, que admite excludentes da responsabilidade estatal, como a força maior e o caso fortuito; **D:** assertiva correta, pois a responsabilidade do agente público em relação ao Estado é subjetiva, ou seja, depende de culpa ou dolo do agente (art. 37, §6.°, da CF); assim, caso o Poder Público tenha de pagar uma indenização ao particular, em seguida poderá voltar-se em ação regressiva em face do agente público responsável (ou promover a denunciação da lide na ação promovida pelo particular), tendo que comprovar culpa ou dolo do agente para que esta responda civilmente; **E:** assertiva incorreta, devendo a alternativa ser assinalada; pois a absolvição penal por negativa de autoria (assim como a por inexistência material do fato) tem repercussão sim nas esferas civil e administrativa, diferentemente da simples absolvição por falta de provas (art. 126 da Lei 8.112/1990).

Gabarito "E"

(Defensor Público/AM – 2010 – I. Cidades) Sobre responsabilidade extracontratual do Estado, é possível afirmar:

(A) a culpa exclusiva da vítima afasta, para a doutrina majoritária, o nexo de causalidade e, consequentemente, o dever de indenizar.
(B) para sua configuração dependerá de prova de dolo ou culpa do agente.
(C) o caso fortuito e a força maior não podem ser utilizados para afastar o dever de indenizar, pois a Administração Pública deve se esforçar para prevê-los.
(D) culpa parcial da vítima não influencia na dimensão da responsabilidade
(E) a Administração Pública, segundo a teoria do órgão, não pode ajuizar ação regressiva em face do agente público que deu causa ao dano suportado pela vítima.

A: correta, pois adotamos a Teoria do Risco Administrativo, que admite essa e outras excludentes de responsabilidade estatal; **B:** incorreta, pois o Estado responde objetivamente por condutas comissivas (art. 37, § 6°, da CF); **C:** incorreta, pois esses também são excludentes de responsabilidade estatal; **D:** incorreta, pois a culpa parcial da vítima tem o condão de diminuir o *quantum* indenizatório; **E:** incorreta, pois a ação regressiva está prevista no próprio art. 37, § 6°, da CF.

Gabarito "A"

(Defensoria/MA – 2009 – FCC) A responsabilidade civil do Estado prevista na Constituição Federal incide sob a modalidade

(A) objetiva, quando referente a atos lícitos praticados por agentes estatais dos quais haja decorrido dano indenizável.
(B) subjetiva, quando referente a atos ilícitos praticados por concessionárias de serviços públicos, remanescendo responsabilidade solidária do Estado pelo ressarcimento dos danos indenizáveis.
(C) objetiva, quando referente a atos ilícitos praticados por agentes estatais e subjetiva, quando ditos atos forem lícitos.
(D) subjetiva, quando referente a atos lícitos praticados por agentes estatais se destes tiverem advindo danos morais indenizáveis.
(E) subjetiva, quando referente a atos ilícitos praticados por empregados de concessionárias de serviços públicos que tenham ocasionado danos a usuário do serviço.

A responsabilidade do Estado e das concessionárias de serviço público é objetiva, de maneira que pouco importa se há ato lícito ou ilícito para a configuração da responsabilidade. Basta que haja conduta, dano e nexo de causalidade.

Gabarito "A"

(Defensoria/PI – 2009 – CESPE) Quanto à responsabilidade extracontratual do Estado, na esteira da jurisprudência dos tribunais superiores, assinale a opção correta.

(A) Segundo decisão recente do STF, a responsabilidade civil das pessoas jurídicas de direito privado prestadoras de serviço público é também objetiva relativamente aos não usuários do serviço.
(B) Segundo o STF, a responsabilidade civil do Estado é objetiva no caso de lesão corporal causada por disparo de arma de fogo pertencente à corporação militar realizado por servidor militar em período de folga contra ex-esposa em decorrência de rompimento da relação conjugal.
(C) Segundo o STF, para a configuração da responsabilidade objetiva do Estado, é necessário que o ato praticado seja ilícito.
(D) Segundo jurisprudência pacífica do STJ acerca do dano indenizável, quanto aos filhos do falecido, impõe-se o limite de pensão até o instante em que estes completam vinte e um anos de idade e, no que se refere à viúva, até o momento em que esta completar sessenta e cinco anos de idade.
(E) Aforça maior e o caso fortuito, ainda que determinantes para a ocorrência de evento danoso, não podem ser considerados como excludentes de responsabilidade do Estado.

A: correta, tendo o STF mudado seu entendimento a respeito do assunto; assim, hoje, o STF entende que são beneficiários da responsabilidade objetiva das concessionárias de serviço público não só os *usuários* do serviço (ex.: passageiro de um ônibus que se acidenta), como também os *não usuários* do serviço (ex.: alguém que não é passageiro do ônibus, mas que estava caminhando ou andando de bicicleta quando do acidente no primeiro, vindo a sofrer danos por conta do evento); vide, a respeito, o RE 591.874/MS, j. 26.08.09; **B:** incorreta, pois o servidor militar, por estar de folga, não estava *na qualidade* *de agente público* quando do ocorrido, não se tendo preenchido o requisito do "nessa qualidade", presente no art. 37, § 6º, da CF; **C:** incorreta, pois o ato ilícito, entendido como aquele em que há *culpa* ou *dolo* (art. 186 do CC), não é essencial para a configuração da responsabilidade objetiva do Estado, pois nesta não se verifica se há culpa ou dolo; por exemplo, a requisição de bens ou serviços e a desapropriação são atos lícitos, mas ensejam indenização pelos danos causados aos particulares; **D:** incorreta, pois os filhos terão direito a pensão até fazer *25 anos*, ao passo que a viúva terá direito à pensão não até fazer 65 anos, mas até a data em que a vítima (seu marido) fizesse 65 anos, valendo salientar que o STJ vem admitindo que a expectativa de vida seja maior que 65 anos, tendo em vista os novos dados do IBGE (REsp 1027318/RJ, DJ 31/08/2009); **E:** incorreta, pois adotamos a Teoria do Risco Administrativo, que admite tais excludentes, ao contrário da Teoria do Risco Integral, que não admite excludentes da responsabilidade estatal.

Gabarito "A"

(Defensor Público/MS – 2008 – VUNESP) Sobre a responsabilidade do Estado, é correto afirmar que

(A) é sempre subjetiva.
(B) a ação regressiva contra o funcionário, nas hipóteses de dolo ou culpa, é faculdade do Estado.
(C) não responde o Estado por atos legislativos, ainda que feitas com visível desvio de poder.
(D) o Estado responde por atos lícitos e ilícitos.

A: incorreta, pois a responsabilidade do Estado, por conduta comissiva, é objetiva (art. 37, § 6º, da CF); **B:** incorreta, pois o Estado, havendo culpa ou dolo do agente, deve acionar este regressivamente, sob pena de desrespeito ao princípio da indisponibilidade do interesse público; **C:** incorreta, pois o Estado responde por atos legislativos inconstitucionais ou de efeito concreto; **D:** correta, pois, no caso da responsabilidade objetiva do Estado, pouco importa se o ato estatal é lícito ou não, já que não se verifica acerca da culpa ou do dolo.

Gabarito "D"

(Defensor Público/CE – 2007 – CESPE) Considere que as seguintes situações hipotéticas tenham ocorrido em determinada unidade da Federação.

I. Em junho de 2007, durante rebelião em um presídio, Antônio, José e Pedro, presos condenados por homicídio, fugiram por um túnel cavado sob a cama de um deles em um dos pavilhões de detenção. Um mês após a rebelião, um detento de nome Francisco foi assassinado por Otávio, outro preso, por vingança, em decorrência de luta pelo controle do tráfico de entorpecentes no referido prédio. Um ano após a rebelião, José cometeu latrocínio nas proximidades do tribunal de justiça do estado, ocasião em que foi preso e reconduzido ao presídio. A vítima do latrocínio deixou viúva e dois filhos.

II. Em 2007, na madrugada de um dia em que deveria ter retornado para dormir no presídio, um preso submetido ao regime semiaberto cometeu um estupro. Tal fato atraiu a atenção do Poder Judiciário porque, comprovadamente, o preso, frequentemente, deixava de retornar ao final do dia para recolhimento, situação essa que era de conhecimento da direção do presídio.

Com referência aos fatos hipotéticos acima narrados e ao atual entendimento jurisprudencial do Supremo Tribunal Federal (STF), julgue os itens subsequentes.

(1) Os elementos que compõem a responsabilidade civil objetiva do Estado são: causalidade material, alteridade do dano, oficialidade da atividade causal e lesiva imputável a agente público e ausência de causa excludente de responsabilidade estatal.
(2) No homicídio acontecido nas dependências da prisão, mencionado na situação I, em que Otávio matou Francisco, não há responsabilidade objetiva do Estado porque se está diante de omissão do poder público em cuidar da integridade física de um apenado.
(3) Na situação II, não há responsabilização civil do Estado no estupro praticado pelo preso durante o descumprimento do regime semiaberto, uma vez que não há conexão entre a conduta estatal e o dano eventualmente acontecido.
(4) Na situação I, a responsabilização civil de José pelo latrocínio cometido exclui a possibilidade de pretensão indenizatória contra o Estado.
(5) A teoria do risco administrativo está presente no plano constitucional desde a Constituição de 1946 e confere fundamento doutrinário à responsabilização objetiva do Estado.

1: correta, pois traz corretamente os elementos da responsabilidade objetiva do Estado, ainda que numa linguagem um pouco mais rebuscada que o normal; **2:** incorreta, pois o STF vem reconhecendo a responsabilidade objetiva no caso, por se tratar de atividade estatal de risco (cuidar de presidiários); **3:** incorreta, pois o STF, julgando exatamente esse caso, entendeu que o fato de o Estado não ter promovido a regressão de regime, mesmo diante das faltas do preso, fez com que houvesse nexo de causalidade entre a atuação estatal e o crime ocorrido, que poderia ser evitado, de modo que houve, no caso concreto, a responsabilização estatal; **4:** incorreta, pois, comprovado o nexo de causalidade do Estado, este responderá; há de se ressaltar que, nesse tipo de situação, quando quem foge comete o crime com outros comparsas, um bom tempo depois, o STF entende que não há nexo de causalidade, de modo que o Estado não responde; **5:** correta, pois, de fato, desde 1946 há essa previsão.

Gabarito 1C, 2E, 3E, 4E, 5C

(Defensoria Pública da União – 2002 – CESPE) Julgue o seguinte item.

(1) No ordenamento jurídico brasileiro, a responsabilidade objetiva é restrita ao Estado e às pessoas jurídicas integrantes de sua administração indireta.

1: incorreta, pois também é objetiva responsabilidade das concessionárias de serviço público (art. 37, § 6º, da CF), sem contar os inúmeros outros casos de responsabilidade objetiva em nosso ordenamento jurídico, como no CDC, no próprio Código Civil (ex.: art. 927, parágrafo único, e art. 931), dentre outros.

Gabarito 1E

9.3. Responsabilidade do agente público, ação de regresso e denunciação da lide.

(Defensoria Pública da União – 2004 – CESPE) Julgue o seguinte item.

(1) A reparação do dano fundado na responsabilidade civil do Estado pode derivar tanto de processo judicial quanto de procedimento administrativo; o direito regressivo da administração pública, por outro lado, pressupõe, necessariamente, que aquela haja de fato indenizado o particular.

1: correta, pois a Administração pode firmar acordo extrajudicial com a vítima; quanto à segunda afirmativa, de fato a Administração só poderá cobrar do agente público faltoso após ter indenizado o particular.

Gabarito 1C

9.4. Responsabilidade das concessionárias de serviço público

(Defensor Público/GO – 2010 – I. Cidades) Em um serviço público de transporte de passageiros, veio um passageiro a ser jogado para fora do ônibus em uma curva, e, além de se machucar gravemente, veio a atingir uma outra pessoa, transeunte, que também sofreu graves lesões. Na ação a ser movida pelo passageiro contra o Estado

(A) o usuário é quem deve acionar o Estado, não tendo direito a isto o terceiro que foi lesado em decorrência do evento originário.
(B) a responsabilidade do Estado será subjetiva para o terceiro, e objetiva para o usuário do serviço público.
(C) o Estado responderá civilmente, mas subjetivamente, por causa da presença do terceiro que está fora da relação tática original.
(D) o terceiro somente tem direito a indenização do usuário, e este do Estado.
(E) a responsabilidade do Estado será objetiva para os dois casos.

O STF vinha entendendo que a responsabilidade objetiva dos concessionários (prevista no art. 37, § 6º, da CF) só existe em relação ao usuário do serviço, e não em relação a terceiro não usuário do serviço, que sofre dano no contexto da prestação de um serviço público. O terceiro deveria buscar responsabilização da concessionária com fundamento em outras regras jurídicas. No entanto, houve mudança na orientação jurisprudencial, para admitir a responsabilidade objetiva também em favor do não usuário do serviço público. Confira: "A responsabilidade civil das pessoas jurídicas de direito privado prestadoras de serviço público é objetiva relativamente a terceiros usuários e não usuários do serviço, segundo decorre do art. 37, § 6º, da Constituição Federal. II - A inequívoca presença do nexo de causalidade entre o ato administrativo e o dano causado ao terceiro não usuário do serviço público, é condição suficiente para estabelecer a responsabilidade objetiva da pessoa jurídica de direito privado." (STF, RE 591874). O STF passou a entender que a expressão "terceiros", contida no dispositivo constitucional citado, inclui os terceiros não usuários do serviço público. Primeiro porque não há restrição redacional nesse sentido, não se podendo fazer interpretação restritiva do dispositivo constitucional. Segundo porque a Constituição, interpretada à luz do princípio da isonomia, não permite que se faça qualquer distinção entre os chamados "terceiros", usuários e não usuários do serviço público, uma vez que todos podem sofrer dano em razão da ação administrativa estatal. Terceiro porque os serviços públicos devem ser prestados de forma adequada e em caráter geral, estendendo-se, indistintamente, a todos os cidadãos, beneficiários diretos ou indiretos da ação estatal. Assim, a alternativa "E" está correta.

Gabarito "E"

(Defensor Público/AL – 2009 – CESPE) Com relação à regra da responsabilidade objetiva do Estado, julgue o próximo item.

(1) Essa regra não se aplica às entidades da administração indireta que executem atividade econômica de natureza privada.

1: correta, pois somente as entidades da administração indireta que sejam pessoas jurídicas de direito público ou que sejam concessionárias de serviço público respondem objetivamente (art. 37, § 6º, da CF).

Gabarito 1C

(Defensoria Pública da União – 2007 – CESPE) A morte da mãe de Pedro foi ocasionada pela interrupção do fornecimento de energia elétrica durante cirurgia realizada em hospital público, por falta de pagamento. Por esse motivo, Pedro pretende ingressar com ação judicial de reparação de danos materiais e morais contra a concessionária de serviço público responsável pelo fornecimento de energia elétrica. Com relação à situação hipotética descrita acima e acerca da responsabilidade civil do Estado e do serviço público, julgue os itens a seguir.

(1) Na hipótese em apreço, conforme precedentes do STF, por não ter havido ato ilícito por parte da concessionária, não há possibilidade de se reconhecer a sua responsabilidade civil objetiva.

(2) Conforme legislação em vigor, a referida ação de indenização deve ser proposta no prazo de 5 anos, sob pena de prescrição.

1: errada, pois a concessionária de serviço público responde objetivamente (art. 37, § 6º, da CF); **2:** certa, pois a ação deve ser promovida no prazo de 5 anos, por ser a vítima consumidor equiparado (art. 27 do CDC).

Gabarito 1E, 2C

(Defensoria Pública da União – 2002 – CESPE) Julgue o seguinte item.

(1) As sociedades de economia mista, independentemente do seu objeto social, submetem-se à responsabilidade objetiva pelos danos que seus agentes causarem a terceiros.

1: incorreta, pois, quanto às normas de Direito Administrativo, a responsabilidade objetiva da sociedade de economia mista depende de esta ser prestadora de serviço público (art. 37, § 6º, da CF).

Gabarito 1E

9.5. Responsabilidade por atos legislativos e judiciais

(Defensor Público/ES – 2012 – CESPE) Julgue os itens subsecutivos, relativos a responsabilidade civil do Estado.

(1) De acordo com a jurisprudência consolidada do STF, a responsabilidade objetiva do Estado aplica-se a todos os atos do Poder Judiciário.

1: incorreta, pois o STF é pacífico no sentido de que "salvo nos casos expressamente previstos em lei, a responsabilidade do Estado não se aplica aos atos de juízes" (RE 553.637, DJ 25.09.09); são exemplos de caso expressamente previstos na lei o erro judiciário (art. 5.º, LXXV, da CF) e a fraude ou dolo do juiz (art. 133 do CPC).

Gabarito 1E

(Defensor Público/GO – 2010 – I. Cidades) Considerando a jurisprudência do Supremo Tribunal Federal, acerca da responsabilidade objetiva do Estado, está correta a seguinte proposição:

(A) A responsabilidade objetiva do Estado não se aplica aos atos de juízes, salvo os casos expressamente previstos em lei.

(B) A legitimidade passiva concorrente do agente público é admitida, na ação movida com fundamento na responsabilidade civil objetiva estatal.

(C) A Constituição da República dispõe expressamente que os serviços notariais e de registro são exercidos em caráter privado, daí não se admitir responsabilidade do Estado por atos de tabelionato.

(D) A jurisprudência exige, para a configuração da responsabilidade objetiva do Estado, que o ato praticado seja ilícito.

(E) A natureza da conduta administrativa - comissiva ou omissiva -, não importa para a configuração da responsabilidade objetiva do Estado.

A: correta, valendo salientar que, em casos como de erro judiciário, dolo, fraude, recusa, omissão ou retardamento injustificado do juiz (art. 133 do CPC), caberá responsabilidade estatal por ato do juiz; **B:** incorreta, pois o STF entende que a vítima só pode entrar com ação contra o Estado, não podendo ingressar diretamente contra o agente público; assim, não cabe a responsabilidade *"per saltum"* da pessoa natural do agente público (STF, RE 327.904, rel. Min. Carlos Brito, j. em 15/08/2006 – Informativo 436), devendo o juiz julgar extinta, por ilegitimidade de parte, eventual ação promovida pelo terceiro lesado em face do agente público; **C:** incorreta, pois o tabelião responde objetivamente e o Estado também responde objetivamente, ainda que haja decisões do STJ que entendem que se deve acionar primeiro o registrador ou notário, acionando-se o Estado subsidiariamente (STJ, REsp 1163652/PE, DJ 01/07/2010); **D:** incorreta, pois não se discute, na responsabilidade objetiva do Estado, culpa ou dolo, ou seja, se houve ou não prática de ato ilícito; **E:** incorreta, pois, nas condutas omissivas, como regra, a responsabilidade do Estado é subjetiva, ao passo que nas condutas comissivas, é objetiva.

Gabarito "A"

10. Licitação

10.1. Conceitos, objetivos e princípios

(Defensor Público/CE – 2007 – CESPE) Julgue o seguinte item.

(1) As obras e serviços que são objetos de licitação não admitem a execução indireta no regime de empreitada por preço global.

1: incorreta (arts. 6º, VIII, *a*, e 10, II, *a*, da Lei 8.666/1993).

Gabarito 1E

10.2. Contratação direta (licitação dispensada, dispensa de licitação e inexigibilidade de licitação)

(Defensoria Pública/SP – 2010 – FCC) A formalização da concessão de serviço público, disciplinada em sua forma comum pela Lei nº 8.987/1995, dar-se-á por contratação

(A) com licitação dispensável, devido à prestação ser por conta e risco do concessionário.

(B) em condições legais excepcionais, sem exigência de modalidade licitatória específica.

(C) com licitação dispensada, se demonstrada a melhor capacidade do concessionário.

(D) direta e sem prazo determinado, em decorrência de ser inexigível a licitação.

(E) com licitação prévia e obrigatória, na modalidade de concorrência.

A contratação de concessão de serviço público depende de licitação pública, na modalidade concorrência, nos termos do art. 2º, II, da Lei 8.987/1995 e do art. 175 da CF.

Gabarito "E"

(Defensor Público/AM – 2010 – I. Cidades) A respeito do credenciamento em matéria de licitação, assinale a alternativa correta:

(A) É inexigível a licitação nas hipóteses em que o credenciamento é aberto para outorga a todos os interessados habilitados, já que inexistente a possibilidade teórica de competição.
(B) O credenciamento, como ato administrativo ampliativo de direitos do cidadão, sempre implica na obrigatoriedade de licitação, em respeito ao princípio da isonomia.
(C) Todos os atos administrativos restritivos também se submetem a um processo administrativo próprio de licitação.
(D) O credenciamento é aberto, mas sempre deve ser licitado em respeito ao princípio da isonomia.
(E) O credenciamento é o ato através do qual, após prévio processo licitatório, se permite que uma empresa represente a Administração Pública em uma ocasião específica.

O credenciamento é o ato ou contrato formal pelo qual a administração pública confere a um particular (pessoa física ou jurídica), normalmente sem prévia licitação, a prerrogativa de exercer certas atividades materiais ou técnicas, em caráter instrumental ou de colaboração com o Poder Público, a título oneroso, remuneradas, na maioria das vezes, diretamente pelos interessados. Um exemplo de credenciamento é o ato que ocorre com as empresas de autoescola, que recebem credenciamento do Poder Público para a prática de certas atividades em colaboração com este (aulas, exames etc.), sem licitação e com cobrança dos interessados. Inexistindo viabilidade técnica de competição, está-se diante de hipótese de inexigibilidade (art. 25, *caput*, da Lei 8.666/1993).

Gabarito "A"

(Defensor Público/BA – 2010 – CESPE) Julgue o seguinte item.

(1) Os casos de dispensa de licitação previstos em lei somente podem ser ampliados, pela autoridade competente, devido a interesse público decorrente de fato devidamente comprovado, pertinente e suficiente para justificar tal conduta.

1: incorreto, pois somente por lei é possível criar novos casos de dispensa de licitação (art. 37, XXI, da CF).

Gabarito 1E

(Defensor Público/GO – 2010 – I. Cidades) Na hipótese de contratação direta em casos singulares, em contratos abaixo de R$ 8.000,00

(A) há uma contratação direta por dispensa da licitação, sendo necessária a verificação do menor preço.
(B) há uma fase discricionária, para a verificação dos requisitos da singularidade e da notória especialização, com posterior escolha do profissional.
(C) a contratação implica em menor preço, após pesquisa de mercado.
(D) o serviço singular implica em serviços que são incomparáveis uns com os outros.
(E) a primeira fase é discricionária, na averiguação dos preços e depois há uma fase vinculada, para escolha do melhor profissional.

A: incorreta, pois, havendo dispensa de licitação, é necessário pesquisa de preço e justificativa da contratação; **B:** incorreta, pois, primeiro, vê-se a singularidade do serviço, sendo que, somente uma vez constatada essa singularidade, é que se passará à escolha do profissional, que deverá ter notória especialização (art. 25, II, da Lei 8.666/1993); **C:** incorreta, pois, na contratação direta, a lei não exige o menor preço, mas a "justificativa do preço" (art. 26, parágrafo único, III, da Lei 8.666/1993); **D:** correta, pois implica em serviços diferenciados, que não podem ser objeto de comparação entre si; **E:** incorreta, pois há certa discricionariedade nessas duas fases.

Gabarito "D"

(Defensor Público/AL – 2009 – CESPE) Julgue o seguinte item.

(1) Constitui hipótese de inexigibilidade de licitação a contratação de associação de portadores de deficiência física, sem fins lucrativos e de comprovada idoneidade, para a prestação de serviços ou fornecimento de mão de obra, desde que o preço contratado seja compatível com o de mercado.

1: incorreta, pois esse caso não é de *inexigibilidade*, mas de *dispensa* de licitação (art. 24, XX, da Lei 8.666/1993).

Gabarito 1E

(Defensoria/RN – 2006) A contratação de serviços técnicos profissionais especializados considera a natureza singular do trabalho a ser prestado, além da notoriedade do profissional a ser contratado, o que frustra a competitividade na licitação, podendo-se afirmar tratar-se de uma contratação *intuitu personae*, por isso, não se consideram incluídos entre estes serviços

(A) o patrocínio ou defesa de causas judiciais ou administrativas.
(B) a publicidade e a divulgação.
(C) o treinamento e aperfeiçoamento de pessoal.
(D) a restauração de obras de arte e bens de valor histórico.

Art. 25, II (parte final), da Lei 8.666/1993.

Gabarito "B"

(Defensoria Pública da União – 2004 – CESPE) Julgue o seguinte item.

(1) O chamado fracionamento de licitação é prática ilícita que consiste em dividir o objeto da contratação em parcelas que permitam a dispensa de licitação ou a realização desta em modalidade mais simples do que a aplicável ao valor total do objeto. Em consequência, a legislação em vigor proscreve por completo qualquer espécie de fracionamento em licitações.

1: incorreta, pois, não havendo o objetivo de fraudar a lei (permitindo a dispensa ou a utilização de modalidade mais simples), e não havendo prejuízo ao interesse público, não há vedação a esse fracionamento.

Gabarito 1E

(Defensoria Pública da União – 2002 – CESPE) Julgue o seguinte item.

(1) A inexigibilidade de licitação para a contratação de serviços técnicos especializados pressupõe a singularidade do objeto, de tal modo que o mesmo só possa ser executado por profissional de notória especialização. Assim, não se admite, por esse fundamento, a contratação do mais conceituado jurista brasileiro, de fama internacional, para a atividade de assessoria jurídica rotineira a um determinado município.

1: correta, pois o serviço singular, que é o que justifica esse caso de inexigibilidade (art. 25, II, da Lei 8.666/1993), é aquele serviço técnico diferenciado, não podendo se tratar de um serviço comum. Um exemplo é a necessidade de contratar uma consultoria para a modelagem de uma parceria público-privado, serviço que, efetivamente, é singular. Já a contratação de um escritório de advocacia, mesmo que extremamente conceituado, para o ingresso com uma ação simples, como uma ação de revisão contratual, não envolve serviço singular, mas serviço comum, corrente, rotineiro, de modo que não cabe contratação direta, ou seja, contratação sem licitação.

Gabarito 1C

10.3. Modalidades de licitação e registro de preços

(Defensor Público/AC – 2012 – CESPE) Nos casos de concessão de direito real de uso, é cabível a modalidade de licitação denominada

(A) pregão.
(B) concorrência.
(C) tomada de preços.
(D) convite.
(E) leilão.

O art. 23, §3.°, da Lei 8.666/1993 dispõe que a concorrência é a modalidade de licitação cabível nas concessões de direito real de uso.

Gabarito "B"

(Defensor Público/PR – 2012 – FCC) Sobre licitação é correto afirmar:

(A) A concorrência é a modalidade de licitação possível para a compra e venda de bens móveis e imóveis, independentemente do valor.
(B) O rol de modalidades de licitações constante da lei é taxativo não podendo, o ente federado, conceber outras figuras ou combinar regras procedimentais.
(C) A lei não permite que o edital da licitação contenha qualquer preferência para serviços ou produtos manufaturados de origem nacional.

(D) É garantida por lei a participação de microempresas e empresas de pequeno porte em processos licitatórios, as quais, pelo princípio da isonomia, concorrem sem qualquer preferência, em igualdade de condições com os demais participantes.
(E) Na modalidade convite, além do edital que rege o certame, deve ser expedida carta-convite aos proponentes cadastrados, respeitada a antecedência mínima de cinco dias, contados da publicação do edital.

A: incorreta, pois a concorrência é a modalidade de licitação utilizada para a compra ou alienação de bens imóveis (art. 23, §3.°, da Lei 8.666/1993); ou seja, quanto aos bens móveis, não há obrigação de que a alienação ou a aquisição se dê por concorrência caso não se atinja o valor mínimo para que esta se aplique; **B:** correta (art. 22, § 8.°, da Lei 8.666/1993); **C:** incorreta, pois poderá ser estabelecido margem de preferência para produtos manufaturados e serviços nacionais que atendam a normas técnicas brasileiras (art. 3.°, §5.°, da Lei 8.666/1993); se tais produtos manufaturados e serviços nacionais forem, ainda, realizados no Brasil, poderá ser estabelecida uma margem de preferência ainda maior (art. 3. §7.°, da Lei 8.666/1993); **D:** incorreta, pois a LC n. 123/2006 estabelece vantagens em favor dessas empresas, como a que assegura, como critério de desempate, preferência de contratação para as microempresas e empresas de pequeno porte (art. 44, *caput*); **E:** incorreta, pois não há edital na modalidade convite (art. 38, I, da Lei 8.666/1993), mas apenas a expedição de cartas-convite; quanto ao prazo, é de cinco dias úteis (e não cinco dias corridos), contados da expedição da carta-convite (art. 21, °§3.°, da Lei 8.666/1993).
Gabarito "B"

(Defensor Público/AL – 2009 – CESPE) Julgue o seguinte item.

(1) O leilão é modalidade de licitação entre interessados devidamente cadastrados para a venda de bens móveis inservíveis para a administração.

1: incorreta, pois o leilão é modalidade da qual podem participar quaisquer interessados e não somente aqueles que estejam cadastrados junto à Administração (art. 22, § 5°, da Lei 8.666/1993).
Gabarito 1E

(Defensoria/MA – 2009 – FCC) O Estado do Maranhão adjudicou, em sede de execução fiscal, um imóvel que pertencia a uma empresa devedora de ICMS. Pretendendo alienar este imóvel com a maior agilidade possível, uma vez autorizada normativamente a transferência onerosa, o Poder Público deve adotar a seguinte modalidade de procedimento licitatório:

(A) pré-qualificação.
(B) pregão.
(C) leilão.
(D) tomada de preços.
(E) convite.

Como o imóvel foi adquirido numa execução fiscal, a alienação pode se dar por leilão (art. 19, *caput* e III, da Lei 8.666/1993).
Gabarito "C"

(Defensor Público/RO – 2007) A alienação de um bem imóvel do Estado, não proveniente de ação judicial ou dação em pagamento, avaliado em R$ 80.000,00, após providenciadas a desafetação e a autorização legislativa, será promovida mediante a seguinte modalidade de licitação:

(A) pregão.
(B) convite.
(C) concurso.
(D) concorrência.
(E) tomada de preços.

Para a alienação de imóveis a regra é a utilização de concorrência (art. 23, § 3°, da Lei 8.666/1993). Como no exemplo dado não incidem as exceções do art. 19, *caput*, da Lei 8.666/1993, caberá a concorrência mesmo, e não o leilão.
Gabarito "D"

(Defensor Público/RO – 2007) Segundo regra expressa da Lei n° 8.666/1993, o convite é a modalidade de licitação realizada entre interessados do ramo pertinente ao objeto, cadastrados ou não, escolhidos e convidados em número mínimo de:

(A) 2
(B) 3
(C) 5
(D) 7
(E) 10

Art. 22, § 3°, da Lei 8.666/1993.
Gabarito "B"

(Defensoria Pública da União – 2002 – CESPE) Julgue o seguinte item.

(1) A nova modalidade de licitação, o pregão, caracteriza-se, fundamentalmente, pela inversão das fases do procedimento, com a habilitação ocorrendo após julgamento.

1: correta, pois, de fato, há inversão de fases, julgando-se as propostas antes da habilitação (art. 4°, VII, da Lei 10.520/2002).
Gabarito 1C

10.4. Fases da licitação

(Defensoria Pública da União – 2002 – CESPE) Julgue o seguinte item.

(1) No edital de licitação, será tida como ilegítima a exigência de garantia do licitante para o mesmo participar do procedimento licitatório.

1: correta (art. 31, III, da Lei 8.666/1993); vale lembrar que a exigência de garantia para a mera participação do certame licitatório é vedada quando se tratar da modalidade de licitação pregão (art. 5°, I, da Lei 10.520/2002).
Gabarito 1C

10.5. Tipos de licitação (menor preço, melhor técnica e técnica/preço e maior lance)

(Defensor Público/PA – 2006 – UNAMA) Considere as afirmativas abaixo sobre licitações:

I. As empresas públicas e sociedades de economia mista, que explorem atividade econômica, sujeitam-se à Lei de Licitações (Lei n° 8.666/1993) enquanto uma outra Lei não estabelecer o estatuto jurídico das empresas públicas.
II. A dispensa de licitação é considerada pela doutrina como uma faculdade da Administração.
III. O administrador tem poder discricionário para escolher o tipo de licitação.
IV. A revogação da licitação está condicionada à existência de razões de interesse público superveniente.

Somente é correto o que se afirma em:

(A) II e IV.
(B) I e II.
(C) IV.
(D) I, II e IV.

I: correto, nos termos do art. 1°, parágrafo único, da Lei 8.666/1993, bem como do art. 173, § 1°, III, da CF; **II:** correto; em caso de dispensa, a Administração tem discricionariedade para decidir se promove a licitação ou se faz a contratação direta, diferentemente do que ocorre nos casos de inexigibilidade da licitação, em que a Administração não tem opção, devendo fazer a contratação direta, por ser inviável a competição; **III:** incorreto, pois a Lei 8.666/1993 não confere essa margem de liberdade ao administrador; **IV:** correto (art. 49, *caput*, da Lei 8.666/1993).
Gabarito "D"

(Defensoria/RN – 2006) Sobre licitações e contratos administrativos julgue as seguintes assertivas e escolha a alternativa correta:

I. É cláusula necessária em todo contrato administrativo, a que estabeleça prestação de garantia nas contratações de obras, serviços e compras.
II. Na aquisição de serviços de natureza predominantemente intelectual será utilizado exclusivamente o tipo de licitação de "melhor técnica".
III. De acordo com a Lei 8.666/1993 são ineficazes os contratos verbais celebrados com a Administração Pública, ressalvados os casos de pequenas compras de pronto pagamento.
IV. É assente nos contratos administrativos a possibilidade de sua revisão à luz da cláusula *rebus sic stantibus* objetivando a manutenção do equilíbrio econômico-financeiro inicial dos contratantes.

V. Em regra, nas hipóteses de licitação para aquisição de equipamentos e serviços de informática, deve ser adotado o tipo de licitação de técnica e preço.

Estão corretos os itens

(A) I, II e III.
(B) III, IV e V.
(C) II e III.
(D) II, III e IV.

I: incorreta (art. 55, VI, da Lei 8.666/1993 - "quando exigida"); II: incorreta. Cuidado com "exclusivamente"; vide o art. 46, *caput*, da Lei 8.666/1993; III: correta. Apesar de o gabarito dar como correta a afirmativa, na verdade tais contratos são "nulos" e não "ineficazes" (art. 60, parágrafo único, da Lei 8.666/1993; não se deve confundir o plano da existência, da validade e da eficácia; de qualquer forma, os atos nulos não podem produzir efeitos, de modo que a palavra "ineficazes" não deixa de estar adequada); IV: correta (art. 65, II, *d*, da Lei 8.666/1993); V: correta (art. 45, § 4º, da Lei 8.666/1993).

Gabarito "B"

10.6. Revogação e anulação da licitação

(Defensoria/MT – 2009 – FCC) Segundo o regime da Lei n.º 8.666/1993, a anulação do procedimento licitatório, antes da celebração do consequente contrato,

(A) só pode ocorrer por razões de interesse público, evidenciadas por juízo de conveniência e oportunidade da autoridade competente.
(B) só pode decorrer de fato superveniente devidamente comprovado.
(C) depende da provocação de terceiros, mediante requerimento escrito e devidamente fundamentado.
(D) não gera, para a Administração, obrigação de indenizar.
(E) não depende de contraditório e a ampla defesa.

A: incorreta, pois a *anulação* ocorre por *ilegalidade*, e não por *inconveniência*, sendo que esta situação (*inconveniência*) dá ensejo à *revogação* (art. 49 da Lei 8.666/1993); B: incorreta, pois a *anulação* se dá por *ilegalidade* já existente, diferente da *revogação*, que se dá por um *fato novo, que torna inconveniente* a manutenção do certame ou do contrato (art. 49 da Lei 8.666/1993); C: incorreta, pois a Administração tem a autotutela de seus atos, podendo revogá-los ou anulá-los de ofício; D: correta, não tendo a Administração dever de indenizar (art. 59 da Lei 8.666/1993), a não ser quando o contratado está de boa-fé, que é presumida, ocasião em que este terá direito de receber pelo que já tiver prestado, sob pena de enriquecimento sem causa; já se o contratado estiver de má-fé, não terá direito sequer ao pagamento pelos serviços que já tiver prestado; E: incorreta (art. 49, § 3º, da Lei 8.666/1993).

Gabarito "D"

(Defensoria/PA – 2009 – FCC) Determinado Estado publicou edital de abertura de licitação para aquisição de móveis para guarnecer as escolas públicas de ensino fundamental instaladas em seu território. Outra decisão de governo culminou com a municipalização do ensino fundamental. O convênio que disciplinou a operacionalização da dita municipalização declarou ser de responsabilidade dos municípios guarnecer as escolas com os móveis e utensílios que se mostrassem necessários, o que seria avaliado somente quando do recebimento dos imóveis onde funcionam as atividades. Neste caso a Administração Pública Estadual

(A) deve prosseguir com a licitação, uma vez que o início do procedimento impede a revogação, possibilitando apenas a anulação por vício de legalidade.
(B) pode revogar a licitação, uma vez que não se mostra mais conveniente e oportuno realizar a despesa, vez que a providência será adotada pelos municípios quando do recebimento dos imóveis.
(C) deve anular a licitação em curso, uma vez que a conclusão do procedimento eivaria a contratação de vício de ilegalidade.
(D) pode prosseguir com a licitação, sub-rogando-se os municípios nos efeitos do contrato a ser firmado com o vencedor.
(E) pode anular a licitação em curso, vez que cessados os motivos para a aquisição dos bens.

Art. 49 da Lei 8.666/1993.

Gabarito "B"

10.7. Microempresa e empresa de pequeno porte

(Defensor Público/RS – 2011 – FCC) Com relação aos benefícios das microempresas e das empresas de pequeno porte nas licitações, que independem de regulamentação pelo órgão licitante, de acordo com a Lei Complementar Federal n.º 123/2006, é correto afirmar:

(A) A microempresa e a empresa de pequeno porte têm preferência, como critério de desempate, para a contratação em licitações.
(B) A regularidade jurídica da microempresa e da empresa de pequeno porte será exigida apenas na assinatura do contrato.
(C) A microempresa será automaticamente declarada vencedora se a sua proposta for superior ao melhor preço em até dez por cento.
(D) A microempresa e a empresa de pequeno porte estão dispensadas de apresentar a documentação fiscal para participar em licitações.
(E) A microempresa terá preferência na contratação quando sua proposta for equivalente à apresentada por empresa de pequeno porte.

A: correta (art. 44 da Lei Complementar 123/2006); B: incorreta, pois é a regularidade *fiscal* que será exigida apenas *para efeito da* assinatura do contrato (art. 42 da Lei Complementar 123/2006); C: incorreta, pois, nesse caso, dar-se-á oportunidade à microempresa de apresentar proposta inferior àquela considerada vencedora no certame (art. 45, I, da Lei Complementar 123/2006); D: incorreta, pois o que a lei faz é autorizar a sua apresentação no início do certame mesmo que apresente alguma restrição, conferindo-se prazo para a empresa apresentar documentação em ordem no prazo de dois dias úteis contados do momento em que o proponente for declarado vencedor do certame, prazo esse que é prorrogável por igual período, a critério da Administração (art. 43, *caput* e § 1º, da Lei Complementar 123/2006); E: incorreta, pois a preferência existe da microempresa e da empresa de pequeno porte, de um lado, em face das empresas em geral, de outro, e não entre as duas primeiras (art. 44, *caput*, da Lei Complementar 123/2006).

Gabarito "A"

(Defensoria Pública da União – 2007 – CESPE)

(1) Determinado estado da Federação deflagrou procedimento administrativo licitatório destinado exclusivamente à participação de microempresas e empresas de pequeno porte, cujo objeto é estimado em R$ 60.000,00. Nessa situação, o referido estado agiu em desacordo com a lei e com princípios licitatórios, em especial contra o princípio da isonomia.

A proposição está incorreta, em razão do disposto no art. 48, I, da Lei Complementar 123/2006.

Gabarito 1E

10.8. Temas combinados e outros temas

(Defensor Público/SP – 2012 – FCC) Em relação às licitações, contratos e demais ajustes da Administração Pública é correto afirmar que

(A) constitui cláusula desnecessária do contrato administrativo a especificação de seu conteúdo, desde que estipulado com clareza o preço e as condições de pagamento.
(B) as minutas de convênios devem ser previamente examinadas por assessoria jurídica dos órgãos públicos, à qual não compete aprová-las.
(C) inexistindo interessado selecionado, em decorrência da inabilitação ou da desclassificação, a licitação deverá ser declarada deserta.
(D) a subcontratação parcial pode ser realizada, desde que haja anterior previsão explicitada no edital da licitação e ratificada no contrato.
(E) as sanções para o caso de inadimplemento não precisam ser indicadas no edital de licitação, mas sim no contrato a ser firmado.

A: incorreta, pois o conteúdo (objeto e seus elementos característicos) é cláusula necessária em todo contrato (art. 55, I, da Lei 8.666/1993); B: incorreta, pois a assessoria jurídica precisa aprová-las (art. 38, § Único, da Lei 8.666/1993); C:

incorreta, pois o caso é de licitação fracassada (apareceram licitantes, mas todos foram inabilitados ou desclassificados); a licitação é considerada deserta quando nenhum licitante aparece para fazer proposta; **D:** correta (art. 72 da Lei 8.666/1993); **E:** incorreta, pois as sanções pelo inadimplemento devem estar previstas no edital (art. 40, III, da Lei 8.666/1993).

Gabarito "D"

(Defensor Público/RO – 2012 – CESPE) Assinale a opção correta a respeito dos institutos da licitação, dos contratos administrativos e da improbidade administrativa.

(A) A caracterização de ato de improbidade por ofensa aos princípios que regem a administração pública independe da demonstração de dolo *lato sensu* ou genérico.

(B) Segundo a jurisprudência, a renovação de contrato de concessão de serviço sem a realização de regular procedimento licitatório implica perpetuação da irregularidade durante o período de renovação, razão pela qual deve ser afastada a invocação de decadência se a ação civil pública for ajuizada no referido período.

(C) A ocorrência de irregularidade em contrato de concessão isenta o beneficiário do serviço da obrigação de indenizar o contratado pelos serviços prestados.

(D) Considere que determinado ente público, após prévia licitação, tenha celebrado contrato com empresa para a exploração de linha de transporte em horário diurno e que, posteriormente, tenha ampliado o conteúdo do ato para autorizar também a exploração no horário noturno. Nessa situação, a ampliação, por não se sujeitar ao princípio da obrigatoriedade de licitação, é considerada válida.

(E) De acordo com a jurisprudência, não se exige, para a configuração da prática do crime de dispensa de licitação mediante fracionamento da contratação, a presença do dolo específico de causar dano ao erário e da caracterização do efetivo prejuízo.

A: incorreta, pois é necessário dolo para a configuração da modalidade improbidade de ofensa a princípios (art. 11 da Lei 8.429/1992), diferentemente da modalidade de prejuízo ao erário (art. 10 da Lei 8.429/1992), que se configure mediante conduta culposa ou dolosa, conforme está expresso no art. 10, caput, da Lei 8.429/1992; **B:** correta, pois a lesão ao direito se renova a cada dia em que o contrato se perpetua sem a devida licitação, de modo que o prazo recomeça a correr a cada dia em que a contratação irregular se mantém; **C:** incorreta, pois haveria enriquecimento sem causa do usuário se fruísse do serviço sem o consequente pagamento do que lhe foi prestado; **D:** incorreta, pois a medida é uma fraude ao processo licitatório; isso porque, se os licitantes do certame em que a linha diurna foi disputada soubessem que a linha noturna também seria concedida, talvez tivessem feito propostas melhores do que a ganhadora do certame; assim, não havendo previsão no edital da licitação originária quanto à exploração da linha noturna, não há como se reconhecer a validade da ampliação do objeto da concessão; **E:** incorreta, pois a jurisprudência do STJ é pacífica no sentido de que é necessário o dolo específico mencionado para a configuração do crime previsto no art. 83 da Lei 8.666/1993 (STJ, REsp 1.349.442, DJ 15.04.13).

Gabarito "B"

(Defensor Público/GO – 2010 – I. Cidades) A declaração de inidoneidade para licitar

(A) pode retroagir, atingindo contratos e licitações em andamento do particular atingido pela penalidade.

(B) é uma espécie de sanção administrativa.

(C) atinge somente os órgãos e entes da Administração com os quais esteja ligado o particular atingido no contrato e ou na licitação.

(D) está disposta em regulamento federal.

(E) é ato administrativo ampliativo da situação jurídica do particular.

A: incorreta, pois nem a lei pode retroagir para atingir atos jurídicos perfeitos; **B:** correta, já que se trata de uma punição ao contratado, que ficará impedido de contratar com a Administração Pública enquanto perdurarem os motivos da punição ou até que seja reabilitado (art. 87, IV, da Lei 8.666/1993); **C:** incorreta, pois, segundo o art. 87, IV, da Lei 8.666/1993, a sanção atinge a "Administração Pública", que, segundo o disposto no art. 6º, XI, inclui a administração direta e indireta de todos os entes políticos; **D:** incorreta, pois está prevista na própria Lei 8.666/1993 (art. 87, IV e §§ 2º e 3º); **E:** incorreta, pois é ato administrativo que diminui os direitos do particular.

Gabarito "B"

(Defensoria/MG – 2009 – FURMARC) Sobre licitação, é **correto** afirmar:

(A) O princípio do julgamento objetivo é garantia do princípio da isonomia.

(B) Ocorre inexigibilidade de licitação por motivo de oportunidade e conveniência.

(C) A licitação é dispensável para a contratação de serviço técnico profissional especializado.

(D) A adjudicação garante, ao licitante vencedor, a celebração do contrato com a Administração Pública.

(E) Não comparecendo interessado na licitação, a Administração pode contratar por inexigibilidade.

A: correto, pois o dever de julgar objetivamente tem em mira justamente evitar favorecimentos indevidos, respeitando o princípio da isonomia; **B:** incorreto, pois quando presentes os casos de *inexigibilidade de licitação* (art. 25 da Lei 8.666/1993), a Administração é obrigada a não fazer licitação, tratando-se de competência vinculada, em que não há análise de conveniência e oportunidade; a Administração é obrigada a não fazer licitação, pois são casos em que a licitação é *inviável*; já quando o caso é de *dispensa de licitação*, a Administração tem discricionariedade, podendo ou não realizar licitação, o que será decidido consoante critérios de oportunidade e conveniência; **C:** incorreto, pois a contratação desse tipo de serviço (desde que se trate de um serviço singular) é caso de inexigibilidade (art. 25, II, da Lei 8.666/1993), e não de dispensa de licitação (art. 24 da Lei 8.666/1993); **D:** incorreta, pois a adjudicação garante ao licitante vencedor a prioridade na contratação; ou seja, caso a Administração venha a contratar, deve fazê-lo com o vencedor, que fica obrigado a celebrar o contrato até o prazo de 60 dias da apresentação de sua proposta (art. 64, § 3º, da Lei 8.666/1993), findo o qual ficará liberado; caso a Administração não consiga celebrar o contrato com o vencedor do certame, deverá convocar o segundo classificado, e assim por diante, nos termos do art. 64, § 2º, da Lei 8.666/1993; **E:** incorreto, pois, não comparecendo interessados, e desde que a Administração, justificadamente não possa repetir o certame, esta pode contratar alguém por *dispensa* de licitação (e não por *inexigibilidade*), mantidas as condições do edital da licitação que não atraiu interessados (art. 24, V, da Lei 8.666/93).

Gabarito "A"

(Defensoria/ES – 2009 – CESPE) Quanto à licitação, julgue os itens que se seguem.

(1) Considerando a relevância de seu objeto, as licitações internacionais devem ser realizadas obrigatória e exclusivamente na modalidade de concorrência.

(2) A adjudicação produz o efeito de sujeitar o adjudicatário às penalidades previstas no edital e à perda de eventuais garantias oferecidas, caso não assine o contrato no prazo e nas condições estabelecidas.

1: incorreta, pois há casos em que cabe tomada de preços (art. 23, § 3º, da Lei 8.666/1993); **2:** correta (art. 81 da Lei 8.666/1993).

Gabarito 1E, 2C

(Defensoria/MG – 2006) Analise as seguintes afirmativas concernentes ao processo licitatório e marque com V as verdadeiras e com F as falsas:

I. A dispensa do processo licitatório poderá ocorrer quando for impossível competição.

II. A Lei n. 8.666/1993 prevê a existência de quatro recursos possíveis das decisões administrativas: recurso administrativo hierárquico, representação, reconsideração e mandado de segurança.

III. A regularidade previdenciária da pessoa jurídica que participa de processo licitatório é exigência da Lei de Licitações e também constitucional.

IV. Na modalidade convite, não haverá a fase de publicação do edital como exigência legal, apenas a fixação do instrumento convocatório em lugar apropriado na unidade da Administração, possibilitando a participação de demais interessados.

Assinale a alternativa que apresenta a sequência de letras CORRETA

(A) F; F; V; V.

(B) F; V; F; V.

(C) F; V; V; F.

(D) V; F; V; V.

(E) V; V; F; F.

I: falsa, pois, quando for impossível (ou inviável) a competição, o caso é de inexigibilidade (art. 25, *caput*, da Lei 8.666/1993); **II:** falsa, pois cabem os seguintes recursos em sentido amplo: recurso hierárquico, representação e pedido de reconsideração (art. 109, I, II e III, da Lei 8.666/1993); **III:** verdadeira, conforme os arts. 29, IV, da Lei 8.666/1993 e 195, § 3º, da CF; **IV:** verdadeira, conforme os arts. 22, § 3º, e 38, I, da Lei 8.666/1993.

Gabarito "A"

(Defensor Público/BA – 2006) Relativamente ao tema das "licitações", tem-se que:

(A) A tomada de preços é modalidade de licitação que pressupõe cadastramento do interessado, prévio ao edital, para que dela participe.

(B) Quando o convocado não assinar o termo de contrato ou não aceitar ou retirar o instrumento equivalente no prazo e condições estabelecidos, a Administração Pública está obrigada a convocar os licitantes remanescentes, na ordem de classificação, para fazê-lo em igual prazo e nas mesmas condições propostas pelo primeiro classificado.

(C) Quando todos os licitantes forem inabilitados ou todas as propostas forem desclassificadas, a Administração poderá fixar aos licitantes prazo de 8 (oito) dias úteis para apresentação de nova documentação ou de outras propostas, facultado, no caso de convite, a redução deste prazo para 3 (três) dias úteis.

(D) A competência para legislar sobre procedimentos de licitação é privativa da União.

(E) O rol de hipóteses de inexigibilidade previsto no artigo 25 da Lei Federal no. 8.666/93 é taxativo.

A: incorreta, pois a lei abre exceção e permite que também participe de uma tomada de preços o interessado que atender às condições de cadastramento até o terceiro dia anterior à data do recebimento das propostas (art. 22, § 2º, da Lei 8.666/1993); **B:** incorreta, pois não há *obrigação*, mas *faculdade* da Administração em tomar essa medida (art. 64, § 2º, da Lei 8.666/1993); **C:** correta (art. 48, § 3º, da Lei 8.666/1993); **D:** incorreta, pois cabe à União editar normas gerais (art. 22, XXVII, da CF), facultando-se aos demais entes políticos suplementar a legislação federal, no que couber; **E:** incorreta, pois é um rol exemplificativo; qualquer outra situação que se enquadre no conceito de "competição inviável" também ensejará a inexigibilidade da licitação.

Gabarito "C"

11. Contratos Administrativos

11.1. Conceito, características principais, formalização e cláusulas contratuais necessárias

(Defensor Público/AC – 2012 – CESPE) A respeito dos contratos administrativos, assinale a opção correta.

(A) A administração pública goza da prerrogativa de, unilateralmente e sem motivação, rescindir contratos administrativos.

(B) Se a inexecução do contrato decorrer de culpa da administração, poderá o contratado rescindi-lo, recebendo apenas as parcelas devidas até a data da rescisão.

(C) Não se admite a celebração de contrato verbal com a administração pública, e, em face do princípio constitucional da publicidade, a lei não comporta excepcionalidade a essa vedação.

(D) O instrumento de contrato é obrigatório em todas as modalidades de licitação.

(E) A publicação resumida do instrumento de contrato é condição indispensável para sua eficácia.

A: incorreta, pois a motivação é necessária, tratando-se de princípio administrativo (art. 2.º caput da Lei 9.784/1999); **B:** incorreta, pois quando cabível a rescisão judicial do contrato por culpa da administração (o particular deve pedir em juízo a rescisão, fundando seu pedido no art. 78, XIII a XVI, da Lei 8.666/1993), o contratado terá também direito de ser ressarcido dos prejuízos regularmente comprovados que houver sofrido (art. 79, º§2º, da Lei 8.666/1993); **C:** incorreta, pois há caso excepcional em que se admite o contrato verbal, que é na compra de pronto pagamento de valor até 5% do limite para o convite (art. 60, § Único, da Lei 8.666/1993); **D:** incorreta, pois o instrumento de contrato somente é obrigatório na concorrência e na tomada de preços e nas contratações sem licitação respectivas, sendo facultativo nos demais casos, em que é possível usar carta-contrato, nota de empenho de despesa, autorização de compra ou ordem de execução de serviço (art. 62, caput, da Lei 8.666/1993); **E:** correta (art. 61, § Único, da Lei 8.666/1993).

Gabarito "E"

(Defensor Público/AL – 2009 – CESPE) Com relação aos contratos administrativos, julgue os itens subsequentes.

(1) As cláusulas exorbitantes incidem nos contratos administrativos, desde que expressamente previstas.

(2) A Administração Pública pode rescindir unilateralmente o contrato por motivo de interesse público, circunstância que lhe impõe o dever de ressarcir o contratado dos prejuízos regularmente comprovados.

(3) Na concessão de serviço público, não há a incidência das cláusulas exorbitantes, tampouco da característica da mutabilidade.

1: incorreta, pois tais cláusulas decorrem da própria lei (art. 58 da Lei 8.666/1993); **2:** correta (arts. 78, XII, e 79, § 2º, da Lei 8.666/1993); **3:** incorreta (art. 58 da Lei 8.666/1993).

Gabarito 1E, 2C, 3E

(Defensor Público/MS – 2008 – VUNESP) Ao contrário dos contratos celebrados entre entes privados, a Administração não fica em posição igualitária e pode modificar, rescindir unilateralmente os contratos, fiscalizar a sua execução, reter créditos etc. Essas prerrogativas são doutrinariamente chamadas de cláusulas contratuais

(A) instáveis.

(B) imprevisíveis.

(C) desequilibradas.

(D) exorbitantes.

Art. 58 da Lei 8.666/1993.

Gabarito "D"

(Defensor Público/AC – 2006 – CESPE) Acerca dos contratos administrativos e da licitação, assinale a opção incorreta.

(A) É cláusula exorbitante dos contratos administrativos a possibilidade de aplicação de penalidades administrativas ao contratado.

(B) As medidas de ordem geral adotadas pelas autoridades públicas que causem repercussão no contrato, provocando oneração imprevisível, extracontratual e extraordinária, em detrimento do contratado, são denominadas fato do príncipe.

(C) É possível a utilização da arbitragem para dirimir conflitos entre a administração e o parceiro privado, relacionados à execução do contrato administrativo das parcerias público-privadas.

(D) No pregão, após a fase de habilitação, passa-se à fase de classificação, em regra, por meio de lances verbais das três melhores propostas.

A: correta (art. 58, IV, da Lei 8.666/1993); **B:** correta, pois traz a exata definição de *fato do príncipe* (*fato geral* que acaba afetando contratos), fato esse que se diferencia do *fato da administração* (*fato específico* sobre um contrato, que acaba por afetá-lo); **C:** correta (art. 11, III, da Lei 11.079/2004); **D:** incorreta, pois no pregão há inversão de fases; primeiro vem o julgamento das propostas e a classificação, e depois é feita a habilitação (art. 4º, VII a XII, da Lei 10.520/2002).

Gabarito "D"

(Defensoria Pública da União – 2002 – CESPE) Julgue o seguinte item.

(1) A natureza especial do contrato administrativo, caracterizado pela presença das chamadas cláusulas exorbitantes do direito comum, permite a uma das partes, a administração, alterar unilateralmente a avença, vinculando o contratado à nova obrigação, quando houver modificação do respectivo projeto. Nessa situação, o contratado deve cumprir a nova regra, sendo-lhe garantida, todavia, a manutenção do equilíbrio econômico-financeiro do contrato.

1: correta (art. 65, I, "a", e § 6º, da Lei 8.666/1993).

Gabarito 1C

11.2. Alteração dos contratos

(Defensoria/MA – 2009 – FCC) O Poder Público contratou, por meio de regular licitação, a execução de uma obra pública em terreno recentemente desapropriado para esta finalidade. Durante o início das fundações, a empresa contratada identificou focos de contaminação do solo na área. Este fato obriga a realização de trabalhos de descontaminação cujo custo eleva em demasia o preço da obra. Considerando que as partes não tinham conhecimento da contaminação e que, por razões de ordem técnica não poderiam sabê-lo antes, caberá

(A) rescindir o contrato e realizar nova licitação para contratação de empresa para a realização da obra, agora considerado o novo custo.
(B) alterar o contrato para restabelecimento do equilíbrio econômico-financeiro do contrato, observados os requisitos legais.
(C) realizar nova licitação para contratação do serviço de descontaminação do solo, devendo a empresa anteriormente contratada concorrer com terceiros, resguardando-se, no entanto, seu direito de preferência caso haja igualdade de propostas.
(D) rescindir unilateralmente o contrato pela contratada, em face do fato imprevisível, restituindo-se-lhe o valor gasto até então.
(E) realizar a descontaminação do solo diretamente pelo contratante, mantendo-se inalteradas as condições do contrato celebrado, cuja execução ficará apenas diferida no tempo.

Art. 65, II, *d*, da Lei 8.666/1993.

Gabarito "B".

(Defensoria/MT – 2009 – FCC) É exemplo de aplicação da teoria da imprevisão o seguinte trecho extraído de dispositivos da Lei n.º 8.666/1993: "Os contratos regidos por esta Lei poderão ser alterados, com as devidas justificativas, nos seguintes casos: (...)

(A) unilateralmente pela Administração, quando houver modificação do projeto ou das especificações, para melhor adequação técnica aos seus objetivos".
(B) unilateralmente pela Administração, quando necessária a modificação do valor contratual em decorrência de acréscimo ou diminuição quantitativa de seu objeto, nos limites permitidos por esta Lei".
(C) por acordo das partes, quando conveniente a substituição da garantia de execução".
(D) por acordo das partes, quando necessária a modificação do regime de execução da obra ou serviço, bem como do modo de fornecimento, em face de verificação técnica da inaplicabilidade dos termos contratuais originários".
(E) por acordo das partes, (...) objetivando a manutenção do equilíbrio econômico-financeiro inicial do contrato, na hipótese de sobrevirem fatos imprevisíveis, ou previsíveis porém de consequências incalculáveis, retardadores ou impeditivos da execução do ajustado".

A Teoria da Imprevisão está consagrada no art. 65, II, *d*, da Lei 8.666/1993, cuja redação está retratada na alternativa "E".

Gabarito "E".

(Defensor Público/CE – 2007 – CESPE) Julgue o seguinte item.

(1) A administração pode impedir a manutenção do equilíbrio econômico-financeiro do contrato administrativo nas hipóteses de interesse público relativas à segurança nacional.

1: incorreta, pois o equilíbrio econômico-financeiro do contrato é intangível (art. 65, § 6º, da Lei 8.666/1993).

Gabarito 1E

(Defensoria/MG – 2006) a respeito dos contratos administrativos, é correto afirmar que,

(A) Ocorrendo a ilegalidade, o contrato administrativo só poderá ser anulado pela administração por via judicial por se tratar de acordo de vontades.
(B) Ocorrendo a recuperação judicial do contratado, é vedada a administração manter o contrato.
(C) Ocorrendo justificado interesse público, poderá o contrato administrativo ter prazo indeterminado.
(D) Ocorrendo o atraso ou a inexecução total ou parcial do contrato, a administração poderá aplicar a suspensão temporária do contratado de participar em processo licitatório de contratar com o poder público pelo prazo máximo de cinco anos.
(E) Ocorrendo o fato do príncipe, o contratado terá direito de a administração fazer o equilíbrio do contrato, recompondo as condições da contratação (encargos e remuneração).

A: incorreta, pois a Administração tem a autotutela de seus atos; **B:** incorreta, pois a lei só determina a rescisão contratual no caso de falência (art. 78, IX, da Lei 8.666/1993); **C:** incorreta (art. 57, § 3º, da Lei 8.666/1993); **D:** incorreta (art. 87, III, da Lei 8.666/1993); **E:** correta (art. 65, II, *d*, da Lei 8.666/1993).

Gabarito "E".

11.3. Execução do contrato

(Defensor Público/CE – 2007 – CESPE) Julgue o seguinte item.

(1) A Administração Pública é solidariamente responsável pelo inadimplemento dos encargos previdenciários resultantes da execução de contrato administrativo.

1: correta (art. 71, § 2º, da Lei 8.666/1993).

Gabarito 1C

11.4. Extinção do contrato

(Defensor Público/CE – 2007 – CESPE) Julgue o seguinte item.

(1) A instauração de insolvência civil da empresa prestadora de serviços constitui motivo para rescisão do contrato administrativo por ela celebrado.

1: correta (art. 78, IX, da Lei 8.666/1993).

Gabarito 1C

(Defensoria Pública da União – 2002 – CESPE) Julgue o seguinte item.

(1) A inexecução do contrato pelo contratado por motivo devidamente comprovado de caso fortuito (evento da natureza) força maior (evento humano) pode gerar a rescisão administrativa do mesmo. Nessa situação, o contratado terá direito, exclusivamente à devolução da garantia e aos pagamentos devidos pela execução do contrato até a data da rescisão.

1: incorreta, pois também haverá direito ao pagamento dos prejuízos regularmente comprovados, bem como dos custos de mobilização (art. 78, XVIII, c/c art. 79, § 2º, III, da Lei 8.666/1993).

Gabarito 1E

11.5. Figuras assemelhadas (contrato de gestão, termo de parceria, convênio, contrato de programa etc.)

(Defensor Público/AM – 2013 – FCC) Ao contrário dos contratos administrativos, os convênios administrativos

(A) não dependem de exame e aprovação prévia por assessoria jurídica da Administração.
(B) não estão sujeitos à aplicação de normas da Lei Federal nº 8.666/1993.
(C) permitem a retirada voluntária de qualquer um dos partícipes, sem que se caracterize inadimplência.
(D) dependem de prévia licitação, quando houver mais de uma entidade habilitada a celebrar o ajuste.

(E) não permitem o repasse de recursos financeiros entre os partícipes, visto que cada qual deve arcar com as respectivas tarefas que foram objeto do ajuste.

A: incorreta, pois dependem sim de exame e aprovação prévia por assessoria jurídica da Administração (art. 38, § Único, da Lei 8.666/1993); **B:** incorreta, pois estão sujeitos sim (art. 116 da Lei 8.666/1993); **C:** correta, pois, no convênio, não há sinalagma (obrigações recíprocas), de maneira que a qualquer momento um dos partícipes (não há "partes" e sim "partícipes") pode denunciar o convênio sem qualquer tipo de sanção; **D:** incorreta, pois a Lei 8.666/1993 não faz tal exigência quanto aos convênios (v. art. 116, §1.º, e art. 1.º, *caput*); de qualquer forma, como há dinheiro público envolvido, quando o convênio se der com particulares, de rigor que se utilize mecanismos de respeito aos princípios da moralidade, impessoalidade e economicidade; **E:** incorreta, pois há possibilidade, sim, desse tipo de repasse (art. 116, §1.º, IV, §2.º e §3.º, III, da Lei 8.666/1993).

Gabarito "C"

(Defensor Público/AM – 2010 – I. Cidades) O convênio no campo do Direito Administrativo é:

(A) Espécie de negócio jurídico-administrativo, unilateral, com partícipes, visando à consecução de interesses contrapostos harmonicamente.
(B) Uma espécie de negócio jurídico-administrativo que pode ser realizado tanto entre a Administração e os particulares, quanto entre entes administrativos, tendo como finalidade a consecução de objetivos comuns.
(C) Uma espécie de contrato administrativo que para sua efetivação prescinde de licitação.
(D) Um dos atos administrativos que podem ser editados pela Administração.
(E) O resultado de um negócio jurídico-administrativo com interesses divergentes entre as partes.

A: incorreta, pois o convênio é ato *bilateral*, com partícipes, visando à consecução de interesses *comuns*; **B:** correta, pois traz informações corretas sobre o convênio; **C:** incorreta, pois o convênio não se confunde com o contrato administrativo; ademais, quando couber, o convênio será precedido de licitação, em virtude do disposto no art. 116 da Lei 8.666/1993; **D:** incorreta, pois o convênio é ato bilateral, e pressupõe a presença de outro partícipe; **E:** incorreta, pois, no convênio, há interesses comuns, e não interesses contrapostos ou divergentes.

Gabarito "B"

12. Serviços Públicos

12.1. Conceito, características principais, classificação e princípios

(Defensor Público/BA – 2010 – CESPE) Acerca de serviços públicos, julgue o item a seguir.

(1) Entre os serviços públicos de prestação obrigatória e exclusiva do Estado, que não podem ser prestados por concessão, permissão ou autorização, inclui-se a navegação aérea e a infraestrutura aeroportuária, os serviços de transporte ferroviário e aquaviário entre portos brasileiros e fronteiras nacionais.

1: incorreta, pois tais serviços podem, sim, ser objetos de delegação (art. 21, XII, da CF).

Gabarito 1E

(Defensor Público/GO – 2010 – I. Cidades) De acordo com a ordem jurídica constitucional e sua interpretação pelo Supremo Tribunal Federal, são livres à iniciativa privada, independentemente de concessão ou permissão, os serviços públicos prestados nas áreas

(A) de saúde e educação.
(B) de educação e transporte coletivo.
(C) postal e de educação.
(D) postal e de saúde.
(E) de saúde e transporte coletivo.

De fato, os serviços de saúde e educação têm essa característica, não sendo necessário que alguém obtenha uma concessão ou permissão para prestá-los. Todavia, tais serviços estão sujeitos a certos credenciamentos e a uma fiscalização intensiva pelo Estado, considerando sua importância para a sociedade.

Gabarito "A"

(Defensor Público/AL – 2009 – CESPE) No que se refere aos serviços públicos, julgue o item abaixo.

(1) Os serviços públicos *uti singuli* são aqueles prestados à coletividade, que têm por finalidade a satisfação indireta das necessidades dos cidadãos, tais como os serviços de iluminação pública e de saneamento.

1: incorreta, pois esses são os serviços *uti universi*, que têm destinatários indeterminados; os serviços *uti singuli* são aqueles que têm destinatários determinados.

Gabarito 1E

(Defensoria/MT – 2009 – FCC) Em relação ao sentido de serviço público que se pode extrair do regime constitucional hoje vigente no Brasil, pode-se corretamente afirmar que é um sentido

(A) unívoco, na medida em que a Constituição contém um rol expresso e taxativo dos deveres do Estado, dizendo-os "serviços públicos".
(B) mais restrito do que certas formulações doutrinárias, face à dicotomia constitucional estabelecida entre serviços públicos e atividades econômicas exploradas pelo Estado.
(C) amplo, posto que as atividades estatais em geral, como regra, comportam execução por delegação, mediante concessão ou permissão.
(D) restrito, vez que apenas pode ser considerado serviço público aquele prestado diretamente pelo Estado.
(E) restrito, vez que apenas pode ser considerado serviço público aquele prestado mediante concessão ou permissão.

A expressão "serviço público" pode ser tomada em várias acepções. Pode dizer respeito a todos os serviços prestados pelo Estado, incluindo os serviços públicos exclusivos do Estado (ex.: poder de polícia, segurança pública etc.), os serviços públicos delegáveis (ex.: água, energia elétrica etc.) e os serviços prestados na exploração de atividade econômica (ex.: serviços prestados por bancos estatais). No caso da Constituição Federal, a expressão "serviços públicos", prevista no art. 175, diz respeito apenas aos *serviços públicos delegáveis pelo Estado*. Nesse caso, a Constituição dispõe que tais serviços poderão ser tanto os prestados *diretamente* pelo Estado, que não é obrigado a delegar tais serviços, como os prestados por particulares mediante *concessão ou permissão de serviço público*.

Gabarito "B"

(Defensoria Pública da União – 2004 – CESPE) Julgue o seguinte item.

(1) Um serviço público pode ser classificado como essencial em razão de sua própria natureza, não havendo necessidade de lei que especificamente o defina como tal.

1: correta, pois isso decorre da própria natureza de um serviço público.

Gabarito 1C

(Defensoria Pública da União – 2002 – CESPE) O prefeito municipal de um pequeno município interiorano resolveu organizar a prestação do serviço público municipal de coleta do lixo urbano. Em relação a essa situação hipotética, julgue os itens abaixo.

(1) Por se tratar de serviço público de natureza econômica, o mesmo só pode ser prestado por entidade descentralizada, sendo vedada a sua execução por órgão da administração direta da prefeitura.
(2) A privatização do referido serviço por meio da contratação de uma empresa particular exige lei autorizativa e licitação prévia.
(3) É possível a outorga do referido serviço a uma autarquia municipal, dotada inclusive de poder de polícia administrativa, por meio de contrato administrativo, dispensada, nesse caso, a licitação.
(4) Para tal situação, não é possível a criação de uma organização social, prevista em lei federal, em razão de seu objeto.
(5) A empresa pública eventualmente criada para a referida finalidade teria personalidade jurídica de direito público e gozaria das vantagens próprias da fazenda pública.

1: incorreta, pois a Administração poderá prestá-lo por si (diretamente) ou mediante concessão ou permissão, conforme dispõe o art. 175, *caput*, da CF; **2:** correta, sendo que a necessidade de lei decorre do princípio da legalidade e a necessidade de licitação decorre do disposto na própria CF (art. 175, *caput*); **3:** incorreta, pois a outorga, nesse caso, deve ser feita por lei; **4:** correta, pois as organizações sociais não recebem concessão de serviço público, atuando em áreas em que não é necessário esse instrumento; **5:** incorreta, pois não é necessário personalidade de direito público para o desempenho de mera execução de um serviço público.

Gabarito 1E, 2C, 3E, 4C, 5E

12.2. Autorização e Permissão de serviço público

(Defensoria/ES – 2009 – CESPE) Quanto aos serviços públicos e à Administração Pública, julgue o item seguinte.

(1) A autorização de serviço público constitui contrato administrativo pelo qual o poder público delega a execução de um serviço de sua titularidade a determinado particular, para que o execute em seu próprio nome, por sua conta e risco, predominantemente em benefício próprio, razão pela qual não depende de licitação e, quando revogado pela Administração Pública, gera, para o autorizatário, o direito à correspondente indenização.

Incorreta, pois a *autorização* de serviço público é um ato unilateral, discricionário e precário, não se tratando de contrato, que só existe na *concessão* de serviço público.

Gabarito 1E

(Defensoria/SE – 2006 – CESPE) Julgue o item seguinte.

(1) Serviços autorizados, como os serviços de táxi, por exemplo, são aqueles que o poder público, por ato unilateral, precário e discricionário, consente a particulares para atender interesses coletivos instáveis.

Está correta. Repare que, diferente da permissão de serviço público, não há necessidade de licitação para atribuição da autorização. No caso dos serviços de táxi, apesar de haver certo costume de atribuí-los mediante autorização, o ideal é que seja atribuído mediante permissão, realizando-se processos licitatórios para a sua outorga.

Gabarito 1C

12.3. Concessão de serviço público

(Defensor Público/AC – 2012 – CESPE) Assinale a opção correta acerca da concessão de serviços públicos.

(A) Se houver interesse público superveniente à concessão, poderá o poder público, por intermédio da encampação, retomar a prestação do serviço.

(B) A outorga consiste na transferência para o particular da incumbência de prestação, mediante remuneração, de determinado serviço público.

(C) Admitem-se concessões de serviços públicos por prazo indeterminado.

(D) É proibida a subconcessão de serviços públicos.

(E) A intervenção do poder concedente no serviço resulta na extinção da concessão.

A: correta (art. 37 da Lei 8.987/1995); **B:** incorreta, pois a transferência da incumbência de prestação de serviço público tem o nome de concessão ou de permissão de serviço público (art. 2.º, II e IV, da Lei 8.987/1995); **C:** incorreta, pois a concessão de serviço público é sempre por prazo determinado (arts. 2.º, II;18, I e23, I, da Lei 8.987/1995); **D:** incorreta, pois a subconcessão é admitida, desde que autorizada pelo Poder Concedente e precedida de concorrência; **E:** incorreta, pois nem sempre isso ocorre, conforme se depreende do art. 34 da Lei 8.987/1995.

Gabarito "A"

(Defensor Público/RS – 2011 – FCC) Considere as seguintes afirmações com relação ao regime de concessão e permissão da prestação dos serviços públicos, tendo em vista a Lei n.º 8.987/1995:

I. O poder concedente publicará, simultaneamente ao edital de licitação, ato justificando a conveniência da outorga de concessão ou permissão do serviço público, caracterizando seu objeto, área e prazo.

II. O serviço adequado é aquele que satisfaz as condições de regularidade, continuidade, eficiência, segurança, atualidade, generalidade, cortesia na sua prestação e modicidade das tarifas.

III. A permissão de serviço público é a delegação, a título precário, feita pelo poder concedente apenas à pessoa jurídica que demonstre capacidade para seu desempenho, precedida ou não de licitação, formalizada mediante contrato de adesão.

Está correto o que se afirma APENAS em

(A) I.

(B) II.

(C) III.

(D) I e III.

(E) II e III.

I: incorreto, pois essa providência deve ser prévia, e não simultânea à publicação do edital de licitação (art. 5º da Lei 8.987/1995); **II:** correto (art. 6º, § 1º, da Lei 8.987/1995); **III:** incorreto, pois a permissão pode ser feita em favor de pessoa jurídica ou de pessoa física; ademais, depende de licitação (art. 2º, IV, da Lei 8.987/1995).

Gabarito "B"

(Defensor Público/AM – 2010 – I. Cidades) A respeito da concessão de serviços públicos, assinale a alternativa correta:

(A) A concessão de serviços públicos deve sempre ser precedida de licitação, nas modalidades concorrência ou tomada de preços.

(B) O edital de licitação para concessão de serviços públicos poderá prever a inversão da ordem das fases de habilitação e julgamento.

(C) É uma permissão de uso, sempre condicionada à previa licitação.

(D) É, em sentido estrito, o contrato administrativo onde pode haver execução direta pela Administração ou pelos particulares contratados.

(E) Não pode ser realizada em benefício de particulares, mas somente em benefício dos entes da Administração Indireta de cada ente federativo ou de um ente diferente do ente outorgante da concessão.

A: incorreta, pois deve ser utilizada a modalidade concorrência (art. 2º, II, da Lei 8.987/1995); **B:** correta (art. 18-A da Lei 8.987/1995); **C:** incorreta, pois a *concessão de serviço público* (art. 2º, II, da Lei 8.987/1995) não se confunde com a *permissão de serviço público* (art. 2º, IV, da Lei 8.987/1995), muito menos com a *permissão de uso de bem público*; **D:** incorreta, pois, havendo a concessão, a execução direta passa a ser de responsabilidade do particular contratado, e não mais da Administração; **E:** incorreta, pois qualquer pessoa jurídica privada pode, em tese, ser concessionária de serviço público.

Gabarito "B"

(Defensoria/PA – 2009 – FCC) Nos termos do que prevê a Lei Federal n.º 8.987/1995, a concessão de serviços públicos extingue-se por diversas formas, sendo correto afirmar, neste tema, que a

(A) falência do concessionário acarreta a extinção da concessão e, como consequência, a reversão ao poder concedente dos bens aplicados ao serviço objeto do contrato.

(B) encampação da concessão é implementada por meio da edição de decreto e tem lugar quando se verifica a inadimplência do concessionário.

(C) caducidade enseja a rescisão da concessão pela expiração do prazo fixado no contrato.

(D) anulação da concessão tem lugar somente quando o concessionário pratica infração contratual que também configure violação de dispositivo normativo, eivando a relação de vício de ilegalidade.

(E) reversão da concessão enseja o retorno ao poder concedente dos bens afetos ao serviço público somente nos casos em que tiver havido inadimplência do concessionário.

A: correta (art. 35, VI e § 1º, da Lei 8.987/1995); **B:** incorreta, pois a *encampação* se dá por motivo de *interesse público*, e não por *inadimplência* do concessionário; ademais, a encampação depende de prévia autorização de *lei*, e não de *decreto* (art. 37 da Lei 8.987/1995); um exemplo de encampação é o fim da concessão de *transporte coletivo por bondes*, por não haver mais interesse público na manutenção desse serviço, substituído totalmente pelos ônibus em praticamente todas as cidades do País; **C:** incorreta, pois a *caducidade* é a extinção da concessão por inadimplência do concessionário (art. 38 da Lei 8.987/1995); **D:** incorreta, pois a infração contratual é causa da *caducidade* da concessão, e não da *anulação* desta; anula-se a concessão quando esta já nasce eivada de ilegalidade; **E:** incorreta, pois a reversão sempre ocorre com o fim da concessão, pouco importando o que motivou a extinção desta (art. 35, § 1º, da Lei 8.987/1995).

Gabarito "A"

(Defensor Público/PA – 2006 – UNAMA) Em relação à concessão de serviços públicos é correto afirmar:

(A) O poder concedente pode, através de Decreto, encampar serviço público concedido, desde que motivado por interesse público.
(B) As concessões dos serviços públicos são precedidas de licitação, na modalidade concorrência, da qual podem participar pessoas físicas ou jurídicas.
(C) A remuneração da concessão tem natureza de preço público e pode ser revista para manutenção do equilíbrio econômico-financeiro do contrato.
(D) O concessionário de serviço público tem responsabilidade objetiva em relação aos danos causados a terceiros, estando isento de responsabilidade o poder concedente.

A: incorreto, pois é necessário lei autorizativa específica, para que se proceda à encampação (art. 37 da Lei 8.987/1995); **B:** incorreto, pois somente pessoas jurídicas ou consórcio de empresas podem participar de concorrência com vistas a celebrarem contrato de concessão de serviço público (art. 2º, II, da Lei 8.987/1995); **C:** correto (art. 9º, *caput* e § 4º, da Lei 8.987/1995); **D:** incorreto, pois o poder concedente responde subsidiariamente.

Gabarito "C"

(Defensor Público/BA – 2006) Sobre Serviços Públicos analise as assertivas a seguir:

I. Por ser incumbência do Poder Público, a prestação dos serviços públicos deve, sempre, ser diretamente por ele executada.
II. A concessão de serviço público é uma relação jurídica alterável unilateralmente pela Administração Pública.
III. O equilíbrio econômico-financeiro é direito do concessionário de serviço público, devendo por isso ser restabelecido se afetado por alteração unilateral do contrato.
IV. A encampação é forma de extinção contratual, pela qual o poder concedente retoma o serviço durante o prazo da concessão, por motivo de interesse público, mediante lei específica e prévio pagamento de indenização.

(A) Apenas I, III e IV são corretas.
(B) Apenas II, III e IV são corretas.
(C) Somente II e IV são corretas.
(D) Todas são corretas.
(E) Todas são incorretas.

I: incorreta, pois a CF dispõe que a prestação pode se dar diretamente pelo Poder Público ou por meio de concessão ou permissão (art. 175); **II:** correta, pois as cláusulas regulamentares da concessão de serviço público podem ser alteradas unilateralmente pela Administração (art. 29, I, da Lei 8.987/95); **III:** correta (art. 9º, § 4º, da Lei 8.987/1995); **IV:** correta (art. 37 da Lei 8.987/1995).

Gabarito "B"

(Defensoria Pública da União – 2004 – CESPE) Julgue o seguinte item.

(1) O contrato de concessão de serviço público pode ser extinto ainda durante o prazo inicial de sua duração e sem que o concessionário tenha dado causa à extinção; é o que ocorre, por exemplo, na encampação.

1: correta (art. 37 da Lei 8.987/1995).

Gabarito 1C

12.4. Parcerias Público-Privadas (PPP)

(Defensor Público/SP – 2012 – FCC) Nos termos da legislação em vigor sobre as parcerias público-privadas, a modalidade de concessão de serviços públicos ou obras públicas, que envolver, adicionalmente à tarifa cobrada dos usuários, contraprestação pecuniária do parceiro público ao parceiro privado, é denominada concessão

(A) comum.
(B) administrativa.
(C) ordinária.
(D) tradicional.
(E) patrocinada.

Como o próprio nome diz, a modalidade de PPP em que o Poder Público, adicionalmente às tarifas dos usuários, paga uma contraprestação ao parceiro privado (patrocínio) tem o nome de concessão patrocinada (art. 2.º § 1.º da Lei 11.079/2004).

Gabarito "E"

(Defensoria/MG – 2009 – FURMARC) Na forma da Lei n.º 11.079, de 30 de dezembro de 2004, artigo 5.º, nos contratos de Parceria Público-Privada, as cláusulas além de cumprir as demais exigências legais, deverão prever, **exceto**:

(A) O prazo de vigência do contrato, não inferior a 5 (cinco) anos, nem superior a 35 (trinta e cinco) anos, compatível com a amortização dos investimentos realizados, incluindo eventual prorrogação.
(B) As formas de remuneração e de atualização dos valores contratuais.
(C) Em caso de inadimplemento contratual, a fixação das penalidades aplicáveis à Administração Pública, sempre com menor rigor frente ao parceiro privado, em razão das dificuldades próprias da máquina administrativa brasileira.
(D) Os mecanismos para a preservação da atualidade da prestação dos serviços.
(E) Os critérios objetivos de avaliação do desempenho do parceiro privado.

A: correta (art. 5º, I, da Lei 11.079/2004); **B:** correta (art. 5º, IV, da Lei 11.079/2004); **C:** incorreta, pois as penalidades serão fixadas de modo proporcional entre as partes, e não com menor rigor ante o parceiro privado (art. 5º, II, da Lei 11.079/2004); **D:** correta (art. 5º, V, da Lei 11.079/2004); **E:** correta (art. 5º, VII, da Lei 11.079/2004).

Gabarito "C"

(Defensoria/MT – 2009 – FCC) Considere as seguintes assertivas, completando a frase inicial: "É vedada a celebração de contrato de parceria público-privada:

I. cujo valor do contrato seja inferior a R$ 20.000.000,00 (vinte milhões de reais)".
II. cujo período de prestação do serviço seja inferior a 5 (cinco) anos".
III. que tenha como objeto único o fornecimento de mão de obra, o fornecimento e instalação de equipamentos ou a execução de obra pública". Nos termos da Lei n.º 11.079/2004, é correto o que se afirma em

(A) I, apenas.
(B) I e II, apenas.
(C) I e III, apenas.
(D) II e III, apenas.
(E) I, II e III.

Art. 2º, § 4º, da Lei 11.079/2004.

Gabarito "E"

13. Controle Da Administração Pública

13.1. Controle interno – processo administrativo

(Defensor Público/GO – 2010 – I. Cidades) O princípio da verdade material no processo administrativo implica que

(A) a Administração só pode atuar de acordo com as provas produzidas nos autos pelas partes.
(B) a Administração deve agir de ofício nos processos de contratos administrativos e semiprivados, mas somente mediante provocação na concessão de serviço público.
(C) a Administração deve agir de ofício na condução do processo buscando todas as provas na busca da verdade.
(D) o particular tem direito a produzir provas no processo administrativo.
(E) o processo administrativo se rege pelos princípios do devido processo legal administrativo, contraditório e da ampla defesa.

Art. 29 da Lei 9.784/1999.

Gabarito "C"

(Defensoria Pública da União – 2010 – CESPE) Com a publicação da Lei n.º 9.784/1999, que regula o processo administrativo no âmbito da Administração Pública federal, houve significativa melhoria na proteção dos direitos dos administrados e na execução dos fins da Administração Pública. Com relação aos agentes administrativos, aos direitos e deveres dos servidores públicos e ao processo administrativo, julgue os próximos itens.

(1) A lei mencionada estabelece normas básicas acerca do processo administrativo somente na administração federal e estadual direta.

(2) O STF não pode acolher reclamação fundada em violação de enunciado da súmula vinculante contra decisão em processo administrativo do poder público federal.

1: incorreta, pois a lei traz normas de processo administrativo para a administração *federal* direta e *indireta* (art. 1º da Lei 9.784/1999); **2:** incorreta (art. 64-B da Lei 9.784/1999).

Gabarito 1E, 2E

(Defensoria Pública da União – 2010 – CESPE) Em cada um dos itens a seguir, é apresentada uma situação hipotética, seguida de uma assertiva a ser julgada, a respeito de agentes administrativos, regimes jurídicos e processo administrativo.

(1) Carlos, servidor da Justiça Federal, responde a processo administrativo nesse órgão e requereu a aplicação da Lei n.º 9.784/1999 no âmbito desse processo. Nessa situação, é correto afirmar que tal aplicação é cabível.

(2) Antônio José moveu, na justiça comum, ação para responsabilização civil contra o cônjuge de Sebastião. Nesse mesmo período, no órgão federal da administração direta em que trabalha, surgiu a necessidade de Antônio José presidir processo administrativo contra Sebastião. Nessa situação, Antônio José está impedido de atuar nesse processo administrativo.

(3) Pedro Luís, servidor público federal, verificou, no ambiente de trabalho, ilegalidade de ato administrativo e decidiu revogá-lo para não prejudicar administrados que sofreriam efeitos danosos em consequência da aplicação desse ato. Nessa situação, a conduta de Pedro Luís está de acordo com o previsto na Lei n.º 9.784/1999.

1: correta, aplicando-se a Lei 9.784/1999 de modo subsidiário (art. 69 da Lei 9.784/1999); **2:** correta (art. 18, III, da Lei 9.784/1999); **3:** incorreta, pois, diante de *ilegalidade*, deve-se *anular*, e não *revogar* o ato administrativo (art. 53 da Lei 9.784/1999).

Gabarito 1C, 2C, 3E

(Defensoria/MT – 2009 – FCC) Considerando-se o regime da Lei n.º 9.784/1999, é INCORRETO dizer ser um dever do administrado perante a Administração:

(A) requerer o início do processo administrativo em que tenha interesse.

(B) proceder com lealdade, urbanidade e boa-fé.

(C) não agir de modo temerário.

(D) prestar as informações que lhe forem solicitadas e colaborar para o esclarecimento dos fatos.

(E) expor os fatos conforme a verdade.

A: incorreto (devendo ser assinalada), pois esse é um *direito*, e não um *dever* do administrado; **B:** correto (art. 4º, II, da Lei 9.784/1999); **C:** correto (art. 4º, III, da Lei 9.784/1999); **D:** correto (art. 4º, IV, da Lei 9.784/1999); **E:** correto (art. 4º, I, da Lei 9.784/1999).

Gabarito "A"

(Defensoria Pública da União – 2004 – CESPE) Julgue o seguinte item.

(1) Há na doutrina menção ao princípio da revisibilidade como um dos que orientam o processo administrativo, significando, à semelhança do princípio do duplo grau de jurisdição, que o interessado tem direito a recorrer das decisões que lhe forem desfavoráveis, salvo se o ato for praticado pela mais alta autoridade da esfera administrativa em questão.

1: correta (arts. 2º, parágrafo único, X, e 56, da Lei 9.784/1999).

Gabarito 1C

(Defensoria Pública da União – 2002 – CESPE) Julgue o seguinte item.

(1) A competência dos órgãos do controle interno de comprovar a legalidade da aplicação dos recursos públicos por entidades de direito privado abrange a fiscalização da destinação de todos os recursos oriundos de contratos administrativos decorrentes de licitação.

1: incorreta, pois, nos contratos administrativos, o contratado tem direito de fazer o que bem entender com os valores que receber, já que tais valores são a sua remuneração; a prestação de contas só é devida quando, quem recebe recursos públicos, o faz para aplicar em dada atividade pública.

Gabarito 1E

13.2. Controle externo

13.2.1. Controle parlamentar

(Defensoria/ES – 2009 – CESPE) No exercício de suas atribuições, a Administração Pública sujeita-se a controle. Julgue os itens seguintes, de acordo com a doutrina aplicável ao tema.

(1) O controle financeiro realizado pelo Poder Legislativo em face da Administração Pública envolve o denominado controle de economicidade, de modo a permitir o exame do mérito, com a finalidade de verificar se o órgão procedeu da forma mais econômica na aplicação da despesa pública, atendendo à relação custo-benefício.

Correta (art. 70, *caput*, da CF).

Gabarito 1C

(Defensoria Pública da União – 2002 – CESPE) Julgue o seguinte item.

(1) As atividades típicas de controle legislativo da competência do Congresso Nacional incluem a apreciação dos atos de concessão e de renovação de concessão de emissoras de rádio e televisão, mas excluem, nesse âmbito, os atos de cassação de concessões.

1: correta, nos termos do art. 223 da CF.

Gabarito 1C

13.2.2. Controle pelo Tribunal de Contas

(Defensoria/MG – 2009 – FURMARC) Sobre o controle externo da Administração Pública, é **incorreto** afirmar:

(A) Compete ao Tribunal de Contas da União, mediante parecer prévio, apreciar as contas prestadas anualmente pelo Presidente da República.

(B) Compete aos Tribunais de Contas apreciarem, para fins de registro, a legalidade dos atos de admissão de pessoal.

(C) Os Tribunais de Contas, independentemente de provocação, revestem-se de legitimidade para suspender procedimento licitatório se verificada ilegalidade.

(D) As contas de prefeito, relativas a recursos de convênio com a União, são julgadas pelo Tribunal de Contas do Estado em que se localiza o Município.

(E) A decisão dos Tribunais de Contas que condena o prestador de contas é título executivo.

A: correta (art. 71, I, da CF); **B:** correta (art. 71, III, da CF); **C:** correta (art. 71, X, da CF); **D:** incorreta (devendo ser assinalada), pois o TCU fará essa fiscalização (art. 71, VI, da CF); **E:** correta (art. 71, § 3º, da CF).

Gabarito "D"

(Defensoria Pública da União – 2007 – CESPE) Quanto a controle da Administração Pública e bens públicos, julgue o item seguinte.

(1) De acordo com o STF, o TCU não tem competência para julgar contas das sociedades de economia mista exploradoras de atividade econômica, ou de seus administradores, já que os bens dessas entidades não são públicos, mas, sim, privados.

1: errado (art. 71, II, da CF).

Gabarito 1E

(Defensor Público/BA – 2006) Como sabido, no exercício de sua atividade, a Administração Pública sujeita-se a controle próprio, controle legislativo e controle judicial, conforme previsto no ordenamento jurídico pátrio, sendo certo que o controle externo financeiro é exercido pelo Poder Legislativo, com auxílio dos Tribunais de Contas aos quais **NÃO** compete:

(A) Aplicar aos responsáveis, em caso de ilegalidade de despesa ou irregularidade de contas, sanções previstas em lei, inclusive multa.
(B) Assinar prazo para que o órgão ou entidade adote as providências necessárias ao exato cumprimento da lei, se verificada ilegalidade.
(C) Julgar as contas dos administradores e demais responsáveis por dinheiros, bens e valores públicos da administração direta e indireta.
(D) Sustar contrato se, verificada ilegalidade, o órgão ou entidade não adotar as providências necessárias ao exato cumprimento da lei.
(E) Apreciar, para fins de registro, a legalidade dos atos de admissão de pessoal.

A: correta (art. 71, VIII, da CF); **B:** correta (art. 71, IX, da CF); **C:** correta (art. 71, II, da CF); **D:** incorreta, pois a sustação de um contrato só pode ser feita pelo Congresso Nacional (art. 71, § 1º, da CF); **E:** correta (art. 71, III, da CF).

Gabarito "D"

(Defensoria Pública da União – 2002 – CESPE) Julgue o seguinte item.

(1) Tribunal de Contas da União, órgão que auxilia o Congresso Nacional em sua função fiscalizadora, pode sustar a execução, pelo Poder Executivo, de atos impugnados, se não for atendida a ordem de impugnação, independentemente de autorização do Poder Judiciário.

1: correta (art. 71, X, da CF).

Gabarito 1C

13.2.3. Controle judicial

(Defensor Público/AM – 2013 – FCC) Suponha que um indivíduo obtenha prescrição médica para uso de medicamento nacional, registrado na ANVISA (Agência Nacional de Vigilância Sanitária), que não é disponibilizado pelo Sistema Único de Saúde - SUS. Nessa situação, pretendendo obter judicialmente o medicamento do Poder Público, o interessado

(A) poderá propor medida judicial contra União, Estado e Município, em regime de solidariedade.
(B) poderá propor medida judicial contra a União ou Estado ou Município, não cabendo o ajuizamento da demanda contra todos esses entes em regime de solidariedade.
(C) deverá propor medida judicial contra o Município e contra o Estado, em regime de solidariedade, não cabendo o ajuizamento de demanda contra a União.
(D) deverá propor medida judicial apenas contra a União, que, sendo o caso, adotará as medidas processuais cabíveis em relação ao Estado ou Município, na medida de suas responsabilidades.
(E) deverá propor medida judicial apenas contra o Município que, sendo o caso, adotará as medidas judiciais cabíveis em relação à União ou ao Estado, na medida de suas responsabilidades.

Segundo o STF, todos os entes federativos (União, Estados, DF e Municípios) têm responsabilidade passiva solidária quanto ao fornecimento de medicamentos (RE 607.381 AgR, DJ 17.06.11).

Gabarito "A"

(Defensor Público/RO – 2007) Considere a demissão de servidor público estadual estável, ato disciplinar, realizada mediante decreto assinado por superintendente de recursos humanos da pasta onde tinha exercício o servidor. Caso o demitido esteja inconformado com o ato, poderá combatê-lo pela seguinte ação constitucional:

(A) ação popular.
(B) *habeas corpus*.
(C) ação civil pública.
(D) mandado de injunção.
(E) mandado de segurança.

Art. 5º, LXIX, da CF.

Gabarito "E"

14. Temas combinados

(Defensor Público/AM – 2013 – FCC) A Emenda Constitucional nº 19, de 4 de junho de 1998, trouxe uma série de alterações nos dispositivos constitucionais referentes à Administração Pública, no bojo do que veio a ser alcunhado de Reforma Administrativa, baseada no chamado Modelo Gerencial de Administração Pública. Trata-se de medida introduzida por essa Emenda:

(A) previsão de órgão regulador para os serviços de telecomunicação que sejam explorados por terceiros, mediante autorização, concessão ou permissão.
(B) flexibilização do monopólio estatal do petróleo, permitindo a contratação de empresas estatais ou privadas para exercer as atividades regidas pelo regime de monopólio, sob as condições previstas em lei e mediante regulação de órgão específico.
(C) fim da chamada paridade entre proventos aposentados e pensionistas e vencimentos de servidores em atividade, determinando o reajustamento dos benefícios, conforme critérios estabelecidos em lei, visando a manutenção do seu valor real.
(D) atribuição de competência privativa ao Presidente da República para, mediante decreto, dispor sobre a organização e funcionamento da administração federal, quando não implicar aumento de despesa nem criação ou extinção de órgãos públicos.
(E) flexibilização da estabilidade dos servidores titulares de cargo efetivo, com a previsão de perda do cargo em decorrência de avaliação periódica de desempenho, na forma de lei complementar, assegurada a ampla defesa.

A: incorreta, pois não há tal previsão na EC 19/1998; **B:** incorreta, pois não há tal previsão na EC 19/1998; esse assunto foi regulado pela EC 9/1995 (art. 177, §1.º e §2.º da CF); **C:** incorreta, pois tal assunto foi regulado na EC 41/2003, conforme art. 40, §8.º, da CF; **D:** incorreta, pois a autorização para o Prefeito dispor sobre essa material por decreto não permite que tal se dê em caso de aumento de despesa ou criação ou extinção de órgãos públicos (art. 84, VI, da CF); **E:** correta (art. 41, §1.º, III, da CF).

Gabarito "E"

(Defensor Público/TO – 2013 – CESPE) A respeito dos serviços públicos e da organização da administração pública, assinale a opção correta.

(A) A desconcentração e a descentralização administrativas constituem institutos jurídicos idênticos.
(B) Para a criação de entidades da administração pública indireta, excetuada a de subsidiárias de sociedade de economia mista e de empresas públicas, é necessária a edição de lei específica.
(C) A prestação de serviços públicos deve ser realizada diretamente pelo Estado ou por entes privados sob o regime de concessão, permissão ou autorização, caso em que é inexigível licitação.
(D) A CF passou a prever, após a reforma administrativa do Estado promovida pela Emenda Constitucional n.º 19/1998, a gestão associada na prestação de serviços públicos mediante convênios de cooperação e consórcios públicos.
(E) A responsabilidade civil das pessoas jurídicas de direito privado, incluídas as que prestam serviços públicos, é subjetiva, isto é, depende da ocorrência de culpa ou dolo.

A: incorreta, pois a desconcentração é a distribuição interna de competência (de órgão para órgão), ao passo que a descentralização é a distribuição externa de competência (de pessoa jurídica para pessoa jurídica); **B:** incorreta, pois também é necessária autorização legislativa para a criação de subsidiárias de sociedade de economia mista e de empresas públicas (art. 37, XIX e XX, da CF); **C:** incorreta, pois a licitação é necessária para concessões e permissões de serviço público (art. 175, caput, da CF); **D:** correta (art. 241 da CF); **E:** incorreta, pois as pessoas jurídicas de direito privado prestadoras de serviço público respondem objetivamente na forma do art. 37, § 6.º, da CF, diferentemente das pessoas jurídicas de direito privado exploradoras de atividade econômica, que respondem na forma das leis infraconstitucionais, ou seja, ora subjetiva, ora objetivamente.

Gabarito "D"

(Defensor Público/RO – 2012 – CESPE) Assinale a opção correta conforme os ensinamentos de direito administrativo.

(A) Caso um servidor público seja empossado em cargo privativo de bacharel em direito, em razão da apresentação de diploma falso, a administração pública ou o poder judiciário, após a comprovação da ilegalidade, deverá anular o ato da posse, estendendo-se a anulação também aos atos que, praticados pelo servidor, envolvam terceiros, ainda que de boa-fé.

(B) Caso um servidor comissionado seja exonerado por autoridade competente por decisão motivada por escrito, na qual se justifique a exoneração pela existência de faltas frequentes e injustificadas, o ato da administração, por ser discricionário e não exigir motivação expressa, conforme a teoria dos motivos determinantes, não pode ser contestado.

(C) Os serviços públicos são concebidos, em uma acepção ampla, como as atividades materiais que a lei atribui ao Estado, em referência direta com o princípio da continuidade dos serviços públicos.

(D) As autarquias integram a administração indireta, desempenham atividades típicas da administração pública e adquirem personalidade jurídica mediante a inscrição de seus atos constitutivos nos registros públicos.

(E) A concessão de licença-paternidade aos servidores públicos, regulada pela Lei n.º 8.112/1990, é um exemplo de ato administrativo discricionário, ou seja, cabe à administração negá-la ao servidor caso o seu afastamento seja considerado prejudicial ao serviço.

A: incorreta, visto que nesse caso temos a chamada função de fato, que é aquela exercida por alguém irregularmente investido em função pública; em situações como essa, em homenagem ao princípio da segurança jurídica, os atos praticados pelo servidor poderão ser mantidos caso se revelem legais quanto aos demais aspectos, preservando-se interesses de terceiros de boa-fé; **B:** incorreta, pois, de acordo com a Teoria dos Motivos Determinantes, os motivos invocados, caso se revelem falsos, viciarão o ato praticado, ainda que a motivação não fosse necessária no caso; **C:** correta, pois traz o exato conceito de serviços públicos e ainda lembra importante princípio que o rege, que é o princípio da continuidade dos serviços públicos; **D:** incorreta, pois as autarquias são criadas pela própria lei; assim, no momento em que a lei entrar em vigor, a autarquia passará a existir, não sendo necessário arquivamento dos atos constitutivos em registro público para que a autarquia adquira personalidade jurídica; **E:** incorreta, pois tal licença é ato vinculado, tendo o servidor direito subjetivo a ela, independentemente de qualquer apreciação subjetiva da administração (art. 208 da Lei 8.112/1990).

Gabarito "C"

10. Direito Tributário

Robinson Sakiyama Barreirinhas

1. Competência Tributária

(Defensor Público/TO – 2013 – CESPE) A respeito das obrigações e competências tributárias, assinale a opção correta.

(A) Compete aos municípios instituir impostos sobre a propriedade de veículos automotores.
(B) A competência tributária é atribuída, constitucionalmente ou legalmente, a um ente estatal não necessariamente dotado de poder legislativo, haja vista que é exercida mediante atos administrativos.
(C) As obrigações tributárias acessórias são relevantes para a atividade de arrecadação e fiscalização, podendo ser estabelecidas em atos infralegais, sem ofensa ao princípio da tipicidade.
(D) A União, os estados, o DF e os municípios podem instituir contribuições sociais, de intervenção no domínio econômico e de interesse das categorias profissionais ou econômicas, como instrumento de atuação nas respectivas áreas.
(E) As competências tributárias foram rigidamente traçadas pelo constituinte originário, portanto são insuscetíveis de alterações pelo poder constituinte de reforma.

A: incorreta, pois o IPVA é tributo da competência dos Estados e do Distrito Federal – art. 155, III, da CF; **B:** incorreta, pois a competência tributária é atribuída exclusivamente pela Constituição Federal (constitucionalmente), jamais legalmente. Ademais, a competência tributária refere-se à competência para legislar acerca de tributos, de modo que somente os entes políticos (que podem legislar – União, Estados, Distrito Federal e Municípios) podem ter competência tributária; **C:** essa é a melhor alternativa, embora haja discussão doutrinária e jurisprudencial a respeito. De fato, o art. 113, § 2º, do CTN refere-se à "legislação tributária" ao tratar da obrigação acessória (ou seja, poderia ser instituída não apenas por lei, mas também por normas infralegais). Nesse sentido, há precedentes do STJ, como o RMS 20.587/MG-STJ. Por outro lado, há entendimento de que mesmo a obrigação acessória exige lei para sua instituição – ver ACO 1.098 AgR-TA/MG- STF; **D:** incorreta, pois a competência para essas contribuições especiais são exclusivas da União – art. 149 da CF; **E:** incorreta. É certo que houve diversas alterações nas competências tributárias traçadas no texto original da Constituição Federal e que não foram afastadas pelo Judiciário. Por exemplo, o constituinte derivado extinguiu o adicional do imposto de renda, que era da competência estadual (art. 155, II, da CF, no texto anterior à EC 3/1993), e o imposto municipal sobre vendas a varejo de combustíveis (art. 156, III, da CF, no texto anterior à EC 3/1993).

Gabarito "C"

(Defensoria Pública/SP – 2010 – FCC) Nos termos do artigo 148, inciso I da Constituição Federal, a União poderá, mediante lei complementar, instituir empréstimo compulsório para atender a despesas extraordinárias, sem sujeição ao princípio da anterioridade tributária, anual e nonagesimal, em situação de

(A) iminência de guerra externa.
(B) investimento público de caráter urgente.
(C) relevante interesse nacional.
(D) ameaça de calamidade pública.
(E) temor de perturbação da ordem interna.

A competência da União relativa aos empréstimos compulsórios somente pode ser exercida (i) para atender a **despesas extraordinárias**, decorrentes de calamidade pública, **de guerra externa ou sua iminência** e (ii) no caso de investimento público de caráter urgente e de relevante interesse nacional. Somente a hipótese de despesa extraordinária é exceção ao princípio da anterioridade anual e nonagesimal – arts. 148, II, *in fine*, e 150, § 1º, da CF.

Gabarito "A"

Veja a tabela seguinte, em que indicamos as competências relativas aos impostos, para estudo e memorização:

Competência em relação aos impostos		
União	**Estados e DF**	**Municípios e DF**
- imposto de importação – II - imposto de exportação – IE - imposto de renda – IR - IPI - IOF - ITR - Imposto sobre grandes fortunas - Impostos extraordinários - Impostos da competência residual	- ITCMD - ICMS - IPVA	- IPTU - ITBI - ISS

(Defensoria/PA – 2009 – FCC) Sobre competência constitucional em matéria tributária, é correto afirmar, EXCETO

(A) as competências para instituição de impostos são classificadas como legislativas exclusivas e não podem ter seu rol ampliado.
(B) a competência tributária é indelegável, inalienável, imprescritível, irrenunciável e inalterável.

(C) a competência para instituição do ITR é da União, mas a capacidade poderá ser transferida aos Municípios que optarem pela arrecadação e fiscalização deste tributo, nos termos da lei.

(D) a isenção equivale a incompetência tributária para instituir tributos sobre determinados fatos geradores, estando regulada na Constituição Federal.

(E) a competência para instituição do ISS é municipal e do ICMS é estadual.

A: correta, embora haja exceção a essa regra. De fato, a União detém a competência residual para criar outros impostos, nos termos do art. 154, I, da CF. Entretanto, a "D" é a melhor alternativa, pois claramente incorreta; **B:** a assertiva descreve corretamente a competência tributária; **C:** correta, nos termos do art. 153, § 4º, III, da CF; **D:** essa é a assertiva incorreta, pois a isenção pressupõe a existência de competência tributária. O ente competente, por lei própria, decide afastar da incidência determinadas situações ou pessoas (exclui o crédito tributário, na dicção do CTN). A assertiva descreve, na verdade, a imunidade, que é norma constitucional que afasta a competência tributária; **E:** assertiva correta, conforme os arts. 156, III, e 155, II, da CF, respectivamente.

Gabarito "D"

(Defensoria/MT – 2007) Sobre o sistema tributário nacional é correto afirmar:

(A) A atribuição constitucional de competência tributária compreende a competência legislativa plena e ilimitada.

(B) O tributo e a sanção integram o sistema tributário nacional e possuem caráter de compulsoriedade.

(C) Em matéria de competência tributária, apenas os Municípios possuem competência para cobrar a Contribuição de Iluminação Pública.

(D) A competência tributária é outorgada pela Constituição Federal e Constituições Estaduais.

(E) A competência extraordinária é uma permissão expressa na Constituição Federal para a bitributação e para o *bis in idem*.

A: incorreta. Art. 6º do CTN – a competência legislativa não é ilimitada; **B:** incorreta. A sanção não é considerada tributo, conforme a definição do art. 3º do CTN. Nesse sentido, poder-se-ia afirmar que não integra o sistema tributário nacional (embora isso seja discutível, a "E" é a melhor alternativa); **C:** incorreta. O Distrito Federal também detém essa competência – art. 149-A da CF; **D:** incorreta. A competência tributária é fixada pela Constituição Federal; **E:** correta (art. 154, II, da CF).

Gabarito "E"

(Defensoria/SE – 2006 – CESPE) Julgue os seguintes itens.

(1) Considere a seguinte situação hipotética. João vendeu ao filho Marcos imóvel de sua propriedade por valor equivalente a 10% do estabelecido no mercado, mediante cláusula segundo a qual o negócio seria desfeito caso Marcos contraísse matrimônio. Nessa situação, o fato gerador do imposto de transmissão de bens imóveis (ITBI) é de competência municipal e ocorreu com a venda, visto que o negócio jurídico foi realizado sob condição resolutiva, sendo devida a exação, ainda que Marcos venha a contrair matrimônio.

(2) O estado de Sergipe é sujeito ativo para instituir e cobrar imposto territorial rural (ITR) de propriedades rurais que estiverem situadas em seu território.

(3) É defesa à União a cobrança do ICMS, já que tal tributo é de competência estadual.

1: correta. A rigor, a condição resolutiva ou resolutória (que pode prejudicar o negócio) é irrelevante para o fato gerador, conforme o art. 117, II, do CTN; **2:** incorreta. A competência para legislar (instituir, modificar ou extinguir) o ITR é da União e é indelegável – art. 153, VI, da CF; **3:** incorreta. O Estado legisla acerca do ICMS, imposto de sua competência, e o cobra, como regra – art. 155, II, da CF. Entretanto, o art. 7º, *caput*, do CTN prevê a possibilidade de se conferir a outra pessoa jurídica de direito público a "atribuição das funções de arrecadar ou fiscalizar tributos", o que permitiria concluir que é viável, em tese, a cobrança de ICMS pela União, conforme consta da assertiva. Ressaltamos, entretanto, que a atual Constituição prevê que a execução (= cobrança judicial) da dívida ativa da União é feita privativamente pela Procuradoria-Geral da Fazenda Nacional e que a representação judicial dos Estados é feita pelos respectivos procuradores – arts. 131, § 3º, e 132 da CF.

Gabarito 1C, 2E, 3E

2. Princípios

(Defensoria Pública da União – 2010 – CESPE) Acerca do direito tributário e do sistema tributário nacional, julgue o item a seguir.

(1) Considere que determinado estado da Federação tenha publicado lei majorando a alíquota do ICMS de 18% para 19% e estabelecendo que sua vigência terminaria em 31 de dezembro de 2009. Considere, ainda, que, em meados desse mês, tenha sido publicada lei que manteve a alíquota de 19% para o ano de 2010. Nesse caso, a lei publicada em dezembro de 2009 viola o princípio da anterioridade nonagesimal.

1: incorreta. Perceba que o art. 150, III, *c*, da CF veda a cobrança de tributos antes de decorridos noventa dias da data em que tenha sido publicada a lei que os *instituiu* ou *aumentou*. A lei publicada em dezembro de 2009, a rigor, apenas *mantém* a alíquota no patamar atual, de modo que não se submete à anterioridade nonagesimal. Por essa razão, a assertiva está errada. Foi essa a tese adotada pelo STF ao julgar situação semelhante ocorrida com a CPMF (a EC 42/2003 revogou o dispositivo constitucional que estipulava a diminuição da alíquota – ver RE 566.032/RS).

Gabarito 1E

(Defensoria Pública da União – 2010 – CESPE) Acerca do direito tributário e do sistema tributário nacional, julgue o item a seguir.

(1) A competência para a fixação das alíquotas do imposto de exportação de produtos nacionais ou nacionalizados não é exclusiva do presidente da República; pode ser exercida por órgão que integre a estrutura do Poder Executivo.

1: Assertiva correta, conforme entendimento do STF (ver RE 225.655/PB), que ratifica a prática do Executivo Federal.

Gabarito 1C

Veja a seguinte tabela, para memorização e estudo do princípio da legalidade e de suas exceções em matéria tributária:

Dependem de lei – art. 97 do CTN	Não dependem de lei
– a instituição de tributos, ou a sua extinção;	– fixação da data para pagamento do tributo;
– a majoração de tributos, ou sua redução (exceção: alteração das alíquotas do II, IE, IPI, IOF e da CIDE sobre combustíveis). Equipara-se à majoração do tributo a modificação da sua base de cálculo, que importe em torná-lo mais oneroso. **Não constitui majoração de tributo a atualização do valor monetário da respectiva base de cálculo**;	– regulamentação das obrigações acessórias (forma de declaração, escrituração, recolhimento etc.). Há controvérsia quanto à própria fixação de obrigações acessórias, pois o art. 113, § 2º, do CTN faz referência à **legislação** tributária (expressão que inclui não apenas as leis, mas também os decretos, portarias etc.);
– a definição do fato gerador da obrigação tributária principal e do seu sujeito passivo;	
– a fixação de alíquota do tributo e da sua base de cálculo, ressalvado o disposto nos artigos 21, 26, 39, 57 e 65;	– alteração das alíquotas do II, IE, IPI, IOF e da CIDE sobre combustíveis.
– a cominação de penalidades para as ações ou omissões contrárias a seus dispositivos, ou para outras infrações nela definidas;	
– as hipóteses de exclusão, suspensão e extinção de créditos tributários, ou de dispensa ou redução de penalidades.	

(Defensoria Pública da União – 2007 – CESPE) Julgue o item a seguir.

(1) Considere que lei publicada em 1º de dezembro de 2007 eleve o IPI sobre determinado produto. Nessa situação hipotética, é permitido à União cobrar o novo valor do imposto a partir de 1º de janeiro de 2008.

1: incorreta. Embora não se submeta à anterioridade prevista pelo art. 150, III, *b*, da CF, a majoração do IPI deve observar a anterioridade nonagesimal (art. 150, III, *c*, e § 1º, da CF).

Gabarito 1E

Veja a seguinte tabela, com as exceções ao princípio da anterioridade comum e nonagesimal, para estudo e memorização:

Exceções à anterioridade comum (art. 150, III, *b*, da CF)	Exceções à anterioridade nonagesimal (art. 150, III, *c*, da CF)
– empréstimo compulsório para atender a despesas extraordinárias decorrentes de calamidade pública ou de guerra externa ou sua iminência (art. 148, II, *in fine*, da CF, em sentido contrário); – imposto de importação (art. 150, § 1º, da CF); – imposto de exportação (art. 150, § 1º, da CF); – IPI (art. 150, § 1º, da CF); – IOF (art. 150, § 1º, da CF); – impostos extraordinários na iminência ou no caso de guerra externa (art. 150, § 1º, da CF); – restabelecimento das alíquotas do ICMS sobre combustíveis e lubrificantes (art. 155, § 4º, IV, *c*, da CF); – restabelecimento da alíquota da CIDE sobre combustíveis (art. 177, § 4º, I, *b*, da CF); – contribuições sociais (art. 195, § 6º, da CF).	– empréstimo compulsório para atender a despesas extraordinárias decorrentes de calamidade pública ou de guerra externa ou sua iminência (art. 148, II, *in fine*, da CF, em sentido contrário – entendimento doutrinário); – imposto de importação (art. 150, § 1º, da CF); – imposto de exportação (art. 150, § 1º, da CF); – IR (art. 150, § 1º, da CF); – IOF (art. 150, § 1º, da CF); – impostos extraordinários na iminência ou no caso de guerra externa (art. 150, § 1º, da CF); – fixação da base de cálculo do IPVA (art. 150, § 1º, da CF); – fixação da base de cálculo do IPTU (art. 150, § 1º, da CF);

(Defensoria/MT – 2007) Em matéria de princípio da igualdade ou isonomia tributária, assinale a afirmativa correta.

(A) Progressividade é a técnica de incidência de alíquotas por meio da qual se procura variá-las em uma razão proporcional à base de cálculo.
(B) O Imposto de Renda é um imposto progressivo, informado pelos critérios da generalidade, universalidade e progressividade.
(C) O princípio da Cláusula *Non Olet* preconiza que se deve interpretar o fato gerador pelos aspectos objetivo e subjetivo.
(D) O Imposto Territorial Rural tem previsão explícita de não progressividade na Constituição Federal.
(E) O Supremo Tribunal Federal, em matéria de progressividade tributária, editou Súmula com seguinte teor: "É constitucional a lei que estabelece alíquotas progressivas para o ITBI com base no valor venal do imóvel".

A: incorreta. Progressividade não se confunde com simples proporcionalidade. Sempre que há alíquota (percentual, por exemplo, 18%) há proporcionalidade em relação à base de cálculo (18% de R$ 100 é o dobro de 18% sobre R$ 50, ou seja, há proporção). Progressividade significa alíquotas maiores conforme maior for a base de cálculo (por exemplo, 15% para valores até R$ 1 mil e 25% para valores superiores a R$ 1 mil); **B:** correta (art. 153, § 2º, I, da CF); **C:** incorreta. *Non olet* – [o dinheiro] não tem cheiro – refere-se à desconsideração de aspectos estranhos à hipótese de incidência (prevista estritamente pela lei), para fins de exigência do tributo; **D:** incorreta. É o oposto, pois há previsão expressa de progressividade – art. 153, § 4º, I, da CF; **E:** incorreta. O STF considerou inconstitucional essa progressividade, conforme a Súmula 656 daquela Corte.

Gabarito "B".

(Defensoria/SP – 2007 – FCC) A Constituição Federal, em seu artigo 150, I e II, ao afirmar que os tributos não poderão ser aumentados ou exigidos sem lei que o estabeleça e que os contribuintes em situação equivalente não terão tratamento desigual está dispondo sobre os princípios da

(A) anterioridade e da isonomia.
(B) capacidade contributiva e da anterioridade.
(C) legalidade e da isonomia.
(D) legalidade e da anterioridade.
(E) legalidade e da capacidade contributiva.

A exigência de lei refere-se ao princípio da legalidade. A garantia de tratamento igual àqueles que se encontrem em situação equivalente é definição do princípio da isonomia.

Gabarito "C".

(Defensor Público/RO – 2007) NÃO se sujeitam ao princípio da anterioridade tributária, segundo o art. 150, inciso III, alínea b, da CF, os seguintes impostos:

(A) de Renda, de Importação e de Exportação
(B) de Importação, de Exportação e sobre Operações de Industrialização de Produtos
(C) de Renda, sobre Operações Financeiras e sobre Operações de Industrialização de Produtos
(D) sobre Propriedade Territorial Urbana, de Renda e sobre Operações de Industrialização de Produtos
(E) empréstimos compulsórios para casos de investimento público nacional de caráter urgente e relevante, de Importação e de Exportação

A e **C:** incorretas, pois o IR é exceção apenas à anterioridade nonagesimal, mas não à anterioridade anual – art. 150, § 1º, da CF; **B:** assertiva correta, pois o II, o IE e o IOF são exceções à anterioridade anual e à nonagesimal; **D:** incorreta, pois o ITR não é exceção ao princípio da anterioridade; **E:** incorreta, pois somente o empréstimo compulsório, para atender despesas extraordinárias, é exceção ao princípio da anterioridade, mas não o empréstimo compulsório para investimentos públicos.

Gabarito "B".

(Defensor Público/RO – 2007) A medida tributária que vise a impedir ou dificultar a entrada de determinado produto estrangeiro, em proteção e incentivo ao similar nacional, é caracterizada como:

(A) fiscal
(B) residual
(C) extrafiscal
(D) parafiscal
(E) confiscal

A tributação pode ser utilizada como fonte de arrecadação de recursos públicos (função fiscal) e também como ferramenta de intervenção no mercado (função extrafiscal). A parafiscalidade refere-se aos casos em que o sujeito ativo da obrigação tributária não é o ente político competente (há sujeição ativa delegada, ou seja, o sujeito ativo não é União, Estado, Distrito Federal ou Município) e, ademais, a entidade que cobra o tributo fica com os valores arrecadados para custear suas atividades (exemplo: cobrança de contribuições pelos conselhos profissionais). A assertiva exemplifica a tributação com função extrafiscal, razão pela qual a alternativa "C" é a correta.

Gabarito "C".

(Defensor Público/BA – 2006) Relativamente ao tema das limitações ao poder de tributar, tem-se que:

I. É vedado à União estabelecer diferença tributária entre bens e serviços, de qualquer natureza, em razão de sua procedência ou destino.
II. É vedado aos Estados, Distrito Federal e Municípios tributar a renda das obrigações da dívida pública da União Federal, bem como a remuneração e os proventos dos respectivos agentes públicos, em níveis superiores aos que fixar para suas obrigações e para seus agentes.
III. É vedado à União Federal instituir isenções de tributos da competência dos Estados, do Distrito Federal ou dos Municípios.
IV. É vedado à União instituir tributo que não seja uniforme em todo o território nacional ou que implique distinção ou preferência em relação a Estado, ao Distrito Federal ou a Município, em detrimento de outro, admitida à concessão de incentivos fiscais destinados a promover o equilíbrio do desenvolvimento socioeconômico entre as diferentes regiões do País.

Analisando as assertivas acima, verifica-se que:

(A) Estão corretas apenas as assertivas I e III.
(B) Estão corretas apenas as assertivas III e IV.
(C) Estão corretas apenas as assertivas I, II e IV.
(D) Está correta apenas a assertiva IV.
(E) Todas as assertivas estão corretas.

I: incorreta, pois o princípio que veda essa diferenciação aplica-se aos Estados, Distrito Federal e Municípios (não expressamente à União), nos termos do art. 152 da CF; **II:** incorreta, pois essa vedação é imposta expressamente à União – art. 151, II, da CF; **III:** assertiva correta, pois a vedação às isenções heterônomas pela União é prevista no art. 151, III, da CF; **IV:** correta, considerando que o princípio da uniformidade territorial é previsto expressamente no art. 151, I, da CF.

Gabarito "B".

(Defensor Público/BA – 2006) Relativamente ao tema das limitações ao poder de tributar, tem-se que:

I. É vedado à União, aos Estados, ao Distrito Federal e aos Municípios estabelecer limitações ao tráfego de pessoas ou bens, por meio de impostos e taxas interestaduais ou intermunicipais, ressalvada a cobrança de pedágio pela utilização de vias conservadas pelo poder Público.

II. É vedado à União, aos Estados, ao Distrito Federal e aos Municípios instituir tributos sobre o patrimônio, renda ou serviços uns dos outros.

III. Lei complementar determinará medidas para que os consumidores sejam informados acerca dos tributos que incidam sobre mercadorias e serviços.

IV. A lei poderá atribuir a sujeito passivo de obrigação tributária a condição de responsável pelo pagamento de imposto ou contribuição, cujo fato gerador deva ocorrer posteriormente, assegurada à imediata e preferencial restituição da quantia paga, caso não se realize o fato gerador presumido.

Analisando as assertivas acima, verifica-se que:

(A) Estão corretas apenas as assertivas II e IV.
(B) Estão corretas apenas as assertivas I e IV.
(C) Estão corretas apenas as assertivas I, II e III.
(D) Está correta apenas a assertiva IV.
(E) Todas as assertivas estão corretas.

I: imprecisa, pois o art. 150, V, da CF faz referência a tributos *interestaduais e intermunicipais*, ao dispor sobre o princípio da vedação ao tráfego de pessoas e bens, não se restringindo a *impostos e taxas*. Por essa razão, a assertiva foi considerada incorreta pelo examinador, o que é, entretanto, questionável. Ainda que seja discutível a possibilidade de *taxa* que possa ser classificada como *interestadual ou intermunicipal*, o constituinte referiu-se, repetimos, a *tributos*, o que inclui impostos, taxas, contribuições de melhoria, empréstimos compulsórios e contribuições sociais; **II:** incorreta, pois a imunidade recíproca refere-se apenas aos impostos (não a todas as espécies de tributo) – art. 150, VI, *a*, da CF; **III:** incorreta, pois a Constituição Federal faz referência a simples lei (ou seja, ordinária), e não a lei complementar – art. 150, § 5º, da CF; **IV:** correta, pois a substituição tributária "para frente" ou prospectiva é prevista expressamente no art. 150, § 7º, da CF.

Gabarito "D"

3. Imunidades

(Defensor Público/SP – 2012 – FCC) Dentre as hipóteses constitucionais de vedação à União, aos Estados, ao Distrito Federal e aos Municípios para instituir impostos é autoaplicável a imunidade sobre

(A) **livros, jornais, periódicos e o papel destinado a sua** impressão.
(B) partidos políticos, inclusive suas fundações.
(C) entidades sindicais dos trabalhadores.
(D) instituições de educação.
(E) entidades de assistência social, sem fins lucrativos.

Das imunidades previstas no art. 150, VI, da CF, sujeita-se à regulamentação legal apenas aquela relativa a partidos políticos, inclusive suas fundações, entidades sindicais dos trabalhadores, e instituições de educação e de assistência social, sem fins lucrativos (alínea "c"). Assim, a alternativa correta é a "A".

Gabarito "A"

(Defensoria/SP – 2009 – FCC) A respeito das limitações do poder de tributar, assinale a opção INCORRETA.

(A) É vedado aos Estados, ao Distrito Federal e aos Municípios estabelecer diferença tributária entre bens e serviços, de qualquer natureza, em razão de sua procedência ou destino.
(B) Segundo entendimento consolidado no Supremo Tribunal Federal, a imunidade tributária recíproca se estende à Empresa Brasileira de Correios e Telégrafos, ECT, por se tratar de empresa pública prestadora de serviço público de prestação obrigatória e exclusiva do Estado.
(C) A imunidade prevista sobre a tributação do patrimônio, renda ou serviços das instituições de assistência social inclui as rendas recebidas dos imóveis alugados, quando aplicadas em suas finalidades essenciais.
(D) A concessão da imunidade sobre livros, jornais e periódicos independe da prova do valor cultural ou pedagógico da publicação.
(E) À União, aos Estados, ao Distrito Federal e aos Municípios é vedado instituir impostos sobre o patrimônio, renda ou serviços, uns dos outros, inclusive nas hipóteses em que o patrimônio, a renda ou os serviços estejam relacionados com explorações de atividades econômicas regidas pelas normas aplicáveis a empreendimentos privados.

A: assertiva correta, conforme o art. 152 da CF; **B:** correta, pois o STF entende exatamente isso, tendo se pronunciado em favor da ECT e da Infraero; **C:** assertiva correta, conforme a Súmula 724/STF; **D:** correta, pois não se entra no mérito do conteúdo veiculado, para fins da imunidade; **E:** assertiva incorreta, devendo ser assinalada. A exploração de atividade de natureza privada afasta a imunidade recíproca – art. 150, § 3º, da CF.

Gabarito "E"

(Defensoria/SP – 2007 – FCC) O prédio de propriedade do Estado, onde funciona uma escola pública, não está sujeito à incidência do Imposto sobre propriedade predial e territorial urbana (IPTU) por força da

(A) estrita legalidade tributária
(B) isenção tributária subjetiva.
(C) isenção tributária objetiva.
(D) capacidade econômica do contribuinte.
(E) imunidade tributária recíproca.

Trata-se da imunidade recíproca – art. 150, VI, *a*, da CF.

Gabarito "E"

(Defensor Público/RO – 2007) Quanto aos impostos que incidam sobre patrimônio, rendas e serviços vinculados aos objetivos institucionais das entidades filantrópicas, a desoneração tributária resulta de:

(A) não incidência legal
(B) imunidade
(C) remissão
(D) isenção
(E) anistia

Todas as normas previstas na Constituição Federal que afastam a tributação em relação a determinadas pessoas ou situações constituem *imunidades*, razão pela qual a alternativa "B" é a correta – art. 150, VI, *c*, da CF.

Gabarito "B"

(Defensoria/SE – 2006 – CESPE) Julgue os itens seguintes.

(1) A imunidade dos templos de qualquer culto estende-se aos seus imóveis que são utilizados como estacionamento, com o intuito de auferir recursos para serem utilizados no objeto social dessas entidades.
(2) Na concessão de isenção tributária, é lícito realizar-se interpretação analógica, sempre que em benefício do contribuinte, não tendo, o intérprete, obrigação de pautar-se apenas pela interpretação literal.

1: correta. As receitas auferidas com a exploração do patrimônio são abrangidas pela imunidade, desde que aplicadas nas atividades essenciais do templo; **2:** incorreta. Os benefícios fiscais devem ser interpretados estritamente (ou literalmente, na dicção do art. 111, II, do CTN).

Gabarito 1C, 2E

4. Definição de Tributo e Espécies Tributárias

(Defensor Público/RO – 2012 – CESPE) Assinale a opção correta acerca da instituição de tributos.

(A) É válida a cobrança, pelo município, de contribuição de melhoria que estabeleça como base de cálculo a valorização dos imóveis.
(B) As universidades públicas podem instituir taxa de matrícula com o objetivo de custear programa de assistência a alunos carentes.
(C) É legítimo o estabelecimento, pelo município, de taxa de renovação anual de licença para localização, instalação e funcionamento de estabelecimento comercial, para custear o poder de polícia para tal fim instituído.

(D) É válida a cobrança, pela União, de taxa de fiscalização de atividade poluidora, ainda que não exercida, de fato, qualquer fiscalização, ingressando o tributo nos cofres públicos como se imposto fosse, dada sua competência residual.

(E) É legal a instituição de taxa municipal para custear a limpeza dos logradouros públicos, já que tal serviço é específico, divisível e possível de ser vinculado a cada contribuinte.

A: incorreta, pois a base de cálculo deve quantificar o fato gerador, no caso a valorização imobiliária decorrente da obra pública (não qualquer valorização imobiliária decorrente da dinâmica do mercado, por exemplo) – art. 145, III, da CF e art. 81 do CTN; **B:** incorreta, pois somente os entes políticos (União, Estados, Distrito Federal e Municípios) detêm competência tributária, ou seja, somente eles podem instituir tributos por meio de lei; **C:** correta, pois trata-se de típica taxa pelo exercício do poder de polícia – art. 78 do CTN. A possibilidade de cobrança no caso de renovação anual da licença foi validada pelo Judiciário, desde que haja estrutura para a fiscalização – o STJ afastou a antiga Súmula 157; **D:** incorreta, pois a cobrança da taxa depende da efetiva ocorrência de seu fato gerador, no caso a efetiva fiscalização. Não é razoável falar em exercício da competência residual, embora o nome do tributo ("taxa de fiscalização de atividade poluidora") seja irrelevante – art. 4º, I, do CTN. Isso porque, para que fosse imposto, o fato gerador deveria ser desvinculado de qualquer atividade estatal específica e, além de ser instituído por lei complementar (isso não é informado), não poderia haver "bis in idem" ou bitributação em relação a outros impostos – art. 154, I, da CF; **E:** incorreta, pois não é possível identificar os usuários ou quantificar o serviço fruído por cada um deles, de modo que se trata de serviço indivisível (prestado "uti universi"), não passível de taxação – art. 145, II, da CF e art. 77 do CTN.

Gabarito "C".

(Defensoria Pública da União – 2010 – CESPE) Acerca do direito tributário e do sistema tributário nacional, julgue o item a seguir.

(1) Segundo o STF, são específicos e divisíveis os serviços públicos municipais de coleta, remoção e tratamento ou destinação de lixo ou resíduos provenientes de imóveis, desde que essas atividades sejam completamente dissociadas de outros serviços públicos de limpeza realizados em benefício da população em geral e de forma indivisível, a exemplo dos serviços de conservação e limpeza de bens públicos, como praças, calçadas, ruas e bueiros.

1: a assertiva descreve corretamente a jurisprudência da Suprema Corte. Veja o disposto na Súmula Vinculante 19/STF: "A taxa cobrada exclusivamente em razão dos serviços públicos de coleta, remoção e tratamento ou destinação de lixo ou resíduos provenientes de imóveis, não viola o artigo 145, II, da Constituição Federal."

Gabarito 1C

(Defensoria/MG – 2009 – FURMARC) Marque a opção VERDADEIRA:

(A) A taxa e o preço público são espécies do gênero tributo.

(B) O valor da anuidade recolhida à Ordem dos Advogados do Brasil ou aos Conselhos de Medicina tem a natureza jurídica de contribuição de intervenção no domínio econômico (cide).

(C) Para a criação de novos impostos não previstos no texto constitucional, a União, os Estados e o Distrito Federal devem editar leis complementares.

(D) As contribuições de seguridade social têm natureza jurídica de tributo.

(E) A imunidade se aplica aos impostos, taxas e contribuições de melhoria.

A: incorreta, pois preço público não é tributo – art. 145 da CF; **B:** incorreta, já que se trata de contribuições de interesse de categorias profissionais – art. 149 da CF; **C:** incorreta, pois a competência residual é exclusiva da União – art. 154, I, da CF; **D:** essa é a assertiva correta, pois as contribuições sociais têm natureza tributária – arts. 149 e 195 da CF; **E:** incorreta, pois é forte o entendimento de que as imunidades restringem-se aos impostos, o que é inquestionável em relação àquelas previstas no art. 150, VI, da CF. Ademais, ainda que seja defensável a existência de imunidades em relação às contribuições (art. 195, § 7º, da CF) e taxas (art. 5º, XXXIV, LXXIV, LXXVI e LXXVII da CF), não é possível afirmar que elas existam em relação às contribuições de melhoria.

Gabarito "D".

(Defensoria Pública da União – 2007 – CESPE) Julgue o item a seguir.

(1) Consoante o texto constitucional, a definição da espécie tributária empréstimo compulsório cabe à lei complementar.

1: correta (art. 148 da CF).

Gabarito 1C

(Defensoria/MT – 2007) Concernente às espécies de tributos no sistema tributário nacional, assinale a afirmativa correta.

(A) O critério relevante utilizado para diferenciar taxa de tarifa é verificar se a atividade concretamente executada pelo Poder Público configura um serviço público ou não.

(B) A tarifa é tributo que nasce por meio de lei, é voluntária e possui caráter de inessencialidade.

(C) Preços de serviços públicos e taxas não se confundem, porque aqueles, diferentemente destas, são compulsórios e têm sua cobrança condicionada à prévia autorização orçamentária, em relação à lei que os instituiu.

(D) Na taxa de polícia, paga-se a taxa de fiscalização em virtude do poder de polícia administrativo potencialmente manifestado.

(E) A taxa é um tributo unilateral, contraprestacional e sinalagmático.

A: correta. Há entendimento nesse sentido – no entanto, os Tribunais Superiores têm decidido que a tarifa remunera concessionária de serviço público (i.e. se existe concessão, há tarifa – ver REsp 1.027.916/MS) – de qualquer forma, esta é a melhor alternativa, por exclusão das demais; **B:** incorreta. Tarifa não é tributo; **C:** incorreta. A compulsoriedade é característica das taxas; **D:** incorreta. O exercício do poder de polícia deve ser efetivo, não potencial; **E:** incorreta. Unilateral e sinalagmático são adjetivos incompatíveis.

Gabarito "A".

(Defensor Público/RO – 2007) É admitida a cobrança de taxa quando o:

(A) serviço for específico e indivisível, mesmo havendo singularidade

(B) poder de polícia for exercido de forma potencial, ainda que genérico

(C) poder de polícia for de natureza específica e indivisível, ainda que exercido de ofício

(D) serviço for posto à disposição do contribuinte por entidade que tenha atribuição de prestá-lo

(E) serviço for efetivamente prestado ao contribuinte, ainda que não seja atribuição da entidade prestá-lo

A: incorreta, pois somente o serviço público específico e divisível (não indivisível, como consta da assertiva) permite a cobrança de taxa – art. 145, II, da CF e art. 77 do CTN; **B:** incorreta, pois o exercício do poder de polícia deve ser efetivo, para que possa ensejar a cobrança de taxa (somente o serviço público pode ser de utilização potencial, não o exercício do poder de polícia) – art. 77 do CTN; **C:** incorreta, pois a especificidade e a divisibilidade referem-se ao serviço público tributável por taxa, e não ao poder de polícia – art. 145, II, da CF e art. 77 do CTN; **D:** assertiva correta, pois a disponibilização de serviço público específico e divisível por quem tenha a atribuição de prestá-lo permite a cobrança de taxa – art. 79 do CTN; **E:** incorreta, pois somente o serviço público regularmente prestado, ou seja, por quem tenha a atribuição, permite a cobrança de taxa.

Gabarito "D".

(Defensor Público/RO – 2007) A alternativa que contém uma característica de uma determinada espécie tributária é:

(A) as receitas dos impostos são vinculadas a órgãos, fundos ou despesas

(B) os empréstimos compulsórios podem se prestar à absorção temporária do poder aquisitivo da população

(C) as taxas podem ter como fato gerador a prestação de serviço público não utilizado efetivamente pelo contribuinte

(D) as contribuições de intervenção no domínio econômico têm por fato gerador o exercício potencial do poder de polícia

(E) as contribuições de melhoria podem ser instituídas e exigidas se houver valorização do patrimônio mobiliário do contribuinte

A: incorreta, pois as receitas de impostos não podem ser vinculadas a despesas específicas, nos termos e com as exceções previstas no art. 167, IV, da CF; **B:** incorreta, pois essa hipótese de instituição de empréstimo compulsório, prevista no art. 15, III, do CTN, não foi recepcionada pela Constituição Federal atual – art. 148 da CF; **C:** assertiva correta, pois é possível a cobrança de taxa pela utilização potencial de serviços públicos, desde que sejam de utilização compulsória – art. 79, I, *b*, do CTN; **D:** incorreta, já que a Constituição Federal não indica o fato gerador das contribuições de intervenção no domínio econômico, mas apenas sua finalidade – art. 149 da CF; **E:** incorreta, pois somente a valorização imobiliária decorrente de obra pública permite a cobrança da contribuição de melhoria – art. 145, III, da CF e art. 81 do CTN.

Gabarito "C".

(Defensoria/SE – 2006 – CESPE) Julgue o seguinte item.

(1) A taxa cobrada em virtude do exercício do poder de polícia pode ser instituída tendo em vista um potencial serviço público a ser prestado de forma divisível ao contribuinte.

1: incorreta. O exercício do poder de polícia deve ser efetivo, não potencial, para dar ensejo à taxação – art. 145, II, da CF.

Gabarito 1E

5. Legislação Tributária – Fontes

(Defensoria/ES – 2009 – CESPE) Acerca do Sistema Tributário Nacional, julgue o próximo item.

(1) Cabe a lei complementar estabelecer normas gerais em matéria de legislação tributária, especialmente sobre obrigação, lançamento, crédito, prescrição e decadência tributários.

1: assertiva correta, conforme o art. 146, III, *b*, da CF.

Gabarito 1C

(Defensoria/SP – 2007 – FCC) NÃO é matéria reservada à lei complementar:

(A) instituição de empréstimos compulsórios.
(B) definição de fato gerador e base de cálculo de impostos discriminados na Constituição.
(C) criação de impostos não previstos na Constituição.
(D) instituição de contribuição de melhoria.
(E) disposição sobre lançamento e prescrição tributários.

A: art. 148 da CF; **B:** art. 146, III, *a*, da CF; **C:** art. 154, I, da CF; **D:** não há exigência de lei complementar; **E:** as normas gerais relativas ao lançamento e à prescrição devem ser veiculadas por lei complementar – art. 146, III, *b*, da CF.

Gabarito "D"

(Defensor Público/BA – 2006) Relativamente ao tema das normas gerais do Direito Tributário, tem-se que:

I. Cabe à lei complementar regular as limitações constitucionais ao poder de tributar.
II. Cabe à lei ordinária a definição de obrigação, lançamento, crédito, prescrição e decadência tributários.
III. Lei complementar poderá estabelecer critérios especiais de tributação, com o objetivo de prevenir desequilíbrios da concorrência, sem prejuízo da competência de a União, por lei, estabelecer normas de igual objetivo.
IV. Cabe à lei complementar o adequado tratamento tributário ao ato cooperativo praticado pelas sociedades cooperativas, desde que haja, pelo menos, uma sede e uma filial localizadas em municípios distintos.

Analisando as assertivas acima, verifica-se que:

(A) Estão corretas apenas as assertivas I e II.
(B) Estão corretas apenas as assertivas I e IV.
(C) Estão corretas apenas as assertivas I, II e III.
(D) Estão corretas apenas as assertivas I e III.
(E) Todas as assertivas estão incorretas.

I: assertiva correta, conforme dispõe o art. 146, II, da CF; **II:** incorreta, já que essas são matérias a serem veiculadas por lei complementar federal – art. 146, III, *b*, da CF; **III:** assertiva correta, pois isso é previsto no art. 146-A da CF; **IV:** incorreta, pois não há essa exigência de sede e filial localizadas em municípios distintos – art. 146, III, *c*, da CF.

Gabarito "D"

6. Vigência, Aplicação, Interpretação e Integração

(Defensor Público/AM – 2010 – I. Cidades) A respeito da vigência, aplicação e interpretação das normas tributárias indique a alternativa CORRETA:

(A) Regra geral, a lei tributária começa a vigorar em todo o país 45 (quarenta e cinco) dias depois de oficialmente publicada. No entanto, salvo disposição em contrário, os atos normativos expedidos pelas autoridades administrativas entram em vigor 30 (trinta) dias após a data da sua publicação;
(B) Na ausência de disposição expressa, a autoridade competente para aplicar a legislação tributária utilizará sucessivamente e em ordem preferencial a analogia, os princípios gerais do direito tributário, os princípios gerais do direito privado e a equidade. A utilização dos princípios gerais de direito privado restringe-se à pesquisa da definição, do conteúdo e do alcance de seus institutos, conceitos e formas, inclusive para definição dos respectivos efeitos tributários.
(C) Excepciona o princípio da irretroatividade, aplicando-se a fato pretérito, a lei expressamente interpretativa, e, nas hipóteses de atos não submetidos à coisa julgada, a lei que mitigue determinada penalidade pecuniária aplicável para as situações de descumprimento da obrigação tributária principal.
(D) Interpreta-se literalmente a legislação tributária que disponha sobre suspensão, extinção ou exclusão do crédito tributário, outorga de isenção e dispensa do cumprimento de obrigações tributárias acessórias.
(E) O Código Tributário Nacional admite a interpretação benigna exclusivamente para a lei que disponha sobre infrações, anistia e comine penalidades, sendo necessária a existência de dúvida sobre a tipicidade do fato, a autoria, imputabilidade ou punibilidade.

A: assertiva incorreta, no que se refere aos atos normativos das autoridades administrativas que, salvo disposição em contrário, entram em vigor na data de sua publicação – art. 103, I, do CTN. A afirmação é correta em relação às leis, nos termos do art. 1º da Lei de Introdução às Normas do Direito Brasileiro, que fixa o início de vigência 45 (quarenta e cinco) dias após a publicação caso não haja disposição em contrário. Interessante notar, entretanto, que as leis devem indicar expressamente a data que entram em vigor, como prevê o art. 8º da LC 95/1998 (ou seja, a norma subsidiária da Lei de Introdução não deveria ser aplicável); **B:** incorreta na parte final, pois os efeitos tributários dos institutos, conceitos e formas de direito privado são interpretados à luz dos princípios tributários (não à luz dos princípios de direito privado) – art. 109 do CTN. A assertiva é correta na parte inicial, relativa às ferramentas de integração – art. 108 do CTN; **C:** assertiva correta, nos termos do art. 106 do CTN; **D:** imprecisa, pois o art. 111 do CTN, que prevê a interpretação literal de benefícios fiscais, não se refere às normas relativas à *extinção* do crédito tributário; **E:** incorreta no que se refere à anistia, que, como modalidade de exclusão do crédito tributário, deverá ser interpretada literalmente – art. 111, I, do CTN. A retroatividade da *lex mitior* refere-se exclusivamente às leis que definem infrações ou cominam penalidades – art. 112 do CTN.

Gabarito "C"

Veja a seguinte tabela, para memorização das regras de integração e sua ordem de aplicação, conforme previsto no art. 108 do CTN:

Regras de integração – casos de ausência de disposição expressa
1º – analogia (não pode implicar exigência de tributo ao arrepio da lei)
2º – princípios gerais de direito tributário
3º – princípios gerais de direito público
4º – equidade (não pode implicar dispensa de pagamento do tributo devido)

Veja a seguinte tabela, com as hipóteses excepcionais de aplicação retroativa da legislação tributária:

Aplicação da lei tributária a ato ou a fato pretérito
– lei expressamente interpretativa – art. 106, I, do CTN
– redução ou extinção de sanção (*lex mitior*) – art. 106, II, do CTN
– normas relativas à fiscalização ou ao aumento de garantias e privilégios do crédito tributário, exceto para atribuir responsabilidade tributária a terceiros – art. 144, § 1º, do CTN

(Defensoria/SP – 2009 – FCC) Assinale a alternativa INCORRETA.

(A) Para aplicação da legislação tributária a autoridade competente poderá se valer da equidade, na ausência de disposição legal expressa, inclusive para dispensa do pagamento do tributo devido.
(B) A lei tributária que define infrações interpreta-se da maneira mais favorável ao acusado, havendo dúvida quanto à natureza da penalidade ou graduação aplicável.

(C) As práticas reiteradamente observadas pelas autoridades administrativas são normas complementares das leis, dos tratados e das convenções internacionais e dos decretos e a observância dessas práticas exclui a imposição de penalidades, a cobrança de juros de mora e a atualização do valor monetário da base de cálculo do tributo.

(D) Cabe à lei complementar regular as limitações constitucionais ao poder de tributar.

(E) Interpreta-se literalmente a norma legal tributária que disponha sobre dispensa do cumprimento de obrigações tributárias acessórias.

A: essa é a assertiva incorreta, pois a aplicação da equidade não pode resultar em dispensa de pagamento do tributo devido – art. 108, § 2º, do CTN; **B:** assertiva correta, conforme o art. 112, IV, do CTN; **C:** correta, nos termos do art. 100, III e parágrafo único do CTN; **D:** correta, pois reflete o disposto no art. 146, II, da CF; **E:** correta, pois é isso que dispõe o art. 111, III, do CTN.

Gabarito "A"

(Defensor Público/BA – 2006) Relativamente ao tema da interpretação e integração da legislação tributária, tem-se que:

I. O emprego da analogia poderá resultar na dispensa de pagamento de tributo.

II. O emprego da equidade poderá resultar na exigência de pagamento do tributo devido.

III. Interpreta-se literalmente a legislação tributária que disponha sobre suspensão ou exclusão do crédito tributário.

IV. Mesmo na presença de disposição expressa, a autoridade competente para aplicar a legislação tributária utilizará, sucessivamente, na ordem indicada, a analogia, os princípios gerais de direito público, os princípios gerais de direito tributário e a equidade.

Analisando as assertivas acima, verifica-se que:

(A) Estão corretas apenas as assertivas III e IV.

(B) Estão corretas apenas as assertivas II e IV.

(C) Está correta apenas a assertiva III.

(D) Estão corretas apenas as assertivas I e IV.

(E) Todas as assertivas estão corretas.

I e **II:** incorretas, pois o CTN não prevê a possibilidade de dispensa do pagamento de tributo por analogia, nem a exigência por equidade, embora haja vedação expressa apenas em relação à exigência de tributo por analogia e à dispensa de tributo por equidade – art. 108, §§ 1º e 2º, do CTN; **III:** correta, nos termos do art. 111, I, do CTN; **IV:** incorreta, pois as ferramentas de integração previstas no art. 108 do CTN são empregadas apenas em caso de lacuna, ou seja, quando não há disposição expressa.

Gabarito "C"

(Defensor Público/AC – 2006 – CESPE) O município de Flores desmembrou-se, dando origem ao município denominado Flores do Sul. Posteriormente, o município de Flores editou a Lei nº 1, disciplinando que a alíquota a ser aplicada a determinado tributo seria de 8%. Alguns contribuintes suscitaram dúvidas acerca de quais situações se enquadrariam na hipótese de incidência do tributo. Após nove meses, o Poder Legislativo competente editou a Lei nº 2, expressamente interpretativa, esclarecendo taxativamente que situações deviam obediência à alíquota de 8%, fixada pela Lei nº 1. Diante dessa situação hipotética e observadas as normas gerais de direito tributário, assinale a opção incorreta.

(A) Enquanto o município Flores do Sul não editar suas leis tributárias, terão vigência, em seu território, as leis do município de Flores.

(B) A Lei nº 2 deveria retroagir para reger todas as relações jurídicas disciplinadas pela Lei nº 1, desde o início da vigência desta última norma.

(C) Se não houvesse a lei interpretativa, a autoridade competente deveria aplicar a legislação tributária utilizando-se, sucessivamente e, nessa ordem, da analogia, dos princípios gerais de direito público, dos princípios gerais de direito tributário e da equidade.

(D) A interpretação exarada pela Lei nº 2 deve ser classificada como autêntica.

A: assertiva correta, conforme o art. 120 do CTN; **B:** correta, pois essa retroatividade é prevista no art. 106, I, do CTN; **C:** essa é a alternativa incorreta (devendo ser assinalada), indicando as ferramentas de integração previstas no art. 108 do CTN; **D:** correta, pois interpretação autêntica é exatamente aquela exarada pelo próprio legislador.

Gabarito "C"

7. Fato Gerador e Obrigação Tributária

(Defensoria/MT – 2007) Em matéria de relação jurídico-tributária, assinale a afirmativa correta.

(A) Podem ser tributados os atos nulos e os atos ilícitos, em face do princípio da interpretação objetiva do fato gerador.

(B) O fato gerador não possui o condão de definir a natureza jurídica do tributo.

(C) A hipótese de incidência tributária caracteriza-se pela concretude fática, em oposição à abstração.

(D) O Instituto Nacional de Seguridade Social é considerado sujeito ativo direto na obrigação tributária.

(E) O Superior Tribunal de Justiça já decidiu que a substituição tributária, do sujeito passivo, pode ser efetuada através de regulamento.

A: correta (art. 118, I, do CTN); **B:** incorreta. A natureza jurídica específica do tributo, nos termos do art. 4º do CTN, é dada por seu fato gerador; **C:** é o oposto – hipótese de incidência é a norma geral e abstrata que descreve o fato gerador; **D:** com relação às contribuições sociais exigidas pelo INSS, a autarquia não é sujeito ativo direto, pois há parafiscalidade (a competência tributária é da União); **E:** a substituição tributária refere-se à sujeição passiva e deve ser regulada por lei.

Gabarito "A"

(Defensoria/SP – 2007 – FCC) O crédito tributário

(A) não decorre da obrigação principal.

(B) não tem a mesma natureza da obrigação tributária.

(C) decorre da obrigação principal e tem a mesma natureza desta. 1815

(D) decorre da obrigação acessória e tem a mesma natureza desta.

(E) não decorre da obrigação principal, mas tem a mesma natureza desta.

Art. 139 do CTN.

Gabarito "C"

(Defensor Público/BA – 2006) Relativamente ao tema da obrigação tributária, tem-se que:

I. Fato gerador da obrigação acessória é a situação definida em lei como necessária e suficiente à sua ocorrência.

II. A autoridade administrativa poderá desconsiderar atos ou negócios jurídicos praticados com a finalidade de dissimular a ocorrência do fato gerador do tributo ou a natureza dos elementos constitutivos da obrigação tributária, observados os procedimentos a serem estabelecidos em lei complementar.

III. A obrigação acessória decorre de lei e pelo simples fato de sua inobservância, converte-se em obrigação principal.

IV. A definição legal do fato gerador é interpretada abstraindo-se da validade jurídica dos atos efetivamente praticados pelos contribuintes, responsáveis, ou terceiros, bem como da natureza de seu objeto ou dos seus efeitos.

Analisando as assertivas acima, verifica-se que:

(A) Estão corretas apenas as assertivas I e III.

(B) Estão corretas apenas as assertivas I e IV.

(C) Estão corretas apenas as assertivas I, II e III.

(D) Está correta apenas a assertiva IV.

(E) Todas as assertivas estão incorretas.

I: imprecisa, pois essa definição é dada pelo CTN para o fato gerador da obrigação principal – art. 114 do CTN; **II:** incorreta, pois a regulamentação da chamada norma antielisiva se dará por lei ordinária, não complementar – art. 116, p. único, do CTN; **III:** incorreta, pois o art. 113, § 2º, do CTN dispõe que a obrigação acessória decorre da legislação tributária (não da lei em sentido estrito), embora haja discussão doutrinária e jurisprudencial a respeito; **IV:** correta, conforme o art. 118 do CTN.

Gabarito "D"

8. Lançamento e Crédito Tributário

(Defensor Público/AM – 2013 – FCC) Em caso de tributo sujeito a lançamento por homologação, o não pagamento antecipado pelo sujeito passivo traz como consequência a

(A) exclusão do crédito tributário, que deverá, portanto, ser lançado de ofício pelo fisco, sob pena de prescrição.
(B) necessidade do fisco em lançar de ofício, o que acontecerá com a lavratura de Auto de Infração e Imposição de Multa, sob pena de decadência.
(C) extinção da obrigação tributária em cinco anos a contar da ocorrência do fato gerador pela decadência, caso o fisco não realize o autolançamento neste prazo.
(D) suspensão da exigibilidade do crédito tributário até que o fisco lavre Auto de Infração e Imposição de Multa.
(E) presunção de existência do crédito tributário por parte do fisco, que deve imediatamente inscrevê-lo em dívida ativa e propor execução fiscal.

A: incorreta, pois exclusão do crédito tributário refere-se à isenção ou à anistia – art. 175 do CTN; **B:** correta, nos termos do art. 149, V, do CTN; **C:** incorreta, pois o fisco não faz autolançamento (isso é feito pelo sujeito passivo). A autoridade fiscal realiza o lançamento de ofício em face da omissão do contribuinte – art. 149, V, do CTN; **D:** incorreta, pois a omissão do contribuinte não é causa de suspensão da exigibilidade do crédito tributário – art. 151 do CTN; **E:** incorreta. É importante salientar, entretanto, que, caso o contribuinte tenha declarado o tributo devido, apesar da omissão no pagamento, seria desnecessário o lançamento de ofício previsto no art. 149, V, do CTN, sendo possível a imediata inscrição e cobrança – Súmula 436/STJ.

Gabarito "B"

(Defensoria Pública da União – 2010 – CESPE) Acerca do direito tributário e do sistema tributário nacional, julgue o item a seguir.

1816

(1) À autoridade tributária competente cabe declarar a existência do crédito tributário pelo lançamento, ocasião em que deve verificar a ocorrência do fato gerador da obrigação tributária, calcular o montante do tributo devido e identificar o sujeito passivo. Eventual proposição de aplicação de penalidade pecuniária deve ser objeto de ato administrativo próprio, pois não se trata de tributo.

1: assertiva incorreta, pois, nos termos do art. 142 do CTN, a propositura de aplicação da penalidade se dá no próprio lançamento. Atualmente, é bom salientar, o agente do fisco costuma aplicar diretamente a penalidade no momento da autuação (lançamento), e não simplesmente propor ao superior hierárquico.

Gabarito 1E

(Defensoria/SP – 2009 – FCC) Quanto ao lançamento tributário, é correto afirmar que

(A) são modalidades de lançamento: de ofício, por homologação, por declaração, por arbitramento e por preempção.
(B) a taxa cambial do dia do lançamento será a utilizada na conversão para a moeda nacional, nos casos em que o valor tributário estiver expresso em moeda estrangeira.
(C) o lançamento rege-se pela lei em vigor no momento da sua realização (*tempus regit actum*), mesmo que regule fato gerador ocorrido na vigência da lei anterior.
(D) a modificação dos critérios jurídicos adotados pela autoridade administrativa no lançamento, pode ser aplicada a todos os fatos geradores anteriores, que não foram objeto de lançamento, por constituir somente modificação interpretativa da lei.
(E) a retificação da declaração por iniciativa do próprio declarante, quando vise a redução ou exclusão de tributo, somente pode ser admitida mediante comprovação do erro em que se funde, e antes de notificado o lançamento.

A: incorreta, pois existem apenas três modalidades de lançamento, quais sejam (i) de ofício ou direto, (ii) por homologação (expressa ou tácita) ou autolançamento e (iii) por declaração ou misto; **B:** incorreta, pois leva-se em consideração o câmbio do dia do fato gerador – art. 143 do CTN; **C:** incorreta, pois aplica-se, em regra, a lei vigente à época do fato gerador, ainda que posteriormente modificada ou revogada – art. 144, *caput*, do CTN; **D:** incorreta, pois essa modificação de critérios jurídicos não pode ser aplicada aos lançamentos já realizados (impossibilidade de correção de eventual erro de direito) – art. 146 do CTN; **E:** essa é a assertiva correta, conforme o art. 147, § 1º, do CTN.

Gabarito "E"

(Defensoria/SP – 2007 – FCC) São exemplos de impostos sujeitos normalmente a lançamento de ofício e por homologação, respectivamente:

(A) imposto territorial urbano (IPTU) e imposto sobre propriedade industrial (IPI).
(B) imposto de renda (IR) e imposto territorial rural (ITR).
(C) imposto sobre circulação de mercadorias e serviços (ICMS) e imposto de renda (IR).
(D) imposto de importação e imposto sobre operações financeiras (IOF).
(E) imposto de renda (IR) e imposto sobre propriedade industrial (IPI).

Normalmente há lançamento de ofício para IPTU e IPVA e lançamento por homologação para IPI, IR, ICMS e IOF. Quanto ao ITR, alguns entendem que o lançamento é por declaração, mas o regulamento correspondente (art. 8º do Decreto 4.382/2002) prevê lançamento por homologação.

Gabarito "A"

(Defensoria/SE – 2006 – CESPE) Julgue os itens seguintes.

(1) No lançamento de ofício, a fazenda pública verifica, por si só, a ocorrência do fato gerador, tal qual ocorre com o IPTU cobrado pelo município. No lançamento por declaração, a fazenda pública toma por base informações do contribuinte sobre fatos pertinentes e realiza o cálculo do imposto devido, como acontece com o imposto de renda, de competência da União.
(2) No lançamento por homologação, o curso do prazo decadencial inicia-se a contar do primeiro dia do exercício seguinte em que o lançamento deveria ter sido efetuado, caso o contribuinte tenha efetivado, no prazo, o recolhimento do tributo que a fazenda julgue insuficiente.

1: incorreta. O imposto de renda submete-se, atualmente, ao lançamento por homologação (apesar das declarações devidas pelos contribuintes); **2:** incorreta. Se houve recolhimento sem fraude, dolo ou simulação, o prazo para a revisão fiscal é de cinco anos contados do fato gerador (art. 150, § 4º, do CTN).

Gabarito 1E, 2E

(Defensor Público/BA – 2006) Relativamente ao tema do lançamento tributário, tem-se que:

I. Lançamento tributário é o procedimento administrativo tendente a verificar a ocorrência do fato gerador da obrigação correspondente, determinar a matéria tributável, calcular o montante do tributo devido e identificar o sujeito passivo.
II. O lançamento reporta-se à data da ocorrência do fato gerador da obrigação e rege-se pela lei então vigente, ainda que posteriormente modificada ou revogada.
III. O lançamento é efetuado de ofício pela autoridade administrativa em apenas um caso, quando a lei assim o determine.
IV. A revisão do lançamento só pode ser iniciada enquanto não extinto o direito da Fazenda Pública.

Analisando as assertivas acima, verifica-se que:

(A) Estão corretas apenas as assertivas III e IV.
(B) Estão corretas apenas as assertivas II e IV.
(C) Estão corretas apenas as assertivas I, II e IV.
(D) Estão corretas apenas as assertivas I e IV.
(E) Todas as assertivas estão corretas.

I: correta, pois descreve adequadamente o lançamento tributário – art. 142 do CTN; **II:** correta, conforme o art. 144 do CTN; **III:** assertiva incorreta, já que o art. 149 do CTN descreve diversas hipóteses que permitem o lançamento de ofício; **IV:** correta, nos termos do art. 149, p. único, do CTN.

Gabarito "C"

9. Sujeição Passiva, Capacidade e Domicílio

(Defensor Público/RO – 2012 – CESPE) Duas pessoas constituíram sociedade comercial e, sendo ambas responsáveis pela gerência e administração da empresa, estabeleceram responsabilidades pelas dívidas contraídas, limitadas ao capital integralizado. A partir de determinado momento, os sócios passaram a não enviar para a contabilidade parte das notas fiscais emitidas nas operações realizadas e, em consequência, a apuração do tributo foi efetivada sem que fossem considerados os referidos fatos geradores, o que aumentou o lucro e a retirada dos sócios. O fisco constatou o fato e efetuou o lançamento tributário, que, com os acréscimos de multa e correção monetária, ultrapassou o valor do capital integralizado da referida sociedade comercial.

Com base na situação hipotética acima apresentada, assinale a opção correta.

(A) Tratando-se de empresa optante pelo simples nacional, inexiste solidariedade dos sócios pelas dívidas contraídas pela sociedade comercial.

(B) Dada a redução criminosa de débito tributário, o fisco deverá lavrar o auto de infração e, ao mesmo tempo, apresentar representação fiscal ao MP para promover a ação penal.

(C) Sendo a responsabilidade limitada ao capital integralizado, apesar de o fisco lançar o total do crédito tributário, este somente será satisfeito caso se respeite o limite do capital.

(D) Caso conste da certidão de inscrição do débito em dívida ativa o nome dos sócios como responsáveis pela dívida tributária, a execução fiscal poderá ser proposta contra a sociedade e os respectivos sócios.

(E) Ainda que constem da certidão de inscrição do débito em dívida ativa os nomes dos dois sócios, para incluí-los no polo passivo da execução fiscal, o credor deverá comprovar a condição de devedor solidário.

A: incorreta, pois a opção pelo Simples Nacional (LC 123/2006) não afasta a responsabilidade tributária prevista no art. 135 do CTN; **B:** incorreta, pois o crime relacionado ao não recolhimento do tributo ("suprimir ou reduzir tributo" – art. 1º, I a IV, da Lei 8.137/1990) depende do término do processo administrativo atinente à constituição do crédito – Súmula Vinculante 24/STF. Entretanto, o eventual crime relativo à omissão de declaração pode ser imediatamente noticiado ao MP – art. 2º da Lei 8.137/1990; **C:** incorreta, pois a violação da lei pelos sócios administradores, que omitiram a declaração das operações empresariais, implica sua responsabilidade pessoal, nos termos do art. 135, III, do CTN; **D:** correta, conforme jurisprudência pacífica do STJ. Importante salientar que, mesmo que o nome dos sócios administradores não conste da CDA, é possível redirecionar a execução contra eles, dependendo, nesse caso, de o Fisco comprovar a violação da lei no curso do processo judicial; **E:** incorreta, pois a inclusão do nome do sócio administrador na CDA indica a presunção de sua responsabilidade, cabendo a ele (ao sócio) a prova em contrário.

Gabarito "D"

(Defensor Público/SP – 2012 – FCC) Em relação às espécies de responsabilidade tributária, na responsabilidade

(A) **de devedores solidários, por terem eles interesse comum** na situação constituinte do fato gerador, cabe o benefício de ordem.

(B) por transferência, o responsável tributário responde por débito próprio, após a ocorrência do fato gerador.

(C) de devedores sucessores, a obrigação é transferida para outro devedor em razão da remissão do devedor original.

(D) por substituição, o não recolhimento do tributo pelo substituto retransmite a responsabilidade das obrigações acessórias para o contribuinte substituído.

(E) de terceiros devedores, o dever em relação ao patrimônio de outrem exsurge, em geral, do vínculo jurídico existente para com incapazes ou entes despersonalizados.

A: incorreta, pois não cabe benefício de ordem na solidariedade tributária – art. 124, parágrafo único, do CTN; **B:** incorreta, pois, na responsabilidade por transferência, o fato gerador faz surgir a obrigação tributária em relação a determinado sujeito passivo e, por conta de fato superveniente, essa sujeição passiva passa a ser ocupada pelo responsável tributário (por exemplo, o adquirente do imóvel passa a ser responsável tributário por transferência). A assertiva refere-se ao responsável por substituição, ou seja, aquele que ocupa o polo passivo da obrigação tributária originariamente, desde seu surgimento com o fato gerador; **C:** incorreta, pois remissão implica extinção do crédito tributário (é perdão do crédito) – art. 156, IV, do CTN; **D:** incorreta, pois a responsabilidade por substituição, em si, não implica regras de solidariedade ou subsidiariedade; **E:** essa é a melhor alternativa, por exclusão das demais e porque a responsabilidade de terceiros, prevista nos arts. 134 e 135 do CTN, refere-se, algumas vezes, à relação do responsável com incapazes (filhos menores, curatelados) ou entes despersonalizados (espólio, massa falida). É importante ressalvar, entretanto, que a responsabilidade de terceiro mais importante, na prática, refere-se à relação com entes personalizados (responsabilidade de gestores em relação a pessoas jurídicas – art. 135, III, do CTN).

Gabarito "E"

(Defensoria Pública da União – 2010 – CESPE) Acerca do direito tributário e do sistema tributário nacional, julgue o item a seguir.

(1) Considere que pessoa jurídica tenha adquirido imóvel não residencial em hasta pública. Nesse caso, em consonância com a jurisprudência do STJ, a arrematação tem o efeito de expurgar qualquer ônus obrigacional sobre o imóvel para a pessoa jurídica arrematante, devendo a transferência ocorrer livre de qualquer encargo ou responsabilidade tributária.

(2) A responsabilidade tributária pessoal de terceiros não alcança o inadimplemento do tributo sem a prova da prática de ato ilícito ou contrário ao estatuto social, independentemente de o sócio da pessoa jurídica constar, ou não, da certidão de dívida ativa.

1: assertiva correta, conforme o art. 130, parágrafo único, do CTN; **2:** correta, pois a responsabilidade prevista no art. 135 do CTN somente existe em caso de excesso de poderes ou infração de lei, contrato social ou estatutos. Interessante notar, entretanto, que a inclusão do nome do sócio na certidão de dívida ativa faz presumir sua responsabilidade, cabendo ao interessado afastar essa presunção – art. 204 do CTN.

Gabarito 1C, 2C

(Defensoria Pública/SP – 2010 – FCC) Recém-nascido recebe como herança a propriedade de um bem imóvel, localizado em zona urbana e residencial. Diante desse fato, considerando-se o disposto no artigo 126, inciso I do Código Tributário Nacional, é correto afirmar que

(A) a incapacidade civil do menor elide a sujeição tributária passiva, pois esta depende de prévia análise objetiva do fato imponível.

(B) a sujeição passiva tributária recai sobre o representante legal do menor, pois ele é insuscetível de capacidade tributária.

(C) o tributo é indevido por força da aplicação da cláusula *pecunia non olet*, decorrente do princípio da interpretação subjetiva do fato gerador.

(D) a relação pessoal e direta com o fato gerador é irrelevante para fins tributários, porém não abrange a pessoa natural absolutamente incapaz.

(E) o menor é o contribuinte dos tributos relativos ao bem, pois a capacidade tributária passiva independe da capacidade civil da pessoa natural.

A: assertiva incorreta, pois a capacidade tributária independe da civil – art. 126, I, do CTN; B e **C:** incorretas, já que o menor tem capacidade tributária e responde pessoalmente pelo débito. O responsável civil, entretanto, pode vir a ser responsável tributário em caso de omissão (art. 134 do CTN) ou cometimento de ato ilícito (art. 135 do CTN); **D:** incorreta, pois a relação pessoal e direita com o fato gerador define o contribuinte que é, no caso, o menor proprietário do imóvel – art. 121, parágrafo único, I, do CTN. Ademais, como visto, a capacidade tributária independe da capacidade civil; **E:** correta, conforme o art. 126, I, do CTN.

Gabarito "E"

(Defensoria/PA – 2009 – FCC) Em relação à imposição tributária e às convenções particulares, é correto afirmar:

(A) Quando da aquisição de veículo automotor seminovo, o adquirente se exonera de dívida de IPVA anterior à aquisição quando assim convencionar com o vendedor, desde que este assuma a dívida por instrumento público.

(B) Em contrato de locação, poderá ser atribuída ao locatário a responsabilidade tributária pelo pagamento dos tributos incidentes sobre o imóvel, a critério do locador.

(C) A assunção de responsabilidade tributária em escritura pública de venda e compra pelo vendedor, basta para desobrigar o adquirente do pagamento de tributos incidentes sobre o imóvel, cujo fato gerador seja anterior à aquisição.

(D) As partes podem convencionar em escritura pública acerca da responsabilidade tributária pelo recolhimento de imposto de transmissão inter vivos, tendo este contrato validade perante o fisco.

(E) Em caso de responsabilidade solidária passiva, o fisco pode exigir a totalidade do crédito de qualquer dos codevedores, independente de acordo entre eles para que apenas um responda pelos débitos tributários.

A: incorreta, pois, salvo disposição legal em contrário, o acordo entre particulares não tem o condão de alterar a sujeição passiva (responsabilidade do adquirente, no caso – art. 131 do CTN) – art. 123 do CTN; **B:** incorreta. O contrato pode até prever a responsabilidade do locador pelo pagamento, mas isso somente gera efeitos na esfera privada, entre as partes contratantes. Não há como o acordo fixar responsabilidade **tributária** ao arrepio da lei – art. 123 do CTN; **C:** incorreta, pois, para que o adquirente do imóvel não responda pelos débitos tributários pretéritos, é preciso que conste do título translativo prova de sua quitação (certidão negativa de débitos) – art. 130, *caput, in fine*, do CTN; **D:** incorreta, pois, como dito nos comentários anteriores, o acordo entre particulares não fixa ou altera a sujeição passiva tributária – art. 123 do CTN; **E:** assertiva correta, pois esse é o efeito da solidariedade em favor do fisco, sendo que o acordo entre particulares não altera a sujeição passiva – art. 124, parágrafo único, do CTN.

Gabarito "E".

(Defensoria Pública da União – 2007 – CESPE) Julgue os itens a seguir.

(1) Considere que um menor esteja privado de sua liberdade de locomoção em razão de medida socioeducativa por prática de delito. Assim, em razão desse fato, o menor ficará insuscetível de sujeição passiva tributária, transferindo-se a responsabilidade para o pai.

(2) Caso o síndico de uma massa falida se omita em relação ao pagamento de um tributo, o Fisco deverá cobrá-lo da massa falida e, subsidiariamente, do síndico.

1: incorreta. A capacidade tributária (para ocupar o polo passivo da obrigação tributária, para ser sujeito passivo) independe da liberdade de locomoção – art. 126, II, do CTN; no entanto, os pais são responsáveis pelo recolhimento dos tributos, sob pena de responsabilidade (art. 134, I, do CTN); **2:** incorreta. O art. 134, *caput* e V, do CTN faz referência à responsabilidade **solidária** do síndico, desde que seja impossível a exigência do pagamento pelo contribuinte.

Gabarito 1E, 2E

(Defensor Público/RO – 2007) Na hipótese de denúncia espontânea, o interessado em se valer de seus efeitos deve recolher o valor do tributo da seguinte forma:

(A) sem qualquer acréscimo

(B) corrigido monetariamente e acrescido de juros moratórios

(C) corrigido monetariamente e acrescido de juros moratórios e de juros sancionatórios

(D) corrigido monetariamente e acrescido de juros moratórios, de juros sancionatórios e de multa

(E) com correção monetária depois de autorizado o gozo do benefício pela Administração Pública

Para que seja reconhecido o benefício da denúncia espontânea, é preciso que haja recolhimento do tributo devido, corrigido monetariamente (para haver pagamento do valor real) e acrescido de juros moratórios – art. 138 do CTN, razão pela qual a alternativa "B" é a correta.

Gabarito "B".

(Defensor Público/BA – 2006) Relativamente ao tema da responsabilidade pessoal e de terceiros em Direito Tributário, tem-se que:

I. São pessoalmente responsáveis pelos créditos correspondentes a obrigações tributárias resultantes de atos praticados com excesso de poderes ou infração à lei, contrato social ou estatutos, os mandatários, prepostos e empregados, dentre outros previstos em lei.

II. A responsabilidade por infrações da legislação tributária depende da intenção do agente ou do responsável e da efetividade, natureza e extensão dos efeitos do ato.

III. Nos casos de impossibilidade de exigência do cumprimento da obrigação principal pelo contribuinte, respondem solidariamente com este nos atos em que intervierem ou pelas omissões de que forem responsáveis o inventariante, pelos tributos devidos pelo espólio, dentre outros previstos em lei.

IV. A responsabilidade é excluída pela denúncia espontânea da infração, acompanhada, se for o caso, do pagamento do tributo devido.

Analisando as assertivas acima, verifica-se que:

(A) Estão corretas apenas as assertivas I e II.

(B) Estão corretas apenas as assertivas I e IV.

(C) Estão corretas apenas as assertivas I, II e III.

(D) Estão corretas apenas as assertivas I e III.

(E) Todas as assertivas estão incorretas.

I: correta, conforme o art. 135, II, do CTN; **II:** assertiva incorreta, pois a responsabilidade por infrações da legislação tributária, salvo disposição legal em contrário, não depende da intenção do agente ou do responsável e da efetividade, natureza e extensão dos efeitos do ato – art. 136 do CTN; **III:** assertiva correta, nos termos do art. 134, IV, do CTN; **IV:** imprecisa, pois é preciso o recolhimento do tributo, corrigido monetariamente e acrescido dos juros moratórios, para que haja o benefício da denúncia espontânea – art. 138 do CTN.

Gabarito "D".

(Defensor Público/AC – 2006 – CESPE) Reginaldo faleceu em 1995 e, após a conclusão da partilha, em 1998, a autoridade fazendária verificou que havia dívida do *de cujus*, relativa ao imposto incidente sobre a renda, no importe de R$ 2.200,00. Amanda e Régis, maiores e capazes, são herdeiros necessários de Reginaldo. Tendo como referência o caso hipotético apresentado e com relação à disciplina da responsabilidade tributária, assinale a opção correta.

(A) Amanda e Régis são contribuintes do imposto de renda devido pelo *de cujus*.

(B) Os sucessores serão responsáveis pelo pagamento de todos os tributos e penalidades pecuniárias devidos pelo *de cujus* até a data da partilha, limitada esta responsabilidade ao montante dos quinhões recebidos.

(C) O espólio é pessoalmente responsável pelos tributos devidos por Reginaldo até a data da abertura da sucessão.

(D) A hipótese cuida de responsabilidade tributária por substituição.

A: incorreta, pois Amanda e Régis não têm relação pessoal e direta com a situação que constitui o fato gerador do imposto de renda sendo cobrado (o falecido é que era o contribuinte, pois foi ele quem auferiu a renda tributada) – art. 121, p. único, I, do CTN. Amanda e Régis podem, no máximo, ser responsáveis tributários, jamais contribuintes em relação a essa incidência; **B:** correta, pois embora o art. 131, II, do CTN faça referência expressa apenas aos tributos (não às penalidades pecuniárias), o STJ entende que a responsabilidade abrange também as multas, conforme previsto no art. 129 do CTN (que faz referência a *créditos tributários*, ou seja, a tributo e penalidade pecuniária) – ver o REsp 1.017.186/SC (relativo aos arts. 132 e 133 do CTN, mas cujo fundamento se aplica ao art. 131 do mesmo Código); **C:** correta, pois a responsabilidade do espólio é prevista no art. 131, III, do CTN; **D:** incorreta, pois se trata de responsabilidade por transferência (o tributo era devido pelo falecido e, por conta de sua morte, a responsabilidade foi *transferida* ao espólio e, posteriormente, aos herdeiros). A responsabilidade por substituição é aquela que surge em relação ao responsável tributário originariamente (não surgiu a responsabilidade em relação ao contribuinte e, posteriormente, foi transferida ao responsável), como no caso da substituição tributária "para frente". Obs.: embora o gabarito oficial indique a "C" como correta, entendemos que a alternativa "B" também está certa, conforme os comentários acima.

Gabarito "C".

(Defensoria/SE – 2006 – CESPE) Julgue os itens seguintes.

(1) O tratamento jurídico do sujeito passivo tributário pode ser separado do econômico, daí é que a pessoa responsável pelo recolhimento do imposto aos cofres públicos pode não ser o que suporta o ônus do tributo.

(2) Tendo a autoridade administrativa descoberto manobras realizadas pelo contribuinte para dissimular a ocorrência do fato gerador, poderá desconsiderar o negócio jurídico realizado, aplicando a norma geral antielisão.

1: correta. É o que ocorre na substituição tributária, em que o substituto recolhe o valor a ser suportado pelo substituído; **2:** correta (art. 116, parágrafo único, do CTN).

Gabarito 1C, 2C

(Defensoria/SE – 2006 – CESPE) Paulina contratou corretor de imóveis de sua confiança para aquisição de imóvel, já escolhido, tendo o corretor verificado a existência de débito de IPTU e, previamente acertado com o alienante, conseguiu expedição de certidão negativa sem recolher os tributos devidos, mediante pagamento de propina ao agente administrativo responsável pela emissão, constando o "nada consta" na escritura pública de compra e venda, que foi levada a registro. Em face da situação hipotética apresentada acima, julgue os itens seguintes.

(1) Paulina é responsável pelo pagamento do IPTU atrasado por tratar-se de imposto real incidente sobre a transmissão de bem imóvel, que segue a coisa independentemente de quem tenha a propriedade.

(2) O agente administrativo que expediu a certidão negativa responderá pelo recolhimento do IPTU devido, inclusive juros de mora incidentes.

1: incorreto. Em princípio, se Paulina não tem culpa, sua responsabilidade pelo tributo foi afastada, nos termos do art. 130, *in fine*, do CTN; **2:** correto (art. 208 do CTN).

Gabarito 1E, 2C

10. Suspensão, Extinção e Exclusão do Crédito

(Defensor Público/AM – 2013 – FCC) O contribuinte pretende quitar seu débito com a Fazenda Pública através da entrega de bem imóvel de sua propriedade. Neste caso, esta medida só terá cabimento se

(A) houver lei do ente competente especificando a forma e as condições para a realização da dação em pagamento, hipótese em que será admitida como causa de extinção do crédito tributário.

(B) o bem imóvel estiver garantindo o juízo da execução e desde que haja interesse por parte do ente em receber aquele bem imóvel na forma de depósito, hipótese em que será admitida como causa de exclusão do crédito tributário.

(C) estiver o débito em fase de cobrança judicial e não houver sido apresentado embargos à execução fiscal pelo executado, bem assim que haja lei autorizando esta transação como forma de extinção do crédito tributário.

(D) for feita em juízo, nos autos da execução fiscal e mediante homologação judicial desta forma de compensação do crédito tributário como causa de extinção do crédito tributário.

(E) houver previsão legal do ente competente admitindo a entrega de bem imóvel como forma de pagamento direto, causa de extinção do crédito tributário, já que o tributo pode ser pago em moeda ou cujo valor nela se possa exprimir.

A: correta, nos termos do art. 156, XI, do CTN; **B:** incorreta, pois há apenas duas modalidades de exclusão do crédito tributário, quais sejam isenção e anistia – art. 175 do CTN; C e **D:** incorretas, pois a quitação do tributo por meio de bem imóvel, por vontade do devedor, é apenas a dação em pagamento prevista no art. 156, XI, do CTN; **E:** incorreta, pois a modalidade de pagamento é a dação de bem imóveis, conforme comentários anteriores.

Gabarito "A"

(Defensor Público/TO – 2013 – CESPE) Acerca da suspensão do crédito tributário, assinale a opção correta.

(A) A moratória geral concedida pela União nunca alcançará os tributos de competência dos estados, do DF nem dos municípios, pois sempre se limita aos tributos de competência federal.

(B) A suspensão da exigibilidade do crédito tributário também suspende as demais obrigações vinculadas ao tributo, dispensando-se o cumprimento das obrigações acessórias dependentes da obrigação principal dela consequentes.

(C) De acordo com entendimento do STJ, o seguro garantia judicial, assim como a fiança bancária, não é equiparável ao depósito em dinheiro para fins de suspensão da exigibilidade do crédito tributário.

(D) A conversão do depósito em renda é modalidade de suspensão do crédito tributário.

(E) A moratória individual não se inclui no âmbito da reserva legal, pois, tendo natureza de ato administrativo que independe de lei, é concedida por portaria da autoridade fiscal competente.

A: incorreta, pois há hipótese excepcional de moratória concedida pela União e que atinja tributos de outros entes políticos – art. 152, I, *b*, do CTN; **B:** incorreta, pois a suspensão da exigibilidade do crédito não suspende as demais obrigações a cargo do contribuinte – art. 151, parágrafo único, do CTN; **C:** correta, pois essa é a jurisprudência do STJ – ver REsp 1.156.668/DF. As modalidades de suspensão do crédito tributário são exclusivamente aquelas previstas no art. 151 do CTN; **D:** incorreta, pois essa é modalidade de extinção do crédito – art. 156, VI, do CTN; **E:** incorreta, pois todas as modalidades de suspensão do crédito são reguladas pelo CTN e pelas leis dos entes competentes – art. 151 do CTN. É importante lembrar apenas que a simples alteração do vencimento do tributo (que não é, a rigor, moratória) pode ser feita por norma infralegal.

Gabarito "C"

(Defensor Público/TO – 2013 – CESPE) No que concerne à extinção do crédito tributário, assinale a opção correta.

(A) O vencimento do crédito tributário ocorre dez dias depois da data em que se considera o sujeito passivo notificado do cálculo do montante do tributo devido.

(B) A lei pode autorizar a compensação de crédito tributário com créditos vencidos, líquidos e certos, possibilidade vedada para os vincendos.

(C) De acordo com o STJ, a remissão de juros de mora insertos na composição do crédito tributário não enseja o resgate de juros remuneratórios incidentes sobre o depósito judicial feito para suspender a exigibilidade desse mesmo crédito tributário.

(D) A concessão de medida liminar em mandado de segurança configura hipótese de extinção do crédito tributário.

(E) Caso a legislação tributária não disponha a respeito do local de pagamento do tributo, ele deve ser efetuado na repartição competente do local da ocorrência do fato gerador.

A: incorreta, pois o vencimento do tributo é fixado pela legislação de cada ente tributante. Em caso de omissão, aplica-se a regra subsidiária de 30 dias a contar da notificação – art. 160 do CTN; **B:** incorreta, pois a lei pode admitir a compensação com créditos vincendos – art. 170 do CTN; **C:** correta, pois essa é a jurisprudência do STJ – ver REsp 1.322.260/RS; **D:** incorreta, pois trata-se de modalidade de suspensão do crédito, não de extinção – art. 151, IV, do CTN; **E:** incorreta, pois, nesse caso de omissão da legislação tributária, o local de pagamento é a repartição no local do domicílio do sujeito passivo – art. 159 do CTN.

Gabarito "C"

(Defensor Público/RO – 2012 – CESPE) Acerca da suspensão e extinção do crédito tributário, assinale a opção correta.

(A) Os recursos e reclamações decorrentes do lançamento administrativo do débito tributário não têm o efeito de suspender ou extinguir o crédito tributário.

(B) Parcelado regularmente o crédito tributário, não pode a fazenda pública propor execução fiscal, dada a consequente suspensão da exigibilidade do referido crédito.

(C) Se, em mandado de segurança, for concedida liminar para suspender a exigibilidade do crédito tributário, posteriormente cassada em julgamento de agravo de instrumento, continua suspensa a exigibilidade do crédito até julgamento definitivo do mérito, porque é a propositura da ação mandamental, e não a liminar, que legitima o instituto da suspensão.

(D) Concedida moratória, estará extinto o crédito tributário.

(E) O depósito prévio do valor da exigência fiscal em ação declaratória de inexigibilidade do crédito tributário extingue a sua exigibilidade porque o valor será convertido em renda.

A: incorreta, pois essa é modalidade de suspensão do crédito – art. 151, III, do CTN; **B:** correta, pois o parcelamento suspende a exigibilidade do crédito – art. 151, VI, do CTN; **C:** incorreta, pois a impetração do mandado de segurança não suspende, por si, a exigibilidade do crédito. Somente a liminar tem esse efeito – art. 151, IV, do CTN; **D:** incorreta, pois a moratória suspende a exigibilidade, não a extingue – art. 151, I, do CTN; **E:** incorreta, pois somente a conversão extingue o crédito. O depósito apenas suspende sua exigibilidade – art. 151, II, do CTN.

Gabarito "B"

(Defensor Público/RS – 2011 – FCC) Um determinado contribuinte apresentou à Fazenda a Guia de Informação e Apuração do ICMS (GIA) e deixou de recolher no prazo legal o imposto nela informado, relativo a fatos geradores do mês de fevereiro do ano de 2005. O vencimento do tributo devido era no último dia útil do mês de março de 2005. No mês de junho de 2010, a Fazenda ajuizou ação de execução fiscal, tendo o contribuinte apresentado embargos à execução alegando a prescrição do crédito tributário. Tendo em conta essas circunstâncias e a atual jurisprudência do Superior Tribunal de Justiça, é correto afirmar que

(A) não se trata de prescrição, mas de decadência, cujo prazo para o lançamento ainda não se escoou, pois, cuidando-se na hipótese de lançamento de ofício ou direto, o prazo decadencial de 5 (cinco) anos conta-se a partir do primeiro dia do exercício seguinte àquele em que o lançamento poderia ter sido efetuado.

(B) não ocorreu nem prescrição nem decadência, pois, tratando-se, o ICMS, de tributo sujeito a lançamento por homologação, adota-se a chamada tese dos 5 (cinco) mais 5 (cinco), de modo que o prazo para cobrança é de 10 (dez) anos, o qual ainda não decorreu.

(C) ocorreu a prescrição, pois, tratando-se de tributo sujeito a lançamento por homologação, a entrega da GIA constitui o crédito tributário, independentemente de qualquer outra providência do Fisco relativa a lançamento, sendo que, no caso, já se escoou o prazo prescricional de 5 (cinco) anos contados do vencimento do débito tributário.

(D) não ocorreu a prescrição, pois, tratando-se de lançamento direto ou de ofício, o prazo prescricional conta-se a partir do primeiro dia do exercício seguinte àquele em que o lançamento poderia ter sido efetuado.

(E) embora o prazo não seja de prescrição, mas de decadência, o fato é que esta última já se configurou, pois, tratando-se o ICMS de tributo sujeito a lançamento por homologação, o prazo decadencial de 5 (cinco) anos conta-se a partir da data do vencimento do tributo ou da data da entrega da GIA, o que ocorrer por último.

A declaração dos valores de ICMS devidos pelo contribuinte, por meio da GIA, constitui o crédito tributário, conforme a Súmula 436/STJ. Com o vencimento no final de março de 2005 iniciou-se o prazo prescricional (antes disso, o fisco não poderia cobrar e, pelo princípio da *actio nata*, não havia contagem do prazo prescricional). Como o prazo prescricional é de 5 anos (art. 174 do CTN), o direito à cobrança extinguiu-se em março de 2010. Inviável a cobrança em junho de 2010, portanto, de modo que a alternativa "C" é a correta. A alternativa "E" seria perfeita, se não se referisse erroneamente à *decadência*, já que o caso é de prescrição.

Gabarito "C".

(Defensoria/MG – 2009 – FURMARC) Marque a opção **INCORRETA**:

(A) A dação em pagamento em bens imóveis é uma forma de extinção do crédito tributário.
(B) A moratória é uma forma de suspensão da exigibilidade do crédito tributário.
(C) O depósito do montante integral do tributo é uma forma de extinção do crédito tributário.
(D) A compensação consiste num encontro de contas que promove a extinção do crédito tributário.
(E) A anistia é uma modalidade de exclusão do crédito tributário.

 Nas alternativas apresentadas, o erro está na C, pois o depósito é modalidade de suspensão do crédito tributário – art. 151, II, do CTN.

Gabarito "C".

Veja a seguinte tabela para estudar e memorizar as modalidades de suspensão, extinção e exclusão do crédito tributário (arts. 151, 156 e 175 do CTN):

Suspensão	Extinção	Exclusão
– a moratória	– pagamento	– a isenção
– o depósito do seu montante integral	– a compensação	– a anistia
– as reclamações e os recursos, nos termos das leis reguladoras do processo tributário administrativo	– a transação	
– a concessão de medida liminar em mandado de segurança	– remissão	
– a concessão de medida liminar ou de tutela antecipada, em outras espécies de ação judicial	– a prescrição e a decadência	
– o parcelamento	– a conversão de depósito em renda	
	– o pagamento antecipado e a homologação do lançamento nos termos do disposto no artigo 150 e seus §§ 1º e 4º	
	– a consignação em pagamento, nos termos do disposto no § 2º do artigo 164	
	– a decisão administrativa irreformável, assim entendida a definitiva na órbita administrativa, que não mais possa ser objeto de ação anulatória	
	– a decisão judicial passada em julgado	
	– a dação em pagamento em bens imóveis, na forma e condições estabelecidas em lei	

(Defensoria/SP – 2009 – FCC) É correto afirmar que

(A) a interrupção da prescrição em favor ou contra um dos obrigados favorece somente o contribuinte.
(B) apenas a medida liminar concedida em mandado de segurança pode suspender a exigibilidade do crédito tributário.
(C) o magistrado pode decretar a prescrição de ofício, desde que ouça previamente a Fazenda Pública.
(D) a consignação em pagamento é uma das modalidades de extinção do crédito tributário e, julgada parcialmente improcedente, será cobrado o crédito, sem prejuízo das penalidades cabíveis, à exceção dos juros de mora, que podem ser dispensados.
(E) a dação em pagamento em bens móveis extingue o crédito tributário.

A: incorreta, pois, salvo disposição legal em contrário, a interrupção da prescrição aplica-se a todos os coobrigados – art. 125, III, do CTN; **B:** incorreta, pois há outras modalidades de suspensão do crédito, listadas no art. 151 do CTN. Mesmo no âmbito do mandado de segurança, admite-se o depósito integral em dinheiro do valor discutido, o que também suspende a exigibilidade. Ademais, a liminar em outras espécies de ação tem o mesmo efeito; **C:** assertiva correta. A rigor, a prescrição relativa ao período anterior à propositura da execução independe de oitiva da Fazenda – art. 219, § 5º, do CPC e Súmula 409/STJ. A decretação da prescrição **intercorrente**, de fato, depende da prévia oitiva da Fazenda – art. 40, § 4º, da Lei 6.830/1980 e Súmula 314/STJ, exceto no caso de pequenos valores (art. 40, § 5º); **D:** incorreta, pois, no caso de improcedência ou parcial procedência da consignatória, cobra-se o crédito acrescido dos juros de mora, sem prejuízo das penalidades – art. 164, § 2º, do CTN; **E:** incorreta, pois somente a dação de bens **imóveis** é modalidade de extinção do crédito tributário – art. 156, XI, do CTN.

Gabarito "C"

(Defensor Público/RO – 2007) Para a compensação tributária é necessária a ocorrência de:

(A) dispensa de previsão legal e condicionamento a credores e devedores recíprocos
(B) independentemente de previsão legal, pagamento de tributo indevido ou em excesso
(C) previsão legal para seu exercício e crédito do contribuinte não superior ao do Fisco
(D) previsão legal para seu exercício e liquidez e certeza dos dois créditos a serem compensados
(E) dispensa de previsão legal para seu exercício e crédito do contribuinte contra o Fisco já vencido

A, B e **E:** incorretas, pois a compensação tributária depende de previsão legal específica – art. 170 do CTN; **C:** incorreta, pois não se impede a compensação no caso de o crédito do contribuinte ser superior ao do fisco – art. 170 do CTN; **D:** essa é a alternativa correta, nos termos do art. 170 do CTN.

Gabarito "D"

(Defensoria/MT – 2007) Sobre suspensão, exclusão e extinção do crédito tributário, assinale a afirmativa correta.

(A) A moratória pode ser concedida por meio de lei ou decreto do Poder Executivo.
(B) O parcelamento constitui-se causa de extinção do crédito tributário.
(C) A dação em pagamento constitui-se em causa indireta de extinção do crédito tributário.
(D) A anistia, isenção e remissão são causas inibitórias do lançamento, que excluem o crédito tributário.
(E) A compensação constitui-se em causa direta de extinção do crédito tributário.

A: incorreta. A moratória, a exemplo de todos os benefícios fiscais, deve ser concedida por lei – art. 153 do CTN; **B:** incorreta. Parcelamento é causa suspensiva do crédito – art. 151, VI, do CTN; C e **E:** a dação em pagamento de imóveis e a compensação podem ser consideradas causas indiretas de extinção do crédito – art. 156, II e XI, do CTN; **D:** incorreta. O art. 175 do CTN prevê apenas a isenção e a anistia como causas de exclusão do crédito (que inibem o lançamento).

Gabarito "C"

11. Repartição de Receitas

(Defensor Público/AL – 2009 – CESPE) Com relação à repartição das receitas tributárias, julgue o item a seguir.

(1) Os municípios têm participação direta quanto ao produto da arrecadação do imposto da União sobre a renda e proventos de qualquer natureza, incidente na fonte, sobre rendimentos pagos, a qualquer título, por eles, suas autarquias e pelas fundações que instituírem ou mantiverem.

Correta, pois os valores de IR retidos na fonte por Estados, Distrito Federal, Municípios e suas autarquias e fundações públicas, relativos a rendimentos pagos, são destinados aos próprios Estados, DF e Municípios, conforme os arts. 157, I, e 158, I, da CF.

Gabarito 1C

(Defensor Público/BA – 2006) Relativamente ao tema da repartição das receitas tributárias, tem-se que:

I. Pertencem aos Estados e ao Distrito Federal, o produto da arrecadação do imposto da União sobre a renda e proventos de qualquer natureza, incidente na fonte, sobre rendimentos pagos, a qualquer título, por eles, suas autarquias e pelas fundações que instituírem e mantiverem.
II. Pertencem aos Municípios, o produto da arrecadação do imposto da União sobre a renda e proventos de qualquer natureza, incidente na fonte, sobre rendimentos pagos, a qualquer título, por eles, suas autarquias e pelas fundações que instituírem e mantiverem.
III. Pertencem aos Municípios vinte e cinco por cento do produto da arrecadação do imposto do Estado sobre operações relativas à circulação de mercadorias e sobre prestações de serviços de transporte interestadual e intermunicipal e de comunicação.
IV. A União entregará do produto da arrecadação do imposto sobre produtos industrializados, cinco por cento aos Estados e ao Distrito Federal, proporcionalmente ao valor das respectivas exportações de produtos industrializados.

Analisando as assertivas acima, verifica-se que:

(A) Estão corretas apenas as assertivas I e II.
(B) Estão corretas apenas as assertivas III e IV.
(C) Estão corretas apenas as assertivas I, II e III.
(D) Estão corretas apenas as assertivas II e IV.
(E) Todas as assertivas estão corretas.

I: correta, conforme o art. 157, I, da CF; **II:** correta, nos termos do art. 158, I, da CF; **III:** assertiva correta, conforme o art. 158, IV, da CF; **IV:** incorreta, pois a entrega de parcela do IPI proporcionalmente às exportações é de 10% do montante arrecadado (não 5%, como consta da assertiva) – art. 159, II, da CF.

Gabarito "C"

(Defensoria/SE – 2006 – CESPE) Julgue o seguinte.

(1) Do produto da arrecadação do imposto extraordinário que a União vier a instituir, 20% são devidos aos estados e ao Distrito Federal (DF).

1: incorreta. Não há previsão dessa repartição de receita, em relação ao imposto **extraordinário** (art. 154, II, da CF). Eventual imposto da competência **residual** (art. 154, I, da CF) é que teria 20% de sua receita distribuída aos Estados e ao Distrito Federal (art. 157, II, da CF).

Gabarito 1E

12. Impostos e Contribuições em Espécie

(Defensor Público/TO – 2013 – CESPE) No que concerne às contribuições, assinale a opção correta.

(A) As contribuições sociais do empregador incidentes sobre a receita poderão ser não cumulativas, conforme o setor da atividade econômica.
(B) Com relação às empresas, a CF proíbe a substituição da contribuição incidente sobre folha de salário pela incidente sobre o faturamento.
(C) As contribuições residuais para a seguridade social são cumulativas e de competência da União, instituídas por lei complementar, desde que não tenham fato gerador próprio de impostos.
(D) As contribuições sociais e de intervenção no domínio econômico incidirão sobre as receitas decorrentes de exportação.
(E) As contribuições de interesse das categorias profissionais ou econômicas são de competência da União, dos estados, do DF e dos municípios.

A: correta, nos termos do art. 195, § 9º, da CF; **B:** incorreta, pois essa substituição é indicada pelo art. 195, § 13 da CF; **C:** incorreta, pois outras contribuições sociais além daquelas descritas expressamente no art. 195, incisos I a IV, da CF, deverão ser não cumulativas – art. 195, § 4º, da CF; **D:** incorreta, pois há imunidade, nesse caso – art. 149, § 2º, I, da CF; **E:** incorreta, pois essas contribuições são da competência exclusiva da União.

Gabarito "A"

(Defensor Público/RO – 2012 – CESPE) No que diz respeito ao imposto sobre a propriedade de veículos automotores (IPVA), assinale a opção correta consoante a CF e a jurisprudência.

(A) É legítima a cobrança do IPVA com base de cálculo em tabela de preço estabelecida pela FIPE, desde que exista lei autorizando a secretaria de fazenda a adotar os meios necessários para a atualização do valor venal dos veículos automotores.

(B) Cabem ao município a instituição e a cobrança do IPVA dos veículos registrados em sua circunscrição.

(C) Somente mediante convênio celebrado entre os entes tributantes, é possível conceder benefício fiscal relativo ao IPVA.

(D) Em caso de arrendamento mercantil, o arrendante é responsável solidário para o adimplemento da obrigação tributária.

(E) Dada a inexistência de restrição constitucional à incidência de IPVA sobre os automóveis, é legítima a incidência desse imposto sobre as embarcações e aeronaves regularmente registradas no ente político instituidor da exação, porquanto ambas são movidas por propulsão própria.

A: adequada, pois a adoção da tabela de preços médios dos veículos produzido pela FIPE é amplamente adotada pelos Estados, para tributação dos veículos, sem que o Judiciário tenha afastado a prática, embora a condicionante no final da assertiva possa indicar a incorreção. Note que no caso do IPTU, outro tributo sobre a propriedade, a jurisprudência é pacífica no sentido de que o valor venal do bem (sua base de cálculo) deve ser expressamente fixado por lei; **B:** incorreta, pois a competência tributária relativa ao IPVA é exclusiva do Estado e do Distrito Federal; **C:** incorreta, pois o Estado e o Distrito Federal podem conceder autonomamente benefícios fiscais relativos ao IPVA de sua competência. A exigência de convênio interestadual refere-se ao ICMS; **D:** adequada, pois o arrendante ou arrendador é o proprietário do automóvel, muito embora a sujeição passiva relativa ao IPVA seja fixada pela lei de cada Estado e do Distrito Federal, já que não há norma nacional; **E:** incorreta, pois o STF afastou essa possibilidade, restringindo o IPVA aos veículos automotores terrestres.

Gabarito "D"

(Defensor Público/RO – 2012 – CESPE) Determinado estado da Federação afastou benefício de não pagamento de ICMS sobre cosméticos, estabelecido por convênio do CONFAZ, regularmente instituído pelos estados e pelo Distrito Federal. O referido estado considerou-se prejudicado em razão de a importação e a exportação de tais produtos serem realizadas por distribuidores localizados em seu território. A União interveio, estabelecendo que sobre tais produtos incidisse a redução tributária inicialmente estabelecida, igualando, assim, as alíquotas de ICMS, dada a forte crise econômica internacional.

Considerando essa situação hipotética, assinale a opção correta.

(A) A intervenção da União só seria legítima em relação aos produtos destinados à exportação, dado seu interesse no equilíbrio da balança comercial.

(B) É legítima a intervenção da União, em face do perigo que a ação unilateral do estado poderia causar à economia nacional.

(C) O benefício concedido refere-se à imunidade objetiva, autorizada pela CF, e independe de intervenção dos entes políticos.

(D) A redução tributária refere-se ao instituto de isenção precedida de convênio, necessário no que se refere ao ICMS.

(E) O instituto aplicável, no caso, é a imunidade, dada a possibilidade de interferência da União tanto na instituição do tributo quanto na do benefício.

A e **B:** incorretas, pois a União não interfere, em princípio, na tributação estadual; C e **E:** incorretas, pois o benefício fiscal precedido por convênio do Confaz é infraconstitucional (isenção, anistia, crédito presumido etc. – imunidade é norma constitucional), atinente ao ICMS; **D:** essa é correta, conforme comentário à alternativa anterior.

Gabarito "D"

(Defensor Público/RO – 2012 – CESPE) O governo do estado X, preocupado com o aumento considerável de invasões de pessoas de baixo poder aquisitivo em terras públicas com o objetivo de fixar residência nessas terras, resolveu regularizar a situação e atribuiu propriedade aos ocupantes, registrando o título no registro de imóveis. Os municípios passaram a cobrar IPTU dos novos proprietários. Inconformados, os moradores das antigas invasões formalizaram abaixo-assinados e procuraram a DP para reclamar da exação, reclamando da inexistência de abastecimento de água, de canalização de águas e de esgotos sanitários, bem como de iluminação pública; esclareceram, ainda, que a escola pública mais próxima estava localizada a mais de três quilômetros de suas casas.

Com base nessa situação hipotética, assinale a opção correta.

(A) O município não poderia ter instituído o IPTU sem a garantia do cumprimento da função social da propriedade, devendo aplicar as alíquotas progressivamente no tempo.

(B) O município poderia instituir o tributo, desde que presentes, pelo menos, duas das benfeitorias arroladas como inexistentes pelos moradores.

(C) Dadas a natureza difusa da exação e a capacidade econômica dos novos contribuintes, deverá a DP ajuizar ação civil pública para obstar a cobrança do tributo.

(D) A cobrança do imposto é legal, uma vez que o tributo tem como fato gerador a propriedade de bens imóveis.

(E) Sendo o IPTU imposto de natureza pessoal, é ilegítima a sua cobrança de pessoas que não disponham de recurso para seu pagamento, independentemente do título de proprietário.

A cobrança do IPTU dependeria de a área ser definida como urbana pela legislação municipal, ou ser objeto de loteamento aprovado pelo governo local. Entretanto, a legislação municipal não poderia definir como urbana área que não contasse com pelo menos dois dos melhoramentos previstos no art. 32, § 1º, do CTN, razão pela qual a exação descrita é indevida. Assim, a alternativa correta é a "B".

Gabarito "B"

(Defensor Público/RO – 2012 – CESPE) Acerca do ICMS, assinale a opção correta.

(A) Quando a mercadoria destinar-se a consumidor final que se localize em outro estado e não seja contribuinte do ICMS, a alíquota praticada será a interna, do estado de origem.

(B) O contribuinte poderá creditar-se do ICMS pago quando da aquisição de matéria-prima, ainda que a saída seja isenta do pagamento, desde que o tributo tenha sido efetivamente pago.

(C) O contribuinte que deixar de lançar crédito de ICMS em período de apuração anterior poderá corrigir monetariamente os valores para recomposição das perdas.

(D) O ICMS é imposto não cumulativo, de competência da União, cobrado pelo estado, sendo parte do produto de sua arrecadação destinada ao município da localização do contribuinte.

(E) A não cumulatividade do ICMS pode ser afastada a critério do ente tributante para efetuar a cobrança por meio de estimativa do total de vendas.

A: correta, nos termos do art. 155, § 2º, VII, *b*, da CF; **B:** incorreta, pois a isenção na saída impõe o estorno do crédito relativo à entrada correspondente – art. 155, § 2º, II, *b*, da CF; **C:** incorreta, pois não há correção monetária dos créditos de ICMS (como os do IPI), por serem escriturais, exceto se o contribuinte não tiver utilizado tais créditos por óbice injustificado do fisco; **D:** incorreta, pois o ICMS é da competência exclusiva dos Estados e do Distrito Federal; **E:** incorreta, pois a não cumulatividade é essencial ao ICMS, não podendo ser, em princípio, afastada por norma infraconstitucional.

Gabarito "A"

(Defensoria Pública da União – 2010 – CESPE) Acerca do direito tributário e do sistema tributário nacional, julgue o item a seguir.

(1) Considere que José tenha trabalhado durante 6 anos em uma empresa de construção civil e tenha sido demitido sem justa causa. Nessa situação, incide o imposto de renda sobre os valores por ele recebidos a título de férias proporcionais e respectivo terço de férias.

1: incorreta, pois a jurisprudência entende que esse pagamento tem natureza indenizatória e, portanto, não se sujeita ao IR – Súmula 386/STJ.

Gabarito 1E

(Defensoria Pública da União – 2010 – CESPE) Acerca do direito tributário e do sistema tributário nacional, julgue o item a seguir.

(1) Compete aos municípios instituir o ISS sobre o *leasing* financeiro, uma vez que o leasing é contrato complexo e não se confunde com contratos de aluguel, compra e venda ou com operação de crédito.

1: assertiva correta. O STF pacificou o entendimento de que incide ISS sobre *leasing* financeiro e *lease-back*, embora não incida na modalidade *leasing* operacional – ver RE 547.245/SC.

Gabarito 1C

(Defensoria Pública da União – 2010 – CESPE) Acerca do direito tributário e do sistema tributário nacional, julgue o item a seguir.

(1) Considere que o proprietário de imóvel localizado na zona urbana de determinado município tenha firmado contrato de promessa de compra e venda do bem com Maria. Nessa situação hipotética, tanto a promitente compradora (possuidora a qualquer título) do imóvel quanto o proprietário são contribuintes responsáveis pelo pagamento do IPTU.

1: assertiva correta, considerando que o promissário comprador é possuidor com *animus domini* – art. 34 do CTN – ver REsp 1.110.551/SP.

Gabarito 1C

(Defensoria/PA – 2009 – FCC) Lei que fixa nova base de cálculo e majora as alíquotas do IPTU e do ITBI municipal, publicada em novembro de 2008 tem eficácia

(A) noventa dias a contar da publicação da nova lei para base de cálculo e alíquota do IPTU e do primeiro dia do exercício de 2009 para base de cálculo e alíquota do ITBI.
(B) a partir do primeiro dia do exercício de 2009
(C) a partir do primeiro dia do exercício de 2009 apenas para a nova base de cálculo do IPTU.
(D) noventa dias a contar da publicação da nova lei.
(E) noventa dias a contar da publicação da nova lei para base de cálculo e alíquota do ITBI e do primeiro dia do exercício de 2009 para base de cálculo e alíquota do IPTU.

Ambos os impostos (IPTU e ITBI) sujeitam-se à anterioridade comum ou anual do art. 150, III, *b*, da CF, ou seja, a majoração não pode ser exigida antes de 1º de janeiro do exercício seguinte ao da publicação (1.1.2009). Entretanto, a fixação da base de cálculo do IPTU é exceção ao princípio da anterioridade nonagesimal (art. 150, III, *c*, da CF), mas não a do ITBI. Assim, considerando que essa fixação da nova base de cálculo configurou majoração dos impostos (não foi simples correção monetária), o aumento do IPTU vale já em 1.1.2009, mas a do ITBI somente após 90 dias contados da publicação da lei.

Gabarito "C"

(Defensoria/PA – 2009 – FCC) Pode ser definido como hipótese de incidência de imposto e taxa, respectivamente,

(A) serviço de comunicação e serviços de qualquer natureza
(B) serviços de qualquer natureza e exercício regular do poder de polícia.
(C) transmissão de bem imóvel e serviço público específico e indivisível.
(D) propriedade e serviço de comunicação.
(E) serviço público específico e divisível e serviço de pavimentação.

A: incorreta, pois, embora incida ICMS sobre serviço de comunicação, os serviços de qualquer natureza não se sujeitam a taxa, mas sim ao ISS municipal – art. 156, III, da CF; **B:** essa é a correta, pois sobre os serviços de qualquer natureza incide o ISS e, em relação ao exercício do poder de polícia, incide a taxa – art. 145, II, da CF; **C:** incorreta, pois, embora incida ITCMD ou ITBI sobre a transmissão de bens imóveis (o último no caso de transmissão onerosa inter vivos), somente o serviço público específico e divisível (não indivisível) dá ensejo à taxa; **D:** incorreta, pois, embora diversos impostos incidam sobre a propriedade (ITR, IPVA, IPTU), o serviço de comunicação, prestado pelas concessionárias a particulares, por exemplo, não dá ensejo à taxa, mas sim à incidência do ICMS; **E:** incorreta, pois sobre o serviço público específico e divisível incide taxa que, ademais, não pode incidir em relação ao serviço de pavimentação, pois este último não é divisível (é impossível quantificar a utilização do serviço por cada contribuinte).

Gabarito "B"

(Defensoria/SP – 2009 – FCC) Assinale a alternativa INCORRETA.

(A) O imposto de transmissão *causa mortis* e doação, de quaisquer bens ou direitos, que compete aos Estados e ao Distrito Federal, terá sua instituição regulada por lei complementar, quando o doador tiver domicílio ou residência no exterior.
(B) No tocante à repartição das receitas tributárias, estabelece a Constituição Federal que pertencem aos Municípios vinte e cinco por cento do produto da arrecadação do imposto do Estado sobre a propriedade de veículos automotores licenciados em seus territórios.
(C) São de competência dos Municípios os seguintes tributos: imposto sobre a propriedade predial e territorial urbana; imposto sobre serviços de qualquer natureza, definidos em lei complementar, desde que não compreendidos na tributação do ICMS e, por fim, o imposto sobre a transmissão inter vivos, a qualquer título, por ato oneroso.
(D) Segundo a Constituição Federal, o ICMS incide também sobre a entrada de bem ou mercadoria importados do exterior por pessoa física ou jurídica, cabendo o imposto ao Estado da localização do destinatário da mercadoria ou serviço.
(E) De acordo com a Constituição Federal, o ICMS não incide sobre operações que destinem petróleo, combustíveis e energia elétrica a outros Estados.

A: correta, conforme o art. 155, § 1º, III, *a*, da CF; **B:** incorreta (devendo ser assinalada), pois a parcela pertencente aos Municípios é de 50% – art. 158, III, da CF; **C:** assertiva correta, pois indica os três impostos da competência municipal – art. 156, I, II e III, da CF; **D:** correta, conforme o art. 155, § 2º, IX, *a*, da CF; **E:** correta, conforme o art. 155, § 2º, X, *b*, da CF.

Gabarito "B"

(Defensor Público/AC – 2006 – CESPE) Simone é proprietária de imóvel localizado na zona rural de certo município, sujeito ao imposto sobre a propriedade territorial rural (ITR). Cálculos incorretos levados a efeito pela autoridade fazendária ensejaram a cobrança de valor excessivamente superior ao devido. Por essa razão, Simone apresentou recurso para discutir administrativamente a referida questão tributária e, nessa ocasião, efetuou o depósito do montante integral do tributo. Diante dessa situação hipotética e acerca das normas que regem o crédito tributário, assinale a opção incorreta.

(A) Considera-se ocorrido o fato gerador do ITR no dia 1º de janeiro de cada ano.
(B) A União é competente para instituir o ITR, podendo o município onde se localizar o imóvel rural fiscalizar e cobrar o referido tributo, desde que não importe redução do imposto ou qualquer outra forma de renúncia fiscal.
(C) O depósito do montante integral, em sede de processo administrativo fiscal, é hipótese de suspensão da exigibilidade do crédito tributário.
(D) O crédito tributário do ITR surge com o fato gerador do tributo.

A: correta, pois o fato gerador do ITR ocorre em 1º de janeiro de cada ano, a exemplo de outros incidentes sobre a propriedade (IPVA e IPTU, a depender das leis estaduais, distritais e municipais) – art. 2º do Regulamento do ITR (Decreto 4.382/2002); **B:** assertiva correta, nos termos do art. 153, § 4º, III, da CF; **C:** assertiva correta, conforme o art. 151, II, do CTN. Importante lembrar que o depósito administrativo ou judicial é sempre uma faculdade do devedor, jamais uma imposição a ele – Súmulas Vinculantes 21 e 28 do STF e Súmula 373/STJ. Entretanto, depois que o sujeito passivo faz o depósito judicial, não pode levantá-lo livremente, até que seja, eventualmente, vencedor da demanda em seu mérito – ver EREsp 227.835/SP-STJ. **D:** incorreta, devendo ser assinalada.

Gabarito "D"

(Defensoria/SE – 2006 – CESPE) Julgue os itens seguintes.

(1) Sociedade comercial que vende suas mercadorias em parcelas mensais poderá apurar e recolher o ICMS incidente em cada parcela, uma vez que, apesar de presente a situação de fato (saída de mercadoria do estabelecimento), ainda não se consumou a situação jurídica (pagamento do objeto).
(2) Com o desmembramento do estado de Goiás para a formação do estado de Tocantins – TO, o novo estado tornou-se credor do ICMS de fatos geradores ocorridos em seu território, ainda que antes da divisão do território.

1: incorreta. Art. 12, I, da LC 87/1996 – a saída da mercadoria configura o fato gerador do ICMS, ou seja, é condição necessária e suficiente para a incidência e para o surgimento da obrigação tributária correspondente (art. 114 do CTN). O pagamento é irrelevante, em princípio; **2:** Art. 13 do ADCT – a afirmação é correta.

Gabarito 1E, 2C

(Defensor Público/BA – 2006) Relativamente ao tema dos impostos dos entes federativos, tem-se que:

I. O imposto sobre operações relativas à circulação de mercadorias e sobre prestações de serviços de transporte interestadual, intermunicipal e de comunicação, ainda que as operações e as prestações se iniciem no exterior, será não cumulativo e poderá ser seletivo em função da essencialidade das mercadorias e dos serviços.

II. O ICMS poderá ter suas alíquotas aplicáveis às operações e prestações, interestaduais e de exportação estabelecidas por decreto legislativo.

III. Não incidirá ICMS sobre operações que destinem mercadorias para o exterior, nem sobre os serviços prestados a destinatários no exterior, desde que com estabelecimento sediado no Brasil.

IV. Não incidirá ICMS sobre o ouro, quando definido em lei como ativo financeiro ou instrumento cambial.

Analisando as assertivas acima, verifica-se que:

(A) Estão corretas apenas as assertivas III e IV.
(B) Estão corretas apenas as assertivas II e IV.
(C) Estão corretas apenas as assertivas I, II e III.
(D) Estão corretas apenas as assertivas I e IV.
(E) Todas as assertivas estão corretas.

I: correta, conforme o art. 155, § 2º, I e III, da CF; **II:** incorreta, pois as exportações são imunes ao ICMS, de modo que não cabe mais a fixação de alíquotas pelo Senado – art. 155, § 2º, X, *a*, da CF; **III:** incorreta, pois a imunidade em favor das exportações não é condicionada à existência de estabelecimento no Brasil – art. 155, § 2º, X, *a*, da CF; **IV:** assertiva correta, incidindo apenas o IOF, no caso – arts. 153, § 5º, e 155, § 2º, X, *c*, da CF.

Gabarito "D".

(Defensor Público/AC – 2006 – CESPE) Manoel é proprietário de veículo automotor e, com vistas a negociar o referido bem, requereu à autoridade fazendária competente a prova de quitação dos tributos relativos ao automóvel de sua propriedade. Considerando a situação hipotética apresentada e quanto ao Sistema Tributário Nacional, assinale a opção correta.

(A) Não se aplica a anterioridade tributária nonagesimal à fixação da base de cálculo do imposto sobre a propriedade de veículos automotores (IPVA).
(B) Os Estados e a União são competentes para instituir isenções quanto ao IPVA.
(C) Pertencerão ao município 10% do produto da arrecadação do IPVA de veículos licenciados em seu território.
(D) Requerida certidão negativa para provar a quitação do IPVA, o funcionário público que a expedir com fraude contra a fazenda pública será subsidiariamente responsabilizado.

A: correta, conforme o art. 150, § 1º, da CF; **B:** incorreta, pois a competência tributária relativa ao IPVA é exclusiva dos Estados e do Distrito Federal, não cabendo isenção heterônoma concedida pela União – art. 151, III, da CF; **C:** incorreta, pois os Municípios ficam com 50% da receita do IPVA, nos termos do art. 158, III, da CF; **D:** incorreta, pois a responsabilidade do funcionário, nesse caso, é pessoal, nos termos do art. 208 do CTN, ou seja, não é simplesmente subsidiária (o fisco pode cobrar o valor imediatamente do funcionário).

Gabarito "A".

(Defensor Público/BA – 2006) Relativamente ao tema dos impostos dos entes federativos, tem-se que:

I. O imposto *causa mortis* e doação, de quaisquer bens ou direitos, relativamente a bens imóveis e respectivos direitos, compete ao Estado da situação do bem, ou ao Distrito Federal.

II. O imposto sobre propriedade de veículo automotor terá alíquotas mínimas fixadas pelo Senado Federal.

III. O imposto *causa mortis* e doação, de quaisquer bens ou direitos, relativamente a bens móveis, títulos e créditos, compete ao Estado onde se processar o inventário ou arrolamento, ou tiver domicílio o donatário.

IV. O imposto sobre propriedade de veículo automotor não poderá ter alíquotas diferenciadas, conforme expressa previsão, nem mesmo em função do tipo e utilização dos autos.

Analisando as assertivas acima, verifica-se que:

(A) Apenas I e II estão corretas.
(B) Apenas III e IV estão corretas
(C) Apenas I, II e IV estão corretas.
(D) Apenas I e IV estão corretas.
(E) Todas estão incorretas.

I: correta, conforme previsto no art. 155, § 1º, I, da CF; **II:** assertiva correta, conforme o art. 155, § 6º, I, da CF; **III:** incorreta na parte final, pois, em caso de doação de bens móveis, títulos e créditos, o ITCMD será devido ao Estado (ou ao DF) onde tiver domicílio o doador (não o donatário, como consta da assertiva) – art. 155, § 1º, II, da CF; **IV:** incorreta, pois o IPVA pode ter alíquotas diferenciadas em função do tipo e utilização do veículo, conforme previsto no art. 155, § 6º, II, da CF.

Gabarito "A".

13. Garantias e Privilégios do Crédito

(Defensor Público/RO – 2007) Respondem pelo pagamento do crédito tributário os bens e rendas do devedor na seguinte condição:

(A) declarados como impenhoráveis pela lei ou por ato de vontade
(B) voluntariamente declarados a qualquer tempo como impenhoráveis
(C) portador de encargo fidejussório e alienabilidade posterior à obrigação tributária
(D) voluntariamente declarados como impenhoráveis anteriormente ao nascimento da obrigação tributária
(E) gravados por ônus real ou cláusula de inalienabilidade anteriormente ao nascimento da obrigação tributária

A: incorreta, pois os bens e rendas declarados absolutamente impenhoráveis por lei não respondem pelo pagamento do crédito tributário – art. 184, *in fine*, do CTN; B e **D:** corretas, pois a declaração voluntária de impenhorabilidade é inoponível contra o fisco, independentemente da data em que tenha ocorrido; **C:** correta, pois o encargo fidejussório (garantia) não afasta a pretensão do fisco; **E:** correta, pois o ônus real e a cláusula de inalienabilidade são indiferentes para fins de garantias e privilégios do crédito tributário. Obs.: essa questão parece-nos confusa. Entendemos que todas as alternativas, com exceção da "A", complementam adequadamente a assertiva formulada pelo examinador.

Gabarito "E".

(Defensor Público/AC – 2006 – CESPE) A pessoa jurídica Flecha Segurança Ltda., cujo patrimônio é composto de bens móveis, imóveis (estando um deles hipotecado) e aplicações financeiras, encontra-se inadimplente para com a Fazenda pública estadual e municipal. Com referência a essa situação hipotética e acerca das normas que regem as garantias e privilégios do crédito tributário, assinale a opção incorreta.

(A) Promovida ação judicial para cobrança dos créditos tributários estaduais e municipais, a Fazenda pública estadual terá preferência no recebimento dos valores a ela devidos.
(B) Os bens de Flecha Segurança Ltda. responderão pelo pagamento dos créditos tributários, exceto o imóvel que já se encontrava anteriormente hipotecado.
(C) Após a regular inscrição dos créditos tributários em dívida ativa, será presumidamente fraudulenta a alienação dos bens da pessoa jurídica Flecha Segurança Ltda., se esta não reservar montante suficiente para o pagamento da dívida tributária.
(D) Na hipótese de ajuizamento de ação falimentar contra a Flecha Segurança Ltda., os créditos extraconcursais terão preferência aos créditos tributários.

A: correta, pois há a ordem de preferência prevista no art. 187, p. único, do CTN, cuja constitucionalidade foi reconhecida pelo STF – Súmula 563/STF; **B:** incorreta, pois a hipoteca não pode ser oposta contra o fisco, independentemente da data de constituição do ônus real – art. 184 do CTN. Importante notar que há regra própria para o caso de falência – art. 186, p. único, do CTN; **C:** correta, conforme o art. 185 do CTN; **D:** correta, nos termos do art. 186, p. único, I, do CTN.

Gabarito "B".

Veja a seguinte tabela com a ordem de classificação dos créditos na falência (art. 83 da Lei de Falências e Recuperações - LF - Lei 11.101/2005):

Ordem de classificação dos créditos na falência (art. 83 da LF)
1º – os créditos derivados da legislação do trabalho, limitados a 150 (cento e cinquenta) salários mínimos por credor, os decorrentes de acidentes de trabalho. Também os créditos equiparados a trabalhistas, como os relativos ao FGTS (art. 2º, § 3º, da Lei 8.844/1994) e os devidos ao representante comercial (art. 44 da Lei 4.886/1965).
2º – créditos com garantia real até o limite do valor do bem gravado (será considerado como valor do bem objeto de garantia real a importância efetivamente arrecadada com sua venda, ou, no caso de alienação em bloco, o valor de avaliação do bem individualmente considerado).
3º – créditos tributários, independentemente da sua natureza e tempo de constituição, excetuadas as multas tributárias.
4º – com privilégio especial (= os previstos no art. 964 da Lei 10.406/2002; os assim definidos em outras leis civis e comerciais, salvo disposição contrária da LF; e aqueles a cujos titulares a lei confira o direito de retenção sobre a coisa dada em garantia).
5º – créditos com privilégio geral (= os previstos no art. 965 da Lei nº 10.406/2002; os previstos no parágrafo único do art. 67 da LF; e os assim definidos em outras leis civis e comerciais, salvo disposição contrária da LF).
6º – créditos quirografários (= aqueles não previstos nos demais incisos do art. 83 da LF; os saldos dos créditos não cobertos pelo produto da alienação dos bens vinculados ao seu pagamento; e os saldos dos créditos derivados da legislação do trabalho que excederem o limite estabelecido no inciso I do *caput* do art. 83 da LF). Ademais, os créditos trabalhistas cedidos a terceiros serão considerados quirografários.
7º – as multas contratuais e as penas pecuniárias por infração das leis penais ou administrativas, inclusive as multas tributárias.
8º – créditos subordinados (= os assim previstos em lei ou em contrato; e os créditos dos sócios e dos administradores sem vínculo empregatício).
Lembre-se que os **créditos extraconcursais** (= basicamente os surgidos no curso do processo falimentar, que não entram no concurso de credores) são pagos com precedência sobre todos esses anteriormente mencionados, na ordem prevista no art. 84 da LF: **(i)** remunerações devidas ao administrador judicial e seus auxiliares, e créditos derivados da legislação do trabalho ou decorrentes de acidentes de trabalho relativos a serviços prestados após a decretação da falência; **(ii)** quantias fornecidas à massa pelos credores; **(iii)** despesas com arrecadação, administração, realização do ativo e distribuição do seu produto, bem como custas do processo de falência; **(iv)** custas judiciais relativas às ações e execuções em que a massa falida tenha sido vencida; e **(v)** obrigações resultantes de atos jurídicos válidos praticados durante a recuperação judicial, nos termos do art. 67 da LF, ou após a decretação da falência, e tributos relativos a fatos geradores ocorridos após a decretação da falência, respeitada a ordem estabelecida no art. 83 da LF.

14. Administração Tributária, Dívida Ativa e Certidões

(Defensor Público/AM – 2013 – FCC) A impugnação ou recurso administrativo, a concessão de liminar em mandado de segurança ou de tutela antecipada em ação anulatória de débito fiscal têm em comum o fato de

(A) autorizar a modificação do crédito tributário em caso de procedência do pedido principal.
(B) serem causa de extinção do crédito tributário.
(C) serem causa de exclusão do crédito tributário.
(D) terem no depósito do montante integral do débito sua condição de admissibilidade.
(E) autorizarem a certidão positiva de efeitos negativos.

A: discutível. Embora, em princípio, o Judiciário não altere o crédito tributário (o lançamento seria privativo da administração tributária), na prática isso ocorre. Assim, seria aceitável afirmar que, como no caso da decisão administrativa, a judicial também pode modificar o lançamento (ou autorizar sua modificação pelo fisco) e, portanto, o crédito tributário; B e **C:** incorretas, pois essas são modalidades de suspensão do crédito, não de extinção ou exclusão – art. 151, IV e V, do CTN; **D:** incorreta, pois o STF afastou as normas que impunham o depósito como condição para recursos administrativos ou para o acesso ao Judiciário – Súmula Vinculante 28/STF e Súmula 373/STJ; **E:** assertiva correta, conforme o art. 206 do CTN.

Gabarito "E".

(Defensor Público/RS – 2011 – FCC) Certo contribuinte foi autuado pela Fazenda, sendo constituído o crédito tributário respectivo. Notificado do lançamento, e dentro do prazo legal, o autuado apresentou defesa fiscal administrativa, a qual pende de julgamento na primeira instância administrativa. Referido contribuinte necessita participar de licitação pública, mas não consegue comprovar a sua regularidade fiscal perante a Fazenda, o que o impede de participar da licitação. Nesse caso, é correto afirmar que o contribuinte

(A) tem direito à certidão positiva com efeito de negativa em virtude de o débito estar em execução judicial com penhora efetivada.
(B) tem direito à certidão negativa por estar o débito com exigibilidade suspensa em virtude da defesa administrativa tempestivamente interposta.
(C) tem direito à certidão positiva com efeito de negativa por estar o débito com exigibilidade suspensa em virtude da defesa administrativa tempestivamente interposta.
(D) tem direito à certidão positiva com efeito de negativa em razão do débito não estar ainda vencido.
(E) não tem qualquer direito à certidão positiva com efeito de negativa.

A: incorreta, pois o examinador não se refere à execução ou à penhora; **B:** incorreta, pois não há direito à certidão negativa, prevista no art. 205 do CTN, mas sim à certidão positiva com efeitos de negativa, nos termos do art. 206 do CTN; **C:** essa é a alternativa correta, conforme comentários iniciais; **D:** incorreta, pois a razão para a emissão da certidão é outra (há suspensão da exigibilidade do crédito); **E:** incorreta, conforme comentários iniciais.

Gabarito "C".

(Defensor Público/RS – 2011 – FCC) Determinado Município ajuizou execução fiscal em relação a certo contribuinte. A Certidão de Dívida Ativa (CDA), que instruiu a inicial da execução, continha erro quanto ao nome do sujeito passivo, consistente no fato de que a pessoa, cujo nome constava na CDA, como sujeito passivo, não era a devedora do crédito tributário em execução, o qual era devido por outra pessoa, diversa daquela nominada na CDA que instruiu a inicial. Houve embargos à execução e, antes da sentença, o juiz da execução possibilitou à Fazenda que substituísse a CDA, sanando-se assim a irregularidade. Dada vista ao antigo e ao novo sujeito passivo agora apontado na CDA que veio aos autos em substituição à originária, este sustentou que a substituição da CDA não era possível nesse caso. Considerando essas circunstâncias e a atual jurisprudência do Superior Tribunal de Justiça, a substituição da CDA

(A) era possível, pois a irregularidade constitui mero erro formal que pode ser sanado nos termos do que dispõem o Código Tributário Nacional e a Lei de Execução Fiscal.
(B) não era possível, pois a certidão somente pode ser substituída quando há interposição de embargos à execução.
(C) era possível, pois pode ser feita mesmo em sede de exceção de pré-executividade.

(D) não era possível, pois, nos casos em que há troca do sujeito passivo da obrigação tributária, a nulidade não pode ser sanada, visto que nessa hipótese trata-se de alteração do lançamento e não de simples erro formal ou material.

(E) era possível porque a irregularidade constitui-se em mero erro material que pode ser sanado nos termos do que dispõem o Código Tributário Nacional e a Lei de Execução Fiscal.

A incorreta identificação do sujeito passivo na certidão de dívida ativa não é considerada simples erro material ou formal, de modo que não é possível a substituição da CDA, prevista no art. 203 do CTN. Nesse caso, é preciso realizar novo lançamento tributário, desde que não tenha havido decadência, cancelar a CDA e, portanto, extinguir a execução. Esse entendimento do STJ foi fixado na Súmula 392 daquela Corte: "A Fazenda Pública pode substituir a certidão de dívida ativa (CDA) até a prolação da sentença de embargos, quando se tratar de correção de erro material ou formal, vedada a modificação do sujeito passivo da execução". Por essa razão, a alternativa "D" é a correta.

Gabarito "D"

(Defensoria/SE - 2006 - CESPE) Julgue o item seguinte.

(1) Considere a seguinte situação hipotética. Uma sociedade comercial, depois de autuada pelo fisco, apresentou defesa administrativa, alegando inexistência de fraude. Enquanto tramitava o procedimento de constituição do crédito tributário, estando a administração rigorosamente em dia nos prazos estabelecidos pelo processo administrativo, a sociedade requereu a expedição de certidão negativa em seu favor. Nessa situação, poderá ser negada a certidão requerida.

1: incorreta. O recurso administrativo interposto contra o lançamento (autuação) suspende a exigibilidade do crédito tributário e, portanto, permite a emissão da certidão positiva com efeitos de negativa (como diz o nome, tem o mesmo efeito da certidão negativa solicitada pelo interessado). A assertiva adota o entendimento de que a constituição do crédito (lançamento) somente se conclui ao final do procedimento administrativo, o que não muda o resultado da questão (é possível, na hipótese, a emissão de certidão negativa). Art. 206 do CTN.

Gabarito 1E

15. Ações Tributárias

(Defensor Público/AM - 2013 - FCC) Em sede de execução fiscal proposta pelo Município por débito de IPTU, o executado não foi encontrado para ser citado, quer via postal, quer pessoalmente, por oficial de justiça. Ato contínuo, foi promovida a citação por edital, tendo sido penhorado o imóvel que deu origem ao débito de IPTU. Foi nomeado curador especial ao executado. Neste caso,

(A) o curador especial deverá obrigatoriamente apresentar *exceção de pré-executividade*, impugnando a certidão de dívida ativa por negativa geral.

(B) a execução fiscal deverá ter seu curso suspenso por um ano para que o Fisco tente localizar o devedor.

(C) o curador especial deverá apresentar embargos à execução fiscal no prazo de 30 dias da intimação da penhora.

(D) o juiz deverá decretar, de ofício, a indisponibilidade de todos os bens e direitos do executado, comunicando a decisão, preferencialmente por meio eletrônico, aos órgãos e entidades que promovem registro de transferência de bens.

(E) o juiz deverá determinar imediata hasta pública do bem imóvel penhorado para satisfação do débito, convertendo em renda o valor arrecadado com a arrematação até o montante do débito, ficando o saldo remanescente depositado em conta judicial à disposição do executado.

A: incorreta, pois não se impõe a exceção de pré-executividade, que, ademais, é desnecessária, já que a penhora do bem permite a apresentação dos Embargos à Execução; **B:** incorreta, pois não há essa previsão de suspensão da execução; **C:** correta, pois essa é a impugnação adequada (presumindo-se que há fundamento para alguma impugnação), possível após a garantia do juízo (o que ocorreu por meio da penhora do bem) no prazo de 30 dias, contados conforme o art. 16 da Lei 6.830/1980; **D:** incorreta, pois a indisponibilidade universal descrita no art. 185-A do CTN somente pode ser decretada quando não localizados bens penhoráveis; **E:** incorreta, pois será dada oportunidade para o executado embargar e suspender a execução.

Gabarito "C"

(Defensor Público/TO - 2013 - CESPE) A respeito da Lei n.° 6.830/1980, que disciplina a cobrança judicial da dívida ativa da fazenda pública, assinale a opção correta.

(A) Consoante a jurisprudência do STJ, a fazenda pública pode recusar a nomeação de precatórios, sob o fundamento da inobservância da ordem legal, não obstante o precatório seja um bem penhorável equiparado a dinheiro.

(B) O despacho do juiz que deferir a inicial não constitui ordem para avaliação dos bens penhorados ou arrestados.

(C) Segundo a jurisprudência do STJ, a penhora eletrônica de depósitos ou de aplicações financeiras somente pode ser realizada após o exaurimento de diligências extrajudiciais por parte do exequente, com a observância da ordem de penhora ou de arresto de bens prevista na referida lei.

(D) Conforme súmula do STJ, o reconhecimento da prescrição ocorrida antes da propositura da execução fiscal depende de provocação do devedor.

(E) Qualquer valor cuja cobrança seja atribuída, por lei, à União, aos estados, ao DF, aos municípios e respectivas autarquias será considerado dívida ativa da fazenda pública.

A: incorreta, pois a Fazenda Pública não pode recusar a nomeação dos precatórios, que são bens penhoráveis, embora possa exigir a garantia por bens mais líquidos, conforme a ordem do art. 11 da Lei 6.830/1980 – ver AgRg REsp 1.350.507/SP; **B:** incorreta, pois o despacho que defere a inicial constitui ordem nesse sentido – art. 7° da Lei 6.830/1980; **C:** incorreta, pois a penhora eletrônica pode ser imediata, pois se refere a dinheiro (bem mais líquido e prioritário na ordem legal) – ver REsp 1.249.075/PR; **D:** incorreta, pois o reconhecimento da prescrição anterior à execução pode ser de ofício pelo juiz – Súmula 409/STJ; **E:** correta, nos termos do art. 2°, § 1°, da Lei 6.830/1980.

Gabarito "E"

(Defensoria Pública da União - 2010 - CESPE) Acerca do direito tributário e do sistema tributário nacional, julgue o item a seguir.

(1) Considere que determinado contribuinte tenha ajuizado ação de repetição de indébito contra a Fazenda pública municipal, em razão do recolhimento a maior do ISS, e que, após regular trâmite processual, a sentença que julgou procedente o pedido tenha transitado em julgado. Nessa situação, os juros de mora são devidos a partir da data da citação da Fazenda Pública.

1: Assertiva errada, pois os juros de mora, na repetição de indébito, são devidos apenas após o trânsito em julgado da sentença – art. 167, parágrafo único, do CTN e Súmula 188/STJ.

Gabarito 1E

(Defensor Público/AM - 2010 - I. Cidades) Segundo a jurisprudência atual do Superior Tribunal de Justiça e do Supremo Tribunal Federal, analise as proposições abaixo, indicando-as como verdadeiras ou falsas.

I. A Fazenda Pública pode substituir a certidão de dívida ativa (CDA) até a prolação da sentença de embargos, quando se tratar de correção de erro material ou formal, vedada a modificação do sujeito passivo da execução, exceto nas hipóteses de responsabilidade tributária por sucessão indicadas no Código Tributário Nacional.

II. Em execução fiscal, a prescrição ocorrida antes da propositura da ação pode ser decretada de ofício, nos termos do art. 219, § 5°, do CPC, e na hipótese de não localização de bens penhoráveis, suspende-se o processo por um ano, findo o qual se inicia o prazo da prescrição quinquenal intercorrente, observado o procedimento do art. 40 da Lei n° 6.830/1980.

III. O despacho do juiz que determina a citação interrompe a prescrição apenas nas execuções propostas após a publicação da Lei Complementar n° 118/2005, que alterou a redação do art. 174, I do CTN. Para as execuções ajuizadas anteriormente a essa lei, a interrupção ocorre apenas com a efetiva citação do sujeito passivo. Mas, independentemente dessas situações, o prazo prescricional suspende-se pelo período de 180 dias contados a partir da inscrição do crédito tributário em dívida ativa, nos termos do art. 2°, § 3° da Lei n° 6.830.

IV. É inconstitucional a lei que estabelece alíquotas progressivas para o Imposto de Transmissão *Inter Vivos* de Bens Imóveis - ITBI com base no valor venal do imóvel, enquanto ausente autorização constitucional expressa.

V. É constitucional a exigência de depósito prévio como requisito de admissibilidade de ação judicial na qual se pretenda discutir a exigibilidade de crédito tributário.

Escolha a opção CORRETA:

(A) V, F, V, F, V
(B) V, V, F, F, V
(C) F, F, F, V, F
(D) V, V, F, V, F
(E) V, V, V, F, V

I: assertiva correta, conforme a Súmula 392/STJ. O redirecionamento da execução contra o responsável tributário no curso da execução é perfeitamente admitido pela jurisprudência (embora haja discussão quanto ao prazo prescricional para isso), pois não decorre de erro na identificação do sujeito passivo, mas sim das normas que regem a sujeição passiva e a execução fiscal; **II:** correta, conforme as Súmulas 409 e 314/STJ; **III:** incorreta na parte final, pois não se reconhece a aplicação do art. 2º, § 3º, da Lei 6.830/1980 (que prevê a suspensão da prescrição por 180 dias) à dívida ativa de natureza tributária, pois a matéria somente pode ser tratada por lei complementar federal – art. 146, III, *b*, da CF; **IV:** correta, conforme a Súmula 656/STF; **V:** incorreta, pois a exigência é inconstitucional, conforme a Súmula Vinculante 28/STF.

Gabarito "D"

(Defensoria/PI – 2009 – CESPE) Para cobrar o valor atualizado de R$ 20.000,00, relativo ao ICMS, a Procuradoria Geral do Estado do Piauí, valendo-se do rito da LEF, Lei nº 6.830/1980, ajuizou execução contra determinada empresa atacadista. O oficial de justiça, no cumprimento da diligência citatória, obteve sucesso em arrestar bens suficientes ao pagamento do valor total da execução, e a empresa, após ter sido regularmente citada, defendeu-se com a oposição de embargos. Nessa situação hipotética, os embargos opostos pela empresa

(A) suspenderão automaticamente a execução fiscal, já que a interpretação sistemática da LEF leva à conclusão de que os embargos são dotados de efeito suspensivo automático, isto é, existente pelo simples ajuizamento e a prévia garantia do juízo.
(B) não suspenderão automaticamente a execução fiscal, já que a disciplina dos seus efeitos sempre guardou total autonomia da sistemática estabelecida pelo CPC, por aplicação do princípio *lex specialis derogat legi generali*.
(C) não suspenderão automaticamente a execução fiscal, já que a disciplina dos seus efeitos deve ser extraída subsidiariamente do CPC, que, de sua parte, estabelece a possibilidade de concessão do efeito suspensivo *ope judicis*, mas não de efeito suspensivo automático.
(D) deverão ser rejeitados liminarmente, pois, na situação considerada, a LEF não prevê qualquer tipo de defesa do executado.
(E) deverão ser rejeitados liminarmente, pois, na hipótese em apreço, a LEF não prevê a defesa do executado por meio de embargos.

Aplica-se à execução fiscal o disposto no art. 739-A do CPC, incluído pela Lei 11.382/2006, nos termos do art. 1º da Lei 6.830/1980. Assim, os embargos do devedor não têm efeito suspensivo automático (art. 739-A). O juiz poderá, a requerimento do embargante, atribuir efeito suspensivo aos embargos quando, sendo relevantes seus fundamentos, o prosseguimento da execução manifestamente possa causar ao executado grave dano de difícil ou incerta reparação, e desde que a execução já esteja garantida – art. 739-A, § 1º, do CPC – ver AgRg no Resp 1.030.569/RS.

Gabarito "C"

(Defensor Público/RO – 2007) Na impugnação judicial dos créditos tributários, é assegurado ao contribuinte:

(A) abater o valor reputado devido, quando condicionado o recebimento na instância administrativa
(B) depositar o valor reputado como excessivo e recolher diretamente aos cofres públicos a diferença
(C) propor ação cautelar de depósito e desonerar-se do pagamento dos juros e da multa, se julgado insuficiente o valor
(D) propor ação de consignação em pagamento e depositar o valor total do crédito tributário exigido, em caso de discordância do valor
(E) propor ação de consignação em pagamento e depositar o valor total do crédito tributário exigido, em caso de dúvida sobre o montante a ser pago

A: incorreta, pois é inconstitucional a exigência de depósitos administrativos ou judiciais como condição para discussão do crédito tributário – Súmulas Vinculantes 28 e 21/STF e Súmula 373/STJ; **B:** assertiva correta, pois é possível pagar imediatamente a parcela incontroversa e discutir judicialmente a diferença. O depósito judicial em dinheiro afasta a fluência de juros e a correção monetária contra o depositante – art. 9º, § 4º, da Lei 6.830/1980; **C:** incorreta, pois o devedor responde pela correção monetária e pelos juros relativos à parcela não depositada; D e **E:** incorretas, pois, na ação de consignação o consignante deposita apenas o valor que se propõe a pagar, não aquele exigido pelo fisco – art. 164, § 1º, do CTN.

Gabarito "B"

16. Temas Combinados

(Defensor Público/AM – 2010 – I. Cidades) Considerando o Sistema Tributário delineado na Constituição da República de 1988, avalie as seguintes assertivas, indicando-as como verdadeiras ou falsas.

I. A competência tributária é a aptidão para criar tributos, cujos elementos essenciais são definidos mediante lei específica, sendo atribuída pela CR/88 à União, Estados, Distrito Federal e Municípios, de modo a conferir-lhes autonomia financeira. São características da competência tributária a indelegabilidade, incaducabilidade e irrenunciabilidade.
II. As normas gerais de Direito Tributário são instrumentos necessários à uniformização da legislação tributária entre os distintos Entes Federativos, incumbindo à União, no exercício da competência legislativa concorrente, estabelecer, nos termos do art. 146 da CR/88, parâmetros sobre a definição de tributos e de suas espécies, prescrição e decadência tributárias e adequado tratamento tributário ao ato cooperativo. Mesmo que a União não exercite sua competência para edição de normas gerais, os Estados poderão exercer a competência legislativa plena em matéria tributária, atendendo às suas peculiaridades.
III. O princípio da capacidade contributiva decorre diretamente do princípio da isonomia material e pode ser analisado sob duas perspectivas: a capacidade tributária subjetiva ou relativa, que indica a concreta e real aptidão econômica do contribuinte para pagar determinado tributo, conectando-se ao princípio do mínimo existencial; e a capacidade tributária objetiva, que se revela na eleição, pelo legislador, de quaisquer fatos que deem suporte ao exercício do poder de tributar, não se considerando, nesse aspecto, qualquer indício de manifestação de riqueza.
IV. O princípio da legalidade estrita exige que a lei instituidora de determinado tributo regule, obrigatoriamente, os elementos da hipótese de incidência, a alíquota e a base de cálculo, admitindo-se que tais aspectos normativos sejam veiculados, inclusive, por medida provisória, independentemente da espécie tributária, desde que haja relevância e urgência, consoante autorização expressa do art. 62 da CR/88.
V. Apesar da redação do art. 145 da CR/88, pode-se afirmar, a partir de uma interpretação sistemática, a existência no Sistema Tributário Constitucional de cinco espécies tributárias: os impostos, as taxas, a contribuição de melhoria, os empréstimos compulsórios e as contribuições especiais.

Escolha a opção CORRETA:

(A) Apenas a assertiva V é verdadeira.
(B) Apenas as assertivas III e IV são falsas.
(C) Todas as assertivas são verdadeiras.
(D) As assertivas I, II e IV são verdadeiras.
(E) Apenas a assertiva II é falsa.

I: assertiva correta, pois descreve adequadamente a competência tributária e suas características essenciais; **II:** assertiva correta, conforme os arts. 24, §§ 1º a 4º, e 146 da CF; **III:** imprecisa, pois a doutrina aceita a adoção, pelo legislador, de sinais (ou indícios) de riqueza, em relação à capacidade contributiva; **IV:** incorreta, pois há tributos que exigem lei complementar federal para serem instituídos ou modificados (caso do empréstimo compulsório, que é espécie tributária), de modo que as normas respectivas não podem ser veiculadas por medida provisória – art. 62, § 1º, III, da CF; **V:** assertiva correta, conforme a doutrina moderna e a jurisprudência.

Gabarito "B"

(Defensor Público/AM – 2010 – I. Cidades) Em relação às Limitações Constitucionais ao Poder de Tributar, indique a opção VERDADEIRA:

(A) Os princípios da anterioridade, noventena, irretroatividade e anualidade são vinculados à segurança jurídica do contribuinte, permitindo-lhe o planejamento de sua atividade econômica. Apenas os três primeiros são expressos, podendo-se afirmar, à luz da CR/88, que o princípio da anualidade está implícito no texto constitucional.

(B) A imunidade intergovernamental recíproca abrange os Entes da Federação e as entidades da Administração direta e indireta, no que se refere ao seu patrimônio, renda e serviços, desde que vinculados a suas finalidades essenciais ou às delas decorrentes.

(C) A imunidade dos templos de qualquer culto possui intrínseca conexão com a liberdade de religião e a característica laica do Estado Brasileiro, abrangendo o patrimônio, a renda e os serviços vinculados ao livre exercício dos cultos religiosos.

(D) Qualquer subsídio ou isenção, redução de base de cálculo, concessão de crédito presumido, anistia ou remissão, relativos a impostos, taxas ou contribuições, só poderá ser concedido mediante lei específica, federal, estadual ou municipal, que regule exclusivamente as matérias acima enumeradas ou o correspondente tributo ou contribuição, sem prejuízo das deliberações do Conselho Nacional de Política Fazendária em relação ao ICMS, que deverão ser tomadas segundo maioria absoluta dos representantes dos Estados.

(E) O princípio da transparência em Direito Tributário exige, independentemente de lei, a adoção pelos Entes Federados de medidas para que os consumidores sejam esclarecidos sobre os impostos que incidam sobre mercadorias e serviços, caracterizados por propiciarem a repercussão econômica do ônus fiscal.

A: incorreta, pois o princípio da anualidade, que condicionava a validade da exação à previsão orçamentária, não foi acolhido pelo sistema tributário atual; **B:** incorreta, pois a imunidade recíproca não abrange todas as entidades da administração indireta, mas apenas as autarquias e fundações públicas (não beneficia as empresas públicas e as sociedades de economia mista – há exceções aceitas pelo STF, por exemplo ECT e Infraero) – art. 150, § 2º, da CF; **C:** assertiva correta, conforme a imunidade prevista no art. 150, VI, *b*, da CF; **D:** incorreta, pois a concessão de benefícios de ICMS pelo Confaz depende de decisão unânime dos Estados (e DF) representados na reunião – art. 2º, § 2º, da LC 24/1975; **E:** incorreta, pois a determinação do art. 150, § 5º, da CF depende de lei.

Gabarito "C"

(Defensoria/MG – 2009 – FURMARC) Marque a opção INCORRETA:

(A) As convenções e contratos particulares não interferem na definição da responsabilidade tributária.

(B) O crédito tributário se constitui pela ocorrência do fato gerador, e o lançamento atesta sua extinção.

(C) Medida Provisória pode dispor sobre matéria tributária, exceto a que for reservada à lei complementar.

(D) As normas da legalidade e da anterioridade tributárias constituem cláusulas pétreas que não podem ser retiradas do ordenamento jurídico nem mesmo por emenda constitucional.

(E) Uma elevação da alíquota do IOF pode ser exigida no dia seguinte à publicação do decreto que promover o referido aumento.

A: assertiva correta, nos termos do art. 123 do CTN; **B:** essa é a assertiva incorreta (devendo ser assinalada), pois o crédito tributário é constituído pelo lançamento, nos termos do art. 142 do CTN. O que surge com o fato gerador é a obrigação tributária – art. 113, § 1º, do CTN; **C:** correta, conforme o art. 62, § 1º, III, e § 2º, da CF; **D:** correta, pois são consideradas garantias individuais – ver ADI 939/DF; **E:** correta, pois a majoração do IOF não se submete à anterioridade anual ou à nonagesimal – art. 150, § 1º, da CF.

Gabarito "B"

(Defensor Público/CE – 2007 – CESPE) Em relação ao Sistema Tributário Nacional, julgue os itens subsequentes.

(1) Seria constitucional lei cearense que previsse alíquota de 2% para veículos nacionais e de 3% para veículos importados.

(2) O aluguel de salas localizadas em templo religioso é legal, mas as receitas das locações devem ser tributadas pelo imposto de renda.

(3) Somente a União pode instituir contribuição de intervenção no domínio econômico.

(4) Lei municipal pode instituir contribuição de iluminação pública para o custeio da iluminação pública.

(5) Não incide imposto de transmissão *inter vivos* sobre bens que não tenham relação com a atividade da empresa e sejam incorporados ao patrimônio de pessoa jurídica em realização de capital.

1: errada, pois o STF entende inconstitucional a diferenciação de alíquotas de IPVA para veículos importados, em relação aos nacionais – ver RE 367.785 AgR/RJ; **2:** errada, pois a renda dos templos é imune, nos termos do art. 150, VI, *b*, da CF – ver também a Súmula 724/STF, em relação ao IPTU; **3:** correta, pois a competência é exclusiva da União, nos termos do art. 149 da CF; **4:** correta, pois a competência tributária para a contribuição descrita é dos Municípios e do Distrito Federal – art. 149-A da CF; **5:** correta, pois a imunidade é prevista no art. 156, § 2º, I, da CF.

Gabarito 1ANULADA, 2E, 3C, 4C, 5C

(Defensor Público/AC – 2006 – CESPE) Juraci, portador de doença renal crônica, e Cléber, menor relativamente incapaz, constituíram sociedade com o objetivo de comercializar gêneros alimentícios. Os sócios se abstiveram de inscrever o contrato social no registro competente. O comércio foi instalado em um imóvel adquirido na zona urbana do município. O poder público competente editou norma determinando que os proprietários de imóveis urbanos informassem as últimas obras levadas a efeito nos referidos bens, para efeito de atualização das bases de cálculo do imposto sobre a propriedade predial e territorial urbana (IPTU), sob pena de aplicação de multa proporcional ao valor venal do imóvel. Acerca das normas que regem a obrigação tributária e considerando a situação hipotética apresentada, assinale a opção correta.

(A) Os sócios são solidariamente responsáveis pelo pagamento do IPTU incidente sobre o imóvel adquirido, mas Juraci deverá ser demandado em primeiro lugar, no caso de eventual execução fiscal.

(B) Se o poder público competente conceder isenção tributária aos portadores de doença renal crônica, quanto ao pagamento do IPTU, e sendo Juraci coproprietário do imóvel adquirido com Cléber, ambos serão beneficiados e, nessa situação, não será devido o mencionado tributo.

(C) A sociedade formada por Juraci e Cléber não possui qualquer responsabilidade pelo pagamento dos tributos por ela devidos, uma vez que não foi regularmente constituída.

(D) O descumprimento da determinação de informar dados acerca dos imóveis urbanos, a fim de atualizar as bases de cálculo do IPTU, converterá a obrigação tributária acessória em principal relativamente à penalidade pecuniária.

A: incorreta, pois a solidariedade tributária não admite benefício de ordem – art. 124, p. único, do CTN. Ademais, a capacidade civil é irrelevante para reconhecimento da capacidade tributária – art. 126, I, do CTN; **B:** incorreta, pois a isenção outorgada pessoalmente a um dos obrigados não aproveita ao outro – art. 125, II, do CTN; **C:** incorreta, pois o descumprimento da legislação empresarial implica responsabilidade pessoal dos sócios-gerentes, nos termos do art. 135, III, do CTN. Ademais, nos termos do art. 990 do Código Civil, os sócios da sociedade em comum (= aquela cujos atos constitutivos não foram regularmente inscritos) respondem solidária e ilimitadamente pelas obrigações sociais; **D:** assertiva correta, conforme o art. 113, § 3º, do CTN.

Gabarito "D"

11. Direito Processual Coletivo

Marcos Destefenni e Wander Garcia*

1. Interesses Difusos, Coletivos e Individuais Homogêneos

(Defensor Público/AM – 2013 – FCC) São hipóteses de causas de interesses difusos, coletivos e individuais homogêneos, respectivamente,

(A) instituição de reserva legal em área particular, convenção coletiva que viola direito dos trabalhadores de uma empresa de montagem de veículos e *recall* de veículo do tipo A.

(B) área de preservação permanente em bem público, área de preservação permanente em loteamento e área de preservação permanente em propriedade particular individual.

(C) propaganda enganosa veiculada em jornal de pequena circulação, regularização de loteamento clandestino e poluição sonora do bairro X.

(D) poluição causada por indústria multinacional, poluição causada por indústria nacional e poluição causada por indústria municipal.

(E) regularização de loteamento clandestino, poluição de córrego na cidade Y e cláusula abusiva em contrato de adesão de financiamento da instituição financeira Z.

A: correta, pois a instituição da reserva legal está afeta a interesse difuso (meio ambiente ecologicamente equilibrado), a convenção coletiva interessa a uma categoria de trabalhadores e o recall está relacionado a uma lesão ou ameaça de lesão que tem origem comum; **B:** incorreta, pois preservação de área de preservação permanente está afeta a interesses difusos (meio ambiente ecologicamente equilibrado), independentemente de sua localização; **C:** incorreta, pois, por exemplo, a regularização de loteamento satisfaz interesse difuso (ordem urbanística); **D:** incorreta, pois a poluição causa lesão a interesse difuso, independentemente de quem a tenha praticado; **E:** incorreta, pois a poluição de um córrego ofende interesses difusos, ainda que o córrego esteja localizado em determinada cidade.

Gabarito "A".

(Defensor Público/AC – 2012 – CESPE) Assinale a opção correta acerca dos interesses difusos, coletivos e individuais homogêneos.

(A) As lesões a direitos individuais homogêneos e disponíveis podem ser investigadas pelo MP.

(B) A revista íntima praticada pelo empregador constitui lesão ao direito individual homogêneo, no âmbito da relação jurídica de emprego.

(C) Direitos coletivos são os de natureza indivisível, de que sejam titulares pessoas indeterminadas e ligadas por circunstâncias de fato.

(D) Os direitos difusos são determináveis porque os seus titulares são identificados conforme o grupo, categoria ou classe em que estejam inseridos..

(E) Os direitos individuais homogêneos, derivados de relação jurídica idêntica, são indivisíveis, e seus titulares, indeterminados.

A: correta, pois a atuação do Ministério Público se justifica quando presente a relevância ou o interesse social, ainda que os interesses individuais sejam disponíveis. Para ilustrar, pode ser citada a seguinte decisão da Corte Especial do STJ: "Legitimidade. MP. Ação civil pública. Prosseguindo o julgamento, a Corte Especial decidiu que o Ministério Público tem legitimidade para propor ação civil pública objetivando a devolução de valores pagos indevidamente em contratos de aquisição de casa própria disciplinados pelo SFH. No caso há direitos individuais homogêneos, ainda que disponíveis, mas presente o relevante interesse social. Assim, a Corte Especial conheceu e recebeu os embargos de divergência. Precedente citado: EREsp 141.491/SC, DJ 01/08/2000" (EREsp 171.283/PR, Rel. Min. Peçanha Martins, julgados em 17/11/2004 – **Informativo** n. 229); **B:** incorreta, pois, no caso, pode ocorrer lesão a interesse individual, mas não homogêneo, que pressupõe um grupo de lesados; **C:** incorreta, pois o titular de um direito coletivo é um grupo, uma categoria ou uma classe de pessoas ligadas entre si ou com a parte contrária por uma relação jurídica base (art. 81, parágrafo único, II, do CDC); **D:** incorreta, pois, como se disse, os direitos titularizados por grupo, classe ou categoria são coletivos e não difusos, que têm natureza indivisível de que sejam titulares pessoas indeterminadas e ligadas por circunstâncias de fato (art. 81, parágrafo único, II, do CDC); **E:** incorreta, pois os direitos individuais homogêneos têm uma origem comum, mas não são derivados de uma relação jurídica idêntica (art. 81, parágrafo único, III, do CDC). Além disso, são divisíveis e seus titulares são passíveis de determinação.

Gabarito "A".

(Defensor Público/ES – 2012 – CESPE) Em um Estado Democrático de Direito, cabe ao legislador a função de editar a lei; ao administrador publico e ao magistrado, aplicarem-na de modo a atingir os interesses do grupo formador do Estado. E é a partir desses interesses que surgem os confrontos entre o que e de interesse do Estado e o que deve ser de interesse privado. Considerando tais aspectos, julguemos itens a seguir.

(1) Os interesses difusos e os interesses coletivos são indivisíveis e se assemelham aos interesses individuais homogêneos, por se dirigirem a grupos, categorias ou classes de pessoas determináveis.

* Marcos Destefenni comentou as questões dos concursos DEF/AC/12, DEF/AM/13, DEF/ES/12, DEF/PR/12, DEF/RO/12, DEF/SE/12 e DEF/SP/12.

(2) O interesse do Estado ou dos governantes deve coincidir necessariamente com o bem geral da coletividade, pois, ao tomarem suas decisões, os governantes devem atender ao real interesse da comunidade.

1: errada. É verdade que os interesses difusos e coletivos são indivisíveis. Porém, não se pode afirmar que os interesses difusos pertencem a pessoas determináveis. Os titulares dos direitos difusos são indetermináveis (art. 81, parágrafo único, I, do CDC). Os direitos que pertencem a um grupo, categoria ou classe de pessoas é o coletivo no sentido estrito (art. 81, parágrafo único, II, do CDC); **2:** errada. É importante observar que o interesse público pode ser dividido em primário ou secundário, conforme lição bem acolhida pelo direito nacional. O interesse público primário diz respeito aos interesses da coletividade, em sentido amplo, relacionados ao bem comum. O interesse público secundário diz respeito aos interesses patrimoniais do Estado, enquanto pessoa jurídica. E como se sabe, nem sempre há coincidência entre o interesse público primário e o secundário, o que torna o Estado réu de ações coletivas em muitos casos.

Gabarito 1E, 2E

(Defensor Público/PR – 2012 – FCC) Um mesmo fato pode trazer consequências para diferentes direitos difusos, coletivos e/ou individuais. Partindo dessa premissa, a alternativa que NÃO relaciona uma consequência a direito difuso é:

(A) Acidente em usina de energia nuclear, que causa a contaminação da nascente de um rio.
(B) Veiculação de publicidade abusiva que incite a discriminação racial.
(C) Fechamento de hospital público sem a instalação ou existência prévia de outra unidade de saúde na mesma região.
(D) Diminuição do horário letivo das escolas de ensino fundamental de um município de 6 para 2 horas, durante o restante do ano de 2012.
(E) Suspensão por tempo indeterminado e sem justificação de todas as linhas de ônibus que ligam determinado bairro ao centro da cidade.

A: correta, pois a contaminação do rio afronta direitos difusos (relacionado ao meio ambiente ecologicamente equilibrado); **B:** correta, pois a publicidade abusiva atinge número indeterminável de pessoas, ou seja, afronta direitos difusos; **C:** correta, pois há o interesse difuso no funcionamento do hospital. O seu fechamento ofende direitos difusos, afinal um número indeterminável de pessoas é potencial usuário de um hospital público; **D:** incorreta, devendo esta alternativa ser assinalada0, pois, no caso, há uma relação jurídica base entre os estudantes e a instituição de ensino, de tal forma que a hipótese é de tutela de direitos coletivos no sentido estrito. Para corroborar a afirmação, é importante constatar que o direito é indivisível, isto é, pertence igualmente a todo o grupo de estudantes; **E:** correta, pois é atingido um número indeterminável de pessoas, usuários e potenciais usuários do sistema de transporte público afrontando-se direitos difusos.

Gabarito "D"

(Defensor Público/RO – 2012 – CESPE) Com relação aos interesses coletivos, assinale a opção correta.

(A) Os titulares de interesses coletivos em sentido estrito agregam-se por circunstâncias de fato.
(B) Os titulares de interesses difusos são caracterizados pela indeterminabilidade relativa.
(C) Os titulares de interesses difusos ligam-se por relação jurídica base.
(D) Os interesses individuais homogêneos são caracterizados por uma transindividualidade artificial ou relativa.
(E) O objeto dos interesses individuais homogêneos é indivisível.

A: incorreta, pois a agregação, no caso, decorre de uma relação jurídica base (art. 81, parágrafo único, I, do CDC); **B:** incorreta, pois a indeterminabilidade, no caso, é absoluta. É impossível determinar todos os titulares do direito difuso lesado; **C:** incorreta, pois os titulares de direitos difusos estão dispersos, ligados por circunstâncias de fato (art. 81, parágrafo único, I, do CDC). Os titulares de direitos coletivos é que se ligam por relação jurídica base (art. 81, parágrafo único, II, do CDC); **D:** correta, pois, na verdade, os direitos são individuais. A transindividualidade, no caso, existe apenas para fins de tutela jurisdicional. Trata-se da hipótese de tutela coletiva de direitos individuais. Fala a doutrina em direitos acidentalmente (processualmente) coletivos; **E:** incorreta, pois o objeto, no caso, é divisível. Há necessidade de especificação da parte devida a cada um dos titulares de direitos individuais.

Gabarito "D"

(Defensor Público/RO – 2012 – CESPE) De acordo com o que dispõe o art. 94 da CF, um quinto das vagas dos tribunais deve ser destinado a advogados. Entretanto, o Tribunal de Justiça de determinado Estado da Federação, deixando de observar o critério constitucional, nomeou, para vaga destinada a um advogado, o juiz mais antigo da carreira, antes mesmo que a OAB formalizasse qualquer lista com eventuais candidatos ao cargo.

Nessa situação, desrespeitou-se, em relação aos advogados, o interesse

(A) individual homogêneo.
(B) individual disponível.
(C) público secundário.
(D) difuso.
(E) coletivo em sentido estrito.

A: incorreta, pois o direito atingido é coletivo (sentido estrito), isto é, diz respeito à classe dos advogados; **B:** incorreta, pois o direito violado não é individual e nem disponível, considerando-se a existência de regra constitucional sobre a questão; **C:** incorreta, pois, tratando-se de uma regra imposta no bem da coletividade, o interesse público é primário; **D:** incorreta, segundo o gabarito. Pensando que houve violação a um direito da classe dos advogados, o direito é coletivo no sentido estrito. Todavia, pode-se questionar. Se a regra é de interesse público, está garantida constitucionalmente e está relacionada a uma melhor forma de constituição dos tribunais e, ainda, à melhor prestação jurisdicional, pode-se vislumbrar a ofensa a direitos difusos, de que são titulares pessoas indeterminadas. Imediatamente, porém, há ofensa ao direito dos advogados (coletivo no sentido estrito); **E:** correta, conforme se depreende dos comentários anteriores.

Gabarito "E"

(Defensor Público/RO – 2012 – CESPE) Considere que a direção de tradicional colégio público de determinada capital do país tenha extinguido as turmas do ensino médio no período noturno e que o MP tenha ajuizado ação civil pública visando à manutenção das turmas noturnas da referida instituição de ensino.

Considerando essa situação hipotética, assinale a opção correta.

(A) Deve-se levar em conta, no caso, a ótica daqueles que ainda não ingressaram no colégio e que eventualmente podem ser atingidos pela ausência do curso noturno, sendo esse grupo indeterminável de futuros alunos titulares de direito difuso à manutenção do ensino noturno.
(B) O MP é parte ilegítima para ajuizar a referida ação, destinada à defesa de direitos individuais disponíveis.
(C) Verifica-se, em relação aos alunos já matriculados no período noturno, que não poderiam permanecer estudando naquele período em razão da decisão da direção, a presença de direito difuso a ser defendido pela DP.
(D) O MP é parte legítima para ajuizar a ação, que visa à defesa de interesses acidentalmente coletivos.
(E) Os dispositivos do ECA não se aplicam ao caso, visto que nele não se configura situação de perigo ou abandono de criança ou adolescente.

A: correta, pois, de fato, existem os usuários potenciais do sistema de ensino. Sendo assim, a extinção das turmas noturnas afeta interesses difusos desses potenciais usuários do serviço público; **B:** incorreta, pois, embora o Ministério Público seja legitimado ao ajuizamento da ação, os direitos tutelados não são individuais e também não são disponíveis. São difusos e indisponíveis (direito de acesso ao ensino público); **C:** incorreta, pois, no caso, os direitos são coletivos, uma vez que pertencentes a um grupo de pessoas, ligadas à mesma parte contrária por uma relação jurídica base; **D:** incorreta, pois, embora o Ministério Público seja legitimado, os direitos atingidos são difusos (dos potenciais usuários do serviço público de ensino) e coletivos no sentido estrito. Referidos direitos são genuinamente coletivos, uma vez que indivisíveis; **E:** incorreta, pois garante o ECA o acesso de crianças e adolescentes ao ensino. E mais especificamente, dispõe o art. 54, VI, do ECA que: "É dever do Estado assegurar à criança e ao adolescente: (...) oferta de ensino noturno regular, adequado às condições do adolescente trabalhador".

Gabarito "A"

(Defensoria Pública/SP – 2010 – FCC) Uma comunidade carente, vitimada pela perda de suas moradias e mobiliários por força de enchentes sucessivas em seu bairro, caracteriza, para fins de tutela metaindividual, qual categoria de direitos?

(A) Direitos transindividuais, de natureza indivisível, com titulares de direitos determinados, ligados com a parte contrária por circunstância de fato.

(B) Direitos transindividuais, de natureza indivisível, com titulares indetermináveis, ligadas por circunstância de fato.
(C) Direitos coletivos, com titulares indetermináveis, ligados entre si por relação jurídica base.
(D) Direitos individuais homogêneos, com titulares determinados, ligados entre si por relação jurídica base.
(E) Direitos individuais homogêneos, com titulares determinados, ligados entre si por circunstância de fato.

Trata-se de direito individual homogêneo pelo fato de a origem ser *comum*, que, no caso, é a circunstância de fato da *enchente*. Ademais, os interessados são *determináveis*, ao contrário dos interesses difusos, e o objeto de interesse é *divisível*, já que cada vítima terá direito à sua própria indenização.

Gabarito "E".

(Defensor Público/AM – 2010 – I. Cidades) "Impõe-se a construção de novo paradigma para a teoria jurídica em suas dimensões civil, pública e processual, capaz de contemplar o constante e o crescente aparecimento histórico de novos direitos. Esses "novos" direitos que se desvinculam de uma especificidade absoluta e estanque assumem caráter relativo, difuso e metaindividual."(WOLKMER, Antonio Carlos. Introdução aos fundamentos de uma teoria geral dos "novos direitos". In: **Os "novos" direitos no Brasil.** Org: LEITE, José Rubens Morato e WOLKMER, Antonio Carlos, São Paulo: Saraiva, p. 3)

Acerca dos interesses públicos, privados e transindividuais, considere as seguintes assertivas:

I. Conforme a doutrina mais moderna, pautada na obra do italiano Mauro Cappelletti, interesse público pode ser conceituado como aquele em que há uma contraposição do interesse do Estado ao do indivíduo.
II. Interesses públicos primários são o modo pelo qual os órgãos da administração veem o interesse público; interesses públicos secundários, por sua vez, são os interesses gerais da sociedade como um todo.
III. Segundo expressa disposição legal, são considerados interesses ou direitos difusos os transindividuais, de natureza indivisível, de que sejam titulares pessoas indeterminadas e ligadas por circunstâncias de fato.

Está correto o que se afirma SOMENTE em:

(A) I.
(B) II.
(C) III.
(D) II e III.
(E) Nenhuma das alternativas.

I: incorreta, pois o interesse público (interesse público primário) não se confunde com o interesse do Estado enquanto pessoa jurídica (interesse público secundário); ademais, mesmo quando se está falando do interesse estatal no sentido primário, este nem sempre é contraposto ao interesse do indivíduo; **II:** incorreta, pois houve uma inversão dos conceitos; é justamente o contrário, ou seja, a definição de interesse público primário é dada no final do parágrafo e de interesse público secundário é dada no início; **III:** correta (art. 81, parágrafo único, I, do CDC).

Gabarito "C".

(Defensoria/MA – 2009 – FCC) A defesa coletiva será exercida quando se tratar de interesses ou direitos:

(A) difusos, assim entendidos os transindividuais, de natureza divisível, de que sejam titulares pessoas determinadas e ligadas por circunstâncias de fato.
(B) coletivos, assim entendidos os transindividuais, de natureza divisível de que seja titular grupo, categoria ou classe de pessoas ligadas entre si ou com a parte contrária por uma relação jurídica base.
(C) individuais homogêneos, assim entendidos os transindividuais, de natureza divisível de que seja titular grupo, categoria ou classe de pessoas ligadas entre si ou com a parte contrária decorrentes de origem comum.
(D) coletivos, assim entendidos os transindividuais, de natureza indivisível de que seja titular grupo, categoria ou classe de pessoas ligadas entre si ou com a parte contrária por uma relação jurídica base.
(E) difusos, assim entendidos os transindividuais, de natureza indivisível de que seja titular grupo, categoria ou classe de pessoas ligadas entre si ou com a parte contrária por circunstâncias de fato.

Art. 81, parágrafo único, do CDC.

Gabarito "D".

(Defensor Público/AL – 2009 – CESPE) Em um estado democrático de direito, no instante em que o legislador edita a lei, e o administrador ou o juiz a aplicam, colima-se alcançar o interesse da sociedade. Assim, como as atividades legislativas, administrativas ou jurisdicionais são exercidas sob a invocação do interesse da coletividade, é o próprio Estado que, por seus órgãos, chama a si a tarefa de dizer, em um dado momento, em que consiste o interesse de todos.

Hugo Nigro Mazzilli. **A defesa dos interesses difusos em juízo.** 20.ª ed. São Paulo: Saraiva, 2007, p. 45 (com adaptações).

Tendo o texto acima como referência inicial, julgue os itens a seguir.

(1) O interesse público primário pode ser identificado como o interesse social ou da coletividade, e o interesse público secundário, como o modo pelo qual os órgãos da administração veem o interesse público.
(2) O objeto dos interesses difusos é transindividual e tem natureza divisível.
(3) Interesses individuais homogêneos são aqueles de classe de pessoas determinadas ou determináveis, que compartilham prejuízos decorrentes de origem comum.

1: correta, pois o interesse público primário é o verdadeiro interesse público; o interesse público primário diferencia-se do interesse público secundário, pois este é o mero interesse das pessoas jurídicas estatais, independentemente de estarem voltadas à consecução dos interesses coletivos, ao passo que aquele é o verdadeiro interesse público. O não pagamento de precatórios diz respeito ao mero interesse da pessoa jurídica estatal, traduzindo-se em situação que atende ao interesse público secundário, mas que não atende ao interesse público primário, único interesse a ser buscado pelo Poder Público; **2:** errada, pois o objeto dos interesses difusos tem natureza indivisível (art. 81, parágrafo único, I, do CDC); **3:** correta, pois está em sintonia com o disposto no art. 81, parágrafo único III, do CDC). 1831

Gabarito 1C, 2E, 3C

2. Competência, Conexão, Continência e Litispendência

(Defensor Público/AC – 2012 – CESPE) Acerca da competência referente aos direitos difusos e coletivos, assinale a opção correta.

(A) A justiça federal e a estadual de primeira instância têm competência funcional para julgar as demandas que envolvam direitos difusos e coletivos, conforme a pessoa e a matéria.
(B) A competência em razão da hierarquia poderá, ou não, ser da primeira instância jurisdicional, situada no lugar onde tenha ocorrido dano a direito difuso coletivo.
(C) O valor da causa influencia diretamente a determinação da competência para fins de ação civil pública.
(D) Conforme prevê o CDC, a ação civil coletiva para responsabilizar o fornecedor de produtos ou serviços não pode ser proposta no domicílio do autor.
(E) Se o lesado na ação coletiva for um trabalhador, o critério de fixação de competência será o funcional, ou seja, a ação deverá ser julgada na justiça comum estadual.

A: correta, conforme o art. 2º da Lei n. 7.347/1985, que estabelece ter o juízo do local do dano "competência funcional" para processar e julgar a causa. Assim, a ação civil pública será proposta na Justiça Federal ou Estadual, conforme a pessoa e a matéria envolvidas.

Por isso, se uma ação civil pública foi proposta em face da União, a competência será da Justiça Federal (art. 109, I, da CF). Doutrinariamente há controvérsia se referida competência é funcional; **B:** incorreta, pois a competência funcional, no plano vertical (em razão da hierarquia), determina, por exemplo, que a ação seja proposta, originariamente, perante os tribunais. É o que ocorre, por exemplo, no caso de mandado de segurança, em que a competência é determinada em função da autoridade coatora apontada pelo impetrante; **C:** incorreta, pois o valor da causa não é critério para a determinação da competência para conhecer da ação coletiva. O grande critério, no caso, é a determinação do foro do local do dano; **D:** incorreta, pois a ação pode ser proposta no domicílio do autor, conforme se depreende do art. 101, I, do CDC; **E:** incorreta, pois a competência, no caso, será determinada pelo local do dano, bem como poderá ser influenciada pela pessoa demandada (União, por exemplo).

Gabarito "A".

(Defensor Público/SE – 2012 – CESPE) A respeito da competência nas ações coletivas e da liquidação e execução da sentença, assinale a opção correta.

(A) Tratando-se de liquidação e cumprimento da sentença em ação coletiva que imponha obrigação de pagar, se a ação objetivar a reparação de outros valores, diversos do patrimônio público, tais como os direitos dos idosos e dos consumidores, os valores serão vertidos a um fundo de reparação de bens lesados.

(B) O juiz federal não dispõe de competência para processar e julgar a ACP e a ação popular quando o presidente da República figurar como autoridade demandada.

(C) De acordo com a legislação de regência, o juízo perante o qual seja proposta a primeira ACP é prevento para todas as ações coletivas que, posteriormente ajuizadas, possuam a mesma causa de pedir ou o mesmo pedido, exigindo-se ainda, para a incidência da prevenção, a identidade de partes.

(D) Compete à justiça federal processar e julgar todas as ações coletivas cujo objeto seja a proteção ao meio ambiente.

(E) Nas ações coletivas, o cumprimento de sentença que imponha a obrigação de fazer ou não fazer contra o poder público segue o rito previsto no CPC, devendo o poder público ser citado para opor embargos, com a posterior expedição de ofício requisitório.

A: correta, pois assim determina o art. 13 da Lei n. 7.347/1985. No caso da tutela do patrimônio público, em função de ato de improbidade administrativa, o pagamento ou a reversão dos bens, de fato, ocorrerá em favor da pessoa jurídica prejudicada pelo ilícito (art. 18 da Lei n. 8.429/1992); **B:** incorreta, pois a competência, no caso, é da Justiça Federal, por se tratar de autoridade federal. Afinal, em sede de ação popular a competência é determinada em função da origem do ato impugnado. Assim dispõe o art. 5º da Lei n. 4.717/1965; **C:** incorreta, pois não se exige a identidade de partes para que se configure a conexão. A regra da prevenção, mencionada na assertiva, decorre do art. 2º, parágrafo único, da Lei n. 7.347/1985; **D:** incorreta, pois a competência, em regra, é da justiça estadual. Será de competência da justiça federal quando ocorrer alguma hipótese do art. 109 da CF; **E:** incorreta, pois, no caso, não há citação para opor embargos. Referido procedimento, que é diferenciado, só se aplica no caso de sentença que imponha ao Poder Público o cumprimento de obrigação de pagar quantia, não incidindo no caso de obrigações de fazer e de não fazer.

Gabarito "A".

(Defensoria Pública/SP – 2010 – FCC) Um Defensor Público da Defensoria Regional de Presidente Prudente ajuíza, na capital do Estado, ação civil pública em face do Estado de São Paulo, visando a supressão de "lista de espera" de centenas de pessoas com deficiência que, há 10 anos, aguardam, em lista do SUS, distribuição de cadeiras de rodas, próteses e órteses, veiculando pleito de imediato fornecimento desses equipamentos de inclusão social. As pessoas, que há anos esperam o fornecimento administrativo desses equipamentos, estão espalhadas por 30 cidades que integram a referida regional. Sob o aspecto da competência, o ajuizamento dessa ação civil pública está:

(A) correto em vista do âmbito regional dos danos.

(B) correto, pois é na capital o foro de domicílio do ente demandado.

(C) incorreto, pois a ação coletiva deveria ter sido distribuída na comarca sede da Defensoria Regional.

(D) incorreto, pois deveriam ser ajuizadas uma ação civil pública em cada cidade da região.

(E) correto, posto tratar-se de competências concorrentes.

Art. 93, II, do CDC.

Gabarito "A".

3. Legitimação, Legitimados, Ministério Público e Litisconsórcio

(Defensor Público/AM – 2013 – FCC) Com relação à legitimidade ativa para propor ação civil pública, é correto afirmar:

(A) Dos legitimados ativos, somente o Ministério Público e a Defensoria Pública podem ajuizar ação civil pública sem necessidade de demonstração da pertinência temática.

(B) Com relação à associação, o requisito da pertinência temática pode ser dispensado pelo juiz, quando haja manifesto interesse social evidenciado pela dimensão ou característica do dano, ou pela relevância do bem jurídico a ser protegido.

(C) A Defensoria Pública passou a ter legitimidade ativa para a propositura de ação civil pública com o advento da Constituição Federal de 1988.

(D) Tratando-se de ação civil pública envolvendo pessoas carentes a Defensoria Pública deve intervir como *custos legis*.

(E) Nos termos da Lei da Ação Civil Pública, dentre os legitimados ativos para a sua propositura, somente o Ministério Público pode instaurar inquérito civil.

A: incorreta, pois, de certa forma, mesmo no caso de ações propostas pelo Ministério Público e pela Defensoria Pública há consideração da pertinência temática. Por exemplo, o Ministério Público não pode propor ação para tutelar interesses individuais disponíveis sem relevância social. E a Defensoria Pública não pode tutelar interesses individuais homogêneos de pessoas que não sejam necessitadas; **B:** incorreta, pois, nos termos do art. 5º, § 4º, da Lei n. 7.347/1985, é o requisito da pré-constituição que poderá ser dispensado pelo juiz, quando haja manifesto interesse social evidenciado pela dimensão ou característica do dano, ou pela relevância do bem jurídico a ser protegido; **C:** incorreta, pois a legitimidade da Defensoria Pública passou a ser defendida com o advento do Código de Defesa do Consumidor (art. 82, III, da Lei n. 8.078/1990) e se tornou explícita com a Lei n. 11.448/2007; **D:** incorreta, pois a função de intervir como custos legis é do Ministério Público (art. 5º, § 1º, da Lei n. 7.347/1985). A Defensoria Pública poderá ser autora da ação; **E:** correta, pois o art. 8º, § 1º, da Lei n. 7.347/1985 restringe a legitimidade ao Ministério Público.

Gabarito "E".

(Defensor Público/ES – 2012 – CESPE) Sabendo que, devido à sua destinação, o MP está legitimado a defesa de qualquer interesse difuso, julgue os itens seguintes.

(1) Conforme o princípio da obrigatoriedade, o dever de agir obriga o MP a propor ACP, mesmo nas situações em que, esgotadas todas as diligências, as evidências não produzam todo o fundamento necessário.

(2) Em caso de lesões a interesses de uma categoria de pessoas, a restauração da ordem jurídica violada só pode ser alcançada por meio de legitimação ordinária.

1: errada, pois o Ministério Público não é obrigado a ajuizar ação coletiva temerária. Deve o Ministério Público, no caso, arquivar o procedimento investigatório (art. 9º, caput, da Lei n. 7.347/1985); **2:** errada, pois o direito de uma categoria de pessoa pode ser pleiteado por meio de ações individuais (legitimação ordinária) ou por meio das ações coletivas, em que o titular do direito de ação não é o titular do direito material (legitimação extraordinária, se aplicada a classificação clássica, ou legitimação autônoma para a condução do processo, se aplicada uma terminologia específica para o processo coletivo, como defendem alguns autores).

Gabarito 1E, 2E

(Defensor Público/ES – 2012 – CESPE) Considerando que a CF fortaleceu a atuação do MP tanto na esfera civil como na penal, julgue os itens que se seguem.

(1) A intervenção do MP em ação coletiva em andamento na justiça estadual não e o suficiente para promover o deslocamento da competência para a justiça federal.

(2) Aos membros do MP cabe a defesa do patrimônio publico e social, podendo eles atuar como representantes da Fazenda Pública nas ações em que esta seja ré, embora não tenham legitimidade para ser advogados nas ações em que a Fazenda Pública seja autora.

(3) Considere a seguinte situação hipotética. Uma empresa de construção civil foi devidamente licenciada para iniciar as obras de construção de uma vila nas proximidades de um parque e, durante a execução dessas obras, ocorreram danos ambientais à localidade. Nessa situação hipotética, a empresa, independentemente de culpa, responderá pelos referidos danos, para cuja reparação o MP estará apto a intentar ACP.

1: correta, pois só a intervenção da União ou das pessoas mencionadas no art. 109, I, da CF, é que pode determinar o deslocamento da competência para a justiça federal; **2:** errada, pois o Ministério Público tem legitimidade para defender o patrimônio público por meio de ações coletivas (Súmula n. 329 do STJ: "O Ministério Público tem legitimidade para propor ação civil pública em defesa do patrimônio público"). Todavia, o Ministério Público não mais atua (após a CF de 1988) como representante da Fazenda Pública. Tal missão é da Advocacia-Geral da União, criada pela Constituição Federal de 1988 (art. 131, caput); **3:** correta, pois, a natureza objetiva da responsabilidade e a legitimação do Ministério Público estão previstas no art. 14, § 1º, da Lei n. 6.938/1981, que dispõe sobre a Política Nacional do Meio Ambiente.

Gabarito 1C, 2E, 3C

(Defensor Público/RO – 2012 – CESPE) O MP ajuizou ação civil pública, visando anular acordo firmado entre o Estado X e determinada empresa, por meio do qual o ente federativo concedia à empresa o benefício de inserção em regime especial de apuração tributária. Alegou o MP que a inserção da empresa no referido regime acarretaria cobrança de tributo em valor menor que o devido, o que geraria prejuízo ao referido Estado e lesão ao patrimônio público.

Com relação à situação hipotética acima descrita, assinale a opção correta.

(A) A ação civil pública não é cabível na hipótese, sendo a ação popular o instrumento adequado para o caso.
(B) A legitimidade do MP para ajuizar a referida ação civil pública fundamenta-se no fato de o MP estar tutelando a defesa do erário e a higidez da arrecadação tributária.
(C) O MP não possui legitimidade para ajuizar a referida ação civil pública, dada a caracterização de direito disponível, cujos beneficiários são individualizáveis.
(D) O MP não tem legitimidade para ajuizar a referida ação civil pública, visto que a ele não cabe propor ação coletiva cujo objeto seja matéria tributária.
(E) O MP só teria legitimidade para ajuizar a referida ação civil pública provocado por associação ou entidade de representação dos contribuintes, situação em que o *Parquet* figuraria no polo ativo da ação como substituto processual.

A: incorreta, pois a ação civil pública também pode veicular pretensão desconstitutiva. O atual posicionamento do STJ é no sentido da possibilidade da cumulação de diversos pedidos em sede de ação civil pública: "Processo civil. Direito ambiental. Ação civil pública para tutela do meio ambiente. Obrigações de fazer, de não fazer e de pagar quantia. Possibilidade de cumulação de pedidos art. 3º da Lei 7.347/1985. Interpretação Sistemática. (...) É por isso que, na interpretação do art. 3º da Lei 7.347/1985 ('A ação civil poderá ter por objeto a condenação em dinheiro ou o cumprimento de obrigação de fazer ou não fazer'), a conjunção 'ou' deve ser considerada com o sentido de adição (permitindo, com a cumulação dos pedidos, a tutela integral do meio ambiente) e não o de alternativa excludente (o que tornaria a ação civil pública instrumento inadequado a seus fins)" (REsp 605.323/MG, Rel. Min. José Delgado, Rel. p/ acórdão Min. Teori Albino Zavascki, DJ 17/10/2005, grifos nossos); **B:** correta, pois não há mera defesa de contribuintes, o que poderia ser um fator restritivo da ação civil pública (art. 1º, parágrafo único, da Lei n. 7.347/1985). Trata-se da defesa da higidez da arrecadação tributária. Como já advertiu o STF, "o Parquet tem legitimidade para propor ação civil pública com o objetivo de anular Termo de Acordo de Regime Especial – TARE, em face da legitimação ad causam que o texto constitucional lhe confere para defender o erário. Não se aplica à hipótese o parágrafo único do artigo 1º da Lei 7.347/1985" (RE 576.155/DF, Rel. Min. Ricardo Lewandowski, Pleno, DJe 25/11/2010); **C:** incorreta, pois a ação, no caso, não se limita à defesa de determinados contribuintes, mas sim do próprio erário; **D:** incorreta, conforme demonstrado nos comentários à alternativa "B"; **E:** incorreta, pois o Ministério Público não precisa ser provocado para proteger o erário público. E sua legitimação, no caso, é extraordinária, pois não atua como substituto processual. Alguns autores pretendem o emprego de uma terminologia específica para o processo coletivo, afirmando que o Ministério Público, no caso, atua como legitimado autônomo para a condução do processo.

Gabarito "B"

(Defensor Público/SE – 2012 – CESPE) Se determinada associação ajuizar ação coletiva e, sem justo motivo, deixar de dar andamento ao processo ou desistir da ação,

(A) poderão assumir a titularidade qualquer outra associação, o cidadão e o MP.
(B) o magistrado deverá proceder à intimação, por edital, de outros legitimados para assumirem o polo ativo da ação, vedada a intimação pessoal.
(C) o processo deverá ser extinto sem julgamento de mérito.
(D) competirá exclusivamente ao MP dar seguimento à ação, assumindo a titularidade.
(E) apenas outra associação poderá assumir a titularidade da ação.

A: correta, pois assim estabelece o art. 5º, § 3º, da Lei n. 7.347/1985**:** "Em caso de desistência infundada ou abandono da ação por associação legitimada, o Ministério Público ou outro legitimado assumirá a titularidade ativa". Sendo ação popular, qualquer outro cidadão pode assumir a titularidade ativa; **B:** incorreta, pois o Ministério Público, por exemplo, deverá ser pessoalmente intimado; **C:** incorreta, pois a extinção do processo, sem a possibilidade de que um colegitimado assuma a titularidade ativa afronta o princípio da indisponibilidade da ação coletiva; **D:** incorreta, pois a atribuição não é exclusiva do Ministério Público, como se depreende do acima citado art. 5º, § 3º, da Lei n. 7.347/1985; **E:** incorreta, pois, como já restou consignado, o Ministério Público ou outro legitimado pode assumir a titularidade ativa. Além disso, sendo ação popular, outro cidadão também poderá assumir o polo ativo.

Gabarito "A"

(Defensor Público/SE – 2012 – CESPE) No que se refere à ACP, assinale a opção correta.

(A) De acordo com a legislação de regência, não é cabível o ajuizamento de ACP para veicular pretensão que envolva tributos.
(B) É vedada a formação de litisconsórcio ativo para a propositura da ACP.
(C) Segundo a lei, a legitimidade da DP para o ajuizamento de ACP só se justifica na qualidade de representante judicial de associação economicamente hipossuficiente legitimada para a propositura da ação. 1833
(D) Não se admite a assistência litisconsorcial na ACP.
(E) Não é cabível o ajuizamento de ACP para a tutela meramente preventiva.

A: correta, pois a restrição se encontra no art. 1º, parágrafo único, da Lei da Ação Civil Pública (Lei n. 7.347/1985) e encontra respaldo na jurisprudência; **B:** incorreta, pois a formação de litisconsórcio facultativo ativo é expressamente admitida pelo art. 5º, § 5º, da Lei n. 7.347/1985; **C:** incorreta, pois a Defensoria Pública pode ser autora da ação civil pública, isto é, parte, e não representante da parte. A possibilidade expressa passou a constar do art. 5º, II, da Lei n. 7.347/1985 (o inciso II foi introduzido pela Lei n. 11.448/2007); **D:** incorreta, pois quaisquer dos colegitimados do art. 5º da Lei n. 7.347/1985 pode se habilitar na ação civil pública. Trata-se de situação em que o colegitimado pode figurar como assistente litisconsorcial. Para alguns, seria um "ingresso litisconsorcial". O § 2º do art. 5º da Lei n. 7.347/1985 também estabelece: "Fica facultado ao Poder Público e a outras associações legitimadas nos termos deste artigo habilitar-se como litisconsortes de qualquer das partes". De lembrar, ainda, a hipótese do art. 94 do CDC: "Proposta a ação, será publicado edital no órgão oficial, a fim de que os interessados possam intervir no processo como litisconsortes, sem prejuízo de ampla divulgação pelos meios de comunicação social por parte dos órgãos de defesa do consumidor"; **E:** incorreta, pois a ação civil pública pode ter por fim evitar a ocorrência do dano aos direitos e interesses transindividuais. Cite-se o importante exemplo das ações coletivas com caráter inibitório, ou seja, com o fim de evitar o ilícito. A pretensão à concessão de medidas de urgência em ações coletivas encontra respaldo no art. 12 da Lei n. 7.347/1985**:** "Poderá o juiz conceder mandado liminar, com ou sem justificação prévia, em decisão sujeita a agravo". De outro lado, o art. 83 do CDC estabelece que: "Para a defesa dos direitos e interesses protegidos por este código são admissíveis todas as espécies de ações capazes de propiciar sua adequada e efetiva tutela".

Gabarito "A"

(Defensor Público/SP – 2012 – FCC) No julgamento do Recurso Especial n. 931.513/RS, no âmbito do Superior Tribunal de Justiça, o Ministro Antônio Herman Benjamin reconheceu a legitimidade do Ministério Público para a propositura de Ação Civil Pública em prol de direito individual de pessoa com deficiência para obtenção de prótese auditiva, reconhecendo, no caso, a caracterização de "sujeito hipervulnerável". No seu voto, o Ministro destaca que "a categoria ético-política, e também jurídica, dos sujeitos vulneráveis inclui um subgrupo de *sujeitos hipervulneráveis*, entre os quais se destacam, por razões óbvias as pessoas com deficiência física, sensorial ou mental", bem como que, "em caso de dúvida sobre a legitimação para agir de sujeito intermediário – Ministério Público, Defensoria Pública e associações, p. ex. –, sobretudo se estiver em jogo a dignidade da pessoa humana, o juiz deve optar por reconhecê-la e, assim, abrir as portas para a solução judicial de litígios que, a ser diferente, jamais veriam seu dia na Corte". A partir de tais considerações e com base no que dispõe a Lei Orgânica Nacional da Defensoria Pública (Lei Complementar n. 80/1994, com as alterações trazidas pela Lei Complementar n. 132/1909) é correto afirmar:

(A) O conceito de necessitado (ou vulnerável) deve ser tomado exclusivamente em sentido estrito, tal qual estabelecido no art. 2º, parágrafo único, da Lei n. 1.060/1950, ou seja, apenas vislumbrando a perspectiva exclusivamente econômica do indivíduo ou grupo social que busca o serviço da Defensoria Pública.

(B) Com base no art. 4º, VII, da Lei Complementar n. 80/1994, a legitimidade da Defensoria Pública para a propositura de Ação Civil Pública é ampla e irrestrita, não havendo qualquer limitação de ordem legislativa.

(C) Muito embora a previsão do art. 4º, X, da Lei Complementar n. 80/94, no sentido de assegurar a legitimidade da Defensoria Pública para promover a mais ampla defesa dos direitos fundamentais dos necessitados, abrangendo seus direitos individuais e sociais, não há consagração expressa de tal legitimidade para a proteção dos seus direitos ambientais.

(D) O art. 4º, XII, da Lei Complementar n. 80/1994 assegura a legitimidade da Defensoria Pública para a instauração de inquérito civil.

(E) A previsão do art. 4º, XI, da Lei Complementar n. 80/1994, ao reconhecer a legitimidade da Defensoria Pública para exercer a defesa dos direitos coletivos da criança e do adolescente, do idoso, da pessoa portadora de necessidades especiais, da mulher vítima de violência doméstica e familiar e de outros "grupos sociais vulneráveis" que mereçam proteção especial do Estado, permite ampliar o conceito de necessitado para o que a doutrina denomina de "necessitados do ponto de vista organizacional".

A: incorreta, pois o conceito não se restringe ao aspecto econômico. Como já advertiu o STJ (REsp 1.112.557/MG, Rel. Min. Napoleão Nunes Maia Filho, DJe 20/11/2009): "A limitação do valor da renda per capita familiar não deve ser considerada a única forma de se comprovar que a pessoa não possui outros meios para prover a própria manutenção ou de tê-la provida por sua família, pois é apenas um elemento objetivo para se aferir a necessidade, ou seja, presume-se absolutamente a miserabilidade quando comprovada a renda per capita inferior a 1/4 do salário mínimo"; **B:** incorreta, pois, de acordo com o mencionado dispositivo legal, a legitimidade da Defensoria Pública é condicionada: "promover ação civil pública e todas as espécies de ações capazes de propiciar a adequada tutela dos direitos difusos, coletivos ou individuais homogêneos quando o resultado da demanda puder beneficiar grupo de pessoas hipossuficientes"; **C:** incorreta, pois há expressa referência à proteção ambiental no mencionado dispositivo legal; **D:** incorreta, pois o citado dispositivo legal foi vetado; **E:** correta, pois o citado dispositivo legal contém norma de encerramento, consignando que a legitimidade da Defensoria Pública se estende a "outros grupos sociais vulneráveis que mereçam proteção especial do Estado".

Gabarito "E"

(Defensor Público/SP – 2012 – FCC) Tramita no Supremo Tribunal Federal a Ação Direta de Inconstitucionalidade n. 3.943 interposta pela Associação Nacional dos Membros do Ministério Público – CONAMP, contestando a legitimidade da Defensoria Pública para a propositura de Ação Civil Pública, sob a alegação, em linhas gerais, de que tal legitimidade da Defensoria Pública "afeta diretamente" as atribuições do Ministério Público. De acordo com os diplomas normativos e a doutrina dominante que tratam do Direito Processual Coletivo,

(A) a exclusão da Defensoria Pública do rol dos entes legitimados para a propositura da Ação Civil Pública, especialmente para a hipótese dos direitos difusos, notadamente no caso da proteção do ambiente, segue o caminho da ampliação do acesso à Justiça, encontrando suporte normativo na legislação processual coletiva e mesmo na Lei Fundamental de 1988.

(B) no caso da tutela coletiva dos direitos fundamentais sociais, o ajuizamento de Ação Civil Pública pela Defensoria Pública implica sobreposição de atribuições com o Ministério Público, tomando por base ainda que os beneficiários de tais medidas não se enquadram no público alvo da Defensoria Pública e, por tal razão, não haveria como identificar a pertinência temática no caso.

(C) a legitimidade da Defensoria Pública para a tutela coletiva de direitos difusos – como, por exemplo, a ordem urbanística, o direito aos serviços públicos essenciais de saúde e educação e o direito ao ambiente – está em perfeita sintonia com o art. 5º, II, e o rol exemplificativo de direitos coletivos em sentido amplo trazido pelo art. 1º, ambos da Lei n. 7.347/1985.

(D) a Ação Direta de Inconstitucionalidade deve ser julgada procedente, tendo em vista a contrariedade existente entre o art. 5º, II, da Lei n. 7.347/1985, e o art. 129, § 1º, da Constituição Federal de 1988, o qual confere ao Ministério Público exclusividade para a propositura de Ação Civil Pública.

(E) a legitimidade da Defensoria Pública em matéria de direitos difusos não pode ser admitida, mas tão somente em relação aos direitos individuais homogêneos, uma vez que não se faz possível a identificação dos beneficiários de uma Ação Civil Pública que tenha tal propósito.

A: incorreta, pois a mencionada exclusão contraria a tendência de ampliação do acesso à Justiça; **B:** incorreta, pois a lesão a direitos fundamentais sociais atinge, também, necessitados. Maiores considerações no item a seguir; **C:** correta, pois a legitimidade da Defensoria Pública, para o ajuizamento de ações coletivas, passou a constar expressamente do inciso II do art. 5º da Lei n. 7.347/1985, por força da inclusão determinada pela Lei n. 11.448/2007. E a jurisprudência tem corroborado essa legitimidade. Para ilustrar, pode ser citada a decisão proferida no REsp 912.849/RS (Rel. Min. José Delgado, DJe 28/04/2008): "Processual civil. Ação coletiva. Defensoria Pública. Legitimidade ativa. Art. 5º, II, da Lei n. 7.347/1985 (redação da Lei n. 11.448/2007). Precedente. 1. Recursos especiais contra acórdão que entendeu pela legitimidade ativa da Defensoria Pública para propor ação civil coletiva de interesse coletivo dos consumidores. 2. Este Superior Tribunal de Justiça vem-se posicionando no sentido de que, nos termos do art. 5º, II, da Lei n. 7.347/1985 (com a redação dada pela Lei n. 11.448/1907), a Defensoria Pública tem legitimidade para propor a ação principal e a ação cautelar em ações civis coletivas que buscam auferir responsabilidade por danos causados ao meio ambiente, ao consumidor, a bens e direitos de valor artístico, estético, histórico, turístico e paisagístico e dá outras providências". A legitimidade para a defesa de direitos difusos vem sendo afirmada em face do caráter indivisível desses direitos, pois é inegável que a lesão a interesses difusos também atinge os necessitados. Recentemente a Segunda Turma do STJ exaltou a legitimidade da Defensoria Pública no processo coletivo: "O direito à educação legitima a propositura da Ação Civil Pública, inclusive pela Defensoria Pública, cuja intervenção, na esfera dos interesses e direitos individuais homogêneos, não se limita às relações de consumo ou à salvaguarda da criança e do idoso. Ao certo, cabe à Defensoria Pública a tutela de qualquer interesse individual homogêneo, coletivo stricto sensu ou difuso, pois sua legitimidade ad causam, no essencial, não se guia pelas características ou perfil do objeto de tutela (= critério objetivo), mas pela natureza ou status dos sujeitos protegidos, concreta ou abstratamente defendidos, os necessitados (= critério subjetivo)" (REsp 1.264.116/RS, Rel. Min. Herman Benjamin, DJe 13/04/2012); **D:** incorreta, pois não há legitimidade exclusiva do Ministério Público para a propositura de ação civil pública (art. 5º da Lei n. 7.347/1985); **E:** incorreta, conforme as considerações feitas na assertiva "C".

Gabarito "C"

(Defensor Público/AM – 2013 – FCC) A Defensoria Pública de um Estado ajuizou ação civil pública contra regra de edital de processo seletivo de transferência voluntária de Universidade Pública do mesmo Estado, que previu, como condição essencial para inscrição de interessados e critério de cálculo da ordem classificatória, a participação no Enem, exigindo nota média mínima. Nesse caso,

(A) o direito à educação é garantia de natureza universal e de resultado orientada ao "pleno desenvolvimento da personalidade humana e do sentido de sua dignidade" sendo, porém, direito público subjetivo disponível, razão pela qual a Defensoria Pública não possui interesse processual nem legitimidade ativa para essa ação.

(B) a jurisprudência do STJ admite que os legitimados para a ação civil pública protejam interesses individuais homogêneos, sendo que a educação é da máxima relevância no Estado Social, daí ser integral e incondicionalmente aplicável, nesse campo, o meio processual da Ação Civil Pública, que representa contraposição à técnica tradicional de solução atomizada de conflitos.

(C) a Defensoria Pública, instituição altruísta por natureza, é essencial à função jurisdicional do Estado, nos termos do art. 134, *caput*, da Constituição Federal; todavia, como não atuou exclusivamente na defesa de hipossuficientes a ação deverá ser extinta sem julgamento do mérito, por ilegitimidade de causa.

(D) a legitimidade para referida ação é do Ministério Público – e não da Defensoria Pública – tendo em vista que a natureza jurídica do direito defendido é indisponível.

(E) cabe à Defensoria Pública a tutela de qualquer interesse individual homogêneo, coletivo *stricto sensu* ou difuso, desde que presente a representatividade adequada.

A: incorreta, pois o direito à educação é indisponível, conforme será demonstrado nos comentários à próxima assertiva; **B:** correta, pois assim já decidiu o STJ (REsp 1.264.116/RS, Segunda Turma, Rel. Min. Herman Benjamin): "administrativo. Ação civil pública. Direito à educação. Art. 13 do Pacto Internacional sobre Direitos Econômicos, Sociais e Culturais. Defensoria Pública. Lei 7.347/1985. Processo de transferência voluntária em instituição de ensino. Legitimidade ativa. Lei 11.448/07. Tutela de interesses individuais homogêneos. 1. Trata-se na origem de Ação Civil Pública proposta pela Defensoria Pública contra regra em edital de processo seletivo de transferência voluntária da UFCSPA, ano 2009, que previu, como condição essencial para inscrição de interessados e critério de cálculo da ordem classificatória, a participação no Enem, exigindo nota média mínima. Sentença e acórdão negaram legitimação para agir à Defensoria. 2. O direito à educação, responsabilidade do Estado e da família (art. 205 da Constituição Federal), é garantia de natureza universal de resultado, orientada ao "pleno desenvolvimento da personalidade humana e do sentido de sua dignidade" (art. 13, do Pacto Internacional sobre Direitos Econômicos, Sociais e Culturais, adotado pela XXI Sessão da Assembleia Geral das Nações Unidas, em 19 de dezembro de 1966, aprovado pelo Congresso Nacional por meio do Decreto Legislativo 226, de 12 de dezembro de 1991, e promulgado pelo Decreto 591, de 7 de julho de 1992), daí não poder sofrer limitação no plano do exercício, nem da implementação administrativa ou judicial. Ao juiz, mais do que a ninguém, compete zelar pela plena eficácia do direito à educação, sendo incompatível com essa sua essencial, nobre, indeclinável missão interpretar de maneira restritiva as normas que o asseguram nacional e internacionalmente. 3. É sólida a jurisprudência do STJ que admite possam os legitimados para a propositura de Ação Civil Pública proteger interesse individual homogêneo, mormente porque a educação, mote da presente discussão, é da máxima relevância no Estado Social, daí ser integral e incondicionalmente aplicável, nesse campo, o meio processual da Ação Civil Pública, que representa 'contraposição à técnica tradicional de solução atomizada' de conflitos (REsp 1.225.010/PE, Rel. Ministro Mauro Campbell Marques, Segunda Turma, DJe 15/03/2011). 4. A Defensoria Pública, instituição altruísta por natureza, é essencial à função jurisdicional do Estado, nos termos do art. 134, *caput*, da Constituição Federal. A rigor, mormente em países de grande desigualdade social, em que a largas parcelas da população – aos pobres sobretudo – nega-se acesso efetivo ao Judiciário, como ocorre infelizmente no Brasil, seria impróprio falar em verdadeiro Estado de Direito sem a existência de uma Defensoria Pública nacionalmente organizada, conhecida de todos e por todos respeitada, capaz de atender aos necessitados da maneira mais profissional e eficaz possível. 5. O direito à educação legitima a propositura da Ação Civil Pública, inclusive pela Defensoria Pública, cuja intervenção, na esfera dos interesses e direitos individuais homogêneos, não se limita às relações de consumo ou à salvaguarda da criança e do idoso. Ao certo, cabe à Defensoria Pública a tutela de qualquer interesse individual homogêneo, coletivo stricto sensu ou difuso, pois sua legitimidade *ad causam*, no essencial, não se guia pelas características ou perfil do objeto de tutela (= critério objetivo), mas pela natureza ou status dos sujeitos protegidos, concreta ou abstratamente defendidos, os necessitados (= critério subjetivo). 6. 'É imperioso reiterar, conforme precedentes do Superior Tribunal de Justiça, que a legitimatio ad causam da Defensoria Pública para intentar ação civil pública na defesa de interesses transindividuais de hipossuficientes é reconhecida antes mesmo do advento da Lei 11.448/07, dada a relevância social (e jurídica) do direito que se pretende tutelar e do próprio fim do ordenamento jurídico brasileiro: assegurar a dignidade da pessoa humana, entendida como núcleo central dos direitos fundamentais' (REsp 1.106.515/MG, Rel. Ministro Arnaldo Esteves Lima, Primeira Turma, DJe 02/02/2011). 7. Recurso Especial provido para reconhecer a legitimidade ativa da Defensoria Pública para a propositura da Ação Civil Pública"; **C:** incorreta, como se depreende dos comentários anteriores; **D:** incorreta, pois a Defensoria Pública tem legitimidade, conforme consignado; **E:** incorreta, pois a Defensoria Pública não tem legitimidade para tutelar todo e qualquer direito individual. Deve sempre ser analisada a questão da vulnerabilidade.

Gabarito "B"

(Defensor Público/AC – 2012 – CESPE) No que diz respeito ao interesse público e privado, assinale a opção correta.

(A) Ao MP cabe a fiscalização da formação do patrimônio financeiro inerente ao Estado.

(B) Mesmo em face da simples expectativa de direito, o interesse público é tutelado, protegido e garantido pelo ordenamento jurídico pátrio.

(C) O MP deve atuar sempre na defesa dos interesses da coletividade, sejam eles particulares ou públicos.

(D) O MP atua na defesa dos direitos difusos, coletivos, individuais homogêneos e individuais indisponíveis, ou seja, na defesa do chamado interesse público primário..

(E) A Procuradoria da União é o único órgão competente para proteger o patrimônio financeiro da administração pública, denominado interesse público secundário.

A: incorreta, pois o interesse público secundário, que diz respeito aos interesses patrimoniais do Estado, enquanto pessoa jurídica, não é objeto de tutela pelo Ministério Público; **B:** incorreta, pois a expectativa de direito é passível de tutela transformada em direito subjetivo; **C:** incorreta, pois ao Ministério Público cabe a tutela do interesse público primário diz respeito aos interesses da coletividade, em sentido amplo, relacionados ao bem comum. Assim, o Parquet deve zelar pelos interesses públicos e não particulares; **D:** correta, pois o interesse público primário diz respeito aos interesses da coletividade, em sentido amplo, relacionados ao bem comum. O interesse público secundário diz respeito aos interesses patrimoniais do Estado, enquanto pessoa jurídica. Ao Ministério Público cabe tutelar direitos difusos, coletivos, individuais homogêneos e individuais indisponíveis, que consistem no interesse público primário; **E:** incorreta, pois o interesse público secundário, que diz respeito aos interesses patrimoniais do Estado, enquanto pessoa jurídica, é tutelado, na esfera federal, pela Advocacia-Geral da União, que representa a União judicial e extrajudicialmente, integrada pela Procuradoria da União e pela Procuradoria da Fazenda Nacional.

Gabarito "D"

(Defensor Público/BA – 2010 – CESPE) Julgue o seguinte item.

(1) No âmbito da proteção do consumidor, a DP é competente para propor ação, visando compelir o poder público competente a proibir, em todo o território nacional, a produção, divulgação, distribuição ou venda de produto cujo uso ou consumo regular se revele nocivo ou perigoso à saúde pública e à incolumidade pessoal, ou a determinar a alteração na composição, estrutura, fórmula ou acondicionamento desse tipo de produto.

1: correta (art. 82, III, c/c art. 102, ambos do CDC).

Gabarito 1C

(Defensor Público/BA – 2010 – CESPE) Julgue os itens que se seguem, acerca dos interesses coletivos e difusos bem como acerca da legitimidade para a proposição da ACP.

(1) Considere que determinado estado da Federação firme acordo com as empresas ali localizadas, visando à instituição de um regime especial de apuração e cobrança do ICMS, que implique redução fiscal a determinada empresa, bem como diminuição na arrecadação estadual. Nessa situação, conforme entendimento do STF, o MP não tem legitimidade para impugnar, via ACP, esse acordo.

(2) Suponha que Pedro, vítima de alcoolismo, recorra ao MP estadual para requerer internação compulsória para tratamento de saúde. Nesse caso, conforme entendimento do STF, existindo DP estadual devidamente organizada e em funcionamento, o MP estadual não terá legitimidade ativa para ajuizar medida com tal finalidade.

1: errada, pois o STF entende que o MP tem legitimidade para questionar, por meio de ação civil pública, acordos firmados pelos Estados com o objetivo de atrair empresas a se instalarem em seus territórios, por meio de regime especial de cobrança de ICMS (STF, RE 576.155/DF, j. 13.08.2010); **2:** correta, pois, realmente, o STF entende que "o Ministério Público não tem legitimidade ativa *ad causam* para requerer a internação compulsória, para tratamento de saúde, de pessoa vítima de alcoolismo. Existindo Defensoria Pública organizada, tem ela competência para atuar nesses casos" (STF, RE 496718, *DJ* 30.10.2008).

Gabarito 1E, 2C

(Defensor Público/BA – 2010 – CESPE) Julgue o item seguinte.

(1) De acordo com a jurisprudência do STF, o MP tem legitimidade para promover ACP fundada na ilegalidade de reajuste de mensalidade escolar.

1: correta (Súmula 643 do STF).

Gabarito 1C

(Defensoria/ES – 2009 – CESPE) No que concerne à defesa judicial dos interesses transindividuais e à ação civil pública, julgue o item seguinte.

(1) O Ministério Público é parte legítima para propor ação civil pública com o objetivo de tutelar direitos individuais indisponíveis, como o de recebimento de medicamento de uso contínuo por pessoa idosa.

1: correta, por haver interesse social no caso. Confira: "A Jurisprudência mais recente das Turmas de Direito Público do STJ tem entendido que o Ministério Público tem legitimidade ativa *ad causam* para propor ação civil pública com o objetivo de proteger interesse individual de idoso, ante o disposto nos artigos 74, 15 e 79 do Estatuto do Idoso (Lei 10.741/03)" (EREsp 695.665/RS, *DJ* 12.05.2008).

Gabarito 1C

(Defensoria/MA – 2009 – FCC) Dentro da tutela dos direitos transindividuais, compete à Defensoria Pública:

(A) propor a ação principal e a ação cautelar de responsabilidade por danos morais e patrimoniais causados ao consumidor, ao meio ambiente e à ordem urbanística.

(B) instaurar, sob sua presidência, inquérito civil, ou requisitar, de qualquer organismo público ou particular, certidões, informações, exames ou perícias, no prazo que assinalar, o qual não poderá ser inferior a 10 (dez) dias úteis.

(C) uma vez esgotadas todas as diligências, se convencer da inexistência de fundamento para a propositura da ação civil, promover o arquivamento dos autos do inquérito civil ou das peças informativas, fazendo-o fundamentadamente.

(D) tomar dos interessados compromisso de ajustamento de sua conduta às exigências legais, mediante cominações, que terá eficácia de título executivo extrajudicial e promover, por conta disso, o arquivamento do inquérito civil correspondente.

(E) propor a ação principal e a ação cautelar para a tutela de direitos individuais dos necessitados, mas não para a tutela dos direitos transindividuais.

B, C e **D:** incorretas, pois a Defensoria Pública não pode instaurar inquérito civil, que é de competência exclusiva do Ministério Público, de modo que as alternativas em questão são impertinentes; **A** e **E:** a Defensoria Pública tem legitimidade para defender interesses transindividuais (art. 5º, II, da Lei 7.347/1985).

Gabarito "A".

(Defensor Público/AL – 2009 – CESPE) Julgue o seguinte item.

(1) Sociedade de economia mista não tem legitimidade para propor ação civil pública.

1: errada (art. 5.º, IV, da Lei 7.347/1985).

Gabarito 1E

(Defensor Público/AL – 2009 – CESPE) Julgue o seguinte item.

(1) Se houver desistência infundada ou abandono da ação por associação legitimada, o DP ou outro legitimado assume a titularidade ativa da ação civil pública.

1: correta (art. 5.º, § 3.º, da Lei 7.347/1985).

Gabarito 1C

(Defensoria/SP – 2006 – FCC) Em regra geral, com relação à legitimidade, as associações, que incluam entre seus fins institucionais a defesa do consumidor, devem ser legalmente constituídas há, pelo menos,

(A) 1 ano, dispensada a autorização em assembleia.

(B) 1 ano, autorizada em assembleia por pelo menos 1/3 de seus membros.

(C) 2 anos, dispensada a autorização em assembleia.

(D) 2 anos, autorizada em assembleia por pelo menos 1/3 de seus membros.

(E) 5 anos, autorizada em assembleia por pelo menos 1/3 de seus membros.

Art. 5.º, V, *a*, da Lei 7.347/1985.

Gabarito "A".

4. Objeto

(Defensor Público/AC – 2012 – CESPE) No que concerne à ação civil pública e à coletiva, assinale a opção correta.

(A) A legislação vigente admite o ajuizamento de ação civil coletiva decorrente de fatos e direitos de origem diversa.

(B) Não é possível estabelecer, em ação civil coletiva, pedido sobre obrigação de dar, fazer ou não fazer relacionado a direitos individuais homogêneos.

(C) Para dar ensejo a uma ação civil coletiva, o direito deve ser indivisível, porém idêntico em uma coletividade.

(D) A ação civil pública foi instituída para evitar decisões contraditórias e não para desestimular ações individuais.

(E) A ação civil pública, também conhecida como ação de classe, é um instrumento de tutela de direitos difusos, coletivos e individuais indisponíveis.

A: incorreta, pois a ação civil coletiva (arts. 91 e seguintes do CDC) deve ser ajuizada no caso de lesão a direitos ou interesses de origem comum, os chamados interesses ou direitos individuais homogêneos (art. 81, parágrafo único, III, do CDC); **B:** incorreta, pois a ação civil coletiva pode ser ajuizada para a defesa dos direitos e interesses protegidos pelo CDC, sendo admissíveis todas as espécies de ações capazes de propiciar sua adequada e efetiva tutela, ou seja, sendo admissíveis todos os pedidos (art. 83, CDC); **C:** incorreta, pois a ação civil coletiva é cabível para a defesa de direitos individuais homogêneos, ou seja, direitos divisíveis; **D:** incorreta, pois as ações coletivas evitam a multiplicação de demandas individuais e, em consequência, minimizam o risco de decisões contraditórias. Porém, o objetivo é exatamente desestimular o ajuizamento de ações individuais; **E:** correta, pois a ação civil pública pode ser ajuizada para a tutela dos mencionados direitos (coletivos lato sensu), definidos no art. 81 do CDC. A possibilidade de sua utilização para a defesa dos citados direitos decorre de norma expressa, qual seja, do art. 21 da Lei n. 7.347/1985.

Gabarito "E".

(Defensor Público/AL – 2009 – CESPE) Julgue o seguinte item.

(1) É cabível ação civil pública para veicular pretensões que envolvam contribuições previdenciárias cujos beneficiários possam ser individualmente determinados.

1: errada (art. 1.º, parágrafo único, da Lei 7.347/1985).

Gabarito 1E

(Defensor Público/AL – 2009 – CESPE) Julgue o seguinte item.

(1) A ação civil pública não pode ter por objeto a condenação em dinheiro.

1: errada (art. 3.º da Lei 7.347/1985).

Gabarito 1E

(Defensoria/SP – 2007 – FCC) Na Ação Civil Pública e nos termos do pedido de tutela coletiva, reconhecendo a omissão ou deficiência do Poder Público na concretização da política pública definida em lei, o juiz tem o poder de determinar o seu cumprimento, legitimado:

(A) politicamente, com fundamento na discricionariedade judicial.

(B) constitucionalmente, com fundamento na discricionariedade judicial, exceto se para tanto tiver que declarar, incidentalmente, a inconstitucionalidade de norma envolvida.

(C) constitucionalmente, com fundamento em critérios objetivos de interpretação constitucional, de ponderação de valores, ainda que para tanto tenha que declarar, incidentalmente, a inconstitucionalidade por omissão em relação a política pública relativa ao bem jurídico constitucionalmente protegido.

(D) politicamente, com fundamento em critérios objetivos de interpretação constitucional, de ponderação de valores, ainda que para tanto tenha que adentrar o mérito do ato administrativo, para assim estabelecer a solução ótima para a satisfação do interesse público.

(E) constitucionalmente, com fundamento em critérios objetivos de interpretação constitucional, de ponderação de valores, ainda que para tanto tenha que, diante da "reserva do possível", estabelecer uma implementação gradual do direito social fundamental, a fim de preservar o seu "mínimo vital".

O juiz deve fundar suas decisões na Constituição, de modo que ficam excluídas as alternativas "A" e "D". A alternativa "B" também não calha, pois nada impede que o juiz reconheça, incidentalmente, a inconstitucionalidade. E a alternativa "C" não está correta, pois não observa a necessária ponderação de valores, para que se implemente, gradualmente, o direito social fundamental envolvido.

Gabarito "E".

5. Compromisso de Ajustamento

(Defensor Público/PR – 2012 – FCC) O Ministério Público do Paraná firmou termo de ajustamento de conduta com o Município de Londrina para que uma creche que atendia 200 crianças fosse temporariamente fechada, por seis meses, para que se realizassem reformas no prédio no intuito de acabar com graves problemas estruturais que colocavam a segurança das crianças e dos funcionários em risco. Um grupo de mães de alunos procurou a Defensoria Pública do Paraná em Londrina relatando que não foram disponibilizadas pelo Município vagas em outras creches e que, questionada, a Prefeitura informou que as mães deveriam aguardar o final da reforma. Diante dessa situação, o Defensor Público deve

(A) ajuizar ação civil pública contra o Ministério Público e o Município, com pedido de nulidade do termo de ajustamento de conduta por não prever medida compensatória para as crianças que ficaram sem creche e, sucessivamente, pedido para que o Município disponibilize vagas em outras unidades até o final da reforma.

(B) oficiar ao Ministério Público relatando o caso, já que apenas esse órgão poderia tomar novas providências por já ter firmado o termo de ajustamento de conduta com o Município, solicitando um aditamento ao termo.

(C) propor novo termo de ajustamento de conduta com o Município para que sejam garantidas vagas para as crianças em outras creches durante a reforma e, caso o Município, sob qualquer argumento, recuse-se a regularizar a situação, ajuizar ação civil pública.

(D) apresentar recurso administrativo ao Conselho Superior do Ministério Público contra o termo de ajustamento de conduta firmado, requerendo o aditamento do termo para constar medidas que assegurem vagas para as crianças em outras creches.

(E) diante da existência de termo de ajustamento de conduta sobre o caso, que esgota a possibilidade de intervenção coletiva, ajuizar ações individuais para cada uma das duzentas crianças, requerendo vaga em alguma das creches municipais.

A: incorreta, pois o compromisso de ajustamento de conduta não contém qualquer vício, não sendo o caso, portanto, de ação anulatória. Ademais, sendo o compromisso celebrado pelo Ministério Público insuficiente para tutelar o direito das mães, está a Defensoria Pública, como órgão público, legitimada a tomar novo termo e, se for o caso, propor ação civil pública para exigir outras providências, que tutelem, efetivamente, o direito das mães; **B:** incorreta, pois a Defensoria Pública pode tomar providências, celebrar compromisso de ajustamento de conduta e propor ação civil pública. A legitimidade para a celebração de compromisso decorre do art. 5º, § 6º, da Lei n. 7.347/1985: "Os órgãos públicos legitimados poderão tomar dos interessados compromisso de ajustamento de sua conduta às exigências legais, mediante cominações, que terá eficácia de título executivo extrajudicial"; **C:** correta, pois, como dito, a Defensoria Pública tem legitimidade para a tomada das providências mencionadas; **D:** incorreta, pois não se trata da providência mais efetiva, ante a legitimidade da Defensoria Pública para celebrar o compromisso e para propor ação, se for o caso; **E:** incorreta, pois o compromisso celebrado pelo Ministério Público não impede a propositura de ação coletiva ou a proposição de compromisso de ajustamento de conduta, uma vez que a atuação de um colegitimado não pode impedir a atuação do outro. Nesse sentido que muitos afirmam que a legitimidade concorrente, no âmbito da tutela coletiva, é disjuntiva.

Gabarito "C".

(Defensor Público/AL – 2009 – CESPE) Julgue o seguinte item.

(1) Em ação civil pública, a DP pode tomar compromisso de ajustamento de conduta do causador do dano a interesses transindividuais.

1: correta, pois os órgãos públicos são legitimados para tomar compromisso de ajustamento e, como a Defensoria Pública é um órgão público, esta também poderá fazê-lo (art. 5.º, § 6.º, da Lei 7.347/1985).

Gabarito 1C

(Defensoria/ES – 2009 – CESPE) No que concerne à defesa judicial dos interesses transindividuais e à ação civil pública, julgue o item seguinte.

(1) A Defensoria Pública poderá tomar dos interessados compromisso de ajustamento da conduta destes às exigências legais, mediante cominações, tendo esse compromisso eficácia de título executivo extrajudicial.

1: correta, pois a Defensoria Pública, por ser um *órgão público*, tem legitimidade para tomar um Termo de Ajuste de Conduta – TAC (art. 5.º, § 6.º, da Lei 7.347/1985).

Gabarito 1C

6. Inversão do Ônus da Prova e Tutela Antecipada

(Defensor Público/AM – 2013 – FCC) O sistema processual faz distinções entre a tutela cautelar e a tutela antecipada, sendo que no subsistema das ações coletivas em sentido amplo,

(A) nas ações coletivas, admite-se somente a tutela cautelar e não a tutela antecipatória.

(B) nas ações coletivas admite-se somente a concessão de liminar, mas não de antecipação de tutela.

(C) julgada procedente a ação civil pública, confirmando-se a antecipação de tutela em sentença, o recurso de apelação será recebido no duplo efeito.

(D) é vedada a concessão de liminar ou de antecipação de tutela contra ato do Poder Público quanto à pagamento de qualquer natureza a servidor público.

(E) o juiz independe de pedido do autor tanto para conceder a liminar – instrumental ou antecipatória – ou a antecipação de tutela como para impor multa diária para assegurar o cumprimento de sua decisão.

A: incorreta, pois a tutela de urgência (conservativa e satisfativa) é admissível no âmbito do processo coletivo. O fundamento genérico está na Lei n. 7.347/1985, art. **12:** "Poderá o juiz conceder mandado liminar, com ou sem justificação prévia, em decisão sujeita a agravo"; **B:** incorreta, pois a liminar pode ter natureza antecipatória (satisfativa) ou cautelar (conservativa); **C:** incorreta, pois no âmbito da tutela coletiva a concessão de efeito suspensivo não é automática, dependendo de expressa deliberação do juiz (sistema ope judicis), como se depreende do art. 14 da Lei n. 7.347/1985: "O juiz poderá conferir efeito suspensivo aos recursos, para evitar dano irreparável à parte"; **D:** correta, pois a restrição está prevista no art. 7º, § 2º, da Lei n. 12.106/2009: "Não será concedida medida liminar que tenha por objeto a compensação de créditos tributários, a entrega de mercadorias e bens provenientes do exterior, a reclassificação ou equiparação de servidores públicos e a concessão de aumento ou a extensão de vantagens ou pagamento de qualquer natureza"; **E:** incorreta, pois se é verdade que o juiz pode, de ofício, impor multa diária, a concessão de medida de urgência satisfativa depende de requerimento da parte (art. 273, caput, do CPC).

Gabarito "D".

(Defensor Público/BA – 2010 – CESPE) Julgue o seguinte item.

(1) A inversão do ônus da prova, conforme a lei que rege a ACP, pode ser feita a critério do juiz.

1: errada, não havendo norma nesse sentido; deve-se aplicar o disposto no art. 6.º, VIII, do CDC, que impõe critério para que o juiz determine a inversão do ônus da prova.

Gabarito 1E

(Defensor Público/BA – 2006) A ação civil pública ambiental destinada para a proteção, prevenção e reparação dos danos causados ao meio ambiente:

(A) não admite a antecipação da tutela.

(B) admite a antecipação de tutela, desde que concedida de ofício pelo Juiz competente.

(C) admite a antecipação da tutela, possuindo o Ministério Público legitimidade para requerê-la.

(D) não admite a antecipação de tutela porque a lei que regulamenta a ação civil pública já concede à parte o direito de pleitear liminares fundadas no "*fumus boni juris*" e no "*periculum in mora*".

(E) deve necessariamente ser antecedida da instauração de inquérito civil, visando a coleta de dados relativos à autoria e materialidade do delito ambiental necessários a sua propositura.

A: incorreta (art. 12, *caput*, da Lei 7.347/1985); **B:** incorreta, pois, naturalmente, a tutela antecipada pode ser requerida pelas partes; **C:** correta, pois, naturalmente, o Ministério Público poderá requerer tutela antecipada, como de fato o faz na grande maioria de ações civis públicas que ajuíza; aliás, mesmo como fiscal da lei, nada impede que o Ministério Público requeira a tutela antecipada; **D:** incorreta, pois a expressão "liminar", prevista no art. 12, *caput*, da Lei 7.347/1985, nada mais é do que a tutela antecipada; o art. 84, § 3.º, do CDC, aplicável ao regime da Lei 7.347/1985 (art. 21 da Lei 7.347/1985) usa a expressão tutela liminar, que também nada mais é que a tutela antecipada; **E:** incorreta, pois a lei não exige a instauração de inquérito civil como requisito para a propositura de ação civil pública.

Gabarito "C"

7. Sentença, Recursos, Coisa julgada, Liquidação e Execução

(Defensor Público/AM – 2013 – FCC) Com relação à coisa julgada nas ações coletivas, considere as afirmações abaixo.

I. Nas causas de interesses difusos, a sentença de improcedência fará coisa julgada *erga omnes*.

II. Nas causas de interesses coletivos, a sentença fará coisa julgada *erga omnes*, exceto se o pedido for julgado improcedente por insuficiência de provas.

III. Nas causas de interesses difusos, após o trânsito em julgado de sentença procedente, qualquer legitimado poderá ajuizar outra ação com mesmo pedido e causa de pedir, valendo-se de nova prova.

IV. Os efeitos da coisa julgada, tanto nas causas de interesses difusos como nas de coletivos, não prejudicarão interesses e direitos individuais dos integrantes da coletividade, do grupo, categoria ou classe.

V. Na hipótese de direitos individuais homogêneos, a sentença fará coisa julgada *erga omnes*, apenas no caso de procedência do pedido, para beneficiar todas as vítimas e seus sucessores.

Está correto o que se afirma APENAS em

(A) I e III.
(B) III, IV e V.
(C) IV e V.
(D) II e V.
(E) I, II e III.

I: incorreta, pois é a sentença de procedência que fará coisa julgada erga omnes (art. 103, I, do CDC); **II:** incorreta, pois a sentença de procedência, no caso de direitos coletivas, fará coisa julgada ultra partes (art. 103, II, do CDC); **III:** incorreta, pois a possibilidade de ajuizamento de nova ação só existe se a ação for julgada improcedente por falta de provas(art. 103, I, do CDC); **IV:** correta, pois é o que estabelece o art. 103, § 1°, do CDC; **V:** correta, pois é o que estabelece o art. 103, III, do CDC.

Gabarito "C"

(Defensor Público/ES – 2012 – CESPE) Julgue os próximos itens, relativos à defesa dos interesses difusos em juízo.

(1) Em caso de lesão ao patrimônio público, a indenização obtida em ACP será destinada a recompor o patrimônio lesado.

(2) A coisa julgada será *erga omnes*, mas limitada ao grupo, classe ou categoria de pessoas, na ACP ou na ação coletiva que verse sobre interesses coletivos, se a improcedência se fundar em falta de provas.

1: correta, pois assim determina o art. 18 da Lei n. 8.429/1992: "Art. 18. A sentença que julgar procedente ação civil de reparação de dano ou decretar a perda dos bens havidos ilicitamente determinará o pagamento ou a reversão dos bens, conforme o caso, em favor da pessoa jurídica prejudicada pelo ilícito"; **2:** errada, pois, nos termos do art. 103, II, do CDC, a coisa julgada, no caso de tutela de direitos coletivos no sentido estrito, é ultra partes. Ademais, não há formação da coisa julgada no caso de improcedência por falta de provas.

Gabarito 1C, 2E

(Defensor Público/PR – 2012 – FCC) Um cidadão procura os serviços de assistência jurídica da Defensoria Pública do Paraná em Curitiba, relatando a cobrança da "taxa para procedimentos operacionais", no valor de R$ 5.000,00, pelo Banco Lucrobom, para a expedição da declaração de quitação integral do financiamento imobiliário que havia contratado. Ao pesquisar sobre o assunto, o Defensor Público responsável pelo caso identificou uma ação civil pública ajuizada pela Defensoria Pública do Ceará, na 1ª Vara Cível da Comarca de Fortaleza, contra o mesmo banco e questionando a mesma taxa, cuja sentença, ao julgar procedente a demanda, proibiu a cobrança da taxa em novas oportunidades e determinou a devolução em dobro para aqueles que já a haviam custeado. A decisão transitara em julgado um mês antes, após julgamento da apelação, à qual se negou provimento, pelo Tribunal de Justiça do Ceará. Diante desses fatos, a medida a ser adotada pelo Defensor Público é

(A) o ajuizamento de ação individual de conhecimento em Curitiba, já que a eficácia da sentença em ação civil pública limita-se à competência territorial do órgão prolator e apenas os residentes em Fortaleza podem executar aquela decisão.

(B) a execução individual da decisão em Curitiba, já que a eficácia da sentença em ação civil pública não sofre limitação territorial, alcançando todos que dela possam beneficiar-se.

(C) o encaminhamento do caso para a Defensoria Pública do Ceará para que a decisão seja executada em Fortaleza, ainda que o cidadão resida em Curitiba, já que a eficácia da sentença em ação civil pública limita-se à competência territorial do órgão prolator.

(D) o encaminhamento do caso para a Defensoria Pública do Ceará para que a decisão seja executada em qualquer comarca do Ceará, ainda que o cidadão resida em Curitiba, já que a eficácia da sentença em ação civil pública limita-se à competência territorial do órgão prolator, que é o Tribunal de Justiça do Ceará, por ter manifestado-se sobre o mérito da ação no julgamento da apelação.

(E) o ajuizamento de ação individual de conhecimento em Curitiba, já que a eficácia da sentença em ação civil pública limita-se à competência territorial do órgão prolator e como houve manifestação do Tribunal de Justiça do Ceará no caso, apenas os residentes daquele estado podem executar a decisão.

A: incorreta, pois referido entendimento está superado, conforme comentários à próxima assertiva; **B:** correta, pois esse é o atual entendimento do STJ, cuja Corte Especial, no julgamento do REsp 1.243.887/PR (Rel. Min. Luis Felipe Salomão, DJe de 12/12/2011), firmou a seguinte orientação jurisprudencial: "Direito processual. Recurso representativo de controvérsia (art. 543-C, CPC). Direitos metaindividuais. Ação civil pública. Apadeco x Banestado. Expurgos inflacionários. Execução/liquidação individual. Foro competente. Alcance objetivo e subjetivo dos efeitos da sentença coletiva. Limitação territorial. Impropriedade. Revisão jurisprudencial. Limitação aos associados. Inviabilidade. Ofensa à coisa julgada. A liquidação e a execução individual de sentença genérica proferida em ação civil coletiva pode ser ajuizada no foro do domicílio do beneficiário, porquanto os efeitos e a eficácia da sentença não estão circunscritos a lindes geográficos, mas aos limites objetivos e subjetivos do que foi decidido, levando-se em conta, para tanto, sempre a extensão do dano e a qualidade dos interesses metaindividuais postos em juízo (arts. 468, 472 e 474, CPC e 93 e 103, CDC)"; **C:** incorreta, conforme se depreende do comentário anterior; **D:** incorreta, pelas razões já expostas; **E:** incorreta, conforme o exposto em relação à alternativa "B".

Gabarito "B"

(Defensor Público/PR – 2012 – FCC) Uma associação de proteção ao meio ambiente ajuizou ação civil pública contra uma indústria química para que fosse impedida de realizar determinado processo de produção que teria por resultado uma fumaça tóxica que impediria o crescimento das araucárias. Como a associação não pôde custear a perícia, a ação foi julgada improcedente por falta de provas e transitou em julgado. Nesse caso

(A) é possível a qualquer legitimado para a tutela coletiva ajuizar nova ação civil pública, desde que fundada em novas provas.

(B) apenas a associação que ajuizou a primeira ação poderá ajuizar nova ação civil pública, desde que fundada em novas provas, pois se trata de um direito difuso.

(C) como houve apreciação do mérito, forma-se coisa julgada material, não sendo possível o ajuizamento de nova ação civil pública, tampouco de ação rescisória.

(D) é necessário o ajuizamento de ação rescisória pela associação, após a realização da perícia pela via cautelar, por se tratar de prova da qual não pôde fazer uso e que por si só pode assegurar-lhe pronunciamento favorável.

(E) é necessário o ajuizamento de ação rescisória por qualquer dos legitimados para a tutela coletiva, após a realização da perícia pela via cautelar, por se tratar de prova da qual não se pôde fazer uso e que por si só pode assegurar pronunciamento favorável.

A: correta, pois a decisão de improcedência da ação coletiva que tutela direitos difusos (art. 81, parágrafo único, I, do CDC), por falta de provas, não impede o ajuizamento de outro ação coletiva, desde que fundada em novas provas. Assim estabelece o art. 103, I, do CDC. Aliás, essa é uma das grandes características do processo coletivo: impedir que uma decisão proferida em ação coletiva, quando a atuação do colegitimado não foi efetiva, possa impedir a efetiva tutela dos direitos transindividuais; **B:** incorreta, pois, como expressamente dispõe o art. 103, I, do CDC, "qualquer legitimado poderá intentar outra ação"; **C:** incorreta, pois, no âmbito do processo coletivo, nem toda decisão de mérito faz coisa julgada material. A formação da coisa julgada material, que poderia impedir nova demanda sobre a mesma questão, é condicionada ao resultado do processo (secundum eventum litis) e à qualidade da prova produzida (secundum eventum probationis); **D:** incorreta, pois não cabe ação rescisória se não houve a formação da coisa julgada material (art. 485, caput, do CPC); **E:** incorreta, pois, como se disse, incabível, no caso, a ação rescisória.

Gabarito "A"

(Defensor Público/PR – 2012 – FCC) A Defensoria Pública do Paraná ajuíza ação civil pública em face do Estado do Paraná e do Município de Cascavel. Um mês depois, o Ministério Público ajuíza ação com idêntico pedido e idêntica causa de pedir, em face do Município de Cascavel. Nesta hipótese, verifica-se a ocorrência de

(A) conexão.

(B) continência.

(C) litispendência.

(D) conexão em relação ao Estado do Paraná e continência em relação ao Município de Cascavel.

(E) ausência de identidade entre os processos, por se tratarem de autores diferentes.

A: incorreta, pois, no caso, há identidade entre os elementos da demanda (mesmo réu, mesma causa de pedir e mesmo pedido). Sendo assim, o fenômeno é o da litispendência. O fato de o autor ser formalmente diferente não impede o reconhecimento da litispendência, decorrente da tríplice identidade, no processo coletivo, pois o autor da demanda postula em juízo direitos que não são seus, mas que pertencem à coletividade; **B:** incorreta, pois os pedidos são idênticos. Haveria possibilidade de continência se os pedidos deduzidos em uma demanda fossem mais amplos do que os pedidos deduzidos na outra; **C:** correta, pois, conforme exposto, há identidade entre os elementos objetivos (causa de pedir e pedido) e subjetivos (partes) da demanda, o que caracteriza a litispendência; **D:** incorreta, pois, como se disse, não há continência, que pressupõe diferença de amplitude dos pedidos; **E:** incorreta, pois, conforme se disse, há identidade entre elementos da demanda.

Gabarito "C"

(Defensor Público/SE – 2012 – CESPE) Em caso de ajuizamento de ação coletiva com a finalidade de se obter tutela jurisdicional que condene determinada instituição financeira a reparar o dano causado a determinada coletividade de poupadores,

(A) os efeitos da sentença de improcedência da ação coletiva se estenderão às ações individuais com o mesmo objeto.

(B) a sentença de procedência somente poderá beneficiar os poupadores, e não seus sucessores.

(C) as ações individuais que tenham por objeto a mesma questão não poderão ser liquidadas ou executadas com base na sentença coletiva que julgue procedente o pedido.

(D) os efeitos da sentença de procedência ou de improcedência se estenderão às vítimas e seus sucessores.

(E) admite-se o aproveitamento da coisa julgada coletiva benéfica para as pretensões individuais, que podem ser liquidadas e executadas com base na sentença coletiva.

A: incorreta, pois as pretensões individuais, no caso, não são prejudicadas pelo que for decidido na ação coletiva. Assim determina o art. 103, § 2º, do CDC; **B:** incorreta, pois a sentença proferida na ação coletiva beneficia as vítimas e seus sucessores, conforme determina, expressamente, o art. 103, III, do CDC; **C:** incorreta, pois a possibilidade de liquidação e execução decorre dos arts. 97 e 98 do CDC; **D:** incorreta, pois apenas os efeitos da sentença de procedência se estenderão às vítimas e seus sucessores (art. 103, III, do CDC); **E:** correta, pois assim estabelecem os arts. 97 e 98 do CDC.

Gabarito "E"

(Defensor Público/SE – 2012 – CESPE) Assinale a opção correta com relação à coisa julgada e à prescrição nas ações coletivas.

(A) Em regra, a execução de sentença coletiva prescreve em cinco anos a contar da prolação da sentença.

(B) Na hipótese de improcedência de ação coletiva por falta de provas, quando a demanda tiver sido proposta para tutela de interesses e direitos individuais homogêneos, a coisa julgada recairá sobre as pretensões coletivas, de modo que não será viável a repropositura da ação coletiva para tutelar direitos individuais e homogêneos com o mesmo objeto, ainda que mediante a indicação de prova nova.

(C) Na ação coletiva ajuizada para tutelar direitos e interesses coletivos *stricto sensu*, a eficácia da sentença de procedência não se limita a determinado grupo ou categoria, por ser *erga omnes*.

(D) De acordo com entendimento do STJ, o termo inicial do prazo de prescrição para o ajuizamento de ação coletiva com a finalidade de atacar contrato ilegal é a subscrição do contrato.

(E) A ação coletiva para a tutela do meio ambiente prescreve em cinco anos contados da ciência do dano.

A: incorreta, pois, em regra, não há prescrição no âmbito das ações coletivas, exceto no caso das pretensões individuais. Assim, no caso da tutela de direitos difusos, envolvendo, por exemplo, a proteção do meio ambiente ecologicamente equilibrado, não se pode falar em prescritibilidade. A prescrição ocorre no caso da tutela de direitos individuais. A 2ª Turma do STJ já consignou: "O Tribunal a quo entendeu que: 'Não se pode aplicar entendimento adotado em ação de direitos patrimoniais em ação que visa à proteção do meio ambiente, cujos efeitos danosos se perpetuam no tempo, atingindo às gerações presentes e futuras'. Esta Corte tem entendimento no mesmo sentido, de que, tratando-se de direito difuso – proteção ao meio ambiente –, a ação de reparação é imprescritível. Precedentes" (AgRg no REsp 1.150.479/RS, Rel. Min. Humberto Martins, DJe 14/10/2011). De lembrar que o prazo prescricional para a execução é o mesmo para o ajuizamento da ação de conhecimento. Consigne-se, ainda, que a Lei de Improbidade Administrativa (Lei n. 8.429/1992), em seu art. 23, traz regras específicas sobre a prescrição. Porém, a pretensão ao ressarcimento ao erário, decorrente de ato de improbidade administrativa, é imprescritível; **B:** correta. O art. 103 do CDC, nos incisos I e II, estabelece que, nas ações coletivas, a sentença fará coisa julgada erga omnes (no caso de direitos difusos) ou ultra partes (no caso de direito coletivo no sentido estrito), mas, em relação aos colegitimados, não há coisa julgada material se a ação for julgada improcedente por falta de provas. Todavia, se o artigo 103, nos incisos I e II, faz ressalva quanto à possibilidade de nova demanda coletiva, fundada nos mesmos fatos, se houver improcedência por insuficiência de provas, ele não contém a mesma ressalva no caso do inciso III. E por não conter as mesmas ressalvas dos incisos anteriores, sugere que a sentença de improcedência por falta de provas, no caso da tutela de direitos individuais homogêneos, atinge os colegitimados. Registre-se, porém, que existem divergências doutrinárias sobre a questão; **C:** incorreta, pois a eficácia da sentença, no caso, restringe-se ao grupo, à classe ou à categoria de pessoas. Além disso, os efeitos da coisa julgada, no caso da tutela de direitos coletivos no sentido estrito, são ultra partes e não erga omnes; **D:** incorreta, pois o termo inicial é o do trânsito em julgado da sentença coletiva. Assim já decidiu o STJ: "Nas execuções individuais ou cumprimento de sentença, o prazo prescricional é o quinquenal, próprio das ações coletivas, contado a partir do trânsito em julgado da sentença proferida em ação civil pública" (AgRg no AREsp 280.711/MS, Rel. Min. Humberto Martins, Segunda Turma, DJe 25/04/2013); **E:** incorreta, conforme comentários à assertiva "A".

Gabarito "B"

(Defensor Público/SE – 2012 – CESPE) No que concerne à multa nas ações coletivas, assinale a opção correta.

(A) Em caráter excepcional, o STJ admite que a execução do valor da multa contra o poder público ocorra mediante sequestro (arresto) de rendas públicas.

(B) A multa imposta tem caráter compensatório ou indenizatório.

(C) Segundo o STJ, a fixação de multa pelo magistrado depende de requerimento ou provocação expressa da parte.

(D) Nas ações coletivas, a multa cominada liminarmente, quando não adimplida, será imediatamente exigível do réu.

(E) Uma vez imposta a multa, é vedado ao magistrado modificar o seu valor.

A: correta, pois, de fato, assim tem decidido o STJ, como ilustra a ementa do julgado proferido no REsp 848.588/RS: "Recurso especial – Fazenda Pública – Fornecimento de medicamentos – Art. 535, II, do CPC – Ofensa não reconhecida – Bloqueio de verbas públicas – Cabimento – Art. 461, § 5º do CPC – Precedentes – Seguimento negado ao recurso" (Rel. Min. Humberto Martins, DJ 13/04/2007); **B:** incorreta, pois a multa tem caráter coercitivo. Por isso que o art. 84, § 2°, do CDC, dispõe que "a indenização por perdas e danos se fará sem prejuízo da multa"; **C:** incorreta, pois o STJ admite a fixação da multa de ofício: "O entendimento deste Superior Tribunal de Justiça é no sentido de ser possível ao juiz, de ofício ou a requerimento da parte, fixar multa diária cominatória – astreintes –, ainda que contra a Fazenda Pública, em caso de descumprimento de obrigação de fazer" (AgRg no Ag 1.021.240/RJ, Quinta Turma, Rel. Min. Laurita Vaz, DJe 23/06/2008); **D:** incorreta, pois o STJ tem decidido de forma diferente: "É pacífica a jurisprudência nesta Corte no sentido de que a multa prevista no § 4º do art. 461 do CPC só é exigível após o trânsito em julgado da sentença (ou acórdão) que confirmar a fixação da multa diária, que será devida, todavia, desde o dia em que se houver configurado o descumprimento. Precedentes" (AgRg no REsp 1.241.374/PR, Terceira Turma, Rel. Min. Sidnei Beneti, DJe 24/06/2013); **E:** incorreta, pois a modificabilidade é expressamente admitida pelo art. 461, § 6º, do CPC: "O juiz poderá, de ofício, modificar o valor ou a periodicidade da multa, caso verifique que se tornou insuficiente ou excessiva".

Gabarito "A"

(Defensor Público/BA – 2010 – CESPE) Julgue o seguinte item.

(1) Considere a seguinte situação hipotética. A DP ajuizou ACP, visando à proteção de interesse difuso de certa comunidade, no que se refere ao tombamento de determinados imóveis do centro histórico considerados de valor artístico, estético, histórico, turístico e paisagístico, tendo João ajuizado, em momento anterior, ação individual para tentar proteger o seu imóvel em especial. Nessa situação, João se beneficiará necessariamente dos efeitos subjetivos da coisa julgada na ACP, ainda que a sua ação individual seja julgada improcedente por outro juiz.

1: errada, pois João não se beneficiará dos efeitos da coisa julgada na ação coletiva se propôs ação individual, julgada improcedente, e, ciente da ação coletiva, não pediu a suspensão de sua ação individual no prazo de 30 dias a partir da ciência nos autos da ação individual do ajuizamento da ação coletiva (art. 104 do CDC).

Gabarito 1E

(Defensor Público/BA – 2010 – CESPE) Julgue o seguinte item.

(1) Suponha que a DP ajuíze ACP para proteger os direitos de portadores de deficiência física, e que o juiz de primeiro grau julgue improcedente o pedido. Nesse caso, a sentença fica sujeita ao duplo grau de jurisdição, não produzindo efeito senão depois de confirmada pelo tribunal.

1: correta (art. 4.º, § 1.º, da Lei 7.853/1989).

Gabarito 1C

(Defensor Público/AM – 2010 – I. Cidades) Quanto à coisa julgada, à liquidação e à execução de sentença em ações coletivas, marque a alternativa correta:

(A) Na condenação por danos a interesses coletivos em sentido estrito, eventuais vítimas não podem promover a liquidação individual da sentença.
(B) Se a associação autora não promover o cumprimento da sentença em sessenta dias, a Defensoria Pública não terá legitimidade para fazê-lo, cabendo apenas ao Ministério Público suprir a omissão.
(C) Apesar das críticas quase unânimes da doutrina, o STJ e o STF aceitam a aplicação do dispositivo legal que restringiu a coisa julgada coletiva aos limites da competência territorial do juiz prolator da decisão.
(D) Não haverá coisa julgada material na ação coletiva que verse sobre interesses individuais homogêneos, caso venha a ser julgada improcedente por qualquer motivo, inclusive para os lesados individuais que intervieram na ação coletiva.
(E) Haverá coisa julgada material na ação coletiva que verse sobre interesses difusos, se a improcedência for por falta de provas.

A: incorreta, em virtude do disposto no art. 103, § 3.º, do CDC, que não restringe os interesses das vítimas às ações que tratam da defesa de interesses individuais homogêneos; **B:** incorreta (art. 15 da Lei 7.347/1985); **C:** correta, valendo salientar que o STJ tem tomado algumas decisões que levam à conclusão de que poderá rever essa posição; **D:** incorreta, pois há coisa julgada material quando se tem improcedência que não seja por falta de provas; porém, essa coisa julgada não prejudica lesados individuais que não tiverem intervindo na ação coletiva, podendo estes propor ação a título individual (art. 103, § 2.º, do CDC); **E:** incorreta, pois não há coisa julgada material na improcedência por falta de provas (art. 16 da Lei 7.347/1985).

Gabarito "C"

(Defensor Público/AL – 2009 – CESPE) Julgue o seguinte item.

(1) A sentença em ação civil pública fará coisa julgada *erga omnes*, se o pedido for julgado improcedente por insuficiência de provas.

1: errada, pois a coisa julgada só se fará *erga omnes* quando o pedido for julgado procedente ou improcedente, com julgamento de mérito; quando o pedido for julgado improcedente por falta de provas não há esse efeito (art. 16 da Lei 7.347/1985), podendo qualquer legitimado intentar outra ação com idêntico fundamento, valendo-se de nova prova.

Gabarito 1E

8. Ordem urbanística

(Defensor Público/AC – 2012 – CESPE) Assinale a opção correta em relação à defesa da ordem urbanística.

(A) O planejamento de construção de ruas e de prédios de forma a garantir fluxo tranquilo, tanto do transporte terrestre quanto do aéreo, não se enquadra como diretriz da ordem urbanística.
(B) A justa distribuição dos benefícios advindos do processo de urbanização bem como dos ônus dele decorrentes não se inclui entre as preocupações relacionadas à ordem urbanística.
(C) Caso o dano por falta de investimento em infraestrutura, como a falta de água frequente ou defeitos na rede de esgoto, atinja apenas alguns bairros de determinado município, estará configurada violação a direito difuso.
(D) A regularização fundiária e a urbanização de áreas ocupadas por população de baixa renda, mediante o estabelecimento de normas especiais de urbanização, é matéria afeta ao direito de propriedade e, como tal, não diz respeito ao direito urbanístico.
(E) A lei reconhece como direito coletivo em sentido amplo a ordem urbanística, sendo um dos objetivos da política urbana o pleno desenvolvimento da propriedade urbana, razão pela qual a construção de condomínios em região arborizada deve ser precedida de estudo de impacto ambiental.

A: incorreta, pois a assertiva se refere a diretrizes importantes da ordem urbanística conforme se infere do art. 182 da CF e da Lei n. 10.257/2001, que estabelece diretrizes gerais da política urbana e dá outras providências; **B:** incorreta, pois referidas preocupações estão consignadas na Lei n. 10.257/2001 (art. 2º, IX); **C:** incorreta, pois, no caso, estão afetos, mais diretamente, direitos coletivos e individuais homogêneos; **D:** incorreta, pois as referidas matérias dizem respeito ao direito urbanístico, tanto que consignadas na Lei n. 10.257/2001 (art. 2º, XIV); **E:** correta, pois, de fato, a tutela da ordem urbanística envolve direitos transindividuais, sendo o estudo de impacto ambiental um dos principais instrumentos da tutela da ordem urbanística (art. 4º, VI, da Lei n. 10.257/2001).

Gabarito "E"

9. Improbidade administrativa

(Defensor Público/ES – 2012 – CESPE) Julgue os próximos itens, referentes a ACP e ação de improbidade administrativa.

(1) A petição inicial da ação de improbidade administrativa ajuizada pelo MP pode ser objeto de aditamento pelos demais legitimados, em atuação supletiva, para suprir omissão objetiva ou subjetiva.
(2) A categoria ético-política dos sujeitos hipervulneráveis justifica a defesa de direito individual indisponível, ainda que não homogêneo, por meio de ACP.

1: correta, pois, sendo a legitimidade concorrente, a ação de improbidade pode ser proposta pelo Ministério Público ou pela pessoa jurídica interessada (Lei n. 8.429/1992, art. 17). Sendo assim, desde que constatada alguma omissão, o colegitimado pode aditar a inicial para incluir pedido (aditamento objetivo) ou para incluir litisconsorte (aditamento subjetivo); **2:** correta, pois esse tem sido o entendimento dos tribunais superiores. Trata-se da utilização da ação civil pública para a tutela de direito individual ou de direitos individuais. Alguns falam, no caso, em ação pseudocoletiva. Luiz Paulo da Silva Araújo Filho (Ações coletivas: a tutela jurisdicional dos direitos individuais homogêneos, Rio de Janeiro:

Forense, 2000, p. 200) chama a atenção para o fenômeno das ações pseudocoletivas: "Nas ações pseudocoletivas, em realidade, conquanto tenha sido proposta a ação por um único legitimado extraordinário, na verdade estão sendo pleiteados, específica e concretamente, os direitos individuais de inúmeros substituídos, caracterizando-se uma pluralidade de pretensões que, em tudo e por tudo, é equiparável à do litisconsórcio multitudinário, na feliz e consagrada expressão de Cândido Rangel Dinamarco, devendo sua admissibilidade, portanto, submeter-se, em princípio, às mesmas condições, ou seja, somente poderiam ser consideradas admissíveis quando não prejudicassem o pleno desenvolvimento do contraditório ou o próprio exercício da função jurisdicional".

Gabarito 1C, 2C

(Defensor Público/AC – 2012 – CESPE) A respeito da improbidade administrativa, assinale a opção correta.

(A) A responsabilidade civil decorrente do ato de improbidade administrativa é objetiva, ou seja, não se analisa dolo ou culpa, porque o prejuízo sempre será do poder público.

(B) Ação contrária aos princípios da administração pública não gera improbidade administrativa quando não causa prejuízo ao erário.

(C) Ato de improbidade é definido como o ato lesivo ao ordenamento jurídico praticado exclusivamente por servidor público, no exercício de sua função, contra a administração direta, indireta ou fundacional de qualquer dos poderes da União, dos Estados, do DF e dos Municípios.

(D) A probidade administrativa configura norma difusa, visto que os bens pertencentes ao Estado constituem *res publica*, devendo ser coibido qualquer desvio de destinação desses bens.

(E) As sanções legalmente previstas para atos de improbidade administrativa não incluem a proibição de contratar com o poder público.

A: incorreta, pois a responsabilidade, no caso, é subjetiva. Por isso, a responsabilidade pelo ato de improbidade que causa enriquecimento ilícito ou que atenta contra os princípios aplicáveis à Administração Pública pressupõe dolo. No caso de ato de improbidade que causa prejuízo ao erário a responsabilidade também é subjetiva e decorre de dolo ou culpa (art. 10, caput, da Lei n. 8.429/1992); **B:** incorreta, pois a responsabilidade, no caso de ato que atenta contra os princípios, independente de eventual prejuízo ao erário. Tanto que o art. 12, III, da Lei n. 8.429/1992, determina a aplicação da pena de ressarcimento integral do dano, "se houver" prejuízo ao erário; **C:** incorreta, pois o ato de improbidade é praticado por agentes públicos, bem como por colaboradores e beneficiários. Além disso, o conceito de agente público, para fins de incidência da Lei n. 8.429/1992, é muito amplo. Assim se depreende dos arts. 2º e 3º da Lei n. 8.429/1992; **D:** correta, pois o ato de improbidade administrativa atenta contra interesse difuso, qual seja, o direito difuso à probidade, à honestidade dos agentes públicos. Também é interesse difuso o relacionado à preservação do patrimônio público, composto por bens materiais e imateriais. Daí a legitimidade do Ministério Público reconhecida pela Súmula n. 329 do STJ ("O Ministério Público tem legitimidade para propor ação civil pública em defesa do patrimônio público"); **E:** incorreta, pois a sanção está prevista no art. 12 da Lei n. 8.429/1992.

Gabarito "D"

10. Ação Popular e Mandado de Segurança Coletivo

(Defensor Público/BA – 2010 – CESPE) O chefe do Executivo de determinado município promulgou lei que institui nova taxa de serviço. O presidente do partido político de oposição pretende ajuizar ação, visando a não aplicação dessa lei aos contribuintes locais. Considerando essa situação hipotética, os interesses transindividuais e a tutela coletiva, julgue os itens seguintes.

(1) É possível o uso da ação popular, para a proteção do patrimônio das pessoas, contra a instituição do referido tributo.

(2) O referido partido político, desde que tenha representação na câmara de vereadores, poderá ajuizar mandado de segurança coletivo.

1: errada, pois a ação popular só pode ter por objeto a proteção do patrimônio público, da moralidade administrativa, do meio ambiente e do patrimônio histórico e cultural (art. 5.º, LXXIII, da CF), não cabendo para a proteção do patrimônio das pessoas em geral; **2:** errada, pois somente partido político com representação no Congresso Nacional tem legitimidade para ajuizar mandado de segurança coletivo (art. 5.º, LXX, da CF).

Gabarito 1E, 2E

(Defensoria/PI – 2009 – CESPE) Com relação à ação civil pública e à ação popular, assinale a opção correta.

(A) Quando um cidadão ajuíza ação popular, o Poder Judiciário está autorizado a invalidar opções administrativas ou substituir critérios técnicos por outros que repute mais convenientes ou oportunos.

(B) Nas ações populares, inadmite-se a concessão de liminar.

(C) À DP é vedado ajuizar ação civil pública, quando houver ação popular ajuizada sobre o mesmo fato.

(D) Eventuais provas colhidas na fase de um inquérito civil têm valor relativo, podendo ser refutadas por contraprovas no curso de uma ação civil pública.

(E) Caso um cidadão pretenda sustar a discussão de determinado projeto de lei na Câmara dos Deputados, ele poderá valer-se da ação popular.

A: incorreta, pois há de se respeitar o mérito administrativo; **B:** incorreta, pois cabe, sim, liminar (art. 5.º, § 4.º, da Lei 4.717/1965); **C:** incorreta, pois a Defensoria Pública pode, sim, ajuizar ação civil pública no caso, valendo salientar que a segunda ação promovida, se idêntica, será extinta por litispendência, e se conexa, será reunida para julgamento conjunto com a primeira; **D:** correta, pois, em juízo, sob o manto do contraditório e da ampla defesa, as provas produzidas têm valor diferenciado em relação às provas colhidas no inquérito civil, cujo valor é relativo; **E:** incorreta, pois a simples discussão de um projeto de lei não pode ser considerado ato lesivo aos bens jurídicos tutelados pelo art. 5.º, LXXIII, da CF, e o que vem depois da decisão, a lei, só pode ser discutido por meio de ação de inconstitucionalidade.

Gabarito "D"

12. Direito do Consumidor

Wander Garcia

1. Conceito de Consumidor e Relação de Consumo

(Defensor Público/SE – 2012 – CESPE) O CDC é aplicável a

(A) indenização do condômino pelo condomínio, em razão de furto de bem móvel ocorrido dentro da garagem de prédio de apartamentos.
(B) ressarcimento do valor pago ao advogado que, constituído em processo criminal, tenha deixado de recorrer de sentença de pronúncia.
(C) dívida de contrato de locação.
(D) cobrança indevida relativa a crédito educativo custeado pelo Estado em benefício de aluno.
(E) revisão de benefício de previdência privada.

A: incorreta, pois o STJ é pacifico no sentido de que o CDC não se aplica à relação entre condomínio e condômino (STJ, AgRg no Ag 1.122.191, DJ 01.07.10); **B:** incorreta, pois o STJ também decide que não se aplica o CDC na relação entre advogado e cliente (STJ, REsp 532.377/RJ); **C:** incorreta, pois o STJ entende que não se aplica o CDC às locações de imóveis urbanos (STJ, AgRg no Ag 1.089.413, DJ 28.06.11); **D:** incorreta, pois o STJ é no sentido de que não se aplica o CDC no caso (STJ, REsp 1.256.227, DJ 21/08/12); **E:** correta, pois a Súmula STJ n. 321 é no sentido de que se aplica o CDC aos contratos de previdência privada.

Gabarito "E".

(Defensor Público/ES – 2012 – CESPE) Julgue os itens a seguir, acerca dos direitos do consumidor.

(1) As vítimas de acidente aéreo com aeronave comercial, sejam elas passageiros ou pessoas que se encontrem em superfície, são designadas consumidores *stricto sensu* pela doutrina, devendo a elas ser estendidas as normas do CDC.
(2) A inversão do ônus da prova não obriga a parte contraria a arcar com as custas da prova requerida pelo consumidor, mas o fornecedor fica sujeito as consequências processuais advindas de sua não produção.
(3) Consideram-se abusivas e nulas de pleno direito as cláusulas contratuais que coloquem o consumidor em desvantagem exagerada em relação ao fornecedor, cabendo ao juiz de direito competente conhecer, de oficio, da abusividade das cláusulas dos contratos, incluindo-se as dos contratos bancários.
(4) No direito brasileiro, o critério adotado para determinação da condição de consumidora da pessoa jurídica e o maximalista, de modo que, para caracterizar-se consumidora, a pessoa jurídica deve ser destinatária final econômica do bem ou serviço adquirido.
(5) Considere que Ana tenha celebrado contrato com a Alfa Maquinas Ltda. para a aquisição de uma máquina de bordar, visando utilizar o bem para trabalhar e auferir renda para a sua sobrevivência e a de sua família, e que, nesse contrato, haja clausula de eleição de foro que dificulte o livre acesso de Ana ao Poder Judiciário. Nessa situação hipotética, deve ser declarada a nulidade da referida clausula, diante da hipossuficiência e vulnerabilidade econômica da consumidora.

1: incorreta, pois quem está na aeronave é consumidor-padrão (art. 2º do CDC) e quem está fora é consumidor *bystander*, consumidor equiparado por ser vítima de acidente de consumo (art. 17 do CDC); **2:** correta (STJ, REsp 1.063.639, DJ 04.11.09), (STJ, AgRg na MC 17695/PR, DJ 12/05/2011); **3:** incorreta, pois, segundo a Súmula STJ n. 381, "nos contratos bancários, é vedado ao julgador conhecer, de ofício, da abusividade das cláusulas"; **4:** incorreta, pois o STJ aplica a teoria finalista aprofundada, pela qual é necessário que o consumidor seja destinatário fático e econômico, mas, em caso de destinatário final fático vulnerável, aplica-se o CDC também (art. REsp 1.195.642, DJ 21.11.12); **5:** correta (STJ, REsp. 1.010.834, DJ 13.10.10).

Gabarito 1E, 2C, 3E, 4E, 5C

(Defensor Público/AC – 2012 – CESPE) No que diz respeito às relações de consumo, assinale a opção correta.

(A) O CDC não se aplica aos contratos de planos de saúde, regulados por norma específica ditada em lei especial.
(B) Contrato de mútuo firmado entre correntista pessoa física e instituição financeira, para a compra de ações de sociedade anônima, não configura relação de consumo, pois o correntista não pode ser qualificado como destinatário final do produto, que constitui investimento.
(C) O STJ não admite a revisão de ofício de cláusulas contratuais consideradas abusivas em contratos sujeitos às normas de defesa do consumidor.
(D) Visando à adoção do critério finalista para a interpretação do conceito de consumidor, a jurisprudência do STJ veda a aplicabilidade do CDC às relações entre fornecedores e sociedades empresárias.
(E) A discussão judicial da dívida obsta a negativação do nome do devedor nos cadastros de inadimplentes.

A: incorreta, pois o serviço de seguro está previsto no art. 3º, §2º, do CDC e a Súmula STJ n. 469 é expressa no sentido da aplicação do CDC aos planos de saúde; **B:** incorreta, pois o correntista está contraindo empréstimo do banco para uso pessoal, ainda que ligado a um investimento seu, não se confundindo com a atuação de uma empresa que contrai empréstimo para uso na sua atividade econômica (v., p. ex., decisão do STJ no AgRg no Ag 296516); **C:** correta; há inclusive uma Súmula do STJ nesse sentido (Súmula n. 381), voltada ao contrato bancário, mas que traz o posicionamento do STJ nesse assunto; **D:** incorreta, pois o STJ aplica hoje o finalismo aprofundado, que permite a aplicação do

CDC não só nos casos em que o consumidor pessoa jurídica é destinatário final fático e econômico (finalismo puro), como também nos casos em que o consumidor pessoa jurídica é só destinatário final fático, mas, no caso concreto, revele-se vulnerável, precisando da proteção consumerista (ex: STJ, REsp 1.195.642, DJ 21.11.12); **E:** incorreta, pois, segundo o STJ, a discussão judicial por si só não é suficiente para suspender a negativação do nome, sendo necessário que o consumidor comprove em juízo os requisitos para a concessão de uma tutela de urgência nesse sentido.

Gabarito "C"

(Defensor Público/AM – 2010 – I. Cidades) Com relação ao Código de Defesa do Consumidor (Lei n. 8.078, de 11 de setembro de 1990), assinale a alternativa correta:

(A) aplica-se à locação de imóvel residencial;
(B) aplica-se ao seguro-fiança relacionado à locação de imóvel residencial;
(C) aplica-se à locação comercial em shopping center;
(D) aplica-se ao condomínio residencial;
(E) aplica-se à compra e venda de imóvel residencial entre dois particulares.

A: incorreta, pois o STJ é pacífico no sentido de que não se aplica o CDC nas relações locatícias, mas somente a Lei 8.245/1991 (STJ, AgRg no Ag 1.089.413, DJ 28.06.2011); **B:** correta, pois o seguro-fiança é considerado serviço de natureza securitária, previsto no art. 3º, § 2º, do CDC; **C:** incorreta, pois, nesse caso, também se aplica o disposto na Lei 8.245/1991; **D:** incorreta, pois, segundo o STJ, a relação entre o condômino e o condomínio não configura a definição de prestação de serviço prevista no CDC (AgRg no Ag 1.122.191, DJ 01.07.2010); **E:** incorreta pois, nesse caso, não há fornecedor, já que este é aquele que "desenvolve atividade" de comércio, fabricação etc.; no caso, a expressão "particular" é usada no sentido de designar aquele que vende algo eventualmente, ou seja, não profissionalmente.

Gabarito "B"

(Defensoria/ES – 2009 – CESPE) Considerando que um avião comercial tenha caído em área residencial brasileira, julgue os itens subsequentes.

(1) Na situação considerada, são consumidores por equiparação as pessoas físicas ou jurídicas que, mesmo sem terem sido partícipes da relação de consumo, foram atingidas em sua saúde ou segurança em virtude da queda da aeronave.
(2) Os passageiros (consumidores do serviço) que foram atingidos pelo evento danoso — acidente de consumo — são denominados *bystanders*.
(3) Na hipótese em apreço, se as pessoas que passavam na rua tiverem sido atingidas em sua integridade física pela queda do avião, tal fato ensejará a essas pessoas o direito às garantias legais instituídas no CDC, como, por exemplo, a inversão do ônus da prova em seu favor.

1: certa, pois as vítimas de um acidente de consumo são equiparadas a consumidores (art. 17 do CDC); **2:** errada, pois a expressão "consumidores *bystanders*" refere-se às vítimas do acidente de consumo, que são consumidores equiparados (art. 17 do CDC); assim, os passageiros do avião são "consumidores em sentido estrito"; *bystanders* são aquelas pessoas estranhas à relação de consumo, mas que sofreram prejuízo em razão de defeitos do produto ou serviço; **3:** certa, pois, como se viu, tais pessoas são equiparadas a consumidores (art. 17 do CDC) e, assim sendo, recebem a proteção do CDC.

Gabarito 1C, 2E, 3C

(Defensoria/PA – 2009 – FCC) Assinale a alternativa que representa os ditames do Direito Consumerista em vigor.

(A) Os entes despersonalizados que desenvolvem atividade de produção, montagem, criação, construção, transformação, importação, exportação, distribuição ou comercialização de produtos ou prestação de serviços também são considerados fornecedores.
(B) A massa falida, por ser ente despersonalizado, não se enquadra no conceito legal de fornecedor.
(C) Uma grande e próspera multinacional, ao adquirir produtos e serviços, não pode ser considerada consumidora, ainda que a aquisição seja na condição de destinatário final, porquanto lhe falta o requisito da hipossuficiência econômica.
(D) Produto é qualquer bem imóvel ou móvel, desde que corpóreo.
(E) Equipara-se a consumidor a coletividade de pessoas, desde que determináveis, que haja intervindo nas relações de consumo.

A: correta (art. 3º, *caput*, do CDC); **B:** incorreta, pois os entes despersonalizados também podem ser fornecedores (art. 3º, *caput*, do CDC); **C:** incorreta, pois o CDC admite que pessoas jurídicas sejam consumidoras, desde que, naturalmente, sejam destinatárias finais do produto ou do serviço, como é o caso da afirmativa (art. 2º, *caput*, do CDC); **D:** incorreta, pois o produto pode ser corpóreo (material) ou incorpóreo (imaterial), nos termos do art. 3º, § 1º, do CDC; **E:** incorreta, pois o art. 2º, parágrafo único, do CDC estabelece que tal coletividade pode ser de pessoas determináveis ou indetermináveis.

Gabarito "A"

(Defensor Público/BA – 2006) Versando sobre o tema do Direito do Consumidor, consoante as disposições da Lei 8.078 de 1990 (Código de Defesa do Consumidor), tem-se que:

I. Equipara-se a consumidor a coletividade de pessoas, ainda que indetermináveis, que haja intervindo nas relações de consumo.
II. Fornecedor é toda pessoa física ou jurídica, pública ou privada, nacional ou estrangeira, bem como os entes despersonalizados, que desenvolvem atividade de produção, montagem, criação, construção, transformação, importação, exportação, distribuição ou comercialização de produtos ou prestação de serviços.
III. Serviço é qualquer atividade fornecida no mercado de consumo, mediante remuneração, inclusive as de natureza bancária, financeira, de crédito e securitária, salvo as decorrentes das relações de caráter trabalhista.

Analisando as assertivas acima, verifica-se que:

(A) Todas estão corretas.
(B) Apenas a I está correta.
(C) Apenas a II está correta.
(D) Apenas a III está correta.
(E) Apenas II e III estão corretas.

I: correta (art. 2º, parágrafo único, do CDC); **II:** correta (art. 3º, *caput*, do CDC); **III:** correta (art. 3º, § 2º, do CDC).

Gabarito "A"

2. Política Nacional das Relações de Consumo, Princípios e Direitos Básicos

(Defensor Público/AM – 2013 – FCC) Segundo o Código de Defesa do Consumidor, são instrumentos para a execução da política nacional das relações de consumo:

(A) a criação de delegacias de polícia especializadas no atendimento de consumidores vítimas de infrações penais de consumo e a harmonização dos interesses dos participantes das relações de consumo e compatibilização da proteção do consumidor com a necessidade de desenvolvimento econômico e tecnológico, de modo a viabilizar os princípios nos quais se funda a ordem econômica (art. 170, da Constituição Federal), sempre com base na boa-fé e equilíbrio nas relações entre consumidores e fornecedores.
(B) a educação e informação de fornecedores e consumidores, quanto aos seus direitos e deveres, com vistas à melhoria do mercado de consumo, estudo constante das modificações do mercado de consumo e a racionalização e melhoria dos serviços públicos.
(C) a concessão de estímulos à criação e desenvolvimento das Associações de Defesa do Consumidor, a criação de delegacias de polícia especializadas no atendimento de consumidores vítimas de infrações penais de consumo e a manutenção de assistência jurídica, integral e gratuita para o consumidor carente.
(D) a instituição de Promotorias de Justiça de Defesa do Consumidor, no âmbito do Ministério Público, o reconhecimento da vulnerabilidade do consumidor no mercado de consumo e o incentivo

à criação pelos fornecedores de meios eficientes de controle de qualidade e segurança de produtos e serviços, assim como de mecanismos alternativos de solução de conflitos de consumo.

(E) a manutenção de assistência jurídica, integral e gratuita para o consumidor carente, a criação de Juizados Especiais de Pequenas Causas e Varas Especializadas para a solução de litígios de consumo e o reconhecimento da vulnerabilidade do consumidor no mercado de consumo.

A: incorreta, pois a "harmonização do interesses (...)" é *princípio* e não *instrumento* da PNRC (Política Nacional das Relações de Consumo), nos termos do art. 4º, III, do CDC; **B:** incorreta, pois a "educação e informação (...)" é *princípio* e não *instrumento* da PNRC (Política Nacional das Relações de Consumo), nos termos do art. 4º, IV, do CDC; **C:** correta (art. 5º, I, III e V, do CDC); **D:** incorreta, pois o "reconhecimento da vulnerabilidade (...)" e "o incentivo à criação (...)" são *princípios* e não *instrumentos* da PNRC (Política Nacional das Relações de Consumo), nos termos do art. 4º, I e V, do CDC; **E:** incorreta, pois "o reconhecimento da vulnerabilidade (...)" é *princípio* e não *instrumento* da PNRC (Política Nacional das Relações de Consumo), nos termos do art. 4º, I, do CDC.

Gabarito "C"

(Defensor Público/SP – 2012 – FCC) De acordo com o que dispõe de forma expressa o art. 5º do Código de Defesa do Consumidor (Lei nº 8.078/90), para a execução da Política Nacional das Relações de Consumo, contará o poder público com os seguintes instrumentos, EXCETO:

(A) Concessão de estímulos à criação e desenvolvimento das Associações de Defesa do Consumidor.

(B) Instituição de Promotorias de Justiça de Defesa do Consumidor, no âmbito do Ministério Público.

(C) Criação de Delegacias de Polícia especializadas no atendimento de consumidores vítimas de infrações penais de consumo.

(D) Criação de Juizados Especiais de Pequenas Causas e Varas Especializadas para a solução de litígios de consumo.

(E) Criação de Defensorias Públicas de Defesa do Consumidor, provendo assistência jurídica, integral e gratuita, em favor do consumidor necessitado.

O único instrumento que não está previsto no art. 5º do CDC é a criação de Defensorias Públicas de Defesa do Consumidor, apesar de haver previsão da manutenção de uma assistência jurídica, integral e gratuita para o consumidor carente.

Gabarito "E"

(Defensor Público/RO – 2012 – CESPE) Entre os instrumentos com os quais o poder público conta para a execução da Política Nacional das Relações de Consumo inclui-se

(A) a instituição de promotorias de justiça de defesa do consumidor, no âmbito do MP.

(B) a assistência jurídica integral e gratuita a todos os consumidores.

(C) a criação do balcão de atendimento ao consumidor, no âmbito municipal.

(D) a instituição de associações de defesa do consumidor.

(E) o fomento pecuniário às fundações instituídas para a defesa do consumidor.

A: correta (art. 5º, II, do CDC); **B:** incorreta, pois a assistência jurídica integral e gratuita é apenas para o consumidor carente (art. 5º, I, do CDC); **C:** incorreta, pois não há tal previsão no art. 5º do CDC; **D:** incorreta, pois o instrumento consiste no estímulo à criação de associações consumeristas e não à própria criação dessas associações pelo Poder Público, art. 5º, V, do CDC; **E:** incorreta, pois a previsão legal é de "concessão de estímulos à criação e desenvolvimento das Associações de Defesa do Consumidor (art. 5º, V, do CDC).

Gabarito "A"

(Defensor Público/GO – 2010 – I. Cidades) Em relação à inversão do ônus da prova, o Código de Defesa do Consumidor

(A) considera que é regra exclusivamente material dirigida ao juiz e aplicável a todas as ações em que o consumidor for parte.

(B) prevê que o juiz poderá determinar que o réu (fornecedor) suporte os custos da perícia que o autor (consumidor) requereu e foi deferida na audiência preliminar.

(C) estabelece que é regra geral nas ações envolvendo consumidor.

(D) autoriza o juiz a utilizar das regras ordinárias de experiência para verificar os pressupostos legais de sua incidência.

(E) determina que, mesmo presentes os requisitos legais, o juiz não poderá inverter de ofício o ônus da prova.

A: incorreta, pois é norma de natureza processual (art. 6º, VIII, do CDC); **B:** incorreta, pois o STJ entende que a inversão do ônus da prova não impõe que a parte desfavorecida com a medida pague a prova pericial (AgRg no REsp 718.821/SP, DJ 01.03.2010); no entanto, a não realização desse tipo de prova acabará prejudicando aquele que tem o ônus probatório; **C:** incorreta, pois o STJ é pacífico, hoje, no sentido de que a inversão do ônus da prova não é automática (*ope legis*), dependendo de decisão judicial (*ope iudices*); só há uma exceção em que o ônus da prova é invertido automaticamente pela lei, sendo de responsabilidade direta do fornecedor; trata-se do ônus da prova sobre a veracidade da publicidade, que pertence a quem a patrocina (art. 38 do CDC), ou seja, ao anunciante; **D:** correta (art. 6º, VIII, parte final, do CDC); **E:** incorreta, pois o art. 6º, VIII, do CDC não exige provocação do interessado para que o juiz determine a inversão do ônus da prova.

Gabarito "D"

(Defensoria Pública/SP – 2010 – FCC) O boletim Brasil-Transgênicos, nº 477, de 12.02.2010, da AS-PTA (Associação pela Agricultura Familiar e Agroecologia) e o portal *www.fetecsp.org.br*, em 11.02.2010, publicaram a seguinte nota: *"O Ministro Sérgio Rezende referendou o nome de Edilson Paiva para presidir a Comissão Técnica Nacional de Biossegurança – CTNBio durante os próximos dois anos. Paiva é tão defensor dos alimentos transgênicos que tempos atrás disse aos jornais que uma das vantagens da soja da Monsanto é que as pessoas podem até beber o veneno nela aplicado que não irão morrer. Ele também é contra a rotulagem de transgênicos nas embalagens dos produtos e considera que o princípio da prevenção é na verdade um princípio da obstrução".* No âmbito do sistema tutelar do consumidor, as declarações do novo presidente da CTNBio ferem qual direito básico dos consumidores?

(A) Presunção de vulnerabilidade do consumidor.

(B) Proteção contra os riscos e informações claras sobre os produtos.

(C) Direito de acesso aos órgãos administrativos e judiciários.

(D) Proteção contra publicidade enganosa.

(E) Direito à segurança e ampla defesa.

De acordo com o princípio da proteção contra os riscos e informações claras sobre os produtos, decorrente do art. 4, II, *d*, IV e V, do CDC c/c arts. 6º, I a III, 8º e 9º do CDC, o fornecedor deve, no mínimo, fazer constar da rotulagem dos produtos a informação sobre se há ou não elemento transgênico em sua composição, bem como alertar sobre todos os riscos existentes, além de não colocar no mercado produto ou serviço que possa causar alto grau de nocividade ou periculosidade à saúde ou à segurança dos consumidores (art. 10, *caput*, do CDC).

Gabarito "B"

(Defensoria/ES – 2009 – CESPE) Com relação aos direitos do consumidor e ao CDC, julgue os itens a seguir.

(1) O direito do consumidor é um direito e garantia individual no Brasil.

(2) O CDC contém normas de direito privado, mas de ordem pública (direito privado indisponível), e normas de direito público.

(3) O CDC assegura a todos os consumidores um direito de proteção, fruto do princípio da confiança.

(4) O consumidor tem direito à informação clara e adequada acerca do produto a ser adquirido, desde o momento pré-contratual até a conclusão do contrato. O momento pós-contratual não é regido pelo CDC.

(5) Todo consumidor é vulnerável por força de lei, porém nem todo consumidor é hipossuficiente, considerando-se que a hipossuficiência é uma noção processual.

1: correta, pois é garantia e direito fundamental previsto no art. 5º, XXXII, da CF; **2:** correta, pois as normas do CDC são de direito privado, mas de ordem pública, ou seja, não podem ser afastadas pelas partes (art. 1º do CDC); além disso, as normas que trazem competências administrativas e criminais e as normas processuais são verdadeiras normas de direito público (exemplos: arts. 55 e seguintes do CDC); **3:** correta, pois a proteção do consumidor funda-se nas presunções de vulnerabilidade e *boa-fé* de sua parte; **4:** incorreta, pois as informações devem se dar em qualquer hipótese (art. 8º do CDC), valendo lembrar de um caso em que há o dever de transmitir informação pós-contratual, que é o do *recall* (art. 10, §§ 1º e 2º, do CDC); **5:** correta, pois a vulnerabilidade está reconhecida no art. 4º, I, do CDC, e a hipossuficiência, noção processual, deve ser verificada pelo juiz no caso concreto, e, reconhecida, permite a inversão do ônus da prova pela autoridade judicial (art. 6º, VIII, do CDC).

Gabarito 1C, 2C, 3C, 4E, 5C

(Defensor Público/RO – 2007) Nas relações de consumo, o ônus da prova entre fornecedor e consumidor será invertido quando:

(A) manifestar interesse público na lide
(B) traduzir pleito de cognição sumária
(C) subsistir decisão judicial discricionária
(D) houver hipossuficiência e verossimilhança
(E) ocorrer demanda com pedido indenitário

Nos termos do art. 6º, VIII, do CDC, a inversão do ônus da prova se dará quando for constatada pelo juiz a verossimilhança da alegação ou a hipossuficiência do consumidor.

Gabarito "D"

(Defensoria/MG – 2006) Em relação aos direitos do consumidor, é INCORRETO afirmar que:

(A) a informação acerca de produtos e serviços constitui direito básico do consumidor.
(B) A inversão do ônus da prova em favor do consumidor, para facilitação de sua defesa em juízo, é peremptória, devendo sempre ocorrer.
(C) Deve haver proteção contra publicidade enganosa.
(D) É defeso ao fornecedor aumentar o preços de produtos ou serviços sem justa causa.
(E) Há conhecimento legal da hipossuficiência do consumidor, nas relações de consumo.

A: correta (art. 6º, III, do CDC); **B:** assertiva incorreta, devendo esta alternativa ser assinalada (art. 6º, VIII, do CDC); **C:** correta (art. 6º, IV, do CDC); **D:** correta (art. 39, X, do CDC); **E:** correta (art. 4º, I, do CDC).

Gabarito "B"

(Defensor Público/BA – 2006) São direitos básicos do consumidor:

I. A modificação das cláusulas contratuais que estabeleçam prestações desproporcionais ou sua revisão em razão de fatos supervenientes que as tornem excessivamente onerosas.
II. A efetiva prevenção e reparação de danos patrimoniais e morais, individuais, coletivos e difusos.
III. A facilitação da defesa de seus direitos, inclusive com a inversão do ônus da prova, a seu favor, no processo civil, quando, a critério do juiz, for verossímil a alegação ou quando for ele hipossuficiente, segundo as regras ordinárias de experiências.

Analisando as assertivas acima, verifica-se que:

(A) Todas estão corretas.
(B) Apenas a I está correta.
(C) Apenas a II está correta.
(D) Apenas a III está correta.
(E) Apenas II e III estão corretas.

I: correta (art. 6º, V, do CDC); **II:** correta (art. 6º, VI, do CDC); **III:** correta (art. 6º, VIII, do CDC).

Gabarito "A"

3. Responsabilidade Pelo Fato do Produto ou do Serviço e Prescrição

(Defensor Público/SP – 2012 – FCC) Em se tratando de responsabilidade do fornecedor pelo fato do produto e do serviço, a pretensão à reparação do consumidor pelos danos causados prescreve em

(A) 30 dias.
(B) 90 dias.
(C) 180 dias.
(D) 3 anos.
(E) 5 anos.

A pretensão prescreve no prazo de 5 anos, contados do conhecimento do dano e de sua autoria (art. 27 do CDC).

Gabarito "E"

(Defensor Público/AC – 2012 – CESPE) Acerca da responsabilidade pelo fato do produto e do serviço, assinale a opção correta.

(A) A culpa concorrente da vítima consumidora não autoriza a redução de eventual condenação imposta ao fornecedor.
(B) O descumprimento, pelo fornecedor, do dever de informar o consumidor gera os chamados defeitos de concepção, inquinando o produto de vício de qualidade por insegurança.
(C) Conforme o CDC, fato e vício do produto ou serviço são conceitos sinônimos.
(D) O defeito gera a inadequação do produto ou serviço e dano ao consumidor; assim, há vício sem defeito, mas não defeito sem vício.
(E) Um produto é considerado obsoleto e defeituoso quando outro de melhor qualidade é colocado no mercado de consumo.

A: incorreta, pois a culpa concorrente é, sim, causa para a redução do *quantum* indenizatório, mesmo em relações de consumo (ex: STJ, REsp 1.349.894, DJ 11.04.13); **B:** incorreta, pois, no caso, tem-se defeito de informação; o defeito de concepção diz respeito à criação (à invenção) do produto; certa vez criou-se um extrato de tomate novo, numa embalagem diferente; porém, havia defeito de concepção, pois boa parte das vezes em que alguém abria a embalagem do molho, cortava o dedo; **C:** incorreta, pois o vício é um problema interno no produto (quantidade insuficiente ou impropriedade ou inadequação do produto; ex: uma TV que não funciona), ao passo que o defeito é um problema externo do produto, que acaba atingindo a saúde ou a segurança do consumidor (ex: a TV dá um choque no consumidor); o vício enseja o reparo (conserto) do produto, devendo o consumidor reclamar nos prazos previstos no art. 26 do CDC; o defeito enseja ação indenizatória no prazo do art. 26 do CDC; o vício no produto está regulamentado no art. 18 do CDC; o defeito no produto, no artigo 12 do CDC **D:** correta; de fato, se uma TV não funciona, tem-se só vício; se uma TV dá choque, tem-se defeito (afeta segurança da pessoa, ensejando indenização) e certamente um vício também, pois será necessário consertá-la; **E:** incorreta, pois o art. 12, § 2º, do CDC dispõe justamente o contrário.

Gabarito "D"

(Defensor Público/BA – 2010 – CESPE) Com referência ao CDC, julgue os itens subsequentes.

(1) Consoante entendimento do STJ, o caso fortuito ou de força maior não pode ser invocado em face do consumidor, visto que tal excludente da responsabilidade civil não está contemplado, de forma expressa, no CDC.

1: incorreta, pois o caso fortuito ou de força maior está ligado ao nexo de causalidade, um dos requisitos para a configuração da responsabilidade de consumo; assim, tais eventos são, sim, causas excludentes da responsabilidade, mas desde que o fortuito tenha ocorrido após o encerramento do processo produtivo: "Consumidor. Responsabilidade civil. Nas relações de consumo, a ocorrência de força maior ou de caso fortuito exclui a responsabilidade do fornecedor de serviços. Recurso especial conhecido e provido" (STJ, REsp 996.833/SP, DJ 01.02.2008).

Gabarito 1E

(Defensor Público/BA – 2010 – CESPE) Com referência ao CDC, julgue os itens subsequentes.

(1) A responsabilidade civil no CDC é regra geral, objetiva e solidária, salvo com relação aos profissionais liberais, que respondem pelos atos danosos cometidos de forma voluntária na prestação de seus serviços a outrem, desde que demonstrada sua conduta culposa em sentido *lato sensu*, tratando-se de responsabilidade civil subjetiva com culpa presumida.

1: incorreta, pois os profissionais liberais, no CDC, respondem subjetivamente, ou seja, condicionada à verificação de culpa, mas a culpa não é presumida (art. 14, § 4º, do CDC); eventualmente, pode o juiz determinar a inversão do ônus da prova, mas isso dependerá do preenchimento dos requisitos previstos no art. 6º, VIII, do CDC.

Gabarito 1E

(Defensoria Pública da União – 2010 – CESPE) Julgue os itens que se seguem, acerca da responsabilidade civil de hospitais, médicos e seguradoras de saúde.

(1) Em se tratando de plano de saúde previsto em regime de livre escolha de médicos e hospitais e de reembolso das despesas médico-hospitalares, a seguradora não é responsável pela deficiência de atuação de médico ou de hospital.
(2) Por ser considerada objetiva, a responsabilidade do hospital persiste, mesmo quando o insucesso de uma cirurgia não tenha sido decorrente de defeito no serviço por ele prestado.

1: correta, nos termos da jurisprudência do STJ, que só admite a responsabilidade solidária do plano de saúde nos casos em que o dano é causado por profissional credenciado pela seguradora (REsp 328.309/RJ, DJ 17.03.2003); **2:** incorreta, pois a responsabilidade objetiva está atrelada à existência da prestação de um serviço defeituoso, segundo o CDC (art. 14, *caput* e § 1º).

Gabarito 1C, 2E

(Defensor Público/GO – 2010 – I. Cidades) Em relação à prescrição e decadência no direito do consumidor,

(A) a reclamação do consumidor perante o Procon obsta a decadência.
(B) em caso de vício aparente ou de fácil constatação, o prazo decadencial inicia-se da data da compra do produto ou da contratação do serviço.
(C) em caso de fato do produto ou serviço, o prazo prescricional inicia-se a partir do conhecimento do dano e de sua autoria.
(D) o prazo para reclamar perante o fornecedor é prescricional, em caso de vício do produto ou serviço.
(E) o prazo prescricional é de três anos, tratando-se de acidente de consumo.

A: incorreta, pois a reclamação que obsta a decadência é a feita ao fornecedor (art. 26, § 2º, I, do CDC); **B:** incorreta, pois o prazo é contado da entrega efetiva do produto ou do término da execução dos serviços (art. 26, § 1º, do CDC); **C:** correta (art. 27 do CDC); **D:** incorreta, pois o prazo em relação a vício é decadencial (art. 26 do CDC), ao contrário do prazo quanto a defeito, que é prescricional (art. 27 do CDC); **E:** incorreta, pois o prazo é de 5 anos (art. 27 do CDC).

Gabarito "C"

(Defensoria/PI – 2009 – CESPE) A respeito dos direitos do consumidor, julgue os itens que se seguem.

I. O fato de um fornecedor não ter agido com dolo não afasta a sua responsabilidade.
II. O cirurgião plástico responde objetivamente pelos danos causados a seu paciente.
III. A individualização da responsabilidade do fornecedor pela colocação do produto no mercado pode afastar a responsabilidade do comerciante.
IV. De acordo com entendimento do STJ, o fortuito interno afasta a responsabilidade do fornecedor.
V. A colocação de produto mais seguro no mercado não acarreta a presunção de que os mais antigos sejam defeituosos.

Estão certos apenas os itens

(A) I, II e IV.
(B) I, III e IV.
(C) I, III e V.
(D) II, III e V.
(E) II, IV e V.

I: correta, pois a responsabilidade no CDC é, como regra, objetiva, não dependendo de culpa ou dolo, portanto pouco importa se o fornecedor agiu ou não com dolo; **II:** incorreta, pois o profissional liberal responde subjetivamente, ou seja, mediante verificação de culpa de sua parte (art. 14, § 4º, do CDC); o STJ, quando se trata de cirurgia plástica, entende que a obrigação do médico é de resultado, e não de meio, de modo que, em havendo dano, a culpa do médico é presumida, invertendo-se o ônus da prova (REsp 236.708/MG, DJ 18.05.2009); no entanto, não se deve confundir responsabilidade objetiva com culpa presumida; a primeira não admite discussão de culpa e dolo; a segunda admite que o responsável demonstre que o evento danoso decorreu de motivo de força maior ou caso fortuito, ou ainda, decorrente de culpa exclusiva da vítima (neste caso, seu paciente), para fins de excluir sua responsabilidade; **III:** correta, caso se trate de responsabilidade pelo fato do produto (defeito ou acidente de consumo); nesse caso, o comerciante não responde se o fabricante for identificado (interpretação *a contrario sensu* do art. 13, I e II. do CDC); **IV:** incorreta, pois o fortuito interno, que é aquele que ocorre no processo de produção e oferecimento de produto ou serviço, como está na esfera de disponibilidade do fornecedor, não exclui a sua responsabilidade; diferente é o caso do fortuito externo, que é aquele que ocorre depois do fornecedor produzir e oferecer o produto ou serviço, situação em que o caso fortuito exclui a responsabilidade; assim, se durante a produção de um produto acaba a energia elétrica da indústria, por caso fortuito, eventual problema no produto causado por esse fortuito não exclui a responsabilidade do fornecedor; já se, depois que o produto for comprado pelo consumidor, um dano é causado a este por queda de energia elétrica na casa do consumidor, o fabricante do produto não responde pelos danos causados, por se tratar de caso fortuito externo; **V:** correta (art. 12, § 2º, do CDC).

Gabarito "C"

(Defensoria/SP – 2009 – FCC) Considere os seguintes enunciados:

I. Quem eventualmente pratica atos envolvendo um bem, por exemplo a venda de uma casa de seu patrimônio pessoal, não se sujeita à responsabilidade prevista no Código de Defesa do Consumidor.
II. As pessoas que não participam do negócio de transmissão e aquisição de um produto e venham a sofrer lesão pelo uso deste devem buscar reparação em face do adquirente.
III. Os danos causados aos consumidores no caso de contratos que contenham cláusula com tarifação para lesões devem ser ressarcidos conforme os modos e valores estipulados.
IV. Tanto a responsabilidade pelo fato do produto quanto a por vícios do produto prescindem da perquirição de culpa. A reparação cabe, principalmente, ao fabricante, produtor ou importador, salvo se não puderem ser identificados e quando o comerciante não houver conservado adequadamente o produto.
V. Eximem-se de responsabilidade fabricantes, produtores ou importadores quando demonstram não ter colocado o produto no mercado, a inexistência de defeitos ou a culpa do comerciante ou do consumidor.

Estão corretos SOMENTE

(A) III e V.
(B) IV e V.
(C) I, II e V.
(D) I, IV e V.
(E) II e III.

I: correta, pois, para ser fornecedor, nos termos do CDC, a pessoa deve exercer a atividade de comércio, produção, construção, serviço etc., de modo habitual, ou seja, deve "desenvolver atividade" (art. 3º, *caput*, do CDC); **II:** incorreta, pois quem *utiliza* produto também é consumidor (art. 2º, *caput*, do CDC), podendo acionar o fornecedor, e não o adquirente da coisa; **III:** incorreta, pois o CDC determina a reparação integral (art. 6º, VI, do CDC), não podendo conviver com tarifações de danos; nesse sentido, o STJ entende que "após o advento do Código de Defesa do Consumidor, a responsabilidade civil do transportador aéreo pelo extravio de mercadoria subordina-se ao princípio da ampla reparação, afastando-se a indenização tarifada prevista na Convenção de Varsóvia" (AgRg no Ag 1.230.663/RJ, DJ 03.09.2010); **IV:** correta (art. 12, *caput* e § 3º, do CDC) ; **V:** correta (art. 12, § 3º, do CDC). 1847

Gabarito "D"

(Defensor Público/CE – 2007 – CESPE) Uma explosão, no interior de uma loja localizada no centro de uma grande cidade, causou danos a pessoas que se encontravam no interior e no exterior do estabelecimento. Com base nessa situação e nas normas de proteção e defesa do consumidor, julgue os itens seguintes.

(1) Todas as vítimas da explosão são consideradas consumidoras, para efeito de reparação dos danos.
(2) O prazo para requerer a indenização em razão da explosão é de cinco anos, contados a partir da data da ocorrência do evento danoso.

1: correta, pois a vítima de acidente de consumo equipara-se a consumidor (art. 17 do CDC); **2:** correta, pois o prazo prescricional em caso de fato do serviço é de 5 anos (art. 27 do CDC).

Gabarito 1C, 2C

(Defensor Público/BA – 2006) Cuidando-se da temática da Responsabilidade pelo Fato do Produto e do Serviço, tem-se que:

I. O fabricante, o produtor, o construtor, nacional ou estrangeiro, e o importador respondem, provada a culpa, pela reparação dos danos causados aos consumidores por defeitos decorrentes de projeto, fabricação, construção, montagem, fórmulas, manipulação, apresentação ou acondicionamento de seus produtos, bem como por informações insuficientes ou inadequadas sobre sua utilização e riscos.
II. O produto não é considerado defeituoso pelo fato de outro de melhor qualidade ter sido colocado no mercado.
III. O fabricante, o construtor, o produtor ou importador não será responsabilizado quando provar que não colocou o produto no mercado.

Analisando as assertivas acima, verifica-se que:

(A) Todas estão corretas.
(B) Apenas a I está correta.

(C) Apenas a II está correta.
(D) Apenas a III está correta.
(E) Apenas II e III estão corretas.

I: incorreta, pois essas pessoas respondem independentemente da existência de culpa pela reparação dos danos causados aos consumidores (art. 12 do CDC); II: correta (art. 12, § 2º, do CDC); III: correta (art. 12, § 3º, I, do CDC).
Gabarito "E".

(Defensoria/SP – 2006 – FCC) O Código de Defesa do Consumidor adota a responsabilidade subjetiva se o fornecedor for

(A) profissional liberal.
(B) importador.
(C) comerciante.
(D) construtor.
(E) produtor.

O art. 14, § 4º, do CDC traz uma exceção à responsabilidade objetiva ao dispor que o profissional liberal será responsabilizado mediante verificação de culpa (responsabilidade subjetiva).
Gabarito "A".

(Defensor Público/AC – 2006 – CESPE) Em meados de 1980, a pessoa jurídica Ebal Indústria de Bebidas Ltda. fabricou e colocou no mercado um refrigerante, que foi consumido em larga escala, por apresentar características de coloração e paladar muito atrativas aos consumidores. Em 1989, foi constatado que a composição química do produto, quando ingerido em excesso, poderia causar câncer, razão pela qual o produto foi retirado do mercado.

Antônio foi um dos milhares de consumidores do produto. Desde que o produto foi comercializado, ele ingeria cerca de um litro diariamente.

Em 1992, sentindo sua saúde debilitada e ao tomar conhecimento da nocividade da bebida, Antônio procurou um médico, que constatou que ele estava com câncer no estômago, provocado, provavelmente, pelo uso do refrigerante fabricado pela Ebal Indústria de Bebidas Ltda. Antônio, então, ajuizou ação de reparação de danos contra a Ebal Indústria de Bebidas Ltda. em junho de 2005.

Com fulcro na situação hipotética acima apresentada e à luz das normas que regem as relações de consumo, assinale a opção incorreta.

(A) Se a fabricante Ebal Indústria de Bebidas Ltda. não pudesse ser identificada por Antônio, este poderia ajuizar ação de reparação contra o revendedor final.
(B) A pretensão de Antônio não merece acolhida, dado o advento do lapso prescricional.
(C) O Ministério Público é parte legítima para ajuizar ação em defesa de todos os consumidores que, porventura, sofreram danos em decorrência da ingestão do produto impróprio para consumo.
(D) A situação hipotética ilustra caso de responsabilidade do fornecedor pelo vício do produto.

A: assertiva verdadeira (art. 13, I, do CDC); B: assertiva verdadeira, pois o prazo prescricional é de 5 anos contados do conhecimento do dano e de sua autoria (art. 27 do CDC), e, no caso em tela, entre 1992, época do conhecimento do dano e de sua autoria, e 2005, ano do ajuizamento da ação de reparação de danos, passaram-se bem mais do que 5 anos; C: assertiva verdadeira (art. 82, I, c/c art. 91, ambos do CDC); D: assertiva incorreta, devendo esta ser assinalada, pois, no caso, temos responsabilidade por defeito do produto (art. 12 do CDC), e não por vício do produto (art. 18 do CDC).
Gabarito "D".

4. Responsabilidade por Vício do Produto ou do Serviço e Decadência

(Defensor Público/AC – 2012 – CESPE) Assinale a opção correta com relação ao que dispõe o CDC acerca do vício do produto bem como da prescrição e da decadência.

(A) O prazo prescricional determinado para reclamação contra vício oculto inicia-se no momento em que ficar evidenciado o defeito.
(B) O direito de o consumidor reclamar contra vícios aparentes ou de fácil constatação é decadencial e relacionado a direitos potestativos.
(C) Prescreve em sessenta dias o prazo para o consumidor reclamar contra vícios de produtos não duráveis.
(D) Obsta a prescrição a reclamação comprovadamente formulada pelo consumidor perante o fornecedor de produtos e serviços até a resposta negativa correspondente, que deve ser transmitida de forma inequívoca.

A: incorreta, pois o prazo, no caso, não é prescricional, mas decadencial (art. 26, § 3º, do CDC); B: correta, podendo se verificar a expressão "decadencial" (ou "decadência") nos §§, 1º, 2º, 3º, do art. 26 do CDC, e, como se sabe, a decadência é justamente um direito potestativo (de influenciar na relação jurídica de outrem); C: incorreta, pois o prazo em questão é de decadência (e não de prescrição) e de 30 dias (e não de 60 dias), conforme o art. 26, I, do CDC; D: incorreta, pois fica obstada a decadência e não a prescrição (art. 26, § 2º, I, do CDC).
Gabarito "B".

(Defensoria Pública da União – 2010 – CESPE) Ricardo adquiriu um carro há cerca de um mês e, nesse período, por três vezes, não conseguiu trancar a porta do veículo. Com relação a essa situação hipotética, julgue os itens subsequentes.

(1) Ricardo, ainda que deseje a substituição imediata do produto comprado, deverá, antes disso, conceder prazo para o fornecedor sanar o defeito.
(2) O fato de o carro ter sido vendido com defeito assegura a Ricardo direito à indenização por perdas e danos.
(3) O fabricante e o comerciante responderão solidariamente pelo defeito do veículo.

1: correta (art. 18, *caput* e § 1º, do CDC), tendo o fornecedor 30 dias para sanar o defeito; 2: incorreta, pois o dispositivo citado apenas autoriza o pedido de conserto do produto no prazo mencionado; caso outros danos sejam causados e comprovados, aí sim a indenização é cabível; 3: correta, pois o art. 18 do CDC inclui o comerciante (o vendedor do veículo, no caso) como responsável solidário pelo vício do produto, o mesmo não acontecendo quando se trata de acidente de consumo (art. 12 do CDC).
Gabarito 1C, 2E, 3C

(Defensor Público/AM – 2010 – I. Cidades) Com relação à responsabilidade civil do fornecedor, assinale a alternativa correta:

(A) o produto defeituoso é pressuposto do vício de qualidade;
(B) o fabricante e o comerciante sempre respondem solidariamente pelo fato do produto;
(C) a insuficiência ou inadequação de informação sobre a utilização e riscos dos produtos enseja a responsabilidade civil do fabricante pelo acidente de consumo;
(D) a responsabilidade civil do fornecedor pelo vício do produto ou serviço demanda comprovação de culpa;
(E) não há responsabilidade solidária entre os fornecedores pelos danos sofridos pelos consumidores.

Não se deve confundir *vício* com *defeito*. O primeiro é problema intrínseco do produto ou serviço (exemplo: televisão que não funciona). O segundo é um problema que venha a atingir a saúde ou a segurança do consumidor (exemplo: televisão que dá choques). Assim, a alternativa "A" é incorreta, pois o defeito não se confunde com o vício. A alternativa "B" é incorreta, pois, como regra, o comerciante não responde em caso de fato do produto (art. 12, *caput*, do CDC). A alternativa "C" é correta, nos termos do art. 12, *caput*, parte final, do CDC. A alternativa "D" é incorreta, pois a responsabilidade por vício (e também por defeito) é objetiva, como se pode perceber da leitura dos arts. 18 e 20 do CDC, que não estabelecem a culpa ou o dolo para configuração da responsabilidade. A alternativa "E" é incorreta, pois há responsabilidade solidária entre os fornecedores, sim, pelos danos causados ao consumidor (art. 7º. parágrafo único, e art. 18, ambos do CDC).
Gabarito "C".

(Defensor Público/BA – 2010 – CESPE) Com referência ao CDC, julgue os itens subsequentes.

(1) A legislação consumerista, ao tratar da responsabilidade pelo vício do produto ou serviço e da responsabilidade decorrente do fato do produto ou serviço, optou por atribuir à primeira prazos decadenciais referentes ao tempo máximo para a reclamação dos vícios ocultos e aparentes, e prazo prescricional quando se tratar de acidente de consumo.

1: correta, nos termos dos arts. 26 e 27 do CDC.
Gabarito 1C

(Defensor Público/AL – 2009 – CESPE) Julgue os seguintes itens quanto às disposições do CDC acerca de prescrição e decadência.

(1) Em conformidade com as disposições do CDC, a decadência aplica-se ao fato do produto ou serviço, também conhecido como acidente de consumo.

(2) Constitui hipótese de interrupção da decadência a denúncia oferecida por consumidor à Superintendência de Proteção e Defesa do Consumidor (PROCON) de Alagoas, sem que este formule qualquer pretensão e para a qual não há de cogitar resposta.

1: incorreta, pois a decadência (art. 26 do CDC) aplica-se ao vício do produto ou do serviço, ao passo que a prescrição (art. 27 do CDC) aplica-se ao defeito do produto ou do serviço, também conhecido como acidente de consumo; **2:** incorreta, a decadência só é obstada (suspensa) quando o consumidor reclama junto ao fornecedor, até a resposta negativa correspondente, e no curso de um inquérito civil, até seu encerramento (art. 26, § 2º, do CDC).

Gabarito 1E, 2E

(Defensoria/MA – 2009 – FCC) De acordo com o Direito Consumerista, o direito de reclamar pelos vícios

(A) aparentes ou de fácil constatação caduca em oitenta dias contados a partir da entrega efetiva do produto ou do término da execução dos serviços, tratando-se de fornecimento de serviço e de produtos não duráveis.

(B) aparentes ou de fácil constatação caduca em trinta dias contados a partir do momento em que o consumidor notar o defeito, tratando-se de fornecimento de serviço e de produtos duráveis.

(C) aparentes ou de fácil constatação caduca em vinte dias contados a partir da entrega efetiva do produto ou do término da execução dos serviços, tratando-se de fornecimento de serviço e de produtos duráveis.

(D) ocultos caduca em sete dias contados a partir da entrega efetiva do produto ou do término da execução dos serviços, tratando-se de fornecimento de serviço e de produtos não duráveis.

(E) ocultos caduca em noventa dias contados a partir do momento em que ficar evidenciado o defeito, tratando-se de fornecimento de serviço e de produtos duráveis.

A: incorreta, pois o prazo é de 30 dias (art. 26, I, do CDC); **B:** incorreta, pois o prazo é contado da entrega efetiva, no caso de produto, e do término da execução, no caso de serviço (art. 26, § 1º, do CDC); **C:** incorreta, pois o prazo é de 90 dias (art. 26, II, do CDC); **D:** incorreta, pois o prazo é de 30 dias (art. 26, I, do CDC) e o termo inicial do prazo é a data em que ficar evidenciado o defeito (art. 26, § 3º, do CDC); **E:** correta (art. 26, II e § 3º, do CDC).

Gabarito "E"

(Defensoria/MT – 2007) Sobre os institutos da decadência e da prescrição, contidos no Código de Defesa do Consumidor, assinale a afirmativa correta.

(A) Prescreve em cinco, contados do vencimento da garantia, anos a pretensão à reparação pelos danos causados por fato do produto ou serviço.

(B) Quando se tratar de vício oculto, o prazo decadencial inicia-se após o término da garantia.

(C) Caduca em trinta dias o direito de reclamar pelos vícios aparentes, ou de fácil constatação, em se tratando de fornecimento de serviço e de produtos não duráveis.

(D) Quando se tratar de fornecimento de serviço e de produtos duráveis, caduca, em sessenta dias, o direito de reclamar pelos vícios aparentes ou de fácil constatação.

(E) Não obsta a fluência do prazo decadencial a instauração de inquérito civil.

De acordo com os arts. 26 e 27 do CDC, dentre as alternativas, a correta é a "C".

Gabarito "C"

(Defensor Público/RO – 2007) O direito de reclamar pelos vícios aparentes ou de fácil constatação em produtos duráveis caduca em:

(A) 30 dias

(B) 45 dias

(C) 60 dias

(D) 90 dias

(E) 120 dias

Conforme dispõe o art. 26, II, do CDC, o direito de reclamar pelos vícios aparentes ou de fácil constatação caduca em 90 dias, tratando-se de fornecimento de serviço e de produtos duráveis.

Gabarito "D"

(Defensoria/SP – 2006 – FCC) Na existência de vício do produto, salvo convenção, cláusula de prazo diferenciado, ou manifestação expressa do consumidor em sentido contrário, o fornecedor tem o direito de reparar o defeito, no prazo máximo de

(A) 7 dias.

(B) 10 dias.

(C) 15 dias.

(D) 30 dias.

(E) 180 dias.

Determina o art. 18, § 1º, do CDC, que o prazo máximo para o fornecedor sanar o vício é de 30 dias.

Gabarito "D"

(Defensor Público/BA – 2006) A respeito do tema da responsabilidade por vício do produto e do serviço, tem-se que:

I. Os fornecedores de produtos de consumo não duráveis respondem solidariamente pelos vícios de qualidade que os tornem inadequados ao consumo a que se destinam, podendo o consumidor exigir a substituição das partes viciadas.

II. Não sendo o vício sanado no prazo máximo de 30 (trinta) dias pode o consumidor exigir a substituição do produto por outro da mesma espécie, em perfeitas condições de uso; a restituição imediata da quantia paga, monetariamente atualizada, sem prejuízo de eventuais perdas e danos, ou o abatimento proporcional do preço.

III. O fornecedor mediato será responsável quando fizer a pesagem ou a medição e o instrumento utilizado não estiver aferido segundo os padrões oficiais.

Analisando as assertivas acima, verifica-se que:

(A) Todas estão corretas.

(B) Apenas a I está correta.

(C) Apenas a II está correta.

(D) Apenas a III está correta.

(E) Apenas I e II estão corretas.

I: correta (art. 18, *caput*, do CDC); **II:** correta (art. 18, § 1º, do CDC); **III:** incorreta, pois o fornecedor imediato é que será responsável quando fizer a pesagem ou a medição e o instrumento utilizado não estiver aferido segundo os padrões oficiais (art.19, § 2º, do CDC).

Gabarito "E"

5. Desconsideração da Personalidade Jurídica. Responsabilidade em Caso de Grupo de Empresas

(Defensor Público/AC – 2012 – CESPE) Com base no disposto no CDC sobre a desconsideração da personalidade jurídica e a responsabilização de sociedades, assinale a opção correta.

(A) As sociedades coligadas, sociedades que se agrupam para a execução de determinado empreendimento, respondem subsidiariamente por eventuais danos causados a consumidores.

(B) As sociedades consorciadas só respondem por danos causados aos consumidores mediante a comprovação da existência de culpa por sua atuação.

(C) É lícita a desconsideração da personalidade jurídica caso haja, em detrimento do consumidor, falência, estado de insolvência, encerramento ou inatividade da pessoa jurídica provocados por má administração.

(D) As sociedades integrantes dos grupos societários, formados pela sociedade controladora e suas controladas, respondem solidariamente pelas obrigações impostas pelo CDC.

(E) A sociedade controlada, que participa com 10% ou mais do capital de outra, sem relação de subordinação, responde de forma solidária.

A: incorreta, pois as sociedades coligadas só respondem por *culpa* (art. 28, § 4º, do CDC); **B:** incorreta, pois as sociedades consorciadas são *solidariamente* responsáveis na forma do CDC (art. 28, § 3º), ou seja, de forma *objetiva*; **C:** correta (art. 28, *caput*, do CDC); **D:** incorreta, pois a responsabilidade é *subsidiária* (art. 28, § 2º, do CDC); **E:** incorreta, pois a sociedade controlada responde apenas *subsidiariamente* (art. 28, § 2º, do CDC).

Gabarito "C"

(Defensor Público/BA – 2010 – CESPE) Julgue o seguinte item.

(1) Ao tratar da desconsideração da pessoa jurídica, o CDC estabelece que as sociedades integrantes dos grupos societários, as sociedades controladas e as consorciadas são solidariamente responsáveis pelas obrigações previstas no Código.

1: incorreta, pois as sociedades consorciadas são responsáveis solidárias pelas obrigações estipuladas no CDC; porém, quanto a grupos societários e às sociedades controladas, estes respondem apenas subsidiariamente pelas obrigações prevista no CDC (art. 28, §§ 3º e 2º, do CDC, respectivamente).

Gabarito 1E

6. Práticas Comerciais

(Defensor Público/AM – 2013 – FCC) Em relação à cobrança de dívida, o Código de Defesa do Consumidor estabelece que

(A) o consumidor cobrado em quantia indevida tem direito à repetição do indébito, por valor igual ao dobro do que pagou em excesso, acrescido de correção monetária e juros legais, salvo hipótese de engano justificável.

(B) o fornecedor do produto ou serviço é solidariamente responsável pelos atos de seus prepostos ou representantes autônomos.

(C) deve ser reconhecida a vulnerabilidade do consumidor no mercado de consumo, para fins do cálculo da multa e dos juros.

(D) o fornecedor de serviços responde, independentemente da existência de culpa, pela reparação dos danos causados aos consumidores por defeitos relativos à prestação dos serviços, bem como por informações insuficientes ou inadequadas sobre sua fruição e riscos.

(E) as multas de mora decorrentes do inadimplemento de obrigações no seu termo não poderão ser superiores a cinco por cento do valor da prestação.

A: correta (art. 42, par. único, do CDC); **B:** incorreta, pois, apesar da afirmativa trazer uma informação verdadeira (art. 34 do CDC), essa norma está na seção da "Oferta" e não na de "Cobrança de Dívidas", mencionada no enunciado; **C:** incorreta, pois a vulnerabilidade deve ser reconhecida para todos os fins e não só para isso, tratando-se de princípio do CDC (art. 4º, I); **D:** incorreta, pois essa norma também não está na Seção "Cobrança de Dívidas"; **E:** incorreta, pois essa multa não pode ser superior a 2% do valor da prestação (art. 52, § 1º, do CDC).

Gabarito "A"

(Defensor Público/AM – 2013 – FCC) São práticas abusivas contra o consumidor:

I. Condicionar o fornecimento de produto ou de serviço ao fornecimento de outro produto ou serviço, bem como, sem justa causa, a limites quantitativos.

II. Prevalecer-se da fraqueza ou ignorância do consumidor, tendo em vista sua idade, sexo, saúde e carência econômica para impingir-lhe seus produtos ou serviços.

III. Repassar informação depreciativa, referente a ato praticado pelo consumidor no exercício de seus direitos.

IV. Colocar, no mercado de consumo, qualquer produto ou serviço em desacordo com as normas expedidas pelos órgãos oficiais competentes ou, se normas específicas não existirem, pelo Departamento Nacional de Defesa do Consumidor, da Secretaria Nacional de Direito Econômico (MJ).

Está correto o que se afirma APENAS em

(A) II e IV.
(B) I, II e III.
(C) II, III e IV.
(D) I e III.
(E) I e IV.

I: correta (art. 39, I, do CDC); **II:** incorreta, pois a "carência econômica" e "sexo", não estão no art. 39, IV, na definição dessa prática abusiva; **III:** correta (art. 39, VII, do CDC); **IV:** incorreta, pois não existindo normas expedidas por órgãos oficiais, há de se obedecer as normas expedidas pela ABNT ou outra entidade credenciada pelo Conselho Nacional de Metrologia, Normatização e Qualidade Industrial (Conmetro), nos termos do art. 39, VIII, do CDC.

Gabarito "D"

(Defensor Público/SE – 2012 – CESPE) Conforme entendimento do STJ, constitui prática abusiva contra o consumidor

(A) a cobrança de preços diferenciados para a compra de produtos mediante pagamento em dinheiro, cheque ou cartão de crédito.

(B) a estipulação de juros remuneratórios superiores a 12% ao ano, com base na taxa média do mercado bancário.

(C) a retenção, pela construtora, de parte do valor pago, a título de indenização, no caso de resilição do compromisso de compra e venda de imóvel.

(D) o impedimento de cancelamento unilateral, pelo consumidor, de desconto, em folha de pagamento, referente a empréstimo consignado.

(E) a conferência indistinta de mercadorias pelos estabelecimentos comerciais, após a venda, mesmo quando a revista dos bens adquiridos é realizada em observância aos limites da urbanidade e civilidade.

A: correta (STJ, Inform. 427, REsp 1.133.410-RS, Rel. Min. Massami Uyeda, julgado em 16/03/2010); **B:** incorreta, pois as instituições financeiras podem cobrar juros remuneratórios superiores a 12% ao ano com base na taxa média de mercado (STJ, AgRg no REsp 1.097.450, DJ 19.06.13); **C:** incorreta, pois devem ser devolvidos os valores pagos, retendo-se apenas parcelas para fazer frente ao desgaste da unidade, corretagem, etc (STJ, AgRg no Ag 717.840, DJ 21.10.09); **D:** incorreta, pois o STJ entende que não é abusiva a impossibilidade de modificação unilateral da cláusula que impede o cancelamento (AgRg nos EDcl no REsp 1.223.838, DJ 11.05.11); **E:** incorreta, pois não constitui prática abusiva essa conduta (STJ, REsp 1.120.113, DJ 10.10.11).

Gabarito "A"

(Defensor Público/PR – 2012 – FCC) De acordo com o Código de Defesa do Consumidor,

(A) a inscrição de inadimplente pode ser mantida nos serviços de proteção ao crédito por, no máximo, três anos.

(B) é desnecessária a comunicação ao consumidor da abertura de cadastro, ficha, registro e dados pessoais e de consumo.

(C) os bancos de dados e cadastros relativos aos consumidores e os serviços de proteção ao crédito são considerados entidades de caráter privado.

(D) cabe ao fornecedor a notificação do devedor antes de proceder à inscrição.

(E) da anotação irregular em cadastro de proteção ao crédito, não cabe indenização por dano moral, quando preexistente legítima inscrição.

A: incorreta, pois o prazo máximo é de 5 anos (art. 43, § 1º, do CDC); **B:** incorreta, pois essa comunicação é obrigatória, nos termos do art. 43, § 2º, do CDC; **C:** incorreta, pois são considerados de caráter público (art. 43, § 4º, do CDC); **D:** incorreta, pois essa obrigação não é do fornecedor, mas do órgão mantenedor do Cadastro de Proteção ao Crédito (ex: SERASA, SPC), nos termos da Súmula STJ n. 359; **E:** correta, nos termos da Súmula STJ n. 385.

Gabarito "E"

(Defensor Público/PR – 2012 – FCC) Sobre oferta e publicidade é correto afirmar que

(A) no caso de outorga de crédito, como nas hipóteses de financiamento ou parcelamento, é necessária apenas a discriminação do número, periodicidade e valor das prestações.

(B) o ônus da prova da veracidade e correção da informação ou comunicação publicitária cabe à agência de publicidade.

(C) é enganosa a publicidade que desrespeita valores da sociedade e que é capaz de induzir o consumidor a se comportar de forma prejudicial à sua saúde.
(D) configura infração ao direito básico do consumidor à informação apenas informar os preços em parcelas, obrigando-o ao cálculo total.
(E) da inexecução de uma oferta, apresentação ou publicidade, o consumidor não pode aceitar a entrega de outro produto ou prestação de serviço equivalente.

A: incorreta, pois é necessário informar, também, montante de juros de mora e taxa efetiva anual de juros, acréscimos legalmente previstos e soma total a pagar, com e sem financiamento, tudo em moeda nacional (art. 52 do CDC); **B:** incorreta, pois é de quem patrocina a comunicação publicitária, ou seja, é do anunciante (art. 38 do CDC); **C:** incorreta, pois, nesse caso, a propaganda é abusiva e não enganosa (art. 37, § 2º, do CDC); **D:** correta, nos termos do art. 52, V, do CDC; **E:** incorreta, pois o consumidor, em caso de inexecução de uma oferta, poderá escolher, dentre outras possibilidades, outro produto ou prestação de serviço equivalente (art. 35 do CDC).

Gabarito "D"

(Defensor Público/RO – 2012 – CESPE) Com relação à veiculação de publicidade, o CDC veda, expressamente,

(A) a propaganda promocional.
(B) a propaganda subliminar.
(C) o *merchandising*.
(D) o *puffing*.
(E) o *teaser*.

A: incorreta, pois não há no CDC vedação às propagandas promocionais de um produto ou serviço; **B:** correta; o CDC é expresso no sentido de que "a publicidade deve ser veiculada de tal forma que o consumidor, fácil e imediatamente, a identifique como tal" (art. 36, *caput*, do CDC), ou seja, deve estar muito claro de que se trata de uma propaganda; por exemplo, é proibido fazer uma propaganda em forma de reportagem jornalística; **C:** incorreta, pois o CDC não veda expressamente o *merchandising*, que, por sinal, é muito comum em novelas e outros programas de TV; **D:** incorreta, pois o *puffing* é o exagero praticado em anúncios de publicidade (ex: "melhor pizza do mundo"); porém, o art. 30 do CDC estabelece que somente a informação ou publicidade suficientemente precisas vinculam o fornecedor; assim, o exagero, desde que feito de forma jocosa, lúdica, e sem precisão, não vincula o fornecedor, não havendo vedação expressa no CDC; **E:** incorreta, pois o *teaser* é uma técnica de marketing para chamar a atenção para uma campanha publicitária, despertando a curiosidade do consumidor, não havendo vedação expressa no CDC.

Gabarito "B"

(Defensor Público/RS – 2011 – FCC) Código de Defesa do Consumidor.

(A) A violação do princípio da identificação dá causa à publicidade abusiva.
(B) Conforme jurisprudência do Superior Tribunal de Justiça, o Código de Defesa do Consumidor adotou a denominada teoria menor da desconsideração da personalidade jurídica.
(C) A proibição da prática de condicionar, em qualquer caso, o fornecimento de produtos a limites quantitativos configura proteção legal do consumidor em relação à denominada venda casada.
(D) O credor, que no exercício do seu direito expõe o consumidor a constrangimento ou humilhação, deve devolver em dobro os valores que venham a ser pagos.
(E) A abertura de ficha em cadastro de consumidores só pode ser feita quando autorizada previamente pelo interessado.

A: incorreta, pois tal violação da causa à publicidade enganosa (art. 37, § 1º, do CDC); **B:** correta, pois, de fato, o STJ vem entendendo que o CDC, assim como o Direito Ambiental, adotou a Teoria Menor da Desconsideração, pela qual há "menos" requisitos para que esta se dê. No caso, exige-se apenas a dificuldade em penhorar bens do fornecedor (consequência do art. 28, § 5º, do CDC), não sendo necessário comprovar fatos adicionais, como abuso da personalidade, confusão patrimonial, dentre outros, como se dá no âmbito das relações regidas pelo Código Civil (art. 50 do CC); **C:** incorreta, pois a hipótese trata da proteção em relação à denominada limitação quantitativa: a venda casada (art. 39, I, primeira parte, do CDC) é instituto que se configura quando se condiciona o fornecimento de um produto ou serviço ao fornecimento de *outro* produto ou serviço (exemplo: alguém quer comprar um sanduíche e é obrigado a comprar um refrigerante também); já a limitação quantitativa (art. 39, I, segunda parte, do CDC) se dá quando se condiciona a alguém a comprar uma quantidade mínima de algum produto, *sem justa causa* (exemplo: alguém quer comprar um 1 kg de arroz *in natura*, mas é obrigado a comprar no mínimo 5 kg do arroz; **D:** incorreta, pois a devolução em dobro dos valores pagos em excesso só é obrigatória quando o consumidor é cobrado em quantia indevida (art. 42, parágrafo único, do CDC); **E:** incorreta, pois o consumidor não precisa autorizar; é necessário, apenas, que o consumidor seja previamente informado por escrito da abertura de ficha, quando não solicitada por ele (art. 43, § 2º, do CDC).

Gabarito "B"

(Defensor Público/BA – 2010 – CESPE) O nome de Fernando foi incluído, sem prévia notificação, em cadastro de inadimplentes, em razão de cobrança indevida realizada pela escola de seu filho. Em decorrência desse fato, Fernando e seu sócio Alexandre, que temia as possíveis consequências negativas da referida cobrança, ajuizaram ação, sob o rito ordinário, contra a escola e a empresa que administra o cadastro de inadimplentes. Considerando essa situação hipotética, julgue os itens a seguir.

(1) A legitimidade *ad causam* fica evidenciada a partir da pertinência subjetiva da ação, de modo que o fato de haver relação jurídica entre Fernando e as rés põe à mostra a sua legitimidade para integrar o polo ativo da ação.
(2) Por caber à empresa gestora do cadastro de inadimplentes apenas o registro das informações prestadas por suas credenciadas, é evidente a sua ilegitimidade passiva *ad causam*.
(3) O temor de Alexandre evidencia a sua legitimidade extraordinária, visto que a derrocada financeira de seu sócio pode afetar a saúde financeira da empresa.

1: certa, pois Fernando teve o seu nome negativado indevidamente, de modo que tem total legitimidade para integrar o polo ativo da ação; **2:** errada, pois a negativação indevida se deu não por informação falsa passada pela escola, mas por falha formal da própria empresa gestora do cadastro, de modo que esta, por ter errado, é, sim, parte legítima passiva; **3:** errada, pois não se deve confundir a pessoa jurídica com a pessoa de seus sócios; o nome negativado foi o de Fernando, e não o nome da pessoa jurídica da qual são sócios Fernando e Alexandre.

Gabarito 1C, 2E, 3E

(Defensor Público/BA – 2010 – CESPE) Julgue o seguinte item.

(1) Consoante entendimento pacificado e atual do STJ, caso o nome do consumidor seja indevidamente inserido nos órgãos/cadastros de proteção ao crédito, existindo outras restrições devidas, terá ele direito de pleitear indenização por danos morais, todavia, com valor reduzido.

1: errada, pois, de acordo com a Súmula 385 do STJ, a preexistência de legítima inscrição no serviço de proteção ao crédito exclui indenização por dano moral por anotação irregular posterior em cadastro de proteção ao crédito, ressalvado o direito ao cancelamento desta anotação indevida.

Gabarito 1E

(Defensoria/ES – 2009 – CESPE) Considerando que certa loja tenha veiculado, em um programa de televisão, publicidade, suficientemente precisa, em que ofertava celulares por preço promocional, julgue os itens seguintes.

(1) O fornecedor criou um direito potestativo para o consumidor.
(2) A publicidade veiculada obriga o fornecedor e integra o contrato que vier a ser celebrado.
(3) A responsabilidade do fornecedor, decorrente do descumprimento do princípio da vinculação, é subjetiva.

1: correta, podendo, no caso de recusa do cumprimento à oferta veiculada, o consumidor escolher qualquer das providências previstas no art. 35 do CDC; **2:** correta, nos termos do art. 30 do CDC; **3:** incorreta, pois a responsabilidade é objetiva, não exigindo o art. 35 do CDC conduta culposa ou dolosa do ofertante.

Gabarito 1C, 2C, 3E

(Defensoria/PI – 2009 – CESPE) Acerca das práticas abusivas nas relações de consumo, julgue os itens subsequentes.

I. A cobrança do consumidor, em seu local de trabalho, configura prática abusiva.
II. O orçamento deve ser prévio e escrito, sob pena de se configurar prática abusiva.
III. Se o pagamento não for efetuado de pronto, via de regra pode haver recusa de venda de bens ao consumidor.
IV. Se o fornecedor repassar informação de que o consumidor formulou queixa no PROCON, incide em sanção administrativa.

V. A prescrição da dívida não impede que os serviços de proteção ao crédito forneçam informação com vistas a evitar novo acesso do consumidor ao crédito.

Estão certos apenas os itens

(A) I, II e IV.
(B) I, III e V.
(C) I, IV e V.
(D) II, III e IV.
(E) II, III e V.

I: incorreta, pois tal conduta não está prevista no art. 39 do CDC como prática abusiva, mas é conduta que pode gerar responsabilização civil (art. 42 do CDC) e penal (art. 71 do CDC); **II:** correta (art. 39, VI, do CDC); **III:** correta (art. 39, IX, do CDC); **IV:** correta, pois qualquer violação à norma de defesa do consumidor configura infração administrativa (art. 56 do CDC); **V:** incorreta, pois a prescrição impede, sim, tal conduta, nos termos do art. 43, § 5º, do CDC.

Gabarito "D"

(Defensoria/ES – 2009 – CESPE) O Banco Alfa solicitou a inscrição do nome de Wagner em determinada entidade de proteção ao crédito, informando a existência de dívida contraída em razão de um empréstimo. A inscrição foi efetuada sem a notificação prévia de Wagner. Considerando essa situação hipotética e a jurisprudência do STJ acerca do assunto, julgue os itens que se seguem.

(1) O Banco Alfa, por ter solicitado a referida inscrição, deveria ter providenciado a notificação de Wagner.
(2) A comunicação prévia ao consumidor é medida imprescindível à regularidade da inscrição.
(3) Wagner tem direito a indenização por danos morais, exigível do Banco Alfa.

1: incorreta, pois essa responsabilidade é do Serviço de Proteção ao Crédito (art. 43, § 2º, do CDC e Súmula 359/STJ: " Cabe ao órgão mantenedor do Cadastro de Proteção ao Crédito a notificação do devedor antes de proceder à inscrição"); **2:** correta (art. 43, § 2º, do CDC); **3:** incorreta, pois o direito de indenização deve ser exercido em face do Serviço de Proteção ao Crédito, segundo o STJ, que entende que o credor é parte ilegítima (REsp 751.809/RS, DJ 10.03.2008); o credor só pode ser acionado quando solicita indevidamente a negativação do nome do devedor (REsp 786.239/SP, DJ 13.05.2009).

Gabarito 1E, 2C, 3E

(Defensor Público/RO – 2007) A alternativa que evidencia o perfil jurídico dos cadastros de consumidores é:

(A) as informações a respeito da dívida não serão mais fornecidas, após ultrapassados 5 anos da inadimplência
(B) o consumidor tem direito de solicitar que no prazo de 5 dias seja corrigida a inexatidão nas informações
(C) a exclusão da informação desabonadora depende do prévio depósito do valor da dívida apontada
(D) os serviços de proteção ao crédito e congêneres são considerados entidades de caráter privado
(E) o consumidor não precisa ser comunicado da abertura de registro

A: correta (art. 43, § 1º, do CDC); **B:** incorreta, pois a correção deve se dar em até 5 dias *úteis* (art. 43, § 3º, do CDC); **C:** incorreta, pois a exclusão pode se dar por inexatidão da informação; **D:** incorreta, pois os bancos de dados e cadastros relativos a consumidores, os serviços de proteção ao crédito e congêneres são considerados entidades de caráter público (art. 43, § 4º, do CDC); **E:** incorreta, pois o consumidor tem que ser comunicado previamente e por escrito da abertura do registro (art. 43, § 2º, do CDC).

Gabarito "A"

(Defensor Público/RO – 2007) É sempre vedado ao fornecedor:

(A) elevar o preço de produtos ou serviços
(B) recusar a venda de bens com pagamento imediato
(C) enviar ao consumidor produto não solicitado por ele
(D) executar serviços sem a prévia elaboração de orçamento
(E) condicionar o fornecimento de produto ou de serviços a limites quantitativos

A: incorreta, pois cabe elevação em caso de justa causa (art. 39, X, do CDC); **B:** incorreta, pois cabe recusar a venda de bens com pagamento imediato, ressalvados os caso de intermediação regulada em leis especiais (art. 39, IX, do CDC); **C:** correta, pois essa regra não tem exceção (art. 39, III, do CDC); **D:** incorreta, pois cabe execução de serviços sem prévio orçamento em caso de práticas anteriores entre as partes (art. 39, VI, do CDC); **E:** incorreta, cabe a limitação quantitativa quando houver justa causa (art. 39, I, do CDC).

Gabarito "C"

(Defensoria/SP – 2007 – FCC) Determinada empresa que envia cartão de vantagens com proposta de relacionamento a consumidores, sem prévia solicitação, desenvolve prática comercial

(A) tolerada, desde que a proposta de relacionamento seja de evidente vantagem para o consumidor.
(B) tolerada, desde que o não consumidor manifeste seu desinteresse no prazo estabelecido na proposta.
(C) tolerada, desde que admitido pela autoridade competente.
(D) proibida, eis que abusiva, porquanto imponha ao conhecimento do consumidor uma oferta de produto ou serviço não procurado.
(E) tolerada, podendo, no entanto, ser abusiva, bastando que o consumidor manifeste seu desinteresse.

Nos termos do art. 39, III, do CDC, a prática descrita é vedada ao consumidor, sendo considerada abusiva.

Gabarito "D"

(Defensoria/MT – 2007) Em matéria de publicidade e propaganda, estatuídas no Código de Defesa do Consumidor, é incorreto afirmar:

(A) A publicidade tem objetivo comercial, enquanto a propaganda visa a um fim ideológico, religioso, filosófico, político, econômico ou social.
(B) O Código de Defesa do Consumidor proíbe toda publicidade enganosa ou abusiva. A publicidade será enganosa por omissão quando deixar de informar qualquer dado do produto ou serviço.
(C) Pelo princípio da vinculação contratual da publicidade, o consumidor pode exigir do fornecedor o cumprimento do conteúdo da comunicação publicitária.
(D) O Código de Defesa do Consumidor consumou o princípio da veracidade da publicidade ao proibir e definir a publicidade enganosa.
(E) Na publicidade enganosa por comissão, o fornecedor afirma algo capaz de induzir o consumidor em erro, ou seja, diz algo que não é.

A: está correto: "*A publicidade tem um objetivo comercial* (...) *enquanto que a propaganda visa a um fim ideológico, religioso, filosófico, político, econômico ou social* (...) A diferença essencial entre a publicidade e a propaganda baseia-se no fato de que a primeira faz-se com a intenção de alcançar lucro, enquanto que a segunda exclui quase sempre a ideia de benefício econômico" (Antonio Herman de Vasconcelos e Benjamin. *Código Brasileiro de Defesa do Consumidor comentado pelos autores do anteprojeto*. Rio de Janeiro: Forense Universitária, 2005. p. 196-197); **B:** assertiva incorreta, devendo esta alternativa ser assinalada, pois a publicidade que será considerada enganosa por omissão deve se tratar de dado essencial do produto ou serviço (art. 37, § 3º, do CDC); **C:** correto (art. 35, I, do CDC); **D:** está correto (art. 37, § 1º, do CDC); **E:** correto (art. 37, § 1º, do CDC).

Gabarito "B"

(Defensor Público/AC – 2006 – CESPE) Cecília, prestes a contrair núpcias, solicitou orçamento de prestação de serviços de renomado estilista para que este confeccionasse o seu vestido de noiva, pois havia lido, em anúncio publicitário, que o referido estilista utilizava tecidos importados e sofisticadas rendas na feitura de suas peças.

Tendo como base essa situação hipotética, assinale a opção correta, com relação às normas que regem as relações consumeristas.

(A) O orçamento eventualmente entregue a Cecília deveria ter validade de 30 dias, salvo disposição estabelecida em sentido diverso.
(B) Ainda que Cecília tenha concordado com o orçamento, este poderia ter sido alterado unilateralmente, desde que não houvesse sido iniciado o serviço.
(C) Se o estilista se abstivesse de estipular prazo para o término de seu serviço, ele incorreria em prática considerada abusiva pelo Código de Defesa do Consumidor (CDC).
(D) Sendo constatado que o anúncio publicitário, quanto aos serviços prestados pelo estilista, não correspondia à realidade, o anúncio deveria ser considerado publicidade abusiva.

A: incorreta, pois o orçamento tem validade de 10 dias, contado de seu recebimento pelo consumidor, salvo estipulação em contrário (art. 40, § 1º, do CDC); **B:** incorreta, pois, uma vez aprovado o orçamento, este somente poderá ser alterado mediante livre negociação entre as partes (art. 40, § 2º, do CDC); **C:** correta, pois, realmente, o fornecedor de serviço está obrigado a entregar ao consumidor orçamento prévio discriminando o valor da mão de obra, dos materiais e equipamentos a serem empregados, as condições de pagamento, estipular as datas de início e término dos serviços, sendo sua abstenção considerada prática abusiva (art. 40, *caput*, c/c art. 39, VI, ambos do CDC); **D:** incorreta, pois, nesse caso, o anúncio deveria ser considerado publicidade enganosa, por conter informação falsa (art. 37, § 1º, do CDC).

Gabarito "C".

(Defensor Público/AC – 2006 – CESPE) Na pretensão de adquirir aparelho eletrodoméstico de multiprocessamento, Vanda se beneficiou do sistema de crediário de certa revendedora de utensílios domésticos. Na ocasião, a consumidora preencheu cadastro com todos os seus dados pessoais. O contrato previu que as prestações seriam efetuadas em 24 parcelas reajustáveis. Vanda, no entanto, tornou-se inadimplente quando já havia quitado cerca de um terço da dívida e, por essa razão, teve seu nome inscrito em cadastro de devedores inadimplentes.

Acerca desse caso, com fulcro nas normas que disciplinam as relações de consumo e com base na situação hipotética acima apresentada, assinale a opção **incorreta**.

(A) A cobrança de quantia já devidamente quitada por Vanda ensejará a repetição do indébito, pelo valor igual ao dobro do que a consumidora pagou em excesso, com juros e correção monetária.

(B) Cadastros, incluído o de inadimplentes, fichas ou registros de dados pessoais somente podem ser implementados com a anuência expressa dos consumidores a que se referirem.

(C) Os bancos de dados que contêm registros sobre consumidores, como o Serviço de Proteção do Crédito (SPC), são considerados entidades de caráter público.

(D) Os dados negativos porventura inscritos no SPC, com relação às dívidas inadimplidas por Vanda, não poderão nele permanecer por período superior a 5 anos.

A: assertiva verdadeira (art. 42, parágrafo único, do CDC); **B:** assertiva incorreta, devendo esta ser assinalada, pois a lei não exige anuência do consumidor, mas mera comunicação prévia e por escrito ao consumidor da abertura dos cadastros, fichas ou registros, quando não solicitada por ele (art. 43, § 2º, do CDC); **C:** assertiva verdadeira (art. 43, § 4º, do CDC); **D:** assertiva verdadeira (art. 43, § 1º, do CDC).

Gabarito "B".

(Defensor Público/BA – 2006) Sobre o tema da publicidade, tal como tratado no âmbito da Lei 8.078 de 1990, tem-se que:

I. É abusiva qualquer modalidade de informação ou comunicação de caráter publicitário, inteira ou parcialmente falsa, ou por qualquer outro modo, mesmo por omissão, capaz de induzir em erro o consumidor a respeito da natureza, características, qualidade, quantidade, propriedades, origem, preço e quaisquer outros dados sobre produtos e serviços.

II. É enganosa, dentre outras a publicidade discriminatória de qualquer natureza, a que incite à violência, explore o medo ou a superstição, se aproveite da deficiência de julgamento e experiência da criança, desrespeita valores ambientais, ou que seja capaz de induzir o consumidor a se comportar de forma prejudicial ou perigosa à sua saúde ou segurança.

III. O ônus da prova da veracidade e correção da informação ou comunicação publicitária cabe a quem as patrocina.

Analisando as assertivas acima, verifica-se que:

(A) Todas estão corretas.

(B) Apenas a I está correta.

(C) Apenas a II está correta.

(D) Apenas a III está correta.

(E) Todas estão incorretas.

I: incorreta, pois essa é a definição de publicidade enganosa (art. 37, § 1º, do CDC); **II:** incorreta, pois essa é a definição de publicidade abusiva (art. 37, § 2º, do CDC); **III:** correta (art. 38 do CDC).

Gabarito "D".

7. Proteção Contratual

(Defensor Público/AM – 2013 – FCC) Em relação às cláusulas abusivas, previstas no Código de Defesa do Consumidor, é correto afirmar:

(A) A nulidade de uma cláusula contratual abusiva invalida o contrato.

(B) São nulas cláusulas que estabeleçam inversão do ônus da prova em prejuízo do consumidor e prevejam a utilização de arbitragem.

(C) Nos contratos do sistema de consórcio de produtos duráveis, é considerada abusiva a cláusula que estabelece a compensação ou a restituição das parcelas quitadas com desconto da vantagem econômica auferida com a fruição e os prejuízos que o desistente ou inadimplente causar ao grupo.

(D) Nos contratos de compra e venda de móveis ou imóveis mediante pagamento em prestações, bem como nas alienações fiduciárias em garantia, consideram-se nulas de pleno direito as cláusulas que estabeleçam a perda parcial das prestações pagas em benefício do credor que, em razão do inadimplemento, pleitear a resolução do contrato e a retomada do produto alienado.

(E) São aquelas que estabeleçam obrigações consideradas iníquas, abusivas, que coloquem o consumidor em desvantagem exagerada, ou sejam incompatíveis com a boa-fé ou a equidade.

A: incorreta, pois a nulidade de uma cláusula não invalida, como regra, o contrato inteiro; isso só acontecerá se, apesar dos esforços de integração, a ausência da cláusula impor ônus excessivo a qualquer das partes (art. 51, § 2º, do CDC); **B:** incorreta, pois o que não pode é a cláusula prever a utilização compulsória da arbitragem (art. 51, VII, do CDC), não impedindo que se preveja a utilização facultativa da arbitragem, a critério do consumidor, no momento em que surgir uma controvérsia; **C:** incorreta, pois tal cláusula é possível (art. 53, § 2º, do CDC); **D:** incorreta, pois é nula a cláusula que estabeleça "perda total" (e não "perda parcial) das parcelas (art. 53, caput, do CDC); **E:** correta (art. 51, IV, do CDC).

Gabarito "E".

(Defensor Público/PR – 2012 – FCC) De acordo com a nova realidade contratual prevista no Código de Defesa do Consumidor, 1853

(A) não se exige a imprevisibilidade do fato superveniente para a revisão de cláusulas contratuais.

(B) o *pacta sunt servanda* tem preponderância sobre os outros princípios.

(C) as cláusulas contratuais devem ser interpretadas de forma extensiva.

(D) as cláusulas contratuais gerais têm controle administrativo abstrato e preventivo.

(E) a forma de redação dos instrumentos contratuais assume relevância relativa.

A: correta, pois basta que haja um fato superveniente (imprevisto ou não) que torne as prestações excessivamente onerosas (art. 6º, V, do CDC), diferentemente do Código Civil, que requer um fato extraordinário e imprevisível (art. 478); **B:** incorreta, pois o CDC é uma norma de ordem pública (art. 1º), de modo que mesmo que o consumidor assine um contrato aceitando o descumprimento de normas do CDC, esse contrato não fará lei entre as partes, ou seja, o fornecedor não poderá alegar a "pacta sunt servanda"; **C:** incorreta, pois devem ser interpretadas de maneira mais favorável ao consumidor (art. 47 do CDC); **D:** incorreta; a expressão "cláusulas contratuais gerais" deve estar no sentido de cláusulas previstas para um número indeterminado de pessoas, como são as de um plano de saúde, por exemplo; nesse sentido, o controle administrativo de uma cláusula dessa pode ser tanto preventivo (antes de alguém ter assinado um contrato desses), como repressivo, sempre por meio da sanções administrativas (art. 56 do CDC); da mesma forma, o controle judicial também pode ser preventivo ou repressivo; **E:** incorreta, pois quando um instrumento contratual for redigido de modo a dificultar a compreensão de seu sentido e alcance o contrato sequer irá obrigar o consumidor (art. 46 do CDC); o CDC, em se tratando de contrato de adesão, traz, ainda, uma série de regras a serem cumpridas na redação do contrato (art. 54, §§ 3º, 4º, do CDC).

Gabarito "A".

(Defensor Público/RS – 2011 – FCC) Contrato de consumo.

(A) O descumprimento dos termos da proposta, após sua aceitação, é hipótese típica de responsabilidade pré-contratual do fornecedor.

(B) A publicidade quando veicule informações inverídicas dá causa à sanção de contrapropaganda, mas não gera eficácia vinculativa em relação ao consumidor.

(C) A publicidade feita por intermédio de ligação telefônica é permitida, mesmo quando onerosa, porém admite o exercício do direito de arrependimento pelo consumidor.

(D) A recusa do fornecedor a dar cumprimento à oferta pode dar causa ao abatimento do preço.

(E) Segundo entendimento majoritário, o responsável pela indenização decorrente da promoção de publicidade ilícita é o fornecedor que a faz veicular.

A: incorreta, pois, se já houve aceitação da proposta, já se tem um contrato, de modo que se tem responsabilidade contratual, e não responsabilidade pré-contratual; **B:** incorreta, pois qualquer informação suficientemente precisa vincula o fornecedor (art. 30 do CDC); **C:** incorreta, pois é proibida a publicidade de bens e serviços por telefone, quando a chamada for onerosa ao consumidor que a recebe (art. 33, parágrafo único, do CDC); **D:** incorreta, pois a recusa do fornecedor ao cumprimento da oferta dá causa à execução específica nos termos da oferta, à aceitação de produto ou serviço equivalente ou à rescisão do contrato, com direito à restituição de quantia eventualmente antecipada, monetariamente atualizada, e a perdas e danos, podendo o consumidor escolher livremente qual dessas opções prefere (art. 35 do CDC), não havendo previsão de abatimento do preço, nesse caso, mas somente na hipótese do art. 20 do CDC, em que o fornecedor de serviços responde pelos vícios de qualidade que os tornem impróprios ao consumo ou lhes diminuam o valor, assim como por aqueles decorrentes da disparidade com as indicações constantes da oferta ou mensagem publicitária, também sendo de livre escolha pelo consumidor dentre as opções indicadas; **E:** correta, até porque é o anunciante quem tem o ônus da prova da veracidade da publicidade (art. 38 do CDC), bem como é quem é obrigado a cumprir a oferta (art. 35 do CDC).

Gabarito "E"

(Defensor Público/RS – 2011 – FCC) Equilíbrio dos contratos de consumo.

(A) Uma cláusula contratual considerada abusiva em um contrato de consumo, o será necessariamente também em um contrato civil, desde que redigida em termos idênticos.

(B) A cláusula abusiva será nula quando afetar o equilíbrio das prestações do contrato, porém pode ser convalidada quando se trate de vício de informação, desde que haja concordância das partes com a redução do proveito do fornecedor.

(C) A revisão dos contratos de consumo pode se dar em face da alteração de circunstâncias, com a finalidade de proteção do consumidor, não se exigindo que tal situação seja necessariamente desconhecida das partes.

(D) Cláusula abusiva celebrada em contrato individual de consumo não pode ter sua nulidade pronunciada em ação coletiva, sem a anuência do consumidor que é parte da contratação.

(E) Não se reconhece a existência de cláusula surpresa se o consumidor leu, no momento da contratação, os termos do instrumento contratual.

A: incorreta, pois as normas do CDC são mais protetivas da parte mais fraca (no caso, o consumidor), de modo que nem sempre uma cláusula considerada abusiva pelo CDC será considerada nula pelo CC; **B:** incorreta, pois o CDC trabalha com o conceito de nulidade de pleno direito (art. 51, *caput*, do CDC), que é uma nulidade absoluta, e não uma nulidade relativa, que admitiria convalidação; **C:** correta, pois o direito à revisão contratual depende apenas de um fato novo que desequilibre o contrato, não sendo necessário que se trate de fato imprevisível ou não conhecido das partes (art. 6º, V, do CDC); **D:** incorreta, em virtude do disposto no art. 51, § 4º, do CDC; **E:** incorreta, pois a cláusula surpresa é aquela que venha a surpreender o consumidor após a conclusão do contrato; um exemplo é uma cláusula que estipula que o consumidor estará sujeito a uma comissão de permanência consistente nas taxas de mercado do momento; repare que, por ser a cláusula incerta, o consumidor terá verdadeira surpresa quando tiver de arcar com a comissão de permanência cobrada; dessa forma, não basta o consumidor ter lido a cláusula contratual respectiva, para que se entenda que não há, no caso, cláusula surpresa, pois esta, a surpresa, pode decorrer de uma circunstância futura, como no exemplo citado.

Gabarito "C"

(Defensor Público/GO – 2010 – I. Cidades) Em relação às cláusulas abusivas, o Código de Defesa do Consumidor

(A) estabelece a sanção de nulidade relativa às cláusulas abusivas constantes em contratos celebrados entre fornecedor e consumidor.

(B) considera válida a cláusula contratual de plano de saúde que limita no tempo a internação hospitalar do consumidor.

(C) veda a contratação de cláusula limitativa de responsabilidade entre o fornecedor e o consumidor pessoa jurídica.

(D) reconhece como válida a cláusula que determina a utilização compulsória da arbitragem.

(E) prevê que a declaração de nulidade de cláusula não invalida, necessariamente, o respectivo contrato de consumo.

A: incorreta, pois se trata de nulidade absoluta (art. 51, *caput*, do CDC); **B:** incorreta, pois tal cláusula é considerada abusiva pela Súmula 302 do STJ ("É abusiva a cláusula contratual de plano de saúde que limita no tempo a internação hospitalar do segurado"); **C:** incorreta (art. 51, I, do CDC); **D:** incorreta (art. 51, VII, do CDC); **E:** correta (art. 51, § 2º, do CDC).

Gabarito "E"

(Defensor Público/AM – 2010 – I. Cidades) Com relação às cláusulas abusivas no Código de Defesa do Consumidor (Lei n. 8.078, de 11 de setembro de 1990), assinale a alternativa correta:

(A) é lícita a cláusula contratual que limita a indenização, em situações justificadas, entre fornecedor e consumidor-pessoa jurídica;

(B) é lícita a cláusula contratual que imponha a arbitragem compulsória nas relações de consumo;

(C) é lícita a cláusula contratual que faculta unilateralmente ao fornecedor a conclusão do contrato;

(D) é lícita a cláusula contratual que faculta unilateralmente ao fornecedor a escolha do índice de reajuste da obrigação;

(E) é lícita a cláusula contratual que reduz a garantia legal do produto durável para dez (10) dias.

A: correta (art. 51, I, parte final, do CDC); **B:** incorreta, pois essa cláusula é abusiva (art. 51, VII, do CDC); **C:** incorreta, pois essa cláusula é abusiva (art. 51, XI, do CDC); **D:** incorreta, pois essa cláusula é abusiva (art. 51, X e XIII, do CDC); **E:** incorreta, pois essa cláusula é abusiva (art. 51, I, do CDC).

Gabarito "A"

(Defensor Público/BA – 2010 – CESPE) Com referência ao CDC, julgue o item subsequente.

(1) A nulidade de uma cláusula contratual abusiva não invalida o contrato como um todo, exceto quando de sua ausência, apesar dos esforços de integração, decorrer ônus excessivo a qualquer das partes.

1: correta, nos termos do art. 51, § 2º, do CDC.

Gabarito 1C

(Defensoria/ES – 2009 – CESPE) Acerca das normas estabelecidas pelo CDC, julgue os próximos itens.

(1) Se uma empresa de guarda e estacionamento de veículos tiver advertido, previamente, um usuário daquele serviço de que não se responsabilizaria pelos valores ou objetos pessoais deixados no interior do automóvel, não haverá, por parte da empresa, obrigação de indenizar o usuário.

(2) O sistema do CDC admite a cláusula que considera o silêncio do consumidor como aceitação.

(3) Se um cidadão tiver se hospedado em um hotel e, no momento de assinar o contrato, tiver se deparado com uma cláusula informando que o hotel não se responsabilizaria por furto de bens ou valores não confiados à sua direção, para fins de depósito, essa cláusula será tida como não escrita e deverá ser desconsiderada pelos usuários da prestação de serviço.

1: errada, nos termos do art. 51, I, do CDC; **2:** errada, pois tal cláusula está em desacordo com o sistema de proteção do CDC (art. 51, XV, do CDC); **3:** certa, nos termos do art. 51, I, do CDC.

Gabarito 1E, 2E, 3C

(Defensoria/ES – 2009 – CESPE) Com referência a contratos de consumo e considerando que, em um contrato dessa natureza, a cláusula de preço, que era equitativa quando do fechamento do contrato, tenha-se tornado excessivamente onerosa para o consumidor, em razão de fatos supervenientes, julgue os itens seguintes.

(1) O CDC exige, para promover-se a revisão judicial do contrato em apreço, que o fato superveniente seja imprevisível ou irresistível.

(2) A revisão judicial do contrato limita-se apenas às cláusulas referentes à prestação do consumidor, não tendo o mesmo direito o fornecedor.

(3) O CDC exige, para promover-se a revisão judicial do contrato, que haja extrema vantagem para uma das partes que celebrou a avença.

(4) Em um contrato de consumo, é lícito às partes, desde que haja consenso entre elas, inverter o ônus da prova em prejuízo do consumidor.

(5) Em um contrato de consumo envolvendo prestação de serviço, o fornecedor responde, independentemente da existência de culpa, pela reparação dos danos causados aos consumidores por defeitos relativos à prestação dos serviços, bem como por informações insuficientes ou inadequadas acerca da sua fruição e riscos, ainda que ele prove a culpa exclusiva do consumidor ou de terceiro.

1: errada, pois, para a revisão contratual, no CDC, basta que tenha ocorrido um fato novo (previsível ou imprevisível), que torne a cláusula excessivamente onerosa (art. 6º, V, do CDC); **2:** certa, pois o art. 6º, V, do CDC regula os "direitos básicos do *consumidor*" (vide o *caput* do art. 6º), e não do *fornecedor*; **3:** errada, pois o dispositivo exige, apenas, fato novo que torne a obrigação excessivamente onerosa para o consumidor, não sendo necessário que, ao mesmo tempo, o fornecedor tenha extrema vantagem com isso; **4:** errada, pois esse tipo de cláusula é considerada abusiva (art. 51, VI, do CDC); **5:** errada, pois a culpa exclusiva do consumidor ou de terceiro exclui a responsabilidade do fornecedor (art. 12, § 3º, III, do CDC).

Gabarito 1E, 2C, 3E, 4E, 5E

(Defensoria/MG – 2009 – FURMARC) Com relação à Lei Consumerista – Lei n.º 8.078, de 11 de setembro de 1990 –, é correto afirmar, **EXCETO**:

(A) No Contrato de Adesão Consumerista, a inserção de cláusula no formulário não desnatura a natureza de adesão do contrato.

(B) No Contrato de Adesão Consumerista, para a sua imediata compreensão, as cláusulas que implicarem limitação de direito do consumidor deverão ser redigidas com destaque, na forma exigida por lei.

(C) No Contrato de Adesão Consumerista, é possível constar a transferência da responsabilidade, em caso de dano do fabricante ou prestador de serviço para a seguradora.

(D) No Contrato de Adesão Consumerista, é permitida a inversão do ônus da prova, em benefício do consumidor e em desfavor do fabricante ou prestador de serviços.

(E) No Contrato de Adesão Consumerista, é configurada cláusula abusiva aquela que determina a utilização compulsória da arbitragem – Lei n.º 9.307/1996.

A: correto (art. 54, § 1º, do CDC); **B:** correto (art. 54, § 4º, do CDC); **C:** incorreto, pois o CDC é norma de ordem pública e não é possível que, por vontade dos contratantes, seja transferida a responsabilidade, valendo salientar que o responsável pode, no máximo, chamar à lide a seguradora (art. 101, II, do CDC); **D:** correto, pois não há impedimento nesse sentido; o que não é permitido é a inversão da prova em prejuízo ao consumidor (art. 51, VI, do CDC); **E:** correto (art. 51, VII, do CDC).

Gabarito "C"

(Defensoria/MT – 2009 – FCC) De acordo com o Direito Consumerista, são válidas cláusulas que

(A) possibilitem a renúncia do direito de indenização por benfeitorias necessárias, desde que o consumidor seja devidamente esclarecido sobre as consequências jurídicas de sua decisão.

(B) determinem a utilização compulsória de arbitragem.

(C) obriguem o consumidor a ressarcir os custos de cobrança de sua obrigação, se igual direito lhe seja conferido contra o fornecedor.

(D) deixem ao fornecedor a opção de concluir ou não o contrato, embora obrigando o consumidor.

(E) autorizem o fornecedor a modificar unilateralmente o conteúdo ou a qualidade do contrato, após sua celebração.

A: incorreta, pois esse tipo de cláusula é nulo (art. 51, XVI, do CDC); **B:** incorreta, pois essa cláusula é nula (art. 51, VII, do CDC); **C:** correta, pois se esse dever vale tanto para o consumidor, como para o fornecedor, não incide o caso de nulidade previsto no art. 51, XII, do CDC; **D:** incorreta, pois essa cláusula é nula (art. 51, IX, do CDC); **E:** incorreta, pois essa cláusula é nula (art. 51, XIII, do CDC).

Gabarito "C"

(Defensoria/PA – 2009 – FCC) No Direito Consumerista, os contratos de

(A) compra e venda de móveis ou imóveis mediante pagamento em prestações poderão prever cláusulas que estabeleçam a perda total das prestações pagas em benefício do credor que, em razão do inadimplemento, pleitear a resolução do contrato e a retomada do produto alienado, desde que redigidas com destaque, permitindo sua imediata e fácil compreensão.

(B) adesão são aqueles cujas cláusulas tenham sido aprovadas pela autoridade competente ou estabelecidas pelo fornecedor de produtos ou serviços após ter discutido com o consumidor substancialmente a respeito de seu conteúdo.

(C) adesão serão redigidos em termos claros e com caracteres ostensivos e legíveis, cujo tamanho da fonte não será superior ao corpo doze, de modo a facilitar sua compreensão pelo consumidor.

(D) adesão relacionados ao sistema de consórcio de produtos duráveis podem prever cláusula resolutória, desde que alternativa, cabendo a escolha ao consumidor, sendo obrigatória a devolução de parcelas pagas, e vedada a compensação dos prejuízos que o desistente ou inadimplente causar ao grupo.

(E) compra e venda de móveis ou imóveis mediante pagamento em prestações, bem como nas alienações fiduciárias em garantia, de acordo com o Código de Defesa do Consumidor, somente poderão ser expressos em moeda corrente nacional.

A: incorreta, pois não se pode estipular a perda *total* das prestações pagas (art. 53 do CDC); **B:** incorreta, pois se as cláusulas foram discutidas *substancialmente* com o consumidor, não se pode falar em contrato de adesão (art. 54, *caput*, parte final, do CDC); **C:** incorreta, pois a fonte não pode ser *inferior* ao corpo 12 (art. 54, § 3º, do CDC); **D:** incorreta (art. 53, § 2º, do CDC); **E:** correta (art.53, § 3º, do CDC).

Gabarito "E"

(Defensoria/SP – 2009 – FCC) Nos termos do Código de Defesa do Consumidor, da Lei dos Planos de Saúde e do Estatuto do Idoso, qual das práticas ou cláusulas expostas a seguir NÃO poderia ser considerada abusiva, em relação aos contratos de planos de saúde?

(A) Reajuste por mudança de faixa etária das prestações dos planos de saúde vinculado a contrato vigente há mais de 10 anos.

(B) Exigência de entrevista qualificada do idoso prévia a pactuação dos contratos de plano de saúde, negando-se o acesso ao contrato em caso de constatação de lesão ou doença preexistente, que possa gerar impacto nos custos, de modo a não se oferecer qualquer alternativa além da cobertura básica, tais como a cobertura parcial temporária e o agravo do contrato.

(C) Limitação ao contrato de plano de saúde familiar se a soma das idades do casal for superior a 100 anos.

(D) Reajuste das prestações dos planos de saúde de titulares não idosos em valor superior ao da sua faixa etária, que tenham como dependentes ou agregados idosos.

(E) Limitação da compra da carência de planos de saúde por contratantes idosos.

A: incorreta, pois é cláusula abusiva, por contrariar o Estado do Idoso (art. 15, § 3º, da Lei 10.741/2003 – o Estatuto do Idoso e STJ, AgRg no REsp 707.286/RJ, DJ 18.12.2009); **B:** incorreta, pois é abusiva a conduta, já que o máximo que se pode fazer, e, mesmo assim, obedecendo o disposto no art. 11 da Lei de Plano de Saúde (Lei 9.656/1998) e o princípio da igualdade, é excluir a cobertura para doenças preexistentes, e não impedir totalmente a contratação; **C:** incorreta, pois tal cláusula seria nula de pleno direito, uma vez que está em desacordo com o sistema de proteção do consumidor, por ser discriminatória (art. 51, XV, do CDC); **D:** correta, pois o art. 15, *caput*, da Lei 9.656/1998 permite a variação em função da faixa etária, só não se podendo fazê-lo em relação ao idoso (art. 15, parágrafo único, da Lei 9.656/1998); **E:** incorreta, pois se trata de cláusula discriminatória do idoso.

Gabarito "D"

(Delegado/GO – 2009 – UEG) O direito brasileiro, em razão das transformações ocorridas pelo advento da Constituição Federal de 1988, oferece sólida tutela aos consumidores. No que diz respeito às cláusulas contratuais estabelecidas nas relações jurídicas de consumo, é CORRETO afirmar:

(A) as cláusulas contratuais abusivas são nulas de pleno direito e elencadas em rol taxativo no Código Brasileiro de Proteção e Defesa do Consumidor.

(B) no direito brasileiro, a proteção do consumidor é matéria de ordem pública, sendo as cláusulas abusivas nulas de pleno direito e inatingíveis pela preclusão.

(C) no ordenamento jurídico pátrio, a sentença que decreta a anulação da cláusula abusiva é constitutiva negativa e produz efeitos *ex nunc*.

(D) no sistema do Código Brasileiro de Proteção e Defesa do Consumidor, as cláusulas abusivas são anuláveis, devendo ser reconhecidas judicialmente por meio de ação direta ou de defesa.

A: incorreta, pois o art. 51, *caput*, do CDC, ao prescrever que são nulas as cláusulas lá previstas, "dentre outras", acaba deixando claro que se trata de rol meramente exemplificativo; **B:** correta, pois o art. 1º do CDC dispõe que o referido Código é norma de ordem pública e o art. 51, *caput*, do CDC deixa claro que a nulidade opera de pleno direito, de modo que não há prazo para que se declare isso em juízo; **C:** incorreta, pois, como a nulidade opera de pleno direito, a sentença é apenas *declaratória* disso, de modo que seu efeito é *ex tunc*; **D:** incorreta, pois as cláusulas são *nulas* (art. 51, *caput*, do CDC).

Gabarito "B"

(Defensoria/PA – 2009 – FCC) São válidas as cláusulas contratuais relativas ao fornecimento de produtos e serviços que

(A) possibilitem a renúncia do direito de indenização por benfeitorias necessárias.

(B) estabeleçam inversão do ônus da prova em prejuízo do consumidor.

(C) imponham representante para concluir ou realizar outro negócio jurídico pelo consumidor.

(D) determinem a utilização facultativa de arbitragem.

(E) permitam ao fornecedor, direta ou indiretamente, variação do preço, ainda que de maneira unilateral.

A: incorreta (art. 51, XVI, do CDC); **B:** incorreta (art. 51, VI, do CDC); **C:** incorreta (art. 51, VIII, do CDC); **D:** correta, pois somente é proibida a cláusula que determina a utilização obrigatória, ou nos termos do CDC "compulsória", da arbitragem (art. 51, VII, do CDC); **E:** incorreta (art. 51, X, do CDC).

Gabarito "D"

(Defensor Público/RO – 2007) Nos contratos de adesão é correto afirmar que:

(A) é válido o desconto dos prejuízos que o consumidor tiver causado ao grupo de consórcio com seu ato de rescisão

(B) pode haver estipulação sobre o foro de eleição de ação judicial a critério do fornecedor

(C) admite-se cláusula resolutória que preveja a opção do fornecedor e do consumidor

(D) não é válida cláusula que implique limitação de direito do consumidor

(E) desfigura a cláusula se inscrita no formulário padrão do contrato

A: correto (art. 53, § 2º, do CDC); **B:** incorreto, pois tal cláusula é considerada abusiva pelo STJ, por ser excessivamente onerosa ao consumidor (art. 51, § 1º, III, do CDC); **C:** incorreto, pois a cláusula resolutória é uma opção do consumidor (art. 54, § 2º, do CDC), e não do fornecedor; assim, caso um consumidor, num contrato com cláusula resolutória em caso de mora no pagamento, venha a ficar inadimplente, esse consumidor, em se tratando de contrato de consumo que seja de adesão, terá a alternativa de escolher entre purgar a mora (pagar os atrasados) e manter o contrato, ou aceitar a resolução deste; **D:** incorreta, pois é possível que haja cláusulas com limitações de direitos; porém, é bom lembrar que essas cláusulas têm que ser redigidas com destaque, permitindo sua imediata e fácil compreensão (art. 54, § 4º, do CDC); **E:** incorreta (art. 54, § 1º, do CDC).

Gabarito "A"

(Defensor Público/RO – 2007) Nos financiamentos bancários, é assegurada ao consumidor a seguinte vantagem:

(A) informação sobre a taxa semestral de juros

(B) incidência de multa de mora no patamar máximo de 5%

(C) direito ao arrependimento em qualquer tempo, sem ônus

(D) presença de testemunha como condição para a validade do negócio

(E) liquidação antecipada do débito com redução proporcional dos encargos

A: incorreta, pois o direito é a informação sobre a taxa efetiva anual de juros (art. 52, II, do CDC); **B:** incorreta, pois a multa de mora máxima é de 2% do valor da prestação (art. 52, § 1º, do CDC); **C:** incorreta, pois se o consumidor se arrepender do empréstimo, terá o ônus de devolver imediatamente o valor emprestado, garantido sempre o pagamento de juros proporcionais (art. 52, § 2º, do CDC); **D:** incorreta, pois não existe essa obrigatoriedade no CDC; **E:** correta (art. 52, § 2º, do CDC).

Gabarito "E"

(Defensoria/RN – 2006) É correto afirmar sobre as cláusulas nulas de pleno direito no microssistema jurídico do CDC que

(A) o Estatuto adota a tese da onerosidade excessiva, sem, contudo, exigir a presença da imprevisibilidade.

(B) há a permissibilidade de normas potestativas, conferindo ao credor ou ao consumidor a possibilidade exclusiva de exercer um dado direito, como o de escolher o índice de correção monetária a incidir no contrato.

(C) a nulidade de uma cláusula contratual abusiva invalidará todo o contrato.

(D) não se incluem no rol de cláusulas abusivas aquelas que transfiram responsabilidades a terceiros.

A: correta (segunda parte do inciso V do art. 6º do CDC); **B:** incorreta (art. 51, X, do CDC); **C:** incorreta (art. 51, § 2º, do CDC); **D:** incorreta (art. 51, III, do CDC).

Gabarito "A"

(Defensoria/SP – 2006 – FCC) Nos contratos que regulam as relações de consumo,

(A) o fornecedor fica vinculado às cláusulas, recibos e pré-contratos, excetuada a possibilidade de execução específica.

(B) eventualmente as cláusulas contratuais podem ser interpretadas a favor do consumidor.

(C) as cláusulas não obrigam consumidores, se não lhes foi dado conhecimento prévio do conteúdo.

(D) o consumidor pode validamente exercer seu direito de arrependimento em qualquer hipótese.

(E) o fornecedor é legalmente dispensado do preenchimento do termo de garantia.

A: incorreta (art. 48 do CDC); **B:** incorreta, nos termos do art. 47 do CDC; o dispositivo não traz a expressão "eventualmente" presente na assertiva; **C:** correta (art. 46 do CDC); **D:** incorreta (art. 49 do CDC); **E:** incorreta (art. 50 do CDC).

Gabarito "C"

(Defensor Público/AC – 2006 – CESPE) Em seu domicílio, Aparecida firmou contrato de prestação de serviços odontológicos, mediante oferta de Antenor, representante comercial da fornecedora dos serviços. Entre outras disposições, o instrumento contratual previa que: a fornecedora contratada poderia rescindir o contrato unilateralmente; a rescisão por iniciativa do contratante somente poderia ocorrer após o pagamento de quantia equivalente a 24 mensalidades. No momento da assinatura do contrato, Aparecida efetuou pagamento de taxa de adesão e, no respectivo recibo, havia escrito que o contratante teria direito a um aparelho odontológico sem qualquer custo adicional. Com base nessa situação hipotética e com relação às normas que regem os contratos de consumo, assinale a opção correta.

(A) Aparecida poderá desistir do contrato no prazo de 7 dias a contar de sua assinatura.

(B) A previsão inserta no recibo de pagamento da taxa de adesão não vincula o fornecedor, pois o referido excerto é estranho ao instrumento contratual.

(C) É plenamente válido e eficaz o contrato entre Aparecida e o fornecedor, desde que tenha sido redigido de forma clara e compreensível, determinando-se precisamente os direitos e deveres de ambas as partes.

(D) Se houver declaração judicial de que determinada cláusula contratual é considerada abusiva, todo o contrato estará eivado de nulidade.

A: correta, pois o contrato foi feito fora do estabelecimento comercial (art. 49 do CDC); **B:** incorreta, pois os recibos relativos às relações de consumo vinculam o fornecedor (art. 48 do CDC); **C:** incorreta, pois o contrato contém cláusula nula de pleno direito, já que confere direito ao fornecedor de rescindir unilateralmente, em qualquer tempo, o contrato, sem que o mesmo direito seja conferido ao consumidor, que só poderá rescindir o contrato após 24 mensalidades (art. 51, XI, do CDC); **D:** incorreta, pois a nulidade de uma cláusula contratual não invalida, em regra, o contrato (art. 51, § 2º, do CDC).

Gabarito "A"

8. Responsabilidade Administrativa

(Defensor Público/SE – 2012 – CESPE) Assinale a opção correta com relação às sanções administrativas previstas no CDC bem como aos critérios para sua aplicação.

(A) As sanções administrativas de apreensão e de inutilização de produtos podem ser aplicadas, em razão de seu caráter urgente, mediante auto de infração, dispensada a instauração de procedimento administrativo.

(B) É possível a aplicação cumulativa das sanções administrativas previstas no CDC, inclusive por medida cautelar, antecedente ou incidente ao procedimento administrativo.

(C) Considera-se reincidente, para os fins de aplicação das sanções administrativas previstas no CDC, o fornecedor que ostente registro de auto de infração lavrado anteriormente ao cometimento da nova infração, ainda que pendente ação judicial em que se discuta a imposição de penalidade.

(D) A imposição de contrapropaganda deve ser cominada ao fornecedor que incorra na prática de qualquer infração administrativa ou penal.

(E) Os critérios previstos no CDC para a aplicação da sanção administrativa de multa coincidem com os mencionados no CP.

A: incorreta, pois é necessário processo administrativo com ampla defesa (art. 58 do CDC); **B:** correta (art. 56, parágrafo único, do CDC); **C:** incorreta, pois no caso não haverá reincidência até o trânsito em julgado da sentença (art. 59, § 3º, do CDC); **D:** incorreta, pois será cominada quando o fornecedor incorrer na prática de publicidade enganosa ou abusiva, nos termos do art. 36 e seus parágrafos, sempre às expensas do infrator (art. 60, *caput*, do CDC); **E:** incorreta, pois há critério próprio para aplicação de multa, nos termos do art. 57, parágrafo único, do CDC.

Gabarito "B"

(Defensor Público/SE – 2012 – CESPE) Considerando que vários clientes de determinado estado da Federação tenham encaminhado ao PROCON estadual reclamações contra diversas companhias de seguro, em razão de infrações praticadas em relação de consumo de comercialização de título de capitalização, assinale a opção correta de acordo com as normas do CDC e o entendimento do STJ a respeito do Sistema Nacional de Defesa do Consumidor.

(A) A imposição de multa administrativa às empresas de seguro é privativa da SUSEP.

(B) O PROCON estadual possui legitimidade para aplicar multas administrativas às companhias de seguro, sem prejuízo das atribuições legais da SUSEP.

(C) O PROCON estadual poderá aplicar às companhias de seguro sanção administrativa de suspensão temporária da atividade, caso constate que a lesão coloca em risco o sistema de resseguros, ainda que não haja reincidência.

(D) Caberá ao PROCON estadual apenas investigar os fatos, devendo remeter os autos às ouvidorias das respectivas empresas.

(E) A imposição de multa administrativa às referidas companhias é privativa do BACEN.

A, **D** e **E:** incorretas, pois o STJ também admite que o PROCON aplique sanções administrativas às seguradoras privadas (RMS 24.711, DJ 19.02.09); **B:** correta, nos termos do comentário à alternativa anterior; **C:** incorreta, pois essa sanção depende de reincidência na prática de infrações de maior gravidade (art. 59, caput, do CDC).

Gabarito "B"

(Defensor Público/AL – 2009 – CESPE) Julgue o seguinte item.

(1) A multa constitui sanção administrativa aplicável em razão de infrações das normas de defesa do consumidor e é graduada de acordo com a gravidade da infração, a vantagem auferida e a condição econômica do fornecedor.

1: correta, nos termos do que dispõe o art. 57 do CDC.

Gabarito 1C

9. SNDC e Convenção Coletiva

(Defensor Público/ES – 2012 – CESPE) Acerca do Sistema Nacional de Defesa do Consumidor e da convenção coletiva de consumo, julgue os itens subsequentes.

(1) A convenção coletiva de consumo, cujo objeto e o estabelecimento de condições relativas ao preço, a qualidade, a quantidade, a garantia e as características de produtos e serviços, bem como a reclamação e a composição do conflito de consumo, torna-se obrigatória no prazo de trinta dias após sua publicação na imprensa oficial.

(2) São objetivos principais do Sistema Nacional de Defesa do Consumidor — composto por órgãos federais, estaduais, municipais e do Distrito Federal, além de entidades privadas de defesa do consumidor — o planejamento, a elaboração, a coordenação e a execução da Política Nacional de Proteção ao Consumidor.

1: incorreta, pois ela se torna obrigatória apenas após o registro do instrumento no cartório de títulos e documentos, art. 107, § 1º, do CDC; **2:** correta (arts. 105 e 106, I, do CDC).

Gabarito 1E, 2C

(Defensor Público/AC – 2012 – CESPE) Com relação ao SNDC e à convenção coletiva de consumo, assinale a opção correta.

(A) O SNDC é constituído exclusivamente de entidades públicas de âmbito nacional.

(B) A convenção coletiva de consumo tornar-se-á obrigatória imediatamente após a sua assinatura e o conhecimento pelas partes interessadas.

(C) Compete, primordialmente, à delegacia do consumidor, órgão do Poder Judiciário, a apuração das infrações penais contra as relações de consumo.

(D) A principal atribuição do PROCON é aplicar, diretamente, em conformidade com o CDC, as sanções administrativas aos fornecedores que violem as normas de proteção ao consumidor.

A: incorreta, pois as entidades privadas de defesa do consumidor também integram o SNDC (Sistema Nacional de Defesa do Consumidor), nos termos do art. 105 do CDC; **B:** incorreta, pois ela só vai se tornar obrigatória com o registro do instrumento no cartório de títulos e documentos (art. 107, § 1º, do CDC); **C:** incorreta, pois a delegacia não pertence ao Poder Judiciário, tratando-se de órgão do Poder Executivo; **D:** correta, devendo os PROCONs aplicar as sanções previstas no art. 56 do CDC, na forma do Decreto 2.181/1997.

Gabarito "D"

10. Responsabilidade Criminal

(Defensor Público/SE – 2012 – CESPE) Constitui conduta tipificada no CDC como crime contra as relações de consumo

(A) falsificar ou alterar substância ou produto alimentício destinado a consumo, tornando-o nocivo à saúde ou reduzindo-lhe o valor nutritivo.

(B) empregar, no fabrico de produto destinado a consumo, revestimento, gaseificação artificial, matéria corante, substância aromática, antisséptica, conservadora ou qualquer outra não expressamente permitida pela legislação sanitária.

(C) exigir cheque-caução, nota promissória ou qualquer garantia, bem como o preenchimento prévio de formulários administrativos, como condição para o atendimento médico-hospitalar emergencial.

(D) fazer afirmação falsa ou enganosa, ou omitir informação relevante sobre a natureza, característica, qualidade, quantidade, segurança, desempenho, durabilidade, preço ou garantia de produtos ou serviços.

(E) fabricar, sem licença da autoridade competente, substância ou engenho explosivo, gás tóxico ou asfixiante, ou material destinado à sua fabricação.

A: incorreta, pois esse crime está previsto no Código Penal (art. 272) e não no CDC; **B:** incorreta, pois esse crime está previsto no Código Penal e não no CDC (art. 274); **C:**

incorreta, pois esse crime está previsto no Código Penal (art. 135-A) e não no CDC; **D:** correta (art. 66 do CDC); **E:** incorreta, pois esse crime está previsto no Código Penal (art. 253) e não no CDC.

Gabarito "D"

(Defensor Público/AC – 2012 – CESPE) A respeito das infrações penais, assinale a opção correta.

(A) O fornecedor que deixa de organizar dados fáticos, técnicos e científicos que dão base à publicidade pratica crime contra as relações de consumo.

(B) O CDC, assim como o CP e as leis extravagantes, prevê circunstâncias agravantes e atenuantes para os crimes que tipifica.

(C) As condutas tipificadas no CDC constituem crime de dano, sendo imprescindível para a caracterização do delito a comprovação do efetivo dano ao consumidor.

(D) Os crimes contra as relações de consumo estão previstos no CDC de forma exclusiva e taxativa.

(E) O tipo penal consistente em fazer afirmação falsa ou enganosa, ou omitir informação relevante sobre a natureza de produto ou serviço inadmite a forma culposa.

A: correta (art. 69 do CDC); **B:** incorreta, pois no CDC só há previsão de causas agravantes (art. 76); **C:** incorreta, pois os tipos penais previstos no CDC não requerem resultado danoso, bastando a configuração da conduta para a configuração do crime (vide arts. 63 a 74); **D:** incorreta, pois o art. 61 do CDC é claro ao dispor que os crimes contra as relações de consumo previstos no CDC não exclui outros previstos no Código Penal e nas leis especiais; **E:** incorreta, pois o art. 66, § 2º, do CDC admite sim a forma culposa.

Gabarito "A"

(Defensor Público/AC – 2006 – CESPE) Determinada indústria fabricou e colocou no mercado alimento impróprio para o consumo por pessoas diabéticas, sem a indicação dessa situação nas embalagens do produto.

Com base nessa situação hipotética, assinale a opção incorreta acerca das disposições consumeristas que versam sobre as infrações penais.

(A) Constituem crimes contra as relações de consumo exclusivamente as situações expressamente dispostas no CDC.

(B) Constitui crime contra as relações de consumo a omissão, nas embalagens, nos recipientes ou na publicidade, da informação sobre a nocividade de produtos alimentícios, ficando o infrator sujeito à pena de detenção.

(C) As operações que envolvam alimentos são circunstâncias agravantes dos crimes contra as relações de consumo.

(D) Em crimes contra as relações de consumo, a fiança fixada pelo juízo competente, no curso do processo, poderá ser aumentada em até vinte vezes, dependendo da situação econômica do réu.

A: assertiva incorreta, devendo esta ser assinalada, já que o art. 61 do CDC ressalva os demais crimes previstos no Código Penal e nas leis especiais; **B:** assertiva correta (art. 63 do CDC); **C:** assertiva correta (art. 76, V, do CDC); **D:** assertiva correta (art. 79, parágrafo único, "b", do CDC).

Gabarito "A"

(Defensoria/SE – 2006 – CESPE) Julgue os itens seguintes.

(1) Um fornecedor, mesmo conhecendo a nocividade de produto que já colocou no mercado, não comunicou tal fato aos consumidores, nem às autoridades competentes. Nessa situação, a conduta do fornecedor constitui crime contra as relações de consumo, passível de pena de até dois anos de detenção.

(2) Uma empresa realizou serviço de alto grau de periculosidade, contrariando as determinações expedidas pelas autoridades competentes, o que resultou em lesões corporais a um cliente. Nessa situação, será aplicável pena apenas quanto às lesões corporais, pois esse crime absorverá o crime contra as relações de consumo.

(3) Joaquina levou seu aparelho televisor defeituoso a uma loja de reparação de produtos eletrônicos, onde foi informada de que a peça necessária à realização do conserto não era mais fabricada, sendo necessária a utilização de peça usada, com o que concordou a consumidora. Nessa situação, a utilização de peça usada na reparação do televisor de Joaquina não constitui crime contra as relações de consumo.

1: certa, nos termos do art. 64 do CDC; **2:** errada, nos temos do art. 65, *caput* e parágrafo único, do CDC; **3:** certa, pois a situação não configura o crime previsto no art. 70 do CDC, uma vez que houve a concordância da consumidora.

Gabarito 1C, 2E, 3C

11. Defesa do Consumidor em Juízo

(Defensor Público/ES – 2012 – CESPE) Julgue os itens seguintes, acerca da defesa do consumidor em juízo.

(1) Nas ações coletivas para a defesa dos direitos e interesses dos consumidores, a lei dispensa a parte autora do adiantamento de custas judiciais e emolumentos, mas a obriga a arcar, em qualquer caso, com o pagamento de eventuais honorários periciais e advocatícios.

(2) Em se tratando de ações de responsabilidade civil de fornecedor de produtos e serviços de consumo, o réu que houver contratado seguro de responsabilidade não poderá chamar ao processo o segurador, uma vez que o CDC veda qualquer espécie de intervenção de terceiros nesse tipo de ação.

(3) Considere que vários taxistas tenham firmado, com vistas a aquisição de veículos automotores, contratos de arrendamento mercantil com clausula de indexação monetária atrelada à variação cambial. Nessa situação, havendo violação dos direitos consumeristas, a DPE terá legitimidade ativa para propor ACP para a defesa dos interesses desses consumidores.

1: incorreta, pois não haverá adiantamento nem de custas, nem de honorários periciais, valendo salientar que associação autora também não pagará honorários advocatícios se vencida, salvo comprovada má-fé (art. 87, *caput*, do CDC); **2:** incorreta, pois cabe chamamento sim no caso (art. 101, II, do CDC); **3:** correta; em primeiro lugar, é bom lembrar que o STJ vem aplicando o finalismo aprofundado, aceitando a incidência do CDC aos meros destinatários fáticos de produtos, quando estes forem vulneráveis, que é o caso do taxista; em segundo lugar, vale lembrar que a Defensoria Pública é um órgão e os órgãos têm legitimidade para ingressar com ação civil pública nos termos do art. 82, III, do CDC; ademais, a Lei de Ação Civil Pública (Lei 7.347/1985) é, inclusive, clara, no sentido de que a Defensoria tem essa legitimidade (art. 5º, II).

Gabarito 1E, 2E, 3C

(Defensor Público/RS – 2011 – FCC) Ação Coletiva.

(A) A ação coletiva que pretenda indenização por danos de consumidores vítimas do descumprimento de contrato de prestação de assistência à saúde tem por objeto espécie de direito coletivo *stricto sensu*.

(B) A indenização por lesão a direitos individuais não reverterá, em nenhuma hipótese, a fundo estatal de reparação de bens lesados.

(C) A isenção de custas, emolumentos, honorários periciais e quaisquer outras despesas, para ingresso das ações coletivas de consumo não abrange as interpostas por órgãos estatais que atuem como representantes ou substitutos processuais dos consumidores.

(D) A improcedência de ação coletiva que tenha por objeto a tutela de direito individual homogêneo, não afeta a possibilidade de interposição de nova ação individual pelo consumidor substituído na primeira demanda, desde que não tenha nela atuado como litisconsorte.

(E) A Defensoria Pública não tem legitimidade para a tutela coletiva de direitos que envolvam relações de consumo.

A: incorreta, pois o caso envolve direito individual homogêneo; **B:** incorreta, pois há exceção no art. 100, parágrafo único, do CDC; **C:** incorreta (art. 18 da Lei 7.347/1985); **D:** correta (art. 103, § 2º, do CDC); **E:** incorreta, pois a Defensoria Pública, como órgão público que é, tem legitimidade sim (art. 82, III, do CDC).

Gabarito "D"

(Defensor Público/RO – 2007) Nas ações coletivas, as sentenças produzem o seguinte efeito e respectiva consequência jurídica:

(A) *ex nunc*, indicando que a ação é de interesse difuso

(B) *ex tunc*, sendo independentes da natureza do provimento jurisdicional

(C) *inter parte*, podendo ser proposta nova ação por qualquer outro legitimado

(D) *erga omnes*, ficando vedado, em absoluto, o ajuizamento de nova ação por idêntico fundamento
(E) *erga omnes*, excetuando-se os casos de pedido julgado improcedente por insuficiência de provas

Conforme dispõe o art. 103, I, do CDC e o art. 16 da Lei 7.347/1985.
Gabarito "E".

(Defensor Público/RO – 2007) Tratando-se de ação coletiva, é competente para a causa a justiça local no seguinte foro:

(A) do lugar de estabelecimento do fornecedor
(B) do lugar de ocorrência do dano de âmbito local
(C) da capital do Estado, para os danos de âmbito local
(D) do Distrito Federal, para os danos de âmbito municipal
(E) do lugar de residência do maior número de beneficiários da decisão

Nos termos do art. 93, I, do CDC, a alternativa correta é a "B".
Gabarito "B".

(Defensoria/SE – 2006 – CESPE) Julgue os seguintes itens.

(1) Considere que um grupo de consumidores tenha sofrido danos materiais e morais em razão da aquisição de automóveis que se incendiaram, logo após a compra, em decorrência de defeitos de fábrica. Nessa situação, terá legitimidade ativa, para ajuizar ação em defesa daquele grupo, ente público de defesa do consumidor, mesmo que seja desprovido de personalidade jurídica.
(2) Considere que, em determinada ação coletiva, um consumidor tenha falecido, sem deixar sucessores, logo após o proferimento de sentença de mérito totalmente favorável aos seus interesses. Nessa situação, o Ministério Público será parte legítima para promover a liquidação e a execução da referida sentença.

1: correta, nos termos do art. 82, III, do CDC; **2:** correta, nos termos do art. 97 do CDC c/c art. 82, I, também do CDC.
Gabarito 1C, 2C

(Defensor Público/AC – 2006 – CESPE) Em razão de severa crise financeira, provocada por má administração, determinada instituição de ensino particular deixou de pagar os salários de todo seu quadro de pessoal, inclusive o dos professores, durante período superior a 6 meses consecutivos. Em consequência, os professores paralisaram suas atividades. Já na terceira semana sem aulas, a associação de pais dos alunos, regularmente constituída em obediência às normas civis e consumeristas, ajuizou ação contra a instituição de ensino, requerendo, liminarmente, a imediata retomada da prestação dos serviços educacionais.

Com base na situação hipotética apresentada e na disciplina normativa da defesa do consumidor em juízo, assinale a opção correta.

(A) Cuida a hipótese da defesa de direitos difusos.
(B) A associação de pais de alunos deve estar isenta do pagamento de custas, emolumentos, honorários periciais e quaisquer outras despesas inerentes à ação judicial.
(C) É defeso ao juízo competente aplicar, de ofício, multa diária à instituição de ensino, no caso de descumprimento de ordem judicial que determine a imediata retomada da prestação dos serviços educacionais.
(D) A propositura da ação coletiva, pela associação de pais dos alunos, induz litispendência para as ações propostas individualmente.

A: incorreta, pois as pessoas envolvidas são determináveis, e os interesses difusos são aqueles de que sejam titulares pessoas indeterminadas (art. 81, parágrafo único, I, do CDC); **B:** correta (art. 87 do CDC); **C:** incorreta, pois o art. 84, § 4º, do CDC admite que o juiz aplique multa diária independentemente de pedido do autor; **D:** incorreta (art. 104 do CDC).
Gabarito "B".

(Defensoria/RN – 2006) São legitimados para exercer a defesa do consumidor em juízo

(A) o Ministério Público e as entidades e órgãos da administração pública direta com personalidade jurídica, quaisquer que sejam os seus objetivos sociais.
(B) a União e as entidades e órgãos da administração pública direta e indireta com personalidade jurídica, quaisquer que sejam os seus objetivos sociais.
(C) o Ministério Público e as associações destinadas à defesa dos interesses encerrados no código de defesa do consumidor.
(D) os Estados-membros e as associações destinadas à defesa dos interesses encerrados no Código de Defesa do Consumidor, legalmente constituídas há pelo menos um ano, salvo quando próprio código dispense a pré-constituição.

De acordo com o disposto no art. 82 do CDC, a alternativa que traz os legitimados para exercer a defesa do consumidor em juízo é a alternativa "A".
Gabarito "D".

(Defensoria/RN – 2006) Nas ações coletivas reguladas pelo Código de Defesa do Consumidor

(A) sendo a sentença procedente, a condenação deverá ser certa.
(B) as entidades da administração pública, legitimadas para a defesa dos interesses do consumidor, não podem propor ação em nome próprio.
(C) será competente para a execução da sentença o juízo da própria ação em que for proferida sentença condenatória, quando coletiva a execução.
(D) nos casos de danos regionais ou nacionais, a competência é da Justiça Federal.

A: incorreta, pois no caso de ação que vise à defesa de interesse individual homogêneo, a condenação será genérica (art. 95 do CDC); **B:** incorreta, visto que a ação é proposta em nome próprio, tratando-se de legitimação extraordinária a prevista no art. 82, III, do CDC; **C:** correta (art. 98, § 2º, II, do CDC); **D:** incorreta (art. 93, II, do CDC); repare que a competência não é da Justiça Federal, que só conhecerá ação coletiva regulada pelo CDC nas hipóteses do art. 109 da CF.
Gabarito "C".

12. Temas combinados de direito do consumidor

(Defensor Público/AM – 2013 – FCC) Em relação ao Código de Defesa do Consumidor – Lei nº 8.078/90 analise as afirmações abaixo.

I. A Política Nacional das Relações de Consumo tem por objetivo o atendimento das necessidades dos consumidores, o respeito à sua dignidade, saúde e segurança, a proteção de seus interesses econômicos, a melhoria da sua qualidade de vida, bem como a transparência e harmonia das relações de consumo.
II. Na cobrança de débitos, o consumidor inadimplente não será exposto a ridículo, nem será submetido a qualquer tipo de constrangimento ou ameaça.
III. O consumidor pode desistir do contrato, no prazo de 30 dias a contar de sua assinatura ou do ato de recebimento do produto ou serviço, sempre que a contratação de fornecimento de produtos e serviços ocorrer fora do estabelecimento comercial, especialmente por telefone ou a domicílio.
IV. É facultado a qualquer consumidor o ajuizamento de ação civil pública para ser declarada a nulidade de cláusula contratual que contrarie o disposto no Código de Defesa do Consumidor ou de qualquer forma não assegure o justo equilíbrio entre direitos e obrigações das partes.

Está correto o que se afirma APENAS em

(A) III e IV.
(B) I e II.
(C) I e IV.
(D) II e III.
(E) II e IV.

I: correta (art. 4º, *caput*, do CDC); **II:** correta (art. 42, *caput*, do CDC); **III:** incorreta, pois o prazo para desistência de compras feitas fora do estabelecimento é de 7 dias e não de 30 dias (art. 49 do CDC); **IV:** incorreta, pois o consumidor pode representar para o Ministério Público entrar com essa ação (art. 51, § 4º, do CDC) e não ele mesmo entrar com ação, pois não existe no Brasil ação popular de consumo.
Gabarito "B".

(Defensor Público/ES – 2012 – CESPE) Com relação aos danos causados ao consumidor, julgue os próximos itens.

(1) A responsabilidade dos hospitais, no que tange a atuação técnico-profissional dos médicos que neles atuam sem vínculo de emprego ou subordinação, e subjetiva, ou seja, depende da comprovação de culpa dos prepostos, conforme a teoria de responsabilidade subjetiva dos profissionais liberais, abrigada pelo CDC.

(2) O fato de o consumidor não ser previamente informado da inscrição do seu nome em órgão de proteção ao credito enseja a indenização por danos morais, ainda que a inadimplência tenha ocorrido há mais de três meses e dela tenha ciência o consumidor.

1: incorreta, pois apenas o profissional liberal tem a vantagem de responder subjetivamente (art. 14, § 4º, do CDC), sendo que o hospital (empresa) responde dentro da regra, ou seja, objetivamente (art. 14, *caput*, do CDC); **2:** correta, pois a Súmula STJ n. 359 impõe a prévia notificação do devedor para que se proceda à inscrição negativa no cadastro de proteção ao crédito.

Gabarito 1E, 2C

(Defensor Público/TO – 2013 – CESPE) Em relação aos direitos do consumidor, aos crimes contra as relações de consumo, à defesa do consumidor em juízo e à convenção coletiva de consumo, assinale a opção correta.

(A) O princípio da confiança está expressamente previsto no CDC.

(B) A inversão do ônus da prova, fundada na desigualdade fática, econômica e jurídica existente na relação de consumo, constitui mecanismo processual de correção desse desequilíbrio entre as partes em litígio.

(C) O descumprimento de acordo em uma convenção coletiva de consumo gera título executivo extrajudicial, que pode sofrer execução direta.

(D) O direito penal do consumidor busca somente reprimir condutas indesejáveis e causadoras de danos.

(E) De acordo com o CDC, é proibida a circulação de produto perigoso, por ser a periculosidade elemento ligado ao defeito, que pode gerar tanto fato quanto vício do produto.

A: incorreta, pois não há previsão expressa, apesar de decorrer do sistema, que prega a transparência, a informação e a boa-fé; **B:** correta, pois havendo hipossuficiência (técnica, econômica ou jurídica) cabe inversão do ônus da prova (art. 6º, VIII, do CDC); **C:** incorreta, pois não previsão legal nesse sentido (art. 107 do CDC); **D:** incorreta, pois os tipos penais previstos nos arts. 63 a 74 não requerem resultado danoso para se configurarem, bastando que a conduta se realize; **E:** incorreta, pois, desde que haja adequada informação a respeito, produtos perigosos podem sim ser colocados no mercado de consumo (art. 9º do CDC); um carro, por exemplo, é perigoso, mas deve ser vendido com todas as informações a respeito; o que a lei proíbe é a venda de produtos com alto grau de nocividade ou periculosidade à saúde ou segurança (art. 10, *caput*, do CDC).

Gabarito "B"

(Defensor Público/TO – 2013 – CESPE) Com relação aos direitos do consumidor, às infrações penais e à defesa do consumidor em juízo, assinale a opção correta.

(A) De acordo com o CDC, interesses coletivos, em sentido restrito, correspondem aos interesses de natureza indivisível de uma coletividade indeterminada e indeterminável de pessoas, ligadas por circunstâncias de fato.

(B) É *ex nunc* o efeito da sentença que reconhece a nulidade de cláusula abusiva.

(C) No processo penal atinente aos crimes previstos no CDC, poderão intervir como assistentes do MP apenas as associações legalmente constituídas há pelo menos um ano e que incluam entre seus fins institucionais a defesa dos interesses e direitos protegidos pelo CDC.

(D) Produtos e serviços são considerados elementos subjetivos da relação de consumo desde que tenham valor econômico.

(E) A defesa do consumidor é um direito constitucional fundamental e também um dos princípios da atividade econômica.

A: incorreta, pois a definição dada é de interesses difusos (art. 81, parágrafo único, I, do CDC); **B:** incorreta, pois as cláusulas abusivas são nulas de pleno direito, de modo que a sentença que pronuncia sua nulidade retroage, ou seja, tem efeito "ex tunc"; **C:** incorreta, pois as entidades e órgãos da Administração Pública, direta e indireta, ainda que sem personalidade jurídica, especificamente destinados à defesa dos interesses e direitos do consumidor (art. 80 c/c art. 82, III, do CDC); **D:** incorreta, pois são elementos *objetivos* da relação de consumo; **E:** correta (arts. 5º, XXXII, e 170, V, da CF).

Gabarito "E"

(Defensor Público/TO – 2013 – CESPE) Em relação aos direitos do consumidor e à defesa do consumidor em juízo, assinale a opção correta.

(A) É incompatível com o sistema de responsabilidade civil estabelecido no CDC cláusula contratual de não indenizar que impossibilite, exonere ou atenue o dever de indenização do fornecedor pessoa física.

(B) Prevalece na doutrina e na jurisprudência o entendimento de que não se aplica aos contratos celebrados via Internet o prazo de arrependimento.

(C) Caso fortuito e força maior excluem a responsabilidade do fornecedor de serviços ou de produtos.

(D) A doutrina é uníssona no sentido de que o momento de inversão do ônus da prova é o do julgamento da causa.

(E) No campo das ações consumeristas individuais, o ajuizamento da ação de responsabilidade civil do fornecedor de produtos e serviços poderá ser no foro do domicílio do consumidor autor, mesmo se o foro de eleição for outro, apenas quando se tratar de contrato de adesão.

A: correta (art. 51, I, do CDC); **B:** incorreta, pois não há posição jurisprudencial prevalecente nesse sentido; **C:** incorreta, pois isso só ocorre em caso de fortuitos externos, ou seja, se o caso se deu por motivo inevitável que tiver ocorrido depois que o fornecedor entregou o produto o serviço e desde que não haja relação alguma com o produto ou serviço entregues; assim, o fornecedor não responde se cair um raio na casa de alguém, queimando uma televisão fabricada por ele, por se tratar de fortuito externo; porém, o fornecedor responde se a televisão sai de fábrica com problema devido a um raio que caiu na fábrica no meio da produção da televisão e que gerou algum problema nos produtos fabricados naquela data, já que se tem, no caso, mero fortuito interno, que não afasta a responsabilidade do fornecedor; **D:** incorreta; o ideal é que o juiz deixe claro, logo no início da demanda, de quem é o ônus da prova, em função do princípio da boa-fé processual; **E:** incorreta, pois em qualquer caso (contrato de adesão ou não) o consumidor poderá propor ação em seu domicílio (art. 101, I, do CDC), valendo lembrar que as normas de defesa do consumidor são de ordem pública, não podendo ser afastadas por vontade das partes .

Gabarito "A"

13. Direito da Criança e do Adolescente

Wander Garcia, Ana Paula Garcia e Vanessa Tonolli Trigueiros*

1. Direitos Fundamentais

1.1. Direito à vida e à saúde

(Defensor Público/AC – 2012 – CESPE) A respeito dos direitos fundamentais das crianças e dos adolescentes, assinale a opção correta.

(A) A prioridade no atendimento de crianças e adolescentes tem caráter relativo, dependendo a garantia dessa prioridade da emissão, pelo poder público, de normas secundárias, tais como resoluções e portarias.

(B) De acordo com a CF, devem ser estabelecidos por lei, além do ECA, o Estatuto da Juventude, destinado a regular os direitos dos jovens, e o Plano Nacional de Juventude, que deve articular as várias esferas do poder público para a execução de políticas públicas.

(C) O poder público é obrigado a proporcionar assistência psicológica à gestante e à mãe nos períodos pré-natal e pós-parto exceto se houver manifestação expressa em entregar o filho para adoção, caso em que a proteção estatal recai sobre os adotantes.

(D) Enumerados taxativamente no ECA, os direitos fundamentais das crianças e dos adolescentes constituem um sistema fechado.

(E) A garantia dos direitos fundamentais do público infantojuvenil constitui obrigação direta do poder público e da família e obrigação indireta da sociedade e da comunidade.

A: incorreta, pois a garantia de prioridade tem caráter absoluto e compreende, dentre outras hipóteses, a precedência de atendimento nos serviços públicos ou de relevância pública, independente de regulamentação legislativa (art. 4º, parágrafo único, "b", do ECA); **B:** correta, pois está de acordo com o disposto no art. 227, § 8º, I e II, da CF/1988; **C:** incorreta, pois incumbe ao poder público proporcionar assistência psicológica à gestante e à mãe, no período pré e pós-natal, inclusive como forma de prevenir ou minorar as consequências do estado puerperal, bem como para as gestantes ou mães que manifestem interesse em entregar seus filhos para adoção (art. 8º, §§ 4º e 5º, do ECA); **D:** incorreta, pois a criança e o adolescente gozam de todos os direitos fundamentais inerentes à pessoa humana, do que se conclui que ser o rol enumerado no ECA meramente exemplificativo e não taxativo; **E:** incorreta, pois a garantia dos direitos fundamentais da criança e do adolescente é dever da família, da comunidade, da sociedade em geral e do poder público. Portanto, constitui uma obrigação direta de todos (art. 4º, *caput*, do ECA).

Gabarito "B".

(Defensor Público/RO – 2012 – CESPE) No que tange aos direitos fundamentais da criança e do adolescente, assinale a opção correta.

(A) Na hipótese de família com muitos filhos menores e em estado de extrema miséria, cabe ao juiz determinar a suspensão ou a perda do poder familiar.

(B) É proibido trabalho noturno, perigoso ou insalubre a menores de dezoito anos de idade e qualquer trabalho a menores de quatorze anos, salvo na condição de aprendiz, a partir dos doze anos.

(C) Quando uma criança ou um adolescente é internado para tratamento de saúde, em hospital público ou privado, a instituição é obrigada a proporcionar condições para que um dos pais ou o responsável os acompanhe.

(D) As gestantes interessadas em entregar seus filhos para adoção poderão, antes do parto, escolher a família substituta, independentemente de comunicar o fato à justiça da infância e da juventude.

(E) É dever do Estado assegurar à criança e ao adolescente os ensinos fundamental e médio, obrigatórios e gratuitos, inclusive para os que a eles não tiveram acesso na idade própria.

A: incorreta, pois a falta ou a carência de recursos materiais não constitui motivo suficiente para a perda ou a suspensão do poder familiar (art. 23, do ECA); **B:** incorreta, pois há proibição de trabalho noturno, perigoso ou insalubre a menores de dezoito anos e de qualquer trabalho a *menores de dezesseis anos*, salvo na condição de aprendiz, *a partir de quatorze anos* (art. 7º, XXXIII, da CF/1988; arts. 60 e 67, I e II, ambos do ECA); **C:** correta (art. 12, do ECA); **D:** incorreta, pois caso a gestante manifeste interesse em entregar seu filho para adoção será obrigatoriamente encaminhada à Justiça da Infância e da Juventude (art. 13, parágrafo único, do ECA), sendo que incumbe ao poder público proporcionar-lhe assistência psicológica (art. 8º, § 4º, do ECA); **E:** incorreta, pois é dever do Estado assegurar à criança e ao adolescente o *ensino fundamental*, obrigatório e gratuito, inclusive para os que a ele não tiveram acesso na idade própria (art. 54, I, do ECA).

Gabarito "C".

* Vanessa Tonolli Trigueiros comentou as questões dos concursos DEF/AC/12, DEF/AM/13, DEF/ES/12, DEF/PR/12, DEF/RO/12, DEF/SE/12, DEF/SP/12 e DEF/TO/13.

(Defensor Público/SP – 2012 – FCC) Os artigos 4º e 11 do Estatuto da Criança e do Adolescente (Lei nº 8.069/1990) estabelecem, como absoluta prioridade, a efetivação dos direitos referentes à vida e à saúde por meio de políticas públicas que assegurem o acesso universal e igualitário às ações e serviços para a promoção, proteção e recuperação da saúde. A Política do Ministério da Saúde para Atenção Integral a Usuários de Álcool e outras Drogas e a Portaria nº 1.190, de 04.06.2009, preveem, por seu turno, diretrizes e recomendações aplicáveis na atenção dessa população, dentre elas:

(A) o desestímulo à abordagem da redução de danos como um caminho promissor, já que esta desconsidera a diversidade, a singularidade e a corresponsabilidade do usuário.
(B) um plano de ação baseado somente no campo das ações clínicas, evitando-se a vitimização do usuário e dos problemas sociais contemporâneos, como o tráfico de drogas e a violência.
(C) aumento dos leitos para internação em hospitais psiquiátricos, com reserva dos Centros de Atenção Psicossocial Álcool e Drogas somente como um equipamento de transição à alta médica.
(D) o alcance da abstinência através da ação da justiça, da segurança e da defesa, bem como com o afastamento do usuário do agente indutor.
(E) o enfrentamento do estigma em toda e qualquer ação proposta para a população usuária de álcool e drogas, afastando-se da política unicamente repressiva.

E: correta, já que está de acordo com o art. 3º, IV, da Portaria MS nº 1.190/2009, ficando excluídas as demais hipóteses.

Gabarito "E".

(Defensoria/SP – 2007 – FCC) A fim de proteger o direito à vida e à saúde, o Estatuto da Criança e do Adolescente prevê, expressamente,

(A) sanção penal para pais que não providenciarem a vacinação obrigatória de crianças.
(B) obrigação dos hospitais, públicos e privados, de manter alojamento conjunto para mãe e filho recém nascido.
(C) comunicação obrigatória ao juiz, pelo hospital, de crianças e adolescentes atendidos em situação de suspeita de maus tratos.
(D) obrigação das entidades que desenvolvem programa de internação de manter em seus quadros médico para atendimento de adolescentes privados de liberdade.
(E) notificação obrigatória ao Conselho Tutelar, pelos serviços de saúde, de casos de gravidez na infância ou adolescência.

A: incorreta. Não há sanção penal para essa hipótese, apesar de a vacinação ser obrigatória (art. 14, parágrafo único, do ECA); vide os arts. 228 a 244-A do ECA; **B:** correta. Art. 10, V, do ECA; **C:** incorreta. Art. 13 do ECA; **D:** incorreta. Não há obrigação de ter médico nos seus *quadros*, mas obrigação de oferecer cuidado médico (art. 94, IX, do ECA); **E:** incorreta. Não há regra nesse sentido.

Gabarito "B".

1.2. Direito à liberdade, ao respeito e à dignidade

(Defensor Público/RS – 2011 – FCC) Abaixo estão elencados alguns aspectos relativos aos direitos de crianças e adolescentes que merecem proteção especial no ordenamento jurídico vigente. NÃO encontra guarida na Constituição Federal de 1988

(A) a proibição de qualquer trabalho a menores de quatorze anos, salvo na condição de aprendiz, a partir dos doze anos.
(B) a garantia de acesso do trabalhador adolescente à escola.
(C) a obediência aos princípios de brevidade, excepcionalidade e respeito à condição peculiar de pessoa em desenvolvimento, quando da aplicação de qualquer medida privativa da liberdade.
(D) a garantia de pleno e formal conhecimento da atribuição de ato infracional, igualdade na relação processual e defesa técnica por profissional habilitado, segundo dispuser a legislação tutelar específica.
(E) o desenvolvimento de programas de prevenção e atendimento especializado à criança e ao adolescente dependente de entorpecentes e drogas afins.

A: correta, pois o art. 7º, XXXIII, da CF/1988, veda o trabalho noturno, perigoso ou insalubre a menores de dezoito e de qualquer trabalho a menores de dezesseis anos, salvo na condição de aprendiz, a partir de quatorze anos; **B:** incorreta (art. 227, § 3º, III, da CF/1988); **C:** incorreta (art. 227, § 3º, V, da CF/1988); **D:** incorreta (art. 227, § 3º, IV, da CF/1988); **E:** incorreta (art. 227, § 3º, VII, da CF/1988).

Gabarito "A".

1.3. Direito à convivência familiar e comunitária

(Defensor Público/AM – 2013 – FCC) Com base no Estatuto da Criança e do Adolescente, a respeito do direito à convivência familiar e comunitária,

(A) a tutela destina-se a regularizar a posse de fato, podendo ser deferida liminarmente nos processos de adoção, exceto da adoção por estrangeiros.
(B) a colocação em família substituta deverá contar, obrigatoriamente, com o consentimento do adolescente, quando maior de 14 (catorze) anos.
(C) aos pais incumbe o dever de sustento dos filhos, mesmo que a guarda tenha sido deferida a terceiro.
(D) a adoção por estrangeiro é medida excepcional e somente poderá ser deferida por procuração no caso de o estágio de convivência ter se completado no Brasil.
(E) na adoção conjunta, é dispensável que os adotantes sejam ou tenham sido casados civilmente ou que tenham mantido ou mantenham união estável.

A: incorreta, pois é a guarda que se destina a regularizar a posse de fato, podendo ser deferida, liminar ou incidentalmente, nos procedimentos de tutela e adoção, exceto no de adoção por estrangeiros (art. 33, § 1º, do ECA); **B:** incorreta, pois o consentimento do adotando é obrigatório a partir dos doze anos de idade (art. 45, § 2º, do ECA); **C:** correta (arts. 22 e 33, § 4º, ambos do ECA); **D:** incorreta, pois é vedada a adoção por procuração (art. 39, § 2º, do ECA); **E:** incorreta. De acordo com o art. 42, § 2º, do ECA, para a adoção conjunta, é indispensável que os adotantes sejam casados civilmente ou mantenham união estável, comprovada a estabilidade da família. Excepcionalmente, os divorciados, os judicialmente separados e os ex-companheiros podem adotar conjuntamente, contanto que acordem sobre a guarda e o regime de visitas e desde que o estágio de convivência tenha sido iniciado na constância do período de convivência e que seja comprovada a existência de vínculos de afinidade e afetividade com aquele não detentor da guarda, que justifiquem a excepcionalidade da concessão (art. 42, § 4º, do ECA).

Gabarito "C".

(Defensor Público/PR – 2012 – FCC) A Lei nº 12.010/2009, conhecida doutrinariamente como a Lei de Convivência Familiar e Comunitária, é considerada a maior reforma do Estatuto da Criança e do Adolescente, incorporando novos princípios, procedimentos e institutos. Em relação às inovações, é correto afirmar:

(A) A criança ou adolescente que estiver inserido em programa de acolhimento familiar ou institucional terá sua situação reavaliada, no mínimo, a cada 6 (seis) meses, cabendo aos dirigentes de entidades que desenvolvem programas de acolhimento familiar ou institucional a remessa à autoridade judiciária do relatório circunstanciado acerca da situação de cada criança ou adolescente acolhido e sua família.
(B) Crianças e adolescentes serão encaminhados às instituições que executam programas de acolhimento institucional, governamentais ou não, por meio de uma Guia de Acolhimento expedida pelo Conselho Tutelar através de decisão fundamentada da autoridade judiciária.
(C) Imediatamente após o acolhimento da criança ou do adolescente, a entidade responsável pelo programa de acolhimento institucional ou familiar elaborará um plano individual de atendimento, visando à colocação em família substituta.
(D) O acolhimento familiar ou institucional ocorrerá no local mais próximo à Vara da Infância e Juventude para garantir a tramitação eficiente do processo e a reintegração familiar da criança ou do adolescente com sua família de origem ou extensa, respeitando os laços afetivos.
(E) As entidades que mantenham programa de acolhimento institucional poderão, em caráter excepcional e de urgência, acolher

crianças e adolescentes sem prévia determinação da autoridade competente, fazendo comunicação do fato em até 24 horas ao Juiz da Infância e da Juventude, sob pena de responsabilidade.

A: incorreta, pois toda criança ou adolescente que estiver inserido em programa de acolhimento familiar ou institucional terá sua situação reavaliada, *no máximo*, a cada 6 (seis) meses (art. 19, § 1º, do ECA); **B:** incorreta, pois a Guia de Acolhimento é expedida pela autoridade judiciária e não pelo Conselho Tutelar (art. 101, § 3º, do ECA); **C:** incorreta, pois a entidade responsável pelo programa de acolhimento institucional ou familiar elaborará um plano individual de atendimento, *visando à reintegração familiar*, ressalvada a existência de ordem escrita e fundamentada em contrário de autoridade judiciária competente, caso em que também deverá contemplar sua colocação em família substituta; **D:** incorreta, pois o acolhimento familiar ou institucional ocorrerá no local mais próximo à *residência dos pais ou do responsável* (art. 101, § 7º, do ECA); **E:** correta, pois, de fato, as entidades que mantenham programa de acolhimento institucional poderão, em caráter excepcional e de urgência, acolher crianças e adolescentes sem prévia determinação da autoridade competente, fazendo comunicação do fato em até 24 (vinte e quatro) horas ao Juiz da Infância e da Juventude, sob pena de responsabilidade (art. 93, do ECA).

Gabarito "E"

(Defensor Público/RO – 2012 – CESPE) Em relação à guarda, tutela e adoção, previstas no ECA, assinale a opção correta.

(A) A pessoa ou o casal que recebe criança ou adolescente em programa de acolhimento familiar torna-se automaticamente tutor do infante.

(B) A tutela será deferida, nos termos da lei civil, quando a criança ou o adolescente, por enfermidade ou deficiência mental, não tiver o necessário discernimento para os atos da vida civil ou que, por outra causa duradoura, não puder exprimir a sua vontade.

(C) Os divorciados, os judicialmente separados e os ex-companheiros podem adotar conjuntamente, contanto que acordem sobre a guarda e o regime de visitas e desde que o estágio de convivência com o adotando tenha sido iniciado na constância do período de convivência do casal e que seja comprovada a existência de vínculos de afinidade e afetividade com o não detentor da guarda que justifiquem a excepcionalidade da concessão.

(D) A adoção de menores por casal homossexual, autorizada pelo STJ após julgado do STF que reconheceu a união estável formada por pessoas do mesmo sexo, condiciona-se à instrução do processo de adoção com cópia de sentença judicial transitada em julgado, reconhecendo a existência da união homoafetiva.

(E) Em regra, o deferimento da guarda de criança ou adolescente a terceiros impede o exercício do direito de visitas pelos pais, assim como os libera do dever de prestar alimentos, que serão objeto de regulamentação específica, a pedido do interessado ou do MP.

A: incorreta, pois a pessoa ou casal receberá a criança ou adolescente mediante guarda e não tutela (art. 34, § 2º, do ECA); **B:** incorreta, pois a tutela será deferida, nos termos da lei civil, à pessoa de até 18 (dezoito) anos incompletos (art. 36, do ECA). Oportuno registrar que é indiferente o fato de a criança ou o adolescente não ter o necessário discernimento para os atos da vida civil, em razão de deficiência mental, tendo em vista que a incapacidade do menor de 18 (dezoito) anos é presumida de forma absoluta. Todavia, caso a pessoa incapaz, em razão de deficiência mental, atinja a maioridade civil, será necessário o ajuizamento de ação de interdição, a fim de ser interditada, nomeando-se um curador a ela. Portanto, neste caso, o instituto será o da curatela (art. 1.767 e ss. do CC); **C:** correta (art. 42, § 4º, do ECA); **D:** incorreta, pois a adoção não está condicionada à instrução do processo de adoção com cópia de sentença com trânsito em julgado reconhecendo a união homoafetiva, bastando tão somente a comprovação da estabilidade familiar, bem como as reais vantagens ao adotando. Isso porque, de acordo com o art. 42, § 2º, do ECA, para a adoção conjunta, é indispensável que os adotantes sejam casados civilmente ou mantenham união estável, *comprovada a estabilidade da família*. Assim, também não há exigência de que as pessoas sejam de sexos distintos, mas também não há previsão legal de adoção por casal homoafetivo. "Não obstante, já vem sendo reconhecida a possibilidade de adoção por casais formados por integrantes do mesmo sexo, desde que tal união possa ser reconhecida como entidade familiar, com suas características próprias (estabilidade, ostensibilidade e traços afetivos sólidos). (...) A possibilidade de adoção por casais homoafetivos agora está firmada, pois em 2011, tanto o STF quanto o STJ finalmente reconheceram a legalidade da união estável entre pessoas do mesmo sexo" (ROSSATO, Luciano Alves; LÉPORE, Paulo Eduardo e CUNHA, Rogério Sanches. *Estatuto da Criança e do Adolescente comentado artigo por artigo*. 3. ed. São Paulo: RT, 2012). Neste sentido é o entendimento jurisprudencial: "A adoção unilateral prevista no art. 41, § 1º, do ECA pode ser concedida à companheira da mãe biológica da adotanda, para que ambas as companheiras passem a ostentar a condição de mães, na hipótese em que a menor tenha sido fruto de inseminação artificial heteróloga, com doador desconhecido, previamente planejada pelo casal no âmbito de união estável homoafetiva, presente, ademais, a anuência da mãe biológica, desde que inexista prejuízo para a adotanda. O STF decidiu ser plena a equiparação das uniões estáveis homoafetivas às uniões estáveis heteroafetivas, o que trouxe, como consequência, a extensão automática das prerrogativas já outorgadas aos companheiros da união estável tradicional àqueles que vivenciem uma união estável homoafetiva. Assim, se a adoção unilateral de menor é possível ao extrato heterossexual da população, também o é à fração homossexual da sociedade. Deve-se advertir, contudo, que o pedido de adoção se submete à norma-princípio fixada no art. 43 do ECA, segundo a qual 'a adoção será deferida quando apresentar reais vantagens para o adotando'. Nesse contexto, estudos feitos no âmbito da Psicologia afirmam que pesquisas têm demonstrado que os filhos de pais ou mães homossexuais não apresentam comprometimento e problemas em seu desenvolvimento psicossocial quando comparados com filhos de pais e mães heterossexuais. Dessa forma, a referida adoção somente se mostra possível no caso de inexistir prejuízo para a adotanda. Além do mais, a possibilidade jurídica e a conveniência do deferimento do pedido de adoção unilateral devem considerar a evidente necessidade de aumentar, e não de restringir, a base daqueles que desejem adotar, em virtude da existência de milhares de crianças que, longe de quererem discutir a orientação sexual de seus pais, anseiam apenas por um lar". (o trecho do julgado citado está disponível no site: http://jurisprudenciaedireito.blogspot.com.br/search?updated-max=2013-03-07T17:09:00-08:00&max-results=10&reverse-paginate=true&start=20&by-date=false); **E:** incorreta, pois o deferimento da guarda de criança ou adolescente a terceiros não impede o exercício do direito de visitas pelos pais, assim como não os libera do dever de prestar alimentos (art. 33, § 4º, do ECA).

Gabarito "C"

(Defensor Público/SE – 2012 – CESPE) Com relação aos direitos fundamentais da criança e do adolescente, assinale a opção correta.

(A) O conceito de família extensa não abrange a figura da madrasta ou do padrasto.

(B) A doutrina da situação irregular vigorou no ordenamento pátrio até a promulgação do ECA.

(C) É assegurado à gestante, por meio do Sistema Único de Saúde, o atendimento pré-natal, devendo a parturiente ser obrigatoriamente atendida pelo médico que a tenha acompanhado durante o período pré-natal.

(D) O direito à liberdade conferido à criança e ao adolescente pelo ECA compreende o de buscar refúgio, sendo a eles garantido o acesso às diversões e espetáculos públicos classificados como adequados à sua faixa etária; crianças menores de dez anos somente poderão ingressar e permanecer nos locais de apresentação ou exibição de espetáculos quando acompanhadas dos pais ou responsáveis.

(E) Em face da aprovação do novo Código Civil, segundo o qual a maioridade civil é obtida aos dezoito anos de idade, não se aplica mais, no ordenamento brasileiro, a denominação jovem adulto, presente no ECA, sendo considerada criança a pessoa com até catorze anos de idade e adolescente, a que tenha entre quinze e dezoito anos de idade.

A: incorreta, pois se entende por família extensa ou ampliada aquela que se estende para além da unidade pais e filhos ou da unidade do casal, formada por parentes próximos com os quais a criança ou adolescente convive e mantém vínculos de afinidade e afetividade (art. 25, parágrafo único, do ECA). Assim, o padrasto ou a madrasta podem ser considerados como família extensa; **B:** incorreta, pois antes mesmo do advento do Estatuto da Criança e do Adolescente, com a promulgação da Constituição Federal de 1988, positivou-se as normas internacionais de direitos humanos sobre as crianças e os adolescentes, consagrando-se a doutrina da proteção integral; **C:** incorreta, pois a parturiente será atendida *preferencialmente* pelo mesmo médico que a acompanhou na fase pré-natal (art. 8º, do ECA); **D:** correta (arts. 16, VII e 75, *caput* e parágrafo único, ambos do ECA); **E:** incorreta, pois se considera criança, para os efeitos do ECA, a pessoa até doze anos de idade incompletos, e adolescente aquela entre doze e dezoito anos de idade (art. 2º, do ECA).

Gabarito "D"

(Defensor Público/SE – 2012 – CESPE) A respeito do direito à convivência familiar, bem como da perda e da suspensão do poder familiar, assinale a opção correta.

(A) A destituição da tutela exige o contraditório, que segue o rito próprio, não sendo suspenso em razão da superveniência das férias.

(B) Duas são as espécies de guarda previstas no ECA: a provisória e a permanente.

(C) Suponha que Maria deixe sua filha, menor de idade, com sua mãe e mude-se para outro estado, onde passe a residir. Nessa situação, Maria estará sujeita à perda do poder familiar, em decorrência da caracterização do abandono.

(D) Na família extensa, o poder familiar deve ser exercido em igualdade de condições entre o pai, a mãe e a avó que esteja com a tutela de menor.

(E) Em razão da menoridade civil, mãe adolescente não está sujeita à perda do poder familiar.

A: correta (art. 164, do ECA); **B:** incorreta, pois existem várias espécies de guarda, a saber: guarda como modalidade de colocação em família substituta; guarda como dever decorrente do exercício do poder familiar; guarda compartilhada e guarda para regularizar uma situação de fato; **C:** incorreta, pois a situação descrita na alternativa não induz, por si só, à conclusão de que houve abandono pela genitora capaz de destituí-la do poder familiar; **D:** incorreta, pois aos pais incumbe o exercício do poder familiar; **E:** incorreta, pois a lei não faz tal distinção.

Gabarito "A"

(Defensor Público/SP – 2012 – FCC) Sobre o direito à convivência familiar e comunitária previsto no Estatuto da Criança e do Adolescente, é correto afirmar que

(A) o acolhimento institucional é medida provisória e excepcional, não implicando em privação de liberdade, salvo em caso de determinação judicial nesse sentido.

(B) a permanência da criança e do adolescente em programa de acolhimento institucional ou familiar será reavaliada a cada seis meses, não podendo superar o prazo de dois anos, salvo comprovada necessidade.

(C) a suspensão do poder familiar será decretada em procedimento contraditório, exceto em casos de maus tratos, quando será possível instauração de procedimento não contencioso.

(D) à pessoa maior de dezoito anos é assegurado o direito a conhecer sua origem biológica, inclusive com o acesso irrestrito ao processo no qual a medida de adoção foi aplicada.

(E) a família natural prefere à família substituta e esta, por sua vez, prefere à família extensa.

A: incorreta, pois em hipótese alguma o acolhimento institucional implicará em privação de liberdade (art. 101, § 1º, do ECA); **B:** incorreta, pois toda criança ou adolescente que estiver inserido em programa de acolhimento familiar ou institucional terá sua situação reavaliada, *no máximo*, a cada 6 (seis) meses, sendo que a permanência da criança e do adolescente em programa de acolhimento institucional não se prolongará por mais de 2 (dois) anos, salvo comprovada necessidade que atenda ao seu superior interesse, devidamente fundamentada pela autoridade judiciária (art. 19, §§ 1º e 2º, do ECA); **C:** incorreta, pois em qualquer hipótese de perda ou suspensão do poder familiar haverá o ajuizamento de ação própria, em respeito aos princípios da ampla defesa e do contraditório (art. 155 e ss., do ECA); **D:** correta (art. 48, *caput*, do ECA); **E:** incorreta, pois a família natural prefere à família extensa, que por sua vez prefere à família substituta (arts. 92, II e 100, X, ambos do ECA).

Gabarito "D"

(Defensor Público/TO – 2013 – CESPE) Assinale a opção correta a respeito dos institutos da guarda, da tutela e da adoção, de acordo com o entendimento jurisprudencial.

(A) A guarda obriga a prestação de assistência material, moral e educacional à criança ou adolescente, conferindo a seu detentor o direito de opor-se a terceiros, inclusive aos pais, e confere ao infante a condição de dependente, para todos os fins e efeitos de direito, incluídos os previdenciários, ainda que norma previdenciária de natureza específica disponha em sentido contrário.

(B) O deferimento judicial da guarda provisória ou definitiva de criança ou adolescente a terceiros suspende o exercício do poder familiar, do direito de visitas pelos pais, assim como o dever de prestar alimentos, exceto se houver acordo entre as partes em sentido contrário, devidamente homologado pelo juiz.

(C) O tutor nomeado por testamento ou por qualquer documento autêntico, conforme previsto no Código Civil, fica automaticamente responsável pelo tutelado após a morte do seu representante legal.

(D) Os divorciados, os judicialmente separados e os ex-companheiros podem adotar conjuntamente, desde que a ação de adoção tenha sido julgada em primeira instância ainda no período de convivência do ex-casal.

(E) A observância, em processo de adoção, da ordem de preferência do cadastro de adotantes deve ser excepcionada em prol do casal que, embora habilitado em data posterior à de outros adotantes, tenha exercido a guarda da criança pela maior parte da sua existência, ainda que a referida guarda tenha sido interrompida e posteriormente retomada pelo mesmo casal.

A: incorreta, pois segundo o entendimento do STJ, se não existir situação de risco a ensejar a colocação da criança/adolescente em família substituta, a guarda não será concedida para fins únicos previdenciários (REsp 696.204/RJ, 3ª T., j. 21.06.2005, rel. Min. Carlos Menezes Direito, *DJ* 19.09.2005); **B:** incorreta, pois o deferimento da guarda de criança ou adolescente a terceiros não impede o exercício do direito de visitas pelos pais, assim como o dever de prestar alimentos, salvo expressa e fundamentada determinação em contrário pelo juiz. Isso porque a guarda não pressupõe a destituição do poder familiar, do qual decorrem o dever de prestar alimentos e o direito de visitas (art. 33, § 4º, do ECA); **C:** incorreta, pois o tutor nomeado por testamento ou qualquer documento autêntico deverá, no prazo de 30 (trinta) dias após a abertura da sucessão, ingressar com pedido judicial, ocasião em que será avaliado pelo juiz se a medida é vantajosa ao tutelando e se não existe outra pessoa em melhores condições de assumi-la (art. 37, *caput* e parágrafo único, do ECA); **D:** incorreta, pois os divorciados, os judicialmente separados e os ex-companheiros podem adotar conjuntamente, *contanto que acordem sobre a guarda e o regime de visitas e desde que o estágio de convivência tenha sido iniciado na constância do período de convivência e que seja comprovada a existência de vínculos de afinidade e afetividade* com aquele não detentor da guarda, que justifiquem a excepcionalidade da concessão (art. 42, § 4º, do ECA); **E:** correta, de acordo com o entendimento jurisprudencial (STJ, REsp 837.324/RS, 3ª T., j. 18.10.2007, rel. Min. Humberto Gomes de Barros, *DJ* 31.10.2007 e REsp 1.172.067/MG, 3ª T., j. 18.03.2010, rel. Min. Massami Uyeda, *DJe* 14.04.2010). "Não obstante a sistemática firmada pela Lei Nacional da Adoção, a jurisprudência flexibiliza as hipóteses de dispensa de prévio cadastramento e respeito à fila de adoção para além das exceções previstas no § 13 do art. 50 do Estatuto. O que tem sido considerado mais importante é o melhor interesse da criança, o que na maioridade das vezes tem sido aferido pela formação de laços de afinidade e afetividade com os pretendentes à adoção". (ROSSATO, Luciano Alves; LÉPORE, Paulo Eduardo e CUNHA, Rogério Sanches. *Estatuto da Criança e do Adolescente comentado artigo por artigo.* 3. ed. São Paulo: RT, 2012).

Gabarito "E"

(Defensor Público/RS – 2011 – FCC) Analise as seguintes afirmativas, todas relativas ao Estatuto da Criança e do Adolescente:

I. O adotado tem direito de conhecer sua origem biológica, bem como de obter acesso irrestrito ao processo no qual a medida foi aplicada e seus eventuais incidentes, após completar 18 (dezoito) anos.

II. Podem adotar os maiores de 21 (vinte e um) anos, independentemente do estado civil.

III. Toda criança ou adolescente que estiver inserido em programa de acolhimento familiar ou institucional terá sua situação reavaliada, no máximo, a cada 6 (seis) meses.

IV. A permanência da criança e do adolescente em programa de acolhimento institucional não se prolongará por mais de 3 (três) anos, salvo comprovada necessidade que atenda ao seu superior interesse, devidamente fundamentada pela autoridade judiciária.

V. Toda criança ou adolescente tem direito a ser criado e educado no seio da sua família e, excepcionalmente, em família substituta, assegurada a convivência familiar e comunitária, em ambiente livre da presença de pessoas dependentes de substâncias entorpecentes.

A partir dessa análise, pode-se concluir que estão corretas APENAS

(A) I, II e III.

(B) I, III e V.

(C) I, IV e V.

(D) II, III e IV.

(E) III, IV e V.

I: correta (art. 48, *caput*, do ECA); **II:** incorreta, pois de acordo com a nova redação do art. 42, *caput*, do ECA, podem adotar os *maiores de 18 anos*; **III:** correta (art. 19, § 1º, do ECA); **IV:** incorreta, pois a permanência da criança e do adolescente em programa de acolhimento institucional não se prolongará por mais de *2 (dois) anos* (art. 19, § 2º, do ECA); **V:** correta (art. 19, *caput*, do ECA).

Gabarito "B"

(Defensor Público/RS – 2011 – FCC) Tiago, 20 (vinte) anos, estudante universitário e Juliana, 25 (vinte e cinco) anos, convivem em união estável. Tiago e Juliana pretendem adotar a pequena Sofia, com 04 (quatro) anos de idade. A infante é filha biológica de Roberta, irmã de Juliana, sendo que o pai biológico é desconhecido. Roberta não ostenta mais a condição de mãe, uma vez que foi destituída do poder familiar, tendo a guarda de Sofia sido conferida ao casal Tiago e Juliana. Após o ingresso da ação de adoção, Tiago falece em decorrência de acidente de trânsito. Ressalta-se que Tiago e Juliana não possuíam inscrição no cadastro de adoção. Em relação ao caso relatado e, em conformidade com o que dispõe o Estatuto da Criança e do Adolescente,

(A) Tiago não poderia adotar pelo fato de ser menor de 21 (vinte e um) anos de idade.
(B) Juliana está impedida de adotar em razão do parentesco com a criança a ser adotada.
(C) a adoção será deferida apenas à Juliana, uma vez que ausente o requisito da diferença mínima de idade exigida por lei entre Tiago e Sofia.
(D) a adoção depende do consentimento da mãe biológica da criança.
(E) a ausência de inscrição no cadastro, nesse caso, não é óbice ao deferimento da adoção ao casal.

A: incorreta, pois podem adotar os maiores de 18 anos (art. 42, *caput*, do ECA); **B:** incorreta, pois o parentesco de Juliana (tia) não impede a adoção, apenas não se admite adoção por ascendente e irmãos do adotando (art. 42, § 1º, do ECA); **C:** incorreta, pois Tiago é 16 anos mais velho que Sofia, requisito exigido pelo art. 42, § 3º, do ECA; **D:** incorreta, pois o consentimento dos pais do adotando é dispensado quando os pais forem desconhecidos e/ou destituídos do poder familiar (art. 45, § 1º, do ECA); **E:** correta, pois nesse caso, em que há afinidade e afetividade entre os adotantes (parentes) e o adotando, é dispensado o cadastro (art. 50, § 13, II, do ECA).

Gabarito "E"

(Defensoria Pública/SP – 2010 – FCC) A Lei nº 12.010/2009, conhecida como Lei Nacional de Adoção,

(A) trouxe modificações essenciais nos princípios que regiam, segundo a redação original do Estatuto da Criança e do Adolescente, o instituto da adoção em nosso país.
(B) ampliou as possibilidades de adoção em favor de candidato domiciliado no Brasil não cadastrado previamente nos termos desta Lei.
(C) introduziu no texto do Estatuto da Criança e do Adolescente o conceito de família extensa ou ampliada.
(D) impôs a criação e implementação de um único cadastro de pessoas ou casais, nacionais ou estrangeiros, habilitados à adoção.
(E) desjudicializou o controle do acolhimento institucional de crianças e adolescentes.

A: incorreta (a Lei 12.010/2009 manteve os princípios contidos no ECA – art. 1º, § 2º, da Lei 12.010/2009); **B:** incorreta (art. 2º da Lei 12.010/2009, que introduziu o art. 50, § 13, do ECA); **C:** correta (art. 2º da Lei 12.010/2009, que introduziu o art. 25, parágrafo único, do ECA); **D:** incorreta (art. 2º da Lei 12.010/2009, que introduziu o art. 50, § 6º, do ECA); **E:** incorreta, pois o controle de acolhimento institucional de crianças e adolescentes continua de índole judicial.

Gabarito "C"

(Defensor Público/GO – 2010 – I. Cidades) Em relação à colocação de criança e adolescente em família substituta (guarda, tutela e adoção), é correto afirmar:

(A) A guarda obriga a prestação de assistência material, moral e educacional à criança ou adolescente, conferindo a seu detentor o direito de opor-se a terceiros, excepcionados os pais.
(B) Excepcionalmente, deferir-se-á a guarda, fora dos casos de tutela e adoção, para atender a situações peculiares ou suprir a falta eventual dos pais ou responsável, podendo ser deferido o direito de representação para a prática de atos determinados.
(C) Salvo expressa e fundamentada determinação em contrário do juiz competente, ou quando a medida for aplicada em preparação para adoção, o deferimento da guarda de criança ou adolescente a terceiros impede o exercício do direito de visitas pelos pais, assim como o dever de prestar alimentos.
(D) O deferimento da tutela pressupõe a prévia decretação da perda ou suspensão do poder familiar e não implica necessariamente o dever de guarda.
(E) O adotado tem direito de conhecer sua origem biológica, bem como de obter acesso irrestrito ao processo no qual a medida foi aplicada e seus eventuais incidentes, entretanto, somente após completar 18 anos

A: incorreta, pois a guarda obriga a prestação de assistência material, moral e educacional à criança ou adolescente, conferindo a seu detentor o direito de opor-se a terceiros, inclusive aos pais (art. 33, *caput*, do ECA); **B:** correta (art. 33, § 2º, do ECA); **C:** incorreta, pois salvo expressa e fundamentada determinação em contrário, da autoridade judiciária competente, ou quando a medida for aplicada em preparação para adoção, o deferimento da guarda de criança ou adolescente a terceiros não impede o exercício do direito de visitas pelos pais, assim como o dever de prestar alimentos, que serão objeto de regulamentação específica, a pedido do interessado ou do Ministério Público (art. 33, § 4º, do ECA); **D:** incorreta, pois o deferimento da tutela pressupõe a prévia decretação da perda ou suspensão do poder familiar e implica necessariamente o dever de guarda (art. 36, parágrafo único, do ECA); **E:** incorreta, pois o acesso ao processo de adoção poderá ser também deferido ao adotado menor de 18 (dezoito) anos, a seu pedido, assegurada orientação e assistência jurídica e psicológica (art. 48, parágrafo único, do ECA).

Gabarito "B"

(Defensoria/MA – 2009 – FCC) A colocação em família substituta, segundo o Estatuto da Criança e do Adolescente,

(A) pode dar-se na forma de guarda, tutela, adoção simples ou adoção plena.
(B) viabiliza o exercício do direito à convivência familiar por crianças que estejam cumprindo internação em estabelecimento educacional.
(C) exceto na modalidade de adoção, trata-se de medida de proteção cuja aplicação cabe ao conselho tutelar.
(D) não pode ser deferida à família estrangeira, exceto na modalidade de adoção.
(E) admite transferência da criança ou adolescente a terceiros desde que com autorização dos pais. 1865

A: incorreta, pois não há adoção simples e plena, mas simplesmente "adoção" (art. 28, *caput*, do ECA); **B:** incorreta, pois, durante a internação em estabelecimento educacional, a criança fica privada de liberdade (art. 121, *caput*, do ECA); **C:** incorreta, pois somente a colocação em família substituta é providência de competência da autoridade judiciária, nos termos dos arts. 165 a 170 do ECA; **D:** correta (art. 31 do ECA); **E:** incorreta (art. 30 do ECA).

Gabarito "D"

(Defensoria/MG – 2009 – FURMARC) À data do pedido de adoção, em não estando sob a guarda ou tutela dos adotantes, o adotando deverá contar com idade de no máximo:

(A) 21 anos.
(B) 18 anos.
(C) 16 anos.
(D) 14 anos
(E) 12 anos.

B: correta. Art. 40 do ECA.

Gabarito "B"

(Defensor Público/AL – 2009 – CESPE) Um homem e sua esposa, ambos com vinte e quatro anos de idade, procuraram a DP para requererem a adoção de uma criança inserida no cadastro de adoção da comarca de Maceió. O casal estava devidamente inscrito no cadastro da comarca.

Julgue os itens tendo como referência a situação hipotética apresentada acima.

(1) A adoção deve ser precedida de estágio de convivência entre adotando e adotante, não podendo o estágio ser dispensado.
(2) Só é permitido ao casal em questão adotar criança que tenha, no máximo, oito anos de idade.
(3) Caso seja iniciado o estágio de convivência com a criança durante a constância da sociedade conjugal, e sobrevindo a separação judicial do casal, este não pode mais adotar conjuntamente essa criança.

(4) Se o casal em questão adotar uma criança, o processo de adoção atribuirá a condição de filho ao adotado, conferindo-lhe todos os direitos e deveres, com exceção dos direitos sucessórios.

1: incorreta, pois o estágio de convivência poderá ser dispensado se o adotando já estiver sob a tutela ou guarda legal do adotante durante tempo suficiente para que seja possível avaliar a conveniência da constituição do vínculo (art. 46, § 1º, do ECA); **2:** correta, pois o adotante há de ser, pelo menos, dezesseis anos mais velho do que o adotando (art. 42, § 3º, do ECA); **3:** incorreta, pois os divorciados, os judicialmente separados e os ex companheiros podem adotar conjuntamente, contanto que acordem sobre a guarda e o regime de visitas e desde que o estágio de convivência tenha sido iniciado na constância do período de convivência e que seja comprovada a existência de vínculos de afinidade e afetividade com aquele não detentor da guarda, que justifiquem a excepcionalidade da concessão (art. 42, § 4º, do ECA); **4:** incorreta, pois a adoção atribui a condição de filho ao adotado, com os mesmos direitos e deveres, *inclusive sucessórios* (art. 41, *caput*, do ECA).

Gabarito 1E, 2C, 3E, 4E

(Defensor Público/RO – 2007) A alternativa que indica um requisito para a adoção de menor de 18 anos é:

(A) facultada a ascendentes do adotando
(B) revogável, *ipso iure*, com a maioridade
(C) admite formalização por escritura pública
(D) condicionada ao consentimento dos pais biológicos
(E) depende da aquiescência do adotado, após os 10 anos

A: incorreta, pois não podem adotar os ascendentes e irmãos do adotando (art. 42, § 1º, do ECA); **B:** incorreta, pois no ano em que foi realizado o concurso o art. 48 do ECA previa que "a adoção é irrevogável", dispositivo esse que foi alterado pela Lei 12.010/2009; **C:** incorreta, pois a adoção constitui-se por sentença judicial (art. 47, *caput*, do ECA); **D:** correta (art. 45, *caput*, do ECA); **E:** incorreta, pois o consentimento será necessário quando o adotado for maior de 12 anos (art. 28, § 2º, do ECA, de acordo com a nova redação conferida pela Lei 12.010/2009).

Gabarito "D"

(Defensor Público/RO – 2007) A inserção de criança ou adolescente, em família substituta far-se-á mediante:

(A) guarda, tutela e adoção
(B) guarda simples, adoção plena e tutela
(C) guarda, adoção e tutela compartilhada
(D) tutela simples, guarda e adoção condicionada
(E) tutela compartilhada, guarda e responsabilidade

A: correta. A colocação em família substituta far-se-á mediante guarda, tutela ou adoção, independentemente da situação jurídica da criança ou adolescente – art. 28, *caput*, do ECA.

Gabarito "A"

(Defensor Público/AC – 2006 – CESPE) Rodrigo tinha cinco anos de idade quando seus pais morreram em um acidente. Desde que ficou órfão, ele tem sido informalmente criado por sua tia Antônia, que buscou apoio jurídico para regularizar essa situação na data em que Rodrigo completou quatorze anos. O advogado que a atendeu orientou-a a ingressar com pedido de adoção de Rodrigo. Este, porém, manifestou-se contrariamente à adoção, por considerar que isso seria um desrespeito contra seus falecidos pais. Por conta disso, o advogado sugeriu que Antônia pedisse apenas a tutela de Rodrigo. Em face dessa situação, assinale a opção correta.

(A) Seria descabido que Antônia pedisse a adoção de Rodrigo, visto que é vedada, legalmente, a adoção entre parentes de até segundo grau.
(B) Seria juridicamente equivocado que Antônia pedisse a adoção de Rodrigo porque, nesse caso, o pedido tecnicamente correto seria o de concessão definitiva de pátrio poder.
(C) A oposição de Rodrigo inviabilizaria o deferimento de eventual pedido de adoção feito por Antônia, mesmo que o juiz da causa considerasse que a adoção seria benéfica aos interesses do menor.
(D) O pedido de tutela deve ser indeferido, pois somente crianças são sujeitas a tutela.

A: incorreta, pois não podem adotar os ascendentes e os irmãos do adotando (art. 42, § 1º, do ECA). No caso da questão, Antônia é tia, ou seja, não é ascendente e nem irmã e poderia adotar Rodrigo; **B:** incorreta, pois não se trata de concessão de pátrio poder, mas de adoção; **C:** correta, pois a adoção de criança maior de 12 (doze) anos necessita de consentimento do adotando em audiência (art. 28, § 2º, do ECA); **D:** incorreta, pois a tutela é deferida, nos termos da lei civil, a pessoa de até 18 (dezoito) anos incompletos (art. 36, *caput*, do ECA).

Gabarito "C"

(Defensor Público/AC – 2006 – CESPE) Vanda, cidadã brasileira, com 25 anos de idade, vive na Europa. Por ser infértil e solteira, ela decidiu adotar uma criança e, com esse objetivo, outorgou a sua irmã, Magdala, uma procuração para que adotasse, em nome dela, uma criança ou adolescente de até 14 anos de idade. Entretanto, como Magdala não buscou cumprir essa incumbência, Vanda veio ao Brasil, com o objetivo de realizar a adoção.

Considerando a situação hipotética acima, assinale a opção correta.

(A) Magdala somente poderia ter adotado uma criança em nome de Vanda, caso a procuração outorgada fosse pública, celebrada em tabelionato brasileiro e atribuísse poderes específicos para a adoção.
(B) Seria inviável que Vanda adotasse uma criança brasileira porque a legislação veda a adoção por pessoas solteiras.
(C) Em virtude da idade de Vanda, seria inviável que ela adotasse um adolescente brasileiro.
(D) Caso Vanda viesse a adotar uma criança de sete anos de idade, ela teria um prazo legal de sete meses para rescindir a adoção.

A: incorreta, pois é vedada a adoção por procuração (art. 39, § 2º, do ECA); **B:** incorreta, pois a legislação brasileira não veda a adoção por pessoas solteiras (art. 42, *caput*, do ECA); **C:** correta, pois segundo dispõe o art. 42, § 3º, do ECA, o adotante há de ser, pelo menos, 16 (dezesseis) anos mais velho do que o adotando; **D:** incorreta, pois a adoção é irrevogável (art. 39, § 1º, do ECA).

Gabarito "C"

(Defensor Público/AC – 2006 – CESPE) Raquel, que é viúva e mora sozinha, ingressou em juízo com solicitação de que lhe fosse concedida a guarda de sua neta Patrícia, de três anos de idade, argumentando que os pais da criança a submetiam regularmente a tratamento degradante e a maus tratos.

Considerando essa situação hipotética, assinale a opção correta.

(A) A referida solicitação caracteriza-se como pedido de colocação em família substituta.
(B) Seria vedado ao juiz da causa determinar liminarmente a suspensão do poder familiar dos pais de Patrícia.
(C) Seria vedado ao juiz da causa decidir pela concessão do pedido, caso o Ministério Público se manifestasse em sentido contrário.
(D) A petição inicial de Raquel deveria ser declarada inepta porque a concessão do pedido por ela aduzido dependeria do prévio julgamento de ação penal que apurasse a veracidade de suas afirmações.

A: correta, pois a guarda é uma das formas de colocação da criança em família substituta (art. 28 do ECA); **B:** incorreta (art. 33, § 1º, do ECA); **C:** incorreta, pois a decisão do juiz não está vinculada ao parecer do Ministério Público; **D:** incorreta, pois não há necessidade de prévia ação penal, todos os fatos poderão ser apurados na própria ação que Raquel ingressou pedindo a guarda da neta.

Gabarito "A"

(Defensor Público/BA – 2006) Relativamente ao tema da família, tal como previsto na Lei 8.069/1990 (Estatuto da Criança e do Adolescente), tem-se que:

I. Os filhos havidos fora do casamento poderão ser reconhecidos pelos pais, conjunta ou separadamente, no próprio termo de nascimento, por testamento, mediante escritura ou outro documento público, qualquer que seja a origem da filiação.
II. O reconhecimento do estado de filiação é direito personalíssimo, indisponível e imprescritível, podendo ser exercitado contra os pais ou seus herdeiros, sem qualquer restrição, observado o segredo de Justiça.
III. A colocação em família substituta far-se-á mediante guarda, tutela ou adoção, independentemente da situação jurídica da criança ou adolescente, nos termos da referida Lei.

Analisando as assertivas acima, verifica-se que:

(A) Todas estão corretas.
(B) Apenas a II está correta.

(C) Apenas I e II estão corretas.
(D) Apenas I e III estão corretas.
(E) Apenas II e III estão corretas.

I: correta (art. 26, *caput*, do ECA); **II:** correta (art. 27 do ECA); **III:** correta (art. 28, *caput*, do ECA).
Gabarito "A".

1.4. Direito à educação, à cultura, ao esporte e ao lazer

(Defensor Público/AM – 2013 – FCC) Os pais de determinada criança, que completa cinco anos de idade em janeiro de 2013, pretendem obter gratuitamente o registro civil de nascimento de seu filho e, na sequência, ingressar com ação judicial, através da Defensoria Pública, para obrigar o Poder Público a garantir-lhe o acesso à educação infantil gratuita, uma vez que foram informados de que não há vaga para que a criança ingresse na rede pública de ensino. Apesar de estarem munidos de todos os documentos para pleitearem o registro de nascimento de seu filho, os pais da criança são pobres nos termos da lei, não tendo recursos financeiros para pagar as despesas do ato registral sem prejuízo de seu sustento. Nesse contexto, é correto afirmar que o registro civil de nascimento

(A) pode ser gratuitamente obtido, mas o Poder Público não está obrigado a garantir à criança o acesso à educação infantil gratuita, uma vez que não há vagas para tanto.
(B) pode ser gratuitamente obtido e o Poder Público está obrigado a garantir à criança o acesso à educação infantil gratuita.
(C) pode ser gratuitamente obtido, mas o Poder Público não está obrigado a garantir à criança o acesso à educação infantil gratuita, uma vez que o infante não possui a idade mínima exigida pela Constituição Federal.
(D) não pode ser gratuitamente obtido, uma vez que somente a certidão de óbito é gratuita aos reconhecidamente pobres nos termos da Constituição Federal, embora o Poder Público esteja obrigado a garantir à criança o acesso à educação infantil gratuita.
(E) não pode ser gratuitamente obtido, uma vez que tardio, e o Poder Público não está obrigado a garantir à criança o acesso à educação infantil gratuita, já que não há vagas para tanto.

B: correta, pois está de acordo com os arts. 53, V e 54, I e § 1º, do ECA; e art. 5º, LXXVI, "a", da CF/1988, ficando excluídas as demais.
Gabarito "B".

(Defensor Público/SP – 2012 – FCC) Segundo a Lei de Diretrizes e Bases da Educação Nacional (Lei nº 9.394/1996),

(A) ao Estado incumbe assumir o transporte escolar dos alunos, incluindo-se os da rede municipal e estadual.
(B) o rito para processamento de ação judicial que verse sobre sonegação ou oferta irregular de ensino obrigatório é o sumário.
(C) há garantia de que a criança, a partir do dia em que completar 2 anos de idade, obtenha vaga na escola pública de educação infantil ou de ensino fundamental mais próxima à sua residência.
(D) ao Município cabe oferecer educação infantil em pré-escolas, às crianças de zero a seis anos incompletos.
(E) é compulsória a inclusão de conteúdo que trate dos direitos das crianças e dos adolescentes no currículo do ensino médio.

A: incorreta, pois ao Estado incumbe assumir o transporte escolar dos alunos da rede estadual (art. 10, VII, da Lei 9.394/1996). Por sua vez, ao Município incumbe assumir o transporte escolar dos alunos da rede municipal (art. 11, VI, da Lei 9.394/1996); **B:** correta (art. 5º, § 3º, da Lei 9.394/1996); **C:** incorreta, pois é garantida a vaga na escola pública de educação infantil ou de ensino fundamental mais próxima à residência da criança a partir dos 4 (quatro) anos de idade, quando então o ensino é obrigatório e gratuito (art. 208, I, da CF/1988 e art. 4º, I e X, da Lei nº 9.394/1996); **D:** incorreta, pois a educação infantil é até os cinco anos de idade (arts. 4º, II e 29, ambos da Lei 9.394/1996); **E:** incorreta, pois o enunciado não está de acordo com o art. 36, da Lei 9.394/1996, sendo que é compulsória a inclusão de conteúdo que trate dos direitos das crianças e dos adolescentes no currículo do ensino fundamental (art. 32, § 5º, da Lei 9.394/1996).
Gabarito "B".

(Defensor Público/AM – 2010 – I. Cidades) Acerca do direito fundamental da criança e do adolescente à educação, assinale a opção incorreta à luz da Constituição Federal, do Estatuto da Criança e do Adolescente (ECA) e da Lei de Diretrizes e Bases da Educação Nacional (LDB).

(A) O dever do Estado com a educação será efetivado, dentre outras maneiras, mediante a garantia de educação básica obrigatória e gratuita dos 4 (quatro) aos 17 (dezessete) anos de idade, assegurada inclusive sua oferta gratuita para todos os que a ela não tiveram acesso na idade própria.
(B) De acordo com o ECA e a LDB, apesar de pais e responsáveis terem o dever de matricular seus filhos e pupilos na rede regular de ensino, é-lhes assegurado expressamente optar por conceder, eles próprios, a educação aos menores, desde que cumpram as normas gerais da educação nacional e submetam-se a avaliação de qualidade pelo Poder Público.
(C) A educação escolar deverá vincular-se ao mundo do trabalho e à prática social.
(D) Supondo que, para garantir a ordem, a direção de determinada escola pública proíba seus alunos de constituírem qualquer entidade representativa dos estudantes, nesse caso, estará havendo violação a direito expressamente previsto no ECA.
(E) É assegurado às crianças e aos adolescentes o acesso à escola pública e gratuita próxima de sua residência.

A: correta (art. 208, I, da CF/1988); **B:** incorreta, pois os pais têm obrigação de matricular seus filhos ou pupilos na rede regular de ensino (art. 55 do ECA e art. 6º da LDB), não há expressa previsão de que os pais podem, eles próprios, conceder a educação aos menores; **C:** correta (art. 1º, § 2º, da LDB); **D:** correta (art. 53, IV, do ECA); **E:** correta (art. 53, V, do ECA).
Gabarito "B".

(Defensoria/SP – 2006 – FCC) Para garantir o direito à educação, o Estatuto da Criança e do Adolescente prevê, entre outras medidas,

(A) acesso das famílias às políticas sociais básicas condicionado à comprovação da matrícula escolar de filhos menores.
(B) impossibilidade de repetência escolar.
(C) direito ao atendimento em creche desde o nascimento.
(D) possibilidade de o Conselho Tutelar deliberar a construção de escolas pelo poder público quando faltarem vagas em ensino fundamental.

A: incorreta, pois não existe esse condicionamento para o acesso às políticas sociais básicas; **B:** incorreta, pois não existe essa medida no ECA; **C:** correta (art. 54, IV, do ECA); **D:** incorreta, pois não existe essa competência em favor do Conselho Tutelar (art. 136 do ECA); aliás, em caso de falta de vagas, cabe ação judicial, que, todavia, determina a matrícula dos que estão sem vaga, e não a construção de escolas.
Gabarito "C".

1.5. Direito à Profissionalização e à Proteção no Trabalho

(Defensor Público/RO – 2007) A alternativa que caracteriza o trabalho de menor de 14 anos de idade é:

(A) permitido, em sendo aprendiz
(B) possível, em atividades compatíveis
(C) não é permitido, na forma da constituição
(D) permitido, em horários especiais restritos
(E) não permitido, mesmo com acesso à educação

A: correta. Art. 7º, XXXIII, da CF/1988.
Gabarito "A".

2. Prevenção

(Defensor Público/AM – 2013 – FCC) Conforme disposto pelo Estatuto da Criança e do Adolescente, são exemplos de medidas de prevenção especial à ameaça ou violação aos direitos da criança e do adolescente

(A) o acolhimento institucional e a requisição de tratamento médico.
(B) a regulação das diversões e espetáculos públicos e a autorização para viajar.

(C) a inclusão em programa de acolhimento familiar e a colocação em família substituta.

(D) a proibição de entrada de criança e adolescente em estabelecimento que explore bilhar e a inclusão em programa oficial de tratamento a toxicômanos.

(E) a proibição de vendas de bebidas alcoólicas a crianças e adolescentes e o acolhimento familiar.

A: incorreta, pois o acolhimento institucional não está inserido no capítulo que trata da prevenção especial, mas sim daquele que trata do Direito à Convivência Familiar e Comunitária (art. 19 e seguintes do ECA). Por sua vez, a medida de requisição de tratamento médico é protetiva (art. 101, V, do ECA) e não de prevenção especial; **B:** correta (arts. 74 a 80 e 83 a 85, todos do ECA); **C:** incorreta, pois as medidas de inclusão em programa de acolhimento familiar e a colocação em família substituta não estão inseridas no capítulo que trata da prevenção especial, mas sim daquele que trata do Direito à Convivência Familiar e Comunitária (art. 19 e ss. do ECA); **D:** incorreta, pois a inclusão em programa oficial de tratamento a toxicômanos é medida protetiva (art. 101, VI, do ECA) e não de prevenção especial; **E:** incorreta, pois o acolhimento familiar não está inserido no capítulo que trata da prevenção especial, mas sim daquele que trata do Direito à Convivência Familiar e Comunitária (art. 19 e ss., do ECA).

Gabarito "B".

(Defensor Público/ES – 2012 – CESPE) Acerca do princípio da prevenção especial e das normas de proteção à criança e ao adolescente, julgue os próximos itens.

(1) Ha omissão no ECA em caso de exibição de filme classificado pelo órgão competente como inadequado para crianças ou adolescentes admitidos ao espetáculo.

(2) Agirá corretamente o representante de uma sociedade empresária que explore atividade de cinema, ao retirar de uma das suas salas de exibição um menor e seu pai, caso estes pretendam assistir a filme classificado como inadequado para menores de dezoito anos.

1: incorreta, pois o assunto é tratado no art. 74 e ss. do ECA; **2:** incorreta, pois caberá aos responsáveis pelas diversões e espetáculos públicos afixar, em lugar visível e de fácil acesso, à entrada do local de exibição, informação destacada sobre a natureza do espetáculo e a faixa etária especificada no certificado de classificação (art. 74, parágrafo único, do ECA). De acordo com a Resolução 1.100/2006 do Ministro da Justiça, autoridade competente para regulamentar esta matéria, a classificação é "indicativa" aos pais e responsáveis, por assim, dizer, tem caráter pedagógico, auxiliando a família na educação de seus filhos. Portanto, os pais podem autorizar o acesso de seus filhos à diversão ou espetáculo cuja classificação indicativa seja superior à faixa etária, desde que acompanhados por eles ou terceiros expressamente autorizados. Todavia, se a faixa indicada for de dezoito anos, estará proibido o ingresso de crianças e adolescentes, mesmo com autorização dos pais (art. 19, da Res. 1.100/2006), sob pena de caracterizar a infração administrativa prevista no art. 255, do ECA. Este entendimento foi recentemente adotado pelo STJ (REsp 1.209.792/RJ, 3ª T., j. 08.11.2011, rel. Min. Nancy Andrighi, *DJe* 28.03.2012).

Gabarito 1E, 2E

(Defensoria Pública/SP – 2010 – FCC) Prevê o Estatuto da Criança e do Adolescente, considerando inclusive suas recentes alterações, como regra geral, o prazo máximo de

(A) 30 dias para o ajuizamento de ação de destituição de poder familiar após o deferimento cautelar, pelo juiz, do afastamento de criança e adolescente do convívio familiar.

(B) 6 meses para a reavaliação da situação de criança ou adolescente que estiver inserido em programa de acolhimento familiar ou institucional.

(C) 3 anos para permanência da criança e do adolescente em programa de acolhimento institucional.

(D) 4 anos para reavaliação, pelo Conselho Municipal dos Direitos da Criança e do Adolescente, dos programas de proteção, em execução, destinados a crianças e adolescentes.

(E) 120 dias para o relator colocar em mesa para julgamento, contado de sua conclusão, os recursos nos procedimentos de adoção e de destituição de poder familiar.

B: correta. Art. 92, § 2º, do ECA, inserido pela Lei 12.010/2009.

Gabarito "B".

(Defensoria/SP – 2007 – FCC) Na comarca X, adolescentes estavam consumindo bebidas alcoólicas em bailes e boates. Pelo que prevê expressamente o Estatuto da Criança e do Adolescente é possível ao juiz da infância e juventude intervir na situação

(A) disciplinando, através de portaria, a entrada de adolescentes desacompanhados dos pais em cada um dos bailes e boates da cidade.

(B) determinando aos conselheiros tutelares atividade de fiscalização nos bailes e boates.

(C) determinando aos comissários ou agentes de proteção a apreensão de crianças e adolescentes que estejam consumindo bebidas alcoólicas para apresentação imediata ao Conselho Tutelar.

(D) determinando, após regular processo, o fechamento do estabelecimento por até 30 dias.

(E) aplicando medidas sócio-educativas aos adolescentes flagrados no consumo de bebida alcoólica.

A: correta. Art. 149, I, *b* e *c*, do ECA.

Gabarito "A".

(Defensoria/SP – 2006 – FCC) Clara tem 12 anos. Mora em São Paulo com a mãe, que tem sua guarda. Para ir visitar o pai, que mora em Recife, Clara, de acordo com o Estatuto da Criança e do Adolescente,

(A) poderá viajar, desde que acompanhada de pessoa maior, sem outras exigências.

(B) poderá viajar acompanhada apenas da avó paterna, desde que a mãe autorize por escrito.

(C) deve ter autorização do juiz ou comissário de menores, para que possa ir sozinha.

(D) não precisa de autorização escrita da mãe para ir sozinha.

(E) não poderá viajar se estiver acompanhada apenas de sua irmã de 16 anos.

D: correta. Repare que o art. 83 do ECA faz referência à criança, e não a adolescente. Assim, Clara, por ter 12 anos, é adolescente (art. 2º do ECA).

Gabarito "D".

3. Política e Entidades de Atendimento

(Defensor Público/AC – 2012 – CESPE) Com relação às entidades de atendimento ao público infantojuvenil, assinale a opção correta.

(A) O texto atual do ECA veda taxativamente a realização de qualquer tipo de acolhimento institucional sem prévia autorização judicial.

(B) A guarda de criança ou adolescente inseridos em programa de acolhimento institucional cabe ao dirigente da entidade que os acolha, para todos os efeitos de direito.

(C) A essas entidades de atendimento é vedada a realização de programas socioeducativos em regime de internação.

(D) Os recursos públicos necessários à implementação e à manutenção dos programas de proteção e socioeducativos destinados a crianças e adolescentes devem ser liberados pelo gestor municipal de acordo com os critérios de conveniência e oportunidade.

(E) Dado o princípio da livre iniciativa, o funcionamento das entidades não governamentais criadas e mantidas com recursos exclusivamente privados independerá de qualquer registro ou autorização prévia em órgão público.

A: incorreta, pois as entidades que mantenham programa de acolhimento institucional poderão, em caráter excepcional e de urgência, acolher crianças e adolescentes sem prévia determinação da autoridade competente, fazendo comunicação do fato em até 24 (vinte e quatro) horas ao Juiz da Infância e da Juventude, sob pena de responsabilidade (art. 93, do ECA); **B:** correta, pois o dirigente da entidade é equiparado ao guardião (art. 92, § 1º, do ECA); **C:** incorreta, pois as entidades de atendimento também são responsáveis pelo planejamento e execução de programas de proteção e socioeducativos destinados a crianças e adolescentes em regime de internação (art. 90, VIII, do ECA); **D:** incorreta, pois os recursos destinados à implementação e manutenção dos programas serão previstos nas dotações orçamentárias dos órgãos públicos encarregados das áreas de Educação, Saúde e Assistência Social (art. 90, § 2º, do ECA); **E:** incorreta, pois as entidades não governamentais também devem ser registradas no Conselho Municipal dos Direitos da Criança e do Adolescente, o qual comunicará o registro ao Conselho Tutelar e à autoridade judiciária da respectiva localidade (art. 91, *caput*, do ECA).

Gabarito "B".

(Defensor Público/ES – 2012 – CESPE) Julgue os itens que se seguem, relativos à política de atendimento, à família substituta e ao acesso à justiça da criança e do adolescente.

(1) No caso da adoção, o adotado, após completar a maioridade civil, tem direito de conhecer sua origem biológica, bem como de obter acesso irrestrito ao processo no qual a medida foi aplicada.

(2) O ECA estabelece que, comprovada a impossibilidade de a família de origem acolher a criança inserida em programa de acolhimento familiar ou institucional, esta deverá ser colocada em família substituta, mediante guarda, tutela ou adoção, com integração operacional de órgãos do Poder Judiciário, MP, DP, conselho tutelar e encarregados da execução das políticas sociais básicas e de assistência social.

(3) Para que haja pleno acesso à justiça, a assistência judiciária gratuita será prestada aos que dela necessitarem, por meio de DP ou advogado nomeado. Nesse sentido, as ações judiciais da competência da justiça da infância e da juventude serão sempre isentas de custas e emolumentos.

1: correta, pois o item está de acordo com o disposto no art. 48, *caput*, do ECA; **2:** correta, pois o item está de acordo com o disposto no art. 88, VI, do ECA; **3:** incorreta, pois as ações judiciais da competência da Justiça da Infância e da Juventude são isentas de custas e emolumentos, ressalvada a hipótese de litigância de má-fé.

Gabarito 1C, 2C, 3E

(Defensor Público/SE – 2012 – CESPE) Assinale a opção correta acerca da política de atendimento a crianças e adolescentes.

(A) A função de membro do Conselho Nacional dos Direitos da Criança e do Adolescente, considerada múnus público, é remunerada.

(B) A entidade que desenvolver programa de internação tem a obrigação de fornecer comprovante de depósito dos pertences dos adolescentes.

(C) Tanto as entidades de atendimento governamentais quanto as não governamentais estão sujeitas à suspensão total ou parcial do repasse de verbas públicas, procedimento administrativo que é realizado no âmbito do MP.

(D) A política de atendimento dos direitos da criança e do adolescente deve ser estruturada nas três esferas governamentais, devendo a atuação em nível municipal ser feita por meio dos conselhos municipais dos direitos da criança e do adolescente, e não pelos conselhos tutelares.

(E) O serviço de identificação e localização de pais, responsável, crianças e adolescentes inclui-se entre as diretrizes estabelecidas para a referida política.

A: incorreta, pois a função não é remunerada (art. 89, do ECA); **B:** correta (art. 94, XVII, do ECA); **C:** incorreta, pois a suspensão total ou parcial do repasse de verbas públicas é uma das medidas aplicáveis às entidades de atendimento não governamentais que descumprirem obrigação legal (art. 97, II, *b*, do ECA), medida esta que não se aplica às entidades governamentais; **D:** incorreta, pois deve haver a integração operacional de órgãos do Judiciário, Ministério Público, Defensoria e Conselho Tutelar (art. 88, V e VII, do ECA); **E:** incorreta, pois o serviço é o de identificação e localização de pais, responsável, crianças e adolescentes *desaparecidos* (art. 87, IV, do ECA).

Gabarito "B"

(Defensor Público/GO – 2010 – I. Cidades) São diretrizes da política de atendimento dos direitos da criança e adolescente:

(A) municipalização do atendimento, com a descentralização político-administrativa, com a exoneração dos demais entes federados da obrigação em relação ao setor infantojuvenil.

(B) criação e manutenção de programas específicos, observada a centralização político-administrativa estadual e federal.

(C) criação de conselhos municipais, estaduais e nacional dos direitos da criança e do adolescente, órgãos deliberativos e controladores das ações em todos os níveis, com a participação da sociedade representativa.

(D) incentivo à criação de fundos vinculados aos respectivos conselhos dos direitos da criança e do adolescente, como unidades orçamentárias e de total autonomia.

(E) integração operacional de órgãos do Judiciário, Ministério Público, Defensoria, Segurança Pública e Assistência Social, preferencialmente em locais descentralizados, para efeito de ampliação do atendimento inicial a adolescente a quem se atribua autoria de ato infracional.

A: incorreta, pois não há previsão de exoneração dos demais entes federados da obrigação em relação ao setor infantojuvenil, ao contrário, há previsão de criação de conselhos municipais, estaduais e nacional dos direitos da criança e do adolescente (art. 88 do ECA); **B:** incorreta, pois a criação e manutenção de programas específicos é diretriz da política de atendimento, mas *observada a descentralização político-administrativa* (art. 88, III, do ECA); **C:** correta (art. 88, II, do ECA); **D:** incorreta, pois é diretriz da política de atendimento a manutenção de fundos nacional, estaduais e municipais vinculados aos respectivos conselhos dos direitos da criança e do adolescente (art. 88, IV, do ECA); **E:** incorreta, pois é diretriz da política de atendimento a integração operacional de órgãos do Judiciário, Ministério Público, Defensoria, Segurança Pública e Assistência Social, preferencialmente em um mesmo local, para efeito de agilização do atendimento inicial a adolescente a quem se atribua autoria de ato infracional (art. 88, V, do ECA).

Gabarito "C"

(Defensoria Pública/SP – 2010 – FCC) Dentre as diretrizes da política de atendimento expressamente indicadas no Estatuto da Criança e do Adolescente (art. 88) temos a

(A) municipalização das políticas sociais básicas e das políticas e programas de assistência social.

(B) integração operacional de órgãos do Judiciário, Ministério Público, Defensoria Pública, Segurança Pública, Conselho Tutelar e Assistência Social para efeito agilização do atendimento inicial a adolescente a quem se atribua autoria de ato infracional.

(C) criação de conselhos tutelares em âmbito municipal, estadual e federal.

(D) criação de programas federais de acolhimento institucional que observem rigorosa separação por faixa etária.

(E) manutenção de fundos nacional, estaduais e municipais vinculados aos respectivos conselhos dos direitos da criança e do adolescente.

E: correta. Art. 88, IV, do ECA.

Gabarito "E"

(Defensoria/PI – 2009 – CESPE) As entidades de atendimento que desenvolvem programas de abrigo para crianças e adolescentes devem

(A) providenciar, sempre que possível, a transferência dos grupos de irmãos desmembrados para outras entidades de crianças e adolescentes abrigados.

(B) preservar os vínculos familiares, dar atendimento personalizado em pequenos grupos, bem como desenvolver atividades em regime de coeducação.

(C) evitar, sempre que possível, o contato das crianças e dos adolescentes abrigados com a família de origem.

(D) participar das atividades políticas da localidade onde se encontrem inseridas.

(E) evitar a participação de pessoas da comunidade no processo educativo das crianças e dos adolescentes abrigados.

Atenção para a alteração pela Lei 12.010/2009 do instituto do "abrigo" para "acolhimento familiar". **A:** incorreta (art. 92, V e VI, do ECA); **B:** correta (art. 92, I e IV, do ECA); **C:** incorreta (art. 92, I, do ECA); **D:** incorreta, pois não existe essa previsão legal; **E:** incorreta (art. 92, IX, do ECA).

Gabarito "B"

(Defensoria/PI – 2009 – CESPE) Entre outras obrigações, as entidades que desenvolvem programas de internação para menores devem

(A) observar os direitos e as garantias de que são titulares as crianças.

(B) oferecer instalações físicas em condições adequadas de habitabilidade, higiene, salubridade e segurança e os objetos necessários à higiene pessoal.

(C) comunicar às autoridades competentes todos os casos em que foi necessária a adoção de restrições a direitos que não tenham sido restringidos na decisão de internação de adolescentes.

(D) reavaliar periodicamente cada caso, com intervalo mínimo de um ano, dando ciência dos resultados ao CONANDA.

(E) assegurar as medidas profiláticas e contraceptivas necessárias à visitação íntima.

A: incorreta, pois deverá observar os direitos e garantias de que são titulares os *adolescentes* (art. 94, I, do ECA); **B:** correta (art. 94, VII, do ECA); **C:** incorreta (art. 94, II, do ECA); **D:** incorreta, pois a reavaliação deverá ocorrer com intervalo máximo de seis meses, dando-se ciência à autoridade competente (art. 94, XIV, do ECA); **E:** incorreta, pois não existe previsão legal para visitação íntima de adolescente em programa de internação.

Gabarito "B"

4. Medidas de Proteção, Medidas Socioeducativas e Ato Infracional – Direito Material

(Defensor Público/AM – 2013 – FCC) Segundo a Lei nº 12.594/2012, que dispõe sobre o Sistema Nacional de Atendimento Socioeducativo, a reavaliação da medida socioeducativa dar-se-á

(A) no prazo máximo de seis meses, somente pelo juiz competente, com base nos relatórios anteriores emitidos pela direção do programa de atendimento e sua equipe.

(B) com relação às medidas de prestação de serviços à comunidade, liberdade assistida, semiliberdade e internação, desde que atingido o prazo máximo de seis meses.

(C) somente a pedido da direção do programa de atendimento que acompanhar o cumprimento da medida de prestação de serviços à comunidade, liberdade assistida, semiliberdade ou internação.

(D) a qualquer tempo, desde que solicitada pela direção do programa de atendimento, pelo defensor, pelo Ministério Público, pelo adolescente ou por seus pais ou responsáveis.

(E) no prazo mínimo de doze meses, pelo defensor, caso ainda não haja indicação da direção do programa de atendimento pela substituição por medida menos gravosa.

D: correta, pois está de acordo com o disposto no art. 43 da Lei nº 12.594/2012, que dispõe sobre o Sistema Nacional de Atendimento Socioeducativo, ficando excluídas as demais.

Gabarito "D"

(Defensor Público/AC – 2012 – CESPE) Assinale a opção correta a respeito das medidas de proteção à criança e ao adolescente.

(A) A permanência de criança e adolescente em programa de acolhimento institucional limita-se a dois anos, não sendo esse prazo passível de prorrogação.

(B) Em situações excepcionais, caracterizadas pela possibilidade de risco de morte e violação da integridade física da criança ou do adolescente, o acolhimento familiar e o acolhimento institucional poderão implicar privação de liberdade.

(C) Constituem obrigações do responsável pelo acolhimento familiar de criança ou adolescente a prestação de assistência psicológica à criança ou ao adolescente acolhido e a informação da possibilidade de eles permanecerem nesse programa até atingirem a maioridade civil.

(D) Caso seja verificada situação de maus-tratos, opressão ou abuso sexual dos pais ou responsável contra criança ou adolescente, a autoridade judiciária poderá determinar, como medida cautelar, o afastamento do agressor da moradia comum, remetendo cópia do procedimento à DP, a fim de requerer a fixação provisória de alimentos.

(E) O afastamento de criança ou adolescente do convívio familiar é de competência exclusiva da autoridade judiciária, exceto em situações emergenciais para a proteção de vítimas de violência ou abuso sexual.

A: incorreta, pois é possível a prorrogação da permanência da criança e do adolescente em programa de acolhimento institucional, desde que comprovada a necessidade que atenda ao seu superior interesse, devidamente fundamentada pela autoridade judiciária (art. 19, § 2º, do ECA); **B:** incorreta, pois o acolhimento institucional e o familiar não implicam em restrição de liberdade (art. 101, § 1º, do ECA); **C:** incorreta, pois não está de acordo com os incisos do art. 94, do ECA e seu § 1º; **D:** incorreta, pois da própria medida cautelar constará a fixação provisória dos alimentos de que necessitem a criança ou o adolescente dependentes do agressor (art. 130, parágrafo único, do ECA); **E:** correta, pois se admite, em caráter excepcional e de urgência, que as entidades que mantenham programa de acolhimento institucional acolham crianças e adolescentes, vítimas de violência ou abuso sexual, sem prévia determinação da autoridade competente, fazendo comunicação do fato em até 24 (vinte e quatro) horas ao Juiz da Infância e da Juventude, sob pena de responsabilidade (art. 93 e art. 101, §2º, ambos do ECA).

Gabarito "E"

(Defensor Público/ES – 2012 – CESPE) Com referência aos direitos da criança e do adolescente, ao processo de apuração da prática de ato infracional e a atuação do defensor e do MP nesse processo, julgue os itens a seguir.

(1) A liberdade assistida será fixada pelo prazo mínimo de seis meses, podendo, a qualquer tempo, ser prorrogada, revogada ou substituída por outra medida, com a oitiva do MP.

(2) Crianças e adolescentes podem ser considerados sujeito ativo de ato infracional, caso em que ambos poderão ser sujeito passivo de medida socioeducativa.

1: correta, pois o item está de acordo com o disposto no art. 118, § 2º, do ECA; **2:** incorreta, já que no caso de a criança ser sujeito ativo de ato infracional, ser-lhe-á aplicada tão somente medida protetiva e não socioeducativa (art. 105, do ECA).

Gabarito 1C, 2E

(Defensor Público/PR – 2012 – FCC) Arthur, adolescente homossexual, é expulso de casa pelos pais em virtude de sua orientação sexual. Imediatamente, Arthur procura ajuda da Defensoria Pública. Considerando os serviços e benefícios socioassistenciais, qual das possibilidades abaixo se enquadra como alternativa de requisição do Defensor Público para a proteção de Arthur?

(A) Centro de Atenção Psicossocial Álcool e Drogas CAPS AD.

(B) Benefício de Prestação Continuada –BPC.

(C) Serviço de Proteção e Atendimento Especializado às Famílias e Indivíduos.

(D) Serviço de proteção em situações de calamidades públicas e de emergências.

(E) Serviço de Acolhimento em República.

C: correta, já que a medida protetiva que se coaduna com o caso em questão é a acompanhamento familiar, razão pela qual ficam excluídas as demais hipóteses.

Gabarito "C"

(Defensor Público/PR – 2012 – FCC) Sobre o Plano Individual de Atendimento (PIA) previsto na Lei nº 12.594/2012 que institui o Sistema Nacional de Atendimento Socioeducativo (SINASE) e regulamenta a execução das medidas socioeducativas destinadas a adolescente que pratique ato infracional, é correto afirmar:

(A) O cumprimento das medidas socioeducativas, em regime de prestação de serviços à comunidade, liberdade assistida, reparação de danos, semiliberdade ou internação, dependerá de Plano Individual de Atendimento (PIA).

(B) Para o cumprimento das medidas de semiliberdade ou de internação, o plano individual conterá a definição das atividades internas e externas, individuais ou coletivas, das quais o adolescente poderá participar.

(C) Para o cumprimento das medidas de prestação de serviços à comunidade, o PIA será elaborado no prazo de até 45 (quarenta e cinco) dias do ingresso do adolescente no programa de atendimento.

(D) O acesso ao plano individual será restrito aos servidores do respectivo programa de atendimento, conselho tutelar, ao adolescente e a seus pais ou responsável, ao Ministério Público e ao defensor.

(E) O PIA será elaborado sob a responsabilidade da equipe técnica da autoridade judiciária e nele constarão os resultados da avaliação interdisciplinar e a previsão de suas atividades de integração social e/ou capacitação profissional.

A: incorreta, pois dependerá de Plano Individual de Atendimento (PIA) o cumprimento das medidas socioeducativas em regime de prestação de serviços à comunidade, liberdade assistida, semiliberdade ou internação, excluindo-se, portanto, a reparação do dano (art. 52, da Lei nº 12.594/12); **B:** correta, pois está de acordo com o disposto no art. 55, II, da Lei nº 12.594/2012; **C:** incorreta, pois, no caso de medida socioeducativa de prestação de serviços à comunidade, o PIA será elaborado *no prazo de até 15 (quinze) dias* do ingresso do adolescente no programa de atendimento (art. 56, da Lei nº

12.594/2012); **D:** incorreta, pois o acesso ao plano individual será restrito aos servidores do respectivo programa de atendimento, ao adolescente e a seus pais ou responsável, ao Ministério Público e ao defensor, exceto expressa autorização judicial, excluindo-se, portanto, o Conselho Tutelar (art. 59, da Lei nº 12.594/2012); **E:** incorreta, pois o PIA será elaborado sob a responsabilidade da *equipe técnica do respectivo programa de atendimento*, com a participação efetiva do adolescente e de sua família, representada por seus pais ou responsável (arts. 53 e 54, I e III, ambos da Lei nº 12.594/2012).

Gabarito "B"

(Defensor Público/RO – 2012 – CESPE) Acerca das medidas de proteção da criança e do adolescente e das medidas pertinentes aos pais ou responsável, assinale a opção correta com base no que dispõe o ECA.

(A) Diante de situações excepcionais e gravíssimas, devidamente fundamentadas, a autoridade judiciária pode aplicar aos pais a medida de internação compulsória em clínica de tratamento a alcoólatras e toxicômanos.

(B) Havendo provas da prática de atos graves contra os direitos da criança e do adolescente, é possível a aplicação – de competência exclusiva do juiz – de medidas de destituição de tutela e de perda ou suspensão do poder familiar.

(C) Verificada a ameaça ou a violação dos direitos previstos no ECA, a autoridade competente poderá determinar o acolhimento institucional da criança ou do adolescente em situação de risco, a sua inclusão em programa de acolhimento familiar, a sua colocação em família substituta ou em programa de liberdade assistida.

(D) O afastamento da criança ou do adolescente do convívio familiar é de competência concorrente da autoridade judiciária, do MP e do conselho tutelar.

(E) O acolhimento institucional, medida de privação de liberdade, é utilizado como forma de transição para a *reintegração* familiar do menor apreendido ou, não sendo esta possível, para a sua colocação em família substituta.

A: incorreta, pois a medida de internação compulsória não está elencada dentre as previstas no art. 129, do ECA, mas tão somente a medida de inclusão em programa oficial ou comunitário de auxílio, orientação e tratamento a alcoólatras e toxicômanos (art. 129, II, do ECA); **B:** correta (art. 24 e art. 129, IX e X, parágrafo único, do ECA); **C:** incorreta, pois o acolhimento institucional e o acolhimento familiar são medidas provisórias e excepcionais, utilizáveis como forma de transição para reintegração familiar (manutenção na família natural ou na família extensa) ou, não sendo esta possível, para colocação em família substituta (arts. 100, X e 101, § 1º, do ECA); **D:** incorreta, pois o afastamento da criança ou adolescente do convívio familiar é de competência exclusiva da autoridade judiciária (art. 101, § 2º, do ECA); **E:** incorreta, pois o acolhimento institucional não importa em privação da liberdade (art. 101, § 1º, do ECA).

Gabarito "B"

(Defensor Público/SE – 2012 – CESPE) Com relação às medidas de proteção da criança e(ou) do adolescente e às destinadas aos pais ou responsável, assinale a opção correta.

(A) Para a aplicação das medidas específicas de proteção, é necessário levar em consideração, de forma irrestrita, a prevalência da família natural ou extensa.

(B) No plano individual de atendimento instituído pelo ECA, deverão constar os resultados colhidos por equipe multidisciplinar, que somente poderá levar em consideração a opinião do adolescente, não o podendo fazer nos casos da oitiva da criança e de seus pais ou responsável.

(C) Em procedimento de apuração de ato infracional, é cabível aplicação de medidas aos pais.

(D) São medidas aplicáveis aos pais: advertência, perda da guarda, destituição da tutela e suspensão ou destituição do poder familiar.

(E) O fato de se expulsar de casa adolescente grávida caracteriza situação de violação de direitos, o que justifica a aplicação de medida de proteção à adolescente.

A: incorreta, pois a situação de risco pode ter sido provocada pela própria família natural ou extensa, hipótese em que a criança ou o adolescente poderá ser afastado do convívio familiar (arts. 98, II e 101, § 2º, do ECA); **B:** incorreta, pois a equipe técnica levará em consideração a opinião da criança ou do adolescente e a oitiva dos pais ou do responsável (art. 101, § 5º, do ECA); **C:** incorreta, pois não são todas as medidas pertinentes aos pais que podem ser aplicadas em procedimento de apuração de ato infracional. Assim, cabível uma explicação mais aprofundada. Vejamos. O art. 129, do ECA traz um rol de medidas pertinentes aos pais ou responsáveis que descumprirem com seus deveres em relação à criança ou ao adolescente sobre o qual exerçam poder. "Por força do inciso II do art. 136 do Estatuto, a aplicação das medidas pertinentes contidas nos incisos I a VII do art. 129 (...) constitui atribuição do Conselho Tutelar, não obstante, subsidiariamente, também possa haver a determinação por parte da autoridade judiciária (...) já que não importam em alteração de situação familiar da criança ou do adolescente, mantendo-se a pessoa em desenvolvimento sob os poderes de seus guardiões, tutores ou pais (...). A seu turno, a competência para execução das medidas pertinentes dispostas nos incisos VIII a X (...) é exclusiva da autoridade judiciária, conforme diligência dos arts. 35, 164, 24, e 155 a 163, todos do Estatuto. Ainda, oportuno ressaltar que as medidas previstas nos incisos I a IV do art. 129 (...), por serem de cunho eminentemente protetivo, dispensam qualquer procedimento e *podem ser aplicadas incidentalmente mesmo em feitos destinados à apuração da responsabilidade por ato infracional*, em que os pais ou responsáveis não são partes processuais. Entretanto, o seu efetivo cumprimento depende da aquiescência dos destinatários (pais ou responsável), já que não há medida coercitiva a ser aplicada em caso de descumprimento (...). Por sua vez, as medidas dispostas nos incisos V a X do art. 129 (...) exigiriam procedimentos próprios, isso porque, imporiam deveres ou sanções relativos à liberdade, e integridade física e psíquica dos pais ou responsáveis. Sendo assim, exige-se que os interessados possam se manifestar ostentando a posição de titularidade de um dos polos de uma contenda, sendo, pois, credores de exercício do contraditório e da ampla defesa exarados em um processo próprio (ROSSATO, Luciano Alves; LÉPORE, Paulo Eduardo e CUNHA, Rogério Sanches. *Estatuto da Criança e do Adolescente comentado artigo por artigo*. 3. ed. São Paulo: RT, 2012); **D:** incorreta, pois aos pais pode ser aplicada a medida de destituição do poder familiar e não da tutela; **E:** correta, pois a conduta de expulsar a adolescente grávida de casa coloca tanto ela como o nascituro em situação de risco, ensejando a aplicação de medidas protetivas, a fim de afastar a lesão ou a ameaça de lesão aos seus direitos (art. 98, do ECA).

Gabarito "E"

(Defensor Público/SE – 2012 – CESPE) Com relação a medidas socioeducativas, audiência, remissão e recurso, assinale a opção correta.

(A) A remissão judicial, que pode ser concedida antes de iniciado o procedimento de apuração do ato infracional, acarreta a suspensão ou extinção do processo.

(B) Em decorrência da aplicação subsidiária do CPC ao ECA, o prazo para apelação e apresentação de contrarrazões é de quinze dias.

(C) O juiz pode nomear promotor *ad hoc* ou defensor *ad hoc* para evitar o adiamento de audiência.

(D) Em decorrência da aplicação do princípio da excepcionalidade, a medida de internação deve ser aplicada, no máximo, por três anos.

(E) A audiência admonitória ocorre quando necessária a aplicação da medida de advertência.

A: incorreta. Antes de iniciado o procedimento judicial para apuração de ato infracional, o representante do Ministério Público poderá conceder a remissão, como forma de *exclusão do processo*, atendendo às circunstâncias e consequências do fato, ao contexto social, bem como à personalidade do adolescente e sua maior ou menor participação no ato infracional (art. 126, *caput*, do ECA). Por sua vez, *iniciado o procedimento*, a concessão da remissão pela autoridade judiciária importará na suspensão ou extinção do processo (art. 126, parágrafo único, do ECA); **B:** incorreta, pois o prazo é de 10 dias (art. 198, II, do ECA); **C:** incorreta, pois não se admite a nomeação de promotor *ad hoc*; **D:** incorreta. É certo que, em nenhuma hipótese, o período máximo de internação excederá a três anos. Todavia, a medida socioeducativa de internação não comporta prazo determinado, devendo sua manutenção ser reavaliada, mediante decisão fundamentada, no máximo a cada seis meses (art. 121, §§ 2º e 3º, do ECA); **E:** correta (art. 115, do ECA).

Gabarito "E"

(Defensor Público/SP – 2012 – FCC) A Lei nº 12.594/2012, recentemente em vigor, instituiu o Sistema Nacional Socioeducativo e regulamentou a execução de medidas socioeducativas aplicadas a autores de atos infracionais, prevendo, dentre outros dispositivos

(A) o princípio da prioridade às práticas ou medidas restaurativas e que atendam, sempre que possível, às necessidades das vítimas.

(B) o dever de o juiz reavaliar as medidas de prestação de serviços à comunidade, de liberdade assistida, de semiliberdade e de internação no prazo máximo de seis meses.

(C) a execução das medidas de proteção, obrigação de reparar o dano e advertência nos próprios autos do processo de conhecimento, caso aplicadas isolada ou cumulativamente com outra medida socioeducativa.

(D) a possibilidade de unificação de ato infracional praticado no decurso da medida de internação, cuja sentença impôs medida de mesma espécie, limitando-se ao prazo máximo de três anos de privação de liberdade.

(E) a possibilidade de aplicar, ao autor de ato infracional, nova medida de internação após este ter concluído o cumprimento de medida de mesma natureza ou ter sido transferido para cumprimento de medida menos rigorosa.

A: correta (art. 35, III, da Lei nº 12.594/2012); **B:** incorreta, pois as medidas socioeducativas de liberdade assistida, de semiliberdade e de internação deverão ser reavaliadas no máximo a cada 6 (seis) meses, excluindo-se, portanto, a prestação de serviços à comunidade, que é medida aplicada com prazo determinado (art. 42, da Lei nº 12.594/2012); **C:** incorreta, pois as medidas de proteção, de advertência e de reparação do dano, quando aplicadas de *forma isolada*, serão executadas nos próprios autos do processo de conhecimento. Por sua vez, para a aplicação das medidas socioeducativas de prestação de serviços à comunidade, liberdade assistida, semiliberdade ou internação, será constituído processo de execução para cada adolescente (arts. 38 e 39, da Lei nº 12.594/2012); D e **E:** incorretas, pois estão em desacordo com o disposto no art. 45, § 2º, da Lei nº 12.594/2012, em afronta ao princípio da absorção das medidas socioeducativas.

Gabarito "A"

(Defensor Público/TO – 2013 – CESPE) Com relação ao que dispõe a CF e ao entendimento do STJ, assinale a opção correta.

(A) De acordo com o STJ, é ilegal a aplicação da medida de internação a adolescente pela prática de ato infracional análogo ao crime de tráfico de drogas, quando da primeira passagem do menor pela Vara da Infância e Juventude, por constituir ato infracional cometido sem grave ameaça ou violência à pessoa.

(B) Considera-se criança, para os efeitos do ECA, a pessoa com até doze anos de idade completos, e adolescente, aquela com mais de doze anos de idade e menos de dezoito anos de idade.

(C) Em nenhuma hipótese, aplica-se o disposto no ECA às pessoas maiores de dezoito anos de idade.

(D) As medidas socioeducativas são aplicáveis sempre que os direitos reconhecidos no ECA forem ameaçados ou violados.

(E) Ainda que penalmente inimputáveis, os menores de dezoito anos podem ser responsabilizados, por meio de medida de proteção, pela prática de conduta descrita como crime ou contravenção penal.

A: correta. Nos termos do art. 122 do ECA, a medida de internação só poderá ser aplicada quando: I - tratar-se de ato infracional cometido mediante grave ameaça ou violência a pessoa; II - por reiteração no cometimento de outras infrações graves; III - por descumprimento reiterado e injustificável da medida anteriormente imposta. Assim, inicialmente, conclui-se pela inaplicabilidade da medida socioeducativa de internação ao adolescente que praticar o ato infracional equiparado ao crime de tráfico de drogas. Neste sentido é o entendimento jurisprudencial noticiado no Informativo nº 445 do STJ: "ECA – Tráfico – Internação. O ato infracional análogo ao tráfico de drogas, apesar de sua natureza eminentemente hedionda, não enseja, por si só, a aplicação da medida socioeducativa de internação, já que essa conduta não revela violência ou grave ameaça à pessoa (art. 122 do ECA) (...)". Todavia, pode o magistrado determinar a internação, em razão da prática do ato infracional equiparado ao crime de tráfico, diante de sua reiteração. Para o STJ, reiteração é, no mínimo, três infrações graves (HC 39.458/SP, 5ª T., j. 12.04.2005, rel. Min. Laurita Vaz, *DJ* 09.05.2005). Diferente, portanto, de reincidência. *Aliás, esta é uma das teses nacionais aprovadas no I Congresso Nacional de Defensores Públicos da Infância e Juventude*; **B:** incorreta, pois se considera criança a pessoa *até doze anos* de idade incompletos, e adolescente aquela entre doze e dezoito anos de idade (art. 2º, do ECA); **C:** incorreta, pois, excepcionalmente, nos casos expressos em lei, aplica-se o ECA às pessoas entre dezoito e vinte e um anos de idade. Pode-se citar como exemplo a aplicação de medida socioeducativa de internação (art. 121, § 5º, do ECA); **D:** incorreta, pois as medidas socioeducativas são aplicadas aos adolescentes que praticarem ato infracional (art. 112, do ECA). Por sua vez, quando houve lesão ou ameaça de lesão a direitos da criança e do adolescente, serão aplicáveis as medidas protetivas (art. 98, do ECA); **E:** incorreta, pois se o adolescente praticar ato infracional, ser-lhe-á aplicada medida protetiva e/ou socioeducativa; se a criança praticar ato infracional, ser-lhe-á aplicada tão somente medida protetiva (arts. 105 e 112, ambos do ECA).

Gabarito "A"

(Defensor Público/TO – 2013 – CESPE) A respeito das normas previstas no ECA acerca da prática de ato infracional, assinale a opção correta.

(A) A internação constitui medida privativa da liberdade, sujeita aos princípios de brevidade, excepcionalidade e respeito à condição peculiar de pessoa em desenvolvimento, sendo expressamente vedada pelo ECA qualquer atividade laboral ou educacional fora da entidade.

(B) À criança – pessoa até doze anos de idade incompletos – que cometa ato infracional somente podem ser aplicadas as medidas socioeducativas de advertência e obrigação de reparar o dano.

(C) É vedada expressamente no ECA a apreensão do adolescente em razão de flagrante de ato infracional, sendo permitida a restrição da liberdade do adolescente por ordem escrita e fundamentada da autoridade judiciária competente.

(D) Ao adolescente que responde por ato infracional é assegurada a garantia processual de, a qualquer momento, quando solicitar, ser ouvido pelo juiz, pelo promotor de justiça e pelo seu defensor, em audiência designada no prazo máximo de vinte e quatro horas.

(E) Para a imposição judicial, ao adolescente, da medida socioeducativa de advertência e da medida de proteção de matrícula e frequência obrigatórias em estabelecimento oficial de ensino, não se exige a existência de prova suficiente da autoria do ato infracional.

A: incorreta, pois não é vedada pelo ECA qualquer atividade laboral ou educacional fora da entidade em caso de internação. Muito pelo contrário. Será permitida a realização de atividades externas, a critério da equipe técnica da entidade, salvo expressa determinação judicial em contrário (art. 121, § 1º, do ECA); **B:** incorreta, pois quando o ato infracional for praticado por criança somente será aplicável a ela medida protetiva (art. 105, do ECA); **C:** incorreta, pois nenhum adolescente será privado de sua liberdade senão em flagrante de ato infracional ou por ordem escrita e fundamentada da autoridade judiciária competente (art. 106, do ECA); **D:** incorreta, pois são direitos do adolescente privado de liberdade, entre outros, entrevistar-se pessoalmente com o representante do Ministério Público e avistar-se reservadamente com seu defensor (arts. 111 e 124, I e III, ambos do ECA). Todavia, não há prazo legal fixado para a designação da audiência de apresentação e da audiência em continuação (arts. 184 e 186, § 2º, do ECA); **E:** correta, pois para aplicar a medida socioeducativa de advertência basta haver *indícios* suficientes de autoria e prova da materialidade do ato infracional (art. 114, parágrafo único, do ECA). Por sua vez, para a aplicação de medidas protetivas também não se exige prova suficiente da autoria do ato infracional, mas que a criança ou o adolescente esteja em situação de risco (art. 101, *caput*, do ECA).

Gabarito "E"

(Defensor Público/TO – 2013 – CESPE) A propósito das medidas de proteção e das medidas pertinentes aos pais ou responsável, assinale a opção correta.

(A) Imediatamente após o acolhimento da criança ou do adolescente, a entidade responsável pelo programa de acolhimento institucional ou familiar deve elaborar um plano individual de atendimento, visando à reintegração familiar do menor, ressalvada a existência de ordem escrita e fundamentada em contrário exarada pela autoridade judiciária competente, caso em que está prevista a colocação da criança ou do adolescente em família substituta.

(B) Excepcionalmente, quando constatado perigo à sobrevivência da criança ou do adolescente em razão da falta ou da carência de recursos materiais, a autoridade judiciária poderá aplicar aos pais a medida de suspensão do poder familiar, até que a família seja incluída em programa social promovido pelo governo.

(C) Verificada a hipótese de dependência química grave dos pais, a autoridade judiciária, a fim de evitar qualquer violação a direito fundamental do infante, poderá determinar, como medida cautelar, a internação compulsória do pai ou responsável em clínica especializada para tratamento de dependentes químicos.

(D) O conselho de direitos de cada município deve manter, em cada comarca ou foro regional, cadastro com informações atualizadas sobre as crianças e adolescentes em regime de acolhimento familiar e institucional e informações pormenorizadas sobre a situação jurídica de cada um, bem como as providências tomadas para sua reintegração familiar ou colocação em família substituta.

(E) Na impossibilidade de reintegração da criança ou do adolescente à família de origem, após seu encaminhamento a programas oficiais ou comunitários de orientação, apoio e promoção social, será enviado relatório fundamentado à DP, para o ajuizamento de ação de destituição do poder familiar, ou destituição de tutela ou guarda.

A: correta (art. 101, § 4º, do ECA); **B:** incorreta, pois a falta ou a carência de recursos materiais não constitui motivo suficiente para a perda ou a suspensão do poder familiar, devendo a família ser incluída em programas oficiais de auxílio (art. 23, do

ECA); **C:** incorreta, pois no caso de ser constatada a dependência química dos pais da criança/adolescente, a rede protetiva poderá aplicar a medida de inclusão em programa oficial ou comunitário de auxílio, orientação e tratamento a alcoólatras e toxicômanos (art. 101, VI, do ECA). Somente em caso excepcional, com recomendação médica de internação, por meio de laudo circunstanciado, é que o juiz poderá determinar a internação compulsória; **D:** incorreta, pois caberá à autoridade judiciária manter tal cadastro de informações (art. 101, § 11, do ECA); **E:** incorreta, pois o relatório fundamentado será enviado ao Ministério Público (art. 101, § 9º, do ECA).

Gabarito "A".

(Defensor Público/RS – 2011 – FCC) Em relação às medidas socioeducativas, é INCORRETO afirmar:

(A) A remissão concedida ao adolescente não pode ser cumulada com medida socioeducativa de semiliberdade.

(B) Quando aplicada a medida socioeducativa de liberdade assistida, não é obrigatória a intimação pessoal do adolescente.

(C) A medida socioeducativa de semiliberdade possibilita a realização de atividades externas independentemente de autorização judicial.

(D) As medidas socioeducativas privativas de liberdade estão sujeitas aos princípios da brevidade, excepcionalidade e respeito à peculiar condição de pessoa em desenvolvimento.

(E) A prestação de serviços à comunidade será estabelecida pelo prazo mínimo de 6 (seis) meses.

A: correta (art. 127 do ECA); **B:** correta (art. 190, § 1º, do ECA); **C:** correta (art. 120, *caput*, do ECA); **D:** correta (art. 227, § 3º, V, da CF/1988); **E:** incorreta, pois a prestação de serviços à comunidade *não excederá a seis meses* (art. 117, *caput*, do ECA).

Gabarito "E".

(Defensoria/ES – 2009 – CESPE) Julgue os itens subsequentes.

(1) A obrigação de reparar o dano causado com o ato infracional não é considerada uma medida socioeducativa, tendo em vista que o adolescente não responde civilmente por seus atos, sendo obrigação dos pais ressarcir a vítima de eventual prejuízo.

(2) A prestação de serviços comunitários é uma medida socioeducativa prevista no ECA que consiste na realização de tarefas gratuitas de interesse geral, por período não excedente a seis meses, independentemente da pena abstratamente cominada ao crime referente ao ato infracional.

1: incorreta, pois a obrigação de reparar o dano está expressamente prevista como modalidade de medida socioeducativa (arts. 112, II e 116, do ECA); **2:** correta (art. 117 do ECA).

Gabarito 1E, 2C

(Defensoria/MA – 2009 – FCC) A José, 14 anos, autor de ato infracional equiparado a furto contra estabelecimento comercial, foi aplicada medida de prestação de serviços à comunidade. Segundo o Estatuto da Criança e do Adolescente,

(A) se José conseguir um emprego estará dispensado do cumprimento da medida.

(B) a critério do juiz da execução e havendo necessidades pedagógicas, a medida aplicada a José pode ser prorrogada por até um ano.

(C) se José descumprir de forma reiterada e injustificável a medida, pode ficar internado por até três meses.

(D) a medida aplicada deve ser cumprida preferencialmente no estabelecimento comercial vitimado pelo furto praticado por José.

(E) se José não tem antecedentes, a prestação de serviços à comunidade não poderia ser aplicada.

C: correta. Art. 122, III, § 1º, do ECA.

Gabarito "C".

(Defensoria/MT – 2009 – FCC) O ato infracional

(A) consiste na conduta descrita como crime ou contravenção penal e somente pode ser praticado por adolescente.

(B) consiste na conduta descrita como crime ou contravenção penal, podendo ser praticado por criança ou adolescente.

(C) praticado por criança ou adolescente importará a aplicação de medida socioeducativa.

(D) praticada por pessoa menor de 12 anos importará a aplicação de medida específica de proteção, como, por exemplo, a liberdade assistida.

(E) somente será punível se for praticado por adolescente, dada a sua semi-imputabilidade.

B: correta. Art. 103 do ECA.

Gabarito "B".

(Defensoria/SP – 2007 – FCC) Dentre os critérios expressamente previstos no ECA a serem considerados na aplicação da medida sócio-educativa, tem-se

(A) as necessidades pedagógicas do adolescente, sua capacidade de cumprimento e a gravidade da infração.

(B) as circunstâncias da infração, o respaldo familiar do adolescente e sua capacidade de cumprimento.

(C) a gravidade e as circunstâncias da infração e a personalidade do adolescente.

(D) as circunstâncias da infração, o contexto social do adolescente e a necessidade imperiosa da medida.

(E) as necessidades pedagógicas, o respaldo familiar e a idade do adolescente.

A: correta. Art. 112, § 1º, do ECA.

Gabarito "A".

(Defensor Público/RO – 2007) NÃO é medida de cunho educativo contemplada no Estatuto da Criança e do Adolescente:

(A) advertência

(B) liberdade assistida

(C) reparação do dano

(D) serviço à comunidade

(E) acompanhamento temporário

A: incorreta (art. 112, I, do ECA); **B:** incorreta (art. 112, IV, do ECA); **C:** incorreta (art. 112, II, do ECA); **D:** incorreta (art. 112, III, do ECA); **E:** correta, pois não há previsão dessa medida socioeducativa no Estatuto da Criança e do Adolescente, mas apenas como medida de proteção (art. 101, II, do ECA). 1873

Gabarito "E".

(Defensor Público/AC – 2006 – CESPE) Considere que um juiz, após ter verificado a prática de ato infracional e observado o devido processo legal, tenha determinado a aplicação cumulativa a um adolescente de medidas de prestação de serviços à comunidade, liberdade assistida e abrigo em entidade. Com base nessa situação, assinale a opção correta.

(A) É descabida a aplicação da medida de liberdade assistida, pois a liberdade assistida é apenas um regime de aplicação da medida de internação.

(B) É descabida a aplicação da medida de abrigo em entidade, por ser ela medida cautelar e não medida socioeducativa.

(C) É ilegal a cumulação das referidas medidas, pois as medidas socioeducativas são inacumuláveis.

(D) Seria ilegal a aplicação desse mesmo rol de medidas a uma criança.

A: incorreta, pois a liberdade assistida é uma das medidas previstas no art. 112, IV, do ECA; **B:** incorreta, pois a medida de "abrigo em entidade", que estava prevista no art. 101, VII, do ECA é medida específica de proteção. Atenção para essa alternativa pois a Lei 12.010/2009 deu nova redação ao inc. VII do art. 101 do ECA que passou a constar como "acolhimento institucional"; **C:** incorreta, pois as medidas socioeducativas podem ser aplicadas isolada ou cumulativamente (arts. 113 e 99 do ECA); **D:** correta, pois as medidas socioeducativas são aplicáveis a adolescentes que tenham praticado ato infracional. Ao ato infracional praticado por criança serão aplicadas as medidas previstas no art. 101 do ECA (art. 105 do ECA).

Gabarito "D".

(Defensor Público/AC – 2006 – CESPE) Um juiz aplicou a um adolescente de 16 anos de idade medida socioeducativa de prestação de serviços à comunidade, que consistia na realização, durante um ano e três meses, de atividade gratuita em um hospital, como auxiliar no cuidado de crianças, durante oito horas, todos os domingos e feriados. Nessa situação, a medida é ilícita porque

(A) ultrapassa o limite máximo de duração previsto na lei.

(B) ultrapassa o limite semanal de horas de serviço permitido pela legislação.

(C) a lei veda a prestação por adolescentes de serviços à comunidade nos fins de semana e em feriados.

(D) as medidas dessa natureza não comportam prazo determinado.

A: correta. A prestação de serviços comunitários não pode exceder seis meses (art. 117, *caput*, do ECA).

Gabarito "A"

(Defensoria/SP – 2006 – FCC) As atividades externas na medida socioeducativa de internação, segundo o Estatuto da Criança e do Adolescente,

(A) se não proibidas pelo juiz, ficam a critério da entidade de internação.

(B) dependem de autorização judicial.

(C) não são cabíveis na internação por descumprimento de medida anterior.

(D) são deferidas para viabilizar a transição para medida mais branda.

(E) dependem do envio, ao juiz, de prévia avaliação psicossocial do adolescente.

A: correta. Art. 121, § 1º, do ECA.

Gabarito "A"

(Defensoria/RN – 2006) Constituem medidas aplicáveis aos adolescentes em caso de prática de ato infracional

(A) a imposição de matrícula e frequência obrigatória em estabelecimento oficial de ensino e a liberdade assistida.

(B) a liberdade assistida, o abrigo em entidade, e detenção.

(C) a prestação de serviços à comunidade e o abrigo em entidade.

(D) a internação em estabelecimento educacional e detenção.

A: correta. Verificada a prática de ato infracional, o adolescente fica sujeito às medidas estabelecidas no art. 112 do ECA e também às previstas no art. 101, I a VI do mesmo diploma. A alternativa "A" está correta pois traz uma medida prevista no art. 101, III, do ECA e outra prevista no art. 112, IV, do ECA. Ao ler o art. 101 do ECA repare que nem todas as "medidas específicas de proteção" ali previstas também podem ser aplicadas a título de "medida socioeducativa" (art. 112 do ECA), cabível quando há prática de *ato infracional*.

Gabarito "A"

5. Ato Infracional – Direito Processual

(Defensor Público/AC – 2012 – CESPE) De acordo com as regras de apuração, processamento e julgamento de ato infracional atribuído a adolescente, assinale a opção correta à luz do ECA e da jurisprudência do STJ.

(A) A fim de proteger a sociedade e assegurar a integridade física de adolescente infrator, o juiz pode determinar a internação provisória desse adolescente por período superior a quarenta e cinco dias.

(B) Compete exclusivamente ao juiz aplicar medidas socioeducativas a adolescente que tenha praticado ato infracional.

(C) Aplica-se às medidas socioeducativas a prescrição administrativa quinquenal.

(D) A regressão de medida socioeducativa pode ser decretada pelo juiz sem a oitiva prévia do adolescente e de seu defensor.

(E) Tratando-se de procedimento para aplicação de medida socioeducativa, caso o adolescente representado confesse a autoria do ato infracional, o DP poderá desistir da produção de outras provas.

A: incorreta, pois o prazo máximo da internação provisória é de quarenta e cinco dias (arts. 108 e 183, ambos do ECA); **B:** correta (arts. 180, III e 182, ambos do ECA). Oportuno registrar que mesmo no caso de concessão de remissão pré-processual (ou ministerial), que é aquela ofertada pelo Ministério Público como forma de exclusão do processo, quando cumulada com medida socioeducativa, deve haver a concordância do adolescente, do representante legal e do defensor, seguida de homologação judicial (Súmula 180 do STJ); **C:** incorreta, pois segundo o STJ, as medidas socioeducativas prescrevem, de acordo com as regras previstas na Parte Geral do Código Penal (Súmula 338 do STJ). Inclusive, o próprio STJ, em vários precedentes, oferece parâmetros para esse cálculo (HC 120.875/SP, 5ª T., j. 16.06.2009, rel. Min. Arnaldo Esteves Lima, *DJe* 03.08.2009); **D:** incorreta, pois é necessária a oitiva do menor infrator antes de decretar-se a regressão da medida socioeducativa (Súmula 265 do STJ); **E:** incorreta, pois ainda que o adolescente representado confesse a autoria da infração, o advogado de defesa não pode desistir da produção de outras provas, sob pena de nulidade desse ato (Súmula 342 do STJ).

Gabarito "B"

(Defensor Público/PR – 2012 – FCC) Quanto ao exercício da defesa técnica ao adolescente acusado de ato infracional ou em cumprimento de medida socioeducativa, é INCORRETO afirmar:

(A) Deve a defesa insurgir-se contra a internação provisória imposta ao adolescente, nas hipóteses em que, em tese, não seria possível a aplicação da medida socioeducativa de internação.

(B) A defesa pode concordar com a aplicação ou manutenção da medida privativa de liberdade em sede de processo de conhecimento e de execução quando existe ameaça de morte contra o adolescente.

(C) Eventual confissão do adolescente em relação aos fatos a si imputados na representação, em virtude de declarações colhidas no relatório técnico elaborado pela equipe interprofissional, caracteriza prova ilícita, por ofensa ao devido processo legal, ensejando a nulidade dos atos processuais posteriores.

(D) Não cabe medida socioeducativa de internação por ato infracional de tráfico de entorpecentes, exceto nos casos de reiteração em ato infracional grave, ou seja, se ocorrer o cometimento de 3 (três) ou mais infrações graves, conforme ressalta a jurisprudência do Superior Tribunal de Justiça.

(E) O prazo máximo de internação-sanção é de até três meses, sendo necessário a defesa impugnar a aplicação do prazo máximo no primeiro descumprimento, em observância ao princípio da proporcionalidade.

A: correta. *Aliás, esta é uma das teses nacionais aprovadas no I Congresso Nacional de Defensores Públicos da Infância e Juventude*; **B:** incorreta, pois segundo *uma das teses nacionais aprovadas no I Congresso Nacional de Defensores Públicos da Infância e Juventude* é vedado à defesa concordar com a aplicação ou manutenção da medida privativa de liberdade em sede de processo de conhecimento e de execução. "Para tanto, poderá ser acionado o Programa de Proteção a Criança e Adolescentes Ameaçados de Morte – PPCAAM – instituído pelo Decreto 6.231/2007, que tem por finalidade proteger crianças e adolescentes expostos a grave ameaça no território nacional, podendo ser estendida aos pais ou responsáveis, bem como a outras pessoas (art. 3º, § 2º) (...). Assim, em razão de suposto risco, o correto não é decretar a internação provisória do adolescente, mas entregá-lo ao respectivo programa de proteção" (ROSSATO, Luciano Alves; LÉPORE, Paulo Eduardo e CUNHA, Rogério Sanches. *Estatuto da Criança e do Adolescente comentado artigo por artigo*. 3. ed. São Paulo: RT, 2012); **C:** correta. Segundo o parecer da Defensoria Pública do Estado de São Paulo, a confissão de adolescente constante em relatórios técnicos viola inúmeras garantias a ele asseguradas. "Em primeiro lugar, há uma nítida afronta ao direito ao silêncio, previsto expressamente no art. 5º, LXIII, da Constituição Federal, de indiscutível aplicação em âmbito infracional, em face do princípio da proteção integral e do disposto no art. 35, I, da Lei 12.594/2012. Dessa forma, o adolescente ao ser ouvido em audiência de apresentação, poderá se valer do direito ao silêncio. Todavia, caso conste em seu relatório inicial eventual confissão dos fatos, haverá evidente prejuízo ao exercício de tal garantia (...). Além disto, em nenhum dos diversos relatórios analisados, constou qualquer informação a respeito de eventual ciência do adolescente de que o documento produzido instruiria o seu processo socioeducativo. Portanto, em tais casos, além do direito ao silêncio, há violação expressa ao direito à informação assegurado a todo adolescente acusado da prática de algum ato infracional, bem como ao princípio do *nemo tenetur se detegere*, consagrado implicitamente na Constituição Federal e de forma expressa no Pacto de San José da Costa Rica (Convenção Americana sobre Direitos Humanos), precisamente no art. 8, item 2, alínea *g*, pacto o qual o Brasil é signatário (...). Assim, tal como o réu no processo penal, o adolescente em sede infracional não é obrigado a produzir prova contra si mesmo. Para tanto, é imprescindível que saiba qual será a destinação dada ao relatório produzido pela equipe técnica, ou seja, ao ter contato com tal equipe, o adolescente deve ter ciência de que as informações colhidas integrarão o seu processo socioeducativo. A própria natureza da relação existente entre o adolescente e a sua equipe técnica demanda seja ele orientado acerca de todas as etapas do seu processo socioeducativo. É inadmissível que venha o adolescente expor toda a sua vida à profissional que lhe entrevista, acreditando que está acobertado pelo sigilo, sendo posteriormente, surpreendido pela juntada destas mesmas informações ao seu processo, e o pior, podendo ser utilizadas em seu desfavor. Mas ressalte-se, ainda que exista a concordância prévia do adolescente, é vedado ao relatório fazer qualquer menção a eventual confissão. Não é este o momento processual adequado. Na maior parte dos casos, tal adolescente sequer pôde entrevistar-se com seu defensor, a fim de verificar a melhor estratégia defensiva. Portanto, se o relatório técnico inicial contiver qualquer declaração do adolescente que caracterize a confissão dos fatos, estará eivado de nulidade. Dispõe o art. 5º, LVI, da Constituição Federal que 'são inadmissíveis no processo, as provas obtidas por meios ilícitos'. Já o art. 157 do CPP traz previsão semelhante, ao dispor que 'são inadmissíveis, devendo ser desentranhadas do processo, as provas ilícitas, assim entendidas as obtidas em violação a normas constitucionais ou legais'. Portanto, a confissão colhida do adolescente e presente no relatório técnico elaborado pela equipe interprofissional caracteriza prova ilícita, devendo tal relatório ser desentranhado do processo, justamente pela violação às garantias acima mencionadas. Caso isto não ocorra, todos os atos posteriores a sua juntada serão considerados nulos. Aliás, este é o teor da Súmula do II Congresso Nacional de Defensores Públicos da Infância e Juventude" (Parecer da DP/SP - PA NEIJ nº 81/2011); **D:** correta. Nos termos do art. 122 do ECA, a medida de internação só poderá ser aplicada quando: I - tratar-se de ato infracional cometido mediante grave ameaça ou violência a pessoa; II - por reiteração no cometimento de outras infrações graves; III - por descumprimento reiterado e injustificável da medida anteriormente imposta. Assim, inicialmente, conclui-se pela inaplicabilidade da medida socioeducativa de internação ao adolescente que praticar o ato infracional equiparado ao crime de tráfico de drogas. Neste sentido é o entendimento jurisprudencial noticiado no Informativo nº 445 do STJ: "ECA – Tráfico – Internação. O ato infracional análogo ao tráfico de drogas, apesar de sua natureza eminentemente hedionda, não enseja, por si só, a aplicação da medida socioeducativa de internação, já que essa conduta não revela violência ou grave ameaça à pessoa (art. 122 do ECA) (...)". Todavia, pode o magistrado determinar a internação, em razão da prática do ato infracional equiparado ao crime de tráfico, diante de sua reiteração. Para o STJ, reiteração é, no mínimo, três infrações graves (HC 39.458/SP, 5ª T., j. 12.04.2005, rel. Min. Laurita Vaz, *DJ* 09.05.2005). Diferente, portanto, de reincidência. *Aliás, esta é uma das teses nacionais aprovadas no I Congresso Nacional de Defensores Públicos da Infância e Juventude*; **E:** correta (art. 122, § 1º, do ECA).

Gabarito "B"

(Defensor Público/SE – 2012 – CESPE) Com referência ao ato infracional e aos procedimentos a ele pertinentes, assinale a opção correta.

(A) A privação da liberdade de criança ou adolescente só é admitida em flagrante delito ou por ordem escrita e fundamentada da autoridade penal competente.

(B) A competência para a apuração de ato infracional é da autoridade do local do domicílio dos pais ou responsável ou do lugar onde o adolescente resida ou seja encontrado.

(C) A internação provisória da criança ou do adolescente que tenha praticado ato infracional pode ser decretada pelo prazo máximo de seis meses.

(D) Caso um menino de dez anos de idade abra, sorrateiramente, dentro da escola, a carteira de um colega e de lá subtraia a quantia de R$ 50,00, tal conduta caracterizará a prática de ato infracional, que deve ser investigado pela polícia judiciária.

(E) A audiência de apresentação de adolescente apreendido pela prática de ato infracional deve ser designada imediatamente após a denúncia oferecida pelo MP.

A: incorreta, pois nenhum adolescente será privado de sua liberdade senão em flagrante de ato infracional ou por ordem escrita e fundamentada da *autoridade judiciária competente* (art. 106, do ECA); **B:** incorreta, pois nos casos de ato infracional, será competente a autoridade do *lugar da ação ou omissão* (art. 147, § 1º, do ECA); **C:** incorreta, pois o prazo máximo é de quarenta e cinco dias (arts. 108 e 183, ambos do ECA); **D:** correta, pois a hipótese descrita na alternativa configura ato infracional, praticado por criança, equiparado ao crime de furto. Oportuno frisar que, neste caso, será cabível a aplicação de medida protetiva e não socioeducativa (art. 105, do ECA); **E:** incorreta, pois a designação da audiência de apresentação pelo juiz deverá ser realizada logo após o oferecimento da representação, oportunidade na qual decidirá sobre a decretação ou manutenção da internação (art. 184, do ECA).

Gabarito "D"

(Defensor Público/SP – 2012 – FCC) Com relação à prática de ato infracional e ao procedimento para sua apuração até a devida prestação jurisdicional, segundo o Estatuto da Criança e do Adolescente, é correto afirmar que

(A) para que o representante do Ministério Público possa oferecer representação contra adolescente, imputando-lhe a prática de ato infracional, faz-se necessária prova pré-constituída da materialidade e indícios suficientes de autoria.

(B) a remissão, como forma de suspensão ou extinção do processo, poderá ser proposta até o trânsito em julgado da sentença.

(C) proferida decisão condenatória, com inserção do adolescente no cumprimento da medida de internação e determinação expressa de vedação a atividades externas, tal vedação somente poderá ser revista após seis meses de seu cumprimento.

(D) em caso de flagrante de ato infracional praticado por adolescente, é obrigatória a lavratura do auto de apreensão em flagrante, com encaminhamento imediato de cópia ao representante do Ministério Público.

(E) em uma interpretação sistemática, compatibilizando os arts. 106, 108 e 110, a privação de liberdade por ordem judicial, antes da sentença, somente poderá ser determinada após a instauração do devido processo legal.

A: incorreta, pois a representação independe de prova pré-constituída da autoria e materialidade, bastando meros indícios (art. 182, § 2º, do ECA); **B:** incorreta, pois a remissão, como forma de extinção ou suspensão do processo, poderá ser aplicada em qualquer fase do procedimento, *antes da sentença* (art. 188, do ECA); **C:** incorreta, pois a manutenção da medida de internação deve ser reavaliada, mediante decisão fundamentada, *no máximo* a cada seis meses (art. 121, § 2º, do ECA); **D:** incorreta, pois somente é obrigatória a lavratura do auto de apreensão em flagrante quando o ato infracional é cometido mediante violência ou grave ameaça a pessoa. Caso contrário, nas demais hipóteses de flagrante, a lavratura do auto poderá ser substituída por boletim de ocorrência circunstanciada (art. 173, do ECA). Em caso de não liberação, a autoridade policial encaminhará, desde logo, o adolescente ao representante do Ministério Público, juntamente com cópia do auto de apreensão ou boletim de ocorrência (art. 175, *caput*, do ECA). Sendo o adolescente liberado, a autoridade policial encaminhará imediatamente ao representante do Ministério Público cópia do auto de apreensão ou boletim de ocorrência (art. 176, do ECA); **E:** correta, pois a internação do adolescente pode ser provisória – caso em que juiz decreta a medida cautelarmente, por ordem escrita e fundamentada (art. 108, do ECA), ou mantém a apreensão em flagrante do adolescente, quando da designação da audiência de apresentação (art. 184, do ECA) – ou definitiva, quando decorrer da aplicação da medida em razão da procedência da ação socioeducativa. Assim, em ambos os casos há o respeito à garantia processual de que nenhum adolescente será privado de sua liberdade sem o devido processo legal (art. 110, do ECA).

Gabarito "E"

(Defensor Público/GO – 2010 – I. Cidades) O adolescente que for surpreendido em flagrante prática de ato infracional, segundo as disposições da Lei nº 8.069/1990 (ECA), terá os seguintes direitos e garantias:

(A) Em nenhuma hipótese o adolescente poderá ser privado de sua liberdade, salvo em flagrante de ato infracional ou por ordem escrita e fundamentada de autoridade competente.

(B) A apreensão de qualquer adolescente e o local onde se encontra recolhido serão comunicados no prazo de 24 horas ao juiz competente, à sua família ou pessoa por ele indicada.

(C) A internação do adolescente antes da sentença pode ser determinada pelo prazo máximo de 45 dias e deverá ser fundamentada, podendo ser renovada pelo prazo máximo de 15 dias, no caso da prática de atos infracionais cometidos com violência ou grave ameaça.

(D) São assegurados ao adolescente, entre outras, a garantia de que terá assistência técnica por advogado, igualdade na relação processual e ser ouvido pessoalmente pela autoridade competente.

(E) Os pais ou responsáveis pelo adolescente terão direito à identificação dos responsáveis pela sua apreensão e devem ser informados acerca de seus direitos.

A: incorreta, pois nenhum adolescente será privado de sua liberdade senão em flagrante de ato infracional ou por ordem escrita e fundamentada da autoridade judiciária competente, ou seja, há necessidade de ordem de autoridade *judiciária* (art. 106, *caput*, do ECA); **B:** incorreta, pois a apreensão de qualquer adolescente e o local onde se encontra recolhido serão ***incontinenti*** comunicados à autoridade judiciária competente e à família do apreendido ou à pessoa por ele indicada, ou seja, não há previsão de prazo de 24 horas (art. 107, *caput*, do ECA); **C:** incorreta, pois a internação, antes da sentença, pode ser determinada pelo prazo máximo de quarenta e cinco dias e deverá ser fundamentada e basear-se em indícios suficientes de autoria e materialidade, demonstrada a necessidade imperiosa da medida, sem previsão de renovação (art. 108 do ECA); **D:** correta (art. 111, II, III e V, do ECA); **E:** incorreta, pois o próprio adolescente que terá direito à identificação dos responsáveis pela sua apreensão, devendo ser informado acerca de seus direitos (art. 106, parágrafo único, do ECA).

Gabarito "D"

(Defensor Público/GO – 2010 – I. Cidades) Quanto aos recursos nos procedimentos afetos à Justiça da Infância e da Juventude, é correto afirmar:

(A) Os recursos serão interpostos independentemente de preparo, devendo ser adotado o sistema recursal do Código de Processo Penal.

(B) Em todos os recursos, salvo o do agravo de instrumento e de embargos de declaração, o prazo para interpor e para responder será de dez dias.

(C) Os recursos terão preferência de julgamento, não sendo entretanto dispensado o revisor.
(D) Com o advento da Lei nº 12.010/2009, tem-se regra que autoriza a concessão do efeito suspensivo à apelação contra sentença que concedeu a adoção internacional e se houver dano irreparável ou de difícil reparação para o adotando.
(E) O juízo de retratação previsto no ECA estende-se a todos os recursos, tendo em vista a especialidade da matéria e o princípio do melhor interesse da criança e do adolescente.

A: incorreta, pois embora os recursos independam de preparo, nos procedimentos afetos à Justiça da Infância e da Juventude fica adotado o sistema recursal do Código de Processo Civil (art. 198, I, do ECA); **B:** correta (art. 198, II, do ECA); **C:** incorreta, pois os recursos terão preferência de julgamento e dispensarão revisor (art. 198, III, do ECA); **D:** incorreta, pois a sentença que deferir a adoção produz efeito desde logo, embora sujeita a apelação, que será recebida exclusivamente no efeito devolutivo, salvo se se tratar de adoção internacional ou se houver perigo de dano irreparável ou de difícil reparação ao adotando (art. 199-A, do ECA); **E:** incorreta, pois apenas antes de determinar a remessa dos autos à superior instância, no caso de apelação, ou do instrumento, no caso de agravo, a autoridade judiciária proferirá despacho fundamentado, mantendo ou reformando a decisão, no prazo de cinco dias (art. 198, VII, do ECA).
Gabarito "B".

(Defensoria Pública/SP – 2010 – FCC) Segundo prevê o Estatuto da Criança e do Adolescente, quando uma criança pratica ato infracional,

(A) é vedada a lavratura de boletim de ocorrência, devendo a vítima – se quiser – registrar o fato junto ao Conselho Tutelar.
(B) tratando-se de flagrante, deve ser encaminhada imediatamente, ou no primeiro dia útil seguinte, à presença da autoridade judiciária.
(C) ela não está sujeita a medida de qualquer natureza, uma vez que crianças não praticam ato infracional.
(D) deve o Conselho Tutelar representar à autoridade judiciária para fins de aplicação de quaisquer das medidas pertinentes aos pais ou responsável.
(E) fica sujeita à aplicação de medidas específicas de proteção de direitos pelo Conselho Tutelar ou Poder Judiciário, conforme o caso.

A: incorreta (art. 173 do ECA); **B:** incorreta (art. 172, *caput*, do ECA); **C:** incorreta (art. 105 do ECA); **D:** incorreta, pois cabe ao Conselho Tutelar aplicar diretamente grande parte das medidas aplicáveis aos pais ou responsáveis (art. 136, II, do ECA); **E:** correta (art. 105 do ECA).
Gabarito "E".

(Defensoria/SP – 2009 – FCC) Sobre a internação provisória, ou internação antes da sentença, conforme prevista no Estatuto da Criança e do Adolescente, pode-se dizer que

(A) exceto nos casos em que o adolescente já esteja apreendido por força de flagrante de ato infracional, sua decretação é condição necessária para que ele, adolescente, possa permanecer privado de liberdade no curso do processo.
(B) pode ser, antes da sentença, reconsiderada de ofício ou a pedido da defesa, mediante concessão de liberdade assistida e compromisso de comparecimento a todos os atos processuais.
(C) é aplicada diante da prática de ato infracional por adolescente, ou, excepcionalmente, em casos graves de desvio de conduta.
(D) implica, quando decretada, no encerramento da instrução processual no máximo em 45 dias.
(E) sua decretação deve basear-se, entre outros requisitos, em indícios suficientes de materialidade.

E: correta. Art. 108, parágrafo único, do ECA.
Gabarito "E".

(Defensoria/SP – 2009 – FCC) Dentre os temas que resultaram na edição de SÚMULAS pelo Superior Tribunal de Justiça a respeito da aplicação e execução de medidas socioeducativas encontram-se:

(A) necessidade de oitiva do adolescente antes da decretação da regressão, competência exclusiva do juiz para aplicação de medida socioeducativa, impor rogabilidade do prazo de internação provisória.
(B) caráter sempre público da ação socioeducativa, cabimento de medida em meio aberto com remissão, nulidade da desistência de provas em face da confissão do adolescente.
(C) nulidade da desistência de provas em face da confissão do adolescente, aplicabilidade da prescrição penal às medidas socioeducativas, necessidade de oitiva do adolescente antes da decretação da regressão.
(D) competência exclusiva do juiz para aplicação de medida socioeducativa, improrrogabilidade do prazo de internação provisória, caráter sempre público da ação socioeducativa.
(E) cabimento de medida em meio aberto com remissão, nulidade da desistência de provas em face da confissão do adolescente, aplicabilidade da prescrição penal às medidas socioeducativas.

C: correta. Súmula 342 do STJ: "No procedimento para aplicação de medida socioeducativa, é nula a desistência de outras provas em face da confissão do adolescente". Súmula 338 do STJ: "A prescrição penal é aplicável nas medidas socioeducativas". Súmula 265 do STJ: "É necessária a oitiva do menor infrator antes de decretar-se a regressão da medida socioeducativa".
Gabarito "C".

(Defensoria/MA – 2009 – FCC) Se o ato infracional imputado a adolescente tiver sido praticado mediante violência ou grave ameaça à pessoa, segundo a legislação vigente,

(A) deve a autoridade policial, em caso de flagrante, lavrar auto de apreensão do adolescente.
(B) pode a autoridade policial apreendê-lo, ainda que fora das hipóteses de flagrante e sem ordem judicial, desde que o apresente imediatamente ao Ministério Público.
(C) pode o Promotor de Justiça conceder remissão desde que cumulada com aplicação de medida socioeducativa.
(D) se comprovadas autoria e materialidade, deve a autoridade judicial aplicar medida socioeducativa de internação.
(E) ele perde o direito de, na fase executória, ser beneficiado com indulto, ainda que parcial, ou comutação de medida.

A: correta (art. 173, I, do ECA); **B:** incorreta, pois a autoridade policial só poderá apreender o adolescente em caso de ordem judicial ou flagrante de ato infracional (art. 106, *caput*, do ECA); **C:** incorreta, a remissão concedida pelo Promotor de Justiça exclui o processo (art. 126, *caput*, do ECA); **D:** incorreta, pois a autoridade *poderá* aplicar a medida socioeducativa de internação (art. 122, *caput*, do ECA); **E:** incorreta, pois não existe essa previsão legal.
Gabarito "A".

(Defensor Público/AL – 2009 – CESPE) O MP ofereceu representação contra um adolescente pela suposta prática de ato infracional análogo ao crime de tráfico de drogas, sendo a defesa do adolescente prestada por DP. Após instrução processual e apresentação das alegações finais pelas partes, foi prolatada sentença, sendo aplicada ao adolescente a medida socioeducativa de liberdade assistida pelo prazo mínimo de seis meses.

Considerando essa situação hipotética, julgue os itens a seguir.

(1) Comprovada a autoria e a materialidade do ato infracional, por se tratar de ato hediondo, necessariamente, deve ser aplicada a esse adolescente a medida socioeducativa de internação por prazo indeterminado.
(2) É admissível que a intimação da sentença em questão seja feita unicamente na pessoa do defensor.
(3) Por se tratar de ato infracional, o recurso contra essa sentença segue o sistema recursal do Código de Processo Penal.
(4) Nos processos afetos à justiça da infância e juventude, os recursos serão interpostos independentemente de preparo.

1: incorreta (art. 121, § 3º, do ECA); **2:** correta, pois a sentença que aplica medida que não seja de internação ou regime de semiliberdade, a intimação far-se-á unicamente na pessoa do defensor (art. 190, § 1º, do ECA); **3:** incorreta, pois o recurso seguirá o sistema recursal do Código de Processo Civil (art. 198 do ECA); **4:** correta (art. 198, I, do ECA).
Gabarito 1E, 2C, 3E, 4C

(Defensor Público/AL – 2009 – CESPE) Julgue os itens a seguir, relativos à medida socioeducativa de internação prevista no Estatuto da Criança e do Adolescente.

(1) Não se exige defesa técnica, por DP ou advogado, no processo para apuração de ato infracional de adolescente.

(2) É possível a aplicação de internação provisória pelo prazo máximo de quarenta e cinco dias antes da sentença, quando houver indícios suficientes de autoria e materialidade do ato infracional e mostrar-se a necessidade imperiosa da medida.

(3) Para que seja constituída a defesa de adolescente a quem se atribua a prática de ato infracional, não basta a indicação do DP na audiência de apresentação, sendo exigida a outorga do mandato ao patrono.

1: incorreta, pois nenhum adolescente a quem se atribua a prática de ato infracional, ainda que ausente ou foragido, será processado sem defensor (art. 207, *caput*, do ECA); **2:** correta (art. 108 do ECA); **3:** incorreta, pois será dispensada a outorga de mandato, quando se tratar de defensor nomeado ou, sido constituído, tiver sido indicado por ocasião de ato formal com a presença da autoridade judiciária (art. 207, § 3º, do ECA).

Gabarito 1E, 2C, 3E

(Defensor Público/AL – 2009 – CESPE) No que se refere à medida de semiliberdade, julgue os itens subsequentes.

(1) Em caso de descumprimento reiterado e injustificado da medida de semiliberdade, é cabível ao juiz aplicar ao adolescente a denominada internação-sanção, pelo prazo de até três meses.

(2) É necessária a oitiva do adolescente antes de decretar-se a regressão da medida denominada internação-sanção.

1: correta (art. 122, III, § 1º, do ECA); **2:** correta, pois a determinação de regressão de medidas reclama a oitiva do menor infrator, para que se manifeste a respeito do descumprimento da medida de liberdade assistida originariamente determinada, e que deu causa à regressão à medida de internação mais rigorosa, em observância ao caráter educacional de exceção da legislação incidente e em observância ao princípio constitucional da ampla defesa.

Gabarito 1C, 2C

(Defensoria/SP – 2007 – FCC) Em proteção a adolescentes apreendidos pela prática de ato infracional, prevê expressamente o ECA a

(A) proibição do uso de algemas.
(B) responsabilidade administrativa da autoridade que não comunicar a apreensão aos pais ou responsável.
(C) apresentação imediata do jovem apreendido em flagrante à autoridade judiciária.
(D) proibição da divulgação, pelos meios de comunicação, do nome, das iniciais do nome e do apelido do suspeito.
(E) impossibilidade do transporte em viatura policial comum.

D: correta. Art. 143, parágrafo único, do ECA.

Gabarito "D".

(Defensor Público/RO – 2007) Não sendo agravo ou embargos de declaração, os recursos previstos no Estatuto da Criança e do Adolescente têm como prazo, em dias:

(A) 15.
(B) 10.
(C) 8.
(D) 5.
(E) 3.

B: correta. Art. 198, II, do ECA.

Gabarito "B".

(Defensor Público/AC – 2006 – CESPE) Considere que um juiz, durante o processo de apuração de ato infracional praticado por adolescente, tenha exarado decisão concedendo remissão ao adolescente, determinado a aplicação de medida socioeducativa de internação e, por fim, extinguido o processo. Nessa situação, é correto afirmar que

(A) a remissão foi ilícita porque ela somente pode ser concedida antes de iniciado o processo de apuração judicial.
(B) a remissão foi ilícita porque a remissão judicial somente pode ser efetivada na própria sentença que decide o processo de apuração do ato infracional, pois a remissão implica o reconhecimento da ocorrência do ato investigado e da responsabilidade do adolescente.
(C) a remissão foi ilícita por ser ato de competência privativa do Ministério Público.
(D) foi ilícita a aplicação da medida socioeducativa de internação, mas seria lícito ao juiz conceder a remissão e aplicar medida de obrigação de reparar o dano.

A: incorreta, pois a remissão pode ser concedida pela autoridade judicial após iniciado o procedimento (art. 126, parágrafo único, do ECA); **B:** incorreta, pois a remissão não implica necessariamente o reconhecimento ou comprovação da responsabilidade (art. 127 do ECA); **C:** incorreta, pois pode ser concedida pela autoridade judicial após iniciado o procedimento (art. 126, parágrafo único, do ECA); **D:** correta (art. 127 do ECA).

Gabarito "D".

(Defensor Público/BA – 2006) Em se tratando da tutela socioeducativa, e afirmando-se a respeito da internação, na qualidade de medida socioeducativa prevista na Lei 8.069/1990 (Estatuto da Criança e do Adolescente), tem-se que:

I. A internação constitui medida privativa da liberdade aplicável à criança e ao adolescente, e está sujeita aos princípios de brevidade, excepcionalidade e respeito à condição peculiar de pessoa em desenvolvimento.

II. Durante o período de internação será permitida a realização de atividades externas, a critério da equipe técnica da entidade, salvo expressa determinação judicial em contrário.

III. A internação não comporta prazo determinado, devendo sua manutenção ser reavaliada, mediante decisão fundamentada, no máximo a cada seis meses. 1877

Analisando as assertivas acima, verifica-se que:

(A) Todas estão corretas.
(B) Apenas a II está correta.
(C) Apenas I e II estão corretas.
(D) Apenas I e III estão corretas.
(E) Apenas II e III estão corretas.

I: incorreta, pois a internação constitui medida socioeducativa aplicável ao adolescente. À criança que pratica ato infracional são aplicáveis as medidas previstas no art. 101 do ECA (art. 105 do ECA); **II:** correta (art. 121, § 1º, do ECA); **III:** correta (art. 121, § 2º, do ECA).

Gabarito "E".

(Defensor Público/BA – 2006) Na apuração de ato infracional atribuído a adolescente, deverá ser observado que:

I. Ainda que apreendido em flagrante delito, comparecendo qualquer dos pais ou responsável, o adolescente será prontamente liberado pela autoridade policial, sob termo de compromisso e responsabilidade de sua apresentação ao representante do Ministério Público, no mesmo dia ou, sendo impossível, no primeiro dia útil imediato, exceto quando, pela gravidade do ato infracional e sua repercussão social, deva o adolescente permanecer sob internação para garantia de sua segurança pessoal ou manutenção da ordem pública.

II. Se, afastada a hipótese de flagrante, houver indícios de participação de adolescente na prática de ato infracional, a autoridade policial encaminhará ao Conselho Tutelar relatório das investigações e demais documentos.

III. Apresentado o adolescente, o Juiz da Infância e da Juventude, no mesmo dia e à vista do auto de apreensão, boletim de ocorrência ou relatório policial, devidamente autuados pelo cartório judicial e com informação sobre os antecedentes do adolescente, procederá imediata e informalmente à sua oitiva e, em sendo possível, de seus pais ou responsável, vítima e testemunhas.

Analisando as assertivas acima, verifica-se que:

(A) Todas estão corretas.
(B) Apenas a I está correta.
(C) Apenas a II está correta.
(D) Apenas a III está correta.
(E) Apenas II e III estão corretas.

I: correta (art. 174 do ECA); **II:** incorreta, pois se, afastada a hipótese de flagrante, houver indícios de participação de adolescente na prática de ato infracional, a autoridade policial encaminhará ao representante do Ministério Público relatório das investigações e demais documentos (art. 177 do ECA); **III:** incorreta, pois apresentado o adolescente, o representante do Ministério Público, no mesmo dia e à vista do auto de apreensão, boletim de ocorrência ou relatório policial, devidamente autuados pelo cartório judicial e com informação sobre os antecedentes do adolescente, procederá imediata e informalmente à sua oitiva e, em sendo possível, de seus pais ou responsável, vítima e testemunhas (art. 179, *caput*, do ECA).

Gabarito "B"

6. Conselho Tutelar e Conselho Municipal de Direitos da Criança e do Adolescente

(Defensor Público/AC – 2012 – CESPE) No que se refere ao conselho tutelar, a suas atribuições e competências, bem como à forma de escolha de seus conselheiros, assinale a opção correta.

(A) Se, no exercício de suas atribuições, o conselho tutelar entender necessário o afastamento de criança ou adolescente do convívio familiar, ele deverá comunicar imediatamente o fato ao MP, prestando-lhe informações sobre os motivos de sua decisão e as providências tomadas para a orientação, o apoio e a promoção social da família.

(B) Ao tomar conhecimento da prática de crimes contra crianças ou adolescente, cabe ao conselheiro tutelar apenas comunicar os fatos ao MP, que deverá tomar as providências de acordo com as suas funções institucionais.
(C) Os recursos financeiros necessários à manutenção do conselho tutelar provêm do repasse dos conselhos nacional e estadual de direitos, bem como das doações da comunidade local.
(D) Em cada município, deve haver, no mínimo, um conselho tutelar, que deve ser composto de cinco membros nomeados pelo prefeito municipal para mandato de três anos, permitida uma recondução ao cargo de conselheiro.
(E) A atuação do conselho tutelar limita-se ao atendimento dos direitos de crianças e adolescentes cujos pais ou responsável legal não possuam condições econômico-financeiras de garantir-lhes subsistência.

A: correta (art. 136, parágrafo único, do ECA); **B:** incorreta, pois o conselheiro tutelar, além de comunicar os fatos ao Ministério Público, deve tomar as providências que lhes são cabíveis quanto à orientação, ao apoio e à promoção social da família (art. 136, parágrafo único, do ECA); **C:** incorreta, pois os recursos financeiros necessários ao funcionamento do Conselho Tutelar e à remuneração dos conselheiros tutelares terão previsão na lei orçamentária municipal e da do Distrito Federal (art. 134, parágrafo único, do ECA); **D:** incorreta, pois, consoante as alterações trazidas pela Lei nº 12.696/2012, em cada Município e em cada Região Administrativa do Distrito Federal haverá, no mínimo, 1 (um) Conselho Tutelar como órgão integrante da administração pública local, composto de 5 (cinco) membros, *escolhidos pela população local para mandato de 4 (quatro) anos*, permitida 1 (uma) recondução, mediante novo processo de escolha (art. 132, do ECA); **E:** incorreta, pois o Conselho Tutelar possui outras atribuições, as quais estão previstas no art. 136, do ECA.

Gabarito "A"

(Defensor Público/PR – 2012 – FCC) O Estatuto da Criança e do Adolescente inaugura a doutrina da proteção integral e estimula um novo modelo de gestão pública através de órgãos não previstos na legislação menorista. A alternativa que relaciona corretamente as características do Conselho dos Direitos da Criança e do Adolescente e do Conselho Tutelar é:

	Conselho dos Direitos da Criança e do Adolescente	Conselho Tutelar
(A)	Possui atribuição de asses- sorar o Poder Executivo lo- cal na elaboração da pro- posta orçamentária para pla- nos e programas de atendimento dos direitos da crian- ça e do adolescente.	Lei municipal disporá sobre local, dia e horário de seu funcionamento.
(B)	A função de membro do conselho é considerada de interesse público relevante e não será remunerada.	Possui as funções de- liberativa e de controle do Sistema Municipal de Atendimento Socioedu- cativo.
(C)	Registra as entidades go- vernamentais de acolhimen- to institucional de crianças e de adolescentes.	Realiza a gestão do fundo municipal dos direitos da criança e do adolescente.
(D)	Em sua composição é as- segurada a participação po- pular paritária por meio de organizações representativas.	Fiscaliza as entidades de atendimento de crianças e adolescentes.
(E)	Fiscaliza o processo para a escolha dos membros do Conselho Tutelar.	Suas decisões poderão ser revistas pela autori- dade judiciária a pedido de quem tenha legítimo interesse.

A: incorreta, pois a alternativa trata de uma das atribuições do Conselho Tutelar (art. 136, IX, do ECA) e não do Conselho de Direitos da Criança e do Adolescente; **B:** incorreta, pois o Conselho Tutelar não é órgão deliberativo (arts. 131 e 136, ambos do ECA), diversamente do Conselho de Direitos da Criança e do Adolescente (arts. 88, II e 89, ambos do ECA); **C:** incorreta, pois o Conselho de Direitos da Criança e do Adolescente registra tão somente as entidades não governamentais (art. 91, do ECA), ao qual cabe a gestão do fundo municipal dos direitos da criança e do adolescente (art. 88, IV, do ECA); **D:** correta (arts. 88, II e 95, ambos do ECA); **E:** incorreta, pois o processo para a escolha dos membros do Conselho Tutelar será estabelecido em lei municipal e realizado sob a responsabilidade do Conselho Municipal dos Direitos da Criança e do Adolescente, e a *fiscalização do Ministério Público* (art. 139, do ECA).

Gabarito "D"

(Defensor Público/RO – 2012 – CESPE) Assinale a opção correta a respeito do conselho tutelar.

(A) Órgão público federal subordinado ao Ministério Público da União, o conselho tutelar integra o quadro das instituições públicas de defesa da criança e do adolescente.
(B) O conselho tutelar, órgão auxiliar da vara da infância e da juventude, recebe do Estado a função de zelar pelo cumprimento dos direitos da criança e do adolescente.
(C) O conselho tutelar, órgão público municipal permanente e autônomo, não jurisdicional, tem a função de zelar pelo cumprimento dos direitos da criança e do adolescente.
(D) Órgão colegiado com funções consultivas e deliberativas, o conselho tutelar foi criado pelo CONANDA, em conformidade com o que dispõe o ECA, para a defesa e salvaguarda dos direitos fundamentais das crianças e adolescentes em situação de risco.
(E) O conselho tutelar, órgão público estadual criado por lei específica, integra o Sistema Nacional da Criança e do Adolescente.

A: incorreta, pois é órgão integrante da administração pública local (art. 132, do ECA); **B:** incorreta, pois é órgão permanente e *autônomo (e não auxiliar), não jurisdicional*, encarregado *pela sociedade* (e não pelo Estado) de zelar pelo cumprimento dos direitos da criança e do adolescente (art. 131, do ECA); **C:** correta (arts. 131 e 132, ambos do ECA); **D:** incorreta, pois o Conselho Tutelar não é órgão deliberativo. Nos termos do art. 88, II do ECA, tal atribuição diz respeito ao Conselho de Direitos da Criança e do Adolescente. Cumpre ressaltar que o sistema de garantias se caracteriza pela política de atendimento dos direitos da criança e do adolescente, através de um conjunto articulado de ações governamentais e não governamentais, da União, dos Estados, do Distrito Federal e dos Municípios, bem como pela integração operacional de órgãos do Judiciário, Ministério Público, Defensoria e Conselho Tutelar (arts. 86 e 88, V, ambos do ECA); **E:** incorreta, pois o Conselho Tutelar é órgão integrante da administração pública local, sendo que a lei municipal disporá sobre o seu local, dia e horário de funcionamento, inclusive quanto à remuneração dos respectivos membros (arts. 132 e 134, ambos do ECA).

Gabarito "C"

(Defensor Público/RO – 2012 – CESPE) Cabe ao Conselho Municipal dos Direitos da Criança e do Adolescente

(A) dar ciência do registro dos programas das entidades de atendimento com a especificação dos regimes de atendimento ao conselho tutelar, por meio de ofício dirigido ao presidente do Conselho Federal dos Direitos da Criança e do Adolescente, e encaminhar parecer ao MP.
(B) publicar o registro dos programas das entidades de atendimento com a especificação dos regimes de atendimento no Diário Oficial local e remeter os autos ao juízo competente para a homologação do registro.
(C) homologar o registro dos programas das entidades de atendimento com a especificação dos regimes de atendimento no cartório da vara da infância e da juventude.
(D) homologar no CONANDA o registro dos programas das entidades de atendimento com a especificação dos regimes de atendimento.
(E) manter o registro dos programas das entidades de atendimento com a especificação dos regimes de atendimento e de suas eventuais alterações, encaminhando as informações pertinentes ao conselho tutelar e à autoridade judiciária local.

E: correta, pois está de acordo com o disposto no art. 90, § 1º, do ECA, ficando excluídas as demais hipóteses.

Gabarito "E"

(Defensor Público/SP – 2012 – FCC) No tocante ao Conselho Tutelar, o Estatuto da Criança e do Adolescente estabelece:

(A) poderão ser candidatos a conselheiros pessoas maiores de dezoito anos, com reputação ilibada e ensino médio completo.
(B) suas decisões poderão ser revistas através de interposição de recurso, por quem tenha legítimo interesse, ao Conselho Municipal dos Direitos da Criança e do Adolescente.
(C) deverá o Conselho Tutelar receber comunicação dos dirigentes de estabelecimento de ensino fundamental quanto aos casos de maus-tratos de alunos, reiteração de faltas injustificadas e evasão escolar, bem como nos casos de elevado nível de repetência.
(D) compete ao Conselho Tutelar editar portaria que autorize a participação de crianças ou adolescentes, desacompanhados dos pais, em estabelecimentos de diversão eletrônica, desde que em sua circunscrição de atuação.
(E) deverá o Conselho Tutelar emitir a guia de acolhimento nos casos de retirada da criança ou adolescente do convívio familiar, apontando os motivos da medida.

A: incorreta, pois se exige que o candidato a conselheiro tenha idade superior a vinte e um anos (art. 133, II, do ECA), sendo que não se exige grau de escolaridade; **B:** incorreta, pois as decisões do Conselho Tutelar somente poderão ser revistas pela autoridade judiciária a pedido de quem tenha legítimo interesse (art. 137, do ECA); **C:** correta (art. 56, I, II e III, do ECA); **D:** incorreta, pois compete à *autoridade judiciária* disciplinar, através de portaria, ou autorizar, mediante alvará (art. 149, do ECA); **E:** incorreta, pois a Guia de Acolhimento é expedida pela *autoridade judiciária* e não pelo Conselho Tutelar (art. 101, § 3º, do ECA).

Gabarito "C"

(Defensor Público/AM – 2010 – I. Cidades) Acerca do Conselho Tutelar, julgue os itens a seguir de acordo com o ECA e a jurisprudência do Superior Tribunal de Justiça.

I. De acordo com o ECA, para a candidatura a membro do Conselho Tutelar, devem ser exigidos do postulante reconhecida idoneidade moral, idade superior a vinte e um anos e residência no Município.
II. Em cada Município haverá, no mínimo, um Conselho Tutelar composto de cinco membros, escolhidos pela comunidade local para mandato de três anos, permitida uma recondução.
III. Os pais, tutores e guardiães, quando descumprem, dolosa ou culposamente, determinação do Conselho Tutelar, praticam, em tese, infração administrativa prevista no art. 249 do ECA.

Segundo o STJ, o descumprimento proveniente de Secretário Municipal não configura essa infração administrativa.

(A) Apenas a opção I está correta;
(B) Estão corretas apenas as opções I e II;
(C) Estão corretas apenas as opção I e III;
(D) Estão corretas apenas as opções II e III;
(E) Todas as opções estão corretas.

I: correta (art. 133, I, II e III, do ECA); **II:** correta (art. 132 do ECA); **III:** correta, pois o STJ entende que o descumprimento proveniente de Secretário Municipal não configura a infração administrativa prevista no art. 249 do ECA: "PROCESSUAL CIVIL. ADMINISTRATIVO. ESTATUTO DA CRIANÇA E DO ADOLESCENTE (LEI 8.069/1990). SECRETÁRIO MUNICIPAL. DESCUMPRIMENTO DE DETERMINAÇÃO DO CONSELHO TUTELAR. INFRAÇÃO ADMINISTRATIVA (ART. 249 DO ECA). NÃO CONFIGURAÇÃO. PRECEDENTES DO STJ. 1. O art. 249 da Lei 8.069/1990, do cognominado Estatuto da Criança e do Adolescente, destina-se aos pais ou responsáveis que descumprirem dolosa ou culposamente 'os deveres inerentes ao pátrio poder ou decorrentes da tutela ou guarda, bem assim determinação da autoridade judiciária ou Conselho Tutelar', por isso que, *a fortiori*, não podem recair sobre quem não exerça tais deveres. Precedentes do STJ: REsp 769.443/SC, 1ª Turma, *DJ* 04.12.2006 e REsp 779.055/SC, 1ª Turma, *DJ* 23.10.2006. 2. *In casu*, trata-se de representação engendrada por Conselho Tutelar em face de Secretário Municipal de Educação e Cultura, por infração ao art. 249, *in fine*, do Estatuto da Criança e do Adolescente, decorrente do não atendimento à requisição atinente ao atendimento de menor em Centro de Educação Infantil. 3. Recurso especial desprovido" (REsp 822.807/SC, 1ª T., j. 02.10.2007, rel. Min. Luiz Fux, *DJ* 12.11.2007, p. 165).

Gabarito "E"

(Defensoria/MA – 2009 – FCC) Nas comarcas onde não houver Conselho Tutelar instalado, segundo o Estatuto da Criança e do Adolescente, suas atribuições serão exercidas pelo(a)

(A) Conselho Municipal dos Direitos da Criança e do Adolescente.
(B) Centro de Referência Especializado de Assistência Social (CREAS).
(C) autoridade judiciária.
(D) Comissariado da Infância e Juventude.
(E) Ministério Público.

C: correta. Art. 262 do ECA.

Gabarito "C"

7. Ministério Público

(Defensoria/RN – 2006) O Ministério Público

(A) pode expedir notificações para colher depoimentos ou esclarecimentos e, em caso de não comparecimento injustificado, não poderá requisitar condução coercitiva.
(B) tem legitimação exclusiva para as ações civis referidas no Estatuto da Criança e do Adolescente.
(C) não pode entender-se diretamente com a pessoa ou autoridade reclamada, devendo requerer a notificação destas ao Poder Judiciário.
(D) pode promover e acompanhar as ações de alimentos e os procedimentos de suspensão e destituição do pátrio poder.

A: incorreta. Art. 201, VI, *a*, do ECA; **B:** incorreta. A legitimação é concorrente (art. 201, § 1º, do ECA); **C:** incorreta. Art. 201, § 5º, *b*, do ECA; **D:** correta. Art. 201, III, do ECA.

Gabarito "D"

8. Acesso à Justiça

(Defensor Público/AC – 2012 – CESPE) Ao ser atendido na DP de sua cidade, um cidadão economicamente hipossuficiente relatou que seu filho, uma criança de seis anos de idade, sofria maus-tratos da mãe, sua ex-companheira, que detinha a guarda judicial do garoto e que vivia em cidade de outro estado da Federação havia mais de um ano. O cidadão manifestou, ao final do atendimento, interesse na guarda do filho.

Nessa situação hipotética, de acordo com o disposto no ECA e com o entendimento do STJ, o DP deve

(A) ajuizar ação de modificação de guarda, com pedido de liminar, perante o juízo da comarca onde reside o pai do menor.
(B) ajuizar ação de modificação de guarda, com pedido de liminar, perante o juízo da capital do estado onde reside a mãe do menor.

(C) remeter os documentos para o MP local, órgão que deve tomar as providências cabíveis ao caso.

(D) remeter os documentos à DP da cidade de residência da mãe do menor, para as medidas cabíveis.

(E) ajuizar ação de modificação de guarda, com pedido de liminar, perante o juízo da comarca onde reside a mãe do menor.

E: correta, já que está de acordo com o disposto no art. 147, I, do ECA e com a Súmula 383, do STJ, segundo a qual a "competência para processar e julgar as ações conexas de interesse de menor é, em princípio, do foro do domicílio do detentor de sua guarda". Portanto, as demais alternativas ficam excluídas. Outrossim, cumpre salientar que "de acordo com o Superior Tribunal de Justiça, o princípio do juízo imediato, previsto no art. 147, I, do ECA, sobrepõe-se às regras gerais previstas no Código de Processo Civil, tal como o princípio da perpetuatio jurisdictionis (art. 87, do CPC), privilegiando a celeridade e eficácia em relação à criança. Assim, será legítima a modificação do foro em que tramita a ação, quando houver a mudança de domicílio da criança e seus responsáveis, mesmo já iniciada a ação". (ROSSATO, Luciano Alves; LÉPORE, Paulo Eduardo e CUNHA, Rogério Sanches. *Estatuto da Criança e do Adolescente comentado artigo por artigo.* 3. ed. São Paulo: RT, 2012).

Gabarito "E"

(Defensor Público/AC – 2012 – CESPE) Um DP lotado em comarca do estado X recebeu diversas reclamações de pais contra a falta de creches e pré-escolas para crianças de até cinco anos de idade. Após oficiar à secretaria municipal de educação, esse DP confirmou a veracidade das denúncias.

Com base na situação hipotética acima e nas normas do ECA acerca da proteção judicial dos interesses individuais, difusos e coletivos de crianças e adolescentes, assinale a opção correta.

(A) Em razão da discricionariedade da administração pública municipal e da reserva do possível, que impedem a análise judicial do caso, o DP deverá expedir recomendação à câmara municipal para que inclua, no próximo orçamento anual, a previsão de recursos públicos para a construção de creches e pré-escolas.

(B) O DP deverá remeter os documentos ao MP local, para a tomada de providências cabíveis.

(C) Antes de tomar qualquer providência judicial, o DP deverá arrecadar procurações e declarações de pobreza de todos os pais que fizeram as denúncias.

(D) A fim de evitar alegação de nulidade processual, o DP deverá ajuizar ações individuais contra o município, ou seja, uma ação para cada criança carente dos serviços de creche ou pré-escola.

(E) O DP deverá ajuizar ação civil pública contra o município, requerendo liminarmente que o réu seja obrigado a construir creches e pré-escolas em determinado prazo, sob pena de multa diária, e, no mérito, deverá requerer a confirmação da liminar.

A: incorreta, pois, no caso em questão, por haver violação a direitos difusos, coletivos ou individuais homogêneos de crianças, será cabível o ajuizamento de ação civil pública para condenar o Município na obrigação de fazer, consistente em construir creches e pré-escolas, sob pena de multa; **B:** incorreta, pois a Defensoria Pública tem legitimidade para ajuizar ação civil pública, podendo ela própria tomar as providências cabíveis; **C:** incorreta, pois não é necessário arrecadar procurações, já que a capacidade postulatória do defensor público decorre exclusivamente da sua nomeação e posse no cargo público (art. 4º, § 6º, da LC 132/2009, que alterou a LC 80/1994). De igual modo, é dispensável arrecadar declarações de pobreza de todos os que seriam beneficiados com a tutela coletiva. Isso porque, "quanto à noção de hipossuficiência que deve pautar a atuação do órgão, notadamente no campo da tutela coletiva, a vulnerabilidade não se restringe a limites estritamente econômicos, mas engloba todos aqueles que do ponto de vista organizacional 'são socialmente vulneráveis: os consumidores, os usuários de serviços públicos, os usuários de planos de saúde, os que queiram implementar ou contestar políticas públicas, como as atinentes à saúde, à moradia, ao saneamento básico, ao meio ambiente, etc.'. Em síntese, a assistência jurídica integral e gratuita que prestará a Defensoria Pública refere-se a hipossuficientes econômicos, sociais, culturais e organizacionais". Outrossim, oportuno registrar que, "embora deva haver pertinência temática que justifique a atuação da Defensoria Pública – a vulnerabilidade em sentido amplo – essa é facilmente alcançada, pois basta que o resultado da demanda atinja parcela, e não a integralidade, de sujeitos hipossuficientes. Exigir que a ação coletiva proposta pela Defensoria Pública tutela exclusivamente hipossuficientes é algo absolutamente impossível, que esvaziaria de sentido e função a atribuição de legitimidade ativa ao órgão" (ZUFELATO, Camilo. A participação da Defensoria Pública nos processos coletivos de hipossuficientes: da legitimidade ativa à intervenção *ad coadjuvandum.* In: RÉ, Aluisio Iunes Monti Ruggeri. (Org.). *Temas aprofundados: Defensoria Pública.* 1 ed. Salvador: JusPodivm, 2013. p. 310); **D:** incorreta, pois a Defensoria Pública tem legitimidade para ajuizar ação civil pública, por haver violação a direitos difusos, coletivos ou individuais homogêneos de crianças e adolescentes; **E:** correta (arts. 208, III e 213, § 2º, ambos do ECA). Muito embora a Defensoria Pública não esteja como colegitimada no art. 210, do ECA, o fato é que ela possui legitimidade para a propositura de ação civil pública, em razão do disposto no art. 5º, II, da Lei nº 7.347/1985. Todavia, quando a tutela for de direitos coletivos ou individuais homogêneos, a legitimidade ficará restrita aos interesses dos necessitados, exigindo-se a pertinência temática, como já explicitado acima. Por sua vez, se a tutela for de direitos difusos, não haverá restrição, já que os seus titulares são indeterminados. Neste sentido é o entendimento jurisprudencial: "Ementa PROCESSUAL CIVIL. AÇÃO COLETIVA. DEFENSORIA PÚBLICA. LEGITIMIDADE ATIVA. ART. 5º, II, DA LEI Nº 7.347/1985 (REDAÇÃO DA LEI Nº 11.448/2007). PRECEDENTE. 1. Recursos especiais contra acórdão que entendeu pela legitimidade ativa da Defensoria Pública para propor ação civil coletiva de interesse coletivo dos consumidores. 2. Este Superior Tribunal de Justiça vem-se posicionando no sentido de que, nos termos do art. 5º, II, da Lei nº 7.347/1985 (com a redação dada pela Lei nº 11.448/2007), a Defensoria Pública tem legitimidade para propor a ação principal e a ação cautelar em ações civis coletivas que buscam auferir responsabilidade por danos causados ao meio ambiente, ao consumidor, a bens e direitos de valor artístico, estético, histórico, turístico e paisagístico e dá outras Providências. 3. Recursos especiais não providos." (STJ, REsp 912849/RS (2006/0279457-5), 1ª T., j. 26.02.2008, rel. Min. José Delgado, *DJe* 28.04.2008).

Gabarito "E"

(Defensor Público/RO – 2012 – CESPE) A respeito das normas da justiça da infância e da juventude, assinale a opção correta consoante o que dispõe o ECA.

(A) Constatada a prática de ato infracional por adolescente, a competência para o recebimento da representação é determinada pelo local de residência do menor, independentemente do lugar da ação ou omissão, observadas as regras de conexão, continência e prevenção.

(B) Compete à autoridade judiciária da vara da infância e da juventude disciplinar, por meio de portaria, os casos de permissão de viagem ao exterior de criança ou adolescente em companhia de estrangeiro residente ou domiciliado no exterior.

(C) Compete à justiça da infância e da juventude conhecer, processar e julgar todas as ações de guarda e de tutela do menor, de destituição do poder familiar e de suprimento da capacidade do menor ou do consentimento para o seu casamento.

(D) É vedada a divulgação de atos judiciais, policiais e administrativos que digam respeito a adolescentes a que se atribua autoria de ato infracional; qualquer notícia a respeito do fato não poderá identificar o adolescente, sendo vedada fotografia, referência a nome, apelido, filiação, parentesco, residência, mas permitido o uso das iniciais do nome e sobrenome.

(E) O local da residência do menor é o foro competente para o processamento e julgamento de ação de modificação de guarda, visto que, na fixação da competência para as ações que tratem de guarda de menor, há de ser observada a prevalência dos interesses deste sobre os demais bens e interesses tutelados.

A: incorreta, pois nos casos de ato infracional, será competente a autoridade do *lugar da ação ou omissão*, observadas as regras de conexão, continência e prevenção (art. 147, § 1º, do ECA).; **B:** incorreta, pois a autoridade judiciária concederá autorização para viagem, por meio de alvará judicial e não por portaria (arts. 83 a 85, do ECA). Com efeito, a portaria é o ato por meio do qual o juiz disciplina situações concretas, ao passo que o alvará judicial é dirigido a determinada pessoa física ou jurídica. Assim, nos termos do art. 85, do ECA, é possível que a criança ou o adolescente nascido em território nacional saia do País em companhia de estrangeiro residente ou domiciliado no exterior, desde que com expressa autorização judicial, por meio de alvará, como já explicitado adrede; **C:** incorreta, pois compete à Justiça da Infância e da Juventude conhecer, processar e julgar as ações de guarda e de tutela do menor, de destituição do poder familiar e de suprimento da capacidade do menor ou do consentimento para o seu casamento, *quando houver situação de risco*, pois, caso contrário, a competência será da Vara Cível ou de Família (art. 148, parágrafo único, alíneas "a", "b" e "c", do ECA). Oportuno registrar que a competência será exclusiva da Vara da Infância e Juventude para conhecer de todas as ações de adoção (art. 148, III, do ECA); **D:** incorreta, pois qualquer notícia a respeito do fato não poderá identificar a criança ou o adolescente, vedando-se fotografia, referência a nome, apelido, filiação, parentesco, residência e, *inclusive, iniciais do nome e sobrenome* (art. 143, parágrafo único, do ECA); **E:** correta, já que a alternativa está de acordo com o disposto no art. 147, I, do ECA e com a Súmula 383, do STJ, segundo a qual a "competência para processar e julgar as ações conexas de interesse de menor é, em princípio, do foro do domicílio do detentor de sua guarda". Logo, aquele que não é o detentor da guarda deverá ajuizar a ação de modificação no local onde o menor está residindo. Outrossim, cumpre salientar que "de acordo com o Superior Tribunal de Justiça, o princípio do juízo imediato, previsto no art. 147, I, do ECA, sobrepõe-se às regras gerais previstas no Código de Processo Civil, tal como o princípio da perpetuatio jurisdictionis (art. 87, do CPC), privilegiando a celeridade e eficácia em relação à criança. Assim, será legítima a modificação do foro em que tramita a ação, quando houver a mudança de domicílio da criança e seus responsáveis, mesmo já iniciada a ação". (ROSSATO, Luciano Alves; LÉPORE, Paulo Eduardo e CUNHA, Rogério Sanches. *Estatuto da Criança e do Adolescente comentado artigo por artigo*. 3. ed. São Paulo: RT, 2012).

Gabarito "E".

(Defensor Público/TO – 2013 – CESPE) A respeito da proteção judicial dos interesses individuais, difusos e coletivos das crianças e dos adolescentes e das normas previstas no ECA a respeito do MP e do advogado, assinale a opção correta.

(A) O sistema de proteção judicial dos interesses e direitos das crianças e dos adolescentes abrange somente as hipóteses expressamente previstas no ECA, em razão de constituir microssistema fechado, com normas específicas e não extensíveis a outros direitos garantidos em leis esparsas.

(B) Com a publicação da CF, a capacidade postulatória para o ajuizamento de ações de alimentos para a defesa de interesses de crianças e de adolescentes passou a ser exclusiva da DP e da advocacia privada.

(C) Para a propositura de ACP para a defesa de interesses coletivos ou difusos das crianças e dos adolescentes, são legitimados concorrentemente o MP, a DP, a União, os Estados, os Municípios, o DF e os territórios, as associações legalmente constituídas há pelo menos um ano e que incluam entre seus fins institucionais a defesa desses direitos, dispensada a autorização da assembleia, se houver prévia autorização estatutária.

(D) Em razão de expressa previsão constitucional, o juízo estadual do local onde tenha ocorrido ou ocorra a ação ou omissão é absolutamente competente para conhecer, processar e julgar as ações civis públicas ajuizadas para a defesa de interesses coletivos ou difusos das crianças e dos adolescentes, quando a União, entidade autárquica ou empresa pública federal forem interessadas na condição de autoras, rés, assistentes ou oponentes.

(E) O promotor de justiça local não possui legitimidade para propor ACP para obrigar plano de saúde a custear tratamento quimioterápico em qualquer centro urbano a uma única criança conveniada à empresa prestadora do serviço de assistência médica, atribuição exclusiva da DP.

A: incorreta, pois o sistema é aberto, já que não excluem da proteção judicial outros interesses individuais, difusos ou coletivos, próprios da infância e da adolescência, protegidos pela Constituição (art. 208, § 1°, do ECA); **B:** incorreta, pois além da Defensoria Pública, há outros colegitimados (art. 210, do ECA); **C:** correta (art. 210, do ECA); **D:** incorreta, pois na hipótese descrita na alternativa a competência é da Justiça Federal e não da Justiça Estadual (art. 109, I, CF/1988); **E:** incorreta, pois o Ministério Público possui legitimidade para ajuizar ação, ainda que em favor de uma única criança ou adolescente (art. 201, V, do ECA).

Gabarito "C".

(Defensoria/MG – 2009 – FURMARC) Nos procedimentos recursais afetos à Justiça da Infância da Juventude, restou adotado o sistema do Código Processo Civil em vigor, com as seguintes especificidades, EXCETO:

(A) Os recursos serão interpostos independentemente de preparo.

(B) No Agravo de Instrumento, o Agravado terá prazo de 10 dias para oferecer resposta.

(C) Na apelação, antes de remeter os autos para superior instância, motivadamente, o Juízo poderá manter ou reformar a decisão.

(D) Contra a decisão que defere ou indefere a entrada de menor em estádio, caberá apelação.

(E) Os julgamentos dos recursos com base na Lei nº 8.069/1990 terão preferência de julgamento e dispensarão revisor.

A: correta (art. 198, I, do ECA); **B:** incorreta (art. 198, II, do ECA); **C:** correta (art. 198, VII, do ECA); **D:** correta (art. 199 do ECA); **E:** correta (art. 198, III, do ECA).

Gabarito "B".

(Defensoria/SP – 2009 – FCC) Pelo que dispõe expressamente o Estatuto da Criança e do Adolescente, a Justiça da Infância e Juventude

(A) é regida, em seus atos e procedimentos, pelo princípio da informalidade.

(B) deve contar com varas especializadas criadas obrigatoriamente pelos Estados e pelo Distrito Federal nas comarcas de grande porte.

(C) é competente para, em alguns casos, suprir a capacidade ou o consentimento para o casamento.

(D) deve contar com equipe interprofissional de assessoramento cujos componentes têm assegurada livre manifestação do ponto de vista técnico, não estando subordinados imediatamente à autoridade judiciária.

(E) deve contar com um corpo executivo, denominado Comissariado da Infância e Juventude, cuja função, entre outras, é apoiar o cumprimento das decisões judiciais.

A: incorreta, pois não existe essa previsão legal; **B:** incorreta, pois *poderão* ser criadas varas especializadas (art. 145 do ECA); **C:** correta (art. 148, parágrafo único, *c*, do ECA); **D:** incorreta, pois a equipe interprofissional é subordinada à autoridade judiciária (art. 151 do ECA); **E:** incorreta, pois não existe essa previsão legal.

Gabarito "C".

(Defensoria/SP – 2007 – FCC) Segundo disposição expressa do ECA, é característica do sistema recursal nos procedimentos afetos à Justiça da Infância e Juventude:

(A) aplicação das regras do Código de Processo Civil nos procedimentos de apuração de ato infracional atribuído a adolescente e de crime praticado contra criança.

(B) reexame necessário da sentença que deferir adoção por estrangeiro.

(C) possibilidade de reforma da sentença pela própria autoridade judiciária que a proferiu.

(D) prazo de dez dias para todos os recursos, salvo os de embargos de declaração e embargos infringentes. 1881

(E) processamento do recurso contra sentença de internação condicionado à manifestação da vontade de recorrer pelo adolescente sentenciado.

A: incorreta, pois no ECA não se apura crime cometido por criança; de qualquer forma, vale a pena ler o art. 198 do ECA; **B:** incorreta, pois não há reexame necessário, mas a apelação será recebida também no efeito suspensivo (art. 199-A do ECA); **C:** correta (art. 198, VII, do ECA); **D:** incorreta (art. 198, II, do ECA); **E:** incorreta, pois o art. 190, § 2º, do ECA é norma de proteção ao adolescente, e não de restrição a recursos interpostos por seu defensor.

Gabarito "C".

9. Infrações Administrativas e Crimes

(Defensor Público/AM – 2013 – FCC) O adolescente João, aluno do 6º ano do ensino fundamental, foi apreendido em razão de suposta prática de ato infracional equiparado ao crime de roubo. Sua genitora, a fim de auxiliar na instrução processual e na defesa de seu filho, solicitou à escola onde João estuda declaração de matrícula escolar. Dessa forma, o diretor da escola tomou conhecimento da apreensão e, como já desejava expulsar o aluno, acabou divulgando aos demais alunos, sem autorização, que João estava respondendo pela prática de ato infracional, utilizando-o como mau exemplo. O Diretor, em tese

(A) praticou infração administrativa prevista pelo ECA.

(B) praticou o crime de quebra de sigilo previsto pelo ECA.

(C) praticou crime de quebra de sigilo e infração administrativa, ambos previstos pelo ECA.

(D) praticou crime de difamação previsto pelo ECA.

(E) não praticou crime, tampouco infração administrativa prevista pelo ECA.

A: correta, pois a conduta descrita no enunciado se amolda à infração administrativa prevista no art. 247, do ECA, ficando excluídas as demais.

Gabarito "A".

(Defensoria/ES – 2009 – CESPE) Julgue o item subsequente.

(1) Todos os crimes praticados contra a criança e o adolescente previstos no ECA submetem-se à ação penal pública incondicionada.

1: correta. Art. 227 do ECA.

Gabarito 1C

(Defensoria/RN – 2006) A promoção ou auxílio na prática de ato destinado ao envio de criança ou adolescente ao exterior

(A) é considerado crime formal.

(B) é competência da Justiça Estadual.

(C) é crime próprio.

(E) exige o dolo específico de obter lucro.

A: correta. Não é necessário que a criança vá para o exterior, portanto, o crime é formal (art. 239 do ECA).

Gabarito "A"

10. Declarações e Convenções

(Defensor Público/ES – 2012 – CESPE) Julgue os itens subsequentes, relativos à evolução histórica dos direitos da criança e do adolescente no Brasil.

(1) O princípio da absoluta prioridade dos direitos das crianças e dos adolescentes foi instituído, pela primeira vez, pela CF.

(2) Foi a partir da Proclamação da República que os menores passaram a ser detentores dos direitos fundamentais de liberdade.

(3) O antigo Código de Menores estabelecia a distinção entre crianças e adolescentes.

1: correta. A garantia da prioridade absoluta está prevista no art. 227, da CF/1988 e inspirou o metaprincípio do direito da criança e do adolescente, previsto no art. 4º, parágrafo único, do ECA; **2:** incorreta. Com a Declaração dos Direitos da Criança de 1959 houve uma verdadeira alteração de paradigma, pois a criança deixou de ser considerada objeto de proteção (recipiente passivo), para ser erigida a sujeito de direito e, paralelamente, em sentido amplo, a infância passou a ser considerada um sujeito coletivo de direitos (ROSSATO, Luciano Alves; LÉPORE, Paulo Eduardo e CUNHA, Rogério Sanches. *Estatuto da Criança e do Adolescente comentado artigo por artigo.* 3. ed. São Paulo: RT, 2012); **3:** incorreta, pois no Código de Menores a criança e o adolescente ainda eram vistos como objeto de proteção – já que se destinava àqueles que estavam em situação de risco – e não como sujeito de direitos especiais, em razão da condição peculiar de pessoa em desenvolvimento.

Gabarito 1C, 2E, 3E

(Defensor Público/PR – 2012 – FCC) Analise as afirmações abaixo sobre a proteção jurídica da criança e do adolescente com deficiência.

I. A Convenção Internacional sobre os Direitos das Pessoas com Deficiência prevê que os Estados Partes reconhecem que as mulheres e meninas com deficiência estão sujeitas a múltiplas formas de discriminação e, portanto, tomarão medidas para assegurar às mulheres e meninas com deficiência o pleno e igual exercício de todos os direitos humanos e liberdades fundamentais.

II. Na Convenção sobre os Direitos da Criança, os Estados Partes reconhecem o direito da criança deficiente de receber cuidados especiais e, de acordo com os recursos disponíveis e sempre que a criança ou seus responsáveis reúnam as condições requeridas, estimularão e assegurarão a prestação da assistência solicitada, que seja adequada ao estado da criança e às circunstâncias de seus pais ou das pessoas encarregadas de seus cuidados.

III. A Emenda Constitucional nº 65 incluiu, no art. 227, a previsão de criação de programas de prevenção e atendimento especializado para as pessoas portadoras de deficiência física, sensorial ou mental, bem como de integração social do adolescente e do jovem portador de deficiência, mediante o treinamento para o trabalho e a convivência, e a facilitação do acesso aos bens e serviços coletivos, com a eliminação de obstáculos arquitetônicos e de todas as formas de discriminação.

Está correto o que se afirma em

(A) I e II, apenas.

(B) II e III, apenas.

(C) I e III, apenas

(D) I, apenas.

(E) I, II e III.

I: correta (art. 6º, da Convenção sobre os Direitos da Pessoa com Deficiência). Oportuno registrar que o Congresso Nacional aprovou, por meio do Decreto Legislativo nº 186/2008, conforme o procedimento do § 3º do art. 5º da Constituição, a Convenção sobre os Direitos das Pessoas com Deficiência e seu Protocolo Facultativo, assinados em Nova York, em 30 de março de 2007. Assim, tal instrumento normativo possui *status* constitucional; **II:** correta (art. 23, da Convenção sobre os Direitos da Criança); **III:** correta (art. 227, § 1º, II, da CF/1988).

Gabarito "E"

(Defensor Público/SP – 2012 – FCC) Com relação ao conjunto de regras normativas internacionais que modificou a antiga concepção da situação irregular, abandonando o conceito reducionista do menorismo, é correto afirmar, considerando suas especificidades, que

(A) à Convenção sobre os Direitos da Criança coube prever o modelo penal indiferenciado, no trato do adolescente em relação ao adulto, com exceção do direito ao recurso de decisões condenatórias, matéria essa em que se quedou silente.

(B) às Regras de Tóquio coube orientar os casos de jovens tidos como crianças ou adolescentes passíveis de serem responsabilizados pela prática de atos infracionais, prevendo a reação do Estado e a proporcionalidade de sua resposta em relação às circunstâncias do infrator e da infração.

(C) às Regras de Beijing coube promover o uso de medidas não custodiais, orientando a previsão de medidas não privativas de liberdade, desde disposições pré-processuais até pós-sentenciais, evitando o uso desnecessário do encarceramento.

(D) às Diretrizes de Riad coube prever medidas de prevenção à prática do ato infracional, mediante a participação da sociedade e a adoção de uma abordagem voltada à criança, definindo o papel da família, da educação, da comunidade, prevendo cooperação entre todos os setores relevantes da sociedade.

(E) à Declaração Universal dos Direitos das Crianças coube prever, em forma de princípios, dentre outros direitos, o direito à educação e orientação, cabendo tal responsabilidade, em primeiro lugar ao Estado, que deverá se direcionar pelo melhor interesse da criança.

A: incorreta, pois traz um tratamento diferenciado para o adolescente que infringir a lei, diverso do modelo penal aplicável ao adulto (art. 40, da Convenção sobre os Direitos da Criança); **B:** incorreta, pois as Regras de Tóquio trazem recomendações acerca da aplicação de medidas alternativas à prisão, em razão da prática de crimes por adultos, como uma forma de aprofundar a política criminal da intervenção mínima. Assim, muito embora suas normas não tenham força de lei, são de extrema importância para a humanização e modernização do Direito Penal; **C:** incorreta, pois as Regras de *Beijing* ou Regras de Pequim se referem às regras mínimas das Nações Unidas para a Administração da Justiça da Infância e da Juventude. São recomendações sobre a prevenção do ato infracional e tratamento de seu autor (criança ou adolescente). "Com essas Regras, esboçaram-se as primeiras linhas do Sistema de Justiça da Infância e da Juventude, pautado na especialidade e garantidor de ênfase ao bem estar não só do infante, como também do adolescente" (ROSSATO, Luciano Alves; LÉPORE, Paulo Eduardo e CUNHA, Rogério Sanches. *Estatuto da Criança e do Adolescente comentado artigo por artigo.* 3. ed. São Paulo: RT, 2012); **D:** correta, pois, de fato, as Diretrizes de *Riad* se referem às Diretrizes das Nações Unidas para Prevenção da Delinquência Juvenil; **E:** incorreta, pois a Declaração Universal dos Direitos das Crianças prevê os seguintes princípios: Direito à igualdade, sem distinção de raça religião ou nacionalidade; Direito a especial proteção para o seu desenvolvimento físico, mental e social; Direito a um nome e a uma nacionalidade; Direito à alimentação, moradia e assistência médica adequadas para a criança e a mãe; Direito à educação e a cuidados especiais para a criança física ou mentalmente deficiente; Direito ao amor e à compreensão por parte dos pais e da sociedade; *Direito à educação gratuita e ao lazer infantil. O interesse superior da criança deverá ser o interesse diretor daqueles que têm a responsabilidade por sua educação e orientação. Tal responsabilidade incumbe, em primeira instância, a seus pais, e não ao Estado*; Direito a ser socorrido em primeiro lugar, em caso de catástrofes; Direito a ser protegido contra o abandono e a exploração no trabalho; Direito a crescer dentro de um espírito de solidariedade, compreensão, amizade e justiça entre os povos.

Gabarito "D"

(Defensoria/PI – 2009 – CESPE) Em setembro de 2000, os governos de 189 países assinaram a Declaração do Milênio, da qual se originaram os oito Objetivos de Desenvolvimento do Milênio (ODMs). Essas nações comprometeram-se a alcançar tais objetivos até 2015. Pautados nos diversos instrumentos internacionais de proteção dos direitos humanos que fazem parte da declaração, os ODMs estão orientados para erradicar a extrema pobreza e a fome; universalizar o ensino básico; promover a igualdade entre os sexos; reduzir a mortalidade infantil; melhorar a saúde materna; combater a AIDS, a malária e outras doenças; garantir a sustentabilidade ambiental e estabelecer uma parceria mundial para o desenvolvimento. Sete dos oito ODMs têm como sujeitos de direitos as crianças e os adolescentes e como marco paradigmático a Convenção Internacional sobre os Direitos da Criança (CDC), que reconhece, sem distinção de raça, cor, sexo, língua, religião, opinião política, origem nacional ou social, posição econômica e nascimento, que toda criança tem direito à sobrevivência sadia, desenvolvimento pleno e proteção contra todas formas de discriminação, exploração e abuso. Quanto ao direito à identidade, à privacidade e à honra da criança, os Estados signatários da Declaração do Milênio, mencionada no texto acima, e signatários, por extensão, da CDC, comprometeram-se a

I. respeitar o direito da criança e a preservar a sua identidade, incluindo a nacionalidade, o nome e as relações familiares, nos termos da lei, sem ingerência ilegal.
II. assegurar assistência e proteção adequadas, no caso de uma criança ser ilegalmente privada de todos os elementos constitutivos da sua identidade ou de alguns deles, de forma que a sua identidade seja restabelecida o mais rapidamente possível.
III. proteger o direito das crianças contra intromissões arbitrárias ou ilegais na sua vida privada, na sua família, no seu domicílio ou correspondência, bem como contra ofensas ilegais à sua honra e reputação.
IV. garantir o registro civil e o direito a nome e identidade a toda criança que necessite dos serviços públicos de educação e saúde, no prazo máximo de três anos a contar de seu nascimento.

Estão certos apenas os itens

(A) I e III.
(B) I e IV.
(C) II e IV.
(D) I, II e III.
(E) II, III e IV.

I: correta (artigo 8, ponto 1, da Parte 1 da Convenção sobre os Direitos da Criança); **II:** correta (artigo 8, ponto 2, da Parte 1 da Convenção sobre os Direitos da Criança); **III:** correta (artigo 16, pontos 1 e 2, da Parte 1 da Convenção sobre os Direitos da Criança); **IV:** incorreta, não existe essa previsão legal.

Gabarito "D"

11. Outros temas e Temas Combinados

(Defensor Público/AM – 2013 – FCC) Segundo a Política Nacional de Assistência Social (Resolução CNAS nº 145/04), o princípio da matricialidade familiar corresponde à

(A) centralidade na família como âmbito de suas ações, já que se trata de um espaço privilegiado e insubstituível de proteção e ancoragem na socialização primária de seus membros.
(B) centralidade na figura materna como âmbito de suas ações, já que se trata da principal provedora de cuidados nas famílias monoparentais.
(C) desfamilização, abrandando a responsabilidade da família e destacando o dever de o Estado prover políticas que atendam às suas necessidades.
(D) desresponsabilização do Estado em sua função de garantir e assegurar as atenções básicas de proteção, desenvolvimento e inclusão social de todos os cidadãos.
(E) política social voltada ao aspecto tutelar, movida pela compaixão, consistindo em auxílio a problemas concretos, sendo o fornecimento de cesta básica um exemplo contundente dessa política.

A: correta. A matricialidade sociofamiliar é uma das bases organizacionais do processo de gestão da Política Nacional de Assistência Social. De acordo com o Anexo I da resolução CNAS nº 145/2004, "embora haja o reconhecimento explícito sobre a importância da família na vida social e, portanto, merecedora da proteção do Estado, tal proteção tem sido cada vez mais discutida, na medida em que a realidade tem dado sinais cada vez mais evidentes de processos de penalização e desproteção das famílias brasileiras. Nesse contexto, a matricialidade sociofamiliar passa a ter papel de destaque no âmbito da Política Nacional de Assistência Social – PNAS. Esta ênfase está ancorada na premissa de que a centralidade da família e a superação da focalização, no âmbito da política de Assistência Social, repousam no pressuposto de que para a família prevenir, proteger, promover e incluir seus membros é necessário, em primeiro lugar, garantir condições de sustentabilidade para tal. Nesse sentido, a formulação da política de Assistência Social é pautada nas necessidades das famílias, seus membros e dos indivíduos". Ainda, "para a proteção social de Assistência Social o princípio de matricialidade sociofamiliar significa que: a família é o núcleo social básico de acolhida, convívio, autonomia, sustentabilidade e protagonismo social; a defesa do direito à convivência familiar, na proteção de Assistência Social, supera o conceito de família como unidade econômica, mera referência de cálculo de rendimento per capita e a entende como núcleo afetivo, vinculado por laços consanguíneos, de aliança ou afinidade, que circunscreve obrigações recíprocas e mútuas, organizadas em torno de relações de gerações e de gêneros; a família deve ser apoiada e ter acesso a condições para responder ao seu papel no sustento, na guarda e na educação de suas crianças e adolescentes, bem como na proteção de seus idosos e portadores de deficiência; o fortalecimento de oportunidade de convívio, educação e proteção social, na própria família, não restringe as responsabilidades públicas de proteção social para com os indivíduos e a sociedade".

Gabarito "A"

(Defensor Público/PR – 2012 – FCC) Analise as afirmações abaixo sobre o Sistema de Garantia dos Direitos da Criança e do Adolescente - SGD.

I. Os órgãos públicos e as organizações da sociedade civil que integram o Sistema de Garantia dos Direitos da Criança e do Adolescente - SGD deverão exercer suas funções em rede como, por exemplo, a integração operacional de órgão do Judiciário, Ministério Público, Defensoria, Segurança Pública e Assistência Social, preferencialmente em um mesmo local, para efeito de agilização do atendimento inicial a adolescente a quem se atribua autoria de ato infracional.
II. O Sistema de Garantia dos Direitos da Criança e do Adolescente articular-se-á com todos os sistemas nacionais de operacionalização de políticas públicas, especialmente nas áreas da saúde, educação, assistência social, trabalho, segurança pública, planejamento, orçamentária, relações exteriores e promoção da igualdade e valorização da diversidade.
III. Consideram-se instrumentos normativos de promoção, defesa e controle da efetivação dos direitos humanos da criança e do adolescente as normas internacionais não convencionais, aprovadas como Resoluções da Assembleia Geral das Nações Unidas, a respeito da matéria.

Está correto o que se afirma em

(A) I, II e III.
(B) I e II, apenas.
(C) II e III, apenas.
(D) I e III, apenas.
(E) I, apenas.

I: correta (art. 88, V, do ECA); **II:** correta (art. 88, VI, do ECA); **III:** correta. Os principais documentos internacionais heterogêneos de proteção ao infante são: convenções da Organização Internacional do Trabalho; Declaração de Genebra – Carta da Liga sobre a Criança de 1924; Declaração dos Direitos da Criança de 1959, dentre outros.

Gabarito "A"

(Defensor Público/PR – 2012 – FCC) Assinale a alternativa que correlaciona corretamente o caso hipotético e o procedimento apresentado.

	Caso hipotético	Procedimento
(A)	Desaparecimento de criança e adolescente.	Os órgãos competentes que receberam a notificação poderão comunicar o fato aos portos, aeroportos, Polícia Rodoviária e companhias de transporte interestaduais e internacionais.
(B)	Gestantes ou mães que manifestam interesse em entregar seus filhos para adoção.	Serão obrigatoriamente encaminhadas ao Ministério Público da Infância e Juventude.
(C)	Reiteração de faltas injustificadas e de evasão escolar, esgotados os recursos escolares.	Os dirigentes de estabelecimentos de ensino fundamental comunicarão ao Conselho Municipal dos Direitos da Criança e do Adolescente.
(D)	Afastamento da criança ou do adolescente de sua família de origem.	A autoridade judiciária não poderá investigar os fatos e ordenar de ofício as providências necessárias.
(E)	Adolescente apreendido por força de ordem judicial.	Será, desde logo, encaminhado à autoridade policial competente.

A: incorreta, pois a investigação do desaparecimento de crianças ou adolescentes será realizada imediatamente após notificação aos órgãos competentes, que deverão comunicar o fato aos portos, aeroportos, Polícia Rodoviária e companhias de transporte interestaduais e internacionais, fornecendo-lhes todos os dados necessários à identificação do desaparecido (art. 208, § 2º, do ECA); **B:** incorreta, pois caberá ao poder público proporcionar às gestantes que manifestarem intenção de entregar seu filho a devida assistência psicológica (art. 8º, § 5º, do ECA); **C:** incorreta, pois no caso descrito na alternativa caberá aos dirigentes de estabelecimento de ensino comunicar o fato ao Conselho Tutelar (art. 56, do ECA); **D:** correta, já que se exige procedimento judicial contencioso, a pedido do Ministério Público ou de quem tenha legítimo interesse (art. 101, § 2º, do ECA); **E:** incorreta, pois o adolescente apreendido será desde logo encaminhado à autoridade judiciária competente (art. 171, do ECA).

Gabarito "D"

(Defensor Público/RO – 2012 – CESPE) A respeito da prática de ato infracional, dos direitos individuais, das garantias processuais e das medidas socioeducativas, assinale a opção correta com base no que dispõe o ECA.

(A) Antes de decretar a regressão de medida socioeducativa, deve a autoridade judiciária ouvir o adolescente infrator.

(B) A internação provisória, ou seja, a que seja decretada antes da sentença, não pode exceder o prazo de quarenta e cinco dias, salvo quando o ato infracional for cometido mediante violência ou grave ameaça e quando a extrapolação do prazo for necessária para a segurança pessoal do adolescente.

(C) Considera-se ato infracional apenas o praticado por adolescente, ou seja, por pessoa entre doze anos de idade completos e dezoito anos de idade incompletos.

(D) No processo para apuração de ato infracional, é recomendável que o juiz encerre a instrução probatória quando houver confissão do adolescente, em atenção à celeridade que se deve empregar nesse tipo de procedimento.

(E) Tratando-se de procedimento de apuração de ato infracional, a ausência de defensor na audiência de apresentação do adolescente acarreta nulidade do processo, desde que comprovado o prejuízo.

A: correta, de acordo com o enunciado da Súmula 265 do STJ; **B:** incorreta, pois em nenhuma hipótese será permitida a internação provisória por mais de quarenta e cinco dias (arts. 108 e 183, ambos do ECA); **C:** incorreta, pois tanto a criança como o adolescente praticam ato infracional. Todavia, caso a criança seja o autor do ato infracional, ser-lhe-á aplicada tão somente medida protetiva e não socioeducativa (art. 105, do ECA); **D:** incorreta, pois é nula a desistência de outras provas em face da confissão do adolescente (Súmula 342 do STJ); **E:** incorreta, pois em caso de ausência de advogado em audiência de apresentação, a nulidade será absoluta, presumindo-se o prejuízo, diante da afronta ao princípio da ampla defesa. Assim, é indispensável a defesa técnica, sendo que nenhum adolescente a quem se atribua a prática de ato infracional, ainda que ausente ou foragido, será processado sem defensor, devendo estar acompanhado de advogado, inclusive, na audiência de apresentação. Se o adolescente não houver constituído, o juiz deverá nomear um defensor para a oportunidade (arts. 184, § 1º e 207, do ECA).

Gabarito "A"

(Defensor Público/SP – 2012 – FCC) No caso de crianças e adolescentes com perda ou fragilidade de vínculos de afetividade e sociabilidade ou que tenham optado por alternativas diferenciadas de sobrevivência que possam representar risco pessoal e social, dentre outros casos, a Lei nº 8.742/1993, que organiza a Assistência Social e a Resolução nº 145/2004, que institui a Política Nacional de Assistência Social, previram os serviços socioassistenciais.

Estes serviços, na referência da

(A) substitutividade, visam forçar que o Estado exerça o papel da família, utilizando-se de instrumentos de acolhimento institucional ou contenção da criança e do adolescente.

(B) vigilância social, visam compensar o valor inadequado do salário mínimo percebido por adolescente a partir dos 16 anos de idade, excluindo as situações de desemprego, cuja situação é abrangida por outra referência.

(C) defesa social, visam definir situações de necessária reclusão e de perda das relações, com encaminhamento de crianças e adolescentes à apartação social.

(D) proteção social, visam garantir a segurança da sobrevivência, de acolhida e de convívio ou vivência familiar.

(E) proteção individual, visam inserir a criança e o adolescente em programas de proteção à vítima de ameaça ou violência.

A: incorreta, pois de acordo com a Política Nacional de Assistência Social, busca-se um conjunto integrado de ações e iniciativas do governo e da sociedade civil para garantir proteção social para quem dela necessitar (Resolução nº 145/2004); **B:** incorreta, pois a vigilância socioassistencial, como um dos objetivos da assistência social, visa analisar territorialmente a capacidade protetiva das famílias e nela a ocorrência de vulnerabilidades, de ameaças, de vitimizações e danos (art. 2º, II, da Lei nº 8.742/1993); **C:** incorreta, pois a defesa de direitos, como um dos objetivos da assistência social, visa à garantir o pleno acesso aos direitos no conjunto das provisões socioassistenciais (art. 2º, III, da Lei nº 8.742/1993); **D:** correta (arts. 2º, I e art. 6º-A, I e II, ambos da Lei nº 8.742/1993); **E:** incorreta, pois a Política Pública de Assistência Social visa à proteção social básica e especial (de média e alta complexidade) e não individual.

Gabarito "D"

(Defensor Público/AM – 2013 – FCC) A Política do Ministério da Saúde para a atenção integral a usuários de álcool e drogas tem como uma de suas diretrizes:

(A) a existência de uma rede de dispositivos tipo Centro de Atendimento Psicossocial Álcool e Drogas (CAPSad), capazes de oferecer atendimento somente na modalidade não intensiva.

(B) a necessidade de estruturação e fortalecimento de rede centrada na reabilitação através do isolamento como forma de tratamento eficaz.

(C) a manutenção dos leitos psiquiátricos, em hospitais psiquiátricos, para atendimento de seu público alvo.

(D) a formulação de política tendo como base que todo usuário é um indivíduo doente e que requer internação, fortalecendo-se reflexamente a segurança pública.

(E) o respeito à Lei nº 10.216/2001, como instrumento legal máximo para a política de atenção.

A: incorreta, pois os Centro de Atendimento Psicossocial Álcool e Drogas deve oferecer atendimento nas modalidades intensiva, semi-intensiva e não intensiva, permitindo o planejamento terapêutico dentro de uma perspectiva individualizada de evolução contínua; **B:** incorreta, pois há a necessidade de estruturação e fortalecimento de uma rede de assistência centrada na atenção comunitária associada à rede de serviços de saúde e sociais, que tenha ênfase na reabilitação e reinserção social dos seus usuários, sempre considerando que a oferta de cuidados a pessoas que apresentem problemas decorrentes do uso de álcool e outras drogas deve ser baseada em dispositivos extra-hospitalares de atenção psicossocial especializada, devidamente articulados à rede assistencial em saúde mental e ao restante da rede de saúde; **C:** incorreta, pois a rede proposta se baseia em serviços comunitários, apoiados por leitos psiquiátricos em hospital geral e outras práticas de atenção comunitária (ex.: internação domiciliar, discussão comunitária de serviços), de acordo com as necessidades da população-alvo dos trabalhos; **D:** incorreta. Muito pelo contrário, pois um dos objetivos é formular políticas que possam desconstruir o senso comum de que todo usuário de droga é um doente que requer internação, prisão ou absolvição; **E:** correta. As diretrizes para uma política ministerial específica para a atenção a estes indivíduos estão em consonância com os princípios da política de saúde mental vigente regulamentada e respaldada pela Lei Federal 10.216/2001

Gabarito "E".

(Defensoria Pública/SP – 2010 – FCC) Prevê o Estatuto da Criança e do Adolescente medida

(A) socioeducativa de internação provisória destinada a adolescente a quem se atribua autoria de ato infracional.

(B) protetiva de inclusão em tratamento médico em regime hospitalar para criança em situação de violação ou ameaça de violação de direitos.

(C) de cassação do registro para entidades governamentais que desenvolvam programas de internação e descumprem obrigação prevista na lei.

(D) de perda da guarda dentre aquelas pertinentes aos pais ou responsável.

(E) de advertência para conselheiro tutelar que incorrer em abuso ou omissão no cumprimento de suas atribuições.

A: incorreta, pois o Estatuto da Criança e do Adolescente prevê como uma das medidas socioeducativas ao adolescente infrator a internação em estabelecimento educacional (art. 112, VI, do ECA); **B:** incorreta, pois as medidas aplicáveis em caso de criança em situação de violação e ameaça de violação de direitos estão previstas no art. 101 do ECA, das quais não consta a inclusão em tratamento médico hospitalar, mas sim a *requisição* de tratamento médico; **C:** incorreta, pois a cassação é medida aplicável à entidade não governamental (art. 97, II, *d*, do ECA); **D:** correta (art. 129, VIII, do ECA); **E:** incorreta, pois a advertência é aplicável às entidades governamentais e não governamentais quando descumprirem suas obrigações (art. 97 do ECA).

Gabarito "D".

(Defensoria/SP – 2009 – FCC) O Estatuto da Criança e do Adolescente proíbe, expressamente,

(A) o conselheiro tutelar de integrar o conselho municipal dos direitos da criança e do adolescente.

(B) tio e sobrinho de servirem no mesmo conselho tutelar durante o mesmo mandato.

(C) aplicação de medida de prestação de serviços à comunidade a menores de 16 anos.

(D) venda, a criança e adolescente, de brinquedos e jogos que estimulam o comportamento violento.

(E) abrigos que atendam, simultaneamente, num mesmo espaço físico, adolescentes do sexo masculino e feminino.

B: correta, pois consta expressamente do art. 140, *caput*, do ECA. As demais alternativas não constam como proibições expressas no Estatuto da Criança e do Adolescente.

Gabarito "B".

14. Direito Ambiental

Wander Garcia

1. Conceito Básicos

(Defensor Público/PA – 2006 – UNAMA) Considere as seguintes afirmações sobre Direito Ambiental:

I. O Direito Ambiental é o complexo de princípios e normas coercitivas, reguladoras das atividades humanas que, direta ou indiretamente, possam afetar a sanidade do meio ambiente em sua dimensão global, visando à sustentabilidade para as presentes e futuras gerações.

II. A natureza jurídica do Direito Ambiental pode ser pública ou privada, porque sua defesa compete tanto ao Poder Público quanto à coletividade.

III. O bem ambiental protegido pelo Direito Ambiental é o meio ambiente ecologicamente equilibrado.

IV. O princípio do poluidor-pagador deve ser interpretado como a possibilidade de se desenvolver atividades poluidoras, desde que se pague pela poluição causada.

Somente é correto o que se afirma em:

(A) I e IV.
(B) II e III.
(C) III e IV.
(D) I e III.

I: correta, estando de acordo com o art. 225, "caput", da CF; **II:** incorreta, pois o Direito Ambiental é considerado Direito Público, pois prevalece, nesse ramo do Direito, a supremacia do interesse público sobre o privado; **III:** correta (art. 225, "caput", da CF); **IV:** incorreta, pois o princípio não autoriza a poluição; o princípio tem um sentido repressivo, que determina a reparação do meio ambiente quando o dano já tiver sido causado, e um sentido preventivo, que impõe que o poluidor internalize as externalidades negativas; as externalidades negativas consistem no próprio uso do meio ambiente; e a internalização consiste em o poluidor arcar com o custo da poluição, com a devida atenção ao interesse público e sem provocar distorções no comércio e nos investimentos internacionais; assim, determinadas atividades que estejam compatíveis com o desenvolvimento sustentável serão autorizadas ao empreendedor, que, todavia, estará sujeito a ter de arcar com um custo adicional, por estar utilizando bem raro, bem que deve ser protegido; outras atividades, todavia, dada a usa incompatibilidade com o princípio do desenvolvimento sustentável, continuarão proibidas, não se podendo invocar o princípio do poluidor-pagador para pedir que sejam autorizadas.

Gabarito "D".

2. Direito Ambiental Constitucional

(Defensoria/SP – 2006 – FCC) Na Constituição Federal, em matéria ambiental, são expressamente previstos como patrimônio nacional, além da Serra do Mar, da Floresta Amazônica brasileira e do Pantanal Mato-Grossense,

(A) a Zona Costeira e a Caatinga.
(B) o Cerrado e a Caatinga.
(C) a Caatinga e a Mata Atlântica.
(D) a Zona Costeira e a Mata Atlântica.
(E) o Cerrado e a Mata Atlântica.

Nos termos do art. 225, § 4º, da CF, a alternativa que contém expressamente o patrimônio ambiental nacional é a alternativa "D".

Gabarito "D".

(Defensoria/SP – 2006 – FCC) O Plano Diretor é um dos instrumentos básicos para o pleno desenvolvimento das funções ambientais da cidade e garantir o bem-estar de seus habitantes. Com relação, exclusivamente, ao número de habitantes, o Plano Diretor é obrigatório quando o Município possui mais de

(A) 50 mil habitantes.
(B) 30 mil habitantes.
(C) 20 mil habitantes.
(D) 10 mil habitantes.
(E) 5 mil habitantes.

O Plano Diretor, instrumento básico da política de desenvolvimento e de expansão urbana aprovado pela Câmara Municipal, está previsto no art. 182, § 1º, da CF e é obrigatório para cidades com mais de 20 mil habitantes.

Gabarito "C".

3. Princípios do Direito Ambiental

(Defensor Público/SP – 2012 – FCC) A inversão do ônus da prova em Ação Civil Pública em matéria ambiental, conforme entendimento jurisprudencial do Superior Tribunal de Justiça, consolidado no julgamento do Recurso Especial nº 1.060.753/SP, de relatoria da Ministra Eliana Calmon, tem como fundamento normativo principal, além da relação interdisciplinar entre as normas de proteção ao consumidor e as de proteção ambiental e o caráter público e coletivo do bem jurídico tutelado, o princípio

(A) da precaução.
(B) da função ambiental da propriedade.

(C) do usuário-pagador.
(D) do desenvolvimento sustentável.
(E) da cooperação.

De acordo com a decisão citada, "o princípio da **precaução** pressupõe a inversão do ônus probatório, competindo a quem supostamente promoveu o dano ambiental comprovar que não o causou ou que a substância lançada ao meio ambiente não lhe é potencialmente lesiva". Assim, a alternativa "A" é a correta.

Gabarito "A"

(Defensor Público/PR – 2012 – FCC) Quanto aos princípios do direito ambiental, é correto afirmar:

(A) O princípio do poluidor-pagador está intimamente ligado ao princípio da livre iniciativa e permite a livre utilização dos bens ambientais pelos particulares, ressalvado o posterior ressarcimento à Fazenda Pública pelo uso.
(B) O princípio do acesso equitativo aos recursos naturais não impede que se dê preferência a utilização do bem ambiental pelas comunidades que se encontram mais próximas a ele.
(C) O princípio da prevenção está ligado à incerteza sobre os riscos de determinada atividade potencialmente poluidora, enquanto o princípio da precaução demanda a adoção de medidas que assegurem a salubridade ambiental quando já se conhecem as consequências daquela atividade.
(D) O princípio da participação impõe obrigações não só ao Estado, mas também aos particulares, respondendo ambos, solidariamente, por quaisquer danos que venham a ser causados ao meio ambiente.
(E) O princípio do direito ao meio ambiente ecologicamente equilibrado impede a utilização dos elementos de fauna e flora em suas formas nativas no intuito de manter o equilíbrio ambiental, tanto quanto possível, sem que haja a intervenção humana.

A: incorreta, pois o princípio não dá um salvo-conduto para poluir; quem poluir não poderá usar o princípio para se evadir de sanções criminais e administrativas; o que o princípio quer dizer, em seu aspecto repressivo, é que, uma vez que se poluiu, ter-se-á que reparar o meio ambiente, sem prejuízo das outras sanções cabíveis pela conduta contrária ao Direito; **B:** correta, pois a igualdade significa tratar os iguais igualmente e os desiguais desigualmente, na medida de sua desigualdade; um exemplo é o benefício concedido a pequenos núcleos populacionais rurais quanto ao uso dos recursos hídricos (art. 12, § 1.º, I, da Lei 9.433/1997); **C:** incorreta, pois é o contrário, ou seja, a prevenção está ligada à certeza científica, ao passo que a precaução está ligada à incerteza; **D:** incorreta, pois os particulares não respondem por todo e qualquer dano que venham a ser causados ao meio ambiente só por conta do princípio da participação; é necessário algum tipo de relação do particular com o dano causado; já o Estado, pela ausência culposa de fiscalização do meio ambiente, pode ser chamado a responder solidariamente com o causador do dano; **E:** incorreta, pois o princípio é compatível com o uso do meio ambiente, ainda que importe em utilização da natureza em sua forma nativa; o que não se pode é fazê-lo sem a busca do meio-termo, do respeito às leis e sem o cuidado para que não se mitigue ao máximo os impactos ambientais.

Gabarito "B"

(Defensoria Pública/SP – 2010 – FCC) Preceitua o item 15 da Declaração do Rio de Janeiro Sobre Meio Ambiente e Desenvolvimento (Rio-92): "Para que o ambiente seja protegido, será aplicada pelos Estados, de acordo com as suas capacidades, medidas preventivas. Onde existam ameaças de riscos sérios ou irreversíveis não será utilizada a falta de certeza científica total como razão para o adiamento de medidas eficazes em termos de custo para evitar a degradação ambiental". Esse texto traz em si a gênese do princípio, em matéria ambiental,

(A) do desenvolvimento sustentável.
(B) da precaução.
(C) da tutela estatal.
(D) da incerteza científica.
(E) da inevitabilidade ambiental.

Trata-se do princípio da precaução, que difere do princípio da prevenção justamente porque exige providência prévias com vistas à proteção do meio ambiente mesmo quando se está diante de incerteza científica de dano ambiental.

Gabarito "B"

(Defensoria/MA – 2009 – FCC) "Quando houver ameaça de danos graves ou irreversíveis, a ausência de certeza científica absoluta não será utilizada como razão para o adiamento de medidas economicamente viáveis para prevenir a degradação ambiental". Esta é a formulação do princípio ambiental

(A) do desenvolvimento sustentável.
(B) do poluidor-pagador.
(C) da precaução.
(D) da economicidade.
(E) da prevenção.

Trata-se do princípio da precaução, por se estar diante de situação de incerteza científica de dano ambiental.

Gabarito "C"

(Defensoria/PA – 2009 – FCC) "A água é um recurso natural limitado, dotado de valor econômico" (Lei nº 9.433/1997, art. 1º, II). Este dispositivo legal, ao afirmar o valor econômico de recurso natural e permitir, por conseguinte, a cobrança pelo seu uso, dá concreção ao princípio ambiental

(A) do poluidor-pagador.
(B) da prevenção.
(C) da ubiquidade.
(D) da precaução.
(E) da responsabilidade civil.

Trata-se de aplicação prática do princípio do poluidor-pagador, em seu aspecto preventivo. Vale salientar, entretanto, que, caso houvesse alternativa no sentido de que o caso seria expressão do princípio do usuário-pagador, esta seria a melhor resposta em razão da sentença "permitir, por conseguinte, a cobrança pelo seu uso".

Gabarito "A"

(Defensoria/SP – 2009 – FCC) Trata-se de aplicação INCORRETA do princípio constitucional da ordem econômica da função socioambiental da propriedade, combinado com o direito básico do consumidor à informação adequada e clara sobre os diferentes produtos e serviços, a obrigação dos

(A) comerciantes informar se os sacos plásticos postos a disposição para transporte das mercadorias adquiridas é biodegradável.
(B) produtores e comerciantes de pilhas e baterias informar dos riscos relacionados ao seu descarte inadequado.
(C) produtores e comerciantes de carne bovina de informar a origem do produto, tendo em vista a degradação ambiental na Amazônia provocada pela expansão da fronteira agropecuária.
(D) estabelecimentos públicos ou privados, que abriguem recintos coletivos, devem informar se pretendem criar ou não áreas destinadas exclusivamente aos fumantes, devidamente isoladas e com arejamento conveniente.
(E) produtores e comerciantes de veículos automotores informar o nível de emissão de gases tóxicos decorrentes da queima de combustível dos motores.

Todas as alternativas trazem deveres de informação óbvios. Porém a assertiva "D" está incorreta, devendo esta alternativa ser assinalada, pois, no Estado de São Paulo, onde se deu o concurso cuja questão se analisa, existe a chamada Lei Antifumo, que veda, absolutamente, que se fume em recintos coletivos.

Gabarito "D"

(Defensoria/SP – 2007 – FCC) Certa empresa privada faz intensa campanha publicitária em que estimula a sociedade a ter consciência ambiental, porém, em sua atividade comercial, notoriamente realiza práticas altamente nocivas ao meio ambiente, contrariando diretamente os valores que prega. Trata-se de violação ao princípio de direito ambiental:

(A) da natureza pública da proteção ambiental.
(B) da obrigatoriedade da intervenção estatal.
(C) da educação ambiental.
(D) do poluidor–pagador.
(E) da prevenção e precaução.

O princípio da educação ambiental inclui, além da promoção da educação ambiental em todos os níveis de ensino, a conscientização pública para a preservação do meio ambiente e está previsto no inciso VI do § 1º do artigo 225 da CF. A Lei Federal 9.795/1999 traz disposições acerca da educação ambiental, instituindo a Política Nacional de Educação Ambiental.

Gabarito "C"

(Defensor Público/BA – 2006) O princípio constitucional ambiental inserido no artigo 225 da Magna Carta, que impõe a consideração do meio ambiente como fator determinante para tomada de decisões políticas, atuação administrativa, criação legislativa e qualquer medida ou atividade relevante à comunidade ou ao ambiente é chamado, na doutrina, de princípio da(o)

(A) poluidor-pagador ou da responsabilização.
(B) ubiquidade.
(C) educação ambiental.
(D) precaução.
(E) ação ambiental sustentável.

A: incorreta, pois esse princípio tem outro sentido, qual seja, o de que o poluidor deve reparar o dano ambiental causado com sua conduta, bem como deve internalizar as externalidades negativas; **B:** correta, pois o princípio da ubiquidade tem, de fato, esse sentido, ou seja, o de que as questões ambientais devem ser consideradas em todas atividades humanas, de modo a orientar a tomada de decisões nas várias esferas de atuação estatal e comunitária; **C:** incorreta, pois esse princípio tem outro sentido, qual seja, o de que cabe ao Poder Público o dever de promover a educação ambiental em todos os níveis de ensino e a conscientização pública para a preservação do meio ambiente; **D:** incorreta, pois esse princípio tem outro sentido, qual seja, o de que, em caso de incerteza científica sobre eventual dano ao meio ambiente, deve-se atuar de modo a prevenir esse potencial dano, ou seja, "in dubio pro societate"; **E:** incorreta, pois esse princípio tem outro sentido, qual seja, o de que se faz necessário harmonizar o desenvolvimento econômico e social, com a garantia da perenidade dos recursos ambientais.

Gabarito "B".

4. PNMA SISNAMA

(Defensor Público/SP – 2012 – FCC) A Lei da Política Nacional do Meio Ambiente (Lei nº 6.938/81), após seus 30 anos de vigência, cumpre, de certa forma, o papel de Código Ambiental Brasileiro, assegurando normativamente:

(A) a exigência de licença ambiental e de estudo de impacto de vizinhança para atividades efetiva ou potencialmente poluidoras.
(B) a consagração da responsabilidade penal da pessoa jurídica.
(C) o reconhecimento da legitimidade do Ministério Público para propor ação de responsabilidade civil e criminal em decorrência de danos causados ao ambiente.
(D) a consagração expressa do princípio da precaução.
(E) a caracterização da responsabilidade subjetiva do poluidor pela reparação ou indenização do dano ecológico causado.

A: incorreta, pois a licença ambiental é prevista na Lei da Política Nacional do Meio Ambiente (art. 9.º, IV, da Lei 6.938/1981), mas o estudo de impacto de vizinhança está previsto no Estatuto da Cidade (arts. 36 a 38 da Lei 10.257/2001); **B:** incorreta, pois a responsabilidade penal da pessoa jurídica só foi introduzida como realidade na Lei de Crimes Ambientais (arts. 3.º e 21 da Lei 9.605/1998), após a abertura dada pelo art. 225, § 3.º, da CF, que prevê a aplicação de sanções penais e administrativas a pessoas jurídicas que cometem condutas e atividades consideradas lesivas ao meio ambiente; **C:** correta (art. 14, § 1.º, da Lei 6.938/1981); **D:** incorreta, pois esse princípio foi consagrado por ocasião da ECO/92 (Princípio 15 do documento nela produzido: "Com o fim de proteger o meio ambiente, o princípio da precaução deverá ser amplamente observado pelos Estados, de acordo com suas capacidades. Quando houver ameaça de danos graves ou irreversíveis, a ausência de certeza científica absoluta não será utilizada como razão para o adiamento de medidas economicamente viáveis para prevenir a degradação ambiental"); **E:** incorreta, pois o art. 14 da Lei 6.938/1981 prevê a responsabilidade civil objetiva do poluidor.

Gabarito "C".

(Defensoria/PI – 2009 – CESPE) Acerca da PNMA, assinale a opção correta.

(A) O órgão superior do SISNAMA é o Ministério do Meio Ambiente.
(B) O cadastro técnico federal de atividades e instrumentos de defesa ambiental é considerado instrumento da PNMA.
(C) O proprietário de imóvel rural pode instituir servidão ambiental, inclusive nas áreas de preservação permanente e de reserva legal, desde que com a anuência do órgão ambiental competente.
(D) O órgão consultivo e deliberativo do SISNAMA é o Conselho de Governo.
(E) A servidão ambiental prescinde de averbação no registro de imóveis competente.

A Política Nacional do Meio Ambiente – PNMA está prevista na Lei 6.938/1981. **A:** incorreta, pois o órgão superior do SISNAMA – Sistema Nacional do Meio Ambiente é o Conselho de Governo (art. 6º, I, da Lei 6.938/1981); **B:** correta (art. 9º, VIII, da Lei 6.938/1981); **C:** incorreta (art. 9º-A, §§ 1º e 2º, da Lei 6.938/1981); **D:** incorreta, pois o órgão consultivo e deliberativo do SISNAMA é o CONAMA – Conselho Nacional do Meio Ambiente (art. 6º, II, da Lei 6.938/1981); **E:** incorreta (art. 9º-A, §§ 4º e 5º, da Lei 6.938/1981).

Gabarito "B".

5. Instrumentos da Política Nacional do Meio Ambiente

5.1. Licenciamento ambiental e EIA/RIMA

(Defensor Público/AM – 2013 – FCC) São ações administrativas da União promover o licenciamento ambiental de empreendimentos e atividades

(A) localizados ou desenvolvidos em unidades de conservação instituídas pela União, exceto em Áreas de Proteção Ambiental (APAs).
(B) localizados ou desenvolvidos em dois ou mais Municípios.
(C) de alto impacto ambiental.
(D) localizados ou desenvolvidos em rios federais.
(E) localizados ou desenvolvidos em terras quilombolas.

A: correta (art. 7.º, XIV, "d", da Lei Complementar 140/2011); **B:** incorreta, pois nesse caso a competência é do Estado (art. 8.º, XIV, da Lei Complementar 140/2011), por não se encaixar na competência da União (art. 7º, XIV, da Lei Complementar 140/2011) e dos Municípios (art. 9º, XIV, da Lei Complementar 140/11); **C:** incorreta, pois esse não é o critério para a distribuição da competência para o licenciamento ambiental, previsto nos arts. 7.º a 9.º da Lei Complementar 140/2011; **D:** incorreta, pois não há tal previsão no art. 7.º, XIV, da Lei Complementar 140/2011; de qualquer forma, caso se verifique impacto de âmbito regional, atingindo, por exemplo, dois Estados, aí sim a competência para o licenciamento será da União (art. 7.º, XIV, "e", da Lei Complementar 140/2011); **E:** incorreta, pois não há essa previsão, apesar de haver quanto a empreendimentos localizados ou desenvolvidos em terras indígenas (art. 7.º, XIV, "c", da Lei Complementar 140/2011).

Gabarito "A".

(Defensoria Pública/SP – 2010 – FCC) Das atividades econômicas abaixo, NÃO está sujeito a prévio Estudo de Impacto Ambiental (EIA/RIMA) o projeto de

(A) exploração econômica de madeira em área acima de 100 hectares.
(B) barragem hidrelétrica com potencial de 9mW.
(C) estradas de rodagem com duas faixas de rolamento.
(D) portos e terminais de minério, petróleo e produtos químicos.
(E) ferrovias.

Vide o art. 2º da Resolução CONAMA 1/1986. **A:** correta (art. 2º, XIV, da Resolução); **B:** incorreta, devendo esta alternativa ser assinalada. No caso de barragem hidrelétrica, somente as com potencial acima de 10mW é que dependem de EIA/RIMA (art. 2º, VII, da Resolução); **C:** correta (art. 2º, I, da Resolução); **D:** correta (art. 2º, III, da Resolução); **E:** correta (art. 2º, II, da Resolução).

Gabarito "B".

(Defensoria/PA – 2009 – FCC) No curso do procedimento de licenciamento ambiental, pode o órgão ambiental licenciador determinar, como condição para a outorga da licença, que o empreendedor apoie a implantação e manutenção de unidade de conservação do grupo de proteção integral. Esta faculdade

(A) depende de requerimento do empreendedor neste sentido e o montante de recursos a ser destinado a esta finalidade será fixado de comum acordo com o órgão ambiental, para minimizar os custos correspondentes.

(B) pode ser exercida pelo órgão ambiental sempre que o empreendimento for de significativo impacto ambiental, com fundamento no EIA/RIMA, e o montante de recursos a ser destinado a esta finalidade deve ser proporcional ao impacto ambiental.
(C) pode ser exercida pelo órgão ambiental em qualquer hipótese de licenciamento e o montante de recursos a ser destinado a esta finalidade deve ser proporcional ao impacto ambiental.
(D) pode ser exercida pelo órgão ambiental sempre que o empreendimento for de significativo impacto ambiental, com fundamento no EIA/RIMA, e o montante de recursos a ser destinado a esta finalidade é livremente arbitrado pelo órgão ambiental.
(E) pode ser exercida pelo órgão ambiental em qualquer hipótese de licenciamento e o montante de recursos a ser destinado a esta finalidade é livremente arbitrado pelo órgão ambiental.

Conforme o art. 36 da Lei 9.985/2000, lei esta que institui o Sistema Nacional de Unidades de Conservação da Natureza.

Gabarito "B"

(Defensor Público/PA – 2006 – UNAMA) Considere as seguintes afirmações sobre Licenciamento Ambiental:

I. Trata-se de ato administrativo pelo qual o órgão ambiental competente estabelece as condições, restrições e medidas de controle ambiental, que deverão ser obedecidas pelo empreendedor, pessoa física ou jurídica, para localizar, instalar, ampliar e operar empreendimentos ou atividades utilizadoras dos recursos ambientais consideradas efetiva ou potencialmente poluidoras, ou aquelas que, sob qualquer forma, possam causar degradação ambiental.
II. Dependem de licenciamento a construção, instalação, ampliação e funcionamento de estabelecimentos e atividades utilizadoras de recursos ambientais, consideradas efetiva ou potencialmente poluidoras, bem como os capazes, sob qualquer forma, de causar degradação ambiental.
III. O EIA/RIMA é indispensável para o licenciamento ambiental.
IV. A audiência pública é parte obrigatória do licenciamento ambiental.

Somente é correto o que se afirma em:

(A) II.
(B) III.
(C) I, II e III.
(D) II e IV.

I: incorreta, pois o licenciamento ambiental não é um ato administrativo, mas um procedimento administrativo (art. 2º, I, da Lei Complementar 140/2011 e art. 1º, I, da Resolução CONAMA nº 237/1997); **II:** correta (art. 1º, I, da Resolução CONAMA nº 237/1997); **III:** incorreta, pois o EIA/RIMA somente se faz necessário quando se estiver diante de licenciamento ambiental de atividade que possa causar significativo impacto ambiental (art. 225, § 1º, IV, da CF); **IV:** incorreta, pois a audiência pública só é feita quando couber e de acordo com a regulamentação pertinente (art. 10, V, da Resolução CONAMA nº 237/1997).

Gabarito "A"

(Defensoria/SP – 2006 – FCC) O licenciamento ambiental é feito em três etapas distintas, conforme a outorga das seguintes licenças: a prévia, a de instalação e a de operação. A licença de instalação NÃO poderá ultrapassar

(A) 10 anos.
(B) 6 anos.
(C) 5 anos.
(D) 3 anos.
(E) 2 anos.

O licenciamento ambiental está previsto na Lei Complementar 140/ 2011, no art. 19 do Decreto 99.274/1990 e nos arts. 8º e 18 da Resolução COMAMA nº 237/1997. Quantos aos prazos de validade de cada tipo de licença, confira o art. 18, II, da Resolução CONAMA nº 237/1997.

Gabarito "B"

(Defensor Público/BA – 2006) O licenciamento ambiental compreende

(A) o procedimento administrativo pelo qual o órgão ambiental competente licencia a localização, instalação, ampliação e a operação de empreendimentos e atividades utilizadoras de recursos ambientais consideradas efetiva e potencialmente poluidoras ou daquelas que, sob qualquer forma, possam causar degradação ambiental, consideradas efetiva ou potencialmente poluidoras ou aquelas que, sob qualquer foram, possam causar degradação ambiental.
(B) a definição de setores ou zonas em uma unidade de conservação com objetivos de manejo e normas específicas, com propósito de proporcionar os meios e condições para que todos os objetivos da unidade possam ser alcançados de forma harmônica e eficaz.
(C) o procedimento formal e material de elaboração do relatório de alteração de propriedades físicas, químicas e biológicas do meio ambiente que afetam a saúde, segurança e bem-estar das populações, atividades econômicas, biota, condições estéticas e sanitárias do meio ambiente e qualidade dos recursos ambientais.
(D) duas etapas, separadas e sucessivas, nos termos do cronograma do empreendimento, sendo a primeira etapa a licença prévia e a última a licença de instalação, com a qual finaliza-se o procedimento administrativo.
(E) o procedimento formal e material de elaboração do relatório de alteração de propriedades ambientais, com propósito de proporcionar os meios e condições para que todos os objetivos da unidade possam ser alcançados de forma harmônica e eficaz.

A: correta, pois está de acordo com a definição dada no art. 1º, I, da Resolução CONAMA nº 237/1997; porém, é bom ressaltar que, posteriormente à elaboração da presente questão, foi editada a Lei Complementar nº 140/2011, que trouxe nova definição de licenciamento ambiental, qual seja: "O procedimento administrativo destinado a licenciar atividades ou empreendimentos utilizadores de recursos ambientais, efetiva ou potencialmente poluidores ou capazes, sob qualquer forma, de causar degradação ambiental" (art. 2º, I); em essência, os dois conceitos são iguais, o que muda é que o conceito da Resolução detalha mais os tipos e as fases do licenciamento; **B:** incorreta, pois essa é a definição de "zoneamento" prevista na Lei de Unidades de Conservação (art. 2º, XVI, da Lei 9.985/2000); **C:** incorreta, pois essa é a definição do EIA/RIMA, prevista na Resolução CONAMA nº 1/1986; **D:** incorreta, pois são três etapas que culminam, respectiva e sucessivamente, nas licenças prévia, de instalação e de operação (art. 19 do Decreto 99.274/1990 e art. 8º da Resolução CONAMA nº 237/1997); **E:** incorreta, pois tal definição diz respeito ao zoneamento e ao plano de manejo, e não ao licenciamento ambiental (art. 2º, XVI e XVII, da Lei 9.985/2000).

Gabarito "A"

(Defensor Público/BA – 2006) O estudo prévio de impacto ambiental

(A) encontra amparo na legislação infraconstitucional, mas não foi expresso na Magna Carta.
(B) não precisa ser realizado antes da instalação de obra ou atividade potencialmente causadora de significativa degradação ambiental, uma vez que o Poder Público pode exigi-lo ou não, fundado em seu poder discricionário.
(C) é obrigatório inclusive para atividades potencialmente causadoras de ínfima ou mínima degradação ambiental.
(D) está previsto no texto da Constituição Federal e significa o estudo que precede a execução de qualquer projeto, público ou privado, que possa implicar significativa degradação ao ambiente.
(E) apresenta-se como sendo o procedimento formal e material de elaboração do relatório de alteração de propriedades ambientais impactantes do ecossistema e que afetam diretamente o princípio do poluidor-pagador.

A: incorreta, pois está expresso no art. 225, § 1º, IV, da CF; **B:** incorreta, pois, em caso de significativo impacto ambiental, o EIA/RIMA é obrigatório, por imperativo constitucional (art. 225, § 1º, IV, da CF); ademais, o próprio texto constitucional é claro ao dispor que esse estudo é "prévio", ou seja, deve ser realizado antes da instalação da obra; **C:** incorreta, pois só é obrigatório para atividades potencialmente causadoras de significativo impacto ambiental (art. 225, § 1º, IV, da CF); **D:** correta (art. 225, § 1º, IV, da CF); **E:** incorreta, pois a expressão "poluidor-pagador" está totalmente deslocada no conceito de relatório de impacto ambiental, decorrente do disposto na Resolução CONAMA nº 1/1986 (vide art. 1º).

Gabarito "D"

5.2. Unidades de Conservação

(Defensor Público/SP – 2012 – FCC) No Estado do Acre, onde, a partir da década de 1970, iniciou-se um processo acelerado de desmatamento da floresta para dar lugar a grandes pastagens de gado, Chico Mendes, junto ao movimento local dos seringueiros, desenvolveu práticas pacíficas de resistência para defender a floresta. A sua luta contra a devastação da Floresta Amazônica chamou a atenção do mundo, especialmente em razão da sua morte, ocorrida em 22 de dezembro de 1988. Em vista de tal cenário, com o propósito de proteger áreas de relevância ambiental e regulamentar o disposto no art. 225, § 1.º, I, II, III e VII, da Lei Fundamental de 1988, o legislador infraconstitucional editou a Lei do Sistema Nacional de Unidades de Conservação – SNUC (Lei nº 9.985/2000). Integra a categoria de Unidade de Conservação de Uso Sustentável:

(A) Estação Ecológica.
(B) Área de Relevante Interesse Ecológico.
(C) Reserva Biológica.
(D) Monumento Natural.
(E) Refúgio da Vida Silvestre.

A: incorreta, pois a assertiva "A" refere-se à Unidade de Proteção Integral (art. 8.º, I, da Lei 9.985/2000); **B:** correta (art. 14, II, da Lei 9.985/2000); **C:** incorreta, pois a assertiva "C" refere-se à Unidade de Proteção Integral (art. 8.º, II, da Lei 9.985/2000); **D:** incorreta, pois a assertiva "D" refere-se à Unidade de Proteção Integral (art. 8.º, IV, da Lei 9.985/2000); **E:** incorreta, pois a assertiva "E" refere-se à Unidade de Proteção Integral (art. 8.º, V, da Lei 9.985/2000).

Gabarito "B".

(Defensoria Pública/SP – 2010 – FCC) Das categorias de unidades de conservação abaixo, NÃO se caracteriza como Unidade de Proteção Integral:

(A) Área de Proteção Ambiental (APA).
(B) Estação Ecológica.
(C) Reserva Biológica.
(D) Parque Nacional.
(E) Refúgio da Vida Silvestre.

As unidades de proteção integral estão mencionadas no art. 8º da Lei 9.985/2000, que institui o Sistema Nacional de Unidades de Conservação da Natureza, e não inclui a área de proteção ambiental (APA), que é uma unidade de uso sustentável (art. 14, I, da Lei 9.985/2000).

Gabarito "A".

(Defensor Público/BA – 2006) Assinale a alternativa cujo conceito contido no enunciado encontra correspondência adequada com sua significação normativa.

(A) As áreas representativas de ecossistemas brasileiros, destinadas à realização de pesquisas básicas e aplicadas de Ecologia, a proteção do ambiente natural e ao desenvolvimento da educação conservacionista são chamadas de "reservas extrativistas".
(B) A área natural que abriga populações tradicionais, cuja existência baseia-se em sistemas sustentáveis de exploração dos recursos naturais, desenvolvidos ao longo de gerações e adaptados às condições ecológicas locais e que desempenham um papel fundamental na proteção da natureza e na manutenção da diversidade biológica, são os "parques nacionais".
(C) São áreas de trechos contínuos do território nacional, inclusive suas águas territoriais, a serem preservados e valorizados no sentido cultural e natural, e destinados à realização de planos e projetos de desenvolvimento turístico os "jardins botânicos, hortos florestais e zoológicos".
(D) O espaço territorial e seus recursos ambientais, incluindo as águas jurisdicionais, com características naturais relevantes, legalmente instituído pelo Poder Público, com objetivos de conservação e limites definidos, sob regime especial de administração, ao qual se aplicam garantias adequadas de proteção são as chamadas "unidades de conservação".
(E) São áreas de trechos contínuos do território nacional, destinadas à realização de pesquisas básicas e aplicadas de Ecologia, com objetivos de tutela e proteção específica, sob regime especial de administração, ao qual se aplicam garantias adequadas de proteção são as chamadas "áreas especiais de proteção ambiental".

A: incorreta, pois a reserva extrativista "é uma área utilizada por populações extrativistas tradicionais, cuja subsistência baseia-se no extrativismo e, complementarmente, na agricultura de subsistência e na criação de animais de pequeno porte, e tem como objetivos básicos proteger os meios de vida e a cultura dessas populações, e assegurar o uso sustentável dos recursos naturais da unidade" (art. 18, "caput", da Lei 9.985/2000); **B:** incorreta, pois essas áreas são chamadas de Reservas de Desenvolvimento Sustentável (art. 20, "caput", da Lei 9.985/2000); **C:** incorreta, pois a Lei 9.985/2000 não prevê unidade de conservação com esses três nomes; **D:** correta (art. 2º, I, da Lei 9.985/2000); **E:** incorreta, pois não existe na Lei 9.985/2000 espécie de unidade de conversação com essa nomenclatura (arts. 8º e 14 da Lei 9.985/2000).

Gabarito "D".

(Defensoria/SP – 2006 – FCC) O Sistema Nacional de Unidades de Conservação da Natureza estabelece dois grupos de unidades de conservação, as de Proteção Integral e as de Uso Sustentável. São Unidades de Proteção Integral:

(A) Refúgio da Vida Silvestre, Área de Proteção Ambiental, Reserva Extrativista, Reserva Biológica e Estação Ecológica.
(B) Estação Ecológica, Área de Proteção Ambiental, Floresta Nacional, Refúgio da Vida Silvestre e Reserva Extrativista.
(C) Reserva Biológica, Parque Nacional, Reserva da Fauna, Floresta Nacional e Reserva Extrativista.
(D) Área de Proteção Ambiental, Floresta Nacional, Reserva Extrativista, Monumento Natural e Refúgio da Vida Silvestre.
(E) Estação Ecológica, Reserva Biológica, Parque Nacional, Monumento Natural e Refúgio da Vida Silvestre.

São Unidades de Proteção Integral as previstas no art. 8º da Lei 9.985/2000; as Unidades de Uso Sustentável estão previstas no art. 14 da Lei 9.985/2000.

Gabarito "E".

6. Proteção da Flora. Código Florestal

(Defensor Público/AM – 2013 – FCC) A intervenção ou a supressão de vegetação nativa em área de preservação permanente

(A) poderá ser autorizada, excepcionalmente, nas restingas estabilizadoras de mangues e nos manguezais, em locais onde a função ecológica do manguezal esteja comprometida, para execução de obras habitacionais e de urbanização, inseridas em projetos de regularização fundiária de interesse social, em áreas urbanas consolidadas ocupadas por população de baixa renda.
(B) não será autorizada.
(C) somente ocorrerá nas hipóteses de utilidade pública e de interesse social.
(D) protetora de nascentes, dunas e restingas somente poderá ser autorizada em caso de interesse social.
(E) poderá ser autorizada desde que haja solicitação tecnicamente fundamentada do proprietário ou possuidor do imóvel.

A: correta (art. 8.º, § 2.º, da Lei 12.651/2012); **B:** incorreta, pois há autorização expressa no art. 8.º, § 2.º, da Lei 12.651/2012; **C:** incorreta, pois também é cabível na hipótese de baixo impacto ambiental, na forma da lei, tudo conforme o art. 8.º, "caput", da Lei 12.651/2012; **D:** incorreta, pois, nesses casos, só é possível a autorização em caso de utilidade pública e não de interesse social (art. 8.º, § 1.º, da Lei 12.651/2012); **E:** incorreta, pois não basta esse tipo de solicitação, sendo necessário que se enquadre nas hipóteses taxativas previstas no art. 8.º da Lei 12.651/2012.

Gabarito "A".

(Defensor Público/TO – 2013 – CESPE) A respeito da proteção e uso das florestas e demais formas de vegetação nativa, assinale a opção correta.

(A) São áreas de preservação permanente, além das elencadas no Código Florestal, as áreas cobertas com florestas e demais formas de vegetação nativa consideradas de interesse social, devendo a declaração de interesse social ocorrer, necessariamente, por lei em sentido formal.

(B) Considera-se manejo sustentável a substituição de vegetação nativa e de formações sucessoras por outras coberturas do solo, como atividades agropecuárias, industriais, de geração e transmissão de energia, de mineração e de transporte, assentamentos urbanos ou outras formas de ocupação humana.

(C) A área de preservação permanente é a que se localiza no interior de uma propriedade ou posse rural, devendo ser mantida a sua cobertura vegetal nativa, por ser ela necessária ao abrigo e proteção da fauna e flora nativas, à conservação da biodiversidade e à reabilitação dos processos ecológicos.

(D) As florestas existentes no território nacional e as demais formas de vegetação nativa, reconhecidas de utilidade às terras que revestem, são bens de interesse comum a todos os habitantes do país, exercendo-se os direitos de propriedade com as limitações que a legislação em geral, e em especial o Código Florestal, estabelecem.

(E) Dada a competência da União para legislar privativamente sobre florestas, áreas de preservação permanente e de reserva legal, a legislação federal pertinente – Código Florestal – contém normas de aplicação obrigatória por todos os entes da Federação.

A: incorreta, pois são Áreas de Preservação Permanente por força de lei as previstas no art. 4.º da Lei 12.651/2012 e, por força de ato do Chefe do Executivo (por exemplo, por Decreto) as mencionadas pelo art. 6.º da Lei 12.651/2012, que contemplam a hipótese prevista na alternativa ora comentada; assim, não é necessário lei em sentido formal para a declaração de que tais áreas (as previstas no art. 6.º) são de interesse social e constituem Área de Preservação Permanente; **B:** incorreta, pois a alternativa definiu o instituto do "uso alternativo do solo" e não do "manejo sustentável", conforme art. 3.º, VI e VII, respectivamente, da Lei 12.651/2012; **C:** incorreta, pois a alternativa definiu o instituto da "reserva legal" e não da "área de preservação permanente" (art. 3.º, III e II, respectivamente, da Lei 12.651/2012); **D:** correta (art. 2.º, "caput", da Lei 12.651/2012); **E:** incorreta, pois a competência não é privativa da União, mas concorrente dela, dos Estados e do Distrito Federal, cabendo à União editar normas gerais, sem prejuízo de Estados e Distrito Federal legislar inexistindo lei geral federal ou para suplementar a legislação federal (art. 24, VI e §§ 1º a 4.º, da CF).

Gabarito "D"

7. Responsabilidade Civil Ambiental

(Defensoria/PA – 2009 – FCC) A responsabilidade civil daquele que explorar recursos minerais, por danos causados ao meio ambiente, é

(A) subjetiva e depende de caracterização de conduta dolosa por parte do particular.

(B) objetiva e não implica a obrigação de recuperação da área degradada.

(C) objetiva e deverá compreender a obrigação de recuperação da área degradada, na forma definida pelo órgão ambiental.

(D) objetiva e subordinada às condutas praticadas pelo proprietário do imóvel.

(E) subjetiva e depende da comprovação de que o dano foi causado por violação à autorização ou concessão de lavra.

Nos termos do art. 225, §§ 2º e 3º, da CF, a alternativa correta é a "C".

Gabarito "C"

8. Responsabilidade Penal Ambiental

(Defensor Público/AM – 2013 – FCC) Pedro, em estado de necessidade, para saciar sua fome e de sua família, composta por esposa e cinco filhos, abateu animal da fauna amazônica. Segundo a Lei Federal nº 9.605/98, que dispõe sobre as sanções penais e administrativas derivadas de condutas e atividades lesivas ao meio ambiente, tal fato

(A) é tipificado como crime.

(B) é tipificado como contravenção penal.

(C) é tipificado como crime, sendo a situação descrita circunstância atenuante da pena.

(D) não é considerado crime.

(E) é tipificado como crime, sendo a ação penal neste caso pública condicionada à representação.

A, B, C e **E:** incorretas, pois o art. 37, I, da Lei 9.605/1998 dispõe que não é crime (nem contravenção penal, por extensão, já que se tem excludente de antijuridicidade, ante o estado de necessidade) tal conduta; **D:** correta, nos termos do art. 37, I, da Lei 9.605/1998.

Gabarito "D"

(Defensor Público/AC – 2006 – CESPE) Consoante as sanções penais e administrativas derivadas de condutas e atividades lesivas ao meio ambiente, nos termos da legislação vigente, assinale a opção incorreta.

(A) No tocante ao elenco de penas restritivas de direito aplicáveis à espécie, admite-se o recolhimento domiciliar.

(B) A baixa escolaridade ou grau de instrução não constitui argumento suficiente para atenuar a pena aplicada.

(C) Uma pessoa jurídica está sujeita ao cumprimento de pena.

(D) Constitui circunstância que agrava a pena aplicada ter o agente cometido a infração em período de defeso da fauna.

A: assertiva correta (art. 8º, V, da Lei 9.605/1998); **B:** assertiva incorreta, devendo esta alternativa ser assinalada, pois são circunstâncias que atenuam a pena (art. 14, I, da Lei 9.605/1998); **C:** assertiva correta, sendo que as penas cabíveis às pessoas jurídicas são de multa, restritivas de direitos e prestação de serviços à comunidade (art. 21 da Lei 9.605/1998); **D:** assertiva correta (art. 15, II, "g", da Lei 9.605/1998).

Gabarito "B"

(Defensor Público/BA – 2006) O artigo 35 da Lei 9.605/1998 (crimes e infrações administrativas contra o meio ambiente) dispõe o que segue: "Pescar mediante a utilização de: I – explosivos ou substâncias que, em contato com a água, produzem efeito semelhante; II – substâncias tóxicas, ou outro meio proibido pela autoridade competente: Pena – reclusão, de um a cinco anos". Analisando o conteúdo da determinação legal têm-se que:

(A) A conduta típica é o uso de explosivos ou substâncias que, em contato com a água, produzem efeito semelhante. Admite-se, nesse caso, norma suplementar para suprir a norma penal em branco.

(B) Não há possibilidade de tentativa no crime descrito.

(C) Empresas de pesca não podem ser sujeitos ativos do crime porque não é admitida a responsabilidade penal da pessoa jurídica no direito brasileiro.

(D) O elemento subjetivo do crime contempla a forma culposa.

(E) Encontra-se previsto no tipo penal, de forma implícita, hipótese excludente de culpabilidade do agente.

A: correta, pois há expressões que dependem de maior explicação; **B:** incorreta, pois o crime em questão não é daqueles em que não se admite tentativa, como os crimes culposos, os crimes omissivos próprios, os crimes unissubsistentes, dentre outros; **C:** incorreta, pois a pessoa jurídica pode, sim, ser sujeito ativo de crime ambiental (arts. 3º, "caput", e 21 da Lei 9.605/1998); **D:** incorreta, pois o crime culposo é excepcional, devendo a lei dispor expressamente que o crime também se configura por conduta culposa em sentido estrito; **E:** incorreta, pois não há previsão, no tipo penal em tela, de qualquer das causas excludentes de culpabilidades, como a inimputabilidade, a embriaguez, a falta de potencial consciência da ilicitude e a inexigibilidade de conduta diversa.

Gabarito "A"

(Defensor Público/BA – 2006) A responsabilidade penal da pessoa jurídica pelas atividades lesivas ao meio ambiente

(A) não foi prevista pelo legislador pátrio, eis que vigente o entendimento de que "societat potest non delinquere".

(B) diversamente das penas previstas para pessoas naturais, as sanções para as pessoas jurídicas são, especificamente, a suspensão parcial ou total de atividade; interdição temporária de estabelecimento, obra ou atividade; proibição de contratar com o Poder Público, bem como dele obter subsídios, subvenções ou doações.

(C) estipula a aplicabilidade das penas de multa, restritivas de direitos e prestação de serviços à comunidade, desconsideração da personalidade jurídica da sociedade e pena restritiva de direitos para seus representantes legais ou contratuais.

(D) fica subordinada a infração ter sido cometida por decisão do representante legal ou contratual, ou do órgão colegiado, no interesse ou benefício da sociedade.

(E) encontra o seu fundamento na teoria da responsabilidade aquiliana ou extracontratual.

A: incorreta, pois a Lei 9.605/1998, em seus arts. 3º, "caput", e 21, prevê a responsabilidade penal, além da civil e da administrativa, da pessoa jurídica; B e **C:** incorretas, pois as sanções penais aplicáveis à pessoa jurídica são multa, restritiva de direitos e prestação de serviços à comunidade (art. 21 da Lei 9.605/1998), não havendo que se falar em sanção penal de "desconsideração da personalidade jurídica da sociedade", sendo esta instituto relacionado à responsabilidade civil ambiental (art. 4º **da Lei 9.605/1998**); **D:** correta, nos termos do art. 3º **da Lei 9.605/1998**; **E:** incorreta, pois essa teoria é própria do Direito Civil, e não do Direito Penal.

Gabarito "D"

(Defensor Público/PA – 2006 – UNAMA) Sobre a responsabilidade por dano ambiental e sobre a responsabilidade penal da pessoa jurídica, é correto afirmar:

I. Dentre os argumentos contrários à responsabilização da pessoa jurídica, destacam-se: de que o direito penal moderno se funda nos princípios da culpabilidade e da personalidade das penas; que a pessoa jurídica é incapaz de, voluntariamente, realizar conduta e atender a exigências subjetivas de tipificação, não podendo ser intimidada ou reeducada.

II. Na Lei de Crimes Ambientais, há dispositivo legal que afirma que as pessoas jurídicas serão responsabilizadas administrativa, civil e penalmente, nos casos em que a infração seja cometida por decisão de seu representante legal ou contratual, ou de seu órgão colegiado, no interesse ou benefício da sua entidade.

III. Dano nuclear é o dano pessoal ou material, produzido como resultado direto ou indireto das propriedades radioativas, da sua combinação com as propriedades tóxicas ou com outras características dos materiais nucleares, que se encontrem em instalação nuclear, ou dela procedentes ou a ela enviados.

IV. A doutrina leciona que os danos ambientais coletivos dizem respeito aos sinistros causados ao meio ambiente *lato sensu*, repercutindo em interesses difusos, pois lesam diretamente uma coletividade indeterminada ou indeterminável de titulares. Os direitos decorrentes dessas agressões caracterizam-se pela inexistência de uma relação jurídica base, no aspecto subjetivo, e pela indivisibilidade (ao contrário dos danos ambientais pessoais) do bem jurídico, diante do aspecto objetivo.

Somente é correto o que se afirma em:

(A) I.
(B) I e II.
(C) II e IV.
(D) I, II, III e IV.

I: correta, pois essa crítica é pertinente ao tema da responsabilidade penal ambiental e foi muito forte quando da introdução em nosso ordenamento jurídico da Lei 9.605, de 1998; **II:** correta (art. 3º da Lei 9.605/1998); **III:** correta, pois traz definição adequada de dano nuclear (art. 1º, VII, da Lei 6.453/1977, que dispõe sobre a responsabilidade civil por danos nucleares e a responsabilidade criminal por atos relacionados com atividades nucleares); **IV:** correta, pois traz elementos adequados à definição de interesses difusos (art. 81, parágrafo único, I, do CDC); de fato a afirmativa acerta ao dizer que os titulares são uma coletividade indeterminada, que o bem jurídico é indivisível e que NÃO há uma relação jurídica base, sendo que, quanto a este último ponto, vale lembrar que, nos interesses difusos, há uma mera relação de fato entre seus titulares, diferentemente do que o ocorre nos interesses coletivos em sentido estrito (art. 81, parágrafo único, II, do CDC), em que há relação jurídica base.

Gabarito "D"

(Defensor Público/PA – 2006 – UNAMA) Sobre a Lei de Crimes Ambientais é correto afirmar:

I. A norma penal ambiental é permeada de elementos normativos, jurídicos ou extrajurídicos. A própria natureza da matéria ambiental justifica o emprego da técnica legislativa da norma penal em branco na formulação dos tipos de injusto, respeitados os parâmetros constitucionais.

II. No que tange à transação penal e à composição do dano ambiental, nos crimes de menor potencial ofensivo, a proposta de aplicação imediata de pena restritiva de direitos ou multa, somente poderá ser formulada desde que tenha havido a prévia composição do dano ambiental. Em outras palavras: o acordo civil para a reparação do dano ambiental será condição *sine qua non* para a transação penal. E o juiz homologará ambos.

III. No que tange à suspensão condicional do processo, o acusado entra em regime de prova por um período determinado e, desde que cumpridas todas as condições, resultará extinta a punibilidade, sem a necessidade da comprovação da reparação do dano ambiental por meio de laudo de constatação.

IV. No que tange à ação na lei de crimes ambientais, pode-se afirmar que a ação penal é pública incondicionada, havendo a possibilidade, em certos casos, da ação ser pública, condicionada à representação.

Somente é correto o que se afirma em:

(A) I, II, III e IV.
(B) I, II e III.
(C) I e II.
(D) II e IV.

I: correta, conforme amplamente aceito pela doutrina e pela jurisprudência; **II:** correta (art. 27 da Lei 9.605/1998); **III:** incorreta, pois a necessidade de comprovação da reparação ambiental existe (art. 28, I, da Lei 9.605/1998); **IV:** incorreta, pois é sempre pública incondicionada (art. 26 da Lei 9.605/1998).

Gabarito "C"

9. Proteção Judicial do Meio Ambiente

(Defensoria/MA – 2009 – FCC) O órgão ambiental competente, integrante do Sistema Nacional do Meio Ambiente – SISNAMA, outorga licença ambiental a determinado empreendedor, permitindo-lhe o exercício de atividade que se mostra lesiva ao meio ambiente. Pretendendo anular judicialmente o ato administrativo de outorga da licença, uma associação civil regularmente constituída, com objetivo de preservação ambiental, poderá ajuizar

(A) ação popular.
(B) mandado de segurança coletivo.
(C) mandado de segurança individual.
(D) ação direta de inconstitucionalidade.
(E) ação civil pública.

A: incorreta, pois somente o cidadão pode ingressar com ação popular (art. 5º, LXXIII, da CF); **B:** incorreta, pois a associação civil só pode ingressar com mandado de segurança coletivo para a defesa dos interesses de seus membros ou associados (art. 21 da Lei 12.016/2009) e a situação narrada no enunciado diz respeito à defesa de interesses difusos, que transcendem os associados da entidade; **C:** incorreta, pois a associação, por meio de mandado de segurança individual, só pode defender interesse da própria associação, e o caso, como se viu, diz respeito a interesses difusos; **D:** incorreta, pois o caso em tela diz respeito à anulação de um simples ato administrativo, ao passo que a ADIN visa declarar a inconstitucionalidade de ato normativo; **E:** correta (art. 5º, V, da Lei 7.347/1985).

Gabarito "E"

(Defensoria/MG – 2009 – FURMARC) Estão legitimados para a propositura da Ação Cautelar Preparatória, bem como para a ação principal atinente à Ação Civil Pública (Lei n.º 7.347 de 24 de junho de 1985, alterada pela Lei n.º 11.448 de 15 de janeiro de 2007), na busca da proteção do meio ambiente, EXCETO:

(A) Ministério Público.
(B) A Defensoria Pública.
(C) A União, os Estados, o Distrito Federal e os Municípios.
(D) A Autarquia, empresa pública, fundação ou sociedade de economia mista.
(E) A associação que esteja constituída há pelo menos 06 (seis) meses.

A: correta (art. 5º, I, da Lei 7.347/1985); **B:** correta (art. 5º, II, da Lei 7.347/1985); **C:** correta (art. 5º, III, da Lei 7.347/1985); **D:** correta (art. 5º, IV, da Lei 7.347/1985); **E:** assertiva incorreta, devendo esta alternativa ser assinalada, pois a associação deve estar constituída há pelo menos 1 (um) ano, além de incluir, em suas finalidades, a proteção do meio ambiente (art. 5º, V, "a" e "b", da Lei 7.347/1985).

Gabarito "E"

(Defensoria/PI – 2009 – CESPE) A respeito do inquérito civil, assinale a opção correta.

(A) Se, no curso de um inquérito civil, sobrevier um compromisso de ajustamento de conduta, os colegitimados que discordarem da solução estarão impedidos de propor eventuais ações civis públicas.
(B) Quando um inquérito civil é arquivado, ele gera direito adquirido.
(C) O encerramento de um inquérito civil caracteriza-se pela decisão do membro do MP em arquivá-lo.
(D) O inquérito civil pode ser instaurado para investigar um estado de coisas, como a poluição de um rio, ou uma situação permanente.
(E) O prazo de tramitação de um inquérito civil é de trinta dias, prorrogáveis por mais trinta dias.

A: incorreta, pois os coletigimados poderão questionar em juízo a legalidade dos termos do compromisso de ajustamento celebrado; **B:** incorreta, pois o inquérito civil é um mero procedimento de investigação com vistas à propositura de ação civil pública, nada impedindo que, posteriormente, elementos sejam coligidos pelos legitimados para o ingresso da ação civil pública, ingressando-se com esta contra o investigado no inquérito civil arquivado; **C:** incorreta, pois o arquivamento deve ser submetido ao Conselho Superior do Ministério Público, que pode tanto concordar com o arquivamento, como determinar novas investigações, ou mesmo determinar que outro órgão do Ministério Público ingresse com ação civil pública (art. 9º da Lei 7.347/1985); **D:** correta, pois, muitas vezes, não há, ainda, elementos que levem uma pessoa a ser investigada, iniciando-se a investigação pela verificação do estado de coisas; **E:** incorreta, pois não há o prazo mencionado na regulamentação do inquérito civil pela Lei 7.347/1985.

Gabarito "D"

10. Estatuto da Cidade

(Defensor Público/PA – 2006 – UNAMA) No que tange ao Estatuto da Cidade e à Constituição Federal, é correto afirmar:

I. A propriedade urbana e o seu exercício, consoante sua função social, sofrem formação e condicionamento de acordo com as normas urbanísticas municipais e demais disposições e diretrizes nacionais e estaduais referentes à matéria. Por consequência, estará condicionado o seu exercício ao desenvolvimento das funções urbanísticas da cidade, quais sejam: habitação, lazer, trabalho e circulação.
II. Da leitura do art. 24, I da Constituição Federal, deduz-se que ao município não cabe o direito de legislar sobre a questão urbana, posto que não se inclui entre os entes federativos para legislar concorrentemente.
III. Sobre a usucapião especial de imóvel urbano, a doutrina aponta duas finalidades precípuas para serem cumpridas. A primeira seria a de instrumento para regularização fundiária, assegurando o direito de moradia à população de baixa renda. Desta forma, através deste instrumento, seria revertida a exclusão da maioria da população brasileira à propriedade urbana. A segunda finalidade seria a do cumprimento da função social da propriedade urbana, forçando a utilização de espaços vazios, sob pena da perda da propriedade e democratizando, assim, o acesso à propriedade.
IV. Na sua essência, favelas são assentamentos humanos precários que resultam, originalmente, da invasão de áreas urbanas privadas e públicas. Em termos jurídicos, o que distingue as favelas das outras formas de ocupação precária da terra urbana, comuns no Brasil, como, por exemplo, os chamados loteamentos "clandestinos" ou "irregulares", é, basicamente, o fato de que os favelados – pelo menos no momento da ocupação original da terra – não têm qualquer título de posse ou propriedade.

Somente é correto o que se afirma em:

(A) I e II.
(B) II e IV.
(C) I, III e IV.
(D) I, II, III e IV.

I: correta (art. 2º, I, da Lei 10.257/2001 – Estatuto da Cidade); **II:** incorreta; o art. 24, I, não pode ser lido de maneira isolada; com efeito, o art. 30 da CF traz disposições que permitem ao Município legislar sobre a questão urbana, como o inciso I (que autoriza o Município a legislar sobre interesse local, interesse esse que sempre está colocado em se tratando de urbanismo), o inciso II (que autoriza o Município a suplementar a legislação federal e estadual no que couber, o que inclui, naturalmente, a legislação sobre urbanismo) e o inciso VIII (que autoriza o Município a legislar para promover, no que couber, o adequado ordenamento territorial, mediante planejamento e controle do uso, do parcelamento e da ocupação do solo urbano); **III:** correta, pois, de fato, essas são as duas finalidades precípuas da usucapião especial urbana; **IV:** correta, pois traz informação verdadeira acerca do fenômeno de formação das favelas.

Gabarito "C"

11. Recursos Hídricos

(Defensor Público/TO – 2013 – CESPE) Considerando os instrumentos de gestão de recursos hídricos previstos na Lei n.º 9.433/1997, que institui a Política Nacional de Recursos Hídricos e cria o Sistema Nacional de Gerenciamento de Recursos Hídricos, assinale a opção correta.

(A) São princípios básicos do funcionamento do Sistema de Informações sobre Recursos Hídricos, de acordo com a citada lei, a centralização na obtenção e produção de dados e informações e a gestão compartilhada do sistema por todos os entes federativos.
(B) A outorga de direito de uso de recursos hídricos implica a alienação parcial das águas, não sua alienação total.
(C) A extração de água de aquífero subterrâneo para insumo de processo produtivo está condicionada à outorga pelo poder público; a captação de parcela da água existente em um corpo de água para abastecimento público independe de outorga.
(D) Os valores arrecadados com a cobrança pelo uso de recursos hídricos devem ser aplicados na bacia hidrográfica correspondente, vedada sua destinação ao pagamento de despesas de custeio administrativo de qualquer natureza.
(E) Constituindo-se em um dos instrumentos da Política Nacional de Recursos Hídricos, os planos de recursos hídricos devem ser elaborados por bacia hidrográfica, por Estado e para o País.

A: incorreta, pois o princípio impõe a descentralização e a não a centralização da gestão dos recursos hídricos; os demais princípios são da coordenação unificada do sistema e do acesso aos dados e informações garantido à toda a sociedade (art. 26, III, da Lei 9.433/1997); **B:** incorreta, pois a outorga não implica na alienação das águas, que são inalienáveis, mas simples direito de uso (art. 18 da Lei 9.433/1997); **C:** incorreta, pois a captação de água para abastecimento público também depende de outorga pelo Poder Público (art. 12, I, da Lei 9.433/1997); **D:** incorreta, pois os valores arrecadados também podem ser utilizados no custeio administrativo dos órgãos integrantes do Sistema Nacional de Gerenciamento de Recursos Hídricos (art. 22, II, da Lei 9.433/1997); **E:** correta (art. 8.º da Lei 9.433/1997).

Gabarito "E"

(Defensor Público/AM – 2013 – FCC) Sobre a Política Nacional de Recursos Hídricos, analise as afirmações abaixo.

I. A água é um bem de domínio público.
II. A água é um recurso natural ilimitado.
III. A gestão dos recursos hídricos deve sempre proporcionar o uso múltiplo das águas.
IV. A gestão dos recursos hídricos deve ser centralizada e contar com a participação do Poder Público, dos usuários e das comunidades.

É correto o que se afirma APENAS em

(A) I.
(B) II e IV.
(C) II e III.
(D) II.
(E) I e III.

I: correta (art. 1.º, I, da Lei 9.433/1997 – Lei que instituiu a Política Nacional de Recursos Hídricos); **B:** incorreta, pois é um recurso reconhecido como limitado (art. 1.º, II, da Lei 9.433/1997); **III:** correta (art. 1.º, IV, da Lei 9.433/1997); **IV:** incorreta, pois a gestão deve ser descentralizada (art. 1.º, VI, da Lei 9.433/1997).

Gabarito "E"

(Defensor Público/BA – 2006) A outorga de direito de uso de recursos hídricos poderá ser suspensa parcial ou totalmente, em definitivo ou por prazo determinado, nas seguintes circunstâncias:

(A) Cumprimento pelo outorgado dos termos da outorga.

(B) Ausência de uso por dois anos consecutivos.

(C) Necessidade premente de água para atender a situações de calamidade, inclusive as decorrentes de condições climáticas adversas.

(D) Necessidade de serem alteradas as características de navegabilidade do corpo de água.

(E) Necessidade de se atender a usos minoritários, de interesse privado, para os quais não se disponha de fontes alternativas.

A: incorreta, pois a suspensão mencionada se dá em caso de NÃO cumprimento dos termos da outorga (art. 15, I, da Lei 9.433/1997); **B:** incorreta, pois a suspensão mencionada se dá em caso de ausência por 3 (três) anos consecutivos (art. 15, II, da Lei 9.433/1997); **C:** correta (art. 15, III, da Lei 9.433/1997); **D:** incorreta, pois a suspensão mencionada se dá em caso de necessidade de serem mantidas essas características de navegabilidade do corpo de água (art. 15, VI, da Lei 9.433/1997); **E:** incorreta, pois a suspensão mencionada se dá no caso mencionado, mas para atender a usos prioritários, de interesse coletivo (art. 15, V, da Lei 9.433/1997).

Gabarito "C"

12. Resíduos sólidos

(Defensor Público/AM – 2013 – FCC) Uma organização não governamental (ONG) está trazendo para o Estado do Amazonas resíduos sólidos perigosos, provenientes dos Estados Unidos da América, cujas características causam dano ao meio ambiente e à saúde pública, para tratamento e posterior reutilização em benefício de população de baixa renda. Tal conduta, segundo a Política Nacional de Resíduos Sólidos (Lei Federal nº 12.305/2010),

(A) depende de autorização discricionária do Presidente da República por envolver os Ministérios do Meio Ambiente e da Saúde.

(B) é permitida, diante da destinação social do resíduo sólido.

(C) é proibida, ainda que haja tratamento e posterior reutilização do resíduo sólido.

(D) é permitida, desde que exame prévio do material, realizado no país de origem, comprove a possibilidade de adequado tratamento do resíduo sólido.

(E) é permitida, desde que exame prévio do material, realizado no Brasil, comprove a possibilidade de adequado tratamento do resíduo sólido.

A, B, D e **E:** incorretas, pois é absolutamente proibida a importação de resíduos sólidos perigosos e rejeitos que possam causar danos ao meio ambiente, à saúde pública e animal e à sanidade vegetal, mesmo que para tratamento, reforma, reúso, reutilização ou recuperação, nos termos do que dispõe o art. 49 da Lei 12.305/2010; **C:** correta, nos termos do referido art. 49 da Lei 12.305/2010.

Gabarito "C"

15. Direito do Idoso

Ana Paula Garcia e Anna Carolina Bontempo*

1. PNI (Política Nacional do Idoso) e CNDI (Conselho Nacional dos Direitos do Idoso)

(Defensor Público/TO – 2013 – CESPE) Considerando o disposto no Decreto Federal nº 5.109/2004 e no Decreto Federal nº 1.948/1996, assinale a opção correta.

(A) O Conselho Nacional dos Direitos do Idoso (CNDI) reúne-se mensalmente em caráter ordinário e, extraordinariamente, por convocação do seu presidente ou por requerimento da maioria de seus membros.

(B) Ao Ministério da Cultura, em conjunto com seus órgãos e entidades vinculadas, compete estimular e apoiar a admissão do idoso na universidade.

(C) Os ministérios envolvidos na Política Nacional do Idoso devem promover, conforme as suas atribuições e competências, a capacitação de recursos humanos para o atendimento do idoso, podendo, para tanto, firmar convênios tanto com instituições governamentais quanto com organismos não governamentais.

(D) A modalidade não asilar de atendimento ao idoso denominada centro de convivência consiste em local destinado ao desenvolvimento, pelo idoso, de atividades produtivas, que lhe propiciem elevar sua renda.

(E) O Conselho Nacional dos Direitos do Idoso (CNDI) consiste em órgão colegiado de caráter meramente consultivo.

A: incorreta, pois o CNDI reúne-se *bimestralmente* (art. 12 do Decreto 5.109/2004); **B:** incorreta, pois compete ao *Ministério da Educação e do Desporto*, em articulação com órgãos federais, estaduais e municipais de educação (art. 10, III, do Decreto 1.948/1996); **C:** correta (art. 15 do Decreto 1.948/1996); **D:** incorreta, pois trata-se da modalidade denominada *Oficina Abrigada de Trabalho* (art. 4º, IV, do Decreto 1.948/1996); **E:** incorreta, pois trata-se de órgão colegiado de caráter *deliberativo* (art. 1º do Decreto 5.109/2004).

Gabarito "C"

(Defensor Público/AC – 2012 – CESPE) A respeito da PNI, assinale a opção correta.

(A) A lei não permite a permanência, em instituições asilares de caráter social, de idoso portador de doença que exija assistência médica contínua.

(B) Os conselhos nacional, estaduais, municipais e do DF do idoso são órgãos temporários e deliberativos.

(C) Nos programas habitacionais, os órgãos e entidades públicos que atuam na área de habitação e urbanismo devem destinar ao idoso, em regime de doação, unidades na modalidade de casas-lares.

(D) Nos casos de comprovada incapacidade do idoso para gerir seus bens, cabe ao Conselho Nacional do Idoso nomear-lhe um curador especial.

(E) Na aplicação da lei que dispõe sobre a PNI, é vedado ao poder público observar as diferenças econômicas, sociais e regionais, sob pena de afronta ao princípio da igualdade.

A: correta (art. 4º, parágrafo único, da Lei 8.842/1994); **B:** incorreta, pois os conselhos nacional, estaduais, do Distrito Federal e municipais do idoso são órgãos *permanentes, paritários e deliberativos* (art. 6º da Lei 8.842/1994); **C:** incorreta, pois devem destinar ao idoso, em regime de *comodato*, unidades na modalidade de casas-lares (art. 10, V, *a*, da Lei 8.842/1994); **D:** incorreta, pois cabe ao juiz nomear curador especial (art. 10, VII, § 2º, da Lei 8.842/1994); **E:** incorreta, pois *deve* o Poder Público observar as diferenças econômicas, sociais e regionais (art. 3º, V, da Lei 8.842/1994).

Gabarito "A"

(Defensor Público/AC – 2012 – CESPE) Com base no que dispõe o Decreto nº 4.227/2002 acerca do CNDI, assinale a opção correta.

(A) A presidência do CNDI cabe ao representante do Ministério da Saúde.

(B) Nas ausências simultâneas do presidente e do vice-presidente do CNDI, cabe ao conselheiro mais idoso o exercício da presidência desse conselho.

(C) O CNDI está vinculado à estrutura básica do Ministério da Saúde.

(D) Compete ao CNDI a criação dos conselhos de direitos do idoso nos Estados, no DF e nos Municípios.

(E) Integram o CNDI, entre outros representantes, o do Ministério da Justiça, o do Ministério das Comunicações e o do Ministério da Fazenda.

* Anna Carolina Bontempo comentou as questões dos concursos DEF/AC/12, DEF/AM/13, DEF/ES/12, DEF/PR/12, DEF/RO/12, DEF/SE/12, DEF/SP/12 e DEF/TO/13.

A: incorreta, pois o Presidente e o Vice-Presidente do CNDI serão escolhidos, mediante votação, dentre seus membros, por maioria simples, e designados pelo *Ministro de Estado da Justiça* (art. 5º do Decreto 4.227/2002); **B:** correta (art. 5º, § 1º, do Decreto 4.227/2002); **C:** incorreta, eis que está vinculado à estrutura básica *Ministério da Justiça* (art. 2º do Decreto 4.227/2002; **D:** incorreta, pois compete ao CNDI *estimular e apoiar tecnicamente a criação* de conselhos de direitos do idoso nos Estados, no Distrito Federal e nos Municípios (art. 3º, IV, do Decreto 4.227/2002); **E:** incorreta, pois conflita com o art. 4º, I, II e III, do Decreto 4.227/2002.

Gabarito "B"

(Defensor Público/AC – 2012 – CESPE) Com base no Decreto nº 1.948/1996, que regulamenta a Lei nº 8.842/1994, acerca da PNI, assinale a opção correta.

(A) A coordenação da PNI é da competência da Secretaria Especial dos Direitos Humanos da Presidência da República.
(B) Compete ao Ministério da Fazenda prestar atendimento ao idoso, preferencialmente nas áreas de arrecadação e fiscalização, visando à prestação de informações e cálculo de contribuições individuais.
(C) É vedado aos ministérios envolvidos na PNI celebrar convênio com instituições não governamentais para promover a capacitação de recursos humanos voltados ao atendimento ao idoso.
(D) Ao Ministério da Cultura compete criar programa estadual e municipal para garantir ao idoso a participação no processo de produção de bens culturais.
(E) O centro de convivência constitui o local destinado ao atendimento, em regime de internato, ao idoso que não dispõe de condições de prover sua própria subsistência.

A: correta (art. 16 do Decreto 1.948/1996); **B:** incorreta, pois compete ao *Instituto Nacional do Seguro Social - INSS* (art. 5º, II, do Decreto 1.948/1996); **C:** incorreta, pois é *permitido* aos ministérios envolvidos na PNI celebrar convênio com instituições não governamentais para promover a capacitação de recursos humanos voltados ao atendimento ao idoso (art. 15, parágrafo único, do Decreto 1.948/1996); **D:** incorreta, pois compete ao Ministério da Cultura (art. 12 do Decreto 1.948/1996); **E:** incorreta, pois constitui local destinado à *permanência diurna* do idoso, onde são desenvolvidas atividades físicas, laborativas, recreativas, culturais, associativas e de educação para a cidadania (art. 4º, I, do Decreto 1.948/1996).

Gabarito "A"

(Defensor Público/AC – 2012 – CESPE) Considerando o que dispõe a Portaria nº 73/2001 com relação aos modelos de projetos e programas de atenção à pessoa idosa no Brasil, assinale a opção correta.

(A) O Atendimento Integral Institucional não se destina a idosos portadores de doença mental incapacitante.
(B) De acordo com o projeto Família Acolhedora, cada família poderá receber até dois idosos em situação de abandono, ou que não tenham familiares, ou que estejam impossibilitados de conviver com sua família de origem.
(C) A modalidade de projeto denominada república de idosos constitui alternativa de residência para idosos independentes, organizada em grupos, sendo vedado o sistema de autogestão.
(D) Os centros de convivência não podem utilizar a rede privada de saúde.
(E) O projeto Assistência Domiciliária consiste em serviço de atendimento em domicílio a pessoas idosas, exclusivamente público.

A: correta, pois Atendimento Integral Institucional *é aquele prestado em uma instituição asilar, prioritariamente* aos idosos sem famílias, em situação de vulnerabilidade, *oferecendo-lhes serviços nas áreas social, psicológica, médica, de fisioterapia, de terapia ocupacional, de enfermagem, de odontologia e outras atividades especificas para este segmento social* (item 9.1 da Portaria MPAS/SEAS 73/2001); **B:** incorreta, pois cada família só poderá receber *um* idoso (item 3.5 da Portaria MPAS/SEAS 73/2001); **C:** incorreta, pois não é permitida a autogestação (item 4.1 da Portaria MPAS/SEAS 73/2001); **D:** incorreta, pois os Centros de Convivência poderão usar a rede pública ou privada de saúde, de educação, de esportes e de cultura (item 5.4 da Portaria MPAS/SEAS 73/2001); **E:** incorreta, pois caracteriza-se por ser um serviço de atendimento *público ou privado* (item 8.1 da Portaria MPAS/SEAS 73/2001).

Gabarito "A"

(Defensor Público/AC – 2012 – CESPE) Constitui diretriz da PNI, prevista na Lei nº 8.842/1994,

(A) realização de concurso público para áreas de atendimento ao idoso, tais como na de geriatria.
(B) participação direta do idoso na formulação e avaliação das políticas a ele relacionadas.
(C) centralização político-administrativa.
(D) priorização do atendimento asilar do idoso.
(E) priorização do atendimento, em órgãos públicos e privados prestadores de serviço, ao idoso desabrigado e sem família.

E: correta, pois reflete o disposto no art. 4º, VIII, da Lei 8.842/1994. As demais alternativas não são diretrizes da Política Nacional do Idoso.

Gabarito "E"

(Defensor Público/RO – 2012 – CESPE) Na implementação da Política Nacional do Idoso, compete aos órgãos e entidades públicos na área de promoção e assistência social

(A) criar e estimular a manutenção de programas de preparação para a aposentadoria nos setores público e privado com antecedência mínima de dois anos antes do afastamento do idoso.
(B) prestar serviços e desenvolver ações voltadas para o atendimento das necessidades básicas do idoso, mediante a participação de entidades não governamentais.
(C) valorizar o registro da memória e a transmissão de informações e habilidades do idoso aos jovens.
(D) desenvolver programas educativos, especialmente nos meios de comunicação, para informar a população sobre o processo de envelhecimento.
(E) adotar e aplicar normas de funcionamento às instituições geriátricas e similares, com fiscalização pelos gestores do Sistema Único de Saúde.

A: incorreta, pois trata-se de competência na área de trabalho e previdência social (art. 10, IV, *c*, da Lei 8.842/1994); **B:** correta (art. 10, I, *a*, da Lei 8.842/1994); **C:** incorreta, pois trata-se de competência na área de cultura, esporte e lazer (art. 10, VII, *d*, da Lei 8.842/1994); **D:** incorreta, pois trata-se de competência na área de educação (art. 10, III, *d*, da Lei 8.842/1994); **E:** incorreta, pois trata-se de competência na área de saúde (art. 10, II, *c*, da Lei 8.842/1994).

Gabarito "B"

(Defensor Público/RO – 2012 – CESPE) Considerando as diversas modalidades de projetos relacionados aos serviços de atenção ao idoso no Brasil, assinale a opção correta à luz da Portaria MPAS/SEAS nº 73/2001.

(A) A modalidade Atendimento Integral Institucional é uma alternativa de programa de atenção integral às pessoas idosas que, por suas carências familiares e funcionais, não podem ser atendidas em seus próprios domicílios ou por serviços comunitários.
(B) A modalidade Casa Lar é uma alternativa de atendimento que visa à boa convivência do idoso com a comunidade, contribuindo para otimizar a sua participação, interação e autonomia.
(C) A modalidade República consiste no fortalecimento de atividades associativas, produtivas e promocionais, contribuindo para a autonomia, o envelhecimento ativo e saudável, a prevenção do isolamento social, a socialização e o aumento da renda própria do idoso.
(D) A modalidade I do Projeto Centro Dia destina-se a idosos independentes para atividades da vida diária, ainda que requeiram o uso de algum equipamento de autoajuda.
(E) A modalidade Centro de Convivência consiste em serviço de internação temporária, público ou privado, de atendimento ao idoso dependente de cuidados biopsicossociais sistematizados, no período máximo de sessenta dias.

A: incorreta, pois Atendimento Integral Institucional "é aquele prestado em uma instituição asilar, prioritariamente aos idosos sem famílias, em situação de vulnerabilidade, oferecendo-lhes serviços nas áreas social, psicológica, médica, de fisioterapia, de terapia ocupacional, de enfermagem, de odontologia e outras atividades especificas para este segmento social". (item 9.1 da Portaria MPAS/SEAS 73/2001); **B:** correta (item 7.1 da Portaria MPAS/SEAS 73/2001); **C:** incorreta, pois trata-se de Atendimento em Centro de Convivência (item 5.1 da Portaria MPAS/SEAS 73/2001). "A república de idosos é alternativa de residência para os idosos independentes, organizada em grupos, conforme o número de usuários, e cofinanciada com recursos da aposentadoria, benefício de prestação continuada, renda mensal vitalícia e outras. Em alguns casos a República pode ser viabilizada em sistema de autogestão." (item 4.1 da Portaria MPAS/SEAS 73/2001); **D:** incorreta, pois a definição refere-se à Modalidade I do Atendimento Integral Institucional (item 9.1.1 da Portaria MPAS/SEAS 73/2001); **E:** incorreta, pois tal definição refere-se ao Programa Residência Temporária (item 1.1 da Portaria MPAS/SEAS 73/2001). "Atendimento em centro de convivência consiste no fortalecimento de atividades associativas, produtivas e promocionais, contribuindo para autonomia, envelhecimento ativo e saudável prevenção do isolamento social, socialização e aumento da renda própria." (item 5.1 da Portaria MPAS/SEAS 73/2001).

Gabarito "B"

(Defensor Público/SE – 2012 – CESPE) Com base na lei que trata da Política Nacional do Idoso e da portaria que a aprova, assinale a opção correta.

(A) É de responsabilidade do gestor estadual promover a revisão e o aprimoramento das normas de funcionamento de instituições geriátricas e similares.

(B) Os conselhos nacional, estaduais, do DF e municipais do idoso são órgãos de caráter deliberativo, e não consultivo.

(C) Figura entre as competências da União, exercidas por intermédio do ministério responsável pela assistência e promoção social, a promoção de articulações interestaduais e intermunicipais necessárias à implementação da Política Nacional do Idoso.

(D) Competem ao Ministério da Justiça a elaboração e a implementação de programas de preparo para futuros aposentados nos setores públicos e privados.

(E) O apoio a estudos e pesquisas não está inserido entre as diretrizes essenciais para o alcance do propósito da Política Nacional de Saúde do Idoso.

A: incorreta, pois é de responsabilidade do Gestor Federal – Ministério da Saúde (item 4.2 da Portaria 1.395/1999); **B:** correta (art. 6º da Lei 8.842/1994); **C:** incorreta, pois tal hipótese não figura como competência da União (art. 8º, I a V, da Lei 8.842/1994); **D:** incorreta, pois compete ao Ministério do Trabalho e Emprego (item 4.1, C, da Portaria 1.395/1999); **E:** incorreta, pois trata-se de diretriz prevista no art. 4º, IX, da Lei 8.842/1994.

Gabarito "B"

(Defensor Público/SE – 2012 – CESPE) Com base no decreto que estabelece critérios para o exercício do direito ao transporte coletivo gratuito interestadual pelo idoso e do que regulamenta a Política Nacional do Idoso, assinale a opção correta.

(A) No exercício do direito ao transporte gratuito interestadual, o idoso está dispensado dos procedimentos de identificação de passageiros exigidos no momento do embarque.

(B) Compete ao Ministério do Planejamento, Orçamento e Gestão, por meio da Secretaria de Política Urbana, promover gestões para viabilizar linhas de crédito para o acesso a moradias para o idoso junto a entidades relacionadas com os investimentos habitacionais, sejam elas públicas ou privadas.

(C) Para que o idoso exerça o seu direito ao desconto de 50%, no mínimo, no valor das passagens que excederem as vagas gratuitas previstas para o transporte interestadual, basta a comprovação da idade, mediante a apresentação do original de qualquer documento pessoal de identidade que contenha foto.

(D) A legislação veda a comercialização, pela empresa de transporte, dos assentos reservados para o transporte gratuito de idosos.

(E) O benefício da reserva de duas vagas gratuitas no sistema de transporte coletivo interestadual para o idoso se estende às tarifas de pedágio e de utilização dos terminais, que não podem ser cobradas.

A: incorreta, pois é necessário que o idoso apresente qualquer documento pessoal que faça prova de sua idade para ter acesso à gratuidade (art. 39, § 1º, do Estatuto do Idoso); **B:** correta (art. 8º, II, do Decreto 1.948/1996); **C:** incorreta, pois a lei não exige que o documento pessoal tenha foto (art. 39, § 1º, do Estatuto do Idoso); **D:** incorreta, pois conflita com o disposto no art. 3º, § 4º, do Decreto 5.934/2006); **E:** incorreta, pois o benefício em tela não se estende às tarifas de pedágio e de utilização dos terminais (art. 3º, § 1º, I a III, do Decreto 5.934/2006).

Gabarito "B"

(Defensor Público/BA – 2006) Na implementação da política nacional do idoso, são competências dos órgãos e entidades públicos:

I. **na área de promoção e assistência social**: adotar e aplicar normas de funcionamento às instituições geriátricas e similares, com fiscalização pelos gestores do Sistema Único de Saúde;

II. **na área de educação**: planejar, coordenar, supervisionar e financiar estudos, levantamentos, pesquisas e publicações sobre a situação social do idoso;

III. **na área de trabalho e previdência social**: garantir mecanismos que impeçam a discriminação do idoso quanto a sua participação no mercado de trabalho, no setor público e privado.

Analisando as assertivas acima, verifica-se que:

(A) Todas estão corretas.

(B) Apenas a I está correta.

(C) Apenas a II está correta.

(D) Apenas a III está correta.

(E) As questões I e III estão corretas.

I: incorreta, pois na implementação da política nacional do idoso, é competência na área da saúde adotar e aplicar normas de funcionamento às instituições geriátricas e similares, com fiscalização pelos gestores do Sistema Único de Saúde (art. 10, II, c, da Lei 8.842/1994); **II:** incorreta, pois na implementação da política nacional do idoso, é competência na área de promoção e assistência social planejar, coordenar, supervisionar e financiar estudos, levantamentos, pesquisas e publicações sobre a situação social do idoso (art. 10, I, d, da Lei 8.842/1994); **III:** correta. A assertiva reflete o disposto no art. 10, IV, a, da Lei 8.842/1994.

Gabarito "D"

(Defensor Público/AC – 2006 – CESPE) Um jornal veiculou a informação de que são modalidades de atendimento não asilar do idoso o centro de convivência, o centro de cuidados diurnos, a casa-lar e a oficina abrigada de trabalho. É correto afirmar que tal informação

(A) é correta.

(B) é incorreta porque a oficina abrigada de trabalho não é uma modalidade de atendimento e sim, um programa de assistência social. 1899

(C) é incorreta porque a casalar é entendida como uma modalidade de atendimento asilar.

(D) é incorreta porque os centros de cuidados diurnos são uma modalidade de centro de convivência.

A afirmação está correta, pois entende-se por modalidade não asilar de atendimento: I - Centro de Convivência: local destinado à permanência diurna do idoso, onde são desenvolvidas atividades físicas, laborativas, recreativas, culturais, associativas e de educação para a cidadania; II - Centro de Cuidados Diurno: Hospital-Dia e Centro-Dia - local destinado à permanência diurna do idoso dependente ou que possua deficiência temporária e necessite de assistência médica ou de assistência multiprofissional; III - Casa-Lar: residência, em sistema participativo, cedida por instituições públicas ou privadas, destinada a idosos detentores de renda insuficiente para sua manutenção e sem família; IV - Oficina Abrigada de Trabalho: local destinado ao desenvolvimento, pelo idoso, de atividades produtivas, proporcionando-lhe oportunidade de elevar sua renda, sendo regida por normas específicas; V - atendimento domiciliar: é o serviço prestado ao idoso que vive só e seja dependente, a fim de suprir as suas necessidades da vida diária. Esse serviço é prestado em seu próprio lar, por profissionais da área de saúde ou por pessoas da própria comunidade; VI - outras formas de atendimento: iniciativas surgidas na própria comunidade, que visem à promoção e à integração da pessoa idosa na família e na sociedade. Ver art. 4º do Decreto n. 1.948, de 3 de julho de 1.996.

Gabarito "A"

(Defensor Público/AC – 2006 – CESPE) As modalidades de atenção ao idoso reconhecidas pela legislação brasileira incluem

I. família natural.

II. família acolhedora.

III. república.

IV. residência temporária.

A quantidade de itens certos é igual a

(A) 1.

(B) 2.

(C) 3.

(D) 4.

As modalidades de atenção ao idoso reconhecidas na Portaria 73/2001, da Secretaria de Assistência Social, no item 10.1 – Grupos de Trabalho: "Diante do exposto a Secretaria de Estado de Assistência Social, em parceria com OG's, ONG's e ministérios setoriais, propõe novas modalidades de atenção ao idoso, que poderão ser adequadas à realidade de cada município, entendendo que é fundamental a participação do idoso, da família, da sociedade, dos fóruns e dos conselhos nas formas de organização dos serviços de atenção ao idoso, a saber:

- Família Natural
- Família Acolhedora
- Residência Temporária
- Centro Dia
- Centro de Convivência
- Casa Lar
- República
- Atendimento Integral Institucional
- Assistência Domiciliar/Atendimento Domiciliar".

Gabarito "D"

(Defensor Público/AC – 2006 – CESPE) A Política Nacional do Idoso

(A) deve ser estabelecida mediante portaria do Ministério da Previdência e Assistência Social.
(B) deve ser estabelecida mediante lei federal complementar.
(C) determina que é dever de todo cidadão denunciar à autoridade competente qualquer forma de negligência ou desrespeito ao idoso.
(D) determina que o poder público deve nomear para todo idoso um curador especial para cuidar da gestão de seus bens.

A: incorreta, pois a Política Nacional do Idoso foi estabelecida pela Lei 8.842/1994; **B:** incorreta, pois a Lei 8.842/1994 é lei federal ordinária, não havendo necessidade de lei complementar; **C:** correta, pois a alternativa reflete o disposto no art. 10, § 3º, da Lei 8.842/1994; **D:** incorreta, pois é assegurado ao idoso o direito de dispor de seus bens, sendo que será nomeado curador apenas nos casos de incapacidade comprovada em juízo (art. 10, §§ 1º e 2º, da Lei 8.842/1994).

Gabarito "C"

(Defensor Público/AC – 2006 – CESPE) A modalidade asilar de atendimento ao idoso

(A) deve ser preferida às modalidades não asilares, visto que garantem ao idoso uma assistência mais completa.
(B) tem como uma de suas características a de ocorrer sempre em regime de internato.
(C) é inaplicável a idosos que tenham família.
(D) é inaplicável a idosos que tenham renda pessoal suficiente para prover a própria subsistência.

A e **C:** incorretas, pois segundo as diretrizes da política nacional do idoso, deve-se priorizar o atendimento ao idoso através de suas próprias famílias, em detrimento do atendimento asilar, à exceção dos idosos que não possuam condições que garantam sua própria sobrevivência (art. 4º da Lei 8.842/1994); **B:** correta, pois a alternativa reflete o disposto no art. 3º do Decreto 1.948, de 3 de julho de 1996; **D:** incorreta, pois será aplicável também ao idoso que, embora tenha condições para prover a própria subsistência, não tenha vínculo familiar, nos termos do art. 3º do Decreto 1.948, de 3 de julho de 1996.

Gabarito "B"

(Defensor Público/BA – 2006) De acordo com o preceituado no Decreto nº 1.948, de 4 de janeiro de 1996, que dispõe sobre a Política Nacional do Idoso, deve-se entender por modalidade não asilar de atendimento:

I. **Centro de Convivência**: local destinado ao desenvolvimento, pelo idoso, de atividades produtivas, proporcionando-lhe oportunidade de elevar sua renda, sendo regida por normas específicas.
II. **Centro de Cuidados Diurno**: Hospital-Dia e Centro-Dia - local destinado à permanência diurna do idoso dependente ou que possua deficiência temporária e necessite de assistência médica ou de assistência multiprofissional.
III. **Casa-Lar**: residência, em sistema participativo, cedida por instituições públicas ou privadas, destinada a idosos detentores de renda suficiente para sua manutenção.

Analisando as assertivas acima, verifica-se que:

(A) Todas estão corretas.
(B) Apenas a I está correta.
(C) Apenas a II está correta.
(D) Apenas a III está correta.
(E) As questões II e III estão corretas.

I: incorreta, pois a definição é de Oficina Abrigada de Trabalho, prevista no art. 4º, IV, do Decreto 1.948, de 3 de julho de 1996; **II:** correta, pois a alternativa reflete o disposto no art. 4º, II, do Decreto 1.948, de 3 de julho de 1996; **III:** incorreta, pois a Casa-Lar é destinada a idosos detentores de renda insuficiente para sua manutenção e sem família, nos termos do art. 4º, III, do Decreto 1.948, de 3 de julho de 1996.

Gabarito "C"

(Defensor Público/BA – 2006) Compete ao Conselho Nacional do Idoso, nos termos do Decreto nº 4.227, de 13 de maio de 2002:

I. Elaborar proposições, objetivando aperfeiçoar a legislação pertinente à Política Nacional do Idoso.
II. Propiciar assessoramento aos conselhos privados, no sentido de tornar efetiva a aplicação dos princípios e diretrizes estabelecidos na Lei nº 8.842, de 4 de janeiro de 1994.
III. Zelar pela efetiva desconcentração administrativa e pela participação de organizações representativas dos idosos na implementação de implementos laborativos ao idoso.

Analisando as assertivas acima, verifica-se que:

(A) Todas estão corretas.
(B) Apenas a I está correta.
(C) Apenas a II está correta.
(D) Apenas a III está correta.
(E) As questões I e III estão corretas.

I: correta, pois a alternativa reflete o disposto no art. 3º, II, do Decreto 4.227, de 13 de maio de 2002; **II:** incorreta, pois o assessoramento será prestado aos conselhos estaduais, do Distrito Federal e dos municípios, nos termos do art. 3º, V, do Decreto 4.227, de 13 de maio de 2002; **III:** incorreta, pois o zelo será pela efetiva descentralização político-administrativa e pela participação de organizações representativas dos idosos na implementação de política, planos, programas e projetos de atendimento ao idoso, nos termos do art. 3º, VI, do Decreto 4.227, de 13 de maio de 2002.

Gabarito "B"

(Defensor Público/BA – 2006) Consoante estabelece a Portaria nº 810, de 22 de setembro de 1989, relativamente a casas de repouso, clínicas geriátricas e outras instituições destinadas ao atendimento de idosos, tem-se que:

I. As instituições deverão produzir e manter arquivado um relatório mensal, contendo o nome dos internos, um sumário da situação de cada um no que se refere à saúde e as necessidades sociais e também informações de caráter administrativo, do qual não se dará a conhecer à autoridade sanitária, dado o seu caráter sigiloso, para o fim de encaminhamento, se requisitado, ao Ministério Público e ao Poder Judiciário.
II. A medida linear mínima dos dormitórios é de 2,5m; a área mínima para um dormitório é de 6,5m² quando equipado com apenas 1 leito, e de 5m² por leito para até 4 leitos, sendo este o número máximo recomendável por dormitório.
III. Os sanitários deverão ser separados por faixas etárias e obrigatoriamente equipados com barras de apoio instaladas a 0,80m do piso e afastadas 0,05m da parede, tanto no lavatório, como no vaso sanitário e no "box" do chuveiro; devem ser instalados no mesmo pavimento onde permanecerem os idosos atendidos.

Analisando as assertivas acima, verifica-se que:

(A) Todas estão corretas.
(B) Apenas a I está correta.
(C) Apenas a II está correta.
(D) Apenas a III está correta.
(E) As questões I e III estão corretas.

I: incorreta, pois não há previsão do caráter sigiloso desse relatório mensal, previsto no item 2.2.2.3 da Portaria 810/1989; **II:** correta, pois a alternativa reflete o disposto no item 3.6.1 - Dormitório da Portaria 810/1989; **III:** incorreta, pois, segundo consta do item 3.4 - Instalações Sanitárias, os sanitários deverão ser separados por sexo e obrigatoriamente equipados com barras de apoio instaladas a 0,80m do piso e afastadas 0,05m da parede, tanto no lavatório, como no vaso sanitário e no "box" do chuveiro e devem ser instalados no mesmo pavimento onde permanecerem os idosos atendidos.

Gabarito "C"

(Defensor Público/BA – 2006) Relativamente ao disposto na Lei 9.013, de 25 de fevereiro de 2004, a qual dispõe sobre a Política Estadual do Idoso, tem-se que:

I. O Conselho Estadual do Idoso e os Conselhos Municipais do Idoso serão órgãos permanentes e deliberativos, compostos, em sua maioria, por representantes dos órgãos e entidades públicas, devendo os demais ser integrantes de organizações representativas da sociedade civil ligada à área, competindo-lhes a formulação, coordenação, supervisão e avaliação da política do idoso, no âmbito das respectivas instâncias político administrativas.

II. O idoso será o principal agente e destinatário das transformações a serem efetivadas através desta política, tendo os poderes públicos e a sociedade em geral o dever de observar, na aplicação da referida Lei, as diferenças econômicas, sociais, regionais, culturais e, particularmente, as contradições entre o meio rural e urbano.

III. Considera-se idoso, para efeito da referida Lei, a pessoa maior de 60 (sessenta) anos de idade; todavia, tal idade poderá ser reduzida quando a idade biológica estiver comprovadamente dissociada da idade cronológica, considerando fatores sociais e ambientais, que acelerem o processo de envelhecimento, atestada por Junta Médica Oficial do Estado.

Analisando as assertivas acima, verifica-se que:

(A) Todas estão corretas.
(B) Apenas a II está correta.
(C) Somente I e II estão corretas.
(D) Somente I e III estão corretas.
(E) Somente II e III estão corretas.

I: correta, pois a alternativa reflete o disposto no art. 6º da Lei Estadual da Bahia 9.013/2004; **II:** correta, pois a alternativa reflete o disposto no art. 3º, IV, da Lei Estadual da Bahia 9.013/2004; **III:** correta, pois a alternativa reflete o disposto no art. 2º da Lei Estadual da Bahia 9.013/2004.

Gabarito "A"

(Defensoria/RN – 2006) Assinale a resposta correta.

(A) Segundo o art. 94 da Lei 10.741/2003, aos crimes contidos em seu texto, cuja pena máxima não ultrapasse quatro anos, aplica-se o procedimento previsto na Lei 9.099/1995, e subsidiariamente, o Código Penal e o Código de Processo Penal, no que couber.
(B) A legitimidade para a propositura de ações cíveis fundadas em interesses difusos, coletivos, individuais indisponíveis é do Ministério Público.
(C) Configura crime previsto no Estatuto do Idoso deixar de cumprir as determinações da lei sobre a prioridade no atendimento ao idoso.
(D) As entidades governamentais que deixarem de cumprir as determinações do Estatuto do Idoso estão sujeitas às penalidades de advertência, multa, afastamento provisório ou definitivo de seus dirigentes e fechamento de unidade ou interdição de programa.

A: correta, pois a assertiva reflete o disposto no art. 94 do Estatuto do Idoso; **B:** incorreta, pois a legitimidade é concorrente do Ministério Público, União, Estados, Distrito Federal, Municípios, Ordem dos Advogados do Brasil e as associações legalmente constituídas há pelo menos 1 (um) ano e que incluam entre os fins institucionais a defesa dos interesses e direitos da pessoa idosa, dispensada a autorização da assembleia, se houver prévia autorização estatutária, conforme art. 81 do Estatuto do Idoso; **C:** incorreta, pois deixar de cumprir as determinações da lei sobre a prioridade no atendimento ao idoso configura infração administrativa prevista no art. 58 do Estatuto do Idoso; **D:** incorreta, pois as entidades governamentais não estão sujeitas a pena de multa, conforme art. 55 do Estatuto do Idoso.

Gabarito "A"

(Defensoria/SE – 2006 – CESPE) Na forma prevista na Lei n.º 8.842/1994, o atendimento asilar constitui diretriz prioritária da referida política, em razão da precariedade de outros atendimentos, a exemplo do atendimento domiciliar e da ausência de mecanismos estatais que garantam a plena assistência à saúde.

Assertiva errada, pois de acordo com o disposto no art. 4º, III, da Lei 8.842/04, prioriza-se o atendimento domiciliar em detrimento do asilar.

Gabarito "E"

2. Disposições Preliminares do Estatuto do Idoso e Direitos Fundamentais

(Defensor Público/AM – 2013 – FCC) A garantia da absoluta prioridade, estabelecida no Estatuto do Idoso, compreende:

I. O atendimento preferencial junto à Defensoria Pública da União, dos Estados e do Distrito Federal em relação aos Serviços de Assistência Judiciária.

II. A reserva de pelo menos 10% (dez por cento) das unidades, nos programas habitacionais residenciais, públicos ou subsidiados com recursos públicos, para atendimento aos idosos.

III. A priorização do atendimento do idoso por sua própria família, em detrimento do atendimento asilar, exceto dos que não a possuam ou careçam de condições de manutenção da própria sobrevivência.

IV. A prioridade no embarque no sistema de transporte coletivo e no recebimento da restituição do Imposto de Renda.

Está correto o que se afirma APENAS em

(A) I, II e III. 1901
(B) II, III e IV.
(C) I, III e IV.
(D) I e II.
(E) I e IV.

I: correta (art. 71, § 3º do Estatuto do Idoso); **B:** II, incorreta, pois a reserva é de pelo menos 3% (três por cento) (art. 38, I, do Estatuto do Idoso); **III:** correta (art. 3º, parágrafo único, V, do Estatuto do Idoso); **IV:** correta (arts. 42 e 3º, parágrafo único, IX, do Estatuto do Idoso).

Gabarito "C"

(Defensor Público/AM – 2013 – FCC) Dentre os direitos fundamentais da pessoa idosa está o direito à percepção de alimentos. Sobre o tema, é correto afirmar que

(A) o Defensor Público ou o Promotor de Justiça poderão celebrar transações relativas a alimentos, as quais, após referendadas, passarão a ter efeito de título executivo extrajudicial, nos termos da lei processual civil.
(B) a obrigação alimentar é solidária, podendo o idoso optar entre os prestadores, guardada a ordem de sucessão entre os parentes.
(C) as transações relativas a alimentos poderão ser celebradas perante o Defensor Público, que as referendará, e passarão a ter efeito de título executivo extrajudicial somente se houver a concordância do Ministério Público.
(D) a pessoa idosa não está obrigada a prestar alimentos ao cônjuge não idoso.
(E) ao Defensor Público cabe atuar como substituto processual do idoso, em situação de risco, que necessitar de alimentos.

A: correta (art. 13 do Estatuto do Idoso); **B:** incorreta, pois o Estatuto do Idoso não estabelece ordem de sucessão entre os parentes (art. 12); **C:** incorreta, o Estatuto do Idoso não impõe a concordância do Ministério Público (art. 13); **D:** incorreta, pois os alimentos serão prestados ao idoso na forma da lei civil (art. 11 do Estatuto do Idoso), desse modo podem os parentes, os cônjuges ou companheiros pedir uns aos outros os alimentos de que necessitem para viver de modo compatível com a sua condição social, nos termos do art. 1.694 do CC/2002; **E:** incorreta, pois compete ao Ministério Público atuar como substituto processual do idoso em situação de risco (art. 74, III, do Estatuto do Idoso).

Gabarito "A"

(Defensor Público/ES – 2012 – CESPE) No que se refere ao direito do idoso, julgue os itens a seguir.

(1) Para fins de reserva de vaga gratuita para idoso, não são consideradas embarcação do serviço convencional de transporte interestadual de passageiros as embarcações que operem travessias em lagoas abertas ao público.

(2) As instituições para idosos em geral devem oferecer assistência psicológica, serviço social, apoio jurídico e administrativo.

(3) A modalidade de atendimento apoio a pessoa idosa inclui a residência em república, importante alternativa de residência para idosos independentes.

(4) O idoso que pretenda viajar utilizando o chamado bilhete de viagem do idoso deverá comprovar sua idade, por meio de documento pessoal, e sua renda, que não pode ultrapassar um salário mínimo.

(5) Compete ao Conselho Nacional dos Direitos do Idoso promover, em parceria com organismos governamentais e não governamentais nacionais e internacionais, a identificação de sistemas de indicadores que sirvam de base para o estabelecimento de metas e procedimentos para o monitoramento das atividades relacionadas ao atendimento ao idoso.

1: incorreta, pois o art. 3º, § 1º, III, do Decreto 5.934/2006 prevê a extensão da gratuidade também ao transporte interestadual aquaviário; **2:** correta (item 4.1 da Portaria GM/MS 810/1989); **3:** correta (anexo II da Portaria SEAS 2.854/2000); **4:** incorreta, pois a renda deve ser igual ou inferior a 2 (dois) salários mínimos (art. 40, I, do Estatuto do Idoso); **5:** correta (art. 2º, parágrafo único, III, do Decreto 5.109/2004).

Gabarito 1E, 2C, 3C, 4E, 5C

(Defensor Público/RO – 2012 – CESPE) Considerando o disposto no Estatuto do Idoso, assinale a opção correta.

(A) A *prioridade* assegurada ao idoso que figure como parte ou interveniente na tramitação de processos judiciais cessa obrigatoriamente com a morte dele.

(B) A proteção ao idoso é direito personalíssimo, sendo obrigação do Estado e da sociedade assegurá-lo.

(C) A inserção do idoso em cursos especiais que visem integrá-lo à vida moderna é uma das medidas de prevenção e manutenção da saúde do idoso.

(D) Ao idoso é assegurada a gratuidade dos transportes públicos urbanos em serviços seletivos prestados paralelamente aos serviços regulares.

(E) As entidades denominadas Casa Lar são obrigadas a firmar contrato de prestação de serviços com todas as pessoas idosas nelas abrigadas.

A: incorreta, pois a prioridade na tramitação processual *não* cessará com a morte do beneficiado (art. 71, § 2º, do Estatuto do Idoso); **B:** incorreta, pois o envelhecimento é direito personalíssimo e a sua proteção é direito social (art. 8º do Estatuto do Idoso); **C:** incorreta, pois trata-se de direito à educação e à inserção do idoso em cursos especiais (art. 21, § 1º, do Estatuto do Idoso). As medidas de prevenção e manutenção da saúde do idoso estão previstas no art. 15, § 1º, I a V, do diploma legal em tela; **D:** incorreta, pois *não* é assegurada a gratuidade nos serviços seletivos e especiais, quando prestados paralelamente aos serviços regulares (art. 39 do Estatuto do Idoso); **E:** correta (art. 35 do Estatuto do Idoso).

Gabarito "E"

(Defensor Público/SE – 2012 – CESPE) Considerando as regras estabelecidas no Estatuto do Idoso acerca do direito à saúde e a alimentos, assinale a opção correta.

(A) Os serviços de saúde públicos são obrigados a proceder à notificação compulsória nos casos de suspeita ou confirmação de violência praticada contra idosos, e a comunicar o fato ao MP e à DP, entre outros órgãos.

(B) Como a obrigação alimentar é solidária, é facultado ao idoso escolher aquele que assumirá, entre os prestadores, a obrigação.

(C) Não se admite, em face do sistema de proteção estabelecido em favor do idoso, a transação em ação judicial cujo objeto seja a concessão de alimentos à pessoa idosa.

(D) O dever do poder público de fornecer, em caráter gratuito, medicamentos ao idoso restringe-se aos denominados medicamentos de uso continuado.

(E) Cabe à previdência social prover os alimentos do idoso na ausência de condições econômicas dele próprio ou de sua família.

A: incorreta, pois a Defensoria Pública não está entre os órgãos que devem ser comunicados (art. 19, I a V, do Estatuto do Idoso); **B:** correta (art. 12 do Estatuto do Idoso); **C:** incorreta, pois as transações relativas a alimentos poderão ser celebradas perante o Promotor de Justiça ou Defensor Público, que as referendará, e passarão a ter efeito de título executivo extrajudicial nos termos da lei processual civil (art. 13 do Estatuto do Idoso); **D:** incorreta, pois o fornecimento gratuito de medicamentos não se restringe aos de uso continuado (art. 15, § 2º, do Estatuto do Idoso); **E:** incorreta, pois impõe-se ao Poder Público esse provimento, no âmbito da assistência social (art. 14 do Estatuto do Idoso).

Gabarito "B"

(Defensor Público/SE – 2012 – CESPE) Assinale a opção correta com referência aos direitos inerentes à pessoa do idoso.

(A) Nos programas habitacionais públicos, o idoso goza de prioridade na aquisição de imóvel para moradia própria, observado o limite de reserva de 3% das unidades habitacionais residenciais para atendimento à pessoa idosa.

(B) As entidades governamentais de atendimento que descumprirem as determinações do Estatuto do Idoso estarão sujeitas, independentemente da responsabilidade civil e criminal de seus dirigentes ou prepostos, a multa e advertência, entre outras penalidades.

(C) É exaustivo o rol de competências atribuídas ao MP pelo Estatuto do Idoso.

(D) Segundo a jurisprudência, o dispositivo legal que veda a discriminação do idoso nos planos de saúde pela cobrança de valores diferenciados em razão da idade não implica presunção de ilegalidade e abusividade de toda e qualquer cláusula contratual que estabeleça o reajuste de mensalidade de plano de saúde com base na mudança da faixa etária do idoso.

(E) O MP não tem legitimidade ativa para propor ACP com o objetivo de proteger interesse individual do idoso.

A: incorreta, pois não o percentual *não é limitado* a 3% (três por cento) (art. 38, I, do Estatuto do Idoso); **B:** incorreta, pois entidades governamentais não estão sujeitas à multa (art. 55, I, *a* a d, do Estatuto do Idoso); **C:** incorreta, pois não se trata rol exaustivo (art. 74, § 2º, do Estatuto do Idoso); **D:** correta. O § 3º do art. 15 do Estatuto do Idoso proíbe a discriminação do idoso nos planos de saúde pela cobrança de valores diferenciados em razão da idade. No entanto, frisa-se que STJ, em recente julgado, relativizou a literalidade do dispositivo legal em apreço, vejamos: "DIREITO CIVIL. CONSUMIDOR. PLANO DE SAÚDE. AÇÃO CIVIL PÚBLICA. CLÁUSULA DE REAJUSTE POR MUDANÇA DE FAIXA ETÁRIA. INCREMENTO DO RISCO SUBJETIVO. SEGURADO IDOSO. DISCRIMINAÇÃO. ABUSO A SER AFERIDO CASO A CASO. CONDIÇÕES QUE DEVEM SER OBSERVADAS PARA VALIDADE DO REAJUSTE.

(...)

4. Não se deve ignorar que o Estatuto do Idoso, em seu art. 15, § 3º, veda 'a discriminação do idoso nos planos de saúde pela cobrança de valores diferenciados em razão da idade'. Entretanto, a incidência de tal preceito não autoriza uma interpretação literal que determine, abstratamente, que se repute abusivo todo e qualquer reajuste baseado em mudança de faixa etária do idoso. Somente o reajuste desarrazoado, injustificado, que, em concreto, vise de forma perceptível a dificultar ou impedir a permanência do segurado idoso no plano de saúde implica na vedada discriminação, violadora da garantia da isonomia.

5. Nesse contexto, deve-se admitir a validade de reajustes em razão da mudança de faixa etária, desde que atendidas certas condições, quais sejam: a) previsão no instrumento negocial; b) respeito aos limites e demais requisitos estabelecidos na Lei Federal 9.656/1998; e c) observância ao princípio da boa-fé objetiva, que veda índices de reajuste desarrazoados ou aleatórios, que onerem em demasia o segurado.

(...)."

(STJ, REsp 866840/SP, 4ª T., j. 07.06.2011, rel. Min. Luis Felipe Salomão, rel. p/ acórdão Min. Raul Araújo, *DJe* 17.08.2011) (grifo nosso)[1]; **E:** incorreta, pois compete ao Ministério Público instaurar *ação civil pública* para a proteção dos direitos e interesses difusos ou coletivos, *individuais indisponíveis* e individuais homogêneos do idoso (art. 74, I, do Estatuto do Idoso).

Gabarito "D"

(Defensor Público/TO – 2013 – CESPE) Com base no Estatuto do Idoso, assinale a opção correta.

(A) Constitui crime tipificado no Estatuto do Idoso desdenhar, humilhar, menosprezar ou discriminar a pessoa idosa, por qualquer motivo, sendo a pena aumentada de metade caso a vítima se encontre sob os cuidados ou responsabilidade do agente.

1 Informativo 476 do STJ.

(B) O profissional de saúde que deixe de comunicar à autoridade competente os casos de crime contra o idoso de que tem conhecimento incorre em infração penal tipificada no Estatuto do Idoso.

(C) A obrigação de prestar alimentos ao idoso é subsidiária, devendo recair em seus parentes mais próximos em grau.

(D) Aos serviços de saúde públicos compete comunicar as autoridades sanitárias, mas não a autoridade competente, dos casos de suspeita ou confirmação de violência praticada contra idosos.

(E) É dever do Estado e da sociedade assegurar à pessoa idosa o direito à liberdade, que compreende, entre outros aspectos, a prática de esportes e de diversões, respeitadas as peculiaridades e condições em decorrência da idade.

A: incorreta, pois a pena será aumentada de 1/3 (um terço) se a vítima se encontrar sob os cuidados ou responsabilidade do agente (art. 96, § 2º, do Estatuto do Idoso); **B:** incorreta, pois trata-se de infração administrativa prevista no art. 57 do Estatuto do Idoso; **C:** incorreta, pois a obrigação alimentar é *solidária*, podendo o idoso optar entre os prestadores (art. 12 do Estatuto do Idoso); **D:** incorreta, pois os referidos casos deverão obrigatoriamente ser comunicados por eles a quaisquer dos seguintes órgãos: autoridade policial; Ministério Público; Conselho Municipal do Idoso; Conselho Estadual do Idoso; Conselho Nacional do Idoso (art. 19, I a V, do Estatuto do Idoso); **E:** correta (art. 10, § 1º, IV, do Estatuto do Idoso).

Gabarito "E"

(Defensor Público/AM – 2013 – FCC) O Estatuto do Idoso define a violência contra o idoso como sendo

(A) o atentado contra a pessoa do idoso, nos termos da lei penal.

(B) a prática dos crimes contra a vida, de lesões corporais, de periclitação da vida e da saúde e contra a liberdade individual do idoso.

(C) o crime que envolver violência doméstica e familiar contra o idoso.

(D) o atentado contra os direitos fundamentais do idoso.

(E) a ação ou omissão praticada em local público ou privado que lhe cause morte, dano ou sofrimento físico ou psicológico.

E: correta, pois reflete o disposto no art. 19, § 1º, do Estatuto do Idoso. As demais alternativas não revelam a violência contra o idoso.

Gabarito "E"

(Defensor Público/AC – 2006 – CESPE) Considere que uma lei ordinária estadual do Acre disponha que a participação dos idosos em atividades culturais e de lazer seja incentivada mediante descontos de pelo menos 50% nos ingressos para eventos artísticos, culturais, esportivos e de lazer, bem como mediante o acesso preferencial aos respectivos locais. No que toca à Constituição da República, a referida disposição

(A) seria inconstitucional, por violar a competência legislativa privativa da União de legislar sobre assistência social.

(B) seria inconstitucional, por violar o princípio da igualdade.

(C) seria inconstitucional porque isenções somente podem ser estabelecidas mediante lei complementar.

(D) seria constitucional.

A alternativa D está correta, pois a previsão legal de desconto nos ingressos para as pessoas idosas está de acordo com o art. 230 da CF, lembrando sempre que o princípio da igualdade previsto constitucionalmente contempla a ideia de tratar os desiguais de forma desigual, nas medidas de suas desigualdades, como é o caso dos idosos.

Gabarito "D"

(Defensor Público/AC – 2006 – CESPE)

Lei n.º 10.741, de 1.º de outubro de 2003

"(...)

Art. 39. Aos maiores de sessenta e cinco anos fica assegurada a gratuidade dos transportes coletivos públicos urbanos e semiurbanos, exceto nos serviços seletivos e especiais, quando prestados paralelamente aos serviços regulares. (...)

Art. 40. No sistema de transporte coletivo interestadual observar-se-á, nos termos da legislação específica:

I. a reserva de duas vagas gratuitas por veículo para idosos com renda igual ou inferior a dois salários mínimos;

II. desconto de cinquenta por cento, no mínimo, no valor das passagens, para os idosos que excederem as vagas gratuitas, com renda igual ou inferior a dois salários mínimos.

Parágrafo único. Caberá aos órgãos competentes definir os mecanismos e os critérios para o exercício dos direitos previstos nos incisos I e II".

Internet: <www.planalto.gov.br>.

André é um cidadão brasileiro de 62 anos de idade que tem como única fonte de renda seus proventos de aposentadoria, correspondentes a dois salários mínimos. Ele procurou uma companhia de aviação e solicitou que lhe fosse concedido gratuitamente um "bilhete de viagem do idoso" para ir de Rio Branco – AC para Belém – PA, no dia seguinte, o que lhe foi negado sob o argumento de que o direito a transporte interestadual gratuito não se aplica ao transporte aéreo.

Com base nos artigos acima transcritos do Estatuto do Idoso e considerando, na situação hipotética apresentada, que André foi o primeiro idoso a solicitar esse benefício à referida empresa aérea, assinale a opção correta.

(A) André tem direito a ser transportado gratuitamente pela empresa de aviação.

(B) André não tem direito ao transporte interestadual gratuito porque ele é menor de 65 anos.

(C) André não tem direito a ser transportado gratuitamente porque solicitou a emissão do bilhete com menos de uma semana de antecedência.

(D) É juridicamente correto o argumento da empresa de aviação para indeferir a solicitação de André.

A alternativa D está correta, pois conforme o Estatuto do Idoso, as empresas de transporte coletivo interestadual devem reservar duas vagas gratuitas por veículo para idosos com renda igual ou inferior a dois salários mínimos. Os idosos em qualquer faixa de renda também têm direito ao desconto de 50% no valor das passagens que excederem as vagas gratuitas. No entanto, o art. 1º do Decreto 5.934, de 18 de outubro de 2006, que regulamentou o estatuto inclui apenas as modalidades de transporte rodoviário, ferroviário e aquaviário.

Gabarito "D"

(Defensor Público/AM – 2010 – I. Cidades) Em relação aos direitos das pessoas idosas assinale a alternativa correta:

(A) É obrigação do Estado e da família da pessoa idosa assegurar-lhe a efetivação do direito à vida, à saúde, à alimentação, à educação, à cultura e ao trabalho, não fazendo parte dos deveres das demais pessoas da comunidade assegurar tais direitos.

(B) Dentre as garantias de prioridade conferidas às pessoas idosas se encontra o atendimento preferencial e imediato em órgãos públicos e estabelecimentos privados, mesmo que estes últimos não sejam prestadores de serviços à população.

(C) O atendimento ao idoso deve ser preferencialmente realizado em ambientes especializados como hospitais ou estabelecimentos de características asilares, devendo, em último caso, ser prestado pela própria família, caso esta não possua condições financeiras de manter o idoso em tais estabelecimentos.

(D) Caso o idoso demonstre necessidade, poderão lhe ser prestados alimentos por seus parentes na forma do Código Civil. A obrigação de alimentar é subsidiária, devendo recair primeiro sobre o cônjuge, descendentes e ascendentes, nessa ordem, não podendo o idoso optar entre os prestadores.

(E) Em caso de transações relativas aos alimentos, estas poderão ser celebradas tanto perante o Promotor de Justiça quanto perante um Defensor Público, que as referendará, e passarão a ter efeito de título executivo extrajudicial nos termos da lei processual civil.

A: incorreta, pois é obrigação da família, da comunidade, da sociedade e do Poder Público assegurar ao idoso, com absoluta prioridade, a efetivação do direito à vida, à saúde, à alimentação, à educação, à cultura, ao esporte, ao lazer, ao trabalho, à cidadania, à liberdade, à dignidade, ao respeito e à convivência familiar e comunitária, conforme prescreve o art. 3º, *caput*, do Estatuto do Idoso; **B:** incorreta, pois a garantia de prioridade compreende, entre outras, o atendimento preferencial imediato e individualizado junto aos órgãos públicos e privados prestadores de serviços à população, conforme prescreve o art. 3º, parágrafo único, I, do Estatuto do Idoso; **C:** incorreta, pois o atendimento do idoso deve ser priorizado por sua própria família, em detrimento do atendimento asilar, exceto dos que não a possuam ou careçam de condições de manutenção da própria sobrevivência, conforme art. 3º, parágrafo único, V, do Estatuto do Idoso; **D:** incorreta, pois a obrigação ao idoso é solidária, podendo o idoso optar entre os prestadores, conforme art. 12 do Estatuto do Idoso; **E:** correta, pois a alternativa reflete o disposto no art. 13 do Estatuto do Idoso.

Gabarito "E"

(Defensor Público/AM – 2010 – I. Cidades) É direito do idoso expressamente previsto no texto constitucional:

(A) A gratuidade dos transportes coletivos urbanos aos maiores de sessenta e cinco anos.

(B) A prioridade no recebimento da restituição do Imposto de Renda.

(C) A vedação à discriminação do idoso nos planos de saúde pela cobrança de valores diferenciados em razão da idade.

(D) A participação em atividades culturais e de lazer mediante descontos de pelo menos 50% (cinquenta por cento) nos ingressos para eventos artísticos, culturais e esportivos.

(E) O fato de o primeiro critério de desempate em concurso público ser a idade, dando-se preferência ao candidato de idade mais elevada.

Art. 230, § 2º, da CF. As demais alternativas não tem previsão constitucional, mas apenas no Estatuto do Idoso.

Gabarito "A"

(Defensor Público/BA – 2010 – CESPE) Julgue os itens a seguir, relativos às normas aplicáveis aos idosos.

(1) Entende-se por modalidade asilar o atendimento, em regime de internato, ao idoso sem vínculo familiar ou sem condições de prover a própria subsistência, de modo a satisfazer as suas necessidades de moradia, alimentação, saúde e convivência social.

(2) O envelhecimento constitui direito personalíssimo, e a sua proteção, direito social, nos termos da legislação vigente.

(3) O primeiro critério de desempate em concurso público deve ser o de idade, dando-se preferência ao candidato de idade mais elevada.

(4) Deverá ser incentivada, como diretriz da política nacional do idoso, a permanência, em instituições asilares de caráter social, dos idosos portadores de doenças que necessitem de assistência médica ou de enfermagem permanente.

(5) É assegurado ao idoso o direito de dispor de seus bens, proventos, pensões e benefícios, salvo seja comprovada judicialmente sua incapacidade ou o idoso ultrapasse 85 anos de idade.

1: certa, pois a alternativa reflete o disposto no art. 3º, *caput*, do Decreto 1.948, de 3 de julho de 1996; **2:** certa, pois a alternativa reflete o disposto o art. 8º do Estatuto do Idoso; **3:** certa, pois a alternativa reflete o disposto no art. 27, parágrafo único, do Estatuto do Idoso; **4:** errada, pois é vedada a permanência de idosos portadores de doenças que necessitem de assistência médica ou de enfermagem permanente em instituições asilares de caráter social (art. 4º, parágrafo único, da Lei 8.842/1994); **5:** errada, pois não há previsão legal que impeça o idoso que ultrapasse 85 anos de idade de dispor de seus bens, salvo nos casos de incapacidade judicialmente comprovada (art. 10, § 1º, da Lei 8.842/1994).

Gabarito 1C, 2C, 3C, 4E, 5E

(Defensor Público/GO – 2010 – I. Cidades) Sobre as previsões do Estatuto do Idoso:

(A) Não se admite, em edital de concurso, disposição que estabeleça limite máximo de idade, com ressalva apenas da impossibilidade de maior de 70 anos ingressar no serviço público efetivo, que deriva de disposição constitucional.

(B) Ao idoso internado ou em observação é assegurado o direito a acompanhante, em tempo integral, sendo vedado ao médico responsável restringir esse direito.

(C) Não pode entidade filantrópica cobrar participação do idoso residente no seu custeio quando ele perceba apenas benefício de assistência social.

(D) Incumbe ao parente mais próximo, observada a relação legal, optar pelo tratamento de saúde a ser ministrado ao idoso.

(E) É garantido às instituições filantrópicas ou sem fins lucrativos prestadoras de serviço ao idoso o direito à assistência judiciária gratuita.

A: incorreta, pois na admissão do idoso em qualquer trabalho ou emprego, é vedada a discriminação e a fixação de limite máximo de idade, inclusive para concursos, ressalvados os casos em que a natureza do cargo o exigir (art. 27 do Estatuto do Idoso); **B:** incorreta, pois no caso de idoso internado, caberá ao profissional de saúde responsável pelo tratamento conceder autorização para o acompanhamento do idoso ou, no caso de impossibilidade, justificá-la por escrito (art. 16, parágrafo único, do Estatuto do Idoso); **C:** incorreta, pois no caso de entidades filantrópicas, ou casa-lar, é facultada a cobrança de participação do idoso no custeio da entidade (art. 35, § 1º, do Estatuto do Idoso); **D:** incorreta, pois cabe ao idoso que esteja no domínio de suas faculdades mentais o direito de optar pelo tratamento de saúde que lhe for reputado mais favorável (art. 17, *caput*, do Estatuto do Idoso); **E:** correta, pois a alternativa reflete o disposto no art. 51 do Estatuto do Idoso.

Gabarito "E"

(Defensor Público/GO – 2010 – I. Cidades) O Superior Tribunal de Justiça, a respeito de dispositivos previstos no Estatuto do Idoso, entende que

(A) é lícita a cláusula contratual que prevê reajuste de mensalidade de plano de saúde calcada na mudança de faixa etária do idoso, diante da necessidade de manutenção do equilíbrio financeiro do contrato.

(B) é ilícita a exigência de cadastramento do idoso junto à concessionária de serviço de transporte coletivo, para o gozo do benefício do passe livre.

(C) o Ministério Público não tem legitimidade ativa para propor ação civil pública com o objetivo de proteger interesse individual, mesmo que indisponível, de idoso.

(D) o Código Civil permanece regulando a natureza da obrigação alimentar, mesmo quando se tratar de credor idoso, por atecnia existente no Estatuto do Idoso, a impedir sua aplicação neste particular.

(E) a reserva de vagas em estacionamentos públicos estabelecida pelo referido Estatuto impede que a Administração Pública restrinja, em bens públicos de uso especial, o uso das vagas somente aos idosos que, de alguma forma, estão vinculados às atividades desenvolvidas pelo órgão público.

A: incorreta, pois o STJ considera abusiva a cláusula contratual que prevê o reajuste de mensalidade calcada na mudança de faixa etária. Vide exemplo: "AGRAVO REGIMENTAL. PLANO DE SAÚDE. REAJUSTE DE MENSALIDADE EM RAZÃO DE MUDANÇA DE FAIXA ETÁRIA (IDOSO). INADMISSIBILIDADE. OCORRÊNCIA DE DISCRIMINAÇÃO E DE ABUSIVIDADE. DECISÃO AGRAVADA. MANUTENÇÃO. A jurisprudência deste Tribunal Superior consagrou o entendimento de ser abusiva a cláusula contratual que prevê o reajuste da mensalidade de plano de saúde com base exclusivamente em mudança de faixa etária, mormente se for consumidor que atingir a idade de 60 anos, o que o qualifica como idoso, sendo vedada, portanto, a sua discriminação. Agravo regimental improvido." (AgRg nos EDcl no REsp 1113069/SP, Rel. Ministro Sidnei Beneti, Terceira Turma, julgado em 17/03/2011, DJe 29/03/2011); **B:** correta. Esse é, de fato, o entendimento atual do STJ. Vide exemplo: "PEDIDO DE SUSPENSÃO DE LIMINAR E DE SENTENÇA. LESÃO À ORDEM E À ECONOMIA PÚBLICAS. Os idosos não pagam o transporte coletivo, mas estão sujeitos a cadastramento; a decisão que os libera dessa exigência dificulta o controle e a administração do município sobre o transporte público, causando lesão à ordem e à economia públicas. Agravo regimental não provido." (AgRg na SLS 1.070/RJ, Rel. Ministro Ari Pargendler, Corte Especial, julgado em 06/10/2010, DJe 14/12/2010); **C:** incorreta, pois o STJ firmou entendimento no sentido de que, quando se tratar de interesse individual indisponível de idoso, o Ministério Público tem legitimidade para propor ação civil pública. Vide exemplo: "PROCESSO CIVIL. RECURSO ESPECIAL. AÇÃO CIVIL PÚBLICA. MEDICAÇÃO NECESSÁRIA AO TRATAMENTO DE SAÚDE. IDOSO. LEI N. 10.741/2003. MINISTÉRIO PÚBLICO. LEGITIMIDADE ATIVA RECONHECIDA. 1. O STJ, recentemente, pacificou entendimento de que o Ministério Público detém legitimidade para propor ação civil pública em defesa de direito individual indisponível à saúde de idoso. 2. Recurso especial provido." (REsp 878.960/SP, Rel. Ministro João Otávio de Noronha, Segunda Turma, julgado em 21/08/2007, DJ 13/09/2007, p. 188); **D:** incorreta, pois o STJ aplica o Estatuto do Idoso quanto a natureza da obrigação alimentar em favor do idoso. Vide exemplo: "Direito civil e processo civil. Ação de alimentos proposta pelos pais idosos em face de um dos filhos. Chamamento da outra filha para integrar a lide. Definição da natureza solidária da obrigação de prestar alimentos à luz do Estatuto do Idoso. A doutrina é uníssona, sob o prisma do Código Civil, em afirmar que o dever de prestar alimentos recíprocos entre pais e filhos não tem natureza solidária, porque é conjunta. - A Lei 10.741/2003, atribuiu natureza solidária à obrigação de prestar alimentos quando os credores forem idosos, que por força da sua natureza especial prevalece sobre as disposições específicas do Código Civil. - O Estatuto do Idoso, cumprindo política pública (art. 3º), assegura celeridade no processo, impedindo intervenção de outros eventuais devedores de alimentos. - A solidariedade da obrigação alimentar devida ao idoso lhe garante a opção entre os prestadores (art. 12). Recurso especial não conhecido." (REsp 775.565/SP, Rel. Ministra Nancy Andrighi, TERCEIRA TURMA, julgado em 13/06/2006, DJ 26/06/2006, p. 143); **E:** incorreta, pois segundo entendimento do STJ a reserva de vagas em estacionamentos públicos estabelecida pelo referido estatuto NÃO impede que a Administração Pública restrinja, em bens públicos de uso especial, o uso das vagas somente aos idosos que, de alguma forma, estão vinculados às atividades desenvolvidas pelo órgão público, conforme exemplo: "ADMINISTRATIVO E PROCESSUAL CIVIL. RECURSO ORDINÁRIO EM MANDADO DE SEGURANÇA. IDOSO. PRETENSÃO DE UTILIZAÇÃO DE VAGAS ESPECIAIS PARA IDOSOS EM ESTACIONAMENTO LOCALIZADO DENTRO DE BEM DE USO ESPECIAL (FÓRUM DE JUSTIÇA). ART. 41 DA LEI N. 10.741/2003. NÃO APLICAÇÃO. 1. Trata-se de recurso ordinário em mandado de segurança no qual se discute se o impetrante, na qualidade de idoso, tem direito de utilizar o estacionamento interno do Fórum Leal Fagundes, o qual é usado, privativamente, pelos servidores do órgão. 2. O art. 41 da Lei n. 10.741/2003 não pode ser objeto de interpretação literal para assegurar a pretensão do impetrante de utilizar as vagas reservadas para idosos no estacionamento do fórum, se esse estacionamento se encontra dentro da área territorial do imóvel em que se encontra o órgão. 3. Conquanto o estacionamento do fórum esteja localizado em área pública, deve-se atentar para o fato de essa área estar restrita ao uso especial daqueles que receberem autorização estatal para o seu uso, nos termos do art. 99, II, do Código Civil. Precedente: RMS 20043/SP, Rel. Ministro Teori Albino Zavascki, Primeira Turma, DJ 21/09/2006. 4. Nesse contexto, a previsão legal de reserva de 5% das vagas nos estacionamentos públicos estabelecida pelo art. 41 da Lei n. 10.741/2003 não impede que a administração do fórum restrinja o uso de determinada área de estacionamento somente às pessoas idosas que, de alguma forma, estão vinculadas às atividades desenvolvidas pelo órgão público. 5. Recurso ordinário não provido." (RMS 32.340/DF, Rel. Ministro Benedito Gonçalves, Primeira Turma, julgado em 26/10/2010, DJe 04/11/2010).

Gabarito "B".

(Defensor Público/PA – 2006 – UNAMA) O Estatuto do Idoso (Lei nº 10.741, de 01.10.2003) destina-se a regular os direitos às pessoas com idade igual ou superior a 60 (sessenta anos), sendo correto afirmar:

(A) Caso o idoso ou seus familiares não possuírem condições de prover o próprio sustento, impõe-se ao Poder público esse provimento, no âmbito da Previdência Social.

(B) Aos idosos maiores de 65 (sessenta e cinco anos) fica assegurada a gratuidade dos transportes coletivos públicos urbanos e semiurbanos, exceto nos serviços seletivos e especiais, quando prestados paralelamente aos serviços regulares, sendo que para o acesso à gratuidade faz-se necessário somente que o idoso apresente qualquer documento pessoal que faça prova de sua idade. Ressalta-se que a gratuidade poderá também ser concedida às pessoas compreendidas na faixa etária entre 60 (sessenta) e 65 (sessenta e cinco) anos, sob critério da legislação local dispor acerca das condições para a respectiva concessão da gratuidade.

(C) A pessoa com idade igual ou superior a 65 (sessenta e cinco anos) tem prioridade na tramitação dos processos e procedimentos na execução dos atos e diligências judiciais, em qualquer instância, desde que figure como parte ou interveniente.

(D) Discriminar pessoa idosa, impedindo ou dificultando seu acesso a operações bancárias, por motivo de idade, é crime, no mesmo incorrendo, também, quem desdenhar, humilhar, menosprezar pessoa idosa, por qualquer motivo, cuja pena é de reclusão de 06 (seis) meses a 02 (dois) anos e multa, sendo a pena aumentada de 1/3 (um terço) se a vítima se encontrar sob os cuidados ou responsabilidade do agente.

A: incorreta, pois nesse caso será no âmbito da assistência social, nos termos do art. 14 do Estatuto do Idoso; **B:** correta, pois a alternativa reflete o disposto no art. 39 do Estatuto do Idoso; **C:** incorreta, pois a prioridade é assegurada à pessoa com idade igual ou superior a 60 (sessenta) anos, nos termos do art. 71 do Estatuto do Idoso; **D:** incorreta, pois a pena para o crime descrito é de reclusão de 6 meses a 1 ano e multa, nos termos do art. 96 do Estatuto do Idoso.

Gabarito "B".

(Defensoria/MA – 2009 – FCC) O Estatuto do Idoso, e suas alterações posteriores, assegura direitos que, de uma forma geral, beneficiam pessoas a partir de 60 anos de idade. Figura como exceção à essa regra geral o direito

(A) ao transporte gratuito, que favorece pessoas a partir de 70 anos de idade.

(B) à tramitação processual prioritária, que favorece pessoas a partir de 55 anos de idade.

(C) ao benefício mensal de um salário mínimo, nos termos da Lei Orgânica da Assistência Social – Loas, aplicável a partir de 65 anos de idade.

(D) a descontos de pelo menos 50% nos ingressos para eventos artísticos, culturais, esportivos e de lazer, aplicável a partir de 70 anos de idade.

(E) ao recebimento prioritário da restituição do Imposto de Renda, que beneficia pessoas a partir de 70 anos de idade.

A: incorreta, pois o transporte gratuito é garantido aos maiores de 65 anos, conforme art. 39, *caput*, do Estatuto do Idoso; **B:** incorreta, pois a prioridade de tramitação processual é garantida quando figure como parte ou interveniente pessoa com idade igual ou superior a 60 anos, conforme art. 71, caput, do Estatuto do Idoso; **C:** correta, pois a assertiva reflete o disposto no art. 34, caput, do Estatuto do Idoso; **D:** incorreta, pois o desconto de pelo menos 50% nos ingressos para eventos será aplicável ao idoso, nos termos do art. 23 do Estatuto do Idoso, ou seja, a pessoas com idade igual ou superior a 60 anos (art. 1º do Estatuto do Idoso); **E:** incorreta, pois a prioridade da restituição do imposto de renda beneficia o idoso com idade igual ou superior a 60 anos, conforme art. 3º, parágrafo único, IX, do Estatuto do Idoso.

Gabarito "C".

(Defensoria/MT – 2009 – FCC) De acordo com o Estatuto do Idoso, é correto afirmar que aos idosos que não possuam meios para prover sua subsistência, nem de tê-la provida por sua família, é assegurado, a partir de:

(A) 65 anos, o benefício mensal de meio salário mínimo, nos termos da Lei Orgânica da Assistência Social, não sendo computado para os fins do cálculo da renda familiar *per capita* benefício similar já concedido a qualquer membro da família.

(B) 65 anos, o benefício mensal de meio salário mínimo, nos termos da Lei Orgânica da Assistência Social, sendo computado para os fins do cálculo da renda familiar *per capita* benefício similar já concedido a qualquer membro da família.

(C) 65 anos, o benefício mensal de um salário mínimo, nos termos da Lei Orgânica da Assistência Social, não sendo computado para os fins do cálculo da renda familiar *per capita* benefício similar já concedido a qualquer membro da família.

(D) 70 anos, o benefício mensal de meio salário mínimo, nos termos da Lei Orgânica da Assistência Social, sendo computado para os fins do cálculo da renda familiar *per capita* benefício similar já concedido a qualquer membro da família.

(E) 70 anos, o benefício mensal de um salário mínimo, nos termos da Lei Orgânica da Assistência Social, não sendo computado para os fins do cálculo da renda familiar *per capita* benefício similar já concedido a qualquer membro da família.

A assertiva C está correta, pois reflete o disposto no art. 34 do Estatuto do Idoso.

Gabarito "C".

(Defensoria/RN – 2006) Segundo a Lei 10.741/2003, denominada de "Estatuto do Idoso",

(A) os idosos terão direito a alimentos prestados na forma da lei civil, constituindo o dever de prestar alimentos aos idosos, obrigação solidária, cabendo à lei a determinação de quem entre os devedores, deverá prestar os alimentos.

(B) a prevenção e a manutenção da saúde dos idosos serão efetivadas, entre outras, através do cadastramento da população idosa em base territorial, cabendo ao Poder Público fornecer aos idosos medicamentos de forma gratuita, especialmente os de uso continuado.

(C) para enquadrar-se no conceito de idoso não basta o critério cronológico, devendo os indivíduos ser submetidos a exame psicológico e físico, a fim de verificar se serão alcançados pela Lei 10.741/2003.

(D) se o idoso não estiver em condições de optar pelo tratamento de saúde que lhe for indicado mais favorável, a escolha caberá inicialmente ao médico que acompanhar o idoso.

A: incorreta, pois caberá ao idoso optar entre os prestadores, conforme arts. 11 e 12 do Estatuto do Idoso; **B:** correta, pois a assertiva reflete o disposto no art. 15, § 1º, I, e § 2º, do Estatuto do Idoso; **C:** incorreta, pois basta que a pessoa tenha idade igual ou superior a 60 anos para ser considerada idosa, conforme art. 1º do Estatuto do Idoso; **D:** incorreta, pois a escolha será feita inicialmente pelo curador ou pelos familiares e, somente se não houver tempo hábil, será feita pelo médico, conforme art. 17, parágrafo único, do Estatuto do Idoso.

Gabarito "B"

(Defensoria/SE – 2006 – CESPE) Independentemente de comprovação de renda, o idoso tem assegurada, no sistema de transporte rodoviário interestadual, a reserva de duas vagas gratuitas por veículo.

Assertiva errada, pois a reserva de vaga gratuita no transporte coletivo interestadual é assegurado aos idosos com renda igual ou inferior a 2 salários mínimos, conforme art. 40, I, do Estatuto do Idoso.

Gabarito "E"

(Defensoria/SE – 2006 – CESPE) É vedada, em qualquer hipótese, a fixação de limite máximo de idade em concursos públicos, visto que cláusula nesse sentido caracteriza-se como discriminatória e contraria as diretrizes inerentes à política nacional do idoso.

Assertiva errada, pois é possível a fixação de limite máximo de idade em concursos públicos nos casos em que a natureza do cargo o exigir, conforme disposto no art. 27, *caput*, do Estatuto do Idoso.

Gabarito "E"

(Defensoria/SE – 2006 – CESPE) As políticas públicas de atenção ao idoso incluem a geriatria como especialidade clínica, para efeitos de concursos públicos federais.

Assertiva certa, pois reflete o disposto no art. 10, II, *f*, da Lei 8.842/1994.

Gabarito "C"

(Defensoria/SP – 2007 – FCC) O programa educacional direcionado à terceira idade, na Política Estadual do Idoso, tem como objetivo, entre outros,

(A) compreender o analfabetismo do idoso como consequência da sua incapacidade para aprender, em face da sua senilidade.

(B) estimular o desenvolvimento social e valorização pessoal, restabelecendo a autoestima e facultando a elaboração de novos projetos de vida.

(C) criar programas educacionais que priorizem a avaliação de desempenho, para que o idoso possa ter condições de competir socialmente.

(D) permitir que o desejo do isolamento do idoso prevaleça, não criando espaços de convivência, que só serviriam para abrigar uma coletividade solitária.

(E) consolar o idoso, prestando assistência para enfrentar esta fase improdutiva da vida.

A assertiva B está correta, pois reflete o disposto no art. 18, IV, da Lei Estadual 12.548/2007.

Gabarito "B"

3. Medidas de Proteção

(Defensoria/MA – 2009 – FCC) Os conselhos municipais do idoso são

(A) órgãos consultivos do poder público municipal em relação à política local de atendimento aos direitos dos idosos.

(B) compostos por 50% de representantes de órgãos e entidades públicas municipais e por 50% de pessoas escolhidas entre os cidadãos idosos residentes no município.

(C) responsáveis pelo atendimento individual aos idosos em situação de ameaça ou violação de direitos e pela aplicação das respectivas medidas de proteção.

(D) responsáveis, junto com Ministério Público e Vigilância Sanitária, pela fiscalização das entidades governamentais e não governamentais de atendimento ao idoso.

(E) responsáveis pela arrecadação dos fundos necessários ao financiamento da política municipal de atendimento ao idoso.

A assertiva D está correta, pois reflete o disposto no art. 52 do Estatuto do Idoso.

Gabarito "D"

(Defensoria/MG – 2009 – FURMARC) Nas situações abaixo, serão aplicáveis medidas de proteção ao idoso, com base na Lei n.º 10.741 de 1º de outubro de 2003, EXCETO em face de:

(A) ação ou omissão da sociedade ou do Estado.

(B) falta, omissão ou abuso da família, que importe na ameaça ou ofensa a direitos reconhecidos no Estatuto do Idoso.

(C) falta, omissão ou abuso das entidades de atendimento ao idoso.

(D) falta ou omissão do Curador Legal, ressalvada a figura do Curador *ad hoc*, dada a nomeação por parte do juiz.

(E) condições pessoais do destinatário do Estatuto do Idoso, que ocasionem ameaça ou violência a direitos legalmente reconhecidos.

A: correta, pois reflete o disposto no art. 43, I, do Estatuto do Idoso; **B:** correta, pois reflete o disposto no art. 43, II, do Estatuto do Idoso; **C:** correta, pois reflete o disposto no art. 43, II, do Estatuto do Idoso; **D:** incorreta (devendo ser assinalada), pois não existe essa ressalva no Estatuto do Idoso (art. 43, II); **E:** correta, pois reflete o disposto no art. 43, III, do Estatuto do Idoso.

Gabarito "D"

4. Acesso à Justiça

(Defensor Público/TO – 2013 – CESPE) Considerando o disposto no Estatuto do Idoso e a Política Nacional do Idoso, assinale a opção correta.

(A) A competência para as ações referentes ao direito do idoso é relativa.

(B) Transitada em julgado a sentença condenatória do poder público, favorável ao idoso, deverá o juiz determinar a remessa de peças à autoridade competente, para apuração de responsabilidades, e, ainda, promover a execução, intimando o Ministério Público para assumir o polo ativo.

(C) Os crimes definidos no Estatuto do Idoso são de ação penal pública incondicionada, e a eles não se aplicam as escusas absolutórias do Código Penal, quando praticados em detrimento de cônjuge, ascendente e descendente.

(D) Consoante a Política Nacional do Idoso, para ser considerada idosa a pessoa deve ter idade igual ou superior a sessenta e cinco anos.

(E) Toda instituição prestadora de serviço ao idoso tem direito à assistência judiciária gratuita.

A: incorreta, pois a competência é *absoluta* (art. 80 do Estatuto do Idoso); **B:** incorreta, pois o Ministério Público somente iniciará a execução *decorridos 60 (sessenta) dias* do trânsito em julgado da sentença condenatória favorável ao idoso *sem que o autor lhe promova a execução* (art. 87 do Estatuto do Idoso); **C:** correta (art. 95 do Estatuto do Idoso); **D:** incorreta, considera-se idoso a pessoa maior de sessenta anos de idade (art. 2º da Lei 8.842/1994); **E:** incorreta, pois somente as *instituições filantrópicas ou sem fins lucrativos* prestadoras de serviço ao idoso terão direito à assistência judiciária gratuita (art. 51 do Estatuto do Idoso).

Gabarito "C"

(Defensor Público/RO – 2012 – CESPE) Assinale a opção correta acerca do Estatuto do Idoso e de suas disposições.

(A) Decorridos sessenta dias do trânsito em julgado de sentença condenatória favorável a pessoa idosa sem que o autor lhe promova a execução, deverá fazê-lo o MP.

(B) Compete à DP atuar como substituto processual do idoso em situações de risco.

(C) O referido estatuto regula o direito das pessoas com idade igual ou superior a sessenta e cinco anos.

(D) O MP, quando não figurar como autor da ação, atuará obrigatoriamente como fiscal da lei em todos os processos que envolvam interesses de pessoa idosa.

(E) O direito a transporte urbano gratuito é restrito ao idoso cadastrado nos órgãos estaduais responsáveis pelo transporte urbano.

A: correta (art. 87 do Estatuto do Idoso); **B:** incorreta, pois compete ao Ministério Público (art. 74, III, do Estatuto do Idoso); **C:** incorreta, pois o Estatuto do Idoso regula os direitos assegurados às pessoas com idade igual ou superior a 60 (sessenta) anos (art. 1º); **D:** incorreta, pois o Ministério Público atuará somente na defesa dos direitos e interesses de que cuida o Estatuto do Idoso, nos termos do seu art. 75; **E:** incorreta, pois a lei não vincula a gratuidade a qualquer tipo de cadastro nos órgãos estaduais, bastando que o idoso apresente qualquer documento pessoal que faça prova de sua idade para ter acesso à gratuidade (art. 39, § 1º, do Estatuto do Idoso)[2].

Gabarito "A"

(Defensor Público/SE – 2012 – CESPE) Com base no tratamento dado pela legislação e pela jurisprudência à pessoa idosa, assinale a opção correta.

(A) Segundo a legislação de regência, aos maiores de sessenta e cinco anos é assegurada a gratuidade dos transportes coletivos públicos urbanos e semiurbanos, facultando-se à empresa de transporte o estabelecimento de prévio procedimento de cadastro do idoso para que o direito ao passe livre possa ser legitimamente exercido.

(B) É obrigatória a intervenção do MP em todas as demandas cujo objeto sejam os interesses da pessoa idosa.

(C) Incorrerá em ilegalidade o órgão público que reservar 5% das vagas de seu estacionamento para pessoas idosas a ele vinculadas, visto que o Estatuto do Idoso assegura a reserva, para os idosos, de 5% das vagas nos estacionamentos públicos, circunstância que impede a Administração Pública de limitar o uso de vagas de estacionamento localizado em área própria de órgão público a pessoas idosas a ele vinculadas.

(D) Caso um advogado maior de sessenta e cinco anos de idade seja contratado para ajuizar ação de qualquer natureza, o processo judicial tramitará em regime de prioridade, já que a regra que estabelece o benefício da prioridade na tramitação processual favorece não apenas o idoso que seja parte da relação jurídica processual, como também o que atua como causídico.

(E) De acordo com o STJ, o benefício da prioridade na tramitação processual contempla todos os idosos que figurem como parte ou como intervenientes nos procedimentos judiciais, razão pela qual abrange o idoso que intervenha no processo em todas as formas de intervenção de terceiros.

A: incorreta, pois a lei não vincula a gratuidade a qualquer tipo de cadastro, bastando que o idoso apresente qualquer documento pessoal que faça prova de sua idade para ter acesso à gratuidade (art. 39, § 1º, do Estatuto do Idoso)[3]; **B:** incorreta, pois o Ministério Público atuará somente na defesa dos direitos e interesses de que cuida o Estatuto do Idoso, nos termos do seu art. 75; **C:** incorreta, pois a lei assegura a reserva, para os idosos, nos termos da lei local, de 5% (cinco por cento) das vagas nos estacionamentos públicos e privados, as quais deverão ser posicionadas de forma a garantir a melhor comodidade ao idoso (art. 41 do Estatuto do Idoso); **D:** incorreta, pois a prioridade somente é válida para idoso que atue como parte ou interveniente (art. 71 do Estatuto do Idoso); **E:** correta. Nesse sentido, transcreve-se decisão do STJ: "PROCESSUAL CIVIL - PRIORIDADE NA TRAMITAÇÃO PROCESSUAL - IDOSOS (MAIORES DE 65 ANOS) - ABRANGÊNCIA DO BENEFÍCIO - INTERVENÇÃO DE TERCEIRO - ASSISTÊNCIA. 1. O art. 1.211-A do CPC, acrescentado pela Lei nº 10.173/2001, contemplou, com o benefício da prioridade na tramitação processual, *todos os idosos com idade igual ou superior a sessenta e cinco anos que figurem como parte ou interveniente nos procedimentos judiciais, abrangendo a intervenção de terceiros na forma de assistência, oposição, nomeação à autoria, denunciação da lide ou chamamento ao processo.* 2. Recurso especial provido." (STJ, REsp 664899/SP, j. 03.02.2005, 2ª T., rel. Min. Eliana Calmon, *DJ* 28.02.2005, p. 307) (grifo nosso).

Gabarito "E"

(Defensor Público/AL – 2009 – CESPE) Julgue os itens que se seguem, referentes à defesa dos idosos.

(1) Compete ao MP referendar transações envolvendo interesses e direitos dos idosos dispostos no Estatuto do Idoso.

(2) Nos processos e procedimentos em que não for parte, o MP deve atuar obrigatoriamente na defesa dos direitos e interesses previstos no Estatuto do Idoso, hipótese em que terá vista dos autos antes das partes e não poderá juntar documentos.

(3) O MP pode atuar como substituto processual do idoso em situação de risco, quando os direitos reconhecidos no Estatuto do Idoso forem ameaçados em razão de sua condição pessoal.

1: certa, pois a alternativa reflete o disposto no art. 74, X, do Estatuto do Idoso; **2:** errada, pois nesses casos o Ministério Público terá vista dos autos depois das partes e poderá juntar documentos, nos termos do art. 75 do Estatuto do Idoso; **3:** certa, pois a alternativa reflete o disposto no art. 74, III, do Estatuto do Idoso.

Gabarito 1C, 2E, 3C

(Defensor Público/AM – 2010 – I. Cidades) Em relação ao acesso à Justiça das pessoas idosas, assinale a única alternativa incorreta:

(A) É assegurada prioridade na tramitação dos processos e na execução dos atos e diligências judiciais em que figure como parte ou interveniente pessoa idosa em qualquer instância, inclusive nos tribunais superiores.

(B) A prioridade no atendimento não se limita à esfera judicial, estendendo-se também aos processos e procedimentos na Administração Pública, empresas prestadoras de serviços públicos, instituições financeiras e ao atendimento preferencial junto às Defensorias Publicas em relação aos Serviços de Assistência Judiciária.

(C) O idoso que desejar obter a prioridade na tramitação de processos judiciais deverá fazer prova de sua idade, requerendo o benefício, através de petição, ao juiz competente para apreciar o feito, que determinará as providências a serem cumpridas, anotando-se essa circunstância em local bastante visível no processo, como, por exemplo, a capa dos autos.

(D) A prioridade na tramitação dos processos judiciais é personalíssima, cessando com a morte do beneficiado, não se estendendo em favor de cônjuge supérstite, companheiro ou companheira em união estável.

(E) Os débitos de natureza alimentícia cujos titulares tenham 60 (sessenta) anos de idade ou mais na data de expedição do precatório serão pagos com preferência sobre todos os demais débitos, até o valor equivalente ao triplo do fixado em lei para as requisições de pequeno valor estabelecidas para os diferentes entes federativos, sendo admitido o fracionamento para essa finalidade, devendo o restante ser pago na ordem cronológica de apresentação do precatório.

A: correta, pois a alternativa reflete o disposto no art. 71, *caput*, do Estatuto do Idoso; **B:** correta, pois a alternativa reflete o disposto no art. 71, § 3º, do Estatuto do Idoso; **C:** correta, pois a alternativa reflete o disposto no art. 71, § 1º, do Estatuto do Idoso; **D:** incorreta (devendo ser assinalada), pois a prioridade não cessará com a morte do beneficiado, estendendo-se em favor do cônjuge supérstite, companheiro ou companheira, com união estável, maior de 60 (sessenta) anos, nos termos do art. 71, § 2º, do Estatuto do Idoso; **E:** correta, pois a alternativa reflete o disposto no art. 100, § 2º, da CF.

Gabarito "D"

(Defensoria/MA – 2009 – FCC) Considerando os dispositivos do Estatuto do Idoso que afetam mais diretamente a atuação e funcionamento Defensorias Públicas, pode-se afirmar que esta lei, com as alterações posteriores,

(A) obriga as Defensorias Públicas a criar órgãos especializados na defesa dos direitos dos idosos.

(B) estabelece o direito à assistência judiciária gratuita por parte de instituições filantrópicas ou sem fins lucrativos prestadoras de serviço ao idoso.

2 A título de ilustração, recentemente o Estado do Rio de Janeiro obriga o idoso a realizar cadastro no "RioCard" para ter o benefício da gratuidade, esta determinação foi objeto de discussão perante o Superior Tribunal de Justiça, que reconheceu a legalidade do ato administrativo que exige prévio cadastramento, sob pena de lesão à ordem e à economia públicas: "Pedido de suspensão de liminar e de sentença. Lesão à ordem e à economia públicas. *Os idosos não pagam o transporte coletivo, mas estão sujeitos a cadastramento; a decisão que os libera dessa exigência dificulta o controle e a administração do município sobre o transporte público, causando lesão à ordem e à economia públicas.* Agravo regimental não provido." (STJ, AgRg na SLS 1070/RJ, Corte Especial, j. 06.10.2010, rel. Min. Ari Pargendler, *DJe* 14.12.2010) (grifo nosso). A decisão em tela revela um retrocesso da Corte, já que é claramente contrária ao que determina a legislação.

3 A título de ilustração, recentemente o Estado do Rio de Janeiro obriga o idoso a realizar cadastro no "RioCard" para ter o benefício da gratuidade, esta determinação foi objeto de discussão perante o Superior Tribunal de Justiça, que reconheceu a legalidade do ato administrativo que exige prévio cadastramento, sob pena de lesão à ordem e à economia públicas: "Pedido de suspensão de liminar e de sentença. Lesão à ordem e à economia públicas. *Os idosos não pagam o transporte coletivo, mas estão sujeitos a cadastramento; a decisão que os libera dessa exigência dificulta o controle e a administração do município sobre o transporte público, causando lesão à ordem e à economia públicas.* Agravo regimental não provido." (STJ, AgRg na SLS 1070/RJ, Corte Especial, j. 06.10.2010, rel. Min. Ari Pargendler, *DJe* 14.12.2010) (grifo nosso). A decisão em tela revela um retrocesso da Corte, já que é claramente contrária ao que determina a legislação.

(C) confere efeito de título executivo extrajudicial a acordos relativos a alimentos e benefícios previdenciários de pessoas idosas quando realizados na presença de Defensor Público.
(D) garante às Defensorias Públicas assento nos conselhos estaduais e federal do idoso.
(E) manda considerar a vulnerabilidade pessoal, em detrimento da renda pessoal/familiar, para justificar o atendimento preferencial do idoso pela Defensoria Pública.

A: incorreta, pois não existe essa previsão legal; **B:** correta, pois a assertiva reflete o disposto no art. 51 do Estatuto do Idoso; **C:** incorreta, pois somente os acordos relativos a alimentos ao idoso celebrados perante o Promotor de Justiça ou Defensor Público passarão a ter efeito de título executivo extrajudicial, nos termos do art. 13 do Estatuto do Idoso; **D:** incorreta, pois não existe essa previsão legal; **E:** incorreta, pois não existe essa previsão legal.

Gabarito "B"

(Defensoria/SE – 2006 – CESPE) De acordo com a Lei n.º 8.842/1994, que dispõe sobre a referida política, cabem à justiça a promoção e a defesa dos direitos da pessoa idosa, sendo que uma das ações implementadas nesse sentido é a de assegurar prioridade na tramitação dos processos e procedimentos e na execução de atos e diligências judiciais.

Assertiva certa, pois é assegurada a prioridade na tramitação dos processos e procedimentos judiciais, conforme disposto no art. 71, *caput*, do Estatuto do Idoso.

Gabarito "C"

5. Crimes

(Defensor Público/AM – 2013 – FCC) O Estatuto do Idoso estabelece que aos crimes em espécie, previstos em seu texto, cuja pena máxima privativa de liberdade não ultrapasse 4 (quatro) anos, aplica-se o procedimento previsto na Lei nº 9.099/1995. Com base nos princípios norteadores da Lei nº 10.741/2003, é correto afirmar:

(A) Todos os benefícios da Lei nº 9.099/1995 devem ser aplicados à espécie, uma vez que a celeridade das ações penais é corolário da prioridade de atendimento ao idoso.
(B) A regra permite, tão somente, a aplicação do procedimento sumaríssimo previsto na Lei nº 9.099/1995 e não outros benefícios nela previstos.
(C) O benefício da transação penal é uma das etapas do procedimento previsto na Lei nº 9.099/1995, tendo o Estatuto do Idoso ampliado o conceito de delito de pequeno potencial ofensivo.
(D) A ampliação do conceito de delito de pequeno potencial ofensivo deve beneficiar todos os idosos em razão de sua peculiar condição de vulnerável social.
(E) As regras simplificadoras da Lei nº 9.099/1995 devem ser aplicadas em sua integralidade em relação aos crimes praticados contra os idosos visando à celeridade e à informalidade do provimento jurisdicional.

A, B, C, D e **E:** O art. 94 do Estatuto do Idoso estabelece a aplicação do procedimento da Lei 9.099/1995 aos crimes cuja pena máxima não ultrapasse quatro anos, ou seja, infrações penais que não são de menor potencial ofensivo, ensejando, assim, divergência na doutrina e jurisprudência, inclusive no sentido de se afirmar a ampliação do conceito de delito de pequeno potencial ofensivo. Contudo, o art. 98, I, da Constituição Federal prevê que compete aos Juizados Especiais as "causas cíveis de menor complexidade e infrações penais de menor potencial ofensivo, mediante os procedimentos oral e sumaríssimo, permitido, nas hipóteses previstas em lei, a transação e o julgamento de recursos por turmas de juízes de primeiro grau". Nota-se que apenas é admitia a transação penal no âmbito dos Juizados Especiais e nos crimes de menor potencial ofensivo, ou ainda quando houver previsão legal expressa. Nesse diapasão, no julgamento da ADI 3.096/DF, o STF concedeu interpretação conforme a Constituição Federal ao art. 98 do Estatuto do Idoso, com aplicação, na justiça comum, apenas do procedimento sumaríssimo da Lei 9.099/1995, o que beneficia o idoso com a celeridade processual. Não sendo possível a aplicação de medidas despenalizadoras e a interpretação benéfica ao autor da infração penal. Da leitura do acórdão, conclui-se, pois, que é impossível a composição civil de danos, transação penal, suspensão condicional do processo, o *sursis* e substituição de pena. Logo, não há que se falar em competência dos Juizados Especiais Criminais e tampouco em ampliação do conceito de delito de menor potencial ofensivo, pois somente foi assentada a natureza exclusivamente processual da norma.

Gabarito "B"

(Defensor Público/RO – 2012 – CESPE) Ainda com relação ao Estatuto do Idoso, assinale a opção correta.

(A) Ao indivíduo que se aproprie de pensão de pessoa idosa, dando-lhe aplicação diversa da de sua finalidade, aplica-se o procedimento previsto na Lei nº 9.099/1995.
(B) Considere que Pedro desdenhe de seu pai, Antônio, de sessenta anos de idade, chamando-o de "velho gagá" na frente de seu grupo de amigos. Nessa situação, embora cometa crime, Pedro ficará isento de pena.
(C) Suponha que Rosa, contratada pela família Castro para cuidar de Jonas, idoso de setenta e cinco anos de idade, o exponha a perigo, privando-o do cuidado indispensável à saúde, o que lhe ocasiona a morte. Nessa situação, Rosa comete crime sujeito a pena de seis a doze anos de reclusão.
(D) O MP, os Estados, a OAB e a DP são legitimados, concorrentemente, para a propositura de ações cíveis fundadas em interesses difusos, coletivos e individuais indisponíveis ou homogêneos que afetem direitos dos idosos.
(E) Se o idoso internado em unidade hospitalar pública não estiver em condições de optar pelo tratamento de saúde que lhe seja mais favorável, inexistindo curador ou familiar conhecido, a DP deve ser comunicada do fato, a fim de adotar as providências cabíveis.

A: correta (art. 94 c.c. art. 102 do Estatuto do Idoso); **B:** incorreta, pois a situação em tela constitui crime apenado com reclusão de 6 (seis) meses a 1 (um) ano e multa (art. 96, § 1º do Estatuto do Idoso); **C:** incorreta, pois a pena é de reclusão de 4 (quatro) a 12 (doze) anos (art. 99, § 2º, do Estatuto do Idoso); **D:** incorreta, pois a Defensoria Pública *não* tem legitimidade (art. 81, I a IV, do Estatuto do Idoso); **E:** incorreta, pois não cabe à Defensoria Pública tomar quaisquer providências (art. 17, parágrafo único, I a IV, do Estatuto do Idoso).

Gabarito "A"

(Defensoria/MA – 2009 – FCC) Abandonar o idoso em hospitais, casas de saúde, entidades de longa permanência ou congêneres

(A) caracteriza crime de ação penal privada.
(B) caracteriza infração administrativa, sujeitando o infrator à pena de multa.
(C) trata-se de mero ilícito civil, passível de ação indenizatória se comprovados os danos.
(D) caracteriza crime de ação penal pública incondicionada.
(E) configura violação de regra moral, irrelevante do ponto de vista jurídico.

A assertiva D está correta, pois reflete o disposto nos arts. 95 e 98 do Estatuto do Idoso.

Gabarito "D"

6. Temas variados

(Defensor Público/PR – 2012 – FCC) É correto afirmar:

(A) A segurança alimentar e nutricional consiste na realização do direito de todos ao acesso regular e permanente a alimentos de qualidade, em quantidade suficiente, sem comprometer o acesso a outras necessidades essenciais, tendo como base práticas alimentares promotoras de saúde que respeitem a diversidade cultural e que sejam ambiental, cultural, econômica e socialmente sustentáveis.
(B) Nos termos da Lei nº 11.445/2007, o saneamento básico consiste no conjunto de recursos hídricos, de serviços, infraestruturas e instalações operacionais de abastecimento de água potável, esgotamento sanitário, limpeza urbana e manejo de resíduos sólidos, drenagem e manejo das águas pluviais, bem como quaisquer soluções individuais de manejo de resíduos.
(C) O Estatuto da Cidade prevê a execução de estudo prévio de impacto de vizinhança para determinados empreendimentos urbanos, de forma a contemplar seus aspectos negativos em relação à qualidade de vida da população residente na área, devendo abordar, dentre outras, questões como adensamento populacional, uso e ocupação do solo, paisagem urbana e patrimônio natural e cultural, substituindo, nestes casos, o estudo de impacto ambiental.

(D) Nos termos da Lei de Diretrizes e Bases da Educação Nacional, é dever do Estado prestar a educação escolar, que será efetivado mediante a garantia, dentre outras, de ensino fundamental e médio, obrigatórios e gratuitos, inclusive para os que não tiveram acesso na idade própria e vaga na escola pública de educação infantil, de ensino fundamental ou médio mais próxima de sua residência a toda criança a partir do dia em que completar 4 anos de idade.

(E) Segundo o Estatuto do Idoso, aos idosos, considerados assim os maiores de 60 anos, que não possuam meios para prover sua subsistência, nem de tê-la provida por sua família, é assegurado o benefício mensal de um salário mínimo, nos termos da Lei Orgânica de Assistência Social.

A: correta, pois reflete o art. 3º da Lei 11.346/2006; **B:** incorreta, pois os recursos hídricos não integram os serviços públicos de saneamento básico (art. 4º da Lei 11.445/2007); **C:** incorreta, pois a elaboração do Estudo de Impacto de Vizinhança (EIV) não substitui a elaboração e a aprovação de estudo prévio de impacto ambiental (EIA) (art. 38 do Estatuto da Cidade – Lei 10.257/2001); **D:** incorreta, pois somente abrange vaga na escola pública de *educação infantil ou de ensino fundamental* mais próxima de sua residência a toda criança a partir do dia em que completar 4 (quatro) anos de idade (art. 4º, X, da Lei 9.394/1996); **E:** incorreta, pois o benefício é concedido aos idosos a partir de *65 (sessenta e cinco) anos* (art. 34 do Estatuto do Idoso).

Gabarito "A".

(Defensor Público/BA – 2010 – CESPE) Em relação ao Estatuto do Idoso (Lei n.º 10.741/2003), julgue os itens.

(1) Aos crimes previstos nesse estatuto e cuja pena máxima privativa de liberdade não ultrapasse quatro anos aplica-se o procedimento previsto na Lei 9.099/1995 e, subsidiariamente, no que couber, aplicam-se as disposições do Código Penal e do Código de Processo Penal.

(2) As transações relativas a alimentos em favor do idoso poderão ser celebradas perante o promotor de justiça ou defensor público, que as referendarão, passando elas a ter efeito de título executivo extrajudicial nos termos da lei processual civil.

(3) O Estatuto do Idoso garante aos maiores de 65 anos de idade a gratuidade dos transportes coletivos públicos urbanos e semiurbanos; no entanto, tal norma foi declarada inconstitucional pelo STF, na medida em que foi criada despesa para as empresas de transporte, sem previsão da devida compensação financeira, o que traria prejuízos graves às concessionárias, a ponto de representar risco ao equilíbrio econômico-financeiro dos contratos de concessão entre a administração e os concessionários.

(4) Considere a seguinte situação hipotética. João e Maria, maiores de setenta anos de idade, carentes, moram juntos e não possuem meios para prover sua subsistência nem podem tê-la provida por sua família. A Maria foi assegurado o benefício mensal de um salário mínimo, nos termos da Lei Orgânica da Assistência Social. Nessa situação, João fica impedido de receber o mesmo benefício, dado o não atendimento, pelo casal, do requisito da renda familiar per capita.

1: errada, pois o STF julgou parcialmente procedente Ação Direta de Inconstitucionalidade nº 3.096-5, para dar interpretação conforme a Constituição, com redução de texto, ao art. 94 do Estatuto do Idoso: "AÇÃO DIRETA DE INCONSTITUCIONALIDADE. ARTIGOS 39 E 94 DA LEI 10.741/2003 (ESTATUTO DO IDOSO). RESTRIÇÃO À GRATUIDADE DO TRANSPORTE COLETIVO. SERVIÇOS DE TRANSPORTE SELETIVOS E ESPECIAIS. APLICABILIDADE DOS PROCEDIMENTOS PREVISTOS NA LEI 9.099/1995 AOS CRIMES COMETIDOS CONTRA IDOSOS.

1. No julgamento da Ação Direta de Inconstitucionalidade 3.768/DF, o Supremo Tribunal Federal julgou constitucional o art. 39 da Lei 10.741/2003. Não conhecimento da ação direta de inconstitucionalidade nessa parte.

2. Art. 94 da Lei n. 10.741/2003: interpretação conforme à Constituição do Brasil, com redução de texto, para suprimir a expressão "do Código Penal e". Aplicação apenas do procedimento sumaríssimo previsto na Lei n. 9.099/1995: benefício do idoso com a celeridade processual. Impossibilidade de aplicação de quaisquer medidas despenalizadoras e de interpretação benéfica ao autor do crime.

3. Ação direta de inconstitucionalidade julgada parcialmente procedente para dar interpretação conforme à Constituição do Brasil, com redução de texto, ao art. 94 da Lei n. 10.741/2003." (julgamento em 03/09/2010); **2:** certa, pois a alternativa reflete o disposto no art. 13 do Estatuto do Idoso; **3:** errada, pois o Supremo Tribunal Federal (STF) julgou improcedente a Ação Direta de Inconstitucionalidade (ADI) 37.68, proposta com o intuito de reconhecer a constitucionalidade do art. 39, *caput*, da Lei n. 10.741/03 (Estatuto do Idoso), que estabelece a gratuidade dos transportes coletivos públicos urbanos e semiurbanos para os maiores de 65 anos; **4:** errada, pois ao idoso e à pessoa portadora de deficiência que comprovem não possuir meios de prover a própria manutenção ou de tê-la provida por sua família, é garantido um salário mínimo mensal, independentemente da renda familiar, conforme disposto no art. 2º, I, e, da Lei Orgânica da Assistência Social (Lei 8.742/1993).

Gabarito 1E, 2C, 3E, 4E

16. Direito do Trabalho

Ana Paula Garcia e Hermes Cramacon

1. Introdução, Fontes e Princípios

(Defensoria/MA – 2009 – FCC) Considerando-se que todas as normas de direito do trabalho têm natureza de tutela de direitos humanos, as Convenções da Organização Internacional do Trabalho (OIT), adotadas pelo Brasil, sob a vigente Constituição da República, com a redação que lhe deu a Emenda Constitucional nº 45/2004:

(A) assumirão natureza de emenda constitucional, se aprovadas, em cada Casa do Congresso Nacional, em dois turnos, por três quintos dos votos dos respectivos membros.
(B) submeter-se-ão à confirmação, pelo Congresso Nacional, por meio de publicação de Lei Complementar.
(C) só terão validade se confirmada por lei ordinária, posterior ao Decreto de promulgação da Convenção.
(D) assumirão natureza de lei ordinária federal, situando-se, hierarquicamente, abaixo das Leis Complementares e da Constituição da República.
(E) terão natureza de emenda constitucional, se assim decidir o Presidente da República, o que deverá ser previsto na mensagem que encaminhar ao Congresso Nacional a ratificação da norma pelos representantes do País na Convenção da OIT.

Os tratados e convenções internacionais sobre direitos humanos que forem aprovados, em cada Casa do Congresso Nacional, em dois turnos, por três quintos dos votos dos respectivos membros, serão equivalentes às emendas constitucionais (art. 5º, § 3º, da CF).

Gabarito "A".

(Defensoria/MA – 2009 – FCC) Relação de trabalho é

(A) espécie, da qual relação de emprego é o gênero.
(B) gênero, do qual relação de emprego é espécie.
(C) espécie de prestação de serviços que não se regula pela Consolidação das Leis do Trabalho, nem pelo estatuto dos servidores públicos ou pelo Código Civil.
(D) gênero, que se equipara à prestação de serviços subordinada.
(E) exclusivamente contrato de emprego, porque a carteira em que se registram os contratos é de "trabalho e previdência social", não de "emprego e previdência social".

A relação de trabalho é gênero que tem como uma de suas espécies a relação de emprego, assim como o trabalho eventual, autônomo, avulso e voluntário.

Gabarito "B".

2. Contrato Individual de Trabalho

(Defensoria/MA – 2009 – FCC) O professor que ministrou dois períodos de trinta dias cada um, para determinado estabelecimento de ensino, em abril e novembro de determinado ano, para substituir outros trabalhadores em licença médica foi

(A) empregado da escola, em caráter eventual.
(B) empregado da escola, como servidor estatutário.
(C) empregado da escola, na modalidade de contrato temporário.
(D) trabalhador avulso, mesmo sem a intermediação do sindicato ou do órgão gestor de mão de obra.
(E) trabalhador cooperado, porque ajudou a empresa num momento de necessidade.

Trabalho temporário é aquele prestado por pessoa física a uma empresa, para atender à necessidade transitória de substituição de seu pessoal regular e permanente ou à acréscimo extraordinário de serviços (art. 2º da Lei 6.019/74 [Lei do Trabalho Temporário]).

Gabarito "C".

(Defensor Público/MS – 2008 – VUNESP) Sobre as expressões "relação de trabalho" e "relação de emprego", assinale a alternativa correta.

(A) A relação de trabalho é gênero do qual a relação de emprego é espécie. Além da relação de emprego, são também formas de relação de trabalho o trabalho autônomo, o eventual, o avulso, o estágio, entre outros.
(B) Relação de trabalho sempre foi utilizada como sinônimo de relação de emprego, presumindo a ocorrência de trabalho pessoal, subordinado, sob dependência econômica e habitual.
(C) Pode haver relação de trabalho entre pessoas jurídicas, embora jamais seja possível uma relação de emprego entre pessoas jurídicas, dada a imprescindibilidade de existência de pessoalidade na relação de emprego.
(D) A relação de emprego não admite sazonalidade, pois pressupõe continuidade, característica que se eleva, inclusive, à condição de princípio do Direito do Trabalho.

A: opção correta, pois de fato relação de trabalho é gênero do qual são espécies a relação de emprego, trabalho autônomo, estagiário que hoje é regulado pela Lei 11.788/2008, trabalhador avulso. **B:** opção incorreta, pois o termo "relação de trabalho" refere-se a todo tipo de trabalho prestado pelo homem, que inclui, por exemplo, o trabalho autônomo, espécie de relação de trabalho em que inexiste o elemento subordinação. **C:** opção incorreta, pois é um elemento caracterizador da relação de emprego, o trabalho prestado por pessoa física, nos termos do art. 3º da CLT. **D:** opção incorreta, pois o Direito do Trabalho admite como exceções, as hipóteses de contrato de trabalho por prazo determinado, nas hipóteses trazidas, por exemplo: pelo art. 443, §§ 1º e 2º, CLT, Lei 6.019/74.

Gabarito "A".

3. Trabalho da Mulher, do Menor, Doméstico, Avulso, Eventual e Rural

(Defensoria Pública da União – 2010 – CESPE) Acerca do trabalho da mulher e da estabilidade provisória da gestante, julgue os itens subsequentes.

(1) Ao empregador é vedado empregar mulheres em serviço que demande o emprego de força muscular superior a 20 quilos, ainda que o trabalho seja ocasional, não estando compreendida, em tal vedação, a remoção de material feita por impulsão ou tração de vagonetes sobre trilhos, de carros de mão ou por quaisquer aparelhos mecânicos.

(2) Considerando-se que a estabilidade constitui garantia de emprego, a estabilidade provisória da gestante garante unicamente a reintegração da trabalhadora, sendo cabível a conversão em indenização tão somente quando o juiz entender que a reintegração é desaconselhável, por existir elevado grau de animosidade entre as partes.

1: Errada, pois ao empregador é vedado empregar a mulher em serviço que demande o emprego de força muscular superior a 25 quilos em caso de trabalho ocasional (art. 390 da CLT); **2:** Errada, pois não há necessidade de elevado grau de animosidade entre as partes, mas mero grau de incompatibilidade em razão do dissídio, o que poderá gerar a conversão da reintegração em indenização (art. 496 da CLT).

Gabarito 1E, 2E

4. Alteração, Interrupção e Suspensão do Contrato de Trabalho

(Defensoria Pública da União – 2010 – CESPE) Acerca do que dispõem a Consolidação das Leis do Trabalho (CLT) e a jurisprudência a respeito das férias, julgue os itens que se seguem.

(1) O cálculo da remuneração das férias do tarefeiro deve ser realizado com base na média da produção do período aquisitivo, garantida a observância do valor da remuneração da tarefa na data da concessão.

(2) A indenização por férias não concedidas em tempo oportuno deve ser calculada com base na remuneração devida ao empregado na época de eventual reclamação ou, se for o caso, quando da extinção do contrato.

1: Certo, pois o enunciado está de acordo com a Súmula 149 do TST: "TAREFEIRO. FÉRIAS. A remuneração das férias do tarefeiro deve ser calculada com base na média da produção do período aquisitivo, aplicando-se-lhe a tarifa da data da concessão"; **2:** Certo, pois o enunciado está de acordo com a Súmula 7 do TST: "FÉRIAS. A indenização pelo não deferimento das férias no tempo oportuno será calculada com base na remuneração devida ao empregado na época da reclamação ou, se for o caso, na da extinção do contrato".

Gabarito 1C, 2C

(Defensor Público/MS – 2008 – VUNESP) Considere o texto que segue e assinale a alternativa correta.

Um trabalhador contrata com seu empregador a redução das horas de trabalho, com redução proporcional de salário, declarando, ainda, a ausência de prejuízo, na medida em que foram mantidos os valores por hora, a despeito de o pagamento ser mensal. Na situação anterior, mantinha jornada prorrogada por acordo de 8:48 horas diárias. Tais jornadas foram reduzidas a 5 horas diárias, considerando a necessidade do trabalhador de dispor desse tempo para cursar pós-graduação.

(A) O acordo individual, considerando a inexistência de redução salarial pela base horária e a anuência do empregado, é válido e eficaz, merecendo ser respeitado em caso de questionamento judicial.

(B) Somente mediante acordo coletivo é que se poderia fixar essa redução de jornada, e sem redução proporcional do salário, pois esta seria inválida por ferir o artigo 468 da Consolidação das Leis do Trabalho.

(C) O ajuste viola o inciso VI do artigo 7.º da Constituição da República, bem como o princípio da inalterabilidade lesiva das condições contratuais, pouco importando a anuência do empregado.

(D) A duração do trabalho e a remuneração são matérias de ordem pública, não podendo, sob hipótese alguma, serem objeto de modificação das condições contratadas originalmente.

A: opção incorreta, pois nos termos do art. 7º, VI, CF a redução salarial somente é permitida por acordo coletivo ou convenção coletiva de trabalho. **B:** opção incorreta, pois a redução salarial poderá ser feita, também, por convenção coletiva. **C:** opção correta, pois embora tenha existido a anuência do empregado, a redução do salário ocorreu de forma indireta, o que é vedado pelo ordenamento jurídico brasileiro, sendo admitido apenas por acordo ou convenção coletiva de trabalho, nos termos do art. 7º, VI, CF. **D:** opção incorreta, pois poderão ser modificadas por acordo ou convenção coletiva, art. 7º, VI e XIII, CF.

Gabarito "C"

(Defensor Público/MS – 2008 – VUNESP) Acerca das férias, assinale a alternativa correta.

(A) Quando o empregador não respeita o período concessivo de férias e impede a fruição no prazo regular, fica obrigado a concedê-las em dobro, ampliando o período de descanso do trabalhador.

(B) As férias dos trabalhadores de idade superior a 50 (cinquenta) anos de idade sujeitam-se a um regime especial, no qual há um acréscimo remuneratório superior ao dos trabalhadores mais jovens.

(C) Com a promulgação, vigência e eficácia da Convenção 132 da Organização Internacional do Trabalho, houve modificações quanto à contagem dos dias e fracionamento das férias.

(D) Considerando que dizem respeito à saúde do trabalhador, as férias constituem um direito que não se sujeita a prescrição, admitindo a cobrança a qualquer tempo.

A: opção incorreta, pois sempre que as férias forem concedidas após o período concessivo, o empregador pagará em dobro a respectiva remuneração, não alterando o período de descanso, em conformidade com o art. 137 da CLT. **B:** opção incorreta, pois não existe este benefício. Existe uma regra especial para as férias dos trabalhadores com idade superior a 50 (cinquenta) anos de idade disposta no art. 134, § 2º, CLT, que se refere, todavia, à impossibilidade de fracionamento do período de férias. **C:** opção correta, pois a Convenção 132 da OIT, vigorante no País desde 23/9/1999 determinou a ampliação de um dos períodos de fracionamento de 10 (dez) para 15 (quinze) dias, artigo 8, ponto 2, da Convenção. Note, todavia, que para o Ilustre Professor Mauricio Godinho Delgado *(Curso de Direito do Trabalho. 8ª edição, LTr, p. 895)*, essa regra não é de observância obrigatória. **D:** opção incorreta, pois nos termos do art. 149 da CLT a prescrição do direito de reclamar a concessão das férias ou o pagamento da respectiva remuneração é contada do término do período concessivo ou, se for o caso, da cessação do contrato de trabalho.

Gabarito "C"

(Defensoria Pública da União – 2007 – CESPE) Ao empregado afastado do emprego em razão de suspensão do contrato de trabalho não se asseguram, por ocasião de sua volta, as vantagens que, em sua ausência, tenham sido atribuídas à categoria a que pertencia na empresa.

A assertiva não reflete o disposto no art. 471 da CLT: "Ao empregado afastado do emprego, são asseguradas, por ocasião de sua volta, todas as vantagens que, em sua ausência, tenham sido atribuídas à categoria a que pertencia na empresa".

Gabarito "E"

5. Remuneração e Salário

(Defensoria Pública da União – 2010 – CESPE) Acerca do salário-família, julgue o item a seguir.

(1) O termo inicial do direito ao salário-família, quando provado em juízo, corresponde à data de ajuizamento do pedido, salvo quando comprovado que o empregador se tenha recusado a receber, anteriormente, a certidão de nascimento de filho do empregado.

1: certo, pois o enunciado está de acordo com a Súmula 254 do TST: "SALÁRIO-FAMÍLIA. TERMO INICIAL DA OBRIGAÇÃO. O termo inicial do direito ao salário-família coincide com a prova da filiação. Se feita em juízo, corresponde à data de ajuizamento do pedido, salvo se comprovado que anteriormente o empregador se recusara a receber a respectiva certidão".

Gabarito 1C

(Defensoria Pública da União – 2010 – CESPE) Julgue os itens seguintes no que diz respeito à equiparação salarial.

(1) A cessão de empregados a órgão governamental estranho ao órgão cedente, ainda que este responda pelos salários do paradigma e do reclamante, exclui o direito à equiparação salarial.

(2) São vedadas a vinculação ou a equiparação de quaisquer espécies remuneratórias para o efeito de remuneração de pessoal do serviço público, excetuando-se a dos empregados públicos, por serem estes regidos pela CLT.

1: Errado, pois o enunciado contraria o disposto na Súmula 6, V, do TST: "EQUIPARAÇÃO SALARIAL. ART. 461 DA CLT (...) V - A cessão de empregados não exclui a equiparação salarial, embora exercida a função em órgão governamental estranho à cedente, se esta responde pelos salários do paradigma e do reclamante"; **2:** Errado, pois o enunciado contraria o disposto no art. 37, XIII, da CF, que veda a equiparação salarial para pessoal de serviço público, não excetuando os empregados públicos, conforme prescreve a Orientação Jurisprudencial 297 da SDI-I do TST: "EQUIPARAÇÃO SALARIAL. SERVIDOR PÚBLICO DA ADMINISTRAÇÃO DIRETA, AUTÁRQUICA E FUNDACIONAL. ART. 37, XIII, DA CF/1988. O art. 37, inciso XIII, da CF/1988, veda a equiparação de qualquer natureza para o efeito de remuneração do pessoal do serviço público, sendo juridicamente impossível a aplicação da norma infraconstitucional prevista no art. 461 da CLT quando se pleiteia equiparação salarial entre servidores públicos, independentemente de terem sido contratados pela CLT".

Gabarito 1E, 2E

(Defensoria Pública da União – 2010 – CESPE) Quanto à indenização rescisória, julgue o item a seguir.

(1) A indenização adicional devida em razão de rescisão contratual imotivada no trintídio que antecede a data-base corresponde ao salário mensal, no valor devido na data da comunicação do despedimento, integrado pelos adicionais legais ou convencionados, ligados à unidade de tempo mês, não sendo computável a gratificação natalina.

Certo, pois o enunciado está de acordo com a Súmula 242 do TST: "INDENIZAÇÃO ADICIONAL. VALOR. A indenização adicional, prevista no art. 9º da Lei nº 6.708, de 30.10.1979 e no art. 9º da Lei nº 7.238 de 28.10.1984, corresponde ao salário mensal, no valor devido na data da comunicação do despedimento, integrado pelos adicionais legais ou convencionados, ligados à unidade de tempo mês, não sendo computável a gratificação natalina".

Gabarito "C"

(Defensoria Pública da União – 2007 – CESPE) Julgue o item que se segue de acordo com as normas trabalhistas e a jurisprudência dos tribunais.

(1) O transporte fornecido pelo empregador para o deslocamento do empregado até o trabalho e o seu retorno para casa não é considerado salário *in natura*, independentemente do fato de o percurso feito pelo empregado para chegar ao trabalho ser ou não servido por transporte público.

Certo, pois a assertiva reflete o disposto no art. 458, § 2º, III, da CLT.

Gabarito "C"

(Defensor Público/CE – 2007 – CESPE) Um empregado contratado como motorista é responsável pela entrega de equipamentos para a empresa para a qual trabalha. Além de realizar as entregas dos equipamentos, o empregado também efetua a instalação dos mesmos. Descontente com essa cumulação de funções, o empregado pleiteou e recebeu a promessa de seu empregador de que receberia, juntamente com o salário mensal, o pagamento de uma quantia suplementar por instalação realizada. Contudo, tal promessa, feita oralmente, não foi cumprida pelo empregador, o qual jamais procedeu ao pagamento da quantia suplementar prometida em decorrência das instalações realizadas pelo empregado.

A partir da situação hipotética acima, julgue os itens a seguir à luz da CLT.

(1) O empregado poderá considerar rescindido o contrato de trabalho, por culpa do empregador, pleiteando a indenização devida sob o argumento de que o empregador descumpriu as obrigações decorrentes do contrato ao deixar de pagar os valores prometidos pela instalação dos equipamentos entregues pelo mesmo.

(2) O empregado não poderá pleitear em juízo o pagamento das quantias retidas referentes aos equipamentos que instalara, pois inexistiu efetiva redução salarial, já que as quantias prometidas jamais foram pagas ao mesmo pelo empregador e, portanto, não integram o seu salário.

(3) Caso seja deferido em juízo o pagamento dos valores retidos pelo empregador referentes aos equipamentos instalados pelo empregado, deverão tais valores surtir efeitos reflexos sobre as demais verbas recebidas pelo empregado, em face da natureza salarial que ostentam.

1: opção correta, pois a promessa feita vincula o empregador e constitui uma obrigação não cumprida, acarretando na rescisão do contrato de trabalho por culpa do empregador. Note que pelo informalismo do Direito do Trabalho, o contrato de trabalho, bem como suas cláusulas, pode ser verbal, art. 442 da CLT. **2:** opção incorreta, pois a quantia prometida é uma "cláusula contratual", que pode ser instituída verbalmente, sendo que o não cumprimento poderá dar ensejo a propositura de reclamação trabalhista. **3:** opção correta, pois nos termos do art. 457, § 1º, CLT integram o salário não só a importância fixa estipulada, como também as comissões, percentagens, gratificações ajustadas, diárias para viagens e abonos pagos pelo empregador.

Gabarito 1C, 2E, 3C

(Defensor Público/CE – 2007 – CESPE) Considerando a CLT e a Constituição Federal de 1988, julgue os próximos itens.

(1) O salário-mínimo é nacionalmente unificado e, portanto, não podem os estados da Federação estabelecer salários mínimos em seus territórios cujos valores sejam inferiores ao previsto na lei federal que o instituiu.

(2) A garantia do salário-mínimo atinge tanto os empregados que percebem remuneração variável, como aqueles que recebem valores fixos.

(3) Integram o salário não apenas a importância fixa estipulada, como também as comissões, percentagens, gratificações ajustadas, abonos pagos pelo empregador e ajudas de custo.

(4) O piso salarial deve ser proporcional à extensão e à complexidade do trabalho.

(5) Qualquer que seja a modalidade do trabalho, o pagamento do salário não deve ser estipulado por período superior a 1 mês, salvo no que concerne a comissões, percentagens e gratificações.

(6) Quando o empregador não tiver pessoal organizado em quadro de carreira que estabeleça promoções alternadamente por critérios de antiguidade e merecimento, em se tratando de funções idênticas exercidas por pessoas cujo tempo de serviço não seja superior a 2 anos, a todo trabalho feito com idêntica produtividade e com a mesma perfeição técnica, prestado ao mesmo empregador e na mesma localidade, corresponderá igual salário, sem distinção de sexo, nacionalidade ou idade.

1: opção correta, pois está em conformidade com o art. 7, IV, CF. Veja, também, os arts. 76 a 127 da CLT. **2:** opção correta, pois reflete o disposto no art. 7º, VII, CF. Veja, também, o art. 78, parágrafo único, CLT. **3:** opção incorreta, pois nos termos do art. 457, § 2º, CLT as ajudas de custo não se incluem no salário. Note que o enunciado faz a cópia do art. 457, § 1º, CLT, porém com uma alteração no final com o objetivo de confundir o candidato. **4:** opção correta, pois reflete o disposto no art. 7º, V, CF. **5:** opção correta, pois reflete o disposto no art. 459 da CLT. **6:** opção correta, pois reflete o disposto no art. 461 da CLT. Veja, também, o art. 7º, XXX, XXXI, XXXII, CF.

Gabarito 1C, 2C, 3E, 4C, 5C, 6C

6. Jornada de Trabalho

(Defensoria Pública da União – 2007 – CESPE) Antônio cumpre jornada de trabalho de sete horas corridas, das 16 h às 23 h, de segunda a sexta, e não está submetido à jornada especial prevista em lei. Com base na situação descrita, julgue o item seguinte de acordo com a CLT e a jurisprudência do TST.

(1) Considerando-se que a duração do trabalho de Antônio é inferior a 8 horas diárias e a 44 horas semanais, a concessão de intervalo para descanso e alimentação de, no mínimo, uma hora, previsto em lei, pode ser dispensada por negociação coletiva, sem o pagamento do período correspondente acrescido do adicional de 50%.

1: errado. Ler orientação jurisprudencial 342, I, da SDI 1 do TST.

Gabarito 1E

7. Aviso Prévio, Extinção do Contrato de Trabalho e Haveres Rescisórios

(Defensor Público/CE – 2007 – CESPE) Um empregado foi convocado para prestar serviço militar obrigatório. Em virtude do serviço militar, o referido empregado ausentou-se do trabalho por 12 meses consecutivos. Em face dessa situação e à luz da CLT, julgue os itens a seguir.

(1) Ainda que tenha recebido carta registrada do empregado no dia seguinte à respectiva baixa, notificando-o da intenção de voltar a exercer o cargo do qual se afastara em virtude das exigências do serviço militar, o empregador poderá rescindir o contrato de trabalho, por culpa do empregado, pois se configurou o abandono de emprego em face da ausência do mesmo por período superior a 30 dias.

(2) Na hipótese considerada, se comparecer ao estabelecimento no qual preste serviços dentro de 90 dias da data em que se verificar a sua baixa, o empregado terá o tempo de serviço prestado anteriormente à apresentação para o serviço militar obrigatório computado no período aquisitivo de férias.

(3) Por ocasião de sua volta, o empregado terá direito a todas as vantagens atribuídas, durante a sua ausência, à categoria a que pertencia na empresa.

1: opção incorreta, pois nos termos do art. 472 da CLT o afastamento do empregado em virtude das exigências do serviço militar não constitui motivo para rescisão do contrato de trabalho por parte do empregador. **2:** opção correta, pois reflete o disposto no art. 132 CLT. **3:** opção correta, pois reflete o disposto no art. 471 CLT.

Gabarito 1E, 2C, 3C

8. Estabilidade e FGTS

(Defensoria Pública da União – 2010 – CESPE) Julgue os itens a seguir, acerca do Fundo de Garantia por Tempo de Serviço (FGTS).

(1) A estabilidade decenal, a estabilidade contratual e a derivada de regulamento de empresa são incompatíveis com o regime do FGTS.

(2) Os reflexos de horas extras sobre os depósitos fundiários que venham a ser postulados por empregado perante a justiça do trabalho são alcançados pela prescrição quinquenal.

1: Errada, pois a estabilidade decenal é atualmente incompatível com o regime do FGTS porque a partir da nova ordem constitucional (05/10/1988) ela foi substituída, de forma completa, pelo sistema do FGTS, assegurado o direito adquirido daqueles trabalhadores que na data da promulgação da Constituição já tinham direito à estabilidade no emprego. No tocante a estabilidade contratual, é derivada de regulamento de empresa e, ao contrário da decenal, é compatível com o regime de FGTS, conforme entendeu o TST, Súmula 98, **II:** "INDENIZAÇÃO. EQUIVALÊNCIA. COMPATIBILIDADE II - A estabilidade contratual ou a derivada de regulamento de empresa são compatíveis com o regime do FGTS. Diversamente ocorre com a estabilidade legal (decenal, art. 492 da CLT), que é renunciada com a opção pelo FGTS"; **2:** Certa, pois os reflexos de horas extras seguem a regra geral de prescrição quinquenal, apenas quando o FGTS for postulado de forma principal, ou seja, sobre verbas remuneratórias já pagas ao longo do contrato de trabalho, é que obedecerá a regra de prescrição trintenária. Súmulas do TST 206: "FGTS. INCIDÊNCIA SOBRE PARCELAS PRESCRITAS. A prescrição da pretensão relativa às parcelas remuneratórias alcança o respectivo recolhimento da contribuição para o FGTS" e 362: "FGTS. PRESCRIÇÃO. É trintenária a prescrição do direito de reclamar contra o não recolhimento da contribuição para o FGTS, observado o prazo de 2 (dois) anos após o término do contrato de trabalho".

Gabarito 1E, 2C

(Defensor Público/MS – 2008 – VUNESP) Sobre o tema estabilidade, indique a alternativa correta.

(A) Desde a Constituição Federal, não vigora mais o regime de estabilidade no emprego no Brasil, substituído, definitivamente, pelo Fundo de Garantia do Tempo de Serviço. Por lei, há diversas estabilidades provisórias.

(B) Temos diversas espécies de estabilidades, provisórias e definitivas, contratuais e legais, normativas e judiciais, sempre permitida a dispensa, desde que devidamente indenizada.

(C) O empregado estável pode ser dispensado, mas o pagamento das verbas rescisórias deverá ser dobrado, como indenização pelo descumprimento da cláusula de estabilidade.

(D) É impossível a dispensa arbitrária do empregado pelo empregador, e se assegura à gestante e ao titular de representação de empregados na CIPA, além do dirigente sindical, uma estabilidade provisória absoluta.

A: opção correta, pois a estabilidade em questão denomina-se: "estabilidade decenal", hipótese prevista no art. 492 CLT que com a promulgação da CF/88 *foi revogada, na medida em que se tornou obrigatório o regime do FGTS, art. 7º, III, CF e Lei 8.036/90. Porém, os empregados que adquiriram a estabilidade preservam esse direito. São alguns exemplos de estabilidade provisória: estabilidade sindical,* art. 8º, VIII da CF/88 e do § 3º, do art. 543 da CLT; representantes dos empregados na CIPA, art. 10, inciso II, "a", do ADCT; empregada gestante, disciplinada no art. 10, inciso II, "b", do ADCT, entre outras. **B:** opção incorreta, pois embora existam diversas formas de estabilidade provisória, ao empregado celetista, resta apenas 1 (um) exemplo de estabilidade definitiva, qual seja a dos empregados contratados pelo regime celetista antigo do art. 492 CLT (estabilidade decenal). **C:** opção incorreta, pois o empregado estável somente poderá ser dispensado por cometimento de falta grave. **D:** opção incorreta, pois estes empregados poderão ser dispensados somente por cometimento de falta grave.

Gabarito "A"

(Defensoria Pública da União – 2007 – CESPE) Julgue o item que se segue de acordo com as normas trabalhistas e a jurisprudência dos tribunais.

(1) Segundo a jurisprudência, a confirmação da gravidez, para fins de estabilidade gestante, é de caráter subjetivo, de modo que o direito à estabilidade depende da comunicação da gravidez ao empregador.

Errada, pois a assertiva está em confronto com a atual posição do TST a respeito do tema, conforme consta da Súmula 244, I, do TST: "GESTANTE. ESTABILIDADE PROVISÓRIA I - O desconhecimento do estado gravídico pelo empregador não afasta o direito ao pagamento da indenização decorrente da estabilidade". Assim, hoje o entendimento é no sentido de que a responsabilidade do empregador, quando a ciência do estado de gravidez, é objetiva.

Gabarito 1E

9. Direito Coletivo do Trabalho

(Defensor Público/CE – 2007 – CESPE) Julgue os itens subsequentes, acerca de direito material e processual do trabalho.

(1) A lei não poderá exigir autorização do Estado para a fundação de sindicato, ressalvado o registro no órgão competente.

(2) A defesa, pelo sindicato, dos direitos e interesses individuais da categoria restringe-se às questões judiciais.

(3) A greve em atividade essencial, com risco de lesão do interesse público, possibilita ao Ministério Público do Trabalho o ajuizamento de dissídio coletivo, cabendo o julgamento respectivo ao tribunal do trabalho competente para dirimir o conflito.

(4) Acordo coletivo de trabalho é o acordo de caráter normativo, firmado por dois ou mais sindicatos representativos das categorias econômica e profissionais, que estipulam condições de trabalho aplicáveis no âmbito das respectivas representações, às relações individuais do trabalho.

(5) Ainda que se trate de relação jurídica continuativa, a modificação posterior no estado de fato ou de direito não possibilita a revisão do que fora estatuído na sentença transitada em julgado, em face dos efeitos decorrentes da coisa julgada, que tem força de lei entre as partes às quais é dada.

1: opção correta, pois reflete o disposto no art. 8º, I, CF. **2:** opção incorreta, pois nos termos do art. 8º, III, a defesa pelo sindicato dos direitos e interesses individuais da categoria, não estão restritas às questões judiciais, envolvendo, também, as questões administrativas. **3:** opção correta, pois reflete o disposto no art. 114, § 3º, CF e arts. 677 e 678, I, "a", CLT. **4:** opção incorreta, pois em conformidade com o art. 611, § 1º, CLT acordo coletivo é firmado entre o sindicato das categorias profissionais, ou seja, dos trabalhadores, com uma ou mais empresas da correspondente categoria econômica. Note que existe o sindicato dos trabalhadores negociando com a empresa. Diferente é a convenção coletiva que constitui o acordo normativo, pelo qual dois ou mais sindicatos representativos de categorias econômicas e profissionais estipulam condições de trabalho, art. 611, *caput*, CLT. Neste existe a negociação entre os sindicatos das categorias profissionais (trabalhadores) e o sindicato da categoria econômica (empregadores), não existindo, portanto, negociação com a empresa, mas sim com o sindicato. **5:** opção incorreta, pois nos termos do art. 471, I, CPC a modificação posterior no estado de fato ou de direito possibilita a revisão pelo Juiz do que fora estatuído na sentença transitada em julgado.

Gabarito 1C, 2E, 3C, 4E, 5E

10. Segurança e Medicina do Trabalho

(Defensor Público/MS – 2008 – VUNESP) Assinale a alternativa correta.

(A) A saúde e segurança do trabalho podem ser objeto de regulamentação por portarias ministeriais do Ministro do Trabalho e tais normas adquirem imediata obrigatoriedade para todos os empregadores.

(B) É obrigatória a constituição de Comissão Interna de Prevenção de Acidentes (CIPA) em todas as empresas com mais de dez trabalhadores empregados, segundo instruções do Ministério do Trabalho e Emprego.

(C) Os titulares e suplentes de representação da CIPA são sempre titulares de estabilidade no emprego, não podendo ser dispensados senão pela prática de ato que configure justa causa para despedimento.

(D) Por sua natureza, as normas de segurança, saúde e higiene do trabalho não admitem flexibilização, negociação coletiva, disponibilidade, obrigando o cumprimento a todas as empresas, independentemente do porte ou da atividade.

A: opção correta, pois nos termos do art. 155, II, CLT; art. 27, XXI, da Lei 10.683/2003; art. 14, II, do Decreto 5.063/2004. **B:** opção incorreta, pois nos termos do art. 163 da CLT a constituição da CIPA será obrigatória, porém dependerá da gradação do risco da atividade principal e ao número total de empregados do estabelecimento. Empresas com no mínimo 50 empregados deverão constituir CIPA, em conformidade com a Norma Regulamentadora 4 do MTE. **C:** opção incorreta, pois extinto o estabelecimento não há direito à estabilidade, em conformidade com a Súmula 339, II, TST. **D:** opção incorreta, pois tais normas podem ser flexibilizadas, como se verifica, por exemplo, no art. 7º, XIII, CF.

Gabarito "A"

17. Direito Processual do Trabalho

Ana Paula Garcia e Hermes Cramacon

1. Princípios, Organização da Justiça do Trabalho, Competência e Nulidades Processuais

(Defensoria/MA – 2009 – FCC) A competência territorial da Justiça do Trabalho será fixada pelo critério do local de execução do contrato, EXCETO se o

(A) trabalhador, mesmo sendo brasileiro, for contratado no exterior, por empresa estrangeira, para prestar serviços no exterior, hipótese em que o Juízo Competente será o da Capital Federal (Brasília).
(B) empregador promover a prestação de serviços em locais diferentes, todas dentro do Brasil, hipótese em que a competência será fixada pela situação da filial da empresa no Distrito Federal, tendo sido este ou não o lugar da contratação.
(C) contrato for firmado num local, para prestação dos serviços em outro, ambos no Brasil, hipótese em que o empregado –autor da ação– escolherá o Juízo de qualquer dos dois locais.
(D) empregador promover a prestação de serviços em dois ou mais locais do território nacional e o trabalhador for contratado no exterior, para prestar serviços no exterior, hipótese em que a competência será da Vara do Trabalho do local em que o empregador mantiver sua sede.
(E) empregado for contratado na filial de São Paulo, para prestar serviços na filial de Fortaleza, hipótese em que o Juízo Competente será o da matriz da empresa, em Florianópolis.

Em se tratando de empregador que promova realização de atividades fora do lugar do contrato de trabalho, é assegurado ao empregado apresentar reclamação no foro da celebração do contrato ou no da prestação dos respectivos serviços (art. 651, § 3º, da CLT).

Gabarito "C"

(Defensoria/MA – 2009 – FCC) O conflito positivo de jurisdição entre um Juiz do Trabalho e um Juiz de Direito, este no exercício da jurisdição trabalhista, na forma do artigo 668 da Consolidação das Leis do Trabalho, deverá ser julgado pelo

(A) Tribunal Superior do Trabalho, em qualquer hipótese.
(B) Superior Tribunal de Justiça, em qualquer hipótese.
(C) Tribunal Regional do Trabalho, se a competência geográfica de ambos estiver afeta a um mesmo Tribunal Regional do Trabalho.
(D) Tribunal de Justiça do Estado em que se situar a Vara Cível.
(E) Tribunal Regional Federal em que se situarem as unidades judiciárias conflitantes.

Súmula 180 do STJ: **"Lide Trabalhista - Competência - Conflito de Competência - Juiz Estadual e Junta de Conciliação e Julgamento.** Na lide trabalhista, compete ao Tribunal Regional do Trabalho dirimir conflito de competência verificado, na respectiva Região, entre Juiz Estadual e Junta de Conciliação e Julgamento".

Gabarito "C"

(Defensor Público/MS – 2008 – VUNESP) Considerando a competência da Justiça do Trabalho, assinale a alternativa correta.

(A) A Justiça do Trabalho adquiriu, com a Ementa Constitucional 45, competência para apreciação, também, das lides decorrentes das relações de consumo, acidentárias, tributárias, administrativas e criminais, sempre que houver alguma vinculação da pretensão com o trabalho humano.
(B) Já existia, anteriormente à modificação da competência da Justiça do Trabalho pela Emenda Constitucional 45, a previsão da competência para julgar lides decorrentes de uma relação específica de consumo, entre o empreiteiro operário ou artífice, bem como de trabalhadores de todas as modalidades de vinculação jurídica.
(C) A Justiça do Trabalho teve sua competência material gradativamente ampliada, e hoje, além de tê-la fixada segundo as antigas disposições da Consolidação das Leis do Trabalho, acresceu todas as ações que envolvam a matéria alusiva a greve, inclusive de servidores públicos, conforme entendimento da Suprema Corte.
(D) À Justiça do Trabalho compete o julgamento de todas as controvérsias decorrentes de relação de trabalho, tanto individuais como coletivas, excluídas as ações penais, as que envolvam servidores públicos estatutários e as de caráter jurídico administrativo.

A: opção incorreta, pois com o advento da EC 45/04 somente as lides decorrentes da relação de trabalho serão submetidas à jurisdição trabalhista. As ações de consumo, bem como as ações acidentárias, serão de competência da justiça comum; **B:** opção incorreta, pois anteriormente à modificação da competência da Justiça do Trabalho pela EC 45/04, somente as lides decorrentes da relação de emprego eram de competência da Justiça do Trabalho; **C:** opção incorreta, pois no julgamento da ADIn 3395-6 o STF entendeu que a Justiça do Trabalho não é competente para processar e julgar as ações envolvendo servidores da administração pública, a ela vinculados por típica relação de ordem estatutária ou de caráter jurídico administrativo. Somente os empregados públicos, que são regidos pela CLT, são de competência da Justiça do Trabalho. Veja, também, as súmulas 137 e 218 do STJ; **D:** opção correta, pois reflete o disposto no art. 7º, I e IX, da CF, juntamente com o julgamento da ADIn 3395-6.

Gabarito "D"

(Defensoria Pública da União – 2007 – CESPE) No que concerne à competência da justiça do trabalho, julgue o item subsequente.

(1) A justiça do trabalho é competente para julgar todas as controvérsias decorrentes das relações de trabalho, inclusive, de acordo com a jurisprudência, as resultantes da relação estatutária com o servidor público.

1: Errada, pois segundo Amauri Mascaro Nascimento: "A competência da Justiça do Trabalho limita-se às demandas de servidores públicos civis regidos pela legislação trabalhista, caso em que há, na verdade, relação de emprego no serviço público. Exclui as lides de servidores públicos estatutários, que são os funcionários públicos. Essas regras, que continuam a prevalecer, foram em parte abaladas pelos debates, mas hoje readquiriram aceitação" (Curso de Direito Processual do Trabalho, 25ª edição, Saraiva, p. 291). A jurisprudência restou consolidada pela Súmula 137 do STJ que se mantém incólume mesmo diante da nova redação dada ao art. 114, I, da CF/88 pela Emenda Constitucional 45/2004, consoante decisão liminar proferida pelo Ministro Presidente do STF, com efeito *ex tunc*, na ADI 3395 MC/DF, que suspendeu qualquer interpretação que inclua na competência da Justiça do Trabalho a apreciação de ação movida contra o Poder Público por servidor público subordinado ao regime estatutário.

Gabarito 1E

(Defensoria Pública da União – 2007 – CESPE) No que concerne à competência da justiça do trabalho, julgue o item subsequente.

(1) A justiça do trabalho é competente para julgar as ações relativas às penalidades administrativas impostas aos empregadores pelos órgãos de fiscalização das relações de trabalho.

Correta, a afirmativa está de acordo com o disposto no art. 114, VII, da CF.

Gabarito 1C

2. Prescrição

(Defensoria/MA – 2009 – FCC) A prescrição trintenária do direito de ação

para exigir valores devidos em conta do fundo de garantia por tempo de serviço, prevista pela Lei nº 8.036/90, para o trabalhador

(A) será contada sempre a partir do encerramento do contrato de emprego, operando-se apenas 30 anos após a terminação do vínculo.

(B) não será considerada, durante a vigência do contrato de trabalho.

(C) deverá ser considerada, mas se submete ao prazo de dois anos após a terminação do contrato de emprego.

(D) terá aplicação apenas e tão somente se o autor for assistido pela Caixa Econômica Federal, gestora do Fundo.

(E) será contada sempre a partir do encerramento do contrato de emprego, operando-se apenas 5 anos após a terminação do vínculo.

Súmula 362 do TST: "FGTS. PRESCRIÇÃO. É trintenária a prescrição do direito de reclamar contra o não recolhimento da contribuição para o FGTS, observado o prazo de 2 (dois) anos após o término do contrato de trabalho".

Gabarito "C"

(Defensor Público/MS – 2008 – VUNESP) Assinale a alternativa correta.

(A) A prescrição trabalhista só se interrompe pela distribuição de reclamação trabalhista com a identificação correta da causa de pedir, não admitindo medidas cautelares interruptivas de prescrição.

(B) Ações trabalhistas não prescrevem. Somente créditos trabalhistas é que se sujeitam à prescrição da pretensão, mas estão sujeitos às causas interruptivas de prescrição, previstas na legislação civil.

(C) Há previsão constitucional e legal de prescrição total e parcial dos créditos trabalhistas e estes se sujeitam aos mesmos prazos prescricionais de dois anos após a cessação do contrato de trabalho.

(D) A distinção teórica entre prescrição e decadência, no âmbito do processo do trabalho, não tem qualquer relevância prática, de modo que não produz efeito algum nas lides judiciais trabalhistas.

A: opção incorreta, pois embora a principal causa interruptiva de prescrição é a propositura da reclamação trabalhista, ela não é a única, na medida em que a interrupção da prescrição pode ocorrer pelo protesto judicial ou ainda mesmo por ato do devedor que reconheça o direito do empregado, art. 202, VI, CC; **B:** opção correta, pois nos termos do art. 7º, XXIX, CF e art. 11 da CLT são os créditos que estão sujeitos à prescrição. Por força do art. 8º, parágrafo único da CLT, as regras dispostas nos arts. 202 a 204 do Código Civil serão aplicadas ao Direito do Trabalho; **C:** opção incorreta, pois nos termos do art. 7º, XXIX, CF e art. 11 da CLT, embora a prescrição bienal seja contada a partir da extinção do contrato de trabalho, a prescrição quinquenal é contada a partir dos 5 anos anteriores à data da distribuição da reclamação trabalhista; **D:** opção incorreta, pois verificando-se a decadência, como, por exemplo, na ação rescisória que possui prazo decadencial de 2 anos para sua propositura (art. 836 CLT e art. 485 e seguintes do CPC), o autor perderá o próprio direito e não apenas a pretensão.

Gabarito "B"

3. Procedimentos e Sentença

(Defensoria/MA – 2009 – FCC) A perempção, no processo do trabalho, ocorre nas hipóteses de

(A) arquivamento da reclamação, por ausência do trabalhador, por quatro vezes seguidas, em relação aos mesmos pedidos; e falta de confirmação da reclamação verbal, por duas vezes seguidas, em relação aos mesmos pedidos.

(B) arquivamento da reclamação, por extinção sem resolução do mérito, em razão da falta de liquidação dos pedidos apresentados no rito sumaríssimo, por quatro vezes; e falta de confirmação da reclamação verbal, por duas vezes seguidas, em relação aos mesmos pedidos.

(C) abandono da causa, por mais de um ano, depois da intimação pessoal do trabalhador, para dar andamento ao feito; e falta de confirmação da reclamação verbal, por duas vezes seguidas, em relação aos mesmos pedidos.

(D) arquivamento da reclamação, por ausência do trabalhador, por duas vezes seguidas, em relação aos mesmos pedidos; e falta de confirmação da reclamação verbal apresentada ao distribuidor.

(E) arquivamento da reclamação, por ausência do trabalhador, por duas vezes seguidas, em relação aos mesmos pedidos; e falta de confirmação da reclamação verbal, por duas vezes seguidas, em relação a pedidos diferentes.

Aquele que, tendo apresentado ao distribuidor reclamação verbal, não se apresentar, no prazo estabelecido no parágrafo único do art. 786, à Junta ou Juízo para fazê-lo tomar por termo, incorrerá na pena de perda, pelo prazo de 6 (seis) meses, do direito de reclamar perante a Justiça do Trabalho. Na mesma pena incorrerá o reclamante que, por 2 (duas) vezes seguidas, der causa ao arquivamento de que trata o art. 844 (arts. 731 e 732 da CLT).

Gabarito "D"

(Defensor Público/MS – 2008 – VUNESP) Assinale a alternativa correta.

(A) Tratando-se de feito trabalhista sujeito ao procedimento sumaríssimo, a emenda à inicial é possível, desde que o Juiz abra prazo para tanto, na forma do artigo 284 do CPC, aplicável ante o silêncio da lei específica.

(B) No procedimento sumaríssimo, não se admite a citação do réu por edital, nem tampouco o réu pode ser empresa pública ou sociedade de economia mista, já que integram a administração pública indireta.

(C) Indispensável que, no processo de rito sumaríssimo, o pedido seja determinado, líquido e certo e não pode superar o equivalente a 40 (quarenta) salários-mínimos, limite econômico máximo da ação sujeita a tal rito.

(D) O procedimento sumaríssimo limita o recurso na Justiça do Trabalho, consistindo em procedimento de alçada única, exceção feita à violação da Constituição Federal, que desafia recurso extraordinário.

A: opção incorreta, pois no procedimento sumaríssimo não se admite a emenda da petição inicial, pois nos termos do art. 852-B, inciso I, da CLT, o pedido deverá ser certo ou determinado, indicando o valor correspondente; **B:** opção incorreta, pois embora no procedimento sumaríssimo não se admita a citação editalícia, permite-se que seja parte nas demandas a sociedade de economia mista e a empresa pública, sendo excluídas do procedimento sumaríssimo as demandas em que é parte a Administração Pública direta, autárquica e fundacional, nos termos do art. 852-A, parágrafo único, da CLT; **C:** opção correta, pois está em conformidade com os arts. 852-A, *caput*, e 852-B, I, ambos da CLT; **D:** opção incorreta, pois o recurso extraordinário é admitido no procedimento sumaríssimo, desde que a decisão recorrida viole direta e literalmente norma da CF.

Gabarito "C"

(Defensor Público/CE – 2007 – CESPE) A respeito do procedimento sumaríssimo previsto na CLT, julgue os seguintes itens.

(1) Serão submetidos ao procedimento sumaríssimo os dissídios individuais cujo valor não exceda 40 vezes o salário mínimo vigente na data do ajuizamento da reclamação, ainda que figure como parte a administração pública direta.

(2) Em retornando a notificação citatória remetida ao reclamado, sob a indicação de que o endereço indicado estava incompleto, deverá o juiz do trabalho intimar o reclamante para, em 10 dias, informar o correto endereço onde deverá ser citado o reclamado, sob pena de extinção do processo sem exame do mérito.

(3) É vedada a utilização de equidade nos julgamentos das causas submetidas ao rito sumaríssimo.

(4) É possível aos tribunais regionais do trabalho, divididos em Turmas, designar Turma para o julgamento dos recursos ordinários interpostos das sentenças prolatadas nos processos submetidos ao rito sumaríssimo.

(5) Cabe recurso de revista para Turma do TST quando houver sido proferida a decisão, em dissídio individual, pelo tribunal regional do trabalho, em grau de recurso ordinário, com violação literal de disposição de lei federal.

1: opção incorreta, pois nos termos do art. 852-A, parágrafo único, da CLT não é permitido que a administração pública direta, autárquica e fundacional, figurem como parte em causas submetidas ao procedimento sumaríssimo; **2:** opção incorreta, pois compete ao autor, nos termos do art. 852-B, II, da CLT a correta indicação do nome e endereço do reclamado, sendo que o não atendimento importará no arquivamento da reclamação e condenação ao pagamento de custas sobre o valor da causa (art. 852-B, § 1º, CLT); **3:**opção incorreta, pois nos termos do art. 852-I, § 1º, CLT, o Juiz do Trabalho, deverá adotar a decisão que considerar mais justa e equânime; **4:** opção correta, pois reflete o disposto no art. 895, § 2º, CLT; **5:** opção incorreta, pois nos termos do art. 896, § 6º, da CLT, no procedimento sumaríssimo o recurso de revista somente será admitido por contrariedade a súmula do TST e/ou violação direta da CF. Note que a contrariedade é apenas com relação às súmulas e não às orientações jurisprudenciais.

Gabarito 1E, 2E, 3E, 4C, 5E

4. Recursos

(Defensoria Pública da União – 2010 – CESPE) Com relação à competência em matéria recursal e aos recursos no processo trabalhista, julgue os itens subsequentes.

(1) Das decisões proferidas pelos tribunais regionais do trabalho ou por suas turmas, em processo incidente de embargos de terceiro, somente deve ser admitido recurso de revista quando elas contiverem contrariedade a súmula de jurisprudência uniforme do Tribunal Superior do Trabalho e violação direta da CF.

(2) Das decisões das turmas nos tribunais regionais do trabalho assim organizados não cabe recurso para o Tribunal Pleno, exceto contra multas impostas por esses órgãos fracionários.

1: errado, pois de acordo com o disposto no art. 896, § 2º, da CLT, não caberá Recurso de Revista em incidente de embargos de terceiro, salvo na hipótese de ofensa direta e literal de norma da Constituição Federal; **2:** certo, pois a alternativa está de acordo com o art. 678, I, c, 1, da CLT.

Gabarito 1E, 2C

(Defensoria/MA – 2009 – FCC) São pressupostos recursais no processo do trabalho:

(A) sucumbência, preparo e garantia do Juízo, sempre pela penhora.

(B) tempestividade, fungibilidade, gratuidade e duplo grau.

(C) fungibilidade, tempestividade, legitimidade e assiduidade.

(D) recorribilidade da decisão, tempestividade e gratuidade processual.

(E) sucumbência, recolhimento de custas e do depósito recursal e tempestividade.

Segundo Amauri Mascaro Nascimento, "Os pressupostos a serem observados, para a interposição do recurso ordinário e que conduzem à admissibilidade ou inadmissibilidade do recurso, o que significa a sua regularidade processual para que venha a ser processado, são objetivos e subjetivos. Pressupostos subjetivos são os pertinentes à pessoa que quer recorrer. Embora não haja enumeração pacífica entre os autores, são básicos, como pressupostos subjetivos, a legitimação e o interesse." E adiante completa: "Pressupostos objetivos são os pertinentes à situação processual (...) Entre essas listas mais sucintas está a que indica como pressupostos objetivos a lesividade, a tempestividade e o preparo" (*Curso de Direito Processual do Trabalho*, 25ª edição, Saraiva, p. 698/9). Importante frisar que lesividade é para alguns autores chamada de sucumbência e que preparo, na acepção ampla, refere-se às custas processuais, emolumentos e depósito recursal.

Gabarito "E"

(Defensor Público/MS – 2008 – VUNESP) No que tange aos recursos no processo trabalhista, é correto afirmar:

(A) Considerando o princípio do duplo grau de jurisdição, sempre será possível interpor recurso ordinário no processo trabalhista.

(B) Os recursos trabalhistas não têm efeitos suspensivo, translativo, substitutivo, extensivo ou regressivo, porque são dotados apenas de efeito devolutivo.

(C) Todos os recursos têm, sempre, o prazo único de oito dias, fixado pela Lei n.º 5.584/1970, independentemente de sua espécie ou natureza.

(D) O recurso de revista tem hipóteses limitadas de cabimento e não se destinam a corrigir *error in judicando* na apreciação dos fatos e provas.

A: opção incorreta, pois as hipóteses de cabimento de recurso ordinário estão dispostas no art. 895 da CLT; **B:** opção incorreta, pois o recurso ordinário interposto em dissídio coletivo, poderá ter efeito suspensivo. Assim como pode ser pedido efeito suspensivo para recursos por meio de ação cautelar, em conformidade com a súmula 414, I, parte final, do TST; **C:** opção incorreta, pois embora, em regra, o prazo recursal trabalhista seja de 8 (oito) dias, o prazo para oposição de embargos de declaração é 5 (cinco) dias (art. 897-A CLT); o prazo para interposição de recurso extraordinário é de 15 dias (art. 508 CPC) e o recurso denominado pedido de revisão tem o prazo de 48 horas (art. 2º, § 1º, da Lei 5.584/70); **D:** opção correta, pois as hipóteses de cabimento de recurso de revista estão dispostas no art. 896 e parágrafos da CLT. Ademais, de acordo com a súmula 126 do TST, não se presta para o reexame de fatos e provas.

Gabarito "D"

(Defensoria Pública da União – 2007 – CESPE) À Subseção de Dissídios Individuais I do TST somente cabe recurso de embargos por violação direta da CF ou da legislação federal, tendo sido eliminada a possibilidade de sua interposição por divergência jurisprudencial entre as Turmas do referido tribunal.

Errada, pois a assertiva não reflete o disposto no art. 894, II, da CLT.

Gabarito Errada

5. Execução Trabalhista

(Defensoria Pública da União – 2010 – CESPE) No que diz respeito aos processos especiais, julgue os itens seguintes.

(1) Para efeito de mandado de segurança, constitui direito líquido e certo do empregador a suspensão do empregado, ainda que este seja detentor de estabilidade sindical, até a decisão final do inquérito em que se apure falta grave a ele imputada.

(2) Pedido de rescisão de julgado proferido em agravo de instrumento que se limite a aferir eventual desacerto de juízo de admissibilidade de recurso de revista é juridicamente impossível, dado que essa decisão não substitui acórdão regional.

1: a alternativa está correta, pois segundo o disposto na Orientação Jurisprudencial 137 da SDI-II do TST: "MANDADO DE SEGURANÇA. DIRIGENTE SINDICAL. ART. 494 DA CLT. APLICÁVEL. Constitui direito líquido e certo do empregador a suspensão do empregado, ainda que detentor de estabilidade sindical, até a decisão final do inquérito em que se apure a falta grave a ele imputada, na forma do art. 494, "*caput*" e parágrafo único, da CLT"; **2:** a alternativa está correta, pois de acordo com a Súmula 192 do TST: "AÇÃO RESCISÓRIA. COMPETÊNCIA E POSSIBILIDADE JURÍDICA DO PEDIDO (...) IV - É manifesta a impossibilidade jurídica do pedido de rescisão de julgado proferido em agravo de instrumento que, limitando-se a aferir o eventual desacerto do juízo negativo de admissibilidade do recurso de revista, não substitui o acórdão regional, na forma do art. 512 do CPC".

Gabarito 1C, 2C

(Defensoria Pública da União – 2007 – CESPE) Não é cabível mandado de segurança contra tutela antecipada concedida antes da sentença, por existir recurso próprio.

Errada, eis que a afirmativa está em desacordo com a Súmula 414 do TST: "MANDADO DE SEGURANÇA. ANTECIPAÇÃO DE TUTELA (OU LIMINAR) CONCEDIDA ANTES OU NA SENTENÇA I - A antecipação da tutela concedida na sentença não comporta impugnação pela via do mandado de segurança, por ser impugnável mediante recurso ordinário. A ação cautelar é o meio próprio para se obter efeito suspensivo a recurso. **II - No caso da tutela antecipada (ou liminar) ser concedida antes da sentença, cabe a impetração do mandado de segurança, em face da inexistência de recurso próprio.** III - A superveniência da sentença, nos autos originários, faz perder o objeto do mandado de segurança que impugnava a concessão da tutela antecipada (ou liminar)".

Gabarito Errada

(Defensor Público/CE – 2007 – CESPE) Um empregado ajuizou reclamação trabalhista contra seu empregador, tendo obtido êxito em sua demanda, tendo o empregador sido condenado ao pagamento das parcelas pleiteadas na petição inicial. Este não teve seu recurso ordinário conhecido, por deserto. A sentença transitou em julgado, tendo sido liquidada e determinada a regular citação do executado, o que foi feito. No prazo legal, o executado nomeou um imóvel em garantia à execução, cujo valor era suficiente à satisfação do crédito exequendo. Nada obstante a oferta do executado, foi determinada pelo juiz do trabalho a penhora em dinheiro do executado.

Considerando a situação hipotética acima, julgue os itens a seguir, acerca do direito processual do trabalho, e considerando, ainda, no que for pertinente, a Consolidação das Leis do Trabalho (CLT).

(1) À luz do entendimento jurisprudencial sumulado do TST, fere direito líquido e certo do executado, tutelável pela via do mandado de segurança, o ato judicial que determina a penhora em dinheiro do executado quando nomeados outros bens à penhora, pois o executado tem direito a que a execução, ainda que definitiva, se processe da forma que lhe seja menos gravosa.

(2) Na situação descrita e nos termos da CLT, o prazo para apresentação de embargos à execução é de 8 dias, contados da nomeação do bem imóvel pelo executado.

(3) Nos termos da CLT, é inexigível o título judicial fundado em interpretação tida por incompatível com a Constituição Federal, afastando-se, nessa situação, os efeitos próprios da coisa julgada.

1: opção incorreta, pois por meio da súmula 417, item III, o TST entende que somente irá ferir direito líquido e certo tutelável via mandado de segurança, na hipótese de execução provisória. Note que, nos termos da súmula 417, item I, o TST entende que, em se tratando de execução definitiva, não fere direito líquido e certo o ato judicial que determina a penhora de dinheiro, quando nomeados outros bens à penhora; **2:** Opção incorreta, pois nos termos do art. 884, *caput*, da CLT o prazo para oposição de embargos à execução é de 5 dias; **3:** opção correta, pois reflete o disposto no art. 884, § 5º, CLT.

Gabarito 1E, 2E, 3C

18. Direito Previdenciário

Robinson Sakiyama Barreirinhas

1. Princípios e Normas Gerais

(Defensor Público/AM – 2013 – FCC) Conforme dispõe a Constituição da República Federativa do Brasil, compete ao Poder Público, nos termos da lei, organizar a seguridade social, com base no objetivo de

(A) universalidade da cobertura e singularidade no atendimento.
(B) unidade na base do financiamento e custeio.
(C) equidade na forma de participação no custeio.
(D) centralização na administração, com direção única em todas as esferas de governo.
(E) diversidade dos benefícios e serviços às populações urbanas e rurais, em razão das suas peculiaridades.

A: incorreta, pois há o objetivo da universalidade do atendimento, não da singularidade – art. 194, parágrafo único, I, da CF; **B:** incorreta, pois há o objetivo da diversidade da base de financiamento e da equidade na forma de participação no custeio – art. 194, parágrafo único, V e VI, da CF; **C:** correta, conforme comentário à alternativa anterior; **D:** incorreta, pois há o objetivo do caráter democrático e descentralizado da administração, mediante gestão quadripartite, com participação dos trabalhadores, dos empregadores, dos aposentados e do Governo nos órgãos colegiados – art. 194, parágrafo único, VII, da CF; **E:** incorreta, pois há o objetivo da uniformidade e equivalência dos benefícios e serviços às populações urbanas e rurais – art. 194, parágrafo único, II, da CF.

Gabarito "C"

(Defensor Público/AM – 2013 – FCC) A seguridade social compreende um conjunto integrado de ações de iniciativa dos Poderes Públicos e da sociedade, destinados a assegurar os direitos relativos à saúde, à previdência e à assistência social. Nesta seara, nos termos das previsões constitucionais, é correto afirmar que

(A) a proposta de orçamento da seguridade social será elaborada de forma centralizada e não integrada, não sendo assegurada a cada área a gestão de seus recursos, visto que devem ser observadas as peculiaridades e necessidades de cada área.
(B) as receitas dos Estados, do Distrito Federal e dos Municípios destinadas à seguridade social constarão dos respectivos orçamentos, não integrando o orçamento da União.
(C) os recursos do orçamento da seguridade social previstos na Constituição Federal não financiarão o sistema único de saúde, bem como as ações governamentais na área de assistência social não serão realizadas com tais recursos, mas apenas por meio de outras fontes arrecadatórias.
(D) a previdência social será organizada sob a forma de regime geral, de caráter contributivo e de filiação obrigatória, observados critérios que preservem o equilíbrio financeiro atuarial, razão pela qual não atenderá a proteção ao trabalhador em situação de desemprego involuntário.
(E) não constitui atribuição do sistema único de saúde participar da formulação da política e da execução das ações de saneamento básico.

A: incorreta, pois a proposta de orçamento da seguridade social será elaborada de forma integrada pelos órgãos responsáveis pela saúde, previdência social e assistência social, tendo em vista as metas e prioridades estabelecidas na lei de diretrizes orçamentárias, assegurada a cada área a gestão de seus recursos – art. 195, § 2º, da CF; **B:** correta, pois reflete o disposto no art. 195, § 1º, da CF; **C:** incorreta, pois o sistema único de saúde e as ações governamentais na área da assistência social serão realizadas com recursos do orçamento da seguridade social, além de outras fontes, nos termos dos arts. 198, § 1º, e 204, caput, da CF; **D:** incorreta, pois, embora a parte inicial da assertiva reflita efetivamente a forma de organização da previdência social, nos termos do art. 201, caput, da CF, seu inciso III garante expressamente a proteção ao trabalhador em situação de desemprego involuntário; **E:** incorreta, pois isso compete também ao sistema único de saúde, nos termos do art. 200, IV, da CF.

Gabarito "B"

(Defensor Público/TO – 2013 – CESPE) Considerando o conceito, a organização e os princípios da seguridade social no Brasil, assinale a opção correta.

(A) Apesar de ser regida pelo princípio da universalidade da cobertura e do atendimento, a seguridade social só é acessível a brasileiros que residem no país.
(B) A assistência social atende os hipossuficientes, por meio da concessão de benefícios, independentemente de contribuição.
(C) No Brasil, a seguridade social é caracterizada por uma administração democrática e descentralizada, mediante gestão quadripartite, com participação, nos órgãos colegiados, dos trabalhadores, empregadores, pensionistas e do governo.
(D) O princípio da uniformidade e equivalência dos benefícios e serviços às populações urbanas e rurais sempre norteou a seguridade social brasileira, e, desde a criação da previdência social no país, não há discriminação entre trabalhadores urbanos e rurais.
(E) Para que o usuário possa usufruir dos serviços públicos de saúde será necessária a contribuição mensal ao SUS.

A: incorreta, pois há diversas hipóteses de beneficiários domiciliados no exterior e estrangeiros domiciliados no Brasil – v.g. art. 11, I, c e e, do Plano de Benefícios da Previdência Social – PBPS (Lei 8.213/1991); **B:** correta, pois a assistência social não tem caráter contributivo, ou seja, será prestada a quem dela necessitar, independentemente de contribuição à seguridade social – art. 203, caput, da CF; **C:** incorreta, pois os aposentados, não os pensionistas, participam da gestão quadripartite – art. 194, parágrafo único, VII, da CF; **D:** incorreta, pois essa é inovação do art. 194, parágrafo único, II, da CF de 1988; **E:** incorreta, pois a saúde não tem caráter contributivo, é direito de todos – art. 196 da CF.

Gabarito "B"

(Defensor Público/ES – 2012 – CESPE) No tocante a seguridade social, julgue os itens subsequentes.

(1) Segundo a jurisprudência do STF, as novas contribuições para a seguridade social (contribuições residuais), apesar de só poderem ser criadas mediante lei complementar, poderão ter base de cálculo e fato gerador próprios de impostos, mas não das contribuições existentes.

(2) Contando com a participação de representantes da sociedade civil e do governo, o Conselho Nacional de Previdência Social, órgão superior de deliberação colegiada, é exemplo do caráter democrático e descentralizado da administração da seguridade social no Brasil.

(3) A publicação, em 1954, do Decreto n.º 35.448, que aprovou o Regulamento Geral dos Institutos de Aposentadorias e Pensões, e considerada, pela doutrina majoritária, o marco inicial da previdência social brasileira.

1: correta – ver RE 258.470/RS; **2:** correta, nos termos do art. 194, parágrafo único, VII, da CF e art. 3º do PBPS; **3:** incorreta, pois a Lei Eloy Chaves (Decreto-Legislativo 4.682/1923) é considerada por muitos o marco da previdência social no Brasil, embora não tenha sido a primeira. Antes dela, citamos o Regulamento 737/1850, o Decreto 2.711/1860, o Decreto 9.912-A/1888, o Decreto 3.397/1888, como alguns exemplos.

Gabarito 1C, 2C, 3E

(Defensor Público/AC – 2012 – CESPE) Assinale a opção correta no que se refere à seguridade social.

(A) A seguridade social compreende um conjunto de ações de proteção social custeado pelo Estado, conforme suas limitações orçamentárias, e organizado com base, entre outros objetivos, na irredutibilidade do valor das contribuições.

(B) A previdência social estrutura-se como um sistema não contributivo, sendo os recursos para o financiamento de suas ações provenientes da arrecadação de tributos pelos entes estatais.

(C) A dimensão subjetiva da universalidade de cobertura e atendimento do seguro social, relacionada às situações de risco social, adquire não apenas caráter reparador, mas também preventivo.

(D) O princípio da equidade, que fundamenta a forma de participação no custeio da seguridade social, está associado aos princípios da capacidade contributiva e da isonomia fiscal.

(E) São considerados direitos fundamentais de primeira geração ou dimensão os relativos à saúde, à previdência e à assistência social.

A: incorreta, pois a seguridade social não é custeada apenas pelo Estado, mas por toda a sociedade, nos termos do art. 195 da CF e tem, entre seus objetivos, a irredutibilidade do valor dos benefícios, não das contribuições – art. 194, parágrafo único, IV, da CF; **B:** incorreta, pois a previdência social tem caráter contributivo – art. 201, caput, da CF; **C:** incorreta, pois a dimensão subjetiva da universalidade refere-se às pessoas alcançadas pela seguridade social, sendo que o caráter preventivo e reparador é mais próximos ao aspecto objetivo da universalidade, ou seja, dos benefícios da seguridade social; **D:** assertiva correta – art. 194, parágrafo único, V, da CF; **E:** incorreta, pois os direitos sociais são identificados como de segunda geração ou dimensão dos direitos humanos fundamentais.

Gabarito "D"

(Defensor Público/RO – 2012 – CESPE) Com relação aos princípios e objetivos que norteiam a seguridade social no Brasil, assinale a opção correta.

(A) Com relação à seletividade e distributividade na prestação dos benefícios e serviços, o legislador ordinário deve escolher os eventos que serão cobertos pela previdência social, levando em conta as possibilidades econômicas dos segurados.

(B) As populações urbanas e rurais devem receber tratamento uniforme e equivalente com relação aos benefícios e serviços, de forma a reparar injustiça histórica com os trabalhadores rurais, porém, devido à reduzida capacidade de contribuição desses trabalhadores, a concessão dos benefícios deve exigir um maior período de carência.

(C) A irredutibilidade do valor dos benefícios tem como escopo garantir que a renda dos benefícios previdenciários preserve seu valor real segundo critérios estabelecidos por lei, sem qualquer vinculação ao salário mínimo, dada a vedação de sua vinculação para qualquer fim.

(D) No que concerne à diversidade da base de financiamento, a seguridade social deve ser financiada por toda a sociedade, de forma direta, mediante contribuições provenientes do trabalhador, da empresa e da entidade a ela equiparada, da União e dos demais segurados e aposentados da previdência social e, ainda, das contribuições sobre a receita de concursos de prognósticos.

(E) O custeio da seguridade social deve ser equânime, dadas as possibilidades de cada um. Lei complementar garante às empresas o repasse do custo da contribuição aos preços praticados no mercado.

A: incorreta. A seletividade refere-se à seleção (realizada pelo legislador) das necessidades básicas que serão atendidas pela seguridade social. Distributividade refere-se à justiça social advinda da distribuição solidária de recursos (dos que mais têm aos que mais necessitam); **B:** incorreta, pois os períodos de carência observam o objetivo de uniformidade e equivalência dos benefícios e serviços às populações urbanas e rurais – art. 194, parágrafo único, II, da CF e art. 25 do PBPS; **C:** assertiva correta (arts. 7º, IV, in fine e 194, parágrafo único, IV, da CF); **D:** incorreta, pois não incide contribuição previdenciária sobre as aposentadorias e pensões pagas no regime geral de previdência social (ou seja, aposentados e pensionistas não contribuem direta e imediatamente, em princípio, para o financiamento da seguridade social) – art. 195, II, in fine, da CF; **E:** incorreta, pois não há essa garantia de repasse por lei complementar.

Gabarito "C"

(Defensoria Pública da União – 2010 – CESPE) Em relação aos institutos de direito previdenciário, julgue o item seguinte.

(1) A Lei Eloy Chaves (Decreto Legislativo nº 4.682/1923), considerada o marco da Previdência Social no Brasil, criou as caixas de aposentadoria e pensões das empresas de estradas de ferro, sendo esse sistema mantido e administrado pelo Estado.

1: assertiva incorreta. Na sistemática da Lei Eloy Chaves, eram criadas caixas de aposentadorias e pensões, de natureza privada, em cada uma das empresas de estrada de ferro para os respectivos empregados. Havia contribuições pelos trabalhadores ferroviários e pelos usuários de transportes. O Estado não participava do custeio ou da administração do sistema.

Gabarito 1E

(Defensoria Pública da União – 2010 – CESPE) Com base no direito previdenciário, julgue o item seguinte.

(1) Caso a CF previsse que determinado benefício previdenciário deveria abranger somente os empregados urbanos, rurais e trabalhadores avulsos, norma infraconstitucional posterior que fosse editada estendendo o benefício aos contribuintes individuais, com a precedente fonte de custeio, deveria ser considerada constitucional.

1: assertiva correta, pois a lei pode estender benefício ou serviço da seguridade social, desde que haja a correspondente fonte de custeio – art. 195, § 5º, da CF.

Gabarito 1C

(Defensor Público/BA – 2010 – CESPE) Em relação às disposições constitucionais aplicáveis à previdência social, julgue o item a seguir.

(1) É vedada a adoção de requisitos e critérios diferenciados para a concessão de aposentadoria aos beneficiários do regime geral de previdência social, ressalvados os casos de atividades que, exercidas sob condições especiais, prejudiquem a saúde ou a integridade física, e quando se tratar de segurados portadores de deficiência, nos termos definidos em lei complementar.

1: assertiva correta, pois a vedação é prevista no art. 201, § 1º, da CF.

Gabarito 1C

(Defensor Público/AM – 2010 – I. Cidades) De acordo com as disposições constitucionais, são eventos cobertos pela Previdência Social:

I. Cobertura dos eventos de invalidez, morte e idade avançada.
II. Proteção à família, à criança e ao idoso.
III. Qualificação para o trabalho e pagamento do seguro desemprego.
IV. Garantia de um salário mínimo ao deficiente físico e ao idoso.

(A) Todos estão corretos.
(B) I está correto.
(C) I e II estão corretos.
(D) I e III estão corretos.
(E) III e IV estão corretos.

I: assertiva correta, pois esses eventos são cobertos pela previdência social, conforme expressa disposição do art. 201, I, da CF; **II:** incorreta, pois a proteção à família, à infância e à velhice, e o amparo às crianças carentes são objetivos da assistência social, não da previdência, expressamente listados no art. 203, I e II, da CF; **III:** incorreta, pois não há previsão constitucional expressa de qualificação para o trabalho como evento coberto pela previdência social. Existe a reabilitação profissional, como serviço a ser prestado ao segurado e ao dependente, prevista no art. 18, III, *c*, do Plano de Benefícios da Previdência Social – PBPS (Lei 8.213/1991). O seguro-desemprego é indicado como direito dos trabalhadores na Constituição – art. 7º, II, da CF. É bom salientar que o art. 205 da CF prevê que a qualificação para o trabalho é objetivo da educação (dever do Estado e da família); **IV:** incorreta, pois compete à assistência social, não à previdência, garantir um salário mínimo de benefício mensal à pessoa portadora de deficiência e ao idoso que comprovem não possuir meios de prover a própria manutenção ou de tê-la provida por sua família - art. 203, V, da CF. Obs.: interessante lembrar que a Seguridade Social é composta pela Previdência Social, pela Saúde e pela Assistência Social – art. 194 da CF.

Gabarito "B"

(Defensor Público/AM – 2010 – I. Cidades) Julgue os itens abaixo:

I. A Carta constitucional de 1937 previa, como forma de atuação do estado, as áreas de saúde, assistência e previdência social, além de inúmeras outras inovações na área da seguridade social.
II. A constituição do sistema de proteção social no Brasil, a exemplo do que ocorreu na Europa, deu-se em razão de longo e vagaroso processo de superação dos postulados do liberalismo clássico, passando o sistema da total ausência de regulação estatal para uma intervenção cada vez mais ativa do Estado que culminou com os atuais sistemas de proteção previdenciária.
III. Somente no século XX veio a lume, no Brasil, normas de caráter geral em matéria de previdência social, já que antes de tal marco temporal a regulação era dispersa em textos legais específicos.
IV. É entendimento doutrinário dominante que o marco inicial da previdência social brasileira foi a publicação do Decreto Legislativo nº 4.682/1923, Lei Eloy Chaves, que criou as caixas de aposentadoria e pensões nas empresas de estradas de ferro existentes, sendo que tal instrumento normativo foi pioneiro na criação do instituto da aposentadoria.
V. A Carta de 1934 foi pioneira em prever a forma tripartite de custeio, ou seja, a contribuição dos trabalhadores, a dos empregadores e a do poder público.

Assinale a alternativa correta:

(A) Somente as alternativas I, II, e III estão corretas.
(B) Somente as alternativas IV e V estão corretas.
(C) Somente as alternativas II, IV e V estão corretas.
(D) Somente as alternativas I, IV e V estão corretas.
(E) Somente as alternativas II, III e V estão corretas.

I: incorreta, pois a Constituição do Estado Novo (1937) pouco dispôs a respeito da matéria, referindo-se, sucintamente, ao "seguro social"; **II:** assertiva correta, pois descreve adequadamente a evolução da seguridade social no país; **III:** assertiva correta. A Lei Eloy Chaves (Decreto-Legislativo 4.682/1923) é considerada marco da previdência social no Brasil, embora não tenha sido a primeira. Antes dela, citamos o Regulamento 737/1850, o Decreto 2.711/1860, o Decreto 9.912-A/1888, o Decreto 3.397/1888, como alguns exemplos; **IV:** assertiva incorreta, conforme comentário à alternativa anterior, pois o instituto da aposentadoria já existia. Na sistemática da Lei Eloy Chaves, eram criadas caixas de aposentadorias e pensões, de natureza privada, em cada uma das empresas de estrada de ferro para os respectivos empregados. Havia contribuições pelos trabalhadores ferroviários e pelos usuários de transportes. O Estado não participava do custeio ou da administração do sistema; **V:** Assertiva correta, conforme o art. 121, § 1º, *h*, da CF/1934.

Gabarito "E"

(Defensor Público/CE – 2007 – CESPE) Julgue os itens a seguir, relacionados à seguridade social.

(1) No ordenamento jurídico brasileiro, a primeira referência a instituições que promovessem ações relacionadas ao que hoje se denomina seguridade social foi feita pela Constituição de 1824, que criou as casas de socorros, consideradas embriões das santas casas de misericórdia.
(2) Embora não conste expressamente no título que trata da ordem social na Constituição Federal, o princípio da solidariedade é postulado fundamental para a compreensão do regime financeiro da previdência social brasileira, representado de maneira evidente pelo pacto das gerações, característica dos sistemas de repartição.
(3) No ordenamento jurídico brasileiro, a seguridade social, assim como sua abrangência, foi positivada pela Constituição Federal de 1988, que contém todas as ações de Estado a serem realizadas nas áreas sociais, especificamente: assistência e previdência social, saúde, combate à fome e educação fundamental.

1: correta, conforme o art. 179, XXXI, da Constituição de 1824; **2:** correta, considerando que no sistema de repartição, os cidadãos ativos de hoje pagam pelo benefício dos que já se aposentaram, esperando que o mesmo ocorra no futuro. Interessante notar que a Constituição refere-se à solidariedade ao tratar do regime previdenciário próprio dos servidores – art. 40, *caput*, da CF; **3:** incorreta, pois a Constituição indica apenas os princípios e objetivos gerais da assistência, da previdência e da saúde, que compõem a seguridade social (não do combate à fome), sem especificar todas as ações estatais relacionadas à seguridade. Ademais, a educação fundamental não é objeto da seguridade social.

Gabarito 1C, 2C, 3E

Veja a seguinte tabela, para estudo e memorização dos objetivos da seguridade social, listados no art. 194 da CF:

Objetivos da Seguridade Social – art. 194 da CF
– universalidade da cobertura e do atendimento
– uniformidade e equivalência dos benefícios e serviços às populações urbanas e rurais
– seletividade e distributividade na prestação dos benefícios e serviços
– irredutibilidade do valor dos benefícios
– equidade na forma de participação no custeio
– diversidade da base de financiamento
– caráter democrático e descentralizado da administração, mediante gestão quadripartite, com participação dos trabalhadores, dos empregadores, dos aposentados e do Governo nos órgãos colegiados

(Defensor Público/CE – 2007 – CESPE) Considerando a legislação previdenciária e a orientação dos tribunais superiores a ela relacionada, julgue os seguintes itens.

(1) No regime de distribuição de competências legislativas promovido pela Constituição Federal, a seguridade social e, especificamente, a previdência social incluem-se entre as competências privativas da União.
(2) A legislação previdenciária, tanto em matéria de benefícios como de custeio, submete-se a uma das regras gerais presentes na Lei de Introdução ao Código Civil, passando a viger, portanto, 45 dias após a sua publicação, ressalvadas as estipulações em contrário.

1: incorreta, pois, embora o art. 22, XXIII, da CF reserve à União a competência privativa para legislar sobre seguridade social, o art. 24, XII, prevê a competência concorrente da União, dos Estados e do Distrito Federal para legislar especificamente sobre previdência social; **2:** discutível. As normas relativas às contribuições sociais submetem-se à anterioridade nonagesimal (art. 195, § 6º, da CF), sendo que boa parte da doutrina entende que se trata de regra de eficácia, não de vigência. No mais, todas as leis brasileiras (incluindo as previdenciárias) são abrangidas, ainda que subsidiariamente, pela Lei de Introdução às Normas do Direito Brasileiro (nova denominação da LICC – DL 4.657/1942).

Gabarito 1E, 2E

2. Custeio

(Defensor Público/AM – 2013 – FCC) Em relação à Organização e Custeio da Seguridade Social, analise as afirmações abaixo.

I. As propostas orçamentárias anuais ou plurianuais da Seguridade Social serão elaboradas por comissão integrada por 3 (três) representantes, sendo 1 (um) de cada área: saúde, previdência social e assistência social.

II. A contribuição do empregado doméstico, bem como a do trabalhador avulso é de 12% (doze por cento) do seu salário de contribuição mensal.
III. A União não é responsável pela cobertura de eventuais insuficiências financeiras da Seguridade Social, quando decorrentes do pagamento de benefícios de prestação continuada da Previdência Social, por falta de previsão da Lei Orçamentária Anual.
IV. Constitui receita da Seguridade Social 40% (quarenta por cento) do resultado dos leilões dos bens apreendidos pelo Departamento da Receita Federal.
V. Caberá à entidade promotora do espetáculo a responsabilidade de efetuar o desconto de cinco por cento da receita bruta decorrente dos espetáculos desportivos e o respectivo recolhimento ao INSS, no prazo de até dois dias úteis após a realização do evento.

Está correto o que se afirma APENAS em

(A) I, II e III.
(B) I, III e V.
(C) II, III e IV.
(D) II, IV e V.
(E) I, IV e V.

I: correta, nos termos do art. 8º do Plano de Custeio da Seguridade Social – PCSS (Lei 8.212/1991); **II:** incorreta, pois as alíquotas variam de 8% a 11% – art. 20 do PCSS; **III:** incorreta, pois há essa responsabilidade da União – art. 16, parágrafo único, do PCSS; **IV:** correta (art. 27, VII, do PCSS); **V:** correta (art. 22, § 7º, do PCSS).

Gabarito "E"

(Defensor Público/AC – 2012 – CESPE) Assinale a opção correta com relação ao custeio da seguridade social.

(A) Os produtores rurais integrantes de consórcio simplificado de produtores rurais são responsáveis subsidiários em relação às obrigações previdenciárias.
(B) O limite mínimo do salário de contribuição do menor aprendiz corresponde à sua remuneração mínima definida em lei.
(C) Integram o salário de contribuição os valores recebidos em decorrência da cessão de direitos autorais e a importância recebida a título de bolsa de aprendizagem assegurada a adolescentes até quatorze anos de idade.
(D) A alíquota de contribuição do segurado facultativo é de 30% sobre o respectivo salário de contribuição.
(E) Constitui receita da seguridade social a renda bruta proveniente dos concursos de prognósticos.

A: incorreta, pois a responsabilidade dos produtores rurais é solidária, no caso, não subsidiária – art. 25-A, § 3º, do PCSS; **B:** correta, nos termos do art. 28, § 4º, do PCSS; **C:** incorreta, pois essas verbas não integram o salário de contribuição – art. 28, § 9º, u e v, do PCSS; **D:** incorreta, pois a alíquota é de 20% - art. 21 do PCSS; **E:** incorreta, pois a receita da seguridade social corresponde à renda líquida dos concursos de prognósticos, excetuando-se os valores destinados ao Programa de Crédito Educativo, nos termos do art. 26 do PCSS.

Gabarito "B"

(Defensoria Pública da União – 2010 – CESPE) Com base no direito previdenciário, julgue o item seguinte.

(1) Para fins previdenciários, a principal diferença entre empresa e empregador doméstico é que a primeira se caracteriza por exercer atividade exclusivamente com fins lucrativos, e o segundo, não.

1: a assertiva é incorreta, pois, para fins previdenciários, considera-se empresa mesmo a firma ou a sociedade **sem fins lucrativos**, desde que assuma o risco de atividade econômica urbana ou rural. Por outro lado, o empregador doméstico jamais tem finalidade lucrativa, no que se refere à contratação do empregado doméstico – art. 15, I e II, do Plano de Custeio da Seguridade Social – PCSS (Lei 8.212/1991).

Gabarito 1E

(Defensoria/PA – 2009 – FCC) São receitas da seguridade social:

(A) contribuições do empregador, da empresa e da entidade a tanto equiparada por lei, incidentes sobre a folha de salários e demais rendimentos do trabalho, pagos à pessoa física que lhe preste serviço, mesmo sem vínculo empregatício.
(B) recursos provenientes apenas dos orçamentos de Estados, Distrito Federal e Municípios, mas não da União, a quem cabe apenas administrar o sistema.
(C) contribuições do empregador, da empresa e da entidade a tanto equiparada por lei, incidentes exclusivamente sobre a folha de salários pagos a empregados, não incidindo contribuição sobre as demais remunerações porventura pagas a empresários, autônomos e cooperados.
(D) contribuições de entidades legalmente qualificadas como beneficentes de assistência social, incidentes sobre a receita ou faturamento e as remunerações pagas aos respectivos empregados.
(E) contribuições do trabalhador e dos demais segurados do regime geral de previdência social, inclusive quando beneficiários das aposentadorias concedidas por esse regime.

A: correta, pois indica receitas da seguridade social previstas no art. 195, I, *a*, da CF; **B:** incorreta, pois a União destina recursos orçamentários para custeio da seguridade social – art. 195, *caput*, da CF; **C:** incorreta, pois a contribuição do empregador, da empresa e dos equiparados incide também sobre os rendimentos do trabalho pagos a quem lhes preste serviço sem vínculo empregatício – art. 195, I, *a*, *in fine*, da CF; **D:** incorreta, pois as entidades beneficentes de assistência social que atendam às exigências estabelecidas em lei são isentas (a rigor, imunes) de contribuição para a seguridade social – art. 195, § 7º, da CF; **E:** assertiva incorreta, pois não incide contribuição previdenciária sobre aposentadoria e pensão concedidas pelo RGPS – art. 195, II, *in fine*, da CF.

Gabarito "A"

(Defensor Público/CE – 2007 – CESPE) Julgue o item subsequente, relativo ao RGPS.

(1) A criação e a utilização de cooperativas de trabalhadores são alternativas eficientes para diminuir a carga tributária tanto dos prestadores de serviços quanto das empresas que os contratam, já que as cooperativas não precisam arrecadar nem recolher qualquer contribuição previdenciária.

1: incorreta, pois a cooperativa é legalmente equiparada à empresa (art. 15, parágrafo único, do Plano de Custeio da Seguridade Social – PCSS – Lei 8.212/1991) e, nessa condição, é contribuinte e responsável em relação às contribuições previdenciárias – art. 195, I, da CF.

Gabarito 1E

3. Segurados, Dependentes

(Defensor Público/AM – 2013 – FCC) Conforme previsão contida no Plano de Benefícios da Previdência Social – Lei nº 8.213/1991 – mantém a qualidade de segurado, independente de contribuições,

(A) quem está no gozo de benefício, limitado ao prazo máximo de 24 (vinte e quatro) meses.
(B) até 6 (seis) meses após o licenciamento, o segurado incorporado às Forças Armadas para prestar o serviço militar.
(C) até 24 (vinte e quatro) meses após o livramento, o segurado retido ou recluso.
(D) até 6 (seis) meses após a cessação das contribuições, o segurado facultativo.
(E) até 18 (dezoito) meses após cessar a segregação, o segurado acometido de doença de segregação compulsória.

A: incorreta, pois quem está em gozo de benefício mantém a qualidade de segurado independentemente de contribuições sem limite de prazo – art. 15, I, do Plano de Benefícios da Previdência Social – PBPS (Lei 8.213/1991); **B:** incorreta, pois o prazo, no caso, é de até 3 meses após o licenciamento – art. 15, V, do PBPS; **C:** incorreta, pois o prazo, no caso, é de até 12 meses após o livramento – art. 15, IV, do PBPS; **D:** correta, nos termos do art. 15, VI, do PBPS; **E:** incorreta, pois o prazo, no caso, é de até 12 meses após cessar a segregação – art. 15, III, do PBPS.

Gabarito "D"

(Defensor Público/ES – 2012 – CESPE) No que se refere aos regimes previdenciários, julgue o próximo item.

(1) É considerado segurado empregado da previdência social o brasileiro civil que trabalha para a União, no exterior, em organismos oficiais brasileiros ou internacionais dos quais o Brasil seja membro efetivo, ainda que domiciliado e contratado fora do Brasil, salvo se segurado na forma da legislação do país do domicílio.

1: correta, pois reflete exatamente o disposto no art. 11, I, e, do PBPS.

Gabarito 1C

(Defensor Público/TO – 2013 – CESPE) Acerca das normas que regulam os segurados e dependentes do RGPS, assinale a opção correta.

(A) O defensor público estadual que assumir cargo de ministro de Estado, será considerado, durante o período em que exercer o cargo em comissão, segurado obrigatório do RGPS, ficando temporariamente excluído do regime próprio de origem.
(B) Apesar de não poder ser dependente, a pessoa jurídica, por contribuir para a previdência social, é considerada beneficiário na qualidade de segurado obrigatório.
(C) O segurado que exerça mais de uma atividade abrangida pelo RGPS deve filiar-se como segurado obrigatório em relação a cada uma dessas atividades, não sendo possível, entretanto, que ostente, ao mesmo tempo, a qualidade de dependente.
(D) Considere que uma empresa, durante as festividades de final de ano, contrate, pelo período de dois meses, trabalhadores para atender ao aumento extraordinário de serviço. Nessa situação, esses trabalhadores temporários serão filiados obrigatórios do RGPS na qualidade de segurado empregado.
(E) Deputado federal será sempre filiado obrigatório do RGPS, na condição de segurado empregado.

A: incorreta, pois os servidores efetivos amparados por regime próprio de previdência social são excluídos do regime geral – art. 12 do PBPS (Lei 8.213/1991); **B:** incorreta, pois somente pessoas físicas (= naturais, não pessoas jurídicas) são beneficiárias do regime geral de previdência social – RGPS – arts. 11 e 16 do PBPS; **C:** incorreta, pois não há vedação para que seja também dependente – art. 11, § 2º, do PBPS; **D:** correta, nos termos do art. 11, I, b, do PBPS; **E:** incorreta, pois, caso o deputado seja servidor efetivo vinculado a regime próprio de previdência social, não será filiado ao RGPS – art. 11, I, h, in fine, do PBPS.

Gabarito "D"

(Defensor Público/TO – 2013 – CESPE) Com relação às normas que regem o RGPS, assinale a opção correta.

(A) A idade mínima para a filiação no RGPS é dezesseis anos de idade, não prevendo a lei qualquer exceção.
(B) Considera-se presumida, não necessitando, portanto, de comprovação, a dependência econômica do cônjuge, do companheiro, da companheira, dos pais e dos filhos não emancipados.
(C) A perda da qualidade de segurado implica a perda automática das contribuições efetuadas no período anterior, para fins de carência.
(D) Para efeito do cálculo do salário de benefício na aposentadoria por tempo de contribuição, o valor do fator previdenciário será inversamente proporcional ao tempo de contribuição.
(E) Considere que, ao contratar um empregado doméstico, o empregador tenha recolhido sem atraso a primeira contribuição. Nessa situação, as contribuições referentes às competências posteriores serão sempre consideradas para efeito de carência, ainda que pagas com atraso.

A: incorreta. Atualmente, a idade mínima para o trabalho e, portanto, para a inscrição no Regime Geral da Previdência Social – RGPS, é de 16 anos, admitindo-se excepcionalmente o aprendiz, a partir dos 14 anos de idade (art. 7º, XXXIII, da CF) – note que fica em parte prejudicado o art. 13 do PBPS, que prevê a idade mínima de 14 anos para o menor se filiar no Regime Geral de Previdência Social e qualificar-se como segurado facultativo; **B:** incorreta, pois o enteado e o menor tutelado equiparam-se a filho mediante declaração do segurado e desde que comprovada a dependência econômica na forma estabelecida no Regulamento – art. 16, § 2º, do PBPS; **C:** incorreta, pois, havendo perda da qualidade de segurado, as contribuições anteriores a essa data serão computadas para efeito de carência depois que o segurado contar, a partir da nova filiação à Previdência Social, com, no mínimo, 1/3 (um terço) do número de contribuições exigidas para o cumprimento da carência definida para o benefício a ser requerido – art. 24, parágrafo único, do PBPS; **D:** incorreta, pois para o benefício da aposentadoria por tempo de contribuição (art. 18, I, c, do PBPS) o salário de benefício consiste na média aritmética simples dos maiores salários de contribuição correspondentes a oitenta por cento de todo o período contributivo, multiplicada pelo fator previdenciário (não há variação do fator por proporção inversa) – art. 29, I, do PBPS; **E:** correta. Somente eventuais contribuições anteriores em atraso é que são desconsideradas para fins de carência – art. 27, II, do PBPS.

Gabarito "E"

(Defensor Público/AC – 2012 – CESPE) É segurado obrigatório da previdência social, como empregado,

(A) o trabalhador que presta serviço de natureza rural a diversas empresas sem vínculo empregatício.
(B) a pessoa física que presta serviço de natureza eventual, no âmbito residencial da pessoa que contrate o serviço, em atividades sem fins lucrativos.
(C) a pessoa física que presta, em caráter eventual, serviço de natureza rural a empresa.
(D) o membro de instituto de vida consagrada, de congregação ou de ordem religiosa.
(E) o servidor público federal ocupante de cargo em comissão, sem vínculo efetivo com a União.

A e **C:** incorretas, pois somente o trabalhador rural que presta serviço à empresa em caráter não eventual, sob sua subordinação e mediante remuneração é que será considerado segurado obrigatório na condição de empregado – art. 11, I, a, do PBPS; **B:** incorreta, pois será considerado segurado obrigatório na condição de empregado doméstico somente aquele que presta serviço de natureza contínua (não eventual) a pessoa ou família, no âmbito residencial desta, em atividades sem fins lucrativos - art. 11, II, do PBPS; **D:** incorreta, pois esse membro é segurado obrigatório na condição de contribuinte individual – art. 11, V, c, do PBPS; **E:** correta, nos termos do art. 11, I, g, do PBPS.

Gabarito "E"

(Defensor Público/RO – 2012 – CESPE) A CF, ao determinar os objetivos que devem nortear a seguridade social, estabelece a uniformidade e equivalência dos benefícios e serviços às populações urbanas e rurais, excluindo, a partir de então, a situação de discriminação em que se encontravam os trabalhadores rurais com relação à previdência social, notadamente os que trabalham por conta própria e(ou) com auxílio de seu grupo familiar. Dadas as especificidades desses trabalhadores, a legislação previdenciária instituiu um novo tipo de segurado obrigatório para o RGPS: o segurado especial. Com relação a esse segurado, assinale a opção correta.

(A) O exercício de mandato eletivo de dirigente sindical de organização da categoria de trabalhadores rurais descaracteriza a condição de segurado especial caso o referido dirigente obtenha, por meio dessa atividade, ajuda de custo.
(B) Diferentemente do que ocorre com a segurada contribuinte individual, para a segurada especial, o período de carência considerado para a concessão do salário-maternidade é igual a dez meses de efetivo exercício de atividade rural anteriores ao parto ou à adoção, ainda que de forma descontínua.
(C) Entende-se como regime de economia familiar a atividade em que o trabalho dos membros da família seja indispensável à própria subsistência e ao desenvolvimento socioeconômico do núcleo familiar e seja exercido em condições de mútua dependência e colaboração, mesmo com a utilização de empregados permanentes.
(D) É considerado segurado especial o produtor, seja ele proprietário, usufrutuário, possuidor, assentado, parceiro ou meeiro outorgado, comodatário ou arrendatário rural, e o empregado rural que explore atividade agropecuária em área contínua, ou não.
(E) A esposa ou companheira do trabalhador rural, mesmo que não trabalhe diretamente nas atividades rurais exercidas pelos demais membros do grupo familiar, é considerada segurada especial.

A: incorreta, pois o dirigente sindical mantém, durante o exercício do mandato eletivo, o mesmo enquadramento no regime geral de previdência social – RGPS de antes da investidura – art. 11, § 4º, do PBPS; **B:** correta, nos termos do art. 39, parágrafo único, do PBPS; **C:** incorreta, pois a utilização de empregados permanentes descaracteriza o regime de economia familiar – art. 11, § 1º, do PBPS; **D:** incorreta, pois o empregado rural não é segurado especial, mas sim segurado obrigatório na condição de empregado – art. 11, I, a, e VII, a, do PBPS; **E:** incorreta, pois somente o cônjuge ou companheiro que comprovadamente trabalhe com o grupo familiar será considerado segurado especial – art. 11, VII, c, do PBPS.

Gabarito "B"

(Defensoria Pública da União – 2010 – CESPE) Com base no direito previdenciário, julgue os itens seguintes.

(1) A qualidade de segurado obrigatório está insitamente ligada ao exercício de atividade remunerada, com ou sem vínculo empregatício, de modo que, para um indivíduo ser considerado segurado obrigatório, a remuneração por ele percebida pelo exercício da atividade deve ser declarada e expressa, e não, meramente presumida.

(2) Suponha que João, servidor público federal aposentado, tenha sido eleito síndico do condomínio em que reside e que a respectiva convenção condominial não preveja remuneração para o desempenho dessa função. Nesse caso, João pode filiar-se ao Regime Geral da Previdência Social (RGPS) na condição de segurado facultativo e formalizar sua inscrição com o pagamento da primeira contribuição.

(3) Considere que Pedro explore, individualmente, em sua propriedade rural, atividade de produtor agropecuário em área contínua equivalente a 3 módulos fiscais, em região do Pantanal mato-grossense, e que, durante os meses de dezembro, janeiro e fevereiro de cada ano, explore atividade turística na mesma propriedade, fornecendo hospedagem rústica. Nessa situação, Pedro é considerado segurado especial.

(4) Considere que Lucas tenha exercido, individualmente, de modo sustentável, durante toda a vida, a atividade de seringueiro na região amazônica, tendo os frutos dessa atividade sido sua única fonte de renda. Após o falecimento dele, os herdeiros — demonstrados os pressupostos de filiação — poderão requerer a inscrição de Lucas, como segurado especial, no RGPS.

1: incorreta, pois a qualidade do segurado obrigatório não é afastada em caso de remuneração não declarada que, ademais, dá ensejo à autuação – arts. 12, I, e 37 do PCSS (Lei 8.212/1991); **2:** incorreta, pois é vedada a filiação ao regime geral de previdência social, na qualidade de segurado facultativo, de pessoa participante de regime próprio de previdência (casos dos servidores federais) – art. 201, § 5º, da CF; **3:** assertiva correta, pois a exploração agropecuária em área de até 4 módulos fiscais, individualmente ou em regime de economia familiar, indica a condição de segurado especial, que não é descaracterizada pela exploração de atividade turística da propriedade rural, inclusive com hospedagem, por não mais de 120 dias ao ano – art. 12, VII, *a*, 1 e § 9º, II, do PCSS; **4:** assertiva correta, pois o seringueiro, nessa situação, qualifica-se como segurado especial – art. 12, VII, *a*, 2, do PCSS e art. 18, § 5º, do Regulamento da Previdência Social – RPS (Decreto 3.048/1999).

Gabarito 1E, 2E, 3C, 4C

(Defensoria Pública da União – 2010 – CESPE) Em relação aos institutos de direito previdenciário, julgue o item seguinte.

(1) Quanto à filiação do segurado obrigatório à previdência social, vigora o princípio da automaticidade, segundo o qual a filiação desse segurado decorre, automaticamente, do exercício de atividade remunerada, independentemente de algum ato seu perante a previdência social. A inscrição, ato material de registro nos cadastros da previdência social, pode ser concomitante ou posterior à filiação, mas nunca, anterior.

1: assertiva correta, conforme o art. 20, § 1º, do Regulamento da Previdência Social – RPS (Decreto 3.048/1999).

Gabarito 1C

(Defensor Público/BA – 2010 – CESPE) Em relação aos diversos institutos de direito previdenciário, julgue os itens subsecutivos.

(1) São segurados obrigatórios da previdência social, na qualidade de trabalhadores avulsos, o ministro de confissão religiosa e o membro de instituto de vida consagrada, de congregação ou de ordem religiosa.

(2) É segurado facultativo o maior de doze anos que se filiar ao regime geral de previdência social, mediante contribuição.

(3) Segundo a jurisprudência do STF, deve-se utilizar, como parâmetro para a concessão do benefício de auxílio-reclusão, a renda do segurado preso, e não, a de seus dependentes.

(4) O cancelamento da inscrição do cônjuge do segurado é processado em face de separação judicial ou divórcio sem direito a alimentos, de certidão de anulação de casamento, de certidão de óbito ou de sentença judicial transitada em julgado.

(5) É segurado obrigatório da previdência social, na qualidade de empregado, o exercente de mandato eletivo federal, estadual ou municipal, desde que não vinculado a regime próprio de previdência social.

1: incorreta, pois o ministro de confissão religiosa e o membro de instituto de vida consagrada, de congregação ou de ordem religiosa é segurado obrigatório na condição de contribuinte individual, não como trabalhador avulso – art. 11, V, c, do Plano de Benefícios da Previdência Social – PBPS (Lei 8.213/1991); **2:** incorreta. Atualmente, a idade mínima para o trabalho e, portanto, para a inscrição no Regime Geral da Previdência Social – RGPS, é de 16 anos, admitindo-se excepcionalmente o aprendiz, a partir dos 14 anos de idade (art. 7º, XXXIII, da CF) – note que fica em parte prejudicado o art. 13 do PBPS, que prevê a idade mínima de 14 anos para o menor se filiar no Regime Geral de Previdência Social e qualificar-se como segurado facultativo; **3:** correta – art. 201, IV, da CF, ver AI 767.352 AgR/SC; **4:** correta, pois é o que dispõe o art. 17, § 2º, do PBPS; **5:** correta, nos termos do art. 11, I, *h*, do PBPS.

Gabarito 1E, 2E, 3C, 4C, 5C

Veja as seguintes tabelas, com os segurados obrigatórios do RGPS e os dependentes:

Segurados obrigatórios do RGPS – art. 11 do PBPS	
Empregado	– aquele que presta serviço de natureza urbana ou rural à empresa, em caráter não eventual, sob sua subordinação e mediante remuneração, inclusive como diretor empregado – aquele que, contratado por empresa de trabalho temporário, definida em legislação específica, presta serviço para atender a necessidade transitória de substituição de pessoal regular e permanente ou a acréscimo extraordinário de serviços de outras empresas – o brasileiro ou o estrangeiro domiciliado e contratado no Brasil para trabalhar como empregado em sucursal ou agência de empresa nacional no exterior – aquele que presta serviço no Brasil à missão diplomática ou à repartição consular de carreira estrangeira e a órgãos a elas subordinados, ou a membros dessas missões e repartições, excluídos o não brasileiro sem residência permanente no Brasil e o brasileiro amparado pela legislação previdenciária do país da respectiva missão diplomática ou repartição consular – o brasileiro civil que trabalha para a União, no exterior, em organismos oficiais brasileiros ou internacionais dos quais o Brasil seja membro efetivo, ainda que lá domiciliado e contratado, salvo se segurado na forma da legislação vigente do país do domicílio – o brasileiro ou estrangeiro domiciliado e contratado no Brasil para trabalhar como empregado em empresa domiciliada no exterior, cuja maioria do capital votante pertença à empresa brasileira de capital nacional – o servidor público ocupante de cargo em comissão, sem vínculo efetivo com a União, Autarquias, inclusive em regime especial, e Fundações Públicas Federais. – o exercente de mandato eletivo federal, estadual ou municipal, desde que não vinculado a regime próprio de previdência social – o empregado de organismo oficial internacional ou estrangeiro em funcionamento no Brasil, salvo quando coberto por regime próprio de previdência social

Empregado doméstico	– aquele que presta serviço de natureza contínua a pessoa ou família, no âmbito residencial desta, em atividades sem fins lucrativos
Contribuinte individual	– a pessoa física, proprietária ou não, que explora atividade agropecuária, a qualquer título, em caráter permanente ou temporário, em área superior a 4 (quatro) módulos fiscais; ou, quando em área igual ou inferior a 4 (quatro) módulos fiscais ou atividade pesqueira, com auxílio de empregados ou por intermédio de prepostos – a pessoa física, proprietária ou não, que explora atividade de extração mineral - garimpo, em caráter permanente ou temporário, diretamente ou por intermédio de prepostos, com ou sem o auxílio de empregados, utilizados a qualquer título, ainda que de forma não contínua – o ministro de confissão religiosa e o membro de instituto de vida consagrada, de congregação ou de ordem religiosa – o brasileiro civil que trabalha no exterior para organismo oficial internacional do qual o Brasil é membro efetivo, ainda que lá domiciliado e contratado, salvo quando coberto por regime próprio de previdência social – o titular de firma individual urbana ou rural, o diretor não empregado e o membro de conselho de administração de sociedade anônima, o sócio solidário, o sócio de indústria, o sócio gerente e o sócio cotista que recebam remuneração decorrente de seu trabalho em empresa urbana ou rural, e o associado eleito para cargo de direção em cooperativa, associação ou entidade de qualquer natureza ou finalidade, bem como o síndico ou administrador eleito para exercer atividade de direção condominial, desde que recebam remuneração – quem presta serviço de natureza urbana ou rural, em caráter eventual, a uma ou mais empresas, sem relação de emprego – a pessoa física que exerce, por conta própria, atividade econômica de natureza urbana, com fins lucrativos ou não
Trabalhador avulso	– quem presta, a diversas empresas, sem vínculo empregatício, serviço de natureza urbana ou rural definidos no Regulamento
Segurado especial	– como segurado especial: a pessoa física residente no imóvel rural ou em aglomerado urbano ou rural próximo a ele que, individualmente ou em regime de economia familiar, ainda que com o auxílio eventual de terceiros, exerça as atividades de produtor ou pescador, ou seja cônjuge, companheiro, filho ou equiparado, conforme o art. 11, VII, do PBPS

Dependentes no RGPS – art. 16 do PBPS – a primeira classe com dependente exclui as seguintes
– o cônjuge, a companheira, o companheiro e o filho não emancipado, de qualquer condição, menor de 21 (vinte e um) anos ou inválido ou que tenha deficiência intelectual ou mental que o torne absoluta ou relativamente incapaz, assim declarado judicialmente. A dependência econômica desses é presumida, a dos demais deve ser comprovada. O enteado e o menor tutelado equiparam-se a filho, mediante declaração do segurado e desde que comprovada a dependência econômica. – os pais – o irmão não emancipado, de qualquer condição, menor de 21 (vinte e um) anos ou inválido ou que tenha deficiência intelectual ou mental que o torne absoluta ou relativamente incapaz, assim declarado judicialmente.

(Defensoria/PA – 2009 – FCC) São segurados obrigatórios do regime geral de previdência social:

(A) os consumidores de planos de previdência privada administrados por entidades abertas de previdência complementar.
(B) a dona de casa e o estudante, desde que maiores de 16 (dezesseis) anos de idade.
(C) os servidores públicos autárquicos ocupantes de cargo de provimento efetivo em Municípios que tenham instituído regime próprio.
(D) os trabalhadores autônomos, empresários e ministros de confissão religiosa.
(E) os desempregados, nos 12 (doze) meses que se seguem à sua dispensa pela empresa.

A: incorreta, pois a situação não configura a condição de segurado obrigatório da previdência social – art. 12 do PCSS (Lei 8.212/1991); **B:** incorreta, pois a dona de casa e o estudante não são segurados obrigatórios, podendo ser segurados facultativos – arts. 12 e 14 do PCSS e art. 11, § 1º, I e III, do RPS; **C:** incorreta, pois a filiação a sistema de previdência própria exclui a condição de segurado obrigatório do RGPS – art. 13 do PCSS; **D:** assertiva correta, pois são segurados obrigatórios na qualidade de contribuintes individuais – art. 12, V, *c, f, g* e *h*, do PCSS; **E:** incorreta, pois não se trata de segurados obrigatórios, conforme definidos no art. 12 do PCSS, embora mantenham a condição de segurados até 12 meses após a cessação das contribuições, independentemente de contribuições – art. 15, II, do PBPS (Lei 8.213/1991).

Gabarito "D".

(Defensor Público/MS – 2008 – VUNESP) Não é segurado obrigatório da Previdência Social:

(A) o ministro de confissão religiosa e o membro de instituto de vida consagrada, de congregação ou de ordem religiosa.
(B) o exercente de mandato eletivo federal, estadual ou municipal, desde que vinculado a regime próprio de previdência social.
(C) a pessoa física que exerce, por conta própria, atividade econômica de natureza urbana, com fins lucrativos ou não.
(D) o brasileiro ou estrangeiro domiciliado e contratado no Brasil para trabalhar como empregado em sucursal ou agência de empresa nacional no exterior.

A: incorreta, pois o ministro de confissão religiosa e o membro de instituto de vida consagrada, de congregação ou de ordem religiosa são segurados obrigatórios na condição de contribuinte individual, não como trabalhador avulso – art. 11, V, *c*, do PBPS; **B:** essa é a assertiva correta, pois se o exercente de mandato eletivo for vinculado a regime próprio de previdência, não poderá ingressar ou manter-se no RGPS - art. 201, § 5º, da CF e arts. 11, I, *h*, e 12 do PBPS; **C:** incorreta, pois se trata de segurado obrigatório na condição de contribuinte individual – art. 11, V, *h*, do PBPS; **D:** incorreta, pois a assertiva indica segurado obrigatório, na condição de empregado – art. 11, I, *c*, do PBPS.

Gabarito "B".

(Defensor Público/MS – 2008 – VUNESP) Assinale a alternativa correta.

(A) Não é segurado obrigatório quem presta serviço de natureza urbana ou rural, em caráter eventual, a uma ou mais empresas, sem relação de emprego.
(B) A perda da qualidade do segurado retido ou recluso após o livramento se dá depois de 13 meses e 15 dias.
(C) O segurado em gozo de benefício não mantém a qualidade de segurado.
(D) O aposentado pelo Regime Geral de Previdência Social que volta a exercer atividade remunerada não é segurado obrigatório, em face da aposentadoria.

A: incorreta, pois se trata de segurado obrigatório na condição de contribuinte individual – art. 11, V, *g*, do PBPS; **B:** correta. O cidadão retido ou recluso mantém a qualidade de segurado, independentemente de contribuições, por até 12 meses após o livramento – art. 15, IV, do PBPS. A perda da qualidade de segurado ocorre na data calculada conforme o art. 15, § 4º, do PBPS: "A perda da qualidade de segurado ocorrerá no dia seguinte ao do término do prazo fixado no Plano de Custeio da Seguridade Social para recolhimento da contribuição referente ao mês imediatamente posterior ao do final dos prazos fixados neste artigo e seus parágrafos". Como o prazo de manutenção da qualidade de segurado é de 12 meses após o livramento, considera-se o mês subsequente (13º mês) e toma-se o dia seguinte ao término do prazo para recolhimento da contribuição previdenciária relativa a esse 13º mês. Esta será a data em que ocorre a perda da qualidade de segurado. No caso de contribuinte individual ou facultativo, o recolhimento deve ocorrer até o dia 15 do mês seguinte ao da competência– art. 30, II, do Plano de Custeio da Seguridade Social – PCSS – Lei 8.212/1991. Isso significa que o cidadão deveria recolher a contribuição relativa ao 13º mês após o livramento até o dia 15 do mês seguinte (ou seja, até o dia 15 do 14º mês após o livramento). Assim, a perda da qualidade do segurado ocorrerá no dia subsequente (ou seja, no dia 16 do 14º mês após o livramento). Perceba que a perda da qualidade de segurado ocorre, necessariamente, após 13 meses e 15 dias contados da libertação do preso (por essa razão, a assertiva é correta – repare que o examinador usa a expressão "*depois de* 13 meses e 15 dias"); **C:** incorreta, pois o cidadão em gozo de benefício mantém a qualidade de segurado por tempo indeterminado, independentemente de contribuições; **D:** incorreta, pois o aposentado pelo RGPS que permanecer em atividade sujeita ao regime ou a ele retornar é segurado obrigatório – art. 11, § 3º, do PBPS.

Gabarito "B"

Veja a seguinte tabela, para estudo e memorização dos prazos em que se mantém a qualidade de segurado, independentemente de contribuições:

Mantém a qualidade de segurado, mesmo sem contribuições – art. 15 do PBPS
– sem limite de prazo, quem está em gozo de benefício
– até 12 meses após a cessação das contribuições, o segurado que deixar de exercer atividade remunerada abrangida pela Previdência Social ou estiver suspenso ou licenciado sem remuneração.
Prorrogado para até 24 meses se o segurado já tiver pago mais de 120 contribuições mensais sem interrupção que acarrete a perda da qualidade de segurado.
Serão acrescidos 12 meses para o segurado desempregado, desde que comprovada essa situação pelo registro no órgão próprio do Ministério do Trabalho e da Previdência Social
– até 12 meses após cessar a segregação, o segurado acometido de doença de segregação compulsória
– até 12 meses após o livramento, o segurado retido ou recluso
– até 3 meses após o licenciamento, o segurado incorporado às Forças Armadas para prestar serviço militar
– até 6 meses após a cessação das contribuições, o segurado facultativo

(Defensor Público/MS – 2008 – VUNESP) A idade máxima do dependente para gerar o salário-família é:

(A) 12 anos.
(B) 14 anos.
(C) 16 anos.
(D) 18 anos.

A idade máxima do filho ou do equiparado, para cálculo da cota do salário-família, é de 14 anos, exceto no caso de inválido (nesse caso, não há limite de idade) – art. 66 do PBPS (Lei 8.213/1991). Por essa razão, a alternativa "B" é a correta.

Gabarito "B"

(Defensor Público/CE – 2007 – CESPE) Julgue os itens subsequentes, relativos ao RGPS.

(1) O estagiário contratado de acordo com as normas estabelecidas pela Lei nº 6.494/1977 não é segurado obrigatório do RGPS.
(2) O RGPS é um sistema que atende os trabalhadores que prestam serviços no Brasil e, em certos casos, dá cobertura a trabalhadores que se encontrem no exterior, independentemente de qualquer convênio com o país que receba esses trabalhadores.
(3) Não há limite mínimo de idade para inscrição no RGPS, considerando-se a necessária proteção ao trabalhador, em especial a universalidade do atendimento.
(4) Se a esposa de um trabalhador contratado para trabalhar no exterior em uma empresa multinacional quiser contar tempo de contribuição para o RGPS, ela poderá inscrever-se na qualidade de segurada facultativa.
(5) Caso um aposentado pelo RGPS, por questões econômicas, tiver de retornar ao trabalho, nessa situação, apesar de continuar sendo segurado obrigatório, ele não recolherá qualquer contribuição, pois a Constituição Federal lhe dá imunidade.
(6) Funcionário efetivo da secretaria municipal de saúde de município que não tenha instituído regime próprio de previdência social, apesar de ser servidor público, é vinculado ao RGPS.

1: correta, pois o estagiário é segurado facultativo, não obrigatório. Perceba que o segurado facultativo é definido por exclusão, desde que não seja segurado obrigatório e seja maior de 16 anos (não mais 14 anos) – art. 13 do PBPS. O Regulamento da Previdência Social – RPS (Decreto 3.048/1999, art. 11, § 1º, III, VII e VIII) prevê expressamente o caso do estudante, do bolsista e do estagiário, como segurados facultativos. O menor empregado como aprendiz, entretanto, é segurado obrigatório – art. 28, § 4º, do Plano de Custeio da Seguridade Social – PCSS – Lei 8.212/1991; **2:** assertiva correta, nos termos do art. 11, I, *c* e *d*, do PBPS, entre outros; **3:** incorreta, pois a idade mínima para o trabalho e, portanto, para a inscrição no Regime Geral da Previdência Social – RGPS, é de 16 anos, admitindo-se excepcionalmente o aprendiz, a partir dos 14 anos de idade (art. 7º, XXXIII, da CF); **4:** assertiva correta, pois, como já dito, o segurado facultativo é definido por exclusão, desde que não seja segurado obrigatório e seja maior de 16 anos (não mais 14 anos) – art. 13 do PBPS. O art. 11, § 1º, do RPS prevê expressamente a possibilidade do brasileiro que acompanha o cônjuge que presta serviço no exterior filiar-se facultativamente ao RGPS; **5:** incorreta, pois a imunidade refere-se apenas às aposentadorias e às pensões recebidas, que não se sujeitam à contribuição social, mas não ao salário ou ao rendimento auferido pelo aposentado em seu novo emprego ou nova atividade (incide contribuição sobre esse salário ou rendimento, e o aposentado é segurado obrigatório) – art. 195, II, da CF e art. 11, § 3º, do PBPS; **6:** correta, pois o servidor público somente é impedido de ingressar ou manter-se no RGPS se for segurado de regime previdenciário próprio – art. 201, § 5º, da CF e art. 12 do PBPS.

Gabarito 1C, 2C, 3E, 4C, 5E, 6C

4. Benefícios

(Defensor Público/TO – 2013 – CESPE) Acerca das normas que regulam os benefícios e as prestações do RGPS, assinale a opção correta.

(A) Considere que Joana, casada com Marcos, segurado do RGPS, receba proventos relativos a aposentadoria por tempo de contribuição. Nessa situação, com a morte do esposo, Joana não poderá, de acordo com a lei, passar a receber cumulativamente a pensão por morte, devendo optar pelo benefício mais vantajoso.
(B) Suponha que um segurado, em virtude de condenação pelo cometimento de crime, tenha sido recolhido à prisão para início do cumprimento de pena em regime fechado e solicitado auxílio-reclusão. Nessa situação, segundo a jurisprudência do STF, é necessária a comprovação de situação de necessidade, devendo-se utilizar como parâmetro a renda dos dependentes, sendo irrelevante a renda auferida pelo segurado preso.
(C) O salário maternidade da segurada empregada consistirá sempre em renda mensal equivalente à sua remuneração integral.
(D) O prazo para o primeiro pagamento do benefício da previdência social é estipulado em até quarenta e cinco dias contados da data da apresentação, pelo segurado, da documentação necessária à concessão do benefício.
(E) O retorno do aposentado à atividade exercida não prejudica o recebimento de sua aposentadoria, que, em qualquer caso, será mantida no seu valor integral.

A: incorreta, pois não há vedação à cumulação da aposentadoria com a pensão deixada pelo cônjuge – art. 124 do Plano de Benefícios da Previdência Social – PBPS (Lei 8.213/1991); **B:** incorreta, pois o STF fixou o entendimento no sentido de que a renda do segurado preso é a que deve ser utilizada como parâmetro para a concessão do benefício, e não a de seus dependentes – ver AI 767.352 AgR/SC e art. 80 do PBPS; **C:** incorreta, pois, embora a regra seja essa (art. 72 do PBPS), em caso de salário variável, o benefício será igual à média dos últimos 6 meses de trabalho, apurada conforme a lei salarial ou dissídio da categoria (note que o erro da assertiva está na palavra "sempre") – art. 393 da CLT; **D:** correta, conforme o art. 41-A, § 5º, do PBPS; **E:** incorreta, pois o aposentado por invalidez que retornar voluntariamente à atividade terá sua aposentadoria automaticamente cancelada, a partir da data do retorno – art. 46 do PBPS.

Gabarito "D"

(Defensoria Pública da União – 2010 – CESPE) Em relação aos institutos de direito previdenciário, julgue os itens seguintes.

(1) A jurisprudência consolidou o entendimento de que a concessão da pensão por morte é regida pela norma vigente ao tempo da implementação da condição fática necessária à concessão do benefício, qual seja, a data do óbito do segurado.
(2) A aposentadoria por tempo de contribuição sofre constantes ataques da doutrina, e número razoável de especialistas defende sua extinção, o que se deve ao fato de esse benefício não ser tipicamente previdenciário, pois não há, nesse caso, risco social sendo protegido, já que o tempo de contribuição não gera presunção de incapacidade para o trabalho.

1: assertiva correta, pois reflete o entendimento pacífico do Judiciário – ver MS 14.743/DF-STJ; **2:** assertiva correta, pois há tendência a se prestigiar a idade como critério básico para a concessão de aposentadoria.

Gabarito 1C, 2C

(Defensor Público/BA – 2010 – CESPE) Em relação às disposições constitucionais aplicáveis à previdência social, julgue o item a seguir.

(1) Ao segurado homem garante-se a aposentadoria no regime geral de previdência social após trinta e cinco anos de contribuição e sessenta e cinco anos de idade, reduzido em cinco anos o limite etário para os professores dos ensinos fundamental e médio.

1: incorreta, pois a redução de cinco anos para professores refere-se ao tempo de contribuição (35 anos, que são reduzidos para 30 anos), e não à idade mínima. Ademais, o benefício é estendido ao professor que comprove exclusivamente tempo de efetivo exercício das funções de magistério na educação infantil e no ensino fundamental e médio (a assertiva é omissa quanto ao professor de educação infantil) – art. 201, § 8º, da CF.

Gabarito 1E

(Defensoria/PA – 2009 – FCC) Para o recebimento de auxílio-reclusão no regime geral de previdência social, é exigido pela legislação:

(A) prova de bom comportamento e exercício de trabalho na prisão pelo segurado.
(B) ter o segurado recolhido um mínimo de 12 (doze) meses de contribuições previdenciárias.
(C) ter o segurado recolhido um mínimo de 180 (cento e oitenta) meses de contribuições previdenciárias.
(D) que filhos menores de 16 (dezesseis) anos e cônjuge comprovem que dependiam economicamente do segurado preso ou recluso.
(E) prova trimestral de que o segurado permanece na condição de presidiário.

A: incorreta, pois se exige apenas, para a manutenção do auxílio-reclusão, a apresentação de declaração de permanência na condição de presidiário – art. 80 do PBPS. O beneficiário deverá apresentar trimestralmente atestado de que o segurado continua detido ou recluso, firmado pela autoridade competente – art. 117, § 1º, do RPS; B e **C:** incorretas, pois a concessão do auxílio-reclusão independe de carência – art. 26, I, do PBPS; **D:** assertiva incorreta, pois a comprovação de dependência econômica preexistente somente é exigida no caso de qualificação de dependentes após a reclusão ou a detenção do segurado – art. 116, § 3º, do RPS; **E:** essa é a assertiva correta, conforme comentário à alternativa "A".

Gabarito "E"

(Defensoria/PA – 2009 – FCC) Constitui condição legal ao recebimento de aposentadoria por invalidez por segurado do regime geral de previdência social:

(A) a verificação do estado de incapacidade mediante exame médico pericial a cargo da empresa, nos casos em que esta disponha de serviço médico próprio ou em convênio.
(B) a verificação do estado de incapacidade mediante exame médico-pericial a cargo do SUS (Sistema Único de Saúde).
(C) ter havido a reunião de pelo menos 12 (doze) contribuições mensais, ressalvadas hipóteses excepcionais, entre as quais aquelas em que a incapacidade tenha decorrido de acidente de qualquer natureza ou causa e de doença profissional ou do trabalho.
(D) não se tratar de incapacidade decorrente de doença ou lesão de que o segurado já era portador ao filiar-se à previdência social, mesmo que tal incapacidade tenha decorrido de mera progressão ou agravamento daquela doença ou lesão.
(E) a consolidação de lesões que resultem em sequelas que impliquem redução da capacidade para o trabalho que habitualmente exercia o segurado.

A e **B:** incorretas, pois a concessão de aposentadoria por invalidez dependerá da verificação da condição de incapacidade mediante exame médico pericial a cargo da previdência social, podendo o segurado, às suas expensas, fazer-se acompanhar de médico de sua confiança – art. 42, § 1º, do PBPS; **C:** assertiva correta, conforme os arts. 25, I, e 26, II, do PBPS; **D:** incorreta, pois cabe aposentadoria por invalidez se a incapacidade decorreu de progressão ou agravamento da doença ou lesão preexistente – art. 42, § 2º, *in fine*, do PBPS; **E:** incorreta, pois, nesse caso, cabe auxílio-acidente, de natureza indenizatória, não aposentadoria por invalidez – art. 86 do PBPS.

Gabarito "C"

(Defensor Público/MS – 2008 – VUNESP) Assinale a alternativa que contém os benefícios aos quais se aplica o fator previdenciário.

(A) Aposentadoria por tempo de contribuição e aposentadoria por idade.
(B) Aposentadoria especial e aposentadoria por invalidez.
(C) Aposentadoria por tempo de contribuição e auxílio-doença comum.
(D) Aposentadoria do professor e auxílio-acidente.

O fator previdenciário é aplicado para o cálculo do salário de benefício relativo à aposentadoria por idade e à aposentadoria por tempo de contribuição, conforme dispõe o art. 29, I, c/c o art. 18, I, *b* e *c*, do PBPS, razão pela qual a alternativa "A" é a correta.

Gabarito "A"

(Defensor Público/MS – 2008 – VUNESP) O auxílio-reclusão

(A) é benefício de segurado obrigatório.
(B) é devido mesmo diante da evasão da prisão.
(C) depende, no mínimo, de doze contribuições.
(D) independe de atividade laboral na prisão.

A: incorreta, pois o auxílio-reclusão é benefício do dependente – art. 18, II, *b*, do PBPS; **B:** incorreta, pois a manutenção do benefício depende da permanência do segurado na condição de presidiário, conforme dispõe expressamente o art. 80, parágrafo único, do PBPS; **C:** incorreta, pois não há carência para o auxílio-reclusão – art. 26, I, do PBPS; **D:** essa é a assertiva correta, pois o auxílio-reclusão não é condicionado ao trabalho na prisão – art. 80 do PBPS.

Gabarito "D"

Veja as seguintes tabelas, para estudo e memorização dos períodos de carência e das prestações que independem de carência:

Períodos de Carência – art. 25 do PBPS	
– auxílio-doença e aposentadoria por invalidez	12 contribuições mensais
– aposentadoria por idade, aposentadoria por tempo de serviço e aposentadoria especial	180 contribuições mensais
– salário-maternidade para contribuintes individuais, seguradas especiais e facultativas	10 contribuições mensais. Em caso de antecipação do parto, o período é reduzido em nº de contribuições equivalentes ao nº de meses em que o parto foi antecipado. A segurada especial deve apenas comprovar atividade rural nos 12 meses anteriores ao início do benefício – art. 39, parágrafo único, do PBPS

Independem de Carência – art. 26 do PBPS
– pensão por morte, auxílio-reclusão, salário-família e auxílio-acidente – auxílio-doença e aposentadoria por invalidez (nos termos do inciso II) – aposentadoria por idade ou por invalidez, auxílio-doença, auxílio-reclusão, pensão para o segurado especial, no valor de 1 salário mínimo, desde que comprove o exercício de atividade rural, ainda que de forma descontínua, no período, imediatamente anterior ao requerimento do benefício, igual ao número de meses correspondentes à carência do benefício requerido – serviço social – reabilitação profissional – salário-maternidade para as seguradas empregada, trabalhadora avulsa e empregada doméstica

(Defensor Público/MS – 2008 – VUNESP) Assinale a alternativa correta.

(A) Em face do princípio da equivalência urbano-rural, a idade da aposentadoria por idade é igual à do urbano.
(B) Para fazer jus à aposentadoria especial é preciso provar a incapacidade para o trabalho em perícia médica do INSS.
(C) A pensão por morte não pode ser cumulada com a aposentadoria.
(D) Pode o empregador requerer a aposentadoria compulsória de seu empregado.

A: incorreta, pois a idade mínima para o trabalhador rural se aposentar é reduzida em cinco anos, desde que exerça suas atividades em regime de economia familiar, incluídos o produtor rural, o garimpeiro e o pescador artesanal, conforme expressa previsão constitucional – art. 201, § 7º, II, *in fine*, da CF; **B:** incorreta, pois não é necessário comprovar incapacidade para o trabalho, para fazer jus à aposentadoria especial. O segurado deve comprovar, basicamente, o tempo de trabalho sujeito a condições especiais que prejudiquem a saúde ou a integridade física, durante 15, 20 ou 25 anos (conforme regulamentação legal), e a exposição a agentes nocivos químicos, físicos, biológicos ou associação de agentes prejudiciais à saúde ou à integridade física, pelo período equivalente ao exigido para a concessão do benefício – art. 57, *caput* e §§ 3º e 4º, do PBPS; **C:** incorreta, pois não há essa vedação – art. 124 do PBSP; **D:** assertiva correta, conforme o art. 51 do PBPS.

Gabarito "D"

(Defensoria Pública da União – 2007 – CESPE) Julgue os seguintes itens.

(1) A prestação de serviço rural, por menor de 12 a 14 anos, até o advento da Lei nº 8.213/1991, devidamente comprovada, pode ser reconhecida para fins previdenciários.

(2) Para a concessão de aposentadoria rural por idade, não se exige que o início de prova material corresponda a todo o período equivalente à carência do benefício, sendo que, para a comprovação de tempo de serviço rural, é imprescindível documento em nome do próprio interessado.

1: correta. O STF admite o reconhecimento do trabalho rural realizado pelo menor para fins previdenciários, pois a norma constitucional que limita a idade serve para proteger o trabalhador, não podendo ser interpretada em seu detrimento – ver AI 529.694/RS-STF; **2:** incorreta. A jurisprudência admite documentos emitidos por produtor rural em nome de parente do interessado, como início de prova da condição de trabalhador rural – ver REsp 496.715/SC. Importante lembrar que o trabalhador rural tem direito a benefícios, ainda que não contribua para o regime geral (RGPS), observadas as condições legais, mas, para isso, deve comprovar que trabalha efetivamente no campo. Para essa comprovação, não basta prova testemunhal – Súmula 149 do STJ.

Gabarito 1C, 2E

(Defensoria Pública da União – 2007 – CESPE) Julgue os seguintes itens.

(1) O auxílio-reclusão será devido, nas mesmas condições da pensão por morte, aos dependentes do segurado recolhido à prisão, exceto se esta se deu em decorrência do cometimento de crime hediondo.

(2) De acordo com a legislação previdenciária, salvo no caso de direito adquirido, não é permitido o recebimento conjunto, pelo RGPS, dos seguintes benefícios: mais de uma aposentadoria; salário-maternidade e auxílio-doença; assim como mais de um auxílio-acidente.

(3) Considere que Albertina tenha trabalhado como empregada da empresa FC Máquinas Ltda. durante o período de junho/1992 a dezembro/2003, quando foi demitida. Ainda desempregada, em junho/2006, sofreu um atropelamento que a incapacitou temporariamente para o trabalho. Nessa situação, Albertina não terá direito ao recebimento de auxílio-doença porque já perdeu a qualidade de segurada.

(4) A concessão dos benefícios de pensão por morte, auxílio-reclusão, salário-família e auxílio-acidente independe de carência.

1: incorreta. Não há essa restrição quanto à qualificação do crime, até porque o benefício é concedido aos dependentes – art. 80 do PBPS (Lei 8.213/1991); **2:** correta (art. 124, II, IV e V, do PBPS); **3:** incorreta. O desempregado mantém a condição de segurado por até trinta e seis meses após a cessão das contribuições (desde que tenha contribuído por 120 meses sem interrupção que implique perda da condição de segurado) – art. 15, II, §§ 1º a 3º, do PBPS. **4:** correta (art. 26, I, do PBPS).

Gabarito 1E, 2C, 3E, 4C

(Defensor Público/CE – 2007 – CESPE) Considerando a legislação previdenciária e a orientação dos tribunais superiores a ela relacionada, julgue os seguintes itens.

(1) Considere a seguinte situação hipotética. Ana trabalha em uma indústria do interior do estado e recebe pensão decorrente do falecimento de seu marido, Antenor, segurado especial do regime geral de previdência social (RGPS). Nessa situação, se Ana sofresse de alguma moléstia grave que a incapacitasse definitivamente para o trabalho, o recebimento da pensão não constituiria óbice para o recebimento do benefício por invalidez.

(2) Considere que Cláudio, filho único de Sérgio, tenha passado a receber pensão após o falecimento do pai. Nessa situação, Cláudio poderá receber a pensão até que complete 24 anos, desde que esteja matriculado em curso superior de graduação.

1: correta, pois não há vedação de acumulação de pensão com aposentadoria – art. 124 do PBSP; **2:** incorreta, pois a pensão por morte em favor do filho extingue-se pela emancipação ou ao completar 21 anos, exceto se for inválido ou com deficiência intelectual ou mental que o torne absoluta ou relativamente incapaz, assim declarado judicialmente – art. 77, § 2º, II, do PBPS.

Gabarito 1C, 2E

5. Acidentes, Doenças do Trabalho

(Defensor Público/ES – 2012 – CESPE) No que se refere aos regimes previdenciários, julgue os próximos itens.

(1) No caso de empregada de determinada empresa morrer, em seu local de trabalho, em decorrência de queimaduras sofridas durante um incêndio ocorrido no seu horário de trabalho, a empresa será obrigada a comunicar o acidente à previdência social até o 1º dia útil seguinte ao da ocorrência, ainda que o incêndio não tenha sido intencional.

(2) Caso um segurado empregado, em seu primeiro dia no emprego, em virtude de acidente, se torne definitivamente incapaz para o trabalho, ele terá direito a aposentadoria por invalidez, ainda que não tenha recolhido nenhuma contribuição para o RGPS, mas somente poderá exercer tal direito após o gozo de auxílio-doença prévio durante o período mínimo de quinze dias.

1: incorreta, pois, em caso de morte, a comunicação deve ser imediata – art. 22, *caput*, do PBPS; **2:** incorreta, pois o benefício da aposentadoria por invalidez já pode ser concedido a partir da data do requerimento, se a entrada tiver sido dada mais de 30 dias após o afastamento – art. 43, § 1º, *a*, do PBPS. De fato, não há carência para a aposentadoria por invalidez em caso de acidente – art. 26, II, do PBPS e art. 30, III, do Regulamento da Previdência Social – RPS (Decreto 3.048/1999).

Gabarito 1E, 2E

(Defensor Público/TO – 2013 – CESPE) No que concerne ao acidente do trabalho sob o RGPS, assinale a opção correta de acordo com a lei de regência.

(A) O prazo para a empresa comunicar o acidente do trabalho ao órgão da previdência social é de uma semana após o ocorrido; em caso de morte, tal prazo é de três dias.

(B) Considera-se acidente do trabalho o que ocorra pelo exercício do trabalho a serviço da empresa ou pelo exercício do trabalho do segurado especial, provocando lesão corporal ou perturbação funcional que cause a morte ou a perda ou redução, permanente ou temporária, da capacidade para o trabalho.

(C) Não se equipara a acidente do trabalho a doença proveniente de contaminação acidental do empregado no exercício da atividade, caso se comprove o fornecimento, pelo empregador, do adequado equipamento de proteção individual.

(D) Não se equipara a acidente do trabalho o acidente sofrido pelo segurado fora do local e horário de trabalho, ainda que na execução de ordem ou na realização de serviço sob a autoridade da empresa.

(E) Da comunicação do acidente do trabalho ao órgão da previdência social, que somente pode ser feita pela empresa, receberão cópia fiel o acidentado ou seus dependentes, bem como o sindicato a que corresponda a sua categoria.

A: incorreta, pois a empresa deverá comunicar o acidente do trabalho à Previdência Social até o 1º dia útil seguinte ao da ocorrência e, em caso de morte, de imediato, à autoridade competente – art. 22 do PBPS; **B:** correta, pois essa é a definição do art. 19, *caput*, do PBPS; **C:** incorreta, pois há equiparação a acidente de trabalho nesse caso – art. 21, III, do PBPS; **D:** incorreta, pois há equiparação a acidente de trabalho também nesse caso – art. 21, IV, *a*, do PBPS; **E:** incorreta, pois, na falta de comunicação por parte da empresa, podem formalizá-la o próprio acidentado, seus dependentes, a entidade sindical competente, o médico que o assistiu ou qualquer autoridade pública – art. 22, § 2º, do PBPS.

Gabarito "B"

(Defensor Público/MS – 2008 – VUNESP) Segundo a Lei nº 8.213/1991, não é equiparado(a) ao acidente do trabalho:

(A) a doença endêmica adquirida por segurado habitante de região em que ela se desenvolva, salvo comprovação de que é resultante de exposição ou contato direto determinado pela natureza do trabalho.

(B) a doença proveniente de contaminação acidental do empregado no exercício de sua atividade.

(C) o acidente sofrido pelo segurado no local e no horário do trabalho, em consequência de ato de imprudência, de negligência ou de imperícia de terceiro ou de companheiro de trabalho.

(D) o acidente sofrido pelo segurado, ainda que fora do local e horário de trabalho, na prestação espontânea de qualquer serviço à empresa para lhe evitar prejuízo ou proporcionar proveito.

A: correta, pois a doença endêmica assim qualificada não é considerada doença do trabalho, nem, portanto, equiparada a acidente do trabalho – art. 20, § 1º, *d*, do PBPS; **B**, **C** e **D:** incorretas, pois essa doença e esses acidentes são equiparados expressamente a acidentes do trabalho, nos termos do art. 21, II, *c*, III e IV, *b*, do PBPS.

Gabarito "A"

(Defensor Público/MS – 2008 – VUNESP) Quem tem o poder de declarar o Nexo Técnico Epidemiológico é

(A) o serviço médico do empregador.

(B) o sindicato da categoria.

(C) a perícia médica do INSS.

(D) o médico do segurado.

Compete à perícia médica do INSS constatar o nexo técnico epidemiológico entre o trabalho e o agravo, decorrente da relação entre a atividade da empresa e a entidade mórbida motivadora da incapacidade, para caracterizar sua natureza acidentária (da incapacidade), nos termos do art. 21-A do PBPS. Por essa razão, a alternativa "C" é a correta.

Gabarito "C"

6. Assistência Social e Saúde

(Defensoria/PA – 2009 – FCC) Entre as diversas ações que integram o sistema de seguridade social brasileiro, está previsto que cabe garantir benefício mensal

(A) à pessoa portadora de deficiência e ao idoso que comprovem não possuir meios de prover à própria manutenção ou de tê-la provida por sua família, no valor variável de um quinto do salário mínimo, para os que nunca contribuíram, e de pelo menos um salário mínimo para os que comprovem ter trabalhado e contribuído por um período mínimo de anos.

(B) de um salário mínimo à pessoa portadora de deficiência e ao idoso que comprovem não possuir meios de prover à própria manutenção ou de tê-la provida por sua família, independentemente de prova de exercício de trabalho ou contribuição previdenciária anteriores.

(C) de um salário mínimo à pessoa portadora de deficiência e ao idoso, desde que o beneficiário comprove ter vertido um mínimo de contribuições previdenciárias anteriormente, já que todos devem contribuir para o financiamento do sistema.

(D) de um salário mínimo à pessoa portadora de deficiência e ao idoso, independentemente de ter havido contribuição previdenciária anterior, mas desde que o beneficiário comprove ao menos ter trabalhado por um número mínimo de meses ao longo de sua vida, já que, sem trabalho, não pode haver proteção do sistema.

(E) de valor variável, sempre de acordo com as médias das contribuições previdenciárias pessoalmente vertidas, independentemente de se tratar de portadores de deficiência ou idosos e ainda que o benefício resulte em valor inferior ao do salário mínimo, já que se impõe a preservação do equilíbrio financeiro e atuarial do sistema.

O art. 203, V, da CF prevê o Benefício de Prestação Continuada – BPC. Refere-se a um dos objetivos da assistência social, qual seja, garantia de um salário mínimo de benefício mensal à pessoa portadora de deficiência e ao idoso que comprovem não possuir meios de prover à própria manutenção ou de tê-la provida por sua família, conforme dispuser a lei. A, C, D e **E:** incorretas, pois o BPC é de um salário mínimo, independentemente de prévia ocupação no mercado de trabalho ou de contribuição para a seguridade social; **B:** assertiva correta, pois não há retributividade nos benefícios, serviços, programas e projetos de assistência social.

Gabarito "B"

(Defensor Público/MS – 2008 – VUNESP) O benefício assistencial do idoso previsto na Lei Orgânica da Assistência Social

(A) dá direito ao abono anual.

(B) gera pensão por morte.

(C) exige idade mínima de 65 anos.

(D) exige contribuição.

A: incorreta, pois não há abono em relação ao benefício de prestação continuada – art. 20 da Lei Orgânica da Assistência Social – LOAS (Lei 8.742/1993); **B:** incorreta, pois o benefício cessa com a morte do beneficiado, inexistindo pensão no âmbito da assistência social – art. 21, § 1º, da LOAS; **C:** essa é a assertiva correta, conforme o art. 203, V, da CF e o art. 20, *caput*, da LOAS; **D:** incorreta, pois os benefícios da assistência social, caso da prestação continuada ao idoso (salário mínimo de benefício mensal), independem de contribuição – art. 203, *caput*, e V, da CF.

Gabarito "C"

(Defensoria Pública da União – 2007 – CESPE) Julgue o seguinte item.

(1) A assistência social será prestada a quem dela necessitar, independentemente da contribuição à seguridade social. Entretanto, no tocante à garantia de um salário mínimo de benefício mensal à pessoa portadora de deficiência e ao idoso que comprovem não possuir meios de prover a própria manutenção ou de tê-la provida por sua família, há exigência de contribuição social.

1: o benefício de prestação continuada – BPC - independe de contribuição do beneficiário – art. 203, V, da CF e art. 20 da Lei 8.742/1993.

Gabarito 1E

7. Ações Previdenciárias

(Defensor Público/RO – 2012 – CESPE) Maria de Fátima, empregada de confecção de roupas, após 15 anos de prestação de serviços ajuizou, em razão de acidente de trabalho de que fora vítima, dado que a empresa não adotou medidas legais de segurança no trabalho, ação judicial no juizado especial federal com o objetivo de reverter decisão do INSS que lhe negara a concessão de auxílio-doença por não ter ela cumprido o período de carência exigido para o benefício. Considerando essa situação hipotética, assinale a opção correta à luz da legislação previdenciária.

(A) O pedido de benefício por Maria de Fátima não obedeceu a requisito fundamental estabelecido pela legislação previdenciária para a concessão do auxílio-doença, qual seja, a comprovação da qualidade de segurado; por essa razão, a ação deve ser extinta sem julgamento do mérito.

(B) Maria de Fátima deveria ter ajuizado sua ação perante a justiça do trabalho, dado que, na condição de responsável pela ocorrência do acidente de trabalho – pois não adotou as medidas legais de segurança e saúde no trabalho –, a empresa deve arcar com o pagamento do auxílio-doença.

(C) Apresenta-se correta a decisão do INSS, dado que o cumprimento de carência é requisito fundamental para que os segurados façam jus aos benefícios por incapacidade previstos no RGPS.

(D) O juizado especial federal não tem competência para processar e julgar a ação ajuizada por Maria de Fátima, visto que os litígios e medidas cautelares relativos a acidentes do trabalho são da competência da justiça estadual.

(E) A ação ajuizada por Maria de Fátima deverá ser extinta sem julgamento do mérito, uma vez que ela deveria ter esgotado o procedimento administrativo recorrendo contra a decisão do INSS junto ao Conselho de Recursos da Previdência Social.

Nos termos da Súmula 15 do STJ, compete à justiça estadual julgar os litígios decorrentes de acidentes do trabalho, de modo que a ação foi ajuizada por Maria de Fátima no foro inadequado e a alternativa "D" é a correta.

Gabarito "D"

(Defensor Público/BA – 2010 – CESPE) Em relação às disposições constitucionais aplicáveis à previdência social, julgue o item a seguir.

(1) Compete à justiça federal processar e julgar questões pertinentes ao direito de família quando objetivem reivindicação de benefícios previdenciários.

1: incorreta, pois, conforme a Súmula 53 do TRF: "Compete à Justiça Estadual processar e julgar questões pertinentes ao direito de família, ainda que estas objetivem reivindicação de benefícios previdenciários". O entendimento é acolhido pela jurisprudência atual do STJ – ver EDcl AgRg REsp 803.264/PE-STJ.

Gabarito 1E

(Defensor Público/BA – 2010 – CESPE) Em relação às disposições constitucionais aplicáveis à previdência social, julgue o item a seguir.

(1) Compete à justiça comum dos estados processar e julgar as ações acidentárias, as propostas, pelo segurado, contra o INSS, visando a benefício e aos serviços previdenciários correspondentes a acidente do trabalho.

1: assertiva correta, conforme a jurisprudência do STJ, que reconhece a competência da justiça estadual para as ações acidentárias típicas – ver AgRg no CC 107.796/SP.

Gabarito 1C

(Defensoria Pública da União – 2007 – CESPE) Julgue o seguinte item.

(1) Francisco ajuizou reclamação trabalhista em face de seu ex-empregador, pleiteando o reconhecimento do vínculo laboral. Em decorrência de acordo homologado pela sentença, foi registrado o contrato de trabalho em sua CTPS. Assim, esse documento constituirá início de prova material para fins de comprovação de tempo de contribuição para a previdência social.

1: correta, conforme o art. 62, § 2º, I, *a*, do Decreto 3.048/1999.

Gabarito 1C

8. Regime Próprio de Previdência dos Servidores, Previdência Complementar

1932 **(Defensor Público/ES – 2012 – CESPE)** No que se refere aos regimes previdenciários, julgue os próximos itens.

(1) O tempo de contribuição para o RGPS, na qualidade de trabalhador rural, pode ser aproveitado para a obtenção de aposentadoria no serviço publico pelo RPPS. Nessa hipótese, os regimes de previdência social se compensarão financeiramente, segundo critérios estabelecidos em lei.

(2) Servidor público estadual que ocupe cargo efetivo no Poder Executivo do estado do Espírito Santo, além do cargo de professor em escola particular, mesmo sendo obrigado a contribuir tanto para o RPPS do estado quanto para o RGPS, só poderá se aposentar pelo regime próprio do estado.

1: correta, pois a contagem recíproca do tempo de contribuição é prevista no art. 201, § 9º, da CF e no art. 94 do PBPS; **2:** incorreta, pois é possível a cumulação de aposentadorias de regimes distintos, desde que cumpridos os requisitos para cada uma delas. A rigor, é possível a cumulação inclusive no regime próprio dos servidores, excepcionalmente, desde que aposentadorias decorrentes de cargos acumuláveis na forma da Constituição – art. 40, § 6º, da CF, ver AgRg no REsp 1.335.066/RN-STJ.

Gabarito 1C, 2E

(Defensor Público/ES – 2012 – CESPE) No que concerne a previdência complementar, julgue os itens subsecutivos.

(1) O ente federativo que instituir previdência complementar pública poderá fazer aporte de recursos à respectiva entidade, mas sua contribuição normal não poderá exceder a do segurado.

(2) Embora a filiação a plano de previdência complementar seja facultativa, se o empregado se filiar a um plano constituído pela empresa para a qual trabalhe, os benefícios contratados passarão a integrar seu contrato de trabalho.

1: correta, nos termos do art. 202, § 3º, in fine, c/c o art. 40, § 15, da CF; **2:** incorreta, pois as contribuições do empregador, os benefícios e as condições contratuais previstos nos estatutos, regulamentos e planos de benefícios das entidades de previdência complementar não integram o contrato de trabalho dos participantes, assim como, à exceção dos benefícios concedidos, não integram a remuneração dos participantes – art. 68 da LC 109/2001.

Gabarito 1C, 2E

(Defensor Público/AM – 2013 – FCC) Hermes, funcionário público civil do Estado do Amazonas em atividade, após manter união estável com Afrodite durante doze anos, por desentendimentos recíprocos veio a se separar. Afrodite, após a separação não contraiu matrimônio ou outra união estável. Nessa hipótese, na situação de ex-companheira de Hermes, Afrodite será beneficiária do Programa de Previdência instituído pela Lei Complementar do Estado do Amazonas nº 30, de 27 de dezembro de 2001?

(A) Sim, na qualidade de segurada, desde que comprovada a efetiva relação de dependência econômica.

(B) Não, uma vez que a separação rompeu a relação econômica de dependência.

(C) Sim, na condição de dependente do segurado, desde que credora de alimentos.

(D) Não, visto que será beneficiário apenas o cônjuge ou companheiro(a) enquanto perdurar o casamento ou a união estável.

(E) Sim, desde que o segurado não possua pais vivos, visto que após a separação os pais passam a ser automaticamente inscritos em substituição à ex-companheira.

O regime próprio de previdência dos servidores públicos é regulado pela legislação de cada ente. No caso do Amazonas, o art. 2º, II, a, da LC 30/2001 garante a condição de segurado ao ex-cônjuge, desde que credor de alimentos, o que parece ser o caso de Afrodite. A alternativa "C" é a correta, até por exclusão das demais, conforme os comentários iniciais.

Gabarito "C"

(Defensor Público/AC – 2012 – CESPE) Acerca do regime próprio de previdência dos servidores públicos, assinale a opção correta.

(A) A aposentadoria especial dos professores da rede pública que atuam no ensino médio e no superior foi extinta por meio de emenda constitucional.

(B) Ao servidor público que se aposentar por invalidez será concedido, sem ressalvas, o benefício da aposentadoria integral, com base nos princípios da universalidade e da proteção do Estado.

(C) Conforme entendimento do STF, a contribuição previdenciária deverá incidir somente sobre as parcelas que possam ser incorporadas à remuneração do servidor para fins de aposentadoria.

(D) O benefício do vale-alimentação, segundo o STF, por ter caráter indenizatório, é devido aos servidores inativos.

(E) Para a aposentadoria compulsória do servidor público, além do requisito da idade (setenta anos completos), exige-se o cumprimento de tempo mínimo de dez anos de efetivo exercício no serviço público.

A: incorreta, pois somente em relação ao professor de ensino superior é que houve a extinção, tendo sido mantida a aposentadoria especial para aquele que comprove exclusivamente tempo de efetivo exercício das funções de magistério na educação infantil e no ensino fundamental e médio – art. 40, § 5º, da CF, com a redação dada pela EC 20/1998; **B:** incorreta, pois a aposentadoria por invalidez garante proventos proporcionais ao tempo de contribuição, exceto se decorrente de acidente em serviço, moléstia profissional ou doença grave, contagiosa ou incurável, na forma da lei – art. 40, § 1º, I, da CF; **C:** correta, pois essa é diretriz da jurisprudência do STF – ver RE 467.624 AgR/RO; **D:** incorreta, pois o STF reconhece que se trata de verba indenizatória destinada a cobrir os custos de refeição do servidor que encontra no exercício de suas funções, não se incorporando à remuneração ou aos proventos de aposentadoria – ver RE 332.445/RS; **E:** incorreta, pois o único requisito é a idade de 70 anos, sendo que os proventos serão proporcionais ao tempo de contribuição – art. 40, § 1º, II, da CF.

Gabarito "C"

(Defensor Público/AC – 2012 – CESPE) Em cada opção abaixo, é apresentada uma situação hipotética acerca da contagem recíproca de tempo de contribuição e compensação financeira, seguida de uma assertiva a ser julgada.

Assinale a opção em que a assertiva está correta.

(A) Um DP prestes a se aposentar requereu averbação de tempo de serviço rural para fins de aposentadoria no RPPS. Nessa situação, reconhecido e averbado o referido tempo de serviço rural, impõe-se ao DP o dever de indenizar a previdência social, para dar ensejo à compensação entre o RGPS e o RPPS, cujas fontes de custeio são apartadas.

(B) Paula é DP e professora em faculdade particular, estando, dessa forma, vinculada ao RPPS e ao RGPS, contribuindo para ambos. Nessa situação, caso as atividades sejam desempenhadas de forma concomitante, Paula poderá efetuar a contagem recíproca de tempo de serviço para fins de aposentadoria.

(C) Gabriel, após lograr aprovação em concurso público para DP, averbou, no RPPS, os anos em que contribuiu para o RGPS como advogado em escritório particular. Nessa situação, preenchidos os requisitos de idade e contribuição para que possa se aposentar voluntariamente, Gabriel deverá, ainda, cumprir dez anos ininterruptos no cargo efetivo em que se dará a referida aposentadoria.

(D) Um advogado contribuiu por determinado tempo como contribuinte individual no RGPS e, posteriormente, tomou posse como DPE, em virtude de aprovação em concurso público. Nessa situação, o advogado poderá computar o tempo de contribuição anterior ao Instituto Nacional do Seguro Social no RPPS do estado ao qual estiver vinculado, sendo-lhe vedado, contudo, o inverso.

(E) Rodrigo trabalhou, durante muitos anos, em determinada empresa privada, exercendo atividades especiais, sob condições insalubres. Nessa situação, caso passe em concurso público, Rodrigo terá direito à contagem diferenciada do tempo trabalhado sob as referidas condições, no período em que esteve filiado ao RGPS, quando da transferência para o RPPS dos servidores públicos.

A: correta, pois, embora seja possível o reconhecimento e a averbação do tempo de serviço rural sem comprovação das contribuições (período anterior à Lei 8.213/1991) para fins de aposentadoria no RGPS (art. 55, § 2º, do PBPS), o mesmo não vale para a contagem recíproca em regime distinto (no regime próprio dos servidores), caso em que o interessado deve indenizar a Previdência Social – ver AgRg no REsp 544.873/RS-STJ; **B:** correta, porém discordamos do gabarito oficial. A jurisprudência mais recente do STJ admite que a "norma previdenciária não cria óbice a percepção de duas aposentadorias em regimes distintos, quando os tempos de serviços realizados em atividades concomitantes sejam computados em cada sistema de previdência, havendo a respectiva contribuição para cada um deles" (AgRg no REsp 1.335.066/RN); **C:** incorreta, pois exige-se tempo mínimo de dez anos de efetivo exercício no serviço público e cinco anos (não 10) no cargo efetivo em que se dará a aposentadoria – art. 40, § 1º, III, da CF; **D:** incorreta, pois a possibilidade de contagem e compensação é recíproca, ou seja, o inverso também vale – art. 201, § 9º, da CF; **E:** incorreta, pois não há previsão dessa contagem recíproca diferenciada – art. 201, § 9º, da CF.

Gabarito "A"

9. Outras Matérias e Combinadas

(Defensor Público/AC – 2012 – CESPE) Acerca do RGPS, assinale a opção correta.

(A) O valor do salário de benefício não pode exceder em cinco vezes o limite máximo estabelecido para o salário de contribuição na data de concessão do benefício.

(B) Considera-se beneficiário do RGPS, na condição de dependente do segurado, irmão com menos de vinte e um anos de idade, ainda que emancipado.

(C) Compete ao dependente promover sua inscrição na previdência social quando do requerimento do benefício a que estiver habilitado.

(D) Constitui infração administrativa o não cumprimento, pela empresa, das normas de segurança e higiene do trabalho.

(E) A doença degenerativa e a inerente a grupo etário, desde que produzam incapacidade laborativa, são consideradas doenças do trabalho.

A: incorreta, pois nenhum benefício reajustado poderá exceder o limite máximo do salário de benefício na data do reajustamento, respeitados os direitos adquiridos – art. 41-A, § 1º, do Plano de Benefícios da Previdência Social – PBPS (Lei 8.213/1991); **B:** incorreta, pois apenas o irmão não emancipado menor de 21 anos ou inválido ou que tenha deficiência intelectual ou mental que o torne absoluta ou relativamente incapaz, assim declarado judicialmente é considerado segurado – arts. 16, III, e 77, § 2º, II, do PBPS; **C:** correta, pois reflete o disposto no art. 17, § 1º, do PBPS; **D:** incorreta, pois o art. 19, § 2º, do PBPS refere-se à contravenção penal; **E:** incorreta, pois não são consideradas doenças do trabalho, excluídas expressamente pelo art. 20, § 1º, a e b, do PBPS.

Gabarito "C"

(Defensor Público/RO – 2012 – CESPE) A respeito do direito previdenciário, assinale a opção correta.

(A) Segundo entendimento do STF, com o fim da paridade entre ativos e inativos, quaisquer vantagens pecuniárias decorrentes de reposicionamento de servidores ativos na carreira não mais se estendem aos inativos.

(B) Para efeito dos benefícios previstos no RGPS ou no serviço público, é assegurada a contagem recíproca do tempo de contribuição na atividade privada, rural e urbana, e do tempo de contribuição ou de serviço na administração pública; entretanto, os diferentes sistemas de previdência social não se compensarão financeiramente.

(C) Nos termos da legislação vigente, caso a soma do tempo de serviço da trabalhadora segurada na previdência social ultrapasse trinta anos e a do trabalhador segurado, trinta e cinco anos, o excesso poderá ser considerado para todos os efeitos legais.

(D) O constituinte derivado vedou, por meio de emenda constitucional, todas as exceções anteriormente previstas para a percepção de mais de uma aposentadoria à conta do regime público de previdência social.

(E) Com a instituição do novo regime de previdência complementar dos servidores públicos federais titulares de cargo efetivo, instituído pela Lei n.º 12.618/2012, o servidor público que ingressou no serviço público em data anterior à vigência do referido normativo, terá o prazo de doze meses para optar pelo novo regime de previdência, e poderá realizar eventual retratação no prazo de cinco anos.

A: correta, pois essa é a jurisprudência do STF – ver AI 796.527 AgR/RJ; **B:** incorreta, pois há compensação financeira na contagem recíproca – art. 201, § 9º, da CF; **C:** incorreta, pois o excesso não será considerado para qualquer efeito – art. 98 do PBPS (Lei 8.213/1991); **D:** incorreta, pois é possível a cumulação inclusive no regime próprio dos servidores, excepcionalmente, desde que aposentadorias decorrentes de cargos acumuláveis na forma da Constituição – art. 40, § 6º, da CF; **E:** incorreta, pois o prazo para a opção é de 24 meses, sendo irrevogável e irretratável – art. 3º, §§ 7º e 8º, da Lei 12.618/2012.

Gabarito "A"

(Defensor Público/BA – 2010 – CESPE) Em relação às disposições constitucionais aplicáveis à previdência social, julgue o item a seguir.

(1) O julgamento pela ilegalidade do pagamento de benefício previdenciário previsto na legislação não implica a obrigatoriedade da devolução das importâncias recebidas, de boa-fé, pelo segurado.

Assertiva correta, conforme a jurisprudência do STJ – ver AgRg Ag 1.421.204/RN.

Gabarito 1C

(Defensoria Pública da União – 2007 – CESPE) Julgue os seguintes itens.

(1) A seguridade social é um conjunto integrado de ações de iniciativa dos poderes públicos e da sociedade, destinado a assegurar direitos que proporcionem a dignidade da pessoa humana. Nesse contexto, as políticas públicas de ações afirmativas destinadas à população negra, representadas, entre outras, pelo sistema de cotas para negros, que garante vagas em universidade pública para um segmento que, durante bastante tempo, foi excluído pelas dinâmicas sociais, são exemplo de atendimento do mandamento constitucional para a seguridade social.

(2) O valor mensal dos benefícios que, eventualmente, substituam o salário de contribuição ou o rendimento do trabalho não poderá ser inferior a um salário mínimo. Esse princípio da seguridade social brasileira tem aplicação tanto na assistência quanto na previdência social, sendo excepcionado apenas na área de saúde, pois esta não possui prestações continuadas pagas em espécie.

(3) Considere a seguinte situação hipotética. Sérgio é estagiário em uma empresa de informática, recebendo remuneração superior a 2 salários mínimos. Seu vínculo com a empresa obedece ao que dispõe a Lei nº 6.494/1977, que disciplina os estágios de estudantes de estabelecimento de ensino superior e profissionalizante do ensino médio. Nessa situação, Sérgio, mesmo exercendo atividade remunerada, caso queira, poderá filiar-se ao RGPS na qualidade de segurado facultativo.

(4) A idade mínima para filiação ao RGPS é de 16 anos, ressalvados os contratos especiais com idade limite inicial de 14 anos, ajustados nos termos da legislação trabalhista, de forma escrita e por prazo determinado, assegurando ao menor e ao aprendiz um programa de aprendizagem e formação técnico-profissional metódica compatível com o seu desenvolvimento físico, moral e psicológico.

(5) Considere que João e Fernanda sejam árbitros de futebol e atuem, de acordo com a Lei nº 9.615/1998, sem vínculo empregatício com as entidades desportivas diretivas em que atuam. Nessa situação hipotética, João e Fernanda podem ser inscritos na previdência social na qualidade de segurados facultativos, tendo em vista inexistir qualquer disposição legal que os obrigue a serem filiados ao regime geral.

(6) De acordo com o Estatuto da Criança e do Adolescente, em cada município haverá um conselho tutelar, órgão permanente e autônomo, não jurisdicional, encarregado pela sociedade de zelar pelo cumprimento dos direitos da criança e do adolescente, composto de 5 membros escolhidos pela comunidade. O exercício dessa atividade pública vincula o conselheiro ao RGPS na qualidade de empregado, pois equivale ao exercício de cargo em comissão.

1: incorreta. Não há previsão expressa a respeito, no âmbito das normas relativas à seguridade social – art. 194 da CF. **2:** incorreta. No âmbito da assistência social, é possível benefício inferior ao salário mínimo – *v.g.* art. 22, § 2º, da Lei 8.742/1993. **3:** correta (art. 11, § 1º, VII, do Decreto 3.048/1999. Ver também a Lei 11.788/2008). **4:** correta. A idade mínima para o trabalho e, portanto, para a inscrição no RGPS, é de 16 anos, admitindo-se excepcionalmente o aprendiz, a partir dos 14 anos de idade (art. 7º, XXXIII, da CF). O menor empregado como aprendiz é segurado obrigatório – art. 28, § 4º, da PCSS. **5:** incorreta. Os árbitros são autônomos (art. 88, parágrafo único, do Lei 9.615/1998) e, como tais, são segurados obrigatórios do regime geral (RGPS), na qualidade de contribuintes individuais – art. 11, V, *h*, do PBPS. **6:** incorreta. O membro do conselho tutelar, desde que remunerado, é equiparado a contribuinte individual (não a servidor comissionado) – art. 9º, § 15, XV, do Decreto 3.048/1999.

Gabarito 1E, 2E, 3C, 4C, 5E, 6E

(Defensoria Pública da União – 2007 – CESPE) Julgue os seguintes itens.

(1) Atualmente, é possível a concessão de pensão por morte aos dependentes, mesmo que o segurado tenha falecido após perder a qualidade de segurado. Para isso, é indispensável que os requisitos para obtenção da aposentadoria tenham sido preenchidos de acordo com a legislação em vigor à época em que os requisitos foram atendidos.

(2) Considere que Silvano seja segurado não aposentado da previdência social e tenha sido condenado pela prática de crime que determinou o início do cumprimento da pena em regime fechado. Nessa situação, a renda mensal inicial do auxílio-reclusão devida aos dependentes é calculada de acordo com o modelo de cálculo a ser utilizado em caso de aposentadoria por invalidez.

(3) O fator previdenciário é um índice aplicável ao cálculo do salário de benefício que considera a idade, a expectativa de sobrevida e o tempo de contribuição do segurado ao se aposentar, devendo ser aplicado no cálculo da renda mensal inicial dos benefícios de aposentadoria por idade e por tempo de contribuição.

1: correta (art. 102, § 1º, do PBPS). **2:** correta. O auxílio-reclusão é devido nas mesmas condições da pensão por morte (art. 80 do PBPS) cujo valor, por sua vez, equivale ao da aposentadoria por invalidez (para os não aposentados), nos termos do art. 75 do PBPS. **3:** correta (art. 29, § 7º, do PBPS).

Gabarito 1C, 2C, 3C

(Defensoria Pública da União – 2007 – CESPE) Julgue o seguinte item.

(1) Considere a seguinte situação hipotética. Carlos aposentou-se por idade pelo INSS. Depois disso, apesar da idade, conseguiu ser aprovado em concurso público para ocupar cargo efetivo em uma administração municipal instituidora de regime próprio. O referido município ainda não organizou sua previdência complementar. Nessa situação, Carlos poderá renunciar ao benefício do RGPS, mesmo após ter recebido algumas prestações, com a finalidade de aproveitar o tempo de contribuição para o novo regime, com a possibilidade de receber, no futuro, proventos integrais.

1: incorreta. A jurisprudência atual admite a renúncia à aposentadoria, para contagem do tempo no regime próprio – ver REsp 557.231/RS. Os proventos integrais, no entanto, dependerão do momento em que ingressou no serviço público e do cumprimento dos requisitos constitucionais – art. 40, § 3º, da CF.

Gabarito 1E

19. Princípios e Atribuições Institucionais da Defensoria Pública

Renan Flumian

1. Funções e Princípios Institucionais

(Defensor Público/AM – 2013 – FCC) Dentre as atribuições funcionais expressamente previstas na Lei Complementar Estadual nº 01/90 aos Defensores Públicos do Estado do Amazonas de 1ª Instância (1ª e 2ª Entrâncias), NÃO se encontra inserida a

(A) defesa dos necessitados contra pessoas jurídicas de direito público.
(B) defesa, nos processos criminais, de réus que não tenham defensor constituído, inclusive os revéis.
(C) promoção de ação civil pública em favor de associações que incluam entre suas finalidades institucionais a proteção ao meio ambiente.
(D) prestação de assistência jurídica aos consumidores lesados.
(E) prestação de assistência jurídica aos servidores públicos, independentemente de sua condição de necessitado.

De todas as assertivas, a única que traz uma função não atribuída pela LC 01/1990 do Estado do Amazonas é a "E". O art. 25 da Lei Complementar sob análise lista as atribuições dos defensores de 1ª Instância.

Gabarito "E"

(Defensor Público/RO – 2012 – CESPE) Acerca do poder de requisição do DP e das funções institucionais da DP, assinale a opção correta.

(A) Com exceção do *habeas corpus*, do mandado de injunção, do *habeas data* e do mandado de segurança, qualquer outra ação em defesa das funções institucionais e prerrogativas dos órgãos de execução da DP deve ser promovida pelo órgão responsável pela representação judicial do respectivo ente federativo.
(B) Constituem crimes a recusa, o retardamento ou a omissão de dados técnicos indispensáveis à propositura de ação civil pública, quando requisitados por membro da DP para a defesa dos interesses individuais e coletivos da criança e do adolescente, do idoso, da pessoa portadora de necessidades especiais e da mulher vítima de violência doméstica e familiar.
(C) É vedado à DP executar e receber as verbas sucumbenciais decorrentes de sua atuação, salvo se devidas por qualquer ente público, caso em que devem ser destinadas a fundos geridos pela DP para aplicação, exclusiva, no aparelhamento da DPE e em programas de capacitação profissional de seus membros e servidores.
(D) O dispositivo legal que confere a qualidade de título executivo extrajudicial ao instrumento de transação referendado pelo DP não se aplica aos acordos sobre alimentos, por representar direito indisponível.
(E) São funções institucionais da DP, entre outras, o exercício da curadoria especial nos casos previstos em lei e a promoção prioritária da solução extrajudicial dos litígios, com vistas à composição entre os conflitos de interesses, por meio de mediação, conciliação, arbitragem e demais técnicas de composição e administração de conflitos.

A: incorreta. Uma das funções institucionais da defensoria é exatamente impetrar *habeas corpus*, mandado de injunção, *habeas data* e mandado de segurança ou qualquer outra ação em defesa das funções institucionais e prerrogativas de seus órgãos de execução (art. 4º, IX, da LC 80/1994); **B:** incorreta, pois não existe previsão nesse sentido se referindo à requisições da DP. Mas cabe apontar que o art. 10 da Lei 7.347/85 tipifica como crime as condutas descritas na assertiva, desde que requisitadas pelo Ministério Público. E pelo princípio da tipicidade penal, não é dado alargar por analogia a incriminação de condutas; **C:** incorreta. A redação correta do art. 4º, XXI, da LC 80/1994 é a seguinte: "executar e receber as verbas sucumbenciais decorrentes de sua atuação, inclusive quando devidas por quaisquer entes públicos, destinando-as a fundos geridos pela Defensoria Pública e destinados, exclusivamente, ao aparelhamento da Defensoria Pública e à capacitação profissional de seus membros e servidores"; **D:** incorreta, pois também é aplicável aos acordos sobre alimentos (art. 4º, § 4º, da LC 80/94); **E:** correta, pois reproduz corretamente o disposto nos incisos II e XVI do art. 4º da LC 80/1994.

Gabarito "E"

(Defensor Público/PR – 2012 – FCC) A legitimidade da Defensoria Pública para a propositura de Ação Civil Pública

(A) antecede a Lei Federal nº 11.448/07, já sendo anteriormente reconhecida na defesa dos direitos do consumidor e como decorrência da assistência jurídica integral.
(B) apenas surge com o advento da Lei Federal nº 11.448/07, não tendo sido reiterada na Lei Orgânica Nacional em vigor (Lei Complementar Federal nº 80/94).
(C) restringe-se aos direitos coletivos e individuais homogêneos de pessoas economicamente necessitadas, excluindo os de natureza difusa.
(D) é ampla e irrestrita, não estando sujeita a análise de compatibilidade com as finalidades institucionais.
(E) exige prévia autorização do Defensor Público-Geral do Estado ou, tratando-se de interesse difuso, do Conselho Superior.

A única assertiva correta sobre o tema é a "A". Com base no art. 5º da Lei 7.347/1985 (LACP), a DP iniciou sua atuação na tutela coletiva, pois prestava assistência jurídica para pessoas jurídicas que não tinham condições de custear o processo (hipossuficiência econômica). O art. 92 do CDC sempre previu a possibilidade de órgãos despersonificados tutelarem interesses dos consumidores, assim a Defensoria teve um importante papel interpondo ações civis coletivas para defesa dos direitos dos consumidores. Esse quadro de atuação da DP na tutela coletiva evoluiu com a promulgação da Lei 11.448/2007, a qual alterou a LACP, que passou a contar com o inciso II no seu art. 5º. O citado inciso faz previsão expressa da legitimidade da DP para propor ACP. Por todo o dito, pode-se afirmar que a DP assume de vez a tutela coletiva de forma concorrente com os outros legitimados, o que inclui o manejo da ACP. A grande discussão hoje é definir a amplitude da legitimidade do manejo da ACP pela Defensoria (não há mais discussão sobre sua legitimidade), cujos contornos legais é dado pelo art. 4º, VII, da LC 80/1994, *in verbis*: "promover ação civil pública e todas as espécies de ações capazes de propiciar a adequada tutela dos direitos difusos, coletivos ou individuais homogêneos quando o resultado da demanda puder beneficiar grupo de pessoas hipossuficientes". O inciso VIII do mesmo artigo chancela essa vasta amplitude conferida à Defensoria. Ora, sempre que o resultado da demanda "puder beneficiar grupo de pessoas hipossuficientes econômicas", independentemente de tratar de direitos difusos, coletivos ou individuais homogêneos, a Defensoria terá legitimidade para manejar ACP. Por fim, cabe destacar que a DP não pressupõe sempre a hipossuficiência econômica para atuar (existem a jurídica e a organizacional).

Gabarito "A"

(Defensor Público/AC – 2012 – CESPE) De acordo com o que dispõe a Lei Complementar n.º 80/1994, é função da DP

(A) impetrar *habeas corpus*, mandado de injunção, *habeas data* e mandado de segurança ou qualquer outra ação em defesa das funções institucionais e prerrogativas de seus órgãos de execução.
(B) promover, prioritariamente, a solução judicial dos litígios, mediante todas as espécies de ações capazes de propiciar a adequada tutela dos direitos de seus assistidos.
(C) executar e receber as verbas sucumbenciais decorrentes de sua atuação, exceto as devidas pelos entes públicos, e destiná-las a fundos geridos pela instituição.
(D) promover, nos casos em que o resultado da demanda possa beneficiar grupo de pessoas hipossuficientes, ação civil pública para a tutela de direitos difusos e coletivos, mas não de direitos individuais homogêneos.
(E) acompanhar inquérito policial, inclusive com a comunicação imediata da prisão em flagrante pela autoridade policial, tendo ou não o preso constituído advogado.

A: correta, pois em consonância com o art. 4º, IX, da LC 80/1994; **B:** incorreta, pois a redação correta do art. 4º, II, da LC 80/1994 é a seguinte: "promover, prioritariamente, a solução extrajudicial dos litígios, visando à composição entre as pessoas em conflito de interesses, por meio de mediação, conciliação, arbitragem e demais técnicas de composição e administração de conflitos"; **C:** incorreta, pois a redação correta do art. 4º, XXI, da LC 80/1994 é a seguinte: "executar e receber as verbas sucumbenciais decorrentes de sua atuação, inclusive quando devidas por quaisquer entes públicos, destinando-as a fundos geridos pela Defensoria Pública e destinados, exclusivamente, ao aparelhamento da Defensoria Pública e à capacitação profissional de seus membros e servidores"; **D:** incorreta, pois a redação correta do art. 4º, VII, da LC 80/1994 é a seguinte: "promover ação civil pública e todas as espécies de ações capazes de propiciar a adequada tutela dos direitos difusos, coletivos ou individuais homogêneos quando o resultado da demanda puder beneficiar grupo de pessoas hipossuficientes"; **E:** incorreta, pois a redação correta do art. 4º, XIV, da LC 80/1994 é a seguinte: "acompanhar inquérito policial, inclusive com a comunicação imediata da prisão em flagrante pela autoridade policial, quando o preso não constituir advogado".

Gabarito "A"

(Defensor Público/SE – 2012 – CESPE) Em relação às atribuições e ao poder de requisição do DP, assinale a opção correta.

(A) A competência para requisitar força policial com o escopo de assegurar a incolumidade física dos membros da DPU ameaçados em razão do desempenho de suas atribuições institucionais é do DPG.
(B) No exercício de suas atribuições, os DPs têm o poder de requisitar de autoridade pública ou de particulares informações, esclarecimentos e documentos, no interesse do assistido, ainda que sigilosos.
(C) O poder de requisição dos membros da DPE, como prerrogativa funcional, restringe-se às autoridades da unidade federada onde eles exerçam suas funções.
(D) Entres os poderes de requisição inerentes às atribuições do DP, encontram-se expressamente as diligências para apresentação do preso, definitivo ou provisório, na sede da DP ou em outro local indicado pelo requisitante, com a finalidade de entrevista pessoal e reservada, e, igualmente, a colheita de informações acerca das condições de alojamento e da integridade física de detentos e presidiários, sob pena de serem responsabilizados, na forma da lei, o diretor da unidade penitenciária, seu preposto e agentes que impeçam, sob qualquer pretexto, o exercício dessa prerrogativa.
(E) A requisição de informações e de documentos dirigidos às autoridades públicas no interesse do assistido somente poderá ser dirigida às autoridades administrativas, vedado o exercício da prerrogativa em relação aos órgãos do Poder Judiciário e ao Poder Legislativo, por existirem ações próprias para esse fim.

A: correta, pois em consonância com o disposto no art. 8º, XIX, da LC 80/94; **B:** incorreta. A redação correta do art. 8º, XVI, da LC 80/94 é a seguinte: "requisitar de qualquer autoridade pública e de seus agentes, certidões, exames, perícias, vistorias, diligências, processos, documentos, informações, esclarecimentos e demais providências necessárias à atuação da Defensoria Pública"; **C:** incorreta, pois não existe a referida restrição; **D:** incorreta, pois não existe a previsão expressa de tais poderes; **E:** incorreta, pois a requisição vale tanto para as autoridades administrativas, como para os órgãos do Poder Judiciário e o Poder Legislativo (o que se denota da expressão "de qualquer autoridade pública e de seus agentes", do inciso XVI do art. 8º da LC 80/1994).

Gabarito "A"

(Defensor Público/SE – 2012 – CESPE) Com base nos princípios institucionais da DP e na legislação de regência, assinale a opção correta.

(A) As leis complementares que regem a DP vedam expressamente que as intimações dirigidas aos DPs ocorram em prazo inferior a quarenta e oitos horas contado do ato judicial a ser praticado.
(B) Ao DP é vedado, expressamente, nos termos da legislação complementar federal, dispensar a intimação pessoal mediante entrega dos autos com vista, por ser prerrogativa funcional do defensor, e não pessoal.
(C) As leis complementares federal e estadual que regem a DP asseguram expressamente aos membros da DP a prerrogativa do prazo em dobro em qualquer processo, juízo ou grau de jurisdição, inclusive no âmbito dos juizados especiais.
(D) Por constituir prerrogativa funcional, a concessão do prazo em dobro em qualquer processo, juízo ou grau de jurisdição, inclusive na instância administrativa, assegurada aos membros da DP, não poderá ser dispensada, em nenhuma hipótese, pelo DP.
(E) Asseguram-se ao DP o acesso, em qualquer repartição policial ou judicial, a autos de flagrante ou inquérito, a tomada de apontamentos, a coleta de informações úteis para a defesa de interesse do assistido e a prática de atos necessários à coleta de provas.

A: incorreta, pois não existe previsão nesse sentido; **B:** incorreta, pois não existe previsão nesse sentido; **C:** incorreta. Conforme jurisprudência dominante, a intimação pessoal e o prazo em dobro não vigoram nos juizados especiais, logo, a contagem será simples e a intimação também não será pessoal. A questão foi assim resolvida porque o art. 44, I, da LC 80/94 estabelece norma geral e a Lei 10.259/2001, no seu art. 9º, estabelece norma especial, portanto, a regra da especialidade prevalece, sendo corroborada pelo principio da celeridade; **D:** incorreta. Trata-se de prerrogativa que tem a estrita função de auxiliar o defensor na realização de seu mister. Logo, quando for apropriado abrir mão dessa prerrogativa funcional, o defensor poderá dispensá-la; **E:** correta. Assertiva em conformidade com o disposto no art. 44, VIII, da LC 80/94.

Gabarito "E"

(Defensor Público/SE – 2012 – CESPE) Com base na Lei Complementar Federal n.º 80/1994, que dispõe sobre a organização da DP, assinale a opção correta.

(A) São funções institucionais da DP a promoção da defesa dos direitos fundamentais, sociais, econômicos, culturais e ambientais de todos os nacionais e estrangeiros residentes no país.
(B) É prerrogativa privativa do DPG federal representar aos sistemas internacionais de proteção dos direitos humanos e postular perante seus órgãos.
(C) É função institucional expressa da DP o exercício da defesa dos interesses individuais e coletivos da criança e do adolescente e do idoso.
(D) As funções institucionais da DP devem ser exercidas exclusivamente em face das pessoas jurídicas de direito público.
(E) É atribuição privativa do DPG federal convocar audiências públicas para a discussão de matérias relacionadas às suas funções institucionais.

A: incorreta. A redação correta do art. 4º, X, da LC 80/94 é a seguinte: "promover a mais ampla defesa dos direitos fundamentais dos necessitados, abrangendo seus direitos individuais, coletivos, sociais, econômicos, culturais e ambientais, sendo admissíveis todas as espécies de ações capazes de propiciar sua adequada e efetiva tutela"; **B:** incorreta. Representar aos sistemas internacionais de proteção dos direitos humanos e postular perante seus órgãos é uma função institucional da DP como um todo e não prerrogativa privativa do DPG (art. 4º, VI, da LC 80/94); **C:** correta. Assertiva em conformidade com a redação do 4º, XI, da LC 80/94; **D:** incorreta. As funções institucionais da DP podem ser exercidas também em face das pessoas jurídicas de direito privados e dos particulares (o que se deduz da interpretação do § 2º do art. 4º da LC 80/1994, ao prescrever que as funções institucionais da DP serão exercidas "*inclusive* contra as Pessoas Jurídicas de Direito Público"); **E:** incorreta. Convocar audiências públicas é uma função institucional da DP como um todo e não atribuição privativa do DPG (art. 4º, XXII, da LC 80/94).

Gabarito "C"

(Defensor Público/RS – 2011 – FCC) A Defensoria Pública é instituição permanente, essencial à função jurisdicional do Estado, incumbindo-lhe, como expressão e instrumento do regime democrático, fundamentalmente, a orientação jurídica, a promoção dos direitos humanos e a defesa, em todos os graus, judicial e extrajudicial, dos direitos individuais e coletivos, de forma integral e gratuita, aos necessitados, assim considerados na forma do inciso LXXIV do art. 5º da Constituição Federal.

São funções institucionais da Defensoria Pública, dentre outras:

I. representar aos sistemas internacionais de proteção dos direitos humanos, ainda que apenas em caráter consultivo, sem poder postulatório aos seus órgãos;
II. exercer, mediante o recebimento dos autos com vista, a ampla defesa e contraditório em favor de pessoas naturais, sendo vedada a sua atuação em defesa de pessoas jurídicas, sob quaisquer circunstâncias;
III. patrocinar a ação penal privada e a subsidiária da pública;
IV. atuar na preservação e reparação dos direitos de pessoas vítimas de tortura, abusos sexuais, discriminação ou qualquer outra forma de opressão ou violência, propiciando o acompanhamento e o atendimento interdisciplinar das vítimas;
V. exercer a curadoria especial nos casos previstos em lei, uma vez comprovada, rigorosamente, a hipossuficiência financeira e o estado de miserabilidade do curatelado.

Está correto o que se afirma em

(A) I, II, III, IV e V.
(B) II e IV, apenas.
(C) II e V, apenas.
(D) III e IV, apenas.
(E) I, II e IV, apenas.

I: incorreta, pois a Defensoria Pública tem poder postulatório perante os órgãos dos sistemas internacionais de proteção dos direitos humanos (art. 4º, VI, da LC 80/1994); **II:** incorreta. A redação correta do art. 4º, V, da LC 80/1994 é a seguinte: "exercer, mediante o recebimento dos autos com vista, a ampla defesa e o contraditório em favor de pessoas naturais e **jurídicas**, em processos administrativos e judiciais, perante todos os órgãos e em todas as instâncias, ordinárias ou extraordinárias, utilizando todas as medidas capazes de propiciar a adequada e efetiva defesa de seus interesses"; **III:** correta, pois reproduz literalmente a redação do art. 4º, XV, da LC 80/1994; **IV:** correta, pois reproduz literalmente a redação do art. 4º, XVIII, da LC 80/1994; **V:** incorreta, pois a curadoria especial será exercida nos casos previstos em lei e não é necessário comprovar hipossuficiência financeira e o estado de miserabilidade do curatelado (4º, XVI, da LC 80/1994).

Gabarito "D"

(Defensor Público/RS – 2011 – FCC) O direito fundamental à assistência jurídica integral e gratuita, previsto constitucionalmente e instrumentalizado pela Defensoria Pública, compreende

(A) prestar orientação jurídica e exercer a defesa dos necessitados, somente no segundo grau de jurisdição.
(B) prestar orientação jurídica a todos os beneficiados pela Lei nº 1.060/50, assim considerados os nacionais ou estrangeiros, residentes no país, que necessitarem recorrer à Justiça penal, civil ou do trabalho, excluída a Justiça Militar.
(C) a impossibilidade de denegação ao atendimento do cidadão, tendo em vista a universalidade do direito prestado, desimportando que se trata de pessoa com elevado poder aquisitivo.
(D) a função institucional da Defensoria Pública para propositura da ação penal pública, naqueles casos em que não houver órgão de atuação do Ministério Público na Comarca.
(E) promover a mais ampla defesa dos direitos fundamentais dos necessitados, abrangendo seus direitos individuais, coletivos, sociais, econômicos, culturais e ambientais, sendo admissíveis todas as espécies de ações capazes de propiciar sua adequada e efetiva tutela.

A, B, C, D e **E:** a assertiva "E" é a correta, pois reproduz perfeitamente o art. 4º, X, da LC 80/1994. Importante apontar a diferença entre assistência jurídica e judiciária: enquanto a primeira abrange a defesa em juízo e todo e qualquer apoio que a pessoa precise para esclarecer seus direitos, a segunda limita-se a atuação judicial, não comportando qualquer atuação extrajudicial.

Gabarito "E"

(Defensor Público/AL – 2009 – CESPE) Com relação à competência dos órgãos da DPE/AL, julgue os itens seguintes.

(1) Compete à corregedoria geral da DPE/AL instaurar processo disciplinar contra os membros da DPE/AL.
(2) Encontra-se no âmbito de competência do Conselho Superior da DPE/AL recomendar correições extraordinárias.
(3) O exercício de atividades decisórias é vedado ao Conselho Superior da DPE/AL.

1: errada. A Corregedoria-Geral é órgão de fiscalização da atividade funcional e da conduta dos membros e dos servidores da Instituição. Entretanto, cabe ao Defensor Público-Geral de Alagoas instaurar processo disciplinar contra os membros da Defensoria Pública de Alagoas, consoante ao que determina o art. 6º, VI, da Lei Delegada 23/2003 do Estado de Alagoas. Tal regra provém do art. 8º, X, da LC 80/1994, o qual diz respeito às atribuições do Defensor Público-Geral da União e contém a mesma previsão; **2:** correta. Cabe ao Conselho Superior da Defensoria Pública de Alagoas, dentre suas competências, recomendar correições extraordinárias (art. 18, XI, da Lei Delegada 23/2003 do Estado de Alagoas). Tal regra provém do art. 10, XIII, da LC 80/1994, o qual diz respeito à competência do Conselho Superior da Defensoria Pública da União e contém a mesma previsão; **3:** errada, pois o art. 102 da LC 80/1994 dispõe que: "Ao Conselho Superior compete exercer as atividades consultivas, normativas e **decisórias** a serem previstas na lei estadual". 1937

Gabarito 1E, 2C, 3E

(Defensor Público/MS – 2008 – VUNESP) Tendo em vista o que disciplina a Constituição Federal a respeito da Defensoria Pública, analise as afirmativas a seguir.

I. A Defensoria Pública é instituição auxiliar à função jurisdicional do Estado, incumbindo-lhe a orientação jurídica e a defesa dos necessitados, na forma da lei.
II. Lei complementar organizará a Defensoria Pública dos Estados, assegurada a seus integrantes a garantia da inamovibilidade e da vitaliciedade e vedado o exercício da advocacia fora das atribuições institucionais.
III. Às Defensorias Públicas da União e dos Estados são asseguradas autonomia funcional e administrativa e a iniciativa de sua proposta orçamentária dentro dos limites estabelecidos na lei de diretrizes orçamentárias.
IV. Os recursos correspondentes às dotações orçamentárias, excluídos os créditos suplementares e especiais, destinados aos órgãos da Defensoria Pública, ser-lhe-ão entregues, em duodécimos, até o dia 20 de cada mês.

Pode-se afirmar que

(A) apenas III está correta.
(B) apenas IV está correta.
(C) apenas I e II estão corretas.
(D) nenhuma afirmativa está correta.

I: incorreta. A Defensoria Pública é **instituição fundamental** à função jurisdicional do Estado, incumbindo-lhe a orientação jurídica e a defesa, em todos os graus, dos necessitados, **na forma do art. 5º, LXXIV** (art. 134, *caput*, da CF/1988). E o art. 5º, LXXIV, da CF/1988 assim dispõe: "o Estado prestará assistência jurídica integral e gratuita aos que comprovarem insuficiência de recursos"; **II:** incorreta. Lei Complementar **prescreverá normas gerais para organização** da Defensoria Pública nos estados, assegurada a seus integrantes a garantia da **inamovibilidade** (apenas) e vedado o exercício da advocacia fora das atribuições institucionais (art. 134, § 1º, da CF/1988); **III:** incorreta. Às **Defensorias Públicas Estaduais** são asseguradas autonomia funcional e administrativa e a iniciativa de sua proposta orçamentária dentro dos limites estabelecidos na lei de diretrizes orçamentárias (art. 134, § 2º, da CF/1988); **IV:** incorreta. Os recursos correspondentes às dotações orçamentárias, **compreendidos** os créditos suplementares e especiais, destinados aos órgãos da Defensoria Pública, ser-lhe-ão entregues, em duodécimos, até o dia 20 de cada mês (art. 168 da CF/1988).

Gabarito "D"

(Defensor Público/CE – 2007 – CESPE) Em relação à Defensoria na Constituição Federal de 1988, julgue os itens que se seguem.

(1) A Defensoria Pública da União tem autonomia funcional e administrativa.

(2) O defensor público é remunerado por meio de subsídio.

(3) Aos defensores públicos é assegurada a garantia da inamovibilidade.

1: errada, pois somente as Defensorias Públicas Estaduais possuem autonomia funcional e administrativa (art. 134, § 2º, da CF/1988); **2:** correta, pois reflete perfeitamente a redação do art. 135 c/c art. 39, § 4º, ambos da CF/1988; **3:** correta, pois a Constituição, no seu art. 134, § 1º, determinou que os Defensores Públicos possuem a garantia de inamovibilidade.

Gabarito 1E, 2C, 3C

(Defensor Público/RO – 2007) São princípios institucionais da Defensoria Pública:

(A) independência, imanência e defesa do interesse público estatal
(B) indivisibilidade, autonomia administrativa e imanência
(C) independência funcional, administrativa e política
(D) autonomia orçamentária, unidade e independência
(E) unidade, indivisibilidade e independência

A, B, C, D e **E:** os princípios institucionais da Defensoria Pública são a unidade, a indivisibilidade e a independência (art. 3º da LC 80/1994).

Gabarito "E"

(Defensor Público/AC – 2006 – CESPE) Acerca da disciplina da defensoria pública e dos precedentes dos tribunais superiores, assinale a opção correta.

1938

(A) A Constituição estadual pode, conforme entendimento do Supremo Tribunal Federal (STF), ampliar as atribuições da defensoria pública, como, por exemplo, determinar a defesa de servidor público por ato de improbidade que tenha cometido em razão do exercício do cargo público.

(B) Em regra, a Defensoria Pública da União deve acompanhar, no Superior Tribunal de Justiça (STJ), o julgamento dos recursos interpostos por defensores públicos estaduais, bem como deve ser intimada das decisões e acórdãos por ele proferidos.

(C) O poder de legislar sobre defensoria pública insere-se no âmbito da competência concorrente, cabendo à União legislar sobre normas gerais e, aos Estados e ao Distrito Federal, legislar sobre questões específicas.

(D) Para o STF, a ação civil de ressarcimento de dano, em face de crime, quando o titular do direito for pobre, poderá ser promovida pelo Ministério Público, mesmo quando a defensoria pública competente estiver devidamente instalada e em pleno funcionamento.

A: incorreta. O STF, na Ação Direta de Inconstitucionalidade n. 3.022-1 do Rio Grande do Sul, determinou que é inconstitucional norma estadual que atribui à Defensoria Pública do Estado a defesa de servidor público por ato de improbidade que tenha cometido em razão do exercício do cargo público. Isso porque, nesse caso, a legislação sul-rio-grandense ampliou as atribuições conferidas à Defensoria por determinação constitucional (art. 134 c/c art. 5º, LXXIV). O art. 134 c/c art. 5º, LXXIV, ambos da CF/1988, restringem as atribuições da Defensoria Pública à assistência jurídica integral aos que comprovarem insuficiência de recursos. Ainda, deve-se lembrar do art. 24, XIII, da CF/1988, qual diz respeito à competência concorrente da União e dos Estados e Distrito Federal para legislar sobre assistência jurídica e Defensoria Pública. E, no caso de competência concorrente, a União edita normas gerais (como, por exemplo, atribuições institucionais) e o Estado e o Distrito Federal normas específicas; **B:** incorreta, pois não existe previsão nesse sentido. Apenas o art. 22 da LC 80/1994, que assim dispõe: "Os Defensores Públicos Federais de Categoria Especial atuarão no **Superior Tribunal de Justiça**, no Tribunal Superior do Trabalho, no Tribunal Superior Eleitoral, no Superior Tribunal Militar e na Turma Nacional de Uniformização dos Juizados Especiais Federais". Lembrando que a Defensoria Pública da União é composta de três categorias de cargos efetivos: **a)** Defensor Público Federal de 2ª Categoria (inicial); **b)** Defensor Público Federal de 1ª Categoria (intermediária); e **c)** Defensor Público Federal de Categoria Especial (final); **C:** correta. Consoante ao comentado na assertiva "A", o art. 24, XIII, da CF/1988, qual diz respeito à competência concorrente da União e dos Estados e Distrito Federal para legislar sobre assistência jurídica e Defensoria Pública. E, no caso de competência concorrente, a União edita normas gerais (como, por exemplo, atribuições institucionais) e o Estado e o Distrito Federal normas específicas; **D:** incorreta, pois não existe tal entendimento no STF. Ademais, uma das funções institucionais da Defensoria Pública é promover a mais ampla defesa dos direitos fundamentais dos necessitados, abrangendo seus direitos individuais, coletivos, sociais, econômicos, culturais e ambientais, **sendo admissíveis todas as espécies de ações capazes de propiciar sua adequada e efetiva tutela** (art. 4º, X, da LC 80/1994).

Gabarito Nosso "C" / Gabarito Oficial "B"

(Defensor Público/AC – 2006 – CESPE) Acerca da assistência judiciária gratuita e da atividade da defensoria pública, assinale a opção correta.

(A) A pessoa jurídica cuja atividade vise lucro pode litigar sob o manto da gratuidade de justiça ou ser defendida pela defensoria pública.

(B) Se a parte vencedora foi representada em juízo pela defensoria pública estadual, é apropriada a condenação do estado-réu ao pagamento da verba advocatícia.

(C) A assistência gratuita só pode ser concedida até a sentença de primeiro grau.

(D) Não faz parte das atribuições dos defensores públicos a defesa dos necessitados em processos administrativos.

A: correta, pois a possibilidade de ser defendida pela DP está prevista no art. 4º, V, da LC 80/1994. Apesar da Lei não disciplinar que tipo de pessoa jurídica poderá se valer do patrocínio da Defensoria, pode-se afirmar que estarão habilitadas para receber tal patrocínio as pessoas jurídicas, com e sem fins lucrativos, em dificuldades financeiras. E no tocante à justiça gratuita, a Súmula 481 do STJ é enfática: "Faz jus ao benefício da justiça gratuita a pessoa jurídica com ou sem fins lucrativos que demonstrar sua impossibilidade de arcar com os encargos processuais"; **B:** incorreta. Tal assertiva estava incorreta na época da feitura dessa questão (2006); todavia, em 2009, a LC 132 incluiu o inciso XXI no art. 4º da LC 80/1994, o qual dispõe que é função da Defensoria: "executar e receber as verbas sucumbenciais decorrentes de sua atuação, **inclusive quando devidas por quaisquer entes públicos**, destinando-as a fundos geridos pela Defensoria Pública e destinados, exclusivamente, ao aparelhamento da Defensoria Pública e à capacitação profissional de seus membros e servidores"; **C:** incorreta, pois o art. 4º, I, da LC 80/1994 dispõe que a Defensoria prestará orientação jurídica e exercerá a defesa dos necessitados, **em todos os graus** e não somente até a sentença de primeiro grau; **D:** incorreta, pois é o contrário do que determina o art. 4º, V, da LC 80/1994, ou seja, faz parte sim das atribuições dos defensores públicos a defesa dos necessitados em processos administrativos.

Gabarito "A"

(Defensor Público/BA – 2006) Segundo dispõe a Constituição da República Federativa do Brasil, relativamente às Defensorias Públicas:

I. Lei complementar organizará a Defensoria Pública da União e do Distrito Federal e dos Territórios e prescreverá normas gerais para sua organização nos Estados, em cargos de carreira, providos, na classe inicial, mediante concurso público de provas e títulos, assegurada a seus integrantes a garantia da inamovibilidade e vedado o exercício da advocacia fora das atribuições institucionais.

II. Às Defensorias Públicas Estaduais são asseguradas autonomia funcional e administrativa e a iniciativa de sua proposta orçamentária dentro dos limites estabelecidos na lei de diretrizes orçamentárias.

III. A Defensoria Pública é instituição essencial à função jurisdicional do Estado, incumbindo-lhe a orientação jurídica e a defesa, em todos os graus, dos necessitados.

Analisando as assertivas acima, verifica-se que:

(A) Todas estão corretas.
(B) Apenas a I está correta.
(C) Apenas a II está correta.
(D) Apenas a III está correta.
(E) Apenas II e III estão corretas.

I: correta, pois reproduz o art. 134, § 1º, da CF/1988; **II:** correta, pois reproduz o art. 134, § 2º, da CF/1988; **III:** correta, pois reproduz o art. 134, *caput*, da CF/1988.

Gabarito "A"

(Defensor Público/BA – 2006) Consoante o disposto na Lei Complementar Nº 80, de 12 de janeiro de 1994, a qual tem por escopo precípuo a organização da Defensoria Pública da União, do Distrito Federal e dos Territórios, prescrevendo normas gerais para sua organização nos Estados, ao Conselho Superior da Defensoria Pública da União compete:

(A) Sugerir ao Defensor Público-Geral o afastamento de Defensor Público que esteja sendo submetido a correição, sindicância ou processo administrativo disciplinar, quando cabível;
(B) Conhecer e julgar recurso contra decisão em processo administrativo disciplinar.
(C) Propor a instauração de processo disciplinar contra membros da Defensoria Pública da União e seus servidores;
(D) Propor a exoneração de membros da Defensoria Pública da União que não cumprirem as condições do estágio probatório.
(E) Receber e processar as representações contra os membros da Defensoria Pública da União, encaminhando-as, com parecer, ao Defensor Público-Geral.

A: incorreta, pois trata-se de competência da Corregedoria-Geral da União (art. 13, II, da LC 80/1994); **B:** correta. Segue redação do art. 10, *caput* e incisos, da LC 80/1994: "Ao Conselho Superior da Defensoria Pública da União compete: **I** - exercer o poder normativo no âmbito da Defensoria Pública da União; **II** - opinar, por solicitação do Defensor Público-Geral, sobre matéria pertinente à autonomia funcional e administrativa da Defensoria Pública da União; **III** - elaborar lista tríplice destinada à promoção por merecimento; **IV** - aprovar a lista de antiguidade dos membros da Defensoria Pública da União e decidir sobre as reclamações a ela concernentes; **V** - recomendar ao Defensor Público-Geral a instauração de processo disciplinar contra membros e servidores da Defensoria Pública da União; **VI - conhecer e julgar recurso contra decisão em processo administrativo disciplinar**; **VII** - decidir sobre pedido de revisão de processo administrativo disciplinar; **VIII** - decidir acerca da remoção voluntária dos integrantes da carreira da Defensoria Pública da União; **IX** - decidir sobre a avaliação do estágio probatório dos membros da Defensoria Pública da União, submetendo sua decisão à homologação do Defensor Público-Geral; **X** - decidir acerca da destituição do Corregedor-Geral, por voto de dois terços de seus membros, assegurada ampla defesa; **XI** - deliberar sobre a organização de concurso para ingresso na carreira e designar os representantes da Defensoria Pública da União que integrarão a Comissão de Concurso; **XII** – organizar os concursos para provimento dos cargos da Carreira de Defensor Público Federal e editar os respectivos regulamentos; **XIII** - recomendar correições extraordinárias; **XIV** – indicar os 6 (seis) nomes dos membros da classe mais elevada da Carreira para que o Presidente da República nomeie, dentre esses, o Subdefensor Público-Geral Federal e o Corregedor-Geral Federal da Defensoria Pública da União; e **XV** – editar as normas regulamentando a eleição para Defensor Público-Geral Federal"; **C:** incorreta, pois trata-se de competência da Corregedoria-Geral da União (art. 13, VI, da LC 80/1994); **D:** incorreta, pois trata-se de competência da Corregedoria-Geral da União (art. 13, VIII, da LC 80/1994); **E:** incorreta, pois trata-se de competência da Corregedoria-Geral da União (art. 13, IV, da LC 80/1994).

Gabarito "B"

2. Estrutura e Organização da Defensoria Pública

(Defensor Público/TO – 2013 – CESPE) Com base na Lei Complementar n.º 80/1994 e na Lei Complementar Estadual n.º 55/2009, assinale a opção correta.

(A) A DP da União tem por chefe o Defensor Público-Geral Federal, nomeado pelo presidente da República, entre membros estáveis da carreira maiores de trinta e cinco anos de idade, escolhidos em lista tríplice formada pelo voto direto, secreto, plurinominal e obrigatório de seus membros, após a aprovação de seu nome pela maioria absoluta dos membros do Senado Federal, para mandato de dois anos, vedada a recondução.
(B) A composição do Conselho Superior da DP da União deve incluir obrigatoriamente o Defensor Público-Geral Federal, o Subdefensor Público-Geral Federal, o Corregedor-Geral Federal e o Ouvidor-Geral Federal, como membros natos, e, em sua maioria, representantes estáveis da carreira, dois por categoria, eleitos pelo voto direto, plurinominal, obrigatório e secreto de todos integrantes da carreira.
(C) O corregedor-geral da DP da União, nomeado pelo presidente da República para mandato de dois anos, pode ser destituído, antes do término do mandato, por proposta do Defensor Público-Geral, pelo voto da maioria absoluta dos membros do Conselho Superior da DP da União.
(D) Incumbe ao Conselho Superior da DP do Estado do Tocantins autorizar os afastamentos dos DPs e dos demais servidores.
(E) Incumbe ao Defensor Público-Geral encaminhar ao chefe do Poder Executivo a lista tríplice para a escolha do Defensor Público-Geral da DP do Estado do Tocantins.

A: incorreta. A redação correta do art. 6º, *caput*, da LC 80/1994 é a seguinte: "A Defensoria Pública da União tem por chefe o Defensor Público-Geral Federal, nomeado pelo Presidente da República, dentre membros estáveis da Carreira e maiores de 35 (trinta e cinco) anos, escolhidos em lista tríplice formada pelo voto direto, secreto, plurinominal e obrigatório de seus membros, após a aprovação de seu nome pela maioria absoluta dos membros do Senado Federal, para mandato de 2 (dois) anos, permitida uma recondução, precedida de nova aprovação do Senado Federal"; **B:** incorreta. A redação correta do art. 9º, *caput*, da LC 80/1994 é a seguinte: "A composição do Conselho Superior da Defensoria Pública da União deve incluir obrigatoriamente o Defensor Público-Geral Federal, o Subdefensor Público-Geral Federal e o Corregedor-Geral Federal, como membros natos, e, em sua maioria, representantes estáveis da Carreira, 2 (dois) por categoria, eleitos pelo voto direto, plurinominal, obrigatório e secreto de todos integrantes da Carreira"; **C:** incorreta. A redação correta do art. 12, parágrafo único, da LC 80/1994 é a seguinte: "O CorregedorGeral poderá ser destituído, antes do término do mandato, por proposta do Defensor PúblicoGeral, pelo voto de dois terços dos membros do Conselho Superior, assegurada ampla defesa"; **D:** incorreta, pois é uma incumbência do Defensor Público-Geral (art. 4º, IV, da LC 55/2009 do Estado de Tocantins); **E:** correta, pois em conformidade com a redação do art. art. 4º, XIX, *a*, da LC 55/2009 do Estado de Tocantins.

Gabarito "E"

(Defensor Público/AM – 2013 – FCC) Ao estabelecer normas gerais sobre o Conselho Superior da Defensoria Pública Estadual, a Lei Complementar Federal nº 80/94 previu

(A) a competência do órgão para a fixação ou alteração das atribuições dos órgãos de atuação da Defensoria Pública.
(B) que a sua composição deve conter membros eleitos e natos, em proporção equivalente.
(C) a publicidade de todas as suas sessões, cuja periodicidade será disciplinada por lei estadual, com realização de ao menos uma sessão mensal.
(D) a vedação à reeleição de seus membros eleitos.
(E) a possibilidade de revisão pelo órgão do plano de atuação aprovado pelo Defensor Público-Geral.

A única assertiva correta é a "A". Isso porque está em consonância com o disposto no art. 102, § 1º, da LC 80/1994.

Gabarito "A"

(Defensor Público/AM – 2013 – FCC) Os conflitos de atribuições entre membros da Defensoria Pública do Estado do Amazonas, nos termos da Lei Complementar Estadual nº 01/90, são dirimidos

(A) pelo Conselho Superior, em única instância.
(B) pelo Defensor Público-Geral, com recurso ao Conselho Superior.
(C) pela prevalência da manifestação do membro da carreira com maior antiguidade.
(D) pelo Corregedor-Geral, com recurso ao Defensor Público-Geral.
(E) pelo Corregedor-Geral, em única instância.

O Defensor Público-Geral do Estado do Amazonas tem competência para resolver os conflitos mencionados na questão (art. 9º, VI, da LC 01/1990 do Estado do Amazonas).

Gabarito "B"

(Defensor Público/AM – 2013 – FCC) O parágrafo 5º do artigo 4º da Lei Complementar Federal nº 80/94, ao estabelecer que a assistência jurídica integral e gratuita custeada ou fornecida pelo Estado será exercida pela Defensoria Pública, reconheceu

(A) o modelo público de assistência jurídica gratuita, fundado na convivência entre defensores públicos e advogados dativos custeados pelo Estado.
(B) o modelo misto de assistência jurídica gratuita, que assegura a atuação de organizações não governamentais, mediante o repasse de recursos públicos.

(C) a prevalência do modelo *judicare,* fundado na advocacia voluntária ou *pro bono.*

(D) que o direito fundamental previsto no artigo 5º, LXXIV, da Constituição Federal deve ser instrumentalizado pela Defensoria Pública.

(E) a titularidade do direito à assistência jurídica integral e gratuita à Defensoria Pública.

A assertiva que correta e logicamente completa a questão é a "D". Pode-se falar hoje em "monopólio" da DP na prestação da assistência jurídica integral e gratuita. No julgamento da ADIN 4.270/SC, ficou definido que a DP é órgão publico de instituição vinculada, ou seja, cada estado da federação é obrigado, pela Constituição, a constituir sua respectiva DP. Importante destacar que antes do julgamento da referida ADIN pelo STF, a não organização pelos Estados da DP não era considerada inconstitucional. O Pretório Excelso entendeu que, no plano constitucional, configurou-se uma inconstitucionalidade omissiva pela inércia. Assim, o art. 14, §§ 1º e 2º, LC 80/1994 teve sua eficácia exaurida, o que não permite mais a constituição de convênio e, ao mesmo tempo, exige a instituição das defensorias, pois já não há mais razoabilidade.

Gabarito "D".

(Defensor Público/AM – 2013 – FCC) Sobre a autonomia da Defensoria Pública do Estado é correto afirmar que

(A) a Emenda Constitucional nº 45/04 conferiu à Defensoria Pública do Estado tríplice autonomia, assegurando-lhe a iniciativa de leis e de sua proposta orçamentária.

(B) a autonomia administrativa prevista no artigo 134, § 2º, da Constituição Federal assegura ao Defensor Público a possibilidade de, no desempenho de suas funções, adotar o posicionamento jurídico que entender mais adequado à defesa da pessoa necessitada.

(C) a Defensoria Pública do Estado, em razão de sua autonomia e nos termos previstos pela Lei Complementar Federal nº 80/94, pode criar cargos em suas carreiras e em seus serviços auxiliares, provendo-os por concurso público.

(D) a Lei Complementar Federal nº 80/94 assegura à Defensoria Pública do Estado, como decorrência de sua autonomia, a atribuição de elaborar suas folhas de pagamento.

(E) as decisões da Defensoria Pública do Estado, fundadas em sua autonomia funcional e administrativa, estão, nos termos da Lei Complementar Federal nº 80/94, condicionadas à decisão final do Chefe do Poder Executivo Estadual.

A: incorreta, pois a EC 45/2004 não cuidou do assunto referido na assertiva; **B:** incorreta, pois adotar o posicionamento jurídico que entender mais adequado à defesa da pessoa necessitada cuida da autonomia funcional e não da administrativa. "Na lição de Maria Helena Diniz, *autonomia administrativa* é a soma de poderes que dispõe a pessoa jurídica de direito público interno de Administração direta ou indireta para o exercício das atividades ou serviços públicos, assim como para gerir seus bens e recursos[1]"; **C:** incorreta, pois não é a DPE que cria os cargos, ela apenas pode abrir concurso público e prover os cargos de suas Carreiras e dos serviços auxiliaries (art. 97-A, I, da LC 80/1994); **D:** correta, pois em consonância com o disposto no art. 97-A, V, da LC 80/1994; **E:** incorreta, pois a redação correta do art. 97-B, § 5º, da LC 80/1994 é a seguinte: "As decisões da Defensoria Pública do Estado, fundadas em sua autonomia funcional e administrativa, obedecidas as formalidades legais, têm eficácia plena e executoriedade imediata, ressalvada a competência constitucional do Poder Judiciário e do Tribunal de Contas".

Gabarito "D".

(Defensor Público/PR – 2012 – FCC) Quanto à organização da Defensoria Pública do Estado do Paraná, é correto afirmar que

(A) no encontro anual dos Defensores Públicos, organizado pela Escola da Defensoria, são aprovadas teses institucionais que devem ser observadas por todos os membros da carreira.

(B) é vedado ao Defensor Público-Geral do Estado delegar atribuições de sua competência privativa.

(C) compete ao Defensor Público a certificação da autenticidade de cópias e o reconhecimento de firma, à vista da apresentação dos documentos originais.

(D) os conflitos de atribuições entre seus membros são dirimidos pelo Conselho Superior, com recurso ao Defensor Público-Geral do Estado.

(E) os Núcleos Especializados da Defensoria Pública do Estado do Paraná exercem atuação estratégica nos temas que lhes são afetos e são criados por ato do Conselho Superior, após proposta do Defensor Público-Geral.

A: correta, pois em consonância com a redação do art. 45, XV, da LC 136/2011 do Estado do Paraná; **B:** incorreta, pois o art. 18, XVI, da LC 136/2011 do Estado do Paraná permite a delegação mencionada na assertiva; **C:** incorreta, pois o defensor público não tem a incumbência de reconhecer firma (art. 42, XXI, da LC 136/2011 do Estado do Paraná); **D:** incorreta, pois os conflitos citados são resolvidos pelo Defensor Público-Geral do Estado (art. 18, VIII, da LC 136/2011 do Estado do Paraná); **E:** incorreta. A redação correta do art. 37 da LC 136/2011 do Estado do Paraná é a seguinte: "Os Núcleos Especializados da Defensoria Pública do Estado do Paraná são órgãos operacionais responsáveis por uma determinada área especializada de atuação da Defensoria Pública do Estado do Paraná, de natureza permanente e serão criados por ato do Defensor Público-Geral do Estado, mediante propositura do Conselho da Defensoria Pública do Estado do Paraná".

Gabarito "A".

(Defensor Público/PR – 2012 – FCC) *Dessa forma, quando pensamos no que é o Direito, o pensamos como algo separado da 'sociedade' e intimamente ligado ao Estado. Pensamos em papéis, processos, ritos, togas e burocracia, todos esses elementos traduzindo autonomia da forma jurídica em relação ao mundo social. As partes comparecem para defender seus interesses ou prestar contas pela infração à norma, e o juiz, com base nas prescrições e princípios do sistema jurídico, produz sentenças. É como se a sociedade tivesse um funcionamento autônomo, num plano paralelo e abaixo do Estado e, quando ocorresse o conflito, o Estado fosse chamado a olhar para baixo, interferir e dar a solução.*

(COUTINHO, Priscila. A má-fé da Justiça. In SOUZA, Jesse. **A Ralé Brasileira: quem é e como vive**. Belo Horizonte: UFMG, 2009, p. 329-330)

A aproximação da sociedade com o sistema de justiça e a participação social, no âmbito da Defensoria Pública do Estado do Paraná, ocorrem

(A) através de seu orçamento participativo, cuja elaboração deve ser precedida de audiências públicas com a sociedade civil.

(B) por intermédio da Ouvidoria-Geral da Defensoria Pública, integrada por Ouvidor-Geral que não pode ser membro da carreira, mas que deve possuir formação jurídica.

(C) por intermédio das reclamações feitas pelos usuários do serviço à Ouvidoria-Geral, que pode arquiválas ou encaminhá-las, se o caso, ao Defensor Público-Geral.

(D) através das eleições para formação da lista tríplice para o cargo de Ouvidor-Geral, feitas por intermédio das associações de bairro e conselhos da comunidade.

(E) por intermédio da Ouvidoria-Geral, que deve, entre outras funções, promover atividades de intercâmbio com a sociedade civil e de acompanhamento do serviço prestado.

A única assertiva em relação ao contexto da questão é a "E". Isso porque o art. 36 da LC 136/2011 do Estado do Paraná define as seguintes atribuições à Ouvidoria: "**I** - receber e encaminhar ao Defensor Público-Geral do Estado representação contra membros e servidores da Defensoria Pública do Estado do Paraná, assegurada a defesa preliminar; **II** - propor aos órgãos da administração superior da Defensoria Pública do Estado do Paraná medidas e ações que visem à consecução dos princípios institucionais e ao aperfeiçoamento dos serviços prestados; **III** - elaborar e divulgar relatório semestral de suas atividades que conterá também as medidas propostas aos órgãos competentes e a descrição dos resultados obtidos; **IV** - participar, com direito à voz, do Conselho Superior da Defensoria Pública do Estado; **V - promover atividades de intercâmbio com a sociedade civil**; **VI - estabelecer meios de comunicação direta entre a Defensoria Pública do Estado do Paraná e a sociedade, para receber sugestões e reclamações, adotando as providências pertinentes e informando o resultado aos interessados**; **VII** – contribuir para a disseminação das formas de participação popular no acompanhamento e na fiscalização da prestação dos serviços realizados pela Defensoria Pública do Estado do Paraná; **VIII** - manter contato permanente com os vários órgãos da Defensoria Pública do Estado do Paraná, estimulando-os a atuar em permanente sintonia com os direitos dos usuários; **IX** - coordenar a realização de pesquisas periódicas e produzir estatísticas referentes ao índice de satisfação dos usuários, divulgando os resultados.

Gabarito "E".

1 De Lima, Frederico Rodrigues Viana. Defensoria Pública. 2ª ed. Salvador: Editora JusPodivm, 2012. p. 89.

(Defensor Público/SE – 2012 – CESPE) Assinale a opção correta com relação às disposições constitucionais acerca da DP.

(A) A garantia da inamovibilidade e da independência funcional dos membros da DP é assegurada, de forma expressa, apenas nas constituições estaduais.

(B) À DPE é assegurada a iniciativa de sua proposta orçamentária, ainda que tal garantia não esteja expressamente prevista na constituição estadual.

(C) A CF assegura, de forma expressa, a assistência judiciária aos necessitados, em todos os graus, prestada necessariamente pela DP, instituição essencial à função jurisdicional do Estado.

(D) O benefício da assistência jurídica integral e gratuita, nos termos expressos da CF, deve ser prestado, pela DP, preferencialmente aos nacionais e desde que comprovem insuficiência de recursos.

(E) A organização da DP é definida de forma expressa na CF, competindo à União aparelhar a DPU, a DP do DF e as DPEs.

A: incorreta. O art. 134, § 1º, da CF/1988 expressamente prevê a garantia da inamovibilidade. E o art. 134, § 2º, da CF/1988 garante expressamente a autonomia funcional dos defensores; **B:** correta. Ler o art. 134, § 2º, da CF/1988; **C:** incorreta. O art. 5º, LXXIV, da CF/1988 apenas dispõe expressamente que: "O Estado prestará assistência jurídica integral e gratuita aos que comprovarem insuficiência de recursos"; **D:** incorreta. Não existe distinção entre nacionais e estrangeiros (art. 5º, LXXIV, da CF/1988); **E:** incorreta. A Lei complementar federal organizará as DPs da União, do DF e dos territórios. Quanto aos Estados, a Lei complementar federal apenas estabelecerá normas gerais. Nesse sentido, estabelece o art. 134, § 1º, da CF/1988: "Lei complementar organizará a Defensoria Pública da União e do Distrito Federal e dos Territórios e prescreverá normas gerais para sua organização nos Estados, em cargos de carreira, providos, na classe inicial, mediante concurso público de provas e títulos, assegurada a seus integrantes a garantia da inamovibilidade e vedado o exercício da advocacia fora das atribuições institucionais"

Gabarito "B"

(Defensor Público/AC – 2012 – CESPE) Acerca do defensor público-geral do estado, do Conselho Superior e do corregedor-geral do estado, assinale a opção correta.

(A) O Conselho Superior da DP, composto por membros da carreira eleitos para mandato de dois anos, é presidido pelo defensor público-geral do estado, detentor de voto de qualidade em todas as matérias.

(B) O presidente da entidade de classe de maior representatividade dos membros da DPE tem assento e voz, bem como direito a voto nas reuniões do Conselho Superior.

(C) O corregedor-geral da DPE é indicado entre os integrantes da classe mais elevada da carreira, em lista tríplice elaborada pelo Conselho Superior, e nomeado pelo chefe do Poder Executivo para mandato de dois anos, permitida uma recondução.

(D) Antes do término de seu mandato, o corregedor-geral da DPE poderá ser destituído por proposta do chefe do Poder Executivo, aprovada pela maioria absoluta dos membros do Conselho Superior.

(E) Caso o chefe do Poder Executivo estadual não efetive a nomeação do defensor público-geral do estado nos quinze dias que se seguirem ao recebimento da lista tríplice, será investido automaticamente no cargo o DP mais votado para exercício do mandato.

A: incorreta. A redação correta do art. 9º, § 1º, da LC 80/1994 é a seguinte: "O Conselho Superior é presidido pelo Defensor PúblicoGeral, que, além do seu voto de membro, tem o de qualidade, exceto em matéria de remoção e promoção, sendo as deliberações tomadas por maioria de votos"; **B:** incorreta. A redação correta do art. 101, § 5º, da LC 80/1994 é a seguinte: "O presidente da entidade de classe de maior representatividade dos membros da Defensoria Pública do Estado terá assento e voz nas reuniões do Conselho Superior"; **C:** incorreta. A redação correta do art. 104 da LC 80/1994 é a seguinte: "A Corregedoria-Geral é exercida pelo Corregedor-Geral indicado dentre os integrantes da classe mais elevada da Carreira, em lista tríplice formada pelo Conselho Superior, e nomeado pelo Defensor Público-Geral para mandato de 2 (dois) anos, permitida 1 (uma) recondução"; **D:** incorreta. A redação correta do art. 104, § 1º, da LC 80/1994 é a seguinte: "O CorregedorGeral poderá ser destituído por proposta do Defensor Público-Geral, pelo voto de dois terços do Conselho Superior, antes do término do mandato"; **E:** correta, pois em conformidade com o disposto no art. 99, § 4º, da LC 80/1994.

Gabarito "E"

(Defensor Público/SP – 2012 – FCC) Considere as afirmações abaixo.

I. A Constituição de 1967, alterada pela Emenda Constitucional n 01/69, previu pela primeira vez a instalação da Defensoria Pública nos Estados da Federação.

II. A Resolução n. 2.656/11 da Organização dos Estados Americanos – OEA – afirma o acesso à justiça como direito humano fundamental autônomo, sendo o primeiro ato normativo da entidade que impulsiona o modelo de Defensoria Pública como ferramenta eficaz para a salvaguarda daquele direito.

III. De acordo com a regulamentação interna da Defensoria Pública de São Paulo, o Defensor Público poderá denegar o atendimento de usuário ao notar que ele apresenta claros sinais de transtorno mental, uma vez que lhe falta capacidade civil.

IV. O Conselho Superior da Defensoria Pública de São Paulo disciplinou que terão prioridade de atuação jurídico-processual, no âmbito da instituição, os procedimentos judiciais de competência da Justiça da Infância e Juventude e os procedimentos extrajudiciais a eles relacionados.

V. Em razão da Deliberação n. 195/2010 do Conselho Superior da Defensoria Pública de São Paulo, é assegurado às pessoas transexuais e travestis o direito à escolha do prenome que corresponda à forma pela qual se reconheça ou é identificada, nos atos e procedimentos promovidos no âmbito da instituição.

Está correto o que se afirma em

(A) I, III e IV, apenas.

(B) I, II, III e IV, apenas.

(C) III e IV, apenas.

(D) II, IV e V, apenas.

(E) I, II, III, IV e V.

I: incorreta. A instalação das DPEs foi prevista pela primeira vez na CF/1988; **II:** correta, pois, de fato, essa resolução da OEA impulsionou o modelo de Defensoria Pública como ferramenta eficaz para a salvaguarda do acesso a justiça; **III:** incorreta, pois não constitui motivo idôneo para embasar uma denegação de atendimento. Cabe esclarecer que a denegação de atendimento no âmbito da DP/SP é regulamentada pela Deliberação CSDP 89, de 08 de agosto de 2008, a qual prevê como motivos para denegação: "Artigo 1º. A denegação de atendimento pela Defensoria Pública, no que tange a interesses individuais observará o procedimento estabelecido na presente deliberação, e se dará nas seguintes hipóteses: I - não caracterização da hipossuficiência; II- manifesto descabimento da medida pretendida ou inconveniência aos interesses da parte; e III- quebra na relação de confiança. Parágrafo único. Cumpre ao Defensor Público se pautar pela concretização do direito de informação conferido a todas as pessoas que buscam o atendimento na Defensoria Pública, ainda que se trate de hipótese de denegação de atendimento"; **IV:** correta, pois, de fato, o Conselho Superior fez a citada determinação. A Deliberação 144 do CSDP, prevê o seguinte em seu art. 1.º: "Terão prioridade de atuação jurídico-processual, no âmbito da Defensoria Pública do Estado de São Paulo, os procedimentos judiciais de competência da Justiça da Infância e Juventude e extrajudiciais a eles relacionados"; **V:** correta, pois reproduziu o correto teor da Deliberação n. 195/2010 do Conselho Superior da Defensoria Pública de São Paulo.

Gabarito "D"

(Defensor Público/SP – 2012 – FCC) O Supremo Tribunal Federal, ao analisar questões que dizem respeito ao perfil constitucional da Defensoria Pública, já firmou entendimento no sentido de que

(A) se situa no âmbito da autonomia dos Estados Federados decidir pelo modelo de prestação de assistência jurídica que melhor se adapte às peculiaridades regionais, podendo optar por prestar o serviço somente por advogados dativos.

(B) é constitucional a disposição de lei estadual que equipara o Defensor Público-Geral a Secretário de Estado Membro.

(C) a Defensoria Pública da União é dotada de autonomia administrativa, funcional e iniciativa da proposta orçamentária, por arrastamento do dispositivo constitucional que conferiu as autonomias à Defensoria Pública nos Estados.

(D) a previsão de obrigatoriedade de celebração de convênio exclusivo entre a Defensoria Pública e a Ordem dos Advogados do Brasil ofende a autonomia institucional daquela.

(E) à Defensoria Pública da União cabe atuar com exclusividade nos Tribunais Superiores nos feitos iniciados pela Defensoria Pública do Estado, por interpretação analógica do dispositivo que atribuiu ao Ministério Público Federal atuar nos casos iniciados pelo Ministério Público Estadual.

De todas as assertivas, a única que traz um entendimento do STF sobre o perfil constitucional da DP é a "D". Segue a parte do Informativo 656 do STF que cuida do assunto.

Defensoria pública paulista e convênio obrigatório com a OAB-SP: inadmissibilidade - 1

A previsão de obrigatoriedade de celebração de convênio exclusivo e obrigatório entre a defensoria pública do Estado de São Paulo e a seccional local da Ordem dos Advogados do Brasil – OAB-SP ofende a autonomia funcional, administrativa e financeira daquela. Essa a conclusão do Plenário ao, por maioria, conhecer, em parte, de ação direta de inconstitucionalidade como arguição de descumprimento de preceito fundamental – ADPF e julgar o pleito parcialmente procedente, a fim de declarar a ilegitimidade ou não recepção do art. 234, e seus parágrafos, da Lei Complementar paulista 988/2006, assim como assentar a constitucionalidade do art. 109 da Constituição desse mesmo ente federativo, desde que interpretado conforme a Constituição Federal, no sentido de apenas autorizar, sem obrigatoriedade nem exclusividade, a defensoria a celebrar convênio com a OAB-SP. Tratava-se, na espécie, de ação direta ajuizada pelo Procurador-Geral da República contra o art. 109 da referida Constituição estadual e o art. 234 e parágrafos da LC paulista 988/2006, que tratam da instituição de convênio entre a defensoria pública paulista e a OAB-SP, para a prestação de assistência judiciária a necessitados, a cargo da primeira. ADI 4.163/SP, rel. Min. Cezar Peluso, 29.02.2012. (ADI-4.163)

Defensoria pública paulista e convênio obrigatório com a OAB-SP: inadmissibilidade - 2

De início, rechaçou-se preliminar, suscitada pela OAB-SP e pelo Governador do Estado-membro, de inadequação dos fundamentos do pedido. Asseverou-se que o objeto da ação — saber se a previsão de autêntico "convênio compulsório" transgrediria o art. 134, § 2º, da CF/1988, que estabeleceria a autonomia funcional, administrativa e financeira das defensorias públicas estaduais – estaria claro e bem embasado, a afastar a alegada inépcia da inicial e a eventual ofensa indireta. Em passo seguinte, examinou-se a questão da admissibilidade, em sede de controle concentrado, de cognição de norma cuja pretensa afronta a texto da Constituição dar-se-ia em face de emenda constitucional ulterior. No tópico, assinalou-se que se estaria diante de confronto entre a parte final do art. 109 da Constituição estadual, datada de 1989, e o disposto no art. 134, § 2º, da CF/1988, erigido a princípio constitucional com a EC 45/2004. Consignou-se que, para situações como esta, a via adequada seria a ADPF. Assim, em nome da instrumentalidade, da economia e da celeridade processuais, além da certeza jurídica, conheceu-se da presente demanda como ADPF. Salientou-se não haver óbice para a admissão da fungibilidade entre ambas as ações e destacou-se que a ação direta atenderia aos requisitos exigidos para a propositura daquela. Vencido, na conversão, o Min. Marco Aurélio ao fundamento de sua desnecessidade, uma vez que a solução diria respeito ao condomínio que o aludido art. 109 instituiria na prestação de serviços aos necessitados, tendo em conta o que previsto inicialmente na Constituição, em sua redação primitiva. ADI 4.163/SP, rel. Min. Cezar Peluso, 29.02.2012. (ADI-4163)

Defensoria pública paulista e convênio obrigatório com a OAB-SP: inadmissibilidade - 3

Na sequência, aduziu-se que, embora se cuidasse de medida cautelar (Lei 9.868/1999, art. 10), o STF poderia julgar a causa, desde logo, em termos definitivos, porquanto o feito estaria devidamente aparelhado, haja vista que todos os intervenientes ter-se-iam manifestado exaustivamente, a exemplo da AGU e do Ministério Público. No mérito, registrou-se que a previsão constante do art. 234 da lei complementar adversada imporia, de maneira inequívoca, a obrigatoriedade de a defensoria pública firmar convênio, em termos de exclusividade, com a OAB-SP, a descaracterizar tanto o conceito dogmático de convênio, quanto a noção de autonomia funcional e administrativa. Observou-se que o art. 14, § 2º, da LC 98/1999 autorizaria esse acordo com entidade que desempenhasse as funções de defensoria, quando esta ainda não existisse na unidade da federação. Ademais, enfatizou-se que o Estado de São Paulo não poderia, sob o pálio de convênios firmados para responder a situações temporárias, furtar-se ao dever jurídico-constitucional de institucionalização plena e de respeito absoluto à autonomia da defensoria pública. Relativamente ao art. 109 da Constituição paulista, atribuiu-se-lhe interpretação conforme para afirmar que seu texto enunciaria apenas mera autorização ou possibilidade de celebração de convênios com a OAB-SP, sem cunho de necessidade, nem exclusividade, de modo a ficar garantida à defensoria pública, em consonância com sua autonomia administrativa e funcional, a livre definição dos seus eventuais critérios administrativo-funcionais de atuação. Frisou-se, por fim, que a regra primordial para a prestação de serviços jurídicos pela Administração Pública, enquanto atividade estatal permanente, seria o concurso público, a constituir situação excepcional e temporária a prestação de assistência jurídica à população carente por não defensores públicos. ADI 4.163/SP, rel. Min. Cezar Peluso, 29.02.2012. (ADI-4.163)

Defensoria pública paulista e convênio obrigatório com a OAB-SP: inadmissibilidade - 4

A Min. Rosa Weber ressaltou que os motivos para a existência da autonomia das defensorias públicas estaduais decorreria da importância do papel social por elas desempenhado, o qual só seria efetivamente cumprido quando sua atuação concreta fosse suficientemente eficaz para que fizesse parte fundamental de um objetivo maior, a saber, o da busca de uma sociedade livre, justa e solidária. Na mesma linha, entendeu que o mandamento constitucional seria mais bem desempenhado ao se permitir à defensoria escolher entre a locação material e pessoal próprios ou a realização de convênios a partir de necessidades específicas. O Min. Luiz Fux manifestou preocupação quanto ao fato de que setenta por cento do orçamento da defensoria pública de São Paulo seria gasto com o convênio. O Min. Dias Toffoli, por sua vez, acrescentou que a instituição não seria arredia ao estabelecimento de convênios e muito menos pretenderia monopólio em sua atuação. Requeria, ao revés, o legítimo exercício das competências a ela atribuídas pela Constituição. Nesse diapasão, vislumbrou a possibilidade de atuação de advocacia *pro bono* e de assessoria jurídica pelos municípios. A Min. Cármen Lúcia também explicitou que a solução proposta pelo relator enfatizaria a conquista da autonomia das defensorias públicas estaduais. O Min. Ricardo Lewandowski realçou que os preceitos impugnados imporiam despesa de natureza aleatória ao Estado, sob a justificativa de um conceito indeterminado de necessidade de prestação de serviço público. O Min. Ayres Britto esclareceu que a interpretação conforme significaria a viabilidade de recurso a outros organismos com capacidade postulatória, não exclusivamente à OAB, em caráter tão supletivo quanto transitório e excepcional, e sempre a critério das próprias defensorias públicas no uso de sua autonomia funcional e administrativa. O Min. Gilmar Mendes repelia, de idêntica maneira, a ideia de monopólio, entretanto, enaltecia que a defensoria pública teria papel central, como órgão de coordenação desse tipo de atividade. Vencido o Min. Marco Aurélio, que acolhia a procedência do pedido como ação direta de inconstitucionalidade. Observava que, da mesma forma que o Estado-membro não poderia impor convênio, a defensoria não poderia despir-se da incumbência constitucional de prestar diretamente a assistência e fazê-lo mediante arregimentação de advogados. ADI 4.163/SP, rel. Min. Cezar Peluso, 29.02.2012. (ADI-4.163).

Gabarito "D"

(Defensor Público/SP – 2012 – FCC) A Lei Complementar Federal nº 132/2009

(A) regulamentou a autonomia financeira da instituição, definindo percentual de participação nas custas judiciais.

(B) instituiu, como norma geral aplicável a todas as Unidades da Federação, a nomeação do Defensor Público-Geral pelo chefe do Poder Executivo, dentre membros estáveis, escolhidos em lista tríplice formada pelo voto dos integrantes da carreira.

(C) representou avanço para a Defensoria Pública pois, pela primeira vez, editou-se diploma legal de cunho nacional organizando a Defensoria Pública da União e do Distrito Federal e dos Territórios prescrevendo normas gerais para sua organização nos Estados.

(D) significou retrocesso para a Defensoria Pública, uma vez que foi vetado o dispositivo que concedia à instituição legitimidade para propor ação civil pública.

(E) conferiu ao Defensor Público-Geral a possibilidade de enviar ao Poder Legislativo projeto de lei para criação e extinção dos cargos da instituição, bem como a fixação dos subsídios de seus membros.

De todas as assertivas, a única que cuida de uma inovação patrocinada pela LC 132/2009 é a "B" (art. 99 da LC 80/1994).

Gabarito "B"

(Defensor Público/RS – 2011 – FCC) Entre as inovações advindas da reforma da Lei Orgânica Nacional da Defensoria Pública (Lei Complementar Federal nº 80/94), promovida pela Lei Complementar Federal nº 132, de 07 de outubro de 2009, destaca-se, positivamente, a iniciativa da própria proposta orçamentária, criação e extinção de seus cargos e serviços auxiliares, política remuneratória e plano de carreira.

Sobre a proposta orçamentária da Defensoria Pública do Estado do Rio Grande do Sul, considere:

I. A Defensoria Pública do Estado elaborará sua proposta orçamentária anual, encaminhando-a, através do seu Defensor Público-Geral, ao Poder Legislativo para consolidação e encaminhamento ao Chefe do Poder Executivo, a quem caberá a sua apreciação e aprovação final.

II. As decisões da Defensoria Pública do Estado, fundadas em sua autonomia funcional e administrativa, obedecidas as formalidades legais, têm eficácia plena e executoriedade imediata, ressalvada a competência constitucional do Poder Judiciário e do Tribunal de Contas.

III. A Defensoria Pública do Estado elaborará sua proposta orçamentária atendendo aos seus princípios, às diretrizes e aos limites definidos na Lei de Diretrizes Orçamentárias, encaminhando-a ao Chefe do Poder Executivo para consolidação e encaminhamento ao Poder Legislativo.

IV. A proposta orçamentária anual da Defensoria Pública do Estado é aprovada pelo Defensor Público-Geral, após ampla participação popular, através da realização de Conferência Estadual e de Conferências Regionais e possui caráter vinculativo em relação aos Poderes Legislativo e Executivo estaduais.

V. A fiscalização contábil, financeira, orçamentária, operacional e patrimonial da Defensoria Pública do Estado, quanto à legalidade, legitimidade, aplicação de dotações e recursos próprios e renúncia de receitas, será exercida pelo Poder Legislativo, mediante controle externo e pelo sistema de controle interno estabelecido em lei.

Está correto o que se afirma APENAS em

(A) I, II e III.
(B) I, IV e V.
(C) II, III e V.
(D) II, IV e V.
(E) III, IV e V.

I: incorreta. A Defensoria Pública do Estado elaborará sua proposta orçamentária atendendo aos seus princípios, às diretrizes e aos limites definidos na lei de diretrizes orçamentárias, encaminhando-a ao Chefe do Poder Executivo para consolidação e encaminhamento ao Poder Legislativo (art. 97-B, *caput*, da LC 80/1994). Percebe-se que caberá ao Poder Legislativo a apreciação e aprovação final da proposta orçamentária formulada pela Defensoria Pública Estadual; **II:** correta, pois reproduz fielmente a redação do art. 97-B, § 5º, da LC 80/1994; **III:** correta, pois reproduz fielmente a redação do art. 97-B, *caput*, da LC 80/1994; **IV:** incorreta. Reler os comentários às assertivas I e III; **V:** correta, pois reproduz fielmente a redação do art. 97-B, § 6º, da LC 80/1994.

Gabarito "C"

(Defensor Público/AM – 2010 – I. Cidades) Nos termos do artigo 10, da Lei Orgânica da Defensoria Pública do Estado do Amazonas (Lei Complementar Estadual n.º 01, de 30 de março de 1990), coordenar e controlar o serviço da Defensoria Pública no Interior do Estado é competência:

(A) do Corregedor-Geral.
(B) do Defensor Público-Geral.
(C) do Subdefensor Público-Geral.
(D) do Ouvidor-Geral.
(E) do Conselho Superior

A, B, C, D e E: "Art. 10. Ao Subdefensor Público-Geral nomeado na forma do § 2º do art. 9º, compete: **I** - substituir o Defensor Público-Geral em suas faltas e impedimentos; **II** - supervisionar, coordenar e controlar as atividades administrativas da Defensoria Pública; **III - coordenar e controlar os serviços da Defensoria Pública no Interior do Estado**, dando ciência ao Defensor Público-Geral; **IV** - integrar, como membro nato, o Conselho Superior; e **V** - exercer demais atividades que lhe sejam delegadas pelo Defensor Público-Geral".

Gabarito "C"

(Defensor Público/GO – 2010 – I. Cidades) A Defensoria Pública da União tem por chefe

(A) o Defensor Público-Geral Federal, nomeado pelo Presidente da República, dentre membros estáveis da Carreira e maiores de 35 (trinta e cinco) anos, escolhidos em lista tríplice formada pelo voto direto, secreto, plurinominal e obrigatório de seus membros, após a aprovação de seu nome pela maioria absoluta dos membros do Senado Federal, para mandato de 2 (dois) anos, permitida uma recondução, precedida de nova aprovação do Senado Federal.
(B) o Defensor Público-Geral Federal, nomeado pelo Presidente da República, dentre integrantes da carreira, maiores de 35 (trinta e cinco) anos, após a aprovação de seu nome pela maioria absoluta dos membros do Senado Federal, para mandato de 2 (dois) anos, permitida uma recondução.
(C) o Defensor Público-Geral Federal, nomeado pelo Presidente da República, dentre integrantes da carreira e maiores de 30 (trinta) anos, após a aprovação de seu nome pela maioria absoluta dos membros do Senado Federal, para mandato de 2 (dois) anos, permitida uma recondução, precedida de nova aprovação do Senado Federal.
(D) o Defensor Público-Geral Federal, nomeado pelo Presidente da República, dentre integrantes da carreira, maiores de 30 (trinta) anos, após a aprovação de seu nome pela maioria absoluta dos membros do Senado Federal, para mandato de 2 (dois) anos, permitida a recondução.
(E) o Defensor Público-Geral Federal, nomeado pelo Presidente da República dentre os Defensores Públicos da categoria mais elevada, maiores de 35 (trinta e cinco) anos, escolhidos pelos integrantes da carreira, em escrutínio direto e secreto e dispostos em lista tríplice pela ordem decrescente de votação, para um mandato de 2 (dois) anos, permitida uma recondução.

A, B, C, D e E: a assertiva "B" é a correta porque reproduz o texto do art. 6º da LC 80/1994.

Gabarito "B"

(Defensor Público/GO – 2010 – I. Cidades) O Conselho Superior da Defensoria Pública do Estado de Goiás é composto

(A) pelo Defensor Público-Geral e pelo Corregedor-Geral, como membros natos, e por quatro representantes da categoria mais elevada, escolhidos pelo Colégio de Defensores Públicos de Primeira Categoria, em escrutínio direto e secreto.
(B) pelo Defensor Público-Geral, pelo Subdefensor Público-Geral e pelo Corregedor-Geral, como membros natos, e por quatro representantes da categoria mais elevada estáveis, escolhidos pelos seus pares em escrutínio direto e secreto.
(C) pelo Defensor Público-Geral, pelo Subdefensor Público-Geral e pelo Corregedor-Geral, como membros natos, e por quatro representantes da categoria mais elevada estáveis, escolhidos pelo Colégio de Defensores Públicos de Terceira Categoria, em escrutínio direto e secreto.
(D) pelo Defensor Público-Geral e pelo Corregedor-Geral, como membros natos, e por quatro representantes da categoria mais elevada, escolhidos pelo Colégio de Defensores Públicos de Primeira Categoria, em escrutínio direto e secreto.
(E) pelo Defensor Público-Geral, pelo Subdefensor Público-Geral e pelo Corregedor-Geral, como membros natos, e por quatro representantes da categoria mais elevada, escolhidos pelos seus pares em escrutínio direto e secreto.

A, B, C, D e E: o art. 8º da LC 51/2005 do Estado de Goiás assim dispõe: "O Conselho Superior da Defensoria Pública do Estado é composto pelo Defensor Público-Geral, pelo Subdefensor Público-Geral e pelo Corregedor-Geral, como membros natos, e por quatro representantes da categoria mais elevada, escolhidos pelos seus pares em escrutínio direto e secreto".

Gabarito "E"

(Defensor Público/AL – 2009 – CESPE) Julgue os itens subsequentes, acerca da promoção na carreira e dos deveres e penalidades a que se sujeita o DP.

(1) As promoções na carreira de DP do estado são efetivadas por ato do DPG do estado, obedecidos, alternadamente, os critérios de antiguidade e merecimento, sendo defesa recusa à promoção por antiguidade.
(2) Ao contrário dos membros da magistratura, os DPs não estão obrigados a residir na localidade onde exercem suas funções.
(3) Caso um DP do estado do Alagoas esteja respondendo a processo administrativo disciplinar, para se aplicar a pena de remoção compulsória, será necessário prévio parecer do Conselho Superior.

1: errada, pois as promoções na carreira de DP do estado são efetivadas por ato do **Governador do Estado** (art. 40, § 4º, da Lei Delegada 23/2003 do Estado de Alagoas); **2:** errada, pois trata-se de um dos deveres dos DPs (art. 54, I, da Lei Delegada 23/2003 do Estado de Alagoas); **3:** correta. A remoção compulsória é aplicada sempre que a falta praticada, pela sua gravidade e repercussão, tornar incompatível a permanência do faltoso no órgão em que tiver exercício. O art. 120 da LC 80/1994 assim determina: "A remoção compulsória somente será aplicada com **prévio parecer do Conselho Superior**, assegurada ampla defesa em processo administrativo disciplinar". Lembrando que a LC 80/1994 organiza a Defensoria Pública da União, do Distrito Federal e dos Territórios e prescreve normas gerais para sua organização nos Estados.

Gabarito 1E, 2E, 3C

(Defensor Público/MS – 2008 – VUNESP) A Lei Complementar n. 111/2005 criou o Fundo Especial para o Aperfeiçoamento e o Desenvolvimento das Atividades da Defensoria Pública. Segundo a Lei, esse Fundo

(A) será administrado por um Conselho Administrativo composto de oito membros da carreira, sob a presidência do Defensor Público-Geral.
(B) terá como uma das suas fontes de receitas as transferências orçamentárias provenientes de outras entidades públicas.
(C) não poderá receber doações de pessoas jurídicas estrangeiras.
(D) terá o saldo verificado no final de cada exercício automaticamente devolvido para o Tesouro Estadual.

A: incorreta. O Fundo será administrado por um Conselho Administrativo composto de **cinco membros** da carreira, sob a presidência do Defensor Público-Geral (art. 7º, § 5º, da LC 111/2005 do Estado de Mato Grosso do Sul); **B:** correta, pois reproduz perfeitamente a redação do art. 7º, § 1º, III, da LC 111/2005 do Estado de Mato Grosso do Sul; **C:** incorreta. Poderá receber doações de pessoas físicas ou jurídicas, nacionais ou estrangeiras (art. 7º, § 1º, II, da LC 111/2005 do Estado de Mato Grosso do Sul); **D:** incorreta. Os saldos verificados no final de cada exercício serão **automaticamente transferidos para o exercício seguinte**, a crédito do Fundo Especial para o Aperfeiçoamento e o Desenvolvimento das Atividades da Defensoria Pública (art. 7º, § 3º, da LC 111/2005 do Estado de Mato Grosso do Sul).

Gabarito "B"

(Defensor Público/MS – 2008 – VUNESP) Tendo em vista o disposto na Lei Complementar n. 111/2005, propor normas e procedimentos para a organização dos serviços e de desempenho das funções dos membros da Defensoria Pública compete ao

(A) Corregedor-Geral da Defensoria Pública.
(B) Defensor Público-Geral do Estado.
(C) Conselho Superior da Defensoria Pública.
(D) Colégio de Defensores Públicos de 2.ª Instância.

A, B, C e **D:** a Corregedoria-Geral da Defensoria Pública é órgão orientador e fiscalizador das suas atividades funcionais e da conduta de seus membros e servidores do quadro dos serviços auxiliares. E uma das competências do Corregedor-Geral da Defensoria Pública é exatamente propor normas e procedimentos para a organização dos serviços e de desempenho das funções dos membros da Defensoria Pública (art. 23, I, da LC 111/2005 do Estado de Mato Grosso do Sul).

Gabarito "A"

(Defensor Público/RO – 2007) O Defensor Público-Geral da União será nomeado pelo Presidente da República dentre aqueles que estejam nas seguintes condições:

(A) advogados, maiores de 30 anos
(B) bacharéis em direito, civilmente capazes
(C) integrantes da carreira, maiores de 35 anos
(D) integrantes ou não da carreira, maiores de 25 anos
(E) integrantes da carreira, promovidos por merecimento

A, B, C, D e **E:** a Defensoria Pública da União tem por chefe o Defensor Público-Geral Federal, **nomeado pelo Presidente da República, dentre membros estáveis da carreira e maiores de 35 (trinta e cinco) anos**, escolhidos em lista tríplice formada pelo voto direto, secreto, plurinominal e obrigatório de seus membros, após a aprovação de seu nome pela maioria absoluta dos membros do Senado Federal, para mandato de 2 (dois) anos, permitida uma recondução, precedida de nova aprovação do Senado Federal (art. 6º da LC 80/1994).

Gabarito "C"

(Defensor Público/RO – 2007) Os membros natos do Conselho Superior da Defensoria Pública da União, além do Corregedor-Geral, são:

(A) Defensor Público-Geral e Subdefensor Público-Geral
(B) Subdefensor Público-Geral e Presidente da Associação
(C) Subdefensor Público-Geral e Decano
(D) Decano e Presidente da Associação
(E) Defensor Público-Geral e Decano

A, B, C, D e **E:** a composição do Conselho Superior da Defensoria Pública da União deve incluir obrigatoriamente o **Defensor Público-Geral Federal, o Subdefensor Público-Geral Federal** e o Corregedor-Geral Federal, como membros natos, e, em sua maioria, representantes estáveis da carreira, 2 (dois) por categoria, eleitos pelo voto direto, plurinominal, obrigatório e secreto de todos integrantes da carreira (art. 9º da LC 80/1994).

Gabarito "A"

(Defensor Público/BA – 2006) A Defensoria Pública dos Estados compreende:

(A) Como órgão de administração superior: a Subdefensoria Pública-Geral do Estado.
(B) Como órgão de atuação: a Corregedoria-Geral da Defensoria Pública do Estado.
(C) Como órgão de execução: a Defensoria Pública do Estado.
(D) Como órgão de atuação: o Conselho Superior da Defensoria Pública do Estado.
(E) Como órgão de execução: a Defensoria Pública-Geral do Estado.

A: correta. Os órgãos de administração superior da DP dos estados são: **a)** a Defensoria Pública-Geral do Estado; **b)** a **Subdefensoria Pública-Geral do Estado**; **c)** o Conselho Superior da Defensoria Pública do Estado; **d)** a Corregedoria-Geral da Defensoria Pública do Estado (art. 98, I, *a*, *b*, *c* e d, da LC 80/1994); **B:** incorreta. Os órgãos de atuação da DP dos estados são: as Defensorias Públicas do Estado e os Núcleos da Defensoria Pública do Estado (art. 98, II, *a* e *b*, da LC 80/1994); **C:** incorreta. Os órgãos de execução da DP dos estados são os Defensores Públicos do Estado (art. 98, III, *a*, da LC 80/1994); **D:** incorreta. Reler o comentário à assertiva "B"; **E:** incorreta. Reler o comentário à assertiva "C". Por fim, o órgão auxiliar da DP dos estados é a Ouvidoria-Geral da Defensoria Pública do Estado (art. 98, IV, da LC 80/1994).

Gabarito "A"

3. Garantias, Prerrogativas, Deveres, Proibições e Impedimentos

(Defensor Público/SE – 2012 – CESPE) No que tange às garantias e prerrogativas do DP, assinale a opção correta.

(A) É prerrogativa expressa dos membros da DPE, entre outras, ter vista pessoal, sem ressalvas, dos processos fora dos cartórios e secretarias.
(B) São prerrogativas expressas do membro da DPE, entre outras, a possibilidade de manifestar-se em autos administrativos ou judiciais por meio de cota e a de ser ouvido como testemunha, em qualquer processo ou procedimento, em dia, hora e local previamente ajustados com a autoridade competente.
(C) Os DPEs detêm a prerrogativa de comunicar-se, pessoal e reservadamente, com seus assistidos, ainda que estes estejam presos ou detidos, mesmo incomunicáveis, sendo imprescindível prévio agendamento com a autoridade administrativa responsável pela custódia.
(D) A prerrogativa dos membros da DPE de contagem em dobro de todos os prazos não se estende à instância administrativa.
(E) A garantia da independência funcional e da inamovibilidade é concedida aos membros da DPE, após três anos de efetivo exercício, mediante avaliação de desempenho perante os órgãos próprios, após relatório circunstanciado da respectiva corregedoria.

A: incorreta. A redação correta do art. 128, VII, da LC 80/1994 é a seguinte: "ter vista pessoal dos processos fora dos cartórios e secretarias, ressalvadas as vedações legais"; **B:** correta, pois em consonância com os incisos IX e XIV do art. 128 da LC 80/1994; **C:** incorreta. A redação correta do art. 128, VI, da LC 80/1994 é a seguinte: "comunicar-se, pessoal e reservadamente, com seus assistidos, ainda quando estes se acharem presos ou detidos, mesmo incomunicáveis, tendo livre ingresso em estabelecimentos policiais, prisionais e de internação coletiva, independentemente de prévio agendamento"; **D:** incorreta. A redação correta do art. 128, I, da LC 80/1994 é a seguinte: "receber, inclusive quando necessário, mediante entrega dos autos com vista, intimação pessoal em qualquer processo e grau de jurisdição ou instância administrativa, contando-se-lhes em dobro todos os prazos"; **E:** incorreta. Apenas a estabilidade é conferida após três anos de efetivo exercício (art. 41 da CF/1988). A garantia da independência funcional e da inamovibilidade é concedida desde o princípio (art. 134, § 2º, da CF/1988).

Gabarito "B"

(Defensor Público/RO – 2012 – CESPE) Conforme previsão expressa da Lei Complementar n.º 80/1994, constitui prerrogativa de membro da DPE

(A) receber intimação pessoal em qualquer processo, sempre mediante a entrega dos autos com vista.
(B) ser recolhido, após sentença condenatória transitada em julgado, à prisão especial ou à sala especial de Estado Maior.
(C) ter o mesmo tratamento reservado aos magistrados e demais titulares dos cargos das funções essenciais à justiça.
(D) ser processado e julgado, nos crimes comuns e de responsabilidade, pelo órgão judiciário de 2.º grau.
(E) ser preso somente por ordem judicial escrita ou em razão de flagrante de crime inafiançável.

A: incorreta. A redação correta do art. 44, I, da LC 80/1994 é a seguinte: "receber, inclusive quando necessário, mediante entrega dos autos com vista, intimação pessoal em qualquer processo e grau de jurisdição ou instância administrativa, contando-se-lhes em dobro todos os prazos"; **B:** incorreta. A redação correta do art. 44, III, da LC 80/1994 é a seguinte: "ser recolhido a prisão especial ou a sala especial de Estado Maior, com direito a privacidade e, após sentença condenatória transitada em julgado, ser recolhido em dependência separada, no estabelecimento em que tiver de ser cumprida a pena"; **C:** correta, pois reproduz corretamente a redação do art. 44, XIII, da LC 80/1994; **D:** incorreta, pois não existe nem sequer prerrogativa parecida; **E:** A redação correta do art. 44, II, da LC 80/1994 é a seguinte: "não ser preso, senão por ordem judicial escrita, salvo em flagrante, caso em que a autoridade fará imediata comunicação ao Defensor PúblicoGeral".

Gabarito "C"

(Defensor Público/PR – 2012 – FCC) A Lei Complementar Estadual n. 136/11 elenca as prerrogativas dos Defensores Públicos paranaenses, necessárias ao desempenho de suas funções institucionais. Dentre elas NÃO se inclui:

(A) examinar, em qualquer repartição pública, autos de flagrantes, inquéritos e processos, assegurada a obtenção de cópias e podendo tomar apontamentos.
(B) representar a parte, em feito administrativo ou judicial, independentemente de mandato, ressalvados os casos para os quais a lei exija poderes especiais.
(C) requisitar de qualquer autoridade pública e de seus agentes, certidões, exames, perícias, vistorias, diligências, processos, documentos, informações, esclarecimentos e demais providências necessárias ao exercício de suas atribuições.
(D) manifestar-se em autos administrativos ou judiciais por meio de cota.
(E) deixar de patrocinar ação, quando ela for manifestamente incabível ou inconveniente aos interesses da parte sob seu patrocínio, comunicando o fato ao Defensor Público-Geral apenas em caso de recurso do assistido.

De todas as assertivas, a única que não cuida de uma prerrogativa dos Defensores Públicos paranaenses é a "E". Segue a redação do art. 156 da LC 136/2011 do Estado do Paraná: "São prerrogativas dos membros da Defensoria Pública do Estado do Paraná, dentre outras previstas em lei: **I** - receber, inclusive quando necessário, mediante entrega dos autos com vista, intimação pessoal em qualquer processo e grau de jurisdição ou instância administrativa, contando-se-lhes em dobro todos os prazos; **II** - não ser preso, senão por ordem judicial escrita, salvo em flagrante, caso em que a autoridade fará imediata comunicação ao Defensor Público-Geral; **III** - ser recolhido à prisão especial ou à sala especial de Estado Maior, com direito a privacidade e, após sentença condenatória transitada em julgado, ser recolhido em dependência separada, no estabelecimento em que tiver de ser cumprida a pena; **IV** - usar vestes talares e as insígnias privativas da Defensoria Pública; **V** - comunicar-se, pessoal e reservadamente, com seus assistidos, ainda quando estes se acharem presos ou detidos, mesmo incomunicáveis, tendo livre ingresso em estabelecimentos policiais, prisionais e de internação coletiva, independentemente de prévio agendamento; **VI** - ter vista pessoal dos processos fora dos cartórios e secretarias, ressalvadas as vedações legais; **VII - examinar, em qualquer repartição pública, autos de flagrantes, inquéritos e processos, assegurada a obtenção de cópias e podendo tomar apontamentos**; **VIII - manifestar-se em autos administrativos ou judiciais por meio de cota**; **IX - representar a parte, em feito administrativo ou judicial, independentemente de mandato, ressalvados os casos para os quais a lei exija poderes especiais**; **X** - deixar de patrocinar ação, quando ela for manifestamente incabível ou inconveniente aos interesses da parte sob seu patrocínio, comunicando o fato ao Defensor Público-Geral, com as razões de seu proceder; **XI** - ter o mesmo tratamento reservado aos Magistrados e demais titulares dos cargos das funções essenciais à justiça; **XII** - ser ouvido como testemunha, em qualquer processo ou procedimento, em dia, hora e local previamente ajustados com a autoridade competente. **XIII – requisitar de qualquer autoridade pública e de seus agentes, certidões, exames, perícias, vistorias, diligências, processos, documentos, informações, esclarecimentos e demais providências necessárias ao exercício de suas atribuições**. **Parágrafo único** Quando, no curso de investigação policial, houver indício de prática de infração penal por membro da Defensoria Pública do Estado do Paraná, a autoridade policial, civil ou militar, comunicará imediatamente o fato ao Defensor Público-Geral do Estado, que designará membro da Defensoria Pública do Estado do Paraná para acompanhar a apuração".

Gabarito "E".

(Defensor Público/AC – 2012 – CESPE) Assinale a opção correta acerca da prerrogativa de intimação pessoal dos membros da DP.

(A) Em processo de *habeas corpus*, em razão de sua natureza, mesmo que haja pedido expresso de sustentação oral, não é obrigatória a intimação pessoal do DP.
(B) A contagem do prazo para a DP inicia-se apenas quando seu representante apõe o ciente nos autos, mesmo que em data diversa da de seu recebimento por servidor designado.
(C) É pacífico na jurisprudência o entendimento de que a prerrogativa da intimação pessoal do DP deve ser sempre observada, mesmo no rito dos juizados especiais criminais.
(D) Conforme entendimento do STJ, a presença do DP na audiência em que seja proferida a sentença é suficiente para caracterizar a intimação pessoal da DP, sendo, assim, desnecessária a entrega dos autos com vista.
(E) Considera-se válida a intimação da data de julgamento da apelação feita a DP diverso do que efetivamente tenha atuado no feito.

Antes de comentar as assertivas, importante reproduzir as palavras do defensor federal Frederico Rodrigues Viana de Lima: "Antes de privilégios pessoais, as prerrogativas expressam *direitos exclusivos* constituídos com a finalidade de que a função pública realizada pelos agentes possa ser cumprida da melhor maneira. Elas não existem para servir ao ocupante do cargo, mas, sim, para que ele esteja munido de um aparato ideal para desempenhar as funções que lhe foram cometidas[2]".
A; incorreta. Uma das prerrogativas dos membros da Defensoria é receber, inclusive quando necessário, mediante entrega dos autos com vista, intimação pessoal **em qualquer processo** e grau de jurisdição ou instância administrativa, contando-se-lhes em dobro todos os prazos (art. 44, I, da LC 80/1994); **B:** incorreta. "Para a Defensoria Pública, segue-se a mesma lógica, a intimação por remessa dos autos tem sua fluência iniciada, no processo penal e no processo civil, a partir do momento em que eles são entregues ao setor administrativo da Instituição[3]; **C:** incorreta, pois a prerrogativa de intimação pessoal da Defensoria Pública é incompatível com o rito dos juizados especiais, logo a contagem será simples e intimação não será pessoal. O raciocínio que sustenta a citada afirmação é no sentido de que o art. 44, I, da LC 80/94 traz uma norma geral, enquanto o art. 9º da L. 10.259 traz uma norma especial, assim a regra da especialidade prevalece, a qual é corroborada pelo principio da celeridade. Cabe enfatizar que a criação dos juizados especiais representaram um compromisso com a prestação jurisdicional célere. Todavia, esse posionamento, majoritário e chancelado pelo STF, não deixa de ser criticado: "A ótica da *especialidade* é que tem levado o STF a denegar a prerrogativa de intimação pessoal e de prazo em dobro no âmbito dos Juizados Especiais, uma vez que este subsistema prevaleceria sobre as regras instituídas pela Lei Complementar 80/94. No entanto, se encarada a questão a partir da *especialidade das funções* – e não das leis! -, o cenário talvez fosse um tanto distinto. Como salientou o Ministro Ilmar Galvão, no julgamento da Medida Cautelar na ADI 2.144/DF, é o tipo de função exercida que legitima um tratamento precessual especial, como sedá, por exemplo, em relação aos prazos do *parquet* ou do defensor público. Por ser agente unstrumentalizador de transformações sociais e por desempenhar funções estatais específicas, o sistema jurídico confere ao Defensor Público prerrogativas distintas das dos demais atores precessuais. Tais prerrogativas devem acompanha-los aonde houver o exercício de suas funções, pois elas não se modificam quando a Defensoria Pública atua nos Juizados Especiais. Embora o rito seja específico e especial, como assenta o STF, a atuação da Defensoria Pública não o é. Considerando principalmente a competência em razão do valor da causa, limitada a 60 (sessenta) salários mínimos, nos Juizados Federais, e a 40 (quarenta) salários mínimos, nos Juizados Estaduais, o público alvo da Defensoria Pública litiga, em sua grande maioria, submetido a este procedimento especial[4]"; **D:** incorreta. Reler o comentário sobre a assertiva A; **E:** correta. "Ada Pellegrini Grinover, Antonio Carlos de Araújo Cintra e Cândido Rangel Dinamarco apontam que ser una e indivisível a Instituição significa que todos os seus membros fazem parte de uma só corporação e podem ser indiferentemente substituídos um por outro em suas funções, sem que com isso haja alteração subjetiva nos processos em que oficiam (...) A intimação pessoal, portanto, deve ser entendida como dirigida à Defensoria Pública, e não a um Defensor Público em particular[5]".

Gabarito "E".

(Defensor Público/RS – 2011 – FCC) Em relação aos Defensores Públicos e às suas prerrogativas e funções institucionais, com esteio nas Leis Complementares Federais e Estaduais que organizam as Defensorias Públicas, considere a seguinte situação hipotética: o Defensor Público, no uso de suas atribuições funcionais na Comarca de Pelotas-RS, recebe a presença de Oficial de Justiça, munido do mandado judicial e sem a cópia da petição inicial e a carga física dos autos, a fim de intimá-lo de sua constituição, em determinado processo, como curador especial de réu, citado por edital, bem como para apresentação de contestação, no prazo legal.

Neste caso, deve o Defensor Público

(A) recusar-se a receber a intimação, por inobservância de prerrogativa específica conferida aos membros da Defensoria Pública.
(B) aceitar e receber a intimação, porquanto a intimação pessoal é prerrogativa que não depende, em qualquer circunstância, da entrega dos autos com vista.
(C) aceitar e receber a intimação, porquanto a situação não retrata a necessidade da entrega dos autos com vista.
(D) recursar-se a receber a intimação, porquanto não é sua função institucional exercer a curadoria especial, exceto no segundo grau de jurisdição.
(E) aceitar e receber a intimação, porquanto a intimação pessoal, mediante entrega dos autos com vista, quando necessário, é prerrogativa conferida somente ao Defensor Público-Geral.

A, B, C, D e **E:** a assertiva "A" é a correta porque o defensor público tem a prerrogativa de receber, inclusive quando necessário, mediante entrega dos autos com vista, intimação pessoal em qualquer processo e grau de jurisdição ou instância administrativa, contando-se-lhes em dobro todos os prazos (art. 44, I, da LC 80/1994).

Gabarito "A".

2 **Defensoria Pública.** 2ª ed. Salvador: Editora JusPodivm, 2012. p. 297.

3 De Lima, Frederico Rodrigues Viana. Defensoria Pública. 2ª ed. Salvador: Editora JusPodivm, 2012. p. 343.

4 De Lima, Frederico Rodrigues Viana. Defensoria Pública. 2ª ed. Salvador: Editora JusPodivm, 2012. p. 314-315.

5 De Lima, Frederico Rodrigues Viana. Defensoria Pública. 2ª ed. Salvador: Editora JusPodivm, 2012. p. 317-318.

(Defensor Público/GO – 2010 – I. Cidades) Sobre o regime jurídico da carreira de Defensor Público do Estado de Goiás:

(A) É vedado ao membro da carreira desempenhar cargo ou função fora da área de competência da Defensoria Pública do Estado, exceto cargos de direção e assessoramento superior.
(B) É prerrogativa do membro da carreira não ser preso, senão por ordem judicial escrita, salvo em flagrante, caso em que a autoridade fará imediata comunicação ao Corregedor-Geral.
(C) É facultada a recusa à promoção, sem prejuízo do critério do preenchimento da vaga recusada.
(D) É prerrogativa funcional do membro da carreira ter vista pessoal de quaisquer processos fora dos cartórios e secretarias, sendo inoponíveis quaisquer dispositivos legais em sentido contrário.
(E) Pode o membro da carreira oficiar em processo no qual houver dado à parte contrária parecer verbal ou escrito sobre o objeto da demanda.

A: incorreta, essa vedação não é identificável no art. 29 da LC 51/2005 do Estado de Goiás, que cuida das proibições do DP do Estado de Goiás; **B:** incorreta, pois, em caso de prisão flagrante, a autoridade fará imediata comunicação ao **Defensor Público-Geral** (art. 27, II, da LC 51/2005 do Estado de Goiás); **C:** correta, pois reflete cabalmente a redação do art. 23, § 1º, da LC 51/2005; **D:** incorreta, pois a prerrogativa de ter vista pessoal de quaisquer processos fora dos cartórios e secretarias pode ser ressalvada por vedações legais (art. 27, V, da LC 51/2005 do Estado de Goiás); **E:** incorreta, pois a assertiva descreve situação de impedimento do DP, disciplinada no art. 30, VI, da LC 51/2005 do Estado de Goiás. Assim, é defeso ao Defensor Público do Estado de Goiás exercer suas funções em processo ou procedimento em que houver dado à parte contrária parecer verbal ou escrito sobre o objeto da demanda.

Gabarito "C"

(Defensor Público/AM – 2010 – I. Cidades) São garantias dos membros da Defensoria Pública, salvo:

(A) estabilidade.
(B) inamovibilidade.
(C) irredutibilidade de vencimentos.
(D) vitaliciedade.
(E) independência funcional no desempenho de suas atribuições.

1946

A, B, C, D e **E:** segue redação do art. 43 da LC 80/1994: "São garantias dos membros da Defensoria Pública da União: **I** - a independência funcional no desempenho de suas atribuições; **II** - a inamovibilidade; **III** - a irredutibilidade de vencimentos; e **IV** - a estabilidade."

Gabarito "D"

(Defensor Público/AM – 2010 – I. Cidades) São prerrogativas dos membros da Defensoria Pública do Estado do Amazonas, exceto:

(A) manifestar-se em autos administrativos ou judiciais por meio de cota.
(B) receber intimação pessoal em qualquer processo e grau de jurisdição, contando-se-lhe, todavia, os prazos de forma simples.
(C) recusar-se a depor e a ser ouvido como testemunha, em processo no qual funcionou ou deva funcionar, ou sobre fato relacionado com pessoa cujo direito esteja a defender, ou haja defendido, ainda que por ela autorizado.
(D) ser processado e julgado, originalmente, pelo Tribunal de Justiça nos crimes comuns e nos de responsabilidade, salvo as exceções constitucionais.
(E) utilizar-se dos meios de comunicação do estado e do município, no interesse do serviço.

A: correta, pois reflete cabalmente a redação do art. 34, X, da LC 1/1990 do Estado do Amazonas; **B:** incorreta, pois a redação correta do art. 34, I, da LC 1/1990 do Estado do Amazonas é: "receber intimação pessoal em qualquer processo ou grau de jurisdição, **contando-se-lhe em dobro todos os prazos**"; **C:** correta, pois reflete cabalmente a redação do art. 34, XX, da LC 1/1990 do Estado do Amazonas; **D:** correta, pois reflete cabalmente a redação do art. 34, XXIV, da LC 1/1990 do Estado do Amazonas; **E:** correta, pois reflete cabalmente a redação do art. 34, XXV, da LC 1/1990 do Estado do Amazonas.

Gabarito "B"

(Defensor Público/AM – 2010 – I. Cidades) Sobre os vencimentos e vantagens dos Defensores Públicos do Estado do Amazonas, é incorreto afirmar:

(A) seus vencimentos serão fixados com diferença nunca superior a cinco por cento entre os de uma classe e outra.
(B) fazem jus à percepção de adicional por tempo de serviço, à razão de cinco por cento por quinquênio, até o máximo de sete.
(C) quando convocados para substituir outro de classe superior terão direito à diferença de vencimentos, vedada a percepção de diárias e ajuda de custo.
(D) poderão receber auxílio-moradia, nas comarcas em que não haja residência oficial para o Defensor Público, arbitrado pelo Defensor Público-Geral, ouvido o Conselho, não excedente a vinte por cento de seus vencimentos.
(E) terão ajuda de custo para despesas de transporte e mudança, no valor não excedente a um mês de remuneração, arbitrada pelo Defensor Público-Geral, ouvido o Conselho Superior.

A: incorreta (devendo ser assinalada), pois o tema é corretamente regulamentado pelo art. 70 da LC 1/1990 do Estado do Amazonas: "Os vencimentos dos membros da Defensoria Pública serão fixados com diferença nunca superior a dez por cento entre os de uma classe e outra, nem a cinco por cento entre os da classe final e os do Defensor Público-Geral"; **B:** correta, pois reflete a redação do art. 72, I, da LC 1/1990 do Estado do Amazonas; **C:** correta, pois reflete a redação do art. 71 da LC 1/1990 do Estado do Amazonas; **D:** correta, pois reflete a redação do art. 72, VIII, da LC 1/1990 do Estado do Amazonas; **E:** correta, pois reflete a redação do art. 72, IV, da LC 1/1990 do Estado do Amazonas.

Gabarito "A"

(Defensor Público/AL – 2009 – CESPE) Acerca das prerrogativas e impedimentos dos membros da DPE/AL, julgue os próximos itens.

(1) O DP é dispensado de revista e tem franco acesso aos locais sob a fiscalização da polícia.
(2) O DP não pode exercer suas funções em processo no qual tiver emitido à parte contrária parecer verbal sobre o objeto da demanda.

Em cada um dos próximos itens, é apresentada uma situação hipotética relativa à competência e às atribuições da DPE/AL, seguida de uma assertiva a ser julgada.

(3) Marcelo procurou a DP com o objetivo de ajuizar ação negatória de paternidade, declarando não ter condições de pagar as custas do processo e os honorários de advogado sem prejuízo próprio ou de sua família. Nessa situação, ajuizada a ação, o DP poderá adotar medidas para que seja apurado o estado de carência do assistido, caso desconfie que a situação financeira de Marcelo não condiz com a assistência judiciária.
(4) Carla entrou em contato com Marta visando obter indenização por danos materiais que esta causou em seu veículo, além dos danos morais que entendia cabíveis. Marta, entendendo que os danos morais exigidos por Carla eram absurdos, procurou a DPE/AL. Nessa situação, pode a DP promover, extrajudicialmente, a conciliação entre Carla e Marta.
(5) Pedro procurou a DPE/AL visando ajuizar ação para eximir-se de pagar IPVA, cuja cobrança entendia equivocada. Nessa situação, por tratar-se de ação que será ajuizada contra pessoa jurídica de direito público, é defeso à DP patrocinar a ação.
(6) Rafael ajuizou ação de investigação de paternidade patrocinada pela DPE/AL. O juiz julgou improcedente o pedido, decisão que foi mantida pelo tribunal em sede de apelação. Nessa situação, se for cabível a interposição de recurso especial, deverá a atuação ser deslocada para a Defensoria Pública da União.

1: correta, pois reflete a redação do art. 53, VII, da Lei Delegada 23/2003 do Estado de Alagoas; **2:** correta, pois reflete a redação do art. 56, VI, da Lei Delegada 23/2003 do Estado de Alagoas; **3:** correta, pois é um dever do defensor público representar ao Defensor Público-Geral sobre as irregularidades de que tiver ciência, em razão do cargo (art. 45, III, da LC 80/1994); **4:** correta, pois promover, extrajudicialmente, a conciliação entre as partes em conflito de interesses é uma das funções institucionais da Defensoria Pública (art. 3º, I, da Lei Delegada 23/2003 do Estado de Alagoas); **5:** errada, pois as funções institucionais da Defensoria Pública do Estado serão exercidas inclusive contra as pessoas jurídicas de direito público (art. 3º, parágrafo único, da Lei Delegada 23/2003 do Estado de Alagoas). E cabe lembrar que uma dessas funções institucionais é exatamente atuar na defesa dos interesses do necessitado promovendo, respondendo, reconvindo e recorrendo, em ações cíveis (art. 3º, II, da Lei Delegada 23/2003 do Estado de Alagoas); **6:** errada. Não é necessário o incidente de deslocamento porque interpor recurso especial, quando cabível, é um dever do defensor público estadual (art. 54, VII, da Lei Delegada 23/2003 do Estado de Alagoas).

Gabarito 1C, 2C, 3C, 4C, 5E, 6E

(Defensor Público/MS – 2008 – VUNESP) No que se refere à garantia do Defensor Público, é correto afirmar que

(A) após três anos de efetivo exercício, será considerado estável na carreira e somente poderá ser demitido por sentença judicial transitada em julgado.

(B) os mandados de segurança contra atos do Defensor Público-Geral do Estado e do Corregedor-Geral da Defensoria Pública serão processados e julgados, originariamente, pelo Tribunal de Justiça do Estado.

(C) nos crimes comuns e de responsabilidade, o Defensor Público será processado e julgado, originária e respectivamente, pelo juiz de primeira instância e pelo Tribunal de Justiça do Estado.

(D) a prisão ou detenção de membro da Defensoria Pública, em qualquer circunstância, será imediatamente comunicada ao Corregedor-Geral da Defensoria Pública, e só será efetuada em sala ou prisão especial, à disposição de autoridade judiciária competente.

A: incorreta. O membro da Defensoria Pública, após três anos de efetivo exercício, será considerado estável na carreira e somente poderá ser demitido por sentença judicial transitada em julgado ou **em razão de processo administrativo no qual se lhe faculte ampla defesa** (art. 100 da LC 111/2005 do Estado de Mato Grosso do Sul); **B:** correta, pois reproduz perfeitamente o art. 101 da LC 111/2005 do Estado de Mato Grosso do Sul; **C:** incorreta. O membro da Defensoria Pública, nos crimes comuns e de responsabilidade, **será processado e julgado, originariamente, pelo Tribunal de Justiça do Estado** (art. 102 da LC 111/2005 do Estado de Mato Grosso do Sul); **D:** incorreta. A prisão ou detenção de membro da Defensoria Pública, em qualquer circunstância, será imediatamente comunicada ao **Defensor Público-Geral**, sob pena de responsabilidade de quem não a fizer, e só será efetuada em sala ou prisão especial, à disposição de autoridade judiciária (art. 103 da LC 111/2005 do Estado de Mato Grosso do Sul).

Gabarito "B"

(Defensor Público/MS – 2008 – VUNESP) São prerrogativas do membro da Defensoria Pública, dentre outras que lhe sejam conferidas por lei, ou que forem inerentes ao seu cargo, as seguintes:

(A) ter nos edifícios dos fóruns, tribunais, delegacias de polícia e presídios do Estado, salas privativas, condignas e permanentes, das quais somente poderá ser removido com a prévia anuência do Governador.

(B) ingressar e transitar livremente nas salas de sessões dos tribunais, mesmo além dos limites que separam a parte reservada aos magistrados.

(C) receber intimação pessoal em qualquer processo e grau de jurisdição, pela entrega dos autos com vista, contando-se-lhe em quádruplo todos os prazos.

(D) não ser preso, senão por ordem judicial escrita, mesmo em caso de flagrante de crime inafiançável.

A: incorreta. Ter nos edifícios dos fóruns, tribunais, delegacias de polícia e presídios do Estado, salas privativas, condignas e permanentes, das quais somente poderá ser removido com a prévia anuência do **Defensor Público-Geral** (art. 104, VI, da LC 111/2005 do Estado de Mato Grosso do Sul); **B:** correta, pois reproduz cabalmente a redação do art. 104, XII, *a*, da LC 111/2005 do Estado de Mato Grosso do Sul; **C:** incorreta. Receber intimação pessoal em qualquer processo e grau de jurisdição, pela entrega dos autos com vista, contando-se-lhe **em dobro** todos os prazos (art. 104, XV, da LC 111/2005 do Estado de Mato Grosso do Sul); **D:** incorreta. Não ser preso, senão por ordem judicial escrita, **salvo em flagrante de crime inafiançável**, caso em que a autoridade fará imediata comunicação ao Defensor Público-Geral do Estado (art. 104, XVI, da LC 111/2005 do Estado de Mato Grosso do Sul).

Gabarito "B"

(Defensor Público/MS – 2008 – VUNESP) Aos membros da Defensoria Pública é vedado

(A) exercer a advocacia fora das atribuições institucionais, exceto na hipótese em que seja parte.

(B) exercer o comércio ou participar de sociedade comercial, inclusive como quotista ou acionista.

(C) manifestar-se, por qualquer meio de comunicação, sobre assunto pertinente ao seu ofício, salvo quando autorizado pelo Defensor Público-Geral.

(D) exercer, em qualquer hipótese, atividade político-partidária.

A: incorreta. Exercer a advocacia fora das atribuições institucionais, **inclusive** nas hipóteses em que seja parte ou, de qualquer forma, interessado (art. 138, I, da LC 111/2005 do Estado de Mato Grosso do Sul); **B:** incorreta. Exercer o comércio ou participar de sociedade comercial, **exceto** como quotista ou acionista (art. 138, VIII, da LC 111/2005 do Estado de Mato Grosso do Sul); **C:** correta, pois reproduz perfeitamente a redação do art. 138, VI, da LC 111/2005 do Estado de Mato Grosso do Sul; **D:** incorreta, pois é vedado exercer atividade político-partidária, **enquanto atuar perante a Justiça Eleitoral** (art. 138, XI, da LC 111/2005 do Estado de Mato Grosso do Sul).

Gabarito "C"

(Defensor Público/MS – 2008 – VUNESP) É defeso ao membro da Defensoria Pública exercer suas funções em processo ou procedimento

(A) em que houver dado à parte contrária parecer verbal ou escrito sobre o objeto da demanda.

(B) no qual haja postulado como representante particular de cônjuge de uma das partes.

(C) em que tenha relação de amizade pessoal com o magistrado, membro do Ministério Público, autoridade policial, escrivão de polícia ou auxiliar de justiça ligados ao processo.

(D) em que for interessado cônjuge ou convivente, parente consanguíneo ou afim, em linha reta ou colateral, até o quarto grau.

A: correta, pois reproduz perfeitamente a redação do art. 139, VI, da LC 111/2005 do Estado de Mato Grosso do Sul; **B:** incorreta. No qual haja postulado como **advogado** de cônjuge ou convivente, parente consanguíneo ou afim em linha reta ou colateral, até o terceiro grau, de uma das partes (art. 139, III e IV, da LC 111/2005 do Estado de Mato Grosso do Sul); **C:** incorreta. Em que haja atuado como **representante** da parte, perito, juiz, membro do Ministério Público, autoridade policial, escrivão de polícia, auxiliar de justiça (art. 139, II, da LC 111/2005 do Estado de Mato Grosso do Sul); **D:** incorreta. Em que for interessado cônjuge ou convivente, parente consanguíneo ou afim em linha reta ou colateral, **até o terceiro grau** (art. 139, III, da LC 111/2005 do Estado de Mato Grosso do Sul).

Gabarito "A"

(Defensor Público/RO – 2007) Salvo hipótese de pena de remoção compulsória, na forma da lei complementar nº 117, de 04 de novembro de 1994, o Defensor Público é considerado como:

(A) efetivo

(B) vitalício

(C) estatutário

(D) inamovível

(E) independente

A, **B**, **C**, **D** e **E:** os membros da Defensoria Pública são **inamovíveis**, salvo se apenados com remoção compulsória (art. 46 da LC 117/1994 do Estado de Rondônia).

Gabarito "D"

(Defensor Público/CE – 2007 – CESPE) Julgue os próximos itens, relacionados à Lei Complementar Federal n.º 80/94.

(1) O prazo para defensor público opor embargos à execução civil é de 20 dias, contados da data da intimação pessoal.

(2) O defensor público designado para atuar em processo administrativo disciplinar tem prazo em dobro para oferecer razões finais.

(3) A prisão em flagrante de defensor público deve ser imediatamente comunicada ao defensor público-geral.

(4) A vedação de defensor público exercer atividade político-partidária somente existe enquanto ele atuar junto à justiça eleitoral.

(5) O defensor público é proibido de ser acionista de sociedade comercial.

1: errada, pois o prazo é de 30 dias. O art. 44, I, do LC 80/94 prevê a contagem dos prazos em dobro e o art. 738 do CPC prevê que o prazo para interposição dos embargos à execução é de 15 dias. Logo, o DP terá 30 dias. Ademais, cabe dizer que a intimação pessoal se efetiva com a entrega dos autos do processo, mesmo no processo virtual. E o termo inicial tem seu início com a entrada dos autos na órgão da DP responsável pela distribuição; **2:** errada, pois não existe previsão nesse sentido na LC 80/1994; **3:** correta, pois reflete a redação do art. 44, II, da LC 80/1994 – "não ser preso, senão por ordem judicial escrita, salvo em flagrante, caso em que a autoridade fará imediata comunicação ao Defensor Público-Geral"; **4:** correta, pois reflete perfeitamente a redação do art. 46, V, da LC 80/1994; **5:** errada, pois o DP pode ser acionista de sociedade comercial (art. 130, IV, da LC 80/1994). Importante conferir as proibições elencadas no art. 130 da LC 80/1994: "**I** - exercer a advocacia fora das atribuições institucionais; **II** - requerer, advogar, ou praticar em Juízo ou fora dele, atos que de qualquer forma colidam com as funções inerentes ao seu cargo, ou com os preceitos éticos de sua profissão; **III** - receber, a qualquer título e sob qualquer pretexto, honorários, percentagens ou custas processuais, em razão de suas atribuições; **IV - exercer o comércio ou participar de sociedade comercial, exceto como cotista ou acionista**; e **V** - exercer atividade políticopartidária, enquanto atuar junto à Justiça Eleitoral".

Gabarito 1E, 2E, 3C, 4C, 5E

(Defensor Público/BA – 2006) Configura prerrogativa dos membros da Defensoria Pública da União:

(A) Receber intimação pessoal em qualquer processo e grau de jurisdição, contando-se-lhe em dobro todos os prazos, e, não ser preso, senão por ordem judicial escrita, salvo em flagrante, caso em que a autoridade fará imediata comunicação ao Defensor Público-Geral.
(B) Ser recolhido à prisão especial ou a sala especial de Estado-Maior, com direito a privacidade e, após sentença da qual comporte recurso, ser recolhido em dependência separada, no estabelecimento em que tiver de ser cumprida a pena.
(C) Ter vista pessoal dos processos fora dos cartórios e secretarias, em quaisquer hipóteses.
(D) Comunicar-se, pessoal e reservadamente, com seus assistidos, ainda quando estes se acharem presos ou detidos, exceto quando decretada judicialmente sua incomunicabilidade.
(E) Representar a parte, em feito administrativo ou judicial, dependendo de mandado, como regra.

A: correta, pois reproduz a redação do art. 44, I e II, da LC 80/1994; **B:** incorreta, pois a prerrogativa correta é assim escrita: "ser recolhido a prisão especial ou a sala especial de Estado Maior, com direito a privacidade e, **após sentença condenatória transitada em julgado**, ser recolhido em dependência separada, no estabelecimento em que tiver de ser cumprida a pena" (art. 44, III, da LC 80/1994); **C:** incorreta, pois a prerrogativa correta é assim escrita: "ter vista pessoal dos processos fora dos cartórios e secretarias, **ressalvadas as vedações legais**" (art. 44, VI, da LC 80/1994); **D:** incorreta, pois a prerrogativa correta é assim escrita: "comunicar-se, pessoal e reservadamente, com seus assistidos, ainda quando esses se acharem presos ou detidos, **mesmo incomunicáveis**, tendo livre ingresso em estabelecimentos policiais, prisionais e de internação coletiva**,** independentemente de prévio agendamento" (art. 44, VII, da LC 80/1994); **E:** incorreta, pois a prerrogativa correta é assim escrita: "representar a parte, em feito administrativo ou judicial, **independentemente de mandato**, ressalvados os casos para os quais a lei exija poderes especiais" (art. 44, XI, da LC 80/1994).

Gabarito "A"

(Defensor Público/AC – 2006 – CESPE) Constitui prerrogativa dos defensores públicos estendida aos demais advogados

(A) receber intimação pessoal em qualquer processo e grau de jurisdição, contando-se-lhe em dobro todos os prazos.
(B) ter vista pessoal dos processos fora dos cartórios e secretarias, ressalvadas as vedações legais.
(C) manifestar-se em autos administrativos ou judiciais por meio de cota.
(D) ser recolhido em sala especial de Estado-Maior, antes do trânsito em julgado da sentença penal condenatória.

A: incorreta, pois tal prerrogativa só pertence aos defensores públicos (art. 44, I, da LC 80/1994); **B:** incorreta, pois tal prerrogativa só pertence aos defensores públicos (art. 44, VI, da LC 80/1994); **C:** incorreta, pois tal prerrogativa só pertence aos defensores públicos (art. 44, IX, da LC 80/1994); **D:** correta, pois tal prerrogativa dos defensores públicos é estendida aos advogados (art. 44, III, da LC 80/1994 e art. 7º, V, do Estatuto da OAB).

Gabarito "D"

4. Infrações Disciplinares

(Defensor Público/SP – 2012 – FCC) De acordo com a Lei Complementar nº 988/06,

(A) os membros da Defensoria Pública de São Paulo são passíveis das seguintes sanções disciplinares: advertência, censura, remoção compulsória, suspensão, cassação de disponibilidade e de aposentadoria e demissão.
(B) o regime disciplinar aplicável ao Defensor Público do Estado de São Paulo é o mesmo regime aplicável ao servidor público civil do Estado.
(C) cabe ao Conselho Superior da Defensoria Pública avocar, se entender conveniente e necessário, processo administrativo disciplinar em curso.
(D) a sindicância e o processo administrativo disciplinar contra Defensor Público poderão ser instaurados por provocação de qualquer pessoa, vedadas a denúncia anônima e a que não forneça elementos indiciários de infração disciplinar.
(E) em decorrência de sua independência funcional o Defensor Público não está obrigado a prestar as informações solicitadas por órgãos da Administração Superior.

A: correta. A assertiva está em conformidade com a redação do art. 177 da LC 988/2006 do Estado de São Paulo; **B:** incorreta, pois o Defensor Público do Estado de São Paulo tem regime próprio; **C:** incorreta, pois o Conselho Superior não possui competência para tanto; **D:** incorreta. A instauração de processo administrativo e de sindicância é uma das atribuições do Defensor Público-Geral (art. 19, XVIII, da LC 988/2006); **E:** incorreta. Um dos deveres dos defensores públicos de São Paulo é prestar as informações solicitadas pelos órgãos da administração superior da Defensoria Pública do Estado (art. 164, XVII, da LC 988/2006 do Estado de São Paulo).

Gabarito "A"

(Defensor Público/GO – 2010 – I. Cidades) Considerando o regime disciplinar da Defensoria Pública do Estado de Goiás.

(A) A legitimidade do cônjuge do Defensor Público para instauração de processo revisional de penalidade pode ser considerada como subsidiária.
(B) A pena de cassação de aposentadoria é reservada para aqueles casos em que a inativação tiver sido concedida irregularmente.
(C) No regime da lei Orgânica da Defensoria Pública do Estado de Goiás, prescrevem todas as faltas disciplinares no lapso de dois a quatro anos.
(D) Ao Defensor Público-Geral do Estado compete aplicar penas disciplinares aos membros da carreira.
(E) A lei Orgânica da Defensoria Pública do Estado de Goiás veicula regime disciplinar próprio e exaustivo.

A: correta, pois o cônjuge de DP apenas será legítimo para instaurar processo revisional de penalidade quando falecido ou interdito o DP (art. 35, § 1º, da LC 51/2005 do Estado de Goiás); **B:** incorreta, pois também caberá a pena de cassação de aposentadoria quando, ainda na atividade, o aposentado tenha praticado ato que importasse em demissão (art. 32, § 6º, da LC 51/2005 do Estado de Goiás); **C:** incorreta, pois isso não ocorrerá quanto às faltas que impliquem crime contra a Administração Pública ou improbidade administrativa (art. 34 da LC 51/2005 do Estado de Goiás); **D:** incorreta, porque as penas de demissão e cassação de aposentadoria serão aplicadas pelo **Governador do Estado** (art. 33 da LC 51/2005 do Estado de Goiás); **E:** incorreta, porque o Defensor Público do Estado também responde civil e penalmente (art. 31 da LC 51/2005 do Estado de Goiás).

Gabarito "A"

(Defensor Público/BA – 2006) Relativamente ao tema da responsabilidade funcional dos Defensores Públicos da União, tem-se que:

(A) A pena de cassação da aposentadoria será aplicada pelo Defensor Público-Geral, garantida sempre a ampla defesa, sendo obrigatório o inquérito administrativo, nos casos de aplicação de remoção compulsória, suspensão, demissão e cassação da aposentadoria.
(B) A suspensão será aplicada por escrito nos casos de violação dos deveres e das proibições funcionais, quando o fato não justificar a imposição de pena mais grave.
(C) A pena de demissão será aplicável nas hipóteses previstas em lei, e no caso de reincidência em falta punida com suspensão ou remoção compulsória.

(D) A advertência será aplicada em caso de reincidência de faltas leves ou médias ou quando a infração dos deveres ou das proibições funcionais, pela sua gravidade, justificar a sua imposição.

(E) A pena de readaptação será aplicada sempre que a falta praticada, pela sua gravidade e repercussão, tornar incompatível a permanência do faltoso no órgão de atuação de sua lotação.

A: incorreta. A pena de cassação de aposentadoria será aplicada pelo **Presidente da República**. Conferir a redação do art. 50, § 6º, da LC 80/1994: "As penas de demissão e cassação da aposentadoria serão aplicadas pelo Presidente da República e as demais pelo Defensor Público-Geral, garantida sempre a ampla defesa, sendo obrigatório o inquérito administrativo nos casos de aplicação de remoção compulsória, suspensão, demissão e cassação da aposentadoria"; **B:** incorreta, pois essa assertiva está em total desencontro com a redação do art. 50, § 3º, da LC 80/1994: "A suspensão será aplicada em caso de reincidência em falta punida com advertência ou quando a infração dos deveres ou das proibições funcionais, pela sua gravidade, justificar a sua imposição"; **C:** correta, pois reflete perfeitamente o art. 50, § 5º, da LC 80/1994; **D:** incorreta, pois essa assertiva está em total desencontro com a redação do art. 50, § 2º, da LC 80/1994: "A advertência será aplicada por escrito nos casos de violação dos deveres e das proibições funcionais, quando o fato não justificar a imposição de pena mais grave"; **E:** incorreta, pois não existe tal sanção. As sanções existentes são: **I** - advertência; **II** - suspensão por até noventa dias; **III** - remoção compulsória; **IV** - demissão; e **V** - cassação da aposentadoria (art. 50, § 1º, I, II, III, IV e V, da LC 80/1994).

Gabarito "C"

5. Definição de Necessitado e Direitos dos Assistidos

(Defensor Público/AM – 2013 – FCC) De acordo com a Lei Orgânica da Defensoria Pública do Estado do Amazonas (Lei Complementar Estadual nº 01/90), para a caracterização da condição de necessitado exige-se

(A) a declaração de isento do Imposto de Renda emitida pela Receita Federal.

(B) a comprovação em carteira de trabalho de rendimento inferior a 3 (três) salários mínimos.

(C) apenas a afirmação pelo interessado de sua condição de juridicamente necessitado.

(D) a comprovação de ausência de bens imóveis ou de aplicações financeiras em nome do interessado.

(E) a apresentação pelo interessado de comprovante de inclusão em programa de distribuição de renda do governo federal.

A assertiva correta é a "C". Isso porque reproduz a disciplina disposta pelo art. 4º, § 2º, da LC 01/1990 do Estado do Amazonas.

Gabarito "C"

(Defensor Público/SP – 2012 – FCC) A Lei Complementar n. 988/06 estabelece o rol de direitos das pessoas que buscam atendimento na Defensoria Pública. O direito à qualidade na execução das funções exige dos membros da Defensoria Pública determinadas atividades, EXCETO

(A) o atendimento, pelo mesmo Defensor Público, de todos os processos relativos a determinada pessoa, que tramitam na mesma Comarca.

(B) a urbanidade e respeito no atendimento às pessoas que buscam assistência na Defensoria Pública.

(C) o atendimento por ordem de chegada, assegurada prioridade a pessoas idosas, grávidas, doentes e pessoas com deficiência.

(D) a igualdade de tratamento, vedado qualquer tipo de discriminação.

(E) a adoção de medidas de proteção à saúde ou segurança das pessoas que buscam atendimento na Defensoria Pública.

A: incorreta, pois a assertiva **não** cuida de um direito das pessoas que buscam atendimento na Defensoria Pública; **B:** correta, pois a assertiva cuida de um direito das pessoas que buscam atendimento na Defensoria Pública (art. 6º, § 2º, I, da LC 988/2006 do Estado de São Paulo); **C:** correta. Reproduz o art. 6º, § 2º, II, da LC 988/2006 do Estado de São Paulo; **D:** correta. Reproduz o art. 6º, § 2º, III, da LC 988/2006 do Estado de São Paulo; **E:** correta. Reproduz o art. 6º, § 2º, VIII, da LC 988/2006 do Estado de São Paulo.

Gabarito "A"

(Defensor Público/PR – 2012 – FCC) Os assistidos da Defensoria Pública do Estado do Paraná têm direito

(A) à informação precisa, tanto em relação ao funcionamento dos órgãos institucionais, quanto aos trâmites procedimentais, exceto ao recurso em caso de recusa de atuação do Defensor Público, cujo processamento é sigiloso.

(B) à qualidade e eficiência do atendimento, seja pelo Defensor Público, seja por Servidor da instituição.

(C) a participar da sessão do Conselho Superior, desde que envolva processo de seu interesse.

(D) à indicação de advogado dativo, quando interesse antagônico ou colidente ao seu já for patrocinado pela Defensoria Pública.

(E) a participar do processo de eleição do Ouvidor-Geral.

A única assertiva correta é a "B". Segue a redação do art. 5º da LC 136/2011 do Estado do Paraná: "São direitos dos assistidos da Defensoria Pública do Estado do Paraná, além daqueles previstos no artigo 37 da Constituição da República Federativa do Brasil de 1988 e demais Leis e atos normativos internos: **I** - a informação sobre: **a)** localização e horário de funcionamento dos órgãos da Defensoria Pública do Estado do Paraná; **b)** a tramitação dos processos e os procedimentos para a realização de exames, perícias e outras providências necessárias à defesa de seus interesses; **II - a qualidade e a eficiência do atendimento**, observado o disposto no artigo 37, § 3º da Constituição da República Federativa do Brasil de 1988; **III** - o direito de ter sua pretensão revista no caso de recusa de atuação pelo Defensor Público do Estado; **IV** - o patrocínio de seus direitos e interesses pelo defensor natural; **V** - a atuação de Defensores Públicos do Estado distintos, quando verificada a existência de interesses antagônicos ou colidentes entre destinatários de suas funções".

Gabarito "B"

6. Justiça Gratuita – Lei 1.060/1950

(Defensor Público/SE – 2012 – CESPE) Com base na lei que disciplina a concessão de assistência judiciária aos necessitados, assinale a opção correta.

(A) Considera-se necessitado, nos termos expressos da lei em apreço, para os fins legais, todo aquele cuja situação econômica não lhe permita pagar as custas do processo, sem prejuízo do sustento próprio ou da família, bem como os que sejam isentos do pagamento de imposto de renda ou que percebam benefícios e(ou) auxílio assistencial do Estado.

(B) Os benefícios da assistência judiciária, que compreendem todos os atos do processo, até decisão final do litígio, em todas as instâncias, são individuais, concedidos em cada caso, total ou parcialmente, não se transmitindo ao cessionário de direito.

(C) Ao DP e ao advogado que postulem em juízo com base na referida lei não se exigirá instrumento de mandato, bastando que se exarem, na ata da audiência, os termos da referida outorga de poderes, ressalvados os atos destinados a receber citação inicial, confessar, reconhecer a procedência do pedido, transigir, desistir do direito sobre o qual se funda a ação ou renunciar a ele.

(D) A norma de regência dispõe expressamente que os poderes públicos federal e estadual têm o dever de prestar assistência judiciária aos necessitados, diretamente, por intermédio da DP, ou por meio de convênio desta com a Ordem dos Advogados do Brasil, independentemente da colaboração que possam receber dos municípios.

(E) A lei em questão preconiza, de forma expressa, que os benefícios previstos na norma abranjam as pessoas físicas ou jurídicas, nacionais ou estrangeiras, residentes, ou não, no país, que necessitem recorrer à justiça penal, civil, militar ou do trabalho.

Antes de passar aos comentários, devemos destacar que o examinador confundiu os institutos da justiça gratuita e da assistência jurídica. A Assistência jurídica (LC 80/1994) é um direito subjetivo à prestação de serviços jurídicos, o que envolve uma conduta positiva ou comissiva do Estado. Já a justiça gratuita (Lei 1.060/1950) é um direito subjetivo a dispensa provisória do pagamento de despesas (custas, emolumentos e honorários) processuais. Essa dispensa é provisória pelo fato de vigorar por 5 anos. Percebe-se que a justiça gratuita é um direito com carga negativa, pois depende de uma conduta negativa ou omissiva do Estado. Assim, apesar de examinador perguntar sobre a concessão de assistência judiciária, na verdade, a questão formula considerações sobre o instituto da justiça gratuita.

A: incorreta. A redação correta do art. 2º, parágrafo único, da Lei 1.060/1950 é a seguinte: "Considera-se necessitado, para os fins legais, todo aquele cuja situação econômica não lhe permita pagar as custas do processo e os honorários de advogado, sem prejuízo do sustento próprio ou da família"; **B:** correta, pois reproduz corretamente as ideias expostas nos artigos 9º e 10 da 1.060/1950; **C:** incorreta. A redação correta do art. 16 da Lei 1.060/1950 é a seguinte: "Se o advogado, ao comparecer em juízo, não exibir o instrumento do mandato outorgado pelo assistido, o juiz determinará que se exarem na ata da audiência os termos da referida outorga. Parágrafo único. O instrumento de mandato não será exigido, quando a parte for representada em juízo por advogado integrante de entidade de direito público incumbido na forma da lei, de prestação de assistência judiciária gratuita, ressalvados: a) os atos previstos no art. 38 do Código de Processo Civil; b) o requerimento de abertura de inquérito por crime de ação privada, a proposição de ação penal privada ou o oferecimento de representação por crime de ação pública condicionada". E o art. 38 do CPC assim dispõe: "A procuração geral para o foro, conferida por instrumento público, ou particular assinado pela parte, habilita o advogado a praticar todos os atos do processo, salvo para receber citação inicial, confessar, reconhecer a procedência do pedido, transigir, desistir, renunciar ao direito sobre que se funda a ação, receber, dar quitação e firmar compromisso"; **D:** incorreta. A redação correta do art. 1º da Lei 1.060/1950 é a seguinte: "Os poderes públicos federal e estadual, independente da colaboração que possam receber dos municípios e da Ordem dos Advogados do Brasil - OAB, concederão assistência judiciária aos necessitados nos termos da presente Lei"; **E:** incorreta. O art. 2º, *caput*, da Lei 1.060/1950 preconiza expressamente o seguinte: "Gozarão dos benefícios desta Lei os nacionais ou estrangeiros residentes no país, que necessitarem recorrer à Justiça penal, civil, militar ou do trabalho".

Gabarito "B".

(Defensor Público/ES – 2012 – CESPE) Acerca da concessão dos benefícios da gratuidade de justiça e dos honorários de sucumbência devidos a DP, julgue os itens a seguir.

(1) Presume-se ser pobre, até que se prove o contrário, aquele que afirma não estar em condições de pagar as custas do processo e os honorários de advogado, sem prejuízo próprio ou de sua família, sob pena de pagamento de até dez salários mínimos.

(2) A assistência judiciária compreende as isenções de despesas com peritos e com a realização do exame de código genético (DNA) requisitado pela autoridade judiciária nas ações de investigação de paternidade ou maternidade.

(3) São devidos honorários advocatícios a DPE/ES quando esta atua contra município, ainda que este se localize no respectivo ente federativo, por haver compatibilidade lógica da obrigação.

1: errado, pois a redação correta do art. 4º, § 1º, da Lei 1.060/1950 é a seguinte: "Presume-se pobre, até prova em contrário, quem afirmar essa condição nos termos desta lei, sob pena de pagamento até o décuplo das custas judiciais"; **2:** certo. A justiça gratuita (Lei 1.060/1950) é um direito subjetivo à dispensa provisória do pagamento de despesas (custas, emolumentos e honorários) processuais. Cabe ponderar que o examinador utilizou o termo assistência judiciária erroneamente, pois a assertiva cuida do benefício da justiça gratuita; **3:** certo. A Súmula 421 do STJ assim estatui: "Os honorários advocatícios não são devidos à Defensoria Pública quando ela atua contra a pessoa jurídica de direito público à qual pertença". A DPE/ES pertence ao Estado do Espírito Santo, logo, quando atuar contra município capixaba terá direito aos honorários advocatícios.

Gabarito 1E, 2C, 3C

(Defensor Público/RO – 2012 – CESPE) Assinale a opção correta com base no disposto na Lei n.º 1.060/1950.

(A) Presume-se pobre, até prova em contrário, quem afirmar essa condição nos termos da lei, devendo a impugnação do direito à assistência judiciária ser feita nos autos da ação principal, suspendendo-se o curso do processo.

(B) A parte beneficiada pela isenção do pagamento das custas judiciais e honorários de advogado fica obrigada a pagá-las, desde que comprovado, a qualquer tempo, que possa fazê-lo, sem prejuízo do sustento próprio ou da família.

(C) Fazem jus aos benefícios da referida norma os nacionais ou estrangeiros, residentes ou não no país, que necessitarem recorrer à justiça penal, civil, militar, eleitoral ou do trabalho, em todas as instâncias, ordinárias ou extraordinárias.

(D) A assistência judiciária compreende a isenção das despesas com a realização do exame de código genético (DNA) que seja requisitado pela autoridade judiciária nas ações de investigação de paternidade ou maternidade.

(E) Os depósitos previstos em lei para a interposição de recurso não estão inseridos nas isenções decorrentes da assistência judiciária, cujo pedido deverá ser julgado de plano pelo juiz, sempre de forma motivada.

A: incorreta, pois a impugnação do direito ao benefício da justiça gratuita não suspende o curso do processo e será feita em autos apartados (art. 4º, § 2º, da Lei 1.060/1950); **B:** incorreta. A redação correta do art. 12 da Lei 1.060/1950 é a seguinte: "A parte beneficiada pela isenção do pagamento das custas ficará obrigada a pagá-las, desde que possa fazê-lo, sem prejuízo do sustento próprio ou da família, se dentro de cinco anos, a contar da sentença final, o assistido não puder satisfazer tal pagamento, a obrigação ficará prescrita"; **C:** incorreta. A redação correta do art. 2º da Lei 1.060/1950 é a seguinte: "Gozarão dos benefícios desta Lei os nacionais ou estrangeiros residentes no país, que necessitarem recorrer à Justiça penal, civil, militar ou do trabalho"; **D:** correta, pois em conformidade com a redação do art. 3º, VI, da Lei 1.060/1950; **E:** incorreta, pois os depósitos referidos na assertiva estão inseridos nas isenções (art. 3º, VII, da Lei 1.060/1950).

Gabarito "D".

(Defensor Público/SE – 2012 – CESPE) Com base na lei que dispõe sobre a assistência judiciária aos necessitados, assinale a opção correta.

(A) Para a propositura de ação rescisória, a lei em questão abrange a isenção do depósito prévio.

(B) As isenções previstas na referida lei compreendem as despesas com a realização do exame de código genético (DNA), em qualquer processo e grau de jurisdição ou instância administrativa.

(C) A lei em apreço autoriza ao DP determinar isenções das despesas decorrentes da solução extrajudicial dos litígios.

(D) As indenizações devidas às testemunhas poderão ser cobradas da parte beneficiada, no prazo de cinco anos, a contar da sentença final, caso ela possa satisfazer o pagamento, sem prejuízo do sustento próprio ou da família.

(E) É vedado ao juiz revogar de ofício o benefício da assistência judiciária gratuita, que corresponde a direito patrimonial disponível sujeito à manifestação expressa da parte interessada.

Antes de passar aos comentários, devemos destacar que o examinador confundiu os institutos da justiça gratuita e da assistência jurídica. A Assistência jurídica (LC 80/1994) é um direito subjetivo à prestação de serviços jurídicos, o que envolve uma conduta positiva ou comissiva do Estado. Já a justiça gratuita (Lei 1.060/1950) é um direito subjetivo a dispensa provisória do pagamento de despesas (custas, emolumentos e honorários) processuais. Essa dispensa é provisória pelo fato de vigorar por 5 anos. Percebe-se que a justiça gratuita é um direito com carga negativa, pois depende de uma conduta negativa ou omissiva do Estado. Assim, apesar de examinador perguntar sobre a concessão de assistência judiciária, na verdade, a questão formula considerações sobre o instituto da justiça gratuita.

A: correta. A Lei que cuida da concessão do benefício da justiça gratuita (Lei 1.060/1950) dispõe que a isenção compreende os depósitos previstos em lei para interposição de recurso, ajuizamento de ação e demais atos processuais inerentes ao exercício da ampla defesa e do contraditório (art. 3º, VII); **B:** incorreta. A redação correta do art. 3º, VI, da Lei 1.060/1950 é a seguinte: "das despesas com a realização do exame de código genético – DNA que for requisitado pela autoridade judiciária nas ações de investigação de paternidade ou maternidade"; **C:** incorreta, pois não existe a citada autorização; **D:** incorreta. A redação correta do art. 12 da Lei 1.060/1950 é a seguinte: "A parte beneficiada pela isenção do pagamento das custas ficará obrigada a pagá-las, desde que possa fazê-lo, sem prejuízo do sustento próprio ou da família, se dentro de cinco anos, a contar da sentença final, o assistido não puder satisfazer tal pagamento, a obrigação ficará prescrita"; **E:** incorreta, pois o juiz pode revogar de ofício o benefício da justiça gratuita (8º da Lei 1.060/1950).

Gabarito "A".

(Defensor Público/SE – 2012 – CESPE) No que diz respeito ao direito à assistência jurídica pública e às distinções entre DP e justiça gratuita, assinale a opção correta.

(A) A assistência judiciária deferida e prestada pelo DP antecede a prática de atos processuais.

(B) O deferimento da assistência jurídica contempla a isenção de despesas apenas em relação aos atos judiciais.

(C) A revogação do benefício da assistência judiciária resulta na condenação automática do assistido em custas processuais e honorários advocatícios, devendo estes ser revertidos em favor da DP.

(D) O deferimento da assistência jurídica gratuita passa por duplo juízo de admissibilidade: o administrativo, na esfera da DP, e o judicial, com a homologação do pedido pelo juiz.

(E) Admite-se que o DP continue o patrocínio da causa, mesmo quando o assistido tenha o benefício da justiça gratuita revogado por decisão judicial.

A: incorreta. A assistência judiciária está ligada à prática de atos processuais, logo não antecede, mas ganha forma na própria prática de atos processuais. A assistência jurídica (gênero) engloba: a) representação judicial ou perante juízo ou tribunal (assistência judiciária); b) prática de atos jurídicos extrajudiciais; c) consultoria jurídica: aconselhamento, informação e orientação em matéria de direito; **B:** incorreta. A assertiva cuida do benefício da justiça gratuita e não da assistência judiciária. E esse benefício é bem abrangente, logo não se restringe aos atos judiciais (ler o art. 3º da Lei 1.060/1950); **C:** incorreta. A revogação do benefício da justiça gratuita **não** implica na condenação automática do assistido; **D:** incorreta, pois não existe uma etapa administrativa de juízo de admissibilidade (art. 5º da Lei 1.060/1950); **E:** correta. O benefício da justiça gratuita e a assistência da defensoria são institutos distintos e a ausência de um no caso prático não prejudica a concessão do outro. Ademais, cabe reforçar que a Defensoria atende três classes de necessitados. A primeira é composta pelos necessitados sob o ponto de vista econômico (função típica da defensoria). Já a segunda é composta pelos necessitados sob o ponto de vista jurídico (função atípica. Ex.: réu no processo criminal que não constitui advogado, podendo até ser economicamente capaz), Por fim, a terceira classe é composta pelos necessitados sob o ponto de vista organizacional (função atípica. Ex.: tutela coletiva).

Gabarito "E"

(Defensor Público/AL – 2009 – CESPE) Julgue os itens a seguir, relativos à disciplina da assistência judiciária aos necessitados.

(1) Considere que Pablo, chileno residente no Brasil, tenha procurado a DP para ajuizar ação visando ser ressarcido de danos morais que lhe foram causados por Rodrigo. Nesse caso, é defeso à DP promover a ação pretendida por Pablo, já que, por disposição legal expressa, os benefícios da assistência judiciária têm como destinatários os brasileiros.

(2) Se a parte requerente deixar de juntar provas de que não possui condições de pagar as custas do processo e os honorários de advogado sem prejuízo próprio ou de sua família, o juiz indeferirá o pedido de assistência judiciária.

(3) Indeferindo o juiz os benefícios da assistência judiciária, de tal decisão caberá apelação, a qual será recebida em ambos os efeitos.

(4) O pedido de assistência judiciária deve ser feito na petição inicial, de forma que, depois de estabilizada a relação processual, não será lícito a qualquer das partes requerê-lo ao juiz.

(5) Os benefícios da assistência judiciária são concedidos individualmente em cada caso concreto e se extinguem com a morte do beneficiário. No entanto, tal benefício pode ser concedido aos herdeiros que continuarem na demanda.

(6) A assistência judiciária gratuita é benefício que pode ser concedido tanto às pessoas jurídicas sem fins lucrativos como às pessoas jurídicas com fins lucrativos.

(7) Considere que Paulo tenha seu pedido de assistência judiciária gratuita deferido pelo juiz no curso de um processo contra Ricardo. Nesse caso, Ricardo poderá pedir a revogação dos benefícios concedidos a Paulo, se comprovar que inexistem os motivos que ensejaram o deferimento, mas não será lícito ao juiz decretar a revogação dos benefícios de ofício.

(8) Caso o assistido possa atender, em parte, às despesas do processo, o juiz mandará pagar as custas, que serão rateadas entre os que tiverem direito ao seu recebimento.

1: errada, pois o art. 2º da Lei 1.060/1950 é categórico: "Gozarão dos benefícios desta Lei os nacionais ou **estrangeiros residentes no país**, que necessitarem recorrer à Justiça penal, civil, militar ou do trabalho". O art. 5º, LXXIV, da CF/1988 corrobora tal previsão: "o Estado prestará assistência jurídica integral e gratuita aos que comprovarem insuficiência de recursos". Pela ótica constitucional percebe-se que não é necessário ser brasileiro, bastando comprovar insuficiência de recursos. Portanto, todas as pessoas – nacionais ou estrangeiros residentes no país - que não tenham condições financeiras de contratar advogado e pagar as despesas de processo judicial ou os custos de certidões, escrituras etc. sem prejuízo de seu sustento e de sua família, receberão assistência jurídica. A título de esclarecimento, o importante não é o valor do salário da pessoa, mas se as despesas dela e de sua família permitem a contratação de advogado ou permitem que ela pague por documentos, certidões etc. Outro ponto a ser aclarado é a diferença entre assistência jurídica e judiciária, enquanto a primeira abrange a defesa em juízo e todo e qualquer apoio que a pessoa precise para esclarecer seus direitos, a segunda limita-se à atuação judicial, não comportando qualquer atuação extrajudicial; **2:** errada. A parte gozará dos benefícios da justiça gratuita, **mediante simples afirmação**, na própria petição inicial, de que não está em condições de pagar as custas do processo e os honorários de advogado, sem prejuízo próprio ou de sua família (art. 4º da Lei 1.060/1950) e presume-se pobre, até prova em contrário, quem afirmar essa condição (art. 4º, § 1º, da Lei 1.060/1950). Por todo o dito, percebe-se que não é necessário juntar provas para obter o benefício da assistência judiciária, bastando uma simples afirmação na própria petição inicial; **3:** anulada. O processo para obtenção da justiça gratuita tem uma única função, qual seja, de não pagar as custas do processo e os honorários de advogado. Ora, quando o pedido for negado, forçosamente, não cabe falar dos efeitos em que a apelação será recebida, pois tal decisão não terá consequência fática. E, por outra razão, o art. 17 da Lei 1.060/1950 dispõe que: "Caberá apelação das decisões proferidas em consequência da aplicação desta lei; a apelação será recebida somente no efeito devolutivo quando a sentença conceder o pedido". Percebe-se que diante da concessão do pedido de justiça gratuita faz sentido prever que a apelação será recebida apenas no efeito devolutivo, pois, do contrário, iria impedir o proveito do benefício na ação que corre. Portanto, a assertiva foi corretamente anulada, pois a redação do art. 17 da Lei 1.060/1950, indiretamente, aponta que em caso de não concessão do pedido de justiça gratuita, a apelação será recebida em ambos os efeitos (devolutivo e suspensivo), entretanto, como já comentado, em termos fáticos, é impossível que ela seja recebida no efeito suspensivo nesse caso; **4:** errada, pois o art. 6º da Lei 1.060/1950 é categórico ao permitir que o pedido seja formulado no curso da ação: "O pedido, quando formulado no curso da ação, não a suspenderá, podendo o juiz, em face das provas, conceder ou denegar de plano o benefício de assistência. A petição, neste caso, será autuada em separado, apensando-se os respectivos autos aos da causa principal, depois de resolvido o incidente"; **5:** correta, pois reflete cabalmente a redação do art. 10 da Lei 1.060/1950: "São individuais e concedidos em cada caso ocorrente os benefícios de assistência judiciária, que se não transmitem ao cessionário de direito e se extinguem pela morte do beneficiário, podendo, entretanto, ser concedidos aos herdeiros que continuarem a demanda e que necessitarem de tais favores, na forma estabelecida nesta Lei"; **6:** correta, pois tal assertiva está em consonância com o art. 4º, V, da LC 80/1994: "exercer, mediante o recebimento dos autos com vista, a ampla defesa e o contraditório em favor de pessoas naturais e **jurídicas**, em processos administrativos e judiciais, perante todos os órgãos e em todas as instâncias, ordinárias ou extraordinárias, utilizando todas as medidas capazes de propiciar a adequada e efetiva defesa de seus interesses". Apesar da Lei não disciplinar que tipo de pessoa jurídica poderá se valer do patrocínio da Defensoria, pode-se afirmar que estarão habilitadas para receber tal patrocínio as pessoas jurídicas, com e sem fins lucrativos, em dificuldades financeiras; **7:** errada, pois o juiz pode decretar a revogação do benefício da assistência judiciária de ofício (art. 8º da Lei 1.060/1950); **8:** correta, pois reflete a redação do art. 13 da Lei 1.060/1950: "Se o assistido puder atender, em parte, as despesas do processo, o Juiz mandará pagar as custas que serão rateadas entre os que tiverem direito ao seu recebimento".

Gabarito 1E, 2E, 3 ANULADA, 4E, 5C, 6C, 7E, 8C

(Defensor Público/MS – 2008 – VUNESP) Assinale a alternativa que está de acordo com o disposto na Lei n. 1.060/50.

(A) Gozarão dos benefícios dessa Lei os nacionais ou estrangeiros, residentes no país, que necessitarem recorrer à Justiça penal, civil ou do trabalho, excluída a Justiça Militar.

(B) A parte que pretender gozar os benefícios da assistência judiciária requererá ao Juiz competente lhes conceda, mencionando, na petição, o rendimento ou vencimento que percebe e os encargos próprios e os da família.

(C) A impugnação do direito à assistência judiciária não suspende o curso do processo e será feita nos mesmos autos do processo principal.

(D) Se o assistido puder atender, em parte, as despesas do processo, o Juiz mandará pagar as custas que serão rateadas entre os que tiverem direito ao seu recebimento.

A: incorreta. Gozarão dos benefícios dessa Lei os nacionais ou estrangeiros, residentes no país, que necessitarem recorrer à Justiça penal, civil, **militar** ou do trabalho (art. 2º, *caput*, da Lei 1.060/1950); **B:** incorreta. A assertiva reproduz a redação antiga do art. 4º da Lei 1.060/1950. A redação atual, dada pela Lei 7.510/1986, é a seguinte: "A parte gozará dos benefícios da assistência judiciária, mediante simples afirmação, na própria petição inicial, de que não está em condições de pagar as custas do processo e os honorários de advogado, sem prejuízo próprio ou de sua família"; **C:** incorreta. A impugnação do direito à benesse da justiça gratuita não suspende o curso do processo e será feita **em autos apartados** (art. 4º, § 2º, da Lei 1.060/1950); **D:** correta, pois reproduz perfeitamente a redação do art. 13 da Lei 1.060/1950.

Gabarito "D"

(Defensor Público/CE – 2007 – CESPE) Em relação à assistência judiciária, julgue os itens a seguir.

(1) O benefício da assistência judiciária não abrange o pagamento de honorários de sucumbência devidos pelo beneficiário no caso de derrota em ação.

(2) O benefício da assistência judiciária pode ser revogado em qualquer fase do processo.

(3) A sentença que julgar causa contrária à pretensão de pessoa beneficiada pela assistência judiciária está sujeita ao duplo grau obrigatório.

(4) O defensor público do estado do Ceará que atuar em nome de pessoa com assistência judiciária não está dispensado de juntar aos autos instrumento de mandato para pedido de abertura de inquérito por crime de ação penal privada.

(5) O advogado privado que se recusar sem justo motivo a prestar assistência poderá ser multado pela autoridade judiciária, sem prejuízo de sanção disciplinar pela Ordem dos Advogados do Brasil.

1: errada, pois o benefício da justiça gratuita abrange o pagamento de honorários de sucumbência devidos pelo beneficiário em caso de derrota de ação (art. 3º, V, da Lei 1.060/1950); **2:** correta, pois reflete a redação do art. 7º da Lei 1.060/1950; **3:** errada, pois não existe previsão nesse sentido na Lei 1.060/1950; **4:** correta, pois os DPs, quando atuem em nome da pessoa com assistência judiciária, estão dispensados, como regra geral, de apresentar mandato. Todavia, o mandato será necessário para requerimento de **abertura de inquérito por crime de ação privada**, para proposição de ação penal privada ou para o oferecimento de representação por crime de ação pública condicionada (alínea *b* do parágrafo único do art. 16 da Lei 1.060/1950) e também para receber citação inicial, confessar, reconhecer a procedência do pedido, transigir, desistir, renunciar ao direito sobre que se funda a ação, receber, dar quitação e firmar compromisso (alínea *a* do parágrafo único do art. 16 da Lei 1.060/1950 c/c art. 38 do CPC); **5:** correta, pois reflete a redação do art. 14 da Lei 1.060/1950.

Gabarito 1E, 2C, 3E, 4C, 5C

7. Combinadas e Outros Temas

(Defensor Público/TO – 2013 – CESPE) Consoante o disposto na CF e a jurisprudência do STF, assinale a opção correta.

(A) O conceito de necessitado fundamenta-se em critérios econômicos, razão por que a assistência judiciária àqueles que se enquadrem nessa classe se restringe a demandas patrimoniais.

(B) Aos DPs é assegurada estabilidade após dois anos de efetivo exercício no cargo, mediante avaliação de desempenho perante os órgãos próprios, após relatório circunstanciado das corregedorias.

(C) Às DPs estaduais e à da União são asseguradas autonomia funcional e a iniciativa de sua proposta orçamentária dentro dos limites estabelecidos na lei de diretrizes orçamentárias.

(D) A DP é instituição integrante da advocacia pública e goza de privilégios e prerrogativas inerentes ao poder público.

(E) O poder constituinte derivado não dispõe do juízo de abolição da DP por emenda constitucional, por ser a DP instituição permanente essencial à função jurisdicional do Estado.

A: incorreta. Existem três classes de necessitados que a Defensoria atende. A primeira é composta pelos necessitados sob o ponto de vista econômico (função típica da defensoria). Já a segunda é composta pelos necessitados sob o ponto de vista jurídico (função atípica. Ex.: réu no processo criminal que não constitui advogado, podendo até ser economicamente capaz), Por fim, a terceira classe é composta pelos necessitados sob o ponto de vista organizacional (função atípica. Ex.: tutela coletiva); **B:** incorreta. O DP nomeado adquire estabilidade após **três** anos de efetivo exercício (art. 41, *caput*, da CF/1988); **C:** incorreta, pois apenas as DPEs possuem a iniciativa de sua proposta orçamentária dentro dos limites estabelecidos na lei de diretrizes orçamentárias (art. 97-A da LC 80/1994); **D:** incorreta, pois a DP **não** é instituição integrante da advocacia pública. A Defensoria Pública é instituição essencial à função jurisdicional do Estado, incumbindo-lhe a orientação jurídica e a defesa, em todos os graus, dos necessitados (art. 134 da CF/1988); **E:** correta. O art. 5º, LXXIV, da CF/1988 dispõe que o Estado prestará assistência jurídica integral e gratuita aos que comprovarem insuficiência de recursos. E a maneira de prestar esse serviço público é por meio da DP (art. 134 da CF/1988). Ora, a junção desses dois artigos permite-nos dizer que a DP é uma cláusula pétrea, ou seja, não é possível sua abolição por emenda constitucional (art. 60, § 4º, IV, da CF/1988).

Gabarito "E".

(Defensor Público/TO – 2013 – CESPE) Considerando as prerrogativas, a autonomia funcional e o poder de requisição do DP, bem como as funções e os princípios institucionais da DP, assinale a opção correta.

(A) As funções institucionais da DP do Estado do Tocantins incluem a de promover, prioritariamente, a solução judicial dos litígios, no exercício da defesa dos direitos invocados pelo assistido.

(B) O Defensor Público-Geral da União pode requisitar servidores de órgãos e entidades da administração pública federal, assegurados ao requisitado todos os direitos e vantagens a que faz jus no órgão de origem, inclusive promoção.

(C) O benefício de prazo em dobro não se restringe aos DPs, abrangendo os demais membros do serviço estatal de assistência judiciária e o defensor dativo.

(D) O DP faz jus ao recebimento de honorários pelo exercício da curatela especial.

(E) Dado o princípio da unidade, os membros da DP podem ser substituídos uns pelos outros na atuação em juízo.

A: incorreta. O correto seria promover, prioritariamente, a solução **extrajudicial** dos litígios (art. 2º, II, da LC 55/2009 do Estado de Tocantins); **B:** correta, pois a assertiva está em consonância com o disposto no art. 4º da Lei 9.020/1995; **C:** incorreta. "As prerrogativas instituídas na Lei 1.060/1950 e, posteriormente, pela Lei Complementar 80/1994, somente contemplam a Defensoria Pública e o órgão estatal que desempenha o serviço de assistência judiciária (em regra, a Procuradoria do Estado) (...) Portanto, tais prerrogativas não se estendem aos *advogados constituídos* ou *dativos*, ainda que estejam a defender pessoas carentes e mesmo que lhes tenha sido deferida a gratuidade judiciária. Como vimos exaustivamente, *justiça gratuita* e a *assistência judiciária gratuita* prestada pelo Estado são institutos jurídicos distintos, de modo que não haverá sempre influência de um sobre o outro. A intimação pessoal e o prazo em dobro visam a beneficiar a função pública de prestação de assistência judiciária gratuita exercida pelo Estado (Defensoria Pública ou outro órgão estatal). O advogado, seja ele constituído ou dativo, não exerce *cargo* equivalente ao Defensor Público, como reclama o art. 5º, § 5º, da Lei 1.060/1950. Somente quem está ligado ao Estado é que exerce *cargo* equivalente[6]"; **D:** incorreta, pois não faz jus ao recebimento de honorários nesse caso. O exercício da curatela especial constitui uma das funções institucionais da DP (Art. 4º, XVI, da LC 80/1994); **E:** correta. "Ada Pellegrini Grinover, Antonio Carlos de Araújo Cintra e Cândido Rangel Dinamarco apontam que ser una e indivisível a Instituição significa que todos os seus membros fazem parte de uma só corporação e podem ser indiferentemente substituídos um por outro em suas funções, sem que com isso haja alteração subjetiva nos processos em que oficiam[7]".

Gabarito "B".

(Defensor Público/AM – 2013 – FCC) Considerando a disciplina da Defensoria Pública na Constituição Federal, analise as afirmações abaixo.

I. O Defensor Público, após dois anos de efetivo exercício, torna-se estável e apenas perderá o cargo por sentença judicial transitada em julgado.

II. Lei complementar estadual pode autorizar que o Defensor Público exerça advocacia fora de suas atribuições institucionais.

III. Às Defensorias Públicas Estaduais são asseguradas autonomia funcional e administrativa e a iniciativa de sua proposta orçamentária dentro dos limites estabelecidos na lei de diretrizes orçamentárias.

IV. Lei Estadual pode determinar que a Defensoria integre determinada Secretaria de Estado, ficando o Defensor-Geral sujeito ao poder hierárquico do Secretário de Estado.

Está correto o que se afirma APENAS em

(A) I, II e III.

(B) II, III e IV.

(C) III e IV.

(D) III.

(E) II.

6 De Lima, Frederico Rodrigues Viana. **Defensoria Pública.** 2ª ed. Salvador: Editora JusPodivm, 2012. p. 305-306.

7 De Lima, Frederico Rodrigues Viana. **Defensoria Pública.** 2ª ed. Salvador: Editora JusPodivm, 2012. p. 317.

I: incorreta. O art. 41 da CF/1988 assim dispõe: "São estáveis após **três anos** de efetivo exercício os servidores nomeados para cargo de provimento efetivo em virtude de concurso público. § 1º O servidor público estável só perderá o cargo: a) em virtude de sentença judicial transitada em julgado; b) mediante processo administrativo em que lhe seja assegurada ampla defesa; c) mediante procedimento de avaliação periódica de desempenho, na forma de lei complementar, assegurada ampla defesa"; II; incorreta, pois é vedado o exercício da advocacia fora de suas atribuições institucionais (art. 134, § 1º, da CF/1988); **III:** correta, pois em conformidade com o disposto no art. 134, § 2º, da CF/1988; **IV:** incorreta, pois as DPEs possuem autonomia funcional e administrativa. "*Autonomia é o poder de autogoverno*, de guiar-se de acordo com a Constituição e com as leis. É a não subserviência a ninguém e a nenhum dos Poderes[8]".

Gabarito "D"

(Defensor Público/SE – 2012 – CESPE) Com relação à DP, assinale a opção correta.

(A) O DP que adquirir estabilidade não perderá o cargo ainda que por sentença transitada em julgado.

(B) Lei complementar federal organizará as DPs da União, do DF, dos estados e dos territórios e prescreverá normas gerais para a sua organização em cargos de carreira, providos, na classe inicial, mediante concurso público de provas e títulos, assegurada a seus integrantes a garantia da inamovibilidade e do exercício da advocacia fora das atribuições institucionais.

(C) Às DPEs estaduais são asseguradas autonomia funcional e administrativa e a iniciativa de sua proposta orçamentária dentro dos limites estabelecidos na lei de diretrizes orçamentárias.

(D) De acordo com as jurisprudências do STJ e do STF, apenas a DPU da União pode atuar perante os tribunais superiores.

(E) O DP nomeado para o cargo de provimento efetivo em virtude de concurso público adquire estabilidade após dois anos de efetivo exercício.

A: incorreta, pois o defensor pode perder o cargo por sentença transitado em julgado (art. 41, § 1º, I, da CF/1988); **B:** incorreta. A Lei complementar federal organizará as DPs da União, do DF e dos territórios. Quanto aos Estados, a Lei complementar federal apenas estabelecerá normas gerais. Nesse sentido, estabelece o art. 134, § 1º, da CF/198**8:** "Lei complementar organizará a Defensoria Pública da União e do Distrito Federal e dos Territórios e prescreverá normas gerais para sua organização nos Estados, em cargos de carreira, providos, na classe inicial, mediante concurso público de provas e títulos, assegurada a seus integrantes a garantia da inamovibilidade e vedado o exercício da advocacia fora das atribuições institucionais"; **C:** correta, pois em consonância com a redação do art. 97-A da LC 80/1994; **D:** incorreta, pois as DPEs também podem atuar perante os tribunais superiores; **E:** incorreta. O DP nomeado adquire estabilidade após **três** anos de efetivo exercício (art. 41, *caput*, da CF/1988).

Gabarito "C"

(Defensor Público/SE – 2012 – CESPE) Com base na legislação que trata da DP, assinale a opção correta.

(A) O direito do assistido à atuação de DPs distintos, quando verificada a existência de interesses antagônicos ou conflitantes entre destinatários de suas funções, depende, nos termos expressos da legislação de regência, de decisão específica do DPG, em sede de conflito negativo de atribuições.

(B) São asseguradas ao DP, no âmbito dos juizados especiais criminais, as prerrogativas do prazo em dobro e da intimação pessoal.

(C) O direito do assistido ao defensor natural, expresso na legislação, consiste na prévia designação de defensor para cuidar dos interesses do assistido, com base em normas objetivas, sem interferências internas ou externas.

(D) Em face de circunstâncias urgentes ou em caso de coincidência de audiências ou sessão de julgamento, fica o DP autorizado a delegar o exercício das suas atribuições funcionais, *ad hoc*, a estagiários que atuem na DP.

(E) A intimação pessoal impõe ao Poder Judiciário a observância de mandado específico para o membro oficiante na causa, não bastando a ciência do órgão, sob pena de nulidade do ato processual.

A: incorreta, pois o direito descrito na assertiva não depende de decisão específica do DPG (art. 4º-A, V, da LC 80/1994); **B:** incorreta. Conforme jurisprudência dominante, a intimação pessoal e o prazo em dobro não vigoram nos juizados especiais, logo, a contagem será simples e a intimação também não será pessoal. A questão foi assim resolvida porque o art. 44, I, da LC 80/1994 estabelece norma geral e a Lei 10.259/2001, no seu art. 9º, estabelece norma especial, portanto, a regra da especialidade prevalece, sendo corroborada pelo principio da celeridade; **C:** correta. O art. 4º-A, IV, da LC 80/1994 prevê expressamente o defensor natural como um dos direitos dos assistidos da Defensoria Pública; **D:** incorreta, pois não existe previsão nesse sentido; **E:** incorreta. A intimação é efetivada com a entrega dos autos do processo, mesmo tratando-se de processo virtual. O termo inicial é definido pela data de entrada dos autos no órgão da DP responsável pela distribuição. Por fim, cabe enfatizar que a intimação pessoal não se restringe aos processos judiciais, cabendo também nas instâncias administrativas.

Gabarito "C"

(Defensor Público/RO – 2012 – CESPE) Acerca do benefício da justiça gratuita e da assistência jurídica integral e gratuita, assinale a opção correta.

(A) Por expressa vedação legal, não são aptas a obter os benefícios da justiça gratuita as entidades e empresas que comercializam planos de saúde e assemelhados nem as entidades de benefício mútuo destinadas a proporcionar bens ou serviços a um círculo restrito de associados ou sócios.

(B) Para fins de obtenção de assistência jurídica integral e gratuita por parte da DP, presumem-se necessitados os integrantes de grupos sociais vulneráveis que mereçam proteção especial do Estado.

(C) Ao idoso e às crianças e adolescentes é assegurada prioridade na tramitação dos procedimentos de assistência jurídica integral e gratuita junto à Defensoria Pública da União e DPEs, inclusive em relação aos serviços de assistência judiciária.

(D) De acordo com o que dispõe expressamente a Lei Complementar n.º 80/1994, consideram-se necessitados para fins de obtenção de assistência jurídica integral e gratuita as pessoas naturais ou jurídicas que declararem não possuir condições de pagar as custas judiciais e os honorários de advogado.

(E) A pessoa jurídica à qual tenha sido deferido pelo juiz o benefício da justiça gratuito no curso da ação passará necessariamente a ser patrocinada pela DP, instituição à qual incumbe a prestação da assistência jurídica integral e gratuita fornecida pelo Estado.

A: incorreta, pois não existe a mencionada vedação legal; **B:** incorreta, pois no caso exige-se a comprovação da insuficiência econômica. Nesse sentido: "Ao contrário do que preceitua a Lei 1.060/1950, que reclama para a justiça gratuita apenas a afirmação da incapacidade econômica, a assistência jurídica integral e gratuita prevista no art. 5º, LXXIV, da Constituição, e prestada pela Defensoria Pública, por força do art. 134, pressupõe algo a mais. Não se mostra suficiente a mera afirmação ou a simples declaração de inaptidão financeira. O texto constitucional vai adiante, exigindo que se *comprove* a incapacidade[9]"; **C:** correta. O art. 3º, parágrafo único, I, do Estatuto do Idoso assim dispõe sobre a garantia de prioridade dos idosos: "atendimento preferencial imediato e individualizado junto aos órgãos públicos e privados prestadores de serviços à população". E o art. 4º, parágrafo único, *b*, do Estatuto da Criança e Adolescente assim dispõe sobre a garantia de prioridade das crianças e adolescentes: "precedência de atendimento nos serviços públicos ou de relevância pública". É o denominado, doutrinariamente, princípio da prioridade absoluta. Por fim, as gestantes e as pessoas portadoras de necessidades especiais também possuem prioridade; **D:** incorreta, pois não existe previsão expressa, na LC 80/1994, nesse sentido; **E:** incorreta. Cabe diferenciar a benesse da gratuidade de justiça da assistência jurídica prestada pela Defensoria. A assistência jurídica (LC 80/1994) é um direito subjetivo à prestação de serviços jurídicos, o que envolve uma conduta positiva ou comissiva do Estado. Já a justiça gratuita (Lei 1.060/1950) é um direito subjetivo a dispensa provisória do pagamento de despesas (custas, emolumentos e honorários) processuais. Essa dispensa é provisória pelo fato de vigorar por 5 anos. Percebe-se que a justiça gratuita é um direito com carga negativa, pois depende de uma conduta negativa ou omissiva do Estado. Para ficar ainda mais claro o aqui dito, reproduzo os dizeres do Defensor Público federal Frederico Rodrigues Viana de Lima: "A Constituição Federal de 1988 inovou consideravelmente em termos de proteção aos hipossuficientes. As alterações não se restringiram à ampliação da assistência prestada, que passou de *judiciária* para *jurídica*, impôs-se ainda que a assistência jurídica deve ocorrer em prol de quem *comprove* insuficiência de recursos. É o único *requisito* imposto para que se usufrua deste serviço público. A referência ao que dispõe o art. 4º da Lei 1.060/1950, que reclama *apenas* a afirmação do quadro de incapacidade, é incabível, uma vez que não se encaixa no contexto constitucional. Primeiro, porque a expressão *assistência judiciária*, enunciada pelo art. 4º da Lei 1.060/1950, é utilizada

8 De Lima, Frederico Rodrigues Viana. Defensoria Pública. 2ª ed. Salvador: Editora JusPodivm, 2012. p. 88.

9 De Lima, Frederico Rodrigues Viana. **Defensoria Pública.** 2ª ed. Salvador: Editora JusPodivm, 2012. p. 69.

incorretamente. Isto porque ela exprime, a rigor, o instituto da *justiça gratuita*; ou seja, o legislador, ao invés de pronunciar *justiça gratuita*, fez equivocadamente referência ao termo *assistência judiciária*, resultando daí o embaralhamento destes conceitos até os diais atuais. Para a justiça gratuita (benefício processual), é bastante que a parte *afirme* a carência financeira; nada mais que isso. Mas para a assistência judiciária (que é o componente *judicial* da *assistência jurídica*), esta afirmação não é suficiente (...) Assim, não se admite para o acesso ao serviço público de assistência jurídica integral e gratuita a simples alegação de insuficiência econômica, despida de qualquer outra informação particular. A afirmação de carência não serve por si só de presunção absoluta e inarredável para que haja a concessão de assistência jurídica[10]".

Gabarito "C"

(Defensor Público/RO – 2012 – CESPE) Assinale a opção que corresponde a dispositivo expresso da Constituição do Estado de Rondônia acerca da DP.

(A) É assegurado ao membro da DP o exercício da atividade político-partidária mediante o afastamento não remunerado das atividades fim.
(B) É vedado ao membro da DP exercer, exceto quando em disponibilidade, qualquer outra função pública, salvo uma de magistério.
(C) O subsídio mensal dos DPs estaduais terá como limite o subsídio mensal do governador do estado.
(D) Compete privativamente à assembleia legislativa destituir, por deliberação da maioria absoluta de seus membros, o defensor público-geral, antes do término de seu mandato, na forma da respectiva lei complementar.
(E) O defensor público-geral será nomeado pelo governador do estado, entre DPs da classe mais elevada e maiores de trinta e cinco anos.

A questão suscita dúvidas. O art. 29, XXIII, da Constituição do Estado de Rondônia prevê expressamente que a assembleia legislativa pode destituir, por deliberação da maioria absoluta, o Procurador-Geral de Justiça, antes do término de seu mandato, na forma da lei complementar. Assim, por uma simples equiparação poderíamos apontar a assertiva "D" como correta, afinal é o que o gabarito oficial indica. Todavia, o art. 65,

X, da Constituição do Estado de Rondônia prevê que cabe ao Governador do Estado nomear e destituir o Chefe da Defensoria Pública e o Procurador-Geral do Estado. Esse artigo impossibilita a correção da assertiva "D". Em função dessa contradição, defendemos que a questão deveria ser anulada.

Gabarito oficial "D"/Gabarito nosso "ANULADA"

(Defensor Público/PR – 2012 – FCC) Quanto aos sistemas de assistência judiciária e jurídica gratuita, é correto afirmar que

(A) o sistema *judicare* é mais eficaz, pois permite que ao lado de servidores públicos atuem advogados em regime *pro bono*.
(B) o sistema público é mais vantajoso, embora não esteja aparelhado para transcender os remédios individuais.
(C) a Constituição Federal de 1988 adotou o sistema *judicare*, que implica no exercício da assistência jurídica por profissionais concursados, sem prejuízo da atuação de advogados *pro bono*.
(D) o sistema público caracteriza-se por permitir às pessoas pobres maior conscientização de seus direitos e a transcendência da esfera individual.
(E) o sistema *pro bono* consiste na atuação caritativa de advogados particulares e é vedado pela Constituição Federal de 1988.

Normalmente, a doutrina aponta a existência de quatro tipos de assistência judicial gratuita: *pro bono*, *judicare*, *salaried staff model* e híbrido ou misto. Passemos a análise dos quatro modelos: a) *pro bono*: envolve a prestação de assistência judiciária gratuita por advogados, sem qualquer participação do Estado. "Nesse modelo, a atividade de assistência judiciária gratuita não é considerada um *direito* do economicamente incapaz, que contam com a boa vontade dos advogados para obter a tutela judicial[11]"; b) *judicare*: "assemelha-se ao sistema *pro bono* por também ser a assistência judiciaria prestada por advogado particular; diferencia-se, entretanto, por ser um direito do hipossuficiente e, ainda, pelo fato de o advogado constituído receber remuneração do Estado pelo serviço jurídico que foi realizado[12]"; c) *salaried staff model*: "é o modelo em vigor no Brasil. Consiste na remuneração de agentes públicos pelo Estado para realizarem assistência judiciária gratuita[13]". Em outras palavras, é o trabalho realizado pelos defensores públicos; d) híbrido ou misto: seria simplesmente a mistura de componentes característicos dos outros métodos.

A: incorreta, pois a assertiva descreve um modelo híbrido ou misto, pois combina os sistemas *judicare* e *salaried staff model*; **B**: incorreta, pois a DP cada vez ganha mais destaque atuando efetivamente na tutela coletiva; **C**: incorreta, pois a Constituição adotou o sistema do *salaried staff model* (art. 134); **D**: correta, pois fica em evidência o caráter de direito subjetivo do necessitado à prestação efetiva de um serviço público. Lembrando que uma das funções institucionais da DP é promover a difusão e a conscientização dos direitos humanos, da cidadania e do ordenamento jurídico (art. 4º, III, da LC 80/1994); **E**: incorreta, pois o sistema *pro bono* não é vedado pela CF/1988 e pode sempre acontecer, pois possui contornos de atividade caritária.

Gabarito "D"

(Defensor Público/AC – 2012 – CESPE) Considerando o que dispõe a Lei Complementar n.º 80/1994 sobre os objetivos, as garantias e funções da DP e sobre a ouvidoria-geral da DP, assinale a opção correta.

(A) A ouvidoria-geral é órgão de administração superior da DPE.
(B) À ouvidoria-geral compete participar, com direito a voz, do Conselho Superior da DPE.
(C) Inclui-se entre os objetivos da DP a orientação jurídica dos necessitados, prestada em todos os graus.
(D) Aos membros da DP é garantido sentar-se no mesmo plano dos magistrados.
(E) O instrumento de transação referendado por um DP vale como título executivo judicial.

A: incorreta. A ouvidoria-geral é órgão auxiliar da Defensoria Pública do Estado (art. 105-A da LC 80/1994); **B**: correta, pois em conformidade com o disposto no art. 105-C, IV, da LC 80/1994; **C**: incorreta, pois segundo o art. 3º-A da LC 80/1994, os objetivos da DP são: a) a primazia da dignidade da pessoa humana e a redução das desigualdades sociais; b) a afirmação do Estado Democrático de Direito; c) a prevalência e efetividade dos direitos humanos; d) a garantia dos princípios constitucionais da ampla defesa e do contraditório; **D**: incorreta. O que a LC 80/1994 assevera é que os defensores têm a prerrogativa de ter o mesmo tratamento reservado aos magistrados e demais titulares dos cargos das funções essenciais à justiça (art. 44, XIII); **E**: incorreta, pois vale como título executive **extrajudicial** (art. 4º, § 4º, da LC 80/1994).

Gabarito "B"

(Defensor Público/AC – 2012 – CESPE) Assinale a opção correta com base no que dispõe a Constituição do Estado do Acre acerca da DPE/AC.

(A) A Constituição do Estado do Acre garante expressamente aos membros da DPE/AC a independência funcional no exercício de suas atribuições, a inamovibilidade e a irredutibilidade de vencimentos.
(B) A organização e as atribuições da DPE/AC devem ser estabelecidas por lei ordinária, obedecidas as normas gerais previstas na legislação federal.
(C) Compete ao Tribunal de Justiça do Estado do Acre processar e julgar, originariamente, os DPEs nos crimes comuns e de responsabilidade.
(D) O candidato ao cargo de DPE deve ser bacharel em direito, inscrito na Ordem dos Advogados do Brasil, seção Acre, e ter, pelo menos, um ano de prática forense.
(E) O defensor público-geral e o subdefensor público-geral são escolhidos entre os integrantes estáveis da carreira e nomeados pelo governador do estado.

Segue o trecho da Constituição do Estado do Acre que cuida da DPE.

Seção III

Da Defensoria Pública

Art. 126. A Defensoria Pública, instituição essencial à função jurisdicional do Estado, incumbindo-lhe a orientação jurídica e a defesa, em todos os graus de jurisdição, dos necessitados, na forma do art. 5º, inciso LXXIV, da Constituição Federal.

Art. 127. A Defensoria Pública terá sua organização e suas atribuições fixadas em lei complementar, obedecidas normas gerais previstas na legislação federal, nos termos do art. 134 e seu Parágrafo único da Constituição da República, e suas funções serão exercidas por defensores públicos, aos quais é vedado o exercício da advocacia fora das atribuições institucionais.

Art. 128. O ingresso no quadro da Defensoria Pública far-se-á na entrância inicial, mediante concurso público específico de provas e títulos, devendo o candidato ser bacharel em

10 **Defensoria Pública.** 2ª ed. Salvador: Editora JusPodivm, 2012. p. 173.

11 De Lima, Frederico Rodrigues Viana. **Defensoria Pública.** 2ª ed. Salvador: Editora JusPodivm, 2012. p. 56.

12 De Lima, Frederico Rodrigues Viana. **Defensoria Pública.** 2ª ed. Salvador: Editora JusPodivm, 2012. p. 56-57.

13 De Lima, Frederico Rodrigues Viana. Defensoria Pública. 2ª ed. Salvador: Editora JusPodivm, 2012. p. 57.

Direito, inscrito na Ordem dos Advogados do Brasil, Seção do Acre, observando-se nas nomeações a ordem de classificação do concurso.

Parágrafo único. Aplicam-se à carreira de defensor público os princípios dos arts. 37, XII e 39, § 1º, combinados com o art. 135 da Constituição Federal.

A: incorreta, pois não existe previsão expressa nesse sentido; **B:** incorreta. Segundo o art. 127 da Constituição do Estado do Acre, a organização e as atribuições da DPE/AC serão definidas por lei complementar; **C:** correta, pois em consonância com a redação do art. 95, I, *a*, da Constituição do Estado do Acre; **D:** incorreta. Reler o art. 128 da Constituição do Estado do Acre acima exposto; **E:** incorreta. A Constituição do Estado do Acre não faz previsão nesse sentido. Ademais, o subdefensor público-geral é escolhido, pelo defensor público-geral, dentre integrantes estáveis da Carreira (art. 99, § 1º, da LC 80/1994).

Gabarito "C"

(Defensor Público/AC – 2012 – CESPE) Com referência à DP e à justiça gratuita, a presunção de hipossuficiência e o patrocínio de pessoas jurídicas pela DP, assinale a opção correta.

(A) Apesar de não haver previsão legal expressa, admite-se o patrocínio de pessoa jurídica pela DP, desde que comprovada a sua hipossuficiência.

(B) Por suas características e natureza, as pessoas jurídicas sem fins lucrativos não necessitam comprovar a insuficiência econômica para gozar da benesse da gratuidade da justiça.

(C) Presume-se hipossuficiente a pessoa natural cuja renda familiar seja inferior a dois salários mínimos vigentes.

(D) A pessoa natural ou jurídica, quando patrocinada pela DP, goza automaticamente dos benefícios da justiça gratuita.

(E) O pedido de justiça gratuita, quando formulado por ocasião da interposição de recurso especial, deve, necessariamente, ser feito em petição avulsa.

Antes de comentar as assertivas, cabe esclarecer as três classes de necessitados que a Defensoria atende. A primeira é composta pelos necessitados sob o ponto de vista econômico (função típica da defensoria). Já a segunda é composta pelos necessitados sob o ponto de vista jurídico (função atípica. Ex.: réu no processo criminal que não constitui advogado, podendo até ser economicamente capaz). Por fim, a terceira classe é composta pelos necessitados sob o ponto de vista organizacional (função atípica. Ex.: tutela coletiva).

A: incorreta, pois não é necessário comprovar hipossuficiência. Essa possibilidade está prevista no art. 4º, V, da LC 80/1994. Apesar da Lei não disciplinar que tipo de pessoa jurídica poderá se valer do patrocínio da Defensoria, pode-se afirmar que estarão habilitadas para receber tal patrocínio as pessoas jurídicas, com e sem fins lucrativos, em dificuldades financeiras; **B:** incorreta. Antes de comentar, cabe diferenciar a benesse da gratuidade de justiça da assistência jurídica prestada pela Defensoria. A Assistência jurídica (LC 80/1994) é um direito subjetivo à prestação de serviços jurídicos, o que envolve uma conduta positiva ou comissiva do Estado. Já a justiça gratuita (Lei 1.060/1950) é um direito subjetivo a dispensa provisória do pagamento de despesas (custas, emolumentos e honorários) processuais. Essa dispensa é provisória pelo fato de vigorar por 5 anos. Percebe-se que a justiça gratuita é um direito com carga negativa, pois depende de uma conduta negativa ou omissiva do Estado. Para ficar ainda mais claro o aqui dito, reproduzo os dizeres do Defensor Público federal Frederico Rodrigues Viana de Lima: "A Constituição Federal de 1988 inovou consideravelmente em termos de proteção aos hipossuficientes. As alterações não se restringiram à ampliação da assistência prestada, que passou de *judiciária* para *jurídica*, impôs-se ainda que a assistência jurídica deve ocorrer em prol de quem *comprove* insuficiência de recursos. É o único *requisito* imposto para que se usufrua deste serviço público. A referência ao que dispõe o art. 4º da Lei 1.060/1950, que reclama *apenas* a afirmação do quadro de incapacidade, é incabível, uma vez que não se encaixa no contexto constitucional. Primeiro, porque a expressão *assistência judiciária*, enunciada pelo art. 4º da Lei 1.060/1950, é utilizada incorretamente. Isto porque ela exprime, a rigor, o instituto da *justiça gratuita*; ou seja, o legislador, ao invés de pronunciar *justiça gratuita*, fez equivocadamente referência ao termo *assistência judiciária*, resultando daí o embaralhamento destes conceitos até os diais atuais. Para a justiça gratuita (benefício processual), é bastante que a parte *afirme* a carência financeira; nada mais que isso. Mas para a assistência judiciária (que é o componente *judicial* da *assistência jurídica*), esta afirmação não é suficiente (...) Assim, não se admite para o acesso ao serviço público de assistência jurídica integral e gratuita a simples alegação de insuficiência econômica, despida de qualquer outra informação particular. A afirmação de carência não serve por si só de presunção absoluta e inarredável para que haja a concessão de assistência jurídica[14]"; **C:** incorreta, pois não existe essa presunção; **D:** incorreta, pois como dito no texto inicial, existem três classes de necessitados. Portanto, o necessitado sob o ponto de vista jurídico e organizacional não necessitará, em tese, dos benefícios da justiça gratuita, pois não possui hipossuficiência financeira; **E:** correta, pois em consonância com o disposto no art. 6º da Lei 1.060/1950.

Gabarito "E"

14 **Defensoria Pública.** 2ª ed. Salvador: Editora JusPodivm, 2012. p. 173.

(Defensor Público/SP – 2012 – FCC) Constituem instrumentos e mecanismos de participação popular na gestão e controle da Defensoria Pública do Estado de São Paulo, previstos na Lei Complementar nº 988/06:

(A) Conferência Estadual e Pré-Conferências Regionais; Plano Anual de Atuação, Ouvidoria-Geral; Encontro anual de Defensores Públicos; e a possibilidade de uso da palavra por qualquer pessoa nas sessões do Conselho Superior, nos termos regimentais.

(B) Conferência Estadual e Pré-Conferências Regionais; Plano Anual de Atuação; Ouvidoria-Geral; e a possibilidade de uso da palavra por qualquer pessoa nas sessões do Conselho Superior, nos termos regimentais.

(C) Conferência Estadual e Pré-Conferências Regionais; Plano Anual de Atuação; Ouvidoria-Geral; e o orçamento participativo.

(D) Conferência Estadual e Pré-Conferências Regionais; Plano Anual de Atuação; Ouvidoria-Geral; e o controle externo pela Corregedoria-Geral da Administração do Estado.

(E) Conferência Estadual e Pré-Conferências Regionais; Plano Anual de Atuação; Ouvidoria-Geral; e o Conselho Nacional de Defensores Públicos-Gerais – CONDEGE.

A única assertiva que traz a lista correta dos instrumentos e mecanismos de participação popular na gestão e controle da Defensoria Pública do Estado de São Paulo é a "B".

Gabarito "B"

(Defensor Público/SP – 2012 – FCC) Do Estatuto Constitucional da Defensoria Pública decorre que

(A) a remuneração dos Defensores Públicos do Estado é limitada pelo chamado teto constitucional, previsto no artigo 37 da Constituição Federal, não podendo exceder o subsídio mensal, em espécie, dos Ministros do Supremo Tribunal Federal.

(B) à União, aos Estados e ao Distrito Federal compete legislar concorrentemente sobre assistência jurídica e Defensoria Pública.

(C) à União compete organizar e manter a Defensoria Pública do Distrito Federal e Territórios.

(D) o Defensor Público-Geral está entre as autoridades legitimadas para propositura da ação direta de inconstitucionalidade e da ação declaratória de constitucionalidade.

(E) ao Defensor Público é assegurada a inamovibilidade, a independência funcional e a vitaliciedade.

A: incorreta. Segundo o art. 37, XI, da CF/1988, a remuneração dos Defensores Públicos do Estado não poderá exceder o subsídio dos Desembargadores do Tribunal de Justiça, limitado a noventa inteiros e vinte e cinco centésimos por cento do subsídio mensal, em espécie, dos Ministros do Supremo Tribunal Federal; **B:** correta, pois a assertiva está em consonância com o art. 24, XIII, da CF/1988; **C:** incorreta, pois somente compete à União organizar e manter a Defensoria Pública dos Territórios (Redação dada ao inciso XVII do art. 22 da CF/1988, pela Emenda Constitucional nº 69, de 2012); **D:** incorreta. O art. 103 da CF/1988 não prevê expressamente a competência do Defensor Público--Geral para propositura da ação direta de inconstitucionalidade e da ação declaratória de constitucionalidade; **E:** incorreta, pois o DF não possui a garantia de vitaliciedade (art. 134, §§ 1º e 2º, da CF/1988).

Gabarito "B"

(Defensor Público/SP – 2012 – FCC) Considere as afirmações abaixo, com base na Lei Orgânica Nacional da Defensoria Pública:

I. A composição do Conselho Superior da Defensoria Pública do Estado deve incluir, obrigatoriamente, o Defensor Público-Geral, o Subdefensor Público-Geral, o Corregedor-Geral e o Ouvidor--Geral, como membros natos, e, em sua maioria, representantes estáveis da carreira, como membros eleitos.

II. O instrumento de transação, mediação ou conciliação referendado pelo Defensor Público valerá como título executivo extrajudicial.

III. Cabe à Defensoria Pública do Estado elaborar suas folhas de pagamento e expedir os competentes demonstrativos.

IV. Constitui prerrogativa dos membros da Defensoria Pública, dentre outras, comunicar-se, pessoal e reservadamente com seus assistidos, ainda quando estes se acharem presos ou detidos, mesmo incomunicáveis.

Está correto o que se afirma em

(A) I e III, apenas.
(B) II e IV, apenas.
(C) I, III e IV, apenas.
(D) II, III e IV, apenas.
(E) I, II, III e IV.

I: correta, pois está em conformidade com o disposto no art. 9º da LC 80/1994; **II:** correta, pois está em conformidade com o disposto no art. 4º, § 4º , da LC 80/1994; **III:** correta, pois está em conformidade com o disposto no art. 97-A, IV, da LC 80/1994; **IV:** correta, pois está em conformidade com o disposto no art. 43, VII , da LC 80/1994.

Gabarito "E".

(Defensor Público/RS – 2011 – FCC) Em relação aos Defensores Públicos e às suas prerrogativas e funções institucionais, com esteio nas Leis Complementares Federais e Estaduais que organizam as Defensorias Públicas, considere a seguinte situação hipotética: um membro da Defensoria Pública, no exercício de suas atribuições funcionais, após receber vista dos autos, lança breve manifestação manuscrita, com pedido ao final. Conclusos os autos, o magistrado

(A) deve determinar o desentranhamento e inutilização da peça, reabrindo o prazo da parte assistida pela Defensoria Pública, para que seja lançada nova manifestação, digitada ou datilografada.
(B) deve conhecer do pedido, examinando o seu mérito.
(C) deve mandar riscar o texto dos autos, deixando de conhecer do pedido.
(D) deve determinar ao escrivão que reduza a termo todo o texto manuscrito, fazendo oportuna conclusão dos autos para exame.
(E) não deve conhecer do pedido, porquanto o membro da Defensoria Pública somente pode dirigir-se ao juiz, de forma manuscrita, em procedimento de *habeas corpus*.

A, B, C, D e **E:** a assertiva "B" é a correta porque uma das funções institucionais da Defensoria Pública é exercer, mediante o recebimento dos autos com vista, a ampla defesa e o contraditório em favor de pessoas naturais e jurídicas, em processos administrativos e judiciais, perante todos os órgãos e em todas as instâncias, ordinárias ou extraordinárias, utilizando todas as medidas capazes de propiciar a adequada e efetiva defesa de seus interesses (art. 4º, V, da LC 80/1994). Ademais, o art. 44, IX, da LC 80/1994 confere, aos defensores públicos, a prerrogativa de manifestarem-se em autos administrativos ou judiciais por meio de cota. Cabe reforçar que a regra geral é o princípio da liberdade de forma do ato processual, disciplinado no art. 154 do CPC, que assim dispõe: "os atos e termos processuais não dependem de forma determinada senão quando a lei expressamente a exigir, reputando-se válidos os que, realizados de outro modo, lhe preencham a finalidade essencial". E para corroborar tal princípio cabe lembrar a regra do art. 249, § 1º, do CPC, a qual dispõe que o ato não se repetirá nem se lhe suprirá a falta quando não prejudicar a parte. Por fim, o art. 161 do CPC veda somente o lançamento de cotas marginais ou interlineares.

Gabarito "B".

(Defensor Público/BA – 2010 – CESPE) Julgue os itens subsequentes, com base na estrutura e organização da Defensoria Pública do Estado da Bahia, na Lei n.º 1.060/1950 (Lei de Assistência Judiciária) e na Lei Complementar Federal n.º 80/1994.

(1) Para fins da isenção do pagamento de custas e outras despesas processuais previstas na Lei de Assistência Judiciária, considera-se necessitado todo aquele que ganha até três salários-mínimos.
(2) São órgãos de execução da Defensoria Pública do Estado da Bahia a Coordenadoria das Defensorias Públicas Especializadas, a Coordenadoria das Defensorias Públicas Regionais, as DPs especializadas e as DPs regionais.
(3) É atribuição da Defensoria Pública do Estado da Bahia, e não, da Procuradoria-Geral do Estado, a execução de verbas de sucumbência das causas em que atuarem os seus membros.
(4) O exercício do cargo de defensor público é expressamente indelegável e privativo de membro da carreira.
(5) O estágio probatório dos membros da Defensoria Pública do Estado da Bahia compreende o período de dois anos, a contar da data da posse, durante o qual o defensor público será avaliado por meio de relatórios individualizados, elaborados pela Corregedoria-Geral, e enviados, semestralmente, para a apuração do atendimento, ou não, dos requisitos necessários à confirmação de sua vitaliciedade no cargo.
(6) Segundo a jurisprudência do STJ, quando a discussão sobre a concessão do benefício da gratuidade de justiça é travada nos autos principais e nestes decidida, o recurso cabível será o de apelação; se travada em autos apartados e neles decidida, caberá recurso de agravo de instrumento.

1: errada. Na Lei de Assistência Judiciária, considera-se necessitado todo aquele cuja situação econômica não lhe permita pagar as custas do processo e os honorários de advogado, sem prejuízo do sustento próprio ou da família (art. 2º, § 2º, da Lei 1.060/1950); **2:** correta. Art. 12 da LC 26/2006 do Estado da Bahia: "São Órgãos de Execução da Defensoria Pública: **I** - a Coordenadoria das Defensorias Públicas Especializadas; **II** - a Coordenadoria das Defensorias Públicas Regionais; **III** - as Defensorias Públicas Especializadas; **IV** - as Defensorias Públicas Regionais; **V** - os Defensores Públicos"; **3:** correta, pois reflete a redação do art. 265 da LC 26/2006 do Estado da Bahia; **4:** correta, pois reflete a redação do art. 4º, § 10, da LC 80/1994; **5:** errada. O art. 100 da LC 26/2006 do Estado da Bahia assim determina sobre o estágio probatório: "A contar da data da posse, durante o **período de 03 (três) anos**, o Defensor Público será avaliado por meio de relatórios individualizados, elaborados pela Corregedoria-Geral e enviados semestralmente, para a apuração do atendimento ou não dos requisitos necessários à confirmação de sua **estabilidade** no cargo". Lembrando que as garantias dos membros da Defensoria Pública são: **I** - a independência funcional no desempenho de suas atribuições; **II** - a inamovibilidade; **III** - a irredutibilidade de vencimentos; e **IV** - a estabilidade (art. 43 da LC 80/1994); **6:** errada. A Lei de Assistência Judiciária, no seu art. 17, determina que caberá apelação das decisões proferidas em consequência de sua aplicação, ou seja, independentemente de ser travada nos autos principais ou em autos apartados.

Gabarito 1E, 2C, 3C, 4C, 5E, 6E

(Defensor Público/BA – 2010 – CESPE) Acerca da DP, de acordo com a CF, e da atuação da DP no estado da Bahia, julgue os itens seguintes.

(1) A DP tem o monopólio da assistência jurídica integral e gratuita prestada pelo Estado.
(2) O defensor público-geral do estado da Bahia é escolhido e nomeado pelo governador do estado, entre os integrantes da carreira com mais de 35 anos de idade, constantes de lista sêxtupla elaborada pelo Conselho Superior da Defensoria Pública.
(3) A Constituição estadual incumbiu à Defensoria Pública do Estado da Bahia a promoção, em juízo ou fora dele, da defesa dos direitos e das garantias fundamentais de todo cidadão, especialmente dos servidores públicos estaduais processados, civil ou criminalmente, no regular exercício do cargo.
(4) A CF veda aos membros da DP o exercício da advocacia fora das atribuições institucionais.

1: correta, pois essa assertiva tem por base determinação constitucional (art. 134 c/c 5º, LXXIV, ambos da CF/1988). Ademais é reforçada pelo art. 2º da LC 26/2006 do Estado da Bahia; **2:** errada. O Defensor Público-Geral do Estado da Bahia é escolhido e nomeado pelo Governador do Estado, entre os integrantes da carreira com mais de 35 anos de idade, constantes de lista **tríplice** elaborada pela **Comissão Eleitoral**, que foi instituída pelo Conselho Superior da Defensoria Pública (art. 16, § 6º, da LC 26/2006 do Estado da Bahia c/c art. 99 da LC 80/1994); **3:** errada, pois a redação do art. 144, § 2º, da Constituição do Estado da Bahia assim determina: "A Defensoria Pública promoverá, em juízo ou fora dele, a defesa dos direitos e as garantias fundamentais de todo cidadão, **especialmente dos carentes, desempregados, vítimas de perseguição política, violência policial ou daqueles cujos recursos sejam insuficientes para custear despesas judiciais**"; **4:** correta, pois reflete parte da redação do art. 134, § 1º, da CF/1988.

Gabarito 1C, 2E, 3E, 4C

(Defensor Público/MS – 2008 – VUNESP) Não é motivo para a recusa do mandato pelo advogado designado ou nomeado com assistência jurídica gratuita ao necessitado:

(A) ter necessidade de se ausentar da sede do juízo para atender a outro mandato anteriormente outorgado ou para defender interesses próprios inadiáveis.
(B) já haver manifestado por escrito sua opinião contrária ao direito que o necessitado pretende pleitear.
(C) haver dado à parte contrária parecer escrito sobre a contenda.
(D) ter sido procurador da parte contrária em processo findo ou ter com ela relações de amizade pessoal.

A: incorreta, pois é um dos motivos para a recusa do mandato pelo advogado designado ou nomeado (art. 15, § 3º, da Lei 1.060/1950); **B:** incorreta, pois é um dos motivos para a recusa do mandato pelo advogado designado ou nomeado (art. 15, § 4º, da Lei 1.060/1950); **C:** incorreta, pois é um dos motivos para a recusa do mandato pelo advogado designado ou nomeado (art. 15, § 5º, da Lei 1.060/1950); **D:** correta, pois esse não é um dos motivos, elencados no art. 15 da Lei 1.060/1950, para a recusa do mandato pelo advogado designado ou nomeado. Lembrando que o art. 15, § 2º, da Lei 1.060/1950 assim dispõe: "ser procurador constituído pela parte contrária ou ter com ela relações profissionais de interesse atual".

Gabarito "D".

(Defensor Público/MS – 2008 – VUNESP) Assinale a alternativa que está de acordo com o que dispõe a Constituição do Estado de Mato Grosso do Sul.

(A) Para cada dois cargos da carreira da Magistratura de primeiro grau do Estado, haverá um cargo correspondente na carreira da Defensoria Pública.

(B) A Defensoria Pública tem por Chefe o Procurador-Geral da Defensoria Pública, nomeado pelo Governador do Estado dentre os integrantes da classe final da carreira, escolhido em lista tríplice, elaborada por meio de votação, pelos membros da carreira em efetivo exercício, para o mandato de três anos, permitida uma recondução.

(C) A destituição do Procurador-Geral da Defensoria Pública, por iniciativa do Governador, antes do término do mandato, deverá ser precedida de autorização votada pela maioria absoluta da Assembleia Legislativa, que poderá, a qualquer tempo, por igual *quorum*, destituí-lo.

(D) O Defensor Público terá promoção voluntária de entrância para entrância e da última para Procurador da Defensoria Pública, alternadamente, por antiguidade e merecimento, esta através de lista sêxtupla elaborada pelo Conselho Superior da Defensoria Pública.

A: incorreta, pois não existe previsão nesse sentido na Constituição do MS; **B:** incorreta. A Defensoria Pública tem por chefe o **Defensor Público-Geral do Estado**, nomeado pelo Governador do Estado dentre os integrantes da classe final da carreira, escolhido em lista tríplice elaborada por meio de votação, pelos membros da carreira em efetivo exercício, para **mandato de dois anos**, permitida uma recondução (art. 141 da Constituição do MS); **C:** incorreta. A destituição do **Defensor Público-Geral do Estado**, por iniciativa do Governador, antes do término do mandato, deverá ser precedida de autorização pela maioria absoluta da Assembleia Legislativa, que poderá, a qualquer tempo, por igual quórum, destituí-lo (art. 141, parágrafo único, da Constituição do MS); **D:** incorreta. O DP terá promoção voluntária de entrância para entrância e da última para **Defensor Público de Segunda Instância**, alternadamente, por antiguidade e merecimento, esta por meio de **lista tríplice** elaborada pelo Conselho Superior da Defensoria Pública (art. 142, V, da Constituição do MS).

Gabarito ANULADA

(Defensor Público/CE – 2007 – CESPE) Em relação à Defensoria Pública do Estado do Ceará, de acordo com a Lei Complementar Estadual n.º 6/1997, julgue os itens seguintes.

(1) É vedado ao defensor se declarar suspeito para o patrocínio dos interesses de pessoa atendida pela assistência judiciária.

(2) É dever do defensor residir na comarca na qual servir, dela só podendo se ausentar, nos dias úteis, com autorização do defensor público-geral.

(3) Em razão da autonomia funcional, a atividade dos defensores está sujeita apenas às fiscalizações em correições ordinárias e extraordinárias.

(4) Em procedimento administrativo disciplinar, o corregedor-geral da Defensoria Pública pode aplicar penalidade de suspensão por até noventa dias ao defensor público.

(5) Entre as funções institucionais da Defensoria Pública está a promoção, nos cartórios competentes, do registro civil de pessoas carentes.

1: errada, pois o defensor deve-se declarar como suspeito ou impedido nos casos previstos na legislação processual e, se não o fizer, poderá tal circunstância ser arguida por qualquer interessado (art. 102 da LC 6/1997 do Estado de Ceará). Lembrando que se o motivo da suspeição, declarada pelo DP, for de natureza íntima, o Defensor Público-Geral deverá ser comunicado (art. 102, § 1º, da LC 6/1997 do Estado de Ceará); **2:** correta, pois reflete perfeitamente a redação do art. 98, XIV, da LC 6/1997 do Estado de Ceará; **3:** errada, pois a atividade dos defensores também está sujeita a inspeção permanente (art. 106, I, II e III, da LC 6/1997 do Estado de Ceará); **4:** errada, pois, em procedimento administrativo disciplinar, é o Defensor Público-Geral que pode aplicar a penalidade de suspensão por até noventa dias ao defensor público (art. 124, II, c/c 116, III, ambos da LC 6/1997 do Estado de Ceará); **5:** correta, pois reflete a redação do art. 3º, XII, da LC 6/1997 do Estado de Ceará.

Gabarito 1E, 2C, 3E, 4E, 5C

(Defensor Público/RO – 2007) Na forma da lei complementar nº 117, de 04.11.94, NÃO representa hipótese de afastamento considerado de efetivo exercício para todos os efeitos a seguinte alternativa:

(A) férias

(B) disponibilidade

(C) licença-gestante

(D) seminário de aperfeiçoamento

(E) exercício de mandato legislativo

A, **B**, **C**, **D** e **E:** segundo o art. 54, § 3º, da LC 117/1994 do Estado de Rondônia, o afastamento será considerado de efetivo exercício para todos os efeitos nas seguintes situações: **I - férias**; II - trânsito decorrente de promoção ou remoção; III - licença para concorrer ou **exercer a cargo eletivo**; **IV - frequência a curso ou seminário de aperfeiçoamento e estudo**; **V - disponibilidade remunerada**; VI - licença para tratamento de saúde; VII - licença por doença em pessoa da família; **VIII - licença gestante**; IX - licença especial.

Gabarito Nosso ANULADA/ Gabarito Oficial "E."

(Defensor Público/AC – 2006 – CESPE) A respeito da atuação da defensoria pública e da assistência judiciária, assinale a opção correta.

(A) Conforme orientação firmada pelo STJ, o prazo em dobro previsto na legislação da assistência judiciária gratuita se estende aos advogados dativos ou nomeados *ad hoc*, que geralmente exercem a defesa das pessoas reconhecidamente carentes em locais onde inexistente a defensoria pública.

(B) Os prazos em favor da defensoria pública contam-se da data do ciente e não na data da vista pessoal dos autos.

(C) No âmbito estadual, o defensor público geral deve ser nomeado pelo presidente da República, entre integrantes da carreira e maiores de 45 anos.

(D) São princípios institucionais da defensoria pública a unidade, a indivisibilidade e a independência funcional.

A: incorreta. O STJ na decisão do AgRg no Ag 280.945/RJ decidiu que os advogados dativos ou nomeados *ad hoc* não gozam dos privilégios concedidos aos Defensores Públicos, devendo a intimação ser realizada nos moldes processuais vigentes. Também decidiu que o beneficiário de justiça gratuita não faz jus à contagem de prazo em dobro. E corroborando tal decisão, o art. 5º, § 5º, da Lei 1.060/1950 assim dispõe: "Nos Estados onde a Assistência Judiciária seja organizada e por eles mantida, o Defensor Público, ou quem exerça cargo equivalente, será intimado pessoalmente de todos os atos do processo, em ambas as Instâncias, contando-se-lhes em dobro todos os prazos"; **B:** incorreta. O art. 44 da LC 80/1994 enumera as prerrogativas dos membros da Defensoria Pública da União. E uma dessas prerrogativas é receber, inclusive quando necessário, **mediante entrega dos autos com vista**, intimação pessoal em qualquer processo e grau de jurisdição ou instância administrativa, contando-se-lhes em dobro todos os prazos (art. 44, I, da LC 80/1994); **C:** incorreta. A redação do art. 99 da LC 80/1994 determina que o Defensor Público-Geral, no âmbito estadual, será nomeado pelo **Governador do Estado**, entre integrantes estáveis da carreira e maiores de **35 anos**. Lembrando que a redação do art. 99 foi dada pela LC 132/2009; **D:** correta, pois reflete a redação do art. 3º da LC 80/1994.

Gabarito "D."

(Defensor Público/AC – 2006 – CESPE) Acerca do regime previsto na Lei Complementar n.º 80/1994, assinale a opção correta.

(A) Qualquer pessoa pode representar, perante o órgão competente, contra os abusos cometidos por defensor público.

(B) O princípio da inamovibilidade impede a remoção compulsória nas hipóteses que a lei estadual estabelecer, mesmo que a falta praticada, pela sua gravidade e repercussão, torne incompatível a permanência do faltoso no órgão de atuação de sua lotação.

(C) A lei em tela exige a participação da Ordem dos Advogados do Brasil (OAB) nas fases do concurso público para ingresso na carreira de defensor público, de acordo com a Constituição Federal.

(D) Não é defeso ao membro da defensoria pública do estado exercer suas funções em processo ou procedimento, no qual haja dado à parte contrária parecer verbal sobre o objeto da demanda.

A: correta, pois reflete o disposto nos art. 49, § 2º, 94, § 2º, e 133, § 2º, todos da LC 80/1994; **B:** incorreta, pois o art. 118 da LC 80/1994 assim dispõe: "Os membros da Defensoria Pública do Estado são inamovíveis, **salvo se apenados com remoção compulsória**, na forma da lei estadual"; **C:** incorreta. Tal assertiva estava incorreta na época da feitura dessa questão (2006), todavia, em 2009, a LC 132 alterou o art. 24 da LC 80/1994 e a sua nova redação é a seguinte: "O ingresso na Carreira da Defensoria

Pública da União far-se-á mediante aprovação prévia em concurso público, de âmbito nacional, de provas e títulos, **com a participação da Ordem dos Advogados do Brasil**, no cargo inicial de Defensor Público Federal de 2ª Categoria. Portanto, desde 2009 (após a LC 132) a LC 80/1994 prevê expressamente a obrigatoriedade da presença da OAB nas fases do concurso público para ingresso na carreira de defensor público; **D:** incorreta, porque o art. 131, VI, da LC 80/1994 expressamente proíbe o defensor estadual (como também o federal e o membro da Defensoria Pública do Distrito Federal e dos Territórios) de exercer suas funções em processo ou procedimento em que houver dado à parte contrária parecer verbal ou escrito sobre o objeto da demanda.

Gabarito "A"

(Defensor Público/AC – 2006 – CESPE) Acerca do Estatuto da OAB, e de sua interpretação pelos tribunais superiores, assinale a opção correta.

(A) A prescrição da pretensão punitiva prescreve em 5 anos, a contar da constatação do fato e não da prática do ato.

(B) O advogado não pode ser preso em flagrante por crime de desacato.

(C) Os advogados que estejam ocupando o cargo de juiz em tribunal eleitoral estão, em regra, impedidos de exercer a advocacia.

(D) Considere que João, defensor público e no exercício de sua atuação profissional, afirmou que uma pessoa teria praticado um crime. Nessa situação, não se pode afirmar que João tenha cometido o crime de calúnia, já que haveria imunidade material do advogado.

A: correta, pois tal assertiva está em consonância com o art. 43 do Estatuto da OAB (Lei 8.906/1994); **B:** incorreta. O advogado somente poderá ser preso em flagrante, por motivo de exercício da profissão, em caso de crime inafiançável – é a chamada imunidade formal (art. 7º, § 3º, da Lei 8.906/1994). Lembrando que para o crime ser inafiançável a pena mínima tem que ser superior a 2 (dois) anos. São crimes inafiançáveis, dentre outros: tortura, tráfico de drogas, estupro, racismo e crimes hediondos. O crime de desacato é apenado com detenção de 6 meses a dois anos, ou multa (art. 331 do CP), logo, é crime afiançável. Assim, se o crime de desacato foi praticado por motivo de exercício da profissão, o advogado, nesse caso, não poderá ser preso em flagrante. Mas, como a assertiva não faz a ressalva sobre o motivo de exercício da profissão, pode-se afirmar que nesse caso a assertiva está incorreta, pois o advogado poderá ser preso em flagrante por desacato; **C:** incorreta. O art. 30 do Estatuto da OAB (Lei 8.906/1994) dispõe sobre os casos de impedimento: "São impedidos de exercer a advocacia: **I** - os servidores da administração direta, indireta e fundacional, contra a Fazenda Pública que os remunere ou à qual seja vinculada a entidade empregadora; **II** - os membros do Poder Legislativo, em seus diferentes níveis, contra ou a favor das pessoas jurídicas de direito público, empresas públicas, sociedades de economia mista, fundações públicas, entidades paraestatais ou empresas concessionárias ou permissionárias de serviço público". Percebe-se que a situação descrita não é causa de impedimento para o advogado exercer sua profissão; **D:** incorreta, pois a imunidade material não é uma das prorrogativas do defensor público. Lembrando que imunidade material ou inviolabilidade consiste, basicamente, em se afastar a ilicitude dos crimes de opinião (por exemplo, injúria e difamação) quando praticados no exercício de suas funções. E imunidade formal consiste, basicamente, na impossibilidade de ser preso, salvo em flagrante delito de crime inafiançável. Os advogados possuem as duas imunidades, a formal, consoante exposta no comentário à assertiva "B", e a material, a qual está assim disciplinada no art. 7º, § 2º, da Lei 8.906/1994: "O advogado tem imunidade profissional, não constituindo injúria e difamação puníveis qualquer manifestação de sua parte, no exercício de sua atividade, em juízo ou fora dele, sem prejuízo das sanções disciplinares perante a OAB, pelos excessos que cometer". Lembrando que anteriormente a imunidade material do advogado impedia a configuração do crime de desacato também, todavia, essa previsão foi declarada inconstitucional na Adin 1127-8 do STF e não mais consta no art. 7º, § 2º, da Lei 8.906/1994.

Gabarito "A"

(Defensor Público/BA – 2006) De acordo com o disposto no Estatuto da Ordem dos Advogados do Brasil, os advogados podem reunir-se em sociedade para a prestação de serviço de advocacia. Nesse sentido, tem-se que:

I. A sociedade de advogados adquire personalidade jurídica com o registro aprovado dos seus atos constitutivos no Conselho Seccional da OAB em cuja base territorial tiver sede.

II. Ao advogado permite-se integrar mais de uma sociedade de advogados, com sede ou filial na mesma área territorial do respectivo Conselho Seccional.

III. O licenciamento do sócio para exercer atividade incompatível com a advocacia em caráter definitivo deve ser averbado no registro da sociedade, alterando sua constituição.

Analisando as assertivas acima, verifica-se que:

(A) Todas estão corretas.

(B) Apenas a I está correta.

(C) Apenas a II está correta.

(D) Apenas a III está correta.

(E) Apenas I e III estão corretas.

I: correta, pois reproduz a redação do art. 15, § 1º, do Estatuto da OAB do Brasil; **II:** incorreta, pois é o contrário: **nenhum advogado** pode integrar mais de uma sociedade de advogados, com sede ou filial na mesma área territorial do respectivo Conselho Seccional (art. 15, § 4º, do Estatuto da OAB do Brasil); **III:** incorreta, pois o licenciamento do sócio para exercer atividade incompatível com a advocacia não altera a constituição da sociedade de advogados (art. 16, § 2º, do Estatuto da OAB do Brasil).

Gabarito "B"

20. Sociologia Geral e Jurídica

Renan Flumian

<u>Atenção</u>: Para responder às próximas duas questões, considere o texto abaixo.

A procura de direitos da grande maioria dos cidadãos das classes populares deste e de outros países é procura suprimida. É essa procura que está, hoje, em discussão. E se ela for considerada, vai levar a uma grande transformação do sistema judiciário e do sistema jurídico no seu todo, tão grande que fará sentido falar da revolução democrática da justiça.

(SANTOS, Boaventura de Sousa. Para uma revolução democrática da justiça. São Paulo: Cortez, 2011, p. 38)

(Defensor Público/PR – 2012 – FCC) A *procura suprimida* é relacionada, por Boaventura, aos cidadãos que se sentem impotentes para reivindicar direitos violados. Nesse contexto, é função da Defensoria Pública

(A) o patrocínio da ação penal privada e da subsidiária da pública.
(B) a atuação nos Juizados Especiais e respectivas Turmas Recursais.
(C) promover a difusão e a conscientização dos direitos humanos, da cidadania e do ordenamento jurídico.
(D) exercer a curadoria especial nos casos previstos em lei.
(E) executar e receber as verbas sucumbenciais decorrentes de sua atuação.

Seguindo o contexto apresentado pela questão, a função da DP seria promover a difusão e a conscientização dos direitos humanos, da cidadania e do ordenamento jurídico (art. 4º, III, da LC 80/94). Boaventura bem descreve a importante função da DP nesse contexto: "Estas particularidades distinguem a defensoria, dentre as outras instituições do sistema de justiça, como aquela que melhores condições tem de contribuir para desvelar a procura judicial suprimida. Noutras palavras, cabe aos defensores públicos aplicar no seu quotidiano profissional a sociologia das ausências, reconhecendo e afirmando os direitos dos cidadãos intimidados e impotentes, cuja procura por justiça e o conhecimento do(s) direito(s) têm sido suprimidos e ativamente reproduzidos como não existentes[1]".

Gabarito "C"

(Defensor Público/PR – 2012 – FCC) Na obra citada, Boaventura propõe uma nova concepção do acesso ao direito e à justiça. Na esteira desse "novo" acesso à justiça, é função institucional prioritária da Defensoria Pública a

(A) erradicação da pobreza e a redução das desigualdades sociais.
(B) utilização de instrumentos alternativos de solução de conflitos.
(C) garantia dos princípios constitucionais da ampla defesa e do contraditório.
(D) afirmação do Estado Democrático de Direito.
(E) defesa das prerrogativas institucionais.

Na ideia defendida por Boaventura em sua obra, o "novo" acesso à justiça seria garantido mediante utilização de instrumentos alternativos de solução de conflitos e uma das funções institucionais da DP é exatamente promover, prioritariamente, a solução extrajudicial dos litígios, visando à composição entre as pessoas em conflito de interesses, por meio de mediação, conciliação, arbitragem e demais técnicas de composição e administração de conflitos (art. 4º, II, da LC 80/94).

Gabarito "B"

(Defensor Público/PR – 2012 – FCC) A visão sociológica permite a descrição da experiência individual humana e sua História conjunta. Ao longo da história, várias visões foram apresentadas, dentre as quais se destacam a de Zygmunt Bauman, na obra *Modernidade Líquida* e a de Pierre Bourdieu, na obra *Poder Simbólico*. Em relação aos citados autores, analise as afirmações abaixo:

I. Para Bauman, a procrastinação, no mundo líquido da modernidade, é vista como uma posição ativa, tentativa de assumir o controle.
II. A escolha racional, na modernidade, significa buscar gratificações evitando consequências e particularmente responsabilidades, segundo Bauman.
III. Bauman, em sua obra, retrata com peculiaridade a negação ao consumo, na modernidade, que não se apresenta como um passatempo.
IV. Bourdieu observa que na reivindicação da autonomia do pensamento e ação jurídicos, afirma-se a constituição de teoria de pensamento totalmente liberto do peso social.
V. Segundo Bourdieu, o direito é a forma por excelência do poder simbólico de nomeação. Ele *faz* o mundo social, mas com a condição de não se esquecer de que ele é feito por este.

Estão corretas APENAS as afirmações

(A) I, II e III.
(B) II, IV e V.
(C) II, III e IV.
(D) I, II e IV.
(E) I, IV e V.

1 **Para uma revolução democrática da justiça.** 3. ed. São Paulo: Cortez, 2011. p. 51.

I: correta. "Procrastinar significa *não* tomar as coisas como elas vêm, *não* agir segundo uma sucessão natural de coisas. Contra uma impressão que se tornou comum na era moderna, a procrastinação não é uma questão de displicência, indolência ou lassidão; é uma postura *ativa*, uma tentativa de assumir o controle da sequência de eventos e fazê-la diferente do que seria caso se ficasse dócil e não se resistisse. Procrastinar é manipular as possibilidades da *presença* de uma coisa, deixando, atrasando e adiando seu estar presente, mantendo-a à distância e transferindo sua imediatez (...) Resumindo: a procrastinação deriva seu sentido moderno do tempo vivido como uma peregrinação, como um movimento que se aproxima de um objetivo. Em tal tempo, cada presente é avaliado por alguma coisa que vem depois. Qualquer valor que este presente aqui e agora possa ter não passará de um sinal premonitório de um valor maior por vir. O uso – a tarefa – do presente é levar-nos mais para perto desse valor mais alto. Em si mesmo, o tempo presente carece de sentido e de valor. É, por isso, falho, deficiente e incompleto. O sentido do presente está adiante; o que está à mão ganha sentido e é avaliado pelo *noch-nicht-geworden*, pelo que ainda não existe[2]"; **II:** correta, pois a assertiva traz a definição de Bauman sobre escolha racional; **III:** incorreta. Para Bauman, o consumo molda a própria identidade, que nada mais é do que a busca de interromper e tornar mais lento o fluxo, de solidificar o fluido, de dar forma ao disforme; **IV:** correta, pois a assertiva cuida de uma ponderação feita pelo sociólogo francês Pierre Bordieu; **V:** incorreta.

Gabarito "D"

(Defensor Público/PR – 2012 – FCC) A concepção de justiça que mais se aproxima de um dos objetivos, positivado, das Defensorias Públicas no Brasil é:

(A) Justiça enquanto tranquilidade.
(B) Justiça enquanto cumprimento da lei.
(C) Justiça que manda dar aos iguais coisas iguais e aos desiguais coisas desiguais.
(D) Justiça como realização da liberdade.
(E) Justiça enquanto vida feliz do homem, que só é atingida na paz individual ou social.

A assertiva que melhor completa a questão é a "C". A concepção de justiça consubstanciada na assertiva "C" está bem próxima do disposto no art. 3º-A, I, da LC 80/94, que cuida dos objetivos da DP: "a primazia da dignidade da pessoa humana e a redução das desigualdades sociais". Por exemplo, as ações afirmativas tem por fundamento a condição de desigualdade existente e por objetivo a busca de uma efetiva igualdade. A política das ações afirmativas tem um forte apelo de redução das desigualdades sociais.

Gabarito "C"

(Defensor Público/RO – 2012 – CESPE) Considerando a relação entre direito e controle social, assinale a opção correta.

(A) A *reintegração* é um mecanismo jurídico de controle social focalizado na punição proporcional à gravidade da falta cometida pelo infrator, ou seja, à gravidade da conduta passada.
(B) A identificação artificial dos interesses consiste em mecanismo jurídico de controle social por meio do qual o agente causador do conflito social é isolado a fim de vivenciar a própria impotência diante da férrea objetividade dos mecanismos de controle aplicados, sendo compelido a experimentar uma sensação física e moral profunda.
(C) De acordo com o método de insulamento, compensam-se problemas de socialização, de personalidade, de valores ou de apatia, alocando-se papéis e recompensas para fins específicos.
(D) O controle social constitui um subsistema de normas (o direito) sustentado pela autoridade de outro (o Estado), cujos agentes e instrumentos, ao aplicarem a lei, criam direito.
(E) Quanto mais o direito e o sistema de justiça se transformam em órgãos de integração social, gerando subordinação recíproca e opondo-se à alteração das regras, menos grave e individualizado tende a ser o impacto das perturbações e dos deslocamentos de interesses causados pelas mudanças.

A única assertiva que corretamente apresenta uma relação entre direito e controle social é "D". Para a grande maioria da doutrina, o grande objetivo do direito é o controle social (Direito como instrumento de gestão e controle social), o qual toma corpo com o estabelecimento de regras que visam regular os comportamentos dos integrantes da sociedade. De forma mais ampla, o controle social abrange todas as pressões ou mecanismos pelos quais a sociedade e seus grupos influenciam o comportamento dos membros individuais para que se submetam às normas.

Gabarito "D"

(Defensor Público/SP – 2012 – FCC) "Toda a atividade orientada segundo a ética pode ser subordinada a duas máximas inteiramente diversas e irredutivelmente opostas". Esta afirmação precede as análises de Max Weber, no ensaio "A Política como Vocação", acerca da oposição entre, de um lado, a atitude daquele que, convencido da justeza intrínseca de seus atos, é indiferente aos efeitos que estes atos podem acarretar e, de outro lado, a atitude daquele que leva em conta as consequências previsíveis de seus atos. Segundo a terminologia empregada por Weber no ensaio mencionado, estas duas atitudes referem-se, respectivamente, àquilo a que o autor denomina

(A) ética de justeza e ética de consequência.
(B) ética de justeza e ética de responsabilidade.
(C) ética de convicção e ética de responsabilidade.
(D) ética de convicção e ética de consequência.
(E) ética de responsabilidade e ética de convicção.

Segundo o autor, as suas atitudes referem-se, respectivamente, a ética de convicção (ligada às ações morais individuais) e ética de responsabilidade (ligada à moral de grupo). A ética da responsabilidade orienta o governante em suas decisões, pois esse busca o bem-estar geral.

Gabarito "C"

(Defensor Público/SP – 2012 – FCC) Um dos instrumentos do poder disciplinar, caracterizado por Michel Foucault em seu livro *Vigiar e Punir*, consiste em uma forma de punição que é, ao mesmo tempo, um exercício das condutas dos indivíduos. Este instrumento da disciplina é denominado, pelo autor,

(A) pena capital.
(B) sanção normalizadora.
(C) execução normativa.
(D) sanção repressora.
(E) poder soberano.

O instrumento descrito na questão é denominado por Michel Foucault como sanção normalizadora. "Em suma, a arte de punir, no regime do poder disciplinar, não visa nem a expiação, nem mesmo exatamente a repressão. Põe em funcionamento cinco operações bem distintas: relacionar os atos, os desempenhos, os comportamentos singulares a um conjunto, que é ao mesmo tempo campo de comparação, espaço de diferenciação e princípio de uma regra a seguir. Diferenciar os indivíduos em relação uns aos outros e em função dessa regra de conjunto – que se deve fazer funcionar como base mínima, como média a respeitar ou como o ótimo de que se deve chegar perto. Medir em termos quantitativos e hierarquizar em termos de valor as capacidades, o nível, a *natureza* dos indivíduos. Fazer funcionar, através dessa medida *valorizadora*, a coação de uma conformidade a realizar. Enfim traçar o limite que definirá a diferença em relação a todas as diferenças, a fronteira extrema do anormal (a *classe vergonhosa* da Escola Militar). A penalidade perpétua que atravessa todos os pontos e controla todos os instantes das instituições disciplinares compara, diferencia, hierarquiza, homogeniza, exclui. Em uma palavra, ela *normaliza*[3]".

Gabarito "B"

(Defensor Público/SP – 2012 – FCC) "O Estado moderno é um agrupamento de dominação que apresenta caráter institucional e procurou (com êxito) monopolizar, nos limites de um território, a violência física legítima como instrumento de domínio e que, tendo esse objetivo, reuniu nas mãos dos dirigentes os meios materiais de gestão. Equivale isso a dizer que o Estado moderno expropriou todos os funcionários que, segundo o princípio dos "Estados" dispunham outrora, por direito próprio, de meios de gestão, substituindo-se a tais funcionários, inclusive no topo da hierarquia".

No trecho acima, extraído do ensaio "A Política como Vocação", Max Weber refere-se ao Estado moderno, resultante de seu desenvolvimento racional. Para o autor, este Estado é caracterizado como um estado

(A) burocrático.
(B) autoritário.
(C) autocrático.
(D) democrático.
(E) nação.

Para Weber, o Estado moderno é caracterizado como burocrático. Segundo o autor, num Estado moderno, necessária e inevitavelmente, a burocracia governa, pois o poder é exercido por intermédio da rotina da administração. O Estado moderno consumou a organização burocrática racional, funcional e especializada de todas as formas de dominação, da fábrica à administração pública. No Estado moderno burocratizado

2 BAUMAN, Zygmunt. **Modernidade Líquida.** Rio de Janeiro: Zahar, 2001. p. 179.

3 FOUCAULT, Michel. **Vigiar e Punir.** Petrópolis-RJ: Vozes, 2011. p. 175-176.

prevalece o Direito racional – donde emerge com mais evidência o aspecto formal, a racionalização do processo – e a criação de um *pensamento jurídico-formal*. O Estado moderno exige um Direito formalista e que seja calculável. Os funcionários da justiça devem ser formados segundo o espírito desse Direito, como técnicos da administração burocrática. Assim, para Weber, a racionalização do Direito vem acompanhada da racionalização geral da vida nas sociedades industriais, e essa, por sua vez, é resultado do crescimento do capitalismo e da burocracia.

Gabarito "A"

(Defensor Público da União – 2010 – CESPE) A partir dos conceitos de estratificação e mobilidade sociais, julgue os itens subsequentes.

(1) Max Weber faz distinção entre três dimensões da sociedade: ordem econômica, representada pela classe; ordem social, representada pelo status ou estamento; ordem política, representada pelo partido. Cada uma dessas dimensões possui estratificação própria.

(2) A mobilidade social implica movimento significativo na posição econômica, social e política de um indivíduo ou de um estrato.

1: correta. O pensamento weberiano desenvolve-se em um contexto tipológico. O pensador constrói a sociedade na sua totalidade mediante o estabelecimento de categorias específicas, como a econômica, social e política. Trata-se de uma tentativa de explicar a sociedade por suas relações interindividuais. Cabe sempre lembrar que a estratificação tem um papel conservador no seio da sociedade ou, como já dito por muitos sociólogos, ocasiona uma fossilização das estruturas de classe. Assim, Max Weber coloca a ordem econômica, a ordem social e a ordem política como as três fontes de desigualdade social; **2:** correta. A mobilidade social é um campo de estudo da sociologia com grande utilização na tarefa de compreender as formas pelas quais os diferentes grupos humanos diferenciam os integrantes de uma mesma cultura. De forma mais específica, a mobilidade tem a importante função de pensar as vias e possibilidades de troca, ascensão ou rebaixamento que um determinado indivíduo ou estrato possui no meio em que estabelece suas relações. Lembrando que sociedade estratificada é aquela marcada pela ausência de mobilidade no seu interior. Um exemplo desse tipo de sociedade é a feudal, na qual os clérigos, nobres e servos tinham a mesma posição social por toda a vida.

Gabarito 1C, 2C

(Defensor Público da União – 2010 – CESPE) A respeito das relações de poder e legitimação, julgue o próximo item.

(1) A forma legítima de dominação carismática, de acordo com Max Weber, está baseada na designação do líder pela virtude da fé na validade do estatuto legal.

1: errada. A dominação autoritária ou pelo poder é a probabilidade de encontrar obediência dentro de um grupo determinado para mandatos específicos. Toda dominação sobre uma pluralidade de homens requer um quadro administrativo e a crença na legitimidade. Passemos a elencar os três tipos de dominação tendo por substrato a questão da legitimidade: a) de caráter racional (poder legal): tem por base a confiança na legalidade de ordenações instituídas e dos direitos de mando dos chamados por essas ordenações a exercer a autoridade; b) de caráter tradicional (poder tradicional): tem por base a confiança diuturna na santidade das tradições que vigoram desde tempos longínquos e na legitimidade dos que são designados por essa tradição para exercer a autoridade; c) de caráter carismático (poder carismático) tem por base a confiança atemporal à santidade, ao heroísmo ou à exemplaridade de uma pessoa e seus ensinamentos. Utilizando esses tipos de dominação, Weber aponta as três bases do Direito: lei, costumes e carisma. Podemos também elencar os três tipos de dominação tendo por substrato a questão da obediência: a) no caso da autoridade legal: a obediência se dá graças às ordenações impessoais, legalmente instituídas, e às pessoas por elas designadas, graças à legalidade formal de suas disposições dentro do círculo de sua competência; b) no caso da autoridade tradicional: a obediência se dá graças à pessoa do sujeito designado pela tradição; c) no caso de autoridade carismática: a obediência se dá graças à um líder, carismaticamente qualificado, por razões de confiança pessoal na revelação, heroísmo ou exemplaridade, dentro da esfera em que a confiança em seu carisma tenha validez. Nenhum desses três tipos ocorre em estado "puro", há entrelaçamentos entre eles. No Estado moderno, porém, prevalece a autoridade legal ou dominação racional.

Gabarito 1E

(Defensor Público da União – 2010 – CESPE) Considerando a social-democracia, o estado de bem-estar social e os estudos de Adam Przeworski, julgue o próximo item.

(1) Os social-democratas defendem a não abolição da propriedade privada dos meios de produção em troca da cooperação dos capitalistas na elevação da produtividade e na distribuição dos ganhos.

1: correta. Social-democracia é a forma ideológica correspondente ao estágio de desenvolvimento predominantemente intensivo. Sua base material é o nível de reprodução da força de trabalho consideravelmente mais elevado que no estágio extensivo, necessário ao estágio de desenvolvimento intensivo e assegurado pelo Estado de bem-estar. O qual surge após as duas Grandes Guerras Mundiais, momento em que o mundo assiste a transformação do papel do Estado, que começava a utilizar novas técnicas de controle social, principalmente mediante políticas distributivas – notadamente de bens, dinheiro e serviços.

Gabarito 1C

(Defensor Público da União – 2010 – CESPE) Com relação às concepções teóricas de Estado, julgue os itens subsequentes.

(1) Para Thomas Hobbes, com a criação do Estado, o súdito deixa de abdicar de seu direito à liberdade natural para proteger a própria vida.

(2) De acordo com a teoria política de John Locke, a propriedade já existe no estado de natureza e, sendo instituição anterior à sociedade, é direito natural do indivíduo, não podendo ser violado pelo Estado.

1: errada. Na obra de Hobbes, Estado e Direito surgem simultaneamente, e seus fundamentos repousam no pacto social firmado entre os homens. Para que haja corpo político é necessário que todas as vontades sejam depositadas numa única vontade. Essa vontade é denominada soberania, cujo detentor é chamado soberano, e dele se diz que possui poder soberano. Todos os restantes são súditos. Soberania é, assim, uma vontade suprema que se coloca acima das vontades individuais. O poder soberano, na obra de Hobbes, possui tais características: a) absoluto: não tolera restrições e condicionamentos; b) indivisível: o soberano tem todo o poder ou não tem poder nenhum; c) perpétuo: o poder soberano é para sempre – justificando a ideia de hereditariedade do poder. Uma vez constituído o Estado, a vontade soberana passa a ser a única fonte do Direito. As leis expressam a vontade do soberano e a validade da lei repousa no fato de ser a expressão dessa vontade. As leis positivas são para os súditos comandos que devem ser obedecidos absolutamente, enquanto as leis naturais são para o soberano apenas regras de prudência. E para justificar teoricamente a sua concepção, Hobbes afirma que no Estado de natureza a condição do homem é a de guerra de todos contra todos, em que cada um é governado por sua própria vontade ("o homem é o lobo do próprio homem"). Segundo ele, enquanto perdurar esse estado não haverá segurança de viver. Daí a ideia de que o homem não é livre no estado de natureza, ele se torna livre no estado civil. A liberdade passa a ser uma realidade quando se completa a passagem do estado de natureza para o Estado Leviatã. Liberdade passa a ser, desse modo, a conformação com a ordem jurídica estatal, um padrão objetivo produzido pelo Estado. Cabe apontar que em antítese ao Estado absoluto pensado por Hobbes, surgem as teorias do Estado constitucional, cuja finalidade consiste em impor limites ao poder estatal, ou seja, controlar o poder sem destruir a soberania. Essas teorias podem ser classificadas em três grandes grupos: a) teoria da separação dos poderes; b) teoria dos direitos naturais; e c) teoria da soberania popular; **2:** correta. Locke é tido como um dos grandes expoentes da teoria do Direito Natural, que impõe à soberania do Estado um limite externo. Assim, além da vontade do monarca ou da nação, há um direito inerente ao indivíduo em decorrência da própria natureza do homem e, portanto, independente da comunidade política. Esse direito, o direito natural, preexiste ao Estado e, logo, dele não depende, motivo pelo qual o Estado tem o dever de reconhecê-lo e garanti-lo integralmente. O Direito Natural constitui, assim, um limite à soberania do Estado. O ponto de partida da teoria de Locke é a afirmação do estado natural, ou seja, o estado originário no qual os indivíduos vivem conforme as leis naturais. O estado de natureza transforma-se, entretanto, num estado de guerra, porque não existe um poder superior aos indivíduos, com poderes para decidir os conflitos. A fórmula para sair do estado de guerra, onde funciona o império da força, é a construção do estado civil por intermédio do contrato social. E com o intuito de conservar os direitos naturais fundamentais - a vida e a propriedade - os homens abandonam o estado de natureza. Ao abandoná-lo, portanto, não renunciam aos direitos naturais, pelo contrário, os querem garantidos. O estado civil corresponde, portanto, à criação de uma autoridade, superior aos indivíduos, para a proteção dos direitos naturais fundamentais. Por essa razão, Locke entende que "a monarquia absoluta, que alguns consideram o único governo do mundo, é, de fato, incompatível com a sociedade civil".

Gabarito 1E, 2C

(Defensoria Pública da União – 2010 – CESPE) De acordo com as concepções teóricas do marxismo, julgue o item seguinte.

(1) Segundo Louis Althusser, o aparelho ideológico de Estado dominante para a burguesia era a Igreja.

1: errada. No passado, a Igreja era o aparelho ideológico dominante, pois reúne funções religiosas, escolares, de informação e de cultura. Mas, a Revolução Francesa ocasionou não apenas a transferência do poder do Estado para a burguesia capitalista comercial, resultou também no ataque ao principal aparelho ideológico do Estado - a Igreja -, substituída em seu papel dominante pela Escola. Tal constatação também foi compartilhada pelo estadista Otto Von Bismarck. A escola se encarrega das crianças de todas as classes sociais desde a mais tenra idade, inculcando nelas os saberes contidos na ideologia dominante (a língua materna, a literatura, a matemática, a ciência, a história) ou simplesmente a ideologia dominante em estágio puro (moral, educação cívica, filosofia). E nenhum outro aparelho ideológico de Estado dispõe de uma audiência obrigatória por tanto tempo e durante tantos anos - precisamente no período em que o indivíduo é mais vulnerável. Cabe apontar que na teoria marxista, o aparelho repressivo do Estado compreende o governo, a administração, o exército, a polícia, os tribunais, as prisões etc., e é dito repressivo porque funciona mediante violência, pelo menos em situações-limite. Portanto, para o Marxismo, as instituições são denominadas: ***a) aparelhos repressivos***: porque usam a força, a coerção, a repressão, para legitimar ou reproduzir as relações de domínio; ou ***b) aparelhos ideológicos***: porque empregam práticas e processos que usam uma ideologia (persuasão) que disfarça divisões de classes e promove os interesses da classe dominante. O Direito é uma instituição que usa tanto a repressão como a persuasão (ideologia), portanto, tem por objetivo reproduzir, legitimar, justificar e garantir as relações centrais do modo de produção capitalista.

Gabarito 1E

(Defensoria Pública/SP – 2010 – FCC) No ensaio "A Política como vocação", Max Weber realiza uma caracterização de três tipos de dominação legítima, a saber:

- A dominação que repousa sobre a "autoridade do 'passado eterno', isto é, dos costumes santificados pela validez imemorial e pelo hábito, enraizado nos homens, de respeitá-los".
- A dominação que se funda em "dons pessoais e extraordinários de um indivíduo", na "devoção e confiança estritamente pessoais depositadas em alguém que se singulariza por qualidades prodigiosas, por heroísmo ou por outras qualidades exemplares que dele fazem o chefe".
- A dominação que se impõe "em razão da crença na validez de um estatuto legal e de uma 'competência' positiva, fundada em regras racionalmente estabelecidas".

Estes modos de dominação correspondem, respectivamente, ao que Weber entende por dominação

(A) legal, tradicional e carismática.
(B) carismática, tradicional e legal.
(C) tradicional, carismática e legal.
(D) carismática, legal e tradicional.
(E) tradicional, legal e carismática.

A, B, C, D e **E:** a dominação autoritária ou pelo poder é a probabilidade de encontrar obediência dentro de um grupo determinado para mandatos específicos. Toda dominação sobre uma pluralidade de homens requer um quadro administrativo e a crença na legitimidade. Passemos a elencar os três tipos de dominação tendo por substrato a questão da legitimidade: a) de caráter racional (poder legal): tem por base a confiança na legalidade de ordenações instituídas e dos direitos de mando dos chamados por essas ordenações a exercer a autoridade; b) de caráter tradicional (poder tradicional): tem por base a confiança diuturna na santidade das tradições que vigoram desde tempos longínquos e na legitimidade dos que são designados por essa tradição para exercer a autoridade; c) de caráter carismático (poder carismático) tem por base a confiança atemporal à santidade, ao heroísmo ou à exemplaridade de uma pessoa e seus ensinamentos. Utilizando esses tipos de dominação, Weber aponta as três bases do Direito: lei, costumes e carisma. Podemos também elencar os três tipos de dominação tendo por substrato a questão da obediência: a) no caso da autoridade legal: a obediência se dá graças às ordenações impessoais, legalmente instituídas, e às pessoas por elas designadas, graças à legalidade formal de suas disposições dentro de sua competência; b) no caso da autoridade tradicional: a obediência se dá graças à pessoa do sujeito designado pela tradição; c) no caso de autoridade carismática: a obediência se dá graças a um líder, carismaticamente qualificado, por razões de confiança pessoal na revelação, heroísmo ou exemplaridade, dentro da esfera em que a confiança em seu carisma tenha validez. Nenhum desses três tipos ocorrem em estado "puro", há entrelaçamentos entre eles. No Estado moderno, porém, prevalece a autoridade legal ou dominação racional.

Gabarito "C"

(Defensoria Pública/SP – 2010 – FCC) "A intelectualização e a racionalização crescentes não equivalem, portanto, a um conhecimento geral crescente acerca das condições em que vivemos. Significam, antes, que sabemos ou acreditamos que, a qualquer instante, poderíamos, bastando que o quiséssemos, provar que não existe, em princípio, nenhum poder misterioso e imprevisível que interfira com o curso de nossa vida; em uma palavra, que podemos dominar tudo, por meio da previsão. Equivale isso a despojar de magia o mundo. Para nós não mais se trata, como para o selvagem que acredita na existência daqueles poderes, de apelar a meios mágicos para dominar os espíritos ou exorcizá-los, mas de recorrer à técnica e à previsão. Tal é a significação essencial da intelectualização".

No trecho citado acima, retirado do ensaio "A Ciência como vocação", Max Weber caracteriza aquilo que entende ser um processo "realizado ao longo dos milênios da civilização ocidental", do qual a ciência participa como "elemento e motor". Weber denomina este processo

(A) sistematização.
(B) desencantamento.
(C) tecnocracia.
(D) descrença.
(E) democratização.

A, B, C, D e **E:** o progresso científico constitui um fragmento, decerto o mais importante, do processo de intelectualização a que, desde há milênios, estamos submetidos. Mas deve-se dizer que a intelectualização e a racionalização geral não significam um maior conhecimento geral das condições da vida, mas algo de muito diverso: o desencantamento do mundo. Diferentemente do selvagem (encarado como religioso, místico etc.) para o qual os poderes mágicos existem, já não temos de recorrer a meios mágicos para entender e explicar o mundo. Isso consegue-se graças aos meios técnicos e ao cálculo. Tal é, essencialmente, o significado da intelectualização. Portanto, o encantamento gerado pela religião num sentido *lato sensu* entra em processo de desfazimento (desencantamento) com o processo de intelectualização e racionalização que estamos experimentando há milênios e ainda está em franca expansão.

Gabarito "B"

(Defensor Público Da União – 2007 – CESPE) A respeito do peso das Ciências Sociais e da Sociologia em suas relações com as demais áreas do conhecimento humano, julgue os itens que se seguem.

(1) Nascida como uma espécie de física social, a sociologia desenvolveria seus cânones e modelos por meio de um processo de adaptação metodológica mecânica ao mundo das ciências exatas.
(2) A historicidade dos conceitos nas ciências sociais exige do pesquisador da sociologia a cautela que leva à relativização de ideias, modelos e paradigmas que, mesmo apresentados muitas vezes como universais, refletem o ambiente no qual foram gerados.
(3) O conceito de relações de poder confere mobilidade ao conceito tradicional de poder, relacionando-o à ideia de exercício e saber.
(4) Os temas da estratificação, da mobilidade e das desigualdades sociais são recorrentes na tradição sociológica, embora também sejam encontrados em quase todas as ciências sociais e humanas.

1: errada. Cada sociólogo apresenta sua definição de sociologia. Para Weber, é a ciência que pretende entender a *ação social*. Para Durkheim, é a ciência da *sociedade* e tem por objeto os *fatos sociais*. Para Gurvitch, é a ciência que estuda os *fenômenos sociais*. Para Wiese, é o estudo das *relações sociais*. Para Florestan Fernandes, é a ciência que tem por objeto estudar a *interação social* nos diferentes níveis da *organização social*. Enfim, a sociologia se concentra no estudo das condições de existência (material e social) dos seres humanos e não possui nenhuma similaridade com as ciências exatas, pois trata-se de uma ciência social. E também não há uma definição unívoca de *sociologia jurídica*. Para Weber, a sociologia jurídica procura apreender até que ponto as regras de Direito são observadas, e como os indivíduos orientam de acordo com elas suas condutas. Para Lévy-Bruhl, a teoria sociológica entende o Direito como um fenômeno social; o Direito emana do grupo social e as normas jurídicas expressam a maneira pela qual esse grupo entende devam ser estabelecidas as relações sociais. Enfim, a sociologia jurídica examina não apenas a influência dos fenômenos sociais sobre o Direito, mas também o impacto do Direito sobre a sociedade; **2:** correta. Reler o comentário à assertiva anterior, o qual traz as diversas definições da sociologia ao longo do tempo. Ora, cada sociólogo viveu em um certo contexto social e, indubitavelmente, recebeu influência desse contexto. Ademais, além da influência indireta, tem-se a direta, pois, a sociologia estuda as condições de existência (material e social) dos seres humanos; **3:** correta. As formulações epistemológicas feitas por Michel Foucault, no âmbito das ciências sociais, conduzem ao entendimento de que são as relações de poder que determinam o conhecimento. Foucault estendeu sua pesquisa para os acontecimentos em torno do século XIX, salientando que os mecanismos políticos de um sistema que surgia pretendia o controle dos indivíduos e da sociedade como um todo, o que ele chamou de poder disciplinar e que esse poder, antes de ser negativo, era, sim, produtivo, mas se dava em forma de luta, contratempos, irracionalmente e estabelecia-se em relações microfísicas de poder; **4:** correta, pois a sociologia, como outras ciências sociais e humanas, cuida dos temas listados nessa assertiva.

Gabarito 1E, 2C, 3C, 4C

21. Filosofia Geral e Jurídica

Renan Flumian

(Defensor Público/TO – 2013 – CESPE) Com relação ao conceito de justiça, assinale a opção correta.

(A) O vocábulo justiça é empregado, em sentido lato, como equivalente a organização judiciária.

(B) O sentido estrito de justiça está associado ao conjunto das virtudes que regulam as relações entre os homens.

(C) De acordo com a doutrina majoritária, caracterizam o sentido lato de justiça a alteridade, o débito e a igualdade.

(D) Consoante a doutrina aristotélica, a justiça comutativa caracteriza-se como aquela em que o particular dá a outro o bem que lhe é devido.

(E) Na antiguidade clássica, Platão definiu justiça como a vontade constante e perpétua de dar a cada um o que lhe pertence.

Justiça, na obra de Aristóteles, pode ser definida como sendo relação bilateral, preferencial e voluntária, em conformidade com a lei e com o bem comum e que respeita a igualdade. O termo, como já se pode perceber, não é unívoco, é ambíguo, porque possui uma pluralidade de sentidos, vários significados e acepções. Daí a distinção que Aristóteles realiza entre justiça universal e justiça particular. A primeira (universal), também denominada de justiça em sentido lato, define-se como a conduta de acordo com a lei; a segunda (particular) denominada, às vezes, de justiça em sentido estrito, define-se como o hábito que realiza e respeita a igualdade. A justiça particular, que realiza e respeita a igualdade, é promovida de duas maneiras. Uma maneira é a que se manifesta na igualdade que consiste na distribuição proporcional geométrica (igualar o desigual) de bens e outras vantagens entre os cidadãos da *polis*, a esta se dá o nome de justiça distributiva. A outra maneira é a que se manifesta na igualdade que desempenha um papel corretivo nas transações entre os cidadãos, a esta se dá o nome de justiça retificadora ou comutativa que consiste numa proporcionalidade aritmética (igual). A justiça universal, que é a conduta conforme a lei, abrange, de certo modo, todas as demais virtudes, quando estas estiverem prescritas em lei. Com efeito, é normalmente por intermédio da lei que se realiza o bem comum. Nesse sentido, diz Aristóteles que nas disposições que tomam sobre todos os assuntos, as leis têm em mira a vantagem comum. Nesse sentido, o hábito de respeitar a lei faz do homem respeitador da lei um homem justo. Por fim, devemos destacar que Platão (filosofia metafísica) não construiu um conceito fechado de justiça.

Gabarito "D"

(Defensor Público/TO – 2013 – CESPE) Assinale a opção correta com relação à interpretação do direito.

(A) A interpretação autêntica é a que se realiza pelo próprio legislador.

(B) Consoante o sistema da livre pesquisa, o direito só pode ser interpretado com base na lei.

(C) A escola de interpretação da teoria pura do direito foi criada por Carlos Cossio.

(D) A hermenêutica e a interpretação, conceitos sinônimos, consistem em revelar o sentido da norma jurídica.

(E) Segundo a doutrina, toda norma jurídica se ampara em um texto legal que lhe é correspondente.

A: correta, pois a interpretação autêntica é aquela realizada pelo legislador, ou seja, o próprio autor da norma a ser interpretada; **B:** incorreta. É exatamente o contrário. Na livre investigação científica, o intérprete não fica condicionado aos mandamentos da lei e a solução interpretativa é fundada em critérios objetivos. A atividade do intérprete se realiza num duplo campo de ação: o *dado* (fontes materiais) e o *construído* (fontes formais), que são os componentes da norma jurídica. O *dado* corresponde à realidade observada pelo legislador (fatos: econômicos, históricos, políticos, geográficos, culturais). O *construído* é uma operação técnica que, considerando o *dado*, subordina os fatos a determinados fins. Assim, por trás das normas jurídicas, há uma realidade anterior que as próprias normas não podem desprezar. É no *dado* que se apoia a existência das normas; é desse *dado* que cada norma tira seu sentido e condição de sua aplicabilidade. O intérprete, por princípio de segurança jurídica, não substitui a vontade do legislador, mas deve desvendá-la considerando o *dado*. A interpretação não está, portanto, adstrita apenas à letra da lei, ela deve também considerar os fatos sociais; **C:** incorreta. Kelsen é o principal teórico do positivismo jurídico. A sua obra *Teoria Pura do Direito* busca conferir à ciência jurídica um método e objeto próprios, capazes de assegurar ao jurista o conhecimento científico do direito. Para Kelsen, o objeto da ciência jurídica consiste em normas jurídicas e a tarefa do cientista do direito consiste em descrever e sistematizar esse objeto mediante proposições. Por outro lado, Carlos Cossio criou o egologismo jurídico e defendia, em contraposição à Kelsen, que o Direito é ciência porque estuda a conduta humana e não a norma; **D:** incorreta. Em termos gerais, pode-se dizer que **hermenêutica** é a teoria que tem por objeto o estudo das técnicas (regras, métodos) aplicáveis à interpretação do direito. E **interpretação** é o processo que determina o sentido e alcance das normas jurídicas utilizando-se das técnicas fixadas pela hermenêutica. Mas é importante asseverar que alguns juristas (como Miguel Reale) entendem que não é necessário estabelecer essa distinção entre *hermenêutica* (como teoria que pesquisa regras de interpretação) e *interpretação* (como o mero emprego das regras estabelecidas pela hermenêutica), pois as expressões seriam equivalentes. Nesse sentido, a expressão *hermenêutica jurídica* é utilizada para identificar não apenas as teorias da interpretação, mas também as regras (métodos) de interpretação propostas por essas teorias; **E:** incorreta, pois o princípio jurídico também pode dar embasamento a uma norma jurídica.

Gabarito "A"

(Defensor Público/TO – 2013 – CESPE) De acordo com o método de interpretação jurídica desenvolvido por Recaséns Siches, o processo de investigação dos fatos, na ordem jurídica vigente, assegura maior satisfação e legitimidade na solução e na interpretação jurídica. Segundo a jurisprudência, a melhor interpretação do direito não se subordina servilmente ao texto legal nem se vale de raciocínios artificiais para enquadrar friamente os fatos em conceitos prefixados, mas se direciona para a solução justa. Essas definições correspondem ao método de interpretação jurídica denominado

(A) lógico-dedutivo.

(B) hipotético-condicional.

(C) lógica do razoável.

(D) modo final de aplicação.

(E) conflito normativo.

A questão trata do método de interpretação jurídica alcunhado lógica do razoável. Esse método foi formulado pelo jurista espanhol Recaséns Siches, e tem como principal ponto o encorajamento à busca de justiça pelo magistrado, desvencilhando-o da obrigação de seguir a lógica tradicional (método lógico-dedutivo).

Gabarito "C"

(Defensor Público/TO – 2013 – CESPE) A ciência que apresenta ao Poder Judiciário ferramentas como método de controle e planejamento, gestão de pessoas e de conhecimento e valorização dos recursos humanos denomina-se

(A) economia judiciária.
(B) axiologia judiciária.
(C) contadoria judicial.
(D) administração judiciária.
(E) epistemologia jurídica.

A questão trata da ciência denominada administração judiciária.

Gabarito "D"

(Defensor Público/TO – 2013 – CESPE) As normas que, de acordo com a doutrina, são baseadas nas leis elaboradas pelos homens com o intuito de reger o social, sendo vistas como reflexo das diversas formas do comportamento humano denominam-se normas

(A) religiosas.
(B) legais.
(C) sociais.
(D) privadas.
(E) facultativas.

As normas referidas na questão são as legais. As normas religiosas não são elaboradas pelos homens – ao menos como os dogmas religiosos são apresentados. As normas sociais se referem a qualquer forma de regulação da vida em sociedade, mas a questão menciona expressamente que as normas são baseadas nas leis elaboradas pelos homens, logo a menção às normas legais é indubitável. Por sua vez, as normas privadas não têm a função de regular a sociedade, pois seu âmbito de aplicação é reduzido, aplicando-se numa ordem privatística. E as facultativas não regulam a sociedade, apenas permitem a sua observância ou não.

Gabarito "B"

(Defensor Público/PR – 2012 – FCC) A contribuição da Filosofia para o exercício do ser Defensor Público que somente se realiza sendo Defensor Público, é:

(A) A Filosofia contribui na medida em que é, unilateralmente, visão de mundo e da Ciência, confere ao Defensor Público uma visão peculiarmente distante e abrangente das partes.
(B) A Filosofia torna livre no Defensor o seu Ser, a necessidade interna de resgate de sua essência mais própria, de modo a conferir a essa essência a sua dignidade de ser Defensor Público.
(C) A Filosofia é o pensar do pensar descompromissado, ainda que eventualmente, possa alcançar qualquer utilidade prática ou teórica para a função de Defensor Público.
(D) A Filosofia é a visão panorâmica e histórica dos filósofos e a partir daí, a escolha de uma delas para filtragem do olhar e elaboração de teses de defesa.
(E) A Filosofia é erudição, conhecimentos abrangentes sobre a vida, conferindo ao Defensor Público experiência na solução de problemas e desafios do cotidiano forense.

A assertiva que cuida corretamente da contribuição da filosofia para o exercício do ser Defensor Público é a "B".

Gabarito "B"

(Defensor Público/PR – 2012 – FCC) Um argumento correto quanto à doutrina da norma para Hans Kelsen é:

(A) Para Kelsen as normas jurídicas são juízos, isto é, enunciados sobre um objeto dado ao conhecimento. São apenas comandos do ser.
(B) Para Kelsen, na obra *Teoria Pura do Direito*, norma é o sentido de um ato através do qual uma conduta é prescrita, permitida ou, especialmente, facultada, no sentido de adjudicada à competência de alguém.
(C) Kelsen não reconhece a distinção entre normas jurídicas e proposições normativas.
(D) Para Kelsen a norma que confere validade a todo o sistema jurídico ou conjunto de normas é a norma fundamental que se confunde com a Constituição, já que ambas são postas e impostas.
(E) Segundo Mata Machado, Kelsen, enquanto jusnaturalista, reduz o direito à norma, mas desenvolve a noção de direito objetivo enquanto coisa devida e a de justiça como Direito Natural.

O único argumento correto segundo à doutrina da norma para Hans Kelsen é aquele exposto pela assertiva "B". A assertiva apontada como correta trouxe uma colocação de Kelsen em sua obra **Teoria Pura do Direito[1].**

Gabarito "B"

(Defensor Público/RO – 2012 – CESPE) Considerando os conceitos de direito e de moral, assinale a opção correta à luz da filosofia do direito.

(A) Kant desenvolveu a teoria do mínimo ético, segundo a qual o direito representa todo o conteúdo moral obrigatório para que a sociedade possa sobreviver minimamente.
(B) Hans Kelsen formulou a teoria da bilateralidade atributiva, asseverando que a moral não se distingue do direito, mas o complementa por meio da bilateralidade ou intersubjetividade.
(C) Christian Thomasius propôs a distinção entre o direito e a moral, sob a inspiração pufendorfiana, com base na ideia de coação.
(D) Thomas Hobbes desenvolveu a teoria da atributividade, segundo a qual direito e moral estão inter-relacionados, tendo ambos origem no direito natural.
(E) Max Scheler preconizava uma espécie de moral pura, condição para a existência de um comportamento que, guiado pelo direito e pela ética, não muda segundo as circunstâncias.

A: incorreta. Quem desenvolveu a teoria do mínimo ético foi Georg Jellinek; **B:** incorreta, pois Kelsen não desenvolveu a teoria da bilateralidade atributiva. No Brasil, essa teoria foi muito bem desenvolvida pelo jurista Miguel Reale. "Pelos estudos que temos desenvolvido sobre a matéria pensamos que há bilateralidade atributiva quando duas ou mais pessoas se relacionam segundo uma proporção objetiva que as autoriza a pretender ou a fazer garantidamente algo. Quando um fato social apresente esse tipo de relacionamento dizemos que ele é jurídico. Onde não existe proporção no pretender, no fazer ou no exigir não há Direito, como inexiste este se não houver garantia específica para tais atos. Bilateralidade atributiva é, pois, uma proporção intersubjetiva, em função da qual os sujeitos de uma relação ficam autorizados a pretender, exigir, ou a fazer, garantidamente, algo[2]"; **C:** correta, pois, de fato, Thomasius fez a citada distinção na assertiva; **D:** incorreta, pois a assertiva não correlaciona um pensamento de Hobbes. Na obra de Hobbes, Estado e Direito surgem simultaneamente, e seus fundamentos repousam no *pacto social* firmado entre os homens. Para que haja corpo político, diz Hobbes, é preciso que as vontades de todos sejam depositadas numa única vontade. Essa vontade é denominada *soberania*, cujo detentor é chamado de soberano, e dele se diz que possui poder soberano. Todos os restantes são súditos. *Soberania* é, assim, uma vontade suprema que se coloca acima das vontades individuais. O poder soberano, em Hobbes, possui as seguintes características: a) absoluto: não tolera restrições nem condicionamentos; b) indivisível: o soberano tem todo o poder ou não tem poder nenhum; c) perpétuo: quem tem o poder soberano o tem para sempre. Uma vez constituído o Estado, a vontade soberana passa a ser a única fonte do Direito. As leis expressam a vontade do soberano, e a validade da lei repousa no fato de ser a expressão dessa vontade. As leis positivas são para os súditos comandos que devem ser obedecidos absolutamente, enquanto as leis naturais são para o soberano apenas regras de prudência. Para justificar teoricamente a sua concepção, Hobbes afirma que no Estado de natureza a condição do homem é a de guerra de todos contra todos, em que cada um é governado por sua própria vontade. O homem é o lobo do próprio homem. Segundo ele, enquanto perdurar esse estado não haverá segurança de viver. Daí a ideia de que o homem não é livre no estado de natureza, ele se torna livre no estado civil. A liberdade passa a ser uma realidade quando se completa a passagem do estado de natureza para o Estado Leviatã. Liberdade passa a ser, desse modo, a conformação com a ordem jurídica estatal, um padrão objetivo produzido pelo Estado; **E:** incorreta. Max Scheler nunca preconizou a dita moral pura, pelo contrário, ele criticava o pensamento como apreensão intelectual-racional.

Gabarito "C"

(Defensor Público/RO – 2012 – CESPE) Assinale a opção correta à luz da filosofia do direito.

(A) Consoante as ideias de Binding, há, no direito, sanção exterior necessária a atingir seu objetivo, sendo o direito a moral imposta pelo poder.

1 6ª ed. São Paulo: Vozes, 1999. p. 4.

2 REALE, Miguel. **Lições Preliminares de Direito.** 25ª ed. São Paulo: Saraiva, 2001. p. 47-48.

(B) Piaget preocupou-se em demonstrar a heteronomia tanto da norma moral quanto da norma jurídica, bem como o fato de ambas, em suas origens, pressuporem uma autoridade, passando a norma moral, gradualmente, da heteronomia para uma autonomia relativa.

(C) Segundo Ripert, diferentemente do que se verifica na regra jurídica, na regra moral há coercibilidade.

(D) De acordo com a teoria formulada por Windscheid, a moral implica a ideia de humanidade e de mitigação, e o direito, a realização da positivação das normas.

(E) Segundo Rudolf Stammler, as normas jurídicas ou éticas sujeitam-se à violação, o que não ocorre com a lei em sentido científico.

A única assertiva que faz uma correlação correta entre pensador e suas ideias é a "B". Jean Piaget defende que o desenvolvimento moral passa por três fases: anomia, heteronomia e autonomia. No início, a pessoa em formação não tem completa consciência moral dos seus atos, apenas segue as regras preestabelecidas. Por esse motivo a assertiva aponta que no início, tanto o direito como a moral, pressupõem uma autoridade.

Gabarito "B"

(Defensor Público/RO – 2012 – CESPE) Com relação ao conceito de direito e de equidade, assinale a opção correta.

(A) Equidade pode ser definida como o conjunto de princípios que, atribuídos a Deus, à razão, ou havidos como decorrentes da natureza das coisas, independem de convenção ou legislação, e que seriam determinantes, informativos ou condicionantes das leis positivas.

(B) Define-se equidade como a autorização, dada pelo direito objetivo, de fazer ou ter o que não pode ser impedido ou tirado, sem violação da norma jurídica.

(C) O direito, definido como conjunto de princípios imanentes, constitui a substância jurídica da humanidade, segundo a sua natureza e o seu fim; tais princípios, imutáveis em essência, se adaptam à realidade histórica e geográfica.

(D) Segundo Dante, o direito representa uma proporção real e pessoal, de homem para homem, que, conservada, conserva a sociedade, e, corrompida, corrompe-a.

(E) O direito pode ser definido como a justa aplicação da norma jurídica geral ao caso concreto para que o *summum jus* não se transforme em summa injuria.

De todas as assertivas, a única que possui conteúdo correto é a "D". Em sentido geral, equidade é o princípio universal da ordem normativa, funcionando como a suprema regra de justiça. Por fim, a assertiva "D" trouxe uma conhecida definição de direito da Idade Média, de autoria de Dante Alighieri.

Gabarito "D"

(Defensor Público/RO – 2012 – CESPE) Considerando a hermenêutica jurídica, e ainda considerando a interpretação do direito, a superação dos métodos de interpretação mediante puro raciocínio lógico-dedutivo e o método de interpretação pela lógica do razoável, assinale a opção correta.

(A) Há um princípio geral informador de todo o ordenamento jurídico nacional, necessário à interpretação, que pode ser inferido da existência de várias normas e ao qual se chega por meio da indução.

(B) De acordo com o método de interpretação da lógica do razoável, devem ser considerados os fins em função dos quais a lei seja editada e haja de ser compreendida pela sua causa final.

(C) No processo lógico, a lógica formal, de tipo puro, a *priori*, só é adequada na análise dos conceitos jurídicos essenciais e, para tudo que pertence à existência humana – a prática do Direito, inclusive – impõe-se o uso da lógica do humano e do razoável (lógica material).

(D) Interpretar a norma jurídica corresponde a integrar, preencher lacunas e aplicar, de forma lógica, o direito ao caso concreto.

(E) Atualmente, utiliza-se, na interpretação das leis, a exegese escolástica, partindo–se do conjunto principiológico existente nas normas.

A única assertiva que traz uma ponderação correta sobre a hermenêutica jurídica é a "C".

Gabarito "C"

(Defensor Público/SP – 2012 – FCC) Na classificação das normas jurídicas proposta por Norberto Bobbio, em sua obra *Teoria da Norma Jurídica*, encontra-se a distinção formal entre a norma "que estabelece que uma determinada ação deve ser cumprida quando se verifica uma certa condição" e a norma "que estabelece que uma determinada ação deve ser cumprida". Estas normas são chamadas, respectivamente,

(A) norma indefinida e norma definida.

(B) norma categórica e norma eficaz.

(C) norma hipotética e norma categórica.

(D) norma indefinida e norma hipotética.

(E) norma categórica e norma hipotética.

Segundo a classificação elaborada por Bobbio em sua obra *Teoria da Norma Jurídica* e a ordem das definições apresentada na questão, as normas são chamadas de norma hipotética e norma categórica.

Gabarito "C"

(Defensor Público/SP – 2012 – FCC) Em *Vigiar e Punir,* Michel Foucault explicita os mecanismos disciplinares de poder que, segundo o filósofo, caracterizam a forma institucional da prisão do início do século XIX. De acordo com as análises deste autor, pode-se afirmar que a modalidade panóptica do poder disciplinar

(A) não está na dependência imediata nem é o prolongamento direto das estruturas jurídico-políticas de uma sociedade e, portanto, é absolutamente independente destas estruturas.

(B) está na dependência imediata e é o prolongamento direto das estruturas jurídico-políticas de uma sociedade e, desse modo, é absolutamente dependente destas estruturas.

(C) está na dependência imediata, mas não é o prolongamento direto das estruturas jurídico-políticas de uma sociedade e, desse modo, é absolutamente dependente destas estruturas.

(D) não está na dependência imediata, mas é o prolongamento direto das estruturas jurídico-políticas de uma sociedade e, entretanto, não é absolutamente dependente destas estruturas.

(E) não está na dependência imediata nem é o prolongamento direto das estruturas jurídico-políticas de uma sociedade e, entretanto, não é absolutamente independente destas estruturas. 1965

A única assertiva que traz uma consideração correta sobre o modelo panóptico do poder disciplinar é a "E". "O *Panóptico* de Bentham é a figura arquitetural dessa composição. O princípio é conhecido: na periferia uma construção em anel; no centro, uma torre: esta é vazada de largas janelas que se abrem sobre a face interna do anel; a construção periférica é dividida em celas, cada uma atravessando toda a espessura da construção; ela têm duas janelas, uma para o interior, correspondendo às janelas da torre; outra, que dá para o exterior, permite que a luz atravesse a cela de lado a lado. Basta então colocar um vigia na torre central, e em cada cela trancar um louco, um doente, um condenado, um operário ou um escolar. Pelo efeito da contraluz, pode-se perceber da torre, recortando-se exatamente sobre a claridade, as pequenas silhuetas cativas nas celas da periferia. Tantas jaulas, tantos pequenos teatros, em que cada ator está sozinho, perfeitamente individualizado e constantemente visível. O dispositivo panóptico organiza unidades espaciais que permitem ver sem parar e reconhecer imediatamente. Em suma, o princípio da masmorra é invertido; ou antes, de suas três funções – trancar, privar de luz e esconder – só se conserva a primeira e se suprimem as outras duas. A plena luz e o olhar de um vigia captam melhor que a sombra, que finalmente protegia. A visibilidade é uma armadilha (...) Daí o efeito mais importante do Panóptico: induzir no detento um estado consciente e permanente de visibilidade que assegura o funcionamento automático do poder. Fazer com que a vigilância seja permanente em seus efeitos, mesmo se é descontínua em sua ação; que a perfeição do poder tenda a tornar inútil a atualidade de seu exercício; que esse aparelho arquitetural seja uma máquina de criar e sustentar uma relação de poder independente daquele que o exerce[3]".

Gabarito "E"

(Defensor Público/SP – 2012 – FCC) Na obra *A Ciência do Direito,* o jurista Tercio Sampaio Ferraz Júnior desenvolve uma análise que o conduz a concluir que o problema central da Ciência do Direito é a decidibilidade. Assim, ao envolver uma questão de decidibilidade, essa Ciência manifesta-se, para o autor, como pensamento

(A) tecnocrata.

(B) teleológico.

(C) fenomenológico.

(D) tecnológico.

(E) demonstrativo.

---

3 FOUCAULT, Michel. **Vigiar e Punir.** 39ª ed. Petrópolis-RJ: Vozes, 2011. p. 190-191.

Para Tércio, trata-se de um pensamento tecnológico. “Reconhecemos, é verdade, que correntes há e houve que praticaram uma espécie de sociologismo jurídico, com a expressa intenção de fazer da ciência jurídica uma ciência social, empírica nos moldes das ciências do comportamento (Sociologia, Psicologia). Mas não é a elas que nos reportamos neste capítulo. Mantemos, por isso, a ideia diretriz que comanda nossa exposição, qual seja, de que o pensamento jurídico é um pensamento tecnológico específico, voltado para o problema da decidibilidade normativa de conflitos. Nestes termos, o modelo empírico deve ser entendido não como *descrição* do direito como realidade social, mas como investigação dos instrumentos jurídicos de e para controle do comportamento. Não se trata de saber *se* o direito é um sistema de controle, mas, assumindo-se que ele o seja, *como devemos* fazer para exercer este controle. Neste sentido, a ciência jurídica se revela não como teoria sobre a decisão mas como teoria *para* a obtenção de decisão. Mas uma vez se acentua o seu caráter criptonormativo[4]”.

Gabarito “D”.

(Defensor Público/SP – 2012 – FCC) “*A Ciência do Direito* (...), se de um lado quebra o elo entre jurisprudência e procedimento dogmático fundado na *autoridade* dos textos romanos, não rompe, de outro, com o caráter dogmático, que tentou aperfeiçoar, ao dar-lhe a qualidade de *sistema*, que se constrói a partir de premissas cuja validade repousa na sua generalidade racional. A teoria jurídica passa a ser um *construído sistemático* da razão e, em nome da própria razão, um instrumento de *crítica* da realidade”.

Esta caracterização, realizada por Tercio Sampaio Ferraz Júnior, em sua obra *A Ciência do Direito*, evoca elementos essenciais do

(A) jusnaturalismo moderno.
(B) historicismo.
(C) realismo crítico.
(D) positivismo jurídico.
(E) humanismo renascentista.

O fragmento disposto na questão cuida de considerações feitas por Tércio Sampaio Ferraz Júnior acerca do jusnaturalismo moderno. Segundo Luiz Recassem Xirxes, o grande objetivo do jusnaturalismo foi aproximar o direito posto (normatizado) do ideal de justiça. Mas cabe asseverar que existem diferentes perspectivas de jusnaturalismo ao longo da historia e o jusnaturalismo moderno é apenas uma delas. Essa vertente do jusnaturalismo apareceu no final do século XVI e início do XVII e teve como seu maior expoente Samuel Pufendorf.

Gabarito “A”.

(Defensor Público/SP – 2012 – FCC) Na perspectiva da Teoria Pura do Direito de Hans Kelsen, é possível distinguir uma “jurisprudência” que trata da *validade* do Direito de outra que considera a *eficácia* do Direito. Para o pensador, estas jurisprudências “andam lado a lado” e “nenhuma é capaz de substituir a outra, porque cada uma trata de problemas diferentes”. Daí a Teoria Pura do Direito insistir em distingui-las claramente. Segundo a nomenclatura que lhes é atribuída por Kelsen, na obra *O que é justiça?*, elas podem ser chamadas, respectivamente, de

(A) jurisprudência validativa e jurisprudência eficiente.
(B) jurisprudência sociológica e jurisprudência normativa.
(C) jurisprudência eficiente e jurisprudência validativa.
(D) jurisprudência normativa e jurisprudência sociológica.
(E) jurisprudência normativa e jurisprudência eficiente.

Segundo Kelsen, a nomenclatura referida no texto é, respectivamente, jurisprudência normativa e jurisprudência sociológica.

Gabarito “D”.

(Defensoria Pública/SP – 2010 – FCC) Ao comentar a doutrina aristotélica da justiça, Tercio Sampaio Ferraz Júnior, em sua obra *Estudos de Filosofia do Direito*, indica aquele que seria o “preceito básico do direito justo, pois só por meio dele a justiça se revelaria em sua atualidade plena”. Este preceito, que também pode ser definido como “uma feliz retificação do justo estritamente legal” ou ainda “o justo na concretude”, é denominado

(A) liberdade.
(B) dignidade.
(C) vontade.
(D) equidade.
(E) piedade.

4 FERRAZ JR, Tércio Sampaio. **A Ciência do Direito.** 2ª ed. São Paulo: Atlas, 2010. p. 87-88.

A, B, C, D e **E:** segundo o autor, devemos inicialmente indicar que a escola pitagórica foi a primeira a estabelecer um conceito de justiça, identificado com igualdade ou correspondências de opostos. Após tem-se as elucubrações dos sofistas e de Platão, para depois aparecer a noção aristotélica de justiça, segundo a qual a busca do meio-termo, como forma de alcançar a justiça, deve se orientar pelo preceito básico da **equidade**. Por fim, cabe apontar que na épica grega a justiça não tem a forma de virtude principal, mas é frequentemente superada pela coragem, a astúcia, virtudes estas cujo caráter dramático é bem mais propício ao desenvolvimento de uma epopeia.

Gabarito “D”.

(Defensoria Pública/SP – 2010 – FCC) Em sua teoria da norma jurídica, Norberto Bobbio distingue as sanções jurídicas das sanções morais e sociais. Segundo esta distinção, a sanção jurídica, diferentemente da sanção moral, é sempre uma resposta de grupo e, diferentemente da sanção social, a sanção jurídica é regulada em geral com as mesmas formas e através das mesmas fontes de produção das regras primárias. Para o autor, tal distinção oferece um critério para distinguir, por sua vez, as normas jurídicas das normas morais e das normas sociais. Considerando-se este critério, pode-se afirmar que são normas jurídicas as normas cuja execução é garantida por uma sanção

(A) externa e institucionalizada.
(B) interna e não institucionalizada.
(C) interna e institucionalizada.
(D) externa e não institucionalizada.
(E) interna e informal.

A, B, C, D e **E:** a norma jurídica era a única perspectiva através da qual o Direito era estudado e o ordenamento jurídico era no máximo um conjunto de normas, mas não um objeto autônomo do estudo. O isolamento dos problemas do ordenamento jurídico dos da norma jurídica e o tratamento autônomo dos primeiros como parte de uma teoria geral do Direito foram obra sobretudo de Hans Kelsen. Mas na obra em que Bobbio descreve essa mudança de enfoque, para compreensão do Direito, da norma para o ordenamento jurídico, o autor bem define a norma jurídica como “**aquela norma cuja execução é garantida por uma sanção externa e institucionalizada**” (*Teoria do Ordenamento Jurídico*, 8ª ed., Brasília: UNB, pp. 27 – g.n.). A norma jurídica tem sanção *exterior* ao indivíduo, não ficando apenas na consciência deste (juízo interno de reprovação). Ademais, trata-se de sanção que afeta a esfera jurídica do indivíduo e que é aplicada mediante a movimentação do aparato estatal (*institucionalizada*), o que a diferencia da sanção moral - trata-se da ordem coercitiva a que faz referência Kelsen. E Bobbio, em obra posterior - A Função Promocional do Direito -, critica a clássica doutrina jurídica que define o direito apenas por sua função repressiva para controle da sociedade mediante a coação institucionalizada. Bobbio aponta que ainda é dominante na teoria geral do direito a concepção repressiva do direito, isto é, o direito como ordenamento coativo. Tanto isso é verdade, que o termo sanção nos leva a pensar imediatamente em algo negativo, como, por exemplo, sanção como pena, todavia, este termo não possui, etimologicamente, aspecto negativo por si só, sendo necessário o acréscimo do adjetivo (negativa ou positiva) sempre que utilizado. Mas a imagem tradicional do direito como ordenamento protetor-repressivo está em crise, pois se percebe cada vez mais frequente o uso das técnicas de encorajamento pelo Estado contemporâneo. E a técnica do encorajamento se exterioriza de duas formas distintas. Uma é a sanção positiva que incide num comportamento já realizado. E outra é a facilitação para a realização do ato desejado que, obviamente, ainda não foi realizado. Como exemplo ilustrativo de sanção positiva, tem-se as leis de incentivo fiscal que os Estados da República Federativa do Brasil utilizam para atrair fábricas para os seus respectivos Estados, e isso tudo para estimular a economia, possibilitando, assim, um crescimento e desenvolvimento econômico com fins de mitigar a pobreza para efetivar o princípio da justiça social. Ou seja, o Estado, tendo em vista estes benefícios, edita uma lei de incentivo fiscal que terá uma sanção positiva para a fábrica que lá se instalar, dando a esta uma recompensa, como, e.g., a isenção tributária sobre um fato economicamente mensurável passível de tributação. E Bobbio finaliza mostrando que para a visão clássica do direito, a sanção positiva não faz parte do rol das sanções jurídicas, pois a sanção jurídica é tida como uma coação institucionalizada, ou seja, a sanção jurídica é o uso do aparelho repressivo do Estado para penalizar uma conduta desconforme ou proceder a uma execução forçada. Mas, por ser contrário à visão encampada pela doutrina clássica, o autor defende que se a coação for considerada como uma garantia para o cumprimento da sanção, a sanção positiva pode-se incluir no rol das sanções jurídicas. Assim, por exemplo, o cidadão que realizou uma conduta *superconforme* e, portanto, obteve direito a um prêmio, poderá, se o Estado manter-se inerte, utilizar-se da coação para que o Estado lhe assegure o seu direito ao prêmio prometido pelo próprio Estado, ou seja, o Estado irá compelir o próprio Estado a cumprir com sua promessa de prêmio. Nesse caso, a relação jurídica se inverte, pois o sujeito ativo detentor do direito é o particular e o sujeito passivo detentor da obrigação (dever) é o Estado.

Gabarito “A”.